Chambres d'hôtes 2002

B & B Accommodation

Dormez chez nous, vous êtes chez vous !

25107 chambres d'hôtes
3267 tables d'hôtes

Ce guide se veut différent des autres. Il vous permet de goûter une nouvelle façon de voyager. C'est le guide de la tradition de l'hospitalité française. Il est utilisable toute l'année quels que soient le moment et le lieu. Il s'adresse aussi bien à ceux qui sont en déplacement professionnel qu'à ceux qui veulent profiter de courtes escapades ou de séjours.

Maison des Gîtes de France et du Tourisme Vert

59, rue St-Lazare - 75439 PARIS Cédex 09
Métro Trinité
Tél. 01 49 70 75 75 - Fax 01 42 81 28 53
Ouvert du lundi au samedi de 10h à 18h30
E.Mail : info@gites-de-france.fr
www.gites-de-france.fr
3615 Gîtes de France (0,2 €/mn)

Édité par Gîtes de France Services
59, rue Saint-Lazare - 75439 Paris Cédex 09

Directrice Edition : Clotilde MALLARD

Responsable fabrication : Marie-France MICHON

Avec la collaboration de : Catherine de ALMEIDA, Dominique BOILEAU, Sonia Dudal et Jean-Christophe MARTINA

Traduction anglaise : Jonathan TUSZINSKY

Traduction allemande : Barbara STRAUSS-GATON

Publicité : Guillaume WILTZ

Maquette : ColorPress Communication

ILLUSTRATIONS© : 1re de couverture : © J.-P. Rainaut , N. Devillers - Gîtes de France, Indre et Loire, Isère - 4e de couverture : © J.-P. Rainaut - N Devillers (Gîtes de France Indre et Loire, Vaucluse, Htes Pyrénées, Ain, Saône et Loire)

Pages intérieures : © Gîtes de France - Saône-et-Loire (Baudrières), Indre et Loire (Savonnières et Cormery), Bouches du Rhône (Aix-en-Provence), Ardèche (Vernoux), Corrèze (St-Cernin-de-la-Roche - S. Marchou/ Alexis), J.-P. Rainaut - Côte d'Or (Civry en Montagne), Gard (Aigaliers et Anduze).

La liste des adhérents est donnée sous réserve de modifications ou de radiations qui interviendraient entre le moment de l'édition du guide et celui de sa diffusion.

N° ISBN : 2-913140-30-0

Conformément à une jurisprudence constante (Toulouse, 14.01.1887), les erreurs ou omissions involontaires qui auraient pu subsister dans ce guide, malgré nos soins et les contrôles des équipes de rédaction et d'éxécution, ne sauraient engager la responsabilité de Gîtes de France Services.

Sommaire

5	La chambre d'hôtes - Le classement
8	Comment utiliser le guide
12	Informations pratiques
14	Pictogrammes et abréviations
	Leisure facilities
	Bedeutung der Piktogramme
16	Glossaire
	Glossary - Wörterverzeichnis
18	B&B Accommodation - Das Gästezimmer
20	How to find your B&B Accommodation
22	Wie finden Sie Ihr Gästezimmer
26	Cartes
	France Maps - Frankreichkarten
123	**Les chambres d'hôtes 2002**
1582	Index des régions
1584	Index des communes
1638	Fiche d'appréciations
1662	Les relais départementaux Gîtes de france

La chambre d'hôtes

Des particuliers ont aménagé leur maison (ferme, mas, gentilhommière, château...) afin de vous y accueillir en amis et de vous faire découvrir leur région. Dans un environnement calme et agréable, avec un maximum de 6 chambres, c'est en toute convivialité que vous passerez une ou plusieurs nuits.

E. C. En cours de classement

❦ chambres simples.

❦❦ chambres de bon confort, disposant chacune au minimum d'une salle d'eau ou d'une salle de bains privée.

❦❦❦ chambres de grand confort, disposant chacune de sanitaires privés et complets (douche ou bains, lavabo et wc).

❦❦❦❦ chambres de très grand confort, disposant chacune de sanitaires privés et complets. Elles sont aménagées dans des demeures de caractère, dans un environnement privilégié. Des services supplémentaires y sont souvent proposés.

Le classement

Toutes les chambres d'hôtes de ce guide sont régulièrement visitées et classées.
Le classement en épis, indique le degré de confort et les prestations offertes. Quel que soit le classement de la chambre d'hôtes choisie, les maîtres de maison auront à cœur de vous faire passer un agréable séjour.

Le petit déjeuner

Toujours inclus dans le prix de la nuitée, le petit déjeuner sera pour vous l'occasion d'apprécier les différentes spécialités locales. Selon les cas et l'inspiration de vos hôtes, vous dégusterez les confitures maison, le pain de campagne frais, mais aussi les viennoiseries ou les pâtisseries maison, parfois les fromages, les laitages ou la charcuterie régionale.
Dès le début de la journée, un moment fort d'échanges et de convivialité.

La table d'Hôtes

Une maison sur trois vous offrira la possibilité de prendre votre repas à sa table d'hôtes. Cette formule très souple (simple repas, 1/2 pension ou pension) vous permettra de partager, selon les cas, un repas familial ou gastronomique. Le prix du repas s'entend tout compris (entrée, plat principal, fromage et/ou dessert, café, boisson). A noter que la prestation table d'hôtes n'est ouverte qu'aux personnes séjournant dans les chambres. La table d'hôtes n'est pas un restaurant, il est donc conseillé d'indiquer si vous souhaitez profiter de ce service lors de votre réservation. En l'absence de table d'hôtes, les propriétaires sauront aussi vous conseiller les meilleures adresses à proximité, pour découvrir la cuisine traditionnelle et régionale.

POUR LES VACANCES DE VOS ENFANTS

Savez vous qu'avec les Gîtes de France pendant les vacances scolaires, vous pouvez également faire partir vos enfants, sans vous, en toute tranquillité ?

Pour les vacances des enfants et des jeunes de 4 à 16 ans, des séjours au grand air, pleins de rire, de jeux, d'activités et de découvertes au sein d'une famille.

Dans ce guide, 500 familles agréées (DDASS, Jeunesse et Sports, ...) réparties dans toute la France, accueillent vos enfants de 4 à 16 ans dans une ambiance familiale et conviviale, et leur font partager les opportunités offertes par l'espace rural.

Renvoyez ce bon à découper ou une copie à l'adresse suivante

MAISON DES GÎTES DE FRANCE ET DU TOURISME VERT
59, RUE SAINT-LAZARE - 75439 PARIS CEDEX 09
Tél : 01 49 70 75 75 Fax : 01 42 81 28 53
www.gites-de-france.fr
3615 Gîtes de France (0,2 €/mn)
Je souhaite recevoir le guide national
Vacances en Gîtes d'Enfants au prix de 10,5 €

Ci-joint mon règlement : ☐ par chèque bancaire compensable en France ou par eurochèque en euros à l'ordre de Gîtes de France Services.
☐ par carte bancaire en euros : ☐ Carte Bleue ☐ carte Visa ☐ Eurocard ☐ Mastercard
N° de carte Bleue ⎕⎕⎕⎕ ⎕⎕⎕⎕ ⎕⎕⎕⎕ ⎕⎕⎕⎕ date d'expiration ⎕⎕ ⎕⎕

Nom .... Prénom ....

Adresse : ....
.... Pays .... Tél : ....

Conformément à la loi " Informatique et Liberté ", vos droits d'accès et de rectifications pourront être exercés à la FNGF et sauf refus express de votre part, informations pourront être commercialisées.

Découvrez les charmes du Sud-Ouest

on d'abonnement à L'esprit du SUD-OUEST
À renvoyer à Milan Presse - Service abonnements
B.P. 82 - 31155 Fenouillet Cedex

P1OC

❏ **OUI**, je m'abonne à l'esprit du Sud-Ouest pour 197 F ou 30,03 €, je reçois en cadeau
e hors-série "Les chemins du Vin" de l'esprit du Sud-Ouest.

MLLE, M.   NOM

PRÉNOM

COMPLÉMENT D'ADRESSE (RÉSIDENCE, ESC., BÂT.)

NUMÉRO   RUE/AV./BD/LIEU-DIT

CODE POSTAL   COMMUNE

TÉLÉPHONE

us bénéficier d'un droit d'accès au fichier ou de rectification dans le cadre légal (art. 27 de la loi du 06.01.78). Le hors série "Les chemins
vin" sera envoyé séparément sous 3 semaines dans la limite des stocks disponibles. Offre valable 8 semaines. Cadeaux réservés à tout
uvel abonné de la France métropolitaine. Si vous souhaitez que la proposition d'abonnement vous soit envoyée à une adresse différente,
ci de bien vouloir nous la communiquer sur papier libre.

MODE DE PAIEMENT
❏ Chèque bancaire ou postal à l'ordre de Milan Presse
❏ Carte bleue, ECMC ou Visa
N°
Date de fin de validité :
Je règle en : ❏ F   ❏ €
Signature indispensable ▶

• Pour la Belgique, retournez ce bon à : Éditions Milan - Service
Abonnements - B.P. 21 - IXELLES 6 - 1050 Bruxelles.
Virement au compte n° 068-21 50 521-58.
Nom du souscripteur

• Pour la Suisse, retournez ce bon à :
Éditions Eiselé - 42, av. de la Confrérie - 1008 Prilly.

• Pour les États-Unis, le Canada,
nous consulter au 1 800 363 1310

L'ABONNEMENT RAPIDE

Par téléphone :
0 825 80 50 50
(0,98 F/min) du lundi au samedi
de 8 h à 20 h

Par Internet :
www.milanpresse.com

E-mail :
accueil@milan.fr

Par fax :
05 61 76 65 67

Par Minitel :
3615 Milan
mot-clé ABO code 7POA

Pour chercher une chambre d'hôtes

Les chambres d'hôtes de ce guide sont classées par régions et à l'intérieur de chaque région, par départements puis par localités. Pour vous aider dans votre choix, un sommaire, des cartes (p. 26), un index par région et un index général des localités en fin de guide, vous permettront d'établir votre itinéraire.

Pour réserver

La réservation n'est pas obligatoire mais elle est recommandée en haute saison ou pour des séjours prolongés. Une lettre de confirmation et/ou un acompte vous seront souvent demandés et un contrat pourra être établi. Chaque descriptif de ce guide comporte les coordonnées de réservation, le plus souvent celles des propriétaires, afin de les contacter par courrier, téléphone, télécopie ou e-mail. De plus en plus de Services de Réservation des relais départementaux Gîtes de France proposent également ce service.
Les départements pour lesquels la réservation est possible par minitel sur le 3615 GÎTES DE FRANCE (0,2 e/mn) ou par internet www.gites-de-france.fr sont signalés par les pictogrammes : logo minitel + @.

Les prix

Ils sont indiqués dans chaque descriptif. Ce sont des prix à la nuitée, selon le nombre de personnes occupant la même chambre, qui comprennent TOUJOURS le petit déjeuner. ATTENTION ! En fin d'année, certains prix sont susceptibles d'être modifiés, notamment pour les départements dont le catalogue 2002 sort dès l'automne.

La Table d'Hôtes TH

Le repas en Table d'Hôtes est un service complémentaire proposé par certains propriétaires, et limité aux personnes séjournant dans les chambres. Si vous souhaitez dîner le soir de votre arrivée, pensez à le spécifier lors de votre réservation. Les prix sont donnés à titre indicatif.

L'auberge A

Certains propriétaires peuvent proposer des repas en auberge. Dans ce cas, ne vous attendez pas à partager la table familiale, puisque des personnes ne séjournant pas dans les chambres peuvent également s'y restaurer.

Comment utiliser le guide ?

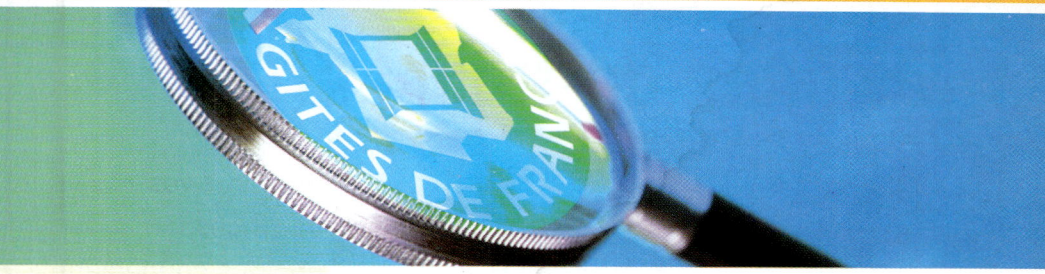

Quelques conseils...

- N'oubliez jamais que vous allez séjourner chez des particuliers qui n'offrent pas les mêmes services qu'un hôtel.
- En cas de retard ou d'annulation, prévenez impérativement le propriétaire.
- L'entretien des chambres est assuré quotidiennement (pour les séjours de longue durée, les draps sont changés au minimum chaque semaine et le linge de toilette 2 fois par semaine).
- Si vous voyagez avec vos enfants, des lits d'appoint peuvent être mis à leur disposition, n'hésitez pas à questionner le propriétaire.
- Si vous êtes accompagné de votre animal favori, pensez à le signaler. Un pictogramme indique dans chaque descriptif si la présence d'un animal est acceptée ou non.

Le pictogramme Téléphone

Ce pictogramme indique la possibilité de téléphoner. Si vous êtes titulaire d'une carte France Telecom, pensez à vous en munir pour téléphoner où vous le souhaitez ; le coût de la communication sera dès lors imputé directement sur votre facture France Telecom.

Le pictogramme Chèques-Vacances

La plupart des services de réservation et de nombreux propriétaires acceptent les Chèques-Vacances. Dans ce guide, nous avons signalé par un pictogramme, les chambres d'hôtes pour lequelles le règlement est possible avec les Chèques-Vacances.

Chambres d'hôtes accessibles aux personnes handicapées

Les adresses qui comportent ce sigle ont été jugées accessibles avec une certaine autonomie à l'occasion d'une visite réalisée par l'APF (Association des Paralysés de France). Pour connaître le degré précis d'accessibilité, n'hésitez pas à contacter les propriétaires.

3615
GITES DE FRANCE

Le serveur Minitel des Gîtes de France (0,2 €/mn) vous permettra de :

- **Obtenir** les adresses utiles et des informations pratiques,
- **Consulter** les descriptifs des hébergements Gîtes de France,
- **Commander** tous les guides,
- **Réserver** dans de nombreux départements.

www.gites-de-france.fr

Préparez vos vacances en vous connectant sur Internet ! Le site des Gîtes de France vous permettra de :

- **Vous informer** sur nos différents produits et nos différents guides,
- **Voyager** dans tous les départements de France et d'outre-mer,
- **Consulter** la totalité des descriptifs des chambres et tables d'hôtes, des gîtes accessibles aux personnes handicapées, des chalets-loisirs et consulter les descriptifs des gîtes ruraux dans certains départements,
- **Commander** le guide de votre choix parmi de nombreuses références touristiques,
- **Réserver** votre séjour dans de nombreux départements,
- **Recevoir** régulièrement des informations sur l'actualité des Gîtes de France.

GUIDES
Balades nature

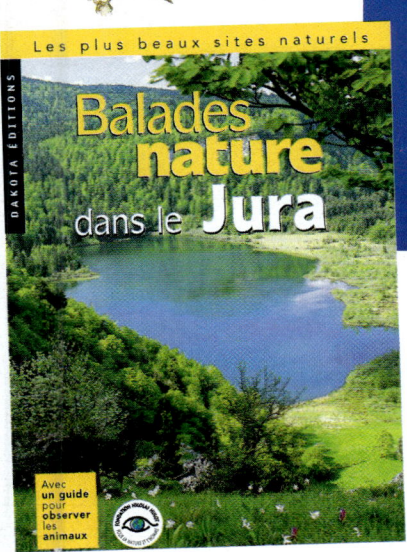

Le temps d'une journée, partez à la découverte des plus beaux sites naturels de France

Des balades accessibles à tous pour entrer dans l'intimité de la vie sauvage.

Un guide d'observation pour apprendre à reconnaître les animaux

128 pages en couleur, avec des cartes IGN - 84 F - 12,80 €
En vente en librairie

Au catalogue :
- Autour de Paris (nouvelle dition)
- Bretagne (nouvelle dition)
- Normandie (nouvelle dition)
- Provence
- Corse
- Baie de Somme
- Pas-de-Calais
- Pays Basque
- Paris
- Volcans d Auvergne
- Rh ne-Alpes (5 volumes)
- Marais poitevin
- Jura
- Limousin

A para tre :
- Les 50 plus belles balades nature de France (nov. 2001)
- Parc national des C vennes (printemps 2002)
- PNR des marais du Cotentin et du Bessin (printemps 2002)
- Grands lacs de Champagne (printemps 2002)

DAKOTA DITIONS
www.dakotaeditions.com

Infos pratiques

Zone A
Académies de Caen, Clermont-Ferrand, Grenoble, Lyon, Montpellier, Nancy/Metz, Nantes, Rennes, Toulouse.

Zone B
Académies d'Aix/Marseille, Amiens, Besançon, Dijon, Lille, Limoges, Nice, Orléans/Tours, Poitiers, Reims, Rouen, Strasbourg.

Zone C
Académies de Bordeaux, Créteil, Paris, Versailles.

	Zone A	Zone B	Zone C
Rentrée scolaire	05 septembre 2001	05 septembre 2001	05 septembre 2001
TOUSSAINT	du 27/10 au 05/11/2001	du 27/10 au 05/11/2001	du 27/10 au 05/11/2001
NOEL	du 22/12/2001 au 07/01/2002	du 22/12/2001 au 07/01/2002	du 22/12/2001 au 07/01/2002
HIVER	du 09 au 25/02/2002	du 02 au 18/02/2002	du 16/02 au 04/03/2002
PRINTEMPS	du 06 au 22/04/2002	du 30/03 au 15/04/2002	du 13 au 29/04/2002
Vacances d'été	samedi 29 juin 2002	samedi 29 juin 2002	samedi 29 juin 2002

Tableau de Conversion Euros - Francs
(1 EURO = 6,55957 F)

Euros	Francs	Euros	Francs
25	160	54	350
30	200	61	400
34	220	69	450
38	250	76	500
41	270	84	550
46	300	91	600

Signalisation

Pour signaler leur appartenance à notre réseau, tous nos propriétaires ont apposé le panonceau « GITES DE FRANCE » avec le cartouche « Chambres d'Hôtes ».
All members of our accommodation network display the "GITES DE FRANCE" sign with the "Chambres d'Hôtes" panel.
Um ihre Zugehörigkeit zu unserem Netz zu kennzeichnen haben alle Besitzer folgendes Schild « GITES DE FRANCE » mit dem Zusatz « Chambres d'Hôtes ».

LA SIGNALISATION : sur votre itinéraire, vous pourrez rencontrer deux types de panneaux indiquant la proximité des Chambres d'Hôtes (ci-contre). Ces panneaux peuvent être complétés par des indications de direction, de distance ou de lieu-dit.

Pictogrammes

Leisure facilities and abbrevations / Bedeutung der Piktogramme und Abkürzungen

Epis
Ears of corn / Ähren

EC En cours de classement
Awaiting classification / Auf der Warteliste zur Klassifizierung

Animaux admis
Pets admited / Haustiere willkommen

Animaux non admis
No pets / Haustiere verboten

A la ferme
On the farm / Auf dem Bauernhof

TH Table d'hôtes
Table d'hôtes meal / Gästetafel

A Auberge
Inn / Herberge

Chèques vacances acceptés

Carte bancaire acceptée
Credit card accepted / Kreditkarten werden angenommen

Téléphone
Phone facilities / Telefon

CM Carte Michelin
Michelin map / Michelinkarte

Dégustation de vin
Wine-tasting / Weinprobe

Jeux d'enfants
children's games / Kinderspielplatz

Piscine privée
Private swimming pool / Privat Schwimmbad

Tennis privé
Private tennis court / Privater Tennisplatz

Baignade (bain, plage...)
Bathing (swimming, beach...) / Baden (Schwimmen, Strand...)

Canoë-kayak
Canoeing / Kanoe

Chasse
Hunting grounds / Jagdgelände

Equitation
Horse riding / Reiten

Escalade (varappe)
Climbing (rock climbing) / Klettern (Kletterwand)

Forêt
Forest / Wald

Golf
Golf / Golf

Mer, océan
Sea, ocean / Meer,

Montagne
Mountain / Gebirge

M Musée
Museum / Museum

Parc d'attraction
Leisure park / Freizeitpark

Pêche
Fishing / Angeln

Piscine
Swimming pool / Hallenbad

Plan d'eau (étang, lac, rivière..)
Stretch of water (pond, lake, river...) / Wasserfläche (Weiher, See, Fluß...)

Randonnée pédestre
Hiking / Wanderwege

Restaurant
Restaurant / Restaurant

Site historique ou touristique
Historical site / Geschichtl.Stätte

Ski de fond
Cross-country skiing / Langlaufschi

Ski de piste
Downhill skiing / Abfahrtski

Spéléologie
Potholing / Höhlenforschung

Sports aériens
Aerial sports / Flugsport

Sports en eau vive (rafting...)
Freshwater sports (rafting...) / Wildwassersport (rafting...)

Sports nautiques
Water sports / Wassersport

Tennis
Tennis / Tennis

Thermes
Thermal baths / Thermalbad

Tir à l'arc
Archery / Bogenschießen

Voile
Sailing / Segeln

VTT/vélo (loc. de vélos...)
Mountain bikes/bikes (bicycles hire...) / Mountainbike/Radfahren (Fahrradverleih...)

Gare
Railway station / Bahnhof

Commerces
Shops / Geschäfte

Pour chaque descriptif, le pictogramme loisirs est suivi de la distance en km (SP = sur place)
In each entry, the pictogram is followed by the distance in kilometres (SP = on the premises)
Bei jeder Beschreibung steht nach dem Piktogramm die Entfernung in Km (SP = am Ort)

Accessible aux personnes handicapées (avec une certaine autonomie).
B&B accommodation for disabled people (accessible with relative independance).
Spezielle Ferienwohnungen für Behinderte (mit bestimmter Autonomie zugänglich).

Routard ?

© Laurent Parrault

Guides du Routard : plus de 100 titres de 49F à 94F

Les Guides du Routard France : Alpes, Alsace/Vosges, Ardèche/Drôme, Auvergne/Limousin, Aquitaine, Bourgogne/Franche-Comté, Bretagne Nord, Bretagne Sud, Châteaux de la Loire, Corse, Côte d'Azur, Languedoc-Roussillon, Lyon et ses environs, Midi-Pyrénées, Nord/Pas-de-Calais, Normandie, Paris, Banlieues de Paris, Junior Paris/R.P., Week-ends autour de Paris, Pays Basque (France, Espagne), Pays de la Loire, Poitou-Charentes, Provence... et aussi : Hôtels et Restos de France et Tables et Chambres à la campagne

Hachette Tourisme
l'esprit Vacances !

Glossaire

Glossary (a few words for a better understanding of the guide)
Wörterverzeichnis (einige Wörter zum besseren Verständnis des Führers)

aire de jeux / playground / Spielplatz
à proximité de... / along, by / naheliegend
près de ... / near in der / Nähe von
proche ... / close to / nahbei
bois / wood / Wald
boisé / wooded / bewaldet
chambre / bedroom / Zimmer
chauffage / heating / Heizung
cheminée / fireplace / Kamin
coin-cuisine / cooking area / Küchenecke
dans / in / in
en bordure / along, by / am Rand
étang / pond / Weiher
plan d'eau / stretch of water / Wasserfläche
ferme / farm / Bauernhof
lac / lake / See
lit / bed / Bett
loc. de bicyclettes / bike rental / Verleih von Fahrrädern

machine à laver / washing machine / Waschmaschine
maison / house / Haus
ombragé / shaded / Schatten
rivière / river / Fluß
salle à manger / dining room / Eßzimmer
salle d'eau / shower / Dusche
salle de bains / bathroom / Badezimmer
salon de jardin / garden furniture / Gartenmöbel
sanitaires / bathroom facilities / sanitäre Einrichtungen
sentiers / footpath / Fußwege
suite / suite / Zimmerflucht
surplombant / overhanging / überragend
terrain / ground / Grundstück
tous commerces / full range of shops / alle Geschäfte
vallonné (accidenté) / undulating (hilly) / hügelig (schroff)

Votre région va vous étonner !

03 83 57 31 62
passion.grand.est@wanadoo.fr

5€ en kiosque
abonnement
25€ 6 numéros

Bed and Breakfast accommodation
Das Gästezimmer

bed and breakfast accommodation

Bed and breakfast accommodation is set in privately-owned French homes (farms, manor houses, châteaux) and run by families who will welcome you as friends of the family and be pleased to help you get to know their region. You can choose to stay for one or more nights in a quiet, relaxing setting, with no more than six bedrooms.

Breakfast

A copious breakfast is always included in the price of an overnight stay and will give you the chance to taste the various local specialities. Depending on your hostess's culinary inspiration, there will be a choice of home-made jams, fresh farmhouse bread, Viennese or home-baked pastries, cheese and dairy products or local charcuterie. An ideal way to start the day, in a friendly and relaxing atmosphere.

The tables d'hotes TH

One hostess in three offers the possibility of sharing meals with the family. The table d'hôtes is a very flexible arrangement whereby you can opt for one meal only, or full-board. This facility is available to patrons only. The table d'hôtes is not a restaurant, and it is advisable to let your hosts know whether you wish to use this service. If your hosts do not provide table d'hôtes meals, they will be able to recommend the addresses of the best local restaurants where you can discover regional or traditional French cooking.

Das Gästezimmer

Privatbesitzer haben ihr Haus (Landhaus, Gutshof, Besitztum, Schloß...) so eingerichtet, daß Sie dort als Freunde aufgenommen werden können und die Gegend kennenlernen und erforschen können. In einer angenehmen, ruhigen Umgebung, mit maximal 6 Zimmern werden Sie eine oder mehrere Nächte in einer freundschaftlichen Atmosphäre verbringen.

Das Frühstück

Stets im Übernachtungspreis inbegriffen wird Ihnen das reichhaltige Frühstück Gelegenheit geben, die verschiedenen ortsbedingten Spezialitäten zu probieren. Je nach Einfallsreichtum Ihrer Gastgeberin werden Sie hausgemachte Marmeladen, frisches Landbrot aber auch Selbstgebackenes, Käse und Milchprodukte oder ländliche Fleisch- und Wurstwaren kosten können. Vom Tagesbeginn an eine hervorragende Möglichkeit für Austausch und gemütliches Beisammensein.

Die « Gästetafel »

Jede dritte Gastgeberin gibt Ihnen die Möglichkeit, am Gästetisch zu speisen. Auf diese sehr anpassungs-fähige Weise (ein einfaches Essen, Halb-oder Vollpension) können Sie Ihr Essen am Familientisch einnehmen oder ein gastronomisches Mahl gereicht bekommen. Es ist zu berücksichtigen, daß die Gäste-tafel nur für Gäste bestimmt ist, die auch übernachten. Außerdem wird geraten, da es sich bei der «Gästetafel» nicht um ein Restaurant handelt, sofort bei der Reservierung anzugeben, ob Sie diese Möglich-keit annehmen wollen. Wenn keine Gästetafel angeboten wird, können Ihnen die Gastgeber auf Wunsch die besten in der Nähe gelegenen Adressen mitteilen, die Ihnen erlauben eine traditionelle und ortsgebundene Küche kennenzulernen.

Vous vous demandez
OU PRATIQUER LE VTT ?
La réponse :
SUR LES 130 SITES DE LA FFC
BIEN SUR !

45 000 km de sentiers balisés en permanence vous attendent.

- En France, Outre-Mer ou en Catalogne,
- Avec votre VTT ou loué sur place,
- Seul, entre amis ou en famille,
- Débutant ou confirmé,
- Pour 1 journée, un séjour ou en itinérance sur les Grandes Traversées.

Vous trouverez toujours des parcours adaptés à vos envies et vos capacités. Alors n'hésitez plus, procurez-vous le guide officiel 2002 des Sites VTT-FFC.

(Conditions : envoyez-nous une enveloppe A5 timbrée à 1,75 Euros avec votre adresse à : FFC • 5, rue de Rome • 93561 Rosny-sous-bois cedex)

Pour vos balades touristiques, ayez le réflexe sites VTT-FFC®

LES SITES VTT-FFC, C'EST LE VTT LOISIR !

Les différents circuits sont répérés par des numéros.
Ils sont repertories en fonction de leur difficulté par la couleur des numeros.

- ■ Circuit vert > très facile   ■ CIRCUIT bleu > facile

Ce sont des itinéraires familiaux sans grande difficulté technique et physique.

- ■ CIRCUIT rouge > difficile   ■ CIRCUIT noir > très difficile

Ce sont des itinéraires pour des vététistes confirmés.

CIRCUITS LOCAUX

GRANDES TRAVERSEES

PARCS NATURELS REGIONAUX

Contact : ffc.desprez@wanadoo.fr • Tél : 01 49 35 69 24 / Fax : 01 49 35 69 92
3615 FFC ou 3615 CENTRES VTT • www.ffc.fr ou www.sitesvtt.com

How to find tour bed & breakfast
accommodation

Choose the region you are interested in from the map of France (page 26).
Refer to the map of the region (map number for the selected region).
Choose the area: either from the map or from the list of places arranged in alphabetical order.
Find your accommodation in the guide by looking up the list of destinations arranged by region and departements. Either phone the owners directly or apply in writing.

How to book

Each entry in the guidebook gives the owner's or Reservation Service's address and phone number so that you can call or apply in writing. For longer stays, it is best to book in advance so that an agreement can be drawn up. Never forget that you are staying in other people's homes and that they do not provide the same services as a hotel. If, for any reason, you think that you might arrive later that the expected time, let your host know. You should also inform them ahead of time, if you are travelling with pets.

Prices

The price given in each entry is for an overnight stay, according to the number of people sharing the room, and includes breakfast. Please note that some prices may change at the end of the year, particularly in departements whose for the year 2001 catalogues are published in the autumn. For the table d'hôtes service (TH), prices are given as a guideline only.

Abreviation and symbols

E.C. : Awaiting classification.

1 ear of corn : basic rooms.

2 ears of corn : comfortable rooms, with - at the very least - a private shower room or bathroom.

3 ears of corn : high level of comfort, each room has a fully fitted private bathroom with shower or bath, wash basin and WC.

4 ears of corn : exceptional level of comfort (each room has its own private bathroom), in residences with character, in outstanding settings.

Whichever category you choose, yours hosts will ensure that your stay is an enjoyable one.

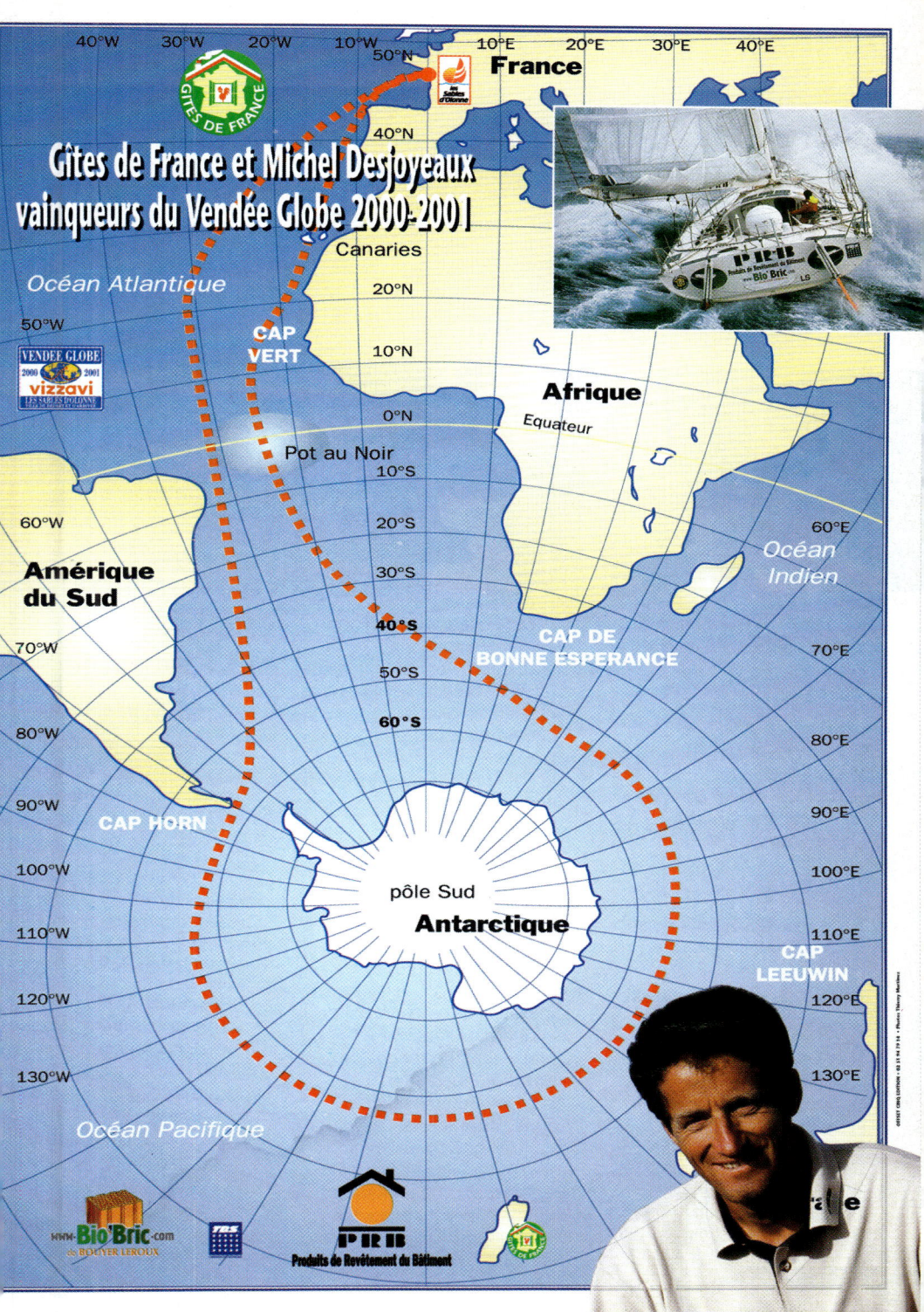

Wie finden sie Ihr gästezimmer ?

Suchen Sie sich auf der Frankreichkarte Ihre gewünschte Region aus (Seite 26) Beziehen Sie sich auf die Regionalkarte (je nach Kartennummer der ausgewählten Gegend). Wählen Sie Ihren Ort: entweder auf der Karte oder auf der Liste der Ortschaften, nach Departementes aufgeführt. Sie finden Ihr Zimmer im Führer, in dem Sie in der alphabetischen Ortsliste suchen. Jetzt brauchen Sie nur noch Ihren Gastgeber anzurufen oder ihm zu schreiben.

Wie reservieren Sie Ihr Zimmer ?

In jeder in diesem Führer befindlichen Beschreibung finden Sie die Adresse des Besitzers oder des Reservierungsdienstes, an den Sie sich per Telefon oder per Post wenden können. Bei längeren Aufenthalten wird empfohlen, rechtzeitig vorher zu reservieren, damit ein Vertrag erstellt werden kann. Vergessen Sie nie, daß Sie bei Privatleuten wohnen, die nicht dieselben Dienste wie ein Hotel anbieten; so wird auch gebeten, daß Sie bei eventueller verspäteter Ankunft die Hausbesitzer davon in Kenntnis setzen. Sollten Sie mit Haustieren anreisen, ist es auch hier empfehlenswert, dies den Besitzern vorher anzukündigen.

Was müssen Sie bezahlen ?

Der in jeder Beschreibung angegebene Preis versteht sich pro Nacht, je nach Anzahl der ein und dasselbe Zimmer besetzenden Personen; Frühstück inbegriffen. Achtung!! Bestimmte Preise können zum Jahresende hin leicht geändert werden, vor allem in denjenigen der Départements deren Katalog 2001 bereits seit Herbst zur Verfügung ist. Die Preise für die Gästetafel sind unverbindlich.

Abkürzungen und symbole

| **1 Ähre** : Einfache Zimmer.

||| **2 Ähren** : Bequem eingerichtete Zimmer, jedes mindestens mit eigener Waschgelegenheit oder eigenem Badezimmer.

||| **3 Ähren** : Sehr bequem eingerichtete Zimmer, jedes mit eigenen kompletten sanitären Einrichtungen (Dusche oder Bad, Waschbecken und WC).

|||| **4 Ähren** : Zimmer mit besonderem Komfort (eigene sanitäre Einrichtungen in jedem Zimmer), in charaktervollen Wohnsitzen deren Umgebung hervorzuheben ist. Häufig werden zusätzliche Dienstleistungen angeboten.

Welche Klassifizierung auch immer Sie wählen mögen, das Anliegen der Gastgeber ist es, Ihnen einen angenehmen Aufenthalt zu sichern.

Village MAGAZINE

CONSTRUIRE SA VIE À LA CAMPAGNE

Pour tous ceux qui vivent ou veulent vivre à la campagne "autrement"

68 pages couleurs

Également disponible chez votre marchand de journaux

Bulletin d'abonnement à retourner à : VILLAGE Magazine - BP 5 - 14410 VASSY

BULLETIN D'ABONNEMENT

EN CADEAU

Recevez le hors série "Tout pour s'installer à campagne" 68 pages

● **Oui je m'abonne au magazine Village pour 1 an au tarif de 160F au lieu de 180F**

Nom : _____ Prénom : _____

Organisme : _____

Adresse : _____

CP : _____ Ville : _____

SIGNATURE

● Je règle ci-joint à l'ordre de l'Acteur Rural
● Je paierai à réception de facture (pour les structures uniquement)

POUR VOS VACANCES, SUIVEZ LE GUIDE

La collection des guides Gîtes de France s'enrichit…

Découvrez dès aujourd'hui la deuxième édition du guide Séjours en Vignobles !

Des propriétaires viticulteurs vous ouvrent leurs propriétés et vous y reçoivent pour un séjour en gîte rural, chambres d'hôtes, gîte d'étape ou gîte de séjour. Vous profiterez de ces instants privilégiés pour visiter les chais, flâner dans les vignes, déguster les différents cépages ou vous laisser conter l'histoire de ces lieux magiques.

Renvoyez ce bon à découper ou une copie à l'adresse suivante

MAISON DES GÎTES DE FRANCE ET DU TOURISME VERT
59, RUE SAINT-LAZARE - 75439 PARIS CEDEX 09
Tél : 01 49 70 75 75 Fax : 01 42 81 28 53
www.gites-de-france.fr
3615 Gîtes de France (0,2 €/mn)
Je souhaite recevoir le guide national
des Séjours en Vignobles au prix de 10,5 €

Ci-joint mon règlement : ☐ par chèque bancaire compensable en France ou par eurochèque en euros à l'ordre de Gîtes de France Services.
☐ **par carte bancaire** en euros : ☐ Carte Bleue ☐ carte Visa ☐ Eurocard ☐ Mastercard
N° de carte Bleue |_|_|_|_| |_|_|_|_| |_|_|_|_| |_|_|_|_| date d'expiration |_|_| |_|_|

Nom .... Prénom ....

Adresse : ....

.... Pays .... Tél : ....

Conformément à la loi " Informatique et Liberté ", vos droits d'accès et de rectifications pourront être exercés à la FNGF et sauf refus express de votre part informations pourront être commercialisées.

FÉDÉRATION EUROPÉENNE POUR L'ACCUEIL TOURISTIQUE CHEZ L'HABITANT À LA CAMPAGNE, À LA FERME ET AU VILLAGE

Allemagne
Autriche
Belgique
Espagne
Finlande
France
Hongrie
Irlande
Italie
Lettonie
Luxembourg
Pologne
Portugal
Rép. Tchèque
Roumanie
Slovaquie
Suède
Suisse

Partez à la découverte de l'Europe, en choisissant une formule d'accueil chez l'habitant

EUROGÎTES - Moulin Vollach
B.P. 36 - 67340 INGWILLER
Tél : 03 88 89 29 05 - Fax : 03 88 85 29 01
www.eurogites.com

CARTE GÉNÉRALE ET LÉGENDE
Tableau d'assemblage

LÉGENDE KEY - ZEICHENERKLÄRUNG

Symbol	Français	English	Deutsch
Revelles ●	Localité offrant des Chambres d'Hôtes	Town or village providing bed & breakfast accommodation	Ein Ort, der Gästezimmer anbietet
AMIENS ○	Préfecture	Prefecture	Präfektur
Abbeville ●	Sous-Préfecture	Sub-Prefecture	Unterpräfektur
	Autoroute	Motorway	Autobahn
	Échangeur complet	Interchange	Autobahneinfahrt und -ausfahrt
	Demi-échangeur	Half interchange	Autobahneinfahrt oder -ausfahrt
	Voie rapide à chaussée séparée	Dual carriageway	Schnellstraße mit getrennten Fahrbahnen
	Axe important à grande circulation	Main trunk road	Hauptverkehrsstraße
	Axe important	Major trunk road	Wichtige Verkehrsstraße
	Route	Road	Straße
	Limite de département	Department boundary	Departementsgrenze
	Frontière	Border	Staatsgrenze
	Étranger	Foreign country	Ausland
	Fleuve ou rivière	River	Fluß
	Lac	Lake	See
	Forêt ou bois	Forest or wood	Wald oder Forst
✈	Aéroport ou aérodrome	Airport or aerodrome	Flughafen oder Flugfeld

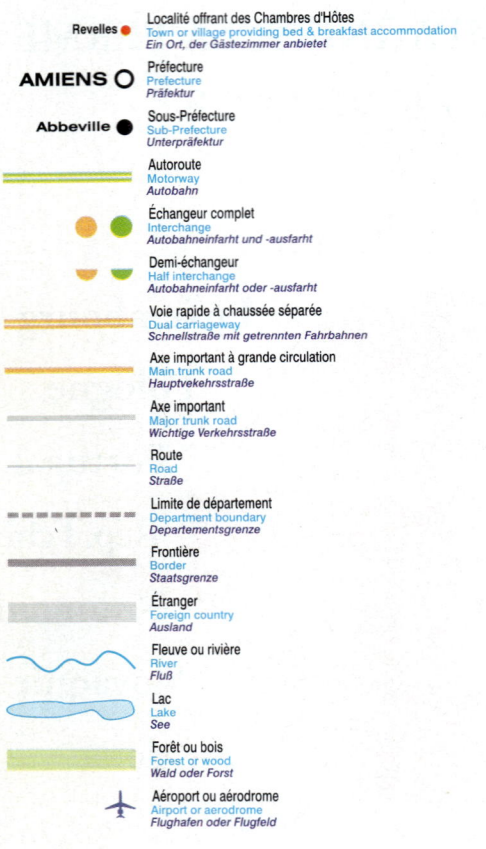

Conformément à la jurisprudence constante «Toulouse, 14.01.1887», les erreurs ou omissions involontaires qui auraient pu subsister dans les cartes et le guide malgré les soins et les contrôles des équipes de rédaction et d'exécution ne sauraient engager la responsabilité des Gîtes de France ou d'Infograph.

In accordance with the legislation in force (and in particular with the precedent referred to as «Toulouse 14.1.1887»), any unintentional errors or omissions which may appear in the maps and guide book, despite the efforts and checks made by the editorial and production staff, shall in no way incur the liability of Gîtes de France or Infograph.

Der standhaften Rechtswissenschaft «Toulouse, 14.01.1887» entsprechend, könnte für die noch unabsichtlichen Fehler oder Auslassungen, die in den Landkarten oder Reiseführern weiterbestehen trotz der bemühungen und der Nachprüfungen in der Ausarbeitung und Durchführung von den Mitarbeitern, die Verantwortung von Les Gîtes de France oder Infograph nicht übernommen werden.

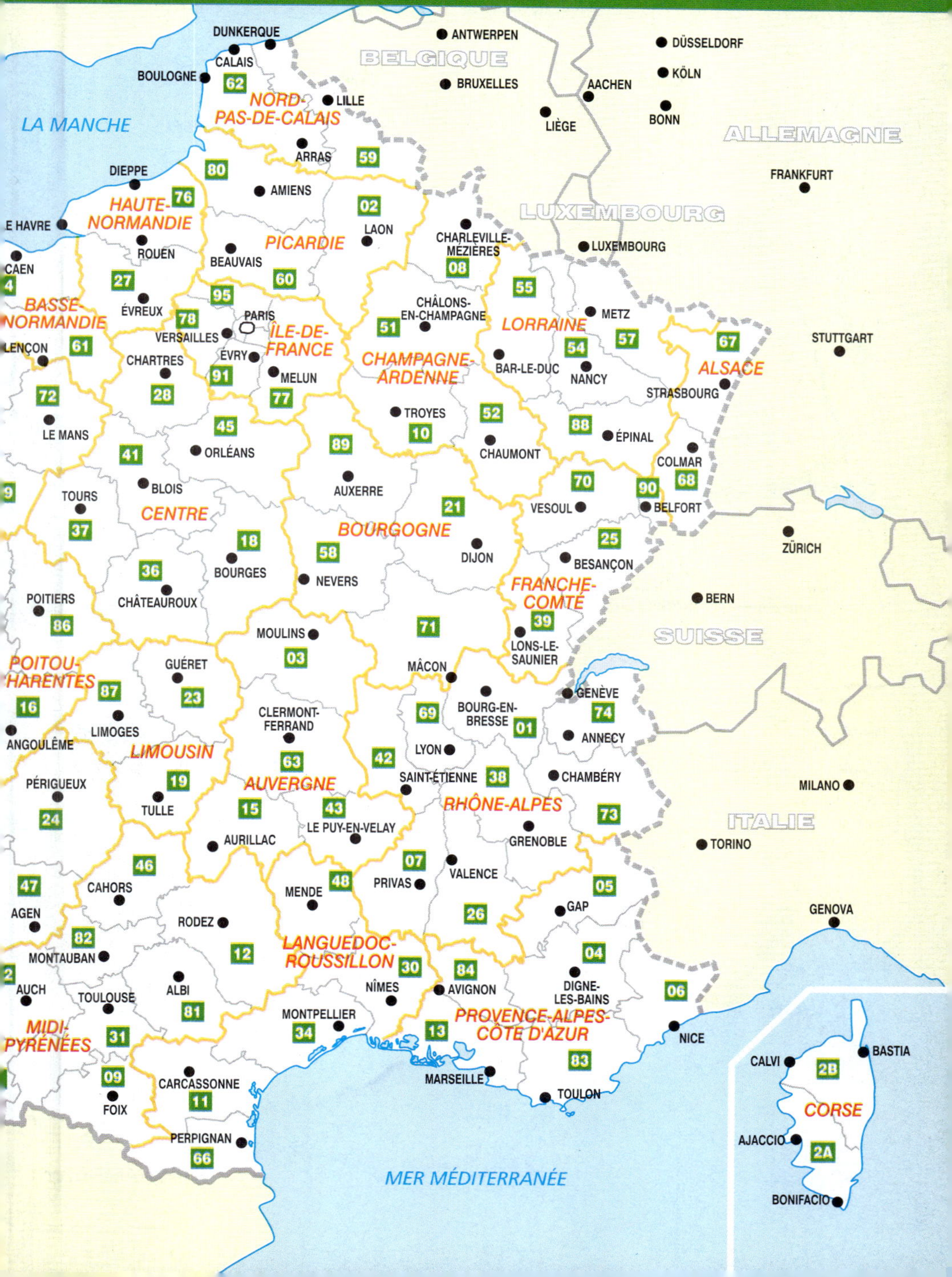
LA MANCHE
BELGIQUE
ALLEMAGNE
LUXEMBOURG
SUISSE
ITALIE
MER MÉDITERRANÉE
DUNKERQUE
CALAIS
BOULOGNE
62
NORD-PAS-DE-CALAIS
LILLE
ARRAS
59
ANTWERPEN
BRUXELLES
AACHEN
LIÈGE
DÜSSELDORF
KÖLN
BONN
FRANKFURT
DIEPPE
80
AMIENS
76
HAUTE-NORMANDIE
E HAVRE
ROUEN
02
LAON
PICARDIE
BEAUVAIS
60
CHARLEVILLE-MÉZIÈRES
08
LUXEMBOURG
CAEN
4
27
ÉVREUX
95
BASSE-NORMANDIE
78
PARIS
VERSAILLES
ÎLE-DE-FRANCE
EVRY
91
MELUN
77
51
CHÂLONS-EN-CHAMPAGNE
CHAMPAGNE-ARDENNE
55
LORRAINE
METZ
57
54
NANCY
BAR-LE-DUC
67
ALSACE
STRASBOURG
STUTTGART
LENÇON
61
CHARTRES
28
72
LE MANS
45
ORLÉANS
TROYES
10
52
CHAUMONT
88
ÉPINAL
COLMAR
68
41
BLOIS
89
AUXERRE
70
VESOUL
90
BELFORT
9
TOURS
37
CENTRE
18
BOURGES
21
BOURGOGNE
58
NEVERS
DIJON
25
BESANÇON
ZÜRICH
36
CHÂTEAUROUX
POITIERS
86
FRANCHE-COMTÉ
39
LONS-LE-SAUNIER
BERN
MOULINS
03
71
MÂCON
POITOU-CHARENTES
GUÉRET
23
87
16
LIMOGES
ANGOULÊME
CLERMONT-FERRAND
63
69
BOURG-EN-BRESSE
01
GENÈVE
74
ANNECY
LYON
42
LIMOUSIN
AUVERGNE
SAINT-ÉTIENNE
38
CHAMBÉRY
PÉRIGUEUX
24
19
TULLE
15
43
LE PUY-EN-VELAY
RHÔNE-ALPES
73
GRENOBLE
MILANO
AURILLAC
TORINO
46
07
VALENCE
47
CAHORS
MENDE
48
PRIVAS
05
AGEN
GAP
RODEZ
26
82
MONTAUBAN
12
LANGUEDOC-ROUSSILLON
30
84
04
GENOVA
2
AUCH
TOULOUSE
ALBI
NÎMES
AVIGNON
DIGNE-LES-BAINS
06
81
MONTPELLIER
34
13
PROVENCE-ALPES-CÔTE D'AZUR
NICE
MIDI-PYRÉNÉES
31
09
FOIX
CARCASSONNE
11
MARSEILLE
83
TOULON
PERPIGNAN
66
CALVI
BASTIA
2B
CORSE
AJACCIO
2A
BONIFACIO

AIN
Rhône-Alpes

01

AISNE
Picardie

02

ALPES-HAUTE-PROVENCE
Provence-Alpes-Côte-d'Azur

04

ALPES-MARITIMES
Provence-Alpes-Côte-d'Azur

 06

ARDÈCHE
Rhône-Alpes

07

42 LOIRE
38 ISÈRE
43 HAUTE-LOIRE
26 DRÔME
48 LOZÈRE
30 GARD
84

SAINT-ÉTIENNE
St-Jacques-d'Attigieux
St-Désirat
Ardoix
Saint-Jeure-d'Ay
Yssingeaux
Saint-Victor
Lemps
Vion
Pailharès
LE PUY-EN-VELAY
Arlebosc
Tournon-sur-Rhône
Mauves
Mars
St-Agrève
Colombier-le-Jeune
Plats
Saint-Romain-de-Lerps
Intres
Gilhoc-sur-Ormèze
Champis
St-Clément
Boffres
Vernoux-en-Vivarais
VALENCE
St-Barthélémy-le-Meil
Chalencon
Saint-Georges-les-Bains
St-Christol
Gluiras
St-Michel-de-Chabrillanoux
Saint-Andéol-de-Fourchades
Saint-Pierreville
St-Fortunat-sur-Eyrieux
Sagnes-et-Goudoulet
Marcols-les-Eaux
Les Ollières-sur-Eyrieux
Saint-Vincent-de-Durfort
St-Julien-du-Gua
Issanlas
Burzet
Lyas
Pourchères
Saint-Lager-Bressac
Montpezat
Genestelle-Bise
PRIVAS
St-Julien-du-Serre
Saint-Vincent-de-Barrès
St-Étienne-de-Lugdarès
Saint-Laurent-sous-Coiron
Saint-Martin-sur-Lavezon
Prades
Ucel
La Souche
Jaujac
Mercuer
Aubenas
Mirabel
St-Cirgues-de-Prades
Rochemaure
Beaumont
Chassiers
St-Germain
Montséigues
Vernon
Montréal
Villeneuve-de-Berg
Alba-la-Romaine
Planzolles
St-Maurice-d'Ardèche
Saint-Andéol-de-Berg
Rosières
Chauzon
Joyeuse
Pradons
Payzac
Labeaume
Lagorce
Saint-Montan
Gravières
St-Alban-Auriolles
Gras
Les Vans
Sampzon
St-Remèze
Berrias-Casteljau
Grospierres
Bourg-Saint-Andéol
Beaulieu
Vagnas
Labastide-de-Virac
Bidon
Bessas
St-Paul-le-Jeune
St-André-de-Cruzières
St-Just-d'Ardèche
St-Sauveur-de-Cruzières

Largentière

ARDENNES
Champagne-Ardenne
08

ARIÈGE
Midi-Pyrénées

09

- TOULOUSE
- Muret
- **31 HAUTE-GARONNE**
- Mazères
- Le Vernet
- Montaut
- Gaudiès
- Lanoux
- Pamiers
- Artix
- Ludiès
- Ste-Croix-Volvestre
- Fabas
- Montégut-Plantaurel
- Dun
- Camon
- Mercenac
- Lorp
- Lescure
- St-Martin-de-Caralp
- FOIX
- Ventenac
- Leran
- Montbel
- **11 AUDE**
- Saint-Girons
- Esplas-de-Sérou
- Serres-sur-Arget
- Cos
- St-Lary
- Cescau
- Lacourt
- Le Bosc
- Bénac
- St-Paul-de-Jarrat
- Augirein
- Salsein
- Massat
- Boussenac
- Montoulieu
- Fougax-et-Barrineuf
- Saurat
- Génat
- Tarascon-sur-Ariège
- Capoulet-Junac
- Appy
- Unac
- Ignaux
- Ax-les-Thermes
- **66 PYRÉNÉES-ORIENTALES**
- ANDORRE
- ESPAGNE

AUBE
Champagne-Ardenne

10

51 MARNE

CHÂLONS-EN-CHAMPAGNE
Vitry-le-François

Nogent-sur-Seine
La Motte-Tilly
Bouy-sur-Ovin
Soligny-les-Étangs

Vallant-Saint-Georges
Charmont-sous-Barbuise
Pougy
Lesmont
Bouy-Luxembourg
Villehardouin
Villiers-le-Brûlé
Brévonnes
Thil
Fuligny
Dienville

TROYES
Laubressel
Géraudot
Bar-sur-Aube

Villemaur-sur-Vanne
Estissac
Messon
Saint-Germain
Lusigny-sur-Barse
Baroville
Longchamp-sur-Aujon

Vulaines
Rigny-le-Ferron
Bercenay-en-Othe
Bouilly

Maraye-en-Othe
Jeugny
Fouchères
Virey-sous-Bar
Bourguignons
Eaux-Puiseaux
Fays-la-Chapelle
Landreville

Avirey-Lingey
Courteron

Les Croûtes
Bernon
Bragelogne-Beauvoir

89 YONNE

AUXERRE

21 CÔTE-D'OR

0 15 km

BOUCHES-DU-RHÔNE
Provence-Alpes-Côte-d'Azur

13

CALVADOS
Basse-Normandie

14

CHARENTE
Poitou-Charentes

16

86 VIENNE

79 DEUX-SÈVRES

17 CHARENTE-MARITIME

87 HAUTE-VIENNE

24 DORDOGNE

33 GIRONDE

NIORT

Villefagnan
Salles-de-Villefagnan
Bioussac
Moutardon
Hiesse
Lessac
Confolens
Saint-Maurice-des-Lions
Tusson
Chenon
Parzac
Chirac-Charente
Luxé
Valence
Mansle
Auge-Saint-Médard
Suaux
Lésignac-Durand
Vitrac-St-Vincent
Rochechouart
Mesnac
Vars
Saint-Adjutory
Louzac-St-André
Réparsac
St-Genis-d'Hiersac
Champniers
Boutiers-Saint-Trojan
Jarnac
Vindelle
Saint-Projet
Cognac
Moulidars
Magnac-sur-Touvre
Orgedeuil
Salles-d'Angles
Trois-Palis
ANGOULÊME
Segonzac
St-Même-les-Carrières
Saint-Preuil
Mosnac
Soyaux
Verrières
Lignières-Sonneville
Saint-Palais-du-Né
Birac
Roullet
Lachaise
Nontron
Chadurie
Aignes-et-Puypéroux
Édon
Pérignac
Condéon
Berneuil
Chillac
Passirac
Guizengeard
PÉRIGUEUX

0 — 15 km

CHARENTE-MARITIME
Poitou-Charentes

17

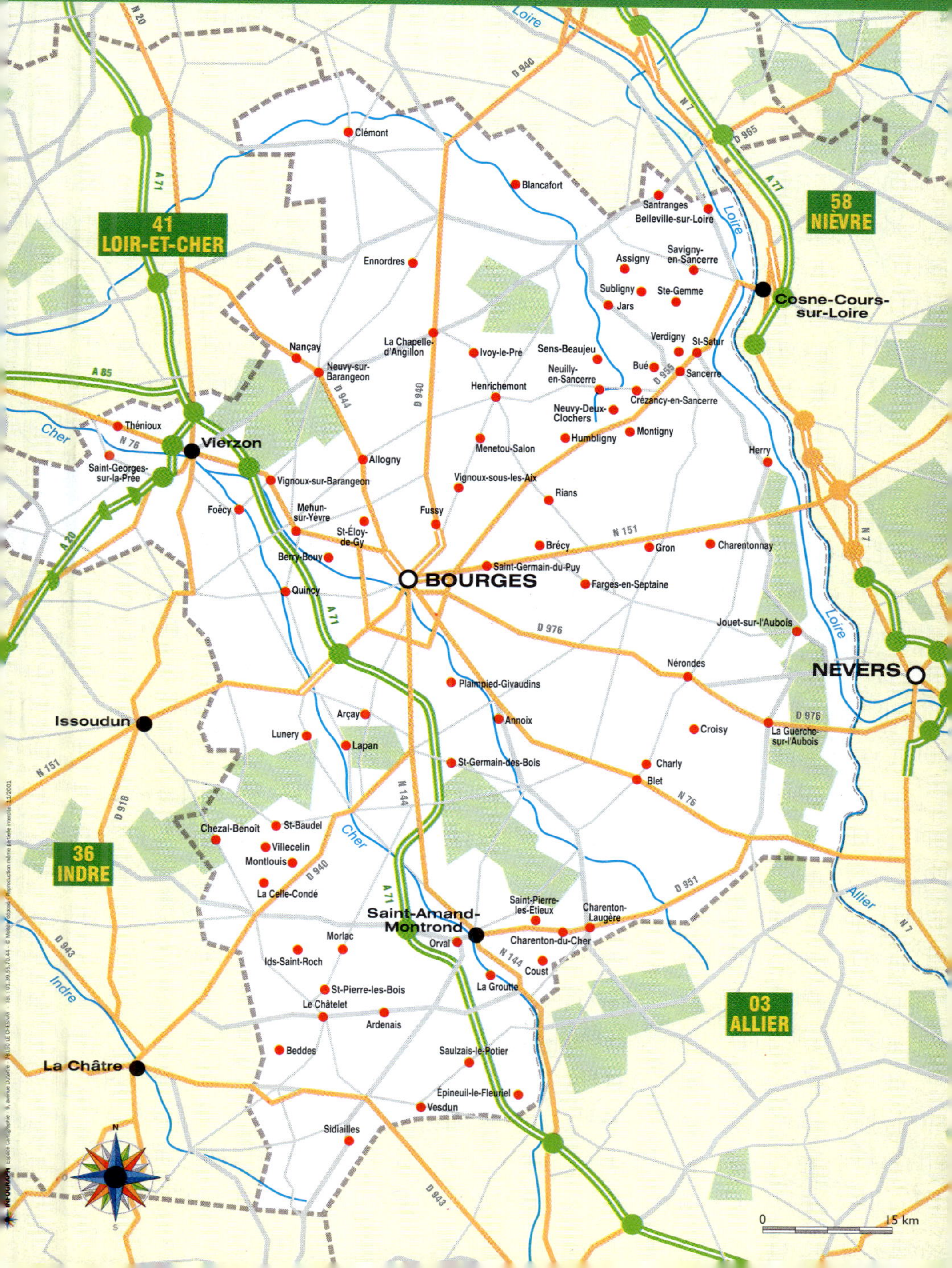
N 20
Loire
D 940
N 7
D 965
A 71
Clémont
Blancafort
Santranges
Belleville-sur-Loire
58
NIÈVRE
41
LOIR-ET-CHER
Ennordres
Assigny
Savigny-en-Sancerre
Sublígny
Ste-Gemme
Jars
Cosne-Cours-sur-Loire
La Chapelle-d'Angillon
Ivoy-le-Pré
Sens-Beaujeu
Verdigny
St-Satur
Nançay
Neuvy-sur-Barangeon
A 85
Henrichemont
Neuilly-en-Sancerre
Bué
D 955
Sancerre
Crézancy-en-Sancerre
D 944
D 940
Neuvy-Deux-Clochers
Thénioux
Cher
N 76
Vierzon
Menetou-Salon
Humbligny
Montigny
Herry
Saint-Georges-sur-la-Prée
Allogny
Vignoux-sur-Barangeon
Vignoux-sous-les-Aix
Rians
Foëcy
Mehun-sur-Yèvre
Fussy
A 20
St-Éloy-de-Gy
N 151
Brécy
Gron
Charentonnay
N 7
Berry-Bouy
Saint-Germain-du-Puy
BOURGES
Farges-en-Septaine
Quincy
A 71
D 976
Jouet-sur-l'Aubois
Loire
Nérondes
NEVERS
Plaimpied-Givaudins
Issoudun
Arçay
Annoix
D 976
Croisy
La Guerche-sur-l'Aubois
Lunery
Lapan
N 151
St-Germain-des-Bois
Charly
Blet
D 918
N 144
N 76
Chezal-Benoît
St-Baudel
Cher
Villecelin
36
INDRE
Montlouis
D 940
La Celle-Condé
D 951
Allier
Saint-Pierre-les-Étieux
Charenton-Laugère
Saint-Amand-Montrond
A 71
Morlac
Charenton-du-Cher
N 7
D 943
Orval
Ids-Saint-Roch
N 144
Coust
Indre
La Groutte
St-Pierre-les-Bois
Le Châtelet
Ardenais
03
ALLIER
Beddes
Saulzais-le-Potier
La Châtre
Épineuil-le-Fleuriel
Vesdun
Sidiailles
N
S
E
O
D 943
0
15 km

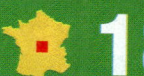

CORSE 2A - 2B
Corse

20

CÔTE-D'OR
Bourgogne

21

10 AUBE

89 YONNE

52 HAUTE-MARNE

71 SAÔNE-ET-LOIRE

CHAUMONT
Langres
Gevrolles
Courban
Laignes
Chemin-d'Aisey
Essarois
Meulson
Aignay-le-Duc
Rougemont
Touillon
Jours-lès-Baigneux
Échalot
Salives
Boussenois
Montbard
Fresnes
Bussy-le-Grand
Darcey
Courtivron
Sacquenay
Senailly
Millery
Venarey-les-Laumes
Corpoyer-la-Chapelle
Chanceaux
Is-sur-Tille
Corrombles
Villars-Villenotte
Pouillenay
Flavigny-sur-Ozerain
Noiron-sur-Bèze
Époisses
Villeferry
Francheville
Messigny-et-Vantoux
St-Julien
Beire-le-Châtel
Rouvray
Clamerey (Pont-Royal)
Fleurey-sur-Ouche
Plombières-lès-Dijon
Magny-sur-Tille
Maxilly-sur-Saône
Aisy-sous-Thil
Velars-sur-Ouche
DIJON
Pontailler-sur-Saône
La Roche-en-Brenil
Maison Dieu
Marcigny-sous-Thil
Corcelles-les-Monts
Marsannay-la-Côte
Rouvres-en-Plaine
Lamarche-sur-Saône
Molphey
Thorey-sous-Charny
Civry-en-Montagne
Chambœuf
Gevrey-Chambertin
Fixin
Beire-le-Fort
Flemmerans
Champeau-en-Morvan
Bellenot-sous-Pouilly
Barges
Athée
Sauilieu
Thoisy-le-Désert (Cercey)
Vandenesse-en-Auxois
Morey-St-Denis
Noiron-sous-Gevrey
Longecourt-en-Plaine
Châteauneuf-en-Auxois
Vougeot
Gilly-lès-Cîteaux
Bessey-lès-Cîteaux
Arconcey
Crugey
Curtil-Vergy
Flagey-Echézeaux
Chaudenay-le-Château
Antheuil
Messanges
Chevannes-Arcenant
Villars-Fontaine
Épernay-sous-Gevrey
Colombier
Painblanc
Meuilley
Saint-Bernard
Villebichot
Bouilland
Prémeaux-Prissey
Arnay-le-Duc
Morey-lès-Fussey
Magny-lès-Villers
Quincey
Dole
Maligny
Savigny-lès-Beaune
Chorey-lès-Beaune
Viévy
Écutigny
Beaune-la-Montagne
Beaune
Chambland
Saint-Pierre-en-Vaux
Ruffey-lès-Beaune
Pouilly-sur-Saône
Franxault
Montceau-Écharnant
Montagny-lès-Beaune
Corberon
Seurre
Pommard
Auxey-Duresses
Merceuil
Vauchignon
Baubigny
Meursault
La Rochepot
Chassagne-Montrachet
Puligny-Montrachet
Corpeau
Santenay-en-Bourgogne

CÔTES-D'ARMOR
Bretagne — 22

CREUSE
Limousin

23

DORDOGNE
Aquitaine

24

16 CHARENTE

87 HAUTE-VIENNE

33 GIRONDE

47 LOT-ET-GARONNE

46 LOT

- Rochechouart
- LIMOGES
- ANGOULÊME
- Champniers-et-Reilhac
- St-Barthélemy-de-Bussière
- Abjat-sur-Bandiat
- St-Pierre-de-Frugie
- Saint-Martin-le-Pin
- Saint-Saud-Lacoussière
- Nontron
- Beaussac
- Saint-Martial-de-Valette
- Saint-Pardoux-la-Rivière
- Jumilhac-le-Grand
- Villars
- Sarrazac
- Champagne-et-Fontaine
- Cherval
- La Gonterie-Boulouneix
- Champagnac-de-Belair
- Payzac
- Vaunac
- Sainte-Trie
- Brantôme
- Bourdeilles
- Agonac
- Cherveix-Cubas
- Montagrier
- Lisle
- Nailhac
- PÉRIGUEUX
- Chantérac
- Eyliac
- Limeyrat
- Saint-Michel-de-Rivière
- Ajat
- Azerat
- Creyssensac-et-Pissot
- Ménesplet
- Rouffignac
- St-Félix-de-Reilhac-et-Mortemart
- Montpon-Ménestérol
- Fleurac
- Mauzens-et-Miremont
- St-Geniès
- Archignac
- Saint-Rémy-sur-Lidoire
- Marcillac-St-Quentin
- Paulin
- Fouleix
- Journiac
- Tamniès
- Salignac-Eyvigues
- Saint-Méard-de-Gurçon
- Marquay
- Proissans
- Ste-Nathalène
- Sarlat-la-Canéda
- Prats-de-Carlux
- Montcaret
- Lamonzie-Montastruc
- Audrix
- Castels
- Trémolat
- Le Coux-et-Bigaroque
- Saint-André-d'Allas
- Carlux
- Bergerac
- Lalinde
- La Roque-Gageac
- Lanquais
- Le Buisson-de-Cadouin
- Cénac
- Razac-de-Saussignac
- Monbazillac
- Bayac
- Faux
- Beaumont-du-Périgord
- St-Aubin-de-Nabirat
- Naussannes
- St-Avit-Sénieur
- Montferrand-du-Périgord
- Gourdon
- Monsaguel
- Eymet
- Capdrot
- Sainte-Foy-de-Belvès
- Gaugeac
- Mazeyrolles

DOUBS
Franche-Comté

25

70 HAUTE-SAÔNE

90 TERRITOIRE-DE-BELFORT

39 JURA

BELFORT
Lure
VESOUL
Montbéliard
Onans
Fontaine-lès-Clerval
Clerval
St-Georges-d'Armont
Baume-les-Dames
Crosey-le-Petit
Ougney-la-Roche
Vaudrivillers
Pierrefontaine-les-Varans
Les Écorces
Charquemont
La Sommette
Bretonvillers
Grand-Combe-des-Bois
BESANÇON
Jallerange
Françis
Larnod
Étray
Le Barboux
Vernierfontaine
Chouzelot
Lombard
Palantine
Lavans-Vuillafans
Morteau
Villers-le-Lac
Pessans
Aubonne
Myon
Amancey
Vuillafans
Arc-sous-Cicon
Gilley
Rennes-sur-Loue
Éternoz
Chapelle-d'Huin
Dommartin
Arc-sous-Montenot
Pontarlier
Villers-sous-Chalamont
La Cluse-et-Mijoux

Lac de Neuchâtel

Chapelle-des-Bois

SUISSE

Lac Léman

0 15

EURE
Haute-Normandie

27

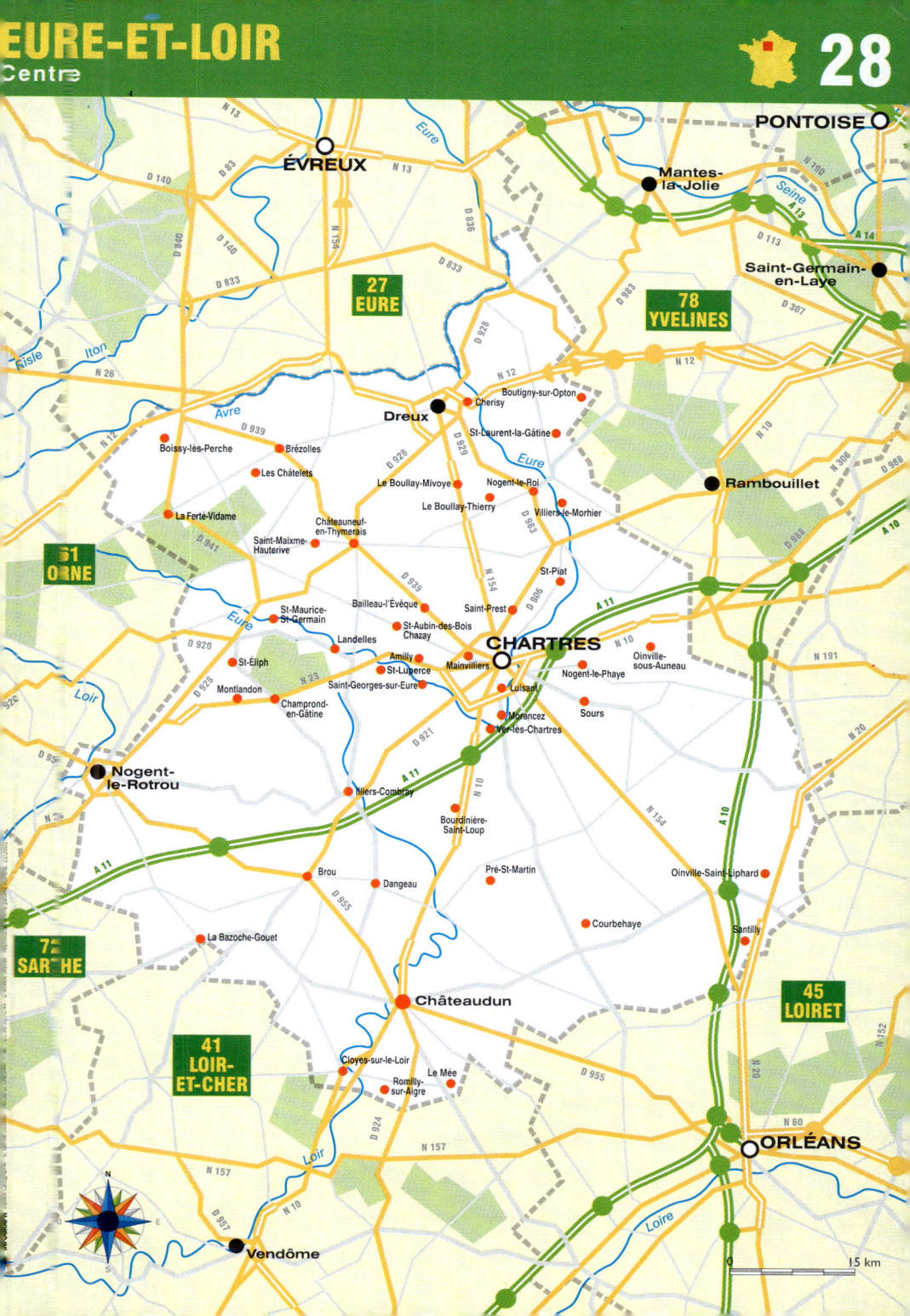

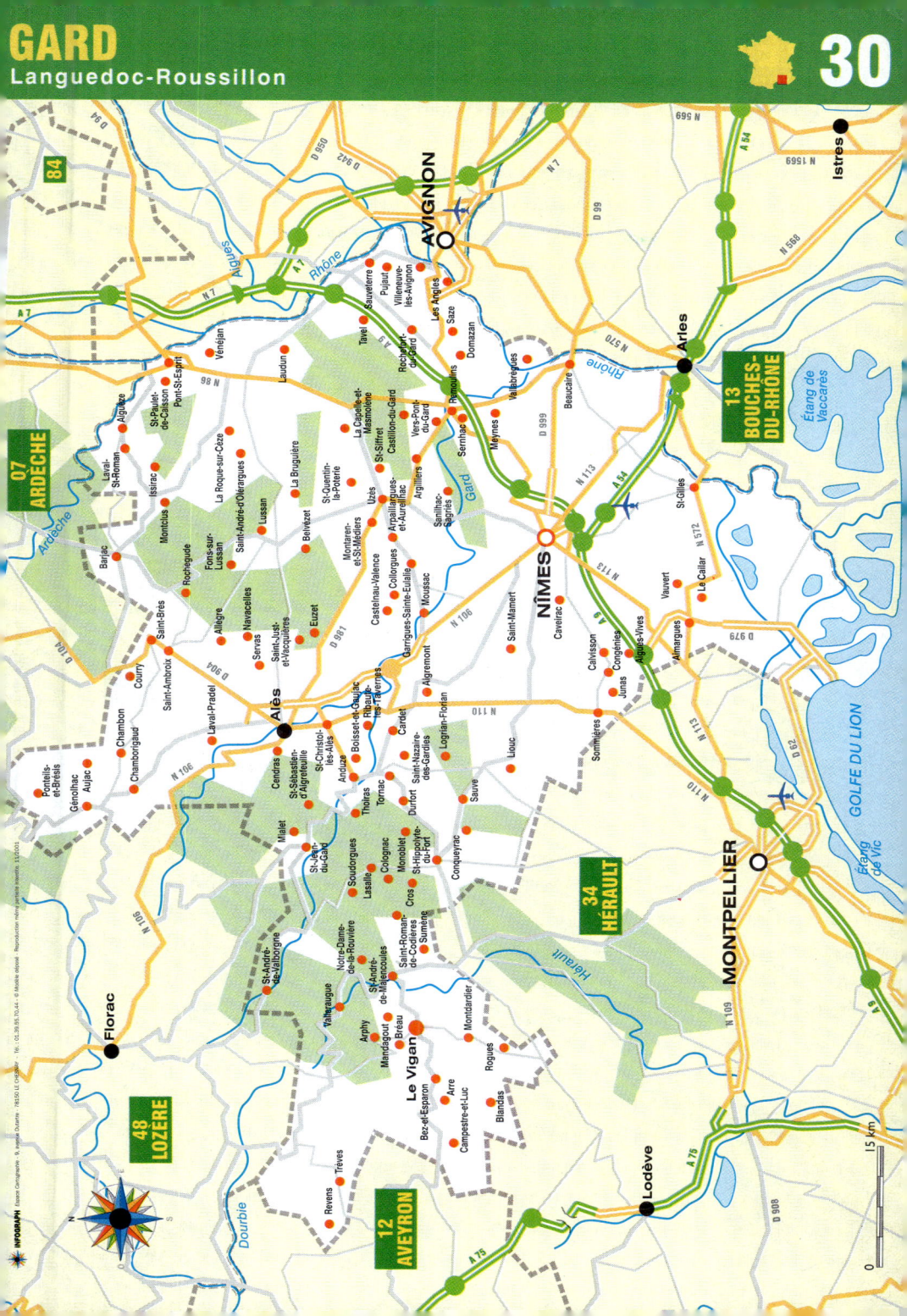

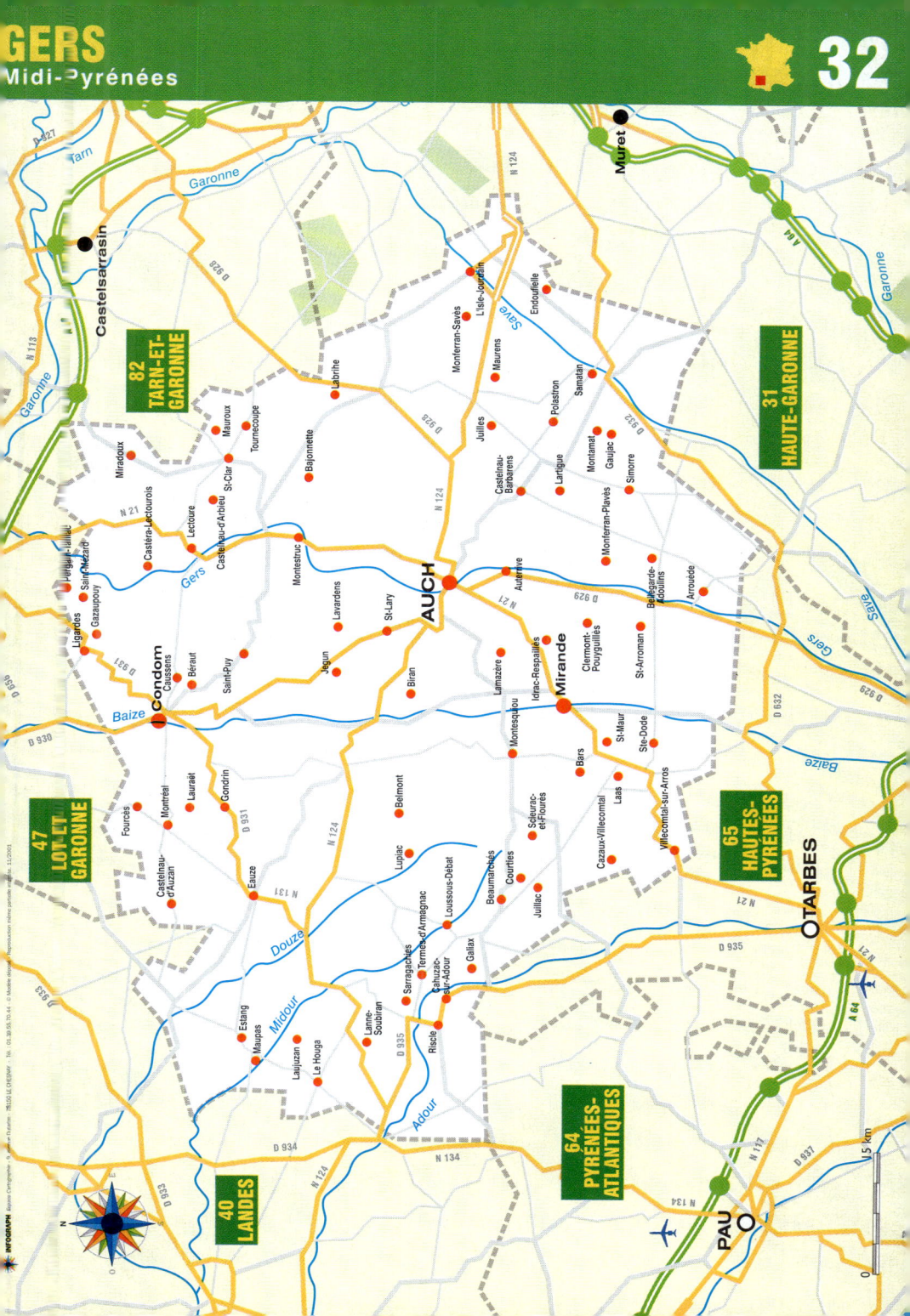

HÉRAULT
Languedoc-Roussillon

34

ILLE-ET-VILAINE
Bretagne

35

INDRE
Centre

36

41 LOIR-ET-CHER
37 INDRE-ET-LOIRE
18 CHER
86 VIENNE
87 HAUTE-VIENNE
23 CREUSE

- Romorantin-Lanthenay
- Vierzon
- Loches
- Chabris
- Orville
- Veuil
- Vicq-sur-Nahon
- Reboursin
- Fléré-la-Rivière
- Gehée
- Bouges-le-Château
- Châtillon-sur-Indre
- Pellevoisin
- Cléré-du-Bois
- Issoudun
- Chezelles
- Coings
- Saint-Aubin
- Saulnay
- Villedieu-sur-Indre
- Mézières-en-Brenne
- Vendœuvres
- CHÂTEAUROUX
- Pruniers
- Étrechet
- Néons-sur-Creuse
- Le Poinçonnet
- Saint-Août
- Tournon-St-Martin
- Mers-sur-Indre
- Montipouret
- Lurais
- Douadic
- St-Chartier
- Thevet-St-Julien
- Sauzelles
- Le Blanc
- Ciron
- Chasseneuil
- Saint-Gaultier
- Tendu
- Nohant-Vic
- Mérigny
- Le Pont-Chrétien
- Sarzay
- Ingrandes
- Tranzault
- Argenton-sur-Creuse
- La Châtre
- Chalais
- Vigoux
- Cluis
- Champillet
- Saint-Civran
- Cuzion
- Montchevrier
- Pouligny-Notre-Dame
- St-Benoît-du-Sault
- Éguzon-Chantôme
- Aigurande-sur-Bouzanne
- Vigoulant
- Guéret

0 — 15 km

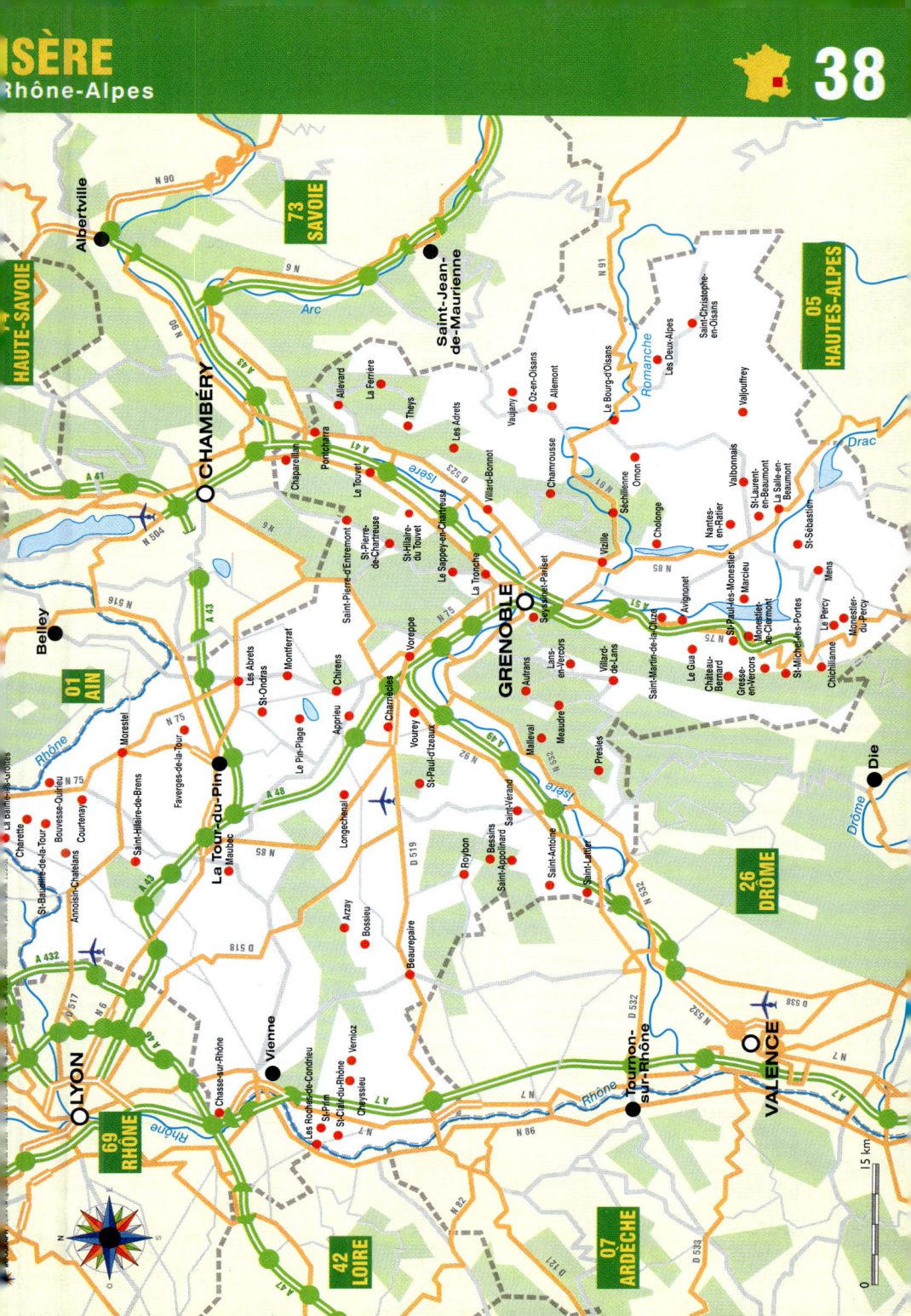

JURA
Franche-Comté

39

LOIR-ET-CHER
Centre

41

HAUTE-LOIRE
Auvergne

43

LOIRE-ATLANTIQUE
Pays-de-la-Loire

44

LOIRET
Centre

45

LOT
Midi-Pyrénées

46

19 CORRÈZE
15 CANTAL
24 DORDOGNE
12 AVEYRON
82 TARN-ET-GARONNE
81 TARN

Tulle
Brive-la-Gaillarde
Sarlat-la-Canéda
Sarrazac
La Chapelle-Auzac
Les Quatre-Routes
St-Denis-lès-Martel
Martel
Souillac
Saint-Sozy
Pinsac
Bretenoux
Taurac
Belmont-Bretenoux
Montvalent
Miers
Padirac
St-Laurent-les-Tours
Lacam-d'Ourcet
Nadaillac-de-Rouge
Lamothe-Fénelon
Autoire
Latouille-Lentillac
Fajoles
Calès
Alvignac
Mayrinhac-Lentour
Milhac
Rocamadour
Rignac
Saignes
Payrignac
Le Vigan
Gramat
Saint-Cirgues
Gourdon
Le Bastit
Lacapelle-Marival
Salviac
Saint-Chamarand
Fontanes-du-Causse
Thémines
Thémines
Saint-Bressou
St-Germain-du-Bel-Air
Frayssinet-le-Gourdonnais
St-Simon
Issepts
Cardaillac
Linac
Dégagnac
Labastide-Murat
Livernon
Fons
Camburat
Bagnac-sur-Célé
Gindou
Lamothe-Cassel
Lissac-et-Mouret
Thédirac
St-Martin-de-Vers
Corn
Figeac
Lentillac-Saint-Blaise
Peyrilles
Sénaillac-Lauzès
Brengues
Boussac
Les Arques
Uzech-les-Oules
St-Sulpice
Frayssinet-le-Gélat
Les Junies
Pelacoy
Orniac
Marcilhac-sur-Célé
Faycelles
Saint-Martin-le-Redon
St-Médard
Boissières
Francoulès
Sauliac-sur-Célé
St-Chels
St-Pierre-Toirac
Duravel
Puy-l'Évêque
Crayssac
Cabrerets
Montbrun
Prayssac
Mercuès
St-Pierre-Lafeuille
Vers
Tour-de-Faure
Vire-sur-Lot
Anglars-Juillac
Albas
Saint-Géry
Maurouux
Bélaye
Pradines
CAHORS
Crégols
Villefranche-de-Rouergue
Floressas
Arcambal
Limogne-en-Quercy
Fargues
Saint-Pantaléon
Le Montat
Escamps
Saux
Lhospitalet
Vidaillac
Belmontet
Montcuq
Lalbenque
Lebreil
Ste-Alauzie
St-Paul-de-Loubressac
Flaugnac
Montdoumerc
Castelnau-Montratier
Belfort-du-Quercy

Montauban

0 — 15 km

LOZÈRE
Languedoc-Roussillon

48

15 CANTAL

43 HAUTE-LOIRE

07 ARDÈCHE

12 AVEYRON

30 GARD

Yssingeaux
Saint-Flour
LE PUY-EN-VELAY
Termes
Fournels
Chauchailles
Laval-Atger
Grandrieu
Fontans
Naussac
Langogne
Sainte-Colombe-de-Peyre
Nasbinals
Prinsuéjols
Marchastel
Arzenc-de-Randon
Cheylard-l'Évêque
Rieutort-de-Randon
Montbel
Prévenchères
Marvejols
Chirac
Le Bleymard
MENDE
Villefort
Chanac
St-André-Capcèze
La Canourgue
La Tieule
Laval-du-Tarn
Sainte-Énimie
Quézac
Le Pont-de-Montvert
La Malène
Mas-Saint-Chély
Montbrun
Florac
St-Frézal-de-Ventalon
St-Privat-de-Vallongue
Saint-Julien-d'Arpaon
Saint-Andéol-de-Clerguemort
St-Rome-de-Dolan
Les Vignes
Hures-la-Parade
Barre-des-Cévennes
St-André-de-Lancize
Le Collet-de-Dèze
Saint-Pierre-des-Tripiers
St-Martin-de-Lansuscle
St-Germain-de-Calberte
Fraissinet-de-Fourques
Molezon
St-Martin-de-Boubaux
Le Rozier
Ste-Croix-Vallée-Française
Moissac-Vallée-Française
Gatuzières
Le Pompidou
Saint-Étienne-Vallée-Française
Alès
Millau
Le Vigan

0   15 km

MARNE
Champagne-Ardenne

51

HAUTE-MARNE
Champagne-Ardenne

52

MAYENNE
Pays-de-la-Loire

53

MEURTHE-ET-MOSELLE
Lorraine

54

MEUSE
Lorraine

55

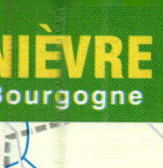

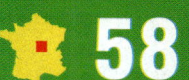

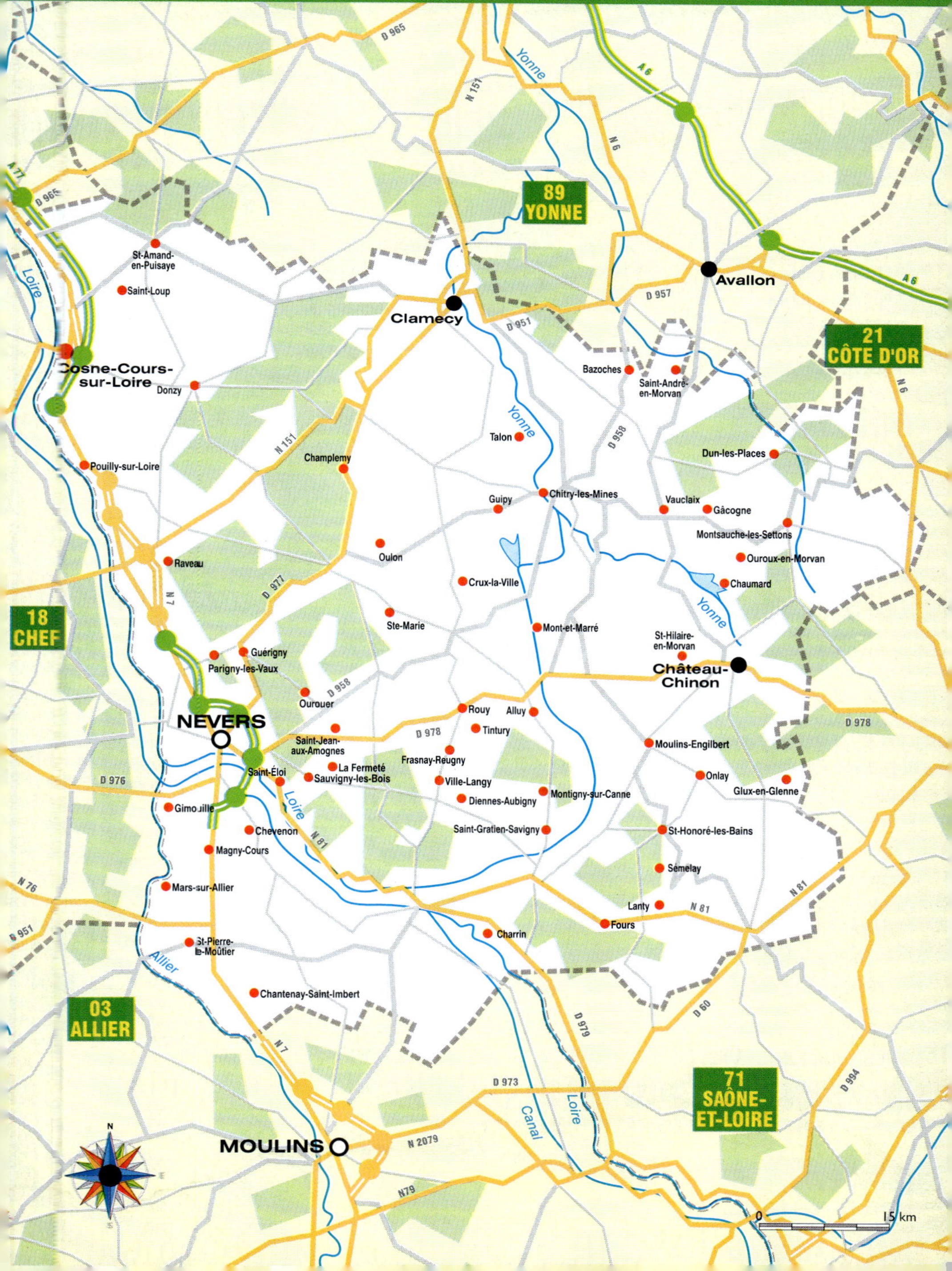

D 965
Yonne
N 151
A 6
N 6
89 YONNE
A 77
D 965
St-Amand-en-Puisaye
Saint-Loup
Loire
Clamecy
Avallon
D 957
D 951
21 CÔTE D'OR
Cosne-Cours-sur-Loire
Donzy
Bazoches
Saint-André-en-Morvan
Yonne
Talon
D 958
N 151
Champlemy
Dun-les-Places
Pouilly-sur-Loire
Chitry-les-Mines
Guipy
Vauclaix
Gâcogne
Montsauche-les-Settons
Raveau
Oulon
Ouroux-en-Morvan
Crux-la-Ville
Chaumard
D 977
N 7
Yonne
18 CHER
Ste-Marie
Mont-et-Marré
St-Hilaire-en-Morvan
Guérigny
Parigny-les-Vaux
Château-Chinon
D 958
Ourouer
Rouy
Alluy
NEVERS
Tintury
D 978
D 978
Saint-Jean-aux-Amognes
Moulins-Engilbert
Frasnay-Reugny
La Fermeté
Saint-Éloi
Sauvigny-les-Bois
Onlay
D 976
Ville-Langy
Glux-en-Glenne
Montigny-sur-Canne
Diennes-Aubigny
Loire
Gimouille
Chevenon
Saint-Gratien-Savigny
St-Honoré-les-Bains
N 81
Magny-Cours
Sémelay
N 76
Mars-sur-Allier
N 81
Lanty
N 81
Fours
Charrin
N 951
St-Pierre-le-Moûtier
Allier
Chantenay-Saint-Imbert
D 60
D 979
03 ALLIER
N 7
71 SAÔNE-ET-LOIRE
D 994
D 973
Canal
Loire
MOULINS
N 2079
N79
0
15 km
N

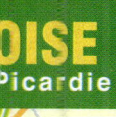

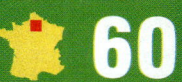

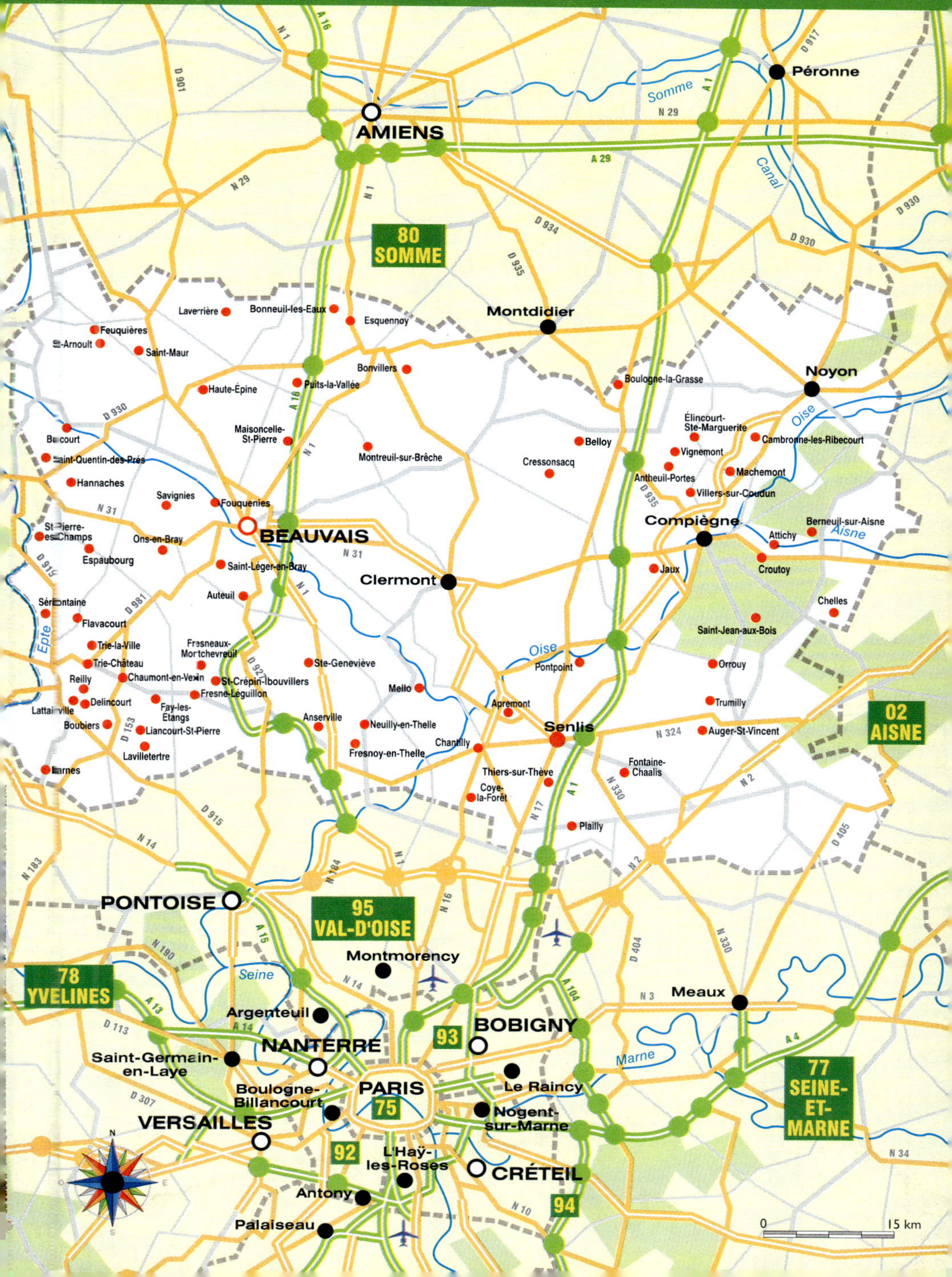

Péronne
Somme
AMIENS
A 29
N 29
Canal
A 16
N 1
A 1
D 901
D 917
D 930
D 934
D 935
80
SOMME
Montdidier
Noyon
Oise
Laverrière
Bonneuil-les-Eaux
Esquennoy
Feuquières
Saint-Maur
Bonvillers
Boulogne-la-Grasse
Haute-Épine
Puits-la-Vallée
Élincourt-Ste-Marguerite
Cambronne-les-Ribecourt
Maisoncelle-St-Pierre
Belloy
Vignemont
Montreuil-sur-Brêche
Cressonsacq
Machemont
Antheuil-Portes
Villers-sur-Coudun
Hannaches
Savignies
Fouquenies
N 31
Compiègne
Berneuil-sur-Aisne
Attichy
Aisne
BEAUVAIS
Ons-en-Bray
Espaubourg
Croutoy
Saint-Léger-en-Bray
Clermont
Jaux
Auteuil
Chelles
Flavacourt
D 981
Saint-Jean-aux-Bois
Trie-la-Ville
Fresneaux-Montchevreuil
Epte
Trie-Château
Ste-Geneviève
Oise
Pontpoint
Orrouy
Chaumont-en-Vexin
St-Crépin-Ibouvillers
Mello
Reilly
Fresne-Léguillon
Delincourt
Fay-les-Etangs
Apremont
Trumilly
Anserville
Neuilly-en-Thelle
Senlis
Auger-St-Vincent
Boubiers
Liancourt-St-Pierre
D 153
N 324
02
AISNE
Chantilly
Fresnoy-en-Thelle
Lavilletertre
Thiers-sur-Thève
Fontaine-Chaalis
Coye-la-Forêt
N 2
N 330
N 17
D 915
N 14
Plailly
D 405
N 183
N 184
N 16
PONTOISE
95
VAL-D'OISE
A 15
N 190
Montmorency
D 404
Seine
78
YVELINES
N 14
A 104
N 3
Meaux
A 13
Argenteuil
D 113
A 14
BOBIGNY
93
NANTERRE
Marne
A 4
Saint-Germain-en-Laye
77
SEINE-ET-MARNE
PARIS
75
Le Raincy
Boulogne-Billancourt
D 307
Nogent-sur-Marne
VERSAILLES
92
L'Haÿ-les-Roses
CRÉTEIL
N 34
Antony
N 10
94
Palaiseau
0
15 km
N
E
S

ORNE
Basse-Normandie

61

PAS-DE-CALAIS
Nord-Pas-de-Calais

62

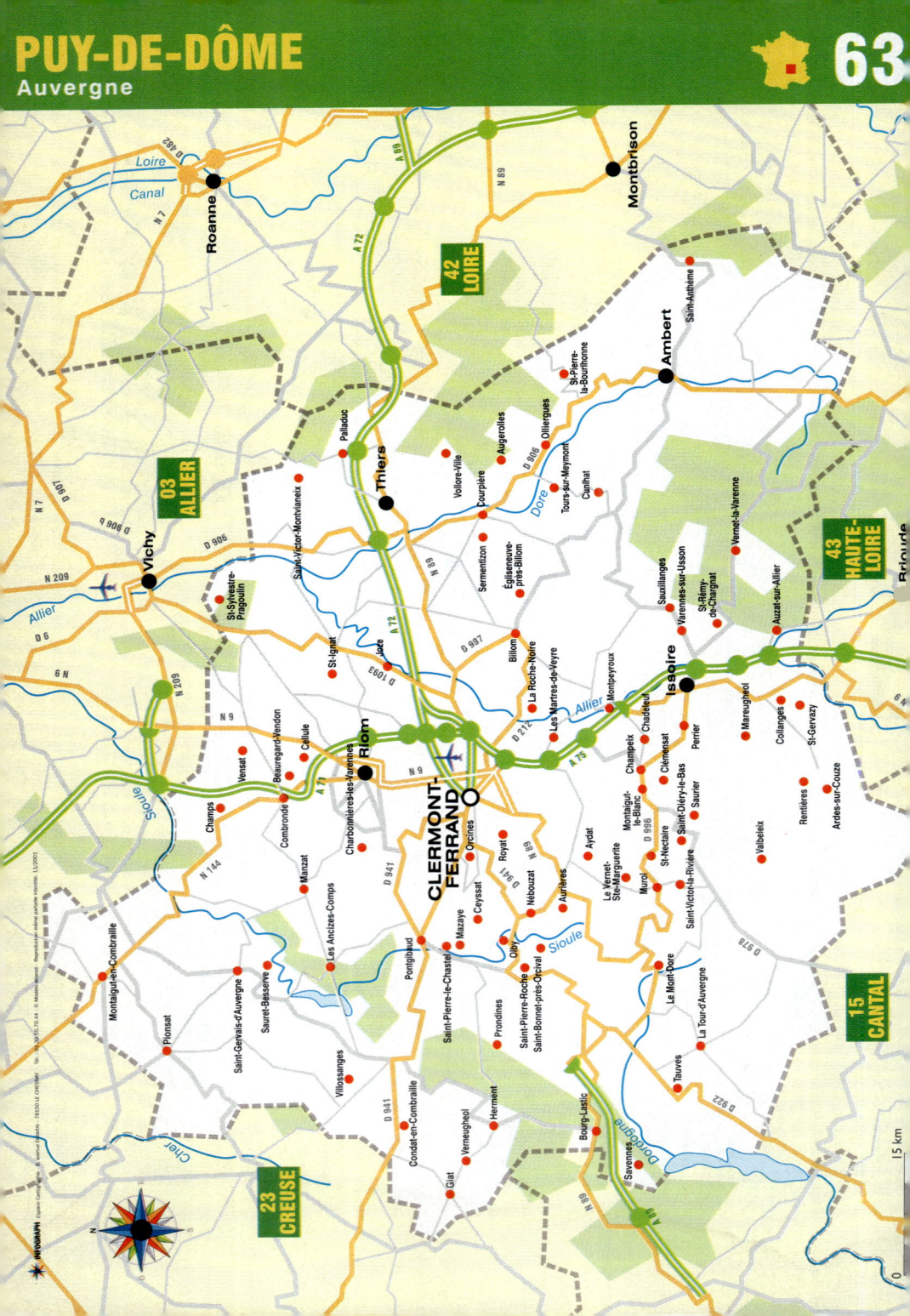

PYRÉNÉES-ATLANTIQUES
Aquitaine

64

32 GERS
65 HAUTES-PYRÉNÉES
40 LANDES

OCÉAN ATLANTIQUE
GOLFE DE GASCOGNE

ESPAGNE

Adour
Gave de Pau
Gave d'Oloron
Gave d'Aspe
Nive
Bidasoa

Dax
Bayonne
Biarritz
Bidart
Urrugne
Ascain
Sare
Saint-Pée-sur-Nivelle
Ustaritz
Espelette
Souraïde
Larressore
Villefranque
Urcuit
Guiche
Bardos
Came
Bidache
La Bastide-Clairence
Hasparren
Isturitz
Saint-Esteben
Iholdy
Irissarry
Bidarray
Itxassou
Louhossoa
Ossès
Suhescun
Aïnhice-Mongelos
Arhansus
Pagolle
Gabat
Ainharp
St-Étienne-de-Baïgorry
Aldudes
St-Jean-Pied-de-Port
Uhart-Cize
Ispoure
St-Michel
Saint-Jean-le-Vieux
Lecumberry
Larrau
Camou-Cihigue
Etchebar
Montory
Sainte-Engrâce
Aramits
Féas
Issor
Agnos
Oloron-Sainte-Marie
Estialescq
Poey-d'Oloron
Garindein
Aroue-Ithorots-Olhaïby
Domezain-Berraute
Susmiou
Dognen
Lay-Lamidou
Saucède
Lucq-de-Béarn
Monein
Vielleségure
St-Gladie-Arrive-Munein
Sauvelade
Orriule
Salies-de-Béarn
Sainte-Suzanne
Hagetaubin
Morlanne
Castéide-Cami
Viellenave
Théze
Caubios-Loos
Serres-Castet
Saint-Armou
Castéide-Candau
Lasclaveries
Cosledaa-Lube-Boast
Viellenave
Monségur
Espechède
PAU
Laroin
Lasseube
Haut-de-Bosdarros
Bosdarros
Louvie-Juzon
Ogeu-les-Bains
Buzy
Iseste
Bielle
Bilhères-d'Ossau
Aydius
Accous
Bedous
Castet
Laruns
Argelès-Gazost
Pontacq-Vielleplette
Aast
Livron
Pontacq
Espoey
Angaïs
Boeil-Bezing
Lestelle-Bétharram
Asson

N 134 · N 117 · A 64 · A 63 · A 10 · D 933 · D 947 · D 935 · D 918 · D 937 · D 936 · D 934

15 km

PYRÉNÉES-ORIENTALES
Languedoc-Roussillon

 66

BAS-RHIN
Alsace

67

57 MOSELLE

88 VOSGES

68 HAUT-RHIN

ALLEMAGNE

Sarregemines • Sarrebourg • Rimsdorf • Burbach • Frohmuhl • Adamswiller • Erckartswiller • Wingen-Lembach • Lembach • Cleebourg • Wissembourg • Drachenbronn • Birlenbach • Memmelshoffen • Seebach • Soultz-sous-Forêts • Merkwiller-Pechelbronn • Hunspach • Kutzenhausen • Betschdorf • Buswiller • Issenhausen • Bossendorf • Wintershouse • Hagueneau • Neuhaeusel • Steinbourg • Saverne • Waltenheim-sur-Zorn • Lupstein • Hoerdt • Dimbsthal • Wintzenheim-Kochersberg • Berstett • Pfettisheim • Marlenheim • Oberschaeffolsheim • STRASBOURG • Traenheim • Breuschwickersheim • Ohnheim-Fegersheim • Molsheim • Duppigheim • Blaesheim • Geispolsheim • Grendelbruch • Rosheim • Griesheim-pres-Molsheim • Eschau • Klingenthal • Boersch • Ottrott • St-Nabor • Schaeffersheim • Bellefosse • Le Hohwald • Heiligenstein • Gertwiller • Bourg-Bruche • Ranrupt • Barr • St-Pierre • Steige • Maisonsgoutte • Eichhoffen • Mittelbergheim • Fouchy • Hohwarth • Ittersviller • Epfig • Dieffenbach-au-Val • Nothalten • Neubois • Dambach-la-Ville • Ebersheim • Diebolsheim • Bliensschwiller • Scherwiller • Saint-Dié • Sélestat • Kintzheim • Orschwiller • Saasenheim • Ribeauvillé • Marckolsheim • Elsenheim • COLMAR

ALLEMAGNE

HAUT-RHIN
Alsace

68

67 BAS-RHIN

- Rombach-le-Franc
- Sélestat
- Thannenkirch
- St-Hippolyte
- Ste-Marie-aux-Mines
- Aubure
- Rorschwihr
- Bergheim
- Ribeauvillé
- Guémar
- Riquewihr
- Beblenheim
- Kaysersberg
- Hunawihr
- Mittelwihr
- Ostheim
- Lapoutroie
- Sigolsheim
- Zellenberg
- Houssen
- Riedwihr
- Ammerschwihr
- Jebsheim
- Orbey
- Katzenthal
- Holtzwihr
- Labaroche
- **COLMAR**
- Muntzenheim
- Trois Épis
- Ingersheim
- Turckheim
- Soultzbach-les-Bains
- Eguisheim
- Husseren-les-Châteaux
- Volgelsheim
- Bre tenbach
- Gueberschwihr
- Oberhergheim
- Geiswasser
- Pfaffenheim
- Nambsheim
- Lautenbach
- Rouffach
- Soultzmatt
- Munwiller
- **Guebwiller**
- Fellering
- Geishouse
- Soultz
- Rimbach-près-Masevaux
- Husseren-Wesserling
- Goldbach-Altenbach
- Uffholtz
- **Thann**
- Vieux-Thann
- Sewen
- Bourbach-le-Haut
- **Mulhouse**
- Rixheim
- St-Bernard
- Schlierbach
- Zillisheim
- Traubach-le-Bas
- **Altkirch**
- Carspach
- Strueth
- Werentzhouse
- Levoncourt
- Oltingue

88 VOSGES
Saint-Dié

70 HAUTE-SAÔNE

90 TERRITOIRE DE BELFORT
BELFORT
Montbéliard

25 DOUBS

ALLEMAGNE

SUISSE

0 — 15 km

RHÔNE
Rhône-Alpes

69

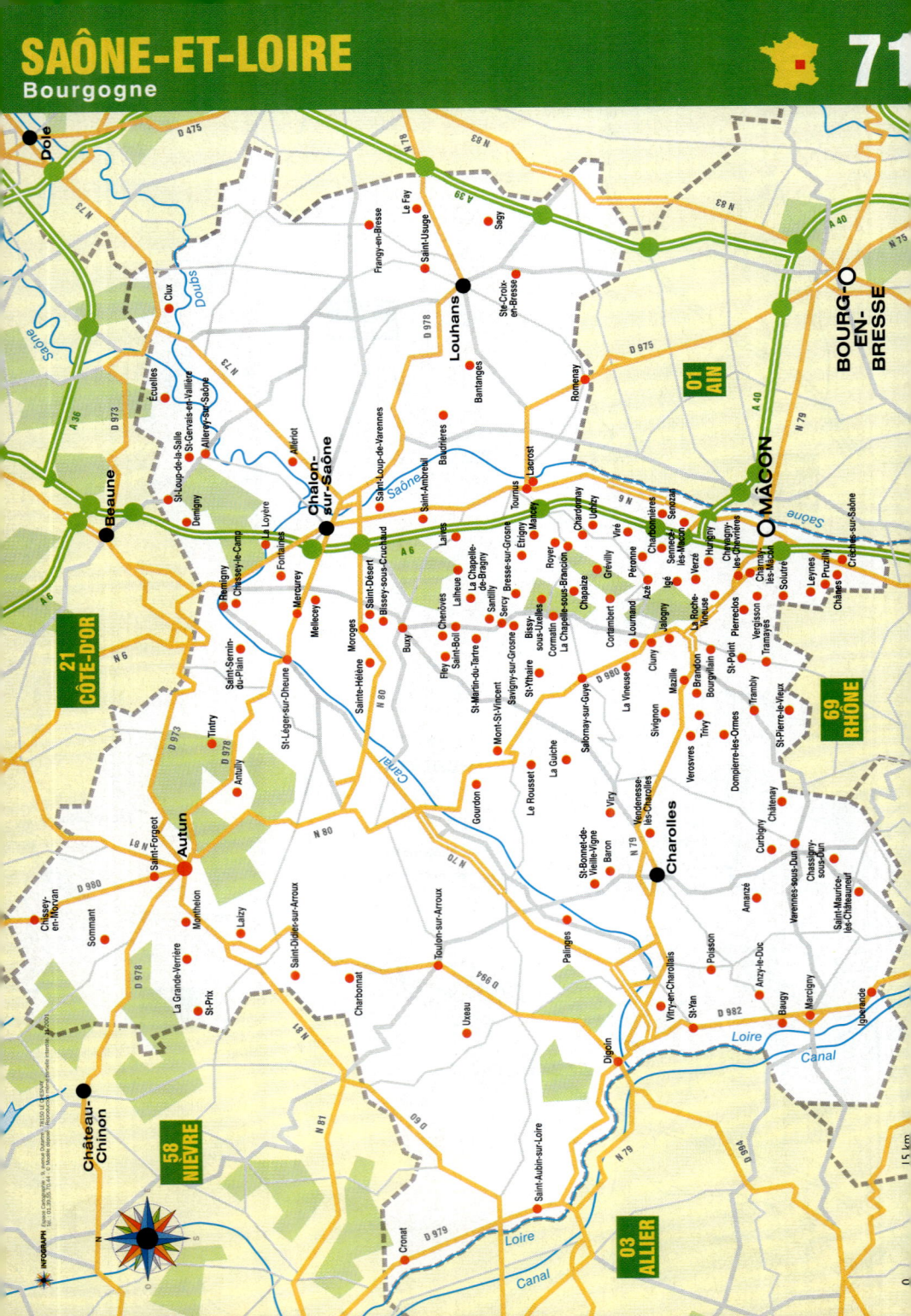

SARTHE
Pays-de-la-Loire

72

SAVOIE
Rhône-Alpes

73

SEINE-MARITIME
Haute-Normandie

76

SEINE-ET-MARNE
Île-de-France

77

Code	Département
02	AISNE
10	AUBE
45	LOIRET
51	MARNE
60	OISE
75	PARIS
89	YONNE
91	ESSONNE
92	(Hauts-de-Seine)
93	(Seine-Saint-Denis)
94	(Val-de-Marne)
95	VAL-D'OISE

Villes principales : Meaux, Melun, Fontainebleau, Provins, Bobigny, Le Raincy, Nogent-sur-Marne, Créteil, Évry, Senlis, Montmorency, Nanterre, Paris, L'Haÿ-les-Roses, Antony, Palaiseau, Château-Thierry, Nogent-sur-Seine, Sens, Pithiviers.

Communes : Othis, Penchard, Trilbardou, Jaignes, Méry-sur-Marne, Jouarre, Bussy-Saint-Martin, St-Germain-sur-Morin, Crécy-la-Chapelle, Pommeuse, Montolivet, Villeneuve-le-Comte, Choisy-en-Brie, Les Chapelles-Bourbon, Ormeaux, Nesles-la-Gilberde, Vaudoy-en-Brie, Montceaux-les-Provins, Châtres, Voinsles, Bannost-Villegagnon, La Chapelle-Iger, Courpalay, Jouy-le-Châtel, Yèbles-Guignes, Chenoise, Crisenoy, Bréau, Saint-Ouen-en-Brie, Vanvillé, Châtillon-la-Borde, Lizines, St-Sauveur-sur-École, Dammarie-les-Lys, Le Châtelet-en-Brie, La Chapelle-Rablais, Chalmaison, Chartrettes, Perthes-en-Gâtinais, Bois-le-Roi, Héricy, Échouboulains, Grisy-sur-Seine, Cély-en-Bière, Chailly-en-Bière, Laval-en-Brie, Bazoches-lès-Bray, Thomery, Vernou-la-Celle-sur-Seine, Noisy-sur-École, Ury, Montigny-sur-Loing, Ville-St-Jacques, La Brosse-Montceaux, Mainbervilliers, Buthiers, Dormelles, Montmachoux, Thoury-Férottes, Treuzy-Levelay, Paley, Vaux-sur-Lunain, Poligny, Égreville, La Madeleine-sur-Loing, Souppes-sur-Loing.

0 — 15 km

DEUX-SÈVRES
Poitou-Charentes

79

49 MAINE-ET-LOIRE

85 VENDÉE

86 VIENNE

17 CHARENTE-MARITIME

Cholet
Chinon
Bouillé-Loretz
Loublande
Moulins
Massais
Ste-Verge
Saint-Aubin-de-Baubigné
Thouars
Nueil-sur-Argent
Rigné
Ste-Gemme
Combrand
Noirterre
St-Varent
Le Pin
Cirières
Bressuire
Glénay
Cerizay
Terves-Bressuire
Saint-Loup-Lamairé
Moncoutant
Amailloux
Adilly
St-Aubin-le-Cloud
La Ferrière-en-Parthenay
Vernoux-en-Gâtine
Parthenay
La Chapelle-Bertrand
Beaulieu-sous-Parthenay
Vasles
POITIERS
Vausseroux
Coulonges-sur-l'Autize
Champdeniers
Mazières-en-Gâtine
Fontenay-le-Comte
Surin
Germond-Rouvre
Saivres
Cherveux
St-Maixent-l'École
Villiers-en-Plaine
Nanteuil
Salles
Niort-Sciecq
Avon
La Crèche
Arçais
Coulon
Magné
Vouillé
Praillés
Chenay
Le Vanneau
NIORT
St-Hilaire-la-Palud
Frontenay-Rohan-Rohan
Verrines-sous-Celles
Lezay
Ste-Soline
Mauzé-sur-le-Mignon
Vallans
St-Martin-de-Bernegoue
Saint-Vincent-la-Châtre
Beauvoir-sur-Niort
Marigny
Secondigné-sur-Belle
Tillou
Gournay
Chizé
Brioux-sur-Boutonne
Chef-Boutonne
Sauzé-Vaussais

Saint-Jean-d'Angély

0   15 km

SOMME
Picardie

80

TARN-ET-GARONNE
Midi-Pyrénées

82

VAUCLUSE
Provence-Alpes-Côte-d'Azur

84

05 HAUTES-ALPES
04 ALPES-DE-HAUTE-PROVENCE
83 VAR
26 DRÔME
84
07 ARDÈCHE
30 GARD
13 BOUCHES-DU-RHÔNE

Forcalquier
Nyons
Saint-Trinit
Sault
Monieux
Lagarde-d'Apt
Viens
St-Martin-de-Castillon
Rustrel
Apt
Salignon
Vitrolles-en-Lubéron
La Motte-d'Aigues
Grambois
Vaugines
Lourmarin
Ansouis
Pertuis
Villelaure
Cadenet
Lauris
Puyvert
Buoux
Bonnieux
Ménerbes
Maubec
Oppède
Robion
Cheval-Blanc
Cavaillon
Taillades
L'Isle-sur-la-Sorgue
Lagnes
Cabrières-d'Avignon
Gordes
Goult
Lacoste
Roussillon
Murs
Venasque
Mazan
Mormoiron
Saint-Pierre-de-Vassols
Bédoin
Beaumont-du-Ventoux
Saint-Marcellin-lès-Vaison
Faucon
Entrechaux
Puyméras
Villedieu
Malaucène
Le Barroux
Crillon-le-Brave
Caromb
Saint-Didier
Carpentras
Vacqueyras
Gigondas
Beaumes-de-Venise
Aubignan
Loriol-du-Comtat
Monteux
Althen-des-Paluds
Pernes-les-Fontaines
Vedène
St-Saturnin-lès-Avignon
Entraigues
Le Thor
Caumont-sur-Durance
Châteauneuf-de-G.
Velleron
Sarrians
Violès
Sablet
Séguret
Roaix
Buisson
Visan
Valréas
Grillon
Richerenches
St-Roman-de-Malegarde
Lagarde-Paréol
Rasteau
Cairanne
Camaret-sur-Aigues
Uchaux
Châteauneuf-du-Pape
Sérignan-du-Comtat
Piolenc
Orange
Mornas
Lamotte-du-Rhône
Bollène
Lapalud
Avignon-Montfavet
Avignon-Île-de-la-Barthelasse
AVIGNON
Arles
NÎMES

Aix-en-Provence

VENDÉE
Pays-de-la-Loire

85

49 MAINE-ET-LOIRE
79 DEUX-SÈVRES
44 LOIRE-ATLANTIQUE

OCÉAN ATLANTIQUE

Île de Noirmoutier
Île d'Yeu
Île de Ré

NANTES
Cholet
La Roche-sur-Yon
Fontenay-le-Comte
Les Sables-d'Olonne

Saint-Michel-le-Cloucq, Nieul-sur-l'Autise, Bouillé-Courdault, Liez, Le Mazeau, St-Pierre-le-Vieux, Doix, Maillezais, L'Orbrie, St-Martin-des-Fontaines, Vellurie, Le Gué-de-Velluire, Chaillé-les-Marais, Mouzeuil-St-Martin, Saint-Michel-en-l'Herm, La Faute-sur-Mer, St-Denis-du-Payré, St-Cyr-en-Talmondais, Triaize, Luçon, Angles, Le Bernard, Saint-Vincent-sur-Jard, Talmont-St-Hilaire, Château-d'Olonne, La Boissière-des-Landes, Ste-Flaive-des-Loups, Nieul-le-Dolent, La Chapelle-Achard, St-Mathurin, Saint-Julien-des-Landes, Landevieille, Vairé, Martinet, Coëx, Maché, St-Hilaire-de-Riez, L'Aiguillon-sur-Vie, Saint-Gilles-Croix-de-Vie, Saint-Jean-de-Monts, Soullans, St-Christophe-du-Ligneron, La Garnache, Challans, Châteauneuf, Bois-de-Céné, St-Gervais, Bouin, Beauvoir-sur-Mer, Noirmoutier, Saint-Florent-des-Bois, Saint-Hermine, La Réorthe, Les Pineaux-Saint-Ouen, La Chaize-le-Vicomte, St-Martin-des-Noyers, Fougeré, Saint-Hilaire-le-Vouhis, Mouchamps, L'Oie, Sainte-Cécile, Chauché, Saint-Denis-la-Chevasse, L'Herbergement, Belleville-sur-Vie, Le Poiré-sur-Vie, Aizenay, Les Lucs-sur-Boulogne, St-André-Treize-Voies, La Copechagnière, Chavagnes-en-Paillers, Les Brouzils, La Boissière-de-Montaigu, Cugand, St-Hilaire-de-Loulay, St-Martin-des-Tilleuls, La Verrie, Les Landes-Genusson, Les Herbiers, Les Epesses, St-Malô-du-Bois, Chambretaud, Les Châtelliers-Châteaumur, La Flocellière, St-Michel-Mont-Mercure, Le Boupère, St-Paul-en-Pareds, Monsireigne, Réaumur, Cezais, St-Germain-de-Prinçay

15 km

N

D 960, D 752, N 249, D 763, N 149, N 137, D 751, D 178, D 753, D 948, D 763, D 937, N 160, D 937, A 83, D 746, D 949, D 746, D 949, N 137, D 148, N 148, D 938, D 938.1, N 148, N 137, A 87

VIENNE
Poitou-Charentes

86

HAUTE-VIENNE
Limousin

87

- 86 VIENNE
- 36 INDRE
- 23 CREUSE
- 16 CHARENTE
- 24 DORDOGNE
- 19 CORRÈZE

La Châtre
Montmorillon
GUÉRET
Confolens
Nontron

LIMOGES

Les Grands-Chézeaux
Verneuil-Moustiers
Arnac-la-Poste
Bussière-Poitevine
Magnac-Laval
Peyrat-de-Bellac
Fromental
Blanzac
Bellac
Saint-Junien-les-Combes
Bessines
Bersac-sur-Rivalier
Bussière-Boffy
Breuilaufa
St-Pardoux
Laurière
Blond
St-Léger-la-Montagne
Cieux
Nantiat
Saint-Sylvestre
Peyrilhac
Compreignac
Ambazac
Oradour-sur-Glane
Bonnac-la-Côte
Veyrac
St-Martin-Terressus
Saint-Victurnien
St-Just-le-Martel
St-Brice-sur-Vienne
Saint-Yrieix-sous-Aixe
Papazol
Rochechouart
Verneuil-sur-Vienne
Isle
Royères
St-Léonard-de-Noblat
Saint-Auvent
Peyrat-le-Château
St-Laurent-sur-Gorre
Feytiat
Bujaleuf
Boisseuil
Masléon
Cussac
Burgnac
Saint-Bonnet-Briance
Eymoutiers
Champagnac-la-Rivière
Rilhac-Lastours
Saint-Hilaire-Bonneval
Châteauneuf-la-Forêt
Pageas
Nexon
Rempnat
Châlus
St-Priest-Ligoure
Glanges
La Chapelle-Montbrandeix
St-Vitte-sur-Briance
Pensol
Dournazac
Bussière-Galant
Ladignac-le-Long
Château-Chervix
Magnac-Bourg
Le Chalard
St-Yrieix-la-Perche
Coussac-Bonneval

Vienne
Gartempe
Maulde
Vienne
Vézère
Creuse
Corrèze

0 15 km

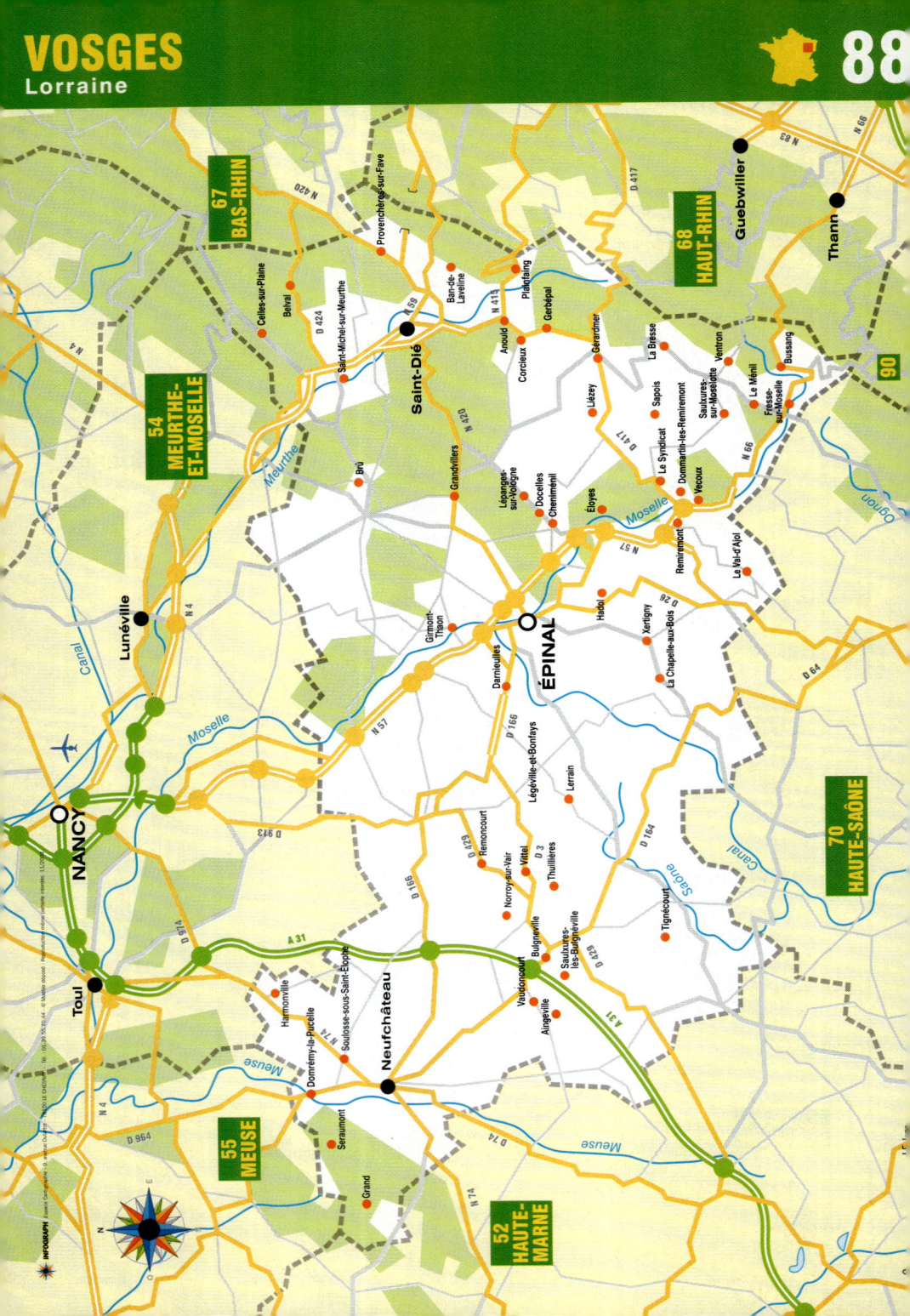

YONNE
Bourgogne

89

10 AUBE

45 LOIRET

58 NIÈVRE

21 CÔTE D'OR

Nogent-sur-Seine
Troyes
Vallery
Lixy
Nailly
Sens
Foissy-sur-Vanne
Vareilles
Cerisiers
Charny
Chichery
Hauterive
Ligny-le-Châtel
Dannemoine
Venouse
Vézannes
Tonnerre
Cruzy-le-Châtel
Poilly-sur-Tholon
Laduz
Collan
St-Martin-sur-Ouanne
Égleny
Lindry
Villefargeau
Venoy
Lézinnes
Beauvoir
AUXERRE
Ancy-le-Franc
Champignelles
Chevannes
Escolives-Ste-Camille
Môlay
Tannerre-en-Puisaye
Gy-l'Évêque
Coulanges-la-Vineuse
Sacy
Noyers-sur-Serein
Fontaines
Merry-Sec
Lavau
Saint-Fargeau
Lain
Joux-la-Ville
Thizy
Marmeaux
Lainsecq
Druyes-les-Belles-Fontaines
Arcy-sur-Cure
Étais-la-Sauvin
Brosses
Avallon
Sauvigny-le-Beuréal
Cosne-Cours-sur-Loire
Vézelay
Sainte-Magnance
Saint-Père-sous-Vézelay
Bussières
Clamecy
St-Germain-des-Champs

15 km

ESSONNE
Île-de-France

91

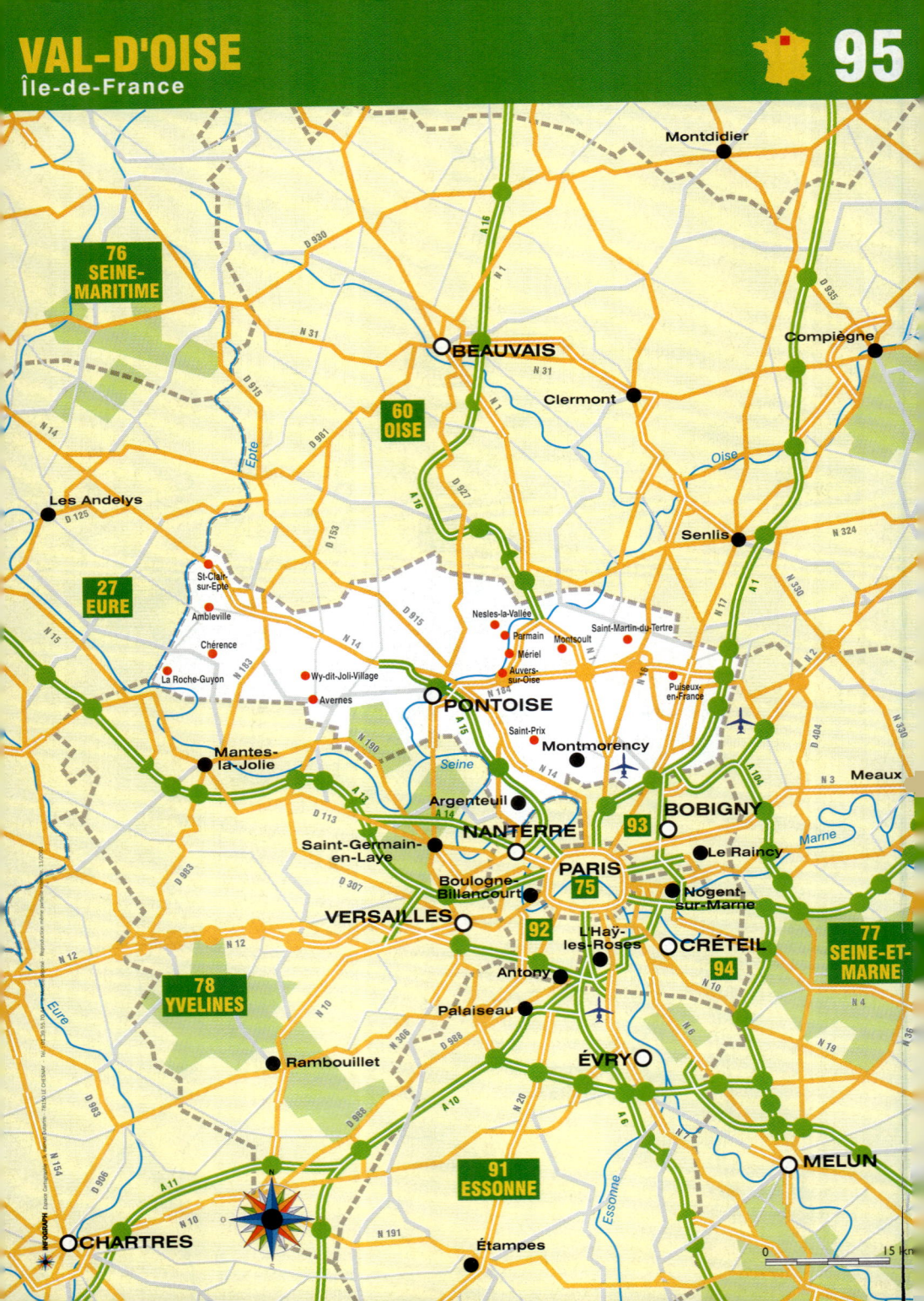

RÉUNION
Outre-Mer

974

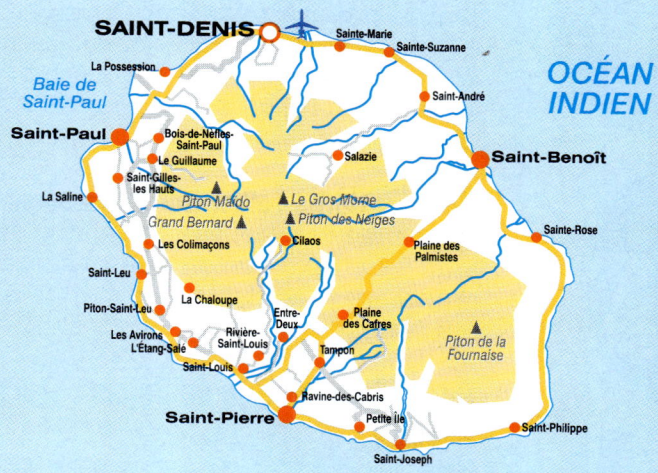

Avec les Gîtes de France, tous les goûts sont dans la nature

Gîte Rural : une maison rien que pour vous

Aménagé dans le respect du style local, le gîte rural est une maison ou un logement indépendant situé à la campagne, à la mer, à la montagne. On peut le louer pour un week-end, une ou plusieurs semaines, en toute saison. A l'arrivée, les propriétaires vous réserveront le meilleur accueil.

Chambre d'Hôtes : dormez chez nous, vous êtes chez vous

La chambre d'hôtes ou le "bed and breakfast" à la française : une autre façon de découvrir les mille visages de la France. Vous êtes reçus "en amis" chez des particuliers qui ouvrent leur maison pour une ou plusieurs nuits, à l'occasion d'un déplacement ou d'un séjour. C'est redécouvrir convivialité, bien-vivre et aussi la cuisine régionale avec la table d'hôtes.

Gîte d'Enfants : offrez-leur des vacances buissonnières

Pendant les vacances scolaires, vos enfants sont accueillis au sein d'une famille agréée "Gîtes de France" et contrôlée par l'administration compétente. Ils partageront avec d'autres enfants (11 maximum) la vie à la campagne et profiteront de loisirs au grand air.

Gîte d'Etape et Gîte de Séjour : pour le bonheur d'être ensemble

Le gîte d'étape est destiné à accueillir des randonneurs (pédestres, équestres, cyclistes…) qui souhaitent faire une courte halte avant de continuer leur itinéraire ; il est souvent situé à proximité d'un sentier de randonnée. Le gîte de séjour est prévu pour accueillir des familles ou des groupes à toute occasion : week-end, vacances, réception, classe de découvertes, séminaire…

Camping à la ferme : campez à la rosée des prés

Situé généralement près d'une ferme, le terrain où vous installez votre tente ou votre caravane est aménagé pour l'accueil d'une vingtaine de personnes ; vous pourrez y séjourner en profitant de la tranquillité, de l'espace et de la nature.

Chalets-Loisirs : profitez d'activités de plein-air

Dans un environnement de pleine nature, 3 à 25 chalets loisirs sont aménagés pour 6 personnes maximum. Des activités de loisirs (pêche, VTT, pédalo, tir à l'arc…) sont proposées sur place.

POUR VOS VACANCES, SUIVEZ LE GUIDE

Parce que vos vacances sont uniques, nous vous proposons 11 guides nationaux et 95 guides départementaux pour vous accompagner partout en France. Pour une nuit, un week-end ou plusieurs semaines, à la montagne, à la mer ou à la campagne, les Gîtes de France ont sélectionné 55.000 adresses hors des sentiers battus. Retrouvez les 11 guides nationaux dans votre librairie ou renvoyez ce coupon réponse.

Découvrez aussi nos 95 guides départementaux, disponibles dans les relais départementaux ou à la Maison des Gîtes de France et du Tourisme Vert.

 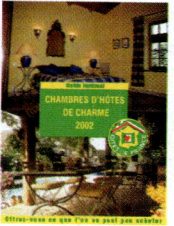  

Renvoyez ce bon à découper ou une copie à l'adresse suivante

MAISON DES GÎTES DE FRANCE ET DU TOURISME VERT
59, RUE SAINT-LAZARE - 75439 PARIS CEDEX 09
Tél. : 01 49 70 75 75 Fax : 01 42 81 28 53
www.gites-de-france.fr - 3615 Gîtes de France (0,2 €/mn)

Frais d'emballage et de port inclus

☐ Séjours à la neige : 10,5 €   ☐ Gîtes Panda : 10,5 €   ☐ Séjours en vignoble : 10,5 €
☐ Nouveaux gîtes ruraux : 20,5 €   ☐ Gîtes d'enfants : 10,5 €   ☐ Chambres d'hôtes de charme : 20,5 €
☐ Séjours équestres : 10,5 €   ☐ Chambres et tables d'hôtes : 20,5 €   ☐ Séjours Pêche : 10,5 €
☐ Campings à la ferme et chalets loisirs : 10,5 €   ☐ Gîtes d'étape et de séjour : 10,5 €

Ci-joint mon règlement : ☐ par chèque bancaire compensable en France ou par eurochèque en euros à l'ordre de Gîtes de France Services ☐ par carte bancaire en euros : ☐ Carte Bleue ☐ carte Visa ☐ Eurocard ☐ Mastercard
N° de carte Bleue └─┴─┴─┴─┘ └─┴─┴─┴─┘ └─┴─┴─┴─┘ └─┴─┴─┴─┘ date d'expiration └─┴─┘ └─┴─┘
☐ envoi urgent : + 1 €   ☐ envoi Europe, DOM TOM : + 1 €

Nom .... Prénom ....
Adresse : ....
.... Pays .... Tél. : ....

GN2301

Conformément à la loi " Informatique et Liberté ", vos droits d'accès et de rectifications pourront être exercés à la FNGF et sauf refus express de votre part, ces informations pourront être commercialisées.

SORTIR EN FAMILLE EST UN JEU D'ENFANT

✂ -

Oui je désire recevoir un exemplaire découverte de Paris Frimousse

Nom : .... Prénom : ....
Adresse : ....
....
Code Postal : .... Localité : ....
N° de téléphone (facultatif) : ....

Conformément à la loi Informatique et liberté du 06/01/78, vous disposez d'un droit d'accès et de rectification aux informations vous concernant.

ALSACE-LORRAINE

Pour réserver, écrire ou téléphoner :

54 - MEURTHE-ET-MOSELLE
GÎTES DE FRANCE - Service Réservation
Centre Agricole - Chambre d'Agriculture
5, rue de la Vologne - 54524 LAXOU Cedex
Tél. : 03 83 93 34 91 - Fax : 03 83 93 34 90

55 - MEUSE
GÎTES DE FRANCE - Service Réservation
C.D.T. - Hôtel du Département
55012 BAR-LE-DUC Cedex
Tél. : 03 29 45 78 42 - Fax : 03 29 45 78 45

57 - MOSELLE
GÎTES DE FRANCE
6, rue de l'Abattoir
57630 VIC-SUR-SEILLE
Tél. : 03 87 01 18 50 - Fax : 03 87 01 17 09

67 - BAS-RHIN
GÎTES DE FRANCE - Service Réservation
7, place des Meuniers - 67000 STRASBOURG
Tél. : 03 88 75 56 50 - Fax : 03 88 23 00 97
E-mail : alsace-gites@adec.fr
www.alsace-gites-de-france.com

68 - HAUT-RHIN
GÎTES DE FRANCE
LOISIRS ACCUEIL - Service Réservation
B.P. 371 - 68007 COLMAR Cedex
Tél. : 03 89 20 10 61 ou 03 89 20 10 68
Fax : 03 89 23 33 91
E-mail : gitesdefrance68@tourisme68.asso.fr

88 - VOSGES
GÎTES DE FRANCE - Service Réservation
13, rue Aristide-Briand - B.P. 405
88010 ÉPINAL Cedex
Tél. : 03 29 35 50 34 - Fax : 03 29 35 68 11
E-mail : gites-88@wanadoo.fr
www.gites-de-france.fr

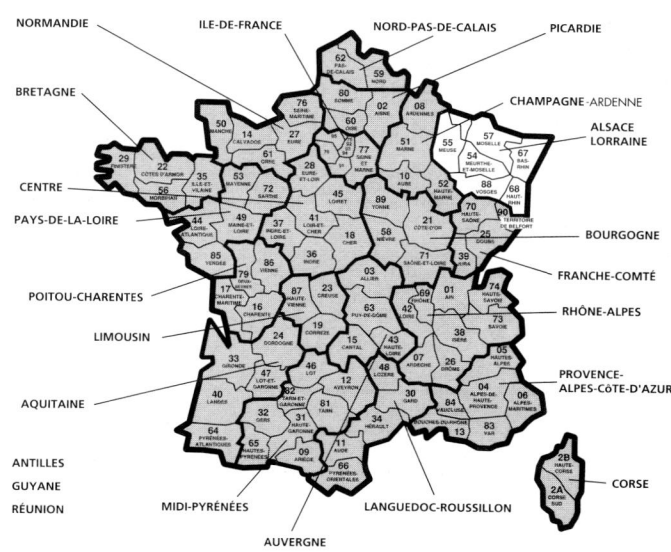

Meurthe-et-Moselle

Alsace-Lorraine

GITES DE FRANCE - Service Réservation
Centre Agricole - Chambre d'Agriculture
5, rue de la Vologne - 54524 LAXOU Cedex
Tél. 03 83 93 34 91 - Fax 03 83 93 34 90

AZERAILLES *C.M. 62 Pli 6*

4 ch. Dans une maison de caractère, située sur la route du cristal et de la faïence, au pays de la mirabelle, à 5 km du VILLAGE DU LIVRE et à 20 kms du lac de PIERRE-PERCEE (Vosges), 4 chambres d'hôtes vous attendent. A disposition : parking privé, salle avec cheminée, parc, aire de jeux, jeux de société, frigo, table & fer à repasser, salon de jardin. Pour vos loisirs : fiches touristiques, la forêt est sur place pour vos randonnées pédestres, équestres et VTT. 2 ch. avec Sdb + wc privatif : 26 € (1 pers), 32 € (2 pers). 2 ch. avec douche privée + wc commun : 23 € (1 pers), 29 € (2 pers). Langues parlées : anglais, allemand.

Prix : 1 pers. 23/26 € 2 pers. 29/32 € pers. sup. 5 €
Ouvert : toute l'année.

SP	SP	SP	4	4	8	20	SP	SP

Gabrielle et Bruno MULLER - 100, rue du Général Leclerc - 54122 AZERAILLES - Tél. : 03 83 75 16 16 ou SR : 03 83 93 34 91

BELLEAU *C.M. 57 Pli 14*

5 ch. Dans un château rénové du 16ᵉ siècle, 5 chambres spacieuses dont 1 suite familiale, avec dans chacune 1 lit 2 pers. et 1 lit d'appoint. Coin salon avec TV et magnétoscope, salle de bain individuelle équipée haut-de-gamme. A votre disposition, salle de jeux, bibliothèque, parking privé couvert, écuries, VTT. Site exceptionnel avec vue panoramique sur la vallée. Piscine privée dans un parc arboré (arbres centenaires) en lisière de forêt. Langues parlées : allemand, anglais.

Prix : 1 pers. 44 € 2 pers. 53 € pers. sup. 12 € repas 15 €
Ouvert : toute l'année.

5	5	SP	SP	10	5	10	5

Anne-Marie KARST - Château de Morey - 54610 BELLEAU - Tél. : 03 83 31 50 98 - Fax : 03 83 31 50 98 -
http://www.chateaudemorey.com ou SR : 03 83 93 34 91

BIONVILLE *C.M. 62 Pli 7*

2 ch. 1 chambre (1 lit 2 pers, 1 convertible 2 pers) et 1 chambre (1 lit 2 pers) aménagées au 1ᵉʳ étage, salle d'eau et wc indépendants. Salon d'accueil, salle à manger, jeux de société. Terrasse, meubles de jardin. Lit bébé à disposition. Nombreuses randonnées pédestres sur place. 2 chambres d'hôtes situées dans une vallée du massif vosgien, hameau classé site remarquable par le Club Vosgien, à moins d'une heure de Nancy, entre les lacs de Pierre-Percée et le Donon. Langues parlées : allemand, anglais.

Prix : 1 pers. 35 € 2 pers. 40 € pers. sup. 12 € repas 14 €
Ouvert : toute l'année

SP	6	SP	SP	15	15	6	1	1

Dieudonné HOBLINGRE - 21, « Les Noires Colas » - 54540 BIONVILLE - Tél. : 03 29 41 12 17

CHARENCY-VEZIN *C.M. 57 Pli 1*

3 ch. RdC : 1 chambre (1 lit 2 pers) pièce attenante avec 2 lits superposés. Etage : 1 chambre (2 lits 1 pers) et 1 chambre (1 lit 2 pers) pièce attenante avec 2 lits 1 pers. Salle de bain privative et WC indépendants pour chaque chambre. A disposition : cuisine intégrée, salle à manger, salon de détente dans la véranda. Terrasse, jardin et parking clos. Lit enfant à la demande. Aux portes du Luxembourg et de la Belgique, trois chambres d'Hôtes aménagées dans une maison de caractère de 1804 (restaurée dans l'esprit). Langues parlées : allemand, anglais.

Prix : 1 pers. 31 € 2 pers. 39 € 3 pers. 55 € pers. sup. 16 €
repas 13 €

SP	5	SP	SP	5	5	5	SP

Viviane JAKIRCEVIC - 4, rue Coquibut - 54260 CHARENCY-VEZIN - Tél. : 03 82 26 66 26 - Fax : 03 82 26 66 26 -
E-mail : chambreshôtes@wanadoo.fr - http://perso.wanadoo.fr/chambreshôtes54/ ou SR : 03 83 93 34 91

CHAUDENEY-SUR-MOSELLE *C.M. 62 Pli 4*

1 ch. 1 ch. principale avec 2 lits 1 pers et sa suite avec 2 lits 1 pers.Salle d'eau et wc privatifs. Salle de séjour avec TV. Cour fermée avec salon de jardin. Produits fermiers sur place (oeufs, volailles...) Suzanne et Roger vous accueillent dans leur maison située au cœur du village.

Prix : 1 pers. 19 € 2 pers. 23 € pers. sup. 10 € repas 10 €
1/2 pens. 23 €

SP	35	SP	SP	3	4	20	3	SP

Suzanne VAUTRIN - 107, rue Paturaud - 54200 CHAUDENEY-SUR-MOSELLE - Tél. : 03 83 43 15 74 ou SR : 03 83 93 34 91

CIREY-SUR-VEZOUZE *C.M. 62 Pli 7*

5 ch. 5 chambres d'hôtes aménagées au 1ᵉʳ étage avec chacune salle de bains et wc privatif, pour 2 à 3 personnes. Salon avec cheminée, salle de billard, salle de séjour, TV, bureau avec téléphone et minitel à disposition des hôtes. Parc d'agrément de 3000 m² clos. Parking fermé. 5 chambres d'hôtes aménagées dans une maison de maître, au pied des Vosges. Randonnées proposées par les propriétaires sur des sentiers balisés. Langue parlée : anglais.

Prix : 1 pers. 34 € 2 pers. 46 € 3 pers. 56 € pers. sup. 12 €
repas 13 € 1/2 pens. 41 €
Ouvert : toute l'année

SP	3	SP	SP	12	2	15	SP	SP

Monique BOUVERY - 18, rue de Val - 54480 CIREY-SUR-VEZOUZE - Tél. : 03 83 42 58 38 - Fax : 03 83 42 58 38

Alsace-Lorraine

Meurthe-et-Moselle

CIREY-SUR-VEZOUZE
C.M. 62 Pli 7

1 ch. 1 chambre 2 personnes, salle de bains privative. Aire de jeux, abri couvert, terrain, parking, tennis privé, forêt. Ski alpin et de fond à 30 km. Possibilité d'hébergements de randonneurs équestres, pédestres ou vélos. Activité équestre sur place Chambre d'Hôte dans une Gentilhommière située dans une vaste propriété (40 ha). Calme et détente assurée dans un site verdoyant et arboré. Les propriétaires vous proposeront des randonnées sur des sentiers balisés. Vous pourrez visiter leur musée privé, sur la CHASSE.

Prix : 1 pers. 30 € 2 pers. 35 €
Ouvert : toute l'année.

🐕	🏊	🌲	🚶	🏃	🏊‍♂️	🏇	🎣	🎾	🚴
3	3	SP	SP	12	SP	15	SP	20	4

Michel et Colette VERSTRAETEN - Château de la Vigne - 54480 CIREY-SUR-VEZOUZE - Tél. : 03 83 42 52 66

DOMMARTIN-SOUS-AMANCE
(TH) *C.M. 62 Pli 5*

4 ch. Rez-de-chaussée : 1 chambre (1 lit 2 pers). Etage : 3 chambres (lit 2 pers ou lits jumeaux). Toutes avec sanitaires privés et attenants. Salon, bibliothèque, table de séjour réservée aux hôtes. Espace vert, salon de jardin, parking. TV, frigidaire, micro-onde. Lit enfant et possibilité de lit supplémentaire. En pleine nature, à 8 km de Nancy, dans une ferme de caractère, rénovée, 4 chambres spacieuses avec meubles anciens et décoration soignée. Cadre reposant et très agréable dans une campagne pittoresque et vallonée. Visite à la ferme et produits du terroir proposés par les propriétaires. Langue parlée : anglais.

Prix : 1 pers. 32 € 2 pers. 40 € 3 pers. 47 € pers. sup. 11 € repas 15 €
Ouvert : toute l'année.

🐕	🏊	🌲	🚶	🏃	🏊‍♂️	🏇	🎣	🎾	🚴
6	15	2	SP	6	1	20	3	2

Hubert et Marinette GRANDIDIER - Ferme de Montheu - 54770 DOMMARTIN-SOUS-AMANCE - Tél. : 03 83 31 17 37 - Fax : 03 83 31 17 37 ou SR : 03 83 93 34 91

EPLY
A (TH) *C.M. 57 Pli 14*

3 ch. RdC : 2 chambres 2 personnes avec salle d'eau et WC privatifs. A l'étage : 1 chambre 3 personnes avec salle d'eau et WC privatif. Lit bébé sur demande. Table d'Hôtes sur réservation. A disposition : jardin clos, salon de jardin, séjour, salon. Chambres aménagées dans une ancienne grange, indépendante du corps de ferme et de la maison d'habitation, au centre du village. Calme et repos assurés. Vous pourrez visiter la ferme et goûter tout au long de l'année les produits du terroir lorrain. Langue parlée : allemand.

Prix : 1 pers. 30 € 2 pers. 38 € 3 pers. 46 € pers. sup. 11 € repas 12 €
Ouvert : toute l'année.

🐕	🏊	🌲	🚶	🏃	🏊‍♂️	🏇	🎣	🎾	🚴
1	30	SP	SP	12	2	30	5	5

Edith et J. Marie FRANCOIS - 14, rue Saint Christophe - GAEC les Verts Pâturages - 54610 EPLY - Tél. : 03 83 31 30 85 - Fax : 03 83 31 30 85 ou SR : 03 83 93 34 91

HATRIZE
C.M. 57 Pli 13

4 ch. Propriété familiale de 2 ha, entièrement close, située au calme à l'écart du village. Maison de caractère, mobilier et décoration soignés. Vaste séjour avec terrasse, pelouse et jardin arboré. 4 chambres avec sanitaires privés pour chacune. Nombreux restaurants à 5 kms. A proximité du Parc Naturel Régional de Lorraine. Metz, avec ses richesses archéologiques est à 15 mn, par l'A4. Attraits touristiques proches : Luxembourg, Verdun, Amnéville (Zoo, casino), lac de Madine, parc de Walibi Schtroumpf, ligne Maginot. Langues parlées : italien, anglais.

Prix : 1 pers. 38 € 2 pers. 45 € 3 pers. 60 €

🐕	🏊	🌲	🚶	🏃	🏊‍♂️	🏇	🎣	🎾	🚴
SP	20	SP	SP	5	5	20	5	5

Roger et Micheline ARIZZI - La Trembloisière - 54800 HATRIZE - Tél. : 03 82 33 14 30 - Fax : 03 82 20 15 55 ou SR : 03 83 93 34 91

HERBEVILLER
(TH) *C.M. 62 Pli 7*

2 ch. 1 chambre 3 pers et 1 chambre 2 pers, salle de bains et wc particuliers, donnant sur le jardin. Grand confort. Salon réservés, TV, cheminée. Jardin avec salon, aire de jeux, parking. Rivière, pêche à 500 m, forêts, circuits de randonnée. Panier garni pour promenades. Charcuterie maison, recettes traditionnelles à savourer en table d'hôtes. 2 chambres d'hôtes aménagées dans une ancienne ferme lorraine de grés rose très bien restaurée. Langues parlées : allemand, anglais.

Prix : 1 pers. 30 € 2 pers. 42 € 3 pers. 46 € pers. sup. 12 € repas 14 € 1/2 pens. 29 €

🐕	🏊	🌲	🚶	🏃	🏊‍♂️	🏇	🎣	🎾	🚴
SP	10	SP	SP	15	10	10	5	5

Gilbert et Brigitte BREGEARD - 7, route Nationale - 54450 HERBEVILLER - Tél. : 03 83 72 24 73 - Fax : 03 83 72 24 73

JAULNY
C.M. 57 Pli 13

E.C. 1 ch. Chambre d'hôtes aménagée dans un château du XI - XIIe siècle. 1 chambre spacieuse pour 2 personnes (1 lit 2 pl. 200x180), salle d'eau et wc privatifs, coin salon, TV, magnétoscope (DVD) dans la chambre. Coin salon et coin cuisine à disposition. Parc arboré Langue parlée : anglais.

Prix : 1 pers. 49 € 2 pers. 53 €
Ouvert : Toute l'année.

🐕	🏊	🌲	🚶	🏃	🏊‍♂️	🏇	🎣	🎾	🚴
SP	12	SP	SP	22	12	12	4	SP

Hugues et Anna COLLIGNON - DRION - Château de Jaulny - 4, rue du Château - 54470 JAULNY - Tél. : 03 83 81 93 04 - Fax : 03 83 81 51 60 ou SR : 03 83 93 34 91

Meurthe-et-Moselle
Alsace-Lorraine

LANEUVEVILLE-DERRIERE-FOUG
(TH) — C.M. 62 Pli 3

1 ch. Une chambre principale avec 1 lit de 2 pers et sa suite 1 lit 2 pers. 1 lit 1 pers, salle d'eau et wc privatifs et attenants à la chambre principale. Décoration et amènagement de style lorrain, mobilier raffiné. Cheminée dans le séjour. Jeux de société. Abri pour voiture, chevaux. Jardin, salon de jardin sous tonnelle. Au cœur d'un massif forestier, le village est situé sur la route du vin et de la mirabelle, à l'orée du Parc Naturel de Lorraine. Site paisible et verdoyant, eau de source, chevaux sur place. Vignoble AOC et produits locaux. Cuisine traditionnelle bio.

Prix : 1 pers. 32 € 2 pers. 35 € 3 pers. 48 € pers. sup. 12 € repas 12 € 1/2 pens. 32 €

Ouvert : toute l'année.

3	20	SP	SP	10	3	20	3	12	3

Claire et Jean-Marc ANTOINE - 4 rue des Paquis - 54570 LANEUVEVILLE-DERRIERE-FOUG - Tél. : 03 83 63 87 74 ou SR : 03 83 93 34 91

LEMAINVILLE
(TH) — C.M. 62 Pli 5

3 ch. Dans une ancienne maison Lorraine, 3 chambres d'hôtes avec salle de bains ou douche et wc particuliers/indépendants, à l'étage. A disposition : salon, vidéo, cheminée, bibliothèque, lit bébé. Terrasse, cour, parking. Langues parlées : allemand, anglais.

Prix : 1 pers. 27 € 2 pers. 37 € 3 pers. 46 € pers. sup. 12 € repas 15 €

SP	8	6	SP	10	6	2	5	3

François RICHART - 22, Grande rue - 54740 LEMAINVILLE - Tél. : 03 83 25 54 51 ou SR : 03 83 93 34 91

LOROMONTZEY
C.M. 62 Pli 5

2 ch. 2 chambres d'hôtes dans une ferme champêtre de caractère. 1 ch. familiale (1 lit de 2 pers. 1 lit de 1 pers. et 1 lit d'appoint dans pièce attenante), 1 ch. (1 lit de 2 pers.), salle de bains/wc privés à chaque ch. Salle de repos avec cheminée, bibliothèque. Coin-cuisine à disposition. Aire de jeux, jardin avec salon. Les petits déjeuners vous feront découvrir les produits du terroir lorrain. Visite de la ferme et randonnées sur sentiers balisés, proposés par les propriétaires. Langue parlée : anglais.

Prix : 1 pers. 31 € 2 pers. 35 € pers. sup. 12 €

Ouvert : de février à fin de vacances de Toussaint

SP	SP	SP	3	7	7	15	7	7

Damien et Mariam COLIN - 1, ferme de Loro - 54290 LOROMONTZEY - Tél. : 03 83 72 53 73 - Fax : 03 83 72 49 81 - E-mail : aqua.fruit@wanadoo.fr

MAIZIERES
(TH) — C.M. 62 Pli 4

3 ch. 3 chambres d'Hôtes dans une maison de caractère. Mobilier rustique. Rez-de-chaussée : 1 chambre (2 pers) avec salle de bains et wc privés et 1 chambre (3 pers) avec salle d'eau et wc privés. Etage : 1 chambre (4 pers) avec salle d'eau et wc privés. Séjour à disposition des hôtes. Jardin clos. Calme et repos assurés. Petit animal accepté.

Prix : 1 pers. 28 € 2 pers. 39 € 3 pers. 46 € pers. sup. 10 € repas 13 €

5	10	SP	SP	5	10	40	5	SP

Laurent COTEL - 69, rue Carnot - 54550 MAIZIERES - Tél. : 03 83 52 75 57 ou SR : 03 83 93 34 91

MOUACOURT
(TH)

2 ch. RdC : 1 chambre (2 pers) avec salle d'eau et wc privatifs. Etage : 1 chambre (2 pers) avec salle d'eau et sa suite avec 1 lit d'appoint pour enfant, salle d'eau et wc privatifs. Salle de séjour avec TV à disposition. Dans un agréable petit village, 2 chambres d'hôtes aménagées dans une maison indépendante. Vous pourrez déguster pendant votre séjour les vins de cidre, groseilles et cassis faits maison.

Prix : 1 pers. 23 € 2 pers. 31 € repas 10 €

Ouvert : Toute l'année.

SP	4	1	3	18	SP	5	10	20	10

Roland PILLOT - 18, Grand'rue - 54370 MOUACOURT - Tél. : 03 83 71 31 59

RECHICOURT-LA-PETITE
(TH) — C.M. 62 Pli 6

1 ch. Dans une dépendance de la ferme, 1 chambre (lit 2 pers) et sa suite attenante (lit de 2 pers) avec salle d'eau et wc privatif. Possibilité lit supplémentaire pour enfants - 15 ans. Dans maison du propriétaire : véranda aménagée en salle à manger pour petit déjeuner et repas du soir. Cour de ferme avec salon de jardin, balançoire. Vous dégusterez les produits de la ferme à la table d'hôtes de Michel et Geneviève, convivialité et qualité garanties. Langue parlée : allemand.

Prix : 1 pers. 30 € 2 pers. 41 € pers. sup. 10 € repas 15 €

Ouvert : Du 1er mars au 15 novembre.

3	3	6	6	15	15	3	15	20	5

Michel et Geneviève MARCHAL - 9, rue de Bezange - 54370 RECHICOURT-LA-PETITE - Tél. : 03 83 71 70 02 - Fax : 03 83 71 70 28

Alsace-Lorraine
Meurthe-et-Moselle

ST-MAURICE-AUX-FORGES La Treille (TH)
C.M. 62 Pli 7

3 ch. 2 ch. dans une ancienne ferme rénovée située sur une propriété de 6000 m². 1 ch. (1 lit 2 pers. 1 lit bébé), 1 ch. (1 lit 2 pers). Chaque chambre possède une salle d'eau et wc indépendants. Grande salle commune avec coin salon et âtre, salle à manger, table de jeux, bibliothèque. Parking, cour de ferme, salon de jardin. TH à base de produits du jardin, du verger et de l'élevage familial de volailles. Animaux admis sur demande. Randonnées pédestres, équestres et cyclo-touristiques proposées sur des sentiers balisés dans la région des lacs et du massif du Donon (Vosges).

Prix : 1 pers. 30 € 2 pers. 41 € pers. sup. 11 € repas 12 €
1/2 pens. 38 €

Ouvert : Toute l'année.

1	1	1	3	13	13	5	3	4	4

Marie-France SCHWARZ - La Treille - 6 rue Clairbois - 54540 SAINT-MAURICE-AUX-FORGES - Tél. : 03 83 42 21 85 -
Fax : 03 83 42 21 85 ou SR : 03 83 93 34 91

STE-GENEVIEVE   A (TH)
C.M. 57 Pli 13

3 ch. Aménagées dans une ferme lorraine du XVIIIe siècle, surplombant la vallée de la Moselle, 3 chambres spacieuses dans un site calme. 2 chambres (2 pers.) avec salle d'eau avec wc privatifs, 1 chambre (3 pers) avec salle de bains et wc privatifs. Grand jardin avec joli panorama de la vallée. Salon, TV, téléphone, tennis et terrain de boules au village. A proximité, musée et abbaye des Prémontrés. Cuisine lorraine avec produits du terroir. Langues parlées : allemand, anglais.

Prix : 1 pers. 31 € 2 pers. 38 € 3 pers. 46 € pers. sup. 4 €
repas 12 €

Ouvert : Toute l'année.

4	SP	SP	6	7	7	SP	6

Marc et Véronique GIGLEUX - 4, route de Bezaumont - 54700 SAINTE-GENEVIEVE - Tél. : 03 83 82 25 55 - Fax : 03 83 82 25 55 ou
SR : 03 83 93 34 91

TRONDES   (TH)
C.M. 62 Pli 3

1 ch. Située sur la route du vin et de la mirabelle, 1 chambre d'hôte (1 lit 2 pers. 1 lit 1 pers.) et sa suite (2 lits 2 pl). A disposition : salle à manger (cheminée), salon des propriétaires, salon de jardin, terrasse, véranda, pergola, grand jardin, garage. Table d'Hôtes particulière et soignée à base de produits biologiques (légumes et fruits du jardin). Village calme et fleuri dans le Parc Naturel de Lorraine. Toul à 10 mn en voiture. A 5 mn, petite plage et pêche dans la Meuse. Ferme équestre dans le village. La propriétaire vous accueillera avec ses produits du terroir, ses vins et apéritifs faits maison.

Prix : 1 pers. 24 € 2 pers. 37 € 3 pers. 47 € pers. sup. 11 €
repas 14 € 1/2 pens. 30 €

Ouvert : Toute l'année.

5	35	SP	SP	13	SP	35	13	15	5

Violette HANROT - 25, rue de la Boudière - 54570 TRONDES - Tél. : 03 83 63 88 09 ou SR : 03 83 93 34 91

VIRECOURT
C.M. 62 Pli 5

3 ch. 1 chambre (2 pers.), 1 chambre (3 pers.) et 1 chambre (4 pers.) en mansarde, avec salle d'eau privée/wc indépendant et TV dans chaque chambre. A disposition : petit salon avec documentation, salle à manger. Cour-jardin, aire de jeux, ping-pong. Vélos, tonnelle, salon de jardin. Enfant de - de 10 ans : 8 €. 3 chambres spacieuses dans une maison campagnarde rénovée. Situées à la porte des Vosges, à 1 heure des pistes de ski. Restaurant à 1 km. fruits & légumes de la propriété, produits du terroir lorrain. Randonnées proposées sur sentiers balisés.

Prix : 1 pers. 30 € 2 pers. 38 € 3 pers. 49 € pers. sup. 12 €

Ouvert : Toute l'année.

SP	2	SP	SP	20	15	20	1	1	SP

Manuela et François BEYEL - 14, rue de la République - « LES MARGUERITES » - 54290 VIRECOURT - Tél. : 03 83 72 54 20 -
Fax : 03 83 72 54 20 ou SR : 03 83 93 34 91

Meuse

GITES DE FRANCE - Service Réservation
C.D.T. - Hôtel du Département
55012 BAR-LE-DUC Cedex
Tél. 03 29 45 78 42 - Fax 03 29 45 78 45

ANCEMONT   (TH)

4 ch. 4 ch. dans un château du XVIIIe avec mobilier de style. 2 ch. 3 pers. dont 2 avec douche, wc privés et TV. Suite 4/6 pers. (2 adultes + 2/4 enfants) avec s. d'eau et wc. Salon Louis XV à disposition. Très belle salle à manger Louis XVI. Parking intérieur. Parc ombragé avec piscine privée avec banc balnéo. Table d'hôtes de qualité. Boissons comprises dans la 1/2 pens. Garage. Suite 4 pers. : 91,47 €. Circuit de pêche à la mouche à 6 km. Réductions enfants à la demande. Animaux admis sur demande. Langues parlées : anglais, allemand.

Prix : 1 pers. 60 € 2 pers. 70 € 3 pers. 80 € pers. sup. 10 €
repas 25 € 1/2 pens. 60 €

Ouvert : Toute l'année.

1	10	2	SP	SP	10	10	2

René EICHENAUER - Château de Labessière - Ancemont - 55320 DIEUE-SUR-MEUSE - Tél. : 03 29 85 70 21 - Fax : 03 29 87 61 60 -
E-mail : rene.eichenauer@wanadoo.fr

Meuse

Alsace-Lorraine

AULNOIS-EN-PERTHOIS

2 ch. — **Saint-Dizier à 15 km.** 2 ch. d'hôtes dans une maison lorraine. Rez-de-chaussée : 1 ch. (1 lit 2 pers.), kitchenette, TV, salle de bains et wc privés. A l'étage : 1 ch. (1 lit 2 pers.), kitchenette, TV, salle de bains et wc privés. Terrasse, salon de jardin, jeux d'enfants à la disposition des hôtes. Loc. de vélos sur place. Aulnois-en-Perthois au cœur de la Vallée de la Saulx et du Perthois, à 15 km de Saint-Dizier. Langues parlées : allemand, anglais.

Prix : 1 pers. **29** € 2 pers. **35** €
Ouvert : Toute l'année.

SP	4	20	15	12	20	15	5

Nadine GUILLAUME - 6 rue de la Nouette - 55170 AULNOIS-EN-PERTHOIS - Tél. : 03 29 70 06 13

AZANNES Les Benezières

3 ch. — **Damvillers 8 km. Verdun 19 km.** R.d.c. : suite Bleue classée 2 épis (2 lits 2 pers., 1 lit 1 pers. d'appoint), s. d'eau et wc privés, chambre Rose classée 3 épis (1 lit 2 pers., 1 lit d'appoint 1 pers.), s. de bains et wc sur le palier, salle de bains et wc privés attenants. A l'ét. : chambre Verte classée 3 épis (1 lit 2 pers.), s.d.b., douche, wc privés attenants. Salon de jardin, terrasse à disposition. Garage voiture, parking. A proximité des champs de bataille, dans un village calme et verdoyant. Visitez Verdun, sa citadelle, les champs de bataille, l'Ossuaire de Douaumont, les forts, le Centre Mondial de la Paix. Fête des vieux métiers à Azannes au mois de mai. 4 pers. : 58 €. Langue parlée : italien.

Prix : 1 pers. **29/37** € 2 pers. **37/45** € 3 pers. **54** € pers. sup. **14** €
Ouvert : Toute l'année.

SP	4	4	SP	19	25	19	9

François FAZZARI - Les Benezières - 9 route de Mangiennes - 55150 AZANNES - Tél. : 03 29 85 61 85 - Fax : 03 29 85 61 88

BONZEE

1 ch. — **Verdun 15 km. Metz 50 km.** Dans le Parc Naturel Régional de Lorraine, au pied des Côtes de Meuse. 1er étage d'une confortable maison rurale : 1 grande chambre (3 pers.), salle de bains et wc sur le palier, salle à manger à disposition des hôtes. Restaurants à 2,5 et 3,5 km. Plan d'eau et base de loisirs à 2 km. Sites de guerre et historique de Verdun à 20 km.

Prix : 1 pers. **21** € 2 pers. **28** € 3 pers. **34** €
Ouvert : Toute l'année.

SP	2	SP

Georgette LACROIX - 2 rue Jean Bernier - 55160 BONZEE - Tél. : 03 29 87 30 92

BONZEE Les Ecuries de Bonzée

1 ch. — Au 1er étage d'une maison rurale, 1 ch 2 pers (1 lit) avec s. d'eau et wc privés + TV. S. de séjour commune avec cheminée. Salon de jardin. Parking privé avec possibilité abri voiture. Accueil chevaux possible. Restaurant à 3 et 4 km. Pizzéria sur place. Animaux admis sur demande. Sybil vous accueille dans son centre équestre à Bonzée au pied des côtes de Meuse, près de Verdun (20 km) et du site des Eparges (5 km). Bases de loisirs du Colvert (2 km) et de Mâdine (20 km). Circuit de pêche à la mouche (12 km).

Prix : 1 pers. **25** € 2 pers. **32** €
Ouvert : Toute l'année sur réservation.

2	2	2	SP	20	2	20	20	3

Sybil ANZANI - Les Ecuries de Bonzée - 1 rue du Château - 55160 BONZEE - Tél. : 03 29 87 37 77

BUREY-LA-COTE

2 ch. — **Domremy 6 km. Vancouleurs 12 km. Grand 30 km.** Dans une ancienne ferme ayant gardé son caractère, 2 ch. situées à l'étage, comprenant chacune 1 lit 2 pers. et 1 lit 1 pers., s. d'eau privative. WC communs aux 2 ch. Jardin à disposition. Sur les contreforts de la vallée de la Meuse, un village coquet et accueillant, à l'écart de la route, proche des bois et de la rivière. Chambres spacieuses et confortables, accueil agréable. Parapente, pêche, randonnées pédestres.

Prix : 1 pers. **27** € 2 pers. **32** € 3 pers. **37** €
Ouvert : Toute l'année.

3	12	17	12	17	8

Christine GIRARD - 12, Grande Rue - 55140 BUREY-LA-COTE - Tél. : 03 29 90 82 91 ou 06 70 58 68 47 -
http://perso.wanadoo.fr/baron.ducalot

LE CLAON

2 ch. — Au cœur de la forêt d'Argonne, 2 ch. d'hôtes 2 pers. dans une maison de maître, avec parc et plan d'eau. 1 ch. 2 pers. avec salle d'eau particulière, et cuisinette particulière, wc sur le palier. 1 ch. 2 pers. avec s. d'eau/wc particuliers. Poss. lits suppl. Séjour à dispo. Salon de jardin et jeux. Parking. Chambres 2 et 3 épis. Restaurants à 5 et 9 km. Langue parlée : allemand.

Prix : 1 pers. **34** € 2 pers. **38** €
Ouvert : Toute l'année.

SP	8	8	8	8	5	5

Roland et Sidonie WENDER - Domaine du Val de Biesme - 55120 LE CLAON - Tél. : 03 29 88 28 74

Alsace-Lorraine

Meuse

CONSENVOYE Verdun

3 ch. Dans une maison bourgeoise. R.d.c. : 1 ch. 2/3 pers., s.d.b., wc attenants privés. A l'étage : 1 ch. 2/3 pers., s. d'eau et wc privés, 1 ch. 2 pers., s.d.b. et wc communiquants. Possibilité TV. Cuisine d'été. Terrasse. Salon de jardin. Poss. de garage. Départ navette/bâteau face à la maison. Equipement pour pêcheur. Restaurant sur place. A 18 km de Verdun, dans une agréable bourgade, rivière, port de plaisance. Forêt avec sentier pédagogique.

Prix : 1 pers. **21 €** 2 pers. **27 €** 3 pers. **32 €**
Ouvert : Toute l'année.

SP	SP	18	18	18	SP

Jean-Claude LOGETTE - 33 rue du Port - 55110 CONSENVOYE - Tél. : 03 29 85 87 54 - Fax : 03 29 85 87 54

DANNEVOUX

2 ch. M. et Mme Lechaudel vous proposent au 1er étage de leur habitation 2 ch. d'hôtes : 1 ch. 3 pers. (1 lit 2 pers. 1 lit 1 pers.), 1 ch. (2 lits 2 pers.) avec salle d'eau et wc privés chacune. Lit enfant sur demande. TV. Salon de jardin. Abri voiture. Portique. Terrain de sports communal : filet volley, p-pong, panneau basket (en face du gîte). A visiter dans les environs : Verdun, ville historique, Montfaucon et sa célèbre butte témoin, point culminant de l'Argonne. Varennes en Argonne : arrestation du roi Louis XVI. Dun-sur-Meuse : le lac vert, minigolf (14 km). Stenay (musée de la bière). Langue parlée : allemand.

Prix : 1 pers. **20 €** 2 pers. **23 €** 3 pers. **30 €** pers. sup. **7 €**
Ouvert : Toute l'année.

SP	SP	16	SP

Claude LECHAUDEL - 2 rue des Carmes - 55110 DANNEVOUX - Tél. : 03 29 85 82 00

DOMREMY-AUX-BOIS (TH)

3 ch. Dans une ancienne maison lorraine, 2 chambres attenantes : 1 ch. (2 lits jumeaux), dans alcôve. 1 ch. (1 lit 130, 1 convertible 2 pers.). Salle de bains et wc particuliers. 1 ch. (1 lit 2 pers.), salle d'eau et wc privatifs. TV. Salle de séjour, feu à l'âtre. Terrasse. Jardin. Langue parlée : allemand.

Prix : 1 pers. **9 €** 2 pers. **15 €** 3 pers. **23 €** pers. sup. **6 €**
repas **7 €** 1/2 pens. **35 €**
Ouvert : Du 1er février au 5 janvier.

SP	14	14	12	14

Irma TERKOWSKY - Domrémy aux Bois - 55500 LIGNY-EN-BARROIS - Tél. : 03 29 78 38 01

ECUREY-EN-VERDUNOIS

2 ch. Chambres d'hôtes aménagées dans une maison de caractère dans un village typiquement lorrain, accès indépendant. Suite familiale (1 lit 2 pers., 2 lits 1 pers.), lits enfants et poss. lits supplémentaires, salles d'eau et wc privés. Chauffage électrique. Séjour avec prise TV et feu à l'âtre. Restaurant 4 km. Cour fermée pour voiture. VTT sur place. Parcours de santé à 12 km. Environnement forestier. A proximité de Verdun, Montmédy, Stenay, aux portes de la Belgique et du Luxembourg. Tarif réduit pour les enfants. Tarif dégressif à partir de la 2e nuit. Langues parlées : anglais, allemand.

Prix : 1 pers. **20 €** 2 pers. **29 €** 3 pers. **37 €** pers. sup. **7 €**
Ouvert : Du 15 avril au 30 septembre et sur réservation.

2	4	4	10	12	12	12	21	4

André et Marie-Odile LAMBOTTE - COUPARD - La Croisée de Maie - Ecurey en Verdunois - 55150 DAMVILLERS - Tél. : 03 29 85 53 56

GONDRECOURT-LE-CHATEAU Ville Haute (TH)

4 ch. 4 ch. d'hôtes dans une maison située dans le bourg, à la Ville Haute (à proximité de la Tour). 3 ch. 2 pers., 1 ch. 3 pers., chacune avec lavabo. S.d.b. et wc communs. Salle de séjour à la disposition des hôtes. Possibilité de cuisiner. Jardin. Parc pour pique-nique. Etang privé, pêche autorisée à proximité. Restaurant à 500 m. Suppl. animaux : 0,8 €. Langues parlées : allemand, anglais.

Prix : 1 pers. **23 €** 2 pers. **30 €** 3 pers. **38 €** pers. sup. **8 €**
repas **11 €**
Ouvert : Toute l'année.

SP	SP	5	5	30

Pierrette DEVILLIER - 4 Place de la Halle - Ville Haute - 55130 GONDRECOURT-LE-CHATEAU - Tél. : 03 29 89 63 57

GUSSAINVILLE (TH)

3 ch. Verdun (Champs de Bataille) 25 km. Lac de Madine (baignade) 30 km. Ancienne ferme datant de 1838, située dans un petit village calme et reposant. Belles promenades pédestres. 3 ch. spacieuses de style différent : 2 ch. 2 pers., 1 ch. 3 pers. TV, wc, salle de bains dans chaque chambre. Table d'hôtes le soir sur réservation (cuisine typiquement lorraine). Salon et salle à manger communs (cheminée dans chaque). Salon de jardin, barbecue, jeux de plein air, parking privé. Montmédy (citadelle) 30 km. Stenay (musée de la bière) 30 km. Vignobles, dégustation 15 km. Metz 40 km. Langues parlées : anglais, polonais.

Prix : 1 pers. **33 €** 2 pers. **40 €** 3 pers. **48 €** pers. sup. **8 €**
repas **19 €**
Ouvert : Toute l'année.

4	SP	SP	5	5

Christiane et Francis LEFORT - 2 avenue de Gussainville - La Starava - 55400 GUSSAINVILLE - Tél. : 03 29 87 24 29 - Fax : 03 29 87 24 29

Meuse

Alsace-Lorraine

LINY-DEVANT-DUN

1 ch. Maison de construction récente. 1 ch. 3 pers. (poss. lit suppl.) et 1 ch. 2 pers. avec s. d'eau et wc privés. TV et lit bébé à disposition. Salon de jardin, véranda, parking privé. A proximité : Verdun et les champs de bataille, Dun-sur-Meuse avec le Lac Vert (baignade surveillée), pédalos, pêche, aires de jeux enfants, parcours de santé). Dans les environs : musée de la bière à Stenay, la citadelle de Montmédy, l'église de Mont-Devant-Sassey, le cimetière américain (le plus grand d'Europe), de Romagne-sous-Montfaucon, Verdun (le centre mondial de la paix, la citadelle, les forts...). Animaux admis sur demande.

Prix : 1 pers. 25 € - 2 pers. 29 € - 3 pers. 34 € - pers. sup. 6 €
Ouvert : Toute l'année.

🐕	⛱	🏊	🎾	🏇	⛳	🚲
SP	2	3	5	30	3,5

Michel BARE - 13 route Nationale - 55110 LINY-DEVANT-DUN - Tél. : 03 29 80 98 67

LOISON

3 ch. Etain 14 km. Longuyon 18 km. Verdun et Luxembourg 35 km. Dans une ancienne maison lorraine spacieuse et très bien entretenue, datant de 1852, au 1er étage : 1 ch. 2 pers. et 2 ch. 3 pers., chacune avec s. d'eau et wc attenants privés. Poss. lit suppl. Coin-séjour avec TV sur le palier. Salon de jardin à disposition. Animaux admis sur demande. Possibilité de cuisiner. Séjour à la disposition des hôtes. De ce petit village lorrain, tranquille, vous pourrez visiter les nombreux étangs et les côtes de Meuse, l'église de Warq, Ronvaux, Senon et ses vestiges gallo-romains et arrières bases allemandes. Tarifs dégressifs à partir de 3 nuits. Langue parlée : allemand.

Prix : 1 pers. 25 € - 2 pers. 34 € - 3 pers. 44 € - pers. sup. 10 €
Ouvert : Toute l'année.

🐕	⛱	🏊	🎾	🏇	🚲
	SP	5	8	8	18	15

P-Emile et M-Thérèse BABIN - 8 Grande Rue - 55230 LOISON - Tél. : 03 29 85 90 45 ou 06 83 11 27 61 - Fax : 03 29 85 99 47

MAXEY-SUR-VAISE A

2 ch. Vaucouleurs 6 km. Domrémy 10 km. Nancy 45 km. Au pays de Jeanne d'Arc, dans une ferme lorraine, la famille Noisette vous propose 2 chambres 3 pers. avec salle d'eau et wc particuliers. Kitchenette à la disposition des hôtes. Piscine privée. Sentier botanique. Parking. Loisirs : delta-plane, parapente, randonnée pédestre, rivière. Sur place : sites historiques, baignade, tennis, bicyclette. Tarifs : 34 €/2 pers. si 3 jours et plus. Village typique à l'écart de la route blotti au pied de la colline boisée et traversé par une rivière où la truite abonde (réserve).

Prix : 1 pers. 28 € - 2 pers. 39 € - 3 pers. 46 € - pers. sup. 8 €
Ouvert : Toute l'année.

🐕	⛱	🏊	🎾	🏇	🚲
	SP	1	2	6	SP	SP

Danielle NOISETTE - Maxey-sur-Vaise - 55140 VAUCOULEURS - Tél. : 03 29 90 85 19 - Fax : 03 29 90 82 88

MONT-VILLERS

2 ch. Bonzée 2 km. Fresnes-en-Woëvre 5 km. Verdun 20 km. Au rez-de-chaussée d'une agréable demeure : 2 chambres d'hôtes 3 pers. chacune avec salle de bains et wc communs, situées dans un village. Salle de séjour à la disposition des hôtes pour le petit déjeuner uniquement. Parking fermé. Restaurant 4 km. Salon de jardin.

Prix : 1 pers. 23 € - 2 pers. 27 € - 3 pers. 34 €
Ouvert : Toute l'année.

🐕	⛱	🏊	🎾	🏇	⛵	⛳	🚲
	0,5	2	2	2	2	2	20	18	5

Gisèle FIAUX - Mont Villers - 5 rue des Fourières - 55160 FRESNES-EN-WOEVRE - Tél. : 03 29 88 80 29

MONTZEVILLE (TH)

2 ch. Champ de Bataille sur place. Verdun 15 km. 1 ch. 2 pers. avec salon privé, mini-bar, TV, cafetière, douche et wc. 1 ch. 2/4 pers. (lits jumeaux 120), coin-lavabo, cafetière, salle de bains, wc sur le palier. Dressing. Lave-linge. Sèche-linge. Table à repasser, centrale vapeur à disposition. Tonnelles, barbecue. VTT sur place. Montzeville, charmant village lorrain au cœur des massifs d'Hesse et d'Argonne, au pays des lacs et forêts. Venez découvrir la Meuse à la Bastide des 3 Fontaines, déguster ses produits régionaux, « pain maison », feu à l'âtre... Massifs forestiers Hesse et Argonne. Langue parlée : anglais.

Prix : 1 pers. 24/38 € - 2 pers. 38/47 € - 3 pers. 47 € - pers. sup. 10 € - repas 25 €
Ouvert : Toute l'année.

🐕	⛱	🏊	🎾	🏇	🚲
	SP	7	15	15	7

LA BASTIDE DES 3 FONTAINES - 18 rue des Fontaines - 55100 MONTZEVILLE - Tél. : 03 29 85 00 36 - Fax : 03 29 85 03 70 -
E-mail : bastides3font@aol.com

NUBECOURT Le Clos Richard A (TH)

2 ch. Clermont-en-Argonne 15 km. Bar-le-Duc et Verdun 30 km. Dans la ferme auberge : 2 chambres (2 lits) avec salle d'eau privative et communicante, wc sur le palier. TV. Salon de jardin, terrasse, parking. Restauration possible à la ferme-auberge : 9 €.

Prix : 1 pers. 23 € - 2 pers. 27 € - 3 pers. 32 € - repas 9 €
Ouvert : Du 1er mars au 31 décembre.

🐕	⛱	🏊	🎾	⛱
	SP	SP	12	12

Hugues PERARD - Le Clos Richard - 55250 NUBECOURT - Tél. : 03 29 70 60 41 - Fax : 03 29 70 60 41

Alsace-Lorraine

Meuse

PINTHEVILLE

▌▌ 2 ch.

Verdun 20 km. Metz 40 km. Nancy 75 km. Fresnes-en-Woëvre 4 km. 2 ch. d'hôtes dans une ancienne ferme lorraine. R.d.c. : 1 ch. (1 lit 2 pers., 1 lit 1 pers.), s. d'eau privative et wc. A l'ét. : 1 ch. (1 lit 2 pers.), s.d.b. et wc. Poss. lit appoint. Salon avec TV à dispo. Salle à manger avec cheminée. Terrasse, barbecue, salon de jardin donnant sur le parc arboré avec jeux. Animaux admis sur demande. Loc. de vélos sur place. TH sur réservation.

Prix : 1 pers. 29 € 2 pers. 35 € 3 pers. 43 € pers. sup. 9 €
Ouvert : Toute l'année.

SP	7	7	7	20	18	18	16	4

Gisèle NICOLAS - 1 route de Metz - 55160 PINTHEVILLE - Tél. : 03 29 87 50 44 ou 06 07 68 58 24

RONVAUX Le Logis des Côtes

▌▌▌ 3 ch.

Fresnes-en-Woëvre 5 km. Verdun et Etain 15 km. Au 1er étage d'une ancienne maison lorraine : 1 ch. 3 pers. avec s. d'eau et wc privés, 2 ch. 2 pers. (possibilité lit suppl.) avec salle d'eau et wc privés. Salle à manger avec cheminée. Salon. Jardin à la disposition des hôtes. Table d'hôtes sur réservation. Situé dans un petit village aux pieds des Côtes de Meuse, près de Verdun (15 km) et des champs de bataille (12 km). Location de vélos sur place. Base de loisirs du Colvert à Bonzée (5 km) et à Madine (20 km). Parcours de pêche à la mouche 9 km. 2e prix régional de restauration de l'habitat rural. Langues parlées : allemand, anglais.

Prix : 1 pers. 30 € 2 pers. 39 € 3 pers. 47 € pers. sup. 10 €
repas 17 €
Ouvert : De Pâques à la Toussaint.

SP	5	5	5	15	5	25	25	15	2

Marie-José WURTZ - Le Logis des Côtes - 4 rue Basse - 55160 RONVAUX - Tél. : 03 29 87 32 21 - Fax : 03 29 87 32 21 - E-mail : wurtzmariejose@minitel.net

SAMPIGNY

▌▌▌ 2 ch.

2 ch. d'hôtes aménagées dans une maison bourgeoise. 1 ch. (1 lit 2 pers.), salle d'eau et wc privés. 1 ch. (1 lit 2 pers. 1 lit 1 pers.), salle d'eau et wc privés. Salle à manger/coin-salon réservée aux hôtes. Jardin, salon de jardin à disposition. Parking privé. Animaux admis sur demande. Location de vélos sur place. Situé dans la vallée de la Meuse à 9 km de Saint-Mihiel et de Commercy. Langue parlée : anglais.

Prix : 1 pers. 30 € 2 pers. 40 € 3 pers. 46 € pers. sup. 8 €
repas 15 €
Ouvert : Toute l'année.

1	1	SP	7	9	9	9	SP

Agnès PETIT - 11 rue de la Paix - 55300 SAMPIGNY - Tél. : 03 29 90 70 70 - Fax : 03 29 90 70 70

ST-AUBIN-SUR-AIRE

▌▌ 3 ch.

Ligny-en-Barrois 11 km. Commercy 13 km. Bar-le-Duc 23 km. Dans une belle maison rurale de caractère. Rez-de-chaussée : 1 ch. (1 lit 2 pers.), TV, salle d'eau et wc privés. A l'étage : 2 ch. (1 lit 2 pers.), (1 lit 2 pers.), 1 lit 1 pers. 1 lit bébé), TV, salle d'eau et wc privés. Salon et salle à manger communs. Cheminée. Terrasse, salon de jardin et salle de billard à la disposition des hôtes. Parc fermé. Cadre calme et verdoyant. Table d'hôtes de qualité. Sur la N4 entre Void et Ligny-en-Barrois. 23 balades de 26 à 92 km.

Prix : 1 pers. 33 € 2 pers. 40 € 3 pers. 52 € pers. sup. 12 €
repas 17 € 1/2 pens. 42/58 €
Ouvert : Toute l'année.

SP	11	11	11	11	11	13	11

Elisabeth POTHIER - 24 rue Basse - 55500 ST-AUBIN-SUR-AIRE - Tél. : 03 29 77 06 61

ST-MAURICE-LES-GUSSAINVILLE Ferme des Vales

▌▌▌ 4 ch.

Au 1er étage d'une ancienne bâtisse agricole, 4 ch. d'hôtes 2 pers. avec s.d.b. et wc privatifs et communicants. 1 salle commune réservée aux hôtes (cheminée, canapé, TV, bibliothèque). Parc, salon de jardin, VTT et portiques pour enfants. Billard. Piscine. Table d'hôtes sur réservation. Ping-pong. 1/2 pension pour 2 pers. : 63 €/jour à partir de 8 jours. Base de loisirs du Colvert à Bonzée à 15 km : plan d'eau, baignade, pêche, tennis. Base de loisirs de Madine à 25 km : plan d'eau, équitation, golf, baignade, voile, pêche, tennis. Centre équestre au village. Langue parlée : anglais.

Prix : 1 pers. 33 € 2 pers. 40 € pers. sup. 8 € repas 19 €
1/2 pens. 42/63 €
Ouvert : Toute l'année sauf vacances de février.

SP	1	4	3	20	5	25	25	4	4

Ghislaine VALENTIN - La Ferme des Vales - Saint-Maurice-les-Gussainville - 55400 ETAIN - Tél. : 03 29 87 12 91 - Fax : 03 29 87 18 59

ST-MAURICE-SOUS-LES-COTES

▌▌ 3 ch.

Metz 45 km. Lac de Madine 10 km. Nancy 60 km. 3 chambres d'hôtes aménagées dans une grande et ancienne maison bourgeoise située dans le village. 1 ch. 2 pers. avec salle de bains et wc privés sur le palier. 1 ch. 2 lits avec salle de bains et wc communs. 1 ch. 3 pers. Salle de bains et wc communs à ces 2 chambres. Salle de séjour à disposition. Parking. Terrasse. Jardin d'agrément très calme. TV. Feu à l'âtre.

Prix : 1 pers. 24 € 2 pers. 30 € 3 pers. 44 € repas 13/18 €

10	10	10	10	10	10	10

Andrée BATTAVOINE - Saint-Maurice-sous-les-Côtes - 55210 VIGNEULLES-LES-HATTONCHATEL - Tél. : 06 86 51 12 06 ou 03 29 89 33 19

Meuse

Alsace-Lorraine

THILLOMBOIS Le Clos du Pausa (TH)

3 ch. Grande maison de caractère comprenant 3 ch avec vue sur le parc. R.d.c, 2 ch spacieuses accueillant 2/3 pers. Mini-bar, douche et wc privés. Etage : 1 suite grand confort, à la décoration soignée avec bains, douche et wc privés + TV, tél. Café et thé à dispo. dans les ch. Salon avec TV satellite. Feu à l'âtre. Parc ombragé. Salon de jardin. Pain maison. Vélo. Poss. de barbecue au lavoir. Repas sur réservation (apéritif, vin, café compris). Lise vous accueillera à Thillombois, charmant village du centre Meuse. Beau parcours de pêche à la mouche à proximité. Visiter Verdun, Saint-Mihiel, Bar le Duc. Lac de Madine. Supplément animaux : 8 €. Langue parlée : anglais.

Prix : 1 pers. **46 €** 2 pers. **60/72 €** pers. sup. **8 €** repas **25 €**

	SP	SP	25	25	25	30	15

Lise TANCHON - Le Clos Du Pausa - Rue du Château - 55260 THILLOMBOIS - Tél. : 03 29 75 07 85 - Fax : 03 29 75 00 72

VOUTHON-BAS

2 ch. **Domrémy-la-Pucelle 6 km.** 2 ch d'hôtes dans une grande maison meublée dans le style lorrain. 1 chambre 3 pers. avec lavabo, 1 chambre 4 pers. avec lavabo dans chaque chambre et 1 salle d'eau commune et wc indépendant. Salle de séjour à la disposition des hôtes. Possibilité de cuisiner. Sur la D966 Neufchâteau/Bar-le-Duc.

Prix : 2 pers. **16 €** 3 pers. **24 €**
Ouvert : Toute l'année.

	SP	SP	14	14	14

Simone ROBERT - Vouthon Bas - 55130 GONDRECOURT-LE-CHATEAU - Tél. : 03 29 89 74 00 - Fax : 03 29 89 74 42

Moselle

S.L.A. MOSELLE
Hôtel du Département - B.P. 11096
57036 METZ Cedex 1
Tél. 03 87 37 57 69 - Fax 03 87 37 58 84

APACH Belmach

2 ch. 2 chambres mansardées dans une maison au cœur du hameau. 1 chambre avec 1 lit double. 1 chambre avec 3 lits 1 pers. Sanitaires individuels. Garage à vélos. Tarif dégressif pour plusieurs nuits. - 3 €/nuit à partir de 3 nuits. Langue parlée : allemand.

Prix : 1 pers. **26 €** 2 pers. **34 €** 3 pers. **43 €**

	6	25	SP	25	2	3	SP	2	2	7

Paul HAMMES - Belmach - N°6 - 57480 APACH - Tél. : 03 82 83 86 76

ARRY La Belle Arrygeoise (TH) C.M. 57

4 ch. **Metz 19 km. Nancy 35 km.** Au cœur d'un joli village surplombant la vallée de la Moselle, dans une belle maison lorraine rénovée avec goût, à l'étage, 4 ravissantes chambres, dont une familiale, toutes avec sanitaires privés. Four à pain et cheminées d'époque, salon, TV, bibliothèque, cour avec salon de jardin, potager biologique, kitchenette, lit bébé, possibilité de panier pique-nique. Accueil chaleureux, cuisine soignée et généreuse de qualité. GR5 à 5 km. Nombreuses randonnées sur place. Langues parlées : anglais, italien.

Prix : 1 pers. **39 €** 2 pers. **46 €** 3 pers. **54 €** pers. sup. **8 €** repas **19 €**
Ouvert : Du 1er mars au 30 novembre.

	10	3	0,1	15	0,5	10	SP	3	3

Angeline et Alain FINANCE-SCHVARTZ - 5 Grand'Rue - La Belle Arrygeoise - 57680 ARRY - Tél. : 03 87 52 83 95 - Fax : 03 87 52 82 97

ARRY C.M. 57

2 ch. Duplex indépendant dans une maison bourgeoise avec un parc arboré : 2 ch., salon/bureau, sanitaires privatifs, wc séparés. Lave-linge, TV. Jardin attenant et clos, terrasse, salon de jardin. Village dominant la vallée de la Moselle, aux portes du Parc Naturel Régional de Lorraine. Langues parlées : allemand, italien.

Prix : 1 pers. **39 €** 2 pers. **46/77 €**
Ouvert : Toute l'année.

	3	SP	15	1	10	SP	3	30	3

MANGIN François et FINANCE Nadia - 25 Grand'Rue - 57680 ARRY - Tél. : 03 87 52 82 97 - Fax : 03 87 52 82 97

Alsace-Lorraine   **Moselle**

ARRY   (TH)

| ‖‖‖ 3 ch. | Metz 17 km. Nancy 40 km. Pont à Mousson 10 km. 3 chambres d'hôtes : 1 ch. (lits jumeaux, 1 lit d'appoint), 1 ch. (1 lit 2 pers., 1 lit d'appoint), 1 ch. (1 lit 2 pers.). Douche, lavabo et wc pour chacune. Salon avec TV satellite. Lingerie. Salle à manger. Jardin, parking. Notre maison est située dans un village classé dominant la vallée de la Moselle, au cœur de la Lorraine. Trois chambres d'hôtes de grand confort dans un décor champêtre. Une des plus ancienne maison du village. Le petit déjeuner lorrain vous laissera un grand souvenir. Le dîner, sur réservation, ne s'inspire que notre terroir et de ses quatres saisons. Jeux d'enfants à proximité. |

Prix : 1 pers. 42 € 2 pers. 51 € pers. sup. 12 € repas 19 €

🐕	⛱	🏃	🌲	⛳	🏊	🏊	🚶	🎾	🚗	⛴
	10	3	SP	15	1	10	SP	5	3	

Roland et Martine OTT - Au Gîte du Passant - 1 rue de la Lobe - 57680 ARRY - Tél. : 03 87 52 08 93 ou 06 86 56 57 02 - **Fax** : 03 87 52 08 93

ARS-LAQUENEXY

| ‖‖‖ 3 ch. | 3 chambres au rez-de-chaussée d'une construction locale rénovée. 3 lits 2 pers. 1 lit 1 pers. 1 lit enfant. Salle de bains et wc privés. Jardin. Cour. Terrain clos. Emplacement voiture. Le pays Messin offre de nombreux attraits touristiques tels que Gorze, le Parc Régional de Lorraine, les arches de Jouy, les églises du pays Messin, Sillegny. Langue parlée : allemand. |

Prix : 1 pers. 29 € 2 pers. 39 € 3 pers. 46 €
Ouvert : Toute l'année.

🐕	⛱	🏃	🌲	⛳	🏊	🚶	🎾	🚗	⛴
	10	3	2	7	SP	SP	4	2	

Camille BIGARE - 23, rue Principale - 57530 ARS-LAQUENEXY - Tél. : 03 87 38 13 88

ASSENONCOURT La Foly   (TH)

| ‖‖ 2 ch. | 2 chambres au rez-de-chaussée. Entrée individuelle. 1 lit 2 pers. Salle d'eau et wc privés. Accès à la terrasse. Cour. Terrain. Emplacement voiture. TV. GR5 sur place. Langue parlée : allemand. |

Prix : 1 pers. 26 € 2 pers. 30 € repas 15 €
Ouvert : Toute l'année.

🐕	⛱	🏃	🌲	⛳	🏊	🏊	🚶	🎾	🚗	⛴
	15	9	SP	10	SP	12	SP	9	25	9

Hubert et Bernadette VIVILLE - La Foly - Assenoncourt - 57260 MAIZIERES-LES-VIC - Tél. : 03 87 03 93 02 - Fax : 03 87 03 93 02

AVRICOURT   *C.M. 57*

| ‖ 3 ch. | Située dans un grand parc au cœur du village, la maison comporte 1 gîte et 3 chambres 2 pers., 1 ch. avec douche et wc particuliers. 2 ch. avec salle de bains et wc particuliers. Possibilité lit supplémentaire 1 pers. Langue parlée : allemand. |

Prix : 1 pers. 27 € 2 pers. 34 € 3 pers. 43 €
Ouvert : Du 1er avril au 31 octobre.

🐕	⛱	🏃	🌲	🏊	🚶	🎾	🚗
	3	12	SP	3	SP	3	0,1	SP

Jean WENGER - 99 rue des Halles - 57810 AVRICOURT - Tél. : 03 87 24 62 63

BERTHELMING

| ‖‖‖ 3 ch. | **Dabo 25 km. Sarrebourg 11 km.** 3 chambres avec salle de bains et wc individuels. Lits doubles. 1 chambre avec lit individuel supplémentaire (3 pers.). Possibilité 2 lits enfants. Accès au parc, jardin, mobilier de jardin. Bord de Sarre. Barbecue, kitchenette, vélos à disposition, parking, garage possible 1 place. Fax en commun. Salon, séjour, TV, magnétoscope, HI-FI. Réduction 3 € par nuit et par chambre dès la 3e nuitée. Langues parlées : allemand, italien. |

Prix : 1 pers. 31 € 2 pers. 35 € 3 pers. 43 €
Ouvert : Toute l'année.

🐕	⛱	🏃	🌲	⛳	🏊	🚶	🎾	⛴
8	12	1	12	SP	12	SP	1	SP

Alice et Jean-Claude PEIFFER - 47 rue Principale - 57930 BERTHELMING - Tél. : 03 87 07 82 76 - Fax : 03 87 07 86 31

BOCKANGE   (TH)   *C.M. 57 Pli 4*

| ‖‖ 2 ch. | Maryse et Jean-Paul vous accueillent chaleuresement dans leur maison. Ils vous offrent 2 ch. équipées de TV avec sanitaires privés. 1 ch. avec 1 lit 2 pers., 1 convertible 2 pers. 1 ch. 2 lits 1 pers. Poss. lit bébé. Dans un cadre verdoyant, vous pourrez vous adonner au plaisir de la pêche dans l'étang privé, et perfectionner votre revers grace au tennis. Maryse aura à cœur de vous mijoter de nombreuses spécialités à déguster autour de la table d'hôtes. Si vous vous laissez tenter, vous ne serez pas déçus ! Langues parlées : français, anglais. |

Prix : 1 pers. 34 € 2 pers. 42 € 3 pers. 50 € pers. sup. 8 €
repas 14 €
Ouvert : Toute l'année.

🐕	⛱	🏃	🌲	⛳	🏊	🚶	🎾
	3	18	3	35	SP	12	2	SP

Maryse EVRARD - 2 rue des Peupliers - 57220 BOCKANGE - Tél. : 03 87 35 70 40

Moselle
Alsace-Lorraine

BURTONCOURT
(TH) C.M. 57 Pli 4

2 ch. 2 chambres d'hôtes (2 lits 1 pers., 1 grand lit 160 x 200). Possibilité 3ᵉ lit supplémentaire ou bébé. Douche, lavabo, wc particuliers. TV dans la chambre. Salle de séjour, bibliothèque à la disposition des hôtes. Patio de charme fleuri. Salle à manger d'été, lieu de calme et de repos. Jardin et pelouse d'agrément. Repas végétarien sur demande. La 1ᵉʳᵉ chambre a obtenu le 1ᵉʳ prix concours régional 1995 de restauration exemplaire des hébergements ruraux de caractère de Lorraine. Petit déjeuner copieux, confiture, miel, gâteau maison. Produits bio du jardin. Base de plein air au village, belles forêts. Repas sur réservation. Langues parlées : polonais, anglais.

Prix : 1 pers. 35 € ■ 2 pers. 42 € ■ 3 pers. 50 € ■ repas 13/16 €
Ouvert : Toute l'année.

18	SP	25	SP	10	SP	SP	25	3

Alina CAHEN - 51 rue Lorraine - 57220 BURTONCOURT - Tél. : 03 87 35 72 65 - Fax : 03 87 35 72 65

CHESNY

1 ch. Metz 8 km. Centre Thermal Amneville 30 km. Palais des Congrès 5 km. 1 chambre à l'étage (1 lit 2 pers.), salle d'eau et wc privés. Terrasse couverte, cour jardin, coin-détente, possibilité de barbecue. TV dans la chambre. Dans un environnement très calme et campagnard, les propriétaires vous accueillent dans leur maison.

Prix : 1 pers. 29 € ■ 2 pers. 39 €
Ouvert : Toute l'année.

SP	1	5	8	2	2

Patrick et Claire GERUM - 25 rue Principale - 57245 CHESNY - Tél. : 03 87 38 29 65

CUVRY

3 ch. 3 chambres aménagées à l'étage d'une maison indépendante dont 2 chambres et 1 suite. 4 lits 1 pers. 3 lits 2 pers. Salle d'eau et wc indépendants. Salon, salle à manger, cheminée, coin-lecture, TV à la disposition des hôtes. Cour. Jardin clos. Terrain attenant. Parking. Restaurant avec cuisine du terroir dans le village voisin. Le pays Messin offre de nombreux attraits touristiques : Gorze, le Parc Régional de Lorraine, les arches de Jouy, les églises du pays messin : à Scy-Chazelle, Sillegny. Langues parlées : allemand, anglais.

Prix : 1 pers. 39 € ■ 2 pers. 46 € ■ 3 pers. 54 €
Ouvert : D'avril à octobre.

35	5	3	3	0,5	6	SP	4	10	4

Jean-François et Brigitte MORHAIN - Ferme de la Haute Rive - 57420 CUVRY - Tél. : 03 87 52 50 08 - Fax : 03 87 52 60 20

ENCHENBERG
A

2 ch. Sarreguemines 25 km. Bitche 12 km. 2 ch. d'hôtes dans la maison du propriétaire, à l'étage, avec entrée indépendante. 1 ch. (1 lit 2 pers.), s.d.b. et wc communicants à la chambre. 1 ch. (1 lit 2 pers. 1 lit 1 pers.), douche et wc. Poss. lit bébé + lit suppl. TV, salon, salle à manger communs. Cuisine incorporée. Abri de jardin, barbecue, balançoire, toboggan, emplacement voiture communs. Langue parlée : allemand.

Prix : 1 pers. 25 € ■ 2 pers. 34 € ■ 3 pers. 42 €
Ouvert : Toute l'année.

12	SP	12	7	6	SP	12	SP

Bernadette LUTZ - 3 rue de Lambach - 57415 ENCHENBERG - Tél. : 03 87 96 40 08

EPPING Maison Verte

2 ch. Bitche 15 km. Sarreguemines 20 km. Allemagne 1 km. Volmunster 4 km. 2 chambres d'hôtes aménagées dans une maison individuelle. Chambres avec douche et wc. Télévision et séjour communs aux hôtes. Cadre de verdure et terrasse extérieure. A voir : citadelle de Bitche, ligne Maginot, cristallerie. Parc archéologique Bliesbruck-musée de faïencerie Sarreguemines. Langue parlée : allemand.

Prix : 1 pers. 23 € ■ 2 pers. 31 € ■ 3 pers. 40 € ■ pers. sup. 9 €

15	10	SP	15	SP	10	SP	4	10	4

René et Léonie FABER - 34 A, rue de Rimling - 57720 EPPING - Tél. : 03 87 96 76 12

FALCK Domaine de la Forge
C.M. 57

2 ch. 2 chambres d'hôtes aménagées dans la maison du propriétaire. 1 chambre (1 épi) (1 lit 2 pers., 1 lit 1 pers.), salle de bains, wc. 1 chambre (2 épis) (3 lits 1 pers.), salle de bains et wc privatifs. Chauffage central. Sèche-linge, salle à manger. Ambiance familiale. Cadre de verdure, calme, repos. Etang privé pour pêche. Séjours cheval, pêche, nature. Séjour équestre en pension complète 6 jours : 320 €.

Prix : 1 pers. 32/38 € ■ 2 pers. 35/43 € ■ 3 pers. 38/47 €

5	SP	SP	15	SP	5	SP	0,5

Jean-Jacques SCHAEFER - Domaine de la Forge - 57550 FALCK - Tél. : 03 87 82 25 03 - Fax : 03 87 82 25 03

Alsace-Lorraine   Moselle

GROS-REDERCHING
C.M. 57 Pli 17

▮▮▮ 1 ch. Sarreguemines 12 km. Bitche 18 km. 1 suite de 3 pièces (2 lits 2 pers., 1 lit 1 pers.), salle de bains et wc, TV dans la chambre, réfrigérateur incorporé. Terrasse couverte ombragée et très fleurie. Chaleur et convivialité. Lave-linge à la disposition des hôtes. Garage, parking clos. Tout confort pour détente. Situé sur la N62. Très remarquable balcon fleuri. Langue parlée : allemand.

Prix : 1 pers. 24 € 2 pers. 31 € 3 pers. 46 € pers. sup. 13 €
Ouvert : Toute l'année.

🐕	🐎	🌲	🚶	🏊	🏊‍♂️	👥	🎾	🚂	🚲
	18	2	18	1	5	SP	SP	4	SP

René et Jeanne KLOCK - Gros-Rederching - 9 rue Principale - 57410 GROS-REDERCHING - Tél. : 03 87 09 80 28

NIDERVILLER   A

▮▮ 4 ch. A la porte des Vosges, près des étangs de Sarrebourg, à proximité du Centre de réadaptation cardiovasculaire St-Luc, Jean-Marie vous propose des chambres d'hôtes. Rez-de-chaussée ou étage : 2 chambres doubles + 2 chambres simples, toutes équipées de douche, wc et TV. Parking. Garage pour motos et bicyclettes disponible. Langue parlée : allemand.

☎

Prix : 1 pers. 24 € 2 pers. 32 €
Ouvert : Toute l'année.

🐕	🐎	🌲	🚶	🏊	🏊‍♂️	👥	🎾	🚂	🚲
	SP	SP	1	5	SP	1	5	SP

Jean-Marie BURKEL - 2 rue de la Faïencerie - 57565 NIDERVILLER - Tél. : 03 87 23 65 13

NIDERVILLER   A

▮▮▮ 4 ch. Maison lorraine du XVIIIe siècle rénovée. 3 chambres d'hôtes 2 pers., 1 chambre 3 pers., 1 lit enfant, salle d'eau et wc à usage privé. Salon. Kitchenette. Terrasse, barbecue. Belles randonnées dans la région nord des Vosges. Location péniche de plaisance sur le canal de la Marne au Rhin. Faïencerie de Niderviller. Rocher du Dabo. Forêt vosgienne. Douce escapade. Centre de réadaptation cardio-vasculaire à St-Luc. Plan incliné Arzviller St-Louis. Christallerie-vitrail. Langue parlée : allemand.

Prix : 1 pers. 27 € 2 pers. 35 € 3 pers. 42 €
Ouvert : Toute l'année.

🐕	🐎	🌲	🚶	🏊	🏊‍♂️	👥	🎾	🚂	🚲
	SP	SP	5	SP	5	SP	SP	5	SP

Marcel et Marinette FETTER - 11 rue des Vosges - 57565 NIDERVILLER - Tél. : 03 87 23 79 96 - E-mail : FETTERMarcel@hotmail.com

OTTONVILLE   (TH)   *C.M. 57*

▮▮ 4 ch. 3 chambres d'hôtes avec salle de bains et wc privés pour chacune : 1 ch. (1 lit 2 pers.), 1 ch. (1 lit 2 pers., 1 lit enfant), 1 bureau, 1 ch. (1 lit 2 pers., 2 lits 1 pers.), 1 ch. (1 lit 2 pers., 1 lit 1 pers.), 1 clic-clac, salon. Jardin attenant, cour, terrasse, barbecue, salon de jardin, emplacement voiture. Produits fermiers sur place. Table d'hôtes sur réservation. Langue parlée : allemand.

Prix : 1 pers. 30 € 2 pers. 38 € 3 pers. 53 € repas 8 €
1/2 pens. 13 € pens. 38 €
Ouvert : Toute l'année sauf 1er week-end de chaque mois.

🐕	🏇	🐎	🌲	🚶	🏊	🏊‍♂️	👥	🎾	🚂	🚲
6	12	2	25	10	6	SP	6	30	6

Paulette WEBER - 15 rue St-Paul - 57220 OTTONVILLE - Tél. : 03 87 79 28 08 - Fax : 03 87 79 28 08

RAHLING

▮▮▮ 3 ch. 3 chambres d'hôtes aménagées à l'étage avec salle d'eau et wc particuliers pour chaque chambre. TV. Kitchenette à disposition. Emplacement voiture. Tarifs dégressifs à partir de la 3e nuitée (- 10 % hors juillet/août). Louis et Annie vous accueillent dans un ancien moulin de style lorrain au cœur des Vosges Mosellanes. Langue parlée : allemand.

Prix : 1 pers. 24 € 2 pers. 34 € 3 pers. 46 €
Ouvert : Toute l'année.

🐕	🐎	🌲	🚶	🏊	🏊‍♂️	👥	🎾	🚂	🚲
	5	2	20	1	5	SP	SP	5	SP

Louis et Annie BACH - 2 rue du Vieux Moulin - 57410 RAHLING - Tél. : 03 87 09 86 85

ROHRBACH-LES-BITCHE
C.M. 87 Pli 12

▮▮▮ 2 ch. St-Louis (pays du cristal) 15 km. 1 chambre (1 lit 2 pers.) et 1 chambre (2 lits 1 pers.) à l'étage d'une maison neuve (quartier très tranquille). Salle d'eau et wc dans chaque chambre. Bourgade à la porte des Vosges du nord, région très touristique. Nombreux musées. Possibilité de cuisiner. Tarifs dégressifs à partir de la 3e nuit. Langues parlées : allemand, anglais.

Prix : 1 pers. 24 € 2 pers. 33 € 3 pers. 42 € pers. sup. 9 €
Ouvert : Toute l'année.

🐕	🐎	🌲	🚶	🏊	🏊‍♂️	👥	🎾	🚂	🚲
	15	3	15	7	SP	SP	SP	2	SP

René et Marlyse NEU - 40 rue des Vergers - 57410 ROHRBACH-LES-BITCHE - Tél. : 03 87 02 71 23 ou 06 60 90 01 42

Moselle
Alsace-Lorraine

SCY-CHAZELLES
C.M. 57

E.C. 2 ch. **Metz 5 km.** « St-Quentin », 2 chambres d'hôtes dans la maison du propriétaire. 1 lit 2 pers., 2 lits 1 pers., lit d'appoint et lit bébé sur demande, salle de bains, douche, wc privatifs, grand salon moderne (TV, piano) donnant sur terrasse couverte, jardin clos et vieux pressoir XIX° siècle. A 10 mn du centre de Metz, l'ancien village de vignerons de Scy-Chazelles domine la vallée de la Moselle. Situé sur le site classé du Mt St-Quentin (faune, flore et forts !) propice aux randonnées et VTT, il abrite aussi la maison de R. Schuman, père de l'Europe et une église fortifiée du XII° s. Langues parlées : anglais, italien.

Prix : 1 pers. 40 € 2 pers. 50 € 3 pers. 60 € pers. sup. 10 €
Ouvert : Toute l'année.

5	2	10	2	5	10	2	7	SP

Mathé et Jean-Paul GRETHEN - 11 rue du St-Quentin - 57160 SCY-CHAZELLES - Tél. : 03 87 60 09 62 ou 06 08 41 30 03 - Fax : 03 87 21 01 80 - E-mail : Mathé.GRETHEN@wanadoo.fr

SCY-CHAZELLES

1 ch. **Metz 5 km. Amneville 15 km.** 1 chambre (1 lit 2 pers., 1 lit 1 pers., 1 lit bébé), 1 salon rotin, 1 coiffeuse, 1 véranda, 1 pièce annexe, 1 TV. Salle de bains, lavabo, douche, wc. Sur les hauteurs du Mont St-Quentin, à côté de la maison de R. Schuman, dans un site classé, en pleine nature. Entrée indépendante en rez-de-jardin. Piscine couverte en intersaisons dans un parc clos. Vélos à disposition. 1 lit double 1 lit simple, 1 lit bébé. Petit déjeuner convivial. TV. Langues parlées : anglais, allemand.

Prix : 1 pers. 45 € 2 pers. 53 € 3 pers. 58 €
Ouvert : Toute l'année.

SP	2	5	2

Nathalie ISER - 20 chemin des Brayes - 57160 SCY-CHAZELLES - Tél. : 03 87 60 17 31 ou 06 18 72 35 03 - Fax : 03 87 60 08 78

SOLGNE

1 ch. **Metz, Amneville, Luxembourg 25 km. Nancy 40 km.** Chambre avec TV, 1 grand lit et 1 lit 1 pers., sanitaires privatifs communicants. Calme et détente. Stationnement privé.

Prix : 1 pers. 30 € 2 pers. 38 € 3 pers. 46 €
Ouvert : Toute l'année sauf juillet.

5	8	7	20

André LALLEMENT - 10 impasse Basse Seille - 57420 SOLGNE - Tél. : 03 87 57 71 64 - Fax : 03 87 57 71 64 - E-mail : alallement@mageos.com

SOLGNE

4 ch. 4 chambres d'hôtes : chambre Prunelle (2 lits 1 pers.), chambre Reinette (1 lit 2 pers.), chambre Mirabelle (1 lit 2 pers. 1 lit 1 pers.), ch. Cerise (1 lit 2 pers.). Sanitaires privés et TV dans chaque chambre. Légumes biologiques. Coin-salon. Parking.

Prix : 1 pers. 29 € 2 pers. 38 € 3 pers. 46 €
Ouvert : Toute l'année.

20	SP	1	8	12	20	SP	12	SP

Pierrette SCHNEIDER - 16 rue Alsace Lorraine - 57420 SOLGNE - Tél. : 03 87 57 72 60 ou 03 87 57 70 09

TROISFONTAINES
C.M. 57

5 ch. 5 chambres d'hôtes aménagées au 2° étage surplombant une vallée de forêts de sapins. Chambres pour 2 personnes + éventuellement un lit pliant pour un enfant. Salle de bains et wc réservés aux hôtes.

Prix : 1 pers. 25 € 2 pers. 26 € 3 pers. 36 €

4	5	SP	5	12	SP	12

Annie ENDT - 64 rue des Vosges - 57870 TROISFONTAINES - Tél. : 03 87 25 58 31

VAUDONCOURT

3 ch. **Metz 17 km. St-Avold 17 km.** A la campagne, 1 suite comprenant, à l'étage : 3 chambres d'hôtes indépendantes. 2 salles de bains. WC privatifs. R.d.c. : salle à manger, salon, TV, chemin. Jaccuzi, sauna, wc. Jardin clos ombragé. Terrasse. Piscine. Tarifs dégressifs à la semaine.

Prix : 1 pers. 31 € 2 pers. 40 € 3 pers. 46 €
Ouvert : Toute l'année.

6	SP	20	SP	8	SP	1	20	4

Sylvie KINTZINGER - 4 rue de la Chapelle - 57220 VAUDONCOURT - Tél. : 03 87 64 07 95 - Fax : 03 87 64 27 97 - E-mail : larenardiere@infonie.fr

Alsace-Lorraine

Moselle

VERNEVILLE Bagneux
C.M. 242 Pli 1

¶¶¶ 1 ch. Metz 17 km. Eco-village, Ville-sur-Yron 10 km. Chambre avec accès indépendant dans une tour ronde, parquet en chêne. Chauffage central. Salle de bains privée dans le donjon carré. Poutres apparentes et cheminée en pierre (lit double à baldaquin, 1 lit enfant). Le Domaine de Bagneux édifié en 1224 se niche au cœur d'un vallon de verdure. Cette demeure de caractère est propice à la détente, dans un univers de parquets, boiseries, plafonds à caisson, cheminée en pierre. Feu à l'âtre, table gourmande... Francine et François vous accueillent en amis. Langues parlées : allemand, anglais.

Prix : 1 pers. 44 € 2 pers. 59 € repas 14 €
Ouvert : Toute l'année.

| 3 | SP | 25 | 5 | 10 | SP | 3 | 8 | 3 |

François et Francine CHEVALLIER - Château de Bagneux - 57130 VERNEVILLE - Tél. : 03 87 30 25 80 - Fax : 03 87 30 25 80 -
E-mail : chevallier.francois@free.fr

VILSBERG Haut-Pont

¶¶ 3 ch. Strasbourg 20 mn (autoroute). A l'étage : 1 chambre (2 lits 1 pers.), salle de bains/wc, 1 ch. (1 lit 2 pers.), salle de bains/wc, kitchenette, salon privé, TV et terrasse, 1 ch. (1 lit 2 pers.), douche, wc, kitchenette, salon privé, TV et terrasse. Jardin, meuble de jardin, barbecue. Animaux admis sur demande. Tarif 3 et 4 pers. sur demande. Au calme, vue sur pré, ancien relais de diligence et tannerie rénovée, construite en 1811 par la famille Erckmann Weisse, parents d'Emile Erckmann, célèbre écrivain régional (statue à Phalsbourg) située aux arrières de Saverne à 1 km de la limite Alsace-Moselle, proche de la réputée Route du vin. Langues parlées : allemand, anglais, italien.

Prix : 1 pers. 27 € 2 pers. 38 € 3 pers. 54 €
Ouvert : Toute l'année.

| 10 | 10 | 1 | 3 | 5 | 0,3 | 0,7 | 4 | 0,7 |

Anny GUTKNECHT - Haut-Pont - Ferme Gerberhof - 57370 VILSBERG - Tél. : 03 87 24 13 74 ou 06 08 03 24 55 - Fax : 03 87 24 13 74

WALSCHEID
C.M. 57

¶¶ 1 ch. 1 chambre aménagée à l'étage d'une maison neuve (1 lit 2 pers. 2 lits enfant). Salle d'eau et wc. Lave-linge à usage commun avec le propriétaire. Jardin et terrain clos. Balcon. Le pays de Sarrebourg offre de nombreux attraits touristiques comme le rocher Dabo, le plan incliné de St-Louis Arzviller, les cristalleries. Langues parlées : allemand, anglais.

Prix : 1 pers. 27 € 2 pers. 35 € 3 pers. 47 € pers. sup. 13 €
Ouvert : Toute l'année.

| 0,2 | 10 | SP | 7 | 10 | SP | 12 | 12 | SP |

Marcel FALTOT - 27 rue de la Division Leclerc - 57870 WALSCHEID - Tél. : 03 87 25 13 08

Bas-Rhin

GITES DE FRANCE - Service Réservation
7, place des Meuniers - 67000 STRASBOURG
Tél. 03 88 75 56 50 - Fax 03 88 23 00 97
E-mail : adtgitesdefrance68@rmcnet.fr

3615 Gîtes de France
0,2 €/min

ADAMSWILLER
C.M. 87 Pli 13

¶¶¶ 1 ch. Aménagée au r.d.c. de la maison du propriétaire située dans le village. 1 ch. familiale composée de 2 pièces (1 lit 2 pers., 2 lits 1 pers.), espace détente (cheminée), sanitaires. Petit déjeuner amélioré servi dans la s. à manger du propr. Grd espace vert, mobilier de jardin, terrase, chaises longues, parking. 4 pers. : 76 €. Présence d'un gîte à l'étage. Langue parlée : allemand.

Prix : 1 pers. 30 € 2 pers. 43 € 3 pers. 61 € repas 13/16 €

| 6 | 15 | 15 | 1 | 0,5 | 6 | 0,5 | 5 | SP |

Annie GLATTFELDER - 21 rue du Moulin - 67320 ADAMSWILLER - Tél. : 03 88 01 70 80 ou SR : 03 88 75 56 50 - Fax : 03 88 01 70 80

BARR
C.M. 87 Pli 15

¶¶ 4 ch. A l'étage de la maison du propriétaire située près du centre du bourg. CH1 : 1 lit 2 pers., CH2 : 1 lit 2 pers., CH3 : 1 lit 2 pers, CH4 : 1 lit 2 pers., 1 lit 1 pers. Prise TV et sanitaires privatifs à chaque chambre. Petit déjeuner amélioré servi en salle ou dans la cour. Mobilier de jardin, parking. Langue parlée : allemand.

Prix : 1 pers. 32 € 2 pers. 38/43 € 3 pers. 53 € pers. sup. 11 €
Ouvert : Toute l'année.

| 8 | 10 | 3 | SP | SP | SP | 20 | 10 | SP | 15 | SP |

Suzanne CHADEAU - 9 bis, rue du Gal Vandenberg - 67140 BARR - Tél. : 03 88 08 54 75

BARR
C.M. 87 Pli 15

¶¶ 3 ch. A l'étage de la maison du propr. située au calme avec vue sur le vignoble et la forêt. CH1 : 2 lits 1 pers., CH2 : 2 lits 1 pers., CH3 : 1 lit 2 pers., 1 lit 1 pers., poss. lit suppl. Sanitaires privatifs à chaque ch. Palier aménagé en coin repas (micro ondes, réfrigérateur). Petit déjeuner amélioré servi dans la salle à manger du prop. ou dans la véranda l'été. Tarif dégressif à partir de la 3e nuit. Jardin, barbecue, parking. Langue parlée : allemand.

Prix : 1 pers. 27 € 2 pers. 35 € 3 pers. 46 € pers. sup. 11 €
Ouvert : Toute l'année.

| 8 | 10 | 3 | SP | SP | SP | 20 | 10 | SP | 15 | SP |

Gérard BALL - 39 rue de l'Altenberg - 67140 BARR - Tél. : 03 88 08 10 20 - Fax : 03 88 08 10 20

Bas-Rhin

Alsace-Lorraine

BARR
C.M. 87 Pli 15

2 ch. — A l'étage de la maison du prop. située au calme en lisière de forêt, à la périphérie du bourg touristique. CH1 et CH2 : 1 lit 2 pers., 2 lits 1 pers. pour enfants en mezzanine et sanitaires privatifs. Réfrigérateur sur palier. Petit déjeuner amélioré servi dans la salle à manger du propr. ou en terrasse. Séjour (cheminée) en commun. Espace vert, mobilier de jardin, parking. TH sur réservation. Langue parlée : allemand.

Prix : 2 pers. 37 € pers. sup. 12 € repas 13 €
Ouvert : Toute l'année.

🐕	🏊	🚣	🎣	🎾	🚴	⛷	🎿	🚵	⛪	🚂
8	10	3	SP	SP	SP	20	10	SP	15	SP

Rita MOREL - 37 chemin de l'Altenberg - 67140 BARR - Tél. : 03 88 08 22 58 - Fax : 03 88 08 22 58

BELLEFOSSE
Alt. : 750 m   A
C.M. 87 Pli 16

5 ch. — A l'étage de la ferme-auberge située au calme en périphérie du village de montagne. 5 chambres pour 2 pers. avec lavabo. Douche et wc en commun. Lit d'appoint sur demande. Poss. pension ou demi pension à l'auberge. Terrasse, balançoire, parking. Présence d'un gîte de groupe (23 pers.). Langue parlée : allemand.

Prix : 1 pers. 23 € 2 pers. 37 € 1/2 pens. 29 € pens. 38 €
Ouvert : Toute l'année.

🐕	🏊	🚣	🎣	🎾	🚴	⛷	🎿	🚵	⛪	🚂
0,2	25	6	6	5	0,1	5	0,1	12	5	12

Véronique WEILBACHER - Ferme-Auberge Ban de la Roche - 66 rue Principale - 67130 BELLEFOSSE - Tél. : 03 88 97 35 25 - Fax : 03 88 97 37 87 ou SR : 03 88 75 56 50

BELLEFOSSE
Alt. : 700 m   A
C.M. 87 Pli 16

5 ch. — Dans une maison située dans le petit village montagnard au flanc du Massif du Champ du Feu. 4 ch (1 lit 2 pers.), 1 ch. (2 lits 1 pers. superposés), sanitaires privatifs à chaque chambre, petite pièce détente. Petit déjeuner amélioré, repas servi à la ferme auberge à 300 m. Poss. demi pension.

Prix : 1 pers. 32 € 2 pers. 40 €
Ouvert : Toute l'année.

🐕	🏊	🚣	🎣	🎾	🚴	⛷	🎿	🚵	⛪	🚂
SP	25	30	15	SP	SP	3	3	SP	8	7

RELAIS OBERLIN - 16 rue Principale - 67130 BELLEFOSSE - Tél. : 03 88 97 37 81

BERSTETT
C.M. 87 Pli 4

3 ch. — Dans un corps de ferme proche de Strasbourg. 1 ch. composée de 2 pièces non communic. à l'étage de la maison du prop. CH1 (1 lit 160), (2 lits 1 pers.), TV, sanitaires privatifs. 2 ch. dans les dépendances (CH2 : 2 lits 1 pers.), TV, kitch. sanitaires, CH3 : (2 lits 1 pers.), kitch., TV, san. sur palier. Petit-déjeuner servi dans séjour du prop. ou dans petite pièce commune. Présence de 3 gîtes. En commun : mobilier de jardin, ping pong, cour fermée, étang privé à 1 km, parking. Tarif dégressif à partir de la 3e nuit. Langues parlées : anglais, allemand.

Prix : 1 pers. 27/30 € 2 pers. 35/40 € pers. sup. 15 €
Ouvert : Toute l'année.

🐕	🏊	🚣	🎣	🎾	🚴	⛷	🎿	🚵	⛪	🚂
12	7	7	0,8	0,8	SP	15	15	4	4	4

Jean-Daniel et Doris FREYSZ - 1 rue d'Olwisheim - 67370 BERSTETT - Tél. : 03 88 69 54 33 - Fax : 03 88 59 48 45 - E-mail : freysz.gites@wanadoo.fr ou SR : 03 88 75 56 50

BETSCHDORF
C.M. 87 Pli 3

4 ch. — Dans une maison de potier. CH1(3 épis) : 1 lit 2 pers., sanitaires privatifs sur palier. CH2(4 épis) : 2 lits 1 pers., kitch. avec suppl., TV. CH3 (4 épis) : 2 lits 1 pers., CH4 (CC) : 2 lits 1 pers., TV. Sanitaires privatifs à chaque chambre. Séjour (35 m²). Espace vert, mobilier de jardin, parking couvert. Poss. stage de poterie chez le propriétaire. Langue parlée : allemand.

Prix : 1 pers. 26/38 € 2 pers. 34/53 € pers. sup. 13 €
Ouvert : Toute l'année.

🐕	🏊	🚣	🎣	🎾	🚴	⛷	🎿	🚵	⛪	🚂
0,5	10	10	0,5	1	1	30	30	3	10	8	SP

Christian KRUMEICH - 23 rue des Potiers - 67660 BETSCHDORF - Tél. : 03 88 54 40 56 - Fax : 03 88 54 47 67

BIRLENBACH
A
C.M. 87 Pli 3

6 ch. — A l'étage de la ferme équestre située en bordure du petit village et des champs. 1 ch. (2 lits 1 pers. 2 lits 1 pers. superposés), 2 ch. (1 lit 2 pers. 2 lits 1 pers.), 2 ch. (1 lit 2 pers.), 1 ch. (2 lits 1 pers.). 2 douches dont 1 avec lavabo et 2 wc en commun. Cour, parking. Poss. de monter à cheval. Langue parlée : allemand.

Prix : 1 pers. 25 € 2 pers. 34 € 3 pers. 43 € pers. sup. 9 €
Ouvert : Toute l'année.

🐕	🏊	🎣	🎾	🚴	⛪	🚂
3	SP	12	SP	20	12	12

Marlyse WERLY - Ferme Equestre Werly - 19 rue du Ruisseau - 67160 BIRLENBACH - Tél. : 03 88 80 48 76

Alsace-Lorraine
Bas-Rhin

BLAESHEIM
C.M. 87 Pli 5

6 ch. Dans les dépendances d'une ancienne ferme alsacienne datant de 1839 (décoration et ambiance soignées). A L'étage : CH3 (2 lits 1 pers.), CH4 (3 lits 1 pers.), CH5 (1 lit 2 pers. et au 2e niv. 3 lits 1 pers.), CH6 (1 lit 2 pers. et 2e niv. 2 lits 1 pers.). Au r.d.c. : CH1 et CH2 (2 x 1 lit 2 pers.). Sanitaires privatifs à chaque ch. P. déjeuner servi dans pièce réservées aux hôtes. Cour fleurie et fermée, mobilier de jardin, balançoire, ping-pong, abri-voiture, parking. CH1 access. en fauteuil roulant. Langues parlées : anglais, allemand.

Prix : 1 pers. **37/43** € ▪ 2 pers. **44/50** € ▪ 3 pers. **55/59** € ▪ pers. sup. **7** €
Ouvert : Toute l'année.

4	2	2	0,4	3	SP	8	18	6	SP	

Anne SCHADT - 57 rue du Maréchal Foch - A l'Arc-en-Ciel - 67113 BLAESHEIM - Tél. : 03 88 68 93 37 - Fax : 03 88 59 97 75 ou SR : 03 88 75 56 50

BLIENSCHWILLER
C.M. 87 Pli 16

E.C. 1 ch. A l'étage de la maison à colombage du propr. viticulteur située au calme dans une impasse. Ch familiale composée de 2 pièces non communicantes donnant sur palier privatif (1 lit 2 pers., 2 lits 1 pers.),s.d'eau complète. Petit déjeuner servi dans la s. à manger du propr. Balcon couvert, jardin, mobilier de jardin, parking. Tarif 4 pers. : 76 €. Langues parlées : anglais, allemand.

Prix : 2 pers. **38** €
Ouvert : Toute l'année.

7	15	6	2,5	2,5	SP	15	15	10	6	3	2,5

Hervé SOHLER - 18 rue du Winzenberg - 67650 BLIENSCHWILLER - Tél. : 03 88 92 61 45 - Fax : 03 88 92 42 93

BLIENSCHWILLER
C.M. 87 Pli 16

3 ch. A l'étage d'une maison située dans la cour du prop.-viticulteur. CH1 : (2 épis) : 3 lits 1 pers., sanitaires privatifs sur palier. CH2 (2 épis) : 1 lit 2 pers., CH3 (3 épis) : 1 lit 2 pers., 1 lit 1 pers., sanitaires privatifs et attenants à chaque ch. P. déjeuner servi dans la salle commune. Présence d'un gîte. En commun : espace vert. Mobilier de jardin, balançoire, parking. Visite de cave et dégustation commentée. Langues parlées : anglais, allemand.

Prix : 1 pers. **34/38** € ▪ 2 pers. **40/43** € ▪ 3 pers. **58/64** €
Ouvert : Toute l'année.

7	15	6	2,5	2,5	SP	15	15	10	6	3	2,5

Jean-François STRAUB - 35 route du Vin - 67650 BLIENSCHWILLER - Tél. : 03 88 92 48 72 - Fax : 03 88 92 62 90 ou SR : 03 88 75 56 50

BLIENSCHWILLER
C.M. 87 Pli 16

1 ch. 1 chambre d'hôtes (entrée indép.), aménagée à l'étage de la maison du propriétaire-viticulteur située au calme dans une impasse. 1 lit 2 pers., 2 lits 1 pers., s.d'eau complète. Petit déjeuner classique servi dans la s. à manger du propr. ou sur la terrasse couverte (mobilier de jardin), barbecue, cour, parking. Tarif 4 pers. : 63 €. Langue parlée : allemand.

Prix : 2 pers. **38** € ▪ 3 pers. **53** € ▪ pers. sup. **15** €
Ouvert : Toute l'année.

7	15	6	2,5	2,5	SP	15	15	10	6	3	2,5

Suzanne ECKERT - 14 rue du Wintzenberg - 67650 BLIENSCHWILLER - Tél. : 03 88 92 44 04

BOERSCH
C.M. 87 Pli 15

3 ch. Dans une maison attenante à celle du prop. située à l'entrée du bourg viticole, cité médiévale, proche d'Obernai. Au 2e niv. : CH3 : 3 lits 1 pers., CH2 : 3 lits 1 pers. Au 1er niv. : CH1 : 1 lit 2 pers., 1 lit 1 pers. Sanitaires privatifs à chaque ch. Petit déjeuner servi dans la s. à manger (coin-salon, bibliothèque) réservée aux hôtes. Jardin panoramique, mobilier de jardin, parking. Langues parlées : anglais, allemand, italien et espagnol.

Prix : 1 pers. **35** € ▪ 2 pers. **42** € ▪ 3 pers. **54** €
Ouvert : Toute l'année.

5	20	5	SP	SP	SP	15	15	3	30	5	SP

Alain TAUBERT - 3 route de Rosheim - 67530 BOERSCH - Tél. : 03 88 95 93 06 - Fax : 03 88 95 99 98 - E-mail : alisnata@tpgnet.net ou SR : 03 88 75 56 50

BOSSENDORF
C.M. 87 Pli 4

6 ch. Dans 2 maisons à colombage situées dans la grande cour du prop. 4 ch. à l'étage de la 1re maison : CH1 : 2 lits 1 pers., CH2 : 2 lits 1 pers., CH3 : 1 lit 2 pers., CH4 : 1 lit 2 pers., 1 lit 1 pers. TV, sanitaires privatifs à chaque ch. Kitch. sur palier. 2 ch. à l'étage de la 2e maison : CH5 : 1 lit 2 pers., CH6 : 1 lit 2 pers. TV. Kitchenette et sanitaires privatifs à chaque ch. P. déjeuner amélioré servi dans salle commune. Présence de 4 gîtes. En commun : cour, balançoire, lingerie, salle de jeux, abri-voiture, parking. Langue parlée : allemand.

Prix : 1 pers. **32** € ▪ 2 pers. **40** € ▪ 3 pers. **49** € ▪ pers. sup. **7** €
Ouvert : Toute l'année.

4	19	19	4	4	4

Paul ADAM - 6 rue Principale - 67270 BOSSENDORF - Tél. : 03 88 91 58 61 - Fax : 03 88 71 64 65

Bas-Rhin

Alsace-Lorraine

BOURG-BRUCHE
Alt. : 550 m   A   *C.M. 87 Pli 16*

2 ch. — A l'étage de la ferme-auberge à l'orée des pâturages au cœur du Climont. CH1 composée de 2 pièces communicantes (1 lit 2 pers. 2 lits, 1 pers.), CH2 : 1 lit 2 pers., balcon. Sanitaires en commun. Petit déjeuner classique servi dans la salle de l'auberge qui propose également la demi-pension ou la pension. Présence de 2 gîtes sur la propriété. En commun : grand espace vert, mobiliers de jardin, balançoire, parking. Langue parlée : allemand.

Prix : 1 pers. **26** € 2 pers. **34** €
Ouvert : Toute l'année.

15	SP	6	6	SP	SP	12	2	6	3	6

Nadine KREIS - Ferme du Nouveau Chemin - 67420 BOURG-BRUCHE - Tél. : 03 88 97 72 08

BREUSCHWICKERSHEIM
C.M. 87 Pli 5

6 ch. — A l'étage des dépendances d'une ferme à colombage, proche de Strasbourg. 2 ch. (3 lits 1 pers.), 3 ch. (2 lits 1 pers.), 1 ch. (1 lit 2 pers.). Sanitaires privatifs à chaque ch. Kitch. dans les ch de 1 à 5. Prise TV. Présence de 3 gîtes. Petit déjeuner amélioré servi dans une pièce réservée aux hôtes. En commun : L-linge en buanderie. Cour fermée, jardin, mobilier de jardin, pétanque, ping-pong, loc. de vélos, parking couvert. Vente de produits fermiers. Langue parlée : allemand.

Prix : 1 pers. **27** € 2 pers. **37** € 3 pers. **46** € pers. sup. **15** €
Ouvert : Toute l'année.

8	15	7	SP	3	25	12	SP

Eliane DIEMER - 51 rue Principale - Ferme Martzloff - 67112 BREUSCHWICKERSHEIM - Tél. : 03 88 96 02 89 - Fax : 03 88 96 56 87

BREUSCHWICKERSHEIM
C.M. 87 Pli 5

2 ch. — Dans une dépendance attenante à la maison à colombage du propriétaire. Présence d'un log. loué à l'année à l'étage. CH1 : 1 lit 2 pers., 1 lit d'appoint 1 pers. CH2 : 1 lit 2 pers. Sanit. et kitch. privatifs chaque chambre. P. déjeuner amélioré servi dans la s. à manger du prop. ou sur véranda en été. Grande cour fermée, espace vert, salon de jardin, parking. Langue parlée : allemand.

Prix : 1 pers. **27** € 2 pers. **37** € 3 pers. **46** €
Ouvert : Toute l'année.

8	15	7	SP	3	25	12	SP

Suzanne DIEMER - 15 rue de l'Eglise - 67112 BREUSCHWICKERSHEIM - Tél. : 03 88 96 00 20

BURBACH
C.M. 87 Pli 13

3 ch. — A l'étage de la maison du propriétaire située au calme dans le petit village. CH1 : 1 lit 2 pers., CH2 : 2 lits 1 pers., 1 conv. CH3 composée de 2 pièces communicantes : 1 lit 2 pers., 1 lit 110. En commun : s.d'eau, wc séparé, coin-détente. Petit déjeuner supérieur servi dans la s. à manger du propriétaire. Terrasse, mobilier de jardin, parking. Tarif 4 pers. : 38 €. Langue parlée : allemand.

Prix : 1 pers. **21/27** € 2 pers. **27** € 3 pers. **32** € pers. sup. **4** €
Ouvert : Toute l'année.

6	9	6	6	3	1	10	5	6

Dany HELMSTETTER - 71 rue Principale - 67260 BURBACH - Tél. : 03 88 01 31 47

BUSWILLER
C.M. 87 Pli 3

1 ch. — A l'étage de la maison du propr., ancienne ferme à colombage du XVIe siècle située dans le village. 1 lit 2 pers., s.d.b. complète. Petit déjeuner amélioré servi dans la s. à manger du propriétaire. Présence d'un gîte situé dans les dépendances ainsi que 3 chevaux en box. En commun : cour fermée, table et chaises sous appentis. Langue parlée : allemand.

Prix : 1 pers. **28** € 2 pers. **43** € pers. sup. **17** €
Ouvert : Toute l'année.

7	7	20	3	7

Franck HUSSELSTEIN - 16 rue Principale - 67350 BUSWILLER - Tél. : 03 88 70 97 54

CLEEBOURG
(TH)   *C.M. 87 Pli 2*

3 ch. — Au rdc de la maison à colombage du propr. située au centre du petit village traditionnel et viticole. CH3 (familiale) composée de 2 pièces (1 lit 2 pers. 1 lit 1 pers.), CH2 : 1 lit 2 pers., CH1 : 2 lits 110. Sanitaires privatifs à chaque ch. Poss. lit pliant. P. déjeuner amélioré servi dans une pièce au décor alsacien. Table d'hôtes (spécialités alsaciennes). Poss. demi pension : 59 € pour 2 pers. Cour fleurie et fermée, jardin, mobilier de jardin, barbecue, parking. Langue parlée : allemand.

Prix : 1 pers. **26** € 2 pers. **38** € 3 pers. **50** € repas **12** €
Ouvert : Toute l'année.

4	13	6	10	10	SP	10	16	10	7

Anne KLEIN - 59 rue Principale - 67160 CLEEBOURG - Tél. : 03 88 94 50 95

Alsace-Lorraine

Bas-Rhin

DAMBACH-LA-VILLE *C.M. 87 Pli 16*

||| 5 ch. A l'étage de la maison (XVIIᵉ classée monument historique) du propr.-viticulteur situé au centre du bourg. CH1 : 1 lit 2 pers., coin-détente, CH2 et CH3 : 1 lit 2 pers. CH4 : 2 lits 1 pers., CH5 : 1 lit 1 pers. San. privatifs à chaque ch. P. déjeuner servi dans une petite auberge (restauration traditionnelle en été et we). Parking fermé. T. de séjour incluse. Remise de 5 % dès la 4ᵉ nuit. Caveau de dégustation au s.sol. Langue parlée : allemand.

Prix : 1 pers. 35 € 2 pers. 40/46 € pers. sup. 9 €
Ouvert : Du 1ᵉʳ avril au 20 décembre.

7	15	15	SP	SP	SP	SP	10	SP	

Michel NARTZ - 12 place du Marché - 67650 DAMBACH-LA-VILLE - Tél. : 03 88 92 41 11 - Fax : 03 88 92 63 01

DAMBACH-LA-VILLE *C.M. 87 Pli 16*

|| 1 ch. A l'étage d'une dépendance située dans la cour du propr. dans le village viticole et fleuri. 1 lit 2 pers., lit d'app., kitchenette, prise TV, s.d'eau complète. Petit déjeuner amélioré servi dans la s. à manger du propriétaire. Cour fermée, petite terrasse, parking, mobilier de jardin. T. de séjour en sus. Présence d'un gîte au même étage. Langue parlée : allemand.

Prix : 2 pers. 38 € 3 pers. 53 € pers. sup. 15 €
Ouvert : Toute l'année.

7	15	15	SP	SP	SP	SP	10	SP	

**Jean-Claude WUNSCH - 27 rue de la Gare - 67650 DAMBACH-LA-VILLE - Tél. : 03 88 92 42 42 - Fax : 03 88 92 42 42 -
E-mail : wunsch@reperes.com - www.reperes.com/wunsch**

DIEBOLSHEIM *C.M. 87 Pli 6*

|||| 6 ch. Dans 2 maisons fleuries situées dans le village. 4 ch. (CC) à l'étage d'1 maison : CH1 (1 lit 2 pers., douche), CH2 (1 lit 2 pers., douche), CH3 (2 lits 1 pers., s.d'eau complète), CH4 (2 lits 1 pers., s.d'eau privative sur palier), wc en commun pour CH1-2-4. 2 ch. à l'étage de la maison du prop : CH5 (1 lit 2 pers., balcon). CH6 (2 pièces : 2 x 2 lits jumeaux 1 m) san. privatifs. P. déjeuner servi sur terrasse vitrée. Salle à dispo. Cour, jardin, verger, parking. Présence de 2 gîtes. Langue parlée : allemand.

Prix : 1 pers. 23 € 2 pers. 32 €
Ouvert : Toute l'année.

15	5	8	SP	SP	SP	SP	10	15	SP

Charles LAUBACHER - 27 rue de l'Eglise - 67230 DIEBOLSHEIM - Tél. : 03 88 74 67 06

DIEFFENBACH-AU-VAL *C.M. 87 Pli 16*

|| 3 ch. 3 chambres d'hôtes avec terrasse aménagées dans la maison du propriétaire au grand jardin fleuri, située au calme, près de la forêt, en bordure du village. CH1 : 2 lits 1 pers., CH2 : 2 lits jumeaux de 1 m, CH3 (de plain-pied) : 2 lits 1 pers., kitch. et coin détente. Sanitaires privatifs à chaque chambre. P. déjeuner amélioré servi dans la s. à manger du prop. Présence d'1 gîte. En commun : Cour, ping-pong, barbecue, balançoire, parking. Tarif réduit à partir de la 2ᵉ nuit : 43 €/2p et CH3 avec coin cuisine : 29 €/2 p., réduit : 46 €/2 p. Langue parlée : allemand.

Prix : 1 pers. 43 € 2 pers. 46 €
Ouvert : Toute l'année.

4	4	2	SP	25	26	4	20	10	4

Sonia GEIGER - 2 rue de Neubois - Gîtes « Les Sapins » - 67220 DIEFFENBACH-AU-VAL - Tél. : 03 88 85 60 81 - Fax : 03 88 85 60 84

DIEFFENBACH-AU-VAL *C.M. 87 Pli 16*

||| 3 ch. A l'étage d'une maison mitoyenne à celle du propr. située au calme en périphérie du village. CH1 : 1 lit 2 pers., CH2 : 1 lit 2 pers., CH3 : 1 lit 2 pers. Prise TV et san. privatifs à chaque ch. P. déjeuner servi dans pièce réservée aux hôtes (coin cuis., espace détente, cheminée). Lit bébé. Espace vert, mobilier de jardin, abri voiture. Tarif réduit à partir de la 3ᵉ nuitée. Langue parlée : allemand.

Prix : 1 pers. 42 € 2 pers. 52 € pers. sup. 16 €
Ouvert : Toute l'année.

4	4	2	SP	25	26	4	20	10	4

**Albert GEIGER - 2 route de Neuve Eglise - 67220 DIEFFENBACH-AU-VAL - Tél. : 03 88 85 69 02 - Fax : 03 88 85 62 03 -
E-mail : geiger@les3pierres.com - www.les3pierres.com ou SR : 03 88 75 56 50**

DIMBSTHAL  *C.M. 87 Pli 14*

|| 4 ch. A l'étage d'une maison mitoyenne à celle du propr. CH1 et CH2 : 1 lit 2 pers., CH3 et CH4 : 2 lits 1 pers. Sanitaires privatifs à chaque chambre. Petit-déjeuner amélioré servi dans la s. de la ferme-auberge. Présence d'1 gîte. En commun : cour, mobilier de jardin. Pos. repas du soir à l'auberge. Langue parlée : allemand.

CV

Prix : 1 pers. 27 € 2 pers. 34 €
Ouvert : Toute l'année.

11	8	4	3	SP	9	12	12	3	

Marc WOLBERT - 1 rue de Hengwiller - 67440 DIMBSTHAL - Tél. : 03 88 70 60 34 - Fax : 03 88 70 60 34 ou SR : 03 88 75 56 50

Bas-Rhin
Alsace-Lorraine

DRACHENBRONN
A — C.M. 87 Pli 2

6 ch. Dans 2 bâtiments de la ferme située dans un cadre forestier. 3 ch 2 épis au 2e étage de la ferme-auberge avec douche et lavabo (2x2 pers., 1x3 pers.), wc en commun sur le palier. 3 ch dans dépendances de l'ancien moulin à huile à 100 m avec san. privatifs (2 ch 2 pers., 1 ch duplex 4-5 pers.). Salle de réunion pour séminaire. Présence de 5 autres ch dans le moulin à huile. Poss. repas à l'auberge. En commun : espace vert, mobilier de jardin, ping-pong, sauna, parking. Langue parlée : allemand.

Prix : 1 pers. 26/34 € ♦ 2 pers. 34/46 € ♦ 3 pers. 44/63 € ♦ pers. sup. 11 € ♦ 1/2 pens. 30/36 € ♦ pens. 39/45 €

Ouvert : Toute l'année.

	🏊	🛏	🏃	🎾	⛷	🚶	🚴	⛪	🚉	🏪
0,3	10	3	1	10	SP	6	12	7	7	

Claude FINCK - Ferme-Auberge du Moulin des 7 Fontaines - 67160 DRACHENBRONN - Tél. : 03 88 94 50 90 - Fax : 03 88 94 54 57

DRACHENBRONN
A — C.M. 87 Pli 2

5 ch. Dans un ancien moulin à huile restauré situé dans un cadre forestier. 2 ch 4 pers., 2 ch 3 pers., 1 ch 2 pers. San. privatifs à chaque chambre. Salle de réunion pour séminaire et présence de 6 autres ch dont 3 à l'auberge à 100 m qui propose des repas. En commun : espace vert ombragé, mobilier de jardin, ping-pong, sauna, parking. Langue parlée : allemand.

Prix : 1 pers. 34 € ♦ 2 pers. 46 € ♦ 3 pers. 63 € ♦ pers. sup. 11 € ♦ 1/2 pens. 36 € ♦ pens. 45 €

Ouvert : Toute l'année.

	🏊	🛏	🏃	🎾	⛷	🚶	🚴	⛪	🚉	🏪
0,3	10	3	1	10	SP	6	12	7	7	

Philippe FINCK - Ferme-Auberge des 7 Fontaines - 67160 DRACHENBRONN - Tél. : 03 88 94 50 90 - Fax : 03 88 94 54 57

DUPPIGHEIM
A — C.M. 87 Pli 5

6 ch. A l'étage de la dépendance d'une ferme à colombage (au-dessus d'un restaurant). 3 ch. 2 pers., 3 ch. 3 pers. Sanitaires privatifs à chaque chambre. Prises TV. Grd terrain, terrain de pétanque, balançoire, baby-foot, ping-pong, parking. Poss. restauration (spécialités alsaciennes). Langue parlée : allemand.

Prix : 1 pers. 32 € ♦ 2 pers. 40 € ♦ 3 pers. 47 € ♦ pers. sup. 9 €

Ouvert : Toute l'année.

	🏊	🛏	🏃	🎾	⛷	🚶	🚴	⛪	🚉	🏪
0,8	8	10	0,8	10	20	20	6	14	2	0,1

Jean-Jacques SCHAEFFER - 2 rue des Roses - Restaurant « Au Schaefferhof » - 67120 DUPPIGHEIM - Tél. : 03 88 50 70 81 - Fax : 03 88 50 70 81

EBERSHEIM
A — C.M. 87 Pli 6

E.C. 6 ch. A l'étage de l'auberge située sur une exploitation agricole implantée en périphérie du village. 5 ch. avec 1 lit 2 pers., 1 ch. avec 2 lits 1 pers. Prise TV et san. privatifs à chaque ch. Poss lit pliant. P. déjeuner servi dans salle de l'auberge. Présence d'un gîte. Lit pliant sur demande. Espace extérieur portique, barbecue, mobilier de jardin, parking. L'auberge fonctionne en fin de semaine. Animaux acceptés sur demande. Langue parlée : allemand.

Prix : 2 pers. 38 € ♦ pers. sup. 10 €

Ouvert : Toute l'année. Auberge fermée du 15 décembre au 15 février.

	🏊	🛏	🏃	🎾	⛷	🚶	🚴	⛪	🚉	🏪
SP	7	SP	0,1	SP	5	5	12	0,2	0,2	

Bernard TRAU - 53 route de Dambach la ville - 67600 EBERSHEIM - Tél. : 03 88 85 73 31 - Fax : 03 88 85 73 31

EICHHOFFEN
TH — C.M. 87 Pli 16

5 ch. Dans une maison mitoyenne à celle du prop. située au calme, au cœur du vignoble offrant une belle vue. 1 ch de plain-pied pour 3 pers. (accessible aux pers. handicapées), 2 ch. au 1er niv. pour 2 pers., 2 ch familiales au 2e niv. pour 4 pers. Sanitaires, TV et tél. privatifs à chaque chambre. Petit-déjeuner amélioré servi dans une salle à manger chaleureuse avec espace détente (kacheloffe), mezzanine avec coin-lecture. Grande terrasse (mobilier de jardin, barbecue). Etang privé à 1 km. Poss. garage, parking. Tarif 4 pers. : 95 €. Animaux acceptés sur demande. Langues parlées : anglais, allemand.

Prix : 1 pers. 57 € ♦ 2 pers. 67 € ♦ 3 pers. 84 € ♦ pers. sup. 17 € ♦ repas 17 €

Ouvert : Toute l'année.

	🏊	🛏	🏃	🎾	⛷	🚶	🚴	⛪	🚉	🏪
10	10	5	2	1	SP	14	10	30	0,5	2

Francis KUSS - 50-52 rue du Vignoble - « Les feuilles d'or » - 67140 EICHHOFFEN - Tél. : 03 88 08 49 80 - Fax : 03 88 08 49 80 ou SR : 03 88 75 56 50

ELSENHEIM
C.M. 87 Pli 7

2 ch. A l'étage de la maison fleurie du propr. située proche de la Route des Vins. CH1 : 1 lit 2 pers., lavabo, CH2 : 2 lits 1 pers., lavabo. Sanitaires en commun sur palier. Petit déjeuner amélioré servi dans la s. à manger du propr. Cour fermée et fleurie, mobilier de jardin, espace vert, parking. Langue parlée : allemand.

Prix : 1 pers. 20 € ♦ 2 pers. 30 € ♦ pers. sup. 10 €

Ouvert : Toute l'année.

	🏊	🛏	🏃	🎾	⛷	🚶	🚴	⛪	🚉	🏪
	3	15	15	SP	SP	SP	15	12	3	

Antoine HERRMANN - 24 rue Principale - 67390 ELSENHEIM - Tél. : 03 88 92 52 30 ou SR : 03 88 75 56 50

Alsace-Lorraine **Bas-Rhin**

EPFIG
C.M. 87 Pli 6

6 ch. — A l'étage d'une maison à colombage située dans la cour du propriétaire, proche des vignes. CH1 : 1 lit 2 pers., CH2 : 2 lits 1 pers., CH3, CH4 : 1 lit 2 pers., CH5 : 1 lit 2 pers., 1 lit 1 pers., CH6 : 1 lit 2 pers. Sanitaires privatifs à chaque chambre. Petit déjeuner amélioré servi dans la salle-caveau. Cuisine à dispo. Cour fermée, mobilier de jardin, baby foot, ping-pong, parking. Langue parlée : allemand.

Prix : 1 pers. **30** € 2 pers. **38** € 3 pers. **46** €
Ouvert : Toute l'année.

12	12	10	SP	10	SP	25	25	SP	15	SP

Marguerite SPITZ - La Closerie de la Chapelle - 83 rue Ste-Marguerite - 67680 EPFIG - Tél. : 03 88 85 51 63 ou 03 88 85 56 28

EPFIG
C.M. 87 Pli 16

2 ch. — Dans la maison du propr.-viticulteur située au centre du village viticole. A l'étage : 1 ch 3 pers. (douche, lavabo, wc séparé). Au r.d.c. : 1 ch 3 pers., lavabo, sanitaires et wc en commun. P. déjeuner servi dans la s. à manger du propr. Présence de 2 gîtes. En commun : mobilier de jardin, cour fermée, parking. Langue parlée : allemand.

Prix : 1 pers. **23** € 2 pers. **32** € 3 pers. **40** €
Ouvert : Toute l'année.

12	12	10	SP	10	SP	25	25	SP	15	SP

Georges UHL - 33 rue des Allies - 67680 EPFIG - Tél. : 03 88 85 52 57

ERCKARTSWILLER
C.M. 87 Pli 13

2 ch. — A l'étage de la maison du propriétaire située au calme dans le village, à proximté de la forêt. CH1 : 1 lit 2 pers., 1 lit 1 pers., CH2 composée de 2 pièces (2 lits 1 pers., 2 lits 1 pers.). San. privatifs à chaque chambre. Espace p. déjeuner (micro-ondes, réfrigérateur). Cour, espace vert, mobilier de jardin, relax, terrain de pétanque. Garage pour vélos, aire de jeux et barbecue à 1 km. Tarif 4 pers. : 80 €/nuit. Langue parlée : allemand.

Prix : 2 pers. **40** €
Ouvert : Toute l'année.

12	5	12	SP	SP	SP	SP	SP	1	12	12

Yvonne HELMLINGER - 5 rue Berg - Les Lauriers Sauvages - 67290 ERCKARTSWILLER - Tél. : 03 88 70 44 69

ESCHAU
C.M. 87 Pli 5

2 ch. — A l'étage de la maison du propriétaire située au calme avec vue sur les vergers et les prairies. CH1 : 2 lits 1 pers., coin-salon (conv. 2 pers.), balcon (petit mobilier de jardin). CH2 : 1 lit 2 pers., wc privatif au r.d.c. Sanitaires communs à chaque chambre sur le palier. Salon en commun. Petit déjeuner servi dans la s. à manger. Espace vert, mobilier de jardin, balançoire, parking. Langue parlée : allemand.

Prix : 1 pers. **27** € 2 pers. **40** € pers. sup. **14** €
Ouvert : Toute l'année.

5	5	5	SP	SP	SP	5	25	15	SP

Suzanne GRUSS - 7 rue de la Forêt - 67114 ESCHAU - Tél. : 03 88 64 31 56 ou SR : 03 88 75 56 50

FOUCHY-NOIRCEUX
Alt. : 500 m
C.M. 87 Pli 16

1 ch. — A l'étage de la maison du propriétaire située au calme dans un vallon cerné par les montagnes et la forêt. Nombreux sentiers de randonnée. 1 lit 2 pers., 1 conv. 1 pers., s.d'eau complète. Petit déjeuner servi dans la s. à manger du propr. Espace vert, aire de jeux, mobilier de jardin, parking. Tarif réduit à partir de la 3e nuit.

Prix : 1 pers. **30** € 2 pers. **34** € 3 pers. **38** €
Ouvert : Toute l'année.

7	20	20	2	SP	30	5	7	25	25	2

André GUIOT - 191 Noirceux - 67220 FOUCHY - Tél. : 03 88 57 15 78

FROHMUHL
C.M. 87 Pli 13

2 ch. — A l'étage de la maison fleurie du propr. située en bordure de village et de forêt. CH1 : 1 lit 2 pers., lavabo, douche, CH2 : 1 lit 2 pers., s.d.b. WC en commun sur palier. Salon de détente (TV), véranda, réfrigérateur, micro ondes. Petit déjeuner classique servi dans la s. à manger du propriétaire. Terrasse, espace vert, mobilier de jardin, barbecue, parking. Tarif dégressif à partir de 3 nuits. Langue parlée : allemand.

Prix : 1 pers. **28** € 2 pers. **40** € pers. sup. **12** €
Ouvert : Du 1er avril au 15 novembre.

10	2	SP	2	SP	SP	10	2	10

Rémie KEMPF - 14 route de Hinsbourg - 67290 FROHMUHL - Tél. : 03 88 01 50 41 - Fax : 03 88 01 50 41

GEISPOLSHEIM
C.M. 87 Pli 5

5 ch. — Dans la maison du propriétaire située dans le bourg. 3 ch 2 pers., 1 ch 1 pers., 1 ch familiale composée de 2 pièces (1 lit 2 pers., 2 lits 1 pers.) Sanitaires privatifs à chaque chambre. Petit déjeuner amélioré servi dans une pièce réservée aux hôtes. Espace vert, mobilier de jardin, balançoire, parking dans la cour fermée. Langue parlée : allemand.

Prix : 1 pers. **34** € 2 pers. **39** €
Ouvert : Toute l'année.

5	5	SP	SP	SP	20	SP

Henri HOFFER - 2 rue de la Porte Basse - 67118 GEISPOLSHEIM - Tél. : 03 88 68 88 11 - Fax : 03 88 68 88 11 - E-mail : Henri.HOFFER@wanadoo.fr

Bas-Rhin
Alsace-Lorraine

GERTWILLER C.M. 87 Pli 15

|| 1 ch. 1 chambre d'hôtes (entrée indép.) aménagée de plain-pied dans la maison fleurie du propriétaire située au cœur du vignoble. 1 lit 2 pers., san. privatifs. Réfrigérateur (permettant repas tiré du sac). Petit déjeuner amélioré servi dans la véranda attenante. Présence d'1 gîte à l'étage. En commun : cour, jardin, mobilier de jardin, balançoire, parking. Langue parlée : allemand.

Prix : 2 pers. **34 €**
Ouvert : Toute l'année.

🐕	🏊	🎾	🎣	🏊‍♂️	🏃	⛷️	🚴	⛺	🚂
8	14	8	2	6	SP	10	10	35	SP

Rodolphe BUHLER - 16 rue du Forst - 67140 GERTWILLER - Tél. : 03 88 08 13 35

GRANDFONTAINE Alt. : 550 m C.M. 87 Pli 15

|| 2 ch. A l'étage de la maison du propriétaire située au calme au centre du village montagnard, au pied du Donon et de son temple gallo-romain. Proche des sentiers de randonnée (GR5). 2 ch. familiales composées de 2 pièces (CH1 :1 lit 2 pers., 2 lit 1 pers., 1 lit bébé, lavabo, CH2 : 2 lits 2 pers., lavabo), 2 wc et s.d.b. en commun. Cuisine à dispo. Espace vert, mobilier de jardin, cheminée-barbecue, parking. Tarif 4 pers. : 58 €. Langue parlée : allemand.

Prix : 1 pers. **18 €** 2 pers. **27 €** 3 pers. **46 €**
Ouvert : Toute l'année.

🐕	🏊	🎾	🎣	🏊‍♂️	🏃	⛷️	🚴	⛺	🚂
25	6	6	7	SP	5	5	5	5	5

Roland REMY - 1 rue de la Basse - 67130 GRANDFONTAINE - Tél. : 03 88 97 20 60

GRENDELBRUCH Alt. : 600 m (TH) C.M. 87 Pli 15

|| 6 ch. Dans la maison du propr. située dans le village de moyenne montagne, proche des sentiers de randonnée. Au 1er : 3 ch. pour 2 pers. Au 2e : 3 ch. avec terrasse dont 2 ch. familiales composées de 2 pièces (3 et 4 pers.). Sanitaires privatifs à chaque chambre. Petit déjeuner amélioré. S. à manger et salon réservés aux hôtes. Grand verger, mobilier de jardin. Parking, 1 garage. Langues parlées : anglais, allemand.

Prix : 1 pers. **27 €** 2 pers. **37 €** 3 pers. **50 €** ◆ repas **15 €**
1/2 pens. **31 €**
Ouvert : Toute l'année.

🐕	🏊	🎾	🎣	🏊‍♂️	🏃	⛷️	🚴	⛺	🚂
10	25	25	10	3	SP	SP	3	4	SP

Anne-Marie METZGER - 15 route de Schirmeck - La Couronne - 67190 GRENDELBRUCH - Tél. : 03 88 97 40 94 - Fax : 03 88 97 40 94

GRIESHEIM-PRES-MOLSHEIM ⊟ C.M. 87 Pli 5

||| 1 ch. A l'étage de la maison du propriétaire située en périphérie du village, proche d'Obernai. Grande ch. avec 1 lit 2 pers., coin-détente (conv.2 pers., prise TV), sanitaires. Petit déjeuner amélioré servi dans la s. à manger du propriétaire ou sur la terrasse. Réfrigérateur. Grand espace vert, mobilier de jardin, barbecue, parking. Langue parlée : allemand.

Prix : 1 pers. **30 €** 2 pers. **41 €** 3 pers. **52 €** pers. sup. **9 €**
Ouvert : Toute l'année.

🐕	🏊	🎾	🎣	🏊‍♂️	🏃	⛷️	🚴	⛺	🚂
5	15	0,5	0,5	5	SP	20	20	0,5	25	3	0,8

Norbert MAETZ - 49 rue de Rosheim - 67870 GRIESHEIM-PRES-MOLSHEIM - Tél. : 03 88 38 06 35 ou 03 88 56 54 51 - Fax : 03 88 38 06 35

HEILIGENSTEIN C.M. 87 Pli 16

||| 3 ch. 3 chambres d'hôtes (décoration chaleureuse) aménagées dans la maison du propr. située au calme proche des vignes. A l'étage : CH1 : 2 lits 1 pers. jumeaux, sanitaires privatifs attenants, CH2 : 2 lits 1 pers. jumeaux, sanitaires privatifs sur palier. De plain-pied : CH3 : 2 lits 1 pers., lavabo, douche et wc privatifs. Petit déjeuner amélioré servi dans la s. à manger. Mobilier de jardin, parking dans cour fermée. 1 nuit gratuite par sem. complète. Langues parlées : anglais, allemand.

Prix : 1 pers. **27 €** 2 pers. **37 €** pers. sup. **12 €**
Ouvert : Toute l'année.

🐕	🏊	🎾	🎣	🏊‍♂️	🏃	⛷️	🚴	⛺	🚂
10	15	10	2	SP	20	SP	SP	2	SP

Muriel VOUIN - 4 Jungholzweg - 67140 HEILIGENSTEIN - Tél. : 03 88 08 14 05

HEILIGENSTEIN C.M. 87 Pli 16

||| 5 ch. 5 chambres d'hôtes dont 2 ch avec balcon et 1 ch avec terrasse, aménagées dans la maison fleurie du propr. offrant une belle vue sur la plaine d'Alsace. Sanitaires privatifs à chaque ch. Petit déjeuner supérieur servi dans une pièce (TV, réfrigérateur) réservée aux hôtes. Repas tiré du sac accepté. Balcon, 2 terrasses dont 1 couverte donnant sur jardin fleuri. Mobilier de jardin, grande salle de séjour rustique, parking dans 2 cours fermées. Langue parlée : allemand.

Prix : 2 pers. **40 €** 3 pers. **55 €** pers. sup. **15 €**
Ouvert : Toute l'année.

🐕	🏊	🎾	🎣	🏊‍♂️	🏃	⛷️	🚴	⛺	🚂
10	15	10	2	5	SP	20	SP	SP	2	SP

Frieda BOCH - 4 rue Principale - 67140 HEILIGENSTEIN - Tél. : 03 88 08 97 30

Alsace-Lorraine   **Bas-Rhin**

HEILIGENSTEIN   *C.M. 87 Pli 16*

▍ 5 ch.   A l'étage de la maison du propr.-viticult. CH1 (2 épis) : 1 lit 2 pers., san. privatifs, CH2 (1 épi) : 1 lit 2 pers., lavabo,wc et douche, CH3 : (1 épi) : 1 lit 2 pers., lavabo, douche, CH4 (1 épi) : 1 lit 2 pers., lavabo, douche, wc commun sur palier. CH5 (2 épis) : 1 lit 2 pers., 1 lit 1 pers., san. privatifs. Petits déjeuners servis dans salle commune. Cour, mobilier de jardin, barbecue, parking. Langue parlée : allemand.

Prix : 2 pers. 35/38 €
Ouvert : Toute l'année.

🐕	🏊	🏖	🎣	🎾	🚶	⛷	🎿	🚴	🏕	🚉
	10	15	10	2	SP	20	SP	SP	2	SP

Daniel RUFF - 64 route du Vin - 67140 HEILIGENSTEIN - Tél. : 03 88 08 10 81 - Fax : 03 88 08 43 61

HEILIGENSTEIN   *C.M. 87 Pli 16*

▍▍▍ 3 ch.   Dans la maison fleurie du prop.-viticulteur. située dans le vignoble. 3 ch 2 pers. (1 avec terrasse) avec sanitaires privatifs. Poss. lit d'appoint 1 pers. Petit déjeuner supérieur servi dans la pièce réservé aux hôtes (poss. repas tiré du sac). Espace vert, mobilier de jardin, ping-pong, parking. Langue parlée : allemand.

Prix : 2 pers. 40 € pers. sup. 9 €
Ouvert : Toute l'année.

🐕	🏊	🏖	🎣	🎾	🚶	⛷	🎿	🚴	🏕	🚉
	10	15	10	2	SP	20	SP	SP	2	SP

Charles BOCH - 6 rue Principale - 67140 HEILIGENSTEIN - Tél. : 03 88 08 41 26 - Fax : 03 88 08 58 25

HEILIGENSTEIN   *C.M. 87 Pli 16*

▍▍ 1 ch.   Dans la maison du propriétaire située au calme dans le village viticole. 2 lits 1 pers., lavabo et douche dans ch., wc privatif sur palier. P. déjeuner supérieur servi sur la véranda chauffée, sous pergola ou dans le jardin (été). Réfrigérateur et cafetière à dispo. Présence d'un gîte. En commun : espace fleuri, mobilier de jardin. Barbecue, balançoire, ping-pong, parking, abri-voitures. Langue parlée : allemand.

Prix : 1 pers. 25 € 2 pers. 37 €

🐕	🏊	🏖	🎣	🎾	🚶	⛷	🎿	🚴	🏕	🚉
	7	15	10	2	SP	20	SP	SP	40	2	SP

Alfred RAUCH - 3 rue de la Paix - 67140 HEILIGENSTEIN - Tél. : 03 88 08 05 73 - Fax : 03 88 08 05 73

HOERDT   *C.M. 87 Pli 4*

▍▍▍ 6 ch.   6 chambres d'hôtes dont 5 aménagées dans la maison voisine de celle du propr. et 1 ch dans maison du prop, bourg aux nombreuses maisons à colombage. 1re mais., au r.d.c. : séjour/s. à manger (TV cablée). Au 1er : salon, 2 ch. (1 lit 2 pers.), 1 ch. (1 lit 2 pers., conv. 2 pers.). Au 2e : 1 ch. (1 lit 2 pers.), 1 ch. (2 lits 1 pers.). 1 ch dans maison du prop. 2 lits 1 pers. Tél. et sanitaires privatifs à chaque ch. 1 ch avec kitch. Jardin clos, mobilier de jardin, parking. Golf à 3 km. Pays des asperges. Langues parlées : anglais, allemand.

Prix : 1 pers. 38 € 2 pers. 47 € pers. sup. 7 €
Ouvert : Toute l'année.

🐕	🏊	🏖	🎣	🎾	🚶	🚴	🏕	🚉
	10	8	12	1	1	1	30	1	0,5

René et Dorothée STOLL - 23 route de la Wantzenau - 67720 HOERDT - Tél. : 03 88 51 72 29 ou 06 08 25 01 51 - Fax : 03 90 29 00 79

LE HOHWALD   Alt. : 500 m   A   *C.M. 87 Pli 15*

▍ 4 ch.   Au-dessus d'une auberge de campagne située en moyenne montagne. CH1 et CH4 : 1 lit 2 pers., CH2 et CH3 : 2 lits 1 pers. Lavabo et douche dans chaque ch, 2 wc commun sur palier. Petit déjeuner amélioré servi à l'auberge qui propose des repas. Présence d'un gîte et d'un camping rural. En commun : aire de jeux, ping-pong, terrain de volley. Pétanque, parking. Langue parlée : allemand.

Prix : 1 pers. 23 € 2 pers. 35 € 3 pers. 47 € pers. sup. 12 €
Ouvert : Toute l'année.

🐕	🏊	🏖	🎣	🎾	🚶	⛷	🎿	🚴	🚉
	15	5	SP	5	SP	SP	SP	14	5

Bernadette LIEBER - Relais du Sorbier - La Vallée - Sperbaechel - 67140 LE HOHWALD - Tél. : 03 88 08 33 38 - Fax : 03 88 08 34 40

LE HOHWALD   Alt. : 600 m   (TH) ⊟   *C.M. 87 Pli 15*

E.C. 5 ch.   A l'étage de la maison du prop. située en périphérie du village, à l'orée de la forêt riche en sentiers de randonnée. CH1 : 2 lits 1 pers., CH2 : 3 lits 1 pers., CH3 : 2 lits 1 pers., CH4 : 1 lit 2 pers., CH5 : 1 lit 2 pers., 1 conv. 2 pers, CH5 : 2 lits 1 pers. Sanitaires privatifs à chaque ch. P. déjeuner servi dans la s. à manger ou en terrasse l'été. Salon (bibliothèque) en commun avec le prop. Espace vert, mobilier de jardin, parking. Langues parlées : anglais, allemand.

Prix : 1 pers. 38 € 2 pers. 46 € 3 pers. 53 € pers. sup. 7 €
1/2 pens. 53 € pens. 69 €
Ouvert : Toute l'année.

🐕	🏊	🏖	🎣	🎾	🚶	⛷	🎿	🚴	🏕	🚉
	15	5	SP	SP	5	SP	SP	SP	14	5

Pierre SCHOCH - 39 chemin du Eck - 67140 LE HOHWALD - Tél. : 03 88 08 35 95 - Fax : 03 88 08 35 96 -
E-mail : pierre.schoch@wanadoo.fr - www.pension-kastler.com ou SR : 03 88 75 56 50

Bas-Rhin

Alsace-Lorraine

LE HOHWALD-LILSBACH Alt. : 650 m A (TH) C.M. 87 Pli 15

4 ch. — Dans la maison du propriétaire située à l'orée de la forêt. 3 chambres (1 épi) pour 2 pers. dont 1 pour 3 pers. Lavabo dans chaque chambre, salle de bains et 2 wc en commun. 1 chambre (2 épis) pour 2 pers. avec lavabo, douche et wc. Petit déjeuner amélioré servi dans la salle commune. Espace vert, mobilier de jardin, parking. Langue parlée : allemand.

Prix : 1 pers. 22 € 2 pers. 29/40 € 3 pers. 40 € repas 14 €
Ouvert : Toute l'année.

10	SP	SP	SP	SP	SP	10	10	SP

Fernand ROMAIN - Lilsbach - 67140 LE HOHWALD - Tél. : 03 88 08 31 74

HOHWARTH (TH) C.M. 87 Pli 16

5 ch. — Dans la maison du propr. située au calme avec vue panoramique sur le Val de Villé. Etage : CH3, CH4 et CH5 : 1 lit 2 pers., balcon. Au r.d.c. : CH1 : 1 lit 2 pers., CH2 : 2 lits 1 pers. San. privatifs à chaque ch. P. déjeuner amélioré servi dans la s. à manger du propr. (TV). Réfrigérateur et micro-ondes à dispo. Espace vert. Terrain de jeux, parking. Produits de la ferme à la TH. Tarif réduit à partir d'une semaine (10 %). Langue parlée : allemand.

Prix : 1 pers. 30 € 2 pers. 38 € 3 pers. 49 € 1/2 pers. 34 €
Ouvert : Toute l'année.

4	4	5	SP	30	SP	15	12	4

Jean-Marie PETER - 5 chemin de l'Eglise - 67220 HOHWARTH - Tél. : 03 88 85 69 11 - Fax : 03 88 85 69 11

HOHWARTH C.M. 87 Pli 16

1 ch. — A l'étage de la maison du propriétaire située au calme et offrant une belle vue. 1 lit 2 pers., 1 lit 1 pers., s.d'eau complète. Poss. lit d'appoint. Petit déjeuner amélioré servi dans la s. à manger du propriétaire ou sur la terrasse (été). Espace vert, mobilier de jardin, pétanque, barbecue, parking, garage sur dem. Présence d'1 gîte. Langue parlée : allemand.

Prix : 1 pers. 32 € 2 pers. 40 € 3 pers. 49 € pers. sup. 9 €
Ouvert : Toute l'année.

4	4	5	SP	30	SP	SP	15	12	4

Liliane MEYER - 4 chemin de l'Eglise - 67220 HOHWARTH - Tél. : 03 88 85 66 05 - Fax : 03 88 85 66 05

HUNSPACH CB C.M. 87 Pli 3

3 ch. — Dans un ancien corps de ferme. A l'étage : CH1 : 2 lits 1 pers., CH2 : 2 lits 1 pers. Rdc de la maison : CH3 : 2 lits 1 pers. Sanitaires, kitch., coin-détente privatifs à chaque ch. Poss. 2 pers. supl. P.déjeuner servi dans pièce réservée aux hôtes. Présence de 5 gîtes. En commun : jardin, barbecue, ping-pong, mobilier de jardin. Loc. de vélos. Réduction pour enf et à partir de la 2e nuit. Taxe de séjour en sus. Langues parlées : anglais, allemand.

Prix : 1 pers. 27/30 € 2 pers. 38/45 € 3 pers. 63 €
Ouvert : Toute l'année sauf juillet et août.

6	20	6	SP	15	SP	SP	15	1,5	4

MAISON UNGERER - 3 route de Hoffen - 67250 HUNSPACH - Tél. : 03 88 80 59 39 - Fax : 03 88 80 41 46 -
E-mail : maison-ungerer@wanadoo.fr

ISSENHAUSEN C.M. 87 Pli 3

1 ch. — A l'étage des dépendances d'une ferme alsacienne de caractère. Ch composée au 2e niveau d'1 pièce ouverte (1 lit 2 pers.), au 1er niveau de sanit., d'1 séjour (coin-cuisine, prise TV, conv. 2 pers.). P. déjeuner servi dans la s. à manger du propr. Poss. lit pliant. Présence de 3 gîtes et d'1 camping rural. Cour, pelouse, verger, ping-pong, portique, mobilier de jardin, barbecue, billard, parking. Langue parlée : allemand.

Prix : 1 pers. 30 € 2 pers. 40 € 3 pers. 53 €
Ouvert : Toute l'année.

6	6	6

Charles MICHEL - 2 rue Principale - 67330 ISSENHAUSEN - Tél. : 03 88 70 72 96 - Fax : 03 88 70 99 52 ou SR : 03 88 75 56 50

ITTERSWILLER C.M. 87 Pli 16

3 ch. — 3 chambres d'hôtes (entrée indép.) aménagées à l'étage de la maison du propr.-viticulteur. 3 ch 2 pers. avec sanitaires privatifs sur le palier. Petit déjeuner amélioré servi dans la s. à manger réservée aux hôtes. Coin cuisine à dispo. Terrasse, mobilier de jardin. Parking dans cour. Langue parlée : allemand.

Prix : 1 pers. 25 € 2 pers. 32 €
Ouvert : Toute l'année.

15	1	2	0,2	5	1

Roger HOFFMANN - 1 A, route d'Epfig - 67140 ITTERSWILLER - Tél. : 03 88 85 52 89

ITTERSWILLER C.M. 87 Pli 16

4 ch. — A l'étage de la maison vigneronne, de caractère et 1 chambre aménagée à l'étage d'une maison mitoyenne située dans le beau village viticole et fleuri. CH1 : 1 lit 2 pers., CH2 : 2 lits 1 pers., CH3 : 1 lit 2 pers., 1 lit 1 pers. Lavabo dans chaque chambre, sanitaires en commun sur palier. CH4 : 1 lit 2 pers., espace détente. S.d'eau privative. Petit déjeuner amélioré servi dans la s. à manger du propriétaire. Jardin aménagé et fleuri, mobilier de jardin, chaises longues. Parking fermé. Langue parlée : allemand.

Prix : 1 pers. 30 € 2 pers. 37/46 € 3 pers. 49 € pers. sup. 12 €
Ouvert : Toute l'année.

4	1	2	0,2	5	1

Betty HUNGERBUHLER - 101 route du Vin - 67140 ITTERSWILLER - Tél. : 03 88 85 50 57

Alsace-Lorraine

Bas-Rhin

ITTERSWILLER
C.M. 87 Pli 16

E.C. 3 ch. 3 chambres d'hôtes de charme, aménagées à l'étage de la grande maison du propriétaire située au cœur du vignoble. CH1 : 1 lit 2 pers., CH2 : 1 lit 2 pers., espace détente (1 lit 1 pers.), balcon, CH3 : 1 lit 2 pers., espace détente, terrasse. Sanitaires privatifs et TV dans chaque chambre. Petit déjeuner amélioré servi dans la salle à manger du propriétaire ou sur la terrasse donnant sur les vignes et offrant une vue panoramique. Mobilier de jardin, chaises longues, salle de détente/loisirs (billard), parking, possibilité garage. Langues parlées : anglais, allemand.

Prix : 2 pers. **66/82 €** pers. sup. **15 €**
Ouvert : Toute l'année.

🐕	🏊	👥	🎣	🎾	🚴	🚂	⛳
4	1	2	0,2	5	1		

Raymond KIEFFER - 10 rue Viehweg - Rotland - 67140 ITTERSWILLER - Tél. : 03 88 85 51 72 - Fax : 03 88 85 58 18 ou SR : 03 88 75 56 50

KINTZHEIM
C.M. 87 Pli 16

‖‖ 2 ch. A l'étage de la maison du propr. située au calme, en bordure de la forêt vosgienne. Belle vue. CH1 : 1 lit 2 pers., s.d.b. complète, CH2 : 3 lits 1 pers., douche, lavabo dans la ch. et wc privatif sur le palier. P. déjeuner amélioré servi dans la s. à manger du propr., salon en commun. Cour, jardin, mobilier de jardin, parking. Langue parlée : allemand.

Prix : 2 pers. **37 €** 3 pers. **41 €**
Ouvert : Toute l'année.

🐕	🏊	👥	🎣	🎾	👥	⛷	⛷	🚴	⛳	🚂	🎯
5	12	1	2	2	SP	30	30	2	2	5	SP

Jean NIBEL - 23 rue des Chars - 67600 KINTZHEIM - Tél. : 03 88 82 09 54

KINTZHEIM
C.M. 87 Pli 16

‖‖ 3 ch. Dans la maison du propriétaire située en périphérie du village, au pied du Haut-Koenigsbourg. CH1 : 1 lit 2 pers., CH2 : 1 lit 2 pers., 1 lit 1 pers., CH3 : 2 lits 1 pers. Sanitaires privatifs à chaque ch. Prise TV. Poss. lit pliant. P. déjeuner amélioré servi dans salle réservée aux hôtes. Cour fermée, espace vert, mobilier de jardin, barbecue, parking. Langue parlée : allemand.

Prix : 2 pers. **38/41 €** 3 pers. **46 €** pers. sup. **11 €**
Ouvert : Toute l'année.

🐕	🏊	👥	🎣	🎾	👥	⛷	⛷	🚴	⛳	🚂	🎯
5	12	1	2	2	SP	30	30	2	2	5	SP

Marlène SIMON - 3 rue de la Liberté - 67600 KINTZHEIM - Tél. : 03 88 82 12 20

KINTZHEIM
C.M. 87 Pli 16

‖‖ 4 ch. 4 chambres d'hôtes (entrée indép.) aménagées au r.d.c. de la maison du propr. située en périphérie du village, sur la Route des Vins. 4 ch (1 lit 2 pers.) avec sanitaires privatifs. Poss lit enf. P. déjeuner amélioré servi dans le séjour du propr. (cheminée), en terrasse ou au jardin (été). Cour fermée, espace vert, mobilier de jardin, parking. Langues parlées : anglais, allemand.

Prix : 2 pers. **39 €** 3 pers. **48 €**
Ouvert : Toute l'année.

🐕	🏊	👥	🎣	🎾	👥	⛷	⛷	🚴	⛳	🚂	🎯
5	12	1	2	2	SP	30	30	2	2	5	SP

Auguste KAEMPF - 10 rue Judepfad - 67600 KINTZHEIM - Tél. : 03 88 82 09 67

KLINGENTHAL
C.M. 87 Pli 5

‖‖‖ 1 ch. Au r.d.c. de la maison du propriétaire-artiste située au calme. 1 lit 2 pers., s.d'eau complète, petite cuisine, TV. Petit déjeuner servi dans la s. à manger du propr. qui expose peinture sur bois et crochet d'art. Présence d'1 gîte. En commun : espace vert, mobilier de jardin, barbecue, parking à 30 m.

Prix : 2 pers. **40 €**
Ouvert : Toute l'année.

🐕	🏊	👥	🎣	🎾	👥	⛷	⛷	🚴	🚂
8	23	8	3	3	3	18	18	6	8	9

Christine APPELL - 3 rue Paul Appell - 67530 KLINGENTHAL - Tél. : 03 88 95 80 89

KUTZENHAUSEN
C.M. 87 Pli 3

‖‖‖ 3 ch. 3 chambres d'hôtes au décor chaleureux et raffiné proposant une ambiance romantique, aménagées dans une grange pleine de charme mitoyenne à la maison du propr. située au calme dans petit hameau aux nombreuses maisons à colombage. CH1 : 1 lit 2 pers. + 1 canapé lit 1 pers., salon, CH2 et CH3 : 1 lit 2 pers. San. privatifs à chaque ch. Jardin paysagé et fleuri. Terrasse couverte, cour fermée ombragée d'une vigne centenaire, salon de jardin, barbecue. Forêt à 100 m. Mobilier ancien, piano 1/2 queue accordé, boiseries intérieures très soignées. Langues parlées : anglais, polonais.

Prix : 1 pers. **46/49 €** 2 pers. **52/59 €** 3 pers. **67 €**
Ouvert : Du 1er avril au 31 décembre.

🐕	🏊	👥	🎣	🎾	👥	🚴	⛳	🚂	🎯
5	20	5	0,5	4	0,5	2	6	4	4

Héléna TRONCY - 2 rue des Rossignols - La Vieille Grange - 67250 OBERKUTZENHAUSEN - Tél. : 03 88 80 79 48 - Fax : 03 88 80 79 48

Bas-Rhin   *Alsace-Lorraine*

KUTZENHAUSEN   C.M. 87 Pli 3

1 ch. 1 chambre d'hôtes (entrée indép.) aménagé en rez-de-jardin de la maison du propriétaire située au calme dans le petit village typique de l'Outre Forêt, en bordure de forêt. 1 lit 2 pers., cuisine avec coin repas et coin détente (prises TV et Tél.), s.d'eau complète (L.linge). Conv. clic clac à dispo. P. déjeuner amélioré servi dans la s. à manger du propr. Cour, espace vert, mobilier de jardin, barbecue, parking. Taxe de séjour incluse. Langues parlées : espagnol, allemand.

Prix : 1 pers. **27 €** 2 pers. **38 €** 3 pers. **46 €**
Ouvert : Toute l'année.

🐕	🏊	🏊	🏃	🎾	🚶	⛳	🚴	🚉
8		10	1	SP	10	2		2

Alfred ESCH - 30 rue des Acacias - 67250 KUTZENHAUSEN - Tél. : 03 88 54 78 41 - Fax : 03 88 54 78 41 ou SR : 03 88 75 56 50

LEMBACH   C.M. 87 Pli 2

2 ch. A l'étage de la maison du propr. située dans une région boisée, dans le Parc National Régional des Vosges du Nord, proche de Wissembourg. CH1 : 2 lits 1 pers., lavabo, cabine de douche, CH2 : 2 lits 1 pers., lavabo, cabine de douche. WC indép. et privatif à chaque chambre sur le palier. P. déjeuner servi dans la s. à manger du prop. Poss. lit enf. Cour fermée et fleurie, mobilier de jardin. Langue parlée : allemand.

Prix : 1 pers. **31 €** 2 pers. **37 €**
Ouvert : Toute l'année.

🐕	🏊	🏊	🏃	🎾	🚶	⛳	🚴	🚉
	10	5	8	4	5	SP	SP	13	15	SP

Charles NERCHER - 44 route de Bitche - 67510 LEMBACH - Tél. : 03 88 94 46 47

LUPSTEIN   CB   C.M. 87 Pli 14

E.C. 2 ch. 2 chambres d'hôtes (entrée indépendante pour chacune), aménagées à l'étage de la maison à colombage du propriétaire située dans le village. CH1 : 1 lit 160. CH2 : 1 lit 2 pers. (2 x 0,90 m). San. privatifs à chaque chambre. Lit d'app. dans chaque ch. P. déjeuner amélioré servi dans le séjour du propr. ou sous la pergola. Lit bébé à disposition. Mobilier de jardin, cour fermée, parking.

Prix : 1 pers. **30 €** 2 pers. **38 €** pers. sup. **23 €**
Ouvert : Toute l'année.

🐕	🏊	🏊	🏃	🎾	🚶	🚴	⛳	🚉
	7	20	20	3	SP	15	SP	2,5	2,5

Francine HUBER-VANDELOISE - 40 rue Principale - 67490 LUPSTEIN - Tél. : 03 88 91 49 96 - Fax : 03 88 91 49 96 ou SR : 03 88 75 56 50

MAISONSGOUTTE   C.M. 87 Pli 16

4 ch. A l'étage d'une maison mitoyenne à celle du propriétaire située au calme dans le village. 1 ch pour 3 pers., 3 ch pour 2 pers. Sanitaires privatifs à chaque chambre. Présence de 2 gîtes à l'étage. En commun : jardin clos, barbecue, parking. Langue parlée : allemand.

Prix : 1 pers. **24 €** 2 pers. **38 €** 3 pers. **53 €**
Ouvert : Toute l'année.

🐕	🏊	🎾	🚶	⛷	🚴	🚉
	3	3	SP	20	20	3	17	SP

Jean-Luc HERRMANN - 18 rue Wagenbach - 67220 MAISONSGOUTTE - Tél. : 03 88 57 22 01

MARCKOLSHEIM   C.M. 87 Pli 7

2 ch. A l'étage de la maison typique et fleurie du propr. située dans le bourg. CH1 : 1 lit 2 pers., sanitaires privatifs sur le palier. CH2 : 2 lits 1 pers., cuisine (prise TV), sanitaires, terrasse couverte (mobilier de jardin). P. déjeuner amélioré servi dans la s. à manger du propr. ou sur terrasse. Présence de 2 gîtes dans maison voisine. Langue parlée : allemand.

Prix : 1 pers. **21/24 €** 2 pers. **30/37 €**
Ouvert : Toute l'année.

🐕	🏊	🏊	🏃	🎾	🚶	🚴	⛳	🚉
	SP	10	10	SP	3	15	20	SP

Paul ALLONAS - 3 place de la République - 67390 MARCKOLSHEIM - Tél. : 03 88 92 55 62

MARCKOLSHEIM   🆔   C.M. 87 Pli 7

3 ch. Dans la maison (et dépendances) du prop. situées dans le bourg. CH1 (2 épis) pour 2 pers. sanitaires, kitch., prise TV. CH2 et CH3 familiale (3 épis) dans ancienne forge : 1 lit 2 pers., conv. 2 pers., sanitaires, coin-cuisine. P. déjeuner servi dans le séjour du propr., sur véranda ou dans la cour fleurie. Présence de 3 gîtes. En commun : L.linge, cour fermée, barbecue, ping-pong, mobilier de jardin, balançoire, toboggan, bac à sable, parking. Langue parlée : allemand.

Prix : 1 pers. **23/27 €** 2 pers. **34/37 €** 3 pers. **41/50 €**
Ouvert : Toute l'année.

🐕	🏊	🏊	🏃	🎾	🚶	🚴	⛳	🚉
	SP	10	10	SP	3	0,5	20	15	SP

Roger JAEGER - 3 rue du Violon - 67390 MARCKOLSHEIM - Tél. : 03 88 92 50 08 - Fax : 03 88 92 50 08

MARCKOLSHEIM   🆔   C.M. 87 Pli 7

E.C. 2 ch. 2 chambres d'hôtes (entrée indép.) aménagées de plain-pied dans une maison comportant 2 gîtes située dans la cour fleurie du propr. CH1 : 1 lit 2 pers., kitch. et CH2 : 1 lit 2 pers. Sanit. avec prise TV et san. privatifs. P. déjeuner servi dans la s. à manger du propr. Mobilier de jardin. En commun : l-linge, cour fermée, jardin clos, s. de jeux, bac à sable. Balançoire, barbecue, ping-pong, abri, pêche au canal derrière la propriété, parking. Langue parlée : allemand.

Prix : 2 pers. **32 €**
Ouvert : Toute l'année.

🐕	🏊	🏊	🏃	🎾	🚶	🚴	⛳	🚉
	SP	10	10	SP	3	15	20	15	SP

Anne et René FAESSER - 42 rue de l'Alma - 67390 MARCKOLSHEIM - Tél. : 03 88 92 50 74

Alsace-Lorraine
Bas-Rhin

MARLENHEIM
C.M. 87 Pli 14

‖ 3 ch. Dans une ferme située dans un village de vignerons. CH1 et CH2 : 1 lit 2 pers., CH3 : 1 lit 2 pers., 1 lit 1 pers. Sanitaires privatifs à chaque ch. Petit déjeuner amélioré servi dans une salle attenante à une salle de détente réservée aux hôtes. Présence de 2 gîtes. En commun : l-linge, mobilier de jardin, parking dans la cour fermée. Langue parlée : allemand.

Prix : 1 pers. **25/27** € 2 pers. **32/35** € 3 pers. **43** €
Ouvert : Toute l'année.

5	20	15	SP	SP	SP	40	2	SP	40	10	SP

Paul GOETZ - 86 rue du Général de Gaulle - 67520 MARLENHEIM - Tél. : 03 88 87 52 94

MEMMELSHOFFEN
C.M. 87 Pli 3

‖‖ 4 ch. 4 chambres d'hôtes au décor alsacien (plafond polychrome aux motifs trad.) aménagées dans une maison mitoyenne à celle du propr. Etage : CH2 : 1 lit 2 pers., CH3 : 1 lit 2 pers., CH4 : 1 lit 2 pers., petit coin salon. R.d.c. : CH1 (acces. handicapé avec aide) : 1 lit 2 pers., 1 lit 1 pers. Sanitaires (s.chev.) et TV privatifs à chaque ch. Petit déjeuner servi dans pièce réservée aux hôtes. Terrasse d'été, jardin aménagé clos, mobilier de jardin sous tonnelle, barbecue, parking dans la cour fermée. Langue parlée : allemand.

Prix : 1 pers. **47** € 2 pers. **58** € 3 pers. **74** €
Ouvert : Toute l'année.

2	2	3	5	SP	SP	12	3	2

S'KÄMMERLE - 5 rue de Lembach - 67250 MEMMELSHOFFEN - Tél. : 03 88 80 50 39 ou 03 88 80 62 97 - Fax : 03 88 80 64 01

MEMMELSHOFFEN
C.M. 87 Pli 3

‖‖ 1 ch. 1 chambre d'hôtes (entrée indép.), aménagée à l'étage d'une maison à colombage mitoyenne à celle du propr. située dans le village. Hauteur plafond : 1,90 m. 1 lit 2 pers., TV, s.d.b. complète, coin salon. Petit déjeuner amélioré servi dans pièce réservée aux hôtes. Présence de 4 ch dans maison annexe. En commun : terrasse d'été, jardin aménagé clos. Barbecue, mobilier de jardin sous tonnelle, parking dans la cour fermée. Langue parlée : allemand.

Prix : 1 pers. **47** € 2 pers. **58** € 3 pers. **74** €
Ouvert : Toute l'année.

2	2	3	5	SP	SP	12	3	2

Christiane BURG - 5 rue de Lembach - 67250 MEMMELSHOFFEN - Tél. : 03 88 80 50 39 ou 03 88 80 62 97 - Fax : 03 88 80 64 01

MERKWILLER-PECHELBRONN
C.M. 87 Pli 3

‖‖ 1 ch. Au r.d.c. d'une maison à colombage située dans la cour du propriétaire. Ch acc. handicapé avec aide : 2 lits 1 pers., s.d'eau complète, séjour avec coin-cuisine (TV). Petit déjeuner amélioré servi dans le décor alsacien. Mobilier de jardin. Présence de 2 gîtes. En commun : L.linge, jardin, ping-pong, balançoire, barbecue, cour fermée, parking. Vente de produits fermiers. Langues parlées : anglais, allemand.

Prix : 1 pers. **29** € 2 pers. **38** € 3 pers. **46** €
Ouvert : Toute l'année sauf juillet et août.

5	12	6	SP	3	SP	6	4	6	SP

Paul SCHIELLEIN - 5 route de Surbourg - 67250 MERKWILLER-PECHELBRONN - Tél. : 03 88 80 77 80 - Fax : 03 88 80 90 03 -
E-mail : schiellein@voila.fr

MERKWILLER-PECHELBRONN
C.M. 87 Pli 3

‖‖‖ 4 ch. Au 2ᵉ étage de la maison du propriétaire située au calme dans le village dans un parc arboré bordé d'un ruisseau. CH1 : 1 lit 2 pers., CH2 : 2 lits 1 pers., CH3 : 1 lit 120), CH4 familiale composée de 2 pièces (1 lit 2 pers. 2 lits 1 pers.). San. privatifs à chaque chambre. P. déjeuner amélioré servi dans pièce au décor alsacien ou en terrasse. Mobilier de jardin, chaises-longues, balançoire. Parking. Tarif 4 pers. : 90 €. Langues parlées : anglais, allemand.

Prix : 1 pers. **30/50** € 2 pers. **37/58** € 3 pers. **75** € pers. sup. **12** €
Ouvert : Toute l'année.

5	12	6	SP	3	SP	6	4	6	SP

Thomas LIMMACHER - 7 A, route de Lobsann - Résidence « Les Helions » - 67250 MERKWILLER-PECHELBRONN -
Tél. : 03 88 80 90 96 ou 03 88 80 78 61 - Fax : 03 88 80 75 20

MERKWILLER-PECHELBRONN
C.M. 87 Pli 3

‖ 1 ch. A l'étage de la maison à colombage du propr. située au calme dans une impasse du village. 2 lits 1 pers., coin-détente (prise TV, chaîne Hifi), s.d'eau complète privative au rdc. (sauna, vélo d'appartement). Poêle à bois. Petit déjeuner amélioré servi dans la s. à manger du prop. Kitchenette à disposition au rdc. Espace vert, gloriette avec salon de jardin. Cour fermée, parking, garage.

Prix : 1 pers. **35** € 2 pers. **38** €
Ouvert : Toute l'année.

5	15	5	SP	15	SP	5	5	5	SP

Anny HAUSHALTER - 12 rue de l'Ecole - 67250 MERKWILLER-PECHELBRONN - Tél. : 03 88 80 90 87 ou SR : 03 88 75 56 90

Bas-Rhin   *Alsace-Lorraine*

MITTELBERGHEIM   C.M. 87 Pli 16

5 ch. — A l'étage de la maison fleurie du propr. située au calme, en bordure de village et du vignoble. 3 ch 2 pers., 2 ch 3 pers. Sanit. privatifs à chaque ch. P. déjeuner servi dans la s. à manger du prop. (cheminée) ou en terrasse. Présence d'1 gîte. En commun : espace vert, terrasse, barbecue, piscine couverte non chauffée, parking. Petit chalet dans le jardin (l-linge, kitchenette). Réduction pour loc. à la sem. (arrivée samedi) : 20 % du 01.11 au 31.03 et 10 % du 01.04 au 30.11. Langue parlée : allemand.

Prix : 1 pers. 40 € ♦ 2 pers. 43 € ♦ 3 pers. 57 € ♦ pers. sup. 14 €
1/2 pens. 40 €
Ouvert : Toute l'année.

	🐕	🏊	🛏	🏃	🎾	🚴	👥	⛷	🎿	🚲	⛲	🏛	🚢
		SP	15	3	1	1	SP	12	12		17	1	SP

Jacqueline DOLDER - 15 chemin du Holzweg - Gîte de la Tulipe - 67140 MITTELBERGHEIM - Tél. : 03 88 08 15 23 - Fax : 03 88 08 54 11

MITTELBERGHEIM   C.M. 87 Pli 16

3 ch. — A l'étage d'une maison située dans la cour du propr.-viticulteur, au calme avec vue sur les vignes. 3 ch (2 lits 1 pers.) avec sanitaires privatifs. Petit déjeuner amélioré servi dans la salle réservée aux hôtes avec coin repas (kitch. à dispo). Cour, mobilier de jardin, parking. Tarif dégressif à partir de 2 nuits. Langue parlée : allemand.

Prix : 1 pers. 30 € ♦ 2 pers. 38 € ♦ 3 pers. 46 € ♦ pers. sup. 8 €
Ouvert : Toute l'année.

	🐕	🏊	🛏	🏃	🎾	🚴	👥	⛷	🎿	🚲	⛲	🏛	🚢
		15	15	3	1	1	SP	12	12		17	1	SP

Christian DOLDER - 4 rue Neuve - 67140 MITTELBERGHEIM - Tél. : 03 88 08 96 08 - Fax : 03 88 08 50 23

NEUBOIS   C.M. 87 Pli 16

4 ch. — Dans une maison alsacienne mitoyenne à celle du prop. au calme avec vue dominante sur le village. CH1 composée de 2 pièces communicantes (1 lit 2 pers., 2 lits 1 pers.), CH2 : 2 lits 1 pers. Etage : CH3 : 1 lit 2 pers., 1 lit 1 pers., CH4 : 3 lits 1 pers. Prise TV et san. privatifs à chaque ch. P. déjeuner amélioré servi dans salle à manger (Kacheloffe et coin-salon). T. d'hôtes (dîner spécial. als.). En commun : kitchenette, véranda (espace lecture, TV), mobilier de jardin, balançoire, parking. Réduction 10 % pour séjour 1 sem. Langues parlées : anglais, allemand.

Prix : 1 pers. 38 € ♦ 2 pers. 45 € ♦ 3 pers. 59 € ♦ pers. sup. 14 €
1/2 pens. 38 €
Ouvert : Toute l'année.

	🐕	🏊	🛏	🏃	🎾	🚴	👥	⛷	🎿	🚲	⛲	🏛	🚢
	6	15	15	6	SP	15	15	6	45		12	6	

Richarde MOSSER - 4 rue de l'Altenberg - 67220 NEUBOIS - Tél. : 03 88 85 60 56 - Fax : 03 88 85 60 56

NEUHAEUSEL   C.M. 87 Pli 3

5 ch. — A la ferme aménagées dans une maison, au dessus d'une auberge. 4 ch (1 épi) avec lavabo (2x1 lit 2 pers., 2x1 lit 1 pers.), 2 s.d'eau, 2 wc et kitch. en commun, 1 ch (2 épis) : 1 lit 2 pers., 1 lit 1 pers., sanitaires privatifs. Petit déjeuner servi à l'auberge. Espace vert arboré, portique, parking. Langue parlée : allemand.

Prix : 1 pers. 15 € ♦ 2 pers. 27 € ♦ 3 pers. 34 €
Ouvert : Toute l'année.

	🐕	🏊	🛏	🏃	🎾	🚲	🚢
	40	5	10	5	10	5	

Clément PHILIPPS - Auberge Ecurie du Rhin - 33 rue des Roses - 67480 NEUHAEUSEL - Tél. : 03 88 86 40 64

NOTHALTEN   C.M. 87 Pli 16

3 ch. — A l'étage de la maison du propr. située en périphérie du village viticole. CH1 : 1 lit 2 pers., 2 lits 1 pers. superposés, CH2 : 1 lit 2 pers., lit d'appoint, prise TV, CH3 : 1 lit 2 pers. Sanitaires privatifs à chaque ch. Caveau rustique pour p. déjeuner et soirée tranquille. Cuisine à dispo. Espace vert, mobilier de jardin. Appentis, terrasse, barbecue, portique, parking. Tarif 4 pers. : 55 €. Tarif dégressif à partir de la 3ᵉ nuit : 2 p :35 €, 3 p :44 €, 4 p :49 €. Petits animaux acceptés. Langue parlée : allemand.

Prix : 1 pers. 32 € ♦ 2 pers. 38 € ♦ 3 pers. 47 €
Ouvert : Toute l'année.

	🐕	🏊	🛏	🏃	🎾	🚴	👥	⛷	🎿	🚲	⛲	🏛	🚢
	15	15	15	8	8	SP	35	35		25	3	3	

Bernard EGELE - 144 route du Vin - 67680 NOTHALTEN - Tél. : 03 88 92 48 21

NOTHALTEN   C.M. 87 Pli 16

3 ch. — A l'étage de la maison du propr.-viticulteur située au cœur du vignoble en périphérie du village. CH1 : 1 lit 2 pers., pièce attenante avec conv. 2 pers., CH2 : 2 lits 1 pers., balcon, CH3 : 1 lit 2 pers., balcon. Sanitaires privatifs, kitch. et prise TV privatifs à chaque ch. Petit déjeuner servi dans le séjour (cheminée) réservé aux hôtes ou sur la terrasse. Mobilier de jardin, barbecue. Présence de 2 gîtes. En commun : espace vert, parking. Langue parlée : allemand.

Prix : 2 pers. 40 € ♦ 3 pers. 54/69 €
Ouvert : Toute l'année.

	🐕	🏊	🛏	🏃	🎾	🚴	👥	⛷	🎿	🚲	⛲	🏛	🚢
	15	15	15	8	8	SP	35	35		25	3	3	

Roland GEYER - 148 route du Vin - 67680 NOTHALTEN - Tél. : 03 88 92 46 82 ou 06 08 03 08 02 - Fax : 03 88 92 63 19

Alsace-Lorraine **Bas-Rhin**

NOTHALTEN C.M. 87 Pli 19

1 ch. A l'étage de la maison du propr.-viticulteur. 1 lit 2 pers., séjour (conv. 2 pers., prise TV), kitch. et coin repas, s.d'eau complète, petit balcon. Petit déjeuner amélioré servi dans la s. à manger du propr. Mobilier de jardin, barbecue. Présence d'1 gîte. En commun : espace vert, cour fermée, parking. Loc de VTT sur place. Petits animaux acceptés avec suppl. Langues parlées : anglais, allemand.

Prix : 1 pers. 35 € 2 pers. 41 € 3 pers. 55 €
Ouvert : Toute l'année.

15	15	15	8	8	SP	35	35	SP	25	3	3

René WAEGELL - 110 route du Vin - 67680 NOTHALTEN - Tél. : 03 88 92 45 91 - Fax : 03 88 92 45 98 ou SR : 03 88 75 56 50

OBERHASLACH C.M. 87 Pli 15

4 ch. A l'étage d'un ancien pavillon de chasse, en lisière de forêt. Situation except. CH1, CH2 (1 épi) pour 2 pers. avec lavabo chacune et san. en commun. CH3 (CC) composée de 2 pièces communicantes (2x 1 lit 2 pers., 1 lit 1 pers., san. privatifs pour chacune) dont 1 avec balcon couvert et coin-détente. CH4 composée de 2 ch. et d'un séjour (1 lit 2 pers. 2 lits 1 pers.). San. privatifs. P. déjeuner servi dans pièce (cheminée) réservée aux hôtes. Espace vert, mobilier de jardin, piscine d'été chauffée. L-linge, parking. T. de séj. en sus. Elevage de chevaux et lieu d'étape équestre sur place. Langue parlée : allemand.

Prix : 2 pers. 43/46 € pers. sup. 15 € 1/2 pens. 40 €
Ouvert : Toute l'année.

12	SP	4	SP	SP	25	SP	4	25	4		SP

FAMILLES ANDRE et BIEHLER - Le Neufeld - 67280 OBERHASLACH - Tél. : 03 88 50 91 48 - Fax : 03 88 50 95 46

OBERSCHAEFFOLSHEIM C.M. 87 Pli 5

1 ch. Petite chambre d'hôtes aménagée à l'étage des dépendances de la ferme tabacole, située dans une impasse au cœur du bourg. 1 lit 2 pers., s.d'eau complète. Petit déjeuner amélioré servi dans le séjour du propriétaire ou en terrasse. Présence de 4 gîtes. En commun : l-linge en buanderie, grande cour fermée, espace vert, mobilier de jardin, barbecue. S. de jeux, ping-pong, parking, garage. Langues parlées : anglais, allemand.

Prix : 1 pers. 29 € 2 pers. 34 €
Ouvert : Toute l'année.

3	10	10	1	1	0,2	5	8	5	0,3

Frédérique MEY - 6 impasse de l'Ecole - Ferme Neuburr - 67203 OBERSCHAEFFOLSHEIM - Tél. : 03 88 78 33 02 - Fax : 03 88 78 86 82

OHNHEIM-FEGERSHEIM

E.C. 1 ch. Dans la maison du propriétaire située au centre du petit lieu-dit, proche de Strasbourg. 1 ch. pour 2 pers., s.d'eau privative dans la ch., wc et coin-détente sur le palier. Petit déjeuner amélioré servi dans une pièce réservée aux hôtes. Lit bébé et lit d'appoint à disposition. Cour, petit espace vert, mobilier de jardin, barbecue, vélos, parking. Langues parlées : anglais, allemand.

Prix : 1 pers. 27 € 2 pers. 34 € pers. sup. 9 €
Ouvert : Toute l'année.

8	8	SP	0,1	0,2	15	15	2		SP

Marie MESSMER - 1 rue de l'Abreuvoir - 67640 OHNHEIM-FERGERSHEIM - Tél. : 03 88 64 23 43 ou SR : 03 88 75 56 50

ORSCHWILLER C.M. 87 Pli 16

4 ch. Au r.d.c. de la maison du propriétaire située dans un village sur la Route des Vins. CH1 : 1 lit 2 pers., s.d.b. complète, CH2 : 1 lit 2 pers., 1 lit 1 pers., lavabo, douche, CH3 : 1 lit 2 pers., lavabo, douche, CH4 : 1 lit 2 pers., lavabo, douche. WC en commun sur le palier. Petits-déjeuners améliorés servis en salle commune (réfrigérateur, plaques électr.). Espace vert, mobilier de jardin, portique, barbecue, cour fermée, parking. Langue parlée : allemand.

Prix : 2 pers. 34 € 3 pers. 41 €
Ouvert : Toute l'année.

6	5	5	6	5	2	5	6	2

Rémy SCHWETTERLE - 6 route du Vin - 67600 ORSCHWILLER - Tél. : 03 88 92 11 31

ORSCHWILLER C.M. 87 Pli 16

3 ch. Dans la maison du propriétaire viticulteur située au centre du village. Au r.d.c. : CH1 (1 épi) 1 lit 2 pers. A l'étage : CH2 (2 épis) 1 lit 2 pers., conv. 2 pers., wc privatif, CH3 (1 épi) 1 lit 2 pers. Lavabo, douche dans chaque ch et wc privatifs sur palier pour CH1 et CH3. Petit déjeuner servi dans salle ou au jardin (été). Réfrigérateur. Cour fermée, parking. Animaux acceptés sur demande. Présence d'une Aire Naturelle de Camping sur la propriété. Langue parlée : allemand.

Prix : 2 pers. 32/34 € 3 pers. 41 €
Ouvert : Toute l'année.

6	5	5	6	5	2	5	6	2

Cécile WALISZEK - 1 route de Selestat - 67600 ORSCHWILLER - Tél. : 03 88 92 21 35

Bas-Rhin

Alsace-Lorraine

ORSCHWILLER
C.M. 87 Pli 16

2 ch. Dans la maison du propr. Au rdc : CH1 (4 p.) : composée de 2 ch séparées par porte coulissante, douche et lavabo. A l'étage : CH2 (1 lit 2 pers., 2 lits 1 pers.), s.d.b. privative sur palier. WC en commun. Poss. 1 lit enf. Petite cuisine d'été. Petit déjeuner servi dans petite s. à manger ou sur terrasse. Jardin aménagé. Mobilier de jardin, parking dans cour fermée, garage. Langue parlée : allemand.

Prix : 2 pers. **30 €**
Ouvert : Toute l'année.

6	5	5	6	5	2	6	5	6	2

Maria SCHWETTERLE - 7 route du Vin - 67600 ORSCHWILLER - Tél. : 03 88 92 21 06 ou 03 88 58 26 38 - Fax : 03 88 74 99 17 - E-mail : ajehl@wanadoo.fr

ORSCHWILLER
C.M. 87 Pli 16

2 ch. A l'étage de la maison du propr.-viticulteur située sur la Route du Vin, au pied du Haut Koenigsbourg, proche de Sélestat. CH1 : 1 lit 2 pers., 1 lit 1 pers., CH2 : 1 lit 2 pers. Sanitaires privatifs à chaque ch. Prise TV. Poss lit enf. Cour, espace vert, mobilier de jardin, balançoire, parking. Langues parlées : anglais, allemand.

Prix : 2 pers. **37 €** 3 pers. **46 €** pers. sup. **9 €**
Ouvert : Toute l'année.

6	5	5	6	5	2	6	5	6	2

Marie-Rose WALISZEK - 5 A, route du Vin - 67600 ORSCHWILLER - Tél. : 03 88 92 35 26

ORSCHWILLER
C.M. 87 Pli 16

2 ch. A l'étage de la maison fleurie du prop. située sur la Route du Vin, au pied du Haut Koenigsbourg et proche de Sélestat. CH1 : 1 lit 2 pers., 1 lit 1 pers., coin-détente, réfrigérateur, prise TV câblé, balcon, CH2 (CC) : 1 lit 2 pers., coin-détente, prise TV, kitchenette. Sanitaires privatifs dans chaque chambre. Lit enf. sur dem. Petit déjeuner amélioré servi dans une pièce réservée aux hôtes. Espaces verts ombragés, mobilier de jardin, parking dans la cour. Langues parlées : anglais, allemand.

Prix : 2 pers. **37/41 €** pers. sup. **11 €**
Ouvert : Toute l'année.

6	5	5	6	5	2	6	5	6	2

Gilbert EHRHARDT - 6 A, route du Vin - 67600 ORSCHWILLER - Tél. : 03 88 92 82 29 - Fax : 03 88 92 82 29

OTTROTT
C.M. 87 Pli 15

4 ch. A l'étage de la maison du propr. située au calme, en bordure de forêt. CH1 : 1 lit 2 pers., balcon, CH2 : 1 lit 2 pers., balcon, CH3 : 2 lits 1 pers. jumeaux, kitch., CH4 pour enf. : 1 lit 1 pers. Lavabo dans chaque ch. Salle d'eau et wc en commun sur palier. Lit d'appoint et lit bébé sur demande. P. déjeuner servi dans la salle à manger. Cour, espace vert, mobilier de jardin, parking. Tarif 3 pers. : 40 € avec cuisine. Chien : 2,5 €/jour. Langue parlée : allemand.

Prix : 1 pers. **23 €** 2 pers. **34 €** 3 pers. **43 €**
Ouvert : Toute l'année.

3	25	3	SP	1,5	SP	20	20	SP	30	4	SP

André RUTHMANN - 11 rue du Mont Sainte-Odile - 67530 OTTROTT - Tél. : 03 88 95 81 52

OTTROTT
C.M. 87 Pli 15

3 ch. A l'étage de la maison fleurie du propr. située au calme. CH1 (1 épi) 2 lits 1 pers., lavabo, wc et CH3 (1 épis) 2 lits 1 pers., lavabo, wc privatif sur palier avec douche en commun sur palier. CH2 3 épis (2 lits 1 pers.), sanitaires privatifs. Petit déjeuner servi dans la s. à manger du propr. Coin-détente et kitch. réservés aux hôtes. Petit jardin fleuri, mobilier de jardin, barbecue, balançoire, parking. Langue parlée : allemand.

Prix : 2 pers. **34/37 €** pers. sup. **15 €**
Ouvert : Toute l'année.

3	25	3	SP	1,5	SP	20	20	SP	30	4	SP

Yolande HOFFBECK - 16 rue des Templiers - 67530 OTTROTT - Tél. : 03 88 95 81 72 - Fax : 03 88 95 93 02

OTTROTT
C.M. 87 Pli 15

5 ch. Dans une maison traditionnelle donnant sur la cour ensoleillée. 3 ch 2 pers., 1 ch 3 pers. (3 lits 1 pers.), 1 ch plain-pied 4 pers. (1 lit 2 pers., 2 lits 1 pers. superposés). Prise TV et sanitaires privatifs à chaque ch. P. déjeuner servi dans pièce au décor alsacien réservée aux hôtes. Terrain de pétanque, mini-ferme, balançoire, salon de jardin, parking. Animaux acceptés avec supplément. Langue parlée : allemand.

Prix : 2 pers. **40/44 €**
Ouvert : Toute l'année.

3	25	3	SP	1,5	SP	20	20	SP	30	4	SP

Marie-Dominique MAURER - 11 route d'Obernai - Roedel - 67530 OTTROTT - Tél. : 03 88 95 80 12

Alsace-Lorraine
Bas-Rhin

PFETTISHEIM *C.M. 87 Pli 5*

5 ch. Strasbourg 13 km. Dans un ancien corps de ferme.Décor bois. De plain pied : 3 ch. pour 2 pers. dont 1 access. aux pers. handicapées. A l'étage : 2 ch. familiales en duplex, lit d'appoint, kitchenette, 2ᵉ wc. Sanitaires privatifs à chaque chambre. Petit déjeuner amélioré servi dans une salle réservée aux hôtes. Présence de 2 gîtes. En commun : espace vert, mobilier de jardin, s. de détente, ping-pong, barbecue. L-linge. Tarif dégressif à partir de 2 nuits : 37/45 €/nuit, 3 nuits : 34/43 €/nuit pour 2 pers. Langue parlée : allemand.

Prix : 1 pers. 30/38 € 2 pers. 39/48 € 3 pers. 54 €
Ouvert : Toute l'année.

13	10	10	SP	10	30	13	3	

Marie-Célestine GASS - 15 rue Principale - La Maison du Charron - 67370 PFETTISHEIM - Tél. : 03 88 69 60 35 - Fax : 03 88 69 85 45

RANRUPT   Alt. : 500 m   A   *C.M. 87 Pli 16*

4 ch. A l'étage d'une petite auberge située dans le village, proche des forêts et du Champ du Feu. CH1 et CH2 : 1 lit 2 pers., CH3 composée de 2 ch. communicantes (2 x 2 lits 1 pers.), CH4 : 2 lits 1 pers., 1 lit 2 pers. Sanitaires privatifs à chaque cha. Salle de TV et de lecture. Toboggan, balançoire, VTT, ping-pong, mobilier de jardin, parking. Réduction de 5 % à partir de la 3ᵉ nuit. Présence d'un gîte. Langues parlées : anglais, allemand.

Prix : 1 pers. 21 € 2 pers. 35 € 3 pers. 49 € pers. sup. 14 €
1/2 pens. 33 €
Ouvert : Toute l'année.

11	1	1	10	5	SP	11	11	SP	25	5	11

Laurence FERRY - 10 rue Principale - 67420 RANRUPT - Tél. : 03 88 47 24 71 - Fax : 03 88 47 20 45

RIMSDORF   *C.M. 87 Pli 13*

E.C. 1 ch. 1 chambre d'hôtes avec entrée indépendante, aménagée de plain-pied dans la maison du propriétaire située en périphérie du village. Ch. (2 lits 1 pers., clic-clac), sanitaires privatifs, petite cuisine (L.vaiss., micro ondes), prise TV. Petit déjeuner amélioré servi dans la salle à manger du propriétaire. Mobilier de jardin. Présence d'un gîte. En commun : grand espace vert, barbecue, balançoire, ping-pong, parking. Langue parlée : allemand.

Prix : 2 pers. 38 € pers. sup. 12 €
Ouvert : Toute l'année.

7	5	4	4	SP	6	9	4	3

Raymond et Annie FORTHOFFER - Au Fenil - 5 rue Principale - 67260 RIMSDORF - Tél. : 03 88 00 26 14 - Fax : 03 88 00 26 14 ou SR : 03 88 75 56 50

ROSHEIM   *C.M. 87 Pli 15*

2 ch. Au r.d.c. de la maison du propr. située près des vignes. CH1 : 2 lits 1 pers., lavabo, prise TV, CH2 : 1 lit 2 pers., lavabo, prise TV. S.d.b. et wc en commun sur palier. Réfrigérateur. Lit d'appoint sur demande. Petit déjeuner servi dans la s. à manger du propr. Mobilier de jardin. Présence d'un gîte. En commun : cour, parking. Langue parlée : allemand.

Prix : 1 pers. 16 € 2 pers. 25 €
Ouvert : Toute l'année.

SP	20	6	SP	8	SP	25	25	7	40	3	SP

Yvonne ICHTERTZ - 14 route de Rosenwiller - 67560 ROSHEIM - Tél. : 03 88 50 44 53

ROSHEIM   *C.M. 87 Pli 15*

3 ch. 3 chambres d'hôtes aménagées de plain-pied dans la maison du propr. CH1 et CH2 : 1 lit 2 pers. S.d'eau et wc en commun sur palier. CH3 familiale composée de 2 pièces communicantes (2 lits 1 pers. jumeaux, 2 lits 1 pers.), lavabo, douche et wc privatifs. P. déjeuner servi dans la s. à manger réservée aux hôtes. Cour fermée, mobilier de jardin, parking. Langue parlée : allemand.

Prix : 2 pers. 27/29 €
Ouvert : Toute l'année.

0,5	3		0,2		15	15	5	2	0,2

Betty SCHULTZ - 73 rue des Prunelles - 67560 ROSHEIM - Tél. : 03 88 50 44 68

SAASENHEIM   *C.M. 87 Pli 65*

1 ch. Dans la maison du propriétaire située au calme dans un jardin fleuri. Ch familiale composée de 2 pièces (1 lit 2 pers., 2 lit 1 pers), sanitaires, véranda avec kitch., prise TV. L.linge à disposition. Petit déjeuner amélioré servi dans la salle à manger du propriétaire. Mobilier de jardin. Présence de 2 gîtes. En commun : ping-pong, balançoire, parking. Enfant 12 ans : 14 €. Langue parlée : allemand.

Prix : 1 pers. 23 € 2 pers. 34 € pers. sup. 14 €
Ouvert : Toute l'année.

10	4	14	3	2	15	SP	15	15	3

Christian CIZA - 2 rue de Salignac - 67390 SAASENHEIM - Tél. : 03 88 85 21 21 - Fax : 03 88 85 21 21

SCHAEFFERSHEIM   *C.M. 87 Pli 5*

4 ch. Dans la maison du propriétaire située dans la campagne au calme. A l'étage : CH2 pour 2 pers., CH3 pour 3 pers., CH4 pour 5 pers. Rdc : CH1 pour 3 pers. Sanitaires, réfrigérateur et micro-ondes privatifs à chaque chambre. Petit déjeuner servi dans s. à manger réservée aux hôtes. Lit bébé sur demande. Mobilier de jardin, barbecue, appentis, cour. Petite pelouse ombragée et fleurie, parking. Langue parlée : allemand.

Prix : 1 pers. 26 € 2 pers. 38 € 3 pers. 46 € pers. sup. 7 €
Ouvert : Toute l'année.

2	2	2	2	3	2	2	25	2	3

Joseph GENGENWIN - 1 rue des Prés - 67150 SCHAEFFERSHEIM - Tél. : 03 88 98 14 03

Bas-Rhin

Alsace-Lorraine

SCHERWILLER
C.M. 87 Pli 16

3 ch. Dans la maison du prop. située au calme, au pied du vignoble. Etage : 2 ch 2 pers. avec TV et magnéto., sanitaires privatifs. Au r.d.c. : 1 ch. (2 lits 1 pers.), TV, magnéto., san. privatifs, coin détente sur véranda. P. déjeuner amélioré servi dans la s. à manger du propr. ou sur véranda (cheminée, jaccuzi). Espace détente et lecture. Grd espace vert, mobilier de jardin, piscine couverte (juin-sept.), VTT, ping-pong. Langues parlées : anglais, allemand.

Prix : 1 pers. **46** € 2 pers. **53/59** € pers. sup. **15** € repas **15** €
Ouvert : Toute l'année.

5	5	2	3	SP

Simone SAVA - 29 route des Romains - 67750 SCHERWILLER - Tél. : 03 88 92 84 74 - Fax : 03 88 92 84 74 ou SR : 03 88 75 56 50

SEEBACH
C.M. 87 Pli 3

3 ch. Dans l'ancienne ferme à colombage située dans le village traditionnel et fleuri aux nombreuses maisons à colombage. 1 lit 2 pers. et 3 lits 1 pers., 2 lits 1 pers., sanitaires privatifs à chaque ch. P. déjeuner servi dans pièce réservée aux hôtes. Cour fermée, mobilier de jardin, ping-pong. Réduc. dès la 2ᵉ nuit. Poss. TH boisson non comprise. Repas enfant : 7 €. Tarif 4 pers. dans la même ch. : 66 €. Gîte à 50 m. Langue parlée : allemand.

Prix : 1 pers. **24** € 2 pers. **40** € 3 pers. **53** € repas **11** €
Ouvert : Toute l'année.

10	15	1	SP	15	SP	4	15	3	SP

Liliane TROG - 132 rue des Eglises - 67160 SEEBACH - Tél. : 03 88 94 74 99 - Fax : 03 88 94 74 99

SEEBACH
C.M. 87 Pli 3

4 ch. Dans un corps de ferme alsacienne située dans un village typique. 1ᵉʳ étage : CH1 : 1 lit 2 pers., CH2 : 3 lits 1 pers. 2ᵉ étage : CH3 : 1 lit 2 pers., 1 lit 1 pers., CH4 : 1 lit 2 pers., 1 lit 1 pers. Sanitaires privatifs à chaque ch. Prises TV. Petit déjeuner amélioré servi dans salle avec coin-cuisine. Cour fermée, mobilier de jardin, verger, parking, abris couverts. Ecurie pour 4 chevaux à dispo. Gîte dans maison voisine. Tarif réduit à partir de la 3ᵉ nuitée. Langue parlée : allemand.

Prix : 1 pers. **18** € 2 pers. **37** € 3 pers. **46** €

10	15	1	SP	15	SP	4	15	3	SP

Frédéric WOEHL - 124 rue des Eglises - 67160 SEEBACH - Tél. : 03 88 94 74 16

SEEBACH
C.M. 87 Pli 3

2 ch. A l'étage d'une maison à colombage mitoyenne à celle du propr. située au calme dans le village typique. CH1 : 1 lit 2 pers., balcon (table et chaises), sanitaires privatifs au rdc. CH2 : 1 lit 2 pers., balcon (table et chaises), sanitaires attenants à la ch. Petit déjeuner amélioré servi dans pièce réservée aux hôtes (prise TV, micro-ondes, réfrigérateur). Petit espace vert, mobilier de jardin, parking dans la cour fermée. Langues parlées : anglais, allemand.

Prix : 1 pers. **26/32** € 2 pers. **35/40** € pers. sup. **15** €
Ouvert : Toute l'année.

8	15	1	0,5	10	8	15	8	SP

Martin et Lydie LUTZ - 28 rue des Forgerons - 67160 SEEBACH - Tél. : 03 88 94 77 74 ou SR : 03 88 75 56 50

SOULTZ-SOUS-FORETS
C.M. 87 Pli 3

1 ch. A l'étage de la maison du propriétaire située au calme. Ch familiale composée de 2 pièces (1 lit 2 pers., 3 lits 1 pers.), sanitaires privatifs, prise TV. Cuisine à disposition. Petit déjeuner servi dans la s. à manger du propr. Jardin, mobilier de jardin, ping-pong, cour fermée, parking, abri-voiture. Langue parlée : allemand.

Prix : 1 pers. **23** € 2 pers. **34** € 3 pers. **46** €
Ouvert : Toute l'année.

7	15	SP	SP	3	SP	5	10	SP

Alfred SCHMITT - 15 rue de la Dime - 67250 SOULTZ-SOUS-FORETS - Tél. : 03 88 80 51 71

ST-NABOR
C.M. 87 Pli 15

1 ch. A l'étage de la maison du propriétaire située au calme, proche des châteaux du piémont vosgien. Ch 2 pers., sanitaires privatifs, TV. Petit déjeuner amélioré servi dans la salle à manger du propr. Salon en commun. Cour et jardin clos, mobilier de jardin, parking. Langue parlée : allemand.

Prix : 1 pers. **34** € 2 pers. **38** €
Ouvert : Du 1ᵉʳ mars au 1ᵉʳ novembre.

6	6	6	SP	6	2

Marie-Jeanne HEIDRICH - 28 rue de la Liberté - 67530 SAINT-NABOR - Tél. : 03 88 95 82 52

ST-PIERRE
C.M. 87 Pli 16

1 ch. 1 chambre d'hôtes (entrée indép.) aménagée à l'étage des dépendances de la maison du propr. située dans le village. 2 lits 1 pers., TV, sanit. privatifs. Cour avec petit espace vert, verger, mobilier de jardin, balançoire, ping-pong, vélos et équitation sur place. Présence d'1 gîte dans la maison du propriétaire. Langues parlées : anglais, allemand.

Prix : 1 pers. **25** € 2 pers. **35** € pers. sup. **13** €
Ouvert : Toute l'année.

10	10	SP	5	2	SP	20	10	SP	12	2	2

Marie-Christine HERRMANN - 28 rue Principale - 67140 SAINT-PIERRE - Tél. : 03 88 08 99 69 - Fax : 03 88 08 52 29

Alsace-Lorraine **Bas-Rhin**

ST-PIERRE
C.M. 87 Pli 16

2 ch. À l'étage de la maison du propriétaire. CH1 et CH2 : 2 lits 1 pers. Sanitaires en commun. P. déjeuner servi dans la s. à manger du propr. Présence de 3 gîtes. En commun : espace vert, mobilier de jardin, barbecue, parking dans la grande cour fermée, abri-voiture. Animaux acceptés après accord du propr. Langue parlée : allemand.

Prix : 1 pers. 24 € 2 pers. 32 € 3 pers. 40 €

10	10	SP	2	2	SP	20	10	SP	12	2	2

Marie-Reine GELB - 8 rue de l'Eglise - 67140 SAINT-PIERRE - Tél. : 03 88 08 09 79

STEIGE
A *C.M. 87 Pli 16*

E.C. 4 ch. À l'étage de la ferme-auberge située en périphérie du village, proche des sentiers de randonnée. CH1 : 2 lits 1 pers., CH2 : 2 lits 1 pers., CH3 : 3 lits 1 pers., sanitaires privatifs attenants. CH4 : 2 lits 1 pers., sanitaires privatifs sur le palier. Petit déjeuner servi dans la salle de l'auberge qui propose des repas. Espace vert, parking. Langue parlée : allemand.

Prix : 2 pers. 35 € 3 pers. 47 €
Ouvert : Toute l'année.

7	5	7	7	SP	SP	15	15	6	80	17	5

Alexandre BOUR - Ferme-Auberge Grand Pré - 13 rue Haute - 67220 STEIGE - Tél. : 03 88 57 28 41 - Fax : 03 88 57 28 75

STEINBOURG
C.M. 87 Pli 14

3 ch. À l'étage de la maison fleurie du propriétaire située dans le bourg. 2 ch en 1 épi (2 lits 1 pers. 3 lits 1 pers.) avec lavabo, s.d'eau et wc en commun sur palier. 1 ch en 3 épis (1 lit 2 pers., conv. 2 pers.), kitch. et sanitaires privatifs. Espace vert, terrasse, mobilier de jardin, jardin aquatique, barbecue, balançoire. Parking. Présence d'un gîte. Langue parlée : allemand.

Prix : 1 pers. 20/23 € 2 pers. 34/40 € 3 pers. 50/58 €
Ouvert : Toute l'année.

6	1	5	SP	SP	SP	SP	SP	SP

Gérard GUCKHOLZ - 6 rue de l'Arc-en-ciel - 67790 STEINBOURG - Tél. : 03 88 91 30 86

TRAENHEIM
C.M. 87 Pli 15

3 ch. 3 ch. aménagées dans une maison fleurie située dans le pays des bons vins. 1 ch. 2 pers. avec lavabo et wc. Salle de bain sur palier. 2 ch. 2 pers. et 3 pers. avec sanitaires privatifs. Salon réservé aux hôtes. Petit déjeuner amélioré servi dans la salle à manger du propriétaire. Langue parlée : allemand.

Prix : 1 pers. 26/29 € 2 pers. 30/34 € pers. sup. 12 €
Ouvert : Toute l'année sauf en hiver.

7	12	SP	7	4	7	5

Marguerite REISZ - 91 route du Vin - 67310 TRAENHEIM - Tél. : 03 88 50 38 69

WACKENBACH
C.M. 87 Pli 15

4 ch. À l'étage d'une maison située sur le sentier de randonnée GR5 en lisière de forêt. 2 chambres 1 épi (2 pers., 3 pers.) avec lavabo. Sanitaires en commun. 2 chambres en 3 épis (2 pers., 3 pers.) avec sanitaires privatifs. Coin-jardin. Langue parlée : allemand.

Prix : 1 pers. 18/21 € 2 pers. 26/33 € 3 pers. 37/42 €
Ouvert : Toute l'année.

3	4	3	0,2	SP	20	7	3	3	3	2

Claude BESNARD - 16 rue Rain - 67130 WACKENBACH - Tél. : 03 88 97 11 08

WALTENHEIM-SUR-ZORN
C.M. 87 Pli 4

1 ch. À l'étage de la maison du propriétaire située au calme, en périphérie du village. Chambre familiale composée de 2 pièces (2 lits 2 pers. 1 lit 1 pers.) avec sanitaires privatifs sur le palier. Petit déjeuner servi dans la s. à manger du propriétaire. Gîte au même étage. En commun : jardin, verger, mobilier de jardin, parking. Langue parlée : allemand.

Prix : 2 pers. 30 € 3 pers. 41 €
Ouvert : Toute l'année.

7	8	17	SP	SP	83	83	SP	2	4

Marguerite SCHEHRER - 33 rue Principale - 67670 WALTENHEIM-SUR-ZORN - Tél. : 03 88 51 64 79 ou 03 88 50 75 93

WINGEN-LEMBACH
C.M. 87 Pli 2

1 ch. 1 chambre d'hôtes (entrée indép.), aménagée de plain-pied dans la maison du propriétaire située au calme à proximité de la forêt. 1 lit 2 pers., petit séjour attenant (conv. 1 enf), sanitaires privatifs sur le palier. Petite terrasse abritée. Petit déjeuner servi dans la s. à manger du propr. Jardin, mobilier de jardin, parking dans la cour.

Prix : 2 pers. 38 €
Ouvert : Du 1er février au 30 octobre.

12	6	10	4	6	SP	SP	3	15	12	SP

René WALTHER - 41 rue du Nord - 67510 WINGEN-LEMBACH - Tél. : 03 88 94 45 89

Bas-Rhin

Alsace-Lorraine

WINTERSHOUSE
C.M. 87 Pli 3

2 ch. Dans la maison à colombage du propriétaire située dans le village. A l'étage : CH1 : 2 lits 1 pers., salle de bain et wc privatifs sur le palier. Combles : CH2 : 1 lit 2 pers., s.d'eau privative, coin-salon (TV). Petit déjeuner amélioré servi dans la s. à manger du propriétaire. Cour, espace vert, mobilier de jardin, billard, vélos à dispo, parking. Langue parlée : allemand.

Prix : 1 pers. **31** € 2 pers. **45** € 3 pers. **60** €
Ouvert : Toute l'année.

6	8	6	0,1	2	SP	6	SP	

Pierre DOLLINGER - 26 rue Principale - 67590 WINTERSHOUSE - Tél. : 03 88 73 80 30 - Fax : 03 88 59 15 25

WINTZENHEIM-KOCHERSBERG
C.M. 87 Pli 15

2 ch. Dans 2 dépendances d'une ferme fleurie et typique du Kochersberg. Cadre traditionnel avec colombage. CH1 : 1 lit 2 pers., 1 lit 1 pers. CH2 : 1 lit 2 pers., séjour (1 lit 1 pers.), cuisine. Sanitaires privatifs à chaque chambre. Petit déjeuner amélioré servi dans la s. à manger du propriétaire. Espace vert, mobilier de jardin, petite basse-cour. Parking dans la cour fermée. Tarif dégressif à partir de la 3e nuitée. Langue parlée : allemand.

Prix : 1 pers. **23** € 2 pers. **37** € 3 pers. **43** € pers. sup. **6** €
Ouvert : Toute l'année.

10	1	0,2	20	6

Michel STUTZMANN - 7 rue Principale - 67370 WINTZENHEIM-KOCHERSBERG - Tél. : 03 88 69 92 61

Haut-Rhin

GITES DE FRANCE
LOISIRS ACCUEIL - Service Réservation
B.P. 371 - 68007 COLMAR Cedex
Tél. 03 89 20 10 62 - Fax 03 89 23 33 91

AMMERSCHWIHR
C.M. 87 Pli 17

3 ch. Dans une ancienne ferme viticole alsacienne typique XVIe, dans le village, grand calme. 1 ch. 2 pers. 35 m² + 2 lits 1 pers. superposés + lit bébé et enfant avec s. d'eau et wc privés 50 €/nuit. Réfrigérateur sur le palier. 1 ch. (1 lit 2 pers.). 1 lit enfant, s. d'eau, wc 45 €/nuit. 1 ch. (1 lit 2 pers.), 1 lit bébé, s. d'eau, wc. Prise TV 45 €/nuit. Séjour à la disposition des hôtes. Parking, cour intérieure, forêt sur place. Tarif 4 personnes/nuit : 70 €. Forfait : réduc. 10 % à partir de 2 nuits, 4 nuits hors vacances scolaires, week-end et fériés : 140 €/séjour 4 nuits et 2 pers.

Prix : 2 pers. **50** € 3 pers. **60** €
Ouvert : Toute l'année.

2	SP	SP	12	4	20	20	SP	8	SP

André THOMANN-DESMAREST - 2, rue des Ponts en pierre - 68770 AMMERSCHWIHR - Tél. : 03 89 47 32 83 - Fax : 03 89 47 32 83

AMMERSCHWIHR
C.M. 87 Pli 17

4 ch. Dans une maison de construction traditionnelle, dans le village. R.d.c. : 2 ch. 2 pers. A l'étage : 1 ch. 2/4 pers. et 1 ch. 2 pers. Douche, lavabo, wc et kitchenette particuliers. Séjour, salon. Ch. central. Parking, jardin, cour, barbecue, balançoire, ping-pong, salon de jardin. Sauna, salle de musculation. Golf à Ammerschwihr. Langue parlée : allemand.

Prix : 1 pers. **38** € 2 pers. **41/44** € 3 pers. **46/49** € pers. sup. **8** €

2	SP	1	4	1	4	SP	8	SP

Guy THOMAS - 41, Grand rue - 68770 AMMERSCHWIHR - Tél. : 03 89 78 23 90 - Fax : 03 89 47 18 90 - E-mail : thomas.guy@free.fr - http://thomas.guy.free.fr

AMMERSCHWIHR
C.M. 87 Pli 17

2 ch. Dans un quartier calme, en bordure de vignoble. Etage : 1 ch. (1 lit 2 pers.) avec douche, lavabo et wc privés non communicants. 1 ch. (2 lits 1 pers.), lavabo, douche et wc dans la chambre. Prise TV, et réfrigérateur dans chaque chambre. Possibilité de location VTT, sauna, balnéo, UV. Réduction à partir de la 3e nuitée. Langue parlée : allemand.

Prix : 1 pers. **30** € 2 pers. **38** € 3 pers. **50** €
Ouvert : Toute l'année.

4	SP	SP	12	SP	2	15	20	SP	8	0,5

Antoine KIHN - 1, Impasse des Bleuets - Quartier des Fleurs - 68770 AMMERSCHWIHR - Tél. : 03 89 78 25 47 - Fax : 03 89 78 25 47

AMMERSCHWIHR
C.M. 87 Pli 17

3 ch. Au centre du village, à l'étage chez le viticulteur avec entrée indépendante (grand confort). 1 ch. (1 lit 2 pers., 1 lit 1 pers.). 1 ch. (2 lits 1 pers., 1 lit superposé). 1 ch. (1 lit 1 pers., 1 lit bébé, 1 lit 2 pers.). Lavabo, douche et wc dans chaque chambre ainsi que TV. Chauffage central. Séjour au même étage avec réfrigérateur et micro-ondes. Visite de cave. Tarif pour 4 personnes : 61 €. Langue parlée : allemand.

Prix : 1 pers. **32** € 2 pers. **40** € 3 pers. **51** € pers. sup. **11** €
Ouvert : Toute l'année.

2	SP	SP	12	SP	4	12	12	SP	8	SP

J-B et fils THOMANN - 11, grand'rue - 68770 AMMERSCHWIHR - Tél. : 03 89 78 25 29 - Fax : 03 89 78 29 84

Alsace-Lorraine

Haut-Rhin

AUBURE Haut-Voirimont — Alt. : 980 m — *C.M. 87 Pli 17*

1 ch. Au rez-de-chaussée : 1 petite chambre (1 lit 2 pers.), lavabo, douche, wc privés attenants dans la chambre. Parking privé. Jardin, terrasse. Possibilité de chauffage et de garage. Panorama exceptionnel. Grand calme. Tarif dégressif à partir de la 4ᵉ nuit. Langues parlées : allemand, anglais.

Prix : 1 pers. 33 € 2 pers. 37 €
Ouvert : Toute l'année.

🐕	🏊	🎾	🎣	🚴	🏌	⛷	⛸	🚶	🚠	🚞
	15	20	10	6	12	22	SP	22	SP	30	5

Jacqueline ERNST-DIEBOLD - La Taniere - Haut-Voirimont - 68150 AUBURE - Tél. : 03 89 73 93 10 - Fax : 03 89 73 93 10

BEBLENHEIM — *C.M. 87 Pli 17*

1 ch. Aménagée à l'étage de la maison du propriétaire avec une belle vue sur le vignoble. 1 chambre (1 lit 2 pers.), salle de bains individuelle avec douche et wc. Salon avec TV et réfrigérateur. Petit déjeuner sur la terrasse ou dans le salon. Piste cyclable à 500 m. Possibilité VTT à proximité. Langue parlée : allemand.

Prix : 2 pers. 40 € 3 pers. 54 € pers. sup. 13 €

🐕	🏊	🎾	🎣	🚴	🚠	🚞
	3	SP	SP	0,5	3	SP

Marianne ARNOLD - 10, rue du Gewurztraminer - 68980 BEBLENHEIM - Tél. : 03 89 47 95 24

BEBLENHEIM — *C.M. 87 Pli 17*

3 ch. A l'étage de la maison du propriétaire, au calme avec belle vue sur le vignoble : chambres climatisées avec TV dans chaque chambre. 2 ch. (1 lit 2 pers.), s.d.b. et wc individuels. 1 ch. (1 lit 2 pers. 1 lit 1 pers.), lavabo, douche et wc indép. non communicants. Réfrigérateur. Chauf. élect. Salle à manger ou véranda pour petit déjeuner. Cour, parking privé, garage à vélos. Possibilité lit pliant : 8 €. Langues parlées : allemand, italien.

Prix : 2 pers. 44 € 3 pers. 57 € pers. sup. 12 €

🐕	🏊	🎾	🚴	🏌	⛷	⛸	🚶	🚠	🚞
	5	1	SP	5	20	20	SP	10	SP

Christine COLAIANNI - 41, rue de Hoen - 68980 BEBLENHEIM - Tél. : 03 89 47 82 52 - Fax : 03 89 47 98 29

BEBLENHEIM — *C.M. 87 Pli 17*

2 ch. Maison située au cœur du vignoble. Entrée indépendante. 2 chambres (1 lit 2 pers., 1 lit 1 pers.). Salles d'eau particulières avec wc privés. Salle pour petit déjeuner à l'étage. Réfrigérateur et lave-linge à disposition. Chauffage électrique. Salon de jardin, parking privé et garage pour moto et vélo. Langues parlées : allemand, italien.

Prix : 2 pers. 44 € 3 pers. 57 €
Ouvert : Toute l'année.

🐕	🏊	🎾	🎣	🚴	🏌	⛷	⛸	🚶	🚠	🚞
	3	8	SP	10	SP	6	20	20	SP	3	SP

Pascal COLAIANNI - 17, rue du Riesling - 68980 BEBLENHEIM - Tél. : 03 89 49 02 83

BERGHEIM — *C.M. 87 Pli 16*

2 ch. Situées en pleine campagne. 1 ch. 3 pers. avec lavabo. 1 ch. 2 pers., lavabo. 2 salles d'eau sur le palier avec douche, lavabo, wc + 1 wc sur le palier. Salle de séjour, réfrigérateur et congélateur à la disposition des hôtes. Entrée indépendante. Chauffage au mazout et électrique. Jardin, meubles de jardin. Parking. Aire de jeux. Forêt. Luge sur place. Langue parlée : allemand.

Prix : 1 pers. 31 € 2 pers. 31 € 3 pers. 38/42 €

🐕	🏊	🎾	🚴	🏌	🚶	🚠	🚞
	2	20	SP	10	20	10	4	SP

Jacques BAUMANN - 8, rue du Trottstein - 68750 BERGHEIM - Tél. : 03 89 73 65 47

BERGHEIM — *C.M. 87 Pli 16*

2 ch. Aménagées à l'étage dans une maison avec jardin, au calme, à proximité des vignes : 1 ch. (1 lit 2 pers.), salle de bains individuelle. 1 ch. (2 lits 1 pers.), salle d'eau individuelle. Réfrigérateur à disposition. Barbecue. Chauffage électrique. Salon de jardin. Vue sur le Haut-Koenigsbourg et les trois châteaux de Ribeauvillé. Langue parlée : allemand.

Prix : 1 pers. 30 € 2 pers. 36 € 3 pers. 43 €
Ouvert : Du 15 avril au 15 octobre.

🐕	🏊	🎾	🚴	🏌	🚶	🚠	🚞
	SP	SP	SP	10	15	10	4	SP

Christiane SCHUNCK - 18, rue des Romains - 68750 BERGHEIM - Tél. : 03 89 73 31 97 - www.christiane.schunck@free.fr

BERGHEIM — *C.M. 87 Pli 16*

1 ch. Maison moderne dans le vignoble. 1 chambre (1 lit 2 pers.), salle de bains, douche et wc privés non communicants. Réfrigérateur à disposition. Chauffage central. Possibilité 1 lit d'appoint 1 personne. Centre ville à 300 m, garage, calme. Langue parlée : allemand.

Prix : 2 pers. 34 € 3 pers. 41 €

🐕	🏊	🎾	🚠	🚞
	4	20	1	4	0,5

Elisa UTARD - 49, Faubourg St-Pierre - 68750 BERGHEIM - Tél. : 03 89 73 83 03

Haut-Rhin *Alsace-Lorraine*

BERGHEIM
C.M. 87 Pli 16

| 4 ch. | Aménagées à l'étage d'une maison moderne, sur la route des vins, dans un quartier calme : 2 ch. (1 lit 2 pers., lavabo), 2 ch. (2 lits 1 pers., lavabo), douche et wc communs. Lit d'appoint enfant sur demande. Chauffage électrique. Terrain clos, jardin, cour, terrasse. Kitchenette (micro-ondes, réfrigérateur). Langue parlée : allemand. |

Prix : 1 pers. **28** € 2 pers. **32** € pers. sup. **7/9** €
Ouvert : De Pâques au 15 octobre.

0,3	0,3	SP	15	2	SP

Pierre DIRNINGER - 11, rue des Romains - 68750 BERGHEIM - Tél. : 03 89 73 79 42

BERGHEIM
C.M. 87 Pli 16

| 1 ch. | A l'étage : 1 chambre (1 lit 2 pers.), lavabo, douche et wc indépendants et privatifs. Chauffage central. Meubles de jardin. Barbecue. Lit d'appoint enfant sur demande. Parking dans la cour. Langue parlée : allemand. |

Prix : 1 pers. **30** € 2 pers. **35** € 3 pers. **44** €
Ouvert : Du 1 avril au 31 décembre.

2,5	0,5	0,5	SP	15	40	40	SP	12	SP

Jean BECKER - 1, rue des Chevaliers - 68750 BERGHEIM - Tél. : 03 89 73 66 74 - Fax : 03 89 73 30 30

BERGHEIM
C.M. 87 Pli 16

| 2 ch. | **Ribeauvillé 3 km, Riquewihr 6 km, Kaysersberg 10 km.** Dans une maison avec jardin et verger : 2 chambres à l'étage avec salle de bains et wc particulier. Réfrigérateur. Chauffage électrique. Terrasse, salon de jardin, relax. Parking dans la cour. Lit d'appoint enfant. Langues parlées : allemand, anglais. |

Prix : 1 pers. **30** € 2 pers. **38** € 3 pers. **53** € pers. sup. **8** €
Ouvert : Du 1er avril au 31 décembre.

3	2	SP	20	10	3	SP

Maria EDERLE - 8A, Route du Vin - 68750 BERGHEIM - Tél. : 03 89 73 65 51

BOURBACH-LE-HAUT
Alt. : 500 m  *C.M. 87 Pli 19*

| 3 ch. | A l'étage d'une maison, au calme, dans la montagne. 1 ch. 2 épis (1 lit 2 pers. 1 lit 1 pers.), s.d.b. et wc privés. 1 ch. (1 lit 2 pers. 1 lit 1 pers.), 1 ch. (1 lit 2 pers. 2 lits 1 pers.), s.d.b. et wc à l'étage. Salon/salle à manger avec cheminée à dispo. des hôtes. Jardin, cour, barbecue, salon de jardin, terrasse. Spécialités : produits fermiers. Langues parlées : anglais, allemand. |

Prix : 2 pers. **39** € 3 pers. **57** € 1/2 pens. **31** €

10	SP	SP	SP	35	2

Anne-Marie SINGER - Niederwyhl - 68290 BOURBACH-LE-HAUT - Tél. : 03 89 38 86 26

BREITENBACH
Alt. : 880 m **A** **GE** *C.M. 87 Pli 17*

| 3 ch. | Dans une ferme-auberge dominant la vallée, vue magnifique : 2 chambres (1 lit 2 pers. 2 lits superposés), 1 chambre (2 lits 1 pers.). Douche et wc dans chaque chambre. Ski alpin 6 km. Nombreuses possibilités de randonnées. Egalement gîte d'étape et gîte rural. Tarif pour 4 pers. : 55 € taxe de séjour. Langues parlées : allemand, anglais. |

Prix : 2 pers. **30** € 1/2 pens. **31** €
Ouvert : Du 1er mai au 30 octobre.

6	SP	5	SP	6	SP	SP	6	5

Frédéric DISCHINGER - Christlesgut - 68380 BREITENBACH - Tél. : 03 89 77 51 11

BREITENBACH
C.M. 87 Pli 17

| 2 ch. | Dans une maison moderne dans ce village de la vallée de Munster. 1 ch. (1 lit 2 pers.) et 1 ch. (2 lits 1 pers.). Lavabo, douche et wc privatifs non communicants. Chauffage central. Barbecue, jardin et salon de jardin. Tarif réduit pour 3 nuits et plus. Langues parlées : allemand, hollandais. |

Prix : 2 pers. **35** €
Ouvert : Toute l'année.

2	2	SP	2	SP	5	5	SP	SP

Denise VAN DER SCHOOR-SCHMITT - 7, rue Brechenmacher - 68380 BREITENBACH - Tél. : 03 89 77 47 48

EGUISHEIM
C.M. 87 Pli 17

| 3 ch. | Dans une maison de caractère du XVIIIe siècle, au cœur du village. 3 chambres (1 lit 2 pers., possibilité de rajouter 1 ou 2 lits 1 pers.). TV. Douche, wc et lavabo dans chaque chambre. Salle de séjour avec kitchenette et réfrigérateur à disposition. Chauffage central. Parking dans la cour privée. Langues parlées : allemand, anglais. |

Prix : 1 pers. **31** € 2 pers. **39** € 3 pers. **46** €
Ouvert : Toute l'année.

SP	10	SP	6	2	SP

Monique FREUDENREICH - 4, Cour Unterlinden - 68420 EGUISHEIM - Tél. : 03 89 23 16 44 - Fax : 03 89 23 16 44

Alsace-Lorraine **Haut-Rhin**

EGUISHEIM
C.M. 87 Pli 17

3 ch. Dans une maison située dans un quartier calme, à prox. de l'enceinte du village. Etage : 1 ch. (2 lits 1 pers.), 1 ch. (1 lit 2 pers.), 1 ch. (1 lit 2 pers.) avec une 2ᵉ pièce communicante (1 lit 1 pers.), prise TV, lavabo, douche et wc dans chaque ch. Réfrigérateur sur le palier. Petit-déjeuner dans la véranda avec vue sur les 3 châteaux. Parking dans la cour fermée. Climatisation en été. Langue parlée : allemand.

Prix : 1 pers. 32 € 2 pers. 39 € 3 pers. 49 €
Ouvert : Toute l'année.

5	0,2	5	3	20	25	SP	5	SP

Christiane GASCHY - 3, rue des Fleurs - 68420 EGUISHEIM - Tél. : 03 89 23 69 09 - Fax : 03 89 23 69 09

EGUISHEIM
C.M. 87 Pli 17

5 ch. Dans une maison de caractère située au cœur du village. 1 ch. (1 lit 2 pers.), 1 ch. (1 lit 2 pers.), 1 ch. (2 lits 1 pers.), 1 ch. (3 lits 1 pers.), 1 ch. (1 lit 2 pers.). Sanitaires dans chaque chambre. Séjour à la disposition des hôtes pour le petit déjeuner et dans une très belle véranda avec vue sur le jardin ou par beau temps sur la terrasse. Langues parlées : allemand, anglais.

Prix : 1 pers. 39 € 2 pers. 54 € 3 pers. 69 €
Ouvert : De mars à décembre inclus.

1	10	1	6	20	2	SP

Marthe HERTZ - 3, rue du Riesling - 68420 EGUISHEIM - Tél. : 03 89 23 67 74 - Fax : 03 89 23 67 74

EGUISHEIM
C.M. 87 Pli 17

3 ch. Maison de construction récente, à prox. du centre du village. 2 ch. (1 lit 2 pers.), 1 ch. (1 lit 2 pers., 1 lit 1 pers.). 2 ch. avec s. d'eau et wc privés, 1 ch. avec wc et s. d'eau commune. Salon/salle à manger à dispo. des hôtes pour le petit-déjeuner. Jardin, salon de jardin, abri couvert, cour, barbecue, balcon, terrasse, balançoire, parking voiture. Langues parlées : allemand, anglais.

Prix : 1 pers. 26/33 € 2 pers. 34/40 € 3 pers. 42/48 €
Ouvert : Toute l'année.

5	1	5	5	SP	25	15	15	1	7	0,2

Jean-Pierre BOMBENGER - 8, rue du Bassin - 68420 EGUISHEIM - Tél. : 03 89 23 13 12 - Fax : 03 89 23 13 12

FELLERING
C.M. 87 Pli 18

E.C. 2 ch. Dans une maison située en bordure de route, à l'entrée du village. 1 ch. au 1ᵉʳ étage et 1 ch. au 2ᵉ étage (1 lit 2 pers.) avec lavabo, douche et wc dans chaque chambre. Vitrage isolant. Chauffage central. Langue parlée : allemand.

Prix : 1 pers. 24 € 2 pers. 34 €
Ouvert : De février à novembre.

0,5	SP	20	SP	1	1

Jean-Paul MIESCH - 31, grand-rue - 68470 FELLERING - Tél. : 03 89 82 71 25 - Fax : 03 89 38 22 92

GEISHOUSE
Alt. : 750 m *C.M. 87 Pli 18*

2 ch. Dans un chalet situé en montagne, dans un superbe site. 1 chambre (1 lit 2 pers.). 1 chambre (1 lit 1 pers.) et séjour. Douche, lavabo, wc attenants à la chambre. Parking, jardin. Chauffage électrique. Chambres non fumeur. Forêt à proximité. Langues parlées : allemand, anglais.

Prix : 1 pers. 26 € 2 pers. 42 € 3 pers. 61 €
Ouvert : Du 1 mai au 30 septembre.

12	SP	SP	SP	6	SP	6	SP

René KRAJNIK - 8, rue du Panorama - 68690 GEISHOUSE - Tél. : 03 89 38 93 46

GEISHOUSE
Alt. : 750 m *C.M. 87 Pli 18*

1 ch. Dans un beau chalet avec une très belle vue sur le village et les Vosges : 1 chambre avec entrée indépendante (1 lit 2 personnes), lavabo, douche et wc attenant à la chambre. Esperanto parlé également. Forêt à proximité ; deux restaurants dans le village. Langues parlées : allemand, anglais.

Prix : 1 pers. 27 € 2 pers. 37 €
Ouvert : Du 1ᵉʳ avril au 31 octobre.

5	SP	4	4

Robert KUENY - 30, rue des champs - 68690 GEISHOUSE - Tél. : 03 89 82 37 62

GEISWASSER
C.M. 87 Pli 8

2 ch. Aménagées à l'étage de la maison de la propriétaire. 1 ch. (2 lits 1 pers.) et 1 ch. (1 lit 2 pers., 1 lit 1 pers.), kitchenette, lavabo, douche et wc dans chaque chambre. Billard, baby-foot. Langues parlées : allemand, anglais.

Prix : 1 pers. 26 € 2 pers. 34 € 3 pers. 40 €
Ouvert : Toute l'année.

6	6	3	6	3	25	10

Marlise AMBIEHL - 2, Grand'Rue - 68600 GEISWASSER - Tél. : 03 89 72 54 95 - E-mail : AMBIEHL.Joseph@wanadoo.fr

Haut-Rhin *Alsace-Lorraine*

GOLDBACH-ALTENBACH — Alt. : 750 m — (TH) — C.M. 87 Pli 18

2 ch. Thann 8 km, Ecomuséee 23 km, Mulhouse 35 km, Colmar 40 km. Au 1er étage de la maison récente du propriétaire, agriculteurs, au calme, très belle vue panoramique sur le village et les Vosges. 1 ch. (1 lit 2 pers. 2 lits 1 pers.), 1 ch. (1 lit 2 pers.), poss. 1 lit enfant. Douche et wc dans chacune des chambres. Chauf. central. Jardin. Dégustation de produits fermiers. Forêt à proximité. Les chambres se situent sur la commune associée d'Altenbach à 2 km de Goldbach. Langues parlées : allemand, anglais.

Prix : 1 pers. **19 €** 2 pers. **37 €** repas **15 €** 1/2 pens. **32 €**
Ouvert : Toute l'année.

15	15	SP	10	SP	SP	7	SP	10	10

Christine RASSER - 10, chemin du Grand Ballon - Altenbach - 68760 GOLDBACH-ALTENBACH - Tél. : 03 89 38 95 47 ou 03 89 48 21 58

GUEBERSCHWIHR — C.M. 87 Pli 17

3 ch. Sur une exploitation viticole : 3 chambres (3 lits 2 pl.) de grand confort avec douche, wc, lavabo et kitchenette dans chaque chambre. Grande cours, parking privé, terrasses avec places assises avec vue panoramique sur le vignoble et la forêt noire. Tarif dégressif à partir de la 3e et 6e nuit. Langue parlée : allemand.

Prix : 1 pers. **51/55 €** 2 pers. **55/60 €**
Ouvert : Toute l'année.

10	5	10	SP	3	SP

Gilberte SCHNEIDER - 42 rue du Nord - 68420 GUEBERSCHWIHR - Tél. : 03 89 49 25 79 - Fax : 03 89 49 25 79

GUEBERSCHWIHR — C.M. 87 Pli 17

3 ch. Maison alsacienne traditionnelle : 1 chambre 2 lits 1 pers., wc-douche-lavabo-sèche cheveux privatifs, vue rue latérale, TV, meubles anciens, bureau, possibilité de loger une 3e personne dans une petite pièce attenante. 1 chambre familiale comprenant 2 chambres 2 pers. (2 lits 2 pers) avec 1 s. d'eau/wc (double lavabo, sèche cheveux) privative. Meubles anciens. Garage à vélos et motos. Langues parlées : anglais, italien, espagnol.

Prix : 2 pers. **49 €** 3 pers. **70 €** pers. sup. **25 €**

4	1	2	SP	25	25	SP	5	SP

Brigitte MELICH-GREINER - 4 rue Latérale - 68340 RIQUEWIHR - Tél. : 03 89 47 83 16 ou 03 89 49 05 31 - Fax : 03 89 49 07 53

GUEBERSCHWIHR — C.M. 87 Pli 17

2 ch. Dans une maison viticole du XVIe siècle, au calme, au centre du village, à l'étage : 1 chambre (2 lits 1 pers.). 1 chambre (1 lit 2 pers., 1 lit 1 pers.), salle d'eau et wc dans chaque chambre. Réfrigérateur sur le palier, micro-ondes. Parking, jardin, cour, pelouse avec salon de jardin. Langue parlée : allemand.

Prix : 1 pers. **34 €** 2 pers. **37/40 €** 3 pers. **49 €**
Ouvert : D'avril à octobre.

6	6	6	6	6	SP	10	SP

Marie-Anne BILGER - 11, rue Basse - 68420 GUEBERSCHWIHR - Tél. : 03 89 49 33 79 ou 03 89 49 29 82

GUEBERSCHWIHR — C.M. 87 Pli 18

5 ch. Sur 1 exploitation viticole : chambres de grand confort avec douche, wc et lavabo. chambre 1er étage : 1 ch. (2 lits 1 pers.), 2 ch. (1 lit 2 pers.). 2e étage : 2 ch. (1 lit 2 pers., 1 lit 1 pers. chacune). Micro-ondes, réfrigérateur. Petit-déjeuner servi dans la véranda avec vue sur le vignoble et la plaine d'Alsace. Jardin. Portable : 06 82 02 23 97. Langues parlées : allemand, italien.

Prix : 1 pers. **35 €** 2 pers. **45/50 €** 3 pers. **60/65 €** pers. sup. **10 €**
Ouvert : Toute l'année.

4	4	SP	4	4	SP	4	SP

Christiane SCHERB - 1, route de Rouffach - 68420 GUEBERSCHWIHR - Tél. : 03 89 49 33 70 ou 03 89 49 21 05 - Fax : 03 89 49 33 70

GUEMAR — C.M. 87 Pli 16

3 ch. Dans une maison neuve avec jardin, à l'extérieur du village. 3 chambres classées 2 épis (1 lit 2 pers.) avec douche, lavabo et wc privés. 2 chambres 2 pers. dont 1 avec divan, avec douche et wc communs. Espace vert et salon de jardin, cour fermée. Réfrigérateur à disposition. Forêt 1 km. Taxe de séjour comprise dans le prix. Langue parlée : allemand.

Prix : 2 pers. **33/38 €** 3 pers. **44 €**
Ouvert : Du 1er avril au 31 octobre.

4	0,8	1	5	5	0,5	0,8

François HERRMANN - 4, route de Ribeauvillé - 68970 GUEMAR - Tél. : 03 89 71 81 77

GUEMAR — C.M. 87 Pli 16

3 ch. Au cœur du village. 2 ch. (2 lits 1 pers. chacune), 1 ch. (2 lits 1 pers. + 1 lit superposé), s. d'eau/wc individuels avec balcon. Poss. lit suppl. Salle de séjour à disposition des hôtes. Réfrigérateur commun. Grande cour, pelouse, balançoire, salon de jardin. Chauffage central. Panier basket. Forêt 1 km. Pêche possible. Langue parlée : allemand.

Prix : 1 pers. **27 €** 2 pers. **37 €** 3 pers. **48 €** pers. sup. **10 €**
Ouvert : Du 1er avril au 15 novembre.

2	2	5	5	SP

Ernest UMBDENSTOCK - 20, route de Selestat - 68970 GUEMAR - Tél. : 03 89 71 82 72

Alsace-Lorraine
Haut-Rhin

HOLTZWIHR

C.M. 87 Pli 17

||| 5 ch.   Dans une maison attenante de plain-pied avec espace vert : 3 chambres à 2 pers., 1 chambre à 3 pers., 1 chambre à 4 pers. Lavabo, douche, wc, kitchenette et TV dans chaque chambre. Chauffage central. Possibilité lits enfants. Accès handicapés avec aide possible pour les 5 chambres. Séjour à la disposition des hôtes. Barbecue. Terrasses ombragées. Aire de jeux. Gazon. Parking privé. Forêt à 600 m. Restaurant + magasin d'alimentation + tabac-presse + banque + coiffeur + médecin au village. Langues parlées : allemand, anglais.

Prix : 2 pers. 41 € 3 pers. 53 € pers. sup. 11 €
Ouvert : Toute l'année.

5	5	2	3	SP	8	15	15	SP	6	SP

Liliane MEYER - 1, rue de la 5e D.B. - 68320 HOLTZWIHR - Tél. : 03 89 47 42 11 - Fax : 03 89 47 42 11

HOUSSEN La Gravière
C.M. 87 Pli 17

|| 5 ch.   Dans une ancienne ferme réaménagée chez le viticulteur. 1 chambre (1 lit 2 pers., 1 lit 1 pers.), salle d'eau individuelle. 3 chambres (1 lit 2 pers.). 1 chambre (2 lits 1 pers.), lavabo-douche et wc dans chaque chambre. Langue parlée : allemand.

Prix : 2 pers. 31 € 3 pers. 34 €
Ouvert : Toute l'année.

6	6	SP	6	1

Gilbert MARSCHALL - 7, rue de la Gravière - 68125 HOUSSEN - Tél. : 03 89 41 86 84 - Fax : 03 89 24 13 57 - www.vinsmarschall.com

---

HUNAWIHR
C.M. 87 Pli 16

||| 5 ch.   Dans une ancienne exploitation viticole, au cœur du village : 5 ch. de grand confort. 3 ch. avec kitchenette dont 1 avec canapé, 1 ch. 2 pers., 1 ch. 2 pers. + 1 enfant. Salle d'eau et wc individuels dans toutes les chambres. Terrain clos privatif, jardin, salon de jardin, barbecue, cour. Langues parlées : allemand, anglais.

Prix : 2 pers. 44/53 € pers. sup. 15 €
Ouvert : Toute l'année. Fermé du 15 au 30 novembre et le mois de mars.

2	7	SP	7	SP

Frédérique SEILER - 3, rue du Nord - 68150 HUNAWIHR - Tél. : 03 89 73 70 19 - Fax : 03 89 73 70 19

HUSSEREN-LES-CHATEAUX
C.M. 87 Pli 17

||| 4 ch.   4 chambres au rez-de-chaussée d'une maison neuve, située au calme, au pied des trois châteaux d'Eguisheim. 2 chambres (1 lit 2 pers - 2 lits 1 pers), salle d'eau commune (2 lavabos, 1 douche et 1 WC), l'une avec coin-kitchenette et réfrigérateur. Prise TV dans chaque chambre. Salle de petit déjeuner à disposition des hôtes. Terrasse, parking, jardin. Langues parlées : allemand, espagnol.

Prix : 1 pers. 30 € 2 pers. 38 €
Ouvert : Toute l'année.

6	5	SP	10	25	25	SP	7	2

Gilles SCHNEIDER - 10, rue du Hagueneck - 68420 HUSSEREN-LES-CHATEAUX - Tél. : 03 89 86 45 04 ou 06 03 83 79 23 - Fax : 03 89 86 45 04 - E-mail : couette-café@wanadoo.fr

---

HUSSEREN-WESSERLING

C.M. 87 Pli 18

||| 4 ch.   Dans très belle propriété fleurie avec entrée indép. 1 ch. (1 lit 2 pers. 1 lit 1 pers., s. d'eau particulière, coin-cuisine. 1 ch. (2 lits 1 pers.), s. d'eau privée et coin-cuisine. 1 chambre « suite » (2 lit 1 pers.). 2 chambres (2 lits 1 pers) séjour avec coin-cuisine, s. de bains, wc séparé. Chauffage central. Salon de jardin. Piscine couverte chauffée. La piscine est fermée du 1er novembre au 1er mars. Petit déjeuner buffet. Langue parlée : allemand.

Prix : 2 pers. 43/48 €
Ouvert : Toute l'année.

SP	1	10	1	SP	15	14	SP	2

Yvonne HERRGOTT - 4, rue de la gare - 68470 HUSSEREN-WESSERLING - Tél. : 03 89 38 79 69 - Fax : 03 89 38 78 92 - www.chez.com/herrgott/

INGERSHEIM
C.M. 87 Pli 17

| 1 ch.   1 chambre à l'étage (1 lit 2 pers. et 1 lit 1 pers.), salle de bains et wc privatifs non communiquants. Petit déjeuner dans la véranda. Réfrigérateur à disposition. Gloriette dans un grand jardin. Chauffage électrique. Parking, cour fermée. Endroit calme. Langue parlée : allemand.

Prix : 2 pers. 37 € 3 pers. 49 €
Ouvert : D'avril à décembre.

2	4	SP	4	1

Marie-Louise ALTER - 9 C, rue Gillet - 68040 INGERSHEIM - Tél. : 03 89 27 09 26

Haut-Rhin

Alsace-Lorraine

JEBSHEIM
C.M. 87 Pli 7

1 ch. Dans un cadre reposant, à l'extrémité de ce village de plaine, avec un joli petit jardin. 1 chambre (1 lit 2 pers.) à l'étage. Possibilité 1 lit 1 pers. supplémentaire. Salle d'eau et wc privatifs non communicants. Cour, parking, TV en commun. Chauffage central. Barbecue. Réfrigérateur. Location de vélos. Langues parlées : allemand, anglais.

Prix : 1 pers. **18 €** 2 pers. **28 €** 3 pers. **34 €**
Ouvert : Toute l'année.

🐕	🏊	🎾	🏇	🚂	⛷
	8	15	SP	10	10

Alfred BENTZ - 91, Grand Rue - 68320 JEBSHEIM - Tél. : 03 89 71 62 29

KATZENTHAL

C.M. 87 Pli 17

3 ch. Au calme, 2 chambres d'hôtes indépendantes au rez-de-chaussée, dans une propriété en bordure du vignoble. 1 ch. (1 lit 2 pers.), 1 ch. (2 lits 1 pers.), 1 ch. (1 lit 1 pers., 1 lit 2 pers.) avec kitchenette. Salle d'eau et wc individuels. TV. Chauffage central. Cour, jardin, barbecue. Piscine privée. Langues parlées : anglais, allemand.

Prix : 2 pers. **44 €** 3 pers. **68 €**
Ouvert : Du 1er mars au 31 décembre.

🐕	🏊	🎾	🏇	🚂	⛷
	SP	4	SP	8	6	SP

Rémy HEROLD - 84, rue du Vignoble - 68230 KATZENTHAL - Tél. : 03 89 27 32 42 ou 06 07 39 56 41 - Fax : 03 89 27 49 12 -
E-mail : sporting@calixo.net - www.herold-loisirs.com

KATZENTHAL
C.M. 87 Pli 17

3 ch. A l'étage d'une maison située en plein cœur du vignoble, au calme, à proximité de la forêt. 2 ch. (1 lit 2 pers., 1 lit 1 pers.), 1 ch. (3 lits 1 pers.). Salle de bains et wc individuels dans chaque chambre. TV dans chaque chambre. Chauffage central. Cour. Gîte rural sur place. Langues parlées : allemand, anglais.

Prix : 1 pers. **31 €** 2 pers. **41 €** 3 pers. **49 €** pers. sup. **5 €**

🐕	🏊	🎾	🚴	🏇	⛷	🚶	🚂	⛷
	5	5	8	SP	3	20	SP	6	SP

Christian et Angèle AMREIN - 128, rue des Trois Epis - 68230 KATZENTHAL - Tél. : 03 89 27 48 85 - Fax : 03 89 27 35 18 -
E-mail : gites.framboises@wanadoo.fr

KATZENTHAL
C.M. 87 Pli 17

1 ch. Colmar 5 km. A l'étage de la maison du propriétaire (viticulteur), conçue avec des matériaux bio. 1 ch. (1 lit 2 pers.). Mini-chaîne, kitchenette, terrasse. Jardin, espace grillades. Sauna, promenades avec âne de bât. Langues parlées : allemand, anglais.

Prix : 1 pers. **55 €** 2 pers. **62 €**
Ouvert : Toute l'année.

🐕	🏊	🎾	🏇	🚂	⛷
	5	2	SP	20	10	3

Clément KLUR - 105, rue des Trois Epis - 68230 KATZENTHAL - Tél. : 03 89 80 94 29 - Fax : 03 89 27 30 17 - E-mail : info@klur.net - www.klur.net

---

KAYSERSBERG
C.M. 87 Pli 17

2 ch. Aménagées à l'étage d'une maison moderne. 1 chambre (1 lit 2 pers.) et 1 ch. (2 lits 1 pers.) avec salle de bains et wc communs. Réfrigérateur et micro-ondes à la disposition des hôtes. Jardin, parking, cour, terrasse.

Prix : 1 pers. **32 €** 2 pers. **37 €**
Ouvert : Toute l'année.

🐕	🏊	🎾	🏇	🚂	⛷
0,5	8	SP	12	15	12	SP

André RENEL - 3, rue des Aulnes - 68240 KAYSERSBERG - Tél. : 03 89 78 28 73

KAYSERSBERG
C.M. 87 Pli 17

5 ch. A l'étage dans une maison de maître. 1 ch. (1 lit 2 pers.), lavabo, wc privés et bain commun. 1 ch. (1 lit 2 pers.), lavabo, wc et TV privés. 1 ch. jumelée (2 lits 3 pers.), lavabo, douche wc privés. TV. 1 ch. (1 lit 2 pers.), lavabo et wc privés et bain commun. 2 ch. 2 fois 2 pers avec salon privé, TV, lavabos, bain, wc. Chambres situées en bordure de route, à la sortie de la ville. Grand parc en lisière de la forêt. 3 ch. classées 2 épis et 2 ch. classées 3 épis. Langues parlées : allemand, anglais.

Prix : 1 pers. **31 €** 2 pers. **40/48 €** 3 pers. **63 €** pers. sup. **8 €**
Ouvert : Toute l'année.

🐕	🏊	🎾	🏇	⛷	🚶	🚂	⛷
	5	1	1	5	15	15	12	SP

Daniel et Marie-Thérèse PICAVET - 104, route de Lapoutroie - 68240 KAYSERSBERG - Tél. : 03 89 47 15 14 - Fax : 03 89 47 39 36

Alsace-Lorraine — Haut-Rhin

LABAROCHE Henzelle — Alt. : 700 m — *C.M. 87 Pli 17*

3 ch. — Au calme, avec une très belle vue dans un cadre verdoyant et montagneux. 1 ch. (2 lits 1 pers.), 1 ch. (1 lit 2 pers. 1 lit 1 pers.), 1 ch. (1 lit 2 pers.) avec douche, lavabo et bidet dans toutes les ch. Salon de jardin et parking. Réfrigérateur à disposition des hôtes. Chauffage central. Forfait semaine. Tarif dégressif à partir de la 4e nuit. Forêt à proximité. A voir dans le village : le musée des Métiers du bois et du patrimoine (avril à septembre). Langue parlée : allemand.

Prix : 1 pers. 23 € 2 pers. 36 € 3 pers. 43 €
Ouvert : Toute l'année.

12	1	0,5	6	SP	15	SP	18	1	

Anne-Marie KAUFFMANN - 104, route d'Ammerschwihr - 68910 LABAROCHE - Tél. : 03 89 49 81 21

LABAROCHE — Alt. : 580 m — *C.M. 87 Pli 17*

2 ch. — Dans une ferme entièrement rénovée, avec un jardin, dans un cadre sylvestre. A l'étage avec entrée indépendante. 1 ch. (2 lits 1 pers.), 1 ch. (1 lit 2 pers.). Salle d'eau et wc individuels. Salon et salle à manger individuels. TV. Poss. ping-pong, parking, barbecue, salon de jardin. Chauffage central. Forêt à proximité. Tarif dégressif à partir de la 2e nuit. Nombreuses possibilités de randonnées pédestres + VTT à proximité. Visites de caves, sorties pédestres nocturnes accompagnées. Taxe de séjour. Téléphone ligne restreinte à utiliser avec la carte France Télécom. Langues parlées : allemand, anglais.

Prix : 1 pers. 30 € 2 pers. 37 € 3 pers. 45 € pers. sup. 8 €
Ouvert : Toute l'année.

6	6	SP	2	SP	SP	3	15	18	1

Christiane SCHIELE - 60, Basse Baroche - 68910 LABAROCHE - Tél. : 03 89 49 87 12 ou 06 80 63 62 76

LAPOUTROIE — Alt. : 840 m — A — *C.M. 87 Pli 17*

3 ch. — Situées dans une ferme-auberge : 1 chambre (1 lit 2 pers. 1 lit superposé), 2 chambres (1 lit 2 pers. 1 lit 1 pers. 1 lit bébé). Lavabo dans chaque chambre. Douche et wc communs. Chauffage central au bois. Demi-tarif pour les enfants de moins de 10 ans.

Prix : 1 pers. 22 € 2 pers. 40 € 1/2 pens. 29 € pens. 36 €

2	6	SP	6	2	8	20	2

Daniel GARNIER - 207, le Brezouard - 68650 LAPOUTROIE - Tél. : 03 89 47 23 80 - Fax : 03 89 47 23 80

LAPOUTROIE La Gasse — Alt. : 650 m — *C.M. 87 Pli 17*

2 ch. — 2 chambres d'hôtes familiales communiquantes (1 lit 2 pers - 3 lits 1 pers), wc, salle de bain, salon individuel. Entrée indépendante. Cuisine à disposition. Terrasse et jardin privatifs. Aménagée dans une ancienne ferme, vue remarquable, site très calme. Langue parlée : anglais.

Prix : 1 pers. 30 € 2 pers. 40 € 3 pers. 48 € pers. sup. 10 €
Ouvert : Toute l'année.

8	3	3	6	SP	12	6	6	SP	20	3

Philippe GIRARDIN - 78, La Gasse - 68650 LAPOUTROIE - Tél. : 03 89 47 55 27 ou 03 89 22 49 20 - Fax : 03 89 22 49 33 -
E-mail : girardin@colmar.inra.fr

LAPOUTROIE La Répandise — Alt. : 650 m — *C.M. 87 Pli 17*

1 ch. — Ferme rénovée en montagne : 1 chambre (1 lit 2 pers.), salle de bains et wc individuels. Salon/salle à manger à la disposition des hôtes. Entrée indépendante. Terrain non clos, barbecue, jardin. Tarif dégressif à partir de la 5e nuit. Langues parlées : anglais, allemand, japonais.

Prix : 1 pers. 35 € 2 pers. 40 €
Ouvert : Toute l'année.

8	1	1	6	SP	8	6	6	SP	18	0,8

Jacques et Nathalie COGITORE - La Bohle N°86 - 68650 LAPOUTROIE - Tél. : 03 89 47 56 11 - Fax : 03 89 47 56 11 -
E-mail : cogitore@repandise.com - www.repandise.com

LAPOUTROIE Hachimette — *C.M. 87 Pli 17*

1 ch. — Dans une maison située au calme dans le village : 1 chambre (1 lit de milieu), une armoire, 2 tables de chevet, 1 table, 1 fauteuil. Salle de bain avec baignoire, wc à part. Petits-déjeuners servis par le propriétaire. Langues parlées : allemand, anglais.

Prix : 2 pers. 31 €

8	2	2	8	SP	20	2

Marie-Thérèse MARCO - 15 rue de la Scierie - 68650 LAPOUTROIE - Tél. : 03 89 47 23 29

Haut-Rhin

Alsace-Lorraine

LAUTENBACH
C.M. 87 Pli 18

‖ 2 ch. Dans le Parc des Ballons des Vosges, non loin de la Route des Crêtes, 2 chambres : une première chambre type studio, 30 m², exposée au sud avec salle de bains, wc, cuisine, équipée, TV et une deuxième chambres, 20 m², exposée au sud avec salle de bains et wc. Chauffage central, jardin, jardin d'hivers et salons de jardin. Possibilité Sauna. Situées près de la Route des Vins, idéal pour découvrir l'Alsace touristique et la montagne (sport été/hiver). Langues parlées : anglais, allemand.

Prix : 1 pers. **35** € 2 pers. **39** € pers. sup. **8** €
Ouvert : Toute l'année.

🐕	🏊	🎾	🎣	🚴	⛷	🎿	⛷	🚶	🚌	🚉
	6	1	SP	3	3	12	8	8	SP	15	SP

RINGLER / PEYRELON - 44, rue principale - 68610 LAUTENBACH - Tél. : 03 89 76 39 21 ou 06 60 89 15 83 -
E-mail : lauten@club-internet.fr - http : //mapage.club-internet.fr/lautenbach

MITTELWHIR
C.M. 87 Pli 17

‖ 2 ch. Chez le viticulteur dans une maison dominant la plaine d'Alsace et le village : 2 chambres (1 lit 2 pers.), salle d'eau et wc privatifs non communiquants. Réfrigérateur. Chauffage central. Meubles de jardin. Site calme et reposant. Gloriette pour le petit déjeuner s'il fait beau. Langue parlée : allemand.

☏

Prix : 2 pers. **41** € pers. sup. **10** €

🐕	🏊	🎾	🎣	⛷	🎿	⛷	🚶	🚌	🚉
	5	2	SP	6	20	20	5	9	SP

Jean-Jacques MAULER - Colline des Amandiers - 68630 MITTELWHIR - Tél. : 03 89 47 91 70 - Fax : 03 89 86 04 34

MITTELWIHR Domaine du Bouxhof
C.M. 87 Pli 17

‖‖ 3 ch. Chez un exploitant, 3 ch. aménagées dans une maison de caractère classée monument historique, en plein cœur du vignoble. 1 ch. (2 lits 1 pers., 1 lit d'appoint sur demande), 1 ch. (1 lit 2 pers.) et 1 ch. (2 lits 1 pers.), douche, lavabo, wc, sèche-cheveux et TV dans chacune des chambres. Chauffage central. Réfrigérateur. Salon de jardin, parking. Langues parlées : allemand, anglais.

Prix : 2 pers. **44** € 3 pers. **53** €
Ouvert : Toute l'année. Fermé en janvier.

🐕	🏊	🎾	🎣	🚴	⛷	🎿	⛷	🚶	🚌	🚉
	3	2	SP	SP	5	10	18	SP	2	SP

François EDEL - Domaine Bouxhof - 68630 MITTELWIHR - Tél. : 03 89 47 93 67 - Fax : 03 89 47 84 82

MITTELWIHR
C.M. 87 Pli 17

‖ 2 ch. Chez le viticulteur, au centre du village sur la route des vins. A l'étage : 1 chambre (1 lit 2 pers.), lavabo et douche wc communs. 1 chambre (2 lits 1 pers.), lavabo, salle de bains et wc communs. Balcon, cour. Langues parlées : allemand, anglais.

CV

Prix : 1 pers. **23** € 2 pers. **32/37** €
Ouvert : Toute l'année.

🐕	🏊	🎾	🎣	⛷	⛷	🚶	🚌	🚉
	3	5	SP	4	15	SP	10	SP

Jean-Paul MAULER - 3, place des Cigognes - 68630 MITTELWIHR - Tél. : 03 89 47 93 23 - Fax : 03 89 47 88 29

MITTELWIHR
C.M. 87 Pli 17

‖ 5 ch. Au centre du village sur la Route des Vins. 1er étage : 1 ch. (1 lit 2 pers.), kitchenette, entrée indép., lavabo, douche, wc. R.d.c. : 1 ch. (1 lit 2 pers., 1 lit 1 pers.), entrée indép., lavabo, douche, wc. 2 ch. (1 lit 2 pers.), entrées indép., kitchenette, lavabo, douche, wc. 1 ch. (1 lit 2 pers.), kitchenette, lavabo, douche, wc, entrée commune. Langue parlée : allemand.

Prix : 1 pers. **38** € 2 pers. **44** € 3 pers. **52** € pers. sup. **10** €
Ouvert : Toute l'année.

🐕	🏊	🎾	🎣	🚌	🚉
	5	8	SP	12	10	SP

Michel GEORGES - 2, place des Cigognes - 68630 MITTELWIHR - Tél. : 03 89 49 01 16

MUNTZENHEIM

C.M. 87 Pli 7

‖ 1 ch. A l'étage d'une ancienne ferme du Ried chez le propriétaire, au bord de la route, au centre d'un village de la plaine d'Alsace. 1 ch. comprenant 1 lavabo, douche et wc communs. Chauffage central. Possibilité lit supplémentaire. Jardin, barbecue, cour. Langue parlée : allemand.

Prix : 1 pers. **31** € 2 pers. **38** € pers. sup. **15** €
Ouvert : toute l'année.

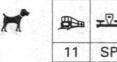

🐕	🚌	🚉
	11	SP

Léone FAHY - 26, rue Principale - 68320 MUNTZENHEIM - Tél. : 03 89 47 78 07

Alsace-Lorraine **Haut-Rhin**

MUNWILLER
C.M. 87 Pli 18

3 ch. **Rouffach 6 km.** Au calme dans un petit village de plaine à 5 km de la route des vins. 3 ch. confortables aménagées à l'étage d'une dépendance de ferme avec entrée indép. par la terrasse. Ch. 1 et 2 : chacune en duplex avec coin cuisine/ kitchenette et petit salon. Ch. 1 (1 lit 2 pers., 1 lit 1 pers.). Ch. 2 (3 lits 1 pers.). Ch. 3 (2 lits 1 pers.). Lavabo, douche, wc, TV et réfrigérateur privatifs à chaque chambre. Kitchenette, lave-linge et sèche-linge en supplément. Chauffage central, barbecue, parking dans cour fermé, salon de jardin. petit déjeuner servi sur la terrasse ou dans le salon. Tarif réduit à partir de la 3ᵉ nuitée. Langue parlée : allemand.

Prix : 1 pers. **30** € 2 pers. **38** € 3 pers. **46** € pers. sup. **8** €

5	5	5	5	5	25	25	SP	5	2

Yvonne REYMANN - 17, rue Principale - 68250 MUNWILLER - Tél. : 03 89 49 68 66 ou 06 87 36 47 15

OBERHERGHEIM
C.M. 87 Pli 18

2 ch. A l'étage de la maison du propriétaire, dans un petit village de plaine : 2 ch. (1 lit 2 pers.), douche, lavabo et wc communs. Jardin, parking.

Prix : 1 pers. **22** € 2 pers. **34** €

12	SP	SP	7	SP	4	7	6

Jean-Marc DE BELAY - 53, rue Martin Drolling - 68127 OBERHERGHEIM - Tél. : 03 89 49 41 34

OLTINGUE Huttingue
A *C.M. 87 Pli 10*

4 ch. Dans un ancien moulin du XVIIᵉ siècle, à la campagne, à la frontière franco-suisse, dans le Jura-Alsacien : 4 ch. 2 pers. Salle d'eau particulière. Entrée indépendante. Salle de séjour, salon. Forêt à proximité. Langues parlées : allemand, anglais.

Prix : 1 pers. **40** € 2 pers. **49** € 3 pers. **61** € pers. sup. **16** €
Ouvert : De mars à décembre.

6	10	SP	4	15	2

Antoine THOMAS - Moulin de Huttingue - Huttingue - 68480 OLTINGUE - Tél. : 03 89 40 72 91 - Fax : 03 89 07 31 01

ORBEY
Alt. : 600 m
C.M. 87 Pli 17

6 ch. Dans une ferme sur un site calme, agréable et dans un cadre de verdure, en montagne. R.d.c. : 2 ch. (1 lit 2 pers.). 1ᵉʳ étage : 2 ch. (1 lit 2 pers.), 1 ch. (2 lits 1 pers.), 1 ch. (1 lit 2 pers. + 1 lit 1 pers.). Douche, lavabo et wc particuliers dans chaque chambre. Ch. central. Salon de jardin, barbecue. Taxe de séjour. Circuit VTT sur place. Egalement gîte d'étape et gîte rural. Langues parlées : allemand, anglais.

Prix : 1 pers. **41** € 2 pers. **45** € pers. sup. **18** €
Ouvert : Toute l'année.

10	13	SP	3	SP	3	10	SP	25	2

Fabienne BATOT - 33, le Busset - Ferme du Busset - 68370 ORBEY - Tél. : 03 89 71 22 17 - Fax : 03 89 71 22 17

ORBEY
Alt. : 600 m **A** *C.M. 87 Pli 17*

5 ch. Au calme, en pleine nature et en montagne, entourées de verdure. 3 chambres 2 pers., 1 chambres 4 pers., 1 chambre 5 pers., salle d'eau et wc individuels pour chaque chambre. Jardin, salon de jardin, terrasse, cour, parking. Possibilité forfait semaine. Auberge, possibilité de demi-pension. Langues parlées : anglais, italien.

Prix : 1 pers. **25** € 2 pers. **50** € 3 pers. **75** € repas **13** €
1/2 pens. **35** €
Ouvert : Toute l'année.

1	13	SP	3	3	10	SP	25	2

SAS Domaine de Basil - Annie CAMPIGLIO - 72, Housserouse - 68370 ORBEY - Tél. : 03 89 71 28 51

ORBEY Le Hambout
Alt. : 610 m
C.M. 87 Pli 17

1 ch. Aux portes du vignoble alsacien et des montagnes vosgiennes, dans un petit hameau, Nicole Tisserand vous accueille dans sa maison en pleine nature. 1 ch. 2 pers. avec douche, lavabo et wc privés. Bibliothèque, baby-foot, espace vert avec salon de jardin, barbecue. A 610 m d'alt., l'air pur, le calme et la quiétude de nos paysages montagnards vous raviveront. Nombreux circuits et visites proposés : la route des vins, ses caves et ses petits villages typiques alsaciens, la route du fromage, celle des crêtes, les musées locaux... Langues parlées : allemand, anglais.

Prix : 1 pers. **25** € 2 pers. **33** €
Ouvert : Les congés scolaires et les week-ends.

10	2	SP	5	SP	10	SP	20	2

**Nicole TISSERAND - 103, Tannach - Le Hambout - 68370 ORBEY - Tél. : 03 89 71 27 24 - Fax : 03 89 71 27 24 -
E-mail : TISSERAND.NICOLE@wanadoo.fr**

Haut-Rhin   *Alsace-Lorraine*

OSTHEIM   A   *C.M. 87 Pli 17*

||| 2 ch.   Dans une ancienne et très belle ferme alsacienne réaménagée, 3 ch. (1 lit 2 pers.) avec douche, wc et salon privés. Salle à manger indép. Chauffage central. Parking, terrasse et meubles de jardin à disposition des hôtes. Petit déjeuner alsacien. Possibilité de restauration sur place (spécialités alsaciennes) : les soirs vendredi, samedi, dimanche. Taxe de séjour de mai à décembre en sus. Langues parlées : allemand, anglais.

Prix : 2 pers. 54/65 € 3 pers. 82 €
Ouvert : De mars à mi-novembre.

5	SP	12	SP	10	SP	5	SP

Gilbert COTTEL - 2, rue de la Gare - Auberge « Aux armes d'Ostheim » - 68150 OSTHEIM - Tél. : 03 89 47 91 15 - Fax : 03 89 47 86 29 -
E-mail : ostheim@projet.com - www.projet.com/ostheim

PFAFFENHEIM   *C.M. 87 Pli 18*

|| 3 ch.   A l'étage d'une maison avec grand jardin (arbres fruitiers). Très belle vue sur le vignoble depuis la véranda où sont pris les petits déjeuners. 1 ch. 4 pers. avec douche et 2 lavabos individuels et wc privatifs. 1 ch. 2 pers. avec lavabo, douche et wc privatifs non communicants. 1 ch. (2 lits 1 pers.), douche, lavabo et wc dans la chambre. Séjour à disposition des hôtes. TV. Jardin. Forêt sur place. Tarif 4 pers. : 64/67 €. Langue parlée : allemand.

Prix : 1 pers. 28 € 2 pers. 34/39 € 3 pers. 55 € pers. sup. 16 €
Ouvert : Toute l'année.

SP	SP	4	4	4	SP	

Marthe BOOG - 8, rue de Rouffach - 68250 PFAFFENHEIM - Tél. : 03 89 49 63 77

RIBEAUVILLE   *C.M. 87 Pli 16*

|| 1 ch.   A l'étage d'une maison moderne entourée de verdure (forêt, jardin), au pied des châteaux. 1 ch. (2 lits 1 pers.) avec s. d'eau et wc privés. TV + câble dans la chambre. Chauffage central. Jardin, salon de jardin. Parking devant la maison. Situation calme. Centre ville à 10 mn à pied. Langues parlées : allemand, anglais.

Prix : 1 pers. 32 € 2 pers. 40 €
Ouvert : Toute l'année.

2	2	SP	SP	SP	5	5	1

Marie-Pia KERN - 4, rue St-Morand - 68150 RIBEAUVILLE - Tél. : 03 89 73 77 60 ou 03 89 73 74 24 - Fax : 03 89 73 32 94 -
E-mail : info@Kern-tourism.com - http://Kern-tourism.com

RIBEAUVILLE   *C.M. 87 Pli 16*

|| 4 ch.   Dans une maison indépendante, près d'un petit vignoble privé, au pied des châteaux et des vignes. 2 ch. 2 pers. avec lavabo et balcon, douche et wc communs. 2 ch. 2 pers. avec lavabo, douche et wc privés. Poss. lit enfant sur demande. Salle pour petit déjeuner. Chauffage central. Réfrigérateur. Cour. Parking et salon de jardin à la disposition des hôtes. Itinéraires cyclables à proximité. Abri pour vélos. Adresse des chambres : 24, route de Bergheim. Langues parlées : allemand, anglais.

Prix : 1 pers. 20/25 € 2 pers. 33/37 € 3 pers. 44 €
Ouvert : Du 1er avril au 31 octobre.

0,5	15	SP	1	15	4	1

Guy BOLLINGER - 14, rue du Giersberg - 68150 RIBEAUVILLE - Tél. : 03 89 73 68 99

RIEDWIHR   *C.M. 87 Pli 7*

||| 1 ch.   Située au cœur du village : 1 chambre 2 pers. + 1 enfant avec douche, lavabo, wc et TV dans la chambre. Salle de séjour à la disposition des hôtes. Jardin, salon de jardin, véranda, cour, parking. Forêt sur place. Produits fermiers sur place. Langue parlée : allemand.

Prix : 1 pers. 20 € 2 pers. 35 €
Ouvert : Toute l'année.

6	10	3	2	20	20	SP	10	SP

Léon ULSAS - 6, rue de Jebsheim - 68320 RIEDWIHR - Tél. : 03 89 71 61 20

RIMBACH-PRES-MASEVAUX Ermensbach Alt. : 600 m   *C.M. 87 Pli 19*

| 3 ch.   A l'étage de la maison de la propriétaire avec un parc entrecoupé d'un joli ruisseau. 2 ch. avec 1 lit 2 pers. et lavabo. 1 ch. (1 lit 2 pers.). 1 ch. (2 lits 1 pers.) communicante avec wc/lavabo/douche en commun. S.d.b. commune sur le palier. Piscine thermale privée utilisable toute l'année. Tarif 4 pers. 55 € Activités pour enfants. Egalement camping et Ski alpin 15 km. Forêt à proximité. Terrain de jeux, au calme, paysage montagnard verdoyant, sauna, meubles de jardin, abri-vélo, barbecue. Langues parlées : allemand, anglais.

Prix : 1 pers. 20 € 2 pers. 28 €
Ouvert : Toute l'année.

5	SP	2	15

Marie-Claire HAGENBACH - 27, rue d'Ermensbach - 68290 RIMBACH-PRES-MASEVAUX - Tél. : 03 89 82 00 13

Alsace-Lorraine **Haut-Rhin**

RIQUEWIHR
C.M. 87 Pli 17

3 ch. A l'étage de la maison du propriétaire avec jardin, situation calme, vue sur le vignoble et la forêt ou le village. 2 chambres (2 lits 1 pers.), lavabo/douche/wc privés. Possibilité lit supplémentaire. 1 chambre (1 lit 2 pers.), lavabo/douche/wc privés. Chauffage électrique. Salle de séjour pour petit déjeuner. Langue parlée : allemand.

Prix : 1 pers. **31** € 2 pers. **42** € 3 pers. **54** €
Ouvert : Du 15 avril à décembre.

	2	SP	25	5	SP

Gérard SCHMITT - 3, chemin des Vignes - 68340 RIQUEWIHR - Tél. : 03 89 47 89 72

RIQUEWIHR
C.M. 87 Pli 17

2 ch. Dans une maison de construction récente avec un jardin, dans un quartier résidentiel calme, au cœur du vignoble. 1 ch. 2 pers., lavabo, terrasse, douche séparée. 1 ch. 2 pers., lavabo, douche, wc particuliers aux 2 chambres. Salle pour petit déjeuner. Réfrigérateur et lave-linge à la disposition des hôtes. Langue parlée : allemand.

Prix : 2 pers. **37/40** €
Ouvert : Du 1er avril au 31 décembre et pendant les congés scolaires.

4	5	SP	5	0,1	8	25	20	13	SP

René WOTLING - 7, rue de Horbourg - 68340 RIQUEWIHR - Tél. : 03 89 49 03 20 ou 06 86 64 57 00

RIXHEIM Le Clos du Murier
C.M. 87 Pli 19

5 ch. **Mulhouse 6 km.** Dans une belle maison rénovée du XVIe siècle, propriété close au centre avec jardin. R.d.c. : 1 ch. (2 lits 1 pers.), coin-salon. 1er ét. : 1 ch. (2 lits 1 pers.), salon-séjour. (1 lit 2 pers.). 2e ét. : 1 ch. (1 lit 2 pers.), coin-salon, 1 ch. (1 lit 2 pers.). Salle de bains, wc, kitchenette, TV, chauffage électrique dans chaque chambre. Lave-linge et sèche-linge communs. Parking privé dans une cour fermée, ping-pong, vélos. Langues parlées : allemand, anglais.

Prix : 1 pers. **56** € 2 pers. **68** € 3 pers. **84** € pers. sup. **22** €
Ouvert : Toute l'année.

1	SP	2	1	10	SP	2	SP

Rosa VOLPATTI - 42, Grand Rue - Le Clos du Murier - 68170 RIXHEIM - Tél. : 03 89 54 14 81 - Fax : 03 89 64 47 08

ROMBACH-LE-FRANC La Hingrie A
C.M. 87 Pli 16

5 ch. **Château du Haut-Koenigsbourg 20 km.** Dans une ferme-auberge. 4 ch. (1 lit 2 pers. chacune), 1 ch. (1 lit 2 pers. 1 lit 1 pers.), salle d'eau et wc individuels. Salon indépendant et petite terrasse à la disposition des hôtes. Chauffage central et chaudière à bois. Terrain non clos, cour, terrasse. Au bout du village, au calme, au pied de la montagne. En lisière de forêt. Langue parlée : allemand.

Prix : 2 pers. **40/45** € pers. sup. **13** € repas **12** €
1/2 pens. 32/35 €

SP	SP	SP	6	SP	SP	24	4

Ginette WENGER - La Hingrie N°6 - 68660 ROMBACH-LE-FRANC - Tél. : 03 89 58 95 43 - Fax : 03 89 58 42 46 -
E-mail : pixelium@pixelium.com - www.valdargent.com/creux-chêne

RORSCHWIHR
C.M. 87 Pli 16

2 ch. Sur la Route des Vins, 2 chambres situées à l'entrée du village, dans la maison d'un viticulteur, au calme, dans les vignes. Vaste panorama. 1 chambre 4 pers. et 1 chambre 2 pers. avec réfrigérateur et salle de bains et wc privés. Cour, parking, salon de jardin. Forêt à proximité. Vins d'Alsace. Restaurant à 200 m. Taxe de séjour incluse dans les prix. Langues parlées : allemand, anglais.

Prix : 2 pers. **42** € 3 pers. **55** €
Ouvert : Du 1er avril au 15 novembre.

2	15	SP	2	7	1,3

André ACKERMANN - 25, route du Vin - 68590 RORSCHWIHR - Tél. : 03 89 73 63 87 - Fax : 03 89 73 38 16

RORSCHWIHR
C.M. 87 Pli 16

4 ch. Sur la Route des Vins, avec entrée indépendante, donnant sur l'arrière avec vue sur le verger, au centre du village. 4 chambres (1 lit 2 pers. chacune), salle d'eau et wc dans chaque chambre. 2 ch. au rez-de-chaussée avec balcon et 2 ch. au 1er étage. Chauffage central. Salle à manger indépendante. Réfrigérateur à disposition. Cour, parking, jardin. Taxe de séjour comprise dans les tarifs. Langue parlée : allemand.

Prix : 1 pers. **31** € 2 pers. **38** € 3 pers. **43** €
Ouvert : D'avril à novembre.

2	15	SP	2	7	SP

Aimé DINTZER - 10, route du Vin - 68750 RORSCHWIHR - Tél. : 03 89 73 74 48 - Fax : 03 89 73 74 48

RORSCHWIHR
C.M. 87 Pli 16

2 ch. Maison dans les vignes, au calme. 1 chambre (1 lit 2 pers., 1 lit pliant 1 pers.), salle de bains et wc privés. 1 chambre (1 lit 2 pers.), douche et wc privés. Réfrigérateur. Jardin, meubles de jardin. Cour pour voiture. Restaurants et forêt à proximité. Animaux admis sous conditions. Langues parlées : allemand, anglais.

Prix : 1 pers. **29** € 2 pers. **36** € 3 pers. **43** €
Ouvert : Toute l'année.

3	5	2	15	SP	7	0,1

Colette FRANCOIS - 14, rue des Moutons - 68750 RORSCHWIHR - Tél. : 03 89 73 73 53

Haut-Rhin
Alsace-Lorraine

RORSCHWIHR
C.M. 87 Pli 16

▐▐▐ 4 ch. — Aménagées dans une maison récente avec véranda et jardin. 4 chambres (1 lit 2 pers.), douche et wc particuliers. Chauffage central. Entrée individuelle. Réfrigérateur, véranda fermée et salon de jardin à la disposition des hôtes. Situation calme avec vue sur le château du Haut-Koenigsbourg. Petits chiens admis. Lit d'appoint sur demande. Langue parlée : allemand.

Prix : 1 pers. 28 € 2 pers. 37 € 3 pers. 40 €
Ouvert : Du 15 mars au 20 décembre.

🐕	🏊	🎾	♿	🚴	🚶	🏕	🛏
3	15	SP	10	SP	7	2	

Fernande MESCHBERGER - 1, rue de la forêt - 68750 RORSCHWIHR - Tél. : 03 89 73 77 32 - Fax : 03 89 73 77 33

SEWEN
Alt. : 600 m   (TH)   *C.M. 87 Pli 19*

▐▐▐ 5 ch. — Au pied du Ballon d'Alsace, face au lac de Sewen, la « Villa du Lac » vous ouvre ses portes : avec vue sur le lac (2 chambres 2 pers - 1 lit double ; 1 chambre 2 pers - 2 lits simples) ou vue sur la forêt (1 chambre 2 pers - 2 lits simples ; 1 chambre familiale - 1 lit double + 2 lits superposés). Lavabo, douche et wc dans les 5 chambres. Détente devant la cheminée, sur les terrasses ou dans la clairière selon vos envies. Langues parlées : anglais, allemand.

Prix : 2 pers. 36/46 € pers. sup. 11 € repas 14 €
Ouvert : Toute l'année.

🐕	🏊	🎾	♿	🚴	🏃	⛷	🚶	🏕	🛏
10	SP	SP	SP	18	10	10	SP	15	15

. RIOUAL - Villa du Lac - 68290 SEWEN - Tél. : 03 89 82 98 38 - E-mail : villadulac.sewen@wanadoo.fr

SIGOLSHEIM
C.M. 87 Pli 17

▐ 1 ch. — Au centre du village chez un viticulteur/arboriculteur. 1 chambre d'hôtes de 2 personnes, douche, lavabo, wc et kitchenette. Lave-linge à disposition des hôtes. Prise TV. Cour, salon de jardin. Plain pied. Fermée en hiver. Langue parlée : allemand.

Prix : 2 pers. 36 €
Ouvert : De Pâques au 15 septembre.

🐕	🏊	🎾	♿	🏕	🛏
3	3	SP	10	SP	

Marie ULMER - 23, rue de Bennwihr - 68240 SIGOLSHEIM - Tél. : 03 89 78 25 28

SOULTZ Rimbach-Pres-Guebwiller
Alt. : 860 m   A 🦉   *C.M. 87 Pli 18*

▐ 5 ch. — Aménagées à l'étage d'une ferme-auberge communale, dans la forêt reculée de Soultz. 1 ch. (1 lit 2 pers.), 4 ch. (2 lits 1 pers. chacune), lavabo et douche dans chaque chambre. WC sur le palier. Nombreuses possibilités de randonnées. Au pied du Grand Ballon (1424 m). Langue parlée : allemand.

⚜
Prix : 1 pers. 23 € 2 pers. 46 € 1/2 pens. 39 €
Ouvert : Toute l'année.

🐕	🏊	🎾	♿	🚴	🚶	🏕	🛏
8	8	SP	SP	SP	SP	8	8

Liliane GULLY - Ferme-auberge Glashutte - Rimbach-pres-Guebwiller - 68315 SOULTZ - Tél. : 03 89 76 88 04 ou 03 89 76 64 06 - Fax : 03 89 76 64 06

SOULTZBACH-LES-BAINS
C.M. 87 Pli 17

▐▐ 2 ch. — Dans un village entre Colmar et Munster, maison moderne avec 2 chambres d'hôtes (1 lit 2 pers.). Kitchenette, canapé dans une chambre et fauteuil dans l'autre, salle de bains pour les 2 chambres. Jardin, salon de jardin. Chauffage au mazout ou au bois. Tarif pour 4 personnes : 52 €. Langue parlée : allemand.

Prix : 2 pers. 34 € 3 pers. 52 €
Ouvert : Toute l'année.

🐕	🏊	🎾	♿	🚴	🏃	⛷	🚶	🏕	🛏
6	6	SP	SP	SP	15	6	SP	6	6

Edith THORR - 8, rue du Stumpfen - 68230 SOULTZBACH-LES-BAINS - Tél. : 03 89 71 12 36

ST-BERNARD
C.M. 87 Pli 19

▐▐▐ 2 ch. — Dans une ancienne ferme du XIXᵉ réaménagée. 1 ch. de plain-pied (2 lits 1 pers.) avec s.d.b et wc privés. 1 chambre (1 lit 2 pers., convertible dans chaque chambre), s.d.b et wc privés. TV, grande cuisine à disposition. Mobilier de jardin et barbecue. Situation calme, très belle campagne, cour fermée, verger, possibilité pique-nique. Rivière et étang à proximité. Langue parlée : allemand.

Prix : 1 pers. 27/31 € 2 pers. 36/40 € pers. sup. 12 €
Ouvert : Toute l'année.

🐕	🏊	🎾	♿	🚴	🚶	🏕	🛏
2	15	SP	10	SP	7	5	

Marie-Laure BAIRET - 13, rue de l'Eglise - 68720 ST-BERNARD - Tél. : 03 89 25 44 71

ST-HIPPOLYTE
C.M. 87 Pli 16

▐ 4 ch. — Maison située en bordure du vignoble, avec un jardin et une belle vue sur le château du Haut-Koenigsbourg, site très calme. 4 chambres à l'étage (1 lit 2 pers.). Douche dans 3 chambres et 1 chambre avec douche à l'étage, wc à l'étage. Chauffage électrique. Lit enfant sur demande. Parking dans la cour du propriétaire. Langue parlée : allemand.

Prix : 1 pers. 27 € 2 pers. 34 €

🐕	🏊	🎾	♿	🏕	🛏
	SP	15	SP	8	SP

Jean-Paul FESSLER - 1, rue Windmuehl - 68590 ST-HIPPOLYTE - Tél. : 03 89 73 00 70 - Fax : 03 89 73 00 70

Alsace-Lorraine
Haut-Rhin

ST-HIPPOLYTE
C.M. 87 Pli 16

¦¦ 2 ch. — 2 chambres d'hôtes situées à l'entrée du village, chez un viticulteur. Au 2ᵉ étage : 1 chambre 2 pers. avec douche et wc particuliers. 1 chambre 3 pers. avec douche et wc particuliers. Kitchenette à la disposition des hôtes. Jardin, parking. Réfrigérateur sur le palier. Forêt à 1 km. Produits fermiers, restaurant à 100 m. Langue parlée : allemand.

Prix : 2 pers. 37 € 3 pers. 44 €
Ouvert : De Pâques à novembre.

	6	SP	SP	1	15	30	30	SP	7	SP

Georges KLEIN - 10, route du vin - 68590 ST-HIPPOLYTE - Tél. : 03 89 73 04 95 ou 03 89 73 00 28 - Fax : 03 89 73 06 28

ST-HIPPOLYTE
C.M. 87 Pli 16

¦¦ 2 ch. — Au cœur du village, sur la Route des Vins. Etage : 2 ch. 2 pers. et 1 enfant avec salle d'eau commune aux chambres. Salle de séjour à la disposition des hôtes. Lit d'appoint possible sur demande. Forêt à proximité, produits fermiers et restaurant à 500 m. Langue parlée : allemand.

Prix : 2 pers. 39 €
Ouvert : D'avril à décembre.

	7	1	SP	2	7	SP

Raymond LESIEUR - 73, route du Vin - 68590 ST-HIPPOLYTE - Tél. : 03 89 73 01 20 - Fax : 03 89 73 01 20

STE-MARIE-AUX-MINES Ferme la Fonderie
Alt. : 500 m
C.M. 87 Pli 16

¦¦¦ 3 ch. — Dans un bâtiment rénové où l'on trouve également 2 gîtes. 2 ch. (1 lit 2 pers.) avec salle d'eau et wc individuels. Chauffage électrique. Salle commune avec cuisine équipée pour le petit déjeuner et TV. Dans la maison du prop. avec entrée indépendante. TV. Chauffage central. 1 ch. (1 lit 2 pers. 1 lit 1 pers.), s. d'eau et wc individuels. Cour, emplacement voiture, salon de jardin. Local de distillation et de dégustation des fabrications artisanales. Endroit paisible à l'orée de la forêt et à proximité de la rivière. Gîte rural sur place. Possibilité abri pour motos. Langue parlée : allemand.

Prix : 2 pers. 34/37 € 3 pers. 46 €
Ouvert : Toute l'année.

	3	SP	5	6	12	SP	22	SP

Gabriel DEMOULIN - 17, rue Untergrombach - 68160 STE-MARIE-AUX-MINES - Tél. : 03 89 58 59 51 ou 06 83 99 97 29 - Fax : 03 89 58 59 51

STRUETH
A
C.M. 87 Pli 20

¦¦ 4 ch. — Dans une maison alsacienne, au calme. 4 ch. (2 lits 1 pers. chacune), s.d.b. et wc individuels pour chaque ch. TV dans chaque ch. Salon/salle à manger avec cheminée à la disposition des hôtes. Terrasse, barbecue, salon de jardin, étang. Restauration : grillade au feu de bois, spécialités alsaciennes. 1/2 pension pour 2 pers. : 55 €. Pension pour 2 pers. : 70 €. Langues parlées : allemand, anglais.

Prix : 1 pers. 29 € 2 pers. 46 € 1/2 pens. 61 € pens. 77 €

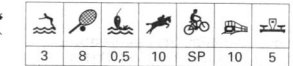

	3	8	0,5	10	10	5

Bernard EMBERGER - 1, route de Mertzen - 68580 STRUETH - Tél. : 03 89 07 21 46 - Fax : 03 89 07 29 29 -
E-mail : Aubergeparadis@ad.com

THANNENKIRCH
Alt. : 600 m
C.M. 87 Pli 16

¦¦¦ 4 ch. — Maison dans un site très pur et très calme, à proximité de la forêt. 3 chambres 2 pers. Douche, wc dans chaque chambre. 1 chambre 2 pers., douche, bains et wc privés. Terrasse. Jardin. Téléphone direct dans les chambres. Parking privé. Pré. Salle de séjour avec TV. Taxe de séjour. Langue parlée : allemand.

Prix : 2 pers. 37/40 €

	10	10	SP	10	SP

René DUMOULIN - 15, rue Ste-Anne - 68590 THANNENKIRCH - Tél. : 03 89 73 12 07

THANNENKIRCH
Alt. : 600 m
C.M. 87 Pli 16

¦ 2 ch. — Chez le propriétaire, à l'étage d'une maison moderne qui domine le village (1 lit 2 pers.). Lavabo dans la chambre, douche et wc en commun. Jardin et salon de jardin, balançoire. Langue parlée : allemand.

Prix : 2 pers. 39 € pers. sup. 11 €

	10	SP	10	10	10	SP

Klaus MARTINS - 47, rue Ste-Anne - 68590 THANNENKIRCH - Tél. : 03 89 73 12 27 - Fax : 03 89 73 11 20

Haut-Rhin
Alsace-Lorraine

THANNENKIRCH (TH)
C.M. 87 Pli 16

3 ch. — Belles chambres avec salle d'eau privée pour chaque chambre. Entrée indépendante. Cadre rustique et confortable. Beaucoup de possibilités de randonnées. Langue parlée : allemand.

Prix : 2 pers. **35 €** 3 pers. **41 €** pers. sup. **9 €** repas **10 €**
Ouvert : Toute l'année.

10	10	20	SP	30	SP	10	SP

Bernard HERRMANN - 1, chemin du Lecolte - 68590 THANNENKIRCH - Tél. : 03 89 73 12 49 - Fax : 03 89 73 12 49 -
E-mail : dominique.mortelette@wanadoo.fr

THANNENKIRCH La Perle Blanche   Alt. : 600 m
C.M. 87 Pli 16

E.C. 2 ch. — 2 chambres d'hôtes, une au 1er étage de la maison du propriétaire « Beauregard » pour 2 personnes avec salle de bains et en rez-de-jardin « Champêtre » 1 chambre pour 4 personnes avec salle d'eau. Site calme et à proximité de la forêt. Lit bébé à la demande. Espace extérieur, parking privatif, garage, jardin, ruisseau privatif. Langues parlées : allemand, anglais.

Prix : 1 pers. **42/50 €** 2 pers. **46/53 €** 3 pers. **61 €** pers. sup. **67 €**
Ouvert : Toute l'année.

10	10	20	SP	30	10	50	10	SP

Marie-Odile SCHULZ - 45, rue du Taennchel - La Perle Blanche - 68590 THANNENKIRCH - Tél. : 03 89 73 13 94 - Fax : 03 89 73 13 87

TRAUBACH-LE-BAS (TH)
C.M. 87 Pli 20

2 ch. — A 25 km de Mulhouse et de Belfort dans une grande maison individuelle. A l'étage, deux chambres familiales communiquantes (2 lits 2 pers / 2 lits 1 pers) salle de bain et wc en commun. A disposition TV dans la maison du propriétaire, télévision, magnétoscope et sauna 4 pers. Langue parlée : allemand.

Prix : 1 pers. **23 €** 2 pers. **38 €** 3 pers. **58 €** pers. sup. **20 €** repas **14 €**
Ouvert : Toute l'année.

15	2	2	5	SP	7	45	45	SP	3	3

Gérard RICHE - 4A, rue des Primevères - 68210 TRAUBACH-LE-BAS - Tél. : 03 89 25 16 74 - Fax : 03 89 07 25 81

TROIS-EPIS   Alt. : 650 m
C.M. 87 Pli 17

5 ch. — Francine RINN vous accueille dans la tradition alsacienne, dans une maison de maître de la fin du 19e siècle, avec pierres de taille et petite tour, située à l'écart de la station climatique sur un chemin de promenade, dans un parc de chênes. Vous découvrirez ses 5 chambres douillettes de 2 personnes (avec salle d'eau et wc privatifs), un grand salon lambrissé, une salle à manger de caractère où elle vous propose un copieux buffet petit déjeuner. Langues parlées : allemand, anglais.

Prix : 1 pers. **46 €** 2 pers. **48/61 €**
Ouvert : Avril à octobre + sur demande.

9	SP	9	5	SP	5	5	20	SP	13	SP

Francine RINN - 16 chemin du Galtz - Trois-Epis - 68410 NIEDERMORSCHWIHR - Tél. : 03 89 49 82 34 - Fax : 03 89 49 86 70

TURCKHEIM
C.M. 87 Pli 17

2 ch. — Dans une maison de maître accessible après une trentaine de marches, au bord de la Fecht avec une belle perspective sur les Vosges et le vignoble. 1 ch. (1 lit 2 pers.), 1 ch. (2 lits 1 pers.) avec s.d.b. et wc privés. Salon et salle à manger à la disposition des hôtes. Chauffage mazout. Terrain clos, jardin, balcon, terrasse, abri couvert, cour. Garage et salon de jardin à disposition. Langue parlée : allemand.

Prix : 2 pers. **42 €** pers. sup. **8 €**

0,5	10	SP	5	0,2	SP

Marie-Rose FEGA - 14, rue des Tuileries - 68230 TURCKHEIM - Tél. : 03 89 27 18 84

TURCKHEIM
C.M. 87 Pli 17

4 ch. — Dans une maison moderne située à proximité du vignoble avec vue panoramique sur la plaine d'Alsace. 4 chambres à l'étage : 2 chambres pour 3 pers. avec salles d'eau individuelles, 2 chambres 2 pers. avec salle d'eau commune. Chauffage central. Pré. Forêt à 500 m. Restaurant à 500 m. Langue parlée : allemand.

Prix : 1 pers. **31 €** 2 pers. **37/41 €** 3 pers. **55 €** pers. sup. **9 €**
Ouvert : Toute l'année.

SP	7	SP	5	1	10	30	30	SP	SP

Raymond GIAMBERINI - 11, route de Niedermorschwihr - 68230 TURCKHEIM - Tél. : 03 89 27 09 56

UFFHOLTZ
C.M. 87 Pli 19

3 ch. — Dans une maison avec jardin, au bord de la forêt et au pied du Vieil Armand. 3 chambres avec accès indépendant de plain-pied (2 lits 1 pers.) avec salle d'eau et wc individuels ainsi que coin-cuisine et réfrigérateur dans chaque chambre. Terrain clos, terrasse, jardin, barbecue. Chauffage électrique. Equipement pour bébé. Nombreuses possibilités de randonnées. Langues parlées : allemand, anglais.

Prix : 1 pers. **25 €** 2 pers. **40 €**

2	SP	2	10	7	SP

Vincent BERNARD - 25, rue de Soultz - 68700 UFFHOLTZ - Tél. : 03 89 39 91 27

Alsace-Lorraine **Haut-Rhin**

VIEUX-THANN (TH) *C.M. 87 Pli 19*

1 ch. Le Manoir - Maison de Maître sur la route des Vins - 1 chambre très spacieuse à l'étage sup. avec 1 lit 2 pers. + 1 lit bb - kitchenette - réfrigérateur - TV (poss. vidéothèque moyennant sup.) - s.d.b. complète privative - WC - salle de Séjour pour petit déjeuner amélioré et table d'hôtes - chauffage central - équipement bb - parking dans la propriété. Jardin - salon de jardin. Selon la saison, possibilité de visite de rucher et extraction de miel. Vente de produit de la ruche. Table d'hôtes, spécialités : baeckoffe - choucroute - lapin - crèpes - tartes aux fruits de saison - possibilté de repas végétarien. Langues parlées : allemand, anglais.

Prix : 1 pers. **38** € 2 pers. **45** € 3 pers. **59** € pers. sup. **14** €
repas **15** €
Ouvert : Toute l'année.

| 3 | 3 | 12 | SP | 20 | 20 | SP | 1 | 1 |

Solange SCHNEIDER - 67, route de Cernay - 68800 VIEUX-THANN - Tél. : 03 89 37 54 38

VOLGELSHEIM La Petite Hollande *C.M. 87 Pli 7*

2 ch. 2 chambres d'hôtes familiales dans une belle maison avec un parc de 25 ares. entrée séparée, au 1er étage, vue sur le parc, 2 chambres 2 lits 2 pers, wc et salle de bain à l'étage, salon de jardin sous abri, barbecue, place de jeux pour enfants (toboggan, bac à sable). Table d'hôtes. Langues parlées : allemand, italien.

Prix : 1 pers. **31** € 2 pers. **61** €
Ouvert : Toute l'année.

| 2 | 2 | 2 | 2 | 3 | 0,5 |

Waltrand BAISCH - 6 rue du Rhin - 68600 VOLGELSHEIM - Tél. : 03 89 72 72 47

WERENTZHOUSE (TH) *C.M. 87 Pli 20*

3 ch. 3 ch. d'hôtes dans une ferme sundgauvienne, au centre du village. 1 ch. (1 lit 2 pers. + 2 lits 1 pers.) avec mezzanine, s. d'eau et wc individuels. 1 ch. (1 lit 2 pers. + lit superp. enfant), s. d'eau et wc individuels. 1 ch. (1 lit 2 pers.), s. d'eau et wc individuels. Salle à manger indépendante. Salon de jardin, jardin, cour fermée. Equipement bébé. A proximité de la frontière suisse. Langue parlée : allemand.

Prix : 1 pers. **25/28** € 2 pers. **35/38** € 3 pers. **48** € pers. sup. **10** €
repas **10** € 1/2 pens. **24/28** €
Ouvert : Toute l'année. Fermée en janvier.

| 2 | SP | SP | SP | 10 | 10 | 50 | SP | 18 | 2 |

Monique PROBST - 2, route de Ferrette - 68480 WERENTZHOUSE - Tél. : 03 89 40 43 60 - Fax : 03 89 08 22 18 -
E-mail : Jean-Louis.probst@wanadoo.fr - http://alsace-chambredhôtes.com

ZELLENBERG *C.M. 87 Pli 17*

1 ch. Ribeauvillé 3 km. Riquewihr 2 km. Maison du XIVe siècle flanquée d'une tour d'angle, vestige des remparts : 1 ch. de 40 m² d'accès indépendant au 2e étage de la maison du propriétaire vue sur le vignoble (1 lit 2 pers., 1 lit 1 pers.) avec lavabo, douche et wc. Réfrigérateur, TV. Jardin. Langues parlées : allemand, anglais.

Prix : 1 pers. **56** € 2 pers. **61** € 3 pers. **80** €
Ouvert : Toute l'année.

| 3 | SP | 3 | 3 |

Alain BERLENBACH - 10, rue de Schlossberg - 68340 ZELLENBERG - Tél. : 03 89 49 05 15 ou 06 85 10 81 15 -
E-mail : alian-berlenbach@kpsa.com

ZILLISHEIM *C.M. 87 Pli 19*

 2 ch. Mulhouse (musées) et zoo 7 km. 1 chambre d'hôtes, (2 lits 1 pers. et 1 lit 2 pers). Salle d'eau. Kitchenette et 1 chambre à l'étage (1 lit 2 pers.), lavabo, douche et wc. 1 chambre (1 lit 2 pers.), prise TV. Chauffage central. Piscine privée. Jardin avec meubles de jardin. Balançoire. Langues parlées : anglais, allemand.

Prix : 1 pers. **30** € 2 pers. **39** € 3 pers. **48** € pers. sup. **9** €
Ouvert : Toute l'année.

| SP | 10 | SP | 5 | SP |

Gabrielle SCHNEIDER - 18, grand'rue - 68720 ZILLISHEIM - Tél. : 03 89 06 32 43 - Fax : 03 89 06 20 77

Vosges

Alsace-Lorraine

Vosges

GITES DE FRANCE - Service Réservation
13, rue Aristide Briand - B.P. 405
88010 EPINAL Cedex
Tél. 03 29 35 50 34 - Fax 03 29 35 68 11
E.mail : gites-88@wanadoo.fr - http://www.gites-de-france.fr

3615 Gîtes de France
0,2 €/min

AINGEVILLE

C.M. 62 Pli 13

1 ch. Une chambre d'hôtes et deux gîtes mitoyens au logement des propriétaires dans une grande maison rénovée. Entrée indépendante. R.d.c. : séjour réservé aux hôtes avec salon (canapé lit 1 pers.). 1er étage : 1 chambre avec 1 lit 2 pers., TV couleur, salle de bains et wc. Salle à manger commune. Grand terrain et portique. Chauffage électrique. Dans un petit village agréable, à quelques kilomètres de Contrexéville et Vittel (stations thermales), appréciez le confort de cette chambre et l'accueil de Marie-Josée et de sa famille. Enfant supplémentaire 8 €.

Prix : 1 pers. 34 € 2 pers. 40 € 3 pers. 55 €
Ouvert : Toute l'année.

🐕	⛷	🎿	🏊	⛵	🎾	🎣	🌲	🏇	⛪	🛝	🚴
13	0,2	13	13	13	1	1	13	8		8	

M-Josée et Pierre GIRAUD - 20, rue Genoise - 88140 AINGEVILLE - Tél. : 03 29 07 21 91 ou 06 82 28 26 02

ANOULD

Alt. : 500 m   (TH)   *C.M. 62 Pli 17*

5 ch. 5 ch. d'hôtes dont 4 avec balcon à l'ét. d'une très belle maison moderne. 1 ch. (1 lit 160 X 200, 1 lit 1 pers.). 1 ch. (1 lit 2 pers.). 1 ch. (lit baldaquin 2 pers.). 1 ch. double (1 lit 2 pers., 1 lit 120). 1 ch. double (1 lit 2 pers., 2 lits 1 pers.), s. d'eau, wc privés à chaque ch. Lit bébé. Ch. fuel. R.d.c. : salle à manger, salon, cheminée, TV. Balançoire. Jeux de boules. M. et Mme Conreaux vous accueillent dans une grande demeure entourée d'un parc de 2 hectares (arbres centenaires et étang de pêche), à 2 mn de la forêt, en bordure de rivière, proche de l'Alsace. Produits du pays et du potager. Gîte rural sur place. Tarif 4 pers. 68 €.

Prix : 1 pers. 30 € 2 pers. 38 € 3 pers. 52/54 € pers. sup. 13 € repas 13 €
Ouvert : Toute l'année.

🐕	⛷	🎿	🏊	⛵	🎾	🎣	🌲	🏇	⛪	🛝	🚴
13	18	18	SP	8	0,5	8	0,5	1	58	10	0,5

M-Claude et J-Yves CONREAUX - 563, rue du Val de Meurthe - Domaine des Iris - 88650 ANOULD - Tél. : 03 29 57 01 09 - Fax : 03 29 57 01 09

BAN-DE-LAVELINE Le Voue

Alt. : 600 m   *C.M. 62 Pli 18*

1 ch. Une chambre d'hôtes dans une maison de caractère rénovée, située en pleine campagne à la lisière de la forêt. 1 chambre rustique 3 pers. avec salle d'eau et wc particuliers. Séjour à disposition des hôtes. Jardin, terrain, pré, ruisseau. A quelques kilomètres des crêtes vosgiennes, vivez le pays et rayonnez jusqu'en Alsace. Promenades et circuits en forêt. Repos et tranquilité. Restaurant 3 km. Produits fermiers 500 m.

Prix : 2 pers. 38 € 3 pers. 46 €
Ouvert : Toute l'année.

🐕	⛷	🎿	🏊	⛵	🎾	🎣	🌲	🏇	⛪	🛝	🚴
30	30	30	SP	12	3	12	0,5	0,5	77	12	2,5

Elisabeth ENGELHARD - 19, Haut de Raumont - 88520 BAN-DE-LAVELINE - Tél. : 03 29 57 73 34

BELVAL

Alt. : 500 m   *C.M. 62 Pli 8*

2 ch. Senones 7 km. 2 ch. d'hôtes indép. et 1 logement dans un ancien Relais de diligence rénové. R.d.c. : 1 ch. (1 lit 2 pers., 1 lit 1 pers. sur mezz.). 1 ch. (2 lits 1 pers., lit bébé). S. d'eau et wc dans chaque ch. Salle détente, TV coul., salle à manger, coin-cuisine réservés aux hôtes. Chauffage élect. Terrain. Terrasse couverte. Barbecue. L-linge à disposition. Balançoire. Chambres très agréables dans une maison bien rénovée, bénéficiant d'un bel environnement, proche de l'Alsace. En principauté de Salm. Tarifs dégressifs à partir de 3 nuits.

Prix : 1 pers. 26/29 € 2 pers. 35/40 € 3 pers. 44/47 €
Ouvert : De Paques à la Toussaint.

🐕	⛷	🎿	🏊	⛵	🎾	🎣	🌲	🏇	⛪	🛝	🚴
20	20	25	0,5	7	7	7	SP	SP	95	6	5

Renée et François MARTIN - Au Prince de Salm - 30, Grande Rue - 88210 BELVAL - Tél. : 03 29 41 00 08

LA BRESSE

Alt. : 760 m   (TH)   *C.M. 62 Pli 17*

1 ch. Une chambre d'hôtes dans la maison du propriétaire. 1er étage : 1 ch. (1 lit 2 pers.), avec entrée indépendante (ne communiquant pas avec le logement du propriétaire). Salle d'eau et wc privés dans la chambre. Chauffage central. Pièce de jour commune avec les propriétaires (TV, cheminée). Profitez du swing-golf gratuit pour les occupants de la chambre. Cette chambre d'hôtes est située en bordure de route menant aux pistes de ski.

Prix : 1 pers. 24 € 2 pers. 30 € repas 12 €
Ouvert : Toute l'année.

🐕	⛷	🎿	🏊	⛵	🎾	🎣	🌲	🏇	⛪	🛝	🚴
3	3	15	1	5	2	16	0,5	0,5	40	4,5	4,5

Jean-Claude VALLEE - 10, route de Vologne - 88250 LA BRESSE - Tél. : 03 29 25 44 57 ou 06 81 94 52 84 - Fax : 03 29 25 44 57

Alsace-Lorraine — Vosges

LA BRESSE
Alt. : 950 m — (TH) — C.M. 62 Pli 17

2 ch. **Gérardmer 12 km.** 2 chambres d'hôtes dans une ancienne ferme vosgienne entièrement rénovée comprenant 2 gîtes et le logement du propriétaire. 1 ch. (1 lit 2 pers., 1 lit 1 pers.), s. d'eau et wc. 1 ch. double composée de 2 pièces (1 lit 2 pers. chacune), s. d'eau et wc attenants. Salle à manger, coin-salon réservés aux hôtes. TV coul. Bibliothèque. Chauffage central gaz. Terrain. Parcours VTT. Ferme typique en montagne avec un chemin de 300 mètres non goudronné pour y parvenir. Profitez du confort des chambres avec vue sur la vallée. Tarif 4 pers. : 58 €. Langue parlée : allemand.

Prix : 2 pers. 34 € pers. sup. 11 € repas 12 €
Ouvert : Toute l'année.

12	SP	11	7	5	5	14	0,5	SP	45	3,5	3,5

Daniel et M-Noelle PERRIN - 13, chemin des Huttes - 88250 LA BRESSE - Tél. : 03 29 25 60 98 ou 06 82 62 98 58

LA BRESSE
Alt. : 850 m — C.M. 62 Pli 17

3 ch. **Gérardmer 10 km.** Deux chambres d'hôtes dans la grande maison neuve des propriétaires. 2ᵉ étage : 2 chambres (1 lit 2 pers., 1 lit 1 pers. chacune). Chauffage central fuel. Véranda. Lit bébé à disposition. Une chambre 3 pers. dans une maison voisine comportant 3 gîtes. WC et salle d'eau privés dans chaque chambre. Salle commune avec TV et cheminée. Réfrigérateur. En campagne, 3 belles chambres agréables chacune avec TV, entourées d'un vaste terrain. Vue dégagée sur la vallée. Profitez de la station de La Bresse et de Gérardmer. Enfant supplémentaire de moins de 10 ans 13 €.

Prix : 1 pers. 31 € 2 pers. 39 € 3 pers. 55 €
Ouvert : Toute l'année.

10	1	11	3	4	6	11	1	1	50	4	3,5

Pierre POIROT - 60 A, route de Gerardmer - 88250 LA BRESSE - Tél. : 03 29 25 42 12 - Fax : 03 29 25 63 74

LA BRESSE
Alt. : 800 m — (TH) — C.M. 62 Pli 17

2 ch. 2 chambres d'hôtes et 2 gîtes dans la maison des propriétaires. R.d.c. : 1 ch. (1 lit 2 pers.), s. d'eau, wc. 1ᵉʳ ét. : 1 ch. composée de 2 pièces dont une petite pièce mansardée (1 lit 2 pers., 2 lits 1 pers.), s. d'eau et wc indép. R.d.c. : salle à manger, salon, TV, cheminée communs avec propriétaires. Chauffage central. Terrain. Portique, barbecue communs. Grosse maison typique de la région, avec belle vue sur la vallée de la Bresse, ces chambres sont agréables et de bon confort, avec entrée indépendante par accès intérieur. Tarifs dégressifs à partir de la 3ᵉ nuit. Enfant suppl. 8 €.

Prix : 1 pers. 24 € 2 pers. 34 € 3 pers. 44 € pers. sup. 4 € repas 11 €
Ouvert : Toute l'année.

11	2	12	3	3	5	12	1	1	50	3	3

Christine et Pierre MOUGEL - 21, route du Droit - 88250 LA BRESSE - Tél. : 03 29 25 47 26

BRU
C.M. 62 Pli 6

3 ch. **Col de la Chipotte 9 km.** 3 chambres d'hôtes à la ferme, à l'ét. de la maison des propriétaires. 2 grandes ch. doubles 4 pers. composées de 3 pièces chacune avec coin salon, coin-cuisine. 1 ch. 2 pers. avec mezz., coin-salon, coin-cuisine. TV coul., s. d'eau et wc dans chaque ch. Chauffage central. Entrée indép. Accès réservé aux hôtes. L-linge à disposition. Jardin. Barbecue. Portique. Découvrez la ferme, dans un petit village proche du parc d'attractions de Fraispertuis. Région vallonnée et agréable.

Prix : 1 pers. 26 € 2 pers. 32 € 3 pers. 44 € pers. sup. 12 €
Ouvert : Toute l'année.

59	59	33	3	4	4	4	1	3	66	4	4

Solange et Christian GERARDIN - 4, rue des Clos - 88700 BRU - Tél. : 03 29 65 10 71 ou 06 16 68 62 56

BULGNEVILLE
C.M. 62 Pli 14

4 ch. **Vittel (station thermale) 12 km.** Quatre chambres d'hôtes dans une maison de caractère. 1ᵉʳ étage : 1 ch. (1 lit 2 pers.), 2 ch. (2 lits jumeaux 1 pers. chacune), 1 ch. (2 lits jumeaux, 1 lit 1 pers.). Coin-salon, TV couleur, salle de bains et wc privatifs dans chaque chambre. R.d.c. : hall d'accueil, salle à manger, cuisine. Chauffage central. Jardin. A proximité de l'A 31, belles chambres très spacieuses et confortables, dans une grande maison bien rénovée, au centre du village, dans un cadre de verdure. Tarifs dégressifs à partir de 2 nuits. Langue parlée : anglais.

Prix : 1 pers. 60 € 2 pers. 65 € 3 pers. 80 € pers. sup. 15 €
Ouvert : Toute l'année.

7	SP	7	SP	10	2	2	7	7	SP		

Benoit BRETON - 74, rue des Recollets - 88140 BULGNEVILLE - Tél. : 03 29 09 21 72 ou 06 80 15 00 75 - Fax : 03 29 09 21 72

BUSSANG Les Sapins
Alt. : 700 m — (TH) — C.M. 66 Pli 8

3 ch. Trois chambres d'hôtes aménagées à l'étage d'une ferme rénovée. Entrée indép. 1 ch. 3 pers. (2 lits 2 pers.), 1 ch. (1 lit 2 pers., 1 lit 1 pers.), 1 ch. (1 lit 2 pers.). TV, salle d'eau et wc privés à chaque ch. Poss. lit bébé. Salon, bibliothèque, salle de jeux, frigo à disposition. Chauffage central. Terrasse, terrain de jeux de pétanque, ping-pong. Mettez vous à l'aise chez Sylvie et François, qui vous trouveront toujours de bonnes idées pour vos excursions et votre bien-être dans leur vaste maison fleurie. Proche de l'Alsace. Cuisine du terroir. Etang de baignade à proximité. Langues parlées : allemand, anglais.

Prix : 1 pers. 29 € 2 pers. 42 € 3 pers. 55 € pers. sup. 13 € repas 17 €
Ouvert : Toute l'année.

1	1	12	1	8	1	6	1	1	40	1	2

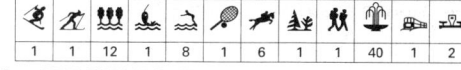

Sylvie NAEGELEN - Chambres d'Hôtes les Sapins - 2, impasse du Viaduc - 88540 BUSSANG - Tél. : 03 29 61 60 06

Vosges

Alsace-Lorraine

CELLES-SUR-PLAINE
(TH)   C.M. 62 Pli 7

E.C. 3 ch.   3 ch. d'hôtes dans la maison du propriétaire. R.d.c. (entrée indép.) : séjour, coin-détente, cheminée, TV. 1 ch. double (1 lit 2 pers., 2 lits 1 pers.). 1ᵉʳ étage : 1 ch. (1 lit 2 pers.), 1 ch. (1 lit 2 pers., 1 lit 1 pers.). S. d'eau et wc privés pour chaque chambre. Lit bébé à disposition. Chauffage central fuel. Terrain. Proche du plan d'eau aménagé de Celles-sur-Plaine, chambres équipées chacune avec TV coul. (connexion satellite). Location VTT. Tarifs dégréssifs à partir de la 3ᵉ nuit. Repas enfant - de 10 ans 7 €. Animaux admis avec supplément. Tarif 4 pers. : 56 €. Langue parlée : anglais.

Prix : 1 pers. 29 €   2 pers. 38 €   3 pers. 47 €   pers. sup. 9 €   repas 11 €
Ouvert : Toute l'année.

🐕	⛷	⛷⛷⛷	🏊	〰	🎾	🎣	🌲	🚶	🏛	🚉	🛒
39	14	0,8	0,8	10	1	10	SP	SP	10	0,8	

Stephane DELBECQUE - 40, rue d'Alsace - 88110 CELLES-SUR-PLAINE - Tél. : 03 29 41 20 93 - Fax : 03 29 41 20 93 -
E-mail : stedel.tourism@wanadoo.fr

LA CHAPELLE-AUX-BOIS
(TH)   C.M. 62 Pli 15

|||3 ch.   Trois chambres d'hôtes dans une grande maison de caractère rénovée. 1ᵉʳ étage : 1 ch. (2 lits 1 pers.), 1 ch. (3 lits 1 pers.), 1 ch. double (2 lits 1 pers. superposés, 1 lit 2 pers.). Salle d'eau et wc privés dans chaque chambre. R.d.c. : salle à manger et salon à disposition, TV couleur, chaîne hifi. Grand terrain. Véranda. Lave-linge à disposition. Tout proche de la station thermale de Bains-les-Bains, chambres d'hôtes très confortables dans une maison de maître rénovée avec goût. Ruisseau sur place (pêche). Gîtes ruraux à proximité. Tarif 4 pers. : 57 €.

Prix : 1 pers. 28 €   2 pers. 38 €   3 pers. 48 €   pers. sup. 9 €   repas 13 €
Ouvert : Toute l'année.

🐕	⛷	⛷⛷⛷	🏊	〰	🎾	🎣	🌲	🚶	🏛	🚉	🛒
59	30	24	SP	8	3	4	SP	1	3	3	3

Marie-Claire CHASSARD - 9, les Grands Prés - 88240 LA CHAPELLE-AUX-BOIS - Tél. : 03 29 36 31 00 - Fax : 03 29 36 31 00

CHENIMENIL
(TH)   C.M. 62 Pli 16

|| 2 ch.   Deux chambres d'hôtes à l'étage de la maison des propriétaires avec accès indépendant par escalier extérieur. 1 chambre (1 lit 2 pers.), 1 chambre (2 lits 1 pers.). Salle d'eau privative et wc séparé pour chaque chambre. Salle à manger, coin-salon, TV communs avec les propriétaires (accès intérieur). Chauffage central fuel. Terrain. Dans un environnement de forêt et de prairies, à 150 m de la ferme des propriétaires, deux chambres d'hôtes proches d'Epinal. Demi-pension 52 € pour un couple.

Prix : 1 pers. 27 €   2 pers. 34 €   repas 9 €   1/2 pens. 37 €
Ouvert : Toute l'année.

🐕	⛷	⛷⛷⛷	🏊	〰	🎾	🎣	🌲	🚶	🏛	🚉	🛒
29	29	29	3,5	13	3	3	SP	SP	15	3	

Veronique et Michel CHEVALLEY - les Arpents - 88460 CHENIMENIL - Tél. : 03 29 33 25 84

CORCIEUX
Alt. : 540 m   C.M. 62 Pli 17

| 1 ch.   Une chambre d'hôtes au 1ᵉʳ étage de la maison de la propriétaire, mitoyenne à un gîte. 1 chambre (2 lits 1 pers.), cheminée. Salle de bains avec wc privés. Petite cuisine, salle à manger, salon, TV. Chauffage central fuel. Petit jardin à disposition. Le petit-déjeuner peut être servi par la propriétaire ou indépendant (éléments fournis). Chambre spacieuse avec cheminée, dans une maison de bourg. Les locataires sont tranquilles et bénéficient d'annexes appréciées et pratiques. Petite cuisine et salle à manger sympathiques. Tarif dégressif à partir de la 3ᵉ nuit. Restaurant sur place.

Prix : 1 pers. 27 €   2 pers. 30 €
Ouvert : Toute l'année.

🐕	⛷	⛷⛷⛷	🏊	〰	🎾	🎣	🌲	🚶	🏛	🚉	🛒
15	15	16	SP	12	SP	20	3	SP	55	3	

Suzanne CAEL - 6, rue du Docteur Poirot - 88430 CORCIEUX - Tél. : 03 29 50 62 14

DARNIEULLES Le Moulin de Vaudrillot
C.M. 62 Pli 15

| 1 ch.   Une chambre d'hôtes dans la maison de la propriétaire. 1ᵉʳ étage : une chambre double (1 lit 2 pers., 1 lit 120, 1 lit bébé). 1 pièce 1 pers. avec lavabo. Salle de bains et wc réservés aux hôtes. Petite salle à manger à disposition. Terrain. Chambre confortable et spacieuse, bien située, en retrait du village dans la propriété d'un ancien moulin, à proximité de la Cité des Images, Epinal. Ecurie disponible pour 4 chevaux à l'attache.

Prix : 1 pers. 34 €   2 pers. 40 €
Ouvert : Toute l'année.

🐕	⛷	⛷⛷⛷	🏊	〰	🎾	🎣	🌲	🚶	🏛	🚉	🛒
50	50	4	SP	5	1	4	SP	1	35	7	1

Anne-Marie HIGEL-COSSIN - 170, impasse du Moulin - Le moulin de Vaudrillot - 88390 DARNIEULLES - Tél. : 03 29 34 04 23 -
Fax : 03 29 38 36 45

DOCELLES
C.M. 62 Pli 16

| 1 ch.   **La cité des images 15 km. Gérardmer (la perle des Vosges) 23 km.** Une chambre d'hôtes au rez-de-chaussée de la maison de la propriétaire. 1 chambre composée de deux pièces chacune avec 1 lit 2 pers. et 1 avec TV. Salle d'eau, wc séparés à l'usage exclusif des hôtes. Salle à manger et coin-détente réservé aux hôtes. Réfrigérateur. Chauffage central. Terrasse. Terrain. Barbecue. Chambre d'hôtes confortable, dans un cadre sympathique.

Prix : 1 pers. 27 €   2 pers. 30 €   3 pers. 38 €

🐕	⛷	⛷⛷⛷	🏊	〰	🎾	🎣	🌲	🚶	🏛	🚉	🛒
22	22	22	SP	12	SP	1	SP	1	30	16	0,7

Danielle PINET - 3, la Patience - 88460 DOCELLES - Tél. : 03 29 33 25 05

Alsace-Lorraine — **Vosges**

DOMMARTIN-LES-REMIREMONT

C.M. 62 Pli 16

3 ch. Trois chambres d'hôtes dans la ferme rénovée des propriétaires. R.d.c. : 1 ch. accessible aux personnes handicapées (2 lits 1 pers.), s. d'eau et wc. 1er ét. : 1 ch. (1 lit 2 pers.), s. d'eau et wc. 1 ch. double (1 lit 2 pers., 3 lits 1 pers.), s.d.b. et wc. Salle à manger, séjour, kitchenette, cheminée réservés aux hôtes. Lit bébé à disposition. Ping-pong. Petit espace jeux pour enfants. A la ferme, chambres de très bon confort, chacune avec TV couleur, tout proche de la nature et de la petite ville de Remiremont. A 500 m, piste multiactivités (bicyclette, rollers, ski à roulettes).

Prix : 1 pers. **29** € 2 pers. **37** € 3 pers. **49** € pers. sup. **12** €
Ouvert : Toute l'année.

25	4	20	SP	3	3	3	1	1	16	3	1

Bernadette et J-Marc DESMOUGIN - 986, rue des Mitreuches - 88200 DOMMARTIN-LES-REMIREMONT - Tél. : 03 29 23 34 27 - Fax : 03 29 62 02 20

DOMREMY-LA-PUCELLE

C.M. 62 Pli 3

1 ch. 2 chambres d'hôte au r.d.c. de la maison de la propriétaire. 1 ch. (1 lit 2 pers. 1 lit 1 pers.). Prise TV. 1 ch. (1 lit 2 pers.). Accès indép. Salle d'eau et wc privatifs à chaque chambre. Salle à manger, salon, TV communs à la propriétaire. Chauffage central gaz. Poss. garage. Terrasse, terrain clos, barbecue, verger avec espace jeux pour enfants. Ping-pong. Lit et chaise bébé à disposition. Dans le petit village natal de Jeanne d'Arc, chambre d'hôte confortable, aménagée dans une maison de construction récente. En bordure de route départementale. Langues parlées : anglais, allemand.

Prix : 1 pers. **34** € 2 pers. **40** € 3 pers. **46** € pers. sup. **5** €
Ouvert : Toute l'année.

30	0,5	11	2	11	0,5	0,5	40	11	0,1	

Marie-Thérèse MATHIEU - 25, rue Principale - 88630 DOMREMY-LA-PUCELLE - Tél. : 03 29 06 94 29

ELOYES

Alt. : 500 m — *C.M. 62 Pli 16*

3 ch. Trois chambres d'hôtes dans une ancienne ferme vosgienne rénovée. 1er ét. accès de plain-pied : 2 ch. (1 lit 2 pers. chacune), salle d'eau et wc pour chaque ch. 1 ch. double (1 lit 2 pers., 2 lits 1 pers.), salle de bains et wc. R.d.c. : grand séjour avec cheminée, salon, TV. Chauffage central fuel. Terrain. Portique, bac à sable. Chambres très agréables chacune avec TV. Belle rénovation dominant la vallée de la Moselle. Environnement campagnard. Tarif 4 pers. : 48 €.

Prix : 1 pers. **25** € 2 pers. **31** € 3 pers. **39** € repas **12** €
Ouvert : Toute l'année.

36	36	25	1	10	10	10	SP	0,5	25	10	1

Christine PIERRE - 5, chemin du Gueuty - 88510 ELOYES - Tél. : 03 29 32 32 19

FRESSE-SUR-MOSELLE La Colline

Alt. : 650 m — *C.M. 66 Pli 8*

5 ch. Cinq chambres d'hôtes dans une ferme. 1er étage : 2 chambres (2 fois 2 lits 1 pers.). WC communs. Salle d'eau particulière. 2e étage : 3 chambres très confortables, 1 chambre (1 lit 2 pers.), 1 chambre (1 lit 2 pers., 1 lit 1 pers.), 1 chambre (1 lit 2 pers., 2 lits 1 pers.). WC et salles d'eau privés. Séjour. Vous êtes à la ferme, avec un environnement très nature et reposant. Les propriétaires ont tout prévu pour rendre votre séjour agréable. Michèle parle anglais couramment. Tarif demi-pension pour un couple 62 €. Langues parlées : anglais, allemand.

Prix : 1 pers. **21** € 2 pers. **37** € 3 pers. **57** €
Ouvert : Toute l'année.

15	1	34	1	5	1,5	2	1	0,5	38	3	2,5

Michele et Georges GROSS - 22, rue de la Chapelle - La Colline - 88160 FRESSE-SUR-MOSELLE - Tél. : 03 29 25 83 31 - Fax : 03 29 28 14 98

GERARDMER

Alt. : 720 m — *C.M. 62 Pli 17*

6 ch. Chalet comportant 6 ch. d'hôtes. R.d.c. : 1 ch. 1 lit 160 X 200, 1 ch. 1 lit baldaquin 2 pers., 1 ch. acc. pers. hand. 1 lit 2 pers. Salle à manger, cheminée. A l'ét. : 1 ch. lit baldaquin 2 pers., 2 ch. 3 pers., s. d'eau ou s.d.b., wc, TV, terrasse ou balcon privés à chaque ch. Poss. lit bébé. Mezz., TV, magnétoscope. Chauffage central gaz. Grand terrain. Proches de la forêt, chambres de très bon confort. Gisèle et Claudine ont tout prévu pour rendre votre séjour agréable et vous parleront de leur région avec passion. En été, poss. de prendre repas sur terrasse. Billard, sauna, douche, balnéo, hamamm. Cuisine du terroir. Langues parlées : anglais, allemand.

Prix : 1 pers. **39** € 2 pers. **49/54** € 3 pers. **67** € pers. sup. **13** € repas **15** €
Ouvert : Toute l'année sauf du 18 novembre au 6 décembre.

3	3	2	3	2	2	4	0,5	0,5	40	2	2

FAMILLE POIROT-SCHERRER - 70, chemin de la Trinité - Chalet l'Epinette - 88400 GERARDMER - Tél. : 03 29 63 40 06 ou 06 08 61 60 64 - Fax : 03 29 63 40 06 - E-mail : epinette@libertysurf.fr

GERBEPAL

Alt. : 600 m — *C.M. 62 Pli 17*

4 ch. Gérardmer 9 km. 4 ch. d'hôtes dans une ferme rénovée. R.d.c. : 2 ch. (1 lit 2 pers. chacune), 1 ch. (1 lit 2 pers., 1 lit bébé). S.d.b., wc dans chaque ch. Salle à manger, 2 salons, TV, cheminée. 1er ét. : 1 ch. double (2 lits 2 pers.), salle d'eau et wc. Salon. Chauffage central gaz. Véranda avec jardin d'hiver. Terrain. Terrasse. Belle rénovation spacieuse et agréable, bien située entre Gérardmer et St-Dié. Mme Pierquet est suédoise et polyglotte. Piste de karting 1,5 km. Tarif 4 pers. : 70 €. Langue parlée : suédois.

Prix : 1 pers. **30** € 2 pers. **40/49** € 3 pers. **55/60** € repas **12** €
Ouvert : Toute l'année.

10	10	9	7	9	4	0,5	0,5	SP	50	9	0,5

Pascal PIERQUET - 17, route de Gerardmer - 88430 GERBEPAL - Tél. : 03 29 50 73 85

Vosges
Alsace-Lorraine

GIRMONT-THAON
C.M. 62 Pli 16

4 ch. **Forteresse de Châtel sur Moselle 10 km. Epinal 12 km.** Quatre chambres d'hôtes dans la maison des propriétaires. 1er étage : 2 ch. 1 pers. (1 lit 110 X 180 chacune), 2 ch. 2 pers. (1 lit 2 pers. chacune), lavabo et bidet dans chaque chambre. WC et salle de bains communs, douche sur palier. Salle à manger commune avec TV. Au centre de Girmont-Thaon, entre la Mairie et l'église, quatre chambres simples proches de la petite ville de Thaon-les-Vosges (2 km).

Prix : 1 pers. **18** € 2 pers. **27** €
Ouvert : De Pâques à la Toussaint.

57	57	15	0,5	2	2	15	2	4	45	4	2

Gabrielle REMY - 19, rue Abbé Vincent - 88150 GIRMONT-THAON - Tél. : 03 29 39 35 97

GRAND
C.M. 62 Pli 12

3 ch. **Maison natale de Jeanne d'Arc 18 km.** 3 ch. d'hôtes dans une maison particulière, mitoyenne, avec terrasse. R.d.c. : 1 ch. (1 lit 2 pers., 1 lit 1 pers.), s. d'eau et wc privés. 1er étage : 1 ch. 3 pers. (2 lits 2 pers.), s.d.b. et wc privés. 1 ch. (1 lit 2 pers.), s. d'eau privée, wc privés dans le couloir. Chauffage central fuel. R.d.c. : salle à manger, coin-salon, bibliothèque, TV. Possibilité accès cuisine. Chambres spacieuses. Importants monuments gallo romains de Grand à 800 mètres.

Prix : 1 pers. **20/22** € 2 pers. **29/32** € 3 pers. **43/44** €
Ouvert : D'avril à octobre.

20	18	20	12	1	1	55		17		SP

Raymond et Monique ROTH - 4, rue du Cagnot - 88350 GRAND - Tél. : 03 29 06 68 34

GRANDVILLERS
C.M. 62 Pli 16

2 ch. **Gérardmer 26 km.** 2 chambres d'hôtes et 4 gîtes dans 1 grosse maison indépendante, à côté de la maison du propriétaire. R.d.c. : 1 ch. (1 lit 2 pers.), coin-cuisine, canapé, TV, wc et s. d'eau privés. 1er étage : 1 ch. (1 lit 2 pers., 1 lit 1 pers.), TV, fauteuils, wc et s. d'eau privés. Salle à manger commune, TV. Grand terrain avec jeux d'enfants. A proximité de la route Epinal-St-Dié. 2 chambres très spacieuses et très bien aménagées, chacune avec entrée indépendante. René vous accueillera comme là-bas dans le Maarif. Langue parlée : espagnol.

Prix : 1 pers. **27** € 2 pers. **37** € 3 pers. **44** €
Ouvert : Toute l'année.

29	29	27	2	6	6	12	0,5	1	55	17	SP

René CARULLA - 5, route de Bruyeres - Les Gîtes du Maarif - 88600 GRANDVILLERS - Tél. : 03 29 65 71 12 - Fax : 03 29 65 78 67

HADOL
C.M. 62 Pli 16

3 ch. Trois chambres d'hôtes dans la maison du propriétaire. R.d.c. : 1 ch. (1 lit 2 pers., 1 lit bébé). 1 ch. (1 lit 2 pers.). Salle d'eau et wc communs aux 2 chambres. 1er étage : 1 ch. 2 épis (1 lit 2 pers., 1 canapé convertible). Salle d'eau et wc privés. Salon, bibliothèque. Chauffage électrique et fuel. Jardin, terrain. Garage. Sentier GR7 et cyclistes, aire de pique-nique équipée, base nautique 12 km, parcours santé 1 km. Découvrez la Vôge, région vallonnée et boisée, en partageant la maison de M-Reine et Claude, qui vous donneront de bonnes idées pour vos randonnées.

Prix : 1 pers. **23/27** € 2 pers. **30/37** € 3 pers. **40** € pers. sup. **11** € repas **11** €
Ouvert : Toute l'année.

40	40	16	0,5	12	2	SP	SP	1	22	12	3

Claude CONREAUX - 2, les Paxes - Route de Xertigny - 88220 HADOL - Tél. : 03 29 32 53 41 ou 06 11 33 35 79 - Fax : 03 29 32 53 41

HARMONVILLE
C.M. 62 Pli 4

2 ch. Deux chambres d'hôtes dans une ancienne ferme rénovée, mitoyenne à la maison du propriétaire. Entrée indépendante. R.d.c. : 1 chambre (1 lit 2 pers., 2 lits enfants en alcôve). TV. 1 chambre (1 lit 2 pers.). Salle d'eau et wc privés à chaque chambre. Salle à manger, salon, cheminée. Chauffage central bois. Terrain clos. Deux très belles chambres, confortables, au style typique préservé, dans un petit village, au cœur d'une région pleine d'histoire, proche de Domrémy pays de Jeanne d'Arc, de Grand et son amphithéâtre gallo-romain et de Neufchâteau. Langue parlée : anglais.

Prix : 1 pers. **38** € 2 pers. **48** € pers. sup. **16** €
Ouvert : Toute l'année.

7	5	20	5	SP	2		2	30	5	5

Jean-Pierre CHERRIER - 3, rue de l'Eau - 88300 HARMONVILLE - Tél. : 03 83 52 05 65

JULIENRUPT-LE-SYNDICAT
Alt. : 550 m
C.M. 62 Pli 17

1 ch. Une chambre d'hôtes dans un petit chalet particulier à proximité immédiate de l'habitation de la propriétaire. Grande pièce incluant 1 coin-couchage avec 1 lit 2 pers. Coin-repas. Coin-cuisine. 1 clic-clac 2 pers. Salle d'eau avec wc. Chauffage électrique. TV. Terrain. A 300 m du centre de Julienrupt, petit chalet indépendant tout confort, loué en chambre d'hôtes, voisin de la maison d'Annette, la propriétaire. Bien situé entre Remiremont et Gérardmer, belle région montagneuse pleine d'activités sportives et touristiques.

Prix : 1 pers. **30** € 2 pers. **35** € 3 pers. **40** €
Ouvert : Toute l'année.

16	10	15	1	12	5	12	1	1	30	7	5

Annette PATRY - 27, route de Gerardmer - 88120 JULIENRUPT-LE-SYNDICAT - Tél. : 03 29 61 10 79

Alsace-Lorraine

Vosges

LEGEVILLE-ET-BONFAYS

C.M. 62 Pli 15

3 ch. — Trois chambres d'hôtes à l'étage de la maison des propriétaires. 1 ch. (1 lit 2 pers.). S. d'eau et wc privatifs sur palier. 2 ch. (1 lit 2 pers. chacune). S. d'eau et wc privatifs. TV dans chaque ch.. R.d.c. : salon, salle à manger communs avec propriétaire. Chauff. central bois. Véranda. Terrain clos. Barbecue. Portique. Vélos. Poss. visite de la ferme. Pour une halte entre Epinal et Vittel, soyez les bienvenus à la ferme des Cigognes et appréciez l'accueil de Brigitte qui vous propose 3 ch. dans une ancienne ferme rénovée du XIXe siècle. Tarif dégressif à partir de 3 nuits pour les curistes. Vittel/Contrexéville à 15 mn. Langue parlée : anglais.

Prix : 1 pers. 27 € ◊ 2 pers. 35 € ◊ repas 11 €
Ouvert : Toute l'année.

60	60	18	SP	18	18	18	SP	SP	18	6

Brigitte THIERY - 3, rue des Cigognes - 88270 LEGEVILLE-ET-BONFAYS - Tél. : 03 29 36 53 88

LEPANGES-SUR-VOLOGNE Château de la Chipot

C.M. 62 Pli 16

6 ch. — 6 chambres d'hôtes dans 1 ancien château restauré. 1er étage : 3 ch. 2 épis dont 1 double 4 pers. séparée par la s.d.b., wc privés. 2 ch. 2 pers., salles d'eau et wc privés. 2e étage : 3 ch. 1 épi (2 ch. 2 pers. et 1 ch. 3 pers.). S.d.b., douches, 2 wc communs. Salon, cheminée. Chauffage central. Lave-linge à disposition. Bibliothèque. Lit d'appoint. Laissez-vous aller à la relaxation, dans une immense demeure, véritable château, (salle de culturisme, bain vapeur et bouillonnant, sauna, appareil UV). Restaurant 1 km. Ferme-Auberge 3 km. Loc. VTT 5 km.

Prix : 1 pers. 17 € ◊ 2 pers. 25 € ◊ 3 pers. 33 €
Ouvert : Toute l'année.

25	25	25	3	5	5	7	1	1	50	3	3

CHATEAU DE LA CHIPOT - 64, rue de la Vologne - 88600 LEPANGES-SUR-VOLOGNE - Tél. 03 29 36 81 73 - Fax : 03 29 36 81 73

LERRAIN

C.M. 62 Pli 15

4 ch. — Quatre chambres d'hôtes à l'étage de la maison de la propriétaire. Entrée indépendante. 2 ch. (2 lits 1 pers. chacune). 2 ch. (1 lit 2 pers. chacune). Salle d'eau et wc privés à chaque chambre. Prise TV. Salle à manger commune, cheminée. Chauffage électrique. Belle rénovation, offrant des chambres confortables dans un petit village entre Epinal et Vittel.

Prix : 1 pers. 26 € ◊ 2 pers. 31 € ◊ pers. sup. 10 € ◊ repas 11 €
Ouvert : Toute l'année.

15	SP	12	4	4	0,5	1	25	14	SP

Bernadette BOYE - 3, route de Mirecourt - 88260 LERRAIN - Tél. : 03 29 07 52 27 - Fax : 03 29 07 52 27

LIEZEY La Racine

Alt. : 700 m

C.M. 62 Pli 17

3 ch. — Trois chambres d'hôtes et un gîte dans la maison du propriétaire. A la ferme. 1er étage. 1 ch. (1 lit 2 pers.). Salle d'eau et wc privatifs. 2e étage : 2 ch. (1 lit 2 pers., 1 lit 1 pers. par chambre). Cabine de douche dans chaque chambre. WC communs aux 2 chambres. Séjour à disposition. Chauffage central. Sylvie et Eric vous proposent l'évasion, l'espace et la nature. Accueil de cavaliers, ambiance familiale et conviviale. Prix repas étudié pour les enfants. Langue parlée : anglais.

Prix : 1 pers. 27/29 € ◊ 2 pers. 35/37 € ◊ 3 pers. 44 € ◊ pers. sup. 9 € ◊ repas 11 €
Ouvert : Toute l'année.

10	1	10	3	10	3	3	SP	SP	35	7	3

Eric REMY - 16, route de la Racine - Ferme du Haut Barba - 88400 LIEZEY - Tél. : 03 29 61 88 98 - Fax : 03 29 61 88 98

LE MENIL La Colline des Granges

Alt. : 670 m

C.M. 66 Pli 8

3 ch. — Trois chambres d'hôtes à la ferme. 1 chambre 2 pers. 1 chambre (1 lit 2 pers., 2 lits 1 pers.). 1 chambre (1 lit 2 pers.), pièce enfants. Salle d'eau et wc privés à chaque chambre. Salon, bibliothèque à disposition. Rivière, luge. Loin du stress citadin, vous voici dans une ferme située en pleine montagne. Choisissez le repos ou les activités sportives et touristiques toutes proches. Produits fermiers. Langue parlée : allemand.

Prix : 1 pers. 18 € ◊ 2 pers. 37 € ◊ 3 pers. 55 € ◊ repas 18 €
1/2 pens. 36 €
Ouvert : Toute l'année.

12	12	15	0,7	4	4	5	0,5	1	40	5	2

Claude SCHWARTZ - 23, route des Granges - La Colline des Granges - 88160 LE MENIL - Tél. : 03 29 25 03 00

NORROY-SUR-VAIR

C.M. 62 Pli 14

5 ch. — 5 chambres d'hôtes dans une ancienne ferme mitoyenne totalement rénovée. 1er étage : 3 ch. (1 lit 2 pers. chacune), 1 ch. (2 lits 1 pers.), 1 ch. (1 lit 2 pers., 1 lit 1 pers.). Salle d'eau et wc privés dans chaque ch. R.d.c. : salle à manger réservée aux hôtes. Petit coin-salon. Cuisine à disposition. WC. Chauffage central fuel. Cheminée. Bibliothèque. Belle rénovation accueillante, chambres de qualité chacune avec TV coul. Téléphone dans une des chambres. A proximité des stations thermales de Vittel et Contrexéville. Jeux de quilles et de pétanque. Tarifs dégressifs à partir de 3 nuits. Tarifs curistes.

Prix : 1 pers. 30 € ◊ 2 pers. 38 € ◊ 3 pers. 46 €
Ouvert : Toute l'année.

5	3	3	3	SP	SP	1	3	3	3

Monique et Denis LAURENT - 27, Grande Rue - 88800 NORROY-SUR-VAIR - Tél. : 03 29 08 21 29 ou 06 13 35 02 45 - Fax : 03 29 08 21 29

Vosges

Alsace-Lorraine

PLAINFAING
Alt. : 670 m — C.M. 62 Pli 18

2 ch. **Col du Bonhomme 7 km.** Deux chambres d'hôtes aménagées au 2e étage d'une ancienne ferme. 1 chambre (1 lit 2 pers.) douche intérieure, 1 chambre (1 lit 2 pers., 1 lit 1 pers.), douche intérieure, wc communs aux hôtes. Séjour et salon communs (accès intérieur). Convecteurs électriques. Balançoire. Barbecue. Belle rénovation intérieure, au bord de la route du Col du Bonhomme et de l'Alsace. Accès aux chambres par escalier extérieur.

Prix : 2 pers. 32 € 3 pers. 41 € pers. sup. 9 € repas 10 €
Ouvert : Toute l'année.

15	15	25	3	20	3	3	0,4	0,5	70	20	3

Annick BROCVIELLE - 1, la Mongade - 88230 PLAINFAING - Tél. : 03 29 52 73 24

PROVENCHERES-SUR-FAVE
C.M. 62 Pli 18

1 ch. Une chambre d'hôte au rez-de-jardin de la maison du propriétaire. Entrée indépendante. 1 ch. (1 lit 2 pers.). Salle d'eau et wc attenants. Kitchenette. 1er ét. : salle à manger, coin-salon réservés aux hôtes, TV, magnétoscope, chaîne hifi, cheminée. Chauffage électrique. Lave-linge à disposition. Grand terrain. Barbecue. Pour une étape ou un séjour près de St-Dié et de l'Alsace, Bernard a aménagé cette chambre confortable dans sa maison dotée d'un grand terrain, tout près des sapins. Aux beaux jours, vous pourrez petit-déjeuner sur le balcon.

Prix : 1 pers. 28 € 2 pers. 39 €
Ouvert : Toute l'année.

37	10	37	SP	12	SP	6	SP	SP	80	SP

Monique et Bernard SCHOCH - 7, route de Colroy - 88490 PROVENCHERES-SUR-FAVE - Tél. : 03 29 51 24 35

REMIREMONT
Alt. : 500 m — C.M. 62 Pli 16

3 ch. 3 ch. d'hôtes dans une ancienne ferme rénovée. 1er ét. : 1 ch. (1 lit 1 pers., 1 lit 160), 1 ch. (2 lits 1 pers., 1 canapé lit). Prise TV, s. d'eau, wc privés à chaque ch. 1 ch. de 2 pièces (1 lit 2 pers., 3 lits 1 pers.), s.d.b., wc. Salle détente. R.d.c. : grand séjour, salon, coin cuisine réservé aux hôtes, TV coul., cheminée. Ch. fuel. A dispo l-linge sèche-linge. Très belles chambres confortables avec entrée indép. A l'orée du bois et à l'écart de la ville de Remiremont. Ping-pong, baby-foot. Parcours VTT, pédestres, équestres, santé sur place. Piste multiactivités. Tarif étudié pour enfants. Tarifs 4 pers. 77 €, 5 pers. 92 €. Langues parlées : anglais, allemand.

Prix : 1 pers. 29 € 2 pers. 41 € 3 pers. 56 € pers. sup. 15 €
Ouvert : Toute l'année.

30	8	30	1	0,3	0,3	0,3	SP	SP	11	2	1,5

Sylvie et Patrick KIEFFER - Route du Fiscal - 1, le Grand Bienfaisy - 88200 REMIREMONT - Tél. : 03 29 23 28 20 - Fax : 03 29 23 28 20 - E-mail : bienfaisy@aol.com

REMONCOURT
C.M. 62 Pli 14

3 ch. **Station thermale de Vittel 9 km. Mirecourt 12 km.** Chez Pierre. Trois chambres d'hôtes et un gîte dans l'ancienne ferme rénovée du propriétaire. 1er étage : 2 ch. (1 lit 2 pers. chacune). 1 ch. (2 lits 1 pers.). TV couleur, salles d'eau et wc privés à chaque chambre. Séjour avec TV couleur réservé aux hôtes. Lave-linge à disposition. Chauffage central. Cour gazonnée fermée. Possibilité garage. Belles chambres confortables situées entre la station thermale de Vittel et Mirecourt, cité des violons et de la dentelle. Table d'hôtes sur réservation.

Prix : 1 pers. 30 € 2 pers. 35 € pers. sup. 12 € repas 11 €
Ouvert : Toute l'année.

80	80	14	9	9	SP	9	1	1	9	9	SP

Pierre MAROULIER - 271, rue Division Leclerc - 88800 REMONCOURT - Tél. : 03 29 07 74 08 ou 06 82 01 99 60 - Fax : 03 29 07 74 08

SAPOIS
Alt. : 550 m — C.M. 62 Pli 17

4 ch. 4 ch. d'hôtes dans une ancienne ferme rénovée. 1er ét. : 1 ch. mansardée (1 lit 2 pers.). S. d'eau, wc. 1 ch. (2 lits 1 pers.), s.d.b., wc. 1 ch. (1 lit 2 pers.). S. d'eau, wc privés. 2e ét. : 1 double chambre (1 lit 2 pers., 2 lits 1 pers.). S.d.b., wc. Séjour, cheminée, four à pain (pain fait maison). Ch. central fuel. Lit bébé sur demande. L-linge à dispo. En pleine nature, à quelques kilomètres de Gérardmer, trouvez l'accueil montagnard de Bernadette et sa famille. Belle vue sur la vallée. Chemin d'accès en pente (en hiver équipements voiture nécessaires). Remise de 10 % si plus de trois nuits.

Prix : 1 pers. 27 € 2 pers. 38 € 3 pers. 55 € pers. sup. 11 € repas 13 €
Ouvert : Toute l'année.

8	8	10	0,5	6	1	10	SP	1	32	10	1

Bernadette et Francis FELLMANN - Les Tournées - 88120 SAPOIS - Tél. : 03 29 61 79 98 - Fax : 03 29 61 79 98 -
E-mail : A lestournées@chez.com

SAULXURES-LES-BULGNEVILLE
C.M. 62 Pli 13

4 ch. Quatre belles chambres d'hôtes dans une demeure stylée du 17° siècle, dite le château de Bulgnéville. 1er ét. : 1 ch. avec cheminée (1 lit 2 pers.). S. d'eau wc privés. 1 ch. familiale composée de 2 pièces (1 lit 2 pers., 2 lits 1 pers.). 1 ch. (2 lits 1 pers.). 1 ch. (1 lit 2 pers.). S.d.b. et wc privés à chaque ch. Salon avec TV réservé aux hôtes. R.d.c. : salle à manger, salon réservés aux hôtes. Terrasse, parc, balançoire. Quatre grandes chambres, très confortables, décoration et ameublement de qualité. Proches des stations thermales de Contrexéville et Vittel. Accueil de cavaliers. Langue parlée : italien.

Prix : 1 pers. 49 € 2 pers. 58 €
Ouvert : Toute l'année.

1	1	7	7	10	SP	SP	7	12	2

Andrée SAUMON - 6, rue du Château - Le château de Saulxures - 88140 SAULXURES-LES-BULGNEVILLE - Tél. : 03 29 09 21 73

Alsace-Lorraine — Vosges

SAULXURES-SUR-MOSELOTTE
C.M. 62 Pli 17

1 ch. — Une chambre d'hôtes attenante à la maison du propriétaire. Entrée indépendante. 1er étage : 1 chambre 2 personnes (1 lit 2 pers., possibilité lit supplémentaire 1 pers.). Salle d'eau avec wc, privative. Chauffage central. Terrain. Jolie chambre indépendante, mansardée mais spacieuse et bien aménagée. En zone touristique de montagne. Piste verte cyclable, para-pente. Restaurant 250 m.

Prix : 1 pers. 23 € 2 pers. 34 € pers. sup. 12 €
Ouvert : Toute l'année.

15	15	3	0,5	10	1	7	0,5	SP	32	0,2	1

Claude MOUGEL - 185, rue d'Alsace - 88290 SAULXURES-SUR-MOSELOTTE - Tél. : 03 29 24 62 47

SAULXURES-SUR-MOSELOTTE
Alt. : 550 m
C.M. 62 Pli 17

2 ch. — Station de la Bresse 12 km. Deux chambres d'hôtes à l'étage de la maison des propriétaires. Entrée indép. extérieure. 1 ch. (1 lit 2 pers.), 1 ch. (2 lits 1 pers.). Prise TV, s. d'eau et wc attenant à chaque ch. Espace salon réservé aux hôtes, micro-onde et frigo. R.d.c. : salle à manger commune aux propriétaires (accès intérieur). Tél. commun aux 2 ch. Chauffage central bois. Terrain. Chambres confortables dans une ancienne ferme rénovée, en lisière de forêt, sur les hauteurs du village de Saulxures, proche du lac de la Moselotte. Région touristique de montagne.

Prix : 1 pers. 28 € 2 pers. 36 € pers. sup. 11 €
Ouvert : Toute l'année.

10	5	3	0,8	7	1,2	6	SP	SP	35	1	1,2

Isabelle et J-Marie FRANCOIS - 201, chemin Sylvestre - 88290 SAULXURES-SUR-MOSELOTTE - Tél. : 03 29 24 53 74 ou 06 82 01 22 27

SERAUMONT
C.M. 62 Pli 3

1 ch. — Une chambre d'hôtes au premier étage de la maison des propriétaires. 1 ch. (1 lit 2 pers.), TV, salle d'eau et wc privés. Salle à manger commune avec cheminée et TV couleur. Lave-linge du propriétaire à disposition. Chauffage central fuel et bois. Possibilité lit enfant (gratuit). 1 vélo à disposition. Belle chambre confortable, chez de jeunes agriculteurs, dans un petit village situé entre la ville natale de Jeanne d'Arc (Domrémy) et la cité romaine de Grand. Accueil à la ferme et approche des animaux. Langue parlée : anglais.

Prix : 1 pers. 24 € 2 pers. 30 €
Ouvert : Toute l'année.

30	7	18	18	18	0,5	0,5	30	18	7

Nadine et Francis PIERSON - 14 Grande Rue - 88630 SERAUMONT - Tél. : 03 29 06 00 05

SOULOSSE-SOUS-SAINT-ELOPHE
C.M. 62 Pli 3

3 ch. — Domrémy 5 km. Grand 15 km. 3 ch. d'hôtes dans la maison des propriétaires. R.d.c. : 1 ch. (1 lit 160) acc. pers. hand., sanitaires adaptés (wc et s. d'eau séparés). Séjour, cheminée. A l'ét. : 1 ch. (1 lit 2 pers.), 1 ch. (2 lits 1 pers.), chacune avec wc et s.d.b. privés. Garage, terrasse. Ch. central. Tarifs groupe/famille, dégressifs à partir de 2 nuits. Gratuit enfant - de 8 ans. A l'Ouest des Vosges, chambres d'excellente qualité et très agréables, chacune avec tél. direct et TV coul. au cœur d'une région agricole où le pays et les sites historiques vous seront présentés avec passion par Marie-Josephe. Langue parlée : anglais.

Prix : 1 pers. 34 € 2 pers. 44 € 3 pers. 60 €
Ouvert : Toute l'année.

32	SP	7	7	7	0,5	0,5	30	7	SP

J-Luc et M-Josephe KINZELIN - 30, rue de l'Eglise - La Bienvenue au Pays de Jeanne - 88630 SOULOSSE-SOUS-ST-ELOPHE - Tél. : 03 29 06 98 88 - Fax : 03 29 06 98 88

ST-MICHEL-SUR-MEURTHE
(TH)
C.M. 62 Pli 17

3 ch. — St-Dié 6 km. Trois chambres d'hôtes dans une maison rénovée. Rez-de-chaussée : 2 chambres (1 lit 2 pers. chacune). 1 suite (chambre 1 lit 2 pers. et salon avec clic-clac). Salle d'eau et wc privés, coin-détente, TV et entrée indépendante pour chaque chambre. Salle à manger, coin-salon. Chauffage central fuel. Possibilité lit bébé. Terrasse. Trois belles chambres d'hôtes confortables, au lieu dit « Sauceray », entouré d'un massif forestier. Table d'hôtes sur réservation. Tarif 4 pers. : 55 €.

Prix : 1 pers. 24 € 2 pers. 31/37 € 3 pers. 46 € pers. sup. 9 € repas 10 €
Ouvert : Toute l'année.

32	29	15	SP	6	1,5	1	0,5	0,5	90	6	0,5

Laurence et Thierry VAGNIER - 9, rue de la Forêt - Sauceray - 88470 ST-MICHEL-SUR-MEURTHE - Tél. : 03 29 58 40 66 - Fax : 03 29 58 41 47

ST-MICHEL-SUR-MEURTHE
C.M. 62 Pli 17

5 ch. — 5 chambres d'hôtes dans une ancienne ferme rénovée. 1er étage : 1 ch. (1 lit 2 pers.), 1 ch. (2 lits 1 pers.), 1 ch. (1 lit 2 pers., 1 lit 1 pers.). 2e étage : 2 ch. (1 lit 2 pers. chacune). TV, salle d'eau et wc privés à chaque ch. R.d.c. : salle à manger, coin salon, TV, cheminée, 2 wc. Lit bébé à disposition. Chauffage central. Terrain clos. A quelques km de St-Dié, dans un petit village, appréciez l'accueil en chambres très confortables. Possibilité de promenade en calèche les week-end d'été. Animaux admis avec supplément 3 €.

Prix : 1 pers. 35/40 € 2 pers. 38/43 € 3 pers. 50/55 € pers. sup. 12 €
Ouvert : Toute l'année.

32	29	15	SP	6	1,5	1	0,5	0,5	90	6	0,5

Jean-Claude BARETH - 390, rue de Brehimont - Ferme du Chenot - 88470 ST-MICHEL-SUR-MEURTHE - Tél. : 03 29 58 36 21

Vosges
Alsace-Lorraine

THUILLIERES
C.M. 62 Pli 14

2 ch. **Vittel (stations thermales et sportives) 9 km. Contrexville 13 km.** Deux chambres d'hôtes dans la maison du propriétaire. Entrée indépendante. 1er étage : 1 chambre (1 lit 2 pers., 1 lit 1 pers.), salle d'eau et wc. Rez-de-chaussée et 1er étage : 1 chambre double en 2 pièces (1 lit 2 pers., 1 convertible 2 pers.). Salle d'eau et wc. Petite cuisine équipée privée. Chauffage électrique. Dans un petit village historique (château Boffrand XVIIIe siècle avec Colombier et musée Eve Lavallière), chambres agréables et de bon confort. Petit restaurant à proximité.

Prix : 1 pers. 26 € 2 pers. 35 € 3 pers. 43 € pers. sup. 12 €
Ouvert : Toute l'année.

83	83	30	13	9	9	0,5	0,5	9	9	9

Hubert MICHEL - 129, rue des Prés St-Valère - 88260 THUILLIERES - Tél. : 03 29 08 10 74 - Fax : 03 29 08 10 74

TIGNECOURT
C.M. 62 Pli 14

1 ch. Une chambre d'hôtes dans la maison des propriétaires. R.d.c. surélevé, accès indép. par véranda commune. 1 ch. 1 lit 2 pers., TV, lavabo, salle d'eau et wc privatifs. Petite salle de séjour équipée d'une kitchenette, lit de repos 1 pers. Salle à manger commune avec cheminée. Chauffage central. Terrain. Portique, badminton. Vélos à disposition. Dans un village plein de charme du Grand Ouest Vosgien, venez séjourner dans cette chambre parfaitement équipée, pour 2 pers. (1 lit 2 pers., lit supplémentaire possible pour un enfant). Poss. de prendre le petit-déjeuner sous la véranda ou dans la chambre.

Prix : 1 pers. 30 € 2 pers. 38 € 3 pers. 49 €
Ouvert : Toute l'année.

95	95	18	SP	18	7	7	SP	SP	18	18	7

Ernest GOURLOT - 15, rue du Dr Gueniot - 88320 TIGNECOURT - Tél. : 03 29 07 91 66

LE VAL-D'AJOL Le Moineau
Alt. : 600 m
C.M. 62 Pli 16

1 ch. **Plombières-les-Bains (station thermale) 4 km.** Une chambre d'hôtes au rez-de-chaussée et un gîte au 1er étage dans une maison indépendante, à proximité de la maison du propriétaire. Chambre-studio indépendante pour 2 pers. (1 lit 2 pers.), coin-kitchenette équipée, fauteuils rotin. Salle d'eau et wc privés. Chauffage électrique. Terrasse. Petit-déjeuner indépendant, les éléments sont fournis par le propriétaire (compris dans le tarif nuitée indiqué).

Prix : 1 pers. 27 € 2 pers. 40 €
Ouvert : Toute l'année.

45	10	42	4	7	5	15	1	2	4	4

Hervé BERNIER - 49, le Moineau - 88340 LE VAL-D'AJOL - Tél. : 03 29 30 03 99

VAUDONCOURT
C.M. 62 Pli 14

3 ch. 4 ch. d'hôtes dans un château de village. 1er ét. : 2 ch. familiales 2 et 3 pièces (1 lit 2 pers. & 2 lits 1 pers. chacune), salon, balcon. 1 ch. (1 lit 2 pers.). R.d.c. : 1 ch. familiale 2 pièces (1 lit 2 pers., 2 lits 1 pers.). Salle d'eau, wc privés à chaque suite. Salle à manger commune avec propriétaires, cheminée monumentale sculptée. Verrière. Pétanque. Au cœur du pays thermal, venez-vous détendre dans cette vaste demeure du XIXe s. entourée d'un parc de 6 ha (forêt, sous bois, étang). Appréciez le confort de ces chambres lumineuses, meublées et décorées avec soin. Poss. de promenades cavalières. Non fumeurs. Piscine privée non clôturée. Langues parlées : allemand, anglais.

Prix : 1 pers. 61 € 2 pers. 61 € 3 pers. 76 € pers. sup. 15 €
Ouvert : Toute l'année.

10	10	10	SP	SP	SP	10	10	2

Claudine PELLERIN - 3, rue Barbazan - 88140 VAUDONCOURT - Tél. : 03 29 09 23 60 ou 06 81 95 00 31 - Fax : 03 29 09 23 60

VECOUX
(TH)
C.M. 62 Pli 16

1 ch. Une chambre d'hôtes dans un pavillon récent. 1er étage : 1 ch. triple composée de 3 pièces indép. (1 ch. 1 lit 1 pers., 2 ch. chacune 1 lit 2 pers.). Possibilité d'ajouter un lit enfant. Salle de bains et wc réservés aux hôtes. Séjour, bibliothèque à disposition des hôtes. Chauffage central. Jardin, tonnelle, terrasse, garage. Ping-pong. Monique vous ouvre les portes de sa maison et saura vous conseiller pour de sympathiques ballades à pied, à bicyclettes ou à ski. Restaurant 1 km. Tarif 4 pers. : 54 €. Langues parlées : allemand, anglais.

Prix : 1 pers. 25 € 2 pers. 31 € 3 pers. 43 € repas 11 €
Ouvert : Toute l'année.

40	5	40	0,5	7	1	5	SP	SP	22	1	1

Monique DUPRE - 2, rue de Ribeauxard - 88200 VECOUX - Tél. : 03 29 61 09 73 - E-mail : Frederic.Dupre1@etumail.ulp-nancy.fr - http://vecoux.phidji.com

VENTRON
Alt. : 800 m
(TH)
C.M. 62 Pli 17

5 ch. 5 ch. d'hôtes à l'ét. de la maison du propr. 4 ch. dont 1 avec salon (2 lits jumeaux chacune). S. d'eau et wc privés à chaque ch. 1 ch. 2 épis (1 lit 140), s. d'eau, wc privatifs sur palier. Salon commun. R.d.c. : salle à manger, salon communs aux propr. TV dans chaque ch. Chauff. central fuel. L-linge, sèche-linge, local ski à disposition. Terrasse. Barbecue. Faites étape à Ventron où Jean et Woss vous accueillent chez eux en amis et seront ravis de vous faire connaître leur belle région. Appréciez l'ambiance harmonieuse et raffinée de ces chambres, propice à la détente et goûtez aux joies d'un petit-déjeuner copieux. Tarif 4 pers. : 104 €.

Prix : 1 pers. 46/72 € 2 pers. 53/79 € 3 pers. 91 € repas 15 €
Ouvert : Toute l'année.

SP	SP	10	SP	12	SP	SP	SP	SP	45	6	6

Jean LA SALA - 6, route du Frère Joseph - 88310 VENTRON - Tél. : 03 29 24 13 48 - E-mail : jean@couette.com - www.couette.com/Main.htm

Alsace-Lorraine — Vosges

XERTIGNY Moyenpal (TH) C.M. 62 Pli 16

2 ch. **Epinal 18 km.** Deux chambres d'hôtes dans une grande maison. 1er étage. 1 chambre 2 pers. (1 lit 2 pers.), 1 chambre double 4 personnes (2 pièces communiquantes avec 2 lits 2 pers.). WC et salle d'eau privative à chaque chambre. Couloir commun. Chambres situées dans un petit village de la Vôge. Mamyvonne vous racontera sa vie et son pays. 1/2 pension 2 pers. 43 €.

Prix : 1 pers. **20 €** 2 pers. **27 €** 3 pers. **38 €** pers. sup. **11 €** repas **8 €**

Ouvert : Toute l'année.

48	48	16	4	18	5	4	1	2	15	18	4

Yvonne BOUGEL - Chez Mamyvonne - Moyenpal - 691, le Haut de Moyenpal - 88220 XERTIGNY - Tél. : 03 29 30 11 28

XERTIGNY Rasey   Alt. : 550 m   (TH)   C.M. 62 Pli 16

1 ch. Une chambre d'hôtes au rez-de-chaussée de la maison du propriétaire. Entrée extérieure indépendante. 1 ch. (1 lit 2 pers.), TV, salle d'eau et wc privatifs. Salle à manger et salon communs avec cheminée et TV. Billard. Chauffage central fuel. Terrain. Balançoire. Barbecue. Repas sur réservation. Dans un hameau de la Vôge, séjournez dans cette chambre d'hôtes confortable avec prestations appréciables, aménagée dans une ancienne ferme rénovée. Décoration chaleureuse. Les propriétaires ont également pensé à aménager leur structure pour l'accueil de nos amis handicapés.

Prix : 1 pers. **35 €** 2 pers. **39 €** repas **13 €**

Ouvert : Toute l'année.

46	18	15	3	8	8	3	SP	SP	10	20	8

Joel LACHAUX - 563, route du Coney - Rasey - 88220 XERTIGNY - Tél. : 03 29 30 18 26

AQUITAINE

Pour réserver, écrire ou téléphoner :

24 - DORDOGNE
LOISIRS ACCUEIL - Service Réservation
25, rue Wilson - B.P. 2063
24002 PÉRIGUEUX Cedex
Tél. : 05 53 35 50 24 ou 05 53 35 50 00
Fax : 05 53 35 50 41
www.resinfrance.com
ou http://www.perigord.tm.fr/tourisme/cdt
E-mail : dordogne.perigord.tourisme@wanadoo.fr

33 - GIRONDE
GÎTES DE FRANCE - Maison du Tourisme
21, cours de l'Intendance
33000 BORDEAUX
Tél. : 05 56 81 54 23 - Fax : 05 56 51 67 13

40 - LANDES
GÎTES DE FRANCE - Service Réservation
Cité Galliane - B.P. 279
40005 MONT-DE-MARSAN Cedex
Tél. : 05 58 85 44 44 - Fax : 05 58 85 44 45

47 - LOT-ET-GARONNE
GÎTES DE FRANCE - Service Réservation
11, rue des Droits-de-l'Homme
47000 AGEN
Tél. : 05 53 47 80 87
Fax : 05 53 66 88 29
E-mail : gites-de-france.47@wanadoo.fr

64 - PYRÉNÉES-ATLANTIQUES
GÎTES DE FRANCE - Service Réservation
20, rue Gassion - B.P. 537
64010 PAU Cedex
Tél. : 05 59 11 20 64
Fax : 05 59 11 20 60

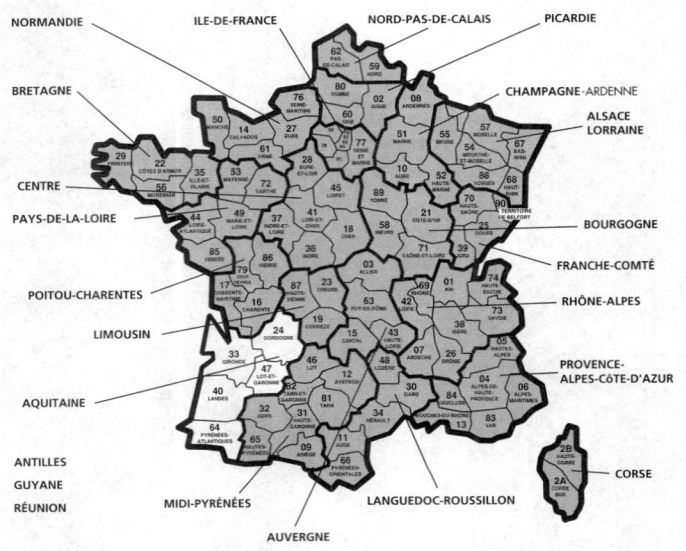

Aquitaine

Dordogne

LOISIRS ACCUEIL - Service Réservation
25, rue Wilson - B.P. 2063 - 24002 PERIGUEUX Cedex
Tél. 05 53 35 50 24 ou 05 53 35 50 01 - Fax 05 53 35 50 41
E.mail : dordogne.perigord.tourisme@wanadoo.fr
http://www.resinfrance.com ou http://www.perigord.tm.fr/tourisme/cdt

ABJAT-SUR-BANDIAT Chabanas
C.M. 72 Pli 15

2 ch. **Musée des Poupées à Nontron 16 km.** Au cœur du Parc Naturel Régional Périgord-Limousin, sur une exploitation agricole biologique avec production de fruits, transformation en apéritifs et digestifs et dégustation. 2 ch. 2 pers. (1 lit 180), salle d'eau et wc pour chaque chambre. Possibilité lit d'appoint et lit bébé. Entrée privée avec terrasse. Jardin, jeux et vélos à disposition des hôtes. Gîte Panda. A proximité du GR4 et GR436. Restaurant à proximité. Tél. et Fax. du propriétaire à dispo. Carte visa acceptée par le S.R.

Prix : 1 pers. 23 € – 2 pers. 38 € – pers. sup. 16 €
Ouvert : Toute l'année.

10	5	5	10	1	2	30	30	50	1

Renate et Jörg WEBER - « Le Verger »-Chabanas - 24300 ABJAT-SUR-BANDIAT - Tél. : 05 53 56 85 59 ou SR : 05 53 35 50 01 - Fax : 05 53 56 85 59 - E-mail : weber.le.verger@wanadoo.fr - (S.R.) : www.resinfrance.com/perigord

AGONAC Borie du Caillou
C.M. 75 Pli 5

1 ch. **Brantome-Bourdeilles 15 km. Périgueux 15 km. Mareuil 35 km.** Maison retirée sur une colline, à l'orée de la forêt. 1 ch. 3 pers. (1 lit 2 pers. 1 convertible 1 pers.), avec cabinet de toilette. Poss. lit d'appoint. S. d'eau particulière, wc communs. Terrasse fermée à dispo. des hôtes. Endroit calme, accueil chaleureux. Grottes de Villars, les châteaux et les églises romanes sont à visiter. Carte visa acceptée par le S.R.

Prix : 2 pers. 34 € – 3 pers. 45 € – pers. sup. 8 € – repas 13 € – 1/2 pens. 30 €
Ouvert : De juillet à fin septembre.

15	7	SP	15	3	7	15	12	3	3,5

Geneviève LALANNE - Borie du Caillou - 24460 AGONAC - Tél. : 05 53 06 37 92 ou SR : 05 53 35 50 01 - E-mail : (S.R.) : dordogne.perigord.tourisme@wanadoo.fr - (S.R.) : www.resinfrance.com/perigord

AJAT La Lande
C.M. 75 Pli 65

1 ch. **Montignac, Lascaux 20 km. Périgueux 30 km.** Dans une région préservée, belle maison périgourdine au milieu d'un jardin ombragé : 1 suite de 2 ch. 4 pers. (2 lits 2 pers.), avec wc particuliers, coin-salon avec TV dans chaque chambre. Entrée indépendante, bibliothèque à disposition des hôtes. Non loin des sites touristiques du Périgord Noir et tout proche de la Vallée de l'Auvézère. Endroit idéal pour pratiquer tous les sports : canoë kayak, randonnées pédestres et VTT et visiter les châteaux. Production et vente de produits régionaux. Restaurants à proximité. Tél. et Fax du propriétaire à dispo. Carte visa acceptée par le S.R.

Prix : 1 pers. 46 € – 2 pers. 46 € – 3 pers. 68 € – pers. sup. 9 €
Ouvert : Du 1er avril au 30 septembre.

1	15	SP	1	10	15	30	6	6

Lucienne et André CLERJOUX - La Lande - 24210 AJAT - Tél. : 05 53 05 12 53 - Fax : 05 53 05 12 53 ou SR : 05 53 35 50 01 - E-mail : (S.R.) : dordogne.perigord.tourisme@wanadoo.fr - (S.R.) : www.resinfrance.com/perigord

ARCHIGNAC Pouch
C.M. 75 Pli 17

4 ch. **Sarlat 18 km. Grottes de Lascaux 15 km.** Dans le Périgord Noir, maison périgourdine en pierre, non loin de Montignac, Sarlat et de la vallée de la Vézère. 3 ch. pour 2 pers. (2 lits 2 pers. 2 lits 1 pers.). 1 ch. avec mezzanine (1 lit 2 pers. 1 lit 1 pers.). Possibilité convertible 2 pers. S. d'eau, wc et coin-salon avec TV dans chaque chambre. Terrasse. Parc ombragé. Randonnées pédestres. Site calme. Gavage et conserves d'oies et de canards. Restaurant à proximité. Carte visa acceptée par S.R.

Prix : 1 pers. 34 € – 2 pers. 40 € – 3 pers. 49 € – pers. sup. 8 €
Ouvert : Du 1er avril au 11 novembre.

10	10	10	SP	8	18	15	30	16	6

Serge et Francine BOURGEADE - Pouch - 24590 ARCHIGNAC - Tél. : 05 53 28 85 02 - Fax : 05 53 28 90 53 ou SR : 05 53 35 50 01 - E-mail : (S.R.) : dordogne.perigord.tourisme@wanadoo.fr - (S.R.) : www.resinfrance.com/perigord

AUDRIX Jeandemai
C.M. 75 Pli 16

4 ch. **Les Eyzies 15 km. Gouffre de Proumeyssac à proximité.** Dans un mas Périgourdin du XVe et XVIIe s. situé dans un écrin de verdure sur 20 ha : 2 ch. 2 pers. (1 lit 2 pers.), s. de bains ou s. d'eau et wc pour chaque chambre. 2 ch. 3 pers. (1 lit 2 pers. 1 lit 1 pers.), salle d'eau, wc pour chaque chambre. Possibilité lit d'appoint et lit bébé. Salon avec TV à disposition. Authenticité, convivialité et sérénité assurés. Le mas domine Le Bugue, bordé par les Vallées de la Vézère et de la Dordogne, au cœur des sites touristiques du Périgord Noir. Restaurants à proximité. Carte visa acceptée par S.R

Prix : 1 pers. 40 € – 2 pers. 45 € – 3 pers. 60 € – pers. sup. 15 €
Ouvert : Du 1er mars au 31 décembre.

3	4	SP	3	3	4	14	4	4

Betty et Olivier PREAUX - Mas Jeandemai - 24260 AUDRIX - Tél. : 05 53 04 26 96 - Fax : 05 53 07 67 96 ou SR : 05 53 35 50 01 - E-mail : preotel@jeandemai.com - (S.R.) : www.resinfrance.com/perigord

Dordogne
Aquitaine

AZERAT Le Var
C.M. 75 Pli 7

||| 5 ch. **Grottes de Lascaux 18 km. Châteaux de Hautefort 20 km. Sarlat 40 km.** Ancienne ferme restaurée, au cœur de la campagne périgourdine. 1 chambre (1 lit 2 pers.), 4 chambres pour 3 pers. (1 lit 2 pers. 1 lit 1 pers.). 1 lit bébé. Salle d'eau et wc pour chaque chambre. Bibliothèque, TV. Bicyclettes. Prix décerné de l'accueil aux Cèpes d'Or 96. Restaurant à proximité. Tél. et Fax du propriétaire à dispo. Carte Visa acceptée par le S.R.

Prix : 1 pers. 36 € 2 pers. 43 € 3 pers. 64 €
Ouvert : Du 1er avril au 30 novembre.

10	3	3	3	3	18	18	35	1	3

Annie et Claude DELTEL - Le Var - 24210 AZERAT - Tél. : 05 53 05 28 52 - Fax : 05 53 05 28 52 ou SR : 05 53 35 50 01 - E-mail : (S.R.) : dordogne.perigord.tourisme@wanadoo.fr - (S.R.) : www.resinfrance.com/perigord/

BAYAC La Vergne
C.M. 75 Pli 15

||| 5 ch. **Monpazier 25 km. Cadouin 15 km.** Au cœur des bastides, 4 ch. pour 2 pers. (3 lits 2 pers. 1 lits 1 pers.). S.d.b. ou s. d'eau et wc pour chacune. 1 suite de 2 ch. pour 4 pers. (1 lit 2 pers., 2 lits 1 pers) acc. pers. hand. S.d'eau et wc privés. Poss. lit d'appoint et lit bébé. Salon avec TV à dispo. Parc ombragé, ping-pong. Tél./fax du propriétaire à dispo. Carte Visa acceptée par le S.R. Dans le Bergeraçois, en plein centre du Périgord pourpre, à un jet de pierre du Périgord néolithique, sur la vallée de la Dordogne. L'histoire et ses châteaux vous attendent. Venez à la campagne retrouver la maison de vos grands-mères qui sent le seringa et la confiture de fraises. TH sur résa. Langue parlée : anglais.

Prix : 1 pers. 48 € 2 pers. 55 € 3 pers. 69 € pers. sup. 80 €
repas 20 €
Ouvert : Toute l'année.

10	3	SP	8	12	20	10	4	8

PILLEBOUT Francine et CALMETTES Odile - Le Relais de la Vergne - 24150 BAYAC - Tél. : 05 53 57 83 16 - Fax : 05 53 57 83 16 - E-mail : (S.R.) : dordogne.perigord.tourisme@wanadoo.fr - (S.R.) : www.resinfrance.com/perigord/

BEAUMONT-DU-PERIGORD Le Grand Mayne
C.M. 75 Pli 15

|| 1 ch. **Bergerac 30 km. Abbaye de Cadouin 10 km. Sarlat 50 km.** Située en bout de maison totalement indépendante. 1 ch. pour 3 pers. (1 lit 2 pers. 1 lit 130). 1 salle d'eau, wc particuliers, confortable et très calme. Terrasse. Parc ombragé avec salon de jardin. Restaurants 2 km. Mini-golf à Saint-Avit-Senieur 5 km. Carte visa acceptée par le S.R.

Prix : 1 pers. 29 € 2 pers. 35 € 3 pers. 50 €
Ouvert : Toute l'année.

10	5	2	12	2	10	20	17	2

Raymonde et Albert VEYSSI - Le Grand Mayne - 24440 BEAUMONT-DU-PERIGORD - Tél. : 05 53 22 30 78 ou SR : 05 53 35 50 01 - E-mail : (S.R.) : dordogne.perigord.tourisme@wanadoo.fr - (S.R.) : www.resinfrance.com/perigord/

BEAUMONT-PERIGORD-LABOUQUERIE Petit-Brassac
C.M. 75 Pli 16

|| 3 ch. **Monpazier et château de Biron à proximité.** Dans une maison périgourdine de 1810, située au cœur des bastides. 2 chambres 2 pers. (1 lit 2 pers.) avec salle de bains ou salle d'eau et wc privés. 1 chambre 3 pers. (1 lit 2 pers. 1 lit 100) avec salle d'eau et wc privés. Possibilité lit d'appoint. Salon avec TV. Repas pris en famille. Carte visa acceptée par le S.R.

Prix : 1 pers. 32 € 2 pers. 35 € 3 pers. 47 € repas 14 €
1/2 pens. 32/46 €
Ouvert : Toute l'année.

25	10	15	20	5	10	20	20	17	5

Reine et Gilbert MARESCASSIER - Petit Brassac - Labouquerie - 24440 BEAUMONT-PERIGORD - Tél. : 05 53 22 32 51 - Fax : 05 53 22 32 51 ou SR : 05 53 35 50 01 - E-mail : (S.R.) : dordogne.perigord.tourisme@wanadoo.fr - (S.R.) : www.resinfrance.com/perigord/

BEAUSSAC Chez Robert
C.M. 72 Pli 15

|| 4 ch. **Brantôme 20 km. Périgueux 50 km.** Dans un lieu idéal pour un séjour de repos et de calme : 3 ch. pour 2 pers. (2 lits 160, 2 lits 1 pers.), 1 ch. 1 pers. (1 lit 1 pers.). Poss. lit d'appoint. S. d'eau et wc pour chacune. Salon avec TV et jeux de société. Salle de jardin à disposition des hôtes. Accueil chaleureux. Dans le Périgord Vert, endroit idéal pour explorer les nombreux lieux attractifs et la pratique de sports. Carte visa acceptée par le S.R. Langue parlée : anglais.

Prix : 1 pers. 27 € 2 pers. 41 € pers. sup. 14 €
Ouvert : Toute l'année.

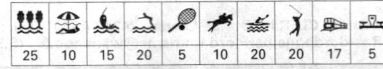

1	16	5	19	5	50	45	4,5

Katerine et Jean-Marie CHAPELLE-WELFFENS - Chez Robert - 24340 BEAUSSAC - Tél. : 05 53 56 56 51 - Fax : 05 53 56 56 59 ou SR : 05 53 35 50 01 - E-mail : (S.R.) : dordogne.perigord.tourisme@wanadoo.fr - (S.R.) : www.resinfrance.com/perigord/

BOURDEILLES La Rigeardie
C.M. 75 Pli 5

|| 5 ch. **Château de Bourdeilles 4 km. Brantôme 15 km. Périgueux 25 km.** Ancienne métairie rénovée avec le souci de conserver son aspect campagnard et confortable, au milieu d'un grand jardin fleuri. 5 ch. pour 2 pers. (4 lits 2 pers. 2 lits 120), 5 d'eau particulières, 2 wc communs. Salon. Nombreux GR à prox. et sites touristiques pour allier détente, promenade et culture. Stages de langues. Hors saison sur réservation. Restaurants à proximité. Carte visa acceptée par le S.R.

Prix : 1 pers. 34 € 2 pers. 41 €
Ouvert : Toute l'année.

4	1	4	4	2	4	20	25	4

Christiane et Ian TRICKETT - La Rigeardie - 24310 BOURDEILLES - Tél. : 05 53 03 78 90 - Fax : 05 53 04 56 95 ou SR : 05 53 35 50 01 - E-mail : langues.vives@wanadoo.fr - (S.R.) : www.resinfrance.com/perigord/

Aquitaine
Dordogne

BRANTOME Les Habrans
C.M. 75 Pli 5

5 ch. Périgueux, Villars, Bourdeilles, et Saint-Jean-de-Côle aux environs. Dans un mas du XVIIe s. 4 chambres pour 2 pers. (3 lits 2 pers. 2 lits 120), 1 ch. 3 pers. (3 lits 120), salle de bains ou salle d'eau et wc pour chacune. Salon avec TV à dispo des hôtes. A 1 km de Brantôme, se cache « les Habrans », mas du XVIIe siècle, avec son jardin, au calme, bordé par la rivière « la Dronne ». Calme et détente dans une région verdoyante au riche passé (préhistoire, châteaux...). Restaurant à proximité. Carte visa acceptée par le S.R. Langue parlée : anglais.

Prix : 1 pers. 40 € 2 pers. 49 € 3 pers. 54 €
Ouvert : Du 1er mai au 31 octobre.

	SP	SP	SP	SP	1	1	1	26	26	1

Pierre FALCOZ - Les Habrans - 24310 BRANTOME - Tél. : 05 53 05 58 84 - Fax : 05 53 05 58 84 ou SR : 05 53 35 50 01 - E-mail : (S.R.) : dordogne.perigord.tourisme@wanadoo.fr - (S.R.) : www.resinfrance.com/perigord

LE BUISSON-DE-CADOUIN Les Sycomores (TH)
C.M. 75 Pli 16

2 ch. Abbaye de Cadouin 6 km. Les Eyzies 20 km. Grande maison Périgourdine avec jardin, à l'entrée du village. 2 ch. 2 pers. (1 lit 2 pers., 2 lits 1 pers.), 1 lit bébé). Salle d'eau et wc pour chaque chambre. Séjour avec TV. Nombreux sites touristiques dans les environs. Table d'hôtes sur réservation. Carte visa acceptée par le S.R.

Prix : 1 pers. 34 € 2 pers. 44 € repas 12 € 1/2 pens. 34/46 €
Ouvert : Toute l'année.

	0,8	0,5	18	SP	3	0,8	10	0,5	0,2

LINES Jacqueline et Anne-Marie - Les Sycomores - 24480 LE-BUISSON-DE-CADOUIN - Tél. : 05 53 22 05 80 - Fax : 05 53 27 89 98 - E-mail : (S.R.) : dordogne.perigord.tourisme@wanadoo.fr - (S.R.) : www.resinfrance.com/perigord

LE BUISSON-DE-CADOUIN La Feuillantine
C.M. 75 Pli 16

3 ch. Sarlat 35 km. Lascaux 25 km. La Roque-Gageac, Domme, Beynac 15/20 km. Dans une très belle maison périgourdine récente dans la vallée de la Dordogne. 2 ch. pour 2 pers. (1 lit 2 pers, 2 lits 1 pers) et 1 ch pour 3 pers. (1 lit 2 pers. 1 lit 1 pers.). Salle d'eau et wc pour chacune avec entrée indép. de plain-pied. Poss. lit bébé. Séjour avec TV et biblio. à dispo. des hôtes. Terrasse et parking. Renseignements et accueil chaleureux. Restaurant à proximité. Environnement très calme, proche des bois et des sites touristiques. Carte visa acceptée par le S.R. Langue parlée : anglais.

Prix : 1 pers. 41 € 2 pers. 44 € 3 pers. 54 €
Ouvert : Du 15 mars au 15 octobre.

	1	1	1	1	1	3	1	10	1	1

Geneviève et Jean DONVAL - Lacoste, La Feuillantine - 24480 LE-BUISSON-DE-CADOUIN - Tél. : 05 53 23 95 37 - Fax : 05 53 23 95 37 ou SR : 05 53 35 50 01 - E-mail : (S.R.) : dordogne.perigord.tourisme@wanadoo.fr - (S.R.) : www.resinfrance.com/perigord

CAPDROT Le Bouyssou (TH)
C.M. 75 Pli 16

2 ch. Bastide de Monpazier 4 km. Château de Biron 8 km. Sarlat 50 km. Belle maison en lisière d'un bois sur une propriété de 11 ha., 2 ch pour 2 pers (1 lit 2 pers), salles d'eau privées, wc communs. Salon avec TV, biblio et cheminée à disposition des hôtes. Espace vert et fleuri. A 5 km de la Bastide de Monpazier. Circuit pédestres et cyclistes. Accueil chaleureux. Dîner pris en famille sur réservation. Carte visa acceptée par le S.R.

Prix : 1 pers. 31 € 2 pers. 40 € repas 10 € 1/2 pens. 30/41 €
Ouvert : Toute l'année.

	5	6	15	4	5	25	30	4

Jeanine et François LEGAUT - Le Bouyssou - 24540 CAPDROT - Tél. : 05 53 22 60 72 ou SR : 05 53 35 50 01 - E-mail : (S.R.) : dordogne.perigord.tourisme@wanadoo.fr - (S.R.) : www.resinfrance.com/perigord

CAPDROT Malapré (TH)
C.M. 75 Pli 16

1 ch. Monpazier 5 km. Sarlat 35 km. Maison à la campagne, dans une région calme et boisée, proche des nombreuses bastides et châteaux du Périgord Pourpre. Production de pruneaux, d'asperges, bovins. 1 suite de 2 ch. 4 pers. (1 lit 2 pers. 2 lits 1 pers.). Salle de bains, douche et wc pour les 2 ch. Poss. lit d'appoint. Repas pris en famille. Carte visa acceptée par le S.R.

Prix : 1 pers. 31 € 3 pers. 39 € pers. sup. 7 € repas 11 € 1/2 pens. 27 €
Ouvert : Toute l'année.

	18	5	5	20	18	4,5

Lydie BOURGES - Malapré - 24540 CAPDROT - Tél. : 05 53 22 62 24 ou SR : 05 53 35 50 01 - E-mail : (S.R.) : dordogne.perigord.tourisme@wanadoo.fr - (S.R.) : www.resinfrance.com/perigord

CARLUX La Vigerie
C.M. 75 Pli 18

4 ch. Sarlat, Domme 14 km. Beynac 12 km. 4 chambres 2 pers. (3 lits 160, 2 lits 1 pers.). Salle de bains ou salle d'eau et wc pour chaque chambre. Cheminée dans chaque chambre. Salon à disposition des hôtes. Dans 1 parc de 9 ha., bordé par la rivière « Dordogne », au cœur des principaux sites touristiques, cette chartreuse de 1731 vous accueille dans ses chambres spacieuses au décor raffiné. Restaurant à proximité. Carte visa acceptée par le S.R. Langue parlée : anglais.

Prix : 1 pers. 75 € 2 pers. 80 €
Ouvert : Toute l'année.

	SP	SP	SP	2	2	1	14	12	2

Christine et J-Claude PIGEON - La Vigerie - 24370 CARLUX - Tél. : 05 53 28 65 94 - Fax : 05 53 28 65 95 ou SR : 05 53 35 50 01 - E-mail : (S.R.) : dordogne.perigord.tourisme@wanadoo.fr - (S.R.) : www.resinfrance.com/perigord

Dordogne   *Aquitaine*

CASTELS Campagnac   C.M. 75 Pli 16

1 ch. **Sarlat 20 km. Les Eyzies et Beynac 10 km. Lascaux 30 km.** Située en pleine nature, cette chambre entièrement indépendante, bénéficie d'une magnifique vue sur la Vallée de la Dordogne. 1 ch 3 pers. (1 lit 2 pers. 1 lit 1 pers), 1 lit bébé, salle d'eau et wc privés. Terrasse couverte avec salon de jardin. Endroit très calme et reposant au cœur du Périgord Noir. Possibilité de TH sur réservation. Carte visa acceptée par le S.R. Tél. et fax du propriétaire à dispo. Langue parlée : anglais.

Prix : 1 pers. 30 € 2 pers. 45 € 3 pers. 52 € repas 16 €
1/2 pens. 39/46 €

5	5	10	1,5	3	7	7	10	1,5

Ouvert : Du 1er avril au 31 octobre.
Marcelle et Marc BOUREAU - Campagnac - 24220 CASTELS - Tél. : 05 53 29 26 03 - Fax : 05 53 29 26 03 ou SR : 05 53 35 50 01 -
E-mail : (S.R.) : dordogne.perigord.tourisme@wanadoo.fr - (S.R.) : www.resinfrance.com/perigord

CENAC La Guerinière - Baccas   C.M. 75 Pli 17

5 ch. **Sarlat 12 km. Domme 3 km. La Roque-Gageac 5 km.** Cette chartreuse périgourdine du XVIIIe siècle, vous accueillera au milieu d'un parc de 10 ha. dans la plus pure tradition du Périgord. 4 ch. 2 pers. (3 lits 2 pers. 2 lits 1 pers.), 1 ch. 3 pers. (1 lit 2 pers. 1 lit 1 pers.), 1 lit bébé. S.d.b. ou s. d'eau et wc pour chaque chambre. Calme et verdure assurés. Vue exceptionnelle sur Domme. Vous y dégusterez des produits fermiers, cuisinés dans la tradition, par les maîtres des lieux.

Prix : 1 pers. 49 € 2 pers. 54 € 3 pers. 68 € repas 19 €
1/2 pens. 46/68 €

7	1,5	1,5	SP	3	1,5	6	12	1,5

Ouvert : Du 1er avril au 31 octobre.
DEMASSOUGNE Brigitte et Christophe - Baccas - « La Guérinière » - 24250 CENAC - Tél. : 05 53 29 91 97 - Fax : 05 53 30 23 89 ou
SR : 05 53 35 50 01 - E-mail : (S.R.) : dordogne.perigord.tourisme@wanadoo.fr - (S.R.) : www.resinfrance.com/perigord

CHAMPAGNAC-DE-BELAIR Château de la Borie   C.M. 75 Pli 5

5 ch. **Brantôme 3 km. Périgueux 30 km.** Chambres spacieuses avec meubles anciens. 4 ch. 2 pers. (2 lits 160, 2 lits 2 pers.), 1 ch. 3 pers. (1 lit 2 pers. 1 lit 100). S.d.b. et wc chacune. Poss. lit enfant et lit d'appoint. Salon et bibliothèque à la disposition des hôtes. Vous serez reçus par les maîtres de maison avec beaucoup d'attention. Restaurant à proximité. Ancien repaire noble des XIVe et XVIIe siècles situé au milieu d'un parc arboré de 5 ha. A 3 km de Brantôme « la Venise du Périgord ». Divers châteaux à visiter. Ambiance d'autrefois. Endroit idéal pour les amoureux du calme et des vieilles pierres. Carte visa acceptée par le S.R. Langue parlée : anglais.

Prix : 1 pers. 53 € 2 pers. 80 € 3 pers. 101 € pers. sup. 22 €

1	SP	0,8	12	3	30	30	0,8

Ouvert : Toute l'année, de novembre au 15 avril sur réservation.
Claude et Michel DUSEAU - Château de la Borie - Saulnier - 24530 CHAMPAGNAC-DE-BELAIR - Tél. : 05 53 54 22 99 -
Fax : 05 53 08 53 78 ou SR : 05 53 35 50 01 - E-mail : (S.R.) : dordogne.perigord.tourisme@wanadoo.fr - (S.R.) :
www.resinfrance.com/perigord

CHAMPAGNE-ET-FONTAINE Domaine de Puytirel   C.M. 75 Pli 4

5 ch. **Brantôme-Bourdeilles 25 km** Située au milieu d'1 parc ombragé d'arbres centenaires. 2 ch. 2 pers. (2 lits 120) dont 1 accessible aux personnes handicapées. S.d.b. ou s. d'eau et wc pour chaque ch. 3 ch 3 pers. (3 lits 2 pers. 1 lit 110,1 lit 100,1 lit 1 pers), 2 lits bébé. S.d.b. ou s. d'eau et wc pour chaque chambre. Poss. lit d'appoint. Chaque objet raconte une histoire dans cette demeure du XIXe siècle. Les petits déjeuners sont agrémentés de confiture et patisseries maison. Ambiance familiale. Table d'hôtes sur réservation. Carte visa acceptée par le S.R. Langue parlée : anglais.

Prix : 1 pers. 44 € 2 pers. 54 € 3 pers. 66 € pers. sup. 16 €
repas 19 € 1/2 pens. 46/63 €

2	1	SP	5	10	15	20	35	10

Ouvert : Toute l'année.
Reine SOUMAGNAC - Domaine de Puytirel - 24320 CHAMPAGNE-ET-FONTAINE - Tél. : 05 53 90 90 88 - Fax : 05 53 91 64 57 ou
SR : 05 53 35 50 01 - E-mail : puytirel@wanadoo.fr - (S.R.) : www.resinfrance.com/perigord

CHAMPNIERS-ET-REILHAC Baupommier   C.M. 72 Pli 15

5 ch. **Nontron et son musée des poupées 18 km.** 5 ch. 2 pers. (4 lits 2 pers. 2 lits 1 pers.). Salle de bains ou salle d'eau et wc privés pour chaque chambre. Possibilité lit enfant et lit d'appoint. Bibliothèques à disposition. Dans fermette du XVIIe siècle, au cœur du Parc Naturel Régional Périgord-Limousin, chaque chambre est personnalisée sur le thème d'un grand peintre. Endroit très calme et point de départ idéal pour randonnées pédestres. TH avec les produits du jardin. Carte visa acceptée par le S.R. Langues parlées : anglais, italien, espagnol.

Prix : 1 pers. 38 € 2 pers. 42 € pers. sup. 11 € repas 19 €

5	5	2	18	2	12	28	20	2

Ouvert : Toute l'année.
Reine et Dominic FACCINI - Baupommier - 24360 CHAMPNIERS-ET-REILHAC - Tél. : 05 53 60 55 17 - Fax : 05 53 60 76 94 ou
SR : 05 53 35 50 01 - E-mail : (S.R.) : dordogne.perigord.tourisme0wanadoo.fr - (S.R.) : www.resinfrance.com/perigord

CHANTERAC Chaniveau   C.M. 75 Pli 4

1 ch. **Saint-Astier, Riberac 12 km. Périgueux 26 km.** Dans une ancienne ferme restaurée du XVIIe siècle, au style régional dans un village Renaissance, en lisière de la forêt de la Double. 1 ch. (1 pers.). Poss. lit bébé. Salle de bains et wc privés. Salon avec hifi, bibliothèque et jeux de société à disposition des hôtes. Point de départ idéal pour rando., visites de châteaux, églises romanes et sites naturels. Parc ombragé. Petit déjeuner servi au jardin. Table d'hôtes sur réservation. Carte visa acceptée par le S.R

Prix : 1 pers. 35 € 2 pers. 42 € pers. sup. 8 € repas 14 €
1/2 pens. 35/49 €

10	10	12	4	10	12	25	11	2

Ouvert : Toute l'année.
Françoise et Claude BRALET - Chaniveau - 24190 CHANTERAC - Tél. : 05 53 82 38 25 ou SR : 05 53 35 50 01 - E-mail : (S.R.) :
dordogne.perigord.tourisme@wanadoo.fr - (S.R.) : www.resinfrance.com/perigord

Aquitaine — Dordogne

CHERVAL Les Pouyades
C.M. 75 Pli 4

2 ch. Brantôme 25 km et Périgueux 40 km, villes touristiques. Maison de maître du fin XIX⁰ siècle, au milieu d'un vaste parc ombragé aux portes du Périgord Vert, sur le circuit des églises romanes : 1 ch. 2 pers. (2 lits 100) s.d.b et wc privés, 1 ch. 2 pers. (1 lit 150), s. d'eau et wc privés. 2 lits bébé, possibilité d'un lit d'appoint. Restaurant à proximité. De novembre à mai sur réservation. Carte visa acceptée par S.R.

Prix : 1 pers. 46 € 2 pers. 69 €
Ouvert : Toute l'année.

20	10	5	5	5	20	35	40	5

Thérèse et J-Marie TRUFFAUX - Les Pouyades - 24320 CHERVAL - Tél. : 05 53 91 02 96 - Fax : 05 53 91 02 96 ou SR : 05 53 35 50 01 - E-mail : (S.R.) : dordogne.perigord.tourisme@wanadoo.fr - (S.R.) : www.resinfrance.com/perigord

CHERVAL Chez Itout
C.M. 75 Pli 4

2 ch. Brantôme 20 km. Bourdeilles 15 km. Grange restaurée dans le style du pays, attenante à une maison bourgeoise du XVIII⁰ s. 2 ch pour 2 pers (1 lit 2 pers), salle d'eau et wc pour chaque ch. Possibilité lits bébé. Sauna à disposition des hôtes. Calme et repos assurés. Accueil chaleureux. Nombreuses activités sportives et culturelles à proximité. Restaurant à proximité. Carte visa acceptée par le S.R. Langues parlées : anglais, hollandais, allemand.

Prix : 1 pers. 38 € 2 pers. 43 €
Ouvert : Toute l'année.

15	20	3	5	0,2	5	18	40	42	5

Nicole et André VIGNE - Chez Itout - 24320 CHERVAL - Tél. : 05 53 91 04 56 ou SR : 05 53 35 50 01 - E-mail : (S.R.) : dordogne.perigord.tourisme@wanadoo.fr - (S.R.) : www.resinfrance.com/perigord

CHERVEIX-CUBAS Les Bugets
C.M. 75 Pli 7

3 ch. Château de Hautefort 2,5 m, Lascaux 30 km. A deux pas du château de Hautefort, Jacques et Vismari vous accueillent dans le cadre calme et reposant de leur maison traditionnelle noyée dans la campagne du Périgord. 1 ch 1 pers (1 lit 120), 2 ch 2 pers (1 lit 2 pers, 1 lit 2 pers, 2 lits 120). Salle d'eau et wc pour chaque chambre. Possibilité lit d'appoint. Salon avec TV et piano à disposition. Accueil familial. Parc fleuri et ombragé avec court de tennis. Restaurant à proximité. Carte visa acceptée par le S.R. Langues parlées : anglais, espagnol.

Prix : 1 pers. 46 € 2 pers. 46 € pers. sup. 8 €
Ouvert : Toute l'année.

2	2	10	SP	2	2	40	40	1,5

Vismari et Jacques LACOSTE - Les Bugets - 24390 CHERVEIX-CUBAS - Tél. : 05 53 50 42 60 - Fax : 05 53 50 42 07 ou SR : 05 53 35 50 01 - E-mail : (S.R.) : dordogne.perigord.tourisme@wanadoo.fr - (S.R.) : www.resinfrance.com/perigord

LE COUX-ET-BIGAROQUE La Grave
C.M. 75 Pli 16

4 ch. Les Eyzies 13 km. Vallée de la Dordogne. Maison périgourdine récente dominant la Vallée de la Dordogne, situation calme dans la campagne. 3 ch. 2 pers (1 lit 2 pers) et 1 ch 3 pers (1 lit 2 pers, 1 lit 1 pers), 1 lit bébé. Salle d'eau particulière. 2 wc sur le palier. Salle de séjour avec TV. Terrasse. Accueil chaleureux. Restaurants à proximité. Carte visa acceptée par le S.R. Langue parlée : allemand.

Prix : 1 pers. 29 € 2 pers. 32 € 3 pers. 38 €
Ouvert : Du 1er mars au 31 octobre.

3	3	3	3	5	7	13	3

Marthe LE MOAL - La Grave - 24220 LE-COUX-ET-BIGAROQUE - Tél. : 05 53 31 69 19 ou SR : 05 53 35 50 01 - E-mail : (S.R.) : dordogne.perigord.tourisme@wanadoo.fr - (S.R.) : www.resinfrance.com/perigord

LE COUX-ET-BIGAROQUE La Brunie

5 ch. Villes touristiques : Les Eyzies 10 km et Sarlat 24 km. Beynac 5 km. Dans un manoir du XVIII⁰ s. 4 ch., 2 pers. (2 lits 160, 1 lit 2 pers., 2 lits 1 pers.), 1 ch. 3 pers. (1 lit 160, 1 lit 2 pers.). Possibilité lit d'appoint. Salle de bains et wc pour chacune. Accès indépendant aux chambres. Salon avec bibliothèque à disposition des hôtes. Parc ombragé. Restaurant à proximité. Carte visa acceptée par le S.R. Vous pourrez profiter du cadre magnifique de ce manoir du XVIII⁰ siècle, pour faire charme de ses grandes chambres admirablement meublées et décorées, mais aussi leur confort.

Prix : 2 pers. 86 € pers. sup. 17 €
Ouvert : Toute l'année.

3	1	3	1	2	3	6	4	3

Ghislaine et Marc OREFICE - La Brunie - 24220 LE-COUX-ET-BIGAROQUE - Tél. : 05 53 29 61 42 - Fax : 05 53 28 62 35 ou SR : 05 53 35 50 01 - E-mail : marc.orefice@wanadoo.fr - (S.R.) : www.resinfrance.com/perigord

LE COUX-ET-BIGAROQUE Les Tyssanderies
C.M. 75 Pli 16

4 ch. Sarlat 25 km. Les Eyzies 13 km. Dans une ferme située sur un coteau dans un cadre verdoyant. 2 ch. 2 pers. (1 lit 2 pers. 2 lits 120), ch. 2 pers. avec wc chacune, 2 ch. 3 pers. (1 lit 160, 1 lit 2 pers. 1 lit 1 pers.), salle de bains ou salle d'eau et wc pour chaque ch. Possibilité lits bébé. Entre la vallée de la Dordogne et de la Vézère. Accueil chaleureux. Table d'hôtes sur réservation. Carte visa acceptée par le S.R.

Prix : 1 pers. 29 € 2 pers. 34 € 3 pers. 44 € repas 13 €
1/2 pens. 30/42 €
Ouvert : Du 1er février au 30 novembre.

11	3	3	SP	2	5	3	7	6	3

Jeanne CHAZELAS - Les Tyssanderies - 24220 LE-COUX-ET-BIGAROQUE - Tél. : 05 53 31 62 52 ou SR : 05 53 35 50 01 - E-mail : (S.R.) : dordogne.perigord.tourisme@wanadoo.fr - (S.R.) : www.resinfrance.com/perigord

Dordogne   *Aquitaine*

CREYSSENSAC-ET-PISSOT Fauchérias   C.M. 75 Pli 5

1 ch. **Périgueux 15 km. Vallée de la Dordogne 40 km. Les Eyzies 25 km.** Entre Périgueux et Bergerac, au cœur du pays de la fraise, une hôtesse chaleureuse vous accueille dans une coquette suite indépendante de 2 ch. pour 3 pers. (1 lit 2 pers., 1 lit 130), s. d'eau et wc privés. Coin-salon avec TV, jeux et biblio. Terrasse couverte avec salon de jardin. Restaurant à proximité. Plaisirs gourmands, bucoliques et sportifs dans un rayon de 15 km. Plaisirs culturels riches à moins d'une heure des grands sites touristiques. Carte visa acceptée par le S.R.

Prix : 1 pers. 31 € 2 pers. 42 € 3 pers. 62 €
Ouvert : Toute l'année.

6	15	15	6	6	15	15	15	6

Moky BOUFFORT - Fauchérias - 24380 CREYSSENSAC-ET-PISSOT - Tél. : 05 53 46 66 77 ou SR : 05 53 35 50 01 - E-mail : (S.R.) : dordogne.perigord.tourisme@wanadoo.fr - (S.R.) : www.resinfrance.com/perigord/

EYLIAC La Maurinie   C.M. 75 Pli 6

4 ch. **Périgueux 15 km. Les Eyzies 30 km. Sarlat 60 km.** Dans 1 ferme périgourdine, 3 ch. d'hôtes 2 pers. (2 lits 2 pers. 2 lits 1 pers.), 1 suite de 2 ch. pour 5 pers. (2 lits 2 pers. 1 lit 1 pers.). Possibilité lit enfant. Salle d'eau et wc privés. Salon avec TV. Elevage de vaches, canards. Stages foie gras, cuisine traditionnelle. Carte visa acceptée par le S.R. Prix chambre + petitdéjeuner pour 4 pers. : 61 €.

Prix : 1 pers. 32 € 2 pers. 34 € 3 pers. 60 € repas 14 €
1/2 pens. 32 € pens. 34 €
Ouvert : Toute l'année sur réservation.

5	SP	10	2	5	15	15	2	2

Famille ALARD - SARL La Maurinie - 24330 EYLIAC - Tél. : 05 53 07 57 18 - E-mail : (S.R.) : dordogne.perigord.tourisme@wanadoo.fr - (S.R.) : www.resinfrance.com/perigord/

EYMET Cogulot   C.M. 75 Pli 14

1 ch. **Bergerac 30 km.** Dans une maison périgourdine au milieu d'un grand parc et des bois. 1 suite de 2 ch. pour 4 pers. (1 lit 2 pers. 2 lits 1 pers.) en rez-de-chaussée. Salle d'eau et wc particuliers. Lit bébé sur demande. Restaurant à proximité. Terrasse, salon d'été avec bibliothèque. TV. Carte visa acceptée par le S.R.

Prix : 1 pers. 31 € 2 pers. 40 € 3 pers. 54 € pers. sup. 9 €
Ouvert : Toute l'année.

0,3	1,5	3	3	15	2,4	17	32	2,5

A-Marie et Daniel VIILEMAIN - La Falaise du Vergne. Cogulot - 24500 EYMET - Tél. : 05 53 23 88 95 - Fax : 05 53 23 25 92 ou SR : 05 53 35 50 01 - E-mail : (S.R.) : dordogne.perigord.tourisme@wanadoo.fr - (S.R.) : www.resinfrance.com/perigord/

FAUX La Genèbre   C.M. 75 Pli 15

1 ch. **Issigeac 8 km. Mombazillac 14 km. Bergerac 17 km. Sarlat 45 km.** Au cœur du Périgord Pourpre dans 1 hameau, maison périgourdine entourée d'un jardin paysager proche d'un ruisseau. 1 suite de 2 ch. 5 pers. (2 lits 2 pers. 1 lit 1 pers.), possibilité de lit bébé. S. d'eau et wc privés. Vélos à dispo. des hôtes. Accueil chaleureux. Restaurant à proximité. Environnement boisé avec chemins pédestres et équestres. Prix ch. + petit déjeuner pour 4 pers. : 90 €, pour 5 pers. : 99 €. Carte visa acceptée par le S.R.

Prix : 1 pers. 32 € 2 pers. 45 € 3 pers. 54 €
Ouvert : Toute l'année.

5	8	SP	8	3	20	10	20	3

Françoise et Gérard BOILLIN - La Genèbre - 24560 FAUX - Tél. : 05 53 24 30 21 ou SR : 05 53 35 50 01 - E-mail : zeldan@club-internet.fr - (S.R.) : www.resinfrance.com/perigord/

FLEURAC Le Maillet   C.M. 75 Pli 16

2 ch. **Vallée de la Vézère 5 km. Les Eyzies 15 km. Sarlat 35 km.** Dans une belle maison périgourdine dans la campagne. 2 ch. 2 pers. (1 lit 2 pers.) dont 1 ch. accessible aux pers. handicapées. Possibilité lit bébé. S.d.b. et wc pour chaque chambre. Entrée indépendante donnant sur un jardin fleuri. TV à dispo. des hôtes. A 10 mn des sites les plus réputés du Périgord Noir. Calme et confort assurés, accueil chaleureux. Restaurant à proximité. Petits déjeuners copieux. Carte visa acceptée par le S.R. Langue parlée : anglais.

Prix : 1 pers. 46 € 2 pers. 53 €
Ouvert : Toute l'année.

3	3	5	3	5	5	5	10	9

Mina ADDARI-BLIGHT - Le Maillet - 24580 FLEURAC - Tél. : 05 53 05 43 30 ou SR : 05 53 35 50 01 - E-mail : (S.R.) : dordogne.perigord.tourisme@wanadoo.fr - (S.R.) : www.resinfrance.com/perigord/

FOULEIX Moulin Neuf   C.M. 75 Pli 15

5 ch. **Bergerac 25 km. Périgueux 36 km.** Dans une jolie ferme restaurée. 2 chambres pour 2 pers. (1 lit 2 pers.). 3 chambres pour 3 pers. (3 lit 2 pers. 2 lits 120, 1 lit 1 pers.). Salle d'eau et wc pour chaque chambre. Au bord d'un étang, cadre agréable, détente et repos assurés. Point de départ idéal pour les randonnées pédestres. Ferme-auberge à proximité. Carte visa acceptée par le S.R.

Prix : 1 pers. 28 € 2 pers. 31 € 3 pers. 41 €
Ouvert : Toute l'année.

9	0,1	24	11	13	25	24	3	

Solange et Alain COURTINES - Moulin Neuf - 24380 FOULEIX - Tél. : 05 53 82 96 74 ou SR : 05 53 35 50 01 - E-mail : (S.R.) : dordogne.perigord.tourisme@wanadoo.fr - (S.R.) : www.resinfrance.com/perigord/

Aquitaine — Dordogne

GAUGEAC Tandou (TH) C.M. 75 Pli 6

4 ch. Château de Biron 1 km. Sarlat et Bergerac 45 km. Dans le Périgord Pourpre, une jolie ferme. 3 ch. pour 2 pers. (2 lits 2 pers. 2 lits 1 pers.). 1 ch. pour 3 pers. (1 lit 2 pers. 1 lit 1 pers.). Possibilité lit d'appoint. S. d'eau et wc chacune. Salle de séjour avec TV. Terrasse et parc ombragé. Accès indépendant aux chambres. Entre Bergerac et Sarlat, à 1 km du château de Biron. Vue panoramique sur la bastide de Monpazier. Chemins de randonnée sur place. Proximité de nombreux sites touristiques. Animaux de basse-cour. Gastronomie locale à la table familiale. Carte visa acceptée par le S.R.

Prix : 1 pers. 36 € 2 pers. 40 € 3 pers. 57 € pers. sup. 13 € repas 14 € 1/2 pens. 34/50 € pens. 48/64 €

Ouvert : Toute l'année.

2	1	5	2	2	20	15	15	2

Simone et Robert-Jean VERGNE - Tandou - 24540 GAUGEAC - Tél. : 05 53 22 62 28 - Fax : 05 53 22 62 28 ou SR : 05 53 35 50 01 - E-mail : (S.R.) : dordogne.perigord.tourisme@wanadoo.fr - (S.R.) : www.resinfrance.com/perigord/

LA GONTERIE-BOULOUNEIX Le Coudert (TH) C.M. 75 Pli 5

3 ch. Brantôme 6,5 km. Bourdeilles 9 km. Dans une jolie ferme à la campagne au cœur du Périgord Vert. 3 chambres 2 pers. (1 lit 2 pers.). Possibilité lit d'appoint. Salle de bains et wc ou salle d'eau et wc pour chaque chambre. Accueil chaleureux. Calme et repos assurés. Carte visa acceptée par le S.R.

Prix : 1 pers. 35 € 2 pers. 42 € pers. sup. 10 € repas 14 € 1/2 pens. 35/49 €

Ouvert : Du 1er février au 31 décembre.

7	7	9	7	9	7	30	34	6

MAGRIN Colette et Claude-Bernard - Le Coudert - 24310 LA-GONTERIE-BOULOUNEIX - Tél. : 05 53 05 75 30 ou SR : 05 53 35 50 01 - E-mail : (S.R.) : dordogne.perigord.tourisme@wanadoo.fr - (S.R.) : www.resinfrance.com/perigord/

JOURNIAC Les Landettes C.M. 75 Pli 16

3 ch. Les Eyzies 15 km. Périgueux, Sarlat et Bergerac 30 km. Dans une fermette restaurée dominant la vallée de la Vézère. 2 chambres pour 2 pers. (2 lits 2 pers.), 1 chambre pour 3 pers. (3 lits 1 pers.). Poss. lit d'appoint. Salle d'eau et wc pour chacune. Entrée indépendante. Salon de jardin à dispo des hôtes. Environnement calme et agréable. Accueil chaleureux. Restaurant à proximité. En Périgord Noir, sur 2 ha., fermette restaurée dominant la vallée de la Vézère, à proximité des nombreux sites touristiques avec nombreuses activités sportives, comme les randonnées à pied, à vélo, à cheval, descentes de rivières en canoë, etc... Carte visa acceptée par le S.R.

Prix : 1 pers. 40 € 2 pers. 45 € 3 pers. 58 € pers. sup. 4 €

Ouvert : Toute l'année.

10	10	SP	10	5	10	3	10	10

Annie et André STOCKLOUSER - Les Landettes - 24260 JOURNIAC - Tél. : 05 53 54 35 19 - Fax : 05 53 54 35 19 ou SR : 05 53 35 50 01 - E-mail : (S.R.) : dordogne.perigord.tourisme@wanadoo.fr - (S.R.) : www.resinfrance.com/perigord/

JUMILHAC-LE-GRAND Les Vignes de Chalusset (TH) C.M. 72 Pli 17

5 ch. Château de Jumilhac Le Grand 4 km. Brantome 46 km. Au cœur du Parc Naturel Régional Périgord-Limousin, dans un hameau, jolie ferme restaurée avec climatisation, au milieu d'un parc. 4 ch. 2 pers. (3 lits 2 pers. 2 lits 120) dont 1 accessible aux personnes handicapées. 1 ch. 3 pers. (1 lit 3 pers.). S. d'eau, wc dans chaque chambre. Possibilité lit d'appoint. Prise TV dans chaque chambre. Salon avec TV, bibliothèque et jeux à disposition des hôtes. Environnement calme, reposant et boisé avec des chemins pédestres. Petit-déjeuner agrémenté de viennoiserie et confitures faites maison. Cuisine régionale servie à la table d'hôtes. Carte visa acceptée par le S.R.

Prix : 1 pers. 35 € 2 pers. 40 € 3 pers. 49 € pers. sup. 9 € repas 14 € 1/2 pens. 34/49 €

Ouvert : Toute l'année.

3	3	SP	4	4	3	50	4	4

CHEDEVILLE Michel et SENEE Christine - Les Vignes de Chalusset - 24630 JUMILHAC-LE-GRAND - Tél. : 05 53 52 38 25 ou SR : 05 53 35 50 01 - E-mail : (S.R.) : dordogne.perigord.tourisme@wanadoo.fr - (S.R.) : www.resinfrance.com/perigord/

LALINDE Le Maine C.M. 75 Pli 15

2 ch. Bergerac 20 km. Sarlat 40 km. Dans une maison typique du Périgord. 2 chambres d'hôtes pour 2 pers. (1 lit 2 pers.). Poss. lit d'appoint et lit bébé. Salle d'eau et wc pour chaque chambre. Endroit très ombragé et calme, dans un cadre de verdure, entre Bergerac et ses vignobles, et Sarlat et ses sites touristiques. Restaurant sur place. Carte visa acceptée par le S.R.

Prix : 2 pers. 43 € pers. sup. 16 €

Ouvert : Du 5 janvier au 22 décembre.

2	3	2	SP	3	2	3	15	2

Nicole et Noël CRESPEL - Le Maine - 24150 LALINDE - Tél. : 05 53 61 12 99 ou SR : 05 53 35 50 01 - E-mail : (S.R.) : dordogne.perigord.tourisme@wanadoo.fr - (S.R.) : www.resinfrance.com/perigord/

LAMONZIE-MONTASTRUC La Barabie C.M. 75 Pli 15

3 ch. Vallée de la Dordogne 4 km. Sites Préhistoriques 10 km. Près de Bergerac, non loin des vignobles de Pécharmant, dans un cadre calme, ombragé avec terrasse. Ferme périgourdine. 2 ch 3 pers (1 lit 2 pers, 1 lit 1 pers). 1 ch 2 pers (1 lit 2 pers). S. d'eau et wc chacune. Salon avec TV et jeux à dispo. des hôtes. Vélos à dispo. Accueil chaleureux et familial. Table d'hôtes à proximité. Carte visa acceptée par le S.R.

Prix : 1 pers. 38 € 2 pers. 41 € 3 pers. 55 €

Ouvert : Du 15 février au 15 novembre.

2	10	2	5	10	3	10	2

M-Jeanne et M-Thérèse ARCHER - La Barabie - 24520 LAMONZIE-MONTASTRUC - Tél. : 05 53 23 22 47 - Fax : 05 53 22 81 20 - E-mail : (S.R.) : dordogne.perigord.tourisme@wanadoo.fr - (S.R.) : www.resinfrance.com/perigord/

Dordogne
Aquitaine

LANQUAIS Domaine de la Marmette
C.M. 75 Pli 15

5 ch. **Bergerac 16 km. Bastide de Monpazier 25 km.** Dans une ferme Périgourdine restaurée. 3 ch. 2 pers. (2 lits 2 pers. 2 lits 1 pers.), 2 ch. 3 pers. (1 lit 160, 4 lits 1 pers.), salle d'eau et wc pour chacune. Poss. lit bébé et lit d'appoint. Salon avec TV, bibliothèque et jeux de société. Randonnées pédestres, découverte de la région. Accueil chaleureux. Cuisine soignée et variée. Table d'hôtes sur réservation. Au cœur du Périgord Pourpre et sur la route des Bastides, une ferme Périgourdine des XIVe et XVIe siècles restaurée, sur un domaine de 12 ha. de prairies et de forêts protégées, surplombe le château de Lanquais. Calme et sérénité pour de vraies vacances « nature ». Carte visa acceptée par le S.R.

Prix : 1 pers. **46 €** 2 pers. **52 €** 3 pers. **65 €** pers. sup. **15 €**
repas **22 €** 1/2 pens. **48/68 €**

Ouvert : Toute l'année.

0,5	0,5	SP	2	3	6	12	4	2

Nadine OSSEDAT - Domaine de la Marmette - La Crabe - 24150 LANQUAIS - Tél. : 05 53 24 99 13 - Fax : 05 53 24 11 48 ou SR : 05 53 35 50 01 - E-mail (S.R.) : dordogne.perigord.tourisme@wanadoo.fr - (S.R.) : www.resinfrance.com/perigord

LISLE La Picandine
C.M. 75 Pli 5

5 ch. **Brantome, Périgueux 20 km** Dans un ancien corps de ferme : 2 ch. 2 pers. (1 lit 2 pers.), 1 ch. 3 pers. (1 lit 2 pers. 1 lit 1 pers.), 1 ch. 3 pers. comportant un rez-de-chaussée avec 1 lit 1 pers. et 1 mezzanine (1 lit 2 pers.), 1 suite de 2 ch. 4 pers. (1 lit 2 pers. 2 lits 1 pers.). Salle de bains ou salle d'eau et wc pour chaque chambre. Possibilité lit d'appoint et lit enfant. Salon avec TV, bibliothèque et billard français. Terrasse et buanderie à disposition. Cet ancien corps de ferme datant du XVIIe s. est en pleine campagne où règne le calme absolu et une ambiance familiale. Table d'hôtes sur réservation. Carte visa acceptée par le S.R.

Prix : 1 pers. **38 €** 2 pers. **44 €** 3 pers. **57 €** pers. sup. **18 €**
repas **16 €** 1/2 pens. **39/54 €**

Ouvert : Du 1er février au 15 novembre.

5	5	SP	5	12	5	12	20	5

Armelle et Olivier LACOURT - La Picandine - 24350 LISLE - Tél. : 05 53 03 41 93 - Fax : 05 53 03 28 43 ou SR : 05 53 35 50 01 - E-mail : (S.R.) : dordogne.perigord.tourisme@wanadoo.fr - (S.R.) : www.resinfrance.com/perigord

MARCILLAC-SAINT-QUENTIN La Veyssière

C.M. 75 Pli 17

1 ch. **Sarlat 7 km. Les Eyzies 20 km.** Dans une grande maison à la ferme, environnée par la campagne. 1 ch. pour 2 pers. (1 lit 2 pers.). Salle d'eau et wc. Terrasse. Salon de jardin. Endroit ombragé. Dans un rayon de 20 km, visites de la vallée de la Dordogne avec ses châteaux et ses sites, et de la vallée de la Vézère avec ses grottes et ses villages typiques. Accueil familial. Restaurant à proximité. Carte visa acceptée par le S.R. Langue parlée : anglais.

Prix : 2 pers. **28 €**

Ouvert : Toute l'année.

15	6	10	15	9	10	8	10	8

A-Marie et J-Louis MERY - La Veyssière - 24200 MARCILLAC-SAINT-QUENTIN - Tél. : 05 53 59 10 84 ou SR : 05 53 35 50 01 - E-mail : (S.R.) : dordogne.perigord.tourisme@wanadoo.fr - (S.R.) : www.resinfrance.com/perigord/

MARCILLAC-SAINT-QUENTIN Fond-Estin
C.M. 75 Pli 17

1 ch. **Sarlat 4 km. Les Eyzies 18 km. Lascaux 20 km.** Dans une maison Périgourdine. 1 suite avec 1 chambre (1 lit 2 pers.) et un salon avec possibilité de couchage pour 1 ou 2 pers. salle d'eau, wc. Salon de jardin, calme assuré. Jolie maison restaurée dans un parc arboré de 1 ha, au cœur du Périgord, près des grands sites touristiques et de la vallée de la Dordogne. Restaurant 2,5 km. Carte visa acceptée par le S.R. Langue parlée : espagnol.

Prix : 1 pers. **35 €** 2 pers. **39 €** 3 pers. **48 €** pers. sup. **12 €**

Ouvert : Du 1er avril au 31 octobre.

10	4	4	SP	5	5	12	6	4

Danielle BOUYSSOU - Fond'Estin - 24200 MARCILLAC-SAINT-QUENTIN - Tél. : 05 53 31 02 74 ou SR : 05 53 35 50 01 - E-mail : (S.R.) : dordogne.perigord.tourisme@wanadoo.fr - (S.R.) : www.resinfrance.com/perigord/

MARQUAY La Croix D'Alix
C.M. 75 Pli 17

3 ch. **Sarlat 12 km. Les Eyzies 10 km.** Dans une maison périgourdine au cœur du Périgord Noir. 3 chambres pour 3 pers. (1 lit 2 pers. 1 lit 1 pers.). Salle d'eau et wc pour chaque chambre. Accueil chaleureux. Terrain de football à proximité. Salle de séjour avec bibliothèque à disposition des hôtes. Restaurant à Marquay 1,5 km. Carte visa acceptée par le S.R.

Prix : 1 pers. **29 €** 2 pers. **33 €** 3 pers. **42 €**

Ouvert : Toute l'année.

10	4	4	SP	4	10	20	10

Jean-Claude AMPOULANGE - La Croix d'Alix - 24620 MARQUAY - Tél. : 05 53 29 67 45 ou SR : 05 53 35 50 01 - E-mail : (S.R.) : dordogne.perigord.tourisme@wanadoo.fr - (S.R.) : www.resinfrance.com/perigord/

MARQUAY Le Mas
C.M. 75 Pli 17

3 ch. **Lascaux 15 km.** Maison périgourdine récente au cœur du Périgord Noir. 2 ch. pour 2 pers. (1 lit 2 pers.). Salle d'eau et wc chacune. Possibilité lit d'appoint. 1 suite de 2 ch. pour 4 pers. (1 lit 2 pers. 1 lit en 120 et 1 lit 1 pers.). S. d'eau et wc pour les 2 ch. Calme et détente assurés.TV à disposition. Ferme-auberge et restaurant à proximité. Carte visa acceptée par le S.R. Prix chambre + petit déjeuner pour 4 pers. **68 €**.

Prix : 1 pers. **32 €** 2 pers. **38 €** 3 pers. **54 €** pers. sup. **12 €**

Ouvert : Du 1er mars au 1er novembre.

4	4	12	1	4	12	15	12	0,8

Jeannine et André BACHAUD - Le Mas - 24620 MARQUAY - Tél. : 05 53 29 14 89 - Fax : 05 53 29 64 79 ou SR : 05 53 35 50 01 - E-mail : (S.R.) : dordogne.perigord.tourisme@wanadoo.fr - (S.R.) : www.resinfrance.com/perigord/

Aquitaine — Dordogne

MAUZENS-ET-MIREMONT Les Granges  C.M. 75 Pli 16

4 ch. Le Bugue 18 km. Les Eyzies 15 km. Sarlat et Périgueux 30 km. Dans une belle maison de caractère. 3 chambres pour 2 pers. (1 lit 2 pers.). 1 chambre pour 3 pers. (1 lit 2 pers. 1 lit 1 pers.). Salle d'eau et wc pour chaque chambre. Possibilité lit d'appoint. Salle de séjour à la disposition des hôtes. Terrasse, jardin. Cadre calme et reposant avec vue panoramique. Tél. et fax du propriétaire à dispo. Restaurant à proximité. Carte visa acceptée par le S.R.

Prix : 1 pers. 35 € ● 2 pers. 40 € ● 3 pers. 53 € ● pers. sup. 14 €
Ouvert : Du 1er avril au 30 septembre.

13	20	15	SP	SP	15	15	3	15	15

Marie et Guy URVOY - Les Granges - 24260 MAUZENS-ET-MIREMONT - Tél. : 05 53 03 25 71 - Fax : 05 53 03 25 71 ou SR : 05 53 35 50 01 - E-mail : (S.R.) : dordogne.perigord.tourisme@wanadoo.fr - (S.R.) : www.resinfrance.com/perigord

MAUZENS-MIREMONT La Miliade C.M. 75 Pli 16

4 ch. Les Eyzies 8 km. Sarlat, Périgueux, Bergerac 35 km. Eva et Jean-Jacques vous accueillent avec convivialité dans un cadre boisé et fleuri sur 15 ha. de ferme à proximité des sites touristiques du Périgord. 4 ch. 2 pers. (1 lit 160, 2 lits 2 pers. 2 lits 1 pers.). Salle d'eau et wc pour chaque chambre. Entrée indépendante. Calme assuré. Restaurants à proximité. Carte visa acceptée par le S.R.

Prix : 2 pers. 38 €
Ouvert : Toute l'année.

10	7	7	7	7	7	7

Eva et Jean-Jacques LASSERROTTE - La Miliade - 24250 MAUZENS-MIREMONT - Tél. : 05 53 03 23 96 ou SR : 05 53 35 50 01 - E-mail : (S.R.) : dordogne.perigord.tourisme@wanadoo.fr - (S.R.) : www.resinfrance.com/perigord

MAUZENS-MIREMONT Forge Neuve C.M. 75 Pli 16

6 ch. Les Eyzies 12 km. Sarlat 35 km. Au cœur du Périgord Noir dans une chartreuse du XVIe s. 5 ch. (2 lits 1 pers.). S.d.b., douche et wc pour chaque ch. Possibilité lit d'appoint et lit bébé. 1 suite de 2 ch. (4 lits 1 pers.) avec terrasse privée. S.d.b., douche, s. d'eau et 2 wc particuliers. Salon avec TV, coffre-fort, mini-bar pour chaque ch. Tarif ch. + petit déjeuner pour 4 pers. : 227 €. Salon avec biblio, TV satellite, DVD à dispo des hôtes. TH traditionnelle ou dîners raffinés. Du fumoir à billard, de la piscine au sauna, de l'étang à la rivière, tout n'est que charme dans cette propriété de 74 ha. afin de vous apporter détente et convivialité. Carte visa acceptée par le S.R.

Prix : 2 pers. 105 € ● repas 38 €
Ouvert : Toute l'année.

SP	SP	SP	SP	10	30	6	10	

Isabelle et Alain BRUNEAU - Forge Neuve - 24260 MAUZENS-MIREMONT - Tél. : 05 53 08 36 17 - Fax : 05 53 08 32 95 ou SR : 05 53 35 50 01 - E-mail : bruneau@forgeroy.com - (S.R.) : www.resinfrance.com/perigord

MAZEYROLLES C.M. 75 Pli 16

4 ch. Monpazier, Château de Biron 10 km. Sarlat 42 km. 4 ch. 2 pers. (3 lits 2 pers. 2 lits 1 pers.). Salle de bains ou salle d'eau pour chaque chambre. Maison périgourdine en pierre, dans 1 site calme et verdoyant, sur la route des Bastides et à proximité des nombreux sites touristiques du Périgord Pourpre. Cultures de kiwis, châtaignes et noix. Elevage de chevaux et d'ânes nains. TH avec produits de la ferme. Carte visa acceptée par le S.R.

Prix : 1 pers. 29 € ● 2 pers. 37 € ● repas 13 € ● 1/2 pens. 32/42 €
Ouvert : Du 15 mars au 15 octobre.

6	SP	9	9	SP	25	16	9

Jacqueline et Robert MARESCASSIER - Le Bourg - 24550 MAZEYROLLES - Tél. : 05 53 29 93 38 - Fax : 05 53 29 93 38 ou SR : 05 53 35 50 01 - E-mail : (S.R.) : dordogne.perigord.tourisme@wanadoo.fr - (S.R.) : www.resinfrance.com/perigord

MENESPLET Les Loges C.M. 75 Pli 3

3 ch. Bergerac 35 km. Vignobles bordelais 25 km. Montpon Ménestérol 7 km. Maison dans un parc de 7 ha. avec étang et ruisseau. 1 ch. pour 2 pers. (2 lits 1 pers.), 2 ch. 3 pers. (1 lit 2 pers. 1 lit 1 pers.). Possibilité lit d'appoint. Salle d'eau ou salle de bains et wc chacune. Vaste salle d'animation dans une grange aménagée. Toutes les chambres sont accessibles aux personnes handicapées. Jardin d'agrément et mobilier d'extérieur. Terrain de volley-ball et pétanque. Balançoire et bac à sable, baby-foot, ping-pong. Bibliothèque, jeux de société. TV. Route des vins à 8 km. Forêt à 3 km. Carte visa acceptée par le S.R.

Prix : 1 pers. 33 € ● 2 pers. 42 € ● 3 pers. 51 € ● pers. sup. 9 € ● repas 14 € ● 1/2 pens. 35/47 €
Ouvert : Toute l'année.

7	3	7	7	7	7	7

M-Dominique et Claude BERTHIER - Les Loges - 24700 MENESPLET - Tél. : 05 53 81 84 39 ou SR : 05 53 35 50 01 - E-mail : (S.R.) : dordogne.perigord.tourisme@wanadoo.fr - (S.R.) : www.resinfrance.com/perigord

MONBAZILLAC La Rouquette C.M. 75 Pli 14

5 ch. Bergerac 6 km. Les Bastides et la Vallée de la Dordogne 20 km. Dans une belle chartreuse : 2 ch. 2 pers. (1 lit 2 pers.). 3 ch. 3 pers. (1 lit 160, 1 lit 130, 6 lits 1 pers.). Possibilités lit d'appoint et lit bébé. S.d.b./wc chacune. Salle de détente avec billard. Entrée indépendante pour l'accès aux chambres. Italien parlé couramment. Belle chartreuse des XVIIIe et XIXe siècles entourée d'un jardin à la Française. Grande terrasse avec vue panoramique sur la vallée de la Dordogne et le château de Monbazillac. Calme assuré au cœur des vignobles. Restaurant à proximité. Carte visa acceptée par le S.R. Langues parlées : anglais, allemand, espagnol.

Prix : 1 pers. 65 € ● 2 pers. 80 € ● 3 pers. 105 € ● pers. sup. 15 €
Ouvert : Toute l'année.

6	6	3	6	20	5	6	6

GAUBUSSEAU Françoise et Christian - Domaine de la Rouquette - 24240 MONBAZILLAC - Tél. : 05 53 58 30 60 - Fax : 05 53 73 20 36 ou SR : 05 53 35 50 01 - E-mail : (S.R.) : dordogne.perigord.tourisme@wanadoo.fr - (S.R.) : www.resinfrance.com/perigord

Dordogne
Aquitaine

MONSAGUEL Foncarpe
C.M. 75 Pli 15

3 ch. Monbazillac 8 km. Bergerac 16 km. Issigeac 4 km. Dans une ancienne maison de maître en pierre restaurée. 1 ch. (1 lit 2 pers.). 2 ch. pour 3 pers. (1 lit 2 pers. 1 lit 1 pers.), poss. lit d'appoint. Salle de bains ou s. d'eau et wc pour chacune. Terrasse ombragée avec salon de jardin. Séjour avec TV. Ping-pong, VTT. Restaurant à proximité. Animaux bienvenus. Calme assuré. Tél. et fax du propriétaire à disposition. Vue étendue sur la campagne, près du village médiéval d'Issignac et du château de Monbazillac, sur le circuit des Bastides et des Châteaux du Périgord. Hors saison sur réservation. Carte visa acceptée par le S.R. Langue parlée : anglais.

Prix : 1 pers. 38 € 2 pers. 52 € 3 pers. 66 € pers. sup. 12 €
Ouvert : Toute l'année.

🐕	⛱	🏊	🚣	🎾	🎣	🏇	🚲	🚉
	12	4	SP	4	8	16	12	16	4

Geneviève et Emmanuel FINKEL - Foncarpe - 24560 MONSAGUEL - Tél. : 05 53 61 89 92 - Fax : 05 53 61 89 92 ou SR : 05 53 35 50 01 - E-mail : (S.R.) : dordogne.perigord.tourisme@wanadoo.fr - (S.R.) : www.resinfrance.com/perigord/

MONTAGRIER Caboce
C.M. 75 Pli 4

2 ch. Bourdeilles 15 km. Brantôme 20 km. Dans une maison indép. en pleine campagne vallonnée près de la rivière « La Dronne », entourée de nombreux châteaux. 1 ch. (1 lit 2 pers.) et 1 ch. avec mezzanine (1 lit 2 pers. 1 lit 1 pers.), possibilité lit d'appoint et lit enfant. S. d'eau et wc chacune. Salle de jeux. Garderie. Location de vélos et canoë sur place. Sentiers pédestres, circuit VTT. Grottes préhistoriques (Cluzeau) à découvrir. Tél. et fax du propriétaire à dispo. Ferme auberge et restaurant à proximité. Carte visa acceptée par le S.R.

Prix : 1 pers. 26 € 2 pers. 35 € 3 pers. 42 € pers. sup. 8 €
Ouvert : Toute l'année.

🐕	⛱	🏊	🚣	🎾	🎣	🏇	🚲	🚉
1	12	4	1	25	25	2

Dany et Alain GAULOT - Caboce - 24350 MONTAGRIER - Tél. : 05 53 90 77 54 - Fax : 05 53 90 77 54 ou SR : 05 53 35 50 01 - E-mail : (S.R.) : dordogne.perigord.tourisme@wanadoo.fr - (S.R.) : www.resinfrance.com/perigord/

MONTCARET Fonroque
C.M. 75 Pli 13

5 ch. St-Michel de Montaigne 2 km. Vignobles du Bordelais 20 km. 3 ch. 2 pers. (1 lit 2 pers.), 4 lits 1 pers.). 2 ch. 3 pers. (1 lit 160, 1 lit 1 pers.). Salle de bains ou salle d'eau et wc pour chacune. Possibilité lit bébé. Au pays de Montaigne, une vaste demeure du XVIe siècle, une exploitation viticole, un parc centenaire, et la douceur de vivre, Fonroque vous accueille. Carte visa acceptée par le S.R. Langue parlée : anglais.

Prix : 1 pers. 50 € 2 pers. 58 € 3 pers. 77 € repas 17 €
1/2 pens. 46/67 €
Ouvert : Du 15 février au 30 novembre.

🐕	⛱	🏊	🚣	🎾	🎣	🏇	🚲	🚉
	10	4	1	10	10	20	1

Brigitte FRIED - Fonroque - 24230 MONTCARET - Tél. : 05 53 58 65 83 - Fax : 05 53 58 60 04 ou SR : 05 53 35 50 01 - E-mail : (S.R.) : dordogne.perigord.tourisme@wanadoo.fr - (S.R.) : www.resinfrance.com/perigord/

MONTFERRAND-DU-PERIGORD La Côte Rouge
C.M. 75 Pli 16

2 ch. Monpazier, circuit des Bastides 10 km. Abbaye de cadouin 7 km. 1 ch. (1 lit 2 pers.), 1 ch. (1 lit 2 pers. 1 lit 1 pers.), 1 lit bébé. Salle d'eau et wc pour chaque chambre. Accès indépendant aux chambres. Salon avec TV et bibliothèque. Monique et Michel vous proposent un séjour pittoresque dans une exploitation agricole (fraises, noix, tabac et kiwis), entre Périgord Pourpre et Périgord Noir. Collection de silex taillés préhistoriques. Calme assuré. Carte visa acceptée par le S.R.

Prix : 2 pers. 35 € 3 pers. 46 € repas 14 €
Ouvert : Toute l'année.

🐕	⛱	🏊	🚣	🎾	🎣	🏇	🚲	🚉
	7	1	12	4	15	14	14	8

Monique et Michel VERGNOLLE - La Côte Rouge - 24440 MONTFERRAND-DU-PERIGORD - Tél. : 05 53 63 24 34 - Fax : 05 53 63 24 34 ou SR : 05 53 35 50 01 - E-mail : mvergnolle@club-internet.fr - (S.R.) : www.resinfrance.com/perigord/

MONTFERRAND-DU-PERIGORD La Rivière
C.M. 75 Pli 16

4 ch. Monpazier 8 km. Sarlat 35 km. Dans une ferme périgourdine au milieu des champs et au cœur du circuit des Bastides. 3 ch. 2 pers. (1 lit 2 pers.). 1 ch. 3 pers. (1 lit 2 pers. 1 lit 1 pers.). Possibilité lit bébé et lit d'appoint. S. d'eau et wc pour chacune. Hors saison : stages de cuisine. Cuisine traditionnelle, repas servis à la table familiale. Nombreux sites touristiques et chemins de randonnée à proximité. Carte visa acceptée par le S.R. Langue parlée : anglais.

Prix : 1 pers. 30 € 2 pers. 34 € 3 pers. 51 € pers. sup. 8 €
repas 15 € 1/2 pens. 32/45 €
Ouvert : Du 1er mars au 15 novembre.

🐕	⛱	🏊	🚣	🎾	🎣	🏇	🚲	🚉
	5	SP	5	10	15	10	15	8

Sylvie BARRIAT-SINICO - La Rivière - 24440 MONTFERRAND-DU-PERIGORD - Tél. : 05 53 63 25 25 - Fax : 05 53 63 25 25 ou SR : 05 53 35 50 01 - E-mail : (S.R.) : dordogne.perigord.tourisme@wanadoo.fr - (S.R.) : www.resinfrance.com/perigord/

MONTFERRAND-DU-PERIGORD Boulègue
C.M. 75 Pli 16

4 ch. Bastide de Monpazier 10 km. Sarlat 48 km. Les Eyzies 35 km. Maison périgourdine dominant la vallée de la Couze au cœur des Bastides. 3 ch. 2 pers. (2 lits 2 pers. 2 lits 1 pers.), 1 ch. (1 lit 1 pers.). Possibilité lit enfant. S.d.b. ou s. d'eau et wc chacune. Salon (biblio, TV). Terrasse avec salon de jardin. Cuisine du pays soignée et gourmande avec les légumes du jardin. Calme et espace assurés. Accueil chaleureux. Proximité du GR 36 et chemins balisés. Location VTC. Carte visa acceptée par le S.R.

Prix : 1 pers. 31 € 2 pers. 35 € pers. sup. 15 € repas 14 €
1/2 pens. 32/45 €
Ouvert : Du 6 janvier au 20 décembre.

🐕	⛱	🏊	🚣	🎾	🎣	🏇	🚲	🚉
	10	10	0,5	12	5	7	10	10	12	6

Jacqueline et J-Marc BELGARRIC - Boulègue - 24440 MONTFERRAND-DU-PERIGORD - Tél. : 05 53 63 26 42 - Fax : 05 53 63 26 42 ou SR : 05 53 35 50 01 - E-mail : (S.R.) : dordogne.perigord.tourisme@wanadoo.fr - (S.R.) : www.resinfrance.com/perigord/

Aquitaine

Dordogne

MONTPON-MENESTEROL La Gravette (TH)   C.M. 75 Pli 3

4 ch. **Bergerac 36 km.** Dans un ancien séchoir à tabac en bordure de forêt de la Double à proximité de la rivière l'Isle. 4 ch. 3 pers. (4 lits 2 pers. 3 lits 1 pers. 1 lit 80), s. d'eau, wc et prise TV chacune. Accès de plain-pied donnant sur un espace vert avec salon de jardin. Endroit idéal pour des randonnées pédestres et VTT. Calme et repos assurés. Possibilité de repas en table d'hôtes sur réservation. Carte visa acceptée par le S.R.

Prix : 1 pers. 35 € 2 pers. 38 € 3 pers. 51 € repas 13 €
1/2 pens. 32/48 €

3	3	3	3	3	10	3	3

Ouvert : Du 5 janvier au 22 décembre.

Edith et François MASSART - La Gravette - 24700 MONTPON-MENESTEROL - Tél. : 05 53 80 44 39 - Fax : 05 53 80 44 39 ou
SR : 05 53 35 50 01 - E-mail : (S.R.) : dordogne.perigord.tourisme@wanadoo.fr - (S.R.) : www.resinfrance.com/perigord/

MORTEMART-LE-BUGUE Landrevie C.M. 75 Pli 16

5 ch. **Les Eyzies 16 km. Le Bugue 12 km. Sarlat 35 km. Lascaux 20 km.** Dans superbe maison ancienne. 2 ch. 2 pers. (1 lit 2 pers. 2 lits 1 pers.), 3 ch. 3 pers. (1 lit 2 pers. 1 lit 1 pers.). Poss. lit d'appoint. S. d'eau et wc chacune. Grande salle commune avec cheminée et biblio. Toutes les ch. donnent sur 1 terrasse avec salon de jardin individuel. Chemins pédestres. Camping. Beau panorama avec petits étangs pour la pêche sur place. Sur une exploitation agricole (céréales, moutons et bois). Grand parc fleuri avec table de ping-pong, portique et jeux pour enfants. Piscine d'eau salée (sans chlore ni produits chimiques) et du tennis de terre battue. Carte visa acceptée par le S.R.

Prix : 1 pers. 35 € 2 pers. 39 € 3 pers. 51 € pers. sup. 12 €

12	12	SP	SP	SP	3	12	2	12	12

Ouvert : Toute l'année.

Renée et Christian BLONDY - Domaine de Landrevie - Mortemart - 24260 LE-BUGUE - Tél. : 05 53 03 20 94 - Fax : 05 53 54 38 63 ou
SR : 05 53 35 50 01 - E-mail : domaine-de-landrevie@wanadoo.fr - (S.R.) : www.resinfrance.com/perigord/

NAILHAC La Razoire Haute A C.M. 75 Pli 7

5 ch. **Montignac-Lascaux 25 km. Périgueux 40 km.** Maison restaurée en pierre du pays, typique du Périgord avec vue panoramique sur le château de Hautefort. 5 ch. 2 pers. (3 lits 2 pers. 4 lits 1 pers.). S. d'eau et wc chacune. Coin-salon pour lecture. Point-information. Jardin avec salon de jardin à dispo. des hôtes. Calme et repos. Endroit idéal pour randonnées pédestres ou VTT mais également pour les visites avec le château de Hautefort et le musée de la médecine à 5 km. Carte visa acceptée par le S.R. Langue parlée : anglais.

Prix : 1 pers. 31 € 2 pers. 36 € repas 13 €

5	5	5	5	25	45	5

Ouvert : Toute l'année sauf en octobre.

M-Madeleine et Daniel BELINGARD - La Razoire Haute - 24390 NAILHAC - Tél. : 05 53 51 51 74 - Fax : 05 53 51 38 29 ou
SR : 05 53 35 50 01 - E-mail : (S.R.) : dordogne.perigord.tourisme@wanadoo.fr - (S.R.) : www.resinfrance.com/perigord/

NAUSSANNES Le Chant des Oiseaux   C.M. 75 Pli 15

2 ch. **Chemin de Saint-Jacques de Compostelle 3 km. Sarlat 40 km.** 2 ch. 2 pers. (1 lit 160), salle d'eau et wc chacune. Jardin paysager et ombragé de 3000 m² avec salon de jardin. Salon avec TV à disposition des hôtes. Ferme du XVᵉ entièrement rénovée. Accueil chaleureux. Petit déjeuner gourmand, confitures et pâtisserie maison. Restaurant à proximité. Sur la route des bastides et à proximité de la route des vins. Très calme. Sentiers pédestres et VTT sur place. Carte visa acceptée par le S.R. Langue parlée : espagnol.

Prix : 1 pers. 47 € 2 pers. 57 € pers. sup. 31 €

10	15	SP	3	5	15	5	14	3,5

Ouvert : Toute l'année sauf octobre.

Brigitte et Christian LEGROS - Le Chant des Oiseaux - 24440 NAUSSANNES - Tél. : 05 53 27 35 09 ou SR : 05 53 35 50 01 -
E-mail : (S.R.) : dordogne.perigord.tourisme@wanadoo.fr - (S.R.) : www.resinfrance.com/perigord/

PAULIN Le Pech (TH) C.M. 75 Pli 18

4 ch. **Sarlat 23 km. Montignac, la grotte de Lascaux 26 km.** 4 ch. 2 pers. (2 lits 2 pers. 4 lits 1 pers.). Salle d'eau et wc pour chacune. Possibilité lit d'appoint. Hors saison table d'hôtes sur réservation. Carte visa acceptée par le S.R. Ancienne maison de forgeron restaurée, au cœur du Périgord Noir et à proximité du Quercy, point de départ idéal pour visiter les nombreux sites touristiques de la Vallée de la Dordogne. A « Lou Cantou », Catherine vous fera découvrir les plaisirs de la campagne au contact de ses animaux.

Prix : 2 pers. 45 € pers. sup. 15 € repas 14 €

10	8	5	15	25	8

Ouvert : Toute l'année.

Catherine STEVAUX - Lou Cantou - Le Pech - 24590 PAULIN - Tél. : 05 53 30 39 27 - Fax : 05 53 30 39 27 ou SR : 05 53 35 50 01 -
E-mail : (S.R.) : dordogne.perigord.tourisme@wanadoo.fr - (S.R.) : www.resinfrance.com/perigord/

PAYZAC Lavaud C.M. 75 Pli 7

1 ch. **Château de Ségur 13 km. Hautefort 25 km.** 1 ch. 2 pers. (1 lit 2 pers.), salle d'eau et wc particuliers. Accès indépendant par terrasse couverte. Salon à disposition. A 300 m de la rivière l'Auvézère, dans une ambiance familiale, vous découvrirez une ancienne maison restaurée dans un joli cadre vallonné. Calme et repos assurés. Restaurants à prox. Carte visa acceptée par le S.R.

Prix : 1 pers. 40 € 2 pers. 46 €

0,3	0,3	0,3	SP	8	11	8	15	4

Ouvert : Toute l'année.

M-Thérèse et Gérard LEROY - Lavaud - 24270 PAYZAC - Tél. : 05 53 52 22 06 ou SR : 05 53 35 50 01 -
E-mail : gmtleroy@club-internet.fr - (S.R.) : www.resinfrance.com/perigord

Dordogne　　　　　　　　　　　　　　　　　　　　　　　　　　　　*Aquitaine*

PRATS-DE-CARLUX Les Veyssières　　(TH)　　　C.M. 75 Pli 17

4 ch. Sarlat 9 km. Lascaux et Montignac 30 km. 2 ch. 2 pers. (1 lit 2 pers.), 2 ch. 3 pers. (1 lit 2 pers. 1 lit 1 pers.), salle d'eau et wc pour chacune. Entrée indépendante. Ferme Périgourdine du XVIIIe siècle, à 10 mn de Sarlat. Point de départ idéal pour randonnées sur le GR6. Gavage et reproduction de l'oie. Gastronomie du terroir servie à la table d'hôtes. Carte visa acceptée par le S.R. Langue parlée : anglais.

Prix : 1 pers. 35 € ◊ 2 pers. 40 € ◊ 3 pers. 51 € ◊ repas 13 €
1/2 pens. 33/48 €

Ouvert : Toute l'année.

9	4	8	9	8	7	8	9	7

Jeanine ROCHE - Les Veyssières - 24370 PRATS-DE-CARLUX - Tél. : 05 53 29 81 53 - Fax : 05 53 29 81 53 ou SR : 05 53 35 50 01 - E-mail : (S.R.) : dordogne.perigord.tourisme@wanadoo.fr - (S.R.) : www.resinfrance.com/perigord/

PROISSANS Les Anglards　　　　　　　　　　　　　　　　C.M. 75 Pli 17

4 ch. Lascaux 15 km. Sarlat 4 km. Vallée de la Dordogne 10 km. Au cœur du Périgord Noir, tout proche de Sarlat, ancienne grange restaurée, en pierres du pays. 1 ch. (1 lit 2 pers.), 3 ch. 3 pers. (3 lits 2 pers. 1 lit 130, 2 lits 2 pers.). Possibilité lit bébé. Salle d'eau et wc pour chaque chambre. Salon avec TV, bibliothèque et cheminée. Terrasse avec salons de jardin à disposition des hôtes. Etangs privés pour la pêche. Calme et confort assuré. Production de tabac, maïs, asperges et noyers. Restaurant et ferme auberge à proximité. Carte visa acceptée par le S.R.

Prix : 1 pers. 34 € ◊ 2 pers. 40 € ◊ 3 pers. 50 € ◊ pers. sup. 9 €

Ouvert : Toute l'année.

10	SP	SP	1	4	10	5	5	5

Isabelle et Thierry VILATTE - Les Anglards - 24200 PROISSANS - Tél. : 05 53 29 47 36 ou SR : 05 53 35 50 01 - E-mail : (S.R.) : dordogne.perigord.tourisme@wanadoo.fr - (S.R.) : www.resinfrance.com/perigord/

PROISSANS L'Arche - Les Chanets　　　　　　　　　　　C.M. 75 Pli 17

4 ch. Sarlat 5 km. Lascaux 20 km. 4 ch. pour 2 pers. (1 lit 2 pers. chacune). Possibilité lit d'appoint. S. d'eau et wc chacune. Entrée indépendante. Belle maison périgourdine du XVIIIe, restaurée, pleine de charme au cœur du Périgord Noir. Calme et repos assurés dans une campagne harmonieuse entre bois et vallons. Terrasse ombragée. Salons de jardin. Parking. Four à pain. Accueil très chaleureux. Circuits touristiques et pédestres proposés. Restaurant à proximité. Carte visa acceptée par le S.R.

Prix : 1 pers. 33 € ◊ 2 pers. 37 € ◊ pers. sup. 8 €

Ouvert : Du 1er mars au 15 novembre.

5	1	1,5	5	3	5	4	10	5

Jeannette et Marcel DELEPLACE - L'Arche - « Les Chanets » - 24200 PROISSANS - Tél. : 05 53 29 08 48 - Fax : 05 53 29 69 01 ou SR : 05 53 35 50 01 - E-mail : (S.R.) : dordogne.perigord.tourisme@wanadoo.fr - (S.R.) : www.resinfrance.com/perigord/

PROISSANS Chez Michel　　(TH)　　　　　　　　　　　C.M. 75 Pli 17

5 ch. Vallée de la Dordogne 12 km. 3 ch. 2 pers. (2 lits 2 pers. 2 lits 1 pers.). 2 ch. 3 pers. (1 lit 2 pers. 1 lit 1 pers.), s. d'eau et wc chacune. Séjour avec coin-salon à disposition des hôtes. Calme et confort assurés. Maison de construction récente à la campagne, à proximité de la ferme. Culture de tabac, céréales et noix. Elevage d'ovins et de volailles. Au cœur du Périgord Noir, vous aurez la possibilité de découvrir la cuisine régionale et la vallée de la Dordogne avec ses sites touristiques et ses châteaux. Carte visa acceptée par le S.R.

Prix : 1 pers. 34 € ◊ 2 pers. 39 € ◊ 3 pers. 51 € ◊ repas 13 €
1/2 pens. 33/47 €

Ouvert : Du 15 mars au 15 novembre.

10	10	1	2	10	12	10	25	7

Jeanne et Jacques FUMAT - Chez Michel - 24200 PROISSANS - Tél. : 05 53 59 11 79 - Fax : 05 53 29 25 39 ou SR : 05 53 35 50 01 - E-mail : (S.R.) : dordogne.perigord.tourisme@wanadoo.fr - (S.R.) : www.resinfrance.com/perigord/

RAZAC-DE-SAUSSIGNAC Château Le Payral　　　　　　C.M. 75 Pli 14

2 ch. Bergerac 25 km. Vignobles bordelais 45 km. 2 ch. pour 2 pers. (1 lit 2 pers.) dont une acc. aux pers. handicapées. 1 lit bébé. S.d.b. ou s. d'eau et wc pour chacune. Maison de maître, au cœur d'un domaine viticole, des chambres accueillantes à la décoration personnalisée. Cadre calme et agréable. Joli parc ombragé avec salon de jardin. Entre les vignobles bordelais et les bastides périgourdines. Restaurant à proximité. Séjours en Vignoble. Carte visa acceptée par le S.R. Langue parlée : anglais.

Prix : 2 pers. 38 €

Ouvert : Vacances scolaires.

6	6	6	6	4	6	10	3	6	4

Isabelle et Thierry DAULHIAC - Château Le Payral - 24240 RAZAC-DE-SAUSSIGNAC - Tél. : 05 53 22 38 07 - Fax : 05 53 27 99 81 ou SR : 05 53 35 50 01 - E-mail : (S.R.) : dordogne.perigord.tourisme@wanadoo.fr - (S.R.) : www.resinfrance.com/perigord/

LA ROQUE-GAGEAC Le Colombier/la Ferme Fleurie　　　C.M. 75 Pli 17

5 ch. Sarlat 8 km. Lascaux 30 km. 3 ch. 2 pers. (1 lit 2 pers.). Salle d'eau et wc pour chacune. 2 suites de 2 ch. 4 pers. (2 lits 2 pers.). Salle d'eau et wc particuliers. Possibilités d'appoint. Dans le Périgord Noir, en plein cœur de la vallée de la Dordogne, la Ferme Fleurie, en pierre du pays, vous accueille dans un cadre authentique et original où calme et confort sont assurés. Les petits déjeuners sont agrémentés de patisserie maison. Ferme Auberge à proximité. Tarif ch. + petit déjeuner 4 pers. : 52 €. Carte visa acceptée par le S.R.

Prix : 1 pers. 31 € ◊ 2 pers. 37 € ◊ 3 pers. 45 € ◊ pers. sup. 10 €

Ouvert : Du 1er avril au 1er novembre.

1	0,5	8	5	5	1	2	8	4

Martine RIVIERE - La Ferme Fleurie - Le Colombier - 24250 LA-ROQUE-GAGEAC - Tél. : 05 53 28 33 39 - Fax : 05 53 28 29 61 ou SR : 05 53 35 50 01 - E-mail : (S.R.) : dordogne.perigord.tourisme@wanadoo.fr - (S.R.) : www.resinfrance.com/perigord/

Aquitaine — Dordogne

ROUFFIGNAC Le Tallet
C.M. 75 Pli 16

¦¦¦ 2 ch. **Montignac, Lascaux et les Eyzies 20 km.** 1 ch. pour 2 pers. (1 lit 2 pers.). 1 ch. pour 3 pers. (1 lit 2 pers. 1 lit 1 pers.). Poss. lit bébé et lit d'appoint. S. d'eau et wc chacune. Coin-salon dans chaque ch. TV à disposition des hôtes. Terrasse avec salon de jardin. Restaurant et ferme-auberge à proximité. Tél. et fax du propriétaire à dispo. Ferme restaurée près d'un étang pour la pêche au cœur de la forêt Barade à 15 mn des sites touristiques de la vallée de la Vézère. Carte visa acceptée par le S.R.

Prix : 1 pers. **31** € 2 pers. **34** € 3 pers. **42** € pers. sup. **8** €
Ouvert : Du 1er avril au 30 octobre.

10	SP	10	4	2	16	10	25	4	

Evelyne et J-Pierre RAYNAUD - Le Tallet - 24580 ROUFFIGNAC - Tél. : 05 53 05 45 02 - Fax : 05 53 05 45 02 ou SR : 05 53 35 50 01 - E-mail : (S.R.) : dordogne.perigord.tourisme@wanadoo.fr - (S.R.) : www.resinfrance.com/perigord/

SALIGNAC-EYVIGUES Moulin de la Garrigue
C.M. 75 Pli 17

¦¦¦ 4 ch. **Sarlat 20 km. Lascaux 30 km. Les Eyzies 30 km.** 4 ch. comprenant un rez-de-chaussée (1 lit 2 pers.) et 1 mezzanine (1 lit 1 pers.), poss. lit d'appoint. S. d'eau et wc pour chacune. Téléphone dans chaque ch. Ancien moulin rénové datant de 1875 sur 15 ha. Terrasse au bord d'une petite rivière La Borrèze. Ferme-auberge à proximité. Accueil chaleureux. Sarlat, les Eyzies, Domme, Lascaux dans les environs. Carte visa acceptée par le S.R.

Prix : 1 pers. **40** € 2 pers. **43** € 3 pers. **55** € pers. sup. **12** €
Ouvert : Toute l'année.

9	9	SP	SP	2	9	9	9	9	9

Hélène et Pierre VALLEE - Moulin de la Garrigue - 24590 SALIGNAC-EYVIGUES - Tél. : 05 53 28 84 88 ou SR : 05 53 35 50 01 - E-mail : (S.R.) : dordogne.perigord.tourisme@wanadoo.fr - (S.R.) : www.resinfrance.com/perigord/

SARLAT-LA-CANEDA Pont de Campagnac
C.M. 75 Pli 17

¦¦ 2 ch. **Sarlat 3 km. Domme, Beynac et Castelnaud 15 km.** 2 ch. 3 pers. (1 lit 2 pers. 1 lit 1 pers.). S. d'eau particulières. WC communs. Maison en pierre du pays en bordure de la forêt communale du château de Campagnac avec promenades sur des chemins balisés et aires de pique-nique, à flanc de côteau, dominant la ville de Sarlat. Parc ombragé. Restaurant à proximité. Carte visa acceptée par le S.R.

Prix : 1 pers. **32** € 2 pers. **36** € 3 pers. **45** €
Ouvert : Du 1er mars au 30 novembre.

6	6	6	5	5	5	6	7	6	2,5

Renée et Pierre LASFARGUE - Pont de Campagnac - 24200 SARLAT - Tél. : 05 53 59 07 83 ou SR : 05 53 35 50 01 - E-mail : (S.R.) : dordogne.perigord.tourisme@wanadoo.fr - (S.R.) : www.refinfrance.com/perigord/

SARLAT-LA-CANEDA Pech-Lafaille
C.M. 75 Pli 17

¦¦¦ 4 ch. **Sarlat 3 km. Lascaux 25 km.** 2 ch. 2 pers. (1 lit 2 pers.). 2 ch. 3 pers. (1 lit 2 pers. 1 lit 1 pers.). Salle d'eau et wc pour chaque ch. Salon avec TV. Maison périgourdine du XVIIIe siècle dans un grand parc calme de 4 ha., située sur la route de Sainte-Nathalène. Accueil chaleureux et calme assuré. Terrasse ombragée avec salon de jardin. Restaurant à proximité. Carte visa acceptée par le S.R.

Prix : 1 pers. **35** € 2 pers. **39** € 3 pers. **49** €
Ouvert : Toute l'année.

6	6	6	2	3	6	6	3	9	9

Monique et Paul MATHIEU - Pech-Lafaille - 24200 SARLAT - Tél. : 05 53 59 08 19 - Fax : 05 53 59 23 62 ou SR : 05 53 35 50 01 - E-mail : (S.R.) : dordogne.perigord.tourisme@wanadoo.fr - (S.R.) : www.resinfrance.com/perigord/

SARLAT-LA-CANEDA La Croix D'Allon
C.M. 75 Pli 17

¦¦¦ 5 ch. **Sarlat 2 km. Vallée de la Dordogne à proximité. Lascaux 20 km.** 4 ch. 2 pers. (2 lits 2 pers. 4 lits 1 pers.), s. d'eau et wc chacune. 1 suite de 2 ch. 4 pers. (1 lit 2 pers. 2 lits 1 pers.), salle de bains et wc pour les 2 chambres. Entrée indépendante. Parc avec salon de jardin. Les petits déjeuners sont agrémentés de pain de campagne aux noix et confitures maison. Ferme en activité restaurée en pierre et colombages dans un vallon au cœur du Périgord Noir, au centre d'une zone touristique (Lascaux, Domme, Les Eyzies, Eyrignac). Carte visa acceptée par le S.R. Langue parlée : anglais.

Prix : 1 pers. **40** € 2 pers. **45** € 3 pers. **60** € pers. sup. **10** €
Ouvert : Du 15 mars au 31 décembre.

6	6	SP	1	2	6	6	3	2	2

Nadine et Daniel PERUSIN - La Croix d'Allon - 24200 SARLAT - Tél. : 05 53 59 08 44 ou SR : 05 53 35 50 01 - E-mail : (S.R.) : dordogne.perigord.tourisme@wanadoo.fr - (S.R.) : www.resinfrance.com/perigord/

SARRAZAC Laupiliere
C.M. 75 Pli 6

¦¦¦ 4 ch. **Brantôme 25 km. Saint-Jean de Côle 20 km.** 2 ch. pour 3 pers. (1 lit 2 pers. 1 lit 1 pers.), 2 ch. pour 2 pers. (1 lit 2 pers.), dont 1 ch. accès. aux pers. hand. S. d'eau et wc pour chaque ch. Terrasse avec salon de jardin. Maison restaurée à la ferme au cœur du Périgord Vert, nombreux sites touristiques. Calme et espace assurés. Table d'hôtes sur réservation. Tél. et fax du propriétaire à dispo. Châteaux de Jumilhac-le-Grand, Hautefort, grottes de Villars, Brantôme. Production de bovins et céréales. Carte visa acceptée par le S.R.

Prix : 1 pers. **34** € 2 pers. **42** € 3 pers. **54** € repas **14** € 1/2 pens. **35/48** €
Ouvert : Toute l'année, hors saison sur réservation.

3	SP	3	SP	3	10	10	45	14	5

Claudine et Régis BLONDY - Laupiliere - 24800 SARRAZAC - Tél. : 05 53 62 52 57 - Fax : 05 53 62 52 57 ou SR : 05 53 35 50 01 - E-mail : (S.R.) : dordogne.perigord.tourisme@wanadoo.f - (S.R.) : www.resinfrance.com/perigord/

Dordogne

Aquitaine

ST-ANDRE-D'ALLAS Les Filolies
C.M. 75 Pli 17

4 ch. **Sarlat 7 km. Vallée de la Dordogne à proximité.** 2 ch. 2 pers. (1 lit 2 pers.). 2 ch. 3 pers. (2 lits 2 pers. 1 lit 120, 1 lit 1 pers.). 1 lit bébé. S. d'eau et wc chacune. Ancien relais de Poste rénové au cœur du Périgord Noir dans un parc de 2 ha. bordé de bois et prairies. Randonnées, farniente au jardin, vélos à disposition. Accès indépendant sur le jardin avec salon de jardin. Restaurant et ferme-auberge à proximité. Sarlat et la vallée de la Dordogne à 7 km. Les petits déjeuners sont copieux et variés élaborés avec les produits de la région. Carte visa acceptée par le S.R. Langue parlée : anglais.

Prix : 1 pers. **38 €** 2 pers. **42 €** 3 pers. **55 €**
Ouvert : Du 30 mars au 3 novembre.

6	2	6	2	4	6	12	8	7

Adrienne et Patrick LANCAUCHEZ - Les Filolies - 24200 ST-ANDRE-D'ALLAS - Tél. : 05 53 30 31 84 - Fax : 05 53 30 31 84 ou SR : 05 53 35 50 01 - E-mail : (S.R.) : dordogne.perigord.tourisme@wanadoo.fr - (S.R.) : www.resinfrance.com/perigord/

ST-ANDRE-D'ALLAS Lassagne
C.M. 75 Pli 17

1 ch. **Lascaux 20 km. Vallée de la Dordogne 10 km. Vallée de la Vézère 15 km.** 1 chambre 2 pers. (1 lit 2 pers. 1 lit bébé), s.d.b. et wc privés. Accès indép. A 6 km de Sarlat, laissez vous séduire par le calme de cette belle maison de pierre et de son jardin paysagé. La piscine et la terrasse ensoleillée vous permettront de vous détendre. Vous apprécierez le moment gourmand du petit-déjeuner. Restaurant à proximité. Point de départ idéal pour de nombreuses visites touristiques. Carte visa acceptée par le S.R. Langue parlée : anglais.

Prix : 2 pers. **46 €**
Ouvert : Toute l'année.

10	10	15	SP	0,3	7	10	15	6

Monique et François SALZMANN - Lassagne - 24200 ST-ANDRE-D'ALLAS - Tél. : 05 53 31 06 28 ou SR : 05 53 35 50 01 - E-mail : (S.R.) : dordogne.perigord.tourisme@wanadoo.fr - (S.R.) : www.resinfrance.com/perigord/

ST-AUBIN-DE-NABIRAT
C.M. 75 Pli 17

1 ch. **Sarlat 20 km. Lascaux 45 km.** Maison récente dans le Périgord Noir, entre la vallée du Céou et de la Dordogne, proche des sites préhistoriques. Calme et détente assurés. Accueil chaleureux. 1 ch. 2 pers. (1 lit 2 pers.), s. d'eau et wc privés. Petits déjeuners servis en terrasse fleurie. Production de bovins. Restaurant à proximité. Carte visa acceptée par le S.R.

Prix : 1 pers. **30 €** 2 pers. **35 €**
Ouvert : Toute l'année.

2	9	2	10	10	5	10	12	10	3

Josette IRAGNE - Le Bourg - 24250 ST-AUBIN-DE-NABIRAT - Tél. : 05 53 28 40 05 ou SR : 05 53 35 50 01 - E-mail : (S.R.) : dordogne.perigord.tourisme@wanadoo.fr - (S.R.) : www.resinfrance.com/perigord/

ST-AVIT-SENIEUR Le Buisson
C.M. 75 Pli 16

3 ch. **Beaumont du Périgord 5 km. Cadouin 7 km. Monpazier 21 km. Sarlat 50 km.** 2 ch. 2 pers. (1 lit 160, 2 lits 1 pers.), 1 lit bébé. Salle d'eau et wc pour chacune. 1 suite de 2 ch. 4 pers. (1 lit 160, 2 lits 2 pers.). Salle d'eau et wc particuliers. Sur une exploitation agricole, maison restaurée du XIXe siècle, dans le Périgord Pourpre, sur la route des abbayes et des bastides. Culture de tabac et production de lait. Carte visa acceptée par le S.R. 2e numéro de téléphone propriétaire : 05.53.22.82.60.

Prix : 1 pers. **31 €** 2 pers. **25 €** 3 pers. **46 €** pers. sup. **9 €** repas **14 €**
Ouvert : Toute l'année.

10	SP	10	0,5	10	10	15	0,5

Jeannette et Gérard BOUCHER - Le Buisson - 24440 ST-AVIT-SENIEUR - Tél. : 05 53 22 31 96 ou SR : 05 53 35 50 01 - E-mail : (S.R.) : dordogne.perigord.tourisme@wanadoo.fr - (S.R.) : www.resinfrance.com/perigord/

ST-BARTHELEMY-DE-BUSSIERE Villechalane
C.M. 72 Pli 15

2 ch. **Parc Naturel Régional Périgord-Limousin.** 1 chambre 2 pers. (1 lit 2 pers.), salle d'eau et wc privés. 1 suite de 2 chambres pour 4 pers. (4 lits 1 pers.), salle d'eau et wc privés. Salon de jardin à disposition. Au cœur du Parc Naturel Régional Périgord - Limousin, un espace préservé. Des chambres totalement indépendantes. Un jardin traversé par un ruisseau qui alimente un ancien lavoir. Echiquier géant. Sentiers de randonnées sur place. Musées, châteaux, patrimoine géologique, savoir-faire originaux. Restaurant à proximité. Gîte Panda. Carte visa acceptée par le S.R.

Prix : 1 pers. **34 €** 2 pers. **38 €** 3 pers. **55 €** pers. sup. **7 €**
Ouvert : D'avril à septembre inclus.

0,8	12	0,8	18	2	12	35	45	6

Viviane CHAUVEAU - Villechalane - 24360 ST-BARTHELEMY-DE-BUSSIERE - Tél. : 05 53 56 92 89 ou SR : 05 53 35 50 01 - E-mail : (S.R.) : dordogne.perigord.tourisme@wanadoo.fr - (S.R.) : www.resinfrance.com/perigord/

ST-GENIES Le Chaffour
C.M. 75 Pli 17

6 ch. **Sarlat 12 km. Montignac, Lascaux 14 km.** 2 ch. pour 2 pers. (1 lit 2 pers.). 4 ch. pour 3 pers. (1 lit 2 pers. 1 lit 1 pers.). Possibilité lit d'appoint. Salle d'eau et wc chacune. Coin-salon, salle de détente avec TV à disposition. Calme à la ferme. Production de maïs et céréales. Elevage de canards. Entre Sarlat, Montignac et Lascaux, Nicole et Jean-Marie se feront un plaisir de vous accueillir. Carte visa acceptée par le S.R. Langue parlée : anglais.

Prix : 1 pers. **35 €** 2 pers. **39 €** 3 pers. **51 €** pers. sup. **12 €**
Ouvert : De Pâques à la Toussaint.

6	2	6	15	4	12	3

Nicole et J-Marie VERLHIAC - Le Chaffour - 24590 ST-GENIES - Tél. : 05 53 28 98 47 - Fax : 05 53 59 45 53 ou SR : 05 53 35 50 01 - E-mail : (S.R.) : dordogne.perigord.tourisme@wanadoo.fr - (S.R.) : www.resinfrance.com/perigord/

Aquitaine
Dordogne

ST-MARTIAL-DE-VALETTE Domaine de Montagenet
C.M. 72 Pli 15

3 ch. **Brantôme 15 km. Périgueux 40 km.** 1 ch. 2 pers. (2 lits 110), 1 ch. 3 pers (1 lit 2 pers. 1 lit 110). S.d.b. et wc chacune. 1 suite de 2 ch. pour 4 pers. (1 lit 2 pers. 2 lits 1 pers.). 2 s. d'eau et wc privés. TV dans chacune. Salle de jeux et salle de gym à dispo. Maison de maître du XVIII° siècle sur un domaine de 70 ha. au cœur du Périgord Vert et du Parc Naturel Régional Périgord-Limousin. Vous pourrez vous reposer autour de la piscine ou sur la terrasse dominant l'étang. Après un copieux petit déjeuner, les enfants pourront découvrir les activités de la ferme (élevage de chevaux, de vaches limousines). Carte visa acceptée par le S.R. Langue parlée : anglais.

Prix : 1 pers. **46** € 2 pers. **61** € 3 pers. **92** € pers. sup. **15** €
Ouvert : Toute l'année.

SP	10	SP	SP	3	10	15	30	40	3

Didier DEREIX - Domaine de Montageret - 24300 ST-MARTIAL-DE-VALETTE - Tél. : 05 53 60 75 18 ou SR : 05 53 35 50 01 -
E-mail : (S.R.) : dordogne.perigord.tourisme@wanadoo.fr - (S.R.) : www.resinfrance.com/perigord/

ST-MARTIN-LE-PIN Château de Talivaud
C.M. 72 Pli 15

1 ch. **Nontron (couteaux et musée) 3 km. Brantôme 20 km. Périgueux 55 km.** 1 suite de 2 ch. 3 pers. (1 lit 2 pers. 1 lit 1 pers). Poss. lits d'appoint. S.d.b. et wc particuliers. Terrasse avec salon de jardin. Salon avec TV à dispo. des hôtes. Restaurant à proximité. Ancien repaire noble du XVIII° au milieu d'un parc ombragé et fleuri. Cour pavée à l'ancienne avec fontaine. Site calme et reposant sur 15 ha. Carte visa acceptée par le S.R. Langues parlées : anglais, espagnol.

Prix : 1 pers. **30** € 2 pers. **54** € 3 pers. **77** € pers. sup. **23** €
Ouvert : Toute l'année, de novembre à mai sur réservation.

10	10	1	3	3	3	20	15	30	3

Hélène et Marc LUCAS-DUCHAUSSOY - Château de Talivaud - 24300 ST-MARTIN-LE-PIN - Tél. : 05 53 60 33 87 ou
SR : 05 53 35 50 01 - E-mail : (S.R.) : dordogne.perigord.tourisme@wanadoo.fr - (S.R.) : www.resinfrance.com/perigord

ST-MEARD-DE-GURCON Les Bonnins (TH)
C.M. 75 Pli 13

2 ch. **Monbazillac et vignobles bordelais 30 km.** 2 ch. 2 pers. (1 lit 2 pers.), salle de bains ou salle d'eau et wc pour chacune. Salon avec TV et bibliothèque réservé aux hôtes. Entre Bergerac et Saint-Emilion, maison vigneronne restaurée, au cœur des vignobles du Gurçonnais, dans un parc arboré avec un étang de pêche, VTT, vélos, entre forêts et vignobles. Repas pris avec les maîtres de maison, où la gastronomie, l'oenologie et l'art sont à l'honneur. Carte visa acceptée par le S.R. Langue parlée : anglais.

Prix : 1 pers. **36** € 2 pers. **49** € repas **16** € 1/2 pens. **41/52** €
Ouvert : Toute l'année, hors saison sur réservation.

10	10	SP	5	5	12	25	10	5

Françoise et Yanick LACOUR - Les Bonnins - 24610 ST-MEARD-DE-GURCON - Tél. : 05 53 81 37 88 ou SR : 05 53 35 50 01 -
E-mail : (S.R.) : dordogne.perigord.tourisme@wanadoo.fr - (S.R.) : www.resinfrance.com/perigord/

ST-MEARD-DE-GURCON L'Ane Vert
C.M. 75 Pli 13

2 ch. **Vignobles Bordelais 30 km. Bergerac 20 km.** 1 ch. (1 lit 2 pers.), 1 ch. (1 lit en 180, 1 lit 1 pers.), poss. lits d'appoint. S. de bains ou s. d'eau pour chaque ch. Chambre spacieuses avec coin-salon et TV. Entrée indépendante. Laurence et Eric vous accueillent à L'Ane vert, dans leur fermette rénovée du XVIII° s. située sur un domaine boisé et vallonné de 8 ha. avec étang pour la pêche. Stages de peinture, initiation à l'oenologie. Randonnées pédestres et cyclistes. Restaurant et ferme auberge à proximité. Carte visa acceptée par le S.R. Langues parlées : anglais, allemand.

Prix : 1 pers. **50** € 2 pers. **60** € 3 pers. **75** € pers. sup. **15** €
Ouvert : Toute l'année.

SP	SP	SP	8	1	1	8	10	0,5

Laurence et Eric BOURSE - L'Ane vert - 24610 ST-MEARD-DE-GURCON - Tél. : 05 53 82 48 94 - Fax : 05 53 82 00 43 ou
SR : 05 53 35 50 01 - E-mail : (S.R.) : dordogne.perigord.tourisme@wanadoo.fr - (S.R.) : www.resinfrance.com/perigord/

ST-MICHEL-DE-RIVIERE La Moulinasse (TH)
C.M. 75 Pli 3

2 ch. **Forêt de la Double 2 km. Vignobles Bordelais 20 km.** 1 ch. (1 lit 2 pers.), salle de bains et wc particuliers. 1 suite de 2 ch. 3 pers. (1 lit 2 pers. 1 lit 120), salle de bains et wc particuliers. Possibilité lits d'appoint. Salon avec TV, bibliothèque et jeux à la disposition des hôtes. TH sur résa. Terrasse. Parc ombragé avec salon de jardin. Site calme et reposant en bordure de La Dronne. Accueil de qualité dans une belle maison. Nombreux sites touristiques à proximité. Carte visa acceptée par le S.R.

Prix : 1 pers. **35** € 2 pers. **43** € repas **14** € 1/2 pens. **36/49** €
Ouvert : Toute l'année.

1	2	SP	4	1	1	6	4

Jany FARE - La Moulinasse - 24490 ST-MICHEL-DE-RIVIERE - Tél. : 05 53 91 41 03 - Fax : 05 53 91 41 03 ou SR : 05 53 35 50 01 -
E-mail : (S.R.) : dordogne.perigord.tourisme@wanadoo.fr - (S.R.) : www.resinfrance.com/perigord/

ST-PARDOUX-LA-RIVIERE Lapeyronnie (TH)
C.M. 72 Pli 15

4 ch. **Brantome 25 km. Grottes de Villars 20 km. Périgueux 45 km.** 4 ch. d'hôtes 2 pers. (3 lits 2 pers. 2 lits 1 pers.), salle de bains ou salle d'eau et wc pour chacune. Salon avec TV, bibliothèque et jeux de société. Terrasse et espaces naturels assurés, mais aussi randonnées sur les hauteurs d'hôtes sur réservation. Carte visa acceptée par le S.R. Ancienne ferme restaurée dans un charmant hameau. La vue s'ouvre sur un paysage verdoyant. Calme, détente et forestières ou la vallée de la Dronne. Châteaux aux environs. Baignade en étang et jeux aquatiques.

Prix : 1 pers. **28** € 2 pers. **37** € repas **16** € 1/2 pens. **35/44** €
Ouvert : Toute l'année.

10	1,5	10	10	15	20	1,5

Jeanine et Jacques VANDAMME - La Peyronnie - 24470 ST-PARDOUX-LA-RIVIERE - Tél. : 05 53 60 53 30 - Fax : 05 53 60 53 30 ou
SR : 05 53 35 50 01 - E-mail : (S.R.) : dordogne.perigord.tourisme@wanadoo.fr - (S.R.) : www.resinfrance.com/perigord/

Dordogne   *Aquitaine*

ST-PIERRE-DE-FRUGIE Le Breuilh   (TH)   *C.M. 72 Pli 16*

2 ch. **Jumilhac le Grand 12 km. Brantôme 35 km.** 1 suite de 2 ch. 4 pers. (1 lit 2 pers. 2 lits 1 pers.), 1 suite de 2 ch. 3 pers. (1 lit 2 pers. 1 lit 1 pers.). Salle d'eau et wc particuliers. Maison périgourdine dans la campagne. Séjour avec TV. Pêche en étang. Location de VTT. Gîte Panda. Table d'hôtes sur réservation. Carte visa acceptée par le S.R.

Prix : 1 pers. **21 €** 2 pers. **37 €** pers. sup. **9 €** repas **12 €**
1/2 pens. **31/33 €**

🐕	⛱	🏊	🎾	🏇	🏌	🚲	🚣
6	SP	12	6	15	6	6	

Ouvert : Toute l'année sur réservation.

TINON Marc et RUSSEIL Claudine - Le Breuilh - 24450 SAINT-PIERRE-DE-FRUGIE - Tél. : 05 53 52 06 65 - Fax : 05 53 52 06 65 ou SR : 05 53 35 50 01

ST-REMY-SUR-LIDOIRE La Mouthe   *C.M. 75 Pli 13*

3 ch. **Bergerac, Monbazillac 30 km. Vignobles Bordelais 40 km.** Entre Bergerac et St-Emilion, Marie-Ange vous accueille dans sa maison à colombages. 3 ch. 2 pers. (2 lits 2 pers. 2 lits 1 pers.). S. d'eau et wc pour chaque chambre. Possibilité lit bébé. Chaque chambre vous offre un confort douillet et un décor personnalisé avec entrée indépendante sur terrasse privée. Bibliothèque et jeux de société à disposition. Sur un domaine de 20 ha., entre vignobles et forêts, avec étang pour la pêche. Sentiers de randonnées sur place. Restaurant et ferme auberge à proximité. Tél. et fax du propriétaire à disposition. Carte visa acceptée par le S.R.

Prix : 1 pers. **50 €** 2 pers. **54 €**

🐕	⛱	🏊	🎾	🏇	🏌	🚲	🚣
8	SP	SP	3	11	25	11	4

Ouvert : Toute l'année.

Marie-Ange CAIGNARD - La Mouthe - 24700 ST-REMY-SUR-LIDOIRE - Tél. : 05 53 82 15 40 - Fax : 05 53 82 15 40 ou SR : 05 53 35 50 01 - E-mail : (S.R.) : dordogne.perigord.tourisme@wanadoo.fr - (S.R.) : www.resinfrance.com/perigord/

ST-SAUD-LA-COUSSIERE Le Vieux Moulin de la Maque   (TH)   *C.M. 72 Pli 16*

3 ch. **Grottes de Villars 15 km. Brantôme 30 km.** 2 ch. 2 pers. (1 lit 2 pers.). S. d'eau et wc chacune. 1 suite de 2 ch. 3 pers. (1 lit 2 pers. 1 lit 1 pers.). S. d'eau et wc privés. Possibilité lit d'appoint et lit bébé. Séjour avec TV. Salon de jardin. Parking. Ancien moulin au bord de la rivière La Dronne dans le Parc Naturel Régional Périgord-Limousin, où vous trouverez calme et repos. Tél. et fax du propriétaire à disposition. Carte visa acceptée par le S.R. Langues parlées : anglais, hollandais, allemand.

Prix : 1 pers. **30 €** 2 pers. **38 €** 3 pers. **48 €** pers. sup. **8 €**
repas **17 €** 1/2 pens. **36/47 €**

🐕	🎪	⛱	🏊	🎾	🏇	🏌	🚲	🚣
SP	3	SP	16	2	6	30	36	13	2

Ouvert : Toute l'année.

Caroline et Jonathan BAKKER-SMITH - Le Vieux Moulin de la Marque - 24470 ST-SAUD-LA-COUSSIERE - Tél. : 05 53 60 32 72 - Fax : 05 53 60 32 72 ou SR : 05 53 35 50 01 - E-mail : dronnemill@aol.com - (S.R.) : www.resinfrance.com/perigord

STE-FOY-DE-BELVES Brouste   *C.M. 75 Pli 16*

2 ch. **Belves 8 km. Sarlat 40 km. Les Eyzies 35 km. Domme 30 km.** 2 ch. 2 pers. (1 lit 180, 1 lit 2 pers.). Salle d'eau chacune, wc communs. Maison traditionnelle en pierre du pays dans la campagne. Vue sur les collines environnantes. Sentiers de randonnées. Confort et calme assurés, accueil chaleureux. Salon de jardin à disposition. Restaurant à proximité. Carte visa acceptée par le S.R.

Prix : 1 pers. **27 €** 2 pers. **36 €**

Ouvert : Du 1er mai au 30 septembre.

🐕	🎪	⛱	🏊	🎾	🏇	🏌	🚲	🚣
12	12	8	8	6	12	10	6	8

Josette DEI-TOS - Brouste - 24170 STE-FOY-DE-BELVES - Tél. : 05 53 29 07 25 ou SR : 05 53 35 50 01 - E-mail : (S.R.) : dordogne.perigord.tourisme@wanadoo.fr - (S.R.) : www.resinfrance.com/perigord

STE-NATHALENE La Borie de Latour   *C.M. 75 Pli 17*

3 ch. **Sarlat, la vallée de la Dordogne 10 km. Jardin d'Eyrignac 3 km.** 3 ch. 2 pers. (1 lit 2 pers.), 1 lit bébé. Salle d'eau et wc pour chaque chambre. Entrée indépendante. Terrasse avec salons de jardin à disposition des hôtes. Parking. Sur chemin de randonnées, au cœur du Périgord noir, à 10 km de Sarlat, dans 1 site classé, maison en pierre du pays avec vue sur les collines. Endroit idéal pour profiter de la nature et se reposer mais aussi pour découvrir les nombreux circuits touristiques et pédestres proposés. Hors saison sur réservation. Ferme-Auberge à proximité. Carte visa acceptée par le S.R. Langues parlées : anglais, allemand.

Prix : 1 pers. **35 €** 2 pers. **39 €**

Ouvert : Toute l'année.

🐕	⛱	🏊	🎾	🏇	🏌	🚲	🚣
10	5	10	2	3	10	25	10	3

Anne et Robert RELLO - La Borie de Latour - 24200 STE-NATHALENE - Tél. : 05 53 59 13 41 ou SR : 05 53 35 50 01 - E-mail : (S.R.) : dordogne.perigord.tourisme@wanadoo.fr - (S.R.) : www.resinfrance.com/perigord

STE-TRIE Le Fiallex   *C.M. 75 Pli 7*

2 ch. **Hautefort 6 km. Lascaux 35 km.** 2 ch. 3 pers. (2 lits 2 pers. 1 lit 130, 1 lit 1 pers.), s.d.b. ou s. d'eau privée, wc communs. Bibliothèque, jeux et salon de jardin à disposition. Ancienne ferme rénovée située sur un site moyenâgeux, entourée de prés et de bois. Un vaste jardin ombragé domine la campagne vallonnée et reposante. Promenade en ânes. Carte visa acceptée par le S.R. Restaurant à proximité. Randonnées : gorges de l'Auvézère, château d'Hautefort.

Prix : 1 pers. **31 €** 2 pers. **35 €** 3 pers. **46 €**

Ouvert : Du 1er avril au 30 octobre.

🐕	⛱	🏊	🎾	🏇	🏌	🚲	🚣
5	5	SP	8	6	8	50	25	6

Janine et Pierre MOREAU - Fiallex - 24160 STE-TRIE - Tél. : 05 53 50 51 14 - Fax : 05 53 50 51 14 ou SR : 05 53 35 50 01 - E-mail : (S.R.) : dordogne.perigord.tourisme@wanadoo.fr - (S.R.) : www.resinfrance.com/perigord

Aquitaine

Dordogne

TAMNIES (TH) 🌿   C.M. 75 Pli 17

1 ch. Sarlat, Les Eyzies, Montignac 12 km. 1 ch. 3 pers. (1 lit 2 pers. 1 lit 1 pers.), possibilité lit d'appoint. S.d.b. et wc privés. Maison ancienne rénovée dans le style du pays, dominant la vallée de la Beune, dans la campagne du Périgord Noir. Vue sur la vallée. Terrasse avec meubles de jardin. Calme. Repos. Table d'hôtes sur réservation. Carte visa acceptée par le S.R.

Prix : 1 pers. 31 € 2 pers. 37 € 3 pers. 42 € pers. sup. 8 € repas 14 €
Ouvert : Du 15 avril au 1er novembre.

🐕	🍽	⛱	🏊	🚣	🎾	🐎	⛳	🚲	🎣
	1	1	0,2	1	2	15	15	14	14

Claudette et Francis LABORDERIE - Le Bourg - 24620 TAMNIES - Tél. : 05 53 29 67 09 - Fax : 05 53 29 67 09 ou SR : 05 53 35 50 01 - E-mail : (S.R.) : dordogne.perigord.tourisme@wanadoo.fr - (S.R.) : www.resinfrance.com/perigord/

TAMNIES Escamps 🌿   C.M. 75 Pli 17

2 ch. Sarlat, Montignac 14 km. 2 ch. 2 pers. (1 lit 2 pers.), possibilité lit d'appoint et lit de bébé. Salle d'eau pour chaque chambre, wc communs. Salon avec TV à disposition des hôtes. Ancienne ferme rénovée, dans la campagne, où calme et repos sont assurés. Parc agréable. Accueil familial. Restaurant à proximité. Carte visa accdeptée par le S.R.

Prix : 2 pers. 34 € pers. sup. 5 €
Ouvert : Toute l'année.

🐕	🍽	⛱	🏊	🚣	🎾	🐎	⛳	🚲	🎣
	1	1,5	1,5	14	1,5	2	15	15	14	4

Paulette DELMOND - Escamps - 24620 TAMNIES - Tél. : 05 53 29 67 52 ou SR : 05 53 35 50 01 - E-mail : (S.R.) : dordogne.perigord.tourisme@wanadoo.fr - (S.R.) : www.resinfrance.com/perigord/

TREMOLAT (TH)   C.M. 75 Pli 16

3 ch. Limeuil 6 km. Beynac 30 km. Lascaux, Domme 40 km. 2 ch. 2 pers. (1 lit 2 pers. 2 lits 1 pers.). 1 ch. 3 pers. (1 lit 2 pers. 1 lit 1 pers.). Salle d'eau et wc pour chaque chambre. Maison avec un grand jardin à proximité du village. Calme et repos dans une ambiance familiale. Salon avec TV et bibliothèque. Table d'hôtes sur réservation. Carte visa acceptée par le S.R. Trémolat est situé dans la vallée de la Dordogne, une boucle, le cingle de Trémolat et à 6 km du Confluent de la Vézère. Entre Bergerac et Sarlat.

Prix : 1 pers. 34 € 2 pers. 38 € 3 pers. 56 € repas 16 €
Ouvert : Du 1 er avril au 15 octobre.

🐕	🍽	⛱	🏊	🚣	🎾	🐎	⛳	🚲	🎣
	1	6	2	2	6	2	20	1	SP

Yvonne MOULIN - Rue Saint-Hilaire - 24510 TREMOLAT - Tél. : 05 53 22 81 28 ou SR : 05 53 35 50 01 - E-mail : (S.R.) : dordogne.perigord.tourisme@wanadoo.fr - (S.R.) : www.resinfrance.com/perigord/

VAUNAC Les Guézoux 🌿   C.M. 75 Pli 6

4 ch. Saint-Jean de Côle 12 km. Brantôme 20 km. Périgueux 25 km. 2 ch. 2 pers. (1 lit 2 pers.). Salle d'eau et wc chacune. 2 ch. 3 pers. (1 lit 2 pers. 1 lit 1 pers.). S.d.b. ou s. d'eau et wc chacune. Possibilité lit bébé. Terrasse ombragée. Restaurant à proximité. Carte visa acceptée par le S.R. Ferme restaurée en pierre du pays dans un site agréable, calme, boisé. Accueil chaleureux. Vous pourrez découvrir 1 élevage d'escargots lors des visites agrémentées de dégustation. Petits déjeuners copieux élaborés avec les produits du terroir, confitures et gâteaux aux noix faits maison. Langue parlée : anglais.

Prix : 1 pers. 34 € 2 pers. 38 € 3 pers. 49 €
Ouvert : Toute l'année.

🐕	🍽	⛱	🏊	🚣	🎾	🐎	⛳	🚲	🎣
8	5	6	3	15	8	25	8	3

Béatrice et Pierre FOUQUET - Les Guézoux - 24800 VAUNAC - Tél. : 05 53 62 06 39 - Fax : 05 53 62 88 74 ou SR : 05 53 35 50 01 - E-mail : (S.R.) : dordogne.perigord.tourisme@wanadoo.fr - (S.R.) : www.resinfrance.com/perigord/

VILLARS   C.M. 75 Pli 5

2 ch. Brantome 12 km. Grottes de Villars 3 km. 2 ch. 2 pers. (1 lit 2 pers.), s. d'eau et wc pour chaque chambre. Ambiance familiale et calme assuré. Séjour, bibliothèque à dispo. des hôtes. Sortie indép. sur le jardin pour chaque chambre. En Périgord Vert, près du château de Puyguilhem et des grottes de Villars, grande maison en pierre du pays. Grand jardin fleuri avec salon de jardin. Randonnées pédestres sur GR436. Restaurant à proximité. Carte visa acceptée par le S.R.

Prix : 1 pers. 30 € 2 pers. 38 €
Ouvert : Du 1er mai au 31 octobre.

🐕	🍽	⛱	🏊	🚣	🎾	🐎	⛳	🚲	🎣
	6	12	SP	6	SP	6	12	SP

Marcelle et Roger AUTHIER - Le Bourg - 24530 VILLARS - Tél. : 05 53 54 80 76 ou SR : 05 53 35 50 01 - E-mail : (S.R.) : dordogne.perigord.tourisme@wanadoo.fr - (S.R.) : www.resinfrance.com/perigord/

Gironde

Aquitaine

GITES DE FRANCE
Maison du Tourisme - 21, Cours de l'Intendance - 33000 BORDEAUX
Tél. 05 56 81 54 23 - Fax 05 56 51 67 13

ANDERNOS

4 ch. Bordeaux 40 km. Arcachon 36 km. Rez-de-chaussée : salle des petits déjeuners dans la véranda, nécessaire de bébé. A l'étage : 2 chambres 2 pers., 2 chambres 3 pers. avec salles d'eau/wc. Ancienne grange du 19°, typique du secteur, près de la maison des propriétaires et d'une route, près du Bassin d'Arcachon, grand jardin clos, terrasse, parking.

Prix : 1 pers. 49 € 2 pers. 53 € 3 pers. 66 € pers. sup. 12 €
Ouvert : Toute l'année.

7	1	1	1	0,8	1,5	6	10	0,8

BEDEXAGAR - 84 avenue Jean Marcel Despagne - 33510 ANDERNOS - Tél. : 05 56 82 56 73 - Fax : 05 56 82 56 73

ANDERNOS

3 ch. Au rez-de-chaussée : salon/salle à manger. A l'étage : 2 chambres (2 lits 1 pers.), 1 chambre 2/4 pers. (lit 2 pers. + lit d'appoint), salles de bains ou d'eau/wc, décoration à thèmes. TV. Remise pour séjour à partir de 4 jours et hors saison 10 %. Maison du milieu du 20°, mélange de style, située à 150 m des plages du Bassin d'Arcachon au cœur d'un jardin paysager clos et entourée de belles arcachonnaises. Salon de jardin, barbecue, cuisine d'été avec terrasse. Langue parlée : anglais.

Prix : 1 pers. 49/59 € 2 pers. 55/65 € pers. sup. 15 €
Ouvert : Toute l'année.

SP	0,3	2	2	5	SP	20	0,6	

Jacques et Maryse MALFERE - 10 boulevard de Verdun - 33510 AUDERNOS - Tél. : 05 56 82 04 46 - Fax : 05 55 82 04 46

ARBIS Château Le Vert   (TH)

4 ch. Targon 4 km. Cadillac 7 km. A l'été. : 1 grande ch. (2 lits 1 pers.), salle de bains, wc privés, TV. 2 ch. (2 lits 2 pers. à baldaquin), salle de bains/wc privés, TV. Au r.d.c. : entrée indép., salle à manger/salon. Possibilité location salons de réception. Dans une aile, 1 suite : 1 ch. (lit 160), salon, salle d'eau avec hydrojet, wc, TV. Château du XIX° siècle, adossé à des bâtisses du XIII° et du XVI°, au cœur de l'Entre-Deux-Mers (route touristique), entouré d'un parc. Parking.

Prix : 2 pers. 60/92 € pers. sup. 17 € repas 22 €
Ouvert : Toute l'année.

3	2	3	10	4

Claude IMHOFF - Route d'Escoussans - Château Le Vert - 33760 ARBIS - Tél. : 05 56 23 91 49

ARTIGUES-PRES-BORDEAUX Château Saint-Leu

1 ch. Jolie petite maison de gardien indép., près de l'habitation du propriétaire : 1 ch. 2 pers. (1 lit 2 pers. poss. appoint séparé 1 lit 1 pers.), salle de bains et wc privés. Salon avec cheminée, kitchenette. Petit jardin clos, privatif, grand parc de 5 ha. Réduction pour séjour à partir d'une semaine.

Prix : 2 pers. 54 € pers. sup. 23 €
Ouvert : Toute l'année.

	0,8	0,8	6	10	10	1

Alain CAVAILLE - Château Saint-Leu - 33370 ARTIGUES-PRES-BORDEAUX - Tél. : 05 56 86 54 84

AURIOLLES Chevalier   (TH)

3 ch. 3 chambres d'hôtes, toutes avec salle d'eau et wc privés. Séjour/salle à manger à disposition. 10 % de réduction à partir de 8 jours. Vieille maison de campagne entièrement rénovée dans la partie accueil. Joli point de vue sur la campagne environnante.

Prix : 1 pers. 29 € 2 pers. 39 € pers. sup. 9 € repas 13 €
pens. 29 €
Ouvert : Toute l'année.

6	8	5	10	16

Danielle CLAMENS - 1 Chevalier - 33790 AURIOLLES - Tél. : 05 56 61 31 92

BELIN-BELIET

1 ch. A l'étage : une grande chambre de caractère de 30 m² (1 lit 2 pers., 1 lit 1 pers.), coin salon, salle de bains, wc. Rez-de-chaussée : salon et salle à manger avec cheminées. Terrasse couverte, salon de jardin, parking à l'ombre des platanes centenaires. Jardin/prairie 1 ha, potager, basse-cour. Au cœur du parc régional des Landes de Gascogne, Catherine et Daniel sont heureux de vous accueillir dans leur demeure du début du 19°, et vous aideront à découvrir la région. Vous aurez le plaisir du petit-déjeuner au coin du feu ou sur la terrasse. Non fumeurs de préférence. Langues parlées : anglais, italien.

Prix : 1 pers. 35 € 2 pers. 42 € pers. sup. 15 €

38	20	20	20	2	15	30	15	2

Catherine MENNETRET - 9 route du Preuilh - Lilaire - 33830 BELIN-BELIET - Tél. : 05 56 88 02 27 ou 06 65 92 50 63 -
E-mail : dl.mennetret@infonie.fr

Aquitaine — Gironde

BERSON

2 ch. **Blaye 7 km. Bourg-sur-Gironde 7 km.** Maison bourgeoise du 18ᵉ s, située à proximité du bourg, au cœur du vignoble des Côtes de Blaye et en limite des Côtes de Bourg, grand jardin clos arboré, parking dans la propriété. Etage : 1 ch. (1 lit 2 pers.), s.d.b., wc. 1 ch. 2/3 pers. (1 lit 2 pers. 1 lit 120), s. d'eau, wc. Au r.d.c. : salon avec cheminée/salle à manger. Rabais pour séjour supérieur à 8 jours.

Prix : 1 pers. 34 € 2 pers. 38 € 3 pers. 49 € pers. sup. 15 €
Ouvert : De février à janvier.

🐕	⛱	🏊	🎾	🏇	⛴
14	SP	0,7	14	14	0,7

Annick LANDARD - 7 rue de la Croix de Rousset - 33390 BERSON - **Tél.** : 05 57 64 34 98

BLAYE

5 ch. A l'étage : 5 chambres 2 pers. personnalisées (4 lits 2 pers., 2 lits 1 pers.), salles de bains/wc. TV, salon, tisanière à disposition. Hôtel particulier du 18ᵉ siècle situé dans la cité de Blaye, à proximité de la citadelle de Vauban et de l'estuaire de la Gironde, jardin romain et jardin zen clos, parking à proximité. Langue parlée : anglais.

Prix : 2 pers. 79/84 €

🐕	≈	⛱	🏊	🎾	🏇	⛳	⛴	🚉
70	17	17	1	1	10	35	20	SP

Léa GOLIAS - 13 rue Prémayac - Villa Prémayac - 33390 BLAYE - **Tél.** : 06 07 79 64 05 ou 05 57 42 69 05 - Fax : 05 57 42 69 49

BLAYE Le Saugeron

3 ch. 3 chambres d'hôtes 2/4 pers. dans un bâtiment neuf à proximité de l'habitation du propriétaire, avec salle d'eau ou salle de bains, wc et terrasse couverte privés. Petite cuisine à disposition des hôtes. Grand jardin clos avec arbres fruitiers en limite de la commune de Blaye. Restaurant à proximité. Accès : sur la N137 traversant Blaye, prendre la D22 (rue des Maçons) sur 700 m puis prendre avenue de Verdun sur 150 m à coté du foyer des combattants.

Prix : 1 pers. 30 € 2 pers. 40 €

🐕	🏊	⛱	🏊	🎾	🏇	⛴
28	28	0,8	0,8	7	SP	0,8

M. et Mme LABORIE - Avenue de Verdun - Le Saugeron - 33390 BLAYE - **Tél.** : 05 57 42 14 80

BLAYE Le Saugeron

2 ch. **Bourg-sur-Gironde 10 km.** Vignoble des Côtes de Bourg et de Blaye. 2 chambres 2 pers. (1 lit 2 pers., 2 lits 1 pers.), salle de bains et wc communs. Salon/salle à manger. Maison située en limite de la commune de Blaye. Grand jardin clos avec vergers. Citadelle de Vauban à Bourg et Blaye.

Prix : 1 pers. 30 € 2 pers. 40 €
Ouvert : Toute l'année.

🐕	⛱	🏊	🎾	🏇	⛳	⛴
28	0,8	0,8	7	SP	25	0,8

M. et Mme LABORIE - Avenue de Verdun - Le Saugeron - 33390 BLAYE - **Tél.** : 05 57 42 14 80

BOSSUGAN Barrouil (TH)

C.M. 75 Pli 12/13

3 ch. **Saint-Emilion 20 km. Sauveterre-de-Guyenne 12 km.** R.d.c. : salle à manger, salon, cheminée. Etage : 1 ch. (1 lit 2 pers.), 1 suite de 2 ch. (4 lits 1 pers.), s. d'eau ou de bains/wc. R.d.c. : 1 ch. (1 lit 2 pers., 1 lit 1 pers.), s. d'eau, wc. Table d'hôtes sur résa. Poss. d'initiation au patchwork. Maison de maître du XIXᵉ, sur une colline au cœur du vignoble avec grand jardin aménagé, terrasse, parking, garage. Accès : sur RD.17, Castillon/Sauveterre, au carrefour de la RD.126 à gauche. Langues parlées : anglais, allemand.

Prix : 2 pers. 45/65 € pers. sup. 15 € repas 19 €

🐕	⛱	🏊	🎾	🏇	⛳	⛴	🚉
	4	9	4	9	35	4	9	9

Annie EHRSAM - Domaine de Barrouil - 33350 BOSSUGAN - **Tél.** : 05 57 40 59 12 - Fax : 05 57 40 59 12 -
E-mail : m.ehrsam@sudouest.com

BOURG-SUR-GIRONDE

3 ch. Castel du 19ᵉ s. avec tour et douve, situé au cœur du village, près de la RD 669, grand jardin clos arboré. Au rez-de-jardin : salle à manger, 1 chambre (1 lit 2 pers.), salle d'eau/wc. Rez-de-chaussée : billard, 1 chambre (2 lits 1 pers.), salle de bains, wc. Etage : 1 suite de 2 chambres 2/4 pers. (2 lits 2 pers.), salle de bains/wc.

Prix : 1 pers. 43 € 2 pers. 46 € pers. sup. 12 €

🐕	⛱	🏊	🎾	⛳	⛴
15	0,5	0,5	1	14	SP

Annick et Jean POISSONNEAU - 5 allée François Daleau - 33710 BOURG-SUR-GIRONDE - **Tél.** : 05 57 68 39 73 ou 06 67 48 68 74

BOURG-SUR-GIRONDE Le Pain-De-Sucre

5 ch. **Vignoble des Côtes de Bourg, citadelle de Blaye 15 km.** Au rez-de-chaussée : 1 chambre 2 pers. (1 lit 2 pers.), salle de bains/wc. Salon, salle à manger. A l'étage : 4 chambres 2 pers. (2 lits 2 pers., 1 lit 160, 2 lits 1 pers.), salle d'eau/wc. Maison en pierre rénovée, au cœur du vignoble des Côtes de Bourg, située sur les bords de l'Estuaire de la Gironde. Terrasse, jardin clos, parking.

Prix : 1 pers. 35 € 2 pers. 40 € pers. sup. 12 €
Ouvert : Toute l'année.

🐕	⛱	🏊	🎾	🏇	⛳	⛴
15	2	2	10	35	SP	15	2

M. et Mme GUERIN - 26, Le Pain de Sucre - 33710 BOURG-SUR-GIRONDE - **Tél.** : 05 57 68 23 42 - Fax : 05 57 68 23 42

Gironde

Aquitaine

CAP-FERRET

3 ch. 2 ch. d'hôtes dont 1 suite dans un chalet : 1 ch. 2 pers., 1 ch. 4 pers. avec salle d'eau et wc privés. 1 ch. 2/4 pers., salle d'eau et wc privés, aménagée à l'étage de la maison du propriétaire, accès indép., grande terrasse. Cuisine à disposition. Restaurant sur place. Chasse 1 km, loc. vélos et VTT 400 m, forêts 800 m, sports nautiques 800 m. Réduction en basse-saison.

Prix : 2 pers. 61/76 € 3 pers. 76/93 € pers. sup. 21 €
Ouvert : De mai à septembre.

	≈	⛱	🎾	🏃	⛵	🏛
	0,3	0,3	0,3	0,4	5	0,8	50

Pierrette FORTIN - 79 Avenue de l'Océan - 33970 CAP-FERRET - Tél. : 05 56 60 67 85 - Fax : 05 56 60 67 85

CAPIAN Château Grand Branet

5 ch. Château du XVIIe rénové au XIXe siècle, dans un grand parc boisé calme. 5 ch. avec salle d'eau ou salle de bains et wc privés dont 2 avec terrasses communes. Salon, TV, salle à manger, galerie réservée aux hôtes. Lit bébé. Table de ping-pong, vélos à dispo. Tables d'hôtes sur réservation. Chambres d'hôtes Bacchus.

Prix : 1 pers. 37 € 2 pers. 60 € 3 pers. 65 € pers. sup. 14 € repas 17 €
Ouvert : Toute l'année.

	≈	⛱	🎾	🏃	⛵	🏛	
	5	7	SP	7	30	8	15	7

Blanche MAINVIELLE - Château Grand Branet - 859 Branet Sud - 33550 CAPIAN - Tél. : 05 56 72 17 30 - Fax : 05 56 72 36 59

CAPTIEUX Londeix

2 ch. Captieux 4 km. Bazas 15 km. A l'étage : 2 ch. 2 pers. (1 lit 2 pers. 2 lits 1 pers.), salle de bains/wc, salon, bibliothèque. Au rez-de-chaussée : salle à manger. Produits du terroir servis en table d'hôtes (sur réservation). Repas enfant - 8 ans : 9 €. Rabais pour séjour : 10 % à partir de la 7e nuit. 66 €/4 pers. Ferme traditionnelle du XIXe s, typique des Landes girondines, sur un airial, au sein du domaine familial en lisière de forêt et d'un champ de maïs, visite de la ferme agricole (moutons et poulets fermiers), 2 VTT, parking, garage.

Prix : 1 pers. 38 € 2 pers. 45 € 3 pers. 60 € repas 16 €
Ouvert : Toute l'année.

	≈	⛱	🎾	🏃	⛵	🏛	
	30	15	4	4	30	0,3	25	4

Sophie DE MONTBRON - Domaine de Londeix - Londeix - 33840 CAPTIEUX - Tél. : 05 56 65 68 83 ou 06 82 94 82 38 - Fax : 05 56 65 61 27 - E-mail : sdemontbron@libertysurf.fr

CARTELEGUE La Gailloterie

2 ch. Maison de vignoble dans un parc clos ombragé, piscine privée. Dans une aile de la maison : grand séjour avec lit superposés sous mezzanine, cheminée, kitchenette, lave-linge, mezzanine (1 lit 2 pers.). R.d.c. : 1 petite ch. (2 lits 1 pers.), salle d'eau, wc. Dans la cour : petite maison 2 pers., séjour (1 lit 2 pers.), cuisine équipée, salle d'eau/wc. Vélos, p-pong. Animaux admis après accord. Langues parlées : anglais, allemand.

Prix : 1 pers. 34 € 2 pers. 40 € 3 pers. 52 € pers. sup. 15 €

	🎾	⛵	🏛
	2	2	18

Daniel STEIB - La Gailloterie - 33390 CARTELEGUE - Tél. : 05 57 64 61 45 - Fax : 05 57 64 60 91

CASTELNAU-DE-MEDOC Carrat

C.M. 71 Pli 18

3 ch. 3 chambres d'hôtes. 1 ch. (2 lits 1 pers.) avec salle de bains et wc privés. 1 ensemble : 1 ch. (1 lit 2 pers.), 1 petite chambre (2 lits enfants) avec salle d'eau et wc privés. 1 ch. au rez-de-chaussée, salle de bains et wc privés. Séjour, TV. Cuisine à disposition des hôtes. Tarif pour 4 pers. : 79 €. Habitation de caractère entourée de bois, pré avec cours d'eau, lieu calme invitant à la détente. Accès : de Castelnau, prendre direction Sainte-Hélène sur 500 m. Langue parlée : anglais.

Prix : 1 pers. 41 € 2 pers. 46/53 €

	≈	⛱	🎾	🏃	⛵	🏛
	25	25	1,5	5	10	10	1

Laurence PERY - Domaine de Carrat - Route de Sainte-Hélène - 33480 CASTELNAU-DE-MEDOC - Tél. : 05 56 58 24 80

CASTELNAU-DE-MEDOC Le Foulon

C.M. 71 Pli 18

4 ch. 4 chambres d'hôtes dans un ensemble de caractère. 1 ch. (1 lit 2 pers.), salle de bains privée, wc privés non attenants. 2 ch. (1 lit 2 pers.), salle de bains et wc privés. 1 ensemble divisé en 2 chambres (2 lits 1 pers.), salle de bains et wc privés. Séjour. Salle à manger. Restaurant 1 km. Château situé dans la forêt avec parc et cours d'eau. Accès : de Bordeaux, prendre la D1 direction le Verdon sur 28 km. A Castelnau, château du Foulon est indiqué à l'entrée du village.

Prix : 1 pers. 61 € 2 pers. 69/77 € 3 pers. 92 € pers. sup. 23 €

	≈	⛱	🎾	🏃
	30	30	1	1	15

Danielle DE BARITAULT - Château le Foulon - 33480 CASTELNAU-DE-MEDOC - Tél. : 05 56 58 20 18 - Fax : 05 56 58 23 43

Aquitaine   Gironde

CASTILLON-LA-BATAILLE Robin

¦¦¦ 3 ch. Maison ancienne typiquement girondine, entièrement restaurée, sur une exploitation viticole, dominant les vallées de la Dordogne et de la Lidoire. Etage : 2 ch. avec s.d.b., wc ou s. d'eau, wc (1 lit 2 pers. 2 lits 1 pers.). R.d.c. : 1 ch. 2/3 pers. (1 lit 2 pers., 1 lit 1 pers.), s. d'eau, wc accessible aux personnes handicapées salle à manger/salon. Salle d'accueil, parking, jardin, terrasse, véranda. Ouvert toute l'année. Maison face au château de Castegens (site de la reconstitution de la bataille de Castillon). Accès : à Castillon-la-Bataille, suivre la route de Belves de Castillon sur 2,5 km, maison à droite. Hébergement labellisé Bacchus. Langue parlée : anglais.

Prix : 1 pers. 32 € 2 pers. 40 € 3 pers. 56 € pers. sup. 14 €
Ouvert : Toute l'année.

	8	2,5	2,5	2,5	2,5	2,5	

Pierrette MINTET - Robin - 33350 CASTILLON-LA-BATAILLE - Tél. : 05 57 40 20 55 - Fax : 05 57 40 20 55

CASTRES-SUR-GIRONDE Le Moulin de Pommarede   (TH)

¦¦¦ 3 ch. Bordeaux à 15 mn. Au r.d.c.salon/salle à manger, 1 ch. (2 lits 1 pers.), salle d'eau, wc. A l'étage : 1 ch. (1 lit 160, 1 lit 1 pers.), salle d'eau, wc. 1 ch. (1 lit 160, 1 lit 1 pers.), salle de bains, wc. Salon TV. Cour, terrasse, terrain. Animaux acceptés sous conditions. Table d'hôtes : plateau repas. Moulin du 13ᵉ s. situé en bordure du Gât Mort, entièrement restauré, au cœur de la campagne et aux pourtours du vignoble des Graves, sur une propriété viticole. De N113, à Castres sur Gironde, prendre dir. Saint-Selve D219. Faire 1,5 km, prendre à droite « Le Moulin ». Langues parlées : anglais, espagnol.

Prix : 2 pers. 55/60 € pers. sup. 16 € repas 11 €
Ouvert : Toute l'année.

	30	15	17	1	2	20	15	1,5	1

Béatrice DE BOUSSIERS - 35 route de Pommarede - Le Moulin de Pommarede - 33640 CASTRES-SUR-GIRONDE -
Tél. : 05 56 67 31 28 - Fax : 05 56 67 67 69 - E-mail : deboussiers@wanadoo.fr - www.bonadresse.com/aquitaine/castres.htm

CAZATS Le Fort

¦¦ 3 ch. Bazas 7 km. Langon 12 km. Au rez-de-chaussée, grande s. à manger, terrasse couverte. A l'étage, 3 petites chambres (2 lits 2 pers., 1 lit 120), salle d'eau/wc, coin lecture/TV. Ancienne ferme de style Bazadaise du début du 19ᵉ s., restaurée, située près du bourg et de l'église du village, point de vue sur coteaux environnants, grand jardin, parking. Randonnée sur place. Cabine téléphonique à 100 mètres.

Prix : 1 pers. 34 € 2 pers. 38 € 3 pers. 43 € pers. sup. 12 €
Ouvert : Toute l'année.

	20	8	4	8	8	0,5	8

Agnès WUILLAI - 1, Le Fort - 33290 CAZATS - Tél. : 05 56 25 17 54 ou 06 82 13 99 71 - E-mail : lefort@ot-sauternes.com

COIMERES Ninon   (TH)   C.M. 234 Pli 11

¦¦ 1 ch. Dans une maison neuve, située dans les pins, 1 petite chambre 2 pers. avec salle d'eau et wc privés. Jardin. Forêt, chasse sur place. Rivière 2 km. Table d'hôtes sur réservation ou à la demande. Accès : à Langon, route de Bazas, après pont autoroute, 4ᵉ route à gauche, puis 1ʳᵉ route à droite, puis suivre les panneaux.

Prix : 1 pers. 38 € 2 pers. 43 € repas 20 €

	7	1	7	5	7

Paul BANNEAU - Ninon - 33210 COIMERES - Tél. : 05 56 25 91 79

COURPIAC   (TH)

¦¦ 2 ch. Saint-Emilion 20 km. Maison familiale du XVIIIᵉ s. située au cœur de la campagne et de l'Entre-deux Mers, face au lac de Laubesc. Au r.d.c. : salon/salle à manger. A l'étage : 1 ch. (1 lit 2 pers. 1 lit bébé), s. de bain/wc, balcon. 1 ch. (2 lits 1 pers.), s. d'eau/wc, balcon. Terrasse ombragée, parking. Rabais pour séjour, 10 % à partir d'une semaine.

Prix : 1 pers. 30 € 2 pers. 39 € pers. sup. 9 € repas 15 €
Ouvert : Toute l'année.

	2	2	25	2	2	25	25	1

M. et Mme CANER - Domaine de Capiet - 33760 COURPIAC - Tél. : 05 56 23 93 34

COUTRAS Domaine de la Grande Métairie

¦ 3 ch. Saint-Emilion 15 km. 1 ch. (1 lit 2 pers.), 1 ch. 2 pers. (2 lits 1 pers.), 1 ch. 1 pers. (1 lit 120), s.d.b. et wc communs. Salle à manger. Salon et cuisine réservés aux hôtes. Parc. Restaurant à 800 m à Coutras. Condition de prix pour séjours (10 % de réduction). Maison du XVIIIᵉ siècle, typiquement girondine, meublée à l'ancienne et entourée d'arbres bicentenaires, à proximité immédiate de deux rivières. Activité agricole centrée sur l'élevage de bovins. Découverte du vignoble bordelais. Belle exposition d'oiseaux 3 km.

Prix : 1 pers. 27 € 2 pers. 38/43 € pers. sup. 8 €
Ouvert : Toute l'année.

	100	1	1,5	1	3	35	SP	1,2	1

Marie-José CHAUCHARD - Domaine de la Grande Métairie - 33230 COUTRAS - Tél. : 05 57 49 13 00

Gironde

Aquitaine

COUTRAS Le Baudou

3 ch. Au rez-de-chaussée : 1 grande ch. (1 lit 120, 1 lit 150), s. d'eau, wc, accès indépendant. Salon/salle à manger avec cheminée. Bibliothèque, jeux de société, ping-pong. A l'étage : 1 grande ch. (1 lit 2 pers. 1 lit 1 pers.), s.d.b., wc, accès indépendant. 1 ch. (1 lit 2 pers.), s. d'eau, wc. Forêt sur place. Demeure du XVIII° siècle, entièrement restaurée, située sur 4 ha. de parc, bois, pré, et verger, dans un environnement de vallons. Terrasse, parking. 10 % de réduction à partir de la 6° nuitée.

Prix : 1 pers. 49/52 € 2 pers. 55/59 € pers. sup. 16 €
Ouvert : Toute l'année.

| 16 | 3 | 1,3 | 3 | 0,5 | 2 | 1,3 |

HEFTRE Philippe et M-Christine - Le Baudou - 33230 COUTRAS - Tél. : 05 57 49 16 33 ou 06 86 63 59 48

CUBNEZAIS Domaine de la Gravette

3 ch. Bordeaux 30 km. A l'étage : 1 chambre 2/3 pers. (1 lit 2 pers., 1 lit 100), salle d'eau/wc. Au rez-de-chaussée : 1 chambre 2 pers. (1 lit 2 pers), salle d'eau/wc. 1 suite de 2 chambres (1 lit 2 pers., 1 lit 1 pers.), salle d'eau/wc. Salon/ salle à manger. Maison bourgeoise du 19 ème, située sur une exploitation viticole classée. Côtes de Blaye et Bordeaux. Grand jardin.

Prix : 1 pers. 23 € 2 pers. 34 € pers. sup. 17 € repas 14 €
Ouvert : Toute l'année.

| 90 | 10 | 10 | 8 | 2 | 5 | 10 | 5 |

Martine BERTET - Domaine de la Gravette - 33620 CUBNEZAIS - Tél. : 05 57 68 72 47 - Fax : 05 57 68 79 36

EYNESSE Aux 3 Fontaines (TH)

5 ch. R.d.c. : salon TV, salon billard, cheminées, salle à manger. 1 ch. dans annexe (1 lit 160, 2 lits 1 pers.), salle d'eau/wc, kitchenette. Etage : 3 ch. (1 lit 160, 2 lits 140), s.d.b./douche ou salles d'eau/wc dont une 2 épis. 1 ch. 2/6 pers. (1 lit 160, 2 lits 1 pers., 1 lit 140), salle d'eau/wc. Table d'hôtes sur réservation. Animaux acceptés sous conditions. Maison de maître du 19° s., située dans la vallée de la Dordogne, point de vue sur vignoble, entre vignoble et forêt, parc, jardin et cour close, terrasse, mobilier de jardin, piscine. Langue parlée : anglais.

Prix : 1 pers. 37/45 € 2 pers. 46/54 € pers. sup. 14 € repas 16 €
Ouvert : Toute l'année.

| SP | 3 | 15 | 1 | 7 | 1 |

Mme COLARDELLE - 27 La Beysse - 33220 EYNESSE - Tél. : 05 57 41 02 28 ou 06 80 35 12 32 - Fax : 05 57 41 02 28 -
E-mail : colardel@club-internet.fr - www.go.to/aux3fontaines

EYNESSE Le Grand Renom (TH)

4 ch. Castillon-la-Bataille 20 km. Saint-Emilion 28 km. Au rez-de-chaussée : salon, salle à manger. A l'étage : 4 chambres 2/3 pers. (3 lits 2 pers., 3 lits 1 pers.), salles d'eau ou salles de bains, wc. Maison de maître du XIX° s., située au cœur des vignes, parc ombragé. Randonnée sur place.

Prix : 1 pers. 39 € 2 pers. 46/49 € 3 pers. 69 € pers. sup. 16 €
repas 20 €

| 12 | 6 | 6 | 6 | 15 | 3 | 6 |

Francine SERAS - Manoir le Grand Renom - 33220 EYNESSE - Tél. : 05 57 41 02 10 ou 06 11 56 34 72 -
E-mail : augrandrenom@net-up.com - http : //seras.help2.com

FLAUJAGUES Le Fougueyra

3 ch. Saint-Emilion 15 km. Au rez-de-chaussée : 2 chambres 2 pers. (2 lits 2 pers.), salle d'eau ou salle de bains, wc. 1 suite 2/4 pers. (90 m²), salle d'eau/wc. A l'étage : 2 ch. (1 lit 2 pers., 2 lits 1 pers.), salle d'eau/wc. Salon, salle à manger avec cheminée. Chaque chambre s'ouvre sur la Dordogne et possède une entrée privative. 88 €/4 pers. Manoir du 18° siècle directement sur les bords de la rivière Dordogne, parc centenaire d'1,5 ha., parking. Randonnées sur place. Barque et vélo à disposition. Langues parlées : anglais, allemand, hollandais.

Prix : 1 pers. 42 € 2 pers. 53/56 € pers. sup. 12 €
Ouvert : Toute l'année.

| SP | SP | SP | 6 | 6 | 22 | SP | 6 | 6 |

Miranda CANAC - Manoir Le Fougueyra - 33350 FLAUJAGUES - Tél. : 06 87 45 45 81 ou 05 57 40 14 33 -
E-mail : manoir.fougueyra@wanadoo.fr - http : //perso.wanadoo.fr/didier.canac/

GAILLAN Les Poulards

2 ch. 1 ch. d'hôtes à l'étage d'un bâtiment annexe de la maison du propriétaire. S. de bains intégrée à la chambre, wc cloisonnés. 1 suite de 2 ch. 2 épis (2 lits 2 pers.), s.d.b., wc aménagés dans une partie de la maison du propriétaire, TV et frigo dans chaque ch. Grande terrasse aménagée en salle à manger/salon avec TV, tél. portable au r.d.c. Jardin paysager. Piscine chauffée. Participation de 4 € pour les animaux. Prix semaine : 305 €/2 pers. hors saison. Réductions séjours de 15 jours 5 %. Petit déjeuner continental français avec suppl. Langues parlées : anglais, espagnol.

Prix : 1 pers. 69 € 2 pers. 77 € 3 pers. 92 € pers. sup. 15 €
Ouvert : Du 8 mai au 8 octobre.

| 13 | SP | 3 | 6 | 30 | 6 |

Rosy DUPIN - Les Poulards - 33340 GAILLAN - Tél. : 05 56 41 01 96 - Fax : 05 56 41 18 52 - E-mail : lacanau@lacanau.com - www.lacanau.com

Aquitaine — Gironde

GAILLAN Domaine St-Pierre

1 ch. Une très belle suite aménagée dans l'aile de la demeure, 1 chambre (1 lit 160), un salon avec télévision (1 lit 1 pers.), salle de bains/wc. Demeure du 18 ème, ancien lieu de vie des carmélites et ex-propriété viticole, entre rivière et océan, au cœur des vignobles médocain, cour, jardin clos. Langue parlée : anglais.

Prix : 1 pers. 89 € – 2 pers. 89 € – 3 pers. 104 € – pers. sup. 16 €

	12	19	19	3	3	0,5	25	12	3	0,2

Valérie SENSEY-BARZIC - Place de l'église - Domaine de St-Pierre - 33340 GAILLAN - Tél. : 05 56 73 47 55 - Fax : 05 56 41 09 09 -
E-mail : olivier.sensey@wanadoo.fr

GAJAC-DE-BAZAS Cabirol

3 ch. Sauternes 15 km. Maison du XVIIIᵉ restaurée dans le style du pays, nichée au cœur de la campagne. A l'ét., 1 ensemble de 2 ch. 2 pers. avec s.d.b./douche et wc privés, 1 ch. 2 pers. avec s. d'eau/wc privés, 1 ch. 2 pers. avec s.d.b./douche/wc privés. R.d.c., salon/salle à manger/bibliothèque à disposition des hôtes donnant sur terrasse. Grand jardin paysager, parking. Petite pièce pour préparation pique-nique. Réduction pour un séjour, - 10 % après la 4ᵉ nuit. Tarif 4 pers. : 74 à 80 €. Salle de jeux, billard, ping-pong, piscine. Hébergement situé sur les chemins de St-Jacques-de-Compostelle, avec vue sur la cathédrale de Bazas. Langue parlée : anglais.

Prix : 2 pers. 45/49 €

Ouvert : Toute l'année et du 15 novembre au 15 février sur réservation.

20	SP	4	4	20	SP	15	4

Xavier DIONIS DU SEJOUR - Cabirol - 33430 GAJAC-DE-BAZAS - Tél. : 05 56 25 15 29 - Fax : 05 56 25 15 29

GANS Catalot (TH)

E.C. 3 ch. Bazas 5 km. Sauternes 18 km. St-Emilion 65 km. Au rez-de-chaussée : salon, salle à manger, 2 chambres 2 personnes (2 lits 160), salles d'eau, wc. A l'étage : 1 chambre (1 lit 2 pers.), salle de bains privée non attenante au r.d.c., wc. Buanderie à disposition. Tables d'hôtes sur réservation 24 H à l'avance. Maison de maître du 19 ème, située sur les hauteurs du village, au cœur de la campagne bazadaise, entourée d'un jardin, terrasse, terrain.

Prix : 1 pers. 54 € – 2 pers. 54 € – repas 19 €

Ouvert : Du 1 janvier au 31 octobre.

	80	20	20	2	2	0,5	17	17	2

Thierry DE LA PRADE - Domaine du Bouchon - Catalot - 33430 GANS - Tél. : 05 56 65 11 97 - Fax : 05 56 25 91 15 -
E-mail : carre-d-as@wanadoo.fr

GENISSAC Guillaumat

C.M. 75 Pli 1

3 ch. Saint-Emilion 15 km. Bordeaux 30 km. 3 ch. d'hôtes : 1 ch. 2 pers. (1 lit 2 pers.), entrée, s.d.b., wc. 1 grande ch. 2 pers. (2 lits 1 pers.), s.d.b./wc, coin-salon, cheminée, bibliothèque. 1 ch. 2 pers. (1 lit 2 pers.), s.d.b./wc. Salon, TV, cheminée, salle à manger. Maison girondine du XVIIᵉ s, à proximité immédiate des propriétaires, située sur le premier contrefort de la vallée de la Dordogne et au cœur du vignoble, superbe vue sur le tertre de Fronsac et églises environnantes, cadre calme et verdoyant, parking. Poss. d'accueil de chevaux.

Prix : 1 pers. 38 € – 2 pers. 46 € – pers. sup. 11 €

Ouvert : Toute l'année.

2	10	18	10	9	2

Dominique et Francis FULCHI - Domaine de Guillaumat - Guillaumat - 33420 GENISSAC - Tél. : 05 57 24 49 14 ou 05 57 51 18 99 -
Fax : 05 57 51 90 69

GUJAN-MESTRAS-LA-HUME

1 ch. Arcachon 6 km. Maison de type littoral, située dans un hameau, grand jardin clos, terrasse couverte, près d'une route communale et du bourg. Suite de 2 ch. 2 pers. enfants/parents (1 lit 2 pers.), petite chambre enfant (2 lits superposés), salle d'eau/wc. Entrée indépendante. Tarif 4 pers. : 76 €.

Prix : 2 pers. 40/43 €

	0,8	10	10	3	1,5	8	3	0,5	0,3

Claude MAGLIOLA - 3 bis allée des Pins Verts - 33460 GUJAN-MESTRAS - Tél. : 05 56 66 36 16 ou 05 56 24 13 10

JAU-DIGNAC-LOIRAC Noaillac Clos des Hirondelles

4 ch. Maison girondine de la fin du XVIIIᵉ, dans un hameau. A l'ét. : 4 ch. : 2 ch. (4 lits 1 pers.), 1 ch. (1 lit 2 pers.), 1 suite (1 lit 2 pers., 3 lits 1 pers.). Salles d'eau/wc. R.d.c. : salle manger, biblioth., accès cuisine, lave-linge, lingerie. Prêt de vélos. Grand jardin clos. Dans une région viticole. Propriétaire artiste peintre. Initiation à l'aquarelle sur demande. Parking, abri couvert.

Prix : 1 pers. 29 € – 2 pers. 38 € – pers. sup. 14 €

Ouvert : Toute l'année.

15	13	3	3	5	13

Nicole MARTINEZ - 2 Chemin de la Hille - Clos des Hirondelles-Noaillac - 33590 JAU-DIGNAC-LOIRAC - Tél. : 05 56 73 97 25 ou 06 83 51 16 46 - E-mail : clos.des.hirondelles@wanadoo.fr

Gironde
Aquitaine

LAPOUYADE La Petite Glaive
C.M. 75 Pli 2

||| 2 ch. — 2 ch. dans bâtiment indép. à proximité de l'habitation du propriétaire. 1 ch. 2 pers. avec salle d'eau, wc, terrasse couverte privés. 1 ch. avec mezzanine (1 lit 2 pers. au r.d.c., 1 lit 2 pers. en mezzanine). Salon à disposition des hôtes dans le même bâtiment. Salle à manger pour petit déjeuner et TH dans la maison. Bibliothèque. Ferme-auberge de petite capacité sans nuisance par rapport aux chambres d'hôtes. Ferme située en forêt et vignes.

Prix : 1 pers. 33/35 € 2 pers. 37/42 € 3 pers. 49/55 € pers. sup. 12/14 € repas 15 €
Ouvert : Toute l'année.

80	25	SP	SP	15	15	2	20	10

Michel BONNET - La Petite Glaive - 33620 LAPOUYADE - Tél. : 05 57 49 42 09 - Fax : 05 57 49 40 93

LEOGEATS La Citadelle

||| 1 ch. — 1 grande chambre située dans l'aile de la maison avec entrée indépendante, 1 lit 140, salle d'eau/wc, TV et prise téléphone. Salle à manger/salon dans la maison du propriétaire. Ancien relais des Compagnons du Tour de France, du XIV° s., entièrement restauré, situé aux portes du vignoble du Sauternais et dans la forêt des Hautes Landes Girondines. Randonnées sur place. Langue parlée : anglais.

Prix : 1 pers. 46 € 2 pers. 50 € 3 pers. 65 € pers. sup. 10 €
Ouvert : Toute l'année.

25	7	2	15	3	10

MARTIN - La Citadelle - 33210 LEOGEATS - Tél. : 05 57 31 00 78 - E-mail : patrick.martin30@wanadoo.fr

LES LEVES-ET-THOUMEYRAGUES Domaine Les Jourdis
C.M. 75

|||| 3 ch. — Bastide Ste-Foy-la-Grande 7 km. Route des vins et Périgord 20 km. 1 suite 2/4 pers. (1 lit 2 pers.), salon (canapé-lit 150), salle de bains/wc, terrasse. 1 suite 2/4 pers. (1 lit 2 pers.), salle de bains/wc, salon (2 lits 1 pers.), 1 ch. 2 pers. (2 lits 1 pers.), salle de bains, wc. Salle à manger, salon indép. TV et tél. dans chaque chambre. Terrasse couverte, boulodrome, jeux d'enfants, location de vélos. Maison forte du 16°, remodelée au 18°, au cœur d'un parc de 12 ha, beau point de vue. Table d'hôtes sur réservation. Circuits initiation 4x4 avec moniteur agréé. Barque sur étang privé. Randonnée. Week-end initiation à la dégustation, séminaire d'entreprise. Langues parlées : anglais, espagnol.

Prix : 1 pers. 58/63 € 2 pers. 67/75 € pers. sup. 14/22 € repas 22 €
Ouvert : Toute l'année.

7	7	7	SP	10	SP	7	0,9

Philippe COMALADA - Domaine les Jourdis - 33220 LES-LEVES-ET-THOUMEYRAGUES - Tél. : 05 57 41 22 35 ou 06 72 72 25 30 - Fax : 05 57 41 22 35 - E-mail : COMALADA@net-up.com - www.lesjourdis.com

LIBOURNE Clos Carré

|| 3 ch. — Maison ancienne mitoyenne à la limite de Libourne et près de St-Emilion (ancienne propriété viticole). Et. : 1 ch. (1 lit 160), 1 ch. (1 lit 2 pers.), s.d'eau/wc privés de chaque. 1 ch. 2/4 pers. (1 lit 2 pers. 1 lit 1 pers.) avec s.d.b./wc privés sur palier. Salle à manger, TV et réfrigérateur à dispo. des hôtes. Jardin, parking fermé. R.d.c. 1 suite 4/6 pers. aménagée dans l'ancien chai (2 lits 2 pers. 2 lits 1 pers.), s. d'eau/wc. Séjour/kitchenette (canapé, micro-ondes). TV, l-linge. Terrasse, barbecue (bois fourni). Possibilité location à la semaine : 300 à 385 €. Langue parlée : italien.

Prix : 1 pers. 32 € 2 pers. 35/42 € pers. sup. 14 €
Ouvert : Toute l'année.

90	1	1	3,5	0,2	3	1

Jacques SOUPRE - Clos Carré - 14 chemin de Carré - 33500 LIBOURNE - Tél. : 05 57 51 53 01

LISTRAC-MEDOC Donissan
C.M. 71

||| 5 ch. — 5 chambres 2 pers. 1 ch. avec salle de bains et wc privés. 4 ch. avec salle d'eau et wc privés. Grande salle de séjour et grande salle à manger avec cheminée, TV. Lave-linge, barbecue, téléphone. Maison bourgeoise entièrement rénovée, située sur une exploitation viticole (cru bourgeois du Médoc). Visite du chai de la propriété avec dégustation. Forêt à proximité. Fleuve à 3 km. Restaurant à 2 km. Chambres d'hôtes Bacchus. Langue parlée : anglais.

Prix : 1 pers. 37 € 2 pers. 42 € 3 pers. 54 €

25	25	30	3	20	SP	5

Maryse MEYRE - Donissan - Château Cap Léon Veyrin - 33480 LISTRAC-MEDOC - Tél. : 05 56 58 07 28 - Fax : 05 56 58 07 50

LUDON-MEDOC Les Pontets

|| 2 ch. — Maison ancienne restaurée avec jardin clos, à proximité d'une voie ferrée secondaire. A l'étage : 1 ch. 2 pers., salle de bains et wc privés. 1 ch. 2 pers., salle d'eau et wc. Au r.d.c. : entrée indépendante, salle à manger/coin-cuisine à la disposition des hôtes. Jardin, jeux. Organisation de visites de châteaux. Accès : Rocade Bordeaux, sortie N°6, direction Blanquefort puis D.210 sur 10 km. A Ludon-Médoc, 1ère route à gauche.

Prix : 1 pers. 30 € 2 pers. 35 €
Ouvert : Toute l'année sauf du 14 au 31/07.

40	40	10	1	5

Marie-Claude ARBESSIER - Les Pontets - 11 rue de la gare - 33290 LUDON-MEDOC - Tél. : 05 57 88 15 61 - Fax : 05 57 88 04 10

Aquitaine — **Gironde**

LUSSAC La Fleur Terrien

 1 ch. Maison située sur une exploitation viticole, au cœur du vignoble de St-Emilion. Rez-de-jardin : 1 chambre (1 lit 2 pers.), salle d'eau, wc, salon avec kitchenette, canapé convertible (130). TV, vastes espaces verts. Animaux acceptés sous conditions.

Prix : 1 pers. **31** € 2 pers. **39** € 3 pers. **51** € pers. sup. **13** €
Ouvert : Toute l'année.

🐕	≈	⛱	🏊	🎾	🏃	🎯	🚣	🚲	🚉
	100	15	7	1,5	10	SP	SP	12	1

Denis et Nadia CHAIGNAUD - La Fleur Terrien - 33570 LUSSAC - Tél. : 05 57 74 63 88 - Fax : 05 57 74 63 88

MIOS Les Tilleuls

▦▦▦ 3 ch. **Arcachon 20 km.** Au r.d.c. : 1 suite de 2 ch. (1 lit 2 pers. 2 lits 1 pers.), s. d'eau/wc. Salle à manger, wc. A l'étage : 2 ch. (2 lits 2 pers.), s. d'eau/wc, salon, TV, magnétoscope, bibliothèque. Rabais pour séjour -10 % au delà du 6ᵉ jour. Anciennes dépendances d'une maison de maître, de style arcachonnais, du début du siècle, entièrement restaurées, situées dans le village, au cœur du Parc Régional des Landes de Gascogne et aux portes du Bassin d'Arcachon. Grand jardin clos arboré, parking.

Prix : 1 pers. **38/43** € 2 pers. **43/47** € 3 pers. **62** € pers. sup. **14** €
Ouvert : Du 1ᵉʳ mai au 1ᵉʳ novembre.

🐕	≈	⛱	🏊	🎾	🏃	🎯	🚣	🚲	🚉
	20	17	11	0,3	1	15	0,5	4	0,5

M. et Mme LAGOUEYTE/COUGET - 17 bis rue des Ecoles - Les Tilleuls - 33380 MIOS - Tél. : 05 56 26 67 85 ou 06 14 39 22 54 - Fax : 05 56 26 49 35 - E-mail : gitemios@club-internet.fr - http ://gitemios.free.fr

MONSEGUR Le Sorbey Sud

▦▦▦ 1 ch. Maison ancienne restaurée, de style local, au cœur de la Vallée du Dropt, aux pourtours de la Bastide de Monségur, entourée d'un parc arboré, petits étangs. 1 gîte rural sur la propriété. Salon/salle à manger. Bibliothèque. 1 chambre 2/3 pers. (1 lit 150, 1 lit 1 pers.), salle d'eau/wc. Entrée indépendante. Animaux acceptés après accord du propriétaire.

Prix : 1 pers. **40** € 2 pers. **45** € 3 pers. **58** €

🐕	≈	⛱	🏊	🎾	🏃	🎯	🚣	🚲	🚉
	85	8	1	1	1	20	0,2		17

Liliane MENARD - Le Sorbey Sud 2 - 33580 MONSEGUR - Tél. : 05 56 61 83 32 - Fax : 05 56 61 83 32 ou SR : 05 56 81 54 23

NOAILLAC La Tuilerie (TH)

▦▦▦ 5 ch. Jolie ferme bazadaise du XIXᵉ s. restaurée. 5 ch. : 1 ch. au r.d.c. access. aux pers. hand. (2 lits 1 pers.), s. d'eau/wc privés. A l'ét. : 1 ch. (1 lit 2 pers. 1 canapé), s.d.b., wc privés. 3 ch. (3 lits 2 pers.), s. d'eau ou s.d.b./wc privés. Salon, salle à manger, TV, cheminée. TH sur réservation. Nichée au cœur de la campagne, espace vert, jardin, barbecue, terrasse couverte, piscine. Langues parlées : anglais, espagnol, allemand.

Prix : 1 pers. **46** € 2 pers. **52** € pers. sup. **19** € repas **20** €
Ouvert : Toute l'année.

🐕	⛱	🏊	🎾	🏃	🎯	🚣	🚲	🚉
	15	SP	4	0,5	15	SP	10	6

Claire LABORDE - La Tuilerie - 33190 NOAILLAC - Tél. : 05 56 71 05 51 - Fax : 05 56 71 05 51 - E-mail : claire.laborde@libertysurf.fr

PAREMPUYRE (TH)

▦▦ 2 ch. Maison en lisière de bois. 1 ch. indép. (1 lit 2 pers.), salle d'eau/wc, TV, kitchenette, magnétoscope. 1 ch. (1 lit 2 pers.), salle de bains/wc, TV, magnétoscope. Salon/salle à manger, cheminée. Parc sauvage, à proximité de la départementale 2. Langue parlée : anglais.

Prix : 1 pers. **43** € 2 pers. **43** € pers. sup. **15** € repas **15** €
Ouvert : Toute l'année.

🐕	≈	⛱	🏊	🎾	🏃	🎯	🚣	🚲	🚉
	45	8	5	3	3	8	7	10	0,1

Bernard et Eliane ROUSSEAU - 6 Chemin des Courreges - 33290 PAREMPUYRE - Tél. : 05 56 95 61 81 ou 06 86 03 74 74 - Fax : 05 56 95 61 81

LES PEINTURES Rolland (TH)

▦ 3 ch. **Saint-Emilion 12 km. Coutras 4 km.** A l'étage : 3 belles ch. (3 lits 2 pers.), salle de bains/douche spacieuse, wc communs aux chambres. Au r.d.c. : hall d'entrée, salon avec cheminée, TV, grande salle à manger. Table d'hôtes sur réservation. Maison ancienne du début du siècle, magnifiquement rénovée, située dans un hameau, bordée d'une rivière, près de la D674, grand jardin aménagé, terrasse, parking dans propriété.

Prix : 1 pers. **30** € 2 pers. **34** € pers. sup. **12** € repas **15** €
1/2 pens. **41** €
Ouvert : Toute l'année.

🐕	⛱	🏊	🎾	🏃	🎯	🚣	🚲
	15	4	1	8	SP	5	5

Jean-Marie SOULARD - 15 Rolland - 33230 LES-PEINTURES - Tél. : 05 57 49 19 96

Gironde
Aquitaine

PESSAC-SUR-DORDOGNE

||| 3 ch. Château du XIXᵉ, sur une exploitation viticole. A l'ét. : 1 ch. (1 lit 2 pers.), salle de bains/wc privés. Au r.d.c. : 1 ch. (1 lit 2 pers.), salle de bains et wc privés. Salon, salle à manger. A proximité immédiate du château, joli pigeonnier aménagé, 1 ch. (2 lits 1 pers.), salle de bains/wc privés. Magnifique verrière de style Napoléon III. Entouré d'un parc et de vignobles. Parking. Chambres d'hôtes Bacchus. Langues parlées : anglais, allemand.

Prix : 2 pers. 60 € pers. sup. 15 €
Ouvert : De mars à novembre.

3	SP	2	5	20	3	12

Jacqueline et Wilfrid FRANC DE FERRIERE - Château de Carbonneau - 33890 PESSAC-SUR-DORDOGNE - Tél. : 05 57 47 46 46 - Fax : 05 57 47 42 26 - chateau-carbonneau.com

PLEINE-SELVE Lussan

||| 3 ch. Château du XVIIIᵉ siècle, restauré, situé sur une propriété viticole au cœur des sentiers de Saint-Jacques-de-Compostelle. A l'étage : 1 ch. (1 lit 2 pers.), 1 ch. (1 lit 2 pers. 1 lit 1 pers.), 1 ch. (2 lits 1 pers.), avec salle d'eau et wc privés. Au rez-de-chaussée : salon, TV, salle à manger. Rabais pour séjour : 10 %. Dégustation et vente de vin sur place. Jardin ombragé (gîte rural sur place).

Prix : 1 pers. 30 € 2 pers. 37 € 3 pers. 48 € pers. sup. 12 €
Ouvert : Toute l'année.

8	6	3	6	1	20	3

Christian PASTUREAUD - 3 Lussan - 33820 PLEINE-SELVE - Tél. : 05 57 32 74 44 - Fax : 05 57 32 95 18

PORCHERES Belle Source

||| 2 ch. Maison ancienne rénovée située sur une exploitation viticole. A l'étage, 1 ch. 2/4 pers. et 1 ch. 2 pers. avec salle d'eau/wc privés. Au rez-de-chaussée, salon/salle à manger à disposition des hôtes. Terrain, joli point de vue. Accès : entre Coutras et Montpon, sur la D10, avant ou après carrefour de Larret. « Chambres d'Hôtes Bacchus ». Langue parlée : anglais.

Prix : 1 pers. 27 € 2 pers. 39 € 3 pers. 49 € pers. sup. 10 €
Ouvert : Toute l'année.

2	1	1	2	2	10	3

Cathy et Gilles RENVERSADE - 4, Larret - 33660 PORCHERES - Tél. : 05 57 49 61 25 - Fax : 05 57 49 61 25

PRECHAC Le Ros Ouest

|| 2 ch. Maison ancienne de type landais, dans un airial clos. 1 ch. (1 lit 2 pers.), salle d'eau/wc. 1 ch. dans la bergerie à prox. de la maison du propriétaire (1 lit 2 pers.), salle d'eau, wc. Salle à manger. Parking. Four à pain sur la propriété. Rabais pour séjour : 3 € par nuit. Location de vélos sur place.

Prix : 1 pers. 28 € 2 pers. 34 € pers. sup. 10 €
Ouvert : Toute l'année sauf du 1ᵉʳ octobre au 11 novembre.

3	2	SP	25	0,5	25	2

M. ARBOUIN - Le Ros Ouest - 33730 PRECHAC - Tél. : 05 56 65 22 41

PUJOLS-SUR-CIRON Les Tauzins-Est

||| 4 ch. 4 ch. d'hôtes aménagées dans un bâtiment annexe, proche de la maison du propriétaire. Salle d'eau et wc privés. 2 chambres au rez-de-chaussée, 2 chambres à l'étage avec terrasse commune. Inclus dans un ensemble de vieux bâtiments, dans un petit hameau, à proximité du village, dans les vignobles du Sauternais et des Graves. Parking privé dans la propriété. Canoë 2 km.

Prix : 2 pers. 40 €

25	10	4	10	10	0,1	10	10

Bernard COLON - Les Tauzins Est 6 - 33210 PUJOLS-SUR-CIRON - Tél. : 05 56 76 60 13

RIMONS Le Grand Boucaud

||| 3 ch. 3 chambres d'hôtes aménagées dans une très belle maison ancienne, rénovée et située en pleine campagne vallonnée. 1 ch. (2 lits 1 pers.), salle de bains/wc privés. 1 ch. (3 lits 1 pers.), salle/douche/wc privés. 1 ch. (2/4 pers. : 1 lit 160, 2 lits 1 pers. en mezza.) avec salle d'eau/wc, entrée indépendante. Grand salon rustique. Jardin. Accès : de Sauveterre-de-Guyenne, prendre la D230 en direction de Monségur, puis traverser Rimons et tourner à gauche, 500 m après la scierie artisanale.

Prix : 1 pers. 44 € 2 pers. 53 € 3 pers. 63 € pers. sup. 9 €
repas 18/30 €

15	SP	10	29

Dominique LEVY - Le Grand Boucaud - 33580 RIMONS - Tél. : 05 56 71 88 57

Aquitaine — Gironde

RIONS Broustaret
C.M. 79 Pli 1/2

5 ch. 5 grandes ch. lumineuses 2/3 pers. à l'étage, toutes avec salle de bains ou salle d'eau et wc privés. Hall d'entrée, salon, salle à manger réservés aux hôtes. Pour les repas, petite cuisine à disposition avec pièce annexe à l'étage. Vente de vins. Restaurants 6 km. Réduction de 5 € pour séjour. Chambres d'hôtes Bacchus. Belle maison de caractère, en pleine campagne et située sur une exploitation viticole (visite des chais). Large vue dégagée sur les coteaux, le lac et les bois. Pêche à proximité. Accès : à Cadillac, D11 dir. Branne sur 4,5 km puis à gauche D120 sur 500 m.

Prix : 2 pers. **40/45 €** 3 pers. **50/55 €**
Ouvert : De Pâques à la Toussaint.

5	5	SP	8	5

SCEA GUILLOT DE SUDUIRAUT - Château du Broustaret - 33410 RIONS - Tél. : 05 56 62 96 97 - Fax : 05 56 62 96 97 -
www.broustaret.fr

RUCH Grand Mounicon

3 ch. St-Emilion 20 km. Abbaye de Blasimon 3 km. Sauveterre de Guyenne 10 km Ancienne métairie du 17ᵉ s., entièrement restaurée, surplombant la vallée du Grand Mounicon, joli point de vue sur la campagne environnante. R.d.c. : 1 ch. 3 pers. (1 lit 2 pers. 1 lit 1 pers. en mezzanine), salle d'eau/wc. Entrée aménagée dans un pressoir, wc, salon/salle à manger, poêle à bois. Etage : 2 ch. (1 lit 2 pers. 2 lits 1 pers.), salles d'eau/wc. Animaux admis après accord du propriétaire. Centre de loisirs au plan d'eau de Blasimon (3 km).

Prix : 1 pers. **37 €** 2 pers. **43 €** pers. sup. **12 €**
Ouvert : De juillet à septembre.

3	10	0,3	10

Bernadette DEKINDT - 6 Grand Mounicon - 33350 RUCH - Tél. : 05 57 40 78 62

SALIGNAC Savarias (TH)

1 ch. 1 ch. d'hôtes avec accès indépendant, adossée à l'habitation du propriétaire (1 lit 2 pers.), mezzanine/salon (3 lits enfants). S. d'eau, wc, kitchenette. Salle à manger commune au propriétaire. Table d'hôtes végétarienne sur réservation (24 h à l'avance), vin compris. Maison ancienne du 19ᵉ s, dans un hameau. Jardin ombragé aménagé. Repas enfant - 12 ans : 6 €. Rabais pour séjour : 10 %. Vélos sur place. Accès : dans le bourg de Salignac, au coin de la pharmacie, dir. « Laubertrie » D133, tout droit sur 1 km, puis à droite dir. St-Genes/Savarias, 900 m maison à gauche. Langue parlée : anglais.

Prix : 1 pers. **33 €** 2 pers. **33 €** 3 pers. **41 €** pers. sup. **8 €**
repas **12 €**

40	3,5	1,5	6	3,5	9	5

Jacques PINAULT - 26 Chemin de Savarias - 33240 SALIGNAC - Tél. : 05 57 43 52 48 - Fax : 05 57 43 39 55 -
E-mail : EnFamille@wanadoo.fr

SAUTERNES Parropis (TH)
C.M. 234 Pli 319

3 ch. 3 chambres d'hôtes aménagées dans une maison située dans un hameau. 2 chambres 2 pers. avec salle d'eau et wc particuliers. 1 chambre 2 pers. avec salle de bains et wc privés. Salon. Circuits touristiques. Accès : à Langon D8, prendre direction Villandraut sur 8 km. Table d'hôtes sur réservation, enfants - 12 ans : 8 €.

Prix : 1 pers. **34 €** 2 pers. **38 €** 3 pers. **49 €** pers. sup. **11 €**
repas **15 €**

SP	6	6	10

Marie-Christine LAVILLENIE - Domaine du Ciron-Parropis - 33210 SAUTERNES - Tél. : 05 56 76 60 17 - Fax : 05 56 76 61 74

ST-AIGNAN Vincent

2 ch. St-Emilion 20 km. Fronsac 3 km. A l'étage : 1 ch. (1 lit 2 pers.), salle de bains/wc avec balnéo. 1 ch ; 2 pers. (2 lits 120), TV, salle de bains/wc non communicantes. Etage accessible avec fauteuil ascenseur. Rez-de-chaussée : salle à manger/salon, cheminée insert. Maison du 19ᵉ, dans un parc de 2000 m², adossée à la RD246, au cœur du vignoble, à la croisée des routes fluviales. Sauna à disposition (payant).

Prix : 1 pers. **43/46 €** 2 pers. **57/53 €**
Ouvert : Toute l'année.

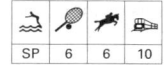

80	3	3	SP	3	3	15	10	15	3

Françoise TIRET - 14 Vincent - 33126 ST-AIGNAN - Tél. : 05 57 24 90 05 ou 06 75 76 77 84 - Fax : 05 57 24 90 05 -
E-mail : tiret.b@wanadoo.fr

ST-BRICE (TH)

3 ch. Maison ancienne restaurée au cœur du village avec terrasse et parc ombragé. A l'étage, 3 petites chambres avec salle d'eau et wc privés. Prises TV et tél. Rez-de-chaussée, salon, salle à manger avec cheminée à disposition. Entrée indépendante. Parking à 50 m. Réduction 10 % à partir de 3 nuits. En bordure de route départementale D671.

Prix : 1 pers. **28 €** 2 pers. **38 €** pers. sup. **11 €** repas **12 €**
Ouvert : Toute l'année.

7	5	SP	25	7	25	7

Georgette BARDE - Bourg-Sud - Maison Chevalier - 33540 ST-BRICE - Tél. : 05 56 71 65 22

Gironde   *Aquitaine*

ST-CIERS-DE-CANESSE Château-Rousselle

2 ch. Chambres aménagées dans une annexe du château de 19ᵉ s., adossées aux chais de la propriété viticole, au cœur du vignoble des Côtes de Bourg et de Blaye, près de l'Estuaire de la Gironde. 2 ch. 2 pers. (1 lit 160, 2 lits 1 pers.), salles de bains/wc. Salle à manger au château. Dans les chambres : TV avec Canal+. Langues parlées : anglais, espagnol.

Prix : 2 pers. 64/69 €

75	13	8	1,5	15	35	2	20	3

M. et Mme LEMAITRE - Château Rousselle - 33710 ST-CIERS-DE-CANESSE - Tél. : 05 57 42 16 62 ou 06 80 91 64 22 -
Fax : 05 57 42 19 51 - E-mail : chateau@chateaurousselle.com - www.chateaurousselle.com

ST-EMILION Château Millaud Montlabert

5 ch. Au 1ᵉʳ ét. 2 ch. 2 pers. mansardées avec s.d.b. ou s. d'eau et wc privés. 1 grande ch. 2 pers. mansardée avec s.d.b. et wc privés. 1 ch. 3 pers. avec s. d'eau, wc privés, TV, lit bébé. 1 grande ch. 2 pers. avec s. d'eau et wc privés. Salle à manger/coin-salon et cheminée. A l'étage : salon/biblio., TV, cuisine, salle à manger à dispo. 2 vélos à dispo. Entrée indép. Réduction de 6 % pour plus d'une semaine. Maison familiale typiquement girondine du XVIII° entièrement rénovée, située sur une exploitation viticole à 3 km de Saint-Emilion et à 1 km de Pomerol. Accès : D243 entre St-Emilion et Libourne, puis D245 direction Pommerol. Chambres d'hôtes « Bacchus ».

Prix : 1 pers. 43 € 2 pers. 46/49 € 3 pers. 61 € pers. sup. 15 €

3,5	3	3,5	3,5	3,5

Claude BRIEUX - Château Millaud - Montlabert - 33330 ST-EMILION - Tél. : 05 57 24 71 85 - Fax : 05 57 24 62 78

ST-EMILION La Gomerie

4 ch. Maison girondine du 18ᵉ entièrement rénovée. Etage : 1 ch. (1 lit 2 pers.), s.d'eau/wc privés. 2 ch. (2 lits 2 pers. 2 lits 1 pers. dont 1 en mezz.). R.d.c. 1 ch. (1 lit 2 pers. possibilité lit suppl.), s.d.b/douche/wc. Entrée indép. salle de séjour, salon, TV, petite cuisine. A partir de 3 nuits : ch. avec s. d'eau, wc privés, TV, lit bébé, sèche-linge, salle de repassage. Sur un domaine viticole, au cœur du vignoble de St-Emilion, 4 ch. de caractère avec mobilier ancien. Jardin paysager, terrasse ombragée, parking aménagé. Réduction de 8 % sur un séjour de 7 nuits. Langues parlées : anglais, espagnol.

Prix : 1 pers. 40/43 € 2 pers. 45/53 € 3 pers. 60/66 € pers. sup. 15 €

Ouvert : Toute l'année.

12	7	1,5	12	30	3	3

Marie-France FAVARD - La Gomerie - Château Meylet - 33330 ST-EMILION - Tél. : 05 57 24 68 85 - Fax : 05 57 24 77 35

ST-FERME Manoir de James

3 ch. 3 grandes chambres d'hôtes meublées à l'ancienne avec chacune salle de bains et wc privés attenants. 1 ch. 3/4 pers. au r.d.c., 2 ch. 2/3 pers. à l'étage. Salon avec cheminée, bibliothèque, jeux de société à disposition. Garage, barbecue. Restaurant 5 km. Ping-pong, baignade, randonnée. Dégustation vins Entre-Deux-Mers. Ch. d'hôtes « Bacchus ». Visite de chais et vignobles. Réduc. 10 % sur l'ensemble du séjour à partir de 5 nuits. Demeure du XVIII° entourée d'arbres centenaires, avec vue dégagée sur la campagne vallonnée et calme au centre d'un réseau de sentiers de randonnée et tourisme culturel.

Prix : 1 pers. 46 € 2 pers. 55 € 3 pers. 67 € pers. sup. 12 €

5	5	SP	5	5	4	19

Michel et Nicole DUBOIS - Manoir de James - Route de Sainte-Colombe - 33580 ST-FERME - Tél. : 05 56 61 69 75 -
Fax : 05 56 61 89 78

ST-GERMAIN-LA-RIVIERE Château de L'Escarderie

4 ch. 4 ch. dans un petit château au cœur des côtes du Fronsadais. A l'étage : 1 ch. 2 pers. avec s. d'eau/wc, balcon et terrasse privés. 2 ch. 2 pers. avec s.d.b., wc privés, 1 ch. 3/4 pers. (lits jumeaux), avec s. d'eau/wc privés. Au r.d.c., salle à manger et salon donnant sur une agréable terrasse. Entrée indépendante. Parc vallonné et boisé. Circuit de randonnée sur place. D670 entre St-André de Cubzac et Libourne.

Prix : 1 pers. 43/46 € 2 pers. 50/55 € 3 pers. 69/73 € pers. sup. 18 €

85	4	3	3	5	3	10	5

Bénédicte CLAVERIE - Château de l'Escarderie - 33240 ST-GERMAIN-LA-RIVIERE - Tél. : 05 57 84 46 28 - Fax : 05 57 84 46 28 -
E-mail : lescarderie@free.fr - lescarderie.free.fr

ST-GERVAIS

1 ch. Maison de vignerons du XIXᵉ siècle, entre le vignoble des Côtes de Bourg et du Bordeaux, dans un hameau, à proximité de la D669. A l'étage : 1 suite de 2 chambres (2 lits 2 pers. 1 lit 1 pers.), salle d'eau/wc. Au r.d.c. : salon/salle à manger, TV. Grand jardin clos arboré, parking ombragé. 70 €/4 pers. pour 2 lits 2 pers. Langue parlée : anglais.

Prix : 1 pers. 32 € 2 pers. 40 € 3 pers. 59 € pers. sup. 13 €

15	4	2	2	25	2	4	4

Marie MAY CHERONNET - 14 route des Côtes de Bourg - 33240 ST-GERVAIS - Tél. : 05 57 43 19 08 - Fax : 05 57 43 28 84

Aquitaine — Gironde

ST-HILAIRE-DU-BOIS L'Oiseau (TH)

3 ch. Maison ancienne 18e/19e s., restaurée au cœur des vignes, très calme. 2 ch. 2 pers. (1 lit 2 pers. 2 lits 1 pers. lit bébé),1 ch. (1 lit 2 pers. 1 lit 1 pers.), salle de bains/wc privés. Entrée indépendante. Salon/salle à manger, cheminée, TV, bibliothèque, jeux. 10 % pour séjour au delà de 4 nuitées. Grand jardin, parking. Animaux sous conditions.

Prix : 1 pers. **36 €** 2 pers. **43 €** 3 pers. **57 €** repas **15 €**
Ouvert : Toute l'année.

3	3	12	6	12	2,5

DE QUILLACQ Jacqueline et Patrick - 1 Loiseau - 33540 ST-HILAIRE-DU-BOIS - Tél. : 05 56 71 58 68

ST-JEAN-DE-BLAIGNAC Château de Courtebotte (TH)

5 ch. Château édifié sous Henri IV avec parc et forêt (6 ha) sur les bords de la Dordogne. Salon de jardin. A l'étage 1 ch. (1 lit 160), s. de bains/wc, terrasse avec vue, accès indép. 3 ch. (2 lits 160, 2 lit 1 pers.), s.d.b. ou d'eau/wc. 1 suite 2/4 pers. (1 lit 160), 1 ch./salon, s. de bains/douche, wc. Hall, s. à manger, salon, cheminée. TV, salle de séminaire au r.d.c.

Prix : 1 pers. **95/175 €** 2 pers. **100/180 €** pers. sup. **35 €** repas **45 €**

1	SP	1	1	20	SP	8

Michel MORTEYROL - Château de Courtebotte - 33420 ST-JEAN-DE-BLAIGNAC - Tél. : 05 57 84 61 61 ou 06 83 07 18 25 - Fax : 05 57 84 68 60 - E-mail : michel.morteyrol@wanadoo.fr - www.chateaudecourtebotte.com

ST-MAGNE-DE-CASTILLON Manegat

3 ch. St-Emilion 12 km. 3 chambres 2 personnes (6 lits 1 pers.), salles de bains, salles d'eau, wc. Salon/salle à manger. Maison en pierres de taille, du 18e siècle, en bordure de la Dordogne, au cœur d'un grand jardin aménagé, entre rivière et vignoble, parking. Langues parlées : anglais, allemand, espagnol.

Prix : 1 pers. **68 €** 2 pers. **77 €**
Ouvert : De mai à octobre. Autre période sur réservation.

90	4	4	1	1	1	10	1	1

Isabelle DE RICHECOUR EICHENTOPF - 21 rue de Mansy - Manegat - 33350 ST-MAGNE-DE-CASTILLON - Tél. : 05 57 40 00 49 - Fax : 05 57 40 00 49

ST-MAGNE-DE-CASTILLON Château de Lescaneaut

4 ch. 4 chambres d'hôtes : 1 grande chambre (2 lits 1 pers. à baldaquin), salle de bains et wc privés. 1 chambre (1 lit 2 pers. à baldaquin), salle de bains et wc privés. 1 chambre (1 lit 2 pers. à baldaquin), salle de bains et wc privés. 1 ch. (1 lit 2 pers. à baldaquin), s.d.b. et wc privés. Très vieille maison typique girondine des XVIIe et XVIIIe siècles ayant gardé tout le charme et le mobilier familial depuis ses origines, les salles de bains ne sont pas attenantes aux chambres par souci de maintenir l'authenticité de la demeure (les chambres d'hôtes sont face aux sanitaires).

Prix : 1 pers. **45 €** 2 pers. **54/57 €**
Ouvert : D'avril à fin octobre.

10	10	1	1,5	1,5

François FAYTOUT-GARAMOND - Château de Lescaneaut - 33350 ST-MAGNE-DE-CASTILLON - Tél. : 05 57 40 21 08 ou 05 57 40 14 91

ST-MARIENS Château de Gourdet

5 ch. 5 ch. d'hôtes 2/3 pers. A l'étage : 5 ch. avec s. d'eau et wc privés. Salle à manger, salon Bacchus. Elevage de chevaux. Belle demeure du XVIIIe sur un coteau, très belle vue, au milieu des vignes, Côtes de Blaye. Chambres d'hôtes Bacchus sur une propriété viticole. Chemin de randonnée sur place. Côtes de Blaye. Au calme avec un beau point de vue sur le vignoble et la forêt. Accès : à 3 km de la N10, Bordeaux/Angoulême, direction Saint-Savin, puis 1ere à droite, sortie Saint-Mariens, suivre flèches. Venant de Paris par l'A10, sortie 38, suivre itinéraire bis jusqu'à St Mariens.

Prix : 1 pers. **35/45 €** 2 pers. **40/50 €** pers. sup. **15 €**
Ouvert : Toute l'année.

7	16	4	SP	4	2

Daniel et Yvonne CHARTIER - Château de Gourdet - 33620 ST-MARIENS - Tél. : 05 57 58 05 37 ou 06 14 42 50 10

ST-MARIENS Recappe

2 ch. Grande maison du XIXe, située au cœur de la campagne et du vignoble des Côtes de Blaye. En r.d.c. : 2 ch. (2 lits 2 pers.), salle d'eau/wc privés. Petite cuisine, lave-linge, lave-vaisselle, TV. Cheminée, salon, salle à manger. Grand jardin aménagé et arboré clos. Parking. Rabais pour séjour, - 10 % au delà de 3 nuitées.

Prix : 1 pers. **29 €** 2 pers. **34 €** pers. sup. **8/13 €**
Ouvert : Toute l'année.

5	14	3	5	5	5

Pierre et Raymonde LAMAUD - 1, Recappe - 33620 ST-MARIENS - Tél. : 05 57 68 64 03 - Fax : 05 57 68 64 03

Gironde   *Aquitaine*

ST-MARTIN-DE-LAYE Gaudard   C.M. 75 Pli 2

||| 3 ch. **Vignoble du Libournais et de Saint-Emilion 15 km.** 3 ch. avec chacune entrée indépendante. 2 grandes ch. 2/3 pers. avec s.d.b./douche, wc privés dont 1 dans un pavillon proche de la maison du propriétaire. 1 ch. 2 pers. avec s. d'eau, wc privés. Cuisine à disposition. Réduction pour séjours au delà de 3 nuitées : 10 % (sauf juillet/août). Terrasse, poss. lits jumeaux (5 €). Maison ancienne entièrement restaurée, en pleine campagne dans un cadre paisible et verdoyant. Restaurant 5 km. Accès : par la D22 et D10 suivre les panneaux ou D910 et D22. Chambres d'hôtes Bacchus.

Prix : 1 pers. **29/40** € 2 pers. **35/46** € pers. sup. **14** €
Ouvert : De mi-avril au 10 octobre.

🐕	⛱	🏊	🎾	🏇
8	8	1	15	

Michel et Josette GARRET - Gaudard - 33910 ST-MARTIN-DE-LAYE - Tél. : 05 57 49 41 37

ST-MARTIN-DE-LERM La Lézardière

||| 4 ch. **Anciennes** étables d'une métairie du 17e, entièrement restaurées et réaménagées. A l'étage : 4 ch. 2/3 pers. avec s. d'eau ou bains/wc. Au r.d.c. : salon, salle à manger, biblio., cheminée, lit bébé, chaise haute. Ping-pong. Terrasse, grand jardin, parking. Face aux moulins fortifiés de Loubens et de Bagas, à mi-chemin de St-Emilion et de Sauternes. Chambres d'hôtes Bacchus. Repas enfant 12 €. Langue parlée : anglais.

Prix : 1 pers. **40** € 2 pers. **55** € 3 pers. **70** € repas **18** €
Ouvert : Du 15 mars au 1er novembre.

🐕	⛱	🏊	🎾	🏇	🎿	🏢	⛵
	SP	SP	6	1	18	SP	6	6

Marie-Hélène MATTEI - 9 Boimier - La Lézardière - 33540 ST-MARTIN-DE-LERM - Tél. : 05 56 71 30 12 - Fax : 05 56 71 30 12 -
E-mail : lalezardiere@free.fr - http ://lalezardiere.free.fr

ST-MICHEL-DE-CASTELNAU Larrivat   (TH)   C.M. 79 Pli 12

||| 2 ch. **Ancienne ferme Landaise sur 20 ha de bois et de prairies**, dans un cadre paisible et verdoyant. 2 ch. d'hôtes spacieuses dans une dépendance, à prox. de la maison des propriétaires, avec chacune s.d.b., wc et téléphone privés. 2 ch. familiale (1 lit 160, 1 lit 1 pers.), 1 ch. acc. pers. hand. (2 lits 1 pers.). Séjour/kitchenette. Chauffage. Forêt sur place. Table d'hôtes sur réservation. Réduction pour séjour. Terrasses. Vélos et jeux d'enfants à dispo. Canoë 5 km.

Prix : 1 pers. **39** € 2 pers. **42/48** € pers. sup. **16** € repas **14** €
Ouvert : Du 15/06 au 15/09 et vacances scolaires sur demande.

🐕	⛱	🏊	🎾	🏇	🎿	🏢	⛵
	18	18	8	18	18	SP	35	2,5

Andre DELAHAIE - Larrivat - 33840 ST-MICHEL-DE-CASTELNAU - Tél. : 05 56 65 80 78 - Fax : 05 56 65 80 78

ST-MICHEL-DE-FRONSAC Clos Saint-Michel

||| 4 ch. **Saint-Emilion 10 km. Pomerol, Fronsac, Libourne à proximité.** Ancienne maison de bordier du XVIIe, sur une petite propriété viticole (appellation Fronsac). 2 ch. 2/3 pers. avec s.d.b. ou d'eau et wc dans un bâtiment mitoyen aux prop. accès indépendant. 2 ch. 2/3 pers. à l'étage avec s.d.b. ou s. d'eau/wc privés. R.d.c., salle à manger/coin-salon/coin-cuisine, cheminée. Terrasse, parking, jardin privé. Environnement de Combes et de Tertres. Medoc, Bordeaux 30 minutes. Dégustation et vente de vin de la propriété sur place. Accès : sortie péage de Virsac sur A10 direction Libourne. Chambres labellisées Bacchus.

Prix : 1 pers. **50** € 2 pers. **52/62** € 3 pers. **78** € pers. sup. **18** €
Ouvert : Toute l'année.

🐕	⛱	🏊	🎾	🏇	🎿	🏢	⛵
	5	1,5	5	10	2	8	1,5	

Marie-Christine AGUERRE - Clos Saint-Michel - 1 Lariveau - 33126 ST-MICHEL-DE-FRONSAC - Tél. : 05 57 24 95 81

ST-PALAIS Les Mauvillains

||| 2 ch. **Citadelle de Vauban 20 km. Talmont 30 km.** 2 chambres d'hôtes dont 1 suite : 2 ch. 2 pers. (1 lit 160), salle de bains/wc, TV, 1 ch. 2/3 pers. (1 lit 160, 1 lit 80), salle de bains/wc, TV. Salle à manger, salon, bibliothèque. Maison de maître du XVIIIe s., nichée au milieu des collines et du vignoble des Côtes de Blaye, entourée de chênes, grand jardin clos d'1,8 ha., boulodrome, parking, vélos, randonnée. Accès : à St-Ciers/Gironde, prendre route de St-Palais/Mirambeau D.255, après « Matériaux Nord Blayais », prendre à gauche, faire 1 km, « Aux Mauvillains », maison à gauche « La Sauvageonne ». Langue parlée : anglais.

Prix : 1 pers. **58** € 2 pers. **73** € pers. sup. **18** €
Ouvert : Toute l'année.

🐕	⛱	🏊	🎾	🏇
	SP	1,5	8	7

Anne-Marie DESPRES - 2, Les Mauvillains - La Sauvageonne - 33820 ST-PALAIS - Tél. : 05 57 32 92 15

ST-PAUL Grand Capron

||| 2 ch. **Citadelle de Blaye 6 km. Vignoble des Côtes de Blaye sur place.** Au rez-de-chaussée : 1 chambre (2 lits 1 pers.), salle d'eau/wc, salon/salle à manger. A l'étage : 1 chambre (1 lit 1 pers., 1 lit 2 pers.), salle d'eau/wc. Maison girondine typique de la Haute Gironde, du XIXe s., entièrement restaurée, située dans un hameau calme. Jardin clos, parking, terrasse. Randonnée sur place.

Prix : 2 pers. **38** € pers. sup. **14** €

🐕	⛱	🏊	🎾	🏇
	12	6	1	8	6

Céline PASTUREAU - Grand Capron - 33390 ST-PAUL - Tél. : 05 57 42 94 51

Aquitaine — Gironde

ST-SEVE Domaine de la Charmaie (TH)

4 épis 3 ch. Maison de maître du XVII°. A l'étage : 2 ch. (1 lit 2 pers.), s. d'eau/wc privés. Au r.d.c. : 1 ch. (2 lits 1 pers.), s. d'eau et wc privés. Chambres labellisées « Gîtes Bacchus ». Salon avec cheminée, salle à manger, TV, salle de billard et biblio. Parc de 3 ha., à prox. des pistes de rando. pédestres, équestres et cyclistes. Langues parlées : espagnol, anglais.

Prix : 1 pers. 49 € 2 pers. 55/69 € repas 21 €
Ouvert : Toute l'année.

	SP	4	4	18	4	4	4

France CHAVEROU - Domaine de la Charmaie - 33190 ST-SEVE - Tél. : 05 56 61 10 72 - Fax : 05 56 61 10 72

ST-SEVE Au Canton (TH)

3 épis 2 ch. R.d.c. : 2 chambres (2 lits 2 pers. 1 lit enfant) avec salle d'eau ou de bains et wc privés. Salon/salle à manger. Maison du XVIII° siècle typique de l'entre deux-mers entièrement restaurée située sur une propriété de 6 ha. Point de vue sur la campagne, terrasse, parking. Remise de 10 % à partir de la 2ᵉ nuit (hors repas et hors juillet/août).

Prix : 1 pers. 42 € 2 pers. 46 € 3 pers. 58 € pers. sup. 13 € repas 16 €
Ouvert : Toute l'année.

	20	2	2	2	18	2	2	2

Monique BAUGE - Au Canton - 33190 ST-SEVE - Tél. : 05 56 61 04 88 ou 06 85 10 31 95 - Fax : 05 56 61 04 88

ST-SYMPHORIEN Broy

3 épis 2 ch. Maison centenaire de pays au milieu d'un parc paysager. 1 ch. 2 pers. avec s.d.b./wc privés. Véranda avec lit 1 pers. Maison mitoyenne à un gîte rural. 1 ch. (1 lit 2 pers. 1 lit 1 pers.), à proximité immédiate de la maison du propriétaire. Petit jardin japonais privatif. S. d'eau/wc, kitchenette. Chambres non fumeurs de préférence. Label « Chambres Panda ». Langues parlées : anglais, allemand.

Prix : 1 pers. 29/34 € 2 pers. 38/42 € 3 pers. 54/58 € pers. sup. 16 €
Ouvert : Toute l'année.

	45	7	15	7	7	25	7	25	7

Cathy BONNEAUD - Broy - 33113 ST-SYMPHORIEN - Tél. : 05 56 25 74 46 - Fax : 05 56 65 70 84

ST-VIVIEN-DE-MEDOC Mirambeau

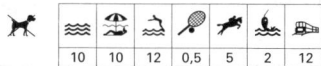

C.M. 71 Pli 16

3 épis 2 ch. 1 ch. d'hôtes 2 pers. avec salle de bains et wc privés dans une petite maison rustique indépendante avec grand jardin ombragé, à côté de la maison du propriétaire. 1 ch. 2 pers. (1 lit 160) aménagée dans l'aile d'une maison médocaine avec salle d'eau, wc. Salle à manger dans la maison. Proche des vignobles et des châteaux du Médoc. Forêt sur place. Rivière 4 km. Auberge 500 m. Accès : dans Saint-Vivien, prendre direction Grayan, à l'angle, 2ᵉ rue à droite. Accès possible par le bac de Royan, Pointe de Grave. Piste cyclable.

Prix : 1 pers. 40 € 2 pers. 42 €

	10	10	12	0,5	5	2	12

Pierre LANNEAU - 50 rue du Général de Gaulle - Mirambeau - Cidex 048706 - 33590 ST-VIVIEN-DE-MEDOC - Tél. : 05 56 09 51 07

ST-VIVIEN-DE-MEDOC

2 épis 1 ch. 1 chambre (1 lit 2 pers.), salle d'eau, wc. Dans la maison du propriétaire : salle à manger/salon, TV, bibliothèque. Chambre indépendante, mitoyenne à un gîte rural, près de la maison de la propriétaire, près du bourg, entre océan et estuaire, jardin clos.

Prix : 2 pers. 42 €
Ouvert : Toute l'année.

	10	12	1	7	14	0,3

Janine BERTHELOT - 15 rue du Général de Gaulle - 33590 ST-VIVIEN-DE-MEDOC - Tél. : 05 57 75 09 49

ST-YZANS-DE-MEDOC (TH)

3 épis 3 ch. Pauillac 20 km. Soulac 40 km. Salon/salle à manger avec cheminée, télévision, 3 belles chambres (3 lits 2 pers.), salle d'eau, wc. Ancienne maison de meunier et sa tour du 18°, dans un parc entièrement restauré, au cœur du vignoble médocain, sur une micro propriété viticole, grande terrasse, parking. Langue parlée : anglais.

Prix : 1 pers. 47 € 2 pers. 52 € pers. sup. 16 € repas 20 € 1/2 pens. 92 €
Ouvert : Toute l'année.

	25	12	3	20	12	0,5

M. et Mme POGNOT - 5 route de Queyzans - Le Moulin - 33340 ST-YZANS-DE-MEDOC - Tél. : 05 56 09 02 80 ou 05 56 09 02 80 -
E-mail : medoc.hôte@free.fr - http ://medoc.hôte.free.fr

Gironde   *Aquitaine*

ST-YZANS-DE-MEDOC La Hourqueyre

3 ch. Route des Châteaux 1 km. Soulac-sur-Mer 36 km. Au rez-de-chaussée : hall d'entrée, salon, salle à manger, TV, cheminée. A l'étage : 3 chambres 2 pers. (1 lit 2 pers., 2 lits 1 pers., 1 lit 160), salles d'eau/wc ou salle d'eau. Remise pour séjour. Maison ancienne du 19°, située sur une exploitation viticole, entre fleuve et océan, au cœur du vignoble médocain, jardin clos, garage, parking. Randonnée à 5 km. Langue parlée : anglais.

Prix : 1 pers. 35 € 2 pers. 43 € pers. sup. 15 €
Ouvert : De mars à novembre.

🐕	≋	⛱	🎾	🏇	🏊	🚲	⛳
	25	25	10	2	15	2	10	1

Corinne BATAILLEY - 42, rue de la Hourqueyre - Château la Hourqueyre - 33340 ST-YZANS-DE-MEDOC - Tél. : 05 56 09 05 10 ou 06 72 88 68 14 - Fax : 05 56 09 05 53 - E-mail : coribat@net-up.com

STE-CROIX-DU-MONT Château Lamarque

4 ch. Chartreuse du XVIII° sur une exploitation viticole, au cœur du vignoble de Sainte-Croix-du-Mont, point de vue sur la vallée de la Garonne. Et. : 1 suite de 2 ch. : 1 ch. (1 lit 2 pers.), 1 ch. enfant (2 lits 1 pers.), s.d.b./wc privés + TV. 1 suite de 2 ch. avec TV : 1 ch.(1 lit 2 pers.), 1 ch. (2 lits 1 pers.), salle d'eau, wc. Au r.d.c. : salle à manger, wc. Visite/dégustation du vignoble sur place. Parking, terrasse ombragée. Réduction de 10 % à partir d'1 semaine. Portable : 06.86.34.01.76.

Prix : 1 pers. 35 € 2 pers. 41 €
Ouvert : Toute l'année.

🐕	⛱	≋	🎾	🏇	🏊	🚲	⛳
	9	6	2	8	8	9	8	2

Thierry DARROMAN - Château Lamarque - 33410 STE-CROIX-DU-MONT - Tél. : 05 56 76 72 78 ou 05 56 62 01 21 - Fax : 05 56 76 72 10 - E-mail : tsdarroman@clubinternet.fr

STE-CROIX-DU-MONT Le Peyrat

2 ch. Au rez-de-chaussée : salle à manger, salon, kitchenette (micro-ondes), wc. A l'étage, 2 suite de 4 pers. (3 lits 2 pers., 2 lit 1 pers.), salles d'eau, wc. Grande maison du 19° située dans le vignoble dans un hameau, prés de la route départementale 10, grand jardin, terrasse, salon de jardin, barbecue.

Prix : 1 pers. 31 € 2 pers. 39 € 3 pers. 48 € pers. sup. 10 €
Ouvert : Toute l'année.

🐕	≋	👥	⛱	🎾	🏇	🏊	🚲
	90	5	5	5	1	7	7

Yvette CHASSAGNOL - Le Peyrat - 33410 STE-CROIX-DU-MONT - Tél. : 05 56 62 00 58

STE-FLORENCE Guilhem

E.C. 2 ch. Saint-Emilion 13 km. Site Gallo-Romain, Montcarret 9 km. 2 chambres 2 pers. (2 lits 2 pers.), salle d'eau/wc, entrées indépendantes. Salon avec cheminée, TV, salle à manger. Maison girondine du 19°, située sur les bords de la Dordogne, entre les vignobles de Saint Emilion, de l'Entre-Deux-Mers et des Côtes de Castillon. Parc fleuri et arboré, terrasse couverte avec cuisine d'été, parking. Possibilité pique-nique dans le parc.

Prix : 1 pers. 50 € 2 pers. 54 € pers. sup. 8/11 €
Ouvert : Toute l'année.

🐕	⛱	≋	🎾	🏇	🏊	🚲	⛳
	7	5	5	5	SP	5	5

Danielle DUMARTIN - Guilhem, 4 - 33350 STE-FLORENCE - Tél. : 05 57 40 07 02 ou 06 89 89 11 93 - Fax : 05 57 40 02 07

STE-GEMME Le Gaboria

3 ch. Manoir du 18° s., au cœur du vignoble de l'Entre Deux Mers, jolie vue sur vignes, terrasse couverte, salon de jardin. R.d.c. : entrée, coin-kitchenette (micro-ondes, l-vaisselle, l-linge), grand séjour/salon, cheminée, TV. 1 ch. 2 pers. avec salon (1 lit 200). Etage : 1 ch. 2 pers. (1 lit 160), 1 suite 4 pers. (1 lit 160, 2 lits 1 pers.). S. d'eau, wc ds chaque ch.

Prix : 2 pers. 61/76 € pers. sup. 16 €

🐕	⛱	≋	🎾	🏇	🏊	🚲	⛳
	10	SP	SP	4	20	4	15

Mieke BORREMAN - Manoir du Gaboria - 33580 STE-GEMME - Tél. : 05 56 71 99 57 - Fax : 05 56 71 99 58 - E-mail : manoir@gaboria.com - www.gaboria.com

STE-TERRE Lavagnac

5 ch. Saint-Emilion 9 km. Libourne 10 km. Castillon-la-Bataille 7 km. A l'étage : 1 suite de 2 ch. (1 lit 2 pers., 2 lits 1 pers. sur mezzanine), s. d'eau et wc privés et 1 suite (1 lit 2 pers., 2 lits 1 pers.), s.d.b./douche, wc privée non attenants. 1 ch. (2 lits 80/200), salle d'eau, wc. Au rez-de-chaussée : salon avec cheminée, TV, salle à manger. Tarif 4 pers. : 89/106 €. Maison girondine du 18°, près de la Dordogne et des vignobles de Saint-Emilion, Entre-Deux-Mers, Côtes de Castillon. Parc clos, parking ombragé, propriétaire aquarelliste, possibilité d'initiation.

Prix : 1 pers. 41 € 2 pers. 52 € 3 pers. 86 € pers. sup. 17 €
Ouvert : Toute l'année.

🐕	⛱	≋	🎾	🏇	🏊	🚲	⛳
	2	7	1	1	SP	8	1

France PRAT - Lavagnac - 33350 STE-TERRE - Tél. : 05 57 47 13 74 ou 06 81 62 42 99 - Fax : 05 57 47 12 24 - E-mail : france.prat@wanadoo.fr - http://perso.wanadoo.fr/france.prat

Aquitaine — Gironde

STE-TERRE Lavagnac

▯▯▯ 3 ch. Maison ancienne entièrement rénovée de type girondin. 3 chambres dont 2 à l'ét. (4 lits 1 pers. 1 lit 2 pers.), salle d'eau/wc privés. Salon/salle à manger avec cheminée, TV et coin-kitchenette. Grand jardin clos, terrasse, parking. Dans un petit hameau, sur les bords de la Dordogne, au cœur des vignobles des Côtes de Castillon, du Saint-Emilion et du Pomerol. Langues parlées : anglais, allemand.

Prix : 1 pers. 31 € 2 pers. 39 € pers. sup. 13 €
Ouvert : Du 15 avril au 30 septembre.

🐕	≈	⛱	🎾	🏇	🏊	🚲	🎿
	3	3	3	10	3	10	3

M. OPSAHL / MUTIKAINEN - 18 chemin de Coubestey - Lavagnac - 33350 STE-TERRE - Tél. : 05 57 47 13 02 -
E-mail : sverre.opsahl@waika9.com - http://www.ranska.net/lavagnac

TAURIAC Talet

▯ 2 ch. Maison du 17ᵉ siècle, typique du secteur. A l'ét. : 2 ch. (1 lit 2 pers. 2 lits 1 pers.), salle d'eau et wc communs aux hôtes. Au r.d.c. : salon, salle à manger. Matériel bébé, l-linge et micro-ondes disposition. Dans un hameau, au cœur du vignoble des Côtes de Bourg. Cour, jardin, terrasse couverte. Table de ping-pong sous abri. Parking. Piano.
CV

Prix : 1 pers. 28 € 2 pers. 34 € 3 pers. 47 € pers. sup. 12 €
Ouvert : Toute l'année.

🐕	≈	⛱	🎾	🏇	🏊	🚲	🎿
	60	8	4	3	6	30	3	8	0,2

Aline OLIVES - Chemin de Talet - 33710 TAURIAC - Tél. : 05 57 68 22 61

LE TEMPLE Sautuges-Sud

▯▯▯ 2 ch. 2 ch. d'hôtes confortables au grand calme de la campagne. En rez-de-chaussée avec salle d'eau et wc privés. Entrée indépendante par petit séjour à la disposition des hôtes. Maison récente entourée d'un jardin paysager, dans les pins au calme, à 20 mn de l'océan, des lacs, du bassin d'Arcachon, de Bordeaux et du Médoc. Poss. pique-nique. Réseau de pistes cyclables. Rocade sortie 9, D107 ou sortie 11b, D106 et D5. Sautuges sud 2,5 km avant le Temple. Poss. d'accès par le bac Royan/Le Verdon ou Blaye/Lamarque.
CV

Prix : 1 pers. 39 € 2 pers. 42 € pers. sup. 15 €
Ouvert : De janvier à décembre.

🐕	≈	🏇	🎾
	20	2	20	10

Bénédicte LECORNU - Sautuges Sud - 33680 LE-TEMPLE - Tél. : 05 56 26 56 43 ou 06 08 98 52 83

VENDAYS-MONTALIVET

▯▯▯ 3 ch. Belle maison de type médocaine du 18 s, située au cœur de la campagne et en forêt, grand jardin paysagé. 3 chambres 2 personnes (3 lits 2 pers.), salle d'eau, wc, salle à manger. Langue parlée : anglais.

Prix : 2 pers. 53/61 € 3 pers. 76 € pers. sup. 16 €
Ouvert : Du 1ᵉʳ juin au 30 septembre.

🐕	≈	⛱⛱⛱	⛱	🎾	🏇	🏊	🚲	🎿
	10	20	20	SP	2	6	50	10	12	2

Max BAHOUGNE - La Cadichonne - 18, le Dehes - 33930 VENDAYS-MONTALIVET - Tél. : 05 56 41 70 54 -
E-mail : max.bahougne@libertysurf.fr - http://perso.libertysurf.fr/lacadichonne

VERTHEUIL Château Le Souley   (TH)

▯▯▯ 4 ch. Maison du 19ᵉ s. restaurée, atmosphère campagnarde, grand terrain aménagé, terrasse sous treille, au cœur du vignoble Médocain, salon de jardin. Etage : 2 ch. (2 lits 2 pers.), s. de bains ou d'eau, wc. 1 suite avec 2 ch. (1 lit 2 pers. 1 lit 120, 1 lit 110), s.d.b., wc. Salle à manger, salon/bibliothèque, TV, cheminée, 1 ch. (1 lit 2 pers.), s.d'eau, wc au r.d.c. Table d'hôtes sur réservation. Langues parlées : anglais, espagnol, portugais.

Prix : 1 pers. 42/45 € 2 pers. 49/56 € 3 pers. 61/70 €
pers. sup. 12 € repas 18 €
Ouvert : Toute l'année.

🐕	≈	🏊	🎾	🏇	🚲	🎿
	20	10	SP	2	10	SP

Jean-Pierre CHIAMA - Château Le Souley - 33180 VERTHEUIL - Tél. : 05 56 41 98 76 - Fax : 05 56 41 94 87 ou SR : 05 56 81 54 23 -
E-mail : jpchiama@club-internet.fr - http://perso.club-internet.fr/jpchiama

VILLEGOUGE Tertre de Thouil

▯▯ 1 ch. **St Emilion 20 km.** 1 suite de 2 chambres (2 lits 2 pers.), salle de bains, wc, salon/salle à manger. 76 €/4 pers. Ancienne maison de meunier du 19ᵉ, située sur le tertre de Thouil, surplombant le vignoble et la vallée de la Dordogne, dans un environnement et une vue d'exception, grand jardin, terrasses, tonnelles.

Prix : 2 pers. 46/76 € 3 pers. 76 €

🐕	≈	⛱⛱⛱	⛱	🎾	🏇	🏊	🚲	🎿
	90	1	1	2	2	2	10	2

Hélène FERRAND - Tertre de Thouil - 33141 VILLEGOUGE - Tél. : 05 57 84 44 54

Landes

Aquitaine

GITES DE FRANCE - Service Réservation
Cité Galliane - B.P. 279 - 40005 MONT-DE-MARSAN Cedex
Tél. 05 58 85 44 44 - Fax 05 58 85 44 45

AIRE-SUR-L'ADOUR (TH) C.M. 82 Pli 2

3 ch. **Aire-sur-Adour 5 km.** 3 chambres d'hôtes : 1 ch. au rez-de-chaussée, les 2 autres à l'étage. Salle d'eau et wc privés pour chaque chambre. Océan et montagne à 100 km. Table d'hôtes avec produits de la ferme. La ferme de Yves et Aline est calme et agréablement fleurie. Au sommet de la colline, les Pyrénées semblent être toutes proches.

Prix : 2 pers. 31 € 3 pers. 44 € repas 13 €
Ouvert : Toute l'année.

6	10	5	5	1	5	5	5	5

Yves et Aline PORTE - quartier de Guillon - Crabot - 40800 AIRE-SUR-L'ADOUR - Tél. : 05 58 71 91 73 -
E-mail : fermecrasot@mailclub.net

AMOU   A   C.M. 78 Pli 7

4 ch. A la campagne, 4 ch. d'hôtes 2 et 3 pers. avec salle d'eau et wc privés. Océan 60 km. Cadre agréable. Propriétaires d'une ferme auberge, Françoise et Pierrette vous régaleront à leur table. Le village d'Amou se situe à 3,5 km de la maison des propriétaires. Calme et repos assurés. Salon de jardin, airial. Parc animalier, pédalo. Randonnée à 3,5 km. Possibilité de pêche (matériel non fourni). D15, entre Amou et Pomarez.

Prix : 1 pers. 26 € 2 pers. 27 € 3 pers. 35 € pers. sup. 6 €
Ouvert : Toute l'année.

4	4	SP	SP	3,5	15	3

M. et Mme BARLET-BAS et LAFENETRE - Ferme Auberge du Moulin - route de Dax - 40330 AMOU - Tél. : 05 58 89 30 09 -
Fax : 05 58 89 39 51

ANGRESSE Ty Boni   C.M. 78 Pli 17

3 ch. « Ty-boni » magnifique airial ombragé, glissant vers un étang, piscine privée. 3 ch. très coquettes avec sanitaires privés (dont 2 avec chambres attenantes pour 2 pers. suppl.). Jardin meublé. A 20 minutes de Biarritz. Cuisine d'été à disposition des hôtes. Barbecue. L-linge. A 5 mn des plages, calme et détente assurés. Sports nautiques à 4 km. Tarif hors saison : 40 €/2 pers. A partir de 3 nuits : 54 €. VTT à disposition.

Prix : 2 pers. 58 € pers. sup. 19 €
Ouvert : Toute l'année.

4	4	3	SP	SP	SP	1,8	8	3

Bernard et Bab BONIFACE - ty-boni - 1831 route de Capbreton - 40150 ANGRESSE - Tél. : 05 58 43 98 75 - Fax : 05 58 43 98 75

ARUE Baloy   C.M. 79 Pli 11

1 ch. **Barbotan-les-Thermes 25 km.** Petite ferme du XIXᵉ siècle typiquement landaise sur son airial, au cœur de la forêt et au départ d'une multitude de chemins de randonnée. 1 chambre 2/3 pers. avec sanitaires privés. Lave-linge à disposition. Ping-pong sur place. Produits régionaux 300 m. Matériel bébé. Chevaux et chevreuils vous attendent sous la fenêtre de la coquette chambre d'hôtes, où vous apprécierez la décoration soignée. Langue parlée : anglais.

Prix : 1 pers. 36 € 2 pers. 36 € 3 pers. 52 €
Ouvert : Toute l'année.

10	15	5	25	3	3	5	25	5

Cécile et Dominique PONTIER - Baloy - 40120 ARUE - Tél. : 05 58 45 66 75

BETBEZER-D'ARMAGNAC Domaine de Paguy   A   C.M. 79 Pli 12

2 ch. Albert et Paulette vous accueillent dans leur propriété du XVIᵉ siècle, surplombant les vignes. Piscine sur place, espaces verts et mobilier de jardin. 2 ch. (2 et 3 pers.) avec salle d'eau ou salle de bains et wc privés. Océan 100 km. Vins de pays, Floc de Gascogne, Armagnac et canards gras sont produits et vendus sur l'exploitation. Promenades en forêt, possibilité de pêche à la ligne. Espace, nature et calme sont les trois atouts principaux.

Prix : 1 pers. 43 € 2 pers. 46 € 3 pers. 61 €
Ouvert : Toute l'année.

15	17	25	17	SP	SP	17	5	32	5

Albert et Paulette DARZACQ - Domaine de Paguy - 40240 BETBEZER-D'ARMAGNAC - Tél. : 05 58 44 81 57 - Fax : 05 58 44 68 09

BETBEZER-D'ARMAGNAC Domaine de Paguy   A   C.M. 79 Pli 12

2 ch. Albert et Paulette vous accueillent dans leur propriété du XVIᵉ siècle surplombant les vignes. 2 ch. 2 pers. ne pouvant être louées qu'à une même famille, avec salle d'eau et wc communs sont aménagées dans une annexe mitoyenne à un gîte. Piscine au milieu d'espaces verts (calme). Vente de produits fermiers.

Prix : 1 pers. 36 € 2 pers. 38 €
Ouvert : Toute l'année.

15	17	25	SP	SP	SP	5	32	5

Albert et Paulette DARZACQ - Domaine de Paguy - 40240 BETBEZER-D'ARMAGNAC - Tél. : 05 58 44 81 57 - Fax : 05 58 44 68 09

Aquitaine — Landes

BIAUDOS Ferme Hondouan (TH)

🏠🏠🏠 3 ch. **Biarritz 10 km. Capbreton 15 km.** Pierrette et Lionel vous accueillent dans leur ferme rénovée de style basque, vaste jardin arboré. Salon avec TV et bibliothèque. 3 chambres confortables avec sanitaires privés. Table d'hôtes le soir excepté le samedi. Calme et convivialité assurés. Océan à 15 km. Spécialités basques, poissons. Langue parlée : espagnol.

Prix : 1 pers. 36 € 2 pers. 41 € 3 pers. 57 € pers. sup. 16 € repas 14 €
Ouvert : Du 20 mars au 20 octobre.

🐕	🏃	⛵	🎣	≈	🎾	🏰	🚂	✈
15	22	14	12	10	5	6	15	4

Pierrette DELBES - Ferme Hondouan - 40390 BIAUDOS - Tél. : 05 59 56 70 43 - Fax : 05 59 56 79 44

BIAUDOS Carrère (TH) C.M. 78 Pli 17

🏠🏠🏠 3 ch. Ferme du XVIIe restaurée dans un parc boisé de 4 ha. 3 chambres très confortables en rez-de-chaussée avec salle de bains et wc privés. Repas pris en terrasse couverte. Calme et convivialité assurés. Océan à 20 km. Pas de table d'hôtes le dimanche hors saison-juillet/août mercredi et dimanche. A visiter : musée de la mer à Biarritz, réserve naturelle de Saubusse. Langues parlées : espagnol, anglais.

Prix : 1 pers. 36 € 2 pers. 41 € 3 pers. 55 € repas 14 €
Ouvert : Toute l'année.

🐕	🏃	⛵	🎣	≈	🎾	🏰	🚂	✈
5	20	18	6	8	6	18	9	

HARGUES Philippe et Jacqueline - Carrère - 40390 BIAUDOS - Tél. : 05 59 56 70 56

BOURDALAT Ferme de Lartché (TH) C.M. 82 Pli 2

🏠🏠 3 ch. **Eugénie les Bains, station thermale 30 km.** 3 ch dont une suite familiale, toutes avec sanitaire ptivatif et accès indépendant. Ferme rénovée du 18e siècle, au calme dans le Bas-Armagnac. Possibilité de pêche et promenade sur place. Petit-déjeuner servi en terrasse « Patio » ou chez le propriétaire. Table d'hôtes avec produits du terroir.

Prix : 1 pers. 33 € 2 pers. 33 € 3 pers. 49 € repas 14 €
Ouvert : Du 28/12 au 02/01 et du 01/02 au 01/12.

🐕	🏃	⛵	🎣	≈	🎾	🏰	🚂	✈
5	30	10	SP	3	5	15	15	

Danielle PERYMOND - Ferme de Lartché - Ferme de Lartché - 40190 BOURDALAT - Tél. : 05 58 03 11 65 - Fax : 05 58 03 11 65

BUANES Matilon (TH) C.M. 82 Pli 1

🏠🏠🏠 4 ch. Calme et repos garantis en pleine nature, dans une belle et confortable demeure du XVIIIe. Beau jardin et piscine privée. Loisirs à proximité : golf, tennis, ULM. 4 belles ch. d'hôtes (2 personnes) avec salle de bains, wc privés. Océan à 80 km. Produits du terroir. Thermes d'Eugénie les Bains à 5 minutes. Possibilité table d'hôtes. Langues parlées : anglais, hollandais.

Prix : 1 pers. 32/43 € 2 pers. 35/46 € pers. sup. 15 € repas 17 €
Ouvert : Du 15 février au 1er janvier.

🐕	🏃	⛵	🎣	≈	🎾	🏰	🚂	✈
9	5	18	SP	9	0,8	24	5	

Nicolas et Georgette GOUDINE - Matilon - 40320 BUANES - Tél. : 05 58 51 12 82 - Fax : 05 58 51 12 82 -
E-mail : nicolas.goudine@wanadoo.fr

CAMPET-LAMOLERE Lamolere (TH) C.M. 78 Pli 6

🏠🏠🏠 4 ch. Belle maison de caractère au milieu d'un grand parc de 12 ha, bordé d'une rivière. 4 ch. joliment aménagées, 2 ch. avec salle de bains, wc privés, l'autre avec douche, lavabo, wc privés. 1 suite de 2 ch. Douches privées, wc communs aux 2 ch. Ne se louant qu'à des personnes se connaissant. Animaux admis dans un chenil. Table d'hôtes du vendredi au lundi sur réservation, de juin à septembre. Hors-saison, tous les jours. Gîte d'enfants à 1 km. Langues parlées : anglais, espagnol.

Prix : 2 pers. 34/44 € pers. sup. 25 € repas 15 €
Ouvert : Toute l'année.

🐕	🏃	⛵	🎣	≈	🎾	🏰	🚂	✈
	5	10	5	5	SP	5	4	4

Philippe et Béatrice DE MONREDON - Lamolère - 40090 CAMPET-ET-LAMOLERE - Tél. : 05 58 06 04 98 - Fax : 05 58 06 04 98 -
E-mail : lamolere@aol.com - www.lamolere.com

CAZERES-SUR-ADOUR (TH) C.M. 82 Pli 1

🏠 2 ch. **Station thermale d'Eugénie-les-Bains 12 km.** Dans une ferme landaise restaurée à colombages de 1845, au milieu d'un jardin champêtre, 2 ch. d'hôtes 2 et 3 pers. avec entrée indépendante, salle de bains et wc privés, TV dans chaque chambre. Poss. de cuisiner. Lave-linge à disposition. Table d'hôtes sur demande avec produits bio (légumes, poulets...). Ambiance familiale. Langues parlées : anglais, espagnol.

Prix : 1 pers. 32/36 € 2 pers. 36/41 € pers. sup. 12/15 € repas 15 €
Ouvert : Toute l'année.

🐕	🏃	⛵	🎣	≈	🎾	🏰	🚂	✈
2	2	12	6	6	2	6	25	2

Patricia ALVAREZ - 91 chemin Luzan - 40270 CAZERES-SUR-ADOUR - Tél. : 05 58 71 30 67 - Fax : 05 58 71 30 67 -
E-mail : richard.alvarez2@libertysurf.fr

Landes

Aquitaine

CLERMONT Les Feuilles D'Or (TH) C.M. 78 Pli 7

▮▮▮ 2 ch.   **Dax, 1ère ville thermale de France 12 km.** Belle maison de maître datant de 1730, restaurée et meublée avec goût. 2 ch.(3 et 4 pers.) avec sanitaires privés, dont 1 avec salon. Possibilité lit bébé. Cheminée. Salon de jardin. Vente de produits fermiers. Petit parc ombragé de platanes. Langues parlées : allemand, italien, anglais.

Prix : 1 pers. 40 € ● 2 pers. 46 € ● 3 pers. 59 € ● repas 13 €
Ouvert : De février à novembre.

15	50	25	15	15	SP	12	15	15	1

Monie et Michel CRISAFULLI - Les Feuilles d'Or - 981 route de Luy - 40180 CLERMONT - Tél. : 05 58 89 73 29 - Fax : 05 58 89 73 29

CLERMONT Camiade (TH) C.M. 78 Pli 7

▮▮ 4 ch. « Camiade », ouverte sur un beau parc boisé dans la campagne vous assure un séjour reposant. Ancienne maison de maître, son charme, son confort vous séduiront. 4 chambres tout confort avec salle de bains et wc privés. Possibilité table d'hôtes sur réservation. Langues parlées : anglais, espagnol.

cV

Prix : 1 pers. 30 € ● 2 pers. 35/37 € pers. sup. 11 € repas 11 €
Ouvert : Toute l'année.

14	45	14	14	6	6	SP	15	10

Marie HEBRARD-FAYET - Camiade - 40180 CLERMONT - Tél. : 05 58 89 80 17 - E-mail : m.fayet@wanadoo.fr

GAREIN La Serre C.M. 78 Pli 15

▮▮ 4 ch. M. et Mme Lannegrand vous accueillent dans leur confortable demeure, douillette et calme, au milieu d'un parc ombragé et fleuri, agrémenté d'une piscine. 4 chambres d'hôtes 2/4 pers. avec salle d'eau et wc privés. Restaurant 3 km. Océan 50 km. Tennis au village.

Prix : 2 pers. 39 €
Ouvert : Toute l'année.

20	60	20	30	SP	12	15	SP	20	3

Jean-Paul et Solange LANNEGRAND - La Serre - 40420 GAREIN - Tél. : 05 58 51 45 70 - Fax : 05 58 51 45 70

GOURBERA Les Sables C.M. 78 Pli 6

▮▮▮ 3 ch. 3 ch dont 1 suite familiale avec salle de bain et salle d'eau privatif. A 20 min de L'océan, Nicole et Jacky vous accueillent dans leur agréable maison typiquement landaise à la campagne, dans un parc d'un ha avec piscine. 1 ch spacieuse (2 lits 90)à avec bain/douche et wc privatifs et 1 suite familiale. 1 ch avec 1 lit 160x200 élec. puis 1 ch 1 lit 140 avec salle d'eau et wc communs. Kitchenette à disposition. Calme et détente vous attendent. Langue parlée : anglais.

Prix : 2 pers. 37/43 € pers. sup. 15 €
Ouvert : Toute l'année.

15	30	30	SP	10	10	0,5	12	8

Jacky et Nicole AUBERT - Les Sables - 40990 GOURBERA - Tél. : 05 58 91 51 35 - Fax : 05 58 91 65 42 - E-mail : mathieu.aubert@wanadoo.fr

HABAS (TH) C.M. 78 Pli 7

▮▮ 2 ch. **Dax, 1ère ville thermale de France 15 km. Biarritz 40 km.** Un accueil chaleureux vous est réservé dans une maison de bourg rénovée et confortable. 2 ch. d'hôtes 2 pers. avec sanitaires privés. Salle de séjour privative aux hôtes avec TV. De la terrasse, belle vue sur les coteaux de Chalosse. Table d'hôtes sur réservation uniquement. Langues parlées : anglais, espagnol.

cV

Prix : 2 pers. 30/40 € pers. sup. 10 € repas 13 €
Ouvert : De juin à septembre (le reste de l'année sur réservation).

10	5	0,2	7	0,2

Gérard LAMATABOIS - 179, rue du Sintot - 40290 HABAS - Tél. : 05 58 98 04 20 - Fax : 05 58 98 04 20

HAGETMAU Pargadot de Busqueton C.M. 78 Pli 7

▮ 2 ch. 2 chambres d'hôtes (2 ou 3 pers.) avec salle d'eau et wc dans chaque chambre. Maison landaise située aux portes du village. Possibilité de cuisiner. Produits fermiers 800 m. Océan 80 km. Meubles de jardin. Au village (800 m) : piscine olympique couverte avec jacuzzi, sauna... Langue parlée : espagnol.

cV

Prix : 1 pers. 25 € ● 2 pers. 31 € ● 3 pers. 40 €
Ouvert : Toute l'année.

3	0,8	12	0,8	0,8	3	0,8	25	0,8

Georges et Pierrette BATS - Pargadot de Busqueton - 40700 HAGETMAU - Tél. : 05 58 79 35 43 ou 06 76 96 07 05 - Fax : 05 58 79 35 43

Aquitaine — Landes

HAGETMAU César
C.M. 78 Pli 7

4 ch. — Cette ferme à la sortie d'un village fleuri vous propose 4 ch. avec lavabo, salle de bains commune aux hôtes. Salon, TV, salle à manger avec cheminée, jardin ombragé. Randonnées 1 km. Océan 80 km. 5 % de réduction pour « Aînés ruraux avec carte Ecocarte ».

Prix : 1 pers. **26** € 2 pers. **29** € 3 pers. **41** €
Ouvert : Toute l'année.

2	1	15	1	1	2	1	28	0,8

Pierre et Clotilde CASTAIGNOS - César - route d'Orthez - 40700 HAGETMAU - Tél. : 05 58 79 41 45 - Fax : 05 58 79 41 45

HERM La Mamounia
C.M. 78 Pli 16

2 ch. — Très agréable maison avec belle terrasse sur terrain clos. 2 ch. aménagées avec chacune son accès indépendant et sa salle d'eau privée. WC communs à ces 2 chambres. Maison avec un jardin très fleuri. Restaurants à proximité. Océan 15 mn. Chemins pédestres.

Prix : 1 pers. **38/40** € 2 pers. **42/45** € 3 pers. **55/58** €
Ouvert : De mai au 15 septembre.

8	15	12	12	SP	13	SP

Christine DAGOUASSAT - 138 rue Jean Laboirie - La Mamounia - 40990 HERM - Tél. : 05 58 91 50 30 - Fax : 05 58 91 50 30

LABENNE
C.M. 78 Pli 17

2 ch. — Hossegor et Biarritz 15 km. Chantal et René vous accueillent dans leur villa landaise à proximité immédiate de la plage. 1 chambre 2 pers. agréable et confortable avec salle de bains et wc privés attenants. Possibilité d'une seconde chambre 2 pers. pour enfants ou amis. Petits déjeuners en terrasse ou au jardin. Petit salon et piscine couverte privée. Langue parlée : anglais.

Prix : 1 pers. **34/38** € 2 pers. **38/43** €
Ouvert : Du 1er avril au 31 octobre.

2	0,5	10	SP	0,5	7	1,5	5	0,8

Chantal et René CASCAIL - 15, allée du Dauphiné - 40530 LABENNE - Tél. : 05 59 45 49 21 - Fax : 05 59 45 49 21

LAVRET Ferme Chay
C.M. 82 Pli 1

2 ch. — 2 ch avec salle d'eau et wc communs. Sur une ferme dans le sud-est des Landes 2 ch coquettes. 1 ch avec 1 lit 2 pers et 1 ch avec 2 lits 1 pers, salle deau et wc communs au 2 ch. Cuisine à disposition, découverte de la ferme et de la conserverie familiale. Pêche autour d'un lac à proximité. Langues parlées : anglais, espagnol.

Prix : 1 pers. **29** € 2 pers. **29** € pers. sup. **12** € repas **12** €
Ouvert : Toute l'année.

35	15	12	12	35	0,5	

Philippe DASTUGUES - Ferme « Chay » - 40320 LAURET - Tél. : 05 58 79 90 39 - Fax : 05 58 79 90 39

LEON Au Gat
C.M. 78 Pli 16

2 ch. — A 3 km du village, dans la forêt de pins, un bel airial aux chênes séculaires. Gisèle vous accueille dans sa maison. A l'étage, 2 ch. (4 et 3 pers.) avec salle d'eau privée, wc communs aux locataires. Accès aux chambres indép. donnant sur terrasse couverte et vitrée. Cuisine à dispo. Salon de jardin. Piscine couverte. Calme et détente assurés. Restaurant à proximité. Aire naturelle de camping. Océan à 10 mn. Randonnées à 0.3 km, VTT à 3 km, baignade à 10 km. Langues parlées : anglais, allemand.

Prix : 1 pers. **30** € 2 pers. **41** € pers. sup. **14** €
Ouvert : Toute l'année.

3	3	10	5	SP	3	3	30	3

Gisèle MARTINEZ - Au Gat - 40550 LEON - Tél. : 05 58 48 77 73

LESPERON
C.M. 78 Pli 5

3 ch. — 3 ch avec sanitaires privatifs. Dans un cadre calme et agréable, à l'orée des Bois de pins et aprés avoir passé une nuit dans l'une des 3 ch, vous serez conviez à prendre le petit-déjeuner sur une grande table commune. A 800 m du village, à 20 min des plages.

Prix : 2 pers. **45** € pers. sup. **15** €
Ouvert : Toute l'année.

20	29	25	20	15	0,8	20	0,8	15	0,8

Gilles et Nicole GONON - 162, allée des Bruyères - 40260 LESPERON - Tél. : 05 58 89 65 54 - Fax : 05 58 89 65 54

Landes
Aquitaine

LINXE Lahourate
C.M. 78 Pli 15

4 ch. — Dans la forêt de pins, maison annexe restaurée, avec terrasse : 4 ch. (2 et 4 pers.), salle d'eau et wc privés. Télévision, cuisine, grande salle éclairée par des baies vitrées. Océan 7 km. Sports nautique à 8 km. Langues parlées : anglais, espagnol.

Prix : 1 pers. 32/36 € 2 pers. 36/41 € 3 pers. 55 € pers. sup. 14 €
Ouvert : Du 10 février au 1er octobre, du 15 octobre au 1er novembre.

8	8	10	10	5	10	10	3	30	3

Fernande LARTIGUE - Lahourate - 1466, route de Mixe - 40260 LINXE - Tél. : 05 58 42 92 59

LIT-ET-MIXE Le Bosquet
C.M. 78 Pli 15

2 ch. — A 7 km de l'océan, jolie maison récente dans parc boisé et fleuri. A l'étage : 2 ch. 2 pers. (1 lit 2 pers. 2 lits 1 pers.), salle d'eau et wc privés. Terrasse, balcon, salon de jardin. Entrée indépendante. Les deux chambres jumelées se louent pour une même famille ou des amis. Prix pour 4 pers. : 69 €. Au calme, en lisière de la forêt. Randonnées cyclistes et pédestres sur sentiers balisés. Plages à proximité. Forêt de pins 15 km. Village très animé. Restaurants. Langues parlées : anglais, espagnol.

Prix : 2 pers. 41 €
Ouvert : Toute l'année.

5	10	25	5	7	10	35	5

Philippe et Rose-M CASTETS - 202 chemin du Bosquet - 40170 LIT-ET-MIXE - Tél. : 05 58 42 83 94 - Fax : 05 58 42 83 94

LUE L'Oustau
C.M. 78 Pli 14

4 ch. — Dans une belle maison de caractère, habillée de pierres de garluche, 4 chambres, salle d'eau et wc privés. Dans un grand airial de chênes. Petit déjeuner dans le parc ou dans le séjour. Salon privé à la disposition des hôtes. Forêt sur place. Restaurant à 2 km. Océan à 22 km. Sports nautiques à 25 km. Produits régionaux à 500 m. Langues parlées : anglais, espagnol.

Prix : 1 pers. 34 € 2 pers. 41 € 3 pers. 49 €
Ouvert : Avril à octobre.

20	15	20	12	8	1	7	8

Guy et Patricia CASSAGNE - quartier Baxentes - l'Oustau - 40210 LUE - Tél. : 05 58 07 11 58 - Fax : 05 58 07 13 99

LUE Lou Pitarray
C.M. 78 Pli 14

2 ch. — Maison de maître sur un airial ombragé de chênes, en bordure de forêt, calme assuré. 2 chambres (1 lit 2 pers. chacune + 1 lit 90 dans l'une) et poss. 1 lit d'appoint 1 pers., salle d'eau et wc particuliers à chaque chambre. Chauffage central en hors-saison. Entrée indépendante, salon particulier aux hôtes pour les petits déjeuners. Salon de jardin. Restaurant à proximité. Forêt entourant l'airial. VTT sur place. Parcours santé à 1,5 km. Sports nautiques à 20 km. Océan à 25 km. Langue parlée : anglais.

Prix : 1 pers. 35 € 2 pers. 39 € 3 pers. 49 €
Ouvert : Toute l'année.

12	20	20	15	10	1	20	2	8	8

Bernard et France LAMOU - Lou Pitarray - quartier Medous - 40210 LUE - Tél. : 05 58 07 06 23 - Fax : 05 58 07 06 23

MAGESCQ Le Tuc
C.M. 78 Pli 16

E.C. 4 ch. — Dax à 14 km. Océan à 15 km. 4 ch en annexe, avec sanitaire privé joliment aménagées à l'étage d'une maison landaise typique en briques et bois, nichée dans l'écrin de verdure d'un parc de 9 ha. Langues parlées : anglais, allemand.

Prix : 1 pers. 34 € 2 pers. 42 € 3 pers. 53 €
Ouvert : 1er avril au 30 octobre et week-end toute l'année.

8	8	15	9	10	0,5	14	0,5

Anne et Serge BERNON - 32, avenue de Maremne - Le Tuc - 40140 MAGESCQ - Tél. : 05 58 47 77 90 ou 06 19 85 14 65 -
E-mail : chambresdhôtesdutuc@yahoo.fr

MAGESCQ Le Cassouat
C.M. 78 Pli 16

4 ch. — 4 ch. dans une agréable maison contemporaine au milieu d'un airial de chênes de 11 ha, (kitchenette possible). Plan d'eau sur place avec pédalos, également un ruisseau pour la pêche. Exposition d'aquarelles dans la maison.

Prix : 1 pers. 39/43 € 2 pers. 42/55 € 3 pers. 58/61 €
Ouvert : Toute l'année.

15	10	15	15	SP	1	15	1

Marlène DESBIEYS - Le Cassouat - 314, route d'Herm - 40140 MAGESCQ - Tél. : 05 58 47 71 55 ou 06 82 12 28 97

Aquitaine
Landes

MAGESQ Athos-Sillegue
C.M. 78 Pli 16

E.C. 2 ch. Dax, 1ère station thermale de France 15 km. Les Plages 18 km. 2 ch avec sanitaires communs, ne se louant qu'à une même famille où à des amis. En annexe. A 15 min de l'océan, Babeth vous accueille dans sa maison contemporaine. Vous disposerez en annexe d'1 suite familiale de 2 ch (2 lits 140) avec wc et salle d'eau communs. Vous vous détendrez dans un parc de 8000 m². Activités possibles : boules, ping-pong, vélos. 2° ch louée : 15 €/2 pers. Tarifs dégressifs à partir de 3 nuits. Langues parlées : espagnol, anglais.

Prix : 2 pers. **40** €
Ouvert : Toute l'année.

15	12	15	12	12	1	15	0,6	

Bernadette MERCIER - 217 rue François Donnan - Athos-Sillegue - 40140 MAGESQ - Tél. : 05 58 47 60 08 - Fax : 05 58 47 60 09 -
E-mail : mercier707@aol.com

MAYLIS Saint-Germain
C.M. 78 Pli 7

3 ch. **L'Abbaye de Maylis**. Jeanine et Jean vous accueillent à la ferme dans leur belle demeure familiale du XVIIe siècle dotée d'un agréable jardin. Vous trouverez 3 vastes chambres colorées (2 et 3 pers.) avec cheminée ancienne et sanitaires privés. Poss. de cuisine, réfrigérateur, lit bébé. Salon de jardin. Ambiance et accueil chaleureux.

Prix : 1 pers. **34** € 2 pers. **37** € 3 pers. **49** €
Ouvert : Toute l'année.

20	60	10	14	10	1	6	10	35	6

Jeanine et Jean RECURT - Saint-Germain - 40250 MAYLIS - Tél. : 05 58 97 72 89 - Fax : 05 58 97 95 21 -
E-mail : chambre_d_hôtes@wanadoo.fr - http ://perso.wanadoo.fr/chambresdhôtes/

MAYLIS Saint-Germain (TH)
C.M. 78 Pli 7

2 ch. Au pied de l'abbaye de Maylis, dans un cadre rustique et convivial, 2 ch. d'hôtes de 3 pers. avec sanitaires et wc privés. Odile et Bernard vous invitent à découvrir leur beau pays landais, « la Chalosse », haut lieu de la gastronomie et terroir authentique.

Prix : 1 pers. **34** € 2 pers. **37** € 3 pers. **49** € repas **14** €
Ouvert : Toute l'année.

20	60	10	14	10	1	6	10	35	6

Odile RECURT - Saint-Germain - 40250 MAYLIS - Tél. : 05 58 97 72 89 - Fax : 05 58 97 95 21 - E-mail : chambre_d_hôtes@wanadoo.fr -
http ://perso.wanadoo.fr/chambresdhôtes/

MESSANGES Lou Nid Dos Merlous
C.M. 78 Pli 16

2 ch. Ancienne maison rénovée avec jardin et meubles de jardin. 2 chambres 2 pers. avec salle d'eau particulière à chaque chambre, wc communs aux locataires. Océan 3 km.

Prix : 2 pers. **37** €
Ouvert : De mai à fin septembre.

2	12	4	1	3	1	30	3

Roger et Mauricette LAPENU - Lou Nid Dos Merlous - 40660 MESSANGES - Tél. : 05 58 48 90 50

MIMBASTE Capcazal de Pachiou (TH)
C.M. 78 Pli 7

4 ch. Dans cette maison Capcazalière (1610), vous trouverez tout le charme, l'authenticité et la tradition d'une vieille demeure familiale de chalosse (14e génération). 4 grandes chambres avec cheminée et lits à baldaquin, salle de bains et wc privés. Parc arboré et fleuri. Garage. Convivialité, gastronomie et bonne humeur seront au rendez-vous. Langues parlées : espagnol, anglais.

Prix : 1 pers. **38/53** € 2 pers. **43/56** € repas **17** €
Ouvert : Toute l'année.

20	35	35	8	8	8	8	12	8

Colette DUFOURCET-ALBERCA - Capcazal de Pachiou - 40350 MIMBASTE - Tél. : 05 58 55 30 54 - Fax : 05 58 55 30 54

MIMIZAN
C.M. 78 Pli 14

4 ch. 4 ch. avec sanitaires privatifs pour 2 pers (lits 160 ou 90) dont une suite familiale. A 5 km de l'océan & ses longues plages de sables blanc à Mimizan, le village sylvicole « La Perle de la Côte d'Argent », 1 grande maison Art Déco décorée de meubles anciens Louis XV, Louis XVI ou Empire ds 1 parc de 2 ha, 2 suites, 1 ch s.d.b et wc indépendants, grands salons, bibliothèque, TV.

Prix : 1 pers. **53/82** € 2 pers. **85/100** € 3 pers. **81** €
Ouvert : Du 15 avril au 15 octobre.

5	5	3	5	0,1	3	3	4	20	3

Marie PLANTIER - 38, avenue du Parc d'Hiver - 40200 MIMIZAN - Tél. : 05 58 09 03 58 ou 06 81 60 46 76 - Fax : 05 58 09 01 47 -
E-mail : simjan@club.internet.fr

Landes   *Aquitaine*

MIMIZAN Au Cheou   C.M. 78 Pli 14

2 ch. Coquette maison dans un airial ombragé très calme et reposant, en bordure de la forêt, à 8 km de l'océan. 2 chambres 2 pers., la 1ère donnant sur une terrasse, salle de bains et wc privés. La 2e : salle d'eau et wc privés. Coin-cuisine aménagé en commun pour les 2 chambres. Terrasse couverte à disposition pour manger. Langue parlée : espagnol.

Prix : 2 pers. 31/34 €

🐕	🏃	⛵	🏌	🏊	♨	🍽	🎾	🚲	🚂
5	6	6	3	5	5	5	25	3	

Maïté PEREZ - Au Cheou - 40200 MIMIZAN - Tél. : 05 58 09 18 97

ONDRES Le Bout des Landes   C.M. 78 Pli 17

2 ch. En bordure des pins, à 800 m de la plage, 2 ch. (2 pers.) spacieuses, (non fumeurs) très confortables, salle d'eau/wc privés. Terrasse et entrée particulière, très près des Pyrénées et de l'Espagne. Piscine sur place. Raymonde vous accueille avec sympathie et joie de vivre.

Prix : 2 pers. 47 €
Ouvert : Toute l'année.

🐕	🏃	⛵	🏌	🏊	♨	🍽	🎾	🚲	🚂
1	12	10	30	SP	4	4	2	6	0,5

Raymonde PUYRAVAUD - Le Bout des Landes - 1613 avenue de la Plage - 40440 ONDRES - Tél. : 05 59 45 21 87 - Fax : 05 59 45 21 87

ORX   C.M. 78 Pli 17

2 ch. A 15 mn des plages de Capbreton et d'Hossegor, maison style landais sur un parc de 3 ha. 2 chambres pour 6 pers. avec salle d'eau et wc privatifs. Salon privé et réfrigérateur et télévision à disposition des hôtes. Barbecue, parking privé.

Prix : 2 pers. 44 € pers. sup. 15 € repas 15 €
Ouvert : Du 1/06 au 15/09 et du 01/10 au 15/05.

🐕	🏃	⛵	🏌	🏊	♨	🍽	🎾	🚲	🚂
6	10	10	9	SP	SP	5	6	6	

Lucette SANCHEZ - quartier Hayet - 40230 ORX - Tél. : 05 58 77 90 79

OUSSE-SUZAN Domaine D'Agès   C.M. 78 Pli 5

4 ch. **Plages landaises 45 km. Forêt sur place (à proximité)** 4 ch avec sanitaires privatifs dont une suite de 2 ch ne se louant qu'à des pers qui se connaissent. 4 ch joliment décorées dans une demeure ancienne au cœur de la forêt landaise entourée de chevaux, d'une piscine, d'arbres centenaires. Toutes les ch sont dotées de sanitaires privatifs dont une suite de 2 ch ne se louant qu'à des pers se connaissant. Petits-déjeuners généreux servis dans une jolie salle à manger ainsi que la table d'hôtes sur réservation. Langue parlée : anglais.

Prix : 1 pers. 32/38 € 2 pers. 38/44 € repas 14 €
Ouvert : Toute l'année.

🐕	🏃	⛵	🏌	🏊	♨	🍽	🎾	🚲	🚂
	SP	50	20	SP	10	20	5	5	

Elisabeth HAYE - Domaine d'Agès - 40110 OUSSE-SUZAN - Tél. : 05 58 51 82 28 - Fax : 05 58 51 82 29 - E-mail : haye.eeb@wanadoo.fr

PEYREHORADE « Vivre Au Vert »   C.M. 78 Pli 17

3 ch. Geneviève et Jean vous accueillent dans leur maison de maître basco-landais. 3 ch. d'hôtes aménagées dans une gr. maison récente, à l'étage, avec douche et wc privés. TH et petits déjeuners servis en terrasse ou dans le salon de style rustique. Baignade dans la piscine privée. Langues parlées : anglais, espagnol.

Prix : 1 pers. 30/34 € 2 pers. 40/43 € 3 pers. 50/53 € repas 13 €
Ouvert : De juin à fin septembre.

🐕	🏃	⛵	🏌	🏊	♨	🍽	🎾	🚲	🚂
20	40	30	2	SP	2	2	2	2	

Geneviève CASTAGNET-MISSONIER - Route de Trompe - Maison « Vivre au Vert » - 40300 PEYREHORADE - Tél. : 05 58 73 06 23 - Fax : 05 61 49 65 10 - E-mail : maison.trompe@wanadoo.fr

PIMBO Moura   C.M. 82 Pli 1

2 ch. 2 ch. bastides au 1e étage avec sanitaires privés et wc séparés, jardin, garage privé, salon de jardin, barbecue. Chambres d'hôtes situées au sein du village de Pimbo (1ère bastide fondée en aquitaine), situées sur le chemin de Saint-Jacques de Compostelle. Producteur de foie gras, oies et canards. Langues parlées : anglais, espagnol.

Prix : 1 pers. 24 € 2 pers. 32 € 3 pers. 46 € repas 12 €
Ouvert : Toute l'année.

🐕	🏃	⛵	🏌	🏊	♨	🍽	🎾	🚲	🚂
6	80	15	80	6	SP	6	6	35	6

Jean-Luc et Nathalie LENDRESSE - Voize - 40320 PIMBO - Tél. : 05 58 44 46 92 - Fax : 05 58 44 46 92

Aquitaine   Landes

POUILLON Saint-Martin   *C.M. 78 Pli 7*

▐▐▐ 3 ch.   **Biarritz 50 km. Dax 15 km.** A l'entrée d'un village chalossais, charmant château restauré, dont une partie du 14ᵉ siècle, niché au milieu d'un parc boisé de 5 ha. Arbres centenaires. Plan d'eau, piscine, bibliothèque, TV à disposition des hôtes. Langues parlées : allemand, anglais.

☎

Prix : 2 pers. **41/58 €** 3 pers. **64 €**
Ouvert : Toute l'année

🐕	🏇	⛵	🏌	🏊	🤽	🎾	🚲	⛴
45	65	45	SP	15	1,5	1,5	13	1

Margrit BUSCHE - 356, rte de Mimbaste - Château St-Martin - 40350 POUILLON - Tél. : 05 58 98 30 17 - Fax : 05 58 98 23 95

RION-DES-LANDES   *C.M. 78 Pli 5*

▐ 3 ch.   3 ch. avec 2 salle d'eau et 2 wc communs. Agréable maison au centre d'un village fleuri. A l'ét. 3 ch. coquettes avec salle d'eau et wc communs. Ouvert toute l'année. Animaux acceptés. Petits-déjeuners servis sous une véranda ou en terrasse. Restaurants à proximité.

☎

Prix : 1 pers. **26 €** 2 pers. **29 €** 3 pers. **40 €**
Ouvert : Toute l'année.

🐕	🏇	⛵	🏌	🏊	🤽	🎾	🚲	⛴
2	40	40	12	2	10	2	11	0,5

Sylviane LECLERCQ - 217 rue de Badet - 40370 RION-DES-LANDES - Tél. : 05 58 57 15 99

SABRES Poursugères   *C.M. 78 Pli 4*

▐▐▐ 1 ch.   Posée sur l'airial d'une propriété landaise traditionnelle, le « Catachot » vous attend pour une étape de charme et de tranquilité. Vous serez séduit par cette suite à la décoration raffinée, située à proximité immédiate de la maison du propriétaire. Langues parlées : anglais, italien, espagnol.

Prix : 1 pers. **34 €** 2 pers. **38 €** pers. sup. **14 €**
Ouvert : Toute l'année.

🐕	🏇	⛵	🏌	🏊	🤽	🎾	🚲	⛴
	15	8	12	8	25	8	25	8

**Sylvaine CADET-ROBERT - Ilet Rambaud - Poursugères - 40630 SABRES - Tél. : 05 58 07 56 78 -
E-mail : sylvaine.cadet-robert@wanadoo.fr**

SABRES Le Plaisy   *C.M. 78 Pli 4*

▐▐▐ 3 ch.   Gwenaëlle vous accueille dans une maison de maître, au milieu d'un joli parc de 5 ha. 3 chambres, salle d'eau/wc privés. Salon particulier avec TV. Chauffage. Piscine et plan d'eau sur place. Tennis privé à 3 km. Abri de piscine et barbecue. Endroit calme et reposant. Salon de jardin. A Sabres, petit village de la Haute-Lande. Poss. de prendre le petit déjeuner dans la salle à manger des propriétaires ou en terrasse. Océan et sports nautiques à 45 km. VTT à 1 km. Langues parlées : anglais, espagnol.

☎

Prix : 2 pers. **42 €** 3 pers. **55 €**
Ouvert : De mai à octobre.

🐕	🏇	⛵	🏌	🏊	🤽	🎾	🚲	⛴
3	45	3	1	SP	SP	3	18	3

Gwenaelle BACON - Le Plaisy - 40630 SABRES - Tél. : 05 58 07 50 29 - Fax : 05 58 07 50 29

SABRES Les Arbousiers   (TH)   *C.M. 78 Pli 4*

▐▐ 5 ch.   Maison Landaise sur un airial d'1 ha au cœur de la forêt. 5 ch. avec sanitaires privés. Salle à manger et salon particulier. Calme et confort assurés. Ambiance conviviale et familiale. Table d'hôtes le soir : le repas est partagé avec les propriétaires en toute amitié et détente. Randonnée sur place. Sports nautiques à 40 km. Langue parlée : anglais.

☎

Prix : 1 pers. **30/34 €** 2 pers. **38/43 €** pers. sup. **15/17 €** repas **14 €**
Ouvert : Toute l'année.

🐕	🏇	⛵	🏌	🏊	🤽	🎾	🚲	⛴
11	40	7	9	7	20	7	12	7

**Denis et Monique LABRI - Les Arbousiers - Le Gaille - 40630 SABRES - Tél. : 05 58 07 52 52 ou 06 81 13 28 09 - Fax : 05 58 07 52 52 -
E-mail : lesarbousiers@aol.com - http://members.aol.com/chambreslandes/**

SAUBRIGUES   *C.M. 78 Pli 17*

▐ 2 ch.   Petite ferme avec 2 ch. d'hôtes comprenant : salle d'eau privée et wc privés. Salle de séjour commune au propriétaire. Océan à 12 km. VTT à 10 km. Cuisine d'été.

Prix : 2 pers. **30 €** 3 pers. **46 €**
Ouvert : Toute l'année.

🐕	🏇	⛵	🏌	🏊	🤽	🎾	🚲	⛴
2	10	12	10	15	5	1	15	7	2

Gérard et Charlotte GAFFES - 40230 SAUBRIGUES - Tél. : 05 58 77 90 54

Landes *Aquitaine*

SAUBUSSE-LES-BAINS Bezincam
C.M. 78 Pli 17

3 ch. — Le château de Bezincam, demeure du XIXe siècle, dans un grand parc en bordure de l'Adour, vous offre un accueil chaleureux et personnalisé dans un cadre exceptionnel de verdure et de quiétude. Ses 3 chambres 2 pers. avec salles de bains privatives sont spacieuses, confortables et décorées avec goût. Situé au cœur d'un grand parc aux arbres centenaires, Bezincam est un lieu de séjour privilégié pour tous ceux qui aspirent au calme et à la détente. Langue parlée : anglais.

Prix : 2 pers. **60 €**
Ouvert : Toute l'année.

5	18	18	25	1	1	1	15	1

Claude DOURLET - Bezincam - route de l'Adour - 40180 SAUBUSSE-LES-BAINS - Tél. : 05 58 57 70 27 - Fax : 05 58 57 70 27

SAUGNAC-ET-MURET La Maranne
C.M. 78 Pli 3

5 ch. — Catherine et Pascal vous offrent un accueil personnalisé pour votre séjour de détente. Ils vous proposent 5 ch. d'hôtes dans une belle maison de maître, avec un parc de 6000 m². arboré (arbres centenaires). Sanitaires et TV privés dans chaque chambre. Salle de séjour et salon privatifs. Poss. lit bébé. Jacuzzi, sauna et piscine sont à votre disposition. Parking. Restaurants à proximité. Langues parlées : anglais, allemand, espagnol.

Prix : 1 pers. **46 €** 2 pers. **54/61 €** 3 pers. **69 €** pers. sup. **13 €**
Ouvert : De février à novembre.

11	30	35	6	SP	5	5	0,2	60	0,2

Catherine et Pascal LANDAIS - La Maranne - CD 20E - 40410 LE-MURET - Tél. : 05 58 09 61 71 ou 06 84 63 05 11 - Fax : 05 58 09 61 51 - E-mail : la-maranne@wanadoo.fr

SEIGNOSSE Notre Rêve
C.M. 78 Pli 17

3 ch. — Entre l'Etang Blanc et l'Etang Noir, dans la forêt landaise, à 5 mn de l'océan, Georgette et Bernard vous accueillent dans leur maison, au grand calme. 3 ch. (2 à 4 pers.), salle de bains ou cabinet de toilette et wc privés. Cadre agréable, terrain clos de 5000 m², parking ombragé, meubles de jardin. Supplément enfant jusqu'à 8 ans : 8 €. Possibilité de prendre les petits déjeuners dans la salle à manger ou sur la terrasse. Pour vos loisirs : réserve naturelle, festivités saisonnières, pelote basque, nombreuses fêtes locales. Océan 5 km.

Prix : 1 pers. **30 €** 2 pers. **38/41 €** pers. sup. **18 €**
Ouvert : Toute l'année.

1	8	0,4	5	1	3	10	3

Georgette et Bernard DESTRIBATS - Notre Rêve - route de l'Etang Blanc - 40510 SEIGNOSSE - Tél. : 05 58 72 81 92

SEIGNOSSE-BOURG A L'Orée de la Forêt
C.M. 78 Pli 17

5 ch. — Hossegor 8 km. Biarritz 30 km. Calme et détente assurés dans cette maison au milieu des pins, au bord d'un étang. Sa piscine et son jardin d'agrément s'ajouteront au confort des 5 chambres (dont 1 suite) pour 2, 3 ou 4 pers. avec sanitaires privatifs et accès indépendant. Cuisine d'été à la disposition des hôtes. Bébé : 8 € en supplément. Prix spéciaux hors saison. Table d'hôte sur réservation uniquement.

Prix : 2 pers. **60 €** pers. sup. **23 €** repas **20 €**
Ouvert : Toute l'année.

1	4	3	3	SP	SP	SP	0,8	25	1

Maria et Claude GIRARD - A l'Orée de la Forêt - 40510 SEIGNOSSE-BOURG - Tél. : 05 58 49 81 31 - Fax : 05 58 49 81 31 - E-mail : chambres.hôtes.seignosse@wanadoo.fr - http ://site.wanadoo.fr/loreedelaforêt

SORDE-L'ABBAYE Cantin
C.M. 78 Pli 7

2 ch. — Dans une jolie maison de maître sur un parc fleuri et boisé avec piscine privée. 2 ch. aménagées avec beaucoup de goût. Les 2 ch. comprennent un coin-toilette avec douche. Les wc sont communs aux 2 ch. dans le couloir. Des 2 chambres, une très jolie vue sur le parc et la piscine, calme et détente assurés. Océan 30 km. Langue parlée : espagnol.

Prix : 1 pers. **34 €** 2 pers. **38 €** 3 pers. **50 €**
Ouvert : Toute l'année.

10	30	15	5	SP	1	0,5	0,5	4	4

Christiane RIUTORT - rue Lesplaces - 40300 SORDE-L'ABBAYE - Tél : 05 58 73 28 68

SORT-ENCHALOSSE
C.M. 78 Pli 7

3 ch. — Dax, 1ère station thermale de France 10 km. 3 ch avec sanitaires '(bain) privatifs dont une suite familiale. Ancienne ferme restaurée avec une suite familiale de 4 pers et 1 ch de 3 pers, toutes 2 avec sanitaires privés. Possibilité table d'hôte sur réservation. Piscine privée avec grande terrasse. Petits chiens acceptés. Parking. Terrain clos 5000 m². Forfait curiste. Nombreuses activités sur place. Langue parlée : anglais.

Prix : 1 pers. **34 €** 2 pers. **38 €** 3 pers. **50 €** repas **14 €**
Ouvert : Toute l'année.

10	10	10	SP	2	10	10	10	10

Lydie MAZE DIT MIEUSEMENT - 551, route de Guichot - 40180 SORT-EN-CHALOSSE - Tél. : 05 58 89 71 03

Aquitaine
Landes

SOUSTONS Cante Grouille
C.M. 78 Pli 16

4 ch. — Claudine et Jacques vous accueillent à la campagne, en bordure de la forêt. 4 ch. d'hôtes aménagées dans leur maison avec accès indépendant. 1 suite 3 pers. (1 lit 2 pers. 1 lit 1 pers.) avec salle d'eau et wc privés, 3 ch. 2 pers. (1 lit 2 pers.) avec salle d'eau et wc privés. Poss. lit bébé. Terrasse couverte avec salon de jardin pour détente et repas. Restaurant 1 km. Océan 6 km. Sports nautiques à 8 km. Randonnée à 1 km. Toutes les chambres sont pourvues de la climatisation réversible.

Prix : 2 pers. 40 € 3 pers. 49 €
Ouvert : Toute l'année.

| 6 | 2 | 6 | 2 | 2 | 2 | 2 | 2 | 30 | 2 |

Jacques et Claudine BENOIT - Cante Grouille - quartier Philip - 40140 SOUSTONS - Tél. : 05 58 41 16 10

SOUSTONS
C.M. 78 Pli 16

4 ch. — Simplement pour faire découvrir le pays que l'on aime et partager ses saveurs culinaires. 1 suite 4 pers (2 pièces) et 3 ch en annexe, 2/3 pers (wc et salle d'eau privés) et salle commune. Dans 1 ha boisé équipé de jeux d'enfants (ping-pong, pétanque...). Entrées indépendantes. Calme assuré. Repas : spécialités landaises. Langue parlée : anglais.

Prix : 1 pers. 30 € 2 pers. 38 € 3 pers. 49 € repas 14 €
Ouvert : Toute l'année.

| 2 | 2 | 2 | 15 | 2 | 2 | 2 | 2 | 30 | 2 |

Isabelle et Didier TOUSIS - route de Montjean - 40140 SOUSTONS - Tél. : 05 58 41 51 52

SOUSTONS Le Pinton
C.M. 78 Pli 16

4 ch. — Roger vous accueille au cœur d'une chênaie dans une grande maison de style landais. 4 chambres (2/3 pers.), avec douche, wc privés et TV. Table d'hôtes : repas landais, confit, asperges, magret (maison) sont servis au coin de la cheminée ou sous la pergola, dans le parc. Ping-pong, pétanque. Baignade à 4 km. Ouvert toute l'année (sur réservation l'hiver). - 20 % en hors-saison.

Prix : 1 pers. 30 € 2 pers. 38 € 3 pers. 47 € repas 15 €
Ouvert : Toute l'année.

| 4 | 2 | 4 | 15 | 2 | 2 | 2 | 2 | 30 | 2 |

Roger KURYLAK - Route de Magesq - Le Pinton - 40140 SOUSTONS - Tél. : 05 58 41 16 04 ou 06 21 14 73 64

ST-ETIENNE-D'ORTHE La Forestière
C.M. 78 Pli 17

4 ch. — Dans le calme d'un village landais, 4 chambres d'hôtes vous accueillent pour un séjour de détente et de découverte. 2 ch. 2 et 3 pers. au rez-de-chaussée avec douche et lavabo privés, wc communs. A l'étage : 1 ch. 3 pers. avec s.d.b. et wc privés et 1 ch. 4 pers. avec s.d.b. et wc privés. Petits déjeuners pris en terrasse. La table d'hôtes vous réserve les plaisirs d'une cuisine traditionnelle, à base de produits du terroir. Océan 20 km. Fabrication de pain maison. Langues parlées : anglais, espagnol.

Prix : 1 pers. 23/30 € 2 pers. 34/38 € pers. sup. 11 € repas 13 €
Ouvert : Toute l'année.

| 8 | 18 | 20 | 7 | 7 | 7 | 7 | 2 | 7 | 7 |

Marc et M-Thérèse OUSTALE - La Forestière - 40300 ST-ETIENNE-D'ORTHE - Tél. : 05 58 89 15 62

ST-GEOURS-DE-MAREMNE
C.M. 78 Pli 17

3 ch. — Airial ombragé et fleuri. 3 ch. indépendantes de 2 à 4 pers. avec salle de bains et wc privés. Nombreuses animations à proximité. Animaux refusés dans les chambres. Langue parlée : espagnol.

Prix : 2 pers. 34 € pers. sup. 13 €
Ouvert : De juin à septembre.

| 5 | 11 | 11 | 3 | 5 | 6 | 3 | 3 | 1 |

Claudine ECHEVARRIA - Route de Bayonne - Saint-Domingue - 40230 ST-GEOURS-DE-MAREMNE - Tél. : 05 58 77 05 94

ST-JEAN-DE-MARSACQ
C.M. 78 Pli 17

3 ch. — Océan et plages 18 km. 3 ch avec sanitaires (douches) privatifs. Ancienne ferme landaise entièrement rénovée. Dans un petit village à l'entrée d'un petit chemin, 3 belles ch, coquettes avec une belle véranda pour les petits-déjeuners et un salon privé. Pas d'animaux.

Prix : 1 pers. 37 € 2 pers. 40 € 3 pers. 52 € pers. sup. 14 € repas 14 €
Ouvert : Toute l'année.

| 1 | 15 | 20 | SP | 7 | SP | 10 | 3 | 7 | SP |

Patricia HOVNANIAN - 100 route du Vicot - 40230 SAINT-JEAN-DE-MARSACQ - Tél. : 05 58 77 78 17 ou 06 82 30 10 31

Landes
Aquitaine

ST-JUSTIN Betjean
C.M. 79 Pli 12

3 ch. — Un airial au milieu de la forêt landaise, points de jonction de sentiers pédestres, équestres, chemins de St Jacques de Compostelle. Une ferme landaise de plusieurs siècles, restaurée, meublée et décorée dans un équilibre précieux vous attend : 2 ch. 2 pers. avec s.d.b. originale et douche particulière, et 1 ch. pour enfant. Franchissez la porte à double battant pour vous y épanouir. Alentour, de nombreuses auberges vous surprendront par leur qualité. Océan 90 km. Langues parlées : anglais, espagnol.

Prix : 1 pers. 37/40 € 2 pers. 40/43 €
Ouvert : De février à novembre.

5	10	12	20	12	3	2	3	25	1

Marie-Claire VILLENAVE - Betjean - D933 - route de Périgueux - 40240 ST-JUSTIN - Tél. : 05 58 44 88 42 - Fax : 05 58 44 67 16

ST-MARTIN-DE-HINX
C.M. 78 Pli 17

2 ch. — Située au sein d'un village typique, maison rustique et chaleureuse entourée d'un parc ombragé comportant 2 ch. d'hôtes confortables, accueillantes en r.d.c. : 1 ch. 3 pers., 1 ch. 2 pers. ayant chacune salle d'eau et wc privés. Petit déjeuner maison. A mi-chemin entre Biarritz et Hossegor. VTT à 10 km. Langues parlées : anglais, espagnol.

Prix : 1 pers. 35 € 2 pers. 38 € 3 pers. 53 €
Ouvert : Toute l'année.

20	15	15	20	5	15	1		10	0,5

Yvette COMTE - 200 rue de l'Europe - 40390 ST-MARTIN-DE-HINX - Tél. : 05 59 56 33 58

ST-MARTIN-DE-HINX Moulin de Larribaou
C.M. 78 Pli 17

E.C. 2 ch. — Le moulin de Larribaou avec ses ruisseaux, ses étangs et ses bois, vous offre son calme et sa verdure. Ses 2 chambres 2 pers. avec sanitaires et wc privés donnent sur la piscine couverte. L'une à vue sur les champs et les bois, l'autre sur l'étang. Table d'hôtes sur demande. Barbecue équipé. Terrasse et salon d'été à disposition des hôtes. Langues parlées : espagnol, anglais.

Prix : 2 pers. 55 € repas 20 €
Ouvert : Toute l'année.

10	20	20	100	SP	SP	SP	2	25	2

J-Pierre et A-Marie SEMELIN - Moulin de Larribaou - 40390 ST-MARTIN-DE-HINX - Tél. : 05 59 56 37 97 - Fax : 05 59 56 93 26

ST-PAUL-LES-DAX L'Aiguade
C.M. 78 Pli 7

3 ch. — Dax, 1ère ville thermale de France 5 km. L'océan à 25 km. Superbe maison cotemporaine dans un beau parc au milieu des bois, à quelques minutes de Dax. Grand calme et confort assurés pour les 3 ch lumineuèses, toutes de plain-pied, avec leur sanitaire privé, leur accès indépendant et leur terrasse donnant sur le parc et la piscine, cuisine d'été, barbecue à disposition. Tarif dégressif si plus de 2 jours 43 à 50 €. Langues parlées : anglais, espagnol.

Prix : 2 pers. 46/53 € pers. sup. 15 €
Ouvert : D'avril à octobre.

7	30	7	17	SP	4	4	3	5	2,5

Gérard et Christiane THIENOT - l'Aiguade - route de la Bretonnière - 40990 ST-PAUL-LES-DAX - Tél. : 05 58 91 37 10 - Fax : 05 58 91 37 10 - E-mail : laiguade@club-internet.fr - www.laiguade.com

---

TALLER Rouncaou
C.M. 78 Pli 6

4 ch. — Au cœur de la forêt landaise sur un airial planté de chênes. Dans une maison très typique, 2 chambres d'hôtes avec s. d'eau et wc privés, salle de détente, TV, entrée indépendante. Maisonnette restaurée, 2 chambres (3 et 4 pers.) avec s. d'eau et wc privés. Cuisine aménagée. TV. Ferme-auberge à 1 km. Rivières, sentiers pédestres, salon de jardin. Langue parlée : anglais.

Prix : 2 pers. 30/40 € 3 pers. 43/52 €
Ouvert : Toute l'année.

15	15	30	5	25	5	15	6	25	5

Marc et M-Thérèse SEGUIN - Rouncaou - 40260 TALLER - Tél. : 05 58 89 43 18 ou 06 81 27 38 19 - Fax : 05 58 55 02 79

TARNOS Ferme de Honzac
C.M. 78 Pli 18

5 ch. — Bayonne 5 km. Biarritz (golf, thalasso) 14 km. Ancienne ferme du XVIIIe, sur une propriété de 10 ha. en partie boisée. 5 chambres spacieuses, décorées avec goût, chacune avec salle d'eau, wc séparés, sofa, TV et téléphone. Accès indépendant, salon, bibliothèque, meubles de jardin, lit et chaise bébé. VTT. Table d'hôtes sur demande. Garage. A 9 km de la plage la plus proche, montagne à 30 km. Langues parlées : anglais, espagnol, allemand.

Prix : 1 pers. 35/42 € 2 pers. 39/46 € pers. sup. 15 € repas 16 €
Ouvert : Toute l'année.

8	20	8	25	6	2	5	5	3

Gilles HOURQUEBIE - 1158, chemin de l'Adour - ferme de Honzac - 40220 TARNOS-N117 - Tél. : 05 59 55 29 23 ou 06 68 20 42 90 - Fax : 05 59 55 79 52 - E-mail : Ferme-de-Honzac@wanadoo.fr - http ://perso.wanadoo.fr/Ferme-de-Honzac/

Aquitaine — Landes

TARNOS   C.M. 78 Pli 18

5 ch. **Biarritz et Hossegor 13 km.** Une grande propriété avec piscine, bordée d'un bois, très calme. Maison de style basque comprenant 5 ch. dont 4 dans une annexe, toutes avec sanitaires et wc privés. Salle commune. Ameublement raffiné. Barbecue. Lave-linge, ping-pong. Loisirs : VTT, piscine, barbecue. Animaux acceptés hors-saison. Langue parlée : anglais.

Prix : 1 pers. 38 € 2 pers. 46 €
Ouvert : Toute l'année.

5	15	13	SP	5	5	0,5	5	0,5

André et Hélène LADEUIX - 26 rue Salvador Allende - D181 - 40220 TARNOS - Tél. : 05 59 64 13 95 - Fax : 05 59 64 13 95 - www.enaquitaine.com

TARNOS

2 ch. **Mer 9 km. Bayonne 4 km. Biarritz 14 km.** A 9 km de la côte Basque et de la côte landaise, 2 coquettes chambres au rez-de-chaussée avec salle d'eau et wc privés. Dans un cadre de verdure et de fleurs, lieu calme et reposant, parking et jardin clos. A votre disposition, salon de jardin, barbecue, coin-cuisine, lave-linge, salle de repos.

Prix : 1 pers. 38 € 2 pers. 42 € 3 pers. 55 €
Ouvert : Avril au 30 octobre.

10	30	12	50	4	2	4	5	4

Marie BISCAY - route de Baudonne - par RN 117 - 40220 TARNOS - Tél. : 05 59 55 48 01 - Fax : 05 59 55 48 01

TOSSE Le Bosquet C.M. 78 Pli 17

3 ch. Belle maison contemporaine l'entrée du village, à 3 km des étangs et 8 km de la plage. Sur un terrain boisé de 4800 m² avec parking privé. 3 ch. coquettes avec terrasse privée (lit 140), salle d'eau et wc privés. salon de jardin, ping-pong à dispo. Au village, sentiers pédestres. Tarif étape 280 F. Langue parlée : espagnol.

Prix : 1 pers. 36 € 2 pers. 40 € pers. sup. 16 €
Ouvert : Toute l'année.

5	8	5	8	3	3	1	4	1

J-Pierre et Monique ARNAUDIN - Le Bosquet - rue du Hazan - route de St-Vincent de Tyrosse - 40230 TOSSE - Tél. : 05 58 43 03 40 - Fax : 05 58 43 04 68

VIELLE-TURSAN Pigon C.M. 82 Pli 1

2 ch. A la ferme, coquettes ch. indépendantes de la maison des propriétaires, à l'étage, 2 ch. (2 et 3 pers.), avec salles d'eau privées, wc communs. Poss. de rajouter 1 lit enfant. Gîte rural sur place. Randonnée. Situées face aux Pyrénées, sur un flanc de coteau dominant la vallée.

Prix : 1 pers. 26 € 2 pers. 32 € 3 pers. 44 €
Ouvert : Toute l'année.

9	14	8	3	3	10	30	8

Pierre et Colette LABROUCHE - Pigon - 204, chemin de Turillon - 40320 VIELLE-TURSAN - Tél. : 05 58 79 17 37 - Fax : 05 58 79 17 37

LE VIGNAU Le Coumis  C.M. 82 Pli 1

2 ch. 2 ch. 2 et 3 pers. avec sanitaires privatifs complets (lavabo, douche, wc). Pour une nuit, un week-end ou un séjour, vous y trouverez détente et convivialité. Possibilité de table d'hôtes avec produits de la ferme. Jolie ferme, au calme, à la campagne, située à 600 m de la départementale 934 Bordeaux-Pau.

Prix : 2 pers. 30 € 3 pers. 43 €
Ouvert : Toute l'année.

10	8	1	1	2	25	3

Denise et René PASCALIN - 161 route de l'Henrion - Le Coumis - 40270 LE-VIGNAU - Tél. : 05 58 52 25 75 - Fax : 05 58 52 25 75

Lot-et-Garonne

Gîtes de France Services 47
Service Réservation
11, rue des Droits de l'Homme - 47000 AGEN
Tél. 05 53 47 80 87 - Fax 05 53 66 88 29
E.mail : gites-de-france.47@wanadoo.fr

AGNAC Aux Pesquiers  C.M. 79 Pli 4

5 ch. **Bergerac et Marmande 30 km.** Agencée sur 2 niveaux, la demeure ouvre ses portes sur le hall de réception donnant accès à 5 ch. d'hôtes ayant chacune une s. d'eau avec wc. 1 ch. en r.d.c. (1 lit 2 pers.), à l'étage : 1 ch. (2 lits 1 pers.), 1 ch. (1 lit 160), 1 ch. (1 lit 2 pers.), 1 ch. (1 lit 2 pers. 1 lit 1 pers.). Salon de détente et de lecture, piscine, pool-house. Ancien relais de diligence restauré. Une halte à 3 km de la bastide d'Eymet en Périgord. En bordure de la route Marmande/Bergerac, la maison est tournée vers la campagne. Aire de jeux en plein-air, mini-ferme. Parc ombragé et fleuri.

Prix : 1 pers. 43 € 2 pers. 50 € 3 pers. 63 € repas 12/19 €
Ouvert : Du 15/06 au 15/09 et hors saison sur réservation.

SP	0,2	9	3	20	20	SP	30	3

Jean-Paul LAFOUILLADE - Relais du Coche - Aux Pesquiers - 47800 AGNAC - Tél. : 05 53 83 01 45

Lot-et-Garonne *Aquitaine*

AIGUILLON Le Baraillot
C.M. 79 Pli 14

5 ch. Ancienne maison de maître, dans un environnement verdoyant. 4 ch. avec s. d'eau/wc particuliers, 1 suite avec s.d.b. et wc. TH le soir sur réservation. Piscine avec jaccuzi et contre courant. Prêt de vélos, ping-pong. Salon avec TV et hi-fi, jeux de société. Loisirs : ULM, base nautique, practice de golf, musée du pruneau, abbaye des automates, parc Walibi... Poolhouse équipé de lave-vaiselle. Lave-linge.

Prix : 1 pers. 46 € 2 pers. 50/58 € 3 pers. 73 € pers. sup. 15 € repas 14 € 1/2 pens. 79/87 €

Ouvert : Du 1er mars au 15 novembre.

SP	2	SP	15	4	20	SP	4	3	

Maryvonne MENGUY - Le Baraillot - 47190 AIGUILLON - Tél. : 05 53 88 29 92 ou 06 09 35 65 37 - Fax : 05 53 88 29 92 -
E-mail : Mary@le-baraillot.com - www-le-baraillot.com

ALLONS Le Petit Hourquey
C.M. 79 Pli 12

1 ch. Casteljaloux 24 km. Au calme, dans la forêt, chambre confortable dans une fermette rénovée (2 pers. + enfant). S.d.b/ douche attenante, wc privés. Chauffage central. Accès direct à votre terrasse et au jardin ombragé. Salon avec livres, jeux de société. Prêt de chaise, lit bébé, vélos, cartes et guides. Petit déjeuner copieux, table d'hôtes, panier pique-nique. Poss. accueil chevaux. Au cœur des petites Landes et du Lot et Garonne, un accueil chaleureux et convivial. Découvrez les saveurs du terroir : pâtisseries, confitures maison, fruits et légumes du jardin, viandes et poissons locaux. Nous vous ferons partager nos connaissances des sites et des curiosités de la région. Langues parlées : italien, anglais.

Prix : 1 pers. 34/37 € 2 pers. 39/42 € repas 14 €

Ouvert : Toute l'année.

SP	6	22	17	6	22	SP	42	7	

Hervé et Linda RIUS - Petit Hourquey - 47420 ALLONS - Tél. : 05 53 89 06 30 ou SR : 05 53 47 80 87 - Fax : 05 53 89 06 63 -
E-mail : gite.hourquey@worldonline.fr - http://perso.wanadoo.fr/hourquey

ARGENTON Houm Pechoun
C.M. 79 Pli 3

2 ch. Marmande 15 km. Casteljaloux 7 km. Très ancienne maison de maîtres, confortable et chaleureuse dans un grand parc arboré et fleuri. Elle comprend : 1 ch. à l'étage (1 lit 2 pers.) avec salle d'eau et wc particuliers non communicants. 1 ch. à l'étage (1 lit 2 pers. 1 lit 1 pers.) avec salle d'eau et wc privés. Restaurant à 8 km.

Prix : 1 pers. 40/42 € 2 pers. 43/50 € 3 pers. 62 €

Ouvert : Toute l'année.

0,2	8	8	3	8	8	15	1	

Cécile GUIBERT - Houm Pechoun - 47250 ARGENTON - Tél. : 05 53 89 21 14 - Fax : 05 53 89 21 14

ASTAFFORT Barbonvielle
C.M. 79 Pli 15

1 ch. Agen 20 km. Lectoure 11 km. Dans un hameau de la Lomagne, vaste chambre dans une maison du XVIIe avec salle de bains et wc indépendants. Environnement calme et fleuri. Possibilité de manger à l'extérieur. Mise à disposition de matériel bébé. TH sur réservation uniquement. Langues parlées : anglais, espagnol.

Prix : 1 pers. 30 € 2 pers. 43 € 3 pers. 53 € pers. sup. 8 € repas 14 €

Ouvert : Toute l'année.

2	3	3	7	3	3	20	18	20	2

Claire AURELIEN - Hameau de Barbonvielle - 47220 ASTAFFORT - Tél. : 05 53 67 18 93 - Fax : 05 53 67 18 93 -
E-mail : claire.aurelien@wanadoo.fr

AURADOU Le Roc
C.M. 79 Pli 16

4 ch. Penne d'Agenais 6 km. Agen 23 km. Françoise et Rémi vous accueillent dans leur demeure du XVIIIe siècle. Rénovée dans un cadre de verdure à l'infini. Ils vous proposent 2 chambres indépendantes spacieuses (1 lit 2 pers. 1 lit 1 pers.) avec s.d.b. et wc communicants (3 épis). Couleurs vives et meubles anciens. 1 suite 4 pers. avec s.d.b. et wc privés et 1 ch 2 pers., s.d.b. et wc privés (EC). Françoise, Bordelaise adore faire la cuisine. Ses spécialités tout le Sud Ouest. Rémi, bourguignon vous proposera les crus des vignobles régionaux. Un accueil chaleureux et convivial vous sera réservé. Tarif 4 pers. 68,60 €.

Prix : 1 pers. 40/47 € 2 pers. 43/50 € 3 pers. 58 € pers. sup. 9 € repas 17 € 1/2 pens. 43/52 €

Ouvert : Toute l'année.

SP	5	5	10	4	10	5	4	6

Rémi et Françoise COMMANDRE - Le Roc - 47140 AURADOU - Tél. : 05 53 49 16 87 ou 06 88 27 97 93 - Fax : 05 53 49 16 87 -
E-mail : rcom2@wanadoo.fr

BALEYSSAGUES Mounica
C.M. 79 Pli 3

3 ch. R.d.c. : 2 ch. (1 lit 2 pers.), s. d'eau, wc. 1 ch. (1 lit 2 pers. 1 lit 70), s. d'eau, wc, petit salon privé. Suite familiale indép. 4 pers. vaste salon, s.d.b, wc, terrasse privée. VTT, jeux de boules, balançoires, visites chez producteurs locaux, promenades pédestres et botaniques. Poss. de pratiquer : tennis, golf, équitation, jardinage avec les propriétaires. Propriété (1,500 ha) maison de caractère dans un superbe jardin en cours d'aménagement, intégrant, parfaitement sa piscine clôturée traitée au sel. Les chambres récemment rénovées (pierres et poutres apparentes) apporteront tout le confort souhaité. Prix suite 4 pers. : 92 €.

Prix : 1 pers. 41 € 2 pers. 46 € 3 pers. 67 € pers. sup. 14/17 € repas 16 € 1/2 pens. 30/37 €

Ouvert : Toute l'année.

1	8	3	3	25	SP	25	3

Jocelyne PAZZAGLIA - Mounica - Domaine du Pech - 47120 BALEYSSAGUES - Tél. : 05 53 83 33 52 ou 06 81 39 46 55

Aquitaine — Lot-et-Garonne

BARBASTE Sacot (TH) C.M. 79 Pli 13

3 ch.

Plan d'eau de Casteljaloux 23 km. Grande maison landaise idéale pour une cure de repos, retirée de toute circulation. 1 ch. (1 lit 130, 1 lit 1 pers.), 1 ch. (2 lits 1 pers.), s.d.b./wc privés communs et 1 ch. (1 lit 2 pers.), s.d.b./wc privés. Repas servis dans salle de séjour meublée ancien ou sur la terrasse. Sortie indép. Salon, jeux, biblio., piano, hifi. Pens. : gratuité la 8ᵉ nuit pour 2 pers. Si vous aimez le calme, la nature, la musique, la lecture, les promenades en forêt, la détente autour d'un feu le soir, la maison vous est ouverte. Hôtesse très accueillante et mélomane. Langues parlées : anglais, espagnol, italien.

Prix : 1 pers. 26 € 2 pers. 35 € 3 pers. 40 € repas 15 €
1/2 pens. 35/53 €

Ouvert : Toute l'année.

	SP	2	20	6	1	6	5	10	40	5

Hélène BEURRIER - Sacot - BP 29 - 47230 LAVARDAC - Tél. : 05 53 65 51 72

BAZENS La Molinara

3 ch.

Musée des Automates 10 km. Musée de l'automobile 20 km. 2 chambres 2 lits 1 pers. chacune, salle d'eau, WC. 1 chambre 1 lit 160, salle de bains, WC. Parc non clos. Piscine commune avec gîte rural et propriétaire. Maison du 17ᵉ s. réhabilité en 2000, situé dans un village classé a abrité l'auteur de « Roméo et Juliette » dont s'est inspiré Shakespeare. Château et galerie d'art sur place. Village classé du 11ᵉ s.

Prix : 1 pers. 50/59 € 2 pers. 59/69 €

Ouvert : Toute l'année.

	SP	2	5	4	27	20	SP	3	2,5

Françoise ROULLIES - La Mollinara - 47130 BAZENS - Tél. : 05 53 66 62 92 ou 05 53 69 43 83

BON-ENCONTRE Château de Labatut (TH) C.M. 79 Pli 15

4 ch.

Agen 10 km. Dans une tour du château, 1 suite avec 2 grands lits, salle de bains et wc particuliers. Dans le château, 2 chambres à grand lit, salle de bains et wc communs. Dans les dépendances, 1 ch. à 2 lits, salle de bains et wc particuliers (1 épi). Vaste parc de plusieurs hectares. Piscine. Large panorama. Bibliothèque. La suite : env.76/91 €. À l'écart de la RN113 (4 km). Autoroute 10 km. Possibilité de séjours. Enfant : 13 €. Langue parlée : yougoslave.

Prix : 1 pers. 39/54 € 2 pers. 39/54 € 3 pers. 77/92 €
pers. sup. 16 € repas 13/16 €

Ouvert : Toute l'année.

	SP	5	5	10	2	4	3	SP	10	5

Bernadette DE LA VAISSIERE - Château de Labatut - 47240 BON-ENCONTRE - Tél. : 05 53 96 26 24 - Fax : 05 53 96 26 24

BOUGLON Domaine de Monfleuri (TH) C.M. 79 Pli 3

5 ch.

Bouglon 1,5 kms Bienvenue à Montfleuri, charmante et vaste demeure du 18ᵉ, entourée de jardins parfumés aux multiples coins et recoins où règnent harmonie, détente et tranquilité. 2 ch. claires et spacieuses au r.d.c. avec salles d'eau privées dont 1 avec wc privés. 3 ch. à l'étage avec salles d'eau privées (4 pers. 79 €). our le confort de tous on ne fume pas dans la maison. Table d'hôtes végétarienne sur la terrasse fleurie ou au coin du feu. Piscine, vue panoramique. Grand choix d'activités sur place et aux alentours. Possibilité d'ateliers dessin et peinture sur soie. Parc. Forme et nature avec jeux de plein air, (croquet, badminton), bicyclettes. ULM 5 km. Langue parlée : anglais.

Prix : 1 pers. 46/50 € 2 pers. 50/59 € 3 pers. 69/79 €
pers. sup. 18 € repas 17 €

Ouvert : Toute l'année.

	SP	3	6	1	8	2	10	SP	15	1,5

Dominique BARRON - Domaine de Monfleuri - 47250 BOUGLON - Tél. : 05 53 20 61 30

BOURGOUGNAGUE Tiffaudie (TH) C.M. 79 Pli 4

2 ch.

Miramont-de-Guyenne 6 km. Bergerac et Marmande 30 km. Ancienne ferme à l'écart de la route, site ombragé, agréable et reposant. 2 chambres avec chacune une chambre annexe pour lit supplémentaire. Salle d'eau. WC particuliers. Baby-foot. TV. Jeux. Promenades champêtres. Plan d'eau aménagé 6 km. VTT à 1 km. Langue parlée : anglais.

Prix : 1 pers. 34 € 2 pers. 39 € pers. sup. 11 € repas 11 €

Ouvert : Toute l'année.

	SP	2	8	6	6	6	15	6	25	6

Isabelle TESSON - Tiffaudie - 47410 BOURGOUGNAGUE - Tél. : 05 53 94 15 54

BUZET-SUR-BAISE Château de Coustet (TH) C.M. 79 Pli 14

5 ch.

Demeure sur 3 niveaux. En rez-de-jardin, s. de gym, douche/wc et vestiaire. Salon de billard succédant 1 s. à m. et la cuisine (modernité et rusticité). Escalier de pierres desservant, au 1ᵉʳ ét., 4 ch. et 1 suite en duplex avec s. d'eau ou de bains/wc chacune. Décor pastel. Poss. grande famille, louer 2 vastes ch. sur même palier, avec entrée privative. Au cœur du Pays d'Albret riche de ses bastides et de son vin. Cette demeure noble de 1882 style Napoléon III est nichée au cœur d'un écrin de verdure. Le charme de la discrétion et la passion impriment le bon goût dans un décor raffiné pour chacune des confortables et différentes chambres. Langue parlée : anglais.

Prix : 1 pers. 88 € 2 pers. 105 € 3 pers. 120/151 € pers. sup. 23 €
repas 24 €

Ouvert : De février à décembre.

	0,1	4	10	4	15	SP	5	1

Alain GELIX - Château de Coustet - 47160 BUZET-SUR-BAISE - Tél. : 05 53 79 26 60 - Fax : 05 53 79 14 16 - E-mail : ccoustet@csi.com - www.coustet.com

Lot-et-Garonne   *Aquitaine*

CANCON Chanteclair   C.M. 79 Pli 5

4 ch. Villeneuve-sur-Lot 20 km. Bergerac 40 km (aéroport). Marmande 40 km. 4 chambres d'hôtes dans une demeure de caractère du XIXᵉ siècle, à 500 m du village. 1ᵉʳ étage : 2 ch. (2 lits jumeaux chacune) et 1 ch. (1 grand lit). 2ᵉ étage : 1 suite (1 lit 2 pers. 3 lits 1 pers.). Salle d'eau et wc particuliers dans chaque chambre. Salle de séjour, cheminée, salon. Grand parc fleuri. Poss. pique-nique dans parc et sous véranda. Barbecue et kitchenette à dispo. des hôtes. Billard, piano, ping-pong, bicyclettes. Prix spéciaux hors-saison.

Prix : 1 pers. 45 € 2 pers. 60 € 3 pers. 74 € pers. sup. 14 €
Ouvert : Toute l'année.

0,8	2	10	4	7	0,6	7	SP	0,5	

Francis LARRIBEAU - Chanteclair - 47290 CANCON - Tél. : 05 53 01 63 34 - Fax : 05 53 41 13 44

CASTILLONNES Clos du Céline   C.M. 79 Pli 5

3 ch. Castillonnes 1 km. Aux portes du Périgord, 3 ch. tout confort, salle d'eau et wc particuliers. 1 ch. 1 épi (1 lit 2 pers.). 2 ch. 2 épis avec chacune (1 lit 2 pers. 1 lit 1 pers.). Piscine privée. Petit déjeuner servi sur la terrasse couverte ou dans le jardin. En pleine campagne sur 3 ha. de pré, la basse cour, les chevaux.

Prix : 1 pers. 30 € 2 pers. 38 € 3 pers. 53 € repas 11 €
Ouvert : Toute l'année.

1	3	SP	1	10	SP	20	1	

Guy HUGUET - Le Clos du Celine - 47330 CASTILLONNES - Tél. : 05 53 36 89 11 ou 06 81 03 78 91 - Fax : 05 53 49 18 26

CLAIRAC Caussinat   C.M. 79 Pli 14

5 ch. 2 chambres (1 lit 2 pers. 2 lits 1 pers., convertible). Salle de bains et wc communs. 1 coin-toilette par chambre. 1 chambre (2 lits 1 pers.) avec salle de bains et wc privés. 2 chambres (1 lit 2 pers.) avec s. d'eau/wc privés chacune. Ping-pong. 3 ch. classées 3 épis et 2 ch. classées 1 épi. 1/2 pension sur la base de 2 pers. Depuis Clairac, direction Granges-sur-Lot D911.

Prix : 1 pers. 34/43 € 2 pers. 37/46 € 3 pers. 54/63 € pers. sup. 17 € repas 14 € 1/2 pens. 65/73 €
Ouvert : Du 15 mars au 31 octobre.

SP	2	1	2	20	2	15	SP	7	2

Aimé et Gisèle MASSIAS - Caussinat - 47320 CLAIRAC - Tél. : 05 53 84 22 11 - Fax : 05 53 84 22 11

CLERMONT-DESSOUS Le Gil   C.M. 79 Pli 14

2 ch. Agen 15 km. Nérac 19 km. 2 ch. de 20 m² avec wc et douche individuels. Salon commun avec TV couleur. Barbecue. Piscine de plein air de 50 m². Lit bébé/demande. Sur propriété de 8 ha. composée de prairies vertes et vallonnées, les ch. sont construites dans un bâtiment du XVIᵉ siècle. Elevage de chèvres angora qui produisent la célèbre Laine Mohair. A 1 km tennis gratuit pour les locataires. A 2,5 km, Clermont-Dessous. Village médiéval. Son église du XIᵉ siècle, ses artistes. Tarif 4 pers. 50/59 €. Langue parlée : espagnol.

Prix : 1 pers. 38/46 € 2 pers. 41/49 € 3 pers. 46/55 €
Ouvert : Toute l'année.

0,5	3	10	0,5	1	30	SP	15	5

Liliana et J-Pierre BARILLE - Le Gil - 47130 CLERMONT-DESSOUS - Tél. : 05 53 67 45 09 - Fax : 05 53 67 45 09 -
E-mail : lnbarille@wanadoo.fr - http ://site.voila.fr/ln-barille

COCUMONT Domaine de Plaisance   C.M. 79 Pli 3

2 ch. Maison du XIVᵉ siècle, indépendante dans une propriété de 2 ha. Grandes pelouses arborées. Terrasse avec vue. Calme. Salon de jardin. 2 chambres de caractère (2 lits 2 pers. 1 lit 1 pers. 1 lit enfant) avec salle d'eau et wc indépendants. Chauffage central. Grand salon/salle à manger avec cheminée. Mezzanine (jeux, lecture). Promenades. Table d'hôtes, cuisine familiale. Personne supplémentaire : 11,43 €. Langue parlée : anglais.

Prix : 1 pers. 36 € 2 pers. 50 € 3 pers. 71 € pers. sup. 13 € repas 13 €
Ouvert : Toute l'année sur réservation.

20	20	20	20	10	3	20	20	12	3

ETAPE - PLUME - Route de Sigalens - Domaine de Plaisance - 47250 COCUMONT - Tél. : 05 53 94 54 65

COURBIAC Château de Rodie   C.M. 79 Pli 7

5 ch. Château de Bonaguil 30 km. Cahors 46 km. Le château de Rodié est un château fort Quercynois des 13ᵉ et 16ᵉ s. Sa restauration en a fait une demeure familiale chaleureuse avec 5 belles chambres meublés d'antiquités : 3 ch. privés. Dans la tour ronde 1 suite/s.d.b. Dans la tour carré 1 ch. 2 pers. s.d.b. salon privé avec accès sur les échauguettes. Grands salons. Séjour 6 jours : -10 %. Piscine. Le château se trouve dans le pays des bastides dans une région pleine d'intérêt historique, sportif et naturel. Rodié offre une diversité de loisirs, ses terres, refuge d'oiseaux, sont riches en flore et en faune. Des moutons de race rare paissent dans les bois, prairies et sur le causse sauvage. Langue parlée : anglais.

Prix : 2 pers. 70/100 € 3 pers. 84 € pers. sup. 16 € repas 18 €
Ouvert : Toute l'année.

SP	15	5	15	1	SP	40	5

Paul HECQUET - Château de Rodie - 47370 COURBIAC - Tél. : 05 53 40 89 24 - Fax : 05 53 40 89 25 -
E-mail : Chateau.Rodie@wanadoo.fr

Aquitaine — Lot-et-Garonne

DAMAZAN Château Balous (TH) — C.M. 79 Pli 14

3 ch. 2 ch. d'hôtes aménagées à l'étage dans une grande maison du XVIIIe s. (2 lits 2 pers. 1 lit 1 pers.), s.d.b., wc particuliers et 1 ch. (1 lit 2 pers.). Piano, salle à manger, bibliothèque, jeux. Lac aménagé (planche à voile, pédalo) à 300 m. Parc ombragé. 60,98 €/4 pers. Tarif 1/2 pension pour 5 jours minimum. Sortie Autoroute A62 à 1 km.

Prix : 1 pers. 27 € 2 pers. 38 € 3 pers. 53 € pers. sup. 12 € repas 11 €

Ouvert : Toute l'année.

1	0,2	0,2	0,2	3	0,2	20	5	5	1

Françoise TAQUET-SAVY - Chateau Balous - 47160 DAMAZAN - Tél. : 05 53 79 42 96

DEVILLAC Colombie (TH) — C.M. 79 Pli 6

2 ch. 2 chambres d'hôtes de 2 pers. tout confort, aménagées dans la partie pigeonnier de l'habitation. Salle d'eau et wc privés dans chaque chambre, accès indépendant. Salon avec grande cheminée à disposition des hôtes, lit et chaise haute pour bébé, jeux pour enfants à disposition. Pension chevaux. Sur place. Piscine 12x6 m. Cuisine à disposition (9 €/jour). Table d'hôtes le soir sur réservation. Site calme et reposant sur 35 ha, sur la route des bastides entre Monflanquin, Monpazier et Villeréal, vue sur le château de Biron. Sites historiques et touristiques. Langue parlée : anglais.

Prix : 1 pers. 46 € 2 pers. 49 € 3 pers. 61 € pers. sup. 15 € repas 18 €

Ouvert : Toute l'année.

SP	SP	35	SP	7	20	SP	7

Michel PANNETIER - Colombie - 47210 DEVILLAC - Tél. : 05 53 36 62 34 ou 05 53 58 19 12 - Fax : 05 53 36 04 79 - E-mail : colombie@wanadoo.fr

DONDAS Gourraud

3 ch. Abbaye Saint-Maurin 5 km. En rez-de-chaussée : grande chambre (1 lit 160, 1 lit enfant), salle d'eau, wc privés. A l'étage dans une alcôve ravissante 1 suite avec 1 lit 160 et 2 lits 80, salle d'eau et wc privés. 1 chambre (1 lit 2 pers., 1 lit 1 pers.) avec salle de bains, wc, salon. Chez Jean et Myriam, vous êtes reçus dans une maison forte du XVIe. L'accueil en Pays de Serres y est des plus chaleureux. Le calme et l'espace sont garantis et ce sont des amoureux de la vie. Langues parlées : espagnol, anglais.

Prix : 1 pers. 45 € 2 pers. 60 € 3 pers. 75 € pers. sup. 100 €

Ouvert : Toute l'année.

8	8	1	15	SP	20	8

Jean et Myriam MARTY - Gourraud - 47470 DONDAS - Tél. : 05 53 95 43 11 - Fax : 05 53 95 43 11 - E-mail : marty.myriam@wanadoo.fr - http://perso.wanadoo.fr/gites.aquitaine/

DOUZAINS Le Capy (TH) — C.M. 79 Pli 5

3 ch. Aux portes du Périgord, dans une maison de maître du XVIIIe, 1 ch. 2 pers, salle d'eau et wc. 1 ch. 2 pers. avec salle de bains et wc. 1 ch. 3/4 pers., salle de bains et wc non communiquants (2 épis). Parc, terrasse. Barbecue. Terrain arboré et fleuri. Table d'hôtes sur demande le soir. Promenades à dos d'ânes 2 km. Possibilité pique-nique. Surface moutons et animaux de basse-cour.

Prix : 1 pers. 30/33 € 2 pers. 34/37 € 3 pers. 43/46 € pers. sup. 10 € repas 11 €

Ouvert : D'avril à octobre, hors saison sur réservation.

4	3	10	9	4	18	4	4

Thérèse JACQUOT - Le Capy - 47330 DOUZAINS - Tél. : 05 53 36 83 68 - Fax : 05 53 36 83 68 - E-mail : capy47@aol.com

DURAS Botte (TH) — C.M. 79 Pli 3

3 ch. Etage : 3 chambres aménagées dans une vieille maison restaurée. 1 ch. (1 lit 2 pers. 1 lit 1 pers.), 1 ch. (3 lits 1 pers.), 1 ch. (1 lit 2 pers.). 2 s. d'eau/wc, 1 s. de bains/wc. Agréées A.P.F. Ascenseur, bibliothèque, TV. Jardin d'agrément, véranda, salons de jardin, jeux de plein-air. Repas gastronomique sur commande. Situé à la pointe du Lot-et-Garonne entre la Dordogne et les vignobles du Bordelais. Duras : son château, ses vins, ses pruneaux. Panier pique-nique : 7 €. Repas sur commande. Tarif 1/2 pension sur la base de 2 pers. Repas enfant -1 an : 7 €. Langue parlée : anglais.

Prix : 1 pers. 31 € 2 pers. 40 € 3 pers. 48 € pers. sup. 11 € repas 14/21 € 1/2 pens. 58 €

Ouvert : Du 1er avril au 1er novembre.

0,6	4	4	4	25	10	25	4

Michel CHAUGIER - Botte - 47120 DURAS - Tél. : 05 53 83 81 27 - Fax : 05 53 83 81 27 - E-mail : michel.chaugier@wanadoo.fr

ENGAYRAC Le Rhodier — C.M. 79 Pli 16

2 ch. Bastides du Pays de Serres 25 km. Moissac 25 km. Maison de maître du XVIIIe siècle au cœur de la Guyenne. A votre disposition, salle à manger, salon et salle de détente avec billard et jeux. A l'étage, 3 vastes chambres grand confort, salle de bains et wc privatifs. Chambres aux couleurs chatoyantes, mobilier ancien, aménagées pour 2 à 4 personnes. Parc ombragé et fleuri. Piscine clôturée, bien orientée avec pool house, barbecue. Calme et détente assurés. Dans un rayon de 30 km : bastides du Pays de Serres, Agen, Moissac. Base de ski nautique 15 km.

Prix : 1 pers. 42 € 2 pers. 56 € 3 pers. 70 € pers. sup. 16 €

Ouvert : Toute l'année.

SP	3	3	4	3	25	SP	30	3

Olivier AILLET - Le Rhodier - Engayrac - 47470 BEAUVILLE - Tél. : 05 53 95 40 48 - Fax : 05 53 95 40 48 ou SR : 05 53 47 80 87 - E-mail : o.aillet@faxvia.net

Lot-et-Garonne   *Aquitaine*

ESCLOTTES Les Garçons   C.M. 79 Pli 3

1 ch. **Duras 4 km. Marmande 26 km.** Dans un environnement fleuri, se côtoient 1 gîte et 1 ch. d'hôtes. Situé en bordure de la Gironde et de la Dordogne. Ch. de 22 m² (1 lit 2 pers.), salle d'eau avec wc. Ch. de plain-pied avec accès indépendant. Vos pas vous guideront naturellement vers les vignobles ou à la découverte des monuments historiques.

Prix : 1 pers. 30 € 2 pers. 38 € pers. sup. 7 €
Ouvert : Toute l'année.

	1	2	4	4	18	6	15	4

Nicole DE BOYER D'EGUILLES - Les Garçons - 47120 ESCLOTTES - Tél. : 05 53 83 78 02 ou SR : 05 53 47 80 87

FEUGAROLLES Maintenant   C.M. 79 Pli 14

2 ch. **Nérac 10 km. Vianne 4 km. Port fluvial Buzet 4 km. Wallibi Agen 20 km.** Dans une ancienne ferme typique de la vallée de la Garonne, 2 chambres d'hôtes ; les repas seront servis majoritairement à base de produits biologiques. 1 chambre (1 lit 160), 1 chambre (3 lits 1 pers.), salle d'eau/wc et TV pour chacune. Lave-linge et sèche-linge à disposition. Terrasse, barbecue, salon de jardin. Vélos et canoës sur place. Près des vignes de l'AOC de Buzet et de son port fluvial, de la bastide de Vianne, son marché nocturne du vendredi, de Nérac, ses melons et l'Armagnac, chemins de randonnées et forêt landaise. Les chambres d'hôtes vous accueilleront en toutes saisons.

Prix : 1 pers. 35 € 2 pers. 45 € 3 pers. 55 € repas 15 €
Ouvert : Toute l'année.

	SP	SP	7	7	3	7	8	4	4

Anne-Marie SOL - Route de Thouars - Maintenant - 47230 FEUGAROLLES - Tél. : 05 53 67 46 67 - Fax : 05 53 95 12 60 ou SR : 05 53 47 80 87

FEUGAROLLES Les Barthes   C.M. 79 Pli 14

2 ch. **Agen 21 km. Nerac 15 km.** Maison avec un grand parc ombragé. 1 chambre avec salle de bains. 1 chambre avec salle d'eau. WC entre les 2 chambres. Possibilité repas à proximité. Circuits touristiques. Cave à vins. Lac aménagé 1,5 km. Sortie autoroute à Damazan 12 km. Petits animaux admis.

Prix : 1 pers. 30 € 2 pers. 35 € 3 pers. 44 € pers. sup. 9 €
Ouvert : Toute l'année.

	1	1,5	1,5	2,5	10	1,5	25	2,5

Yolande TREVISAN - Les Barthes - 47230 FEUGAROLLES - Tél. : 05 53 95 24 89

GAVAUDUN Domaine de Majoulassie   C.M. 79 Pli 6

5 ch. **Monflanquin 10 km. Châteaux de Bonaguil et Biron 15 km.** A 1 km du village, ancien moulin du XVIIe s., restauré, en bordure d'un étang de pêche et d'un ruisseau. Propriété de 5 ha. avec piscine. A l'étage : 1 suite familiale et 4 ch. avec balcon chacune avec salle de bains et wc privés. Terrasse. Table d'hôtes sur réservation. VTT et escalade 1 km. 4 pers. : 84/99 €. Chiens de chasse en enclos sur le domaine sur le circuit des bastides. Parc, pétanque, salon de TV avec grande cheminée. Possibilité de pique-nique sur place. Flamand parlé. Langues parlées : anglais, allemand, italien.

Prix : 2 pers. 46/54 € 3 pers. 61/69 € pers. sup. 16 € repas 19 €
Ouvert : Toute l'année.

				SP	10	3	3	30	SP	10

Guy FEVRY - Domaine de Majoulassie - 47150 GAVAUDUN - Tél. : 05 53 40 34 64 - Fax : 05 53 40 34 64

GREZET-CAVAGNAN Château de Malvirade   C.M. 79 Pli 3

5 ch. Château situé dans un espace de verdure de 23 ha. 2 grandes chambres Louis XV (Mme de Pompadour, Mme de Maintenon) et 2 grandes chambres avec lits à baldaquin (Colbert, Sully). 1 suite Charlotte Rose de Sacriste avec salle de bains. WC. Petit salon avec TV. Salon de lecture. Practice de golf, volley. Plan d'eau aménagé 7 km. Table d'hôtes sur réservation (la veille). Petits animaux acceptés.

Prix : 1 pers. 53 € 2 pers. 72/83 € 3 pers. 90/135 € pers. sup. 21 € repas 21/27 €
Ouvert : Du 15 avril au 30 septembre.

	2	5	7	10	15	7	SP	15	7

Joël et Françoise CUVILLIER - Château de Malvirade - Grezet Cavagnan - 47250 BOUGLON - Tél. : 05 53 20 61 31 ou 06 11 60 74 59 - Fax : 05 53 89 25 61 - www.chateaux.France.com/malvirade

LACEPEDE Maison du Pays de Serres   C.M. 79 Pli 14

5 ch. **Musée du pruneau et automates 8 km. Tourisme fluvial sur le Lot 8 km.** 5 ch. sitées à l'étage, chacune avec salle d'eau, wc privatifs et téléphone. 4 chambres de 2 pers. et 1 chambre de 3 pers. En r.d.c. grand salon avec billard français, jeux de fléchettes, TV. Jardin clos ombragé avec salon de jardin et jacuzzi. Table d'hôtes sur réservation. Calme et confort au cœur du Lot-et-Garonne. Point de départ idéal pour en découvrir toutes ses richesses. Votre hôte saura vous indiquer plusieurs itinéraires de découverte ainsi que les bonnes adresses de produits du terroir. Plus grande base ULM d'Europe à 8 km. Prêt VTC. Langue parlée : anglais.

Prix : 1 pers. 35 € 2 pers. 38 € 3 pers. 44 € repas 14 €
Ouvert : Toute l'année.

	0,5	3	8	8	SP	25	10	16	4

Bernard BARBIERI - Maison du Pays de Serres - 47360 LACEPEDE - Tél. : 05 53 95 00 78 ou 06 62 60 56 49 - Fax : 05 53 95 00 78 - E-mail : b.and.b01@infonie.fr

Aquitaine
Lot-et-Garonne

LAPLUME Cazeau
C.M. 79 Pli 14

1 ch. **Parc Walibi 10 km.** Face à l'église Saint-Pierre de Cazaux (art roman du XIe siècle), maison de caractère située entre « la Prune et l'Armagnac »... 1 chambre avec salle de bains et wc particuliers. Poss. 1 chambre pour 2 enfants. Petit déjeuner servi dans une grande pièce à vivre avec cheminée. Poss. de service au salon de jardin suivant la saison. Chauffage central. Parc 5000 m². Jeux de croquet, pétanque sur place. Au bord de l'axe Agen-Pau. Aéroport et péage de l'autoroute à 10 mn. Collection privée modélisme (voitures). Conseil et élaboration de circuits touristiques.

Prix : 1 pers. 37 € ● 2 pers. 41 € ● 3 pers. 56 €
Ouvert : Toute l'année.

	SP	2	12	2	18	1	17	2	1,5

Louis VERGUIN - Cazeaux - 47310 LAPLUME - Tél. : 05 53 95 15 91

LE LAUSSOU Soubeyrac
C.M. 79 Pli 6

5 ch. Ce manoir du XVIe siècle vous apporte le plus reposant et le plus romantique des séjours, dans un site panoramique et pittoresque au cœur des bastides de Monflanquin, Villeréal et Montpazier. 4 ch. et 1 suite avec salle de bains balnéo, douche, multi-jets hydromassages et wc indépendants. Téléphone dans chaque chambre. Piscine à débordement avec jets stream. Repas servis dans la salle à manger ou la cour médiévale. Salon Louis XV pour repos ou lecture. Chauffage central. Parc arboré et ombragé de 2 ha. Location de vélos, ping-pong. Ouvert toute l'année. Plan d'eau aménagé 5 km.

Prix : 1 pers. 73 € ● 2 pers. 104/119 € ● 3 pers. 137 € ● repas 27 €
Ouvert : Toute l'année.

	1	4	4	4	18	SP	4

Claude ROCCA - Soubeyrac - 47150 LE LAUSSOU - Tél. : 05 53 36 51 34 - Fax : 05 53 36 35 20

LEVIGNAC-DE-GUYENNE La Maison de la Halle

3 ch. **Duras 6 km. Saint-Emilion 50 km. Bordeaux 80 km.** 3 chambres (3 lits 1 pers. 1 lit 2 pers.) de grand confort chacune avec salle de bains privée. Le petit-déjeuner, les temps complice, se sert sur la terrasse ou sur la place devant la maison. Maison bourgeoise du XIXe, la Maison de la Halle donne sur la place du marché dans ce paisible village fortifié. La terrasse ombragée à une vue panoramique sur la vallée florissante du Dropt. Vous serez accueillis chaleureusement par Leif et Fiona, tous deux décorateurs d'intérieur. Langues parlées : anglais, danois.

Prix : 2 pers. 69/76 €
Ouvert : Toute l'année.

3	3	0,5	25	16	20	SP

Leif et Fiona PEDERSEN - La Maison de la Halle - 47120 LEVIGNAC-DE-GUYENNE - Tél. : 05 53 94 37 61 - Fax : 05 53 94 37 66 -
E-mail : maison.de.la.halle@wanadoo.fr - www.lamaisondelahalle.com

LISSE Lamarque
C.M. 79 Pli 13

3 ch. **Nérac-Chateau Henri IV 7 km. Ruines Gallo Romaine 15 km. Mezin 7 km.** 3 chambres (3 lits 2 pers.), dont 2 accédant par des terrasses, s.d.b. et wc privés à chaque chambre. TV. Promenade en forêt. Terrasse. Salon de jardin. Parasols. Portique, balançoires, bac à sable. Barbecue. Pool-house. Région très riche en découvertes. Près de Nérac, en pays d'Albret, Jacques et Nicole vous accueilleront avec chaleur et gentillesse dans leur propriété de 2 ha. des XVIIe/XVIIIe siècles. En bordure des bois. 3 chambres personnalisées avec poutres apparentes. Calme, repos, bienvivre. Vue sur les Landes de Gascogne. Langue parlée : italien.

Prix : 1 pers. 46/50 € ● 2 pers. 50/55 € ● pers. sup. 11 € ● repas 19 €
Ouvert : Toute l'année.

	SP	0,5	5	7	7	7	SP	7	7

Nicole et Jacques MENTUY - Lamarque - 47170 LISSE - Tél. : 05 53 65 69 25 - Fax : 05 53 65 32 94

LUSIGNAN-PETIT
C.M. 79 Pli 14

1 ch. **Base de loisirs du lac de Néguenou 3 km. Agen 13 km. Parc Walibi 16 km** Chambre au rez-de-chaussée. Grande salle d'eau (baignoire + douche) réservée aux hôtes. WC privés. Chauffage central. Jardin ombragé. Maison de campagne restaurée dans un petit village (D107). Prêt de VTC. Base ULM à 15 km. Villeneuve-sur-Lot 25 km.

Prix : 1 pers. 34/37 € ● 2 pers. 37/40 €
Ouvert : Toute l'année.

SP	3	18	3	15	3	6	3	13	4

Marie-Hélène POUYLEAU - Au Bourg - 47360 LUSIGNAN-PETIT - Tél. : 05 53 95 98 71

MARMANDE La Chabirante
C.M. 79 Pli 3

4 ch. De plain pied dans une partie basse de la maison, 1 chambre (1 lit 2 pers.) avec salle d'eau et wc privés ; dans l'aile indépendante 1 chambre lits jumeaux (coin-toilette, douche, lavabo) donnant sur terrasse. Une suite (1 lit 2 pers., 2 lits 1 pers.), coin-toilette et salle de bains (baignoire et douche). WC communs aux 3 chambres. Un petit futé recommande cette maison calme, pleine de charme avec parc ombragé et fleuri, parking tranquille. Le été les petits déjeuners sont servis sur une grande terrasse. Pique-nique sur place accepté, possibilité cuisine. Tarif 4 pers. : 61 €. Langue parlée : italien.

Prix : 1 pers. 26 € ● 2 pers. 31 €
Ouvert : Toute l'année.

	SP	1	3	1	8	3	6	3	3

Gilbert et Pierrette CONSTANT - La Chabirante - Bas de Beaupuy - 47200 MARMANDE - Tél. : 05 53 64 31 57 ou 06 22 69 63 43 -
Fax : 05 53 64 31 57 - E-mail : gilbertconstant@voila.fr

Lot-et-Garonne   *Aquitaine*

MIRAMONT-DE-GUYENNE Les Bananiers   C.M. 79

5 ch. 4 ch. d'hôtes et 1 suite. Salon/TV, s. à manger/cheminée avec vue sur le parc et la piscine. Au 2ᵉ : 1 ch. (1 lit 2 pers.) avec s. d'eau/wc privés. En r.d.c. : 1 ch. (1 lit 2 pers., canapé) avec s.d.b./wc privés. 1 ch. (1 lit 2 pers.), salon privé, s. d'eau/wc privés. 1 ch. (1 lit 2 pers.) avec s. d'eau/wc privés. Au 1ᵉʳ : 1 suite (2 lits 2 pers.), douche/wc. Piscine. Détente sous les bananiers. Ping-pong. Balançoires. Pétanque. Pool-house. Sentiers forestiers à proximité.

Prix : 1 pers. 32 € 2 pers. 32/41 € pers. sup. 11 € repas 14 €
Ouvert : Toute l'année.

3	2	3	2	2	2	8	SP	21	0,3

Maguy SZPALA - Route de Puysserampion - Les Bananiers - 47800 MIRAMONT-DE-GUYENNE - Tél. : 05 53 93 24 85

MONCAUT Domaine de Pouzergues   C.M. 79 Pli 14

4 ch. **Agen 10 km.** Au r.d.c. : jardin d'hiver, salon (TV), bibliothèque. Jeux de société. 1ᵉʳ étage : une suite (2 lits 1 pers. 1 lit 2 pers.), 1 chambre 2 pers. avec terrasse. 1 chambre 2 pers. avec terrasse. 1 chambre indépendante dans le pigeonnier (1 lit 2 pers.). Salle de bains et téléphone pour chacune. Coin-cuisine. WC, douche dans le pool house. Manoir fin XVIIIᵉ. Parc de 3 ha., arbres centenaires, espèces rares. Piscine chauffée. Cadre calme. Aéroport 10 km. Dégustation eaux de vie et liqueurs du domaine. Promenades en bateaux sur le canal et la Baïse.

Prix : 1 pers. 61 € 2 pers. 67 € 3 pers. 98 € pers. sup. 30 €
Ouvert : Du 10 janvier au 23 décembre.

SP	10	20	10	4	4	15	SP	12	4

Christiane DOUBESKY - Domaine de Pouzergues - 47310 MONCAUT - Tél. : 05 53 97 53 97 - Fax : 05 53 97 15 25

MONFLANQUIN Domaine de Roqueferé   C.M. 79 Pli 6

6 ch. **Villeneuve-sur-Lot 1,5 km. Bergerac 40 km.** Grande maison composée de 6 chambres, dont 4 en rez-de-chaussée, salle de bains et wc privés. Ouvrant chacune sur une terrasse privative. 2 chambres au 1ᵉʳ étage dont 1 familiale (2 pièces : 1 lit 2 pers., 2 lits 1 pers.), salles de bains et wc privés. Salle de séjour. Parking. Jeux de société. Babyfoot. Vélos. Pétanque. Table d'hôtes sur demande. A l'abri de la chapelle du XIIIᵉ, sur le piton rocheux de Roquefère, notre maison vous invite à profiter de vos vacances. Vous pourrez vous reposer dans le jardin à l'ombre des grands arbres ou plonger dans la piscine. Tarifs 1/2 pension sur la base de 2 pers. Langue parlée : anglais.

Prix : 1 pers. 46 € 2 pers. 53 € pers. sup. 14 € repas 18 € 1/2 pens. 90 €
Ouvert : Toute l'année.

SP	13	15	20	SP	55

Stéphanie LEMAIRE - Domaine de Roqueferé - 47150 MONFLANQUIN - Tél. : 05 53 36 43 74 - Fax : 05 53 36 43 74 -
E-mail : lemaire@domaine-de-roquefere.com - www.domaine-de-roquefere.com

MONTAGNAC-SUR-LEDE Binou   C.M. 79

3 ch. Vous cherchez une maison de caractère, délicatement décorée dans une campagne vallonnée et au calme. Binou vous est ouvert du 1ᵉʳ avril au 31 octobre et vous propose 3 belles chambres avec salle d'eau, wc privatifs et TV à la demande. Pour plus de confort vous apprécierez le parking, l'entrée indépendante, le salon, la terrasse couverte avec vue sur piscine (12 x 6). Vous apprécierez le parc fleuri. Pour vous être agréable à Binou nous discutons le prix de votre séjour. Repas enfant : 8 €.

Prix : 1 pers. 44/49 € 2 pers. 52/58 € 3 pers. 65/71 € repas 14 €
Ouvert : Du 1ᵉʳ avril au 31 octobre.

1	10	6	6	25	SP	12	6

Geneviève SEFFALS - Binou - 47150 MONTAGNAC-SUR-LEDE - Tél. : 05 53 41 65 57 - Fax : 05 53 41 65 57 ou SR : 05 53 47 80 87 -
E-mail : binou-seffals@wanadoo.fr

MONTPEZAT-D'AGENAIS Pince Guerre   C.M. 79 Pli 14

E.C. 3 ch. 3 ch. d'hôtes à l'étage avec s.d.b. ou s. d'eau et wc individuels. Salon réservé aux hôtes. Grande véranda. Chauffage électrique. Table d'hôtes sur réservation, cuisine régionale savoureuse et soignée. Repas -12 ans : 9 €. Prix pour séjours. Demi-pension sur la base ch. double. Maison de maître en pleine campagne. Site verdoyant et tranquille avec vue agréable et dégagée. Sentiers balisés et randonnées pédestres depuis la propriété. Votre hôtesse vous aidera à découvrir les richesses de la région. Eglise médiévale et point de vue exceptionnel depuis le village. Langue parlée : anglais.

Prix : 1 pers. 28/33 € 2 pers. 37/42 € pers. sup. 12 € repas 14 €
Ouvert : Toute l'année.

5	5	15	3	25	5	3

Yannick MERCHANT - Pince Guerre - 47360 MONTPEZAT-D'AGENAIS - Tél. : 05 53 95 07 71

MOUSTIER La Croix-Moustier   C.M. 79 Pli 4

5 ch. 5 chambres avec salle de bains ou salle d'eau individuelle. Sur place : piscine privée, balançoire. Table d'hôtes sur demande. Maison située sur la D668, à proximité du village (tous commerces). Tarif spécial en hors-saison. Circuit pédestre, plan d'eau, rivière, possibilité pêche. Les propriétaires sont agriculteurs. Petits animaux acceptés. Balades en canoë-kayak à la journée ou 1/2 journée à 1 km.

Prix : 1 pers. 37 € 2 pers. 41 € 3 pers. 53 € pers. sup. 11 € repas 12 € 1/2 pens. 30 €
Ouvert : Toute l'année.

1	1	6	8	8	20	SP	25	1

Jean-Claude PALU - La Croix de Moustier - 47800 MOUSTIER - Tél. : 05 53 20 21 87 - Fax : 05 53 20 26 83

Aquitaine   **Lot-et-Garonne**

NERAC Le Cauze
C.M. 79 Pli 14

4 ch. **Parc Walibi 20 km.** Belle vue dominante, situation calme. Réservation possible pour novembre à mars. Ancienne ferme restaurée au milieu d'un parc arboré de 1 ha. Parking. Grande terrasse avec tonnelle et piscine privés, pétanque, ping-pong, grand salon (billard, TV, satellite, meubles de style, piano). 4 chambres (lit 140) confortables, toutes avec salle d'eau et wc. Nombreuses visites dans un rayon de 25 km, Walibi 15 mn, Randonnées. Table d'hôtes sur réservation. Déjeuner 15 €, dîner 18 €. Tarifs réduits pour séjour de 3 jours ou plus (sauf juillet et août). Langues parlées : anglais, allemand.

Prix : 1 pers. 43 € 2 pers. 51 € 3 pers. 66 € repas 15/18 € 1/2 pens. 56/81 €

Ouvert : De mars à octobre.

| 15 | 15 | 15 | 2 | 10 | SP | 25 | 2 |

Isabelle POPE - Domaine du Cauze - Le Cauze - 47600 NERAC - Tél. : 05 53 65 54 44 ou 06 70 89 09 20 - Fax : 05 53 65 54 44 - E-mail : Cauze.Pope@wanadoo.fr

PUJOLS Domaine de Mothis
C.M. 79 Pli 5

3 ch. 3 chambres (2 lits 2 pers. 2 lits 1 pers.) personnalisées dans maison de maître avec une belle vue sur le vieux village de Pujols. Salle d'eau, wc. Terrasse privée, piscine (6 x 12) sur place, ping-pong, bibliothèque, randonnées pédestres par GR652 (chemin de Compostelle). Propriété de 2,5 ha. située à mi-coteau, en face du village médiéval de Pujols (classé un des plus beaux villages de France). Ensemble composé de plusieurs bâtiments dont pigeonnier, four à pain, le tout animé par un bassin, une fontaine et un lavoir. Langues parlées : anglais, allemand.

Prix : 2 pers. 43/54 €

Ouvert : Toute l'année.

| SP | 5 | 2 | 18 | SP | 28 | 3 |

Gérard GUILLUCQ - Domaine de Mothis - 47300 PUJOLS - Tél. : 05 53 40 99 29 - Fax : 05 53 40 99 29 - E-mail : gerard.guillucq@wanadoo.fr - http://gites.pujols.free.fr

ROQUEFORT Le Château de Roquefort
C.M. 79 Pli 15

2 ch. **Parc Walibi 2 km. Agen 5 km.** Maison de caractère des XIIe et XVIe siècles. 2 ch. avec salle d'eau et wc privés. Salon, bibliothèque, domaine de 12 ha. dominant la vallée de la Garonne. Calme et repos. Piscine. Terrasse. VTT. Halte sur le sentier St-Jacques-de-Compostelle. Langue parlée : anglais.

Prix : 1 pers. 37 € 2 pers. 44 € 3 pers. 51 € pers. sup. 7 €

Ouvert : D'avril à octobre.

| SP | 1 | 5 | 5 | 1 | 0,5 | SP | 5 | 0,4 |

Yves et Danielle GINCHELOT - Le Château - 47310 ROQUEFORT - Tél. : 05 53 67 89 05 - Fax : 05 53 67 89 05

ROUMAGNE Frémauret

1 ch. **Bastide d'Egenet 9 km. Château de Duras 10 km.** Chambre en 2 niveaux. Rez-de-chaussée : entrée indépendante, petit salon privatif. A l'étage : chambre avec 1 lit 2 pers. et 1 lit 1 pers., salle de bains attenante et wc communicants. Dans une demeure de caractère de la fin du XVIIIe, dans le pigeonnier. Cadre calme, fleuri, sécurisant où vous serez accueilli par les propriétaires, agriculteurs retraités. Chemins de randonnées sur place, possibilité de ballades en montgolfières à 2 km. Langue parlée : espagnol.

Prix : 1 pers. 44 € 2 pers. 52 € pers. sup. 12 € repas 14 €

Ouvert : Toute l'année.

| SP | 3 | 3 | 9 | 3 | 9 | 3 | 18 | 3 |

Claude AURELIEN - Frémauret - 47800 ROUMAGNE - Tél. : 05 53 93 24 65 ou 06 14 41 07 42

SALLES Pech Gris

3 ch. **Bastide de Monflanquin 10 km. Château de Biron (Dordogne) 8 km.** Chambres aménagées dans une dépendance et comprenant 1 suite et 2 chambres, chacune avec s.d.b. et WC. 1 suite de 3 pers. et 1 enfant avec salon 2 chambres de 2 pers. (1 lit 2 pers. 2 lits 1 pers.). TV dans chaque chambre. Pech Gris est situé dans le Haut Agenais Périgord au cœur des bastides. La demeure est une ancienne ferme médiévale fortifiée récemment rénovée. La propriété s'étend sur 6 ha. Le parc est arboré. Langues parlées : anglais, allemand.

Prix : 2 pers. 76 € 3 pers. 114 €

Ouvert : Du 1er mai au 31 octobre.

| 10 | 10 | 3 | 10 | 15 | SP | 10 | 10 |

Bob et Aletta HARRISON - Pech Gris - 47150 SALLES - Tél. : 05 53 01 47 76 - Fax : 05 53 40 32 06

SALLES La Balie
C.M. 79 Pli 6

1 ch. **Bastides Monflanquin 10 km. Château de Bonaguil 15 km.** Une suite familiale composée de 2 chambres communiquantes (2 lits 1 pers., 1 lit 2 pers.) avec salle d'eau et sanitaires privés. Entrée indépendante. Dans un climat privilégié, en pleine campagne, aux confins de la Dordogne, du Lot et du Tarn et Garonne, sur un domaine de 4 ha, boisé et fleuri, « La Balie » et ses propriétaires seront ravis de vous accueillir. Au pied de la vallée de Gavaudun où coule la Lède, dominée par son château du XIe, ce site, jouissant d'une vue panoramique vous enchantera. La beauté, la tranquillité et l'histoire y sont encore présentes. On prend le temps de vivre au rythme de la nature et au son des clochers avoisinants. Langue parlée : anglais.

Prix : 1 pers. 30/38 € 2 pers. 38/53 € pers. sup. 12/15 €

Ouvert : Toute l'année.

| 1 | 2 | 10 | 10 | 25 | SP | 60 | 10 |

Alain CRABIE - La Balie - 47150 SALLES - Tél. : 05 53 71 21 88 - Fax : 05 53 71 21 88 - E-mail : alain.crabie@free.fr

Lot-et-Garonne   *Aquitaine*

SAMAZAN Cantet   C.M. 79 Pli 3

3 ch. **Marmande 10 km. Casteljaloux 12 km.** Maison noble du XVIIIᵉ siècle avec un grand parc. 1 suite de 2 chambres avec salle d'eau et wc indépendants. 1 chambre avec dressing, salle de bains et wc indépendants. 1 chambre en r.d.c. pour 2 pers. avec salle d'eau et wc privés. Table d'hôtes sur demande. Repas -12 ans : 9 €. A dispo. sur place : billard français, tennis de table, croquet, badminton, boxes pour chevaux. Tarif 4 pers. : 75 €. Forfait bébé : 6 €. Langue parlée : anglais.

Prix : 1 pers. **49/55** € 2 pers. **54/60** € pers. sup. **18** € repas **20** €
Ouvert : Toute l'année sur réservation, sauf du 15 décembre au 12 janvier.

SP	2	5	12	6	10	12	SP	3

Jean-Bernard DE LA RAITRIE - Château Cantet - 47250 SAMAZAN - Tél. : 05 53 20 60 60 ou 06 09 86 68 77 - Fax : 05 53 89 63 53

LA SAUVETAT-SUR-LEDE Château Saint-Sulpice   C.M. 79 Pli ?

5 ch. **Monflanquin 12 km. Périgord à 35 km.** 1 suite familiale de 4 pers. en r.d.c. avec s.d.b./wc. 3 ch. de 2 pers. avec s.d.b./wc, 2 suites familiales avec s.d.b./wc à l'ét. Les ch. spacieuses et lumineuses ont conservés tout leur caractère et sont entièrement meublées à l'ancienne. TH le soir, sur réservation. Repas enfants -12 ans : 8 €. 3 € parure draps enfants -2 ans. Dans la vallée calme de la Lède, le château avec son parc d'arbres plus que centenaires, vous accueille dans une ambiance familiale. La château du 16ᵉ s., modifié sous Napoléon, vous fera découvrir ses salles d'époques. Propriétaires éleveurs de chevaux de sport et producteur de foie gras. Langues parlées : anglais, italien, allemand.

Prix : 1 pers. **42** € 2 pers. **55/63** € pers. sup. **17** € repas **8/19** €

2	10	7	3,5	5	SP	15	7

Frédéric et June FILLIETTE - Château Saint-Sulpice - 47150 LA-SAUVETAT-SUR-LEDE - Tél. : 05 53 01 46 44 - Fax : 05 53 01 46 44 ou SR : 05 53 47 80 87

LA SAUVETAT-SUR-LEDE La Renarde   C.M. 79 Pli 15

3 ch. **Montflanquin 6 km. Villeneuve-sur-Lot 12 km.** 3 ch. d'hôtes indépendantes de la maison, avec terrasse plein sud. 3 ch. 2 pers. avec 1 salle d'eau particulière, 2 salles d'eau communes. Salle de séjour, parking, randonnées, chasse sur place. Restaurant 4 km.

Prix : 1 pers. **26/30** € 2 pers. **30/35** € 3 pers. **38** € pers. sup. **8** € repas **11** € 1/2 pens. **26** €
Ouvert : Toute l'année.

SP	6	6	3	15

Pierre et Denise COUFIGNAL - La Renarde - 47150 LA-SAUVETAT-SUR-LEDE - Tél. : 05 53 41 90 34 - Fax : 05 53 41 90 34

SAUVETERRE-LA-LEMANCE L'Orée du Bois   C.M. 79 Pli 6

2 ch. Dans une maison bourgeoise de 2 étages. 2 ch. d'hôtes avec cabinet de toilette. WC et s.d.b. au même étage. WC au rez-de-chaussée. 1 douche au 1ᵉʳ étage. Parc de 3000 m² traversé par une petite rivière. Chauffage central. Télévision sur demande supplément : 5 €. Enfant de - 4 ans gratuit. Langue parlée : anglais.

Prix : 1 pers. **27** € 2 pers. **37** € 3 pers. **46** € repas **12** € 1/2 pens. **27** €
Ouvert : Toute l'année sauf du 15 décembre au 15 janvier.

0,3	12	12	0,3	25	10	0,3

Raymond SALLE - L'Orée du Bois - Route du Château - 47500 SAUVETERRE-LA-LEMANCE - Tél. : 05 53 49 37 69

SEYCHES Jeanberty   C.M. 79 Pli 4

3 ch. **Marmande 15 km. Miramont 7 km.** Ancienne ferme restaurée dans jardin ombragé. 3 chambres d'hôtes avec salle de bains et wc particuliers. Chauffage central. Possibilité cuisine et barbecue. Piscine privée. Ping-pong. Ballades en chemins ruraux balisés.

Prix : 1 pers. **27** € 2 pers. **34** € 3 pers. **40** €
Ouvert : Toute l'année.

SP	5	5	5	6	15	SP	0,6

Françoise DUCOS - Jeanberty - 47350 SEYCHES - Tél. : 05 53 83 61 40

ST-ANTOINE-DE-FICALBA Pechon   C.M. 79 Pli 15

1 ch. **Villeneuve-sur-Lot 8 km. Agen 15 km.** Dans une maison ancienne du XVIIᵉ siècle, 1 chambre pour 2 pers. donnant sur terrasse et parc, très confortable. Cabinet de toilette, douche et wc particuliers. Grand séjour/salon avec billard, cheminée. Grottes, sites et promenades. Hobbies : généalogie, sculpture.

Prix : 1 pers. **38** € 2 pers. **41** € repas **12** €
Ouvert : Du 1ᵉʳ mars au 1ᵉʳ novembre.

SP	1	1	2	15	1	1

Jean DELANEUVILLE - Pechon - 47340 ST-ANTOINE-DE-FICALBA - Tél. : 05 53 41 71 59 - Fax : 05 53 41 71 59 -
E-mail : pechon47@wanadoo.fr

Aquitaine
Lot-et-Garonne

ST-EUTROPE-DE-BORN Le Moulin de Labique (TH) *C.M. 79 Pli 5*

5 ch. Entre Villeréal et Monflanquin, aux portes de la Dordogne. Cuisine du Sud-Ouest et petits plats mijotés. 3 chambres et 2 suites au décor raffiné avec salle de bains et wc privés aménagées dans un ensemble de bâtiments du XVIII° siècle avec moulin, parc fleuri, étangs. Terrasse, salons, bibliothèque. Proximité du GR 636. Plan d'eau aménagé 15 km.

Prix : 2 pers. 82 € 3 pers. 110/125 € repas 23 €
Ouvert : Toute l'année sur réservation.

🐕	🏊	⛱	🎣	🐎	🎾	⛳	🚣	🚲	⛷
	SP	15	SP	1	10	SP	19	6	

Hélène BOULET - Le Moulin de Labique - 47210 ST-EUTROPE-DE-BORN - Tél. : 05 53 01 63 90 - Fax : 05 53 01 73 17

ST-EUTROPE-DE-BORN La Fournial (TH) *C.M. 79 Pli 5*

3 ch. Ch. « le Rosier Blanc » : (2 lits jumeaux 80). Ch. « le Marronier » (1 lit 2 pers. 1 lit 120). Ch. « la Pruneraie » (1 lit 2 pers. 1 lit 120, 1 lit bébé). Toutes en r.d.c. avec s. d'eau, wc privés. Piscine, ping-pong. Animaux de la ferme. Terrasse couverte. Prix 1/2 pens. sur la base de 2 pers. Vous êtes invités à la table familiale où vous retrouverez les saveurs d'autrefois, dans le silence d'une douce et verdoyante campagne. Colette vous fera découvrir le tour de main magique pour réaliser la tourtière. Chemin de randonnées, bois, prairies.

Prix : 1 pers. 37 € 2 pers. 44 € 3 pers. 53 € pers. sup. 9 € repas 16 € 1/2 pens. 75 €
Ouvert : Toute l'année sauf 15 premiers jours d'octobre.

🐕	🏊	⛱	🎣	🐎	🎾	⛳	🚣	🚲	⛷
	3	25	7	5	5	15	SP	25	5

Colette AUZERAL - La Fournial - 47210 ST-EUTROPE-DE-BORN - Tél. : 05 53 36 40 98 - Fax : 05 53 36 37 36 - www.haut-agenais-perigord.com

ST-JEAN-DE-DURAS Le Vigneau *C.M. 79 Pli 4*

2 ch. Ancienne ferme à proximité des bois. Grand espace calme, salon. 2 chambres avec entrées indépendantes, salle de bains et wc particuliers. Vélos, jeux divers. Langue parlée : anglais.

Prix : 1 pers. 34 € 2 pers. 39 € pers. sup. 12 €
Ouvert : Du 15 mai au 15 septembre.

🐕	👥	🏊	⛱	🎣	🐎	🎾	⛳	🚣	🚲	⛷
	5	5	5	5	5	5	40	10	30	4

Jacques PIERSON - Le Vigneau - 47120 ST-JEAN-DE-DURAS - Tél. : 05 53 83 04 64 - Fax : 05 53 83 01 86 - E-mail : jacques.pierson@wanadoo.fr

ST-MARTIN-DE-BEAUVILLE Manoir de Galaup *C.M. 79 Pli 16*

1 ch. **Agen 20 km. Villeneuve-sur-Lot 30 km.** Dans manoir du XV° siècle. Entrée indépendante par escalier à vis d'origine. Grande cour intérieure avec ombrages. Salon de jardin. Grande chambre à l'étage de la tour, avec petite chambre enfant. Salle de bains et wc. Salle de séjour avec cheminée. Cadre reposant. Terrasse. Panorama. Circuit touristique. Propriétaire agriculteur. Elevage de Blondes d'Aquitaine, culture de tabac. Produits fermiers.

Prix : 1 pers. 27 € 2 pers. 40 € 3 pers. 52 €
Ouvert : Toute l'année.

🐕	👥	🏊	⛱	🎣	🐎	🎾	⛳	🚣	🚲	⛷
	SP	8	8	12	3	12	8	20	3	

Gilbert BEVILACQUA - Manoir de Galaup - Saint-Martin de Beauville - 47270 PUYMIROL - Tél. : 05 53 95 33 52

TONNEINS Moulerin (TH) *C.M. 79 Pli 4*

2 ch. Belle maison de maître avec parc de 2 ha. en pleine campagne comprenant 2 chambres, l'une avec salle de bains et wc, l'autre avec douche et wc. Entrée particulière pour chaque, l'une des chambres a une vue sur la piscine privée. Plan d'eau aménagé à 12 km. Réduc. 10 % au huitième jour.

Prix : 1 pers. 38 € 2 pers. 44 € 3 pers. 56 € repas 14 €
Ouvert : Du 1er mai au 1er novembre.

🐕	🏊	⛱	🎣	🎾	⛳	🚣	🚲
	3	2	SP	5	25	SP	5	5

DE TAPOL HAUVIETTE - Moulerin - 47400 TONNEINS - Tél. : 05 53 79 09 36 - Fax : 05 53 79 09 36

VIANNE Remparts de Jourdain *C.M. 79 Pli 14*

5 ch. **Walibi 20 km** 4 chambres de 2 pers. Salle d'eau et wc particuliers. 1 chambre de 2 pers. avec salle de bains et wc particuliers. Petits déjeuners au choix servis séjour ou terrasse. Restaurants dans le village. Accueil pèlerins. Salle d'activité. Accueil salon, TV. Soirée étape : 43/46 €. Maison rénovée sise dans les remparts sud-ouest d'une bastide anglaise du XIII°. Jardin privatif à l'intérieur des remparts avec terrasse. Parking proximité de la maison.

Prix : 1 pers. 40 € 2 pers. 46/49 € pers. sup. 15 €
Ouvert : Du 1er avril au 31 décembre.

🐕	🏊	⛱	🎣	🎾	⛳	🚣	🚲
SP	10	10	SP	5	5	5	SP

Christiane FERRER - Les Remparts de Jourdain - 47230 VIANNE - Tél. : 05 53 65 16 57 - Fax : 05 53 97 36 55 - E-mail : ferrer@ambassadeur0147.asso.fr

Lot-et-Garonne

Aquitaine

VILLENEUVE-SUR-LOT Les Huguets

C.M. 79 Pli 5

5 ch. Domaine de 30 ha avec chevaux en bordure de grande ville, avec 5 chambres confortables de caractère. Salle de bains et wc privés. Piscine, sauna. Salon avec cheminée à disposition des hôtes. Vue panoramique. Domaine de 30 ha avec chevaux en bordure de grande ville. Tables d'hôtes avec réservation souhaitable. Langues parlées : anglais, espagnol.

Prix : 1 pers. 37/39 € ◆ 2 pers. 52/59 € ◆ 3 pers. 65/72 € ◆ pers. sup. 9 € ◆ repas 12/17 € ◆ 1/2 pens. 44/48 € ◆ pens. 41/60 €
Ouvert : Toute l'année.

	SP	5	5	25	SP	3	15	SP	4	5

Edward POPPE-NOTTE/BOOM - Les Huguets - 47300 VILLENEUVE-SUR-LOT - Tél. : 05 53 70 49 34 - Fax : 05 53 70 49 34 -
E-mail : ward.poppe@wanadoo.fr

VILLEREAL

C.M. 79 Pli 5

3 ch. Villeneuve-sur-Lot 30 km. Bergerac 35 km. 1er étage 2 épis : 2 chambres (2 lits pers.) avec une salle d'eau et wc à l'étage, l'autre salle de bains, wc privés. 2e étage 1 épi : 1 chambre (2 lits 110), lavabo, bidet, wc à l'étage. Chauffage central. Taxe de séjour : 0,3 €/jour/pers. Fax, préciser Mme Vigerie. Maison de maître du XIIIe siècle à l'orée du Périgord dans une bastide. Toutes animations sur place. Itinéraires d'excursions. Châteaux du Périgord, grottes, hippisme. Marchés fermiers. Préhistoire. Langue parlée : espagnol.

Prix : 1 pers. 35/38 € ◆ 2 pers. 41/44 € ◆ pers. sup. 19 €
Ouvert : Toute l'année.

	SP	SP	SP	10	SP	20	4	35	SP	

Gilberte VIGERIE - 5 rue Bissière - 47210 VILLEREAL - Tél. : 05 53 36 00 95 - Fax : 05 53 36 63 58

VILLEREAL Château de Ricard

C.M. 79 Pli 5

5 ch. Belle demeure du XIXe siècle au cœur des bastides du Haut-Agenais et du Périgord. 3 grandes chambres au château (1 lit 160 chacune), avec salle de bains/wc, TV, tél. Dans les dépendances, 2 suites avec chacune : 1 ch. (1 lit 160), salon, salle de bains/wc, TV. Salons, bibliothèque, salle de billard, 2 salles à manger à disposition. Vous pourrez flâner dans le parc, pêcher dans l'étang ou la rivière, profiter de la piscine, du tennis. Un petit déjeuner vous sera servi en terrasse. Table d'hôtes le soir sur réservation. Langues parlées : anglais, espagnol.

Prix : 1 pers. 76/107 € ◆ 2 pers. 91/122 € ◆ 3 pers. 114/137 € ◆ pers. sup. 15 € ◆ repas 30 €
Ouvert : Du 1er mai au 30 septembre.

	SP	20	1	5	SP	15	SP	30	1	

Sylvia DEGUILHEM - Château de Ricard - 47210 VILLEREAL - Tél. : 05 53 36 61 02 - Fax : 05 53 36 61 85

VIRAZEIL Sacriste

C.M. 79 Pli 3

1 ch. Château et caves vinicoles de Duras 25 km. Marmande 5 km. Située dans un pigeonnier, une chambre confortable et agréable. Salle d'eau attenante avec wc, bibliothèque. Mise à disposition matériel puériculture. Possibilité de pique-nique sur place. Aux abords d'une ville de moyenne importance, tous commerces à 1,5 km et toutes activités nautiques. Visites des bastides, vignobles du Marmandais (AOC). Calme et repos en campagne.

Prix : 1 pers. 27 € ◆ 2 pers. 34 € ◆ 3 pers. 55 € ◆ pers. sup. 26 €
Ouvert : Toute l'année.

	1	5	23	10	1	5	5	5	1	

Marcel THEVEUX - Sacriste - 47200 VIRAZEIL - Tél. : 05 53 20 04 86 ou 05 53 20 94 48 - Fax : 05 53 20 94 48

Pyrénées-Atlantiques

GITES DE FRANCE - Service Réservation
20, rue Gassion - 64000 PAU
Tél. 05 59 11 20 64 ou 05 59 46 37 00 - Fax 05 59 11 20 60

AAST Maison Remy

3 ch. Lourdes 25 km. Pau 28 km. 3 ch. à l'ét. Ces chambres harmonieusement décorées avec poutre apparente, s'ouvrent sur la piscine, mini-golf et sur la chaîne des Pyrénées. Vous serez accueillis chaleureusement avec le verre de l'amitié. Dans la salle à manger avec cheminée, vous partagerez la table de Jacqueline préparée avec ses produits de la ferme : chou farci, boudin aux pommes... Langues parlées : espagnol, anglais.

Prix : 1 pers. 32 € ◆ 2 pers. 40 € ◆ 3 pers. 48 € ◆ repas 13 €
Ouvert : Toute l'année.

	140	10	SP	5	15	25	40	30	22	4

Yves et Jacqueline TUGAYE - Maison Remy - 64460 AAST - Tél. : 05 62 32 55 04

ACCOUS Maison L'Arrayade

C.M. 234

5 ch. Col du Somport 20 km. 5 chambres. Grande maison béarnaise avec son jardin ombragé, située en Vallée d'Aspe dans un village calme et classé. Kitchenette. Séjour avec TV. Buanderie à disposition. Salon de jardin et barbecue. Restauration à prox. Vous pourrez vous initier à de nombreuses activités dans le village : VTT, parapente, ainsi que randonnée dans le Parc National. 10 % de réduction hors été.

Prix : 1 pers. 27 € ◆ 2 pers. 37 €
Ouvert : Toute l'année.

	100	50	25	25	3	60	25	25	1	0,5

Jean-François LESIRE - L'Arrayade - 64490 ACCOUS - Tél. : 05 59 34 53 65 - Fax : 05 59 34 53 65 -
E-mail : jean-françois.lesire@worldonline.fr - http ://elesire.free.fr

Aquitaine

Pyrénées-Atlantiques

ACCOUS L'Oustalet

⫶⫶⫶ 3 ch.

Col du Somport (ski de fond, frontière) 25 km. 3 ch. à l'étage d'une ancienne maison béarnaise, située au cœur de la vallée d'Aspe. Vous serez séduit par cette imposante demeure médiévale, ses grandes chambres aux parquets cirés, aux belles cheminées autour desquelles jadis il faisait bon se chauffer. Les propriétaires vous guideront sur les promenades et visites. Bonne humeur et convivialité. Langues parlées : anglais, italien.

Prix : 1 pers. **38** € 2 pers. **46/49** € 3 pers. **61** € pers. sup. **11** €
Ouvert : Toute l'année.

	≈≈	👥	🏊	🎾	🏇	🎿	⛷	🚠	🚞
	100	50	25	25	3	25	25		SP

Christine BRUNO - Maison l'Oustalet - Rue Baix - 64490 ACCOUS - Tél. : 05 59 34 74 39 ou SR : 05 59 11 20 64

AGNOS

(TH)

⫶⫶⫶ 5 ch.

Oloron-Ste-Marie 2 km. 5 chambres dont 2 suites. Terrasse. Grand parc. Tarif suite (4 pers.) : 130 €. Tarif suite (2 pers.) : 99 €. Ancien pavillon de chasse du XVIe, le château est implanté sur un domaine de 7 hectares bordé d'un ruisseau à truites. Les propriétaires d'origine anglaise vous conterons l'histoire riche de leur demeure. Langue parlée : anglais.

Prix : 1 pers. **53/91** € 2 pers. **58/99** € 3 pers. **73/120** € repas **18** €
1/2 pens. 69/91 €

	≈≈	👥	🏊	🎾	🏇	🎿	⛷	🚠	🚞
	100	10	2	SP	40	45	45	4	2

Heather et Desmond NEARS-CROUCH - Château d'Agnos - 64400 AGNOS - Tél. : 05 59 36 12 52 - Fax : 05 59 36 13 69 -
E-mail : chateaudagnos@wanadoo.fr

AICIRITS Etchekunenia

(TH)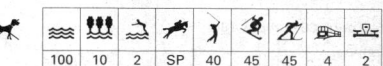

⫶⫶⫶ 5 ch.

St-Palais 1 km. 5 ch. aménagées dans une ferme en activité. 2 ch. (2 lits 2 pers.) 3 ch. (6 lits 1 pers.). Grand séjour réservé aux hôtes. Coin-salon et coin-salle à manger. Entrée indép. Table d'hôtes avec produits de la ferme sur réservation. Situées aux portes de Saint-Palais, charmante ville du Pays Basque entre mer et montagne.

Prix : 1 pers. **27** € 2 pers. **37** € 3 pers. **43** € repas **11** €
Ouvert : Toute l'année.

	≈≈	👥	🏊	🎾	🏇	🎿	⛷	🚠	🚞
50	15	0,5	0,5	0,5	30	55	40	20	0,5

Arnaud ESCONDEUR - Etchekunenia - 64120 AICIRITS - Tél. : 05 59 65 65 54 - Fax : 05 59 65 65 54

AINHICE-MONGELOS Etxartia

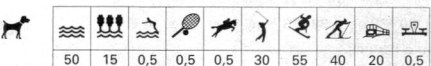 C.M. 234

⫶⫶⫶ 5 ch.

St-Jean-Pied-de-Port 10 km. 5 chambres aménagées dans une maison de style basque. Salle de séjour, salon avec TV et bibliothèque. Kitchenette. Cheminée. Véranda. Chauffage central. Terrain. Située dans un petit village proche de Saint-Jean Pied de Port, du Col de Roncevaux, de la forêt d'Iraty et de l'Espagne, dans la belle vallée de Cize et de Baïgorry au cœur du Pays-Basque.

Prix : 1 pers. **29** € 2 pers. **38** € 3 pers. **49** €
Ouvert : Toute l'année.

	≈≈	🏊	🎾	🏇	🎿	⛷	🚠	🚞
60	10	10	10	60	10	16	10	10

Chantal PARIS - Etxartia - 64220 AINHICE-MONGELOS - Tél. : 05 59 37 27 08 ou 05 59 37 09 71

LES ALDUDES

C.M. 64

E.C. 2 ch.

St-Etienne-de-Baïgorry 14 km. Espagne 4 km. 2 jolies chambres avec sanitaires privatifs dans maison de style navarrais, en bordure de rivière, situées dans village typique de montagne basque. Idéal pour randonneurs, chasseurs ou pêcheurs. La vallée des Aldudes est une des vallées pyrénéennes qui a su rester sauvage et naturelle. A découvrir. Langues parlées : espagnol, anglais.

Prix : 2 pers. **30** €

	≈≈	👥	🏊	🎾	🏇	🎿	⛷	🚠	🚞
	70	40	17	5	40	17			1

Manolita HEGUY - Heguienia - 64430 LES-ALDUDES - Tél. : 05 59 37 57 68

ANGAIS Crabères

(TH) C.M. 234

⫶ 1 ch.

Pau 13 km. Lourdes 28 km. Ch. aménagée dans une maison récente de style béarnais avec un parc calme et arboré face à la chaîne des Pyrénées. Vous apprécierez l'ambiance musicale (piano à disposition) et la cuisine originale (spécialités béarnaises et espagnoles, soupes inédites à l'ancienne) à partir des produits du jardin, de la montagne.

Prix : 1 pers. **17** € 2 pers. **22** € 3 pers. **32** € repas **9/11** €
1/2 pens. 20 €
Ouvert : Toute l'année.

	≈≈	👥	🏊	🎾	🏇	🎿	⛷	🚠	🚞
	110	28	7	1,5	7	20	50	50	7	5

Véronique FOURNIER-NEDELEC - Crabères - Rue du Pic du Midi - 64510 ANGAIS - Tél. : 05 59 53 28 42

Pyrénées-Atlantiques — *Aquitaine*

ANHAUX (TH)

4 ch. **St-Jean-Pied-de-Port et St-Etienne-de-Baïgorry 8 km.** 4 ch. dans une ancienne maison de tisserands du XVIIe, rénovée récemment, au cœur de la vallée de Garazi avec pour toile de fond les montagnes rouges et les vignes de l'Irouléguy. Maïté vous accueille en amis et vous propose de déguster à sa table tous les produits de la maison (porc, canard, légumes du potager) et des alentours. 2 ch. 2 épis et 2 ch. 1 épi. Nombreuses visites et randos (pédestres, équestres...) à prox.

Prix : 2 pers. 38 € 3 pers. 46 € repas 13 €
Ouvert : Toute l'année.

🐕	≈	👥	🏊	🎾	🚴	🏇	⛷	🎿	🚂	🚡
	50	10	4	4	4	50	30	4	4	

Maïté AURNAGUE - 64220 ANHAUX - Tél. : 05 59 37 15 43 ou SR : 05 59 11 20 64 - http://site.voila.fr/Maite_Anhaux

ARAMITS L'Olivé de Haut (TH) — *C.M. 64*

1 ch. **Issarbe (ski de fond) et la Pierre-St-Martin (ski de piste) 30 km.** 1 chambre à l'étage. Chambre coquette aménagée dans la belle maison de caractère du propriétaire. Vous serez surpris par la vue qui cercle ce domaine. Nicole vous fera faire le tour du parc, tandis qu'Henri vous proposera son practice de golf. La bonne humeur et l'humour de ce couple ne vous laisseront pas insensibles. Langues parlées : anglais, hollandais.

Prix : 2 pers. 50 € 3 pers. 66 € repas 18 €
Ouvert : Toute l'année.

🐕	≈	👥	🏊	🎾	🚴	🏇	⛷	🎿	🚂	🚡
	125	18	6	1	6	SP	30	30	15	1

Nicole et Henri DUGOIS-WALTHERY - Quartier Sans Pareil - 64570 ARAMITS - Tél. : 05 59 34 61 18 - Fax : 05 59 34 61 18 ou SR : 05 59 11 20 64

ARHANSUS (TH)

3 ch. **St-Jean-Pied-de-Port 22 km.** 1 ch. (1 lit 2 pers.) en r.d.c. et 2 ch. (2 lits 2 pers. 2 lits 1 pers). à l'ét. aménagées dans une grande ferme basque typique du XVIIIe. Séjour et salon/TV. Jardin ombragé. Salon de jardin. Vue sur la montagne basque. Site calme. Table d'hôte avec de bons produits de la ferme. Pêche en rivière. Randos pédestres, vélo, fronton. A prox. chasse palombe (poste), gibier.

Prix : 1 pers. 30 € 2 pers. 38 € 3 pers. 50 € repas 14 €
Ouvert : Toute l'année.

🐕	≈	👥	🏊	🎾	🚴	🏇	⛷	🎿	🚂	🚡
	60	10	11	12	11	50	50	20	12	

Véronique ETCHEGOYHEN - Karikaondoa - 64120 ARHANSUS - Tél. : 05 59 37 85 65

ASCAIN Haranederrea — *C.M. 234*

4 ch. **St-Jean-de-Luz 5 km. Biarritz et Hendaye 15 km. Espagne 10 km.** 4 chambres avec sanitaires privés dans une authentique belle ferme basque entourée de prairies et de bois. Salon, bibliothèque, ping-pong, fronton privé, terrasse fleurie, parking. Situées dans un village typique.

Prix : 1 pers. 38 € 2 pers. 47 € 3 pers. 58 €

🐕	≈	👥	🏊	🎾	🚴	🏇	⛷	🎿	🚂	🚡
	5	10	1	1	3	5	150	85	5	0,5

Jean-Louis GRACY - Haranederrea - 64310 ASCAIN - Tél. : 05 59 54 00 23

ASCAIN Maison Arrayoa

4 ch. **St-Jean-de-Luz 6 km. Biarritz 15 km. Espagne 7 km.** 4 ch. avec sanitaires aménagées à l'ét. de la maison de caractère du propriétaire. 3 ch. (3 lits 2 pers.), 1 ch. (2 lits 1 pers.). Séjour, coin-salon (cheminée, TV coul.) commun. Abri voiture. Ferme située à 600 m du village. Production de canards gras et d'agneaux de lait sur place. Vous apprécierez le charme d'Ascain ravissant village Basque, vous profiterez de la prox. du bord de mer et de l'Espagne.

Prix : 1 pers. 34 € 2 pers. 46 € 3 pers. 53 €
Ouvert : Toute l'année.

🐕	≈	👥	🏊	🎾	🚴	🏇	⛷	🎿	🚂	🚡
	6	15	0,6	0,6	6	6	150	85	6	0,6

A-Marie et Pierre IBARBURU - Maison Arrayoa - 64310 ASCAIN - Tél. : 05 59 54 06 18

ASCAIN

3 ch. **St-Jean-de-Luz 9 km. Biarritz 18 km.** 3 chambres aménagées en r.d.c. et étage de la maison du propriétaire. Séjour. Salon. Terrasse. Salon de jardin. Sur le col de Saint Ignace au pied de La Rhune cette jolie maison basque offre calme et fraîcheur à quelques minutes des randonnées et des plages

Prix : 1 pers. 38 € 2 pers. 43/46 € 3 pers. 61 € pers. sup. 15 €
Ouvert : Toute l'année.

🐕	≈	👥	🏊	🎾	🚴	🏇	⛷	🎿	🚂	🚡
	9	10	3	3	5	9	150	85	10	3

Tina VACQUIE - Galardia - Col de St-Ignace - 64310 ASCAIN - Tél. : 05 59 54 28 37

Aquitaine
Pyrénées-Atlantiques

ASSON
C.M. 234

5 ch. **Pau 20 km. Grottes de Bétharram 10 km.** Entrée indép. Les ch. sont aménagées dans les dépendances d'une ferme béarnaise du XIXe, toutes s'ouvrent sur une galerie. Dans cette ferme en activité, aux abords soignés, Lucienne et Jean-Philippe vous feront découvrir la vie authentique de la campagne et l'art d'y vivre au calme en présence d'animaux : moutons, chèvres, chevaux...

Prix : 1 pers. 27 € ◊ 2 pers. 35 € ◊ 3 pers. 43 € ◊ pers. sup. 8 €
Ouvert : Toute l'année.

150	1	7	7	5	25	45	28	7	4

Lucienne SAINT-PAUL - 64800 ASSON - Tél. : 05 59 71 05 05

AUSSEVIELLE

1 ch. **Pau 13 km.** 1 ch. bis (2 lits 2 pers.) où de belles pièces de bois ont été utilisées (lambris, placard en chataîgnier, plancher en chêne). Salle de bains privative. Séjour/salon avec cheminée. Salle à manger de style Louis XIII. Maison d'une vingtaine d'année. Terrasse tout autour de la maison.

Prix : 1 pers. 30 € ◊ 2 pers. 34 € ◊ 3 pers. 55 €
Ouvert : Toute l'année.

90	10	5	5	13	70	70	13	5

Marie-José AMESTOY - 26 rue du Pont Neuf - Cidex 8E - 64230 AUSSEVIELLE - Tél. : 05 59 68 61 38

AYDIUS
Alt. : 778 m (TH)

4 ch. **Col du Somport 25 km. Accous 10 km.** 4 chambres dont une chambre bis. Face au cirque d'Aydius, cette belle maison surplombant le village vous offrira un point d'altitude pour découvrir la Vallée d'Aspe. Séjour, salon en r.d.c. commun au propriétaire. Chauffage central. Salon de jardin. Garage à disposition. 1/2 tarif pour enfants moins de 8 ans. Pas de TH le mercredi soir.

Prix : 1 pers. 30/35 € ◊ 2 pers. 37/41 € ◊ pers. sup. 9 € ◊ repas 13 €
Ouvert : Toute l'année.

150	20	20	6	6	25	25	20	6

Christian et Eliane CATON - La Curette - 64490 AYDIUS - Tél. : 05 59 34 78 18 - Fax : 05 59 34 50 42 -
E-mail : eliane.et.christian@lacurette.com - www.lacurette.com

BARDOS Minasantey (TH)

6 ch. **Bayonne 20 km.** 6 ch. en r.d.c. et étage aménagées dans une maison au Pays Basque. Grand séjour, coin-salon (TV) réservé aux hôtes. Bibliothèque. TV dans la ch. sur demande. Accès indép. Chauf. élect. Ping-pong. Grandes terrasses réservées aux hôtes sur jardin. Situé à l'extérieur du village.

Prix : 1 pers. 29 € ◊ 2 pers. 34 € ◊ 3 pers. 43 € ◊ pers. sup. 7 € ◊ repas 13 €
Ouvert : Toute l'année.

25	12	4	4	12	20	50	20	SP

Jacqueline et J-C. ANICET - Minasantey - 64520 BARDOS - Tél. : 05 59 56 83 40 ou 05 59 56 81 13

LA BASTIDE-CLAIRENCE (TH)
C.M. 234 Pli 33/34

5 ch. **Biarritz 25 km.** Maison du XVIe, dans un village classé qui intègre les cultures basque et gasconne. Un art de vivre. 5 ch. décorées différemment dont 2/ mezz. Autour de la table, de grandes discussions, du rire, du bien boire et bien manger (table d'hôtes 3 soirs par semaine). Une foule de conseils et de circuits vous sera proposée pour découvrir le Pays Basque et sa culture. Repas enf. 9 €. Langue parlée : anglais.

Prix : 1 pers. 41/52 € ◊ 2 pers. 46/56 € ◊ pers. sup. 15 € ◊ repas 14/20 €
Ouvert : Toute l'année.

30	15	0,5	0,5	6	20	100	70	27	SP

Gilbert et Valérie FOIX - Rue Notre-Dame - 64240 LA-BASTIDE-CLAIRENCE - Tél. : 05 59 29 18 27 ou 06 19 21 21 24 -
Fax : 05 59 29 14 97 - E-mail : valérie.et.gilbert.foix@wanadoo.fr. - http ://perso.wanadoo.fr/maison.marchand

LA BASTIDE-CLAIRENCE (TH)
C.M. 64

4 ch. **Biarritz 25 km.** 4 ch. à l'ét. Cette ferme basque du XVIIe est un ancien relais de St Jacques de Compostelle. Vous apprécierez le charme et le calme de cette maison familiale aux vieux meubles patinés, aux dallages anciens, aux murs cirés et à la vaste cheminée. La maîtresse de maison vous propose à sa table une cuisine régionale basque. Table d'hôtes sur réservation. Petit déjeuner servi dans un magnifique jardin (en saison). Langue parlée : anglais.

Prix : 1 pers. 43 € ◊ 2 pers. 50 € ◊ 3 pers. 63 € ◊ pers. sup. 12 € ◊ repas 18 €
Ouvert : Toute l'année.

25	25	3,5	3,5	8	25	80	80	25	3,5

Sylviane DARRITCHON - Maison la Croisade - 64240 LA-BASTIDE-CLAIRENCE - Tél. : 05 59 29 68 22 - Fax : 05 59 29 62 99 ou
SR : 05 59 11 20 64

Pyrénées-Atlantiques　　　　　　　　　　　　　　　　　　　*Aquitaine*

LA BASTIDE-CLAIRENCE Maison Sainbois (TH)

5 ch. **Biarritz 25 km.** 4 ch. et 1 suite (4 pers. maximum) située dans l'un des plus beaux villages de France, cette demeure du XVII° vous propose un séjour de quiétude et de sérénité à prox. de la Côte. Terrasse. Piscine. Table d'hôte sur réservation selon disponibilités. Langues parlées : anglais, allemand.

Prix : 2 pers. **69/90** € repas **23** €
Ouvert : Toute l'année.

30	15	SP	0,5	6	20	120	70	27	SP

Colette HARAMBOURE - Maison Sainbois - 64240 LA-BASTIDE-CLAIRENCE - Tél. : 05 59 29 54 20 - Fax : 05 59 29 55 42 -
E-mail : sainbois@aol.com - http ://www.sainbois.fr

LA BASTIDE-CLAIRENCE Le Clos Gaxen (TH)

3 ch. **Biarritz 25 km.** 3 chambres dans une authentique maison basque du XVIII°. Nathalie et Christophe vous accueillent à la table familiale 2 soirs par semaine. Venez profiter du calme de notre joli vallon à 2 pas d'un village classé du XIV°. Langue parlée : anglais.

Prix : 1 pers. **48** € 2 pers. **50** € repas **15** €
Ouvert : Toute l'année.

25	25	3	3	8	25	120	70	25	2

Nathalie ZELLER - Le Clos Gaxen - 64240 LA-BASTIDE-CLAIRENCE - Tél. : 05 59 29 16 44 - Fax : 05 59 29 16 44 ou SR : 05 59 11 20 64

BEDOUS Maison Laclède　　　　Alt. : 550 m

2 ch. **Col du Somport 25 km.** 1 ch. (1 lit 2 pers.) au 1er ét. avec douche privative, wc dans le couloir. 1 suite (1 lit 2 pers. 2 lits 1 pers.) au 2e avec douche privative, wc dans le couloir. Ch. meublées Louis XVI. Salon commun (TV). Grande cuisine à l'ancienne. Grand parc, salon de jardin. Demeure du XVII°. la plus ancienne du village. Langues parlées : anglais, espagnol.

Prix : 1 pers. **26** € 2 pers. **30** € pers. sup. **9** €
Ouvert : Toute l'année.

130	35	25	2	12	55	25	25	25	SP

Mme TEISSEIRE - Maison Laclède - 64490 BEDOUS - Tél. : 05 59 34 70 19

BIARRITZ　　　　　　　　　　　　　　　　　　　　　　　　　　　　　　C.M. 234

2 ch. **Biarritz et ses plages 2 km. St-Jean-de-Luz 15 km.** 2 ch. dans la maison des propriétaires chacune avec lits jumeaux. Jardin, pelouse, ombrages, mobilier de jardin. Dans un quartier calme.

Prix : 2 pers. **46** €

2	2	2	2	3	3	2

Claire DURIF - 6 rue de la Barthe - 64200 BIARRITZ - Tél. : 05 59 23 94 58

BIDACHE Sarrot (TH)

4 ch. **Biarritz 35 km. Hasparren 15 km.** 2 chambres (1 lit 2 pers. et 2 lits 1 pers.) et 2 suites pour 4 pers. WC et sanitaires privés. Ch. central. Séjour réservé aux hôtes, TV, bibliothèque, cheminée. Cour et jardin ombragés. Salon de jardin. Ch. situées dans une ancienne ferme restaurée, entourée d'arbres et de prés. Gîte rural mitoyen à cette maison. Menu enf. 6 €. Langues parlées : anglais, espagnol.

Prix : 1 pers. **37** € 2 pers. **37** € pers. sup. **8** € repas **12** €
Ouvert : Toute l'année.

34	15	6	6	17	30	9	6

Pilar GAUTHIER-DUBEDAT - Sarrot - 64520 BIDACHE - Tél. : 05 59 56 04 22

BIDARRAY Gastanchoanea (TH)

4 ch. **St-Jean-Pied-de-Port 17 km.** Nos 4 ch. (2 et 3 pers.) sont aménagées dans une ferme basque imposante du XIX° en bordure de rivière et dans un coin calme entouré de montagnes. Vous pourrez déguster nos spécialités à la table d'hôtes, profiter du coin lecture et du jardin à votre guise. Au village (canoë, raft, VTT, randonnées balisées). Repas enf. - 10 ans : 6 €. Langue parlée : espagnol.

Prix : 1 pers. **32** € 2 pers. **37** € 3 pers. **44** € pers. sup. **8** € repas **11** €
Ouvert : Du 1er février au 15 novembre.

40	17	17	5	25	40	17	SP

Marie HARAN - Gastanchoanea - 64780 BIDARRAY - Tél. : 05 59 37 70 37

Aquitaine   **Pyrénées-Atlantiques**

BIDART Itsas-Mendia
C.M. 234

2 ch. **Biarritz 5 km.** 2 chambres avec sanitaires privés. vous serez accueillis dans une belle maison de style basque, et apprécierez le confort de cette coquette demeure, située à 200 m de la plage. Ce village offre de nombreuses activités et manifestations toute l'année.

Prix : 2 pers. 41/43 €

0,2	15	5	0,5	5	5	150	80	5	0,7

Henriette LAMARINS - Itsas Mendia - Rue de l'Ouhabia - 64210 BIDART - Tél. : 05 59 54 92 40

BILHERES-D'OSSAU   Alt. : 650 m

2 ch. **Laruns 10 km. Petit Train d'Artouste 25 km.** 2 ch. dont 1 suite. située dans un joli village de montagne, cette maison surplombe la Vallée d'Ossau. Les ch. sont aménagées avec goût dans la maison du propriétaire et ouvrent sur le jardin d'où vous apprécierez la vue panoramique. Vous serez guidés par Hélène, une montagnarde confirmée dans le choix de vos randonnées.

Prix : 1 pers. 28/29 € 2 pers. 32/35 € 3 pers. 57 €
Ouvert : Du 15 juin au 31 août.

120	5	10	5	5	30	5	10

Hélène EXSHAW - 18 av. des Tuileries - 40100 DAX - Tél. : 05 59 82 60 64 ou 05 58 90 16 24

BOEIL-BEZING
C.M. 64

5 ch. **Pau 10 km. Lourdes 25 km.** Ancienne ferme restaurée dans un parc, prés d'un village longé par le Gave. Annexe indép. Kitchenette. Salon et salle de jeux. Facile d'accès, calme et détente entre montagne et campagne. Myriam, accompagnatrice de moyenne montagne, vous guide ou organise vos randonnées. Langues parlées : anglais, espagnol.

Prix : 1 pers. 32/37 € 2 pers. 35/40 € pers. sup. 8/13 €
Ouvert : Toute l'année.

2	6	0,5	2	18	40	40	4	3

Pierre et Myriam MINOT - La Lanne de Bezing - 64510 BOEIL-BEZING - Tél. : 05 59 53 15 31 - Fax : 05 59 53 15 21 ou SR : 05 59 11 20 64 - E-mail : info@bezing.fr - www.bezing.fr

BOSDARROS Maison Trille   (TH)
C.M. 64

5 ch. **Pau 10 km.** Entrée indép. Les chambres décorées avec goût traduisent l'attention accordée au bien-être des invités. Cette belle demeure béarnaise du XVIII°, avec sa cour intérieure et son porche particulier vous séduira par son calme et le charme de son architecture. Petit déjeuner et table d'hôtes raffinés. Belles plaques de cheminées anciennes. Langues parlées : anglais, espagnol.

Prix : 1 pers. 50 € 2 pers. 61 € repas 20/26 €
Ouvert : Toute l'année.

100	40	10	5	18	10	40	50	10	5

Christiane BORDES - Maison Trille - Chemin de Labau - 64290 BOSDARROS - Tél. : 05 59 21 79 51 - Fax : 05 59 21 57 54 ou SR : 05 59 11 20 64 - E-mail : christiane.bordes@libertysurf.fr

BOSDARROS La Borde de Victor   (TH)
C.M. 64

2 ch. **Pau 15 km. Cave de Jurançon 8 km.** 2 ch. à l'ét. Vous serez accueillis dans une charmante ferme béarnaise, au cadre verdoyant et fleuri. Décorées avec beaucoup de goût, les chambres de Marinette aux tissus à fleurs et aux bois lasurés vous séduiront. Le soir, sur réservation, vous pouvez goûter à la table d'hôtes une cuisine créative avec les produits du terroir. Langue parlée : espagnol.

Prix : 2 pers. 38 € 3 pers. 49 € repas 12 €
Ouvert : Toute l'année.

130	15	10	8	15	20	45	40	15	8

Henri et Marinette GENEBES - Maison Victor - Les Pindats - 64290 BOSDARROS - Tél. : 05 59 21 50 11 ou SR : 05 59 11 20 64

BUZY   (TH)
C.M. 234

5 ch. **Oloron-Ste-Marie 10 km. Laruns 15 km.** 5 chambres dans une ferme. Dans un village ossalois cette ferme est appréciable pour sa situation à proximité des nombreuses randonnées de montagne et sa table d'hôtes où sont servis des produits de la ferme. 1/2 tarif pour les enfants de moins de 7 ans.

Prix : 1 pers. 33 € 2 pers. 46/49 € repas 16 € 1/2 pens. 75/78 €

100	15	5	0,5	15	10	35	50	1	SP

Rolande AUGAREILS - 6, place Cazenave - 64260 BUZY - Tél. : 05 59 21 01 01 - Fax : 05 59 21 01 01 - E-mail : rolandeaugareils@wanadoo.com

Pyrénées-Atlantiques — *Aquitaine*

CAME Lamothe (TH) — C.M. 234

4 ch. **Bidache 3 km. Biarritz 40 km.** 4 chambres pour 2 pers. dont 2 à l'ét. et 2 en r.d.c. aménagées dans la maison Lamothe ferme familiale depuis 3 siècles aux portes du Pays Basque, Béarn et Landes. Elisabeth et Bernard vous proposent des séjours ou nuitées avec une table d'hôte soignée. Grand Jardin. Chauf. central.

Prix : 1 pers. 36 € - 2 pers. 39/42 € - pers. sup. 13 € - repas 14 €
Ouvert : Toute l'année.

40	6	3	3	6	17	100	60	35	3

Bernard et Elisabeth DARRACQ - Ferme Lamothe - 64520 CAME - Tél. : 05 59 56 02 73 - Fax : 05 59 56 40 02 -
E-mail : elisabeth.darracq@wanadoo.fr

CAME Bergay — C.M. 234

5 ch. **Bidache 5 km. Biarritz 40 km.** 4 ch. dont 1 bis aménagées dans une maison en bordure de rivière. Salon/TV réservé aux hôtes. Kitchenette. Balcon, terrasse. Salon de jardin, barbecue, balançoire, ping-pong. Chauffage central. 2e enfant gratuit jusqu'à 5 ans. Langue parlée : allemand.

Prix : 1 pers. 30 € - 2 pers. 37 € - 3 pers. 46 € - pers. sup. 8 €

40	10	5	5	SP	15	60	40	5

Annie PECASTAING - Bergay - 64520 CAME - Tél. : 05 59 56 02 79

CAME Hayet (TH) — C.M. 234

4 ch. **Bidache 6 km. Biarritz 40 km.** 4 chambres dans une maison de caractère. Aux portes du Béarn, du Pays Basque et des Landes, Jean-Claude et Evelyne vous reçoivent dans leur ferme joliment entretenue, et vous proposent une table d'hôtes avec de bons produits de la ferme. Ping-pong. Bibliothèque. Salon de jardin. Ch. central. Salon avec TV. Pas de table d'hôtes le dimanche soir.

Prix : 2 pers. 37 € - 3 pers. 46 € - pers. sup. 9 € - repas 13 €
Ouvert : Du 15 mars au 15 novembre.

40	10	6	10	40	9	6

J-Claude et Evelyne SAUBOT - Hayet - 64520 CAME - Tél. : 05 59 56 04 52

CAMOU-CIHIGUE — C.M. 65

4 ch. **Gorges de Kakouetta et d'Holzarte 25 km. Forêt d'Iraty 30 km.** Jean-Baptiste, Maiana et leurs trois filles vous accueillent au cœur de la Soule dans l'ancienne bergerie rénovée avec goût. 4 chambres spacieuses avec salle d'eau pour vous reposer des nombreuses balades pédestres ou à vélo que vous pourrez faire. N'oubliez pas de leur demander de vous raconter la légende des lutins de la source... Langues parlées : anglais, espagnol.

Prix : 1 pers. 35/37 € - 2 pers. 40/41 € - pers. sup. 8 €
Ouvert : Toute l'année.

110	50	10	10	5	70	50	30	60	5

Jean-Baptiste AGUER - Aguerria - Ch. Laminiak - 64470 CAMOU-CIHIGUE - Tél. : 05 59 28 58 80 ou 05 59 28 50 85

CASTEIDE-CAMI (TH) — C.M. 234

2 ch. **Pau 18 km. Orthez 20 km.** Ch. à l'ét. Dans cette ferme béarnaise avec vue sur les Pyrénées, vous apprécierez l'accueil chaleureux, et le cadre reposant. Le propriétaire, éleveur-gaveur, vous fera déguster ses produits fermiers : veau élevé sous la mère, rillettes et confits de canard... Vous pourrez vous initier au jeu de quilles de 6, à la pétanque et visiter l'exploitation.

Prix : 1 pers. 24 € - 2 pers. 32 € - pers. sup. 8 € - repas 12 €
Ouvert : Toute l'année.

80	5	7	10	10	10	80	10	7

Monique RANQUE - 64270 CASTEIDE-CAMI - Tél. : 05 59 77 03 40 - Fax : 05 59 77 03 40

CASTET — C.M. 234

2 ch. **Gourette (station de ski) 20 km.** 2 chambres avec sanitaires communs (baignoire, lavabo, wc). Présence d'une aire naturelle de camping et d'un gîte rural. Situées au bord du lac de Castet pratique de la pêche. Restaurants et auberges à 2 km. Chauffage central en suppl. 2 €/chambre.

Prix : 1 pers. 24 € - 2 pers. 30 € - 3 pers. 37 €

120	5	2	5	20	20	20	5

Jean et Irène CAZENAVE - 64260 CASTET - Tél. : 05 59 05 88 26

Aquitaine
Pyrénées-Atlantiques

CAUBIOS-LOOS   A   C.M. 234

3 ch. **Pau 20 km.** 3 chambres avec entrée indépendante. 2 chambres avec sanitaires privés communiquants (lavabo, douche, wc) et 1 chambre avec sanitaires privés non communiquants (lavabo, douche, wc). Jardin et salon de jardin. Poss. repas du midi dans l'auberge attenante à partir de 11 €. Site calme. Aéroport Pau Pyrénées à 2 km.

Prix : 1 pers. **32 €** 2 pers. **34 €** pers. sup. **5 €**

🐕	≈	⚐	🎾	🏃	🏊	⛷	🎿	🚌	🚉
	100	7	0,5	10	30	60	60	20	7

Michel DUPOUY-LAHITTE - 64230 CAUBIOS-LOOS - Tél. : 05 59 33 23 20

COSLEDAA La Noyeraie   (TH)   C.M. 234

4 ch. **Pau 25 km. Lourdes 45 km. L'océan 1,5 h.** 2 ch. au r.d.c. et 2 ch. à l'ét. aménagées dans une villa à l'entrée du village. Salle de bains privée. Salle de séjour/TV. Jardin, salon de jardin, jeux. Terrasse ombragée. Chauffage central. Repas gastronomiques avec les produits fermiers. 1/2 tarif enf. 7 ans. Maison récente invitant au repos dans campagne béarnaise. Circuit promenade et pêche à prox.

Prix : 2 pers. **30 €** 3 pers. **38 €** repas **13 €** 1/2 pens. **27 €**
Ouvert : Toute l'année.

🐕	≈	⚐	🎾	🏃	🏊	⛷	🎿	🚌	🚉
	130	18	15	5	15	25	45	45	25	15

Eugène LAUTECAZE - La Noyeraie - 64160 COSLEDAA - Tél. : 05 59 68 02 90 - Fax : 05 59 68 02 90

COSLEDAA   (TH)   C.M. 234

2 ch. **Pau 30 km. Lourdes 50 km.** 2 ch. avec lavabos et 2 sanitaires communs (douche, baignoire, wc), dans une maison récente. Parc ombragé. Repas pris en famille. Découverte du Vic-Bilh : visites d'églises, châteaux, vignoble du Madiran.

Prix : 2 pers. **30 €** 1/2 pens. **53 €**

🐕	≈	⚐	🎾	🏃	🏊	⛷	🎿	🚌	🚉
	120	15	6	30	60	60	25	5

Joseph et Francine BOURGUINAT - A l'Eirene - 64160 COSLEDAA - Tél. : 05 59 68 00 51

DOGNEN   (TH)

E.C. 1 ch. **Navarrenx 3 km.** Dans ce château du XVᵉ Michel et Olga ont aménagé 1 chambre d'hôtes à la ferme. Vous dégusterez à la table d'hôtes des produits de la ferme (canard gras...). Salon privé pour les hôtes. Terrasse.

Prix : 2 pers. **37 €** pers. sup. **15 €** repas **12 €**
Ouvert : Toute l'année.

🐕	≈	⚐	🎾	🏃	🏊	⛷	🎿	🚌	🚉
	120	15	3	3	3	15	40	40	20	3

Michel et Olga PRAT - Château d'Espalungue - 64190 DOGNEN - Tél. : 05 59 66 00 96

ESPECHEDE   (TH)

1 ch. **Pau 20 km.** Dans un cadre de verdure une chambre décorée avec beaucoup de goût vous attend. Salle de bains attenante sur le même palier. Vous apprécierez les petits déjeuners copieux et la table d'hôtes, véritable moment de détente pour goûter les spécialités locales.

Prix : 1 pers. **30 €** 2 pers. **35 €** repas **13 €**
Ouvert : Toute l'année.

🐕	≈	⚐	🎾	🏃	🏊	⛷	🎿	🚌	🚉
	100	10	7	3	7	20	80	80	20	7

Thérèse CARREROT - 1 chemin de Pascau - 64160 ESPECHEDE - Tél. : 05 59 68 47 48 ou SR : 05 59 11 20 64

ESPELETTE Irazabala

2 ch. **Cambo-les-Bains 3 km. St-Jean-de-Luz 20 km.** 2 ch. Marikita vous accueille dans sa demeure de caractère meublée avec beaucoup de soin et de cœur. Les petits déjeuners sont servis sur la terrasse face à une belle prairie de chênes sur laquelle broutent les pottoks (petits chevaux basques). La maison organise des randonnées à cheval avec guide diplômé qui vous fera découvrir l'histoire du pays. On y parle le basque, mais aussi certaines langues anglosaxones et latines d'Europe. Langues parlées : anglais, espagnol.

Prix : 1 pers. **49 €** 2 pers. **54 €** 3 pers. **76 €**
Ouvert : Toute l'année.

🐕	≈	⚐	🎾	🏃	🏊	⛷	🎿	🚌	🚉
	20	6	3	3	10	4	78	48	18	1,5

Marikita TOFFOLO - Irazabala - Quartier Laharketa - 64250 ESPELETTE - Tél. : 05 59 93 93 02

Pyrénées-Atlantiques   *Aquitaine*

ESPOEY Coste Bielhe   C.M. 234

5 ch. **Pau et Lourdes 20 km.** 5 ch. aménagées dans une maison récente. 3 ch. au r.d.c. avec sanitaires privés communicants (douche-lavabos) et wc communs. 2 ch. à l'ét. avec sanitaires communicants (lavabo, wc), douche commune. Séjour avec TV et cheminée commun au propriétaire. Kitchenette. Garage. Jardin, terrasse, salon de jardin privé, barbecue. Langues parlées : anglais, italien.

Prix : 1 pers. 22 € 2 pers. 30 € 3 pers. 36 €
Ouvert : Toute l'année.

120	15	10	1	10	20	40	40	20	3

Gaby et J-Victor LARQUIER - Coste Bielhe - 64420 ESPOEY - Tél. : 05 59 04 14 75 ou 05 59 04 14 91

ESPOEY Yan Petit   C.M. 234

6 ch. **Pau, Lourdes et Tarbes 17 km.** Dans cette ancienne auberge de village, 6 chambres d'hôtes s'ouvrent sur les Pyrénées. Les petits-déjeuners sont servis devant la cheminée ou dans le jardin bordé d'hortensias. Douche et wc dans chaque chambre. Balcon avec vue sur Pyrénées. Salon lecture et TV. Parking fermé. Terrasse aménagée. Langues parlées : anglais, allemand.

Prix : 1 pers. 34 € 2 pers. 37/290 € pers. sup. 9 €
Ouvert : Toute l'année.

120	15	10	1	10	20	40	40	20	3

Simone ANDLAUER-ROCHETTE - Rue Jean Tucat - 64420 ESPOEY - Tél. : 05 59 04 62 48 - Fax : 05 59 04 63 71 ou SR : 05 59 11 20 64 -
E-mail : Jean.Simone.Rochette@wanadoo.fr

ESTIALESCQ   C.M. 64

4 ch. **Oloron-Ste-Marie 5 km. Pau 25 km.** Entrée indép. 4 ch. Cette belle ferme béarnaise restaurée du XVIII°, vous accueille dans un cadre paisible et champêtre entourée d'un parc ombragé et fleuri. Vous serez charmé par l'accueil et le raffinement des lieux. A prox. des vallées d'Aspe et d'Ossau ou de la Soule en Pays Basque vous permettra de découvrir leur richesse naturelle, traditionnelle, gastronomique. Langues parlées : espagnol, anglais.

Prix : 1 pers. 27 € 2 pers. 40 € pers. sup. 15 €
Ouvert : Toute l'année.

90	SP	6	SP	SP	25	50	50	6	6

Jeanne PERICOU - Maison Naba - 64290 ESTIALESCQ - Tél. : 05 59 39 99 11 - Fax : 05 59 36 14 92 ou SR : 05 59 11 20 64 -
E-mail : maisonnaba@aol.com - www.oloron-ste-marie.com/hote/naba

ETCHEBAR Ibarenborde

3 ch. **St-Engrâce et les Gorges de Kakuetta et d'Olzarte 15 km.** Une ferme souletine traditionnelle et ses dépendances abritant 3 jolies ch. Séjour, kitchenette. Terrasses réservés aux hôtes. Les propriétaires élèvent des chevaux de Merems et des ânes de bât au milieu de 13 ha de prairies et de bois. La ferme est nichée dans un col entre Lacarry et Etchebar. Langue parlée : anglais.

Prix : 1 pers. 30 € 2 pers. 35 € 3 pers. 43 €
Ouvert : Toute l'année.

110	40	13	13	15	50	30	20	25	8

Viviane BLANCHET - Ibarenborde - Accès par vallée de Lacarry - 64470 ETCHEBAR - Tél. : 05 59 28 59 48

FEAS   (TH)

3 ch. **Oloron-Ste-Marie 6 km.** 3 ch. aménagées au r.d.c. d'une dépendance. Terrain, salon de jardin, étang privé. Poss. de VTT et randonnées au départ des ch. Repas enf. - de 7 ans 1/2 tarif. Situées dans un petit village de la vallée du Barétous, sur une propriété bordée par une rivière. Le propriétaire guide et moniteur de pêche vous initiera ou vous perfectionnera à la pêche à la mouche. Langue parlée : espagnol.

Prix : 1 pers. 30 € 2 pers. 37 € 3 pers. 46 € pers. sup. 8 €
repas 12 €
Ouvert : Toute l'année.

100	6	SP	6	6	20	20	6	6

Christian PARIS - Quartier du Bas - 64570 FEAS - Tél. : 05 59 39 01 10

FEAS Château de Boues      C.M. 234

4 ch. **Pau 40 km.** 4 ch. et entrée indép. Piscine privée avec belle terrasse offrant une large vue sur la campagne. Aux portes du Barétous ce château du XVIII° vous invite à passer un agréable séjour à la limite du Béarn et du Pays Basque, non loin des vallées d'Aspe et d'Ossau pour les randonnées. Langues parlées : anglais, espagnol.

Prix : 1 pers. 46 € 2 pers. 56 €

100	20	SP	6	15	40	40	40	6	6

Monique DORNON - Château de Boues - 64570 FEAS - Tél. : 05 59 39 95 49

Aquitaine

Pyrénées-Atlantiques

GABAT Etxebestia (TH)

3 ch. **St-Palais 5 km. St-Jean-Pied-de-Port 20 km.** 3 ch. Odette et Jean-Marie vous convient dans leur maison située à l'intérieur du Pays Basque. Vous partagerez leur délicieuse cuisine élaborée à partir des produits de la ferme. Ne manquez pas de profiter de la visite de l'exploitation. Langue parlée : espagnol.

Prix : 1 pers. 27 € 2 pers. 35 € repas 12 €
Ouvert : Toute l'année.

	60	40	5	5	5	20	60	40	20	5

Odette SOUVESTE - Etxebestia - 64120 GABAT - Tél. : 05 59 65 78 16

GARINDEIN

3 ch. **Mauléon 1 km.** 3 chambres d'hôtes avec sanitaires privés aménagées au village dans une maison restaurée du XVIIIe. Vous êtes situés dans un petit village au cœur de la Soule et aux portes de Mauléon. Séjour réservé aux hôtes (TV). Kitchenette. Entrée indép. Ch. élect. Terrasse et jardin.

Prix : 2 pers. 37 €
Ouvert : De mai à octobre inclus.

	60	40	1,5	1,5	14	50	40	30	2	1

Philippe ETCHEGOYHEN - Idiartia - 64130 GARINDEIN - Tél. : 05 59 28 11 99

GUICHE (TH)

3 ch. **Bayonne 30 km. Espagne 45 km.** Entrée indép. ch. en r.d.c. Ancienne ferme du XVIIe, entourée de belles prairies. Près de là, une jolie rivière offre aux plus habiles ses poissons ou la fraîcheur de ses berges. Nicole et Jean Marie vous proposent leur table d'hôtes gourmande et leur bonne humeur. Langues parlées : anglais, espagnol.

Prix : 2 pers. 40/46 € pers. sup. 11 € repas 13 €
Ouvert : Toute l'année.

	35	2,4	4,5	1	2,4	35	95	65	12	1

Jean-Marie LAPLACE - Maison Huntagnères - 64520 GUICHE - Tél. : 05 59 56 87 48 ou 06 80 70 64 90 - E-mail : contact@hount.com - www.hount.com

HAGETAUBIN
C.M. 234

2 ch. **Orthez 20 km. Château de Morlanne 10 km.** 2 chambres. Salon à disposition des hôtes. Kitchenette. Parc, piscine, tennis, salle de jeux (billard, baby-foot, ping-pong). Maison de caractère située dans un grand parc. Cette belle ferme familiale offre un grand choix d'activités dans un cadre reposant entre Béarn et Landes. Raoul pourra vous conter l'histoire de sa maison.

Prix : 1 pers. 18 € 2 pers. 29 € pers. sup. 5 €

	80	14	SP	SP	12	30	100	100	14	2

Raoul COSTEDOAT - 64370 HAGETAUBIN - Tél. : 05 59 67 51 18

HASPARREN (TH)

2 ch. **Cambo-les-Bains 10 km. Biarritz 25 km.** 2 ch. Simone vous accueille pour un séjour agréable. Situées sur les hauteurs d'Hasparren, vous apprécierez le confort et le calme des chambres, au cœur de cette belle ferme basque, elle offre repos et accueil chaleureux. Entrée indép, salon/TV, ch. central, parc ombragé avec salon de jardin dans un havre de paix. Parapente 12 km.

Prix : 1 pers. 35 € 2 pers. 41 € 3 pers. 52 € repas 12 €
Ouvert : Toute l'année sauf juillet et août.

	25	20	3	3	7	30	50	50	10	3

Simone CHALLET - Domingoenia - Quartier Pegna - 64240 HASPARREN - Tél. : 05 59 29 18 49

HASPARREN Maison Berheta (TH)

4 ch. **Cambo-les-Bains (thermes) 10 km. Biarritz 30 km.** 4 ch./sanitaires privés communicants aménagées à l'ét. dans notre maison du XVIIe à 2 km du bourg. Séjour et salon réservés aux hôtes. Terrasse. Parking. Olga et Jacky vous proposent toute l'année sauf en juillet et août une cuisine traditionnelle à la table d'hôtes. Entre mer et montagne, à la découverte des richesses du Pays Basque. Table d'hôtes sur réservation. Sports d'eaux vives 35 km. Parapente 8 km. Randos pédestres et nombreux sites à moins de 10 km. Langues parlées : anglais, espagnol.

Prix : 1 pers. 34/37 € 2 pers. 40/43 € pers. sup. 10 € repas 16 €
Ouvert : Toute l'année.

	25	20	2	2	15	30	100	50	10	2

Olga DRUON - Maison Berheta - Quartier Minotz - 64240 HASPARREN - Tél. : 05 59 70 20 04

Pyrénées-Atlantiques — *Aquitaine*

HASPARREN Haramburua

4 ch. **Cambo-les-Bains (thermes) 10 km. Biarritz 25 km. Bayonne 20 km.** 4 ch. dont 2 familiales aménagées à l'ét. de la maison des propriétaires, ferme basque datant de 1886. Après le petit déjeuner face à la Rhune entre mer et montagne, vous pourrez profiter des verts pâturages et de la douceur de vivre du Pays Basque. Nombreuses balades à prox. Langue parlée : anglais.

Prix : 1 pers. 46/53 € ■ 2 pers. 46/53 € ■ 3 pers. 64 €
Ouvert : Toute l'année.

〰	👥	⛵	🎾	🐎	🎿	🚆	⛳
35	20	1,5	1,5	12	35	10	2

Clara BONNAL - Haramburua - 64240 HASPARREN - Tél. : 05 59 29 14 30 ou SR : 05 59 11 20 64 - E-mail : haramburua@wanadoo.fr

HAUT-DE-BOSDARROS Loutares
C.M. 234

6 ch. **Pau (aéroport) 20 km. Gan 9 km.** 6 ch. Loutarès maison béarnaise du XVIIIe entourée d'un parc avec terrasse panoramique face aux Pyrénées, a gardé par l'élégance rustique de ses murs de pierre et son bois de chêne son charme et le goût de l'hospitalité, grandes salles avec cheminée, billard, salon/TV, piscine (14/7). Poneys, boxes, carrière remise en forme.

Prix : 1 pers. 38 € ■ 2 pers. 49 € ■ 3 pers. 59 € ■ pers. sup. 11 € ■ repas 15 €

〰	👥	⛵	🎾	🐎	🎿	🚆	⛳
100	30	SP	5	10	20	40	40	10	7

Béatrice DE MONTEVERDE-PUCHEU - Ferme Loutares - 64800 HAUT-DE-BOSDARROS - Tél. : 05 59 71 20 60 - Fax : 05 59 71 26 67

IHOLDY
C.M. 64

2 ch. **St-Jean-Pied-de-Port 17 km. Grottes d'Isturitz et d'Oxocelhaya 3 km.** 2 ch. dont 1 ch. bis à l'ét. En plein centre du Pays Basque, à 200 m du bourg, Germaine vous accueille dans sa maison natale rénovée avec soin et goût afin que vous puissiez vous reposer, découvrir des coins typiques et effectuer des randonnées en pleine nature.

Prix : 1 pers. 29 € ■ 2 pers. 38 € ■ 3 pers. 53 €
Ouvert : Toute l'année.

〰	👥	⛵	🎾	🐎	🎿	🚆	⛳
40	0,2	17	17	17	20	70	40	20	0,2

Germaine MOUNHO - Idigoinia - 64640 IHOLDY - Tél. : 05 59 37 69 58 ou SR : 05 59 11 20 64

IRISSARRY

2 ch. **St-Jean-Pied-de-Port 18 km. Forêt d'Iraty (ski de fond) 40 km.** 2 ch. dont 1 ch. bis à l'étage, sanitaires communs. Annie vous attend dans sa maison de caractère, située dans un joli village face à la commanderie de l'ordre de Saint Jean de Jérusalem (ancien hôpital pour pèlerins) qui témoigne de l'importance du site. Irissarry est une étape sur les Chemins de Saint-Jacques de Compostelle.

Prix : 1 pers. 23 € ■ 2 pers. 27 € ■ pers. sup. 8 €
Ouvert : Toute l'année.

〰	👥	⛵	🎾	🐎	🎿	🚆	⛳
50	6	18	1,5	6	45	80	40	6	SP

Annie BELLET - Esperamendia - 64780 IRISSARRY - Tél. : 05 59 37 66 96 - Fax : 05 59 37 98 18

IRISSARRY
C.M. 65

3 ch. **St-Jean-Pied-de-Port 18 km.** Entrée indép. 3 ch. au r.d.c. Si vous cherchez des vacances reposantes et dépaysantes, nous vous attendons dans notre ferme du XVIe. Pierre, éleveur, vous fera partager sa passion pour l'agriculture (blondes d'Aquitaine et brebis laitières). Notre village est traversé par les Chemins de St Jacques de Compostelle. Langues parlées : anglais, espagnol.

Prix : 1 pers. 27 € ■ 2 pers. 37 € ■ pers. sup. 9 €
Ouvert : Toute l'année.

〰	👥	⛵	🎾	🐎	🎿	🚆	⛳
48	3	18	0,5	1	40	18	1

Pierre ETCHEBEHERE - Herriesta - 64780 IRISSARRY - Tél. : 05 59 37 67 22

ISESTE

3 ch. **Gourette (station de ski) et Petit Train d'Artouste 20 km.** 3 chambres (3 lits 2 pers.) aménagées au r.d.c. d'une grande maison ossaloise. Liliane et Jean vous réservent un accueil familial dans cette ancienne demeure de maître située en vallée d'Ossau. Vous pourrez vous détendre à l'ombre des arbres du parc. La maîtresse de maison vous régalera de copieux petits déjeuners.

Prix : 1 pers. 35 € ■ 2 pers. 38 € ■ pers. sup. 12 €
Ouvert : Toute l'année.

〰	👥	⛵	🎾	🐎	🎿	🚆	⛳
120	0,1	2	2	2	25	20	20	2	0,3

Liliane et Jean ASNAR - 4 av. Georges Messier - 64260 ISESTE - Tél. : 05 59 05 71 51 - Fax : 05 59 05 71 51

Aquitaine
Pyrénées-Atlantiques

ISPOURE

▮▮▮ 4 ch. **St-Jean-Pied-de-Port 800 m.** Entrée indép. 4 ch. avec mezz. Prés du village, cette belle maison vous propose sa superbe terrasse où vous seront servis de copieux petits déjeuners. La vue imprenable sur le vignoble d'Irouléguy vous incitera à goûter ce fameux vin basque. Les propriétaires ne manqueront pas de vous présenter leurs ânes. Langues parlées : anglais, espagnol.

Prix : 2 pers. 39 € pers. sup. 13 €
Ouvert : Toute l'année.

50	4	0,8	0,8	10	40	30	0,8	0,8

M. et Mme MOURGUY - Ferme Etxeberria - 64220 ISPOURE - Tél. : 05 59 37 06 23

ISSOR (TH) *C.M. 234*

▮ 1 ch. **Oloron-Ste-Marie 20 km.** 1 ch. bis avec sanitaires privés (douche, lavabo, wc), dans un hameau de montagne avec entrée indép. Terrasse. Salon de jardin. Site calme avec vue sur les montagnes. Repas enfant 1/2 tarif. Pêche à prox. Située dans la vallée de Barétous, vous pourrez bénéficier de tous les loisirs de montagne à proximité : parapente, rafting, VTT, ski, randonnées...

Prix : 1 pers. 24 € 2 pers. 38 € 3 pers. 53 € pers. sup. 15 €
repas 12 €

80	10	10	11	80	27	25	14	5

Rose CAZAURANG - Micalet - 64570 ISSOR - Tél. : 05 59 34 45 01

ISSOR Alt. : 500 m (TH) *C.M. 64*

▮▮▮ 4 ch. **Oloron-Ste-Marie 20 km.** 4 ch. aménagées à l'ét. d'une grange Béarnaise. 2 salons communs, TV, cheminée. 2 terrasses/salon de jardin. Grand calme. Gratuité enf. de moins de 4 ans. Séjour + de 3 nuits : 49 €. Entourée de belles montagnes, point de vue superbe, grand calme. Vous pourrez pratiquer tous les loisirs de plein air et de montagne. Ferme avec élevage de sangliers. Langues parlées : espagnol, italien.

Prix : 1 pers. 38 € 2 pers. 43/52 € 3 pers. 56/65 € pers. sup. 13 €
repas 14 € 1/2 pens. 35 €
Ouvert : Toute l'année.

80	20	10	10	11	80	27	25	14	5

Françoise CAZAURANG - Micalet - 64570 ISSOR - Tél. : 05 59 34 43 96 - Fax : 05 59 34 49 56 ou SR : 05 59 11 20 64

ISTURITZ Urruti Zaharria (TH) *C.M. 64 Pli 3A*

▮▮▮ 5 ch. **Grottes d'Isturitz, d'Oxocelaya sur place. La Bastide-Clairence 10 km.** A l'ét. 1 ch. 1 suite (lits 160), salon, biblio/jeux. Accueil chaleureux, espace et quiétude, poutres de chêne, pierres apparentes, allient charme et confort. Au coin du feu ou sur la terrasse : Isabelle, raconteur de pays évoque l'histoire de sa maison construite au XI°, les paysages, les mythes de cette vallée où les traditions vivent encore. Légumes du jardin, produits de terroir, avec sa fille Charlotte, elles vous mitonneront de savoureux plats régionaux. Langues parlées : anglais, allemand.

Prix : 1 pers. 40/46 € 2 pers. 43/49 € 3 pers. 52/61 €
repas 13/17 €
Ouvert : Toute l'année.

45	30	10	10	15	45	100	50	35	10

Isabelle AIROLDI - Urruti Zaharria - 64240 ISTURITZ - Tél. : 05 59 29 45 98 - Fax : 05 59 29 14 53 - E-mail : urruti.zaharia@wanadoo.fr
www.urruti.zaharria.fr

ITXASSOU Soubeleta

▮▮▮ 5 ch. **Cambo-les-Bains 3 km.** Dans ce charmant village, dont la cerise a fait la réputation, Marie-françoise vous accueillera dans son petit château du XVII°, entouré de verdure et de cerisiers. Ces 5 grandes ch. vous offrent une vue imprenable sur les montagnes. Le séjour et le salon aux meubles anciens et leur grande cheminée vous sont réservés. Kitchenette.

Prix : 1 pers. 35 € 2 pers. 43/49 € pers. sup. 8 €
Ouvert : Toute l'année.

30	15	3	3	4	15	60	3	SP

Marie-Françoise REGERAT - Soubeleta - 64250 ITXASSOU - Tél. : 05 59 29 78 64 ou 05 59 29 22 34

LAROIN *C.M. 64*

▮▮▮ 4 ch. **Pau 7 km. Vignoble du Jurançon à proximité.** 4 ch. très calmes avec entrée indép. Dans ce petit village béarnais, niché entre la Gave de Pau et les coteaux du Jurançon, Anne-Marie vous accueille dans son ancienne ferme rénovée au milieu d'un grand jardin arboré. Vous pourrez déguster le célèbre Jurançon. Salon privé, bibliothèque, VTT à disposition, jeux, kitchenette. Langues parlées : anglais, espagnol.

Prix : 1 pers. 31 € 2 pers. 39 € 3 pers. 49 €
Ouvert : Toute l'année.

100	SP	4	SP	SP	1	40	40	7	SP

Anne-Marie MARQUE - Maison Miragou - Chemin de Halet - 64110 LAROIN - Tél. : 05 59 83 01 19 - Fax : 05 59 83 01 19 ou
SR : 05 59 11 20 64 - E-mail : miragou@wanadoo.fr

Pyrénées-Atlantiques *Aquitaine*

LARRAU
Alt. : 636 m

||| 3 ch. **Mauléon 30 km.** 3 ch. aménagées dans la maison du propriétaire. Demeure du XVII° rénovée, au cœur du village. Séjour avec cheminée et TV. Chauffage électrique. Jardin et terrasse. Dans un joli petit village au pied du pic d'Orhi et de la forêt d'Iraty. Nombreuses randonnées, gorges d'Holzarte et Kakueta. Langue parlée : espagnol.

Prix : 1 pers. 37 € 2 pers. 41 € 3 pers. 46 €
Ouvert : Toute l'année.

90	12	30	12	12	90	30	12	30	SP

Marcel ACCOCEBERRY - Etxandi - 64560 LARRAU - Tél. : 05 59 28 60 35

LARRAU
Alt. : 636 m   (TH)

||| 1 ch. **Mauléon 30 km.** Dans ce village de montagne réputé pour ses beaux points de vue, Jeanette vous accueille dans sa maison entièrement restaurée par son mari Philippe. Toute la famille saura ravir aussi bien les gourmands, les promeneurs que les amoureux de la nature. Madame, fin cordon bleu et pâtissière réputée et Monsieur, agriculteur, tous deux passionnés de leur chère province de Soule vous indiqueront tous les petits recoins à découvrir et vous accompagneront même en randonnée.

Prix : 2 pers. 41 € pers. sup. 12 €
Ouvert : Toute l'année.

90	12	30	12	12	90	30	12	30	18

M. et Mme ETCHETO - Maison Arrespidia - 64560 LARRAU - Tél. : 05 59 28 63 22 ou SR : 05 59 11 20 64

LARRESSORE

||| 1 ch. **Biarritz 20 km. Cambo-les-Bains 3 km.** Dominique et Jacquie vous accueille dans leur maison basque. Cette propriété de 3 ha, entourée de chevaux et de moutons, est perchée sur les hauteurs des crêtes de Larressorre à 10 mn à peine de l'Espagne. Dans un cadre exceptionnel vous bénéficiez d'un point de vue panoramique sur la chaîne pyrénéenne et les villages d'Itxassou et d'Espelette. Vous êtes reçus dans un habitation spacieuse, de grand confort, chambres plein sud. Prestations de qualité avec petit-déjeuner familial servi en terrasse sous un magnifique chêne, par beau temps.

Prix : 1 pers. 41 € 2 pers. 46 €
Ouvert : Toute l'année.

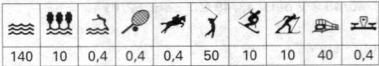

16	7	3	2	4	8	100	80	11	2

Dominique DIE - Mirikuborda - Route des Crêtes - 64480 LARRESSORE - Tél. : 05 59 70 36 18 ou SR : 05 59 11 20 64

LARUNS
Alt. : 536 m   (TH)

||| 5 ch. **Gourette 10 km. Parc National des Pyrénées sur place.** 5 ch. aménagées dans une belle maison surplombant le village de Laruns. 1 ch. à l'ét. (1 lit 2 pers.), 2 ch. en r.d.c. (1 lit 2 pers.). Salon réservé aux hôtes. Séjour commun/cheminée. Biblio. Grande terrasse face aux Pyrénées/salon de jardin commun. 2 ch. familiales en annexe/terrasse indiv. (1 lit 2 pers. 2 lits 1 pers.). Salle de gym. Sauna. Situé dans un village de la vallée d'Ossau où vous trouverez piscine, tennis, équitation, commerces... Randos dans tout le parc national des Pyrénées. Langue parlée : espagnol.

Prix : 1 pers. 34 € 2 pers. 40 € pers. sup. 15 € repas 15 €
Ouvert : Toute l'année.

140	10	0,4	0,4	0,4	50	10	10	40	0,4

Anne-Marie CAPDEVIELLE - Quartier Getre - 64440 LARUNS - Tél. : 05 59 05 46 57 - Fax : 05 59 05 46 57 -
E-mail : Anne_Marie.Ambielle@wanadoo.fr

LASCLAVERIES
(TH)

||| 2 ch. **Pau 25 km.** 2 chambres, baignoire balnéo, douche hydromassage. Dans un cadre des plus rustiques : murs en galets, sculptures en bois, lambris colorés, venez goûter à l'authenticité de la vie à la campagne. La maîtresse de maison vous cuisinera sa spécialité : le canard gras.

Prix : 2 pers. 46 € 3 pers. 56 € repas 14/23 €
Ouvert : Toute l'année.

100	5	15	5	2	25	80	80	30	5

Jocelyne MAROUZE - 64450 LASCLAVERIE - Tél. : 05 59 04 81 56

LASSEUBE
 (TH)

||| 5 ch. **Pau 25 km. Oloron 15 km.** Entrée indép. 1 ch. au r.d.c. 4 à l'ét. Cette très belle ferme béarnaise du XVIII° avec sa cour intérieure et sa piscine vous attendent. Vous profiterez d'une vue imprenable sur les Pyrénées, à l'ombre du noyer ou sous les tonnelles en fleurs de ce jardin paysagé. Isabelle vous fera découvrir son jardin de senteurs aux plantes aromatiques. Langue parlée : anglais.

Prix : 1 pers. 39 € 2 pers. 48/60 € 3 pers. 60/71 € repas 20 €
Ouvert : Toute l'année.

100	6	SP	2	8	10	45	30	12	2

Isabelle BROWNE - Quartier Rey - Maison Rancesamy - 64290 LASSEUBE - Tél. : 05 59 04 26 37 ou SR : 05 59 11 20 64 -
E-mail : missbrowne@wanadoo.fr

Aquitaine — **Pyrénées-Atlantiques**

LASSEUBE Ferme Dague
C.M. 64

5 ch. **Pau 18 km. Cave de Jurançon 10 km.** Entrée indép. 4 ch. 1 suite. Ch. aménagées dans les dépendances d'une belle ferme béarnaise du XVIII° avec sa traditionnelle cour carrée. Site calme et vue exceptionnelle face aux Pyrénées. Vous serez séduit par la décoration alliant le bois et la pierre. La ferme sur un parc de 10 ha est également une halte pour cavaliers et chevaux. Nous vous promettons les petits matins sous le tilleul. Bébé gratuit de 0 à 24 mois. Langues parlées : anglais, allemand.

Prix : 1 pers. 40 € 2 pers. 46 € pers. sup. 12 €
Ouvert : Toute l'année.

80	6	6	SP	10	8	45	30	11	1	

J-Pierre et Mélina MAUMUS - La Ferme Dague - Chem. Croix de Dague - 64290 LASSEUBE - Tél. : 05 59 04 27 11 - Fax : 05 59 04 27 11 ou SR : 05 59 11 20 64

LAY-LAMIDOU
(TH) — *C.M. 64*

2 ch. **Navarrenx 5 km. Oloron 15 km.** Au cœur du Béarn, Marie-France passionnée de reliure et Bernard, féru d'histoire locale, vous reçoivent dans leur belle maison restaurée et décorée avec goût et raffinement. Les chambres sont spacieuses et confortables, vous y dormirez dans de beaux meubles anciens. Pour vous détendre, grand parc ombragé face aux Pyrénées. Table d'hôtes aux saveurs du Sud-Ouest. Accueil chaleureux et sincère. Une visite chez des amis. Langues parlées : anglais, espagnol.

Prix : 1 pers. 41 € 2 pers. 46 € pers. sup. 16 € repas 16 €
Ouvert : Toute l'année.

80	5	5	SP	15	50	35	28	5		

Bernard et M-France DESBONNET - L'Aubèle - 4 rue de la Hauti - 64190 LAY-LAMIDOU - Tél. : 05 59 66 00 44 ou SR : 05 59 11 20 64 - E-mail : desbonnet.bmf@infonie.fr - www.ifrance.com/chambrehôte/

LAY-LAMIDOU La Grange de Georges
(TH) — *C.M. 64*

4 ch. **Navarrenx 5 km. Oloron-Ste-Marie 15 km.** Georges et Babeth vous accueillent dans leur grange récemment restaurée, située au cœur d'un petit village de la vallée du Gave d'Oloron. Vous apprécierez l'ambiance familiale et la bonne humeur du site. Balades à cheval et poneys sur place. Vélos avec porte bébé, piano, grande terrasse, ping-pong, aire de jeux, portique. A table les produits de la ferme : foie gras, confit, mouton, piperade, légumes du jardin. Langue parlée : espagnol.

Prix : 1 pers. 29 € 2 pers. 37 € pers. sup. 8 € repas 13 €
Ouvert : Toute l'année.

80	20	4	4	SP	15	50	50	20	5	

Georges LABERDESQUE - La Grange de Georges - 64190 LAY-LAMIDOU - Tél. : 05 59 66 50 45 - Fax : 05 59 66 24 11 ou SR : 05 59 11 20 64 - E-mail : lagrangedegeorges@wanadoo.fr

LECUMBERRY
(TH)

5 ch. **St-Jean-Pied-de-Port 7 km.** Maité et Jean-Pierre vous recevrons dans leur borde ancienne harmonieusement restaurée, situé en bordure de rivière, au pied de la forêt d'Iraty. Ils vous mitonneront leurs spécialités du Sud-Ouest. Si le temps s'y prête, vous pourrez survoler la Basse Navarre en montgolfière. Langues parlées : anglais, allemand.

Prix : 2 pers. 45/54 € pers. sup. 9 € repas 19 €
Ouvert : Toute l'année.

50	20	7	7	20	50	70	20	7	7	

Jean-Pierre JACQUES - Ur-Aldea - 64220 LECUMBERRY - Tél. : 05 59 37 24 18 - Fax : 05 59 37 24 42 ou SR : 05 59 11 20 64 - E-mail : gredesvents@wanadoo.fr - www.augredesvents.com

LESTELLE-BETHARRAM

2 ch. **Lourdes 15 km. Grottes de Bétharram 2 km.** 2 ch. (2 lits 2 pers. 1 lit 1 pers.) avec lavabo et wc particuliers. Douche sur le pallier aménagées dans une maison béarnaise. Garages, espaces ombragées, barbecue. Restaurants au village. A mi-chemin entre Pau et Lourdes vous découvrirez le zoo d'Asson, le col du Soulor et pratiquerez le canoë kayak à 3 km.

Prix : 1 pers. 27 € 2 pers. 30/34 € pers. sup. 8 €
Ouvert : Toute l'année.

100	14	2	2	4	15	70	25	10	2	

Joseph LATAPIE - La Croix des Hauteurs - 64800 LESTELLE-BETHARRAM - Tél. : 05 59 71 96 18

LIVRON

1 ch. **Lourdes 15 km.** 1 ch. accessible pour handicapés en r.d.c d'une grande maison béarnaise dans petit village. Parc et verger bordés par la rivière l'Ousse. Le propriétaire, accompagnateur de montagne, saura vous faire découvrir les Hautes-Pyrénées toutes proches. Langues parlées : espagnol, anglais.

Prix : 1 pers. 34 € 2 pers. 38 € 3 pers. 47 €
Ouvert : Toute l'année.

150	15	5	5	6	15	50	30	15	5	

M. et Mme VIDAL-GIRAUD - Chemin Pecastaing - La Maison de l'Ousse - 64530 LIVRON - Tél. : 05 59 53 71 15 ou SR : 05 59 11 20 64 - E-mail : luc.Vidal-giraud@wanadoo.fr

Pyrénées-Atlantiques   *Aquitaine*

LOUHOSSOA   C.M. 64

5 ch. **Biarritz (plages) et St-Jean-Pied-de-Port 25 km.** Maison de maître de 1881, cette demeure de charme entourée d'un parc de 3 hect. et d'un petit lac, au pied des montagnes basques. Les chambres à lits à baldaquins sont d'un confort exceptionnel. Krystel vous concocte une table gourmande avec amour. Ambiance assurée à la bodega du patron. Visite de la cave, grillades au feu de bois. Sauna et vélo rameur. Piscine privée. Langues parlées : anglais, espagnol.

Prix : 1 pers. 55 € 2 pers. 60 € pers. sup. 15 € repas 20 €
Ouvert : Toute l'année.

	25	15	6	3	6	10	150	60	8	6

Krystel et Philippe MALLOR - Domaine Silencenia - 64250 LOUHOSSOA - Tél. : 05 59 93 35 60 - Fax : 05 59 93 35 60 ou
SR : 05 59 11 20 64 - E-mail : mallor.krystel@wanadoo.fr - http://perso.wanadoo.fr/silencenia

LOUVIE-JUZON Pedestarres   C.M. 234

5 ch. **Pau et Gourette 26 km.** Jean et Juliette vous accueillent avec plaisir et simplicité. Cette ferme ossaloise vous offre 5 ch. confortables, un grand parc ombragé. Dans ce cadre de verdure, retrouvez les plaisirs de la nature. Vous dégusterez : foie gras, confit, garbure arrosé de Jurançon. Situé au carrefour de plusieurs vallées, près de Pau et de Lourdes. Poss. de randonnées. Table d'hôte sur réservation. Autre activité : camping à la ferme (6 emplacements).

Prix : 2 pers. 37/40 € 3 pers. 46 € repas 12/15 €

	120	5	5	5	10	25	25	25	25	5

Jean GUILHAMET - Pedestarres - 64260 LOUVIE-JUZON - Tél. : 05 59 05 70 37

LUCQ-DE-BEARN   C.M. 64

3 ch. **Oloron-Ste-Marie 5 km. Pau 40 km.** Marie et sa famille vous accueillent dans leur jolie ferme béarnaise, au carrefour des vallées d'Aspe, d'Ossau et Barétous. Vous pourrez vous adonner au plaisir de la cueillette des légumes du potager et profiter du savoir-faire culinaire de la maîtresse de maison. A table vous goûterez la garbure, les escalopes au Jurançon, volailles maison et charlottes aux fruits.

Prix : 1 pers. 30 € 2 pers. 37 € 3 pers. 46 € repas 13 €
Ouvert : Toute l'année.

	100	4	5	5	5	40	60	60	5	5

Marie LAVIE - Quartier Auronce - 64360 LUCQ-DE-BEARN - Tél. : 05 59 39 18 39 - Fax : 05 59 36 06 48 ou SR : 05 59 11 20 64

LUCQ-DE-BEARN

1 ch. **Pau 30 km. Vignoble de Jurançon à proximité.** 1 ch. bis. Au cœur de la campagne béarnaise, Jacqueline vous conseillera pour découvrir le Jurançon et les produits régionaux que vous pourrez également déguster à la table familiale. Salon avec cheminée. TV au salon réservée aux hôtes. Chauffage élect. Langue parlée : espagnol.

Prix : 1 pers. 21 € 2 pers. 27 € repas 13 €
Ouvert : Toute l'année.

	90	20	8	8	8	30	70	70	15	8

Jacqueline CAUSSOU - Quartier Marquesouquère - 64360 LUCQ-DE-BEARN - Tél. : 05 59 34 37 54 ou 06 87 65 62 38

MONEIN   C.M. 64

5 ch. **Pau et Oloron-Ste-Marie 20 km.** Sur la route des vins du Jurançon. Dans leur belle ferme béarnaise à cour fermée, Daniel et Marie-Jo vous reçoivent en amis. 5 ch. au décor choisi offrent calme et confort. En fin d'après midi, Daniel sera ravi de vous montrer une palombière ou sa vigne face aux Pyrénées. Au dîner, Marie-Jo vous propose la table familiale sur la terrasse dans un écrin de fleurs. Garbure, poule au pot, pêches au vin... Langues parlées : anglais, espagnol.

Prix : 1 pers. 34/41 € 2 pers. 43/51 € 3 pers. 53/61 € repas 15 €
Ouvert : Toute l'année.

	80	15	3	3	5	15	60	60	15	5

Marie-José NOUSTY - Maison Canterou - Quartier Laquidée - 64360 MONEIN - Tél. : 05 59 21 41 38 - Fax : 05 59 21 28 96 ou
SR : 05 59 11 20 64

MONEIN Maison Laguilharre

2 ch. **Pau 20 km. Vignoble du Jurançon à proximité.** 2 chambres aménagées au rez-de-chaussée d'une dépendance. La maison est située sur la crête d'un coteau et offre un splendide point de vue panoramique. Possibilité de Kayak et rafting. Salon. TV à disposition. Salon de jardin. Barbecue. Le calme est assuré. Langues parlées : allemand, anglais.

Prix : 1 pers. 27 € 2 pers. 37 € pers. sup. 9 €
Ouvert : Toute l'année.

	90	20	5	5	10	20	50	50	5	5

Hermann GERST - Laguilharre - Quartier Castet - 64360 MONEIN - Tél. : 05 59 21 39 26 - Fax : 05 59 21 49 73 -
E-mail : Hermann.Gerst@wanadoo.fr

Aquitaine
Pyrénées-Atlantiques

MONEIN

||| 1 ch. **Pau 20 km. Vignoble de Jurançon à proximité.** 1 ch. au r.d.c. d'une belle demeure du XVIIIe. Vous serez accueillis dans une maison de caractère, où il fait bon se reposer en terrasse, à l'ombre des glycines tout près de la piscine. La vue est imprenable, la décoration est raffinée et les petits déjeuners gourmands. La propriétaire parle également allemand. Langues parlées : anglais, espagnol.

Prix : 1 pers. 46 € 2 pers. 53 € 3 pers. 61 €
Ouvert : Toute l'année.

🐕	≋	🏠	⛵	🎾	🏇	🚴	🏂	⛷	🚂	🚤
	80	20	SP	1	10	20	50	50	15	1

Elisabeth FONTAGNERES - Quartier Trouilh - 64360 MONEIN - Tél. : 05 59 21 43 22 ou SR : 05 59 11 20 64

MONSEGUR Maison Cap Blanc
(TH) C.M. 64 Pli 47/48

||| 4 ch. **Château de Montaner 7 km. Vignoble de Madiran 20 km.** Monsegur, à prox. du vignoble de Madiran et du Gers, à 20 mn du Festival Jazz de Marciac. 4 chambres accueillantes aménagées dans une maison béarnaise indép. Salon/bibliothèque/TV. jardin ombragé avec piscine et terrasse privative. Séjour pêche en barque sur lacs. La maison Cap Blanc offre confort, repos et convivialité. Francine vous propose en soirée sa cuisine du Sud. Langues parlées : anglais, espagnol.

Prix : 1 pers. 45 € 2 pers. 50 € 3 pers. 55 € pers. sup. 15 € repas 18 €
Ouvert : Toute l'année.

🐕	≋	🏠	⛵	🎾	🏇	🚴	🏂	⛷	🚂	🚤
	140	7	SP	SP	1	20	70	70	18	1

Francine MAUMY - Maison Cap Blanc - 64460 MONSEGUR - Tél. : 05 59 81 54 52 - Fax : 05 59 81 54 52 ou SR : 05 59 11 20 64 -
E-mail : Maumy.Francine@wanadoo.fr

MONTORY Sallenave
(TH) C.M. 234

||| 3 ch. **Gorges de Kakuetta 15 km.** 3 ch. aménagées dans une ancienne ferme à la limite du Béarn. Calme assuré dans un très bel environnement à 2,5 km du village. Proche de sites exceptionnels (Kakueta, Holzarte, forêt des Arbailles, rocher Arguibelle) et sentiers de randonnées. Accueil simple et chaleureux. Cuisine traditionnelle avec des produits locaux et du potager. Une jolie adresse pour découvrir le Pays de Soule.

Prix : 1 pers. 34 € 2 pers. 38 € 3 pers. 50 € repas 13 € 1/2 pens. 30 €
Ouvert : Du 1er mars au 15 novembre.

🐕	≋	🏠	⛵	🎾	🏇	🚴	🏂	⛷	🚂	🚤
	90	50	10	10	5	70	35	25	25	6

J-Pierre et Jeanine RUATA - Maison Sallenave - Route de Haux - 64470 MONTORY - Tél. : 05 59 28 59 69

MORLANNE Manoir D'Argeles
(TH)

||| 3 ch. **Château de Morlanne 500 m. Pau 23 km.** 3 ch. dans un Manoir du XVIIe aux abords d'un des plus beaux villages béarnais. Son charme champêtre, sa lumière, son calme et sa vue panoramique permet d'oublier le stress, d'activer les esprits fatigués. L'accord entre l'art contemporain en sculptures et peintures, de chambres d'hôtes et de culture de communication est décrit comme unique. Piscine, salon avec cheminée et piano à queue, atelier peinture, ping-pong, boulodrome. Table d'hôtes imaginative : poulet au foin dans sa croute de sel, tagine de canard... Langues parlées : allemand, anglais.

Prix : 1 pers. 37/46 € 2 pers. 43/52 € 3 pers. 67 € pers. sup. 16 € repas 16 €
Ouvert : Toute l'année.

🐕	≋	🏠	⛵	🎾	🏇	🚴	🏂	⛷	🚂	🚤
	80	23	SP	10	23	30	80	80	23	10

Rose-Marie JEHLE-LECONTE - Manoir d'Argeles - 64370 MORLANNE - Tél. : 05 59 81 44 07 ou 05 59 81 42 47 - Fax : 05 59 81 42 47 -
E-mail : manoirdargeles@aol.com - www.manoir-d-argeles.bellerose.com

OGEU-LES-BAINS Hameau du Grand Chêne

||| 2 ch. **Oloron-Ste-Marie 4 km.** 2 ch. aménagées dans une ancienne ferme béarnaise, au pied des vallées pyrénéennes. Séjour avec cheminée, coin-salon, kitchenette. Poss. l-linge. Jardin ombragé plein sud avec beau point de vue sur les Pyrénées. Salon de jardin. A découvrir : Oloron-Ste-Marie, les vallées d'Aspe et d'Ossau. Langues parlées : allemand, anglais.

Prix : 1 pers. 30 € 2 pers. 40 € 3 pers. 58 €
Ouvert : Toute l'année.

🐕	≋	🏠	⛵	🎾	🏇	🚴	🏂	⛷	🚂	🚤
	100	10	10	4	4	20	30	30	4	4

Paul SELINGER - Maison Saint-Marty - Hameau du Grand Chêne - 64480 OGEU-LES-BAINS - Tél. : 05 59 34 93 36 -
Fax : 05 59 34 93 82 - E-mail : PSeli9302@aol.com

ORRIULE
(TH) C.M. 64

||| 2 ch. **Sauveterre-de-Béarn 7 km. Salies-de-Béarn 9 km.** 2 ch. à l'ét. Très belle ferme du XIXe, surplombant le village. Vous serez séduits par la simplicité et le raffinement de la décoration : pierres taillées, terres cuites, poutres apparentes et murs patinés aux tons ensoleillés. Meubles anciens et tentures cossues témoignent du passé. Les petits-déjeuners et la TH pourront être pris sur la grande terrasse exposée plein sud face à la chaîne des Pyrénées. Un havre de paix. Langue parlée : anglais.

Prix : 1 pers. 38 € 2 pers. 47 € repas 14 €
Ouvert : Toute l'année.

🐕	≋	🏠	⛵	🎾	🏇	🚴	🏂	⛷	🚂	🚤
	70	15	12	10	9	70	70	12	7	

Gilles ROBELIN - Maison Hitos - 64390 ORRIULE - Tél. : 05 59 38 11 70 ou SR : 05 59 11 20 64 - E-mail : robelin.gilles@wanadoo.fr

Pyrénées-Atlantiques *Aquitaine*

OSSES Mendikoa-Laka
C.M. 234

5 ch. **St-Etienne-de-Baïgorry 10 km.** 5 chambres avec douches et lavabos privés. 2 WC communs. Salle de séjour réservée aux hôtes. Entrée indépendante. Salon de jardin. Camping à la ferme à 1 km. Au cœur de la vallée basque de Cize et Baïgorry, vous pourrez vous reposer dans le grand parc ombragé, bordé par une rivière. Randonnées pédestres sur place.

Prix : 1 pers. **23** € 2 pers. **29** € pers. sup. **3** €

🐕	≈	👥	🏊	🎾	🏇	🎿	⛷	🚂	🚉
	45	20	6	1	1	35		1	1

Pierre LEKUMBERRY - Mendikoa Laka - 64780 OSSES - Tél. : 05 59 37 70 29 - Fax : 05 59 37 70 29

OSSES
(TH)
C.M. 234

4 ch. **St-Etienne-de-Baïgorry 8 km.** Vous serez accueillis dans une jolie bergerie restaurée dans la tradition basque. Les ch. sont confortables, décorées avec beaucoup de goût. Pierrette et Jean-Paul, agriculteurs, vous feront découvrir la fabrication du fromage de brebis. Table d'hôtes de mai à septembre 3 soirs par semaine (mardi, jeudi, vendredi). Langues parlées : espagnol, anglais.

Prix : 2 pers. **37** € pers. sup. **12** € repas **14** €
Ouvert : Toute l'année.

🐕	≈	👥	🏊	🎾	🏇	🎿	⛷	🚂	🚉
	40	10	8	1	30	75	45	1,5	8

Pierrette JAUNARENA - Maison Gaztenania - 64780 OSSES - Tél. : 05 59 37 78 21

PAGOLLE Elichondoa
(TH)
C.M. 64

4 ch. **St-Palais 15 km.** 4 ch. dont une suite (5 pers.) à l'entrée d'un petit village pastoral entouré de collines. Vous découvrirez l'authenticité du Pays Basque intérieur, la croisée des chemins de St Jacques, les belles balades à pied (4X4, VTT). Au petit déjeuner pain et confitures maison et le soir bonne cuisine familiale autour de la grande table. Langue parlée : anglais.

Prix : 1 pers. **38** € 2 pers. **41** € 3 pers. **52** € pers. sup. **11** € repas **15** €
Ouvert : Toute l'année.

🐕	≈	👥	🏊	🎾	🏇	🎿	⛷	🚂	🚉
	70	28	12	12	15	80	65	55	32	12

Michèle WALTHER - Elichondoa - 64120 PAGOLLE - Tél. : 05 59 65 65 34 ou SR : 05 59 11 20 64 - E-mail : jean.walter@online.fr

PAU
(TH)
C.M. 234

3 ch. **Pau 5 km. Lourdes 30 km. Les Pyrénées 40 km.** 3 ch. à l'ét. de la ferme du propriétaire, au Nord de Pau. Sanitaires communs. Coin-cuisine réservé aux hôtes. Entrée indép. et parking privé. Jardin ombragé, salon de jardin. Portique. Mur d'escalade et jeux pour enf. Ping-pong. Tous loisirs à 5 mn. Table d'hôtes sur réservation. Boulevard des Pyrénées et vieille ville à 5 mn. Découverte du tissage dans l'atelier des propriétaires. Culture et transformation des petits fruits rouges, moutons, basse-cour. Vente de confiture. Langues parlées : espagnol, anglais.

Prix : 1 pers. **24** € 2 pers. **29** € repas **11** €
Ouvert : Toute l'année.

🐕	≈	👥	🏊	🎾	🏇	🎿	⛷	🚂	🚉
	100	40	1	1	5	5	50	50	5	1

ROUSSET-SEGER - 73 avenue Copernic - 64000 PAU - Tél. : 05 59 84 36 85 - Fax : 05 59 84 36 85 ou SR : 05 59 11 20 64 - E-mail : la.ferme-du-hameau-de-pau@wanadoo.fr - http ://perso.wanadoo.fr/lafermeduhameaudepau

POEY-D'OLORON
(TH)

4 ch. **Oloron-Ste-Marie 10 km.** 2 ch. r.d.c. 2 ch. à l'ét. Piscine, parc. Thierry et Odile vous invitent, dans les dépendances de leur maison de maître du XIX°. Dans un cadre de verdure, vous profiterez de la tranquilité du parc. Les chambres se distinguent par des harmonies de couleurs. Les repas sont préparés à partir des produits de la ferme.

Prix : 1 pers. **30** € 2 pers. **41** € 3 pers. **53** € pers. sup. **9** € repas **15** €
Ouvert : Toute l'année.

🐕	≈	👥	🏊	🎾	🏇	🎿	⛷	🚂	🚉
	80	7	SP	10	4	25	60	60	10	10

Thierry CIVIT - 64400 POEY-D'OLORON - Tél. : 05 59 39 59 93 - Fax : 05 59 39 59 93 ou SR : 05 59 11 20 64 - E-mail : civit.earl@wanadoo.fr - http ://perso.wanadoo.fr/civit

PONTACQ

1 ch. **Pau 25 km. Lourdes 15 km.** Suite aménagée à l'ét. mansardé d'une maison béarnaise du XVIII°, ouverte sur un jardin très fleuri, dans le village. 1 grande ch. (1 lit 2 pers. 1 lit 1 pers.) communiquant avec 1 petite ch. (1 lit 1 pers.). Séjour/cheminée. Chauffage central. Parking.

Prix : 1 pers. **34** € 2 pers. **38** € 3 pers. **47** € pers. sup. **15** €
Ouvert : Toute l'année.

🐕	≈	👥	🏊	🎾	🏇	🎿	⛷	🚂	🚉
	150	11	0,3	0,3	1,5	11	30	50	11	SP

Jacqueline RACLET - 3 rue Beauvais Poque - 64530 PONTACQ - Tél. : 05 59 53 65 73

Aquitaine
Pyrénées-Atlantiques

PONTIACQ-VILLEPINTE (TH)

3 ch. **Pau 35 km. Lourdes 30 km.** 3 ch. Prés de Lourdes et des Hautes Pyrénées, Michel et Nicole vous accueillent dans une belle maison béarnaise. Les chambres offrent une vue sur le parc ombragé. A la table d'hôtes, les repas sont cuisinés à partir de produits de la ferme : poulet grillé au vinaigre de framboise, magret grillé au feu de bois, crème brûlée... Accueil chaleureux et familial.

Prix : 1 pers. 30 € 2 pers. 34 € pers. sup. 12 € repas 13 €
Ouvert : Toute l'année.

🐕	≋	♨	🏊	🎾	🚴	🏇	⛷	🏂	🚂	⛳
	70	2	10	5	4	25	25	50	25	10

Michel et Nicole VIGNOLO - Route de Montaner - 64460 PONTIACQ-VILLEPINTE - Tél. : 05 59 81 91 45

SALIES-DE-BEARN La Closerie du Guilhat (TH) C.M. 64

4 ch. **Salies-de-Béarn (thermes) 4 km.** Dans cette oasis de verdure, M-Christine vous ouvre les portes de cette ancienne maison de maître béarnaise où règne la sérénité. Autour de la grande table vous dégusterez en toute convivialité une cuisine régionale savoureuse près de la cheminée ou sur la terrasse face aux Pyrénées. Parc (sequoia, magnolia, camélia, lagestroemia...), pépinière, rando... Remise en forme, golf, pêche, casino à proximité. Langue parlée : anglais.

Prix : 1 pers. 38/46 € 2 pers. 46/52 € pers. sup. 12 € repas 15 €
Ouvert : Toute l'année.

🐕	≋	♨	🏊	🎾	🚴	🏇	⛷	🏂	🚂	⛳
	50	15	3	3	3	3	70	70	6	4

Marie-Christine POTIRON - La Closerie du Guilhat - Quartier du Guilhat - 64270 SALIES-DE-BEARN - Tél. : 05 59 38 08 80 - Fax : 05 59 38 08 80 ou SR : 05 59 11 20 64 - E-mail : guilhat@club-internet.fr

SALIES-DE-BEARN

2 ch. **Orthez 15 km. Sauveterre-de-Béarn 10 km. Salies-de-Béarn 1,5 km.** 2 ch. dans une maison récente construite sur un grand terrain au calme donnant sur la campagne. Bénéficiant d'une situation idéale, à mi-chemin entre Pays Basque et Béarn. Georges et Marie-Louise vous conseilleront les meilleures visites ainsi que les bonnes adresses pour déguster notre gastronomie locale.

Prix : 2 pers. 38 € pers. sup. 15 €
Ouvert : Toute l'année.

🐕	≋	♨	🏊	🎾	🚴	🏇	⛷	🏂	🚂	⛳
	50	15	1,5	1,5	3	1,5	70	70	6	1,5

Georges et M-Louise LARTIGUE - Chemin de Bergeras - 64270 SALIES-DE-BEARN - Tél. : 05 59 38 12 10 ou SR : 05 59 11 20 64

SALIES-DE-BEARN (TH)

3 ch. **Salies-de-Béarn 3 km. Sauveterre-de-Béarn 10 km.** 3 ch. sur les coteaux boisés de la cité du sel. Il fait bon vivre à Léchémia dans cette maison familiale du XVIe et sa dépendance. Dans la grange restaurée près de l'ancien pressoir ou sous les marronniers Hélène vous fera découvrir les saveurs du terroir mijotées au feu de bois. A bientôt chez nous !

Prix : 2 pers. 46 € repas 15 €
Ouvert : Toute l'année.

🐕	≋	♨	🏊	🎾	🚴	🏇	⛷	🏂	🚂	⛳
	50	15	3	3	3	3	70	70	6	3

Hélène CAMOUGRAND - Maison Léchémia - Quartier du Bois - 64270 SALIES-DE-BEARN - Tél. : 05 59 38 08 55 ou SR : 05 59 11 20 64

SARE Larochoincoborda (TH) C.M. 234

3 ch. **St-Jean-de-Luz 15 km. Train de la Rhune 2 km.** 3 ch. Sur les flans de La Rhune, au bout du long chemin, vous découvrirez une authentique ferme basque du XVIIIe, dans un site classé exceptionnel. Le petit déjeuner vous sera servi dans une pièce chaleureuse ou sur la terrasse avec vue sur les montagnes environnantes. Randonnées et GR 10 à prox. Poss. table d'hôtes en hors saison.

Prix : 1 pers. 55 € 2 pers. 55 € 3 pers. 77 € repas 15 €
Ouvert : Toute l'année.

🐕	≋	♨	🏊	🎾	🚴	🏇	⛷	🏂	🚂	⛳
	15	10	2,5	2,5	2,5	15	150	80	15	2,5

Jacques BERTHON - Larochoincoborda - Quartier Lehenbiscaye - 64310 SARE - Tél. : 05 59 54 22 32

SARE Olahbidea C.M. 234

4 ch. **St-Jean-de-Luz 15 km.** 3 ch. et 1 suite. Salon, salle à manger réservées aux hôtes. Entrée indép. Grand jardin. Terrasses. Sare est probablement l'un des villages les plus typiques du Pays Basque. Vous y serez accueillis dans une belle maison où la décoration intérieure égale le splendide paysage des alentours par Anne-Marie et sa famille qui vous parleront du Pays Basque avec amour.

Prix : 1 pers. 46 € 2 pers. 53/61 €
Ouvert : De mars à novembre.

🐕	≋	♨	🏊	🎾	🚴	🏇	⛷	🏂	🚂	⛳
	15	8	2	2	SP	14	150	80	14	2

Anne-Marie FAGOAGA - Olhabidea - 64310 SARE - Tél. : 05 59 54 21 85 - Fax : 05 59 47 50 41 ou SR : 05 59 11 20 64 - www.basquexplorer.com/olhabidea

Pyrénées-Atlantiques   *Aquitaine*

SARE Argaineneko-Borda

2 ch. **St-Jean-de-Luz 15 km. Espagne toute proche.** 2 ch. avec s.d.b. et toilettes communes et attenantes soit louées ensemble à une famille ou à 2 couples d'amis soit réservés exclusivement à 1 ou 2 pers. Entrée indép. Séjour et cheminée réservé aux hôtes. Chauf. central. Jardin ombragé. Authentique ferme basque située à proximité d'un des plus beaux villages de France. Langues parlées : anglais, espagnol.

Prix : 1 pers. 34 € 2 pers. 38/43 € 3 pers. 61 € pers. sup. 8 €
Ouvert : Toute l'année.

≋	🍇	🏊	🎾	🎣	🏇	⛷	🎿	🚡	🚵
15	7	7	7	5	15	150	80	15	7

Annie SAINT-MARTIN - Argaineneko Borda - 64310 SARE - Tél. : 05 59 54 22 18

SARE Ibar-Gaina

2 ch. **St-Jean-de-Luz 15 km. Grottes de Sare 5 km. Train de la Rhune 1 km.** La maison est de style rustique comportant un ét. où se situe les chambres. Au r.d.c. se trouve la cuisine aux murs garnis de vieilles assiettes décoratives aux couleurs pastels et la salle à manger aux douces harmonies de bleus. Côté extérieur, vous apprécierez la belle terrasse entourée de fleurs et plantes sauvages.

Prix : 1 pers. 38 € 2 pers. 41 € 3 pers. 53 €
Ouvert : Toute l'année.

≋	🍇	🏊	🎾	🎣	🏇	⛷	🎿	🚡	🚵
12	11	2	2	3	12	150	80	12	SP

Marianne GARBISO - Ibar-Gaina - 64310 SARE - Tél. : 05 59 54 21 89

SARE Haran-Xilo

2 ch. **St-Jean-de-Luz 16 km. Espagne 2 km.** R.d.c. 1 ch. (1 lit 2 pers.), 1 ch. (2 lits 2 pers.) formant une suite. Et. 1 ch. (3 pers.), le tout dans une maison de style basque entouré d'un terrain important garni d'arbres et fleurs, calme assuré, vue sur les Pyrénées. Vous découvrirez la joie de vivre dans ce pays en particulier à Sare, village classé le plus beau de France. Chauf. central.

Prix : 1 pers. 38 € 2 pers. 43 € 3 pers. 53 € pers. sup. 11 €
Ouvert : Toute l'année.

≋	🍇	🏊	🎾	🎣	🏇	⛷	🎿	🚡	🚵
16	11	3	3	3	16	150	80	16	3

Gracie GARBISO - Haran Xilo - Route des Grottes - 64310 SARE - Tél. : 05 59 54 22 55

SARE Errotaldekoborda   (TH)   C.M. 64

4 ch. **St-Jean-de-Luz 15 km. Frontière espagnole 3 km.** 4 ch. Murielle vous accueille dans sa ferme basque du XVIIIe aux murs blanchis à la chaux. A votre réveil, vous pourrez voir passer les troupeaux de brebis, prendre le petit déjeuner au coin du feu ou à l'ombre du figuier en dégustant les confitures maison. Poss. randos (pédestres, VTT et 4x4). A l'automne poste de chasse à la palombe sur la propriété. Table d'hôte sur réservation hors juil-août. Enfant -12 ans dans la ch. des parents : 12 €. Langues parlées : anglais, espagnol.

Prix : 1 pers. 38 € 2 pers. 46/49 € pers. sup. 11 € repas 15 €
Ouvert : Toute l'année.

≋	🍇	🏊	🎾	🎣	🏇	⛷	🎿	🚡	🚵
16	11	3	3	3	16	150	80	16	1

Murielle DAUX - Errotaldeko-Borda - Route des Ventas - 64310 SARE - Tél. : 05 59 54 29 77 ou SR : 05 59 11 20 64 -
E-mail : murielle.daux@libertysurf.fr

SARE Muttilainea

2 ch. **St-Jean-de-Luz 15 km. Grottes de Sare 1 km. Espagne 3 km.** 2 jolies ch. à l'ét. de la belle maison de caractère des propriétaires, maison du XVIIe. Entrée indép. Séjour et salon (cheminée) communs donnant sur un grand jardin avec terrasse. Chauffage central. Calme. Vue panoramique. Site classé à prox. de l'Espagne, La Rhune et son petit train. Langue parlée : espagnol.

Prix : 1 pers. 38 € 2 pers. 43 € pers. sup. 11 €
Ouvert : Toute l'année.

≋	🍇	🏊	🎾	🎣	🏇	⛷	🎿	🚡	🚵
14	9	1	1	1	14	150	80	14	1

Bittori ETCHEVERRY - Maison Muttilainea - 64310 SARE - Tél. : 05 59 54 27 32 ou 06 09 86 06 46

SARE Ernainia

1 ch. **St-Jean-de-Luz 15 km. Grottes de Sare 1 km.** 1 chambre dans la maison du propriétaire au r.d.c. Une entrée commune avec les propriétaires et une indépendante. Terrasse couverte. Jardin. Salon de jardin. Belle chambre dans un quartier calme et classé de Sare. A proximité de l'océan, vous pourrez également profiter de la beauté des paysages du Pays Basque intérieur. Langue parlée : espagnol.

Prix : 2 pers. 49 €
Ouvert : Toute l'année.

≋	🍇	🏊	🎾	🎣	🏇	⛷	🎿	🚡	🚵
14	8	1	1	1	14	150	80	14	1

Fani ITURRIA - Ernainia - Quartier Ihalar - 64310 SARE - Tél. : 05 59 54 28 21

Aquitaine
Pyrénées-Atlantiques

SARE Uhartea

4 ch. St-Jean-de-Luz 12 km. Petit Train de la Rhune 3 km. Entrée indép. 4 ch. dans une authentique ferme basque. Salon et séjour réservés aux hôtes. Kitchenette. Au pied de la redoute de Louis XIV et de la montagne de la Rhune le calme y est assuré. Ancienne ferme basque datant du XVe entièrement rénovée. Cette maison est une des plus anciennes de Sare, village classé à deux pas de l'Espagne et de l'océan. Poss. randos, chasse, pêche, golf... Langue parlée : espagnol.

Prix : 2 pers. 46/49 € 3 pers. 61 €
Ouvert : Toute l'année.

🐕	≈	⛲	🏊	🎾	🏇	🚶	⛷	🏨	⛵
	12	10	2	2	3	12	150	80	12	2

Amaia et Michel ECHEVESTE - Uhartea - Quartier Elbarun - 64310 SARE - Tél. : 05 59 54 25 30 ou 06 20 44 54 97 - Fax : 05 59 54 24 86 - E-mail : echeveste.michel@club-internet.fr

SARE Etxegaraia

1 ch. St-Jean-de-Luz 15 km. Maison basque du XVIe rénovée, dans laquelle vous serez accueillis avec chaleur par Brigitte et toute sa famille, qui vous proposeront une chambre spacieuse et confortable avec entrée indép. et balcon. La maîtresse de maison vous fera découvrir sa passion pour les miniatures et l'encadrement. Allemand également parlés. Langues parlées : anglais, espagnol, italien.

Prix : 1 pers. 38 € 2 pers. 50 € 3 pers. 66 € pers. sup. 7 €
Ouvert : Toute l'année.

🐕	≈	⛲	🏊	🎾	🏇	🚶	⛷	🏨	⛵
15	8	4	4	SP	14	150	80	15	4

Brigitte SASIAS - Etxegaraia - 64310 SARE - Tél. : 05 59 47 50 53 - Fax : 05 05 47 50 53 ou SR : 05 59 11 20 64 -
E-mail : sasias@infonie.fr

SARE Aretxola

2 ch. St-Jean-de-Luz 15 km. Frontière espagnole 1,5 km. Trini et son mari, passionnés de chevaux, vous accueilleront à Aretxola, la maison de pierres, au cœur de ses 3 hect. boisés, en bordure du ruisseau à truites avec une vue imprenable sur les crêtes de Navarre. Les 2 ch. cosy et confortables, ont leur ambiance propre, personnalisées avec goût d'objets et de vieux meubles patinés. Langues parlées : espagnol, anglais.

Prix : 1 pers. 41 € 2 pers. 45/50 € pers. sup. 15 €
Ouvert : Toute l'année.

🐕	≈	⛲	🏊	🎾	🏇	🚶	⛷	🏨	⛵
	18	13	5	5	5	18	150	80	18	5

Trini DEVOUCOUX - Aretxola - Route des Grottes - 64310 SARE - Tél. : 05 59 54 28 33 - Fax : 05 59 54 28 33 ou SR : 05 59 11 20 64 -
E-mail : aretxola@wanadoo.fr - www.aretxola.com

SARE Maison Ttakoinnenborda (TH)

4 ch. St-Jean-de-Luz 15 km. 4 ch. aménagées dans une maison de caractère du XVIIe en bordure de rivière, dans un écrin de verdure. La pierre, le bois et les nombreux tableaux du grand père se mélangent harmonieusement. A la table d'hôtes vous seront servis les agneaux et les poulets de la ferme ainsi que le pain frais confectionné chaque jour par le propriétaire. Table d'hôtes certains soirs de la semaine. Langues parlées : anglais, allemand.

Prix : 1 pers. 38 € 2 pers. 44 € 3 pers. 53 € pers. sup. 11 € repas 14 €
Ouvert : Toute l'année.

🐕	≈	⛲	🏊	🎾	🏇	🚶	⛷	🏨	⛵
17	12	4	4	4,5	17	150	80	17	5

Alain et Mary ARRIETA - Maison Ttakoinenborda - 64310 SARE - Tél. : 05 59 47 51 42 ou SR : 05 59 11 20 64 -
E-mail : alain-et-mary.arrieta@wanadoo.fr - http ://ttakoinenborda.ifrance.com

SARE Alba Mendia
C.M. 234

1 ch. St-Jean-de-Luz 15 km. Dans un site agréable au milieu des prairies, au pied de la Rhune, vous profiterez d'un agréable jardin bien entretenu et de la vue sur les vieilles maisons typiques du village. Mireille vous servira le petit-déjeuner dans sa salle à manger ou sur la terrasse réservée à la coquette chambre qu'elle aura préparée pour vous. Accès de la chambre par l'extérieur uniquement.

Prix : 2 pers. 43 €
Ouvert : Toute l'année.

🐕	≈	⛲	🏊	🎾	🏇	🚶	⛷	🏨	⛵
	15	15	2	2	3,5	25		13	2

Mireille GARBISO - Maison Alba Mendia - Quartier Lehenbiscaye - 64310 SARE - Tél. : 05 59 47 50 13 ou SR : 05 59 11 20 64

SAUCEDE (TH)

3 ch. Navarrenx 8 km. Oloron-Ste-Marie 12 km. 3 ch. dans un ancien moulin restauré. Spacieuses, confortables et décorées dans les tons pastels. Au petit déjeuner, une vue imprenable vous attend sur la rivière, et la plage le permettant sur face. Baissez les yeux, vous pourrez admirer les anciennes roues et n'hésitez pas à demander aux propriétaires de vous raconter l'histoire de ce bâtiment et de leurs ancêtres. C'est aussi une bonne adresse pour les pêcheurs, de beaux saumons ont l'habitude de fréquenter le coin.

Prix : 1 pers. 34 € 2 pers. 40 € 3 pers. 52/61 € repas 14 €
Ouvert : Toute l'année.

🐕	≈	⛲	🏊	🎾	🏇	🚶	⛷	🏨	⛵
	80	20	9	9	5	40	80	80	10	10

Brigitte BAYAUD - Rue Principale - Chambre d'Hôte du Vieux Moulin - 64400 SAUCEDE - Tél. : 05 59 34 37 21 ou SR : 05 59 11 20 64

Pyrénées-Atlantiques

Aquitaine

C.M. 85 Pli 5

SAUVELADE Las Campanhas

▮▮ 1 ch.

Orthez 15 km. 1 ch. (2 lits 1 pers.)/sanitaires privés communiquant. Petit déjeuner gascon. Garage. Gratuit pour enf. de moins de 10 ans. Renseignements sur la langue et l'histoire du Béarn. Situation qui permet de visiter le Béarn et le Pays Basque. Sur le chemin de Saint-Jacques-de-Compostelle.

Prix : 1 pers. **20** € 2 pers. **30** €

	≋	👥	⇗	🎾	🏃	⛷	🎿	🦌	🏪	🚉
	70	12	15	15	15	50	70	70	13	12

Michel GROSCLAUDE - 280 Camin de la Crotz de Lopin - 64150 SAUVELADE - Tél. : 05 59 67 60 57

SERRES-CASTET Le Peyret

▮▮▮ 5 ch.

Pau 10 km. 5 ch. spacieuses, confortables avec entrée indép. dont une accessible aux pers. handicapées. Situé sur les hauteurs de Serres-Castet, Le Peyret jouit d'une vue imprenable sur la chaîne des Pyrénées. Cette demeure du XVIIIe possède les caractéristiques de l'habitation béarnaise : souches de cheminées, lucarnes dans le toit de tuiles. Fenêtres à petits carreaux et son adorable pigeonnier. Venez profiter du parc et jeter un coup d'œil sur l'atelier d'abat-jour. Vous serez logés dans les dépendances de cette propriété avec salle commune pour les hôtes. Coin-cuisine à disposition.

Prix : 1 pers. **53/61** € 2 pers. **61/69** €
Ouvert : Toute l'année.

	≋	👥	⇗	🎾	🏃	⛷	🎿	🦌	🏪	🚉
	100	4	4	4	4	10	50	50	10	4

P. DE STAMPA - Chemin de Pau - Maison le Peyret - 64121 SERRES-CASTET - Tél. : 05 59 33 11 92 - Fax : 05 59 33 98 02 ou SR : 05 59 11 20 64

SOURAIDE Erieutania

▮▮▮ 3 ch.

St-Jean-de-Luz et Biarritz 20 km. San Sebastian 40 km. Espagne 8 km. Jeanine et Bernard agriculteur, producteur de lait vous proposent 2 ch. (2 pers.) et 1 ch. (3 pers.). Chauffage. Salle à manger/TV à la disposition des hôtes. Entrée indép. Marché produits régionaux 1 à 3 km. Pampelune 80 km.

Prix : 1 pers. **35** € 2 pers. **38** € 3 pers. **49** €
Ouvert : Du 1er février au 30 novembre.

	≋	👥	⇗	🎾	🏃	⛷	🎿	🦌	🏪	🚉
	20	5		1	1	3	1	50	20	1

Jeanine LARRE - Erieutania - 64250 SOURAIDE - Tél. : 05 59 93 85 40

ST-ARMOU

▮▮ 2 ch.

Pau 18 km. Entrée indép. 2 ch. avec sanitaires privés. Goûtez au charme d'une maison de maître du début du siècle, située au cœur d'un village paisible. Vous serez séduit par cette ancienne propriété d'élevage de chevaux de courses. Ne manquez pas de déguster le petit déjeuner maison : confitures de Marie, lait de ferme (vous pourrez voir la traite sur place).

Prix : 1 pers. **27** € 2 pers. **34** € 3 pers. **49** € pers. sup. **9** €
Ouvert : Toute l'année.

	≋	👥	⇗	🎾	🏃	⛷	🎿	🦌	🏪	🚉
	100	SP	10	3	10	10	80	80	18	10

Alain et Marie BRITIS - 10 chemin d'Anos - 64160 SAINT-ARMOU - Tél. : 05 59 68 93 70 - E-mail : m-a.britis@wanadoo.fr - http://perso.wanadoo.fr/chambres-bearn

ST-ESTEBEN Jaureguia

▮▮▮ 4 ch.

Hasparren 10 km. Ht. et. d'une ancienne demeure seigneuriale du XIIIe. Grottes d'Isturitz et d'Oxocelaya 5 km. Chez un producteur de lait, 4 grandes ch. (3 lits 2 pers. 1 lit 120, 2 lits 1 pers.) à l'ét. d'une ancienne demeure seigneuriale du XIIIe. Salon/TV et cheminée réservé aux hôtes. Site reposant/ terrasse et salon de jardin. Chemins de randonnées. Région de coteaux au cœur du Pays Basque à mi-chemin entre mer et montagne. Tarifs dégressifs à partir de 3 nuits. Langue parlée : espagnol.

Prix : 1 pers. **30** € 2 pers. **37** € 3 pers. **46** € pers. sup. **8** €
Ouvert : Toute l'année.

	≋	👥	⇗	🎾	🏃	⛷	🎿	🦌	🏪	🚉
	40	30	10	10	10	40	40	45	40	10

Annie DURRUTY - Jaureguia - 64640 SAINT-ESTEBEN - Tél. : 05 59 29 65 34

ST-ETIENNE-DE-BAIGORRY Yaureguia

▮▮▮ 3 ch.

St-Etienne-de-Baigorry 1 km. 3 grandes chambres dans une maison du XVIe, ancienne demeure de la famille d'Albret. Aux pied des Crêtes d'Iparla, dans un site protégé, vous vous trouvez au point de départ de nombreuses randonnées. Daniel, propriétaire des lieux est accompagnateur de montagne, il vous conseillera les meilleurs itinéraires.

Prix : 2 pers. **53/61** €
Ouvert : Toute l'année.

	≋	👥	⇗	🎾	🏃	⛷	🎿	🦌	🏪	🚉
	50	35	1	1	35	50	80	40	10	1

Daniel HARGAIN - Yaureguia - Quartier Urdos - 64430 SAINT-ETIENNE-DE-BAIGORRY - Tél. : 05 59 37 49 72 ou SR : 05 59 11 20 64 - E-mail : hargain.daniel@wanadoo.fr

Aquitaine
Pyrénées-Atlantiques

ST-ETIENNE-DE-BAIGORRY Inda (TH) C.M. 234

3 ch. **St-Etienne-de-Baïgorry 1 km.** Ancienne ferme basque datant de 1724, notre maison de famille spacieuse au mobilier ancien et traditionnel est située au cœur du vignoble d'Irouléguy. A table, la maîtresse de maison s'appliquera à vous faire goûter les spécialités locales et savourer sa cuisine préparée à partir des produits de la ferme. Pas de repas le dimanche soir. Enf. - 10 ans 18 €.

Prix : 1 pers. 27 € 2 pers. 38 € 3 pers. 53 € repas 14 €

🐕	≈	👥	🏊	🎾	🐎	🚶	⛷	🎿	🚂	⛵
	60	10	1	1	15	45	100	35	1	1

Agnès DORRE-GOROSTIAGUE - Maison Inda - Quartier Occos - 64430 SAINT-ETIENNE-DE-BAIGORRY - Tél. : 05 59 37 43 16

ST-ETIENNE-DE-BAIGORRY Château D'Etchaux C.M. 234

6 ch. **Château d'Etchaux sur place. St-Etienne-de-Baïgorry 500 m.** 5 ch. et 1 suite aménagées dans un château du XIe qui domine le village de St-Etienne-de-Baïgorry, dans un grand parc aux arbres centenaires. 2 ch. (2 lits 2 pers.), 1 ch. (2 lits 110), 1 suite (salon privatif, 1 lit 160). Grand séjour commun. Terrasse. Le parc offre la détente, le calme et la fraîcheur de sa rivière. Langues parlées : anglais, espagnol.

Prix : 2 pers. 76/120 € pers. sup. 8 €
Ouvert : Toute l'année.

🐕	≈	👥	🏊	🎾	🐎	🚶	⛷	🎿	🚂	⛵
	50	10	1,5	1,5	15	30	80	45	10	0,5

Line PIERNE - Château d'Etchaux - 64430 SAINT-ETIENNE-DE-BAIGORRY - Tél. : 05 59 37 48 58 - Fax : 05 59 59 01 90 ou SR : 05 59 11 20 64

ST-GLADIE (TH) C.M. 64

3 ch. **Salies-de-Béarn 10 km. Sauveterre-de-Béarn 5 km.** Charmante maison béarnaise du XVIe, décorée avec beaucoup de goût : vieux meubles, tableaux colorés, beaux tissus habillent élégamment séjours et salons. Janine et Jacques vous invitent au bord de la piscine entourée d'un parc ombragé et fleuri. La cuisine généreuse servie à la table d'hôtes s'inspire des traditions du Sud-Ouest. Une visite chez des amis. Langue parlée : anglais.

Prix : 1 pers. 50 € 2 pers. 58 € repas 23 €
Ouvert : Toute l'année.

🐕	≈	👥	🏊	🎾	🐎	🚶	⛷	🎿	🚂	⛵
	70	25	SP	5	10	10	80	80	25	5

Jacques et Janine ROMEFORT - Lou Guit - Qu. Arrive - 64390 ST-GLADIE - Tél. : 05 59 38 97 38 - Fax : 05 59 38 97 38 ou SR : 05 59 11 20 64 - E-mail : jj.romefort@wanadoo.fr - www.bearn-gaves.com

ST-JEAN-LE-VIEUX Subiatia

2 ch. **St-Jean-Pied-de-Port 2 km. Forêt d'Iraty 30 km.** Ancienne maison de style navarrais située dans un quartier calme à prox. d'un ruisseau. 1 ch. (1 lit 2 pers.)/s. d'eau. Wc. 1 suite/2 ch. communicantes et sanitaires communs (2 lits 2 pers. 1 lit 1 pers). Entrée indép. Séjour indép. Coin cuisine réservé aux hôtes. L-linge. TV. Parking. Calme et repos assurés.

Prix : 1 pers. 33 € 2 pers. 37 € pers. sup. 11 €
Ouvert : Toute l'année.

🐕	≈	👥	🏊	🎾	🐎	🚶	⛷	🎿	🚂	⛵
	55	45	2	2	17	50	60	30	2	1,5

Monique ESPONDE - Subiatia - 64220 SAINT-JEAN-LE-VIEUX - Tél. : 05 59 37 08 21

ST-JEAN-PIED-DE-PORT C.M. 234

2 ch. **Espagne 4 km. Forêt d'Iraty 26 km.** 2 ch./sanitaires privés non communicants à l'ét. Parking privé. Jolie maison basque perchée sur une colline, surplombant la vallée de la Nive. Meubles de jardin. Suzanne s'adonne au patchwork et à la peinture. Calme et repos. Les propriétaires connaissent bien les montagnes de Cize et Baïgorry, et vous indiqueront de belles balades. Le pastoralisme n'a aucun secret pour eux : transhumance, fabrication de fromage, langue et traditions basques...

Prix : 2 pers. 35/38 €

🐕	≈	👥	🏊	🎾	🐎	🚶	⛷	🎿	🚂	⛵
	50	1	0,5	0,5	1	40	26	0,9	0,5	

Suzanne et Raymond LANDABURU - Chemin de Taillapalde - 64220 SAINT-JEAN-PIED-DE-PORT - Tél. : 05 59 37 08 05 - Fax : 05 59 37 08 05

ST-JEAN-PIED-DE-PORT

4 ch. **Espagne 5 km.** 4 ch. à l'ét. dans une maison basque avec accès indép. Terrasse, patio, barbecue, bibliothèque. Confort et calme assurés. Nos hôtes trouveront une documentation riche et les conseils précieux de gens soucieux de leur faire découvrir et aimer le cœur du Pays Basque. On arrive ici par hasard, et on y reste par plaisir ! Langue parlée : anglais.

Prix : 2 pers. 38 € 3 pers. 50 €
Ouvert : Toute l'année.

🐕	≈	🏊	🎾	🐎	⛷	🎿	🚂
	60	0,8	0,8	40	30	0,9	0,8

Clara et Jean GARICOITZ - Chemin de Taillapalde - 64220 SAINT-JEAN-PIED-DE-PORT - Tél. : 05 59 37 06 46

Pyrénées-Atlantiques *Aquitaine*

ST-MICHEL Ferme Ithurburia (TH) *C.M. 234*

5 ch. **St-Jean-Pied-de-Port 5 km.** 5 chambres dont une avec sanitaires non communiquants. Mezz. à chaque chambre. Grande salle commune réservée aux hôtes (cheminée). Kitchenette. Bibliothèque. TV. Entrée indép. Jardin. De la galerie couverte où donnent toutes les chambres, vous pourrez admirer un magnifique point de vue. Située sur un chemin de St Jacques de Compostelle, cette ferme domine la vallée de St-Jean-Pied-de-Port.

Prix : 1 pers. 30 € ◊ 2 pers. 38 € ◊ 3 pers. 50 € ◊ pers. sup. 11 € ◊ repas 14 €

65	7	5	5	5	40	30	5	5

Jeanne OURTIAGUE-PARIS - Ferme Ithurburia - 64220 SAINT-MICHEL - Tél. : 05 59 37 11 17

ST-MICHEL Altzia

3 ch. **St-Jean-Pied-de-Port 1,5 km.** 3 ch. aménagées dans une ferme rénovée à l'extérieur d'un petit village. Elle est sur le passage des chemins de St Jacques de Compostelle. Marie-Claire aime partager son savoir sur la culture et le patrimoine du Pays Basque et vous accueillera chaleureusement dans sa maison.

Prix : 2 pers. 38 €
Ouvert : Toute l'année.

60	1,5	1,5	1,5	60	30	1,5	1,5

Marie-Claire AHAMENDABURU - Altzia - 64220 SAINT-MICHEL - Tél. : 05 59 37 24 90

ST-PEE-SUR-NIVELLE Ferme Uxondoa (TH)

5 ch. **St-Jean-de-Luz 9 km.** 3 ch. spacieuses à l'ét. 2 suites (ch. 2 pers. ch. 1 pers.) avec terrasses. Ancienne ferme rénovée dans le pur style du pays. Poutres, pierres, chaux d'Astier et terre cuite vous offre la chaleur du rustique avec tout le confort moderne. Propriété de 6 ha au bord de la Nivelle. Pêche réservée. Table d'hôtes avec produits fermiers. Petit-déjeuner avec confitures maison. Calme, nature. Un site convivial et unique à 10 mn de l'océan.

Prix : 1 pers. 50/65 € ◊ 2 pers. 54/69 € ◊ 3 pers. 77 € ◊ repas 13/19 €
Ouvert : Toute l'année.

9	2	3,5	2	2	9	9	2

M. POULET - Ferme Uxondoa - Quartier Elbarron - 64310 SAINT-PEE-SUR-NIVELLE - Tél. : 05 59 54 46 27 ou 06 85 87 84 75

ST-PEE-SUR-NIVELLE Bidachuna

3 ch. **Biarritz 15 km. St-Jean-de-Luz 20 km.** 3 ch. A l'orée d'une forêt classée, face aux Pyrénées, Bidachuna, ferme bastide du XIX° se blottit dans un écrin de verdure et de quiétude. Cette ancienne halte sur les chemins de St Jacques vous accueillera en ce lieu magique propice à la méditation. Demeure de charme qui témoigne de la passion d'Isabelle pour un certain art de vivre. Langues parlées : anglais, espagnol.

Prix : 1 pers. 84 € ◊ 2 pers. 92 €
Ouvert : Toute l'année.

15	3	15	6	6	4	15	6

Isabelle ORMAZABAL - RD 3 - Bidachuna - 64310 SAINT-PEE-SUR-NIVELLE - Tél. : 05 59 54 56 22 - Fax : 05 59 47 31 00

ST-PEE-SUR-NIVELLE Ehaltzekoborda   (TH)

5 ch. **Biarritz 14 km.** 5 ch. en r.d.c. aménagées dans une ancienne borde basque. Séjour et salon communs. Accés des chambres par l'extérieur uniquement sur terrasse. Sanitaires privatifs (baignoire/wc séparé). Site naturel classé. Piscine privative. Très belle vue. Petits déjeuners avec confitures maison. Calme et nature à 10 mn des plages et des montagnes. 10 % de réduction hors juillet-août. Langue parlée : anglais.

Prix : 1 pers. 55 € ◊ 2 pers. 61 € ◊ 3 pers. 76 € ◊ pers. sup. 15 € ◊ repas 15/18 €
Ouvert : Toute l'année.

14	0,2	SP	0,2	2	3	150	150	10	2

VERDIER Marc et JUPAS Soisick - Ehaltzekoborda - 64310 SAINT-PEE-SUR-NIVELLE - Tél. : 05 59 85 94 29

STE-ENGRACE Alt. : 630 m (TH)

5 ch. **Gorges de Kakuetta 5 km et d'Holzarte 15 km.** 4 ch. avec douche, 1 ch. avec baignoire, parking privé. Au pied de la montagne, cette typique maison basque vous offre une vue surprenante sur les gorges d'Ehujarre. Goûtez au dépaysement de ce charmant village à l'exceptionnelle église romane du XI°. Ambroise et Madeleine vous proposent leur copieuse table d'hôtes.

Prix : 1 pers. 34 € ◊ 2 pers. 38 € ◊ repas 12 € ◊ 1/2 pens. 31 €
Ouvert : Toute l'année.

120	33	10	18	100	11	11	50	18

Ambroise BURGUBURU - Maison Elichalt - 64560 SAINTE-ENGRACE - Tél. : 05 59 28 61 63 - Fax : 05 59 28 75 54

Aquitaine

Pyrénées-Atlantiques

STE-SUZANNE

2 ch. **Orthez, base nautique et Saligue aux Oiseaux 5 km.** 2 ch. à l'étage dans une maison béarnaise rustique. Dans le séjour, vieilles poutres, cheminée, plâtre à l'ancienne vous attendent chez cet agriculteur. De nombreuses activités aux alentours, comme le lac de Biron où vous pourrez profiter de la plage, faire un tour de barque ou pédalo ou découvrir les multiples espèces animales qui nichent au bord du lac.

Prix : 1 pers. 30 € 2 pers. 38 €
Ouvert : Toute l'année.

	80	5	5	5	5	15	80	80	5	5

Jacky LAHERRERE - Maison Hory - 64300 SAINTE-SUZANNE - Tél. : 05 59 69 35 26 - Fax : 05 59 67 09 75 - E-mail : mdjl@wanadoo.fr

SUHESCUN

3 ch. **St-Jean-Pied-de-Port 11 km.** 2 ch. (2 lits 1 pers. 1 lit 2 pers.). et 1 chambre double (2 lits 2 pers.) aménagées dans la maison du propriétaire. Salle de séjour, kitchenette réservée aux hôtes. TV. Ch. élect. Jardin et terrasse abritée. Entrée indép. Nombreuses randonnées pédestres. Table d'hôte sur réservation (sauf dimanche). Langue parlée : espagnol.

Prix : 1 pers. 30 € 2 pers. 37 € repas 12 €
Ouvert : Toute l'année.

	50	10	11	11	5	50	40	11	5

Maïté SARAGUETA - Gordagia - 64780 SUHESCUN - Tél. : 05 59 37 60 93

SUSMIOU

2 ch. **Navarrenx 1 km.** 2 ch. aménagées dans les dépendances d'un ancien moulin du XVIIIe dans un grand parc en bordure de rivière. Calme, nature et détente assurés. table d'hôtes sur réservation dans l'ancienne salle des meules du moulin. Hervé, guide de pêche vous fait partager sa passion pour la rivière organise des sorties sur le gave d'Oloron. Nombreuses activités à prox.

Prix : 1 pers. 32 € 2 pers. 40 € pers. sup. 10 € repas 12 €
Ouvert : Toute l'année.

	70	20	1	1	1	70	70	20	0,5

Isabelle et Hervé BALTAR - 7 ch. des Tuileries - Moulin de Labat Gougy - 64190 SUSMIOU - Tél. : 05 59 66 04 39 - Fax : 05 59 66 04 39 ou SR : 05 59 11 20 64

THEZE

C.M. 64

1 ch. **Pau 20 km.** Face aux Pyrénées, Michèle et Bernard vous accueillent dans une demeure béarnaise en galets du gave. Un parc trés agréable, une piscine privée, des salons de jardin sont à votre disposition sous les chênes. Vous pourrez profiter de 1 ch. mansardés aménagées avec beaucoup de goût, déguster les repas du terroir ou savourer le petit déjeuner (confitures maison...). Langue parlée : anglais.

Prix : 1 pers. 30 € 2 pers. 40 € 3 pers. 55 € repas 13 €
Ouvert : Hors vacances scolaires.

	110	2	SP	1	9	30	75	75	20	1

Michèle HANRIOT - Le Clos des Chênes - Rue des Pyrénées - 64450 THEZE - Tél. : 05 59 04 85 45 - Fax : 05 59 04 81 43 ou SR : 05 59 11 20 64 - E-mail : michele.hanriot@wanadoo.fr

UHART-CIZE Iruleya

2 ch. **St-Jean-Pied-de-Port 1,5 km.** Maison des propriétaires sur le chemin de St-Jacques-de-Compostelle. 2 ch. (2 et 3 pers.) avec salle de bains communiquante. Kitchenette. Maïté vous proposera un copieux petit déjeuner où vous pourrez déguster les produits maison (confiture, fromage, pâtisseries...).

Prix : 2 pers. 37 € 3 pers. 46 €
Ouvert : Toute l'année.

	55	10	2	2	25	40	2	2

Maïté JUANTORENA - Iruleya - Chemin de St Jacques - 64220 UHART-CIZE - Tél. : 05 59 37 02 84

UHART-CIZE Arrostegia

2 ch. **St-Jean-Pied-de-Port 4 km.** 2 chambres à l'ét. d'une maison de caractère sur la route de Ronceveaux. Située à 2 pas de Saint-Jean-Pied-de-Port, cette ancienne demeure rénovée avec goût et raffinement vous offre une belle vue sur les montagnes basques. La décoration chaleureuse des chambres se retrouve dans le salon, près de la cheminée. Là, vous dégusterez les mets succulents concoctés par le maître de maison. Des antiquités sont proposées à la vente. Poss. d'un jacuzzi. Des animations et soirées piano sont offertes. Langues parlées : anglais, espagnol.

Prix : 1 pers. 38/61 € 2 pers. 43/69 € repas 13 €
1/2 pens. 34/37 € pens. 47/56 €
Ouvert : Toute l'année.

	55	10	4	4	25	40	25	4	4

MM. BROUQUE et OGEREAU - Arrostegia - 64220 UHART-CIZE - Tél. : 05 59 37 06 22 - Fax : 05 59 37 06 22 ou SR : 05 59 11 20 64

Pyrénées-Atlantiques   *Aquitaine*

URCUIT Relais Linague   (TH)

5 ch. **Bayonne 12 km.** 5 ch. dans une belle maison basque à colombages bleus. Meubles chinés et restaurés, tissus colorés, un moment de dépaysement et de confort à quelques minutes de la côte basque. C'est une halte idéale pour les cavaliers et les amoureux de chevaux. Vous profiterez d'une vue imprenable sur les collines alentours, de la terrasse où vous serez servis les petits déjeuners. Table gourmande 3 soirs par semaine sur réservation hors juillet et août.

Prix : 1 pers. **46 €** 2 pers. **50/54 €** pers. sup. **15 €** repas **15 €**
Ouvert : Toute l'année.

15	20	SP	SP	15	15	12	SP

Marie BLEAU - Relais Linague - 64990 URCUIT - Tél. : 05 59 42 97 97 ou SR : 05 59 11 20 64

URRUGNE Eskoriatza

2 ch. **St-Jean-de-Luz 3 km.** M-Danielle vous accueille chaleureusement dans un environnement calme, face à la montagne, au cœur de la campagne. Au petit déjeuner, la maîtresse de maison vous conseillera sur les activités et sites qui vous feront découvrir les charmes du Pays Basque. Les chambres sont agréables, vous apprécierez l'harmonie des couleurs et l'ambiance chaleureuse de cette famille. Suite : 91 €.

Prix : 2 pers. **55 €** pers. sup. **15 €**
Ouvert : Toute l'année.

5,5	3	8	4	2,5	4	160	90	5	1,5

Marie-Danielle BADIOLA - Maison Eskoriatza - Chemin de Choucoutoun - 64122 URRUGNE - Tél. : 05 59 47 48 37

URRUGNE

1 ch. **St-Jean-de-Luz 5 km. Espagne à proximité.** 1 suite avec salle d'eau spacieuse et wc indép. privatif, aménagée dans maison récente aux couleurs chaleureuses. Salon privatif avec TV. Vous serez accueillis dans une ferme (légumes, poulets, oeufs) sur les hauteurs d'un joli bois de chênes et chataigniers et profiterez d'une belle vue sur la montagne. Petit village tranquille à 5 km des plages de Saint-Jean-de-Luz et d'Hendaye et à quelques pas de l'Espagne. Langues parlées : anglais, espagnol.

Prix : 2 pers. **69 €**

7	20	7	5	7	5	5	1

Bertrand FOURCADE - Onjo Leku - 64122 URRUGNE - Tél. : 05 59 54 33 18

URRUGNE

1 ch. **Espagne et St-Jean-de-Luz 7 km.** Entre mer et montagne, au pied de La Rhune, Roland le journaliste et Marie l'artiste, vous accueillent dans leur confortable maison basque. Grand calme assuré. Départ de randonnées.

Prix : 1 pers. **38 €** 2 pers. **53 €**
Ouvert : Toute l'année.

7	20	7	1	1	5	50	7	3

Marie MACHENAUD - Amalur - Chemin Landatxoa - 64122 URRUGNE - Tél. : 05 59 54 32 32 - Fax : 05 59 54 32 00 ou
SR : 05 59 11 20 64 - E-mail : machenaud@aol.com

USTARITZ Arrauntz   *C.M. 64*

3 ch. **Biarritz 10 km. Bayonne 6 km.** A 10 mn de l'océan des ch. chaleureuses, en r.d.c. et ét. entrée indép. vous attendent à Bereterraenea, ancien relais historique du XVIIe, surplombant forêts et rivières. Pour votre bienvenue, un Txotx de cidre à boire, face à un grand espace de verdure et de pommiers. Au réveil, un petit déjeuner convivial à la découverte du savoir faire du terroir. Langues parlées : anglais, espagnol.

Prix : 1 pers. **40/43 €** 2 pers. **44/47 €** pers. sup. **13 €**
Ouvert : Toute l'année.

10	10	4	4	5	2	100	70	7	0,4

Nicole SINDERA - Bereterraenea - Quartier Arrauntz - 64480 USTARITZ - Tél. : 05 59 93 05 13 - Fax : 05 59 93 27 70 ou
SR : 05 59 11 20 64 - E-mail : bereter.nicole@wanadoo.fr

VIALER

E.C. 3 ch. En plein cœur du Vic-Bilh (Vieux Pays) renommé pour ses vins et sa gastronomie, venez goûter aux vraies joies d'une escale à la campagne. Dans notre maison béarnaise du XVIIIe, entièrement restaurée, profitez des chambres confortables. loggia-terrasse avec vue sur les coteaux, parc ombragé, piste de pétanque.

Prix : 1 pers. **30 €** 2 pers. **38 €**
Ouvert : Toute l'année.

180	10	15	15	10	18	70	80	36	15

Maryvonne et André FOURCADE - Le Bidou - Ch. de l'Eglise - 64330 VIALER - Tél. : 05 59 04 07 58 ou 06 65 02 33 72 -
Fax : 05 59 04 07 58

Aquitaine

Pyrénées-Atlantiques

VIELLESEGURE

▮▮ 1 ch. **Navarrenx 6 km. Orthez 15 km.** 1 ch. bis aménagée dans une villa située à l'entrée du village. Ch. mansardée avec sanitaires privatifs. Séjour/salon communs avec les propriétaires. Chauffage central. Terrasse. Salon de jardin. Espace extérieur. Situé au cœur du Béarn ce petit village vous permettra d'apprécier un séjour reposant.

Prix : 1 pers. **24** € 2 pers. **30** € 3 pers. **49** € pers. sup. **12** €
Ouvert : Toute l'année.

80	15	6	6	10	30	80	80	15	6

Marianne PASTOUREU - 64150 VIELLESEGURE - Tél. : 05 59 60 35 91

VILLEFRANQUE

▮▮▮ 2 ch. **Bayonne 5 km. Biarritz 8 km.** 2 ch. à l'ét. Séjour et salon ouverts sur le jardin et les prairies voisines tachetées de moutons. Très beau point de vue sur La Rhune et la chaîne des Pyrénées. Insolite : la galerie des portraits de famille. Délicieux petit déjeuner, gâteau basque et pâtisseries faites par J. Bernard.

Prix : 1 pers. **38** € 2 pers. **43** € 3 pers. **58** € pers. sup. **15** €
Ouvert : Toute l'année.

10	15	5	3	5	10	100	70	5	1

J-Bernard et Françoise LASCARAY - Chemin D137 - 64990 VILLEFRANQUE - Tél. : 05 59 44 94 52

VILLEFRANQUE

▮▮▮ 5 ch. **Bayonne 5 km. Biarritz 8 km.** Dans sa confortable maison à 10 mn des plages, Thierry vous propose 5 ch. thématisées afin de vous faire partager son goût du voyage (Indonésie, Afrique, Amérique du Sud, mer, montagne). En couple ou en famille, vous pourrez vous détendre au bord de la piscine, jouer à la pelote sur le fronton privé, profiter du billard... Mais aussi du ping-pong, ou tout simplement choisir chaque jour un itinéraire différent aidés par les maîtres de maison : côte, Espagne, Béarn, Landes.

Prix : 1 pers. **46** € 2 pers. **49/57** € pers. sup. **11** €
Ouvert : Toute l'année.

10	15	5	3	5	10	100	70	5	3

Thierry et Marie JOLY - Kurutcheta - Quartier Bas - 64990 VILLEFRANQUE - Tél. : 05 59 44 98 27 ou SR : 05 59 11 20 64

AUVERGNE

Pour réserver, écrire ou téléphoner :

03 - ALLIER
GÎTES DE FRANCE
Pavillon des Marronniers
Parc de Bellevue - B.P. 65
03402 YZEURE Cedex
Tél. : 04 70 46 81 56 - Fax : 04 70 46 00 22

15 - CANTAL
GÎTES DE FRANCE - Service Réservation
50, avenue des Pupilles de la Nation
B.P. 738
15007 AURILLAC Cedex
Tél. : 04 71 48 64 20 - Fax : 04 71 48 64 21
E-mail : GITES-DE-FRANCE-CANTAL@wanadoo.fr

43 - HAUTE-LOIRE
LOISIRS ACCUEIL - Service Réservation
Hôtel du Département
1, place Mgr de Galard - B.P. 332
43012 LE PUY-EN-VELAY Cedex
Tél. : 04 71 07 41 65 - Fax : 04 71 07 41 66
E-mail : loisirsaccueil43@free.fr
www.resinfrance.com/haute-loire/

63 - PUY-DE-DÔME
GÎTES DE FRANCE
Place de la Bourse
63038 CLERMONT-FERRAND Cedex 1
Tél. : 04 73 42 22 50 - Fax : 04 73 42 22 65

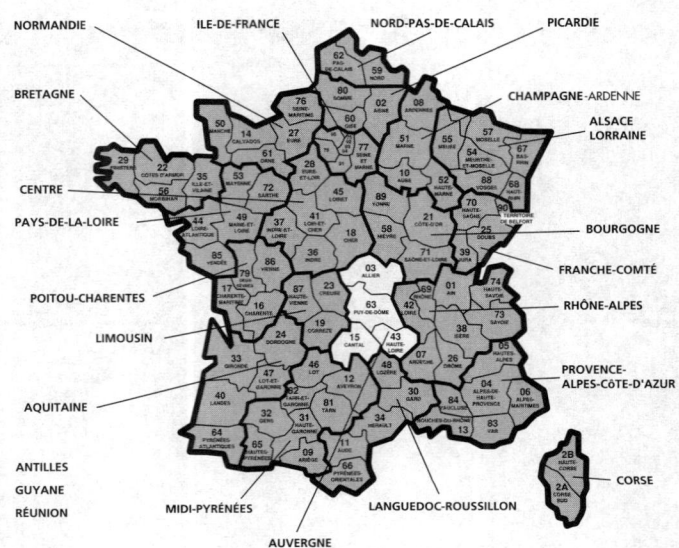

Auvergne
Allier

LOISIRS ACCUEIL - GITES DE FRANCE
Pavillon des Marronniers - Parc de Bellevue - B.P. 65
03402 YSEURE Cedex
Tél. 04 70 46 81 60 - Fax 04 70 46 00 22

AGONGES Les Locateries (TH)
C.M. 69 Pli 19

1 ch. **Moulins 16 km. Bourbon d'Archambault 10 km.** Dans une locaterie du XVIè siècle situé sur un coteau. R.d.c. : ch. (1 lit 2 pers., 1 lit 1 pers.), bains, douche/wc privés. Salle à manger, salon, Lave-linge à disposition. Terrasse, espace vert à demi clos. Table d'hôtes. Promenade en attelage autour des chateaux. Bridge. VTT. Bibliothèque des propriétaires à disposition. Chemin de randonnées pédestres autour des locateries d'Agonges. Stages de théâtre l'été. Langues parlées : anglais, allemand.

Prix : 1 pers. 35 € 2 pers. 43 € 3 pers. 53 € pers. sup. 11 €
repas 13 €

Ouvert : Toute l'année.

4	10	8	2	1	SP	18	4	16	1	

Chantal et Philippe SCHWARTZ - Les Locateries - 03210 AGONGES - Tél. : 04 70 43 93 63 ou 06 85 65 11 01

AGONGES Les Fours (TH)
C.M. 69 Pli 19

3 ch. **Bourbon l'Archambault 10 km. Moulins 16 km.** Trois chambres d'hôtes avec accès indépendant dans la maison de caractère du 18è dans la maison des propriétaires. Rez-de-chaussée : 1 ch. (3 lits 1 pers.), 1 ch. (1 lit 2 pers., 1 lit 1 pers.), 1 ch. (2 lits 1 pers.), salle d'eau/wc privés pour chaque chambre. Salon, séjour. Espace vert clos, salon de jardin, terrasse, barbecue. Forêt de Bagnolet sur place. Prix 1/2 pension pour 2 pers./semaine : 390 €. Langues parlées : anglais, allemand.

Prix : 1 pers. 34 € 2 pers. 42 € 3 pers. 50 € repas 13 €
1/2 pens. 390 €

Ouvert : Du 1er avril au 3 octobre. Autres périodes sur réservation.

4	10	8	20	1	16	18	4	16	10	

Ettie et Koos HAZENBERG - Les Fours - 03210 AGONGES - Tél. : 04 70 43 98 40 - E-mail : Hazenberg-Emko@club-Internet.fr

---

ARFEUILLES
C.M. 73 Pli 6

4 ch. Au premier étage d'un ancien presbytère restauré, dans le village 3 chambres (1 lit 2 pers. chacune), 1 chambre (1 lit 2 pers., 1 lit 1 pers.), salle de bains/wc pour chaque chambre. Salle commune avec cheminée : ping-pong, baby-foot, jeux de société. Autres hébergements sur place. Cour commune ombragée. Taxe de séjour.

Prix : 1 pers. 27 € 2 pers. 31 € 3 pers. 40 €

Ouvert : Toute l'année.

SP	15	SP	16	16	8	SP	32	32	30	15	SP

MAIRIE ARFEUILLES - 03120 ARFEUILLES - Tél. : 04 70 55 52 00 ou 04 70 55 50 11 - Fax : 04 70 55 53 28

AUDES Roueron (TH)
C.M. 69 Pli 11

5 ch. **Montluçon 13 km.** Dans une ancienne étable bourbonnaise restaurée en préservant l'harmonie du bois et des pierres, R.d.c. : salle de petit déjeuner, séjour, cheminée. 1er étage : 1 ch. (3 lits 1 pers.), 1 ch. (2 lits 1 pers.), 1 ch. (2 lits 1 pers., 1 lit enfant 10 ans), 1 ch. (1 lit 2 pers., 1 lit bébé), douche/wc privés par chambre, 1 ch. (1 lit 2 pers., 3 lits 1 pers.), bains/wc. Salle de séminaire. Taxe de séjour incluse. 10 % de réduction sur séjours de plus de 3 jours.

Prix : 1 pers. 31 € 2 pers. 40 € 3 pers. 52 € pers. sup. 12 €
repas 13 €

Ouvert : Toute l'année.

SP	15	3	26	26	7	18	6	18	10	3

Jacques et Véronique SION - Domaine de Roueron - 03190 AUDES - Tél. : 04 70 06 00 59 - Fax : 04 70 06 16 81 -
E-mail : jv.sion@wanadoo.fr - www.goecities.com/jvsion/index.html

---

BESSAY-SUR-ALLIER Les Neufonds (TH)
C.M. 69 Pli 14

4 ch. **Moulins 15 km.** Dans cette locaterie bourbonnaise rénovée. R.d.c. : 1 ch. (1 lit 2 pers.) bains, wc. 1 ch. à l'étage avec coin-salon (2 lits 1 pers., 2 lits enfants) bains, wc. 1 ch. au r.d.c. avec accès indépendant (2 lits 1 pers., canapé), douche, wc, pouvant faire duplex avec 1 ch. à l'étage accès indépendants (2 lits 1 pers.), bains/wc. Salon et bibliothèque pour les hôtes. Table d'hôtes sur réservation. Chemin de randonnée sur place. Possibilité de séjour prolongé (prix forfaitaire) Réduction à partir de la 2e nuit. Coin-cuisine réservé aux hôtes sur demande. Chambres non fumeurs. Tél. de préférence entre 9 h et 16 h et après 20 h. Langue parlée : anglais.

Prix : 1 pers. 25/35 € 2 pers. 30/45 € 3 pers. 55 € pers. sup. 15 €
repas 15 €

Ouvert : De juillet à septembre. Autres périodes sur réservation.

2	14	2	14	15	14	10	14	12	2

Catherine LOHEZIC - Les Neufonds - 03340 BESSAY-SUR-ALLIER - Tél. : 04 70 43 05 33 - Fax : 04 70 43 05 33

Allier
Auvergne

LE BREUIL La Tuile À Loups
C.M. 73 Pli 6

5 ch. **Vichy 22 km.** La Tuile à loups est une maison de caractère du 18è dans un parc ombragé en Montagne Bourbonnaise : 1 ch. (1 lit 2 pers.), 2 ch. (1 lit 2 pers., 1 lits 1 pers) 1 ch. (3 lits 1 pers.), douche/wc privés, 1 ch. (1 lit 2 pers.), bains/wc privés. Lit supplémentaire sur demande. Salon, TV, salle à manger. Bibliothèque, jardin d'hiver, billard français à disposition. Langues parlées : anglais, allemand, espagnol.

Prix : 1 pers. 38 € ○ 2 pers. 38/46 € ○ pers. sup. 11 € ○ repas 14 €
Ouvert : Toute l'année.

2	SP	8	29	29	2	SP	29	29	33	29	5

Christophe et Isabelle ALVERGNAT CARRIOT - La Tuile à loups - 03120 LE BREUIL - Tél. : 04 70 99 24 91 - Fax : 04 70 99 24 91 -
E-mail : christophe.alvergnat@wanadoo.fr - www.tuile-a-loups.com

BUXIERES-LES-MINES Renière
C.M. 69 Pli 13

4 ch. Adossées à une forêt domaniale, à l'étage d'une ferme en activité : 1 ch. (1 lit 2 pers.), 1 ch. (2 lits 2 pers.), s. d'eau/wc privés dans chacune. R.d.c. : séjour (cheminée), salle à manger communs. Dans un bâtiment entièrement restauré, on retrouve bois et pierre du pays, 1 ch. (1 lit 2 pers.), 1 ch. (1 lit 2 pers., 1 lit 1 pers.), bains ou douche/wc privés. Possibilité lave-linge. Jardin clos, parc ombragé. Pâture pour chevaux. Table d'hôtes sur réservation. Départ de randonnées. Pêche sur place. Site Paléontologique à 3,5 km. Abri pique-nique sur place. 10 % de réduction à partir de la 4e nuit.

Prix : 1 pers. 30 € ○ 2 pers. 35 € ○ 3 pers. 43 € ○ pers. sup. 8 € ○ repas 11/13 €
Ouvert : Toute l'année.

SP	11	3,5	5,5	5,5	12	5,5	30	45	30	3,5	

Geneviève BREGEOT - Renière - 03440 BUXIERES-LES-MINES - Tél. : 04 70 66 00 13 - Fax : 04 70 66 00 13

CERILLY La Tour
C.M. 69 Pli 12

1 ch. **Forêt de Tronçais 1 km.** Au premier étage d'une maison de caractère : Accès indépendant : 1 chambre composée de 2 pièces (2 lits 2 pers.), salle d'eau et wc privés. Cour avec terrasse et pelouse.

Prix : 1 pers. 25 € ○ 2 pers. 29 € ○ 3 pers. 54 € ○ pers. sup. 4 €
Ouvert : Toute l'année.

6	17	0,4	6	6	3	6	20	25,5	0,5		

Renée et Daniel GULON - La Tour - 03350 CERILLY - Tél. : 04 70 67 52 47

CERILLY La Bergerie des Naudins
C.M. 69 Pli 12

1 ch. **St-Bonnet-Tronçais 7 km.** Aménagée dans une dépendance à proximité de la maison des propriétaires, tout près de la Forêt de Tronçais, une chambre (1 lit 2 pers.), salle d'eau, wc. Coin-cuisine. Grand espace vert clos arboré, petite mare, salon de jardin. Langue parlée : anglais.

Prix : 1 pers. 23 € ○ 2 pers. 30 €
Ouvert : Toute l'année.

3	17	7	3	4	4	4	20	15	7		

Catherine et Frédéric MALCOR - La Bergerie des Naudins - 03350 CERILLY - Tél. : 04 70 06 14 52

CHAMBERAT La Bergerat
C.M. 69 Pli 11

3 ch. **Montluçon 20 km.** Dans un maison de caractère au milieu d'un grand parc, 3 grandes chambres d'hôtes. Au 1er étage 1 ch. (1 lit 160), bains/wc, 1 ch. (1 lit 160, lavabo), douche et wc privés non communicants. Au 2e étage, 1 chambre familiale composée de 3 pièces (6 lits 1 pers.), douche et wc privés. Salon, séjour avec cheminée. Tennis, ping-pong sur place. Salon de jardin, vélos, barbecue, parking. Possibilité personne supplémentaire. Initiation à la poterie sur demande. 1 Chambre classée 2 épis. Langues parlées : anglais, allemand.

Prix : 1 pers. 30 € ○ 2 pers. 38/46 € ○ 3 pers. 53/61 € ○ pers. sup. 15 €
Ouvert : Du 31 mars au 3 novembre.

2	20	SP	10	20	12	SP	20	20	20	9	

Simone MEIER - La Bergerat - 03370 CHAMBERAT - Tél. : 04 70 06 39 82 ou 04 70 06 34 54 - E-mail : labergerat@aol.com

CHANTELLE La Croix St-Urbain
C.M. 73 Pli 4

3 ch. **Gannat 15 km.** Dans la ferme bourbonnaise rénovée des propriétaires, 3 chambres d'hôtes, spacieuses, mansardées. 1 ch. (1 lit 2 pers.), douche/wc. 1 ch. (1 lit 2 pers., 1 lit 1 pers.), douche/wc. 1 ch. (1 lit 2 pers., 2 lits 1 pers.), Baignoire balnéo/wc. Salon. Espace vert à demi clos avec vue dégagée sur la campagne et les bois. Table d'hôtes sur réservation. Langue parlée : anglais.

Prix : 1 pers. 30/37 € ○ 2 pers. 40/46 € ○ 3 pers. 50/56 € ○ pers. sup. 11 € ○ repas 15 €
Ouvert : Toute l'année.

1	SP	0,8	18	32	8	SP	37	18	60	23	0,8

Nicole et Guy CLAUS - La Croix-St-Urbain - 03140 CHANTELLE - Tél. : 04 70 56 66 25 - Fax : 04 70 56 69 85 -
E-mail : guyclaus@wanadoo.fr - http://sturbain.multimania.fr

Auvergne

Allier

LA CHAPELAUDE Montroir (TH) *C.M. 69 Pli 11*

3 ch. **Montluçon 8 km.** Dans la maison bourbonnaise des propriétaires, 3 chambres d'hôtes. Au rez-de-chaussée : 1 chambre (2 lits 1 pers.), au 1er étage : 1 chambre (2 lits 1 pers.), 1 chambre (1 lit 2 pers.), salle d'eau/wc privés attenant à chaque chambre. Séjour commun avec cheminée. En été, terrasse.

Prix : 1 pers. 23 € 2 pers. 29 € repas 9 €
Ouvert : Toute l'année.

10	10	14	8	15	10	10	

Simone PETIT - Montroir - 03380 LA CHAPELAUDE - Tél. : 04 70 06 40 40

CHARROUX Le Relais de L'Orient (TH) *C.M. 73 Pli 4*

E.C. 2 ch. Au cœur d'un village médiéval classé, chambres d'hôtes à l'étage d'une maison de caractère avec pigeonnier et cour intérieure, sur un domaine clos de 6000 m² avec arbres fruitiers et plusieurs coin-repos. 1 suite de 2 chambres (2 lits 2 pers., coin-salon avec bibliothèque, douche avec hydromasssage/wc. 1 grande chambre (1 lit 2 pers., 1 lit 1 pers.). Coin-salon avec bibliothèque, douche, wc. Séjour, salon avec feu ouvert, grande bibliothèque en communs avec les propriétaires. Basse cour avec animaux. Tables d'hôtes sur réservation. Langues parlées : anglais, hollandais.

Prix : 1 pers. 38 € 2 pers. 46/53 € 3 pers. 61/70 € pers. sup. 15 €
repas 14/23 €
Ouvert : Toute l'année.

4	SP	6	4	10	4	SP	20	15	110	12	0,1

Susette THYS - Grande-Rue - 03140 CHARROUX - Tél. : 04 70 56 89 93 ou 06 77 26 16 87 - Fax : 04 70 56 89 93 -
E-mail : relais.orient@charroux.com - relais.orient.charroux.com

CHARROUX A CB *C.M. 73 Pli 4*

5 ch. **La maison du Prince de Condé**, ancien rendez-vous de chasse (13è et 18è) dans une citée médiévale classé beau village de France. 5 chambres sur 2 étages, dont une en duplex dans une tour de fortication de défense. 1 ch. (1 lit 2 pers.), bains/wc. 1 ch. XVIII (1 lit 2 pers.), 3 ch. (1 lit 2 pers.), bains/wc privés pour chaque chambre dont 3 baignoires balnéo. TV sur demande. Bibliothèque, salon avec cheminée. Salle à manger dans cave du 13è. Jardin arboré clos. Maison non fumeurs. 2 restaurants dans le village. Possibilité de personnes supplémentaires. Langues parlées : anglais, allemand.

Prix : 1 pers. 38/46 € 2 pers. 61/76 € 3 pers. 76/83 €
pers. sup. 15 €
Ouvert : Toute l'année.

4	12	6	4	20	4	12	20	15	12	0,1

Jon et Jeannine SPEER - Place d'Armes - 03140 CHARROUX - Tél. : 04 70 56 81 36 ou 06 88 71 10 59 - Fax : 04 70 56 81 36 -
E-mail : jspeer@club-internet.fr - www.charroux.com ou www.val-de-sioule.com

CHATEL-DE-NEUVRE Les Quatre Vents (TH) *C.M. 69 Pli 14*

6 ch. **Moulins 18 km. Vichy 37 km. St-Pourçain-sur-Sioule 12 km.** Au cœur du Bourbonnais, dans une maison de caractère du XIXe siècle, 4 ch. (1 lit 2 pers., 1 lit 1 pers. chacune), 1 salle ch. (1 lit 2 pers., 2 lits 1 pers.), 1 ch. (1 lit 2 pers.), douche/wc privés pour chaque chambre. Salon, salle à manger, salle de réunions avec bibliothèque (TV). Grand espace vert dans Vignoble St-Pourçinois en bordure du Val d'Allier. Table d'hôtes sur réservation. Sports aériens à 23 km. Chasse à 1 km. Karting à 13 km. Église du XIe siècle et point de vue sur le Val d'Allier à 50 m. Langue parlée : anglais.

Prix : 1 pers. 32 € 2 pers. 41 € 3 pers. 52 € pers. sup. 11 €
repas 12 €
Ouvert : Toute l'année.

0,5	12	0,5	37	37	3	1	15	1	80	16	0,2

Philippe BOUQUET DES CHAUX - Les Quatre Vents - 03500 CHATEL-DE-NEUVRE - Tél. : 04 70 42 09 89 ou 06 07 56 89 70 -
Fax : 04 70 42 09 89 - E-mail : ladivelle@wanadoo.fr

CHATEL-MONTAGNE Le Panneau Blanc Alt. : 720 m (TH) *C.M. 73 Pli 6*

4 ch. **Lapalisse 25 km.** Dans une maison en pierres, au 1er étage : 2 chambres (1 lit 2 pers., 2 lits 1 pers. chacune), 2 chambres (1 lit 2 pers., 1 lit 1 pers. chacune). Douche/wc pour chaque chambres. Séjour et salon communs. Salle de jeux (billard). Taxe de séjour.

Prix : 1 pers. 23 € 2 pers. 32 € 3 pers. 40 € pers. sup. 8 €
repas 11 €
Ouvert : Toute l'année (sauf décembre et janvier).

3	25	5	9	9	12	20	25	25	10	25	12

Monique et Frédéric SENEPIN - Le Panneau Blanc - 03250 CHATEL-MONTAGNE - Tél. : 04 70 59 36 70 - Fax : 04 70 59 36 70 -
E-mail : panneaublanc@wanadoo.fr

CHATEL-MONTAGNE Charnant Alt. : 540 m (TH) *C.M. 73 Pli 6*

2 ch. **Vichy 25 km.** Entourée de bois et de prés vallonnés, et animée par les animaux de la ferme, cette ancienne maison entièrement rénovée, mitoyenne à l'habitation de la propriétaire, vous propose 2 chambres (1 lit 2 pers., 1 lit 1 pers.), douche/wc. chacune. Séjour avec cheminée. Espace vert, terrasse, parking.

Prix : 1 pers. 26 € 2 pers. 35 € 3 pers. 43 € pers. sup. 8 €
repas 11 €
Ouvert : Du 1er mai au 30 septembre.

3	16	5	12	9	6	20	25	25	10	25	12

Brigitte BRAT - Charnant - 03250 CHATEL-MONTAGNE - Tél. : 04 70 59 33 89 - Fax : 04 70 59 33 89 -
http://perso.wanadoo.fr/chatel-montagne-hebergement/

Allier   *Auvergne*

CHOUVIGNY La Chouvignotte   (TH)   C.M. 73 Pli 4

4 ch. **Gannat 16 km.** Adossées à la roche abrupte des gorges de la Sioule au pied de cette rivière prisée des pêcheurs. 3 chambres d'hôtes ont été aménagées à l'étage de la maison en pierres de pays des propriétaires. 2 ch. avec mézzanine (1 lit 2 pers., 2 lits 1 pers.), douche et wc privés pour chaque chambre. 1 ch. (3 lits 1 pers.), douche/wc. 1 chambre dans une dépendance de cette ancienne maison, idéale pour le séjour avec au r.d.c : coin-détente, douche/wc, à l'étage (1 lit 2 pers., 2 lits 1 pers.), possibilité lit d'appoint. Terrasse, salon de jardin, Pelouse, accès rivière privatif. Table d'hôtes sur réservation. Langue parlée : anglais.

Prix : 1 pers. 35 € ◊ 2 pers. 40 € ◊ 3 pers. 50 € ◊ pers. sup. 10 € ◊ repas 15 €

Ouvert : Toute l'année.

🐕	🏊	🌊	🎾	👥	🚣	🏇	🚴	🎣	⛵	⛷	⛳
SP	20	10	10	10	25	SP	80	25	10		

Karine et Pascal TAVIGNOT - La Chouvignotte - 03450 CHOUVIGNY - Tél. : 04 70 90 91 91 - Fax : 04 70 90 91 91 -
E-mail : chouvignotte@wanadoo.fr - www.multimania.com/chouvignotte

CINDRE L'Etang   (TH)   C.M. 69 Pli 15

2 ch. **Parc Le Pal 25 km. Varennes 15 km. Lapalisse 15 km.** Au cœur de la vallée de la Besbre, au pays de René Fallet, ancienne ferme restaurée à l'écart du bourg, 2 ch. indépendantes aménagées dans la grange (1 lit 2 pers., 1 lit 1 pers.), douche et wc privatifs pour chaque chambre. Grand séjour rustique avec mézzanine ouvrant sur un large espace arboré. Bibliothèque, coin-cuisine. Gîte rural sur place. Accueil groupes sur les 2 hébergements (12 pers). Animaux sous réserve. Piste de Karting et Karting en salle à Varennes. Parachutisme à Lapalisse. Réduction hors saison à partir du 2è jour. Sur demande : lit bébé, pers supplémentaire circuits touristiques cyclotouristes tous niveaux. Langues parlées : anglais, allemand.

Prix : 1 pers. 30 € ◊ 2 pers. 35 € ◊ 3 pers. 44 € ◊ pers. sup. 13 € ◊ repas 13 €

Ouvert : Du 31 mars au 3 novembre.

🐕	🏊	🌊	🎾	👥	🚣	🏇	🚴	🎣	⛵	⛷	⛳
2	15	2	4	38	12	7	38	7	25		2

Liliane et Philippe LEVASSEUR - L'Etang - 03220 CINDRE - Tél. : 04 70 57 70 52 - Fax : 04 70 57 70 52

COULANDON La Grande Poterie   (TH)   C.M. 69 Pli 14

3 ch. **Souvigny 4 km.** Dans une ancienne grange entièrement rénovée, située à proximité de la maison des propriétaires, vous apprécierez le raffinement de la décoration jouant sur l'harmonie des couleurs, du mobilier contemporain et ancien. 1 ch. (1 lit 2 pers.), 1 ch. (2 lits 1 pers.), 1 ch. avec mezzanine (1 lit 2 pers., 1 lit 1 pers.), douche/wc privés chacune. Possibilité lit bébé. Salon, salle à manger. Terrasse, Piscine du propriétaire, VTT à disposition. Forêt à 400 m. Animaux sous réserve. Table d'hôtes sur réservation. Chemins de randonnées pédestres.

Prix : 1 pers. 36 € ◊ 2 pers. 49/54 € ◊ 3 pers. 55 € ◊ pers. sup. 13 € ◊ repas 14/19 €

Ouvert : Toute l'année.

🐕	🏊	🌊	🎾	👥	🚣	🏇	🚴	🎣	⛵	⛷	⛳
1,5	SP	4	8	10	2	SP	10	8	8		4

Jean-Claude POMPON - La Grande Poterie - 03000 COULANDON - Tél. : 04 70 44 30 39 ou 06 68 22 20 73

COUZON Manoir de la Beaume   (TH)   C.M. 69 Pli 13

4 ch. **Moulins 22 km. Bourbon l'Archambault 12 km. Forêt de Tronçais 30 km.** Dans une gentilhommière du 17e siècle. R.d.c. : 1 ch. (1 lit 160, 1 lit 1 pers.), salle de bains/wc. 1er étage : 1 ch. (2 lits 1 pers., canapé 2 pers.), bains et douche/wc, 1 ch. (1 lit 2 pers.), douche/wc, 1 ch. (2 lits 1 pers.), douche/wc, possibilité de lit bébé sur demande. Salon, salle à manger, cheminée. Situé sur le circuit « Allier Cavalière ». Sur place ferme équestre avec promenades, randonnées à cheval (stages), cours d'équitation, poney club (encadrement BEES 1). Langues parlées : allemand, anglais.

Prix : 1 pers. 34/49 € ◊ 2 pers. 41/56 € ◊ 3 pers. 56/64 € ◊ repas 14 €

Ouvert : Toute l'année.

🐕	🏊	🌊	🎾	👥	🚣	🏇	🚴	🎣	⛵	⛷	⛳
1	12	12	25	30	SP	22	25	25	25		12

EARL MANOIR DE LA BEAUME - Mme BIEWER-BARRITAUD - La Beaume - 03160 COUZON - Tél. : 04 70 66 22 74 -
Fax : 04 70 66 22 74 - E-mail : labeaume@wanadoo.fr - www.labeaume.fr.fm

CREUZIER-LE-VIEUX   C.M. 73 Pli 5

1 ch. **Vichy 5 km.** Dans les combles aménagés d'une villa, 1 chambre d'hôtes sous forme d'appartement composée de 2 pièces (1 lit 2 pers., 1 lit 1 pers.), séjour, kitchenette, salle d'eau/wc. Prise TV. Grand espace vert, vue dominant la campagne vallonnée. Réduction pour séjour prolongé. Possibilité lit d'appoint. Langues parlées : allemand, polonais.

Prix : 1 pers. 29 € ◊ 2 pers. 40 € ◊ 3 pers. 48 €

Ouvert : Toute l'année.

🐕	🏊	🌊	🎾	👥	🚣	🏇	🚴	🎣	⛵	⛷	⛳
3	3	0,6	5	5	6	5	5	5	5		5

WEISS - 5 rue du Rez des Creux - Les Arloings - 03300 CREUZIER-LE-VIEUX - Tél. : 04 70 98 63 35

DEUX-CHAISES Château de Longeville   Alt. : 503 m   (TH) C.M. 69 Pli 13

4 ch. **Montmarault 8 km.** Dans un château du 19e siècle. Lits à baldaquin. 4 chambres : 2 ch. style Louis XIV et Louis XV, 1 ch. style 18è (1 lit 2 pers.), bains/wc privés pour chaque chambre. 1 suite composée de 2 ch. dans un style champêtre (1 lit 2 pers., 2 lits 1 pers.), bains/wc. salle à manger. TV. Diner aux chandelles. Sur place : musique, jeux de cartes et de sociétés. Environnement de bois et parc (arbres centenaires). 2 chambres 3 épis, 2 chambres 2 épis. Etang poissonneux sur place. Langue parlée : anglais.

Prix : 1 pers. 61 € ◊ 2 pers. 69 € ◊ 3 pers. 84 € ◊ pers. sup. 15 € ◊ repas 38 €

Ouvert : Toute l'année.

🐕	🏊	🌊	🎾	👥	🚣	🏇	🚴	🎣	⛵	⛷	⛳
SP	23	1	28	28	25	30	30	25	120	35	1

Nicole BEAUREGARD - Château de Longeville - 03240 DEUX-CHAISES - Tél. : 04 70 47 32 91 - Fax : 04 70 47 33 84

Auvergne — **Allier**

DIOU Les Rodillons　(TH) 🐕　*C.M. 69 Pli 15*

5 ch. — **Bourbon-Lancy 14 km.** Maison à pans de bois de la ferme bourbonnaise des propriétaires. R.d.c. : 1 ch. (1 lit 2 pers.), bains. 1er étage, 1 ch. (1 lit 2 pers., 2 lits 1 pers., 1 lit enfant), bains, 1er ch. (1 lit 2 pers., 1 lit 1 pers.), bains, 2 wc communs aux 3 ch. A l'étage de la maison des propriétaires : 1 ch. (1 lit 2 pers.), 1 ch. (2 lits 1 pers.), douche/wc privés. Séjour commun. Cour avec pelouse. VTC à disposition. Réduction de 10 % à partir de 3 nuits. Repas enfant - 10 ans 7 €. Langues parlées : anglais, allemand.

Prix : 1 pers. 28 € 2 pers. 34 € 3 pers. 39 € pers. sup. 11 €
repas 12 €

Ouvert : Toute l'année.

	🐕	👤	⛱	🎾	🎳	⛵	🏇	🚴	⛳	🎣	🏕
	SP	3	3	6	14	15	SP	30	3	2	

Françoise et J-Yves PRESLES - Les Rodillons - 03290 DIOU - Tél. : 04 70 34 67 73 - Fax : 04 70 34 77 66 -
E-mail : jean-yves.presles@wanadoo.fr

DIOU Les Grandjeans　*C.M. 69 Pli 15*

4 ch. — Dans cette ancienne grange rénovée, 4 chambres d'hôtes à l'étage. 1 ch. (1 lit 2 pers.), 1 ch. (1 lit 2 pers., lit bébé), 1 ch. (1 lit 2 pers., 1 lit 1 pers.), 1 ch. (1 lit 2 pers., 2 lits 1 pers.), douche/wc privés pour chaque chambre. Salon et salle à manger réservés aux hôtes. Possibilité de cuisine le soir. Grande cour aménagée. Possibilité pers supplémentaires 12 €, 5,5 € enfant à partir de 3 ans.

Prix : 1 pers. 27 € 2 pers. 37 € pers. sup. 12 €

Ouvert : Du 1er avril à fin octobre.

	🐕	👤	⛱	🎾	🎳	⛵	🏇	🚴	⛳	🎣	🏕
	0,2	2	3	16	16	15	35	30	2	3	3

Françoise et Claude DAGNET - Les Grandjeans - Les Quatre Saisons - 03290 DIOU - Tél. : 04 70 42 91 16

DOYET Bord　(TH)　*C.M. 69 Pli 12*

2 ch. — **Montluçon 15 km. Néris-les-Bains 12 km.** Dans une ancienne grange entièrement rénovée, 2 chambres d'hôtes aménagées dans un grand parc arboré et fleuri. 1 chambre (1 lit 2 pers.), salle de bains/wc. 1 chambre (2 lits 1 pers), salle d'eau/wc. Séjour avec cheminée, grande salle extérieure avec four à pain. Table d'hôtes sur réservation. Langue parlée : anglais.

Prix : 1 pers. 38 € 2 pers. 48 € pers. sup. 15 € repas 15/23 €

Ouvert : Toute l'année.

	🐕	👤	⛱	🎾	🎳	⛵	🏇	🚴	⛳	🎣	🏕
	1,5	6	3	15	15	15	12	15	15	3	

Chantal CHATEAU - La Chapelle de Bord - 03170 DOYET - Tél. : 04 70 07 74 83 - Fax : 04 70 07 36 07 -
E-mail : gitesdebord@wanadoo.fr - pour-les-vacances.com

EBREUIL Chavagnat　📶　(TH)　*C.M. 73 Pli 4*

4 ch. — **Gannat 12 km.** Ancienne maison de ferme en pierres apparentes entièrement rénovée dans un hameau surplombant la campagne. 1 ch. (1 lit 2 pers., 1 lit 1 pers.), 1 ch. (2 lits 1 pers., 1 lit 120) avec chacune salle d'eau et wc privés, 1 ch. (2 lits 2 pers.), bains/wc, 1 ch. double (1 lit 2 pers., 2 clic-clac 2 pers.), Salon, salle de séjour, bibliothèque. Terrasse, salon de jardin. Gîte rural sur place. Demi pension : 410 € la semaine pour 2 pers.

Prix : 1 pers. 34 € 2 pers. 38 € 3 pers. 49 € pers. sup. 11 €
repas 13 € 1/2 pens. 410 €

Ouvert : Toute l'année.

	🐕	👤	⛱	🎾	🎳	⛵	🏇	🚴	⛳	🎣	🏕
	2	12	2	2	30	2	2	30	2	12	2

Anne-Marie/Christian BOUTONNET - Chavagnat - 03450 EBREUIL - Tél. : 04 70 90 73 56 ou 06 70 65 06 45 - Fax : 04 70 90 73 56 -
www.multimania.com/chavagnat/

EBREUIL　📶　(TH)　*C.M. 73 Pli 4*

E.C. 2 ch. — **Gannat 10 km. Vichy 30 km.** A l'entrée du bourg près de la rivière Sioule, 2 chambres indépendantes aménagées dans un batiment attenant à la maison du propriétaire. 1 ch. (1 lit 2 pers, 1 lit 1 pers.), 1 ch. avec mezzanine (1 lit 2 pers., 3 lits 1 pers.). Douche/wc privés pour chaque chambre. Séjour commun. Accès au jardin et piscine zodiaque du propriétaire, baby-foot, tennis de table, billard. Terrasse, véranda, salon de jardin. Réduction pour séjour. Langue parlée : anglais.

Prix : 1 pers. 30 € 2 pers. 38 € 3 pers. 49 € pers. sup. 11 €
repas 14 €

Ouvert : Toute l'année.

	🐕	👤	⛱	🎾	🎳	⛵	🏇	🚴	⛳	🎣	🏕
	0,1	10	0,5	0,5	30	0,5	0,5	30	0,5	10	0,2

Alain et Marie-Noelle PINOT - 5 route de Gannat - 03450 EBREUIL - Tél. : 04 70 90 79 54

ESPINASSE-VOZELLE Castel Bois Clair　📶　(TH)　*C.M. 73 Pli 5*

6 ch. — **Vichy 10 km.** Au 1er étage d'un bâtiment indépendant : 1 ch. (1 lit 2 pers.), 1 ch. (1 lit 2 pers.), 1 ch. (2 lits 1 pers., 1 lit 2 pers.), 1 ch. composée de 2 pièces (1 lit 2 pers., 1 lit 1 pers, 2 lits gygogne), bains/wc privés pour chaque chambre. Au r.d.c. de la maison de caractère des propriétaires : 2 ch. (1 lit 2 pers. chacune), douche/wc privés dans chaque chambre. Salon et salle de séjour communs. Forêt, parc, sur place. 250 km de circuit randonnée Chaminat. Possibilité accueil de chevaux. Séminaires sur demande. 2 chambres 3 épis, 4 chambres 2 épis. Langue parlée : anglais.

Prix : 1 pers. 34/37 € 2 pers. 40/44 € 3 pers. 53/56 €
pers. sup. 12 € repas 7/13 €

Ouvert : Toute l'année.

	🐕	👤	⛱	🎾	🎳	⛵	🏇	🚴	⛳	🎣	🏕
	8	SP	1	8	8	5	8	2	8	8	1

Gilles NOLET - Castel Bois-Clair - 03110 ESPINASSE-VOZELLE - Tél. : 04 70 56 55 52 - Fax : 04 70 56 55 52

Allier — Auvergne

ESPINASSE-VOZELLE Château de Puy-Vozelle — A — C.M. 73 Pli 5

4 ch. Vichy 7 km. Dans une demeure de caractère. R.d.c. : 1 ch. (1 lit 2 pers.), bains/wc, 2 ch. communiquante (2 lits 1 pers.), douche/wc, (1 lit 2 pers.), douche. WC sur palier. Au 1er étage, 1 suite composée de 2 pièces (2 lits 1 pers., 1 lit 2 pers.), douche/wc. Séjour. Possibilité de réunions et de séminaires. Grand parc ombragé. 2 chambres 2 épis, 2 chambres en cours. Langue parlée : anglais.

Prix : 1 pers. 34/38 € 2 pers. 46 € 3 pers. 53/61 € pers. sup. 8 € repas 12 €
Ouvert : Toute l'année.

7	SP	7	7	7	5	7	0,8	7	7	2

Norbert VEYSSEIRE - Château de Puy Vozelle - 03110 ESPINASSE-VOZELLE - Tél. : 04 70 56 52 89 ou 06 67 18 36 93

FERRIERES-SUR-SICHON Le Grand-Moulin Alt. : 550 m — C.M. 73 Pli 6

1 ch. Vichy 25 km. St-Clément 9 km. Au 1er étage de la maison des propriétaires, 1 chambre d'hôtes composée de 2 pièces (2 lits 2 pers., 2 lits 1 pers.), salle d'eau/wc. Salon réservé aux hôtes, salon, salle à manger communs avec le propriétaire. Espace vert, salon de jardin. Langue parlée : anglais.

Prix : 1 pers. 23 € 2 pers. 30 € 3 pers. 38 € pers. sup. 8 €
Ouvert : Du 1er avril au 31 octobre.

SP	25	SP	7	12	9	11	25	25	8	25	SP

Marie-Thérèse DIOT - 45 rue François Riboulet - 03250 FERRIERES-SUR-SICHON - Tél. : 04 70 45 17 37 ou 04 70 41 10 19

LA FERTE-HAUTERIVE Demeure de Hauterive — TH — C.M. 69 Pli 14

5 ch. Moulins 20 km. St-Pourçain-sur-Sioule 12 km. Dans un grand parc clos de murs, une grande maison de caractère « Sologne Bourbonnaise ». R.d.c. : 1 ch. (1 lit 1 pers., 1 lit 2 pers.), bains/wc. Etage : 2 ch. (1 lit 2 pers.), 1 ch. (1 lit 2 pers., 1 lit 1 pers.), 1 suite de 2 ch. (4 lits 1 pers. possibilité lit supplémentaire), douche/wc pour chaque chambre. salle à manger, salon, salle de billard communs. Terrasse, garage, kiosques et petits bassins dans le parc. Animaux acceptés sous réserve (chenil). Langue parlée : anglais.

Prix : 1 pers. 50 € 2 pers. 67/75 € 3 pers. 82/88 € repas 17/23 €
Ouvert : Toute l'année.

0,5	10	0,2	20	20	SP	12	12	20	2

Jérome et Annick LEFEBVRE - Demeure d'Hauterive - 03340 LA-FERTE-HAUTERIVE - Tél. : 04 70 43 04 85 ou 06 23 12 27 00 - Fax : 04 70 43 00 62 - www.demeure-hauterive.com

FLEURIEL Le Corgenay — TH — C.M. 69 Pli 4

5 ch. Vichy 30 km. St-Pourçain-sur-Sioule 14 km. Au 1er et 2ème étage de cette grande maison de caractère (1820), entièrement restaurée, sur une exploitation agricole : 1 ch. (2 lits 1 pers.), bains/wc, 2 ch. (1 lit 160), douche/wc, 1 ch. (1 lit 180), bains/wc, 1 ch. (1 lit 180), bains/wc. Salle à manger, salon, bibliothèque communs. Grand espace vert avec vue sur la montagne bourbonnaise et la chaîne des Puys. Piscine privée, jacuzzi, terrasse, véranda, salon de jardin. Table d'hôtes sur réservation. Animaux acceptés sur demande ou chenil. Langues parlées : anglais, allemand.

Prix : 1 pers. 43/53 € 2 pers. 48/53 € pers. sup. 15 € repas 15 €
Ouvert : Du 28 mars au 4 novembre, autres périodes sur réservation.

8	SP	8	30	30	12	12	15	30	30	8

Manuela et Louis STERCKX - Le Corgenay - 03140 FLEURIEL - Tél. : 04 70 56 94 12 - Fax : 04 70 56 90 88

FRANCHESSE Les Communs-Bouquetraud — TH — C.M. 69 Pli 13

1 ch. Chambre indépendante (1 lit 2 pers.), douche/wc. située dans l'aile droite de la maison qui est entourée d'un parc de deux hectares boisés avec deux petits étangs. Salon, salle à manger avec cheminée à disposition. salon de jardin. Gîte de 8 à 10 personnes à côté. 3 chambres d'hôtes en cours d'année.

Prix : 1 pers. 27 € 2 pers. 30 € repas 12 €
Ouvert : Toute l'année.

SP	10	10	25	25	6	15	25	3

M. CONA - Les Communs - Bouquetraud - 03160 FRANCHESSE - Tél. : 04 70 66 25 67

GANNAY-SUR-LOIRE Domaine du Bourg — C.M. 69 Pli 5

E.C. 5 ch. Moulins 30 km. Parc d'attraction Le Pal 20 km. Bourbon-Lancy 15 km. Dans les dépendances d'un domaine, 5 chambres d'hôtes au 1er étage. 4 ch. (1 lit 2 pers., 1 lit 1 pers. chacune), 1 ch. (2 lits 1 pers), douche/wc pour chaque chambre. Lit bébé sur demande. Séjour, salle à manger, salle de détente. Grand espace vert clos, salon de jardin. Langues parlées : anglais, allemand, néerlandais. Réduction de 10 % à partir de 3 nuits. Possibilités d'itinéraires de randonnées pédestres et cyclistes. Langues parlées : anglais, allemand, hollandais.

Prix : 1 pers. 34 € 2 pers. 43 € 3 pers. 53 €
Ouvert : Du 1er avril au 1er octobre. Autres périodes sur réservation.

1	SP	1	15	15	15	SP	30	17	30	0,5

Trudi et Peter DE LANGE - Le Domaine du Bourg - 03230 GANNAY-SUR-LOIRE - Tél. : 04 70 43 49 01 - Fax : 04 70 43 43 01 - E-mail : domaine-du-bourg@wanadoo.fr

Auvergne — Allier

GOUISE Les Rubis (TH) — C.M. 69 Pli 14

4 ch. **Moulins 20 km. Vichy 40 km.** Dans les communs d'une propriété du XIXe : 1 ch. accesssible aux handicapés (2 lits 1 pers.), douche/wc, 1 ch. (2 lits 1 pers.), douche/wc, 1 ch. (1 lit 2 pers., 1 lit 120), douche/wc, 1 ch. (1 lit 2 pers., 1 lit 1 pers.), douche/wc. séjour, jardin, salon de jardin réservés aux hôtes. Table d'hôtes sur réservation (et seulement en vacances scolaires). Coin-cuisine à disposition. Langues parlées : allemand, anglais.

Prix : 2 pers. 37 € 3 pers. 43 € repas 11 €
Ouvert : Toute l'année.

	8	18	6	18	3	20	12	20	20	6

Jean-Louis et Irmine HUOT - Les Rubis - 03340 GOUISE - Tél. : 04 70 43 12 70 - Fax : 04 70 43 12 70

HURIEL Malvaux - la Chapelaude — A — C.M. 69 Pli 11

3 ch. **Montluçon 10 km.** Dans un hameau près du village de la Chapelaude, à l'étage d'une grange entièrement rénovée, à proximité de la maison familiale, 3 chambres de 2, 3 ou 4 pers avec chacune douche et wc privatifs. 1 lit bébé. Au rez-de-chaussée, grand séjour avec cheminée, bibliothèque à disposition des hôtes, kitchenette. Grande cour avec pelouse. Salon de jardin, barbecue. Parking. Box pour hébergement chevaux. Restaurants à moins de 1 km. Taxe de séjour incluse. Langue parlée : anglais.

Prix : 1 pers. 31 € 2 pers. 40 € 3 pers. 50 € pers. sup. 10 €
Ouvert : Toute l'année.

	7	10	1,5	10	14	4	7	18	14	10	1,5

Nathalie et Pascal NICOLAS - Les Malvaux - LA CHAPELAUDE - 03380 HURIEL - Tél. : 04 70 06 44 09

ISLE-ET-BARDAIS La Tour de Bouis (TH) A — C.M. 69 Pli 12

E.C. 3 ch. **Montluçon 40 km. Saint-Amand-Montrond 28 km.** En forêt de Tronçais, dans une ancienne grange bourbonnaise rénovée, à proximité de la maison des propriétaires. 2 ch. (1 lit 2 pers.), 1 ch. (2 lits 1 pers.). Salle de bains/wc privés pour chaque chambre. Grand séjour avec cheminée. Coin-cuisine réservé aux hôtes. Possibilité personne supp. (1 lit 2 pers.) Lit bébé sur demande. Possibilité lave-linge. Table d'hôtes sur réservation. Réduction pour séjour longue durée. Sur place : accueil chevaux en boxex ou pature. Atelier de peinture. Langues parlées : espagnol, anglais.

Prix : 1 pers. 30 € 2 pers. 40 € pers. sup. 12 € repas 12 €
Ouvert : Toute l'année.

	0,3	3,5	3,5	3,5	11	7	35	26	7

Bernard et Marie-Aude DEVRED - La Tour de Bouis - 03360 ISLE-ET-BARDAIS - Tél. : 04 70 66 60 13 ou 06 09 44 46 01 - Fax : 04 70 66 60 17

ISSERPENT Chandian (TH) — C.M. 73 Pli 6

4 ch. **Vichy 15 km.** Dans un bâtiment de l'exploitation agricole : 3 chambres (6 lits 2 pers.), 1 chambre (4 lits 2 pers.). Salle d'eau/wc privés pour chaque chambre. Terrasse. Cour. Ferme auberge sur place.

Prix : 1 pers. 30 € pers. sup. 15 € repas 14 € 1/2 pens. 40 €
Ouvert : D'avril à décembre sur réservation.

	SP	12	12	15	15	2	12	15	15	40	15	SP

Danielle et Guy GIRARDET - Chandian - 03120 ISSERPENT - Tél. : 04 70 41 32 89 ou 04 70 41 32 69 - Fax : 04 70 41 32 69

LIERNOLLES La Forest de Viry (TH) — C.M. 69 Pli 16

2 ch. A l'étage d'un château du XIVe siècle. 1 chambre composée de 2 pièces (1 lit 2 pers., 3 lits 1 pers.). Salle de bains, wc. Télévision. 1 chambre (1 lit 2 pers.), salle de bains, wc. Séjour et bibliothèque communs. Cour avec pelouse. Pêche et chasse avec supplément sur place. Taxe de séjour. Langue parlée : anglais.

Prix : 1 pers. 46/61 € 2 pers. 53/69 € 3 pers. 91 € pers. sup. 23 € repas 15/23 €
Ouvert : Du 3 mars au 3 novembre. Autres périodes sur réservation.

	SP	15	10	16	SP	31	SP	20	15	10

Bernadette DE VILLETTE - La Forest de Viry - 03130 LIERNOLLES - Tél. : 04 70 42 21 21 - Fax : 04 70 42 21 21

LOUCHY-MONTFAND Le Courtiau — C.M. 69 Pli 14

2 ch. A l'étage d'une ancienne ferme bourbonnaise : 2 chambres avec accès indépendant (1 lit 2 pers. chacune), douche/wc privés pour chaque chambre. Séjour TV commun. TV particulière sur demande. Terrasse couverte. Jardin fermé avec pelouse. Endroit calme. Chambres non-fumeurs. Restaurants à 2 km. Langue parlée : italien.

Prix : 2 pers. 40 €
Ouvert : De Pâques à fin septembre. Hors saison sur réservation.

	1	3	3	17	25	15	31	6	15	25	3

Monique et Robert IANNOTTI - Le Courtiau - 03500 LOUCHY-MONTFAND - Tél. : 04 70 45 91 03 - Fax : 04 70 45 91 03 - www.valdesioule.com

Allier   *Auvergne*

LOUROUX-DE-BEAUNE Les Roumeaux   (TH)   C.M. 73 Pli 5

4 ch. **Montluçon 30 km.** Au sein d'un grand espace boisé (10 ha) avec étang privé pour naturisme, Eric et son ami Laurent vous accueillent dans une ancienne ferme réservée aux hôtes. 1 ch. (2 lits 1 pers. jumeaux), 3 ch. (1 lit 160), salle d'eau et wc privés pour chaque chambre. Salon, salle de séjour, grande terrasse, parking, salon de jardin, VTT à disposition pour balades locales. Tables d'hôtes le week-end. Langues parlées : anglais, allemand.

Prix : 1 pers. 35 € 2 pers. 41 € repas 17 €
Ouvert : Toute l'année.

	SP	18	8	10	10	8	30	60	18	18

JALLET Eric et FAUDEMER Laurent - Les Roumeaux - L'Etang du Champfournier - 03600 LOUROUX-DE-BEAUNE -
Tél. : 04 70 64 95 04 ou 06 84 48 88 37 - Fax : 04 70 64 95 04

LURCY-LEVIS Grand-Veau   C.M. 69 Pli 3

3 ch. **Forêt de Tronçais 5 km.** 3 chambres à la ferme, à l'étage d'une maison bourbonnaise du XIXè siècle, 1 chambre (1 lit 2 pers., 1 lit 1 pers.), 1 chambre (1 lit 2 pers.), 1 chambre (2 lits 1 pers.), douche/wc privés à chaque chambre. Petit salon, bibliothèque, en commun. Jardin ombragé, pelouse. Anglais parlé couramment.

Prix : 1 pers. 27 € 2 pers. 35 € 3 pers. 46 € pers. sup. 11 €
Ouvert : Toute l'année.

| | 5 | 25 | 5 | 10 | 10 | 17 | 5 | 35 | 45 | 45 | 5 |

Solange et Claude VANNEAU - Grand-Veau - 03320 LURCY-LEVIS - Tél. : 04 70 67 83 95 - Fax : 04 70 67 80 80

LUSIGNY Les Laurents   C.M. 69 Pli 15

4 ch. **Moulins 12 km. Bourbon-Lancy 18 km. Le Pal Parc d'attraction 20 km.** Dans un château rénové du XIX siècle, 4 chambres d'hôtes : 1 ch. composée de 2 pièces (2 lits 2 pers., 1 lit 1 pers), salle d'eau/wc privatifs, 2 ch. (1 lit 2 pers. chacune), salles de bains/wc privatifs pour chaque chambre, 1 ch. (1 lit 2 pers.), salle d'eau/wc privatifs. Salle à manger, salon, grand parc.

Prix : 1 pers. 38 € 2 pers. 53 € 3 pers. 61 €
Ouvert : D'avril à octobre.

| | 3 | 12 | 1 | 18 | 18 | 3 | 12 | 10 | 12 | 10 | 1 |

Frédéric BIRON - Les Laurents - 03230 LUSIGNY - Tél. : 04 70 42 41 83 - Fax : 04 70 42 41 83 - E-mail : fred.biron@wanadoo.fr

MARIOL Les Breuils   (TH)   C.M. 73 Pli 5

5 ch. **Vichy 15 km. Thiers 20 km.** 5 chambres d'hôtes dans une maison de caractère entièrement rénovée. 2 ch. (2 lits 1 pers.), 2 ch. (1 lit 2 pers.), 1 ch. (1 lit 2 pers., 1 lit 1 pers.), bains/wc ou douche/wc privés pour chaque chambre. Salon et salle à manger des propriétaires à disposition. Possibilité lits d'appoint et lit bébé sur demande. Lave-linge. Grand jardin ombragé, salon de jardin. Parking. Barbecue. Réductions à partir de la 4ᵉ nuit en hors saison et groupes. Repas enfant 7 €. Animaux acceptés sous réserves. Langues parlées : anglais, espagnol, italien.

Prix : 1 pers. 31 € 2 pers. 39/44 € 3 pers. 52 € pers. sup. 8 € repas 13 €
Ouvert : Toute l'année.

| | SP | 5 | 2 | 15 | 5 | SP | 15 | 15 | 15 | 3 |

Catherine ARNAUD - Les Breuils - 03270 MARIOL - Tél. : 04 70 41 00 03 - Fax : 04 70 41 00 12 - E-mail : canayma@wanadoo.fr

LE MAYET-DE-MONTAGNE Chier   Alt. : 543 m   (TH)   C.M. 73 Pli 6

2 ch. **Vichy 25 km.** Dans un petit hameau de montagne, 2 chambres d'hôtes. R.d.c. surélevé dans la maison des propriétaires avec entrée indépendante 1 ch. (2 lits 2 pers.), douche/wc, poss. coin-cuisine. 1 ch. au 1ᵉʳ étage de la maison du propriétaire (2 lits 2 pers., 1 lit 1 pers.), douche/wc sur le palier. Table d'hôtes sur réservation. Taxe de séjour.

Prix : 1 pers. 23 € 2 pers. 30 € 3 pers. 38 € pers. sup. 9 € repas 10 €
Ouvert : Toute l'année.

| | 3 | 25 | 2 | 5 | 15 | 25 | 25 | 25 | 25 | 3 |

Renée MATICHARD - Le Chier - 03250 LE-MAYET-DE-MONTAGNE - Tél. : 04 70 59 73 74

LE MAYET-DE-MONTAGNE Le Couturon   Alt. : 500 m   (TH) A   C.M. 73 Pli 6

5 ch. **Vichy 30 km.** Au cœur de la Montagne Bourbonnaise à proximité d'un plan d'eau dans un environnement de monts feuillus et de sapins, 5 chambres d'hôtes aménagés dans un ancien corps de ferme. 1 ch. (1 lit 2 pers., 2 lit 1 pers.), 1 ch. (1 lit 2 pers.), 1 ch. (2 lits 1 pers.), 1 ch. (1 lit 2 pers.), douche/wc privés pour chaque chambre. Equipements bébé. Salon avec cheminée et TV, séjour. Terrasse, salon de jardin, espace vert clos. Randonnées pédestres 1 km.

Prix : 1 pers. 26 € 2 pers. 34 € 3 pers. 41 € pers. sup. 9 € repas 11 €
Ouvert : Toute l'année.

| | 0,5 | 25 | 5 | 0,5 | 0,5 | 3 | 20 | 0,5 | 20 | 30 | 5 |

Christian et Mireille MONAT - Chambres d'hôtes du Couturon - La Cartonnée - 03250 LE-MAYET-DE-MONTAGNE -
Tél. : 04 70 56 45 14

Auvergne — Allier

MEAULNE Domaine de Bellevue (TH) A *C.M. 69 Pli 12*

5 ch. 5 Chambres d'hôtes dans un chateau de style renaissance, époque Napoléon III, avec un parc à l'anglaise de 50 ha clos de murs. 1 ch. (1 lit 2 pers.), bains, wc non communicant, 1 ch. (1 lit 2 pers.), bains/wc, 1 ch. (2 lits 1 pers.), douche/wc, 1 ch. (2 lits 120), douche/wc, 1 ch. (1 lit 2 pers., 1 lit 1 pers.), bains/wc. Possibilité de chambres communicantes. Salon, Séjour, bibliothèque des propriétaires à disposition. Sur place élevage de chevaux, possibilités de promenades attelées et montées en Forêt de Tronçais. Langue parlée : anglais.

Prix : 1 pers. 34/46 € 2 pers. 46/61 € 3 pers. 58/69 € pers. sup. 8 € repas 14 €
Ouvert : Toute l'année.

🐕	🏊	🚣	🎾	⛳	⛵	🎣	🚴	🏇	🎿	🏛	🚂
2	7	3	6	6	SP	3	12	2	18	1	

Jean-Marc COUDRY - SCEA de Diège - Domaine de Bellevue - 03360 MEAULNE - Tél. : 04 70 06 24 40 - E-mail : scea-diege@nat.fr

MEILLERS Les Olivières A *C.M. 69 Pli 13*

1 ch. Moulins 22 km. Bourbon l'Archambault 10 km. Dans la maison de la propriétaire, surplombant la campagne et le bocage bourbonnais, 1 chambre d'hôtes composée de 2 pièces située au 1er étage (1 lit 2 pers., 2 lits 1 pers.), salle de bains/wc. Salle de séjour en commun avec la propriétaire. Espace vert, terrasse, salon de jardin.

Prix : 1 pers. 35 € 2 pers. 38 € 3 pers. 49 € pers. sup. 12 €
Ouvert : Du 1er avril au 1er octobre. Autres périodes sur réservation.

🐕	🏊	🚣	🎾	⛳	⛵	🎣	🚴	🏇	🎿	🏛	🚂
	6	10	10	6	22	10	22	25	22	22	9

Chantal DE DURAT FIGIER - Les Olivières - 03210 MEILLERS - Tél. : 04 70 47 21 43 ou 06 82 12 28 21 - Fax : 04 70 47 21 43

MONTEIGNET-L'ANDELOT   (TH) *C.M. 73 Pli 5*

4 ch. 4 chambres d'hôtes en r.d.c. et 1er étage dans une maison de caractère près de l'Andelot, près du village. 1 ch. (2 lits 1 pers.), 1 ch. (1 lit 2 pers., 1 lit 1 pers.), 1 ch. (1 lit 2 pers., 1 lit 1 pers.), 1 ch. (2 lits 1 pers.), douche ou bains/wc privés pour chaque chambre. Salon, salle à manger des propriétaires en commun. Grand parc ombragé, terrasse, salon de jardin. Ping-pong, VTC à disposition.

Prix : 1 pers. 30/37 € 2 pers. 38/45 € 3 pers. 48/54 € pers. sup. 10 € repas 12 €
Ouvert : Toute l'année.

🐕	🏊	🚣	🎾	⛳	⛵	🎣	🚴	🏇	🎿	🏛	🚂
	5	8	8	17	17	5	SP	7	15	50	6	7

Annick SUPPLISSON - Le Bourg - 03800 MONTEIGNET-L'ANDELOT - Tél. : 04 70 90 58 53 - Fax : 04 70 90 58 53 - E-mail : annick.supplisson@wanadoo.fr

MONTILLY Manoir des Herards (TH) *C.M. 69 Pli 14*

3 ch. Bourbon l'Archambault 15 km. Dans un manoir du 17è, 2 chambres d'hôtes au 1er étage, accès indépendant par Tour du 15è dans un parc avec petit étang. 1 ch. (1 lit 2 pers.), 1 ch. (1 lit 2 pers., 1 lit 1 pers.), bains/wc privatif pour chaque chambre. 1 ch. au rez-de-chaussée (1 lit 2 pers.), bains, wc. Salon, salle à manger en communs avec les propriétaires. Terrasse et parc. Maison de Peintre. Ping-pong, pêche sur place, salon de jardin. Table d'hôtes sur réservation. Possibilité de stages « peinture et dessin ». Chambres non fumeurs. Taxe de séjour. Langues parlées : anglais, allemand.

Prix : 1 pers. 42 € 2 pers. 46/53 € 3 pers. 69 € repas 15 €
Ouvert : Du 1er avril à fin octobre.

🐕	🏊	🚣	🎾	⛳	⛵	🎣	🚴	🏇	🎿	🏛	🚂
	SP	7	1	10	12	7	12	7	7	7	

Pierrette et Rémi BLOCH - Les Herards - 03000 MONTILLY - Tél. : 04 70 46 51 26 ou 06 89 26 71 71

MONTMARAULT Concize   (TH) *C.M. 69 Pli 13*

3 ch. Montluçon 35 km. Dans une aile indépendante de la maison du propriétaire : 1 chambre (1 lit 2 pers., 1 lit 1 pers.), bains/wc, 1 chambre (1 lit 2 pers., 1 lit 1 pers.), douche/wc. Au 2e étage de la maison du propriétaire : 1 chambre (2 lits 1 pers.), douche/wc. Séjour, salle à manger réservées aux hôtes. Lit enfant à disposition. Table d'hôtes sur réservation. Barbecue, grand jardin. Langues parlées : anglais, espagnol.

Prix : 1 pers. 27 € 2 pers. 35 € 3 pers. 43 € repas 12 €
Ouvert : Du 31 mars au 29 septembre.

🐕	🏊	🚣	🎾	⛳	⛵	🎣	🚴	🏇	🎿	🏛	🚂
	2	SP	SP	26	26	31	35	15	35	2	

Eric DU BOULET - Concize - 03390 MONTMARAULT - Tél. : 04 70 07 60 22 ou 04 70 07 40 38 - Fax : 04 70 02 90 54

NERIS-LES-BAINS Montbarnier   *C.M. 73 Pli 2*

2 ch. Dans une grange entièrement rénovée, 2 chambres d'hôtes au 1er étage de la maison d'habitation des propriétaires avec vue sur paysage vallonné. 1 chambre (1 lit 2 pers.), douche, wc. 1 chambre (2 lits 1 pers.), douche/wc. Mezzanine salon détente pour les hôtes. Bibliothèque, séjour en commun avec les propriétaires. Jardin d'agrément avec terrasse. Taxe de séjour.

Prix : 1 pers. 29 € 2 pers. 38 € 3 pers. 46 €
Ouvert : Toute l'année.

🐕	🏊	🚣	🎾	⛳	⛵	🎣	🚴	🏇	🎿	🏛	🚂
	0,5	SP	3	3	10	1,5	3	3	6	10	3

Jean-Marc FRAGNON - Montbarnier - 03310 NERIS-LES-BAINS - Tél. : 04 70 09 01 05

Allier
Auvergne

NOYANT-D'ALLIER Les Jobineaux
(TH) — C.M. 69 Pli 13

5 ch. Moulins 20 km. Souvigny 9 km. Dans un bâtiment indépendant, 5 chambres aménagées dans une ferme laitière du Bocage Bourbonnais près de Souvigny. Chaque chambre est équipée de douche/wc. Grande salle commune avec cheminée. Ping-pong, baby-foot, VTT, culture de Myrtilles, participation à la traite. Très belle vue. Idéal pour se retrouver en famille ou entre amis. Accueil de cavaliers. Prix groupe et prix séjour. 4 chambres sont classées 3 épis, 1 chambre classée 2 épis. Langue parlée : anglais.

Prix : 1 pers. 30 € 2 pers. 37 € 3 pers. 48 € repas 11 €
Ouvert : Toute l'année.

	SP	13	3	25	25	18	10	25	21	2,5

Caroline et J-Dominique CARRELET - Les Jobineaux - 03210 NOYANT-D'ALLIER - Tél. : 04 70 47 29 71 ou 06 60 72 73 48 - Fax : 04 70 47 29 71

PARAY-LE-FRESIL Le Château
(TH) — C.M. 69 Pli 15

3 ch. Au premier étage d'un château en briques bourbonnaises : 1 chambre (1 lit 1 pers.), bains/wc. 1 chambre (1 lit 2 pers.), bains/wc. 1 chambre (2 lits 1 pers.), bains/wc. TV dans chaque chambre. Séjour, salon communs aux Hôtes. Ping-pong dans les communs. Grand parc, piscine, attelage, chasse sur place. Table d'hôtes sur réservation. Lits bébés.

Prix : 1 pers. 46 € 2 pers. 69 € 3 pers. 76 € pers. sup. 8 € repas 23/30 €
Ouvert : Toute l'année.

	2	SP	7	15	15	SP	25	25	25	1

Esmeralda DE TRACY - Le Château - 03230 PARAY-LE-FRESIL - Tél. : 04 70 43 68 02 ou 04 70 43 42 36 - Fax : 04 70 43 11 74

PARAY-SOUS-BRIAILLES Les Caissons
(TH) — C.M. 73 Pli 5

3 ch. Moulins 35 km. Vichy 22 km. Dans un cadre campagnard, au sein d'une ferme authentique, nous vous proposons 3 chambres d'hôtes dans un batiment annexe. 2 ch. (2 lits 2 pers.), bains/wc privés pour chaque chambre, 1 ch. (1 lit 2 pers., 2 lits 1 pers., 1 lit bébé), bains/wc. Séjour, bilbiothèque, possibilité coin-cuisine. Espace vert, salon de jardin, barbecue, abri voiture. Langues parlées : anglais, allemand, espagnol. Accueil de chevaux. Location de vélos. Table d'hôtes sur réservation. Karting 4 km. Tarif 2 adultes, 1 enfant (- de 15 ans) : 49 € et 2 adultes, 2 enfants : 56 €. Langues parlées : anglais, allemand.

Prix : 1 pers. 37 € 2 pers. 40 € pers. sup. 14 € repas 14 €
Ouvert : Toute l'année.

	2	7	3	0,2	20	12	6	5	22	10	6

Michèle et Gérard MAUSSAN - Les Caissons - Route de Marcenat - 03500 PARAY-SOUS-BRIAILLES - Tél. : 04 70 45 03 00 ou 04 70 45 12 52

LE PIN La Noux
(TH) — C.M. 69 Pli 16

4 ch. Au 1er étage de la maison du propriétaire sur une exploitation agricole : 1 chambre (3 lits 1 pers.), 2 chambres (2 lits 1 pers.), 1 chambre (1 lit 2 pers). Chaque chambre est équipée d'une salle de bains et wc. La salle de séjour (cheminée) du propriétaire est à la disposition des hôtes. Repas constitués avec les produits de la ferme essentiellement. Etang sur place. Langue parlée : anglais.

Prix : 1 pers. 27 € 2 pers. 37 € 3 pers. 46 € pers. sup. 9 € repas 14 €
Ouvert : Toute l'année.

	SP	15	10	23	2	21	15	15	15	10

Michèle et Alain DECERLE - La Noux - 03130 LE-PIN - Tél. : 04 70 55 62 62 - Fax : 04 70 55 65 51

POUZY-MESANGY Le Plaix
(TH) — C.M. 69 Pli 13

5 ch. Près de forêts et rivières, à la ferme, George et Claire vous accueillent dans leur Manoir du 16 ème et vous font partager leur pays. 5 chambres de 2 à 3 pers. (douche ou bains avec wc privés), accès indépendant par l'escalier de la tour. Kitchenette en option. Table d'hôtes sur réservation. Tarifs à la semaine. En été : pétanque, tennis de table, barbecue, randonnées pédestres et cyclo. Hébergement équestre, pêche sur place. Langue parlée : anglais.

Prix : 1 pers. 34 € 2 pers. 34/40 € 3 pers. 52/55 € pers. sup. 15 € repas 15 €
Ouvert : Toute l'année.

	SP	15	5	5	10	7	30	30	35	4

Claire et Georges RAUCAZ - Manoir Le Plaix - Pouzy Mesangy - 03320 LURCY-LEVIS - Tél. : 04 70 66 24 06 - Fax : 04 70 66 25 82

QUINSSAINES La Mazerolle
(TH) — C.M. 69 Pli 11

3 ch. Au 1er étage de la maison de cette famille d'exploitants agricoles (élevage de bovins et de bisons, vaches laitières), 1 chambre (1 lit 2 pers.), 1 chambre (1 lit 1 pers.), 1 chambre (2 lits 1 pers.), douche et lavabo par chambre, wc commun sur le palier. Salle à manger et salon en commun avec le propriétaire. Personne supplémentaire 8 € (enfant-10 ans), 11 € adulte. Table d'hôtes sur réservation, repas Bisons.

Prix : 1 pers. 23 € 2 pers. 29 € repas 13 €
Ouvert : Toute l'année.

	7	7	1,5	7	7	8	6	15	7	7	1,5

M. et Mme MACQUET - Gaec - La Mazerolle - 03380 QUINSSAINES - Tél. : 04 70 51 85 88 - Fax : 04 70 51 85 88 - http://macquetfree.fr/mazerolle

Auvergne / Allier

SAULCET Les Burliers
C.M. 69 Pli 14

2 ch. Dans un hameau du vignoble St-Pourçinois, à l'étage de la maison du propriétaire, viticulteur : 1 chambre familiale composée de 2 pièces (1 lit 2 pers.), (2 lits 1 pers.), salle d'eau pour les 2 chambres, wc sur le palier. Salle à manger réservée aux hôtes.

Prix : 1 pers. 23 € 2 pers. 30 € 3 pers. 38 € pers. sup. 8 €
Ouvert : Toute l'année.

🐕			🎾	♨♨♨	⛵	🏇	🚴	🏃	🏊	🚂	
3	3	2,5	28	28	30	28	7	30	30	3	

Léone GALLAS - Les Burliers - 03500 SAULCET - Tél. : 04 70 45 32 86 ou 04 70 45 99 40 - Fax : 04 70 45 65 15

SAUVAGNY Les Landes
(TH) *C.M. 69 Pli 12*

2 ch. Cosne d'Allier 3 km. Montluçon 25 km. Au 1er étage de la ferme des propriétaires, avec entrée indépendante, 2 chambres d'hôtes mansardées. Pour chaque chambre (1 lit 2 pers.), salle d'eau, wc privés. Dans un batiment annexe : salle de séjour, lave-linge. Cour et espace vert, salon de jardin, terrasse, abri voiture, parking. Elevage de chèvres Angora.

Prix : 1 pers. 27 € 2 pers. 35 € 3 pers. 40 € repas 11 €
Ouvert : Du 1er février au 30 novembre.

🐕											
3	3	3	10	10	20	10	25	25	3		

Gérard et Noële DARVOGNE - Les Landes - 03430 SAUVAGNY - Tél. : 04 70 07 50 86

SERVILLY Les Vieux-Chênes
(TH) *C.M. 73 Pli 6*

6 ch. Lapalisse 7,5 km. Vichy 25 km. Au 1er étage et 2e d'une grande maison de caractère, 6 chambres d'hôtes avec vue sur les Monts de la Madeleine : 2 ch. (1 lit de 160), bains/wc privés chacune. 1 ch. (1 lit 160, 1 lit 1 pers.), bains/wc privés. 1 suite composée de 2 chambres (1 lit 2 pers., 1 lit 120), bains et douche/wc privés pour chacune, 2 chambres, bains/wc privés. Possibilité lits d'enfants. Salon, salle de séjour, bibliothéque, sauna (avec supplément), salle d'activités, parc ombragé et clos, terrasse. Taxe de séjour. Table d'hôtes sur réservation. Animaux acceptés sous réserve. Langue parlée : anglais.

Prix : 1 pers. 30/43 € 2 pers. 46/53 € pers. sup. 8 € repas 17 €
Ouvert : De mars à octobre, autres périodes sur réservation.

🐕											
4	7,5	5	25	30	15	7,5	25	25	5		

Elisabeth COTTON - Les Vieux-Chênes - 03120 SERVILLY - Tél. : 04 70 99 07 53 - E-mail : cotton.elisabeth@free.fr

SOUVIGNY Les Counillons
(TH) *C.M. 69 Pli 13/14*

3 ch. Aménagées dans une maison indépendante à proximité de la ferme en pleine nature (vaches laitières, moutons, basse-cour, lapins...). 2 chambres (2 lits 1 pers. chacune) douche/wc ou bains/wc. 1 chambre familiale de 2 pièces (1 lit 2 pers., 1 lit bébé) douche/wc. Réservés aux hôtes : salon, salle à manger, coin-cuisine, jardin, terrasse. Lave-linge. Repas enfant 6 €. Nuit enfant - 10 ans : 8 €. Séjour - 10 % à partir de 2 nuits. Table d'hôtes sur réservation et uniquement en période de vacances scolaires : le reste de l'année, suivant disponibilités. Ferme auberge à 4 km (Week-end). Nuitée 1 pers hors samedi : 21 €. Langue parlée : anglais.

Prix : 1 pers. 21/30 € 2 pers. 36 € 3 pers. 47 € pers. sup. 14 € repas 8 €
Ouvert : De février à décembre.

🐕											
SP	16	6	19	30	5	6	20	20	6		

Danielle et J-Michel MASSOT - Les Counillons - Route de Cressanges - 03210 SOUVIGNY - Tél. : 04 70 43 65 33 ou 06 84 22 77 87

ST-AUBIN-LE-MONIAL La Gare
(TH) *C.M. 69 Pli 13*

4 ch. A l'étage d'une maison bourbonnaise : 1 ch. composée d'une pièce et d'une alcôve (3 lits 1 pers.), douche/wc, 1 ch. composée de 2 pièces (1 lit 120, 1 lit 2 pers., 1 lit 1 pers.), bains/wc, possibilité pers. suppl., bains/wc. 1 ch. (1 lit 160, 1 lit 1 pers.), douche/wc. R.d.c. : 1 ch. (1 lit 2 pers.), douche/wc. Salon, salle à manger réservés aux hôtes. Possibilité lave-linge et téléphone. Table d'hôtes sur réservation. Garage, espace vert ombragé, forêt sur place. Pers. supplémentaire 9 €.

Prix : 1 pers. 29 € 2 pers. 36 € 3 pers. 46 € pers. sup. 9 € repas 10/13 €
Ouvert : Toute l'année.

🐕											
2	7	2	15	15	15	15	40	15	25	3	

Anne-Marie et Louis MERCIER - La Gare - 03160 ST-AUBIN-LE-MONIAL - Tél. : 04 70 67 00 20

ST-BONNET-DE-ROCHEFORT La Ferme de Rochefort
(TH) *C.M. 73 Pli 4*

5 ch. Ebreuil 4 km. A proximité des Gorges de la Sioule, chambres d'hôtes à la ferme. R.d.c. et 1er étage : 5 ch. dont 2 ch. avec accès indépendant (1 lit 2 pers., 1 lit 1 pers.), salle d'eau/wc privés pour chacune. Salon, séjour, bibliothéque des propriétaires à disposition. Espace vert avec piscine zodiaque, salon de jardin, barbecue. Table d'hôtes sur réservation. Possibilité accueil cavaliers. Langues parlées : anglais, espagnol.

Prix : 1 pers. 34 € 2 pers. 40 € 3 pers. 49 € pers. sup. 11 € repas 14 €
Ouvert : Toute l'année.

🐕											
0,5	SP	4	4	30	4	4	30	4	10	4	

Philippe et Sabine BONNAL - Rochefort - 03800 ST-BONNET-ROCHEFORT - Tél. : 04 70 58 57 26 ou 06 84 04 70 62 - Fax : 04 70 58 57 26 - E-mail : alaferme@multimania.com - www.multimania.com/alaferme/

Allier — Auvergne

ST-BONNET-TRONCAIS La Beaume
C.M. 69 Pli 12

5 ch. Dans une ancienne maison des forges de la Forêt de Tronçais : 1 ch. de 2 pièces (1 lit 2 pers., 1 lit 1 pers.), 1 ch. (2 lits 1 pers.), 1 ch. (2 lits 1 pers.), bains/wc ou douche/wc pour chaque chambre. À proximité dans une dépendance : 1 ch. (1 lit 2 pers.) douche/wc, 1 ch. (2 lits 1 pers.) bains/wc. Séjour commun aux hôtes. Table d'hôtes sur réservation. Promenade guidée en forêt. Réduction séjour pour 2 nuits 5 %, pour 3 et 4 nuits 10 %, pour 5 nuits et plus 15 %. Prix du repas en séjour 12 €. Langues parlées : anglais, allemand.

Prix : 1 pers. 29 € 2 pers. 35 € 3 pers. 46 € pers. sup. 12 € repas 13 €
Ouvert : Toute l'année.

0,5	30	0,5	0,5	0,5	10	0,5	20	0,5	

Jehan et Laurence DE POMYERS - La Beaume - 03360 ST-BONNET-TRONCAIS - Tél. : 04 70 06 83 76 - Fax : 04 70 06 13 46

ST-DIDIER-EN-DONJON Les Dibois
C.M. 69 Pli 16

3 ch. Dans une ancienne bergerie rénovée à proximité de la maison du propriétaire 3 chambres d'hôtes : 1 ch. (1 lit 2 pers., 2 lits 1 pers.), 1 ch. (2 lits 1 pers.), 1 ch. (1 lit 2 pers., 1 lit 1 pers) Bains/wc pour chaque chambre. 2 chambres ont une terrasse privée, salle à manger, salon réservé aux hôtes, Pêche, randonnées sur place. Parking. Piscine « zodiac » sur place (enfants et adultes). Langue parlée : anglais.

Prix : 1 pers. 29 € 2 pers. 37 € 3 pers. 44 € pers. sup. 8 € repas 13 €
Ouvert : Toute l'année.

SP	SP	5	20	25	SP	20	20	25	5

Mirjam et Yves LAGARDETTE - Les Dibois - 03130 ST-DIDIER-EN-DONJON - Tél. : 04 70 55 63 58 ou 06 73 50 43 63 -
E-mail : lagardette.y@infonie.fr

ST-GERAND-LE-PUY Demeure des Payratons
C.M. 73 Pli 5

5 ch. Lapalisse 10 km. Vichy 20 km. Au 1er étage d'une maison de caractère fin XVIIIe siècle : 1 chambre (1 lit 2 pers.), bains/wc, 1 chambre (1 lit 2 pers.), douche/wc, 1 chambre (3 lits 1 pers.), bains/wc, 1 suite composée de 2 pièces (1 lit 2 pers., 2 lits 1 pers.), bains/wc, 1 chambre Louis XV (1 lit 2 pers. 160), bains/wc, prix : 76,22 €/2 pers. TV à la demande. Animaux sous réserve. Mobilier d'époque : Louis XI, XV, Directoire, Empire. Salon, salle à manger communs. Parc ombragé.

Prix : 1 pers. 41/56 € 2 pers. 61 € 3 pers. 76 € pers. sup. 15 € repas 18 €
Ouvert : Toute l'année.

8	8	1	20	20	12	10	20	

Christianne POULET - Demeure des Payratons - 03150 ST-GERAND-LE-PUY - Tél. : 04 70 99 82 44

ST-GERMAIN-DE-SALLES
C.M. 73 Pli 4

3 ch. Gannat 10 km. Trois chambres d'hôtes avec entrée indépendante à l'étage d'une maison de maître de type bourbonnais dans un parc arboré clos à côté de la rivière Sioule. 2 ch. (1 lit 2 pers.), 1 ch. (2 lits jumeaux 1 pers., 1 lit 1 pers.), salle d'eau/wc pour chaque chambre. Séjour pour les hôtes. Sur place : 3 gîtes ruraux et petit camping (10 emplacements). Langues parlées : anglais, allemand, hollandais.

Prix : 1 pers. 35 € 2 pers. 44 € 3 pers. 55 € repas 15 €
Ouvert : Toute l'année.

0,1	10	6	20	30	5	10	12	20	10	10

Elisabeth et Bart GIELENS - 1 allée des Gandins - 03140 ST-GERMAIN-DE-SALLES - Tél. : 04 70 56 80 75 - Fax : 04 70 56 80 75 -
E-mail : lesgandins@wanadoo.fr - www.domainelesgandins.com

ST-PLAISIR La Prée
C.M. 69 Pli 13

4 ch. Dans une ferme fleurie surplombant la campagne, à l'étage de la maison du propriétaire : 1 ch. (1 lit 2 pers.), 1 ch. (2 lits 120), 1 ch. (1 lit 160), douche/wc privés pour chaque chambre. 1 chambre familiale composée de 2 pièces (2 lits 2 pers.), douche/wc non attenant privés. Salon (TV) réservé aux Hôtes. Terrain de boules, ping-pong à disposition. Possibilité d'accueil de cavaliers. Etang sur place. Auberge de campagne à proximité.

Prix : 1 pers. 29 € 2 pers. 35/37 € 3 pers. 40/44 € pers. sup. 9 €
Ouvert : Toute l'année.

0,3	11	2	SP	22	13	22	32	11

Lucette et Lionel DROUET - La Prée - 03160 ST-PLAISIR - Tél. : 04 70 67 01 39 - Fax : 04 70 67 01 39

ST-PRIEST-EN-MURAT La Charvière
C.M. 69 Pli 13

3 ch. Au 1er étage d'une ferme rénovée, chez une famille d'origine hollandaise : 1 chambre (1 lit 2 pers.), douche/wc, 1 chambre (1 lit 2 pers., 1 lit 1 pers.), douche/wc, 1 chambre (2 lits 2 pers.), bains, douche/wc. Séjour avec cheminée en commun. Terrasse. Gîtes ruraux sur place. Camping sur place. Langues parlées : hollandais, anglais, allemand.

Prix : 1 pers. 23 € 2 pers. 36 € 3 pers. 46 € pers. sup. 8 € repas 14 €
Ouvert : Toute l'année.

5	SP	5	14	14	25	25	30	30	30	5

Henny ENGELS - La Charvière - 03390 ST-PRIEST-EN-MURAT - Tél. : 04 70 07 38 24 - Fax : 04 70 02 91 27 -
E-mail : robert.engels@wanadoo.fr

Auvergne — Allier

ST-VICTOR Les Boudots (TH) *C.M. 69 Pli 11*

1 ch. Aménagée dans une ancienne porcherie, 1 chambre d'hôtes familiale romantique et de plain pied dans le corps de bâtiment de la fermette des propriétaires. 1 ch. (2 lits 2 pers., lit bébé), bains/wc, espace salon dans la chambre, possibilité personne supplémentaire. Séjour des propriétaires, salon de jardin, terrain naturel ombragé. Atelier de création florales en tissus. Tables d'hôtes sur réservation. Langues parlées : anglais, espagnol.

Prix : 1 pers. 36 € ◇ 2 pers. 39 € ◇ 3 pers. 47 € ◇ pers. sup. 10 € ◇ repas 18 €
Ouvert : Toute l'année.

2	10	5	12	12	12	10	13	12	120	10	3

Anne ALFANO - Les Boudots - 03410 ST-VICTOR - Tél. : 04 70 28 84 92

TARGET Chantemerle (TH) *C.M. 73 Pli 4*

2 ch. Dans la ferme rénovée des propriétaires à l'étage, 2 chambres d'hôtes avec entrée indépendante. 1 ch. (1 lit 2 pers.), bains/wc, 1 ch. (1 lit 2 pers., 1 lit 1 pers.), bains jacuzzi/wc. Possibilité lit supplémentaire, salon réservé aux hôtes, salle à manger commune avec le propriétaire. Table d'hôtes sur réservation. Terrasse, salon de jardin. Accueil de groupes de 5 à 7 personnes. Animaux acceptés avec supplément de 3 €. Langue parlée : anglais.

Prix : 1 pers. 32/38 € ◇ 2 pers. 40/46 € ◇ 3 pers. 50/56 € ◇ pers. sup. 11 € ◇ repas 13 €
Ouvert : Toute l'année.

SP	SP	3,5	5	20	9	25	20	12	3,5

Marie et Arnaud DE VEAUCE - Chantemerle - 03140 TARGET - Tél. : 04 70 40 60 30 - Fax : 04 70 40 63 29

LE THEIL Château du Max (TH) *C.M. 69 Pli 13*

3 ch. Au Château du Max 13è et 15è siècles, entouré de douves, 3 chambres d'hôtes situées dans une aile indépendante du château, 1 ch. composée de 2 pièces (2 lits à baldaquin 2 pers.), douche/wc, 1 ch. (2 lits à baldaquin 1 pers.), bains/wc. 1 ch. suite aménagée dans la tour du château (1 lit 2 pers.), bains/wc. Possibilité de lits supplémentaires. Salon, salle à manger commune avec les propriétaires, Parc, bois, pêche dans les douves.

Prix : 1 pers. 61 € ◇ 2 pers. 69 € ◇ 3 pers. 76 € ◇ pers. sup. 8 € ◇ repas 15/23 €
Ouvert : Toute l'année.

SP	15	5	40	7	35	35	35	35	15

Dominique PESSAR-MAZET - Château du Max - 03240 LE-THEIL - Tél. : 04 70 42 35 23

THIEL-SUR-ACOLIN Domaine des Domes (TH) *C.M. 69 Pli 15*

4 ch. Parc Le Pal 7 km. Aérodrome Moulins-Montbeugny 12 km. 4 Chambres d'hôtes dans un ancien batiment de ferme rénové, 1 ch. (2 lits 1 pers.), 1 ch. (1 lit 2 pers.), 1 ch. (4 lits 1 pers.), 1 ch. (1 lit 2 pers., 1 lit 1 pers.), douche/wc pour chaque chambre. Salon réservé aux hôtes. Terrasse couverte, barbecue, cour ombragée. Elevage/pension de chevaux sur place. Spécialités alsaciennes sur commande. Week-end découverte d'octobre à mars. Langue parlée : allemand.

Prix : 1 pers. 27 € ◇ 2 pers. 35 € ◇ 3 pers. 44 € ◇ pers. sup. 9 € ◇ repas 13 €
Ouvert : Toute l'année.

1	SP	2	23	23	12	9	15	9	2	2

Sylviane et Eric SCHUELLER - Domaine des Domes - 03230 THIEL-SUR-ACOLIN - Tél. : 04 70 42 54 28 - Fax : 04 70 42 54 28

TRONGET La Roche (TH) *C.M. 69 Pli 13*

3 ch. Souvigny 18 km. Montmarault 16 km. Moulins 30 km. Dans une ferme bourbonnaise entouré de prairies et de bois : 3 chambres d'hôtes : 1 chambre (1 lit 2 pers., 1 lit d'enfant), salle d'eau/wc, 1 chambre (1 lit 2 pers., 1 lit 1 pers.), salle d'eau/wc, 1 chambre (1 lit 2 pers.). Salle à manger commune avec les propriétaires. Possibilité de participer à la vie de la ferme. Repas à base de produits fermiers. Langues parlées : anglais, allemand.

Prix : 1 pers. 30 € ◇ 2 pers. 36 € ◇ 3 pers. 48 € ◇ pers. sup. 12 € ◇ repas 13 €
Ouvert : Toute l'année.

4	20	4	4	25	20	25	40	20	30	4

Olivier et Michèle BAES - La Roche - 03240 TRONGET - Tél. : 04 70 47 16 43

VALIGNAT L'Ormet *C.M. 73 Pli 4*

3 ch. Dans la maison de caractère du propriétaire 3 chambres d'hôtes dans un parc boisé face au Puy-de-Dôme et à la Montagne Bourbonnaise. 2 ch. (1 lit 2 pers., 1 lit 1 pers), 1 ch. (2 lits 1 pers), bains/wc privés pour chaque chambre. Départ pour circuit de randonnée sur place. Maison non fumeur. Originalité : 3 réseaux de trains de jardin de différentes tailles circulent dans le parc et le jardin que le propriétaire se fera un plaisir de présenter à ses hôtes. Langues parlées : anglais, allemand.

Prix : 1 pers. 47/67 € ◇ 2 pers. 55/75 € ◇ 3 pers. 71/91 €
Ouvert : Toute l'année et du 1er octobre au 30 avril sur réservation.

7	SP	5	7	35	7	7	25	7	6	5

Pierre et Patricia LAEDERICH - L'Ormet - RD183 - 03330 VALIGNAT - Tél. : 04 70 58 57 23 - Fax : 04 70 58 54 36 -
E-mail : lormet@wanadoo.fr - http ://ormet.multimania.com

Allier   *Auvergne*

VARENNES-SUR-ALLIER La Finca de Los Locos   (TH) A   *C.M. 69 Pli 14*

2 ch. **Vichy 25 km. Moulins 28 km.** Dans une ferme andalouse avec arènes, parc à taureaux, chevaux et petit plan d'eau : 2 chambres d'hôtes chacune avec entrée indépendante. 1 ch. (1 lit 2 pers.), douche/wc, 1 ch. (1 lit 2 pers., 1 convertible), douche/wc., séjour, accès à la « bodega ». Sur place : promenades pédestres et équestres, écuries à propriétaires (pension, chevaux). Possibilité initiation à la « monte espagnole ». Langue parlée : espagnol.

Prix : 1 pers. 38/43 € pers. sup. 12 € repas 12 €
Ouvert : Toute l'année.

	🐕	⚓	⚓	🎾	⛵	🐎	🏌	🚴	🎿	🚤
	SP	5	2	SP	25	SP	5	20	25	5	5

Brigitte et Robert SAMITIER - La Finca-de-Los-Locos - 03150 VARENNES-SUR-ALLIER - Tél. : 04 70 45 86 95 ou 06 81 40 97 19

VERNEIX Château de Fragne   (TH)   CB   *C.M. 69 Pli 12*

5 ch. A l'étage d'un château de famille du XVIIIe siècle : 2 chambres avec chacune (1 lit 2 pers.), salle de bains/wc, 2 chambres composées de 2 pièces (1 lit 2 pers., 1 lit 1 pers.), salle de bains/wc, 1 chambre (1 lit 1 pers.), salle de bains/wc. Séjour, salon (mobilier d'époque). Grande terrasse, grand parc ombragé. Animaux acceptés sous réserve. Suite de 2 pièces : 150 € la nuit. Langue parlée : anglais.

Prix : 2 pers. 113 € 3 pers. 172 € repas 50 €
Ouvert : Du 1er mai au 15 octobre.

	🐕	⚓	⚓	🎾	⛵	🐎	🏌	🚴	🎿	🚤
	SP	15	15	25	25	35	20	13	15	

Martine DE MONTAIGNAC LEROY - Château de Fragne - 03190 VERNEIX - Tél. : 04 70 07 88 10 - Fax : 04 70 07 83 73

VERNEUIL-EN-BOURBONNAIS Demeure de Chaumejean   (TH)   *C.M. 69 Pli 14*

5 ch. A l'étage d'une demeure de caractère fin XIXe siècle à 500 m du village : 2 ch. (2 lits 1 pers. chacune). 2 ch. (3 lits 1 pers. chacune). 1 ch. (1 lit 2 pers.). Chaque chambre est équipée de douche/wc. Séjour, salon, bibliothèque. Parc ombragé. Atelier céramique et exposition. Séjours à thèmes. Restaurant à 500 m. Maison non fumeurs. Petit déjeuner bio, pension complète pour séjours à thèmes : 5 jours 220 €. Possibilité lit supplémentaire 9 €. Hiver sur réservation. Table d'hôtes sur réservation. Langue parlée : anglais.

Prix : 1 pers. 30 € 2 pers. 43 € 3 pers. 55 € repas 13 € pens. 44 €
Ouvert : Du 1er février au 31 décembre.

	🐕	⚓	⚓	🎾	⛵	🐎	🏌	🚴	🎿	🚤
	5	5	5	30	30	20	15	8	35	28	5

Catherine SARRAZIN - Demeure de Chaumejean - 03500 VERNEUIL-EN-BOURBONNAIS - Tél. : 04 70 45 53 92 - Fax : 04 70 45 53 92

VICQ   *C.M. 73 Pli 4*

2 ch. A l'étage d'un manoir du XVe siècle, 2 suites (2 lits 1 pers., 1 lit 2 pers.). Douche ou Bains/wc privés par chambre. Salon, salle à manger, bibliothèque en commun. Sauna avec supplément. Promenade sur les douves (barque). Vélos (caution). Vallée de la Sioule et des Gorges de Chouvigny. Animaux acceptés sous réserve. Réductions pour enfant et séjours au delà de 3 nuits. Langues parlées : hollandais, allemand.

Prix : 1 pers. 73 € 2 pers. 88 € 3 pers. 105 € pers. sup. 15 €
Ouvert : Du 31 mars au 3 novembre (autres périodes sur réservation).

	🐕	⚓	⚓	🎾	⛵	🐎	🏌	🚴	🎿	🚤
	SP	SP	3	4	32	3	3	30	3	3	3

Michel et Luc VAN MERRIS - 9 route de St-Bonnet - 03450 VICQ - Tél. : 04 70 58 51 90 - Fax : 04 70 58 52 02 -
E-mail : MichelvanMerris@aol.com

VILLEFRANCHE-D'ALLIER   (TH)   *C.M. 69 Pli 12*

3 ch. Dans un bourg, au 1er étage de la maison bourbonnaise du XIXe siècle des propriétaires exploitant un petit bar : 1 chambre familiale composée de 2 pièces indépendantes : (1 lit 2 pers.), salle de bains/wc. (1 lit 120), lavabo, wc. 1 chambre (2 lits 1 pers.), salle d'eau/wc, 1 chambre (1 lit 2 pers., 2 lits 1 pers), salle d'eau/wc. Salle à manger commune. Cour et jardin d'agrément. Garage.

Prix : 1 pers. 29 € 2 pers. 40 € 3 pers. 49 € pers. sup. 10 €
repas 12 €
Ouvert : Toute l'année.

	🐕	⚓	⚓	🎾	⛵	🐎	🏌	🚴	🚤
	15	9	SP	18	18	18	15	SP	

Dominique SIWIEC - 23 avenue Louis Pasteur - 03430 VILLEFRANCHE-D'ALLIER - Tél. : 04 70 07 46 62 - Fax : 04 70 07 46 62 -
E-mail : dom.hotes@wanadoo.fr

YGRANDE Les Ferrons   *C.M. 69 Pli 13*

4 ch. **Forêt de Tronçais 12 km.** Au 1er étage d'une grande maison du 19e siècle dans un parc, 3 chambres d'hôtes : 1 ch. de 2 pièces (1 lit 2 pers., 2 lits 1 pers.), 1 ch. (1 lit 2 pers.), 1 ch. (1 lit 2 pers.), douche/wc privés pour chaque chambre, dans un bâtiment annexe, 1 ch. (1 lit 2 pers.), salle d'eau/wc. Possibilité cuisine. Séjour, TV, bibliothèque réservée aux hôtes. Lave-linge, lit bébé. Box et prairie pour chevaux sur place. Situé sur le circuit « Allier cavalière ».

Prix : 1 pers. 32 € 2 pers. 40 € 3 pers. 50 €
Ouvert : Toute l'année.

	🐕	⚓	⚓	🎾	⛵	🐎	🏌	🚴	🎿	🚤
	4	13	2,5	4	4	5	4	32	2,5	

Agnès et Henri VREL - Les Ferrons - 03160 YGRANDE - Tél. : 04 70 66 31 67 - Fax : 04 70 66 32 64

Auvergne

Cantal

GITES DE FRANCE - Service Réservation
50, avenue des Pupilles de la Nation - B.P. 738 - 15007 AURILLAC Cedex
Tél. 04 71 48 64 20 - Fax 04 71 48 64 21
http://www.itea.fr/GDF/15

ANGLARDS-DE-SALERS
Alt. : 830 m — (TH) **A** — *C.M. 76 Pli 2*

6 ch. — 6 ch dans une maison de caractère indép. de celle du propriétaire au 1er étage. 2 ch avec 1 lit 2 pers. et 1 lit 1 pers. 1 ch avec 2 lits 1 pers. 3 ch avec 1 lit 2 pers. Salle d'eau et wc privatifs. Salle à manger et salon réservés aux hôtes. Bibliothèque. Cheminée. Terrain clos. Salon de jardin. Commerces dans bourg. Salers 8 km. Mauriac 8 km. Réduction enfant. Ferme auberge au rez de chaussée ouverte le week-end.

Prix : 1 pers. **34** € 2 pers. **37** € 3 pers. **44** € repas **13** €

Ouvert : Paques à fin Septembre.

SP	8	8	8	1	8	12	SP	8	SP

Gérard et Francette RIBES - Ferme Auberge les Sorbiers - 15380 ANGLARDS-DE-SALERS - Tél. : 04 71 40 02 87

APCHON L'Oustadou
Alt. : 1050 m — *C.M. 76 Pli 2*

3 ch. — 3 chambres dans la maison du propriétaire dont 2 avec accès indépendant. 2 chambres au rez de chaussée et 1 chambre à l'étage. 2 chambres avec 1 lit 2 personnes et 1 chambre avec 2 lits 1 personne. Salle de bains et WC privatifs pour chaque chambre. Jardin. Chauffage électrique. Restaurants à Apchon et Cheylade (7 km). Commerces à 6 km à Riom es Montagnes. Puy Mary à 20 km. Village au pied des ruines du Château d'Apchon. Parc des Volcans. Aurillac 60 km. Clermont Ferrand 90 km. Téléphone hors saison 03.26.82.50.46. Langues parlées : anglais, allemand.

Prix : 1 pers. **26** € 2 pers. **35** €

Ouvert : Vacances scolaires et de mi-mai à fin Septembre.

6	6	6	6	5	SP	35	6

Paulette DERVIN - l'Oustadou - 15400 APCHON - Tél. : 04 71 78 19 70

ARNAC Cavarnac
Alt. : 635 m — (TH) — *C.M. 76 Pli 1*

2 ch. — Tte l'animation d'une vraie ferme d'élevage pour une ambiance nature et pleine d'activités. Cuisine régionale, repas pris en commun à la table d'hôtes, ambiance familiale. 2 ch. dans la maison du propr. au 1er ét. 1 ch. (1 lit 2 pers.). S.d.b. priv. non communicante. 1 ch. (1 lit 2 pers.). S. d'eau priv. WC communs aux 2 ch. S. à manger et salon communs. Ch. central. Salon de jardin. Cour et terrain clos. Aurillac 30 km. Barrage d'Enchanet 4 km. La Roquebrou 17 km. Salers. Gorges de la Maronne. Tours de Merle. Réduction enfant. Réduction hors saison.

Prix : 1 pers. **28** € 2 pers. **35** € repas **10** €

Ouvert : Toute l'année.

4	4	4	4	3	4	28	80	SP	17	11

Odette et Jean ESCURE - Cavarnac - 15150 ARNAC - Tél. : 04 71 62 90 55

ARPAJON-SUR-CERE Le Cambon
Alt. : 620 m — (TH) — *C.M. 76 Pli 12*

3 ch. — 3 ch. au dernier étage de la maison du propriétaire. 2 ch. (1 lit 2 pers.). 1 ch. (2 lits 1 pers.) avec salon privé (poss. couchage d'appoint). Sanitaires privatifs. Séjour commun avec TV. Prise TV dans chaque chambre. Chauffage. Salon de jardin. Cour, terrain clos. En pleine campagne, aux portes d'Aurillac, endroit calme et reposant. Point de départ de nombreuses excursions. Vous serez accueillis dans une ambiance familiale, avec une table aux produits du pays et d'autres spécialités. Aurillac 5 km. Monts du Cantal. Châteaux. Musées. Golf à 3 km. Patrimoine roman. Réduction à partir de 4 nuits.

Prix : 1 pers. **34** € 2 pers. **40/43** € repas **12** €

2	5	15	15	SP	2	40	40	SP	3	3

Jacqueline et Angelo LENA - Le Cambon - 15130 ARPAJON-SUR-CERE - Tél. : 04 71 63 52 49

BADAILHAC Calmejane
Alt. : 950 m — (TH) — *C.M. 76 Pli 12*

3 ch. — Loin du bruit et de la pollution les ch. dominent la vallée offrant un panorama remarquable. 3 ch. situées dans un bât. indép. de la maison du propriétaire. Les repas sont servis à la table d'hôtes. 3 ch. (1 lit 2 pers. + 1 lit 1 pers.). S. d'eau + wc privatifs. Ch. élect. Séjour commun. Terrasse. Salon de jardin. Cour. Vic sur Cère 10 km. Circuits des Monts du Cantal. Randonnées.

Prix : 2 pers. **35** € 3 pers. **49** € repas **10** €

Ouvert : Toute l'année sur reservation.

7	10	50	50	8	10	15	10	10

Jean-François TROUPEL - Calmejane - 15800 BADAILHAC - Tél. : 04 71 62 47 54 - Fax : 04 71 62 47 57

BADAILHAC La Calsade
Alt. : 950 m — (TH) — *C.M. 76 Pli 12*

3 ch. — Vic sur Cère et Polminhac 12 km. Aurillac 20 km. Le Lioran 20 km. Dans un petit hameau près de Badailhac, un couple d'agriculteurs vous accueillent dans leur maison fraichement restaurée. 2 ch. au 1er étage avec 1 lit 2 pers. 1 ch. au 2e étage avec 1 lit 2 pers. et 1 lit 1 pers. Salle d'eau et wc privatifs. Prise TV dans chaque chambre. Séjour avec cheminée et TV communs aux hôtes et aux propriétaires. Ch. central fuel. Terrasse. Cour.

Prix : 1 pers. **42** € 2 pers. **44** € 3 pers. **53** € repas **10** €

12	12	30	3	10	15	30	SP	12	12

Jean MORZIERES - la Calsade - 15800 BADAILHAC - Tél. : 04 71 47 40 54

Cantal   *Auvergne*

BEAULIEU   Alt. : 650 m   (TH)   *C.M. 76 Pli 2*

5 ch. — 5 ch de plain pied dans maison de caractère du propriétaire. 2 chambres avec 1 lit 2 pers. 3 ch avec mezzanine dont 1 avec 1 lit 2 pers. et 2 avec 2 lits 1 pers. Couchage d'appoint dans ch. avec mezzanine. S. d'eau et wc privatifs. Salle à manger, salle de détente avec TV et cheminée avec insert. Terrain clos. Salon de jardin. Barbecue. Réfrigérateur à dispo. Table de ping-pong. Bort les Orgues 10 km. Lanobre 4 km. Vue sur lacs et Monts du Cantal. Château de Val. Restaurant dans le bourg. Réduction hors saison.

Prix : 2 pers. 32/40 €   3 pers. 39/31 €   repas 11 €
Ouvert : Toute l'année sur reservation.

🐕	🎾	♨	👥	⛵	🏇	🎿	🎣	🚌	⛽
4	10	0,8	4	0,8	10	20	SP	10	4

EYZAT Sylvie, Philippe et Cathy - Le Bourg - 15270 BEAULIEU - Tél. : 04 71 40 34 46 - Fax : 04 71 40 34 46 -
E-mail : CATHY.EYZAT@wanadoo.fr

BREZONS Serverette   Alt. : 1100 m   (TH)   *C.M. 76 Pli 3*

2 ch. — 2 chambres dans la maison du propriétaire. 1 chambre avec 1 lit 2 pers. et 1 lit 1 pers. Salle d'eau et WC privatifs. 1 chambre avec 2 lits 1 pers. Salle de bains et WC privatifs. Salle à manger commune. cheminée. TV à disposition. Ch. central. Terrasse. Cour. Salon de jardin. Chambres d'hôtes « panda » (malle découverte avec info sur la faune, la flore). Pierrefort 18 km. Murat 22 km. Vallée de Brezons. Prat de Bouc. Monts du Cantal. Réduction enfants.

Prix : 1 pers. 20 €   2 pers. 38 €   repas 9 €
Ouvert : Toute l'année.

🐕	🎾	♨	👥	⛵	🏇	🎿	🎣	🚌	⛽
18	18	30	30	3	8	SP	SP	22	10

Jean et Marie-Ange RESSOUCHE - Serverette - 15230 BREZONS - Tél. : 04 71 73 41 87

CASSANIOUZE   Alt. : 580 m   *C.M. 76 Pli 11*

2 ch. — Dans un petit bourg rural de la châtaigneraie, un couple d'agriculteurs en retraite vous accueille pour la nuit et le petit déjeuner dans leur maison ancienne fraîchement restaurée. Séjour commun avec cantou. 1 ch. (1 lit 2 pers.), 1 ch. (1 lit 2 pers. 1 lit 1 pers.). S. d'eau et wc privatifs. Ch. central fuel. Cheminée. Balcon. Restaurant sur place. Conques à 10 km. Vallée du Lot. Village pittoresque de la Vinzelle. Maison de la Châtaigne à Mourjou. Poterie du Don.

Prix : 1 pers. 30 €   2 pers. 38 €   3 pers. 45 €
Ouvert : Toute l'année.

🐕	🎾	♨	👥	⛵	🏇	🎿	🎣	🚌	⛽
5	5	35	35	1	10	SP	40	SP	

Elise et André PIGANIOL - Rue du Boulanger - 15340 CASSANIOUZE - Tél. : 04 71 49 64 44

CHALIERS La Besse   Alt. : 820 m   (TH)   *C.M. 76 Pli 15*

5 ch. — Les chambres sont spacieuses, avec couchage en mezzanine, aménagées dans une ancienne grange mitoyenne à la maison du propriétaire. Accès indép. de plain pied. 2 ch. (1 lit 2 pers. 1 lit 1 pers.), 3 ch. (1 lit 2 pers.). S. d'eau, wc privatifs. Poss. lit d'appoint. Séjour commun, chem., TV. Cuisine préparée à la cheminée. Ch. élect. Cour. Terrain, terrasse. Fer-mette avec chevaux située aux confins du Cantal, de la Lozère et de la Haute Loire. Hameau à 12 mn depuis la N9 ou l'échangeur N° 31 de l'A75. GR4. Vallée de la Truyère. Ecomusée de la Margeride. Aubrac. Monts du Cantal. Saint Flour.

Prix : 1 pers. 37/40 €   2 pers. 43/46 €   3 pers. 58/61 €   repas 12 €
Ouvert : Toute l'année

🐕	🎾	♨	👥	⛵	🏇	🎿	🎣	🚌	⛽
10	10	14	14	SP	7	30	30	SP	10

Michel SIQUIER - La Besse - 15320 CHALIERS - Tél. : 04 71 23 48 80 ou 06 80 05 37 85

CHAMPS-SUR-TARENTAINE Merigot   Alt. : 750 m   🔕   (TH)   *C.M. 76*

4 ch. — 3 ch. au 2ᵉ ét. de la maison du propr. 2 ch. (1 lit 2 pers. 1 lit 1 pers.). 1 ch. (1 lit 2 pers.). S. d'eau et wc privatifs. 1 ch. double 2 épis au rez de chaussée (1 ch. (1 lit 2 pers. 1 lit 1 pers.). 1 ch. (1 lit 1 pers.). S. d'eau communicante, wc dans couloir. Ch. central. Cheminée, TV, tél. à dispo. Terrain, salon de jardin. Etang privé. Bort Les Orgues 12 km. Châteaux. Barrages. Lacs. Musées. Cités médiévales. Animation saison à Champs s/Tarentaine. Réduction hors saison. Camping à la ferme. Jeux, sentiers. Table d'hôtes à base de produits fermiers (spécialités locales). Pêche, pétanque. Plan d'eau de Lastioules.

Prix : 2 pers. 31/38 €   repas 13 €

🐕	🎾	♨	👥	⛵	🏇	🎿	🎣	🚌	⛽
5	5	4	4	SP	7	20	30	12	5

Jean et Odette GERARD - Merigot - Camping de l'Etang - 15270 CHAMPS-SUR-TARENTAINE - Tél. : 04 71 78 71 59 -
Fax : 04 71 78 71 36 - E-mail : merigot@auvergne-vacances.com

LA CHAPELLE-D'ALAGNON Gaspard   Alt. : 900 m   (TH)   *C.M. 76 Pli 3*

4 ch. — 4 chambres de charme dans ancienne ferme de caractère située au cœur du Cantal dans un hameau en bordure de l'Alagnon. Terrasse ensoleillée calme avec vue sur paysage agréable. 3 ch. (1 lit 2 pers.), 1 ch. (2 lits 1 pers.). S. d'eau et wc priv. Salle à manger et salon réservés aux hôtes. Tél. à dispo. Repas pris à la table d'hôtes. Ch. central. Super Lioran 12 km. Murat 4 km. Garabit 4 km. Barrage de Grandval. Maison de la faune. Monts du Cantal. Location VTT à 4 km. Accès par la N122 entre Massiac et Murat. Possibilité d'accès par le Château de Jarrousset en venant par le D926.

Prix : 1 pers. 30 €   2 pers. 38 €   repas 10 €

🐕	🎾	♨	👥	⛵	🏇	🎿	🎣	🚌	⛽
4	4	25	30	SP	7	12	12	SP	4	4

Denis et Joelle MEDARD - Gaspard - 15300 LA-CHAPELLE-D'ALAGNON - Tél. : 04 71 20 01 91

Auvergne
Cantal

CHAUDES-AIGUES Les Plots
Alt. : 1000 m   (TH)   *C.M. 76 Pli 3*

2 ch. — 2 chambres situées au 1er étage de la maison du propriétaire sur une exploitation agricole en pleine nature et au calme. Salle à manger et salon communs. 1 ch. 1 lit 2 pers. et 1 lit 1 pers. avec salle d'eau et WC communicants. 1 ch. 1 lit 2 pers. avec salle d'eau et WC privatifs non communicants. Ch. central. Cheminée. TV. Lave linge à disposition. Cour. Chaudes Aigues 7 km. Saint Flour. Monts d'Aubrac. Musée géothermie. A proximité gorges du Bès et de la Truyère. Transhumance en Aubrac en mai. Brâme du cerf du 15/09 au 15/10. Table d'hôtes avec spécialités régionales.

Prix : 1 pers. 28 € 2 pers. 35 € 3 pers. 49 € repas 11 €

7	7	25	25	0,5	14	14	35	7

Pierre RIEUTORT - Les Plots - 15110 CHAUDES-AIGUES - Tél. : 04 71 73 80 04 - Fax : 04 71 73 80 04

CHAUDES-AIGUES La Fouilhouse
Alt. : 950 m   (TH)   *C.M. 76 Pli 3*

3 ch. — Dans une maison de caractère trois chambres avec accès indépendant. 1 ch. avec 1 lit 2 pers. avec accès de plain pied au 1er étage. 2 ch. avec 1 lit 2 pers. au 2e étage. Possibilité lit d'appoint. Salle d'eau et wc privatifs. Ch. central. Salle à manger commune. Salon avec TV réservée aux hôtes. Terrain avec salon de jardin. Chaudes-Aigues et ses sources. Garabit. Monts d'Aubrac. Laguiole. Saint-Flour.

Prix : 1 pers. 28 € 2 pers. 37 € 3 pers. 48 € repas 12 €

3	3	20	20	0,5	20	14	3	35	3

Marc CHALMETON - La Fouilhouse - 15110 CHAUDES-AIGUES - Tél. : 04 71 23 58 15 ou 04 71 23 51 16

CHEYLADE Curières
Alt. : 1000 m   *C.M. 76 Pli 3*

1 ch. — Une chambre d'hôtes dans la maison de caractère du propriétaire. 1 lit 2 personnes, 1 lit d'appoint enfant. Salle d'eau et WC privatifs. Salon privé avec cheminée. Cour et terrain non clos. Environnement très calme. Dans la vallée de Cheylade, à proximité du Puy Mary, au cœur des Monts du Cantal et du Parc des Volcans.

Prix : 2 pers. 43 € 3 pers. 55 €
Ouvert : Toute l'année.

3	14	SP	15	SP	30	2

Gaspard VESCHAMBRE - Curières - 15400 CHEYLADE - Tél. : 04 71 78 90 13

LE CLAUX
Alt. : 1080 m   (TH)   *C.M. 76 Pli 3*

4 ch. — Pour des vacances de calme et de verdure, au pied du Puy Mary, 4 ch. dans la maison du propriétaire. 2 ch. avec 1 lit 2 pers. 2 ch. avec 1 lits 2 pers. et 1 lit 1 pers. Salle d'eau et wc privatifs. Salle à manger commune. Chauffage central. Salle de découverte. Poss. lave-linge. Grande terrasse ombragée. Terrain de pétanque. Pour des vacances gourmandes : table d'hôtes avec dégustation de produits du pays. Riom Es Montagnes 17 km. Murat 23 km. Puy Mary 11 km. Parapente. Approche des chamois. GR 400 et PR. Ski de fond, VTT. Réduction hors saison.

Prix : 1 pers. 32 € 2 pers. 40 € 3 pers. 52 € repas 13 €
Ouvert : Toute l'année.

SP	17	SP	17	SP	17	SP

Catherine AGUTTES - Les Voyageurs - 15400 LE-CLAUX - Tél. : 04 71 78 93 01 - Fax : 04 71 78 93 01 -
E-mail : Voyageurs@puy-mary.com - www.puy-mary.com

CLAVIERES Masset
Alt. : 1050 m   *C.M. 76 Pli 5*

3 ch. — 3 chambres au 2e étage d'une maison comprenant un gîte rural en dessous. Entrée indép. pour les chambres. 1 chambre avec 1 lit 2 pers. et lavabo. 1 chambre avec 1 lit 2 pers. 1 lit 1 pers. et lavabo. 1 chambre avec 1 lit 2 pers., 1 lit d'appoint 1 personne et lavabo. Salle d'eau et WC communs. Chauffage central. Terrain non clos. Salon de jardin. Ruynes en Margeride 6 km. Ferme auberge à proximité. Monts du Cantal. Forêts. A75 sortie 30. D4 voie communale 13.

Prix : 1 pers. 21 € 2 pers. 27 € 3 pers. 37 €
Ouvert : Toute l'année.

6	6	15	15	SP	6	SP	40	SP	17	6

Albert et Huguette CHANSON - Masset - 15320 CLAVIERES - Tél. : 04 71 23 41 28

CONDAT Le Veysset
Alt. : 980 m   (TH)   *C.M. 76 Pli 3*

4 ch. — Pour vous accueillir, 4 chambres d'hôtes avec accès indépendant situées dans la maison de la propriétaire avec salle d'eau et wc privatifs. 2 ch. (1 lit 2 pers.). 2 ch. (1 lit 2 pers. 1 lit 1 pers.). Salle à manger réservée aux hôtes. Ch. électrique. Terrain, salon de jardin. Condat 3 km. Barrage de Lastioules 6 km. Lac de la Crégut. Table d'hôtes en avril, mai, septembre et octobre. En juin, juillet et août : cuisine à disposition. Moi ! je cultive les fraises, des framboises et des myrtilles...

Prix : 1 pers. 28 € 2 pers. 37 € 3 pers. 46 € repas 11 €
Ouvert : Paques à Toussaint.

3	3	6	6	3	1	SP	18	3

Véronique PHELUT - le Veysset - 15190 CONDAT - Tél. : 04 71 78 62 96 - E-mail : veronique.phelut@libertysurf.fr

Cantal
Auvergne

LE FALGOUX Le Tahoul
Alt. : 1100 m — (TH) — C.M. 76 Pli 2

4 ch. 4 ch. d'hôtes dans une belle maison de 1850 rénovée avec des matériaux naturels. 1er ét. : 3 ch. avec accès indép. de plain pied. 1 ch. (2 lits 1 pers.) s.d'eau priv. attenante. 1 ch. (3 lits 1 pers.) s.d.b. priv. attenante. wc commun aux 3 ch. 1 ch. familiale dans les combles (4 lits 1 pers.), s. d'eau et wc privatifs. Coin détente avec biblio. Séjour avec cheminée. S. à manger. Ch. central. Terrain. Salon de jardin. Nourriture biologique. Pain maison. Poss. cuisine végétarienne. Au pied du Puy Mary. Vue panoramique. 3 cascades. GR4. Escalades. Ski. Entre Le Falgoux 4 km et le Pas de Peyrol 8 km.

Prix : 1 pers. 22 € ● 2 pers. 44 € ● 3 pers. 66 € ● repas 10 €
Ouvert : Toute l'année.

🐕	🎾	🏊	👥	⛵	🏇	🎿	⛷	🚂	🚗
4	35	35	35	2	18	4	SP	35	4

Gilles et Michele LANNEAU - Eurl le Tahoul - le Tahoul - 15380 LE-FALGOUX - Tél. : 04 71 69 51 67 - Fax : 04 71 69 51 67

LE FALGOUX La Michie
Alt. : 950 m — (TH) — C.M. 76 Pli 2

5 ch. Dans une grande maison bourgeoise, 5 ch. aménagées aux 1er et 2è étages. Au 1er, 2 ch. (1 lit 160), 1 ch. (1 lit 2 pers.), s. d'eau et wc privatifs. Au 2e dans les combles, 2 ch. familiales avec s. d'eau et wc privatifs (1 comprenant 1 ch. avec 1 lit 2 pers. et 1 ch. avec 2 lits 1 pers., et 1 comprenant 2 ch. avec 2 lits 1 pers.). Coin détente dans les ch. Séjour commun avec le propriétaire. Ch. central, cheminée. Parc à disposition. Repas pris à la table d'hôtes. Commerces au Falgoux. Vallée du Mars. Cirque du Falgoux. Puy Mary. Salers. GR400.

Prix : 1 pers. 46/54 € ● 2 pers. 46/54 € ● 3 pers. 61 € ● repas 16 €

🐕	🎾	🏊	👥	⛵	🏇	🎿	⛷	🚂	🚗
0,4	28	28	40	SP	25	4	SP	28	0,4

Colette JACQUIER-SUPERSAC - 3 avenue Gambetta - 15000 AURILLAC - Tél. : 04 71 69 54 36 ou 04 71 45 40 54

FRIDEFONT
Alt. : 950 m — (TH) — C.M. 76 Pli 13

2 ch. Pour un séjour de charme entre Aubrac et Margeride, 2 chambres d'hôtes avec accès indép. au 1er étage de la maison du propriétaire. 2 ch. (1 lit 2 pers.). Salle d'eau et wc privatifs. Ch. central et électrique. Salle à manger commune, salon réservé aux hôtes. TV. Jardin d'agrément, terrain clos. Salon de jardin. Exploitation agricole avec vaches et chèvres. Chaudes Aigues 13 km. St Flour 30 km. A75 20 km sortie 30. Barrage de Grandval. Château d'Alleuze. Garabit. Gorges du Bès et de la Truyère. Par delà pommiers et poiriers, on aperçoit le Plomb du Cantal. Ferme auberge dans le village. Escalade.

Prix : 1 pers. 27 € ● 2 pers. 35 € ● repas 9 €
Ouvert : Toute l'année.

🐕	🎾	🏊	👥	⛵	🏇	🎿	⛷	🚂	🚗
13	13	3	3	3	30	20	SP	13	13

Michel GUILBOT - 15110 FRIDEFONT - Tél. : 04 71 23 51 72 ou 06 86 15 81 26 - Fax : 04 71 23 51 72 - E-mail : mguilbot@terre-net.fr

FRIDEFONT
Alt. : 930 m — (TH) — C.M. 76 Pli 13

4 ch. Amateurs de vacances reposantes vous trouverez 4 ch. dans maison de caractère. 1 ch. 1 lit 2 pers. S.d.b. WC. 1 ch. 1 lit 2 pers. 1 lit 1 pers. S.d'eau. WC. 1 ch. 3 lits 1 pers. S.d'eau. WC. 1 ch. 1 lit 2 pers. et 1 conv. 2 pers. Salon privé. S.d.b. WC. S.à manger, salon communs. Cheminée. TV sur dem. Cour. St Flour 30 km. Chaudes Aigues 13 km. Barrages. Garabit. Château d'Alleuze. Escalade. Ecoute brame du cerf du 15.09 au 15.10. Vue sur le plomb du Cantal. Portes de l'Aubrac et Margeride. Gorges du Bès. Ferme auberge au r.d.c. Réduc. hors saison et enfant. Bovins, lait et viande Aubrac.

Prix : 1 pers. 27 € ● 2 pers. 37 € ● 3 pers. 49 € ● repas 10 €

🐕	🎾	🏊	👥	⛵	🏇	🎿	⛷	🚂	🚗
13	13	3	3	3	30	20	SP	13	13

Gilbert et Josette CHASSANY - 15110 FRIDEFONT - Tél. : 04 71 23 56 10 - Fax : 04 71 23 59 89 - E-mail : chassany@terre-net.fr

GIOU-DE-MAMOU Barathe
Alt. : 750 m — (TH) — C.M. 76 Pli 12

5 ch. Au calme, au milieu d'1 domaine de 30 ha, dans 1 très belle maison de maître auvergnate de 1777 entourée de vallons, où résonnent les clochettes des vaches Salers, 5 ch. avec s. d'eau et wc privés. 4 ch. (1 lit 2 pers) 1 ch. double (1 lit 2 pers, 2 lits 1 pers). Ch. central. Mobilier d'époque. Cuisine traditionnelle et savoureuse. Légumes du potager. Réduction enfant. Puy Mary, Salers, Monts du Cantal, Super-Lioran, Plomb du Cantal, Laguiole, Conques. En février : invitation au surf des neiges à Super-Lioran. Golf à 5 km.

Prix : 2 pers. 41 € ● repas 11 €

🐕	🏊	👥	⛵	🏇	🎿	⛷	🚂	🚗
9	10	SP	5	30	30	SP	8	8

Pierre et Isabelle BRETON - Barathe - 15130 GIOU-DE-MAMOU - Tél. : 04 71 64 61 72 - E-mail : barathe3@wanadoo.fr

GIOU-DE-MAMOU La Granière
Alt. : 700 m — (TH) — C.M. 76 Pli 12

2 ch. 2 ch. dans la maison du propriétaire, située dans un cadre de verdure et dominant un ruisseau. 1 ch. au r.d.c. avec 1 lit 160, s.d.b et wc privatifs (ch. fuel). 1 ch. au 1er étage avec 1 lit 2 pers, s. d'eau avec wc privatifs (ch. élect). Coin salon dans chaque chambre. Chauffage central. Cuisine à disposition. Séjour commun aux hôtes et aux propriétaires. Terrain clos. Piscine des propriétaires à disposition. Repas pris à la table d'hôtes (sur réservation). A proximité et à moins d'une heure ttes les beautés du Cantal, la route de St Jacques de Compostelle et des sports de montagne pour en parler le soir au coin du feu. Réductions hors saison.

Prix : 1 pers. 38/46 € ● 2 pers. 46/53 € ● repas 12 €

🐕	🎾	🏊	👥	⛵	🏇	🎿	⛷	🚂	🚗
2	SP	25	25	1	5	30	30	SP	5	5

Jacques et Daniele VERMEERSCH - La Granière - 15130 GIOU-DE-MAMOU - Tél. : 04 71 64 00 69 - Fax : 04 71 64 00 69 - E-mail : jcevermeersch@wanadoo.fr

Auvergne
Cantal

JALEYRAC La Salterie
Alt. : 600 m C.M. 76 Pli 1

3 ch. — 3 chambres situées dans un bâtiment mitoyen à la maison du propriétaire. 2 ch. avec 1 lit 2 pers. et 1 lit 1 pers. en mezzanine. 1 ch. avec 2 lits 1 pers. Possibilité lit d'appoint. S. d'eau et wc privatifs. Séjour commun. Ch. central fuel. Réfrigérateur et four micro-ondes à disposition. Terrain avec salon de jardin. Réduction hors saison. Mauriac 7 km. Salers 20 km. Puy Mary. Le Falgoux. Monts du Sancy. Escalade. ULM. Accès par D922 ou par D678.

Prix : 1 pers. 31 € 2 pers. 37 € 3 pers. 46 € repas 9 €

7	7	7	2	10	25	7	7

Alain et Mireille CHAVAROCHE - La Salterie - 15200 JALEYRAC - Tél. : 04 71 69 72 55

JALEYRAC Bourriannes
Alt. : 720 m C.M. 76 Pli 1

3 ch. — 3 ch. à l'étage de la maison du prop. 1 ch 3 épis (1 lit 2 pers) s.d.b. et wc privés. 2 ch. 2 épis 1 ch. (1 lit 2 pers). S. d'eau et WC privatifs non communicants. 1 ch. 2 lits 1 pers. S. d'eau et WC privatifs non communicants. Ch.élect. Salle à manger et salon communs. Terrain. Cheminée. TV. Belle maison de caractère avec mobilier authentique. Mauriac 3 km. Bort Les Orgues. Monts du Cantal. Salers. Réduction enfant. Accès Mauriac direction Bort les Orgues à 3 km à gauche direction Arches. Four à pain. Ambiance conviviale. Table d'hôtes sur réservation.

Prix : 1 pers. 30 € 2 pers. 35/37 € repas 10 €

3	3	3	15	1	4	5	3	3

J.Charles et M.CLaire CHARBONNEL - Bourriannes - 15200 JALEYRAC - Tél. : 04 71 69 73 75

JOURSAC Recoules
Alt. : 1100 m C.M. 76 Pli 4

5 ch. — 5 ch. avec accès indépendant au 1er étage de notre ancienne ferme de caractère rénovée en 99 et située dans un village typique au sud du Cézallier. 1 ch. 1 lit 150. 2 ch. 3 lits 1 pers.(poss. lit d'appoint). 1 ch. 1 lit 2 pers. 1 ch. 1 lit 2 pers. 1 lit 1 pers. S. d'eau et wc privatifs. Salle à manger avec cantou et alcôve, salons communs. Bibliothèque. Cuisine régionale. Ch. élect. Jardin. Vue sur le Massif Cantalien. Neussargues 7 km. Allanche 10 km. Murat 18 km. Réduction groupe hors saison. De Neussargues prendre la D679 direction Allanche sur 300 m, puis la D26 jusqu'à Recoules 7 km.

Prix : 1 pers. 30 € 2 pers. 40 € 3 pers. 52 € repas 11 €
Ouvert : Toute l'année sur réservation.

10	17	5	15	15	SP	7	7

Alain NICOLLEAU - Recoules - 15170 JOURSAC - Tél. : 04 71 20 59 12 - Fax : 04 71 20 59 12

JUNHAC
Alt. : 550 m C.M. 76 Pli 12

5 ch. — 5 chambres dans maison de caractère dans un parc fleuri et arboré de 2,5 ha. 1er étage : 1 ch avec 1 lit 2 pers. et 1 lit 1 pers. 1 ch avec 2 lits 1 pers. S. d'eau et wc privatifs non attenants. 2e étage : 1 ch avec 2 lits 1 pers. 1 ch avec 3 lits 1 pers. 1 ch avec 1 lit 2 pers. S. d'eau et wc privatifs. Ch fuel. salle à manger et salon communs. Cantou. Cuisine familiale avec plats régionaux et légumes du potager. Vallée du Lot à 10 km. Monts du Cantal. Salers. Conques. Laguiole. Montsalvy 5 km. Aurillac 30 km.

Prix : 1 pers. 34 € 2 pers. 43 € 3 pers. 53 € repas 13 €
Ouvert : Du 1/05 au 30/09.

5	5	0,5	25	SP	70	5

J.C. POUJADES et C. VIGIER - Les Tilleuls - 15120 JUNHAC - Tél. : 04 71 49 24 70

JUNHAC La Normandie
Alt. : 535 m C.M. 76 Pli 12

4 ch. — 4 ch. à l'étage de la ferme-auberge et de la maison du propriétaire. 3 ch. (1 lit 2 pers) 1 ch. (1 lit 2 pers, 1 lit 1 pers). Salle d'eau et wc privatifs. Salle à manger réservée aux hôtes. Ch central. Prises TV et tél. dans chaque chambre. Grand terrain commun, salon de jardin. Elevage de bovins, porcins, daims, volailles. Parc animalier de la Vallée des Daims. Visite à pied ou en petit train. Randonnées, balades autour des Gorges du Don. Vallée du Lot. 9 km de Montsalvy, direction Junhac, ne pas quitter la D19.

Prix : 1 pers. 35 € 2 pers. 38 € 3 pers. 50 € repas 9 €
Ouvert : Toute l'année.

9	9	9	SP	25	80	80	SP	30	9

Jean-Marc CHAMPEIX - La Normandie - 15120 JUNHAC - Tél. : 04 71 49 29 68 - Fax : 04 71 49 28 95 -
E-mail : ferme.auberge.normandie@wanadoo.fr

LADINHAC Valette
Alt. : 630 m C.M. 76 Pli 12

6 ch. — 6 ch. d'hôtes dans une ferme en pleine campagne. Dans une annexe de plain-pied en 3 épis 1 ch. 2 pers. salle de bains et wc privatifs. 3 ch. 3 pers. 1 ch. 2 pers. (lits jumeaux). S. d'eau, wc privatifs. 2 épis (1 lit 2 pers, 1 lit 1 pers) à r.d.c. de la maison du propriétaire avec s. d'eau et wc privés. L-linge, frigo et gazinière à dispo. Prise TV dans chaque ch. Jardin, pré, aire de jeux, étang aménagé sur place. Terrasse et salon de jardin privés. Montsalvy 7 km. Aurillac 20 km. Vallée du Lot. Conques. Gorges de la Truyère. Monts du Cantal. Gîtes, camping à la ferme et ferme auberge sur place. Produits fermiers et cuisine régionale.

Prix : 2 pers. 38/41 € repas 10 €

7	7	12	SP	5	20	5

Josette COMBELLES et Gilberte ESCARPIT - Valette - 15120 LADINHAC - Tél. : 04 71 47 80 33 ou 06 75 34 48 46 - Fax : 04 71 47 80 16 -
E-mail : combellesm@aol.com

Cantal

Auvergne

LAVIGERIE La Gandilhon
Alt. : 1182 m   C.M. C5 Pli 3/13

5 ch. — 5 ch. d'hôtes dans maison de caractère du propriétaire au 1er étage. 1 ch. (2 lits 1 pers) 1 ch (1 lit 2 pers) 1 ch (1 lit 2 pers et 1 lit 1 pers). Salle de bains commune. 2 ch (1 lit 2 pers), salles d'eau privées. Wc commun aux 5 ch. Ch. central. Cheminée. TV. Tél. à disposition. Séjour commun. Murat 17 km. Puy Mary. Monts du Cantal. Réduction enfant. Luge sur place. Chambres d'hôtes situées dans le Parc des Volcans au bord de la D680.

Prix : 1 pers. 23/26 € 2 pers. 30/37 € 3 pers. 40 € repas 12 €
Ouvert : Du 1er janvier au 1er octobre.

10	12	18	SP	17	SP	25	SP	17	5

Bernard et Monique VERNEYRE - La Gandilhon - 15300 LAVIGERIE - Tél. : 04 71 20 82 73

LEYNHAC Martory
Alt. : 500 m   C.M. 76 Pli 11

6 ch. — Ancienne grange de 1808 rénovée située au cœur de la ferme (élevage bovins). 6 ch. d'hôtes avec entrée indép. et terrasse. S. d'eau et wc priv. 2 ch. 1 lit 2 pers. 1 ch. 1 lit 2 pers. et coin-cuisine. 2 ch. 1 lit 2 pers. et 1 lit 1 pers. et coin-cuisine. 1 ch. 1 lit 2 pers et 1 lit 1 pers. Salle à manger commune avec le propriétaire. Cour et terrain. Grande salle commune à l'étage de la maison du propriétaire. 2 gîtes ruraux sur la propriété. Maurs 10 km. Promenades en charettes ou à cheval. Location VTT. Salle de jeux. Piscine sur place. Réduction hors saison. Conques. Figeac. Rocamadour. Rodez. Laguiole. Salers.

Prix : 1 pers. 27/32 € 2 pers. 37/41 € 3 pers. 46/50 €
Ouvert : Toute l'année.

3	SP	15	45	1	3	SP	10	10

J. Marie et Jeanine CAUMON - Martory - 15600 LEYNHAC - Tél. : 04 71 49 10 47 - Fax : 04 71 49 14 61 -
E-mail : jean-mariecaumon@wanadoo.fr

LIEUTADES
Alt. : 930 m   C.M. 76 Pli 13

4 ch. — Situé entre Laguiole, Chaudes Aigues et Pierrefort, vous pourrez découvrir avec volupté les paysages qui s'offrent à vous, variés, différents, inoubliables. Dans l'espace d'une journée, vous traverserez les Gorges de la Truyère, l'Aubrac et si vous décidez de rester, nous vous organiserons vos journées pour vous faire connaître le meilleur de notre région. 4 ch. au 1er et 2e étage de la maison du propriétaire. 2 ch. (1 lit 2 pers) 2 ch. (1 lit 2 pers. et 1 lit 1 pers). 1 lit bébé. S. d'eau et wc privatifs. Séjour commun avec TV, bibliothèque, jeux vidéos, jeux de société. Ch central. Pétanque. Badminton. Salon de jardin.

Prix : 1 pers. 30 € 2 pers. 40 € 3 pers. 55 € repas 10 €

SP	5	6	20	3	18	7	SP	50	15

Denise GILIBERT-DEVORS - Esclauzet - 15110 LIEUTADES - Tél. : 04 71 73 83 16 - Fax : 04 71 73 82 36

LORCIERES
Alt. : 830 m   C.M. 76 Pli 15

4 ch. — Odette et Clément COUTAREL vous accueillent dans leur maison familiale rénovée en 97. Vous y retrouverez l'atmosphère des bâtisses paysannes de Margeride. 4 ch. à l'étage de la maison du propriétaire avec accès de plain pied. 2 ch. (1 lit 2 pers. 1 lit 1 pers.) 1 ch. (2 lit 1 pers.) 1 ch. (1 lit 2 pers.). S. d'eau et wc privatifs. Ch. élec. Terrain clos. La table d'hôtes vous permettra de découvrir les spécialités (truffade, aligot...) dans un cadre de l'Auvergne d'autrefois. Séjour commun avec cantou et alcôve. Vos hôtes vous conteront la vie dans leur pays et vous guideront pour vos promenades et visites (Monts du Cantal, Aubrac...).

Prix : 1 pers. 34 € 2 pers. 40 € 3 pers. 53 € repas 12 €

9	9	14	14	SP	5	40	SP	20	9

Clément et Odette COUTAREL - Le Bourg - 15320 LORCIERES - Tél. : 04 71 23 49 79 ou 04 71 78 06 19

MARCOLES Cols
Alt. : 720 m   C.M. 76 Pli 11

1 ch. — 1 chambre d'hôtes avec entrée indépendante située au 1er étage de la maison de caractère du propriétaire. Chambre avec 1 lit 2 pers. et possibilité de chambre d'appoint avec 1 lit 2 pers. S. d'eau et wc priv. Ch. central. Coin salon dans la chambre. Salle à manger commune et TV. Salon de jardin, cour. Ouvert toute l'année. Marcolès, cité médiévale à 2 km. Conques, vallée du Lot, châteaux. Figeac. Monts du Cantal. Salers. Randonnées pédestres. Etang privé sur place. D51 de Marcolès à Montsalvy.

Prix : 2 pers. 34 € 3 pers. 49 € pers. sup. 8 €

2	22	30	30	SP	10	SP	25	2

Paul et Henriette LHERITIER - Cols - 15220 MARCOLES - Tél. : 04 71 64 72 42

MAURS La Drulhe
C.M. 76 Pli 11

4 ch. — 4 ch. aménagées dans ancienne maison rénovée en 1997, en annexe de celle du propr. Séjour et terrasse réservés aux hôtes. Sur exploitation agricole d'élevage bovins pratiquant la transhumance. Au r.d.c., 1 ch. 1 lit 2 pers. 1 lit 1 pers., salle de bains et WC privatifs. A l'ét. 1 ch. 1 lit 2 pers. (poss. lit bébé, table à langer). 1 ch. 1 lit 2 pers. 1 lit 1 pers. Salle d'eau et WC privatifs. Ch. électrique. Cour et terrain non clos. Commerces à 5 km. Plan d'eau de Figeac. Lac du Tolerme. Vallée du Lot. Aurillac 45 km. A Maurs D319 direction St Cirgues.

Prix : 1 pers. 28 € 2 pers. 37 € 3 pers. 50 € repas 11 €
Ouvert : Toute l'année.

5	5	15	15	1	10	SP	5	5

Annie et Michel SEYROLLES - La Drulhe - 15600 MAURS - Tél. : 04 71 49 07 33 - Fax : 04 71 49 07 33

Auvergne **Cantal**

LE MONTEIL Jalanhac
Alt. : 870 m — C.M. 76 Pli 2

3 ch. Trois chambres dans bâtiment annexe de la maison du propriétaire. 3 ch. 1 lit 2 pers. Salle d'eau et wc privatifs. Séjour commun aux hôtes et au propriétaire. Cheminée. TV dans chaque chambre. Ch. central. Terrasses avec salons de jardin. Ferme auberge sur place. Réduction hors saison. A 25 km au nord-est de Mauriac, à 5 km de Saignes et à 15 km de Bort les Orgues. Monts du Cantal. Monts du Sancy. Salers.

Prix : 2 pers. 34 € repas 9 €
Ouvert : Toute l'année.

5	5	15	15	SP	10	55	55	SP	15	5

Marcelle PIGOT - Jalanhac - 15240 LE-MONTEIL - Tél. : 04 71 40 68 13

ORADOUR Lieuriac
Alt. : 1000 m — C.M. 76 Pli 13

4 ch. Dans maison de caractère avec accès indép, 3 ch avec mezzanine dont 1 ch. avec 1 lit 2 pers. 1 ch. avec 2 lits 1 pers. 1 ch. avec 1 lit 2 pers., 1 lit 1 pers. et 1 lit d'appoint 1 pers. S. d'eau et wc privatifs. 1 ch. 2 épis NN au r.d.c de la maison du propriétaire (1 lit 2 pers.), petite s. d'eau privative non attenante, wc commun. Séjour avec cheminée réservé aux hôtes et coin-cuisine donnant sur cour à disposition. Ch. central. L-linge à disposition. Verger avec salon de jardin. Pierrefort à 11 km. Neuvéglise. Chaudes Aigues : station thermale. Gorges de la Truyère. Vue panoramique.

Prix : 1 pers. 27/29 € 2 pers. 30/36 € 3 pers. 43 €

11	11	20	20	12	12	7	SP	22	11	

Gérard WEIL et Catherine GIRAUD - Lieuriac - 15260 ORADOUR - Tél. : 04 71 23 39 78 - E-mail : GWherisson@aol.com

ORADOUR
Alt. : 950 m — C.M. 76 Pli 13

3 ch. Dans une maison bourgeoise du 19ᵉ « La Roseraie », 3 ch au 2ᵉ étage. 1 ch avec 1 lit 160 (s.d.b. et wc privés), 1 ch avec 1 lit 2 pers, 1 ch avec 2 lits 1 pers. (s. d'eau et wc privés). Salle à manger et salon (cheminée) communs. Ch. central. Lave-linge à disposition. Lit bébé sur dde. Parc arboré. Table d'hôtes sur réservation. Commerces à Pierrefort 12 km. Chaudes Aigues 30 km. Gorges de la Truyère. Plomb du Cantal. Viaduc de Garabit. Langues parlées : anglais, allemand.

Prix : 1 pers. 32 € 2 pers. 38 € repas 12 €
Ouvert : Du 15/03 au 15/11.

9	9	17	17	3	15	7	28	SP	25	9

Brigitte DUSSUELLE - le Bourg - 15260 ORADOUR - Tél. : 04 71 23 92 43 - Fax : 04 71 23 94 55 - E-mail : laroseraie@bigfoot.com

PAULHAC Belinay
Alt. : 1160 m — C.M. 76 Pli 3

5 ch. 5 ch. avec accès indép. au dernier étage de la maison du propriétaire. 3 ch. 1 lit 2 pers. 2 ch 1 lit 2 pers et 1 lit 1 pers. Salle de bains et WC privatifs. Ch. électrique. Salle à manger avec salon communs avec cheminée et TV. Tél dans chaque chambre. Cour. Salons de jardin. Piscine privée sur place chauffée. Trois gîtes dans la même maison. Centre équestre privé sur place avec manège couvert. Murat 13 km. Location VTT. Col de Prat de Bouc 4 km. Migration d'oiseaux. Plomb du Cantal à proximité. Réduction enfant et hors saison.

Prix : 1 pers. 43 € 2 pers. 47 € 3 pers. 59 € repas 4 €

SP	SP	30	30	SP	SP	3	3	SP	13	6

Gilles BONNETIER - Belinay - 15430 PAULHAC - Tél. : 04 71 73 34 08 - Fax : 04 71 73 31 45

PERS Viescamp
Alt. : 600 m  — C.M. 76 Pli 11

5 ch. 5 ch aménagées dans ancienne grange de 1834 sur une exploitation agricole comprenant 1 gîte, des studios et 1 camping. 3 ch. 1 lit 2 pers et 1 lit 1 pers. 2 ch. 2 lits 1 pers. S. d'eau et wc privatifs. Ch. élect. Séjour avec cheminée. Salle de jeux et coin cuisine à disposition des hôtes. Salon de lecture. Terrain. Pré, aire de jeux. Abri couvert. Etang privé. Le Rouget 4 km. Aurillac 22 km. En bordure du Barrage de Saint Etienne Cantalès. Fôrets. Rivière à 500 m. Piscine sur place. Produits fermiers. Sports nautiques. Sentiers pédestres. Logement chevaux. Restauration à proximité. Réduction hors saison.

Prix : 1 pers. 31 € 2 pers. 40 € 3 pers. 55 €

5	SP	0,5	4	SP	6	60	60	0,5	4	4

Charles et Janine LACAZE - ferme accueil de Viescamp - 15290 PERS - Tél. : 04 71 62 25 14 - Fax : 04 71 62 28 66

POLMINHAC Costes Bas
Alt. : 900 m — C.M. 76 Pli 12

4 ch. En bordure du plateau du Coyan, surplombant une petite vallée et son ruisseau, « l'estive », ancienne grange du XIXᵉ abritant 4 ch. confortables vous propose un séjour plein de charme. Vous choisirez entre la ch. 1 « AZUR » ou 2 « FRUITEE » ou 4 l' "OCEANE" (1 lit 2 pers. 1 lit 1 pers.),ou 3 la « CHAMPETRE » (1 lit 2 pers. 1 lit bébé). S. d'eau et wc privatifs. Ch. électrique. Salle commune avec cuisine à disposition. Piscine, randonnée, pêche, chasse. Commerces, restaurants à 5 km. Vic/Cère 9 km. Aurillac 15 km. Super-Lioran 29 km.

Prix : 1 pers. 38 € 2 pers. 43 € 3 pers. 53 €
Ouvert : Toute l'année

5	SP	20	20	5	7	29	29	SP	10	5

Nicolas et Nathalie TRICHEREAU - Costes Bas - 15800 POLMINHAC - Tél. : 04 71 43 17 84 ou 06 07 37 05 98 - E-mail : estive@free.fr - http ://estive.free.fr/site.web/index.htm

Cantal   *Auvergne*

ROFFIAC   Alt. : 850 m   C.M. 76 Pli 4

3 ch. 3 chambres avec accès indépendant dans la maison du propriétaire. 2 chambres avec 1 lit 2 pers. 1 chambre avec 2 lits 120. Salle de bains et wc privatifs. Chauffage central fuel. Salon réservé aux hôtes. Terrasse, jardin d'agrément. St Flour 3 km. Ferme auberge à 300 m. Viaduc de Garabit. Château d'Alleuze, château du Saillant. Chaudes Aigues à 30 km.

Prix : 1 pers. **35** € 2 pers. **40** €
Ouvert : Toute l'année.

3	3	15	15	SP	3	30	30	SP	3	3

Jean Louis et Josette BROUARD - Le Bourg - 15100 ROFFIAC - Tél. : 04 71 60 45 75

ROFFIAC Mazerat   Alt. : 900 m   C.M. 76 Pli 4

5 ch. 5 ch. dans maison mitoyenne à celle du prop. sur exploitation agricole. 4 ch. 3 épis : 2 ch. avec mezzanine (1 lit 2 pers. 1 lit 1 pers). 1 ch. (1 lit 2 pers). 1 ch. (2 lits 1 pers). S. d'eau et WC privatifs. 1 ch. 1 épi : 1 lit 2 pers, 1 lit 1 pers. S. d'eau et wc privatifs. Salle de détente avec TV, bibliothèque. Cheminée. Ch.élect. Salle à manger réservée aux hôtes. Réduction enfant. St Flour à 4 km. Cité touristique. Cascade du Sailhant. Viaduc de Garabit. Ferme auberge sur place. Jeux pour enf. Jardin d'agrément. Salon de jardin. Camping à la ferme sur place.

Prix : 2 pers. **41** € repas **12** €

4	4	18	18	SP	4	14	4	4

Mado et Raymond BERGAUD - Le Ruisselet - Mazerat - 15100 ROFFIAC - Tél. : 04 71 60 11 33 - Fax : 04 71 60 38 64

RUYNES-EN-MARGERIDE Trailus   Alt. : 1050 m   C.M. 76 Pli 5

3 ch. 3 chambres avec accès indépendant au 1er étage de la maison du propriétaire sur une exploitation agricole. Salle d'eau commune. WC commun. 3 chambres avec 1 lit 2 personnes et lavabo. Chauffage central. Terrain non clos. Terrasse. Ferme auberge sur place. Location VTT. Cadre reposant. Vue panoramique. Commerces à 3 km. Saint Flour. Ecomusée. Mont Mouchet. Viaduc de Garabit. A75 à 7 km. Sortie n°30. Au pied des Monts de la Margeride. Nombreuses possibilités randonnées pédestres et VTT.

Prix : 1 pers. **29** € 2 pers. **32** € repas **8** €

3	3	10	10	SP	3	5	SP	15	3

Jean-Luc LOMBARD - Trailus - 15320 RUYNES-EN-MARGERIDE - Tél. : 04 71 23 48 31

SAIGNES La Vigne   C.M. 76 Pli 2

4 ch. 2 ch 3 épis (1 lit 2 pers) dans maison de maître du XVIIIe. Sanitaires privatifs. 2 ch 2 épis. 1 ch (1 lit 2 pers) s. d'eau privée non attenante 1 ch familiale (2 ch. avec 1 lit 2 pers) s. d'eau privative. Wc commun. Ch. central. Salle à manger et salon communs, coin-cuisine à dispo. L-linge sur dde. Cheminée. TV. Cour et terrain clos. Salon de jardin. Parc ombragé. Ping-pong. Piscine privée sur place. Bort Les Orgues 8 km. 3 restaurants à 0,3 km. Animation organisée en été. Location VTT. Châteaux et églises romanes. Parc des Volcans. Réduction hors saison. Camping à la ferme sur place.

Prix : 1 pers. **30** € 2 pers. **40/41** €

0,5	SP	0,5	8	2	8	1	8	0,5

Colette CHANET - la Vigne - 15240 SAIGNES - Tél. : 04 71 40 61 02 ou 06 73 08 67 20 - Fax : 04 71 40 61 02

SALERS   Alt. : 950 m   C.M. 76 Pli 2

6 ch. 6 chambres avec accès indépendant dans maison de caractère de 1777 située dans la cité médiévale. Chambres avec 1 lit 2 personnes. Possibilité lit d'appoint dans 2 chambres. Petite salle d'eau et wc privatifs. Salle à manger commune avec cheminée. Ch. électrique. Jardin très calme avec vue panoramique sur les montagnes. Salon de jardin. Artisanat. Musée. Expositions. Le Puy Mary. Mauriac 18 km. Escalade sur place. Restaurants dans le village.

Prix : 1 pers. **34** € 2 pers. **37** € 3 pers. **47** €

SP	8	3	10	10	SP	18	SP

Philippe PRUDENT - Rue des Nobles - 15140 SALERS - Tél. : 04 71 40 75 36 - Fax : 04 71 40 75 36

SALERS   Alt. : 1000 m   C.M. 76 Pli 2

4 ch. 4 chambres au 1er étage de la maison du propriétaire. Entrée indép. 1 ch. avec 1 lit 2 pers. 1 ch. avec 2 lits 1 pers. Salle de bains et WC priv. 1 ch. avec 1 lit 2 pers. 1 ch. avec 1 lit 2 pers. et 1 lit 1 pers. S. d'eau et WC priv. Séjour et salon avec TV réservés aux hôtes. Terrain avec salon de jardin. Parking privé. Mauriac 18 km. Artisanat. Jeux pour enfants. Musées. Expositions. Puy Mary. Châteaux. GR400. Monts du Cantal. Taxe de séjour comprise dans le tarif.

Prix : 1 pers. **36/39** € 2 pers. **40/44** € 3 pers. **50** €

0,8	11	5	8	8	SP	18	0,8

Jean-Pierre VANTAL - Route du Puy Mary - 15140 SALERS - Tél. : 04 71 40 74 02 - Fax : 04 71 40 74 02 -
E-mail : eliane.vantal@wanadoo.fr

Auvergne
Cantal

SALERS
Alt. : 950 m   C.M. 76 Pli 2

3 ch. 3 chambres spacieuses dans maison de caractère du propriétaire de 1801 rénovée en 2000 située au cœur de la cité médiévale. 3 ch. (1 lit 2 pers.) dont 1 avec un coin salon. Salle d'eau et wc privatifs. Ch. central. Salle à manger avec TV et cheminée. Terrasse avec jardin. Petit déjeuner avec confitures maison. Bourriols, beurre fermier. Réduction enfant. Réduction hors saison. Langue parlée : anglais.

Prix : 1 pers. 30/38 € 2 pers. 37/44 €

	SP	8	3	10	10	SP	18	SP

Emmanuel BRAY - Avenue de Barrouze - 15140 SALERS - Tél. : 04 71 40 78 08

SEGUR-LES-VILLAS
Alt. : 1050 m   C.M. 76 Pli 3

2 ch. 2 chambres d'hôtes au rez-de-chaussée d'une maison mitoyenne à celle du propriétaire et comprenant un appartement à l'étage. 1 chambre avec 1 lit 2 pers. 1 chambre avec 1 lit 2 pers. et 1 lit 1 pers. Salle d'eau et wc privatifs. TV dans chaque chambre. Ch. élect. Cour, salon de jardin. Véloralià Allanche. Musée de la foudre à Marcenat. Maison de la faune à Murat. Ecole de pêche à Ségur les Villas. Parcours de pêche sur la Santoire. Restaurant à proximité. Visite du moulin de la Gazelle. Parc des Volcans d'Auvergne.

Prix : 1 pers. 33 € 2 pers. 40 € 3 pers. 47 €

	11	17	0,7	17	1	30	SP	17	SP

Jean-Bernard CAMURAC - Le Bourg - 15300 SEGUR-LES-VILLAS - Tél. : 04 71 20 70 77

ST-CERNIN Lamourio
Alt. : 730 m   C.M. 76 Pli 2

3 ch. 3 chambres dans un bâtiment rénové en 1998 annexe à la maison du propriétaire. 1 lit 2 pers. Salle de bains et wc privatifs. Salon commun réservé aux hôtes. TV. Tél. téléséjour. Coin-cuisine à disposition. Jardin d'agrément. Salon de jardin. Exploitation agricole avec élevage Salers traditionnel. Possibilité restauration à St Cernin 4 km. Salers 20 km. Tournemire 6 km. Mauriac 25 km. A 20 km d'Aurillac sur la D922 direction Mauriac.

Prix : 2 pers. 38 €
Ouvert : Toute l'année.

	4	10	SP	4	20	SP	25	4

Paul et Solange FEREROL - Lamourio - 15310 ST-CERNIN - Tél. : 04 71 47 67 37 - Fax : 04 71 47 67 37

ST-CLEMENT Moreze
Alt. : 1000 m   (TH)   C.M. 76 Pli 12

2 ch. 2 chambres dans ferme de caractère située à proximité de Vic S/Cère. 1 ch. avec accès indép. 1 lit 2 pers. 1 lit 1 pers. S. d'eau et wc privatifs. Ch. central. 1 ch. au 2ᵉ étage de la maison du propriétaire avec 1 lit 2 pers. 1 lit 120. S. d'eau et wc privatifs. Ch. élect. Salle à manger commune aux hôtes et au propriétaire. Terrain clos avec salon de jardin. Vic sur Cère à 9 km. Restaurant à 1 km. Parc des Volcans. Super Lioran. Réduction enfant. Spécialités maison : pain, charcuterie, confitures, tartes, volailles. Vue panoramique.

Prix : 1 pers. 34 € 2 pers. 38 € 3 pers. 49 € repas 11 €
Ouvert : Toute l'année

	9	9	3	10	25	SP	9	9

Denise VALADIER - Moreze - 15800 ST-CLEMENT - Tél. : 04 71 49 62 11

ST-ETIENNE-DE-CARLAT Caizac
Alt. : 800 m   (TH)   C.M. 76 Pli 13

5 ch. 3 ch. dont 1 double : 1 lit 2 pers., 2 lits 1 pers. S.d.b/WC. 1 ch. : 1 lit 2 pers. S.d'eau/WC. 1 ch. : 2 lits 1 pers. S.d'eau/WC. 2 ch. dans bât. annexe rénové : ch. à l'ét. 1 ch. 1 lit 2 pers. et 1avec 1 lit 2 pers. 2 lits 1 pers. S.d'eau/wc priv. au r.d.c. S.à manger avec chem. Coin salon. Salle de détente aménagée dans 1 ancienne grange. Terrain, Salon de jardin. Ping-pong. Aurillac 15 km. Vic sur Cère 12 km. Châteaux. Monts du Cantal. Vallée de la Cère.

Prix : 2 pers. 38/43 € repas 11 €
Ouvert : Toute l'année.

	10	12	30	30	SP	10	20	40	SP	15	12

Jacky BALLEUX - Caizac - Lou Ferradou - 15130 ST-ETIENNE-DE-CARLAT - Tél. : 04 71 62 42 37 - Fax : 04 71 62 42 37 -
E-mail : fballeux@m6net.fr

ST-JUST Le Saladou
Alt. : 1045 m   C.M. 76 Pli 15

4 ch. 4 ch. au 1ᵉʳ étage de la maison du propriétaire. 3 ch. 3 épis. 2 ch. 1 lit 2 pers. 1 lit 1 pers. 1 ch. 1 lit 2 pers. S. d'eau et wc privatifs. 1 ch. 2 épis. 1 ch. 1 lit 2 pers. 1 lit 1 pers. S. d'eau et wc privatifs non communicants. Salle à manger avec cheminée commune aux hôtes et au propriétaire. Salon indépendant réservé aux hôtes avec TV, réfrigérateur, micro-ondes, bibliothèque, jeux pour enfants. Ch. élect. Terrain avec jeux. St Flour 15 km. Parc de loisirs avec poney, calèche, petit train. Viaduc de Garabit. Cirque de Mallet.

Prix : 2 pers. 30/38 € 3 pers. 40/47 €

	3	3	7	7	1	7	35	SP	15	5

Roger FALCON - Le Saladou - 15320 ST-JUST - Tél. : 04 71 73 70 77 - Fax : 04 71 73 70 77

Cantal   *Auvergne*

ST-MARTIN-CANTALES Sept Fons   Alt. : 650 m   (TH)   C.M. 76 Pli 1

3 ch. Un séjour en pleine nature dans chambres au 1er étage de la maison de caractère du propriétaire. 1 ch. 3 épis (1 lit 2 pers.) s. d'eau et wc privatifs. 1 ch. double 3 épis (1 lit 2 pers.) (2 lits 1 pers. avec supplément de 23 €). S. d'eau et wc privatifs. 1 ch. 2 épis (2 lits 1 pers.). Salle de bains et wc privatifs non communiquants. Salle à manger et salon communs. Ch. central. Salon de jardin. St Martin Valmeroux 10 km. Salers. Château d'Anjony. Lac d'Enchanet. Accès par D922 Aurillac/Mauriac sur 28 km, puis à gauche D42 sur 6 km.

Prix : 1 pers. 30 € 2 pers. 35 € repas 11 €
Ouvert : Mai à septembre.

10	10	7	7	2	10	25	70	SP	20	9

Jean-Louis et Denise CHANUT - Sept Fons - 15140 ST-MARTIN-CANTALES - Tél. : 04 71 69 40 58 -
E-mail : jean-louis.chanut@wanadoo.fr

ST-MARY-LE-PLAIN Nozerolles   Alt. : 830 m   (TH)   C.M. 76 Pli 4

3 ch. Dans une grande maison de caractère, Maryse, Bernard et leurs enfants vous accueillent dans 3 ch. récemment aménagées. 1 ch. (1 lit 2 pers, 1 lit 1 pers). 1 ch. (1 lit 2 pers et petit salon avec 1 conv. 2 pers.). 1 ch (1 lit 2 pers). Sanitaires privatifs. Ch central. Séjour commun avec cheminée. Cour et terrain non clos. Produits régionaux à la table. Accueil convivial et ambiance familiale. Visites de l'exploitation agricole avec élevage bovins laitiers. A 13 km de Massiac, 18 km de St Flour. A 5 km de la sortie 25 sur l'A75.

Prix : 1 pers. 34 € 2 pers. 40 € 3 pers. 49 € repas 10 €

13	13	30	30	2,5	18	35	SP	18	10

Bernard et Maryse CHALIER - Nozerolles - 15500 ST-MARY-LE-PLAIN - Tél. : 04 71 23 05 70

ST-PROJET-DE-SALERS   Alt. : 820 m   C.M. 76 Pli 2

3 ch. 3 chambres aménagées au dernier étage de la maison du propriétaire. Entrée indép. 2 ch. avec 1 lit 2 pers. S.d'eau et WC privatifs. 1 ch. avec 1 lit 2 pers. et 1 lit 1 pers. S.de bains et WC privatifs. Séjour réservé aux hôtes avec coin cuisine à disposition + séjour commun avec propriétaires avec cheminée. Chauffage. Terrasse. Cour, terrain. Accueil familial au cœur du Parc des Volcans. Vallée de la Bertrande. Monts du Cantal. Départ de nombreuses randonnées. Réduction hors saison.

Prix : 1 pers. 27 € 2 pers. 34 € 3 pers. 46 €
Ouvert : Du 1/05 au 30/10.

15	15	25	25	SP	10	10	30	SP

Thérèse CHAMBON - 15140 ST-PROJET-DE-SALERS - Tél. : 04 71 69 23 01

ST-REMY-DE-CHAUDES-AIGUES La Roche Canillac   Alt. : 1050 m   C.M. 76 Pli 13

3 ch. 3 chambres au 1er étage de la maison récente du propriétaire avec accès indép. et communication intérieure. 2 ch. avec 1 lit 2 pers et 1 lit 1 pers. Salle d'eau et wc privatifs. 1 ch. avec 1 lit 2 pers. Salle d'eau et wc privatifs. Séjour commun. Cuisine indép. réservée aux hôtes. Ch. central. Terrasse, jardin. Exploitation agricole. Commerces à St Urcize 8 km. Chaudes Aigues 15 km. Stations thermales à proximité. A 75 sortie Aumont/Aubrac à 26 km.

Prix : 2 pers. 37 € 3 pers. 49 €

15	15	20	20	0,5	12	10	12	45	8

Michel FOSSE - Puy Chalier - La Roche Canillac - 15110 ST-REMY-DE-CHAUDES-AIGUES - Tél. : 04 71 23 22 10

ST-SATURNIN Le Cheyrol   Alt. : 1000 m   (TH)   C.M. 76 Pli 3

1 ch. Chambre familiale, spacieuse au rez de chaussée de la maison du propriétaire. 2 lits 2 pers. S. d'eau et WC privatifs. Salle à manger et salon communs aux hôtes et aux propriétaires. Bibliothèque, jeux de société, TV, cheminée. Lave-linge et lit bébé à disposition. Terrain non clos arboré, salon de jardin. Vue sur la vallée de la Santoire. Plateau du Limont. Parc des Volcans d'Auvergne. GR4 à proximité. Lacs. Brâme du cerf du 1er au 15/10. Cézallier. Visite de mielleries, fromageries. Chasse possible avec le propriétaire. Vélorail à Allanche.

Prix : 1 pers. 20 € 2 pers. 34 € 3 pers. 46 € repas 10 €
Ouvert : Toute l'année.

1	13	SP	13	4	SP	25	15	

Sylvie LAVASTRE - Le Cheyrol - 15190 ST-SATURNIN - Tél. : 04 71 20 71 21 - E-mail : s.lavastre@infonie.fr

ST-URCIZE   Alt. : 1100 m   C.M. 76 Pli 13

4 ch. 4 chambres situées au 2e étage de la maison du propriétaire. 3 ch. avec 1 lit 2 pers. 1 ch. avec 1 lit 2 pers. et 1 lit 1 pers. Salle de bains et WC communs. Chauffage central. Cour. Restaurant dans le bourg. Chaudes Aigues 22 km. Laguiole 17 km. Monts d'Aubrac : espace nordique, pêche, nature. Nasbinals 8 km. A75 30 km. Village étape chemin de Compostelle. Eglises romanes et châteaux. GR, VTT sur place. Centre thermal et remise en forme à 10 km.

Prix : 1 pers. 19 € 2 pers. 23 € 3 pers. 28 €
Ouvert : Juillet/Aout et vac. scolaires et week-end sur reservation.

3	22	0,3	8	2	2	2	42	SP

André et Christiane VALETTE - Place de l'Afrique - 15110 ST-URCIZE - Tél. : 04 71 23 21 32 ou 04 66 32 45 63

Auvergne
Cantal

STE-EULALIE La Butte de Viallard — Alt. : 820 m — (TH) — C.M. 76 Pli 1

3 ch. — 3 chambres spacieuses au 1er étage de la maison du propriétaire. 1 ch. (1 lit 2 pers.). 1 ch. (1 lit 2 pers. 1 lit d'appoint 1 pers.). 1 ch. (1 lit 2 pers. lit bébé). Lavabo dans chaque chambre. Salle de bains et WC communs réservés aux hôtes. Séjour réservé aux hôtes avec TV. Ch. central. Jardin très calme avec vue panoramique sur les Monts d'Auvergne. Salon de jardin. Salers. St Martin Valmeroux. Langues parlées : anglais, allemand.

Prix : 1 pers. 28 € 2 pers. 32 € repas 10 €

5	5	50	50	4	5	19	SP	17	5	

Bernard NIZARD - La Butte de Vialard - 15140 STE-EULALIE - Tél. : 04 71 67 38 94

TOURNEMIRE La Girbe — Alt. : 800 m — C.M. 76 Pli 2

2 ch. — 2 chambres au 1er étage de la maison du propriétaire. 1 lit 2 personnes. 1 lit bébé (chaise haute à disposition). Salle d'eau et wc privatifs. Coin détente en mezzanine, salle à manger et salon communs. Coin cuisine à disposition. Chauffage central. Salon de jardin, terrasse, jardin d'agrément, terrain clos. Supplément animal. Tournemire est l'un des plus beaux villages de France. Eglise, château, exposition d'automates, randonnées. Col de Légal, Puy Mary, Salers. Aurillac 20 km. Réduction hors saison. Langue parlée : anglais.

Prix : 1 pers. 31 € 2 pers. 37 €
Ouvert : Toute l'année.

5	20	30	30	0,5	0,5	9	SP	20	5	

Pierre POURPUECH/CADOZ - la Girbe - 15310 TOURNEMIRE - Tél. : 04 71 47 64 22

TREMOUILLE Pré de Tives — Alt. : 800 m — (TH) — C.M. 76 Pli 2/3

5 ch. — 5 ch. avec entrée indép. dans maison du propriétaire (ancienne ferme rénovée). 2 ch. (1 lit 2 pers.). 3 ch. (1 lit 2 pers. 1 lit 1 pers.). S. d'eau et WC privatifs. Salle à manger et salon. Salle d'activités de 70 m². Terrain. Salon de jardin. Ch. central. Table d'hôtes avec possibilité cuisine végétarienne. Réduction enfant. Propriétaires artistes proposant activités culturelles organisées (aquarelle, pastel, théâtre, taï-chi, shintaïdo, expression corporelle et vocale...). Cadre naturel et reposant. Bort Les Orgues. Château de Val. Circuits des Lacs d'Auvergne.

Prix : 2 pers. 38 € 3 pers. 53 € repas 11 €
Ouvert : Toute l'année sur réservation.

7	0,5	0,5	1	0,5	6	20	30	SP	15	7

Merry et José FABRY - Pré de Tives - 15270 TREMOUILLE - Tél. : 04 71 78 74 42

VABRES Tremolière — Alt. : 850 m — (TH) — C.M. 76 Pli 4/14

4 ch. — 4 chambres d'hôtes dans la maison du propriétaire mitoyenne à bâtiment agricole. 4 chambres avec 1 lit 2 pers. S. d'eau et WC privatifs. Salle à manger et salon communs aux hôtes et au propriétaire. Cheminée. TV. Ch. d'appoint dans 3 ch. Terrain. Réduction enfant. Saint Flour. Barrage de Grandval. Viaduc de Garabit. Monts de la Margeride.

Prix : 1 pers. 27 € 2 pers. 34 € repas 11 €
Ouvert : De Paques à fin Septembre.

6	6	6	6	SP	6	20	SP	10	6

Richard FALCON - La Tremolière - 15100 VABRES - Tél. : 04 71 60 49 13 ou 04 71 60 21 71

VEBRET Cheyssac — (TH) — C.M. 76 Pli 2

5 ch. — 2 ch 3 épis. 1 ch (1 lit 2 pers) accès par maison du propriétaire. s.d.b. et wc privés. 1 ch double (1 lit 2 pers et 1 convertible 2 pers) entrée indép. de plain pied. s. d'eau/wc privés. 3 ch 2 épis au 1er étage, accès indép de plain pied. 1 ch (1 lit 2 pers, 1 lit 1 pers) douche et wc privés dans le couloir. 1 ch (1 lit 2 pers) s.d.b. et wc privés dans le couloir. 1 ch (1 lit 2 pers) s. d'eau et wc privés. Salle à manger et salon communs, meuble TV. Coin-cuisine à disposition. Chauffage. Enclos avec salon de jardin et barbecue. Jeux pour enfants. Bort Les Orgues 5 km. Château de Val. Barrage. Réduction hors saison.

Prix : 1 pers. 30 € 2 pers. 34/38 € 3 pers. 46 € repas 9 €

5	5	6	6	SP	5	SP	5	5	

Muguette REBIERE - Cheyssac - 15240 VEBRET - Tél. : 04 71 40 21 83

VEBRET Verchalles — (TH) — C.M. 76 Pli 2

6 ch. — 6 ch. d'hôtes. 2 ch. 2 épis NN au 1er étage de la maison du propriétaire. 1 ch. (1 lit 2 pers) douche et wc privés. 1 ch. (1 lit 2 pers., 1 lit 1 pers) s.d.b. et wc privés. 4 ch. 3 épis dans bâtiment annexe. 1 ch. (1 lit 2 pers., 1 lit 1 pers) sanitaires privatifs. Salle commune avec TV, biblio. cheminée. Ch central. Terrasse. Terrain. Salon de jardin. Piscine privée sur place. Jeux enfants. Bort Les Orgues 5 km. Château de Val. Musées. Expos. Barrage. Ping-pong. Loc. VTT. Camping à la ferme. Lave-linge commun. Supplément animal. Réduction enfant. Réduction hors saison.

Prix : 2 pers. 43 € 3 pers. 52 € repas 10 €

SP	SP	10	10	1	10	5	3		

Guy et Simone GALVAING - Verchalles - 15240 VEBRET - Tél. : 04 71 40 21 58 ou 04 71 40 24 20 - E-mail : guy-galvaing@wanadoo.fr

Cantal
Auvergne

VIC-SUR-CERE La Prade
Alt. : 680 m — C.M. 76

4 ch. 3 ch 3 épis dans ferme de caractère du XIVe. 1 ch. 1 lit 2 pers. 1 ch. 1 lit 2 pers. et 1 lit 1 pers. 1 appartement composé de 2 ch. 1 lit 2 pers. Sanitaires priv. 1 ch 2 épis (1 lit 2 pers) s. d'eau et wc privés non communicants. Chauffage. Tél. TV. Cheminée. Bibliothèque. Terrain. Aire de jeux. Salon de jardin. Réduction enfant selon l'âge. Aurillac 20 km. Nombreuses cascades. Vallée de la Cère. Monts du Cantal. Station climatique. Eau minérale à Vic Sur Cère. Cuisine familiale avec plats régionaux et confiture maison aux petits déjeuners.

Prix : 2 pers. 40 € repas 11 €

🐕	🏊	🚣	🏖	🏃	🎿	🎾	🚲	⛳
0,5	0,5	0,2	0,5	5	17	SP	0,5	0,5

Auguste et Noelle DELRIEU - La Prade - 15800 VIC-SUR-CERE - Tél. : 04 71 47 51 64

LE VIGEAN Lasbordes
Alt. : 780 m — C.M. 76 Pli 1

5 ch. Exploit. agric. située entre Mauriac et Anglards de Salers. 5 chambres dans maison du propr. 2 ch. 2 lits 1 pers. 2 ch. 1 lit 2 pers. 1 ch. 1 lit 2 pers. et 1 lit 1 pers. (Poss. lits d'appoint). Sanitaires (s.d'eau ou salle de bains et wc) privatifs. Table d'hôtes dans salle commune avec cheminée et coin salon. Ch. central. TV à disposition. Terrasse, salon de jardin, parc ombragé et calme. Réduc. enfant -10 ans. Découverte de la vie à la campagne. Mauriac 5 km. Salers 15 km. Monts du Cantal. ULM 3 km.

Prix : 1 pers. 35 € 2 pers. 40 € 3 pers. 49 € repas 10 €
Ouvert : Toute l'année sur réservation.

🐕	🎾	🏊	🚣	🏃	🎿	🚲	⛳
	5	5	5	SP	3	25	5	5

Daniel et Chantal CHAMBON - Earl de Lasbordes - Lasbordes - 15200 LE-VIGEAN - Tél. : 04 71 40 01 59 -
E-mail : chantal.et.daniel.chambon@wanadoo.fr

Haute-Loire

LOISIRS ACCUEIL - Service Réservation
Hôtel du Département
1, place Monseigneur de Galard - B.P. 332
43012 LE PUY-EN-VELAY Cedex
Tél. 04 71 07 41 65 - Fax 04 71 07 41 66

ALLEGRE L'Ancienne Baronnie
Alt. : 1100 m — C.M. 76 Pli 6

5 ch. La Chaise Dieu 10 km. Le Puy en Velay 25 km. Dans maison du XVe, 5 ch avec sanitaires privatifs. 2 ch 2 pers. 3 ch avec salon dont 1 avec cheminée et balcon. Petit salon. TV. Parc arboré de 5 ha. Ancien hôtel particulier du XVe avec beau mobilier ancien. Grande salle à manger avec cheminée. Entre les Gorges de la Loire et de l'Allier, région aux paysages étonnants. Langues parlées : anglais, allemand, espagnol.

Prix : 2 pers. 35/45 € repas 15 €
Ouvert : Toute l'année.

🐕	🏊	🚣	🏃	🎿	🚲	⛳
	5	9	5	SP	1	20	SP

Stéphanie et Fabien CHARREYRE - 5 place du Marchédial - L'Ancienne Baronnie - 43270 ALLEGRE - Tél. : 04 71 00 22 44 -
Fax : 04 71 00 22 44

ALLEYRAS Pourcheresse
Alt. : 1050 m — C.M. 76

2 ch. Pays du saumons et des eaux vives. Nombreuses petites églises romanes. Tarifs enfants. Visite de l'exploitation, pêche, randonnée, VTT, champignons, brame du cerf en octobre. Chiens admis après accord du propriétaire. Entre le Velay et la Margueride. Pourcheresse, petit hameau paisible, domine les pittoresques gorges de l'Allier. Joëlle, Alain et leurs 3 enfants vous accueillent dans leur maison avec coin détente, terrasse, terrain avec jeux. 2 ch mansardées avec salle d'eau et wc privés. Produits fermiers (charcuterie, viande, fromage, confiture), spécialités régionales. Langue parlée : anglais.

Prix : 1 pers. 24 € 2 pers. 30 € 3 pers. 40 € pers. sup. 9 €
repas 11 €
Ouvert : Du 1er mars au 15 octobre.

🐕	🏊	🚣	🎿	🏖	🎾	🚲	⛳
	3	6	SP	8	15	15	8	6

Alain et Joëlle REDON - Pourcheresse - La Prairie - 43580 ALLEYRAS - Tél. : 04 71 74 43 87 - E-mail : Redonalain@aol.com

ALLY
Alt. : 1000 m — C.M. 76 Pli 5

3 ch. Chambres avec sanitaires privés. Salle commune avec cheminée. Bibliothèque. Salon, terrasse couverte. Terrain attenant. Tarif dégressif pour séjours. Réduction repas enfant -10 ans. 4 pers : 49 €. Au pays des moulins à vent, dans un environnement calme entre Velay et la chaîne des puys volcaniques. Près des gorges de l'Allier. Sur une exploitation agricole, Marie et Paul vous accueillent avec convivialité. Repas à base des produits de la ferme et du jardin.

Prix : 1 pers. 26 € 2 pers. 32 € 3 pers. 40 € pers. sup. 9 €
repas 11 €
Ouvert : Toute l'année.

🐕	🏊	🚣	🏃	🏖	🎾	🚲	⛳
	SP	15	22	SP	10	22	22	SP

Paul et Marie MASSEBOEUF - 43380 ALLY - Tél. : 04 71 76 78 34

Auvergne   **Haute-Loire**

AURE-SUR-LOIRE Les Cédrelles *C.M. 76 Pli 8*

▦▦▦ 2 ch. **Le Puy en Velay.** Au r.d.c de la maison du propriétaire, 2 ch avec sanitaires privés et accès direct sur terrasse. Salle commune avec cheminée. Grand terrain attenant arboré. Piscine privée. En bordure de la Loire, maison récente située sur un terrain d'un ha. Environnement agréable. Boisé et descendant en terrasse jusqu'aux bords de la Loire.

Prix : 1 pers. 34 € 2 pers. 42 € 3 pers. 55 € pers. sup. 6 €
Ouvert : Vacances scolaires. Hors vacances scolaires sur réservation.

🐕	🏊	🏇	🎿	👥	⛱	🎾	🚐	⛳
3	3	SP	SP	0,5	0,5			

Régine LOUBIER - 8 rue du 19 mars 1962 - Les Cédrelles - 43110 AUREC-SUR-LOIRE - Tél. : 04 77 35 20 39 -
E-mail : regineloubier@infonie.fr - www.chez.com/lescedrelles

AUZON   (TH)   *C.M. 76 Pli 5*

▦▦ 2 ch. Maison du XIIIe rénovée dans une localité médiévale. Au r.d.c. : 1 suite 4 pers. (2 ch. communicantes avec 4 lits 1 pers.), coin-cuisine, salon, salle de bains et wc privés. A l'ét. : 1 ch. (2 lits 1 pers.), salle de bains et wc privés. Kitchenette. Salon avec kitchenette, salle à manger pour les hôtes. Jardin attenant. Le château et ses remparts, écomusée, église du XIIe siècle. Langue parlée : anglais et vietnamien.

Prix : 1 pers. 30 € 2 pers. 43/53 € 3 pers. 61 € pers. sup. 15 €
repas 12 €
Ouvert : Du 1er avril au 30 septembre

🐕	🏊	🏇	🎿	👥	⛱	🎾	🚐	⛳
SP	8	5	SP	SP	SP	5	SP	

Anne MIGNARD - Rue du 8 mai - 43390 AUZON - Tél. : 04 71 76 17 77 - Fax : 04 71 76 17 77

BAINS Fay   Alt. : 1100 m   (TH)   *C.M. 76 Pli 16*

▦▦▦ 4 ch. **Le Puy-en-Velay 12 km.** Chambres avec sanitaires privés, mobilier ancien, salon, grande cheminée où l'on pratique une cuisine traditionnelle. Boxes pour les chevaux, parc, garage, voiture. Tarif pour groupe en hors saison. Accueil randonneurs, transport bagages. Ch non fumeur. Maison paysanne dont le caractère a été soigneusement préservé, dans un village où la pierre rouge domine. Dans le Velay Volcanique, empreinte remarquable du volcanisme (lacs), villages pittoresques. Terre d'élection de la lentille verte, site exceptionnel du Puy-en-Velay. Golf à 7 km. Langue parlée : anglais.

Prix : 1 pers. 27 € 2 pers. 34 € 3 pers. 38 € repas 13 €
Ouvert : Toute l'année (réservation conseillée).

🐕	🏊	🏇	🎿	👥	⛱	🎾	🚐	⛳
13	13	13	SP	15	13	12	2	

Caroline DE RANCOURT - Fay - 43370 BAINS - Tél. : 04 71 57 55 19 - Fax : 04 71 57 55 19

BAINS Jalasset   Alt. : 900 m   *C.M. 76 Pli 16*

▦▦▦ 4 ch. Dans une ferme restaurée en pleine campagne, dans un petit hameau tranquille, 2 ch. 2 pers., 1 ch. 3 pers., 1 ch. 4 pers., toutes avec salle d'eau et wc privés. Salle de séjour, TV, bibliothèque, cheminée Jardin, parking, aire de jeux, pré, abri couvert. Cuisine du propriétaire à disposition. Produits fermiers sur place. Restaurants 1 km. Velay volcanique/Livradois-Forez.

Prix : 1 pers. 24 € 2 pers. 30 € 3 pers. 37 € pers. sup. 6 €
Ouvert : Toute l'année.

🐕	🏊	🏇	🎿	👥	⛱	🎾	🚐	⛳
5	1	9	SP	12	SP	12	1	

Marcel et Monique PELISSE - Jalasset - 43370 BAINS - Tél. : 04 71 57 52 72 - Fax : 04 71 57 52 84

BAINS Montbonnet   Alt. : 1100 m   (TH)   *C.M. 76 Pli 16*

E.C. 3 ch. **Le Puy en Velay 15 km.** Sur le chemin de ST Jacques de Compostelle, ferme du 19è siècle de caractère. Séjour avec grande cheminée. Salle à manger. Dans maison adjacente 3 ch d'hôtes avec sanitaires privés. Cour attenante non fermée. Dans le Velay volcanique, entre gorges de la Loire et de l'Allier, vous découvrirez des paysages étonnants. Terre d'élection de la lentille verte du Puy. Site grandiose du Puy en Velay. Lac du Bouchet logé dans un cratère d'explosion et encerclé par une vaste forêt. Langue parlée : anglais.

Prix : 1 pers. 26 € 2 pers. 32 € 3 pers. 37 € pers. sup. 5 €
repas 14 €
Ouvert : Toute l'année.

🐕	🏊	🏇	🎿	👥	⛱	🎾	🚐	⛳
SP	15	15	SP	SP	SP	15	2	

Xavier DE GROSSOUVRE - Montbonnet - 43370 BAINS - Tél. : 06 84 62 77 25

BAINS   Alt. : 950 m   (TH) 🍇   *C.M. 76 Pli 16*

▦▦▦ 3 ch. Maison de caractère rénovée, à l'entrée du bourg. Chambres, avec salle de bains et wc privés, séjour, TV. Jardin, parking. Grand espace attenant. Produits fermiers sur place. Proximité du chemin de Saint-Jacques-de-Compostelle. Dans un village, au cœur d'une région volcanique, patricia et Daniel, jeunes agriculteurs dynamiques vous accueilleront chaleureusement et sauront vous faire découvrir et apprécier leur belle région. Langue parlée : anglais.

Prix : 1 pers. 24 € 2 pers. 30 € 3 pers. 37 € repas 11 €
Ouvert : Toute l'année.

🐕	🏊	🏇	🎿	👥	⛱	🎾	🚐	⛳
12	6	10	SP	12	SP	10	SP	

Patricia et Daniel RAVEYRE - Route du Puy - 43370 BAINS - Tél. : 04 71 57 51 79 ou 06 83 59 93 47

Haute-Loire
Auvergne

BELLEVUE-LA-MONTAGNE La Monge Alt. : 970 m   (TH)   C.M. 76 Pli 7

3 ch. — **Festival de musique à la Chaise-Dieu 12 km.** Sur exploitation agricole. 2 ch. avec sanitaires privés par chambre wc privés situés dans le couloir, 1 ch. avec s. d'eau et wc privés. Idéal pour accueil familles. Séjour avec TV, cheminée. Jardin, aire de jeux. Zone volcanique du Velay-Livradois-Forez. Tarif repas enfant -10 ans : 5 €. Prix/chambre : 31 € à 42 € suivant la saison et la durée du séjour.

Prix : repas 10 €
Ouvert : Toute l'année.

🐕	🏊	🏇	👪	☂	🎾	🚂
1	12	SP	12	13		2

Michel et Françoise FILERE - La Monge - 43350 BELLEVUE-LA-MONTAGNE - Tél. : 04 71 00 60 54 - Fax : 04 71 00 60 54 -
E-mail : mfilere@cer43.cernet.fr - http : //perso.cernet.fr/cer43/les-peupliers

---

BLESLE Aubeyrat Alt. : 550 m   (TH)   C.M. 76 Pli 4

E.C. 5 ch. — **Blesle 4 km. Saint-Flour 30 km.** Maison surplombant la vallée de l'Allagnon. Cadre exceptionnel. Chambres avec sanitaires privés. 4 ch. avec mezzanine (3 pers.), 1 ch. 2 pers. Chaque chambre possède un balcon. Piscine privée. Nombreux circuits de randonnées : loc. de VTC. Aire de jeux. A proximité de Blesle, un des plus beaux village de France. Langue parlée : anglais.

Prix : 2 pers. 54 € pers. sup. 22 € repas 15 €
Ouvert : Toute l'année sur réservation.

🐕	🏊	🏇	🚣	👪	☂	⛷	🎾	🚂	🎣
SP	3	SP	SP	SP		35	SP	10	4

Thierry VARGUES - Aubeyrat - 43450 BLESLE - Tél. : 04 71 76 22 29 - Fax : 04 71 76 22 35 - E-mail : margaridou@wanadoo.fr - www.margaridou.com

---

BLESLE Bousselargues Alt. : 510 m   (TH)   C.M. 76 Pli 4

3 ch. — **Brioude 20 km. Massiac 8 km.** Dans village typique de Cezallier. Chambres avec sanitaires privés. 2 ch. 3 pers., 1 ch. double (2 épis) pour 4 pers. Salon avec cheminée, salle à manger. Terrasses, parking. Maison de vigneron restaurée dans un petit village proche de Blesle classé l'un des plus beaux villages de France. A 10 km de l'autoroute A75, sortie 22. Langue parlée : anglais.

Prix : 1 pers. 35 € 2 pers. 40 € pers. sup. 8 € repas 12 €
Ouvert : Toute l'année et uniquement sur réservation du 14/11 au 1er/04.

🐕	🏊	🏇	🚣	👪	☂	🎾	🚂	🎣
SP	4	8	SP	20		10	8	4

Michel et Gisèle LUBIN - Bousselargues - 43450 BLESLE - Tél. : 04 71 76 27 38 - Fax : 04 71 76 27 38

BOISSET Le Ponteil Alt. : 870 m   C.M. 76 Pli 7

3 ch. — **Le Puy-en-Velay 25 km. La Chaise Dieu 32 km.** Dans une maison mitoyenne à celle du propriétaire, dans un environnement de forêts où vous découvrirez l'abondance des fruits sauvages et champignons. Chambres avec sanitaires privés. Salle commune, coin-cuisine. Terrasse. Produits fermiers. Restaurant 1 km. Région propice à la détente, randonnée et pêche.

Prix : 1 pers. 27 € 2 pers. 34 € 3 pers. 43 €
Ouvert : Toute l'année.

🐕	🏊	🏇	🚣	👪	☂	🎾	🚂	🎣
	2	8	9	SP	8	SP	28	5

André et Catherine PONCET - Le Ponteil - 43500 BOISSET - Tél. : 04 71 61 31 91 - Fax : 04 71 75 25 04

BONNEVAL Alt. : 850 m   (TH)   C.M. 76 Pli 6

5 ch. — Ancienne auberge « Valentin » restaurée par un couple anglais artistes. Chambres avec sanitaires privés dont 1 suite. Deux salles communes, cheminée. Grande terrasse. Espace attenant, belle vue sur la campagne. Tarifs spéciaux enfants. Vous passerez un séjour agréable et très convivial chez Catherine et William dans ce pittoresque village du Parc Livradois/Forez. Pays de forêts sous l'imposante abbaye de la Chaise-Dieu, célèbre pour son prestigieux festival de musique. Langues parlées : anglais, allemand.

Prix : 1 pers. 41 € 2 pers. 48/53 € pers. sup. 15 € repas 19 €
Ouvert : Du 1er avril au 1er novembre. Hiver, WE et jours de fêtes pr groupes.

🐕	🏊	🏇	👪	☂	⛷	🎾	🚂	🎣
SP	6	SP	6	6	7		40	5

Catherine HAYS - 43160 BONNEVAL - Tél. : 04 71 00 07 47

LE BOUCHET-SAINT-NICOLAS Alt. : 1100 m   A   C.M. 76 Pli 16

3 ch. — **Le Puy-en-Velay 20 km. Le lac du Bouchet 2 km.** Maison neuve à l'entrée du village. Chambres spacieuses avec sanitaires privés et accès direct sur terrasse. 2 ch. avec mezzanine, 2 ch. 1 ch. 3 pers. Grand espace attenant. Dans village typique du plateau volcanique, à proximité du lac du Bouchet entre la Haute vallée de la Loire et de l'Allier. Ferme auberge sur place. Colette et Pierre, de sympathiques agriculteurs, sauront vous faire apprécier leur région et leur cuisine régionale copieuse.

Prix : 1 pers. 26 € 2 pers. 30 € pers. sup. 8 € repas 10 €
Ouvert : Toute l'année.

🐕	🏊	🏇	🚣	👪	☂	⛷	🎾	🚂	🎣
	2	12	12	SP	2	SP		20	SP

Colette et Pierre VILLESECHE - 43510 LE-BOUCHET-SAINT-NICOLAS - Tél. : 04 71 57 35 34 - Fax : 04 71 57 30 93

Auvergne **Haute-Loire**

LE BOUCHET-SAINT-NICOLAS   Alt. : 1100 m   A   *C.M. 76 Pli 16*

||| 2 ch.   **Lac 2 km.** Maison en pierre, restaurée, située dans le village. Les chambres sont aménagées au 1er étage. 2 ch. avec sanitaires privés dont 1 ch. avec mezz., séjour. Salon. Parking. Cour. Village à vocation agric., à proximité du lac du Bouchet, sur le plateau du Devès entre la haute vallée de la Loire et de l'Allier. Randonnées pédestres multiples.

Prix : 1 pers. 26 € 2 pers. 30 € pers. sup. 8 € repas 10 €
Ouvert : Toute l'année.

2	12	12	SP	2	SP	4	20	SP

Colette et Pierre VILLESECHE - 43510 LE-BOUCHET-SAINT-NICOLAS - Tél : 04 71 57 35 34 - Fax : 04 71 57 30 93

LE BOUCHET-SAINT-NICOLAS   Alt. : 1100 m   (TH)   *C.M. 76 Pli 16*

||| 3 ch.   Maison restaurée dans le village, proche du lac du Bouchet comprenant 3 chambres d'hôtes dont 1 avec mezz. avec sanitaires privés. Salon, salle à manger. Balcon. Cour attenante, garage. Terre d'élection de la lentille du Puy. Empreinte remarquable du volcanisme : lac du Bouchet. Sur le circuit pédestre Stevenson.

Prix : 1 pers. 29 € 2 pers. 34 € 3 pers. 38 € pers. sup. 3 € repas 10 €
Ouvert : Toute l'année.

2	10	15	SP	2	2	10	20	SP

Augustin et Andrée REYNAUD - 43510 LE-BOUCHET-SAINT-NICOLAS - Tél. : 04 71 57 31 91 - Fax : 04 71 57 31 13

BOURNONCLE-SAINT-PIERRE Bard   (TH)   *C.M. 76 Pli 5*

||| 5 ch.   Dans maison récente, chambres à l'étage avec sanitaires privés. 1 chambre avec sanitaires privés au rez-de-chaussée. Salle commune avec cheminée et TV. Terrasse. Terrain non clos. Parking. Réduction repas enfant -9 ans : 6,10 €. Notion d'anglais. A proximité de Brioude (magnifique basilique romane auvergnate, maison du saumon, quartiers anciens) et des pittoresques gorges de l'Allier et de l'Allagnon. Produits fermiers.

Prix : 1 pers. 27 € 2 pers. 38 € 3 pers. 46 € pers. sup. 12 € repas 11 €
Ouvert : Du 15 mars au 31 octobre.

7	12	7	SP		10	4	4

Bernard et Christiane CHAZELLE - Bard - 43360 BOURNONCLE-SAINT-PIERRE - Tél. : 04 71 76 01 12 - Fax : 04 71 76 01 12

CEAUX-D'ALLEGRE Les Vialles   Alt. : 930 m   (TH)   *C.M. 76 Pli 6*

||| 2 ch.   **Festival de musique à la Chaise-Dieu 15 km.** Dans une ferme de polyculture et d'élevage de moutons et de vaches laitières, avec entrée indépendante : 1 chambre 2 pers., 1 chambre 4 pers. avec salles d'eau et wc privés. Aire de jeux. Produits fermiers. Espace attenant. Zone volcanique du Velay/Livradois/Forez. GR 40. Tourbière du Mont Bar. Taxe de séjour.

Prix : 1 pers. 27 € 2 pers. 30 € 3 pers. 38 € pers. sup. 8 € repas 9 €
Ouvert : Toute l'année.

4	7	SP	4	4	8

Jean-Marc et Mireille LAURENT - Les Vialles - 43270 CEAUX-D'ALLEGRE - Tél. : 04 71 00 62 77

LA CHAISE-DIEU   Alt. : 1082 m   *C.M. 76 Pli 6*

|| 4 ch.   Dans une maison indép. contiguë à celle des propriétaires. 4 ch. dont 1 au r.d.c. pour 2, 3 ou 4 pers., avec sanitaires privés. Séjour avec cheminée, bibliothèque, jeux de société. Cuisine équipée, lave-vaisselle, lave-linge à péage. Parking privé, terrasse, barbecue. Chauffage électrique. Réduc. 10 % à partir de 3 nuits sauf du 10/07 au 31/08. Sur le circuit pédestre « robe de bure et côte de maille », et le chemin de Saint-Jacques-de-Compostelle. A 200 m de la célèbre église abbatiale gothique du XIV siècle. Restaurants sur place.

Prix : 1 pers. 35 € 2 pers. 38 € 3 pers. 46 € pers. sup. 5 €
Ouvert : 1er mars au 1er novembre.

1	1	SP	1	SP	1	40	SP

Andrée et Jean COMMUNAL - Rue Saint-Martin - 43160 LA-CHAISE-DIEU - Tél. : 04 71 00 01 77 - Fax : 04 71 00 01 77

LA CHAISE-DIEU   Alt. : 1000 m   (TH)   *C.M. 76 Pli 6*

||| 5 ch.   Maison de caractère entièrement rénovée proche de la célèbre abbaye. 5 chambres dont 3 avec sanitaires privés et 2 avec salle d'eau privés non attenante. Séjour avec cheminée. Salle à manger, piano. Terrasse. Repas pique-nique. Table d'hôtes le soir sur résa. Produits régionaux, petit-déjeuner copieux. Hors juillet et août : 7e nuit offerte. Ch non fumeurs. Dans cette région du Parc Livradois Forez, sous la protection de l'imposante abbaye de la Chaise-Dieu et son prestigieux festival de musique (danse macabre, tapisseries). Langues parlées : anglais, italien.

Prix : 1 pers. 40 € 2 pers. 49 € 3 pers. 63 € pers. sup. 15 € repas 19 €
Ouvert : Toute l'année.

1	1	SP	1	SP	SP	40	SP

Jacqueline CHAILLY - Rue Marchedial - La Jacquerolle - 43160 LA-CHAISE-DIEU - Tél. : 04 71 00 07 52

Haute-Loire
Auvergne

CHANTEUGES
Alt. : 500 m — TH — C.M. 75 Pli 6

▐▐▐ 5 ch. **Le Puy-en-Velay 40 km. Gorges de l'Allier 1 km.** Dans une maison du XVᵉ siècle, au pied de l'abbaye romane, dans un cadre exceptionnel. Chambres spacieuses avec sanitaires privés, aménagées à l'ancienne. Séjour avec cheminée. Jardin et terrasses. Très beau panorama sur le village et l'Allier. Stages création artistique pour groupe ou particulier. Fax : 00.31.65.31.91.994. Dans un pittoresques gorges de l'Allier. Nombreuses églises romanes. Pays du saumon et des eaux vives. Maison de caractère construite sur 2 caves des XIIᵉ et XIIIᵉ siècles. Poss. table d'hôtes uniquement sur réservation. Langues parlées : anglais, hollandais, allemand.

Prix : 1 pers. **69/76** € 2 pers. **69/91** €
Ouvert : D'avril à novembre. Sur réservation pour les groupes en hiver.

SP	5	5	SP	1	5	5

Marloes DER KINDEREN - 43300 CHANTEUGES - Tél. : 04 71 74 01 91 - E-mail : mail@artedu.nl - www.artedu.nl

CHASPINHAC La Paravent
Alt. : 850 m — TH — C.M. 76 Pli 7

▐▐▐ 4 ch. Maison de caractère. Chambres spacieuses avec coin-salon, de style contemporain avec sanitaires privés. Salon détente. Bibliothèque. Jardin. Grand espace. Zone Le Puy-en-Velay, vallée de la Loire. Restaurant 200 m. Stage Patchwork en novembre et de janvier à mars. Fermée le dimanche soir. Maison conçue pour votre détente, située dans un cadre très agréable avec très belle vue sur le bassin du Puy.

Prix : 2 pers. **46** € pers. sup. **9** €
Ouvert : Toute l'année.

4	2	5	SP	5	4	10	4

Daniel et Chantal CLAVEL - La Paravent - 43700 CHASPINHAC - Tél. : 04 71 03 54 75 - Fax : 04 71 03 54 75

CHASPUZAC
Alt. : 850 m — TH — C.M. 76 Pli 6

▐▐▐ 5 ch. Vieille ferme (1678) de caractère restaurée dans un village au cœur d'une région volcanique, 2 chambres (2 pers.), 1 chambre (3 pers.), 2 chambres (4 pers.) avec sanitaires privés, salon avec belle cheminée ancienne. Salle à manger/cuisine. Cour fermée. A proximité du pittoresque site du Puy-en-Velay dans une région empreinte de volcanisme, Robert, passionné de randonnée pédestre, vous mijotera des plats savoureux et saura vous offrir un séjour agréable. Sports aériens à 1 km. Langues parlées : espagnol, anglais.

Prix : 1 pers. **25** € 2 pers. **33** € 3 pers. **41** € pers. sup. **8** € repas **12** €
Ouvert : Toute l'année.

7	8	10	SP	10	8	10	10	2

Robert PILLAY - 43320 CHASPUZAC - Tél. : 04 71 08 68 50 - Fax : 04 71 08 68 85 - E-mail : robert.pillay@wanadoo.fr

CHASSAGNES Faveyrolles
Alt. : 650 m — TH — C.M. 76 Pli 6

▐▐▐ 1 ch. Dans un hameau, petite maison en pierre, restaurée, à côté de celle des propriétaires. Grand terrain bordé d'un ruisseau. Chambre 2 pers., séjour avec cheminée, mezzanine (2 lits 1 pers.), sanitaires privés. garage ouvert, balançoires. Pays du saumon et des eaux vives, règne de l'art Roman, sites incomparables de villages perchés et château natal du général Lafayette dans les environs. A proximité du circuit pédestre « Robe de Bure et Cote de Mailles ». Langue parlée : anglais.

Prix : 2 pers. **41/44** € pers. sup. **11** € repas **11** €
Ouvert : Toute l'année sauf entre Noël et le jour de l'an.

4	15	20	SP	15	15	4	4	4

Hélène et Thierry DRIOT - Faveyrolles - 43230 CHASSAGNES - Tél. : 04 71 76 66 61

CHOMELIX Fournac
Alt. : 900 m — C.M. 76 Pli 7

▐▐▐ 3 ch. Dans un bâtiment entièrement restauré, contigu à la maison du propriétaire, chambres avec sanitaires privés, salle à manger (cheminée), salon détente. Terrain attenant. Pays de forêts au sud du Parc Livradois/Forez. A 17 km de la Chaise-Dieu (festival de musique fin août/début septembre) et à 10 km de Craponne (festival de musique country fin juillet). Ferme auberge et restaurants à 3 km.

Prix : 2 pers. **36** € 3 pers. **47** €
Ouvert : Du 15 juillet au 15 septembre.

7	SP	3	30	3

Monique et Raymond DAUDEL - Fournac - 43500 CHOMELIX - Tél. : 04 71 03 62 62

COHADE
TH — C.M. 76 Pli 5

▐▐▐ 4 ch. Chambres avec sanitaires privés dans un bâtiment mitoyen à la maison du propriétaire. Séjour avec cheminée, TV, salle à manger, cuisine. Terrasse. Produits fermiers. Zone Haut-Allier/Margeride. Cour fermée. Notion d'anglais et de hollandais. Elevage de bovins, polyculture. Repas sur réservation. Langues parlées : espagnol, allemand.

Prix : 1 pers. **30** € 2 pers. **38/45** € 3 pers. **50/55** € pers. sup. **5/10** € repas **11** €
Ouvert : Toute l'année.

1	1	5	SP	5	5	4	4

Pierre et Roselyne CURABET - 43100 COHADE - Tél. : 04 71 50 28 50 - Fax : 04 71 74 82 20

Auvergne — **Haute-Loire**

COUBON — Les Cabarets de Cussac
Alt. : 780 m — (TH) — C.M. 76 Pli 17

5 ch. Dans cette ferme isolée, située en pleine campagne. 3 ch. avec sanitaires privés (3 épis), 2 ch. avec salle d'eau privée et wc communs (2 épis). Salle de séjour avec TV à la disposition des hôtes. Aire de jeux. Parking. Produits fermiers sur place. Restaurant 3 km. Zone le Puy-en-Velay/vallée de la Loire.

Prix : 1 pers. 26 € 2 pers. 34 € 3 pers. 38 € repas 10 €
Ouvert : De Pâques à la Toussaint.

🐕	💧	🏃	🏊	☂	🎾	🚆	🛏
3	20	10	SP	6	3	10	3

Roger et Yvonne BERNARD - Les Cabarets de Cussac - 43700 COUBON - Tél. : 04 71 08 81 17

CRAPONNE-SUR-ARZON — Doulioux
Alt. : 960 m — C.M. 76 Pli 7

3 ch. La Chaise Dieu 15 km. Le Puy en Velay 36 km. Belle ferme en pierres restaurée comprenant 3 ch avec sanitaires privés. Très grand séjour avec grande cheminée. Coin télévision. Bibliothèque. Jeux de société. Grand terrain attenant avec jeux d'enfants. Dans le Parc Livradois Forez et proche de la Chaise-Dieu. Très célèbre pour son festival de musique. Coulée de laves. Festival country. Music en juillet. Nombreuses randonnées.

Prix : 1 pers. 38 € 2 pers. 46/53 € pers. sup. 12/15 €
Ouvert : 01/07 au 31/08.

🐕	💧	🏃	🏊	👥	🚆	🛏
	2	12	2	SP	20	2

Marie-Claude ROUYER - La Crapounette - Doulioux - 43500 CRAPONNE-SUR-ARZON - Tél. : 04 71 03 20 32 - Fax : 04 71 03 20 32

CRAPONNE-SUR-ARZON — Paulagnac
Alt. : 845 m — (TH) — CB — C.M. 76 Pli 7

5 ch. La Chaise-Dieu 20 km. Le Puy-en-Velay 40 km. Belle maison restaurée comprenant 2 chambres avec sanitaires privés et 3 chambres avec sanitaires privés non attenants. Salons, TV, cheminée, bibliothèque, piano, jeux de société. Vaste terrain propice à la détente. Cuisine régionale et internationale, repas végétariens sur demande. Béate Knop vous recevra avec grand plaisir dans sa maison située dans le parc Livradois-Forez et proche de la Chaise-Dieu, célèbre pour son festival de musique. Langues parlées : allemand, anglais.

Prix : 1 pers. 40 € 2 pers. 48 € pers. sup. 12 € repas 19 €
Ouvert : Toute l'année.

🐕	💧	🏃	🏊	👥	☂	🚆
	2	4	2	SP	4	25

Béate KNOP - Paulagnac - 43500 CRAPONNE-SUR-ARZON - Tél. : 04 71 03 26 37 - Fax : 04 71 03 26 37 - E-mail : celivier@infonie.fr

---

LES ESTABLES — Chamard
Alt. : 1360 m — (TH) — C.M. 76 Pli 18

3 ch. Maison paysanne typique en pierres et lauzes rénovée. Vue superbe sur le Mézenc et les Cévennes. Chambres d'hôtes avec sanitaires privés. Salon et coin-cuisine. Salle à manger avec cantou. Grands espaces attenants. En pleine nature. Randonnées en raquettes et ski de fond au départ de la maison. Lignes pures du Mézenc et pays des sucs. Espaces de liberté. Riche patrimoine. Zone nordique du Mézenc. Langues parlées : anglais, allemand.

Prix : 1 pers. 30 € 2 pers. 37 € 3 pers. 44 € pers. sup. 7 € repas 13 €
Ouvert : Toute l'année.

🐕	💧	🏃	🏊	👥	☂	⛷	🎾	🛏
	3	3	15	SP	10	SP	3	35	3,5

Bruno et Karine TOMOZYK-HERRY - Chamard - Les Ecuries du Mézenc - 43150 LES ESTABLES - Tél. : 04 71 08 30 53 - Fax : 04 71 08 30 53

LES ESTABLES — La Vacheresse
Alt. : 1150 m — (TH) — C.M. 76 Pli 18

4 ch. Maison en pierre et lauzes entièrement restaurée. Chambres avec sanitaires privés dont 2 avec mezzanine. Salle à manger avec cheminée. Salon. Bibliothèque. Produits de l'exploitation (foie gras, confit, charcuterie...). Tarif spécial enfant dans la chambre des parents. Dans une maison centenaire, lieu d'accueil depuis 1909 revivant et réaménagée depuis 1994. En bordure d'un ruisseau, à proximité du Mézenc. Nombreuses activités. Petite ferme-auberge. Tarifs dégressifs pour des séjours + 2 nuits en hors saison. A 200 m, ferme pédagogique et rennes de Laponie. Langues parlées : anglais, allemand.

Prix : 1 pers. 29 € 2 pers. 45 € 3 pers. 63 € pers. sup. 16 € repas 14 €
Ouvert : Toute l'année.

🐕	💧	🏃	👥	🚆	🛏
	SP	5	SP	4	30	4

Gilles FOURCADE - La Vacheresse - La Bartette - 43150 LES ESTABLES - Tél. : 04 71 08 31 70 - Fax : 04 71 08 31 70

FAY-SUR-LIGNON — Abries
Alt. : 1150 m — (TH) — C.M. 76 Pli 18

5 ch. Maison en pierre restaurée. Chambres avec sanitaires privés. Salon, salle à manger, bibliothèque. Terrain attenant. Thérèse et Bernard vous accueilleront chaleureusement dans leur maison et sauront vous faire apprécier leur région et leurs produits fermiers, élevage de chèvres. Table d'hôtes le soir. Langue parlée : anglais.

Prix : 1 pers. 30 € 2 pers. 40 € 3 pers. 50 € pers. sup. 10 € repas 14 €
Ouvert : Toute l'année.

🐕	💧	🏃	🏊	👥	☂	⛷	🎾	🛏
	0,2	1	25	SP	8	8	8	40	5

Thérèse BOUTARIN et Bernard DESAGE - Abries - 43430 FAY-SUR-LIGNON - Tél. : 04 71 59 56 66 - Fax : 04 71 56 31 89

Haute-Loire   *Auvergne*

FERRUSSAC Le Cros
Alt. : 1000 m   (TH)   *C.M. 76 Pli 5*

3 ch. Aménagées dans une ferme restaurée, avec sanitaires privés dont 1 non attenant. Salon avec TV. Salle à manger avec cheminée, salon, TV. Cour. Espace. Zone Haut-Allier/Margeride. Situées sur le GR412. Produits fermiers bio. A proximité des gorges de l'Allier et du monument national de la résistance, au Mont Mouchet, pittoresque région. Elevage de moutons. Circuits balisés sur place GR412.

Prix : 1 pers. 30 € 2 pers. 38 € 3 pers. 47 € repas 11 €

SP	8	17	SP	8	4	4	17	4

José MERCIER - Le Cros - 43300 FERRUSSAC - Tél. : 04 71 74 11 52

FRUGIERES-LE-PIN Le Chariol
Alt. : 500 m   (TH)   *C.M. 76 Pli 5*

1 ch. Brioude 10 km. Le Puy-en-Velay 50 km. Gorges de l'Allier 20 km. Dans une maison de construction récente, avec bel environnement fleuri, calme et spacieux. Ch avec entrée et terrasse indép., sanitaires privés. Petit salon privatif à la chambre avec mezzanine (1 lit 2 pers). Bibliothèque, réfrigérateur. Salle commune avec cheminée. Repas enfant - 10 ans : 6 €. Pays du saumon et des eaux vives. Nombreuses églises romanes. Sites incomparables de villages perchés. Château natal du Général Lafayette dans les environs. A 2 km, village de Lavandieu classé l'un des plus beaux villages de France.

Prix : 1 pers. 34 € 2 pers. 37 € 3 pers. 49 € pers. sup. 3 € repas 11 €
Ouvert : Toute l'année.

4	5	10	SP	4	5	10	5

Florence et J-Pierre GREGOIRE - Le Chariol - 43230 FRUGIERES-LE-PIN - Tél. : 04 71 76 42 81

GREZES Bugeac
Alt. : 1230 m   (TH)   *C.M. 76 Pli 15*

4 ch. Sur une petite exploitation laitière au cœur du Gevaudan. 2 lits 2 pers. 7 lits 1 pers. dont 4 « clos », salle d'eau et wc privés dans chaque chambre. Salon à disposition. Salle à manger. Jardin d'agrément. Ancienne ferme typique où se mêlent l'austérité du granit et la chaleur du bois. Pain, charcuterie, viande, légumes, fromages, confitures, miel... servis à notre table sont « produits maison ». Langue parlée : anglais.

Prix : 2 pers. 34 € 3 pers. 43 € repas 11 €
Ouvert : Toute l'année sur réservation.

SP	10	10	SP	10	10	25	10

Paul et Martine CUBIZOLLE - Bugeac - 43170 GREZES - Tél. : 04 71 74 45 30 - Fax : 04 71 74 45 30

JAX Chastenuel
Alt. : 1050 m   (TH)

3 ch. Ferme équestre. Maison de caractère entièrement rénovée à l'écart du village. Ch. avec sanitaires privés dont 2 avec mezzanine (8 pers.). Salon avec cheminée. Salle à manger. Aire de jeux. Espace attenant. Parking. Les propriétaires exploitent également un gîte d'enfants et un gîte de séjour. A proximité du château de Chavaniac-Lafayette où naquit le Général Lafayette. Terre d'élection de la lentille verte du Puy. Villages pittoresques. Empreinte remarquable du volcanisme. Langue parlée : anglais.

Prix : 1 pers. 29 € 2 pers. 38 € 3 pers. 44 € repas 11 €
Ouvert : Toute l'année.

SP	SP	SP	SP	12	5

Eric et Isabelle BONNEVIALLE - Chastenuel - 43230 JAX - Tél. : 04 71 74 25 57 ou 04 71 74 27 69 - Fax : 04 71 74 21 41

JULLIANGES
Alt. : 950 m   A   *C.M. 76 Pli 6*

5 ch. Demeure de maître du XIXᵉ siècle, en granit dans un parc fleuri et arboré d'1 ha. Chambres spacieuses avec sanitaires privés dont 2 suites. Grand séjour avec cheminée, salon. Bibliothèque. Garage et cuisine à dispo des hôtes. TV. Parking couvert. Traiteur et alimentation sur place. A l'intersection du Forez, de l'Auvergne et du Velay, vous passerez un séjour agréable au calme de ce cadre magnifique. La grande cheminée seigneuriale du salon et les chambres avec un mobilier d'époque vous enchanteront. Langue parlée : anglais.

Prix : 1 pers. 56 € 2 pers. 64 € pers. sup. 18 €
Ouvert : Vacances scolaires sur réservation.

2	12	8	SP	12	12	SP	SP

Michele MEJEAN - Domaine de la Valette - 43500 JULLIANGES - Tél. : 04 71 03 23 35 ou 06 08 28 32 52

LAFARRE Les Sauvages
Alt. : 960 m   (TH)   *C.M. 76 Pli 17*

2 ch. Dans maison en pierre de construction récente. Chambres mansardées avec sanitaires privés. S. à manger. TV. Terrasse. Terrain non clos. Produits fermiers. Pays de la jeune Loire, gorges pittoresques des premiers châteaux de la Loire. Douceur des rives, proches des monuments remarquables (églises romanes, vestiges historiques).

Prix : 1 pers. 23 € 2 pers. 28 € 3 pers. 34 € repas 11 €
Ouvert : Toute l'année.

2	9	SP	2	40	12

Paul et Raymonde PASCAL - Les Sauvages - 43490 LAFARRE - Tél. : 04 71 57 39 67

Auvergne **Haute-Loire**

LAFARRE Chanteloube   Alt. : 1050 m   C.M. 76 Pli 17

2 ch. Dans belle maison de caractère du XVIIe, chambres 2 et 4 pers. avec sanitaires privés. Salle commune avec imposante cheminée. Cour attenante. Dans un hameau à 2 km des gorges de la Loire, vous serez accueillis chaleureusement par Eric et M-Joëlle, tailleur de pierre et peintre à fresques. Langue parlée : anglais.

Prix : 1 pers. 29 € 2 pers. 37 € 3 pers. 44 € pers. sup. 8 €
Ouvert : De mai à septembre.

SP	13	SP	3	15	30	13	

Marie-Joëlle GANDON - Chanteloube - 43490 LAFARRE - Tél. : 04 71 57 39 28 - Fax : 04 71 57 36 19

LAPTE Les Brus de Verne   Alt. : 870 m   (TH)   C.M. 76 Pli 8

5 ch. Dans un village calme, vieille ferme restaurée attenante à la maison du propriétaire avec 5 chambres confortablement aménagées avec sanitaires privés dont 1 avec mezzanine. Grande pièce commune avec cheminée. Petite cuisine à disposition des hôtes. Cour attenante. Terrasse. Dans un environnement de forêts, région propice à la randonnée pédestre. Au départ de nombreux circuits touristiques. Langue parlée : anglais.

Prix : 2 pers. 37 € 3 pers. 46 € pers. sup. 9 € repas 12 €
Ouvert : Toute l'année.

2	5	10	SP	10	SP	2	25	6

Auguste et Josette MOUNIER - Les Brus de Verne - 43200 LAPTE - Tél. : 04 71 59 38 30 - Fax : 04 71 59 38 30

LAUSSONNE La Fraisse   Alt. : 1150 m   C.M. 76 Pli 17/18

3 ch. Le Puy en Velay 20 km. Le Mezenc 15 km. En pleine nature, dans une ferme rénovée d'un paisible village de moyenne montagne. Vue panoramique sur le massif du Mezenc. 3 ch avec sanitaires privés (2 ch 2 pers, 1 ch avec mezzanine 4 pers). Salon avec cheminée, bibliothèque. Grand espace attenant bois et pierre confèrent à l'ensemble une ambiance chaleureuse. En parcourant à pieds ou en VTT les chemins balisés au départ de la maison, vous dominerez tout le Veloy. Pierre, guide de pêche vous initiera à la pêche à la mouche. Vous pourrez aussi profiter des nombreuses activités proposées dans le massif de Mezenc, découvrir le riche patrimoine de la région. Langues parlées : anglais, espagnol.

Prix : 1 pers. 27 € 2 pers. 34 € 3 pers. 46 € pers. sup. 12 €
Ouvert : Mars au 1er novembre.

SP	10	10	SP	20	3	

Pierre DARNE - Le Fraisse - 43150 LAUSSONNE - Tél. : 04 71 05 04 85 ou 06 89 44 01 14

LAVAUDIEU   C.M. 76 Pli 5

4 ch. Dans une maison restaurée, mitoyenne à celle du propriétaire, chambres avec sanitaires privés (2 pers. chacune), salle à manger, coin-salon. En bordure de la Sénouire, vue panoramique. 2 restaurants sur place. Accueil à partir de 18 h. Dans un environnement calme de prairies et de pentes boisées, vieux village anciennement fortifié, baigné par les eaux claires de la Sénouire. Maisons vigneronnes, rues pittoresques, abbaye bénédictine, musée, cloître, carrefour du vitrail.

Prix : 1 pers. 40 € 2 pers. 45 €
Ouvert : De Pâques au 15 octobre.

SP	5	9	SP	9	5

Marie ROBERT - 43100 LAVAUDIEU - Tél. : 04 71 76 45 04 ou 04 71 50 24 85

LEMPDES-SUR-ALLAGNON   Alt. : 500 m   C.M. 76 Pli 2

2 ch. A l'entrée du bourg, dans maison familiale, 2 ch avec sanitaires privés (dont 1 non attenant), salon avec TV. Bibliothèque régionale, salle de piano, salle à manger. Terrasse et jardin clos. Garage privé et fermé. Restaurants sur place. Charmante commune de la Haute-Loire en bordure de l'Allagnon, sur la route des château d'Auvergne, des églises romanes et proche des gorges de l'Allier. Jean-Pierre et Marie-Annick vous feront découvrir les curiosités de leur région. Fermé le dimanche soir et occasionnellement les jours fériés.

Prix : 1 pers. 32 € 2 pers. 41 €
Ouvert : Toute l'année.

0,5	8	0,5	SP	0,5	3	SP

M-Annick et J-Pierre BLEYNIE - 18, avenue de la Gare - La Secrète - 43410 LEMPDES-SUR-ALLAGNON - Tél. : 04 71 76 37 05

LISSAC Freycenet   Alt. : 900 m   (TH)   C.M. 76 Pli 6

4 ch. Dans une maison de construction récente. Chambres avec sanitaires privés dont 1 accessible aux personnes handicapées. Salle commune avec cheminée, TV. Terrain attenant. Sur les plateaux du Velay, Nicole et Alain sauront vous faire découvrir la région et vous faire déguster les produits de leur ferme. Exploitation agricole (vaches laitières) à 2,5 km. Lentilles vertes du Puy cultivées à la ferme.

Prix : 1 pers. 23 € 2 pers. 30 € 3 pers. 38 € repas 9 €
Ouvert : Toute l'année.

4	6	18	SP	6	15	6	1	1

Alain et Nicole SIGAUD - Freycenet - Route de Darsac - 43350 LISSAC - Tél. : 04 71 57 02 97

Haute-Loire
Auvergne

LORLANGES Lachaud
Alt. : 600 m (TH)
C.M. 76 Pli 5

5 ch. Dans un hameau, ferme rénovée comprenant 2 ch. (3 épis) avec sanitaires privés et 3 ch. avec mezzanine (en cours de classement). Séjour, salon avec cheminée. Jardin, terrasse, pré, parking dans cour fermée, jeux d'enfants. Pêche dans le lac privé. Camping à la ferme. Zone Haut-Allier/Margeride. A75 à 4 km, sortie 21.

Prix : 2 pers. 45 € pers. sup. 10 € repas 11 €
Ouvert : Toute l'année.

SP	9	9	SP	9	9

J-Claude et Suzanne BOUDON - Lachaud - 43360 LORLANGES - Tél. : 04 71 76 03 03 - Fax : 04 71 76 03 03

MALVALETTE La Combe
Alt. : 580 m (TH)
C.M. 76 Pli 8

5 ch. Saint-Etienne 25 km. Le Puy-en-Velay 65 km. Dans un petit village, aux portes de l'Auvergne, maison neuve. Chambres avec sanitaires privés. Entrées indépendantes en r.d.c. 3 ch. avec mezzanine (4 pers.), 2 ch. 2 pers. Terrasse couverte. Terrain attenant clos. Ferme caprine. Dans un cadre convivial et chaleureux, nombreux sites touristiques. Randonnées équestres et pédestres. 4 pers : 52 €. Langue parlée : anglais.

Prix : 1 pers. 29 € 2 pers. 38 € pers. sup. 8 € repas 12 €
Ouvert : Toute l'année.

2	3	8	SP	7	8	8

Dany et Jean-Marc BUFARD - La Combe - 43210 MALVALETTE - Tél. : 04 71 66 77 30 ou 06 81 66 48 44

LE MAZET-SAINT-VOY Les Bises
Alt. : 1000 m **A**
C.M. 76 Pli 8

2 ch. En pleine campagne, dans une auberge, avec salles d'eau privées et wc communs. Salle de séjour à disposition. Pré, aire de jeux, parking, terrasse. Produits fermiers et restaurant sur place. Zone Mezenc-Meygal/Vivarais. Poss. 1/2 pension et pension complète.

Prix : 1 pers. 27 € 2 pers. 38 € 3 pers. 46 € pers. sup. 14 € repas 11 €
Ouvert : Toute l'année.

2	6	6	SP	6	2	6

Marie NOUVET - Les Bises - 43520 LE-MAZET-SAINT-VOY - Tél. : 04 71 65 01 76

LE MONASTIER-SUR-GAZEILLE
Alt. : 930 m
C.M. 76 Pli 17

1 ch. Le Puy-en-Velay 20 km. Massif du Mézenc 12 km. Dans la cité du Monastier, maison agréablement rénovée avec très belle vue sur la campagne. De 1 à 6 pers en famille ou en groupe, 3 pièces dans une suite indépendante de la maison avec sanitaire privé. Terrasse. Salon avec cheminée, salle à manger. Terrain. Dans pays de sucs volcaniques. Riche patrimoine. Viaduc de la Recoumene, ancienne voie de chemin de fer qui n'a jamais été utilisée, réputé pour le saut à l'élastique.

Prix : 1 pers. 25 € 2 pers. 34 € 3 pers. 46 € pers. sup. 11 €
Ouvert : Toute l'année.

SP	SP	SP	SP	SP	12	20	SP

Elisabeth CHALINDAR - 50, rue Saint-Pierre - 43150 LE-MONASTIER-SUR-GAZEILLE - Tél. : 04 71 03 80 26

MONISTROL-D'ALLIER
Alt. : 600 m
C.M. 76 Pli 16

3 ch. Maison restaurée. Chambres avec sanitaires et kitchenette privés. Salle à manger. Zone Haut-Allier/Margeride. Dans les pittoresques gorges de l'Allier et sur le chemin de Saint-Jacques-de-Compostelle, maison confortablement restaurée où les propriétaires vous accueillent agréablement. Restaurant sur place.

Prix : 1 pers. 20 € 2 pers. 30 € 3 pers. 39 €
Ouvert : Toute l'année.

SP	16	SP	SP	16	SP	SP

Richard DITSCH - 43580 MONISTROL-D'ALLIER - Tél. : 04 71 57 24 38

MONISTROL-SUR-LOIRE Le Betz
Alt. : 600 m
C.M. 76 Pli 8

1 ch. Le Puy-en-Velay 50 km. La Chaise Dieu 58 km. Dans une maison de caractère en pierres, avec tour du XIIIè siècle, Michèle et Georges vous proposent une ch romantique avec s. de bains privée et un délicieux petit déjeuner servi dans la salle à manger voutée. Grand salon, beau jardin arboré et terrasse. Cité touristique, forêts et vallons, nombreux circuits pédestres à proximité de Lyon et de saint Etienne. Langue parlée : anglais.

Prix : 1 pers. 53 € 2 pers. 61 € pers. sup. 15 €
Ouvert : Toute l'année.

6	7	2	SP	2	2	2

Michèle et Georges BOSCHER - Le Betz - 43120 MONISTROL-SUR-LOIRE - Tél. : 04 71 66 35 24 -
E-mail : georges.boscher@wanadoo.fr

Auvergne

Haute-Loire

MOUDEYRES Le Moulinou
Alt. : 1230 m — (TH) — C.M. 76 Pli 17

5 ch. Avec un accueil simple et chaleureux dans une ambiance familiale, nous vous proposons 5 ch. de caractère avec salle d'eau et wc privés, salon, séjour, cheminée monumentale. Terrasse, terrain clos, parking privé. Notre corps de ferme typique du Mézenc du XVIII° siècle se situe sur le plateau volcanique dans un environnement paisible de pâturages. En hiver, vous vous réchaufferez dans l'âtre de la cheminée, après la journée de ski. La belle saison venue, vous apprécierez l'abondance des fleurs sauvages qui nous entourent. Animaux admis après accord du propriétaire. Bain à remou sur place pour 1 détente après la journée de randonnée ou de ski. Langues parlées : anglais, allemand, hollandais.

Prix : 1 pers. 28 € 2 pers. 36/39 € 3 pers. 45 € pers. sup. 5 € repas 13 €

Ouvert : Toute l'année.

SP	7	10	SP	10	5	25	5

Lucia et Bertrand GABORIAUD - Le Moulinou - 43150 MOUDEYRES - Tél. : 04 71 08 30 52

PAULHAGUET Les Rivaux
Alt. : 525 m — (TH) — C.M. 76 Pli 6

4 ch. Dans une maison de construction récente située en bordure du bourg. Chambres avec sanitaires privés. Séjour, salon avec cheminée et TV. Bibliothèque. Jardin, aire de jeux, terrasse. Mini-golf et piscine privés. Zone Haut Allier/Margeride. Sports d'eaux vives à 12 km. Daniel et Annie vous accueilleront chaleureusement dans leur maison, ils vous feront découvrir le patrimoine et l'art roman de leur belle région et vous feront déguster les produits de leur ferme.

Prix : 1 pers. 22/25 € 2 pers. 26/29 € 3 pers. 31/34 € pers. sup. 5 € repas 10 €

Ouvert : Toute l'année, sur réservation du 1er novembre au 1er avril.

1	7	SP	SP	12	7	SP	SP

Daniel et Annie CHAMBON - Les Rivaux - 43230 PAULHAGUET - Tél. : 04 71 76 85 59 - Fax : 04 71 76 60 59

POLIGNAC
Alt. : 650 m — (TH) — C.M. 76 Pli 7

5 ch. Le Puy-en-Velay 5 km, départ de Saint-Jacques de Compostelle et de Sanitaires privés, dont 1 ch familiale 4 pers. (2 ch. séparées). Séjour, s. à manger, cheminée, piano à queue. Petit jardin clos, terrasse avec belle vue sur la barrière bleue des Cévennes massif du Mézenc. Cadre boiseries anciennes. Au pied de la forteresse féodale du X° s. (150 m), belle ferme en pierre restaurée du XVIII° s. dans un charmant village calme. Pain maison, vin biologique. Golf à 8 km. Ch non fumeur. Langue parlée : anglais.

Prix : 1 pers. 45/53 € 2 pers. 45/53 € 3 pers. 61/69 € pers. sup. 13 € repas 18 €

Ouvert : Toute l'année.

4	5	5	SP	5	SP	6	5

Dominique et Patrick CHEVALIER - Chemin de Ridet - La Gourmantine - 43000 POLIGNAC - Tél. : 04 71 05 94 29

POLIGNAC Bilhac
Alt. : 750 m — (TH) — C.M. 76 Pli 7

5 ch. Puy-en-Velay 5 km. Dans un village pittoresque, ancienne ferme restaurée. 4 chambres d'hôtes avec sanitaires privés, dont 2 avec mezzanine, 1 chambre avec salle d'eau privée et wc commun (3 ch. 2 épis, 1 ch. 3 épis). Grande s. à manger avec salon, cheminée, TV, bibliothèque. Terrasse, parking privé. Zone le Puy-en-Velay/vallée de la Loire.

Prix : 1 pers. 27 € 2 pers. 30 € 3 pers. 38 € pers. sup. 8 € repas 12 €

Ouvert : Toute l'année.

1	7	6	SP	8	20	1	5	1

Julien et Huguette AUDET - Bilhac - 43000 POLIGNAC - Tél. : 04 71 09 72 41

RETOURNAC Les Revers
Alt. : 670 m — C.M. 76 Pli 7

4 ch. Dans une ferme restaurée en pleine nature. 4 chambres dont 2 avec mezzanine, salle de bains et wc privés. Grande salle avec cheminée, TV, bibliothèque. Grand espace attenant. Produits fermiers. Pays de la jeune Loire : gorges pittoresques des premiers châteaux de la Loire, douceur des rives ponctuées de monuments remarquables (églises romanes, vestiges historiques). Possibilité de randonnée équestre sur réservation. Langues parlées : anglais, allemand.

Prix : 1 pers. 27 € 2 pers. 37 € 3 pers. 47 € pers. sup. 11 €

Ouvert : D'avril à fin septembre.

7	SP	7	SP	7	25	7	5

Béatrice et J-Pierre CHEVALIER - Les Revers - 43130 RETOURNAC - Tél. : 04 71 59 42 81 - Fax : 04 71 59 42 81

ROSIERES La Ferrande
Alt. : 670 m — (TH) — C.M. 76 Pli 7

1 ch. Le Puy en Velay 20 km. Gorges de la Loire 10 km. A la sortie du bourg, maison située sur un grand terrain arboré. 1 ch. double 4 pers (1 lit 2 place, 2 lits 1 places) avec sanitaires privés au 2è étage. Salle commune avec coin salon et TV. Terrasse. Jardin clos. A proximité du site grandiose du Puy en Velay appelé aussi « Mont-St-Michel des Terres ». Forteresse de Polignac château de Lavoute-Polignac, Maisons fortes. Maison d'Assemblées. Fours banaux et moulins

Prix : 1 pers. 27 € 2 pers. 35 € 3 pers. 46 € pers. sup. 15 € repas 11 €

Ouvert : Toute l'année.

1	10	15	SP	10	10	SP	

Marcelle SOULIER - La Ferrande - 43800 ROSIERES - Tél. : 04 71 57 44 17 ou 06 84 92 27 13

Haute-Loire
Auvergne

SANSSAC-L'EGLISE Vourzac — Alt. : 850 m — (TH) — C.M. 76 Pli 6

5 ch. **Puy-en-Velay 9 km.** Dans un bâtiment mitoyen à la maison du propriétaire, 4 ch. (2 pers.), 1 ch. (3 pers.), sanitaires privés, salle commune avec TV, biblio. Cour attenante. Proche de l'exceptionnelle ville du Puy-en-Velay, campée dans un site volcanique insolite. Nombreuses animations estivales et fêtes du Roi de l'oiseau en septembre. Patrimoine et monuments remarquables. Tarif 1/2 pension pour 2 pers. Langues parlées : anglais, italien.

Prix : 1 pers. **23** € 2 pers. **27** € 3 pers. **41** € repas **11** €
Ouvert : Toute l'année.

SP	9	9	SP	9	9

Bernadette et Pierre AMBERT - Vourzac - 43320 SANSSAC-L'EGLISE - Tél. : 04 71 09 13 60

SANSSAC-L'EGLISE Lonnac — Alt. : 830 m — (TH) — C.M. 76 Pli 6

4 ch. En pleine campagne, au cœur d'un petit village calme et verdoyant, ancienne ferme rénovée. Chambres avec sanitaires privés. Salle à manger/salon avec cheminée. TV. Espace attenant clos. Terrasse. Terre d'élection de la lentille verte du Puy. Empreinte remarquable du volcanisme (lac du Bouchet). Villages pittoresques. Châteaux de Saint-Vidal et la Rochelambert.

Prix : 1 pers. **29** € 2 pers. **38** € 3 pers. **46** € pers. sup. **8** € repas **11** €
Ouvert : Toute l'année sauf du 15 décembre au 1er janvier.

2	8	8	SP	15	5	12	2

Patrick et Florence LIABEUF - Lonnac - 43320 SANSSAC-L'EGLISE - Tél. : 04 71 08 64 15

SAUGUES — Alt. : 1000 m — (TH) — C.M. 76 Pli 16

5 ch. **Le Puy-en-Velay et Saint-Flour 45 km.** Sur le chemin de Saint-Jacques de Compostelle, maison de maître des années 1930. Ch avec sanitaires privés dont 2 suites de 4 pers aménagées de style différent. Séjour avec bibliothèque. S. à manger. Terrasse. Parc de 2000 m². Nombreuses randonnées. Tarif 1/2 pension dégressif suivant le nombre de personne par ch. Ch non fumeur.tarif enfant selon l'âge. Pays de granit avec un habitat remarquable, de la Bête du Gévaudan qui marque cette région. Organisation de séjour : randonnées, visites, etc... Langue parlée : anglais.

Prix : 1 pers. **31** € 2 pers. **39/41** € 3 pers. **54** € pers. sup. **15** € repas **15** € 1/2 pens. **44** €
Ouvert : Toute l'année sur réservation.

0,8	0,8	0,8	SP	0,8	20	20	0,2

Pierre GAUTHIER - « Les Gabales » - Route du Puy - 43170 SAUGUES - Tél. : 04 71 77 86 92 - Fax : 04 71 77 86 92 -
E-mail : pierrelesgabales@wanadoo.fr - www.lesgabales.com

SAUGUES — Alt. : 960 m — (TH) — C.M. 76 Pli 16

6 ch. Chambres avec sanitaires privés aménagées dans une maison neuve. Séjour, cuisine. Terrain attenant, terrasse. Sur le chemin de Saint-Jacques de Compostelle (GR65) au cœur de la Margeride au pays des « Noisettes sauvages », vous découvrirez de charmants petits villages et serez chaleureusement accueillis par les propriétaires. Repas à base de produits fermiers et du jardin.

Prix : 1 pers. **25** € 2 pers. **33** € repas **10** €
Ouvert : Du 15 mars au 15 novembre.

SP	1	SP	1	20	1	16	1

Jacky et Brigitte MARTINS - Rue des Roches - 43170 SAUGUES - Tél. : 04 71 77 83 45

SAUGUES Le Rouve — Alt. : 960 m — (TH) — C.M. 76 Pli 16

3 ch. Maison située sur 2 ha. en retrait du village, avec belle vue sur la campagne. Au rez-de-chaussée, avec sanitaires privés. Entrée indépendante. Salle commune. Terrasse. Grand espace non clos. Parking. Table d'hôtes le soir. A proximité de Saugues, pays des « Noisettes sauvages », petite cité très animée sur le chemin de Saint-Jacques-de-Compostelle. Tour des Anglais. Tour de la Clauze. Belles maisons en granit. Petits villages charmants et paisibles.

Prix : 2 pers. **37** € repas **12** €
Ouvert : Toute l'année.

0,3	4	SP	4	4	20	4

Jean-Pierre et Hélène BLANC - Le Rouve - 43170 SAUGUES - Tél. : 04 71 77 64 15 - Fax : 04 71 77 83 84

SENEUJOLS — Alt. : 1050 m — (TH) — C.M. 76 Pli 16

3 ch. Ch avec sanitaires privés aménagées dans une ancienne ferme rénovée. Kitchenette. Dans une maison indépendante, salon commun, bibliothèque, coin-cuisine. Repas pris en commun dans la salle à manger du propriétaire. Terrain attenant, terrasse, meubles de jardin, jeux d'enfants. Au cœur d'une région volcanique, ancienne ferme en pierre du pays, dans un petit village très calme, à proximité de la forêt et du lac du Bouchet. Accueil de chevaux, transport des bagages des randonneurs, pique-nique sur demande. Produits régionaux et du jardin.

Prix : 1 pers. **25/26** € 2 pers. **34/38** € 3 pers. **38/40** € pers. sup. **5/6** € repas **11/12** €
Ouvert : Du 1er mars au 15 novembre.

8	12	SP	8	5	SP	12	5

Bernard et Colette BOYER - 43510 SENEUJOLS - Tél. : 04 71 03 19 69 - Fax : 04 71 03 19 69 - E-mail : sacatez@infonie.fr

Auvergne — Haute-Loire

SOLIGNAC-SUR-LOIRE Château de la Beaume   Alt. : 800 m   C.M. 76 Pli 17

6 ch.   Chambres avec sanitaires privés dans un château restauré (ferme équestre) à proximité des gorges de la Loire. Salle à manger voutée avec cheminée. Terrain clos. Les propriétaires élèvent et débourent des chevaux. Poss. de prendre des leçons d'équitation. Randonnées équestres. Pays de la jeune Loire, gorges pittoresques des premiers châteaux de la Loire. Exceptionnelle ville du Puy-en-Velay, campée dans un site volcanique insolite. Douceur des rives ponctuées de monuments remarquables. Langues parlées : italien, anglais, allemand.

Prix : 1 pers. 38 € 2 pers. 61 € 3 pers. 79 €
Ouvert : De mars à décembre.

2	SP	12	2	19	5

Silvia FURRER - Château de la Beaume - 43370 SOLIGNAC-SUR-LOIRE - Tél. : 04 71 03 14 67 - Fax : 04 71 03 14 26

ST-ARCONS-DE-BARGES Le Couvent   Alt. : 1000 m   (TH)   C.M. 76 Pli 17

5 ch.   Dans un ancien couvent du XVIII° siècle, dans un hameau pittoresque avec une belle vue sur la campagne, 5 chambres pour 2, 3 ou 4 pers. avec sanitaires privés. Salle commune avec cheminée, salle détente. Cour attenante. Salle de réunion avec matériel audiovisuel, fax et téléphone pour séminaire. Réduction à partir de la 3ᵉ nuit. TH sur réservation. Possibilité réveillon du jour de l'an. En bordure de la Méjeanne, au cœur du Velay volcanique, pays de forêts. Saint-Arcons-de-Barges avec son église ancienne, est le lieu idéal pour vos vacances, week-ends ou séminaires. Langue parlée : italien.

Prix : 1 pers. 29 € 2 pers. 41 € 3 pers. 59 € pers. sup. 15 €
repas 16 €
Ouvert : Toute l'année.

SP	10	15	SP	19	5

Alexandra GRISOT - Le Couvent - Le Bourg - 43420 ST-ARCONS-DE-BARGES - Tél. : 04 71 08 28 22 - Fax : 04 71 08 28 22 -
E-mail : alexandra.grisot@net-up.com

ST-BEAUZIRE Les Chaumasses   Alt. : 650 m   C.M. 76 Pli 5

3 ch.   Brioude 8 km. Blesle 11 km. Chambres confortables avec sanitaires privés et de plain pied. Chaque chambre possède une petite terrasse et une belle vue. Séjour avec cheminée. Terrain non clos. Proche de Brioude avec sa magnifique basilique romane et à quelques kilomètres des superbes gorges de l'Allier où coule cette rivière à saumons réputée. A 4 km de l'A75, sortie n° 22. Langues parlées : anglais, espagnol.

Prix : 1 pers. 35 € 2 pers. 45 € 3 pers. 55 € pers. sup. 5 €
Ouvert : Toute l'année.

8	8	8	SP	9	5	8	8

Hélène et Dominique CHAZELLE - Les Chaumasses - 43100 ST-BEAUZIRE - Tél. : 04 71 76 81 00 - Fax : 04 71 76 81 00 -
E-mail : dominique.chazelle@wanadoo.fr - http://perso.wanadoo.fr/chaumasses

ST-CHRISTOPHE-SUR-DOLAIZON Tallode   Alt. : 900 m   (TH)   C.M. 76 Pli 6

2 ch.   Sur une exploitation agricole (élevage de vaches laitières, culture céréales, lentilles vertes) dans un bâtiment attenant à la maison du propriétaire, 1 chambre (2 pers.), 1 chambre (3 pers.) avec sanitaires privés. Cour attenante fermée, entrée indépendante. Sur le chemin de Saint-Jacques-de-Compostelle, dans le Velay volcanique, terre d'élection de la lentille verte du Puy. Empreinte remarquable du volcanisme. Villages et châteaux pittoresques.

Prix : 1 pers. 24 € 2 pers. 33 € 3 pers. 41 € pers. sup. 9 €
repas 11 €
Ouvert : Toute l'année.

4	10	10	SP	15	10	10

Nicole et Michel ALLEGRE - Tallode - 43370 ST-CHRISTOPHE-SUR-DOLAIZON - Tél. : 04 71 03 17 78

ST-CIRGUES Treignac   Alt. : 550 m   (TH)   C.M. 76 Pli 5

3 ch.   Maison restaurée, chambres avec sanitaires privés, salle commune avec cheminée, cuisine à disposition. Terrasse, terrain attenant ombragé. Dans les pittoresques gorges de l'Allier et sur la route des curiosités, Solange et Claude sauront vous faire découvrir la région et apprécier leurs produits fermiers. Sports en eaux vives. Important patrimoine architectural.

Prix : 1 pers. 23 € 2 pers. 27 € 3 pers. 34 € pers. sup. 6 €
repas 9 €
Ouvert : Toute l'année.

2	4	13	SP	2	3	13	3

Solange et Claude ROUSSET - Treignac - 43380 ST-CIRGUES - Tél. : 04 71 77 41 41 - Fax : 04 71 77 41 41

ST-CIRGUES Treignac   Alt. : 550 m   (TH)    C.M. 76 Pli 5

5 ch.   Le Puy-en-Velay 45 km. Ancienne ferme rénovée. Toutes les chambres ont des sanitaires privés. Salle commune, TV, coin-cuisine. Terrasse, coin ombragé. Proche des gorges de l'Allier avec ses villages pittoresques à l'architecture méditerranéenne, surplombant la rivière, ses orgues basaltiques et son riche patrimoine. Langue parlée : espagnol.

Prix : 1 pers. 25 € 2 pers. 29 € 3 pers. 37 € pers. sup. 8 €
repas 9 €
Ouvert : De Pâques à la Toussaint.

SP	4	SP	1,5	1,5	14	2

Georges ROCHE - Treignac - 43380 ST-CIRGUES - Tél. : 04 71 77 44 63

Haute-Loire

Auvergne

ST-DIDIER-D'ALLIER La Grangette   Alt. : 800 m   (TH)   *C.M. 76 Pli 16*

4 ch. Ferme rénovée, isolée dans les splendides gorges de l'Allier. 2 des chambres ont une mezzanine. Sanitaires privés. Salon, biblio., salle à manger/coin-cuisine. Espace attenant. Pays du saumon et des eaux vives. Règne de l'art Roman. Site incomparable de villages perchés. Anglais et allemand parlé. Canyoning, rafting et VTT à 6 km. Canoë-kayak 14 km.

SP	SP	7	6	15	7

Prix : 1 pers. **23** € 2 pers. **30** € 3 pers. **38** € pers. sup. **8** €
repas 11 €
Ouvert : Du 01/04 au 31/10.

Philippe AVOINE et Jacqueline MONTAGNE - La Grangette - 43580 ST-DIDIER-D'ALLIER - Tél. : **04 71 57 24 41**

ST-DIDIER-EN-VELAY Montcoudiol   Alt. : 850 m   (TH)   *C.M. 76 Pli 8*

3 ch. **le Puy en Velay.** Ferme typique du XVII° située dans petit hameau au milieu des forêts. 3 ch avec sanitaires privés. Grande salle commune avec cheminée et coin-cuisine. Terrain de jeux pour enfants. Terrasse et grand terrain attenant. Dans région verte et boisée offrant de nombreuses activités. Laura et Guy jeune couple dynamique ont personnalisé les ch (la dentellière, le sabotier, le moissonneur) et vous feront découvrir avec passion leur région.

1	2	3	SP	20	4

Prix : 1 pers. **28** € 2 pers. **37** € 3 pers. **46** € pers. sup. **9** €
repas 13 €
Ouvert : Toute l'année.

Laura et Guy FRANC - « Au delà des bois » - Montcoudiol - 43140 SAINT-DIDIER-EN-VELAY - Tél. : **04 71 61 08 09** - Fax : 04 71 61 08 09 - E-mail : maloufr@free.fr

ST-FRONT Les Bastides   Alt. : 1350 m   (TH)   *C.M. 76 Pli 18*

4 ch. Ancienne bastide restaurée dans le style du pays. 2 ch. 2 pers. et 2 suites avec sanitaires privés. Salon (cheminée). Salle à manger. Biblio. Piano. Billard. Grand espace. Terrasse. Conduite d'attelage de chiens de traineau, halte équestre. Zone Mézenc-Meygal/Vivarais. En pleine nature avec horizons sur les volcans et hauts plateaux du Velay, Paul et Nadège vous accueilleront dans une bâtisse en pierre au toit de Lauzes. Paul, conducteur de chiens de traineau professionnel, éleveur de chevaux Fjord. Randonneur équestre reçu.

SP	7	SP	4	SP	30	5

Prix : 1 pers. **38** € 2 pers. **61** € repas 23 €
Ouvert : Toute l'année.

Paul et Nadège COFFY - Les Bastides du Mezenc - 43550 ST-FRONT - Tél. : **04 71 59 51 57** - Fax : 04 71 59 51 57

ST-GENEYS-PRES-SAINT-PAULIEN Bel Air   Alt. : 915 m   *C.M. 76 Pli 7*

3 ch. **A 15 km du site exceptionnel du Puy-en-Velay.** Ancienne ferme restaurée, située à 1 km du village, dans site agréable. Ch avec sanitaires privés. Séjour avec TV, bibliothèque. Grand jardin avec mobilier d'extérieur. zone Velay volcanique/Livradois-Forz. Nombreux chemins de randonnée.

1	5	4	SP	7	4	15	3

Prix : 1 pers. **28** € 2 pers. **32** € 3 pers. **40** € pers. sup. **8** €
Ouvert : Du 1er mars au 1er novembre.

Serge et Annick CHABRIER - Bel Air - 43350 ST-GENEYS-PRES-ST-PAULIEN - Tél. : **04 71 00 45 56**

ST-HOSTIEN Les Chazes   Alt. : 900 m   (TH)   *C.M. 76 Pli 7*

3 ch. Chambres avec sanitaires privés dans une ferme isolée, restaurée avec souci d'authenticité où Pierrette et Jean vous accueilleront chaleureusement. 2 ch. 2 pers., 1 ch. 3 pers. Salle à manger/salon (cheminée). Biblio. Terrain attenant. TH le soir sur réservation. A l'écoute de la nature, au pied du Meygal, vous pourrez vous détendre dans un grand espace face à la vallée de la Loire, Jean vous guidera dans la découverte de son « pays ». Langues parlées : anglais, espagnol.

SP	8	8	SP	15	SP	3	18	3

Prix : 1 pers. **30** € 2 pers. **38** € 3 pers. **46** € repas 11 €
Ouvert : Toute l'année.

Pierrette et Jean CHAMBERT - Les Chazes - 43260 ST-HOSTIEN - Tél. : **04 71 57 64 16**

ST-JULIEN-CHAPTEUIL Sumène   Alt. : 800 m   (TH)   *C.M. 76 Pli 7*

2 ch. Dans un village, au cœur du Meygal, 1 chambre d'hôtes pour 3 pers. avec douche, 1 ch. 2 pers. avec salle d'eau commune. Salle de séjour avec TV. Salle de jeux à la disposition des hôtes. Pré, aire de jeux, abri couvert, parking. Restaurant 1 km. 1 des chambres est classée 2 épis.

2	2	2	SP	2	2	18	2

Prix : 1 pers. **20** € 2 pers. **30** € 3 pers. **38** € repas 10 €
Ouvert : D'avril à novembre.

Jean et Odette GIRARD - Sumène - 43260 ST-JULIEN-CHAPTEUIL - Tél. : **04 71 08 71 27**

Auvergne **Haute-Loire**

ST-JULIEN-MOLHESABATE Malatray Alt. : 1000 m C.M. 76 Pli 9

|||| 2 ch. **Le Puy en Velay.** Belle demeure spacieuse rénovée dans le style du pays, cheminée monumentale. 2 ch indépendantes non fumeurs avec accès direct sur le jardin, beau mobilier. Beau jardin fleuri et surplombant la vallée. Dans région boisée et verdoyante avec nombreux chemins de randonnées et VTT.

0,5	10	8	SP	40	8

Prix : 1 pers. 70 € 2 pers. 70 €
Ouvert : Pâques au 15/11.

Roland SIGRIST - « La maison d'En Haut » - Malatray - 43220 SAINT-JULIEN-MOLHESABATE - Tél. : 04 71 61 96 20 - Fax : 04 71 61 96 20 - E-mail : rsiegrist@wanadoo.fr

ST-MAURICE-DE-LIGNON Le Roure Alt. : 700 m C.M. 76 Pli 8

||| 2 ch. **Le Puy-en-Velay 36 km.** Dans le hameau, belle ferme rénovée. 2 ch gaies et confortables avec salle d'eau et wc pàrivés aménagées dans l'ancienne étable. Salle à manger avec cheminée et meubles campagnards dans l'ancienne grange. Magnifique vue sur la vallée de la Loire depuis la terrasse de la piscine privée. Enfant 4 €. Nombreux restaurants, ballades et activités à proximité. Langue parlée : anglais.

2	10	SP	SP	20	4	8	4

Prix : 1 pers. 32 € 2 pers. 37 €
Ouvert : Du 1/04 au 30/09, autres périodes, uniquement sur réservation.

Corinne OUILLON - Le Roure - 43200 ST-MAURICE-DE-LIGNON - Tél. : 04 71 65 39 50 - Fax : 04 71 65 39 50 - E-mail : thierry.ouillon@wadonline.com

ST-PIERRE-EYNAC Montoing Alt. : 830 m (TH) C.M. 76 Pli 7

||| 3 ch. Ancienne ferme restaurée à proximité du Puy-en-Velay. Chambres avec sanitaires privés dont 1 avec mezzanine (9 pers.). Séjour. TV. Coin-salon. Bibliothèque. Grand espace attenant clos. Terrasse. Parking. Produits fermiers. Pays des sucs. Espaces de liberté. Patrie de Jules Romains. Riche patrimoine (églises romanes, musées).

6	6	6	SP	6	6	12	3

Prix : 1 pers. 24 € 2 pers. 34 € 3 pers. 43 € pers. sup. 8 € repas 11 €
Ouvert : Toute l'année.

Michel et Germaine JULIEN - Montoing - 43260 ST-PIERRE-EYNAC - Tél. : 04 71 03 00 39 ou 06 81 29 89 28

ST-PIERRE-EYNAC La Chabanade Alt. : 980 m (TH) C.M. 76 Pli 7

||| 3 ch. **Le Puy-en-Velay 20 km.** Maison isolée, en bordure de forêts, au pied du Meygal, dans un environnement préservé de sucs et de volcans. 3 ch. dont 2 avec mezzanine, salle de bains et wc privés. Salle commune, coin-cheminée, TV, piano. Cour fermée, salon de jardin. 2000 m² de prairie attenants. Vue imprenable sur le Mézenc. Site calme et champêtre. WE découverte jusqu'à fin juin avec sorties botaniques, cueillette de plantes et leur dégustation. Fabrication de liqueurs, apéritifs, gelées maison. Echange de recettes. Repas avec les produits du jardin et charcuterie fabrication maison. Langue parlée : anglais.

3	5	5	SP	4	5	20	5

Prix : 1 pers. 30 € 2 pers. 41/44 € 3 pers. 55/59 € pers. sup. 13 € repas 13/16 €
Ouvert : Toute l'année.

Michelle MIALON-GONOD - La Chabanade - Marcilhac - 43260 ST-PIERRE-EYNAC - Tél. : 04 71 08 44 60

ST-VICTOR-MALESCOURS La Tourette Alt. : 850 m (TH) C.M. 76 Pli 8

|||| 5 ch. Ferme du XVIIIe siècle en pleine campagne (dirction Jonzieux,Loire), qui ravira sportifs et familles. 5 ch avec sanitaires privés qui garantissent calme et confort. Salle à manger avec cheminée. Plan d'eau fermé avec canards et poissons. Taxe de séjour du 1er juin au 30 septembre. Nombreux chemins de randonnées balisés au départ de la maison. -10 % hors juillte et août sur la 1/2 pension. Langue parlée : anglais.

1	SP	10	SP	25	2

Prix : 1 pers. 27 € 2 pers. 37 € 3 pers. 48 € pers. sup. 11 € repas 14 €
Ouvert : Toute l'année.

Zahra et Michel FUCHS - La Tourette - 43140 ST-VICTOR-MALESCOURS - Tél. : 04 77 39 92 98 - Fax : 04 77 39 93 16

ST-VINCENT Chalignac Alt. : 600 m (TH) C.M. 76 Pli 7

||| 4 ch. **Le Puy-en-Velay 17 km.** Belle demeure de charme sur un vaste terrain d'1 ha. Chambres avec sanitaires pivés (7 pers.). Salon de musique avec piano à queue, bibliothèque. Jardin paysagé, parking privé. Ch non fumeurs. Produits du terroir, cuisine savoureuse, situées dans les gorges de la Loire, entourée de sucs volcaniques sur le Gr3, dans un cadre magnifique. Nombreuses randonnées pédestres. 7e nuit offerte hors juillet et août. Langues parlées : anglais, espagnol.

1	15	4	SP	10	15	1	1

Prix : 1 pers. 43 € 2 pers. 44/49 € 3 pers. 58/62 € pers. sup. 14 € repas 18 €
Ouvert : Toute l'année.

Christiane SERRE-LATERRERE - La Buissonnière - 43800 ST-VINCENT - Tél. : 04 71 08 54 41

Haute-Loire

Auvergne

TENCE La Pomme — Alt. : 850 m — (TH) — C.M. 76 Pli 8

||| 4 ch. Belle maison restaurée avec grand espace attenant. Chambres avec sanitaires privés. Séjour avec cheminée, salon, TV. Terrasse, espace attenant, parking. Putting golf. Gérard et Elyane, jeunes agriculteurs vous accueilleront chaleureusement dans leur maison confortablement aménagée, en pleine nature. Fermé du 1er octobre au 1er avril, sauf le week-end et le le dimanche du 1er septembre au 1er juillet, sauf vacances scolaires. Taxe de séjour. Table d'hôtes sur réservation.

Prix : 1 pers. 28 € 2 pers. 38 € 3 pers. 47 € pers. sup. 8 €
repas 12 €

🐕	🏊	🐎	🏊	🚶	⛱	🎾	🚲	⛷
	3	5	3	SP	3	3	17	3

Gérard et Elyane DEYGAS - La Pomme - 43190 TENCE - Tél. : 04 71 59 89 33

VALS-LE-CHASTEL — Alt. : 500 m — (TH) 🐑 — C.M. 76 Pli 6

|| 2 ch. Maison de village. Sanitaires privés aménagées. Salle à manger, salon, TV à disposition. Terrasse. Produits fermiers sur place. Zone Haut-Allier/Margeride. Nombreux circuits touristiques, château de Chavaniac-Lafayette. Doneyrat et ses animations.

Prix : 1 pers. 23 € 2 pers. 30 € 3 pers. 38 € pers. sup. 8 €
repas 9 €

Ouvert : De Pâques à la Toussaint.

🐕	🏊	🐎	🚶	⛱	⛷
	SP	15	15	SP	7	15

Gabriel et Josette CHALEIL - 43230 VALS-LE-CHASTEL - Tél. : 04 71 76 40 71

VALS-PRES-LE-PUY Eycenac — Alt. : 850 m — (TH) 🐑 — C.M. 76 Pli 17

||| 5 ch. Dans la maison du propriétaire, chambres avec sanitaires privés, salle commune (cheminée). Très vaste terrain. A proximité de l'exceptionnel ville du Puy-en-Velay campée dans un site volcanique insolite. Douceur des rives ponctuées de monuments remarquables (églises romanes, vestiges historiques). Maison non-fumeur. Juillet/août uniquement en 1/2 pension. Location de VTT. Soirée vidéo. Produits fermiers, pain maison, 1 fois par semaine menu asiatique. Tables d'hôtes du 1er avril au 15 septembre. Promenade en âne. Langue parlée : anglais.

Prix : 1 pers. 29 € 2 pers. 35 € 3 pers. 46 € pers. sup. 9 €
repas 13 €

Ouvert : Du 15 mars au 15 octobre.

🐕	🏊	🐎	🚶	⛱	🎾	🚲	⛷
	5	5	5	SP	5	3	5	3

Philippe et Françoise BESSE - Domaine de Bauzit - 43750 VALS-PRES-LE-PUY - Tél. : 04 71 03 67 01 - Fax : 04 71 03 67 01

VARENNES-SAINT-HONORAT Cheneville — Alt. : 1000 m — (TH) — C.M. 76 Pli 6

|| 4 ch. Maison en pierre, restaurée, située dans un hameau. A l'étage : 3 ch. avec salles d'eau privées et 2 wc communs. Au rez-de-chaussée : 1 ch. avec sanitaires privés. Salle de séjour avec cheminée et TV à la disposition des hôtes, terrain. Parking. Zone Velay volcanique/Livradois-Forez. Chemin de randonnées, en pleine nature pour amateurs de champignons, myrtilles, framboises.

Prix : 2 pers. 32/35 € 3 pers. 43 € pers. sup. 11 € repas 12 €

Ouvert : Toute l'année.

🐕	🏊	🐎	⛷	🎾
	SP	8	SP	8	8

Marie BIANCOTTO - Cheneville - 43270 VARENNES-SAINT-HONORAT - Tél. : 04 71 00 78 69

VENTEUGES — Alt. : 1000 m — (TH) 🐑 — C.M. 76 Pli 15

|| 3 ch. Dans cette ferme située dans le village. 2 ch. avec sanitaires privés. 1 ch. avec sanitaires privés non attenants. Salle de séjour avec TV à la disposition des hôtes. Pré, aire de jeux, parking. Luge, ski de fond, chasse sur place. Produits fermiers et restaurant sur place. Zone Haut-Allier/Margeride. Tarifs spéciaux pour des séjours longues durée. Chemins de randonnées balisés sur place.

Prix : 1 pers. 23 € 2 pers. 34 € 3 pers. 37 € pers. sup. 3 €
repas 10 €

Ouvert : De février à octobre.

🐕	🏊	🐎	⛷	🚶	⛱	🎾	🚲	⛷
	3	5	SP	5	5	5	19	5

André et Rose DUMAS - Venteuges - 43170 SAUGUES - Tél. : 04 71 77 80 66

VERGEZAC Allentin — Alt. : 950 m — (TH) 🐑 — C.M. 76 Pli 6

||| 4 ch. Dans une ferme du XIXe (élevage de moutons, chevaux, poneys, ânes, chèvres, volailles), chambres avec sanitaires privés. Salle de détente avec TV, cuisine avec lave-linge. Aire de jeux. Parking clos. Produits fermiers. Hébergement de cavaliers. Circuits VTT sur place. Location VTT et vélos. Poneys pour promenade enfants sur place. Dans le Velay volcanique, à 13 km du magnifique site du Puy-en-Velay, belle maison restaurée avec un parc ombragé. Sports aériens 6 km, et d'eaux vives à 12 km. Restaurant à 3 km.

Prix : 1 pers. 29 € 2 pers. 35 € 3 pers. 41 € repas 10 €
Ouvert : Toute l'année.

🐕	🏊	🐎	🏊	🚶	⛱	⛷	🎾	🚲	⛷
	6	SP	12	SP	15	8	7	6	12	4

Pierre et M-Thérèse JOURDAIN - Allentin - 43320 VERGEZAC - Tél. : 04 71 08 66 10 - Fax : 04 71 08 04 28

Auvergne # Haute-Loire

VERNASSAL Darsac
Alt. : 900 m — *C.M. 76 Pli 6*

5 ch. Ancienne ferme restaurée du XVIIIᵉ s. la plus ancienne demeure du village, en pierres volcaniques. Ch avec sanitaires privés. S. commune avec cheminée. 2ᵉ étage : Bibliothèque. Terrasse. Grand espace attenant clos et arboré, salons de jardin. Piscine privée. Jardin intérieur. Parking privé. Repas pique-nique sur réservation. TH le soir uniquement, sur résa. Minigolf 10 trous. Terre d'élection de la lentille verte du Puy. Empreinte remarquable du volcanisme. Villages pittoresques. Châteaux. Exploitation du propriétaire à 2 km. Sentiers pédestres, circuit VTT.

Prix : 1 pers. **44 €** ○ 2 pers. **49 €** ○ pers. sup. **15 €** ○ repas **15 €**
Ouvert : Du 1ᵉʳ mai au 15 octobre.

🐕	⚓	🏇	🏊	🚶	⛱	🚂
1	6	SP	SP			7

Robert et Magali VAUCANSON - Darsac - 43270 VERNASSAL - Tél. : 04 71 57 00 92 - Fax : 04 71 57 04 46

VIEILLE-BRIOUDE La Coustade
C.M. 76 Pli 5

5 ch. Dans une maison récente avec entrée indépendante. 5 ch de plain-pied avec sanitaires privés dont 1 accessible aux personnes handicapées. Salon avec cheminée, TV. Terrasse, véranda. Grand espace, aire de jeux. Zone Haut-Allier/Margeride. Taxe de séjour. Tarifs suivant saison. Gérard et Anne-Marie, jeunes agriculteurs, vous accueillent confortablement dans des chambres bien aménagées. Ils sauront vous faire apprécier la région et vous feront déguster les produits du terroir.

Prix : 1 pers. **25/28 €** ○ 2 pers. **32/36 €** ○ 3 pers. **37/41 €** ○ repas **11 €**
Ouvert : Du 1ᵉʳ avril au 30 octobre.

🐕	⚓	🏇	🏊	🚶	⛱	🎾	🚂
1	3	3	SP	1	3	3	3

Gérard et Anne-Marie CHANTEL - La Coustade - Chemin du Stade - 43100 VIEILLE-BRIOUDE - Tél. : 04 71 50 25 21 - Fax : 04 71 50 20 45

VIEILLE-BRIOUDE
C.M. 76 Pli 5

4 ch. Brioude 5 km. Ch avec sanitaires privés. 1ᵉʳ étage : grande verrière avec bancs et chaises longues. Salle à manger, cheminée, bibliothèque, TV. Terrasse, grand jardin donnant sur l'Allier. Ancien presbytère rénové. Chambres d'hôtes pleine de charme et de caractère avec très belle vue sur l'Allier. A l'entrée des superbes gorges de l'Allier, parsemées de villages à l'architecture méditerranéenne. Sports d'eau vives, champignons/encadrement DE. Séjours à thème. Langue parlée : allemand.

Prix : 1 pers. **33 €** ○ 2 pers. **43 €** ○ 3 pers. **58 €** ○ pers. sup. **15 €** ○ repas **15 €**
Ouvert : Toute l'année.

🐕	⚓	🏇	🏊	🚶	⛱	🚂
SP	5	5	SP	5	5	5

Philippe BOYER - Ermitage Saint-Vincent - Place de l'Eglise - 43100 VIEILLE-BRIOUDE - Tél. : 04 71 50 96 47

VIEILLE-BRIOUDE Coste Cirgues
C.M. 76 Pli 5

3 ch. Brioude 5 km. Gorges de l'Allier 1 km. Dans villa spacieuse, récente ouverte sur la campagne avec vue panoramique sur la vallée de l'Allier, 3 ch d'hôtes au r.d.c avec sanitaires privés dont 1 ch familiale (4 à 6 pers : 70 €). Entrées indépendantes. séjour. Cuisine à disposition. Grande terrasse couverte. Terrain attenant. Restaurant à 800 m. Dans un environnement calme et agréable à l'entrée des gorges de l'Allier. Idéal pour la randonnée, la baignade et les sports d'eaux vives. Au départ de nombreux circuits touristiques. Patrimoine architectural important et villages pittoresques. Langues parlées : anglais, allemand.

Prix : 2 pers. **45 €** ○ pers. sup. **15 €**
Ouvert : Toute l'année.

🐕	⚓	🏇	🏊	🚶	⛱	🚂
0,5	5	5	SP	0,5	5	5

Verena et Ahmed MEDBOUHI - Coste Cirgues ; Le Panorama - Coste Cirgues - 43100 VIEILLE-BRIOUDE - Tél. : 04 71 50 94 35 - Fax : 04 71 50 92 45

Puy-de-Dôme

GITES DE FRANCE
Place de la Bourse - 63038 CLERMONT-FERRAND Cedex 1
Tél. 04 73 42 22 50 - Fax 04 73 42 22 65
http://www.resinfrance.com

LES ANCIZES
Alt. : 700 m — *C.M. 73 Pli 3*

1 ch. Châteauneuf-les-Bains 19 km. Les Fades-Besserve 4 km. Chambre d'hôtes familiale au 1ᵉʳ étage mansardé de la maison des propriétaires ayant en commun : séjour, cheminée, bibliothèque. Chambre familiale comprenant 1 chambre de 27 m² (1 lit 2 pers., 1 lit gigogne 1 pers.) et 1 chambre de 10 m² (1 lit 2 pers.), salle de bains et wc privés communs aux 2 chambres. Terrasse couverte, jardin arboré, barbecue. Ping-pong, possibilité cuisine d'été. Restaurant aux Ancizes 600 m. Demi tarif pour les moins de 4 ans. Langue parlée : anglais.

Prix : 1 pers. **28 €** ○ 2 pers. **37 €** ○ pers. sup. **16 €**
Ouvert : Toute l'année.

⛱	🏊	🎾	🏇	🚴	🚂	⛷
4	3	3	0,6	5	1,5	0,5

Jacqueline et Raymond BALLET - Les Cerisiers - 63770 LES ANCIZES - Tél. : 04 73 86 84 04 - http://mageos.ifrance.com/hôte-ballet

Puy-de-Dôme   *Auvergne*

ARDES-SUR-COUZE Montmeillant   Alt. : 630 m   C.M. 239 Pli 43/44

2 ch. Ardes-sur-Couze 1 km. St-Gervazy 11 km. Issoire 24 km. Dans la maison des propriétaires avec en commun : salle à manger, salon avec cheminée, bibliothèque, cour, parc, terrasse. Parking privé. Rez-de-chaussée : 1 chambre (2 lits 1 pers. accolés), salle d'eau, wc privés et petite pièce avec table de massage et espalier. 1er étage : 1 chambre (1 lit 2 pers.), salle de bains, salle d'eau, wc. Restaurant 1 km.

Prix : 2 pers. 46/49 €
Ouvert : Toute l'année.

24	1	11	24	24	1	

M-Claude et Lucien HADDOU - Montmeillant - 63420 ARDES-SUR-COUZE - Tél. : 04 73 71 83 05

AUGEROLLES La Plaine   Alt. : 550 m   (TH)   C.M. 73 Pli 16

3 ch. Aubusson-d'Auvergne 6 km. Courpière 9,5 km. 3 chambres d'hôtes aménagées dans un bâtiment mitoyen à la maison des propriétaires. En commun : salle de séjour, jardin, parking privé. 1er étage : 2 chambres (1 lit 2 pers.), salle d'eau, wc chacune. 1 chambre (1 lit 2 pers., 1 lit 1 pers.), salle d'eau, wc. Plan d'eau à 6 km avec animations découvertes nature, pêche... Randonnées avec mise à disposition du guide Chamina. Langue parlée : anglais.

Prix : 1 pers. 30 € 2 pers. 38 € 3 pers. 47 € pers. sup. 11 €
repas 11 €
Ouvert : Toute l'année.

6	9,5	SP	9,5	6	24,5	SP

A-Laure et Frédéric RUFFET - La Plaine - 63930 AUGEROLLES - Tél. : 04 73 53 56 27 - http://f.ruffet.free.fr

AURIERES   Alt. : 1004 m   (TH)   C.M. 73 Pli 13/14

3 ch. Le Puy-de-Dome 17 km. Le Puy-de-Sancy 27 km. Aydat 9 km. 3 chambres d'hôtes aménagées dans la maison des propriétaires. En commun : salle de séjour et salon, jardin clos. Rez-de-chaussée : 1 chambre (1 lit 2 pers., 1 lit 1 pers.), terrasse privée. 1er étage : 2 chambres (1 lit 2 pers. chacune), salle d'eau et wc privés pour chaque chambre. Taxe de séjour. A proximité : Orcival, église romane, Col du Guéry, lac de Guéry, la Chaîne des Puys avec le Puy-de-Dôme. Langue parlée : anglais.

Prix : 1 pers. 29 € 2 pers. 38 € pers. sup. 15 € repas 12 €
Ouvert : Toute l'année.

9	24	3	15	13	8	27	25	13

Christiane et Dominique RANDANNE - Le Bourg - 63210 AURIERES - Tél. : 04 73 65 67 55 - Fax : 04 73 65 67 55

AUZAT-SUR-ALLIER La Combelle   C.M. 239 Pli 44

1 ch. Brassac 5 km. Le Broc 11 km. Issoire 17 km. Aménagée dans la maison de la propriétaire. En commun : salle de séjour avec cheminée. A disposition petit salon et kitchenette. Terrasse couverte, jardin, cour, parking privé. 1er étage mansardé : 1 chambre (1 lit 2 pers.), salle d'eau, wc privés. Accès indépendant à la chambre. Restaurant sur place.

Prix : 1 pers. 39 € 2 pers. 43 €
Ouvert : Toute l'année.

5	5	11	17	5	5

Henriette CHANTREL - 5 rue de la Batellerie - La Combelle - 63570 AUZAT-SUR-ALLIER - Tél. : 04 73 96 00 08

AYDAT Rouillas-Bas   Alt. : 815 m   (TH)   C.M. 73 Pli 13/14

4 ch. Aydat 2 km. Clermont-Ferrand 20,5 km. 4 ch. aménagées au 1er étage de la maison des propr., ayant en commun au r.d.c., salon, séjour (cheminée, four à pain). Terrasse, jardin attenant fermé, parking privé. 1 ch. (1 lit 2 pers.). 1 ch. (2 lits 1 pers.), ces 2 ch. peuvent communiquer. 1 ch. (1 lit 2 pers.) et 1 ch. (1 lit 2 pers., 1 lit 1 pers.). Salle d'eau et wc dans 3 ch., 1 ch. avec s.d.b. et wc. TV sur demande. Réduction pour enfant de - de 10 ans et hors vacances scolaires. Taxe de séjour. Gîte de neige. Randonnées pédestres et pêche à proximité. Langue parlée : anglais.

Prix : 1 pers. 30 € 2 pers. 35 € 3 pers. 44 € pers. sup. 10 €
repas 12 €
Ouvert : Toute l'année.

2	21	SP	8	2	12	36	SP

Françoise et J-Pierre GOLLIARD - Rouillas-Bas - Rue Yvon Chauveix - 63970 AYDAT - Tél. : 04 73 79 30 44 -
E-mail : jpf.golliard@wanadoo.fr

AYDAT Fohet   Alt. : 815 m   (TH)   C.M. 73 Pli 13/14

4 ch. Aydat 5 km. Clermont-Ferrand 24,5 km. 1 chambre familiale et 1 chambre accessible aux personnes handicapées, aux r.d.c. et 1er étage mansardé dans la maison des propriétaires. Entrée indépendante Salle à manger, salon TV au 1er étage réservé aux hôtes. R.d.c. : 1 chambre (2 lits 1 pers.). 1er étage : 1 ch. (1 lit 2 pers. 1 lit 1 pers.). 1 ch. (2 lits 1 pers.). Toutes avec salle d'eau/wc privés. 1 ch. familiale composée de 2 ch. (1 lit 2 pers., 3 lits 1 pers.), salle d'eau et wc privés communs aux 2 chambres. Jardin attenant non clos, parking privé. Visite de la ferme (gratuite). Réduction pour enfant de - 10 ans. Gratuit pour les enfants de moins de 2 ans. Taxe de séjour.

Prix : 1 pers. 29 € 2 pers. 35 € 3 pers. 45 € pers. sup. 10 €
repas 12 €
Ouvert : Toute l'année.

5	5	7	5	12	34	22	SP

Bernadette et Bernard SERRE - Fohet - 63970 AYDAT - Tél. : 04 73 79 33 24 - Fax : 04 73 79 36 96

Auvergne
Puy-de-Dôme

AYDAT Ponteix
Alt. : 750 m   (S)   (TH)   C.M. 73 Pli 13/14

2 ch.   **Clermont-Ferrand 21 km. Ceyssat 22 km. Aydat 2 km.** 2 chambres d'hôtes aménagées dans un bâtiment annexe de la maison des propriétaires. Rez-de-jardin : 1 chambre (1 lit 2 pers.), salle d'eau/wc privés. 1er étage : 1 chambre (1 lit 2 pers.), salle d'eau/wc privés, balcon. En commun : salle à manger voûtée avec cheminée. Cour et jardin clos, portique, baby-foot, parking privé. Taxe de séjour. Langue parlée : anglais.

Prix : 2 pers. 35 € repas 12 €
Ouvert : Toute l'année.

3	21	2	3	5	14	38

Véronique et Didier VERBRUGGHE - Ponteix - 63970 AYDAT - Tél. : 04 73 79 33 70

BEAUREGARD-VENDON Chaptes
C.M. 73 Pli 4

3 ch.   **Chatel-Guyon 9 km. Riom 10 km. Clermont-Ferrand 24,5 km.** Au 1er étage de la maison de caractère de la propriétaire (demeure de la fin du XVIIIe). Salle de séjour, cheminée. Meubles anciens d'époque. 3 ch. (1 lit 2 pers. chacune), salle d'eau/wc privés pour chacune. Terrasse couverte avec ping-pong. Jardin arboré et parking privé clos. Restauration possible à 2 km. Langue parlée : anglais.

Prix : 2 pers. 51/58 €
Ouvert : Toute l'année (sur réservation du 1er/11 au 31/3).

9	2	9	10	10	2

Elisabeth BEAUJEARD - Chaptes - 63460 BEAUREGARD-VENDON - Tél. : 04 73 63 35 62

BILLOM Domaine des Razettes
C.M. 73 Pli 15

2 ch.   **Clermont-Ferrand 21 km.** Maison de caractère fin XVIIIe située sur une ancienne exploitation agricole. 2 ch. (1 lit 2 pers. chacune), s. d'eau/wc privés pour chaque chambre. Cuisine réservée aux hôtes avec sort!^{e} sur jardin. Possibilité pers. supplémentaire dans l'une des 2 chambres. En commun aux rez-de-chaussée : salle de séjour, cuisine avec cheminée. Cour, jardin clos, barbecue. Parking privé clos. Restauration possible 1 km. Diverses activités 13 km.

Prix : 1 pers. 31 € 2 pers. 34 € pers. sup. 11 €
Ouvert : Toute l'année.

13	13	1	1	21	1

Janine COMBES - Route d'Ambert - Domaine des Razettes - 63160 BILLOM - Tél. : 04 73 68 42 47

BOURG-LASTIC Artiges
Alt. : 750 m   C.M. 73 Pli 12

4 ch.   **Le Mont-Dore 33 km. La Bourboule 26 km. Clermont-Ferrand 60 km.** Ancienne maison de famille restaurée. Salle de séjour, kitchenette à disposition des hôtes le soir. Cour, jardin. Ping-pong, barbecue, terrain de pétanque. 1er étage : 1 ch. (1 lit 2 pers., 1 lit 1 pers.), salle de bains/wc privés. 2e étage mansardé : 2 ch. (1 lit 2 pers.), salle de bains/wc privés. 1 ch. (1 lit 2 pers. 1 lit 1 pers.), s.d.b/wc privés. Restauration possible à 2 km. Pêche à 5 km au Chavanon.

Prix : 1 pers. 31 € 2 pers. 41 € 3 pers. 52 € pers. sup. 11 €
Ouvert : Toute l'année.

12	26	2	12	26	32,5	33	26	2

Chantal et Denis DUGAT-BONY - Artiges - 63760 BOURG-LASTIC - Tél. : 04 73 21 87 39

CELLULE Saulnat
C.M. 73 Pli 4

2 ch.   **Riom 7 km. Clermont-Ferrand 22 km. Station thermale Chatel-Guyon 8 km.** 2 chambres au 2e étage mansardé d'un bâtiment annexe à la maison des propriétaires. En commun : séjour, cheminée, TV. Kitchenette et terrasse réservées aux hôtes. Cour fermée. Ping-pong, barbecue. 2 chambres (1 lit 2 pers.), salle d'eau/wc privés attenants chacune. Réduction pour séjour de plus de 3 jours. Restaurant à 3 km. A 30 mn du Puy-de-Dôme.

Prix : 1 pers. 38 € 2 pers. 43 €
Ouvert : Du 1er avril au 31 octobre.

18	1	6	7	7	1

Dominique et Guy LERY - 5 rue du Château - Saulnat - 63200 CELLULE - Tél. : 04 73 97 25 96

CEYSSAT Montmeyre
Alt. : 790 m   C.M. 73 Pli 73

2 ch.   2 chambres dont 1 familiale aménagées dans un bâtiment mitoyen à la maison des propriétaires. En commun : salle à manger/coin-cuisine (mis à disposition). Rez-de-chaussée : 1 ch. (1 lit 2 pers.), s. d'eau et wc indépendants privés. 1er étage : chambre familiale composée de 2 ch. (1 lit 2 pers., 1 lit 1 pers.). Salle d'eau et wc indépendants privés à chaque chambre. Terrain non fermé. Parking privé. Gratuité pour les enfants moins de 3 ans. Taxe de séjour en sus. Restaurant sur place. Randonnées et pêche à proximité. Au cœur de la chaîne des Pays, proche du site du Puy-de-Dôme.

Prix : 1 pers. 28 € 2 pers. 35 € pers. sup. 12 €
Ouvert : Toute l'année.

18	16	1	1	6	4

Anna et René ANDANT - Montmeyre - 63210 CEYSSAT - Tél. : 04 73 87 11 00

Puy-de-Dôme   *Auvergne*

CHADELEUF La Vigie   (TH)   C.M. 73 Pli 14

2 ch. 2 chambres d'hôtes aménagées au 1ᵉʳ étage de la maison bourgeoise du XIXᵉ siècle des propriétaires. 1 chambre (1 lit 2 pers., 1 lit enfant), cheminée, salle d'eau/wc privés. 1 chambre (1 lit 2 pers., 1 lit enfant), salle d'eau/wc privés. Salon avec bibliothèque, TV, piano, cheminée. Cour et jardins clos. Terrasse. Parking privé. Ping-pong, prêt de VTT. Table d'hôtes sur réservation. Gratuit pour les enfants - 4 ans. Langues parlées : anglais, allemand, italien.

Prix : 2 pers. 49/61 € pers. sup. 18 € repas 18 €
Ouvert : Toute l'année.

🐕	⛱	🏊	🎾	🏇	🚴	⛷	🏛	🚉
23	SP	6	11	27	32	11	23	

Véronique et Denis PINEAU - La Vigie - 63320 CHADELEUF - Tél. : 04 73 96 90 87 - Fax : 04 73 96 92 76

CHAMPEIX   C.M. 73 Pli 14

2 ch. Besse et St-Anastaise 20 km. Issoire 13 km. 2 chambres d'hôtes aménagées aux 1ᵉʳ et 2ème étages de la maison des propriétaires. Salle à manger et salon communs avec cheminée. 1ᵉʳ ét. : 1 chambre (1 lit 2 pers.), salle d'eau/wc privés (46 €). 2ᵉ étage : 1 chambre familiale comprenant 1 ch. (1 lit 2 pers.), 1 ch. (2 lits 1 pers.), salle d'eau et wc privés, balcon. Forfait 4 pers. : 77 €. Cour fermée. Restauration possible dans le village. Lac Chambon (20 km) : baignade, voile, planche à voile, canoë. St-Pierre-Colamine : grottes de Jonas. St-Floret : « un des plus beaux villages de France ». St-Nectaire : station thermale, église romane. Murol : château XII-XVIᵉ siècles, visites animées.

Prix : 2 pers. 46 €
Ouvert : De Pâques à la Toussaint.

⛱	🏊	🎾	🏇	🚴	⛷	🏛	🚉
20	3	3	10	13	22	29	13	SP

Christian ACHARD - 13 bis, rue de la Vernoze - 63320 CHAMPEIX - Tél. : 04 73 96 28 83

CHAMPS Bel-Air   Alt. : 550 m   (TH)   C.M. 73 Pli 4

4 ch. Champs 2 km. Ebreuil 6 km. Gannat 10 km. 4 chambres d'hôtes aménagées au 1ᵉʳ étage de la maison des propriétaires, ayant en commun : salle à manger et salle de séjour, cour et jardin. 3 chambres (1 lit 2 pers.), salle d'eau/wc privés chacune. 1 chambre (2 lits 1 pers.), salle d'eau/ wc privés, 1 chambre (1 lit 2 pers., 1 lit 1 pers.), salle d'eau, wc privés. Table d'hôtes sur réservation. Réduction pour enfant de moins de 12 ans. Langue parlée : allemand.

Prix : 1 pers. 32 € 2 pers. 41 € 3 pers. 53 € pers. sup. 13 € repas 14 € 1/2 pens. 29 €
Ouvert : Toute l'année.

🐕	⛱	🏊	🎾	🏇	🚴	🏛
6	10	10	2	6	10	4

Lilas et Claude GRIENENBERGER - Bel-Air - 63440 CHAMPS - Tél. : 04 73 33 06 75

CHARBONNIERES-LES-VARENNES La Vedrine   Alt. : 750 m   (TH)   C.M. 73 Pli 3/4

4 ch. Volvic 8,5 km. Châtel-Guyon 13,5 km. Gour-de-Tazenet 16,5 km. 4 chambres d'hôtes aménagées au r.d.c. et 1ᵉʳ étage mansardé de la maison des propriétaires, ayant en commun : séjour. Terrasse, terrain attenant non clos. R.d.c. : 1 ch. (1 lit 2 pers., 2 lits 1 pers.), salle d'eau, wc privés. 1ᵉʳ étage : 2 ch. (1 lit 2 pers.), salle d'eau, wc privés. 1 ch. (1 lit 2 pers., 1 lit 1 pers.), salle d'eau, wc privés. Séjour d'une semaine hors juillet et août : tarifs réduits. Table d'hôtes uniquement les week-ends et périodes de vacances scolaires. Langues parlées : italien, anglais.

Prix : 1 pers. 31 € 2 pers. 35/39 € 3 pers. 54 € pers. sup. 15 € repas 13 €
Ouvert : Du 1ᵉʳ avril au 15 novembre.

🐕	⛱	🏊	🎾	🏇	🚴	🏛
16,5	13,5	8,5	13,5	8,5	8,5	

Mado et Philippe SAURA - La Vedrine - 63410 CHARBONNIERES-LES-VARENNES - Tél. : 04 73 33 82 85 ou 06 08 03 24 71

CLEMENSAT   Alt. : 530 m   (TH) 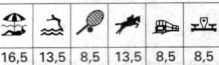   C.M. 73 Pli 14

4 ch. St-Nectaire 13 km. Issoire 14 km. Clermont-Ferrand 33 km. A l'étage d'un bâtiment comprenant 1 ferme auberge et logement des propriétaires, sur une propriété agricole. Salle à manger, cheminée. Terrasse couverte. Cour et jardin attenants clos. Parking privé. 2 ch. (1 lit 2 pers.), s.d.b., wc privés. 1 ch. (1 lit 2 pers., 1 lit 1 pers.), s. d'eau, wc privés. 1 ch. (1 lit 2 pers., 2 lits 1 pers.), s. d'eau, wc privés. Lac, baignade, voile, planche à voile, canoë-kayak, pêche au lac de Chambon 21 km. Table d'hôtes sur réservation.

Prix : 1 pers. 29 € 2 pers. 40 € pers. sup. 14 € repas 13 €
Ouvert : Toute l'année.

🐕	⛱	🏊	🎾	🏇	🚴	⛷	🏛
21	3	3	22	14	22	29	5

André et Chantal TRUCHOT - 63320 CLEMENSAT - Tél. : 04 73 71 10 82

CLEMENSAT   Alt. : 530 m   C.M. 73 Pli 14

2 ch. 2 chambres d'hôtes aménagées au 1ᵉʳ étage de la maison des propriétaires située sur une exploitation agricole, à côté d'un camping à la ferme. Salle de séjour/coin-cuisine. 1 chambre (1 lit 2 pers., 1 lit 1 pers.), 1 chambre (1 lit 2 pers.), salle d'eau et wc privés dans chaque chambre. Jardin clos. Parking privé. Restauration possible dans le village. Baignade, voile, planche à voile, canoë-kayak, pêche au lac Chambon 20 km.

Prix : 1 pers. 29 € 2 pers. 35 € 3 pers. 44 € pers. sup. 9 €
Ouvert : Toute l'année.

🐕	⛱	🏊	🎾	🏇	🚴	⛷	🏛	🚉
20	3	3	23	14	23	27	13	5

Serge et Martine FOURY - 2 rue des Chirouzes - 63320 CLEMENSAT - Tél. : 04 73 71 14 79

Auvergne
Puy-de-Dôme

COLLANGES Château de Collanges
C.M. 239 Pli 44

5 ch. **Clermont-Ferrand 25 mn.** 5 ch. dont 1 familiale au 1er étage du château des propriétaires. R.d.c. : salle à manger, cheminée, salon, billard, table de bridge, piano, bibliothèque. 3 ch. (1 lit 2 pers.), 1 ch. (1 lit 2 pers., 1 lit 2 pers.), 1 suite : 1 ch. (1 lit 2 pers.) et 1 ch. (1 lit 2 pers., 1 lit 1 pers.). Toutes avec s.d.b./wc privés (1 avec balnéo.). Suite (forfait pour les 2 ch.). Possibilité de recevoir des appels téléphoniques dans toutes les chambres. TV sur demande. Table d'hôtes sur réservation. Grand parc arboré. Sur la propriété : terrain de boules, ping-pong. Langues parlées : anglais, espagnol.

Prix : 1 pers. 79 € 2 pers. 79/99 € pers. sup. 23 € repas 38 €
Ouvert : Toute l'année.

🐕	⛱	🏊	🎾	🐎	🚴	🚂	🍴
15	3	3	15	15	3		

Pascale et Denis FELUS - Château de Collanges - 63340 COLLANGES - Tél. : 04 73 96 47 30 - Fax : 04 73 96 58 72

COMBRONDE
C.M. 73 Pli 4

4 ch. **Chatel-Guyon 7 km. Riom 11 km. Clermont-Ferrand 28 km.** 4 chambres au 1er étage de la maison des propriétaires ayant en commun : salle à manger, salon, cheminée. Cour et parc clos. Terrasse, barbecue. Parking privé clos. 2 chambres (1 lit 2 pers.), salle d'eau et wc privés. 1 chambre (1 lit 2 pers., 1 lit 1 pers.), salle d'eau et wc privés. 1 chambre (2 lits 1 pers.), salle d'eau et wc privés. Restauration possible à Combronde. Randonnées pédestres sur place. Langue parlée : espagnol.

Prix : 1 pers. 35 € 2 pers. 42 € pers. sup. 13 €
Ouvert : Toute l'année.

🐕	⛱	🏊	🎾	🐎	🚴	🚂	🍴
9	7	SP	7	7	12	SP	

Lise et André CHEVALIER - 105, rue Etienne Clémentel - 63460 COMBRONDE - Tél. : 04 73 97 16 20 - Fax : 04 73 97 16 20

CONDAT-EN-COMBRAILLE Lachaux   Alt. : 740 m
C.M. 73 Pli 12

1 ch. 1 chambre d'hôtes aménagée au 1er étage mansardé de la maison des propriétaires. A votre disposition : salle de séjour, terrain fermé, parking fermé. 1 ch. (1 lit 2 pers.), salle d'eau et wc privés sur le palier. Les propriétaires sont agriculteurs, l'exploitation agricole se situe à proximité de la maison d'habitation. Restaurant à 2 km. Pêche sur place.

Prix : 1 pers. 31 € 2 pers. 38 €
Ouvert : Toute l'année.

🐕	⛱	🎾	🐎	🍴
	15	2	12	2

Annie et Jean-Louis ARFEUILLE - Lachaux - 63380 CONDAT-EN-COMBRAILLE - Tél. : 04 73 79 00 41 ou 06 10 48 57 27

COURPIERE Bonencontre
C.M. 73 Pli 15/16

6 ch. **Courpière 3 km.** 6 chambres d'hôtes aux 1er et 2e étages d'un bâtiment annexe à la maison des propr. Salle à manger avec kitchenette, lave-linge, salon communs. 1er étage : 1 ch. (1 lit 2 pers.), 1 ch. (lit 1 pers.). 1 ch. 3 épis (1 lit 2 pers., 1 lit 1 pers.), balcon. 1 ch. 3 épis (3 lits 1 pers.), balcon. 2e étage : 2 ch. (1 lit 2 pers., 1 lit 1 pers.), salle d'eau/wc chacune. Cour attenante fermée. Malle au trésor, barbecue commun. Etang privé. Balançoire. Restauration possible à 3 km. Point-phone sur place.

Prix : 1 pers. 25 € 2 pers. 31/39 € 3 pers. 39/46 €
Ouvert : Toute l'année.

🐕	⛱	🏊	🎾	🐎	🚴	🚂	🍴
11	3	3	4	11	13	3	

Mireille et Jean-Paul CONSTANCIAS - Bonencontre - Route de Lezoux - 63120 COURPIERE - Tél. : 04 73 53 10 51 - Fax : 04 73 53 26 56

EGLISENEUVE-PRES-BILLOM Le Mas   Alt. : 506 m
C.M. 73 Pli 15

2 ch. **Clermont-Ferrand 29 km. Billom 4 km.** Dans la maison des propriétaires, 2 chambres d'hôtes. Jardin non attenant, barbecue. Rez-de-chaussée : salon avec bibliothèque. 1er étage : salle à manger, kitchenette réservée aux hôtes. 1 chambre 2 épis (1 lit 2 pers.), possibilité lit bébé (8 €), salle de bains/wc non attenants. 1 chambre 3 épis (2 lits 1 pers.), salle d'eau/wc. Malle au trésor. Garage. Restauration à 1 km.

Prix : 2 pers. 34 €
Ouvert : Toute l'année.

🐕	⛱	🏊	🎾	🐎	🚴	🚂	🍴
	25	4	4	16	4	29	4

Christiane et André GRIMARD - Le Mas - 63160 EGLISENEUVE-PRES-BILLOM - Tél. : 04 73 68 44 17

Puy-de-Dôme
Auvergne

GIAT Rozery
Alt. : 761 m
C.M. 73 Pli 12

3 ch. Plan d'eau de la Ramade 5 km. Herment 11,5 km. 3 chambres d'hôtes aménagées au 1er étage de la maison de la propriétaire, située sur une exploitation agricole. En commun : salle à manger, salon, cour et jardin attenants. 2 chambres (1 lit 2 pers.), salle d'eau, wc chacune, 1 chambre (1 lit 2 pers. 1 lit 1 pers.), salle de bains, wc privés. Restaurant à 500 m et 5 km.

Prix : 1 pers. 29 € 2 pers. 37 € pers. sup. 12 €
Ouvert : Toute l'année.

5	0,5	4	0,5	0,5		

Joëlle BRIQUET-DESBAUX - Rozery - 63620 GIAT - Tél. : 04 73 21 60 08 ou 04 73 21 71 08

HERMENT Chez Bard
Alt. : 760 m (TH)
C.M. 73 Pli 2

2 ch. La Ramade 16 km. Giat 10 km. 2 chambres aménagées au 1er étage de la maison de maître des propriétaires (demeure du XIXe siècle). Salle à manger/coin-cuisine (cheminée). Salon. 2 chambres (1 lit 2 pers.), salle d'eau et wc privés dans chaque chambres. Parc de 2 ha. fermé. Etang dans la propriété (pêche possible). Table d'hôtes sur réservation. Nombreux étangs et bois (plein de champignons).

Prix : 2 pers. 46 € repas 12 €
Ouvert : Toute l'année.

16	2,5	10	12	2,5

Claire et J-François GUITTARD - Domaine Maryjean - Chez Bard - 63470 HERMENT - Tél. : 04 73 22 15 36 - Fax : 04 73 22 15 36 -
E-mail : maryjean@multimania.fr. - http://www.multimania.com/maryjean

JOZE Loursse

C.M. 73 Pli 14/15

1 ch. Pont-du-Château 10 km. Clermont-Ferrand 25 km. Vichy 35 km. Suite familiale aménagée au 1er étage de la maison bourgeoise du propriétaire. Salle à manger commune avec cheminée. Parking. Parc arboré. Dans la propriété : ping-pong privés. 1 suite familiale comprenant : 1 chambre (1 lit 2 pers.), 1 chambre (1 lit 1 pers.), salle de bains/wc communs aux 2 chambres. Pêche dans l'Allier sur place. Restauration possible à 1 km.

Prix : 2 pers. 46 € pers. sup. 28 €
Ouvert : Toute l'année.

25	SP	10	25	17,5	1

Jehan et Danièle MASSON - Loursse - 63350 JOZE - Tél. : 04 73 70 20 63

MANZAT Les Cheix
Alt. : 610 m
C.M. 73 Pli 3

3 ch. Chatel-Guyon 14 km. Riom 19 km. Gour-de-Tazenat 3 km. 3 chambres aménagées dans un bâtiment situé face à la maison des propriétaires, avec aux r.d.c. et 1er étage : salle de séjour (cheminée). R.d.c. : 1 ch. (1 lit 2 pers., 1 lit 1 pers.), salle d'eau/wc privés. 1er étage : 1 ch. (1 lit 2 pers., 1 lit 1 pers.), salle de bains/wc privés. 1 ch. (1 lit 2 pers.), salle d'eau/wc privés. Terrasse. Jardin non fermé. Restaurant à 1 km. Gorges pittoresques de la Sioule. Fades Besserve : plan d'eau de 400 ha., baignade, voile, planche à voile, motonautisme, pêche, canoë-kayak. Château de Chazeron à Loubeyrat et Pionsat. Langue parlée : portugais.

Prix : 2 pers. 41 € pers. sup. 14 €
Ouvert : Toute l'année.

3	10	1	8	14	5	1

M-Thérèse et Manuel PEREIRA - Les Cheix - 63410 MANZAT - Tél. : 04 73 86 57 74

MAREUGHEOL Longchamp
Alt. : 525 m (TH)
C.M. 73 Pli 14

4 ch. Issoire 9 km. 4 chambres d'hôtes aménagées au 1er étage de la maison de la propr. A votre disposition : salle à manger (cheminée), salon (TV, cheminée). Terrasse, cour et jardin non clos. 1 ch. (1 lit 2 pers.), salle d'eau, wc privés. 1 ch. (2 lits 1 pers.), salle de bains, wc privés. 1 ch. (3 lits 1 pers.), salle de bains, wc privés. 1 ch. (4 lits 1 pers.), salle d'eau, wc. Gratuité pour les enfants de - de 2 ans. Table d'hôtes sur réservation. Fort de Mareugheol. Château de Villeneuve-Lembron.

Prix : 1 pers. 29 € 2 pers. 42 € 3 pers. 55 € pers. sup. 13/14 € repas 15 €
Ouvert : Toute l'année.

9	4	9	9	7

Catherine MILLOT - Longchamp - Les Etoiles - 63340 MAREUGHEOL - Tél. : 04 73 71 40 04 - Fax : 04 73 71 40 04

LES MARTRES-DE-VEYRE
C.M. 73 Pli 14/15

3 ch. Cournon 7 km. Vic-le-Comte 7 km. 3 chambres d'hôtes aménagées dans une aile de la maison des propriétaires. En commun : salle à manger avec cheminée. Salon (bibliothèque), cour balcon. 1er étage : 1 ch. (1 lit 2 pers.), s.d.b., wc. 1 ch. (1 lit 2 pers., 1 lit 1 pers.), s.d.b., wc. 2e étage : 1 ch. avec mezzanine (1 lit 2 pers. 2 lits 1 pers.), s.d.b., wc. Forfait 4 pers. : 76 €. Restaurant sur place. Baignade en rivière dans l'Allier (3 km). Canoë-kayak à 4 km. Pêche et randonnées à proximité. Langues parlées : anglais, allemand, espagnol.

Prix : 1 pers. 38 € 2 pers. 46 € 3 pers. 58 €
Ouvert : Toute l'année.

7	7	SP	3	SP	SP

Gerd et Jean STARACE - 15 rue St-Martial - 63730 LES-MARTRES-DE-VEYRE - Tél. : 04 73 39 29 49 - Fax : 04 73 39 91 97

Auvergne **Puy-de-Dôme**

MAZAYES — Le Petit Champbois
Alt. : 800 m — (TH) — C.M. 73 Pli 13/14

▌▌▌ 1 ch. **Puy-de-Dome 12 km. Clermont-Ferrand 23 km.** 1 chambre familiale aménagée dans la maison des propr. A votre disposition : séjour (cheminée). Terrasse, jardin. Chambre familiale au 1er étage, comprenant 2 chambres (1 lit 2 pers., 2 lits 1 pers.), salle d'eau, wc privés communs aux 2 chambres. A proximité : Col de Ceyssat, Orcival (église romane, château...).

Prix : 2 pers. 35 € pers. sup. 10 € repas 12 €
Ouvert : Toute l'année.

🐕	⛱	🏊	🎾	🦎	🚴	🎿	🚂	🏛
	22	22	0,7	4	16	7	7	

Martine et Didier SAILLY - Le Petit Champbois - 63230 MAZAYES - Tél. : 04 73 88 99 84 ou 06 62 49 99 84 - Fax : 04 73 88 99 84

LE MONT-DORE — Le Genestoux
Alt. : 1050 m — C.M. 73 Pli 13

▌▌▌ 5 ch. **Le Mont-d'Or 3,5 km. La Bourboule 3,5 km.** 5 ch. dont 2 mansardées dans la maison de caractère du XVIIIe s. de la propr., ayant en commun : salon (TV), salle à manger (cheminée). Terrasse, jardin, barbecue et parking privé. 1er étage : 2 ch. 3 épis (1 lit 2 pers.). 1 ch. 4 épis (2 lits 1 pers.). 2e étage mansardé : 1 ch. 3 épis (3 lits 1 pers.), 1 ch. 3 épis (1 lit 2 pers.). S. d'eau/wc et TV privés chacune. Taxe de séjour. Randonnées balisées à pied ou VTT à proximité. Auberge 100 m. Rivière 150 m. Location de vélos 3 km.

Prix : 1 pers. 46 € 2 pers. 53/69 € 3 pers. 69 € pers. sup. 15 €
Ouvert : Du 15 février au 31 octobre.

🐕	⛱	🏊	🎾	🦎	🚴	🎿	🚂	🏛
	21	3	3,5	3,5	3,5	4	7,5	3	3

Françoise LARCHER - Le Genestoux - La Closerie de Manou - 63240 LE MONT-DORE - Tél. : 04 73 65 26 81 - Fax : 04 73 65 58 34 - www.mont-dore.com

LE MONT-DORE
Alt. : 1200 m — (TH) — C.M. 73 Pli 13

▌▌▌ 5 ch. **Le Puy-de-Sancy 5 km. La Bourboule 6 km.** 5 chambres d'hôtes dans la maison des propriétaires. En commun : salle de séjour avec cheminée, bibliothèque, cour fermée. 1er étage : 3 ch. 3 pers., 2 ch. 2 pers., sanitaires privés dans chaque chambre. Table d'hôtes sur réservation. Taxe de séjour. Le Mont-Dore : station de sports d'hiver et station thermale. Dans le parc des Volcans, dans un environnement de lacs et de forêts. Région propice à la randonnée pédestre, au départ de nombreux circuits touristiques. Randonnées pédestres sur place. Langue parlée : anglais.

Prix : 2 pers. 54/61 € pers. sup. 16 € repas 17 €
Ouvert : Toute l'année.

🐕	⛱	🏊	🎾	🦎	🚴	🎿	🚂	🏛
	17	6	SP	SP	SP	4	5	SP

Brigitte et Edgar BERARD ET CHOUKROUN - 13, rue Sidoine Apollinaire - 63240 LE-MONT-DORE - Tél. : 04 73 65 25 82 ou 06 81 87 66 80 - Fax : 04 73 65 24 41

LE MONT-DORE — Le Barbier
Alt. : 1200 m — (TH) 🐑 — C.M. 73 Pli 13

▌▌▌ 4 ch. 4 ch. aux rez-de-chaussée et 1er étage de la maison des propriétaires. Séjour (TV + cheminée). R.d.c. : 1 ch. (1 lit 2 pers. 2 lits 1 pers. superposés). 1er étage : 1 ch. (1 lit 2 pers. 1 lit 1 pers.). 2e ch. (1 lit 2 pers. chacune). Salle d'eau/wc privés chacune. Cour, jardin. Ferme-auberge « La Golmotte » dans un bâtiment annexe. Taxe de séjour. Le Mont-Dore, station thermale, patinoire 2,5 km. Le Puy-de-Sancy : 1886 m. La Bourboule : 9,5 km, station thermale et climatique, parc Fenestre. Taxe de séjour.

Prix : 1 pers. 39 € 2 pers. 42 € 3 pers. 53 € pers. sup. 11 € repas 14 €
Ouvert : Toute l'année.

🐕	⛱	🏊	🎾	🦎	🚴	🎿	🚂	🏛
	13,5	9,5	2,5	2,5	2,5	4,5	5,5	2,5

Chantal et Denis VALLEIX - Le Barbier - 63240 LE-MONT-DORE - Tél. : 04 73 65 05 77 ou 06 11 86 73 87

MONTAIGUT-EN-COMBRAILLE
Alt. : 625 m — C.M. 73 Pli 3

▌▌▌ 3 ch. **St-Eloy-les-Mines 4 km. Ayat-sur-Sioule 19 km. Lapeyrouse 6 km.** 3 ch. d'hôtes aménagées au 1er étage mansardé de la maison des propriétaires. En commun : s. à manger avec veranda, salon, cuisine d'été (barbecue), cour, jardin et terrasse. 2 ch. (1 lit 2 pers.), 1 ch. (2 lits 1 pers.). Toutes les chambres sont dotées d'une salle de bains, wc privés. Randonnées pédestres à 2 km : forêt domaniale du quartier. Plans d'eau de la Prade avec pêche et de Lapeyrouse.

Prix : 1 pers. 34 € 2 pers. 40 €
Ouvert : Toute l'année et sur réservation l'hiver.

🐕	⛱	🏊	🎾	🦎	🚴	🎿	🚂	🏛
	6	4	SP	19	4	4	SP	

Simone et Paul BOUILLE - La Perrière - 63700 MONTAIGUT-EN-COMBRAILLE - Tél. : 04 73 85 09 30 - Fax : 04 73 85 15 83

MONTAIGUT-LE-BLANC
Alt. : 600 m — C.M. 73 Pli 14

▌▌▌▌ 5 ch. **Besse et St-Anastaise 19 km. Super-Besse 26 km. Chambon-du-lac 17 km.** 5 chambres situées aux 1er, 2e, 3e et 4e étages du château des propriétaires. Rez-de-chaussée : salle de séjour voûtée avec cheminée. Salon. Terrasses. Cour et jardins fermés. 2 ch. (1 lit 2 pers.), 1 ch. (1 lit 1 pers.) dont 1 avec terrasse, 3 ch. (1 lit 2 pers.). Sanitaires privés dans chaque chambre. Réservation de 2 nuits minimum en juillet et août et sur réservation en basse saison. Château féodal du XI/XVe avec parking privé fermé. Vue panoramique du château. Chauffage central performant. Bonne réception téléphone portable. Restaurants à 3 km.

Prix : 1 pers. 76/115 € 2 pers. 84/122 € pers. sup. 23 €
Ouvert : Du 2 mars au 31 décembre.

🐕	⛱	🏊	🎾	🦎	🚴	🎿	🚂	🏛
	17	1	10	10	19	26	33	1

Anita et Michel SAUVADET - Le Chastel Montaigu - 63320 MONTAIGUT-LE-BLANC - Tél. : 04 73 96 28 49 - Fax : 04 73 96 21 60

Puy-de-Dôme

Auvergne

MONTAIGUT-LE-BLANC
Alt. : 500 m
C.M. 73 Pli 14

2 ch. 2 chambres aménagées au 1er étage de la maison de la propriétaire. 1 chambre (1 lit 2 pers.), salle d'eau/wc privés attenants. 1 chambre (1 lit 2 pers.), salle de bains et wc indépendants privés et non attenants. Salle de séjour (cheminée avec insert, téléphone téléséjour). Cour et jardin fermés. Restaurant à 1 km.

Prix : 1 pers. **30** € ◊ 2 pers. **37/40** €
Ouvert : Toute l'année.

🐕	⛱	🏊	🎾	🐎	🚴	⛷	⛷	🏭
17	SP	SP	16	16	19	26		SP

Christiane ZIESSEL - 37 rue de l'Église - 63320 MONTAIGUT-LE-BLANC - Tél. : 04 73 96 29 31 ou 06 84 09 15 04 -
E-mail : thezeiss@hotmail.com

MONTAIGUT-LE-BLANC Domaine de Chignat
Alt. : 500 m
C.M. 73 Pli 14

3 ch. St-Nectaire 14 km. Besse et St-Anastaise 21 km. Chambon sur lac 22 km. 3 chambres (6 pers. 1 bébé) aménagées dans la maison des propriétaires avec en commun : salle de séjour (cheminée TV). Terrasses, espace extérieur attenant non clos. R.d.c. : 1 ch. (1 lit 2 pers.). 1er étage : 1 ch. (2 lits 1 pers. 1 lit bébé). 1 ch. (1 lit 2 pers.). Toutes équipées d'une TV et d'une salle d'eau/wc privés. Restauration possible à 2 km. Station thermale à 14 km. Randonnées pédestres à 2 km (chemins balisés). Possibilité sur réservation de participer des semaines à thème : « remise en forme - diététique ».

Prix : 1 pers. **33** € ◊ 2 pers. **39/43** € ◊ pers. sup. **12** €
Ouvert : Toute l'année.

🐕	⛱	🏊	🎾	🐎	🚴	⛷	⛷	🏭
22	2	2	21	2	21	28	18	2

Madeleine et Paul SAUZET - Domaine de Chignat - Montaigut le Blanc - 63320 CHAMPEIX - Tél. : 04 73 96 71 21 -
Fax : 04 73 96 71 21 - E-mail : mad.sauzet@libertysurf.fr

MONTPEYROUX
C.M. 73 Pli 14

5 ch. Clermont-Ferrand 21,5 km. Issoire 14 km. 5 ch. aux 1er et 2e étages de la maison des prop. R.d.c : salle à manger réservée aux hôtes. 1 ch. 4 épis (1 lit 2 pers. 1 lit enfant), cheminée, s.d.b. et wc privés, petite terrasse privée. 1 ch.(2 lits 1 pers.), s.d.b./wc privés et terrasse. 2 ch., dont 1 avec terrasse (1 lit 2 pers.), s.d.b./wc privés. 1 ch. 4 épis (2 lits 1 pers.), s.d.b., jaccuzi et wc privés. Montpeyroux : l'un des plus beaux villages de France. Restaurant sur place. Accès : autoroute A75 sortie n°7 : Coudes-Montpeyroux. Randonnées pédestres, baignade en rivière (Allier) à 1 km.

Prix : 1 pers. **38/55** € ◊ 2 pers. **45/55** € ◊ 3 pers. **57/66** € ◊ pers. sup. **13** €
Ouvert : Toute l'année.

🐕	⛱	🏊	🎾	🐎	🚴	⛷	⛷	🏭
1	5	SP	7	14	32	39	2	2

Chris et Marcel ASTRUC - Rue du Donjon - 63114 MONTPEYROUX - Tél. : 04 73 96 69 42 ou 06 08 51 81 82 - Fax : 04 73 96 69 96

MONTPEYROUX
C.M. 73 Pli 14

3 ch. Vic-le-Comte 8 km. Super-Besse 39 km. Aydat 24 km. Au 1er étage de la maison des propriétaires, située dans l'un des plus beaux villages de France. 1 ch. 4 épis (2 lits 1 pers. accolés), s.d.b./wc privés. 1 ch. 4 épis (1 lit 2 pers. 1 lit 1 pers.), s. d'eau/wc privés. Dans un pavillon indép. sur la même propriété : 1 ch. 3 épis avec mezzanine (1 lit 2 pers. 1 lit 1 pers.), s.d.b./wc privés, terrasse. En commun : salle à manger voûtée, salon, cheminée et piano. Jardin ombragé clos. Restaurant sur place.

Prix : 2 pers. **55/58** € ◊ pers. sup. **17** €
Ouvert : Toute l'année.

🐕	⛱	🏊	🎾	🐎	🚴	⛷	⛷	🏭
24	8	SP	7	14	32	39	21,5	2

Edith et Claude GRENOT - Les Pradets - 63114 MONTPEYROUX - Tél. : 04 73 96 63 40 - Fax : 04 73 96 63 40 -
E-mail : grenot@maison-hotes.com - www.auvergne.maison-hotes.com

MONTPEYROUX
C.M. 73 Pli 14

3 ch. Issoire 14 km. 3 ch. d'hôtes aménagées au 1er étage de la maison des propriétaires, ayant en commun : salle de séjour, salon, bibliothèque, balcon. 1 ch. (2 lits 1 pers. accolés), s. d'eau, wc. 1 ch. (1 lit 2 pers.), s. d'eau, wc. 1 ch. (2 lits 1 pers. accolés, 1 lit 1 pers.), s. d'eau, s.d.b., wc et balcon. Mise à disposition d'une ancienne étable avec voûtes (pièce de jour). Restaurant et tennis sur place. Pêche à proximité. Aydat : lac, baignade, voile, planche à voile. Montpeyroux : l'un des plus beaux villages de France. Chambres « non fumeurs ». On peut fumer au salon et dans la pièce de jour. Langues parlées : allemand, anglais.

Prix : 1 pers. **38/45** € ◊ 2 pers. **45/53** € ◊ pers. sup. **12** €
Ouvert : Toute l'année.

🐕	⛱	🏊	🎾	🐎	🚴	⛷	⛷	🏭
24	8	SP	7	14	32	39	21,5	2

Hermann et Jacqueline VOLK - Place de la Croix du Bras - 63114 MONTPEYROUX - Tél. : 04 73 96 92 26 - Fax : 04 73 96 92 26

MUROL Beaume Le Froid
Alt. : 840 m
C.M. 73 Pli 13/14

5 ch. Château de Murol 4 km. Lac Chambon 5 km. 5 ch. dont 1 familiale, aménagées dans un bâtiment attenant à la maison des propr. (exploit. agricole). A dispo. : s. à manger/coin-cuisine. 2 ch. (1 lit 2 pers./ch.). 1er étage mansardé : 1 ch. (1 lit 2 pers., 1 lit 1 pers.), 1 ch.(1 lit 2 pers.), 1 ch. familiale composée de 2 ch. (1 lit 2 pers., 2 lits 1 pers.). TV et s. d'eau/wc privés pour chaque chambre. Terrasse, terrain non clos. Parking privé. Rez-de-jardin surélevé. Entrée indépendante. Barbecue. Visite gratuite de la fabrication du fromage St-Nectaire. Taxe de séjour. Restauration possible sur place dans le village. Tarifs réduits en hors saison.

Prix : 1 pers. **30** € ◊ 2 pers. **38** € ◊ 3 pers. **50** € ◊ pers. sup. **12** €
Ouvert : Toute l'année.

🐕	⛱	🏊	🎾	🐎	🚴	⛷	⛷	🏭
5	22	4	6	5	SP	12	34	4

Janine ROUX - Beaune le Froid - 63790 MUROL - Tél. : 04 73 88 63 53

Auvergne
Puy-de-Dôme

MUROL
Alt. : 850 m — C.M. 73 Pli 13/14

2 ch. **Lac de Chambon 3 km.** 2 chambres au 2ᵉ étage mansardé de la maison des propriétaires. 1 ch. (1 lit 2 pers.), 1 ch. (2 lits 1 pers.), salle d'eau/wc communs aux 2 chambres. En commun : salle de séjour, TV, kitchenette réservée aux ch. Terrain attenant. Parking privé. Pour réserver : appeler aux heures des repas. Taxe de séjour. Restauration possible à Murol. Vallée de Chaudefour, col de la Croix-Morand, grottes de Jonas. Besse et St-Anastaise, cité médiévale et renaissance.

Prix : 1 pers. 24 € 2 pers. 28 €
Ouvert : Toute l'année.

3	17	SP	SP	SP	4	12	SP

Annie et François DELPEUX - Route de Groire - 63790 MUROL - Tél. : 04 73 88 66 29

NEBOUZAT Recoleine
Alt. : 876 m — (TH) — C.M. 73 Pli 13/14

3 ch. **Nebouzat 1,5 km. Ceyssat 7 km. Aydat 9 km. Saulzet-le-Froid 10 km.** 3 ch. d'hôtes dont 1 familiale dans un bâtiment mitoyen à la maison des propriétaires. En commun : salle de séjour, terrasse, jardin. R.d.c. : 1 ch. familiale composée de 2 ch. (1 lit 2 pers. 2 lits 1 pers.), s.d.b./wc privés. 1ᵉʳ étage : 1 ch. (3 lits 1 pers.), s. d'eau/wc privée. 1 ch. (1 lit 2 pers. 1 lit 1 pers.), s. d'eau/wc privée. Auberge à Recoleine. Taxe de séjour. Table d'hôtes sur réservation.

Prix : 1 pers. 30 € 2 pers. 40 € 3 pers. 55 € pers. sup. 15 € repas 12 €
Ouvert : Toute l'année, sur réservation l'hiver.

9	17	1,5	7	10	10	30	22

Jocelyne GAUTHIER - Recoleine - 63210 NEBOUZAT - Tél. : 04 73 87 10 34 ou 06 89 93 99 54 - Fax : 04 73 87 10 34

OLBY Bravant
Alt. : 800 m — C.M. 73 Pli 13

5 ch. **Le Mont-Dore 38 km. Station thermale 25 km.** 5 ch. d'hôtes dans un ancien bâtiment de ferme, proche la maison du prop. R.d.c. : 1 ch. (1 lit 2 pers. 1 lit 1 pers.), s. d'eau/wc privés. 1ᵉʳ ét. : 1 ch. (3 lits 1 pers.), 1 ch. (1 lit 2 pers. 1 lit 1 pers.), s.d.b./wc privés chacune. 2 ch. avec mezzanine (1 lit 2 pers. 1 lit 1 pers.), s. d'eau/wc privés chacune. Cuisine à dispo. des hôtes. En commun au r.d.c. : salle de séjour avec cheminée. Cour et jardin non clos. Parking privé. Réduction en dehors de juillet/août. Gratuit pour les enfants - 2 ans. Restauration possible 2 km.

Prix : 1 pers. 32 € 2 pers. 37 € pers. sup. 14 €
Ouvert : Toute l'année.

13	18	13	6	8,5	17	31	20	2

Paul BONY - Bravant - 63210 OLBY - Tél. : 04 73 87 12 28 - Fax : 04 73 87 19 00

OLBY Bravant
Alt. : 800 m — C.M. 73 Pli 13

2 ch. **Laschamps 7 km.** 2 chambres au rez-de-chaussée de la maison des propriétaires avec en commun : salle de séjour, cheminée. Cour, jardin attenants. Barbecue. Salle commune réservée aux hôtes (réfrigérateur, cuisine, mini-four). 2 ch. chacune avec (1 lit 2 pers.), salle d'eau/wc privés. Réduction hors juillet et août. Restauration possible à Olby 2 km. Parapente et mur d'escalade. Les monts Dôme. Le parc des Volcans d'Auvergne.

Prix : 1 pers. 25 € 2 pers. 34 €
Ouvert : Toute l'année sauf en novembre.

13	7	3	7	17	31	2

Mireille et Georges ACHARD - Bravant - 63210 OLBY - Tél. : 04 73 87 12 39

OLLIERGUES
(TH) — C.M. 73 Pli 16

3 ch. **Ambert 19 km. Thiers 31 km.** 3 chambres aménagées dans la maison de la propriétaire. A votre disposition : séjour (bibliothèque). Terrasse, jardin, garages. 1ᵉʳ et 2è étage : 3 ch. familiales composées chacune : de 2 ch. (1 lit 2 pers.), 1 ch. 1 pers.), bibliothèque. Sanitaires privés pour chaque chambre. Langue parlée : anglais.

Prix : 1 pers. 30 € 2 pers. 40 € pers. sup. 13 € repas 13 €
Ouvert : Toute l'année.

16	SP	16	16	26	SP

Annie-Paule CHALET - 19 rue Jean de Lattre de Tassigny - 63880 OLLIERGUES - Tél. : 04 73 95 52 10 - Fax : 04 73 95 59 41

ORCINES Ternant
Alt. : 836 m — C.M. 73 Pli 14

5 ch. **Royat 13 km. Vulcania 5 km.** 5 chambres d'hôtes aménagées au 1ᵉʳ étage de la demeure familiale du XIXᵉ siècle. 1 ch. familiale : 1 ch. (1 lit 2 pers.), 1 ch. (2 lits 1 pers.). 1 ch. familiale : 2 ch. (4 lits 1 pers.). 2 ch. (1 lit 2 pers.). 1 ch. (2 lits 1 pers.). Toutes les chambres sont équipées de sanitaires privés. Parc arboré clos de 10 ha. Terrasse. Parking privé. En commun avec le propriétaire : salon, salle de billard (cheminée), salle à manger (cheminée). Tennis dans la propriété, golf et parapente à proximité. Restaurant dans le village. Réduction de 10 % à partir de la 3ᵉ nuit ou location de l'ensemble des chambres. Langue parlée : anglais.

Prix : 1 pers. 58/73 € 2 pers. 66/80 € pers. sup. 20 €
Ouvert : De février à octobre, sur réservation en février et mars.

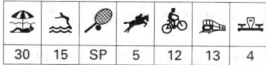

30	15	SP	5	12	13	4

Catherine PIOLLET - Domaine de Ternant - Ternant - 63870 ORCINES - Tél. : 04 73 62 11 20 - Fax : 04 73 62 29 96 -
E-mail : domaine.ternant@free.fr - http ://domaine.ternant.free.fr

Puy-de-Dôme   *Auvergne*

PALLADUC Lomanie   Alt. : 749 m   C.M. 73 Pli 6

2 ch.   **Chabreloche 14 km. St-Rémy 6 km.** Au 1er étage de la maison de la propriétaire avec en commun : salle de séjour (cheminée). Parc arboré attenant fermé, terrasse. 1 ch. (1 lit 2 pers.), salle d'eau/wc privés non attenants. 1 ch. 3 épis (3 lits 1 pers. dont 2 accolés), salle d'eau/wc privés. La 7e nuit est gratuite. Restauration possible à Palladuc 1,5 km. Situation : au cœur des Bois Noirs. Langue parlée : espagnol.

Prix : 1 pers. 30 € 2 pers. 38/50 € pers. sup. 8/10 €

Ouvert : Toute l'année, du 1er novembre au 1er mars : le week-end seulement.

🐕	⛱	🏊	🎾	🎣	🚴	⛷	🏡
	6	6	6	6	15	6	

Claudette HORVILLE-BONJEAN - Lomanie - 63550 PALLADUC - Tél. : 04 73 94 31 63 - Fax : 04 73 94 30 30

PERRIER   C.M. 73 Pli 14

3 ch.   **Issoire 3 km.** 2e ét. de la maison familiale (XVIIIe s) des prop. : 1 ch. (2 lits 1 pers.), s.d.b./wc priv. non attenants et 1 ch. familiale comprenant 2 ch. (1 lit 2 pers., 2 lits 1 pers.), s.d.b./wc priv. à chaque ch. 1er ét. de l'ancienne fenière, avec un siège élect. pour pers. à mobilité réduite : 1 ch. (2 lits 1 pers.), s.d.b./wc priv. non attenants. 86 €/suite. Au r.d.c. de l'annexe : salle commune avec kitchenette. Parking fermé. Parc. Terrasse couverte. Restauration possible à Perrier. Sur la route de Besse et Saint-Anastaise et Saint-Nectaire.

Prix : 1 pers. 40/45 € 2 pers. 45/52 € pers. sup. 16 €

Ouvert : Toute l'année.

🐕	⛱	🏊	🎾	🎣	🚴	⛷	🏡	🏡
	28	3	SP	3	3	26	33	3	3

Mireille et Paul GEBRILLAT - Chemin de Siorac - 63500 PERRIER - Tél. : 04 73 89 15 02 - Fax : 04 73 55 08 85 -
E-mail : lequota@club-internet.fr

PIONSAT Les Ecourelles   Alt. : 535 m   (TH)   C.M. 73 Pli 2/3

3 ch.   **St-Gervais-d'Auvergne 16 km. Evaux-les-Bains 15 km.** 3 ch., aménagées dans la maison des propr. A votre disposition : salon (cheminée, bibliothèque), s. à manger (cheminée). Cour, parc, garage. 1er étage : 1 ch. (1 lit 2 pers., 1 lit enfant), s. de bains/wc, 2 ch. (1 lit 2 pers., 1 lit 1 pers. chacune), s. de bains/wc privés pour chaque chambre. Panier pique-nique possible avec supplément. Réduction hors-saison et en fonction de la durée du séjour - Accueil de chevaux. Randonnées pédestres sur place. Station thermale. Langue parlée : anglais.

Prix : 2 pers. 36/39 € pers. sup. 16 € repas 12 €

Ouvert : Toute l'année.

🐕	⛱	🏊	🎾	🎣	🚴	⛷	🏡
	9	0,5	8	23	16	0,5	

Sophie et Pierre JUGNET - Les Ecourelles - 63330 PIONSAT - Tél. : 04 73 85 62 24 - Fax : 04 73 85 62 24 -
E-mail : ecourelles@wanadoo.fr

PONTGIBAUD Bouzarat   Alt. : 732 m   C.M. 73 Pli 13

3 ch.   **Royat 26 km. Clermont-Ferrand 26 km.** Dans la maison du propriétaire. R.d.c. : séjour commun avec cheminée, 1 ch. 3 épis (1 lit 2 pers.), s. d'eau et wc privés. 1er étage : 1 ch. 2 épis (1 lit 2 pers. 2 lits 1 pers. superposés), s. d'eau et wc privés. Si les 2 pers. occupent les 2 lits : 29 €. 1 ch. 2 épis (1 lit 2 pers.), s. d'eau et wc privés non attenants. Jardin ombragé non attenant. Parking privé. Restauration possible 3 km. Forfait 2 pers. + 2 enfants : 35 €.

Prix : 1 pers. 26/30 € 2 pers. 29/32 € 3 pers. 37 €

Ouvert : Toute l'année.

🐕	⛱	🏊	🎾	🎣	🚴	⛷	🏡
	24	3	8	19	3	3	

Christiane et J-Marie ROUDAIRE - Bouzarat - 63230 PONTGIBAUD - Tél. : 04 73 88 72 50

PRONDINES Vedeux   Alt. : 850 m   C.M. 73 Pli 13/14

3 ch.   **Le Mont-Dore 36 km. La Bourboule 31 km.** 3 ch. d'hôtes au r.d.c. de la maison des prop. sur 1 exploit. laitière 1 ch. (1 lit 2 pers.), s. d'eau et wc privés, 1 ch. (3 lits 1 pers.), s.d.b. et wc privés, 1 ch. (1 lit 2 pers. 1 lit 1 pers.), s.d.b. et wc privés. En commun : salle de séjour/coin-cuisine. Terrasse, jardin non clos, barbecue. Parking fermé. Toutes les chambres ont un accès direct sur la terrasse. Réduction des tarifs hors saison et en fonction de la durée du séjour. Restauration possible 1 km. Randonnées pédestres sur place.

Prix : 2 pers. 38 € 3 pers. 51 € pers. sup. 13 €

Ouvert : Toute l'année (l'hiver sur réservation).

🐕	⛱	🏊	🎾	🎣	🚴	⛷	🏡
	26	8	20	8	31	42	8

Danielle et André MONNERON - Vedeux - Au Belhetre - 63470 PRONDINES - Tél. : 04 73 87 84 55 - Fax : 04 73 87 84 55

RENTIERES Le Chausse-Haut   Alt. : 740 m   (TH)   C.M. 76 Pli 4

5 ch.   **Ardes-sur-Couze 2,5 km.** R.d.c. ch. 3 épis : 1 ch. (1 lit 1 pers. 1 lit 2 pers.). 1er ét. : ch. 3 épis : 1 ch. (1 lit 2 pers.), s. d'eau/wc privés pour chaque ch. 1 ch. 3 épis (1 lit 1 pers.), s.d.b./wc privés. Bât. mitoyen ch. 3 épis : 1 ch. familiale : 1 ch. (1 lit 2 pers.), 1 ch. (2 lits 1 pers.). s. d'eau privée chacune, wc communs, 1 ch. (1 lit 2 pers.), s. d'eau, wc privés. Espace attenant. Ping-pong. Salon et salle à manger avec cheminée.

Prix : 1 pers. 30 € 2 pers. 38 € 3 pers. 50 € pers. sup. 12 € repas 12 €

Ouvert : Toute l'année sur réservation du 15 novembre au 15 mars.

🐕	⛱	🏊	🎾	🎣	🚴	⛷	🏡
	18	2,5	9	11	25	25	2,5

Marie-Jo et Philippe BOYER - Le Chausse Haut - 63420 RENTIERES - Tél. : 04 73 71 84 28

Auvergne **Puy-de-Dôme**

LA ROCHE-NOIRE
C.M. 73 Pli 14

2 ch. **Clermont-Ferrand 17 km.** 2 ch. d'hôtes aménagées au r.d.c. de la maison du propriétaire. Salle de séjour, jardin et terrasse communs, vue panoramique. Pièce réservée aux hôtes comprenant un coin-détente et un coin-repas avec réfrigérateur. 1 ch. (1 lit 2 pers.), salle de bains/wc privée non attenante, 1 ch. 3 épis (1 lit 2 pers.), salle d'eau/wc privée attenante. Cournon (plan d'eau, canoë). Restauration possible à 2,5 km.

Prix : 2 pers. 34/37 €
Ouvert : Toute l'année.

6	6	SP	8	SP	6	3	

Gisèle et Hubert CHABRY - Chemin de la Source - 63800 LA-ROCHE-NOIRE - Tél. : 04 73 69 53 42

ROYAT Château de Charade
Alt. : 840 m   *C.M. 73 Pli 13/14*

5 ch. **Laschamps 4 km. Orcines 5 km. Aydat 9 km.** Dans le château des prop. 1er ét. : 2 ch. (1 lit 2 pers.), 1 ch. familiale composée de 2 ch. (3 lits 1 pers.). 2e ét. : 1 ch. familiale composée de 2 ch. (1 lit 2 pers. 2 lits 1 pers.), 1 ch. (1 lit 2 pers.). Toutes les ch. ont des s.d.b. et wc privés. 1 ch. avec s.d.b./s. d'eau/wc. S. à manger, salon avec cheminée, billard fr., biblio. Parc de 6500 m², terrain de pétanque, parking privé. Restauration poss. à Royat 4 km + station thermale. Taxe de séjour. Divers loisirs sur toutes ces communes. Golf de Charade à proximité. Rando. pédestres sur place. Pour tout séjour supérieur à 2 nuits, remise 5 %. Langue parlée : anglais.

Prix : 1 pers. 60/69 € 2 pers. 66/75 € pers. sup. 23 €
Ouvert : D'avril à début novembre.

9	6	4	4	5	25	40	4	4

Marc et M-Christine GABA - Château de Charade - 63130 ROYAT - Tél. : 04 73 35 91 67 - Fax : 04 73 29 92 09

SAURET-BESSERVE La Siouve
Alt. : 700 m   *C.M. 73 Pli 3*

1 ch. **Sauret-Besserve 1,5 km. St-Gervais-d'Auvergne 4 km.** 1 ch. d'hôtes aménagée au 2e étage mansardé de la maison des propriétaires. 1 ch. (1 lit 2 pers. 1 lit 1 enfant), avec s.d.b./wc privés en suite. En commun au r.d.c. : salle à manger avec poêle-cheminée, salon avec TV. Terrasse couverte. Jardin clos, ping-pong, baby-foot, parking privé fermé. Restaurant à 500 m. Châteauneuf-les-Bains 11 km (station thermale). Ayat-sur-Sioule 17 km. St-Georges-de-Mons 14,5 km. Les Fades Besserve à 5 km.

Prix : 1 pers. 28 € 2 pers. 37 € pers. sup. 16 €
Ouvert : Toute l'année.

5	12,5	1,5	17	4	4	4	

Mauranne et Michel MURAT - La Siouve - 63390 SAURET-BESSERVE - Tél. : 04 73 85 83 95

SAURIER Rozier
Alt. : 561 m   (TH)   *C.M. 73 Pli 13/14*

6 ch. A l'ét. mansardé de la maison des prop. (ancien bâtiment de ferme rénové), proche d'une exploit. agricole. Séjour, cheminée, TV. Terrasse. Cour. Terrain attenant non clos. Parking privé. 2 ch. (1 lit 2 pers.), 2 ch. (2 lits 1 pers.), 1 ch. (1 lit 2 pers. 1 lit 1 pers.), 1 ch. (1 lit 2 pers. 2 lits 1 pers.). Toutes avec s. d'eau et wc privés. 2 ch. peuvent communiquer. Activités gratuites proposées par M. Rodde : randonnées pédestres, VTT, ski de fond avec encadrement. Avec supplément : parapente et montgolfière. Forfait semaine. Gratuité enfant - de 2 ans. 10 € de suppl. de 2 à 6 ans. Gîte Panda. Pas de table d'hôtes le dimanche. Langue parlée : anglais.

Prix : 1 pers. 31 € 2 pers. 40 € pers. sup. 15 € repas 11 €
Ouvert : Du 15 mars au 15 octobre et petites vacances scolaires;

16	12	12	15	SP	15	22	19	15

Joël RODDE - Rozier - 63320 SAURIER - Tél. : 04 73 71 22 00 - Fax : 04 73 71 24 06

SAUXILLANGES La Haute Limandie
C.M. 73 Pli 15

3 ch. **Le Vernet-la-Varenne 20 km. Manglieu 6,5 km.** 3 ch. d'hôtes dans la maison des propriétaires. En commun : salle de séjour avec TV. Cour et jardin non clos. Rez-de-chaussée : 1 ch. (1 lit 2 pers. 1 lit bébé). 1er étage : 1 ch. (1 lit 2 pers. 1 lit 1 pers.), 1 ch. (2 lits 1 pers.). S. d'eau/wc privée chacune. A Sauxillanges à 3 km : restaurants.

Prix : 2 pers. 34/37 € pers. sup. 12 €
Ouvert : Toute l'année.

20	3	3	6,5	15	15	3

Patricia et J-Claude ANGLARET - La Haute Limandie - 63490 SAUXILLANGES - Tél. : 04 73 96 84 95

SAVENNES
Alt. : 750 m   *C.M. 73 Pli 12*

1 ch. **Messeix 6 km. Eygurande 14 km.** 1 ch. d'hôtes aménagée au 1er étage du château des propriétaires. En commun : salle de séjour avec cheminée et billard. Parc et terrasse. 1 ch. (1 lit 2 pers.), s.d.b., wc. salon privés. Restaurant à 13,5 km. Langues parlées : anglais, allemand, italien.

Prix : 1 pers. 61 € 2 pers. 61 €
Ouvert : Du 15 mai au 15 septembre.

6	24	6	14	6	6

Catherine et Patrick MARTIN - Le Château - 63750 SAVENNES - Tél. : 04 73 21 40 36

Puy-de-Dôme

Auvergne

SERMENTIZON

C.M. 73 Pli 15

4 ch. 4 ch. aménagées (1er et 2e étages) dans la maison des prop. ayant en commun : salle à manger. Espace attenant clos avec barbecue. 1er ét. : 1 ch. 3 épis (2 lits 1 pers.), salle de bains/wc privés. 2e ét. : 1 ch. 3 épis (2 lits 2 pers. 1 lit bébé), salle de bains/wc. 2 ch. 2 épis (1 lit 2 pers.), salle d'eau privée attenante, wc communs. Thiers, ville médiévale, la maison des couteliers. Billom. Les monts du Livradois. Les monts du Forez. Malle au trésor. Restauration possible à Courpière.

Prix : 1 pers. **25/28** € 2 pers. **28/32** € pers. sup. **10** €
Ouvert : Toute l'année.

12	4	4	SP	12	4	4

Andrée et Marius GROLET - 63120 SERMENTIZON - Tél. : 04 73 53 03 14

ST-ANTHEME Saint-Yvoix

Alt. : 1150 m

C.M. 73 Pli 17

2 ch. **St-Antheme 4 km.** 2 ch. au 2e étage mansardé de la maison des propriétaires située sur une exploit. agricole (chèvrerie). En commun : salon, cheminée. Pièce commune réservée aux hôtes. Cour et terrain attenants, balançoires. 1 ch. (1 lit 2 pers.), 1 ch. (2 lits 2 pers.), avec chacune s. d'eau/wc privés. Taxe de séjour. Table d'hôtes le soir sur réservation. Ping-pong. Col des Supeyres, jolies vues sur les Sucs du Velay. Les monts du Forez, très boisés.

Prix : 2 pers. **36** € pers. sup. **10/96** € repas **11** €
Ouvert : Toute l'année.

4	19	4	4	4	12	11,5	4

Michèle et Yvan COL - St-Yvoix - 63660 ST-ANTHEME - Tél. : 04 73 95 44 63

ST-BONNET-PRES-ORCIVAL Vareilles

Alt. : 900 m

C.M. 73 Pli 13

3 ch. **La Bourboule 25,5 km. Le Mont-Dore 23 km.** 3 ch. dont 1 ch. familiale avec balcon au 1er étage dans un bâtiment attenant à la maison des propriétaires, ayant en commun : salle à manger (cheminée, m-ondes et réfrig. à dispos.), salon, terrasse, jardin, parking privé. 2 ch. (1 lit 2 pers.), s.d.b./wc privés attenants à chacune. 1 ch. familiale (1 lit 2 pers. 2 lits 1 pers.), s.d.b./wc. Gîte panda. Taxe de séjour. Tarifs dégressifs à partir de la 3e nuit. Réduction des tarifs hors 15 juin/15 septembre. Table d'hôtes à base de produits naturels du jardin. L'ânesse « Margot » porte enfants et bagages lors de vos randonnées (30 €/jour) Langue parlée : anglais.

Prix : 1 pers. **32** € 2 pers. **39** € 3 pers. **51** € pers. sup. **11** €
repas **12** €
Ouvert : Toute l'année.

20	8	11	5,5	14	27	2

Thierry et Michelle GAIDIER - Vareilles - 63210 ST-BONNET-PRES-ORCIVAL - Tél. : 04 73 65 87 91 -
E-mail : gaidier.thierry@wanadoo.fr

ST-BONNET-PRES-ORCIVAL Château de Voissieux

Alt. : 830 m

C.M. 73 Pli 13

3 ch. **La Bourboule 25 km. Le Mont-Dore 23 km.** 3 ch. d'hôtes aménagées dans le petit château des propriétaires. 1er ét. : 2 ch. (1 lit 2 pers. chacune), s.d.b./wc privés pour chaque. 2e ét. : 1 ch. (1 lit 2 pers.), s.d.b./wc privés. En commun : salon avec cheminée, salle à manger avec cheminée. Terrasse, parc, parking privé. Taxe de séjour. Les propriétaires sont britanniques. Restaurants à 2 km. 2 nuits minimum en juillet et août. Randonnées pédestres sur place. Langue parlée : anglais.

Prix : 1 pers. **38/46** € 2 pers. **44/52** €
Ouvert : Du 1er février à fin octobre.

20	11	5,5	14	27	27	2

Danielle et John PHILLIPS - Château de Voissieux - 63210 ST-BONNET-PRES-ORCIVAL - Tél. : 04 73 65 81 02 - Fax : 04 73 65 81 27

ST-DIERY-LE-BAS

Alt. : 780 m

C.M. 73 Pli 13/14

2 ch. **Besse et St-Anastaise 10 km. Murol 8 km.** 2 chambres d'hôtes aménagées au 2e étage mansardé dans la maison de la propriétaire située sur une ancienne exploitation agricole. Salle de séjour. 1 chambre (1 lit 2 pers.), 1 chambre familiale (1 lit 2 pers. 2 lits 1 pers.), salle d'eau et wc privés dans chaque chambre. Terrasse. Jardin. Parking privé. Restauration possible à 4 km. Gîte de neige. Lac Chambon (9 km) : baignade, voile, planche à voile, canoë, pêche. Murol (8 km) : château XII-XVIe avec visites animées. Saint-Nectaire (5 km) : station thermale, église romane.

Prix : 1 pers. **25** € 2 pers. **34** € pers. sup. **13** €
Ouvert : Toute l'année.

9	17	7	14	14	14	17	23	8

Odette MOURET - 63320 ST-DIERY-LE-BAS - Tél. : 04 73 96 78 54

ST-GERVAIS-D'AUVERGNE Montarlet

Alt. : 720 m

C.M. 73 Pli 3

3 ch. **Viaduc des Fades 16 km. Gorges de la Sioule 20 km.** Chambres aménagées dans un bâtiment mitoyen à la maison des propr. A votre disposition : salon (cheminée), salle à manger. Jardin, terrasse, parking privé. 1er étage : 2 ch. (1 lit 2 pers. chacune), salle d'eau, wc, chacune. 2e étage mansardé : 1 ch.(1 lit 2 pers. 2 lits 1 pers.), salle d'eau, wc privés. Réduction en fonction de la durée du séjour. Restauration à St-Gervais-d'Auvergne à 4 km. Châteauneuf-les-bains à 9 km : station thermale et canoë. St-Gervais : plan d'eau, planche à voile, pêche. Prêt de VTT. Pêche et randonnées pédestres à proximité. Langue parlée : anglais.

Prix : 1 pers. **31** € 2 pers. **40** € pers. sup. **13** €
Ouvert : Toute l'année.

4	4	17	11	4	4

Elyane et Jean-René PELLETIER - Montarlet - 63390 ST-GERVAIS-D'AUVERGNE - Tél. : 04 73 85 87 10 ou 06 83 13 67 33 -
E-mail : montarlet@libertysurf.fr

Auvergne
Puy-de-Dôme

ST-GERVAIS-D'AUVERGNE Le Masmont   Alt. : 720 m   (TH)   C.M. 73 Pli 3

3 ch. **Viaduc-des-Fades 13,5 km. Clermont-Ferrand 57 km.** Ch. familiale aux 1er et 2e ét. (mansardé) de la maison de la prop. Salle à manger. 2 ch. dans bât. attenant : salle à manger/coin-cuisine, poêle-cheminée, 1 ch. familiale. 1er ét. : 1 ch. (1 lit 2 pers.). 2e ét. mansardé : 1 ch. (3 lits 1 pers.), s. d'eau/wc privés attenants communs. Bât. attenant : 1er ét. : 2 ch. (2 lits 2 pers.), chacune avec s. d'eau/wc. Terrain arboré, barbecue. Table d'hôtes sur réservation. Supplément animal. Taxe de séjour en sus. Châteauneuf-les-Bains (station thermale) 10 km. Pêche et planche à voile à 3 km. Langues parlées : hollandais, anglais, allemand.

Prix : 1 pers. 30 € 2 pers. 38 € pers. sup. 20 € repas 13 €
Ouvert : Toute l'année.

🐕	⛱	🎾	🐎	🚴	🚞	⛴
3	23	3	16	3	3	3

Marion GAUVIN - Le Masmont - 63390 ST-GERVAIS-D'AUVERGNE - Tél. : 04 73 85 80 09 - E-mail : lemasmont@wanadoo.fr

ST-GERVAZY Segonzat   Alt. : 500 m   C.M. 73 Pli 14

1 ch. **Clermont-Ferrand 55 km. St-Germain-Lembron 9 km.** 1 ch. d'hôtes aménagée au rez-de-chaussée d'un bâtiment annexe à la maison du propriétaire. Salle à manger commune avec TV dans la maison du propriétaire. Cour attenante fermée commune. 1 ch. (1 lit 2 pers. 1 lit enfant), salle d'eau/wc privés. Restauration possible à 3 km.

Prix : 2 pers. 31 € pers. sup. 8 €
Ouvert : Toute l'année.

🐕	⛱	🎾	🐎	🚴	🚞	⛴
7	9	3	21	21	9	

Jean-Claude MERLE - Segonzat - 63340 ST-GERVAZY - Tél. : 04 73 96 44 50

ST-GERVAZY   Alt. : 500 m   A   C.M. 73 Pli 14

4 ch. **Clermont-Ferrand 53 km.** Ch. aménagées dans 1 bâtiment annexe à la maison des prop. (ferme équestre et céréalière). 1er ét. : 2 ch. (2 lits 1 pers. chacune), salle d'eau/wc pour chacune. 2e ét. : 2 ch. (2 lits 1 pers. chacune) avec salle d'eau/wc pour chacune. R.d.c. : séjour/kitchenette avec cheminée réservés aux hôtes. Parking privé, espace non clos. Restauration possible à l'auberge de Mr Trouiller. Tarif nuitée enfant : 19 €.

Prix : 1 pers. 25 € 2 pers. 50 € repas 11 € 1/2 pens. 36 € pens. 47 €
Ouvert : Toute l'année.

🐕	⛱	🎾	🐎	🚴	🚞	⛴
7	6	SP	18	6		

Patrick TROUILLER - 63340 ST-GERVAZY - Tél. : 04 73 96 44 51

ST-IGNAT   C.M. 73 Pli 5

5 ch. 5 chambres aménagées dans une maison d'habitation du XIXe siècle, mitoyenne à la maison des propriétaires, aux 1er et 2e étages mansardés. 3 chambres (1 lit 2 pers.) 2 chambres (1 lit 2 pers. et 1 lit 1 pers.), chacune avec salle d'eau/wc privés. En commun : salle d'accueil (cheminée), salle de séjour, salle de détente (jeux, bibliothèque). VTT à disposition. Propriété fermée et ombragée. Terrasse. Garage. Restauration possible à 4 km. Pêche à 2 km. Randonnées pédestres à proximité. Langue parlée : espagnol.

Prix : 1 pers. 38 € 2 pers. 43/48 € 3 pers. 61 € pers. sup. 13 €
Ouvert : Toute l'année.

🐕	⛱	🎾	🐎	🚴	🚞
13	4	13	SP	4	

Nicole et Jacques RODRIGUEZ - 2 impasse de la Forge - Les Trèfles - 63720 ST-IGNAT - Tél. : 04 73 33 22 32 - Fax : 04 73 33 22 92

ST-NECTAIRE Sailles   Alt. : 850 m   C.M. 73 Pli 3/4

3 ch. **Clermont-Ferrand 39 km. St-Nectaire 2 km.** Au r.d.c. d'un bâtiment annexe à la maison du prop. S. à manger commune dans la maison du prop. 2 ch. (1 lit 2 pers. chacune), s. d'eau/wc, privés. 1 ch. familiale comprenant : 1 ch. (1 lit 2 pers.), 1 ch. (2 lits 1 pers.), s. d'eau et wc privés. Barbecue. Espace attenant non fermé. Restauration possible à 2 km.

Prix : 2 pers. 35 € 3 pers. 48 € pers. sup. 13 €
Ouvert : Toute l'année (fermé au mois de décembre).

🐕	⛱	🎾	🐎	🚴	⛷	🚞	⛴
9	26	2	2	11	26	39	2

Elisabeth et Marc GUILHOT - Sailles - 63710 ST-NECTAIRE - Tél. : 04 73 88 50 69 - Fax : 04 73 88 55 18

ST-PIERRE-LA-BOURLHONNE Les Igonins   Alt. : 980 m   C.M. 73 Pli 16

2 ch. **Olliergues 12 km.** 2 chambres d'hôtes au rez-de-chaussée aménagées dans la maison du propriétaire ayant en commun : salle de séjour, terrasse, espace attenant non clos. 2 ch. (1 lit 2 pers.), salle d'eau/wc privés. Restauration possible à 2 km.

Prix : 2 pers. 37 €
Ouvert : Toute l'année.

🐕	⛱	🎾	🐎	🚴	⛷	🚞	⛴
18	9	18	2	5	19	38	SP

Jean JOSSELIN - Les Igonins - 63480 ST-PIERRE-LA-BOURLHONNE - Tél. : 04 73 95 22 60

Puy-de-Dôme
Auvergne

ST-PIERRE-LE-CHASTEL Bonnabaud — Alt. : 725 m — (TH) — C.M. 73 Pli 3

3 ch. **Pontgibaud 5 km.** 3 chambres aménagées au 1er étage de la maison des propriétaires, ancien bâtiment de ferme. En commun : salle de séjour. Jardin non clos, terrasse. 3 chambres (1 lit 2 pers. 1 lit 1 pers.), salle d'eau et wc privés chacune. Table d'hôtes sur réservation. Enfants moins de 10 ans : repas 8 €. Taxe de séjour. A proximité du Puy-de-Dôme (parapente). Parc des volcans. Nombreuses activités : randonnées pédestres, pêche, VTT, vol libre, équitation, baignade... Chaîne des Puys, Vallée de la Sioule. Hors vacances scolaires : tarifs dégressifs. Table d'hôtes : spécialités auvergnates.

Prix : 1 pers. 33 € 2 pers. 40 € 3 pers. 53 € pers. sup. 14 €
repas 13 €

Ouvert : Toute l'année.

🐕	☂	🏊	🎾	🏃	🚴	🐎	🚂	⛷
	7	28	5	6	14	26	5	5

Martine et Joël PARROT - Bonnabaud - Les Genêts fleuris - 63230 ST-PIERRE-LE-CHASTEL - Tél. : 04 73 88 75 81 - Fax : 04 73 88 75 81

ST-PIERRE-ROCHE Champlaurent — Alt. : 830 m — (TH) — C.M. 73 Pli 13

2 ch. **Rochefort-Montagne 4 km. Lachamps 19 km. Ceyssat 14 km.** Entre la chaîne des Puys et le massif des Monts-Dore, dans un petit hameau très calme, dans une maison de pierres traditionnelle. 2 ch. aménagées au 1 er ét. mansardé. 1 ch. (1 lit 2 pers., 2 lits 1 pers.), s.d.b., wc privés, 1 ch. (2 lits 1 pers. accolés), s. d'eau, wc privés. Salle de séjour avec cheminée pour les hôtes. Jardin fleuri et ombragé, jeux, terrasse. Tarifs dégressifs dès la 3e nuit. Tarif « basse saison » avril, mai, octobre, et novembre. Réduction enfants de moins de 12 ans. Taxe de séjour. Gîte Panda. Pêche et randonnées sur place. En table d'hôtes, vous goûterez les fruits et légumes produits naturellement dans le jardin. Parapente : 19 km. Langues parlées : anglais, espagnol.

Prix : 1 pers. 30 € 2 pers. 40 € 3 pers. 51 € pers. sup. 11 €
repas 10/12 €

Ouvert : Du 1er avril au 11 novembre.

🐕	☂	🏊	🎾	🏃	🚴	⛷
	15	4	14	19	4	

Florence et Gérard CARTIGNY-JOBERTON - Champlaurent - 63210 ST-PIERRE-ROCHE - Tél. : 04 73 65 92 98

ST-REMY-DE-CHARGNAT Château de Pasredon — C.M. 73 Pli 15

5 ch. **Issoire 8 km. Clermont-Ferrand 39 km. Sauxillanges 6 km.** R.d.c. : s. à manger, cheminée, salon. 1er ét. : 1 ch. (2 lits 1 pers.), s. d'eau/s.d.b./wc, salon. 1 ch. (1 lit 2 pers.), dressing, s.d.b./wc. 2e ét. : 1 ch. (2 lits 1 pers.), dressing, s.d.b./wc. 1 ch. (1 lit 2 pers.), s.d.b./s. d'eau/wc, dressing. 1 ch. (1 lit 2 pers.), s.d.b./s.d'eau/wc. Au château avec un parc de 2 ha. Tennis privé. Garage, parking privé. Restauration possible à 3 km. Malle au trésor. Situation entre le parc des Volcans et le parc du Livradois-Forez.

Prix : 1 pers. 46/72 € 2 pers. 61/87 €

Ouvert : Du 1er avril au 1er novembre.

🐕	☂	🏊	🎾	🏃	🚴	⛷
	8	SP	8	8	8	6

Henriette et Henri MARCHAND - Château de Pasredon - 63500 ST-REMY-DE-CHARGNAT - Tél. : 04 73 71 00 67 - Fax : 04 73 71 08 72

ST-SYLVESTRE-PRAGOULIN La Poivrière — C.M. 73 Pli 5

2 ch. **Vichy 10 km.** 2 chambres aménagées, face à la maison des propriétaires, au rez-de-chaussée d'une ancienne petite ferme rénovée. 1 ch. (1 lit 2 pers.) aavec salle d'eau/wc privés et 1 ch. (1 lit 2 pers.) avec salle de bains/salle d'eau et wc indépendants privés. En commun : salle à manger (cheminée avec four à pain), salon. Terrasse. Jardin non fermé. Parking privé. Garage. Restaurant à 3 km. Plan d'eau, rivière : 11 km. Voile : 11 km.

Prix : 1 pers. 34/42 € 2 pers. 39/46 €

Ouvert : Du 1er février au 15 novembre.

🐕	☂	🏊	🎾	🏃	🚴	⛷
	3	3	15	11	3	

Jean-François et Geneviève RIBOULET-RATTERO - 5 rue du Château - La Poivrière - 63310 ST-SYLVESTRE-PRAGOULIN -
Tél. : 04 70 59 01 11 ou 04 70 59 12 87 - Fax : 04 70 59 01 11

ST-VICTOR-LA-RIVIERE Jassat — Alt. : 1017 m — C.M. 73 Pli 13/14

1 ch. **Lac de Chambon 2 km.** 1 chambre d'hôtes aménagée au 2e étage mansardé de la maison de la propriétaire. R.d.c. : salle de séjour (cheminée). 1 ch. (1 lit 2 pers.), salle d'eau privée non attenante et wc réservés aux hôtes au 1er étage. Terrasse, cour et jardin attenants fermés avec balançoires. Equitation à Jassat. Restaurants à Chambon-sur-Lac et Murol à 2 km. Taxe de séjour.

Prix : 1 pers. 28 € 2 pers. 35 €

Ouvert : Toute l'année.

🐕	☂	🏊	🎾	🏃	🚴	🐎	🚂	⛷
	2	18	2	SP	2	6	10	38	2

Sylvie SIMON - Jassat - 63790 ST-VICTOR-LA-RIVIERE - Tél. : 04 73 88 66 01

ST-VICTOR-MONTVIANEIX Dassaud — Alt. : 782 m — (TH) — C.M. 73 Pli 6

4 ch. **St-Rémy-sur-Durolle 15 km.** 4 chambres aménagées au 1er étage dans un ancien bâtiment de ferme attenant à la maison des propriétaires, située sur une exploitation agricole. Salle de séjour (cheminée). 1 ch. (3 lits 1 pers. dont 2 accolés), 2 ch. (1 lit 2 pers.), 1 ch. (1 lit 2 pers. 1 lit 1 pers.). Salle d'eau et wc privés dans chaque chambre. Jardin non fermé. Parking privé. Tarifs variables en fonction de la durée du séjour et de la période. Tarifs pour enfants de moins de 12 ans. Tél. de préférence en 12 h et 13 h 30 ou après 18 h. Pêche et randonnées sur place. Thiers : musée de la coutellerie, vallée des Rouets, centre d'art contemporain « le Creux de l'Enfer ».

Prix : 2 pers. 35 € 3 pers. 49 € pers. sup. 14 € repas 12 €

Ouvert : Toute l'année.

🐕	☂	🏊	🎾	🏃	🚴	🚂	⛷
	15	15	9	15	30	15	

Michel et Joëlle GIRARD - Dassaud - 63550 ST-VICTOR-MONTVIANEIX - Tél. : 04 73 94 38 10

Auvergne **Puy-de-Dôme**

TAUVES Escladines Alt. : 840 m (TH) C.M. 73 Pli 12/13

5 ch. **Stations thermales la bourboule 15 km et le Mont-Dore 22 km.** 5 chambres d'hôtes aménagées au 1er étage d'une ancienne ferme située face à la maison d'habitation de la propriétaire. Salle de séjour (cheminée), salle de détente. Terrain attenant. 3 chambres (1 lit 2 pers.), 1 ch. (1 lit 2 pers., 1 lit 1 pers.), 1 ch. (3 lits 1 pers.), 2 ch. peuvent communiquer. Toutes les chambres sont équipées d'un sanitaire privé. Table d'hôtes sur réservation. Tarifs réduits en table d'hôtes pour enfant moins de 8 ans. Taxe de séjour. Parcours VTT et randonnées, Monts-Dores et lacs à proximité. Situé aux portes du Cantal et de la Corrèze. site : www.bourboule.com Langue parlée : anglais.

Prix : 1 pers. 32 € 2 pers. 40/46 € pers. sup. 9/12 € repas 12 €
Ouvert : Toute l'année.

9	15	2,5	9	2,5	11	26	15	2,5	

Sylvie FEREYROLLES - Escladines - 63690 TAUVES - Tél. : 04 73 21 13 02 ou 04 73 21 10 53 - E-mail : sylvie.fereyrolles@wanadoo.fr

LA TOUR-D'AUVERGNE Cloux Alt. : 1000 m (TH) C.M. 73 Pli 12/13

2 ch. **La Bourboule 17 km.** 2 ch. d'hôtes dont 1 familiale aménagées au 1er étage de la maison des propriétaires. 1 ch. (1 lit 2 pers.), s. d'eau/wc privés attenants, 1 ch. familiale composée de 2 ch. (1 lit 2 pers. 2 lits 1 pers. superposés), s. d'eau/wc privés attenants, accès commun au r.d.c. : salle de séjour (bibliothèque, poêle cheminée). Jardin non clos. Les propriétaires sont britanniques. Tarif réduit pour les enfants -12 ans. A partir de 3 nuits : demi-pension à 30 €/pers. Taxe de séjour. Gîte Panda. Randonnées pédestres à 3 km. Langue parlée : anglais.

Prix : 2 pers. 40 € pers. sup. 13 € repas 13 €
Ouvert : Toute l'année.

4	17	4	8	4	10	10	22	4

Antony et Dorothy COPLEY - Cloux - 63680 LA-TOUR-D'AUVERGNE - Tél. : 04 73 21 50 42

TOURS-SUR-MEYMONT Ferme de Pied Froid Alt. : 627 m (TH) C.M. 73 Pli 16

3 ch. **Cunlhat 7 km.** Au 1er étage d'un ancien bâtiment de ferme attenant à la maison des propriétaires. R.d.c. : salle de séjour commune avec cheminée. 1 ch. (2 lits 1 pers.), 1 ch. (1 lit 2 pers.), 1 ch. (1 lit 2 pers. 2 lits 1 pers.). Toutes les chambres sont dotées d'une salle d'eau/wc privés et attenants. Terrain attenant non fermé. Table de ping-pong. Malle au trésor. Réduction des tarifs à partir de la 4e nuit. Table d'hôtes sur réservation. Pêche et randonnées à proximité. Situation : dans le parc du Livradois-Forez. Taxe de séjour.

Prix : 1 pers. 29 € 2 pers. 37/39 € pers. sup. 12 € repas 11 €
Ouvert : Toute l'année.

7	33	1,5	7	7	7

M. Majeune Philippe - Ferme de Pied Froid - 63590 TOURS-SUR-MEYMONT - Tél. : 04 73 70 71 20 ou 06 84 28 06 89 - Fax : 04 73 70 71 20

VALBELEIX Marcenat Alt. : 845 m (TH) C.M. 73 Pli 13/14

1 ch. **Lac de Pavin 23,5 km. Clermont-Ferrand 60 km. Issoire 24 km.** 1 chambre d'hôtes mansardée aménagée dans une ancienne ferme restaurée, habitée saisonnièrement par la propriétaire. Chambre au 1er étage composée de 1 ch. (1 lit 2 pers. 1 lit bébé), avec salle d'eau et wc privés non attenants. Salle à manger typiquement auvergnate avec une grande cheminée. Salle de détente. Terrain attenant. Table d'hôtes sur réservation. Gîte panda. Adresse hors saison : Larre Lucette, 10 rue François Couperin, 95320 Saint-Leu-la-Forêt. Pêche et randonnées pédestres à proximité.

Prix : 1 pers. 31 € 2 pers. 34 € pers. sup. 25 € repas 10 €
Ouvert : Du 1er mai au 30 octobre.

26	26	5	19	19	24	19

Lucette LARRE - Marcenat - 63610 VALBELEIX - Tél. : 04 73 71 21 08 ou 01 39 95 97 94

VARENNES-SUR-USSON Les Baudarts C.M. 73 Pli 15

3 ch. **Issoire 6 km.** 3 ch., dont 1 familiale aménagées dans la maison des propr. A votre disposition : salon, s. à manger (cheminée), bibliothèque). Jardin. Parking privé. Rez-de-rue : 1 ch. familiale (4 lits 1 pers., dont 2 accolés), s. d'eau, wc privés, salon. 1er étage mansardé : 1 ch. (2 lits 1 pers. accolés), s. de bains/wc privés, 1 ch. (2 lits 1 pers. accolés), s. de bains/wc privés, salon. Usson, château de la reine Margot. Le Vernet-la-Varenne à 17 km : plan-d'eau, baignade, château de Parentignat. Sauxillanges : cloître gothique, anciens logis du XVè et du XVIè siècle. Restauration à 2 km. Langue parlée : anglais.

Prix : 1 pers. 48 € 2 pers. 58/69 € pers. sup. 19 €
Ouvert : Toute l'année, sur réservation du 1er mai au 1er octobre.

17	7	6	6	6	6

Hélène et Jacques VERDIER - Les Baudarts - 63500 VARENNES-SUR-USSON - Tél. : 04 73 89 05 51 - Fax : 04 73 89 05 51

VENSAT Bellevue C.M. 73 Pli 4

3 ch. **Gannat 9 km. Aigueperse 5 km. Gour-de-Tazenat 25 km.** 3 ch. au 1er étage de la maison de la propriétaire avec en commun : rez-de-chaussée, salle réservée aux hôtes. Cheminée. Espace attenant fermé avec barbecue, ping-pong. 1 ch. (1 lit 2 pers.), 1 ch. (1 lit 2 pers. 1 lit bébé), 1 ch. (2 lits 1 pers.), toutes avec salle d'eau/wc privés. Restauration possible à 5 km. Festival mondial du folklore. Autoroute A71, sortie Gannat. Réduction des tarifs à partir du 3e jour pour 2 pers.

Prix : 1 pers. 27 € 2 pers. 36 €
Ouvert : De mars à octobre.

9	2,2	3	7	7	7

Renée-Françoise POUZET - Bellevue - 63260 VENSAT - Tél. : 04 73 33 04 41

Puy-de-Dôme

Auvergne

VERNET-LA-VARENNE Le Mouy-Vieux   Alt. : 760 m
C.M. 73 Pli 15/16

|||| 2 ch.

Issoire 18 km. Ambert 42 km. Vernet-la-Varenne 3 km (plan d'eau...). 2 ch. d'hôtes aménagées dans des pavillons situés dans la propriété de M. Compagnon. En commun : s. à manger/véranda, salon (cheminée). Pav. dans propr. : r.d.c. : 1 ch. (1 lit 2 pers., 1 lit 1 pers.), s. d'eau/wc privés, cheminée, terrasse. Pav. mitoyen à la maison du propr. : r.d.c. : 1 ch. (1 lit 2 pers.,1 lit 1 pers.), s.d.b./wc privés, cheminée, piano, salon, terrasse. Parc arboré, parking privé. Equipement pour accueil bébé. Sur réservation de la Toussaint à Pâques. 1 chien accepté : supplément de 10 €. A proximité : Usson, Sauxillanges, Parentignat. Restaurant à 3 km. Auberge à proximité. Taxe de séjour. Pêche et randonnées pédestres à proximité.

Prix : 1 pers. 75/90 € 2 pers. 85/100 € pers. sup. 18 €
Ouvert : Toute l'année.

| 3 | 18 | 3 | 3 | 3 | 18 | 3 |

Maurice COMPAGNON - Le Mouy-Vieux - 63580 VERNET-LA-VARENNE - Tél. : 04 73 71 35 87 - Fax : 04 73 71 35 87

LE VERNET-SAINTE-MARGUERITE Cluchat   Alt. : 970 m
C.M. 73 Pli 13/14

|||| 5 ch.

Le Mont-Doré 30 km. Besse-et-St-Anastaise 22 km. Chambres aménagées dans un bâtiment mitoyen à la maison des propr. Séjour, ch. situées au 1er étage. 2 ch.(1 lit 2 pers.), 3 ch.(1 lit 2 pers., 1 lit 1 pers., chacune). Toutes les chambres sont dotées d'une salle d'eau et de wc privés. Cour, jardin avec jeux pour enfants. Réduction repas enfants jusqu'à 10 ans. Taxe de séjour. Château féodal de Murol à 11 km, lac d'Aydat à 10 km : voile, planche à voile. Station-thermale à St-Nectaire à 7 km.

Prix : 1 pers. 29 € 2 pers. 39 € 3 pers. 50 € pers. sup. 11 € repas 13 €
Ouvert : Les vacances scolaires et de juin à fin septembre.

| 10 | 10 | 10 | 10 | 8 | 29 | 29 | 11 |

Jacqueline et J-Louis BUXEROL - Cluchat - 63710 LE-VERNET-STE-MARGUERITE - Tél. : 04 73 88 67 92

VERNEUGHEOL Le Glufareix   Alt. : 727 m
C.M. 73 Pli 12

|||| 4 ch.

La Ramade 10 km. 4 ch. dans la maison des prop. Salle à manger, salon. Cour, terrasse. 1er ét. : 1 ch. familiale de 2 ch. (2 lits 2 pers. 1 lit 1 pers.), s.d.b./wc privés, 1 ch. (1 lit 1 pers. 1 lit 2 pers.), s. d'eau/wc privés. 2e ét. mansardé : 1 ch. (2 lits 2 pers.), s. d'eau/wc privés. 1 ch. (1 lit 1 pers.), s. d'eau et wc privés. Parking privé. Gratuit pour les enfants - 2 ans. Tarifs dégressifs, selon la durée du séjour et hors saison. Table d'hôtes sur résa. Astronomie à Verneugheol (observatoire, séance à thème, diaporama...).

Prix : 1 pers. 28/31 € 2 pers. 36/39 € 3 pers. 47/49 € pers. sup. 11 € repas 11 €
Ouvert : Toute l'année.

| 10 | 5,5 | 20 | 6 | 5,5 |

Christiane et Bernard THOMAS - Le Glufareix - 63470 VERNEUGHEOL - Tél. : 04 73 22 11 40

VILLOSSANGES La Verrerie   Alt. : 642 m
C.M. 73 Pli 2/3

|||| 6 ch.

R.d.c. : salle à manger, cheminée. 1er étage : salon avec mezzanine, TV. 1 ch. (2 lits 1 pers.), s. d'eau et wc privés. 1 ch. (1 lit 2 pers. 1 lit 1 pers.), s.d.b. et wc privés. 1 ch. (2 lits 1 pers. 1 lit 2 pers.), s. d'eau et wc privés. 2e étage mansardé : 2 ch. (1 lit 2 pers.), s.d.b. et wc privés. Chambres dans la maison du propriétaire mitoyenne à un gîte rural. Jardin, terrasse, parking privé. Etang privé. Possibilité de déguster votre pêche à la table d'hôtes. 1/2 pens. à partir du 4e jour. Table d'hôtes sur réservation.

Prix : 1 pers. 30 € 2 pers. 38 € 3 pers. 50 € pers. sup. 12 € repas 12 €

| 11 | 3 | 9 | 7 | 48 | 4 |

QUEYRIAUX Christiane et Philippe - La Verrerie - La Ferme de l'Etang - 63380 VILLOSSANGES - Tél. : 04 73 79 71 61

VOLLORE-VILLE Le Troulier   Alt. : 720 m
C.M. 73 Pli 16

|||| 3 ch.

Thiers 20,5 km. Clermont-Ferrand 55 km. 3 chambres au 1er étage de la ferme isolée des propriétaires, avec en commun : salle de séjour (cheminée, bibliothèque). Grand jardin fleuri, ping-pong. 1 ch. (3 lits 1 pers.), salle de bains/wc privés. 2 ch. (1 lit 2 pers. chacune), salle d'eau/wc privés. Pour réserver, téléphonez aux heures des repas. Gîte Panda. Table d'hôtes avec les légumes naturels du potager. Vollore-Ville : en juillet, concerts de musique classique. Aubusson d'Auvergne, plan d'eau. Pêche et randonnées pédestres à proximité.

Prix : 1 pers. 29 € 2 pers. 37 € 3 pers. 51 € pers. sup. 11 € repas 11 €
Ouvert : Toute l'année.

| 5 | 12 | 4 | 4 | 9 | 19,8 | 4 |

Arlette et Bernard MOIGNOUX - Le Temps de Vivre - La Bergerie du Troulier - 63120 VOLLORE-VILLE - Tél. : 04 73 53 71 98 -
E-mail : troulier@libertysurf.fr

VOLLORE-VILLE   Alt. : 546 m
C.M. 73 Pli 16

|||| 5 ch.

5 ch. d'hôtes dans le château des prop. R.d.c. : 1 ch. (1 lit 2 pers.), s.d.b. et wc privés. 1er ét. : 1 ch. (1 lit 2 pers.), s.d.b. et wc privés, 1 ch. (1 lit 2 pers.), salon, s.d.b., s. d'eau et wc privés. 2e ét. : 1 ch. (1 lit 2 pers.), s.d.b. et wc privés, 1 ch. (2 lits 1 pers.), s.d.b., s. d'eau et wc privés. Salon avec cheminée commun. A la disposition des hôtes : TV, billard français, salle à manger. Terrasse, grand parc arboré, tennis privé dans la propriété, ping-pong. Le château est ouvert au public. Restaurant à 6 km. Langue parlée : anglais.

Prix : 2 pers. 95/190 €
Ouvert : Toute l'année.

| 4 | SP | 8 | 4 | 17 | 8 |

Geneviève et Michel AUBERT-LA FAYETTE - Château de Vollore - 63120 VOLLORE-VILLE - Tél. : 04 73 53 71 06 - Fax : 04 73 53 72 44

Auvergne
Puy-de-Dôme

VOLLORE-VILLE La Garbiere   Alt. : 546 m   *C.M. 73 Pli 16*

▓▓▓ 2 ch.   **Clermont-Ferrand 49 km.** 2 chambres d'hôtes au rez-de-chaussée d'une maison de construction récente. Rez-de-chaussée surélevé : salle de séjour avec cheminée, bibliothèque. Terrasse, jardin arboré (poss. pique-nique). 1 ch. 3 épis (1 lit 2 pers.), salle d'eau/wc privés. 1 ch. 2 épis (1 lit 2 pers.), salle d'eau/wc non attenants. Restauration possible à 4 km. Pêche et planche à voile à 2 km. Langues parlées : anglais, espagnol.

Prix : 2 pers. 32/38 €
Ouvert : Vacances scolaires et week-end.

🐕	⛱	🏊	🎾	🐎	🚴	🏃	⛷	🎡	🚣
	2	4	1,5	2	2	17	34	14	4

Danièle et Christian MOIGNOUX - La Garbière - 63120 VOLLORE-VILLE - Tél. : 04 73 53 71 04

BOURGOGNE

Pour réserver, écrire ou téléphoner :

21 - CÔTE-D'OR
GÎTES DE FRANCE - Service Réservation
Accueil et Vacances en Côte-d'Or
15, rue de l'Arquebuse - B.P. 90452
21004 DIJON Cedex
Tél. : 03 80 45 97 15 - Fax : 03 80 45 97 16
www.gites-de-france.fr

71 - SAÔNE-ET-LOIRE
GÎTES DE FRANCE
Esplanade du Breuil - B.P. 522
71010 MACON Cedex
Tél. : 03 85 29 55 60 - Fax : 03 85 38 61 98
www.gites-de-france.fr

58 - NIÈVRE
GÎTES DE FRANCE
3, rue du Sort - 58000 NEVERS
Tél. : 03 86 36 42 39 - Fax : 03 86 59 44 63

89 - YONNE
GÎTES DE FRANCE
Chambre d'Agriculture
14 bis, rue Guynemer
89015 AUXERRE Cedex
Tél. : 03 86 94 22 22 ou 03 86 46 01 39
Fax : 03 86 94 28 93

Bourgogne

Côte-d'Or

GITES DE FRANCE - Service Réservation
Accueil et Vacances en Côte d'Or
15, rue de l'Arquebuse - B.P. 90452 - 21004 DIJON Cedex
Tél. 03 80 45 97 15 - Fax 03 80 45 97 16
http://www.gites-de-france.fr

3615 Gîtes de France
0,2 €/min

AIGNAY-LE-DUC (TH) *C.M. 65 Pli 19*

4 ch. 4 chambres d'hôtes (chacune avec salle d'eau et wc) aménagées dans une maison de maître du XVIII° siècle. 1 chambre 3 pers., 3 chambres 2 pers. Lit bébé à disposition. Salon avec TV, bliothèque. Chauffage central. Entrée indépendante. Grange. Jardin. Repas (sur réservation) servis dans le salon avec cheminée. Vue sur le village et l'église du XIII° siècle. La propriété se caractérise par son traitement minéral très spécifique à la région. Sorties autoroutes : Bar-sur-Seine à 50 km ou Dijon à 60 km.

Prix : 1 pers. 29 € 2 pers. 37 € 3 pers. 46 € repas 14 €
Ouvert : Toute l'année.

34	11	1	0,5	SP	15	34	15	14	34	SP

Claude et Myriam BONNEFOY - La Demoiselle - Rue sous les Vieilles Halles - 21510 AIGNAY-LE-DUC - Tél. : 03 80 93 90 07 - Fax : 03 80 93 90 07 - E-mail : Myriam.Bonnefoy@wanadoo.fr

AISY-SOUS-THIL Les Forges *C.M. 243 Pli 1/13*

4 ch. En pleine nature, 4 chambres de 2 à 3 pers. aménagées dans une ancienne ferme. Salle d'eau et wc privés pour chaque chambre. Grand séjour avec cheminée. Cuisine à disposition. Bâtiment attenant au domicile des propriétaires. Garage fermé pour motos et vélos. Parking privé. Sortie A6 : Bierre-les-Semur à 5 km. Langue parlée : anglais.

Prix : 1 pers. 34 € 2 pers. 40 € 3 pers. 46 € pers. sup. 10 €
Ouvert : Toute l'année.

11	1	0,1	1	4	1	20	18	5	10	30	2

Daniel et Françoise GIROUDEAU - Les Forges - 21390 AISY-SOUS-THIL - Tél. : 03 80 64 53 86 - E-mail : dangiroudeau@aol.com

ANTHEUIL (TH) *C.M. 243 Pli 15*

2 ch. Dans un village calme, 2 chambres d'hôtes 2 pers. aménagées dans une maison de caractère restaurée, située dans la Vallée de l'Ouche. Salles d'eau et wc privés. Beau séjour avec cheminée et TV. Chauffage électrique. Jardin. Restaurant à 3 km. Repas sur réservation. Taxe de séjour en supplément. Sortie autoroute A6 : Pouilly-en-Auxois à 15 km.

Prix : 1 pers. 28 € 2 pers. 34 € 3 pers. 40 € repas 12 €
Ouvert : Toute l'année.

20	3	3	0,3	7	15	7	20	15	22	15

Gisele SCHIERINI - 21360 ANTHEUIL - Tél. : 03 80 33 04 37

ARCENANT (TH) *C.M. 243 Pli 15*

4 ch. 4 chambres d'hôtes aménagées dans une maison récente, située dans les Hautes-Côtes. Entrée indépendante. 3 chambres 2 pers. et 1 chambre 4 pers. avec salle de bains ou salle d'eau et wc privés. Salle à manger, séjour. Chauffage élecrique et bois. Jardin. Parking. Produits fermiers 9 km. GR7. Sortie autoroute : A31-E17-E21 Nuits-Saint-Georges à 9 km. Langues parlées : anglais, allemand, hollandais.

Prix : 1 pers. 27 € 2 pers. 36 € 3 pers. 43 € pers. sup. 11 € repas 14 €
Ouvert : Toute l'année.

9	9	22	SP	SP	4	SP	7	9	9	3

Nina CAMPO - Route de Bruant - 21700 ARCENANT - Tél. : 03 80 61 28 93

ARCONCEY Laneau (TH) *C.M. 65 Pli 18*

1 ch. En pleine campagne, dans un hameau et à la ferme, une chambre d'hôtes 4 pers. aménagée dans une ancienne étable traditionnelle. Salle d'eau et wc privés. Chauffage central. Salle de séjour. Parking. Terrain. Abri couvert. Logement de chevaux. Repas sur réservation. Sortie autoroute : A6 Pouilly-en-Auxois à 10 km.

Prix : 2 pers. 39 € 3 pers. 47 € pers. sup. 13 € repas 12 €
1/2 pens. 32 €
Ouvert : Toute l'année.

30	10	10	1	8	40	50	10	8	35	10

Françoise DORET - Laneau - 21320 ARCONCEY - Tél. : 03 80 84 11 18 - Fax : 03 80 84 14 77

ARNAY-LE-DUC (TH) *C.M. 243 Pli 14*

3 ch. 3 chambres d'hôtes aménagées dans une maison ancienne. 1 spacieuse chambre 3 pers. (3 épis) avec salle d'eau et wc privés, 1 ch. 2 pers. et 1 ch. 3 pers. classées 1 épi, avec lavabo et wc privés chacune, douche commune. Salle de séjour. Chauffage central. Jardin et parking. Repas sauf dimanche et jours fériés. Animaux admis sur demande avec supplément. Calme assuré. Sortie autoroute : Pouilly-en-Auxois à 25 km.

Prix : 1 pers. 23/28 € 2 pers. 28/34 € 3 pers. 42 € repas 15 €
Ouvert : Toute l'année.

20	13	1	1,5	18	20	20	12	1	15	0,1

André PICARD - 6, rue du Château - 21230 ARNAY-LE-DUC - Tél. : 03 80 90 06 08

Côte-d'Or   *Bourgogne*

ATHEE Les Laurentides   (TH)   *C.M. 243 Pli 14*

4 ch. A la campagne, 4 chambres aménagées dans une ancienne ferme du siècle dernier, très fleurie. 1 ch. 3 pers. 2 épis, 2 ch. 2 pers. et 1 ch. 3 pers. 3 épis. Salles d'eau et wc privés. Chauffage électrique. Séjour, salon, TV, cuisine aménagée. Jardin de 3000 m². Parking fermé. Restaurant à 2 km. TH le week-end et jours fériés uniquement et sur réservation. Sortie autoroute : Soirans à 6 km.

Prix : 1 pers. 30 € 2 pers. 41 € 3 pers. 50 € pers. sup. 11 € repas 17 €

Ouvert : Toute l'année.

🐕	🏊	🎾	🌲	🚴	🏃	🏛	⛳	🏖	🚗	🚂
	4	4	1	2	4	40	30	4	4	4

Michelle ROYER-COTTIN - 27 rue du Centre - « les Laurentides » - 21130 ATHEE - Tél. : 03 80 31 00 25

ATHEE   ⓢ   (TH)   *C.M. 243 Pli 14*

3 ch. Dans le calme de la campagne, 3 chambres dont 1 classée 2 épis, aménagées au rez-de-chaussée d'une ancienne ferme fleurie. Entrées indépendantes. Salles d'eau et wc privés. Chauffage central. Séjour, salon, cheminée. Terrasses ombragées. Vue sur jardin de 3500 m² ou cour arborée. 3 garages privés fermés. Table d'hôtes sur réservation. Sortie autoroute : Soirans à 6 km.

Prix : 1 pers. 28 € 2 pers. 31 € 3 pers. 38/46 € pers. sup. 7 € repas 15 €

Ouvert : Toute l'année.

🐕	🏊	🎾	🌲	🚴	🏃	🏛	⛳	🏖	🚗	🚂
3	6	2	1	12	50	20	20	4	4	0,5

Gilbert MILLIERE - 17 rue Serpentiere - 21130 ATHEE - Tél. : 03 80 37 36 33

AUXEY-DURESSES Melin   🍷   *C.M. 243 Pli 27*

3 ch. Au cœur du vignoble de la côte de Beaune, 3 chambres d'hôtes aménagées dans un château du XVIe siècle situé dans un parc de 2 ha avec un étang. 1 chambre 2 pers. et 2 chambres communicantes (1 lit 2 pers. 2 lits 1 pers.) avec salles d'eau et wc privés. Chauffage central. Salon privé. Terrasse. Parking. Dégustation et vente de vins de la propriété. Restaurant à 2 km. Sortie d'autoroute : Beaune à 15 km. Langue parlée : anglais.

Prix : 1 pers. 65 € 2 pers. 85/100 € 3 pers. 115 € pers. sup. 15 €

Ouvert : Toute l'année

🐕	🏊	🎾	🌲	🚴	🏃	🏛	⛳	🏖	🚗	🚂
9	2	10	1	0,5	4	SP	6	13	8	12	4

Hélène et Arnaud DERATS - Château de Melin - 21190 AUXEY-DURESSES - Tél. : 03 80 21 21 19 - Fax : 03 80 21 21 72 - www.chateaudemelin.com

BARGES   (TH)   *C.M. 243 Pli 16*

2 ch. Dans le village, 2 chambres d'hôtes 2 pers. aménagées dans une maison ancienne rénovée. Salle d'eau ou salle de bains et wc privés. Séjour avec très belle cheminée ancienne, salon, bibliothèque et télévision. Chauffage central. Jardin. Parking. Repas sur demande. Sortie autoroute : Dijon-Chenôve à 10 km, direction Seurre D996. Langue parlée : allemand.

Prix : 1 pers. 36 € 2 pers. 46 € repas 16 €

Ouvert : Toute l'année.

🐕	🏊	🎾	🌲	🚴	🏃	🏛	⛳	🏖	🚗
	13	8	15	6	10	8	16	15	8

Joel et Annie GRATTARD - 39 Grande rue - 21910 BARGES - Tél. : 03 80 36 66 16 ou 06 62 35 66 16 - Fax : 03 80 36 66 16

BAUBIGNY   *C.M. 243 Pli 27*

3 ch. Au cœur du vignoble, 3 chambres 2/5 pers. avec entrées indépendantes directes sur un grand terrain. Terrasse. Salles de bains et wc privés. Chauffage élect. Salle et salon réservés aux hôtes. Coin-cuisine, télévision. Très beau panorama, calme assuré. Parking. Restaurant à 800 m. Remise de 10 % à partir de la 4e nuit consécutive du 15/9 au 30/6. Sentiers de randonnées. Sortie autoroute : Beaune à 15 km. Langues parlées : anglais, portugais.

Prix : 1 pers. 38 € 2 pers. 41 € 3 pers. 50 € pers. sup. 9/14 €

Ouvert : Toute l'année.

🐕	🏊	🎾	🌲	🚴	🏃	🏛	⛳	🏖	🚗	🚂
	6	1	10	SP	2	SP	5	16	6	13	7

Marie et Gerard FUSSI - au Village - 21340 BAUBIGNY - Tél. : 03 80 21 84 56 - Fax : 03 80 21 84 60 - E-mail : gerard.fussi@wanadoo.fr

BAUBIGNY Orches   Alt. : 500 m   *C.M. 243 Pli 27*

1 ch. 1 chambre d'hôtes 2 pers. aménagée dans une maison vigneronne avec vue panoramique. Salle de bains et wc privés. Bibliothèque et piano à disposition. Coin-cuisine. Chauffage central. Parking. Terrasse ombragée. Jardin. Prêt de VTT. Randonnées sur le GR7. Restaurants à 1 et 7 km. Sortie autoroute : Beaune à 13 km. Langues parlées : anglais, allemand.

Prix : 2 pers. 43 €

Ouvert : Vacances scolaires d'été et longs week-ends.

🐕	🏊	🎾	🌲	🚴	🏃	🏛	⛳	🏖	🚗	🚂
	1	10	1,5	SP	SP	4	15	7	13	3

Alain et Anne-Marie GALLIEN - Orches - 21340 BAUBIGNY - Tél. : 03 80 21 77 01 - Fax : 03 80 21 79 45 - E-mail : A.Gallien@wanadoo.fr - http://perso.wanadoo.fr/alain.gallien/

BAUBIGNY Orches   Alt. : 550 m   *C.M. 243 Pli 27*

2 ch. 2 chambres d'hôtes 2 pers. classées en 2 et 3 épis, aménagées dans une ancienne maison vigneronne, au pied des falaises. Salle de bains ou salle d'eau et wc privés. Salon réservé aux hôtes, avec cheminée, bibliothèque. Chauffage central. Grande terrasse avec barbecue. GR7 à proximité. Sortie autoroute : Beaune à 13 km. Langue parlée : allemand.

Prix : 2 pers. 39/42 €

Ouvert : Toute l'année.

🐕	🏊	🎾	🌲	🚴	🏃	🏛	⛳	🏖	🚗	🚂
	13	2	10	1,5	SP	0,5	SP	4	15	10	13	5

Josée MUHLENBAUMER - Orches - Rue Croix Forias - 21340 BAUBIGNY - Tél. : 03 80 21 81 13 - E-mail : jofram@libertysurf.fr

Bourgogne — Côte-d'Or

BAUBIGNY Orches — Alt. : 500 m — C.M. 243 Pli 27

5 ch. Au pied des falaises, sur une exploitation viticole, 5 chambres d'hôtes aménagées dans une maison vigneronne dominant le hameau. 3 ch. 2 pers. et 2 ch. 3 pers. Salle d'eau et wc privés chacune. Séjour. Chauffage central. Jardin. Parking. Découverte du vignoble, dégustation commentée. Sortie autoroute : Beaune à 15 km. Langues parlées : anglais, allemand.

Prix : 1 pers. 37 € 2 pers. 46 € 3 pers. 53 €
Ouvert : Toute l'année.

🐕	🌊	🎾	⛱	🌲	🚶	🐎	H	⛳	🤸	⛱	🏛	🚂
	7	2	10	0,5	SP	0,5	0,5	4	15	7	15	3

François et Blandine ROCAULT - Orches - 21340 BAUBIGNY - Tél. : 03 80 21 78 72 - Fax : 03 80 21 85 95 -
E-mail : FRANCOIS.BLANDINE.ROCAULT@wanadoo.fr - www.Francois-Blandine-Rocault.com

BAUBIGNY Orches — Alt. : 500 m — C.M. 243 Pli 27

2 ch. 2 chambres d'hôtes 3 pers. aménagées dans une ancienne maison vigneronne, au pied des falaises, avec entrées indépendantes. Salle d'eau et wc privés. Chauffage central. Jardin et terrasse attenants, avec vue dégagée sur le village et les collines environnantes. Garage. Parking. GR7. Restaurants à 1 et 3 km. Sortie autoroute : Beaune à 15 km. Langues parlées : allemand, anglais.

Prix : 1 pers. 32 € 2 pers. 38 € 3 pers. 46 € pers. sup. 7 €
Ouvert : Toute l'année.

🐕	🌊	🎾	⛱	🌲	🚶	🐎	H	⛳	🤸	⛱	🏛	🚂
	15	2	8	1,5	0,5	0,1	4	17	10	15	2	

Gisele DUPONT - Orches - 21340 BAUBIGNY - Tél. : 03 80 21 80 69 - Fax : 03 80 21 80 69 - E-mail : André.DUPONT15@wanadoo.fr

BAUBIGNY Orches — Alt. : 500 m — C.M. 243 Pli 27

2 ch. 2 chambres aménagées dans une maison rénovée. 1 ch. (1 lit 2 pers.) avec TV et 1 ch. (2 lits 1 pers. 1 lit 2 pers. + 1 lit d'appoint), chacune avec salle d'eau et wc privés et entrées indépendantes. Chauffage central. Séjour. Réfrigérateur, micro-ondes, cafetière à disposition. Piscine sur place. Cour et jardin clos. Coin pique-nique avec barbecue. Jeux d'enfants. Sortie autoroute : Beaune à 13 km. Langue parlée : anglais.

Prix : 2 pers. 46 € 3 pers. 60 € pers. sup. 12 €
Ouvert : Toute l'année.

🐕	🌊	🎾	⛱	🌲	🚶	🐎	H	⛳	🤸	⛱	🏛	🚂
	SP	2	10	2	0,2	1	6	17	7	13	7	

Philippe et Isabelle RABY - Orches - 21340 BAUBIGNY - Tél. : 03 80 21 78 45 - Fax : 03 80 21 78 45 - E-mail : PRABY@WANADOO.FR - http://perso.wanadoo.fr/raby-orches

BEAUNE La Montagne — C.M. 243 Pli 27

3 ch. 2 chambres et une suite aménagées avec goût dans une grande maison calme et chaleureuse, avec vue unique sur le vignoble et la ville de Beaune. Salle de bains et wc privés pour chaque chambre. Chauffage central. Salon, bibliothèque et TV. Jardin ombragé et fleuri autour de la piscine. Parking. Terrain. TH sur résa. Auberge à 500 m. Sortie autoroute : Beaune-nord à 3 km. Langue parlée : anglais.

Prix : 2 pers. 55/69 € 3 pers. 85 € repas 19 €
Ouvert : Du 1er mars au 30 novembre.

🐕	🌊	🎾	⛱	🌲	🚶	🐎	H	⛳	🤸	⛱	🏛	🚂
	SP	3	8	0,5	0,5	1	5	0,1	5	8	3	2

Elisabeth SEROUART - La Montagne - Chemin du Dessus de Bressandes - 21200 BEAUNE - Tél. : 03 80 22 93 50 -
E-mail : maisonbressandes@multimania.com - www.multimania.com/maisonbressandes/

BEAUNE La Montagne — C.M. 243 Pli 27

5 ch. A 2 min de Beaune, au dessus des vignes, au milieu des arbres et des oiseaux, 5 chambres aménagées dans la maison « Les tilleuls », contemporaine et chaleureuse avec vaste salon. Salle d'eau et de bains et wc privés. Coin-kitchenette. TV. Bibliothèque. Chauffage central. Jardin XIIIe siècle. Piscine privée. Garage. Parking. Sortie autoroute : Beaune sud à 5 km. Langue parlée : anglais.

Prix : 2 pers. 170/215 €
Ouvert : Toute l'année.

🐕	🌊	🎾	⛱	🌲	🚶	🐎	H	⛳	🤸	⛱	🏛	🚂
	SP	2	8	SP	SP	6	0,2	10	6	25	4	2

LA TERRE D'OR - Christine MARTIN - la Montagne - rue Izembart - 21200 BEAUNE - Tél. : 03 80 25 90 90 ou 06 85 08 62 14 -
Fax : 03 80 25 90 99 - E-mail : jlmartin@laterredor.com - www.laterredor.com

BEIRE-LE-CHATEL — C.M. 243 Pli 16

2 ch. Dans la verdure et au calme, 2 chambres aménagées dans une maison récente, sur une ancienne exploitation agricole, avec vue sur la plaine. Entrée indépendante. 1 ch. 2 pers. et 1 ch. 3 pers. Salles d'eau privées et wc communs. Chauffage élect. Jardin. Aire de jeux. Parking. Restaurant sur place. Sortie autoroute : Arc-sur-Tille 9 km/Til-Châtel 13 km.

Prix : 1 pers. 21 € 2 pers. 30 € 3 pers. 35 € pers. sup. 9 €
Ouvert : Toute l'année.

🐕	🌊	🎾	⛱	🌲	🚶	🐎	H	⛳	🤸	⛱	🏛	🚂
	8	1	1	2	3	30	30	15	3	20	1	

Renée SANCENOT - 19, route de Vesvrotte - 21310 BEIRE-LE-CHATEL - Tél. : 03 80 23 25 95

Côte-d'Or — Bourgogne

BEIRE-LE-FORT
C.M. 66 Pli 12/13

E.C. 5 ch. 5 chambres d'hôtes 2/3 pers. aménagées dans une ancienne ferme. Salle de bains et wc privés pour chaque chambre. Chauffage central. Salle de séjour. Salon. Bibliothèque. Télévision. Garage. Parking. Terrain. Sortie autoroute : Soirans à 7 km.

Prix : 1 pers. 30 € 2 pers. 38 € 3 pers. 46 €
Ouvert : Toute l'année.

3	3	1	2	1	SP	15	7	3	3

Claude PAIN - Route de Labergement - 21110 BEIRE-LE-FORT - Tél. : 03 80 37 76 78 - Fax : 03 80 31 25 87

BELLENOT-SOUS-POUILLY
Alt. : 500 m (TH) *C.M. 65 Pli 18*

3 ch. 2 chambres 2 pers. aménagées dans une maison traditionnelle, attenante à celle des propriétaires. Salle de bains ou salle d'eau et wc privés. Coin-kitchenette. Salon. TV. Bibliothèque. 1 chambre 2-4 pers. aménagée dans une maisonnette du XVIII° avec coin-kitchenette, salle d'eau et wc. Chauffage central. Jardin. Abri couvert. Parking. TH sur réservation. Restaurant à 2 km. Notions en anglais et allemand. Sortie A6 : Pouilly-en-Auxois 3 km.

Prix : 1 pers. 30 € 2 pers. 37 € 3 pers. 46 € pers. sup. 9 €
repas 13 €
Ouvert : Toute l'année.

12	2	2	SP	5	10	30	15	3	6	45	2

Martine DENIS - 21320 BELLENOT-SOUS-POUILLY - Tél. : 03 80 90 71 82 - E-mail : mrdenis@club.internet.fr

BESSEY-LES-CITEAUX
(TH) *C.M. 243 Pli 16*

E.C. 5 ch. Dans un parc arboré de 5 ha, 5 belles chambres spacieuses aménagées dans un château du XVIII° siècle. 3 chambres 2 pers. avec salle de bains ou salle d'eau et wc privés. 1 chambre familiale 4 pers. avec salle de bains et wc privés. Séjour et salon d'époque restauré avec cheminée et belles tapisseries. TV. TH sur réservation. Restaurants à 3 km. Initiation au patchwork : forfait week-end. Sortie autoroute : A6 Nuits-Saint-Georges 19 km /A31 Dijon sud 20 km. Langue parlée : anglais.

Prix : 2 pers. 60/76 € repas 15 €
Ouvert : Toute l'année.

15	0,7	SP	0,5	2	19	20	23	1

Philippe et Françoise AUBERT - 24 rue de la rivière - Le Château - 21110 BESSEY-LES-CITEAUX - Tél. : 03 80 29 73 27 - Fax : 03 80 29 61 91 - E-mail : aubertphil@infonie.fr

BOUILLAND
C.M. 243 Pli 15

3 ch. Maison ancienne restaurée, située au bord d'une rivière, avec un grand jardin. Entrée indépendante. 2 chambres communicantes (3 épis) avec 1 lit 2 pers. 2 lits 1 pers., salle de séjour, salle d'eau, wc privés et 1 appartement avec une chambre en mezzanine (EC), 1 lit 2 pers. 1 lit 1 pers., salle de séjour, kitchenette, salle d'eau et wc. Calme assuré. Sortie autoroute : A6, Savigny-les-Beaune à 10 km. Langue parlée : anglais.

Prix : 2 pers. 43 € pers. sup. 15/18 €
Ouvert : Toute l'année.

15	SP	SP	SP	SP	15	10	SP	20	15	15	10

Marie-Christine RUSSO - Rue Josserand - 21420 BOUILLAND - Tél. : 03 80 21 59 67 - Fax : 03 80 26 13 03 -
E-mail : russo.bouilland@wanadoo.fr - http ://perso.wanadoo.fr/russo.bouilland/

BOUSSENOIS
(TH) *C.M. 243 Pli 4*

3 ch. Au pays des Trois Rivières, dans une ancienne maison vigneronne, entre Dijon et Langres, nous vous accueillons comme des amis en vous offrant 3 chambres lumineuses et confortables avec salles d'eau et wc privés, une table d'hôtes généreuse et inventive (sur réservation). Séjour avec TV. Jardin. Garage. Sortie autoroute : Til-Châtel à 12 km. Langue parlée : allemand.

Prix : 1 pers. 28 € 2 pers. 38 € 3 pers. 48 € repas 14 €
Ouvert : Toute l'année

5	5	10	1	12	35	20	20	1

Christiane GROSJEAN - Grande rue - 21260 BOUSSENOIS - Tél. : 03 80 75 56 21 - Fax : 03 80 75 56 21

BUSSY-LE-GRAND Entre Cour Et Jardin
C.M. 65 Pli 8

3 ch. Nous vous avons réservé toute une aile de notre demeure classée du XVII°. En couple, en famille ou entre amis vous disposerez d'un grand salon avec plafond à la française et cheminée, d'une suite de 3 chambres (mobilier ancien). Salle de bains et wc. Jardin en terrasses primé au concours régional des Parcs et Jardins. Vue superbe sur les vallons de l'Auxois. Sortie autoroute : Bierre-les-Semur A6 à 20 km. Langue parlée : anglais.

Prix : 2 pers. 76 € 3 pers. 99 € pers. sup. 23 €
Ouvert : Du 15 avril au 15 octobre.

10	7	1	1	20	1	10	40	20	14	7

Roger et Colette LANG - « Entre Cour et Jardin » - Rue de la Montagne - 21150 BUSSY-LE-GRAND - Tél. : 03 80 96 98 51

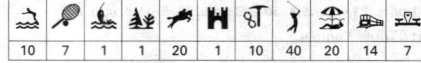

Bourgogne

Côte-d'Or

CHAMBLANC
C.M. 243 Pli 28

1 ch. — A 25 km de Beaune, 1 chambre d'hôtes 3 pers. aménagée dans une maison ancienne située au cœur du Val de Saône. Salle d'eau et wc privés. Séjour, salon avec bibliothèque. TV dans les chambres. Chauffage électrique. Terrasse. Tennis de table. Aire de jeux. Pelouse. Parking. Sortie autoroute : A36 Pagny/Seurre à 2 km. Langues parlées : anglais, espagnol.

Prix : 1 pers. 24 € 2 pers. 33 € 3 pers. 40 €
Ouvert : Toute l'année sauf Noël.

3	1,5	3	1,5	25	1,5	2	2

Myriam SORDET - Rue Verte - 21250 CHAMBLANC - Tél. : 03 80 20 48 75 ou 06 81 35 35 41

CHAMBOEUF
Alt. : 500 m
C.M. 243 Pli 15

5 ch. — Dans les Hautes-Côtes, à l'orée d'un bois, 5 chambres 2 pers. aménagées dans une belle maison avec vue panoramique sur le Mont Vergy. Entrées indépendantes sur terrasse et grand jardin. Salle de bains ou salle d'eau et wc privés. Séjour, salon, TV et coin-kitchenette. Chauffage central. Parking. Calme assuré. Seuls les petits animaux sont admis. Sortie autoroute : Dijon-Sud-Chenôve à 10 km.

Prix : 1 pers. 38/42 € 2 pers. 46/57 € pers. sup. 15 €
Ouvert : Toute l'année.

8	6	14	SP	SP	10	4	8	28	14	6

Christiane et Dominique MONCEAU - Les Sarguenotes - Rue de Dijon - 21220 CHAMBOEUF - Tél. : 03 80 51 84 65 ou 06 20 51 75 32 - Fax : 03 80 49 77 24

CHAMPEAU-EN-MORVAN Saint-Léger
(TH)
C.M. 243 Pli 13

2 ch. — 2 chambres d'hôtes aménagées dans une maison récente, située dans le Parc Régional du Morvan, au milieu d'un pré, entourée de sapins. Salle d'eau ou salle de bains et wc privés. Séjour. Chauffage électrique. Sortie autoroute : Avallon à 25 km.

Prix : 1 pers. 29 € 2 pers. 34 € pers. sup. 8 € repas 12 €
Ouvert : Du 1er mai au 1er novembre.

4	1,5	4	4	1,5	4	4	

Regis et Antoinette BONNARD - Saint-Leger de Fourches - 21210 CHAMPEAU-EN-MORVAN - Tél. : 03 80 64 19 48

CHANCEAUX
C.M. 243 Pli 3

3 ch. — Au calme et à proximité de forêts, 3 chambres aménagées dans une ancienne chapelle située au centre du village. 1 chambre 2 pers. et 2 chambres communicantes 4 pers. pour une même famille. Salle d'eau ou salle de bains et wc privés. Séjour avec cheminée. Salon, TV. Coin-kitchenette. Chauffage électrique. Abri couvert. Promotion : 4 nuits au prix de 3. Sortie autoroute : Sombernon 30 km ou Til-Châtel 40 km, accès facile.

Prix : 1 pers. 28 € 2 pers. 34 € 3 pers. 49 €
Ouvert : Toute l'année.

15	0,3	1	1	0,2	15	40	25	20	25	SP

Gaby et Raymonde BLAISE - 32 Grande Rue - 21440 CHANCEAUX - Tél. : 03 80 35 02 70 - Fax : 03 80 35 08 83

CHANCEAUX
C.M. 243 Pli 3

1 ch. — A proximité de forêts, et à 2 km des sources de la Seine, au 1er étage d'une maison de caractère du XVIe siècle, 1 chambre 2 pers. avec cheminée monumentale et meubles époque Louis XIII. Salle de bains et wc privés dans une tour. Poss. salon attenant avec TV et bibliothèque. Chauffage central. Parking. Jardin. GR2 en bordure de propriété. Animaux admis sous conditions, voir avec le propriétaire. Sortie autoroute : Pouilly-en-Auxois ou Bierre-les-Semur à 30 km. Langue parlée : allemand.

Prix : 1 pers. 46 € 2 pers. 53 € pers. sup. 12 €
Ouvert : Toute l'année.

15	SP	2	1	SP	6	40	25	20	40	10

Dominique LANGUEREAU - 51 grande rue - 21440 CHANCEAUX - Tél. : 03 80 35 02 90 - Fax : 03 80 35 07 95

CHASSAGNE-MONTRACHET Pré Melin
C.M. 243 Pli 27

2 ch. — 2 chambres d'hôtes aménagées à l'étage d'un pavillon récent. 1 chambre 2 pers. et 1 chambre 3 pers. avec salles d'eau privées et wc communs. Salle de séjour à disposition. Chauffage central. Terrain. Aire de jeux. Animaux admis avec supplément. Sortie autoroute : Beaune à 12 km.

Prix : 1 pers. 24 € 2 pers. 32/35 € 3 pers. 43 €
Ouvert : Toute l'année.

2	SP	2	1	0,5	15	SP	12	14	2	1

Robert JARLAUD - Pré Melin - 5 rue des Farges - 21190 CHASSAGNE-MONTRACHET - Tél. : 03 80 21 36 09

Côte-d'Or — Bourgogne

CHATEAUNEUF-EN-AUXOIS
Alt. : 500 m — C.M. 65 Pli 18

4 ch. 4 chambres 2/4 pers. dont 2 avec mezzanine, aménagées dans une ancienne bergerie au cœur d'un village médiéval, renommé pour son château des XII et XV° siècles et ses maisons de caractère. Salle d'eau et wc privés. Séjour. Jardin. Parking. Restaurants au village. Promenades. Canal de Bourgogne au pied du village. Notions d'anglais. Sortie autoroute : Pouilly-en-Auxois à 10 km.

Prix : 1 pers. **40/50 €** 2 pers. **46/58 €** 3 pers. **54/66 €** pers. sup. **8 €**

Ouvert : Toute l'année sauf vacances de février (académie de Dijon).

5	1,5	SP	1	5	20	30	12	1	10

Annie BAGATELLE - Rue des Moutons - 21320 CHATEAUNEUF-EN-AUXOIS - Tél. : 03 80 49 21 00 - Fax : 03 80 49 21 49 -
E-mail : jean-michel.bagatelle@wanadoo.fr

CHAUDENAY-LE-CHATEAU
Alt. : 500 m — (TH) — C.M. 243 Pli 15

4 ch. Au calme dans un cottage indépendant à l'orée d'une forêt, 4 grandes chambres (2 à 5 pers.). Aménagement raffiné, entrées individuelles et terrasses privées. TV SAT. Salle d'eau ou salle de bains et wc privés. Séjour, coin-cuisine, jardin avec vue panoramique et vue sur la tour médiévale. Parking fermé, garage. Circuits pédestres, équestres et VTT. Lac, baignade. Karting 12 km. Zoo 25 km. Sortie autoroute : Pouilly-en-Auxois 12 km. Langue parlée : anglais.

Prix : 2 pers. **44/52 €** 3 pers. **55/63 €** pers. sup. **11 €** repas **18 €**

Ouvert : Toute l'année.

15	5	2	0,5	0,5	4	15	15	15	8	30	2

Claudette TOUFLAN - Le Cottage du Château - 21360 CHAUDENAY-LE-CHATEAU - Tél. : 03 80 20 00 43 ou 06 70 58 92 81 -
Fax : 03 80 20 01 93 - E-mail : le.cottage@libertysurf.fr

CHEMIN-D'AISEY
C.M. 243 Pli 2

2 ch. 2 chambres d'hôtes 2 pers. aménagées dans une grande maison en pierre, située dans le village, au calme, dans la région du Châtillonnais. Salle d'eau et wc communs. Chauffage central. Séjour et bibliothèque à disposition. Agréable jardin. Garage. Parking. Abri couvert. Possibilité de logement de chevaux sur place. Pré. Aire de jeux. Restaurant à 2 km.

Prix : 1 pers. **15 €** 2 pers. **23/24 €** pers. sup. **15 €**

Ouvert : Toute l'année.

16	9	1,5	1,5	16	1,5	25	1,5

Jean et Simone DARTOIS - 23 rue du Dessus - 21400 CHEMIN-D'AISEY - Tél. : 03 80 93 22 51 - Fax : 03 80 93 22 51

CHEVANNES
(TH) — C.M. 243 Pli 15

E.C. 3 ch. Au cœur du vignoble, dans un cadre reposant et verdoyant, 3 chambres d'hôtes 2 pers. aménagées dans une belle maison de style bourguignon. Salle d'eau et wc privatifs pour chaque chambre. Grand séjour avec cheminée et poutres apparentes. Chauffage central. Parking. Terrasse avec vue dégagée sur la campagne. TH sur réservation. Notions en anglais. Sortie autoroute : Nuits-Saint-Georges à 10 km.

Prix : 1 pers. **38 €** 2 pers. **46 €** repas **17 €**

Ouvert : Toute l'année.

10	4	3	0,2	0,1	4	0,2	13	20	10	10	4

Gerard et Martine FRICOT - « la Hulottiere » - 3, place de la Margelle - 21220 CHEVANNES - Tél. : 03 80 61 42 12

CHOREY-LES-BEAUNE
C.M. 243 Pli 15

6 ch. Au cœur du vignoble, 6 chambres d'hôtes aménagées avec terrasse. 5 chambres 2 pers. et 1 chambre 3 pers. Salles d'eau et wc privés. Salon et télévision. Chauffage central. Garage. Jardin. Restaurant à 3 km. Les chambres et la salle des petits-déjeuners sont non fumeur. Sortie autoroute : Beaune-nord à 1 km.

Prix : 1 pers. **38 €** 2 pers. **43 €** 3 pers. **58 €**

Ouvert : Du 1er mars au 30 novembre.

3	3	3	3	SP	12	6	3	3

Henri et Marie-Claire DESCHAMPS - l'Escale des Grands Crus - 15 rue d'Aloxe Corton - 21200 CHOREY-LES-BEAUNE -
Tél. : 03 80 24 08 13 - Fax : 03 80 24 08 01 - E-mail : henri.deschamps@wanadoo.fr

---

CHOREY-LES-BEAUNE Le Château
C.M. 243 Pli 15

6 ch. 6 chambres d'hôtes aménagées au château dans un très beau cadre des XIII° et XVII° siècles, appartenant à une famille de vignerons. 2 ch. 2 pers., 3 ch. 3 pers. et 1 suite 4 pers. Salles de bains et wc privés. Téléphone dans les ch. Séjour et salon. Terrasse. Dégustation et vente de vins de la propriété. Restaurant à 3 km. Sortie autoroute : Beaune-Nord à 3 km. Langues parlées : anglais, allemand.

Prix : 1 pers. **130/145 €** 2 pers. **140/155 €** 3 pers. **170/185 €**

Ouvert : De Pâques à fin novembre.

3	0,7	2	2	3	SP	15	6	3	3

François GERMAIN - Le Château - 21200 CHOREY-LES-BEAUNE - Tél. : 03 80 22 06 05 - Fax : 03 80 24 03 93 -
E-mail : CHATEAU-DE-CHOREY@wanadoo.fr - www.chateau-de-chorey-beaune.fr

Bourgogne   Côte-d'Or

CIVRY-EN-MONTAGNE La Chouannerie   Alt. : 580 m   *C.M. 243 Pli 2*

🏠🏠🏠 2 ch.   2 chambres d'hôtes 2 et 5 pers. communicantes, aménagées dans un ancien presbytère niché dans la verdure près d'un lavoir et d'une grande fontaine. Salle d'eau et wc privés. Séjour. Bibliothèque. Ch. central. Verger. Abri couvert. Logements chevaux. Produits fermiers. Randonnées pédestres. Chemins balisés. Promotion : 4 nuits au prix de 3 en hors saison et sauf week-end. Sortie autoroute : A38 à 1,5 km. Langue parlée : anglais.

Prix : 1 pers. 28 € 2 pers. 38 € 3 pers. 48 €
Ouvert : Toute l'année.

🐕	🏊	🎾	⛷	🏃	🐎	🏰	⛳	🎯	🏖	🚤	🚲
12	7	5	SP	SP	10	30	12	10	5	37	7

Elie et Monique FEDOROFF - La Chouannerie - 21320 CIVRY-EN-MONTAGNE - Tél. : 03 80 33 43 02

CLAMEREY Pont Royal   *C.M. 65 Pli 18*

🏠🏠🏠 6 ch.   Au bord d'un joli port, sur le Canal de Bourgogne, 6 chambres 2 et 3 pers. aménagées dans une belle maison de caractère, rénovée. Salles de bains et wc privés. Séjour avec cheminée bourguignonne et TV. Chauffage élect. Salon de jardin sur terrasse empierrée. Vue panoramique sur les vallons boisés. Parking. Seuls les animaux de petite taille sont admis. Sortie autoroute : A6 à Bierre-les-Semur par D70 (13 km).

Prix : 1 pers. 34 € 2 pers. 43 € 3 pers. 52 €
Ouvert : Toute l'année.

🐕	🏊	🎾	⛷	🏃	🐎	🏰	🏖	🚤	🚲
4	4	SP	8	0,2	0,2	9	SP	15	SP

LA MAISON DU CANAL - Pont Royal - 21490 CLAMEREY - Tél. : 03 80 64 62 65 - Fax : 03 80 64 65 72

COLOMBIER   (TH)   *C.M. 65 Pli 19*

🏠🏠🏠 5 ch.   Dans un petit village très calme, 5 chambres d'hôtes aménagées dans une maison en pierre, indépendante du propriétaire. 3 chambres 2 pers. et 2 chambres 3 pers. Salle de bains ou salle d'eau et wc privés. Chauffage électrique. Salle de séjour avec cheminée, salon, coin-kitchenette à disposition. Terrain, parking, pré, logement de chevaux. Auberge à 9 km. Sortie autoroute : Pouilly-en-Auxois à 15 km.

Prix : 1 pers. 32 € 2 pers. 40/43 € 3 pers. 56 € repas 16 €
Ouvert : Toute l'année.

🐕	🏊	🎾	⛷	🏃	🐎	🏰	⛳	🏖	🚤	🚲
25	7	2	1	5	15	12	30	15	25	9

Yvette BROCARD - 21360 COLOMBIER - Tél. : 03 80 33 03 41 ou 06 12 57 23 16

CORBERON L'Ormeraie   *C.M. 243 Pli 28*

🏠🏠🏠 3 ch.   A la sortie du village, 3 chambres de charme aménagées dans une maison de caractère, du XVIIIe siècle. 1 chambre (1 lit 2 pers.) et 2 chambres (1 lit 2 pers. 1 lit 1 pers.). Toutes avec salle d'eau et wc privés. Salon. Chauffage central. Terrain de 2 ha. Calme assuré. Restaurant sur place et à Beaune. Sortie autoroute : Beaune et Seurre à 10 km. Langue parlée : anglais.

Prix : 1 pers. 60 € 2 pers. 64 € 3 pers. 83 € pers. sup. 19 €
Ouvert : De mai à octobre.

🐕	🏊	🎾	⛷	🏃	🏰	⛳	🏖	🚤
13	5	0,5	0,5	13	9	10	8	13

Alain et Chantal BALMELLE - l'Ormeraie - Rue des Ormes - 21250 CORBERON - Tél. : 03 80 26 53 19 - Fax : 03 80 26 54 20 -
E-mail : cab.abc@wanadoo.fr

CORCELLES-LES-MONTS   Alt. : 600 m   *C.M. 66 Pli 11*

🏠🏠🏠 3 ch.   A 8 km de Dijon, dans un village calme, 4 chambres d'hôtes aménagées en rez-de-jardin. 3 chambres 2 pers. dont 2 communicantes et 1 chambre 3 pers. Salle d'eau, wc et télévision pour chacune. Chauffage central. Cour et jardin fermés. Parking. Restaurant à 6 km. Sorties autoroutes : A38 Velars-sur-Ouche 3 km, A31 Dijon sud/Longvic 10 km. Langue parlée : anglais.

Prix : 1 pers. 46 € 2 pers. 54/61 € 3 pers. 70 € pers. sup. 12 €
Ouvert : Toute l'année.

🐕	🏊	🎾	⛷	🏃	🐎	🏰	⛳	🏖	🚤	🚲
8	5	0,5	0,2	5	4	8	15	10	8	6

Gisele BERGERY - 9 bis rue du Château - 21160 CORCELLES-LES-MONTS - Tél. : 03 80 42 92 36 -
E-mail : thierry.bergery@wanadoo.fr - www.fransurf.com./dijon/contrées-ournès

---

CORPEAU   *C.M. 243 Pli 26/27*

E.C. 3 ch.   3 chambres d'hôtes aménagées dans une ancienne dépendance sur un domaine viticole de 3 ha. Chaque chambre est décorée dans une harmonie différente et chaleureuse. Salle d'eau ou salle de bains et wc privés. Salle de séjour réservée aux hôtes avec TV et coin-kitchenette. Chauffage électrique. Terrasse. Cour et jardin fermés. Restaurant à 100 m. Sortie autoroute : Beaune-sud à 12 km. Langues parlées : anglais, italien.

Prix : 1 pers. 38 € 2 pers. 53 € 3 pers. 69 €
Ouvert : Toute l'année.

🐕	🏊	🎾	⛷	🏃	🐎	🏰	⛳	🏖	🚤	🚲
3	3	3	3	10	0,1	10	12	3	3	0,5

Monique CHENU - Domaine de la Perriere - 3 rue de Braux - 21190 CORPEAU - Tél. : 03 80 21 38 24 - Fax : 03 80 21 95 93

Côte-d'Or   Bourgogne

CORPOYER-LA-CHAPELLE   Alt. : 500 m   C.M. 243 Pli 2

1 ch. 1 chambre d'hôtes 2 pers. indépendante, aménagée à la ferme, et donnant directement sur la cour. Salle d'eau et wc privés. Coin-cuisine. Terrasse. Spécialité fromage de chèvre. Accueil chevaux box ou au pré. Restaurant 3 km. Promotion : 210 € pour 7 nuits. Notions en anglais et espagnol. Belle vue, calme assuré. Sortie autoroute : Bierre-les-Semur à 30 km. Langues parlées : anglais, espagnol.

Prix : 1 pers. **34 €** 2 pers. **38 €**
Ouvert : De Pâques à la Toussaint.

🐕	🏊	🎾	🌲	🚶	🏇		🎯		🏕️
	20	3	15	15	12	12	12		

Dominique BERTRAND - L'Arbre Rond - 21150 CORPOYER-LA-CHAPELLE - Tél. : 03 80 96 22 89 - Fax : 03 80 96 22 89

CORROMBLES   C.M. 65 Pli 17

5 ch. 5 chambres d'hôtes 3 pers. avec mezzanine, aménagées dans la grange d'une ancienne ferme restaurée. Salle d'eau et wc privés pour chaque chambre. Chauffage électrique. Salle commune avec cuisine intégrée et TV. Jardin. Garage. Chemin et parking privé indépendants. Randonnées pédestres, vélos, VTT à disposition. Sortie autoroute : Bierre-les-Semur à 15 km. Avallon à 16 km.

Prix : 1 pers. **35 €** 2 pers. **43 €** 3 pers. **55 €** pers. sup. **12 €**
Ouvert : Toute l'année.

🐕	🏊	🎾	🌲	🚶	🏇	🏰	🎯	⛱️	🏕️	🚉
2	2	6	2	0,5| 11	8	6	20	2	25	2

Roger et Nicole ICHES - 1 rue de la Planche - 21460 CORROMBLES - Tél. : 03 80 96 48 67 - Fax : 03 80 96 30 62 -
E-mail : rogeriches@libertysurf.fr - http ://perso.libertysurf.fr/les4saisons

COURBAN Le Château   (TH)   C.M. 243 Pli 3

6 ch. A 15 km au nord-est de Châtillon-sur-Seine, dans petit village calme et discret, 6 chambres de grande qualité aménagées dans une belle et ancienne demeure. 5 ch. de charme 2 pers. (lits 1 ou 2 pers.) salles d'eau/wc privés. 1 ch. 2 pers., salle de bains, lit de repos, wc privés. Séjour, salon, bibilothèque, TV SAT. Jardins. Terrasses. Bassin de nage. Parking. Animaux admis après accord. Nombreuses excursions. Sorties autoroutes : A5 Ville-sous-la-Ferté ou A31 Chaumont-Semoutiers à 25 km. Toutes les chambres ont été entièrement restaurées par son propriétaire Vanderdriessche décorateur. Langues parlées : anglais, allemand.

Prix : 1 pers. **53/115 €** 2 pers. **53/135 €** 3 pers. **135 €** repas **24 €**
Ouvert : Toute l'année.

🐕	🏊	🎾	🌲	🚶	🏇	🏰	🎯	⛱️	🏕️
15	7	7	SP	1	15	15	20	7	50	7

Pierre VANDENDRIESSCHE - Le Château - 21520 COURBAN - Tél. : 03 80 93 78 69 ou 06 09 62 51 77 - Fax : 03 80 93 79 23 -
E-mail : chateau.decourban@wanadoo.fr - www.chateaudecourban.fr

COURTIVRON   C.M. 243 Pli 4

2 ch. 2 chambres 2 pers. aménagées dans un chalet à flanc de coteau. Salles d'eau privées et wc communs. Possibilité 2 pers. suppl. et lit bébé. Séjour réservé aux hôtes, bibliothèque, réfrigérateur, mini-four. TV dans les chambres. Chauffage central. Jardin ombragé avec coin pique-nique. Garage. Promotion : 10 % sur séjour de 5 nuits minimum. Restaurant 500 m. GR7 à 1,7 km. Notions d'anglais. Sortie autoroute : A31 Til-Châtel à 22 km. Langue parlée : allemand.

Prix : 1 pers. **26/27 €** 2 pers. **32/34 €** pers. sup. **12 €**
Ouvert : Toute l'année sauf décembre.

🐕	🏊	🎾	🌲	🚶	🏇	🏰	🎯	🏕️	🚉
12	12	0,2	0,2	1,7	6	30	12	15	12

Marie-Jeanne HUOT - Chalet de Genevroix - 21120 COURTIVRON - Tél. : 03 80 75 12 55 - Fax : 03 80 75 15 62

CRUGEY   C.M. 243 Pli 15

E.C. 3 ch. Proche de la vallée de l'Ouche, 4 chambres d'hôtes aménagées dans une maison ancienne très bien rénovée. Terrain agréable avec vue dégagée sur la campagne. 1 ch. 3 pers. 2 ch. 2 pers. Salles d'eau ou salles de bains et wc privés. Séjour avec cheminée et TV. Chauffage central. Garage. Cour fermée. Notions d'anglais. Restaurant à 300 m. Sortie autoroute : Pouilly-en-Auxois à 12 km. A proximité : Canal de Bourgogne, village médiéval de Châteauneuf-en-Auxois, sentiers pédestres, équestres et VTT, pêche, lac de Panthier.

Prix : 1 pers. **32/37 €** 2 pers. **41/46 €** 3 pers. **52/55 €** pers. sup. **9 €**
Ouvert : Juillet et août, + W.E. à partir du jeudi soir, d'avril à novembre.

🐕	🏊	🎾	🌲	🚶	🏇	🏰	🎯	⛱️	🏕️
23	0,2| 0,2| 0,2| 0,5| 5	20	10	25	6	25	8

Roland et Catherine CARTAUT - Le Pré Vert - Rue de l'Odeu - 21360 CRUGEY - Tél. : 03 80 33 09 80 - Fax : 03 80 33 08 29

CURTIL-VERGY Le Val de Vergy   (TH)   C.M. 65 Pli 19

3 ch. Au cœur du vignoble des Hautes-Côtes, 3 chambres d'hôtes aménagées dans une ancienne maison de vignerons du XVIII°. Cave magnifique. 1 ch. 2 pers. et 2 ch. 3 pers. Salles de bains et wc privés. Salle commune avec poutres et cheminée. Chauffage central. Pré. Jardin. Terrasse. TH sur réservation 2 fois par semaine. Produits du terroir. Notions en anglais. Animaux admis si petits. Sortie autoroute : Nuits-Saint-Georges à 8 km.

Prix : 1 pers. **37/43 €** 2 pers. **46/53 €** 3 pers. **56/64 €** repas **19 €**
Ouvert : Du 1er avril au 1er novembre.

🐕	🏊	🎾	🌲	🚶	🏇	🏰	🎯	⛱️	🏕️	🚉
1	SP	1	2	0,5	15	20	8	8	2

Brigitte PUVIS DE CHAVANNES - Pellerey - 21220 CURTIL-VERGY - Tél. : 03 80 61 41 62 - Fax : 03 80 61 41 62

Bourgogne
Côte-d'Or

DARCEY
C.M. 243 Pli 2

2 ch. 2 chambres d'hôtes 2 ou 3 pers. aménagées dans un pavillon de campagne, à flanc de coteau, entouré d'un grand jardin, au cœur de la Bourgogne. Salles d'eau privées et wc communs. Séjour. Salon-lecture. Bibliothèque. TV. Coin-cuisine aménagé sous pergola. Pré. Jardin. Aire de jeux. Cour. Parking. Restaurant à 3,5 km. Sortie autoroute : Semur-en-Auxois à 25 km.

Prix : 1 pers. 30 € - 2 pers. 34 € - 3 pers. 41 € - pers. sup. 8 €
Ouvert : Du 1er avril au 15 novembre.

17	0,5	0,5	0,5	0,3	10	10	10	10	10	0,5

Claude et Huguette GOUNAND - Villa le Clos - D19 A, route de la Villeneuve - 21150 DARCEY - Tél. : 03 80 96 23 20 - Fax : 03 80 96 23 20 - E-mail : claude.gounand@libertysurf.fr

ECHALOT
Alt. : 500 m   (TH)   *C.M. 243 Pli 3*

3 ch. 2 chambres d'hôtes 3 pers. (3 épis) et 1 chambre 2 pers. (2 épis) aménagées dans une maison de caractère avec salles d'eau et wc privés. Séjour, salon et télévision à disposition. Chauffage central. Terrasse. Jardin. Parking. Repas sur demande. Sortie autoroute : Til-Châtel à 40 km. Langue parlée : allemand.

Prix : 1 pers. 26 € - 2 pers. 36 € - 3 pers. 46 € - repas 13 €
Ouvert : Toute l'année.

6	5	0,5	6	50	6	5	30	11

Rita BONNEFOY - Bas du Village - 21510 ECHALOT - Tél. : 03 80 93 86 84

ECUTIGNY Le Château
(TH)   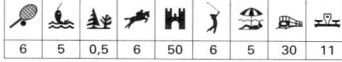 *C.M. 243 Pli 14/15*

6 ch. 6 chambres de prestige de 2 ou 3 pers., dont 1 suite, aménagées dans un château des XIIe et XVIIe siècles au cœur de l'Auxois. Salles de bains ou salles d'eau et wc privés. Hammam pour une salle d'eau. Bibliothèque. Séjour. Coin-cuisine, salon. Chambres avec TV. Ch. central. Parc, aire de jeux, écurie, pré, garage. Restaurant 4 km. Cartes bancaires acceptées (sauf American Express). Sortie autoroute : Beaune à 20 km. Langues parlées : anglais, espagnol.

Prix : 1 pers. 81/131 € - 2 pers. 82/182 € - 3 pers. 113/183 € - pers. sup. 21 € - repas 40 €
Ouvert : Toute l'année.

25	0,2	0,5	3	1	10	15	15	25	25	4

Patrick et Françoise ROCHET - Le Château - 21360 ECUTIGNY - Tél. : 03 80 20 19 14 - Fax : 03 80 20 19 15 - E-mail : info@chateaudecutigny.com - www.chateaudecutigny.com

EPERNAY-SOUS-GEVREY
C.M. 243 Pli 16

5 ch. 5 chambres d'hôtes aménagées à l'étage d'une ancienne auberge restaurée. 2 chambres 2 pers., 1 chambre 3 pers. et 2 chambres 4 pers. Salles d'eau ou salle de bains et wc privés. Salon, bibliothèque. Chauffage central. Jardin. Parking. Restaurant à 6 km. Sortie autoroute : Nuits-Saint-Georges à 12 km. Langue parlée : anglais.

Prix : 1 pers. 43 € - 2 pers. 58 € - 3 pers. 67 €
Ouvert : Toute l'année.

6	6	2	0,5	4	10	6	8	6

Neil et Pam AITKEN - La Vieille Auberge - 2 place des Tilleuls - 21220 EPERNAY-SOUS-GEVREY - Tél. : 03 80 36 61 76 - Fax : 03 80 36 64 68 - E-mail : bacchus.neil@wanadoo.fr

EPOISSES Plumeron
   C.M. 243 Pli 1

2 ch. 2 chambres de caractère aménagées dans une vieille ferme restaurée en activité. L'une familiale avec une grande baie vitrée et une terrasse ouvrant sur le parc, l'autre tout aussi agréable avec une belle charpente apparente. Sanitaires privés. Ch. élect. Coin-kitchenette. Jardin. Parking. Restaurant 1 km. Promotion : 2 nuits, 2 pers. 80 €, 7 nuits au prix de 6. Sortie autoroute : A6 Avallon ou Bierre-les-Semur à 12 km. Langues parlées : anglais, allemand.

Prix : 1 pers. 33 € - 2 pers. 45 € - 3 pers. 56 € - pers. sup. 11 €
Ouvert : Toute l'année.

0,5	0,5	5	5	0,1	12	60	3	25	5	24	1

Bernard et Claudine VIRELY - 2 route du Serein - Plumeron - 21460 EPOISSES - Tél. : 03 80 96 44 70 - Fax : 03 80 96 33 97

ESSAROIS Val des Choues
(TH)   *C.M. 243 Pli 3*

6 ch. 6 chambres 2 pers. aménagées dans une ancienne abbaye cistercienne du XIIe siècle, au milieu d'un massif forestier. Salle de bains ou salle d'eau privées. WC communs. Salon. Chauffage au bois et élect. Jardin à la française. Parking. TH sur réservation. Restaurant 8 km. Sortie autoroute : Ville/la-Ferté à 40 km. Chambres donnant sur la cour d'honneur de l'abbaye. Langues parlées : anglais, espagnol, italien.

Prix : 1 pers. 41/45 € - 2 pers. 50/54 € - pers. sup. 15 € - repas 15 €
Ouvert : Du 1er avril à la Toussaint.

25	SP	20	40	20	25	25	25

Ines MONOT - Abbaye du Val des Choues - Villiers-le-Duc - 21290 ESSAROIS - Tél. : 03 80 81 01 09 - Fax : 03 80 81 01 91

Côte-d'Or — Bourgogne

FIXIN

2 ch. 2 chambres d'hôtes aménagées dans une maison située sur une exploitation agricole. Salle d'eau ou salle de bains privées. WC communs. Séjour. Télévision. Chauffage central. Grande véranda. Jardin ombragé. Parking. Restaurant à 500 m. GR7. Sortie autoroute : Dijon-Chenôve à 6 km.

C.M. 243 Pli 16

Prix : 1 pers. **26** € 2 pers. **36** € 3 pers. **46** €
Ouvert : Toute l'année.

6	3	5	2	2	10	1	3	15	10	10	2

Eliane MIGNARDOT - Ferme des Champs aux Pierres - 21220 FIXIN - Tél. : 03 80 52 45 73

FLAGEY-ECHEZEAUX Petit Paris

4 ch. Au bord de la Vouge dans un parc aux arbres centenaires, 4 chambres 2 pers. sont aménagées dans les dépendances d'une maison du XVIIe siècle. Ces chambres très confortables, personnalisées s'articulent autour d'un grand atelier de gravure et de peinture. Salle d'eau ou salle de bains avec wc privés chacune. Séjour. Salon. Bliothèque. Jardin. Rivière et vivier. Possibilité lits supplémentaires pour enfant ou adolescent. Sortie autoroute : Nuits Saint-Georges à 5 km. Langues parlées : anglais, espagnol.

C.M. 243 Pli 16

Prix : 1 pers. **77** € 2 pers. **77** € pers. sup. **15** €
Ouvert : Toute l'année.

0,8	0,8	5	0,8	1,5	4	1	8	15	5	1	0,1

Nathalie BUFFEY - 6 rue du Petit Paris - Pont Chevalier-Gilly - 21640 FLAGEY-ECHEZEAUX - Tél. : 03 80 62 84 09 ou 03 80 62 83 88

FLAMMERANS Le Château

C.M. 243 Pli 14

E.C. 5 ch. 5 chambres dans un château du XVIIIe situé dans un parc arboré de 4 ha. 2 ch. 2 pers. 2 ch. 3 pers. 1 suite pour 4 pers. (Lits jumeaux ou « queen size »). Pour chaque chambre : salle de bains, wc, TV et téléphone. Séjour et salon à disposition. Petit salon réservé au hôtes avec bibliothèque, TV, magnétoscope et salle de billard. Piscine chauffée ouverte au 01/06. Chauffage central. Parking. Notions d'anglais. Sorties autoroute : A39 Soirans à 12 km, A36 Dole nord à 8 km.

Prix : 1 pers. **76/117** € 2 pers. **88/129** € 3 pers. **126/142** € pers. sup. **14** € repas **23** €
Ouvert : Toute l'année à partir du 15 juin 2001

7	7	3	0,5	4	12	35	20	14	7	7

Guy BARRIER - Rue de Remilly - Le Château - 21130 FLAMMERANS - Tél. : 03 80 31 44 94 - Fax : 03 80 31 12 12

FLAVIGNY-SUR-OZERAIN

C.M. 243 Pli 27

E.C. 3 ch. Au cœur d'un ravissant petit village médiéval, 4 chambres d'hôtes aménagées dans une maison ancienne. 2 chambres 2 pers. avec salle d'eau et wc privés. 2 chambres familiales 2 pers. avec 1 salle d'eau et wc privés. Séjour avec TV et bibliothèque. Chauffage central. Cour intérieure. Restaurant sur place. Notions d'italien. Sortie autoroute A6 : Bierre-les-Semur à 20 km. Le village est recensé parmi les plus beaux villages de France. Langues parlées : anglais, espagnol.

Prix : 1 pers. **46** € 2 pers. **50** € 3 pers. **84** €
Ouvert : Du 1er avril au 31 octobre.

15	1	1	2	0,1	15	1	5	8	0,1

BARRUETO - rue Voltaire - 21150 FLAVIGNY-SUR-OZERAIN - Tél. : 03 80 96 24 93 - Fax : 03 80 96 24 93 -
E-mail : ange.souriant@wanadoo.fr - www.ange-souriant.com

FLEUREY-SUR-OUCHE La Velotte

C.M. 65 Pli 20

2 ch. 2 chambres aménagées dans une maison de village restaurée. 1 chambre contemporaine avec terrasse et 1 chambre ancienne. Salle de bains ou salle d'eau et wc privés. Lit bébé. Salon, séjour, TV. Bibliothèque. Terrasse. Jardin privatif, cour fermée par les murs de pierres sèches, près d'une église du XIIe. Repas le soir sur réservation. Poss. barbecue. Potager et pelouse au milieu d'un très joli paysage de la Vallée de l'Ouche. Jeux d'enfants. Panier pique-nique sur demande le midi. Promotion : 4 nuits au prix de 3 sauf juin à septembre.

Prix : 1 pers. **34/38** € 2 pers. **44/46** € 3 pers. **56/61** € pers. sup. **12** € repas **18** €
Ouvert : Toute l'année.

10	1	0,3	0,7	0,2	0,8	10	1	25	0,3	15	1

Josette DODET-RIGHETTI - La Velotte - 15/17 rue Saint-Jean - 21410 FLEUREY-SUR-OUCHE - Tél. : 03 80 33 65 26 ou 06 62 49 65 26 -
Fax : 03 80 33 65 26

FRANCHEVILLE

Alt. : 550 m

C.M. 663 Pli 13

3 ch. Dans une grande maison ancienne, 3 chambres d'hôtes avec salles d'eau et wc privés. Chauffage central. Séjour. Cuisine. Salon avec cheminée et TV à disposition. Jardin. Aire de jeux. Parking. Restaurants à proximité. GR2 et GR7. Région boisée, très calme. Tarif dégressif à partir de la 3e nuit. Sortie autoroute : A6 Pouilly-en-Auxois ou A31 Til-Châtel à 20 km.

Prix : 1 pers. **30** € 2 pers. **40** € 3 pers. **50** €
Ouvert : Toute l'année.

18	0,2	15	0,2	0,2	7	30	20	35	20	20	9

Pierre et Denise DROUOT - 21440 FRANCHEVILLE - Tél. : 03 80 35 01 93 - Fax : 03 80 35 07 27

Bourgogne
Côte-d'Or

FRANXAULT
C.M. 243 Pli 5

⁜ 2 ch. — Dans un ferme à colombages renovée, une grande chambre (2 à 4 pers.) et une chambre 2 pers. aménagées au rez-de-chaussée avec entrée indépendante de la maison. Salle d'eau et wc privés pour chacune. Salon et kitchenette réservés aux hôtes. Télévision. Jardin, cour fermée. Lac à 4 km. Notions d'anglais. Sortie autoroute : A36 Seurre à 10 km ou A39 à 18 km.

Prix : 1 pers. 28 € 2 pers. 37 € 3 pers. 46 € pers. sup. 9 €
Ouvert : Toute l'année.

12	5	5	2	35	5	6	6

Dominique et Florence LASNIER - l'Oseraie - 24 rue Bossuet - 21170 FRANXAULT - Tél. : 03 80 39 26 20 ou 06 68 30 33 69 -
E-mail : flolasnier@aol.com

FRESNES Morville
(TH)
C.M. 65 Pli 8

⁜ 2 ch. — A 7 km de l'Abbaye de Fontenaye, dans un hameau, 2 chambres d'hôtes 2 pers. aménagées sur une exploitation agricole. Salle d'eau privée et wc communs. Chauffage central. Parking. Visite de la chèvrerie. Table d'hôtes sur réservation. Sortie autoroute : Bierre-les-Semur à 33 km. Bar-Club sur place.

CV

Prix : 1 pers. 23 € 2 pers. 32 € pers. sup. 17 € repas 8/14 €
1/2 pens. 30/37 €
Ouvert : Toute l'année.

8	4	4	1	8	15	8	30	8	8

Guy MAROT - Morville - 21500 FRESNES - Tél. : 03 80 92 12 76

GEVREY-CHAMBERTIN
C.M. 243 Pli 16

⁜⁜ 3 ch. — 3 chambres aménagées dans une grande maison bourgeoise, située au cœur du village et à proximité des vignes. Salle de bains ou salle d'eau et wc privés. Salle à manger. Chauffage central. Petit jardin d'agrément. Restaurants au village. Notions d'anglais. GR7. Sortie A6 : Nuits-Saint-Georges à 10 km ou Dijon-Sud.

Prix : 1 pers. 37 € 2 pers. 47 €
Ouvert : Toute l'année.

5	1,5	2	1	1	11	0,2	3	15	5	3	0,5

Genevieve SYLVAIN - 14 rue de l'Eglise - 21220 GEVREY-CHAMBERTIN - Tél. : 03 80 51 86 39 - Fax : 03 80 51 86 39

GEVREY-CHAMBERTIN Clos Saint-Jacques
C.M. 243 Pli 16

⁜ 3 ch. — 3 chambres d'hôtes aménagées dans une ancienne maison de caractère, dans un clos de vignes, classées 1 et 2 épis. 1 chambre (2 lits 1 pers.) et 2 chambres communicantes (1 lit 2 pers. 4 lits 1 pers.). Salles d'eau privées. WC communs. Chauffage central. Jardin. Parking. Taxe de séjour incluse. Sortie autoroute : Dijon à 10 km.

Prix : 1 pers. 28 € 2 pers. 36 € 3 pers. 47 €
Ouvert : Toute l'année.

4	1	0,3	0,3	11	SP	1	11	5	1	0,5

Genevieve BARTET - Clos-Saint-Jacques - 3 Rue Neuve - 21220 GEVREY-CHAMBERTIN - Tél. : 03 80 51 82 06

GEVREY-CHAMBERTIN
C.M. 243 Pli 16

⁜⁜ 3 ch. — 3 chambres d'hôtes aménagées dans une maison de caractère, située sur le domaine viticole. 1 chambre 3 pers. et 2 chambres 4 pers. 1 salle de bains et wc privés. 2 salles d'eau privées et wc communs. Chauffage central. Coin-kitchenette. Jardin. Parking ext. Caveau dégustation. Restaurants 500 m. Sortie A31, Dijon ou Nuits-Saint-Georges à 10 km. Langue parlée : anglais.

Prix : 1 pers. 28 € 2 pers. 39/43 € 3 pers. 54/59 € pers. sup. 15 €
Ouvert : Toute l'année.

11	1	3	11	3	11	5	2	3

Domaine MARCHAND Frères - 1 place, du Monument aux Morts - 21220 GEVREY-CHAMBERTIN - Tél. : 03 80 34 38 13 -
Fax : 03 80 34 39 65 - E-mail : marchand@axnet.fr

GEVREY-CHAMBERTIN
C.M. 243 Pli 16

⁜⁜ 3 ch. — Au milieu des vignes, 2 chambres 3 et 4 pers. chacune avec mezzanine et entrée indépendante, aménagées de plain-pied dans une annexe, 1 chambre 3 pers. dans la maison du propriétaire antiquaire. Salle de bains ou salle d'eau et wc privés. Chauffage électrique. Séjour. Salon. Bibliothèque. TV. Jardin. Parking. Antiquité sur place. Sortie autoroute : Dijon-Chenôve à 4 km. Langue parlée : anglais.

Prix : 2 pers. 54 € 3 pers. 69 € pers. sup. 15 €
Ouvert : Toute l'année.

4	1	6	1	8	SP	1	15	1	SP

Jeannine FOLLOT - 33 rue de la Croix des Champs - 21220 GEVREY-CHAMBERTIN - Tél. : 03 80 34 35 17 ou 06 07 87 65 26 -
Fax : 03 80 34 35 17

GEVROLLES
C.M. 61 Pli 18

E.C. 2 ch. — 2 chambres d'hôtes 2 pers. aménagées dans une ancienne maison rénovée avec entrée indépendante. Lavabo dans chaque chambre, salle d'eau et wc communs. Séjour à disposition. Chauffage électrique. Jardin. Parking. Restaurant à 11 km. Promotion : 4 nuits au prix de 3. Sortie autoroute : Ville/La Ferté à 15 km.

Prix : 1 pers. 26 € 2 pers. 34 €
Ouvert : Du 17 juin au 15 septembre.

32	12	4	30	12	32	4

Janine et Jacques PELLISER - 7 petite Rue - 21520 GEVROLLES - Tél. : 03 80 93 56 15 ou 01 47 56 04 16 - Fax : 03 80 93 56 15

Côte-d'Or   *Bourgogne*

GILLY-LES-CITEAUX
C.M. 66 Pli 12

5 ch. Dans un joli village de la côte viticole, 5 chambres spacieuses et très confortables, au décor raffiné et personnalisé sont aménagées dans une belle demeure historique du XVIII° siècle (Directoire). Vue sur le parc aux arbres centenaires. Salle de bains et wc privés pour chaque chambre. Salle de séjour. Salon. TV. Chauffage central. Parking dans parc clos. Aire de jeux. Loc. VTT. Seuls les petits chiens sont admis sur demande. Clos de Vougeot 1 km. Abbaye de Cîteaux 15 km. Sortie autoroute : Nuits-St-Georges à 5 km. Langues parlées : anglais, espagnol.

Prix : 2 pers. **70/85 €** 3 pers. **85/100 €** pers. sup. **15 €**
Ouvert : Toute l'année.

🐕	🏊	🎾	🌳	🐎	✈	🏛	🤾	⛱	🚉	🛤
1	1	0,5	2	3	0,5	4	20	1	0,6	0,3

André et Sandrine **LANAUD** - « la Closerie de Gilly » - 16 avenue Bouchard - 21640 GILLY-LES-CITEAUX - **Tél. : 03 80 62 87 74** - **Fax : 03 80 62 87 74** - E-mail : as.lanaud@wanadoo.fr

IS-SUR-TILLE Le Vieux Moulin   (TH)   *C.M. 243 Pli 16*

3 ch. En bordure de rivière, 3 chambres d'hôtes aménagées dans un ancien moulin à eau. 2 ch. 2 pers. et 1 ch. 3 pers. avec salle d'eau et wc privés pour chaque chambre. Séjour. Salon avec TV. Chauffage central. Jardin au bord de l'eau. Garage. TH sur réservation. Promotion : 4 nuits au prix de 3 sauf en juin, juillet et août. Sortie autoroute : Til-Châtel à 9 km. Langue parlée : allemand.

Prix : 1 pers. **29 €** 2 pers. **35 €** 3 pers. **44 €** pers. sup. **12 €** repas **12 €**
Ouvert : Toute l'année.

🐕	🏊	🎾	🌳	🤾	🐎	🏛	🎯	⛱	🚉	🛤
0,3	0,3	SP	1	1	2	30	16	20	2	0,1

Annie **DORAL** - Le Vieux Moulin - 6 rue Pierre Perrenet - BP 13 - 21120 IS-SUR-TILLE - **Tél. : 03 80 95 02 92** ou **06 07 38 70 50** - **Fax : 03 80 95 02 92**

JOURS-LES-BAIGNEUX Cessey   (TH)   *C.M. 243 Pli 2*

3 ch. 3 chambres aménagées dans la maison de caractère de la ferme, au milieu d'un environnement calme et reposant. 2 chambres communicantes 2 et 3 pers. avec salle de bains et wc, 1 chambre 2 pers. avec salle d'eau et wc privés. Chauffage central et électrique. Séjour. TV. Repas le soir sur résa. Jardin. Aire de jeux. Garage. Poss. logement de chevaux sur place. Sortie autoroute : Bierre-les-Semur à 26 km.

Prix : 1 pers. **27 €** 2 pers. **30 €** 3 pers. **40 €** repas **13 €**
Ouvert : Toute l'année.

🐕	🏊	🎾	🌳	🤾	🐎	🏛	🎯	⛱	🚉	🛤
25	3	5	0,1	15	16	15	16	3		

Marie-Therese **AUBRY** - Cessey - 21450 BAIGNEUX-LES-JUIFS - **Tél. : 03 80 96 51 89** - **Fax : 03 80 96 52 75**

JOURS-LES-BAIGNEUX
C.M. 243 Pli 2

2 ch. 2 chambres 2 pers. aménagées dans une belle maison ancienne et restaurée. Salle d'eau et wc privés pour chaque chambre. Chauffage central. Séjour. Terrasse donnant accès à un grand jardin arboré. Parking. Vue splendide sur la campagne environnante, magnifique château Renaissance. Village très fleuri. GR2. Sortie autoroute : Bierre-les-Semur à 30 km.

Prix : 2 pers. **38 €**
Ouvert : Toute l'année.

🐕	🏊	🎾	🌳	🤾	🐎	🏛	🎯	⛱	🚉	🛤
20	5	SP	SP	SP	17	50	20	18	18	5

Juliette **DESCOMBES** - Grande Rue - 21450 JOURS-LES-BAIGNEUX - **Tél. : 03 80 96 52 22**

LAIGNES
C.M. 65 Pli 7/8

2 ch. 2 belles chambres aménagées dans une maison traditionnelle avec accès de plain-pied par le jardin. 1 ch. 2 pers. et 1 suite 2/4 pers. Salle d'eau ou salle de bains et wc privés. Chauffage central. Séjour. Kitchenette. TV. Entrée indépendante. et parking dans le jardin privé clos, calme et fleuri. Promotion : 39,64 € 2 pers. à partir de la 2° nuit. Notions en allemand. Sortie autoroute : A6 Auxerre-sud à 60 km ou A5 Magnant à 40 km. Langue parlée : anglais.

Prix : 1 pers. **32 €** 2 pers. **46 €** 3 pers. **56 €** pers. sup. **7 €**
Ouvert : Toute l'année.

🐕	🏊	🎾	🌳	🤾	🐎	🏛	🎯	⛱	🚉	🛤
16	SP	3	SP	SP	3	3	20	4	30	SP

Danielle **RECQ** - Rue du 8 mai 1945 - 21330 LAIGNES - **Tél. : 03 80 81 47 46** - **Fax : 03 80 81 47 46**

LAMARCHE-SUR-SAONE
C.M. 66 Pli 13

4 ch. Au cœur de notre belle campagne bourguignonne, au bord de la Saône, 4 chambres d'hôtes aménagées dans une maison ancienne de caractère. Salle de bains, wc dans chaque chambre. Chauffage central au gaz. Cour et jardin fleuris dans terrain clos et ensoleillé. Piscine privée, baby-foot, jeux divers. Restaurant à 100 m et à 3 km. Notions en allemand. Sortie autoroute : Soirans à 15 km ou Arc-sur-Tille à 20 km. Langue parlée : espagnol.

Prix : 2 pers. **46 €** 3 pers. **56 €** pers. sup. **11 €**
Ouvert : Toute l'année.

🐕	🏊	🎾	🌳	🤾	🐎	🏛	🎯	⛱	🚉	🛤
SP	1	SP	1	10	30	30	SP	30	0,3	

Martine **CLEMENT** - 15 rue du Pont - 21760 LAMARCHE-SUR-SAONE - **Tél. : 03 80 47 87 69** ou **03 80 47 17 04** - **Fax : 03 80 47 40 06**

Bourgogne

Côte-d'Or

LONGECOURT-EN-PLAINE
C.M. 243 Pli 16

3 ch. — Au calme, 3 chambres décorées avec goût, aménagées dans une maison uniquement réservée aux hôtes, située à quelques kilomètres des vignobles et de l'Abbaye de Cîteaux. Entrée indépendante dans une grande salle avec coin-salon. Salle d'eau et wc privés. Cuisine. Jardin. Parking fermé. Tous commerces dans le village. Restaurant à 2 km. Notre village est traversé par le Canal de Bourgogne où la pêche et le vélos sont un vrai plaisir. Sortie autoroute : Crimolois ou Longvic à 10 km.

Prix : 1 pers. 26 € 2 pers. 36 € 3 pers. 45 € pers. sup. 10 €
Ouvert : Toute l'année.

6	SP	SP	1	6	15	12	6	SP

Arielle MERLE - 22 rue du Murot - 21110 LONGECOURT-EN-PLAINE - Tél. : 03 80 39 73 68 - E-mail : ariellemanu@aol.com

MAGNY-LES-VILLERS
C.M. 69 Pli 9

1 ch. — 1 chambre d'hôtes aménagée dans une ancienne maison vigneronne au calme. Entrée indépendante. Salle d'eau et wc privés. Salle de séjour. Chauffage central. Cour ombragée avec terrasse et pelouse. Parking. Caves au village. GR7. Sortie autoroute : Nuits-St-Georges à 8 km/Beaune-Nord, sortie 24 à 6 km. Langue parlée : allemand.

Prix : 1 pers. 30 € 2 pers. 40 € pers. sup. 9 €
Ouvert : Toute l'année.

8	3	4	0,5	1	SP	10	12	4	3	1

Micheline DUMAY - Ruelle du Puits - 21700 MAGNY-LES-VILLERS - Tél. : 03 80 62 91 91

MAGNY-LES-VILLERS
(TH) *C.M. 243 Pli 15*

6 ch. — 6 jolies chambres à la décoration personnalisée, aménagées dans une ancienne maison bourguignonne, toutes avec entrée indépendante. 3 ch. 2 pers. 1 grande ch. 2 pers. avec coin-salon. 2 ch. 3 et 4 pers. avec mezzanine (1 ou 2 lits 1 pers.). Salle de bains ou salle d'eau et wc privés. Grande salle a manger. Vaste jardin ombragé. TH sur réservation. Prix 4 pers. 61 €. Chauffage central et électrique. Parking. Animaux admis après accord. Location de vélos sur place. Sortie autoroute : Beaune Nord à 6 km. Langue parlée : anglais.

Prix : 1 pers. 30 € 2 pers. 37 € 3 pers. 49 € pers. sup. 7 € repas 14 €
Ouvert : Toute l'année.

8	0,2	7	0,2	1	0,2	10	10	7	5	1

Edith FEBVET - La Maison des Abeilles - Route de Pernaud - 21700 MAGNY-LES-VILLERS - Tél. : 03 80 62 95 42 - E-mail : edith.febvet@wanadoo.fr

MAGNY-SUR-TILLE
C.M. 243 Pli 17

4 ch. — 4 chambres d'hôtes aménagées dans une maison individuelle récente. 2 ch. 2 pers. (poss. 1 pers. suppl.), salle d'eau et wc communs. 2 ch. 2 pers. pour une seule famille (en cours de classement) avec salle de bains et wc privés. Entrée indépendante. Chauffage central. Coin-kitchenette. Jardin. Aire de jeux. Sortie autoroute : Crimolois-Dijon à 7 km. Langue parlée : allemand.

Prix : 1 pers. 20 € 2 pers. 28/30 € 3 pers. 42 € pers. sup. 8 €
Ouvert : Toute l'année.

12	0,3	0,3	1	8	20	20	8	1	7	6

Camille et Simone MAIRE - 3 rue de l'Abbayotte - 21110 MAGNY-SUR-TILLE - Tél. : 03 80 31 56 40 - Fax : 03 80 31 56 40 - E-mail : camille.maire@libertysurf.fr

MAISON-DIEU Précy-Sous-Thil
C.M. 65 Pli 7

1 ch. — 1 chambre d'hôtes 3 pers. aménagée dans une ferme indépendante, avec salle d'eau et wc privés. Séjour à disposition. Chauffage central. Jardin. Parking. Possibilité logement chevaux. Restaurant à 2 km. Sortie autoroute : Bierre-les-Semur à 6 km.

Prix : 1 pers. 25 € 2 pers. 32 € 3 pers. 40 € pers. sup. 5 €
Ouvert : Toute l'année.

18	2	2	0,5	SP	16	60	30	2	12	30	2

Claude LAURIER - Maison-Dieu - 21390 PRECY-SOUS-THIL - Tél. : 03 80 64 57 83

MALIGNY
C.M. 243 Pli 2

2 ch. — 2 chambres 2 pers. aménagées dans une maison ancienne fort bien restaurée. Salles de bains et wc privés. Salon avec TV à disposition. Bibliothèque. Chauffage au bois et électrique. Jardin. Aire de jeux. Garage. Restaurant 4 km. Gratuit pour enfant -10 ans. Karting à Pouilly-en-Auxois. Montgolfière, ULM, baptême de l'air à 20 km. Sortie autoroute : Pouilly-en-Auxois à 16 km. Langue parlée : anglais.

Prix : 1 pers. 42 € 2 pers. 46 €
Ouvert : Toute l'année.

6	2	0,2	20	20	20	6	30	6

Véronique PAILLARD - 21230 MALIGNY - Tél. : 03 80 84 26 39

Côte-d'Or   Bourgogne

MARCIGNY-SOUS-THIL Saulx   C.M. 243 Pli 14

2 ch. 2 chambres 2 et 3 pers. aménagées à l'étage d'une maison ancienne restaurée. Salles d'eau et wc privés. Salon, TV et bibliothèque. Chauffage central. Jardin. Parking. Produits fermiers à 6 km. Promotion : tarif dégressif à partir de la 3e nuit. Restaurant à 6 km. Sortie autoroute : Bierre-les-Semur à 7 km ou Pouilly-en-Auxois à 22 km.

Prix : 1 pers. **29/34 €** 2 pers. **34/39 €** 3 pers. **47 €** pers. sup. **7 €**
Ouvert : Du 15 mars au 15 novembre.

11	6	0,5	0,5	3	8	12	10	11	30	6

Etienne et Monique PICARD - Saulx - 21390 MARCIGNY-SOUS-THIL - Tél. : 03 80 64 53 35 - Fax : 03 80 64 53 35

MAREY-LES-FUSSEY   C.M. 243 Pli 15

E.C. 3 ch. Dans un petit village viticole des Hautes-Côtes, entre Beaune et Nuits-Saint-Georges, 3 chambres d'hôtes aménagées dans une ancienne maison vigneronne. 1 ch. 2 pers. et 2 ch. 3 pers. avec salle d'eau et wc privés chacune. Entrée indépendante. Grand séjour avec cheminée. Chauffage central. Cour fermée. Grand jardin ouvert sur le vignoble. Restaurant à 1 km. Sorties autoroute : Beaune Nord ou Nuits-Saint-Georges à 10 km. Langues parlées : anglais, allemand.

Prix : 1 pers. **35 €** 2 pers. **40 €** 3 pers. **44 €**
Ouvert : Du 15 mars au 1er décembre.

11	4	15	0,7	1	2	0,2	4	15	15	12	3

Serge et Mireille FORESTIER - Grande Rue - 21700 MAREY-LES-FUSSEY - Tél. : 03 80 62 74 25 - E-mail : forestier.mireille@guideo.fr

MARSANNAY-LA-COTE   C.M. 66 Pli 11

3 ch. Sur la Route des Grands Crus, au cœur d'un village viticole, 3 charmantes chambres (2 et 4 pers.), totalement indépendantes et aménagées dans une ancienne maison de vignerons. Salles d'eau et wc privés. Poss. TV. Salons avec TV. Jardin avec grands arbres. Parking privé fermé. Prêt de vélos. Verre de l'amitié au caveau. Bon restaurant 300 m. Sortie autoroute : Dijon-sud 6 km. Langue parlée : anglais.

Prix : 1 pers. **42/47 €** 2 pers. **50/56 €** 3 pers. **67 €** pers. sup. **11 €**
Ouvert : Toute l'année.

3	1	20	0,8	0,1	1	0,3	2	15	6	0,5

J.Charles et Brigitte VIENNET - 34 rue de Mazy - 21160 MARSANNAY-LA-COTE - Tél. : 03 80 59 83 63 - Fax : 03 80 59 83 28 -
E-mail : viennet.Jean-Charles@wanadoo.fr - http ://perso.wanadoo.fr/gite.marsannay

MAXILLY-SUR-SAONE   (TH)   C.M. 243 Pli 17

3 ch. Dans village des bords de Saône, 3 chambres dans belle maison ancienne en r.d.c. et 1er étage. 2 ch. (1 lit 2 pers. 2 lits 120), salles d'eau et wc. 1 chambre familiale (1 lit 2 pers. 2 lits 1 pers.), salle de bains et wc. Séjour, salon, cheminée, TV. Déco et ambiance bistro. Cour, parking, espaces verts. TH le soir sur résa sauf dimanche. Promo. : 3 nuits -10 %. A disposition : billard, juke box, bibliothèque, VTT, tandem, barque avec moteur. Sortie autoroute : Arc-sur-Tille à 25 km.

Prix : 1 pers. **29 €** 2 pers. **38 €** 3 pers. **49 €** pers. sup. **11 €**
repas **15 €**
Ouvert : Toute l'année.

10	2,5	1	3	15	30	30	0,1

Yves FONTENILLE - 2 rue de Talmay - 21270 MAXILLY-SUR-SAONE - Tél. : 03 80 47 41 95

MERCEUIL Cissey   C.M. 243 Pli 27

2 ch. 2 chambres d'hôtes classées 1 et 2 épis, aménagées par des agriculteurs à l'étage d'une ancienne ferme bourguignonne. 1 salle d'eau privée et 1 salle d'eau commune. WC communs. Chauffage central. Jardin. Aire de jeux. Pré. Restaurant à 4 km. Musée paysan sur place. Sortie autoroute : Beaune à 4 km.

Prix : 1 pers. **25/27 €** 2 pers. **31/33 €** 3 pers. **37/43 €**
Ouvert : Toute l'année.

10	1,5	0,5	1	7	0,3	10	7	7	1,5

Henry et Noelle MARTIN - La Burelle - 29 rue Louis Courtot - 21190 MERCEUIL - Tél. : 03 80 21 47 39

MESSANGES   C.M. 243 Pli 15

5 ch. 5 chambres aménagées dans une maison ancienne rénovée. 3 ch. 2 pers. (1 épi, lits 1 pers. ou 2 pers.). Lavabo dans chaque chambre. Salle d'eau et wc communs. Appartement de 80 m² (3 épis) : 2 ch. 2 pers. communicantes, salon, TV, cuisine et salle à manger, salle de bains et wc privés. Chauffage central. Terrasse. Pelouse. Parking. Restaurant 2 km. GR7. Sortie autoroute : A31 Nuits-Saint-Georges à 7 km. Langue parlée : allemand.

Prix : 1 pers. **33 €** 2 pers. **37/51 €** 3 pers. **69 €**
Ouvert : Du 1er mars au 20 décembre.

7	7	2	1	2	3	10	20	7	7	2

Maire-Louise RUCH - 23 A, Grande rue - 21220 MESSANGES - Tél. : 03 80 61 41 29 - Fax : 03 80 61 48 40

Bourgogne

Côte-d'Or

MESSIGNY-ET-VANTOUX
C.M. 66 Pli 12

▐▐▐ 5 ch. Maison récente où sont aménagées 4 chambres avec salle d'eau et wc privés et 1 chambre avec salle d'eau et wc à l'extérieur de la chambre. Chauffage électrique. Salle de séjour, salon, cuisine. Jardin et parking. Parc paysager aux arbres centenaires. Promenades équestres et bois de Jouvence à proximité. Sortie autoroute : Dijon-nord à 4 km. Langues parlées : anglais, allemand.

Prix : 1 pers. **36** € 2 pers. **43** € pers. sup. **8** €
Ouvert : Toute l'année.

🐕	⛱	🎾	🏊	🌲	🚶	🐎	🏛		🏕	🚲
8	SP	1	1	1	0,5	15	3		10	0,3

Michel et Annette DESCHAMPS - 20 rue de la Maladiere - 21380 MESSIGNY-ET-VANTOUX - Tél. : 03 80 35 48 54 ou 06 21 66 25 94 -
E-mail : deschamps.annette@wanadoo.fr

MEUILLEY
C.M. 243 Pli 15

▐▐▐ 1 ch. Au calme, sur propriété ancienne, avec agréable cadre de verdure, une suite haut de gamme aménagée dans une maison d'amis indépendante. 1 lit 2 pers. 1 salon avec 2 lits 1 pers. A disposition, salle à manger et coin-cuisine. Salle de bains et wc privés. Prix : 4 pers. : 95 €. Prix forfaitaire 7 nuits. Mobilier XVIII°, bibliothèque, TV et tél. direct. Pelouse, terrasse ombragée. Parking privé fermé. Restaurant à proximité. Notions d'anglais. Sortie autoroute : Nuits-Saint-Georges à 6 km.

Prix : 2 pers. **58** € 3 pers. **76** €
Ouvert : Toute l'année.

🐕	⛱	🎾	🏊	🌲	🚶	🐎	🏛	⛳	🎯	🏕	🚲
	6	6	6	0,1	2	2	0,2	16	17	6	6	SP

Roland TROISGROS - Le Clos de l'Ampelopsis - 21700 MEUILLEY - Tél. : 03 80 61 25 35 -
E-mail : Annie.Roland.TROISGROS@wanadoo.fr - http://perso.wanadoo.fr/troisgros.ampelopsis/

MEUILLEY
C.M. 243 Pli 15

▐▐▐ 1 ch. Au village, 1 chambre d'hôtes 2 pers. et 1 enfant aménagée dans une maison indépendante bourguignonne très typique, située sur une propriété viticole. Lit pliant pour enfant (8 €). Salle d'eau et wc privés. Chauffage central. Bibliothèque. Coin-cuisine. Parking. Restaurant à 2 km. Sortie autoroute : Nuits-Saint-georges à 6 km.

Prix : 1 pers. **33** € 2 pers. **38** € pers. sup. **8** €
Ouvert : Toute l'année.

🐕	⛱	🎾	🏊	🌲	🚶	🐎	🏛	⛳	🎯	🏕	🚲
	6	6	3	0,5	SP	3	0,5	15	20	6	6	0,5

Viviane et Jean-Marie LELIEVRE - Rue Gabriel Bachot - 21700 MEUILLEY - Tél. : 03 80 61 17 65 - Fax : 03 80 61 17 65

MEUILLEY
C.M. 243 Pli 15

▐▐ 2 ch. Au calme, 2 chambres d'hôtes 2 pers. (facile d'accès pour personnes handicapées), aménagées dans une maison récente, entourée d'un grand jardin, dans un village viticole. Salle d'eau et wc privés. Salle de séjour. Télévision dans la chambre. Parking. Chauffage central. Sortie autoroute : Nuits-Saint-Georges à 6 km.

Prix : 1 pers. **40** € 2 pers. **44** €
Ouvert : Toute l'année.

🐕	⛱	🎾	🏊	🌲	🚶	🐎	🏛	⛳	🏕	🚲
	6	6	0,6	SP	2	SP	15	15	6	6	1

Solange MIELLE - 21700 MEUILLEY - Tél. : 03 80 61 27 13 - Fax : 03 80 61 27 13

MEUILLEY
C.M. 243 Pli 15

E.C. 2 ch. Dans une maison ancienne, 2 grandes chambres d'hôtes familiales avec 1 salle de bains, wc privés et entrée indépendante. Salle de séjour, salon avec TV en annexe. Chauffage central. Jardin et cour fermés. Parking. Restaurant à 2 km. Sortie autoroute : Nuits-Saint-Georges à 6 km.

Prix : 2 pers. **55** € pers. sup. **30** €
Ouvert : 1er mars au 30 octobre.

🐕	⛱	🎾	🏊	🌲	🚶	🐎	🏛	⛳	🎯	🏕	🚲
	6	6	6	1	3	1	10	14	20	6	6

Jean PROST - Grande rue - 21700 MEUILLEY - Tél. : 03 80 61 09 37

MEULSON Le Clos Lucotte
(TH) *C.M. 65 Pli 19*

▐▐▐ 3 ch. Dans maison de caractère du XVII° mitoyenne à celle du propriétaire, 3 chambres 2 pers. (2 avec coin-salon et 1 avec lits jumeaux). Sanitaires privés. Chauffage central. Piscine privée. Table d'hôtes sur réservation. Promotion : séjour + d'une semaine, moins 10 %. d'agrément clos. Parking. Piscine privée. Table d'hôtes sur réservation. Promotion : séjour + d'une semaine, moins 10 %. Animaux non admis dans les chambres. Notions en anglais, allemand et italien. Sortie autoroute : Semur-en-Auxois à 45 km.

Prix : 1 pers. **38** € 2 pers. **46** € repas **12/20** € 1/2 pens. **44** € pens. **59** €
Ouvert : Du 15 mars au 15 octobre, le reste de l'année sur réservation.

🐕	⛱	🎾	🏊	🌲	🐎	🏛	🎯	🏕	🚲
	SP	4	2	0,3	20	30	18	40	4

Simonne DESTEPHANIS - Le clos Lucotte - Rue Haute - 21510 MEULSON - Tél. : 03 80 93 85 81 - Fax : 03 80 93 85 81

Côte-d'Or — Bourgogne

MEURSAULT
C.M. 243 Pli 27

2 ch. 2 chambres d'hôtes 4 pers. aménagées dans une maison bourguignonne au pied des vignes. 1 chambre au rez-de-chaussée 3 épis, et 1 chambre à l'étage 2 épis. Salles d'eau et wc privés. Coin-kitchenette. Salle de séjour. Salon avec TV. Bibliothèque. Chauffage central. Jardin. Aire de jeux. Parking. Sortie autoroute : Beaune à 7 km.

Prix : 1 pers. **40** € ◊ 2 pers. **45** € ◊ 3 pers. **55** € ◊ pers. sup. **10** €
Ouvert : Toute l'année.

10	0,5	0,3	0,3	4	SP	7	7	4	0,2

Brigitte LANOE - 29 rue de Mazeray - 21190 MEURSAULT - Tél. : 03 80 21 68 81 - E-mail : lanoe-brigitte@wanadoo.fr

MILLERY Chevigny
C.M. 243 Pli 1

2 ch. 2 chambres d'hôtes 3 pers. situées dans une ferme en pleine nature, à côté du château de Chevigny. Salle d'eau, salle de bains et wc particuliers. Chauffage central et électrique. Salle de séjour. Parking. Belle vue sur la campagne. Sortie autoroute : Bierre-les-Semur à 8 km.

Prix : 1 pers. **27** € ◊ 2 pers. **38** € ◊ 3 pers. **46** € ◊ pers. sup. **7** €
Ouvert : Du 15 mars au 15 octobre.

15	4	8	5	4	15	15	10	12	3

Bernard et Michele LEGUY - Ferme du Château de Chevigny - Millery - 21140 SEMUR-EN-AUXOIS - Tél. : 03 80 97 00 29

MOLPHEY
Alt. : 550 m — *C.M. 243 Pli 13*

4 ch. Dans un cadre calme et verdoyant, 4 chambres d'hôtes 2 pers. aménagées dans une maison ancienne, avec belle vue sur la campagne. Salles d'eau et wc privés. Salle de séjour et salon à disposition. Coin-kitchenette. Parking. Jardin. Restaurant au village. Promotion : 10 % de réduction pour un séjour d'une semaine du 15 septembre au 1er avril. Sortie autoroute : Avallon à 15 km.

Prix : 1 pers. **29** € ◊ 2 pers. **37** € ◊ pers. sup. **9/18** €
Ouvert : Toute l'année.

8	4	4	0,5	8	15	8	8	8

Didier PASQUET - Le Village - 21210 MOLPHEY - Tél. : 03 80 64 21 94 - Fax : 03 80 64 21 94 - E-mail : PASQUET.DIDIER@wanadoo.fr

MONTAGNY-LES-BEAUNE
C.M. 243 Pli 27

1 ch. 1 chambre aménagée dans une ferme restaurée et meublée dans un style campagnard. Salle d'eau et wc privés. Lit bébé. Chauffage central. Salle de séjour, salon et TV. Réfrigérateur, congélateur et réchaud électrique à disposition des hôtes désirant prendre les repas dans le jardin ou dans la salle à manger. Bibilothèque, cheminée. Cour fermée. Jardin fleuri. Restaurant 200 m. Produits fermiers 5 km. Vue sur le château du XVIIIe siècle. Sortie autoroute : Beaune à 1,6 km.

Prix : 1 pers. **38** € ◊ 2 pers. **45** € ◊ 3 pers. **54** €
Ouvert : Toute l'année sauf le mois de mars.

4	0,5	1	2	10	2,5	4	25	4	1	5	2

Ernest et Paulette VAIVRAND - 12 rue de l'Eglise - 21200 MONTAGNY-LES-BEAUNE - Tél. : 03 80 22 24 52 - Fax : 03 80 22 24 52

MONTAGNY-LES-BEAUNE Fare-Nui
(TH) — CB — *C.M. 243 Pli 27*

5 ch. 5 chambres très spacieuses de 2 et 3 pers., avec salle d'eau et wc privés. Salle à manger et salon de style campagnard décorés avec une pointe d'exotisme, le tout aménagé dans une ancienne ferme restaurée, située dans le village. Parking et cour fermés. Sortie autoroute : Beaune, 24.1, à 1,5 km.

Prix : 1 pers. **44** € ◊ 2 pers. **54** € ◊ 3 pers. **66** € ◊ repas **18** €
Ouvert : Toute l'année.

4	0,3	0,4	2	2	2	20	4	0,4	3	3

Lucien et Brigitte MOREL - Fare-Nui - 4, rue des Graviers - 21200 MONTAGNY-LES-BEAUNE - Tél. : 03 80 24 02 11 - Fax : 03 80 22 65 70

MONTCEAU-ECHARNANT
Alt. : 510 m — (TH) — CB — *C.M. 69 Pli 9*

3 ch. 3 chambres dans une maison de caractère sur une exploitation d'élevage charollais. 1 ch. 2 pers., 1 ch. 3 pers. et 2 ch. communicantes avec salon (1 lit 2 pers. 2 lits 1 pers.) chacune avec salle d'eau, wc privés et entrée indépendante. Chauffage central. Séjour. Salon. Terrain. Jardin. Parking. Table d'hôtes (le dimanche sur réservation). Promotion : -10 % à partir de 4 nuits. Animaux admis avec supplément. Sortie autoroute : Beaune à 20 km.

Prix : 1 pers. **32** € ◊ 2 pers. **41** € ◊ 3 pers. **56** € ◊ pers. sup. **16** € ◊ repas **15** €
Ouvert : Toute l'année.

20	3	6	SP	6	SP	12	15	20	15	20	6

Elisabeth et Bernard LAGRANGE - Ferme du Pigeonnier - 21360 MONTCEAU-ECHARNANT - Tél. : 03 80 20 23 23 - Fax : 03 80 20 23 23

MOREY-SAINT-DENIS
C.M. 243 Pli 16

5 ch. 5 chambres 2 pers. aménagées sur une propriété viticole avec vue sur les vignes. 2 chambres avec salle de bains et wc privés (41 €). Appartement de 3 chambres avec salle de bains et wc, ne pouvant être loué qu'à une même famille, prix pour : 1 ch. 41 €, 2 ch. 66 €, 3 ch. 96 €. Chauffage central. Séjour. Restaurant à 500 m. Jardin. Parking. Petit-déjeuner servi au caveau. Sortie autoroute : Nuits-Saint-Georges 7 km.

Prix : 2 pers. **41** €
Ouvert : De février à décembre.

7	2	8	1	2	SP	4	20	2	4	4

Jean-Pierre et Eliane DUPREY - 34 route des Grands Crus - 21220 MOREY-SAINT-DENIS - Tél. : 03 80 51 82 88

Bourgogne — Côte-d'Or

MOREY-SAINT-DENIS
C.M. 243 Pli 16

▌▌▌ 4 ch. Au calme, 4 chambres dont 3 aménagées dans une maison ancienne, ayant abrité 10 générations de vignerons, indépendante de la maison du propriétaire. Salles d'eau et wc privés. Séjour, coin-salon, TV. Kitchenette à dispo. Vaste studio : entrée indépendante, coin-cuisine (1 lit 2 pers. 2 lits 1 pers.), salle d'eau, wc. Terrasse. Chauffage élect. Parking privé en bordure des vignes. Dégustation et ventes des vins de la propriété. Restaurant au village. Sortie autoroute : Nuits-Saint-Georges à 7 km.

Prix : 1 pers. 38/43 € 2 pers. 43/53 € 3 pers. 43/69 € pers. sup. 14 €
Ouvert : Toute l'année.

20	2	2	1	0,5	0,5	SP	4	14	2	7	SP

Françoise PALISSES-BEAUMONT - Caveau Saint Nicolas - 13 rue Haute - 21220 MOREY-SAINT-DENIS - Tél. : 03 80 58 51 83

NOIRON-SOUS-GEVREY
(TH) *C.M. 243 Pli 16*

▌▌▌ 2 ch. 2 chambres d'hôtes aménagées avec beaucoup de goût dans une belle maison. Salle d'eau ou salle de bains et wc privés. Salle de séjour. Salon avec TV, billard. Bibliothèque. Chauffage central. Aire de jeux. Terrain. Abri couvert. Garages. Parking. Table d'hôtes sur réservation. Sortie autoroute : Nuits-Saint-Georges à 15 km.

Prix : 1 pers. 40 € 2 pers. 50 € 3 pers. 65 € pers. sup. 19 € repas 19 €
Ouvert : Du 1er mars au 15 novembre.

15	3	10	2	0,5	15	10	15	20	12	5	0,2

Bernard et Nicole MARET - « les Tilleuls » - 7 route de Dijon - 21910 NOIRON-SOUS-GEVREY - Tél. : 03 80 36 64 17 - Fax : 03 80 36 92 16

NOIRON-SUR-BEZE
C.M. 243 Pli 17

▌▌▌ 3 ch. 3 chambres d'hôtes 2 et 3 pers. dont 1 chambre accessible aux personnes handicapées, aménagées dans une maison récente avec vue sur la rivière. Salles d'eau et wc privés. Coin-kitchenette. Salon. Bibliothèque. Chauffage central. Terrain. Parking. Promotion : 10 % à partir de la 4e nuit. Sortie autoroute : Arc-sur-Tille ou Til-Châtel à 18 km.

Prix : 1 pers. 30 € 2 pers. 38 € 3 pers. 49 € pers. sup. 12 €
Ouvert : Toute l'année.

5	5	20	1	10	30	28	25	5	28	5

Bernard et Bernadette SUBLET - 6 route de Blagny - 21310 NOIRON-SUR-BEZE - Tél. : 03 80 36 79 18 - Fax : 03 80 36 79 18

PAINBLANC Paquier
C.M. 243 Pli 14

▌ 3 ch. Paisible cadre de verdure où 3 chambres d'hôtes sont aménagées dans une ancienne demeure de caractère. 1 chambre 3 épis avec salle d'eau et wc privés. 2 chambres 1 épi, cabinet de toilette avec lavabo pour chacune. Salle d'eau et wc communs. Bibliothèque. Chauffage central. Parc. Aire de jeux. Possibilité cuisine. Restaurant sur place. Train touristique à 5 km. Sortie autoroute : Pouilly-en-Auxois à 12 km.

Prix : 1 pers. 23/34 € 2 pers. 31/43 € 3 pers. 42 € pers. sup. 9 €
Ouvert : Du 1er février au 15 décembre.

25	0,1	10	0,3	5	20	20	15	12	25	7

Marguerite LIORET - Paquier - Painblanc - 21360 BLIGNY-SUR-OUCHE - Tél. : 03 80 20 12 90

PLOMBIERES-LES-DIJON
(TH) *C.M. 243 Pli 15*

▌▌▌ 6 ch. 6 chambres d'hôtes aménagées dans une demeure de caractère du XVIIe siècle et décorées avec des meubles de style. Salle de bains et wc privés. Grands salons. Salle à manger en partie commune. Télévision. Jardin. Parking. Promotion : 4 nuits au prix de 3. Sortie autoroute : Plombières-les-Dijon à 600 m.

Prix : 2 pers. 53 € 3 pers. 76 € pers. sup. 23 € repas 21 € 1/2 pens. 46 €
Ouvert : Toute l'année.

4	SP	0,2	1	3	3	2	8	2	4	SP

Colette et J.Claude TOURTET - Château Plombieres-les-Dijon - 21370 PLOMBIERES-LES-DIJON - Tél. : 03 80 45 00 61 - Fax : 03 80 43 29 73 - E-mail : chateau-de-plombieres@wanadoo.fr - http://chateauplombieres.com

POMMARD
C.M. 243 Pli 27

E.C. 4 ch. Au cœur du Vignoble, un vigneron vous accueille dans une maison ancienne fort bien rénovée comprenant une suite 4 pers. avec salle d'eau et salle de bains wc. 2 chambres 2 pers. avec salle d'eau ou salle de bains et wc privés chacune. 2 chambres 2 pers. pour une même famille salle d'eau et wc en commun. Séjour et salon réservés aux hôtes avec cheminée et TV. Espace cuisine équipé à disposition. Chauffage central. Grande cour et petit coin jardin. Parking. Restaurant à 500 m. Sortie autoroute : Beaune sud à 5 km. Langues parlées : anglais, allemand.

Prix : 1 pers. 43/76 € 2 pers. 43/76 € 3 pers. 84/91 € pers. sup. 15 €
Ouvert : Toute l'année.

4	0,5	0,7	1	1	4	SP	10	6	10	5	4

EARL DOMAINE TH. VIOLOT-GUILLEMARD - Les Nuits de Saint-Jean - Rue Sainte-Marguerite - 21630 POMMARD - Tél. : 03 80 22 49 98 - Fax : 03 80 22 94 40 - E-mail : thviolot@wanadoo.fr

Côte-d'Or
Bourgogne

PONTAILLER-SUR-SAONE
(TH) — C.M. 243 Pli 17

3 ch. Christiane et Daniel PITEY, passionnés de peinture, vous accueillent dans leur maison du 17ᵉ siècle. Magnifique jardin alliant le style anglais et l'exotisme. Deux vastes chambres personnalisées avec coin-salon, salle de bains et wc privés. 2 ch. communicantes donnant sur jardin privatif, salle de bains, wc. Salon détente : TV, CD. Bibliothèque. Notions d'anglais. Possibilité VTT. Stages de peinture, vitraux... proposés. Repas bourguignons servis dans la salle à manger ou la véranda, sur réservation. Sorties autoroute : A39 Soirans 15 km, A31 Arc-sur-Tille 22 km. Langue parlée : allemand.

Prix : 2 pers. **38/53** € pers. sup. **23** € repas **15** €
Ouvert : Du 15 mai au 15 novembre.

13	0,3	0,1	1	6	30	20	0,1	16	SP

Daniel et Christiane PITEY-DUCHEMIN - 65 rue du 8 Mai 1945 - 21270 PONTAILLER-SUR-SAONE - Tél. : 03 80 36 11 01 -
E-mail : DANKIKI@wanadoo.fr - www.maison-des-clematites.com

POUILLENAY
C.M. 243 Pli 14

2 ch. 2 chambres aménagées au rez-de-chaussée et à l'étage d'une ancienne ferme, située au cœur du village. 1 ch. 2 pers. et 1 ch. 4 pers. avec cabinet de toilette et wc privés. Salle de bains commune. Salle de séjour et TV. Chauffage central au fuel. Jardin. Garage. Restaurant à 3 km. Allemand parlé. Sortie autoroute : Bierre-les-Semur à 15 km. Langue parlée : allemand.

Prix : 1 pers. **23** € 2 pers. **29/37** € 3 pers. **40/59** € pers. sup. **11/20** €
Ouvert : Toute l'année.

15	3	1	5	4	4	15	10	4	3	3	3

Robert et Irene RENARDET - Rue Epry - 21150 POUILLENAY - Tél. : 03 80 96 01 25

POUILLY-SUR-SAONE
C.M. 243 Pli 28

3 ch. 2 chambres d'hôtes dans une maison rénovée, salles de bains et wc privés. Grande chambre 4 pers., salle de bains et wc privés, aménagée dans la maison mitoyenne aux propriétaires. Ch. élect. Coin-kitchenette. Salon, TV. Parking. Agréable jardin très fleuri l'été. Prêt de cannes à pêche et VTT. Sortie autoroute : Pagny/Seurre à 6 km ou Nuits-Saint-Georges à 12 km. Langue parlée : allemand.

Prix : 2 pers. **35** € 3 pers. **50** €
Ouvert : Toute l'année.

3	4	0,5	4	4	10	4	3	4	SP

Angelique DELORME-VARICHON - Route de Dijon - 21250 POUILLY-SUR-SAONE - Tél. : 03 80 21 06 43 ou 06 14 58 72 09 -
Fax : 03 80 21 06 43

PREMEAUX-PRISSEY
C.M. 243 Pli 15

5 ch. Au cœur du vignoble de la Côte de Nuits, 5 chambres aménagées de plain-pied dans une ancienne maison de vignerons restaurée. Entrée indépendante. 1 ch. 2 pers. (3 épis), salle d'eau et wc privés. 4 ch. 2 pers. (2 épis) douche et lavabo chacune, wc communs. Chauffage électrique. Salon. Jardin avec salon. Pré. Parking. Restaurant 3 km. Sortie autoroute : Nuits-Saint-Georges 5 km ou Beaune 13 km Langue parlée : anglais.

Prix : 1 pers. **29/33** € 2 pers. **34/38** € pers. sup. **15** €
Ouvert : Toute l'année.

3	3	3	3	SP	6	SP	12	25	3	3	3

Dominique MAGNIN - Rue de Nuits-Saint-Georges - 21700 PREMEAUX-PRISSEY - Tél. : 03 80 62 31 98 - Fax : 03 80 61 19 68 -
E-mail : dominique.magnin@club-internet.fr

PULIGNY-MONTRACHET
C.M. 243 Pli 26/27

E.C. 4 ch. Maison bourguignonne de caractère située au milieu des vignes dans un environnement très calme. 4 chambres (4 lits 1 pers. 1 lit 2 pers. et 2 x 160) avec salles d'eau ou salle de bains et wc privés. Salle avec coin-kitchenette, TV. Cour fermée. Restaurant à 200 m. Sortie autoroute : Beaune à 10 km. Langues parlées : portugais, espagnol, anglais.

Prix : 1 pers. **30** € 2 pers. **40/50** € 3 pers. **58** €
Ouvert : Toute l'année.

3	8	SP	10	10	3	12

Maria ADAO - 17 rue Drouhin - 21190 PULIGNY-MONTRACHET - Tél. : 03 80 21 97 46 - Fax : 03 80 21 97 46

QUINCEY
C.M. 243 Pli 17

2 ch. 2 chambres personnalisées aménagées dans une ancienne demeure, 1 lit 160 et 2 lits jumeaux, poss. 1 enfant. Salle d'eau ou salle bains et wc privés. Poss. 3 couchages suppl. sur une mezzanine. Chauffage central. Bibliothèque. Salon. TV. Jardin paysager et grande terrasse. Parking. Dégustation fromages de Bourgogne avec salade de saison : 11 € par pers. Vins du domaine en supplément. Promotion : 5 % à partir de la 4ᵉ nuit. Notions d'anglais. Sortie autoroute : Nuits-Saint-Georges à 4 km.

Prix : 1 pers. **50** € 2 pers. **58** € 3 pers. **76** € pers. sup. **20** €
Ouvert : Toute l'année.

4	6	2	4	10	4	15	30	2	3,5	4

Chantal DUFOULEUR - l'Albizzia - Place de l'Eglise - 21700 QUINCEY - Tél. : 03 80 61 13 23 ou 06 12 64 67 07 - Fax : 03 80 61 13 23 -
E-mail : chantal@wineandvoyages.com - http ://perso.wanadoo.fr/gite.nuits-saint-georges/

Bourgogne — Côte-d'Or

LA ROCHE-EN-BRENIL Chenesaint   Alt. : 500 m   (TH)   C.M. 65 Pli 17

5 ch. 5 chambres aménagées dans une ancienne ferme morvandelle restaurée avec goût et située dans le Parc Régional du Morvan. 2 ch. 2 pers., 2 ch. 3 pers. et 1 chambre familiale 4 pers. Lit bébé : 6.10 €. Salles de bains et wc privés. Chauffage électrique. Salon. Aires de jeux et piscine privée à disposition. Jardin. Parking. Promotion : remise 10 % sur séjour d'une semaine en 1/2 pension. Sortie autoroute : Avallon à 15 km. Langues parlées : anglais, espagnol.

Prix : 1 pers. 38 € 2 pers. 49 € 3 pers. 64 € pers. sup. 15 € repas 12/20 €
Ouvert : Toute l'année.

| | SP | 4 | 3 | 0,3 | 0,1 | 8 | 15 | 6 | 3 | 3 |

Michelle et René LEGRAND - Chenesaint - 21530 LA ROCHE-EN-BRENIL - Tél. : 03 80 64 79 06 - Fax : 03 80 64 79 06 -
E-mail : rene.legrand@free.fr

LA ROCHEPOT   C.M. 243 Pli 27

2 ch. 2 chambres d'hôtes 2 et 3 pers. aménagées par des vignerons dans une maison de caractère située au cœur du village, et située à proximité de son magnifique château. Salle d'eau et wc privés pour chaque chambre. Salle de séjour à disposition. Chauffage central. Dégustation de vins. Sortie autoroute : Beaune à 15 km.

Prix : 1 pers. 34 € 2 pers. 40 € 3 pers. 50 €
Ouvert : Fermé du 1er septembre au 15 octobre.

| | 4 | SP | 4 | SP | SP | 4 | 16 | 12 | 7 | 15 | 4 |

Lucienne FOUQUERAND - Rue de l'Orme - 21340 LA ROCHEPOT - Tél. : 03 80 21 72 80 - Fax : 03 80 21 74 69

ROUGEMONT La Forge   C.M. 243 Pli 1

3 ch. 3 chambres d'hôtes 2/4 pers. aménagées dans une maison de caractère située au bord du Canal de Bourgogne, dans la vallée de l'Armançon. Entrées privées, cheminées, salle de bains et wc privés. Séjour avec bibliothèque. TV. Cuisine. Chauffage central. Promenade en barque. Jardin. Cour. Restaurant à 3 km. Sortie autoroute : Bierre-les-Semur ou Nitry à 30 km. Langues parlées : espagnol, anglais.

Prix : 1 pers. 30 € 2 pers. 40/44 € 3 pers. 52/56 €
Ouvert : Toute l'année sauf le 25/12 et le 31/12.

| 10 | 1 | SP | 0,2 | 10 | 30 | 10 | 30 | SP | 10 | 4 |

Jean-Luc et Carole BACCHIERI - La Forge - 21500 ROUGEMONT - Tél. : 03 80 92 35 99 - Fax : 03 80 92 35 99

ROUVRAY   C.M. 243 Pli 13

2 ch. Dans le Parc du Morvan, 2 chambres d'hôtes indépendantes, aménagées dans un style régional, à la sortie du village, dans un cadre calme et verdoyant. 1 chambre 2 pers. 1 chambre 3 pers. Salles d'eau et wc privés. Salon et TV. Chauffage électrique. Jardin. Parking. Abri couvert et clos. Restaurants sur place. Notions d'anglais. Circuits pédestres et VTT. Promotion : 4 nuits au prix de 3 et 76 € 2 nuits pour 2 pers. Sortie autoroute : Avallon à 7 km ou Bierre-les-Semur à 17 km.

Prix : 1 pers. 30 € 2 pers. 40 € 3 pers. 50 €
Ouvert : Du 15 mars au 15 novembre.

| | 7 | 0,3 | 0,5 | 0,3 | SP | 4 | 45 | 7 | 10 | 8 | 1,5 | 0,5 |

Pierre et Jacqueline BERTHIER - 1 rue General Leclerc - 21530 ROUVRAY - Tél. : 03 80 64 74 61

ROUVRES-EN-PLAINE   C.M. 243 Pli 16

4 ch. 4 chambres 2, 3 et 4 pers., aménagées dans une maison récente, au cœur du village, avec entrée indépendante. Salle d'eau et wc communs aux chambres. Séjour. Salon. TV. Coin-kitchenette avec micro-ondes. Chauffage élect. Jardin et parking. Restaurant au village. Produits fermiers 12 km. Séjour d'une semaine : cadeau de la clé de la ville (musées gratuits). Sortie autoroute : Dijon-sud Crimolois 3 km.

Prix : 1 pers. 20 € 2 pers. 28 € 3 pers. 31 € pers. sup. 7 €
Ouvert : Toute l'année.

| | 12 | SP | SP | 5 | 10 | 15 | 10 | 6 | 7 | 2 |

Jane FOREY - 11, rue des Ducs - 21110 ROUVRES-EN-PLAINE - Tél. : 03 80 79 19 20

RUFFEY-LES-BEAUNE   C.M. 243 Pli 15

2 ch. 2 chambres d'hôtes aménagées dans une ancienne ferme, (1 lit 2 pers. 1 lit 1 pers.). Salle d'eau et wc privés. Salle de séjour. Chauffage central. Garage. Jardin. Logement de chevaux. Parking. Terrain. Restaurant à 2 km. Sortie autoroute : Beaune à 5 km.

Prix : 1 pers. 34 € 2 pers. 37 € 3 pers. 46 € pers. sup. 9/12 €
Ouvert : Toute l'année.

| | 6 | 2 | 1 | 1 | 2 | 3 | 20 | 8 | 6 | 6 | 6 |

Marie-Claude LESAVRE - 3 chemin Malaquin - Varennes - 21200 RUFFEY-LES-BEAUNE - Tél. : 03 80 26 54 85 ou 06 83 64 84 56

Côte-d'Or   *Bourgogne*

SACQUENAY   (TH)   *C.M. 243 Pli 5*

3 ch. — 3 chambres situées sur une exploitation agricole, aménagées avec beaucoup de goût. Salle d'eau et wc privés pour chaque chambre. Séjour et TV. Chauffage au bois et électrique. Parking. Jardin avec coin pique-nique. Aire de jeux. Pré. Garages. 1/2 pension : 26 €/pers. pour un séjour de 7 nuits minimum. Restaurant à 9 km. Sortie autoroute : Til-Châtel 12 km.

Prix : 1 pers. **25 €** 2 pers. **32 €** 3 pers. **40 €** repas **10/14 €**
Ouvert : Toute l'année.

12	9	4	0,3	0,1	30	12	12	22	0,1

Robert et Anny ANDRE - 16 rue de la Cras - 21260 SACQUENAY - Tél. : 03 80 75 83 51 - Fax : 03 80 75 83 51

SACQUENAY   (TH)   *C.M. 243 Pli 5*

3 ch. — A l'entrée du village, dans une maison rustique, au calme de la campagne 1 chambre 4 pers. (3 épis), indépendant, claire et agréable avec kitchenette. Vue imprenable sur le village. 2 chambres 2 et 3 pers. (2 épis). Salle d'eau et wc privés à toutes les chambres. Chauffage central. Salon. TV. Espace vert. Parking. Sortie autoroute : Til-Châtel à 12 km.

Prix : 1 pers. **21/29 €** 2 pers. **30/38 €** 3 pers. **38/46 €** pers. sup. **7 €** repas **12 €**
Ouvert : Toute l'année.

12	9	4	0,3	0,1	30	12	12	22	0,1

Marie-Anne PILLERON-JAULT - 20 rue de la Cras - 21260 SACQUENAY - Tél. : 03 80 75 94 75 - Fax : 03 80 75 94 75 -
E-mail : marie-anne_chambre_d.hôtes@francemail.com

SALIVES Larcon   A   (TH)   *C.M. 65*

5 ch. — 5 chambres d'hôtes 2 et 3 pers. situées sur une exploitation agricole. Salles d'eau et wc privés pour chaque chambre. Séjour, TV et bibliothèque à disposition. Chauffage central. Jardin. Aire de jeux. Parking. Table d'hôtes avec les produits de la ferme. Sortie autoroute : Til-Châtel à 30 km. La ferté 40 km.

Prix : 1 pers. **27 €** 2 pers. **38 €** 3 pers. **53 €** repas **12 €**
1/2 pens. **30 €** pens. **38 €**
Ouvert : Toute l'année.

SP	5	10	2	5	5	SP	30	15

Simone RAMAGET - Ferme de Larcon - Larcon - 21580 SALIVES - Tél. : 03 80 75 60 92 - Fax : 03 80 75 60 92

SANTENAY-EN-BOURGOGNE Le Château de la Crée   (TH)   *C.M. 243 Pli 26/27*

4 ch. — Au cœur du vignoble de la Côte de Beaune, dans un cadre prestigieux et authentique, manoir du XVIII siècle implanté sur un domaine vinicole familial de renom. 4 chambres de prestige (2 communicantes), salles de bains et wc privés. TV, téléphone dans les chambres. Salons privés, caves et caveau de réceptions (XV siècle), bars. Billard. TH sur résa. Parc. Tennis. Putting-golf. Animaux non souhaités dans les chambres (suppl. de 19 €). Sortie autoroute : Beaune-sud (rocade est) ou Chalon-Nord 18 km. Langues parlées : anglais, allemand.

Prix : 1 pers. **125/170 €** 2 pers. **135/185 €** pers. sup. **50/60 €**
repas **85/120 €** 1/2 pens. **120/260 €**
Ouvert : Toute l'année (en janvier et février sur réservation).

0,5	SP	2	1	0,5	1	SP	10	18	0,5	5	0,8

Yves Eric et Rolande REMY-THEVENIN - Le Château de la Cree - Les Hauts-de-Santenay - 21590 SANTENAY-EN-BOURGOGNE - Tél. : 03 80 20 62 66 - Fax : 03 80 20 66 50 - E-mail : chateaudelacree@wanadoo.fr

SANTENAY-EN-BOURGOGNE   *C.M. 243 Pli 26/27*

4 ch. — Aux confins de la Côte-d'Or et la Saône-et-Loire, 4 chambres d'hôtes aménagées dans une maison de caractère, sur une exploitation viticole. 2 ch. 2 pers. et 2 ch. 3 pers. Salle de bains ou salle d'eau et wc privés. Possibilité lits suppl. TV dans les chambres. Chauffage central. Séjour. Vue imprenable sur les coteaux. Tranquillité et repos assurés. GR7. Animaux admis avec supplément. Restaurants au village. Sortie autoroute : Beaune-Sud ou Chalon-Nord à 15 km.

Prix : 1 pers. **46 €** 2 pers. **55 €** 3 pers. **64 €** pers. sup. **9 €**
Ouvert : Toute l'année sauf pendant les vendanges.

1	1	1	0,5	0,1	5	SP	10	15	1	5	0,1

Françoise MONIOT - 44 Grande rue - 21590 SANTENAY-EN-BOURGOGNE - Tél. : 03 80 20 60 52 - Fax : 03 80 20 60 52 -
E-mail : moniot@net-up.com

SAULIEU   Alt. : 595 m   *C.M. 65 Pli 17*

3 ch. — 3 grandes chambres aménagées dans une maison de caractère, entourée par un jardin et un parc agréable avec arbres centenaires. 2 ch. 2 pers. et 1 ch. 3 pers. Salle d'eau et wc privés pour une chambre (2 épis), salle d'eau privée pour les 2 autres, wc communs (1 épi). Chauffage central. Pièce commune à disposition. Parking, pré, logement de chevaux. Notions d'anglais. Sortie autoroute : Bierre-les-Semur à 20 km. Langue parlée : anglais.

Prix : 1 pers. **28 €** 2 pers. **36 €** 3 pers. **46 €** pers. sup. **10 €**
Ouvert : Toute l'année.

SP	SP	1		1	SP	65	25	4	0,5	SP

Guy et Claire CIURLEO - 12 rue des Tanneries - 21210 SAULIEU - Tél. : 03 80 64 24 07

Bourgogne
Côte-d'Or

SAVIGNY-LES-BEAUNE
C.M. 243 Pli 27

3 ch. Maison de caractère située à proximité du château de Savigny-les-Beaune. 2 chambres 2 pers. et 1 suite 6 pers., dont une chambre avec boiserie, fresque au plafond et tommettes. Salle d'eau ou salle de bains et wc privés. Coin-salon. Caveau pour petits-déjeuners. Kitchenette. Chauffage central. Cour avec ombrage. 1 garage sur demande. Parking fermé. Table d'hôtes sur réservation. Dégustation-vente de vins. Restaurants à 500 m. Notions d'anglais. Sortie autoroute : Beaune nord/Savigny-les-Beaune à 2 km.

Prix : 1 pers. 46/63 € 2 pers. 52/69 € 3 pers. 69/99 € pers. sup. 18 € repas 18 €

Ouvert : Toute l'année.

5	0,7	5	1	1	8	0,5	9	7	5	0,4

Christine ROSSIGNOL - 16 rue General Leclerc - 21420 SAVIGNY-LES-BEAUNE - Tél. : 03 80 26 10 47 - Fax : 03 80 26 11 78 -
E-mail : christine-rossignol@wanadoo.fr

SENAILLY Le Parc
C.M. 243 Pli 1

2 ch. Dans une maison ancienne avec jolie vue sur la vallée de l'Armançon, Valérie vous accueille. Accès indépendant. 1 ch. (1 lit 160. 1 conv. 160), salon, cuisine. 1 ch. mansardée (2 lits 100.) avec coin salon. Sanitaires privés pour chaque chambre. Coin-détente dans jardin. Tarifs dégressifs à partir de la 3e nuit. Abbaye de Fontenay 17 km. Semur-en-Auxois 12 km. Sortie autoroute : Bierre-les-Semur 20 km, Avallon 35 km. Langues parlées : anglais, allemand.

Prix : 1 pers. 34 € 2 pers. 40 € 3 pers. 53 € pers. sup. 11 €

Ouvert : Du 1er avril au 31 octobre.

10	10	0,2	0,5	SP	10	2	30	15	10	10

Valérie BARRIER - Le Parc - 21500 SENAILLY - Tél. : 03 80 96 76 54

SEURRE
C.M. 70 Pli 2

1 ch. 1 chambre d'hôtes 2 pers. aménagée dans une maison traditionnelle donnant sur un agréable jardin, chez un couple de retraités. Entrée indépendante. Salle d'eau et wc privés. Lit d'appoint pour enfant : 7,5 €. Télévision à disposition. Chauffage électrique. Parking. Restaurants dans le village. Sortie autoroute : Seurre à 6 km.

Prix : 1 pers. 28 € 2 pers. 35 €

Ouvert : Toute l'année.

0,5	0,5	0,2	10	1	25	22	0,5	0,5	0,2

André et Claire BLANCHOT - 41 place de la Libération - 21250 SEURRE - Tél. : 03 80 20 48 31

SEURRE
C.M. 70 Pli 2

4 ch. Au bord de la Saône, dans une charmante petite ville, 4 chambres d'hôtes aménagées dans une maison du XVIIIm. Salle d'eau et wc privés pour chaque chambre. Salon réservé aux hôtes avec TV. Chauffage central. Cour et parking. Promotion : 4 nuits au prix de 3. Restaurant à 50 m. Notions d'anglais. Sortie autoroute : Seurre à 3 km ou Beaune à 20 km.

Prix : 1 pers. 27/30 € 2 pers. 34/38 €

Ouvert : Toute l'année.

1	1	SP	2	20	15	20	20	18	1	0,5	0,5

Gilles et Christine VERNAY - 15 quai du Midi - 21250 SEURRE - Tél. : 03 80 20 46 32

ST-BERNARD
C.M. 243 Pli 16

4 ch. Jeanne et Daniel vous accueillent dans un village calme, reposant et verdoyant. Dans un bâtiment indépendant de leur habitation, 3 chambres 2 pers. avec pour chacune salle d'eau et wc privés, un accès direct au jardin par une terrasse avec son mobilier, parking. Dans leur maison, 1 ch. 2 épis (2 lits 1 pers.), salle de bains et wc privés. Ch. électrique. Restaurant 3 km. Abbaye de Citeaux à proximité. A 7 km du Clos de Vougeot et de la Côte réputée pour ses grands vins. Sortie autoroute : Nuits-Saint-Georges à 7 km. Langue parlée : italien.

Prix : 1 pers. 43 € 2 pers. 46/50 € pers. sup. 10/15 €

Ouvert : Toute l'année.

5	5	3	0,5	18	5	23	5	7	7

Jeanne ESMONIN - Paquis de Rolanges - 21700 ST-BERNARD - Tél. : 03 80 62 81 60 - Fax : 03 80 62 89 14 -
E-mail : les-rolanges@wanadoo.fr

ST-JULIEN
C.M. 66 Pli 12

2 ch. A 10 km du Nord de Dijon, 2 chambres familiales 2 pers. aménagées dans une maison récente. 1 salle d'eau et wc. Salle à manger-salon avec TV et magnétoscope réservée aux hôtes. Coin-kitchenette. Chauffage central. Entrée indépendante. Jardin. Parking. Restaurant à 7 km. Promotion : 30 % de réduction à partir de la 4e nuit. Sortie autoroute : A31 Arc-sur-Tille à 9 km ou Til-Châtel à 18 km.

Prix : 2 pers. 38 € 3 pers. 53 € pers. sup. 15 €

Ouvert : Toute l'année.

10	0,5	0,5	12	3	20	10	2	0,5	0,5

Denise MOUROT - 34 rue des Louvieres - 21490 ST-JULIEN - Tél. : 03 80 23 21 65

Côte-d'Or   *Bourgogne*

ST-PIERRE-EN-VAUX Vernusse   (TH)   *C.M. 69 Pli 8*

2 ch. Dans un hameau, entouré de pâturages et de bois, 2 chambres d'hôtes voisines à l'étage de notre maison paysanne du XVIII° siècle. Salle d'eau et wc privés pour chacune. Chauffage électrique. Fidèles au concept d'origine nous recevons nos hôtes dans notre salle commune avec plafond à la française et cheminée. Bibliothèque. Grand jardin avec vue dégagée. (Repas bio-végétarien). Promotion : 10 % de réduction dès la 2° nuit. Randonnées pédestres. Nombreuses excursions. Sortie autoroute : Pouilly-en-Auxois à 28 km.

Prix : 1 pers. **24/27 €** 2 pers. **29 €** 3 pers. **46 €** pers. sup. **12 €** repas **11 €**
Ouvert : Toute l'année.

30	4	2	SP	20	20	20	12	30	4

Michel et Odile LATRON - Vernusse - 21230 ST-PIERRE-EN-VAUX - Tél. : 03 80 84 24 57

THOISY-LE-DESERT Cercey   *C.M. 243 Pli 14*

4 ch. 4 chambres d'hôtes dont 2 communicantes. Salles d'eau et wc privés. Salle de séjour à disposition. Véranda. Jardin. Garage. Parking. Chauffage central. Notions en anglais. Restaurants à 3 km. Sortie autoroute : Pouilly-en-Auxois à 3 km.

Prix : 1 pers. **39 €** 2 pers. **47/50 €** 3 pers. **57 €**
Ouvert : Toute l'année.

10	2	0,5	2	1	6	15	15	1	0,5	35	3

Marie-Josephe MIMEUR - Cergey - 21320 THOISY-LE-DESERT - Tél. : 03 80 90 88 48 ou 06 15 10 52 12 - Fax : 03 80 90 88 48

THOREY-SOUS-CHARNY Ferme de L'Hopital   (TH)   *C.M. 243 Pli 14*

2 ch. 2 chambres d'hôtes communicantes aménagées dans une ferme de caractère, à l'extérieur du village. Salle d'eau et wc privés. Salle de séjour à disposition. Chauffage au bois. Garage. Jardin. Pré. Possibilité logement chevaux. Table d'hôtes sur réservation. Sortie autoroute : Pouilly-en-Auxois à 12 km.

Prix : 1 pers. **29 €** 2 pers. **35 €** 3 pers. **49 €** pers. sup. **8 €** repas **15 €** 1/2 pens. **32 €**
Ouvert : Toute l'année.

12	5	4	1	1	18	50	15	8	12	60	10

Bernard et Madeleine MOREAU - Ferme de l'Hôpital - 21350 THOREY-SOUS-CHARNY - Tél. : 03 80 64 61 91

TOUILLON   *C.M. 243 Pli 2*

1 ch. Maison récente située à 5 km de l'Abbaye de Fontenay, avec vue splendide sur la vallée et le village. 1 chambre d'hôtes pour 2 pers. avec salle de bains et wc privés et TV. 1 lit enfant de -5 ans. Salon réservé aux hôtes. Chauffage central. Jardin. Notions en anglais. Sortie autoroute : Bierre-les-Semur à 32 km. Langue parlée : italien.

Prix : 1 pers. **35 €** 2 pers. **40 €**
Ouvert : Toute l'année

10	1	10	1	0,1	10	28	10	15	10	10	10

Alain et Louisa BESSON - Rue des Vignes - Les Malmaisons - 21500 TOUILLON - Tél. : 03 80 89 05 49 ou 06 76 34 00 43 - Fax : 03 80 89 05 49

VANDENESSE-EN-AUXOIS   *C.M. 243 Pli 14*

5 ch. Au cœur de l'Auxois, en bordure du canal de Bourgogne, maison de caractère où sont aménagés 4 chambres d'hôtes et un studio. Chambres pour 4 pers. avec salles d'eau et wc privés. Salle de séjour avec cheminée et TV. Bibliothèque. Studio 2 pers. (53 €), salle d'eau et wc privés, coin-kitchenette et salon avec vue sur le canal et Châteauneuf-en-Auxois. Chauffage électrique. Terrasse ombragée et terrain. Parking. Garage. Restaurants au village. Sortie autoroute : Pouilly-en-Auxois à 6 km.

Prix : 1 pers. **42 €** 2 pers. **42/54 €** 3 pers. **50 €** pers. sup. **7 €**
Ouvert : Toute l'année.

30	2	0,5	1	3	4	10	3	2	8	0,5

Monique et Pascal BONNARD - 21320 VANDENESSE-EN-AUXOIS - Tél. : 03 80 49 27 12

VANDENESSE-EN-AUXOIS   (TH)   *C.M. 243 Pli 14*

3 ch. 3 cabines très confortables aménagées sur une péniche, sur le canal de Bourgogne, au pied de la cité médiévale de Châteauneuf-en-Auxois. Salles d'eau et wc privés. Salle de séjour. Salon avec TV. Bibliothèque. Ch. central. Pont de soleil très fleuri l'été. Poss. lit double ou simple. Table d'hôtes sur réservation. Possibilité de promenades en calèche. Sortie autoroute : Pouilly-en-Auxois à 7 km. Langues parlées : anglais, hollandais, allemand.

Prix : 1 pers. **40 €** 2 pers. **50 €** repas **20 €**
Ouvert : Du 1er février au 30 novembre.

7	SP	SP	5	30	10	2,5	38	7

Lisa JANSEN BOURNE - Péniche « Lady A » - Port du Canal - CIDEX 45 - 21320 VANDENESSE-EN-AUXOIS - Tél. : 03 80 49 26 96 - Fax : 03 80 49 27 00

Bourgogne
Côte-d'Or

VAUCHIGNON (TH)
C.M. 243 Pli 26

2 ch. — 2 chambres d'hôtes 3 pers. aménagées dans une ancienne ferme vigneronne avec salle d'eau et wc communs, lavabo dans chaque chambre. Séjour et TV à disposition. Chauffage central. Jardin. Etang. Parking. Aire de jeux. Pré. Table d'hôtes sur réservation. Restaurant à 3 km. GR7. Sortie autoroute : Beaune à 20 km.

Prix : 1 pers. **29 €** 2 pers. **34 €** 3 pers. **44 €** repas **15 €**
Ouvert : Toute l'année.

20	3	SP	SP	SP	SP	1	SP	21	3	25	3

André et Marguerite TRUCHOT - 21340 VAUCHIGNON - Tél. : 03 80 21 71 44

VAUCHIGNON
C.M. 243 Pli 26

5 ch. — 5 chambres 2 ou 3 pers. aménagées dans une ancienne maison vigneronne, dans une vallée pittoresque, sur une exploitation charollaise. 3 ch. 3 épis, salle d'eau et wc privés. 1 chambre familiale 1 épi, salle d'eau et wc. Séjour, salon, TV. Chauffage électrique. Jardin. Pré. Parking. Logement de chevaux. Restaurant 3 km. GR7. Sortie autoroute Langues parlées : anglais, espagnol.

Prix : 1 pers. **23/30 €** 2 pers. **30/40 €** 3 pers. **38/49 €**
Ouvert : Toute l'année.

10	3	SP	SP	SP	1	SP	1	21	3	20	3

Joel TRUCHOT - Le Bout du Monde - 21340 VAUCHIGNON - Tél. : 03 80 21 80 53 - Fax : 03 80 21 88 76

VAUCHIGNON
C.M. 243 Pli 26

1 ch. — 1 chambre d'hôtes 2 pers. indépendante située dans un très joli village, avec salle de bains et wc privés. Salle de séjour et salon à disposition. Chauffage électrique. Jardin. Aire de jeux. Parking. Restaurant à 3 km. GR7. Sortie autoroute : Beaune à 20 km. Langues parlées : anglais, allemand.

Prix : 2 pers. **40 €**
Ouvert : Du 1er mars au 30 novembre.

10	3	SP	SP	SP	1	SP	1	21	3	21	3

Rolande RIGAUD - 21340 VAUCHIGNON - Tél. : 03 80 21 74 34

VAUCHIGNON
C.M. 243 Pli 26

1 ch. — Dans la vallée protégée du Bout du Monde chez des artistes, 1 chambre 2 pers. aménagée dans une ancienne maison de vignerons, indépendante des propriétaires. Salle d'eau et wc privés. Lit d'appoint pour enfant (9 €). Chauffage électrique. Salle de séjour. Coin-kitchenette. Jardin attractif traversé par une rivière. Cour. Parking. Sortie autoroute : Beaune à 23 km. Langue parlée : anglais.

Prix : 1 pers. **34 €** 2 pers. **40 €**
Ouvert : Toute l'année.

15	3	SP	0,2	0,2	1	0,2	0,2	18	3	15	3

Nicole et John RACKLEY-LECHEVALIER - 21340 VAUCHIGNON - Tél. : 03 80 21 86 36 - Fax : 03 80 21 86 36

VELARS-SUR-OUCHE
C.M. 243 Pli 15

1 ch. — 1 chambre d'hôtes aménagée dans une ancienne maison rénovée, située dans un cadre verdoyant, au centre du village. Entrée indépendante. Salle de bains et wc privés. Salle de séjour. TV. Chauffage central. Jardin. Parking. Sortie voie express : Velars à 700 m. Langues parlées : anglais, allemand.

Prix : 1 pers. **37 €** 2 pers. **45 €** pers. sup. **13 €**
Ouvert : Toute l'année.

10	0,3	0,8	0,5	5	15	10	20	10	11	0,3

Elisabeth REMOND - 3 rue Camille Chatot - 21370 VELARS-SUR-OUCHE - Tél. : 03 80 33 60 77 ou 06 72 48 57 48 - Fax : 03 80 33 60 77 - E-mail : elisabeth.remond@wanadoo.fr

VENAREY-LES-LAUMES
C.M. 243 Pli 2

2 ch. — 2 chambres d'hôtes aménagées dans une ancienne ferme. Salle d'eau ou salle de bains et wc privés. Séjour. Chauffage central. Cour. Grand verger. Restaurant au bourg. Sortie autoroute : Bierre-les-Semur à 18 km.

Prix : 1 pers. **27 €** 2 pers. **31 €** 3 pers. **46 €**
Ouvert : Toute l'année.

12	0,3	0,2		1	15	1	0,2	1	0,3

Monique et Bernard DUBOIS - 4 rue Madame Lemoine - 21150 VENAREY-LES-LAUMES - Tél. : 03 80 96 00 47

VIEVY Dracy Chalas (TH)
C.M. 243 Pli 14

2 ch. — 2 chambres d'hôtes (2 et 3 épis), aménagées dans une fermette restaurée. Ambiance bohème et décontractée. Salles d'eau ou de bains et wc privés. Salon avec plafond à la française. Piano, TV, bibliothèque. Chauffage central. Logement de chevaux. Jardin. Terrasse. Parking. Aire de jeux. Table d'hôtes sur réservation. Sortie autoroute : Pouilly-en-Auxois à 20 km. Langues parlées : anglais, allemand, espagnol.

Prix : 1 pers. **29 €** 2 pers. **40 €** 3 pers. **56 €** pers. sup. **17 €** repas **17 €**
Ouvert : Toute l'année.

10	6	2	0,3	20	25	25	20	10	20	6

Brigitte BASSI-LANGLADE - Ferme de Lascivia - Dracy Chalas - 21230 VIEVY - Tél. : 03 80 90 23 51

Côte-d'Or

Bourgogne

VILLARS-FONTAINE
(TH) — C.M. 243 Pli 15

3 ch. 3 chambres 2 et 3 pers. (dont une classée 1 épi) aménagées dans une ancienne maison bourguignonne au flanc du coteau du village. Salles d'eau et wc privés. Séjour et salle à disposition. Coin-cuisine. Chauffage central. Parking. Terrasse couverte. Table d'hôtes mardi et mercredi sur réservation. Restaurant sur place. GR7. Réduction de 4 € dès la 2ᵉ nuit. Sortie autoroute : Nuits-Saint-Georges à 6 km.

Prix : 1 pers. 32 € ◊ 2 pers. 35 € ◊ 3 pers. 41 € ◊ pers. sup. 11 € ◊ repas 14 €
Ouvert : De février à fin novembre.

5	5	0,2	0,1	1	0,1	10	15	5	5		1

Philippe et Andrée JEANJEAN - 21700 VILLARS-FONTAINE - Tél. : 03 80 61 29 59 - Fax : 03 80 62 37 49 -
E-mail : jeanjean-philippe@wanadoo.fr — http ://chambres.ifrance.com

VILLARS-VILLENOTTE Les Langrons
C.M. 65 Pli 8

3 ch. 3 grandes chambres avec belles vues, aménagées dans une ancienne ferme de caractère, récemment restaurée. Chambres de 2 et 3 pers. Salle d'eau et wc privés à chaque chambre. Séjour, bibliothèque. Ch. central. Grand jardin, aire de jeux. Parking en toute sécurité. 10 % sur séjour de 2 nuits (hors juillet-août). Notion en allemand. Restaurants 4 km. Sortie autoroute : Bierre-les-Semur à 7 km. Langues parlées : anglais, allemand.

Prix : 1 pers. 45 € ◊ 2 pers. 50 € ◊ 3 pers. 65 € ◊ pers. sup. 15 €
Ouvert : Toute l'année sauf à Noël.

12	4	5	1	8	1	17	34	5	12		4

Mary et Roger COLLINS - Les Langrons - Villars-Villenotte - 21140 SEMUR-EN-AUXOIS - Tél. : 03 80 96 65 11 - Fax : 03 80 97 32 28

VILLEBICHOT
C.M. 243 Pli 16

E.C. 2 ch. Au village, dans un cadre verdoyant, entre Vougeot et Cîteaux, 2 chambres 2 pers. décorées avec goût aménagées dans une maison récente. Salle de bains et wc privés chacune. Séjour. Salon avec TV et bibliothèque réservé aux hôtes. Chauffage central. Terrasse couverte. Jardin ombragé. Parking. Notions en allemand et néerlandais. Vélos sur place. Restaurant à 8 km. Sortie autoroute : Nuits-Saint-Georges à 8 km. Langue parlée : anglais.

Prix : 1 pers. 37 € ◊ 2 pers. 43 € ◊ pers. sup. 11 €
Ouvert : Toute l'année.

7	9	SP	SP	SP	SP	7	SP	25	11	8	8

François ISTACE - 21700 VILLEBICHOT - Tél. : 03 80 61 22 07 - Fax : 03 80 61 22 07

VILLEFERRY
(TH) — C.M. 243 Pli 14

3 ch. Au milieu des collines de l'Auxois au charme discret, 2 chambres avec terrasses et jardins privatifs et joli point de vue sur le paysage vallonné. Au bas du verger dans maison vigneronne ancienne restaurée, duplex (61 €) avec coin-cuisine et jardin privatif. Sanitaires privés et accès indépendant pour les 3 chambres. TH sur réservation. Sortie autoroute : Bierre-les-Semur à 20 km. Langue parlée : anglais.

Prix : 1 pers. 49/56 € ◊ 2 pers. 53/61 € ◊ 3 pers. 70 € ◊ pers. sup. 9 € ◊ repas 18 €
Ouvert : Toute l'année.

1	8	1	0,2	0,2	1	10	25	15	13	6	8

J. SPENCER MERSKY - Le Verger Sous les Vignes - 21350 VILLEFERRY - Tél. : 03 80 49 60 04 - Fax : 03 80 49 60 04

VOUGEOT
C.M. 243 Pli 16

3 ch. 3 chambres d'hôtes aménagées au 1ᵉʳ étage d'un pavillon, dans un village viticole. Vue sur le vignoble. Clos Vougeot à 200 m. 2 chambre 2 pers., poss. lit enfant supplémentaire. Salle d'eau et wc communs. 1 chambre 3/4 pers., entrée indépendante, salle d'eau et wc privés. Chauffage central. Séjour, salon et TV à disposition. Jardin. Parking. Restaurant 100 m. GR76. Sortie autoroute : Nuits-Saint-Georges à 5 km.

Prix : 1 pers. 27 € ◊ 2 pers. 34/37 € ◊ 3 pers. 44 €
Ouvert : Du 1ᵉʳ mars au 30 novembre.

SP	SP	2	1	SP	5	SP	6	1	5	5	5

Jacques PARFAIT - 6 Impasse Fleurie - 21640 VOUGEOT - Tél. : 03 80 62 86 69

Nièvre

GITES DE FRANCE
3, rue du Sort - 58000 NEVERS
Tél. 03 86 36 42 39 - Fax 03 86 59 90 67

3615 Gîtes de France
0,2 €/min

ALLUY Bouteuille
C.M. 69 Pli 5

4 ch. Canal du Nivernais 4 km. Forêt de Vincence 6 km. Maison de caractère (parc), salon (prise TV), cuisine aménagée à la disposition des hôtes, 3 chambres doubles avec salle d'eau et wc individuels, 1 chambre double + 1 ch. enfant attenante avec salle de bains et wc individuels. Téléphone (compteur). Location vélos et bateaux à 5 km. Parking. Circuit VTT. Restaurants à 5 km. Chambres d'hôtes de Charme. Langue parlée : anglais.

Prix : 1 pers. 35/41 € ◊ 2 pers. 43/55 € ◊ 3 pers. 61/66 € ◊ pers. sup. 12/15 €
Ouvert : Toute l'année.

5	5	5	0,5	SP	3	15	5	38			5

Colette et André LEJAULT - Bouteuille - Alluy - 58110 CHATILLON-EN-BAZOIS - Tél. : 03 86 84 06 65 ou 06 77 35 01 34 -
Fax : 03 86 84 03 41 - E-mail : lejault.c@wanadoo.fr - http ://perso.wanadoo.fr/bouteuille/

Bourgogne — Nièvre

BAZOCHES Domaine Rousseau   A (TH)   C.M. 65 Pli 16

5 ch. Lac de Chaumeçon 20 km. 5 chambres aménagées au 1er étage d'une maison de Maître du XVIIIe indépendante avec grand jardin à disposition des hôtes. 3 chambres doubles et 2 chambres triples avec chacune sanitaires privés, chauffage central. Possibilité lit d'appoint pour 4e pers avec supplément 12,20 €. Maison dominant le Château de Bazoches. Proche du Parc du Morvan. Près de Clamecy, Vezelay, Avallon. Possibilité table d'hôtes sauf le mercredi soir et le dimanche soir. Belle vue sur campagne environnante.

Prix : 2 pers. 39 € 3 pers. 54 € pers. sup. 13 € repas 14 €
Ouvert : Toute l'année sur réservation.

🐕	🏊	🎾	⛵	🚴	🚶	🐎	🏨	⛵	⛷	🚆	🛣
18	8	2	SP	SP	6	11	17	17	20		8

Nadine et Philippe PERRIER - Domaine de Rousseau - 58190 BAZOCHES - Tél. : 03 86 22 16 30 - Fax : 03 86 22 11 81 -
E-mail : ferme.auberge@dial.oleane.com - http://www.auberge.bazoches.com

---

BAZOCHES Ferme D'Ecosse   C.M. 65 Pli 16

3 ch. Vezelay 12 km. 3 chambres d'hôtes aménagées sur une exploitation agricole du Morvan. Rez-de-chaussée : entrée, salle de séjour réservée aux hôtes. A l'étage, 2 chambres doubles, 1 chambre triple, salles d'eau et wc particuliers. Chauffage central, coin-cuisine. Jardin, visite de la ferme (élevage charolais). Circuits pédestres balisés avec superbe vue sur les environs. Au pied du Château de Bazoches. Ferme Auberge à 800 m. Langues parlées : anglais, espagnol.

Prix : 1 pers. 31 € 2 pers. 36 € 3 pers. 48 €
Ouvert : Tous les jours juillet août, sur réservation pour les autres périodes.

🐕	🏊	🎾	⛵	🚴	🚶	🐎	🏨	⛵	⛷	🚆	🛣
22	12	7	1	1	8	12	15	15	12		1

Chantal PERRIER - La Ferme d'Ecosse - 58190 BAZOCHES - Tél. : 03 86 22 14 57 - Fax : 03 86 22 14 57 -
E-mail : fermedecosse@wanadoo.fr

CHAMPLEMY   C.M. 65 Pli 14

2 ch. 2 chambres d'hôtes dans une ancienne maison bourgeoise située sur la place du village. 1 chambre 5 pers. avec salle d'eau et wc particulier. 1 chambre double avec salle d'eau et wc particulier. Salle de séjour à disposition des hôtes. Jardin, parking (Garage sur demande lors de la réservation). Restaurant sur place. Langues parlées : néerlandais.

Prix : 1 pers. 24 € 2 pers. 35/40 € 3 pers. 52/58 €
Ouvert : D'avril à octobre.

🐕	🏊	🎾	⛵	🚴	🚶	🐎	🏨	⛵	⛷	🚆	🛣
23	14	SP	SP	SP	10	25	27		30		SP

Marie-Noëlle TAYLOR - Le Bourg - 58210 CHAMPLEMY - Tél. : 03 86 60 15 08

CHANTENAY-SAINT-IMBERT La Ferté   C.M. 69 Pli 3

2 ch. A proximité immédiate de la rivière Allier, dans une propriété du XVIIIe siècle entourée d'un parc de 14 000 m², deux chambres (1 chambre 3 épis et 1 chambre 4 épis) de grand confort avec salle d'eau, wc et petit salon de lecture avec TV, décoration personnalisée, calme et sérénité garantis. Piscine, vélos, circuits pédestres, etc. Golf et circuit de Magny-Cours à 15 mn, pêche à 500 m. Chambres d'hôtes de charme et fleuries. Langues parlées : anglais, allemand.

Prix : 1 pers. 44/59 € 2 pers. 59/75 €
Ouvert : Toute l'année.

🐕	🏊	🎾	⛵	🚴	🚶	🐎	🏨	⛵	⛷	🚆	🛣
	SP	7	0,5	10	SP	11	5	25	25	2,5	2

Catherine et Robert THOMAS DE RIZ - Les Erables - La Ferté - 58240 CHANTENAY-ST-IMBERT - Tél. : 03 86 38 62 65 -
Fax : 03 86 38 62 65 - E-mail : thomasderiz@wanadoo.fr - http ://perso.wanadoo.fr/les-erables/

CHANTENAY-SAINT-IMBERT La Davide - Mussy   C.M. 69 Pli 4

E.C. 2 ch. Arboretum de Balaine 10 km. Circuit de F1 de Nevers-Magny-Cours 15 km. 2 chambres non fumeur avec coin-salon (1 lit 2 personnes), sanitaires privatifs, wc indépendants. Pièce commune avec coin-cuisine. Restauration à proximité. Sur un terrain de 4 ha, maison du XVIIIe siècle au calme, proche de la forêt. Etape idéale, à 2 km de la RN7.

Prix : 1 pers. 39 € 2 pers. 44 €
Ouvert : Toute l'année.

🐕	🏊	🎾	⛵	🚴	🚶	🐎	🏨	⛵	⛷	🚆	🛣
20	6	4	1	SP	15	6	3				

Brigitte et Guy MOUTOT - La Davide - Mussy - 58240 CHANTENAY-ST-IMBERT - Tél. : 03 86 38 65 77 -
E-mail : moutot.guy@wanadoo.fr

CHARRIN La Varenne   C.M. 69 Pli 5

2 ch. La Loire 3 km. 1 suite (2 chambres 2 lits doubles) dans la maison du propriétaire à proximité d'une exploitation agricole, salle d'eau et wc particuliers. Salon de jardin. Endroit calme et confortable, jardin. Restaurants à 2 km. Stade nautique à Decize.

Prix : 1 pers. 30 € 2 pers. 38 € 3 pers. 58 €
Ouvert : Toute l'année.

🐕	🏊	🎾	⛵	🚴	🚶	🐎	🏨	⛵	⛷	🚆	🛣
12	12	3	3	3	12	14	14	12			0,5

Françoise AUROUSSEAU - La Varenne - 58300 CHARRIN - Tél. : 03 86 50 30 14 - Fax : 03 86 50 38 56

Nièvre   *Bourgogne*

CHAUMARD Le Château   (TH)   C.M. 65 Pli 15

6 ch. **Lac des Settons 15 km. Château-Chinon 12 km. Mont Beuvray 25 km.** Dans le Parc Naturel du Morvan, le Château de Chaumard vous accueille toute l'année dans ses 6 chambres d'hôtes (4 chambres 3 épis et 2 chambres 2 épis). Jardin aménagé dans un parc boisé pour votre repos avec vue directe sur le lac de Pannecière, cadre calme et familial avec table d'hôtes (certains soirs sur réservation). Arrivée des hôtes souhaitable entre 17 et 19 h. Chiens acceptés tenus en laisse. Accueil cavaliers et chevaux. Bienvenue dans le Morvan. Baignade à 200 m dans le lac + épicerie + auberge.

Prix : 1 pers. 44 € 2 pers. 44 € 3 pers. 54 € pers. sup. 10 € repas 15/23 €
Ouvert : Toute l'année.

5	5	0,2	0,5	0,5	10	15	0,2	70	0,2

Charles VAISSETTE - Le Château - 58120 CHAUMARD - Tél. : 03 86 78 03 33 - Fax : 03 86 78 04 94 -
E-mail : chateauchaumard@minitel.net

CHEVENON La Fontaine   C.M. 69 Pli 4

2 ch. **Nevers et Magny-Cours 10 km.** En bordure du Canal Latéral à la Loire, 2 chambres (lits doubles) aménagées au 2e étage de la maison du propriétaire avec douche et wc privatifs. Salon réservé aux hôtes avec TV, jeux de société, ping-pong. Chambres d'hôtes à la ferme, calme assuré. Plan d'eau au village à 2 km. Taxe de séjour : 0,15 € par personne et par jour. Tous loisirs à Nevers, ville d'art et d'histoire. Restaurant au village à 1,5 km. Langue parlée : anglais.

Prix : 1 pers. 35 € 2 pers. 42 € pers. sup. 13 €
Ouvert : Du 15 avril au 1er novembre.

5	2	SP	SP	SP	5	SP	5	2

Véronique MAUGARS - La Fontaine - 58160 CHEVENON - Tél. : 03 86 38 38 08

CHITRY-LES-MINES Le Clos de Chitry   C.M. 65 Pli 15

E.C. 3 ch. **Etang de Baye 8 km. Canal du Nivernais 0,5 km.** 2 chambres doubles avec douche et wc particuliers, 1 chambre double avec en plus un convertible pour 2 personnes, douche et wc privés. Salon, bibliothèque, TV pour les hôtes. Portique. Berceau de Jules Renard, Chitry possède un sympatique port de plaisance sur le canal du Nivernais, l'Yonne réserve également de charmants coins de pêche. Les chambres se trouvent dans une maison du village, face au château. Langue parlée : anglais.

Prix : 1 pers. 32 € 2 pers. 38 € 3 pers. 53 €
Ouvert : Toute l'année.

30	6	2	5	2	4	2,5	2,5

Brigitte LAMEY - Le Clos de Chitry - Route de Nevers - 58800 CHITRY-LES-MINES - Tél. : 03 86 20 21 78

COSNE-SUR-LOIRE Croquant   (TH)   C.M. 65 Pli 13

5 ch. **Sancerre 15 km. Pouilly-sur-Loire 15 km.** Marie-Noëlle vous accueille dans une ancienne fermette récemment rénovée et met à votre disposition 5 chambres personnalisées avec salle d'eau et wc privatifs pour chacune d'elle. Salle de séjour avec cheminée et piano, four à pain, salon de détente et terrasse aménagée. Grand terrain avec partie boisée. Parking. GR 3. Golf à 10 km. Restauration sur réservation. Produits fermiers, vins et et location de VTT à proximité. Sac à dos rando-nièvre. 7e nuit gratuite sur séjour. Sur demande : organisation circuits, anniversaires, réunions familiales et stages foie gras. Chambres d'hôtes de Charme. Langue parlée : anglais.

Prix : 1 pers. 35 € 2 pers. 45 € 3 pers. 58 € pers. sup. 17 € repas 20 €
Ouvert : Toute l'année.

2	2	5	25	SP	3	1	10	10	2	2

L'OREE DES VIGNES - Mme KANDIN Marie-Noëlle - Croquant - 58200 ST-PERE - Tél. : 03 86 28 12 50 - Fax : 03 86 28 12 50 -
E-mail : loreedesvignes@wanadoo.fr - www.france-bonjour.com/oree-des-vignes

CRUX-LA-VILLE Les Maisons du Bois   (TH)   C.M. 65 Pli 15

2 ch. 2 chambres au 1er étage avec salle d'eau et wc privatifs dans une ancienne fermette à proximité de la base de loisirs de l'étang du Merle. Chauffage central. Salle de séjour avec cheminée. Jardin paysagé, ping-pong, circuits VTT, randonnées pédestres. Taxe de séjour : 0,30 € par personne. Langue parlée : anglais.

Prix : 1 pers. 34 € 2 pers. 43 € 3 pers. 52 € repas 13 €
Ouvert : Toute l'année.

5	0,8	SP	SP	10	10	30	5

Eliane DE CRAEYE - Les Maisons du Bois - 58330 CRUX-LA-VILLE - Tél. : 03 86 58 37 30

CRUX-LA-VILLE Domaine des Perrières   (TH)   C.M. 65 Pli 15

2 ch. Près de la ferme, au 1er étage d'une maison de maître, 1 chambre double (2 lits simples), 1 chambre triple (1 lit double + 1 lit simple, possibilité lit supplémentaire). Salle d'eau ou salle de bains et wc privatifs. Terrain de jeux, jardin arboré et fleuri. Table d'hôtes (menus spéciaux sur demande). Circuits VTT, randonnées, forêts. Proche des étangs du Merle, de Vaux et de Baye. Eglises romanes et châteaux. Chambres d'hôtes de Charme. Taxe de séjour incluse dans le prix. Promotion : -10 % à partir de 3 nuits du 1er septembre au 31 mai.

Prix : 1 pers. 40 € 2 pers. 48 € 3 pers. 56 € pers. sup. 8 € repas 13 €
Ouvert : Toute l'année.

10	8	SP	SP	12	50	11	11	45	4

Pascale COINTE - Domaine des Perrières - 58330 CRUX-LA-VILLE - Tél. : 03 86 58 34 93 - Fax : 03 86 58 26 00 -
E-mail : pascale.benoit.cointe@wanadoo.fr - http //perso.wanadoo.fr/domainedesperrieres

Bourgogne — Nièvre

DIENNES-AUBIGNY La Réserve   (TH)   *C.M. 69 Pli 5*

1 ch. 1 suite aménagée au rez-de-chaussée de la maison d'habitation, comprenant 1 chambre double, 1 séjour (2 lits 1 pers.), petite cuisine, salle d'eau avec wc. Chauffage central. Pension sur réservation. Sur place : exposition permanente sur le mouton et le travail de la laine (artisanat). Boutique artisanale de peinture sur porcelaine. Produits fermiers (poules, lapins, oeufs,...). A proximité : musée de la mine à La Machine, église du XII° siècle, forêt sur place, Canal du Nivernais. Langue parlée : anglais.

Prix : 2 pers. 38 € 3 pers. 49 € pers. sup. 7 € repas 15 €
Ouvert : Toute l'année.

🐕	🏊	🎾	⛷	🌲	🚶	🏇	🏨	⛵	🐎	🚲
7	7	15	15	15	15	70	15	7	7	7

Marie-Georges RYAN - La Réserve - 58340 DIENNES-AUBIGNY - Tél. : 03 86 50 05 29 - Fax : 03 86 50 05 29 - E-mail : lareserve@free.fr - www.saute-mouton.com

---

DONZY Jardins de Belle Rive   (TH)   *C.M. 65 Pli 13*

4 ch. Dans une région boisée, très agréable, 4 chambres d'hôtes confortables aux r.d.c. et 1er étage d'une maison indépendante de celle des propriétaires. Salle de bains et wc particulier pour chaque chambre. Salon. Chauffage électrique. Jolie vue sur le jardin et la campagne. Piscine privée accessible aux hôtes. Produits régionaux à découvrir. Restaurant et rivière 1ère catégorie dans le vallon. Chambres d'hôtes de Charme. Langue parlée : anglais.

Prix : 1 pers. 37 € 2 pers. 40/49 € 3 pers. 59 € pers. sup. 10 € repas 16 €
Ouvert : Toute l'année.

🐕	🏊	🎾	⛷	🌲	🚶	🏇	⛵	🐎	🚲
SP	2	SP	SP	SP	5	25	25	17	1,2

Laura et Bernard JUSTE - Jardins de Belle Rive - Bagnaux - 58220 DONZY - Tél. : 03 86 39 42 18 - Fax : 03 86 39 49 15

DUN-LES-PLACES Le Moulin du Plateau   (TH)   *C.M. 65 Pli 16*

E.C. 6 ch. 6 chambres d'hôtes, 2 chambres de 2 personnes avec douche et wc privés, 2 chambres 2 personnes avec douche et wc communs, 1 chambre 2 personnes avec douche, 1 dortoir 6 personnes avec 2 douches et wc communs. Grande salle avec bibliothèque, salle à manger avec grande cheminée. Accueil de groupes possible. Au cœur du Parc Naturel du Morvan, dans un grand jardin de 5 ha, les chambres d'hôtes se trouvent dans un ancien moulin au bord de la rivière la Cure. Endroit calme et agréable où vous serez bercés par la rivière, possibilité de pêche. Location VTT, canoë, raffting 2 km. GR 13 à côté de la maison. Langues parlées : anglais, allemand, hollandais.

Prix : 1 pers. 24 € 2 pers. 37 € 3 pers. 55 € repas 15 €
Ouvert : Toute l'année.

🐕	🏊	🎾	⛷	🌲	🚶	🏇	🐎	🚲
10	12	SP	SP	SP	4	20		2,5

SEVINK Wim et Mme MEEMS Rita - RD n°6 Vallée de la Cure - 58230 DUN-LES-PLACES - Tél. : 03 86 84 63 55 - Fax : 03.86.84.60.90 - E-mail : info@duplateau.nl ou SR : 03 86 59 14 22

LA FERMETE Château de Prye   (TH)   CB   *C.M. 69 Pli 4*

4 ch. Nevers et Circuit F1 de Magny-Cours 15 km. Château construit et aménagé entre le XVII° et XIX° siècle sur 156 ha clos de murs et parcouru par une rivière. Havre de paix et de verdure. 2 suites et 2 chambres avec sanitaires privatifs. Différents billards, tennis de table, piano, TV, magnétoscope. Parc, pêche. Sur le domaine : château, écuries. Chambres d'hôtes de Charme. Organisation de mariages et séminaires. Langues parlées : anglais, allemand, espagnol.

Prix : 1 pers. 68 € 2 pers. 68/85 € repas 22 €
Ouvert : Du 15 avril au 15 octobre.

🐕	🏊	🎾	⛷	🌲	🚶	🏇	🐎	🚲
5	1	SP	SP	SP	5	5		1

Antoine-Emmanuel et Magdalina DU BOURG DE BOZAS - Prye - 58160 LA-FERMETE - Tél. : 03 86 58 42 64 - Fax : 03 86 58 47 64 - E-mail : welcome@pryecastle.com

---

FOURS   *C.M. 69 Pli 5*

2 ch. Canal du Nivernais 8 km. A l'ombre d'un parc de verdure, cette maison du XVIII° siècle abrite deux sympathiques chambres de grand confort avec sanitaires et wc privatifs chacune. Parking dans parc clos, piscine, jeux d'enfants. Coin-repos, ping-pong, bicyclettes à disposition. Au village : deux centres équestres, plan d'eau aménagé à 8 km. Langues parlées : anglais, italien.

Prix : 1 pers. 35 € 2 pers. 41 €
Ouvert : Du 15 avril au 30 septembre.

🐕	🏊	🎾	⛷	🌲	🚶	🏇	⛵	🐎	🚲
20	20	8	2	2	SP	8	10	20	SP

Catherine et Jackie HUGUET-ZIMBA - 2 route de Luzy - 58250 FOURS - Tél. : 03 86 50 24 85 - Fax : 03 86 50 24 85

FOURS   *C.M. 69 Pli 5*

4 ch. Aux portes du Morvan, dans maison de caractère : trois chambres doubles à l'étage avec chacune une salle de bains et wc privatifs. Au rez-de-chaussée : une chambre double (2 lits 1 pers.) avec coin-cuisine, salle de bains et wc privatifs. Piscine privée accessible aux hôtes. Rivières et étangs pour pêche. Canal du Nivernais. Randonnées, équitation et centre hippique sur place. Petits chiens admis. Langue parlée : anglais.

Prix : 1 pers. 38 € 2 pers. 43/46 € 3 pers. 55 €
Ouvert : Toute l'année.

🐕	🏊	🎾	⛷	🌲	🚶	🏇	⛵	🐎	🚲
7	1	2	SP	SP	SP	8	8	7	SP

Denis PETILLOT - Château Latour - 58250 FOURS - Tél. : 03 86 50 20 15 - Fax : 03 86 50 20 15

Nièvre
Bourgogne

FRASNAY-REUGNY La Touriterie
C.M. 69 Pli 5

1 ch. 1 chambre double au 1er étage d'une maison typiquement nivernaise, avec 1 grand séjour-salon et possibilité d'un lit 2 places. Salle d'eau et wc particuliers. Chauffage central. Jardin. Parking. Nombreux sites à visiter aux alentours et ferme à visiter sur place. Langues parlées : anglais, espagnol.

Prix : 1 pers. 37 € ▪ 2 pers. 45 € ▪ 3 pers. 59 € ▪ pers. sup. 76 €
Ouvert : Toute l'année.

10	4	4	0,5	0,5	4	20	20	20	4

Georges et Annie CORNU - La Touriterie - 58270 FRASNAY-REUGNY - Tél. : 03 86 60 20 94 - Fax : 03 86 60 26 19

GACOGNE L'Huis Pillavoine - Rhuère
(TH) C.M. 65 Pli 16

E.C. 2 ch. 2 chambres d'hôtes situées dans une maison morvandelle. 1 chambre (1 lit 2 personnes et une salle d'eau privative et wc), 1 grande chambre (1 lit 2 personnes, 1 lit 1 personne, 1 lit enfant, salle de bains et wc privatifs). Chauffage central. Chambres d'hôtes aménagées dans une ancienne ferme en pleine nature avec une très belle vue, les poutres et pierres apparentes ont été conservés. Idéal pour le calme et le repos et pour les hôtes en quête de belle nature. Proche de Corbigny, du Morvan, nombreuses promenades, région des lacs.

Prix : 1 pers. 34 € ▪ 2 pers. 41 € ▪ 3 pers. 52 € ▪ repas 14 €
Ouvert : Toute l'année.

10	10	8	SP	SP	20	8

Eveline VECTEN - L'Huis Pillavoine - Hameau de Rhuère - 58140 GACOGNE - Tél. : 03 86 22 78 45 - Fax : 03 86 22 78 45

GIMOUILLE Le Marais
C.M. 69 Pli 3

2 ch. Dans un beau château classé, construit au XIVe siècle et remanié aux XVe et XVIe siècles, 3 chambres d'hôtes sont aménagées dans la partie donjon. Chacune possède salle de bains et wc privatifs. Salon, bibliothèque et vélos à disposition. Aux portes de Nevers, berceau de la faïence française, entre Bourges et Vézelay. Proche du village médiéval d'Apremont et du circuit de F1 vous pourrez apprécier dans ces belles chambres d'hôtes situées dans un cadre superbe et dans ce château entouré de douves qui vous fera voyager dans l'histoire. Chambres d'hôtes de Charme, chambres d'hôtes fleuries. Langue parlée : anglais.

Prix : 1 pers. 60 € ▪ 2 pers. 65/75 € ▪ 3 pers. 80/90 €
Ouvert : Toute l'année.

6	2	SP	5	5	6	SP	3	4

SCI CHATEAU DU MARAIS - Domaine du Marais - 58470 GIMOUILLE - Tél. : 03 86 21 04 10 - Fax : 03 86 21 04 10 -
E-mail : le.marais@online.fr - http ://le.marais.online.fr

GLUX-EN-GLENNE Anverse
(TH) C.M. 69 Pli 6

2 ch. 2 chambres situées au 1er étage de la maison du propriétaire, avec chacune 1 lit 2 personnes, 1 salle d'eau et wc. Possibilité de lit bébé ou enfant. Joli jardin, aire de jeux. Chambres d'hôtes situées au sud du Morvan, proche du Mont Beuvray, du Centre Archéologique Européen de Bibracte, du GR 13 et du tour du Morvan. Langues parlées : néerlandais, anglais, allemand.

Prix : 1 pers. 30 € ▪ 2 pers. 43 € ▪ 3 pers. 53 € ▪ repas 9 €
Ouvert : Toute l'année.

20	20	12	SP	SP	12	20	10

Johanna LAGEWEG - Anverse - 58370 GLUX-EN-GLENNE - Tél. : 03 86 78 66 92 - E-mail : sdlyonne@onetelnet.fr

GUERIGNY Château de Villemenant
(TH) C.M. 69 Pli 4

4 ch. Nevers (ville d'art et d'histoire) 15 km. La tranquille région du Nivernais, entre Bourgogne et Val de Loire, abrite ce beau château classé du XIVe qui marie à merveille le charme et la noblesse du Moyen-Age au confort de notre temps. L'accueil chaleureux des châtelains, des chambres fastueuses (4 dont 2 suites) et une cuisine de qualité font de ce lieu une halte reposante. Sur place possibilité de pêche et randonnées. Proximité du Canal du Nivernais et du circuit automobile F1 de Nevers Magny-Cours. Langues parlées : anglais, allemand.

Prix : 1 pers. 79/100 € ▪ 2 pers. 95/115 € ▪ 3 pers. 115/135 € ▪ pers. sup. 19 € ▪ repas 15/23 €
Ouvert : Toute l'année.

15	1	SP	0,5	0,5	15	30	45	15	1

FAMILLE CHESNAIS - Château de Villemenant - 58130 GUERIGNY - Tél. : 03 86 90 93 10 - Fax : 03 86 90 93 19 -
E-mail : info@chateau-villemenant.com - www.chateau-villemenant.com

GUIPY Château de Chanteloup
C.M. 65 Pli 15

2 ch. 2 ch. doubles de caractère situées au 1er étage. Salle d'eau et wc dans chaque chambre, prise TV. Chauffage électrique. Parking. Parc de 18 ha. Salon. Salle de séjour. Salle de musique. Possibilité cuisine. Club hippique sur place avec stages poneys et chevaux. Location VTT sur place. Restaurant à 4 km. Réservation Mme Gobillot. Chanteloup à 4 km de Guipy. Chambres d'hôtes de Charme. Langues parlées : anglais, allemand.

Prix : 1 pers. 44 € ▪ 2 pers. 49 € ▪ 3 pers. 58 € ▪ pers. sup. 6 €
Ouvert : Toute l'année sauf janvier.

9	8	2	0,5	0,5	SP	8	9	5	10	8

Nicole MAINGUET - Château de Chanteloup - Guipy - 58420 BRINON-SUR-BEUVRON - Tél. : 03 86 29 02 08 - Fax : 03 86 29 61 17

Bourgogne — Nièvre

LANTY
C.M. 69 Pli 6

4 ch. 4 chambres d'hôtes doubles aménagées au 1er étage avec salle d'eau (douche, wc). Coin-salle à manger et salon privatifs. Coin-cuisine parfaitement équipé. Parking. Chemins de randonnées, forêt communale. Produits fermiers dans la commune. Bibliothèque. Terrain ombragé donnant sur superbe vue. Sur place : ping-pong. A proximité : sentiers de randonnées, forêt communale, produits fermiers. Langues parlées : anglais, espagnol.

Prix : 1 pers. 30 € 2 pers. 40 € pers. sup. 8 €
Ouvert : Toute l'année.

🐕	🏊	🎾	⛵	🏕️	🏃	🐎	🏨	⛵	⛸️	🚂	🚗
13	13	3	SP	SP	13	80	6	25	4		3

LE MAIRE DE LANTY - Mairie - Le Bourg - 58250 LANTY - Tél. : 03 86 30 93 22 - Fax : 03 86 30 93 22

MAGNY-COURS Domaine de Fonsegre
C.M. 69 Pli 4

6 ch. 6 chambres d'hôtes aménagées dans un ancien bâtiment de ferme entièrement restauré, proche des châteaux de la Loire et du circuit automobile de F1. Golf 18 trous. 1 ch. (1 lit 2 pers.) et 5 ch. (10 lits 1 pers.) équipées de douches et wc privés. Billard, séjour, salon, salle de conférence, bibliothèque. Piscine sur place. GR 3 à 8 km. Chambres d'hôtes de Charme.

Prix : 1 pers. 45 € 2 pers. 51 € 3 pers. 70 €
Ouvert : Du 1er février au 15 décembre 2002.

🐕	🏊	🎾	⛵	🏕️	🏃	🐎	🏨	⛵	⛸️	🚂	🚗
SP	5	4	12	8	10	55		11	15	4	

Michelle BELLANGER - Fonsegre - 58470 MAGNY-COURS - Tél. : 03 86 21 28 04 - Fax : 03 86 21 28 05

MAGNY-COURS Nioux
C.M. 69 Pli 13

4 ch. Dans un domaine charolais, 4 chambres d'hôtes. 3 au 1er étage d'un ancien relais de chasse du XVIIIe siècle. 2 ch. comprenant chacune 1 lit double et 1 ch. avec 2 lits 1 pers. Salle d'eau et wc privatifs pour chaque chambre. 1 ch. familiale au r.d.c. dans bâtiment annexe avec coin-cuisine et salon, couchage pour 5 pers., salle d'eau et wc privatifs. Superficie 80 m². Chauffage central. Appareil musculation, salon avec bibliothèque et jeux de société. Ping-Pong, salle de jeux.

Prix : 1 pers. 32 € 2 pers. 40/44 € 3 pers. 73 € pers. sup. 27 € repas 18 €
Ouvert : Toute l'année.

🐕	🏊	🎾	⛵	🏕️	🏃	🐎	🏨	⛵	⛸️	🚂	🚗
15	15	7		5	7	15	35		15	2	

Sylvie BESSON - Nioux - 58470 MAGNY-COURS - Tél. : 03 86 58 17 94

MARS-SUR-ALLIER Mare
C.M. 69 Pli 13

1 ch. Nevers 15 km. Maison à la campagne, très calme, dans un parc avec étang (pêche). Une chambre aménagée, salle d'eau et wc privatifs. Entrée indépendante. Chauffage central. A disposition, TV, salon/bibliothèque avec cheminée. Proche Circuit de F1 de Nevers-Magny-Cours et Golf (4 km).

Prix : 1 pers. 35 € 2 pers. 38 € repas 20 €
Ouvert : Du 1er mars au 30 novembre.

🐕	🏊	🎾	⛵	🏕️	🏃	🐎	🏨	⛵	⛸️	🚂	🚗
20	4	SP	5	1	20	40	40	11	8	4	

René et Odile CLEMENT - Mare - 58240 MARS-SUR-ALLIER - Tél. : 03 86 58 15 28

MONT-ET-MARRE Domaine de Semelin
C.M. 69 Pli 5

3 ch. 3 chambres d'hôtes très calmes aménagées au rez-de-chaussée d'une maison en pleine campagne. 1 chambre (3 lits 1 pers.) avec salle de bains et wc particuliers. 1 chambre double avec salle d'eau et wc particuliers, 1 chambre (lits jumeaux) avec salle d'eau particulière. Chauffage central. Salle de séjour avec cheminée et bibliothèque. Jardin. Etang de Baye : pêche et voile. Piscine et tennis à Châtillon en Bazois, promenades pédestres. Sur le domaine : très belle collection de dahlias. Chambres d'hôtes de Charme.

Prix : 1 pers. 31/42 € 2 pers. 35/46 € 3 pers. 55 € pers. sup. 10 €
Ouvert : Toute l'année, sur réservation du 1er novembre au 31 mars.

🐕	🏊	🎾	⛵	🏕️	🏃	🐎	🏨	⛵	⛸️	🚂	🚗
4	4	10	10	SP	5	10		10	25	4	

Nicole et Paul DELTOUR - Semelin - 58110 MONT-ET-MARRE - Tél. : 03 86 84 13 94 - Fax : 03 86 84 13 94

MONTIGNY-SUR-CANNE La Rossignolerie
C.M. 69 Pli 5

1 ch. Site gallo-romain de Bibracte 40 km. Canal du Nivernais 10 km. Maison du début du XVIIIe siècle dominant la vallée de la Canne. Suite comprenant 1 chambre double (lits jumeaux), salon-bibliothèque avec cheminée et TV, salle de bains, wc privés, chauffage central. Entrée indépendante. A mi chemin entre Nevers et Moulins sur Allier. A 15 km de St-Honoré les Bains (ville d'eau : voies respiratoires, rhumatologie). Possibilité accueil cavaliers (deux). Langue parlée : anglais.

Prix : 1 pers. 35 € 2 pers. 44 € repas 14 €
Ouvert : Toute l'année sur réservation.

🐕	🏊	🎾	⛵	🏕️	🏃	🐎	🏨	⛵	⛸️	🚂	🚗
10	10	SP	SP	5	17	80	35	10	10	SP	

Annie WINSTANLEY - La Rossignolerie - 58340 MONTIGNY-SUR-CANNE - Tél. : 03 86 50 06 75 - Fax : 03 86 50 05 99 -
E-mail : winma@wanadoo.fr

Nièvre
Bourgogne

MONTSAUCHE Les Settons — Alt. : 600 m — (TH) — C.M. 65 Pli 16

E.C. 5 ch. Aménagées dans une ancienne auberge située au bord du Lac des Settons, 5 chambres d'hôtes de 2 à 4 places avec douche et wc privés. Salle commune avec cheminée et vue sur le lac. Sauna. Table d'hôtes sur réservation. Nombreuses activités à proximité, séjour équestre sur place, accueil cavaliers (box ou pré). Taxe de séjour : 0,16 €/jour/personne, chien : 1,53 €/jour.

Prix : 1 pers. 34 € 2 pers. 46 € 3 pers. 59 € pers. sup. 14 € repas 15 €
Ouvert : Du 1er mars au 30 novembre.

🐕	🏊	🎾	🌳	🚶	🎣	⛵	🎿
1	SP	SP	SP	SP	SP	25	5

Michel MACE - La Vieille Diligence - Les Settons - 58230 MONTSAUCHE - Tél. : 03 86 84 55 22 - Fax : 03 86 84 55 22 -
E-mail : info@lvd-fr.com - www.morvan.com.fr/diligence

MOULINS-ENGILBERT La Grande Sauve — C.M. 69 Pli 6

2 ch. Les 2 chambres comprennent chacune un lit de 2 personnes et 1 lit d'une personne. Elles disposent chacune d'une salle de bains et d'un wc privés. Armoires et meubles anciens. Décor personnalisé. La maison est entourée d'un parc clos de 1,5 ha. Possibilité d'hébergement de chevaux (4 grands box et 3 petits) avec mise au pré (3 ha de terrain clos). Proche du Parc Naturel Régional du Morvan. Sur place : ping-pong, baby-foot, badminton. Chambres d'hôtes de Charme. Langue parlée : anglais.

Prix : 2 pers. 46 € 3 pers. 61 € pers. sup. 13 €
Ouvert : Toute l'année.

🐕	🏊	🎾	🌳	🚶	🎣	⛵	🎿	🚂
2	2	SP	SP	0,5	6	30	30	18	2

Dominique et Marc DERANGERE - La Grande Sauve - Route de Limanton - 58290 MOULINS-ENGILBERT - Tél. : 03 86 84 36 40 -
E-mail : derangeredom@club-internet.fr

ONLAY Château de Lesvault — (TH) — CB — C.M. 69 Pli 6

5 ch. **Cure thermale 10 km. Grande cité européenne d'archéologie 17 km.** 5 chambres d'hôtes 3 pers. avec salle de bains particulière. Salle de séjour, salon, terrasse, cheminée. Exposition d'art contemporain. Calme parc arboré. Tables d'hôtes. Possibilité d'accueil de groupe : séminaires et ateliers. Circuits pédestres et VTT, accueil équestre (pré). Centre équestre à proximité. Chiens : 4,60 €. Langues parlées : anglais, allemand, hollandais.

Prix : 1 pers. 61 € 2 pers. 72 € 3 pers. 88 € pers. sup. 15 € repas 22 €
Ouvert : Toute l'année sauf janvier et février.

🐕	🏊	🎾	🌳	🚶	🎣	⛵	🎿	🚂
5	5	0,5	SP	SP	12	30	30	25	5

Stanislas BOS - Château de Lesvault - 58370 ONLAY - Tél. : 03 86 84 32 91 - Fax : 03 86 84 35 78 -
E-mail : chateau.lesvaults@wanadoo.fr - www.chateaulesvault.nl

OULON Le Vieux Château — A — C.M. 65 Pli 14

6 ch. Entre les sites historiques de Vezelay, Nevers, La Charité-sur-Loire, dans un cadre de la ferme auberge du Vieux Château. 6 chambres d'hôtes indépendantes (salle d'eau particulière, 1 wc pour 3 ch.). Une situation idéale pour vos réunions de famille (groupe 25-30 pers). Jardin, jeux et piscine sur place (couverte ou découverte suivant le temps). Au coin du feu ou en terrasse fleurie, venez apprécier notre cuisine gourmande avec les produits de la ferme et un petit déjeuner aux saveurs de votre enfance (confitures, lait...). Environnement favorable à la balade en vélo. Langue parlée : anglais.

Prix : 1 pers. 34 € 2 pers. 38 € repas 17 € 1/2 pens. 36/38 €
Ouvert : Toute l'année sur réservation.

🐕	🏊	🎾	🌳	🚶	🎣	⛵	🎿	🚂
SP	5	SP	SP	SP	10	17	35	5

Catherine TILLIOT - Le Vieux Château - 58700 OULON - Tél. : 03 86 68 06 77 - Fax : 03 86 68 06 77

OUROUER Les Fosses — C.M. 69 Pli 4

3 ch. **Nevers (ville d'art et d'histoire) 15 km. Forêt des Amognes 1 km.** 3 chambres d'hôtes au 1er étage dans un hameau, 3 chambres doubles avec salle d'eau particulière, wc communs. Chauffage électrique. Salle de séjour. Jardin, parking. Musée des Forges de la Chaussade (ancien musée de marine) à 9 km. Les environnements des Amognes offrent à ceux qui les visitent tout ce que l'on peut demander aux petites chaines de montagnes : de gracieux panoramas, des solitudes délicieuses. Langue parlée : russe.

Prix : 1 pers. 32 € 2 pers. 38 €
Ouvert : Toute l'année.

🐕	🏊	🎾	🌳	🚶	🎣	H	⛵	🎿	🚂
9	9	9	0,5	SP	5	20	9	15	15	15

Jean ANDREJEVIC - Les Fosses - 58130 OUROUER - Tél. : 03 86 58 68 78 - Fax : 03 86 58 68 78

OUROUER Nyon — C.M. 69 Pli 4

3 ch. **Circuit automobile de F1 30 km.** Très belle maison bourgeoise entourée d'un parc paysager. 3 chambres (1 lit double) avec très belles salles de bains et wc. Salle à manger, salon. Décor très raffiné. Chambres non fumeurs. Musée des Forges de la chaussade (ancien musée de marine) à 9 km. Nevers, ville d'art et d'histoire. Au delà de 2 nuits tarifs dégressifs (49 €/2 pers.). Au centre de la forêt des Amognes, nombreuses promenades.

Prix : 1 pers. 40 € 2 pers. 52 € pers. sup. 16 €
Ouvert : Toute l'année.

🐕	🏊	🎾	🌳	🚶	🎣	H	⛵	🎿	🚂
9	6	9	SP	SP	4	43	33	33	18	9

Catherine HENRY - Château de Nyon - 58130 OUROUER - Tél. : 03 86 58 61 12

Bourgogne — Nièvre

OUROUX-EN-MORVAN Savault (TH) — C.M. 65 Pli 16

6 ch. Au cœur du Morvan, dans un bourg à 3 km de tous commerces. A proximité de 3 grands Lacs (Les Settons, Pannecière, Chaumeçon). 6 chambres 2 pers. avec salle d'eau et wc dans chaque chambre. Au rez-de-chaussée, salon, salle à manger. Terrain et parking. Possibilité d'accueil de groupe (24 personnes).

Prix : 1 pers. 28 € 2 pers. 44 € repas 12 € 1/2 pens. 34 €
Ouvert : Toute l'année.

3	3	SP	SP	15	15	35	3		

Fabrice BELHAMICI - Savault - 58230 OUROUX-EN-MORVAN - Tél. : 03 86 78 25 38

PARIGNY-LES-VAUX Domaine de la Maure — A (TH)

E.C. 4 ch. 4 chambres d'hôtes situées dans une ferme rénovée, en lisière de la forêt des Bertranges, ferme auberge sur place, 2 chambres avec mezzanines (4 lits 1 pers. chacune), 2 chambres (2 lits 1 pers. chacune), salle d'eau et wc privatifs, chauffage électrique, salon, bibliothèque, sur un domaine de 20 ha. Ecurie de chevaux d'endurance. Randonnées pédestres et VTT, proche de Nevers : ville d'art et d'histoire et du circuit automobile F1 de Nevers Magny-cours, du vignoble de Pouilly sur Loire. Table d'hôtes avec assiette de pays. Langue parlée : anglais.

Prix : 1 pers. 33 € 2 pers. 44 € pers. sup. 15 € repas 14 €

10	2	1,5	SP	SP	SP	15	38	10	1,5

Pasqualine MAUBOUSSIN - Le Lys St-Jacques - Domaine de la Maure - 58320 PARIGNY-LES-VAUX - Tél. : 03 86 60 02 37 - Fax : 03 86 60 02 37 - E-mail : pmaubousin@aol.com

POUILLY-SUR-LOIRE Charenton (TH) — C.M. 65 Pli 13

3 ch. Au cœur du vignoble de Pouilly-sur-Loire à 2 heures de Paris, dans un ancien relais de poste au milieu d'un parc fleuri, 3 chambres avec sanitaires privatifs et entrée indépendante pour chaque chambre. Chauffage central. Des activités variées vous seront proposées, randonnées pédestres (GR13), circuits pour les adeptes du VTT ou VTC. Pêche, parcours en canoë kayak dans la réserve naturelle de la Loire, et pour le repos, tout sera mis en œuvre pour que votre séjour soit réussi. Forfait week-end pour 2 personnes 135 € (2 nuits, 2 petits déjeuners, 2 dîners).

Prix : 1 pers. 34 € 2 pers. 40 € 3 pers. 50 € repas 18 €
Ouvert : Toute l'année sauf du 15 novembre au 15 décembre.

13	2	0,6	2	2	6	2	2		

FAMILLE FABRE - La Vieille Auberge - Charenton - 58150 POUILLY-SUR-LOIRE - Tél. : 03 86 39 17 98 - Fax : 03 86 39 17 98

RAVEAU Bois-Dieu (TH) — C.M. 65 Pli 13

4 ch. Charité-sur-Loire (cité monastique fortifiée et ville du livre) 6 km. Dans une maison de famille, 4 chambres doubles avec sanitaires privatifs. Salon, bibliothèque, salle de séjour. Jardin, étang. Table d'hôtes (sauf dimanche soir) avec produits de la ferme, vin de pays compris. Près de la ferme, en bordure de la forêt des Bertranges (10 000 ha), sur le chemin de St-Jacques de Compostelle. Nombreux sites et monuments. Vignobles de Pouilly/Loire et Sancerre. Chambres non fumeurs. Chambres d'hôtes de Charme. Langue parlée : anglais.

Prix : 1 pers. 42 € 2 pers. 49 € repas 19 €
Ouvert : Du 16 mars au 15 novembre.

6	2	SP	SP	SP	2	SP	40	8	6

Dominique et Jean MELLET-MANDARD - Le Bois Dieu - 58400 RAVEAU - Tél. : 03 86 69 60 02 - Fax : 03 86 70 23 91 - E-mail : leboisdieu@wanadoo.fr - www.leboisdieu.com

RAVEAU Domaine des Forges de la Vache (TH) — C.M. 65 Pli 16

6 ch. Site des Forges Royales de la Chaussade (XVIIIe), le Manoir du Domaine offre 6 très belles chambres grand confort, salles à manger et de réception, salon, bibliothèque, agencés selon un partage attentif du contemporain et de l'ancien. Art de vivre et de recevoir, simplicité, calme absolu, parc paysagé, forêt des Bertranges, écuries d'étapes. Chemin de St-Jacques, vignobles. Loire à La Charité, site clunisien et ville du livre. Table d'hôtes. Chambres d'hôtes de Charme. Chambres d'hôtes fleuries. Langues parlées : anglais, allemand.

Prix : 1 pers. 54 € 2 pers. 72 € 3 pers. 90 € repas 20/23 € 1/2 pens. 73 € pens. 88 €
Ouvert : Toute l'année sur réservation.

SP	3	3	SP	SP	2	9	20	5	5

Claudine MULLER - Domaine des Forges - 58400 RAVEAU - Tél. : 03 86 70 22 96 - Fax : 03 86 70 92 66 - E-mail : claudine.muller@wanadoo.fr - www.france-bonjour.com/lavache/

ROUY — C.M. 69 Pli 5

1 ch. Entre Nevers et Château-Chinon. Une chambre de deux personnes aménagée au 1er étage de la maison du propriétaire. Salle de bains et wc privatifs. Possibilité couchage même famille ou enfant dans chambre indépendante. Terrasse et veranda donnant sur jardin fleuri. Canal du Nivernais. Château-Chinon, capitale du Morvan. Exploitation laitière avec fromagerie, visite possible.

Prix : 1 pers. 30 € 2 pers. 38 €
Ouvert : De Pâques à la Toussaint.

11	11	1	1	1	8	22	15	32	SP

Bernadette LOISY - Place du 8 Mai - 58110 ROUY - Tél. : 03 86 60 26 60 - Fax : 03 86 60 26 60

Nièvre *Bourgogne*

SAUVIGNY-LES-BOIS
C.M. 238 Pli 9

2 ch. **Circuit de Nevers-Magny-Cours 10 km. Nevers 8 km.** Joli château époque Napoléon III avec une vue somptueuse sur la vallée de la Loire, sur la RN 81 en direction de Decize, à 1 km avant Imphy, beau parc clos avec des arbres centenaires, mobilier ancien. Deux chambres d'hôtes de grand confort avec salles de bains et wc privatifs. Chauffage central. A côté du manège de Marigny : 40 boxes, possibilité de sports équestres, pêche, piscine, tennis et tous commerces à Imphy (1 km). Restaurants à Sauvigny-les-Bois (2 km). Chambres d'hôtes de Charme. Langues parlées : anglais, allemand.

Prix : 1 pers. 61 € 2 pers. 76 € 3 pers. 92 €
Ouvert : Toute l'année.

🐕	🏊	🎾	🌳	🏇	⛵	🏨	⚓	🚲	🚗
1	1	1	SP	50		10	10		1

Christine et Norbert BELZ - Château de Marigny - 58160 SAUVIGNY-LES-BOIS - Tél. : 03 86 90 98 49 - Fax : 03 86 90 95 49 -
E-mail : belz.marigny@wanadoo.fr - http ://perso.wanadoo.fr/marigny/

SEMELAY Domaine de la Chaume
C.M. 69 Pli 6

4 ch. 4 chambres d'hôtes situées dans la maison du propriétaire en pleine campagne, point de vue superbe. 1er étage, 2 ch. doubles, 1 ch. avec mezzanine 4 pers., 1 ch. double avec petite cuisine. Pour chacune : salle d'eau et wc particuliers. Terrain non clos. Jeux d'enfants, ping-pong, mise à disposition de vélos sur place. Centre équestre à 12 km. Abri bicyclettes et motos. Ecuries pour chevaux. Nombreuses promenades et randonnées à faire, visites de sites (Mont-Beuvray) et de caves (Beaune). Découverte de la ferme bio. Langue parlée : anglais.

Prix : 1 pers. 35 € 2 pers. 40 € pers. sup. 6 € repas 13 €
1/2 pens. 66 €
Ouvert : Toute l'année.

🐕	🏊	🎾	🌳	🏇	⛵	🏨	⚓	🚲	🚗
10	10	2	SP	SP	12	1	14	14	10	2

Pierre et Valérie D'ETE - Domaine de la Chaume - 58360 SEMELAY - Tél. : 03 86 30 91 23 - Fax : 03 86 30 91 83

SEMELAY Le Martray
C.M. 69 Pli 6

2 ch. A l'étage 1 suite, 2 ch. (1 lit double, 2 lits simples), salle de bains et wc privés. Au rez-de-chaussée, 1 suite, 2 ch. (1 lit double, 2 lits simples), salle de bains et wc privés, salle de séjour coin-cuisine réservée aux hôtes. Très belles chambres aménagées dans une maison bourgeoise. Elevage de poneys Conémara (Irlande). Chambres d'hôtes de Charme. Très belle région boisée proche du Mont-Beuvray, Autun et des grands vignobles. Langue parlée : anglais.

Prix : 1 pers. 40 € 2 pers. 46 € 3 pers. 61 € pers. sup. 15 €
Ouvert : Toute l'année.

🐕	🏊	🎾	🌳	🏇	⛵	🏨	⚓	🚲	🚗
10	10	2	SP	SP	3	6	12	6	

Gonzague D'ETE - Le Martray - 58360 SEMELAY - Tél. : 03 86 30 91 51 - Fax : 03 86 30 93 18

SEMELAY Les Bois de la Roche
C.M. 69 Pli 6

2 ch. 2 chambres d'hôtes aménagées dans une jolie maison indépendante de celle des propriétaires. Très beau site isolé, vallonné et boisé sur les premiers contreforts du Morvan. 1 chambre double (salle d'eau + wc), 1 chambre (2 lits jumeaux, salle d'eau, wc). Coin-cuisine, salle d'hôtes avec belle cheminée, prise TV. Location VTT à 5 km. Possibilité de visiter l'élevage de moutons des propriétaires sur demande. Station thermale à 5 km. Nombreux sentiers de promenades, faune et flore abondante. Langue parlée : anglais.

Prix : 1 pers. 35 € 2 pers. 40 € repas 13 € 1/2 pens. 32 €
Ouvert : De Pâques à la Toussaint.

🐕	🏊	🎾	🌳	🏇	⛵	🏨	⚓	🚲	🚗
5	5	2	SP	SP	5	7	5		

Béatrice et Philippe DE SEROUX - Les Bois de la Roche - 58360 SEMELAY - Tél. : 03 86 30 94 32 - E-mail : ph.deseroux@net-up.com

ST-AMAND-EN-PUISAYE La Berjatterie
C.M. 65 Pli 3

5 ch. **Chantier médiéval de Guédelon 9 km.** A 3 km de St-Amand (pays des potiers), dans un cadre fleuri et arboré, très reposant. 5 chambres d'hôtes indépendantes de la maison des propriétaires. 1 ch. (1 lit 2 pers.), 2 ch. (lits jumeaux), 1 ch. (3 lits 1 pers.), salle de bains et wc dans chaque chambre. R.d.c. : grand séjour, salle de détente avec bibliothèque, TV. Parking, grand terrain. Restaurants à 3 km. Plusieurs châteaux et musées à visiter dans les environs proches. A proximité du château de St-Fargeau (spectacle historique son et lumière).

Prix : 1 pers. 36 € 2 pers. 43 € 3 pers. 51 € pers. sup. 9 €
Ouvert : Toute l'année.

🐕	🏊	🎾	🌳	🏇	⛵	🏨	⚓	🚲	🚗
19	4	0,5	5	3	5	29	10	17	3

René MANNEHEUT - La Berjatterie - 58310 ST-AMAND-EN-PUISAYE - Tél. : 03 86 39 67 14 - Fax : 03 86 39 65 97 -
E-mail : manneheut@aol.com

ST-ANDRE-EN-MORVAN Villurbain
C.M. 65 Pli 16

3 ch. **Château de Bazoches 5 km. Vézelay 10 km.** Au rez-de-chaussée, salle des petits déjeuners. A l'étage 3 chambres comprenant chacune 1 salle d'eau et wc. 2 chambres avec 1 lit double chacune, 1 chambre twin, 2 lits superposés enfants. Jeux pour enfants. Ferme auberge sur place. Terrasse. Premier prix au Concours Départemental de Fleurissement. Divers lacs à proximité. Langue parlée : anglais.

Prix : 1 pers. 31/36 € 2 pers. 35/40 € 3 pers. 48/51 €
pers. sup. 13 € repas 14/21 €
Ouvert : De mars à décembre.

🐕	🏊	🎾	🌳	🏇	⛵	🏨	⚓	🚲	🚗
15	4	1	0,5	0,5	4	17	10	17	10

FAMILLE CARREAU - Lise CARREAU - Villurbain - 58140 ST-ANDRE-EN-MORVAN - Tél. : 03 86 22 67 08 - Fax : 03 86 22 60 46 -
www.aubergeetfermeauberge.com

Bourgogne
Nièvre

ST-ELOI Domaine de Trangy
C.M. 69 Pli 4

4 ch. **Nevers 3 km.** 4 chambres d'hôtes à l'étage d'une maison bourgeoise dans le même bâtiment que le propriétaire (fin XVIIIe). 4 doubles dont 2 twin, salle d'eau et wc pour chacune, possibilité lit enfant. Salon, bibliothèque. Repas sur réservation. Piscine, ping-pong et badmington sur place. Parc et poney-club sur place, forêt à 2 km. Pleine campagne. Langues parlées : anglais, espagnol.

Prix : 1 pers. 38 € 2 pers. 45 € 3 pers. 58 € repas 15 €
Ouvert : Toute l'année.

SP	6	1	2	1	SP	45	8	6	3

Chantal et Guy DE VALMONT - 8 route de Trangy - 58000 ST-ELOI - Tél. : 03 86 37 11 27 - Fax : 03 86 37 18 75 -
E-mail : gdevalmont@free.fr - http ://chambreshôtestrangy.free.fr

ST-GRATIEN-SAVIGNY La Marquise
C.M. 69 Pli 5

3 ch. **Canal du Nivernais 1,5 km.** 2 suites aménagées chacune de 2 chambres doubles, 2 chambres twin avec salles de bains et wc particuliers. 1 grande salle comprenant : kitchnette, coin-séjour et salon, le tout au 1er étage dans une jolie maison de Maître. Chauffage central. Prise TV, possibilité téléphone. Parking, piscine chauffée de mai à octobre, jardin, location box pour chevaux. Tennis privé à 4 km, petits circuits pédestres de 1 à 5 km autour de la propriété. Gratuit pour les enfants jusqu'à 6 ans. Chambres d'hôtes de Charme.

Prix : 1 pers. 35 € 2 pers. 46 € repas 15 €
Ouvert : Toute l'année.

SP	3	0,5	0,5	SP	10	25	3	4	4

Huguette et Noël PERREAU - La Marquise - 58340 ST-GRATIEN-SAVIGNY - Tél. : 03 86 50 01 02 - Fax : 03 86 50 07 14 -
E-mail : hcollot@aol.com

ST-HILAIRE-EN-MORVAN Les Chaumottes
C.M. 69 Pli 6

3 ch. **Lac de Pannecière 12 km.** 3 chambres d'hôtes aménagées dans un manoir du XIVe siècle, en pleine campagne, vue panoramique sur la capitale du Morvan, 2 chambres 2 pers. (dont 1 lits jumeaux), 1 ch. 4 pers. (lit double + lits superposés). Pour chacune salle d'eau et wc particuliers. Cheminée, terrasse. Jeux d'enfants, pelouse. Pêche gratuite sur place. 7e nuit gratuite. Au cœur du Morvan, à proximité de ses lacs. Chambres d'hôtes fleuries. Langue parlée : anglais.

Prix : 1 pers. 30 € 2 pers. 40 € 3 pers. 50 € pers. sup. 10 €
Ouvert : Du 1er mai au 30 septembre.

5	5	SP	SP	SP	5	12	12	40	3

Paul et Bernadette COLAS - Chaumotte - 58120 ST-HILAIRE-EN-MORVAN - Tél. : 03 86 85 22 33 - E-mail : paul.colas@libertysurf.fr

ST-HILAIRE-EN-MORVAN Courcelles
C.M. 69 Pli 6

4 ch. Dans une ferme morvandelle restaurée, de plain-pied, 4 chambres d'hôtes confortables (dont 1 accessible aux personnes handicapées), point de vue superbe. Douche, bain, wc privés. Copieux petit déjeuner réservé aux hôtes. Parc animalier de 20 ha plus animaux de ferme traditionnelle sur 3 ha. Activités : tir à l'arc, ping-pong. A proximité : lacs du Morvan, musée et fouilles archéologiques de Glux en Glenne, musée du costume et du Septennat à Château-Chinon. Hébergement non fumeur. Langue parlée : anglais.

Prix : 1 pers. 40 € 2 pers. 44 € 3 pers. 56 € pers. sup. 5 €
Ouvert : Du 1er février au 15 novembre.

7	16	10	1	1	8	10	10	7	1

Edith CAUMONT - Courcelles - 58120 ST-HILAIRE-EN-MORVAN - Tél. : 03 86 85 08 90 - Fax : 03 86 85 08 90

ST-HONORE-LES-BAINS
C.M. 69 Pli 6

2 ch. 2 chambres de 2 personnes chacune avec salle de bains et wc privatifs. Terrain clos ombragé et fleuri. Jeux pour enfants. Ancienne maison de famille située au centre de la station thermale de St-Honoré-les-Bains (tous loisirs sur place), accueil chaleureux. A proximité du parc du Morvan et du Mont Beuvray (site gallo-romain). Proche du casino (machines à sous).

Prix : 1 pers. 25 € 2 pers. 32 € 3 pers. 39 €
Ouvert : D'avril à octobre.

0,5	0,5	2	1	1	11,5	SP

Colette et Michel ROGUIN - 1 allée des Garennes - 58360 ST-HONORE-LES-BAINS - Tél. : 03 86 30 76 89 - Fax : 03 86 30 75 91

ST-JEAN-AUX-AMOGNES Château de Sury
C.M. 69 Pli 4

3 ch. 3 chambres d'hôtes aménagées dans un château du XVIIe siècle, grand calme. 1 ch. double, TV, douche et wc privés, 1 ch. (lits jumeaux), salle de bains et wc privés mais non attenant à la chambre, 1 ch. double, TV, douche et wc privés. A quelques kilomètres de Nevers dans la région des Amognes, c'est dans un cadre exceptionnel que vous séjournerez. Chambres d'hôtes de Charme. A proximité : circuit de F1 de Magny-Cours, des vignobles de Pouilly, Sancerre, Côteaux du Giennois. Canal du Nivernais. Location de VTT sur place. Langue parlée : anglais.

Prix : 1 pers. 39 € 2 pers. 49 € 3 pers. 61 € repas 23 €
Ouvert : Toute l'année.

6	6	0,5	0,2	0,1	SP	18	15	6

Hubert DE FAVERGES - Château de Sury - 58270 ST-JEAN-AUX-AMOGNES - Tél. : 03 86 58 60 51 - Fax : 03 86 68 90 28 -
E-mail : sury@terre-net.fr

Nièvre

Bourgogne

ST-LOUP Chauffour (TH) *C.M. 65 Pli 3*

2 ch. Elvire vous accueille dans une fermette du 19ᵉ siècle entièrement restaurée à l'ancienne avec tomettes et poutres apparentes. 2 chambres aménagées au 1ᵉʳ étage de la maison : 1 ch. double, 1 ch. triple avec mezzanine, salle d'eau et wc particuliers pour chaque chambre. Chauffage électrique. Salon avec cheminée, bibliothèque, jeux de société. Parc fleuri avec cheminée extérieure pour grillades et barbecue. Possibilité de dîner en table d'hôtes avec réservation. A proximité : potiers de St-Amand, musée de la machine agricole à St-Loup, vignobles de Sancerre et Pouilly, châteaux, lac du Bourdon. Langues parlées : espagnol, portugais.

Prix : 1 pers. 37 € 2 pers. 46 € 3 pers. 59 € repas 20 €
Ouvert : Du 1ᵉʳ avril au 1ᵉʳ novembre.

12	12	12	2	2	4	20	20	12	12

Elvire DUCHET - Chauffour - St-Loup - 58200 COSNE-SUR-LOIRE - Tél. : 03 86 26 20 22

ST-PIERRE-LE-MOUTIER La Forêt de Cougny *C.M. 69 Pli 3*

3 ch. Circuit F1 de Magny-Cours 8 km. Arboretum de Balaine 15 km. Maison de caractère située en pleine campagne, à proximité d'un bois et d'un étang, calme assuré. Salle de bains avec wc dans chaque chambre. 1 chambre (2 lits jumeaux), 2 chambres doubles. Salon, chauffage central. Parc animalier de St-Augustin à 15 km.

Prix : 1 pers. 28 € 2 pers. 37 € pers. sup. 16 €
Ouvert : Toute l'année.

23	5	8	8	8	5	23	5	5

Roselyne LEVASSEUR - La Forêt de Cougny - 58240 ST-PIERRE-LE-MOUTIER - Tél. : 03 86 58 12 01

ST-PIERRE-LE-MOUTIER (TH) *C.M. 69 Pli 13*

E.C. 3 ch. Nevers 23 km. Magny-Cours 15 km. St-Pierre le Moutier, dans une maison du XVᵉ siècle et ancien relais de poste. Trois chambres d'hôtes tout confort, salon, salle à manger avec cheminée, jardin avec vue sur les vestiges de l'église Ste-Babyle. Possibilité de repas avec spécialités régionales et cuisine gourmande. Repas sur réservation : 18,29 € vin compris. Langue parlée : anglais.

Prix : 1 pers. 40 € 2 pers. 50 € repas 30 €
Ouvert : Toute l'année.

23	SP	8	8	8	5	3	23	SP

Solange CHABEAU - 3 rue du faubourg de Moulins - 58240 ST-PIERRE-LE-MOUTIER - Tél. : 06 75 78 42 14

STE-MARIE St-Martin *C.M. 69 Pli 4/5*

1 ch. Base de loisirs de l'Etang du Merle 3 km. 1 chambre d'hôtes indépendante (1 lit double + 1 lit gigogne) aménagée au 1ᵉʳ étage d'une ferme de caractère. Salle d'eau et wc particuliers. Chauffage central. Salle commune. Jardin. Produits fermiers sur place. Accueil de groupes possible dans gîte d'étape sur place. Circuits VTT. Randonnées pédestres et équestres. Baignade, pêche, pédalo à la base de loisirs de l'Etang du Merle. Taxe de séjour : 0,30 € par personne. Langues parlées : anglais, espagnol.

Prix : 1 pers. 42 € 2 pers. 40 € 3 pers. 47 € pers. sup. 8 €
Ouvert : Toute l'année.

18	5	3	SP	SP	SP	13	20	32	5

Laurence et Philippe KNEUSS - St-Martin - 58330 STE-MARIE - Tél. : 03 86 58 35 15 - Fax : 03 86 58 22 83 -
E-mail : phkneuss@club-internet.fr - http : //www.bassecour-stmartin.com

TALON *C.M. 65 Pli 15*

1 ch. Vézelay 30 km. Une chambre d'hôtes (1 lit 2 pers.) avec salon située dans la maison du propriétaire au rez-de-chaussée, en pleine campagne. Salle d'eau et wc particuliers. Chauffage central. Terrain clos, ping-pong, vélos à disposition. Terrain de sport à 150 m, circuits de randonnées balisés.

Prix : 1 pers. 30 € 2 pers. 38 €
Ouvert : Toute l'année.

17	0,1	5	0,2	0,2	15	SP	17	5	8	5

Josette PERRET - 58190 TALON - Tél. : 03 86 29 80 42 - E-mail : josetteperret@net-up.com - http : //gite.talon.free.fr

TINTURY Fleury la Tour *C.M. 69 Pli 5*

4 ch. 4 chambres d'hôtes situées au 1ᵉʳ étage d'une jolie maison bourgeoise indépendante à proximité du propriétaire. 1 chambre double, 2 chambres triples avec douche et wc privés, 1 chambre triple avec salle de bains et wc privés. Chauffage central au fuel. Coin-cuisine. Jeux d'enfants. Poney club à 5 km. Etang privé sur place (65 ha), randonnées, canoë, baby-foot et ping-pong. Chambres d'hôtes de Charme. Langues parlées : anglais, allemand.

Prix : 1 pers. 35/43 € 2 pers. 38/46 € 3 pers. 49/56 € pers. sup. 11 €
Ouvert : Toute l'année, sur réservation du 11 novembre au 31 mars.

12	SP	SP	SP	SP	5	30	18	6

Michel GUENY - Fleury la Tour - 58110 TINTURY - Tél. : 03 86 84 12 42 - Fax : 03 86 84 12 42 - E-mail : fleurylatour@wanadoo.fr -
http : //perso.wanadoo.fr/fleurylatour

Bourgogne — Nièvre

VAULAIX (TH) C.M. 65 Pli 16

5 ch. Dans le parc régional du Morvan : le Domaine des Chaumes, exploitation agricole biologique. 5 chambres, 2 chambres 2 pers. (1 avec salle de bains, 1 avec salle d'eau), 3 chambres 2 à 3 pers. (avec salle d'eau). WC privatifs pour chaque chambre. Rivière sur place. Mise à disposition : VTT, chevaux, canoë, barque. Tarifs dégressifs dés la 2ᵉ nuit : moins 10 %, 5ᵉ nuit gratuite.

Prix : 1 pers. 38 € 2 pers. 40 € 3 pers. 50 € repas 15 €
Ouvert : Toute l'année sur réservation.

🐕	🏊	🎾	⛵	🚶	🐎	🚐	🏛
7	SP	1	SP	SP	30	7	

Pierre DUMOULIN - Les Chaumes - 58140 VAUCLAIX - Tél. : 03 86 22 75 37

VILLE-LANGY La Hersandière - la Chapelle C.M. 69 Pli 14

E.C. 3 ch. Circuit de F1 Nevers-Magny-Cours 30 km. Parc de chasse 5 km. Dans une maison contemporaine mais de style régional, 3 chambres d'hôtes ont été aménagées avec chacune 2 lits 1 personne, salle d'eau et wc privatifs. Entrée indépendante, salon réservé aux hôtes, chauffage central, TV, parking, jardin. Chambres claires, spacieuses, aménagées avec goût. Accueil chaleureux, jolie vue sur la campagne, repos garanti. Musée de la mine à la Machine 5 km.

Prix : 1 pers. 23 € 2 pers. 46 € 3 pers. 69 €
Ouvert : Toute l'année.

🐕	🏊	🎾	⛵	🚶	🐎	🚐	🏛
15	15	5	4	4	15	15	5

Claudine et René HERSANT - La Hersandière - La Chapelle - 58270 VILLE-LANGY - Tél. : 03 86 60 21 07

Saône-et-Loire

GITES DE FRANCE
Esplanade du Breuil - B.P. 522 - 71000 MACON Cedex
Tél. 03 85 29 55 60 - Fax 03 85 38 61 98

3615 Gîtes de France
0,2 €/min

ALLEREY-SUR-SAONE Chauvort (TH) C.M. 69 Pli 10

3 ch. Huguette et Pascal vous acccueillent dans une maison 1930, rénovée, proche de la Saône. A 20 km de Beaune et des Grands Vins. 3 chambres pour 2 à 3 personnes avec salle d'eau et wc indépendants. Séjour et kitchenette réservée aux hôtes. Télévision, bibliothèque. Jardin clos ombragé. Parking. Table d'hôtes sur réservation. Vélos à disposition. Pêche au silure.

Prix : 1 pers. 37 € 2 pers. 41 € 3 pers. 52 € pers. sup. 18 € repas 20 €
Ouvert : Toute l'année.

🐕	🏊	🎾	⛵	🚶	🐎	H	🚴	🚐	🏛
2	2	0,2	2	6	20	10	SP	20	0,5

Huguette BOCARD - Chauvort - 7 rue Claude Lebault - 71350 ALLEREY-SUR-SAONE - Tél. : 03 85 91 89 78 ou 03 85 91 88 66 - Fax : 03 85 91 88 66

ALLERIOT (TH) C.M. 69 Pli 9

3 ch. Alain et Claudine vous accueillent dans ferme bressane (XVIIIᵉ) en bord de Saône. 3 ch. d'hôtes (4 et 2 pers.). S.d.b. et wc privés. Séjour : coin-salon réservé aux hôtes. Week-end découvertes (repas-dégust.) sur réservation. Vaste espace clos, arboré. Golf 6 km. Langues parlées : anglais, allemand.

Prix : 1 pers. 30 € 2 pers. 38/43 € 3 pers. 50/55 € pers. sup. 12 € repas 15 €
Ouvert : Du 15 mars au 15 novembre.

🐕	🏊	🎾	⛵	🚶	🐎	H	🚴	🚐	🏛
12	6	SP	SP	2	25	6	12	6	

Claudine et Alain FRANCK - Rue de l'Etang Bonnot - 71380 ALLERIOT - Tél. : 03 85 47 58 58 - Fax : 03 85 47 58 58 -
E-mail : franck-71380@libertysurf.fr

AMANZE 🍽 A (TH) C.M. 69 Pli 17

4 ch. Marie-Christine et Philippe mettent à dispo. 4 ch. spacieuses aménagées dans un corps de ferme très ancien au cœur du Brionnais. (1 ch. 2 pers., 1 ch. 3 pers, 1 ch. 4 pers. avec mezzan., 1 ch. 4 pers.). Sanitaires indép., pièce commune réservée aux hôtes. Terrain clos, jeux enf. Poss. circuit découverte à vélo de la région sur demande. Eglises romanes. Langue parlée : anglais.

Prix : 1 pers. 34 € 2 pers. 43 € 3 pers. 54 € pers. sup. 11 € repas 14 €
Ouvert : Du 1ᵉʳ avril au 1ᵉʳ novembre.

🐕	🏊	🎾	⛵	🚶	🐎	H	🚴	🚐	🏛
10	5	3	SP	5	50	10	10	10	10

Marie-Christine PAPERIN - GAEC des Collines - 71800 AMANZE - Tél. : 03 85 70 66 34 - Fax : 03 85 70 63 81 -
E-mail : philippe.paperin@wanadoo.fr

Saône-et-Loire — Bourgogne

ANTULLY La Bise
C.M. 69 Pli 8

2 ch. 2 vastes ch. d'hôtes aménagées au 1er étage d'une maison récente d'un village de l'Autunois. Salle d'eau et wc privés pour chaque ch. Prise TV. Réfrigérateur individuel. Chauf. cert. Cour et terrain clos. Salon et pièce petit déjeuner communs avec le propriétaire.

Prix : 1 pers. **32 €** 2 pers. **41 €** pers. sup. **14 €**
Ouvert : Toute l'année.

🐕	🏊	🎾	👣	🐎	🏠	🍽	🚴	🚗	🚉
	12	1	3	SP	12	12	12	12	1

Robert TISSIER - La Bise - 71400 ANTULLY - Tél. : 03 85 54 70 27 - Fax : 03 85 54 70 27

ANZY-LE-DUC Les Pradelles
C.M. 69 Pli 17

4 ch. Sur le circuit des églises romanes du Brionnais, 4 chambres d'hôtes familiales avec salle de bains individuelles. TV. Pièce commune indépendante. Vaste terrain arboré et clos. Possibilité garde d'enfants. Piscine privée. Table d'hôtes sur demande. Langues parlées : anglais, espagnol.

Prix : 1 pers. **43 €** 2 pers. **49 €** pers. sup. **15 €** repas **15 €**
Ouvert : Toute l'année.

🐕	🏊	🎾	👣	🐎	🏠	🍽	🚴	🚗	🚉
	SF	0,5	0,5	SP	15	4	40	SP	20	0,5

Laurence SAUCEZ-DUQUESNE - Les Pradelles - Chemin des Colins - 71110 ANZY-LE-DUC - Tél. : 03 85 25 26 02 - Fax : 03 85 25 26 02 -
E-mail : laurence.duquesne@wanadoo.fr

AUTUN Couhard
C.M. 69 Pli 8

3 ch. Dand une maison récente d'un vieux quartier d'Autun. Vue superbe sur la vieille ville. 1 ch. 2 pers., 1 ch. 3 pers., 1 ch. 4 pers.). Chaque chambre est équipée de s. d'eau et wc. Salle petit déjeuner commune avec les prop., véranda avec salon. Terrain clos. Circuits randonnées pédestres sur place. Langues parlées : anglais, russe.

Prix : 1 pers. **30 €** 2 pers. **37 €** 3 pers. **49 €** pers. sup. **12 €**
Ouvert : Toute l'année.

🐕	🏊	🎾	👣	🐎	🏠	🍽	🚴	🚗	🚉
	1	1	1	SP	1	25	1	1	2	1

Alexandra BROCHOT - 15 rue de la Planoise - Couhard - 71400 AUTUN - Tél. : 03 85 52 27 80 ou 06 70 95 84 43 - Fax : 03 85 52 27 80 -
E-mail : brochot.alexandra@wanadoo.fr - http ://perso.wanadoo.fr/brochot-chambres-dhôtes/

AUTUN
C.M. 69 Pli 8

E.C. 3 ch. Au chevet de la cathédrale St-Lazare, au cœur du vieil Autun, 3 chambres pour 2 pers., aménagées au 1er étage d'une ancienne demeure des chanoines des XV et XVIIIe siècles (façades classées monuments historiques). Salle de bains et wc privatifs. Salle petit déjeuner avec cheminée. Jardin clos. Restauration 100 m. Langue parlée : anglais.

Prix : 1 pers. **40 €** 2 pers. **50 €** 3 pers. **61 €** pers. sup. **15 €**
Ouvert : Du 30 mars au 30 octobre.

🐕	🏊	🎾	👣	🐎	🏠	🍽	🚴	🚗	🚉
	1	1	2	2	1	2	1	0,5	1	0,5

Marie-Luce LEQUIME - Maison Sainte-Barbe - 7 place Sainte-Barbe - 71400 AUTUN - Tél. : 03 85 86 24 77 - Fax : 03 85 86 19 28

AZE En Rizerolles
C.M. 69 Pli 19

5 ch. 5 chambres confortables, aménagées dans une jolie maison mâconnaise à mi-chemin de Cluny et de Mâcon. Chaque chambre est équipée de douche et wc. Salle commune avec co n-salon réservée aux hôtes. Chauf. central. Balcon, terrasse, cour et terrain clos. Golf 5 km, grottes 250 m. Restaurants sur place.

Prix : 1 pers. **33 €** 2 pers. **43 €** 3 pers. **58 €** pers. sup. **17 €**
Ouvert : Toute l'année.

🐕	🏊	🎾	👣	🐎	🏠	🍽	🚴	🚗	🚉
	0,2	0,2	0,2	SP	0,5	SP	25	17	17	0,5

Roger BARRY - En Rizerolles - 71260 AZE - Tél. : 03 85 33 33 26 - Fax : 03 85 33 40 13 - E-mail : r.barry.azé@infonie.fr

---

AZE Moulin de Brou
C.M. 69 Pli 19

2 ch. Au cœur du vignoble mâconnais, entre Cluny et Mâcon, deux jolies chambres aménagées au 2e étage d'un ancien moulin bordant la Mouge. Pour chaque chambre, 1 lit 2 pers. avec s. d'eau et wc privatifs. Ambiance chaleureuse, lieu agréable et reposant. Salle petit déjeuner réservée aux hôtes. Sentiers sur place.

Prix : 1 pers. **38 €** 2 pers. **43 €**
Ouvert : Toute l'année.

🐕	🏊	🎾	👣	🐎	🏠	🍽	🚴	🚗
	1	1	SP	SP	1	SP	20	20

Nicole PATTEIN - En Brou - 71260 AZE - Tél. : 03 85 33 40 21

Bourgogne — Saône-et-Loire

AZE
C.M. 69 Pli 19

4 ch. — Dans une maison de village du vignoble mâconnais, à quelques kilomètres de Cluny, 4 chambres d'hôtes (pour 2 à 4 pers.), d'accès indépendant, ouvrant sur un jardin. Jolie vue sur le vignoble. Salle d'eau et wc indépendants. TV dans chacune des chambres. Salle petit déjeuner privative. Terrasse. Cour et terrain clos.

Prix : 1 pers. 34 € 2 pers. 43/49 € 3 pers. 55 € pers. sup. 12 €
Ouvert : Du 15 janvier au 15 décembre.

1	1	1	0,5	0,5	1	SP	20	0,5	20	0,3

Nelly PEULET - Le Bourg - 71260 AZE - Tél. : 03 85 33 44 20 - E-mail : peulet.nelly@wanadoo.fr - http://perso.wanadoo.fr/nelly.peulet/

BANTANGES Les Molaises
C.M. 69 Pli 20

6 ch. — 6 vastes chambres d'hôtes aménagées dans ferme bressane rénovée dans un hameau à proximité de Louhans. Salle d'eau et wc privés pour chaque chambre (2 ou 3 pers.). Salle petit déjeuner privée, TV. Terrain aménagé, jardin, parking. Piscine chauffable sur place. Rédu. possibles en cas de longs séjours. Table d'hôtes sur réservation. Langues parlées : allemand, anglais.

Prix : 1 pers. 37/43 € 2 pers. 49/55 € 3 pers. 70 € repas 10/16 €
Ouvert : Du 15 mars au 31 octobre.

SP	10	10	11	SP	8	40	10	2

Peter et Barbara AESCHLIMANN-SCHILD - Les Molaises - 71500 BANTANGES - Tél. : 03 85 74 26 81 - Fax : 03 85 74 26 81 - E-mail : aeschlimann@onetelnet.fr - www.lafontaine.ch

BARON
C.M. 69 Pli 17

3 ch. — Dans une ferme restaurée. Rez-de-chaussée : 1 chambre 2 pers. Etage : 2 chambres 2 pers., lits d'appoint 1 pers. avec S.d.b. et wc privés. Séjour, salon commun, TV. Entrée indépendante. Terrasse. Cour, jardin, garage, petit étang arboré, sentiers pédestres.

Prix : 1 pers. 32 € 2 pers. 40 € pers. sup. 11 €
Ouvert : Toute l'année.

7	7	SP	SP	15	15	7

J-Paul et Bernadette LARUE - Le Bourg - 71120 BARON - Tél. : 03 85 24 05 69

BAUDRIERES
C.M. 70 Pli 12

3 ch. — 3 chambres d'hôtes aménagées dans maison de caractère. 1 chambre de 2 pers., salle d'eau et wc privés. TV dans chaque chambre. 1 chambre/2 pers. + 1 enf. salle de bains, wc privés. 1 chambre 2 pers. Jardin, parking. Langue parlée : anglais.

Prix : 1 pers. 53/64 € 2 pers. 58/69 € 3 pers. 69 €
Ouvert : Du 15 avril au 15 octobre, le reste sur demande.

12	SP	1	SP	12	20	10	SP	18	5

Arlette VACHET - Le Bourg - 71370 BAUDRIERES - Tél. : 03 85 47 32 18 ou 06 07 49 53 46 - Fax : 03 85 47 41 42

BAUDRIERES
C.M. 70 Pli 12

1 ch. — 1 chambre d'hôte double pour 4 pers. aménagée dans maison ancienne de caractère en Bresse. Salon, TV, salle à manger commun, rustique, confortable. Salle bains et wc privés. Bibliothèque. Parc arboré. Ambiance douillette. Située à équidistance de Chalon, Tournus, Louhans. Vélos et tennis sur place. Restaurants 5 km.

Prix : 1 pers. 43 € 2 pers. 49 € 3 pers. 69 € pers. sup. 7 €
Ouvert : Toute l'année.

17	SP	4	SP	3	15	SP	17	5

Yvonne PERRUSSON - Le Bourg - 71370 BAUDRIERES - Tél. : 03 85 47 31 90

BAUGY Reffy
C.M. 69 Pli 17

2 ch. — 2 chambres d'hôtes dans une maison indépendante, calme. 1 chambre de 2 pers., salle de bains, wc privés. Une chambre/3 pers. et 1 lit enf., salle d'eau, wc privés. Séjour, salon, véranda, garage. Circuit églises romanes 3 km. Restaurant 2 km.

Prix : 1 pers. 37 € 2 pers. 41 €
Ouvert : Du 1er avril au 31 octobre.

6	6	3	SP	1	SP	30	6

Daniel CHEVALLIER - Le Cèdre Bleu - Reffy - 71110 BAUGY - Tél. : 03 85 25 39 68

Saône-et-Loire — *Bourgogne*

BISSEY-SOUS-CRUCHAUD La Combe *C.M. 69 Pli 9*

4 ch. 4 chambres d'hôtes confortables, aménagées dans le cadre d'une exploitation viticole de la Côte Chalonnaise à 3 km de Buxy. 4 ch. pour 2 pers. Salles d'eau et wc privés. Salle petit déjeuner et salon réservés aux hôtes. Piscine privée. Sentiers et vignoble sur place. Langues parlées : anglais, italien.

Prix : 1 pers. **38 €** 2 pers. **53 €** pers. sup. **15 €**
Ouvert : Toute l'année.

	SP	3	9	SP	8	SP	15	3	15	3

Jean et Marie-Anne COGNARD - La Combe - 71390 BISSEY-SOUS-CRUCHAUD - Tél. : 03 85 92 15 40 ou 06 81 10 79 07 - **Fax : 03 85 92 19 54**

BISSY-SOUS-UXELLES *C.M. 69 Pli 19*

6 ch. 6 chambres d'hôtes dans une ancienne ferme Bourguignonne XVIe siècle. 2 chambres familiales 2/5 p. avec salle d'eau et wc privés. 2 chambres avec salle d'eau et wc privés. 2 chambres avec lavabos, salle d'eau et wc commun. Chauffage central. Cour close (salon jardin), bac à sable, vélos/place. Proximité Voie Verte. Langues parlées : anglais, allemand.

Prix : 1 pers. **23/38 €** 2 pers. **30/33 €** 3 pers. **56/63 €** pers. sup. **11 €**
Ouvert : Toute l'année.

15	3	3	SP	5	1	12	5	6	5

Pascale et Dominique DE LA BUSSIERE - Le Bourg - 71460 BISSY-SOUS-UXELLES - Tél. : 03 85 50 15 03 - Fax : 03 85 50 15 03 - E-mail : dominique.de-la-bussière@wanadoo.fr - www.m-fjsolutions.com/BB/

BISSY-SOUS-UXELLES Colombier Le Haut *C.M. 69 Pli 19*

2 ch. 1 chambre double pour 4 pers. dans ancienne maison bourguignonne en pierres. Salle de bains et wc particuliers. 1 chambre pour 2 personnes, salle de bains et wc particuliers. Parc ombragé. Stage de tournage sur bois 1,5 km. Voie Verte à proximité et dégustation de vin sur la propriété. Restaurant 2 km.

Prix : 1 pers. **32 €** 2 pers. **40 €** 3 pers. **61 €**
Ouvert : Toute l'année.

15	3	4	SP	5	SP	12	5	30	6

Jeannine MARECHAL - Colombier le Haut - 71460 BISSY-SOUS-UXELLES - Tél. : 03 85 50 11 63 - Fax : 03 85 50 11 63

BOURGVILAIN Les Arbillons *C.M. 69 Pli 18*

5 ch. A proximité de Cluny (8 km), dans les dépend. d'un ancien moulin du XVIIIe. 5 ch. avec s.d.b., salles d'eau, wc privés. 1 access. pers. hand. Salon privé (cheminée, TV, magnéto.). Salle petit déjeuner réservée aux hôtes. Caveau vente de vins régionaux et d'objets artisanaux. Restaurant à 300 m.

Prix : 1 pers. **46/72 €** 2 pers. **53/72 €** 3 pers. **87 €**
Ouvert : Du 1er juillet au 31 août.

8	8	SP	SP	8	15	2,5	9	25	0,5

Charles et Sylviane DUBOIS-FAVRE - Le Moulin des Arbillons - 71520 BOURGVILAIN - Tél. : 03 85 50 82 83 - Fax : 03 85 50 86 32 - E-mail : arbillon@club-internet.fr - www.club-internet.fr/perso/arbillon

BOURGVILAIN Montangerand *C.M. 69 Pli 18*

1 ch. 1 chambre pour 3 personnes, aménagée dans une jolie maison ancienne dans un hameau d'un village du Clunysois. Accès indépendant. Salle d'eau et wc privatifs. 1 lit bébé. Terrasse. Galerie mâconnaise. Jardin clos. Sentiers sur place. Restaurant 1 km. 2 vélos sur place. Langue parlée : anglais.

Prix : 1 pers. **46 €** 2 pers. **52 €** 3 pers. **70 €**
Ouvert : Du 25 avril au 15 septembre.

9	7	3	SP	2	15	3	SP	20	1

Claude et Annette HAFLIGER - Montangérand - 71520 BOURGVILAIN - Tél. : 03 85 50 89 58

BRANDON La Ferdière *C.M. 69 Pli 19*

E.C. 3 ch. Ancienne grange rénovée située dans un hameau calme d'un petit village du Clunysois. 3 vastes chambres aménagées simplement au 1er étage. Salle d'eau ou bain et wc privatifs. Salle petit déjeuner et coin-salon privatif. Terrain clos. Table d'hôtes sur réservation. Restaurant 5 km. Langue parlée : anglais.

Prix : 1 pers. **35 €** 2 pers. **40 €** 3 pers. **45 €** pers. sup. **5 €** repas **10 €**
Ouvert : Du 4 juillet au 31 octobre.

9	5	0,3	0,5	SP	5	20	12	9	20	5

Max SIMONET - La Ferdière - 71520 BRANDON - Tél. : 03 85 50 40 09 ou 06 12 68 03 13 - E-mail : max.simonet@wanadoo.fr

BRESSE-SUR-GROSNE La Griolette *C.M. 69 Pli 19*

2 ch. Au cœur du village, petites suites de 2 ch. calmes et douillettes. Pour 5 pers. - 5 ans gratuit. S.d.b. (douche et baignoire), wc privatifs. Vaste jardin d'agrément ombragé et clos. Piscine privée. Parking intérieur. Petit déjeuner servi au jardin ou au salon d'été. Bibliothèque. Langue parlée : anglais.

Prix : 1 pers. **43/47 €** 2 pers. **49/53 €** 3 pers. **73/79 €** pers. sup. **6/11 €**
Ouvert : Toute l'année.

SP	0,2	2	SP	6	8	14	8	14	8

Micheline WELTER - La Griolette - 71460 BRESSE-SUR-GROSNE - Tél. : 03 85 92 62 88 - Fax : 03 85 92 63 47

Bourgogne
Saône-et-Loire

BRESSE-SUR-GROSNE Collombier
C.M. 69 Pli 19

3 ch. Ancien bâtiment de ferme entièrement indépendant. Grande pièce de jour réservée aux hôtes. Ambiance chaleureuse. Cuisine équipée à dispo. Coin-salon. 3 chambres 2 pers., salle de bains et wc privatifs pour chaque ch. Espace extérieur réservé aux hôtes. Terrain à disposition. Vélos et chemins de randonnées.

Prix : 1 pers. **43 €** 2 pers. **49 €** 3 pers. **61 €**
Ouvert : Du 1er avril au 31 octobre.

8	1	1	SP	4	2	10	SP	17	6

Elisabeth et Robert CARRETTE - Relais du Vieux Collombier - 71460 BRESSE-SUR-GROSNE - Tél. : 03 85 92 58 84 ou 03 85 32 56 74 - Fax : 03 85 32 19 76 - E-mail : rcarrette@infonie.fr - http ://perso.infonie.fr/rcarrette

BUXY Davenay
(TH) *C.M. 69 Pli 9*

2 ch. Christine et Thierry, viticulteurs dans un petit village du Chalonnais, vous accueillent dans leur maison au milieu des vignes. 2 ch. d'hôtes (1 de 2 pers. et 1 de 4 pers.), sanitaires indép. Salle billard, salon. Grande terrasse, vue superbe sur le vignoble. Table d'hôtes avec spécialités régionales le soir. Langue parlée : espagnol.

Prix : 1 pers. **38/46 €** 2 pers. **46/55 €** 3 pers. **66 €** pers. sup. **11 €**
repas **24 €**
Ouvert : Toute l'année.

13	1	8	SP	15	SP	8	1	13	1

Thierry DAVANTURE - Davenay - 71390 BUXY - Tél. : 03 85 92 04 79

CHANES Les Préauds
C.M. 73 Pli 10

E.C. 1 ch. Aux confins du Mâconnais et du Beaujolais, au cœur du vignoble, Pascale et Michel vous accueillent dans les dépendances d'un ancien vigneronnage restauré. Chambre de 2 personnes au 1er étage. Sanitaires et toilette privés en rez-de-chaussée. Parc clos et arboré. Piscine privée. Restaurant 2 km. Langue parlée : allemand.

Prix : 1 pers. **53 €** 2 pers. **61 €**
Ouvert : Du 1er mars au 30 novembre.

SP	1	3	2	2	SP	3	SP	12	2

Pascale et Michel DELMAU - Opa Beach - Les Préauds - 71570 CHANES - Tél. : 03 85 37 48 17 - Fax : 03 85 37 19 51 - E-mail : opabeach@wanadoo.fr

CHANES Les Préaux
C.M. 73 Pli 10

E.C. 1 ch. Jolie chambre aménagée dans une maison vigneronne indépendante, située à proximité du propriétaire dans le vignoble beaujolais. Coin-cuisine équipé. TV. Salle de bains, wc. 1 lit de 2 personnes. Terrasse, terrain clos. Restaurant 1 km.

Prix : 1 pers. **49 €** 2 pers. **53 €**
Ouvert : Toute l'année.

SP	3	0,5	5	3	0,1	4	3	6	3

Evelyne et Dominique MERGEY - Les Préaux - 71570 CHANES - Tél. : 03 85 37 10 43 ou 06 09 01 69 21 - Fax : 03 85 37 49 71 - E-mail : d.mergey@libertysurf.fr

CHAPAIZE La Chaume
C.M. 69 Pli 19

3 ch. Thérèse, éleveur de chevaux dans le Clunysois, a aménagé trois chambres d'hôtes dont 1 accessible aux pers. handicapées au rez-de-chaussée d'une vieille ferme du Clunysois, située à 500 m de l'église romane de Chapaize. Salle d'eau et wc privatif. 3 lits 2 pers., 1 lit 1 pers., 1 convertible 2 pers. Salle petit déjeuner et salon réservés aux hôtes. Langue parlée : allemand.

Prix : 2 pers. **40 €** 3 pers. **49 €** pers. sup. **12 €**
Ouvert : Du 15 février au 31 décembre.

15	4	1	SP	8	2	4	4	20	4

Theresia TANNER - La Chaume - 71460 CHAPAIZE - Tél. : 03 85 50 19 18 - Fax : 03 85 50 19 18

LA CHAPELLE-DE-BRAGNY
(TH) *C.M. 69 Pli 19*

1 ch. 1 chambre double (coin-salon et kitchenette), au 1er ét. d'une maison ancienne. 1 ch. (2 lits 1 pers.), 1 mezzanine (1 lit 2 pers.). TV et magnét. Bibliothèque. Salle d'eau privée, wc. Salle commune. Véranda. Terrain et jardin clos. Vélos à dispo. Langues parlées : anglais, allemand.

Prix : 1 pers. **30 €** 2 pers. **40 €** 3 pers. **50 €** pers. sup. **11 €**
repas **15 €**
Ouvert : Toute l'année.

10	10	0,2	SP	8	8	6	SP	23	4

Jean-Pierre JOUVIN - Le Bourg - 71240 LA CHAPELLE-DE-BRAGNY - Tél. : 03 85 92 25 31 - E-mail : jpf.jouvin@wanadoo.fr

Saône-et-Loire — *Bourgogne*

LA CHAPELLE-SOUS-BRANCION Château de Nobles
C.M. 70 Pli 11

2 ch. — 2 chambres d'hôtes de caractère aménagées dans une aile d'un château du XV° siècle, dans le cadre d'une exploit. viticole. Chambres de 3 à 5 personnes dont 1 avec mezzanine, salles de bains, wc privés. Petit déjeuner dans la grande salle du château. Parc arboré. Langues parlées : anglais, italien.

Prix : 2 pers. 70 € — pers. sup. 18 €
Ouvert : Du 1er avril au 11 novembre.

🐕	🏊	🎾	⛵	🚶	🐎	🏨	🍽	🚴	🚂
15	7	1	SP	7	SP	12	10	15	10

Bertrand et Françoise DE CHERISEY - Château de Nobles - 71700 LA CHAPELLE-SOUS-BRANCION - Tél. : 03 85 51 00 55

CHARBONNAT La Montagne
C.M. 69 Pli 7

2 ch. — 2 ch. d'hôtes dans bâtiment indépendant de 2 et 3 pers. Salle d'eau et wc privés, entrées séparées. Bibliothèque français/anglais. En pleine nature. Vue panoramique, temple tibétain 5 km, site archéologique gaulois 20 km. Restaurants 1 km. Atelier de vannerie. Langues parlées : anglais, allemand.

Prix : 1 pers. 28 € — 2 pers. 32 € — 3 pers. 44 €
Ouvert : Du 15 avril au 31 octobre.

🐕	🏊	🎾	⛵	🚶	🐎	🏨	🚴	🚂
	12	12	SP	15	50	25	12	12

Marie URIE-BIXEL - La Montagne - 71320 CHARBONNAT - Tél. : 03 85 54 26 47

CHARBONNIERES Les Renauds
(TH) *C.M. 69 Pli 19*

E.C. 5 ch. — Dans belle ferme vigneronne, restaurée du XVIII°, à proximité d'un petit village du vignoble mâconnais, 5 chambres confortables, aménagées avec soin au 1er étage. Sanitaires privatifs. Salon (magnétoscope, bibliothèque). Salle petit déjeuner. Possibilité lits supplémentaires. Terrasse. Terrain aménagé. Golf 2 km. Table d'hôtes sur réservation. Langues parlées : anglais, allemand.

CV

Prix : 1 pers. 44/53 € — 2 pers. 60/69 € — 3 pers. 72 € — pers. sup. 13 € — repas 17 €
Ouvert : Toute l'année (sauf novembre).

🐕	🏊	🎾	⛵	🌲	🚶	🐎	🏨	🍽	🚴	🚂	⛷
	8	1	0,1	0,5	SP	3	SP	25	8	8	5

Pierre et Martine MARSAL - Les Renauds - 71260 CHARBONNIERES - Tél. : 03 85 23 01 07 - Fax : 03 85 23 01 07 -
E-mail : info@larenaudiere.com - www.larenaudiere.com

CHARDONNAY Champvent
  C.M. 70 Pli 11

5 ch. — 5 ch. d'hôtes pour 2 pers. 1er étage, dont 1 avec salon et accueil bébé (ou 3 pers.). Salles d'eau et bains, wc. Salle petit déjeuner privé. Salon avec cheminée, l-linge, lave-vaisselle. Salle d'expo. Salle de spectacles. Parc ombragé et jeux d'enfants, spect. concerts (1 ha). 2 circuits de randonnées dans le village. Zone de découvertes la Boucherette 2 km. Parking. Langues parlées : anglais, italien.

CV

Prix : 1 pers. 34 € — 2 pers. 44/46 €
Ouvert : Du 1er mars au 30 octobre.

🐕	🏊	🎾	⛵	🚶	🐎	🏨	🍽	🚴	🚂
	11	5	5	SP	10	SP	20	7	5

Jean-Paul et Régine RULLIERE - Champvent - 71700 CHARDONNAY - Tél. : 03 85 40 50 23 - Fax : 03 85 40 50 18

CHARNAY-LES-MACON
C.M. 69 Pli 19

E.C. 1 ch. — Dans une maison récente, située dans le quartier des Giroux, une chambre d'hôtes pour 2 pers. accessible de plain-pied. Salle de bains, wc privatifs. Salle petit déjeuner avec cheminée. Terrasse couverte. Cour et jardin clos. Parking. Langue parlée : allemand.

CV

Prix : 1 pers. 30 € — 2 pers. 38 €
Ouvert : Toute l'année.

🐕	🏊	🎾	⛵	🌲	🚶	🐎	🏨	🍽	🚴	🚂	⛷
	5	1	5	20	0,5	5	1	15	0,5	4	1

Paulette BOULY - 546 chemin de Villy - Les Giroux - 71850 CHARNAY-LES-MACON - Tél. : 03 85 34 21 29 ou 06 83 28 41 03

CHARNAY-LES-MACON Levigny

(TH) *C.M. 69 Pli 19*

E.C. 3 ch. — A quelques kilomètres de Mâcon, Gaby met à votre disposition 3 chambres confortables (2 à 4 pers.) avec salle de bains et wc aménagés dans une maison ancienne restaurée. Terrasse et jardin clos fleuri et ombragé. Salle petit déjeuner et salon privatifs (TV, magnétoscope). Voie Verte 1 km. Table d'hôtes sur réservation. Langue parlée : allemand.

Prix : 1 pers. 30 € — 2 pers. 43 € — pers. sup. 15 € — repas 9/16 €
Ouvert : Toute l'année.

🐕	🏊	🎾	⛵	🌲	🚶	🐎	🏨	🍽	🚴	🚂	⛷
	1	5	10	SP	5	SP	15	1	5	2	

Gabrielle CHARNAY - 882 route de Levigny - 71850 CHARNAY-LES-MACON - Tél. : 03 85 34 11 62 -
E-mail : gaby.charnay@club-internet.fr

CHASSEY-LE-CAMP Corchanu Le Haut
C.M. 69 Pli 9

1 ch. — 1 chambre d'hôtes, indépendante, à proximité du propriétaire. Chambre pour 3 pers. avec pièce séjour/salon attenante. Salle d'eau et wc privés. Cour close. Langues parlées : anglais, allemand.

Prix : 1 pers. 29 € — 2 pers. 35 € — 3 pers. 43 €
Ouvert : Toute l'année.

🐕	🏊	🎾	⛵	🚶	🚂	⛷
	2	2	0,2	0,2	2	2

Birgit VIOLY - Corchanut - 71150 CHASSEY-LE-CAMP - Tél. : 03 85 87 03 67 - Fax : 03 85 87 03 67

Bourgogne

Saône-et-Loire

CHASSEY-LE-CAMP Corchanu Le Haut
C.M. 69 Pli 9

1 ch. En limite de la Côte d'Or, dans hameau près de Santenay, une chambre d'hôtes indépendante au rez-de-chaussée. Chambre avec un lit 2 pers. (1 lit d'appoint). Salle d'eau et wc privés. TV. Parking intérieur. Cour close. Terrasse. Voie Verte et GR 7. Casino 2 km.

Prix : 1 pers. 35 € 2 pers. 41 € 3 pers. 52 €
Ouvert : Toute l'année.

🐕	🏊	🎾	👤	🏃	🏰	⛲	🚴	🚗	🎣
2	2	0,2	0,2	5	1	5	2	2	2

Louis NOWAK - Corchanu le Haut - 71150 CHASSEY-LE-CAMP - Tél. : 03 85 87 10 54

CHASSIGNY-SOUS-DUN Les Chizelles
C.M. 73 Pli 8

2 ch. Simone et Roger vous accueillent dans leur maison entourée d'un jardin foisonnant de plantes vivaces. Une chambre double pour 4 personnes + lit enfant, située entre Charolais et Beaujolais. 1 chambre pour 2 personnes. S.d.b. et wc privés. Coin-cuisine dans les deux chambres. Séjour, salon, jardin. Parc arboré et fleuri avec étang pour la pêche. Musées et artisans d'art, circuit églises romanes à proximité. Langue parlée : anglais.

Prix : 1 pers. 33 € 2 pers. 40 € 3 pers. 55 € pers. sup. 15 €
Ouvert : Toute l'année.

🐕	🏊	🎾	👤	🏃	🏰	🚴
3	3	SP	SP	30		3

Simone BOUJOT - Aux Chizelles - 71170 CHASSIGNY-SOUS-DUN - Tél. : 03 85 26 43 18

CHATENAY Lavaux
Alt. : 500 m   A (TH)   *C.M. 73 Pli 8/9*

5 ch. 5 ch. d'hôtes situées dans une ferme de caractère. Chaque ch. a accès à une galerie extérieure. S.e. ou s.d.b. et wc particuliers. Terrain. Produits fermiers 500 m. Etang sur la propriété. Miellerie sur la commune. Langue parlée : anglais.

Prix : 1 pers. 38 € 2 pers. 46/53 € pers. sup. 9 € repas 11/18 €
Ouvert : De Pâques au 15 novembre.

🐕	🏊	🎾	👤	🏃	🏰	⛲	🚴	🚗	🎣
8	8	SP	SP	12	25	8	SP	8	4

Paulette GELIN - Lavaux - 71800 CHATENAY - Tél. : 03 85 28 08 48 - Fax : 03 85 26 80 66

CHATENAY Les Bassets
C.M. 73 Pli 8/9

4 ch. Bernadette et Bernard mettent à votre disposition 4 chambres (2 et 4 pers.) de bon confort dans ferme ancienne. Chacune est équipée de sanitaires. Séjour et coin-salon réservés aux hôtes, coin-cuisine à disposition. Cour et terrain clos. Circuit des églises romanes et châteaux. Randonnées VTT et pédestre. Ferme Auberge 1 km.

Prix : 1 pers. 34 € 2 pers. 42 € 3 pers. 55 € pers. sup. 12 €
Ouvert : Du 1er avril au 31 octobre.

🐕	🏊	🎾	👤	🏃	🏰	⛲	🚴	🚗	🎣
7	7	2	SP	12	30	7	7	7	7

Bernadette JOLIVET - Les Bassets - 71800 CHATENAY - Tél. : 03 85 28 19 51 - Fax : 03 85 26 83 70

CHENOVES La Boutière
C.M. 69 Pli 19

6 ch. Dans maison de caractère, 3 chambres de 2 pers. avec salle d'eau et wc privés, 1 chambre de 4 pers. avec salle d'eau et wc privés, 2 chambres de 3 pers. avec salle de bains et wc privés, salle à manger réservée aux hôtes. Grand parc. Ping-pong, vélos sur place. Langue parlée : anglais.

Prix : 1 pers. 34/50 € 2 pers. 38/55 € 3 pers. 67 € pers. sup. 14 €
Ouvert : Toute l'année.

🐕	🎾	👤	🏃	🏰	⛲	🚴	🎣
5	3	3	15	SP	15	4	20

S.A.R.L. COLLIN - La Boutière - 71390 CHENOVES - Tél. : 03 85 44 03 76 - Fax : 03 85 44 07 44 - E-mail : laboutière@wanadoo.fr - www.laboutiere.com

CHEVAGNY-LES-CHEVRIERES
🍷   *C.M. 69 Pli 19*

3 ch. 3 chambres 2 ou 4 pers. situées dans maison viticole XVIIe siècle au cœur du Mâconnais, sur la route des vins et églises romanes. Vue panoramique sur Solutré, Vergisson. Douche et wc privés. Cour close, jardin, dégustation et vente vins. Restaurant 100 m.

Prix : 1 pers. 30 € 2 pers. 46 € pers. sup. 12 €
Ouvert : Toute l'année.

🐕	🏊	🎾	👤	🏃	🏰	⛲	🚴	🚗	🎣
5	5	5	SP	1	8	20	5	5	0,1

Marie-Thérèse MARIN - Le Bourg - 71960 CHEVAGNY-LES-CHEVRIERES - Tél. : 03 85 34 78 60 - Fax : 03 85 20 10 99 - E-mail : marie-therese.marin@wanadoo.fr

Saône-et-Loire
Bourgogne

CHISSEY-EN-MORVAN Villa Les Gilandes
C.M. 69 Pli 8

3 ch. — 3 chambres aménagées simplement dans une jolie villa entourée d'un beau parc au cœur du Parc du Morvan. Chaque ch. dispose d'un lavabo. Salle de bains et wc communs. Salle petit déjeuner et salon communs avec propriétaire. Parking fermé. Langues parlées : anglais, hollandais.

Prix : 1 pers. 35 € 2 pers. 40 € 3 pers. 50 €
Ouvert : Toute l'année.

🐕	🏊	🎾	⛷	🚶	🎣	🏨	⛲	🚴	🚉	🚆
	20	5	0,5	SP	18	50	20	20	20	0,5

Janine BLOKKER - Les Gilandes - Le Bourg - 71540 CHISSEY-EN-MORVAN - Tél. : 03 85 82 66 31 - Fax : 03 85 82 66 31

CLUNY
C.M. 69 Pli 18

2 ch. — 2 jolies chambres aménagées dans une demeure de caractère du XVIIIe siècle au cœur de la Ville de Cluny. Rez-de-chaussée : 1 suite pour 3 personnes avec salle de bains et wc privatifs. 1er étage : 1 chambre pour 2 personnes avec salle d'eau et wc privatifs. Salle petit déjeuner commune avec cheminée. Garage. Vaste parc ombragé. Parking. Restaurant sur place. Langue parlée : anglais.

Prix : 1 pers. 43 € 2 pers. 49 € 3 pers. 66 € pers. sup. 11 €
Ouvert : Toute l'année.

🐕	🏊	🎾	⛷	🚶	🎣	🏨	⛲	🚴	🚉	🚆
	0,8	0,8	0,1	2	SP	1	10	10	0,5	0,1

Philippe et Hélène BEAULIEU - 18 avenue Charles de Gaulle - 71250 CLUNY - Tél. : 03 85 59 19 46

CLUNY
C.M. 69 Pli 19

E.C. 2 ch. — Au cœur du Vieux Cluny, à deux pas de la prestigieuse abbaye, dans une belle maison XVIIIe, 2 vastes chambres aménagées au 1er étage pour 2 et 3 pers. disposant de salle d'eau et wc privatifs. Salle petit déjeuner privative, coin-bibliothèque. Restaurant 300 m. Langues parlées : anglais, allemand.

Prix : 1 pers. 43 € 2 pers. 54/61 € 3 pers. 72 € pers. sup. 11 €
Ouvert : Toute l'année.

🐕	🏊	🎾	⛷	🚶	🎣	🏨	⛲	🚴	🚉	🚆
	1	1	0,5	2	0,5	1	5	13	1	24	0,3

Michelle GOSSE - 18 rue de la République - 71250 CLUNY - Tél. : 03 85 59 04 86 - Fax : 03 85 59 04 86

CLUX (TH)
C.M. 70 Pli 2

1 ch. — Dans un charmant petit village de la Bresse Bourguignonne, Jean et Ghislaine vous accueillent dans leur ferme du XIXe siècle. 1 chambre indépendante 2 pers., de plain-pied. Chauffage central. Douche, wc et TV privés. Petit déjeuner et repas servis dans une véranda attenante à la chambre. Coin-cuisine et repas à disposition. Parking, cour fermée et fleurie. Table d'hôtes sur réservation. Langue parlée : anglais.

Prix : 1 pers. 23 € 2 pers. 30 € repas 12 €
Ouvert : Toute l'année.

🐕	🏊	🎾	⛷	🚶	🎣	🏨	⛲	🚴	🚉	🚆
	5	5	2	SP	20	25	10	20	5	5

Jean CORNOT - 10 rue de l'Ecole - Le Bourg - 71270 CLUX - Tél. : 03 85 49 14 10 - E-mail : ghislaine.cornot@libertysurf.fr

CORMATIN La Filaterie
C.M. 69 Pli 19

6 ch. — 6 chambres d'hôtes dans maison de caractère au village. 2 ch. doubles de 5 pers. avec douche, wc. et coin-cuis. privé. 1 ch. double de 5 pers. avec réfrigérateur, douche, wc privé. 2 ch. de 3 pers. avec douche et wc privés, coin-cuisine commun. 1 ch. de 2 pers. avec douche, wc, coin-cuisine commun. Salle de séjour. Location vélos et rolleurs dans village. Voie Verte 200 m (cycles, rollers, piétons). Salle de réunions. Langue parlée : anglais.

Prix : 1 pers. 34/46 € 2 pers. 38/51 € 3 pers. 56/61 € pers. sup. 12 €
Ouvert : Toute l'année.

🐕	🏊	🎾	⛷	🚶	🎣	🏨	⛲	🚴	🚉	🚆
	13	SP	SP	SP	13	5	20	SP	35	0,2

Henriette CHAVANNE - La Filaterie - 71460 CORMATIN - Tél. : 03 85 50 15 69 - Fax : 03 85 50 18 01

CORTAMBERT (TH)
C.M. 69 Pli 19

1 ch. — Une ch. double aménagée à l'ét. d'une maison ancienne, rénovée dans un village du Clunysois pouvant héberger 5 personnes avec salle d'eau et wc indépend. Salon avec coin-cheminée et TV à disposition. Jardin clos et terrasse aménagée. Repas sur réservation. Voie verte 3 km.

Prix : 1 pers. 27 € 2 pers. 35 € 3 pers. 50 € pers. sup. 15 € repas 11 €
Ouvert : Toute l'année.

🐕	🏊	🎾	⛷	🚶	🎣	🏨	⛲	🚴	🚉	🚆
	6	6	3	SP	6	3	15	SP	30	6

Maurice et Liliane ROBERGEOT - Le Bourg - 71250 CORTAMBERT - Tél. : 03 85 50 05 07 - Fax : 03 85 50 05 07 - E-mail : liliane.robergeot@libertysurf.fr

CRECHES-SUR-SAONE
C.M. 73 Pli 10

E.C. 1 ch. — Dans une dépendance d'une vieille demeure beaujolaise, une jolie chambre pour 2 personnes, d'accès indépendant et de plain-pied. Salle d'eau, wc privatifs. Kitchenette entièrement équipée. L-linge. S-linge. Salle petit déjeuner commune. Cour et terrain clos. Abri voiture.

Prix : 1 pers. 38 € 2 pers. 46 €
Ouvert : Toute l'année.

🐕	🏊	🎾	⛷	🚶	🎣	🏨	⛲	🚴	🚉	🚆
	10	1	2	10	SP	5	SP	2	2	1	1

Marcelle ROUVEYROL-LAFOND - Les Tournesols - 1147 route de Dracé - 71680 CRECHES-SUR-SAONE - Tél. : 03 85 36 50 22

Bourgogne — Saône-et-Loire

CRONAT Les Garlauds
C.M. 69 Pli 5/6

2 ch. — 2 chambres d'hôtes aménagées sur une exploitation agricole. 1 chambre/2 pers., 1 chambre/4 pers. Douche/wc privés. Séjour/coin-salon, cuisine, 1 lit bébé. Terrain clos. Jeux enfant. Location bateaux 12 km. Station Thermale 12 km. Langue parlée : anglais.

Prix : 1 pers. 27 € 2 pers. 34 € 3 pers. 41 € pers. sup. 7 €
Ouvert : Du 1er avril au 1er novembre.

12	8	4	1	12	12	20	22	4

Odile BIBERON - Les Garlauds - 71140 CRONAT - Tél. : 03 85 84 84 63

CURBIGNY La Tuilerie
C.M. 69 Pli 18

2 ch. — 2 chambres pour 2 pers. dans vaste maison de style brionnais. Chambres confortables et agréablement aménagées avec sanitaires particuliers. Salon mis à disposition. Grande cour et jardin clos. Coin barbecue. Langues parlées : anglais, espagnol.

Prix : 1 pers. 34 € 2 pers. 46 € 3 pers. 57 € pers. sup. 12 € repas 13/18 €
Ouvert : Du 1er mars au 2 novembre (sur réservation en hiver).

2	2	1	SP	11	2	SP	2	2

Diana et Mark PEPPER - La Tuilerie - 71800 CURBIGNY - Tél. : 03 85 28 03 84 ou 06 82 29 67 56

DEMIGNY Le Meix des Hospices
C.M. 69 Pli 10

3 ch. — Dans ancienne ferme ayant appartenu aux Hospices de Beaune, 3 ch. d'hôtes spacieuses de 2 à 4 pers. (s.d.b. et wc privés), grand séjour de caractère (coin-kitchenette à dispo.). Salle détente (TV, bibliot., jeux sociétés). Barbecue. Terrain et espaces extérieurs aménagés (pétanque). Vignoble à proximité. Restaurant 4 km. Langue parlée : anglais.

Prix : 1 pers. 34 € 2 pers. 49 € 3 pers. 61 € pers. sup. 12 €
Ouvert : Toute l'année.

7	0,2	0,5	4	1	6	7	0,2

Françoise THIERY - Le Meix des Hospices - Rue Basse - 71150 DEMIGNY - Tél. : 03 85 49 98 49

DIGOIN
C.M. 69 Pli 16

E.C. 1 ch. — Dans ancienne maison bourgeoise, avec belle vue sur la Loire, au centre du village, une chambre pour 2 pers. avec salle de bains et wc particulier. Salon (canapé 2 pers.) avec coin-kitchenette réservé aux hôtes. TV. Grand jardin. Langue parlée : anglais.

Prix : 1 pers. 38 € 2 pers. 46 €
Ouvert : Toute l'année.

0,8	1	0,2	0,2	3	1	SP

Jenny CHOPIN - 26 rue Nationale - 71160 DIGOIN - Tél. : 03 85 53 15 26 ou 03 85 88 57 68

DOMPIERRE-LES-ORMES La Créchère
C.M. 69 Pli 18

2 ch. — 2 chambres dans une maison de style, indépendante, restaurée. Point de vue remarquable sur les monts du Mâconnais. Salle d'eau et wc privatifs. Salon réservé aux hôtes. 2 lits 1 pers., 1 lit 2 pers. et couchage supplémentaire 2 pers. Bibliothèque. Jeux de société. Grand espace extérieur à la disposition des hôtes.

Prix : 1 pers. 40 € 2 pers. 44 €
Ouvert : Toute l'année.

1,5	1,5	3	SP	10	20	20	1,5	20	4

Jacques et Michèle GUESQUIN - La Créchère - 71520 DOMPIERRE-LES-ORMES - Tél. : 03 85 50 20 14 - Fax : 03 85 50 20 14 -
E-mail : guesquin@club-internet.fr

ECUELLES Molaise
C.M. 69 Pli 10

E.C. 2 ch. — Entre Seurre et Verdun-sur-le-Doubs, au calme de la campagne du Val de Saône, à 17 km de Beaune, dans jolie maison de caractère, 2 chambres d'hôtes de 2 pers. (possibilité lit suppl.), salle de bains ou salle d'eau, wc privés. Proximité de 3 rivières et en bordure de forêt. Langues parlées : anglais, allemand.

Prix : 1 pers. 27/30 € 2 pers. 35/40 € pers. sup. 7 €
Ouvert : Du 1er avril au 10 novembre.

6	6	2	0,5	0,5	20	17	SP	10	6

Gabrièle ECHTELER - 9 route de la Forêt - Molaise - 71350 ECUELLES - Tél. : 03 85 91 90 35

Saône-et-Loire — *Bourgogne*

ETRIGNY Malo — A (TH) — C.M. 69 Pli 19

1 ch. 1 chambre pour 3 personnes, située dans une ancienne ferme au village. Salle de bains et wc particuliers. Terrasse, terrain privé. Ferme-Auberge, produits fermiers sur place. Circuit des églises romanes. Langue parlée : anglais.

Prix : 1 pers. **31** € 2 pers. **40** € 3 pers. **53** € pers. sup. **13** € repas **11** €
Ouvert : Toute l'année.

🐕	🏊	🎾	🎣	🚶	🏇	🏛	⛲	🚴	🚂	🅿
	3	3	3	3	3	2	10	10	13	3

Jacqueline GOUJON - Malo - Cidex 545 - 71240 ETRIGNY - Tél. : 03 85 92 21 47 ou 03 85 92 23 40 - Fax : 03 85 92 22 13 - E-mail : fam@aubergemalo.com - www.aubergemalo.com

ETRIGNY Malo — A (TH) — C.M. 69 Pli 19

2 ch. Dans un hameau entre Saône et Grosne. 2 chambres au 1er étage de 3 et 5 personnes avec salle d'eau et wc privés. Ferme-auberge et vente de produits sur place. Vélo à disposition. Langue parlée : anglais.

Prix : 1 pers. **31** € 2 pers. **40** € 3 pers. **53** € pers. sup. **13** € repas **11/15** €
Ouvert : Toute l'année.

🐕	🏊	🎾	🎣	🚶	🏇	🏛	⛲	🚴	🚂	🅿
	13	3	0,5	0,5	3	2	10	SP	13	3

Isabelle ROSEL-GOUJON - Cidex 545 - 71240 ETRIGNY - Tél. : 03 85 92 23 40 ou 03 85 92 21 47 - Fax : 03 85 92 22 13 - E-mail : fam@aubergemalo.com - www.aubergemalo.com

LE FAY Les Maîtres Camps — C.M. 70 Pli 13

3 ch. Dans ancienne ferme rénovée, 3 chambres d'hôtes de 2 à 4 personnes. Salle d'eau, wc privatifs pour chaque chambre. Grand espace extérieur, parking privatif. Salon avec TV réservé aux hôtes. Galerie expos. Langues parlées : anglais, allemand.

Prix : 1 pers. **29** € 2 pers. **38** € 3 pers. **56** € pers. sup. **18** €
Ouvert : Toute l'année.

🐕	🏊	🎾	🎣	🚶	🏇	🏛	⛲	🚴	🚂	🅿
	9	3	3	3	12	15	9	9	3	

Michelle BOUSSAUD - Les Maîtres Camps - 71580 LE FAY - Tél. : 03 85 74 14 81 - www.ifrance.com/gites

FLEY — C.M. 69 Pli 9

3 ch. 3 chambres d'hôtes coquettes confortables (dont une suite 2 + 1) aménagées dans une maison de village du Chalonnais. Accès indépendant. Chacune d'elles dispose d'une salle d'eau et wc indép. Pièce de jour et salon réservés aux hôtes. Galerie. Cour close aménagée. Garage. Balades n°6 sur la Voie Verte. Langues parlées : anglais, allemand.

Prix : 1 pers. **32** € 2 pers. **45** € pers. sup. **21** €
Ouvert : Toute l'année sauf en octobre. Du 01/11 à Pâques sur réservation.

🐕	🏊	🎾	🎣	🚶	🏇	🏛	⛲	🚴	🚂	🅿
	6	6	3	SP	20	SP	15	5	20	3

Françoise et André DAVID - Le Bourg - 71390 FLEY - Tél. : 03 85 49 21 85 ou 06 07 09 54 81 - Fax : 03 85 49 21 85 - E-mail : anddavid@club-internet.fr

FONTAINES La Griottière — 🍷 (TH) — C.M. 69 Pli 9

E.C. 2 ch. Marie-Claire et Serge ont aménagé avec soin 2 jolies chambres pour 2 ou 4 personnes dans une belle dépendance de leur propriété de la Côte Chalonnaise. Salles de bains et wc privatifs. Vaste parc clos et arboré. Parking, vélos (2) à disposition. Visite de cave et dégustation. Table d'hôte sur réservation. Restaurant 4 km. Langues parlées : anglais, allemand.

Prix : 1 pers. **61** € 2 pers. **69/84** € pers. sup. **15** € repas **23** €
Ouvert : Du 1er février au 1er décembre.

🐕	🏊	🎾	🎣	🌲	🚶	🏇	🏛	⛲	🚴	🚂	🅿
	4	1	4	5	0,1	10	0,2	15	4	4	4

Marie-Claire et Serge DOUMENC - La Griottière - 9 rue des Fontaines - 71150 FONTAINES - Tél. : 03 85 91 48 47 ou 06 85 71 54 62

FRANGY-EN-BRESSE Clémencey — (TH) — C.M. 70 Pli 3

4 ch. 4 chambres d'hôtes pour 1 à 3 pers. dans maison de style bressan entièrement rénovée. 1 ch. access. aux pers. hand. Salle d'eau et wc privatifs pour chaque chambre. Grand séjour avec coin-salon réservé aux hôtes. Terrain clos. Parking privatif. Parc de loisirs 3 km. Poss. de pêche et randonnées. Repas sur réservation. Langue parlée : anglais.

Prix : 1 pers. **34** € 2 pers. **43** € 3 pers. **61** € pers. sup. **15** € repas **20** €
Ouvert : Du 16 février au 15 janvier.

🐕	🏊	🎾	🎣	🚶	🏇	🏛	⛲	🚴	🚂	🅿
	7	7	SP	SP	12	50	SP	15	3	

Françoise et Bernard GHESQUIERE - A l'Orée des Acacias - Clémencey - 71330 FRANGY-EN-BRESSE - Tél. : 03 85 74 72 16

Bourgogne
Saône-et-Loire

GOURDON Mont Bretange — Alt. : 530 m — *C.M. 69 Pli 18*

1 ch. Dans ancienne ferme restaurée en pleine campagne, 1 chambre d'hôtes 3 pers., S.d.b., wc particuliers. Séjour, Salon, TV. Jardin. Cuisine d'été dans verger. Randonnées accompagnées avec ânes bâtés. Restaurant 3 km. Eglise du XII° siècle, fresques.

Prix : 1 pers. 35 € 2 pers. 45 € 3 pers. 61 € pers. sup. 15 €
Ouvert : Du 1er avril au 31 octobre.

8	5	8	SP	5	18	8	8	3	

Yvette SAUVAGE-LELONG - Mont-Bretange - 71300 GOURDON - Tél. : 03 85 79 80 78 - Fax : 03 85 79 80 78

LA GRANDE-VERRIERE Les Dues — Alt. : 500 m — *C.M. 69 Pli 7*

3 ch. 3 ch. d'hôtes de bon confort aménagées à l'ét. d'une ancien. grange rénov. dans un hameau du Parc du Morvan. Très calme. Chaque ch. (dont 1 est plus adaptée aux familles) est équipée de s. d'eau et wc indép. Salle petit-déjeuner et salon réservés aux hôtes. Terrasse et terrain à dispo. Golf 15 km.

Prix : 1 pers. 30 € 2 pers. 37 € pers. sup. 15 €
Ouvert : Toute l'année.

15	15	1,5	SP	15	30	15	3	15	3

Paul CARE - Les Dues - 71990 LA GRANDE-VERRIERE - Tél. : 03 85 82 50 32

GREVILLY Pré Menot — *C.M. 69 Pli 19*

2 ch. 2 ch. d'hôtes dans une maison vigneronne de caractère. Calme et confort., salle de bains, d'eau et wc privés, galerie mâconnaise, terrain ombragé. Salon/cheminée, salle de séjour, bibliot., TV/demande. Chauf. central et élect. Produits fermiers et viticole à prox. Langue parlée : anglais.

Prix : 1 pers. 32 € 2 pers. 44 € 3 pers. 53 €
Ouvert : Toute l'année.

12	6	9	0,5	9	0,5	9	SP	11	8

Claude DEPREAY - Pré Menot - 71700 GREVILLY - Tél. : 03 85 33 29 92 - Fax : 03 85 33 02 79

GREVILLY Le Carruge — *C.M. 69 Pli 19*

1 ch. Une ch. d'hôtes pour 2 pers. aménagée dans une maison indépend., située à proximité du prop. près de Tournus. Possibilité couchage pour enfant. Salle de bains, wc privatifs. Coin-cuisine à disposition. Salle petit déjeuner. Terrasse. Parking cour close.

Prix : 1 pers. 27 € 2 pers. 41 €
Ouvert : Toute l'année.

12	6	9	SP	9	SP	12	12	6

Marie CHEVALIER - Le Carruge - 71700 GREVILLY - Tél. : 03 85 33 21 53

LA GUICHE Les Maupoix — *C.M. 69 Pli 18*

3 ch. 3 ch. d'hôtes situées dans une grande maison en pierre, calme. 2 ch./2 pers. et 1 lit enf., douche privée, wc particulier dans chaque chambre, 1 ch./2 pers., douche. Salle à manger, prise TV. Parc arboré. Possib. accueil chevaux aux boxes ou prés. Restaurant à proximité à 200 m. Langue parlée : anglais.

Prix : 1 pers. 38 € 2 pers. 46 € 3 pers. 53 €
Ouvert : Toute l'année.

20	1	2	0,5	20	20	2	20	0,5

Nadine SACCHETI - L'Hermitage - 71220 LA GUICHE - Tél. : 03 85 24 68 55 - E-mail : nadine.saccheti@wanadoo.fr

HURIGNY — *C.M. 69 Pli 19*

2 ch. 2 chambres situées aux portes de Mâcon, calmes, vue sur la Bresse et les Alpes, situées à 2,5 km de la RN79 Mâcon-Moulins. Chambre de 2 pers., douche particulière, wc réservé aux chambres. Jardin paysager, coin-repos. Restaurant 1,5 km. Parking fermé. Langue parlée : anglais.

Prix : 1 pers. 33 € 2 pers. 40 € pers. sup. 11 €
Ouvert : Du 1er avril au 1er novembre.

7	7	7	0,1	2	SP	15	7	3

Françoise FRAISSE - 254 rue du Mont Rouge - 71870 HURIGNY - Tél. : 03 85 34 62 69

HURIGNY La Fontaine — *C.M. 69 Pli 19*

1 ch. Dans maison mitoyenne au propriétaire, 1 chambre double (2 lits 2 pers. 1 lit 1 pers.) avec sanitaires privés au r.d.c., pièce d'accueil réservée aux hôtes (coin-cuisine à disposition). Petit jardin clos avec salon de jardin.

Prix : 1 pers. 27 € 2 pers. 37 € 3 pers. 53 € pers. sup. 17 €
Ouvert : Toute l'année.

5	0,8	5	SP	5	SP	25	5	5	SP

Antoinette CLEMENT - La Fontaine - 71870 HURIGNY - Tél. : 03 85 29 19 87

Saône-et-Loire — *Bourgogne*

HURIGNY Château de Salornay
C.M. 69 Pli 19

3 ch. — Dans château du XIe siècle, aux portes de Mâcon, 3 ch. d'hôtes pour 2 pers. dont 1 ch. avec cuisine disponible, aménagée au 2e ét. Poss. lit suppl. pour 1 pers. S. d'eau et wc privés. Salle petit-déjeuner au r.d.c. avec coin-salon. Terrain clos et terrasse aménagée. Loc. de salles possibles. Langue parlée : anglais.

Prix : 1 pers. **30/38** € ❑ 2 pers. **43/50** € ❑ 3 pers. **53/58** € pers. sup. **7/9** €
Ouvert : Toute l'année.

🐕	🏊	🎾	🌲	🚶	🐎	🏰	👨‍👩‍👧	🚴	🚂	⛴
	4	0,2	4	SP	3	0,5	15	4	4	2

Arnaud GUERIN - Domaine de Salornay - 71870 HURIGNY - Tél. : 03 85 34 25 73 - Fax : 03 85 20 11 43

HURIGNY Château des Poccards
C.M. 69 Pli 19

E.C. 5 ch. — Catherine et Ivan vous accueillent dans un château début XIXe rénové, de pur style toscan, entouré d'un parc de 3 ha. 5 chambres spacieuses, de grand confort avec salle de bains et toilettes particulières, meublées de style différent. Petit déjeuner dans salon Louis XIV (cheminée) et sur terrasse avec vue sur le parc. TV sur demande. Golf 10 km. Restaurants à 5 km. Langues parlées : anglais, allemand.

Prix : 1 pers. **57/87** € ❑ 2 pers. **70/100** € ❑ pers. sup. **13** €
Ouvert : Du 1er mars au 15 décembre.

🐕	🏊	🎾	🌲	🚶	🐎	🏰	👨‍👩‍👧	🚴	🚂	⛴
	7	0,5	7	0,5	1,5	5	SP	2	7	0,5

Catherine et Ivan FIZAINE - Château des Poccards - 120 route des Poccards - 71870 HURIGNY - Tél. : 03 85 32 08 27 - Fax : 03 85 32 08 19 - E-mail : chateau.des.poccards@wanadoo.fr

IGE
C.M. 69 Pli 19

1 ch. — Grande maison de style mâconnais dans petit village vigneron, à 2 km du château d'Aine. 1 chambre double 1 à 5 pers. (2 lits 2 pers. 1 lit 1 pers., lit bébé possible). Entrée indépend. Salle-de-bains, wc privatifs. Séjour/salon réservé aux hôtes. Cour, jardin clos ombragé. Jeux d'enfants. Restaurant à proximité. Langue parlée : allemand.

Prix : 1 pers. **40** € ❑ 2 pers. **45** €
Ouvert : Toute l'année.

🐕	🏊	🎾	🌲	🚶	🐎	🏰	👨‍👩‍👧	🚴	🚂	⛴
	12	4	1	SP	6	SP	20	12	16	SP

Irène ROUSSEL - Rue du Vieux Moulin - 71960 IGE - Tél. : 03 85 33 45 05 ou 06 84 55 00 63 - Fax : 03 85 33 45 05 - E-mail : clroussel@wanadoo.fr

IGUERANDE Les Montées
(TH) *C.M. 73 Pli 7*

4 ch. — 4 vastes ch. dont 1 au r.d.c., aménagées dans une ancienne ferme au cœur du Brionnais à quelques km des berges de la Loire. Décor rustique, calme, détente assurée. Douche, bains et wc privés. Séj./coin salon cheminée. Terrain clos ombragé. Circuit VTT. Aéroport 20 km. Poss. hébergement cavaliers. Table d'hôtes sur réservation. Langues parlées : anglais, allemand.

Prix : 1 pers. **39** € ❑ 2 pers. **45** € ❑ 3 pers. **60** € ❑ repas **17** €
Ouvert : Toute l'année.

🐕	🏊	🎾	🌲	🚶	🐎	🏰	👨‍👩‍👧	🚴	🚂	⛴
	10	1	0,5	SP	5	5	22	1		

Denise et Maurice MARTIN - Outre-Loire - Les Montées - 71340 IGUERANDE - Tél. : 03 85 84 09 69 - Fax : 03 85 84 09 69 - E-mail : mart1dmonty@aol.com - www.lesmonty.free.fr

JALOGNY Vaux
(TH) *C.M. 70 Pli 12*

2 ch. — Michel et Nathalie vous proposent 2 chambres d'hôtes dans leur ferme bourguignonne du XIIe siècle. Salle de bains et wc particuliers. 1 chambre 2 pers. au r.d.c., 1 chambre 2 à 3 pers. à l'étage. Cour fermée, abris voiture. Possibilité hébergement chevaux. Sports 6 km. Repas sur réservation. Langue parlée : anglais.

Prix : 1 pers. **29** € ❑ 2 pers. **34** € ❑ 3 pers. **44** € ❑ repas **11** €
Ouvert : Toute l'année.

🐕	🏊	🎾	🌲	🚶	🐎	🏰	👨‍👩‍👧	🚴	🚂	⛴
	5	5	1	SP	5	17	5	10	2	5

Nathalie POTDEVIN - Vaux - 71250 JALOGNY - Tél. : 03 85 59 19 75 - Fax : 03 85 59 19 75

LACROST
C.M. 69 Pli 20

2 ch. — Dans une jolie villa récente, 2 vastes chambres d'hôtes sont aménagées au 1er étage. 1 ch. double (2 lits 2 pers.) avec s.d.b. et wc privatifs. 1 ch. simple (1 lit 2 pers.) avec s.d.b. privative, wc privé non attenant. Salle petit déjeuner et salon communs avec les propriét. (cheminée et TV). Terrasse. Piscine privée. Beau et grand jardin paysager. Langue parlée : allemand.

Prix : 1 pers. **37** € ❑ 2 pers. **49** € ❑ 3 pers. **64** €
Ouvert : Toute l'année.

🐕	🏊	🎾	🌲	🚶	🐎	🏰	👨‍👩‍👧	🚴	🚂	⛴
	SP	3	1	SP	6	1	12	SP	3	1

Martha STYGER - Rue des Sablons - 71700 LACROST - Tél. : 03 85 32 59 70

Bourgogne — Saône-et-Loire

LAIVES La Ruée
C.M. 69 Pli 19

3 ch. Nadine met à votre disposition 3 chambres aménagées dans une ancienne ferme du Chalonnais. Chaque chambre est équipée d'une salle d'eau et d'un wc privés. Les petits déjeuners sont servis dans une vaste salle à manger avec coin-salon, TV et bibliothèque. Jardin clos.

Prix : 1 pers. 38 € 2 pers. 46 €
Ouvert : Du 1er avril au 1er novembre.

2,5	2,5	2	SP	6	15	2	12	2,5

Nadine FUMAL - La Ruée - 71240 LAIVES - Tél. : 03 85 44 78 63

LAIZY La Chassagne
(TH) *C.M. 69 Pli 8*

4 ch. 4 chambres d'hôtes confortables, aménagées dans ferme morvandelle de caractère. Pl-pied : une pièce petit déjeuner, salon avec TV. 4 chambres de 2 pers. avec salle d'eau ou s.d.b., wc privatifs. Terrasse et terrain aménagé. Table d'hôtes sur réservation (sauf Dimanche soir). Produits fermiers. Golf 12 km. Langue parlée : anglais.

Prix : 1 pers. 32 € 2 pers. 40 € 3 pers. 49 € pers. sup. 9 € repas 14 €
Ouvert : Du 15 janvier au 15 décembre.

12	4	4	SP	5	35	12	12	7	7

Françoise GORLIER - La Chassagne - 71190 LAIZY - Tél. : 03 85 82 39 47 - Fax : 03 85 82 39 47 - E-mail : françoise.gorlier@wanadoo.fr

LALHEUE
C.M. 69 Pli 19

2 ch. 2 chambres d'hôtes pour 2 personnes aménagées dans une maison ancienne, restaurée dans un petit village du chalonnais, équipées de salle de bains privées, wc attenants particuliers. Base nautique 15 km. Hors-saison sur réservation. Langue parlée : anglais.

Prix : 1 pers. 34 € 2 pers. 41 €
Ouvert : Du 15 avril au 15 octobre.

6	0,5	SP	5	12	15	15	0,5

Hélène CRENIAUT - Le Bourg - 71240 LALHEUE - Tél. : 03 85 44 75 44

LEYNES Prieuré du Bois de Leynes
C.M. 73 Pli 10

E.C. 4 ch. Au cœur du vignoble beaujolais, Nadine et Bruno vous reçoivent sur leur domaine viticole du Prieuré du Bois de Leynes. Dans une dépendance restaurée, 4 chambres pour 2 à 3 personnes (dont 1 au r.d.c.) disposant de salle d'eau et wc privatifs. Séjour avec coin-salon réservé aux hôtes. Coin-cuisine équipé à dispo. Cour et jardin. Restaurant 2 km.

Prix : 1 pers. 32 € 2 pers. 40/48 € 3 pers. 55 €
Ouvert : Toute l'année.

15	2	2	0,5	SP	6	SP	12	15	12	2

Nadine et Bruno JEANDEAU - Prieuré du Bois de Leynes - 71570 LEYNES - Tél. : 03 85 35 11 56 ou 06 62 37 11 56 - Fax : 03 85 35 15 15

LEYNES
C.M. 73 Pli 10

E.C. 4 ch. En vignoble beaujolais, au cœur du village, Annie-Claude et Vincent, viticulteurs, ont aménagé dans une maison ancienne. 4 chambres (dont une suite familiale pour 5 pers.), simples et chaleureuses. Chaque chambre dispose de douche ou baignoire et wc privatifs. Salon et cuisine réservés aux hôtes. Vaste terrasse, cour fermée. Garage. Restaurant sur place.

Prix : 1 pers. 32 € 2 pers. 44 € 3 pers. 55 € pers. sup. 9 €
Ouvert : Toute l'année.

15	0,5	1	5	0,1	7	0,1	7	15	12	0,1

Annie-Cl. et Vincent SANGOUARD - Le Bourg - Le Clos des Monnets - 71570 LEYNES - Tél. : 03 85 35 13 26 - Fax : 03 85 35 13 38

LOURNAND Collonges
 C.M. 69 Pli 18

5 ch. Brigitte et Bernard vous accueillent dans leur exploitation agricole située proximité de Cluny et Taizé. 5 ch. (2 et 3 pers), 1 acces. handic. Salle à manger et coin-salon privés. Douches et wc privés. Possibilité cuisine. Jardin ombragé. Piste pédestre et cyclable à proximité. Tous sports et commerces 5 km. Langues parlées : anglais, italien.

Prix : 1 pers. 30 € 2 pers. 43 € 3 pers. 55 € pers. sup. 12 €
Ouvert : Du 1er mars au 30 novembre.

5	5	1	SP	5	15	5	5

Brigitte BLANC - Collonges - 71250 LOURNAND - Tél. : 03 85 59 14 80 - Fax : 03 85 59 14 80

Saône-et-Loire — Bourgogne

LA LOYERE Domaine Sainte-Marie
C.M. 69 Pli 9

E.C. 4 ch. Dans une jolie propriété chalonnaise, totalement restaurée, Marie-Henriette et Marc vous accueillent dans 4 confortables chambres aménagées à l'étage de la maison (accès indépend.). Chaque ch. (pour 2 à 4 pers.) disposant de s.d.b. et wc privatifs. Pièce petit déjeuner avec coin-salon et kitchenette réservée aux hôtes. Casino de Santenay. Golf Roseraie 10 km. Circuit Quad 3 km. Parcours vital 6 km. Médecin 1 km.

Prix : 1 pers. 40 € 2 pers. 46 € 3 pers. 55 € pers. sup. 14 €
Ouvert : Toute l'année.

🐕	🏊	🎾	🚶	👥	🏇	🏰	🚴	🚲	🚐	⛴
	4	1	0,2	0,5	0,2	4	10	25	6	6	4

M-Henriette et Marc LELEDY - Domaine Sainte-Marie - 71530 LA LOYERE - Tél. : 03 85 45 79 25 - Fax : 03 85 45 71 60

MANCEY Dulphey
C.M. 69 Pli 19

||| 4 ch. 4 chambres d'hôtes insonorisées, aménagées dans une demeure avec parc arboré. Salle et wc privatifs. Salle de séjour. Micro-ondes à dispos. Cassettes vidéo pour enfants sur demande. Possibilité d'accueil chevaux au pré. Cave vinicole 100 m. GR57. Restaurant 300 m. Langue parlée : anglais.

Prix : 1 pers. 26/30 € 2 pers. 42/46 € 3 pers. 57 € pers. sup. 11 €
Ouvert : Toute l'année.

🐕	🏊	🎾	🚶	👥	🏇	🏰	🚴	🚲	🚐	⛴
	5	5	1,5	0,5	3	SP	8	SP	5	SP

Françoise LAMBOROT-DEREPAS - Dulphey - 71240 MANCEY - Tél. : 03 85 51 10 22 - E-mail : françoise.lamborot@wanadoo.fr

MARCIGNY La Thuillère
C.M. 73 Pli 7

|| 5 ch. 5 chambres d'hôtes aménagées dans maison de caractère. Salle d'eau, wc privés dont 1 ch. avec terrasse. 1 lit d'enfant. Salon, prise TV. Parc ombragé. Produits fermiers. Restaurants 500 m. Promenades équestres 2,5 km. Conditions de réservation pour groupes. Repas sur réservation.

Prix : 1 pers. 32/35 € 2 pers. 38/41 € pers. sup. 9 €
Ouvert : Toute l'année.

🐕	🏊	🎾	🚶	👥	🏇	🏰	🚴	🚲	🚐	⛴
	2,5	0,5	2	1	4	30	0,5	30	0,5

Maissa et Alain GALLAND - La Thuillère - 71110 MARCIGNY - Tél. : 03 85 25 10 31 - Fax : 03 85 25 10 31

MARCIGNY
C.M. 73 Pli 7

||| 3 ch. Sur le circuit des églises romanes, à l'entrée du village, dans une maison de caractère du XIXe siècle, 3 chambres d'hôtes dont 1 avec coin-cuisine. Toutes les chambres disposent de salles-de-bains et wc privés. Prise TV. Calme assuré dans parc verdoyant, aménagé et clos. Piscine privée sur place. Parking clos avec abri voiture. Langues parlées : anglais, allemand.

Prix : 1 pers. 30/43 € 2 pers. 46/50 € pers. sup. 18 €
Ouvert : Toute l'année.

🐕	🏊	🎾	🚶	👥	🏇	🏰	🚴	🚲	🚐	⛴
	SP	0,7	2	0,8	8	15	30	SP	30	0,3

Andrée RICOL - La Musardière - 50 rue de la Tour - 71110 MARCIGNY - Tél. : 03 85 25 38 54 ou 06 08 26 92 14

MARCIGNY Les Recollets   (TH)
C.M. 73 Pli 7

||| 6 ch. 6 chambres d'hôtes dans maison de caractère. Chambres avec salle de bains et wc privés. Salle de séjour, salon, TV, bibliothèque, salle de jeux. Jardin, terrain clos ombragé. Table d'hôtes sur réservation.

Prix : 1 pers. 49 € 2 pers. 72 € 3 pers. 82 € pers. sup. 11 € repas 31 €
Ouvert : Toute l'année.

🐕	🏊	🎾	🚶	👥	🏇	🏰	🚴	🚐	⛴
	0,5	0,5	2	2	3	50	SP	20	0,5

Josette BADIN - Les Recollets - 71110 MARCIGNY - Tél. : 03 85 25 05 16 - Fax : 03 85 25 06 91

MARCIGNY Les Etournalières
C.M. 73 Pli 7

||| 2 ch. 2 chambres d'hôtes de très bon confort aménagées dans jolie maison de caractère au cœur du Charollais. Chaque chambre dispose de sa salle de bains et de wc. Salon réservé aux hôtes avec cheminée, bibliothèque, TV, grand terrain clos et arboré. Circuit VTT sur place.

Prix : 1 pers. 49 € 2 pers. 59 € 3 pers. 69 € pers. sup. 11 €
Ouvert : Du 1er mars au 31 décembre.

🐕	🏊	🎾	🚶	👥	🏇	🏰	🚴	🚐	⛴
	1	1	2	2	3	20	1	25	0,5

Lucie CHASSORT - Les Etournalières - 71110 MARCIGNY - Tél. : 03 85 25 03 79

MARCIGNY La Craie
C.M. 73 Pli 7

E.C. 1 ch. Sur le circuit des Eglises Romanes, à 2 km de Marcigny, dans maison indépendante, au calme, avec vue, 1 chambre d'hôtes pour 2 personnes avec salle d'eau et wc privatifs. Terrasse privée, séjour avec TV et véranda. Cour, jardin et terrain clos. Restaurant à 2 km. Langue parlée : anglais.

Prix : 2 pers. 38 €
Ouvert : Toute l'année.

🐕	🏊	🎾	🚶	👥	🏇	🚴	🚐	⛴
	2	2	3	1	1	2	25	2

Gisèle PETIT - La Craie - 71110 MARCIGNY - Tél. : 03 85 25 13 55

Bourgogne **Saône-et-Loire**

MAZILLE
C.M. 69 Pli 18/19

3 ch. — 3 chambres d'hôtes situées dans un village. 3 chambres de 2 pers. avec douches privées, wc privés. Salle de séjour. Jardin, terrain clos ombragé.

Prix : 1 pers. 32 € 2 pers. 38 €
Ouvert : Du 1er mars au 15 novembre.

8	0,5	1	2	8	15	6	8	25	SP

Marie-Louise GAUTHIER - Le Bourg - 71250 MAZILLE - Tél. : 03 85 50 80 40

MAZILLE Foncegrive
C.M. 69 Pli 18

1 ch. — 1 chambre d'hôtes à l'ambiance simple et rustique, aménagée au r.d.c. d'une jolie maison. Chambre d'accès indépendant (1 lit 2 pers.). Salle d'eau, wc privés au 1er étage. Salon petit déjeuner (convertible 2 pers.). Lit d'enfant à disposition. Terrain clos et ombragé, jardin fleuri. Parking fermé. Jeux pour enfants. Restaurant, ferme-auberge 1 km. Table d'hôtes sur réservation. Langue parlée : anglais.

Prix : 1 pers. 30 € 2 pers. 37 € pers. sup. 11 € repas 12 €
Ouvert : Toute l'année.

8	0,5	1,5	SP	1	20	12	15	20	SP

Sylvie et Rémi LEBLANC - Foncegrive - 71250 MAZILLE - Tél. : 03 85 50 82 03 - E-mail : leblancremi@minitel.net - www.chez.com/remileblanc

MAZILLE Foncegrive
C.M. 69 Pli 18

1 ch. — Dans un petit bâtiment indépendant, à prox. du propriét. 1 chambre (1 lit 2 pers.), poss. 1 lit 1 pers. Salle d'eau et wc privés. R.d.c. : petit séjour avec cuisine et coin-salon avec convertible 2 pers. Possibilité cuisine. Cour, jardin et parking clos.

Prix : 1 pers. 30 € 2 pers. 37 € 3 pers. 47 € pers. sup. 11 €
Ouvert : Du 1er mars au 15 novembre.

8	SP	2	SP	1	10	10	18	8	SP

Benoît CHATAGNIER - Foncegrive - 71250 MAZILLE - Tél. : 03 85 50 85 67

MAZILLE Le Domaine du Vernay
C.M. 69 Pli 19

5 ch. — Dans cet ancien domaine viticole du XVIIIe siècle, situé à quelques kilomètres de Cluny, de vastes et confortables chambres ont été aménagées au 1er étage et offrent une jolie vue sur le Val Lamartinien. Chacune dispose de bains et de wc privatifs. Salle commune avec salon et cheminée. Kitchenette réservée aux hôtes. Grande salle de réceptions. Terrain et cour close. Garage et parking. Restaurant 1 km. Langue parlée : anglais.

Prix : 1 pers. 40/52 € 2 pers. 50/62 € 3 pers. 60/72 € pers. sup. 10 €
Ouvert : Toute l'année.

7	0,5	1	0,5	SP	1,5	10	10	7	20	1

Yolande et J-Claude BORY - Domaine du Vernay - 71250 MAZILLE - Tél. : 03 85 50 85 51 - Fax : 03 85 50 85 83 - E-mail : contact@domaineduvernay.com - www.domaineduvernay.com

MELLECEY Etaule
C.M. 69 Pli 9

2 ch. — 2 chambres d'hôtes de 2 et 4 pers., situées dans une ancienne maison vigneronne de la Côte Chalonnaise avec accès indépendant sur cour. Salle d'eau et wc privés, salle de séjour, salon. Cour et jardin arboré. Sentiers, voie verte 3 km. Restaurant 2 km.

Prix : 1 pers. 27 € 2 pers. 35 € 3 pers. 41 €
Ouvert : Toute l'année.

3	1	0,5	0,5	3	4

Yvette RAVILLARD - Etaule - 71640 MELLECEY - Tél. : 03 85 45 15 47

MELLECEY Le Clos Saint-Martin
C.M. 69 Pli 9

6 ch. — Au cœur des vignobles de la Côte Chalonnaise, entre Mâconnais et Côtes de Beaune, Kate et Stephan vous accueillent en ami dans une belle propriété entourée d'un parc entièrement clos. 6 chambres de grand confort pour 2 à 4 pers. (non fumeur intérieur maison), toutes équipées de salles d'eau ou bains privatives. TV. Piscine privée. Restaurant 300 m. Langues parlées : anglais, allemand.

Prix : 1 pers. 69/120 € 2 pers. 84/135 € 3 pers. 130/145 € pers. sup. 15/23 €
Ouvert : Du 7 janvier au 22 décembre.

SP	1	0,1	SP	2	SP	25	10	10	0,3

Kate et Stephan MURRAY-SYKES - Le Clos Saint-Martin - 71640 MELLECEY - Tél. : 03 85 45 25 93 - Fax : 03 85 45 25 93 - E-mail : stephan.murraysykes@freesbee.fr

Saône-et-Loire — Bourgogne

MELLECEY Etaules
C.M. 69 Pli 9

E.C. 2 ch. L'écologie est, depuis toujours, un véritable mode de vie pour Ghislaine. Dans une maison à l'architecture contemporaine entièrement réalisée à partir de matériaux naturels, 2 chambres (salle d'eau et wc privatifs) ont été aménagées, ouvrant sur un jardin plein de poésies mêlant fleurs et légumes. Ghislaine vous proposera de savoureux repas à base de produits bio. Piscine privée. Chambres non fumeurs. Langues parlées : anglais, italien.

Prix : 1 pers. 40 € 2 pers. 50 € repas 22 €
Ouvert : Toute l'année.

SP	1	1	0,5	SP	5	SP	3	10	6

Ghislaine LOREAUX - Etaules - 71640 MELLECEY - Tél. : 03 85 45 19 98 - Fax : 03 85 45 16 53 - E-mail : etaule@wanadoo.fr

MERCUREY
C.M. 69 Pli 9

E.C. 1 ch. Christine et Jean-François, viticulteurs à Mercurey, mettent à disposition une chambre familiale pour 4 personnes, aménagée dans une dépendance très calme et disposant d'une jolie vue sur le vignoble. Sanitaires privatifs (douche, wc). Petit salon. Possibilité lit bébé. Vente et dégustation au domaine. Restaurant 500 m. Langue parlée : anglais.

Prix : 1 pers. 34 € 2 pers. 42 € 3 pers. 50 € pers. sup. 7 €
Ouvert : Toute l'année.

4	1,5	0,5	6	SP	6	SP	20	7	12	0,5

Christine PROTHEAU - Chemin de la Madone - 71640 MERCUREY - Tél. : 03 85 45 13 52 ou 03 85 45 26 95 - Fax : 03 85 45 27 98 - E-mail : christine_brintet@yahoo.fr

MONT-SAINT-VINCENT La Croix de Mission Alt. : 610 m
C.M. 69 Pli 18

5 ch. Bernard et Madeleine mettent à disposition 5 belles chambres, à l'entrée d'un joli village. Vue splendide de la terrasse et du jardin. Access. aux pers. handicapées. R.d.c. : salle commune (TV). 1 chambre (2 lits 1 pers.) avec sanitaires accessibles. 1er étage : 4 chambres (2 ou 3 pers.) avec salle de bains ou salle d'eau et wc particuliers.

Prix : 1 pers. 41/44 € 2 pers. 44/50 € 3 pers. 55/61 €
Ouvert : Du 1er mars au 15 novembre. Sur réservation en dehors périodes.

10	5	4	SP	10	6	4	10	10	0,5

Madeleine GONNOT - La Croix de Mission - 71300 MONT-SAINT-VINCENT - Tél. : 03 85 79 81 03

MONTHELON Les Granges
C.M. 69 Pli 7

3 ch. 3 chambres d'hôtes aux portes d'Autun. Ville gallo-romaine. Accès indépendant (2/5 p.). Salle d'eau et wc privés, espace extérieur. Restaurant 5 km. Ferme-auberge 3 km. Langue parlée : anglais.

Prix : 1 pers. 30 € 2 pers. 35 € 3 pers. 46 € pers. sup. 11 €
Ouvert : Toute l'année.

7	7	2	5	7	25	5	5	5

Benoît et Marie-Thé. ANDRIOT - Les Granges - 71400 MONTHELON - Tél. : 03 85 52 22 99

MOROGES Vingelles
C.M. 69 Pli 9

5 ch. Dans une vaste demeure campagnarde entre prés et vignobles, 5 ch. d'hôtes élégantes et confortables sont mises à dispos. Salle de bains et s. d'eau, wc privés. Belle pièce de séjour réservée aux hôtes. Parc arboré clos. Piscine privée. Téléphone dans chaque ch. TV sur demande. Table d'hôtes sur réservation. Langues parlées : anglais, allemand.

Prix : 1 pers. 55/80 € 2 pers. 60/90 € 3 pers. 110 € repas 30 €
Ouvert : De Pâques à la Toussaint.

SP	2	5	SP	SP	10	16	2

David EADES et Niels LIEROW - L'Orangerie - Vingelles - 71390 MOROGES - Tél. : 03 85 47 91 94 - Fax : 03 85 47 98 49

MOROGES Moulin Brûlé
C.M. 69 Pli 9

4 ch. Au cœur du vignoble du Chalonnais, Françoise vous accueille dans une vaste propriété entourée d'un grand parc arboré. 4 chambres pour 2 à 3 pers. à la décoration raffinée dans l'ancien moulin. Chaque ch. dispose de s. d'eau et wc indép. Prise TV. Salle petit déjeuner et salon communs. Table d'hôtes sur réservation. Restaurant 2 km. Piste cyclable à prox. Langues parlées : anglais, allemand.

Prix : 2 pers. 54 € 3 pers. 66 € repas 22 €
Ouvert : Toute l'année.

10	2	SP	SP	10	SP	5	5	12	5

Françoise PAUPE - Moulin Brulé - 71390 MOROGES - Tél. : 03 85 47 90 40 - Fax : 03 85 47 97 10 - E-mail : moulin.brule@wanadoo.fr

Bourgogne — Saône-et-Loire

PALINGES Les Hortensias
C.M. 69 Pli 17

3 ch. Dans maison de caractère au cœur du village. 1 ch./2 pers. (2 lits jumeaux), s.d.b. et wc privés. 1 ch./3 personnes, douche, wc privés. 1 ch./2 personnes, lavabo, wc privés. Salon, TV. Poss. kitchenette dans studio indépendant jouxtant la propriété (pour 3 pers.). Terrasse ombragée. Jardin, garage, terrain clos. Plan d'eau pour pêche et baignade. Restaurant au village.

Prix : 2 pers. 46/53 € 3 pers. 76 € pers. sup. 23 €
Ouvert : Du 15 mai au 15 novembre.

🐕	〰️	🎾	🏊	🐎	🐟	🚲	🚜	⛳
	12	SP	SP	SP	12	1		SP

Michèle AUZEL - Les Hortensias - 71430 PALINGES - Tél. : 03 85 70 21 34

PALINGES
C.M. 69 Pli 17

2 ch. 2 jolies chambres d'hôtes, d'accès indépendant, aménagée au r.d.c. d'une propriété. Salle d'eau et wc privatifs. 1re chambre (2 lits 1 pers.), TV privée. Kitchenette à disposition. 2ᵉ chambre à l'étage. Livres et revues à dispo. Salle petit déjeuner. Vaste parc arboré et fleuri. Garage.

Prix : 1 pers. 38 € 2 pers. 46 €
Ouvert : Du 1ᵉʳ mai au 31 octobre.

🐕	〰️	🎾	🏊	🐎	🐟	♨	🚲	🚜	⛳
	15	1	0,1	SP	15	1	SP	12	0,5

Colette PRIEUR - 28 rue de l'Eglise - 71430 PALINGES - Tél. : 03 85 88 12 12

PERONNE Vaux-Sous-Targe
C.M. 69 Pli 19

1 ch. Dépendances du château de Péronne, une grande chambre d'hôtes indépendante avec mezzanine (1 lit 2 pers. 2 lits 1 pers.). Salle d'eau, wc indépendants. Bureau, coin-salon dans la chambre. Production et vente de vin sur place. Nombreux sites de visites à proximité. Piscine commune avec le propriétaire. Langue parlée : anglais.

Prix : 1 pers. 40 € 2 pers. 52 € 3 pers. 67 € pers. sup. 15 €
Ouvert : Du 1ᵉʳ avril au 1ᵉʳ octobre.

🐕	〰️	🎾	🏊	🐎	🐟	🏨	🚲	🚜	⛳
SP	6	1	SP	5	SP	20	20	4	

Frédérique NEYRAND - Vaux-sous-Targe - 71260 PERONNE - Tél. : 03 85 36 96 88 - Fax : 03 85 36 96 88

PERONNE
C.M. 69 Pli 20

E.C. 1 ch. Dans une maison ancienne d'un petit village du vignoble mâconnais, 1 chambre double confortable située dans une dépendance restaurée. Rez-de-chaussée : coin-cuisine, séjour à disposition, wc. 1ᵉʳ étage : 1 chambre double avec douche et wc privatifs. Cour et jardin clos. Restaurant sur place.

Prix : 1 pers. 38 € 2 pers. 45 € pers. sup. 17 €
Ouvert : Du 1ᵉʳ mai au 15 octobre.

🐕	〰️	🎾	🏊	🌲	🐎	🐟	🏨	♨	🚲	🚜	⛳
	4	4	4	5		7	SP	25	16	16	4

Jacques et M-Thérèse RICHARD - Le Bourg - 71260 PERONNE - Tél. : 03 85 36 95 38 - Fax : 03 85 36 95 78

PIERRECLOS Les Bruyères
C.M. 69 Pli 19

1 ch. Au cœur des côteaux du pays mâconnais, dans un hameau calme d'un village viticole du Val Lamartinien, 1 grande chambre pour 2 pers., lit d'appoint pour 2 pers. aménagée au rez-de-chaussée d'une villa récente. Accès indépendant. Cuisine, salle d'eau et wc privés. Terrasse couverte. Terrain clos. Piscine privée. Sentiers et vignoble sur place.

Prix : 1 pers. 30 € 2 pers. 35 € 3 pers. 50 € pers. sup. 15 €
Ouvert : Toute l'année.

🐕	〰️	🎾	🏊	🐎	🐟	🏨	♨	🚲	🚜	⛳
SP	2	0,3	SP	5	0,5	13	10	13	1	

Colette DUPONT - La Vevre - 71960 PIERRECLOS - Tél. : 03 85 35 74 11

POISSON Château de Martigny
(TH) *C.M. 69 Pli 17*

4 ch. 4 chambres d'hôtes aménagées dans un château restauré du XVIIIᵉ siècle. Parc ombragé. 2 chambres/2 pers. 2 chambres/3 pers. possibilité chambre enfants, salle de bains et wc privés. Salle de séjour et salon, TV. Garage. Produits fermiers sur place. Stages et théâtre au château. Langues parlées : anglais, espagnol.

Prix : 1 pers. 69/91 € 2 pers. 76/99 € 3 pers. 99 € repas 40 €
Ouvert : Du 1ᵉʳ avril au 1ᵉʳ novembre.

🐕	〰️	🎾	🏊	🐎	🐟	🏨	♨	🚲	🚜	⛳
	SP	2	2	SP	4	40	4	SP	12	12

**Edith DOR - Château de Martigny - 71600 POISSON - Tél. : 03 85 81 53 21 - Fax : 03 85 81 59 40 -
E-mail : château.Martigny@worldonline.fr - www.worldonline.fr/chateau.Martigny**

POISSON Sermaize
(TH) *C.M. 69 Pli 17*

5 ch. Dans un ancien relais de chasse du Charollais du XIVᵉ siècle dont 1 chambre pour famille (5 lits). 2 ch. 2 pers, 2 ch. 3 pers. Salle d'eau, wc privés. Pièce commune, biblioth. Parc aménagé, cour, garage. Restaurant 4 km. Table d'hôtes sur réservation. Langue parlée : anglais.

Prix : 1 pers. 42 € 2 pers. 46/54 € 3 pers. 66 € pers. sup. 12 € repas 16 €
Ouvert : Du 15 mars au 11 novembre.

🐕	〰️	🎾	🏊	🐎	🐟	🏨	♨	🚲	🚜	⛳
	12	4	0,2	1	4	50	14	11	11	4

Maguy et Paul MATHIEU - Sermaize - 71600 POISSON - Tél. : 03 85 81 06 10 - Fax : 03 85 81 06 10

Saône-et-Loire *Bourgogne*

POISSON La Croix Rouge
C.M. 69 Pli 17

2 ch. Au cœur du Charollais (chambre avec lit de 2 pers. et chambre de 2 lits/1 pers.). 1 chambre pour 2 pers. Salles d'eau et wc privés. Salle de séjour, salon indépendant réservé aux hôtes. Accès indépendant. Jardin.

Prix : 1 pers. 30 € 2 pers. 35/40 € 3 pers. 53 € pers. sup. 10 €
Ouvert : Toute l'année.

5	3	5	SP	5	5	3

Renée et Jean-Paul BOUCHOT - La Croix Rouge - 71600 POISSON - Tél. : 03 85 81 49 71

PRUZILLY Le Raisin Bleu
C.M. 73 Pli 10

E.C. 3 ch. En Beaujolais, Catherine et Christian proposent 3 jolies chambres d'hôtes, d'accès indépendant, donnant sur le vignoble de Juliénas. Salle d'eau et wc privatifs. Terrasse couverte. Jardin arboré. Piscine privée. Sentiers, vignoble sur place. 2 golfs 20 km. Nombreux itinéraires pour VTT. Langues parlées : anglais, espagnol.

Prix : 1 pers. 42 € 2 pers. 49 € 3 pers. 64 € pers. sup. 15 €
Ouvert : Toute l'année.

SP	0,3	4	0,5	SP	5	SP	8	15	10	4

Catherine et Christian SIGOT - Le Raisin Bleu - 71570 PRUZILLY - Tél. : 03 85 35 10 17 - Fax : 03 85 35 10 17

REMIGNY
C.M. 69 Pli 8

2 ch. 2 cabines confortables climatisées pour 1 à 2 personnes (non fumeurs), aménagées dans une péniche sur le Canal du Centre, au cœur de la Côte Chalonnaise. Salle d'eau et wc privés. Séjour, salon avec télévision, hifi, orgue, piano. Pont soleil avec terrasse couverte. Parking.

Prix : 1 pers. 50 € 2 pers. 59 €
Ouvert : Du 1er avril au 30 septembre.

2,5	2,5	SP	SP	1	2,5

Henri GAUVIN - Péniche Fantasia - Chemin du 6 septembre 1944 - 71150 REMIGNY - Tél. : 06 11 54 39 56

LA ROCHE-VINEUSE Somméré
C.M. 69 Pli 19

3 ch. Dans maison de caract. avec point de vue sur roches de Solutré et Vergisson, 3 ch. d'hôtes. 1 ch. 2/4 pers. S.d.b. et wc privés. 1 ch. 2 lits 1 pers. S.d.b. et wc privés. 1 ch. 2 pers. Douche, wc privés. Séjour. Cour et terrain clos ombragés. Parking fermé. Circuit Lamartinien. Restaurant 2 km. Langues parlées : anglais, allemand.

Prix : 1 pers. 30/33 € 2 pers. 38/46 € pers. sup. 12 €
Ouvert : Toute l'année.

8	2	2	SP	2	1	15	SP	5	2

Eliane HEINEN - Le Tinailler d'Aléane - Somméré - 71960 LA ROCHE-VINEUSE - Tél. : 03 85 37 80 68 - Fax : 03 85 37 80 68

ROMENAY La Cassinette
(TH)   C.M. 69 Pli 20

2 ch. Dans une jolie ferme bressanne, nichées dans la verdure d'un petit hameau à quelques kilomètres de Tournus, à proximité du village du livre à Cuisery, 2 chambres pour 2 pers. confortables, aménagées au 1er étage. Salle-de-bains et wc privatifs. Salon, bibliothèque (TV) réservé aux hôtes. Kitchenette à disposition. Salle petit déjeuner. Jardin ombragé avec barbecue. Parking. Table d'hôtes sur réservation. Langue parlée : allemand.

Prix : 1 pers. 38 € 2 pers. 46 € pers. sup. 23 € repas 12/18 €
Ouvert : Du 1er février au 15 novembre.

10	3	1	0,3	SP	15	6	SP	10	3

Jean-Pierre BAUDET - La Cassinette - Lissiat - 71470 ROMENAY - Tél. : 03 85 40 36 86 ou 06 88 79 03 03 - Fax : 03 85 40 36 81 -
E-mail : la.cassinette@wanadoo.fr

LE ROUSSET Le Grand Fussy
C.M. 69 Pli 18

3 ch. A quelques kilomètres de Cluny, dans une vaste et belle demeure du XVIIIe siècle entourée d'un grand jardin, 3 chambres confortables, décorées avec soin, ont été aménagées. Chacune dispose de salles de bains et wc. Salon, petite cuisine et salle à manger communs aux hôtes. Bibliothèque. Terrasse. Piscine privée. Langue parlée : anglais.

Prix : 1 pers. 53 € 2 pers. 59 € pers. sup. 12 €
Ouvert : Toute l'année.

SP	6	2	1	SP	8	25	2	15	20	6

Dominique BRUN - Le Grand Fussy - 71220 LE ROUSSET - Tél. : 03 85 24 60 26 ou 06 07 26 19 22 - Fax : 03 85 24 60 26

Bourgogne
Saône-et-Loire

ROYER Les Verchères
C.M. 69 Pli 19

1 ch. Dans maison mâconnaise de caractère, une ch. pour 4 pers. (entrée privée). Douche, wc privés. S. séj., garage, jardin ombragé. Route des vins, circuit églises romanes. Produits fermiers. Village médiéval 3 km.

Prix : 1 pers. **26** € 2 pers. **35** € 3 pers. **44** € pers. sup. **9** €
Ouvert : Du 15 février au 15 novembre.

7	7	5	1	6	15	7	7	7

Michelle MEUNIER - Les Verchères - 71700 ROYER - Tél. : 03 85 51 30 25

ROYER
C.M. 69 Pli 19

3 ch. 3 chambres d'hôtes aménagées dans maison vigneronne. Entrée privée. Douche et wc privés. 1 chambre/5 personnes, 1 chambre/4 personnes, 1 chambre/2 personnes. Séjour, terrasse, jardin clos. Sentiers GR et PR balisés sur place. Auberge à 2 km. Langue parlée : anglais.

Prix : 1 pers. **31** € 2 pers. **39** € 3 pers. **48** € pers. sup. **9** €
Ouvert : Du 1er février au 15 novembre.

7	7	5	1	7	0,5	15	7	7	7

Sylvie MEUNIER - Le Bourg - 71700 ROYER - Tél. : 03 85 51 03 42 - Fax : 03 85 51 03 42 - E-mail : thierry.meunier3@wanadoo.fr - www.multimania.com/gsenard/

SAGY La Bernoux
(TH) C.M. 69 Pli 13

3 ch. Dans une maison ancienne rénovée, en région Bresse Bourguignonne. 3 chambre/2 personnes. Salle d'eau et wc particuliers. Séjour, espace extérieur aménagé, jeux. Vente de poulets de Bresse à proximité. Table d'hôte sur réservation. Langues parlées : anglais, allemand.

Prix : 1 pers. **23** € 2 pers. **34** € pers. sup. **7** € repas **11** €
Ouvert : Toute l'année.

12	3	3	3	15	40	12	3

Mireille PRUDENT - La Bernoux - 71580 SAGY - Tél. : 03 85 74 06 52

SAGY Au Sapin Bleu
C.M. 70 Pli 13

E.C. 3 ch. Dans village calme de la Bresse Bourguignonne, 3 chambres d'hôtes aménagées dans maison contemporaine avec cheminée, décoration soignée. Au Rez-de-chaussée : séjour et salon à disposition des hôtes, 1 chambre avec salle d'eau et wc privatifs. A l'étage : 2 chambres avec salle d'eau et wc privatifs, dont l'une avec salon indépendant et lit bébé. Langue parlée : allemand.

Prix : 2 pers. **50** €
Ouvert : Toute l'année.

8	0,5	SP	SP	8	SP	8	0,5

Sophie MAILLOT - Le Bourg - 71580 SAGY - Tél. : 03 85 74 08 35 - Fax : 03 85 74 08 02

SALORNAY-SUR-GUYE Brioux
C.M. 69 Pli 38

2 ch. Dans une vaste maison rénovée à l'ouest de Cluny (10 km). 1 ch. avec lavabo, wc (1 lit 2 pers. 1 lit d'appoint). 1 ch. double (2 lits 1 pers.), wc, salle de bains commune aux 2 chambres. Salon privé pour les chambres. TV et bibliothèque. Jardin clos, terrasse.

Prix : 1 pers. **30** € 2 pers. **37** € 3 pers. **41** €
Ouvert : Toute l'année.

11	0,5	0,2	SP	11	10	7	11	40	0,3

Eliane LAPRAY - Brioux - 71250 SALORNAY-SUR-GUYE - Tél. : 03 85 59 44 74 - Fax : 03 85 59 90 93

SALORNAY-SUR-GUYE
(TH) C.M. 69 Pli 18/19

5 ch. Dans une ancienne maison bourgeoise du XVIIIe siècle. 1er et 2e ét. : ch. avec s. d'eau ou s. de bains, wc privés et tél. 4 ch. 2 pers. et 1 ch. type suite 3/4 pers. avec salon. Bibliothèque et salon à dispo. Jardin, parc clos. Parking privé. Randonnées vélos. Chambres non fumeur. Langues parlées : italien, espagnol.

Prix : 1 pers. **53/70** € 2 pers. **70/90** € 3 pers. **90** € pers. sup. **17** € repas **20** €
Ouvert : Du 1er au 14 janvier, du 16/02 au 14/11 et du 16 au 31/12.

10	0,5	2	0,5	7	20	SP

Jean-Pierre FORESTIER - La Salamandre - Le Bourg - 71250 SALORNAY-SUR-GUYE - Tél. : 03 85 59 91 56 - Fax : 03 85 59 91 67 - E-mail : info@la-salamandre.fr - www.la-salamandre.fr

Saône-et-Loire — Bourgogne

SALORNAY-SUR-GUYE

E.C. 1 ch. Dans cette vieille demeure du XVe siècle, située à quelques kilomètres de Cluny, une vaste et belle chambre pour 2 pers. a été aménagée au 1er étage. Salle de bains et wc privatifs. Possibilité chambre d'enfants. Salle à manger communs. Terrasse et parc arboré clos. Langues parlées : anglais, allemand.

Prix : 1 pers. 40 € 2 pers. 46 € 3 pers. 65 €
Ouvert : Du 1er juillet au 10 septembre.

10	0,3	0,5	1	SP	10	15	20	10	34	0,5

Christine et Amaury DE BUZONNIERE - Rue du Château - 71250 SALORNAY-SUR-GUYE - Tél. : 03 85 59 48 77 -
E-mail : buzonniere@netcourrier.com

SANTILLY
C.M. 69 Pli 19

1 ch. 1 chambre d'hôtes double dans maison du propriétaire. Chambre/4 personnes et 1 lit enfant, salle d'eau et wc privés. Pièce commune. Circuits pédestres. Voie Verte sur 38 km réservée aux piétons, rollers.

Prix : 1 pers. 24 € 2 pers. 30 € 3 pers. 43 € pers. sup. 12 €
Ouvert : Toute l'année.

10	4	1	1	4	1	8	3	4	4

Henri JUSSEAU - Le Bourg - 71460 SANTILLY - Tél. : 03 85 92 63 74

SAVIGNY-SUR-GROSNE
C.M. 69 Pli 19

2 ch. 2 chambres d'hôtes situées dans une maison typique. 1 chambre de 2 pers., 1 chambre/4 pers. Salle d'eau, wc, séjour/cuisine privés. Voie verte. Réduction à partir de la 4e nuit. Langue parlée : allemand.

Prix : 1 pers. 24 € 2 pers. 34 € 3 pers. 43 €
Ouvert : Toute l'année.

20	6	1	1	20	SP	10	SP	5	5

Gilberte BUSSERET - Le Bourg - 71460 SAVIGNY-SUR-GROSNE - Tél. : 03 85 92 63 59

SENNECE-LES-MACON La Vrémontoise
C.M. 69 Pli 19

3 ch. 3 chambres d'hôtes aménagées dans ancienne ferme à proximité du propriétaire. (sortie A6 Mâcon Nord). 3 chambres avec salle d'eau, wc privés, dont 2 suites jusqu'à 4 pers. chacune avec cuisine, salon, bibliothèque privés. Prise TV. Séjour commun. Abri voiture. Petit déjeuner dans le jardin l'été. Restaurant dans le village. Pêche au gros 2 km.

Prix : 1 pers. 30/34 € 2 pers. 37/41 € 3 pers. 52 € pers. sup. 11 €
Ouvert : Toute l'année.

5	3	2	0,5	5	5	15	SP	5	0,5

Michel et Nadine VERJAT - La Vrémontoise - Le Bourg - 71000 SENNECE-LES-MACON - Tél. : 03 85 36 03 92 ou 06 81 10 31 57 -
Fax : 03 85 36 03 92 - www.chez.com/nmverjat/

SENNECE-LES-MACON Le Clos Barault
C.M. 69 Pli 19

3 ch. 3 ch. d'hôtes dans maison de caract. à 5 km de Mâcon (sortie A6 Mâcon Nord). 2 ch. 2 pers. avec s. d'eau et wc privés. 1 ch. double indép. (2 à 4 pers., lit bébé) avec bain et séj. cuis. S-à-manger. Salon. TV. Biblio. Jardin d'agrément. Abri voiture. Restaurant au village et bord de Saône.

Prix : 1 pers. 34 € 2 pers. 46 € 3 pers. 66 € pers. sup. 14 €
Ouvert : Toute l'année. Fermé le dimanche soir.

5	5	2	0,5	5	6	13	SP	6	SP

Roger JULLIN - 425 rue Vrémontoise - 71000 SENNECE-LES-MACON - Tél. : 03 85 36 00 12

SENOZAN
C.M. 69 Pli 19

4 ch. 4 chambres d'hôtes aménagées dans maison ancienne restaurée. 4 chambres 2 à 5 pers., salle de bains, wc privés. Jardin. Parking clos privé. Langue parlée : anglais.

Prix : 1 pers. 35 € 2 pers. 46 € 3 pers. 58 € pers. sup. 15 €
Ouvert : Toute l'année.

8	0,5	1	1	4	8	8	0,5

Susan BADIN - Le Bourg - 71260 SENOZAN - Tél. : 03 85 36 00 96 - Fax : 03 85 37 51 09 - E-mail : clos.de.leglise@wanadoo.fr

Bourgogne — Saône-et-Loire

SERCY
C.M. 69 Pli 19

1 ch. Une chambre double aménagée dans maison bourguignonne. Accès indép. (2 lits 2 pers. 2 lits 1 pers., lit bébé). S.d.b. (douche et baignade). 2 wc. Terras. galerie. Jardin clos. Garage. Salle à manger et salon avec cheminée communs avec le propriétaire (TV). Bibliothèque. Circuit pédestre GR 76 2 km. Proximité voie verte pédestre et cyclable. Langues parlées : anglais, allemand.

Prix : 1 pers. 35 € 2 pers. 41 € pers. sup. 20 €
Ouvert : Toute l'année. Sur réservation du 15/11 au 31/03.

22	2	1	2	5	SP	12	8	25	2

Pascal BIWAND - Le Bourg - 71460 SERCY - Tél. : 03 85 92 62 61 - Fax : 03 85 92 51 28

SIVIGNON L'Ecousserie du Bas
C.M. 69 Pli 18

3 ch. A 1/2 heure des centres d'intérêt tourist. et culturel de la Bourgogne du sud, cette maison de maître offre calme et détente dans le cadre verdoyant des Monts du Charolais. En plus de l'aménagement de ses 3 ch. et de ses salles de réception, vous pourrez jouir, en saison, de la piscine et de ses jardins fleuris. Restaurant à proximité. Langues parlées : anglais, allemand.

Prix : 1 pers. 35/40 € 2 pers. 46 € 3 pers. 61 €
Ouvert : Toute l'année.

SP	8	SP	3	20	15	3	20	7	

Jean-Claude GEOFFROY - L'Ecousserie du Bas - 71220 SIVIGNON - Tél. : 03 85 59 66 66

SOLUTRE La Grange du Bois
Alt. : 520 m
C.M. 69 Pli 19

3 ch. Karin vous accueille dans une demeure ancienne avec vue exceptionnelle sur la Roche de Solutré. 3 chambres d'hôtes pour 2 à 5 pers. avec salle d'eau et wc privés. Salon, salle à manger réservés aux hôtes. Coin-cuisine à disposition. Chambres non fumeurs. Cour et terrasse. Restaurant 50 m. Langue parlée : suédois.

Prix : 1 pers. 39 € 2 pers. 45/50 € 3 pers. 60/65 € pers. sup. 15 €
Ouvert : Toute l'année.

10	6	SP	7	SP	10	3	10	3	

Karin GRIBENSKI - La Grange du Bois - 71960 SOLUTRE-POUILLY - Tél. : 03 85 35 85 28 - Fax : 03 85 35 85 28 -
E-mail : karine.gribenski@libertysurf.fr

SOMMANT Château de Vareilles
(TH)
C.M. 69 Pli 8

6 ch. 6 vastes et confortables chambres pour 2 pers., 1 ch./suite pour des personnes handicapées, aménagées dans propriété (début XIX° siècle). Vue panoramique. Séjour, salle à manger, bibliothèque et salle vidéo, salon (TV, cheminée) réservé aux hôtes. Chaque ch. dispose de s.d.b. et wc privatifs. Poss. lits suppl. Parc 7 ha. Terrasse. Piscine privée. Langues parlées : anglais, allemand.

Prix : 1 pers. 53 € 2 pers. 69/84 € 3 pers. 87/100 €
pers. sup. 18 € repas 21 €
Ouvert : Toute l'année.

SP	11	2	SP	0,5	30	11	SP	11	11

Derk et Frieda WILLEMSEN et FRANSEN - Château de Vareilles - 71540 SOMMANT - Tél. : 03 85 82 67 22 - Fax : 03 85 82 69 00 -
E-mail : ch.de.vareilles@wanadoo.fr - www.chateaudevareilles.com

ST-AMBREUIL Château de la Ferté
(TH)
C.M. 69 Pli 19

1 ch. Aménagée dans le colombier du Domaine de la Ferté, 1 chambre au r.d.c. (2 lits 1 pers.). Une chambre en mézzanine. Salle de bains, wc. Salon privé avec TV. Parc clos et ombragé. Lac avec attraction nautique et restaurant. Table d'hôtes sur réservation. Langue parlée : anglais.

Prix : 1 pers. 41 € 2 pers. 56 € 3 pers. 72 € pers. sup. 15 €
repas 30 €
Ouvert : Toute l'année.

5	3	SP	SP	12	0,5	12	12	5	

Jacques THENARD - Château de la Ferté - 71240 SAINT-AMBREUIL - Tél. : 03 85 44 17 96 ou 06 62 39 41 79 - Fax : 03 85 44 17 96 -
E-mail : thenardjacques@aol.com

ST-AUBIN-SUR-LOIRE Les Lambeys
(TH)
C.M. 69 Pli 16

5 ch. 5 chambres aménagées dans demeure du XVIII° siècle en bord. de Loire. Chaque ch. (lits 2 pers. dont un de grande dimension) possède 1 s.d.b. et 1 wc privé. Salle à manger et salon (billard) réservés aux hôtes. Vaste parc ombragé. Station thermale et de remise en forme (Damona à Bourbon-Lancy 5 km). Langue parlée : anglais.

Prix : 1 pers. 49/64 € 2 pers. 53/69 € 3 pers. 69/76 €
pers. sup. 12 € repas 11/23 €
Ouvert : Du 1er avril au 31 décembre.

4	4	SP	SP	6	70	4	4	30	0,5

Etienne DE BUSSIERRE - Château des Lambeys - 71140 SAINT-AUBIN-SUR-LOIRE - Tél. : 03 85 53 92 76

Saône-et-Loire — Bourgogne

ST-BOIL Chaumois
C.M. 69 Pli 19

4 ch. 4 vastes chambres de bon confort aménagées dans maison rénovée dans hameau du vignoble Côte Chalonnaise. Chaque chambre équipée pour 2/3 pers. avec bains et wc. Coin-cuisine équipé. Coin-salon (prise TV, bibliothèque). Séjour réservé aux hôtes. Salle privée pour petit-déjeuner. Cour intérieure. Baignade au Moulin de Collonges. Langue parlée : anglais.

Prix : 1 pers. 30 € 2 pers. 41 € 3 pers. 53 € pers. sup. 12 €
Ouvert : Toute l'année.

| 12 | 4 | 1 | SP | 0,5 | 2 | 8 | 0,5 | 20 | 4 |

Suzanne PERRAUT - Chaumois - 71390 SAINT-BOIL - Tél. : 03 85 44 07 96

ST-BONNET-DE-VIEILLE-VIGNE Le Guide
C.M. 69 Pli 17

1 ch. Ddans la maison du propriétaire. Salle de bains, wc, douche particuliers. 1 chambre avec salon attenant privé comprenant convertible et fauteuils. Cour indépendante. Etang privé. Langue parlée : anglais.

Prix : 1 pers. 30 € 2 pers. 37 €
Ouvert : Toute l'année.

| 11 | 5 | 1 | SP | 18 | 60 | 5 | 18 | 5 | 5 |

Odile BARBIER - Le Guide - 71430 SAINT-BONNET-DE-VIEILLE-VIGNE - Tél. : 03 85 70 23 63 - Fax : 03 85 88 12 57

ST-DESERT Maison Romaine
C.M. 69 Pli 9

E.C. 3 ch. Au cœur du village, dans une belle maison vigneronne du XVIIIe siècle entourée d'un vaste parc arboré. 3 chambres confortables pour 2 à 3 pers. équipées de salle de bains ou salle d'eau avec wc privés. Salon et salle à manger réservés aux hôtes. TV. Piscine privée. Golf 10 km. Voie Verte 500 m. Langues parlées : anglais, allemand.

Prix : 2 pers. 65/85 € pers. sup. 15 €
Ouvert : Toute l'année.

| SP | 0,1 | 15 | 3 | SP | 8 | SP | 15 | 4 | 0,1 |

Patrick NEYRAT - 29 avenue de Bourgogne - Maison Romaine - 71390 SAINT-DESERT-CEDEX-1533 - Tél. : 03 85 47 91 81 ou 06 08 47 85 58 - Fax : 03 85 47 91 81

ST-DIDIER-SUR-ARROUX Moulin de Bousson
C.M. 69 Pli 7

3 ch. 3 chambres dans ancien moulin, maison de caractère en bord de lac. WC et salle d'eau par chambre. Possibilité de couchage suppl., lit enfant. Salon, séjour, salle de jeux réservés aux hôtes. Jardin, sentiers, loisirs aquatiques sur place. Coin-repos et loisirs réservés aux hôtes. Restaurant à 200 m. Langues parlées : anglais, allemand.

Prix : 1 pers. 34 € 2 pers. 44 € 3 pers. 55 €
Ouvert : Toute l'année.

| 11 | 8 | SP | SP | 3 | 50 | SP | SP | 8 | 2 |

Jacqueline DE VALK - Moulin de Bousson - 71190 SAINT-DIDIER-SUR-ARROUX - Tél. : 03 85 82 35 07 - Fax : 03 85 82 25 41 -
E-mail : moulin.bousson@wanadoo.fr - www.moulinbousson.com

ST-FORGEOT Millery
(TH) *C.M. 69 Pli 8*

5 ch. Dans demeure de caractère du XIXe siècle, dans le cadre d'un beau parc arboré, 5 ch. d'hôtes confortables avec salles d'eau et wc privés. R.d.c. : 1 ch. pour 2 pers. Etage : 1 ch. pour 2 pers., et 1 ch. double (1 lit 2 pers. 2 lits 1 pers.). Equipement bébé. Salle petit déjeuner et salon réservés aux hôtes. Terrasse et terrain clos. Poss. accrobranche sur place (mini 8 personnes, sur réservation). Restaurant 4 km. Repas sur réservation. Langue parlée : anglais.

Prix : 1 pers. 40 € 2 pers. 49 € 3 pers. 58 € pers. sup. 15 € repas 15 €
Ouvert : Du 15 avril au 11 novembre.

| 4 | 4 | 0,5 | SP | 4 | 20 | 4 | 4 | 4 | 4 |

Gérard PERRETTE - Château de Millery - 71400 SAINT-FORGEOT - Tél. : 03 85 52 18 51

ST-FORGEOT Porte D'Autun
 *C.M. 69 Pli 8*

E.C. 2 ch. Aux portes d'Autun, en direction de Sauliu, 2 chambres d'hôtes aménagées au 1er étage d'une maison des années 30. Salle d'eau et wc privés. Salle petit déjeuner avec coin-salon privatifs. Cour et vaste terrain clos. Langue parlée : anglais.

Prix : 1 pers. 30 € 2 pers. 41 € 3 pers. 53 €
Ouvert : Du 1er mai au 15 novembre.

| 4 | 4 | 0,4 | 4 | SP | 0,3 | 4 | 3 | 3 |

Christine ROUVIER - 33 Porte d'Autun - 71400 SAINT-FORGEOT - Tél. : 03 85 52 33 69

Bourgogne — Saône-et-Loire

ST-GERVAIS-EN-VALLIERE Champseuil (TH) — C.M. 69 Pli 10

3 ch. Situées dans une maison de village à quelques km de Beaune et de Verdun/le Doubs, 3 chambres d'hôtes calmes et confortables : salles de bains et wc indép. Pièce petit déjeuner réservée aux hôtes. Cour et jardin clos. Table d'hôtes sur réservation. Langue parlée : anglais.

Prix : 1 pers. 34 € 2 pers. 50 € pers. sup. 18 € repas 18 €
Ouvert : Du 15 mars au 15 novembre.

12	12	0,3	0,5		7	14	14	4

Martine LYSSY - Champseuil - 71350 SAINT-GERVAIS-EN-VALLIERE - Tél. : 03 85 91 80 08 - Fax : 03 85 91 80 08 -
E-mail : martine.lyssy-chambres-dhôtes@wanadoo.fr

ST-LEGER-SUR-DHEUNE (TH) — C.M. 69 Pli 8

E.C. 4 ch. Dans une belle demeure de la fin du XVIIe siècle, entourée d'un parc clos en bordure du canal du Centre, 4 chambres (dont 1 suite). Salle de bains et wc privés pour chaque chambre. Salon pour les hôtes avec billard, TV, cheminée, bibliothèque. Salle à manger commune. Table d'hôtes sur réservation. Location de bâteaux (canal du Centre) sur place. Maison non fumeur.

Prix : 2 pers. 64/115 € 3 pers. 130 € pers. sup. 15 € repas 23 €
Ouvert : Du 1er mars au 30 novembre.

6	0,2	SP	SP	2	1	10	10	1	0,5

Mireille MARQUET - 29 rue du 8 mai 1945 - 71510 SAINT-LEGER-SUR-DHEUNE - Tél. : 03 85 45 35 75 ou 06 86 83 02 49 -
Fax : 03 85 45 40 96 - E-mail : reservations@saintlegersurdheune.com - www.saintlegersurdheune.com

ST-LOUP-DE-LA-SALLE Le Chasot (TH) — C.M. 69 Pli 9

2 ch. 2 chambres d'hôtes suitées de grand confort, situées à 9 km de Beaune. Accès indépendant. 1 ch. (2 à 4 pers.) avec suite 3 pers. 2 s.d.b., 2 wc. Salon. 1 ch. (2 pers.) avec suite 2 pers. S.d.b., wc. Salon. Chaque chambre possède téléphone, minibar, bibliothèque. Terrasse privée. Parking, terrain arboré clos. Golf 7 km. Table d'hôtes sur réservation. Langues parlées : anglais, allemand.

Prix : 2 pers. 57/70 € repas 24 €
Ouvert : Toute l'année. Sur réservation de novembre à avril.

SP	SP	10	SP	7	SP	9	0,9

Renée FERNANDEZ - 5 rue aux Loups - 71350 SAINT-LOUP-DE-LA-SALLE - Tél. : 03 85 49 44 48 - Fax : 03 85 49 92 97 -
E-mail : renee.fernandez@wanadoo.fr

ST-LOUP-DE-LA-SALLE La Chrysalide — C.M. 69 Pli 9

3 ch. Dans une ancienne ferme rénovée, à 20 km au Nord de Chalon-sur-Saône, à proximité de Beaune et de son vignoble, 3 chambres d'hôtes avec chacune salle d'eau et wc indépendants. Salle de séjour et petite cuisine réservées aux hôtes. Jardin de charme clos et ombragé. Parking privé. Restaurant 4 et 8 km. Langue parlée : anglais.

Prix : 1 pers. 35 € 2 pers. 41 € 3 pers. 52 €
Ouvert : Du 1er mars au 30 novembre (autres périodes sur réservation).

9	1	1	1	10	4	11	9	9	0,5

Brigitte et Pierre BASSEVILLE - 23 rue Jean-Baptiste Cautin - 71350 SAINT-LOUP-DE-LA-SALLE - Tél. : 03 85 49 90 89

ST-LOUP-DE-VARENNES (TH) — C.M. 69 Pli 20

E.C. 4 ch. Dans maison du XVIIe siècle restaurée, dans le village où Nicéphore Nièpce inventa la photographie, 4 chambres d'hôtes aménagées pour 2 pers. avec salle d'eau et wc particuliers. Salle de séjour, salon réservé aux hôtes. Jardin. Golf 12 km.

Prix : 2 pers. 51 € pers. sup. 17 € repas 20 €
Ouvert : Toute l'année.

6	0,5	4	15	15	9	3

Pascale-Yvette ROMERO - 36 rue de Varennes - 71240 SAINT-LOUP-DE-VARENNES - Tél. : 03 85 44 27 46 ou 06 63 15 83 45

ST-MARTIN-DU-TARTRE Maizeray (TH) — C.M. 69 Pli 18/19

2 ch. 2 ch. d'hôtes confortables, aménagées dans une maison bourguig. entièr. restaurée dans un petit village situé près de Buxy. S.d.b. et wc privés. Pièce d'accueil avec coin-salon. (TV commune) et cheminée réservée aux hôtes. Balcon terrasse et jardin clos. Circuit des églises romanes. Route des vins. Table d'hôtes sur réservation tous les jours sauf dimanche.

Prix : 2 pers. 46 € 3 pers. 59 € repas 20 €
Ouvert : Du 15 mars au 10 octobre.

6	6	0,8	SP	6	15	6	25	3

Jacqueline BERGERET - Maizeray - 71460 ST-MARTIN-DU-TARTRE - Tél. : 03 85 49 24 61

Saône-et-Loire
Bourgogne

ST-MAURICE-LES-CHATEAUNEUF La Violetterie
C.M. 73 Pli 8

3 ch. Dans une demeure traditionnelle en Brionnais. Ch. 2 pers. avec s. d'eau et wc privés. Poss. lit suppl. Salle à manger, salon réservés aux hôtes (cheminée, TV, lecture). Cour et jardin arborés, ombragés et clos. Circuit des Églises Romanes. Village d'antiquaires. Tout proche, côte Roannaise et Beaujolaise. Restaurant 200 m. Langue parlée : anglais.

Prix : 1 pers. **37/40** € 2 pers. **46** € 3 pers. **58** € pers. sup. **11** €
Ouvert : Du 15 mars au 11 novembre.

🐕	🏊	🎾	🚶	🏇	🏊‍♀️	🚴	⛵
	7	0,5	1	1	10	7	0,5

Madeleine CHARTIER - La Violetterie - 71740 ST-MAURICE-LES-CHATEAUNEUF - Tél. : 03 85 26 26 60 - Fax : 03 85 26 26 60

ST-PIERRE-LE-VIEUX Ecussoles
(TH)
C.M. 69 Pli 18

3 ch. 3 chambres à la ferme : 1 chambre pour 2 pers., salle de bains, wc privés + 2 chambres familiales avec salle de bains, douche et wc privés. Salle de séjour, cheminée. Pain à la ferme. Parking. Cuisine à disposition. Table d'hôtes sauf le dimanche.

Prix : 1 pers. **26** € 2 pers. **40** € 3 pers. **49** € pers. sup. **9** € repas **11** €
Ouvert : Du 1er mars au 31 décembre.

🐕	🏊	🎾	⛷	🚶	🏇	🏊‍♀️	🚴	⛵	🎣
	7	7	SP	SP	1	0,3	12	SP	32	7

Jean-Robert DORIN - Ecussoles - 71520 SAINT-PIERRE-LE-VIEUX - Tél. : 03 85 50 40 99

ST-PIERRE-LE-VIEUX Les Colettes
(TH)
C.M. 69 Pli 19

4 ch. 4 chambres d'hôtes aménagées dans manoir du XVIIe siècle aux confins du Mâconnais et du Beaujolais. Chambres de 2 et 3 personnes avec salle d'eau et wc privatifs. Salon réservé aux hôtes avec cheminée, TV et bibliothèque. Terrain clos. Équipement bébé. Table d'hôtes avec thèmes de dégustation sur demande. Langue parlée : anglais.

Prix : 1 pers. **41/52** € 2 pers. **46/57** € 3 pers. **65/70** € pers. sup. **13** € repas **17** €
Ouvert : Toute l'année.

🐕	🏊	🎾	⛷	🚶	🏇	🏊‍♀️	🚴	⛵	🎣
	7	7	0,8	SP	SP	12	10	7	27	7

Corinne et Jacques LORON - Château des Colettes - 71520 SAINT-PIERRE-LE-VIEUX - Tél. : 03 85 50 40 96 - Fax : 03 85 50 40 96

ST-POINT Le Domaine Dauphin
C.M. 69 Pli 18

4 ch. Entre Mâconnais et Beaujolais, en plein Val Lamart., face au château du poète, et à 100 m du lac, se situe cette demeure de caract. datant du XVIe siècle. 4 ch. spacieuses (dont une familiale) sur le thème de Lamartine, meublées et décorées avec soin, toutes équipées de s.d.b. et wc privatifs. Pièce commune et salon (cheminée). Table ping-pong. Grande cour intérieure. Prix dégressifs pour séjour. Table d'hôtes sur réservation. Restaurant à 200 m et 3 km. Langues parlées : anglais, allemand.

Prix : 1 pers. **46** € 2 pers. **60** € pers. sup. **15** €
Ouvert : Toute l'année sauf du 8 janvier au 8 février.

🐕	🏊	🎾	⛷	🚶	🏇	🏊‍♀️	🚴	⛵	🎣
8	0,5	0,2	SP	3	10	0,2	4,5	25	4,5

Christine SCHALBURG-CHARPENTIER - Domaine Dauphin - 71520 SAINT-POINT - Tél. : 03 85 50 57 87 - Fax : 03 85 50 59 57 - E-mail : dom-dauphin@wanadoo.fr

ST-PRIX L'Eau Vive
(TH)
C.M. 69 Pli 7

4 ch. A l'orée d'un village du parc du Morvan, Catherine et René ont aménagé 4 ch. confortables (près du Mont Beuvray). Salle de bains et wc privés. Salon réservé aux hôtes, cheminée. Salon de jardin. Etang privé, randonnées pédestres, VTT. Site archéologique de Bibracte 6 km. 100 km de sentiers balisés. Table d'hôtes de qualité le soir. Langues parlées : anglais, espagnol.

Prix : 1 pers. **36** € 2 pers. **42** € 3 pers. **53** € repas **18** €
Ouvert : Du 29 mars au 15 juin et du 1er juillet au 3 novembre.

🐕	🏊	🎾	⛷	🚶	🏇	🏊‍♀️	🚴	⛵	🎣
21	4	0,1	SP	2	40	21	SP	21	4

Catherine DENIS - L'Eau Vive - 71990 SAINT-PRIX - Tél. : 03 85 82 59 34 - E-mail : redenis@club-internet.fr

ST-SERNIN-DU-PLAIN Mazenay
(TH)
C.M. 69 Pli 9

3 ch. Sur la route des Vins de Beaune à Cluny, dans une ancienne maison rénovée, 3 chambres confortables avec s-de-bains et wc privés, dont une double 4 pers. (1 lit 2 pers. et 2 lits 1 pers.). Salon avec télévision, cuisine à dispo. Entrée indépend. Cour et terrain clos arboré. Escalade 3 km. Baignade 5 km. Table d'hôtes sur réservation. Réduction pour séjour. Langue parlée : anglais.

Prix : 1 pers. **32** € 2 pers. **38/52** € 3 pers. **52** € pers. sup. **14** € repas **15** €
Ouvert : Toute l'année.

🐕	🏊	🎾	⛷	🚶	🏇	🏊‍♀️	⛵
	7	3	10	SP	12	SP	15	SP

Thierry et M-Claire VIGOUREUX - Mazenay - 71510 SAINT-SERNIN-DU-PLAIN - Tél. : 03 85 49 62 37 - Fax : 03 85 49 62 37 - www.ch.hôtes.mazenay.free.fr

Bourgogne
Saône-et-Loire

ST-USUGE Les Chyses (TH)
C.M. 70 Pli 13

4 ch. Dans maison typique bressanne, 4 chambres d'hôtes de caractère aménagées dans le style. Salle de petit déjeuner rustique et salon indépendants avec télévision. Rez-de-chaussée : 1 chambre 3 pers. Etage : 2 chambres 2 pers., 1 chambre 4 pers. Salle de bains et wc privés. Cour, parc clos et ombragé. Table d'hôtes sur réservation.

Prix : 2 pers. 50/85 € 3 pers. 77/92 € repas 23 €
Ouvert : Toute l'année sauf en mai.

8	1	0,5	1	2	SP	7	1	

Fabienne THEBERT - Les Chyses - 71500 SAINT-USUGE - Tél. : 03 85 72 18 12 ou 06 89 33 30 51 - Fax : 03 85 72 18 12

ST-YAN L'Echeneau
C.M. 69 Pli 17

1 ch. 1 chambre d'hôtes à la ferme pour 4 personnes. Salle de bains et wc privés. Séjour, salon commun. Tables, bancs de jardin, balançoire. Sentiers sur place. Restaurant 3 km. Table d'hôtes sur réservation. Langue parlée : anglais.

Prix : 1 pers. 30 € 2 pers. 36 € 3 pers. 46 € pers. sup. 10 €
Ouvert : Toute l'année.

4	4	4	SP	3	60	4	4

Odile et Jean-Pierre MERLE - L'Echeneau - 71600 SAINT-YAN - Tél. : 03 85 81 30 62 - Fax : 03 85 81 30 62

ST-YTHAIRE Domaine de Morlay (TH)
C.M. 69 Pli 18/19

E.C. 3 ch. Dans ancien domaine viticole surplombant Cormatin, trois chambres d'hôtes avec entrée indépendante comprenant salle d'eau ou salle de bains et wc particuliers. Salon commun. Terrain clos. Cour. Sentiers GR 7 km et sur place. Voie verte 2 km. Table d'hôtes sur réservation.

Prix : 1 pers. 34 € 2 pers. 38 € 3 pers. 50 € repas 12 €
Ouvert : Toute l'année.

20	6	2	SP	6	20	SP	6	6

Cécile SOMMER - Domaine de Morlay - 71460 SAINT-YTHAIRE - Tél. : 03 85 92 67 95 ou 06 80 04 75 02 -
E-mail : domaine.morlay@libertysurf.fr

STE-CROIX-EN-BRESSE   A
C.M. 70 Pli 13

1 ch. Dans la maison du propriétaire. Chambre aménagée pour 4 pers., salle d'eau privée. TV, terrasse. Camping à la ferme à 2 km. Auberge chez le propriétaire à 1,5 km. Langue parlée : anglais.

Prix : 1 pers. 30 € 2 pers. 37 € 3 pers. 53 € pers. sup. 7 € repas 11 €
Ouvert : Toute l'année.

7	7	1	SP	7	7	7	1

René PERRIN - Le Bourg - 71470 SAINTE-CROIX-EN-BRESSE - Tél. : 03 85 74 81 42 ou 03 85 74 80 70

STE-HELENE Le Paquier (TH)
C.M. 69 Pli 9

2 ch. Claire, jeune éleveur de poneys, met à dispo. 2 ch. d'hôtes, aménagées dans maison ancienne. Accès indép. R.d.c. surélevé : 1 ch. (2 lits 1 pers.), lit et équipement enfant. S.d.b. et wc. Etage : 1 ch. (1 lit 2 pers.), s.d.b. et wc. Salle petit déjeuner commune avec prop. Cour et terrain clos. Poss. accueil chevaux. Langues parlées : anglais, allemand.

Prix : 1 pers. 29 € 2 pers. 37 € pers. sup. 12 € repas 13 €
Ouvert : Toute l'année.

14	4	8	SP	SP	4	10	18	0,5

Claire JUILLET - Le Paquier - 71390 SAINTE-HELENE - Tél. : 03 85 96 90 67 - Fax : 03 85 96 90 67

TINTRY Lusigny (TH)
C.M. 69 Pli 9

3 ch. Entre Beaune et Autun, proche des vignobles du Couchois, 3 chambres d'hôtes dont une avec terrasse couverte. Ces chambres spacieuses et coquettes possèdent salles d'eau et wc privés, coin-salon, salle de gym. Jardin aménagé. Table d'hôtes sur réservation. Tarifs réduits en hors saison. Langue parlée : anglais.

Prix : 1 pers. 32 € 2 pers. 35/40 € 3 pers. 49 € repas 13 € 1/2 pens. 28/30 €
Ouvert : Toute l'année.

23	10	SP	10	10	23	SP	23	3

Jean-Pierre BERTRAND - Lusigny - 71490 TINTRY - Tél. : 03 85 82 98 98

TOULON-SUR-ARROUX La Grange Morambeau
C.M. 69 Pli 17

E.C. 1 ch. Chambre d'hôtes aménagée dans maison contemporaine aux confins du Charollais et de l'Autunois. A l'étage, chambre double indépendante (2 lits 2 pers.) avec grans coin-salon, salle d'eau et wc privatifs. Petit déjeuner en salle à manger ou terrasse. Cour, grand terrain. Diverty-Parc 200 m. Temple Boudhiste 5 km. Restaurant 800 m.

Prix : 1 pers. 35 € 2 pers. 38 € 3 pers. 53 €
Ouvert : Toute l'année.

12	1	1	1	0,2	16	1

Henri et Colette DUFRAIGNE - La Grange Morambeau - 71320 TOULON-SUR-ARROUX - Tél. : 03 85 79 47 25

Saône-et-Loire — Bourgogne

TOURNUS La Croix Léonard
C.M. 69 Pli 20

1 ch. Jolie chambre d'hôtes aménagée dans une petite maison vigneronne tournugeoise. Salon et coin petit déjeuner réservés aux hôtes. Une chambre (1 lit 2 pers. 1 lit 1 pers.), lit supplémentaire sur grand dégagement. Possibilité lit bébé. Salle de bains, wc privés. Cour et terrain clos. Tous services et loisirs à 1,5 km. Langue parlée : anglais.

Prix : 1 pers. **36** € 2 pers. **42** € 3 pers. **48** € pers. sup. **6** €
Ouvert : Toute l'année.

1,5	1,5	1,5	SP	6	SP	15	1,5	1,5	1,5

Lesley CLEAVER - La Croix Léonard - 71700 TOURNUS - Tél. : 03 85 51 12 79 ou 06 87 53 99 71

TOURNUS
C.M. 69 Pli 20

3 ch. 3 chambres aménagées dans maison de caractère en bord de Saône. Salle petit déjeuner réservée aux hôtes avec coin-salon, bibliothèque, TV. Vaste jardin clos et ombragé. 3 ch. à l'étage (2 et 3 pers.) avec salle de bains et wc privés. La Saône sur place. Langue parlée : anglais.

Prix : 1 pers. **50** € 2 pers. **60** € 3 pers. **75** € pers. sup. **15** €
Ouvert : Du 15 mars au 2 novembre, en hors-saison sur réservation.

1	1	SP	2	6	2		12	0,5	0,8	0,1

Françoise DOURNEAU - 1 quai de Saône - Marie-Clémentine - 71700 TOURNUS - Tél. : 03 85 51 04 43 - Fax : 03 85 51 04 43 -
E-mail : francoise.dourneau@wanadoo.fr - http ://perso.wanadoo.fr/marie.clementine.chambres.hôtes/

TOURNUS La Garenne
C.M. 69 Pli 20

E.C. 2 ch. Dans demeure ancienne avec parc centenaire, au Nord de Tournus, 2 chambres d'hôtes décorées avec art. Chambre de 2 et 4 pers. avec salle d'eau, wc privatifs dont une chambre type suite avec lit enfant. Pièce de séjour commune. Coin jardin réservé aux hôtes, atelier-galerie d'art aménagé en salon d'été. Abris voitures. Restaurant, gare, halte nautique 2 km.

Prix : 1 pers. **46** € 2 pers. **53** € 3 pers. **69** € pers. sup. **8** €

2	2	1,4	0,5	0,5	10	5	12	2	2

Christine DE HENNEZEL - La Garenne - 71700 TOURNUS - Tél. : 03 85 32 14 91 ou 06 86 76 20 70 - E-mail : chris.deh@libertysurf.fr

---

TRAMAYES   Alt. : 500 m
C.M. 69 Pli 19

1 ch. 1 chambre (studio) 2/4 pers. R.d.c. : entrée privée, douche/wc privés, coin-salon biblioth., TV/demande. Terrasse (barbecue). Pelouse, cour. Pré pour chevaux (prévenir). Réduction pour séjour. Table d'hôtes 3 km. Ferme-auberge 1 km. Langue parlée : anglais.

Prix : 1 pers. **27** € 2 pers. **35** € 3 pers. **44** € pers. sup. **7** €
Ouvert : Toute l'année.

16	1	3	0,5	8	6	3	0,5	20	0,5

Georges MOIROUD - Route de Pierreclos - 71520 TRAMAYES - Tél. : 03 85 50 56 44 - Fax : 03 85 50 56 82

TRAMBLY Les Charrières
C.M. 69 Pli 18

2 ch. 2 chambres d'hôtes dans maison de caractère à la sortie du village. 1 chambre suite 3 personnes, salle d'eau, wc et cuisine privés. 1 chambre 2 personnes avec salle de bains, wc, bibliothèque (1 lit 2 pers.) privés. Séjour, salon. Chauffage central. Langue parlée : anglais.

Prix : 1 pers. **23** € 2 pers. **38** € 3 pers. **61** € pers. sup. **20** €
Ouvert : Toute l'année.

5	1	1	1	7	10	10	1	5	

Florence GAUTHIER - Les Charrières - 71520 TRAMBLY - Tél. : 03 85 50 43 17 - E-mail : gauthierflorence@minitel.net

---

TRAMBLY Commerçon
C.M. 69 Pli 19

1 ch. Dans le haut Clunysois, 1 chambre familiale double aménagée dans un bâtiment indépendant de la maison des prop. Etage : 1 chambre (1 lit 2 pers.), salon (convert. 2 pers., 1 lit 1 pers.). Salle d'eau, et wc privatif. Petit déjeuner dans séjour du prop. (cheminée). Jardin clos. Calme et belle vue dominante. Table d'hôtes sur réservation. Langues parlées : anglais, espagnol.

Prix : 1 pers. **26** € 2 pers. **38** € 3 pers. **52** €
Ouvert : Toute l'année.

4	4	1	SP	10	40	15	SP	40	4

Robert et Josiane BILLONNET - Commercon - 71520 TRAMBLY - Tél. : 03 85 50 48 45 - E-mail : robert.billonnet@worldonline.fr

Bourgogne — Saône-et-Loire

TRIVY
C.M. 69 Pli 18

3 ch. — Dans une ferme en pleine campagne avec vue superbe. 3 chambres de 2 à 5 pers. (1 chambre niveau 3 épis). Salle de bains privée ou commune, salon, salle de séjour, TV. Chauffage central. Jardin, cour.

Prix : 1 pers. **23/27 €** 2 pers. **29/35 €** 3 pers. **38/46 €** pers. sup. **9/11 €**
Ouvert : Toute l'année.

🐕	🏊	🎾	🎣	🌲	🚶	🐎	🏰	🍷	🚴	🚂	⛵
	4	4	3	0,5	18	20	8		4	30	4

Marie-Josephe LARONZE - Le Bourg - 71520 TRIVY - Tél. : 03 85 50 22 36

UCHIZY
🍷 *C.M. 69 Pli 19/20*

4 ch. — 4 chambres dans maison de caractère sur une exploitation viticole au calme. 1 ch. 4 pers., 1 ch. 3 pers., 1 ch. 2 pers. et lit d'enfant, 1 ch. 2 pers. Salle d'eau/bains et wc particuliers. Coin-cuisine équipée réservée aux hôtes, séjour, cour, jeux, parking. Dégustation des vins de la propriété. Langue parlée : anglais.

Prix : 1 pers. **32 €** 2 pers. **43 €** 3 pers. **55 €** pers. sup. **13 €**
Ouvert : Toute l'année.

🐕	🏊	🎾	🎣	🌲	🚶	🐎	🏰	🍷	🚴	🚂	⛵
	10	10	2	0,5	15	0,5	10		2		0,5

Annick SALLET - Route de Chardonnay - Domaine de l'Arfentière - 71700 UCHIZY - Tél. : 03 85 40 50 46 ou 06 89 93 02 75 - Fax : 03 85 40 58 05

UXEAU Le Carrège
(TH) *C.M. 69 Pli 16*

2 ch. — Deux chambres d'hôtes indépendantes sur une exploitation (bovins, volailles, chèvres), située sur la départementale 25. 2 lits 2 pers., 1 lit 2 pers., 1 lit bébé. Salle de bains et wc privés. Salle à manger, salon. Produits fermiers. Vue panoramique sur le Mont Dardon.

Prix : 1 pers. **27 €** 2 pers. **37 €** 3 pers. **46 €** pers. sup. **9 €** repas **12 €**
Ouvert : Toute l'année.

🐕	🏊	🎾	🎣	🌲	🚶	🐎	🏰	🍷	🚴	🚂	⛵
	4	7	4	2	3	7	3			23	3

Jean-Michel AUGARD - Le Carrège - 71130 UXEAU - Tél. : 03 85 85 39 79

VARENNES-SOUS-DUN La Saigne
(TH) 🐑 *C.M. 73 Pli 8*

3 ch. — Entre prairies et forêts, sur une exploitation agricole traditionnelle du Charolais Brionnais, Michèle et Alain proposent, dans une maison indépendante, 3 chambres dont une type suite pour 4 personnes, salle de bains ou salle d'eau et wc privés. Coin-cuisine. VTT ou vélos à disposition. Chauffage central. Table d'hôtes sur réservation. Langue parlée : anglais.

Prix : 1 pers. **32 €** 2 pers. **40 €** 3 pers. **55 €** pers. sup. **15 €** repas **16 €**
Ouvert : Toute l'année.

🐕	🏊	🎾	🎣	🌲	🚶	🐎	🏰	🍷	🚴	🚂	⛵
	4	4	2	SP	10	30	4	SP	4		4

Alain et Michèle DESMURS - La Saigne - 71800 VARENNES-SOUS-DUN - Tél. : 03 85 28 12 79 ou 06 84 67 14 81 - Fax : 03 85 28 12 79 - E-mail : michelealaindesmurs@wanadoo.fr

---

VENDENESSE-LES-CHAROLLES Sermaize
C.M. 69 Pli 18

2 ch. — 2 chambres d'hôtes. Salle-de-bains et wc pour chacune. Site : ancienne ferme du bocage charollais. Calme assuré. Panorama sur 20 kms. Séjour, cuisine, barbecue, terrasse et vélos à disposition gratuite. Boxes pour chevaux. Restaurant et commerces 1 km. Visites : éthologie du troupeau. Basse-cour : conservatoire de la poule charollaise.

Prix : 1 pers. **29 €** 2 pers. **37 €** pers. sup. **14 €**
Ouvert : Toute l'année.

🐕	🏊	🎾	🚶	🐎	🚴	⛵
	5	1	SP	20	SP	5

Alice BILLOUX - Sermaize - 71120 VENDENESSE-LES-CHAROLLES - Tél. : 03 85 24 06 16 ou 06 82 09 12 52

VENDENESSE-LES-CHAROLLES Virevache
(TH) *C.M. 69 Pli 18*

2 ch. — Monique et Serge seront heureux de vous accueillir dans leurs 2 chambres confortables à la campagne. 1 chambre 2 pers., salle de bains et wc privés. 1 chambre 2 pers. et chambre enfants, salle de bains et wc privés. Accès indép. Séjour, véranda, jardin. Vélos à disposition.

Prix : 1 pers. **32 €** 2 pers. **41 €** 3 pers. **50 €** pers. sup. **9 €** repas **16 €**
Ouvert : Toute l'année.

🐕	🏊	🎾	🎣	🌲	🚶	🐎	🏰	🍷	🚴	🚂	⛵
	10	5	0,5	0,5	0,5	50	15	SP	20		5

Serge et Monique MORVAN - Virevache - Saint-Brancher - 71120 VENDENESSE-LES-CHAROLLES - Tél. : 03 85 24 76 71 - Fax : 03 85 24 76 71 - E-mail : serge-monique.morvan@wanadoo.fr

Saône-et-Loire — Bourgogne

VENDENESSE-LES-CHAROLLES Plainchassagne
C.M. 69 Pli 18

4 ch. Ferme ancienne restaurée. 4 ch. (2/3 pers.) indépendant dont 2 ch. accès direct jardin. Calme assuré. R.d.c. ou étage : lits 1 pers. jumeaux, lits 2 pers., lit bébé, bains/douche et wc privés. Coin-cuisine à dispo. Séjour, salon. Véranda. Parc fleuri. Parking. Poss. circuit découverte de la Région à vélo sur demande. Restaurant 4 km. Langue parlée : anglais.

Prix : 1 pers. **34** € 2 pers. **41** € 3 pers. **53** € pers. sup. **12** €
Ouvert : Toute l'année.

🐕	🏊	🎾	⛵	🚶	🐎	🏛	🍴	🚴	🚉
	7	7	3	SP	20	35	25	7	24	7

Jean et Anne MALACHER - Plainchassagne - 71120 VENDENESSE-LES-CHAROLLES - **Tél. :** 03 85 24 70 22 - **Fax** : 03 85 24 70 22 -
E-mail : ajmalacher@free.fr

VERGISSON
(TH) *C.M. 69 Pli 19*

2 ch. 1 chambre (2 pers.), un studio (2 pers.). Lits sup. possibles. Douche, wc privatifs. Accès indépend. Situés entre les Roches Solutré-Vergisson. Jardin clos, terrasse. Escalade sur place. Table d'hôtes sur réservation. Langues parlées : anglais, allemand.

Prix : 1 pers. **30** € 2 pers. **40** € 3 pers. **50** € repas **13** €
Ouvert : Toute l'année.

🐕	🏊	🎾	⛵	🚶	🐎	🏛	🍴	🚴	🚉
	11	4	3	0,3	8	SP	15	11	4	4

Ineke et Jean-Claude MORLON - Le Bourg - 71960 VERGISSON - **Tél. :** 03 85 35 84 59 - **Fax** : 03 85 22 80 81 -
E-mail : ineke.morlon@club-internet.fr

VEROSVRES Le Rocher
C.M. 69 Pli 18

3 ch. 3 ch. d'hôtes dont 1 double, amén. à l'ét. de maison récente, pays natal de Ste-Marguerite Marie Alacoque. Site panoramique. A 800 m de la RN79. Accès indép. 2 ch. (2 et 3 pers.), s.d.b. et wc privés. 1 ch. double (4 à 5 pers.), s. d'eau et wc privés. Salon commun, cheminée, TV, terrasse, cour, terrain clos. Restaurants 3 et 4 km.

Prix : 1 pers. **35** € 2 pers. **42/43** € pers. sup. **10** €
Ouvert : Toute l'année.

🐕	🏊	🎾	⛵	🚶	🐎	🍴	🚉
	5	5	0,8	0,8	5	30	0,5

Roger et Ginette CARETTE - Le Rocher - 71220 VEROSVRES - **Tél. :** 03 85 24 80 53 ou 06 83 55 68 16

VERZE Verchizeuil
C.M. 69 Pli 19

5 ch. Dans une maison de caractère. 3 ch. de 2 à 4 pers. avec s. d'eau ou s.d.b., wc privés et 1 ch. de 3 pers. avec s. d'eau privée et wc communs. 1 ch. de 4 pers. (cabinet de toil., wc communs). Chauf. central. Salle séj./coin-cuis., prise TV, cheminée. Garage. Restaurant à 200 m. Langues parlées : anglais, allemand.

Prix : 1 pers. **24/30** € 2 pers. **29/40** € 3 pers. **42/53** € pers. sup. **12/13** €
Ouvert : Toute l'année.

🐕	🏊	🎾	⛵	🚶	🐎	🏛	🍴	🚴	🚉
	6	6	SP	SP	6	0,2	20	SP	10	4

Marie-Pierre MARTEAUX - Verchizeuil - 71960 VERZE - **Tél. :** 03 85 33 36 10 - **Fax** : 03 85 33 36 10

VERZE Escolles
C.M. 69 Pli 19

5 ch. Au cœur du vignoble du Mâconnais, dans très jolie propriété (XVIIe). Vaste parc arboré. 5 ch. d'hôtes : s. d'eau ou s.d.b. 3 ch. (7 lits 1 pers.). 1 ch. (1 lit 2 pers.). 1 ch. (2 lits 2 pers.) au 1er étage. Salle petit déjeuner. Coin-salon réservé aux hôtes. Langues parlées : anglais, espagnol.

Prix : 1 pers. **38** € 2 pers. **60** € 3 pers. **84** € pers. sup. **23** €
Ouvert : Toute l'année.

🐕	🏊	🎾	⛵	🚶	🐎	🏛	🍴	🚴	🚉
	8	5	3	SP	4	0,3	20	14	14	3

Yvan et Monique DE POTTER - Château d'Escolles - 71960 VERZE - **Tél. :** 03 85 33 44 52 ou 06 83 36 52 50 - **Fax** : 03 85 33 34 80 -
E-mail : info@gite-escolles.com - www.gite-escolles.com

LA VINEUSE
C.M. 69 Pli 18

5 ch. 5 chambres d'hôtes confortables (dont 1 access. aux pers. handicapées). Cadre exceptionnel. Salle d'eau ou salle de bains et wc privés. Salon (salle petit déjeuner) réservé aux hôtes. Cuisine à disposition. TV dans chaque chambre. Terrain clos aménagé. Piscine privée. Vélos à dispos. Table d'hôtes le samedi, dimanche et lundi. Langue parlée : anglais.

Prix : 1 pers. **53** € 2 pers. **61/76** € 3 pers. **91** € pers. sup. **15** €
Ouvert : De Pâques au 30 septembre. Sur demande hors saison.

🐕	🏊	🎾	⛵	🚶	🐎	🏛	🍴	🚴	🚉
	SP	7	5	SP	2	15	19	SP	35	7

Julie SERRES - Le Bourg - La Maîtresse - 71250 LA VINEUSE - **Tél. :** 03 85 59 60 98 - **Fax** : 03 85 59 65 26 -
E-mail : serres.chris@wanadoo.fr - www.netacf.com/maitresse

Bourgogne   Saône-et-Loire

VIRE Domaine des Chazelles   C.M. 69 Pli 19

1 ch.   1 chambre d'hôte pour 2 pers. dans maison vigneronne typique. Accès indépendant. Etage : salle de bains, wc particuliers. Salon, véranda commune. Cour close et ombragée. Dégustation et vente de Viré-Clessé à la propriété. Langue parlée : anglais.

Prix : 1 pers. 38 € 2 pers. 53 €
Ouvert : Toute l'année.

3	6	6	6	SP	4	0,5

Jean-Noel et Josette CHALAND - Domaine des Chazelles - 71260 VIRE - Tél. : 03 85 33 11 18 - Fax : 03 85 33 15 58

VIRE Les Cochets   C.M. 69 Pli 19

3 ch.   3 chambres indépendantes dans village viticole. Maison entièrement rénovée. 1 studio avec kitchenette et 2 chambres pour 2 pers. Salles d'eau et wc privatifs et séparés. Accès indépendant. Séjour et salon réservés aux hôtes. Jardin, cour fermée. Golf, nombreuses possibilités de loisirs 5 km.

Prix : 1 pers. 38 € 2 pers. 46 € pers. sup. 14 €
Ouvert : Du 1er mars au 15 novembre.

7	7	4	SP	5	SP	25	13	4	1

Michèle NOBLET - Les Cochets - 71260 VIRE - Tél. : 03 85 33 92 54

VIRE Vérizet   C.M. 69 Pli 19

1 ch.   Bruno, artiste peintre, et Christine, vous accueillent dans leur vieux moulin du XVIIe siècle. Chambre pour 2 pers. avec douche, wc, kitchenette. Cheminée et galerie privée. Propriété close en bord. rivière, terrasse ombragée. Ping-pong. Restaurant à prox. Langues parlées : anglais, espagnol.

Prix : 1 pers. 50 € 2 pers. 55 €
Ouvert : Toute l'année.

17	6	3	1	6	1	SP	17	1,5

Bruno et Christine SCHURR - Le Moulin Lingotte - Verizet - 71260 VIRE - Tél. : 03 85 33 10 23 - Fax : 03 85 33 10 23 -
E-mail : brunoschurr@aol.com

VIRY Le Monastère   C.M. 69 Pli 18

E.C. 2 ch.   Claude vous accueille dans cet ancien mépart du XVe siècle, situé au cœur du village, en plein pays charolais à quelques minutes de Paray-le-Monial. 2 vastes et confortables chambres pour 2 à 3 pers. avec salles de bains et wc privatifs ont été aménagées et décorées avec goût. Vaste jardin clos. Ping-pong. Parking privatif.

Prix : 1 pers. 43 € 2 pers. 53 € 3 pers. 61 €
Ouvert : Du 15 mars au 30 novembre (sur réservation le reste de l'année).

7	7	0,1	3	SP	20	40	20	20	20	7

Claude DUSSERT - Le Monastère - 71120 VIRY - Tél. : 03 85 24 00 92 - E-mail : dussert1@libertysurf.fr

VITRY-EN-CHAROLLAIS Les Bruyères   C.M. 69 Pli 17

6 ch.   Chambres de 2 à 4 pers. dans une ferme d'élevage biologique de bovins charolais avec, en plus une vache laitière, des porcs, des volailles, le jardin et le pain maison pour des repas nature. Accès indépendant. Salle d'eau et wc privatifs. Salle de séjour et cuisine réservées aux hôtes. Jardin. Table d'hôtes sur réservation. Espéranto. Langue parlée : anglais.

Prix : 1 pers. 28 € 2 pers. 38 € 3 pers. 48 € pers. sup. 10 €
repas 14 €
Ouvert : Toute l'année.

	1

Guy MERLE - Les Bruyères - 71600 VITRY-EN-CHAROLLAIS - Tél. : 03 85 81 10 79 - Fax : 03 85 81 10 79 -
E-mail : merle.vitry@libertysurf.fr

Yonne
Bourgogne

GITES DE FRANCE
Chambre d'Agriculture
14 bis rue Guynemer - 89015 AUXERRE Cedex
Tél. 03 86 94 22 22 ou 03 86 46 01 39 - Fax 03 86 94 22 23

ANCY-LE-FRANC
C.M. 65 Pli 7

5 ch. Sur une île de deux hectares face au palais renaissance d'Ancy-le-Franc. 4 suites raffinées, dont une de 150 m^2 en duplex avec terrasse de toit privée (130 à 183 €), de 2 à 4 personnes et une chambre 2 personnes, aménagées dans un moulin du 17e siècle sur le port du canal de Bourgogne. Parc avec chevaux, terrasses sur rivière et sur bief, salle des machines avec production d'électricité, galerie d'art, ateliers peinture et vitraux. Pêche, attelage, VTT, vins régionaux. Langue parlée : anglais.

Prix : 1 pers. 49 € ♦ 2 pers. 53/64 € ♦ 3 pers. 78 €
Ouvert : Du 1er avril au 31 octobre.

17	1	SP	SP	SP	15	SP	12	1	1

GUIENNOT Marie-Pierre et Jean-Louis - Le Moulin - Chemin de Halage - 89160 ANCY-LE-FRANC - Tél. 03 86 75 02 65 - Fax : 03 86 75 17 97 - E-mail : info@moulin-ancy.com - http ://www.moulin-ancy.com

---

ARCY-SUR-CURE
C.M. 65 Pli 5/6

E.C. 2 ch. Aux portes du Morvan, au bord de la rivière Cure, 2 chambres d'hôtes avec sanitaires particuliers dans une maison bourgeoise et familiale. 1 ch. au rez-de-chaussée pour 2 pers. et 1 ch. au 1er étage pour 2 à 4 pers. (familiale). Séjour/salon avec cheminée et TV. Jardin clos. Parking. Animaux admis sur demande. Les grottes d'Arcy fort connues, sont en amont du village. Sentiers de randonnée à proximité. Gare et commerces au village. Langue parlée : anglais.

Prix : 1 pers. 34 € ♦ 2 pers. 43 € ♦ 3 pers. 52 €
Ouvert : Toute l'année.

20	SP	SP	SP	1	SP	SP

Mark et Corinne BOSTIN - 58, rue du Gué - 89270 ARCY-SUR-CURE - Tél. 03 86 81 93 49 - Fax : 03 86 81 93 49 - E-mail : bostin@wanadoo.fr

---

BEAUVOIR
C.M. 65 Pli 4

2 ch. La Buissonnière vous accueille dans un parc de verdure, avec étang et piscine. 2 grandes chambres en rez-de-jardin avec entrée indépendante, comprenant chacune : mezzanine, salle de bains, wc indépendants et terrasse privative. Les petits déjeuners vous seront servis l'été au bord de la piscine ou sous la véranda, l'hiver au coin de la cheminée. Langue parlée : anglais.

Prix : 1 pers. 44 € ♦ 2 pers. 50 € ♦ 3 pers. 69 € ♦ pers. sup. 18 € repas 13 €
Ouvert : Toute l'année.

SP	6	SP	8	SP	6	30	30	10	20	10

Daniel et Bernadette NOGIER - « La Buissonnière » - cidex 125 - 89240 BEAUVOIR - Tél. 03 86 41 15 07 - Fax 03 86 41 15 07

BROSSES
C.M. 65 Pli 15

5 ch. Au cœur d'un village, dans une ancienne maison rénovée : 3 chambres d'hôtes avec sanitaires particuliers. Dans un bâtiment indépendant, un salon avec cheminée est à la disposition des vacanciers, au 1er étage se trouve une chambre avec sanitaires privés. Dans le pigeonnier 1 chambre au 1er étage avec sanitaires au rez-de-chaussée. Terrasse privée pour chaque chambre. Piscine privée non surveillée. Jardin fleuri. Langues parlées : allemand, anglais.

Prix : 1 pers. 50/55 € ♦ 2 pers. 55/60 € ♦ pers. sup. 25 € ♦ repas 25 €
Ouvert : Toute l'année.

SP	5	5	SP	SP	4	12	5

Claude et Noëlle COUJOUR - La Colombière - 60 Grande Rue - 89660 BROSSES - Tél. 03 86 32 42 34 - Fax : 03 86 32 42 44 - E-mail : la-colombiere@wanadoo.fr - http ://www.la-colombiere.com

---

BUSSIERES Ferme des Ruats
C.M. 65 Pli 17

3 ch. 3 chambres d'hôtes aménagées à l'étage d'une maison restaurée située en pleine campagne. 2 chambres 3 pers. et 1 chambre 2 pers. avec sanitaires communs. Table d'hôtes sur réservation. Parking. Activités équestres et randonnées sur place. Promenades pédestres au départ de la ferme. Location et circuit VTT à proximité. Voile 12 km, restaurant 3 km.

Prix : 2 pers. 31/35 € ♦ 3 pers. 41 € ♦ repas 16 €
Ouvert : Toute l'année.

18	18	SP	SP	SP	SP	18	6

Christian et Nelly VINET - Ferme des Ruats - 89630 BUSSIERES - Tél. : 03 86 33 16 57 - Fax : 03 86 33 16 57

Bourgogne — Yonne

CERISIERS La Montagne
C.M. 61 Pli 14

1 ch. — 1 chambre aménagée au rez-de-chaussée d'un bâtiment contigü à une ancienne maison seigneuriale, située sur une exploitation agricole, en pleine campagne. 1 lit 2 personnes, 1 lit 1 personne. Salle d'eau et wc particuliers. Salon. Cheminée. Chauffage central. Etang et sentiers, lisière de la forêt d'Othe. Sur la route du cidre. Animaux de la ferme. Ligne de car direct Paris/Cerisiers tous les jours sauf mercredi.

Prix : 1 pers. 27 € 2 pers. 32 € 3 pers. 39 € pers. sup. 7 € repas 14 €
Ouvert : Toute l'année.

20	8	1	SP	SP	4	25	8	20	2

Michel et Mariette AUBERT HOOGENDAM - La Montagne - 89320 CERISIERS - Tél. : 03 86 96 22 58

CHAMPIGNELLES Les Perriaux
A — *C.M. 65 Pli 3*

1 ch. — 1 chambre de 4 personnes au 1er étage, au dessus d'une ferme-auberge, avec salle d'eau et wc particuliers, sur une exploitation agricole. Coin-kitchnette. Maison du 16e siècle entourée de verdure et de fleurs. Terrain avec aire de jeux. Parking.

Prix : 1 pers. 50 € 2 pers. 53 € 3 pers. 69 €
Ouvert : De Pâques à la Toussaint.

15	3,5	SP	3	20	18	30	45	3	

Noël et Marie-France GILET - Les Perriaux - 89350 CHAMPIGNELLES - Tél. : 03 86 45 17 91 - Fax : 03 86 45 16 14 -
E-mail : fermeauberge@lesperriaux.com

CHARNY Ferme du Gué de Plénoise
C.M. 65 Pli 3

4 ch. — Sur une exploitation agricole d'élevage, 4 chambres d'hôtes dont une avec mezzanine, aménagées à l'étage de la maison du propriétaire, en pleine campagne, en bordure de rivière. Sanitaires particuliers pour chaque chambre. Salon, bibliothèque, TV. Table d'hôtes sur réservation. Bébé gratuit. Jardin. Balançoire, toboggan, jeux de société. Découverte de l'atelier « traite des vaches ». Chemins de randonnées (GR de Puisaye 13). Chantier médiéval à 40 km. Autocar hebdomadaire Paris-Charny. Restaurant 5 km.

Prix : 1 pers. 30 € 2 pers. 46 € 3 pers. 58 € pers. sup. 12 € repas 17 €
Ouvert : Toute l'année.

5	5	SP	SP	SP	10	30	5	30	40	5

Daniel et Dominique ACKERMANN - Ferme du Gue de Plenoise - 89120 CHARNY - Tél. : 03 86 63 63 53

CHEVANNES Château de Ribourdin
C.M. 65 Pli 5

5 ch. — 5 chambres d'hôtes aménagées dans les dépendances d'un château du XVIe avec pigeonnier renaissance, au milieu des champs à 300 m du village. Sanitaires particuliers. 1 chambre accessible aux personnes handicapées. Salon, salle de séjour. Jardin fleuri, piscine privée non surveillée, parking. Commerces et restaurant 0,4 km. Location de VTT. Langue parlée : anglais.

Prix : 1 pers. 50 € 2 pers. 57/65 € 3 pers. 76 € pers. sup. 11 €
Ouvert : Toute l'année.

SP	1	7	3	SP	2	7	20	7	0,4

BRODARD Claude et Marie-Claude - Château de Ribourdin - 89240 CHEVANNES - Tél. : 03 86 41 23 16 - Fax : 03 86 41 23 16

CHICHERY
C.M. 65 Pli 5

1 ch. — Au centre du village, ancienne fermette rénovée avec jardin sur 1800 m². Au 1er étage, 1 chambre d'hôtes double convenant à une même famille avec sanitaires particuliers (1 chambre 1 lit 2 pers., 2e chambre 2 lits 1 pers.). Coin-kitchnette. Les petits déjeuners vous seront servis dans une véranda donnant sur le jardin. Grand calme.

Prix : 1 pers. 34 € 2 pers. 40 € 3 pers. 58 €
Ouvert : Toute l'année sauf avril.

14	SP	1	4	14	9	3

Jean et Jacqueline RIVIERE - 18 rue du Milieu - 89400 CHICHERY-LA-VILLE - Tél. : 03 86 73 23 69

COLLAN
C.M. 65 Pli 6

3 ch. — Chablis 6 km. 3 chambres d'hôtes 2 pers. aménagées dans une ancienne maison rénovée au cœur du village. 1 ch. 2 lits 1 pers. au r.d.c., 2 ch. 1 lit 2 pers. au 1er étage. Sanitaires particuliers. Entrée indépendante. Jardin d'hiver. Table d'hôtes lundi, mardi et jeudi d'avril à septembre sur réservation la veille avant 17 H. Parking. Jardin. Sentiers balisés. Enfant supplémentaire de 3 à 10 ans : 11 €. Le propriétaire a aussi un gîte rural et un gîte d'étape. Restaurant 6 km. Taxe de séjour en supplément.

Prix : 1 pers. 34 € 2 pers. 42 € 3 pers. 53 € repas 16 €
Ouvert : Toute l'année, sur réservation du 1er novembre au 31 mars.

10	SP	6	SP	SP	8	6	6	20	10	6

Gilles LECOLLE - La Marmotte - 2, rue de l'Ecole - 89700 COLLAN - Tél. : 03 86 55 26 44 - Fax : 03 86 55 00 08 -
E-mail : lamarmotte.glecolle@wanadoo.fr - http ://www.bonadresse.com/bourgogne/collan.htm

Yonne
Bourgogne

COULANGES-LA-VINEUSE
C.M. 65 Pli 5

▐▐▐ 1 ch. Dans un village au cœur des vignes et des cerisiers, dans une maison de caractère, au 1er étage, une chambre double convenant à une même famille (1ère chambre lit 160, 2e chambre lit 140) avec salle de bains et wc particuliers. Entrée indépendante, cuisine, salon privatif. Jardin, garage. Animaux admis sur demande. Langue parlée : anglais.

Prix : 1 pers. 46 € ◦ 2 pers. 50 € ◦ 3 pers. 66 € ◦ pers. sup. 12 €
Ouvert : Toute l'année (hiver sur réservation).

🐕	🏊	🎾	🌲	🚴	🏇	🏠	⛳	🎣	🚤
15	SP	5	3	SP	6	SP	5	SP	

Sylvie NAUDET - 53, rue André Vildieu - 89580 COULANGES-LA-VINEUSE - Tél. : 03 86 42 24 88 - E-mail : SylvieNaudet@aol.com

CRUZY-LE-CHATEL
C.M. 65 Pli 7

▐▐▐ 4 ch. 4 chambres d'hôtes aménagées au 1er étage d'un ancien relais de poste située dans un charmant village du Tonnerrois : 1 ch. 2 pers. avec salle d'eau et wc particuliers, 1 ch. 3 pers. avec salle de bains et wc particuliers, 2 ch. 4 pers. avec salle de bains et wc particuliers salon/bibliothèque. Cour fleurie avec salon de jardin et aire de pique-nique. Parking. Buanderie avec lave-linge et fer à repasser à disposition. Restaurant sur place. Voile 15 km. Gratuit jusqu'à 2 ans. Notions d'anglais. Taxe de séjour. Langue parlée : anglais.

Prix : 1 pers. 27 € ◦ 2 pers. 37/42 € ◦ 3 pers. 55 €
Ouvert : Toute l'année.

🐕	🏊	🎾	🌲	🚴	🏇	🏠	⛳	🎣	🚤
20	12	10	SP	SP	15	12	15	12	20	12

Paul et Monique BATREAU - 2 rue de la Ville - Le Relais - 89740 CRUZY-LE-CHATEL - Tél. : 03 86 75 22 76

DANNEMOINE
C.M. 65 Pli 7

▐▐▐ 4 ch. Dans une maison de caractère dans le village. Au premier étage, 2 chambres d'hôtes 2 pers. avec salles d'eau et wc particuliers. Au 2e étage, 1 chambre 2 pers. et 1 chambre 3 pers. avec salles de bains et wc particuliers. Grand salon/séjour au 1er étage (bibliothèque, TV). Terrain clos ombragé avec parking. Région viticole et nombreux châteaux.

Prix : 1 pers. 39/46 € ◦ 2 pers. 46/54 € ◦ 3 pers. 61 € ◦ pers. sup. 10 €
Ouvert : De Pâques à fin septembre sur réservation 3 jours à l'avance.

🐕	🏊	🎾	🌲	🚴	🏇	🏠	⛳	🎣	🚤
7	7	0,3	2	SP	10	7	15	7	7

Jean-François KUZIO - 5 route Paris Genève - La Bichonnière - 89700 DANNEMOINE - Tél. : 03 86 55 53 56 - Fax : 03 86 55 53 56

DRUYES-LES-BELLES-FONTAINES La Fosse Aux Prêtres (TH) 🐑
C.M. 65 Pli 14

E.C. 2 ch. Dans une ancienne ferme rénovée, deux chambres d'hôtes avec sanitaires particuliers au 1er étage. Cadre agréable et calme dominant la campagne, dominant un des plus beaux villages du sud de l'Yonne entre St-Fargeau et Vezelay. Séjour/salon avec cheminée. Table d'hôtes sur réservation la veille avant 17 h.

Prix : 1 pers. 32 € ◦ 2 pers. 40 € ◦ 3 pers. 48 € ◦ repas 15 €
Ouvert : Toute l'année.

🐕	🎾	🌲	🚴	🏇	🏠	⛳	🎣	🚤
3	3	SP	SP	20	3	3	18	3

Roger et Maria MILLOT - La Fosse aux Prêtres - 89560 DRUYES-LES-BELLES-FONTAINES - Tél. : 03 86 41 52 18 ou 06 70 26 21 86 - Fax : 03 86 41 98 60

EGLENY
C.M. 65 Pli 4

▐▐▐ 4 ch. Au cœur du village, 4 chambres d'hôtes aménagées dans un pavillon à l'entrée de la propriété du château d'Egleny, demeure néo-classique du 19e siècle. 2 chambres au 1er étage et 2 chambres au 2e étage, toutes avec sanitaires particuliers. Salon, bibliothèque. Centre de formation aux Arts Textiles et Loisirs Créatifs. Langues parlées : anglais, allemand.

Prix : 1 pers. 36 € ◦ 2 pers. 46 € ◦ 3 pers. 57 €
Ouvert : De Pâques au 15 décembre (réveillon nouvel an sur demande).

🐕	🏊	🎾	🌲	🚴	🏇	🏠	⛳	🎣	🚤
7	7	SP	6	SP	7	20	35	10	20	7

Roger et Martine BALTUS - Château d'Egleny - 6 place du Marché - 89240 EGLENY - Tél. : 03 86 41 08 16 - Fax : 03 86 41 14 41

ESCOLIVES-STE-CAMILLE 🍷 🛏 (TH) 🐑
C.M. 65 Pli 5

▐▐▐ 5 ch. Belle maison fortifiée du XVIIe siècle sur 700 m² de caves superposées. A l'étage, 5 chambres d'hôtes dont 3 avec salles d'eau et wc particuliers et 2 avec salles de bains et wc particuliers. Chambres de 2, 3 ou 4 personnes. Séjour, TV., bibliothèque. Entrée indépendante. Piscine privée non chauffée et non surveillée commune aux chambres et gîte. Jardin avec ping-pong. Salon de jardin. Parking. Visite des caves, initiation à la dégustation. Table d'hôtes sur réservation. Langues parlées : allemand, anglais.

Prix : 1 pers. 37 € ◦ 2 pers. 43/46 € ◦ 3 pers. 52 € ◦ pers. sup. 9 € ◦ repas 20 €
Ouvert : Toute l'année.

🐕	🏊	🎾	🌲	🚴	🏇	🏠	⛳	🎣	🚤
SP	2	2	2	SP	4	SP	30	3	3

Régine BORGNAT - 1 rue de l'Eglise - 89290 ESCOLIVES-STE-CAMILLE - Tél. : 03 86 53 35 28 - Fax : 03 86 53 65 00 - E-mail : domaineborgnat@wanadoo.fr

Bourgogne — Yonne

ESCOLIVES-STE-CAMILLE La Cour Barrée   C.M. 65 Pli 5

5 ch. Dans un très joli parc fleuri : 5 chambres d'hôtes dont une double pour une famille de 4 personnes, avec sanitaires particuliers, aménagées dans une ancienne ferme du XVIIIème, le long du canal du nivernais, au cœur du vignoble. Entrée indépendante. salle de séjour, salon avec télévision, coin-kitchnette, bibliothèque, cheminée. Piscine non surveillée. Parking clos. Terrain de boules, salon de jardin, barbecue, table de ping-pong à disposition.

Prix : 1 pers. 32 € ◊ 2 pers. 43/53 € ◊ 3 pers. 59 € ◊ pers. sup. 12 €
Ouvert : Toute l'année.

SP	1	SP	1	1	20	1	25	1	1	

Raymond TRIPOT - 12 bis, route de Vaux - 4, rue du canal-La Cour Barrée - 89290 ESCOLIVES - Tél. : 03 86 53 35 98 ou 06 87 12 56 92 - Fax : 03 86 53 35 98 - E-mail : rtrip@wanadoo.fr - http ://perso.wanadoo.fr/raymond.tripot

ETAIS-LA-SAUVIN Les Joux (TH) C.M. 65 Pli 14

3 ch. Au cœur d'un hameau situé en pleine campagne, dans une ferme rénovée, Didier et Solange, producteurs de foie gras, vous accueillent dans leurs trois chambres d'hôtes dont une double convenant à une même famille, avec sanitaires privés. Salle de séjour avec cheminée, piano, livres. Table d'hôtes sur réservation. Forêt sur place. Tarif enfant : 8 €.

Prix : 1 pers. 23 € ◊ 2 pers. 32/37 € ◊ 3 pers. 41 € ◊ repas 13 €
Ouvert : Toute l'année.

12	3	8	SP	SP	20	25	20	12	13	3

Didier et Solange GIRAULT - 4 les Joux - 89480 ETAIS-LA-SAUVIN - Tél. : 03 86 47 24 09 - Fax : 03 86 47 24 09

FOISSY-SUR-VANNE C.M. 61 Pli 15

5 ch. A l'orée du village, sur le bief de la Vanne, ancien moulin (17 et 19 ème). 5 chambres d'hôtes avec chacune salle de bains de grand confort et antichambre. Grand salon avec cheminée monumentale et TV. Petit salon TV à l'usage des hôtes et coin-jeu pour enfants. Terrasse et galerie couverte sur l'eau. Salons de jardin. barbecues à disposition. Parking couvert et garage. Pêche possible. Restaurant 5 km. Sortie A5 à 8 km. Langues parlées : anglais, allemand.

Prix : 1 pers. 37/46 € ◊ 2 pers. 46/54 € ◊ 3 pers. 54/67 € ◊ pers. sup. 9 €
Ouvert : Du 1er avril au 31 octobre, sur réservation du 01/11 au 31/03.

SP	3	SP	20	8	23	5

Gérard et Geneviève KOHLER-COUVIDAT - 5 rue du Moulin - 89190 FOISSY-SUR-VANNE - Tél. : 03 86 86 71 74 - Fax : 03 86 86 71 74 - http ://www.bonadresse.com/Bourgogne/Foissy-sur-Vanne.htm

FONTAINES La Bruère (TH)  C.M. 65 Pli 4

3 ch. 3 chambres d'hôtes avec sanitaires particuliers aménagées à l'étage d'une exploitation agricole d'élevage, en pleine campagne. Salle de séjour avec cheminée. Jardin. Parking.

Prix : 2 pers. 38 € ◊ repas 14 €
Ouvert : Toute l'année.

8	8	4	5	SP	8	8	32	7

Guy et Chantal JORRY - La Bruère - 89130 FONTAINES - Tél. : 03 86 74 30 83

GY-L'EVEQUE (TH) C.M. 65 Pli 5

5 ch. 5 chambres d'hôtes avec sanitaires particuliers au 1er étage d'un ancien bâtiment entièrement restauré sur une exploitation agricole. Salle de séjour avec cheminée. Village où l'on découvre la célèbre cerise appelée marmotte. En mai et juin, vous serez invités à la déguster et aussi à la cueillir. Chasse en saison. Table d'hôtes le week-end sur réservation.

Prix : 1 pers. 42 € ◊ 2 pers. 46/51 € ◊ 3 pers. 55 € ◊ pers. sup. 14 € ◊ repas 20 €
Ouvert : Toute l'année sauf janvier.

10	SP	10	SP	SP	4	4	10	SP

Martial et Chantal MOYER - 2, rue de la Fontaine - 89580 GY-L'EVEQUE - Tél. : 03 86 41 61 64 - Fax : 03 86 41 74 17

HAUTERIVE Chichy  C.M. 65 Pli 5

3 ch. 3 chambres dans une dépendance d'un presbytère du 18e siècle : 1 ch. (lit 2 pers.) au rez-de-chaussée avec salle d'eau et wc particuliers (1 lit 2 pers., 3 lits 1 pers.). Salle de séjour pour les hôtes et coin-cuisine. Terrasse. Table d'hôtes sur réservation. Jardin, tennis privé sur place, ping-pong, VTT. Animaux admis sur demande. Langue parlée : anglais.

Prix : 1 pers. 30 € ◊ 2 pers. 43/49 € ◊ 3 pers. 53/61 € ◊ pers. sup. 11 € ◊ repas 21 €
Ouvert : Toute l'année.

4	SP	2	SP	SP	5	12	7	8	4

Patrick et Annie DESHAYES - 1 rue St-Martin - Chichy - 89250 HAUTERIVE - Tél. : 03 86 47 74 34 ou 06 18 47 49 25 - Fax : 03 86 47 74 34 - E-mail : cvf1@wanadoo.fr

Yonne   Bourgogne

JOUX-LA-VILLE   C.M. 65 Pli 6

5 ch. — 5 chambres d'hôtes avec sanitaires particuliers, aménagées dans une ancienne grange chez des agriculteurs. 3 chambres 2 pers. dont une acccessible aux personnes handicapées, 2 chambres doubles pour famille de 4 et 5 pers. Entrée indépendante. Salle de séjour, salon. Terrain 8000 m² dont 4500 paysagé. Terrasse, salons de jardin, coin pique-nique. Portique, pétanque, jeux divers. Randonnées guidées hors saison pour groupes de 10 à 15 pers. Gratuit jusqu'à 2 ans. Boulanger et médecin dans le village.

Prix : 1 pers. **30 €** 2 pers. **40 €** 3 pers. **50 €**
Ouvert : Toute l'année.

🐕	🏊	🎾	🏕	🚶	🏇	🏰	🚂	⛴
16	4	12	5	SP	16	16	16	16

Jean-Paul et Maryse GUEUNIOT - Le Clos du Merry - 4 rue Crété - 89440 JOUX-LA-VILLE - Tél. : 03 86 33 65 54 - Fax : 03 86 33 61 72 -
E-mail : closmerry@free.fr

LADUZ   C.M. 65 Pli 4

1 ch. — Dans maison de caractère style « fermette bourguignonne », une chambre d'hôtes pour 2 pers. avec salle de bains et wc particuliers. Cadre verdoyant et fleuri, environnement calme et paisible. Salon/séjour avec TV, jeux de sociétés et bibliothèque réservés aux hôtes. Terrasse abritée. Parking. Animaux acceptés sur demande. Restaurants et services à 4,5 km. Musée des arts populaires dans le village. Autoroute A6 à 15 km. Langue parlée : anglais.

Prix : 1 pers. **38 €** 2 pers. **43 €** pers. sup. **12 €**
Ouvert : Toute l'année.

🐕	🏊	🎾	🏕	🚶	🏇	🏰	⛷	🚂	⛴
	4,5	4,5	0,5	SP	4,5	10	8	12	4,5

Françoise LION - 8 route de Poilly - 89110 LADUZ - Tél. : 03 86 73 76 39 - Fax : 03 86 73 76 39 -
http://www.bonadresse.com/bourgogne/laduz.htm

LAIN   C.M. 65 Pli 4

5 ch. — Dans une ancienne ferme bourguignonne, 5 chambres d'hôtes avec sanitaires particuliers de 2 à 4 personnes dont 1 chambre accessible aux personnes handicapées. Salon réservé aux hôtes. Table d'hôtes uniquement le jeudi, vendredi et samedi sur réservation la veille avant 17 heures. Table de ping-pong, aire de jeux et de pique-nique. Nombreuses activités à proximité (randonnées, stage de poterie, pêche, équitation, baignade..). Animaux acceptés sur demande. Langue parlée : anglais.

Prix : 1 pers. **30 €** 2 pers. **38/41 €** 3 pers. **52 €** repas **15 €**
Ouvert : Du 1er février au 15 novembre.

🐕	🏊	🎾	🏕	🚶	🏇	🏰	🚂	⛴
18	4	10	2	SP	12	11	20	30	SP

Jacques et Arlette ELZIERE - « Art'Monie » - 6, rue du Bourgelet - 89560 LAIN - Tél. : 03 86 45 20 39 - Fax : 03 86 45 21 96 -
E-mail : arlette@artmonie.net - http : //www.artmonie.net

LAINSECQ Le Chatelet   C.M. 65 Pli 4

2 ch. — Deux chambres d'hôtes dans une maison rurale renovée, située dans un village, sur une exploitation agricole. Au rez-de-chaussée, une chambre (2 pers.) avec salle d'eau et wc particuliers et accès extérieur. Au 1er étage, une chambre d'hôtes double (5 pers.) convenant à une même famille avec salle d'eau et wc particuliers. Coin-cuisine. Abri couvert. Restaurant au village.

Prix : 1 pers. **23 €** 2 pers. **27 €** 3 pers. **35 €**
Ouvert : Toute l'année.

🐕	🏊	🎾	🏕	🏇	🏰	⛷	🚂	⛴
	10	10	10	10	20	20	20	30	5

MAX BOURGOIN - 7 rue du Chatelet - 89520 LAINSECQ - Tél. : 03 86 74 70 22

LAINSECQ Montrepare   C.M. 65 Pli 4

3 ch. — Sur un exploitation agricole d'élevage, en pleine campagne, 3 chambres à l'étage avec salle d'eau particulière et wc communs. Salon, TV. Terrasse, salon de jardin, barbecue. Restaurant 3 km.

Prix : 1 pers. **24 €** 2 pers. **30 €**
Ouvert : Toute l'année.

🐕	🏊	🎾	🏇	🏰	⛷	🚂	⛴
	10	10	20	15	10	20	30	10

Gilbert et Nicole MASSE - Montrepare - 89520 LAINSECQ - Tél. : 03 86 74 72 82 - Fax : 03 86 74 72 82

LAVAU   C.M. 65 Pli 3

E.C. 4 ch. — Au milieu d'un environnement calme et reposant, 4 chambres d'hôtes avec sanitaires particuliers aménagées dans les communs du château de la Grange Arthuis.

Prix : 2 pers. **40 €**
Ouvert : Toute l'année.

🐕	🏊	🎾	🏕	🚶	🏇	🏰	⛷	🚂	⛴
	15	10	1	1	1	SP	10	10	30	10

STE AGRICOLE DE LA GRANGE ARTHUIS - 89170 LAVAU - Tél. : 03 86 74 06 20 - Fax : 03 86 74 18 01

Bourgogne

Yonne

LEZINNES
C.M. 65 Pli 7

▦▦▦ 3 ch.   Au 1ᵉʳ étage d'une maison récente de caractère régional, 3 chambres d'hôtes avec sanitaires particuliers. Salon réservé aux hôtes. Terrain clos avec parking. Salon de jardin sous abri. Commerces, restaurant, tennis et gare dans le village. Proche des châteaux de Tanlay et Ancy-le-Franc.

Prix : 1 pers. 35 € 2 pers. 40 €
Ouvert : Toute l'année.

🐕	🏊	🎾	⛵	🌲	🚶	🏰	🎯	🚂
10	SP	SP	3	SP	7	8		SP

Jean et Madeleine **PIEDALLU** - 5 route d'Argentenay - 89160 LEZINNES - Tél. : 03 86 75 68 23

LIGNY-LE-CHATEL Lordonnois
(TH)   *C.M. 65 Pli 5*

▦▦ 2 ch.   Aménagées à l'étage d'une maison au centre du village, 2 chambres d'hôtes double convenant à une même famille avec salle de bains et wc particuliers. Au rez-de-chaussée : séjour/salon avec télévision, coin-kitchnette, salle d'eau et wc. Terrain, parking clos. Table d'hôtes avec produits fermiers.

Prix : 1 pers. 28 € 2 pers. 38 € 3 pers. 58 € repas 19 €
Ouvert : Toute l'année.

🐕	🏊	🎾	⛵	🌲	🐎	🏰	🚂
7	7	3	0,5	3	3	7	3

Hubert et Etiennette **ROLLET** - 7 impasse de la Fontaine - CIDEX 519 - Lordonnois - 89144 LIGNY-LE-CHATEL - Tél. : 03 86 47 42 64 - Fax : 03 86 47 58 15

LINDRY Chazelles
(TH)   *C.M. 65 Pli 4*

▦▦▦ 5 ch.   Aménagées dans une ancienne ferme rénovée, dans un petit hameau très calme : 1 chambre au rez-de-chaussée accessible aux personnes handicapées et 4 chambres au 1ᵉʳ étage, toutes avec sanitaires particuliers. Séjour/salon avec cheminée, bibliothèque. Coin-cuisine à disposition sur accord préalable. Table d'hôtes sur réservation, pas de table dimanche et jours fériés. Terrain de 8200 m². Parking. Jardin. Pré. Terrasse. Pétanque.

Prix : 1 pers. 29/31 € 2 pers. 38/40 € pers. sup. 14/15 € repas 19 €
Ouvert : Toute l'année.

🐕	🏊	🎾	⛵	🌲	🚶	🐎	🏰	🎯	🚂
3	3	5	SP	SP	5	10	15	15	3

Gérard et Eliane **BONFANTI** - La Vederine - CIDEX 500 -N°28 - Chazelles - 89240 LINDRY - Tél. : 03 86 47 10 86 ou 03 86 47 18 78 - Fax : 03 86 47 01 64

LIXY
(TH)   *C.M. 61 Pli 13*

▦▦▦ 3 ch.   Au centre du village, dans une ancienne ferme bourguignonne, 3 chambres d'hôtes avec sanitaires particuliers aménagées dans une grange indépendante construite sur une crypte du 12 ème siècle. Salle de séjour. Documentation et livres de la région à découvrir près d'un four à pain. Table d'hôtes accompagnée de vins de l'Yonne. Confitures maison. Potager et jardin d'agrément.

Prix : 1 pers. 35 € 2 pers. 41 € pers. sup. 11 € repas 17 €
Ouvert : Toute l'année.

🐕	🏊	🎾	⛵	🌲	🚶	🐎	🏰	🎣	🎯	🚂
15	4	10	SP	SP	4	4	20		10	2

Alain et Catherine **BALOURDET** - 16 place de la Liberté - 89140 LIXY - Tél. : 03 86 66 11 39 ou 06 86 65 53 87 - Fax : 03 86 66 11 39 -
E-mail : clos-melusine@infonie.fr - http : //perso.infonie.fr/clos-melusine/

MARMEAUX
C.M. 65 Pli 7

▦▦▦ 1 ch.   Dans une maison ancienne d'un petit village de l'Avallonnais, 1 chambre d'hôtes avec sanitaires particuliers. Grand jardin ensoleillé avec belle vue et très grand calme. Langue parlée : anglais.

Prix : 2 pers. 46 €
Ouvert : Du 15 mars au 1ᵉʳ novembre.

🐕	🏊	🚶	🏰	🚂
22	SP	9	22	5

Jacqueline **LAVAULT** - 9 ruelle de Sauvageot - 89420 MARMEAUX - Tél. : 03 86 32 03 47

MERRY-SEC Pesteau
(TH)   *C.M. 65 Pli 5*

▦▦▦ 1 ch.   1 chambre d'hôtes 4 personnes avec salle d'eau et wc particuliers, aménagée à l'étage avec terrasse et entrée indépendante dans une ferme équestre d'un petit hameau. Coin-cuisine. Salon de jardin. Gîte d'étape à proximité. Animaux sur demande.

Prix : 1 pers. 30 € 2 pers. 37 € 3 pers. 48 € repas 17 €
Ouvert : Toute l'année.

🐕	🏊	🎾	⛵	🌲	🚶	🐎	🏰	🚂
17	2	11	SP	SP	SP	4	17	9

Pierre et Maryse **COEVOET** - Pesteau - 89560 MERRY-SEC - Tél. : 03 86 41 62 63 - Fax : 03 86 41 64 64 -
E-mail : laurence.coevoet@libertysurf.fr

Yonne
Bourgogne

MOLAY Arton (TH) *C.M. 65 Pli 6*

4 ch. Beaucoup de charme dans cette maison de caractère où le calme de la campagne environnante vous séduira. La chaleur d'un habitat rural s'allie à la modernité de certains matériaux. 4 chambres d'hôtes avec sanitaires particuliers dont 2 doubles pour famille de 3 à 5 pers. 1 ch. accessible aux personnes handicapées. Salons avec jeux et livres, salle de séjour. Grand jardin. Table d'hôtes avec spécialités régionales. Stage cuisine du terroir en hiver. La maison est à 11 km de la sortie Autoroute A6 Nitry. Langue parlée : anglais.

Prix : 2 pers. 46/51 € 3 pers. 68 € pers. sup. 17 € repas 19 €
Ouvert : Toute l'année.

19	3	SP	SP	SP	6	7	19	8

Pascal et Corinne COLLIN - Le Calounier - 5 rue de la Fontaine - Arton - 89310 MOLAY - Tél. : 03 86 82 67 81 ou 06 85 84 21 67 - Fax : 03 86 82 67 81 - E-mail : info@lecalounier.fr - http ://www.lecalounier.fr

NAILLY Les Chollets *C.M. 61 Pli 14*

2 ch. Maison de caractère située dans une clairière paysagée au cœur d'une propriété forestière de 18 hectares. Au rez-de-chaussée, 1 chambre d'hôtes double pouvant convenir à une même famille avec sanitaires privés. Au 1er étage : 1 chambre pour 2 pers. avec salle d'eau et wc particuliers. Séjour/salon avec bibliothèque. Promenades en forêt, VTT, badminton, pétanque, jeux de société.

Prix : 1 pers. 32/38 € 2 pers. 38/45 € 3 pers. 55 €
Ouvert : Toute l'année.

6	2,5	7	SP	SP	3	7	3	6	7

Gérard et Michèle PERNOT - La Tuilerie - Les Chollets - 89100 NAILLY - Tél. : 03 86 97 06 58 - Fax : 03 86 97 06 58 - E-mail : gpernot@club-internet.fr

NOYERS-SUR-SEREIN Cours *C.M. 65 Pli 6*

5 ch. **Noyers-sur-Serein (joli village du XIIe siècle) 1,5 km.** Maison de Maître du 19 ème siècle dans un parc arboré. 5 chambres d'hôtes avec sanitaires particuliers (4 chambres au 1er étage et 1 chambre au 2e) dont 2 chambres doubles convenant à une même famille. Salle de séjour avec cheminée. Langue parlée : anglais.

Prix : 2 pers. 58/69 € pers. sup. 15 €
Ouvert : Toute l'année.

SP	SP	SP	32	1,5

Claude MARIE - Château d'Archambault - Cours - 89310 NOYERS-SUR-SEREIN - Tél. : 03 86 82 67 55 - Fax : 03 86 82 67 87 - E-mail : chateau.darchambault.cmarie@wanadoo.fr - http ://www.chateau-archambault.com

NOYERS-SUR-SEREIN *C.M. 65 Pli 6*

2 ch. Sur un parc de 4 ha en bordure du Serein, face à Noyers, dans un moulin à eau du XIXe siècle, une chambre d'hôtes avec salle de bains et wc particuliers au 1er étage, une chambre double convenant à une même famille (ch. 1 : 1 lit 2 pers., ch. 2 : 2 lits 1 pers.) avec salle d'eau et wc particuliers au 2e étage. Séjour-salon-bibliothèque, TV. Four à pain. Parking. Ping-pong, canoë-kayak, pêche privée. Langue parlée : anglais.

Prix : 1 pers. 49 € 2 pers. 55/61 € 3 pers. 73 € pers. sup. 15 €
Ouvert : Toute l'année.

20	10	SP	SP	10	SP	10	15	20	SP

Michel et Monique FACQ - Moulin de la Roche - 89310 NOYERS-SUR-SEREIN - Tél. : 03 86 82 68 13 - Fax : 03 86 82 84 12 - E-mail : facqarch@club-internet.fr

POILLY-SUR-THOLON Bleury *C.M. 65 Pli 4*

3 ch. Dans le hameau de Bleury (D89), 3 chambres d'hôtes aménagées à l'étage d'une maison indépendante située sur une exploitation agricole. Salle de bains et wc particuliers. Prise TV. Salle de séjour/coin-cuisine avec billard. Jardin, cour fermée à la disposition des hôtes. Animaux non admis dans les chambres. Commerces et 2 restaurants sur place. Toboggan aquatique à 5 km. Langue parlée : anglais.

Prix : 1 pers. 34 € 2 pers. 42/45 € 3 pers. 63 €
Ouvert : Périodes scolaires et week-end sur réservation.

5	5	3	SP	7	3	7	7	15	SP

Alain et Chantal CHEVALLIER - 5 rue St-Aubin - Bleury - 89110 POILLY-SUR-THOLON - Tél. : 03 86 63 51 64 - Fax : 03 86 91 53 37

POILLY-SUR-THOLON Sarrigny (TH) *C.M. 65 Pli 4*

5 ch. Situées dans une grande longère au cœur d'un charmant hameau et dans un cadre verdoyant, 5 chambres d'hôtes spacieuses et confortables (lits 2.00 m x 2.00 m) vous accueillent. Activités multiples : promenade calèche, art floral, ping-pong. Sur réservation, Jean-François vous préparera une table d'hôtes gourmande et raffinée. Langue parlée : anglais.

Prix : 1 pers. 49 € 2 pers. 49 € 3 pers. 73 € repas 22 €
Ouvert : Toute l'année.

4	4	4	2	SP	10	10	10	15	4

DANGER Jean-François et Muriel - 7, rue des Chartreux - Sarrigny - 89110 POILLY-SUR-THOLON - Tél. : 03 86 63 59 18 - Fax : 03 86 63 59 19 - E-mail : muriel@lachartreuse.net - http ://www.lachartreuse.net

Bourgogne — Yonne

SACY (TH) C.M. 65 Pli 6

4 ch. 4 chambres d'hôtes avec sanitaires particuliers, dans une ancienne maison de vigneron, sur 3 niveaux, au cœur d'un très vieux village bourguignon. 1 chambre double pour une famille. Séjour, cuisine, point-phone à cartes dans une cave voûtée au rez-de-chaussée. Convivialité et gastronomie à la table d'hôtes sur réservation en compagnie de Maryse et Claude. Jardin, parking. Sur place : randonnées, visites du village et de l'église classée (sur rendez-vous). Animaux acceptés sur demande. Langues parlées : anglais, espagnol.

Prix : 1 pers. **34 €** 2 pers. **44 €** 3 pers. **59 €** pers. sup. **15 €** repas **23 €**

Ouvert : De fin mars à début novembre (reste de l'année : sur réservation).

| 20 | 7 | 7 | SP | SP | 25 | 9 | 30 | 7 | 7 |

Claude et Maryse MOINE - Les Vieilles Fontaines - 89270 SACY - Tél. : 03 86 81 51 62 ou 06 08 25 55 31 - Fax : 03 86 81 51 62 - E-mail : vieillesfontaines@minitel.net

SAUVIGNY-LE-BEUREAL   La Forlonge   (TH)   C.M. 65 Pli 17

5 ch. Entre Morvan et terre plaine, au cœur d'un petit village, découvrez le charme de 5 chambres d'hôtes aménagées dans les anciens greniers à grains d'une authentique ferme bourguignonne. Sanitaires particuliers. Chauffage central. Salle restaurée à l'ancienne, cheminée ouverte. Jardin. Billard, ping-pong. Pêche dans étang privé. Chemins de randonnée.

Prix : 2 pers. **44 €** 3 pers. **55 €** pers. sup. **11 €** repas **13 €**
Ouvert : Toute l'année.

| 5 | 5 | SP | SP | SP | 5 | 5 | 17 | 2 |

Bernard et Jacqueline NOIROT - 5 rue de la Vallée de Beauvoir - La Forlonge - 89420 SAUVIGNY-LE-BEUREAL - Tél. : 03 86 32 53 44 ou 03 86 32 58 28 - Fax : 03 86 32 53 44

ST-FARGEAU   C.M. 65 Pli 3

3 ch. Lac du Bourdon 3 km. Au pied du château, 3 chambres d'hôtes aménagées à l'étage d'une maison de caractère. Au 1er étage 1 chambre 2 pers. et 1 chambre double, au 2e étage 1 chambre 2 pers. Salle d'eau ou salle de bains et wc particuliers. Séjour. Jardin. Restaurant et commerces sur place. Car Paris/St-Fargeau. Animaux admis sur demande. Tennis au village.

Prix : 1 pers. **30 €** 2 pers. **45 €** 3 pers. **60 €**
Ouvert : Toute l'année, sur réservation de la Toussaint à Pâques.

| 10 | SP | SP | SP | 0,5 | 3 | SP | 3 | 30 | SP |

Jean et Micheline BLONDET - 2 passage des Lions - 89170 ST-FARGEAU - Tél. : 03 86 74 15 41 - Fax : 03 86 74 15 41

ST-FARGEAU   (TH)   C.M. 65 Pli 3

3 ch. Lac du Bourdon 3 km. Dans le village, au 1er étage d'une maison bourgeoise, 2 chambres d'hôtes avec salles d'eau et wc particuliers et 1 chambre d'hôtes avec salle de bains et wc particuliers. L'oeil complice se laissera séduire par l'évocation des souvenirs de l'écrivain Colette. Salle de séjour. Salon. Piano. Chauffage central. Terrasse, jardin et parking. Car Paris/ St-Fargeau tous les jours. Langue parlée : anglais.

Prix : 1 pers. **46/49 €** 2 pers. **54/58 €** pers. sup. **17 €** repas **20 €**
Ouvert : Toute l'année.

| SP | 3 | SP | SP | 3 | SP | 3 | 40 | 35 | SP |

MOYE Jean-Sébastien et Christine - 8, rue de l'Hôpital - 89170 ST-FARGEAU - Tél. : 03 86 74 09 99 - Fax : 03 86 74 09 99 - E-mail : christine.moye@wanadoo.fr

ST-GERMAIN-DES-CHAMPS   Le Meix   (TH)   C.M. 65 Pli 6

5 ch. 5 chambres d'hôtes personnalisées aux couleurs des hommes et femmes de lettres de la région aménagées dans une maison de caractère dans un hameau. Chambres au 1er et 2e étages avec sanitaires particuliers. Entrée indép. Séjour, 2 salons. Jardin clos. Parking. Tables d'hôtes sur réservation. Stages de cuisine verte pour groupe 6 pers. Local aménagé pour pêcheur. Langue parlée : anglais et roumain.

Prix : 1 pers. **40 €** 2 pers. **50 €** pers. sup. **11 €** repas **21 €**
Ouvert : Toute l'année.

| 10 | 10 | 2,5 | SP | SP | 15 | 5 | 10 | 10 |

Maureen O'SULLIVAN - 19 route du Morvan - Le Meix - 89630 ST-GERMAIN-DES-CHAMPS - Tél. : 03 86 34 27 63 - Fax : 03 86 34 24 91 - E-mail : Kenmare89@aol.com - http ://www.harasdekenmare.com

ST-MARTIN-SUR-OUANNE   C.M. 65 Pli 3

1 ch. A la sortie du village, sur une exploitation agricole, 1 chambre avec séjour (convertible) et sanitaires particuliers, indépendante de la maison d'habitation. Jardin, terrain, abri couvert. Pêche sur place.

Prix : 2 pers. **35 €** pers. sup. **23 €**
Ouvert : D'avril à octobre.

| 5 | 5 | SP | SP | 5 | 30 | 5 |

Michel et Jocelyne NOUVELLON - 89120 ST-MARTIN-SUR-OUANNE - Tél. : 03 86 91 61 59 - Fax : 03 86 91 61 59

Yonne   *Bourgogne*

ST-PERE-SOUS-VEZELAY Fontette   (TH)   C.M. 65 Pli 16

2 ch. 2 chambres d'hôtes aménagées dans une maison de caractère et de charme. 1 chambre de 2 pers. au rez-de-chaussée et 1 chambre de 3 pers. à l'étage avec vue sur Vezelay et vallée de la cure. Salle d'eau au 1er étage commune aux hôtes. WC particuliers pour chaque chambre. Salle de séjour à la disposition des hôtes. Cheminée, bibliothèque. Idéal pour repos. Randonnées pédestres sur place. Prix du repas varie suivant le menu du jour de 15 à 18 €.

Prix : 2 pers. **37/43** € 3 pers. **52** € pers. sup. **15** € repas **15/18** €
Ouvert : De fin mars à fin septembre.

8	2	2	4	SP	2	SP	8	2

Mireille DEMEULE - Le Petit Cleret - Fontette - 89450 ST-PERE-SOUS-VEZELAY - Tél. : 03 86 33 25 87

STE-MAGNANCE   (TH)   C.M. 65 Pli 17

1 ch. 1 seule grande chambre d'hôtes dans un château du XII° et XIV° siècle entièrement rénové pour 4 personnes avec salle de bains privée. Salon et séjour avec cheminées médiévales en fonction. Sur réservation, table d'hôtes médiévale (55 €), gastronomique (40 à 55 €), végétarienne (31 à 40 €), enfant (15 à 25 €) à base de produits biologiques. Terrain. Garage. Animaux admis sur demande. Langues parlées : allemand, anglais.

Prix : 1 pers. **85** € 2 pers. **85** € 3 pers. **116** € repas **38** €
Ouvert : Toute l'année.

2	SP	2	14	14	SP

Martine COSTAILLE - Château Jaquot - 2 Route d'Avallon - 89420 STE-MAGNANCE - Tél. : 03 86 33 00 22

TANNERRE-EN-PUISAYE La Forge   C.M. 65 Pli 3

5 ch. Moulin du 14 ème siècle sur un terrain arboré de 4 ha avec étang et piscine privée non surveillée. 5 chambres d'hôtes dont une chambre accessible aux personnes handicapées, avec sanitaires particuliers au rez-de-chaussée et au 1er étage. Salle de séjour avec cheminée. Coin-kitchnette. Barbecue couvert. Pêche sur place. Restaurant 4 km.

Prix : 2 pers. **50** € 3 pers. **65** €
Ouvert : Toute l'année.

SP	1	SP	3	3	12	20	40	6

René et Chantal GAGNOT - Moulin de la Forge - 89350 TANNERRE-EN-PUISAYE - Tél. : 03 86 45 40 25 - Fax : 03 86 45 40 25 -
E-mail : renegagnot@aol.com

THIZY   (TH)   C.M. 65 Pli 6

3 ch. Ancienne maison du sculpteur Edme Marie Cadoux avec grand jardin et parc ombragé à l'orée d'un village pittoresque. 3 chambres d'hôtes de 2 ou 3 pers. avec sanitaires particuliers. Salon avec piano, bibliothèque. Table d'hôtes sur réservation. Animaux sur demande. Langues parlées : anglais, allemand.

Prix : 1 pers. **32/49** € 2 pers. **43/52** € 3 pers. **61** € repas **20** €
Ouvert : Du 15 avril à fin novembre.

15	4,5	4,5	0,5	SP	4,5	15	45	15	4,5

M. FRITSCH et Mme BRUN - L'Esperluette - 10 rue Edmé-Marie Cadoux - 89420 THIZY - Tél. : 03 86 32 04 59 - Fax : 03 86 32 04 59

TONNERRE Vaulichères   C.M. 65 Pli 6

5 ch. Château du XVI° siècle rénové au milieu des vignes dans un parc boisé. 5 chambres d'hôtes avec sanitaires particuliers au 2e étage. Chambres de 2 ou 3 pers. Salle de réception. Terrasse. Visite des caves, dégustation des vins, stages d'initiation à l'oenologie. Restaurant, commerces, service et gare 3 km. Langues parlées : anglais, espagnol.

Prix : 1 pers. **54** € 2 pers. **60** € 3 pers. **68** € pers. sup. **7** €
Ouvert : Du 15 mars au 15 octobre.

3	3	3	SP	SP	SP	7	3	3

Olivier et Cécile REFAIT - Château de Vaulichères - 89700 TONNERRE - Tél. : 03 86 55 02 74 - Fax : 03 86 55 37 57 -
E-mail : infos@vaulicheres.com - http://vaulicheres.com

VALLERY La Margottière   (TH)   C.M. 61 Pli 13/14

6 ch. 6 chambres d'hôtes aménagées dans une demeure bourguignonne indépendante, sur une exploitation agricole (ferme du château des Conde du XVII°). Salle de bains et wc particuliers, TV et téléphone dans les chambres. Une chambre est accessible aux personnes handicapées. Salle de séjour avec cheminée du XVII° siècle. Table d'hôtes sur réservation. Cour fermée. Jeux d'enfants. Ping-pong, baby-foot. Possibilité de louer une salle de réception de 140 m² + terrasse. Animaux admis sur demande. Langues parlées : anglais, allemand.

Prix : 2 pers. **61** € 3 pers. **76** € repas **14/20** €
Ouvert : Toute l'année.

20	5	SP	SP	SP	SP	SP	12	4	20	SP

Didier et Colette DELIGAND - La Margottière - 89150 VALLERY - Tél. : 03 86 97 57 97 ou 03 86 97 70 77 - Fax : 03 86 97 53 80

Bourgogne
Yonne

VAREILLES Les Vallées de Vareilles (TH) *C.M. 61 Pli 15*

▮▮▮ 2 ch. A l'orée de la forêt d'Othe, ancienne ferme avec un jardin agrémenté d'un petit bassin. Jeunes retraités, Claudine et Michel ont ouvert leurs chambres pour le plaisir d'accueillir. Au 1er étage de la maison, elles sont deux, coquettes et agréables avec sanitaires privés. Table d'hôtes partagée avec les propriétaires. Accueil chaleureux.

Prix : 1 pers. 33 € 2 pers. 40 € 3 pers. 48 € repas 18 €
Ouvert : Du 1er mai au 30 septembre et sur réservation du 01/10 au 30/04.

20	20	15	SP	SP	SP	20	30	20	4

Michel et Claudine PICAULT - 3 rue du Charme - Les Vallées de Vareilles - 89320 VAREILLES - Tél. : 03 86 88 24 26 - Fax : 03 86 88 24 16

VENOUSE (TH) *C.M. 65 Pli 5*

E.C. 1 ch. 1 chambre d'hôtes double, convenant à une même famille, dans une maison de caractère au centre du village. Entrée indépendante. Salle d'eau privée. Salle de séjour. Possibilité cuisine. Jardin. terrain. Aire de jeux, tennis de table, boules, jeux de société. Produits fermiers sur place. Logement de chevaux sur place. Restaurant 3 km. Animaux admis sur demande. Table d'hôtes sur réservation. Pas de table d'hôtes le dimanche. Langue parlée : anglais.

Prix : 1 pers. 35 € 2 pers. 44 € 3 pers. 55 € repas 17 €
Ouvert : Toute l'année.

6	6	5	5	6	13	15	3

Philippe et Magda GARNIER - La Fontaine Jericho - 2, route de Rouvray - 89230 VENOUSE - Tél. : 03 86 47 75 15 - Fax : 03 86 47 75 15

VENOY *C.M. 65 Pli 5*

▮▮▮ 3 ch. Dans un domaine du XVIIIe isolé, aménagées au 1er étage : 3 chambres d'hôtes avec sanitaires particuliers (2 ch. 2 pers., 1 ch. 3 pers.). Chambres plein sud, décorées et personnalisées par votre hôtesse sur parc arboré avec cours d'eau. Au rez-de-chaussée : salon avec cheminée, télévision et bibliothèque. Salle de petits déjeuners. Parking. Restaurant 1,2 km. Langue parlée : anglais.

Prix : 2 pers. 60/68 € 3 pers. 80 € pers. sup. 12 €
Ouvert : Du 1er mars au 31 décembre.

8	0,8	SP	SP	SP	10	4	SP	15	8	8

Nicole GENEST - Domaine de Ste-Anne - Soleines le Haut - 89290 VENOY - Tél. : 03 86 94 10 16 - Fax : 03 86 94 10 12 - E-mail : info@domainesainteanne.com - http://www.domainesainteanne.com

VEZANNES (TH) *C.M. 65 Pli 6*

▮▮▮ 3 ch. Chablis 10 km. 3 chambres d'hôtes dans une maison de caractère sur une exploitation viticole (Chablis, Epineuil) et céréa-lière, à l'entrée du village. Salles de bains particulières. Séjour, salon, TV, bibliothèque, cheminée. Repas du soir sur réservation la veille, pas de table d'hôtes le dimanche et le mercredi. Jardin. Langue parlée : anglais.

Prix : 1 pers. 32 € 2 pers. 42 € repas 16 €
Ouvert : Du 1er avril au 15 septembre.

10	10	10	10	20	10	10

Daniel et Eliane COPIN - RAOULT - 1 Grande Rue - 89700 VEZANNES - Tél. : 03 86 55 14 05 - Fax : 03 86 55 35 96

VEZELAY *C.M. 65 Pli 15*

▮▮ 4 ch. Proche de la Basilique, belle batisse construite sur une salle (visible) du XIIe siècle qui accueillait les pèlerins. 4 chambres d'hôtes avec sanitaires particuliers, 2 ch. 3 épis et 2 ch. 2 épis. 1 chambre au rez-de-chaussée et 3 chambres au 1er étage. Les petits déjeuners vous seront servis sous une verrière. Atelier au rez-de-chaussée présentant les œuvres de Monsieur et Madame VAN DEN BOSSCHE (sculpteurs).

Prix : 1 pers. 41/49 € 2 pers. 44/52 €
Ouvert : Toute l'année.

15	SP	2	2	SP	7	SP	15	10	SP

Bernard et Sylvie VAN DEN BOSSCHE - Le Porc Epic - 80 rue St-Pierre - 89450 VEZELAY - Tél. : 03 86 33 32 16 - E-mail : Sylvie@le-porc-epic.com - http://www.le-porc-epic.com

VILLEFARGEAU Les Bruyères (TH) *C.M. 65 Pli 4*

▮▮▮▮ 4 ch. Petit manoir avec un toit bourguignon en tuiles vernissées dans un parc clos, ombragé et fleuri. Au 1er étage, 4 chambres d'hôtes raffinées, avec TV et salle de bains grand confort pour chaque, dont deux avec salon, cheminée et coffre-fort. Salle à manger/salon au rez-de-chaussée avec TV cheminée. Au 2e étage, Salon, TV, bibliothèque, jeux de société, vidéo. Table d'hôtes sur réservation. Terrasses, salons de jardin. Langues parlées : anglais, italien.

Prix : 2 pers. 107/183 € repas 38 €
Ouvert : Toute l'année.

7	3	2	SP	SP	3	6	15	6	3

Pierre et Monique JOULLIE - 5, allée de Charbuy - Les Bruyères - 89240 VILLEFARGEAU - Tél. : 03 86 41 32 82 - Fax : 03 86 41 28 57 - E-mail : infos@petit-manoir-bruyeres.com - http://www.petit-manoir-bruyeres.com

BRETAGNE

Pour réserver, écrire ou téléphoner :

22 - CÔTES-D'ARMOR
GÎTES DE FRANCE - Service Réservation
7, rue Saint-Benoît - B.P. 4536
22045 SAINT-BRIEUC Cedex 2
Tél. : 02 96 62 21 73 ou 02 96 62 21 74
Fax : 02 96 61 20 16
E-mail : gites-de-france-22@armornet.tm.fr
www.gites-de-france-22.asso.fr
ou www.gites-de-france-bretagne.com

35 - ILLE-ET-VILAINE
GÎTES DE FRANCE - Service Réservation
8, rue de Coëtquen
B.P. 30645
35106 RENNES Cedex 3
Tél. : 02 99 78 47 57 - Fax : 02 99 78 47 53
E-mail : sla.gitesdefrance35@wanadoo.fr
www.resinfrance.com/haute-bretagne/
ou www.gitesdefrance35.com

29 - FINISTÈRE
GÎTES DE FRANCE - Service Réservation
5, allée Sully
29322 QUIMPER Cedex
Tél. : 02 98 64 20 20 - Fax : 02 98 64 20 29
E-mail : gite29@eurobretagne.fr
www.eurobretagne.fr/gites-de-france

56 - MORBIHAN
GÎTES DE FRANCE - Service Réservation
42, avenue Wilson
B.P. 30318
56403 AURAY Cedex
Tél. : 02 97 56 48 12 - Fax : 02 97 50 70 07
E-mail : gites-de-france-morbihan@wanadoo.fr
www.gites-de-france-morbihan.com

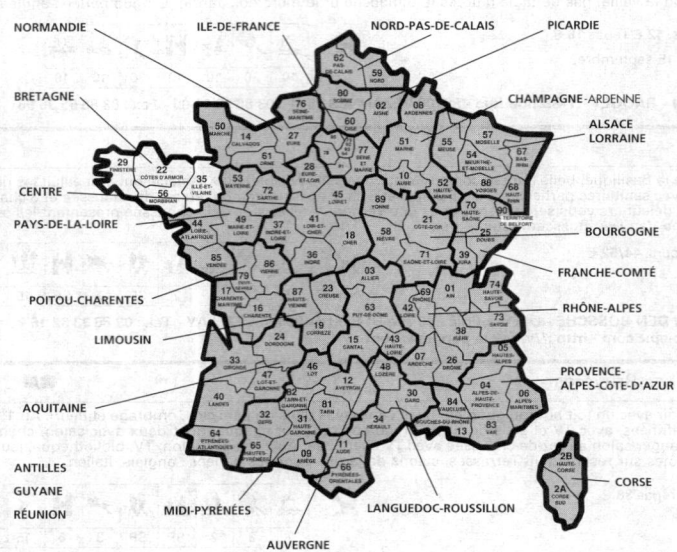

Bretagne   Côtes-d'Armor

GITES DE FRANCE - Service Réservation
7, rue Saint-Benoît - B.P. 4536
22045 SAINT-BRIEUC Cedex 2
Tél. 02 96 62 21 73 ou 02 96 62 21 74 - Fax 02 96 61 20 16
E.mail : gites-de-france-22@armornet.tm.fr - http://www.gites-defrance-22.asso.fr
ou gites-de-france-bretagne.com

3615 Gîtes de France
0,2 €/min

BEGARD Le Moulin du Vieux Guingamp   C.M. 59 Pli 1

|||| 2 ch. **Cote de Granit Rose, Chateau de Rosanbo, Kergrist, Tonquédec,...** Catherine & Christian vous accueillent dans une dépendance meublée à l'ancienne. 1 ch. Liseron 4 épis, literie relax élect. (1.60 x 2) tête et pieds relevables, salon privé, s.d.b, wc privés attenants. 1 ch. Dune 3 épis, 2 lits 0.90 x 1.90, dressing, s.e, wc privés attenants. Poss. de cuisiner. Salon (TV.bibliothéque.poêle-cheminée). Tarif 4 pers. 122 €. Pt-déjeuner peut être servi chez les propriétaires. Coin-détente, salon de jardin, barbecue, ping-pong. Brocante/place. Idéalement situé pour découvrir la Bretagne dans le calme et la nature, proche d'une vallée et d'une rivière (pêche poss), face au moulin des propriétaires.

Prix : 2 pers. 53/69 €
Ouvert : Toute l'année.

| 25 | 30 | 25 | 0,1 | 4 | 4 | 4 | 6 | 1 | 15 | 4 |

Catherine AUGER - Le Moulin du Vieux Guingamp - Milin Gozh Gwengamp - 22140 BEGARD - Tél. : 02 96 45 34 94 -
E-mail : Cath.AUGER@wanadoo.fr

BOBITAL Rochebelle   C.M. 59 Pli 15

||| 1 ch. **Dinan : 3 km (cité médiévale, ville d'art et d'histoire). St-Malo,...** Soyez les bienvenus dans notre demeure de caractère, reflet typique du pays granitique. Au r.d.c, donnant sur une terrasse 1 ch. (1 lit 2 pers.) s.d.b et wc privés séparés, réfrigérateur, mini-bar, TV. Lit suppl. & lit bébé poss. Parc arboré clos & calme (6000 m²) avec boulodrome, salon de jeux, bains de soleil, barbecue, terrain de boules, pétanque, portique. Parking privés. Petit-déjeuner copieux servi dans la salle à manger rustique (poutres & cheminée) ou en terrasse. Située à la porte de Dinan à l'embouchure de la Rance et de la cité corsaire de St-Malo. Superbes randonnées à proximité du bord de la Rance et de la base de loisirs. Langue parlée : anglais.

Prix : 2 pers. 54 € pers. sup. 16 €
Ouvert : Toute l'année.

| 22 | 22 | 22 | 3 | 3 | 3 | 4 | 3 | 3 |

René SOQUET - Rochebelle - 22100 BOBITAL - Tél. : 02 96 83 50 12 ou 06 89 90 42 37 - Fax : 02 96 83 50 22 -
E-mail : sqt-rochebelle@wanadoo.fr

LA BOUILLIE Launay   C.M. 59 Pli 4

|| 2 ch. **Cap Frehel, Pléneuf Val André à 8 km. Port d'Erquy à 5 km.** Dans l'arrière pays du Cap Fréhel, à 5 km du Port d'Erquy, à l'étage de cette ferme calme et fleurie, 2 ch., s.e, wc privés, vous sont proposées : 1 unité familiale (1 lit 2 pers. 2 lits 1 pers) 1 ch (1 lit 2 pers) Salon (TV, cheminée). Petit-déjeuner copieux servis dans la s. à manger. Vous pourrez profiter de la pelouse arborée & du salon de jardin. Prix 4 pers. 61/70 €. Nous saurons vous conseiller pour vous faire découvrir : plages de sable fin, landes sauvages, sentiers et randonnées, à proximité du port et des Cap d'Erquy & Fréhel, Fort La Latte, Pléneuf Val André et des festivités. Location de vélos à 5 km. Tarif promotionnel hors saison.

Prix : 1 pers. 31/34 € 2 pers. 36/39 € 3 pers. 46/54 €
pers. sup. 13 €
Ouvert : Toute l'année.

| 5 | 5 | 5 | 5 | 5 | 6 | 5 | 12 | 5 |

Odile et J.P URFIE - Launay - 22240 LA BOUILLIE - Tél. : 02 96 31 51 29

BOURSEUL Saint-Maleu   (TH)   C.M. 59 Pli 5

|| 6 ch. **Dinan 20 km. Ferme d'Antan 10 km. St-Jacut de la mer 15 km.** Vous serez accueillis par Isabelle, Eric & leurs enfants dans cette maison en pierre. 6 ch. avec s.e privée. 4 ch. wc privés dont 3 ch (1 lit 2 pers) 1 ch (1 lit 2 pers. 1 lit 1.20) et 2 ch. wc communs dont 1 ch (1 lit 2 pers) 1 ch (1 lit 2 pers, 1 lit 1.20). Matériel bébé à dispo. Salon, salle à manger rustique avec 1 immense cheminée. Pelouse, petit parc animalier. Panier pique-nique. Au cœur d'une exploitation agricole, vous pourrez apprécier les joies de la T.d'hôtes et Joseph le patriarche vous contera des histoires épiques d'antan et vous fera découvrir très prochainement les étangs nichés au creux d'un nid de verdure. 4 pers. 46 €.

Prix : 1 pers. 31 € 2 pers. 32 € 3 pers. 39 € repas 13 €
1/2 pens. 58 €
Ouvert : Toute l'année.

| 15 | 15 | 15 | 0,5 | 12 | 1 | 5 | 3 | 1 |

Eric TRANCHANT - Saint-Maleu - 22130 BOURSEUL - Tél. : 02 96 83 01 34 - Fax : 02 96 83 01 34

CALORGUEN Couacave   C.M. 59 Pli 5/6

|| 2 ch. **Dinan : ville d'art et d'histoire. Jardins Anglais. Port-St-Hubert....** Dans une maison traditionnelle en pierre, située à 3 km de la Rance, avec beau jardin : 1 ch. (1 lit 2 pers.) s.d.b. privée non attenante, 1 ch. (1 lit 2 pers., 1 lit 1 pers.) s.d'eau privée non attenante. WC communs aux 2 ch. Possibilité lit suppl. Barbecue sur terrasse. Poss. de cuisiner. Jardin ombragé avec salons de jardin. Remise pour séjour de 5 nuits. Situé à 3 km de la Rance et au cœur de l'estuaire de la Rance.

Prix : 2 pers. 36/39 € 3 pers. 49 € pers. sup. 8 €
Ouvert : Toute l'année.

| 25 | 25 | 25 | 3 | 4 | 1 | 5 | 4 | 5 | 1 |

Renée TRANCHEVENT - Couacave - 22100 CALORGUEN-DINAN - Tél. : 02 96 83 55 28 ou 06 86 23 86 41

Côtes-d'Armor — Bretagne

CAOUENNEC-LANVEZEAC Kercaradec
C.M. 59 Pli 1

1 ch. **Tonquédec, Vallée du Léguer.** Dans une grande maison ancienne de caractère, au calme, à proximité d'un moulin, 1 ch. (1 lit 2 pers., 1 lit 1 pers.), salon, lavabo. Salle d'eau sur le palier avec lavabo et wc privés. Cour, jardin, pelouse. Poss. de cuisiner. Tonquédec : forteresse médiévale des XIIe et XIIIe siècles. Poss. de promenades en calèche autour du château. Vallée du Léguer avec de belles rivières à saumon et à truite.

Prix : 1 pers. 28 € 2 pers. 34 € 3 pers. 46 €
Ouvert : Juillet, août, Pâques.

🐕	≋	⛱	🏌	🏊	🎾	🐎	🎣	🚲	🚉
	20	20	20	5	6	2	20	15	6	1

Léontine LOUREC - Kercaradec - 22300 CAOUENNEC - Tél. : 02 96 35 83 41

CAOUENNEC-LANVEZEAC Kerloscant
C.M. 59 Pli 1

1 ch. **Lannion : cité de caractère à 2 km. Cote de Granit Rose à 12 km.** Dans une ancienne demeure bretonne du XVIe siècle : 1 ch. 2 pers. avec salle d'eau attenante avec wc privé. Petit-déjeuner servi dans la salle à manger d'époque. Salon de jardin à disposition dans un verger au calme. Située près d'une exploitation agricole (vaches laitières) dans un cadre verdoyant, au calme. A voir : Tonquédec, forteresse médiévale.

Prix : 1 pers. 31 € 2 pers. 35 € 3 pers. 43 €
Ouvert : De mai à septembre.

🐕	≋	⛱	🏌	🏊	🎾	🐎	🎣	🚲	🚉
	12	12	5	5	1	13	13	5	1

Jean-Claude LE CAER - Kerloscant - 22300 CAOUENNEC - Tél. : 02 96 35 90 06

CARNOET La Ville Neuve
C.M. 59 Pli 6

1 ch. Dans une maison rénovée, typique de la région, située à l'entrée du Parc d'Armorique et des Monts d'Arrée, 1 chambre 2 pers. (1 lit 2 pers.) avec 1 mezzanine 2 pers. (2 lits 1 pers.), salle de bains et wc privés. Pelouse, portique. Restaurant Auberge à 500 m (menu traditionnel et végétarien). Nombreuses randonnées. Nombreuses randonnées.

Prix : 1 pers. 28 € 2 pers. 35 € pers. sup. 15 €
Ouvert : Toute l'année.

🐕	≋	⛱	🏌	🏊	🎾	🐎	🎣	🚲	🚉
	40	40	40	1	13	2	7	SP	2	2

Jean Yves LE GALL - La Villeneuve - 22160 CARNOET - Tél. : 02 96 21 52 31 - Fax : 02 96 21 52 31

CAULNES La Hubiais
C.M. 59 Pli 15

2 ch. **A 20 km de Dinan (cité médiévale). A 30 km de la forêt de Paipont....** Sur une exploitation agricole, au cœur de la Vallée de la Rance, à 1,5 km du bourg de Caulnes, M.Paule & Yves vous accueillent dans leur chaleureuse maison. A l'étage, 2 chambres tout confort avec entrée indépendante, salle d'eau, wc privés attenants : 1 ch. jaune (1 lit 2 pers.), 1 ch. blanche (1 lit 2 pers, 1 lit 1 pers). A disposition : salon, salle à manger et pour vous être agréable, une cuisine équipée. Pour votre détente, salon de jardin, barbecue. Randonnées sur place. Rivière à 1 km.

Prix : 1 pers. 29 € 2 pers. 38 € pers. sup. 16 €

🐕	≋	⛱	🏌	🏊	🎾	🐎	🎣	🚲	🚉
	40	40	20	10	8	1,5	10	45	2	1,5

M.Paule GUILLEMOT - La Hubiais - 22350 CAULNES - Tél. : 02 96 83 94 31

CREHEN La Belle Noé
(TH) *C.M. 59 Pli 5*

3 ch. **Cote d'Emeraude, Cap Fréhel à 18 km. Dinard à 15 km. St-Malo à 25 km.** Dans une maison ancienne du 18è s, indépendante de celle du propriétaire, décorée et meublée avec originalité, 3 chambres avec sanitaires privés attenants. Au r.d.c, 1 ch (1 lit 2 pers) avec terrasse privée. A l'étage, 1 ch (1 lit 2 pers. 1 lit 1 pers.) 1 ch (1 lit 2 pers. 2 lits gigogne). Salon avec cheminée réservé aux hôtes. Tarif 4 pers. 71 €. Grand parc boisé et fleuri avec une immense roseraie où vous trouverez calme & repos, chaises longues, salons de jardin, parking privé. Vélos, badminton, ping-pong à disposition. A 10 mn des plages de St-Jacut de la Mer & de St-Cast le Guildo. T.d'hôtes sur réservation. Langue parlée : anglais.

Prix : 1 pers. 39 € 2 pers. 46 € 3 pers. 58 € pers. sup. 13 € repas 19 €
Ouvert : Toute l'année.

🐕	≋	⛱	🏌	🏊	🎾	🐎	🎣	🚶	🚲	🚉
	4	5	6	3	8	1	5	8	5	4	1

Roselyne SIROS - La Belle Noé - 22130 CREHEN - Tél. : 02 96 84 08 47 - Fax : 02 96 80 41 88 - E-mail : info@crehen.com - www.crehen.com

CREHEN Villa Belle-Vue
C.M. 59 Pli 5

6 ch. **Dinan à 20 km, cité médievale. Cap Frehel et Fort La Latte à 20 km....** Maison bourgeoise avec vue sur mer et grand jardin. 6 chambres à l'étage, s.e, wc privés dans chaque ch. 4 ch. (1 lit 2 pers.) 2 ch. (2 lits 1 pers.). Petit déjeuner servi dans la salle à manger et véranda. Salon à disposition. Parking, garage, balcon, terrasse. Pelouse, barbecue. Chauffage central. Restaurant à proximité. Créhen, port du Guildo, vestiges du Château du Guildo (XIV et XVe s). Pierres sonnantes. Musée de la pomme et du cidre à Pleudihen. St-Cast, St-Malo, Dinan ville d'art et d'histoire, Cap Fréhel, Fort Lalatte.

Prix : 1 pers. 43 € 2 pers. 46 € 3 pers. 61 €
Ouvert : Toute l'année.

🐕	≋	⛱	🏌	🏊	🎾	🐎	🎣	🚶	🚲	🚉
	0,2	1	0,2	6	6	2	6	6	1	25	0,2

Albert EVEN - Villa Bellevue-10 rue du Port - Port du Guildo - 22130 CREHEN - Tél. : 02 96 41 08 21 - Fax : 02 96 41 08 21

Bretagne   **Côtes-d'Armor**

DINAN Moulin de la Fontaine des Eaux   *C.M. 59 Pli 5/6*

5 ch. **Dinan : 2 km. St-Malo : 29 km. Mont St-Michel : 50 km.** Nous vous accueillerons dans notre ancien moulin à eau, rénové avec étang et jardin. 5 ch. aux vieilles poutres, chacune avec lavabo, salle d'eau, wc privés. 4 ch. de 2 pers. (1 lit 2 pers.) avec poss. lit suppl. 1 grande chambre (1 lit 2 pers. et 2 lits 1 pers.). Parking privé. Petit-déjeuner dans le salon ou sur la terrasse. Situé dans un cadre historique où l'on peut se promener dans la forêt, sur le Port et le centre de la ville médiévale de Dinan, ville d'art et d'histoire, dominant la vallée de la Rance. St-Malo à 30 mn. Tarif 4 pers = 77 €. Taxe de séjour : 0.3 €/j/pers. Langue parlée : anglais.

Prix : 1 pers. 40 € 2 pers. 46/61 € 3 pers. 69 € pers. sup. 16 €
Ouvert : Toute l'année sauf en février.

15	1	0,1	1	2	1	30	2	2

**Denis et Elsie NOEL - Moulin de la Fontaine des Eaux - 22100 DINAN - Tél. : 02 96 87 92 09 - Fax : 02 96 87 92 09 -
E-mail : denisnoel5@aol.com**

ERQUY Le Dreneuf   *C.M. 59 Pli 4*

2 ch. **Cap d'Erquy (6 km) : son port et Cap. Chateau de Bien-Assis (1.5 km),…** Au calme, dans une grande maison en pierre et fleurie, Odile et J.Claude vous accueillent au 2è étage entièrement rénové et escalier moquetté, dans 2 unités familiales de 2 pièces (2/4 pers). s,e, wc privés attenants : 1 ch. (1 lit 2 pers., 2 lits 1 pers.), 1 ch. (1 lit 2 pers., 1 lit 1 pers.). Au même niveau, poss. de cuisiner. Salon à disposition. Petit-déjeuner servi dans la salle à manger. Pelouse, salon de jardin, local à vélos. Tarif 4 pers. 55 €. Ils vous invitent à découvrir Erquy, son Cap, ses plages, son port, le Cap Fréhel, Fort La Latte.

Prix : 1 pers. 32 € 2 pers. 34/37 € 3 pers. 46/52 €
Ouvert : Toute l'année.

1	1	1	3,5	5	5	5	3,5	15	1

Odile DENIS - La Croix du Dreneuf - 22430 ERQUY - Tél. : 02 96 72 30 81 ou 06 84 94 88 75 - Fax : 02 96 72 30 81

ERQUY Les Hôpitaux   *C.M. 59 Pli 4*

4 ch. **Erquy à 2 km: son port et Cap (Lac Bleu, Four à boulets). Cap Fréhel…** Dans une maison traditionnelle près des plages et au calme, au milieu d'un parc boisé 4 chambres au 1er étage entièrement rénové et escalier moquetté, pour chacune : (1 lit 2 pers.), coin-cuisine, lavabo et wc privés. 1 petite ch. avec salle d'eau privée. 2 ch. avec couchage en mezzanine, pièce de jour, salle d'eau privée. 1 grande ch., s,d,b, privée très spacieuse. Lit bébé d'appoint. Jardin, salon de jardin, barbecue. A proximité : Cap Fréhel, Cap d'Erquy, Fort La Latte. 4 pers : 70 €.

Prix : 1 pers. 42 € 2 pers. 45 € 3 pers. 58 €
Ouvert : Toute l'année.

1,5	1,5	1	1	13	1,5	4	10	1,5	18

A. CONNAN - La Graveloup - 15 rue de - Clairville - Les Hopitaux - 22430 ERQUY - Tél. : 02 96 72 42 73

ERQUY La Marhatte   *C.M. 59 Pli 4*

2 ch. **Erquy : 1.5 km. Cap Fréhel : 14 km.** Bâtiment annexe à la maison des propriétaires, intégré dans un ancien corps de ferme rénové en grès rose d'Erquy. A l'étage, 2 chambres de 2 pers, salle d'eau, wc privés. Au r.d.c, séjour, salon réservés aux hôtes. Poss. de cuisiner. pelouse, aire de jeux. Située à 1.5 km de bourg et des plages. Accès direct de la ferme à des chemins de randonnées. Visites du Port, du Cap d'Erquy, cap Fréhel et Fort la Latte.

Prix : 1 pers. 33 € 2 pers. 36/39 €
Ouvert : Toute l'année.

1	1	1	8	3	8	6	18	1,5

Rejane RENAUT - La Marhatte - 22430 ERQUY - Tél. : 02 96 72 04 13

ERQUY La Couture   *C.M. 59 Pli 4*

2 ch. **Erquy : port et Cap (Lac Bleu). Cap Fréhel : visite du phare,…** Dans la maison des propriétaires, 2 chambres : 1 ch. 3 épis, (2 pers.), salle d'eau, wc privés, 1 unité familiale de 2 pièces (2/4 pers), salle de bains et wc privés. Petit-déjeuner copieux avec produits maison. Baby sitting. Taxe de séjour : 0,55 €/pers. Nous saurons vous conseiller pour que vous puissiez découvrir notre belle région avec ses plages sauvages de sable fin. Cap Fréhel : visite du phare et site naturel avec réserve d'oiseaux marins.

Prix : 1 pers. 31/35 € 2 pers. 36/43 € 3 pers. 51/58 €
Ouvert : Toute l'année.

4	4	4	5	2	6	5	20	0,1

Lucienne GUEGUEN - La Couture - 22430 ERQUY - Tél. : 02 96 72 38 59 - Fax : 02 96 63 51 54

ERQUY Le Dreneuf   *C.M. 59 Pli 4*

3 ch. **Erquy à 4 km: port et Cap, station balnéaire, site naturel. Chateau…** Roselyne vous accueille dans une fermette annexe rénovée avec goût : 3 ch. avec salle d'eau et wc privés attenants dont 2 ch. (1 lit 2 pers.), 1 unité familiale de 2 pièces (2 lits 1 pers. 1 lit 2 pers). Poss. de cuisiner. Tarif 4 pers. 59 €. Dans un endroit calme et reposant, près des plages et des falaises du Cap d'Erquy et du Cap Fréhel, vous serez idéalement situés pour rayonner du Mt St-Michel à la Côte de Granit Rose. Pour vos randonnées, vous rejoindrez à pied le GR34.

Prix : 1 pers. 32 € 2 pers. 34/37 € 3 pers. 45/48 €
Ouvert : Toute l'année.

1	1	1	3,5	8	4	10	3,5	18	2

Roselyne GORIN - Le Dreneuf - 22430 ERQUY - Tél. : 02 96 72 10 07 ou 06 19 71 86 72 - Fax : 02 96 72 10 07

Côtes-d'Armor   *Bretagne*

ERQUY Les Bruyères   C.M. 59 Pli 4

5 ch. **Erquy : port et Cap (lac bleu). Cap Frehel 15 km. Fort La Latte 18 km...** Dans ce cadre agréable et calme, hébergement de qualité et de grand confort. 5 chambres spacieuses avec téléphone, terrasse, balcon, s.e, wc privés dont 2 unités familiales de 2 pièces, comprenant chacune 1 ch. enfants, 1 ch. parents, et 3 ch. avec literie 1.60 m dont 1 ch avec terrasse et balcon. Salon avec TV, séjour avec cheminée. Poss. de jardin. Détente, évasion et découverte de la Côte Sauvage et des plages de sable fin. Activités nautiques, sportives, culturelles sur des sites proches. Domaine idéal pour randonneurs et vététistes. Prix 4 pers : 72/82 €. Langue parlée : anglais.

Prix : 1 pers. **32/42 €** 2 pers. **45/53 €** 3 pers. **60/70 €** pers. sup. **16 €**
Ouvert : Toute l'année.

🐕	≈	⛱	🚶	⛵	🏊	🎾	🏇	🏹	👥	🚂	🛏
	1,5	1,5	1,5	1,5	12	1,5	10	10	0,1	25	1,5

Aline DUTEMPLE - Les Bruyères - Les Ruaux - 22430 ERQUY - Tél. : 02 96 72 31 59 - Fax : 02 96 72 04 68

ETABLES-SUR-MER La Ville Jacob   @   C.M. 59 Pli 3

3 ch. **Binic : port balnéaire. St-Quay Portrieux : port de plaisance.** Dans 1 cadre agréable, proche de la mer et de la campagne, situé sur l'exploitation agricole, Florence et Christian vous accueillent dans 1 annexe rénovée : 2 ch. (1 lit 1.60 x 2), salle d'eau, wc privés attenants. Cuisine équipée (micro-ondes). A l'étage de leur maison : 1 ch 2 épis (1 lit 1.40), s.d.b, wc privés. Petit-déjeuner copieux dans la salle à manger. Terrasse, jardin, salon de jardin, barbecue, jeux d'enfants. A disposition, vélos. Ils sauront vous conseiller et vous faire découvrir leur belle région. Chemin de randonnées pédestre et VTT à 200 m.

Prix : 1 pers. **25 €** 2 pers. **33/40 €**
Ouvert : toute l'année.

🐕	≈	⛱	🚶	⛵	🏊	🎾	🏇	🏹	👥	🚂	🛏
	2	2	2	1	1,5	2	1	2	0,2	2	2

Florence LE CORVAISIER - La Ville Jacob - 22680 ETABLES-SUR-MER - Tél. : 02 96 73 32 68 ou 06 08 57 28 18 - Fax : 02 96 73 32 68 -
E-mail : CHRIST-FLO@wanadoo.fr

ETABLES-SUR-MER Le Sieurne   C.M. 59 Pli 3

4 ch. **Port à St-Quay Portrieux 3 km. Bréhat à 25 km.** Au cœur de la Côte du Goëlo, bâtiment annexe de caractère en pierre du pays : 4 chambres avec salle d'eau et wc privés dont 3 chambres 2 épis, 1 ch. 3 épis. Poss. de cuisinière. Cour, jardin, salon de jardin, barbecue. Parking privé. Chauff. électrique. Location vélos à 1 km, circuit VTT. Tennis couvert. Restaurant 1 km, Ferme Auberge 12 km. Randonnées. Port en eau profonde à 3 km à St-Quay Portrieux.

Prix : 1 pers. **25 €** 2 pers. **35 €** pers. sup. **10 €**
Ouvert : toute l'année.

🐕	≈	⛱	🚶	⛵	🏊	🎾	🏇	🏹	👥	🚂	🛏
	2	2	2	1	15	1	6	3		18	1

Christine CHAPELET - Le Sieurne - 22680 ETABLES-SUR-MER - Tél. : 02 96 65 48 31 ou 06 71 73 99 45

EVRAN Le Bois Tison   @   C.M. 59 Pli 6

1 ch. **Dinan 10 km (cité de caractère), St-Malo, cité corsaire, Dinard...** A l'étage de cette maison située dans un cadre de verdure et à proximité du bourg : 1 unité familiale de 2 pièces (2 lits 2 pers), salle d'eau, wc privés communiquants. Petit-déjeuner servi dans la salle à manger près de la cheminée ou en terrasse. Coin détente à disposition. Salon de jardin, barbecue, jeux enfants. Rivière « le Linon » à 100 m. 4 pers. : 60 €. Située en bordure du Canal d'Ille et Rance.

Prix : 2 pers. **45 €** 3 pers. **60 €** pers. sup. **8 €**
Ouvert : Toute l'année.

🐕	≈	⛱	🚶	🎾	👥	🛏
	35	35	1	10	1	0,2

Bernard ADAM - Le Bois Tison - 22630 EVRAN - Tél. : 02 96 27 42 09

EVRAN Le Bois Tison   C.M. 59 Pli 6

3 ch. **Dinan : 12 km. Bétineuc et son plan d'eau à 2 km.** Nous vous recevrons dans 3 chambres avec chacune s.e et wc privatifs, situées à l'étage d'une maison ancienne en granit : 2 ch. (1 lit 2 pers.) 1 ch. (4 lits 1 pers.). Petit-déjeuner dans la salle à manger. Salon avec cheminée. Coin-cuisine indépendant. Jardin, salon de jardin, barbecue. Poss. accueil des hôtes en gare de Rennes. Dans un cadre reposant, venez goûter aux charmes de la campagne en bordure du canal d'Ille & Rance avec possibilité de promenades en calèche et vous promener sur le halage du canal. Prêt de VTT sur place. A voir, Dinan dominant de ses remparts la Vallée de la Rance.

Prix : 1 pers. **31 €** 2 pers. **39 €** 3 pers. **49 €** pers. sup. **10 €**
Ouvert : Toute l'année.

🐕	≈	⛱	🚶	⛵	🏊	🎾	🏇	🏹	👥	🚂	🛏
	30	30	2	0,1	10	0,5	5	20	12	1	

Annie et Patrick MARY - Le Bois Tison - 22630 EVRAN - Tél. : 02 96 27 57 37 ou 06 70 35 28 09 - Fax : 02 96 27 51 51 -
E-mail : leboistison@infonie.fr

LE FAOUET Le Rohou   C.M. 59 Pli 2

4 ch. **Ile de Bréhat, Paimpol 13 km. Pontrieux et son port à 7 km. Guingamp...** Germaine et Claude vous accueillent dans leur fermette bretonne. 4 ch indépendantes de l'habitation avec s.e, wc privés dont au r.d.c avec entrée indépendante 1 ch 3 pers (1 lit 2 pers 1 lit 1 pers) et 1 unité familiale de 2 pièces en 2 épis (1 lit 2 pers. 2 lits 1 pers) sanitaires privés, s.e. A l'étage : 2 ch. dont 1 ch. (1 lit 2 pers.). 1 ch. (1 lit 2 pers). A disposition : 1 pièce commune comprenant 1 salon, 1 kitchenette. Cour, grand jardin, salon de jardin. Située entre mer et campagne, vous apprécierez le calme, les randonnées à proximité, les balades en vélo. Tarif 4 pers : 61/64 €. Langue parlée : anglais.

Prix : 1 pers. **31 €** 2 pers. **38 €** 3 pers. **49/54 €** pers. sup. **9 €**
Ouvert : toute l'année.

🐕	≈	⛱	🚶	⛵	🏊	🎾	🏇	🏹	👥	🚂	🛏
	10	10	14	0,3	10	4	2	4		17	0,2

Germaine LE DIUZET - Le Rohiou - 22290 LE FAOUET - Tél. : 02 96 52 34 99 - E-mail : c.lediuzet@infonie.fr

Bretagne — Côtes-d'Armor

LE FAOUET Kergrist
C.M. 59 Pli 2

4 ch. **Paimpol 10 km. Temple de Lanleff (ancienne église romane circulaire).** Dans une maison rénovée, située dans le village, en bordure de route, 4 chambres dont à l'étage 1 unité familiale, lavabo, s.e, wc privés (1 épi) de 2 pièces avec chacune (1 lit 2 pers. 1 lit 1 pers). Au r.d.c : 3 chambres dont 1 ch access. à pers à mobilité réduite, (1 lit 2 pers), s.d.b, wc privés. Poss. de cuisiner. Grande salle pour l'accueil. Située à 10 km de Paimpol. Crêperie et ferme auberge à proximité. Temple de Lanleff (ancienne église romane circulaire). Tarif 4 pers : 43 €.

Prix : 2 pers. 36 € 3 pers. 40 €
Ouvert : toute l'année.

🐕	〰️	⛱️	🎣	🏊	🎾	🏇	🏠	🚲
10	10	10	3	10	4	10	4	15	4

René et Marie-Jo LE GOFF - kergrist - 22290 LE FAOUET - Tél. : 02 96 52 31 08

LA FERRIERE La Métairie D'En Haut
C.M. 59 Pli 14

1 ch. **Calvaire du 15è s. Eglise Notre-Dame. Forges du Vaublanc à Plémet 5 km.** Maison neuve située en campagne et proche de la ferme en production laitière. 1 unité familiale de 2 pièces (1 lit 2 pers. dans chaque ch.) avec s.e et wc particuliers. Salle de séjour. Cour, pelouse, salon de jardin, barbecue. Gare 10 km. Commerces, restaurants 2 km. Tarif 4 pers., 39 €. Canoë-kayak à 400 m sur la rivière Le Lié. Calvaire du XV° au village de St-Lubin, chapelle et vitraux du XVI° siècle. Lac de Guerlédan. Josselin, petite cité de caractère. Fôret de Brocéliande.

Prix : 1 pers. 16 € 2 pers. 23 € 3 pers. 31 €
Ouvert : De juin à septembre.

🐕	〰️	⛱️	🎣	🏊	🎾	🏇	🚲
50	50	5	1	4	5	4	20	10

Hélène BRUNEL - La Métairie d'en haut - 22210 LA FERRIERE - Tél. : 02 96 25 62 69

LE FOEIL La Bruyère
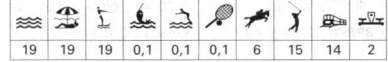
C.M. M59 Pli 3

1 ch. **Quintin, cité de caractère.** Janou & Michel vous accueillent à la bruyère, belle demeure du 19è siècle située dans un parc de 15 hectares, traversée par une rivière. Côté jardin, une grande chambre romantique avec 2 lits 0.90 m accolés, salle de bains et wc privés attenants. Petit-déjeuner servi dans la salle à manger. Coin détente à disposition. Salon de jardin, barbecue. Pêche, tennis, piscine sur place. Possibilités de randonnées autour de la propriété. Langue parlée : anglais.

Prix : 1 pers. 61 € 2 pers. 77 €
Ouvert : Toute l'année.

🐕	〰️	⛱️	🎣	🏊	🎾	🏇	🏠	🚲
19	19	19	0,1	0,1	0,1	6	15	14	2

Michel et J.Françoise BOSSER - La Bruyère - 22800 LE FOEIL - Tél. : 02 96 58 15 07 ou 06 14 10 37 73

FREHEL Le Relais de Fréhel
C.M. 59 Pli 5

5 ch. **Cap Frehel (réserve ornithologique) 2 km. Fort La Latte 3 km.** Ancienne ferme en pierre du 19° s. entièrement restaurée, située dans un parc boisé de 2 ha. 4 chambres avec s.e, wc attenants & privés dont 2 ch 3 épis : 1 ch. (1 lit 2 pers.) 2 ch. 2 épis (1 lit 2 pers. 2 lits 1 pers.). 1 unité familiale de 2 pièces 2 épis : 1 ch. s.e, wc privés & attenants (1 lit 2 pers) 1 ch., s.d.b. attenante (1 lit 1 pers.). Salon avec cheminée. Petit-déjeuner servi dans la salle à manger. Grand jardin fleuri avec salon de jardin, jeux enfants, parking. Propriété située à l'écart de la route et au cœur de la Lande de Fréhel (site protégé de 400 ha en bord de mer). Tennis dans la propriété. Tarif 4 pers. 71 €. Langue parlée : anglais.

Prix : 2 pers. 50 € pers. sup. 13 €
Ouvert : De Pâques à la Toussaint, week-ends et vacances scolaires.

🐕	〰️	⛱️	🎣	🏊	🎾	🏇	👫	🏠	🚲
2	2	2	1,5	17	0,1	4	8	0,5	4

Myriam FOURNEL - Le Relais de Frehel - La Ville Besnard-Plevenon - 22240 FREHEL - Tél. : 02 96 41 43 02 - Fax : 02 96 41 30 09 -
E-mail : Myriam.FOURNEL@lerelaisdefrehel.com - http://lerelaisdefrehel.com

FREHEL
C.M. 59 Pli 5

2 ch. **Cap Fréhel (visite du phare, site naturel d'oiseaux marins) à 5 km**... Dans le petit bourg de Plévenon, proche du Cap Fréhel, accueil cordial dans cette maison ancienne en pierre et poutres apparentes, meublée à l'ancienne. A l'étage, 2 ch. avec salle d'eau, wc privés. Literie confortable (1 lit 2 pers. 1 lit 1 pers par ch). Petit déjeuner servi dans la salle de séjour. Jardin, parking privé. Maison non fumeur. Sentiers de randonnées et belles plages à proximité. Idéalement située pour visiter la Côte d'Emeraude. Langues parlées : allemand, anglais.

Prix : 1 pers. 34 € 2 pers. 43/46 € 3 pers. 57/61 €
Ouvert : De Pâques à octobre.

🐕	〰️	⛱️	🎣	🏊	🎾	🏇	👫	🏠	🚲
1,5	1,5	1,5	15	3	3	5	1,5	30	0,3

Martina et Philippe LEGARS - Rue Notre-Dame - Plévenon - 22240 FREHEL - Tél. : 02 96 41 55 02

FREHEL
C.M. 59 Pli 5

2 ch. **Cap Fréhel et Fort La Latte à 3.5 km.** A l'étage d'une maison traditionnelle, 2 chambres avec salle d'eau, wc privés communicants : 1 ch. (1 lit 2 pers. 1 lit 1 pers.). 1 ch. (1 lit 2 pers.). Chauffage central. Salon. Cuisine à disposition. Terrasse, pelouse. Située, à la sortie du Bourg de Plévenon, à 1.5 km des plages, 3.5 km du Cap Fréhel et du Fort La Latte. Très calme.

Prix : 1 pers. 31 € 2 pers. 35/39 € 3 pers. 46/49 €
Ouvert : Toute l'année.

🐕	〰️	⛱️	🎣	🏊	🎾	🏇	👫	🏠	🚲
1,5	1,5	1,5	15	1	1	5	0,1	30	0,5

Nicole DESCLOS - Rue du Vieux Bourg - Plevenon - 22240 FREHEL - Tél. : 02 96 41 57 34

Côtes-d'Armor — Bretagne

FREHEL La Teusse (TH) C.M. 59 Pli 5

2 ch. Située à 4 km du Cap Fréhel. St-Malo et Dinan 40 km. Maison coquette à 800 m du bourg avec vue sur la campagne et calme assuré. 2 chambres confortables avec salle d'eau, wc privés. A l'étage, 2 ch. : 1 ch (1 lit 2 pers.), 1 ch. (2 lits 1 pers.). Petit déjeuner dans la salle à manger avec réfrigérateur à disposition. Décor rustique, barbecue et équipement de jardin. Sentier pédestre GR 34.

Prix : 1 pers. **34 €** 2 pers. **37 €**
Ouvert : D'avril à mi-novembre sur réservation.

🐕	≋	⛱	🍴	🏊	🎾	🎣	🏇	🏨	🚉
	2	3	4	2	15	4	4	1	20	0,8

Josette HERVE - la Teusse - Plevenon - 22240 FREHEL - Tél. : 02 96 41 46 02

GOMENE Le Bas du Bois A C.M. 59 Pli 14

2 ch. Chapelle de Roquetton, Menhir de la Pellionnaye, les 3 croix du Tertre. Edith et Joseph vous accueillent dans 2 chambres à l'étage avec salle d'eau et wc privés, agréablement aménagées avec vue sur le plan d'eau de la ferme auberge où vous pourrez prendre un repas pour 13 €/pers. 1 unité familiale de 2 pièces (2 lits 2 pers.), 1 ch (1 lit 2 pers.). Salon de jardin à disposition. Repas de 4 pers 61 €. Parents et enfants seront comblés par les animaux de la ferme et pourront découvrir la vie à la campagne en parcourant les sentiers pédestres et VTT. Pêche sur place dans le plan d'eau. A proximité : Moncontour, cité médiévale, Quintin, cité de caractère.

Prix : 1 pers. **31 €** 2 pers. **36 €** pers. sup. **10 €**
Ouvert : Toute l'année sur réservation.

🐕	≋	⛱	🍴	🏊	🎾	🎣	🏇	🏨	🚉
	60	60	60	0,1	18	6	18	0,1	6	6

Edith GUILLORY - Le Bas du Bois - Le Cadran Solaire - 22230 GOMENE - Tél. : 02 96 67 49 08 ou 02 96 26 54 87 - Fax : 02 96 67 41 10

GOMENE La Hersonnière D'En Haut (TH) C.M. 59 Pli 14

3 ch. Loudéac à 20 km. Demeure du 19è s. au centre Bretagne dans 1 domaine de 7 ha face à 1 plan d'eau. 3 ch. avec salle d'eau, wc privés attenants dont 1 au 2è étage : Iris (2 lit jumeaux). A 1er étage, 1 suite Eglantine (1 lit 2 pers. 1 lit 1 pers) et 1 unité familiale de 2 pièces Marguerite (1 Lit 2 pers. 2 lits 1 pers). Petit déjeuner copieux et table d'hôtes le soir (cuisine régionale avec produits du potager). A disposition, salon avec vue sur l'étang privé. Poss. de pêche. Jardin, salon de jardin. Tarif 4 pers : 92 €. A 20 km, piscine ludique à Loudéac. Langue parlée : anglais.

Prix : 1 pers. **39/51 €** 2 pers. **43/54 €** 3 pers. **75 €** pers. sup. **22 €** repas **18 €**
Ouvert : Toute l'année.

🐕	≋	⛱	🍴	🏊	🎾	🎣	🏇	🏨	🚉
	55	55	0,1	5	5	5	5	20	5

Gérard LE MEAUX - La Hersonnière d'en Haut - 22230 GOMENE - Tél. : 02 96 28 48 67 - Fax : 02 96 28 48 67

GOMMENEC'H Kerbalan C.M. 59 Pli 2

2 ch. Paimpol : Ile de Bréhat, Abbaye de Beauport. Cote de Granit Rose,... A la ferme, Brigitte et Joël vous accueillent dans leur maison de caractère, fleurie et très calme. 2 ch. spacieuses à l'étage avec sanitaires privés : 1 ch. (1 lit 2 pers. de 1,60 m), 1 ch. (1 lit 2 pers.)(sur demande 2 lits 1 pers.). Salon, séjour. Cour, pelouse, salon de jardin, portique. Restaurants à 500 m. Point de départ idéal pour une escapade en Côtes d'Armor, côtes et campagne bretonnes à la fois : Parc de la Roche Jagu, Falaises de Plouha. Langue parlée : anglais.

Prix : 2 pers. **34/39 €** pers. sup. **8 €**
Ouvert : Toute l'année.

🐕	≋	⛱	🍴	🏊	🎾	🎣	🏇	🏨	🚉
	11	11	10	8	15	7	4	11	15	0,5

Joël et Brigitte VINCENT - Kerbalan - 22290 GOMMENEC'H - Tél. : 02 96 52 32 11 ou 06 81 55 44 60 - Fax : 02 96 52 32 11

GOUDELIN Lespoul C.M. 59 Pli 2

2 ch. Lanvollon à proximité. Dans une maison récente de style breton, 2 chambres d'hôtes spacieuses avec lavabo (2 lits 2 pers.) avec salle de bains, wc communs. Salon de jardin, salle de séjour à disposition. jardin fleuri et pelouse ombragée. Située à 13 km des plages. Chemin pédestre à 1 km dans une très belle vallée. Ferme-auberge à 8 km. Lanvollon : parc botanique. Vallée et moulins du Leff. Craquelins de Lanvollon.

Prix : 1 pers. **26 €** 2 pers. **29 €** 3 pers. **35 €**
Ouvert : toute l'année.

🐕	≋	⛱	🍴	🏊	🎾	🎣	🏇	🏨	🚉
	13	13	1	13	1	1	12	13	1

André VINCENT - Lespoul - 22290 GOUDELIN - Tél. : 02 96 70 07 79

HENANBIHEN La Vallée C.M. 59 Pli 4

1 ch. A proximité des falaises du Cap Frehel, d'Erquy. A 30 mn de St-Malo... Sur une exploitation agricole (production laitière), dans une longère restaurée mitoyenne avec 2 gîtes, 1 ch. plein sud avec entrée indépendante, salle d'eau et wc privés (1 lit 2 pers. 1 lit 1 pers.). Terrain commun de 750 m² avec jeux et salons de jardin. Gare Lamballe 15 km. Située à 10 mn des plages de sable fin de St-Cast, Sable d'Or, Cap Fréhel. Calme, détente et repos sont assurés.

Prix : 1 pers. **31 €** 2 pers. **38 €** 3 pers. **43 €**
Ouvert : Toute l'année.

🐕	≋	⛱	🍴	🏊	🎾	🎣	🏇	🏨	🚉
	12	12	12	12	2	12	15	4	7	1

Marie-Claire CARFANTAN - La Vallée - 22550 HENANBIHEN - Tél. : 02 96 34 07 49 - Fax : 02 96 34 07 49

Bretagne
Côtes-d'Armor

HENGOAT Le Rumain
C.M. 59 Pli 1/2

4 ch. Tréguier, Pontrieux, Lezardrieux à proximité. **Cote de la Granit Rose..** Sur le site d'un ancien manoir du XV1è s., entouré de verdure et de bois, 3 ch et 1 studio avec s.e et wc privés. Au r.d.c, 1 studio de 3 épis (acc à pers à mobilité réduite), 1 lit 2 pers, 1 lit 1 pers., kitchenette. Salle d'animation : cheminée, bibliothéque, salon, L.linge, coin-cuisine avec poss de cuisiner le soir. A l'étage : 2 ch. 4 épis (1 lit 2 pers, 1 lit 1 pers) et 1 ch 3 épis (1 lit 2 pers). Barbecue & boxes pour chevaux. Poss. de location de vélos. Situé entre Paimpol et Perros-Guirec à 7 km de Tréguier. Tarif promotionnel hors saison 1 pers. 24/26 € - 2 pers. 41/46 €. Langues parlées : anglais, allemand.

Prix : 1 pers. 28/30 € 2 pers. 45/50 € pers. sup. 15 €
Ouvert : Toute l'année.

15	15	15	5	10	10	5	15	5	15	4

J.François DUYCK - Le Rumain - 22450 HENGOAT - Tél. : 02 96 91 30 92 ou 06 83 49 18 39 - Fax : 02 96 91 30 92 -
E-mail : jf.duyck@libertysurf.fr

HENON Les Grands Moulins
C.M. 59 Pli 13

2 ch. **Moncontour : 1 km, cité marquée par l'histoire de la chouannerie (musée)** Maison dans un cadre de verdure avec plan d'eau. 1 ch. (1 lit 2 pers) 1 ch. (2 lits 1 pers). avec salle d'eau et wc privés. Parking, aire de jeux. Restaurant 1 km. Sentier pédestre à proximité. A Moncontour fête médiévale : 3è quinzaine d'août.

Prix : 1 pers. 23 € 2 pers. 31 €
Ouvert : Toute l'année.

25	25	25	15	1	1	15	25	15	1

Solange ROUILLE - Les Grands Moulins - 22150 HENON - Tél. : 02 96 73 40 82 - Fax : 02 96 73 40 82

KERBORS Troezel Vraz
(TH)   *C.M. 59 Pli 2*

5 ch. Kerbors 2 km. Dans un manoir du XVIIè s, entouré de 2 ha de verdure. 5 ch. de caractère entièrement rénovées, s.e, wc privés, dont 1 ch. 4 épis, 1 unité familiale de 3 pièces - 3 épis. A l'étage, 4 ch. dont 3 pers., 2 pers. et 1 unité familiale 3 pers. Poss. lit suppl. Petit-déj. maison (confitures, yaourts). Légumes du jardin. Salon biblio, cheminée. Cour, jardin paysager, terrasse, salon de jardin. Repas enfant 8 €. VTT à disposition. Au cœur de la Presqu'île Sauvage, coin de Bretagne qui a su protéger sa côte son patrimoine culturel, découvrez Troezel Vras, situé à mi-chemin entre Bréhat et Perros-Guirec, Tréguier et Paimpol. Formule randonneur GR34. Langue parlée : anglais.

Prix : 1 pers. 41/47 € 2 pers. 47/52 € 3 pers. 63/70 €
pers. sup. 14 € repas 16 €
Ouvert : D'avril à fin octobre.

3	3	3	10	7	15	19	15	2

J.Marie et Françoise MAYNIER - Troezel Vras - 22610 KERBORS - Tél. : 02 96 22 89 68 - Fax : 02 96 22 90 56 -
E-mail : troezel.vras@free.fr - http://troezel.vras.free.fr/

KERMARIA-SULARD
C.M. 59 Pli 1

2 ch. Dans un cadre rustique et reposant, maison bretonne rénovée. A l'étage, 2 chambres : 1 ch (1 lit 1.40 m) salle de bains, wc privés attenants, 1 ch (1 lit 1.40 m, 1 lit 1.10 m) avec salle d'eau, wc privés attenants. Salon à disposition. Petit-déjeuner servi dans la salle de séjour. Parking privé. Salon de jardin, barbecue, 1200 m² de pelouse. De là, vous découvrirez la côte de Granit Rose, les 7 Iles et de nombreux sites et circuits pittoresques. Plages : Louannec à 3 km, Perros-Guirec à 5 km. Circuit GR 34 à proximité. Langue parlée : anglais.

Prix : 1 pers. 32 € 2 pers. 39 € 3 pers. 49 € pers. sup. 10 €
Ouvert : De Pâques à la Toussaint.

3	3	3	7	1	12	12	3	7	3

Claudine LAUWAERT - 6, chemin de Croas Perff - Fospoul - 22450 KERMARIA-SULARD - Tél. : 02 96 49 05 64 - Fax : 02 96 49 05 64

KERPERT Gars An Cloarec
C.M. 59 Pli 2

3 ch. **Plan d'eau et étang : 8 km. Lac de Guerlédan : 20km- site de Bon Repos...** Dans 1 cadre boisé, bien situé pour rayonner sur toute la Bretagne, vous trouverez à Gars An Cloraec sur l'exploitation agricole : 3 ch. 2 pers., poss. lit supp. pour enf., chacune équipée de salle d'eau et wc attenants. Les petits-déj. vous seront servis dans 1 salle qui a gardé son authenticité avec son lit clos, vaisselier et grandes armoires d'autrefois. A Kerpert, l'église St-Pierre XVI°. l'Abbaye de Coat-Malouen du XIIè siècle. Chapelle du Guiaudet avec son carillon de 17 cloches, calvaire et ossuaire à Lanrivain. Musée de l'école à Bothoa.

Prix : 1 pers. 25 € 2 pers. 32 € pers. sup. 10 €
Ouvert : D'avril à fin octobre.

40	40	10	8	7	1,5	4	0,1	1,5

Pierre LE BRETON - Gars-An-Cloarec - 22480 KERPERT - Tél. : 02 96 24 32 16 - Fax : 02 96 24 34 22

LANCIEUX Les Hortensias - Villeneuve
C.M. 59 Pli 5

3 ch. **Cap Frehel, Fort La Latte. Dinard, St-Malo, Cancale. Dinan, cité...** Belle longère du XVIIè s. rénovée avec goût, en bordure de la route côtière Lancieux, Ploubalay. L'ambiance marine et les meubles anciens créent une chaleureuse atmosphère. 3 chambres confortables et avec sanitaires privés. Salon de jardin, parking. Station balnéaire à 8 km de Dinard. Tarif 4 pers. 70 €. Vallée et berges du Frémur à Ploubalay : panorama du chateau d'eau (54 m) offrant une vue magnifique. Langue parlée : anglais.

Prix : 1 pers. 40 € 2 pers. 48 € 3 pers. 60 € pers. sup. 10 €
Ouvert : Toute l'année.

0,5	0,5	1	0,5	10	0,5	4	0,5

Jacqueline COSSON - Les Hortensias - Villeneuve - 22770 LANCIEUX - Tél. : 02 96 86 31 15 ou 06 70 08 35 29

Côtes-d'Armor   *Bretagne*

LANCIEUX Les Fusains   C.M. 59 Pli 5

▮▮▮ 2 ch. **Mt-St-Michel, St-Malo, Dinan, Dinard, Cap Frehel, Fort La Latte.** Au calme d'un grand jardin clos, entre fleurs et arbres fruitiers, se nichent 2 chambres, indépendantes de notre demeure bretonne. Chaque chambre (1 ch 1 lit 1.60 m) (1 ch 2 lits jumeaux) où le charme des meubles anciens se marie avec le confort d'aujourd'hui, est équipée d'une s.e & wc privatifs. Vous y trouverez le nécessaire pour faire le café ou le thé. Sèche cheveux à disposition. Salon de jardin pour chaque ch. Barbecue et réfrigérateur à disposition. Petit-déjeuner servi dans la salle à manger familiale. Parking privé. Idéalement situé pour visiter le Mont Saint Michel, St-Malo, Dinan, Dinard et toute la Côte d'Emeraude. Langue parlée : anglais.

Prix : 2 pers. **44/49 €** pers. sup. **13 €**
Ouvert : De Pâques au 1ᵉʳ novembre.

🐕	≈	⛱	🚶	🚣	🏊	🎾	🏇	🐎	🚉	⛽
	0,5	0,5	0,5	0,5	6	1	5	3	0,5	15	0,2

Danièle EASTWOOD - Les Fusains - 16 rue du Centre - 22770 LANCIEUX - Tél. : 02 96 86 30 37 - Fax : 02 96 86 30 37 -
E-mail : les.fusains@wanadoo.fr - http ://perso.wanadoo.fr/les.fusains/fusains

LANDEBIA Le Pont À L'Ane   C.M. 59 Pli 4

▮▮ 5 ch. **St-Cast : 12 km. Cap Freheh : 15 km.** Dans une ferme ovine, à 1 km de la forêt de la Hunaudaye, 5 ch. avec salle d'eau, wc privés dont 4 ch. en 2 épis, 1 ch. 1 épi. A l'étage : 3 ch. (1 lit 2 pers), 1 ch. (1 lit 2 pers, 1 lit 1 pers) et au-dessus d'un gîte rural sur place, 1 ch. avec entrée privée & coin-cuisine aménagé (1 lit 2 pers., 1 lit 1 pers.). Barbecue et réfrigérateur. A quelques km, vous découvrirez : St-Cast station banéaire, Cap Fréhel, Fort La Latte cité corsaire, Dinan ville d'art et d'histoire. Tarif 4 pers. 57 €. Langue parlée : anglais.

Prix : 1 pers. **36 €** 2 pers. **36/29 €** 3 pers. **45/48 €** pers. sup. **10 €**
Ouvert : Toute l'année.

🐕	≈	⛱	🚶	🚣	🏊	🎾	🏇	🐎	🚉	⛽
	10	10	10	1	8	1	7	10	8	SP

Nicole ROBERT - Le Pont à l'Ane - 22130 LANDEBIA - Tél. : 02 96 84 47 52 - Fax : 02 96 84 47 52

LANGOAT   C.M. 59 Pli 1

▮▮▮ 1 ch. **Tréguier et sa cathédrale 5 km. Cote de Granit Rose : 15 km, Paimpol...** Située entre Perros-Guirec et Paimpol, ravissante maison tout en granit très confortablement aménagée. A l'étage, 1 unité familiale de 2 ch. très lumineuses avec petit salon coin lecture attenant (1 lit 2 pers., 2 lits jumeaux 1 mx 2, 1 lit 1 pers. 0.90 x 1.90) s.d.b, wc privés. Dans la salle à manger face à une grande baie petit-déj. copieux (crêpes, gateaux maison). Terrasse, jardin, barbecue. Située au calme, dans une route sans issue et jouissant d'un bel environnement dans un jardin paysager (3000 m²) avec une superbe vue sur la campagne découvrant sept clochers. Ecole de voile à Port-Blanc. GR 34 à 8 km.

Prix : 2 pers. **46 €** pers. sup. **16 €**
Ouvert : Toute l'année.

🐕	≈	⛱	🚶	🚣	🏊	🎾	🏇	🐎	🚉	⛽
	8	8	8	1,5	7	0,6	3	20	8	25	0,6

Marie Françoise BOUGET - 9 rue du Fort Castel-Du - 22450 LANGOAT - Tél. : 02 96 91 32 12

LANGOAT Le Porjou   C.M. 59 Pli 1

▮▮▮ 2 ch. **Perros-Guirec 15 km. Château de la Roche-Jagu 7 km. Paimpol 25 km.** Dans une maison en pierre et sur l'exploitation, 2 chambres. 1 chambre 3 épis (1 lit 2 pers., 1 lit 1 pers.), salle d'eau, wc privés attenants. 1 chambre 2 épis (1 lit 2 pers., 1 lit 1 pers.), salle d'eau privée attenante, wc privés. Petit déjeuner servi dans la salle à manger. Jardin, salon de jardin. Idéalement située à 10 km de la plage de Trestel, 10 km de Plougrescant (gouffre, pointe du château). Langue parlée : anglais.

Prix : 1 pers. **28 €** 2 pers. **39 €** pers. sup. **11 €**
Ouvert : Toute l'année.

🐕	≈	⛱	🚶	🚣	🏊	🎾	🏇	🚉	⛽
	12	12	1,5	1,5	6	0,6	3	20	25	0,6

Marie Gabrielle LE SOUDEER - Le Porjou - 22450 LANGOAT - Tél. : 02 96 91 36 53

LANGUENAN La Ville Es Gicquiaux   C.M. 59 Pli 5

▮▮ 1 ch. **Dinan 8 km: ville médiévale. A Plédéliac : Chateau de la Hunaudaye...** Dans une ancienne ferme de caractère située au calme dans un cadre boisé et fleuri, exposée plein sud avec entrée indépendante : 1 unité familiale de 2 pièces 1 ch (1 lits 2 pers) 1 ch (2 lits 1 pers), salle de bains, wc. Poss. lit supplémentaire. Salle à manger rustique pour le petit-déjeuner. Salon à disposition. Pelouse, salon de jardin. A voir, Dinan cité médiévale, St-Malo cité corsaire, Cap Fréhel, Fort La Latte avec sa réserve d'oiseaux. Tarif 4 pers : 70 €.

Prix : 2 pers. **38 €** 3 pers. **54 €** pers. sup. **9 €**
Ouvert : Toute l'année.

🐕	≈	⛱	🚶	🚣	🏊	🎾	🏇	🐎	🚉	⛽
	7	7	7	8	10	6	6	23	8	2

Odile MEHOUAS - La Ville es Gicquiaux - 22130 LANGUENAN - Tél. : 02 96 27 90 80

LANISCAT Restano   C.M. 59 Pli 12

▮ 2 ch. **Abbaye de Bon-Repos et Gorges du Daoulas (5 km). Gouarec...** Dans une maison en pierre du pays, située dans le village. 2 ch. 2 pers. avec salle de bains et wc communs. Salle de séjour et salon rustique à la disposition des hôtes. Possibilité de cuisiner. Jardin, salon de jardin. Restaurant 2 km. Plussulien à 5 km. Lac, plage, baignade, ski-nautique, forêt à 10 km.

Prix : 1 pers. **17 €** 2 pers. **23 €** 3 pers. **28 €**
Ouvert : Toute l'année.

🐕	≈	⛱	🚶	🚣	🏊	🎾	🏇	🐎	🚉	⛽
	60	60	10	10	10	6	10	25	50	6

M-Paule CHEVANCE - Restano - 22570 LANISCAT - Tél. : 02 96 36 95 03

Bretagne **Côtes-d'Armor**

LANLEFF Keravel
C.M. 59 Pli 2

2 ch. Temple de Lanleff à 500 m, château de Coatguelen à 2.5 km. Yves et Jeanine vous proposent dans une annexe mitoyenne à leur maison, 2 chambres 2 épis (1 lit 2 pers), avec salle d'eau, wc attenants et privés. Entrées indépendantes. Possibilité de cuisiner. Barbecue dans le jardin. Coin détente et salle à manger commune pour le petit déjeuner. Au calme, à deux pas du Temple de Lanleff et de la rivière Le Leff. A 9 km de Paimpol et 15 de Bréhat, 7 km des plages de Plouézec et de Plouha.

Prix : 1 pers. 31 € 2 pers. 34/35 €
Ouvert : toute l'année.

🐕	≈	⛱	⚓	🚣	🎾	🐎	🚴	🚌	🚉
	8	8	1	10	10	10	10	3	

Yves et Janine CRENAN - Keravel - 22290 LANLEFF - Tél. : 02 96 22 32 17 - Fax : 02 96 22 32 17

LANMODEZ Le Paradis
C.M. 59 Pli 1

4 ch. Lézardrieux à 4 km. Sur une grande propriété de 8000 m², belle maison en pierre, entièrement rénovée en 2001, située à proximité de l'habitation des propriétaires. Terrasse. Au r.d.c : 2 ch avec terrasse, s.e, wc privés (2 lits 1 pers) dont 1 ch côté mer. A l'étage : 2 ch (1 lit 2 pers) avec vue sur mer & baie vitrée, s.e, wc privés, dont 1 ch 1 lit 1.60 m x 2, lit bébé. Magnétoscope, sèche-linge. Coin-cuisine équipé (micro-ondes, frigo américain). Située dans un cadre remarquable invitant au repos et à la détente, propriété surplombant l'estuaire du Trieux face à l'Ile de Bréhat.

Prix : 1 pers. 31 € 2 pers. 43/54 €

🐕	≈	⛱	⚓	🚣	🎾	🐎	🚴	🚶	🚌	🚉
	0,5	0,5	0,5	7	0,5	0,5	0,5	1,5	0,5	7	3

Ginette HASLE - Le Paradis - 22610 LANMODEZ - Tél. : 02 96 22 81 62 - Fax : 02 96 22 94 52

LANNION Poutillieo - Brélévenez
C.M. 59 Pli 1

3 ch. Dans leur authentique maison de caractère du XVIè siècle, située dans un environnement très calme et protégé, 10 ha de verdure. Mr. Mme LE COULS vous recevront chaleureusement dans 3 ch. (1 lit 2 pers.) : 1 ch. (chouette), s.e privée, wc privés non attenants. 1 ch (poisson) 3 épis, s.e. wc privés, 1 ch (chat), s.e. wc privés. Pour un séjour de plus de 4 nuits, possibilité de disposer gracieusement d'un habitat indépendant pour préparer son diner (salle et cuisine). Chemin boisé aboutissant au GR Lannion/Perros. Lannion, cité historique et capitale du Trégor. Langue parlée : anglais.

Prix : 1 pers. 31 € 2 pers. 39 € pers. sup. 11 €
Ouvert : de mai au 15 septembre.

🐕	≈	⛱	⚓	🚣	🎾	🐎	🚴	🚌	🚉
	10	10	5	2	2	7	7	2,5	2

Jean-Pierre LE COULS - Rue de Pourquéo - Brélévenez - 22300 LANNION - Tél. : 02 96 48 52 10 - Fax : 02 96 48 52 10

LANVOLLON Glehigneaux
C.M. 59 Pli 3

2 ch. A la campagne, dans le calme, entourée d'un grand parc, maison bretonne, de caractère et rénovée. A l'étage : 2 chambres avec lavabo, salle de bains et wc communs. Petite cuisine pour les 2 ch. Séjour, salon, grande véranda disponible le soir pour dîner. Parc avec terrasse pour grillades et pique-nique. Allée de boules. Commerces et restaurants à 1 km. Lanvollon : parc botanique, Manoir d'Avaugour.

Prix : 1 pers. 28 € 2 pers. 31 € 3 pers. 40 € pers. sup. 8 €
Ouvert : toute l'année.

🐕	≈	⛱	⚓	🚣	🎾	🐎	🚴	🚌
	8	8	0,2	10	1	1	10	1

J-François NICOLAS - Glehigneaux - 22290 LANVOLLON - Tél. : 02 96 70 14 37 ou 06 88 27 19 49

LEZARDRIEUX
C.M. 59 Pli 2

6 ch. Sillon du Talbert 10 km. Ile de Brehat 15 km. M.Yvette & Robert seront heureux de vous accueillir dans la presqu'île Sauvage dans une ancienne étable rénovée : 4 chambres 2 pers en 3 épis, salle d'eau, wc privés, dont 1 de 3 pers : 1 ch 3 pers. (1 lit 2 pers., 1 lit 1 pers.). Dans la maison des propriétaires : 2 ch. 1 épi dont 1 (2 lits 1 pers) salle de bains, wc communs. Dans un séjour rustique, un copieux petit-déjeuner vous attend. A disposition : salon avec TV, jardin, salon de jardin, terrasse, barbecue, pique-nique, portique et jeux de boules. Randonnées GR 34 à proximité.

Prix : 1 pers. 34 € 2 pers. 39 € pers. sup. 16 €
Ouvert : Toute l'année.

🐕	≈	⛱	⚓	🚣	🎾	🐎	🚴	🚌	🚉
	3	8	3	8	3	3	3	3	

M.Yvette GUILLOU - 5, rue de Kervoas - 22740 LEZARDRIEUX - Tél. : 02 96 20 14 53 - Fax : 02 96 20 14 53

LEZARDRIEUX Croas Hent
C.M. 59 Pli 2

5 ch. Paimpol : 6 km. Trèguier (cité de caractère) : 12 km. Ile de Bréhat. Situées sur l'exploitation légumière et au calme de la campagne, 1 unité familiale dans une annexe indépendante (1 lit 2 pers, 2 lits 1 pers), s.d.b, wc privés, coin-cuisine équipée & véranda à disposition. Dans une autre annexe indépendante, 4 ch., literie électrique (1.60 m x 2) dont 2 ch. au r.d.c, accessibles à personne à mobilité réduite, s.e, wc privés attenants. A l'étage : 2 ch. (1 lit 1.60 x 2 - 1 lit 0.90 x 2) dont 1 ch s.d.b & wc privés, 1 ch., s.e, wc privés. Coin-cuisine & véranda communs. Terrain de 1 ha, jeux d'enfants. A proximité de Paimpol, de l'Ile de Bréhat et des plages. Tarif 4 pers. 77 €. Langue parlée : anglais.

Prix : 1 pers. 37 € 2 pers. 40/44 € 3 pers. 57/59 € pers. sup. 16 €
Ouvert : Toute l'année.

🐕	≈	⛱	⚓	🚣	🎾	🐎	🚴	🚶	🚌	🚉
	3	1	2	7	2	4	15	0,1	7	2

Michel CARRIOU - Croas Hent - 22740 LEZARDRIEUX - Tél. : 02 96 22 21 82 - Fax : 02 96 22 21 82 -
E-mail : michel.CARRIOU@wanadoo.fr

Côtes-d'Armor — Bretagne

LEZARDRIEUX Lan Caradec
C.M. 59 Pli 2

4 ch.

Paimpol : 6 km. Tréguier : sa ville et cathédrale : 8 km par le GR34. Maison indépendante de style bourgeois. 4 chambres avec balcon, salle de bains et wc privés. 1 ch. 3 pers, 1 ch 4 pers, 2 unités familiales de 2 pièces dont 5 ch. 5 pers. 1 ch. 4 pers. Séjour, salon avec cheminée du XVIIè s. Cour, jardin, bois, parking privé. Karaté sur place, table de ping-pong. Piano. Un accès direct à la plage et vue panoramique sur le port de Lézardrieux où Georges Brassens a vécu. GR34 sur place ainsi que mer, pêche, voile. Tarif 4 pers. 53/62 €, 5 pers. 71 €. Langues parlées : anglais, japonais.

Prix : 1 pers. 35 € ◊ 2 pers. 42/45 € ◊ 3 pers. 51/54 € ◊ pers. sup. 10 €
Ouvert : Toute l'année.

🐕	≈	⛱	🏃	≈	🎾	🏇	🐎	🏓	🅿
	0,1	0,1	0,1	6	1	8	10	6	0,5

Edith et Toshihiko WAKE - Lan Caradec route des Perdrix - 22740 LEZARDRIEUX - Tél. : 02 96 20 10 25

LOUANNEC
C.M. 59 Pli 1

6 ch.

6 ch. dans une maison récente avec 2 parkings. R.d.c., vue sur mer : 1 ch. 2 épis (1 lit 2 pers.), s.e. wc privés, 1 unité familiale 2 pièces avec cuisine équipée (1 ch. 2 pers. 2 lits 1 pers.), s.e. wc. A l'étage, 4 ch. avec lavabo dont 3 vue sur mer : 2 ch. (1 lit 2 pers.), 2 ch. (2 lits 1 pers.), 3 wc, 3 s.e. communs. Barbecue, salon de jardin. 3 frigo/congélateurs. Poss. cuisiner. Face à la Baie de Perros Guirec & des Sept Iles, véranda panoramique. Vous assisterez aux mouvements des marées. Pour vous détendre accès gratuit à la balnéo. Philippe vous propose à 100 m du bord de mer, accès direct à la plage un terrain verdoyant de 6000 m².

Prix : 1 pers. 26/37 € ◊ 2 pers. 34/45 € ◊ pers. sup. 11 €

🐕	≈	⛱	🏃	≈	🎾	🏇	🐎	🏓	🅿
	0,1	10	2	10	0,1	9	2	15	10	2

Philippe THOMAS - 47 route de Nantouar - 22700 LOUANNEC - Tél. : 02 96 91 06 25 ou 06 08 33 13 58 - Fax : 02 96 91 24 56

LOUANNEC Le Colombier de Coat Gourhant
C.M. 59 Pli 1

4 ch.

Perros-Guirec 2,5 km. Musée des télécom 7 km. Chemin des Douaniers. Dans une aile indépendante de cette ferme rénovée, 4 chambres mansardées gaies et lumineuses, lavabo, s.e., wc privés : 2 ch. (1 lit 2 pers.), 1 ch. (1 lit 160), 1 ch. (2 lits 1 pers.). Pièce commune où, s'harmonisant bois & pierre, chacun dispose de sa table pour le petit-déjeuner. Vaste aquarium marin pour le bonheur de tous. Salons de jardin. Parking. Réfrigérateur à disposition, pique-nique poss. En plein cœur de la Côte de Granit Rose, vous apprécierez le charme et le grand silence de la campagne et les plaisirs de la mer. Hors saison sur demande. Perros-Guirec, station balnéaire avec casino. Langue parlée : anglais.

Prix : 1 pers. 40 € ◊ 2 pers. 45 € ◊ pers. sup. 12 €
Ouvert : De mars à fin octobre.

🐕	≈	⛱	🏃	≈	🎾	🏇	🐎	🏓	🅿
	2,5	2,5	2	2,5	2	3	6	10	9	1,5

FAJOLLES - Le Colombier de Coat Gourhant - 22700 LOUANNEC - Tél. : 02 96 23 29 30

MATIGNON Le Clos Saint-Germain
C.M. 59 Pli 5

5 ch.

Au calme, dans cette ancienne ferme, nous vous proposons au r.d.c, 2 chambres 2 épis avec entrée indépendante, s.e, wc privés dont 1 ch. (1 lit 2 pers) 1 ch. (2 lits 1 pers). Poss. lit suppl. A côté et à disposition : cuisine, s.d.b, wc. A l'étage 3 ch. 2 pers avec lavabo, s.e et 2 wc communs sur le palier. Poss. de cuisiner. Cour et jardin. Jeux enfants : tobbogan, balançoire. Située à 500 m de la Baie de la Fresnaye, 3 km de la plage et à proximité du GR 34. Plébouille : chapelle Notre-Dame du Temple (XIVè s). Vallée du Frémur. Village de St-Germain de la Mer.

Prix : 1 pers. 26 € ◊ 2 pers. 29/34 €
Ouvert : De février au 15 novembre.

🐕	≈	⛱	🏃	≈	🎾	🏇	🐎	🎣	🏓	🅿
	0,5	4	5	1	5	5	5	0,2	25	2

Christiane HAMON - le Clos St-Germain - 22550 MATIGNON - Tél. : 02 96 41 14 56

MERDRIGNAC Manoir de la Peignie
C.M. 59

5 ch.

Merdrignac. Josselin, Moncontour. Dans un manoir entièrement rénové, situé dans le village : 5 grandes chambres chaleureuses et personnalisées avec sanitaires, wc privés. Salon de lecture et bibliothèque, salle à manger médiévale, jeux de société, ping pong. 8500 m² de parc champêtre sur 10 ha : barbecue, salon de jardin. Animaux acceptés sur demande. Restaurant 400 m. Accueil chaleureux et convivial dans ce manoir des XIIIè et XVIIè siècles. Situé au cœur de la Bretagne, idéal pour rayonner, à 20 mn de la forêt de Brocéliande, à 1 h du littoral et à 5 mn de la base de loisirs bien aménagée du Landrouët. Etang de la Hardouinais. Langue parlée : anglais.

Prix : 1 pers. 38/46 € ◊ 2 pers. 46/54 € ◊ pers. sup. 18 €
Ouvert : Toute l'année.

🐕	≈	⛱	🏃	≈	🎾	🏇	🐎	🅿
	45	15	0,5	0,3	0,1	30	1	0,4

François-Regis MARIE - Manoir de la Peignie - 22230 MERDRIGNAC - Tél. : 02 96 28 42 86

MERLEAC La Clé des Garennes
C.M. 59 Pli 13

1 ch.

Bosméléac, plan d'eau aménagé. Rigole d'Hilvern. Guerlédan 10 km. Dans un paysage vallonné et boisé, Valérie et Joël vous accueillent dans leur maison de construction récente : 1 chambre avec salle d'eau, wc privés (1 lit 2 pers.). Grand jardin d'agrément, salon, aire de jeux, portiques, jeux de boules. Table d'hôtes le soir sur réservation. Lit bébé 5 €. Lac de Bosméléac à 5 km avec plage artificielle, pêche. Sentiers de randonnée de Bosméléac à Hilvern. Rigole d'Hilvern : bief d'alimentation du canal de Nantes à Brest.

Prix : 1 pers. 23 € ◊ 2 pers. 31 € ◊ 3 pers. 39 € ◊ repas 13 €
Ouvert : Toute l'année.

🐕	≈	⛱	🏃	≈	🎾	🏇	🐎	🅿
	30	30	5	1	15	5	2	5

Valérie GUILLO - La Clé des Garennes - 22460 MERLEAC - Tél. : 02 96 26 25 29 ou 06 81 24 89 75

Bretagne   **Côtes-d'Armor**

MERLEAC Kerdaval (TH)   *C.M. 59 Pli 12-13*

4 ch. **Merléac : Chapelle St-Jacques (14è s). Lac et barrage de Bosméléac.** Entre deux Lacs, au cœur de la Bretagne, Colette & Michel vous accueillent dans leur maison, au calme. A l'étage, 1 ch. 2 épis, 2 ch. 3 épis (vue magnifique sur la campagne), s.e, wc privés. En rez-de-jardin, 1 ch. acceptant les animaux (2 épis), entrée indép., s.e, wc privés. Salle-à-manger spacieuse & rustique, coin-salon (cheminée-bibliothèque). T. d'hôtes à la table familiale (produits maison : miel, cidre). Véranda spacieuse donnant sur un parc (cerfs-biches-grande variété d'oiseaux). Pelouse fleurie. Jeux de boules, poneys. Loc. vélos, VTT. Stuée dans une région boisée & vallonnée où la nature est protégée. Tarif 4 pers 46 €.

Prix : 1 pers. 28 € 2 pers. 33 € 3 pers. 43 € repas 12 €
Ouvert : Toute l'année.

🐕	≈	⛱	🚣	🏊	🎾	🐎	🤾	🚴	🚆
35	35	15	4	20	1	5	40	1	6	6

Colette BEUREL - Kerdaval - 22460 MERLEAC - Tél. : 02 96 28 87 65

MONCONTOUR   *C.M. 59 Pli 13*

2 ch. **Mont de Bel Air : 7 km.** Au cœur des Côtes d'Armor, vous serez accueillis aux chambres d'hôtes de l'Evron. Au r.d.c d'une annexe totalement indépendante de la maison des propriétaires : 2 ch. (1 lit 2 pers), avec salle d'eau, wc attenants privés. Garage pour vélos, motos. Remise 5 % pour 5 nuits, 10 % pour 10 nuits. Restaurants à 500 m. Situées au pied des remparts de la cité médiévale (fête, 2è quinzaine d'août-visites guidées). Animation tout l'été. A 7 km du Mont Bel Air, toit des Côtes d'Armor, panorama exceptionnel à 360°.

Prix : 1 pers. 27 € 2 pers. 35 €
Ouvert : Toute l'année.

🐕	≈	⛱	🚣	🏊	🎾	🐎	🤾	🚴	🚆
	25	25	25	0,8	15	0,1	15	25	15	SP

GOUELOU - 4 rue de la Vallée - 22510 MONCONTOUR - Tél. : 02 96 73 55 12

MONCONTOUR (TH)   *C.M. 59 Pli 13*

4 ch. **Moncontour : 100 m. marquée par l'histoire de la chouannerie (musée).** Au cœur de la cité médiévale vous serez accueillis dans une belle demeure du XVIè siècle. A l'étage, 4 ch. avec salle d'eau, wc privés, dont 2 ch. (1 lit 2 pers, 2 lits 1 pers), 1 ch. (1 lit 2 pers, 1 lit 1 pers), 1 ch. (1 lit 2 pers) s.d.b, wc privés. Salon, cuisine, salle à manger. Cour, terrasse, salon de jardin, barbecue. Tarif 4 pers 64 €. T.H sur réserv. : 15 € si + de 4 jours, repas enfant 8 €. Moncontour où les murs abritent les évocations de plusieurs siècles d'histoire, étape incontournable d'une visite en Bretagne.

Prix : 1 pers. 31 € 2 pers. 39 € 3 pers. 54 € pers. sup. 15 € repas 15 €
Ouvert : Toute l'année.

🐕	≈	⛱	🚣	🏊	🎾	🐎	🤾	🚴	🚆
	20	20	0,1	0,8	0,5	5	25	17	0,1

Christiane LE RAY - 10, place de Penthièvre - 22510 MONCONTOUR - Tél. : 02 96 73 52 18 - Fax : 02 96 73 52 18

LA MOTTE Le Haut de la Cour   *C.M. 59 Pli 13*

2 ch. **Loudéac à 8 km : Eglise St-Nicolas et Forêt domaniale. Hémonstoir à 10 km** Au calme, dans une maison rénovée en pierre, située sur une exploitation agricole, 2 chambres avec salle d'eau et wc particuliers. Pelouse. Possibilité de cuisiner. Piscine couverte à 8 km, sports nautiques à 10 km. Fête du cheval en août.

Prix : 1 pers. 23 € 2 pers. 31 €
Ouvert : Toute l'année.

🐕	≈	⛱	🚣	🏊	🎾	🐎	🤾	🚴	🚆
	35	35	10	4	8	5	8	15	10	5

Yvette LAMANDE - Le Haut de la Cour - 22600 LA MOTTE - Tél. : 02 96 25 43 96 ou 06 81 09 36 78

MUR-DE-BRETAGNE Le Pont Guern   *C.M. 59 Pli 12*

3 ch. **Pontivy 13 km.** Odile et yannick vous accueillent dans leur maison de ferme. A l'étage : 1 ch. 1 épi (1 lit 2 pers.), s.d.b, wc privés. 1 ch. (1 lit 2 pers) s.d.b, wc privés, 1 ch. (1 lit 2 pers, 1 lit 1 pers) s.d.b, wc privés. Petit déjeuner avec les produits de la ferme et confitures maison, servi dans une grande salle aux poutres & pierres apparentes. Petite basse-cour avec canards, poules exotiques. Nombreuses plantes. Four à pain traditionnel et restauré. Située au bord du Canal de Nantes à Brest. Poss. de recherche d'or avec un orpailleur. Poss. de pêche et promenades sur le halage. Guerlédan, son lac & sa forêt.

Prix : 1 pers. 25 € 2 pers. 34 € pers. sup. 10 €
Ouvert : Toute l'année.

🐕	≈	⛱	🚣	🏊	🎾	🐎	🤾	🚴	🚆
	50	50	3	1	10	4	7	SP	4

Yannick LE BOUDEC - Le Pont Guern - 22530 MUR-DE-BRETAGNE - Tél. : 02 96 28 54 52 ou 06 78 80 79 94 - Fax : 02 96 28 54 52 -
E-mail : JEMO.CO@wanadoo.fr - http://ty.canal.com

PAIMPOL   *C.M. 59 Pli 2*

2 ch. **Paimpol, son port. Abbaye de Beauport, Ile de Bréhat 10 km.** Eliane & Antoine vous accueillent dans leur maison située à Kerfot, sur une propriété de 5000 m². A l'étage : 1 ch. 2 épis (1 lit 2 pers), s.e, lavabo & wc contigus privés. 1 ch. 3 épis (1 lit 2 pers.), s.e., lavabo et wc privés attenants. Petit-déjeuner (gateaux, confitures maison) servi dans la salle de séjour au r.d.c. Pelouse, salon de jardin, terrasse. Calme et verdure, pour vous détendre et vous adonner aux loisirs qu'offrent la campagne et la mer. Environnement boisé et chemins de randonnées à proximité. Langue parlée : anglais.

Prix : 1 pers. 31 € 2 pers. 37 €
Ouvert : Toute l'année.

🐕	≈	⛱	🚣	🏊	🎾	🐎	🤾	🚴	🚆
	4	4	4	0,5	4	4	8	3	4	0,3

Antoine et Eliane GUILLOU - 1, rue des Ducs de Bretagne - Kerfot - 22500 PAIMPOL - Tél. : 02 96 20 40 16

Côtes-d'Armor — Bretagne

PAIMPOL
C.M. 59 Pli 2

2 ch. **Abbaye de Beauport, circuit des Falaises, Ile de Bréhat, Loguivy...** Au calme, à 5 mn à pied du vieux Paimpol et du Port, dans leur maison récente avec jardin et parking, Yves & Andrée vous accueilleront à l'étage dans 2 chambres, l'une avec salle d'eau et wc attenants, l'autre avec salle d'eau et wc privés non attenants. Salon de jardin, barbecue. Grand choix de restaurants sur place. Promenades et pêche en mer. Située à 10 mn de l'Ile de Bréhat de la Côte Sauvage de Plouézec. GR34 à proximité. Langues parlées : anglais, italien.

Prix : 1 pers. 30 € 2 pers. 36 €
Ouvert : Toute l'année.

1	1,5	1	1	1	1	1	0,5	0,5

Andrée et Yves AUFFRET - 2, allée du Ruisseau - Les Jardins de la Vieille Tour - 22500 PAIMPOL - Tél. : 02 96 55 17 10

PAIMPOL
C.M. 59 Pli 2

1 ch. **Paimpol : musée de la mer et du costume breton. Pointe du Guilben...** Dans cette maison traditionnelle, au r.d.c : 1 ch. avec entrée privée (1 lit 2 pers.) avec baie vitrée donnant sur un jardin fleuri, salle de bains, wc privés. A disposition dans cette ch. : frigidaire, micro-ondes. Salon de jardin, barbecue. Le meilleur accueil vous sera réservé dans cette maison traditionnelle, située à proximité du port de Paimpol et du centre ville, à 10 mn de l'embarcadère de Bréhat et Abbaye de Beauport. Activités nautiques, plages à 1 km. Paimpol : musée du costume breton. Langue parlée : allemand.

Prix : 1 pers. 32 € 2 pers. 37 €
Ouvert : Toute l'année.

1,5	1	1	0,3	0,5	8	5	1	1

Marie-France ARDIET - 28, avenue Gabriel le Bras - Lanvignec - 22500 PAIMPOL - Tél. : 02 96 20 46 81

PAIMPOL Garden Zant Vignoc
C.M. 59 Pli 2

2 ch. **Port de Paimpol (900 m). Abbaye de Beauport (2 km). Bréhat..** Dans la grande maison, très calme, de style régional des propriétaires : 1 ch. 2 épis (1 lit 2 pers.) avec lavabo, salle d'eau, wc attenants. Dans une annexe, 1 ch. 3 épis, (1 lit 2 pers.,1 lit 1 pers) salle d'eau, wc privés. Salon de jardin, emplacement parking. Remise de 10 % pour séjours d'une semaine. Située à 900 m du port et centre ville de Paimpol avec activités sportives nombreuses (promenades sur vieux gréements, kayak de mer, voile). Chemins de petites et grandes randonnées (GR34). A 5 km de l'embarcadère pour l'Ile de Bréhat et 2 km de l'Abbaye de Beauport. Langue parlée : anglais.

Prix : 1 pers. 28/34 € 2 pers. 34/39 € 3 pers. 39/51 €
Ouvert : Toute l'année.

1	1	0,2	0,2	0,2	2	1	1	

Françoise BOUCHARD - Garden Zant Vignoc - LANVIGNEC - 22500 PAIMPOL - Tél. : 02 96 20 72 21

PENVENAN
C.M. 59 Pli 1

1 ch. **Port-Blanc, Cote de Granit Rose : 1.5 km.** Sur une propriété de 3000 m² avec vue sur mer et à l'étage de sa maison, Maryvonne vous accueille dans une 1 unité familiale indépendante (2 pièces), 1 ch. (1 lit 2 pers.) 1 ch. (2 lits 1 pers) + 1 espace détente, s.d.b, wc privés non attenants. Petit-déjeuner servi dans le séjour. Salon réservé aux hôtes. Salon de jardin, barbecue. Tarif 4 pers. 70 €. Située à 1.5 km du bourg et de Port-Blanc. Randonnées sur place. Restaurants à 1.5 km.

Prix : 2 pers. 40 € 3 pers. 55 €
Ouvert : Toute l'année.

1,5	1,5	1,5	7	1,5	2	15	1,5

Maryvonne et Hervé PRIGENT - 3, Run Lez - 22710 PENVENAN - Tél. : 02 96 92 72 69 ou 06 81 62 64 68 - Fax : 02 96 92 63 77 -
E-mail : Hprigent@clubinternet.fr

PENVENAN
C.M. 59 Pli 1

1 ch. Dans un environnement très reposant, Michelle vous accueille dans une maison de caractère, intérieur très rustique et plein de charme. A l'étage : 1 unité familiale de 2 pièces : 1 ch.(1 lit 2 pers.) 1 ch. (2 lits 1 pers.), salle d'eau, lavabo, bidet, wc privés attenants à la 1ère ch. Petit-déjeuner servi dans le séjour. Salon. Jardin, pelouse, barbecue. Tarif 4 pers. 70 €. Commerces et restaurant 2 km 500. Gare à Lannion : 15 km. Ecole de voile 3 km. Située à 2 km du bourg et de la mer (Port-Blanc),Paimpol (Ile Bréhat) à 18 km, Perros-Guirec (Côtes de Granit rose) à 15 km.

Prix : 2 pers. 40 € 3 pers. 53 €
Ouvert : Toute l'année.

3	3	3	7	7	2,5	3	7	2	15	1,5

J. Michel PRIGENT - 3 Coat Claeran - 22710 PENVENAN - Tél. : 02 96 92 65 27 ou 06 67 34 92 84 - Fax : 02 96 92 65 27

PERROS-GUIREC Goas Ar Lan - Louannec
(TH) *C.M. 59 Pli 1*

5 ch. En plein cœur de la Côte de Granit Rose, maison ancienne restaurée sur 5 ha. Au r.d.c : 1 ch 2 pers. avec literie de 1.60 x 2 m, s.e, wc privatifs séparés. A l'étage : 4 ch. 1.60 x 2 m, dont 2 ch., s.e, wc privatifs séparés, 1 ch., s.e, wc privés, 1 ch., s.d.b, wc privés. Parking privé. Salon de jardin, barbecue. T. Hôtes/réserv. avec produits locaux frais. Vous goûterez en toute tranquillité le charme et le calme du jardin paysager & arboré sur 1 ha (collection de rosiers, d'érables, conifères, 1er prix « Fleurissement des hébergements » de la Côte de Granit Rose), le confort de cette maison & les plaisirs de la mer. Thalasso-casino à 5 km. Langues parlées : anglais, espagnol.

Prix : 2 pers. 47/52 € pers. sup. 15 € repas 19 €
Ouvert : de février à octobre. hors saison sur demande.

2	2	2	2	5	2	5	5	1,5	5	2

Nicole et André MICHEL - Goas Ar Lan - Louannec - 22700 PERROS-GUIREC - Tél. : 02 96 49 08 54 ou 06 13 60 75 94 -
Fax : 02 96 49 00 29 - E-mail : goas-ar-lan@wanadoo.fr - www.goasarlan.com

Bretagne — Côtes-d'Armor

PLEBOULLE Le Grand Chemin — C.M. 59 Pli 5

3 ch. **Péboulle : 5 km.** A l'étage d'une maison récente située sur la Départementale 13, 3 chambres avec 1 lit 2 pers., salle de bains, wc privés dont une avec plage. lit bébé. Salle-à-manger, coin-salon. Grand jardin, salons de jardin. Poss. de cuisiner au sous-sol et à disposition : frigo, gazinière, micro-ondes, lave-linge, lave-vaisselle. Réserv. aux heures repas. Péboulle : chapelle Notre-Dame du Temple (XIVe siècle). Vallée du Frémur.

Prix : 1 pers. 25 € 2 pers. 31 €
Ouvert : Toute l'année.

9	9	9	9	5	9	9	2	

Yvette TOUTAIN - Le Grand Chemin - 22550 PLEBOULLE - Tél. : 02 96 41 05 18

PLELO La Combe — C.M. 59 Pli 2

1 ch. **Cité de caractère à Chatelaudren à 6 km.** Dans une dépendance face à la maison des propriétaire, 1 chambre (1 lit 2 pers), salle d'eau, wc privés, avec possibilité à l'étage d'un lit enfant. Pièce d'accueil pour le petit-déjeuner et kitchenette à disposition pour cuisiner le soir. Coin-détente extérieur, barbecue, salon de jardin. Situé à 12 km de la plage des Rosaires sur St-Brieuc et proche également des criques sur Pordic.

Prix : 2 pers. 34 € pers. sup. 10 €
Ouvert : Toute l'année.

10	10	10	8	14	1,5	10	15	6	14	6

Michèle PEROU - La Combe - 22170 PLELO - Tél. : 02 96 94 94 44 ou 06 11 15 03 50

PLELO Le Char A Bancs — A (TH) — C.M. 59 Pli 2-3

4 ch. **Chatelaudren, petite cité de caractère avec chapelle du VIe s...** Dans la ferme de nos aïeux (musée paysan) 4 chambres de charme avec salle d'eau, wc privés dont 1 chambre avec baignoire, wc privé. Repas possible à la Ferme-auberge à 500 m - tarif 14/25 €. Promenade à poneys Shetland pour les enfants avec leurs parents. Artisanat-brocante. Tarif 4 pers : 105 €. Pêche sur place. Production de l'électricité personnelle (micro centrale électrique). Situé à 1 km du bourg dans une petite vallée tranquille propice aux promenades, avec rivière frontière linguistique Breton/Gallo : le Leff, où vous pourrez faire du pédalo. Langues parlées : anglais, allemand.

Prix : 1 pers. 46/76 € 2 pers. 60/82 € 3 pers. 75/98 €
pers. sup. 15 € repas 14/25 €
Ouvert : L'été et fins de semaines sur réservation.

13	13	13	0,7	5	5	15	10	20	2

Famille LAMOUR - Au Char à Bancs - Moulin de la ville Geffroy - 22170 PLELO - Tél. : 02 96 74 13 63 - Fax : 02 96 74 13 00 -
E-mail : charabanc@wanadoo.fr - http://www.aucharabanc.com

PLENEUF-VAL-ANDRE — C.M. 59 Pli 4

E.C. 1 ch. **Station balnéaire de pléneuf et d'Erquy. Cap Frehel. Haras de Lamballe** A l'étage de cette maison, 1 unité familiale de 2 pièces comprenant 1 ch. 1 lit 2 pers., 1 ch 2 lits 1 pers. Salle d'eau, wc privés non attenants. Coin-cuisine et salon à disposition. Petit-déjeuner servi dans le séjour. Grand jardin, salon de jardin, barbecue, jeux d'enfants. Tarif 4 pers : 58 €. Lieu d'étape dans une station banéaire réputée, permettant de profiter des atouts sur place (plage, pêche, promenade) ou de rayonner de St-Malo à l'Ile de Bréhat.

Prix : 2 pers. 36 € 3 pers. 49 €
Ouvert : Toute l'année.

1,8	2	2	2	2	2	1	0,5	15	0,5

Hilaire DESCLOS - 8 allée de la Forge - 22370 PLENEUF-VAL-ANDRE - Tél. : 02 96 72 25 84

PLENEUF-VAL-ANDRE Le Clos Fontaine — C.M. 59 Pli 4

2 ch. **Le vieux Port de peche de Dahouet à 2 km.** Dans une longère ancienne en pierre du pays restaurée avec goût, 1 grande chambre communicante avec s.e, wc. Attenante à la maison principale, 1 unité familiale, comprenant à l'étage : 2 ch. (1 lit 2 pers. 2 lits 1 pers.) et r.d.c : s.e, wc séparé, coin-cuisine, petit salon. Jardin fleuri, pelouse, salon de jardin. Tarif 4 pers. 69 €. Située à 10 mn à pied de la plage des Vallées. Activités de sports nautiques au Val André à 1.5 km (station balnéaire). Poss. de promenades sur la grande digue piétonne et sur le sentier des douaniers d'où belle vue sur la Baie de St-Brieuc. Ports de pêche/plaisance : Dahouët & Erquy.

Prix : 1 pers. 37 € 2 pers. 40/46 € 3 pers. 58 € pers. sup. 12 €
Ouvert : D'avril à septembre.

0,9	0,9	1,5	0,9	1	0,1	2	0,9	15	0,4

Maud LE NAI/MEHEUT - Le Clos Fontaine - 5 rue de la Corderie - 22370 PLENEUF-VAL-ANDRE - Tél. : 02 96 63 08 53 ou
06 68 10 12 05 - Fax : 02 96 63 08 53 - E-mail : le-clos-fontaine@m6net.fr - www.le-clos-fontaine.fr.st/

PLENEUF-VAL-ANDRE Le Pré Mancel — C.M. 59 Pli 4

5 ch. **Pléneuf Val André : 3.8 km. Dahouet, petit port : 4.5 km...** Dans l'annexe d'un ancien corps de ferme isolé (maison des propriétaires) et à l'étage, 3 ch. 2 pers, 1 ch. 3 pers, salle d'eau, wc privés. Au r.d.c., 1 unité familiale de 2 pièces, 3 épis, salle d'eau, wc privés. Salle-de-séjour. Salon de jardin, pelouse, parking, grande cour. Tarif 4 pers : 63 €. Située à 500 m de la route Pléneuf Val André (accès à la plage). Loisirs, location de vélos à Pléneuf-Val-André et réserve ornithologique. Nombreuses activités : voile, pêche en mer, piscine, golf.

Prix : 2 pers. 38 € 3 pers. 51 €
Ouvert : Toute l'année.

1,5	1,5	4	4	4	4	6	4	15	3

Yvette ROUINVY - Le Pré Mancel - 22370 PLENEUF-VAL-ANDRE - Tél. : 02 96 72 95 12 - Fax : 02 96 63 16 28

Côtes-d'Armor   *Bretagne*

PLERIN   C.M. 59 Pli 3

1 ch. **St-Brieuc : ses vieux quartiers et cathédrale (6 km). Binic et port.** Marie-Yvonne et Michel vous accueillent dans leur maison, et vous proposent, à l'étage : 1 unité familiale de 2 pièces, 1 ch. vue sur mer, (1 lit 2 pers. 1 lit 1 pers.) 1 ch (1 lit 2 pers. 1 lit 1 pers.) salle d'eau, wc privés. Poss. lit bébé. Petit-déjeuner servi dans le séjour ou la véranda. Cour, pelouse, salon de jardin, portique. Réserv. souhaitée. Tarif 4 pers : 64 €. Remise de 10 % hors congés scolaires, à partir de 4 nuits. Située à 6 km de St-Brieuc et à proximité des sentiers douaniers.

Prix : 2 pers. **35 €** 3 pers. **48 €**
Ouvert : Toute l'année.

1,5	1,5	1,5	1,5	6	1,5	2	10	1	8	2,5

Marie-Yvonne PEU - 16 rue du Clos Hery - 22190 PLERIN-SUR-MER - Tél. : 02 96 74 54 28 - Fax : 02 96 74 54 28

PLERIN Tournemine   C.M. 59 Pli 3

3 ch. **St-Brieuc à 6 km : Tertre Notre-Dame, cathédrale.** Brigitte vous accueille dans son manoir confortable et reposant avec vue sur mer. A l'étage : 3 chambres : (1 lit 2 pers.) (lits 1 pers. en mezzanine pour enfants), salle d'eau et wc privés. Télévision. Parc boisé et paysager de 1 ha, salon de jardin, barbecue. A 1 km : école de voile, promenades à cheval, randonnées pédestres.

Prix : 2 pers. **39/44 €** pers. sup. **8/11 €**
Ouvert : Du 1er avril au 30 septembre.

1	1	1	1	10	1	1,5	16	1	7	1,5

Brigitte DUPUY - Manoir de Maupertuis - Tournemine - 22190 PLERIN - Tél. : 02 96 74 46 08 - Fax : 02 96 33 80 38

PLESLIN-TRIGAVOU Pleumagat   C.M. 59 Pli 5

1 ch. Janine vous reçoit tout simplement, dans un cadre boisé et très calme, au r.d.c de cette agréable maison, une sympathique chambre indépendante avec porte-fenêtre (1 lit 2 pers.), s.e., wc privatifs indépendants. Dans le verger, le salon de jardin est à votre disposition. Vous êtes à 13 km de Dinard, 22 km de St-Malo. Restaurants à Ploubalay à 6 km.

Prix : 2 pers. **41 €**

10	10	10	2,5	12	4	6	6	10	2

Janine JOSSELIN - Pleumagat - 22490 PLESLIN-TRIGAVOU - Tél. : 02 96 27 80 45 - Fax : 02 96 27 80 45

PLESLIN-TRIGAVOU Les Perrieres   C.M. 59 Pli 5

2 ch. **Cap Frehel (20 km), St-Malo (15 km). Pleslin-trigavou : berges du Frémur.** Dans une maison traditionnelle indépendante, meublée à l'ancienne, 2 chambres chaleureuses avec salle de bains et wc privés. Au r.d.c : 1 ch. (1 lit 2 pers.). A l'étage : 1 ch. (1 lit 2 pers., 1 lit 1 pers.). Salle-de-séjour pour le petit déjeuner, salon. Salon de jardin. Poss. de cuisiner. Restaurant routier à 500 m. Située à 9 km de Dinan et 12 km de Dinard. Forêt à 1 km. Rivière 1 km.

Prix : 2 pers. **32/36 €**
Ouvert : Toute l'année.

6	6	8	1	10	2	6	4	1	10	1

Agnès CHEVALIER - Les Perrières - 22490 PLESLIN-TRIGAVOU - Tél. : 02 96 27 19 01 ou 02 96 27 80 11

PLESLIN-TRIGAVOU   C.M. 59 Pli 5

2 ch. **Dinan 10 km, cité médiévale. Dinard 8 km. St-Malo 15 km.** M.Mme ROGUE vous accueillent dans une maison récente en vieilles pierres, au décor rustique et chaleureux. 1 chambre 2 pers (1 lit 1.40 m), salle de bains, wc privés. 1 petite ch. 1 pers (1 lit 2 pers., 1 lit 1.20 m) cabinet de toilette et wc privés non communicants, douche jouxtant. Salon de jardin, barbecue. Dans un triangle des plus touristiques et culturel : Le Mont St-Michel, Dinan, Le Cap Fréhel, situé à quelques kms de Dinard, St-Malo, Dol.

Prix : 2 pers. **31/40 €** pers. sup. **16 €**
Ouvert : De Pâques à fin septembre.

9	9	9	4	10	0,5	3	3	10	2

Gaston ROGUE - Route de Dinard - La Colombière - 22490 PLESLIN-TRIGAVOU - Tél. : 02 96 27 82 60

PLESLIN-TRIGAVOU Trebefour - Le Val Garance   (TH)   C.M. 59 Pli 5

5 ch. Longère orientée plein sud avec 4 chambres 3 épis : 1 ch. (1 lit 2 pers.), 2 ch. (lits jumeaux), 1 ch. (1 lit 2 pers., 2 lits 1 pers.), s.d'eau, wc privés. 1 ch. 2 épis (1 lit 2 pers), s.d.b., wc non communicants. Vélos. Grand jardin. Tarif 4 pers. 61 €. Table d'Hôtes sauf le samedi soir en juillet/août. Découvrez l'accueil chaleureux du Val Garance, à 9 km de la superbe côte d'Emeraude. Vous pourrez allez vous reposer à l'ombre des arbres ou rester vous chauffer devant la grande cheminée du salon. Leslin-Trigavou, berges du Frémur. Champ des Druides, site mégalithique. Langue parlée : anglais.

Prix : 2 pers. **34 €** 2 pers. **39 €** 3 pers. **49 €** pers. sup. **12 €** repas **14 €**
Ouvert : Toute l'année.

9	9	9	2	9	9	10	5	9	1

Elizabeth NICOLAS-MOREL - Le Val Garance - Trebefour - 22490 PLESLIN-TRIGAVOU - Tél. : 02 96 27 83 57 - Fax : 02 96 27 83 57 -
E-mail : MRELIMOMOO@aol.com

Bretagne **Côtes-d'Armor**

PLESLIN-TRIGAVOU Le Bois de la Motte (TH) — C.M. 59 Pli 5

2 ch. **A proximité : vallée et berges du Frémur.** Dans une maison de caractère, située sur une ancienne exploitation agricole en pleine campagne, 1 ch (1 lit 2 pers), s.d.b, wc privés et 1 ch. (1 lit 1 pers, 1 lit 2 pers) s.e, wc privés. Poss. lit suppl. En environnant un beau jardin, vous dégusterez un copieux petit-déjeuner avec confitures maison dans un vaste séjour avec salon, cheminée. T. d'hôtes sur réservation. Poss. de cuisiner et de prendre les repas dans la salle à manger ou de pique-niquer dans le jardin. Espaces verts, salon de jardin. Tout le charme de la campagne à proximité de la mer. Langues parlées : anglais, espagnol.

Prix : 2 pers. 36/39 € 3 pers. 48 € pers. sup. 10 € repas 14 €
Ouvert : Toute l'année.

9	9	9	0,3	9	9	9	5	10	8

Loïc CHARTIER - Le Bois de la Motte - Trigavou - 22490 PLESLIN-TRIGAVOU - Tél. : 02 96 27 80 11 ou 06 72 79 48 38

PLESLIN-TRIGAVOU Trebefour - Le Jardin D'Eden — C.M. 59 Pli 5

3 ch. **St-Malo, cité corsaire. Dinan, cité médievale d'art. Cap Fréhel 25 km..** Paulette & Paul vous accueillent dans leur maison douillettement aménagée. Au r.d.c : 1 ch. 3 épis (1 lit 2 pers), s.e, wc privés. A l'étage, 2 ch dont 1 unité familiale de 2 pièces (1 ch 2 pers. 1 ch 3 pers) avec wc lavabo, s.d.b, wc privés. A l'unité, 1 ch 2 pers), s.e. wc privés. Bel espace de séjour pour petit déjeuner (confitures maison). Terrain arboré et fleuri, parking privé, pelouse de 2000 m², salon de jardin et poss de pique-niquer. Tarif 4 pers. 62 €. Venez découvrir le charme de la campagne tout près de la Côte d'Emeraude. St-Malo, cité corsaire par le barrage de la Rance. Mont St-Michel à 50 mn.

Prix : 1 pers. 31 € 2 pers. 34 € 3 pers. 46 € pers. sup. 11 €
Ouvert : Toute l'année.

0,5	0,5	9	4	9	9	9	0,5	9	1

Paulette BOURDAIS - Trebefour - Le Jardin d'Eden - 22490 PLESLIN-TRIGAVOU - Tél. : 02 96 27 13 79

PLESSALA (TH) — C.M. 59 Pli 13

1 ch. Jean & Eliane, anciens commerçants, vous accueilleront à l'étage dans une unité familiale (1 lit 2 pers, 2 lits 1 pers). Salle de bains, wc privés non attenants. Salon réservé aux hôtes. Salon de jardin, barbecue. Une chambre propice pour du repos pour vous reposer en toute quiétude. Le soir vous gouterez aux menus traditionnels d'Eliane (lapin au chouchen, porc à la bigoudène, etc, au ferme fermier). Jean, en fin connaisseur, vous fera découvrir les sentiers pédestres de la région. Plan d'eau avec pêche. Commerces sur place. Prix 4 pers 61 €.

Prix : 1 pers. 27 € 2 pers. 33 € pers. sup. 12 € repas 13 €
Ouvert : Toute l'année.

30	30	30	1	20	0,5	20	0,5	30	0,5

Eliane GUIGUEN - 13 place de l'Eglise - 22330 PLESSALA - Tél. : 02 96 26 10 26

PLESSALA (TH) — C.M. 59 Pli 13

1 ch. **Moncontour 8 km.** Au cœur du pays du Méné, à la sortie du bourg, Renée & Michel vous réservent un accueil chaleureux et convivial et mettent à votre disposition l'étage de leur maison. 1 unité familiale de 2 pièces dont 1 ch (1 lit 2 pers., 1 lit 1 pers.) 1 ch (1 lit 2 pers. 1 lit bébé), salle d'eau et wc privés. Accès libre à la véranda et au salon avec cheminée et TV. A l'étage : cuisine aménagée à disposition. Table d'hôtes avec produits maison sur réserv. Pelouse, salon de jardin, portique. Etang et pêche à proximité. Randonnée pédestre et VTT. A voir : Forêt de Loudéac, Les Forges du Vau Blanc.

Prix : 1 pers. 27 € 2 pers. 33 € pers. sup. 12 € repas 13 €
Ouvert : Toute l'année.

30	30	30	1	20	0,5	20	0,5	30	0,5

Michel ROCABOY - 7 rue du Colombier - 22330 PLESSALA - Tél. : 02 96 26 12 66

PLESTAN Le Clos Brulé (TH) — C.M. 59 Pli 14

4 ch. **Lamballe : Haras National..., Chateau de al Hunaudaye..., ferme d'Antan** Dans une maison récente, au calme à la campagne, située près d'une exploitation agricole. A l'étage, 1 unité familiale de 2 pièces avec s.e, wc privés à chaque ch. 1 ch (2 lits 1 pers, 1 lit 2 pers), 1 ch (2 lits 1 pers). 1 ch. (1 lit 2 pers.) s.d.b., wc privés attenants. 1 ch. avec balcon (1 lit 2 pers., 1 lit 1 pers.), s.e, wc privés attenants. Poss. lit suppl. Cuisine à disposition, barbecue. T.Hôtes avec produits de la ferme sur réservation. Lacs & châteaux à proximité. Jugon-les-Lacs : petite cité de caractère, station verte de vacances. Espace nature autour du grand lac. Prix 4 pers : 65 €.

Prix : 1 pers. 28 € 2 pers. 39 € 3 pers. 46 € repas 13 €
Ouvert : Toute l'année.

18	18	8	3	8	3	10	15	8	3

Yolande LEFEUVRE - Le Clos Brule - 22640 PLESTAN - Tél. : 02 96 34 11 73 ou 06 88 43 40 90

PLESTIN-LES-GREVES — C.M. 59 Pli 1

1 ch. Entre Morlaix et Lannion, Maryvonne vous accueille dans 1 grande chambre avec balcon et coin détente (1 lit 2 pers + 1 lit 1.20 m), salle de bains et wc privés attenant avec douche à jets & baignoire. Poss lit enfant. Petit-déjeuner servi dans la salle de séjour ou dans le jardin (terrasse). Jardin clos et agréable avec salons de jardin, barbecue.

Prix : 1 pers. 31 € 2 pers. 40 € 3 pers. 60 €
Ouvert : Toute l'année.

3	3	3	3	0,5	2	15	0,2

Maryvonne LEQUEFFRINEC - 2, rue des Clos - 22310 PLESTIN-LES-GREVES - Tél. : 02 96 54 17 91

Côtes-d'Armor — Bretagne

PLEUBIAN Le Cosquer
C.M. 59 Pli 2

1 ch. Située dans un site campagnard, 1 chambre (2 lits jumeaux), salle de bains et wc privés attenants. Salle à manger rustique. Salon de jardin. Remise de 10 % sur séjour supérieur à 3 jours en Hors et Haute saison. Circuit VTT sur place. Pleubian : Sillon du Talbert, digue naturelle de plus de 3 km de long. Lézardrieux : panorama depuis le pont suspendu qui enjambe le Trieux. Port de plaisance.

Prix : 1 pers. 31 € 2 pers. 39 € 3 pers. 46 € pers. sup. 8 €
Ouvert : D'Avril à fin septembre.

1	1,5	5	1	16	1,5	3	33	5	1,5

Georges ACHILLE - Le Cosquer - 22610 PLEUBIAN - Tél. : 02 96 22 82 01

PLEUDIHEN-SUR-RANCE Le Val Hervelin
C.M. 59

3 ch. **Dinan 12 km, citadelle médiévale. St-Malo 20 km.** 1 chambre « La Campagnarde » 3 pers, s.d.b, wc privés, nous replonge au début du 20è s avec les mémoires de nos ancêtres paysans. 2 ch 2 pers., s.e, wc privés dont « la Bretonne » où vous découvrirez le charme de la région & des Terres Neuvas dans un univers bleu azur où il fait bon dormir et « La Romantique » offre une touche de douceur & de quiétude pour les amoureux. Salon. Jardin, salon de jardin. Sylvie vous accueillera à bras ouvert en terre & mer, où vous retrouverez le calme et la douceur de la campagne à proximité du charme des côtes malouines. Forêt sur place.

Prix : 1 pers. 34 € 2 pers. 39 € 3 pers. 51 € pers. sup. 10 €
Ouvert : Toute l'année.

20	10	3	12	12	0,3	5	7	0,1	12	5

Sylvie BRIGNON - Le Val Hervelin - 22690 PLEUDIHEN-SUR-RANCE - Tél. : 02 96 88 20 99 - E-mail : hervelines@hotmail.com - www.multimania.com/leshervelines ou SR : 02 96 62 21 73

PLEUDIHEN-SUR-RANCE Manoir de la Pépiniere
C.M. 59 Pli 6

5 ch. **St-Malo 14 km. Pleudihen/Rance 1 km et sa vallée de la Rance.** Dans un site classé avec vue sur un paisible marais de la Rance (à 15 mn de St-Malo et 10 mn de Dinan), vous serez accueillis dans notre manoir du XVIIᵉ s, totalement restauré, au cœur d'un grand parc. A l'étage, les chambres aux couleurs douces sont décorées au pochoir. 3 ch. (1 lit 160), 1 ch. (2 lits 1 pers.), 1 ch. (1 lit 160, 1 lit 1 pers.). Pour chaque chambre salle d'eau, wc privés. Pour permettre à nos hôtes de se distraire, nous leur réservons un salon où le billard le soir se transforme en table pour le petit-déjeuner. Langues parlées : anglais, italien.

Prix : 1 pers. 42 € 2 pers. 49 € 3 pers. 64 €
Ouvert : Toute l'année sur réservation.

14	14	14	0,5	10	2	5	14	12	1,2

Jacques VILLAIN - Le Manoir de la Pépinière - Pont de Cieux - 22690 PLEUDIHEN-SUR-RANCE - Tél. : 02 96 83 36 61 - Fax : 02 96 88 26 16

PLEUDIHEN-SUR-RANCE La Chesnaie
C.M. 59 Pli 6

4 ch. **Pleudihen sur Rance. Port de plaisance du Lyvet.** Dans cette ancienne ferme, Bernard et Nicole vous accueillent dans leur maison bretonne. A l'étage : 2 ch. 3 épis (1 lit 2 pers) salle d'eau, wc privés, 1 ch. 2 épis (2 lits 1 pers.) salle d'eau, wc privés, 1 unité familiale 3 épis (1 lit 1 pers, l lit 2 pers.) salle d'eau, wc privés. Salle-à-manger avec cheminée et coin-salon. A la table d'hôtes des produits de la ferme, vous serez servis. Terrasse avec jardin fleuri, salon de jardin. 1 er prix des maisons fleuries. Pleudihen sur Rance, Musée de la Pomme et du cidre. Port de plaisance du Lyvet.

Prix : 2 pers. 40 € 3 pers. 56 € pers. sup. 9 € repas 13 €
Ouvert : Toute l'année.

15	15	6	5	15	1,5	5	10	15	2

Bernard et Nicole GAUDRY - La Chesnaie - 22690 PLEUDIHEN-SUR-RANCE - Tél. : 02 99 58 04 88

PLEUDIHEN-SUR-RANCE Le Val Hervelin
C.M. 59 Pli 6

2 ch. **Dinan à 8 km, cité médievale. St-Malo à 20 km, cité corsaire.** Dans une longère ancienne entièrement rénovée, en pierre du pays et dans un environnement calme, proche d'un gîte 3 épis : 2 chambres à l'étage, de 3 pers. (1 lit 2 pers., 1 lit 1 pers) avec lavabo, salle de bains et wc communs. Cour, jardin et pelouse, salon. Petit-déjeuner servi dans la salle à manger ou dans le jardin. Cuisine à disposition. Musée de la pomme et du cidre. Langue parlée : anglais.

Prix : 1 pers. 30 € 2 pers. 35/40 € 3 pers. 47 € pers. sup. 10/12 €
Ouvert : Toute l'année.

3	3	15	7	8	0,5	20	4	3

Jacques DUVAL - Launay Mousson - Le Val Hervelin - 22690 PLEUDIHEN - Tél. : 02 96 83 21 63 - Fax : 02 96 83 21 63

PLEUDIHEN-SUR-RANCE Le Vau Nogues
C.M. 59 Pli 6

3 ch. **St-Malo à 10 km. Dinan, citadelle médievale...** Dans une maison récente de grand confort, au calme. Au r.d.c : 1 ch. (1 lit 2 pers.), s.d'eau, wc privés. A l'étage, 1 unité familiale de 2 pièces (2 lits 2 pers) s.d.b privée, wc communs. 1 ch. (1 lit 2 pers) s.e privée, wc communs. Poss. lit suppl. Salon à disposition. Table d'hôtes avec produits de la ferme. Véranda à disposition des hôtes. Jardin d'agrément. Jeux d'enfants, VTT sur place. Tarif 4 pers. 59 €. Visite de la ferme. Située à proximité de la mer. Animations sportives à 1 km durant l'été et vacances scolaires. Pleudihen (musée de la pomme & du cidre). Vallée de la Rance. Langues parlées : anglais, allemand.

Prix : 1 pers. 32 € 2 pers. 37 € 3 pers. 48 € repas 13 €
Ouvert : Toute l'année.

15	15	15	2	10	1	1	6	1

Simone MOUSSON - Le Vau Nogues - 22690 PLEUDIHEN-SUR-RANCE - Tél. : 02 96 83 22 94 - Fax : 02 96 83 22 94 - E-mail : simonemousson@multimania.com - www.multimania.com/simonemousson/

Bretagne — **Côtes-d'Armor**

PLEUDIHEN-SUR-RANCE Le Val Hervelin — C.M. 59 Pli 6

3 ch. **Musée de la pomme et du cidre. Port de plaisance du Lyvet. Dinan...** Située dans une vallée, avec vue sur plan d'eau, annexe à la maison des propriétaires, une longère rénovée et mitoyenne à 2 gîtes. 3 chambres avec salle d'eau, wc privés : 1 ch. 2 pers. (1 lit 2 pers.), 1 ch. 2 pers. (2 lits 1 pers.), 1 ch. 4 pers. (1 lit 2 pers. 2 lits 1 pers.). Poss. lit bébé. Salle avec coin-cuisine, coin-salon et cheminée. Parking. Cour close.

Prix : 1 pers. 35 € 2 pers. 40 € 3 pers. 55 €
Ouvert : Toute l'année.

15	15	15	6	9	3	5	20	0,1	9	3

Françoise CHENU - Le Val Hervelin - 22690 PLEUDIHEN-SUR-RANCE - Tél. : 02 96 83 35 61 - Fax : 02 96 83 38 43

PLEUDIHEN-SUR-RANCE La Cour Es Meuniers — C.M. 59 Pli 6

3 ch. **Vallée de la Rance. St-Malo, Dinard, Dinan.....** Maison villageoise calme et traditionnelle avec panorama champêtre et maritime des bords de rance. 3 chambres à l'étage avec sanitaires privés : 1 unité familiale de 2 pièces (1 lit 2 pers. 2 lits jumeaux), 1 ch. (2 lits 1 pers.), 1 ch. (1 lit 2 pers.). Poss. lit suppl. Coin-cuisine réservée aux hôtes. Jardins et parking. Tarif 4 pers. 54/63 €. Situé à proximité du littoral de la Côte d'Emeraude et de la Baie du Mont St-Michel. Restaurants locaux. Pleudihen : musée de la pomme et du cidre. Langues parlées : anglais, allemand.

Prix : 1 pers. 31 € 2 pers. 35/38 € 3 pers. 45/50 € pers. sup. 8/13 €
Ouvert : Toute l'année.

18	20	7	2	10	0,5	4	10	5	10	0,1

Thérèse HUE-TARTAR - La Cour Es Meuniers - 6, rue des Camelias - 22690 PLEUDIHEN-SUR-RANCE - Tél. : 02 96 83 34 23 - Fax : 02 96 83 20 51 - E-mail : thue_tartar69@hotmail.com - www.multimania.com/lacouresmeuniers

PLEUDIHEN-SUR-RANCE Le Grand Gue — C.M. 59 Pli 6

5 ch. **Dinan 11 km, cité médiévale. St-Malo 18 km, cité corsaire.** Maison restaurée du XVè siècle, aux murs épais et cheminées de granit. Au r.d.c : 2 ch de 3 épis (2 pers.) avec lavabo, douche et wc privés, 1 ch. (4 pers.) avec lavabo douche et wc privés. A l'étage : 2 ch (2 pers.) avec lavabo, douche et wc communs. Ameublement rustique, salle de séjour. Salon de jardin, cour. Restaurants 4 km. Située dans le calme de la campagne, près de nombreux sites et villes à visiter. Pleudihen : musée de la pomme et du cidre. Port de plaisance du Lyvet. Vallée de la Rance : Mont St-Michel, Cap Fréhel. Tarif 4 pers., 55 €.

Prix : 1 pers. 30 € 2 pers. 35/40 € 3 pers. 47 € pers. sup. 10 €
Ouvert : Toute l'année.

15	15	5	5	12	2	1	10	11	2

Marie SERVIN - Le Grand Gué - 22690 PLEUDIHEN-SUR-RANCE - Tél. : 02 96 83 21 58 - Fax : 02 96 83 22 14

PLEUMEUR-GAUTIER Kerpuns — C.M. 59 Pli 2

3 ch. Ancien corps de ferme restauré avec beaucoup de goût. Au r.d.c. d'une annexe, 2 ch. 1 lit 2 pers., s.e, wc privés attenants dont 1 ch 3 épis. A l'étage, 1 unité familiale de 2 pièces, 1 ch 1 lit 2 pers., lavabo, s.e, wc privés sur palier. Poss. lit suppl. Salle à manger, salon dans la maison des propriétaires. Coin-cuisine dans un local indépendant. Cour, jardin paysager, salon de jardin, jeux enfants, barbecue. Peut accueillir des cavaliers, 2 boxes à disposition. Situé dans un cadre très calme et verdoyant à égale distance de Paimpol/Ile de Bréhat Perros-Guirec. Transport possible (randonnées GR34). Tarif 4 pers 69 €.

Prix : 1 pers. 33/36 € 2 pers. 38/43 € 3 pers. 58 € pers. sup. 11 €
Ouvert : Toute l'année.

5	5	5	7	7	5	8	20	7	1,5

Yvon et Marie JEZEQUEL - Kerpuns - 22740 PLEUMEUR-GAUTIER - Tél. : 02 96 22 16 10 - E-mail : jezequel.yvon@libertysurf.fr

PLEVEN La Ville Baudoin — C.M. 59 Pli 5

2 ch. **Animations au Chateau de la Hunaudaye.** Sur l'exploitation et à l'étage de la maison des propriétaires : 2 chambres (1 lit 2 pers.), 1 avec salle de bains attenante, wc privés non attenants, 1 avec salle de bains, wc privés non attenants. Petit-déjeuner servi dans la salle à manger. Salon réservé aux hôtes. Coin-détente. Restaurations à 1 km. Située au carrefour des sentiers pédestres de la Hunaudaye et de la Vallée de l'Arguenon. Animations au Château de la Hunaudaye, base nautique.

Prix : 1 pers. 36 € 2 pers. 39 €
Ouvert : Toute l'année.

15	15	2	15	2	18	2	8	0,5	15	2

Annick CHAUVEL - La Ville Baudoin - 22130 PLEVEN - Tél. : 02 96 84 49 82 - Fax : 02 96 84 49 82

PLEVEN La Rompardais — C.M. 59 Pli 5

4 ch. **Château médiéval avec spectacle.** Michelle sera heureuse de vous accueillir dans cette ancienne longère du XIXe s, entièrement rénovée et décorée avec goût. 4 ch. dont 2 au 1er étage : 1 ch. (1 lit 2 pers) s.e, wc privés, 1 ch. (1 lit 2 pers. 1 lit 1 pers.) s.d.b., wc privés. 2e ét., 1 ch., s.e, wc privés (1 lit 1.40) Petit-déj. servi dans véranda ou salle de séjour. Située en bordure de la forêt de la Hunaudaye et tout près de la côte d'Emeraude vous apprécierez calme et confort des chambres. VTT. Pêche. Ferme d'Antan de Plédéliac et Chateau médiéval avec spectacle. 1/2 pens. poss. pour séjour supérieur à 3 jours.

Prix : 1 pers. 33 € 2 pers. 37/39 € 3 pers. 46/49 € pers. sup. 8 € repas 14 € 1/2 pens. 31 €
Ouvert : Toute l'année.

20	20	20	1	17	1	10	20	1	17	1

Michelle BLANCHARD - La Rompardais - 22130 PLEVEN - Tél. : 02 96 84 43 08

Côtes-d'Armor   Bretagne

PLOEUC-SUR-LIE Fontaine Corlay   C.M. 59 Pli 13

2 ch. **Chaos du Gouet et Plaintel : 5 km. Forêt de l'Hermitage : 4 km.** Pierre & Jeannine vous accueilleront dans 2 chambres avec salle d'eau privée attenante : 1 ch. (1 lit 2 pers. 1 lit bébé) wc privés attenants, 1 ch. (1 lit 2 pers. 1 lit 1.20), wc privés sur palier. Lit bébé sur demande. A disposition : salle de séjour, jardin avec pelouse, salon de jardin, abri voiture. Gare 20 km. Commerces 1.5 km. Randonnées à 5 km. Dans cette maison de style breton, entièrement rénovée, située dans un village à 1.5 km du bourg, vous trouverez un environnement très calme avec rivière sur place. A mi-chemin entre Quintin/Moncontour (cités médiévales), Ploeuc à 2 km dispose d'une aire de loisirs et de sports. Poney-club à 8 km.

Prix : 1 pers. **31 €** 2 pers. **34 €** 3 pers. **46 €** pers. sup. **8 €**
Ouvert : Toute l'année.

20	20	20	1	15	1,5	2	30	20	1,5

MERCIER-RAULET - Fontaine Corlay - 22150 PLOEUC-SUR-LIE - Tél. : 02 96 42 11 17

PLOEZAL Kerleo   C.M. 59 Pli 2

4 ch. **Paimpol 15 km, Chateau du 15° s. avec son parc, Pontrieux :petite cité..**. Roselyne vous accueille dans sa ferme bretonne entièrement rénovée, près du chateau de la Roche Jagu. 4 ch. avec entrée indépendante. 1 ch. 3 épis (1 lit 2 pers., 1 lit 1,20 m), 1 ch 3 épis (1 lit 2 pers., 2 lits 1 pers) s.e, wc privés. 2 ch. 1 épi (1 lit 2 pers.), lavabo, s.e et wc communs. Grande salle de séjour et salon à disposition. Jardin d'agrément. Gîte sur place. Nombreux sentiers de randonnées. Ile de Bréhat par la pointe de l'Arcouest. Côte de Granit Rose à 20 mn. Château du XVè s. avec son magnifique parc à 1 km. Train à vapeur reliant Pontrieux (cité de caractère) à Paimpol.

Prix : 1 pers. **29/35 €** 2 pers. **34/42 €** pers. sup. **11 €**
Ouvert : Toute l'année.

10	10	3	5	15	3	5	15	3	3

Roselyne et J-Louis HERVE - Ferme de Kerleo - 22260 PLOEZAL - Tél. : 02 96 95 65 78 - Fax : 02 96 95 14 63

PLOUAGAT Kerdanet   C.M. 59 Pli 2

1 ch. **Chateau à 1 km. Terrarium (reptiles et amphibiens).** La maison est en pleine campagne, avec pelouse, plantations, et plan d'eau à 500 m. A l'étage, 1 unité familiale de 2 pièces, 1 ch. (1 lit 2 pers., 1 lit 1 pers.), 1 ch. (1 lit 2 pers., 1 lit bébé), wc privés. Salle de bains commune aux 2 chambres. Coin-détente, salon, séjour pour petit-déjeuner. Tarif 4 pers. : 61 €. Tarif promotionnel à la semaine. Sentier ombragé pour randonnées. Guingamp à 11 km.

Prix : 1 pers. **26 €** 2 pers. **35 €** 3 pers. **41 €**
Ouvert : de Pâques à octobre.

20	20	20	4	11	4	11	21	10	4

Yvette LE MEHAUTE - Kerdanet - 22170 PLOUAGAT - Tél. : 02 96 32 64 45

PLOUBALAY La Ville Bague   C.M. 59

2 ch. Agathe vous réservera le meilleur accueil dans cette ancienne ferme, au calme dans un cadre fleuri en campagne. A l'étage 2 chambres (1 lit de 2 pers.) s.e. avec wc privés attenants. Petit-déjeuner servi dans la salle à manger familiale. Salon de jardin, barbecue. Situé à 1300 m du centre de Ploubalay, proche de la côte d'Emeraude et des activités touristiques de la région de Dinan, Dinard, St-Malo et le Mont-Saint-Michel. Commerces et restaurants à proximité.

Prix : 1 pers. **34 €** 2 pers. **36 €**
Ouvert : Toute l'année.

5	5	5	10	1	2	6	4	15	1,5

Francis LESAICHERRE - La Ville Bague - 22650 PLOUBALAY - Tél. : 02 96 27 22 71

PLOUBAZLANEC   C.M. 59 Pli 2

3 ch. **Ile de Bréhat, Abbaye de Beauport, Tréguier, cote des Ajoncs d'Or...** Avant d'arriver à Loguivy de la mer, en pleine campagne, à 500 m de la mer, vous serez accueillis dans une belle maison authentique bretonne, restaurée avec charme, au milieu d'un jardin. 3 chambres à l'étage de style anglais, salle de bains et wc privés attenants : ch. « jaune » (1 lit 160). Ch. « lin » (1 lit 2 pers.). Ch. « vert anglais » (2 lits 1 pers.). Jardin, salon de jardin. Salon à disposition des hôtes. Pique-nique en mer dans l'archipel de Bréhat en zodiac ou en voilier sur réserv. avec M. Chaboud. Locations vélos sur place. Langue parlée : anglais.

Prix : 1 pers. **42/46 €** 2 pers. **48/53 €**
Ouvert : Toute l'année.

0,5	1	1	5	2	5	0,1	5	1

Katerine CHABOUD - « Ker'Ever » - 1 chemin de Kertanouarn - 22620 PLOUBAZLANEC - Tél. : 02 96 55 82 76 ou 06 14 59 56 96 -
E-mail : jpkchaboud@wanadoo.fr

PLOUBAZLANEC   C.M. 59 Pli 2

2 ch. **Ploubazlanec : où l'on découvre l'estuaire du Trieux et Bréhat...** Le meilleur accueil vous sera réservé dans cette maison traditionnelle. 2 chambres dont 1 ch. au r.d.c, donnant sur parc et terrasse (1 lit 2 pers.), s.d.b., wc privés, ent & 1 unité familiale (2 épis) de 2 pièces séparées par un palier-salon : 1 ch. (1 lit 2 pers.) 1 ch. (1 lit 2 pers, 1 lit 1 pers.), s.d.b, wc privés à ces 2 pièces associées. A disposition : terrasse, salon de jardin. Aire de stationnement dans la propriété. Situé à proximité de l'archipel de Bréhat. A voir : Paimpol et son port. A faire : route des Falaises à Plouézec. Tarif 4 pers. 64/68 €.

Prix : 1 pers. **32/33 €** 2 pers. **37/39 €** 3 pers. **55/58 €** pers. sup. **9/10 €**
Ouvert : De Pâques à octobre.

1	4	2	4	0,1	7	15	4	0,1

René et Yvonne COLLET - 11 rue F. et I. Joliot-Curie - 22620 PLOUBAZLANEC - Tél. : 02 96 55 70 71 - Fax : 02 96 55 70 71

Bretagne

Côtes-d'Armor

PLOUBAZLANEC Pointe de L'Arcouest
C.M. 59 Pli 2

▦▦▦ 2 ch. **A 200 m de l'embarquement pour l'Ile de Bréhat, Port de Loguivy à 2 km.** Dans une maison typique et restaurée, cour, pelouse, salon de jardin, 2 chambres. Chaque chambre est prévue pour 2 pers. (1 lit 2 pers.) et possède sa salle d'eau et wc privés. Poss. de lit enfant. Jardin avec vue sur la Pointe de l'Arcouest et l'archipel de Bréhat, salon de jardin à disposition. Restaurants à proximité. Plages à 500 m dans le village de l'Arcouest. Ploubazlanec : tour de Kerroc'h. Pors-Even : petit port, croix des Veuves.

Prix : 1 pers. 36 € ▪ 2 pers. 39 € ▪ 3 pers. 49 €
Ouvert : De début mars au 1er week-end de novembre.

🐕	≈	⛱	⚓	🏊	🎾	🐟	🏃	👥	🚲	🚂
0,2	0,5	3	0,5	5	5	15	10	0,3	6	0,5

Jeanine RIVOAL - Pointe de l'Arcouest - 22620 PLOUBAZLANEC - Tél. : 02 96 55 87 49

PLOUER-SUR-RANCE La Renardais - Le Repos   (TH)
C.M. 59 Pli 6

▦▦▦ 4 ch. **Dinan à 8 km. Plouer/Rance à 2 km.** Un chaleureux accueil vous attend cette élégante maison de pierre, en pierre et récemment rénovée. 4 chambres dont 2 ch. de 3 pers. au 1er étage (1 lit 2 pers,1 lit 1 pers) et 2 ch. de 2 pers au 2è étage (dont 1 avec 2 lits 1 pers). Salle d'eau, wc privés attenants par chambre. Poss. Lit suppl. Cheminée, pierres et poutres apparentes, murs ornés de tableaux. Aux beaux jours, vous pourrez profiter du petit-déjeuner sur la terrasse privée dans un beau jardin fleuri et calme. Plouer/Rance, située au cœur de l'estuaire de la Rance, idéal pour visiter le Mt-St-Michel, Cap Fréhel, Dinard, St-Malo. Prix 4 pers 83/93 €. Langues parlées : anglais, allemand.

Prix : 1 pers. 46/56 € ▪ 2 pers. 51/61 € ▪ 3 pers. 67/77 €
pers. sup. 16 € ▪ repas 16/20 € ▪ 1/2 pens. 42/62 €
Ouvert : Toute l'année sauf en janvier et février.

🐕	≈	⛱	⚓	🏊	🎾	🐟	🏃	👥	🚲	🚂
15	15	8	1	8	1	1	15	8	1

Jean et Suzanne ROBINSON - La Renardais - Le Repos - 22490 PLOUER-SUR-RANCE - Tél. : 02 96 86 89 81 - Fax : 02 96 86 99 22 -
E-mail : Suzanne.Robinson@wanadoo.fr - http://perso.wanadoo.fr/suzanne.robinson.bnb/

PLOUEZEC
C.M. 59 Pli 2

▦▦ 3 ch. **Paimpol à 6 km. Abbaye de Beauport à 3 km. Ile de Bréhat : 12 km.** Accueil chaleureux dans notre maison située à 200 m du bourg. A l'étage, 1 ch. (1 lit 2 pers.) salle d'eau, wc privés attenants, 1 ch 3 épis (1 lit 2 pers) s.d.b, wc privés attenants. 1 ch.(1 lit 2 pers) lavabo, salle de bains, wc privés non attenants. Salon. Véranda/petite lecture. Salon de jardin dans un coin de verdure. Vous êtes à 3 km des plages sablonneuses de Bréhec et 2 km du GR 34. Plouézec est une commune côtière avec 13 km de Côte sauvage. Table d'orientation avec vue sur Paimpol et Pors-Even.

Prix : 1 pers. 30 € ▪ 2 pers. 35 €
Ouvert : Toute l'année.

🐕	≈	⛱	⚓	🏊	🎾	🐟	🏃	👥	🚲	🚂
1,2	3	9	2	6	0,5	9	4	2	6	0,2

Josette CHARLES - 6 rue Albert Fouriot - 22470 PLOUEZEC - Tél. : 02 96 22 71 07

PLOUGRESCANT Kerjoly
C.M. 59 Pli 1

▦▦▦ 2 ch. **Dans cette propriété récente, vue sur mer avec panorama exceptionnel sur les Iles et l'estuaire de Tréguier** : 1 chambre (1 lit 2 pers) salle d'eau, wc privés. 1 chambre (2 lits jumeaux 1 pers.), salle de bains, wc privés. Petit-déjeuner dans le séjour. Jardin fleuri, salon de jardin. Chauffage central. Plougrescant : Chapelle St-Gonéry. Pointe du château, gouffre de Castel-Meur, Baie de l'Enfer. Sentiers de randonnées par le GR34. Sites touristiques proches : Bréhat, Perros-Guirec à 20 km. 0,46 €/pers pour la taxe de séjour. Langue parlée : anglais.

Prix : 1 pers. 36 € ▪ 2 pers. 40 € ▪ 3 pers. 50 €
Ouvert : Toute l'année.

🐕	≈	⛱	⚓	🏊	🎾	🐟	🏃	👥	🚲	🚂
0,5	0,5	0,5	2	8	1	6	25	0,5	25	1

M. Thérèse LE BOURDONNEC - Kerjoly - 22820 PLOUGRESCANT - Tél. : 02 96 92 51 13

PLOUGRESCANT
C.M. 59 Pli 2

▦▦▦ 4 ch. **Cote de Granit Rose. Tréguier : 8 km.** Margaux & Gilles seront heureux de vous accueillir dans cette longère entièrement rénovée, vous disposerez de 4 chambres très spacieuses de 2 pers. dont 1 ch. avec entrée indépendante. Pour chacune : literie de 1 m 60, salle d'eau, wc privés attenants. Grande salle, salon à disposition. Location kitchenette : 1.55 €/ jour. Salon de jardin. Située sur l'exploitation légumière. Vous apprécierez la vue sur la mer, le grand jardin et son colombier. Poss. de promenades en vieux gréements et de kayak. A proximité du GR34 : circuit des Ajoncs. Taxe de séjour : 0,50 €/pers. Langue parlée : anglais.

Prix : 1 pers. 36 € ▪ 2 pers. 40 €
Ouvert : Toute l'année.

🐕	≈	⛱	⚓	🏊	🎾	🐟	🏃	👥	🚲	🚂
0,2	0,2	0,2	0,3	7	2	15	22	0,2	30	2

Gilles LE BOURDONNEC - Le Tourot - 22820 PLOUGRESCANT - Tél. : 02 96 92 50 20 ou 06 87 52 64 62

PLOUGRESCANT
C.M. 59 Pli 2

▦▦▦ 3 ch. **Dans une maison bretonne, Marie-Claude a chaudement aménagé 3 ch. à l'étage avec sanitaires privés dont 2 ch. avec salle d'eau** : 1 ch avec vue sur mer (1 lit 2 pers) 2 ch. avec bibliothèque dont 1 ch. (1 lit 2 pers, 1 lit 1 pers) et 1 ch. avec salle de bains spacieuse (2 lits 1 pers). Copieux petits-déjeuners. Réfrigérateur à disposition, salon, terrasse. Grand jardin, parking. Venez découvrir les plaisirs de la mer et les charmes de la campagne. GR 34 à 800 m. Aéroport à Lannion. Parle le breton. Sur place : création d'un refuge LPO.

Prix : 2 pers. 41/46 € ▪ 3 pers. 53 €
Ouvert : Toute l'année.

🐕	≈	⛱	⚓	🏊	🎾	🐟	🏃	👥	🚲	🚂
1	1	1	7	1	3	25	1	20	1

Marie-Claude JANVIER - 15 rue du Castel Meur - 22820 PLOUGRESCANT - Tél. : 02 96 92 52 67 ou 06 71 07 32 32 -
Fax : 02 96 92 52 67

Côtes-d'Armor   *Bretagne*

PLOUGUENAST   C.M. 59 Pli 13

2 ch. **Circuit des moulins de la vallée du lié 10 km. Moncontour 12 km.** Maison de style néo-breton avec parc paysager, offrant 1 unité familiale de 2 pièces 2 épis (2 lits 2 pers.), salle d'eau et wc privatifs sur le palier. 1 ch. 3 épis (1 lit 2 pers.), salle d'eau, wc privatifs. Poss lit bébé. Petit-déjeuner servi dans la salle à manger. A disposition, coin détente avec salon de jardin. Tarif 4 pers. 46 €. Située à proximité du bourg et du complexe sportif. Nombreuses animations culturelles et sportives. Circuits des Moulins. Chemins de randonnées. A voir : église gothique du Vieux Bourg (XVᵉ et XVIᵉ siècles). Production d'orchidée.

Prix : 2 pers. **28/31** € 3 pers. **39** €
Ouvert : Toute l'année.

35	35	35	0,1	10	0,1	10	1	10	0,2

Paulette LE RAY - 16 rue du Stade - 22150 PLOUGUENAST - Tél. : 02 96 28 70 97

PLOUGUENAST Saint-Théo   C.M. 59 Pli 13

2 ch. **A 10 km de Moncontour, petite cité de caractère et médiévale.** Au cœur de la Bretagne, entre deux mers, vous découvrirez un bel ensemble de ferme typiquement breton. A l'étage, avec entrée indépendante et coin-cuisine 2 chambres : 1 ch. 2 pers., 1 ch. 3 pers. avec salle d'eau, wc privés. Véranda, coin-salon. Petit-déjeuner copieux servi dans un grand séjour. Cour close, jardin fleuri, salon de jardin, barbecue. Situé à 5 mn de Loudéac, vous pouvez nager dans le bien-être (Les aquatides) piscine ludique. Musée de la Chouannerie. Forêt de Loudéac. Sentiers de randonnées pédestres & VTT sur place.

Prix : 1 pers. **25** € 2 pers. **28** € pers. sup. **10** €
Ouvert : Toute l'année.

35	35	3	3	7	2	9	SP	9	3

Eliane COLLET - St Théo - 22150 PLOUGUENAST - Tél. : 02 96 28 70 01

PLOUGUENAST Garmorin   C.M. 59 Pli 13

3 ch. **Plouguenast : 2 km. Loudéac : 10 km. Moncontour, cité médiévale.** Maison de style néo-breton. 3 ch., salle d'eau, wc privés pour chacune : 1 ch. (1 lit 2 pers. 1 lit 1 pers), 1 ch. (2 lits 1 pers), 1 unité familiale 2 pièces (1 lit 2 pers., 1 lit 1 pers.). Possibilité de pique-nique. Gîte, camping à la ferme sur place. Restaurant 1.5 km. Tarif 4 pers. 48 €. Située au cœur du pays d'Accueil de Loudéac, dans un environnement fleuri, verdoyant et calme. Plouguenast : église gothique du Vieux Bourg (XV et XVIᵉ s.). Vallée du Lié avec ses nombreux sentiers dont le célèbre circuit des moulins. De nombreuses activités sportives & culturelles.

Prix : 1 pers. **28** € 2 pers. **34** € 3 pers. **40** €
Ouvert : Toute l'année.

35	35	30	2	10	2	10	SP	1	10	2

Madelaine LUCAS - Garmorin - 22150 PLOUGUENAST - Tél. : 02 96 28 70 61 ou 06 70 55 96 49

PLOUGUIEL La Roche Jaune   C.M. 59 Pli 2

3 ch. Dans cette propriété indépendante, Claire vous propose 3 chambres dont 2 ch. 3 épis à l'étage avec vue sur mer (1 lit 2 pers.), s.e, wc privés. Au r.d.c, 1 ch. 2 épis (1 lit 2 pers.) s.e, wc privés. Salon privé attenant à la chambre. Poss. lit suppl. Petit-déjeuner servi dans la salle à manger. Parking clos. Piste de boules, pelouse (2500 m²), jardin avec salon. Située à 500 m de la mer, vous y trouverez le calme et la proximité de la mer. Vous pourrez rayonner sur les sites touristiques proches : Paimpol, Ile de Bréhat, Perros Guirec, Ploumanac'h. Taxe de séjour : 0,50 €/jour/pers.

Prix : 1 pers. **36** € 2 pers. **40** € 3 pers. **51** € pers. sup. **11** €
Ouvert : Toute l'année.

0,5	5	0,5	7	5	5	0,2	20	0,3

Claire L'ANTHOEN - 4 rue de Lizildry - La Roche Jaune - 22220 PLOUGUIEL - Tél. : 02 96 92 57 34

PLOUGUIEL   C.M. 59 Pli 1

2 ch. **Tréguier (petite cité), Cote de Granit Rose, Ile de Bréhat.** Dans une maison indépendante à la campagne près de Tréguier : 1 ch. de 2 pers., salle d'eau, wc privés. 1 chambre de 2/4 pers., salle de bains, wc privés. Salon à disposition. Grand jardin de 2500 m², terrasse, table de jardin, barbecue. Restaurants 1,5 km. Tarif 4 pers. 60 €. De nombreuses activités sportives et culturelles dans cet endroit calme. Situé à 15 km de la Côte de Granit Rose et de l'Ile de Bréhat. 500 m de la rivière du Gindy.

Prix : 1 pers. **31** € 2 pers. **37** € 3 pers. **48** € pers. sup. **11** €
Ouvert : Toute l'année.

7	7	7	0,5	1,5	3	20	0,3	20	1,5

Françoise MEUBRY - 2 route du Vieux Couvent - 22220 PLOUGUIEL - Tél. : 02 96 92 37 12

PLOUGUIEL La Roche Jaune Keraret   C.M. 59 Pli 1

5 ch. **Tréguier, cité de caractère et sa cathédrale 7 km.** Elisabeth et Yves vous proposent le confort dans les murs d'une ancienne ferme de caractère. Au 1ᵉʳ étage, 4 ch. avec s.e, wc communicants dont 3 ch. (2 pers.) et 1 ch. (3 pers.). Au 2ᵉ étage, 1 unité familiale de 2 pièces, wc privés. Grand séjour. Coin-cuisine équipé à disposition. Salon de jardin. Le soir, poss. de commander des plats locaux (maison). Tarif 4 pers. 60 €. Taxe de séjour : 0.3 €. Forfait week-end hors saison et forfait séjour supérieur à 4 nuits. Petit port ostréicole de la Roche Jaune entre Bréhat et la Côte de Granit Rose.

Prix : 1 pers. **31** € 2 pers. **40** € 3 pers. **50** € pers. sup. **10** €
Ouvert : Fermé à Noël et 1ᵉʳ semaine de juin.

4	4	4	0,5	7	4	5	30	0,1	25	7

Elisabeth CORBEL - La Roche Jaune Keraret - 22220 PLOUGUIEL - Tél. : 02 96 92 57 65 - Fax : 02 96 92 00 83 -
E-mail : yves.corbel2@wanadoo.fr - www.ifrance.com/keraret

Bretagne — Côtes-d'Armor

PLOUHA Rugagal

C.M. 59 Pli 3

2 ch.

Pointe de Plouha. port de Gwin-Zégal. Chapelle de Kermaria. Marie-Andrée et Gérard seront heureux de vous accueillir dans 1 longère en pierre avec terrasse, annexe à leur habitation. Au r.d.c, acc. à pers à mobilité réduite, 2 ch. (entrée indépendante) spacieuses & agréablement décorées, s.e, wc privés : Floralies (1 lit 2 pers., 1 lit enfant) et Marine (2 lits 1 pers.). Equipement bébé. Cuisine à dispo. : micro-ondes, l-linge, l-vaisselle. Petit-déjeuner gourmand face à la nature. Jardin avec mini-toboggan. Barbecue et grand terrain boisé. À proximité GR34. Nombreuses activités sportives et culturelles durant l'été.

Prix : 1 pers. **38 €** 2 pers. **44 €** 3 pers. **50 €** pers. sup. **6 €**
Ouvert : Toute l'année.

🐕	≈	⛱	🏊	⛵	🎾	🤸	🏇	🏛	🚲
	2,5	2,5	2,5	2,5	20	2,5	0,8	8	2,5	2,5	2,5

Marie-Andrée ROSE - Rugagal - 22580 PLOUHA - Tél. : 02 96 22 40 20 ou 06 09 60 23 51

PLOUHA Kerguigneau

C.M. 59 Pli 3

3 ch.

Falaises de Plouha et site protégé. Port de Gwin Zégal... Muriel, Dominique et enfants, vous accueillent dans leur maison située en bordure de la côte, dans 1 endroit calme et verdoyant. 3 ch. de 2 pers. dont 1 (2 lits 1 pers.) toutes équipées de lavabos. Salle de bains, wc en communs aux 3 ch. Poss. lit supplémentaire. Salon à dispo. Vous pourrez passer 1 agréable moment en famille et utiliser le barbecue pour vos repas. Aire de jeux : toboggan, bac à sable, allée de boules. Vélos pour visiter le petit port bien typique de Guin Zégal et flâner sur nos chemins de douaniers au milieu des ajoncs en fleurs. Langue parlée : anglais.

Prix : 1 pers. **31 €** 2 pers. **34 €** pers. sup. **11 €**
Ouvert : Mai à septembre. hors saison sur demande.

🐕	≈	⛱	🏊	⛵	🎾	🤸	🏛
	2	10	0,1	7	0,1	0,1	7	1

Muriel et Dominique LE MOAN - Kerguigneau - 22580 PLOUHA - Tél. : 02 96 20 36 76 ou 06 21 73 64 07

PLOUHA

C.M. 59 Pli 3

2 ch.

Falaises de PLouha, site protégé. Port de Gwin Zégal,... Dans une maison avec un grand jardin fleuri, située au calme, sur une route campagnarde à 800 m du centre, 2 chambres spacieuses, avec lavabo. Salle de bains et wc communs dont 1 ch. bleu (1 lit 2 pers. 1 lit 1 pers.) 1 ch. rose (1 lit 2 pers.). Salon à disposition. Terrain arboré de 3500 m², salon de jardin, barbecue.

Prix : 1 pers. **29 €** 2 pers. **34 €** 3 pers. **44 €**
Ouvert : Toute l'année.

🐕	≈	⛱	🏊	⛵	🎾	🤸	🏇	🏛	🚲
	2	2	2	5	15	2	3	2	16	0,6

Marcelle TURBAN - 29 rue Surcouf - 22580 PLOUHA - Tél. : 02 96 20 35 13

PLOULEC'H

C.M. 59 Pli 1

2 ch.

Dans un pavillon récent, fleuri, verdoyant et au calme, nous vous proposons 2 chambres (1 lit 2 pers.) dont 1 ch. avec salle de bains, wc privés non communicants et 1 ch. avec salle d'eau, wc privés. Petit-déjeuner servi dans le séjour, coin-détente, salon. Salon de jardin, barbecue. Tarif 4 pers. 80 €. Parle le breton. GR34 sur place. Forum de la mer sur Trégastel à 15 km. Aéroport à 7 km. Restaurants à 4 km sur Lannion. Langue parlée : anglais.

Prix : 1 pers. **31 €** 2 pers. **40 €** 3 pers. **60 €**
Ouvert : Toute l'année.

🐕	≈	⛱	🏊	🎾	🤸	🏇	🏛
	4	15	1,2	15	4	8	0,2	5	3

François et Annick SALIOU - 2 Traou on Allée - 22300 PLOULEC'H - Tél. : 02 96 37 07 40 - Fax : 02 96 37 07 40

PLOULEC'H

C.M. 59 Pli 1

1 ch.

A l'étage de la maison des propriétaires, 2 chambres (1 lit 2 pers) : 1 ch avec salle d'eau et wc privés, 1 ch en cours de classement avec salle de bains, wc privés. Petits-déjeuners servis dans la salle de séjour. Véranda, jardin, salon de jardin à disposition. Située à 400 m de l'axe Lannion/Morlaix et à 3.5 km de la pointe du Yaudet (Chapelle de la Vierge Couchée) et à 15 km de Perros Guirec. GR 34, nombreux Châteaux et Eglises classées aux alentours.

Prix : 1 pers. **31 €** 2 pers. **40 €**
Ouvert : Toute l'année.

🐕	≈	⛱	🏊	🎾	🤸	🏛	🚲
	3	3	3	4	0,8	8	12	2	0,8

Jean-Marc PAYEN - 14 route de Lannion - 22300 PLOULEC'H - Tél. : 02 96 37 95 30 - Fax : 02 96 37 95 30

PLOULEC'H

C.M. 59 Pli 1

2 ch.

Dans la maison des propriétaires, située à 200 m de l'exploitation agricole. Au r.d.c : 1 ch. (1 lit 2 pers.), salle de bains attenante, wc privés. A l'étage : 1 unité familiale de 2 pièces : 2 ch. (1 lit 2 pers.) salle d'eau attenante, wc privés. coin-détente : salon. Petit-déjeuner servi dans le séjour (produits maison). Salon de jardin. Tarif promo. en hors saison, à compter du 3ᵉ jour 31 €/jour/2 pers.

Prix : 1 pers. **25 €** 2 pers. **34 €** 3 pers. **42 €** pers. sup. **16 €**
Ouvert : De Pâques à la Toussaint.

🐕	≈	⛱	🏊	⛵	🎾	🤸	🏇	🏛
	3	3	4	4	5	0,2	8	4	5	2

Jeanne RAOUL - 2, route de Kerdaniel - Bourg - 22300 PLOULEC'H - Tél. : 02 96 37 62 80

Côtes-d'Armor / Bretagne

PLOULEC'H
C.M. 59 Pli 1

1 ch. **Lannion : cité historique, capitale du Trégor 5 km.** Dans la maison des propriétaires à l'étage, 1 unité familiale de 2 pièces avec chacune un lavabo, salle d'eau et wc. Véranda pour petits déjeuners. Poss. lit supplémentaire. Cour, jardin, pelouse à disposition. Sentier de randonnées à proximité. Ploulec'h : Pointe du Léguer avec vue sur l'estuaire du Léguer. Eglise de Brélévenez. Trédrez : église Notre-Dame. Beg Ar Forn, site des falaises de Trédrez. Tarif 4 pers. 64 €.

Prix : 1 pers. **25** € 2 pers. **34** € 3 pers. **48** €
Ouvert : De mars à novembre.

≈	⛱	🏋	🚣	🎾	🐎	🚌	🏪
4	4	4	4	5	1,5	8	12	4	3

Odette QUEMENER - 1 route de Kerjean Izellan - 22300 PLOULEC'H

PLOULEC'H Kerjean
C.M. 59 Pli 1

1 ch. **Côte de Granit Rose 14 km.** Les propriétaires vous accueilleront dans un environnement très calme et campagnard. 1 chambre avec salle d'eau, wc privés (1 lit 1.60 m). Véranda aménagée pour les petits déjeuners avec un coin détente. Grand jardin, salon de jardin, barbecue. Restaurants à 4 km. Randonnées sur le GR 34. Pointe du Yaudet en Ploulec'h (chapelle de la Vierge couchée) dominant l'estuaire du Léguer. Magnifique panorama et intérêt archéologique. Eglise templière de Brélévenez et son escalier de 142 marches. Colombier circulaire à Trédrez et église Notre-Dame.

Prix : 1 pers. **31** € 2 pers. **40** €
Ouvert : Juillet à fin août.

≈	⛱	🏋	🚣	🎾	🐎	🚌	🏪
4	4	4	4	4	1,5	8	12	4	4

Jean et Marie HERVE - N°1 route de Kerjean - 22300 PLOULEC'H - Tél. : 02 96 37 08 00 - Fax : 02 96 37 08 00

PLOUNEVEZ-QUINTIN Kerlufedec
C.M. 59 Pli 11

2 ch. **St-Brieuc à 49 km. Rostrenen 12 km.** Dans une maison de caractère : 1 chambre (1 lit 1.40 m), salle de bains, wc privés non communiquants. 1 chambre (1 lit 1.60 m), salle d'eau, wc privés communiquants. Poss. lit bébé. A disposition, salon TV, véranda avec réfrigérateur/ micro-onde. Petit-déjeuner copieux. Parc boisé (arbres centenaires). Salon de jardin, terrasse avec barbecue, poss. de pique-niquer. Accueil des cavaliers et de leur monture. Circuit pédestre, VTT. Visite Musée Ecole de Bothoa, Eglise et chapelle du XVIè siècle. Vallée du Blavet et site naturel de Toul-goulic. Plan d'eau de Kerné Huel.

Prix : 2 pers. **33/36** €
Ouvert : Toute l'année.

≈	⛱	🏋	🚣	🎾	🐎	🚌	🏪
50	50	6	0,1	6	3	3	0,1	30	3

Mireille BERTHELOT - Kerlufedec - 22110 PLOUNEVEZ-QUINTIN - Tél. : 02 96 24 54 33 - Fax : 02 96 24 54 33 -
E-mail : berthelot.bernard@libertysurf.fr

PLOUVARA Le Château de la Magdeleine
C.M. 59 Pli 3

4 ch. **Plouvara 3 km. Quintin : petite cité de caractère 15 km.** Située sur 1 belle propriété boisée de 10 ha, le Château de la Magdeleine vous accueille, à l'étage dans 4 ch. dont 1 unité familiale de 5 pers. avec salon privé, T.V., s.e., wc privatifs non attenants (1 lit 2 pers., 1 lit 1 pers., 2 lits jumeaux). Les 3 autres ch. : (1 lit 1.60 m) et poss. de couchage suppl., s.e, wc privés dans chacune, l'1 est pourvu d'1 s.d.b. Le Château de la Magdeleine, entièrement rénové, vous séduira par son élégante silhouette et son confort intérieur. Cuisine privée à disposition pour les séjours. Sur le domaine, présence d'1 centre équestre. Piscine à Quintin 8 km.

Prix : 1 pers. **46** € 2 pers. **51** € 3 pers. **71** €
Ouvert : Toute l'année.

≈	⛱	🏋	🚣	🎾	🐎	🚌	🏪
23	23	23	0,2	8	9	0,2	15	5

Arnaud MORIN - Château de la Magdeleine - 22170 PLOUVARA - Tél. : 06 22 19 35 06 - Fax : 02 96 73 86 35

PLUDUNO Le Rocher
C.M. 59 Pli 5

3 ch. **Plancoet : 4 km.** Lucienne vous accueillera dans une villa récente en milieu rural. Au r.d.c : 1 ch. (1 lit de 2 pers.), salle de bains, wc privés non attenants. A l'étage : 2 ch. (lit de 2 pers.), salle d'eau privée non attenante et wc communs. Poss. lit supplémentaire. Salon de jardin, terrasse, pelouse. Cuisinière, réfrigérateur à disposition au sous-sol. Pêche, étang, rivière à 2 km. Plancoët : église du XIIIé s. Maison du Dôme. Port du Guildo.

Prix : 1 pers. **29** € 2 pers. **31/34** € pers. sup. **11** €
Ouvert : De Pâques à septembre.

≈	⛱	🏋	🚣	🎾	🐎	🚌	🏪
10	10	10	2	10	4	10	4	5

Lucienne SALMON - Le Rocher - 22130 PLUDUNO - Tél. : 02 96 84 13 90

PLUMIEUX Breil Sable
(TH)
C.M. 59 Pli 14

3 ch. **Musée Régional des métiers en Bretagne à la Chéze.** En annexe de la maison des propriétaires, située à proximité de l'exploitation agricole. A l'étage, 3 ch. dont 2 ch., s.e, wc privés (1 lit 2 pers. 1 lit 1 pers.) et 1 ch., s.d.b., wc privés (1 lit 2 pers., 1 lit 1 pers.). Salle-à-manger, coin-salon, coin-cuisine et coin-repas. Cour, jardin, salon de jardin, barbecue. Situé en centre Bretagne à 1 km d'un petit bourg. A mi-chemin entre Manche et Atlantique. Promenades sur les bords du Lié. La Ferrière, visites de calvaires et églises du XVè et XVIè siècles. Forêts de Brocéliande, Loudéac, Lanouée. Tarif enfant -de 10 ans 10 €, +de 10 ans 13 €.

Prix : 1 pers. **29** € 2 pers. **36** € 3 pers. **48** € pers. sup. **13** € repas **13** €
Ouvert : Toute l'année.

≈	⛱	🏋	🚣	🎾	🐎	🚌	🏪
60	60	40	5	5	5	15	5	5	18	8

A.Marie et Dominique GUILLAUME - Le Breil Sable - 22210 PLUMIEUX - Tél. : 02 96 26 77 16 - Fax : 02 96 26 66 13

Bretagne **Côtes-d'Armor**

PLURIEN
C.M. 59 Pli 4

▌▌▌ 2 ch. **Cap Fréhel à 9 km. Erquy à 5 km: port, site naturel, Cap d'Erquy...** Dans une très belle propriété fleurie, nichée dans la verdure à 800 m de la plage, à l'étage avec entrée indépendante : 1 ch (1 lit 2 pers), salle d'eau, wc privés. 1 unité familiale de 2 pièces avec poss. de cuisiner, (2 lits 2 pers.) salle d'eau, wc privés. Petit-déjeuner servi dans le séjour. Coin détente. Tarif 4 pers. 65 €. Proche des Sables d'Or, à proximité du Cap Fréhel, d'Erquy.

Prix : 1 pers. **31** € 2 pers. **36/39** € 3 pers. **54** €
Ouvert : Toute l'année.

🐕	≋	⛱	⛳	🏊	🎾	🐎	🏃	🚣	🚲
0,8	0,8	0,8	2	13	1	0,8	1	0,8	22	0,6

Marie-Christine MEHOUAS - Les Bruyères - Route de la Nonne - 22240 PLURIEN - Tél. : 02 96 72 11 12 ou 06 08 94 26 26 - Fax : 02 96 72 11 12 - E-mail : mcmehouas@netcourrier.com - http://antipode.le-village.com/mcmehouas

PLURIEN Guitrel
C.M. 59 Pli 4

▌▌▌ 5 ch. **Cap Fréhel et Fort La Latte.** Colette vous accueille dans une longère entièrement rénovée, avec parking, jardin fleuri et terrasse plein sud. 5 ch. avec chacune s.e, wc privés. Au r.d.c : 1 unité familiale (1 lit 2 pers, 2 lits 1 pers) access. à pers à mobilité réduite. A l'étage : 2 ch. (1 lit 2 pers). (2 lits 1 pers.). Petit-déjeuner dans la salle rustique. Située à 2 km de la mer, en campagne, entre les falaises du Cap Fréhel, du Port d'Erquy (Lac Bleu) et des plages des Sables d'Or les Pins. Tarif 4 pers. : 54/61 €.

Prix : 1 pers. **27/35** € 2 pers. **35/40** € 3 pers. **45/51** €
pers. sup. **10** €
Ouvert : Du 20 mars au 15 novembre.

🐕	≋	⛱	⛳	🏊	🎾	🐎	🏃	🚣	🚲
1,5	1,5	2	15	0,6	2,5	1,5	20	0,6

Colette MORIN - Guitrel - 22240 PLURIEN-FREHEL - Tél. : 02 96 72 35 37

POMMERIT-JAUDY Quillevez Vraz
C.M. 59 Pli 2

▌▌▌ 3 ch. **Cote de la Granit Rose : Lannion, Perros-Guirec. Paimpol. Guingamp...** Dans une longère, à proximité de la maison des propriétaires, 3 ch. avec salle de bains et wc privés : 2 ch. (1 lit 2 pers.) et 1 ch. 3 pers. (1 lit 2 pers. et 1 lit 1 pers.), access. à pers. à mobilité réduite. Grande salle de séjour. Possibilité de cuisiner (4 €/jour).

Prix : 1 pers. **34** € 2 pers. **40** € 3 pers. **50** € pers. sup. **11** €
Ouvert : De Pâques à fin octobre.

🐕	≋	⛱	⛳	🏊	🎾	🐎	🏃	🚣	🚲
15	15	15	1	5	2	0,3	10	3	20	1

Georges BEAUVERGER - Quillevez-Vraz - 22450 POMMERIT-JAUDY - Tél. : 02 96 91 35 74 ou 02 96 91 52 81

POMMERIT-LE-VICOMTE
C.M. 59 Pli 2

▌▌▌ 2 ch. Dans une maison de style Ile de France, 2 chambres studio avec entrée indépendante. Au r.d.c : 1 unité familiale 2 pièces (1 lit 2 pers.+ 1 lit 1 pers.), salle de bains, wc privés et petite cuisine. Au 1er étage. 1 ch. (1 lit 2 pers.) salle de bains, wc privés et cuisine. Grand parc de 3000 m². Vallée du Perrier à 7 km. Vallée du Leff. Lanvollon : parc botanique. Manoir d'Avaugour.

Prix : 1 pers. **31** € 2 pers. **34** € pers. sup. **11** €
Ouvert : toute l'année.

🐕	≋	⛱	⛳	🏊	🎾	🐎	🏃
15	15	15	5	8	0,8	8	18

Claude LE GALL - 38 rue de la Corderie - 22200 POMMERIT-LE-VICOMTE - Tél. : 02 96 21 74 09

POMMERIT-LE-VICOMTE Ty Coat
C.M. 59 Pli 2

▌▌ 3 ch. **Parc botanique 12 km. Sentier botanique à Kermoroch 6 km.** Armelle et Lucien vous accueillent dans leur grande maison : 3 chambres avec salle d'eau privée dont à l'étage : 1 ch (1 lit 2 pers 1 lit 1 pers) 1 ch (3 lits 1 pers) wc communs et au r.d.c : 1 ch.(1 lit 2 pers), wc privés. A disposition : salle de séjour, véranda avec possibilité d'y dîner le soir. Petits déjeuners copieux (lait de ferme, confitures). Gare à Guingamp : 10 km. Située à proximité de la Vallée du Trieux. Une journée pour le plaisir de vos enfants : pensez à Armoripark à Bégard. Pommerit Le Vicomte petit village fleuri, Eglise et son If millénaire.

Prix : 2 pers. **34** € 3 pers. **42** €
Ouvert : Toute l'année.

🐕	≋	⛱	⛳	🏊	🎾	🐎	🏃	🚣	🚲
20	20	14	8	3,5	2	10	18	10	3,5

Armelle LE FLOCH - Ty Coat - 22200 POMMERIT-LE-VICOMTE - Tél. : 02 96 21 71 16

PORDIC Saint-Halory
C.M. 59 Pli 3

▌▌▌ 3 ch. **St-Brieuc et cathédrale (7 km). Port de Binic (3 km). St-Quay-Portrieux.** Sur une exploitation laitière, dans une longère en pierre entièrement rénovée, à proximité de celle des propriétaires, 3 chambres avec s. d'eau et wc privés. Au r.d.c : 1 ch. (1 lit 2 pers.). A l'étage, 1 ch. (2 lits 1 pers.). 1 unité familiale (2 pièces) de 4 pers. A disposition : séjour, salon, kitchenette. Terrasse, pelouse, salon de jardin, barbecue, cour. Sentiers pédestres. Circuits VTT. Vélodromes à 1 km. Plages et Ecole de voile à 2 km, canoë-kayak.

Prix : 1 pers. **31** € 2 pers. **38** € 3 pers. **54** €
Ouvert : Toute l'année.

🐕	≋	⛱	⛳	🏊	🎾	🐎	🏃	🚣	🚲
2	2	2	8	1	4	6	0,2	8	1,5

Henriette TREHEN - St Halory - 22590 PORDIC - Tél. : 02 96 79 41 11 ou 06 88 28 29 15 - Fax : 02 96 79 41 11

Côtes-d'Armor — Bretagne

PORDIC Le Pré Pean
C.M. 59 Pli 3

4 ch. Binic, station balnéaire (3 km). Trégomeur (4 km) : jardin zoologique... Dans 1 maison bourgeoise de caractère du XIVè s., au calme et proche de la ferme : 4 ch. Au 2è étage, 1 unité familiale de 2 pièces : 1 ch. (1 lit 2 pers. 2 lits 1 pers.) 1 ch (1 lit 2 pers. 1 lit 1 pers.), s.e, wc. Au 1er étage, 1 ch. (1 lit 2 pers. 1 lit 1 pers) s.e., 1 ch. (1 lit 2 pers.) s.d.b. WC communs à 2 ch. Au r.d.c, 1 ch. (1 lit 2 pers.), s.e, wc communs. Salle à manger pour le petit-déjeuner. Tarif 4 pers. 57 €. Grande cour close et poss. parking. Salon de jardin, barbecue. Panorama de la pointe de Pordic. Chapelle du Vaudic (XVe s.) et son enclos.

Prix : 1 pers. 28 € 2 pers. 35 € 3 pers. 46 € pers. sup. 11 €
Ouvert : toute l'année.

4	4	4	8	4	7	8	8	1

Marie-Irène GAUBERT - Le Pré Péan - 22590 PORDIC - Tél. : 02 96 79 00 32 - Fax : 02 96 79 18 69

PORT-BLANC
C.M. 59 Pli 3

1 ch. Dans un environnement boisé, face à la mer, Danielle vous reçoit, à l'étage, dans une unité familiale de 2 pièces : 1 ch. (1 lit 2 pers.), 1 ch. (2 lits 1 pers.), salle de bains, wc privés non attenants. Joli jardin, vue imprenable sur la mer, salon de jardin. Petit-déjeuner servi dans le séjour. Tarif 4 pers, 71 €. Perros-Guirec 10 km : Côte de Granit Rose, Les Sept Iles et sa réserve d'oiseaux de mer. Côte Sauvage à Plougrescant 7 km. Langue parlée : anglais.

Prix : 2 pers. 40 € 3 pers. 55 €
Ouvert : Toute l'année.

1	1	1	1	3	0,7	7	17	3

Danielle LE RALLEC - 24, route de la Corniche - Port-Blanc - 22710 PENVENAN - Tél. : 02 96 92 61 74

PRAT Manoir de Coadelan
C.M. 59 Pli 1

6 ch. Lannion, Perros-Guirec. Dans un cadre magnifique, 6 chambres aménagées dans les dépendances d'un manoir du XVIe siècle. 2 ch. 3 pers, s.d.b, wc privés et 4 ch. 2 pers, s.d'eau, wc privés. De votre chambre, vous découvrez un superbe menhir de 8 m de haut, au pied duquel s'étend un étang entouré de fleurs. Visite des salles du Manoir avec ses immenses cheminées. A quelques km de la Côte de Granit Rose, découvrez les charmes et le calme de la campagne. Lannion dans la vallée du Léguer, Perros-Guirec, Tréguier, Paimpol, Ile de Bréhat.

Prix : 1 pers. 40 € 2 pers. 45 € 3 pers. 58 € pers. sup. 12 €
Ouvert : d'avril à fin octobre.

15	15	15	2	15	2	6	15	2

Jeanne RIOU - Manoir de Coadelan - 22140 PRAT - Tél. : 02 96 47 00 60 ou 02 96 47 02 01

LA PRENESSAYE Bellevue
(TH) *C.M. 59 Pli 13*

2 ch. Chateau et Forges du Vau-Blanc à 500 m. Loudéac : 12 km. Une maison rénovée en pierre, située au calme. Au r.d.c : 1 ch. de 3 épis, facile d'accès (1 lit 2 pers.) avec salle de bains, wc attenants privés. A l'étage 1 ch. de 2 épis (1 lit 2 pers.) salle d'eau, wc privés sur le palier. Salon à disposition. Grand jardin avec pelouse, terrasse. Forêt de Loudéac à 800 m. Vallée du Lié. Lac de Guerlédan. Josselin, petite cité de caractère. Forêt de Brocéliande.

Prix : 1 pers. 31 € 2 pers. 37 € 3 pers. 52 € repas 13 €
Ouvert : Toute l'année.

40	40	10	2	10	2	10	10	4

Madeleine GAPAILLARD - Bellevue - 22210 LA PRENESSAYE - Tél. : 02 96 25 94 19 - Fax : 02 96 25 94 19

QUEMPER-GUEZENNEC Kerlavine
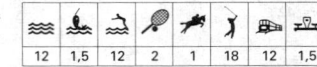 *C.M. 59 Pli 2*

2 ch. Roche Jagu, Temple de Lanleff. Pontrieux : cité de caractère... Dans cette ancienne maison en pierre, Yvonne & Pierre vous accueillent à la campagne. 2 chambres à l'étage (1 lit 2 pers.) salle d'eau, wc privés attenants. A disposition, salon et petit-déjeuner servi dans la salle à manger. Au calme, dans un coin joliment aménagé, vous profiterez de leur côté, du jardin, de son salon et de son barbecue. Jeux de boules, jeux enfants. Située à quelques km de Pontrieux, petite cité de caractère, vous aurez la possibilité de pratiquer le canoë-kayak sur le Trieux. Poss. de pêche dans l'étang à 1.5 km. Navette en train vapeur (Pontrieux/Paimpol) en longeant le Trieux.

Prix : 1 pers. 33 € 2 pers. 37 € pers. sup. 16 €
Ouvert : Toute l'année.

12	1,5	12	2	1	18	2	12	1,5

Yvonne et Pierre LE GOFF - Kerlavine - 22260 QUEMPER-GUEZENNEC - Tél. : 02 96 95 11 70

QUEMPER-GUEZENNEC Kergocq
C.M. 59 Pli 2

2 ch. Chateau de la Roche Jagu, les Rives du Trieux, Temple de Lanleff à 6 km. Située dans un hameau, sur l'exploitation agricole, dans une maison traditionnelle, Marie-Claire et Louis vous accueilleront chaleureusement. Au r.d.c : 1 ch. de 3 épis, s.d.b, wc privés. A l'étage : 1 ch. 3 pers, s.e. wc privés. Jardin d'agrément & salon à disposition. Gîte sur place. Le murmure d'un ruisseau, le calme d'un petit bois, dans cette propriété dominée par un manoir du XVIe siècle, les propriétaires, partageront, si vous le désirez, la passion qu'ils éprouvent pour leur région. Parlent le Breton.

Prix : 1 pers. 29 € 2 pers. 35/39 € 3 pers. 46 €
Ouvert : toute l'année.

12	12	2	10	2	1	18	5	2

Marie-Claire THOMAS - Kergocq - 22260 QUEMPER-GUEZENNEC - Tél. : 02 96 95 62 72

Bretagne
Côtes-d'Armor

QUEVERT Argenteil - la Borgnais   C.M. 59 Pli 15

3 ch. **Sur la Rance : croisière et loc. de bateaux. Prairie aux daims....** Vous serez accueillis dans une propriété de campagne, à la sortie de Dinan. A l'étage, 3 unités familiales de 4 pers. aux ambiances raffinées & différentes : Rétro, Anglais tarif 4 pers. 67 €, Safari tarif 4 pers. 74 € (1 lit 2 pers. 2 lits 1 pers.) wc & s.d.b privés communicants, en marbre. Poss de cuisiner. S/réserv. dîner à la T.d'hôtes, dans la salle à manger. Salle à manger de style Art Déco, pour découvrir les spécialistés locales. Tarif enfant 8 €. Parc arboré d'1 ha longé par la rivière l'Argenteil. Vous apprécierez le calme au bord de la piscine (30 m²), les jeux de plein air, pêche, les chemins pédestres. Poss. Lave/sèche linge, Internet, loc vélos. Langue parlée : anglais.

Prix : 2 pers. 43/59 € 3 pers. 55/68 € pers. sup. 10 € repas 16 €
Ouvert : Toute l'année.

17	17	3	0,1	0,1	1	0,8	0,1	2	2

Stéphane LESAGE - L'Argenteil - La Borgnais - 22100 QUEVERT - Tél. : 02 96 85 46 59 - E-mail : argenteil@chez.com - www.chez.com/argenteil

QUINTIN Manoir de Roz Maria   C.M. 59 Pli 3

2 ch. **Quintin, son château et son musée. Chateau de Beaumanoir à 4 km.** Vous serez reçus en amis dans ce manoir de Roz Maria datant de 1620, demeure vive imprenable sur Quintin. A l'étage, 2 ch. spacieuses et décorées par la propriétaire anti-quaire décoratrice (40 & 32 m²) 1 lit 1.60 m, s.d.b, wc privatifs, poss. lit suppl. Bibliothèque, salons à disposition. Réserv. poss pour séminaire ou évènement (maxi 20 pers). Parking privé clos. T. d'hôtes sur réservation (fruits de mer, dessert). Magnifiquement situé au milieu d'un parc de 3 ha, dans un cadre respirant : sérénité, authenticité, élégance, il domine un ensemble de bassins classés. Langues parlées : anglais, allemand.

Prix : 2 pers. 74/89 € pers. sup. 16 € repas 23/31 €
Ouvert : Toute l'année.

25	30	0,2	1	1	0,3	8	18	1

Josiane AUBRY - Manoir de Roz Maria - 5 rue M. Leclerc - 22800 QUINTIN - Tél. : 02 96 58 15 90 ou 06 11 86 94 79 - Fax : 02 96 58 15 79 - E-mail : josiane.aubry@free.fr

QUINTIN La Pommeraie   C.M. 59 Pli 12-13

3 ch. **Quintin, ville de caractère : 3 km.** Dans une maison indépendante, très calme près de Quintin (petite cité de caractère) 3 chambres. Au r.d.c : 1 ch. (1 lit 2 pers.) salle de bains, wc privés. A l'étage : 1 ch. (1 lit 2 pers.), salle d'eau, wc. 1 unité familiale de 2 pièces : 1 ch. (2 lits 1 pers.), 1 ch. (1 lit 1 pers.), salle d'eau, wc privés. Salon de jardin.

Prix : 1 pers. 23 € 2 pers. 34 € 3 pers. 46 € pers. sup. 13 €
Ouvert : Toute l'année.

20	20	3	3	3	10	20	3	3

M-Pierre LE LOUET - La Pommeraie - 22800 QUINTIN - Tél. : 02 96 74 80 09 - Fax : 02 96 74 80 09

QUINTIN La Gravelle   C.M. 59 Pli 3

1 ch. **Quintin cité de caractère à 800 m avec plan d'eau, château et musée.** Madeleine et Marcel vous proposent dans leur maison fleurie, 1 unité familiale de deux pièces (1 lit 2 pers. dans chaque ch.). Poss. de lit supplémentaire, lit bébé à disposition. Salle de bains et wc privés. Possibilité de cuisiner. Gîte sur place. Prix 4 pers : 68 €. Restaurants à 800 m.

Prix : 1 pers. 24 € 2 pers. 34 € 3 pers. 54 €
Ouvert : Toute l'année.

20	20	20	1	0,8	0,8	6	20	20	0,3

Marcel MORVAN - La Gravelle - 22800 LE FOEIL - Tél. : 02 96 74 80 23

QUINTIN Le Clos du Prince   C.M. 59 Pli 3

2 ch. **Chateau de Quintin et son plan d'eau. Circuit des Chapelles.** A Quintin, petite cité de caractère, Marie-Madeleine vous accueille dans une demeure du XVIIIè s. 1 suite, s.d.b., wc privés attenants coin-salon. 1 ch., s.d.b., wc privés attenants. Salon avec cheminée. Tables d'hôtes hors saison. L'austerité du granit ne resiste pas aux charmes d'1 décoration recherchée : boiseries et mobiliers anciens éveilleront la curiosité. Jardin peuplé d'arbres centenaires dont 1 superbe séquoia apporte exotisme à la tranquillité champêtre du « Clos du Prince ». Quintin, piscine à 300 m, château, musée.

Prix : 1 pers. 42 € 2 pers. 54/69 € pers. sup. 23 €
Ouvert : Toute l'année.

15	15	0,5	0,3	0,1	8	25	3	0,3

Marie-Madeleine GUILMOTO - 10, rues des Crois Jarrots - Le Clos du Prince - 22800 QUINTIN - Tél. : 02 96 74 93 03 - Fax : 02 96 74 93 03

QUINTIN Saint-Eutrope   C.M. 59 Pli 12-13

2 ch. **Cité de caractère Quintin 1 km. Circuit des Chapelles.** Dans un cadre reposant, grande cour fleurie, pelouse, salon de jardin, maison indépendante en granit du pays. 1 ch. (1 lit 2 pers.) salle d'eau, wc privés attenants. 1 unité familiale de 2 pièces (1 lit 160, 1 lit 1 pers.), s.e, wc privés. Poss. lit suppl. Petit-déjeuner copieux. Séjour, salon. Vaisselle, frigo, micro-onde à disposition. Restauration à 1 km 5. Sur le circuit des petites cités de caractère, vous découvrirez Quintin : château, musée, monuments classés, circuits pédestres. VTT. Piscine ludique et aquatonic. Situé à égale distance de St-Malo et de côte de Granit Rose. Mer et campagne.

Prix : 1 pers. 23 € 2 pers. 37 € 3 pers. 49 €
Ouvert : De mai à fin septembre.

25	25	25	1,5	1,5	2	4	30	0,1	1,5	1

Marie-Hélène LEROUX - St-Eutrope - 22800 QUINTIN - Tél. : 02 96 74 87 56 - Fax : 02 96 74 87 56

Côtes-d'Armor   *Bretagne*

ROSPEZ Kerhuel   C.M. 59 Pli 1

1 ch. **Lannion dans la vallée du Léguer sur la cote de Granit Rose 4 km.** Entre granit et crêpes dentelles, détente, calme et nature dans cette maison rénovée en pierre. 1 unité familiale de 2 piéces, mansardée avec entrée indépendante (1 lit 2 pers., 2 lits 1 pers.) s.e, wc privés attenants. Poss. lit bébé. Séjour, salon avec cheminée. Pelouse, salon de jardin. Baby sitting. Restaurants 1,2 km. Tarif 4 pers. : 58 €. A voir : Les Sept Iles (réserve d'oiseaux de mer), Ploumanac'h site naturel protégé. Visite technologique (télécommunications à Pleumeur Bodou).

Prix : 2 pers. 35 € 3 pers. 46 €
Ouvert : De début juin à mi-septembre.

11	11	5	4	6	6	7	6	1	

Pierrette DURAND - Keruhel - 22300 ROSPEZ - Tél. : 02 96 38 43 66 ou 06 14 52 91 93 - Fax : 02 96 38 43 66

ROSPEZ St-Dogmael   C.M. 59 Pli 1

3 ch. **Lannion (cité historique), capitale du Trégor à 2 km.** Vous trouverez fraîcheur et tranquillité dans cette ferme rénovée, au r.d.c avec accès indépendant : 1 ch 2 pers, salle d'eau, wc attenants. A l'étage 2 ch : 1 ch 2/3 pers avec lavabo, 1 ch 2 pers. En communs avec 2 ch : s.d.b, s.e, wc. Coin-salon. Jardin et petit parc avec jeux. Un gîte à proximité. A 2,5 km de Lannion, accès rapide et facile. Vous pourrez visiter Tréguier cité de caractère, sa cathédrale St-Tugdual et son cloître et vous promener aux plans d'eau de Langoat sur la Roche Derrien.

Prix : 1 pers. 32 € 2 pers. 34 € 3 pers. 40 € pers. sup. 13 €
Ouvert : Toute l'année.

10	10	2,5	2	5	4	5	2	2	

Claude BEREZAI - St-Dogmael - 22300 ROSPEZ - Tél. : 02 96 37 60 72 - Fax : 02 96 37 68 33

RUCA Launay Thébault   C.M. 59 Pli 5

2 ch. Au calme, située sur une ancienne exploitation agricole, maison en pierre, très spacieuse où Madeleine vous accueille à l'étage dans 2 ch. avec s.d.b, wc privés à chaque ch. : 1 unité familiale de 2 pièces : (1 ch. 1 lit 2 pers + 1 lit d'appoint, 1 ch. 1 lit 2 pers.). 1 ch. 1 lit 2 pers. Poss. lit suppl. Copieux petits-déj. (confitures maison) servis dans 1 vaste séjour (cheminée). Poss. de prendre les repas dans la salle à manger ou de pique-niquer dans le jardin. Frigo, TV à dispo. A proximité de la mer : St-Cast-Le Guildo, Cap Fréhel, tout le charme de la campagne dans le calme. Randonnées guidées.

Prix : 1 pers. 31 € 2 pers. 34 € pers. sup. 13 €
Ouvert : Toute l'année.

9	9	9	9	9	9	9	19	2	

Madeleine BRIEND - Launay Thébault - 22550 RUCA - Tél. : 02 96 83 70 02 ou 06 19 30 45 72

ST-ALBAN Malido   C.M. 59 Pli 4

6 ch. **Pléneuf Val André (réserve ornithologique) à 5 km.** Dans une annexe rénovée, à la maison des propriétaires et de leur exploitation, 6 ch. avec salle d'eau et wc privés, dont 5 ch. (3 épis) 1 ch. (2 épis). 4 ch., entrée indépendante 1 ch. 2 pers., 2 ch. 3 pers. 2 unités familiales de 2 pièces (dont 1 avec balcon). Salon, cheminée. Kitchenette équipée. Baby-sitting. Aire de jeux. Parc loisirs sur place en été. Circuit pédestre balisé. Idéalement située pour visiter l'ensemble du département, à 4 km des belles plages : Erquy station balnéaire et port de pêche réputé pour ses coquilles St-Jacques. A deux, en famille, en groupe sur demande, avec notre meilleur accueil.

Prix : 1 pers. 30 € 2 pers. 33/40 € 3 pers. 45/62 € pers. sup. 13 €
Ouvert : Toute l'année.

4	4	4	10	4	4	4	4	18	2

Huguette LE GRAND - Malido - 22400 ST-ALBAN - Tél. : 02 96 32 94 74 - Fax : 02 96 32 92 67

ST-CARADEC Goizel   C.M. 59 Pli 13

4 ch. **Rigole de l'Hilvern : 100 m. Lac de Guerlédan et sa base de loisirs :9 km.** Lucienne & Loïc vous accueillent dans 1 longère joliment restaurée, au calme sur 1 exploitation agricole en activité que vous pourrez visiter. Au r.d.c, 2 ch (1 lit 2 pers) avec wc privés : 1 ch. s.d.b et 1 ch. s.e. A l'étage, 2 ch., s.e, wc privés : 1 ch. (1 lit 2 pers. 1 lit 1 pers) et 1 ch. (2 lits 1 pers). Produits de la ferme à la T.Hôtes dans 1 ambiance familiale. Située au cœur de la Bretagne, sur le bord de la Rigole de l'Hilvern où vous pourrez faire de la randonnée à pied, à cheval, à vélo. En été « Iminente » vous emmène en calèche au marché à la Ferme de Loudéac, bol d'air inoubliable. Tarif 4 pers. : 63 €.

Prix : 1 pers. 29 € 2 pers. 36 € 3 pers. 49 € repas 16 €
1/2 pens. 39/57 €
Ouvert : Toute l'année.

40	40	40	1,5	9	1,5	9	10	9	1,5

Loïc LE MAITRE - Goizel - 22600 ST-CARADEC - Tél. : 02 96 25 05 30 ou 06 20 15 68 12 - Fax : 02 96 25 05 30 -
E-mail : LOIC.LE-MAITRE@wanadoo.fr

ST-CARADEC Theilo   C.M. 59 Pli 13

2 ch. **Rigole de l'Hilvern. Bosméléac et Lac de Guerlédan à 9 km.** Dans une ancienne maison de tisserands, au cœur de la Bretagne, Colette vous accueille dans un cadre envoutant et vous propose calme, détente et repos. Dans la maison de la propriétaire, 2 ch. (1 lit 2 pers.) avec s.d.b, wc privés dont 1 ch. au r.d.c et 1 ch. à l'étage. Lit bébé à disposition. Au r.d.c : grande salle avec poss. de cuisiner. Copieux petits-déjeuners (confitures, crêpes, far maison). Pelouse de 3500 m² : salon de jardin, barbecue, jeux enfants. Sentiers pédestres GR371-341 & chemin de Compostelle sur place. Rigole de L'Hilvern à 50 m. Bosméléac, Lac de Guerlédan. Commerces sur place. Langues parlées : anglais, allemand.

Prix : 1 pers. 29 € 2 pers. 31/34 €
Ouvert : Toute l'année.

40	40	10	0,5	10	0,5	10	9	0,1	10	SP

Colette DONNIO / NAGAT - Theilo - 22600 ST-CARADEC - Tél. : 02 96 25 02 66 ou 06 80 20 34 11 - Fax : 02 96 25 02 66 -
E-mail : githilvern@club-internet.fr

Bretagne   Côtes-d'Armor

ST-CAST-LE-GUILDO   *C.M. 59 Pli 5*

2 ch. **Dinan : ville d'arts et St-Malo : ville fortifiée situées à 30 km.** Accueil chaleureux dans 1 maison spacieuse avec grande terrasse, vue sur mer, à 300 m de la plage. A l'étage : 1 ch. (1 lit 2 pers.), salle d'eau, wc privés. 1 ch. avec salon de détente attenant (1 lit 2 pers.), salle de bains, wc privés. Petit-déjeuner servi dans la salle à manger ou sur la terrasse : vue panoramique sur la Baie de la Fresnaye et le fort La Latte. Parking privé.

Prix : 2 pers. 40 €
Ouvert : De Pâques à septembre.

0,3	0,3	2	0,3	2	3	3	4	0,2	30	1

Hélène BUSINELLI - 73, rue des Nouettes - 22380 ST-CAST-LE-GUILDO - Tél. : 02 96 41 92 22

ST-CAST-LE-GUILDO   *C.M. 59 Pli 5*

2 ch. **Dinan : ville d'art et d'histoire.** Maison ancienne rénovée, située à 500 m de la plage. A l'étage, 1 chambre (1 lit 2 pers.) avec salle de bains, wc particuliers. Dans un batiment annexe : 1 ch. avec salle d'eau, wc privés. Petit-déjeuner servi dans la salle à manger, salon. Terrasse et salon de jardin à disposition. Parking. Les propriétaires se feront un plaisir de vous faire découvrir les randonnées pédestres. St-Malo, cité corsaire. Dinan ville d'art et d'histoire. Cap Fréhel. Fort La Latte.

Prix : 2 pers. 40 €
Ouvert : Toute l'année sauf en août.

0,5	0,5	1	5	1	2	2	4	0,1	30	0,5

Dominique LE GUILLERM - 18 rue de la Fosserolle - 22380 ST-CAST-LE-GUILDO - Tél. : 02 96 41 96 16 -
E-mail : alain.leguillerm@wanadoo.fr

ST-CAST-LE-GUILDO Les Landes   *C.M. 59 Pli 5*

4 ch. **Dinan, cité d'art et d'histoire. St-Malo, cité corsaire.** Dans un ancien corps de ferme rénové, situé à 100 m du bourg, 3 ch. (1 lit 2 pers.) avec lavabo, salle de bains, wc communs. 1 ch. 3 épis (1 lit 2 pers.) avec salle d'eau, wc privés. Salle-à-manger, salon. Frigidaire. Pelouse, salon de jardin, parking privé dans la cour. Cap Fréhel. Dinan, cité médiévale d'art et d'histoire. St-Malo, cité corsaire.

Prix : 2 pers. 34/42 €
Ouvert : Toute l'année.

1,5	1,5	1,5	1,5	4	2	4	4	1,5	30

Alain PILARD - Les Landes - 22380 ST-CAST-LE-GUILDO - Tél. : 02 96 41 01 77

ST-CAST-LE-GUILDO La Noë   *C.M. 59 Pli 5*

2 ch. **Fort La Latte et Baie de la Fresnaye : vue panoramique.** Dans une maison située dans un village très calme, 2 chambres : 1 ch. avec lavabo, s.e privée, wc privés sur le palier. 1 ch. avec lavabo, s.d.b attenante, wc privés. Salle à manger. Terrasse avec vue sur la mer. Salon de jardin. Gare à Lamballe. Plages à 500 m. Etang à 3 km. A 6.5 km, randonnées, circuits cyclotouristes et pédestres avec poss. de guide autour de St-Cast (station balnéaire & station de voile). A faire : pêche en mer à bord de chalutier.

Prix : 1 pers. 27 € 2 pers. 34/39 € 3 pers. 43 €
Ouvert : Du 15 avril au 15 septembre.

0,5	2	2	2	2	1	1	2	30	1

Berthe LAMBALLAIS - La Noë - 22380 ST-CAST - Tél. : 02 96 41 92 66 - Fax : 02 96 41 64 68

ST-CLET   (TH)   *C.M. 59 Pli 2*

3 ch. **Pontrieux à 2 km : cité de caractère (berges du Jaudy,...** Dans 1 maison récente, sur 1 exploitation agricole (polyculture, chevaux, petits animaux), Annick & Jo vous feront apprécier le confort et le calme d'1 ch. spacieuse, située à l'étage (1 lit 2 pers. 1 lit 1 pers.) s.d.b., wc privés non attenants. Salon à dispo. Dans 1 maison à proximité : 2 unités familiales de 2 pièces, s.e, wc privés (3 lits 2 pers-3 lits 1 pers). Séjour, jardin, salon de jardin, cour, jeux enfants, vélos. Cuisine traditionnelle (produits de la ferme). Situation entre Guingamp & Pontrieux, découverte du Trieux en canoë-kayak, petit-train touristique Pontrieux/Paimpol. Festival danse bretonne.

Prix : 1 pers. 31 € 2 pers. 39 € pers. sup. 11 € repas 13 €
Ouvert : De juin à septembre.

15	15	20	1	15	2	4	25	3	1,5

M.Annick HAMON - 1/2 POUL JOLY - 22260 ST-CLET - Tél. : 02 96 95 11 58 - Fax : 02 96 95 11 58

ST-DONAN La Ville Suzanne   (TH)   *C.M. 59 Pli 3*

3 ch. **Musée du cheval sur place.** Micheline & Michel vous accueillent dans 2 ch. aménagées en prolongement de leur habitation. A l'étage : 2 ch. (1 lit 2 pers.) s.e, wc privés, et au r.d.c. 1 kitchenette commune. Dans une annexe indépendante, 1 unité familiale (E.C) avec coin-cuisine : 1 ch. au r.d.c, s.e, wc privés (1 lit 2 pers) coin-salon, cheminée et à l'étage 1 ch (2 lits 1 pers). Tarif 4 pers. 58 €. T.hôtes à base de produits du terroir. Salon de jardin, barbecue. Située dans un cadre agréable d'exploitation agricole avec sur place, logement de chevaux, musée et rando-ânes. Barrage du Gouët avec chemins de campagne et sports nautiques.

Prix : 1 pers. 31 € 2 pers. 35/43 € 3 pers. 51 € repas 16 €
Ouvert : Toute l'année.

12	12	2	2	10	3	10	25	0,5	10	3

Michel CORBEL - La Ville Suzanne - Le Cheval et le Paysan - 22800 ST-DONAN - Tél. : 02 96 73 95 03 ou 06 86 78 07 62 -
Fax : 02 96 73 86 41 - E-mail : CorbelM@wanadoo.fr

Côtes-d'Armor   *Bretagne*

ST-HELEN Les Domaines   C.M. 59 Pli 16

3 ch.

Dinan : ville d'art et d'histoire, ville fleurie. Jardins Anglais. Annette et Daniel, vous accueillent dans une propriété confortable et reposante en pleine campagne. Au r.d.c : 1 ch. (1 lit 2 pers), s.d'eau, wc privés. A l'étage : 1 ch. (1 lit 2 pers), s.d.b., wc privés. Poss. lit supplémentaire. Salle à manger. Dans une longère annexe, 1 unité familiale de 2 pièces : 2 ch (1 lit 2 pers),s.d.b, wc privés. Poss. de cuisiner. Salon de jardin. Fête des remparts à Dinan : grande fête médiévale.

Prix : 2 pers. **31/34 €** pers. sup. **10 €**
Ouvert : Toute l'année.

20	40	4	7	3	4	33	7	5	

Annette CHOUIN - Les Domaines - 22100 ST-HELEN - Tél. : 02 96 83 28 29

ST-JUVAT La Lingandière - la Pommerais   (TH)   C.M. 59 Pli 5

E.C. 3 ch.

Barrage de Rophemel (8 km), Abbaye de Léhon (6 km). ferme à Corbelets... Près du village fleuri et primé de St-Juvat, Pierryle & André ont rénové une ancienne ferme agrémentée d'un jardin-verger sauvage de 7 000 m². Au r.d.c : 1 ch. 3 lits 1 pers, s.e et wc privés à l'étage et 2 ch avec s.e wc privés attenants dont 1 ch. 2 pers, lit bébé, 1 ch 3 lits 1 pers. A disposition : séjour (cheminée), cuisine. Stages & ateliers avec activités artistiques, culturelles... Cour aux « Marronniers », boules, salon de jardin, barbecue. Formule à la semaine en demi pension. T. d'hôtes aux produits gourmands. Charmant hameau où l'ancienne mer des Faluns a légué aux maisons, une pierre de coquillages fossilisés.

Prix : 2 pers. **43 €** 3 pers. **58 €** repas **19 €**
Ouvert : Toute l'année.

30	30	1,5	0,1	6	1	4	3	0,1	12	0,1

André et Pierryle SCHETRITT & DORVAULT - La Lingandière - La Pommerais - 22630 ST-JUVAT - Tél. : 02 96 88 10 47
E-mail : pierryledorvault@wanadoo.fr - http://perso.wanadoo.fr/alalingandiere ou SR : 02 96 62 21 73

ST-JUVAT Les Effourneaux   C.M. 59 Pli 5

3 ch.

Dans une demeure du 19è s. en pierre des Faluns, entièrement restaurée, à votre disposition à l'étage : 2 ch. spacieuses meublées à l'ancienne (1 lit 2 pers) avec salle de bains, wc privés attenants, 1 chambre (1 lit 2 pers) avec salle d'eau, wc privés attenants. Coin-détente avec terrasse, salon de jardin. Bicyclettes à disposition. Parking privé. Réservation souhaitée. Dans un site préservé, bordé d'arbres centenaires, proche du village de St-Juvat, commune du patrimoine rural, Grand prix national du Fleurissement. Situé à 8 km de la Base de Bétineuc (plages, sports nautiques). Chemins de randonnées. Langue parlée : anglais.

Prix : 1 pers. **36/40 €** 2 pers. **43/48 €**
Ouvert : Toute l'année sur réservation.

30	2	10	10	3	30	10	1

Thierry HADJAL - Les Effourneaux - 22630 ST-JUVAT - Tél. : 02 96 88 17 52 - Fax : 02 96 88 17 52 - E-mail : effourneaux@wanadoo.fr - http ://perso.wanadoo.fr/leseffourneaux/

ST-LORMEL Ville Orien   C.M. 59 Pli 5

2 ch.

Ploubalay à 8 km et son chateau d'eau (54 m). A l'étage d'une maison ancienne, située en campagne, 2 chambres d'hôtes de 2 pers. (1 lit 2 pers.) avec salle d'eau et wc particuliers. Salle de séjour rustique. Table d'hôtes sur réservation. Prix 2 pers : 31 € pour séjour supérieur à 3 nuits. Située à 8 km des plages, vous pourrez aussi visiter le site panoramique du Château d'eau (54 m) à Ploubalay, Dinan : ville historique, St-Cast le Guildo, St-Malo et Dinard.

Prix : 1 pers. **29 €** 2 pers. **33 €**
Ouvert : De Pâques à la Toussaint.

8	10	1	10	1	10	10	2	2

Josette FROSTIN - Ville Orien - Brise d'Armor - 22130 ST-LORMEL - Tél. : 02 96 84 16 15 - Fax : 02 96 84 16 15

ST-LORMEL La Pastourelle   (TH)   C.M. 59 Pli 5

6 ch.

Visite St-Malo 18 km. Dinan, ville historique. Cap Frehel. Accueil gai et chaleureux dans cette très belle longère de caractère où Evelyne vous reçoit. 4 ch. de 2 pers, salle d'eau, wc privés. 1 ch. (2 pers) s.d.b., wc privés. A l'étage, 1 unité familiale de 2 pièces, s.e, wc privés. Intérieur agréable (faïences, beaux meubles) pierres apparentes dans salle à manger et salon. Très joli jardin avec salon, pelouse, bancs, jeux. Située en pleine campagne. A quelques kms, vous découvrirez les plages de la côte d'Emeraude, Cap-Fréhel, Fort-La Latte, St-Malo (cité corsaire), Dinan (ville d'art et d'histoire).

Prix : 1 pers. **37 €** 2 pers. **39/41 €** 3 pers. **51/53 €** pers. sup. **13 €**
repas **15 €** 1/2 pens. **32 €**
Ouvert : Toute l'année.

10	10	10	1	23	10	10	4	

Evelyne LEDE - La Pastourelle - 22130 ST-LORMEL - Tél. : 02 96 84 03 77 - Fax : 02 96 84 03 77

ST-POTAN Bonnevie   (TH)   C.M. 59 Pli 5

3 ch.

Matignon à 15 km (baie). St-Cast-Le-Guildo à 4 km station balnéaire... Dans une ambiance familiale, tout le charme de la campagne, à proximité de la mer, 3 ch. avec salle d'eau : 1 ch (nature) 1 lit 2 pers, wc privés 1 ch (marine) 1 lit 2 pers. 1 lit 1 pers., wc privés sur le palier, 1 ch (hortensia) 1 lit 2 pers. 1 lit 1 pers. (1 lit 1.30 m), wc privés. Petit-déjeuner avec produits de la ferme (production laitière). Possibilité de pique-niquer dans le grand jardin. Randonnées organisées possibles. Table d'Hôtes le Lundi, Mercredi et vendredi ou samedi soir. Plancoët (maison du Dôme, aire de loisirs). Cap Fréhel.

Prix : 1 pers. **32 €** 2 pers. **38 €** 3 pers. **49 €** pers. sup. **11 €**
repas **13 €**
Ouvert : Toute l'année.

4	4	4	3	4	4	4	20	1

Denise GUILLAUME - Bonne Vie - 22550 ST-POTAN - Tél. : 02 96 41 02 91 - Fax : 02 96 41 10 54

Bretagne
Côtes-d'Armor

ST-POTAN Les Berouelleucs (TH)
C.M. 59 Pli 5

🍴🍴 2 ch. **10 km de Matignon (village St-Germain de la Mer) et de Plancoet.** Danielle & Henri, vous accueillent en toute simplicité dans leur maison de style breton, totalement indépendante. 1 ch. (1 lit 2 pers.) lavabo, s.e, wc privés. 1 unité familiale de 2 pièces (2 lits 2 pers.) s.d.b., wc privés. Salle de séjour, salon à disposition. Table d'hôtes sur réservation du lundi au samedi avec produits fermiers. Cour et pelouse. Restaurants à 1.5 km. St-Cast Le Guildo : station balnéaire, vue panoramique sur Fort La Latte et la Baie de la Fresnaye. Locations de VTT sur place.

Prix : 1 pers. 31 € 2 pers. 36 € 3 pers. 46 € pers. sup. 11 €
repas 13 €
Ouvert : Toute l'année.

🐕	≈	⛱	🎣	🚣	🎾	🏇	🏃	🏘	🚲
10	10	10	10	10	10	6	10	1	22	1,5

Henri et Danielle BINET - Les Berouelleucs - 22550 ST-POTAN - Tél. : 02 96 83 72 92

ST-QUAY-PERROS Manoir de Kéringant (TH)
C.M. 59 Pli 1

🍴🍴🍴🍴 4 ch. À l'étage : 3 ch (literie de 1.60 m) s.d.b & wc privés, 1 ch 3 épis (literie de 1.40 m) s.e & wc privés. Petit déjeuner : laitages, crêpes, cake maison, confitures, biscuit régional, jus de fruit... T.d'hôtes : spécialités de poisson, cuisine du marché. Salon fumoir, TV, bibliothèque. Cour, jardins arborés et fleuris. Tarif 4 pers 133 €. Dans ce manoir des XIV/XVIIè s., Evelyne et André vous accueillent dans un lieu qu'ils ont rêvé. Ils vous feront partager le charme de la demeure. Une étape idéale en toutes saisons, à proximité du Port de Perros Guirec et de ses plages, pour profiter du littoral et de la Côte de Granit Rose.

Prix : 1 pers. 71 € 2 pers. 58/75 € 3 pers. 104 € repas 26 €
Ouvert : Fermé en janvier sauf sur réservation.

🐕	≈	⛱	🎣	🚣	🎾	🏇	🏃	🏘	🚲
3	5	3	3	3	8	10	5	3	3

Evelyne GUERY - Manoir de Keringant - 22700 ST-QUAY-PERROS - Tél. : 02 96 48 81 86 - Fax : 02 96 48 73 50 -
E-mail : manoir.keringant@wanadoo.fr - http ://perso.wanadoo.fr/keringant

---

TADEN Le Petit Paris (TH)
C.M. 59 Pli 16

🍴🍴🍴 2 ch. **Promenades à pied ou en bateau le long de la Rance. Faune & la flore..** Dans une ferme rénovée, Cathy vous propose à l'étage, 2 ch., salle d'eau, wc privés dont 1 ch. (1 lit 2 pers., 1 lit 1 pers.), 1 ch. (2 lits 1 pers.). Plateau de courtoisie maison pour le petit-déjeuner. Salon à disposition. Poss. de cuisiner. Sous le parfum des roses, dans cette ferme ayant conservé ses poutres et sa cheminée centenaires, son jardin clos de mur et sa cour fleurie, à 2 pas de Dinan et de la Rance, vous pourrez rayonner sur le pays de Dinan et la Côte d'Emeraude en profitant des nombreuses plages. A bientôt !. Langues parlées : anglais, italien, espagnol, allemand.

Prix : 1 pers. 37 € 2 pers. 40/45 € 3 pers. 55 € pers. sup. 14 €
repas 16 €
Ouvert : Toute l'année sauf en janvier et février.

🐕	≈	⛱	🎣	🚣	🎾	🏇	🏃	🏘	🚲
18	18	2	2	2	2	3	8	2	1,5	0,2

Catherine GEOFFROY - Le Petit Paris - 22100 TADEN - Tél. : 02 96 39 17 24 - Fax : 02 96 39 17 24

TONQUEDEC Le Queffiou
C.M. 59 Pli 1

🍴🍴🍴🍴 3 ch. **Lannion, cité historique et capital du Trégor 10 km.** Grande maison bourgeoise du début du siècle en granit du pays. 3 chambres de 2 pers., de grand confort avec sanitaires et wc privés attenants. Salon. Grand parc paysager, parking. Salon de jardin pour la détente. Gare à Lannion & Plouaret : 10 km. Sentiers de randonnées à proximité. Rivière et pêche (truite, saumon). Situé à la campagne, proche de la Côte de Granit Rose et à proximité de la Vallée du Léguer et à moins d'1 km de son riche patrimoine architectural & culturel : le Chateau de Tonquédec (12/13ᵉ s). Ploubezre : château de Kergrist.

Prix : 1 pers. 49 € 2 pers. 58 € pers. sup. 25 €
Ouvert : Toute l'année sauf du 1ᵉʳ octobre au 31 mars.

🐕	≈	⛱	🎣	🚣	🎾	🏇	🏃	🏘	🚲
20	20	20	0,8	10	2	10	16	10	0,5

Nelly CALLAREC - Route du Château - Le Queffiou - 22140 TONQUEDEC - Tél. : 02 96 35 84 50 - Fax : 02 96 35 84 50

TREDARZEC Beg Mezeven
C.M. 59 Pli 2

🍴 1 ch. **Tréguier à 4 km: petite cité de caractère avec sa cité St-Tugdual...** Suzanne et Michel vous accueillent dans un cadre reposant et fleuri, face à l'estuaire du Jaudy, sur l'exploitation maraîchère. Entrée indépendante 1 chambre (1 lit 2 pers., 1 lit 1 pers.), salle d'eau wc privés. Coin cuisine. Petit déjeuner servi dans le séjour. Jardin. Situé dans un lieu ou vous trouverez le calme au bord du Jaudy. A proximité du GR34. Lézardrieux, port de plaisance naturel.

Prix : 1 pers. 31 € 2 pers. 40 € 3 pers. 49 €
Ouvert : Toute l'année.

🐕	≈	⛱	🎣	🚣	🎾	🏇	🏃	🏘	🚲
8	3	0,2	4	4	4	25	15	4

Suzanne BOULC'H - Beg Mezeven - 22220 TREDARZEC - Tél. : 02 96 92 35 84

TREDREZ-LOCQUEMEAU Lann Charlès - Locquemeau
C.M. 59 Pli 1

🍴🍴🍴🍴 1 ch. Dans une maison de charme au cœur d'un jardin paysager avec vue imprenable sur la mer, accueil chaleureux par une jardinière passionnée. A l'étage, avec accès indépendant, 1 chambre 2 pers. (1 lit 2 pers) et comprenant coin-cuisine, coin-salon. Salle d'eau, wc privés attenants. Pelouse, salon de jardin. Petit-déjeuner servi dans le séjour. Salon à disposition. Calme assuré. Chemin de randonnées sur place. Langue parlée : anglais.

Prix : 1 pers. 46 € 2 pers. 54 €
Ouvert : Toute l'année et sur réservation en hors saison.

🐕	≈	⛱	🎣	🚣	🎾	🏇	🏃	🏘	🚲
0,4	3	3	0,4	11	3	5	20	0,1	10	2,5

Solange LE CHEQUER - Lann Charlès - Locquemeau - 22300 TREDREZ-LOCQUEMEAU - Tél. : 02 96 35 29 27

Côtes-d'Armor — Bretagne

TREGON La Hautière — C.M. 59 Pli 5

2 ch. **St-Malo à 18 km.** Venez découvrir la vie à la ferme, dans une maison rénovée, calme et confortable, mitoyenne avec un gîte et la maison des propriétaires. 2 chambres avec salle d'eau, wc privés. Au r.d.c, 1 ch. (1 lit 2 pers.) et à l'étage, 1 unité familiale de 2 pièces : 1 ch. (1 lit 2 pers.). 1 ch. (2 lits 1 pers.). Poss. de cuisiner. Petit-déjeuner servi dans la cuisine. A disposition : coin-détente, courette close, jardin. Salon de jardin, jeux enfants. Tarif 4 pers. 69 €. Prix dégressif si plusieurs nuits. Dinan : ville historique. Ploubalay : panorama au Château d'eau avec vue sur St-Malo, Cap Fréhel. Créhen, port du Guildo.

Prix : 1 pers. 35 € 2 pers. 39 € 3 pers. 54 € pers. sup. 8 €
Ouvert : Toute l'année.

5	5	5	5	10	2	7	10	7	2

Alain REVEL - La Hautière - 22650 TREGON - Tél. : 02 96 27 25 87 - Fax : 02 96 27 25 87

TREGROM L'Ancien Presbytere — C.M. 59 Pli 3 (TH)

3 ch. Dans un petit village très calme, au cœur du Trégor, l'ancien presbytère du XVII7è/XVIIIè s. vous apportera repos et sérénité. Agréablement meublées, 3 ch., s.d.b ou douche et wc privés. Jardin. Rivière à 800 m. Restaurants à 7 km. Aéroport de Lannion à 25 km. Remise 10 % séjour supérieur à 3 jours (sauf hors saison). Situation privilégiée entre Lannion/Morlaix/Tréguier pour découvrir richesses & beautés de la région. Proche de Lannion et de la Côte de Granit Rose. Château de la Roche-Jagu & nombreuses chapelles. Tréguier : circuit des Ajoncs d'Or. Langue parlée : anglais.

Prix : 1 pers. 45 € 2 pers. 50 € repas 20 €
Ouvert : Toute l'année.

20	20	0,8	28	0,7	7	28	7	0,2	

Nicole DE MORCHOVEN - l'Ancien Presbytère - 22420 TREGROM - Tél. : 02 96 47 94 15 - Fax : 02 96 47 94 15

TREGUIER Tara — C.M. 59 Pli 2

5 ch. **Tréguier : capitale historique du Trégor. Paimpol et Lannion : 18 km.** Au cœur de la capitale du Trégor, dans une demeure du XVIè s, 5 ch., s.e. ou douche, wc privés attenants dont 4 ch 2 pers. à l'étage, poss. lit suppl., et au r.d.c, 1 ch 3 pers. (3 lits 1 pers., lit 1m10), poss. pour pers. à mobilité réduite. Petit-déjeuner à la table commune dans la grande salle d'époque. Kitchenette, coin-repas. Grand jardin, parking. 4 pers 80 €. Malou & Guy auront à cœur de vous faire partager leur passion pour cette cité vraiment peu ordinaire. Au levant l'estuaire, au couchant la flèche élancée de sa cathédrale, ouvrage de dentelle sur fond de ciel et en écrin ces vieilles demeures, fidèles gardiennes de la mémoire du temps. Langue parlée : anglais.

Prix : 1 pers. 42 € 2 pers. 50 € 3 pers. 67 € pers. sup. 17 €
Ouvert : Toute l'année sur réservation.

1	4	0,1	1	1	2	20	18	0,1

Guy et Malou ARHANT - Tara - 31 rue Ernest Renan - 22220 TREGUIER - Tél. : 02 96 92 15 28

TRELEVERN Le Launay — C.M. 59 Pli 1

4 ch. **Cote de Granit Rose à proximité.** Sur une propriété de 14000 m² avec un étang, Liliane & Christian vous proposent dans leur longère restaurée du XIXè siècle, 4 ch. à l'étage avec s.e., wc privés : 3 ch. (1 lit 2 pers. 1 lit 1 pers.), 1 ch. (2 lits 1 pers.). Petit-déjeuners servis au jardin ou salle à manger rustique selon le temps et votre désir. Coin-salon à disposition avec cheminée et bibliothèque. Nécessaire bébé. Sur place fax. Parking, salon de jardin, ping-pong. Location de vélos. De là, vous pourrez découvrir la Côte de Granit Rose, la réserve des Sept Iles et Bréhat par le GR 34.

Prix : 1 pers. 38/44 € 2 pers. 47/54 € 3 pers. 61/68 € pers. sup. 15 €
Ouvert : Toute l'année

4	3,5	3,5	3,5	14	3	14	20	3,5	15	4

Christian LEROY - Le Launay - La Ferme de l'Etang - 22660 TRELEVERN - Tél. : 02 96 91 70 44 - Fax : 02 96 91 79 96

TREMELOIR Le Gué — C.M. 59 Pli 3

1 ch. **St-Brieuc : 9 km.** Joelle et François vous accueilleront chaleureusement pour passer vos soirées, au calme de la campagne de Tréméloir. A 100 m de l'exploitation agricole, maison de style néo-breton, offrant un excellent confort dans un cadre splendide. A l'étage : 1 unité familiale de 2 pièces (1 lit 2 pers. 2 lits 1 pers.), s.d.b., wc privés. Salle de séjour, salon, refrigerateur. Terrasse, cour, salon de jardin, barbecue. A proximité de nos splendides sites touristiques (Baie de St-Brieuc, Binic, St-Quay-Portrieux). Prix 1 pers hors saison : 28 €. Enfant : 16 €.

Prix : 1 pers. 32 € 2 pers. 35 €
Ouvert : toute l'année.

6	6	6	0,1	9	7	5	7	4	9	4

Joëlle QUETTIER - Le Gué - Tréméloir - 22590 PORDIC - Tél. : 02 96 79 02 34 ou 06 81 64 60 92 - Fax : 02 96 79 02 34

TREMELOIR La Lande — C.M. 59 Pli 3

1 ch. **Paimpol 6 km. Tréguier : sa ville et cathedrale-8 km par le GR34.** Au cœur de la Baie de St-Brieuc, Isabelle & Christophe se feront 1 plaisir de vous accueillir dans leur propriété entièrement rénovée et aménagée avec goût. Par la mezzanine, accès à l'unité familiale à l'étage : 1 ch (1 lit 2 pers.) 1 ch (2 lits 1 pers.) avec salle d'eau attenante et wc privés. Poss. lit bébé. A dispo. réfrigérateur, terrasse avec salon de jardin. Tarif 4 pers. 70 €.

Prix : 1 pers. 32 € 2 pers. 35 € 3 pers. 61 €
Ouvert : toute l'année.

6	6	5	0,1	9	7	5	7	9	4

Isabelle QUETTIER - La Lande - 22590 TREMELOIR - Tél. : 02 96 79 14 01 ou 06 70 86 44 13

Bretagne — **Côtes-d'Armor**

TREMEREUC
C.M. 59 Pli 5

3 ch. **Cap Fréhel, Dinan : 13 km.** Vous trouverez dans une propriété privée et indépendante, le calme avec un jardin d'agrément fleuri et ombragé par des chênes. Au 1er étage : 3 chambres dont 2 ch (1 lit 2 pers) et 1 ch. (1 lit 2 pers., 1 lit 1 pers) avec s.e, wc privés. Petit-déjeuner copieux. A disposition, parking, salon de jardin, coin-barbecue. Coin-cuisine à disposition. Activité à proximité, volley, foot-ball, basket, golf. Promenade à cheval, VTT et pédestre. Vous pouvez associer à la fois les joies de la campagne et de la mer entre la Vallée du Frémur et de la Rance vous conduisant à Dinan. Langues parlées : anglais, allemand.

Prix : 1 pers. 35 € ◊ 2 pers. 40 € ◊ 3 pers. 55 € ◊ pers. sup. 15 €
Ouvert : Toute l'année.

🐕	≈	⛱	🏊	🤿	🎾	🐎	🏃	👥	🚌	🚣
8	8	8	2	7	0,1	2	0,5	0,3	13	1

Gérard DELEPINE - 25 la Ville Patouard - 22490 TREMEREUC - Tél. : 02 96 27 88 29

TREMEREUC Le Clos de la Grange
C.M. 59 Pli 5

2 ch. **Dinan, cité médiévale d'art et d'histoire (15 km).St-Malo cité corsaire** Vous serez accueillis dans une demeure indépendante et calme au milieu d'un grand jardin verdoyant et ombragé. 1 ch. 2/3 pers. et 1 ch. 2 pers. en 2 épis, s.d'eau et wc privés. Parking privé. Golf 9 trous et promenades équestres à 2 km. Située entre l'estuaire pittoresque de la Rance à 6 km et la Vallée du Frémur avec son plan d'eau à 1 km et ses circuits pédestres. A proximité de Dinard à 8 km. Cap Fréhel, Fort La Latte à 30 km.

Prix : 1 pers. 28 € ◊ 2 pers. 36/40 € ◊ 3 pers. 50 €
Ouvert : Du 1er février au 30 novembre.

🐕	≈	⛱	🏊	🤿	🎾	🐎	🏃	👥	🚌	🚣
8	8	8	2	8	0,2	2	1	1	12	1

Danielle LAFERTE - Le Clos de la Grange - 22490 TREMEREUC - Tél. : 02 96 27 84 22

TRESSAINT-LANVALLAY La Ville Ameline
C.M. 59 Pli 15/16

4 ch. **Dinan : ville médiévale d'art et d'histoire 3 km.** A proximité de la côte d'Emeraude, aux portes de Dinan et sur leur exploitation agricole, Huguette & Yvon vous accueillent chaleureusement dans leur maison de caractère, à proximité de la magnifique vallée de la Rance. 4 chambres, salle d'eau et wc privés dont 3 unités familiales (2 pièces) de 4 pers. 1 ch. 2 pers. Salle à manger. Parc planté d'arbres et vaste pelouse vous apporteront le calme et le repos souhaités. Table de jardin, chaises longues, aire de jeux, boules, vous attendent pour un heureux séjour. Tarif 4 pers. 58 €. 1/2 pension à 32 €.

Prix : 1 pers. 32 € ◊ 2 pers. 38 € ◊ 3 pers. 49 € ◊ pers. sup. 11 € ◊ repas 13 € 1/2 pens. 32 €
Ouvert : Toute l'année.

🐕	≈	⛱	🏊	🤿	🎾	🐎	🏃	👥	🚌	🚣
25	25	2	3	2	6	15	4	2		

Huguette et Yvon LEMARCHAND - La Ville Ameline - 22100 TRESSAINT-LANVALLAY - Tél. : 02 96 39 33 69 - Fax : 02 96 39 33 69 - E-mail : lemarchand.huguette@wanadoo.fr - http://perso.wanadoo.fr/lavillemelinechambres

TRESSAINT-LANVALLAY Bel Air
C.M. 59 Pli 15/16

3 ch. **De Lanvallay vue panoramique sur Dinan 3 km : cité médiévale.** A la porte de Dinan, dans une maison typiquement bretonne, entourée d'un grand parc avec bassin, 3 ch. à l'étage, entrée indépendante, de 2/3 pers. avec en mezzanine, petit salon Louis Philippe, bibliothèque. 1 ch. avec vasque, s.d.b 2 ch., s.e privée. WC communs aux 3 ch. Dans le parc un chalet avec cuisine aménagée, terrasse, barbecue. Salons de jardin. Restaurant 2 km. Hameau à 500 m. Crêperie à 2 km à bord du canal. Séjour supérieur à 3 jours en hors saison remise à 10 %. Vallée de la Rance. Forêt domaniale de Coëtquen. Canal d'Ille & Rance. Port de Dinan : 2.5 km.

Prix : 1 pers. 31 € ◊ 2 pers. 40 € ◊ 3 pers. 50 € ◊ pers. sup. 10 €
Ouvert : Toute l'année.

🐕	≈	⛱	🏊	🤿	🎾	🐎	🏃	👥	🚌	🚣
20	20	10	2	2	2	15	2	2	3	1,5

Odette MALLET - Bel Air - 22100 TRESSAINT-LANVALLAY - Tél. : 02 96 39 44 22 - Fax : 02 96 27 52 85

TREVE Le Bois D'En Haut
C.M. 59 Pli 13

4 ch. **Lac de Guerlédan et Bosméléac à proximité.** Une halte dans cet environnement protégé et fleuri. Au r.d.c. de cette maison rénovée, 4 ch. avec kitchenette & entrée indépendante : 2 ch. (2 pers.) avec séjour commun & cheminée, salle d'eau, wc privés. 1 ch 2 épis et 2 ch. avec séjour privé (2/3 pers.) dont 1 avec salle d'eau, wc privés, 1 avec salle de bains, wc privés et couchage en mezzanine. Pelouse, salons de jardin, barbecue, parc paysager d'un ha, jeux. Tarif 4 pers. 60 €. Situé au sein d'une ferme : éleveurs de chevaux au centre Bretagne.

Prix : 1 pers. 24 € ◊ 2 pers. 34/37 € ◊ 3 pers. 50 € ◊ pers. sup. 12 € ◊ repas 12 €
Ouvert : Toute l'année.

🐕	≈	⛱	🏊	🤿	🎾	🐎	🏃	👥	🚌	🚣
35	35	20	4	4	4	20	0,1	2		

Paulette et Jean DONNIO - Le Bois d'en Haut - 22600 TREVE - Tél. : 02 96 25 44 53

TREVE La Ville Aux Veneurs
C.M. 59 Pli 13

4 ch. **Lac de Guerlédan 13 km.** Dans une maison bretonne restaurée, proche de la ferme et dans un hameau, 4 chambres avec salle d'eau privée à l'étage : 1 ch. 3 épis (4 pers.), wc privés. 1 ch. (2 pers.), wc privés non attenants. 1 ch. (2 pers.), wc communs. 1 ch. (3 pers.) wc communs. Tarif enfant : 12 €. Remise de 10 % sur séjour supérieur à 4 j. en hors saison. Sentiers GR34. Forêt de Loudéac à 8 km. Canal de Nantes à Brest. Lac de Bosméléac. Piscine les Aquatides à Loudéac.

Prix : 1 pers. 26 € ◊ 2 pers. 34 € ◊ pers. sup. 12 € ◊ repas 9/13 €
Ouvert : Toute l'année.

🐕	≈	⛱	🏊	🤿	🎾	🐎	🏃	👥	🚌	🚣
40	40	14	1	6	3	6	7	2		

Marie CHAUVEL - La Ville aux Veneurs - 22600 TREVE - Tél. : 02 96 25 02 02

Côtes-d'Armor — *Bretagne*

TREVOU-TREGUIGNEC
C.M. 59 Pli 1

2 ch. **Cathédrale de Tréguier à 12 km. Musée des telecom, Planetarium,...** Cette maison traditionnelle se situe au calme, dans un quartier résidentiel, à proximité de la plage de sable fin, du port et à 200 m du bourg. 2 chambres avec salle d'eau et wc privés attenants : 1 ch (1 lit 2 pers.) et 1 ch (2 lits jumeaux). Poss. lit suppl. Petit-déjeuner servi dans la salle à manger. Salon de jardin, barbecue à disposition. Située dans un petit bourg, sur la Côte de Granit rose à 10 km de Perros Guirec. Langues parlées : anglais, allemand.

Prix : 1 pers. 31 € ◆ 2 pers. 40 € ◆ pers. sup. 11 €
Ouvert : Toute l'année.

≈	⛱	🚿	🏊	🎾	🐎	🚶	🚌	🅿
0,8	0,8	0,8	12	1	10	0,8	0,1	15	0,2

Irène LE PIERRES - 22, rue de Ker Iliz - 22660 TREVOU-TREGUIGNEC - Tél. : 02 96 23 74 60 ou 06 20 50 57 92 - Fax : 02 96 23 74 60 - www.chez.com/printemps

UZEL Bizoin
(TH) *C.M. 59 Pli 13*

4 ch. **Mur de Bretagne à 12 km.** Au cœur de la Bretagne, sur l'exploitation agricole, découvrez les charmes de la campagne dans cette ferme fleurie. A l'étage, 4 ch avec s.e, wc privés attenants dont 2 ch. 2 épis (1 ch. 1 lit 2 pers, 1 ch. 1 lit 1 pers., 1 ch. 1 lit 2 pers) et 2 ch. 3 épis (1 ch. 1 lit 2 pers, 1 lit 1 pers., 1 ch. 1 lit 2 pers). Kitchenette à disposition. Terrasse, cour, salon de jardin. Petit-déjeuner servi dans la salle à manger. Menus régionaux à la Table d'hôtes. Poney-Club à 7 km. Lac de Guerlédan et sa forêt. Lac de Bosméléac. Cité de caractère à Quintin. Tarif 4 pers. 52 €. 1/2 pension pour 2 pers.

Prix : 1 pers. 31 € ◆ 2 pers. 34 € ◆ 3 pers. 43 € ◆ pers. sup. 10 € ◆ repas 12 € 1/2 pens. 57 €
Ouvert : Toute l'année.

≈	⛱	🚿	🏊	🎾	🐎	🚶	🚌	🅿
35	35	12	0,1	18	3	12	40	0,1	3

Marie Annick CADORET - Bizoin - 22460 UZEL - Tél. : 02 96 28 81 24 ou 06 74 55 84 68 - Fax : 02 96 26 28 42

YFFINIAC Les Villes Hervé
C.M. 59 Pli 7

3 ch. **Hillion (Maison de la baie-Marinarium) à 7 km.** Elisabeth & Jean-François vous accueillent dans cette maison retirée. 3 chambres à l'étage dont 2 ch. 3 épis : 1 ch. (1 lit 1.60 m) s.e, wc privés, 1 ch. (2 lits 1 pers.). 1 ch. 2 épis (2 lits 1 pers) lavabo, et s.d.b, wc non attenants. Petit-déjeuner copieux à base de produits de la ferme. Grand jardin paysager, balançoire, terrasse, salon de jardin, barbecue. Située sur une exploitation agricole au bord d'une vallée pour y découvrir le calme à la campagne. Pêche dans la rivière à 500 m. Entre le Cap Fréhel et Perros Guirec, étape idéale sur la route de vos vacances. Randonnées.

Prix : 1 pers. 30 € ◆ 2 pers. 38 € ◆ 3 pers. 49 € ◆ pers. sup. 11 €
Ouvert : De mai à septembre et toute l'année en week-ends.

≈	⛱	🚿	🏊	🎾	🐎	🚶	🚌	🅿
6	6	15	0,5	8	2	1	10	0,5	10	2

Elisabeth JOUAN - Les Villes Hervé - 22120 YFFINIAC - Tél. : 02 96 72 50 31

YFFINIAC Le Val Josselin
C.M. 59 Pli 3

3 ch. **Baie d'Hillion et son site protégé. Cathédrale à St-Brieuc.** Entre mer et campagne, Régine & Philippe vous accueillent dans leur propriété fleurie. 3 ch. avec salle d'eau, wc privés. 1 ch. « Marine » (1 lit 2 pers.+ 2 lits 1 pers.), 1 ch. « Mercure » salon. 1 unité familiale de 2 pièces (1 lit 2 pers.+ 1 lit 1 pers.), 1 ch (1 lit 2 pers.). 1 petite ch. « Garden » (1 lit 2 pers.). Petit-déj. copieux (confitures maison à l'ancienne). Espace pique-nique (parc ou véranda), barbecue. Garage à disposition. Etape idéale sur la route de vos vacances. Sentiers des douaniers sur place. Langues parlées : anglais, allemand, italien.

Prix : 1 pers. 31 € ◆ 2 pers. 34/39 € ◆ 3 pers. 46/49 € ◆ pers. sup. 11 €
Ouvert : Toute l'année.

≈	⛱	🚿	🏊	🎾	🐎	🚶	🚌	🅿
1	6	3	6	1	0,5	8	5	0,5

Régine BERTHO - 13, Le Val Josselin - 22120 YFFINIAC - Tél. : 02 96 72 62 63

YFFINIAC La Fontaine Menard
C.M. 59 Pli 3

4 ch. **Moncontour cité médiévale à 12 km. Val André : 15 km.** Josyane & François vous accueillent dans une annexe d'un ancien manoir en pierre rénové, à proximité de la demeure du propriétaire et d'un gîte, proche d'une exploitation agricole. R.d.c, 1 ch. (1 lit 2 pers, 2 lits 1 pers) s.d.b, wc privés. Etage : 3 ch. avec s.e, wc privés dont 2 ch (1 lit 2 pers, 1 ch (1 lit 2 pers. 1 lit 1 pers). Tarif 4 pers. 69 €. A disposition au r.d.c : cuisine équipée, salon, L-Linge, L-vaisselle. Parking, terrasse, cour, barbecue. Animaux sur demande.A 2 km sentiers pédestres en forêt. Hippodrome 800 m. Patinoire 4 km. A mi-chemin du Cap Fréhel et de la Côte de Granit Rose. Langues parlées : anglais, espagnol.

Prix : 1 pers. 42 € ◆ 2 pers. 45 € ◆ 3 pers. 57 € ◆ pers. sup. 12 €
Ouvert : Toute l'année.

≈	⛱	🚿	🏊	🎾	🐎	🚶	🚌	🅿
6	8	6	1	6	0,8	8	8	3

François et Josiane PENNORS - La Fontaine Ménard - 22120 YFFINIAC - Tél. : 02 96 72 66 68 ou 06 59 24 38 73 - Fax : 02 96 72 66 63 - E-mail : fpennors@infonie.fr

YFFINIAC Le Grenier
C.M. 59 Pli 3

3 ch. **Val André et Moncontour (cité de caractère) 15 km.** Sur une exploitation agricole, dans un cadre calme et verdoyant, Fernand et Marie-Reine ont chaudement aménagé 3 ch. à l'étage d'une grande maison de caractère. 1 unité familiale, s.e, wc privés, 1 ch. 2 pers., s. d'eau, wc privés. 1 ch 3 pers., s.d.b, wc privés, coin-cuisine. Salle de séjour, salon. Poss. de cuisine et barbecue. Le jardin agréable vous invite au repos pendant que les enfants se défoulent sur l'aire de jeux. Située à mi-chemin entre le Cap Fréhel et la Côte de Granit Rose, sur une zone protégée. Vélos mis à votre disposition pour des balades. Tarif 4 pers. 61 €. Langues parlées : anglais, espagnol.

Prix : 1 pers. 32 € ◆ 2 pers. 34/37 € ◆ 3 pers. 49 €
Ouvert : Toute l'année.

≈	⛱	🚿	🏊	🎾	🐎	🚶	🚌	🅿
8	8	10	3,5	8	3,5	0,1	10	3,5	8	3

Marie-Reine LOQUIN - Le Grenier - Route de Plédran - 22120 YFFINIAC - Tél. : 02 96 72 64 55 ou 06 19 90 95 82 - Fax : 02 96 72 68 74 - E-mail : le.grenier@wanadoo.fr - www.le.grenier.com

Bretagne

Finistère

GITES DE FRANCE - Service Réservation
5, allée Sully - 29322 QUIMPER Cedex
Tél. 02 98 64 20 20 - Fax 02 98 64 20 29
E.mail : gite29@eurobretagne.fr
http://www.eurobretagne.fr/gites-de-france

3615 Gîtes de France
0,2 €/min

ARGOL La Fontaine Blanche
C.M. 58 Pli 14

3 ch. A l'entrée de la Presqu'île de Crozon, à 10 mn des plages, Marie-Céline et Yves vous accueillent dans leurs 3 chambres d'hôtes à la ferme, aménagées au 1er étage de leur maison. Au 1er étage, 1 ch. salle d'eau, wc (1 lit 2 pers.), 1 ch. salle d'eau, wc (1 lit 2 pers. 1 lit 1 pers.), 1 ch. salle de bains, wc (2 lits 1 pers.). Coin-salon à disposition des hôtes. Randonnée. Musée de l'Abbaye de Landevennec 8 km. Deltaplanne au Menez-Hom 7 km.

Prix : 1 pers. 34 € 2 pers. 40 € 3 pers. 52 €
Ouvert : Toute l'année.

7	7	7	2	20	7	10	40	2	15	20	2,8

Yves MEVEL - La Fontaine Blanche - 29560 ARGOL - Tél. : 02 98 27 78 13

ARZANO Château de Kerlarec
C.M. 58 Pli 17

6 ch. Le château de Kerlarec vous invite à découvrir son atmosphère raffinée, celle où règne encore la saveur du temps oublié. Un lieu élégant niché dans un parc de verdure, à quelques pas de l'océan, où ses chambres vastes et personnalisées vous offriront des moments privilégiés. Petits déjeuners gourmands. Au 1er étage : 2 ch 1 lit 2 p, s.bains, wc. Au 2e étage : 2 ch 1 lit 1,60 m, s.bains, wc, 1 ch 1 lit 2 p, s.bains, wc, 1 ch 2 lits 1 p, s.e, wc. Salons avec cheminées. Parc avec bassin, tennis, piscine. Expos permanentes dans galerie réhaussée de vitraux 19e. Sur réservation : plateau de fruits de mer et dîner de crêpes. Langues parlées : anglais, italien.

Prix : 2 pers. 73/88 € pers. sup. 27 €
Ouvert : Toute l'année.

10	15	10	3	SP	SP	15	15	1	7	3

Michel BELLIN - Château de Kerlarec - 29300 ARZANO - Tél. : 02 98 71 75 06 ou 06 08 52 39 04

BANNALEC Stang Huel
C.M. 58 Pli 16

2 ch. Au cœur du pays des Avens, sur la Route des Peintres en Cornouaille, la famille Jaouen vous fera apprécier l'hospitalité d'une demeure bretonne à la campagne. 2 ch 1 lit 2 p, aménagées à l'étage avec entrée indépendante. S.d.b. et wc privés pour l'une et s.e. et wc privés pour l'autre. Petits déjeuners à base de produits du terroir dans une ambiance régionale. Parc boisé et fleuri. Quimper, Quimperlé, Concarneau, villes d'art et d'histoire à 20 mn. Pont Aven, cité des peintres à 10 mn. L'océan, les plages, les rias à 15 km. Langues parlées : anglais, allemand.

Prix : 1 pers. 35 € 2 pers. 41 €

12	23	23	1	12	2	5	18	SP	10	12	1,5

Famille JAOUEN - Stang huel - 29380 BANNALEC - Tél. : 02 98 39 43 96

BANNALEC Sainte Anne
C.M. 58 Pli 16

3 ch. Aux portes des Pays de Cornouaille, à 10 mn de Pont-Aven, Quimperlé, 20 mn de Concarneau ou Quimper, le charme et le calme de cette longère vous interpellent. Nicole, Jean René et leurs enfants vous accueillent sur leur ferme. Dans un cadre agréable, reposant et verdoyant une longère indépendante avec 3 ch confortables et personnalisées vous attend salle d'eau et wc. Rdc : 1 ch 1 lit 2p, 1 lit 1 p. Etage : 1 ch 1 lit 2 p, 1 ch 2 lits 1 p. Séjour avec cheminée et TV, lave-linge, équipement bébé. Possibilité de cuisiner. Jardin clos avec salon. Pour votre détente : le jardin et les balades sur les sentiers de la campagne environnante. Langue parlée : anglais.

Prix : 2 pers. 41 € 3 pers. 53 € pers. sup. 10 €

20	20	20	5	15	1	20	SP	2,5	3	2,5

Nicole et Jean-René CHRISTIEN - Sainte Anne - 29380 BANNALEC - Tél. : 02 98 39 53 54 ou 06 85 20 56 25 - Fax : 02 98 39 53 54 -
E-mail : JR.CHRISTIEN@wanadoo.fr

BANNALEC Stang Gac
C.M. 58

2 ch. Françoise et Claude vous accueillent à l'Escapade, dans une chaumière restaurée du XIXè siècle sur 2 ha de terrain et à 15 mn de la mer. Deux chambres tout confort vous attendent dans un environnement calme et agréable. A l'étage : 1 ch 1 lit 2 p, 1 lit bb, salle de bains, wc, 1 ch 2 lits 1p salle d'eau wc. Situation géo. interressante qui vous permet d'aller de Lorient à Quimper tout en passant par Pont Aven et Concarneau. Table d'hôte sur réserv. Repas familial et copieux. A votre dispo. salon de jardin, terrasse, aire de pétanque, livres, baby-foot, TV, salon, barbecue, équipement bébé. Etape VRP.

Prix : 1 pers. 36 € 2 pers. 40 € pers. sup. 13 € repas 13 €

15	18	18	1,5	10	5	5	20	0,8	10	5

Françoise NERZIC - Stang Gac - 29380 BANNALEC - Tél. : 02 98 35 41 88 ou 06 09 94 23 16 - Fax : 02 98 35 41 88 -
E-mail : françoise.nerzic@libertysurf.fr - http ://perso.libertysurf.fr/escapade29

429

Finistère — Bretagne

BANNALEC
C.M. 58

E.C. 2 ch.

Très accessible par la voie express, Bannalec offre un point d'ancrage idéal pour visiter la Cornouaille. Vous résidez à 10 mn de Pont Aven célébré par les peintres, à 15 mn de Quimperlé, petite Venise bretonne, à 25 mn de Quimper ville d'art et histoire avec ses musées et faïenceries. A moins que vous ne préfériez les plages et les ports animés du Belon à l'Odet. Golf, randonnée pédestre. Jacqueline et Philippe vous accueillent dans leur maison néo-bretonne entourée d'un parc fleuri. A l'étage 1 ch 2l 1 p, s.d'eau, wc, une suite familiale de deux chambres 1l 2 p, 2l 1 p, sdb, wc. Poss. équipement bébé. Prix 4 pers 69 €.

Prix : 1 pers. **29 €** 2 pers. **40/45 €** 3 pers. **55 €**

12	18	18	5	15	2	5	20	SP	12	1

Philippe BAUCHER - 30, rue des Frères Le Gac - 29380 BANNALEC - Tél. : 02 98 39 82 29 ou SR : 02 98 64 20 20

BEUZEC-CAP-SIZUN Cosquer
C.M. 58 Pli 14

4 ch.

Proche de la Pointe du Raz dans le Finistère Sud : Christine et Jean vous accueillent dans leurs chambres aménagées dans un bâtiment annexe avec accès indépendant. Au 1er étage, 2 chambres (1 lit 2 pers.) avec salle de bains, wc privés. Au 2e étage, 2 chambres (1 lit 2 pers.) avec salle d'eau, wc et lit. privés. Salle de détente avec TV et documentation à disposition. Situé sur une ferme laitière avec jardin et verger à proximité des chambres. Table d'hôtes sur place le soir (sur réservation), repas à la table familiale. Dégustation de repas campagnards ou de crêpes bretonnes.

Prix : 1 pers. **27 €** 2 pers. **31 €** repas **12 €**

3	3	5	5	12	5	10	4	3	35	5

Christine JADE - Cosquer - 29790 BEUZEC-CAP-SIZUN - Tél. : 02 98 70 50 99

BOTMEUR Kreisker
C.M. 58 Pli 6

1 ch.

Au cœur des Monts d'Arrée, dans le Parc Naturel Régional d'Armorique, à 3 km du lac Saint Michel, vous serez accueillis toute l'année dans une chambre d'hôte avec un accès indépendant, des sanitaires privés, le chauffage. (1 lit 2 personnes). Salon avec bibliothèque, TV, jardin à votre disposition. Cette maison paysanne du XVIIIe siècle, rénovée et agrandie, sera une halte dépaysante et reposante et vous permettra un accès aisé aux sentiers de randonnée pédestre ou VTT dont le circuit des landes et tourbières. Enclos paroissiaux, écomusées. Sites naturels à proximité. Langue parlée : anglais.

Prix : 1 pers. **35 €** 2 pers. **39 €**

35	35	7	2	15	7	7	25	SP	7	25	5

Marie-Thérèse SOLLIEC - Kreisker - 29690 BOTMEUR - Tél. : 02 98 99 63 02 - Fax : 02 98 99 63 02 - E-mail : msol@club-internet.fr

BRASPARTS Garz Ar Bik
C.M. 58 Pli 6

2 ch.

A mi-chemin entre Morlaix et Quimper, au cœur des Monts d'Arrée, dans 1 ferme entièrement rénovée, avec entrée indépendante, 2 ch. au 1er étage d'1 longère sont à votre dispo. 1 ch 1 lit 2p et 1 lit 1 p, 1 ch 1 lit 2p, salle d'eau et wc privés pour chaque ch. Au r.d.c 1 salle de réception, détente disposant d'1 cheminée campagnarde et poss. de cuisiner, salon, TV. Téléphone à la demande. Endroit idéal pour la pratique des randonnées pédestres, équestres, V.T.T., au cœur du parc d'armorique, et au centre du circuit des Enclos Paroissiaux. Langue parlée : anglais.

Prix : 1 pers. **34 €** 2 pers. **41 €** 3 pers. **52 €**
Ouvert : Toute l'année.

30	30	10	1	15	1	1,5	SP	0,5	15	1

Marie-Christine CHAUSSY - Garz ar Bik - 29190 BRASPARTS - Tél. : 02 98 81 47 14 - Fax : 02 98 81 47 99

BRASPARTS Domaine de Rugornou Vras
C.M. 58 Pli 6

4 ch.

Dans un pays de légendes entre monts et mers, Romy vous accueille dans une longère en pierre totalement indépendante, située dans un cadre de verdure, dominant le bourg de Brasparts. 4 jolies chambres : 3 ch 1 lit 2 p, 1 ch 2 lits 1 p, avec entrée indépendante, salle d'eau et wc privés pour chacune. Cheminée, TV, jardin avec salon, terrasse, salle de détente, abri couvert. Table d'hôtes le soir sur réservation. Cette halte reposante vous permettra l'accès aux sentiers de randonnées à partir du domaine. Parc Naturel Régional d'Armorique. Gîte Panda. Langue parlée : anglais.

Prix : 1 pers. **34 €** 2 pers. **41 €** 3 pers. **52 €** repas **14 €**
Ouvert : Toute l'année.

35	35	15	2	15	2	0,5	40	SP	0,5	15	2

Romy CHAUSSY - Domaine de Rugornou vras - 29190 BRASPARTS - Tél. : 02 98 81 46 27 ou 06 82 91 37 36

BRENNILIS Kerveguenet
C.M. 58 Pli 6

4 ch.

Expo du Youdig, ou le Rêve aux Portes de l'Enfer. Les 4 ch : 3 ch 1 lit 2 p, 1 lit 1p et 1 ch 1 lit 2p sont aménagées dans 1 bâtiment annexe. Elles sont dotées de s.d.b. ou s.eau et wc privés. L'accueil est assuré par les créateurs-animateurs de l'expo. Bretons passionnés, ils vous feront partager leur connaissance des légendes et du patrimoine. Ne pas oublier la note gustative des plats traditionnels servis à l'auberge (Kig ha Farz). Des itinéraires de randonnées pédestres, équestres, VTT, vous permettront de pénétrer le mystère des sites grandioses des Monts d'Arrée. La mer n'est qu'à 3/4 h en voiture. Langues parlées : anglais, espagnol.

Prix : 1 pers. **30 €** 2 pers. **34 €** 3 pers. **46 €** repas **12 €**

45	45	15	1	10	2	5	10	1	25	2

Gwenaëlle LE LANN - Expo du Youdig - Kerveguenet - 29690 BRENNILIS - Tél. : 02 98 99 62 36 - Fax : 02 98 99 67 79 - E-mail : youdig@youdig.fr - www.youdig.fr

Bretagne **Finistère**

BRIEC-DE-L'ODET Queneach Podou *C.M. 58 Pli 15*

ⵉⵉⵉ 2 ch. Dans un cadre fleuri, agréable et reposant, Anna vous accueille dans sa maison de caractère. Au 1er étage, 1 ch 1 lit 2p avec salle d' eau, wc et 1 ch 2 lits 1p avec salle d' eau, wc. Possibilité lit enfant. Petits déjeuners servis dans une salle à manger rustique. Au rez de chaussée véranda et salon donnant sur un parc fleuri à disposition des hôtes. Jardin, salon de jardin. Bonne situation géographique : Quimper, Locronan, Presqu'île de Crozon, Monts d'Arrée... directement accessibles par la voie express à 6 minutes de la maison. 1er prix départemental de fleurissement.

Prix : 1 pers. 35 € 2 pers. 41 €
Ouvert : Toute l'année.

	18	18	18	5	18	5	16	13	5	16	5

Anna QUELVEN - Quéneach Podou - 29510 BRIEC-DE-L'ODET - Tél. : 02 98 59 16 31

CAST Manoir de Treouret *C.M. 58 Pli 15*

ⵉⵉⵉ 2 ch. Dans un cadre reposant, Madeleine et Jean-Louis vous accueillent dans leur manoir avec 2 chambres d'hôtes de prestige spacieuses, non loin des collines de Locronan, au cœur de la Plaine du Porzay, non loin de la presqu'île de Crozon. Au 1er étage une suite pour 3 personnes (1 lit 2 pers, 1 lit 1 pers). Possibilité de cuisiner. Salle d'eau et wc privés. Au 2e étage 1 chambre 1 lit 2 pers avec coin salon séparé, salle d'eau et wc privatifs. Possibilité lit bébé.

Prix : 1 pers. 37 € 2 pers. 43 € 3 pers. 56 €

12	12	7	7	7	2	2	35	2	2	7	2

Madeleine GOUEROU - Manoir de Tréouret - 29150 CAST - Tél. : 02 98 73 54 38

CAST Coscasquen *C.M. 58 Pli 15*

ⵉⵉⵉ 2 ch. Marie-Renée et Corentin ont le plaisir de vous recevoir dans leur ferme à Cast pour profiter des bienfaits de la mer (7 km) et de la campagne. Leur vaste maison, typique d'une architecture courante dans le Porzay, est située à 10 mn de Locronan, petite cité de caractère au fond de la baie de Douarnenez, entre la presqu'île de Crozon et la Pointe du Raz. Pour votre quiétude, deux chambres d'hôtes tout confort avec salle d'eau et wc privés sont aménagées au 1er étage. 1 ch 1 lit 2 p, 1 ch 1 lit 2 p, 1 lit 1 p. Possibilité lit d'appoint. Jardin avec salon. Le petit déjeuner sera chaleureux et typique.

Prix : 2 pers. 41 € 3 pers. 53 €
Ouvert : Toute l'année.

	7	7	7	SP	9	2	9	9	2

Marie-Renée LANNUZEL - Coscasquen - 29150 CAST - Tél. : 02 98 73 55 68

CAST Kernir (TH) *C.M. 58 Pli 15*

ⵉⵉⵉ 5 ch. Au sein de leur ferme d'élevage de sélection, proche de la baie de Douarnenez et de Locronan, Pierre et Madeleine seront heureux de vous accueillir et de vous faire partager leur amour de la région. Pour votre confort et votre plaisir Madeleine a aménagé avec goût, dans une longère restaurée, une salle d'accueil typiquement bretonne avec cheminée. Dans ce batiment au RDC 1 ch 2 lits 1 pl. Dans une maison annexe 4 chambres décorées avec soin. Rdc : 1 ch 2 lits 1 p. Etage : 2 ch 1 lit 2p et 1 lit 1p en mezzanine, 1 ch 2 lits 1 p. Salle d'eau et wc dans chaque chambre. TV dans les deux salons. Jardin avec terrasse. Table d'hôtes sur réservation. Langues parlées : anglais, allemand.

Prix : 2 pers. 43 € 3 pers. 58 € pers. sup. 15 € repas 16 €

7	7	7	7	9	3	5	35	SP	9	3

Madeleine PHILIPPE - Kernir - 29150 CAST - Tél. : 02 98 73 54 31 - Fax : 02 98 73 61 07 - E-mail : contact@kernir.com - www.kernir.com

CLEDER Coz-Milin *C.M. 58 Pli 5*

ⵉⵉⵉ 3 ch. A 1 km des plages, des sentiers côtiers, du parc de loisirs et du club nautique, sur sa ferme légumière, Annie vous accueille dans sa maison de caractère, entourée d'un jardin fleuri. 3 chambres d'hôtes sont aménagées au 1er étage : 1 ch 1 lit 2p et 1 ch 2 lits 1 p, salle d'eau et wc privatifs, 1 ch 1 lit 2 p, salle de bains et wc privés. Chambres non fumeurs. Lit bb sur demande. Vous pourrez disposer d'une grande salle de séjour (TV) où vous sera servi un copieux petit déjeuner avec crêpes, far et gâteaux bretons faits maison. St Pol de Léon 10 km, Roscoff 15 km.

Prix : 1 pers. 35 € 2 pers. 43 €
Ouvert : De Pâques à fin septembre.

	1	1	1	1	1,5	12	10	7

François et Annie MOYSAN - Coz-Milin - 29233 CLEDER - Tél. : 02 98 69 42 16 - Fax : 02 98 69 42 16

CLEDER Kerliviry *C.M. 58 Pli 5*

ⵉⵉⵉ 2 ch. Manoir rénové dans 1 parc arboré de 2 ha avec plan d'eau où paissent tranquillement 2 ânes. Vous apprécierez le calme de ce lieu, ces 2 ch. d'hôtes à l'étage : les ch. disposent d'1 grand lit de 2 pers. et de s.d.b. et wc privatifs. Poss. lit sup. et lit bébé. 1 petit ldj. copieux vous sera servi dans 1 grande salle commune, meubles anciens et lit clos. Salon à dispo. Jardin fleuri, aire de jeux, barbecue, parking. Situé à 3 km de Plouescat et de Cléder, à 4.5 km de la mer, près des châteaux de Kerjean, Tronjoly et Kérouzéré, du circuit des enclos paroissiaux, de Roscoff la ville corsaire et de l'île de Batz.

Prix : 2 pers. 50/56 € pers. sup. 16 €
Ouvert : Toute l'année.

4	4	4	0,7	17	3	4	25	SP	3	20	3

Christine PONTHIEUX - Kerliviry - 29233 CLEDER - Tél. : 02 98 61 99 37 ou 06 66 99 63 51 - Fax : 02 98 61 99 37

Finistère — Bretagne

CLOHARS-CARNOET Kerguilan
C.M. 58

E.C. 3 ch. Entre la mer et la forêt, Anne et Thierry vous accueillent dans la maison de leur ferme laitière. 3 chambres spacieuses, rénovés avec des matériaux traditionnels, une au rez-de-chaussée (accessibilité personnes à mobilité réduite), deux chambres à l'étage. Chaque chambre dispose d'1 lit 2p et 1 lit 1p avec salle d'eau et wc privés. Balades dans les pâtures, dans la forêt, visites au petit port de pêche typique de Doëlan, randonnées sur les sentiers côtiers, plage et détente... dans un cadre verdoyant, près du vieux moulin à vent. Langue parlée : anglais.

Prix : 1 pers. 35 € ◊ 2 pers. 40 € ◊ 3 pers. 52 €

1,5	1,5	2	1,5	10	2	2	15	SP	2	12	2

Thierry et Anne LYMES - Kerguilan - 29360 CLOHARS-CARNOET - Tél. : 02 98 39 92 61 - Fax : 02 98 39 95 86 ou SR : 02 98 64 20 20

COMMANA Kervérous
C.M. 58 Pli 6

2 ch. Située à flanc de côteaux, cette maison de tisserands du 18ᵉ siècle a gardé tout le charme des anciennes demeures. Le confort de ses chambres dans un environnement verdoyant et fleuri vous assure calme et repos. 2 chambres situées dans une aile de la maison : 1 ch au rez de chaussée 2 lits 1 p, salle de bains, wc, 1 ch à l'étage 1 lit 2p, salle de bains, wc. Possibilité lit supplémentaire. Salle commune avec cheminée, TV. Sites à découvrir : Monts d'Arrée, sentiers de randonnées, enclos paroissiaux, écomusées, lac. Langue parlée : anglais.

Prix : 1 pers. 40 € ◊ 2 pers. 45 € ◊ 3 pers. 57 €

32	32	7	7	7	7	7	20	4	15	2

Michel LANCIEN - Kervérous - 29450 COMMANA - Tél. : 02 98 78 92 87

CROZON Saint Hernot
C.M. 58 Pli 14

4 ch. Dans le village de Saint Hernot, Mr et Mme Moysan vous accueillent dans une maison très confortable pour vous faire découvrir Morgat et le Cap de la Chèvre. Un copieux petit déjeuner vous sera servi dans le séjour. Le salon et 3 chambres vous offrent une vue imprenable sur la mer. 4 chambres situées dans un bâtiment annexe. Rdc : 1 ch 2 lits 1 p, salle d'eau, wc. Etage : 1 ch 1 lit 2 p, salle d'eau, wc, 1 ch familiale 1 lit 2 p, 1 lit 1 p, salle d'eau, wc, 1 ch 1 lit 2p (possibilité lit sup.), salle d'eau, wc. TV dans le séjour. Jardin avec salon, barbecue, terrasse.

Prix : 1 pers. 42 € ◊ 2 pers. 47 € ◊ 3 pers. 65 € ◊ pers. sup. 18 €

0,8	0,8	3,5	0,8	3,5	10	SP	3,5	60	3,5

Didier MOYSAN - Village de Saint Hernot - 29160 CROZON - Tél. : 02 98 27 25 80 ou 06 81 52 85 39 - Fax : 02 98 27 25 80

DINEAULT Le Guilly
C.M. 58 Pli 15

2 ch. Marie-Annick et Jean vous accueillent dans une propriété confortable et reposante. 2 chambres d'hôtes dans la maison du propriétaire. Rdc : 1 ch 1 lit 2 p. avec salle d'eau, wc privés. Etage : 1 ch 1 lit 2 p. avec salle de bains, wc privés. Salle à manger/salon à disposition des hôtes. Accès livres et brochures touristiques. Jardin fleuri et verdoyant avec salon. Dégustation cidre maison. Crêperie à 1 km. La mer à 12 km. Restaurant 6 km.

Prix : 1 pers. 34 € ◊ 2 pers. 38 €

12	12	7	7	1	7	7	6	0,5

Marie-Annick KERHOAS - Le Guilly - 29150 DINEAULT - Tél. : 02 98 26 00 77

DINEAULT Rolzac'H
C.M. 58 Pli 15

4 ch. A 3 km de Châteaulin, dans le cadre fleuri et reposant d'une fermette restaurée dominant la vallée de l'Aulne, Anne-Marie et André vous accueillent dans leurs 4 chambres d'hôtes toutes équipées de salles d'eau et wc privés. Au r.d.c, 'Emilie' 1 lit 2 p., 'Elise' 2 lits 1p et 'Anais' 1 lit 2 p. Possibilité de cuisiner et jardins privés. A l'étage, 'Iris' 1 lit 2p et salon privé, frigo. Possibilité lit de bébé. Jardin avec salon et barbecue.

Prix : 1 pers. 34/35 € ◊ 2 pers. 38/41 €
Ouvert : De mars à octobre.

12	12	12	3	3	3	3	30	0,5	3	2	3

Anne-Marie L'HARIDON - Rolzac'h - 29150 DINEAULT - Tél. : 02 98 86 22 09

DOUARNENEZ Kerléguer
C.M. 58 Pli 14

2 ch. Dans une campagne pittoresque et verdoyante, Marie-Hélène et Jean vous accueillent dans la maison familiale avec 2 chambres d'hôtes aménagées au 1ᵉʳ étage : 1 ch. (1 lit 2 pers.) avec salle d'eau et wc privés. 1 ch. (1 lit 2 pers.) avec salle de bains et wc privés. Salle à manger. Salon de jardin. Restaurant à 2 km. Proximité de la ville, de la mer et du Port Musée. Sentiers pédestres. Activités nautiques en baie de Douarnenez.

Prix : 1 pers. 33 € ◊ 2 pers. 40 €
Ouvert : Toute l'année.

3	3	3	3	3	5	25	SP	3	25	1,5

Jean LAROUR - Kerléguer - 29100 DOUARNENEZ - Tél. : 02 98 92 34 61

Bretagne

Finistère

DOUARNENEZ Manoir de Kervent
C.M. 58 Pli 14

4 ch.

Dans un chaleureux manoir à la sortie de Douarnenez mais déjà en pleine campagne, dans un parc fleuri à souhait, 4 chambres d'hôtes, 1 ch 1 lit 2 p, 1 lit 1 p, 1 ch 1 lit 2 p, 1 ch familiale 1 lit 2 p, 2 lits 1 p, 1 ch 2 lits 1 p. Chaque chambre est équipée de salle d'eau et wc privés. Possibilité lit bébé. Le petit déj avec des spécialités bretonnes est servi dans la salle à manger spacieuse et claire, toujours fleurie. Exploitation céréalière. Sentiers piétonniers sur la propriété. Documentation sur la région. Ping-pong, croquet. Taxe de séjour en été.

Prix : 1 pers. 35 € 2 pers. 40/43 € 3 pers. 52/64 €

2	3	3	2	3	3	3	30	5	25	2

Marie-Paule LEFLOCH - Manoir de Kervent - 29100 DOUARNENEZ - Tél. : 02 98 92 04 90 - Fax : 02 98 92 04 90

EDERN Kergadiou
C.M. 58 Pli 15

3 ch.

Près de Quimper et à 30min. de la baie de Douarnenez comme de Concarneau, vous êtes accueillis dans cette ferme laitière aux vieux murs, située au cœur de la verte campagne. Dans l'habitation familiale 3 ch. sont aménagées pour 1 étape reposante. En rez de jardin : 1suite comprenant 1 ch 1 lit 2 p, 1 lit 1 p, s.d.b., wc, frigo, et 1 séjour ouvrant sur 1 terrasse fleurie. En rez de chaussée : 1 ch 1 lit 1 p, salle de bains, wc. A l'étage : 1 ch 1 lit 2p(180), 1 lit 1 p, salle de bains, wc. Aux alentours : enclos paroissial de Pleyben, parc et château de Trévarez, promenades au bord de l'Aulne, Quimper, Locronan, Crozon. Langues parlées : anglais, allemand.

Prix : 1 pers. 26 € 2 pers. 39/42 € 3 pers. 46/49 €

28	28	28	0,2	10	3	15	SP	25	3

Jacqueline CHAUSSEC - Kergadiou - 29510 EDERN - Tél. : 02 98 57 90 50 - E-mail : chaussec@terre-net.fr

ELLIANT Quelennec
C.M. 58 Pli 16

4 ch.

A 10 mn de Quimper et 8 km de la voie express, dans la campagne, vous serez accueillis dans une maison de famille des années 45, restaurée, avec 4 chambres d'hôtes personnalisées au 1er étage : 3 ch 1 lit 2p avec salle d'eau et wc, 1 ch 1 lit 2 p, 1 lit 1 p, salle de bains, wc. Salon/séjour avec TV. Possibilité de cuisiner. Accueil chevaux et cavaliers. Propice à de longues promenades et aux délices de la mer, les pays de Quimper et Concarneau possèdent aussi un patrimoine historique et naturel : chapelle Kerdévot (5 km), site du Stangala, mégalithes, manoirs anciens, ville close de Concarneau. Réductions hors saison pour séjours.

Prix : 1 pers. 34 € 2 pers. 39 € 3 pers. 49 €

22	22	13	SP	8	8	8	25	10	9

Monique LE BERRE - Quélennec - 29370 ELLIANT - Tél. : 02 98 59 10 43 ou 06 72 78 28 49

LA FORET-FOUESNANT Lanjulien
C.M. 58 Pli 15

1 ch.

Monsieur et Madame Guillo vous accueillent dans leur propriété, entourée d'un parc paysager, calme et verdoyant, à 1,5 km de la Baie de La Forêt Fouesnant. 1 chambre au rez-de-chaussée (2 lits 1 pers.) avec accès indépendant, salle d'eau et wc privés. Réfrigérateur, TV. Terrasse privée et salon de jardin. Golf et tennis à 1 km. Langue parlée : anglais.

Prix : 1 pers. 34 € 2 pers. 41 €
Ouvert : Toute l'année.

3	3	1,5	3	5	1	5	1	3	13	1

Jean-Michel GUILLO - Lanjulien - 29940 LA FORET-FOUESNANT - Tél. : 02 98 56 95 01 ou 02 98 56 96 26 - Fax : 02 98 56 85 11 - E-mail : jean.guillo@wanadoo.fr

LA FORET-FOUESNANT Moulin du Prieuré
(TH) *C.M. 58 Pli 15*

E.C. 3 ch.

Alliance océan-campagne : à 300 m de l'anse Saint Laurent au fond de la baie de la Forêt, notre vieux moulin qui a perdu sa roue mais gardé sa rivière 1ère catégorie (truites, saumons, anguilles) se cache dans une vallée aux versants couverts d'arbres dont quelques uns centenaires. 3 ch : 1 lit 2 p, entrée indépendante et salon, TV, sanitaires privés. Table d'hôtes sur réservation avec les produits de la mer toute proche et ceux de notre verger, potager, poulailler. Possibilité de pêche en mer. Accès sentier côtier. A 5 mn de la ville close de Concarneau et à 20 mn du vieux Quimper.

Prix : 1 pers. 40/44 € 2 pers. 50/55 € repas 31 €

0,3	2	2	0,3	7	7	2	3	SP	SP	18	2

Pascale GAPANY - Moulin du prieuré - 29940 LA FORET-FOUESNANT - Tél. : 02 98 51 42 16 - Fax : 02 98 56 98 92

GARLAN Convenant Guiner
C.M. 58 Pli 6

1 ch.

Pierre et Michèle vous accueillent à la Jauberie et vous proposent toute l'année, dans 1 maison attenante à une vieille longère rénovée, deux ch. communicantes (étage : 1 lit 2 p, 1 lit 1p) (rdc : 1 lit 2 p, 2 lits enfant), salle d'eau, wc. Cadre fleuri très calme, détente, 10 minutes des plages. Jardin clos avec salon et terrasse, portique, garage. Poss. équipement bébé. Langue parlée : anglais.

Prix : 1 pers. 43 € 2 pers. 43 € 3 pers. 58 €

15	15	15	15	3	3	1	15	SP	5	5

Pierre JAUBERT - Convenant Guiner - 29610 GARLAN - Tél. : 02 98 79 14 85 - Fax : 02 98 79 14 85 - E-mail : Jaubert@voila.fr

Finistère — Bretagne

GUICLAN Penhoadic — C.M. 58 Pli 6

E.C. 2 ch. Au pays des Enclos Paroissiaux et des Monts d'Arrée, un accueil chaleureux vous sera réservé dans cette maison traditionnelle à 2 km des Enclos (Saint Thegonnec). Dans la maison de la propriétaire 2 chambres d'hôtes, dont une au rez-de-chaussée 1 lit 2 p, salle de bains et wc non communiquants. Une chambre à l'étage avec 1 lit 2 p, salle d'eau et wc communiquants. Grand jardin avec salon, possibilité de pique nique, barbecue. Possibilité lit d'appoint.

Prix : 1 pers. 30 € ♦ 2 pers. 35 €

🐕	≈	⛱	🚶	🏊	🎾	🏃	🎣	🚴	🚂	🛣
	20	20	20	1	8	3	8	20	0,5	1,5

Marie-Louise TANGUY - Penhoadic - 29410 GUICLAN - Tél. : 02 98 79 43 85 ou SR : 02 98 64 20 20

GUILERS Kerloquin — C.M. 58 Pli 4

3 ch. Antoinette et Joseph vous recevront dans les 3 chambres de leur maison donnant sur la vallée du Tridour. L'exploitation agricole est en activité. Rdc : 1 ch 1 lit 2 p, salle d'eau, wc. Etage : 1 ch 1 lit 2p avec lavabo et douche, 1 ch 1 lit 2p avec lavabo et douche attenante, wc commun aux 2 chambres. Possibilité lit d'appoint. Possibilité de cuisiner. TV à la demande. Parc boisé à 2 km. Promenade en voiture, à poney sur place.

Prix : 1 pers. 25/28 € ♦ 2 pers. 31/36 € ♦ 3 pers. 37/42 €
Ouvert : Toute l'année.

🐕	≈	⛱	🚶	🏊	🎾	🏃	🎣	🚴	🚂	🛣
	8	14	4	6	4	1	3	6	SP	5	1

Antoinette OGOR - Kerloquin - 29820 GUILERS - Tél. : 02 98 07 61 97 ou 02 98 07 58 92

GUILLIGOMARC'H Kerriouarch — C.M. 58 Pli 17

4 ch. Dans un joli cadre boisé et vallonné, tout près du site des Roches du Diable, Lucie et Mathurin, chaleureux et hospitaliers, vous recevront dans la bonne humeur et vous feront goûter les plaisirs simples et authentiques de la vie à la campagne. 4 ch avec lavabo, 2 ch 1 lit 2 p, 2 ch 1 lit 2 p, 1 lit 1p avec 2s.eau bien équipées et 2 wc communs. Les sanitaires communs, qui limitent le classement à 1 épi, sont largement compensés par le niveau général des prestations : confort de la maison et des chambres, qualité du petit déjeuner (crêpes, gateaux, confitures maison). Canoë-kayak 3 km. Langue parlée : anglais.

Prix : 1 pers. 30 € ♦ 2 pers. 25 € ♦ 3 pers. 50 €
Ouvert : Toute l'année.

🐕	≈	⛱	🚶	🏊	🎾	🏃	🎣	🚴	🚂	🛣
	25	25	25	2	7	7	10	7	SP	12	17	4

Lucie BAHUON - Kerriouarch - 29300 GUILLIGOMARCH - Tél. : 02 98 71 70 12

GUIPAVAS Le Cloastre Douvez — C.M. 58 Pli 4

3 ch. Denise et Antoine vous accueillent au calme, à 50 m de la ferme laitière tenue par leur fils. 3 ch au 1er ét. de leur maison, avec s.e et wc privés. 2 ch 1 lit 2 p, 1 ch 2 lits 1 p, lit d'appoint. Coin détente. Possibilité de cuisiner. Petits déj. copieux avec lait de la ferme servis dans la salle de séjour (vue sur l'Elorn 200 m). Grd jardin pour pique-niquer, avec balançoires, salon de jardin, barbecue. Sentiers pédestres balisés sur place. Océanopolis 10 km. Brest 15 km. Landerneau 9 km. Départ Ouessant 15 km. Restaurant 6 km. Plage aménagée 2 km. Aéroport 10 km.

Prix : 1 pers. 34 € ♦ 2 pers. 37 €

🐕	≈	⛱	🚶	🏊	🎾	🏃	🎣	🚴	🚂	🛣
	2	10	10	2	9	6	5	15	SP	9	9	5

Denise HALLEGOUET - Le Cloastre Douvez - 29490 GUIPAVAS - Tél. : 02 98 28 01 99

GUIPAVAS La Chataigneraie - Keraveloc — C.M. 58 Pli 4

3 ch. La Châtaigneraie vous propose 3 ch dans 1 maison spacieuse. Rdc : 2 ch 1 lit 2 p, poss. lit sup., s.bains dans l'1, s.e dans l'autre, wc, TV privatifs. 1er ét. : 1suite comprenant 1 ch 1 lit 2 p, 1 ch 2 lits 1 p, s.e., wc, TV privatifs. Vaste mezzanine aménagée en salon biblio.. S.jeux (billard). Poss. cuisiner, garage. Terrasse avec vue panoramique sur le jardin botanique. vue sur le port de plaisance, la Rade de Brest. Parc boisé avec jeux, salon de jardin, barbecue. Accès direct au Vallon de Stangalac'h (sentiers pédestres). Plage du Moulin Blanc, Brest et Océanopolis 5 mn. Piscine chauffée solarium en haute saison. Prix hors saison. Langues parlées : anglais, espagnol.

Prix : 1 pers. 35/38 € ♦ 2 pers. 41/44 € ♦ 3 pers. 57/60 € ♦ pers. sup. 13 €

🐕	≈	⛱	🚶	🏊	🎾	🏃	🎣	🚴	🚂	🛣
	2	2	2	SP	4	10	10	SP	5	4	5

Michelle MORVAN - La Châtaigneraie - Kéraveloc - 29490 GUIPAVAS - Tél. : 02 98 41 52 68 - Fax : 02 98 41 48 40 -
E-mail : la-chataigneraie@wanadoo.fr - http : //site.voila.fr/la.chataigneraie

GUIPAVAS — C.M. 58 Pli 4

2 ch. Entre Guipavas et Landerneau, dans un cadre de verdure sur les bords de l'Elorn, Jean-Francois et Marie-Claire vous accueilleront dans leurs 2 chambres d'hôtes situées à l'étage de leur maison. 1 suite familiale 2 lits 2 p, salle de bains, wc, 1 ch 1 lit 2 p, salle d'eau, wc. TV sur demande. Lit d'appoint. Equipement bébé. Terrasse, salon de jardin, barbecue, possibilité de pique-niquer dans le jardin ou le verger. Possibilité de cuisiner. Sentier pédestre sur place et plage aménagée à 1 km. Océanopolis et jardin botanique 10 km.

Prix : 1 pers. 36 € ♦ 2 pers. 40/42 €

🐕	≈	⛱	🚶	🏊	🎾	🏃	🎣	🚴	🚂	🛣
	1	10	10	1	10	5	5	15	SP	10	3

Marie-Claire HALLEGOUET - Kerriezegam - Le Douvez - 29490 GUIPAVAS - Tél. : 02 98 28 11 90 ou 06 07 49 64 79

Bretagne

Finistère

GUISSENY Keraloret
A (TH) *C.M. 58 Pli 4*

5 ch. À l'intérieur d'épais murs de granit d'une ferme léonarde, près de la maison des propriétaires, 5 chambres d'hôtes aux meubles anciens vous attendent. 3 ch. 1 lit 2 pers., 2 ch. (3 épis) 1 lit 2 pers., 1 lit 1 pers., sanitaires privés pour chaque chambre. Salle de ping-pong, terrains de jeux pour enfants et adultes, salon, cheminée, télécopieur. Auberge et camping à la ferme sur place. Plage à 5 mn. Chemins de randonnée et VTT, sports équestres et nautiques à proximité. Langue parlée : anglais.

Prix : 2 pers. 45 € 3 pers. 56 € repas 16 € 1/2 pens. 38 €
Ouvert : Toute l'année.

4	4	4	SP	10	4	4	25	SP	4	25	4

Blandine et Jacques YVINEC - Keraloret - 29880 GUISSENY - Tél. : 02 98 25 60 37 - Fax : 02 98 25 69 88

ILE-DE-BATZ
C.M. 58 Pli 6

4 ch. Face à la mer, dans une maison ancestrale au mobilier ancien, contiguë à la ferme, et par leur accueil chaleureux, Marie Pierre et Jean vous feront découvrir la tradition bretonne. 1er Etage : 1 ch 1 lit 2 p, salle d'eau avec wc, 1 chambre familiale avec salle de bains et wc privatifs mais non communicants, 1 lit 2p et 2 lits 1 p. 2e étage : 1 ch 1 lit 2 p, salle d'eau avec wc, 1 ch 2 lits 1 p, salle d'eau, wc. Au rez de chaussée : salle à manger, salon avec cheminée, TV à disposition des hôtes. Jardinet, salon de jardin. Bateau à 500 m, traversée Roscoff - Ile de Batz 15 minutes.

Prix : 1 pers. 35 € 2 pers. 50 € 3 pers. 60 €
Ouvert : Du 1er mars au 15 novembre.

0,2	0,2	0,4	0,2	1,5	SP	0,3	SP		

Marie-Pierre PRIGENT - Bourg - 29253 ILE-DE-BATZ - Tél. : 02 98 61 76 91

LE JUCH Kersantec
C.M. 58 Pli 14

3 ch. Yvette et René vous accueillent dans une maison non loin d'une ferme laitière. Elle est entourée d'un jardin fleuri, où le calme et le repos vous attendent. 3 ch. d'hôtes sont aménagées chacune comportant un sanitaire complet. Au r.d.c, 1 ch 1 lit 2 p, salle d'eau, wc. A l'étage, 1 ch 1 lit 2 p, salle de bains, wc et 1 ch 1 lit 2p salle d'eau, wc. Le petit déjeuner est servi dans la salle à manger et les confitures maison font le bonheur des hôtes. TV. Jeux pour les enfants. Jardin, salon de jardin. Promenade, tennis, plages, équitation, port-musée à proximité.

Prix : 1 pers. 31 € 2 pers. 39 €
Ouvert : Toute l'année

7	7	7	7	7	4	10	20	4	7	14	2

Yvette RENEVOT - Kersantec - 29100 LE JUCH - Tél. : 02 98 74 71 36 ou 06 86 91 93 65

LE JUCH Le Carbon
C.M. 58 Pli 14

3 ch. Annick et Yves vous accueillent dans leur propriété agricole, grande cour fleurie entourée de jardins. 3 ch. sont aménagées dans leur ancienne maison : 1 ch. 1 lit 2 pers., 1 lit 1 pers., 1 ch. 1 lit 2 pers. avec chacune s. d'eau/wc privés, 1 ch. familiale : 1 lit 2 pers., 1 lit 1 pers. et 1 lit 2 pers., s.d.b./wc. Possibilité lit bébé. TV, jardin, salon de jardin. Belle salle bretonne pour déguster de copieux petits déjeuners maison. Restaurants, plage, sentiers côtiers à 3 km. Tarif 5 pers : 66 €. Langue parlée : anglais.

Prix : 1 pers. 30 € 2 pers. 39 € 3 pers. 48 €
Ouvert : Toute l'année.

3	3	5	3	4	4	6	25	SP	25	4

Anne-Marie YOUINOU - Le Carbon - 29100 LE JUCH - Tél. : 02 98 92 21 08 ou 06 85 28 10 11

KERLAZ Lanevry
C.M. 58 Pli 14

2 ch. Une statuette de St Anne en faïence Henriot de Quimper marque l'entrée de cette belle ferme fleurie, face à la magnifique baie de Douarnenez à 5 mn des plages, qu'exploitaient jusqu'à maintenant Henri et Henriette. Ayant pris une retraite bien méritée, ils sont plus disponibles pour recevoir leurs hôtes dans leurs 2 chambres et leurs 3gîtes. Une la « bretonne » avec sa table de toilette ancienne, 1 lit 2 p., l'autre la 'romantique' avec son lit à baldaquin pour 2 p. S.eau et wc privatifs. Dans un séjour rustique, un copieux petit déjeuner vous attend. Salon avec TV, jardin, salon de jardin. Premier prix départ. 2000 de fleurissement.

Prix : 2 pers. 42 €
Ouvert : Toute l'année.

0,8	0,8	5	3	2	2	5	25	SP	3	20	2

Henriette GONIDEC - Lanevry - 29100 KERLAZ - Tél. : 02 98 92 19 12 - Fax : 02 98 92 19 67

KERLAZ Lanevry
C.M. 58 Pli 14

4 ch. Découvrez les charmes de la campagne face à la mer (350 m). Cathy et Michel vous accueillent sur une ferme laitière avec leurs deux chevaux. Magnifique panorama (Baie de Douarnenez, port de pêche, montagnes de Locronan et du Ménez Hom). 4 chambres avec s. d'eau et wc privatifs. 1er étage : 2 ch 1 lit 2 p, 1 ch 2 lits 1 p. 2e étage : 1 ch familiale 1 lit 2 p, 2 lits 1 p. Entrée indépendante et salon réservés aux hôtes, salon de jardin, barbecue. À l'écart dans une longère, salle de billard, ping pong. Les propriétaires reçoivent vos chevaux.

Prix : 1 pers. 38 € 2 pers. 43 € 3 pers. 58 €
Ouvert : Toute l'année.

0,8	0,8	5	3	2,5	2	5	25	SP	3	20	2

Michel et Cathy KERVOALEN - Lanevry - 29100 KERLAZ - Tél. : 02 98 92 85 49 - Fax : 02 98 92 85 49

Finistère — Bretagne

KERLAZ Mescalet
C.M. 58 Pli 14

2 ch.

Henriette et Pierre vous accueillent sur une ferme laitière, située dans la vallée du Ris, entre Douarnenez (6 km) et Locronan (6 km). Quimper est à 18 km. Deux chambres d'hôtes au calme certain vous sont proposées à l'étage de leur maison avec chacune 1 lit 2 p, salle d'eau et wc. Petit déjeuner servi dans une grande salle. Salon à disposition, TV, salon de jardin. Possibilité de pique-nique.

Prix : 2 pers. 38 €
Ouvert : Toute l'année.

🐕	≈	⛱	🏊	🚣	🎾	🐎	⛳	👣	🚴	🚂	🛶
	5	5	8	SP	6	4	10	25	SP	6	22	5

Pierre GONIDEC - YOUINOU - Mescalet - 29100 KERLAZ - Tél. : 02 98 92 19 10

KERLAZ Lanevry
C.M. 58 Pli 14

5 ch.

Entre Douarnenez port de pêche et Locronan petite cité de caractère, Josy & René vous accueillent dans 1 ferme restaurée face à la superbe baie de Douarnenez. Jardin fleuri, espace vert vous enchanteront, tout comme le chuchôtement de la mer vous bercera dans les légendes de nos ch. A l'ét. : 'La Ville d'Ys', vue sur mer 1 lit 2p, 'Tristan' 2 lits 1p, 'Korrigan' 1 lit 2 p. Rdc : 'Gradlon' et 'Iseult' 1 lit 2 p. Sanitaires privatifs. Copieux petits déjeuners, spécialités régionales. Possibilité de cuisiner hors saison. Séjour avec TV. Salon de jardin. Tarif réduit hors saison. Premier prix départemental 2000 de fleurissement. Langue parlée : anglais.

Prix : 2 pers. 45 €

	≈	⛱	🏊	🚣	🎾	🐎	⛳	👣	🚴	🚂	🛶
0,8	0,8	5	1	2	5	20	3	20	2

René et Josy GUEGUEN - GONIDEC - Lanevry - 29100 KERLAZ - Tél. : 02 98 92 14 87 - Fax : 02 98 92 23 55 -
E-mail : josy.gueguen@wanadoo.fr

KERNILIS
C.M. 58 Pli 4

3 ch.

Dona et Jo vous accueillent dans 1 ferme laitière à proximité de la vallée de l'Aber Wrac'h, où mer et terre se mêlent. 3 ch. d'hôtes aménagées au 1er ét. de leur maison, avec accès indépendant. 1 ch 1 lit 2p (160x200), 1 ch 2 lits 1 p, salle d'eau et wc privés pour chaque ch., 1 ch 3 lits 1 p, s.d.b. et wc privés. Poss. lit sup. Séjour/salon et TV à dispo. des hôtes. Possibilité de cuisiner. Jardin avec salon, vélos sur place. Plouguerneau 7 km. Brest 23 km.

Prix : 2 pers. 37 € 3 pers. 47 € pers. sup. 10 €
Ouvert : Toute l'année.

🐕	≈	⛱	🏊	🚣	🎾	🐎	⛳	👣	🚴	🚂	🛶
7	7	7	0,8	8	0,4	10	25	2	SP	22	0,4

Dona et Jo UGUEN - Route de Kerbrat - 29260 KERNILIS - Tél. : 02 98 25 54 02 - Fax : 02 98 25 54 02

LAMPAUL-GUIMILIAU
C.M. 58 Pli 5

3 ch.

Bienvenue au cœur du Pays des Enclos Paroissiaux, idéal et centré pour découvrir le Nord Finistère. 2 ch 1 lit 2p et 1 ch 2 lits 1p avec salles d'eau, wc et TV privatifs. Coin salon dans une des chambres. Frigo, possibilité lit bébé. Jardin avec salon et barbecue, parking privé et clos. Odile et Jean-Marc vous proposent des circuits découvertes de la région. 4 vélos disponibles et gratuits, GR 380 à proximité, guide Gallimard et cartes détaillées à disposition. Restaurants 1.5 km. Langues parlées : anglais, allemand.

Prix : 1 pers. 30 € 2 pers. 39 €
Ouvert : Toute l'année.

🐕	≈	⛱	🏊	🚣	🎾	🐎	⛳	👣	🚴	🚂	🛶
20	20	15	2	5	2	5	2	SP	5	2

Odile et Jean-Marc PUCHOIS - 26, Kerverez - 29400 LAMPAUL-GUIMILIAU - Tél. : 02 98 68 62 02 ou 06 67 03 23 26 -
Fax : 02 98 68 62 02 - E-mail : jean-marc.puchois@oreka.com

LANHOUARNEAU Kergollay
C.M. 58 Pli 5

3 ch.

Au cœur d'une ferme légumière, dans un cadre calme et fleuri, Marie-France et Alexis vous accueilleront pour un séjour agréable. Rdc : 1 ch 1 lit 2 p, salle d'eau et wc. Etage : 1 ch 1 lit 2 p, salle d'eau, wc. 1 ch 2 lits 1 p, salle de bains, wc. TV, terrasse, jardin, salon de jardin. Crêperie et restaurant à proximité. Nombreux circuits touristiques aux alentours. Plage à 8 km, Roscoff (ferry) à 20 km.

Prix : 1 pers. 33 € 2 pers. 40 € pers. sup. 11 €
Ouvert : Toute l'année.

🐕	≈	⛱	🏊	🚣	🎾	🐎	⛳	👣	🚴	🚂	🛶
8	8	8	SP	9	0,8	8	SP	SP	20	0,8

Alexis et M. France QUEGUINEUR - Kergollay - 29430 LANHOUARNEAU - Tél. : 02 98 61 47 35 ou 06 12 64 76 24 - Fax : 02 98 61 82 81

LANILDULT Hent Kergaradec
C.M. 58 Pli 3

4 ch.

Vous serez accueillis aux confins d'un petit village très calme longeant l'Aber Ildut, ds 1 belle maison en pierre, dominant la campagne et la mer d'Iroise. Les 4 ch. d'hôtes 'Gwalarn' (vent du large) sont réalisées dans des décors marins. Au rdc : 2 ch 1 lit 2 p, salle d'eau et wc privés. Etage : 1 ch 2 lits 1 p, s.d'eau et wc,ich 1 lit baldaquin 2 p, s.d.b., wc. Cheminée dans le séjour, salon privé avec TV, bibliothèque. Vaste jardin clos avec salon de jardin, espaces de détente. Equipement bébé, loc. vélos. Sentiers de randonnées et petit ruisssseau à proximité. Embarcadère pour l'île d' Ouessant, au port, en juillet/août. Langues parlées : anglais, allemand, espagnol.

Prix : 2 pers. 44 € pers. sup. 15 €

🐕	≈	⛱	🏊	🚣	🎾	🐎	⛳	👣	🚴	🚂	🛶
3	3	3	3	20	2	6	8	0,1	SP	23	2

Dominique et Anne LE TARNEC - 4, hent Kergaradoc - 29840 LANILDUT - Tél. : 02 98 04 38 41

Bretagne
Finistère

LANNEDERN Penhuil Vras
C.M. 58 Pli 6

E.C. 2 ch. Madame LAWSON vous propose dans sa maison deux chambres au rez de chaussée. Chaque chambre avec 1 lit 2 p, salle de bains, wc. Possibilité lit supplémentaire. Jardin avec salon, terrasse, portique. Langue parlée : anglais.

Prix : 1 pers. 32 € 2 pers. 40 € pers. sup. 10 €

40	40	40	5	15	2	5	20	SP	SP	20	2

LAWSON - Penhuil vras - 29190 LANNEDERN - Tél. : 02 98 26 44 17

LANNILIS Le Lia
C.M. 58 Pli 4

2 ch. A Lannilis, au cœur des Abers, Marie Louise et René Lesvenan vous proposent 2 chambres d'hôtes aménagées dans leur maison avec accès indépendant. Au 2e étage, 1 ch 1 lit 1m^{6}0, 1 ch 1 lit 2p avec salle d'eau et wc privés pour chaque chambre (1 chambre 3 épis, 1 chambre 2 épis). Possibilité de cuisiner. Equipement bébé à disposition. Parking, jardinet, salon de jardin.

Prix : 2 pers. 34 €
Ouvert : Toute l'année.

3	3	3	2	15	0,5	3	25	0,5	0,5	20	0,5

Marie-Louise LESVENAN - 1, rue Anne de Bretagne - Le Lia - 29870 LANNILIS - Tél. : 02 98 04 00 71

LANNILIS Saint-Alphonse
C.M. 58 Pli 4

3 ch. 3 chambres aménagées dans un bâtiment annexe à la maison du propriétaire, chacune avec salle d'eau, wc et TV. Rdc : 1 chambre 1 lit 2p avec coin salon, 1 chambre 2 lits 1p avec coin salon. Etage : 1 chambre 1 lit 2p (2 épis). Possibilité de cuisiner. Séjour/salon avec véranda dans la maison du propriétaire. Jardin avec salon, salle de jeux avec ping-pong et billard.

Prix : 1 pers. 27 € 2 pers. 35/38 € 3 pers. 52 €

4	4	4	1	12	0,5	5	0,1	1	20	1

Robert CREACH - Saint Alphonse - 29870 LANNILIS - Tél. : 02 98 04 14 13

LANNILIS Kerjoseph Pellan
C.M. 58 Pli 4

2 ch. Après la découverte des deux Abers et de leur côte sauvage, deux chambres dont 1 familiale, dans un cadre champêtre vous combleront pour un séjour. 1 chambre d'hôtes au rez-de-chaussée de la maison des propriétaires avec 1 lit 2 p, salle de bains et wc privés. A l'étage 1 chambre familiale avec 1 ch 1 lit 2p et 1 ch 2 lits 1 p, salle de bains et wc privés. Possibilité équipement bébé. TV dans salon. Jardin, terrasse, salon de jardin, barbecue. Salle de détente en commun avec les 4 gîtes se trouvant dans le même village.

Prix : 2 pers. 35/38 € 3 pers. 52 €

3	3	3	2	15	2	5	5	SP	2	25	2

Robert MINGANT - Pellan - 29870 LANNILIS - Tél. : 02 98 04 01 55

LAZ Ker-Huel
C.M. 58 Pli 16

2 ch. Madame Barré vous accueille dans sa maison d'habitation en campagne calme. 2 chambres d'hôtes mansardées et lambrissées avec chacune un lavabo. Salle d'eau et wc communs aux 2 chambres d'hôtes. 1 chambre (1 lit 2 pers.), 1 chambre (1 lit 2 pers. 1 lit 1 pers.). Grande pelouse près de la maison. Salon de jardin. Nombreuses activités de loisirs à 3 km, tennis à 2 km. Restaurant à 2,5 km.

Prix : 1 pers. 24 € 2 pers. 32 € 3 pers. 42 €
Ouvert : Toute l'année.

36	36	10	4	10	3	23	3	SP	20	3

Marie BARRE - Ker-Huel - 29520 LAZ - Tél. : 02 98 26 84 73

LOC-BREVALAIRE Pencreach
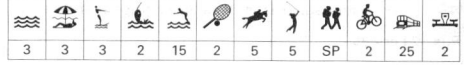
C.M. 58 Pli 4

2 ch. A 10 mn des plages dans un pays de terre, d'eau, de fleurs et d'algues, 2 chambres d'hôtes raffinées dans une maison familiale bien ensoleillée, calme et accueillante. A l'étage, 1 ch 1 lit 2p (160x200), 1 ch 2 lits 1p (90x200), salle d'eau et wc privés pour chaque chambre. Jardin, véranda, séjour/salon avec cheminée à disposition des hôtes. Possibilité de belles promenades au bord de l'Aber Wrach. Petits déjeuners servis dans la véranda. Table d'hôtes : menu simple et copieux, cuisine préparée à partir des produits frais du jardin et du lait de la ferme.

Prix : 2 pers. 38 € repas 9 €

9	9	12	0,5	6	0,2	15	0,1	7	18	6

René et Germaine BOZEC - Pencreach - 29260 LOC-BREVALAIRE - Tél. : 02 98 25 50 99

Finistère   Bretagne

LOC-EGUINER-SAINT-THEGONNEC Ty Dreux   (TH)   C.M. 58 Pli 6

4 ch. De Mars à Septembre (rivières très poissonneuses).La Penzé à 500 m,... En pleine campagne, à 7 km de St-Thégonnec, au cœur du pays des Enclos paroissiaux, voici Ty Dreux, ancienne ferme de tisserands. En marge de toute circulation, 1 bienheureuse tranquillité à la ferme de Annie & Jean qui vous accueilleront avec chaleur et convivialité. 4 ch dans l'ancienne maison au 1er et au 2e ét. : 2 ch 1l 2 p, 1l 1 p, 2 ch 1l 2p avec chacune s.eau, wc. Unique en Finistère : exposition permanente de costumes bretons. Petits déjeuners copieux devant le lit clos dans un séjour rustique. A dispo : salon, véranda, grand jardin. Poss. cuisiner. Table d'hôtes (produits de la ferme) en fin de semaine et vac. scolaires.

Prix : 1 pers. 34 € 2 pers. 43 € 3 pers. 53 € repas 17 €

🐕	〰	⛱	🚣	🏊	🎾	🏇	🎣	🚴	⛳	🚂
	18	18	5	5	5	6	8	20	SP	4	18	4

Annie MARTIN - Ty Dreux - 29810 LOC-EGUINER-SAINT-THEGONNEC - Tél. : 02 98 78 08 21 - Fax : 02 98 78 01 69 -
E-mail : ty-dreux@club-internet.fr

LOC-EGUINER-SAINT-THEGONNEC Ty Dreux   (TH)   C.M. 58 Pli 6

E.C. 3 ch. En pleine campagne, à 7 km de St Thégonnec, au cœur du pays des enclos paroissiaux, voici la ferme laitière de Ty Dreux. Dans la nouvelle maison de la ferme, où vivent 3 générations, vous trouverez 3 chambres d'hôtes. Au rez de chaussée, 1 ch avec lit à baldaquin, salle d'eau, wc. Etage : 1 ch 1 lit 2 p, 1 lit 1 p, salle d'eau, wc. 1 ch 1 lit 2 p, s.d.b., wc. Séjour avec cheminée. Jardin, salle de détente. Langue parlée : anglais.

Prix : 1 pers. 34 € 2 pers. 43 € 3 pers. 53 € repas 17 €
Ouvert : Du 15 mars à fin septembre.

🐕	〰	⛱	🚣	🏊	🎾	🏇	🎣	🚴	⛳	🚂
	18	18	5	0,3	5	6	5	25	SP	12	4

Benoit MARTIN - Ty Dreux - 29410 LOC-EGUINER-SAINT-THEGONNEC - Tél. : 02 98 78 08 21 - Fax : 02 98 78 01 69

LOCRONAN Rodou Glaz   C.M. 58 Pli 15

5 ch. A 1 km de Locronan, l'un des plus beaux villages de France, bien centré entre la Pointe du Raz et la presqu'île de Crozon, vous êtes accueillis chaleureusement dans une vaste demeure restaurée entourée d'un jardin fleuri. 1er étage : 4 ch 1 lit 2 p, 1 ch 2 lits 1 p, 1 ch familiale 1 lit 2 p, 2 lits 1 p. Au 2e étage : 2 ch 1 lit 2 p. TV et sanitaires privatifs. Le petit déjeuner copieux et soigné vous sera servi dans un lumineux séjour/véranda. A Locronan vous goûterez au charme indéniable d'une petite cité de caractère aux activités artistiques, artisanales ou commerciales. Promenades en forêt et plage de sable fin de la Baie de Douarnenez à 5 mn. Langue parlée : anglais.

Prix : 1 pers. 35 € 2 pers. 42 € 3 pers. 56 € pers. sup. 15 €

🐕	〰	⛱	🚣	🏊	🎾	🏇	🎣	🚴	⛳	🚂
	5	5	10	10	10	2	10	SP	2	15	1,5

Fernand JAIN - Rodou glaz - 29180 LOCRONAN - Tél. : 02 98 73 52 41 ou 02 98 91 70 15 - Fax : 02 98 51 83 71 -
E-mail : philippe-camus@club-internet.fr

LOPERHET Rostiviec   C.M. 58 Pli 4

E.C. 2 ch. Accédant directement sur le port de Rostiviec (baignades, centre nautique, pêche à pied), ce Ty Coz (vieille maison) indépendant fait partie du charme d'un jeune couple. Il abrite deux nouvelles chambres confortables. Rdc : 1 ch 1 lit 2 p, salle de bains, wc. Etage : 1 ch 2 lits 1 p, salle de bains, wc. Nombreuses balades possibles dans les chemins côtiers et campagnards et dans les champs de fraises de Plougastel de la famille... Langue parlée : anglais.

Prix : 2 pers. 39 €

🐕	〰	⛱	🚣	🏊	🎾	🏇	🎣	🚴	⛳	🚂
	SP	SP	SP	SP	10	5	5	10	SP	12	4

Yves et Armelle JEGOT - 212, Rostiviec - 29470 LOPERHET - Tél. : 02 98 07 11 24

MAHALON Kerzall   C.M. 58 Pli 14

2 ch. 2 chambres d'hôtes aménagées au 1er étage de la maison du propriétaire. 2 chambres (1 lit 2 pers.) avec lavabo. Salle de bains et wc communs aux 2 chambres. Jardin, salon de jardin, aire de jeux, salle de détente. Aire de loisirs à 1 km. Non loin, camping à la ferme et gîtes ruraux. Elevage porcin sur l'exploitation du propriétaire. Langue parlée : anglais.

Prix : 1 pers. 27 € 2 pers. 32 €
Ouvert : Toute l'année.

🐕	〰	⛱	🚣	🏊	🎾	🏇	🎣	🚴	⛳	🚂
	7	7	10	10	10	3	4	4	1	4	30	1

Pierre VIGOUROUX - Kerzall - 29790 MAHALON - Tél. : 02 98 70 41 36 ou 02 98 70 40 20 - Fax : 02 98 74 59 31

MAHALON Kerantum   C.M. 58 Pli 14

3 ch. A l'entrée du Cap Sizun, sur la route de la Pointe du Raz, idéalement situées pour visiter les baies de Douarnenez et Audierne, 3 chambres spacieuses et confortables avec entrée indépendante. 1 ch 1 lit 160x200, 1 ch 2 lits 100x200, 1 ch 1 lit 160x200, 1 lit 1 p. Salle d'eau et wc dans chaque chambre. Dans cette ancienne ferme en pleine campagne vous trouverez calme et détente. A disposition : salon, documentation, cour, parking, pelouse, salon de jardin, barbecue, portique, ping pong. Possibilité de cuisiner. Tarif 4 pers : 60-63 €. Langue parlée : anglais.

Prix : 1 pers. 35 € 2 pers. 40 € 3 pers. 50/53 €
Ouvert : Toute l'année.

🐕	〰	⛱	🚣	🏊	🎾	🏇	🎣	🚴	⛳	🚂
	10	10	10	SP	10	8	10	SP	10	25	3

Anne OLIER - Kérantum - 29790 MAHALON - Tél. : 02 98 74 51 93 ou 02 98 74 58 04 - Fax : 02 98 74 51 93

Bretagne   **Finistère**

MESPAUL La Garenne   (TH)   *C.M. 58 Pli 5*

2 ch. Dans le cadre magnifique d'une propriété centenaire vous trouverez le confort et le décor dont vous avez besoin pour réussir vos vacances en toute tranquillité. Bien placées pour visiter notre belle région, 2 chambres spacieuses et confortables, indépendantes de la maison, joliment décorées en patchwork et point de croix. 1 ch. 1 lit 2p (160x200) avec salle d'eau wc et coin salon, 1 ch 2 lits 1p (90x200) avec salle d'eau wc et coin salon. Jardin avec salon. Les chambres sont 'non fumeur'. Langues parlées : anglais, allemand.

Prix : 2 pers. 75 € repas 15/23 €
Ouvert : Toute l'année.

🐕	≈	⛱	🎿	🏊	🎣	🎾	🐎	🏃	👫	🚴	🏠	🚂
10	10	4	4	9	12	12	10	1	12	12	2

Heidemarie LEHMANN - La Garenne - 29420 MESPAUL - Tél. : 02 98 61 59 72

MOELAN-SUR-MER Kervigodes   (TH)   *C.M. 58 Pli 12*

E.C. 2 ch. Au bout d'une impasse, calme et verdure garantis pour ces deux chambres. 1 ch 1 lit 2 p, 1 lit 1 p, salle d'eau et wc, 1 ch 1 lit 2p ave salle d'eau et wc. Le petit déjeuner servi dans une grande véranda surplombant un grand jardin, arboré et fleuri, avec plan d'eau. Terrasse privative à l'arrière des chambres. A 5 mn du port du Belon et des plages. Départ randonnées pédestres et VTT à proximité. Possibilité lit bébé. lave-linge, sèche-linge, prise TV. Prix réduits hors saison. Langues parlées : anglais, allemand.

Prix : 1 pers. 37 € 2 pers. 41 € 3 pers. 50 € pers. sup. 10 €
repas 15 €

🐕	≈	⛱	🎿	🏊	🎣	🎾	🐎	🏃	👫	🚴	🏠	🚂
1	1	1	1	7	5	1	25	SP		5	10	SP

Laure et Gérard LE MEN - CREUCHET - Kervigodes - 29350 MOELAN-SUR-MER - Tél. : 02 98 71 15 80

MORLAIX-PLOUJEAN Manoir de Roch Ar Brini   *C.M. 58 Pli 6*

2 ch. Dominant la rivière maritime de Morlaix, située à 3 km du centre ville historique et quelques encablures du petit port de Dourduff, cette demeure a conservé l'esprit de son fondateur Edouard Corbière, écrivain, armateur et père du non moins célèbre poète Tristan Corbière. 2 ch au 1er étage : 1 ch 1 lit 2 p, 1 ch familiale 1 lit 2 p 2 lits 1 p, s.bains privés. A disposition des hôtes : salon avec cheminée et TV. Services : salle de billard, téléphone, l-linge, bb-sitting, équip. bb, prêt de vélos, équitation dans la propriété. Jardin avec salon, terrasse, portique. Une situation idéale pour découvrir la Baie de Morlaix. Langue parlée : anglais.

Prix : 2 pers. 67 € 3 pers. 93 €

🐕	≈	⛱	🎿	🏊	🎣	🎾	🐎	🏃	👫	🚴	🏠	🚂
1	3	1	1	5	5	SP	SP	12	SP	5	3

Etienne et Armelle DELAISI - Manoir de Roch ar Brini - 29600 MORLAIX-PLOUJEAN - Tél. : 02 98 72 01 44 - Fax : 02 98 88 04 49 -
E-mail : etienne@brittanyguesthouse.com - www.brittanyguesthouse.com

NEVEZ Kerambris   *C.M. 58 Pli 11*

4 ch. Yveline habite dans 1 ancien village de tisserands près de Pont-Aven. La longère de Kérambris (XVIe siècle) est 1 ancienne ferme en pierres recouverte de lichen doré. Dans 1 cadre très calme et reposant, 4 ch. d'hôtes avec salle d'eau et wc privés. Au rez de chaussée, 1 ch 1 lit 2p. A l'étage, 1 ch 1 lit 2 p, 2 ch 2 lits 1 p. Salon. Véranda avec vue sur le jardin/verger. Sentier côtier sur place. Le joli port et la plage de Port Manech à 1 km.

Prix : 2 pers. 40 €

🐕	≈	⛱	🎿	🏊	🎣	🎾	🐎	🏃	👫	🚴	🏠	🚂
0,5	1	1	1	18	0,5	3	25	SP		5	25	5

Yveline GOURLAOUEN - Kerambris - Port Manech - 29920 NEVEZ - Tél. : 02 98 06 83 82

PEUMERIT Lespurit-Coat   *C.M. 58 Pli 14*

4 ch. Halte en pays Bigouden, dans une ferme restaurée, chambres accueillantes. Dans une longère annexe de la maison du propriétaire, au rez de chaussée 1 ch 1 lit 2 p, salle d'eau, wc. A l'étage 2 ch 1 lit 2 p, 1 lit 1 p, 1 ch 2 lits 1 p, salle d'eau, wc privés pour chaque chambre. Petits déjeuners servis dans une salle avec cheminée. Terrasse, jardin, salon de jardin, barbecue. Langues parlées : anglais, allemand.

Prix : 1 pers. 38 € 2 pers. 50 € 3 pers. 58 €

🐕	≈	⛱	🎿	🏊	🎣	🎾	🐎	🏃	👫	🚴	🏠	🚂
4	4	15	2	12	1	6	22	SP		3	18	1

Georges L'HELGOUALC'H - Lespurit Coat - 29710 PEUMERIT - Tél. : 02 98 82 92 27

PLEUVEN Kergrimen   *C.M. 58 Pli 15*

4 ch. Marie-Thérèse vous accueille dans sa maison très calme, située à 5 km de la mer, en pleine campagne. Au 1er étage, 4 chambres d'hôtes, 2 ch 1 lit 2p avec chacune un lavabo, salle de bains et wc communs. 2 ch 1 lit 2 p, salle d'eau et wc privés. Réfrigérateur. A votre entière disposition : salle à manger de style breton où sera servi un copieux petit-déjeuner. Devant la maison, une grande cour et un jardin, salon de jardin. Crêperie. Restaurants 5 km.

Prix : 2 pers. 35/38 € pers. sup. 12 €
Ouvert : Toute l'année.

🐕	≈	⛱	🎿	🏊	🎣	🎾	🐎	🏃	👫	🚴	🏠	🚂
5	5	5	5	4	2	5	3	2		3	12	5

Marie-Thérèse RIVIERE - Kergrimen - 29170 PLEUVEN - Tél. : 02 98 54 62 65 - Fax : 02 98 54 74 61

Finistère　　　　　　　　　　　　　　　　　　　　　　　　　　　　　*Bretagne*

PLEUVEN Kerguilavant　　　　　　　　　　　　　　　　　　　　C.M. 58 Pli 15

2 ch. Anciens exploitants agricoles, Jeannine et Jean Kernévez vous accueillent dans leur maison à la ferme. 2 chambres d'hôtes avec lavabo : 1 ch. (1 lit 2 pers. poss. lit enfant), 1 ch. (1 lit 2 pers.). Salle d'eau et wc communs aux 2 ch. Possibilité pique-nique dans un environnement fleuri. Visite des villes de Quimper, Concarneau et Pont-l'Abbé à 20 mn. Plages à 10 mn.

Prix : 2 pers. **36 €** 3 pers. **46 €**
Ouvert : Du 1er avril au 30 octobre.

6	6	6	6	5	3	3	3	5	12	3

Jeannine **KERNEVEZ** - Kerguilavant - 29170 PLEUVEN - Tél. : 02 98 54 61 99

PLEUVEN Kerlevot　　　　　　　　　　　　　　　　　　　　　C.M. 58 Pli 15

2 ch. Chambres à la ferme, au 1er étage de la maison du propriétaire. 1 chambre avec lavabo (1 lit 2 pers.), 1 chambre avec lavabo (1 lit 2 pers). Salle d'eau et wc communs aux 2 chambres. TV dans la salle à manger. Jardin, salon de jardin. Piscine de loisirs 3 km.

Prix : 2 pers. **35 €**
Ouvert : Toute l'année.

5	5	5	2	3	3	3	5	3	10	3

Jeannette **NERZIC** - Kerlevot - 29170 PLEUVEN - Tél. : 02 98 54 60 26

PLOGASTEL-SAINT-GERMAIN Kerguernou　　　　　　　　　　　C.M. 58 Pli 14

5 ch. La famille Le Hénaff vous accueille dans leur exploitation laitière, dans un cadre très calme. A 500 m de la route départementale, vous pourrez vous reposer dans une vieille longère rénovée à proximité de la maison du propriétaire : Rdc : 2 ch 1 lit 2 p. 1er étage 2 ch 1 lit 2 p, 1 ch 2 lits 1 p. Salle d'eau et wc privés pour chaque chambre. Séjour/salon avec cheminée. Possibilité de cuisiner. Jardin, barbecue, aire de jeux. Plage 10 km.

Prix : 1 pers. **30 €** 2 pers. **40 €** 3 pers. **50 €**

10	10	17	0,2	18	5	6	23	5	10	5

Jean-Marie **LE HENAFF** - Kerguernou - 29710 PLOGASTEL-SAINT-GERMAIN - Tél. : 02 98 54 56 30 - Fax : 02 98 54 57 00

PLOGOFF Kerhuret　　　　　　　　　　　　　　　　(TH)　　　C.M. 58 Pli 13

5 ch. Dans 1 village côtier, à 2 km de la Pointe du Raz, Marie Rose & Jean Paul vous reçoivent dans leur vieille ferme, calme & confortable. Vous séjournerez dans des crèches rénovées. Entrées indépendantes. 5 ch au rdc : 1 ch 1 lit 2 p, s.d.b., wc, 1 ch duplex 1 lit 2 p, mezzanine 2 lits 1 p, s.eau, wc, 2 ch 1 lit 2 p, s.eau, wc, 1 ch duplex 1 lit 2 p, mezzanine 1 lit 1 p, salon, s.eau, wc. Séjour/cheminée, table sur réservation à base de produits fermiers ou locaux (saumon fumé maison, fondue de poisson, poêlée de langoustines au feu de bois, terrine de lapin, far breton...), cour, jardin avec salon, aire de jeux. Plongée 1 km. pos.lit bb. Langue parlée : allemand.

Prix : 1 pers. **30 €** 2 pers. **35 €** 3 pers. **46 €** repas **15 €**

0,5	1	10	0,5	2	1	15	0,5	1	2	

Jean-Paul **GANNE** - Kerhuret - 29770 PLOGOFF - Tél. : 02 98 70 34 85

PLOGOFF Kerguidy-Izella　　　　　　　　　　　　(TH)　　　　C.M. 58 Pli 13

6 ch. Dans la vallée, à 5 km de la Pointe du Raz, Annick et Jean Noël vous accueillent dans un corps de ferme propice au repos. Rdc : 1 ch 1 lit 2 p, 1 ch 2 lits 1p acces. aux pers. handicapées. Etage : 2 ch 1 lit 2 p, 1 ch 2 lits 1 p, 1 ch 1 lit 2 p, 1 lit 1 p, s.eau et wc privatifs, entrées indépendantes. Salon d'accueil avec bibliothèque. TV et jeux. Table d'hôtes (sauf dimanche et jours fériés) à base des produits de la ferme, où Annick et Jean François vous font découvrir l'activité agricole. Jardin clos, salons, terrasse. Pos. lit bb. Prix réduits hors saison. Repas sur réservation.

Prix : 2 pers. **38 €** 3 pers. **50 €** pers. sup. **12 €** repas **13 €**
Ouvert : Toute l'année.

1	3	12	2	28	1	1	15	SP	1	53	1

Annick et Jean-Noël **LE BARS** - Ferme de Kerguidy izella - 29770 PLOGOFF - Tél. : 02 98 70 35 60 - Fax : 02 98 70 34 09 -
E-mail : Jean-Noel.LE-BARS@wanadoo.fr

PLOGOFF Lescoff　　　　　　　　　　　　　　　　　　　　　C.M. 58 Pli 13

3 ch. A 1 km de la célèbre 'Pointe du Raz', à l'écart de la route principale, 3 chambres d'hôtes dans une ancienne ferme entièrement rénovée. Entrées indépendantes. 3 chambres au rez-de-chaussée, 1 ch 2 lits 1 p, 2 ch 1 lit 2 p, salle d'eau et wc privatifs pour chacune. Séjour avec TV et téléphone. Jardin clos, terrasse, salon de jardin, parking privé. Langue parlée : anglais.

Prix : 2 pers. **38/40 €** pers. sup. **12 €**

0,5	0,5	1	1	28	3	3	50	1	3	50	2

René **LE CORRE** - Rue des hirondelles - Lescoff - 29770 PLOGOFF - Tél. : 02 98 70 38 24

Bretagne
Finistère

PLOGONNEC Le Croezou
C.M. 58 Pli 15

3 ch. Le Croezou, faubourg d'une commune rurale situé à égale distance de la presqu'île de Crozon, la Pointe du Raz, le Pays de Pont l'Abbé. 3 ch d'hôtes agréables et personnalisées de bon confort dans la maison du propriétaire. 1 ch 1 lit 2 p, 1 ch 2 lits 1 p, 1 ch 1 lit2p et 1 lit 1 p, comprenant chacune TV, salle d'eau, wc privés. Un petit déjeuner copieux vous sera servi dans la salle à manger. salon avec TV. Possibilité de cuisiner. Grand jardin. A proximité : Locronan cité de caractère avec restaurants de qualité. Commerces à proximité.

Prix : 1 pers. 34 € 2 pers. 40/41 € 3 pers. 50 €
Ouvert : Toute l'année.

10	10	10	2	13	2,5	5	3	10	SP	

Marie-Louise KERMOAL - Le Croezou - 29180 PLOGONNEC - Tél. : 02 98 51 80 89 - Fax : 02 98 51 80 89

PLOMEUR Keraluic (TH)
C.M. 58 Pli 14

5 ch. Au cœur du pays Bigouden, près de la mer, Irène et Luis vous accueillent dans leur ancien corps de ferme traditionnel restauré et situé au calme. Ils vous aideront à découvrir la région. 3 ch au 1er étage : 2 ch 2 lits 1 p, 1 ch 1 lit 2 p, s.eau et wc privés. 2 ch au rdc : 1 ch 1 lit 2 p, 1 ch 2 lits 1 p, s.d.b, wc privés et terrasse. Les ch. chaleureuses et confortables sont situées dans 1 belle chaumière indépendante. Séjour avec cheminée. Table d'hôtes occasionelle. Camping vert (25 pl. maxi) sur terrain attenant. A proximité : randonnées, ports de pêche, plages...... Dépliant sur demande. Langues parlées : anglais, allemand, espagnol.

Prix : 2 pers. 48/60 € 3 pers. 61/73 € repas 19 €
Ouvert : Toute l'année.

6	6	7	3	3	3	5	15	SP	SP	20	2

Luis et Irène GOMEZ-CENTURION - Keraluic - 29120 PLOMEUR - Tél. : 02 98 82 10 22 - Fax : 02 98 82 10 22

PLOMODIERN Sainte-Marie du Menez Hom
C.M. 58 Pli 15

4 ch. Anna vous accueille sur son exploitation laitière. 5 ch d'hôtes aménagées dans son habitation. R.d.c. : 1 ch 1 lit 2 p, salle d'eau et wc privés. Etage : 1 ch 1 lit 2 p, salle d'eau dans la chambre, wc à l'extérieur de la chambre, 1 ch 1 lit 2 p, 1 lit 1 p, salle d'eau et wc privés, 1 ch 1 lit 2 p, salle d'eau et wc privés. Salle de détente, TV, poss. de cuisiner le soir, salon de jardin, à la disposition des hôtes. Pratique du parapente et deltaplane sur l'un des plus beaux sites de Bretagne : le Menez Hom (330 m). Crêperie 100 m. Restaurant 3 km. Langue parlée : anglais.

Prix : 1 pers. 34 € 2 pers. 40 € 3 pers. 52 €
Ouvert : Toute l'année.

5	5	5	1	11	3	0,5	32	SP	3	11	3

Anna JACQ - Sainte Marie du Ménez Hom - 29550 PLOMODIERN - Tél. : 02 98 81 54 41 - Fax : 02 98 81 59 20 -
E-mail : anna.jacq@infonie.fr

PLOMODIERN Sainte-Marie du Menez Hom
C.M. 58 Pli 15

4 ch. A la croisée de la Presqu'île de Crozon et de la Pointe du Raz, au pied du Menez Hom (330 m) vous êtes les bienvenus sur la ferme laitière de Michelle. Dans une longère contigüe à 2 gîtes, 4 chambres d'hôtes. Au rdc 1 ch(1 lit 2p) s.e. wc privés, 1 ch(2 lits 1p) s.e. wc privés accessible aux personnes handicapées. A l'étage : 1 ch (1 lit 2 p, en mezzanine 1 lit 1p) salle d'eau, wc. 1 ch (1 lit 2 p, en mezzanine 2 lits 1p) salle d'eau, wc privés. Salon à disposition, possibilité de cuisiner le soir. Terrasse, salon de jardin. Chauffage électrique. Crêperie 100 m. Langue parlée : anglais.

Prix : 2 pers. 43 € 3 pers. 56 €

5	5	5	1	11	3	0,5	32	SP	10	11	3

Michelle JACQ - Sainte Marie du Ménez Hom - 29550 PLOMODIERN - Tél. : 02 98 81 54 41 ou 06 08 63 68 99 - Fax : 02 98 81 59 20 -
E-mail : michelle.jacq@infonie.fr

PLOMODIERN Ti Rouz
C.M. 58 Pli 15

2 ch. A 600 m de la plage, 2 chambres d'hôtes, avec entrée indépendante, situées dans la maison du propriétaire. Rdc : 1 ch 1 lit 2 p, salle d'eau et wc privés. Etage : 1 ch 1 lit 2 p, salle de bains, wc et terrasse (vue sur la mer) privatifs. séjour/salon avec TV à disposition. Vue sur la mer du séjour/salon où les petits déjeuners vous seront servis. Jardin, salon de jardin. Terrasse panoramique sur la baie de Douarnenez. Deltaplane, parapente, restaurant à 500 m, piscine à 500 m, mini-golf à 4 km. Camping vert sur place. Langue parlée : anglais.

Prix : 2 pers. 41/47 €
Ouvert : Toute l'année.

0,6	0,6	0,6	0,6	16	4	4	1	16	4

Danièle KERVELLA-FRIANT - Ty - Rouz - 29550 PLOMODIERN - Tél. : 02 98 81 58 48 ou 06 67 16 03 39

PLONEOUR-LANVERN Lestregueoc (TH)
C.M. 58 Pli 14

2 ch. Mathilde et Pierre Durand vous accueillent dans leur maison. A l'étage, 2 chambres d'hôtes avec salle de bains ou salle d'eau et wc privés. 1 ch. (2 lits 1 pers.). 1 ch. (1 lit 2 pers.). Possibilité lit bébé. Salle de détente avec cheminée, TV. Table d'hôtes sur réservation. Vélos et VTT à disposition. Camping à la ferme sur place. Plages et ports de pêche à 10 mn. Maison de la baie d'Audierne à 7 km. Réserve ornithologique à 5 km. Tarifs réduits en hors saison.

Prix : 1 pers. 30 € 2 pers. 41 € 3 pers. 53 € repas 15 €
Ouvert : Toute l'année.

5	5	12	1	9	3	3	15	SP	SP	18	3

Pierre DURAND - Lestrégueoc - 29720 PLONEOUR-LANVERN - Tél. : 02 98 87 62 46 - Fax : 02 98 87 62 46

Finistère — Bretagne

PLONEOUR-LANVERN Kergaviny (TH) — C.M. 58 Pli 14

3 ch. Marcelle vous accueille toute l'année dans ses chambres d'hôtes, très calmes. Aménagées dans une maison Bretonne entièrement rénovée attenante à la maison du propriétaire. 3 ch 1 lit 2p toutes équipées de sanitaires privés. Possibilité de lit supplémentaire et lit bébé. De copieux petits déj. (far, crêpes et gateaux bretons faits maison) et les diners (table d'hôtes) vous seront servis dans le grand séjour avec cheminée. Pelouse avec salon de jardin. 8 km de la mer. Coin bibliothèque, TV.

Prix : 1 pers. 30 € ● 2 pers. 37 € ● pers. sup. 11 € ● repas 13 €

🐕	〰	⛱	🚶	🏊	🎾	🎣	🏃	👟	🚴	🚂	🅿
8	8	12	1	12	5	6	20	SP	5	18	2,5

Marcelle TIRILLY - Kergaviny - 29720 PLONEOUR-LANVERN - Tél. : 02 98 82 64 49 ou 02 98 87 61 97 - Fax : 02 98 82 63 75

PLONEVEZ-PORZAY Belard — C.M. 58 Pli 15

6 ch. A 4 km de Locronan, magnifique cité, sur les bords de la Baie de Douarnenez, Germaine Fertil vous accueille dans 1 petite ferme de polyculture à égale distance de la Presqu'île de Crozon et de la Pointe du Raz. Dans l'ancienne habitation rénovée, 6 ch : 4 ch 1 lit 2 p, 2 ch 2 lits 1p dotées chacune de s.d'eau et wc priv.séparés. Copieux petits déj. avec confitures maison. Pour la détente, un grand parc paysager comportant terrain de boules et plan d'eau. Des plages de sable fin à 5 mn. Crêperie et restaurant à 1 km. A disposition : barbecue et réfrigérateur. Accès par la départementale 63.

Prix : 2 pers. 40 €
Ouvert : Toute l'année.

🐕	〰	⛱	🚶	🏊	🎾	🎣	🏃	🚴	🚂	🅿
3	3	11	11	11	1	15	11	4	20	1

Germaine FERTIL - Bélard - 29550 PLONEVEZ-PORZAY - Tél. : 02 98 92 50 73

PLONEVEZ-PORZAY Trevily — C.M. 58 Pli 15

5 ch. Angèle et Pierre vous accueillent dans leur maison de caractère, indépendante et fleurie, sur leur ferme, à 5 mn des plages, face à la baie de Douarnenez, à égale distance de la Presqu'île de Crozon et de la Pointe du Raz. A 5 mn de Locronan, cité de caractère incontournable. Rdc : 1 ch 1 lit 2 p, 1 ch 1 lit 2 p, 1 ch familiale 1 lit 2 p, 2 lits 1 p, salle d'eau et wc privatifs. Dans la maison des propriétaires, 2 ch 1 lit 2 p, avec chacune salle d'eau et wc. Séjour avec cheminée et TV à la disposition des hôtes. Réfrigérateur. Jardin avec salon et barbecue. Restaurant crêperie 1 km.

Prix : 1 pers. 34 € ● 2 pers. 40 € ● 3 pers. 52 €

🐕	〰	⛱	🚶	🏊	🎾	🏃	🚴	🚂
5	5	5	5	1	12	25	1	12

Angèle RANNOU - Trévilly - 29550 PLONEVEZ-PORZAY - Tél. : 02 98 92 52 25

PLONEVEZ-PORZAY Treguy Bihan — C.M. 58 Pli 15

2 ch. Au calme, à la campagne, Hélène Garrec vous accueille dans son habitation récente à proximité d'un gîte rural. Rdc : 1 ch 1 lit 2 p, salle d'eau, wc. Etage 1 ch familiale avec vue sur la mer et la Baie de Douarnenez : 1 lit 2 p, 2 lits 1 p, salle d'eau et wc privés. Jardin fleuri avec salon, terrasse, parking. A disposition : salon avec cheminée, TV. Parapente et deltaplane au Menez Hom à 8 km. Locronan : cité de caractère à 6 km. Restaurants, crêperies à 2.5 km.

Prix : 2 pers. 40 € ● 3 pers. 52 € ● pers. sup. 12 €
Ouvert : Toute l'année.

🐕	〰	⛱	🚶	🏊	🎾	🎣	🏃	👟	🚴	🚂	🅿
3	3	5	3	14	3	8	3	3	14	2,5	

Hélène GARREC - Tréguy bihan - 29550 PLONEVEZ-PORZAY - Tél. : 02 98 92 52 79

PLOUARZEL Graéoc — C.M. 58 Pli 3

E.C. 2 ch. Au cœur du pays d'Iroise, Jeannine et Tanguy vous accueillent dans leur maison située à proximité de la ferme laitière exploitée par leur fils. 2 chambres d'hôtes au 1er étage : 1 ch 2 lits 1 p, salle d'eau et wc, 1 ch double familiale 1 lit 2 p, 2 lits 1 p, salle d'eau, wc. A votre disposition : séjour/salon avec cheminée, TV, lecture, jardin d'agrément avec salon. Plages à 3 km. Départ pour les Iles Molène, Ouessant 4 km. Sentiers de randonnée sur place. Restaurants à 2 km.

Prix : 1 pers. 30 € ● 2 pers. 37 € ● 3 pers. 59 €
Ouvert : Toute l'année.

🐕	〰	⛱	🚶	🏊	🎾	🎣	🏃	👟	🚴	🚂	🅿
2	3	5	1	20	3	5	1	SP	3	20	3

Tanguy et Jeannine L'HOSTIS - Graeoc - 29810 PLOUARZEL - Tél. : 02 98 89 60 42

PLOUDANIEL Kerivoal — C.M. 58 Pli 4

2 ch. A 10 mn de la côte des Légendes et du Pays des Enclos, Yvonne et Jean vous accueilleront dans 2 chambres d'hôtes aménagées au 1er étage de leur maison entourée d'un grand jardin fleuri. Chaque chambre avec 1 lit 2 p, salle d'eau et wc privés. Possibilité lit d'appoint. Au rez de chaussée séjour/salon avec cheminée et verrière, TV. Possibilité de cuisiner le soir, salon de jardin, barbecue. La situation géographique est idéale pour visiter la côte sauvage et ses plages, Brest sa rade, le patrimoine, le marché typique de Lesneven.

Prix : 1 pers. 32 € ● 2 pers. 37 €
Ouvert : Toute l'année.

〰	⛱	🚶	🏊	🎾	🎣	🏃	👟	🚴	🚂	🅿
10	10	10	2	2	10	20	SP	10	15	2

Jean et Yvonne RICHARD - Kérivoal - 29260 PLOUDANIEL - Tél. : 02 98 83 17 11

Bretagne / Finistère

PLOUEGAT-MOYSAN Pen An Néac'H (TH)
C.M. 58 Pli 7

4 ch. Belle propriété indépendante des années 50, située au milieu d'un grand parc avec vue magnifique sur paysage vallonné. Mobilier rustique, maison très confortable. Au 1er ét. : 2 ch. familiales, 2 lits 1 pers., 1 lit 2 pers., s. d'eau/wc privés. Au 2e ét. : 2 ch. 2 lits 2 pers., s. d'eau/wc privés. Cheminée, TV, téléphone, lave-linge, équip. bébé, jardin avec salon. Terrasse, portique, salle de détente, abri couvert, garage. Possibilité de baby sitting et de cuisiner. Location de vélos. Sur place : ferme auberge et gîtes ruraux. Demi pension : 37 €.

Prix : 2 pers. 40 € repas 16 € pens. 37 €

12	12	15	0,5	15	6	6	20	SP	6	15	0,5

Famille THOMAS et SCARELLA - Pen an neac'h - 29650 PLOUEGAT-MOYSAN - Tél. : 02 98 79 20 15 - Fax : 02 98 79 22 73

PLOUENAN Lopreden
C.M. 58 Pli 6

3 ch. Dans 1 typique ferme du Léon, Allain et Sylvie vous proposent 3 chambres spacieuses de plain-pied aménagées dans une ancienne longère en pierre du pays : 2 ch 1 lit 2 p, 1 ch 2 lits 1 p, chacune pourvue de salle d'eau et wc séparés. Un cadre de détente familiale avec jardin fleuri, jeux d'enfants, sentiers de randonnées sur place situés entre la forêt (1 km) et la mer (8 km). Possibilité de cuisiner. Langues parlées : anglais, allemand.

Prix : 1 pers. 32 € 2 pers. 37 € pers. sup. 10 €
Ouvert : De mars à octobre.

8	8	8	8	8	3	3	10	SP	8	15	3

Allain et Sylvie CAZUC - Lopreden - 29420 PLOUENAN - Tél. : 02 98 69 50 62 - Fax : 02 98 69 50 02

PLOUENAN Penn Ar Feunteun
C.M. 58 Pli 6

2 ch. 2 chambres vous seront proposées dans cette ancienne ferme rénovée : 1 ch au 1er étage de la maison des propriétaires : 1 lit 1 p, salle de bains avec wc, l'autre, contiguë à un gîte, dans une longère, au rez de chaussée : 1 ch 1 lit 2p avec salle d'eau et wc. Grand jardin, tennis, écuries. Proximité d'1 bois et d'1 sentier de randonnée (piétons, VTT, cavaliers) à quelques kilomètres de la côte et du Pays des enclos. Chambre non fumeur. Langue parlée : anglais.

Prix : 1 pers. 30/32 € 2 pers. 38 € pers. sup. 10 €

5	8	8	1	8	SP	4	7	SP	8	8	4

Maryse OLLIVIER - KLOAREG - Penn ar feunteun - 29420 PLOUENAN - Tél. : 02 98 29 60 78 ou 02 98 69 38 37 - Fax : 02 98 29 07 16

PLOUESCAT Penkear
C.M. 58 Pli 5

2 ch. Découvrez les charmes de la campagne et les plaisirs de la mer (2,5 km). Dans une ancienne ferme calme et fleurie, Marie Thérèse et Raymond ont chaudement aménagé pour vous 2 ch. de prestige, modernes et raffinées. R.d.c. : 1 ch 1 lit 160 x 200 T.P.R.), TV, s.e. et wc privés. Etage, 1 ch. (1 lit T.P.R.160 x 200), TV, s.d.b. et wc privés. Parking, jardin, terasse avec salon, grande véranda à disposition, copieux petit déjeuner. A 1 km, à Plouescat, restaurants, crêperie, tennis, chemins de randonnée, club nautique, Halles XVIe. Aux environs, Château de Kerjean, Roscoff, thalasso, circuit des Enclos paroissiaux. Casino 2 km.

Prix : 1 pers. 52 € 2 pers. 61 € 3 pers. 77 € pers. sup. 16 €

2,5	2,5	4	4	20	1	6	25	1		15	1

Marie-Thérèse LE DUFF - Penkear - 29430 PLOUESCAT - Tél. : 02 98 69 62 87 - Fax : 02 98 69 67 33

PLOUGAR Keramis
C.M. 58 Pli 5

3 ch. Entre la mer et le pays des enclos paroissiaux, à la ferme, 3 ch dans une maison récente, au calme et en pleine campagne. R.d.c. : 1 ch 1 lit 2p avec salle d'eau et wc (poss. lit suppl.), 1 ch 1 lit 2 p, 1 lit 1p avec salle de bains et wc. Etage 1 ch 1 lit 2 p, 1 lit 1p avec salle de bains et wc. Jardin d'agrément, parking, barbecue. Les petits déj. seront servis dans le séjour-salon avec cheminée. TV, jeux pour vous détendre. A proximité, restaurant, crêperie, baignades au plan d'eau. La maison est située près d'un monument historique : le Château de Kerjean en Saint-Vougay.

Prix : 1 pers. 30 € 2 pers. 40 € pers. sup. 10 €

13	13	13	5	12	5	12	SP	12	12	2

Jean Vincent et Yvonne LOUSSAUT - Keramis - 29440 PLOUGAR - Tél. : 02 98 68 56 21 ou 02 98 68 54 27 - Fax : 02 98 68 56 21

PLOUGASNOU Kervescontou
C.M. 58 Pli 6

2 ch. Monique et Joseph sont heureux de vous accueillir dans leur propriété en Bretagne à 2 km de la mer. Au 1er étage : 2 chambres d'hôtes dont 1 ch familiale : 1 lit 2 p, 2 lits 1p et 1 ch 1 lit 2 p, 1 lit 1 p, chacune avec salle de bains et wc privés. A votre disposition, cheminée, salon, télévision et à l'extérieur, pelouse arborée, terrasse, meubles de jardin, allée de boules. Petits déjeuners copieux servis dans un cadre rustique.

Prix : 1 pers. 30 € 2 pers. 37 € 3 pers. 46 €
Ouvert : Toute l'année.

2	2	5	3	1	5	2	7	18	1

Monique BOZEC - Kervescontou - 29630 PLOUGASNOU - Tél. : 02 98 67 30 83

Finistère
Bretagne

PLOUGASNOU Merdy Bras
C.M. 58 Pli 6

3 ch. A 3 km de la mer, entre la côte de granit rose et Roscoff, Chantal & Gilbert vous accueillent dans 1 longère restaurée. 3 ch. d'hôtes avec entrées indépendantes sont aménagées au r.d.c d'1 maison contiguë à l'habitation des propriétaires : 1 ch. familiale avec mezzanine 1 lit 2p et 2 lits 1 p, 1 ch 1 lit 2 p, 1 ch 2 lits 1 p, s. d'eau et wc privés pour chaque ch. Lit d'appoint possible. Grand séjour, coin détente avec TV commun. Possibilité de cuisiner. Parc boisé et fleuri, salon de jardin. Sentiers côtiers à 3 km.

Prix : 1 pers. 31 € ◊ 2 pers. 37 € ◊ 3 pers. 46 €

≈	⛱	🚿	🏊	🏊‍♂️	🎾	🏌	🚶	🚲	🚂	⛵
3	3	4	2	1	3		3	20		2

Chantal et Gilbert FILY - Merdy bras - 29630 PLOUGASNOU - Tél. : 02 98 67 34 12

PLOUGONVELIN Keryel
C.M. 58 Pli 3

4 ch. Monique vous accueille dans ses chambres, aménagées dans des bâtiments attenants à sa maison. 3 ch au rdc avec s.e et wc privés : 1 ch 1 lit 2 p, 1 ch 2 lits 1 p, 1 suite familiale avec 1 ch 1 lit 2 p, 1 ch 2 lits 1 p. Etage : 1 suite familiale avec 1 lit 2 p, 1 ch 2 lits 1 p, s.e, sdb, 2 wc. Jardin avec salon, terrasse. Baby-sitting. Camping à la ferme sur place. Plougonvelin, la pointe du Finistère, le Trez Hir son micro climat, le site pittoresque de la Pointe Saint Mathieu, le fort de Bertheaume, 10 km de sentiers côtiers. Le Conquet à 4 km, port de pêche, départ pour les îles Molène et Ouessant.

Prix : 2 pers. 43 € ◊ 3 pers. 61 € ◊ pers. sup. 10 €
Ouvert : Toute l'année.

≈	⛱	🚿	🏊	🏊‍♂️	🎾	🏌	🚶	🚲	🚂	⛵
1,5	3	3	1,5	3	2	0,5	15	SP	4	20	1,5

Monique SALIOU - Kéryel - 29217 PLOUGONVELIN - Tél. : 02 98 48 33 35 ou 06 62 06 33 35 - E-mail : saliou.monique@wanadoo.fr

---

PLOUHINEC Ty Yann (TH)
C.M. 58 Pli 14

5 ch. Yann et Jackie vous accueillent dans leur maison située sur le port de Poulgoazec. 1er étage : 2 ch 2 lits 1 p. 2e étage : 1 ch 2 lits 1 p, 2 ch 1 lit 2 p, salle d'eau et wc privatifs pour chaque chambre. A disposition : TV, téléphone, équip. bébé, jardin clos avec salon, barbecue, terrasse, portique, abri couvert. Poss. baby sitting. Table d'hôtes sur réservation. A proximité immédiate de l'aquarium de la Pointe du Raz (1 km). Tarifs réduits hors saison. Langues parlées : anglais, allemand, espagnol.

Prix : 2 pers. 38 € ◊ 3 pers. 49 € ◊ repas 13 €
Ouvert : Toute l'année.

≈	⛱	🚿	🏊	🏊‍♂️	🎾	🏌	🚶	🚲	🚂	⛵
0,1	0,1	3	0,1	2	2	4	40	SP	2	35	SP

Yann et Jackie COGAN - 1 quai Jean Jadé - 29780 PLOUHINEC - Tél. : 02 98 70 77 31

PLOUIDER Kersehen (TH)
C.M. 58 Pli 4

3 ch. Au Pays de la Côte des légendes, les propriétaires vous accueillent dans leur maison sur l'exploitation agricole. A l'étage se trouvent 3 chambres. 1 ch 1 lit 2 p, poss. lit enfant et bébé, salle de bains et wc privés, 2 ch 1 lit 2p avec chacune salle d'eau et wc privés. Au rez de chaussée, salon, TV, bibliothèque. A l'extérieur, un grand jardin avec salon, relax. Balançoire ainsi que des vélos sont à votre disposition. Crêpes maison au petit déjeuner. Echanges agréables autour d'une table d'hôtes le soir. Repas 14 € (enfant jusqu'au 10 ans 8 €) sur réservation. Char à voile. Langue parlée : anglais.

Prix : 2 pers. 38 € ◊ pers. sup. 10 € ◊ repas 14 €

≈	⛱	🚿	🏊	🏊‍♂️	🎾	🏌	🚶	🚲	🚂	⛵
2,5	3	5	3	5	0,5	3	SP	SP	20	1,5

Claudine ROUE - Kersehen - 29260 PLOUIDER - Tél. : 02 98 25 40 41 ou 06 81 04 10 87 - E-mail : Claudine.Roue@wanadoo.fr

---

PLOUIDER Kermabon
C.M. 58 Pli 4

4 ch. 4 ch. d'hôtes à la campagne avec un beau point-de-vue sur la mer. 1 ch. (1 lit 2 pers.) aménagée dans la maison du propriétaire. A proximité, 3 ch. aménagées dans la maison de ferme rénovée. Au r.d.c, 1 ch. (1 lit 2 pers.). A l'étage, 1 ch. (1 lit 2 pers.) et 1 mezzanine. 1 ch. (2 lit 1 pers.) avec vue sur la mer. Sanitaires privés pour chaque chambre. Possibilité de cuisiner. Salle commune avec cheminée. Belles promenades en bordure de mer. Char à voile et réserve ornithologique à 2 km. Restaurants, commerces à proximité. Aéroport 30 km. Langue parlée : anglais.

Prix : 2 pers. 40 € ◊ pers. sup. 12 €

≈	⛱	🚿	🏊	🏊‍♂️	🎾	🏌	🚶	🚲	🚂	⛵
2	3	2	5	2	4	25	SP	3	20	9

Thérèse CORBE - Kermabon - 29260 PLOUIDER - Tél. : 02 98 25 40 28

PLOUIGNEAU Manoir de Lanleya
C.M. 58 Pli 6

5 ch. Entre la baie de Morlaix et la Côte de granit rose, Le Manoir de Lanleya vous propose : Rdc salle à manger/salon, cheminée et meubles rustiques. A mi-étage 1 ch 1l 2 p. Au 1er étage de sa Malouinière desservi par un escalier à vis du 16e en granit, 1 ch, 1l 2 p, 1l 1 p, 1l bb avec sa cheminée monumentale en granit rose, 1 ch 1l 2 p, 1l bb. Au 2e étage par un escalier en pierres situé dans l'échauguette se trouve 2 ch de 1 lit de 2 p. Au même niveau, vous disposerez d'un salon situé dans la tourelle avec sa charpente chevillée du 16e. Salle d'eau et wc privatifs pour chaque chambre. La légende attachée au manoir vous ravira.

Prix : 1 pers. 44 € ◊ 2 pers. 55 € ◊ 3 pers. 78 €

≈	⛱	🚿	🏊	🏊‍♂️	🎾	🏌	🚶	🚲	🚂	⛵
10	10	17	SP	10	6	3	12	SP	6	8	6

André MARREC - Manoir de Lanleya - 29610 PLOUIGNEAU - Tél. : 02 98 79 94 15 - Fax : 02 98 79 94 15 -
E-mail : manoir.lanleya@libertysurf.fr - www.multimania.com/lanleya

Bretagne   Finistère

PLOUIGNEAU Luzivilly (TH)   C.M. 58 Pli 6

E.C. 4 ch. Cette longère restaurée offre 4 ch. de plain pied avec jardin exposé plein sud. 1 ch 1 lit 2 p, s. d'eau, wc. 1 ch 1 lit 2 p, 1 lit 1 p, salle d'eau, wc, 1 ch 1 lit 2 p, s.d.b. et wc non communicants, 1 ch familiale 1 lit 2 p, mezzanine 2 lits 1 p, salle d'eau, wc. Dans la salle à manger rustique vous apprécierez un petit déj. campagnard (crêpes, confitures maison, charcuteries). A proximité d'une rivière et de l'étang privé (fario, arc en ciel), de la mer, des enclos et du parc d'Armorique. Table d'hôtes sur commande (produits de l'élevage et du jardin). Barbecue, portique, ping pong, espace football.

Prix : 1 pers. 34/46 € 2 pers. 39/46 € 3 pers. 58/61 € repas 16 €

🐕	≈≈	⛱	🏊	≋	🛶	🎾	🏃	🚶	🚴	🚉	⛽
15	15	15	1	15	4	10	18	SP	4	16	4

Herveline LE FER - Luzivilly - 29610 PLOUIGNEAU - Tél. : 02 98 79 22 80 - Fax : 02 98 79 22 80

PLOUNEOUR-MENEZ Lanheric (TH) 🐑   C.M. 58 Pli 6

3 ch. Aux portes du parc régional d'Armorique et à moins de 30 mn de la mer, Catherine et Patrick vous accueillent dans leur grande longère du XVIII°, dans un cadre de verdure et de calme. Au 1er étage : 1 ch 1 lit 2 p, 1 lit 1 p, 1 lit appoint, s.bains, wc, 1 ch 1 lit 2 p, s.eau, wc. Dans un deuxième bâtiment : 1 ch 2 lits 1 p, 1 lit d'appoint, s.eau, wc. Grand salon avec cheminée, salon avec bibliothèque, guides, cartes, jeux et TV, salon de jardin, l-linge. Nombreuses promenades (enclos paroissiaux, Monts d'Arrée, bord de mer...). Table d'hôtes sur réservation (produits locaux). Poss. demi-pension. Tarifs hors saison sur réservation. Langue parlée : anglais.

Prix : 1 pers. 37/40 € 2 pers. 42/48 € 3 pers. 55/58 € pers. sup. 10 € repas 15 €
Ouvert : Toute l'année.

🐕	≈≈	⛱	🏊	≋	🛶	🎾	🏃	🚶	🚴	🚉	⛽
25	25	25	25	3,5	3,5	10	25	SP	3,5	15	3,5

Catherine et Patrick BERTHIER - Domaine de Lanhéric - 29410 PLOUNEOUR-MENEZ - Tél. : 02 98 78 01 53 ou 06 61 33 75 54 - Fax : 02 98 78 06 30 - E-mail : lanheric@wanadoo.fr

PLOURIN-LES-MORLAIX Lestrezec 🐑   C.M. 58 Pli 6

3 ch. A pied, à vélo ou en voiture, découvrez la richesse de cette région légendaire située entre terre et mer. En pleine campagne, entre Morlaix et les célèbres enclos, vous trouverez cette ferme laitière au pied des monts d'Arrée. 3 ch aménagées avec passion et charme, dont 1 au rdc, avec sanitaires privés. 2 ch 1 lit 160x200, 1 ch 2 lits 1 p. La famille Helary vous accueille en toute simplicité dans sa maison de granit breton s'ouvrant par de larges baies vitrées sur 1 jardin paysager. Le vaste séjour, le salon avec sa cheminée, contigus à la maison, sont réservés aux hôtes. Poss. de cuisiner. Tarif réduit d'octobre à avril sur réserv. Langue parlée : anglais.

Prix : 2 pers. 50 €

🐕	≈≈	⛱	🏊	≋	🛶	🎾	🏃	🚶	🚴	🚉	⛽
10	20	20	0,3	10	4	10	14	SP	10	10	4

Patrick HELARY - Lestrezec - 29600 PLOURIN-LES-MORLAIX - Tél. : 02 98 72 53 55 - Fax : 02 98 72 53 55

PLOUVIEN Croas Eugan   C.M. 58 Pli 4

3 ch. Denise & Maurice Le Jeune vous accueillent dans leur propriété reposante du Nord Finistère située au centre du Pays des Abers/Côte des légendes. 3 ch. aménagées à l'ét. de leur maison avec accès indépendant. 1 ch. 1 lit 160 x 200, sanitaires privés. 1 ch 1 lit 160 x 200, sanitaires privés (accès wc par le palier : 2 épis). 1 ch. 2 lits 1 p, sanitaires privés, TV, salon de jardin. Cheminée, TV, salle à manger à disposition au rdc. Jardin d'agrément clos avec salon. Des gâteaux maison agrémenteront vos petits déjeuners. Chauffage électrique.

Prix : 1 pers. 32 € 2 pers. 35/46 € 3 pers. 55 €
Ouvert : Toute l'année.

🐕	≈≈	⛱	🏊	≋	🛶	🎾	🏃	🚶	🚴	🚉	⛽
10	10	10	5	10	2	6	10	SP	SP	18	1,5

Maurice et Denise LE JEUNE - Croas Eugan - 29860 PLOUVIEN - Tél. : 02 98 40 96 46 - Fax : 02 98 40 96 46

PLOUZANE Lezavarn (TH) 🐑 ♿   C.M. 58 Pli 3

5 ch. Christiane et Yvon vous accueillent dans leur ferme porcine et laitière. 4 ch. dans un bâtiment annexe, accès indép. 3 ch. 1 lit 2 pers. (1 ch. access. aux pers. handicapées) 1 ch. 2 lits 1 pers., équipées de sanitaires privés, TV, tél. Lit sup. 1 ch. familiale (2 épis) dans la maison du propriétaire : 1 lit 160x200, 2 lits 1 pers., s.e/wc privés non communicants. Poss. cuisiner. L.linge. Abri couvert avec ping-pong, baby foot, billard. Aire de jeux. Visite de la ferme. Table d'hôtes sauf le dimanche, gratuite pour enfants de moins de 4ans. Brest 10 mn. 1/2 pension 38.11 €.

Prix : 1 pers. 35 € 2 pers. 50 € 3 pers. 62 € pers. sup. 10 € repas 15 € 1/2 pens. 40 €
Ouvert : Toute l'année.

🐕	≈≈	⛱	🏊	≋	🛶	🎾	🏃	🚶	🚴	🚉	⛽
8	8	3	12	3	5	10	5	10	15	3	

Christiane PHILIPOT - Lézavarn - 29280 PLOUZANE - Tél. : 02 98 48 41 28 - Fax : 02 98 48 93 29

PLOUZANE Lannevel Vras   C.M. 58 Pli 3

2 ch. 2 chambres d'hôtes situées dans la maison du propriétaire et à proximité de 2 gîtes. 2 chambres à l'étage : 1 ch 1 lit 2p avec coin salon, salle d'eau, wc. 1 ch 1 lit 2 p, salle d'eau, wc. A disposition des hôtes : séjour/salon avec cheminée et TV, jardin, salon de jardin, terrasse, barbecue, portique. Charmante maison familiale, bien ensoleillée, calme et accueillante. Séjour spacieux avec cheminée, terrasse, jardin ombragé. Vue sur la campagne et la rade de Brest. Possibilité lit d'appoint.

Prix : 1 pers. 37 € 2 pers. 43 € 3 pers. 58 €
Ouvert : Toute l'année.

🐕	≈≈	⛱	🏊	≋	🛶	🎾	🏃	🚶	🚴	🚉	⛽
3	3	10	4	6	2	4	5	1	5	7	1

Irène et Pierre GOURVENNEC - Lannevel vras - 29280 PLOUZANE - Tél. : 02 98 05 94 60

Finistère — Bretagne

PLOVAN-SUR-MER Corn Goarem (TH)
C.M. 58 Pli 14

E.C. 3 ch. — En pleine campagne, au cœur du pays bigouden, vous vous réveillerez face à la mer, dans une maison datant de 1924 rénovée à l'aide de matériaux traditionnels. Après un petit déjeuner copieux, les chemins de randonnée de la baie d'Audierne vous attendent pour découvrir entre Penmarc'h et la pointe du Raz la campagne en bord de mer. Le soir, la table d'hôtes vous accueille(sur réserv.) pour déguster ses spécialités de crêpes, poulets élevés sur place ou encore assiette de langoustines fraiches. 1er ét. : 1 ch 1 lit 2 p, 1 ch 2 lits 1 p, 2e ét. : 1 ch double familiale 1 lit 2 p, 3 lits 1 p. Salle d'eau et wc dans chaque ch. Ch. non fumeur. Langues parlées : anglais, espagnol.

Prix : 1 pers. 35 € 2 pers. 45 € 3 pers. 50 € repas 15 €

1	1	20	1	15	5	8	25	SP	3	30	0,5

Olivier ROUSSET - Corn Goarem - 29720 PLOVAN-SUR-MER - Tél. : 06 62 76 86 45

PLOZEVET Kerongard Divisquin
C.M. 58 Pli 14

3 ch. — Au cœur de la Baie d'Audierne, à 30Km de la Pointe du Raz, de la Pointe de Penmarc'h, de Bénodet, Quimper et Locronan, Claudine et Ernest vous accueillent dans un cadre agréable au sein d'un petit village calme, face à l'océan : 3 chlumineuses à l'étage, avec accès indépendant : 2 ch 1 lit 2p (160x200), 1 ch 2 lits 1 p, salle d'eau et wc privés dans chaque chbr. Au RDC, une grande salle bretonne où vous pourrez savourer de copieux petits déjeuners (far, crêpes, gâteaux breton faits maison). TV, frigo, salons de jardin, tonnelle, aire de pétanque. Plage 1 km, sentiers de randonnées sp, restauration 2 km. Tarifs selon durée du séjour.

Prix : 1 pers. 38 € 2 pers. 43 €

1	1	10	1	15	4	8	25	0,1	4	25	4

Claudine TREPOS - Kérondard Divisquin - 29710 PLOZEVET - Tél. : 02 98 54 31 09

PLOZEVET Lesneut (TH)
C.M. 58 Pli 14

4 ch. — Sur le chemin de la pointe du Raz, à 2 km de la mer, dans 1 corps de ferme du 18e, en lisière d'1 hameau très calme, la mer vue du jardin, 4 ch d'hôtes non fumeur tout confort et 1table d'hôtes conviviale autour des produits de la mer, du terroir et du jardin vous accueillent dans 1 cadre paisible. 3 ch indép. de plain pied dont sdb et wc privés chacune. Dans un 2e bâtiment indépendant, occupant tout l'étage, 1suite familiale pour 4 p, s.bains et wc privés. Rdc : grand séjour, salon avec cheminée, bibliothèque, TV, l-linge, s-linge, frigo, salon de jardin, coin pique nique dans le verger. Langues parlées : anglais, allemand.

Prix : 1 pers. 43 € 2 pers. 46/49 € 3 pers. 56 € repas 16 €

2	2	8	2	17	3	2	30	SP	2	25	2

Evelyne BOURDIC - Lesneut - 29710 PLOZEVET - Tél. : 02 98 54 34 33 - Fax : 02 98 54 35 71 - E-mail : evelyne.bourdic@wanadoo.fr - http://perso.wanadoo.fr/evelyne.bourdic

PONT-AVEN Kermentec
C.M. 58 Pli 16

3 ch. — Sur les hauteurs de Pont Aven, à 2 mn de la cité des peintres et à 2 pas du bois d'amour, Mme Larour vous reçoit dans cette jolie maison en pierre. A votre disposition 3 ch confortables avec chacune salle d'eau et wc privés : 1 ch 2 lits 1 pers, 2 ch 1 lit 2 pers. Grand séjour avec coin salon. Possibilité de cuisiner. Lit d'appoint sur demande. Petits déjeuners en plein-air ou au coin du feu, calme de la campagne, balades sympathiques, proximité des plages et sites à visiter (Quimper, Locronan, Concarneau...). Toute une palette de plaisirs pour des vacances hautes en couleurs !

Prix : 2 pers. 41 € 3 pers. 53 € pers. sup. 12 €

5	10	7	0,5	15	0,5	0,5	25	SP	15	18	0,3

Véronique LAROUR - Kermentec - 29930 PONT-AVEN - Tél. : 02 98 06 07 60

PONT-AVEN Saint-Maudé
C.M. 58 Pli 16

3 ch. — Près de Pont Aven (3 km), 3 chambres d'hôtes confortables aménagées dans une maison néo-bretonne claire avec vue imprenable sur la campagne, à l'écart des bâtiments de la ferme bovine et porcine avec un grand jardin d'agrément. A l'étage : 2 ch 1 lit 2 p, salle d'eau et wc privés, 1 ch 1 lit 2p avec salle d'eau et wc sur le pallier, possibilité lit supplémentaire. clos avec salon, terrasse. Possibilité de cuisiner.

Prix : 2 pers. 39 € 3 pers. 50 € pers. sup. 12 €

12	12	12	2	14	2	2	12	SP	3	20	3

Agnès LE NAOUR - Saint Maudé - 29930 PONT-AVEN - Tél. : 02 98 06 03 23

PONT-L'ABBE Kernel Bihan
C.M. 58 Pli 14

2 ch. — Au cœur de la campagne, à 8 km de la mer et 18 km de Quimper, Kernel Bihan est une maison de ferme typique de la région sur un très grand jardin calme et reposant. Dans la maison du propriétaire 2 ch. : une au 1er étage avec 2 lits 1 p, s.bains et wc privés, entrée et terrasse privées, une au r.d.c. avec 2 lits 1 p, s.bains et wc privés, entrée et terrasse privées. Jardin de 3 ha, salons de jardin, barbecue. Petits déjeuners très copieux (céréales, charcuterie, œufs, brioches, pains, fruits, etc.). Vous pouvez préparer un pique-nique ou déjeuner à partir de la table du petit déjeuner sans supplément de prix. Chambre non fumeur. Langue parlée : anglais.

Prix : 2 pers. 60 €
Ouvert : Toute l'année.

8	8	8	5	2	2	SP	2	10	4	18	2

Jean-Guy WEBER - Kernel Bihan - 29120 PONT-L'ABBE - Tél. : 02 98 87 06 96 ou SR : 02 98 64 20 20

Bretagne   **Finistère**

POULDERGAT Listri Vras
C.M. 58 Pli 14

3 ch. Au carrefour des pays glazik, bigouden et capiste, Louis et Angèle vous accueillent dans leur maison de Listri-Vras, sur une ferme laitière dans un cadre fleuri, calme et très reposant. 3 ch vous sont proposées. R.d.c., 1 ch. 1 lit 2 p, 1 lit 1 p. Etage, 1 ch. 1 lit 2 p, 1 ch 2 lits 1 p. Toutes les chambres sont équipées de sanitaires privés. Jardin, salon de jardin. Musée du bateau à 7 km. Salon à disposition des hôtes. TV.

Prix : 1 pers. 30 € 2 pers. 38 € 3 pers. 47 €
Ouvert : Toute l'année.

7	7	7	7	7	1	7	25	2	SP	20	1

Louis KERVAREC - Listri vras - 29100 POULDERGAT - Tél. : 02 98 74 61 40

POULLAN-SUR-MER Manoir de Kerdanet
C.M. 58 Pli 14

3 ch. Ce manoir du 15ᵉ est niché au creux d'1 vallon verdoyant. Comme dans les belles demeures seigneuriales de cette époque 1 grand bassin ayant fait office de vivier occupe 1 place de choix dans le parc de 3 ha entièrement mis à la dispo. des hôtes. L'escalier est en pierre de taille mène aux ch. du 1ᵉʳ ét. vous pouvez admirer la cheminée d'époque et son lit à baldaquin. Dans le grand salon du rdc, cheminée de pierre sculptée où apparaissent encore les écus des anciens seigneurs des lieux. 2 ch 1 lit 160, sdb et wc, 1 suite chambre/salon 1 lit 2 p, 2 lits 1 p, bains, douche et wc. Chambres non fumeur. Situé à la sortie de Douarnenez. Langues parlées : anglais, allemand.

Prix : 2 pers. 90/115 € 3 pers. 130 € pers. sup. 15 €

5	5	5	5	6	5	4	30	SP	5	7	2

**Sid et Monique NEDJAR - Manoir de Kerdanet - 29100 POULLAN-SUR-MER - Tél. : 02 98 74 59 03 ou 06 75 24 07 84 -
Fax : 02 98 74 59 03 - E-mail : manoir.kernadet@wanadoo.fr**

POULLAOUEN Goasvennou
(TH)   *C.M. 58 Pli 7*

4 ch. En Centre Bretagne, à moins de 30 mn de la mer, près de Huelgoat, la forêt aux mille et une légendes, nous aurons le plaisir de vous accueillir dans un magnifique cadre de verdure et de tranquillité, avec son petit étang et son grand jardin fleuri, une belle propriété où l'on peut faire connaissance avec les animaux de la ferme. A votre dispo., au rdc et au 1ᵉʳ étage, 4 ch 1 lit 2 p, s.eau et wc privatifs pour chaque ch. 1 lit bébé + équipement. Jardin avec salon, terrasse, portique. Des poss. de balades à pied, à VTT, de visites en 4x4 au domaine et jeux de plein air pour les enfants. Panier pique-nique. Langues parlées : anglais, espagnol.

Prix : 1 pers. 35 € 2 pers. 41 € pers. sup. 10 € repas 15 €

30	40	40	1	5	4	3	6	SP	SP	10	5

Ghislaine DEGRYSE-BRIAND - Goasvennou - Les Tilleuls - 29246 POULLAOUEN - Tél. : 02 98 93 57 63

QUEMENEVEN Kerouzaillet
C.M. 58 Pli 15

3 ch. Sur une ancienne exploitation Monique vous reçoit toute l'année. 3 chambres d'hôtes sont aménagées au second étage de la maison d'habitation : 1 ch 1 lit 2 p, 1 ch 2 lits 1 p, 1 ch 1 lit 2 p, 1 lit 1 p. Les chambres sont dotées de douche, lavabo et wc. Possibilité de cuisiner. A disposition dans un local attenant : lave-linge, sèche-linge. Jardin avec salon, terrasse. Langue parlée : anglais.

Prix : 1 pers. 34 € 2 pers. 40 € 3 pers. 52 €

10	10	15	10	13	5	5	35	1	3	7	3

Monique HENAFF - Kérouzaillet - 29180 QUEMENEVEN - Tél. : 02 98 73 51 06

QUEMENEVEN Pontigou
C.M. 58 Pli 15

2 ch. Annick et Jean seront heureux de vous accueillir dans leur maison où ils ont aménagé deux chambres d'hôtes au 1ᵉʳ étage, salle d'eau et wc privés, 1 lit 2 pers. Cour, salon de jardin, étang. Pêche en rivière à 30 mètres.

Prix : 2 pers. 38 € 3 pers. 50 €
Ouvert : D'avril à octobre.

12	12	16	1	10	4	10	16	1	8	15	0,4

Annick LE MENN - Pontigou - 29180 QUEMENEVEN - Tél. : 02 98 73 53 88

QUEMENEVEN Nanclic
(TH)   *C.M. 58 Pli 15*

4 ch. Au cœur de la Cornouaille, à 2 km de Locronan, petite cité de caractère et à 2.5 km de Plonévez Porzay, Martine & Patrick vous accueillent dans leur maison sur leur ferme laitière. Au 1ᵉʳ étage 4 ch. d'hôtes : 2 ch 1 lit 2 p, 1 ch 2 lits 1 p, 1 ch 1 lit 2 p, 1 lit 1 p, salle d'eau et wc privés dans chaque ch. A disposition : salle de séjour avec cheminée et TV, équipement bébé. Jardin avec salon, terrasse, barbecue, portique, abri couvert. Table d'hôtes sur réservation sauf juillet et août. Langue parlée : anglais.

Prix : 1 pers. 35 € 2 pers. 42 € 3 pers. 57 € repas 16 €
Ouvert : Toute l'année.

6	6	12	6	12	2	2	16	1	8	2

**Patrick et Martine JEZEQUEL - DULIEU - Nanclic - 29180 QUEMENEVEN - Tél. : 02 98 73 51 86 - Fax : 02 98 73 51 86 -
E-mail : P.Dulieu.Jezequel@wanadoo.fr**

Finistère
Bretagne

QUERRIEN La Clarté
C.M. 58 Pli 17

4 ch. Jean et Lucie vous accueillent dans leur maison, dans un village calme et fleuri avec sa chapelle, sa fontaine du XVIᵉ siècle, son calvaire, ses chaumières, ses puits et ses sentiers pédestres. 4 chambres d'hôtes aux étages. 1 ch 1 lit 2 p, 1 ch 1 lit 1 p, 1 ch 2 lits 1 p, 1 ch 1 lit 2 p. 4 sanitaires privatifs (salle d'eau ou salle de bains). Possibilité lit supplémentaire. Salle d'accueil Louis XIII pour petits déjeuners (pain maison). Salon-véranda pour TV, bibliothèque. Parc avec salon de jardin et barbecue. Le village est à 3 km de Querrien. Agrément Route des Peintres.

Prix : 1 pers. 32 € 2 pers. 36 € 3 pers. 46 € pers. sup. 10 €
Ouvert : Toute l'année.

25	25	25	0,3	15	3	15	25	SP	15	3

Jean et Lucie GUILLOU - 25 La Clarté - 29310 QUERRIEN - Tél. : 02 98 71 31 61

QUERRIEN Kerfaro
C.M. 58 Pli 17

2 ch. Dans un cadre verdoyant, dominant un plan d'eau aménagé par le propriétaire, Mr et Mme Le Gallic vous reçoivent dans leur maison d'où vous pourrez contempler la vallée. 2 chambres d'hôtes situées au 1ᵉʳ étage : 1 ch 1 lit 2 p, 1 canapé lit de 120, salle d'eau et wc privatifs mais non communicants avec la chambre, 1 ch (3 épis) 1 lit 2 p, salle d'eau et wc. Chauffage central. Salon/salle à manger avec cheminée et TV, terrasse, jardin avec salon. Barque à disposition sur l'étang où vous pourrez pêcher. Possibilité lit d'appoint.

Prix : 1 pers. 34 € 2 pers. 37 € 3 pers. 48 €

20	20	25	SP	10	2	12	25	1	SP	1

Yves LE GALLIC - Kerfaro - 29310 QUERRIEN - Tél. : 02 98 71 30 02 ou 06 85 17 96 43 - Fax : 02 98 71 30 02

QUIMPER Stang Youenn
C.M. 58 Pli 15

3 ch. Bienvenue en Cornouaille, à Ergué-Armel, sur la Route du cidre. Pour vous faire passer un très agréable séjour : 1 ch 2 lits 120, salle d'eau, wc, à l'étage de la maison. Salon à la disposition des hôtes. Deux chambres familiales dans une longère indépendante tout près de l'habitation principale, maison de maître du 19ᵉ. Ces 2 ch. disposent de : 1 lit 160 en r.d.c. donnant sur terrasse privée, 2 lits 1p sur mezzanine, salle d'eau, wc, TV, et tél. Grand jardin clos de hauts murs de pierre. Vous êtes à la campagne, à 10mn de la cathédrale et du vieux Quimper. Pont l'Abbé, Bénodet, Fouesnant, Concarneau sont à 15 mn. Langues parlées : anglais, espagnol.

Prix : 1 pers. 40 € 2 pers. 54 € 3 pers. 67/74 € repas 15 €

12	12	12	5	5	5	9	15	3	5	2

Annie HERVE - Le logis du Stang - Stang Youenn - 29000 QUIMPER - Tél. : 06 81 55 73 83 ou 02 98 52 00 55 - Fax : 02 98 52 00 55 - E-mail : logis-du-stang@wanadoo.fr

RIEC-SUR-BELON Keraval
C.M. 58 Pli 11

3 ch. Yvette Guillemot vous accueille dans un cadre de verdure au sein de sa propriété. 3 chambres dans la maison du propriétaire. Rdc : 1 ch 1 lit 2 p, 1 lit 1p avec accès indépendant, salle de bains et wc privés. Etage : 2 ch 1 lit 2p avec douche, lavabo et wc privés mais non communicants. Possibilité lit et chaise bébé. Petits déjeuners avec dégustation de produits régionaux. Jardin, salon de jardin. A 2 km, dégustation de produits de la mer : huîtres de Belon. Sentiers pédestres à 500 m, sentiers côtiers à 3 km. Pont-Aven 4 km.

Prix : 1 pers. 30 € 2 pers. 35 € 3 pers. 50 €

6	6	3	0,8	2	2	2	20	3	2	10

Yvette GUILLEMOT - Kéraval - 29340 RIEC-SUR-BELON - Tél. : 02 98 06 94 43 ou 06 78 45 49 96

RIEC-SUR-BELON Le Rest
C.M. 58 Pli 11

4 ch. Martine et Rémy vous accueillent dans leur exploitation agricole du Rest. A proximité de leur maison, 4 chambres aménagées à l'étage d'un bâtiment en pierres datant de 1877 : 3 ch 1 lit 2 p, 1 ch 1 lit 2 p, 1 lit 1p avec salle d'eau et wc privés. Au r.d.c., une grande salle où vous pourrez savourer de copieux petits déjeuners et vos repas du soir à la table d'hôtes. Coin-salon avec TV. Grand parc de jeux pour enfants. Jardin avec salon. Table d'hôtes sur réservation.

Prix : 2 pers. 39 € 3 pers. 50 € repas 15 €
Ouvert : Toute l'année.

4	12	6	1	10	3	5	30	6	3	10

Rémy et Martine GUILLOU - Le Rest - 29340 RIEC-SUR-BELON - Tél. : 02 98 06 92 98

RIEC-SUR-BELON Bodévez
C.M. 58 Pli 16

E.C. 3 ch. Bienvenue chez Claude et Jacques dans leur longère rénovée. Dans un cadre de verdure, trois jolies chambres : 1 ch 1 lit 2 p, 1 lit 1 p, 1 ch 2 lits 1 p, 1 ch 1 lit 2 p, avec entrée indépendante, salle d'eau et wc privés pour chacune. Possibilité lit supplémentaire et lit bébé. Salon avec bibliothèque et TV, lave-linge et sèche-linge à disposition. Jardin clos avec parking privé, terrasse, salon de jardin. Un grand séjour avec cheminée où vous seront servis de copieux petits déjeuners et vos repas du soir à notre table d'hôtes.

Prix : 1 pers. 30 € 2 pers. 38 € 3 pers. 49 € pers. sup. 12 € repas 15 €

12	14	8	2	10	4	4	20	SP	SP	10	3,5

Claude et Jacques TUAL - Bodévez - 29340 RIEC-SUR-BELON - Tél. : 06 08 46 84 59

Bretagne **Finistère**

ROSCOFF
C.M. 58 Pli 6

2 ch. Dans la cité corsaire de Roscoff, à 20 mn de mer de l'île de Batz, Denise et Yves vous accueillent au calme dans leur maison bretonne entourée de grands espaces fleuris plusieurs fois primés. Lieu idéalement placé pour découvrir la côte de Carantec jusqu'aux Abers. 2 ch. d'hôtes situées au 1er étage. 1 ch 1 lit 2 p, salle d'eau, wc, 1 ch 1 lit 2 p, 1 lit 1 p, salle d'eau, wc. Possibilité lit supplémentaire et lit bébé, TV dans chaque chambre. Séjour avec cheminée, jardin avec salon, terrasse, barbecue. De la chambre 2, vue sur la mer et l'île de Batz. Car Ferry pour l'Angleterre et l'Irlande à 2 km. Chambre non fumeur.

Prix : 1 pers. 34 € 2 pers. 38/43 € 3 pers. 56 € pers. sup. 12 €

1,3	1,3	2	1,3	1,7	1	7	12	0,3	2,5	1,5	0,3

Denise et Yves CORRE - 592 route du Pontigou - 29680 ROSCOFF - Tél. : 02 98 69 74 44 - E-mail : corre.yves-denise@wanadoo.fr

ROSNOEN
(TH) *C.M. 58 Pli 5*

6 ch. Nous vous accueillons dans notre ferme apicole, en bordure de l'Aulne au cœur du Parc d'Armorique. 6 d'hôtes indépendantes. 1 ch 1 lit 2 p, 2 lits 1 p, 1 ch 1 lit 2 p, 2 lits 1p superposés, 2 ch 1 lit 2 p, 2 ch 2 lits 1 p, salle d'eau, wc, TV, téléphone dans chaque chambre. Nécessaire pour bébé. Jardin, salon de jardin, aire de jeux. Table d'hôtes, vélos à disposition sur place. Visite de l'Ecomusée gratuite et dégustation des produits de la ruche sur place. Restaurant à 50 m. Océanopolis à 20 mn. Langue parlée : anglais.

Prix : 1 pers. 30/39 € 2 pers. 37/43 € 3 pers. 46 € repas 13 €
Ouvert : Toute l'année.

SP	15	20	SP	20	8	15	20	SP	SP	35	6

Stéphane BRINDEAU - Ferme apicole de Térénez - 29590 ROSNOEN - Tél. : 02 98 81 06 90 - Fax : 02 98 81 08 81

ROSNOEN Le Seillou
A *C.M. 58 Pli 5*

6 ch. La famille LE PAPE vous reçoit à la ferme dans un cadre typiquement breton. Au-dessus de la ferme-auberge et dans une annexe sont aménagées 6 chambres. 4 ch 1 lit 2 p, 1 ch 2 lits 1 p, s.e. ou sdb, wc, salon privés. 1 ch (rdc) 1 lit 2 p, 1 lit 1 p, s.e, wc, salon. Jardin avec salon, aire de jeux. En retrait de la D791 sur l'axe de la presqu'île de Crozon et à 300 m de la Rade de Brest, vous passerez un séjour au calme. Sur réservation, repas à base de produits de la ferme et crêpes maison. Parc de détente et jeux. Langue parlée : anglais.

Prix : 1 pers. 37 € 2 pers. 43 € 3 pers. 57 € 1/2 pens. 35 €
Ouvert : Toute l'année.

0,3	15	18	0,3	20	5	10	25	SP	3	15	6

Marie-Thérèse LE PAPE - Le Seillou - 29590 ROSNOEN - Tél. : 02 98 81 92 21 - Fax : 02 98 81 07 14

ROSPORDEN Kerantou
C.M. 58 Pli 16

6 ch. A 2 km de Rosporden et 15 km de Concarneau et Pont-Aven, 6 ch. d'hôtes aménagées dans les bâtiments d'1 ancienne ferme. A proximité de gîtes et de la maison des propriétaires, Christian et Monique, qui sauront vous faire découvrir les Traditions Bretonnes. S.d.b. ou salle d'eau et wc privés dans chaque ch. : 3 ch 1 lit 2 p, 2 ch 2 lits 1 p, 1 ch familiale : 1 lit 2 p, 2 lits 1 p. Possibilité de cuisiner. Salle-salon, documentation, jardin, salon de jardin, barbecue, jeux à disposition, abri couvert. Randonnée sur place. Pêche 2 km. Possibilité de baby sitting. Langue parlée : anglais.

Prix : 1 pers. 30 € 2 pers. 38 € pers. sup. 10 €
Ouvert : Toute l'année.

15	15	15	2	3	3	10	18	SP	3	3	2

Monique BERNARD - Kérantou - 29140 ROSPORDEN-KERNEVEL - Tél. : 02 98 59 27 79 - Fax : 02 98 59 27 79

ROSPORDEN Manoir de Coat Canton
C.M. 58 Pli 16

4 ch. Le manoir de Coat Canton, 13e & 17e siècle, vous accueille chaleureusement dans son cadre historique et champêtre. Dans une longère rénovée 4 chambres d'hôtes tout confort vous attendent. Rdc 2 ch 1 lit 2 p, salle d'eau et wc privés. 1er étage : 1 ch familiale 1 lit 2 p, 2 lits 1 p. salle d'eau et wc privés. Possibilité baby-sitting, TV, tél, l.linge, jardin avec salon. Visite du musée privé. Cours d'équitation sur place. Situé à 15 mn en voiture des plages, du port de Concarneau, de Quimper et de la cité des Peintres de Pont Aven. Commerces à 10 mn à pied. Langues parlées : anglais, espagnol.

Prix : 1 pers. 40 € 2 pers. 45 € 3 pers. 60 €

13	13	13	1	1	1	SP	10	SP	0,5		0,5

Diana SIMON - Manoir de Coat Canton - Grand bois - 29140 ROSPORDEN - Tél. : 02 98 66 31 24

SANTEC Brenesquen
C.M. 58 Pli 5

4 ch. Annick vous accueille dans sa maison de style rustique aux fenêtres entourées de granit rose, entre campagne et mer. Rdc : 1 ch 1 lit 2 p, avec TV. sdb. wc. Etage : 3 ch avec accès indépendant, avec salon, TV, tél. carte FT. 2 ch 1 lit 2 p, 1 ch 2 lits 1 p, se et wc privés. Salle à manger avec cheminée et vue sur jardin pour déguster de copieux petits déj. Ch. non fumeurs. Jardin clos avec tonnelle, salon, barbecue. Plage 1,5 km (planche, char à voile et autres jeux nautiques), face à l'île de Sieck. A 6 km de Roscoff et sa thalasso (embarquement pour l'île Batz). Crêperie, restaurants 1,5 km.

Prix : 1 pers. 32 € 2 pers. 38/40 € 3 pers. 63 €
Ouvert : Du 1er avril au 10 octobre.

1,5	1,5	4	1,5	2,5	5	10	15	3	5	3	3

Annick STEPHAN - 361, route du Dossen - Brenesquen - 29250 SANTEC - Tél. : 02 98 29 70 45 - Fax : 02 98 29 70 45

Finistère

Bretagne

SANTEC
C.M. 58 Pli 5

4 ch. Santec ! situé entre Roscoff et St Pol de Léon, entouré par la mer, Marie Pierre vous accueille chaleureusement dans sa maison typiquement bretonne dans un cadre verdoyant et calme. Rdc : 1 ch familiale composée de 2 ch mitoyennes 1 ch 1 lit 2 p, 1 ch 2 lits 1 p, s.b.d, wc. Etage : 2 ch 1 lit 2 p, s.eau, wc, TV, 1 ch 2 lits 1 p, salle de bains non communicante, wc. Jardin clos et fleuri avec salon, terrasse, barbecue, parking. Poss. lit d'appoint (12,20 €) et lit bb. Grande plage 1,5 km (char à voile, kayak de mer, planche). Randonnées pédestres, forêt domaniale. Restaurants et crêperie à proximité. Gare maritime 6 km. Thalasso 3 km. Langue parlée : anglais.

Prix : 1 pers. **32 €** 2 pers. **38/29 €** 3 pers. **63 €** p_sup. **12 €**
Ouvert : Toute l'année.

	1,5	1,5	5	1,5	2,5	5	15	15	0,5	5	3	3

Marie-Pierre RIVOALLON - 183 route du Dossen - 29250 SANTEC - Tél. : **02 98 29 70 65** ou **02 98 29 74 98** -
E-mail : **mariepierre.rivoallon@wanadoo.fr**

SANTEC
(TH) *C.M. 58 Pli 5*

3 ch. 3 ch d'hôtes situées dans deux maisons annexes à celle du propriétaire. 1er bâtiment, au 1er étage : 1 ch 1 lit 2 p, salle d'eau, wc, 1 ch 1 lit 1 p, TV, salle d'eau, wc. Rdc : séjour avec cheminée commun à l'ensemble des clients. 2e bâtiment : 1 ch duplex, en mezzanine 1 lit 2 p, rdc : 1 lit clos, salle d'eau, wc. TV. Jardin avec salon et terrasse. Vous y trouverez des chambres à thèmes, meublées avec de meubles d'antiquaires avec parquets cirés. La décoration est harmonisée avec le style des meubles. Table d'hôtes sur réservation. Poss. demi pension. Petits animaux acceptés.

Prix : 1 pers. **33 €** 2 pers. **42 €** 3 pers. **51 €** repas **20 €**
1/2 pens. **57 €**
Ouvert : Toute l'année.

	0,2	0,2	3	0,2	4	2	10	15	SP	5	20	3

Joël SALOU - 295 route de Poulmavic - 29250 SANTEC - Tél. : **02 98 29 40 15** ou **02 98 29 41 60**

SCAER Kerloai
C.M. 58 Pli 16

5 ch. Ti Penn à Kerloaï, situé entre Armor (pays de la Mer) et Argoat (Pays des Bois), Thérèse et Louis vous souhaitent la bienvenue. Après une bonne nuit calme, un grand séjour vous accueillera pour un copieux petit déjeuner autour de la cheminée centrale. 5 chambres chaleureusement aménagées avec s.e et wc privés. 4 ch 1 lit 2 p, 1 ch 2 lits 1 p. Un agréable jardin vous invite au repos. breton parlé. Scaër, bien centré, vous permettra la visite de Pont Aven, Concarneau, Quimper, etc. la découverte de la Bretagne intérieure.. Langue parlée : anglais.

Prix : 1 pers. **36 €** 2 pers. **40 €**
Ouvert : Toute l'année.

	20	20	20	4	4	4	15	4	4	10	4

Louis et Thérèse PENN - Kerloaï - 29390 SCAER - Tél. : **02 98 59 42 60** - Fax : **02 98 59 05 67** - E-mail : **lan.guillou@wanadoo.fr**

SCRIGNAC Le Cloître
(TH) *C.M. 58 Pli 6*

3 ch. Ancienne maison de ferme rénovée, située près de la ferme bovine et laitière des propriétaires, comportant 3 chambres d'hôtes avec 1 lit 2 p, salle d'eau et wc privés. En famille vous trouverez la tranquillité autour de notre plan d'eau aménagé et ses espaces fleuris. Dans les bois alentours vous pourrez réaliser d'autres activités telles que la randonnée, pêche ou découverte de la faune et de la flore. Possibilité de baby-sitting. Téléphone. Langue parlée : anglais.

Prix : 1 pers. **34 €** 2 pers. **38 €** 3 pers. **53 €** repas **13 €**

	30	30	15	1	15	7	15	7	SP	15	15	7

Lionel COTONNEC - Le cloitre - 29640 SCRIGNAC - Tél. : **02 98 78 23 17**

SPEZET Pendreigne
C.M. 58 Pli 16

2 ch. Annick Lollier vous accueille dans sa maison et vous propose 2 chambres d'hôtes avec accès indépendant. 2 ch. (1 lit 2 pers) avec lavabo, la salle de bains et les wc sont communs. Une salle de détente sépare les deux chambres. Le petit déjeuner avec crêpes et confitures est servi dans la salle à manger. Possibilité de cuisiner et de pique-niquer. Location de vélos à 300 m, parc de loisirs avec luge d'été à 8 km.

Prix : 2 pers. **34 €**
Ouvert : Toute l'année.

	40	40	25	2	8	0,3	15	15	SP	17	0,5

Annick LOLLIER - Pendreigne - 29540 SPEZET - Tél. : **02 98 93 80 32**

ST-CADOU-SIZUN Kergudon
C.M. 58

E.C. 2 ch. Philippe et Agnès vous accueillent à Kergudon dans un ensemble du début du XVIIe siècle au cœur du Parc d'Armorique. Les chambres sont aménagées dans deux crèches indépendants, nichées dans un écrin de verdure planté d'arbres. Elles ont conservé leur caractère d'origine tout en étant dotées de tout le confort actuel. 1 ch avec 1 lit 2 p, salle d'eau et wc privés. 1 ch avec 2 lits 1 p, salon avec cheminée, salle de bains et wc privés. Possibilité de lit supplémentaire. Les petits déjeuners sont servis dans le prieuré, bâtiment avec apothéis, daté de 1640 et caractéristique des Monts d'Arrée. Lac du Drennec à 1 km (baignade). Langues parlées : anglais, espagnol.

Prix : 2 pers. **43/50 €**

	30	30	1	1	6	6	2	15	SP	15	6

Philippe et Agnès COROT - LOSAY - Kergudon - Saint Cadou - 29450 SIZUN - Tél. : **02 98 24 15 25**
Fax : **02 98 24 13 61** - E-mail : **Phcorot@AOL.com** ou SR : **02 98 64 20 20**

Bretagne — Finistère

ST-COULITZ Moulin de Coatigrac'H
C.M. 58 Pli 15

1 ch. Marie et Sébastien vous accueillent dans leur chambre d'hôtes à l'intérieur rustique. La maison avec sa façade recouverte de vigne vierge est située dans un cadre reposant en bordure de l'Aulne. Le petit déjeuner est servi au rez de chaussée dans une salle à manger typiquement bretonne. Etage : 1 ch 1 lit 2 p, salle d'eau et wc privés. Possibilité lit bébé, et de cuisiner.

Prix : 2 pers. 40 €
Ouvert : Toute l'année.

🐕	≈	⛱	🚣	🏊	🎾	🐟	🚶	🚴	🚌	⛳
16	16	16	SP	2	2	2	SP	2	3	2

Marie et Sébastien LE GUILLOU - Moulin de Coatigrac'h - 29150 ST-COULITZ - Tél. : 02 98 86 13 48

ST-ELOY-HANVEC Kerivoal
(TH)
C.M. 58 Pli 5

3 ch. Au centre du département, voici un bel ensemble de bâtiments de ferme typique des Monts d'Arrée. Jardin fleuri orienté plein sud, vue largement dégagée sur un vallon boisé où coule une rivière à truites. Dans un bâtiment indépendant, à proximité de deux gîtes, deux chambres d'hôtes au 1er étage : 1 ch 1 lit 2 p, salle d'eau, wc, 1 ch 2 lits 1 p, salle d'eau, wc. Rdc : séjour avec cheminée, TV et possibilité de cuisiner. Attenante à la maison du propriétaire, 1 ch familiale avec entrée indépendante, 1 lit 2 p, 2 lits 1p en mezzanine, salle de bains, wc, TV, frigo. Jardin, salon de jardin, barbecue, portique. Table d'hôtes sur réservation. Langue parlée : anglais.

Prix : 1 pers. 30 € 2 pers. 40/43 € 3 pers. 60 € repas 14 €

🐕	≈	⛱	🚣	🏊	🎾	🐟	🚶	🚴	🚌	⛳
10	20	10	SP	10	3	8	15	SP	10	17	6

Nicole LE LANN - Kérivoal - 29460 ST-ELOY-HANVEC - Tél. : 02 98 25 86 14 - Fax : 02 98 25 86 14

ST-MARTIN-DES-CHAMPS Kereliza
C.M. 58 Pli 6

5 ch. Marie-Noëlle et Christian vous accueillent dans leur charmante 'maison de maître' du XIXe siècle rénovée. Cinq coquettes chambres, toutes équipées de salle d'eau ou salle de bains et wc particuliers. 2 ch. (2 lits 1 pers.) 2 ch. (1 lit 2 pers.), 1 ch (1 lit 2 pers., 1 lit 1 pers.). Située sur l'exploitation agricole. Grand jardin fleuri. Parking privé. Salon, télévision, ping pong, billard, équipement bébé à disposition. Possibilité de cuisiner. Restaurants et commerces à 1 km. Langue parlée : anglais.

Prix : 1 pers. 26 € 2 pers. 38 € 3 pers. 46 €
Ouvert : Toute l'année.

🐕	≈	⛱	🚣	🏊	🎾	🐟	🚶	🚴	🚌	⛳
3	10	10	3	5	2	10	2	2	1	

Marie-Noëlle ABIVEN - Keréliza - 29600 ST-MARTIN-DES-CHAMPS - Tél. : 02 98 88 27 18

ST-POL-DE-LEON Lesveur
C.M. 58 Pli 6

2 ch. Dès votre arrivée à Lesveur, vous serez séduits par ce corps de ferme rénové avec goût. Dans une maison de caractère, spacieuse et ancienne, 2 chambres d'hôtes mansardées et lambrissées ont été aménagées à l'étage. 1 ch 1 lit 2 p, salle d'eau, wc, 1 ch 2 lits 1 p, salle d'eau, wc. Salon commun aux 2 chambres. Terrasse avec salon de jardin. Parking privé. Calme assuré.

Prix : 1 pers. 32 € 2 pers. 41/43 € pers. sup. 16 €

🐕	≈	⛱	🚣	🏊	🎾	🐟	🚶	🚴	🚌	⛳
4	4	4	4	3	3,5	3	1	7	3	2

Guy et Thérèse LE GALL - Lesveur - 29250 ST-POL-DE-LEON - Tél. : 02 98 69 05 99

ST-THEGONNEC Ar Presbital Koz
(TH)
C.M. 58 Pli 6

6 ch. Au pays des Enclos Paroissiaux et des Monts d'Arrée, cette maison qui fut le presbytère de Saint Thégonnec pendant deux siècles vous offre six chambres spacieuses et confortables : 3 ch 1 lit 2 p, 2 ch 2 lits 1 p, 1 ch 1 lit 2 p, 1 lit 1 p. Sanitaires complets privatifs. Des conseils utiles pour une découverte personnalisée et originale de la Bretagne vous seront proposés. Location de vélos sur place. Parking clos. Restaurants, crêperie et commerces à 300 m dans le village. Réductions pour séjours à partir de 2 nuits. Table d'hôtes sur réservation avec spécialités et produits régionaux. Langue parlée : anglais.

Prix : 1 pers. 35/38 € 2 pers. 41/44 € 3 pers. 55/58 € pers. sup. 14 € repas 14 €

🐕	≈	⛱	🚣	🏊	🎾	🐟	🚶	🚴	🚌	⛳
14	20	20	1	6	SP	10	12	SP	SP	12	0,5

Christine PRIGENT - 18, rue Lividic - Ar presbital coz - 29410 ST-THEGONNEC - Tél. : 02 98 79 45 62 - Fax : 02 98 79 48 47

ST-THEGONNEC Reslouet
C.M. 58 Pli 6

1 ch. Yvette et François vous propose 1 chambre (1 lit 2p), salle d'eau et wc privés, au 1er étage de leur maison, sur leur ancienne exploitation laitière. A disposition séjour/salon avec cheminée et télévision. Jardin, salon de jardin, barbecue. Equipement bébé. 2 gîtes à proximité.

Prix : 2 pers. 36 €

🐕	≈	⛱	🚣	🏊	🎾	🐟	🚶	🚴	🚌	⛳
20	20	20	2	5	2	3	1	10	2	2

Yvette CHARLOU - Reslouet - 29410 ST-THEGONNEC - Tél. : 02 98 79 60 39 - Fax : 02 98 79 60 39

Finistère — Bretagne

ST-THONAN Veuleury
C.M. 58 Pli 4

3 ch. Dans sa grande maison de construction récente Marie Jo vous propose 3 ch, dont deux familiales, situées au 1er étage. A dispo. : salon, terrasse, jardin avec salon. 1 ch familiale (3pièces) 1 lit 2 p, 2 lits 1 p, salon, 1 ch 2 lits jumeaux et 1 lit 1 p, 1 ch 1 lit 2 p. Chaque chambre est équipée de s.eau, wc, tél. carte FT. Chauffage central. Poss. cuisiner. Entrée indépendante. 2gîtes de 7 et 8p à 200 m. Sentier piétonnier à 200 m, Chapelle St Herbot à 200 m. Réduc : sept. à juin et pour les séjours. Literie antiallergique. Visite possible de l'élevage porcin. Accueil de groupes sportifs.

Prix : 1 pers. 25/35 € ♦ 2 pers. 37/45 € ♦ 3 pers. 55/60 € ♦ pers. sup. 18 €
Ouvert : Toute l'année.

〰	⛱	🚻	🏊	🎾	🎣	🚴	🚉
15	20	20	6	6	2,5	6	9	5	2,5

Marie-Jo EDERN - Veuleury - 29800 ST-THONAN - Tél. : 02 98 20 26 99 ou 02 98 20 22 95 - Fax : 02 98 20 27 13 -
E-mail : marie-jo.edern@wanadoo.fr

ST-YVI Kervren
C.M. 58 Pli 15

6 ch. Proche de Quimper, Concarneau, Bénodet, Pont-Aven, Odile vous accueille dans la longère d'1 ferme du XIXe s. 6 ch. d'hôtes ont été aménagées à Kervren : 4 ch. 1 lit 2 p, 2 ch. 2 lits 1 p. Toutes les ch. sont dotées de s.eau et wc privés. Copieux petits déjeuners maison. Parc paysager. Vue panoramique. Salons de jardin. A dispo. : salon avec cheminée, salle de séjour. Possibilité de cuisiner. Tous commerces à 5 mn. Tennis, piscine à 5 mn, plage et golf à 15 mn, rivière à 5 mn (pêche). Possibilité de petites promenades à proximité. Aéroport de Quimper 20 mn. Chambres situées à 2,5 km du bourg.

Prix : 1 pers. 34 € ♦ 2 pers. 40 €
Ouvert : Toute l'année.

〰	⛱	🚻	🏊	🎾	🎣	🚴	🚉
10	10	20	8	5	5	5	10	SP	10	2

Odile LE GALL - Kervren - 29140 ST-YVI - Tél. : 02 98 94 70 34 - Fax : 02 98 94 81 19

TOURC'H Ti Ar Vourc'Hized
(TH)   *C.M. 58 Pli 16*

4 ch. Entre la Ville Close de Concarneau et le Château de Trévarez, Odette et Rémy vous accueillent dans leur grande maison située dans le bourg de Tourc'h face à l'église (XVIe s.) avec la campagne à perte de vue. 4 chambres d'hôtes à l'étage : 2 ch 1 lit 2p (160x200), 2 ch 2 lits 1p q90x200), chacune avec TV, salle de bains ou salle d'eau et wc privés. Grande salle à manger, salon, verrière. Jardin clos en terrasse. Table d'hôtes avec les produits de la ferme (canard gras, volailles). Ferme à 2 km sur l'autre versant de la vallée.

Prix : 2 pers. 40 € ♦ repas 14 €
Ouvert : Du 15 juin au 15 septembre.

〰	⛱	🚻	🏊	🎾	🎣	🚴	🚉
20	20	20	1	7	7	6	30	SP	7	SP

Rémy et Odette LE BOURHIS - Le Bourg - Ti ar Vourc'hized - 29140 TOURC'H - Tél. : 02 98 59 15 42 - Fax : 02 98 59 01 41

TREFLEZ Pen Ar Roz
C.M. 58 Pli 5

2 ch. Yvette et Jean vous accueillent dans leur maison campagnarde de type rustique, entourée d'un grand jardin et d'arbres avec salon de jardin, située à 3 km de la mer. Rez de chaussée : 1 ch 1 lit 160x200, salle de bains et wc privés. Etage : 1 ch 2 lits 1 p, salle d'eau et wc privés. Petit déjeuner avec spécialités bretonnes. Séjour-salon à votre disposition avec cheminée, TV, mini-bibliothèque, possibilité de déguster le repas que vous apportez. Parking privé. L'endroit idéal pour vous reposer. Casino 5 km. Chemins de randonnées aux environs et en bordure de mer.

Prix : 1 pers. 34 € ♦ 2 pers. 43 €

〰	⛱	🚻	🏊	🎾	🎣	🚴	🚉
2	3	2	2	10	2,5	2	5	6	22	2,5

Yvette ROUE - Pen ar roz - 29430 TREFLEZ - Tél. : 02 98 61 42 84 - Fax : 02 98 61 42 84 - E-mail : yvette_roue@hotmail.com -
www.multimania.com/penarroz

TREGLONOU Manoir de Trouzilit
C.M. 58 Pli 4

5 ch. Entre Lannilis et Ploudalmézeau, le manoir de Trouzilit, propriété boisée de 30 hectares bordant l'Aber Benoit sur 1,5 km, vous accueille dans ses 5 ch. d'hôtes, toutes équipées de sanitaires privés. 2 ch (1 lit 2 pers.), 1 ch. (2 lits 1 pers.), 1 ch. (1 lit 1 pers.), 1 ch. (1 lit 2 pers). La famille Stéphan gère ce centre de loisirs depuis 30 ans. Elle vous propose un bar et une crêperie mais aussi des activités sportives : centre équestre (chevaux et poneys), golf miniature à des tarifs préférentiels pour ses hôtes. Sentiers pédestres sur la propriété et jusqu'aux plages. Langue parlée : anglais.

Prix : 1 pers. 26/29 € ♦ 2 pers. 39 € ♦ 3 pers. 47 €
Ouvert : Toute l'année.

〰	⛱	🚻	🏊	🎾	🎣	🚴	🚉
4	4	4	SP	16	7	SP	20	SP	4	20	4

Roland STEPHAN - Manoir de Trouzilit - 29870 TREGLONOU - Tél. : 02 98 04 01 20 - Fax : 02 98 04 17 14

TREOGAT Keramoine
C.M. 58 Pli 14

4 ch. Hélène et Michel vous accueilleront à la pointe du Pays Bigouden, au cœur des étangs, à 500 m de la mer où 15 km de plages de sable fin, vous attendent. A l'étage de leur maison 4 chambres d'hôtes : 2 ch 1 lit 2p et 1 lit 1 p, 2 ch 1 lit 2 p, chaque chambre avec salle d'eau et wc privés. A disposition : jardin, salon de jardin, barbecue, réfrigérateur, abri couvert.

Prix : 1 pers. 34 € ♦ 2 pers. 38/44 € ♦ 3 pers. 49/55 €
Ouvert : Toute l'année.

〰	⛱	🚻	🏊	🎾	🎣	🚴	🚉
0,5	0,5	10	0,5	15	7	7	15	SP	7	30	3

Hélène et Michel FAOU - Kéramoine - 29720 TREOGAT - Tél. : 02 98 87 63 98

Bretagne

Ille-et-Vilaine

Loisirs Accueil - Gîtes de France Hte Bretagne
8, rue de Coëtquen - B.P. 30645 - 35106 RENNES Cedex 3
Tél. 02 99 78 47 57 - Fax 02 99 78 47 53
E.mail : sla.gitesdefrance35@wanadoo.fr
http://www.resinfrance.com/haute-bretagne/ ou www.gitesdefrance35.com

3615 Gîtes de France
0,2 €/min

BAGUER-MORVAN La Hirlais

E.C. 3 ch. Au centre de la Baie du Mt St Michel, soyez les bienvenus dans cette belle maison de caractère aux pièces spacieuses. 2 chambres familiales de 4/5 pers., une unité familiale composée de 2 chambres doubles, salle d'eau et wc privés pour chaque unité. Salle de séjour, salon et véranda ou vous serons servis les copieux petits déjeuners, salon de jardin et terrain arboré. A proximité, ligne SNCF régionale enterrée et sans nuisance réelle. Langues parlées : anglais, espagnol.

Prix : 1 pers. 35 € ◊ 2 pers. 38 € ◊ 3 pers. 50/55 € ◊ pers. sup. 12 €
Ouvert : Toute l'année.

3	10	0,5	6	7	10	20	

Jean TREMORIN - La Hirlais - 35120 BAGUER-MORVAN - Tél. : 02 99 48 07 64 ou 06 74 55 10 78

BAGUER-MORVAN

(TH) *C.M. 230 Pli 12*

3 ch. 3 ch. dans une malouinière du XVIIe s. 1 ch. 3 pers., s.d.b. et wc privés. 1 ch. princière 4 pers., sanitaires privés. 1 ch. 3 pers., s.d.b. et wc privés. Séjour, salon réservés aux hôtes. Grand parc boisé. Pêche possible dans les douves du manoir, loc. de vélos sur place. A proximité : région touristique, Le Mont Saint-Michel, Saint-Malo, Dinard, Dinan. Table d'hôtes sur réservation. Pas de TH en juillet/Août et jours fériés).

Prix : 1 pers. 46 € ◊ 2 pers. 54/61 € ◊ 3 pers. 73/81 € ◊ pers. sup. 20 € ◊
repas 22/25 €

10	20	2	6	10	4

Bernard et Geneviève MABILE - Malouinière de Launay Blot - Baguer Morvan - 35120 DOL-DE-BRETAGNE - Tél. : 02 99 48 07 48
Fax : 02 99 80 94 47 - www.pays-de-dol.com ou SR : 02 99 78 47 57

BAGUER-MORVAN Les Sageais

3 ch. Baie du Mont St-Michel 10 km. St-Malo et Dinan 25 km. Combourg 10 km. 2 unités familiales en 2 ch. séparées, 1 ch. double. Sanitaires privés. Possibilité de cuisine réservée aux hôtes. Salle de séjour/salon avec cheminée, bibliothèque sur mezzanine à dispo. Terrain aménagé avec salon de jardin. Jeux d'enfants. Maison en pierres restaurée dans une campagne boisée et verdoyante. 4 pers. 61/67 €. Parking privé. Accueil chaleureux et petits déjeuners copieux. Mont Saint-Michel 25 km.

Prix : 1 pers. 30 € ◊ 2 pers. 35/38 € ◊ 3 pers. 53 €
Ouvert : Toute l'année.

10	3	2	2	5	5

Maurice et Yvonne PAPAIL - Les Sageais - Baguer-Morvan - 35120 DOL-DE-BRETAGNE - Tél. : 02 99 80 90 45 ou SR : 02 99 78 47 57

BAGUER-MORVAN

C.M. 230 Pli 12

3 ch. Dol-de-Bretagne 3 km. 3 chambres doubles avec sanitaires privés, aménagées dans une longère rénovée dans un parc fleuri et arboré. Salon indépendant à disposition des hôtes. Salon de jardin. Au centre de l'ensemble touristique du Mont Saint-Michel. Cancale, Saint-Malo, Dinan, Combourg.

Prix : 1 pers. 28 € ◊ 2 pers. 34 € ◊ 3 pers. 43 €
Ouvert : Toute l'année.

3	10	3	8	15	5	3	1

Ernest et Annick PICHON - n°19 La Touche - Baguer Morvan - 35120 DOL-DE-BRETAGNE - Tél. : 02 99 48 34 94 ou SR : 02 99 78 47 57

BAGUER-PICAN Le Grand Villouët

E.C. 2 ch. Si vous aimez le calme, les roses et les petits déjeuners en plein air, alors bienvenue chez Valérie et Jérome qui vous ouvrent leur maison ancienne et leur jardin à l'anglaise (3000 m²). A l'étage 2 chambres triples vivent salle de bains et sanitaires privatifs. Entrée indépendante. Possibilité lit, chaise bébé. Proximité ST Malo, le Mt St Michel, Cancale, Combourg, Dinan. Langue parlée : anglais.

Prix : 1 pers. 34 € ◊ 2 pers. 38 € ◊ 3 pers. 45 € ◊ pers. sup. 8 €
Ouvert : Toute l'année.

2	20	2	7	8	7	20

Valérie et Jerome NIORT - Le Grand Villouët - 35120 BAGUER-PICAN - Tél. : 02 99 80 94 29

BAILLE

 C.M. 230 Pli 27

3 ch. 3 chambres d'hôtes. 2 chambres 2 pers. avec douche ou salle de bains particulière. WC communs. 1 chambre 5 pers. avec sanitaires privés. Salle de séjour. Salon avec billard. Parc ombragé et aire de jeux à la disposition des hôtes. Possibilité de cuisine.

Prix : 1 pers. 23 € ◊ 2 pers. 30 € ◊ 3 pers. 38 €

15	SP	4	15	15

Ange LOYSANGE - Petit Rocher - 35460 BAILLE - Tél. : 02 99 18 53 34 - Fax : 02 99 18 54 60 ou SR : 02 99 78 47 57

Ille-et-Vilaine

Bretagne

BAINS-SUR-OUST
C.M. 230 Pli 39

3 ch. **Redon et Gacilly 5 km**. Au cœur du petit village rural très touristique et connu pour son site de l'Ile au Pies, cette maison contemporaine est conçue sur un grand terrain paysager et fleuri. 3 ch. 2 pers. avec sanitaires particuliers. Terrasse avec salon de jardin. Salle de séjour avec salon à la disposition des hôtes. Ferme-auberge 1,5 km. Vous êtes à 1 heure de la mer et des plages de la côte Atlantique.

Prix : 1 pers. 30 € 2 pers. 38 € 3 pers. 50 €
Ouvert : Toute l'année.

6	1	1	50	5	SP

Marie ROBERT - rue de la Fosse Piquet - 35600 BAINS-SUR-OUST - Tél. : 02 99 91 60 10 ou 06 03 87 50 78

BAINS-SUR-OUST La Picotterie - Colomel
C.M. 230 Pli 39

2 ch. **Redon 4 km.** Près de Redon, au pays du marron, Georgette et Pierre vous accueillent dans leur maison rénovée dans 1 parc ombragé de 2000 m². 1 unité familiale de 2 ch. (1 lit 2 pers., 2 lits 1 pers.)avec sanitaires/wc privés. A l'ét. 1 ch. triple spacieuse de 30 m² (1 lit 2 pers., canapé-lit 1 pers.) avec sanitaires/wc privés. S. de séjour avec salon à la dispo des hôtes. Salon de jardin. Pêche en étang privé. Ferme auberge à 400 m. Pour vos promenades, vous pourrez découvrir la magnifique vallée de la Vilaine et le site de l'Ile au Pies. Langue parlée : anglais.

Prix : 1 pers. 30 € 2 pers. 38/45 € 3 pers. 50/57 € pers. sup. 12 €
Ouvert : De février à octobre, le reste de l'année sur réservation.

4	2	2	0,5	40	4	3

Georgette SOUDY - La Picotterie - Colomel - 35600 BAINS-SUR-OUST - Tél. : 02 99 71 20 86 ou SR : 02 99 78 47 57

BAIS
C.M. 230 Pli 41

2 ch. A l'étage de la maison du propriétaire, ferme au pays de Vitré et de la Roche aux Fées, 2 chambres d'hôtes (2 pers.) avec salle de bains et wc communs. Salle de séjour/salon. Terrain.

Prix : 1 pers. 23 € 2 pers. 31 € repas 11 €
Ouvert : Toute l'année.

10	10	1,5	10	15

Pierre-Yves et Marie DUGAS - La Chenevetrie - 35680 BAIS - Tél. : 02 99 76 32 96 ou SR : 02 99 78 47 57

BECHEREL
C.M. 230 Pli 25

4 ch. 4 chambres d'hôtes avec vue sur étangs, dans maison située en pleine campagne et proche du parc et du château de Caradeuc. 2 chambres de 2 pers. et 2 chambres 3 pers. avec 2 salles de bains et 2 wc communs. Salle de séjour à la disposition des hôtes. Pêche sur place. Vue sur étang et vallée. Salon de jardin, jeux. Cuisine aménagée à la disposition avec forfait. Restaurant 500 m.

Prix : 1 pers. 25 € 2 pers. 31 € 3 pers. 40 €

20	SP	2	2	0,3	30	SP	45	45	0,5

Michel GENIN - Croix Calaudry - Longaulnay - 35190 BECHEREL - Tél. : 06 81 09 75 21 ou SR : 02 99 78 47 57

BECHEREL La Ville Malet

E.C. 1 ch. **Bécherel, cité du Livre. St-Malo, Dinard 40 km, 20 km de Dinan.** Au pied de Bécherel, en bordure du GR37, Colette vous accueille dans sa maison de Tisserand du 16° s. située dans 1 magnifique cadre de verdure & de tranquilité. A mi chemin entre Brocéliande & mer, vous pourrez découvrir le patrimoine historique ou randonner dans le bocage breton. Les petits déj., à base de produits maisons bio. pourront vous être servis, l'été. Chambre douillette avec mobilier ancien, 2 pers. Salle de bains, wc privés.

Prix : 1 pers. 41 € 2 pers. 49 €
Ouvert : Toute l'année.

15	40	SP	20	40	40	15	SP

Colette MILLION - La ville Malet - 35190 BECHEREL - Tél. : 02 99 66 77 47 - E-mail : Colette.Million@wanadoo.fr

BETTON
C.M. 230 Pli 26

1 ch. Dans une ancienne maison de ferme rénovée, 1 chambre d'hôtes est aménagée avec 2 lits jumeaux et un lit enfant d'appoint, sanitaires particuliers. Pelouse avec salon de jardin. Salle de séjour/salon. Pêche à 1,5 km.

Prix : 1 pers. 23 € 2 pers. 30 €

10	1	0,3	0,3	15

Réjane JAMEAU - La Lande Servière - 35830 BETTON - Tél. : 02 99 55 87 95 ou SR : 02 99 78 47 57

Bretagne   **Ille-et-Vilaine**

BETTON Bas Cheneze   *C.M. 230 Pli 26*

||| 5 ch.   Mont Saint-Michel 55 km. Rennes (cité d'art et d'histoire) 10 km. Odile et roger vous accueillent dans 1 cadre verdoyant. Dans 1 jolie maison rurale, ils vous proposent au r.d.c. 1 ch. familiale avec mezzanine très spacieuse ouverte sur 2 terrasses, sanitaires particuliers (1 lit 2 pers, 3 lits 1 place), kitchenette. A l'ét. : 1 unité familiale de 2 ch. avec 1 lit 2 places, 1 lit bébé, 2 lits 1 place, s.d.b. et wc privé. 3 ch. double (1 avec lits jumeaux), s. d'eau et wc individuels. Séjour, salon cheminée réservés aux hôtes, cuisine, frigo. L.l à dispo. pour toutes les ch., terrasses et salons de jardin. Copieux petits déj. dans le séjour. Terrain de jeux & volley, parc animalier, pêche en étang privé, randonnées.

Prix : 1 pers. **26/29** € 2 pers. **31/38** € 3 pers. **46/49** €
pers. sup. **11** €

Ouvert : Toute l'année.

10	3	3	5	5	10	55	2	3

Roger et Odile BESNIER - Bas Cheneze - 35830 BETTON - Tél. : 02 99 55 82 92 - Fax : 02 99 55 31 44 ou SR : 02 99 78 47 57

BILLE   A   *C.M. 230 Pli 28*

||| 5 ch.   5 chambres d'hôtes dans une ferme manoir du XVIIᵉ siècle, avec tourelle et chapelle, située en pleine campagne. 2 ch. 2 pers. 1 ch. 3 pers. 2 ch. 4 pers. avec sanitaires privés. Séjour à disposition. Terrain de jeux. Tarif 4 pers. : 56 €. Langue parlée : anglais.

Prix : 1 pers. **28** € 2 pers. **36** € 3 pers. **46** € repas **13** €

10	2	10	10	25	65	80

Stéphanie ROUSSEL - Mesauboin - 35133 BILLE - Tél. : 02 99 97 61 57 - Fax : 02 99 97 50 76 ou SR : 02 99 78 47 57

BOIS-BASSET

E.C. 2 ch.   Forêt de Brocéliande 10 mn. Base de loisirs de Tremelin 15 mn. Au pays de Brocéliande dans 1 cadre boisé & charmant, Anne-France et Patrick de Dieuleveut vous accueillent dans leur exploitation spécialisée en vaches allaitantes. R.d.c. : 1 unité familiale (1 lit 2 pers., poss. 2 lits enfants), s.d.b/wc privés. A l'ét. : 1 ch. (2 lits jumeaux), s. d'eau/wc privés. Salon, s. à manger à la dispo. des hôtes. TV. Pelouse avec terrasse privée, pour vous promener. A proximité du manoir familial, le domaine vous offre 20 ha. de bois pour vous promener. Anne-France et Patrick pourront, si vous le souhaitez, vous faire découvrir et visiter la ferme et vous parler de leurs activités. Langue parlée : anglais.

Prix : 1 pers. **30/33** € 2 pers. **35/40** € 3 pers. **50** € pers. sup. **11** €
Ouvert : Toute l'année.

5	3	15	3	15	15	10	60	12	5

A-France et Patrick de DIEULEVEUT - Bois Basset - 35290 ST-ONEN-LA-CHAPELLE - Tél. : 02 99 09 40 14

BONNEMAIN Rocher Cordier   *C.M. 230 Pli 26*

||| 3 ch.   Dinan 22 km. Saint-Malo et Mont Saint-Michel 30 km. 2 chambres doubles et 1 chambre triple avec sanitaires particuliers, aménagées à l'étage d'une maison rénovée en granit à la campagne. Salle de séjour/salon/TV et cheminée. Grand terrain avec petit bois, jeux et barbecue. Location de vélos sur place. Proche de 2 terrains de golf et de cricket. Langues parlées : anglais, italien.

Prix : 1 pers. **29** € 2 pers. **37/40** € 3 pers. **49** € pers. sup. **9** €
Ouvert : Toute l'année.

8	2	25	1	5	6	5	5	20	25	1	1

Brigitte et Colin ADAMS - Rocher Cordier - Colibri - 35270 BONNEMAIN - Tél. : 02 99 73 45 45 - Fax : 02 99 73 45 45 ou
SR : 02 99 78 47 57

BOURG-DES-COMPTES Epineu

||| 1 ch.   Bourg-des-Comptes 2,5 km. Dans la magnifique vallée de la Vilaine, maison ancienne du pays comprenant un grand jardin avec salon à votre disposition. A l'étage : 1 ch. triple avec salle d'eau et wc privés. Salle de séjour avec salon (cheminée) à la disposition des hôtes. Repas à base de produits du jardin et desserts maison. Randonnées découverte à partir de ce lieu où vous vous rendrez au site de sur la courbe sur la Vilaine (pêche, sentiers de randonnée pédestres et VTT).

Prix : 1 pers. **30** € 2 pers. **41** € 3 pers. **53** € pers. sup. **12** €
repas **14** €

Ouvert : Toute l'année.

10	10	2,5	3	25	6	2,5

Yvette GUILLOPE - Epineu - 35890 BOURG-DES-COMPTES - Tél. : 02 99 52 16 84

LA BOUSSAC Moulin de Bregain   *C.M. 230 Pli 26*

||| 4 ch.   1 chambre 2 pers. 1 chambre 4 pers. 1 chambre 3 pers. Sanitaires particuliers. Salle de séjour/salon avec jeux. Poneys. Salle de gymnastique. Ancien moulin à eau rénové dans un parc avec étang et bois. Pêche. Promenades. Possibilité de cuisine et de pique-nique dans maisonnette au bord de l'étang. Joli site boisé. Tél. portable du propriétaire : 06.82.18.72.70. Langues parlées : anglais, allemand.

Prix : 1 pers. **30** € 2 pers. **38** € 3 pers. **46** € pers. sup. **8** €
repas **13** €

SP	3	6	SP	8	SP	3

Mary-Anne BRIAND - Moulin de Bregain - 35120 LA BOUSSAC - Tél. : 02 99 80 05 29 - Fax : 02 99 80 06 22 ou SR : 02 99 78 47 57

Ille-et-Vilaine   *Bretagne*

BRAIN-SUR-VILAINE La Grand'Maison   (TH)

E.C. 4 ch. Dans cette ancienne residence de Sénéchal de l'Abbaye de Redon, en bordure de Vilaine et au cœur d'1 petit bourg, Cathy et François Bertin vous accueillent. Située à 10 mn de Redon, cette belle demeure du XVII°, entièrement rénovée offre 4 ch. d'hôtes. Les 3 ch. doubles et la suite pour 4 pers. donnent toutes sur le parc et la Vilaine. Parking privé. S.d.b. avec baignoire/wc privés pour chaque ch. Séjour, salon avec biblio. & TV. Grandes cheminées d'époque & terrasse. Petits déj. & table d'hôte (sur reserv.) proposant les specialités régionales. Entouré de murs, le parc de 7000 m² fleuri & planté d'arbres séculaires borde la halte nautique. Langue parlée : anglais.

Prix : 1 pers. 38 € 2 pers. 45 € 3 pers. 60 € repas 15 €
Ouvert : Toute l'année.

🐕	⛵	🎾	🏇	⛳	≈	⛱
15	50	15	5	30	50	50

Cathy et François BERTIN - La Grand'Maison-grande rue - 35660 BRAIN-SUR-VILAINE - Tél. : 02 99 70 25 81 ou 06 22 52 58 30 -
Fax : 02 99 70 25 80 - E-mail : francois.bertin@free.fr

CANCALE   *C.M. 230 Pli 12*

5 ch. **Port de Cancale à 300 m.** Ancienne ferme entourée jardin clos, à 5 mn de la mer. 3 chambres doubles, 1 chambre triple. 1 chambre 4 pers. Sanitaires privés pour chaque chambre. Grande salle pour petits déjeuners. Salon, TV et réfrigérateur à disposition, TV. Jardin clos avec salon de jardin, jeux enfants, barbecue, parking privé. Tarif 4 pers : 64 €.

Prix : 1 pers. 35 € 2 pers. 43/46 € 3 pers. 55 € pers. sup. 9 €

🐕	≈	⛵	🎾	🏇	🌲	⛳	🚶	≈	⛱	🏢	⚓
12	5	1,5	6	15	20	0,3	0,3	5	12	2

Marie-Christine MASSON - 67 rue des Francais Libres - La Ville es Gris - 35260 CANCALE - Tél. : 02 99 89 67 27
Fax : 02 99 89 67 27 - E-mail : villeesgris@club-Internet.fr ou SR : 02 99 78 47 57

CANCALE La Gaudichais   (S)   (TH)

4 ch. **Saint-Malo 12 km. Mont Saint-Michel 35 km.** Ancienne ferme rénovée. 2 chambres triples et 2 chambres 4 pers., possibilité 1 lit supplémentaire, salle d'eau, et wc privés. Salle de séjour avec salon, salon de lecture et TV. Lit enfant et matériel de puériculture à disposition. Jardin avec jeux pour enfants. Location de VTT sur place. Table d'hôtes sur réservation le mardi et jeudi. Tarif 4 pers : 62/68 €. A 10 mn à pied de la plage de sable fin du « Verger » et des sentiers de randonnées GR34, qui longent la côte. Tél. portable du propriétaire : 06.60.89.81.54.

Prix : 1 pers. 34/37 € 2 pers. 42/45 € 3 pers. 53/58 € pers. sup. 10 € repas 14 €
Ouvert : Toute l'année.

🐕	≈	⛵	🎾	🏇	⛳	🚶	≈	⛱	🏢	⚓
15	3	3	6	30	0,5	0,5	0,5	12	2

Marc LOISEL - La Gaudichais - Les Oyats - 35260 CANCALE - Tél. : 02 99 89 73 61 - Fax : 02 99 89 73 61
E-mail : lesoyats@club-internet.fr ou SR : 02 99 78 47 57

CANCALE

E.C. 2 ch. **12 km de St Malo. Dinan et Mont St-Michel 40 km.** Etage : unité de 2 chambres (4/5 pers.) avec salle de bains et wc privés. Salle de séjour avec salon à disposition. jardin clos. Parking privé. Au cœur de la côte d'Emeraude, maison ancienne tout près des chemins de ronde de Caucale. 12 km de St Malo. Mer à proximité avec accès aux plages de sable fin à 2 km.

Prix : 2 pers. 35 € 3 pers. 46 €
Ouvert : Toute l'année.

🐕	⛵	🎾	🏇	⛳	≈	⛱
15	3	0,5	10	20	0,5	2

Henriette et François LESNE - 1 rue Port Briac - 35260 CANCALE - Tél. : 02 99 89 77 70

LA CHAPELLE-AUX-FILTZMEENS Ker-Lan   *C.M. 230 Pli 26*

4 ch. Au cœur du pays de Chateaubriand (Combourg) et à moins d'une 1/2 heure de la Côte d'Emeraude et du Mt-St-Michel, belle demeure de caractère du XIX° au cœur du village. 2 ch. triples, 1 ch. doubles et 1 ch. 4 pers., toutes avec sanitaires privés. Salle de séjour, salon à disposition. TV, bibliothèque. 53 €/4 pers. Grand jardin paysager avec salon de jardin. Cuisine commune à disposition. Maryse et Pascal vous reçoivent et si vous le souhaitez, ils vous proposent des stages de TAI CHI CHUAN et sophrologie en juillet/août. Langues parlées : anglais, espagnol, italien.

Prix : 1 pers. 38 € 2 pers. 38 € 3 pers. 46 € pers. sup. 7 €
Ouvert : Toute l'année.

🐕	≈	⛵	🎾	🏇	🌲	⛳	≈	⛱
6	6	4	3	15	30	30

Pascal PERRAULT - Le Chat Fauve Kerlan - Le Bourg - 35190 LA CHAPELLE-AUX-FILTZMEENS - Tél. : 02 99 45 23 81
Fax : 02 99 45 25 84 - E-mail : pascal.perrault@wanadoo.fr - http://perso.wanadoo.fr/kerlan/index.htm ou SR : 02 99 78 47 57

CHAUVIGNE La Haunaie   (S)   (TH)   *C.M. 230 Pli 27*

3 ch. **Mont Saint-Michel 35 km. Fougères 20 km.** 2 chambres doubles et 1 ch. triple avec sanitaires privés. Salon avec TV à dispo. Terrain ombragé avec salon de jardin. Jeux pour enfants. Maison ancienne rénovée avec jardin et grande cour fleurie, en campagne. Accueil chaleureux.

Prix : 1 pers. 23 € 2 pers. 34 € 3 pers. 46 € repas 12 €
Ouvert : Toute l'année.

🐕	≈	🏇	🏢	⚓
23	10	40	4

Aimée et Jean COUDRAY - La Haunaie - 35490 CHAUVIGNE - Tél. : 02 99 97 77 19 - Fax : 02 99 95 02 09 ou SR : 02 99 78 47 57

Bretagne — Ille-et-Vilaine

CHERRUEIX
C.M. 230 Pli 12

3 ch. — 3 chambres d'hôtes avec vue sur la mer, dans la baie du Mont-Saint-Michel. 3 chambres doubles avec salle d'eau et wc communs. Salle à manger à la disposition des hôtes. Salon de jardin, parking privé. Mer (grève) sur place, pêche à 300 m. Possibilité de cuisine.

Prix : 1 pers. 22 € 2 pers. 29 €

🐕	〰	⛵	🎾	🏃	≈	⛱	🏠
	20	20	1	5	0,5	15	8

Marie-Ange AME - Les Trois Cheminées - 35120 CHERRUEIX - Tél. : 02 99 48 93 54 ou SR : 02 99 78 47 57

CHERRUEIX
C.M. 230 Pli 12

5 ch. — 5 chambres d'hôtes. 3 chambres 2 pers. avec douche particulière. 1 chambre 3 pers. avec douche particulière. 1 chambre 4 pers. avec sanitaires particuliers. 2 wc communs. Salle de séjour à la disposition des hôtes. Terrasse, salon de jardin. Char à voile à Cherrueix. Possibilité de cuisine sur place. Piscine chauffée sur place. 53 €/4 pers. Mer (grève) sur place à Cherrueix, baie du Mont Saint-Michel.

Prix : 1 pers. 30 € 2 pers. 38 € 3 pers. 46 € pers. sup. 11 €

🐕	〰	🎾	🏃
	SP	0,2	15

Jean BEAUDOUIN - Hebergement - 35120 CHERRUEIX - Tél. : 02 99 48 97 52 ou SR : 02 99 78 47 57

CHERRUEIX
C.M. 230 Pli 12

2 ch. — A proximité de la mer & au cœur de la Baie du Mt St Michel, Mme Ganier vous accueille dans 1 maison traditionnelle située dans le centre du village. 2 ch. doubles à l'étage, avec s. d'eau et wc privatifs, disposant d'1 accès indépendant. Terrasse, salon de jardin (pique-nique), Grève à 50 m (char à voile, jeux d'enfants, promenade digue de la duchesse Anne-GR34).

CV

Prix : 1 pers. 28 € 2 pers. 33 €

🐕	〰	⛵	🎾	🏃
	25	0,1	25	4

Marie GANIER - 14 rue Lion d'Or - 35120 CHERRUEIX - Tél. : 02 99 48 94 70 ou SR : 02 99 78 47 57

CHERRUEIX
C.M. 230 Pli 12

5 ch. — Entre le Mt-St-Michel et St-Malo, avec un accueil chaleureux et personnalisé, Marie-Madeleine vous reçoit dans une ancienne maison restaurée, entourée d'un petit parc fleuri, reposant et ombragé. 2 ch. doubles, 1 ch. triple, 2 ch. 4 pers. avec mezzanine, toutes avec sanitaires privés. Salle de séjour avec salon (vieille cheminée granit à feu ouvert). Terrasse, parking privé. 65 €/4 pers.

CV

Prix : 2 pers. 35/40 € 3 pers. 53 € pers. sup. 12 €

🐕	〰	👥	⛵	🎾	🏃	🚶	≈	⛱
	18	4	4	8	4	4	15	

Marie-Madeleine GLEMOT - Hamelinais - 35120 CHERRUEIX - Tél. : 02 99 48 95 26 ou 06 17 47 53 49 - Fax : 02 99 48 89 23

CHERRUEIX Les Grandes Grèves
C.M. 230 Pli 12

3 ch. — **Saint-Malo et Mont Saint-Michel 20 km environ.** Vue sur mer pour 2 chambres doubles avec sanitaires privés. 1 ch. familiale 4 pers. avec sanitaires privés. Salle de séjour avec salon. Terrasse avec salon de jardin. Petits déjeuners copieux. A 100 m de la mer en baie du Mont, maison bretonne confortable et accueillante. Char à voile. Langues parlées : anglais, allemand.

CV

Prix : 1 pers. 31 € 2 pers. 36/42 € 3 pers. 48/54 €
Ouvert : D'avril à fin octobre.

🐕	〰	👥	⛵	🎾	🏃	🚶	≈	⛱	🏠
	SP	2,5	2,5	3	3	18	0,1	2	10	3

Jean-Paul GRASSER - 136 Les Grandes Grèves - 35120 CHERRUEIX - Tél. : 02 99 48 81 28 - Fax : 02 99 48 81 28 ou SR : 02 99 78 47 57

CHERRUEIX

3 ch. — **Mont-Saint-Michel 20 km. Saint-Malo 25 km.** Jocelyne et Roger vous accueillent dans 3 chambres doubles avec sanitaires privés chacune. Vous apprécierez cet hébergement conçu avec un jardin clos où vous accédez directement à la mer. Véranda à disposition le soir et pour les petits déjeuners. Magnifique vue sur le site de Cancale au Mont-Saint-Michel.

CV

Prix : 1 pers. 35 € 2 pers. 38 € 3 pers. 50 €
Ouvert : Toute l'année.

🐕	〰	🎾	🏃	🚶	≈	🏠
	20	0,5	15	SP	SP	10	SP

Jocelyne et Roger GOHIN - 22, rue de Rageul - 35120 CHERRUEIX - Tél. : 02 99 80 83 27 ou 02 99 78 47 57

CHERRUEIX
C.M. 230 Pli 12

4 ch. — 4 ch. d'hôtes (2/4 pers.), sanitaires privés. Les petits déjeuners sont servis dans la véranda, face à la mer, vue panoramique. Cuisine. Jardin et parking privés, fleuris longeant la digue de la Duchesse Anne 1,5 km de la route touristique Pontorson/St-Malo par la côte. Victor vous accueille sans réserve dans sa maison dans la baie du Mont St-Michel. Pour le respect et le confort des non-fumeurs s'abstenir de fumer dans la maison.

Prix : 1 pers. 28 € 2 pers. 36/39 € 3 pers. 47 €

🐕	〰	🎾	🏃	🌲	🏠
	20	1,5	1,5	1,5	2

Victor CAUQUELIN - 167 les Grandes Grèves - route de Sainte-Anne - 35120 CHERRUEIX - Tél. : 02 99 48 97 67 ou SR : 02 99 78 47 57

Ille-et-Vilaine

Bretagne

CHERRUEIX Le Lac

C.M. 230 Pli 12

▮▮▮ 4 ch.

Mont Saint-Michel 25 km. Saint-Malo 20 km. A mi-chemin entre le Mt STMichel & St Malo, vous apprécierez l'hospitalité dans cette demeure bretonne du 19è s. située proche du bord de la mer & de la baie du Mt ST Michel, accès direct à la digue (GR34). 2 ch. ont vue sur la mer. Chaque ch. est joliment décorée, avec sanitaires privés. 1 ch. double au r.d.c. accessible aux handicapés. 3 ch. doubles à l'ét. Poss. d'1 lit d'appoint au r.d.c. A l'ét., salon détente & biblio avec vue sur mer. S. à manger avec cheminée au r.d.c. Petits déj. copieux, et sur réservation, TH servie avec des produits régionaux. Terrasse avec salons de jardin, parking privé dans la propriété, jardin paysager. Non fumeur. Langue parlée : anglais.

Prix : 1 pers. **37 €** 2 pers. **45 €** 3 pers. **60 €** pers. sup. **15 €**
repas **16 €**

Ouvert : Toute l'année.

20	2	3	18	SP	8	1,5

Stéphane et Corinne DEGRAEVE - Le Lac - 124 rue du Han - 35120 CHERRUEIX - Tél. : 02 99 48 93 77 -
E-mail : corinne-degraeve@wanadoo.fr - http://perso.wanadoo.fr/le-lac/

CHERRUEIX La Croix Gaillot

C.M. 230 Pli 12

▮▮▮ 5 ch.

Saint-Malo et Mont Saint-Michel 25 km. Entre Le Mt-Saint-Michel et St-Malo, à Cherrueix (capitale du char à voile), Michel et Marie-France vous accueillent et vous proposent 5 ch. d'hôtes dans leur maison en pierre du XIX°. 3 ch. doubles et 2 ch. triples, toutes avec sanitaires particuliers. Séjour/salon avec TV réservé aux hôtes. Poss. cuisine. Jardin d'agrément avec salon, parking privé. Tarifs réduits en basse et moyenne saison.

Prix : 1 pers. **34 €** 2 pers. **39 €** 3 pers. **48 €**

Ouvert : Toute l'année.

7	15	2	2	15	7	2

Michel TAILLEBOIS - La Croix Gaillot - 35120 CHERRUEIX - Tél. : 02 99 48 90 44 ou SR : 02 99 78 47 57

CHERRUEIX La Pichardière

C.M. 230 Pli 12

▮▮▮ 4 ch.

Maison très ancienne en bord de mer. 1 chambre (1 lit 2 pers. 4 lits 1 pers.) salle d'eau et wc particuliers. 1 chambre (2 lits 2 pers.) salle d'eau et wc particuliers. 2 chambres (1 lit 2 pers.) salle d'eau et wc particuliers. Séjour, salon avec TV couleur et cheminée et grande terrasse réservés aux hôtes. A proximité de la Chapelle Sainte-Anne.

Prix : 1 pers. **29 €** 2 pers. **37 €** 3 pers. **49 €** pers. sup. **12 €**

20	3	3	5	18	0,1	10	3

Valérie ZIMMERMANN - La Pichardière - 35120 CHERRUEIX - Tél. : 02 99 48 83 82 - Fax : 02 99 48 80 01
www.baie-Saintmichel.com ou SR : 02 99 78 47 57

CINTRE Le Chêne Lierru

C.M. 230 Pli 25

▮ 1 ch.

Rennes et forêt de Brocéliande 25 mn. Une chambre au r.d.c. avec accès direct à la pelouse (1 lit 2 pers.), douche et lavabo. WC privés à l'étage. Salle de séjour, salon à dispo. Salon de jardin. Jolie maison contemporaine sur parc arboré et très fleuri. A 1 heure des grandes plages nord et sud de la Bretagne.

Prix : 1 pers. **26 €** 2 pers. **31 €**

Ouvert : Toute l'année.

8	15	15	15	15	8	SP	70	10	2,5

Anne DOUSSINAULT - Le Chêne Lierre - 35310 CINTRE - Tél. : 02 99 64 16 62 ou SR : 02 99 78 47 57

COESMES Manoir du Plessix

C.M. 230 Pli 25

▮▮▮ 2 ch.

Rennes et Vitré 30 mn. Geneviève vous accueille dans ce joli manoir du XVII° (origine XII°), dans un hameau campagnard. A l'ét. : 1 ch./suite (1 lit 2 pers., 1 lit 120), 1 ch./suite (1 lit 2 pers., 2 lits jumeaux), sanitaires privés chacune. Poss. lits suppl. Les petits déjeuners et repas seront servis dans la salle à manger (produits maison). Grand jardin, salon de jardin à dispo. Vous êtes dans le pays de la Roche aux Fées, grand site touristique. Geneviève, pour les passionnés d'histoire vous contera l'histoire de ce manoir depuis 1186. L'intérieur du manoir joliment aménagé avec goût et harmonie donne envie d'y séjourner et d'y rester. 70 €/4 pers.

Prix : 1 pers. **38 €** 2 pers. **46 €** 3 pers. **58 €** pers. sup. **12 €**
repas **15 €**

Ouvert : Toute l'année.

7	6	2	1	1	10	3	2

Geneviève ANJOT - Manoir du Plessix - 35134 COESMES - Tél. : 02 99 47 77 33 - Fax : 02 99 47 79 74

COGLES Le Trotteur

▮▮▮ 2 ch.

Jean et Liliane vous accueillent dans leur maison, contemporaine où règne convivialité & chaleur. L'ét. vous est entièrement réservé avec 1 mezzanine salon, 1 ch. double de 34 m² poss. lits sup., sanitaires privés, 1 ch. double avec sanitaires privés, la table d'hôtes et le petit déj. vous seront servis à base de produits locaux dans la salle à manger du propriétaire. De cet endroit calme & reposant, vous avez la possibilité de séjourner sur place avec tennis, piscine à votre dispo. ou rayonner vers le Mt St Michel, la côte d'Emeraude et Fougères, ville historique. Pour les amateurs de chevaux, Jean vous accompagnera lors de promenades en voiture à cheval.

Prix : 1 pers. **40 €** 2 pers. **46 €** 3 pers. **61 €** repas **15 €**

Ouvert : Toute l'année.

SP	5	SP	5	40	40	40

Jean et Liliane BAZIN - 14 rue St Jean - 35460 COGLES - Tél. : 02 99 98 64 19 ou 02 99 97 88 33 - Fax : 02 99 98 64 19 -
E-mail : llilianebazin@AOL.com

Bretagne — Ille-et-Vilaine

LA COUYERE
C.M. 230 Pli 41

2 ch. Dans une ferme rénovée du XVIIe siècle, 1 suite de 4 pers. et 1 ch. 3 pers. avec sanitaires privés chacune. Aux beaux jours, petits déjeuners servi au jardin d'hiver, où Claudine vous fera partager sa passion pour la décoration et le point de croix en broderie. Possibilité de week-end amoureux avec dîner aux chandelles : 19 €. Claudine a ouvert une brocante réservée à ses hôtes.

Prix : 1 pers. 30 € 2 pers. 57 €

🐕	🏊	🎾	🌲
10	10	7	8

Claudine GOMIS - La Tremblais - 35320 LA COUYERE - Tél. : 02 99 43 14 39 ou SR : 02 99 78 47 57

DINARD
C.M. 230 Pli 11

E.C. 1 ch. **Dinard sur place. Saint-Malo 10 km.** 1 ch. 2 pers. avec sanitaires privés, à proximité de la chambre, salon réservé aux hôtes avec bibliothèque et jeux de sociétés. Les petits déjeuners copieux seront servis à l'intérieur ou dans le jardin l'été. Pour le confort et le respect des non fumeurs, s'abstenir de fumer dans la maison. St-Enogat, berceau de Dinard à 2 pas de la plage, de la Thalasso. Marie-France et Robert vous accueillerons dans leur maison calme et très fleurie. Poss. de bridge avec les propriétaires très amateurs. A découvrir : casino de Dinard, ses villas, sa promenade du clair de lune, son port de plaisance...

Prix : 1 pers. 43 € 2 pers. 45 € 3 pers. 59 €
Ouvert : Toute l'année.

🐕	🏊	🎾	🏊‍♂️	🏌️	〰️
	0,6	2,5	3	4	0,3

Marie-France EVEN - 3 rue du Port Blanc - 35800 DINARD - Tél. : 02 99 46 25 89

DINGE

E.C. 3 ch. **Combourg 6 km. Dinan 30 km. Base de loisirs de Feins 7 km.** La famille Cointre propose 3 charmantes ch. doubles avec sanitaires privatifs (poss. lits suppl.). Grand jardin enclos de murs. A la table d'hôtes, les plats sont cuisinés à partir de produits soigneusement choisis. Les petits déjeuners servis dans la salle ou en terrasse sont à base de produits faits maison : pains d'épices, brioches... Salon à disposition. A une 1/2 heure de la Côte d'Emeraude et du Mont-Saint-Michel, dans l'ancien presbytère du village datant de 1832. Langue parlée : anglais.

Prix : 1 pers. 35 € 2 pers. 43 € 3 pers. 55 € pers. sup. 9 € repas 15 €
Ouvert : Toute l'année.

🐕	🏊	🎾	⛵	🏌️	👥	〰️	⛱️	🐎	🚂
6	7	6	6	6	15	SP	30	40	2	SP

Claire et Antony COINTRE - Le Bourg - 35440 DINGE - Tél. : 02 99 45 04 13 - E-mail : claire.antony@wanadoo.fr

DOL-DE-BRETAGNE
C.M. 230 Pli 12

5 ch. 5 chambres dans une maison de caractère au bord d'une rivière : 2 chambres 2 pers., sanitaires particuliers. 1 chambre triple avec sanitaires particuliers et 2 chambres 4 pers. en duplex avec sanitaires particuliers. Salle de séjour avec cheminée à disposition. Jardin. Terrasse sur parc arboré. Tarif 4 pers. : 61 €. Langue parlée : anglais.

Prix : 2 pers. 39 € 3 pers. 50 € pers. sup. 11 € repas 16 €
Ouvert : toute l'année.

🐕	🏊	🎾	🏊‍♂️	🏌️	👥	〰️	⛱️	🚂
	1,5	1	5	10	8	8	20	1,5	1

Catherine COSTARD-SOULABAILLE - La Begaudière - Mont-Dol - 35120 DOL-DE-BRETAGNE - Tél. : 02 99 48 20 04 - Fax : 02 99 48 20 04 - E-mail : bonds@club-internet.fr - www.begaudiere.com ou SR : 02 99 78 47 57

DOL-DE-BRETAGNE

3 ch. **St-Malo 20 km. Mt-Saint-Michel 28 km.** Marie-Thérèse vous accueille dans sa maison contemporaine très fleurie l'été, avec jardin et salon de jardin à disposition. A l'étage : 3 ch. doubles confortables avec sanitaires privatifs, poss. lit d'appoint. Marie-Thérèse vous servira de copieux petits déjeuners et vous fera goûter ses confitures maison. A la sortie de Dol de Bretagne, petite cité de caractère au cœur de la baie du Mont-Saint-Michel. Le soir vous flanerez dans cette petite cité très agréable avec ses vieilles rues, ses maisons et son cathédraloscope tout récemment créé. Nombreux restaurants gastronomiques et crêperies.

Prix : 1 pers. 30 € 2 pers. 34 € 3 pers. 44 €
Ouvert : De Pâques à octobre.

🐕	🏊	🎾	🏌️	👥	〰️	⛱️	🚂
	1	1	10	3	8	20	2	SP

Marie-Thérèse NATUR - 3, rue A. Pelle - 35120 DOL-DE-BRETAGNE - Tél. : 02 99 48 23 62

DOL-DE-BRETAGNE Haute Lande
C.M. 230 Pli 12

3 ch. 2 ch. doubles et 1 ch. triple avec sanitaires privés pour chacune, aménagées dans un ancien manoir du XVIIe avec terrain, pelouse. Salle de séjour/salon. Terrasse avec salon de jardin. Vie à la ferme. A proximité de nombreuses villes touristiques : Dol, Dinan, Saint-Malo, Mont Saint-Michel, Combourg. 50 €/pers. Langues parlées : anglais, allemand, hollandais.

Prix : 1 pers. 35 € 2 pers. 38 € 3 pers. 45 €
Ouvert : Toute l'année.

🐕	🏊	🎾	🏊‍♂️	🏌️	🏇	👥	🚂	
	15	20	3	3	10	3	10	3	3

Riekus et Ineke RENTING - Haute Lande - 35120 DOL-DE-BRETAGNE - Tél. : 02 99 48 07 02 ou SR : 02 99 78 47 57

459

Ille-et-Vilaine   *Bretagne*

DOL-DE-BRETAGNE Launay Begasse   C.M. 230 Pli 12

▍▍▍ 3 ch.   3 chambres d'hôtes dont 1 chambre double. 2 chambres triples. Sanitaires particuliers pour chaque chambre. 1 salle pour petits déjeuners copieux, salon, TV. Terrain. Pêche 1 km. Maryvonne et Alain vous accueillent à la ferme dans cette maison en pierres de pays très fleurie agréable à vivre.

Prix : 1 pers. 31 € 2 pers. 36 € 3 pers. 46 € pers. sup. 11 €

1	0,5	7	7	7	

Alain RONCIER - l'Aunay Begasse - 35120 DOL-DE-BRETAGNE - Tél. : 02 99 48 16 93 ou SR : 02 99 78 47 57

DOL-DE-BRETAGNE   C.M. 230 Pli 12

▍▍ 4 ch.   Dol-de-Bretagne 1,5 km. Saint-Malo 25 km. Mont Saint-Michel 20 km. Dans une partie d'un manoir du XVe siècle. R.d.c. : 1 chambre (4/5 pers.) avec sanitaires privés.Et : 2 chambres doubles avec sanitaires privés. 1 chambre (4 pers.) avec sanitaires privés. Village 500 m. Pêche 4 km.

Prix : 1 pers. 27 € 2 pers. 35 € 3 pers. 44 €
Ouvert : De Pâques à octobre.

15	4	0,5	4	10	15	20	2

Jean-Paul BOURDAIS - Ferme de Beauregard - 35120 BAGUER-MORVAN - Tél. : 02 99 48 03 04 - Fax : 02 99 48 03 04 ou SR : 02 99 78 47 57

DOL-DE-BRETAGNE La Loubatais

▍ 2 ch.   Saint-Malo 25 km. Annick vous accueille et vous propose 1 unité familiale de 2 ch. (2 lits 2 pers., 1 lit 1 pers.), et 1 ch. de 3 à 4 pers (1 lit 2 pers., 1 lit 1 pers. et poss. 1 lit d'appoint), salle d'eau et wc privés. Salle de séjour avec salon, cheminée et TV à votre disposition. Vous y trouverez le calme et la détente au retour de votre journée passée à la plage ou à la découverte de la région riche en patrimoine, culture et randonnées.

Prix : 1 pers. 26 € 2 pers. 34 € 3 pers. 45 € pers. sup. 11 €
Ouvert : Toute l'année.

18	6	3	7	10	10	20	3

Annick DAUMER - La Loubatais - 35120 DOL-DE-BRETAGNE - Tél. : 02 99 48 19 27

DOMALAIN   C.M. 230 Pli 12

▍▍ 2 ch.   Dans une maison rurale, 2 chambres d'hôtes communicantes 1 au rez-de-chaussée et 1 à l'étage. 1 chambre 4 pers. et 1 chambre 2 pers. avec sanitaires particuliers. Salle de séjour indépendante à la disposition des vacanciers. Pêche 1,5 km. Jardin aménagé. Plan d'eau aménagé à Domalain avec baignade et pêche. 46 €/4 pers.

Prix : 1 pers. 28 € 2 pers. 34 € 3 pers. 40 € pers. sup. 6 €

7	14	1,5	14	7	8	14	7

Marcelle TEMPLON - Les Hairies - 35680 DOMALAIN - Tél. : 02 99 76 36 29 ou SR : 02 99 78 47 57

EPINIAC Cadran   C.M. 230 Pli 26

▍▍▍ 2 ch.   Saint-Malo et Mont Saint-Michel 25 km. Dinan 20 km. 2 chambres doubles avec sanitaires privés pour chacune dans une maison avec jardin aménagé. Salle de séjour/salon.

Prix : 2 pers. 34 € 3 pers. 43 €
Ouvert : De Pâques à novembre.

15	15	1	4	15	4	4	6	1,5

Régine SANGUY - Vallée de Cadran - 35120 EPINIAC - Tél. : 02 99 80 03 55 ou SR : 02 99 78 47 57

ERBREE Les Ecuries de la Valière   (TH)

▍▍ 4 ch.   Vitré 3 km. 4 ch. d'hôtes à l'étage aménagées dans une grande longère rénovée : 2 ch. doubles avec vue sur le plan d'eau et 2 ch. familiales 4 pers., toutes avec sanitaires privés. Salon réservé aux hôtes avec bibliothèque. Jeux de société, TV. Grande terrasse avec salon de jardin. Lucienne vous préparera de copieux petits déjeuners et repas à base de produits maison. Belle propriété aménagée sur une ferme avec élevage de chevaux, dans un cadre verdoyant dominant le magnifique plan d'eau de la Valière, accès direct au plan d'eau à pied. Chemin de randonnée qui vous conduit au Château de Mme de Sévigné et au golf attenant.

Prix : 1 pers. 30 € 2 pers. 38 € 3 pers. 50 € pers. sup. 13 €
repas 13 €
Ouvert : Toute l'année.

3	SP	3	1	1	SP

Lucienne LOISIL - Les Ecuries de la Valière - 35500 ERBREE - Tél. : 02 99 75 09 42 ou 06 72 14 39 60 - Fax : 02 99 74 20 99

Bretagne
Ille-et-Vilaine

ERBREE Les Ecuries de la Valière
C.M. 230 Pli 42

5 ch. **Vitré 3 km. Château des Roches de Madame de Sévigné 1 km.** 5 chambres à l'étage conçues dans une grande longère rénovée. 3 ch. 2 pers. dont 2 avec vue sur plan d'eau, sanitaires particuliers. 2 ch. familiales de 5 pers. chacune avec sanitaires particuliers. Salon réservé aux hôtes avec bibliothèque, jeux de société, TV. Grande terrasse avec salon de jardin. Belle propriété aménagée sur une ferme avec élevage de chevaux, dans un cadre verdoyant dominant le magnifique plan d'eau de la valière. Accès direct au plan d'eau à pied, chemin de randonnées qui vous conduit au château de Sévigné et au golf attenant.

Prix : 1 pers. 30 € 2 pers. 38 € 3 pers. 50 € pers. sup. 13 €
repas 13 €

Ouvert : Toute l'année.

3	3	4	5	1	3	3	

Lucienne LOISIL - Les Ecuries de la Valière - 35500 ERBREE - Tél. : 02 99 75 09 42 ou 06 72 14 39 60

ESSE La Roche Aux Fées
A C.M. 230 Pli 41

4 ch. **Vitré 25 km.** 4 ch. à l'étage de la maison du propriétaire typique du pays. 3 ch. 2 pers., 1 ch. 4 pers., sanitaires particuliers à chaque chambre. Les petits déjeuners copieux vous seront servis dans le « penty » du rez-de-chaussée. Vous apprécierez les produits maison dont le pain de fabrication artisanale. Terrasse avec salon de jardin. 60 €/4 pers. A deux pas du plus grand dolmen de Bretagne, la Roche aux Fées, Béatrice et Johnny vous accueillent dans leur maison de caractère en schiste située au cœur du hameau. L'auberge sur place propose des produits du terroir. Nombreuses animations autour des fêtes de la Roche aux Fées l'été. Langues parlées : anglais, espagnol, allemand.

Prix : 1 pers. 30 € 2 pers. 40 € 3 pers. 52 € pers. sup. 10 €
1/2 pens. 15 €

Ouvert : Toute l'année.

15	3	15	3	3

Béatrice ROZE-SANTOS - La Roche aux Fées - 35150 ESSE - Tél. : 02 99 47 73 84 ou 06 07 06 04 22 - Fax : 02 99 44 50 79 -
E-mail : relais-des-fees@wanadoo.fr - www.roche-aux-fees.com

LA FRESNAIS Pont Racine
C.M. 230 Pli 12

1 ch. **Mont Saint-Michel 26 km. Saint-Malo 16 km.** 1 chambre 4 pers. avec accès indépendant et mezzanine, sanitaires privés. Salle de séjour/salon (TV). A 2 km de la mer dans la baie du Mont Saint-Michel. Terrasse avec salon de jardin, pelouse. Tarif 4 pers. : 52 €.

Prix : 1 pers. 30 € 2 pers. 34 € 3 pers. 42 € pers. sup. 9 €

16	0,8	4	8	8	2	16	0,2	0,2

Yves COLLET - Pont Racine - 5 rue de la Masse - 35111 LA FRESNAIS - Tél. : 02 99 58 71 73 ou SR : 02 99 78 47 57

GAHARD
C.M. 230 Pli 27

4 ch. Maison de caractère dans un cadre de verdure attenant à une ferme laitière, entre Rennes et le Mt-St-Michel. 4 chambres d'hôtes à l'étage : 2 ch. 2 pers. 2 ch. 3 pers. avec sanitaires privés. (possibilité lit d'appoint). Salle de séjour/salon avec TV à la disposition des vacanciers. Table d'hôtes sur réservation. Jardin avec jeux, terrasse. Pêche 6 km. Randonnée.

Prix : 1 pers. 30 € 2 pers. 34/40 € 3 pers. 46/56 €
pers. sup. 9/12 € repas 11/15 €

Ouvert : Toute l'année.

10	8	8	1	1	2	30	0,5	40	60	12	1

Victor et Anne-Marie DUGUEPEROUX - Le Viviers - 35490 GAHARD - Tél. : 02 99 39 50 19 - Fax : 02 99 39 50 19 ou SR : 02 99 78 47 57

GAHARD
C.M. 230 Pli 27

3 ch. **Mont Saint-Michel 40 km.** 3 chambres d'hôtes dans une maison de pierre avec terrain attenant et salon de jardin. R.d.c. : 1 ch. 3 pers. avec sanitaires privés. Etage : 1 ch. 2 pers. et 1 ch. 3 pers. avec sanitaires privés. Possibilité de lits supplémentaires. Salle de séjour/salon avec cheminée. Possibilité de cuisine. Pêche à 6 km. Poney-club sur place.

Prix : 1 pers. 25 € 2 pers. 32 € 3 pers. 40 €

10	10	10	SP	1	30	2	SP

André et Angèle HOUDUSSE - La Rogerie - Le Bourg - 35490 GAHARD - Tél. : 02 99 39 50 17 ou SR : 02 99 78 47 57

GAHARD Haut Bignonet

3 ch. **Mont Saint-Michel 40 km.** A la campagne, jolie maison avec jardin fleuri, très calme à proximité de bois et forêts. 2 chambres 3 pers. Sanitaires privés. 1 chambre double, sanitaires privés. Salle de séjour/salon/TV. Poss. cuisine sur place. Terrain aménagé. Tarif 4 pers. : 62 €.

Prix : 1 pers. 33 € 2 pers. 40 € 3 pers. 51 €

11	15	15	3	3	0,5	30	0,5	40	60	11	3,5

Jules et Odile VAUGON - Haut Bignonet - 35490 GAHARD - Tél. : 02 99 55 26 20 ou SR : 02 99 78 47 57

Ille-et-Vilaine   *Bretagne*

GEVEZE Le Cas Rouge
C.M. 230 Pli 26

2 ch. Mont Saint-Michel et Saint-Malo à moins d'1 h. Dinan et Cambray 20 mn. Au r.d.c. : 1 ch. unité familiale de 2 ch. (1 lit 2 pers., 1 clic-clac 2 pers.), sanitaires privés. Salle de séjour avec salon. Cheminée. Petit déjeuner copieux servi avec des produits maison. Pelouse fleurie avec salon de jardin pour votre détente. Accès direct de la chambre à la terrasse. 55 €/4 pers. A 15 mn de Rennes, belle longère rénovée. Découverte de la ferme avec Dominique et Danielle et leurs jeunes enfants.

Prix : 1 pers. 28 € 2 pers. 34 € 3 pers. 44 € pers. sup. 11 €
Ouvert : Toute l'année.

15	15	15	3	8	15	3

Danielle et Dominique LORRET - Le Cas Rouge - 35850 GEVEZE - Tél. : 02 99 69 10 67 - Fax : 02 99 69 10 67 ou SR : 02 99 78 47 57

GUICHEN Château de Bagatz
C.M. 230 Pli 40

4 ch. Rennes 20 km. Redon 30 km. Dans 1 cadre enchanteur & romantique, joli château du XVᵉ s., situé sur 1 parc & des bois de 65 ha avec étang. Au château, 2 ch. triples, 1 ch. double avec petit salon aménagée dans une tourelle, 1 suite 4 pers. Spacieux sanitaires privés pour chaque ch. Salon et salle de jeux (biblio, TV, p-pong). Petits déjeuners copieux. Terrasse avec salon de jardin. Sur place chemins de petites randonnées, centre équestre, ancienne source minérale et bois de buis (curiosité). Vous êtes à 15 mn de Rennes, et du musée de l'automobile et à 30 mn de la Forêt de Brocéliande.

Prix : 1 pers. 50 € 2 pers. 60/70 € 3 pers. 70/80 €
Ouvert : Toute l'année.

10	2	SP	10	2

Daniel et Christiane DIOT - Château de Bagatz - 35580 GUICHEN - Tél. : 02 99 57 09 88 ou 06 22 15 40 91 - Fax : 02 99 57 02 48

GUIPRY La Bouetelaie
C.M. 230 Pli 39

3 ch. Guipry 2,5 km. Redon 25 km. A l'étage : 2 ch. doubles, 1 ch. 4 pers. avec salle d'eau et wc privés chacune. Salon avec bibliothèque et TV. Copieux petits déjeuners et table d'hôtes à base de produits du terroir. Grand parc boisé et clos avec jeux d'enfants. Terrasse avec salon de jardin. A 100 m des bords de Vilaine. Vous êtes à Guipry, station verte de vacances (animations l'été). A 10 mn de Loheac, village et musée de l'Automobile. Langues parlées : anglais, espagnol, portugais.

Prix : 1 pers. 35 € 2 pers. 43 € 3 pers. 52 € pers. sup. 9 € repas 15 €
Ouvert : Toute l'année.

3	3	5	SP	SP	45	45	3	2,5

Marie-Hélène PUIG - La Bouetelaie - 35480 GUIPRY - Tél. : 02 99 34 76 12 ou 06 14 43 84 80 - Fax : 02 99 34 75 34

GUIPRY La Crépinière
C.M. 230 Pli 39

3 ch. Redon 25 km. Chambres spacieuses décorées avec goût ouvrant sur le parc. 1 ch. avec suite (1 lit 2 pers. convertible 2 pers.), salon avec fauteuils. 2 ch. 2 pers. Sanitaires individuels par chambre (baignoire ou douche). Salle à manger avec cheminée. Salon avec cheminée. Terrasse avec salon de jardin. En pays de Vilaine, en station verte de vacances, belle demeure de caractère aménagée sur un parc boisé et fleuri de 6000 m². Vous êtes à proximité du port de Guipry. Au village, animations d'été (piscine découverte, tennis, sentiers de randonnée pédestres et équestres, fêtes locales). Langues parlées : anglais, allemand, espagnol.

Prix : 1 pers. 35/49 € 2 pers. 43/81 € pers. sup. 9 €
Ouvert : Toute l'année.

1	1	1	30	45	2,5	1

Yves et Christine AUVRAY - La Crepinière - 29 avenue du Port - 35480 GUIPRY - Tél. : 02 99 34 24 34 ou 06 15 21 72 04 - Fax : 02 99 34 24 54 - E-mail : yves.auvray@wanadoo.fr

HIREL Le Clos des Chaumières

E.C. 3 ch. Mt St Michel 25 km, Dol de Bretagne 6 km, Cancale 15 km, St Malo 20 km... Dans la Baie de Mt St Mchel, à 2 km de lamer, Yvelynes et Patrick vous accueillent dans leurs chaumières. Une chambre familiale pour 4 pers. avec sanitaires privés et 2 chambres doubles avec sanitaires privés.. Séjour, salon avec TV, cheminée et grandes terrasses. Jardin d'agrément avec salons. Parking privé. Petits déjeuners copieux. Langue parlée : anglais.

Prix : 1 pers. 30 € 2 pers. 40 € 3 pers. 50 €
Ouvert : Toute l'année.

18	15	1,5	10	15	1	10	6	6

Yvelines et Patrick DESHOUX - 24 la ville es Fleurs - Le clos des chaumières - 35120 HIREL - Tél. : 02 99 80 86 29 - E-mail : MATTHIEU.DESHOUX@wanadoo.fr

HIREL
C.M. 230 Pli 12

5 ch. Saint-Malo 15 km. Mont Saint-Michel 30 km. Maison rurale à proximité de la mer (Baie du Mont Saint-Michel). A l'étage : 4 chambres 2 pers. avec sanitaires privés, 1 chambre 4 pers (communiquante) avec sanitaires privés. Coin-salon, coin-lecture, salle de séjour/salon, TV. Possibilité lits supplémentaires. Parking privé, jardin. Tarif 4 pers. : 50 €.

Prix : 1 pers. 31 € 2 pers. 35 € 3 pers. 41/44 €

15	25	0,1	4	15	8	0,2

Marlène et Michel HARDOUIN - 10 rue du Domaine - 35120 HIREL - Tél. : 02 99 48 95 61 - E-mail : HardouinM@wanadoo.fr ou SR : 02 99 78 47 57

Bretagne — Ille-et-Vilaine

HIREL
C.M. 230 Pli 12

2 ch. Baie du Mont Saint-Michel 4 km. Cancale 12 km (huîtres et moules). A la ferme en baie du Mont Saint-Michel, dans une maison agréable, 2 chambres ont été aménagées. 1 chambre 2 pers. avec douche privée, wc communs. 1 chambre 3 pers., sanitaires privés. Salle de séjour. Pelouse avec salon de jardin.

Prix : 1 pers. 26 € 2 pers. 33 € 3 pers. 41 €
Ouvert : Toute l'année.

20	15	4	8	10	8	4	18	4	4

M-Thérèse et Francis RICHARD - 7, Le Fedeuil - 35120 HIREL - Tél. : 02 99 48 08 36 ou SR : 02 99 78 47 57

LES IFFS — Château de Montmuran
C.M. 230 Pli 26

1 ch. Dans un château des XIIe, XIVe, XV et XVIIIe siècles classé monument historique, 1 chambre (1 lit 2 pers.) sanitaires privés. Salle de séjour, salon. Jardin aménagé. Visite offerte du château de Montmuron si arrivée avant 18 heures. Petit village des Iffs, entre Rennes et Saint-Malo. Langue parlée : anglais.

Prix : 2 pers. 70 €
Ouvert : De mai à octobre.

15	5	5	1	30	18	5

Hervé DE LA VILLEON - Château de Montmuran - 35630 LES IFFS - Tél. : 02 99 45 88 88 - Fax : 02 99 45 84 90 -
E-mail : chateau.montmuran@wanadoo.fr - www.montmuran.com ou SR : 02 99 78 47 57

IRODOUER
C.M. 230 Pli 25

2 ch. 2 chambres d'hôtes dans un château entouré d'un parc avec bois et étang (pêche). 1 chambre 3 pers. et 1 chambre 2 pers. avec sanitaires communs et wc, et également wc au rez-de-chaussée. Salle de séjour à la disposition des hôtes. Réduction tarif si plus de 3 nuits. Tarif 4 pers. : 55 €. Langue parlée : anglais.

Prix : 1 pers. 24 € 2 pers. 30 € 3 pers. 45 €
Ouvert : De Pâques à fin septembre.

13	SP	18	3	7	6	20	1	45	45	13	1,5

Geneviève DELORGERIE - Château du Quengo - 35850 IRODOUER - Tél. : 02 99 39 81 47 ou SR : 02 99 78 47 57

LANDEAN
C.M. 230 Pli 28

1 ch. 1 ch. d'hôtes 2/3 personnes avec sanitaires privés. Salle de séjour à disposition. Salon de jardin. Maison en granit en pleine campagne à proximité de la forêt de Fougères. Parc floral de 4000 m². Base de loisirs avec plan d'eau, baignade à 5 km. Accès : de Landéan, prendre la route entre la boulangerie et la pharmacie et traverser la forêt sur 2,8 km. En sortant de la forêt, prendre à gauche et suivre fléchage « la Pérouse du Mitan » à 500 m. Langue parlée : anglais.

Prix : 1 pers. 30 € 2 pers. 38 € 3 pers. 46 €
Ouvert : Vacances scolaires et week-ends.

10	5	5	10	5	1	30	1	50	50	10	5

Angèle et Paul RENAULT - La Perouse du Mitan - 35133 LANDEAN - Tél. : 02 99 97 30 30 - Fax : 02 99 97 30 30 -
E-mail : paul.renault@free.fr ou SR : 02 99 78 47 57

LANDEAN — Le Champ Blanc

2 ch. Fougères 10 km. A l'orée de la forêt de Fougères, Odette et François vous accueillent dans cette maison contemporaine, dans un cadre de verdure calme et reposant. 2 ch. spacieuses et joliment décorées : 1 ch. 4/5 pers. 1 ch. 3 pers. Salle d'eau/wc privés. Salon attenant. TV dans chaque ch. Terrasse ouvrant sur la forêt pour vos petits déjeuners (confitures maison). Salon de jardin. Grande véranda ouvrant sur la forêt, jardin avec salon de jardin à votre disposition. Vous êtes à 5 mn de la base de loisirs de Chenedet, vous pourrez vous y rendre à pied ou en vélo. Découvrez aussi Fougères avec son château et ses vieilles rues (animations durant l'été).

Prix : 1 pers. 31 € 2 pers. 39 € 3 pers. 50 € pers. sup. 11 €
Ouvert : Toute l'année.

10	2	10	2	50	50	10	2

Odette et François LETOURNEUR - Le Champ Blanc - 35133 LANDEAN - Tél. : 02 99 97 30 64

LANRIGAN

E.C. 1 ch. Le Mt-St-Michel 30 km, Dinan 30 km, Combourg et son château 4 km.... Annick et Marc vous accueillent à la ferme, une unité familiale composée de 2 chambres avec 1 lit double, 2 lits jumeaux avec sanitaires privés. Pelouse avec salon de jardin, vélo à disposition pour randonnée. Découverte de la ferme avec les animaux domestiques. Table d'hôtes sur réservation. Langue parlée : anglais.

Prix : 2 pers. 34 € 3 pers. 46 € pers. sup. 12 € repas 13 €
Ouvert : Toute l'année.

4	10	4	14	10	35	35	4	4

Marc et Annick HAMON - Le Bourg - 35270 LANRIGAN - Tél. : 02 99 73 04 57

Ille-et-Vilaine   *Bretagne*

LASSY Moulin du Bignon   (TH)   C.M. 230 Pli 39

2 ch. 2 chambres doubles avec sanitaires privés, aménagées dans un moulin à eau du XVIe siècle rénové. Salle de séjour/salon avec cheminée, petit coin-cuisine aménagé à disposition. Terrasse aménagée en bordure de rivière. Rivière sur place, sentiers de randonnée, magnifiques paysages vallonnés. Langues parlées : allemand, anglais.

Prix : 1 pers. **35 €** ◆ 2 pers. **40 €** ◆ repas **16 €**
Ouvert : Toute l'année.

🐕	🏊	🎾	🐎	🏌
	15	3	0,1	15	10

Claude KRUST - Moulin de Bignon - 35580 LASSY - Tél. : 02 99 42 10 04 - Fax : 02 99 42 03 51 -
E-mail : claude.krust@wanadoo.fr - http://moulinduBignon.com ou SR : 02 99 78 47 57

LOHEAC   CB

E.C. 4 ch. Maison d'hôtes entièrement rénovée où Maïté vous accueillera au Colibri, joliment décorée sur le thème de l'aviation, composée d'1 ch. au rdc avec1 lit double, 1 lit 1 pers., s. d'eau et wc, accessible handicapé. A l'ét. : 1 ch. double avec sanitaires privés, 2 ch. triples avec 1 lit double, 1 lit 1 pers., douche, wc privés. TV. Salon, billard, lit bébé sur demande. Terrasse avec jardin à la disposition des hôtes. Idéal pour les passionnés de l'automobile (musée de l'automobile), Lohéac, en pays de Vilaine, dans le centre bourg.

Prix : 1 pers. **51 €** ◆ 2 pers. **56 €** ◆ 3 pers. **75 €** ◆ pers. sup. **19 €**
Ouvert : Toute l'année.

🐕	🏊	⛵	🎾	🐎	🌲	🏌	🌊	⛱	🚴	⛷
	5	50	0,5	5	30	50	50	30	SP

Maïté POUSSIN - 34 rue de la Poste - 35550 LOHEAC - Tél. : 02 99 34 10 00 - Fax : 02 99 34 08 93

LOUVIGNE-DU-DESERT   C.M. 230 Pli 28

2 ch. Mont Saint-Michel 45 km. Forêt de Fougères 15 km. 2 chambres d'hôtes triples avec sanitaires privés. Salle de séjour avec TV et coin-lecture à disposition. Terrain aménagé. Maison neuve en milieu rural sur 5000 m² de bois et de verdure. Base de loisir de Chenedet 15 km (plan d'eau, baignade, voile, randonnée, équitation...).

Prix : 1 pers. **26 €** ◆ 2 pers. **33/38 €** ◆ 3 pers. **40/43 €**
Ouvert : Toute l'année.

🐕	🏊	⛵	🎾	🐎	🌲	🏌	🚶	🚴
	15	14	1,5	14	15	15	15	1,5

Michel PIGNOREL - Le Tertre Alix - 35420 LOUVIGNE-DU-DESERT - Tél. : 02 99 98 50 65 ou SR : 02 99 78 47 57

MARCILLE-RAOUL   (TH)   C.M. 230 Pli 26

5 ch. Mont Saint-Michel 30 km. Combourg 10 km (berceau de Châteaubriand). 1 ch. 4 pers., sanitaires privés. 1 ch. communicante (1 lit 2 pers. 2 lits 1 pers.), sanitaires privés pour chaque chambre. 1 ch. (1 lit 2 pers. 1 conv. 2 pers.), sanitaires privés. 2 ch. (1 lit 2 pers), sanitaires privés (1 au r.d.c., 1 à l'étage). Séjour/salon pour les hôtes. Pelouse/salon de jardin, barbecue. Cuisine à disposition. Table d'hôtes sur réservation sauf samedi et dimanche. Tarif pension pour 2 pers. Ferme de séjour sur la D794 (Vitré/Dinan). Visite de la ferme. Pêche 3 km. Restaurant 1 km. Tarif 4 pers. : 50 €.

Prix : 1 pers. **31 €** ◆ 2 pers. **35 €** ◆ 3 pers. **45 €** ◆ pers. sup. **11 €** ◆ repas **15 €**
Ouvert : Toute l'année.

🐕	🏊	🍽	⛵	🎾	🐎	🌲	🏌	🚶	🌊	⛱	🚴	⛷
	9	4	3	1	9	4	18	12	30	40	10	1

Louis et Annick RAULT - Le Petit Plessix - 35560 MARCILLE-RAOUL - Tél. : 02 99 73 60 67 - Fax : 02 99 73 60 62 ou SR : 02 99 78 47 57

MEILLAC Le Gué   C.M. 230 Pli 26

2 ch. Saint-Malo 30 km. Mont Saint-Michel 40 km. 2 ch. doubles (dont 1 avec 2 lits jumeaux) avec sanitaires privés aménagées au rez-de-chaussée. Terrain avec terrasse, salon de jardin, balançoires, toboggan et vélos à disposition. Proche de Combourg. « Cobac Park » (parc aquatique) 2,5 km.

Prix : 1 pers. **23 €** ◆ 2 pers. **32 €**
Ouvert : Du 1er mai à novembre ou sur réservation.

🐕	🏊	🍽	🎾	🐎	🌲	🚴	⛷
	6	4	1,7	10	3	10	6	2

Xavier et M-Madeleine DE RUGY - Le Gué - 35270 MEILLAC - Tél. : 02 99 73 08 68 ou SR : 02 99 78 47 57

MELESSE Le Verger   C.M. 230 Pli 26

2 ch. Rennes 10 km. Mont Saint-Michel et Saint-Malo 45 km. 1 ch. 3 pers. et 1 ch. 4 pers. à l'étage (poss. lit bébé). Salle de bains, wc individuels. Petite cuisine à votre disposition au niveau des chambres. A 5 mn de Rennes, Emilienne vous accueille dans sa maison moderne à la campagne dans un cadre verdoyant avec de grands espaces. Petits déjeuners copieux et variés servis dans le séjour/salon avec cheminée. 50 €/4 pers.

Prix : 1 pers. **32 €** ◆ 2 pers. **36 €** ◆ 3 pers. **43 €**
Ouvert : Toute l'année.

🐕	🏊	🎾	🐎	🌲	🚴	⛷
	5	4	4	5	10	4

Emilienne MACE - Le Verger - 35520 MELESSE - Tél. : 02 99 66 51 42 - Fax : 02 99 66 51 42 -
www.levergerbeauce.com ou SR : 02 99 78 47 57

Bretagne
Ille-et-Vilaine

MELESSE La Touche Allard

1 ch. **Rennes 16 km. Mont Saint-Michel 45 km.** 1 chambre double à l'étage, poss. 1 lit d'appoint, salle d'eau avec wc privés sur le palier. Salle de séjour pour votre détente. Petits déjeuners copieux faits à partir de produits du terroir, confitures maison. Salon de jardin et barbecue. Vous êtes à 10 mn de l'entrée nord de Rennes. Marie-Thérèse vous reçoit dans une belle demeure avec un mobilier ancien, située dans un cadre verdoyant. L'environnement est calme et reposant dans cette région touristique. Langue parlée : anglais.

Prix : 1 pers. 29 € 2 pers. 35 € 3 pers. 44 €
Ouvert : Toute l'année.

14	2	10	18	50	50	4	2

Michel et M-Thérèse DAVID - La Touche Allard - 35520 MELESSE - Tél. : 02 99 66 96 21 - Fax : 02 99 66 13 86 -
E-mail : mmtdavid@free.fr

MINIAC-MORVAN Estival

5 ch. **Saint-Malo 15 km. Mont-Saint-Michel 40 km. Dinan 8 km.** 1 unité familiale de 2 ch. (1 lit 2 pers., 2 lits 1 pers.), salle d'eau et wc privés. 3 ch. doubles avec sanitaires privés. 1 ch. double avec sanitaires privatifs sur le palier. Petit déjeuner et repas inclus ou à la carte à manger ou en terrasse l'été. Tina vous confectionnera des repas faits à partir de produits maison et locaux. A proximité des bords de la Rance, Tina et Malcolm vous accueillent dans leur habitation en pierres, avec un grand jardin fleuri, grand terrain attenant, terrasse avec salon de jardin. Langue parlée : anglais.

Prix : 1 pers. 39 € 2 pers. 46/49 € 3 pers. 84/90 € pers. sup. 15 €
repas 14/18 €
Ouvert : Du 1er mars au 15 novembre. Autres périodes sur demande.

10	8	3	8	8	15	15	4	3

Tina et Malcolm KINZETT - Estival - La Ville Blanche - 35540 MINIAC-MORVAN - Tél. : 02 96 83 33 30 - Fax : 02 99 88 26 56 -
E-mail : kinzett@worldonline.fr

MINIAC-MORVAN La Chalandière

E.C. 2 ch. **Saint-Malo 12 km. Dinan 18 km. Mont-Saint-Michel 45 km.** La famille Piton vous reçoit dans 2 ch. d'hôtes aménagées à l'étage : 1 ch. double et 1 ch. triple, chacune avec sanitaires privatifs. Salon privé à proximité des chambres, TV. Terrain à disposition avec salon de jardin, balançoires. Les petits déjeuners copieux vous seront servis dans la superbe salle à manger. Dans l'annexe d'un ancien manoir aménagé dans un cadre de verdure et de calme, en bordure de rivière.

Prix : 1 pers. 35/38 € 2 pers. 40/45 € 3 pers. 48/55 €
Ouvert : Week-ends et vacances scolaires.

12	8	5	0,5	12	5	3

Marcel et Marie PITON - La Chalandière - 35540 MINIAC-MORVAN - Tél. : 02 99 58 00 91 ou 02 96 84 13 35

MINIAC-MORVAN La Ville Boutier

1 ch. **Saint-Malo 10 mn.** Dans une longère rénovée entourée d'un grand jardin paysager. 1 ch. 2 pers. au rez-de-chaussée, poss. 1 lit d'appoint, coin-salon, sanitaires privés. Plages de sable fin, côte d'Emeraude, Cancale (capitale de l'huitre), la baie du Mont-Saint-Michel et son fameux « mouton des prés salés »...

Prix : 1 pers. 35 € 2 pers. 40 € 3 pers. 52 €
Ouvert : Du 1er avril au 30 octobre.

15	5	3	3	8	15	15	5

Denise et René CHAPRON - La Ville Boutier - 35540 MINIAC-MORVAN - Tél. : 02 99 58 05 40

MONT-DOL La Roche

C.M. 230 Pli 12

2 ch. **Baie du mont Saint-Michel 4 km. Saint-Malo 25 km.** Dans une maison en pierre située sur les contreforts du Mont Dol. 3 chambres 6/8 pers. avec sanitaires particuliers. Salle de séjour, salon. Jeux pour enfants. Possibilité de cuisine.

Prix : 1 pers. 30 € 2 pers. 35 € 3 pers. 46 €

25	10	4	3	8	10	5	18	4	1

François-Xavier LAIR - La Roche - 35120 MONT-DOL/DOL-DE-BRETAGNE - Tél. : 02 99 48 01 65 - Fax : 02 99 48 01 65 ou
SR : 02 99 78 47 57

LE MONT-DOL Les Salles

C.M. 230 Pli 12

1 ch. **Dol-de-Bretagne 5 km. Saint-Malo 20 km.** Unités familiale de 2 ch. double (1 lit 2 pers. et 2 lits 1 pers.). Poss. lit d'appoint, lavabo & bidet dans chaque ch. Douche/wc privés. Gd séjour avec salon à dispo. Terrasse avec salon de jardin. Simone vous servira de copieux petits déj. sur la terrasse en été. Magnifique maison en pierres aménagées sur 1 parc boisé & fleuri dans 1 site agréable, calme & reposant. Vous êtes à 2 km de la mer en baie du mont Saint-Michel et 15 km des grandes plages de la côte d'Emeraude. De cet hébergement, vous partez à la découverte des cités touristiques comme Dol de Bretagne, Combourg, Dinan sans oublier le mont Saint-Michel à 30 km. 4 pers : 68 €.

Prix : 2 pers. 38 € 3 pers. 53 € pers. sup. 15 €
Ouvert : De pâques à la toussaint.

5	6	5	12	2	5	3

Yves et Simone VIGOUR - Les Salles - 35120 LE MONT-DOL - Tél. : 02 99 48 97 90 - Fax : 02 99 48 97 90

Ille-et-Vilaine   *Bretagne*

MONTAUBAN-DE-BRETAGNE La Ville Autin (TH)   C.M. 230 Pli 25

2 ch. **Rennes 26 km. Paimpont 25 km (forêt de Brocéliande).** 1er étage : 2 belles ch. (26 et 40 m²) restaurées dans le respect des traditions (mobilier de style, cheminée), salle d'eau et wc privés. Copieux petits déjeuners faits de pain et de confitures maison servis dans la salle de séjour des propriétaires. Produits du terroir et spécialités russes cuisinées à la cheminée servis à la table d'hôtes. Au pays de Brocéliande, Olga, artiste peintre vous accueille dans sa gentilhommière du XVI°, avec un jardin très ensoleillé et calme pour votre détente. Vous êtes à moins d'1 h des plages de la côte d'Emeraude, St-Malo, Dinard, Cancale, Dinard et du Mt-St-Michel. Exposition permanente de peintures. Langues parlées : russe, anglais.

Prix : 2 pers. **42/44** € 3 pers. **56** € pers. sup. **12** € repas **17** €
Ouvert : Toute l'année.

| 10 | 8 | 8 | 1 | 8 | 3 | 60 | 1 | 1 |

Olga KARADJANIAN - La Ville Autin - 35360 MONTAUBAN-DE-BRETAGNE - Tél. : 02 99 06 62 03

MONTAUBAN-DE-BRETAGNE Les Camelias (TH)

4 ch. **Rennes 30 km.** Mme Bosi vous accueille dans sa magnifique maison bourgeoise, entourée d'un grand parc clos avec arbres centenaires. 4 ch. d'hôtes spacieuses et joliment décorées (2 doubles et 2 triples), sanitaires privés pour chaque chambre. Salon à disposition des hôtes. TV, salle de jeux avec billard, jeux d'échecs et de société. Petits déjeuners copieux avec produits maison (crêpes, far breton, tartes, confitures...). Au cœur de Brocéliande, sur l'axe Rennes/St-Brieuc. Lieu idéal pour rayonner vers le nord et le sud de la Bretagne. Vous êtes à 8 km de la base de loisirs de Trémelin (plan d'eau avec activités nautiques).

Prix : 1 pers. **37** € 2 pers. **37/290** € 3 pers. **52/396** € repas **17** €
Ouvert : Toute l'année.

| 20 | 8 | 1 | 8 | 60 | 60 |

Maryvonne BOSI - Les Camelias - 35360 MONTAUBAN-DE-BRETAGNE - Tél. : 02 99 06 39 89

MONTERFIL Le Logis   C.M. 230 Pli 25

3 ch. Bienvenue chez Yann et Fanny, dans leur maison typique de pays. 1 ch. triple avec salle de bains et wc privés. 2 ch. doubles avec sanitaires privés. Salle de déjeuners à la disposition des hôtes. Copieux petits déjeuners servis à base de produits biologiques et de confitures des fruits du verger. Maison joliment décorée et aménagée sur un parc arboré de nombreuses espèces centenaires. Plan d'eau sur le domaine. Site remarquable avec randonnées sur place. Forêt de Paimpont à 10 mn, vous êtes au Pays de Brocéliande. Domaine de Tremelin à 10 mn (base nautique, plan d'eau avec baignade...). Langues parlées : anglais, espagnol.

Prix : 1 pers. **30** € 2 pers. **40** € 3 pers. **50** € pers. sup. **9** €
Ouvert : Toute l'année.

| 9 | 0,5 | 1 | SP | 25 | 9 | 1 |

Yann et Fanny TENIN - Le Logis - 35160 MONTERFIL - Tél. : 02 99 07 43 27 ou 06 08 48 58 60 - Fax : 02 99 07 43 27

NOYAL-SUR-VILAINE Le Val Froment

3 ch. **Rennes 10 km. Vitré 25 km.** 2 chambres doubles avec salle d'eau et wc privés, 1 chambre triple avec salle d'eau et wc privés. Séjour avec salon (cheminée) et kitchenette réservés aux hôtes. Terrasse avec salon de jardin à disposition. Poss. lits d'appoint et lit bébé. Dans un cadre de verdure, longère restaurée où Edith et Michel vous accueillent à la nuitée ou en séjour. Poss. de découvrir leurs activités agricoles et profiter ainsi des produits fermiers servis au petit déjeuner. Langue parlée : anglais.

Prix : 1 pers. **33** € 2 pers. **38** € 3 pers. **46** € pers. sup. **8** €
Ouvert : Toute l'année.

| 6 | 6 | 1 | 5 | 5 | 70 | 70 | 1 | 0,5 |

Michel et Edith LEHUGER - Le Val Froment - 35530 NOYAL-SUR-VILAINE - Tél. : 02 99 00 66 29 ou 06 88 01 05 85 - Fax : 02 99 00 57 37

NOYAL-SUR-VILAINE Tupinière   C.M. 230 Pli 27

2 ch. Maison neuve sur un terrain paysager de 6000 m² comprenant 2 chambres triples au r.d.c. avec entrée indépendante et sanitaires privés + kitchenette. Salle de séjour avec kitchenette, salon, véranda. Terrain boisé avec jeux pour enfants. Poney.

Prix : 1 pers. **26** € 2 pers. **30** € 3 pers. **40** €

| 8 | 5 | 5 | 5 |

Yves et Bernadette PRIMAULT - Tupinière - 35530 NOYAL-SUR-VILAINE - Tél. : 02 99 37 67 64 ou SR : 02 99 78 47 57

PAIMPONT La Corne de Cerf   C.M. 230 Pli 28

3 ch. **Paimpont (son abbaye et son plan d'eau) sur place.** 3 chambres à l'étage dont 2 triples et 1 double avec sanitaires privés. Salle de séjour avec cheminée et salon à disposition. Parc attenant avec salon de jardin. Terrasse. Maison de caractère au cœur de la forêt de Brocéliande avec 3 chambres joliments décorées et harmonieuses avec beaucoup de charme. 1 des ch. peut accueillir 4 pers. Espace détente réservé aux hôtes (salon, cheminée, bibliothèque). Forêt avec de nombreux sentiers de randonnées.

Prix : 1 pers. **39** € 2 pers. **46** € 3 pers. **57** € pers. sup. **11** €
Ouvert : Toute l'année sauf janvier.

| 12 | 2 | 2 | 2 | 6 | SP | 2 |

Annie et Robert MORVAN - La Corne de Cerf - Le Cannée - 35380 PAIMPONT - Tél. : 02 99 07 84 19 ou SR : 02 99 78 47 57

Bretagne
Ille-et-Vilaine

PAIMPONT — Manoir de la Ruisselée
C.M. 230 Pli 38

3 ch.

Paimpont 5 km. Plélan-le-Grand 1 km. 3 ch. joliement décorées, agréables à vivre dans ce manoir du XVIII° siècle. 1 ch. 2 pers. avec salle de bains et wc. 1 ch. 2 pers. avec salle d'eau et wc. Unité familiale de 2 ch. (4 lits 1 pers.) avec salle d'eau et wc privés. Salon à disposition des hôtes et jardin d'été pour vos copieux petits déjeuners. A 500 m de la forêt de Brocéliande. 76 €/4 pers. Joli manoir aménagé sur un parc boisé et fleuri. Christine vous accueille dans ce site remarquable, couvert de forêts et de landes, à proximité de Plélan-le-Grand. A plélan-le-Grand, piscine découverte agréable pour les jeunes enfants. Langue parlée : anglais.

Prix : 1 pers. 43 € ♦ 2 pers. 46 € ♦ 3 pers. 69 €
Ouvert : Toute l'année.

1,5	1,5	5	0,5	60	25	1	

Christine HERMENIER - Manoir de la Ruisselée - 35380 PAIMPONT - Tél. : 02 99 06 85 94 ou 06 84 61 50 30

PAIMPONT — Château du Bois
C.M. 230 Pli 38

2 ch.

Tombeau de Merlin l'Enchanteur 5 km. 2 ch. soigneusement décorées et personnalisées, 1 ch. double poss. Lit d'appoint, sanitaires privés, 1 ch. double, sanitaires privés. Salle de séjour avec salon cheminée. Pêche à proximité. Parking privé. Régine vous accueille dans cette maison en campagne à 400 m du village au cœur de Brocéliande et de sa forêt légendaire, dans un joli cadre où règne le calme, pelouse et fleurs, salon de jardin. Les amateurs de randonnées peuvent partir à pied sur de nombreux sentiers.

Prix : 1 pers. 35 € ♦ 2 pers. 41 € ♦ 3 pers. 53 €
Ouvert : Toute l'année

6	SP	0,1	8	SP	SP

Régine POIRIER - Château du Bois - 35380 PAIMPONT - Tél. : 02 99 07 83 58 ou SR : 02 99 78 47 57

LE PETIT-FOUGERAY — Le Grand Poncé (TH)

1 ch.

Rennes 15 mn. A l'étage : 2 ch. attenantes avec salon de lecture et TV (1 lit 2 pers. 2 lits 1 pers.), salle de bains et wc privés. Jeux de société. Terrasse avec salon de jardin dans le grand terrrain attenant boisé et fleuri. A la campagne, dans un cadre de verdure calme et reposant. Belle maison contemporaine confortable. Vous pourrez de ce lieu, randonner à pied ou à vélo. Langue parlée : anglais.

Prix : 1 pers. 32 € ♦ 2 pers. 38 € ♦ repas 18/23 €

13	10	10	10	13	4

Marie-Francoise MAKRI - Le Grand Ponce - 35320 LE PETIT-FOUGERAY - Tél. : 02 99 44 68 64 ou SR : 02 99 78 47 57

PIRE-SUR-SEICHE — Les Epinays (TH)
C.M. 230 Pli 41

4 ch.

3 ch. doubles et 1 chambre triple avec sanitaires privés (douche, wc, lavabo), aménagées dans le confort et le charme d'une longère du XVIII° restaurée, sur un terrain fleuri. Grande salle de séjour/salon avec cheminée. 1 des chambres est accessible aux personnes handicapées. Site vallonné. Table d'hôtes sur réservation. Tél. portable du propriétaire : 06.12.02.38.22.

Prix : 1 pers. 26/35 € ♦ 2 pers. 40 € ♦ 3 pers. 52 € ♦ repas 16 €
Ouvert : Toute l'année.

10	SP	6	25	12	12

René COLLEU - Les Epinays - 35150 PIRE-SUR-SEICHE - Tél. : 02 99 00 01 16 ou SR : 02 99 78 47 57

PLEINE-FOUGERES — Les Challonges
C.M. 230 Pli 27

1 ch.

Mont Saint-Michel 10 km. Dans la baie du Mont Saint-Michel, à 800 m du village dans maison entourée d'un jardin ombragé et fleuri. 1 ch. double et 1 ch. triple. Sanitaires communs sur le palier. Salon, séjour. Terrain. Salon de jardin.

Prix : 1 pers. 23 € ♦ 2 pers. 26 € ♦ 3 pers. 34 €

20	5	0,5	5	7	5	1

Monique THEBAULT - Les Challonges - 35610 PLEINE-FOUGERES - Tél. : 02 99 48 60 21 ou SR : 02 99 78 47 57

PLEINE-FOUGERES — La Costardière
C.M. 230 Pli 27

3 ch.

Mont Saint-Michel 10 km. Pontorson, Dol, Saint-Malo 35 km. Manoir du XVI° siècle, sur une ferme en activité comprenant : 1 ch. 2 pers. avec cheminée. 1 ch. 3 pers. 1 ch. 4 pers. avec cheminée. Sanitaires privés pour chaque chambre. Salon. Parc avec animaux et jeux. Champs, bois, plan d'eau (pêche, promenade en barque) autour de la propriété. Calme et verdure, vie à la ferme. Rivière 1 km. Langues parlées : anglais, allemand.

Prix : 1 pers. 28 € ♦ 2 pers. 36 € ♦ 3 pers. 44 € ♦ pers. sup. 8 €
Ouvert : Toute l'année.

17	2	8	10	15

Gérard et Isabelle HERVE - La Cotardière - 35610 PLEINE-FOUGERES - Tél. : 02 99 48 55 92 ou SR : 02 99 78 47 57

Ille-et-Vilaine   Bretagne

PLELAN-LE-GRAND La Tréberdière   C.M. 230 Pli 39

||| 2 ch. **Paimpont 5 km. Rennes 30 km.** 1 chambre 2 pers. 1 chambre suite de 2 à 4 pers., sanitaires particuliers à chaque chambre. Salon à la disposition des hôtes ouvrant sur un magnifique jardin fleuri. Marie-Léonne vous préparera de copieux petits déjeuners dans la vaste salle à manger où les boiseries dominent. Proche de la forêt de Brocéliande, dans une remarquable maison du XIX°, sur la place de l'église. Marie-Léonne accueille ses visiteurs avec beaucoup de douceur et de gentillesse. Beaucoup de charme à l'intérieur avec mobilier et parquet anciens, note exotique par de nombreux objets de tous horizons. Langue parlée : anglais.

Prix : 2 pers. 46 € 3 pers. 76 €
Ouvert : Toute l'année.

SP	SP	15	2	25	70	35	SP

Hubert DE FLORIS - La Treberdière - place de l'Eglise - 35380 PLELAN-LE-GRAND - Tél. : 02 99 06 83 05

PLEUGUENEUC La Coudraie   C.M. 230 Pli 25

E.C. 3 ch. **Saint-Malo 35 km et grandes plages 15 mn. Dinan et Combourg 12 km.** 1 ch. au r.d.c. (1 lit 2 pers.), salle d'eau, wc privés. 2 ch. de 4 pers. à l'étage, avec salle d'eau et wc privés dans chaque chambre. Salon de lecture et de musique à dispo. Salle de séjour. Belle maison en pierre de pays avec terrasse donnant sur un plan d'eau (pêche). Salon de jardin. Intérieur soigné et accueillant. A prox. de la N137 (Rennes-St-Malo). Langue parlée : allemand. Prix non communiqués.

12	10	10	3	10	SP	10	12	3

Noëlla EBERHARD - La Coudraie - 35720 PLEUGUENEUC - Tél. : 02 99 69 41 18 - Fax : 02 99 69 41 18 ou SR : 02 99 78 47 57

PLEUGUENEUC Les Bruyères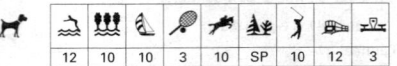

E.C. 3 ch. Dans 1 longère du XVII° s., Françoise vous propose 3 ch. pleines de charme avec sanitaires privés. Salon avec cheminée, TV avec chaines satellites, vélos. Tables d'hôtes sur réservation. Accueil chaleureux, cadre agréable et calme. 1 ch. double avec s.d.b./wc privés, 1 ch. double avec salle d'eau/wc privés, 1 ch. avec 2 lits 1 pers. avec salle d'eau/wc privés. A proximité de Dinan, Combour, ST-Malo et du Mont St Michel.

Prix : 1 pers. 40 € 2 pers. 43 € repas 10 €
Ouvert : Toute l'année.

10	25	4	10	10	25	25

Françoise KOPP - Les Bruyères - 35720 PLEUGUENEUC - Tél. : 02 99 69 47 75 - Fax : 02 99 69 47 75

PLEUGUENEUC Lézard Tranquille   C.M. 230 Pli 25

||| 5 ch. **Saint-Malo 25. Mont Saint-Michel 40 km. Dinan 15 km.** Magnifique propriété sur le domaine du château de la Bourbansais (XVII° siècle). 5 ch. avec salle de bains et wc privés, TV. Salle de séjour/salon avec cheminée. Accès direct au château, son parc avec son zoo et sa meute de chiens. Ping-pong, vélos.

Prix : 1 pers. 37 € 2 pers. 44 € 3 pers. 53 €

15	15	15	0,5	SP	SP	10	SP	15	SP

Julie de LORGERIL - Lézard Tranquille - 35720 PLEUGUENEUC - Tél. : 02 99 69 40 36 ou SR : 02 99 78 47 57

PLEURTUIT La Mettrie Labbé

E.C. 4 ch. Nathalie vous accueille à la Métairie, dans cette belle longère rénovée entre St Malo et Dinan, située à 6 km de la mer. Vous serez reçus dans une ambiance familiale et dans un cadre rustique. Au 1er étage : 4 chambres dont 1 chambre double, 2 chambres triples, 1 chambre 4 pers. avec sanitaires privés pour ch. et TV. Parking privé. Possibilité de table d'hôte sur réservation avec les produits de la ferme. Langue parlée : anglais.

Prix : 2 pers. 43 € 3 pers. 54 € pers. sup. 15 € repas 15 €
Ouvert : Toute l'année.

6	7	5	4	7	8

Nathalie MERVIN - La Mettrie Labbé - 35730 PLEURTUIT - Tél. : 02 99 46 54 37 - Fax : 02 99 46 54 37

LE RHEU Château de la Freslonnière   ■■ C.M. 230 Pli 26

||| 2 ch. 1 chambre double et 1 chambre avec suite pour 4 pers., TV, sanitaires privés pour chaque chambre, aménagées dans un château du XVII° siècle, situé au cœur d'un domaine boisé abritant un parcours de golf 18 trous et un étang. Salon de jardin dans le parc. Tarif 4 pers. : 104 €. Les chambres sont meublées d'époque. Langue parlée : anglais.

Prix : 1 pers. 58/70 € 2 pers. 58/70 € 3 pers. 81 €
Ouvert : Toute l'année.

SP	SP	3	3	SP	SP	7	3

Claude D'ALINCOURT - Château de la Freslonnière - 35650 LE RHEU - Tél. : 02 99 14 84 09 ou 02 99 14 94 98 -
E-mail : lafresle@compuserve.com

Bretagne **Ille-et-Vilaine**

ROZ-LANDRIEUX Petite Rivière C.M. 230 Pli 12

3 ch. **Mont Saint-Michel 30 km. St-Malo et Dinan 20 km. Dol-de-Bretagne 5 km.** Ancienne maison rénovée dans un encadrement de verdure dans la baie du Mont Saint-Michel. 2 chambres doubles. 1 chambre triple. Sanitaires privés. Salle de séjour. Cour avec pelouse et fleurs. Salon de jardin.

Prix : 1 pers. 29 € 2 pers. 34 € 3 pers. 42 €

4	5	0,8	4	7	6	7	1

Geneviève ROBIDOU - Petite Rivière - 35120 ROZ-LANDRIEUX - Tél. : 02 99 48 15 64 ou SR : 02 99 78 47 57

ROZ-LANDRIEUX Manoir de la Mettrie C.M. 230 Pli 26

5 ch. **Mont Saint-Michel, Saint-Malo et Dinan 20 km.** 3 chambres doubles et 2 chambres 3/4 pers. avec sanitaires particuliers pour chaque chambre, aménagées dans un magnifique manoir des XIIIe et XVIe siècles. Salle de séjour, salon de lecture, salon avec TV. Terrain aménagé avec salon de jardin et jeux pour enfants.

Prix : 1 pers. 34 € 2 pers. 37/46 € 3 pers. 46 € repas 15 €
Ouvert : Toute l'année.

4	3	0,5	0,5	7	4	3	3

Marie-Claude JOURDAN - Manoir de la Mettrie - 35120 ROZ-LANDRIEUX - Tél. : 02 99 48 29 21 - Fax : 02 99 48 29 21 ou SR : 02 99 78 47 57

ROZ-LANDRIEUX C.M. 230 Pli 12

3 ch. **Saint-Malo et ses plages 15 km. Mont Saint-Michel 20 km.** 3 chambres d'hôtes doubles avec sanitaires privés. Salle de séjour, salon. Terrasse avec salon de jardin. Maison contemporaine sur une pelouse fleurie.

Prix : 1 pers. 24 € 2 pers. 30/33 € 3 pers. 38/41 €

15	15	1	1	6	8	15	3	1

Maryvonne ROGER - La Grande Rivière - 35120 ROZ-LANDRIEUX - Tél. : 02 99 48 18 25 ou SR : 02 99 78 47 57

ROZ-SUR-COUESNON C.M. 230 Pli 13

5 ch. **Mont Saint-Michel 8 km. Saint-Malo 25 km.** 5 ch. d'hôtes dans une maison du XVIIIe, avec vue sur le Mt-St-Michel. Sanitaires privés pour chaque chambre. 2 ch. 2 pers. 2 ch. 3 pers. dont 2 avec vue panoramique sur le Mont Saint-Michel. 1 ch. 4 pers. « Les Hortensias ». Terrasse : vue panoramique. Jardin clos. Salle de séjour/salon. TV anglaise. Local avec poss. cuisine. Terrain. 53 €/4 pers. Pêche 8 km. Char à voile 10 km.

Prix : 1 pers. 27 € 2 pers. 35/38 € 3 pers. 46 €

10	7	7	1

Hélène GILLET - Val Saint-Revert - 35610 ROZ-SUR-COUESNON - Tél. : 02 99 80 27 85 - Fax : 02 99 80 20 57 ou SR : 02 99 78 47 57

ROZ-SUR-COUESNON La Roselière C.M. 230 Pli 13

5 ch. **Mont Saint-Michel 8 km. Saint-Malo 25 km.** 1 chambre 3 pers. accessible aux personnes handicapées avec sanitaires privés. 2 chambres 3 pers. avec sanitaires privés. 2 chambres 4 pers. avec sanitaires privés. Salle de séjour avec TV. Possibilité de cuisine sur place. Cour et jardin privés. 4 pers : 53 €. Maison du XVIe siècle, chez Odile et Bernard producteurs de foie gras. Route touristique (Pontorson, Saint-Malo) par la côte. Rivière 7 km.

Prix : 1 pers. 30 € 2 pers. 35/41 € 3 pers. 46 €
Ouvert : Toute l'année sauf du 1/10 au 1/03.

20	1	2	8	15	15	1

Bernard et Odile MOUBECHE - La Roselière - 35610 ROZ-SUR-COUESNON - Tél. : 02 99 80 22 05 - Fax : 02 99 80 22 05 ou SR : 02 99 78 47 57

ROZ-SUR-COUESNON La Bergerie C.M. 230 Pli 13

5 ch. **Au cœur du Mont Saint-Michel**, grande longère du XVII et XVIIIe siècle en granit du pays. 5 ch. de 2 à 4 pers. Sanitaires privés pour chaque chambre. Séjour/salon/coin-cuisine à dispo. Jardin avec pelouse et stationnement privé. La maison est située dans les polders de la baie du Mont Saint-Michel, entre Cancale et le Mont-Saint-Michel. 53 €/4 pers. Langue parlée : anglais.

Prix : 1 pers. 35/39 € 2 pers. 39/43 € 3 pers. 46/49 €
pers. sup. 8 €

18	8	9	9	10	13	8	0,2

Jacky PIEL - La Bergerie - La Poultière - 35610 ROZ-SUR-COUESNON - Tél. : 02 99 80 29 68 - Fax : 02 99 80 29 68 ou SR : 02 99 78 47 57

Ille-et-Vilaine   *Bretagne*

LA SELLE-EN-COGLES La Totinais   C.M. 230 Pli 27

||| 3 ch. **Mont Saint-Michel 35 km. Fougères (château, forêt) 15 km.** 2 chambres doubles et 1 chambre triple avec sanitaires privés, aménagées dans une demeure de caractère du XVIIIe siècle, sur un parc de 1 ha., dans un cadre boisé et fleuri. Salon indépendant avec cheminée. Salon de jardin. 72 €/4 pers. Langue parlée : anglais.

Prix : 1 pers. **35 €** 2 pers. **43 €** 3 pers. **60 €** pers. sup. **16 €**
Ouvert : De Pâques à fin octobre.

🐕	🏠	🏊	🎾	🐟	🤸	≈	🚐
17	3,5	2	15	17	45	45	15

Jean-Louis AOUSTIN - La Totinais - 35460 LA SELLE-EN-COGLES - Tél. : 02 99 98 64 69 **ou SR** : 02 99 78 47 57

SIXT-SUR-AFF Pommery   C.M. 230 Pli 39

E.C. 3 ch. **La Gacilly 6 km. Redon 15 km.** 3 ch. dans une jolie propriété dont l'intérieur du XVIe est disposé avec de jolies cheminées et salles anciennes. 3 ch. avec sanitaires et wc particuliers : 2 ch. avec 1 lit 2 pers et 1 ch. avec 2 lits 1 pers. Lit bébé à disposition. Salle à manger avec salon ouvrant sur le parc. Salon de jardin. A moins d'une heure de la mer et de la plage du sud de la Bretagne. Belle demeure de caractère sur un parc boisé et fleuri, où vous trouverez le calme et un accueil chaleureux des propriétaires. Langues parlées : anglais, espagnol.

Prix : 1 pers. **38 €** 2 pers. **42 €** 3 pers. **55 €** pers. sup. **13 €**
Ouvert : De Pâques à la Toussaint.

🐕	🏊	🎾	🐟	🤸	≈	🚐	🅿
8	8	10	40	45	15	2,5	

Pascal et Frédérique MORRIER - Manoir de Pommery - 35550 SIXT-SUR-AFF - Tél. : 02 99 70 07 40 **ou** 06 68 17 23 01 -
E-mail : pfmorrier@aol.com

ST-AUBIN-D'AUBIGNE Gatine   C.M. 230 Pli 26

|| 2 ch. **Mont Saint-Michel 40 km. Rennes 25 km.** Maison rénovée en campagne : 2 chambres doubles avec salles de bains privées et wc communs. Salle de séjour/salon. Jardin. Terrasses.

Prix : 1 pers. **24 €** 2 pers. **30 €** 3 pers. **35 €**

🐕	🏊	🏠	🤸	🚐	🅿
20	1	12	10	1	

Nicole GARAULT - Gatine - 35250 ST-AUBIN-D'AUBIGNE - Tél. : 02 99 55 47 28 - Fax : 02 99 55 49 38
ou SR : 02 99 78 47 57

ST-AUBIN-DES-LANDES La Gavouyère

|| 1 ch. **Vitré 6 km.** Au pays de la Marquise de Sévigné, à 6 km de Vitré, dans un environnement verdoyant, Gilles et Roselyne du Clary vous reçoivent dans un joli manoir sur un parc de 1 ha longeant la Vilaine. A l'étage, une chambre avec 1 lit 2 pers., 1 lit enfant, sanitaires privatifs. Au r.d.c., salon à disposition. Gilles et Roselyne vous serviront le petit déjeuner dans la salle à manger ou l'été, dans le jardin. Promenades possibles dans le parc, tennis à disposition. Restaurants gastronomiques et crêperies à Vitré, très jolie ville avec son château, ses vieilles rues et ses maisons à pans de bois.

Prix : 1 pers. **30 €** 2 pers. **38 €** 3 pers. **49 €**
Ouvert : Toute l'année.

🐕	🚐	🅿
	6	6

Gilles DU CLARY - La Gavouyère - 35500 ST-AUBIN-DES-LANDES - Tél. : 02 99 75 21 70 **ou** 06 19 83 21 94

ST-BRIAC-SUR-MER Manoir de la Duchée   C.M. 3 Pli 11

|||| 5 ch. **Dinard 8 km. Saint-Malo 12 km.** Manoir du XVIe siècle dans un parc boisé et fleuri. 2 ch. doubles avec TV et sanitaires privés + sèche-cheveux. 2 suites avec s.d.b., TV, sèche-cheveux. 1 ch. duplex avec TV, sanitaires privés et sèche-cheveux. Salon à disposition des hôtes avec bibliothèque, salon d'exposition (peintures, sculpture...). Cadre agréable, demeure de caractère avec mobilier d'époque. Tarif 4 pers. : 84 €. Petits déjeuners servis dans le jardin d'hiver. Expositions pour l'an 2000 de différentes calèches anciennes. Brocantes.

Prix : 1 pers. **46 €** 2 pers. **61/76 €** 3 pers. **76 €** pers. sup. **15 €**

🐕	🏊	⛵	🎾	🐟	🤸	🚐	🅿
3	3	1	SP	3	SP	12	2,5

Jean-François STENOU - Manoir de la Duchée - 35800 ST-BRIAC-SUR-MER - Tél. : 02 99 88 00 02 - Fax : 02 99 88 92 57 -
http://Pro.wanadoo.fr/manoir.duchee/ **ou SR** : 02 99 78 47 57

ST-BRIAC-SUR-MER Le Clos du Pont Martin   C.M. 230 Pli 11

|||| 3 ch. **Dinard 8 km. Saint-Malo 12 km.** R.d.c. : 1 ch. double (poss. 4 pers.) avec sanitaires privés, TV, terrasse privée avec chaises longues. A l'ét. : 1 ch. double (poss. 4 pers.) avec sanitaires privés, TV, salon. 1 ch. double avec TV, sanitaires privés. Toutes les ch. disposent d'un réfrigérateur mini-bar. Séjour avec salon (cheminée) à dispo. Garage et parking privés. Cette demeure meublée en mobilier ancien et de style, décorée avec raffinement, a un charme certain. Dans le parc, barnum en été, salons de jardin, chaises longues, barbecue. Maison de caractère dans un parc entièrement clos, arboré et fleuri où vous trouverez calme et repos.

Prix : 2 pers. **43/50 €** 3 pers. **58/65 €** pers. sup. **15 €**
Ouvert : Toute l'année.

🐕	🏠	🏊	⛵	🎾	🐟	🤸	≈	🚐	🅿
3	2	2	1	6	3	SP	2	2	12	2

Daniel COUPLIERE - Le Clos du Pont Martin - 35800 ST-BRIAC-SUR-MER - Tél. : 02 99 88 38 07 - Fax : 02 99 88 05 48 -
E-mail : info@briac.com - www.briac.com **ou SR** : 02 99 78 47 57

Bretagne
Ille-et-Vilaine

ST-BROLADRE Petit Angle

E.C. 4 ch. **Mont-Saint-Michel 20 mn.** La famille Launay vous accueille dans une belle maison en pierre de pays située dans la cour de leur habitation. R.d.c. : beau séjour à votre disposition où sont servis de copieux petits déjeuners. R.d.c. : 1 ch. double. Etage : 3 ch. dont 2 avec lit double et 1 ch. avec 2 lits simples. Terrain attenant avec terrasse et salons de jardin. Poss. lits d'appoint. Pour vos loisirs : char à voile à Cherrueix, pêche à pied en baie du Mont-Saint-Michel.

Prix : 1 pers. 35 € 2 pers. 38 €
Ouvert : Toute l'année.

🐕	🏊	⛵	🎾	🏇	🚶	〰	⛱	🏛	🚉
	25	2	1	15	SP	2	20	9	1

Placide LAUNAY - Petit Angle - 35120 ST-BROLADRE - Tél. : 02 99 80 26 24

ST-BROLADRE La Cour Boutier
C.M. 230 Pli 12

2 ch. 1 chambre double avec sanitaires privés, 1 chambre double avec douche, lavabo et wc communs et 1 chambre double avec s.d.b. indépendante sur le palier, wc communs. Salle de séjour/salon (TV) à disposition. Parking. Au cœur de la baie du Mont-St-Michel, belle longère rénovée, très fleurie. Terrain attenant avec salon de jardin. Intérieur soigné et confortable. Excellent petit déjeuner.

Prix : 1 pers. 27 € 2 pers. 30 € 3 pers. 41 € pers. sup. 11 €
Ouvert : Toute l'année.

🐕	🏊	⛵⛵⛵	⛵	🎾	🏇	🚶	〰	🏛	🚉
	20	20	20	1,5	1,5	10	10	6	0,5

Aimée et Guillaume LEPORT - La Cour Boutier - 35120 ST-BROLADRE - Tél. : 02 99 80 26 65 ou SR : 02 99 78 47 57

ST-COULOMB Les Landes
C.M. 230 Pli 11

2 ch. **Port de Cancale 3 km. Saint-Malo 9 km.** Dans une ferme du XVIIIè siècle très calme située sur la côte d'Emeraude près de la mer. 2 chambres doubles à l'étage avec sanitaires privés. 1 unité familiale de 2 ch. avec sanitaires privés. Salle de séjour, salon. Pelouse avec salon de jardin.

Prix : 1 pers. 35 € 2 pers. 40/42 € 3 pers. 50/52 €
Ouvert : Toute l'année.

🐕	🏊	⛵⛵⛵	⛵	🎾	🏇	🚶	〰	🏛	🚉
	10	2,5	10	2,5	2,5	25	25	10	3

Jeanine HIREL - Les Landes - 35350 ST-COULOMB - Tél. : 02 99 89 01 27 ou SR : 02 99 78 47 57

ST-COULOMB La Marette - la Guimorais
C.M. 230 Pli 12

3 ch. **Saint-Malo 9 km.** 1 chambre double, 2 chambres triples, sanitaires privés. Salle de séjour/salon. Jardin avec pelouse. Parking privé. En côte d'Emeraude, proche de la mer et des plages où vous vous rendez à pied, Josephine et Emile vous accueillent dans cette maison de pays à mi-route de Cancale/Saint-Malo par la route touristique.

Prix : 1 pers. 35 € 2 pers. 40 € 3 pers. 50 €
Ouvert : Toute l'année.

🐕	🏊	⛵⛵⛵	⛵	🎾	🏇	🚶	〰	⛱	🏛
	7	2	0,6	2	2	10	0,6	0,6	9

Emile LIMPALER - La Marette - La Guimorais - 35350 ST-COULOMB - Tél. : 02 99 89 00 46 ou SR : 02 99 78 47 57

ST-COULOMB Le Hindre
C.M. 230 Pli 12

5 ch. **Saint-Malo 10 km. Cancale 3 km.** 4 chambres doubles et 1 chambre 4 pers. avec sanitaires privés, aménagées dans ancienne longère rénovée avec grand jardin. Salle de séjour/salon avec cheminée à la disposition des hôtes. Kitchenette. 61 €/4 pers. Tél. portable : 06.63.48.23.30. Langue parlée : anglais.

Prix : 1 pers. 35 € 2 pers. 42 € 3 pers. 53 €
Ouvert : Toute l'année.

🐕	🏊	⛵⛵⛵	⛵	🎾	🏇	🚶	〰	⛱	🏛	🚉
	8	3	3	1,5	SP	15	2,5	2,5	8	1,5

Catherine ROBIN - Le Hindre - 35350 ST-COULOMB - Tél. : 02 99 89 08 25 - Fax : 02 99 89 08 25 ou SR : 02 99 78 47 57

ST-JOUAN-DES-GUERETS Manoir de Blanche Roche

4 ch. A 5 mn de STMalo intro-muros, joli manoir anglais du 19è aménagé sur un parc avec 2 ha de terre à proximité de la RN137 Rennes-St-Malo. Le cadre est fort agréable et l'accueil chaleureux. Dans ce lieu vous partez sur St Malo à la découverte des nombreuses plages et des nombreux sites à visiter, Cancale, Dinard, Dinan, le Mt St Michel, Cap Fréhel, Jersey. Au second étage du manoir, 4 belles chambres doubles aménagées avec sanitaires particuliers. Au r.d.c., salon à disposition avec poss. de promenades. Parking. Nicole vous servira de copieux petits déj. et vous préparera la table d'hôte avec des produits locaux.

Prix : 1 pers. 38 € 2 pers. 48/50 € pers. sup. 18 € repas 20 €
Ouvert : Toute l'année.

🐕	🏊	⛵	🎾	🏇	🚶	〰	⛱	🏛	🚉
	4	3	3	7	12	4	4	4	1

Nicole BERTIN - Manoir de Blanche Roche - 35430 ST-JOUAN-DES-GUERETS - Tél. : 02 99 19 11 11 ou 06 67 87 45 91 - Fax : 02 99 19 11 11

Ille-et-Vilaine

Bretagne

ST-JOUAN-DES-GUERETS L'Aunay Quinard. la Chapelle

E.C. 1 ch. **St-Malo 2 km.** Au cœur du Pays Malouin, à proximité de St-Malo et Cancale, au calme près des grandes plages de la Côte d'Emeraude, sur 1 parc d'1 ha avec étang, Martine et Amélie vous accueillent dans 1 ancienne chapelle du XVIII° entièrement rénovée. Ch. double au r.d.c. avec accès direct sur la terrasse, salon de jardin. Petits déj. copieux servis avec confitures maisons. Langue parlée : anglais.

Prix : 1 pers. 40 € 2 pers. 45 €
Ouvert : Toute l'année.

6	2	1	4	15	2	2	4	6

Martine OGIER - L'Aunzy Quinard. La Chapelle - 35430 ST-JOUAN-DES-GUERETS - Tél. : 02 99 82 55 06 ou 06 82 58 91 20

ST-JOUAN-DES-GUERETS Manoir de Blanche Roche

(TH) *C.M. 230 Pli 11*

4 ch. **Saint-Malo 4 km.** Au 2° étage du manoir, 4 ch. doubles aménagées avec sanitaires particuliers. Au r.d.c., salon à disposition. Parc à disposition avec possibilité de promenades. Terrasse avec salon de jardin. Parking. Copieux petits déjeuners. Repas à la table d'hôtes avec des produits locaux. Manoir anglais du XIX° aménagé sur un parc de 1,8 ha. à proximité de la RN137. Le cadre est fort agréable et l'accueil chaleureux. De ce lieu vous partez sur Saint-Malo à la découverte des nombreuses plages et de nombreux sites à visiter.

Prix : 1 pers. 38 € 2 pers. 47/50 € repas 18 €
Ouvert : Toute l'année.

4	3	7	12	4	4	0,8

Nicole BERTIN - Manoir de Blanche Roche - 35430 ST-JOUAN-DES-GUERETS - Tél. : 02 99 19 11 11 ou 06 67 87 45 91 -
Fax : 02 99 19 11 11

ST-LUNAIRE La Ruaudais

2 ch. **Grandes plages, Saint-Lunaire et Dinard 10 mn.** Louisette et Francis vous accueillent et vous proposent 2 ch. d'hôtes : 1 ch. triple et 1 ch. quadruple avec sanitaires privés. Terrasse et salon de jardin, salon indépendant avec TV. Au petit déjeuner, vous dégusterez la spécialité de la maîtresse de maison : les confitures !

Prix : 1 pers. 44 € 2 pers. 44 € 3 pers. 56 € pers. sup. 20 €
Ouvert : Toute l'année.

3	3	3	3	3	3

Louisette et Francis PES - La Ruaudais - 35830 ST-LUNAIRE - Tél. : 02 99 46 31 92

ST-MALO Goeletterie Quelmer

(TH) *C.M. 230 Pli 11*

5 ch. **Saint-Malo 4 km.** 4 ch. double, 1 ch. 4/5 pers. avec sanitaires particuliers, aménagées dans une maison de caractère, en bordure de Rance (2 chambres avec vue), dans un endroit calme et reposant. Salle de séjour/salon avec cheminée et TV. Terrain avec jeux. Gare maritime 4 km. Sentiers de randonnée sur place.

Prix : 1 pers. 38/42 € 2 pers. 42/45 € 3 pers. 58 € pers. sup. 11 € repas 11/16 €
Ouvert : Toute l'année.

4	4	3	10	5	2

Raymonde TREVILLY - Goeletterie Quelmer - 35400 ST-MALO - Tél. : 02 99 81 92 64 - Fax : 02 99 82 27 01 ou SR : 02 99 78 47 57

ST-MALO Les Croix Gibouins

C.M. 230 Pli 11

4 ch. **Saint-Malo 5 km. Thermes marins 4 km.** Située à l'entrée de Saint-Malo, à 2 km. 4 chambres d'hôtes aménagées à l'étage d'une gentilhommière du XVI° siècle, en campagne. 1 ch. double. 1 ch. 4 pers. 2 ch. communicantes (4 pers.). Sanitaires privés. Salle de séjour/salon. Terrasse avec salon de jardin, terrain, parking privé. Tarif 4 pers. : 61 €. Langue parlée : anglais.

Prix : 1 pers. 34 € 2 pers. 40/46 € 3 pers. 54 €
Ouvert : Toute l'année.

3,5	4	4	6	10	3,5	5	2

Maryline BASLE - Les Croix Gibouins Parame - 35400 ST-MALO - Tél. : 02 99 81 12 41 - Fax : 02 99 81 12 41 ou SR : 02 99 78 47 57

ST-MALO Les Cèdres

E.C. 2 ch. **La campagne à St Malo :** Catherine vous accueille à Paramé, dans une calme Villa Bourgeoise du début du siècle dernier entourée d'un vaste parc aux arbres centenaires. Salle à manger de style ou superbe verrière victorienne pour votre petit déj. Parking privé. 2 chambres de 2 ou 3 pers. avec sanitaires privés. Toutes possibilités d'activités sportives et culturelles à proximité. Grande plage de St-Malo et accès au GR34 à 15 mn à pied, tous commerces à 5 mn.

Prix : 1 pers. 38 € 2 pers. 46 € 3 pers. 55 €
Ouvert : Toute l'année.

1,5	5	2	5	10	1,5	1,5	3	SP

Catherine BOULON - 15 chemin des Couardes-Paramé - Les Cèdres - 35400 ST-MALO - Tél. : 02 99 19 58 09

Bretagne — Ille-et-Vilaine

ST-MALO La Bastide
C.M. 230 Pli 11

2 ch. 1 chambre 2 pers. 1 chambre 4 pers. avec sanitaires particuliers. Salle de séjour/salon. Cour fleurie avec pelouse. A 10 mn de Saint-Malo intra-muros et à 5 mn des plages. Madeleine vous reçoit dans sa maison en pierre de pays.

Prix : 1 pers. 28 € 2 pers. 36/38 € 3 pers. 44/49 € pers. sup. 8 €
Ouvert : Toute l'année.

4	3	3	1	25	1	1	4	1

Madeleine LE FUSTEC - rue du Docteur Christian Paul - La Bastide - 35400 ST-MALO - Tél. : 02 99 56 06 29 ou SR : 02 99 78 47 57

ST-MALO Le Petit Limoelou
C.M. 230 Pli 11

1 ch. Saint-Malo 5 km. Cancale 10 km. A l'étage : 1 ch. 2 pers., possibilité de lit d'appoint avec salle de bains et wc attenants. Salle de séjour avec salon à la disposition des hôtes. Suzanne vous servira un copieux petit déjeuner, sur la terrasse ouverte l'été sur un joli jardin clos avec pelouses et cour très fleurie. A prox. de St-Malo, jolie maison située près du manoir de Jacques Cartier au calme, près des grandes plages de la côte d'Emeraude. Vous rayonnerez sur St-Malo et Cancale à la découverte des grands sites comme l'Anse Duguesclin, la pointe de Grouin... tout en allant sur la baie du mont St-Michel.

Prix : 1 pers. 29 € 2 pers. 40 € 3 pers. 47 €
Ouvert : Toute l'année.

5	1,5	1,5	25	1	5	1

Célestin et Suzanne MOULIN - Le Petit Limoelou - rue du Docteur C. Paul - 35400 ST-MALO - Tél. : 02 99 56 04 52

ST-MALO
C.M. 230 Pli 11

2 ch. 2 unités familiales de 2 chambres, l'une 3 épis, avec sanitaires particuliers, l'autre 2 épis, avec douche privée et wc communs. 1 ch. double (2 épis) avec douche privée et wc communs.Petits déjeuners aux gâteaux et confitures servis dans une salle de séjour rustique. Cheminée. Poss. de cuisiner sur place. Terrain avec salon de jardin. Barbecue. Maison rustique en pierre, située au pays de la côte d'Emeraude. Proche de la mer et des plages. Tarif 4 pers. : 78 €.

Prix : 1 pers. 35 € 2 pers. 42 € 3 pers. 62 € pers. sup. 16 €
Ouvert : Toute l'année.

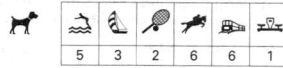

5	3	2	6	6	1

Monique DESBOIS - La Buzardière - 35400 ST-MALO - Tél. : 02 99 81 76 36 ou SR : 02 99 78 47 57

ST-MALO Le Gué

3 ch. Saint-Malo 5 mn. 1 ch. double, 1 ch. triple, 1 unité familiale de 2 ch. (1 lit 2 pers., 2 lits 1 pers., 1 lit 1 pers. d'appoint). Sanitaires privés à chaque ch. Salle de séjour avec salon, bibliothèque à votre disposition. Terrasse avec salon de jardin où seront servis de copieux petits déjeuners faits de produits maison. Votre hôtesses vous reçoit dans sa maison bretonne située dans un parc boisé et fleuri. Départ de Saint-Malo vers les îles anglo-normandes et vers le Mont-Saint-Michel à moins d'1 h.

Prix : 1 pers. 45 € 2 pers. 51 € 3 pers. 63 €
Ouvert : Toute l'année.

3	2	3	1	20	10	1	2	5	1

Joëlle COQUIL - La Petite Ville Mallet - 35400 ST-MALO - Tél. : 02 99 81 75 62 - Fax : 02 99 81 75 62

ST-MARCAN
C.M. 230 Pli 12

5 ch. Mont Saint-Michel 12 km. Saint-Malo 20 km. 5 chambres d'hôtes dans une maison située en baie du Mont Saint-Michel, sur la route Saint-Malo/Mont Saint-Michel par la côte. 2 ch. doubles, 1 ch. triple, 2 ch. 4 pers. avec sanitaires privés. Salle de séjour/salon avec TV à la disposition des hôtes. Possibilité de cuisine. Terrain de jeux. Pêche 5 km. 52 €/4 pers.

Prix : 1 pers. 31 € 2 pers. 34 € 3 pers. 43 € pers. sup. 10 €
Ouvert : Toute l'année.

	5

Madelaine GLE - 2 rue Colombel - 35120 ST-MARCAN - Tél. : 02 99 80 22 78 ou SR : 02 99 78 47 57

ST-MARCAN La Gautrais
C.M. 230 Pli 12

5 ch. Mont Saint-Michel 12 km. Saint-Malo 30 km. En baie du Mt-St-Michel, en bordure de la route côtière, Corinne a aménagé dans sa longère rénovée 5 ch. doubles avec sanitaires privés. Salle de séjour à la disposition des hôtes (micro-ondes et TV). Crêpes le dimanche matin. Sentiers de randonnées en face de la maison. Prêt de vélos. Vous êtes à 1/2 heure des plages de la côte d'Emeraude.

Prix : 2 pers. 34 € 3 pers. 40 €
Ouvert : Toute l'année.

15	2	7	13	6	10	3

Corinne CHOUZENOUX - 1 La Gautrais - « les Fleurettes » - 35120 ST-MARCAN - Tél. : 02 99 80 28 93

Ille-et-Vilaine   *Bretagne*

ST-MAUGAN   *C.M. 230 Pli 25*

| 5 ch. | 5 chambres d'hôtes aménagées à l'étage d'un ancien presbytère à proximité du village. 5 chambres pour 3 pers. avec 2 salles d'eau et 2 wc communs. Salle de séjour. A proximité : étang communal, pêche. Base de loisirs de Tremelin (baignade, pédalos...). 41 €/4 pers. |

Prix : 1 pers. **20** € 2 pers. **28** € 3 pers. **34** €

15	5	5	5	10	5

COMMUNE DE SAINT-MAUGAN - Mairie - 35750 ST-MAUGAN - Tél. : 02 99 09 99 67 - Fax : 02 99 09 99 25 ou SR : 02 99 78 47 57

ST-MEEN-LE-GRAND Le Clos Constantin   (TH)

| 2 ch. | St-Malo, Dinan 30 mn. Paimpont 15 km. Golfe du Morbihan 55 mn. Chaleureuse atmosphère dans une belle demeure d'artistes (fin XIXᵉ). 2 ch. très confortables et calmes, décorées avec élégance et raffinement où les propriétaires ont donné tout leur talent pour y mettre fraîcheur et romantisme. 1 ch./duplex (1 lit 2 pers., 2 lits 1 pers.), 1 ch. (2 lits 1 pers.), toutes 2 avec salle de bains et wc privés. Jardin fleuri avec terrasse. Découverte à quelques encablures de Dinard, Dinan, St-Malo et des légendes de Brocéliande. Vous pourrez aussi dîner avec Catherine (peintre) et Luc (photographe) dans leur délicieuse s. à manger où vous serez reçus en amis (cuisine goûteuse et inventive). Stages aquarelle & photographie sur demande. Langue parlée : anglais. |

Prix : 1 pers. **37** € 2 pers. **42** € 3 pers. **54** € repas **17** €
Ouvert : Toute l'année.

1	15	1	15	10	SP	60	60	10	SP

Luc et Catherine RUAN - 39 avenue Foch - Le Clos Constantin - 35290 ST-MEEN-LE-GRAND - Tél. : 02 99 09 53 09 ou 06 80 22 45 26 - Fax : 02 99 09 53 09 - E-mail : luc.ruan@wanadoo.fr

ST-MELOIR-DES-ONDES Les Croix Gibouins   *C.M. 230 Pli 11*

| 4 ch. | Saint-Malo 5 km. A l'entrée de STMalo, 1,5 km, Denise vous accueille dans sa maison du XVIᵉ s., 1 ch. double bretonne avec sanitaires privés, 1 ch. 3 pers avec sanitaires privés, 1 ch. 5 pers avec sanitaires privés, salle de séjour avec salon, terrasse avec salon de jardin, parking privé. Vous découvrirez dans la région la Côte d'Emeraude avec St-Malo et Dinard, les thermes marins en station balnéaire, Cancale, Dinan, le Cap Fréhel, le mont St Michel, Jersey-Guernesey. |

Prix : 1 pers. **31/34** € 2 pers. **39/42** € 3 pers. **49/51** €
Ouvert : Toute l'année.

3,5	4	4	6	5	3,5	5	2

Denise BASLE - Les Croix Gibouins - 35350 ST-MELOIR-DES-ONDES - Tél. : 02 99 82 11 97 ou SR : 02 99 78 47 57

ST-MELOIR-DES-ONDES Le Buot   *C.M. 230 Pli 11*

| 3 ch. | 1 chambre double, 1 chambre triple et 1 unité familiale de 2 ch. séparées avec sanitaires privés. Salle de séjour/salon. Pelouse avec salon de jardin. Aire de jeux pour les enfants. Dans la baie du Mont Saint-Michel, à proximité de Cancale et de Saint-Malo. 61 €/4 pers. |

Prix : 1 pers. **30** € 2 pers. **30/38** € 3 pers. **46** €
Ouvert : Toute l'année.

10	4	5	2	0,5	25	16	0,2	4	2,5	2,5

Marie-Hélène BUNOUF - Le Buot - 35350 ST-MELOIR-DES-ONDES - Tél. : 02 99 89 10 29 ou SR : 02 99 78 47 57

ST-MELOIR-DES-ONDES Le Grand Pré   *C.M. 230 Pli 11*

| 2 ch. | Cancale 5 km. Saint-Malo 10 km. 1 chambre double et 1 chambre 4 pers. avec sanitaires privés, aménagées dans une maison de caractère (sur une exploitation légumière), dans la baie du Mont Saint-Michel. Salle de séjour, salon, TV. Kitchenette avec possibilité de faire le repas du soir. Parking privé. Tarif 4 pers. : 55 €. |

Prix : 1 pers. **31** € 2 pers. **38** € 3 pers. **49** € pers. sup. **6** €
Ouvert : Toute l'année.

10	4	4	2	1	25	16	25	2,5	2,5

J-Louis et M-Paule MAZIER - Le Grand Pré - 35350 ST-MELOIR-DES-ONDES - Tél. : 02 99 89 15 41 ou SR : 02 99 78 47 57

ST-MELOIR-DES-ONDES Le Tertre Mande   *C.M. 230 Pli 11*

| 3 ch. | A proximité de la mer (baie du Mont Saint-Michel), entre St-Malo et Cancale. Madeleine vous accueille à la ferme (ânes, vaches) dans une demeure de caractère du XVIᵉ siècle. 1 ch. triple avec sanitaires privés, 2 ch. double, sanitaires privés. Coin-kitchenette dans 1 chambre. Salon avec cheminée, séjour/salon commun au propriétaire. Terrasse aménagée. Jardin plein sud. 61 €/4 pers. |

Prix : 1 pers. **30** € 2 pers. **38/46** € 3 pers. **49** € pers. sup. **12** €

5	5	1	0,5	20	20	20	2,5	2,5

Madeleine LOCHET - Le Tertre Nande - 35350 ST-MELOIR-DES-ONDES - Tél. : 02 99 89 10 86 ou SR : 02 99 78 47 57

Bretagne   **Ille-et-Vilaine**

ST-MELOIR-DES-ONDES Le Petit Porcon

E.C. 4 ch. **5 mn de Cancale, 15 km de St Malo, 40 km du Mt St Michel et de Dinan.** On vous accueille dans 1 ancienne ferme rénovée, lieu calme & reposant avec salon de jardin. 5 mn à pied de la plage du petit Porcon & des sentiers de randonnées qui longe la Côte. Grande salle de séjour avec cheminée pour petit déj. Salon à dispo, TV, magneto...Parking privé. 3 ch. triples,1 ch. double avec possibilté lit enfant. Salle d'eau et wc dans chaque ch.

Prix : 1 pers. 38 € 2 pers. 49 € 3 pers. 58 € pers. sup. 11 €
Ouvert : Toute l'année

10	6	6	3	15	0,5	3

FRABOULET - Le petit porcon - 35350 ST-MELOIR-DES-ONDES - Tél. : 02 99 89 20 10 ou 02 99 89 12 78 -
E-mail : Dlaurentfraboulet@wanadoo.fr

ST-MELOIR-DES-ONDES Le Petit Porcon

E.C. 1 ch. **5 mn de Cancale, 15 mn de St Malo, 40 km du Mt St Michel et de Dinan.** On vous accueille dans une ancienne ferme rénovée, lieu calme et reposant avec salon de jardin. A 5 mn à pied de la plage du petit Porcon et des sentiers de randonnées qui longe la Côte. Grande salle de séjour avec cheminée pour petit déj.UNe chambre de 16 m^2 pour 3/4 pers avec salle d'eau et wc privé.

Prix : 1 pers. 38 € 2 pers. 49 € 3 pers. 58 € pers. sup. 11 €
Ouvert : Toute l'année.

10	6	6	3	15	0,5	3

Louise QUEMERAIS - Le petit porcon - 35350 ST-MELOIR-DES-ONDES - Tél. : 02 99 89 12 78 ou 02 99 89 20 10

ST-MELOIR-DES-ONDES Les Chesnais

E.C. 3 ch. **St-Malo, Cancale 20 km, Mt St-Michel 40 km.** Sur la cote d'Emeraude, près de la mer, dans une longère rénovée, très chaleureux c'est un endroit agréable pour les gens qui aiment le calme et la campagne. Le bâtiment est composé d'une chambre double avec sanitaire privé au r.d.c. A l'étage : 2 unités familiales de 4 pers. composées de 2 chambres. Salle de séjour, salon avec TV, coin cuisine à disposition.

Prix : 1 pers. 32 € 2 pers. 36 € 3 pers. 48 €
Ouvert : Toute l'année.

4	5	2	10	6	6	4	2

Monique et Michel RENAULT - Les Chesnais - 35350 ST-MELOIR-DES-ONDES - Tél. : 02 99 89 16 43 ou 06 63 29 43 16 -
Fax : 02 99 89 16 43

ST-MELOIR-DES-ONDES Le Parc   C.M. 230 Pli 12

 4 ch. A la ferme à 4 km de la mer, Sylvie et Pierre vous accueillent dans 4 chambres doubles avec sanitaires privés. Salle de séjour/salon avec TV. Salle à manger des hôtes avec TV. Possibilité lits supplémentaires. Terrain de jeux.

Prix : 1 pers. 33 € 2 pers. 40 € 3 pers. 49 €

6	25	6	6	3	25	4	5	3

Pierre et Sylvie PILORGE - Le Parc - 35350 ST-MELOIR-DES-ONDES - Tél. : 02 99 89 12 39 ou SR : 02 99 78 47 57

ST-MELOIR-DES-ONDES Langavan   C.M. 230 Pli 12

5 ch. 2 chambres doubles, 3 chambres 4 pers. dont 1 accessible aux personnes handicapées. Sanitaires particuliers. Salon, terrasse avec vue sur la mer. Terrain avec pelouse. Grange rénovée du XVIIIe siècle avec terrasse (vue sur la mer dans la baie du Mont Saint-Michel). Proximité de Cancale et Saint-Malo. 4 pers : 58 €.

Prix : 1 pers. 28 € 2 pers. 39 € 3 pers. 50 €
Ouvert : De Avril à novembre.

12	8	5	5	0,3	25	25	SP	0,2	12	5

Loïc COLLIN - Langavan - 35350 ST-MELOIR-DES-ONDES - Tél. : 02 99 89 22 92 ou SR : 02 99 78 47 57

ST-MELOIR-DES-ONDES

 2 ch. **Saint-Malo 7 km. Cancale 4 km.** Soyez les bienvenus dans cette grande maison de pays, située dans le bourg à proximité de tous commerces. 2 grandes chambres spacieuses et personnalisées des 1er et 2e étages : 1 ch. 2 pers. avec salle d'eau et wc privés sur le palier, 1 ch. 3 pers. avec salle d'eau et wc privés. Jardin clos calme et intime. Parking privé fermé. Vous êtes à 10 mn de Saint-Malo intra-muros et des grands sites de la Côte d'Emeraude. Cancale, riche en découvertes dont la culture d'huîtres et de moules (nombreux restaurants de dégustation). Langues parlées : anglais, espagnol.

Prix : 1 pers. 36 € 2 pers. 42 € 3 pers. 52 €
Ouvert : Toute l'année.

7	0,2	20	4	4	7	SP

Annick et André BLIN - 13, rue de la Baie - 35350 ST-MELOIR-DES-ONDES - Tél. : 02 99 89 29 76

Ille-et-Vilaine — *Bretagne*

ST-MELOIR-DES-ONDES *C.M. 230 Pli 12*

2 ch. Cancale et baie du Mt St-Michel 4 km. St-Malo, côte d'Emeraude 15 mn. Chambre double, lavabo, wc privés, 2 ch. communicantes (1 lit 2 pers. 2 lits 1 pers.), lavabo, wc privés, douche commune sur le palier. Salle de séjour, salon avec cheminée, TV. Pelouse avec salon de jardin, barbecue. Parking. Jeux pour enfants. Maison bretonne fleurie à proximité du village. Espace de verdure pour la détente. 61 €/4 pers.

Prix : 1 pers. 30 € 2 pers. 33 € 3 pers. 46 €
Ouvert : Toute l'année.

7	4	4	0,5	1	20	2	2	7	0,3

Joseph et Marie-Thérèse JENOUVRIER - 29, rue de Radegonde - 35350 ST-MELOIR-DES-ONDES - Tél. : 02 99 89 12 65 ou SR : 02 99 78 47 57

ST-MELOIR-DES-ONDES

2 ch. Saint-Malo, la côte d'Emeraude et Cancale 10 mn. Mont St-Michel 40 mn. Arlette et Etienne vous reçoivent dans un pavillon et vous proposent 1 ch. double avec lavabo, 1 unité familiale (2 lits 2 pers.) avec lavabo, douche et wc sur le palier. Séjour, salon avec TV. Terrasse ombragée donnant sur le jardin. Arlette vous servira de copieux petits déjeuners faits de produits maison.

Prix : 1 pers. 30 € 2 pers. 34/37 € 3 pers. 43/46 €
Ouvert : Toute l'année.

7	4	0,5	1	20	4	4

Arlette et Etienne CHAUVIERE - 1 rue d'Emeraude - 35350 ST-MELOIR-DES-ONDES - Tél. : 02 99 89 17 82

ST-MELOIR-DES-ONDES Le Pont Prim *C.M. 230 Pli 12*

3 ch. Dans une maison individuelle entourée d'un jardin arboré. R.d.c : 2 ch. doubles avec sanitaires privés. Etage : 1 unité familiale de 2 ch. séparées pour 4 pers., sanitaires privés. Salle de séjour/salon et cuisine à disposition des hôtes. Aire de jeux pour enfants. Ouvert toute l'année. Chambres au calme, proches de la Côte d'Emeraude. 62 €/4 pers. Entrée indépendante pour chaque chambre. Salon de jardin et pelouse indépendante pour chaque chambre (barbecue). Tél. portable du propriétaire : 06.07.75.56.76.

Prix : 1 pers. 29 € 2 pers. 36 €
Ouvert : Toute l'année.

4	5	5	2	SP	10	10	2	5	5	4	2

Marie-Joseph BOUTIER - Le Pont Prim - 35350 ST-MELOIR-DES-ONDES - Tél. : 02 99 89 13 05 - Fax : 02 99 89 13 05 ou SR : 02 99 78 47 57

ST-OUEN-LA-ROUERIE *C.M. 230 Pli 27*

5 ch. Mont Saint-Michel 16 km. Fougères 26 km. Saint-Malo 45 km. 5 chambres dont 2 doubles, 2 avec grand lit, 1 ch. 3/4 pers. Sanitaires privés dans chacune, micro-ondes, réfrigérateur. Entrée indép. chacune. Salon avec TV à disposition. Calme et confort assurés. Belle maison rénovée en pierre, entourée de fleurs et de pelouse, salon de jardin. 56 €/4 pers. Forêt aménagée avec plan d'eau à 12 km.

Prix : 1 pers. 27/30 € 2 pers. 32/35 € 3 pers. 41/49 € pers. sup. 9 €
Ouvert : Toute l'année.

20	8	12	12	12

Thérèse et François LEGROS - La Morissais - 35460 ST-OUEN-LA-ROUERIE - Tél. : 02 99 98 38 80
E-mail : morissais@free.fr ou SR : 02 99 78 47 57

ST-PERE La Ville Hermessan

4 ch. Saint-Malo 7 km. Marie-Claude et Marcel vous recevront dans une demeure du XVIIIe dans un cadre champêtre et reposant. 2 chambres triples, salle d'eau et wc privés. 2 chambres doubles avec salle d'eau et wc privés. Salle à manger, salon. Chauffage. Parc de 1,50 ha. avec grandes pelouses et salons de jardin. Parking privé. A proximité : nombreux sites touristiques, Cancale, Dol-de-Bretagne, Combourg et le Mont Saint-Michel. Prêt de vélos, approche du golf (pitching). Relais équestre, jeux de boules et palets. Four à pain. Langue parlée : anglais.

Prix : 1 pers. 34/37 € 2 pers. 38/43 € 3 pers. 49/55 €
Ouvert : Du 15 mars au 15 décembre

8	5	5	1	10	5	15	10	1

LE BIHAN - La Ville Hermessan - 35430 ST-PERE - Tél. : 02 99 58 22 02 - Fax : 02 99 58 22 02 -
E-mail : laville-hermessan@free.fr ou SR : 02 99 78 47 57

ST-PIERRE-DE-PLESGUEN Bois Mande *C.M. 230 Pli 25*

2 ch. Maison rénovée dans un parc boisé et fleuri. 1 chambre double et 1 chambre triple. Sanitaires particuliers. Salon dans une véranda donnant sur le parc avec étang (barque, pêche). Joli site. Tél. portable : 06.82.18.29.26. Langue parlée : anglais.

Prix : 1 pers. 29 € 2 pers. 35 € 3 pers. 43 € repas 12 €
Ouvert : Toute l'année.

10	SP	18	4	5	2	6	18	18	6	4

Danielle RAUX-COUVERT - Bois Mandé - 35720 ST-PIERRE-DE-PLESGUEN - Tél. : 02 99 73 89 79 ou SR : 02 99 78 47 57

Bretagne

Ille-et-Vilaine

ST-PIERRE-DE-PLESGUEN Pont Ricoul
C.M. 230 Pli 25

2 ch.   Saint-Malo 25 km. Mont Saint-Michel 30 km. Au calme, dans un cadre privilégié, Catherine vous propose 2 ch. familiales indépendantes avec salle d'eau et wc privés (1 lit 2 pers., 2 lits 1 pers.), 1 ch. avec cheminée dans l'ancien four à pain situé au bord de l'étang, la seconde, spacieuse et en duplex avec salon et terrasse privés.

Prix : 2 pers. 43/54 € 3 pers. 56/67 €

10	2	7	SP	8	

Catherine GROSSET - Pont Ricoul - 35720 ST-PIERRE-DE-PLESGUEN - Tél. : 02 99 73 92 65 - Fax : 02 99 73 94 17 -
E-mail : pontricoul@aol.com ou SR : 02 99 78 47 57

ST-PIERRE-DE-PLESGUEN Les Petites Chapelles   (TH)
C.M. 230 Pli 25

3 ch.   Saint-Malo et ses plages 25 km. Mont-Saint-Michel 40 km. Dinan 15 km. Belle longère campagnarde en granit à 5 km de Saint-Pierre. 2 ch. doubles et 1 ch. 4 pers., sanitaires privatifs à chaque chambre. Grand salon réservé aux hôtes avec TV. Jeux, cheminée, piano, bibliothèque. Terrasse, pelouse. Terrain aménagé. Salon de jardin. Petit étang. Table d'hôtes sur réservation. Langues parlées : anglais, espagnol.

Prix : 1 pers. 28 € 2 pers. 35 € 3 pers. 50 € repas 12 €

15	2	2	10	10	SP	25	25	15	2

Nadine DUHAMEL-RAUX - Les Petites Chapelles - 35720 ST-PIERRE-DE-PLESGUEN - Tél. : 02 99 73 84 34 - Fax : 02 99 73 70 28
ou SR : 02 99 78 47 57

ST-SAUVEUR-DES-LANDES La Galofrais   (TH)

2 ch.   Le Mont Saint-Michel 1/2 h. Fougères 10 mn. Saint-Malo 1 h. 1 ch. 24 m^2 (1 lit 2 pers., 1 lit 1 pers.), s. d'eau, wc. 1 ch. (1 lit 2 pers.), s. d'eau, wc. Salon à disposition des hôtes. L'intérieur est soigné avec un mobilier ancien. Table d'hôtes sur réservation avec produits du jardin. Copieux petits déjeuners. Entre Fougères et Rennes, Miguel vous accueille dans sa charmante maison du XVIIIᵉ siècle, entourée d'un parc boisé et fleuri. Fougères (base de loisirs, forêt, château médiéval).

Prix : 2 pers. 47/53 € 3 pers. 70 € repas 11/15 €
Ouvert : Des vacances de pâques à la toussaint.

10	2	2	10	35	50	50	10	1

Miguel DESPREZ DE GESINCOURT - La Galofrais - 35133 ST-SAUVEUR-DES-LANDES - Tél. : 02 99 98 86 27 - Fax : 02 99 98 86 27

ST-SULIAC
C.M. 230 Pli 11

E.C. 4 ch.   Saint-Malo 12 km. Dinan 15 km. 2 ch. 2 pers., 1 ch. 3 pers. et 1 ch. 4 pers., toutes avec sanitaires privés. Salle de séjour avec salon à la disposition des hôtes. A l'arrière, cour fleurie avec salon de jardin. Michelle vous accueille dans cette jolie maison en pierres de pays conçue dans le village de pêcheurs de Saint-Suliac en bord de Rance. 61 €/4 pers. Sentiers de randonnées au départ de la maison. Vous êtes au pays de la côte d'Emeraude proche de Saint-Malo où vous découvrirez Saint-Suliac intra-muros, les plus belles plages de sable fin et toute la côte vers Cancale avec ses nombreux sites touristiques à 15 km de la cité de caractère.

Prix : 1 pers. 31 € 2 pers. 39 € 3 pers. 49 € pers. sup. 11 €
Ouvert : Toute l'année.

10	0,5	4	15	0,8	12	0,5

Michelle LEFFRAY - 9 rue de la Bosse - La Margatière - 35430 ST-SULIAC - Tél. : 02 99 58 47 49 ou 02 99 58 40 58

ST-SULIAC Villa Radenec

1 ch.   Saint-Malo 10 km. 1 chambre double (1 lit 2 pers.) avec vue sur la mer, salle de bains et wc privés. 2 autres chambres au même étage permettent de loger 3 autres pers. et de constituer une unité familiale. Entrée indépendante. Terrasse avec vue sur la Rance où seront servis les petits déjeuners. Sur les bords de Rance, dans le petit village pittoresque de St-Suliac. Marie-Hélène et Gérard vous accueillent dans une belle maison, et vous feront découvrir la région riche en culture, patrimoine... restaurants gastronomiques et crêperies dans le village. Cet endroit est romantique...

Prix : 2 pers. 43 € 3 pers. 54 € pers. sup. 11 €
Ouvert : Toute l'année.

10	SP	0,8	2,5	15	SP	SP

M-Hélène et Gérard FESAIX - Villa Radenec - 11 quai de Rance - 35430 ST-SULIAC - Tél. : 02 99 58 46 83 ou 06 14 47 86 93

ST-SULIAC Les Mouettes
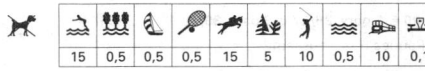
C.M. 230 Pli 11

5 ch.   Saint-Malo 10 km. Dinard 12 km. Maison du XIXᵉ siècle avec jardin clos à 150 m du port de St-Suliac (village classé plus beau village de France et protégé). 1 ch. (1 lit 2 pers.) sanitaires privés, accessible aux personnes handicapées. 3 ch. (1 lit 2 pers.) sanitaires privés. 1 ch. (2 lits jumeaux) sanitaires privés. Rivière 2 km. Gare maritime 10 mn.

Prix : 1 pers. 33/39 € 2 pers. 38/44 €

15	0,5	0,5	15	5	10	0,5	10	0,1

Isabelle ROUVRAIS - Les Mouettes - Grande Rue - 35430 ST-SULIAC - Tél. : 02 99 58 30 41 - Fax : 02 99 58 39 41 ou SR : 02 99 78 47 57

Ille-et-Vilaine   *Bretagne*

ST-UNIAC Le Bois Durand

3 ch. (TH)

Paimpont 20 km. Marie et Amand vous accueillent dans cette ancienne ferme rénovée. 1 ch. au r.d.c. et 2 ch. à l'étage (2 doubles et 1 triple) avec sanitaires privés pour chacune. Grande salle de séjour avec salon à la disposition des hôtes. TV et cheminée en service. Marie vous préparera des repas et petits déjeuners faits de produits maison. Accueil agréable dans une région qui mérite d'être connue. A moins de 10 mn du domaine de Trémelin (base nautique avec activités) et tout au début de la forêt de Brocéliande.

Prix : 1 pers. 30 € 2 pers. 37 € 3 pers. 46 € repas 15 €
Ouvert : Toute l'année.

8	8	7	8	60	60	2	

Marie et Amand LOUVIGNE - Le Bois Durand - 35360 ST-UNIAC - Tél. : 02 99 06 44 77

STE-MARIE-DE-REDON L'Aumonerie

3 ch.

Redon 6 km. Site des Corbinières 25 km. Soyez les bienvenus dans notre longère de caractère du XVIIIᵉ, située dans un parc paysager planté d'essences exotiques. 1 unité familiale de 2 ch. (1 lit 180, 2 lits 1 pers.), 1 ch. (2 lits 1 pers.), salle d'eau et wc privés chacune. Salle de séjour avec TV. Parc, terrasse, véranda, salon de jardin, chaises longues et barbecue sont à votre disposition. Etape bridge. Maison paysanne traditionnelle en schiste bâtie sur d'anciennes possessions de l'abbaye de Redon, au moyen-âge on y cultivait la vigne. Elle est située en bordure immédiate d'immenses marais et orientée plein sud. Accès piétonnier direct à la Vilaine. Un chemin de randonnée longe la prop. Langues parlées : anglais, allemand.

Prix : 1 pers. 34 € 2 pers. 43 € 3 pers. 55 € pers. sup. 12 €
Ouvert : Toute l'année.

5	1	8	5	5	1	30	SP	50	6	6	4

Régine ROLLO VAN DE VYVER - Ti Kezeg Ar Sav Eol - l'Aumonerie - 35600 STE-MARIE-DE-REDON - Tél. : 02 99 72 05 34 ou 06 77 62 84 14

TINTENIAC

1 ch.

Saint-Malo 38 km. Dinan 25 km. Combourg 12 km. Paul vous accueille dans cette belle maison en pierres du pays, avec un grand terrain à l'arrière pour votre détente. R.d.c. : 1 ch. double, poss. lit d'appoint, salle d'eau et wc privés. Accès direct au jardin par l'arrière. Terrasse avec salon de jardin. Petits déjeuners copieux. De cette chambre, vous pourrez vous rendre à pied au Canal de la Rance, visiter le musée ancien de l'outil. Vous êtes à 5 mn du parc de la Bourbansais. Découvrez aussi les restaurants et crêperies gastronomiques de Tinténiac.

Prix : 1 pers. 30 € 2 pers. 38 € 3 pers. 49 €
Ouvert : Toute l'année.

12	0,3	1,5	25	35	35	12	SP

Paul MARQUET - 7 avenue des Trentes - 35190 TINTENIAC - Tél. : 02 99 68 08 74 ou 02 99 78 47 57 - Fax : 02 99 66 70 51 - E-mail : scea.marquet@wanadoo.fr

TRANS-LA-FORET

4 ch.

Mont-Saint-Michel 18 km. Site de Ville Cartier 2 km. Marc vous accueille dans 4 ch. d'hôtes aménagées à l'étage : 2 ch. doubles avec lavabo, douche et wc communs, 1 ch. double avec lavabo, wc privés, douche commune, 1 ch. familiale (1 lit 2 pers., 1 lit 1 pers.), 2 lavabos, douche et wc communs. Grande salle de séjour avec cheminée. Véranda, cour fermée, terrain paysager avec salon de jardin. TV satellite. Si vous le souhaitez, Marc peut vous louer des vélos sur place, il vous parlera également de sa région avec ses nombreux sites à visiter (monuments régionaux). Forêt de Ville Cartier (plan d'eau avec pêche, barques, pédalos, bateaux miniatures, sentiers de randonnée cyclistes et pédestres).

Prix : 1 pers. 14 € 2 pers. 28 € 3 pers. 42 €
Ouvert : Toute l'année.

12	2	9	25	1	15	SP	18	15	SP

Marc PIERRON - 3, rue de Saint-Malo - Le Bourg - 35610 TRANS-LA-FORET - Tél. : 02 99 48 66 28

TRANS-LA-FORET

E.C. 4 ch.

Mont St Michel 20 km, site de ville Cartier 3 km. Mari-Jo et Alfred vous accueillent dans leur maison fleurie, dont une unité familiale, soit 2 chambres 2 pers. avec lavabo, 1 chambre 3 pers. avec lavabo, 1 chambre 3 personnes avec salle d'eau, 1 chambre 4 pers. avec lavabo-Une salle d'eau commune-2 wc communs-Salle de séjour, cour fermée, terrain clos avec jeux d'enfants et salon de jardin. Langue parlée : anglais.

Prix : 1 pers. 23 € 2 pers. 31 € 3 pers. 42 €
Ouvert : Toute l'année.

12	3	9	20	15	18	25

Alfred VOISIN - 1 rue de l'Equimac - 35610 TRANS-LA-FORET - Tél. : 02 99 48 61 74

TREMBLAY La Michelaie

C.M. 230 Pli 27

2 ch.

Mont Saint-Michel 25 km. Château féodal de Fougères 20 km. 2 chambres doubles aménagées dans une maison de caractère, à la campagne. Douche et lavabo individuels. WC communs. Salon réservé aux hôtes. Salle à manger, micro-ondes et frigidaire, cheminée, TV. Terrain attenant avec salon de jardin. Région de Fougères. 4 pers : 46/49 €.

Prix : 1 pers. 20 € 2 pers. 26/27 € 3 pers. 38/40 €
Ouvert : De Pâques à la Toussaint.

19	4,5	12	19	19	25	5

Raymond et Lisa BERNARD - La Michelaie - 35460 TREMBLAY - Tél. : 02 99 97 79 85 - Fax : 02 99 97 79 85 ou SR : 02 99 78 47 57

Bretagne
Ille-et-Vilaine

LE TRONCHET Le Baillage

4 ch. Saint-Malo 20 km. Dinan 10 km. Mont Saint-Michel 25 km. Catherine vous accueille dans cette belle demeure de caractère où les chambres sont spacieuses et joliment décorées. 3 chambres doubles avec TV, salle de bains et wc privés chacune. Salle de séjour, salon avec cheminée. Grande terrasse avec salon de jardin. Vous y trouverez le charme et le repos. Sur le golf du Tronchet ou du site de la forêt de Mesnil.

Prix : 1 pers. 45/55 € 2 pers. 49/60 € 3 pers. 70/73 €
pers. sup. 14 €
Ouvert : Toute l'année sur réservation.

6	0,5	0,5	SP	20	20	10	SP

Catherine SCALART - Le Baillage - 35540 LE TRONCHET - Tél. : 02 99 58 17 98 - Fax : 02 99 58 17 95 - E-mail : info@lebaillage.com - www.lebaillage.com

VAL-D'IZE

2 ch. Vitré 10 km. Rennes 30 km. 2 chambres d'hôtes 3 pers. avec sanitaires privés, salon attenant réservé aux hôtes. Bibliothèque, jeux de société. Possibilité de cuisine aménagée indépendante. Bernard vous servira de copieux petits déjeuners sur la terrasse fleurie, avec vue sur le jardin soigné. Votre première étape en Bretagne, vous la passerez au Val d'Ize, petit bourg rural sympathique, proche de Vitré (cité de caractère, ville d'art et d'histoire).

Prix : 1 pers. 29 € 2 pers. 32 € 3 pers. 41 € pers. sup. 9 €
Ouvert : Toute l'année.

10	SP	10	15	70	70	10	SP

Bernard CANU - 21 rue de l'Eglise - 35450 VAL-D'IZE - Tél. : 02 99 49 73 50 - Fax : 02 99 49 73 50 -
E-mail : bernard.canu@woldonline.fr

VEZIN-LE-COQUET La Touche Thebault
C.M. 230 Pli 26

4 ch. Rennes 10 mn. Saint-Malo 1 h. R.d.c. : 1 ch. 2 pers, 1 ch. 4 pers. Et. : 1 ch. familiale avec mezzanine 5 pers. 1 unité familiale de 2 ch. pour 5 pers. Poss. lit d'appoint. Sanitaires privés et kitchenette (réfrigérateur) pour chacune. L-linge à dispo. Séjour avec salon (TV) réservé aux hôtes. Calme et détente assurés. Tél. portable du propriétaire : 06.03.51.04.43. Réduction à partir de la 4è nuit. A 5 mn de Rennes, sur leur exploitation agricole, Marie-Annick, Pierrick et leurs enfants vous accueillent dans leur longère rénovée, joliment décorée dans une ambiance chaleureuse. Pour votre détente, pelouse avec jeux d'enfants. Terrasse, salon de jardin. Découverte de la ferme et des animaux.

Prix : 1 pers. 29 € 2 pers. 35/40 € 3 pers. 45/50 €
pers. sup. 10/15 €
Ouvert : Toute l'année.

5	8	8	2	3	15	10	2

Marie-Annick et Pierrick LOUAPRE - La Touche Thebault - 35132 VEZIN-LE-COQUET - Tél. : 02 99 60 19 74 - Fax : 02 99 60 10 79 ou SR : 02 99 78 47 57

VEZIN-LE-COQUET Le Rouvray
C.M. 230 Pli 26

5 ch. 2 ch. doubles, 2 ch. triples et 1 ch. double accessible aux pers. handicapées aménagées dans une maison rénovée, près de Rennes, au cœur de la Bretagne. Sanitaires privés pour chaque chambre. Salle de séjour/salon, TV. Salon de jardin, cadre agréable et fleuri. 10 % de réduc. à partir de la 4e nuit. Tél. portable du propriétaire : 06.84.93.01.38.

Prix : 1 pers. 30 € 2 pers. 35/40 € 3 pers. 42/50 €
Ouvert : Toute l'année.

4	4	1	25	2	3	0,8

Michel THOUANEL - Le Rouvray - 35132 VEZIN-LE-COQUET - Tél. : 02 99 64 56 38 - Fax : 02 99 64 56 38 ou SR : 02 99 78 47 57

VIGNOC
C.M. 230 Pli 26

2 ch. 2 chambres d'hôtes triples au rez-de-chaussée d'une longère de caractère avec sanitaires privés pour chaque chambre. Salle de séjour/salon. Terrain avec jeux. Pêche à 3 km. A 2 pas d'un site unique en Bretagne « Les Ecluses de Hédé ».

Prix : 1 pers. 26/27 € 2 pers. 34/35 € 3 pers. 41/43 € repas 11 €

12	4	15	2	4

Jean-Yves MISERIAUX - La Blanchais - 35630 VIGNOC - Tél. : 02 99 69 85 00 E-mail : fmiseria@fr.packardbell.org ou SR : 02 99 78 47 57

VILDE-LA-MARINE
C.M. 230 Pli 12

2 ch. Sur la côte d'Emeraude, à 10 km des grandes plages. 2 ch. à l'étage avec 1 lit 2 pers., salle de bains et wc privés dans chacune. Salle de séjour avec salon TV et cheminée à dispo. Terrain attenant avec salon de jardin. Parking. Chambres soignées et confortables avec vue sur la mer de chacune. Au cœur de la baie du Mont-St-Michel. Maison bretonne avec terrain fleuri. Tranquillité et calme. A visiter : Cancale, St-Malo, Dinan, Dol-de-Bretagne.

Prix : 1 pers. 33 € 2 pers. 35 €

12	7	7	1	5	10	10	2

Pierrette RICHARD - 1 rue du Bout de la Ville - 35120 VILDE-LA-MARINE - Tél. : 02 99 58 62 59 ou SR : 02 99 78 47 57

Ille-et-Vilaine

Bretagne

LA VILLE-ES-NONAIS

C.M. 230 Pli 11

5 ch. **Saint-Malo, Dinard 15 km.** Maison en pierre dans le village touristique de la Ville-Es-Nonais. 3 chambres doubles avec sanitaires privés. 1 chambre 3 pers. avec sanitaires privés. 1 chambre 4 pers. avec sanitaires privés. Salle de séjour/salon. Cour à l'avant. Terrain. Pelouses avec salon de jardin. Tarif 4 pers. : 54 €.

Prix : 1 pers. **27** € 2 pers. **36** € 3 pers. **45** € pers. sup. **9** €

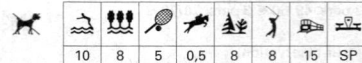

10	8	5	0,5	8	8	15	SP

Mariannick BESNARD - 48 rue Jacques Cartier - 35430 LA VILLE-ES-NONAIS - Tél. : 02 99 58 40 68 ou SR : 02 99 78 47 57

LA VILLE-ES-NONAIS

2 ch. **Saint-Malo et Dinard 15 km.** Marie-Hélène vous accueille dans un petit village sur les bords de la Rance dans une maison contemporaine. 1 ch. 1 épi (1 lit 2 pers.) avec douche et wc, 1 unité familiale de 2 ch. 2 épis (1 lit 2 pers., 2 lits 1 pers.) avec salle de bains et wc. Salle à manger, salon, terrasse avec vue sur la mer. Salon de jardin, relax, hamac, bancs bain de soleil.

Prix : 1 pers. **30** € 2 pers. **35** € 3 pers. **45** € pers. sup. **10** €
Ouvert : Toute l'année.

10	3	8	SP	2	15	SP

Marie-Hélène DIGUINY - 1, rue de Brocéliande - 35430 LA VILLE-ES-NONAIS - Tél. : 02 99 58 46 25 ou 06 85 59 20 00 - Fax : 02 99 58 46 25

VITRE

C.M. 230 Pli 28

2 ch. 2 chambres d'hôtes doubles avec sanitaires individuels. Possibilité lits supplémentaires. Salle de séjour, salon avec TV. Cheminée, chauffage. Demeure ancienne avec beaucoup de style et une ambiance chaleureuse. Parc fleuri et verdoyant.

Prix : 1 pers. **30** € 2 pers. **35** € 3 pers. **40** €

1	1	1	1	2	2	2	2

Marcelle et Louis MEHAIGNERIE - Les Maurepas - 35500 VITRE - Tél. : 02 99 74 42 48 ou SR : 02 99 78 47 57

Morbihan

GITES DE FRANCE - Service Réservation
42, avenue Wilson - B.P. 30318 - 56403 AURAY Cedex
Tél. 02 97 56 48 12 - Fax 02 97 50 70 07
E.mail : gites-de-france.morbihan@wanadoo.fr
http://www.gites-de-france-morbihan.com

3615 Gîtes de France
0,2 €/min

ALLAIRE Le Bois du Clos

C.M. 63 Pli 5

2 ch. **Redon (port de plaisance) 10 km.** Si vous aimez la nature, la tranquillité, arrêtez-vous chez Marie-Hélène et Bernard Josso dont l'habitation est située dans un espace naturel boisé de 7000 m² à 1 km d'Allaire. A l'étage, 2 ch. doubles louables à même famille pour 2/4 pers. dont 1 avec s.d.b/wc privés non communicants & l'autre avec s.e/wc privés communicants. Vous pourrez profiter du salon de jardin. Restaurants et crêperie à 1 km. Langue parlée : anglais.

Prix : 1 pers. **29** € 2 pers. **34** € pers. sup. **13** €
Ouvert : Toute l'année.

30	30	10	3	10	1	8	7	10	1

Marie-Hélène JOSSO - Le Bois du Clos - Route de Deil - 56350 ALLAIRE - Tél. : 02 99 71 94 17 ou 06 70 40 37 82

AMBON Le Listy D'En Bas

C.M. 63 Pli 14

4 ch. **Damgan (Les marais de Penerf) 3 km. Muzillac (Moulin de Pen Mur) 5 km.** Jean et Patricia vous accueillent dans leur longère rénovée à 1,5 km d'Ambon. Etage, 4 ch. 2 pers., 3 ch. s.e/wc privatifs communicants et 1 ch. s.d.b/wc privatifs communicants. Salle à manger et salon réservé aux hôtes. Jardin, salons de jardin, barbecue. Pêche possible dans l'étang privé. Cuisine à disposition : 5 €/jour. GR 34 à 10 Km. Langues parlées : anglais, allemand.

Prix : 1 pers. **35/40** € 2 pers. **40/44** € pers. sup. **10** €
Ouvert : De mai à septembre.

3	3	3	3	25	1,5	7	20	10	25	1,5

Jean et Patricia COELIS - Le Listy d'en Bas - 56190 AMBON - Tél. : 02 97 41 04 33 - Fax : 02 97 41 04 33 -
E-mail : jeancoelis@hotmail.com

Bretagne — Morbihan

AUGAN La Ville Ruaud *C.M. 63 Pli 5*

2 ch. **Guer (Vallée de l'Aff) 10 km. Forêt de Brocéliande 10 km.** M et Mme De Saint Jean vous acccueillent dans leur maison de campagne rénovée. A l'étage : 2 chambres 2 pers. : 1 avec s.e/wc privés communicants et 1 avec s.e/wc privés non communicants. Pour vous détendre, vous profiterez du jardin avec salon de jardin, de la terrasse, du portique. Lit enfant à disposition. GR 37 à 10 Km. Langue parlée : anglais.

Prix : 1 pers. **24 €** 2 pers. **38 €**
Ouvert : Juillet et août.

50	50	7	2	7	3	5	7	10	50	3

Gilles DE SAINT JEAN - La Ville Ruaud - 56800 AUGAN - Tél. : 02 97 93 44 40 - Fax : 02 97 93 44 40

AURAY *C.M. 63 Pli 2*

3 ch. **Auray 0,5 km (Port de St-Goustan). Vannes (ville d'art) 15 km.** Monsieur Muet vous accueille dans sa maison indépendante, située dans un quartier calme au centre d'Auray. A l'étage, 3 ch. 2 pers. avec TV couleur, s.d.b et wc privés communicants, ch. central. Le jardin clos avec salon de jardin, la piscine privée et le parking sont à votre disposition. GR 34 à 10 Km.

Prix : 2 pers. **36 €** 3 pers. **51 €**
Ouvert : Du 1er juin au 15 septembre.

12	12	12	1,5	SP	1	10	10	10	1	0,5

Paul MUET - 26 rue du Pont Neuf - Les Evocelles - 56400 AURAY - Tél. : 02 97 56 42 03 - Fax : 02 97 50 83 99

BAUD Kersommer *C.M. 63 Pli 2*

4 ch. **Quistinic (Poul Fetan) 15 km. Hennebont (remparts, haras) 20 km.** Mme Robic vous accueille dans sa maison indépendante de caractère à proximité d'une autre maison sur une exploitation agricole. 4 ch. dont 1 au r-d-c, toutes équipées de s.e privatives et wc privés communicants. (3 ch. 2 pers. et 1 ch. 3 pers.). Salon, TV, salle à manger, cheminée, lave-linge à disposition, salon de jardin.

Prix : 1 pers. **35 €** 2 pers. **41 €** 3 pers. **51 €**
Ouvert : Du 1er avril au 15 novembre.

30	30	5	3	2	2	7	20	25	1

Alice ROBIC - Kersommer - 56150 BAUD - Tél. : 02 97 51 08 02 - Fax : 02 97 51 08 02

BELLE-ILE-EN-MER Linigour *C.M. 63 Pli 1*

2 ch. **Quiberon 45 mn par bateau. Sauzon 6 km.** Mme Bourmaut vous accueille dans sa maison indépendante située à Le Palais. 2 chambres 2 pers. avec s.e/wc privés communicants dont 1 au rez-de-chaussée et 1 à l'étage (avec accès par escalier extérieur). TV couleur. Jardin d'1 hectare à disposition pour vos moments de détente. Gare maritime de Le Palais : 02.97.50.06.90. ou 02.97.31.80.01.

Prix : 1 pers. **63 €** 2 pers. **79 €**
Ouvert : Du 15 mars à fin octobre.

2	2	2	2	3	5	6	35	2,5

Christiane BOURMAUT - Linigour - Le Palais - 56360 BELLE-ILE-EN-MER - Tél. : 02 97 31 50 64

BELLE-ILE-EN-MER Port-Hallan *C.M. 63 Pli 1*

1 ch. **Quiberon 45 mn en bateau. Sauzon 5 km.** Mme Guellec vous accueille dans sa maison indépendante à Le Palais (Port-Hallan). 1 chambre 2 pers. avec entrée indépendante et de plain-pied avec salle d'eau/wc privés communicants. Coin-détente et TV couleur dans la chambre. Vous pourrez vous détendre dans le jardin clos (250 m²). Gare maritime de Le Palais : 02.97.31.80.01. Réservation obligatoire du bateau pour véhicules et passagers. GR 34 à 500 m. Langue parlée : anglais.

Prix : 1 pers. **46 €** 2 pers. **50 €**
Ouvert : Toute l'année.

0,5	0,5	0,5	0,5	4	9	0,5	35	0,6

Edith GUELLEC - Port-Hallan - Le Palais - 56360 BELLE-ILE-EN-MER - Tél. : 02 97 31 40 83 - Fax : 02 97 31 40 83

BELZ Manillo *C.M. 63 Pli 1*

2 ch. **Auray (Port de St-Goustan) 14 km. Erdeven (ses grandes plages) 5 km.** Mme Guennec vous accueille dans sa maison située à 1 km de la Ria d'Etel, 1 ch. 2 pers. avec s.e et wc privés communicants 3 épis et 1 ch. 2 pers. avec s.e et wc privatifs non communicants 2 épis. Chauffage central. Vous prendrez vos petits-déjeuners dans la salle à manger. Le salon et le jardin de 500 m² sont à votre disposition pour vous détendre.

Prix : 2 pers. **37/38 €**
Ouvert : De mars à octobre.

1	5	5	1	10	2	5	5	3	14	2

Pierre-Yves GUENNEC - Manillo - 56550 BELZ - Tél. : 02 97 55 37 99 ou 06 88 63 34 08

Morbihan   *Bretagne*

BELZ Kercadoret   C.M. 63 Pli 1

5 ch. **Auray (Port de St-Goustan) 14 km. Erdeven (grandes plages) 7 km.** M. & Mme Rolland vous accueillent dans leur maison typique de caractère totalement indépendante à 50 m de la Ria d'Etel. 5 ch. s.e/wc privés communicants. R-d-c, 1 ch. 3 pers. Etage, 1 ch. 1 pers., 2 ch. 2 pers., 1 ch. 3 pers. Séjour/salon, TV. Cuisine : 4 €/jour. Lave-linge : 3 €/machine. Terrain, salons de jardin, barbecue, ping-pong, jeu de boules. GR 34 et 341 à 5 Km. Langues parlées : anglais, italien.

Prix : 1 pers. **32 €** 2 pers. **40/43 €** 3 pers. **49/52 €** pers. sup. **9/12 €**
Ouvert : Toute l'année.

	3	5	5	4	12	1	6	5	5	10	0,6

Jean-François ROLLAND - Kercadoret - Route de Ninezur - 56550 BELZ - Tél. : 02 97 55 44 01

BELZ Mané-Braz   C.M. 63 Pli 1

2 ch. **Auray (Port de St-Goustan) 15 km. Erdeven (ses grandes plages) 5 km.** M. & Mme Le Chapelain vous accueillent dans leur maison contemporaine, avec vue sur la Ria d'Etel, à 3 km de Belz. A l'étage, 2 ch. 2 à 3 pers. avec s.e/wc privatifs communicants. Les petits déjeuners vous seront servis dans la salle à manger. Pour votre détente, vous apprécierez le vaste jardin (2300 m²) avec terrasse et barbecue au gaz. GR 341 à 0,5 Km.

Prix : 1 pers. **30 €** 2 pers. **40 €** 3 pers. **49 €** pers. sup. **9 €**
Ouvert : Toute l'année.

	5	5	5	0,1	16	3	5	8	0,5	15	3

Pierre LE CHAPELAIN - Mané-Braz - 56550 BELZ - Tél. : 02 97 55 33 44

BERNE Marta   C.M. 63 Pli 3

6 ch. **Le Faouet (Les Halles) 15 km. Plouay (Vallée du Scorff) 10 km.** Découvrez les charmes de la campagne à 30 mn de la mer. Isabelle vous accueille dans sa maison de caractère indépendante. R-d-c, 2 ch. 3 pers. Etage, 4 ch. 2 pers. S.e & wc privés communicants chacune. Sèche-cheveux, lit bébé. Cuisine à disposit° (m-ondes/réfrigérateur/congélateur). Salon avec TV. Pour vous détendre : jardin 2000 m², salons de jardin, barbecue. Balançoire, tennis de table et piscine privée chauffée (15 m x 6 m) ouverte de mai à septembre. Pêche et ballades en forêt (GR 38) à proximité. Machine à laver : 3 €. Parking privé. Tarifs réduits jusqu'à - 20 % hors juillet/août. Langue parlée : anglais.

Prix : 1 pers. **34 €** 2 pers. **41 €** 3 pers. **52 €** pers. sup. **9 €**
Ouvert : Toute l'année.

	25	25	10	2	SP	5	9	20	0,5	25	5

Isabelle HELLO-BREGARDIS - Marta - 56240 BERNE - Tél. : 02 97 34 28 58 - Fax : 02 97 34 28 58

BIEUZY-LES-EAUX Lézerhy   C.M. 63 Pli 2

2 ch. **Pontivy (Château, Le Canal) 15 km. Quistinic (Poul Fetan) 10 km.** Mme Maignan vous accueille dans sa maison indépendante située dans la Vallée du Blavet. A l'étage avec accès indépendant, 2 ch. 2 pers. avec s.e/wc privés communicants. Pour vous détendre : séjour, salon, jardin calme avec salon de jardin. Coin-cuisine à disposition. Vous pourrez aussi vous initier à la poterie. Chemins de randonnées et VTT sur place. GR 341 à 5 Km. Langue parlée : anglais.

Prix : 1 pers. **30 €** 2 pers. **36 €** pers. sup. **14 €**
Ouvert : De Pâques à la Toussaint.

	45	45	3	0,2	15	8	3	4	5	40	3

Martine MAIGNAN - Lezerhy - 56310 BIEUZY-LES-EAUX - Tél. : 02 97 27 74 59 - Fax : 02 97 27 74 59 - E-mail : boivinp@wanadoo.fr - http://perso.wanadoo.fr/poterie_de_lezerhy/

BRANDERION L'Hermine   C.M. 63 Pli 1

3 ch. **Hennebont (Remparts, haras) 5 km. Port-Louis (Citadelle) 12 km.** Mme Zetunian vous accueille dans sa maison de caractère entourée de 2 ha de bois à 1 km de Branderion. A l'étage, 2 ch. 2 pers. avec s.d.b et wc privés communicants, 1 ch. 2 pers. avec s.e et wc privés communicants. Le séjour, le jardin sont à votre disposition pour vos moments de détente. GR 34E à 10 Km. Langues parlées : anglais, espagnol.

Prix : 2 pers. **45 €**
Ouvert : Toute l'année.

	12	12	5	1	15	1	3	25	10	5	5

Mouche ZETUNIAN - L'Hermine - Route d'Hennebont - 56700 BRANDERION - Tél. : 02 97 32 96 17

BRANDIVY Kerdréan   C.M. 63 Pli 2

4 ch. **Auray (Port de St-Goustan) 15 km. Bieuzy (Etang de la forêt) 7 km.** Dans un ensemble de deux chaumières et d'une longère, la famille Demais vous reçoit dans une superbe propriété boisée. Etage : calme et confort de 3 ch. 2 pers. 3 épis (lits 160 ou jumeaux) (2 ch. s.d.b/wc communicants, 1 ch. s.e/wc communicants), 1 ch. 2 pers. 2 épis (lit 160) (s.e communicante, wc au r-d-c). Séjour/cheminée/TV couleur/piano. Bibliothèque. Grand jardin, salons de jardin. GR 38 à 7 Km. Langue parlée : anglais.

Prix : 1 pers. **28/34 €** 2 pers. **34/45 €** pers. sup. **15 €**
Ouvert : Toute l'année.

	20	20	20	2	10	2	10	20	7	15	2

Gilles DEMAIS - Domaine de Kerdréan - 56390 BRANDIVY - Tél. : 02 97 56 12 50 ou 06 08 06 92 81 - Fax : 02 97 56 10 52 - E-mail : domaine.de.kerdrean@wanadoo.fr - www.gites-de-france-morbihan.com/kerdrean

Bretagne **Morbihan**

BRECH Lan-Palvern

C.M. 63 Pli 12

| | 1 ch. | **Auray (Port de St-Goustan) 8 km. Camors (forêt domaniale) 15 km.** M. Baudet vous acccueille dans sa maison indépendante. 1 ch. 2 pers. de plain-pied, avec salle de bains non communicante et wc privés. Le séjour avec télévision couleur, le grand jardin clos 6000 m² et la terrasse sont à votre disposition pour vos moments de détente.

Prix : 2 pers. 40 €
Ouvert : De mai à septembre.

18	18	18	4	8	3	5	10	8	3

Léopold et Evelyne BAUDET - Route de Landaul - Lan-Palvern - 56400 BRECH - Tél. : 02 97 57 73 66

BREHAN Le Moulin de la Fosse (TH)

C.M. 58 Pli 19

| | 2 ch. | **Pontivy (Le Château, Le Canal 10 km) 25 km. Forêt de Lanouée 5 km.** M.& Mme Holst vous accueillent dans leur moulin du 19ᵉ s. situé à 8 km de Bréhan. Etage, 2 ch. 2 pers., 1 ch. s.e et wc privés communicants (2 épis) et 1 ch. s.d.b et wc privés communicants (3 épis). Salle réservée aux hôtes pour les petits déjeuners. Bibliothèque. Jardin, salon de jardin, lave-linge (forf. 3 €). Pêche, sentier de randonnée sur place. Situé en frontière du Morbihan et des Côtes d'Armor, à mi-chemin entre la Manche et l'Atlantique. Culture et nature se retrouvent au bord du Lië au Moulin de la Fosse. Dans un cadre boisé de 7 ha, vous retrouvez ce que la vie veut dire : un bon lit, un petit déjeuner copieux, un repas le soir. Langues parlées : anglais, allemand.

Prix : 1 pers. 23 € 2 pers. 38 € 3 pers. 52 € pers. sup. 14 €
repas 18 €
Ouvert : Toute l'année. Table d'hôtes sur réservation.

50	50	2	0,1	2	2	12	25	10	12	2

Geus HOLST - Le Moulin de la Fosse - 56580 BREHAN - Tél. : 02 96 26 61 88 ou 06 70 40 74 43 - Fax : 02 96 26 61 88 -
E-mail : brenda.holst@wanadoo.fr

BULEON Vieille Ferme de la Ferrière (TH)

C.M. 63 Pli 3

| | 2 ch. | **Josselin (château, musée) 10 km. Locmine 15 km.** Patricia vous reçoit dans sa propriété, une ancienne fortification du XVI siècle, située en bordure de Buléon. Un cadre paisible avec étang et château à proximité immédiate. Etage, 1 ch. 2 pers. s.d.b/wc privatifs communicants. Dans une dépendance de la propriété, 1 ch. 2 pers., s.e/wc privatifs communicants et coin-cuisine. TV dans le salon commun. Petits déjeuners servis dans la salle à manger du propriétaire. Jardin avec salon de jardin pour votre détente. Langue parlée : anglais.

Prix : 1 pers. 35 € 2 pers. 44 € pers. sup. 14 € repas 13 €
Ouvert : De Pâques à fin octobre, autres périodes sur réservation.

42	42	10	10	10	10	15	22	42	1

Patricia THRESHER - Vieille Ferme de la Ferrière - 56420 BULEON - Tél. : 02 97 75 35 31 - Fax : 02 97 75 35 31

CAMORS Lambel

C.M. 63 Pli 2

| | 3 ch. | **Forêt domaniale 1 km. Auray (Port de St-Goustan) 20 km.** Shirley et Anthony vous accueillent dans leur maison située à 2 km de Camors. Et., 1 ch. double 4 pers. louable à la même famille avec terrasse privée & 1 ch. spacieuse 2 pers., s.e/wc privatifs communicants chacune. R.d.c, 1 ch. 2 pers. EC accessible aux pers. handicapées avec une certaine autonomie. avec s.e/wc privatifs communicants. Petits déjeuners servis dans un agréable séjour à disposition. Forfait lave-linge 2,5 €. Chaise bébé et lit bébé sont à votre disposition. Réfrigérateur, congélateur disponible. Piano, jeux de jardin. Promenades en forêt à proximité. GR 341 à 10 Km. Langue parlée : anglais.

Prix : 1 pers. 30 € 2 pers. 35 € 3 pers. 46 € pers. sup. 11 €
Ouvert : Toute l'année.

25	25	10	2	5	3	10	10	20	0,2

Shirley OLDFIELD - Rue des Mésanges - Lambel - 56330 CAMORS - Tél. : 02 97 39 18 62 ou 02 97 39 26 08 - Fax : 02 97 39 26 14 -
E-mail : oldfieldarch@aol.com

CAMPENEAC Le Lidrio

C.M. 63 Pli 5

| | 3 ch. | **Ploermel (horloge astronomique) 10 km. Forêt Brocéliande 10 km.** Mme Marguerite Bargain vous accueille dans sa maison indépendante à 3 Km de la forêt de Brocéliande. A l'étage, 3 ch. 2 pers. avec s. d'eau et wc privés non communicants. Les petits déjeuners vous seront servis dans la salle à manger. Salon avec TV, jardin et salon de jardin. Pour vos loisirs : base nautique à 10 km. GR 37 à 5 Km.

Prix : 1 pers. 30 € 2 pers. 34 € pers. sup. 11 €
Ouvert : Toute l'année.

50	50	10	10	10	3	0,8	10	5	50	3

Marguerite BARGAIN - Le Lidrio - 56800 CAMPENEAC - Tél. : 02 97 93 41 67

CARNAC

C.M. 63 Pli 12

| | 5 ch. | **Carnac (Circuit des alignements) 0,6 km. Auray (St-Goustan) 8 km.** Mme Allain-Balsan vous accueille dans sa maison de caractère totalement indépendante (L'ALCYONE). 5 ch. 2 pers. avec tél. TV à la demande, s.e/wc privés communicants. Salon, TV, jardin clos privatif de 8000 m², terrasse, s. de jardin. Appréciez l'océan tout proche (500 m) et la thalassothérapie à Carnac-Plage (piscine eau de mer). Casino à 1 Km. Tarif réduit : juin/sept : 49 €. Hors saison : 46 €. Juillet/août : 53 €. GR 341 à 1 Km. Langue parlée : anglais.

Prix : 2 pers. 46/53 € pers. sup. 15 €
Ouvert : Toute l'année.

0,5	0,5	0,5	0,5	1,5	0,5	1	6	1	8	0,8

Marie-France ALLAIN-BALSAN - Impasse de Beaumer - L'Alcyone - 56340 CARNAC - Tél. : 02 97 52 78 11 ou 06 68 31 43 17

Morbihan   *Bretagne*

CARNAC Quelvezin   C.M. 63 Pli 12

4 ch. **Carnac (alignements et mégalithes) 5 km. La Trinité-sur-Mer 5 km.** Anne-Sophie Daniel vous reçoit dans sa maison (TY-ME-MAMM) située dans la campagne de Carnac. 4 chambres. Au r-d-c, 1 ch. 2 pers., s.e privative communicante et wc privatifs communicants. A l'étage, 2 ch. 2 pers., s.e/wc privatifs communicants, 1 ch. 3 pers. s.e privative communicante et wc privatifs communicants. Séjour, salon avec cheminée à disposition. Les petits déjeuners sont servis dans un séjour réservé aux hôtes avec TV. Grand jardin avec salons de jardin pour votre détente. Langue parlée : anglais.

Prix : 1 pers. 34 € ◊ 2 pers. 41 € ◊ 3 pers. 52 € ◊ pers. sup. 11 €
Ouvert : Toute l'année.

7	7	7	7	10	5	5	7	10	5

Anne-Sophie DANIEL - Quelvezin - 56340 CARNAC - Tél. : 02 97 52 45 87 ou 06 89 07 24 57

CARNAC Kerguéarec   C.M. 63 Pli 12

E.C. 2 ch. **Carnac (Circuit des alignements) 0,1 km. Vannes (Ville d'Art) 15 km.** A proximité des mégalithes de Carnac, dans un parc de 3000 m² très fleuri, Mr et Mme Heiligtag vous reçoivent dans leur maison KER KRISTAL. A l'étage, 1 ch. double louable à une même famille 2/4 pers. (TV) avec s.d.b/wc privatifs communicants, 1 ch. 3 pers. (TV) avec s.e/wc privatifs communicants. Lit bébé sur demande. Salon de jardin, parking privé. Les petits déjeuners anglo-saxons sont servis dans la vaste salle de séjour avec cheminée et TV. Baby-sitting, vélos sur demande. Tarifs réduits hors saison. Langues parlées : anglais, allemand.

Prix : 2 pers. 46/49 € ◊ pers. sup. 11 €
Ouvert : Toute l'année.

5,5	6	6	4	8	2	2	6	5	7	4,5

Jurgen et Jocelyne HEILIGTAG - Kerguearec - Ker Kristal - 56340 CARNAC - Tél. : 02 97 56 73 57 ou 06 84 91 43 36 - Fax : 02 97 56 84 16 - E-mail : kerkristal@yahoo.fr - www.kerkristal.com

CARNAC Le Lac   C.M. 63 Pli 12

4 ch. **Carnac (Circuit des alignements) 0,1 km. Vannes (Ville d'Art) 15 km.** Mme Audic vous accueille dans sa maison indépendante, avec vue sur le bras de mer de 36 € à 42 €. 4 ch. avec vue sur la rivière de Crach. A l'étage, 3 ch. avec s.e/wc privés [2 ch. 2 pers. dont 1 en 3 épis (à 39 €) et 1 en 2 épis (à 36 €)], 1 ch. double 3 à 4 pers. louable à une même famille. R.d.c, 1 ch. 2 pers. s.d.b/wc privatifs (à 42 €). Séjour confortable avec cheminée, TV, jardin de 1300 m², terrasse et salon de jardin. Salle avec micro-ondes et réfrigérateur. GR 34 à 10 Km.

Prix : 1 pers. 34 € ◊ 2 pers. 36/42 € ◊ 3 pers. 53 € ◊ pers. sup. 12 €
Ouvert : Du 15 mars au 30 septembre.

3	3	3	0,1	6	3	2	10	10	12	3

Evelyne AUDIC - Le Lac - 56340 CARNAC - Tél. : 02 97 55 78 75

CAUDAN   C.M. 63 Pli 1

2 ch. **Hennebont (Remparts, haras) 10 km. Lorient (base sous marins) 15 km.** M. Douguet vous accueille dans sa maison indépendante. 2 ch. 2 pers. de plain-pied avec accès indépendant. 1 ch. s.e et wc privés communicants et 1 ch. s.d.b et wc privés communicants. Le séjour, la terrasse et le grand terrain boisé clos sont à votre disposition pour vous détendre. Langues parlées : anglais, italien.

Prix : 1 pers. 30 € ◊ 2 pers. 38 € ◊ pers. sup. 15 €
Ouvert : Toute l'année.

12	12	12	1	2	2	5	8	10	2

Yves DOUGUET - Route de Pont-Scorff - 56850 CAUDAN - Tél. : 02 97 05 64 28

CLEGUER Le Guern   C.M. 63 Pli 1

1 ch. **Pont Scorff (La cour des métiers d'art, zoo) 8 km. Hennebont 15 km.** Mme Le Floch vous accueille dans sa maison indépendante. A l'étage, 1 chambre double 4 pers. louable à une même famille, entrée indépendante, s.d.b et wc privés non communicants. Salle à manger. Petite cuisine à disposition avec forfait journalier de 12 €. Vous apprécierez le salon avec TV et le jardin attenant de 1200 m² pour vous détendre.

Prix : 1 pers. 31 € ◊ 2 pers. 37 € ◊ 3 pers. 46 € ◊ pers. sup. 13 €
Ouvert : D'avril à fin septembre.

14	14	14	4	4	1,5	7	8	10	1,5

Elise LE FLOCH - Le Guern - 56620 CLEGUER - Tél. : 02 97 05 75 30

CLEGUEREC Kerantourner      C.M. 58 Pli 1

4 ch. **Pontivy (Le Château, Le Canal) 12 km. Lac de Guerledan 10 km.** Un couple d'agriculteurs vous accueille dans leur ferme laitière biologique à 2 km de Cléguérec. 4 ch. à l'étage dont 1 ch. 3 pers. 2 épis, 1 ch. 2 pers. 2 épis et 2 ch. 2 pers. 1 épi, s.e et wc privés chacune. Pour votre détente, jardin commun avec salon de jardin, jeux de boules. Mise à disposition d'une cuisine commune à toutes les chambres. Visite de la ferme conseillée. GR 341 à 15 Km. Langue parlée : anglais.

Prix : 1 pers. 26/30 € ◊ 2 pers. 34/43 € ◊ 3 pers. 55 € ◊ pers. sup. 9 €
Ouvert : Toute l'année sur réservation.

60	60	10	10	12	2	10	30	15	15	2

Philippe et Karine JOUAN - Kerantourner - 56480 CLEGUEREC - Tél. : 02 97 38 09 91 ou 06 86 95 02 07 - Fax : 02 97 38 09 91 - E-mail : ferme.jouan@wanadoo.fr

Bretagne — Morbihan

CONCORET-EN-BROCELIANDE Haligan
C.M. 63 Pli 13

3 ch. **Forêt de Brocéliande 1 km. Mauron (petite cité médiévale) 5 km.** M. & Mme Lecomte vous accueillent dans leur maison située sur une exploitation agricole à 3 km de Concoret, près de la forêt de Brocéliande. Etage, accès indépendant, 2 ch. 2 pers. s.e communicante & wc privés, 1 ch. double 4 pers. louable à une même famille s.e non communicante & wc privés. Salons de jardin, terrasse, jardin.

Prix : 1 pers. 28 € 2 pers. 33 € 3 pers. 46 € pers. sup. 11 €
Ouvert : Toute l'année.

60	60	15	1	5	3	6	20	50	3

Rémy et Sylvie LECOMTE - Haligan - 56430 CONCORET-EN-BROCELIANDE - Tél. : 02 97 22 63 23 ou 06 15 80 83 11

LE COURS Le Moulin du Pont de Molac
C.M. 63 Pli 3

5 ch. **Rochefort-en-Terre (Cité de caractère) 15 km. Questembert 10 Km.** Véronique vous accueille dans un ancien moulin du XVIIIè au bord de la rivière l'Arz à 1,5 Km de Le Cours (futur gîte en cours de rénovation). A l'étage sur 2 niveaux, 3 ch. 2 pers. s.e/wc privatifs communicants, 1 ch. 3 pers. s.e/wc privatifs communicants. Dans la longère du propriétaire, 1 ch. 2 pers. au r-d-c, accès individuel s.e/wc privatifs communicants. De copieux petits déjeuners vous seront servis dans la salle du moulin. Jardin bordant la rivière (non clos) avec salon de jardin à votre disposition pour vous détendre.

Prix : 1 pers. 38 € 2 pers. 43 € 3 pers. 61 € pers. sup. 12 €
Ouvert : Toute l'année.

30	30	15	0,1	12	10	5	25	12	1,5

Véronique RESTOIN - Le Moulin du Pont de Molac - Kermelin - 56230 LE COURS - Tél. : 02 97 67 52 40 ou 06 18 92 50 79 - Fax : 02 97 67 52 40

CRACH Kerzuc
C.M. 63 Pli 2

3 ch. **Auray (Port de St-Goustan) 10 km. La Trinité-sur-Mer 5 km.** M. et Mme Elhiar vous accueillent dans leur maison de caractère indépendante. A l'étage, 3 chambres 2 pers dont 2 ch. avec s.e communicante et wc privés et 1 ch. avec s.d.b non communicante et wc privés (2 épis). La salle à manger, le salon, la terrasse, le grand jardin avec salon de jardin sont à votre disposition pour votre détente.

Prix : 1 pers. 29 € 2 pers. 39 € pers. sup. 16 €
Ouvert : Toute l'année sauf du 28/05 au 18/06.

5	5	5	2	6	2	7	10	8	1

Michel et Andrée ELHIAR - Kerzuc - 56950 CRACH - Tél. : 02 97 55 03 41

CRACH Kerino
C.M. 63 Pli 2

5 ch. **Auray (Port de St-Goustan) 8 km. La Trinité-sur-Mer (Port) 2 km.** Dans une maison de caractère, sur une exploitation agricole, à 2 km de la Trinité sur Mer. 1 ch. double (soit 2 ch.) 4/5 pers. louable à une même famille, s.d.b/wc privés. A côté, dans un bâtiment rénové d'architecture moderne, 4 ch-duplex 2/3 pers (36 m²) avec entrée indépendante, s.e/wc privés. Salon-TV. Coin-cuisine (6 €/jour) pour chacune. Terrasse, salons de jardin, barbecues, portique. Tarif réduit hors saison & hors vacances scolaires : 43 €/2 pers/nuit à partir de 3 nuits. Langue parlée : anglais.

Prix : 2 pers. 43/55 € pers. sup. 10/19 €
Ouvert : Toute l'année.

2	3	2	2	6	1	6	10	8	1

Suzanne TANGUY - Kerino - 56950 CRACH - Tél. : 02 97 55 06 10 - Fax : 02 97 55 06 10 - E-mail : kerino@wanadoo.fr

CRACH
C.M. 63 Pli 2

2 ch. **Auray (Port de St-Goustan) 8 km. La Trinité-sur-Mer (port) 6 km.** M.et Mme Dauvillier vous accueillent dans leur maison indépendante à 100 m du bourg de Crach. 1 ch. dont 1 ch. 3 pers avec s.d.b privée non communicante/wc privés et 1 ch. 2 pers. avec s.e communicante/wc privés. Salle à manger/salon (TV couleur), terrasse/véranda, le jardin avec salons de jardin à votre disposition. Réfrigérateur à disposition.

Prix : 1 pers. 29 € 2 pers. 37 € 3 pers. 43 €
Ouvert : De février à octobre.

5	5	5	5	6	0,1	7	10	8	0,1

Jacques et Huguette DAUVILLIER - 10, rue du Stade - 56950 CRACH - Tél. : 02 97 55 14 03

CRACH Keruzerh-Brigitte
C.M. 63 Pli 2

4 ch. **Auray (Port de St-Goustan) 3 km. La Trinité-sur-Mer (port) 5 km.** Mme Fravalo vous accueille dans sa maison indépendante ensoleillée. R-d-c, 1 ch. 3 pers.(TV) s.e communicante, wc privés, (accès direct sur la terrasse, entrée indépendante), 1 ch. 2 pers.(TV) s.d.b. communicante & wc privés. Etage, 1 ch. 2 pers.(TV) s.d.b./wc privés communicants, 1 ch. 2 pers. (TV) s.e/wc privatifs communicants. Cuisine, salon, bibliothèque, terrasse, jardin 3000 m², salon de jardin, barbecue, parking privé.

Prix : 1 pers. 26 € 2 pers. 34 € 3 pers. 41 €
Ouvert : Toute l'année.

10	10	10	10	3	6	8	8	3	1,5

Nelly FRAVALO - Keruzerh-Brigitte - 56950 CRACH - Tél. : 02 97 56 47 62

Morbihan — *Bretagne*

CRACH Kergoet
C.M. 63 Pli 2

5 ch. **Auray (Port de St-Goustan) 10 km. La Trinité-sur-Mer 5 km.** Mme Kervadec vous accueille dans sa maison de caractère indépendante. 5 ch. avec entrée indépendante. R-d-c, 2 ch. 2 pers. s.e communicante et wc privés. Etage, 2 ch. 3 pers. s.d.b communicante et wc privés, 1 ch. 2 pers. s.e communicante et wc privés. Cuisine (2 €/jour). Profitez du séjour-salon/TV couleur, du jardin clos et s. de jardin pour votre repos. Langue parlée : anglais.

Prix : 1 pers. 27 € ◻ 2 pers. 36 € ◻ 3 pers. 44 €
Ouvert : Toute l'année.

🐕	≈	⛱	🏃	🏊	🎾	🏇	🏹	🏘	🚆
	7	7	7	0,5	7	3	7	10	10	3

Hélène KERVADEC - Kergoët - 56950 CRACH - Tél. : 02 97 55 06 91

LA CROIX-HELLEAN/JOSSELIN La Ville Robert
C.M. 63 Pli 4

3 ch. **Josselin (Château des Rohan) 2,5 km. Forêt de Brocéliande 10 km.** Monique et Hervé vous accueillent dans d'anciens bâtiments rénovés à La Croix-Helléan. Dans une aile de la maison, au r-d-c, 1 ch. 2 pers. s.e/wc privés, coin-cuisine, accès sur la terrasse. A l'étage, 2 ch. 3 pers. s.e/wc privatifs, coin-cuisine. Jardin, salons de jardin, barbecue et table de ping-pong. Salle de séjour/véranda (TV). GR 37 à 2 Km. Langue parlée : anglais.

Prix : 2 pers. 38 € ◻ pers. sup. 12 €
Ouvert : Toute l'année.

🐕	≈	⛱	🏃	🏊	🎾	🏇	🏹	👥	🏘	🚆
	45	45	11	3	8	3	1	11	2	45	3

Monique et Hervé NICOLAS - La Ville Robert - Les Hortensias - 56120 LA CROIX-HELLEAN - Tél. : 02 97 75 64 37 ou 06 81 90 05 71 - Fax : 02 97 75 64 37 - E-mail : nicolasmo@wanadoo.fr - www.geocities.com/h_m_nicolas/

DAMGAN Kervoyal
C.M. 63 Pli 13

1 ch. **Muzillac (Moulin de Pen Mur) 10 km. La Roche-Bernard 15 km.** Monsieur et Madame Radiguer vous accueillent dans leur maison de caractère située à 1 km de Damgan. A l'étage, 1 ch. pour 2 pers. avec s.d.b non communicante et wc privés. Pour votre détente, vous pourrez profiter du séjour, du salon avec cheminée et billard américain. Jardin clos avec salon de jardin à votre disposition. Langues parlées : anglais, espagnol.

Prix : 1 pers. 37 € ◻ 2 pers. 43 €
Ouvert : Toute l'année.

🐕	≈	⛱	🏃	🏊	🎾	🏇	🏹	🏘	🚆
	0,2	0,2	2	0,2	20	0,5	10	20	20	1

Marie-Christine RADIGUER - 19 Grande Rue - Kervoyal - 56750 DAMGAN - Tél. : 02 97 41 21 36 ou 06 80 32 45 42 - Fax : 02 97 41 21 37

ELVEN Kerniquel
C.M. 63 Pli 3

3 ch. **Elven (Les Tours d'Argoët) 5 km. Vannes (Ville d'Art) 20 km.** M. et Mme Le Vannier vous accueillent dans leur maison indépendante. A l'étage, 1 ch. double (soit 2 ch.) 2 à 4 pers. louable à la même famille 2 épis, s.d.b/wc privatifs non communicants et 1 ch. 2 pers. 3 épis, s.e/wc privatifs communicants. R-d-c, 1 ch. 2 pers. E.C, s.d.b/wc privatifs communicants, accès direct à la terrasse, TV. Les petits déjeuners sont servis dans le séjour. Jardin à disposition avec table de pique-nique et barbecue.

Prix : 2 pers. 32/36 € ◻ 3 pers. 48 € ◻ pers. sup. 10 €
Ouvert : Toute l'année.

🐕	≈	⛱	🏃	🏊	🎾	🏇	🏹	🏘	🚆
	25	25	25	1	20	5	8	24	20	5

Michel LE VANNIER - Kerniquel - 56250 ELVEN - Tél. : 02 97 53 34 36 ou 02 97 53 38 28

ELVEN Kergonan
C.M. 63 Pli 3

4 ch. **Elven (Les Tours d'Argoët) 5 km. Vannes (Ville d'Art) 14 km.** Dans un cadre verdoyant, Nadine et Denis vous proposent 3 ch. 2 pers. au r-d-c d'une aile de leur maison de caractère, avec accès indépendant. 2 ch. s.d.b/wc privés communicants et 1 ch. s.e/wc privés communicants. A l'étage avec accès indépendant 1 ch. double louable à une même famille 2 à 4 pers. (E.C), (69 € pour 4 pers.), s.e/wc privatifs communicants. Une grande salle à manger avec TV vous est réservée pour la détente, salons de jardin, portique. Micro-ondes, réfrigérateur. Table de ping-pong. Promenades dans les bois de la propriété (3 ha). Lit de bébé à disposition. Possibilité d'abriter vélos et motos sous un porche. Langues parlées : anglais, allemand.

Prix : 1 pers. 39 € ◻ 2 pers. 44 € ◻ 3 pers. 55 € ◻ pers. sup. 12 €
Ouvert : De mi-mars à mi-novembre.

🐕	≈	⛱	🏃	🏊	🎾	🏇	🏹	🏘	🚆
	20	20	20	1	20	2	8	20	14	2

Nadine FRENKEL - Kergonan - 56250 ELVEN - Tél. : 02 97 53 37 59 ou 06 80 23 57 09 - Fax : 02 97 53 37 59 -
E-mail : nd1frenkel@aol.com

ERDEVEN Manémeur
C.M. 63 Pli 1

5 ch. **Erdeven (plages de sable fin) 4 km. Auray (port de St-Goustan) 15 km.** Pascale vous reçoit dans une maison de caractère du XVIIe, proche de son habitation, dans un village. 5 ch. de 2 pers. dont 2 ch. au r-d-c avec s.e/wc privatifs communicants, 3 ch. à l'étage avec s.e/wc privatifs communicants. Chaque chambre dispose d'un accès indépendant sur un jardin de 2000 m². Salle à manger réservée aux hôtes. Cuisine à disposition avec forfait de 4 €. Terrasse avec salon de jardin, parking. Langues parlées : anglais, espagnol.

Prix : 1 pers. 39 € ◻ 2 pers. 45 € ◻ pers. sup. 13 €
Ouvert : Toute l'année.

🐕	≈	⛱	🏃	🏊	🎾	🏇	🏹	🏘	🚆
	4	4	6	4	15	4	4	6	15	1

Pascale ARRADON - Manémeur - 56410 ERDEVEN - Tél. : 02 97 55 93 69 ou 06 15 66 79 95 - Fax : 02 97 55 93 69 -
E-mail : parradon@aol.com

Bretagne — Morbihan

ETEL Croix-Izan
C.M. 63 Pli 1

2 ch. **Etel (La barre d'Etel) 0,1 km. Belz (île de St-Cado) 5 km.** Mme Le Formal vous accueille dans sa maison, située dans une impasse, dans la campagne d'Etel. Au r-d-c, 1 ch. 2 pers. s.d.b et wc privés communicants, à l'étage 1 ch. double louable à une même famille pour 3 pers. 2 épis, s.e et wc privatifs communicants. Petits déjeuners vous seront servis dans le séjour. Cuisine à disposition forfait 13 €/Jour. Parking privé. Le jardin avec salon de jardin sont à votre disposition pour vos moments de détente. Proximité du Port d'Etel, de St Cado et des plages.

Prix : 2 pers. **39 €** pers. sup. **11 €**
Ouvert : D'avril à octobre.

🐕	≈	⛱	⚓	🏊	🎾	⚔	🏇	🚲	🚉
4	1,3	4	1,5	18	1	6	7	18	1

Marie-Thérèse LE FORMAL - Rue du Kanvès - Croix-Izan - BP 50 - 56410 ETEL - Tél. : 02 97 55 49 69 ou 06 70 44 55 67

ETEL
(TH) *C.M. 63 Pli 1*

5 ch. Vony et Didier Person vous reçoivent dans leur maison, l'Amirauté, au cœur d'Etel, petit port à l'entrée de la Ria. A l'étage, 5 ch. : 3 ch. de 2 pers. dont 1 ch. avec s.e./wc privés non communicants 2 épis, 1 ch. avec s.e./wc privés non communicants, 2 ch. 3 pers. avec s.e./wc privés non communicants 2 épis. Entrée indépendante, salon réservé aux hôtes. Grand jardin clos de 2500 m² avec terrasse et salon de jardin. De copieux petits déjeuners vous seront servis dans la grande salle à manger des propriétaires. GR 34 et 341 à 5 Km.

Prix : 1 pers. **42 €** 2 pers. **46 €** 3 pers. **60 €** repas **17 €**
Ouvert : Toute l'année.

🐕	≈	⛱	⚓	🏊	🎾	⚔	🏇	🚲	🚉
0,4	0,4	0,5	0,4	12	0,5	6	7	5	18	0,3

Vony PERSON - 9, rue Amiral Schwerer - L'Amirauté - 56410 ETEL - Tél. : 02 97 55 48 59 ou 06 20 70 84 62 - Fax : 02 97 55 47 31 -
E-mail : mail@amiraute-etel.com - www.amiraute-etel.com

LE FAOUET Kergoff
C.M. 63 Pli 4

2 ch. **Guemene-sur-Scorff (tradition culinaire) 15 km. Plouay 15 km.** Dans un ensemble de bâtiments de caractère, Mr & Mme Brown vous proposent 2 ch. aménagées dans une maison indépendante proche de leur habitation. Etage, 1 ch. 3 pers. & 1 ch. 2 pers, s.e/wc privés communicants chacune. Petits déjeuners dans un séjour spacieux (cheminée) ou dehors pendant l'été. Barbecue. Accès direct au jardin. Petite cuisine. GR 38 à 4 Km. Langue parlée : anglais.

Prix : 1 pers. **34 €** 2 pers. **42 €** 3 pers. **53 €**
Ouvert : Toute l'année.

🐕	≈	⛱	⚓	🏊	🎾	⚔	🏇	🚲	🚉
30	30	10	3	3	3	10	30	4	25	3

Albert et Angella BROWN - Kergoff - 56320 LE FAOUET - Tél. : 02 97 23 06 37 - Fax : 02 97 23 06 37 - E-mail : thebrowns@onetelnet.fr

GESTEL Kergornet
C.M. 58 Pli 12

1 ch. **Pont-Scorff (Zoo) 4 km. Guidel-Plage 8 km.** Mme Annick Le Couric vous accueille dans sa maison traditionnelle bretonne. A l'étage : 1 ch. double louable à une même famille (24 m²) de 2 à 3 pers. + 1 enfant, s.d.b/wc privés communicants. Vous apprécierez le confort du coin-salon et TV couleur dans la ch. le séjour, la terrasse et le grand jardin clos sont à votre disposition. GR 34 8 km.

Prix : 2 pers. **38 €** 3 pers. **46 €**
Ouvert : D'avril à septembre.

🐕	≈	⛱	⚓	🏊	🎾	⚔	🏇	🚲	🚉
8	8	8	1	8	1	3	3	8	10	1

Annick LE COURIC - Kergornet - 56530 GESTEL - Tél. : 02 97 05 00 44

GLENAC Sourdéac
C.M. 63 Pli 5

1 ch. **La Gacilly (Artisans d'Art) 6 km. Rochefort-en-Terre 15 km.** Mr et Mme de Cacqueray vous accueillent dans un manoir du XVIᵉ siècle situé à 1 km de Glénac. A l'étage, 1 vaste ch. de caractère calme et de bon confort pour 2 ou 3 pers. avec s.d.b et wc privés communicants. Un lit enfant est à votre disposition sur demande. Pour vous détendre, vous pourrez profiter du parc avec salon de jardin. GR 38 et 347 à 4 Km. Langue parlée : anglais.

Prix : 1 pers. **46 €** 2 pers. **53 €** 3 pers. **69 €** pers. sup. **15 €**
Ouvert : Les vacances scolaires zone C (Pâques, juillet, août, Toussaint).

🐕	≈	⛱	⚓	🏊	🎾	⚔	🏇	🚲	🚉
45	45	20	0,7	5	5	4	20	4	11	5

Louis et Sylvie DE CACQUERAY - Château de Sourdéac - 56200 GLENAC - Tél. : 02 99 08 13 64 ou 01 30 41 67 30 -
E-mail : Ldecacqueray@aol.com - www.sourdeac.fr.st

GRANDCHAMP Bot Coët Locmiquel
C.M. 63 Pli 3

1 ch. **Vannes (Ville d'Art et d'Histoire) 12 Km. Auray (St-Goustan) 12 Km.** Dans une authentique longère du 16ᵉ siècle située dans un parc arboré et fleuri, Jo et Jacqueline Le Gallic vous proposent de partager le charme et le calme de leur demeure. Au r-d-c avec entrée indépendante, 1 ch. spacieuse pour 2 pers. avec s.d.b/wc privatifs communicants. Aux portes de Vannes et d'Auray, vous serez en position centrale pour visiter la Presqu'île de Rhuys, Vannes, Auray, les îles du Golfe et la Presqu'île de Quiberon. Vous pourrez profiter du parc ombragé avec de nombreuses essences d'arbres avec salon de jardin. + de 3 nuits = remise 4,5 €/nuit. Langues parlées : anglais, allemand.

Prix : 2 pers. **54 €**
Ouvert : Du 15 juin au 15 septembre.

🐕	≈	⛱	⚓	🏊	🎾	⚔	🏇	🚲	🚉
25	25	15	15	4	4	4	20	15	12	4

Jo et Jacqueline LE GALLIC - Bot Coët - Locmiquel - 56390 GRANDCHAMP - Tél. : 02 97 61 40 77 ou 06 11 77 34 84 -
E-mail : jetj.legallic@voila.fr

Morbihan
Bretagne

GUEGON Coët Bugat - Mongrenier
C.M. 63 Pli 4

2 ch. **Guégon 4 km. Josselin 6 km.** Dans une aile d'un manoir du XIIIè siècle, Chris et Carol vous proposent 2 spacieuses chambres de 2 pers. avec salle de bains/wc privatifs communicants, mitoyennes à 2 logements de vacances. Petit salon TV réservé aux hôtes. Vous aurez beaucoup d'agrément dans le grand jardin fleuri autour de la piscine. A proximité du manoir, de nombreux sentiers de randonnée vous attendent. Langue parlée : anglais.

Prix : 2 pers. 53 € pers. sup. 15 €
Ouvert : Toute l'année.

45	45	20	4	SP	4	10	20	35	4	

**Christopher et Carol SEALY - Manoir de Mongrenier - Coët Bugat - 56120 GUEGON - Tél. : 02 97 73 02 54 - Fax : 02 97 73 03 22 -
E-mail : chrisandcarol@compuserve.com**

GUEHENNO
C.M. 63 Pli 4

4 ch. **Josselin 10 km. Unique Grand Calvaire du Morbihan 100 m.** Florence & Robert vous invitent à découvrir la maison aux Chimères, au cœur de Guéhenno, commune du Patrimoine Rural de Bretagne. 4 ch. avec accès indépendant : r-d-c 1 ch. 2 pers. (lits jumeaux) accessible avec aide aux pers. handicapées s.e/wc privatifs communicants, 2 ch. 3 pers. sur 2 niveaux (lit clos breton) s.e/wc privatifs communicants. 1 ch. double louable à une même famille sur 2 niveaux avec s.e/wc privatifs communicants. Coin-cuisine (3 €/jour) et lave-linge communs (4 €/jour). Grand jardin à disposition avec jeux d'enfants, aire de pique-nique. Parking dans la propriété. Lits et nécessaires bébé à votre disposition. Langue parlée : anglais.

Prix : 1 pers. 30 € 2 pers. 38 € 3 pers. 50 € pers. sup. 12 €
Ouvert : Toute l'année.

37	37	18	5	5	15	18	6	25	0,1	

**Robert et Florence BLANCHARD - 3 rue St-Pierre - Les Chimères - 56420 GUEHENNO - Tél. : 02 97 42 30 14 ou 06 67 17 94 92 -
Fax : 02 97 42 30 14 - E-mail : leschimeres@club-internet.fr**

GUER La Biliais
C.M. 63 Pli 5

5 ch. **Guer (Vallée de l'Aff) 2 km. Forêt de Brocéliande 10 km.** Dans un jardin où règne une ambiance végétale, Christine et Albert vous accueillent dans leur maison de caractère située à 10 km de la forêt de Brocéliande et des mégalithes de Monteneuf. 5 ch. s.e et wc privés communicants. R-d-c, 1 ch. 2 pers. avec accès handicapés, étage, 2 ch. 2 pers., 2 ch. 3 pers. Garage. Pour votre détente, salon avec cheminée, grand jardin, véranda. 1 ch. 2 pers. au r-d-c agréée A.P.F. Exposition de vieux matériel sur place. Table de ping-pong, palets, jeu de boules et jeux de sociétés.

Prix : 1 pers. 39 € 2 pers. 46 € 3 pers. 58 € pers. sup. 13 € repas 15 €
Ouvert : Toute l'année.

60	60	20	3	5	5	20	20	40	5	

Albert et Christine CHOTARD - La Biliais - 56380 GUER - Tél. : 02 97 75 74 84 - Fax : 02 97 75 81 22

GUER La Trémelais
C.M. 63 Pli 5

E.C. 1 ch. **La Gacilly (artisans d'art) 10 Km. Monteneuf (alignements) 5 Km.** Anne et Jean-Jacques Guenver vous accueillent dans leur maison à 5 km de Guer. A l'étage, 1 ch. double louable à une même famille pour 3 pers. avec salle d'eau et wc privatifs communicants. Un petit coin de jardin fleuri vous est réservé pour la détente. Profitez de votre séjour pour visiter le Musée du souvenir de St-Cyr de Coëtquidan, les alignements de pierres droites de Monteneuf, le village des artisans d'art de la Gacilly. Langue parlée : anglais.

Prix : 2 pers. 38 € 3 pers. 50 €
Ouvert : Toute l'année.

60	60	5	1	5	5	10	25	5	5	

**Anne GUENVER - La Tremelais - 56380 GUER - Tél. : 02 97 22 05 76 ou 06 85 17 47 90 - Fax : 02 97 22 05 76 -
E-mail : guenverjacques@aol.com**

GUIDEL Le Rouho
C.M. 58 Pli 12

5 ch. **Pont-Scorff (La cour des métier d'art, zoo) 10 km. Ploemeur 10 km.** M.& Mme Hamon vous accueillent dans leurs maisons de caractère situées dans un parc clos à Guidel. 5 ch. dont 4 ch. 3 pers. dans une annexe avec s.e/wc privés communicants et accès indépendant (r-d-c 2 ch.- étage 2 ch.). Dans leur maison principale, 1 ch. 2 pers. à l'étage, s.e/wc privative non communicante et salon privatif près de cette chambre. Petit déjeuner servi dans la Véranda/TV. Jardin, salons de jardin. Kitchenette 5 €/jour. Halte possible avec chevaux (Paddocks). GR 34 à 8 Km. Langue parlée : anglais.

Prix : 1 pers. 37 € 2 pers. 43/46 € 3 pers. 58 € pers. sup. 12 €
Ouvert : Toute l'année.

5	5	5	1	10	4	4	8	15	4	

Robert HAMON - Le Rouho - Route de Locmaria - 56520 GUIDEL - Tél. : 02 97 65 97 37

GUIDEL Bothane
C.M. 58 Pli 12

1 ch. **Pont-Scorff (La cour des Métiers d'art, zoo) 10 km. Ploemeur 10 km.** Mme Robet vous accueille dans une petite dépendance de sa maison de campagne située sur les bords de la rivière -Laïta-. 1 ch. 2 pers. et 1 ch. à lits jumeaux louables à une même famille (s.e et wc privés communicants). Pour votre détente, propriété boisée avec salon de jardin. Petite cuisine forfait 7,62 €/jour. GR 34 à 3 Km.

Prix : 1 pers. 31 € 2 pers. 39 € 3 pers. 51 € pers. sup. 11 €
Ouvert : Toute l'année.

10	10	10	1	5	5	4	6	9	5	

Elisabeth ROBET - Bothane - 56520 GUIDEL - Tél. : 02 97 65 93 47 - Fax : 02 97 65 93 47

Bretagne — Morbihan

GUIDEL Trézeleguen
C.M. 58 Pli 12

3 ch. **Pont-Scorff (Zoo) 10 km. Ploemeur (Fort Bloqué) 3 km.** Non loin des plages, à 40 mn de Carnac et de Pont-Aven, la famille Kerlir vous accueille dans sa maison indépendante dans un écrin de verdure et de fleurs sur une exploitation agricole. 3 chambres dont 2 ch. 2 pers. (s.e communicante et wc privés) et 1 ch. double 2/4 pers. louable à une même famille s.d.b et wc privés non communicants. Pour votre détente : salon, TV couleur, jardin 5000 m², terrasse, salon de jardin. Cuisine à disposition : 5 €.

Prix : 1 pers. 30 € 2 pers. 37 € 3 pers. 49 € pers. sup. 12 €
Ouvert : Toute l'année.

3	3	3	3	7	4	4	4	3	3

Octave-Roger KERLIR - Trezeleguen - 56520 GUIDEL - Tél. : 02 97 65 91 12 ou 06 08 21 18 01

GUILLIERS Le Bouix
C.M. 63 Pli 4

1 ch. **Ploermel (Horloge astronomique) 16 km. Forêt de Brocéliande 10 km.** M. & Mme Jan vous accueillent dans leur maison indépendante située sur une exploitation agricole. 1 ch. 3 pers. de plain-pied avec s.d.b et wc privés non communicants. Les petits déjeuners seront servis dans la salle à manger. Coin-cuisine à disposition. Pour vous détendre, profitez du coin-salon avec TV et du grand jardin. Base nautique aménagée à 10 km.

Prix : 2 pers. 34 € 3 pers. 40 €
Ouvert : Toute l'année.

60	60	10	1	10	3	10	10	50	3

Michel JAN - Le Bouix - Route de Josselin - 56490 GUILLIERS - Tél. : 02 97 74 41 56 - Fax : 02 97 74 46 88

ILE-DE-GROIX Locqueltas
C.M. 58 Pli 12

2 ch. **Lorient 45 mn de traversée par bateau.** Dans sa demeure de grand charme avec vue imprenable sur l'océan, Monique Poupee vous accueille dans un cadre raffiné. R-d-c, 1 ch. 2 pers. 2 épis s.d.b/wc privés non communicants, 1 ch. 2 pers. 3 épis s.d.b/wc privés communicants : accès indépendant. En hiver, les petits déjeuners seront servis dans le séjour-salon meublé en ancien (feu de cheminée en hiver). L'été, ils peuvent être servis sur la terrasse face à la mer. A disposition : un mouillage gratuit pour bateau privé. Accès à l'île par Lorient (Compagnie Morbihannaise de Navigation - Tél. 02.97.64.77.64).

Prix : 2 pers. 58 € pers. sup. 21 €
Ouvert : Toute l'année.

0,1	0,2	0,8	0,2	0,8	1,5	0,9	

Monique POUPEE - La Criste Marine - Locqueltas - 56590 ILE-DE-GROIX - Tél. : 02 97 86 83 04 -
E-mail : la-criste-marine@wanadoo.fr - www.groix.com.fr

ILE-DE-GROIX
C.M. 58 Pli 12

E.C. 4 ch. **Lorient 45 mn de traversée par bateau.** M. & Mme Le Touze vous accueillent à la Grek, ancienne maison d'armateurs de thoniers, mitoyenne à des logements de vacances à Loctudy, bourg de l'île de Groix. A l'étage : 1 ch. double de 2 à 4 pers. louable à une même famille, avec s.e/wc privatifs communicants, 1 ch. 3 pers. avec s.e/wc privatifs communicants, 2 ch. 2 pers. 1 ch. avec s.e./wc. 1 ch. avec s.d/b wc privatif communicants. Lave-linge et sèche linge communs. Le séjour, le salon, la bibliothèque, le grand jardin commun, la terrasse commune et les salons de jardin sont à votre disposition. Compagnie Morbihanaise de Navigation : tél. 0 800 056 00. Langue parlée : anglais.

Prix : 1 pers. 41 € 2 pers. 46 € 3 pers. 53 € pers. sup. 8 €
Ouvert : Toute l'année.

0,7	1	0,9	0,7	0,8	1,5	0,5	0,2

J-Yves et Pascale LE TOUZE - 3 place du Leurhe - La Grek - 56590 GROIX - Tél. : 02 97 86 50 72 ou 06 09 71 01 91 -
Fax : 02 97 86 58 28 - E-mail : groe@infonie.fr

INZINZAC-LOCHRIST Le Ty-Mat Penquesten
C.M. 63 Pli 1

4 ch. **Hennebont (Remparts, haras) 5 km. Port-Louis (citadelle) 20 km.** Mme Spence vous accueille dans sa maison de caractère du XVIIIème/XIXᵉ siècle, dans un parc de 3 ha, située dans la vallée du Blavet. 4 chambres d'hôtes. 2 ch. 2 pers. et 2 ch. 3 pers. à l'étage avec s.d.b et wc privés communicants. Le séjour, le salon (télévision) sont à votre disposition pour vos moments de détente. Sentiers de randonnées à proximité (GR 341). Langue parlée : anglais.

Prix : 2 pers. 49 € 3 pers. 64 € pers. sup. 15 €
Ouvert : Toute l'année.

22	22	4	2	15	5	15	0,5	4

Catherine SPENCE - Le Ty Mat - Penquesten - 56650 INZINZAC-LOCHRIST - Tél. : 02 97 36 89 26 - Fax : 02 97 36 89 20 -
E-mail : ty-mat@wanadoo.fr - http://pro.wanadoo.fr/ty-mat/

INZINZAC-LOCHRIST
C.M. 63 Pli 1

2 ch. **Hennebont (les remparts, le haras) 3 km. Port-Louis (citadelle) 15 km.** M. et Mme Bouillère vous reçoivent dans leur maison mitoyenne située au bord du Blavet à Inzinzac-Lochrist. Au 2ᵉ étage, 2 chambres de 2 personnes avec s.e/wc privatifs communicants. Vous apprécierez la fraicheur du jardin. Base nautique (canoë, kayak) à proximité. Langues parlées : anglais, espagnol.

Prix : 1 pers. 27 € 2 pers. 37 € pers. sup. 11 €
Ouvert : Toute l'année.

15	15	0,1	0,1	8	0,2	0,5	20	3	0,2

Jean-Louis BOUILLERE - 12 rue du Blavet - 56650 INZINZAC-LOCHRIST - Tél. : 02 97 36 07 72 ou 02 97 21 83 70 - Fax : 02 97 21 60 47

Morbihan
Bretagne

JOSSELIN Butte St-Laurent *C.M. 63 Pli 4*

4 ch. **Josselin (Château) 0,5 km. Ploermel (horloge astronomique) 10 km.** Jean et Marie Guyot vous reçoivent dans leur maison indépendante à 500 m de la ville dans un parc ombragé (promenade/jeux enfants). Vous admirerez la Vallée de l'Oust, le Château de Josselin (vue panoramique). 1 ch. 3 pers. s.e/wc privés, 1 ch. 2 pers. s.d.b/wc privés. 2 ch. 2 pers. 2 épis (1 avec s.e/wc non communicants & 1 avec s.d.b/wc non communicants). 3 nuits et + : remise 5 €/nuit. Langue parlée : anglais.

Prix : 1 pers. **41/44 €** 2 pers. **46/49 €** 3 pers. **64 €** pers. sup. **12 €**
Ouvert : Du 1er mai au 30 septembre.

45	45	8	0,5	10	1	5	12	45	0,5	

Jean GUYOT - La Butte St-Laurent - 56120 JOSSELIN - Tél. : 02 97 22 22 09 ou 06 14 44 74 63 - Fax : 02 97 73 90 10 -
E-mail : chez.guyot@wanadoo.fr - www.chambres-bretagne.com

LANDAUL *C.M. 63 Pli 2*

2 ch. **Auray (St-Goustan) 12 km. Hennebont (remparts, haras) 20 km.** M.& Mme Jaffré vous accueillent dans leur maison indépendante située au bourg de Landaul. Etage, 2 ch. 2 pers., 1 s.e/wc privatifs communicants et 1 s.e communicante, wc privés extérieurs. Vous apprécierez l'espace qui vous est réservé dans la véranda et le jardin ombragé avec salon de jardin. Entre Auray et Lorient, à 20 mn des plages dans un secteur boisé. Chalet équipé d'une cuisine à disposition.

Prix : 1 pers. **30 €** 2 pers. **35 €** pers. sup. **3 €**
Ouvert : Toute l'année.

15	15	15	2	10	0,5	4	10	12	0,1

Marie-Reine JAFFRE - 6 rue des Fontaines - 56690 LANDAUL - Tél. : 02 97 24 60 75 ou 02 97 55 32 52

LANDAUL *C.M. 63 Pli 2*

2 ch. **Auray (Port de St-Goustan) 10 km. Hennebont (Remparts, haras) 20 km.** Mme Plunian vous accueille dans sa maison indépendante. 2 chambres 2 pers. à disposition. 1 ch. 2 épis avec salle d'eau communicante et wc privés extérieurs, 1 ch. 3 épis avec salle de bains communicante et wc privés. Vous pourrez vous détendre dans le jardin de 5000 m². Mise à disposition d'un chalet équipé d'une cuisine.

Prix : 2 pers. **40 €** pers. sup. **12 €**
Ouvert : Du 15 juin au 15 septembre.

15	15	15	2	10	0,5	4	10	10	0,5

Odile PLUNIAN - 27, rue Kermabergal - 56690 LANDAUL - Tél. : 02 97 24 61 10 - Fax : 02 97 24 61 10

LANGUIDIC Les Chaumières de Lézorgu *C.M. 63 Pli 2*

2 ch. **Hennebont (Remparts, haras) 10 km. Port-Louis (citadelle) 20 km.** Yvonne Le Roux vous accueille dans sa chaumière typique du XVIIIè. aux abords de la Vallée du Blavet. A l'étage, 1 suite 2/4 pers. (soit 2 ch.) avec s.e & wc privés communicants, 1 ch. 2 pers., accès privatif, s.d.b/wc privatifs communicants. Copieux petits déjeuners servis dans la véranda. Séjour-salon 100 m², cheminée, TV, Hifi, bibliothèque. Tennis de table, jardin clos ombragé 5000 m². Baby sitting sur demande. A découvrir : le village restauré de Poul Fetan à Quistinic, la Vallée du Blavet. Bien situé entre la mer et la campagne. En venant aux Chaumières, vous aurez plein de bonheur ! Langue parlée : anglais.

Prix : 2 pers. **49/58 €** pers. sup. **15 €**
Ouvert : Toute l'année.

24	24	24	3	8	0,8	2	15	10	0,8

Yvonne LE ROUX - Les Chaumières de Lézorgu - 56440 LANGUIDIC - Tél. : 02 97 65 81 04 ou 06 10 61 76 92 - Fax : 02 97 65 81 04

LANTILLAC La Ville Oger *C.M. 63 Pli 3*

3 ch. **Josselin (Château, Musée de Poupées) 8 km. Ploermel 20 km.** Mme Nizan vous accueille dans sa maison à la ferme. A l'étage, 3 ch. 2 pers. avec s.e et wc privés communicants et avec accès indépendant. Possibilité 1 lit 1 pers. dans 2 chambres. Salon, TV. Le jardin de 2000 m² et le salon de jardin sont à votre disposition. A 7 km, découvrez la base nautique de Réguiny. GR 37 à 2 Km.

Prix : 1 pers. **32 €** 2 pers. **38 €** 3 pers. **46 €** pers. sup. **8 €**
Ouvert : De mai à septembre.

45	45	7	0,1	7	5	10	20	2	40	1

Marie-Françoise NIZAN - La Ville Oger - 56120 LANTILLAC - Tél. : 02 97 75 35 38 - E-mail : je.nizan@wanadoo.fr

LARMOR-BADEN Le Ter *C.M. 63 Pli 2*

2 ch. A la Goélette, Jean-Pierre Ribes vous accueillera dans son agréable maison au bord de l'eau (accès à une petite crique à 50 m), sur le Golfe du Morbihan face à l'île aux Moines. Au rdc, 1 ch. 2 pers. avec s.e/wc privatifs communicants. A l'étage, 1 ch. 3 pers. avec s.e/wc privatifs communicants. Le jardin et le salon de jardin sont à votre disposition. Le petit déjeuner vous sera servi dans la salle à manger face à la mer, ou par beau temps sur la terrasse, d'où vous pourrez fréquemment observer mouettes, bernaches et avocettes. Venez découvrir notre petit coin de paradis. Langues parlées : anglais, allemand.

Prix : 1 pers. **44/50 €** 2 pers. **46/52 €** 3 pers. **68 €** pers. sup. **16 €**
Ouvert : Toute l'année.

0,1	8,5	2,5	0,1	12	2	2,5	5	14	2

Jean-Pierre RIBES - Le Ter - La Goélette - 56870 LARMOR-BADEN - Tél. : 02 97 57 21 17 - Fax : 02 97 57 21 17

Bretagne — **Morbihan**

LARMOR-PLAGE Les Camélias
C.M. 63 Pli 1

6 ch. **Lorient (Base des Sous Marins) 3 km. Ploemeur (Fort Bloqué) 10 km.** Mme Allano vous accueille dans sa grande maison indépendante située sur la route des plages. 6 ch. (5 ch. 2 pers., 1 ch. 1 pers). R-d-c, 1 ch. 2 épis s.e/wc privés non communicants, 1 ch. s.d.b/wc privés. Etage, 3 ch. s.e/wc privés, 1 ch. 2 épis s.e/wc privés non communicants. Séjour-TV, jardin 1800 m², terrasse, cuisine disponible gratuitement de juin à sept. Parking privé. GR 34 à 5 Km.

Prix : 1 pers. **35/38** € 2 pers. **38/43** €
Ouvert : Toute l'année (sauf 25/09 au 05/10).

	0,3	0,3	0,3	0,3	3	0,5	1	5	5	3	0,5

Paulette ALLANO - 9, rue des Roseaux - Villa des Camélias - 56260 LARMOR-PLAGE - Tél. : 02 97 65 50 67

LIGNOL Kerimer
C.M. 58 Pli 18

2 ch. **Guemene-sur-Scorff 5 km. Le Faouet (Les halles, les musées) 20 km.** Mme Prigent vous accueille dans sa maison totalement indépendante, située sur une exploitation agricole. 2 ch. de plain-pied avec accès indépendant. 1 ch. 3 pers. s.d.b communicante et wc privés. 1 ch. 2 épis. s.e communicante et wc privés. Terrasse, salon de jardin, coin-détente pour vous reposer. Langue parlée : anglais.

Prix : 2 pers. **34** € 3 pers. **43** € pers. sup. **10** €
Ouvert : Toute l'année.

40	40	40	0,2	20	7	7	25	35	1,5

Nicole PRIGENT - Kerimer - 56160 LIGNOL - Tél. : 02 97 27 00 69 - Fax : 02 97 27 00 69

LOCMALO Manério
C.M. 58 Pli 18

2 ch. **Guémené-sur-Scorff (pays de l'andouille) 2 km. Le Faouet 15 km.** Mr et Mme Baranger vous reçoivent dans une maison de caractère attenante au logement des propriétaires dans un hameau à 4 Km de Locmalo. 2 ch. 3 épis - s.e/wc privatifs communicants et TV. Salle de séjour réservée aux hôtes avec coin-cuisine (forfait 1,5 €/jour), coin-salon (TV avec canal satellite). Grand jardin à disposition avec salon de jardin pour votre détente. Jeux pour enfants : toboggan, balançoire. Jeu de boules. GR 37 à 20 Km.

Prix : 1 pers. **34** € 2 pers. **40** € 3 pers. **49** €
Ouvert : Toute l'année.

40	40	20	3	20	2	8	20	20	40	2

Marie-France BARANGER - Manério - 56160 LOCMALO - Tél. : 02 97 51 29 77

LOCMARIAQUER
C.M. 63 Pli 12

5 ch. **La Trinité-sur-Mer (Port) 7 km. Auray (Port de St-Goustan) 12 km.** A 5 mn du port, dans un beau jardin très fleuri, la Tykoumad vous offre un espace reposant. Etage, 2 ch. 2 épis - 1 ch. double 4 pers. louable à la même famille, 1 ch. 2 pers. avec chacune s.e/wc privatifs non communicants. A la même annexe, 3 ch. 3 épis dont 2 ch. à l'étage et 1 au r-d-c : 2 ch. 2 pers., 1 ch. 3 pers. avec s.e/wc privés chacune. Très agréable salon sur jardin réservé aux hôtes. Réfrigérateur, micro-ondes et magnétoscope sont à votre disposition. Langues parlées : anglais, espagnol.

Prix : 2 pers. **42/45** € pers. sup. **10/15** €
Ouvert : Du 16 mars au 06 octobre et du 26 octobre au 11 novembre.

1	1	0,4	0,5	12	0,4	12	15	15	0,1

Michelle COUDRAY - 2 impasse de la Ruche - 56740 LOCMARIAQUER - Tél. : 02 97 57 33 16 ou 06 72 28 76 18 - Fax : 02 97 57 33 16

LOCMARIAQUER
C.M. 63 Pli 12

1 ch. **La Trinité-sur-Mer 5 km. Auray (Port de St-Goustan) 12 km.** M. Guillevic vous accueille dans sa maison indépendante. Au r-d-c, 1 chambre 2 pers. avec s.d.b privative et wc privés non communicants. Le grand jardin de 2500 m², le mini-golf, le salon de jardin et la table de pique-nique sont à votre disposition pour votre détente et vos loisirs. TV couleur en commun dans le salon.

Prix : 1 pers. **35** € 2 pers. **38** €
Ouvert : De juin à début septembre.

0,8	1,8	1,8	0,8	12	0,5	12	12	1,2

Rolland GUILLEVIC - Route du Terrain des Sports - Ty-Flor Ker Hern - 56740 LOCMARIAQUER - Tél. : 02 97 57 34 03

LOCOAL-MENDON Kerohan
C.M. 63 Pli 2

3 ch. **Auray (Port de St-Goustan) 8 km. Belz 5 km.** M.& Mme Le Ny vous accueillent dans leur maison de caractère située sur une ancienne exploitation agricole. Au 1er étage, 1 ch. double 5 pers. louable à une même famille 2 épis, s.e & wc privés non communicants, 1 ch. 2 pers. s.d.b & wc privés communicants. Au 2e étage, 1 ch. 2 pers. s.e & wc privés communicants. Séjour, salon/cheminée, TV/magnétoscope. Réfrigérateur. Jardin de 3000 m², barbecue, salons de jardin pour votre détente. Petits animaux acceptés uniquement.

Prix : 1 pers. **30** € 2 pers. **40** € pers. sup. **12/21** €
Ouvert : Du 1er avril au 15 octobre.

6	12	12	6	12	3	12	6	8	3

Jean-François LE NY - Kerohan - 56550 LOCOAL-MENDON - Tél. : 02 97 24 65 08

Morbihan — Bretagne

LOCOAL-MENDON KerVihern
C.M. 63 Pli 2

6 ch. **Auray (Port de St-Goustan) 10 km. Belz 5 km.** A prox. de la ria d'Etel, M-Thérèse et Gabriel vous accueillent dans leur maison de caractère du 17e sur 1 exploitation agricole. 5 ch. indép. (4 ch. 2 pers.- 1 ch. 3 pers.) (1 au r-d-c), s.e/wc privés communicants. 1 ch. double louable à 1 famille (2 ch.) (E.C) en duplex 2/4 pers. dans grange rénovée indép., s.e/wc privés communicants (4 lits 90x200 ou 180x200). Vous apprécierez le calme, la table d'hôtes aux produits de la ferme, la salle aux vieilles poutres, la cheminée, mobilier ancien. Salon/TV vous est réservé. Salon de jardin, portique et lave-linge sont à votre disposition. Bicyclettes, ping-pong. Langue parlée : anglais.

Prix : 2 pers. 38/41 € 3 pers. 53/56 € pers. sup. 14 € repas 14 € 1/2 pens. 66/69 €

Ouvert : Toute l'année.

5	12	12	5	10	2	10	5	10	2

Gabriel et M.-Thérèse MAHO - Kervihern - 56550 LOCOAL-MENDON - Tél. : 02 97 24 64 09 - Fax : 02 97 24 64 09 - www.gites-de-france-morbihan.com/kervihern

LOCOAL-MENDON Manescouarn
C.M. 63 Pli 2

5 ch. **Auray (Port de St-Goustan) 11 km. Belz 5 km.** Dans un corps de bâtiments de ferme rénové mitoyen au logement du propriétaire, Edith et Jean accueillent chaleureusement leurs hôtes. Au r-d-c, 1 ch. 2 pers. s.e/wc privatifs communicants, à l'étage, 3 ch. 2 pers., s.e ou s.d.b et wc privatifs communicants et 1 ch. double de 2 à 5 pers. louable à une même famille s.e et wc privatifs communicants. Salle à manger aux vieilles poutres, salon/TV, cheminée réservés aux hôtes. Jardin et salon de jardin. Entre mer, campagne & ville, vous aurez tout le loisir de goûter au calme de la nature et aux bons plats qu'Edith et Jean se feront un plaisir de partager avec vous à la tables d'hôtes.

Prix : 1 pers. 34 € 2 pers. 41 € 3 pers. 56 € pers. sup. 15 € repas 14 €

Ouvert : Toute l'année.

7	7	7	7	11	3	7	2	11	3

Jean et Edith NICOLAS - Manescouarn - 56550 LOCOAL-MENDON - Tél. : 02 97 24 65 18

MALANSAC Manoir de St-Fiacre
C.M. 63 Pli 4

5 ch. **Rochefort en Terre (Cité de caractère) 4 Km. La Gacilly 15 Km.** M. & Mme Goapper vous accueillent dans leur manoir du 17e s. autour d'un parc boisé de 6500 m². Dans l'aile du manoir, 1 ch. 2 pers. s.d.b/wc privés communicants, au 1er étage, 1 ch. double 4 pers. louable à 1 même famille, s.d.b/wc privatifs communicants et s.e/wc privatifs non communicants, au 2e étage 1 ch. 3 pers. avec mezz., s.d.b/wc privatifs communicants. En dépendance, r-d-c, 1 ch. 3 pers., salon, s.d.b/wc privatifs communicants, au 1er étage, 1 ch. 3 pers. salon, s.d.b/wc communicants, accès par escalier extérieur. Séjour/TV, jeux de société. Salons de jardin afin de profiter du grand parc paysager.

Prix : 2 pers. 61/77 € pers. sup. 16 €

Ouvert : Toute l'année.

25	25	0,5	1	25	0,5	5	5	4	1,5

Roger et Denise GOAPPER - Manoir de St-Fiacre - 56220 MALANSAC - Tél. : 02 97 43 43 90 ou 06 07 55 64 89 - Fax : 02 97 43 43 40

MAURON-EN-BROCELIANDE Le Grand Launay
C.M. 63 Pli 5

1 ch. **Brocéliande 5 km. Paimpont (forêt) 10 km.** Dans un cadre agréable et reposant, Mr et Mme Bara vous reçoivent dans une longère de pierres et de terre à 2 kms de Mauron. A l'étage, réservée aux hôtes, 1 ch. 3 pers. avec salle d'eau/wc privatifs non communicants. Séjour à disposition. Calme et détente au bord de l'étang poissonneux privé (pêche autorisée) dans un grand jardin. Bibliothèque. GR 37 à 10 Km. Christiane vous fera partager sa passion artistique (peinture...). Venez découvrir le Pays de Brocéliande, terre de légendes marquée par le souvenir de Merlin l'Enchanteur, la Fée Viviane et la Fée Morgane.... Langue parlée : anglais.

Prix : 1 pers. 35 € 2 pers. 43 € 3 pers. 51 € pers. sup. 10 €

Ouvert : Du 1er avril au 30 septembre.

60	60	10	0,1	2	2	10	20	10	2

Christiane BARA - Le Grand Launay - 56430 MAURON-EN-BROCELIANDE - Tél. : 02 97 22 76 20

MELRAND Quénetevec
C.M. 63 Pli 2

3 ch. **Pontivy (Château, Le Canal) 10 km. Quistinic (Poul Fetan) 6 km.** Mme Chauvel vous accueille dans sa maison de caractère située dans un parc aménagé, traversé par une petite rivière à truites. Etage, 1 ch. double 4 pers. louable à une même famille, s.e & wc privés, 1 ch. 2 pers. s.d.b & wc privés communicants. R-d-c, 1 ch. 2 pers. s.e/wc privés communicants. Petits déjeuners et table d'hôtes servis dans le salon. Jardin et salon de jardin à disposition. Jeux d'enfants : portique, toboggan, filet de volley, ping-pong. Pour votre détente, vous pourrez profiter de la piscine privée commune avec le propriétaire. GR 341 à 10 Km.

Prix : 1 pers. 34/38 € 2 pers. 41/46 € 3 pers. 56 € pers. sup. 15 € repas 16 € 1/2 pens. 37 €

Ouvert : Du 15 mars au 02 novembre.

45	45	5	5	SP	5	2	4	30	5

Marie-Thérèse CHAUVEL - Quenetevec - 56310 MELRAND - Tél. : 02 97 27 72 82 ou 06 83 75 08 52 - Fax : 02 97 27 72 82 - www.gites-de-france-morbihan.com/quenetevec

MENEAC Manoir de Bellouan
C.M. 59 Pli 14

4 ch. **Forêt de Brocéliande 25 km. Josselin (cité de caractère) 25 km.** Dans un parc naturel boisé et fleuri de 2 ha, Alfred et Emilienne vous accueillent chaleureusement dans leur manoir du XVIIe siècle. A l'étage 1 ch. de style pour 2 pers. avec s.e/wc privatifs communicants, 2 ch. 2 pers. s.e/wc privatifs communicants (dont deux à 38 € et une à 46 €), 1 ch. 3 pers. (E.C) s.e/wc privatifs communicants à 46 €. Séjour et salon à votre disposition. Cuisine indépendante (4,5 €/jour). GR 347 à 25 Km.

Prix : 2 pers. 38/61 € pers. sup. 15 €

Ouvert : De Pâques à la Toussaint.

65	65	20	1	10	2	20	25	60	1,5

Emilienne BELLAMY - Manoir de Bellouan - 56490 MENEAC - Tél. : 02 97 93 35 57 - Fax : 02 97 93 35 57

Bretagne
Morbihan

MESLAN Roscalet
C.M. 58 Pli 17

||| 5 ch. **Le Faouet (Les halles, les musées) 10 km. Plouay (Véloparc) 10 km.** Dans une propriété privée, Mme Jambou vous accueille dans sa maison de caractère, dans un cadre calme et reposant, totalement indépendante réservée aux hôtes. 5 ch., s.e et wc privés communicants. R-d-c, 1 ch. 2 pers. (lits jumeaux), 1 ch. 3 pers. Salon avec cheminée. Etage, 3 ch. 2 pers. et la mezzanine aménagée en salle de détente (bibliothèque, TV). Jardin privé & ses salons de jardin. GR 34E et 38 à 5 Km.

Prix : 1 pers. 35 € ◦ 2 pers. 40/43 € ◦ 3 pers. 56 € ◦ pers. sup. 11 €
Ouvert : Du 1er avril au 31 octobre.

🐕	≈	⛱	🎣	🏊	🏇	🎾	🦌	🏌	🚲	⛴
	30	30	12	1	8	4	15	20	5	15	4

Marie-France JAMBOU - Roscalet - 56320 MESLAN - Tél. : 02 97 34 24 13 - Fax : 02 97 34 24 13 –
www.gites-de-france-morbihan.com/roscalet

MOHON Bodegat
(TH) C.M. 58 Pli 20

||| 4 ch. **Josselin (Château, Musée de Poupée) 10 km. Forêt de Brocéliande 10 km.** Mme Four vous accueille dans sa maison de caractère située à 500 m de Mohon, petite cité de Bronze d'Art, et à proximité de la Forêt de Lanouée. 4 ch. 2 pers. (1 au r-d-c & 3 à l'étage), s.e/wc privatifs communicants chacune. Séjour/cheminée, salon TV, grand jardin avec salon de jardin. Randonnée équestre sur place (1ere Heure 15 €, ensuite 10 €). GR 37 à 10 km. Langue parlée : anglais.

Prix : 1 pers. 28 € ◦ 2 pers. 37 € ◦ repas 13 €
Ouvert : Toute l'année.

🐕	≈	⛱	🎣	🏊	🏇	🎾	🦌	🏌	🚲	⛴
	50	50	17	0,1	15	0,5	0,1	17	10	17	1,5

Marylène FOUR - Bodegat - La Charbonnière - 56490 MOHON - Tél. : 02 97 93 96 80 - Fax : 02 97 93 97 41 –
E-mail : charbonniere2@wanadoo.fr – http ://perso.wanadoo.fr/charbonnière

MOREAC Kerivin
 C.M. 63 Pli 3

|| 4 ch. **Locmine 5 km. Josselin (Château, Musée de Poupées) 25 km.** Mme Le Sergent vous accueille dans ses 2 maisons indépendantes situées sur une exploitation agricole. A l'étage, 4 ch. avec s.e privative communicante & wc privés. 1 ch. 2 pers. + 1 bébé. 2 ch. 3 pers. et 1 ch. 5 pers. A disposition sur demande : salon (TV couleur/magnétoscope/chaîne HIFI). Jardin, salon de jardin. Cuisine (micro-ondes) forfait 3 €/jour. Lessive + séchage à la demande forfait 5 €. GR 37 à 17 Km.

Prix : 1 pers. 29 € ◦ 2 pers. 40 € ◦ 3 pers. 47 € ◦ pers. sup. 14 €
Ouvert : Toute l'année.

🐕	≈	⛱	🎣	🏊	🏇	🎾	🦌	🏌	🚲	⛴
	40	40	7	3	7	3,5	10	25	17	32	3,5

Pierre LE SERGENT - Kerivin - 56500 MOREAC - Tél. : 02 97 60 18 88 ou 06 73 05 92 46

NIVILLAC Port de Folleux
(TH) C.M. 63 Pli 14

||| 3 ch. **La Roche-Bernard 7 km. La Baule 30 mn.** Au bord de la Vilaine, dans un jardin paysagé, Maryse et Michel vous accueillent dans leur maison, en vieilles pierres. 3 ch. avec accès indépendant avec vue sur la Vilaine. A l'étage, 2 ch. 2 pers., au r-d-c 1 ch. 3 pers., s.e/wc privatifs communicants pour chaque ch. Salon de jardin, bains de soleil, barbecue, salon de véranda. Restaurant à 200 m : traversée gratuite en bateau par le restaurateur. Possibilité de croisière sur le voilier du propriétaire. Port de plaisance sur place, visite de la Roche Bernard... GR 39 à 6 Km. Tables d'hôtes sur réservation 4 jours/7. Petits déjeuners soignés. Langues parlées : anglais, allemand.

Prix : 1 pers. 40/43 € ◦ 2 pers. 43/45 € ◦ 3 pers. 60 € ◦ repas 15 €
Ouvert : De Pâques à la Toussaint.

🐕	≈	⛱	🎣	🏊	🏇	🎾	🦌	🏌	🚲	⛴
	25	25	0,1	0,1	5	5	5	15	6	30	5

Michel et Maryse ARNOU - Port de Folleux - Au fil de l'eau - 56130 NIVILLAC - Tél. : 02 99 90 96 61 - Fax : 02 99 90 96 61 –
www.gites-de-france-morbihan.com/folleux/ ou SR : 02 97 56 48 12

NIVILLAC St-Cry
(SR) (TH) 🍇 C.M. 63 Pli 14

||| 4 ch. **La Roche-Bernard (Port de plaisance) 12 km. Barrage d'Arzal 15 km.** Marie-Pierre et Joseph Chesnin vous accueillent dans leur maison située sur une exploitation agricole. 4 ch. avec entrée indépendante. R-d-c : 1 ch. 2 pers. Etage : 1 ch. 2 pers. et 2 ch. 3 pers. S.e/wc privés communicants pour chaque ch. Salon/cheminée, TV couleur, magnétoscope, s. de jardin/portique/jeu de boules. Dîner possible (sauf dimanche soir). Machine à laver et sèche-linge en commun avec le propriétaire à disposition avec forfait de 4 €. Tarif en fonction du nombre de nuitées réservées.

Prix : 1 pers. 35/37 € ◦ 2 pers. 37/41 € ◦ pers. sup. 13 € ◦ repas 14 €
1/2 pens. 65/69 €
Ouvert : Toute l'année sauf fêtes de fin d'année.

🐕	≈	⛱	🎣	🏊	🏇	🎾	🦌	🏌	🚲	⛴
	30	30	12	2	9	7,5	9	15	11	22	6

Joseph CHESNIN - Le Moulin du Couëdic - St-Cry - 56130 NIVILLAC - Tél. : 02 99 90 62 47 - Fax : 02 99 90 62 47

NOYALO Quélennec
C.M. 63 Pli 13

|| 5 ch. **Vannes (Ville d'Art) 10 km. Sarzeau (sa côte, ses sentiers) 15 km.** Mme Jeannette Le Brech vous accueille dans sa maison indépendante, située à Noyalo. 5 chambres avec s.e et wc privés communicants, à l'étage, 3 ch. 2 pers. et 1 ch. 3 pers. Salle de séjour, coin-salon, TV couleur. Cuisine à disposition avec forfait 4,5 €/jour (lave-linge & sèche-linge). Jardin attenant, salon de jardin, barbecue. Langue parlée : anglais.

Prix : 2 pers. 37 € ◦ 3 pers. 44 €
Ouvert : Du 15 mai au 15 septembre.

🐕	≈	⛱	🎣	🏊	🏇	🎾	🦌	🏌	🚲	⛴
	10	10	10	0,1	10	1	8	18	10	1

Loïc LE BRECH - Quélennec - 56450 NOYALO - Tél. : 02 97 43 03 15 - Fax : 02 97 43 03 15

Morbihan   *Bretagne*

NOYALO   *C.M. 63 Pli 13*

2 ch. **Vannes (Ville d'Art) 8 km. Sarzeau (sa côte, ses sentiers) 15 km.** M.et Mme Zoude-Le Nagard vous accueillent dans leur maison indépendante à l'entrée du Golfe du Morbihan, proche de Sarzeau, et sur l'Etang de Noyalo. Etage : 1 ch. 2 pers. (s.d.b/wc privés communicants). 1 ch. double louable à une même famille pour 4 pers. (s.d.b/wc privés non communicants). Séjour, salon, TV, cheminée, jardin clos, salon de jardin. Jeux pour enfants. Remise de 3 € par nuit hors juillet/août. GR 34 à 14 Km. Langue parlée : anglais.

Prix : 1 pers. **30 €** ◊ 2 pers. **37 €** ◊ pers. sup. **9 €**
Ouvert : Toute l'année.

≈	⛱	⚓	🏊	🚣	🎾	🐎	🏃	🏪	🚲
10	10	10	0,8	10	0,8	8	18	12	1

M-Madeleine ZOUDE-LE NAGARD - 29, chemin de Quellénec - 56450 NOYALO - Tél. : 02 97 43 14 17

NOYALO Birhit   *C.M. 63 Pli 13*

E.C. 3 ch. **Vannes (Ville d'Art) 12 Km. Sarzeau (côte, sentiers) 15 km.** A l'entrée de la Presqu'Ile de Rhuys, dans la longère récemment rénovée de Mr et Mme David vous trouverez le calme, le confort et l'accès direct au Golfe du Morbihan par le jardin arboré de 3000 m². 3 ch. dont 1 ch. spacieuse 3 pers. avec accès indépendant sur le jardin, 1 ch. 3 pers. au r-d-c, à l'étage 1 ch. 2 pers. S.e/wc privés communicants pour chacune. Salle de séjour avec cheminée réservée aux hôtes avec accès indépandant. Cour pour parking. GR 34 à 10 Km.

Prix : 2 pers. **46/53 €** ◊ 3 pers. **61/75 €** ◊ pers. sup. **15 €**
Ouvert : Toute l'année.

≈	⛱	⚓	🏊	🚣	🎾	🐎	🏃	🏪	🚲
10	10	0,1	10	2	10	18	12	15	2

Alain DAVID - Birhit - 56450 NOYALO - Tél. : 02 97 43 21 90

PLOEMEL Kerplat   *C.M. 63 Pli 2*

2 ch. **Auray (Port de St-Goustan) 8 km. Erdeven (grandes plages) 8 km.** Mme Le Boulch vous accueille dans sa maison indépendante située dans un petit hameau. A l'étage, 2 ch. 2 pers. avec entrée indépendante, 1 avec s.e/wc privés communicants et 1 avec s.e/wc privés non communicants. Petit coin-salon (avec réfrigérateur). Grand jardin, terrasse, 2 salons de jardin, barbecue et portique à votre disposition pour votre détente.

Prix : 2 pers. **35 €** ◊ pers. sup. **12 €**
Ouvert : De Pâques à la Toussaint.

≈	⛱	⚓	🏊	🚣	🎾	🐎	🏃	🏪	🚲
8	8	8	8	8	1,5	1,5	5	8	2

Josiane LE BOULCH - Kerplat - 56400 PLOEMEL - Tél. : 02 97 56 82 51 - Fax : 02 97 56 72 32

PLOEMEL Kerimel   *C.M. 63 Pli 2*

4 ch. **Auray (Port de St-Goustan) 6 km. Erdeven (ses grandes plages) 8 km.** Dans un ensemble de chaumières de caractère du XVIIe, Babeth et Pierre vous accueillent à 7 km des plages et à 2 km du Golf de St Laurent. A l'étage, 4 chambres aux meubles anciens (2 ch. 2 pers. et 2 ch. 3 pers.), s.e/wc privatifs communicants. Lits 0,90 x 200 ou 1,80 x 200, sèches cheveux, bouilloire. Séjour/salon réservé aux hôtes avec TV/magnétoscope. Bibliothèque, jeux de société. Réfrigérateur à disposition. Vous pourrez apprécier le calme du village en profitant des salons de jardin. Langues parlées : anglais, espagnol.

Prix : 2 pers. **60/68 €** ◊ 3 pers. **88 €** ◊ pers. sup. **20 €**
Ouvert : Toute l'année.

≈	⛱	⚓	🏊	🚣	🎾	🐎	🏃	🏪	🚲
7	7	7	7	7	1	3	2	2,5	6	1

Babeth et Pierre MALHERBE - Kerimel - 56400 PLOEMEL - Tél. : 02 97 56 84 72 ou 06 07 58 63 20 - Fax : 02 97 56 84 72 -
E-mail : elisabeth.malherbe@wanadoo.fr

PLOEMEUR   *C.M. 58 Pli 12*

3 ch. **Fort Bloqué Ploemeur 4 Km. Guidel 8 Km** Christiane Le Lorrec vous accueille dans sa maison au cœur du quartier ancien de Ploemeur. Dans la maison, 1 ch. 3 pers. à l'étage avec s.e/wc privatifs communicants. Dans une dépendance : au r-d-c, 1 ch. 2 pers. mitoyenne à un logement s.e/wc privatifs communicants, à l'étage 1 ch. 2 pers. mitoyenne à un autre logement avec s.d.b/wc privatifs communicants. Détente assurée dans ce havre de verdure situé à 4 km des plages et à proximité d'Océanis, l'escale loisirs aquatiques, proche de 6 circuits de randonnées (campagne, patrimoine historique). Jardin, salon de jardin, barbecue, bibliothèque, TV. Remise de 5 % à partir de 5 jours consécutifs.

Prix : 1 pers. **35 €** ◊ 2 pers. **41 €** ◊ 3 pers. **53 €**
Ouvert : Toute l'année sauf vac. fév. (ch. 3 pers.), de 06 à 09 (ch. 2 pers.).

≈	⛱	⚓	🏊	🚣	🎾	🐎	🏃	🏪	🚲
4	4	8	4	1,5	1	3	1	4	7	0,5

Christiane LE LORREC - 3 bis rue de St-Deron - Chapelle Ste-Anne - 56270 PLOEMEUR - Tél. : 02 97 86 10 25 ou 06 72 70 76 48 -
E-mail : chrislelorrec@aol.com - www.gites-de-france-morbihan.com/deron

---

PLOEREN   *C.M. 63 Pli 2*

1 ch. **Auray (Port de St-Goustan) 10 km. Vannes (Ville d'Art) 10 km.** M. & Mme Moulinier vous accueillent dans leur maison indépendante située à 700 m de Ploeren et à 5 km du Golfe du Morbihan. R.d.c, 1 chambre double (soit 2 ch.) de 2 à 3 pers. louable à une même famille, se et wc non communicante/wc privés. Salon/TV, jardin clos (500 m²), salon de jardin. Tarifs réduits hors saison à partir de 3 nuits hors ponts, fériés et vacances scolaires. GR 34 à 5 Km.

Prix : 1 pers. **32 €** ◊ 2 pers. **38 €** ◊ 3 pers. **53 €** ◊ pers. sup. **15 €**
Ouvert : Toute l'année.

≈	⛱	⚓	🏊	🚣	🎾	🐎	🏃	🏪	🚲
6	9	6	6	9	0,5	2	9	5	10	0,5

Jean et Nadine MOULINIER - 2, impasse des Korrigans - 56880 PLOEREN - Tél. : 02 97 40 06 72 ou 06 72 22 18 84

Bretagne — **Morbihan**

PLOEREN Porh Priendo
C.M. 63 Pli 3

2 ch. **Vannes (Ville d'art et d'histoire) 2 km. Auray (St-Goustan) 15 km.** M. et Mme Dano vous accueillent dans leur maison indépendante de caractère située à 5 km du Golfe du Morbihan. A l'étage, 1 chambre double louable à une même famille pour 3 pers. (soit 2 chambres) avec s.d.b/wc non communicants et 1 ch. 3 pers. avec s.e/wc communicants. Coin-cuisine dans la véranda (4 €/jour). Jardin, salon de jardin, terrasse pour la détente. Tarifs réduits hors saison à partir de 3 nuits (hors ponts, fériés, vacances scolaires).

Prix : 1 pers. 31 € 2 pers. 39 € 3 pers. 54 € pers. sup. 15 €
Ouvert : Toute l'année.

🐕	〰️	⛱️	🚣	🏊	🎾	🐎	🚴	🚶	🚌	🚉
5	5	4	5	3	1	5	5	2	2	

Edouard et M-Thérèse DANO - 3 impasse du Manoir - Porh-Priendo - 56880 PLOEREN - Tél. : 02 97 46 45 14

PLOUAY Kermouel
C.M. 63 Pli 1

1 ch. **Plouay (Véloparc) 4,5 km. Hennebont (haras, remparts) 15 km.** Au cœur du pays de Plouay entre Le Scorff et Le Blavet, paradis des pêcheurs, proche du G.R 34, Nicole vous accueille dans une chaumière du XVII° s. et vous propose 1 ch. pour 2 pers. avec salle d'eau/wc privatifs communicants. Jardin avec salon de jardin à disposition. Petit déjeuner pris en commun dans la salle à manger au mobilier ancien. Lave-linge forfait 5 €. Cuisine dans un abri de jardin (micro-ondes, congélateur, réfrigérateur). Située entre le Pays de Lorient et le Pays du Faouët, vous pourrez visiter le Véloparc, le Conservatoire de la Voiture Hippomobile, la Vallée du Scorff...

Prix : 1 pers. 36 € 2 pers. 40 €
Ouvert : Du 1er avril au 30 septembre.

🐕	〰️	⛱️	🚣	🏊	🎾	🐎	🚴	🚶	🚌	🚉
30	30	20	3	15	4,5	5	20	5	20	4,5

Nicole BILZIC - Kermouel - 56240 PLOUAY - Tél. : 02 97 32 01 70 - E-mail : rbilzic@hotmail.com

PLOUGOUMELEN Cahire
C.M. 63 Pli 2

4 ch. **Auray (Port de St-Goustan) 5 km. Vannes (Ville d'Art) 10 km.** Dans un site classé, Mr Trochery vous accueille dans un ensemble de chaumières du XVII° s. 4 ch. spacieuses de caractère de 44 € à 58 € dont 2 ch. à 54 €, toutes avec entrée indépendante, coin-salon, s.e communicante et wc privés. R-d-c, 1 ch. 2 pers. et 1 ch. 3 pers. Etage, 1 ch. 2 pers. et 1 ch. 3 pers. Jardin, salon de jardin et terrasse.

Prix : 2 pers. 44/58 € pers. sup. 11/25 €
Ouvert : De février à décembre sauf du 05 mars au 15 mars.

🐕	〰️	⛱️	🚣	🏊	🎾	🐎	🚴	🚶	🚌	🚉
10	10	6	10	6	1	1	3	3	6	3

Arsène TROCHERY - Cahire - 56400 PLOUGOUMELEN - Tél. : 02 97 57 91 18 - E-mail : trochery@leschaumieres.com - www.leschaumieres.com

PLOUGOUMELEN Lohenven
C.M. 63 Pli 2

E.C. 3 ch. **Auray (St-Goustan) 6 Km. Vannes (Ville d'art & d'histoire) 6 Km.** A mi-chemin de Vannes et d'Auray et à 5 mn du Golfe du Morbihan, dans une maison indépendante, à proximité de son domicile, Joëlle Scrizzi vous propose 3 ch. d'hôtes 2 pers. Au r-d-c, 1 ch. avec s.e privative communicante et wc à l'étage 2 ch. s.e/wc privatifs communicants avec accès par escalier extérieur et avec vue très reposante sur le parc boisé de la propriété. Le copieux petit déjeuner est servi dans la salle à manger, réservée aux hôtes et le salon du propriétaire vous est ouvert. Langue parlée : anglais.

Prix : 1 pers. 45 € 2 pers. 50 € pers. sup. 13 €
Ouvert : Toute l'année.

🐕	〰️	⛱️	🚣	🏊	🎾	🐎	🚴	🚶	🚌	🚉
10	10	10	10	3	4	6	3	3	6	1,5

Joëlle SCRIZZI - Lohenven - 56400 PLOUGOUMELEN - Tél. : 02 97 57 82 94 ou 06 80 91 36 43 - Fax : 02 97 57 82 94 - E-mail : scrizzi@wanadoo.fr

PLOUHARNEL Kercroc
C.M. 63 Pli 2

3 ch. **Auray (St-Goustan) 10 km. Carnac (Circuit des alignements) 5 km.** Mr Rousseau vous accueille dans sa maison indépendante située à 0.8 km de Plouharnel dans un village calme, mais à proximité. R-d-c, 1 ch. 2 pers. s.d.b/wc privés communicants, à l'étage, 1 ch. 2 pers. s.e/wc privés communicants, 1 ch-double 5 pers. louable à une même famille s.d.b/wc privés non communicants. Salle à manger, coin-salon/cheminée (TV coul.). Terrasse. Jardin clos. Langues parlées : anglais, espagnol.

Prix : 1 pers. 32 € 2 pers. 37/40 € 3 pers. 49 € pers. sup. 8/12 €
Ouvert : Toute l'année.

🐕	〰️	⛱️	🚣	🏊	🎾	🐎	🚴	🚶	🚌	🚉
0,1	2	2	0,1	12	1	5	12		7	

Serge ROUSSEAU - Kercroc - 56340 PLOUHARNEL - Tél. : 02 97 52 32 40 ou 06 86 04 72 51

PLOUHARNEL Kerfourchelle
C.M. 63 Pli 1

3 ch. **Auray (St-Goustan) 13 km. Carnac (Circuit des alignements) 5 km.** Mme Le Touzo vous accueille dans sa maison indépendante située dans un bon confort située à 700 m de Plouharnel. Etage : 1 ch. 2 pers. s.e communicante et wc communicants, 1 ch. 3 pers. s.e/wc communicants, 1 ch-double (2 ch.) 4/5 pers. louable à une même famille s.e communicante et wc privés. Salon, TV. Cuisine (micro-ondes) 3 €/jour. Jardin 1600 m². Salons de jardin, parking clos. Hors saison et hors ponts : réduction 5 %. GR 34 et 341 à 2,5 Km. Langue parlée : anglais.

Prix : 2 pers. 34/40 € 3 pers. 48 € pers. sup. 9 €
Ouvert : Toute l'année.

🐕	〰️	⛱️	🚣	🏊	🎾	🐎	🚴	🚶	🚌	🚉
0,6	2,5	2,5	2,5	13	0,8	4	7	2,5	13	0,7

Anne-Marie LE TOUZO - 14, rue Kerfourchelle - 56340 PLOUHARNEL - Tél. : 02 97 52 34 38

Morbihan
Bretagne

PLOUHARNEL Kerzivienne
C.M. 63 Pli 2

3 ch. **Auray (St-Goustan) 12 km. Carnac (Circuit des alignements) 5 km.** Mr et Mme Le Baron vous accueillent dans leur maison indépendante située dans un secteur calme à 0,8 km de Plouharnel entre Carnac et Quiberon. Etage, 3 ch. dont 2 avec vue sur la mer. 2 ch. 2 pers. 3 épis s.e/wc privés, 1 ch. 3 pers. 2 épis s.e et wc privés non communicants. Séjour avec TV. Terrain 2000 m². Salons de jardin, barbecue, table de ping-pong pour votre détente. GR 34 et 341 à 1,5 Km. Langue parlée : anglais.

Prix : 2 pers. **39/41** € 3 pers. **49** € pers. sup. **11** €
Ouvert : De mars à novembre.

0,5	2	3	2	12	0,8	3	6	1,5	12	0,8

Gilbert LE BARON - Kerzivienne - 56340 PLOUHARNEL - Tél. : 02 97 52 31 44 ou 06 78 54 72 47

PLOUHARNEL Kerhellec
C.M. 63 Pli 1

4 ch. **Auray (St-Goustan) 12 km. Carnac (circuit des alignements) 5 km.** Laurence et sa maman vous accueillent dans une grande maison indépendante avec vue sur la mer. Etage, 2 ch. 2 pers. s.e privative non communicante et wc privés pour chaque ch., 1 ch. 3 pers. s.e/wc communicants. R-d-c, 1 ch. avec TV, s.e privative/wc communicants. Vous pourrez vous détendre dans le salon, TV couleur, et dans le grand jardin avec salon de jardin. Réfrigérateur/congélateur à la disposition des hôtes.

Prix : 1 pers. **32** € 2 pers. **38/42** € 3 pers. **50** €
Ouvert : De mars à novembre.

3	3	3	0,2	14	3	3	7	15	15	1,2

Laurence LE BOULAIRE - Kerhellec - 56340 PLOUHARNEL - Tél. : 02 97 52 33 92 - Fax : 02 97 52 48 02

PLOUHINEC
C.M. 63 Pli 1

1 ch. **Port-Louis (Citadelle) 10 km. Auray (Port de St-Goustan) 20 km.** Mme & M. Le Dantec vous accueillent dans leur maison indépendante située dans un village de pêcheurs à proximité de la Ria d'Etel. 1 ch. 2 à 3 pers. (TV) avec entrée indépendante, s.e/wc privatifs communicants. Petits déjeuners servis dans la salle à manger. Jardin clos et terrasses fleuris avec salon de jardin. Parking privé clos. Réfrigérateur privatif à la chambre d'hôte dans le garage. Environnement agréable face à un bras de mer et à 10 minutes des plages.

Prix : 1 pers. **35** € 2 pers. **41** € 3 pers. **49** €
Ouvert : Toute l'année.

0,1	2	2,5	0,6	18	2	15	15	15	3,5	

Yves LE DANTEC - 39 Rue Mané-Jouan - Vieux Passage - 56680 PLOUHINEC - Tél. : 02 97 36 74 07 ou 06 78 73 01 67

PLOUHINEC Kermorin
C.M. 63 Pli 1

1 ch. **Port-Louis (Citadelle) 10 km. Auray (Port de St-Goustan) 20 km.** Mme Le Quer vous accueille dans sa maison de caractère indépendante située sur une exploitation agricole dans un cadre fleuri et reposant à 10 mn des plages et de la Ria d'Etel. Etage exclusivement réservé aux hôtes comprenant 1 ch. double 2/4 pers. (soit 2 chambres) louable à une même famille (avec TV), s.d.b et wc privés non communicants. Salon TV. Jardin fleuri, salon de jardin, barbecue. Terrain de jeux pour enfants. Ils pourront également monter à poney et visiter la ferme. Réfrigérateur à disposition. Téléphone dans un local commun aux gîtes et aux ch. d'hôtes. GR 34 à 3 Km.

Prix : 2 pers. **43** € 3 pers. **58** € pers. sup. **15** €
Ouvert : Toute l'année.

4	4	4	4	3	12	12	3	18	0,8	

Jean LE QUER - Kermorin - 56680 PLOUHINEC - Tél. : 02 97 36 76 13

PLUHERLIN La Surge
(TH)
C.M. 63 Pli 4

2 ch. **Rochefort-en-Terre (cité de caractère) 3 Km. La Gacilly 15 Km.** Daniel et Yolande vous accueillent dans leur maison indépendante avec vue sur la Vallée de l'Arz à 3 Km de Pluherlin. A l'étage, 2 ch. 3 pers. avec salle d'eau/wc privatifs communicants. Terrasse avec salon de jardin à votre disposition. Vous pourrez vous détendre dans cette propriété de 3 ha avec petit étang privé. Table d'hôtes sur réservation. GR 38 et belles randonnées balisées à 1 Km. Langue parlée : anglais.

Prix : 1 pers. **38** € 2 pers. **44** € 3 pers. **56** € pers. sup. **12** € repas **15** €
Ouvert : Toute l'année.

30	30	3	0,5	11	3	10	12	1	11	5

Yolande LEGER - La Surge - 56220 PLUHERLIN - Tél. : 02 97 43 37 35 - E-mail : daniel.leger1@libertysurf.fr - www.gites-de-france-morbihan.com/surge

PLUMELEC Folle Pensée - Lanvaux

C.M. 63 Pli 3

1 ch. **Locmine 15 km. Malestroit (Musée de la Résistance) 20 km.** M. & Mme Le Labourier vous accueillent dans leur maison indépendante située sur une exploitation avicole. R-d-c, 1 ch. 2 pers avec accès indépendant, s.e/wc privés communicants. Salon/TV, jardin de 400 m², aire de jeux pour enfants, tennis de table, jeu de boules. Terrasse, salon de jardin, barbecue. Possibilité hébergement cavalier (5 boxes). Cuisine commune avec propriétaire à disposition. Langue parlée : anglais.

Prix : 1 pers. **28** € 2 pers. **35** €
Ouvert : Du 1er avril au 1er novembre.

22	22	22	2	5	5	9	22	18	6

Pierrick et M-Thérèse LE LABOURIER - Folle Pensée Lanvaux - 56420 PLUMELEC - Tél. : 02 97 42 22 67 - Fax : 02 97 42 22 67 - E-mail : pierrick.lelabourier@libertysurf.fr

Bretagne

Morbihan

PLUMELIAU
C.M. 63 Pli 2

3 ch. **Quistinic (Poul Fetan) 10 km. Pontivy (Château, le Canal) 15 km.** M. & Mme Vessier vous accueillent dans leur maison de caractère située à 300 m de Pluméliau. R-d-c, 1 ch-double 2 à 4 pers. 3 épis louable à une même famille s.d.b & wc privés non communicants. Etage, 1 ch. 3 pers, 1 ch. 2 pers. 2 épis s.d.b non communicante & wc communs. Grand parc arboré au calme de la campagne. Bibliothèque. Terrasse, salon de jardin. Pièce aménagée avec réfrigérateur/congélateur pour préparer les pique-niques. Vous apprécierez les petits déjeuners de ces anciens boulangers-pâtissiers.

Prix : 1 pers. 28 € 2 pers. **34/37 €** pers. sup. 16 €
Ouvert : Du 15 janvier au 15 novembre.

40	40	5	0,4	8	0,4	8	8	45	0,3

Paul et Denise VESSIER - 29, rue de Kervernen - 56930 PLUMELIAU - Tél. : **02 97 51 94 73**

PLUMELIAU Kerdaniel
C.M. 63 Pli 2

2 ch. **Quistinic (Poul Fetan) 10 km. Pontivy (château des Rohan) 12 km.** M. & Mme Le Hir vous accueillent dans leur maison de caractère située à 1,5 Km du bourg de Pluméliau. 1 ch. 2 pers. à l'étage avec s.d.b et wc privatifs non communicants & 1 ch. 2 pers. s.e/wc privatifs communicants. TV couleur, salon à disposition. Profitez du jardin fleuri avec salon de jardin, barbecue et jeu de boules. Réfrigérateur à disposition. Madame Le Hir pourra vous initier à l'art du patchwork et autres travaux d'aiguilles. GR 341 à 5 Km.

Prix : 1 pers. 30 € 2 pers. **38 €**
Ouvert : D'avril à octobre.

40	40	20	5	9	1,5	10	10	5	30	1,5

Léon et Paulette LE HIR - Kerdaniel - 56930 PLUMELIAU - Tél. : **02 97 51 80 56 ou 06 17 69 06 58**

PLUMELIAU Le Rhun
C.M. 63 Pli 2

2 ch. **Baud (base nautique) 9 Km.** Eva et Jurgen Lincke vous accueillent dans leur propriété où se trouvent 4 gîtes à 3,5 km de Pluméliau. A l'étage, 2 ch. 2 pers. avec s.e/wc privatifs communicants. En communs avec les gîtes : terrain de jeux (volley, jeux de boules, portique, panier basket), piscine, salon de jardin, TV, jeux de société et bibliothèque. Buanderie. Salons de jardin pour votre détente. Cadre verdoyant à côté d'un petit étang en campagne. GR 37, 38, 341 à 12 km. Langues parlées : anglais, allemand.

Prix : 2 pers. **41 €** pers. sup. 12 €
Ouvert : De juin à septembre (autres périodes sur demande).

40	40	22	0,1	SP	3,5	12	10	12	30	3,5

Eva LINCKE - Le Rhun - 56930 PLUMELIAU - Tél. : **02 97 51 83 48 ou 06 88 13 13 73** - Fax : **02 97 51 83 48** -
E-mail : **eva.lincke@wanadoo.fr**

PLUMELIN Gostrevel
C.M. 63 Pli 3

3 ch. **Baud (conservatoire régional de la carte postale) 10 km.** M. et Mme Cappy vous reçoivent dans leur agréable maison indépendante à 4 kms de Plumelin et à 7 kms de Locminé. A l'étage, 1 ch. double louable à une même famille de 2 à 4 pers. avec salle d'eau/wc privatifs communicants, 1 ch. 2 pers. (2 épis) avec salle d'eau/wc privatifs non communicants et 1 ch. 3 pers. avec salle d'eau/wc privatifs communicants. Le grand jardin clos est à votre disposition avec salon de jardin. Au cœur du Morbihan, Locminé offre de nombreuses possibilités touristiques, sportives et culturelles. GR 341 à 16 Km.

Prix : 1 pers. 37 € 2 pers. **45 €** 3 pers. **59 €** pers. sup. 14 €
Ouvert : Toute l'année.

45	45	35	12	7	3	10	25	16	35	4

Dominique CAPPY - Gostrevel - 56500 PLUMELIN - Tél. : **02 97 44 20 92 ou 06 70 43 97 54**

PLUMERGAT Kerthomas
C.M. 63 Pli 2

3 ch. **Auray (Port de St-Goustan) 10 km. Vannes (Ville d'Art) 12 km.** M. & Mme Jacq vous accueillent dans leur maison indépendante très calme située à 2 km de Ste-Anne-d'Auray. Etage, 3 ch. - dont 1 ch. 3 pers. et 1 ch. 2 pers. s.e et wc privés communicants 1 épis. 1 ch. 2 pers. s.e et wc privés non communicants 2 épis. Séjour/coin-salon (TV). Cuisine à disposition. Jardin clos 3500 m², salons de jardin, barbecue. GR 38 à 10 Km.

Prix : 1 pers. 30 € 2 pers. **38 €** 3 pers. **50 €** pers. sup. 12 €
Ouvert : Toute l'année.

15	15	15	10	10	2	4	15	10	10	2

Joseph JACQ - Kerthomas - 56400 PLUMERGAT - Tél. : **02 97 57 70 11** - Fax : **02 97 57 70 11** - E-mail : **marie-claire-jacq@wanadoo.fr** -
www.gites-de-france-morbihan.com/kerthomas

PLUMERGAT Copérit-Bras
C.M. 63 Pli 2

1 ch. **Auray (Port de St-Goustan) 10 km. Vannes (Ville d'art) 15 km.** Mme Oliviero vous accueille dans sa maison indépendante située sur une exploitation agricole. A l'étage, 1 chambre 2 pers. avec salle d'eau/wc privés communicants. Le séjour et le salon avec TV sont à votre disposition pour vos moments de détente. Vous pourrez aussi profiter du jardin clos de 500 m². Une cuisine commune est à votre disposition. GR 38 à 8 Km.

Prix : 2 pers. **35 €** pers. sup. **8 €**
Ouvert : Toute l'année.

20	20	10	10	5	3	6	8	8	10	2

Joseph OLIVIERO - Coperit-Bras - 56400 PLUMERGAT - Tél. : **02 97 57 60 35**

Morbihan　　　　　　　　　　　　　　　　　　　　　　　　　　　　　　　　*Bretagne*

PLUVIGNER Chaumière de Kerréo　　　　　　　　(TH)　　　　　　　C.M. 63 Pli 2

||| 5 ch.　**Auray (Port de St-Goustan) 15 km. Vannes (Ville d'Art) 20 km.** Nelly et Gérard vous accueillent dans leur chaumière du XVIIè. 5 ch. 2 pers. (4 avec s.e/wc privés et 1 ch. avec s.d.b/wc privés). Vous apprécierez un intérieur authentique & confortable, une table copieuse, soignée, un parc paysager, dans un cadre campagnard très reposant. Dans un rayon de 15 km : forêt domaniale, mer, village restauré Poul Fetan.... Les repas restent le point d'orgue du séjour. Le menu du marché est concocté par un ancien professeur de cuisine attentif au plaisir de ses hôtes. Langue parlée : anglais.

Prix : 1 pers. 38/41 € 2 pers. 46/50 € pers. sup. 11 € repas 17 €
Ouvert : Toute l'année.

20	20	20	10	20	7	6	15	16	7

Gérard et Nelly GREVES - Chaumière de Kerreo - 56330 PLUVIGNER - Tél. : 02 97 50 90 48 - Fax : 02 97 50 90 69 -
www.gites-de-france-morbihan.com/kerreo ou SR : 02 97 56 48 12

PLUVIGNER Keraubert　　　　　　　　　　　　　　　　　　　　　C.M. 63 Pli 2

||| 2 ch.　**Auray (Port de St-Goustan) 15 km. Vannes (Ville d'art) 25 km.** Une allée bordée de sapins, hortensias et rhododendrons... Tout au bout, Jacqueline & Bernard vous accueille et vous propose un moment de calme et d'amitié dans une ancienne ferme joliment restaurée. 2 ch. 2 pers. en r-d-c avec entrées indépendantes, à proximité d'1 gîte. TV couleur, s.e/wc privatifs communicants. Réfrigérateur à disposition. Petits déjeuners copieux avec confitures et pâtisseries maison et conversations détendues dans le petit salon plein de charme. Langue parlée : anglais.

Prix : 1 pers. 39 € 2 pers. 43 € pers. sup. 12 €
Ouvert : Toute l'année.

20	20	20	10	8	7	6	15	6	7

Jacqueline BELIN - Keraubert - 56330 PLUVIGNER - Tél. : 02 97 24 93 10 - Fax : 02 97 24 93 10

PLUVIGNER Kerdavid Duchentil　　　　　　　　　　　　　　　　　C.M. 63 Pli 2

||| 5 ch.　**Auray (Port de St-Goustan) 15 km. Vannes (Ville d'Art) 25 km.** Dans une longère de caractère située dans un grand parc ombragé, au calme de la campagne, Mme Collet vous accueille et vous propose 5 ch. 2 pers. au r-d-c dont 1 double louable à une même famille, entrée indépendante chacune, à proximité d'un gîte. Salle d'eau et wc privés communicants. Cuisine, salon, séjour, TV, salons de jardin, barbecues à disposition. Plan d'eau privé pour la pêche et la détente. Proche de nombreux sites, du Golfe du Morbihan, des plages et des forêts.

Prix : 1 pers. 35 € 2 pers. 41 € 3 pers. 56 €
Ouvert : Toute l'année.

25	25	18	3	13	13	3	13	15	5

Marie-Claire COLLET - Kerdavid-Duchentil - 56330 PLUVIGNER - Tél. : 02 97 56 00 59 ou 06 08 57 05 00 -
www.gites-de-france-morbihan.com/kerdavid

PLUVIGNER Bréventec　　　　　　　　　　　　　　　　　　　　　C.M. 63 Pli 2

|| 4 ch.　**Auray (Port de St-Goustan) 15 km. Vannes (Ville d'Art) 30 km.** Mme Le Louer vous accueille dans sa maison indépendante située sur une exploitation agricole. 4 ch. dont 2 ch. 2 pers. & 1 ch. 3 pers. avec coin salle d'eau dans les ch. et wc communs, 1 ch. 2 pers. et 1 enfant avec s.d.b et wc privés non communicants. Salle commune pour votre détente, séjour, grand jardin clos 5000 m², salon de jardin. Cuisine à disposition. Aire de jeux pour les enfants. Langue parlée : anglais.

Prix : 1 pers. 32 € 2 pers. 35 € 3 pers. 43 € pers. sup. 9 €
Ouvert : Toute l'année.

20	20	20	1	12	2	1	20	12	2,5

Marie-Claire LE LOUER - Bréventec - 56330 PLUVIGNER - Tél. : 02 97 24 74 05 ou 06 89 43 91 63

PLUVIGNER Kermec　　　　　　　　　　　　　　　　　　　　　　C.M. 63 Pli 2

||| 1 ch.　**Auray (Port de St-Goustan) 8 km. Vannes (Ville d'Art) 23 km.** Mme Lorgeoux vous accueille dans sa maison de caractère indépendante dans un environnement de qualité. 1 suite 4 pers. composée de 2 ch. avec entrée indépendante, s.d.b/wc privés communicants. Véranda, TV couleur (magnétoscope), coin-salon. Jardin clos avec salon de jardin. Lit enfant. Cuisine mise à disposition (forfait 2 €/jour). GR 38 à 12 Km. Langue parlée : anglais.

Prix : 1 pers. 33 € 2 pers. 40 € 3 pers. 55 € pers. sup. 12 €
Ouvert : Toute l'année.

20	20	20	1	10	3	5	20	2	3

Noémi CANO-LORGEOUX - Kermec - 56330 PLUVIGNER - Tél. : 02 97 24 92 97 ou 06 83 29 26 46

PONTIVY/NEULLIAC Bel-Air - la Bretonnière　　　　　　　　　　　　C.M. 59 Pli 12

||| 4 ch.　**Pontivy (Château, Le Canal) 5 km. Loudeac 20 km.** Mme Miloux vous accueille dans sa maison indépendante située à Neulliac. Etage, 4 ch. - 3 ch. 2 pers. dont 1 chambre 3 épis s.d.b et wc privés, 1 chambre 2 épis, s.e & wc non communicants, 1 chambre 2 épis, s.e & wc communicants et 1 chambre 3 pers. 3 épis, s.e & wc communicants. Séjour/salon avec cheminée. Parc clos 3000 m², jeu de boules. GR 37 à 3 Km. Langue parlée : anglais.

Prix : 2 pers. 37 € 3 pers. 47 € pers. sup. 11 €
Ouvert : Toute l'année sur réservation.

50	50	10	3	3	3	2	3	50	3

Adèle MILOUX - La Bretonnière - Bel-Air - 56300 NEULLIAC/PONTIVY - Tél. : 02 97 39 62 48 ou 06 86 65 86 04 - Fax : 02 97 39 62 48 -
www.gites-de-france-morbihan.com/bretonniere/

Bretagne
Morbihan

PONTIVY/NOYAL-PONTIVY Coët-David
C.M. 59 Pli 12

2 ch. **Pontivy (Le Château, Le Canal) 3,5 km. Loudeac 20 km.** Mme Accart vous accueille dans sa maison indépendante. A l'étage, 1 ch. 3 pers. avec télévision, s.e/wc privés communicants et 1 ch. 2 pers. avec télévision, s.e/wc privatifs communicants. La véranda, le salon, la TV sont à votre disposition pour vos moments de détente. Vous pourrez également profiter du grand jardin clos aménagé de 3500 m². GR 341 à 2,5 Km. Langue parlée : anglais.

Prix : 1 pers. 29 € 2 pers. 35 € 3 pers. 45 €
Ouvert : Toute l'année.

40	40	15	3	3,5	3	3,5	5	2,5	40	3

Angèle ACCART - Coët-David - Ioarana Villa - Axe Pontivy/Vannes - 56920 NOYAL-PONTIVY - **Tél. : 02 97 25 49 66** - **Fax : 02 97 25 49 66**

QUESTEMBERT Le Haut Mounouff
C.M. 63 Pli 4

1 ch. **Questembert (Halles) 4 km. Rochefort-en-Terre 6 km.** Mme Elain vous accueille dans sa maison indépendante située sur une exploitation agricole. Au rez-de-chaussée, 1 ch. 2 pers. avec s.d.b/wc privés communicants. Vous profiterez du séjour, du salon avec cheminée et TV. A votre disposition : terrasse et grand jardin aménagé. Pour vos loisirs : plan d'eau du Moulin Neuf aménagé en base nautique à 5 km. GR 38 à 6 Km. Langue parlée : anglais.

Prix : 2 pers. 41 €
Ouvert : Toute l'année.

25	25	5	5	4	4	15	15	6	3	4

Marie-Thérèse ELAIN - Le Haut Mounouff - 56230 QUESTEMBERT - **Tél. : 02 97 26 60 72** - **Fax : 02 97 26 01 68** - **E-mail : bernard.elain@wanadoo.fr**

QUEVEN Le Mané
C.M. 63 Pli 1

3 ch. **Lorient (Base des Sous Marins) 2 km. Plages 6 km.** Mme Kermabon vous accueille chaleureusement dans sa propriété entourée d'un cadre de verdure paysagé de 1 ha proche de Lorient et des plages. A l'étage, 1 ensemble familial [1 ch. 2 pers.& 1 ch. 2 enfants s.d.b & wc privés non communicants]. 1 ch. 2 pers, s.e & wc privés non communicants. R.d.c., 1 ch. 2 pers., s.d.b & wc privés communicants. Les chambres sont indépendantes. Salon/TV, salon de jardin, terrasse, parking. Golf du Val Quéven, zoo de Pont-Scorff... GR 34E et 38E à 1 Km. Langues parlées : anglais, allemand.

Prix : 1 pers. 34 € 2 pers. 37/40 € 3 pers. 52 € pers. sup. 12 €
Ouvert : Toute l'année.

6	6	3	3	1	2	3	3	1	2	0,5

Marie-Louise KERMABON - Le Mané - Route de Kerdual - 56530 QUEVEN - **Tél. : 02 97 84 83 20**

RIANTEC Kervassal
C.M. 63 Pli 1

3 ch. **Port-Louis (Citadelle) 5 km. Plouhinec (Entre Etel et l'océan) 5 km.** Maya Watine vous accueillent dans sa chaumière du XVII ème, dans le calme d'un petit village de campagne et à proximité des plages. A l'étage, 3 ch. spacieuses s.e & wc privés communicants. (2 ch. 3 pers & 1 ch. 2 pers.). R-d-c, salon de détente réservé aux hôtes. Vous profiterez du jardin fleuri & ombragé (600 m²), du salon de jardin. TV à disposit°. Langues parlées : anglais, espagnol.

Prix : 2 pers. 49 € 3 pers. 64 €
Ouvert : De mars à octobre.

4	4	4	2	2	3	18	10	12	1,5	

Maya WATINE - Kervassal - 56670 RIANTEC - **Tél. : 02 97 33 58 66** - **Fax : 02 97 33 49 47** - **E-mail : gonzague.watine@wanadoo.fr**

RIEUX La Maison Mavette
C.M. 63 Pli 13

3 ch. **Redon (vallée de l'Oust) 10 km. La Gacilly (25 artisans d'art) 20 km.** Joël Drapkin vous accueilles dans son ancien relais à chevaux restauré à 3 km de Rieux. Vue sur la Vilaine. Etage, 1 ch. 2 pers. s.e. & wc privés, 1 ch. 2 épis pour 2 pers. s.d.b/wc non communicants, 1 ch. 3 pers. s.e.& wc privés. Cuisine (forfait 10 €/Jr). Salon-détente/bibliothèque & billard. Terrasse, grand jardin, salon de jardin, barbecue. GR 39 à 0,5 Km. Langue parlée : anglais.

Prix : 1 pers. 38 € 2 pers. 40/48 € 3 pers. 58 € pers. sup. 15 €
Ouvert : Toute l'année - Hors saison sur réservation.

35	35	4	4	6	5	5	8	0,5	8	3

Joël DRAPKIN - La Maison Mavette - 56350 RIEUX - **Tél. : 02 99 91 95 69 ou 06 08 35 63 07** - **Fax : 02 99 91 95 69** - **E-mail : joël.drapkin@wanadoo.fr**

ROCHEFORT-EN-TERRE
C.M. 63 Pli 4

5 ch. **Rochefort-en-Terre (Cité de caractère) 0,1 km. La Gacilly 15 km.** M. et Mme Le Bihan vous accueillent dans de grands bâtiments, en partie reconvertis en musée, au cœur de la Cité Médiévale de Rochefort en Terre. 5 ch. avec entrée indépendante. Etage, 2 ch. 2 pers. avec vue splendide sur la Vallée et 3 duplex 3 à 4 pers. s.d.b et wc privés communicants. Plan d'eau du Moulin Neuf (base nautique). 2 salles pour le petit déjeuner. Visite du Musée -Hélioscope- attenant gracieusement offerte aux hôtes. Langue parlée : anglais.

Prix : 1 pers. 40 € 2 pers. 46/61 € 3 pers. 76 € pers. sup. 15 €
Ouvert : Toute l'année.

30	30	2	2	10	2	1,5	7	0,3	10	0,1

Yvon LE BIHAN - Rue Candre - 56220 ROCHEFORT-EN-TERRE - **Tél. : 02 97 43 35 44** - **Fax : 02 97 43 30 79**

Morbihan   *Bretagne*

RUFFIAC Ferme de Rangera   C.M. 63 Pli 4

5 ch. **Malestroit (Musée) 6 km. La Gacilly (Village Artisans d'Art) 15 km.** Dans leur maison aménagée en ferme de séjour mitoyenne à un gîte, M.& Mme Couedelo vous proposent 3 ch. s.e/wc privés communicants. 1 ch. 2 pers (r-d-c) & 2 ch. 3 pers (étage). Séjour/coin-salon/TV coul./jardin/salon de jardin/barbecue/jeu de boules/micro-ondes. Dans leur maison privée, 1 ch. 3 pers, 1 ch. 2 pers s.e/wc privés communicants. GR 347 à 8 Km.

Prix : 1 pers. **30 €** 2 pers. **37 €** 3 pers. **46 €** pers. sup. **9 €**
Ouvert : Du 15 février au 15 novembre.

≈	⛱	⚓	🏊	🚣	🎾	🏇	🎣	👥	🚂	⛷
40	40	18	3	8	2	6	25	8	30	2

Gilbert COUEDELO - Rangera - 56140 RUFFIAC - Tél. : 02 97 93 72 18 - Fax : 02 97 93 72 18

SARZEAU La Croix de Suscinio   C.M. 63 Pli 13

1 ch. **Sarzeau (sa côte, ses sentiers) 3 km. Vannes (Ville d'Art) 22 km.** Mr et Mme Reignet vous accueillent dans leur maison indépendante située à 3 km de Sarzeau. Au r-d-c, 1 ch. 2 pers. avec accès indépendant, TV couleur, salle d'eau et wc privés non communicants. Jardin clos avec salon de jardin, terrasse et barbecue. Coin-cuisine avec forfait 7,5 €. Remise sur le prix de la chambre à partir de 2 nuitées : 4,5 €. GR 34 à 1,6 Km.

Prix : 1 pers. **34 €** 2 pers. **39 €**
Ouvert : Toute l'année.

≈	⛱	⚓	🏊	🚣	🎾	🏇	🎣	👥	🚂	⛷
1,6	1,6	1,6	1,6	22	3	3	10	1,6	22	5

Georgette REIGNET - La Croix de Suscinio - 56370 SARZEAU - Tél. : 02 97 48 01 84 ou 06 62 75 95 97 - Fax : 02 97 48 01 84 -
E-mail : georgette.reignet@libertysurf.fr - www.gites-de-france-morbihan.com/suscinio

SARZEAU Kerblay   C.M. 63 Pli 13

5 ch. **Sarzeau (sa côte, ses sentiers) 1 km. Vannes (Ville d'Art) 22 km.** Mr Colin vous accueille dans sa maison de caractère indépendante. 5 ch. spacieuses 2 pers. dont 4 à l'étage, s.e/wc privatifs communicants et 1 au r.d.c, s.d.b/wc privatifs communicants. Les petits déjeuners seront servis dans un vaste séjour avec cheminée. Appréciez le grand jardin avec salons de jardin. Parking à disposition. Langue parlée : anglais.

Prix : 1 pers. **42 €** 2 pers. **46/50 €** pers. sup. **10 €**
Ouvert : De juin à sept. & Vacances scolaires (Pâques/Nov.Pentecôte/Ascension).

≈	⛱	⚓	🏊	🚣	🎾	🏇	🎣	👥	🚂	⛷
1,5	1,5	1,5	1,5	22	1,5	5	5	22	1,5	

Jacques COLIN - Kerblay - Route de St-Jacques - 56370 SARZEAU - Tél. : 02 97 48 05 51

SARZEAU Fournevay   C.M. 63 Pli 13

1 ch. **Sarzeau 3 km. Golfe du Morbihan 200 m.** Mme Fischer met à votre disposition un ensemble familial dans sa maison au cœur d'un vieux village au calme. A l'étage, 1 ch. double louable à une même famille de 2 à 4 pers. avec s.d.b et wc privatifs communicants. Vous apprécierez les petits déjeuners servis sur une terrasse ensoleillée et le beau jardin. Remise accordée à partir de 3 jours consécutifs. Langues parlées : anglais, allemand.

Prix : 1 pers. **26 €** 2 pers. **51 €**
Ouvert : Toute l'année sauf noël.

≈	⛱	⚓	🏊	🚣	🎾	🏇	🎣	👥	🚂	⛷
5	5	5	0,2	25	2	5	8	25	5	3

Régine FISCHER - Fournevay - 56370 SARZEAU - Tél. : 02 97 48 23 54 - Fax : 02 97 48 23 54 - E-mail : régifi@wanadoo.fr

SARZEAU Kerhouet   C.M. 63 Pli 13

E.C. 1 ch. **Sarzeau 3 km.** Dans une maison contemporaine, Madame Spitz vous propose à l'étage une ch. 2 pers. avec s.e/wc privatifs communicants, entrée indépendante. Entre le Golfe et l'Océan, à proximité immédiate de chemins de randonnées, vous apprécierez le calme de la propriété (élevage de chevaux). Petit coin-cuisine 4 €/jour, salon de jardin, barbecue. TV. Salon privatif. Langue parlée : anglais.

Prix : 2 pers. **40 €** pers. sup. **15 €**
Ouvert : Toute l'année.

≈	⛱	⚓	🏊	🚣	🎾	🏇	🎣	👥	🚂	⛷
2	2	5	2	22	3	3	8	22	3	

Jacqueline SPITZ - Kerhouet - 56370 SARZEAU - Tél. : 02 97 41 84 90 - Fax : 02 97 41 84 90

SENE Port-Anna   C.M. 63 Pli 13

3 ch. **Vannes (Ville d'Art et d'histoire) 5 km. Auray (St-Goustan) 20 km.** Hélène et Matthieu Lievois vous accueillent dans leur maison au bord du Golfe du Morbihan à 5 kms de Séné bourg. A l'étage, 1 ch. 2 pers. s.d.b & wc privés communicants, 2 ch. 2 pers. s.e & wc privés communicants. Petits déjeuners servis dans le séjour. Jardin clos, salon de jardin à disposition. Parking aménagé (3 places). GR 34 à 3 Km. Découvrez les créations de Matthieu, artisan potier, et laissez-vous surprendre.... Langue parlée : allemand.

Prix : 1 pers. **31 €** 2 pers. **37 €** pers. sup. **11 €**
Ouvert : Toute l'année.

≈	⛱	⚓	🏊	🚣	🎾	🏇	🎣	👥	🚂	⛷
20	20	0,3	0,3	5	3	4	13	3	10	5

Hélène LIEVOIS - 7, route de Port Anna - 56860 SENE - Tél. : 02 97 66 90 76

Bretagne — **Morbihan**

ST-AIGNAN Croix Even
C.M. 59 Pli 12

2 ch. **Lac de Guerledan 5 km. Pontivy (Château des Rohan) 15 km.** Mme Henrio vous accueille dans sa maison indépendante. Au r-d-c, 2 chambres - 1 ch. 2 pers. avec salle d'eau privée communicante et 1 ch. 3 pers. avec s.d.b privée communicante. Les wc sont communs. Vous pourrez vous détendre dans le séjour avec TV, le salon et dans le parc ombragé clos 6000 m². Téléphone et cuisine à disposition (en commun avec prop.). GR 37 à 3 km. Langue parlée : anglais.

Prix : 1 pers. 30 € 2 pers. 40 € 3 pers. 50 € pers. sup. 10 €
Ouvert : Toute l'année.

🐕	〰️	⛱️	🎣	🚣	🎾	🐎	🚴	👥	🏛️	🛒
60	60	10	10	20	4	10	25	3	50	4

Micheline HENRIO - Croix-Even - 56480 ST-AIGNAN - Tél. : 02 97 27 51 56

ST-ALLOUESTRE Bernac
C.M. 63 Pli 3

1 ch. **Locmine 7 km. Josselin (Château, Le Canal) 15 km.** Jeanne et Ernest vous accueillent sur leur ferme située à 6 km de Saint-Allouestre. Entrée indépendante, 1 ch. de plain-pied spacieuse/2 pers., s.e/wc privatifs communicants. TV. Jardin ombragé 3000 m², salon de jardin. Cuisine gratuite. Visite de la ferme, du verger. Pêche (étang privé). Produits du terroir (terrine, confiture, cidre)... Congélateur et réfrigérateur à disposition gratuitement. GR 38 à 7 km.

Prix : 1 pers. 30 € 2 pers. 43 €
Ouvert : Toute l'année.

🐕	〰️	⛱️	🎣	🚣	🎾	🐎	🚴	👥	🏛️	🛒
40	40	30	1	7	7	10	15	7	35	7

Jeanne LE BRUN - Bernac - 56500 ST-ALLOUESTRE - Tél. : 02 97 60 06 60 - Fax : 02 97 60 06 60

ST-ALLOUESTRE Kercorde
C.M. 63 Pli 3

1 ch. **Locmine 8 km. Josselin (Château, Musée de Poupées) 14 km.** Mme Allioux vous accueille dans une annexe de sa maison de campagne rénovée, mitoyenne à un gîte. Au r-d-c, 1 ch. 3 pers. avec accès indépendant, salle d'eau/wc privés communicants. Salle à manger. Vous profiterez du jardin et du salon de jardin pour vous détendre. Pour vos loisirs, base nautique de Réguiny à 8 km.

Prix : 1 pers. 27 € 2 pers. 37 € 3 pers. 46 € pers. sup. 9 €
Ouvert : Toute l'année.

🐕	〰️	⛱️	🎣	🚣	🎾	🐎	🚴	👥	🏛️	🛒
30	30	8	8	8	8	18	5	8	30	0,5

Marcelle ALLIOUX - Kercorde - 56500 ST-ALLOUESTRE - Tél. : 02 97 60 43 10

ST-BARTHELEMY La Chenaie
(TH) — *C.M. 58 Pli 18*

5 ch. **Quistinic (Poul Fetan) 5 km. Pontivy (Château, Le Canal) 15 km.** M & Mme Wildblood vous accueillent dans leur maison mitoyenne à un gîte de groupe située à 2 km de Saint-Barthélémy dans la vallée du Blavet. 5 chambres avec s.e et wc privatifs communicants. R-d-c : 3 ch. (1 ch. 1 pers.- 2 ch. 2 pers.). Etage : 2 ch. 2 pers. A votre disposition : séjour/salon/TV, parc d'1 ha avec salons de jardin. Piscine privée chauffée de juin à septembre. Langue parlée : anglais.

Prix : 1 pers. 31 € 2 pers. 43 € repas 19 € 1/2 pens. 41 €
Ouvert : Toute l'année.

🐕	〰️	⛱️	🎣	🚣	🎾	🐎	🚴	👥	🏛️	🛒
35	35	5	1	SP	1	6	10		35	5

Cédric et Joyce WILDBLOOD - La Chenaie - Talnay - 56150 ST-BARTHELEMY - Tél. : 02 97 27 14 73 - Fax : 02 97 27 14 73 -
E-mail : cedjoy@wanadoo.fr

ST-BARTHELEMY
(TH) — *C.M. 58 Pli 18*

2 ch. **Quistinic (Poul Fetan) 5 Km. Pontivy (Château, Le Canal) 15 Km.** M. et Mme Le Gallo vous accueillent dans leur maison située à la sortie du bourg de St-Barthélémy, en bordure de la D 203. Au r-d-c, 1 ch. 2 pers. avec s.d.b/wc privatifs non communicants et à l'étage 1 ensemble familial (soit 3 ch.) de 2 à 5 pers. louable à une même famille, s.e/wc privatifs communicants. Grande terrasse plein sud, petit jardin. Salon de jardin et barbecue. A votre disposition : séjour avec cheminée, TV couleur, magnétoscope, Hifi. Lave-linge, sèche-linge et petite cuisine. Lit bébé. 3 VTT. GR 38 à 10 Km. Langue parlée : anglais.

Prix : 2 pers. 40 € pers. sup. 17 € repas 15 €
Ouvert : Toute l'année.

🐕	〰️	⛱️	🎣	🚣	🎾	🐎	🚴	👥	🏛️	🛒
35	35	15	2	7	1	7	7	10	21	0,5

Gérard LE GALLO - 19, rue de la Mairie - 56150 ST-BARTHELEMY - Tél. : 02 97 27 12 35 ou 06 63 27 36 04 - Fax : 02 97 27 12 35 -
E-mail : le-gallo.mireille@wanadoo.fr

ST-GILDAS-DE-RHUYS Kerfago
C.M. 63 Pli 12

1 ch. **Sarzeau (sa côte, ses sentiers) 6 km. Vannes (Ville d'Art) 30 km.** M. et Mme Bousquet vous accueillent dans leur maison de caractère très calme, située entre les plages et le bourg de St-Gildas-de-Rhuys. A l'étage, plein sud, 1 ensemble familial pour 3 pers. (soit 2 chambres) dont 1 avec s.e/wc privatifs communicants et une même chambre avec s.e/wc privatifs non communicants. Réfrigérateur et congélateur à votre disposition. Vous pourrez vous détendre dans un jardin fleuri avec son salon et profiter de la proximité de l'océan, du petit port de plaisance et des sentiers pédestres dont côtiers. Langues parlées : anglais, espagnol.

Prix : 1 pers. 49 € 2 pers. 53 € 3 pers. 91 € pers. sup. 8 €
Ouvert : Du 15 avril au 15 novembre.

🐕	〰️	⛱️	🎣	🚣	🎾	🐎	🚴	👥	🏛️	🛒
0,5	0,5	0,5	0,5	30	0,5	5	1		30	0,4

Annie et Gérard BOUSQUET - 9 chemin du Bignon - 56730 ST-GILDAS-DE-RHUYS - Tél. : 02 97 45 26 00

Morbihan   *Bretagne*

ST-GILDAS-DE-RHUYS   *C.M. 63 Pli 12*

E.C. 2 ch. **Sarzeau (sa côte, sentiers côtiers) 5 km. Vannes (Ville d'Art) 25 km.** M. et Mme Le Guen vous accueillent dans leur maison indépendante située à proximité de la route des plages de Saint-Gildas-de-Rhuys (D 198). A l'étage, 2 chambres 2 pers. avec salle d'eau/wc privatifs communicants. Jardin clos avec salon de jardin. Petit déjeuner servi dans la salle à manger ou sur la terrasse. Langue parlée : espagnol.

Prix : 1 pers. **40 €** 2 pers. **45 €**
Ouvert : Du 15 juin au 15 septembre.

| 0,5 | 0,5 | 0,5 | 0,5 | 30 | 1,5 | 2 | 3 | 30 | 1,5 |

Marie-Claire LE GUEN - 2, Résidence Ker-Velin - 56730 ST-GILDAS-DE-RHUYS - Tél. : 02 97 45 32 58

ST-GRAVE Vaugrenard   *C.M. 63 Pli 5*

E.C. 4 ch. **Rochefort-en-Terre (cité de caractère) 3 km.** Découvrez une magnifique région vallonnée propice à la flânerie et à la randonnée. Silvaine vous accueillera dans un ancien corps de ferme rénové, sur une propriété de 4 ha de prairie longeant la rivière l'Arz. R.d-c, 2 ch. 2 pers, à l'étage 2 ch. 3 pers. avec salon/TV réservé aux hôtes. S.e/wc privés communicantes. Terrasse avec salon de jardin, barbecue, jeux de boules. Sentiers de randonnées. Vous pourrez cotoyer les animaux de la famille, moutons, chèvres, chevaux. Visite de la Gacilly, village d'Artisans d'art avec le Végétarium, le Parc de la Préhistoire à Malansac, Rochefort en Terre....

Prix : 2 pers. **40 €** 3 pers. **51 €** pers. sup. **12 €**
Ouvert : Toute l'année.

| 30 | 30 | 5 | 0,1 | 17 | 3 | 2 | 7 | 1 | 17 | 3 |

Silvaine LE DOUARON - Le Vaugrenard - 56220 ST-GRAVE - Tél. : 02 97 43 44 20

ST-JEAN-BREVELAY Kermarquer   *C.M. 63 Pli 3*

3 ch. **Locmine 10 km. Vannes (Ville d'Art et d'Histoire) 30 km.** M.et Mme Picaud vous accueillent dans leurs chambres d'hôtes mitoyennes à une petite auberge. 2 ch. 2 pers. au r-d-c avec entrée indépendante, s.e/wc privés communicants. Dans une dépendance de leur propriété, 1 ch. double 4 pers. louable à une même famille s.d.b communicante et wc privatifs. Jardin, terrasse, salon de jardin. Repas s/demande (auberge). GR 38 à 1,5 Km. Langue parlée : anglais.

Prix : 1 pers. **34 €** 2 pers. **37 €** 3 pers. **55 €** pers. sup. **12 €**
Ouvert : Toute l'année.

| 30 | 30 | 30 | 0,1 | 10 | 1,5 | 15 | 50 | 1,5 | 20 | 1,5 |

Etienne et Annie PICAUD - Kermarquer - Route de Locminé - 56660 ST-JEAN-BREVELAY - Tél. : 02 97 60 31 61

ST-LAURENT-SUR-OUST Evas   *C.M. 63 Pli 4*

2 ch. **Malestroit (Musée) 3 km. La Gacilly (Village d'Artisans d'Art) 15 km.** M. et Mme Gru vous accueillent dans leur maison indépendante située à proximité du canal de Nantes à Brest. 1 ch. double de 2 à 4 pers. louable à une même famille (soit 2 ch.), TV, s.e/wc privés non communicants, 1 ch. 2 pers. (TV), s.e/wc privés communicants. Salon/TV. Jardin, terrasse, salon de jardin et barbecue pour passer un agréable séjour. Cuisine : 4 €/jour.

Prix : 1 pers. **29 €** 2 pers. **32 €** 3 pers. **43 €** pers. sup. **11 €**
Ouvert : Toute l'année.

| 30 | 30 | 15 | 0,3 | 3 | 0,5 | 3 | 15 | 30 | 3 |

Madeleine GRU - Evas - 56140 ST-LAURENT-SUR-OUST - Tél. : 02 97 75 02 62

ST-MARCEL   *C.M. 63 Pli 4*

1 ch. **Malestroit 1 km. Rochefort en Terre (Cité de caractère) 15 km.** Madame Hemery sera ravie de vous accueillir dans sa maison indépendante à Saint-Marcel à 1500 m du Musée de la Résistance. 1 ch. double 4 pers. louable à une même famille (soit 2 chambres), s.e et wc privés non communicants. Pour votre détente, vous apprécierez le salon avec la télévision. A disposition, un jardin de 950 m² avec son salon de jardin.

Prix : 1 pers. **29 €** 2 pers. **32 €** pers. sup. **11 €**
Ouvert : Toute l'année.

| 35 | 35 | 2 | 2 | 2 | 2 | 12 | 16 | 15 | 1 |

Lucienne HEMERY - 18, rue du Général de Gaulle - La Charmille - 56140 ST-MARCEL - Tél. : 02 97 75 01 94

ST-MARCEL   *C.M. 63 Pli 4*

1 ch. **Malansac (Parc de préhistoire) 20 km. Rochefort-en-Terre 15 km.** Madame Thibault vous accueille dans sa maison indépendante à Saint-Marcel (à proximité du Musée de la Résistance Bretonne) et à 1 km de Malestroit. A l'étage, 1 ch. double 4 pers. louable à une même famille, s.e et wc privés non communicants. Grand séjour agréable à votre disposition. Grand jardin clos de 1200 m² avec salon de jardin.

Prix : 1 pers. **29 €** 2 pers. **32 €** pers. sup. **11 €**
Ouvert : Toute l'année.

| 35 | 35 | 2 | 2 | 2 | 12 | 16 | 35 | 1 |

Yvette THIBAULT - 20 rue du Général de Gaulle - Bel Air - 56140 ST-MARCEL - Tél. : 02 97 75 17 42

Bretagne — Morbihan

ST-MARTIN-SUR-OUST Le Bois de Haut   C.M. 63 Pli 5

2 ch. **La Gacilly (Village d'Artisans d'art) 8 km. Rochefort-en-Terre 10 km.** Mme Le Cannellier vous accueille dans sa maison de caractère où vous apprécierez le calme de la campagne. A l'étage, 2 ch. 2 pers. avec TV, s.d.b non communicante et wc privés. Le séjour-salon avec cheminée, le jardin avec salon de jardin et la piscine privée chauffée sont à votre disposition pour vous détendre. Possibilité de repas le soir sur demande. Langue parlée : anglais.

Prix : 2 pers. 40 € pers. sup. 11 € repas 15 €
Ouvert : Toute l'année sauf vacances de Noël.

45	45	15	3	SP	4	12	14	24	4

Monique LE CANNELLIER - Le Bois de Haut - 56200 ST-MARTIN-SUR-OUST - Tél. : 02 99 91 55 57

ST-PHILIBERT   C.M. 63 Pli 12

3 ch. **La Trinité-sur-Mer (Port) 2 km. Auray (Port de St-Goustan) 8 km.** Mme Gouzer vous accueille dans sa maison ostréicole avec vue panoramique sur la rivière de Crach. 3 ch. au r-d-c, entrée indépendante, s.e/wc privés communicants chacune. 1 ch. 2 pers., 1 ch. 3 pers. (kitchenette), 1 ch. double louable à une même famille de 2 à 4 pers. (kitchenette), coin-salon, terrasse. Jardin, salon de jardin. Langues parlées : anglais, espagnol, allemand.

Prix : 1 pers. 40 € 2 pers. 46/55 € 3 pers. 55/63 € pers. sup. 11 €
Ouvert : Toute l'année.

0,1	2	0,1	0,1	7	2	6	7	8	2

Christine GOUZER - 17 route de Quéhan - Kernivilit - 56470 ST-PHILIBERT - Tél. : 02 97 55 17 78 - Fax : 02 97 30 04 11 -
E-mail : fgouzer@club-internet.fr - www.gites-de-france-morbihan.com/kerivaud

ST-PIERRE-QUIBERON   C.M. 63 Pli 12

2 ch. **Quiberon 2 km. Auray (Port de St-Goustan) 24 km.** Mme Le Blaye vous accueille dans sa maison de caractère indépendante. Vous apprécierez le calme de la Presqu'île de Quiberon. A l'étage, 2 ch. 3 pers. avec accès indépendant [1 avec s.e/wc privés communicants et 1 avec s.e et wc privés non communicants]. Séjour avec cheminée, jardin, salon de jardin et terrasse pour vous détendre. Lit enfant sur demande. GR 34 et 341 à 0,5 Km. Langue parlée : anglais.

Prix : 1 pers. 32 € 2 pers. 37/40 € 3 pers. 49 €
Ouvert : Toute l'année sur réservation.

0,8	1,2	1,2	0,8	4	1	1	16	0,5	24	1

Marie-Annick LE BLAYE - 21 rue de L'Eolienne - Keridenvel - 56510 ST-PIERRE-QUIBERON - Tél. : 02 97 30 84 20 - Fax : 02 97 30 84 20

ST-SERVANT-SUR-OUST Le Temple   C.M. 63 Pli 4

1 ch. **Ploermel (horloge astronomique) 7 km. Josselin (Château, Musée) 7 km.** Mr & Mme Adelys vous accueillent dans leur maison indépendante située sur une exploitation agricole. Au r-d-c, 1 ch. 2 pers., TV couleur, s.d.b communicante et wc privés. Le séjour-salon avec cheminée et TV, la terrasse, le grand jardin 2500 m² et le salon de jardin, la véranda sont à votre disposition. Plan d'eau du Lac aux Ducs à 15 km. GR 347 à 1 Km. Langue parlée : anglais.

Prix : 1 pers. 27 € 2 pers. 34 €
Ouvert : Toute l'année.

45	45	15	4	7	3	4	10	1	40	4

Joseph et M-Thérèse ADELYS - Le Temple - 56120 ST-SERVANT-SUR-OUST - Tél. : 02 97 22 34 33 - Fax : 02 97 73 93 65

SULNIAC Le Douaro   C.M. 63 Pli 14

3 ch. **Questembert (Les halles) 5 km. Vannes (Ville d'Art) 15 km.** M.et Mme Dombreval vous accueillent dans leur maison de charme du XVIè à Sulniac à 15 mn du Golfe du Morbihan. R-d-c, 1 ch. 2 pers. (TV) s.d.b communicante, 1 ch. 2 pers. s.e communicante, wc communs aux 2 ch. Etage, 1 ch. double 2/4 pers. (E.C) louable à 1 même famille, s.d.b/wc privés communicants. Jardin, piscine privée, portique, ping-pong, jeu de boules. Mme Dombreval vous fera partager sa passion de la musique. GR 34 à 10 Km. Langue parlée : anglais.

Prix : 1 pers. 34/42 € 2 pers. 38/46 € 3 pers. 61 € pers. sup. 15 €
Ouvert : Toute l'année.

15	15	15	15	SP	3,5	3,5	25	10	12	3,5

Dominique DOMBREVAL - Le Douaro - 56250 SULNIAC - Tél. : 02 97 43 25 14 ou 06 10 26 00 91 - Fax : 02 97 43 25 14

SULNIAC Quiban   C.M. 63 Pli 14

3 ch. **Questembert (Les Halles) 5 Km. Vannes (Ville d'Art) 16 Km.** Au milieu d'un parc arboré et fleuri, Arlette et Daniel vous accueillent dans leur demeure de caractère. 3 ch. 2 pers. (dont 1 ch. E.C) de plain-pied, une avec s.d.b/wc privés communicants et 2 avec s.e/wc privés communicants. Les petits déjeuners sont servis dans la véranda. Vous pourrez profiter du jardin clos et des salons de jardin. Table d'hôtes sur réservation. Langues parlées : anglais, allemand.

Prix : 1 pers. 37 € 2 pers. 45 € pers. sup. 13 € repas 15 €
Ouvert : Toute l'année.

20	20	20	5	8	2	2	25	20	16	2

Arlette SEIBERT-SANDT - Quiban - 56250 SULNIAC - Tél. : 02 97 53 29 05 ou 06 85 38 49 75 - Fax : 02 97 53 29 05 -
E-mail : daniel-flahaut@wanadoo.fr - www.gites-de-france-morbihan.com/quiban

Morbihan   *Bretagne*

SULNIAC La Hellaye   (TH)   C.M. 63 Pli 14

E.C. 3 ch. **Questembert (Les Halles) 5 km. Vannes 15 km.** Le Grand Clos est une maison indépendante au milieu d'un grand jardin où Joan et Christian vous proposent 3 chambres. A l'étage, 2 ch. 2 pers. avec s.e/wc privatifs communicants et 1 ch. double louable à une même famille pour 3 pers. avec s.e/wc privatifs communicants. A votre disposition, jeu de boules, ping-pong et fléchettes. Jardin de 2500 m². Situé non loin des plages de Damgan et d'Ambon, du Golfe du Morbihan, de Vannes, des petites cités de caractères, de la Vallée de l'Oust, le Grand Clos se situe entre Questembert et Sulniac. Table d'hôtes sur réservation. Langue parlée : anglais.

Prix : 2 pers. **40/43 €** 3 pers. **50 €** repas **14 €**
Ouvert : Toute l'année.

20	20	20	0,5	4	4	4	20	12	4	4

Christian et Joan BOUTELOUP - La Hellaye - 56250 SULNIAC - Tél. : 02 97 53 10 97 ou 06 03 17 88 84 - Fax : 02 97 53 10 97 -
E-mail : cbouteloup@compuserve.com

SURZUR Le Petit Kerbocen   C.M. 63 Pli 12

6 ch. **Sarzeau (sa côte, sentiers côtiers) 10 km. Vannes (Ville d'Art) 15 km.** M & Mme Gaugendau vous accueillent dans un bâtiment rénové annexe à leur maison privée, et mitoyen à 2 gîtes sur une exploitation agricole. Au r-d-c, 6 ch. avec s.e/wc privés communicants dont 4 ch. 2 pers. et 2 ch. 3 pers. Séjour-salon/TV, jardin, salons de jardin et jeux enfants pour votre détente. Cuisine à disposition gratuitement. Lit enfant sur demande. GR 34 à 6 Km.

Prix : 1 pers. **30/34 €** 2 pers. **37/41 €** 3 pers. **49/53 €** pers. sup. **12 €**
Ouvert : Toute l'année.

6	9	8	6	13	1	8	15	6	16	6

Claude GAUGENDAU - Le Petit Kerbocen - 56450 SURZUR - Tél. : 02 97 42 00 75 ou 06 82 06 58 55 - Fax : 02 97 42 00 75

THEHILLAC St-Michel   C.M. 63 Pli 14

4 ch. **La Roche-Bernard (Port de plaisance) 15 km. Redon 10 km.** M.& Mme Brossier vous accueillent dans leur demeure de caractère au bourg de Théhillac. 4 ch. 2 pers. à l'étage dont 3 ch. (3 épis) s.d.b/wc privés communicants, 1 ch. (2 épis) s.d.b/wc privés non communicants. Séjour 60 m², cheminée, TV. Grand salon, vidéothèque. Vous apprécierez le charme de la maison et la quiétude du parc ombragé avec salons de jardin, tonnelle. Barbecue, parking, grande terrasse aménagée. Garage vélos/motos. Entre mer et rivières, aux confins de 3 dépts, tous les loisirs sont à proximité. Vous profiterez des connaissances de Mme Brossier en matière de musique, danses, costumes traditionnels. Langues parlées : anglais, espagnol.

Prix : 1 pers. **38 €** 2 pers. **44 €** pers. sup. **15 €**
Ouvert : Du 30 mars au 30 septembre. Les autres mois sur demande.

35	35	5	2	15	1	12	10	12	12	3

Danièle BROSSIER - 7 rue St-Michel - 56130 THEHILLAC - Tél. : 02 99 90 24 16 ou 06 70 40 73 00 - Fax : 02 99 90 24 16 -
E-mail : chambres-hôtes-d-brossier@wanadoo.fr

THEIX Le Bézit   C.M. 63 Pli 3

4 ch. **Vannes (Ville d'Art) 10 km. Muzillac (Moulin de Pen Mur) 15 km.** Josiane et Gérard vous accueillent dans leur métairie du XVIIe siècle à proximité du Golfe du Morbihan. A l'étage : 2 ch. 2 pers. 3 épis avec entrée indépendante, s.e communicante et wc privatifs. A disposition : salon, TV couleur, jardin, salon de jardin. Dans la maison des maîtres, 1er étage, 1 ch. spacieuse 2 pers. 3 épis, s.d.b/wc privatifs communicants à 43 (€/2 pers.) et 2e étage, 1 ch. spacieuse 2 pers. avec s.e communicante et wc privatifs communicants 3 épis (43 €/2 pers.). Séjour avec cheminée et TV à disposition. Cuisine commune (5 €/jour). GR 34 à 1 Km. Langue parlée : anglais.

Prix : 2 pers. **37/43 €** pers. sup. **16 €**
Ouvert : Toute l'année.

12	12	12	2	8	2	15	14	1	8	2

Gérard LE BOURSICAULT - Le Bézit - Allée Ty Er Beleg - 56450 THEIX - Tél. : 02 97 43 13 75 ou 06 86 23 08 82

THEIX Le Petit Clérigo   C.M. 63 Pli 3

3 ch. **Vannes (Ville d'Art) 10 km. Muzillac (Moulin de Pen Mur) 15 km.** M. Le Gruyère vous accueille dans sa maison indépendante située sur une exploitation agricole. 3 chambres avec entrée indépendante - Au r-d-c : 2 ch. 2 pers., salle d'eau/wc privés communicants, à l'étage 1 ch. 2 pers. avec salle d'eau/wc privatifs communicants. Le jardin et le salon de jardin sont à votre disposition pour vos moments de détente. GR 34 à 14 Km.

Prix : 1 pers. **29 €** 2 pers. **35 €**
Ouvert : De mars à fin octobre.

15	15	12	4	10	1	20	20	14	10	1

Guy LE GRUYERE - Le Petit Clerigo - 56450 THEIX - Tél. : 02 97 43 03 66

THEIX Ker-Cécile   C.M. 63 Pli 3

3 ch. **Vannes (Ville d'Art) 10 km. Muzillac (Moulin de Pen Mur) 15 km.** M. & Mme Kerrand vous accueillent dans leur maison indépendante. 3 ch. à l'étage avec entrée indépendante. 1 ch. 2 pers. avec s.e et wc privés non communicants, 2 ch. 3 pers. avec s.e/wc privés communicants. Salon avec TV, jardin 2000 m², salon de jardin, barbecue, table de ping-pong, jeu de boules sont à votre disposition. GR 34 à 15 Km. Petits animaux acceptés.

Prix : 1 pers. **30 €** 2 pers. **34/35 €** pers. sup. **8/11 €**
Ouvert : Toute l'année.

12	15	7	7	7	1	6	15	15	12	1

Alain KERRAND - Ker-Cecile - 56450 THEIX - Tél. : 02 97 43 15 73

Bretagne
Morbihan

TREHORENTEUC Belle Vue
C.M. 63 Pli 5

2 ch. **Forêt de Brocéliande 2 km. Ploermel (horloge astronomique) 10 km.** Mme Jagoudel vous accueille dans sa maison indépendante, située à proximité de la forêt de Brocéliande. Au r.d.c. 1 ch. 2 pers. 2 épis s.e non communicante et wc privés, à l'étage 1 ch. 2 pers. 3 épis s.e/wc privés communicants. Les petits déjeuners sont servis dans la véranda. Jardin avec salon de jardin à votre disposition. GR 37 à 2 Km.

Prix : 1 pers. **30 €** 2 pers. **35 €** pers. sup. **9 €**
Ouvert : Toute l'année.

50	50	10	1	10	1	0,5	10	2	45	2

Marie-Annick JAGOUDEL - Belle-Vue - 56430 TREHORENTEUC - Tél. : 02 97 93 02 80 - Fax : 02 97 93 02 80

TREHORENTEUC Le Terrier
C.M. 63 Pli 5

1 ch. **Ploermel (Horloge astronomique) 10 km. Forêt de Brocéliande 2 km.** Mr Morice vous accueille dans sa maison moderne surplombant un petit val charmant à 2 kms de Tréhorenteuc. Etage, 1 ch. 3 pers. s.e/wc indépendant, s.e privative non communicante et wc privatif. Coin-salon avec TV et coin-cuisine (forfait 4 €). Jardin avec salon de jardin, équitation, chemins de randonnée, tennis sur place.

Prix : 1 pers. **29 €** 2 pers. **37 €** 3 pers. **49 €** pers. sup. **12 €**
Ouvert : Toute l'année.

60	60	10	0,1	10	0,5	0,1	10	60	2

Francis MORICE - Le Terrier - 56430 TREHORENTEUC - Tél. : 02 97 93 09 12

LA TRINITE-SUR-MER Kervilor
C.M. 63 Pli 12

3 ch. **Port de la Trinité-sur-Mer 1,5 km.** Le charme de la campagne au bord de la mer vous est proposé dans cette confortable maison située au calme des pins. R-d-c, 1 ch. 2 pers. s.d.b/wc privatifs communicants, salon/TV. Etage, 1 ch. 2 pers. s.d.b/wc privatifs communicants, coin-salon, 1 ch. double louable à 1 même famille 2/4 pers. s.e/wc privatifs communicants. Le grand jardin très arboré vous offre salons de jardin et table de ping-pong. Parking à l'intérieur de la propriété. Langue parlée : anglais.

Prix : 2 pers. **58/73 €** pers. sup. **15 €**
Ouvert : Toute l'année.

1,5	1,5	1	1	6	2	3	7	10	1

Rolland et Sylviane BAGAGLIA - 61 rue du Latz - Kervilor - 56470 LA-TRINITE-SUR-MER - Tél. : 02 97 30 18 65 - Fax : 02 97 30 18 65

VANNES
C.M. 63 Pli 3

1 ch. **Vannes (Ville d'Art et d'histoire) 1 km. Auray (St-Goustan) 15 km.** Aux portes de Vannes & du Golfe du Morbihan, M. & Mme Le Parc vous accueillent dans leur maison de caractère indépendante entourée d'un très beau jardin au calme dans la nature. Etage, 1 ch. double (soit 2 ch.) 2 à 4 pers. louable à une même famille, s.d.b et wc privés non communicants. Petits déjeuners servis dans le séjour ou la véranda. Sentiers boisés proches. GR 34 à 6 Km.

Prix : 2 pers. **40 €** 3 pers. **56 €** pers. sup. **11 €**
Ouvert : De début mars à fin octobre.

8	8	6	8	1	3	8	15	6	3	0,6

Gustave et Annick LE PARC - 12, Allée des Fauvettes - Kerbiquette - 56000 VANNES - Tél. : 02 97 47 01 33

VANNES
C.M. 63 Pli 3

1 ch. **Vannes (Ville d'Art et d'Histoire) 1 km. Auray (St-Goustan) 15 km.** Aux portes de Vannes, ville d'Art et d'Histoire, M. & Mme Le Bras vous accueillent dans leur maison située au calme dans un grand jardin arboré et fleuri de 2600 m², salon de jardin, tennis de table, portique, bac à sable. Etage, 1 ch. 2 pers. s.e/wc privés non communicants. Salon privé. Petits déjeuners copieux servis en salle à manger ou terrasse. Possibilité d'un lit bébé et/ou enfant à la demande. Langue parlée : anglais.

Prix : 2 pers. **43 €** pers. sup. **18 €**
Ouvert : Toute l'année.

8	8	6	8	2	3	8	15	3	3

Jean LE BRAS - 8 allée des Tourterelles - Kerbiquette - 56000 VANNES - Tél. : 02 97 47 82 38

LA VRAIE-CROIX Kersine
C.M. 63 Pli 4

2 ch. **Questembert 4 km. Rochefort-en-Terre (Cité de caractère) 10 km.** M. et Mme Le Garnec vous accueillent dans leur maison située sur une exploitation agricole à 3 kms de la Vraie-Croix. Etage, 1 ch. 2 pers. s.e communicante et wc privés, 1 ch. 2 pers. s.e/wc privés non communicants avec coin-cuisine à usage exclusif de cette chambre (forfait 3 €/jour). Jardin, salon de jardin, étang privé (pêche). Tarif enfant suppl. 12 €. Possibilité de visiter la ferme laitière, voire la traite des vaches.

Prix : 1 pers. **30 €** 2 pers. **35 €** pers. sup. **16 €**
Ouvert : Toute l'année.

20	20	15	0,5	4	4	18	15	5	3

Alfred et Lucie LE GARNEC - Kersine - 56250 LA VRAIE-CROIX - Tél. : 02 97 67 22 81

CENTRE

Pour réserver, écrire ou téléphoner :

18 - CHER
GÎTES DE FRANCE - LOISIRS ACCUEIL
5, rue de Séraucourt
18000 BOURGES
Tél. : 02 48 48 00 18 - Fax : 02 48 48 00 28
E-mail : tourisme.berry@wanadoo.fr

28 - EURE-ET-LOIR
GÎTES DE FRANCE
Chambre d'Agriculture
10, rue Dieudonné-Costes
28024 CHARTRES Cedex
Tél. : 02 37 24 45 45 - Fax : 02 37 24 45 90

36 - INDRE
GÎTES DE FRANCE
7 bis, rue Bourdillon
36000 CHÂTEAUROUX
Tél. : 02 54 22 91 20 - Fax : 02 54 27 60 00

37 - INDRE-ET-LOIRE
LOISIRS ACCUEIL TOURAINE
Service Réservation
38, rue Augustin-Fresnel - B.P. 139
37171 CHAMBRAY-LES-TOURS Cedex
Tél. : 02 47 48 37 13 - Fax : 02 47 48 13 39
E-mail : info@loire-valley-holidays.com
www.gites-touraine.com

41 - LOIR-ET-CHER
GÎTES DE FRANCE - Service Réservation
Tourisme Vert
5, rue de la Voûte-du-Château - B.P. 249
41001 BLOIS Cedex
Tél. : 02 54 58 81 64 - Fax : 02 54 56 04 13
E-mail : GITES41@wanadoo.fr
www.gites-de-france-blois.com

45 - LOIRET
GÎTES DE FRANCE - LOISIRS ACCUEIL LOIRET
8, rue d'Escures
45000 ORLÉANS
Tél. : 02 38 62 04 88 - Fax : 02 38 62 98 37
www.gites-de-france-loiret.com

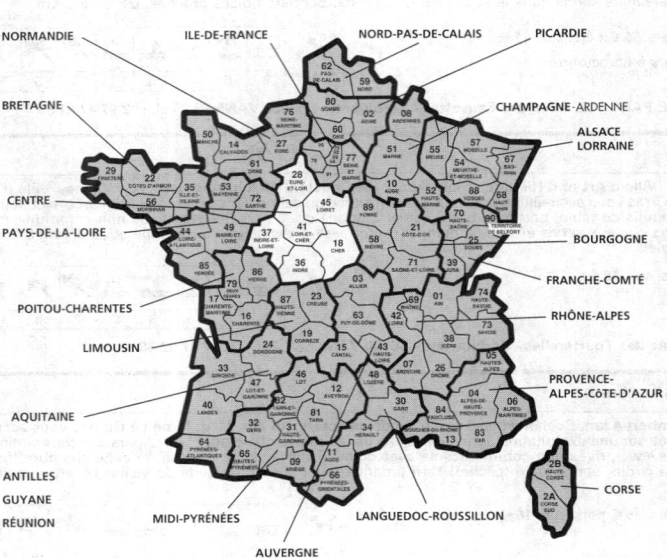

Centre — Cher

GITES DE FRANCE - LOISIRS ACCUEIL
5, rue de Séraucourt
18000 BOURGES
Tél. 02 48 48 00 18 - Fax 02 48 48 00 28
E.mail : tourisme.berry@wanadoo.fr

3615 Gîtes de France
0,2 €/min

ALLOGNY Le Rabillon (TH) — C.M. 238 Pli 18

E.C. 1 ch. **Nançay 12 km. Bourges 25 km.** Au 1er étage d'une grande maison, 1 ch 2 pers avec bain et WC (prochainement 4 autres chambres). Séjours/salons accessible aux hôtes (cheminée, TV). Terrasse couverte. Salons de jardin. Accueil de chevaux : sentiers de randonnées (équestres, pédestres, VTT). Possibilité d'organisation de circuits, séjours à thème. Remise de 10 % à partir de la 3e nuit. A l'orée de la Sologne, sur une propriété de 2 ha avec étang (pêche) et bois. Amateurs de calme et de nature, vous apprécierez le cadre et l'accueil qui vous sont offerts.

Prix : 1 pers. 34 € ▪ 2 pers. 38 € ▪ pers. sup. 8/14 € ▪ repas 16 €
Ouvert : Toute l'année.

🐕	🏊	🏖	🎾	🏊	🚶	🐎	⛷	🚴	🛶
12	3	SP	SP	SP	25	25		3	

Sylvie et Joël BARDON - Domaine de L'Orée de Sologne - Le Rabillon - 18110 ALLOGNY - Tél. : 02 48 64 08 19 - Fax : 02 48 64 00 53

ANNOIX Ferme du Château Gaillard — C.M. 238 Pli 31

3 ch. Chambres avec accès indépendant aménagées dans une dépendance rénovée. Une suite de 2 ch. (2 pers.) avec salle d'eau/wc et 1 ch. 2 pers. avec salle d'eau/wc. Salle à manger/salon (TV, bibliothèque) réservée aux hôtes. Kitchenette à disposition. Grande cour gazonnée, salon de jardin. Restaurants 4 et 9 km. A 1 km de la RN de Bourges, vous serez accueillis à l'entrée du village d'Annoix (village vert au cœur de la Champagne berrichonne). Langue parlée : anglais.

Prix : 1 pers. 39 € ▪ 2 pers. 41 € ▪ pers. sup. 14 €
Ouvert : Toute l'année.

🐕	⛱	🏊	🎾	🏊	🚶	🐎	⛷	🚴
18	9	9	1	SP	2	18		18

Alain et Anita MAZE - Ferme du Château Gaillard - 18340 ANNOIX - Tél. : 02 48 59 66 59 - Fax : 02 48 59 81 52

ARCAY Belair — C.M. 238 Pli 30

6 ch. 6 ch. de caractère dont 5 Louis XVI régional dans un château du XIXe siècle entouré d'un grand parc ombragé, dans un hameau. 6 ch. 2 pers. avec TV, s.d.b./wc particuliers à chaque ch. Une ch. bénéficie d'une pièce attenante pouvant loger 2 enfants et une autre d'un coin-salon avec cheminée. Séjour. Salon. Location de VTT, circuits balisés et moniteurs. Restaurant à 3 km. Langues parlées : anglais, espagnol.

Prix : 2 pers. 39/54 € ▪ pers. sup. 12 €
Ouvert : Toute l'année.

🐕	🏊	🎾	🏊	🚶	🐎	⛷
14	14	4	SP	14	14	

Roger et Claudette MAGINIAU - Château de Belair - 18340 ARCAY - Tél. : 02 48 25 36 72

ARDENAIS Vilotte (TH) — C.M. 238 Pli 30

5 ch. 5 ch. 2 pers. dans une belle demeure du XIXe, toutes avec salle de bains/wc privés, 1 ch. (2 pers.) attenante avec lavabo (suppl. 35 €). Accueil/coin-détente (TV). Grand salon avec cheminée. Salle à manger. Grand parc ombragé, roseraie, étang, ferme. Table d'hôtes sur réservation. Perdu dans la nature, cet ancien site normand vous enchantera par son élégance, son architecture harmonieuse, son silence et son confort. Vous serez accueillis par le premier directeur commercial du Futuroscope, propriétaire de cette maison familiale depuis 4 générations. Langue parlée : anglais.

Prix : 1 pers. 48/58 € ▪ 2 pers. 60/70 € ▪ pers. sup. 18 € ▪ repas 25 €
Ouvert : Toute l'année.

🐕	⛱	🏊	🎾	🏊	🚶	🐎	⛷
15	20	5	SP	SP	30	15	

Jacques CHAMPENIER - Vilotte - 18170 ARDENAIS - Tél. : 02 48 96 04 96 - Fax : 02 48 96 04 96

ARDENAIS La Folie (TH) — C.M. 238 Pli 30

3 ch. 1 ch.(1 lit 160), avec s. d'eau/wc, 1 suite de 2 ch.(1 lit 160 - 2 lits 1 pers.) avec s.d.b./wc. Entrée indép., en pleine nature, dans ferme du 18e, ouverte sur le bocage typique de la région. Les hôtes disposent d'un espace arboré d'un ha et, à l'intérieur, du salon/s. à manger (cheminée, TV) et d'un salon de lecture (doc. sur la région et revue détente). Parking. Découvrez le patrimoine, l'histoire locale et l'âme du Berry. Calme et détente. Accueillis par Annick qui vous fera partager ses connaissances sur la nature et vous suggérera une découverte de la région. Base naut. à Sidiailles, bords de rivière, forêts, rando. Langue parlée : anglais.

Prix : 2 pers. 40/46 € ▪ 3 pers. 70 € ▪ pers. sup. 13 € ▪ repas 15 €
Ouvert : Toute l'année (hiver sur réservation).

🐕	⛱	🏊	🎾	🏊	🚶	🐎	⛷	🚴
4	15	4	4	SP	12	20		13

Annick JACQUET - La Folie - 18170 ARDENAIS - Tél. : 02 48 96 17 49 - E-mail : la.folie@wanadoo.fr -
http://perso.wanadoo.fr/cher.berry.la.folie

Cher   *Centre*

ASSIGNY Beaufou   *C.M. 238 Pli 20*

E.C. 4 ch. **Sancerre 10 km.** 3 ch 2 pers et 1 ch 3 pers toutes avec bain ou douche et WC au 1er étage d'une longère du 19e. Salon (TV, vidéothèque, bibliothèque) réservé aux hôtes. Kitchenette à disposition. Agréable jardin (salon, transats) avec terrasse et piscine (7x3,50) abritée. TH sur réservation. Tarifs réduits en basse saison. Petits animaux acceptés. Au cœur d'un hameau calme entre Sancerre et Cosne sur Loire,avec vue sur la campagne vallonnée du Pays Fort. Des chambres décorées avec goût, une table élaborée à partir de produits régionaux font de cette maison un lieu idéal pour un séjour. Langue parlée : anglais.

Prix : 2 pers. **49** € 3 pers. **64** € pers. sup. **15** € repas **15** €
Ouvert : Toute l'année.

SP	4	10	SP	1	10	15	4

Didier GAUBERT - Les Collines d'Assigny - Beaufou - 18260 ASSIGNY - Tél. : 02 48 81 54 24 - Fax : 02 48 81 54 85 -
E-mail : d.claude.g@wanadoo.fr - www.les-collines-dassigny.com

BEDDES   A   *C.M. 238 Pli 42*

||| 4 ch. Chambres de 1 à 3 pers., toutes avec salle d'eau et wc au 1er étage d'une ferme-auberge. Petit salon avec TV réservé aux hôtes, jardin arboré, salons de jardin, piscine (9 €4). A prox. : jardins du prieuré d'Orsan, école d'Alain Fournier, abbaye de Noirlac, châteaux d'Ainay-le-Vieil et Culan, vallée de George Sand, vignoble de Châteaumeillant. Vous serez accueillis dans une ferme-auberge sur une exploitation de polyculture et élevage et apprécierez les copieux petits-déjeuners. Langue parlée : anglais.

Prix : 2 pers. **40** € pers. sup. **8/12** € repas **13** €
Ouvert : Toute l'année.

23	SP	4	5	SP	15	23	25	4

Jean-Claude AUPETIT - Le Grand Vernet - 18370 BEDDES - Tél. : 02 48 56 20 31 - Fax : 02 48 56 30 23

BELLEVILLE-SUR-LOIRE   *C.M. 238 Pli 20*

||| 4 ch. **Cosne-sur-Loire 15 km. Sancerre 25 km.** Ancienne écurie rénovée, indépendante, face à la maison des propriétaires. Chambres de 2 pers. toutes avec salle d'eau et wc privés aménagées au 1er étage. Salon (TV), salle à manger et kitchenette réservés aux hôtes. Beau terrain arboré donnant sur un jardin aquatique et le canal latéral à la Loire. Salon de jardin. Restaurant sur place. A la limite de Loiret et de la Nièvre, vous serez chaleureusement accueillis dans des chambres confortables baptisées Magnolias, Orme, Chêne et Acacia. Langue parlée : anglais.

Prix : 2 pers. **37** € pers. sup. **13** €
Ouvert : Du 15 juin au 15 septembre ou sur réservation.

SP	SP	SP	SP	SP	SP	3	15	SP

Gery et Christine DE JENLIS - 20, route de Beaulieu - 18240 BELLEVILLE-SUR-LOIRE - Tél. : 02 48 72 49 60 ou 06 11 61 41 57 -
Fax : 02 48 72 49 60 - E-mail : g.de.jenlis@wanadoo.fr - http ://perso.wanadoo.fr/de.jenlis/pansard

BERRY-BOUY L'Ermitage   *C.M. 238 Pli 30*

||| 5 ch. 2 ch. aménagées dans l'aile d'une demeure de caractère et 3 ch. au 1er étage d'un ancien moulin attenant. 1 ch. (3 pers.) avec s.d.b. et wc particuliers. 3 ch. (2 pers.) avec s.d.b. ou s. d'eau et wc particuliers. 1 ch. (4 pers.) avec s. d'eau et wc particuliers. TV dans chacune. Salle de séjour réservée aux hôtes. Laurence et Géraud, qui dirigent une ferme de polyculture et d'élevage à 6 km à l'ouest de Bourges, habitent une ravissante maison de maître. Ils ont restauré avec un goût raffiné leurs chambres d'hôtes, très confortables, au calme du parc aux arbres centenaires. Parking. Restaurants 3 km. Langues parlées : anglais, allemand.

Prix : 1 pers. **38/41** € 2 pers. **49/52** € pers. sup. **19** €
Ouvert : Toute l'année.

8	5	5	SP	SP	5	8

Géraud et Laurence DE LA FARGE - l'Ermitage - 18500 BERRY-BOUY - Tél. : 02 48 26 87 46 - Fax : 02 48 26 03 28

BLANCAFORT   *C.M. 238 Pli 19*

|||| 3 ch. **Aux portes de la Sologne et du Sancerrois.** Dans une demeure du XVIIIe, face au château de Blancafort. Chambre « bleue d'Aurore » (2 pers.) et suite « Grand Maulnes » (2/4 pers.) 4 pers. 91 €. avec s.d.b. ou s. d'eau, wc et TV. Parc fleuri, parking fermé. Petit-déjeuner, servi dans le salon privé, sous la pergola ou dans la salle « Claudine à l'école » réservée aux hôtes. Marie du Berry, vous proposera des w.e. ou séjours à thème littéraire (G. Sand, A. Fournier, Colette) et de découvertes des vins du Centre/Val de Loire et un circuit sorcellerie. Prix w.e. à thème tout compris : 137 €/pers. TH les w.e. à thème pour 2/6 pers. (30 à 38 €). Langue parlée : anglais.

Prix : 2 pers. **53** € pers. sup. **18** €
Ouvert : D'avril au 11 novembre.

15	7	7	SP	SP	7	15	21	SP

Jacques et M-Claude HARDY-CALLOT - La Renardière - 21, rue Pierre Juglar - 18410 BLANCAFORT - Tél. : 02 48 58 40 16 -
Fax : 02 48 58 40 16

BLET   *C.M. 238 Pli 32*

|||| 5 ch. 1 ch. et 2 suites au 1er ét. d'un château des XVe et XVIe siècles avec grande terrasse et parc ombragé (21 ha.). 1 ch. (2 pers.), 1 suite (2/3 pers.) et 1 suite (2/4 pers.), avec bains, wc, TV couleur. Salle de billard et petit salon réservés aux hôtes. Salle à manger pour les petits-déjeuners. Salon de jardin. Proche de Bourges, Noirlac, Sancerre, Nevers. Dans cette demeure de caractère, vous serez charmés par l'authenticité, le confort, les spacieuses salles de bains de ch. aux roses, bleue ou aux médaillons. Restaurants à 15 km.

Prix : 2 pers. **70** € pers. sup. **27** €
Ouvert : Toute l'année.

25	15	15	0,5	SP	15	25	15	SP

Michel BIBANOW - Château de Blet - 18350 BLET - Tél. : 02 48 74 76 66 ou 02 48 74 72 02

Centre   Cher

BLET Chassy   (TH)   C.M. 238 Pli 31

III 3 ch. **Bourges 40 km.** Au r.d.c. d'une demeure du XVIIIe et au 1er ét. d'un ancien pigeonnier du XIVe, 3 ch. 2 pers. avec chacune entrée indépendante, salles d'eau ou de bains et wc privés. Séjour/salon (cheminée) à dispo. Grand terrain, salons de jardin. TH sur résa. Animaux admis au chenil. Golf à 25 km. Vélos sur place. Vous serez chaleureusement accueillis dans une belle demeure restaurée par ses propriétaires. Vous goûterez au charme de chambres confortables, indépendantes, dans un lieu calme et retiré. Langues parlées : hollandais, anglais, allemand.

Prix : 2 pers. **40/55** € pers. sup. **16** € repas **19** €
Ouvert : Du 1er avril au 31 octobre.

🐕	☂	🏊	🎾	⛷	🚶	🐎	⛳	🚂
30	SP	7	15	SP	20	30	40	3

Margit DE VILDER François et HULSHOF - Domaine de Chassy - 18350 BLET - Tél. : 02 48 74 72 47 - Fax : 02 48 74 72 47 -
E-mail : DOM.dechassy@wanadoo.fr - www.geocities.com/chassyfrance

BRECY   C.M. 238 Pli 19

E.C. 2 ch. **Bourges 22 km.** Au 1er étage d'une belle maison en pierre du 19e, 2 ch 2 pers avec bain/wc, sur une exploitation agricole. Salon (cheminée, tv) et salle à manger à disposition des hôtes. Possibilité coin cuisine. Salons de jardin. Restaurant 4 km. Réduction de 10 % à partir de 3 nuits. A proximité de Bourges, vous serez accueillis dans un enclos de verdure et de fleurs où Marie-Solange vous fera partager sa passion pour son jardin de plantes vivaces. Langue parlée : anglais.

Prix : 1 pers. **32** € 2 pers. **36** € pers. sup. **12** €
Ouvert : Toute l'année.

🐕	🏊	🎾	🏊	🚶	🐎	⛳	🚂
6	4	6	SP	10	22	22	4

Marie-Solange FERRAND - Benveau - 18220 BRECY - Tél. : 02 48 66 12 56

BUE   C.M. 238 Pli 20

II 2 ch. **Sancerre 3 km, région de vignobles.** 1 suite de 2 chambres (2 pers.) avec salle de bains et wc privés, accès indépendant, aménagées dans le pavillon des propriétaires. Grand terrain clos, salon de jardin. Parking fermé. Restaurants dans le bourg sur place.

Prix : 2 pers. **34** €
Ouvert : Toute l'année.

🐕	☂	🏊	🎾	⛷	🚶	🐎	⛳	🚂
5	5	5	5	SP	8	5	16	3

Roger et Bernadette CROUZET - Route de Sancerre - 18300 BUE - Tél. : 02 48 54 28 37

CARENTON-DU-CHER   C.M. 238 Pli 31

E.C. 1 ch. **St-Amand-Montrond 10 km.** Au 1er étage d'une belle maison de bourg du début XIXe, 1 ch 2 pers. avec bain et wc. Salon accessible aux hôtes (cheminée, TV). Beau jardin fleuri et clos de murs. Terrasse. Salons de jardin. Restaurants à 3 km. Tennis dans le village avec gratuité d'accès. Proximité de la forêt de Tronçais. Dans le vieux Charenton, dans un décor raffiné et harmonieux, passionné de champignons, M. Mauguin pourra vous initier à leur cueillette. Accueil amical et ambiance chaleureuse feront le charme de cette halte. Langues parlées : anglais, arabe.

Prix : 1 pers. **35** € 2 pers. **39** € pers. sup. **14** €
Ouvert : Toute l'année.

🐕	🏊	🎾	🏊	🚶	🐎	⛳	🚂
10	SP	10	SP	5	6	10	10

Gérard MAUGUIN - 10 rue de la Chapelle - 18210 CHARENTON-DU-CHER - Tél. : 02 48 60 73 50

LA CELLE-CONDE Pont-Chauvet   A (TH)   C.M. 238 Pli 30

III 2 ch. 2 chambres 2 pers. avec chacune salle d'eau/wc particuliers, aménagées au 1er étage d'une ferme-auberge, dans une maison de maître du XVIIIe siècle. Salon avec TV et bibliothèque réservé aux hôtes. Terrasse, salon de jardin. Chasse à la journée et promenades en attelage sur place. Dans un écrin de verdure, retrouver le cadre et le charme de la vie paysanne. Sa tradition est notre compagne de chaque jour.

Prix : 2 pers. **35/38** € pers. sup. **11** € repas **12/15** €
Ouvert : D'octobre à décembre et de février à aout

🐕	☂	🏊	🎾	⛷	🚶	🐎	⛳	🚂
10	25	5	3	SP	10	10	25	5

Alain et Elisabeth MANSSENS - Pont Chauvet - 18160 LA CELLE-CONDE - Tél. : 02 48 60 22 19

LA CHAPELLE-D'ANGILLON Les Aulnains   C.M. 238 Pli 19

III 2 ch. 2 ch. (1 lits 180 chacune) avec salle de bains, wc et TV au 1er étage d'une grande maison bourgeoise des XVIIIe et XIXe siècles sur une propriété solognote de 7 ha avec étang et rivière. Séjour, salon (TV, cheminée) à dispo. Salons de jardin. Pêche toute l'année. Loc. VTT. Poss. d'accueil de chevaux (prés et boxes). Animaux acceptés tenus en laisse. Les amateurs de pêche trouveront aux Aulnains de quoi satisfaire leur passion, ils apprécieront l'accueil, l'atmosphère et le confort de l'intérieur de Véra et son mari. Langue parlée : anglais.

Prix : 2 pers. **54** € pers. sup. **16** €
Ouvert : Toute l'année, sauf mars.

🐕	☂	🏊	🎾	⛷	🚶	🐎	⛳	🚂
1	15	1	SP	SP	15	1	35	1

Véra KIRCHHOFF - Les Aulnains - route de Presly - 18380 LA CHAPELLE-D'ANGILLON - Tél. : 02 48 73 40 09 - Fax : 02 48 73 44 56 -
E-mail : les-aulnains@wanadoo.fr - www.les-aulnains.com

Cher *Centre*

CHARENTON-LAUGERE La Serre
C.M. 238 Pli 31

|||| 3 ch. — 3 ch. avec terrasse au 1er ét. d'une maison du début du siècle, entièrement meublées art-déco. Parc. Jardin. Salon de jardin. 2 salons et s. à manger à dispo. des hôtes. 3 ch. de 2 pers. avec s.d.b./wc privée. Claude Moreau vous fera partager sa passion pour l'art topiaire et la création de jardin à la Française. Restaurants 3 km. Vous trouverez un ensemble homogène de l'époque Art-Déco et contemporain. Les œuvres présentées dans la maison peuvent quelquefois surprendre mais sont au moins toutes originales et authentiques, nous serons ravis de vous les faire découvrir devant un pot d'accueil. Langue parlée : anglais.

Prix : 1 pers. **53** € 2 pers. **61/76** € pers. sup. **15** €
Ouvert : Du 1er avril au 30 septembre ou sur réservation.

| 6 | 15 | 3 | SP | SP | 4 | 6 | 15 | 3 |

Claude et Claude MOREAU - La Serre - route de Dun - 18210 CHARENTON-LAUGERE - Tél. : 02 48 60 75 82 ou 06 14 90 23 56 - Fax : 02 48 60 75 82

CHARENTONNAY Les Michons
C.M. 238 Pli 20

|| 1 ch. — 1 chambre avec accès indépendant aménagée au rez-de-chaussée de la maison des propriétaires. 1 chambre 3 pers. avec salle d'eau/wc. Séjour avec TV à disposition. Jardin arboré, salon de jardin, portique, ping-pong. Location de vélos. Restaurants à 7 km. Langue parlée : anglais.

Prix : 2 pers. **36** € pers. sup. **11** €
Ouvert : Toute l'année.

| 15 | 15 | 7 | 7 | SP | 7 | 15 | 15 | 7 |

Daniel et Jacqueline CHAUVEAU - Les Michons - 18140 CHARENTONNAY - Tél. : 02 48 72 73 92 - Fax : 02 48 72 70 12

CHARLY
C.M. 238 Pli 32

||| 2 ch. — Suite aménagée à l'étage d'une maison berrichonne rénovée dans joli petit village calme. Terrain fleuri. Salon de jardin. Coin-détente/lecture réservé aux hôtes (bibliothèque, TV). Une chambre 3/4 pers. avec salle d'eau/wc particuliers et une chambre 2 pers. attenante. Restaurant à 5 km. C'était une de ces maisons berrichonnes très anciennes, nichée au cœur du village, près d'une église romane. On dit que ses derniers propriétaires en sont tombés amoureux. Alors ils l'ont restaurée avec tout leur cœur, leur goût de la pierre, du bois, des fleurs et leur sens de l'hospitalité. Langue parlée : anglais.

Prix : 2 pers. **32/40** € pers. sup. **15** €
Ouvert : Toute l'année.

| 36 | 36 | 5 | SP | SP | 36 | 10 | 36 | 2 |

Jacques et Astrid CHARPENTIER - 3, rue du Lavoir - 18350 CHARLY - Tél. : 02 48 74 75 22 - Fax : 02 48 74 76 56 -
E-mail : ja.charpentier6@wanadoo.fr

LE CHATELET Estiveaux
(TH) *C.M. 238 Pli 30*

|||| 3 ch. — 3 ch. (lits 2 pers. baldaquin) dans une demeure de caractère au milieu d'un grand parc ombragé. Toutes ch. avec s.d.b./wc. Salle à manger avec feu de bois selon la saison. Petit salon fumeur avec TV, bibliothèque et grand salon (non fumeur). Restaurant 1,5 km. Parking. Etang, pêche sur place. Salle de jeux et remise en forme. TH sur réservation. Au cœur du Berry et au sud de la Route Jacques Coeur, à 2 heures et demi de Paris, le calme, le confort, l'accueil chaleureux. Tout un art de vivre à découvrir grâce aux ch. d'hôtes d'Estiveaux, spacieuses, calmes et raffinées.

Prix : 1 pers. **70** € 2 pers. **85/92** € pers. sup. **15/25** € repas **25/31** €
Ouvert : Toute l'année sur réservation.

| 19 | 25 | 2 | SP | SP | 36 | 19 |

Odette DE FAVERGES - Estiveaux - 18170 LE CHATELET - Tél. : 02 48 56 22 64

CHEZAL-BENOIT
C.M. 238 Pli 30

|| 1 ch. — Issoudun 17 km. Bourges 40 km. 1 ch. 2 pers. avec salle d'eau et wc privés au 1er ét. d'une grande maison. Salon/salle à manger (TV, cheminée) à la disposition des hôtes. Jardin arboré, terrasse, salon de jardin. Parking fermé. Petits animaux acceptés. Restaurants à prox. Base de planeurs du Camp de Fay, festival de musique de la Prée. Golf à 40 km.

Prix : 1 pers. **27** € 2 pers. **34** €
Ouvert : D'avril à septembre.

| 8 | 17 | SP | SP | SP | 8 | 17 | SP |

Josépha LABECKI - 2, allée des Peupliers - 18160 CHEZAL-BENOIT - Tél. : 02 48 61 12 71

CLEMONT
(TH) *C.M. 238 Pli 18*

|||| 5 ch. — Chambres de 2 pers. toutes avec sanitaires privés, au rez-de-chaussée et 1er étage d'une charmante ferme solognote environnée de forêts et d'étangs. Séjour/salon avec cheminée et TV. Chiens admis au chenil et chevaux (3 boxes). Nombreux sites touristiques alentour et à proximité aéroclub, tennis, équitation, golf, etc... Possibilité tarif séjour pour groupe 8/10 pers. Sur place : étangs, rivière et parcours privé, pêche sportive au black-bass, truites et carpes. Sorties brame du cerf en saison, chasse photographique, route des vins (sancerre, menetou, quincy). Langue parlée : anglais.

Prix : 1 pers. **46** € 2 pers. **52** € pers. sup. **18** € repas **23** €
Ouvert : Toute l'année sur réservation.

| 10 | SP | SP | 5 | 10 | 34 | 4 |

Roland et M-José DAUDE - Ferme des Givrys - 18410 CLEMONT - Tél. : 02 48 58 80 74 - Fax : 02 48 58 80 74

Centre **Cher**

COUST (TH) *C.M. 238 Pli 31*

3 ch. Chambres (2/3 pers. et 2/5 pers.) avec s.d.b. ou s. d'eau et wc. 1 ch. indép. de plain-pied et 2 ch. à l'ét. d'une ancienne ferme berrichonne du XIX°. Séjour/salon avec TV à dispo. Salle de ping-pong. Château d'Ainay le Vieil, abbaye de Noirlac, jardin du Prieuré d'Orsan, aux environs. A « La Madenrie », dans un joli jardin clos et fleuri, vous serez reçus en amis autour d'un verre. Tarif 5 pers. : 85 €. Forêt de Tronçais. Nombreuses randonnées. Langues parlées : espagnol, anglais.

Prix : 1 pers. 34 € - 2 pers. 42 € pers. sup. 15 € repas 18/23 €
Ouvert : Du 1er avril au 15 novembre et sur réservation l'hiver.

8	10	2	8	SP	8	8	10	2

Henri VOLCOVICI - Le Haut de Changy - 18210 COUST - Tél. : 02 48 63 52 84

COUST *C.M. 238 Pli 31*

2 ch. Chambre de 2/4 pers. et 1 chambre 3/5 pers. toutes avec salle d'eau/wc, d'accès indépendant, aménagées dans des bâtiments accolés à l'habitation principale, sur une ancienne fermette rénovée. Pelouse, salon de jardin, cour close. Salle à manger chez le propriétaire. A l'entrée du village, près de la forêt de Tronçais, dans ce pays du Boischaut, vous profiterez l'été d'une pelouse fleurie et ombragée. Châteaux de la route Jacques Coeur.

Prix : 2 pers. 34 €
Ouvert : Toute l'année.

8	8	SP	SP	SP	8	8	8	SP

Albert et M-Thérèse DEROUSSEN - Route d'Ainay - 18210 COUST - Tél. : 02 48 63 52 32

CREZANCY-EN-SANCERRE La Maison de Margot *C.M. 238 Pli 20*

3 ch. Sancerre 9 km. Cosne-sur-Loire 20 km. Au 1er étage d'une ancienne grange rénovée, accès indépendant. 2 ch. 2 pers. et 1 ch. 2/4 pers. toutes avec salle d'eau et wc privés. Séjour/salon réservés aux hôtes. Terrasse, salon de jardin, parking privé. Promenades, randonnées cyclistes. Restaurants à 7 km. Golf à 9 km. Au cœur des vignobles du Sancerrois, dans un village de viticulteurs, vous serez charmés par le confort de ces chambres : leurs teintes, leur harmonie, leurs meubles peints qui égayeront votre séjour. Langue parlée : anglais.

Prix : 2 pers. 45/48 € pers. sup. 12 €
Ouvert : Toute l'année.

14	9	9	9	SP	14	9

Karine et Hubert CHARLON - Reigny - 18300 CREZANCY-EN-SANCERRE - Tél. : 02 48 79 05 43 -
E-mail : Chambres.MARGOT@wanadoo.fr

CROISY Bouchereux *C.M. 238 Pli 32*

2 ch. Nevers 40 km. Bourges 42 km. Au 1er ét. d'une ferme rénovée du XIX° siècle, 1 suite de 2 ch. avec s.d.b., douche et wc privés. Séjour/salon (TV, cheminée). Salons de jardin, chaises longues. Parc de 1 ha. Sur place : piscine avec terrasse, vélos, ping-pong. Restaurant 8 km. Petits animaux admis. 2e ch. 1 pers. louée uniquement avec chambre principale. Pour un week-end de calme, détente à 2 h 30 de Paris, entre Nevers, Magny-Cours et Bourges, vous apprécierez le calme et le confort d'une chambre spacieuse avec vue sur le parc fleuri. Village médiéval d'Apremont à proximité.

Prix : 2 pers. 76 € 3 pers. 107 € pers. sup. 15 €
Ouvert : Toute l'année.

15	SP	15	SP	10	40	8

Jacqueline VANNESTE - Bouchereux - 18350 CROISY - Tél. : 02 48 76 80 05

ENNORDRES (TH) *C.M. 238 Pli 18*

2 ch. Chambres (2 et 3 pers.) toutes avec salle d'eau et wc au 1er étage d'un manoir du XVIII° sur une grande propriété sologneote avec 2 ha. de parc boisé. Salons de jardin. Salon avec cheminée, TV, piano, jeux et salle à manger à la disposition des hôtes. Tarif dégressif à partir de la 2e nuit. TH sur réservation. Vous serez séduits par cet ancien relais de chasse remanié au fil des ans et enchantés par l'ambiance familiale qui vous sera réservée. Langue parlée : anglais.

Prix : 2 pers. 50 € pers. sup. 10/14 € repas 13/16 €
Ouvert : Toute l'année.

2	6	2	2	SP	6	20	35	6

Odile et Olivier DE POMMEREAU - La Brossette - 18380 ENNORDRES - Tél. : 02 48 58 07 73 - Fax : 02 48 58 07 88

EPINEUIL-LE-FLEURIEL Le Moulin D'Epineuil *C.M. 238 Pli 31*

3 ch. Au pays du Grand Meaulnes, 1 ch. 2 pers. avec lavabo, douche et wc, TV, au 1er ét. d'une grande bâtisse du XIX°. Salle à manger, jeux, biblio. des hôtes, 1 suite 5 pers. (2 ch. + salon), s. d'eau, wc et TV dans annexe à l'entrée de la propriété. Cuisine, vélos à dispo. Grand terrain arboré, salon de jardin. Rivière sur place, forêt à prox. Restaurants à 2 et 5 km. Tarifs dégressifs à partir de la 2e nuit pour 2 ch. occupées. Dans le village d'Alain Fournier, vous visiterez son école et ferez une halte de charme chez les propriétaires qui exploitent un moulin à grain toujours en activité.

Prix : 2 pers. 43 € pers. sup. 16 €
Ouvert : Toute l'année.

10	18	SP	SP	5	15	3	SP

Pierre et Claude FAYAT - Le Moulin d'Epineuil - 18360 EPINEUIL-LE-FLEURIEL - Tél. : 02 48 63 03 94

Cher
Centre

EPINEUIL-LE-FLEURIEL
C.M. 238 Pli 31

2 ch. 1 suite 2 ch. (2 et 3 pers.) avec salle d'eau et wc au 1er étage d'une grande demeure du XVIe, sur la place du village. Jardin arboré, parking fermé. Salon réservé aux hôtes avec bibliothèque, billard français, TV et cheminée. Restaurants à 2 et 5 km. Ici, vous séjournerez dans la « maison du notaire » décrite par A. Fournier (école et musée dans le village) dans son roman « Le Grand Meaulnes » dont le propriétaire ne manquera pas de vous conter l'histoire. Langues parlées : espagnol, anglais.

Prix : 2 pers. **30/40 €** pers. sup. **15 €**

Ouvert : Du 1er avril au 15 novembre, l'hiver pour longs séjours uniquement.

10	18	SP	SP	SP	5	15	27	SP

Gilles et Dominique COUTURIER - La Grand Maison - 18360 EPINEUIL-LE-FLEURIEL - Tél. : 02 48 63 08 79

FARGES-EN-SEPTAINE Augy
C.M. 238 Pli 31

3 ch. Bourges 15 km. Au 1er ét. d'une dépendance de ferme de la fin XVIIIe, 1 ch. 2/4 pers. avec salle d'eau et wc privés, 1 suite de 2 ch. 2/4 pers. dans une ancienne bergerie avec entrée indépendante. Lit bébé. Cuisine à dispo. des hôtes. Parc arboré et fleuri, salon de jardin. Golf à 15 km. Restaurants à 2 et 5 km. Vous tomberez tout de suite amoureux de cette belle demeure restaurée avec le goût de la pierre et du bois, en appréciant le confort et l'espace qu'offrent ces chambres, le calme qui règne sur cette propriété et la gentillesse des propriétaires.

Prix : 2 pers. **39/43 €** pers. sup. **15 €**

Ouvert : Toute l'année.

15	11	11	SP	15	15	15	5

LEGOFFE Noëlle et ROUET Serge - 7, route du Vieux Moulin - Augy - 18800 FARGES-EN-SEPTAINE - Tél. : 02 48 69 16 01 - Fax : 02 48 69 15 40

FOECY Au Petit Prieuré (TH)
C.M. 238 Pli 30

3 ch. Vierzon 10 km. Bourges 25 km. Au cœur du Berry, on croit qu'il était une fois un petit prieuré clos de murs, maintenant la maison d'un musicien. 3 ch toutes avec s.d.b./wc privés. Au r.d.c.,1 ch. 2 pers. avec salon privé. Au 1er étage de l'aile gauche, 2 ch. 2 pers. (dont l'une avec salon et coin-cuisine sur demande). Possibilité stage de musique (piano, violon, flûte traversière avec un maître), cours d'aquarelles. Parking fermé. TH sur réservation. Le jardin et l'ambiance vous séduiront. Langues parlées : anglais, allemand.

Prix : 1 pers. **49/58 €** 2 pers. **52/61 €** pers. sup. **16/21 €** repas **21 €**

Ouvert : Du 15 janvier au 28 décembre.

25	10	SP	4	SP	25	10	SP

Pierre DALTON - 7, rue de l'Eglise - 18500 FOECY - Tél. : 02 48 51 01 76 - E-mail : aupetit.prieure@laposte.net - www.philosophes.com

---

FUSSY Le Clos
C.M. 238 Pli 31

1 ch. A 5 mn de Bourges. 1 ch. 2 pers. avec accès indépendant (1 lit 160), avec salle d'eau/wc privés, au 1er ét. d'une maison du XVIIIe, sur une propriété d'élevage de chevaux. Salon/salle à manger réservé aux hôtes (TV, cheminée). Grand terrain clos arboré et fleuri. Salon de jardin avec transats. Tous loisirs et restaurants à prox. Salle de reliure d'art à dispo., poss. initiation.

Prix : 2 pers. **57 €** pers. sup. **19 €**

6	6	SP	8	SP	5	6	6	1

Michelle BAY-MORIZET - Le Clos - 18110 FUSSY - Tél. : 02 48 69 38 70

GRON Les Chapelles
C.M. 238 Pli 20

3 ch. Entre Sancerre et Bourges, 3 ch. d'accès indépendant, aménagées à l'ét. d'une maison contiguë à l'habitation principale. 3 ch. 2 pers., toutes avec s.d.b./wc. Terrain arboré et fleuri, salon de jardin. Séjour/salon avec TV réservé aux hôtes. Parking. Restaurant 4 km. Vous apprécierez un petit déjeuner copieux dans un salon confortable ou sur la terrasse dans un agréable cadre de verdure. Langues parlées : allemand, anglais.

Prix : 1 pers. **29 €** 2 pers. **39 €** 3 pers. **50 €** pers. sup. **11 €**

Ouvert : Toute l'année.

4	4	SP	30

Stéphanie MEFFERT - Les Chapelles - 18800 GRON - Tél. : 02 48 68 51 49 - Fax : 02 48 68 51 49

LA GROUTTE (TH)
C.M. 238 Pli 31

2 ch. 2 ch. dans un bâtiment indépendant dans le prolongement de la ferme-auberge. 2 ch. 2 pers. avec salle de bains et wc. Salle à manger/salon réservé aux hôtes. Salon de jardin, parking et cour. Tous loisirs et restaurants à St-Amand-Montrond (5 km). Château d'Ainay-le-Vieil. Après un bon repas régional, vous vous endormirez dans le silence d'un petit village en rêvant, peut-être à ses vestiges gallo-romains, tel « le camp de César ».

Prix : 2 pers. **39 €** pers. sup. **11 €** repas **13 €**

Ouvert : Toute l'année.

25	5	5	0,5	SP	5	25	5	5

Jean et Renée LE BORGNE - Le Bourg - 18200 LA GROUTTE - Tél. : 02 48 96 08 03

Centre — Cher

LA GUERCHE-SUR-L'AUBOIS Blanc Gateau
C.M. 238 Pli 32

E.C. 2 ch. **Nevers 23 km.** Aménagée dans une belle maison, 1 suite de 2 ch. 2/3 pers. au 1er étage avec accès indépendant. Douche/wc. Possibilité accueil de chevaux (box tout confort). Un copieux petit déjeuner vous sera servi dans un intérieur chaleureux et raffiné ou sur la terrasse où vous profiterez d'un cadre agréable soigneusement fleuri et arboré. Cette ferme restaurée dans le style du village d'Apremont sur Allier vous invite au calme et à la détente.

Prix : 2 pers. 42 € pers. sup. 14 €
Ouvert : Toute l'année.

22	1	1	SP	1	23	2	

VILLETTE Daniel et CARON Martine - Domaine de Blanc Gateau - 18150 LA GUERCHE-SUR-L'AUBOIS - Tél. : 02 48 74 03 47 - Fax : 02 48 74 07 21

LA GUERCHE-SUR-L'AUBOIS
C.M. 238 Pli 32

2 ch. **Nevers 21 km.** Au 1er étage d'une maison de bourg du XIXe, 1 suite de 2 chambres (1 lit 2 pers. 2 lits 1 pers.), salle d'eau et wc. Séjour/détente avec kitchenette à disposition. Terrasse et salon de jardin privatifs. Jardin engazonné clos. Garage. Restaurant dans le bourg. Prix 4 pers. 77 €. Vous apprécierez la tranquilité de ce petit appartement indépendant joliment décoré où tout a été fait pour que vous passiez un agréable séjour. Langues parlées : anglais, espagnol.

Prix : 2 pers. 39 € 3 pers. 58 € pers. sup. 12 €
Ouvert : Toute l'année.

1,5	20	SP	1,5	1,5	1,5	21	SP

Christophe et Thérèse CHABAUD - 58, rue Henri Barbusse - 18150 LA GUERCHE-SUR-L'AUBOIS - Tél. : 02 48 74 29 51 - Fax : 02 48 74 29 51

HENRICHEMONT Le Lac Aux Fées
C.M. 238 Pli 19

4 ch. **Village de potiers 3 km.** Entre Bourges et Sancerre, chambres d'accès indépendant, dans le prolongement de l'habitation principale. R.d.c. avec petit salon et cuisine à dispo. 1 ch. 3 pers., 1 ch. 2/4 pers. 1er étage : kitchenette/coin-détente à dispo. 1 ch. 2 pers. et 1 ch. 3 pers. Toutes les chambres ont salle d'eau/wc et TV. Terrain arboré, terrasse, salon de jardin. Restaurants sur place. Réduction à partir de 3 nuits. Vous découvrirez un cadre agréable et reposant, une ferme restaurée qui à travers les siècles a su garder le charme de sa légende : « Le Lac aux Fées ». Langues parlées : anglais, espagnol.

Prix : 2 pers. 40 € pers. sup. 13 €
Ouvert : Toute l'année.

SP	12	SP	SP	SP	10	30	SP

J-Claude et M-Odile MORIN - Le Lac aux Fées - 18250 HENRICHEMONT - Tél. : 02 48 26 71 23 - E-mail : morin.earl@worldonline.fr

HENRICHEMONT
C.M. 238 Pli 19

1 ch. **Village de potiers de la Borne 4 km. Sancerre 27 km. Bourges 30 km.** Au 1er étage d'une belle demeure du XVIIe, classée site protégé, 1 chambre 2 pers. avec salle d'eau, wc et kitchenette. Séjour/salon réservé aux hôtes. Parking fermé. Restaurants dans le bourg. Vignobles de Menetou, Salon et Sancerre. Golf à 30 km. Au centre de la cité de Sully, la propriétaire vous parlera en connaisseuse de son Berry et de sa ville, qui fut cité royale, et vous accueillera dans la maison d'un des notables de l'époque.

Prix : 2 pers. 38 € pers. sup. 15 €
Ouvert : 1Er mai au 30 octobre

SP	12	SP	SP	SP	10	30	SP

Maryse-Elisabeth CHEVALLIER - 28, place Henri IV - 18250 HENRICHEMONT - Tél. : 02 48 26 70 82

HERRY Les Butteaux
C.M. 238 Pli 20

3 ch. **Sancerre 10 km. La Charité 15 km.** Au r.d.c. et au 1er ét. d'une maison de maître du XIXe, accès indépendant. 1 ch. 2 pers. et 2 ch. 3 pers. avec salle d'eau et wc privés. Séjour/salon réservé aux hôtes. Poss. lits bébé. Grand terrain arboré avec piscine, salons de jardin. Garage, parking. Chemins privés le long de la Loire. Restaurant à 2 km. Aux portes de deux vignobles réputés (Pouilly et Sancerre), Martine, artiste peintre et artisan en encadrement, a su donner à ses chambres le ton envoûtant des noms de parfum célèbre qu'elles portent. Vous saurez apprécier leur chaleur au cœur de ce calme domaine au bord de la Loire. Langue parlée : anglais.

Prix : 1 pers. 43 € 2 pers. 53 € 3 pers. 64 € pers. sup. 12 €
Ouvert : Toute l'année.

SP	2	1	SP	10	15	5	

Martine BELTRAMELLI - Domaine des Butteaux - 18140 HERRY - Tél. : 02 48 79 54 57 ou 02 48 79 56 11 - Fax : 02 48 79 51 03 - E-mail : butteaux@online.fr - http://butteaux.online.fr

HUMBLIGNY Le Chétif Moulin D'En Haut
C.M. 238 Pli 19

E.C. 2 ch. **Sancerre 15 km.** Au 1er étage de la maison début 19e d'un meunier, sur le site d'un moulin aujourd'hui disparu. 2 ch. 2 pers. chacune avec bain et wc. Salon accessible aux hôtes (cheminée, TV, bibliothèque). Terrasses, salons de jardin. Espace engazonné. Petit étang. Restaurants aux alentours (5 à 10 km). Proximité de la Loire, Sancerre, village de potiers de la Borne. En limite du Sancerrois, dans un environnement agréable et calme. La décoration harmonieuse, le mobilier peint, la qualité des produits naturels ou faits maison (pain, gâteau) du petit déjeuner, feront de cet endroit une halte de charme. Langues parlées : anglais, allemand.

Prix : 2 pers. 39/43 € pers. sup. 13 €
Ouvert : Du 10 janvier au 15 décembre.

12	12	SP	SP	12	35	20	10

Odile et Rémy MUZART - Le Chétif Moulin d'en Haut - 18250 HUMBLIGNY - Tél. : 02 48 69 50 72 - Fax : 02 48 69 50 72 - E-mail : rémy.muzart@infonie.fr

Cher — Centre

IDS-SAINT-ROCH Les Riaux
(TH) *C.M. 238 Pli 30*

2 ch. 2 chambres 2 pers. avec salle de bains/wc, aménagées au 1er étage d'une fermette berrichonne. Garage. Salon avec TV réservé aux hôtes. Table d'hôtes sur réservation. Salon de jardin. Restaurants 3 et 8 km. Location de vélos. A proximité : jardin du Prieuré d'Orsan, châteaux d'Ainay-le-Vieil, Culan, Meillant. ULM à 5 km.

Prix : 2 pers. 38 € pers. sup. 10 € repas 13/14 €
Ouvert : Toute l'année.

30	21	5	3	SP	3	30	21

Paul et Marie RADUJET - Les Riaux - 18170 IDS-SAINT-ROCH - Tél. : 02 48 56 30 14 - Fax : 02 48 56 30 14

IVOY-LE-PRE La Redderie
C.M. 238 Pli 19

2 ch. 2 chambres d'hôtes aménagées dans une maison située en pleine campagne. 1 ch. 2 pers. et 1 ch. 1 pers. attenante. Salle d'eau/wc particuliers aux chambres. Salle de séjour. Salon avec TV à la disposition des hôtes. Restaurant à 4 km.

Prix : 1 pers. 20 € 2 pers. 34 €
Ouvert : Toute l'année.

5	20	4	2	SP	2	20	5

Simone BARANGER - La Redderie - 18380 IVOY-LE-PRE - Tél. : 02 48 58 90 64

IVOY-LE-PRE Château D'Ivoy
C.M. 238 Pli 19

6 ch. **Aubigny-sur-Nere 20 km. Bourges 30 km. Polo du Bouloy 35 km.** Au 1er étage d'un château, 5 ch. 2 pers. et 1 suite 2/3 pers., toutes avec salle de bains ou d'eau et wc privés, de très grand confort. Salons, bibliothèque, salle à manger réservée aux hôtes. Parc arboré de 10 ha. Salons de jardin. Poss. de chasse. Animaux admis au chenil. En limite du Berry et de la Sologne, aux portes du Sancerrois, ce château du XVIIe, vous ouvre ses portes pour un week-end ou plus. Vous apprécierez le charme d'un accueil convivial et discret dans le cadre confortable d'une demeure au passé riche d'histoire, et au caractère familial. Golf à 14 km. Langues parlées : anglais, allemand, russe.

Prix : 2 pers. 125/185 € pers. sup. 70 €
Ouvert : Toute l'année.

5	SP	SP	SP	25	5	30	SP

J.Gérard et M.France GOUEFFON - Château d'Ivoy - 18380 IVOY-LE-PRE - Tél. : 02 48 58 85 01 - Fax : 02 48 58 85 02 -
E-mail : chateau.divoy@wanadoo.fr - http://perso.wanadoo.fr/chateau.divoy

---

IVOY-LE-PRE La Verrerie
(TH) *C.M. 238 Pli 19*

3 ch. **Sancerre 32 km. Aubigny 15 km.** En lisière de la forêt d'Ivoy, 1 suite de 2 ch. 2 pers. s.d.b./wc et salon (vidéo, cheminée) et 1 ch. 2 pers. (lit 160) s. d'eau/wc au 1er étage dans dépendance 18e d'une maison de Maître de Forge. Salle à manger réservée aux hôtes. Jardin de buis environné de 3 pièces d'eau. Salon de jardin, cuisine à dispo. Accueil chevaux (pré et box). Pêche à la mouche. Chiens acceptés sous certaines conditions. Réduction à partir de la 3e nuit. Gratuit enf. - 5 ans. Prix 4 pers. 145 €. Au milieu d'une nature préservée, cette confortable maison d'hôtes dispose d'un intérieur douillet agrémenté de meubles d'époque. Langues parlées : anglais, allemand.

Prix : 1 pers. 70/90 € 2 pers. 75/99 € 3 pers. 122 € repas 16/23 €
Ouvert : Toute l'année.

8	15	6	SP	SP	15	8	35	2,5

Etienne et Marie DE SAPORTA - La Verrerie - 18380 IVOY-LE-PRE - Tél. : 02 48 58 90 86 - Fax : 02 48 58 92 79 -
E-mail : desaporta@dactyl-buro.fr

JARS La Brissauderie
C.M. 238 Pli 20

5 ch. Dans la maison des propriétaires, au calme. Au r.d.c. : 1 ch. 2 pers. « les Tulipes » avec salle d'eau/wc. Au 1er étage : palier/détente 2 suites de 2 chambres 3/6 pers, avec lit 160 « les Abeilles et les Tounesols » toutes avec salle d'eau/wc. Salle de séjour, salon avec TV à disposition des hôtes. Parking. Restaurant à 4 km. Au cœur du Sancerrois, au milieu de 10 ha de bois dans un écrin de verdure et de fleurs, vous apprécierez la décoration de ces chambres confortables aux meubles peints et aux dessins muraux. Petit déjeuner copieux avec du crottin de Chavignol frais et affiné.

Prix : 1 pers. 28 € 2 pers. 31/37 € 3 pers. 37 € pers. sup. 12 €
Ouvert : Toute l'année.

2	12	2	2	SP	5	2	22	4

Philippe et Madeleine JAY - La Brissauderie - 18260 JARS - Tél. : 02 48 58 74 94 - Fax : 02 48 58 74 94 -
E-mail : madeleine.jay@wanadoo.fr

JARS La Brissauderie
C.M. 238 Pli 19

1 ch. **Sancerre 12 km.** Chambre 3 pers. spacieuse avec salle d'eau/wc, d'accès indépendant, au 1er étage d'une belle maison berrichonne. Séjour/salon réservé aux hôtes. Salon de jardin. Parking. Restaurants aux alentours. Golf à 12 km. A proximité de Sancerre, sur une exploitation caprine (fabrication de crottin de Chavignol).

Prix : 1 pers. 31 € 2 pers. 31/37 € 3 pers. 43 € pers. sup. 12 €
Ouvert : Toute l'année.

2	12	2	2	SP	5	20	22	4

LEGRAS Magali et GUILLOT Dominique - La Brissauderie - 18260 JARS - Tél. : 02 48 58 70 89 - Fax : 02 48 58 71 89 -
E-mail : magali.legras@club-internet.fr - http ://perso.club-internet.fr/magali.legras

Centre — **Cher**

JOUET-SUR-L'AUBOIS Dompierre
C.M. 238 Pli 32

¦¦¦ 2 ch. **La Charité 20 km. Nevers 15 km.** Près du canal latéral à la Loire, dans une maison de campagne du XIXe, 1 suite de 2 chambres 2 pers. avec salle d'eau et wc. Entrée indépendante. Grand terrain arboré clos. Salon de jardin. Parking. TV sur demande. Restaurant à 1 km. Golf à 10 km. Accueil chevaux (box, nourriture). Sancerre à proximité. Langue parlée : anglais.

Prix : 1 pers. **31** € 2 pers. **39** € pers. sup. **8** €
Ouvert : Toute l'année.

15	10	5	SP	SP	1	15	15	1,2

Michel et Christiane BATTEUX - Domaine de Dompierre - 18320 JOUET-SUR-L'AUBOIS - Tél. : 02 48 76 40 52 - Fax : 02 48 76 10 46 -
E-mail : mbatteux@aol.com

LAPAN
A *C.M. 238 Pli 30*

¦ 4 ch. **Bourges (cathédrale, musées,...) 20 km.** Le long de la vallée du Cher, 4 chambres de 2 pers. toutes avec salle d'eau et wc privés, au 1er étage du bar « la Plage », dans un petit bourg calme. Sur place : brasserie, prêt de canoë. Karting et location de quads à 6 km. Langues parlées : anglais, espagnol.

Prix : 2 pers. **28/31** € pers. sup. **8** €
Ouvert : Toute l'année.

10	10	SP	SP	15	20	10	10

Jérôme BAUJARD - Le bourg - 18340 LAPAN - Tél. : 02 48 68 98 73

LUNERY La Vergne
C.M. 238 Pli 30

¦¦¦ 6 ch. 6 ch. d'hôtes aménagées dans les anciennes dépendances d'une maison du XVIIe siècle. Terrasse. Jardin. Salon de jardin. Salon/salle à manger réservé aux hôtes. Bibliothèque. 5 chambres de 2 pers., 1 ch. 4 pers. Toutes les chambres ont une salle d'eau particulière et TV. Restaurants à proximité. Marie-Hélène et Francis vous accueillent à la Vergne, propriété familiale du XVIIe, qui domine la vallée du Cher. Vous en apprécierez le confort, le calme et le charme. Langues parlées : anglais, allemand.

Prix : 2 pers. **39/46** € pers. sup. **15** €
Ouvert : Toute l'année.

10	25	2	10	SP	10	10	25	2

Francis et M-Hélène JACQUIER - La Vergne - 18400 LUNERY - Tél. : 02 48 68 01 07 - E-mail : lavergne@wanadoo.fr

MEHUN-SUR-YEVRE Les Buissons
C.M. 238 Pli 30

¦¦¦ 3 ch. **A 15 mn de Bourges.** Chambres d'accès indép. dans les dépendances d'une ancienne ferme XIXe. 2 ch. 2 pers. 1 ch. 3 pers. toutes avec s. d'eau et wc privés. Salon/salle à manger réservé aux hôtes (coin-lecture, TV). Porcelaines, expositions d'art et restaurants en ville. Salon de jardin. Jardin. Parking clos. Forêt, vignobles à 6 km. Lit bébé à disposition. Vous trouverez le calme dans cet enclos de verdure surplombant la vallée de l'Yèvre, vous apprécierez le confort des ch. en découvrant par la décoration et le mobilier, le patrimoine typique du Berry d'autrefois. Langue parlée : anglais.

Prix : 1 pers. **40** € 2 pers. **43/45** € pers. sup. **15** €
Ouvert : De mars à octobre inclus et sur réservation.

20	SP	SP	SP	SP	4	6	SP

Jeanne COMPAGNIE-GUIDOT - 107, avenue Jean Chatelet - 18500 MEHUN-SUR-YEVRE - Tél. : 02 48 57 31 22 - Fax : 02 48 57 31 22

MENETOU-SALON
C.M. 238 Pli 19

E.C. 2 ch. **Bourges 20 km.** A l'étage d'une maison berrichonne du 19e, désservies par une jolie tour, 2 ch 2 pers, chacune avec douche/wc, TV et climatisées. Petit déjeuner servi sous la véranda réservée aux hôtes. Restaurants dans le bourg. Château de Menetou-Salon et sa collection hippomobile. Musée des lampes à huile. Village de potiers de la Borne. Au cœur de l'appellation des vignobles de Menetou-Salon (AOC), dans le bourg, chez un propriétaire viticulteur (cave et dégustation).

Prix : 1 pers. **35** € 2 pers. **40** € pers. sup. **12** €
Ouvert : Toute l'année.

20	SP	SP	SP	15	20	20	SP

Viviane et Philippe FRAISEAU - 3-5 rue du Chat - 18510 MENETOU-SALON - Tél. : 02 48 64 88 27 - Fax : 02 48 64 86 09

MONTIGNY La Reculée

C.M. 238 Pli 19

¦¦¦ 5 ch. **Au pied des collines du Sancerrois.** 5 ch. avec entrée indépendante dans ferme de caractère berrichon. 5 ch. 2 pers. avec s.d.b./wc ou s. d'eau/wc privées. Salon avec cheminée réservé aux hôtes. Calme. Restaurant à proximité. Pas de table d'hôtes le dimanche. TV. Prêt VTT. - 10 % à partir de 3 nuits. Vous goûterez au charme, à la paix des ch. « Liseron, Bleuet, Coquelicot, Primevère ou Bouton d'or ». Pour le repas, la détente, un salon (cheminée), meublé en ancien, s'ouvre sur le jardin où, lors des beaux jours, la propriétaire sert les petits déjeuners. Langue parlée : anglais.

Prix : 1 pers. **39** € 2 pers. **46** € pers. sup. **15** € repas **18** €
Ouvert : Du 15 mars au 15 novembre.

26	26	10	10	SP

Elisabeth GRESSIN - Domaine de la Reculée - 18250 MONTIGNY - Tél. : 02 48 69 59 18 - Fax : 02 48 69 52 51 -
E-mail : scarroir@terre-net.fr

Cher   Centre

MONTLOUIS Bourdoiseau   (TH)   C.M. 238 Pli 30

E.C. 3 ch. **Issoudun 20 km. Bourges 35 km.** Au r.d.c., 1 ch. 2 pers. avec douche et wc. Grande salle à manger avec coin-détente/lecture. Au 1er, 2 ch. 2/4 pers. avec douche et wc. Petit salon privé avec TV et magnétoscope. TH sur réservation (cuisine familiale traditionnelle). Sur place : salon de jardin, VTT, jeux de plein air, GR et PR, promenade avec âne bâté. A proximité : châteaux de lignières et du Plaix, théâtre des Bains Douches, abbaye de Noirlac... Entre plaine et bocage dans une belle maison du 16e située sur une ferme céréalière et d'élevage bovin. Vous pourrez découvrir, accompagnés de vos hôtes, les richesses des terroirs de leur pays. Langue parlée : anglais.

Prix : 2 pers. 37 € pers. sup. 13 € repas 11/14 €
Ouvert : D'avril à octobre et l'hiver sur réservation.

20	7	SP	SP	7	12	20	7

HUE Isabelle et RIBAUDEAU Eddie - Domaine de Bourdoiseau - 18160 MONTLOUIS - Tél. : 02 48 60 06 44 - Fax : 02 48 60 06 44 -
E-mail : bourdoiseau@wanadoo.fr

MORLAC   C.M. 238 Pli 30

||| 2 ch. Chambres de 2 pers. chacune avec salle d'eau ou salle de bains et wc au 1er étage d'une maison de bourg dans une petite commune calme. Salon avec TV réservé aux hôtes. Séjour/salon à disposition. Jardin, salon de jardin. Restaurants à proximité.

Prix : 2 pers. 39 € pers. sup. 12 €
Ouvert : Toute l'année.

28	14	7	2	SP	SP	28	14	4

Yvette et Pierre TABRANT - Le Bourg - 18170 MORLAC - Tél. : 02 48 56 24 27

MORLAC La Forêtrie   (TH)   C.M. 238 Pli 30

||| 2 ch. 2 chambres 2 pers. avec salle d'eau/wc particuliers. 1 salon avec TV réservé aux hôtes. Salle de jeux. Salon de jardin, terrain. Etang sur place. Forêt 500 m. Restaurant 5 km. Gratuit pour les enfants - 6 ans. Arlette vous accueillera dans une ferme typiquement berrichonne. Vous y apprécierez le confort, le calme de la campagne et la nature.

Prix : 2 pers. 40 € pers. sup. 11 € repas 14/15 €
Ouvert : Toute l'année.

35	18	2	SP	SP	4	35

Arlette GENTY - La Forêtrie - 18170 MORLAC - Tél. : 02 48 60 08 39 - Fax : 02 48 60 26 78

NANCAY Les Meaulnes   C.M. 238 Pli 18

E.C. 5 ch. **Vierzon 12 km.** Aux 1er et 2e étages d'une gentilhommière, dans un décor raffiné et de bon goût, 4 ch. 2 pers. et 1 ch. 1 pers. toutes avec bain ou douche et wc. Grand séjour/salon (cheminée). Agréable jardin clos ombragé et fleuri. Salons de jardin. Sur place : station de radioastronomie, planétarium. Aventure Parc, restaurants. Dans le centre de Nançay, en Sologne, halte de charme. Ici tout est douillet et agrémenté pour votre bien-être.

Prix : 1 pers. 69 € 2 pers. 76/114 €
Ouvert : Du 1er mars au 15 janvier.

12	SP	SP	SP	12	14	12	SP

René-Gérard BLANCHARD - 2, rue de Vierzon - Les Meaulnes - 18330 NANCAY - Tél. : 02 48 51 14 27 ou 02 48 51 82 29 - Fax : 02 48 51 14 27

NERONDES   C.M. 238 Pli 32

||| 2 ch. Chambres 2 pers. avec salle d'eau/wc particuliers et accès indépendant aux rez-de-chaussée et 1er étage d'une maison berrichonne. Grand terrain clos gazonné, arboré et fleuri. Salon de jardin. Salon/salle à manger avec TV à la disposition des hôtes. Restaurants 1,5 km.

Prix : 1 pers. 32 € 2 pers. 37 € pers. sup. 14 €
Ouvert : Toute l'année.

12	33	1,5	1,5	SP	12	2	1,5

Bernard et J-Marie BALDUINI - Route de Bourges - 18350 NERONDES - Tél. : 02 48 74 86 04

NEUILLY-EN-SANCERRE La Ferme des Prés   (TH)   C.M. 238 Pli 19

|| 4 ch. 3 ch. 2 pers. et 1 ch. 4 pers. (70 €) avec mezzanine, toutes avec s. d'eau ou s.d.b. et wc, avec accès indépendant, au r.d.c. et à l'étage d'une maison de ferme rénovée, sur une propriété d'élevage de chevaux. Jardin avec piscine privée. Salon de jardin. Séjour/salon (cheminée) réservé aux hôtes. TV sur demande. Accueil de chevaux. Enfant de moins de 2 ans gratuit. Langue parlée : anglais.

Prix : 2 pers. 38 € 3 pers. 50 € pers. sup. 12 € repas 18 €
Ouvert : Toute l'année.

18	SP	12	18	SP	SP	18	18	30	5

Christine et Thierry HERLIN - Les Girardins - 18250 NEUILLY-EN-SANCERRE - Tél. : 02 48 26 75 69 -
E-mail : christineherlin@hotmail.com

Centre — **Cher**

NEUVY-DEUX-CLOCHERS La Brosse Imbault
C.M. 238 Pli 20

1 ch. **Sancerre 15 km. Cosne-sur-Loire 25 km.** Dans un ancien bâtiment d'exploitation situé sur le GR31, accès indépendant. 1 grande ch. 2 pers. avec coin-salon (insert), salle d'eau et wc privés. Lit bébé à dispo. Grande cour et terrain. Petit-déjeuner servi dans la maison de ferme ou en terrasse. Restaurants dans le bourg et à 5 km. Animaux acceptés tenus en laisse. Dans les collines du Sancerrois, vous apprécierez le confort de cette chambre spacieuse et sa vue sur les coteaux du Pays Fort. Golf à 15 km.

Prix : 2 pers. **42 €** pers. sup. **8/11 €**
Ouvert : Toute l'année.

10	15	10	SP	10	10	25	2

Lucette MOLLE - La Brosse Imbault - 18250 NEUVY-DEUX-CLOCHERS - Tél. : 02 48 79 05 65 - E-mail : jlm7860@club-internet.fr

---

NEUVY-SUR-BARANGEON Le Bas-Guilly (TH)
C.M. 238 Pli 18

6 ch. Chambres 2 pers. avec s. d'eau/wc privée dans une maison de caractère en pleine campagne, dont 1 indépendant au r.d.c. Ancienne exploitation Solognote. Séjour, cheminée, salon/coin-cuisine dans une dépendance attenante. Parc de 10 ha. avec espace barbecue, parking. Pré. Rivière. Gîte d'étape à côté avec 7 ch. individuelles. Poss. accueil chevaux. Aucun souci au Bas Guilly. La pêche, les promenades à travers ces magnifiques allées solognotes à la découverte des étangs sauvages et du Barangeon, en attendant une nuit calme dans des ch. confortables et accueillantes. Voiture indispensable.

Prix : 2 pers. **47 €** pers. sup. **16 €** repas **20/31 €**
Ouvert : Toute l'année.

SP	20	20	SP	SP	15	30

Sylvie MARTIN - Le Bas Guilly - 18330 NEUVY-SUR-BARANGEON - Tél. : 02 48 51 64 46

ORVAL La Trolière (TH)
C.M. 238 Pli 31

3 ch. Chambres 2 pers. dans une demeure de caractère avec parc ombragé. Séjour. Salon à la dispo. des hôtes. Terrain. parking. Rivière 500 m. Forêt 4 km. 2 ch. avec s. d'eau privée et wc communs. 1 ch. avec s.d.b. privée et wc privés. Halte de charme à ne pas manquer où la maîtresse des lieux vous propose sur réservation sa table d'hôtes « cuisine sentiment de saison ». Langue parlée : anglais.

Prix : 1 pers. **40/48 €** 2 pers. **45/53 €** 3 pers. **56 €** repas **16/17 €**
Ouvert : Toute l'année.

15	3	2	SP	SP	6	15

Marie-Claude DUSSERT - La Tromière - 18200 ORVAL - Tél. : 02 48 96 47 45

PLAIMPIED-GIVAUDINS
C.M. 238 Pli 31

4 ch. **Bourges 10 km.** Au 1er étage d'une grande maison du XIXe face à une abbatiale romane du XIIe dans un petit village tranquille comprenant 1 ch. 3 pers., 2 suites 3 pers. et 1 ch. 2 pers., toutes avec salle d'eau et wc. Séjour/salon (TV, biblio.) réservé aux hôtes. Parking, cour close, salon de jardin. Restaurant sur place. Martine vous réservera un accueil chaleureux et vous donnera l'envie de découvrir sa région (Bourges : Cathédrale, nuits lumière, les châteaux de la route Jacques Coeur). Langues parlées : anglais, espagnol.

Prix : 2 pers. **30/35 €** pers. sup. **12 €**
Ouvert : Toute l'année.

10	10	SP	SP	SP	10	10	SP

Régis et Martine VANDAMME - 1, rue de l'Abbaye - 18340 PLAIMPIED-GIVAUDINS - Tél. : 02 48 25 64 28

QUINCY Domaine du Pressoir
C.M. 238 Pli 18

4 ch. **Exposition d'art, château Charles VII et porcelaine 5 km.** A l'étage d'un ancien cellier du XIXe restauré et indép., 2 ch. 3 pers., 2 ch. 4 pers. Salle d'eau et wc pour chaque ch. Vaste salle d'accueil (TV, réfrigérateur, micro-onde). Piscine privée, parc fleuri, salons de jardin, parking. Local extérieur avec coin-cuisine (3 €/jour). Restaurants à proximité. Situées sur une exploitation vinicole, vous pourrez visiter les caves et dégustez le vin de Quincy.

Prix : 2 pers. **40 €** 3 pers. **52 €** pers. sup. **12 €**
Ouvert : Du 1er mars à fin décembre.

SP	SP	SP	SP	SP	15	22	15	5

Claude et Georgette HOUSSIER - Domaine du Pressoir - 18120 QUINCY - Tél. : 02 48 51 30 04 ou 02 48 51 31 13

RIANS La Chaume (TH)
C.M. 238 Pli 19

5 ch. Dans le prolongement d'une maison de caractère. Entrée indép. Jardin. Séjour/salon (TV) réservé aux hôtes. 2 ch. 2 pers. 2 ch. 3 pers. (dont 1 est 2 épis). 1 ch. 4 pers., toutes avec s. d'eau/wc privés. Salon de jardin, barbecue. Lit bébé sur demande. Table d'hôtes sur résa. sauf le dimanche. Cuisine à dispo. Aux portes du Sancerrois, dans un cadre de verdure et de repos, nous serons heureux de vous accueillir, que vous soyez de passage ou pour plusieurs jours. Langue parlée : anglais.

Prix : 2 pers. **42 €** pers. sup. **15 €** repas **16/18 €**
Ouvert : Toute l'année.

20	4	4	5	SP	25	20	20	4

Yves et Odile PROFFIT - La Chaume - Rians - 18220 LES AIX-D'ANGILLON - Tél. : 02 48 64 41 58 - Fax : 02 48 64 29 71 - E-mail : proffityve@aol.com

Cher   Centre

SANCERRE   C.M. 238 Pli 20

1 ch. Vieille demeure sancerroise du XVIII° siècle dans laquelle est aménagée 1 chambre de caractère 2/3 pers. avec salle d'eau, wc et TV. Classée 2ᵉ prix des maisons restaurées du Cher. Calme et indépendance. Petit jardin en terrasse agréable et fleuri. Sur place : vignobles, caves, visites, restaurants. Possibilité de promenade en canoë sur la Loire avec supplément. Amoureux des vieilles pierres, vous serez charmés par l'atmosphère de cette chambre « belle époque » et sous le ciel de lit en dentelle, vous rêverez aux petits déjeuners exceptionnels servis par votre hôtesse. Langue parlée : anglais.

Prix : 2 pers. 50 € 3 pers. 66 € pers. sup. 16 €
Ouvert : Toute l'année

2	2	2	2	2	SP	10	SP

Myriam et François THIBAUDAT - 31, rue Saint-André - 18300 SANCERRE - Tél. : 02 48 78 00 04

SANCERRE   C.M. 238 Pli 20

4 ch. Au cœur de la cité historique, calme et détente dans une grande demeure restaurée des XIV et XVᵉ siècles, 3 belles chambres 2/3 pers. et une suite 4/6 pers. blu-berry, botanica, gardénia et verdura décorées de gravures anciennes, et meublées avec goût dans l'harmonie du Feng-Shui, avec salles d'eau ou de bains et wc privés. Superbes petits déjeuners buffet servis dans le jardin ou au coin du feu. Sur place : découverte oenologique, gastronomique, randonnées, location de vélos. Golf 18 trous à 2 km et visite des châteaux. Langues parlées : anglais, italien.

Prix : 2 pers. 50 € 3 pers. 72 € pers. sup. 22 €
Ouvert : Toute l'année.

2	2	2	SP	2	2	11	SP

Pascal et Nadia CHARPENTIER - 3, rue du Chantre - 18300 SANCERRE - Tél. : 02 48 78 09 45 ou 06 14 42 16 33 - Fax : 02 48 78 09 45 - E-mail : nadcharp@club-internet.fr

SANTRANGES   A   C.M. 238 Pli 20

3 ch. Chambres dans maison indépendante dans un petit bourg calme et agréable. 1 chambre 2 pers. et 1 ch. 3 pers. avec salle d'eau/wc privés et 1 ch. 4 pers. avec kitchenette et salle d'eau/wc privés. Entre la Sologne et le Sancerrois, vous serez accueillis dans un village légendaire où séjourna Jeanne d'Arc et où Louis XI récoltait des châtaignes. Langue parlée : anglais.

Prix : 2 pers. 34/41 € pers. sup. 14 €
Ouvert : Toute l'année.

15	15	9	SP	SP	SP	15	15	SP

Claudine BAUX - Le Bourg - 18240 SANTRANGES - Tél. : 02 48 72 63 87

SAULZAIS-LE-POTIER La Truffiere   (TH)   C.M. 238 Pli 43

3 ch. 1 suite de 2 ch. avec coin-salon, s. d'eau, wc et TV à l'étage d'une maison berrichonne restaurée, 1 ch. 2 pers. Au r.d.c. avec wc et s.d.b. 4 ha. de terrain boisé peuplé d'animaux. Salon de jardin. Salon, TV à la dispo. des hôtes. Poss. d'hébergement de 2 chevaux, GR à proximité. Tél. et fax à disposition. Table d'hôtes sauf les lundis et mardis. Remise de 5 à 15 % selon nombre de ch. et durée du séjour. Dans cette maison ancienne plantée au milieu des chênes séculaires dans un grand parc, vous apprécierez les chambres qui vous sont offertes. Langues parlées : anglais, italien.

Prix : 1 pers. 45 € 2 pers. 55 € pers. sup. 15 € repas 15/20 €
Ouvert : Du 1ᵉʳ avril au 30 septembre, sur réservation pour les autres périodes.

4	SP	15	SP	SP	20	25	15	5

HAMMES Jacques et Mme LEPRAT Dominique - La Truffière - 18360 SAULZAIS-LE-POTIER - Tél. : 02 48 63 04 59

SAVIGNY-EN-SANCERRE Les Etourneaux   C.M. 238 Pli 20

E.C. 2 ch. Sancerre 12 km. Au 1ᵉʳ étage d'une ancienne dépendance de ferme indépendante, 1 ch. 2 pers. et 1 ch. 3 pers. chacune avec douche et wc. Cuisine/repas avec coin-salon réservé aux hôtes. Terrasse. Salon de jardin. Chemins de randonnée. Restaurants aux alentours (800 m ou 6 km). Tarif dégressif à partir de la 3ᵉ nuit. 4 pers. 56 €. A proximité de Sancerre, dans un environnement agréable et reposant, pour une étape ou un séjour, vous apprécierez le calme et le confort de cet endroit. Langues parlées : anglais, espagnol.

Prix : 2 pers. 36/39 € 3 pers. 48 €
Ouvert : Toute l'année.

12	1	1	SP	4	10	15	1

Katia et Pascal TULON - Les Etourneaux - 18240 SAVIGNY-EN-SANCERRE - Tél. : 02 48 72 10 67 - E-mail : tulonpascal@aol.com

SENS-BEAUJEU Les Bergères   (TH)   C.M. 238 Pli 20

3 ch. Sancerre 15 km. Cosne-sur-Loire 25 km. Au r.d.c. et au 1ᵉʳ ét. d'une ancienne grange attenante à l'habitation, entrée indépendante. 3 ch. 2 pers. avec s.d.b. et wc privés. Salon et petite cuisine réservée aux hôtes. Jardin botanique, terrasse, salon de jardin, chaises longues. Restaurants à 5 km. Enfant 9 €. Au cœur du Pays Fort, à prox. de Sancerre. Sauna à dispo. Volley, ping-pong. Golf à 15 km. Château de Boucard, vignobles. Langues parlées : portugais, espagnol.

Prix : 2 pers. 44 € 3 pers. 49 € repas 15/18 €
Ouvert : Toute l'année.

5	15	5	10	SP	5	10	25	5

Ana et Antonio MONTENEGRO - Les Bergères - 18300 SENS-BEAUJEU - Tél. : 02 48 58 78 89

Centre — Cher

SIDIAILLES La Fosse-Ronde (TH)
C.M. 238 Pli O2

3 ch. Entre le bourg médiéval de Culan et l'Oppidum romain de Chateaumeillant. Au 1er ét. d'une maison berrichonne rénovée, comprenant 3 ch. 2 pers., toutes avec bains et wc. Séjour/salon, TV. Cheminées. Grand terrain engazonné. Terrasse, salon de jardin, parking. Animaux acceptés au chenil. TH sur réservation. A Culan : châteaux-forts, restaurants. Circuit de la route Jacques Coeur. Forêt de Tronçais. A la frontière de 3 régions touristiques. Poss. de circuits touristiques sur demande. Quelques animaux de ferme feront le plaisir des enfants. Langues parlées : anglais, italien, allemand.

Prix : 2 pers. 35/42 € pers. sup. 12 € repas 10/14 €
Ouvert : Toute l'année.

5	28	2,5	5	SP	7	5	5	28	2,5

GARIH Gilberte et M. CARLI Umberto - La Fosse Ronde - 18270 SIDIAILLES - Tél. : 02 48 56 61 25 - Fax : 02 48 56 61 25 -
E-mail : carligarih@wanadoo.fr

ST-BAUDEL Parassay
C.M. 238 Pli 30

4 ch. 4 ch. 2 pers. toutes avec s. d'eau/wc privés, dans un ancien bâtiment de ferme indépendant. Terrain avec étang, salon de jardin, jeux d'enfants, portique. Salon/salle à manger (TV, cheminée) réservé aux hôtes. Nombreux châteaux à proximité. Aire de loisirs au bord de l'Arnon à 3 km avec aire de pique-nique. En séjour, gratuité de la 7e nuit. Vous trouverez ici le confort, le calme et un accueil chaleureux. Langues parlées : anglais, espagnol.

Prix : 1 pers. 33 € 2 pers. 37/39 € pers. sup. 13 €
Ouvert : Toute l'année.

7	24	7	3	SP	10	7	9	2

CARTERON Christophe et DUCLUZEAUD Fanny - Parassay - 18160 ST-BAUDEL - Tél. : 02 48 60 14 18 ou 02 48 60 00 81

ST-ELOY-DE-GY La Grande Mouline
C.M. 238 Pli 18

5 ch. Au r.d.c. d'une maison berrichonne de caractère et d'une grande dépend. avec coin/cuisine, salon, vaste terrain arboré/fleuri, accès indép. 2 ch. 4 pers. Mezz. Petit salon (bain, douche, wc pour l'une et douche, wc pour l'autre) 1 ch. 2/4 pers. (bain, wc). 1 ch. 3 pers. + 1 pièce 2 lits 1 pers., 1 ch. 3 pers. (douche, wc). Salon/biblio. Jeux. Salon/s. à manger. TV. Vélo dispo. Terrasse, salon de jardin. Très ancienne demeure campagnarde où vous serez accueillis chaleureusement et vous trouverez au cœur d'une campagne riante et boisée où tout est calme. Vous apprécierez la fraîcheur d'une promenade en forêt l'été. La chaleur d'un grand feu de cheminée l'hiver. Langues parlées : espagnol, anglais.

Prix : 1 pers. 35 € 2 pers. 40 € 3 pers. 50 € pers. sup. 10 €
Ouvert : Toute l'année.

13	11	11	1	SP	11	13

Jean et Chantal MALOT - La Grande Mouline - Bourgneuf - 18110 ST-ELOY-DE-GY - Tél. : 02 48 25 40 44 - Fax : 02 48 25 40 44

ST-GEORGES-SUR-LA-PREE
C.M. 238 Pli 17

3 ch. Chambres de 2 pers., toutes avec s.d.b. ou s. d'eau et wc, aménagées à l'étage d'une ancienne ferme du XVIIe siècle rénovée. Salle à manger/salon (cheminée) à la disposition des hôtes. Parking, cour, grand terrain et terrasse. Salon de jardin. Possibilité de TV dans les chambres. Vélos mis à disposition. Restaurant 8 km. Aux portes de la sologne, Jacqueline et Daniel vous accueilleront dans des chambres confortables et vous feront découvrir la beauté de leur région.

Prix : 1 pers. 29 € 2 pers. 37 € 3 pers. 46 € pers. sup. 11 €
Ouvert : Toute l'année.

15	1,5	SP	15	15	1,5

Jacqueline et Daniel LEFEVRE - 10, chemin des Menoux - 18100 ST-GEORGES-SUR-LA-PREE - Tél. : 02 48 52 00 51 ou 06 80 84 22 39

ST-GERMAIN-DES-BOIS Bannay
C.M. 238 Pli 31

3 ch. Chambres d'hôtes aménagées au 1er étage de la maison des propriétaires. 3 chambres de 2 pers. avec salle d'eau/wc particuliers. Salon (bibliothèque, TV) réservé aux hôtes. Langue parlée : anglais.

Prix : 1 pers. 26 € 2 pers. 31 € 3 pers. 43 € pers. sup. 13 €
Ouvert : Toute l'année.

20	11	3	10	SP	20	20	20	3

Jean et Marie-Jo CHAMBRIN - Bannay - 18340 ST-GERMAIN-DES-BOIS - Tél. : 02 48 25 31 03

ST-GERMAIN-DU-PUY Jacquelin
C.M. 238 Pli 31

4 ch. A 5 km de Bourges. Chambres de 2 pers. (dont 2 avec lits 160), avec s.d.b./wc ou s. d'eau/wc et TV, accès indép., coin-salon (TV), au r.d.c. et 1er ét. d'une maison du XVe et d'une de ses dépendances. Cuisine à dispo. Parc arboré, salons de jardin. Aux portes de Bourges, vous apprécierez le calme de la campagne dans cette belle maison de ferme et son environnement champêtre. Langues parlées : anglais, allemand.

Prix : 1 pers. 42 € 2 pers. 46 € 3 pers. 61 € pers. sup. 15 €
Ouvert : Toute l'année.

7	1	1	7	SP	7	7	7	1

Irène et Jean-Paul JOLLY - Jacquelin - 18390 ST-GERMAIN-DU-PUY - Tél. : 02 48 30 84 97 - Fax : 02 48 30 61 37

Cher   Centre

ST-PIERRE-LES-BOIS La Réserve   (TH)   C.M. 238 Pli 42

ııı 1 ch. **Saint-Amand-Montrond 25 km.** 1 suite (1 ch. 2 pers. + salon/repas) avec s. d'eau, wc et TV, aménagée dans une partie indépendante d'une belle maison berrichonne du XIX°. Grand terrain arboré. Salon de jardin. Garage. Micro-ondes à disposition. Poss. matériel bébé. Pêche dans pièce d'eau. Table d'hôtes sur réservation (produits fermiers élevés exclusivement sur place). D'abord séduits par cette belle maison, vous apprécierez ensuite la chambre confortable et joliment décorée qui vous est offerte et la gentillesse de vos hôtes. A proximité : Abbaye de Noirlac, jardins d'Orsan, Culan. Langue parlée : anglais.

Prix : 2 pers. **38 €** pers. sup. **12 €** repas **13 €**
Ouvert : Toute l'année.

18	25	2	SP	SP	7	18	25	2

ALEONARD Philippe et LEFRERE Corinne - La Réserve - 18170 ST-PIERRE-LES-BOIS - Tél. : 02 48 56 28 64 - Fax : 02 48 56 28 64 - E-mail : Aleonard@net-up.fr

ST-PIERRE-LES-BOIS La Perruche   (TH)   C.M. 238 Pli 30

E.C. 2 ch. **St-Amand-Montrond 25 km.** 1 suite de 2 ch. et salon (2 à 6 pers.) avec bain et wc au 1er étage réservé aux hôtes d'une maison berrichonne du 19e avec point de vue sur le bocage alentour. Salon (cheminée) et salle à manger à disposition. Grand jardin arboré et clos. Salons de jardin. A proximité : St-Amand et sa cité de l'Or, Culan, Noirlac, jardins d'Orsan et de Drulon, Meillant... Colette, en plus de son accueil convivial, vous dévoilera tous les secrets touristiques de sa région (importante documentation). Langues parlées : anglais, espagnol.

Prix : 2 pers. **43 €** 3 pers. **69 €** pers. sup. **13 €** repas **14 €**
Ouvert : D'avril à octobre et l'hiver sur réservation.

25	4	SP	9	20	25	4

Colette RIBAUDEAU - La Perruche - 18170 ST-PIERRE-LES-BOIS - Tél. : 02 48 56 30 61 ou 06 86 87 83 40

ST-PIERRE-LES-ETIEUX La Ville du Bout   (TH)   C.M. 238 Pli 31

ıı 2 ch. Au 1er étage d'une ancienne ferme rénovée surplombant le Pays de Tronçais (vue panoramique), comprenant 2 chambres 2 pers. toutes avec salle d'eau et wc et 1 ch. complémentaire pour enfants. Séjour/salon (cheminée) réservé aux hôtes. Terrain. Salon de jardin. Parking fermé. Table d'hôtes avec produits du terroir, plats bio et spécialités de grands thés pour tea-time. Restaurant à 8 km. Catherine, Gilles et leurs jeunes enfants, vous accueillent dans une ambiance chaleureuse et familiale. Vous pourrez vous ressourcer au calme de cette campagne en y découvrant « les charmes discrets du Berry ». Langue parlée : anglais.

Prix : 2 pers. **38 €** pers. sup. **13 €** repas **16 €**
Ouvert : Du 1er avril au 31 octobre.

15	8	8	3	SP	5	15	8	8

Catherine BELLE - La Ville du Bout - 18210 ST-PIERRE-LES-ETIEUX - Tél. : 02 48 60 78 30 - Fax : 02 48 60 78 30

ST-SATUR   C.M. 238 Pli 20

ııı 2 ch. **Chambres de 2 pers. avec salle d'eau particulière (1 avec wc communs), dont 1 avec entrée indépendante, aménagées dans une maison à proximité du canal.** Jardin fleuri. Parking privé. Séjour/salon (TV, bibliothèque, jeux) à disposition. Calme. 1 ch. est classée 2 épis et l'autre 3 épis. Restaurant sur place. Les propriétaires ont installé ces 2 chambres en souhaitant que vous y passerez un agréable séjour et en garderez un bon souvenir. Tarif dégressif à partir de la 4e nuit. Langue parlée : anglais.

Prix : 1 pers. **36 €** 2 pers. **46 €** 3 pers. **59 €** pers. sup. **13 €**
Ouvert : Toute l'année sauf juillet.

2	2	2	SP	10	2	15	SP

Daniel et Huguette ROSENBERGER DUBREUIL - 18, rue Basse des Moulins - 18300 ST-SATUR - Tél. 02 48 54 05 96

ST-SATUR   C.M. 238 Pli 20

E.C. 4 ch. **Sancerre 2 km.** A l'étage, 3 ch. 2 pers. et 1 suite 3 pers. toutes avec bain ou douche et wc offrent un décor raffiné et un confort de qualité. Possibilité TV avec magnétoscope. Terrasse plein sud avec vue magnifique sur les vignes et la colline de Sancerre. Parking privé clos. Au pied de Sancerre, la Chancelière, construite au 18e, était la résidence de l'intendant de l'abbaye voisine. Vos hôtes vous serviront un petit déjeuner à la française en terrasse ou dans la salle à manger. 4 pers. 150 €. Langue parlée : anglais.

Prix : 2 pers. **100 €** 3 pers. **125 €**
Ouvert : Toute l'année.

2	2	2	SP	10	2	10	SP

Nicole et Jacques AUDIBERT-AMAGAT - La Chancelière - 5 rue Hilaire - Amagat - 18300 ST-SATUR - Tél. : 02 48 54 01 57 - Fax : 02 48 54 01 67 - E-mail : jaudibert@wanadoo.fr - http://la-chanceliere.ifrance.com

STE-GEMME   C.M. 238 Pli 20

ıı 1 ch. **Chambre de 2 pers. avec salle d'eau, wc et TV aménagée dans une petite maison indépendante face à celle des propriétaires.** Séjour à disposition. Terrain clos arboré et fleuri, salon de jardin. Parking. Animaux acceptés sur demande. Fabienne et Bernard vous accueilleront dans ce charmant village du Pays Fort-Sancerrois et vous feront découvrir cette belle région. Langue parlée : anglais.

Prix : 2 pers. **38 €**
Ouvert : Du 21 mars au 11 novembre.

10	10	3	10	SP	3	10	10	20	SP

Bernard ROBIN - Le Bourg - 18240 STE-GEMME - Tél. : 02 48 79 32 46 - E-mail : Bernard.ROBIN9@wanadoo.fr

Centre — Cher

STE-GEMME La P'Tite Auberge — A
C.M. 238 Pli 20

3 ch. — 3 ch. à l'étage d'une ancienne maison du Sancerrois restaurée à côté d'une auberge campagnarde. Petit jardin. Salon de jardin. Coin-salon et salle à manger/kitchenette réservés aux hôtes. 2 ch. 2 pers. et 1 ch. 3 pers., toutes avec s. d'eau/wc privés. Poss. repas à l'auberge. Langue parlée : anglais.

Prix : 1 pers. 35 € 2 pers. 37 € 3 pers. 51 € pers. sup. 14 €
Ouvert : Toute l'année sauf 15 jours en sept. et 15 jours en fév. (vacances).

🐕	⛱	🏊	🎾	🎣	🚶	🏇	🎿	🏰	🚉
	10	10	SP	4	SP	10	10	8	SP

Philippe et Joëlle VENEAU - La P'tite Auberge - 18240 STE-GEMME - **Tél. : 02 48 79 38 51**

STE-GEMME Les Verdoys
C.M. 238 Pli 20

2 ch. — Sancerre 10 km. Cosne-sur-Loire 9 km. Au 1er étage d'une ancienne ferme berrichonne rénovée, 1 suite de 2 chambres 2 pers. avec salle de bains et wc privés. Jardin, terrasse, salon de jardin. Restaurant 1 km. Golf 10 km. Au cœur des vignobles du Sancerrois, entre Sancerre et Cosne-sur-Loire.

Prix : 2 pers. 38 € pers. sup. 10 €
Ouvert : Toute l'année.

🐕	⛱	🏊	🎾	🎣	🚶	🏇	🎿	🏰	🚉
	6	10	10	1	SP	8	13	9	6

Andrée PINARD - Les Verdoys - 18240 STE-GEMME - **Tél. : 02 48 79 38 40 ou 06 82 48 11 38**

SUBLIGNY Moulin Guillard — (TH)
C.M. 238 Pli 20

E.C. 2 ch. — Sancerre 15 km. Aménagée dans une belle maison du 18e indépendante, une suite de 2 ch. (1 lit 160, 2 lits 1 pers.), avec salon (cheminée, piano), salle d'eau/wc, sur le site d'un ancien moulin. Grand terrain, jardin de vivaces, bief et rivière. Salons de jardin. Après avoir traversé le gué, vous serez séduits par ce lieu enchanteur où tout aspire à la détente. Découverte du Sancerrois et de ses vignobles. Langue parlée : anglais.

Prix : 1 pers. 39 € 2 pers. 46 € pers. sup. 15 € repas 18 €
Ouvert : Du 1er avril au 31 octobre et sur réservation l'hiver.

🐕	🏊	🎾	🎣	🚶	🏇	🏰	🚉
	15	SP	SP	SP	3	8	20	8

Dorothée MALINGE - Moulin Guillard - 18260 SUBLIGNY - **Tél. : 02 48 73 70 49**

THENIOUX Le Petit-Nançay
C.M. 238 Pli 17

5 ch. — 5 ch. dont 2 de plain-pied, avec chacune entrée indép. dans d'anciens bâtiments de ferme de caractère du XVe. 5 ch. 2/4 pers. avec chacune salle d'eau/wc particuliers. Salle commune. 2 salons, bibliothèque et coin-cuis. à dispo. Cuisines intérieur et extérieur avec barbecue. Piscine. Restaurant sur place. Italien parlé également. Langues parlées : anglais, allemand, espagnol.

Prix : 1 pers. 34 € 2 pers. 38/42 € 3 pers. 48/52 € pers. sup. 10/14 €
Ouvert : Toute l'année.

🐕	⛱	🏊	🎾	🎣	🚶	🏇	🎿
	2	SP	SP	SP	SP	7	2

Joël et Michele BARDIOT-JOBLEAU - Le Petit Nançay - 5, route de Genouilly - 18100 THENIOUX - **Tél. : 02 48 52 01 58** - **Fax : 02 48 52 01 58** - **E-mail : bardiot-jobleau@libertysurf.fr**

VERDIGNY — A
C.M. 238 Pli 20

4 ch. — 3 chambres 2 pers., 1 chambre 3 pers. avec salle d'eau/wc particuliers. Jardin, terrain, aire de jeux. Forêt à 5 km. Possibilité de repas sur demande à l'auberge sur place.

Prix : 2 pers. 30/34 € pers. sup. 14 € repas 14/21 €
Ouvert : Toute l'année sauf fêtes de fin d'année et 15 derniers jours d'août.

🐕	⛱	🏊	🎾	🎣	🚶	🏇
	7	4	4	7	SP	6	7

Jocelyne PASDELOUP - Auberge du Vigneron - 18300 VERDIGNY - **Tél. : 02 48 79 38 68**

VESDUN Bon Merle
C.M. 238 Pli 42

1 ch. — Culan 5 km. A proximité de Culan, 1 suite comprenant 1 chambre (2 lits 1 pers.), salle d'eau, wc, 1 salon (TV, convertible 2 pers.) et 1 coin-cuisine, aménagée dans un ancien corps de ferme indépendant. Terrasse, salon de jardin. Tarif dégressif à partir de la 2e nuit. Sur place équitation (promenade, manège), accueil chevaux et location de quads. Location de vélos et restaurant à 2 km. Les propriétaires possèdent également un camping à la ferme. Langues parlées : hollandais, anglais, allemand.

Prix : 2 pers. 40 € pers. sup. 10 €
Ouvert : D'avril à octobre.

🐕	⛱	🏊	🎾	🎣	🚶	🏇	🎿	🏰	🚉
	12	2	2	SP	SP	12	30	2

Andries et Lidy PENNING - Bon Merle - 18360 VESDUN - **Tél. : 02 48 63 04 27** - **Fax : 02 48 63 08 16**

VIGNOUX-SOUS-LES-AIX La Petite Noue — (TH)
C.M. 238 Pli 19

3 ch. — Vignoble de Menetou-Salon 5 km. A 10 mn de Bourges. Chambres de 2 et 3 pers. chacune avec salle d'eau/wc. Accès indépendant à tous. Dans une ancienne ferme berrichone du XIXe. Grand terrain arboré avec pièce d'eau. Terrasse. Salon de jardin. Séjour/salon (cheminée, TV) à disposition. Châteaux de la Route Jacques Coeur. Vous serez séduits par cette belle ferme rénovée, la gentillesse des propriétaires et le confort qu'ils vous offriront.

Prix : 1 pers. 31 € 2 pers. 36/39 € 3 pers. 46 € pers. sup. 11 € repas 14 €
Ouvert : Toute l'année.

🐕	⛱	🏊	🎾	🎣	🚶	🏇	🎿	🏰	🚉
	12	12	12	3	SP	12	12	12	1

Jean-François et Danielle GILBERT - La Petite Noue - 18110 VIGNOUX-SOUS-LES-AIX - **Tél. : 02 48 64 56 55**

Cher

Centre

VIGNOUX-SUR-BARANGEON Villemenard
C.M. 238 Pli 18

||| 6 ch. Aux portes de la Sologne, 6 ch. (3 de 2 pers., 2 de 3 pers. et 1 de 4 pers.), toutes avec s.d.b. et wc, aux 1er et 2e étages d'une grande demeure bourgeoise du XIXe reconstruite sur un site très ancien. Salle à manger ouverte aux hôtes. Parc arboré avec rivière et étangs (pêche, promenade en barque). Salons de jardin. Nombreux restaurants à prox. Le charme de la propriété, son calme et la salle à manger aux magnifiques boiseries et tableaux de faïence vous feront d'autant plus apprécier cette halte agréable. Langues parlées : espagnol, anglais.

Prix : 2 pers. **40/44 €** pers. sup. **14 €**
Ouvert : Toute l'année.

🐕	⛱	🎾	🚶	🏊	⛳	🏛
5	5	SP	SP	7	25	5	8

Jacques et Marie-Dominique GREAU - Villemenard - 18500 VIGNOUX-SUR-BARANGEON - Tél. : 02 48 51 53 40 - Fax : 02 48 51 58 77

VILLECELIN L'Auzon
C.M. 238 Pli 30

||| 1 ch. **Châteauneuf-sur-Cher 10 km. Lignières 7 km.** A 3 km de la D940, entre Châteauneuf et Lignières, 1 ch. 2 pers. avec sanitaires privés, à laquelle peuvent se rajouter 1 ch. 1 pers. (18,50 €) et/ou 1 ch. 2 pers. au 1er étage (avec entrée indépendante) d'une grande maison en pleine nature. Belle vue sur la campagne environnante. Grand terrain arboré. Pour un séjour de 7 nuits, la 7e est offerte. Salon de jardin. Nombreux châteaux à proximité. Aire de loisirs et de pique-nique à 3 km au bord de l'Arnon.

Prix : 1 pers. **33 €** 2 pers. **37/39 €** pers. sup. **13 €**
Ouvert : Toute l'année.

🐕	⛱	🎾	🚶	🏊	⛳	🏛
7	3	7	SP	10	7	10	7

Jacques et Gilberte CARTERON - l'Auzon - 18160 VILLECELIN - Tél. : 02 48 60 00 81 ou 02 48 60 14 18

Eure-et-Loir

GITES DE FRANCE - Chambre d'Agriculture
10, rue Dieudonné Costes - 28024 CHARTRES Cedex
Tél. 02 37 24 45 45 - Fax 02 37 24 45 90

AMILLY
C.M. 60 Pli 17

||| 3 ch. **Chartres 5 km.** A la périphérie de Chartres, dans une ancienne grange du 19è siècle, Michèle et Jean-Claude vous proposent à l'étage de leur maison 3 chambres climatisées, dont 2 avec lit en 160 et 1 avec 2 lits 1 pers. Salle d'eau et wc privées pour chaque chambre. Entrée, séjour, salon indépendant avec TV. Golf à 30 km.

Prix : 1 pers. **40 €** 2 pers. **47/52 €** pers. sup. **15 €**
Ouvert : Toute l'année.

🐕	⛱	🎾	🚶	🏊	🚴	⛳	🏛
3	SP	3	10	10	SP	0,5	SP

Michèle et J-Claude CAT - La Martignyère - 12, bis rue de la Gare - 28300 AMILLY - Tél. : 02 37 32 96 12 - Fax : 02 37 32 96 12

BAILLEAU-L'EVEQUE Levesville
(TH)
C.M. 60 Pli 7

||| 3 ch. Dans une grande maison de ferme, à l'étage : 1 ch. : 2 pièces contiguës avec 2 lits 1 pers. dans chacune, salle d'eau/wc privée, 2 ch. avec 1 lit 2 pers., salle de bains, wc privés, possibilité 1 lit supplémentaire. Au rez-de-chaussée : salon à disposition exclusive des hôtes. Chambres non fumeur. Garage. Accès jardin. Grand calme et verdure. Langue parlée : anglais.

Prix : 1 pers. **40 €** 2 pers. **45/55 €** pers. sup. **15 €** repas **15 €**
Ouvert : Toute l'année.

🐕	✗	⛱	🎾	🏊	⛳	🏛
2	3	8	8	5	10	3

Bruno et Nathalie VASSEUR - Avenue du Château - Levesville - 28300 BAILLEAU-L'EVEQUE - Tél. : 02 37 22 97 02 - Fax : 02 37 22 97 02

LA BAZOCHE-GOUET
(TH)
C.M. 60 Pli 16

||| 1 ch. 1 chambre aménagée dans un logement indépendant et mitoyen avec un gîte rural dans la cour d'un moulin du XVIIe siècle. Rez-de-chaussée : séjour avec TV. Téléphone en réception uniquement. Coin-cuisine, wc. Etage : 1 chambre avec 1 lit 2 pers., salle de bains, wc. Nombreux loisirs sur place. Etang de pêche. Parking clos. Animaux admis sous réserve. Site internet : www.chateaux-france.com/gitesgrandmoulin Langues parlées : espagnol, anglais.

Prix : 1 pers. **34 €** 2 pers. **43 €** repas **16 €**
Ouvert : Toute l'année.

🐕	✗	⛱	🎾	⛳	🏛
	SP	SP	SP	15	29	SP

Marie-Claude COURNARIE - 3, rue du Moulin - 28330 LA BAZOCHE-GOUET - Tél. : 02 37 49 26 76 - E-mail : jitemoulin@net-up.com - http://perso.net-up.com/jitemoulin

Centre — Eure-et-Loir

BOISSY-LES-PERCHE (TH) *C.M. 60 Pli 16*

2 ch. — Verneuil-sur-Avre 5 km. Ferté-Vidame 14 km. Simone et Guy vous accueillent dans leur ferme percheronne et vous proposent 2 chambres avec poutres dont 1 (1 lit 2 pers., 1 lit 1 pers.), l'autre (1 lit 2 pers. 2 lits 1 pers.), dans chacune salle d'eau, wc, kitchenette, TV. Poss. de promenades en calèches. Table d'hôtes sur réservation le soir. Contexte agréable et verdoyant. 4 pers. : 55 €. 244 €/semaine. Golf à 10 km. Langue parlée : anglais.

Prix : 1 pers. 28 € 2 pers. 36/39 € 3 pers. 46 € pers. sup. 10 € repas 15 €
Ouvert : Toute l'année.

SP	0,5	5	5	5	30	SP	5	5

Simone et Guy BUTHIER - Calèche de Philmain - 28340 BOISSY-LES-PERCHE - Tél. : 02 37 37 65 38 ou 06 73 34 88 47 - Fax : 02 37 37 65 38

BOULLAY-MIVOIE Fonville *C.M. 60 Pli 17*

1 ch. — Dreux 10 km. Chartres 20 km. Dans un corps de ferme de caractère, une chambre indépendante de plain pied, est mise à disposition (1 lit 2 pers.), mezzanine avec 2 lits 1 pers. + 1 canapé convertible. Salle de bains et wc privatifs. A proximité, centre nautique, promenades, pêche.

Prix : 1 pers. 38 € 2 pers. 46 € 3 pers. 53 €
Ouvert : Toute l'année.

3,5	3,5	3,5	10	3,5	4	10	3,5

Dominique HEBERT - 5, rue de la Chapelle - Fonville - 28210 BOULLAY-MIVOIE - Tél. : 02 37 38 35 02

LE BOULLAY-THIERRY La Musardière *C.M. 60 Pli 17*

2 ch. — Chartres 18 km. Dreux 12 km. Charmant village avec château et église du XII et XVIIe s., à 1 km de la RN154 Chartres/Dreux, jolie maison du XVIIe au milieu d'un jardin clos fleuri et arboré fruitiers. 2 chambres d'hôtes avec salle de bains privative, TV couleur, petit déjeuner soigné et copieux à volonté. Parking fermé, entrée indépendante, environnement calme et bucolique, à 1 heure de Paris. Langue parlée : anglais.

Prix : 2 pers. 46/53 € pers. sup. 15 €
Ouvert : Toute l'année.

5	SP	9	9	12	10	12	5

POINCELET - Villa « La Musardière » - 7, rue du Marchis - 28210 LE BOULLAY-THIERRY - Tél. : 02 37 38 32 72 - www.france-bonjour.com/la-musardiere/

LE BOULLAY-THIERRY (TH) *C.M. 60 Pli 17*

2 ch. — Chartres 25 km. Dreux 10 km. Paris 1 heure. Muriel sera ravie de vous recevoir dans sa chaumière contemporaine. A votre disposition : 2 chambres d'hôtes décorées dans le style campagnard anglais, 1 au rez-de-chaussée (lit 2 pers.), salle de bains, wc privés, 1 au 1er étage (lit 200), salle de douche, wc privés. Petit déjeuner copieux, table d'hôtes sur réservation. Golf 12 km.

Prix : 2 pers. 43/46 € repas 14/19 €
Ouvert : Toute l'année.

4	4	10	9	8	8	12	5

Muriel DESSART - 8, rue Neuve - « La Chaumière » - 28210 LE BOULLAY-THIERRY - Tél. : 02 37 38 37 15 - www.france-bonjour.com/la-chaumiere/

LA BOURDINIERE-SAINT-LOUP Le Temple *C.M. 60*

5 ch. — Marcel et Marguerite vous accueillent chaleureusement dans 5 chambres d'hôtes (2 et 3 épis) aménagées au rez-de-chaussée de leur maison de ferme. Entrées indépendantes, salles d'eau et wc privatifs. TV et cuisine à disposition exclusive des hôtes. Lave-linge. Parking privé clos. Coin de verdure, salons de jardin, balançoires. A 4 km A11. Sortie Thivars Chartres centre direction Tours. Brasserie à 300 m, restaurant à proximité. Sur la route des Châteaux de la Loire et de l'Espagne.

Prix : 1 pers. 30 € 2 pers. 38 € 3 pers. 47 € pers. sup. 10 €
Ouvert : Toute l'année.

0,3	12	15	12	12	15	15	8

Marcel et Marguerite GUIARD - Hameau du Temple - 3, route Nationale 10 - 28360 LA BOURDINIERE-SAINT-LOUP - Tél. : 02 37 26 61 90 - Fax : 02 37 26 61 90 - www.francebonjour.com/guiard/

BOUTIGNY-SUR-OPTON La Musse (TH) *C.M. 60 Pli 8*

2 ch. — Dans la maison des propriétaires, situé à l'étage 1 ch. (1 lit 2 pers. 1 lit 1 pers.). Salle d'eau et wc particuliers. Poss. lit enfant 8 € petit déj.compris, (si usage des 2 lits pour 2 pers. supplément de 5 €). 1 ch. 3 lits et sanitaires privés avec salle de bains. R.d.c. : cuisine et grande salle de réception, salle de séjour, salon, cheminée, TV à disposition. A proximité, chambres à disposition avec le même confort sanitaire en gîte de séjour. Circuits et visites organisés. Prix nuit 6 pers. : 96 €., 4 pers. : 72 €. 1/2 pension pour 2 pers. : 69 €. Vin et café compris dans le prix du repas.

Prix : 1 pers. 32 € 2 pers. 41 € 3 pers. 56 € repas 14 €
1/2 pens. 69 €
Ouvert : Toute l'année.

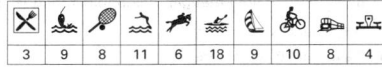

3	9	8	11	6	18	9	10	8	4

Serge et Jeanne-Marie MARECHAL - S.C.E.A. des Tourelles - La Musse 11, rue des Tourelles - 28410 BOUTIGNY-PROUAIS - Tél. : 02 37 65 18 74 ou 06 74 52 39 79 - Fax : 02 37 65 18 74

Eure-et-Loir   *Centre*

BROU   C.M. 60

1 ch. Dans un petit chef-lieu de canton, 1 chambre aménagée à l'étage d'une superbe maison. 1 lit 2 pers., bibliothèque, salle de bains et wc privés. Ensemble décoré avec beaucoup de soin par Réjane, la propriétaire. Petit déjeuner pris dans la salle à manger, dans le jardin d'agrément ou dans le jardin d'hiver. Chauffage central. Sortie autoroute A11, Brou, Luigny 8 km. Base nautique de loisirs 1,5 km.

Prix : 1 pers. 38 € 2 pers. 47 € 3 pers. 61 €
Ouvert : Toute l'année.

SP	1	1	1	1	1	1	1	SP

Réjane RAIMBERT - 6, avenue du Général Leclerc - 28160 BROU - Tél. : 02 37 47 16 40 ou 02 37 47 02 38 - Fax : 02 37 47 19 88

CHAMPROND-EN-GATINE   C.M. 60 Pli 6

3 ch. 3 chambres d'hôtes aménagées à l'étage d'une maison dans un petit bourg. 2 chambres (1 lit 2 pers.), 1 chambre (2 lits 1 pers.). Salle d'eau pour chaque chambre, 2 wc communs à l'usage exclusif des hôtes. Chauffage central. Jardin d'agrément. Balançoires. Coin-lecture. Circuits et visites organisés. VTT. Table d'hôtes sur réservation.

Prix : 1 pers. 26 € 2 pers. 35 € 3 pers. 47 € repas 14 €
Ouvert : Toute l'année.

SP	SP	SP	15	SP	1,5	SP	SP

Pierre et Michelle MICHEL - 10, rue des Rosiers - 28240 CHAMPROND-EN-GATINE - Tél. : 02 37 49 80 36 ou 02 37 37 30 92

CHATEAUDUN Moulin de Vouvray   C.M. 60 Pli 17

4 ch. 4 chambres d'hôtes aménagées à l'étage d'un moulin (site exceptionnel), à 3 km du bourg. 4 ch. 3 pers. avec lavabo et bidet pour chacune. Salle de bains et wc communs. Pièce de séjour au rez-de-chaussée. Jardin, parking à la disposition des hôtes. Langue parlée : anglais.

Prix : 1 pers. 21 € 2 pers. 33 € 3 pers. 42 €
Ouvert : Du 1er juillet au 15 septembre.

5	3	5	5	4	6	5	5	3

Yves MICHAU - Moulin de Vouvray - 28200 ST-DENIS-LES-PONTS - Tél. : 02 37 45 22 07

CHATEAUDUN   C.M. 60 Pli 17

3 ch. 3 ch. d'hôtes dans un petit village avec entrée indépendante. 2 ch. (2 lits 2 pers.), et possibilité de 1 lit 1 pers. et salle d'eau pour chacune. 1 ch. avec lavabo (2 lits 1 pers. et 1 lit enfant). 2 wc. Petite cuisine à disposition des hôtes. Possibilité lit bébé et lit suppl. 1/2 pension sur la base de 2 pers. - 10 % à partir de la 3e nuit. Tarif 4 pers. : 51,50 €. Langue parlée : anglais.

Prix : 1 pers. 25/26 € 2 pers. 28/32 € 3 pers. 43 € repas 9 €
Ouvert : Toute l'année.

5	4	5	5	5	10

Monique ALLEZY - 8, rue de l'Etoile - Crépainville - 28200 CHATEAUDUN - Tél. : 02 37 45 37 44

CHATEAUNEUF-EN-THYMERAIS   C.M. 60 Pli 7

1 ch. Dans une maison située dans le bourg, 1 ch. 2 pers. + lit bébé + lit cage avec salle d'eau particulière. Salon avec TV. Jardin avec salon, parking. Randonnées sur place.

Prix : 1 pers. 29 € 2 pers. 32 € repas 11 €
Ouvert : Toute l'année.

SP	7	0,5	0,5	4	25	SP

Lucette VILTROUVE - 1 bis, rue de la Lune - 28170 CHATEAUNEUF-EN-THYMERAIS - Tél. : 02 37 51 82 26

CHATEAUNEUF-EN-THYMERAIS   C.M. 60 Pli 7

1 ch. Forêt domaniale 150 m. Golf du Bois d'O 3 km. 1 chambre à l'étage dans une maison récente en bordure d'une petite ville. 1 lit 2 pers. et lavabo. Salle de bains et wc particuliers. Garage. Table d'hôtes le soir sur demande. Golf 3 km.

Prix : 1 pers. 29 € 2 pers. 34 € repas 11 €
Ouvert : Toute l'année.

0,5	0,5	0,5	4	SP	SP

Geneviève BREARD - 8, résidence Chêne de Lorette - 28170 CHATEAUNEUF-EN-THYMERAIS - Tél. : 02 37 51 80 59

LES CHATELETS Genesteux   A   C.M. 60

3 ch. Le charme d'autrefois avec le confort d'aujourd'hui dans une ancienne grange rénovée pour vous accueillir en hôtes privilégiés. Claude vous propose 3 ch. indépendantes donnant sur terrasse, entièrement meublées et équipées (wc, salle d'eau, TV). Salle à manger, salon, bibliothèque. Tarifs spéciaux pour famille et longue durée.

Prix : 1 pers. 49 € 2 pers. 53 €
Ouvert : Du 1er avril au 30 septembre.

9	4	12	15	12	4

Claude MAILLOT - Genesteux - Les Chatelets - 28270 BREZOLLES - Tél. : 02 37 48 40 29

Centre — Eure-et-Loir

CHAZAY
C.M. 60 Pli 17

1 ch. **Chartres 10 km. Dreux 35 km.** Dans une ferme du 19ᵉ siècle, Yveline et Jean-Marie vous accueillent dans leur chambre « La Marmotte » : ch. spacieuse en r.d.c. avec entrée indép. (1 lit 2 pers.), avec poss. de couchages suppl. Salle de bains et wc privées. Coin-salon TV. Lit bébé sur demande. Calme garanti. 3500 m² de terrain avec arbres fruitiers, vue sur les champs et la forêt. A disposition : jardin et parking couvert fermé. Accès : par la RN23 direction Le Mans. Entrer dans Cintray. Suivre direction Chazay. Où par la D24 direction Senonches. A St-Aubin-des-Bois, prendre sur la gauche direction Chazay. Langue parlée : anglais.

Prix : 1 pers. 30 € 2 pers. 40 € pers. sup. 10 €
Ouvert : Toute l'année.

2,5	6	6	8	10	6	6	SP	6	2,5

Yveline et J.Marie GUINARD - 38, rue Jean Moulin - 28300 CHAZAY - Tél. : 02 37 32 80 53 ou 06 81 34 01 71 -
E-mail : jmguinard@aol.com - www.bonjour.com/guinard/

CHERISY
C.M. 60 Pli 17

1 ch. 1 ch. d'hôtes à l'étage d'une maison contemporaine au bord d'un étang sur terrain arboré de 3 ha. dans la vallée de l'Eure, à proximité d'une forêt domaniale. 1 chambre, très confortable (1 lit 2 pers.) 72 €, TV, s.d.b./wc. A disposition des locataires, salon avec billard. Poss. d'1 suite 2 ch. avec s.d.b. commune. Langues parlées : anglais, allemand.

Prix : 2 pers. 70/75 €
Ouvert : Toute l'année.

5	1

Jacques SARRUT - 6, route de Paris - L'Etang du Pont de Bois - 28500 CHERISY - Tél. : 02 37 43 81 67 ou 06 08 34 44 20 -
Fax : 02 37 62 03 03

CLOYES Ferme du Carrefour

C.M. 60 Pli 17

3 ch. Dans un hameau, au milieu des champs, Odile et Dominique vous proposent 3 ch. confortables dans leur ferme située à 1 km du chef-lieu du canton. 1 ch. (1 lit 2 pers.), salle d'eau et wc privés. 1 ch. (1 lit 2 pers.) + 1 petite ch. attenante (1 lit 1 pers.), salle d'eau et wc privés. 1 ch. (2 lits jumeaux, et lit suppl. 1 pers.), salle d'eau et wc privés. Séjour/salle à manger avec TV couleur à disposition des hôtes. Terrasse, parking, ping-pong.

Prix : 1 pers. 30 € 2 pers. 37 € 3 pers. 45 €
Ouvert : Toute l'année.

1	1	1	10	10	2	2	14	1

Dominique et Odile CLICHY - Ferme du Carrefour - 28220 CLOYES - Tél. : 02 37 98 53 10 - Fax : 02 37 98 53 10

COURBEHAYE Moronville

C.M. 60 Pli 18

2 ch. **Chartres 35 km. Châteaudun 25 km. Orléans 45 km.** Florence et Yves vous proposent dans leur ferme fortifiée typiquement beauceronne : 2 chambres avec entrée indépendante par la tour carrée du XVIᵉ s. 1 ch. (2 lits 1 pers., possibilité lit supplémentaire), 1 ch. (1 lit 2 pers.), salle d'eau et wc privatifs chacune. Petite cuisine à disposition des hôtes. Lit bébé sur demande. Jardin. Propriétaires également d'un gîte rural. Langue parlée : anglais.

Prix : 1 pers. 35 € 2 pers. 42 € 3 pers. 48 €
Ouvert : Toute l'année.

9	5	25	SP	15	5

Florence et Yves HURBAULT - 2 Moronville - 28140 COURBEHAYE - Tél. : 02 37 99 70 03 - Fax : 02 37 99 83 39

DANGEAU Bouthonvilliers
(TH)
C.M. 60 Pli 17

3 ch. A la frontière de la Beauce et du Perche, Bouthonvilliers vous accueille, 1 ch. (1 lit 2 pers.). 1 ch. (2 lits 1 pers.). 1 suite composée de 2 chambres (dont 1 avec 1 lit 2 pers. et 1 avec 1 lit 1 pers.). Toutes les chambres ont salle de bains et wc privatifs. Table d'hôtes sur réservation. A proximité : châteaux de la Loire et activités de loisirs. Langue parlée : anglais.

Prix : 1 pers. 38 € 2 pers. 99 € pers. sup. 15 € repas 37 €
Ouvert : Toute l'année.

0,1	5	7	7	7	SP	7	5

Thérèse et Richard DE VERDUN - Bouthonvilliers - 28160 DANGEAU - Tél. : 02 37 96 77 04

LA FERTE-VIDAME Manoir de la Motte
C.M. 60 Pli 6

2 ch. Aux confins de la Normandie et du Perche, le charme d'une demeure du XIXᵉ siècle où l'ont vous réservera un accueil chaleureux. 1 ch. 2 pers., 1 ch. enfant et 1 suite/2 ch. 4 pers., avec salles de bains/wc privées. Jardin d'hiver avec TV. Accès bibliothèque. Sur place golf 3 trous. Parc, jogging. 140 €/4 pers. Aux alentours : Cité historique, randonnées, routes tranquilles du Perche (Parc National). Langues parlées : anglais, allemand.

Prix : 2 pers. 85/95 €
Ouvert : Toute l'année.

1	2	15	15	12	12	1

Jean-Pierre et Anne JALLOT - La Motte - 28340 LA FERTE-VIDAME - Tél. : 02 37 37 51 69 ou 06 22 15 00 70 - Fax : 02 37 37 51 56 -
E-mail : Manoir.de.la.Motte.LFV@wanadoo.fr - www.lemanoirdelamotte.com

Eure-et-Loir

Centre

ILLIERS-COMBRAY La Patrière   A   *C.M. 60 Pli 17*

1 ch. Robert met à votre disposition une chambre d'hôtes en r.d.c. de leur grande maison située dans un hameau (bourg 2 km) : 1 lit 2 pers., petit salon (TV couleur, bibliothèque, canapé), salle d'eau, salle de bains et wc privatifs. Grand espace arboré. Parking. Possibilité lit enfant (gratuit jusqu'à 6 ans). Table d'hôtes le soir sur réservation. Circuits organisés.

Prix : 1 pers. 34 € 2 pers. 38 € pers. sup. 11 €
Ouvert : Toute l'année.

0,8	3	3	1	3	14	14	2	2	2

Robert DUBREUIL - La Patrière - 28120 ILLIERS-COMBRAY - Tél. : 02 37 24 05 46 - Fax : 02 37 24 05 46

LANDELLES Les Rivelles

1 ch. Aux confins du Perche et de la vallée de l'Eure, 1 suite (indépendante en rez-de-jardin), vous accueille dans cette demeure de caractère bordée d'un parc à l'anglaise, située à 100 m de l'Eure. Chambre avec 1 lit 2 pers. donnant sur terrasse et tonnelle végétale, salle de bains et wc privatifs séparés. TV couleur. 1 couchage suppl. en mezzanine. Très bel environnement. Pêche, ski nautique, randonnées, VTT sur place. Langue parlée : anglais.

Prix : 1 pers. 35 € 2 pers. 42 € 3 pers. 57 €
Ouvert : Toute l'année.

4	SP	4	4	15	15	SP	4	4

Nicole ELEAUME - Les Rivelles - 5, rue de la Rivière Neuve - 28190 LANDELLES - Tél. : 02 37 23 34 61 ou 06 20 11 59 18

LUISANT   *C.M. 60 Pli 7*

2 ch. Chartres 2,5 km. Dans un pavillon, vallée de l'Eure, 2 chambres à l'étage : 1 chambre (1 lit 2 pers., poss. lit suppl.). 1 chambre (2 lits 1 pers. poss. 1 lit suppl.). Salle d'eau, wc particuliers attenants à chaque ch. Cadre agréable. Jardin avec salon. Etang et rivière à proximité. Pavillon non fumeur. Langues parlées : anglais, italien.

Prix : 1 pers. 32 € 2 pers. 43 € 3 pers. 12 € pers. sup. 80 €
Ouvert : Toute l'année.

2	0,4	0,6	2	0,4	3	8	1	3	1

Michèle FLEURY - 38, rue Pasteur - 28600 LUISANT - Tél. : 02 37 34 74 58 - Fax : 02 37 34 74 68 - E-mail : micf@minitel.net - http://michele.fleury.free.fr

MAINVILLIERS Seresville   *C.M. 60 Pli 7*

2 ch. Dans une ancienne fermette du village de Serville, à 5 km de la cathédrale, une grange a été aménagée pour vous recevoir. Un escalier de type meunier conduit à l'étage où 2 chambres avec TV sont à votre disposition. L'une avec 1 lit 2 pers., l'autre avec 2 lits 1 pers. WC et salles d'eau privatifs. Au rez-de-chaussée, dans le séjour avec poêle alsacien, une kitchenette vous permettra de préparer un repas. Parking au fond du potager en été. Langue parlée : anglais.

Prix : 1 pers. 28 € 2 pers. 36 €
Ouvert : Toute l'année.

5	3	2	2	4	7	4,5	2,5

SOYER-DUVIVIER - 9, rue de l'Arsenal - Seresville - 28300 MAINVILLIERS - Tél. : 02 37 21 54 70

LE MEE   (TH)   *C.M. 60 Pli 17*

2 ch. En limite du Loir-et-Cher, dans le cadre verdoyant et fleuri d'un petit village calme, je serai heureuse de vous proposer 2 grandes chambres de qualité dont 1 de plain-pied avec 2 lits jumeaux et 1 lit 1 pers. supplémentaire, salle d'eau (douche avec jets) attenante et wc séparés. Terrasse privative et accès indépendant. L'autre chambre avec possibilité accès indépendant par escalier en pierre (assez raide) et lit 180, salle de bains attenante (grande baignoire et douche), wc séparés. Décoration soignée et personnalisée. Petit déjeuner copieux dans veranda et table d'hôtes qui vous ravira. Langues parlées : anglais, allemand, italien.

Prix : 1 pers. 55 € 2 pers. 55 € 3 pers. 70 € pers. sup. 15 € repas 23 €
Ouvert : Toute l'année.

12	12	12	13	15	12	12	12

Caroline VIDICAN - 20 rue Pierre Genet - 28200 LE MEE - Tél. : 02 37 44 13 71 - Fax : 02 37 44 10 63 - www.loire-bedandbreakfast.com

MONTLANDON   (TH)   *C.M. 60 Pli 16*

2 ch. Chartres 37 km. Nogent-le-Rotrou 17 km. Maison confortable et contemporaine, aux abords du village. R.d.c. : 1 ch. (1 lit 2 pers.), salle de bains et wc privés. 1er étage : 1 ch. (1 lit 2 pers., possibilité lit suppl.), salle d'eau et wc privés. Grand jardin avec joli panorama. Parking. Dîner sur réservation. Apéritif maison et vin compris dans le tarif repas. A proximité de la RN23, entre Chartres et Nogent-le-Rotrou. Région du Perche.

Prix : 1 pers. 31 € 2 pers. 34 € 3 pers. 44 € repas 12 €
Ouvert : Toute l'année sauf 1ère quinzaine de septembre.

SP	4	4	10	4	18	10	10

Gérard et Suzanne GALLET - 7, rue de la Tour - 28240 MONTLANDON - Tél. : 02 37 49 81 06

Centre   **Eure-et-Loir**

MORANCEZ   *C.M. 60 Pli 18*

1 ch. Catherine et Richard vous proposent 1 chambre d'hôtes à l'étage de leur pavillon, en périphérie de Chartres, dans un endroit calme avec pelouse et arbres. 1 lit 2 pers., salle de bains et wc privés. Nombreux loisirs à proximité. Langue parlée : anglais.

Prix : 1 pers. 27 € 2 pers. 37 €
Ouvert : Toute l'année.

1,5	1	1	3	1	1	10	6	2

Richard et Catherine HUET - 139 bis, rue de Chartres - 28630 MORANCEZ - Tél. : 02 37 34 57 04 - Fax : 02 37 34 57 04 -
E-mail : ric9001@genie.fr

NOGENT-LE-PHAYE   *C.M. 60*

5 ch. André et son épouse vous proposent 5 chambres d'hôtes, à l'étage de leur maison contemporaine, nichée dans un parc de verdure, très calme et fleuri, à proximité de Chartres. 1 ch. (2 lits 80 jumelés en 160), 1 ch. (2 lits 1 pers.), 2 ch. (1 lit 2 pers. chacune), 1 ch. (1 lit 2 pers., 1 lit 1 pers.). Toutes avec salle d'eau ou salle de bains, wc et TV privés. Salle à manger et coin-salon à disposition des hôtes.

Prix : 1 pers. 43 € 2 pers. 49/53 € 3 pers. 76 €
Ouvert : Toute l'année.

SP	7	SP	7	3	7	18	8	SP

André LEBOUCQ - 1, rue de la Boissière - 28630 NOGENT-LE-PHAYE - Tél. : 06 09 39 54 60

NOGENT-LE-ROI Moulin du Roi   *C.M. 60 Pli 8*

4 ch. **Maintenon 8 km.** Dans un moulin en pleine verdure, au bord de l'Eure, jardin clos, arboré et fleuri, parking clos : 2 grandes ch. en rez-de-jardin, chacune avec s.d.b. et wc. Suite de 2 ch. à l'étage, avec s.d.b. et wc. Salon à disposition pour petits déjeuners campagnards et veillées devant la cheminée. Vous serez charmés par la douceur des lieux, le calme des bords de rivière. Pêche sur place. Vous apprécierez la proximité du bourg et des restaurants accessibles à pied. A 1 h de Paris et 20 mn des flèches de la cathédrale de Chartres. Fermé le samedi soir sauf pour nos hôtes reçus le vendredi soir ou le dimanche soir. 74 €/4 pers. Langue parlée : anglais.

Prix : 1 pers. 34/44 € 2 pers. 44/54 € 3 pers. 64 €
Ouvert : De février à novembre.

SP	0,5	0,3	3	8	8	0,5

Claude-Jeanne FAURE - Rue du Pont de Demoiselle - Moulin du Roi - 28210 NOGENT-LE-ROI - Tél. : 02 37 51 32 39 -
Fax : 02 37 51 22 83 - E-mail : cdrhum@hotmail.com - www.cdrhum.com

OINVILLE-SAINT-LIPHARD   *C.M. 60 Pli 19*

3 ch. Entre Paris et Orléans, à 4 km de la RN20 et 7 km de l'A10-E5 (sortie 12). Entrée indépendante, TV et sanitaires privés pour chacune. Chambres non fumeur. Au r.d.c., ch. « Jaune » (1 lit 160). A l'étage, ch. « Bleue » (1 lit 2 pers., 1 lit 1 pers.), ch. « verte » ensemble de 2 ch. (1 avec 1 lit 160 et 1 lit 1 pers.), l'autre avec 2 lits 1 pers.). Terrain arboré. Restaurants à 4 km. Possibilité lit bébé (3 €). Réduction à partir de la 3ᵉ nuit. Repas sur réservation. Parking fermé. Entrée : portail gris derrière l'arrêt bus. Langue parlée : anglais.

Prix : 1 pers. 28 € 2 pers. 40 € 3 pers. 52 € pers. sup. 12 €
repas 10/20 €
Ouvert : Toute l'année.

4	4	4	SP	4

Annette MAILLAUX - 1 et 3, rue du Moulin - Détour Beauceron - 28310 OINVILLE-SAINT-LIPHARD - Tél. : 02 37 90 28 76 -
E-mail : detour.beauceron@wanadoo.fr

OINVILLE-SOUS-AUNEAU Cherville   *C.M. 60 Pli 18*

1 ch. **Chartres 18 km. Auneau 6 km.** Caroline et Christophe vous accueillent en chambre d'hôtes dans une maisonette indépendante située dans la cour de leur ferme beauceronne, avec 1 ch. (1 lit 2 pers.), TV couleur, salle d'eau et wc séparés. Séjour détente avec kitchenette à disposition des hôtes. Golf à 20 km.ùPossibilité couchage supplémentaire. Lit bébé sur demande. Langues parlées : anglais, allemand, italien.

Prix : 1 pers. 35 € 2 pers. 43 € pers. sup. 9 €
Ouvert : Toute l'année.

6	6	6	3	15	6	3

Christophe LETHUILLIER - 2, rue des Prunus - Cherville - 28700 OINVILLE-SOUS-AUNEAU - Tél. : 02 37 31 72 80 - Fax : 02 37 31 38 56 -
E-mail : christophe.lethuillier@libertysurf.fr

PRE-SAINT-MARTIN Le Carcotage Beauceron   *C.M. 60 Pli 17*

4 ch. **Chartres 27 km.** Aménagées avec goût à l'étage d'une ferme beauceronne du 18ᵉ et début 20ᵉ. 1 ch. 2 pers. 1 ch. 3 pers. et 2 ch. 4 pers., (meubles famille anciens). Toutes avec s. d'eau et wc séparés. Salon avec TV, cheminée et biblio. Chauffage central. Jardin d'agrément fleuri. Pelouse bordée de haies arbustives. Cour fermée. Piscine pour enfants. Tarif 4 pers. : 64 €. Chien : 6 €. Cuisine mise à dispo. La 10ᵉ nuit gratuite. Accueil convivial, 4 ch. spacieuses et confortables meublées ancien vous assurent le calme et le confort, dans un charmant cadre entre Paris et les châteaux de la Loire. ULM 1 km. VTT. Toute résa. non confirmée le jour même avant 17 h ne sera pas retenue. Langue parlée : anglais.

Prix : 1 pers. 38 € 2 pers. 42 € 3 pers. 52 € pers. sup. 11 €
Ouvert : Toute l'année.

8	8	4	8	7	8	25	SP	8

Jean-Baptiste VIOLETTE - 8, rue St-Martin - Le Carcotage Beauceron - 28800 PRE-SAINT-MARTIN - Tél. : 02 37 47 27 21 ou
02 37 47 38 09 - E-mail : carcotage.beauceron@wanadoo.fr - www.carcotage.com

Eure-et-Loir
Centre

ROMILLY-SUR-AIGRE La Touche
C.M. 60 Pli 17

1 ch. A Romilly-sur-Aigre, village dont Emile Zola s'inspira pour écrire son livre « La Terre », de plain-pied avec entrée indépendante. 1 lit 2 pers. Salle d'eau à l'usage exclusif des hôtes avec wc. Chauffage central. Cour gazonnée.

Prix : 1 pers. 28 € 2 pers. 39 €
Ouvert : Toute l'année.

5	5	5	15	15	0,5	5	5

René et Kristine BOURDON - La Touche - 28220 ROMILLY-SUR-AIGRE - Tél. : 02 37 98 30 48

SANTILLY Château Gaillard
C.M. 60 Pli 19

3 ch. En Beauce, 3 chambres à la ferme, à l'étage : 2 ch. (chacunes avec 2 lits 1 pers.), TV, salle d'eau, wc. 1 ch. (1 lit 2 pers.), salle de bains (balnéo-thérapie), wc. Séjour à disposition des hôtes. Maison restaurée confortable. Espace vert arboré. Salon de jardin. Garage. Table d'hôtes sur réservation. Abords RN20. Isolation accoustique. Sortie A10 Artenay n°13 ou Allaines n°12. Entrée route de Santilly.

Prix : 1 pers. 31/38 € 2 pers. 39/45 € pers. sup. 12 € repas 13 €
Ouvert : Toute l'année.

SP	20	6	6	20	28	SP	0,8	6

Florence et Bruno VILLETTE - 12, rue C. Péguy - Château Gaillard - 28310 SANTILLY - Tél. : 02 37 90 01 52 ou 02 37 90 24 98 - Fax : 02 37 90 24 98

SOURS Generville
C.M. 60 Pli 8

2 ch. Chartres 10 km. Paris 80 km. A proximité de Chartres, dans un bourg rural, Marie et François seront heureux de vous accueillir dans leur fermette restaurée, et vous proposent 2 chambres indépendantes. 1 ch. (2 lits 1 pers.), salle de bains et wc privatifs. 1 ch. en dupleix avec escalier en colimaçon (1 lit 2 pers., 1 lit 1 pers), salle d'eau et wc privatifs. ULM 2 km. Jardin arboré à disposition. A visiter : Maintenon et son château, les moulins de Beauce, Chartres et sa cathédrale, zoo « les félins d'Auneau », poney-club (5 km).

Prix : 1 pers. 38 € 2 pers. 48 € pers. sup. 12 €
Ouvert : Toute l'année.

2	10	10	10	6	20	10	10	2

Marie et François PERCHET - 11 rue de la Fontaine - Generville - 28630 SOURS - Tél. : 02 37 25 97 26 - Fax : 02 37 25 97 26

ST-ELIPH L'Auberdière
C.M. 60 Pli 6

3 ch. Dans habitation de ferme, 3 chambres aménagées à l'étage. Chaque chambre dispose d'un lit 2 pers. (1 possède en + 1 lit 1 pers.) et de sa salle d'eau particulière. WC communs aux 3 chambres. Coin-salon avec TV et lecture. Salle d'accueil au rez-de-chaussée. Téléphone en service restreint. Salon de jardin, barbecue. Dans la région « Perche », les chambres offrent un environnement tranquille. Base de loisirs à 5 km. Langue parlée : anglais.

Prix : 1 pers. 27 € 2 pers. 30 € 3 pers. 37 €
Ouvert : Toute l'année.

1	0,6	0,6	2	6	2	2	2

Jean-Pierre BOUDET - L'Auberdière - 28240 ST-ELIPH - Tél. : 02 37 81 10 46

ST-GEORGES-SUR-EURE Berneuse
C.M. 60 Pli 7

1 ch. De plain-pied dans une maison de charme située dans un hameau, en bordure de rivière. 1 lit 2 pers. Salle de bains et wc privés. Terrasse intégrée. Superbe parc arboré. Langues parlées : anglais, italien, espagnol.

Prix : 1 pers. 34 € 2 pers. 40 € 3 pers. 57 € pers. sup. 17 €
Ouvert : Toute l'année.

1	SP	1	5	1	SP	1	SP	3	1

VARRIALE Lucien et Marie-Laurence - Berneuse - 12, rue Basse - 28190 ST-GEORGES-SUR-EURE - Tél. : 02 37 26 80 49

ST-LAURENT-LA-GATINE
C.M. 60 Pli 18

3 ch. Versailles 55 km. Paris 65 km. Au 1er étage d'une maison, fin XIXe, calme et verdure, offrant le charme d'une vieille demeure avec des chambres à colombages. 1 ch. (2 lits 1 pers.), 1 ch. (1 lit 2 pers.), 1 ch. (1 lit 2 pers. 1 lit enfant). Chaque chambre dispose d'une s.d.b. et de wc privés. Au r.d.c. : une salle d'hôtes avec cheminée, terrasse avec salon de jardin. Golf à 15 km.

Prix : 1 pers. 49 € 2 pers. 58 €
Ouvert : Toute l'année.

6	7	4	6	6	20	10	5	15	6

Francis et Bernadette JAMES - Clos Saint-Laurent - 28210 ST-LAURENT-LA-GATINE - Tél. : 02 37 38 24 02

Centre
Eure-et-Loir

ST-LUPERCE Mousseau
C.M. 60 Pli 7

3 ch. **Chartres 12 km. Paris 90 km.** Entre Beauce et Perche, à proximité de l'Eure, dans un environnement calme et verdoyant, Marie-Laure & Gilles vous proposent 3 ch. d'hôtes à la ferme, dans dépendance au dessus d'une ancienne écurie, chacune disposant de s.d.b. et wc privatifs. La 1ère, « Bouton d'Or » (1 lit 160, 1 lit 120), la 2e « Myosotis » (1 lit 2 pers.) et la 3e « Tournesol » (2 lits 1 pers.).

Prix : 1 pers. 34 € 2 pers. 49 € 3 pers. 64 € pers. sup. 15 €
Ouvert : Toute l'année.

SP	2	9	9	9	9	2

Marie-Laure et Gilles PERRIN - Mousseau - 28190 ST-LUPERCE - Tél. : 02 37 26 85 01 - Fax : 02 37 26 78 29 -
E-mail : gillesperrin1@aol.com

ST-MAIXME Le Bois d'O
C.M. 60 Pli 7

1 ch. **Chartres 25 km. Maillebois 6 km.** Au calme, dans un écrin de verdure, Christine et Philippe vous accueillent et vous proposent une chambre (1 lit 2 pers., 1 lit 1 pers.) - accès pour escalier de ferme sur leur exploitation agricole avec entrée indép. et salle d'eau privative. Salle d'accueil à disposition des hôtes. Pelouse avec salon de jardin, barbecue. Lit et matériel bébé sur demande. Table d'hôtes le soir sur réservation. Sur place : tir à l'arc, forêt, randonnées pédestres, produits régionaux, location de VTT, VTC. Paniers pique-nique (6.10 €.), chasse, golf. Ouvert toute l'année. Langue parlée : anglais.

Prix : 1 pers. 34 € 2 pers. 37 € 3 pers. 46 € repas 13 €
Ouvert : Toute l'année.

SP	15	2,5	2,5	2,5	SP	15	2,5

Christine et Philippe GOURCI - Le Bois d'O - 28170 ST-MAIXME - Tél. : 02 37 51 68 68 - Fax : 02 37 51 68 68 -
E-mail : le-bois-d-o@wanadoo.fr

ST-MAIXME-HAUTERIVE La Rondellière
C.M. 60 Pli 16

4 ch. Dans un petit village, Catherine et Jean-paul vous accueillent à la ferme de la Rondellière. Indépendamment de leur habitation : au r.d.c., une salle de réception avec salon, cheminée et TV, une cuisine pour fête familiale. A l'ét. : 4 ch. : 2 ch. (2 lits 1 pers.), 1 ch. (1 lit 2 pers. et canapé conv.), 1 ch. (1 lit 2 pers.). Toutes sont équipées de bains et wc privés. Possibilité de lits supplémentaires ou de lit bébé. Table d'hôtes sur réservation. Tir à l'arc et golf à 2 km. Tennis et vélos sur place. Langue parlée : anglais.

Prix : 1 pers. 30 € 2 pers. 37 € pers. sup. 9 € repas 12 €
Ouvert : Toute l'année.

5	20	SP	5	2	25	SP	20	5

Catherine et J-Paul LANGLOIS - 11, rue de la Mairie - La Rondellière - 28170 ST-MAIXME-HAUTERIVE - Tél. : 02 37 51 68 26 -
Fax : 02 37 51 08 53

ST-MAURICE-SAINT-GERMAIN Le Clos Moussu
C.M. 60 Pli 6

3 ch. **Château des Vaux 1 km.** Au cœur des forêts du Parc Régional du Perche, 3 ch. d'hôtes de plain-pied avec chacune sanitaires privés. Dans un ancien relais de poste du XVIIIe siècle donnant sur le parc de 4 ha. paysagé par Truffaut vers 1940. Environnement végétal et bâti remarquable, site protégé sur toute la vallée de l'Eure. GR 35 sélectionné par le W.W.F., gîte panda. Accueil de groupe, stages culturels et artistiques. Ambiance familiale. Base de loisirs de 8 ha. à 5 minutes.

Prix : 1 pers. 27/30 € 2 pers. 38/46 € 3 pers. 46/53 € repas 11 €
Ouvert : Toute l'année.

3	SP	SP	6	1	20	20	6	3

Marie et Joseph THOMAS - Le Clos Moussu - 28240 ST-MAURICE-SAINT-GERMAIN - Tél. : 02 37 37 04 67

ST-MAURICE-SAINT-GERMAIN Les Evesqueries
C.M. 60 Pli 6

2 ch. En bordure de la D920 à mi-chemin entre la Loupe et Pontgouin, Bernadette et Fernand mettent à votre disposition 2 chambres d'hôtes de plain-pied. 1 ch. (16 m², 1 lit 2 pers., 1 lit 1 pers.), avec salle de bains et wc. 1 ch. (1 lit 2 pers.) avec salle d'eau et wc. A disposition un séjour équipé d'un coin-cuisine. Proximité forêt et base de loisirs. Dans le Parc Naturel du Perche.

Prix : 1 pers. 30 € 2 pers. 34 € 3 pers. 43 € pers. sup. 9 €
Ouvert : Toute l'année.

6	2	6	8	1	30	6	6	6

Bernadette et Fernand GOUPIL - Les Evesqueries - 28240 ST-MAURICE-SAINT-GERMAIN - Tél. : 02 37 37 00 47

ST-PIAT
C.M. 60 Pli 18

3 ch. Moulin à eau sur l'Eure, au centre du village dans un contexte verdoyant et agréable sur 2 étages. 3 chambres dont 1 au r.d.c. (1 lit 2 pers.), s. d'eau privée. Au 1er ét. : 1 ch. pouvant accueillir 4 pers. (ch. + annexe) et au 2e ét. : 1 ch. pouvant accueillir 4 pers. (ch. + annexe) d'une même famille. S. d'eau et wc à chaque étage. Golf à 8 km. Lit suppl. : 9 €. Langues parlées : anglais, allemand.

Prix : 1 pers. 23 € 2 pers. 40 € 3 pers. 46 €
Ouvert : Toute l'année.

SP	SP	SP	SP	SP

WIMMER - Place de l'Eglise - 28130 ST-PIAT - Tél. : 02 37 32 42 48 ou 06 80 01 76 62 - Fax : 02 37 32 44 48

Eure-et-Loir   *Centre*

ST-PREST   *C.M. 60 Pli 8*

|||| 2 ch. **Chartres 6 km.** Jacques et Ginette se proposent de vous accueillir dans 2 chambres dont 1 dans dépendance de plain-pied, comprenant 1 lit 2 pers. (2 épis NN), une cheminée avec insert, TV couleur, salle d'eau/wc. Une 2ᵉ ch. (3 épis NN) dans la maison des propriétaires avec 2 lits 1 pers., salle de bains, wc, coin-salon avec TV. Parking. Jardin. Table d'hôtes sur réservation. Situé à St-Prest, petite commune à 6 km de Chartres en direction de Maintenon. Endroit paisible dans la vallée de l'Eure. Langues parlées : anglais, allemand, italien.

Prix : 1 pers. 32 € ◆ 2 pers. 38 € ◆ repas 16 €
Ouvert : Toute l'année.

🐕	⛱	🏊	🎾	🏊	🐎	🚣	🚜	⛺
1	3	SP	7	3	SP	1,5	0,5	

Jacques et Ginette RAGU - 28, rue de la Pierre Percée - 28300 ST-PREST - Tél. : 02 37 22 30 38 ou 01 45 55 01 52 - Fax : 02 37 22 30 38

VER-LES-CHARTRES La Varenne   *C.M. 60*

|||| 3 ch. **Chartres 7 km.** En vallée de l'Eure, au rez-de-chaussée d'un pavillon indépendant et très calme : 1 suite de 2 chambres (1 lit 2 pers. 1 lit 1 pers. et possibilité d'un 2ᵉ lit 1 pers.), 2 chambres avec chacune (1 lit 2 pers.). Salle d'eau ou salle de bain avec wc. Kitchenette à disposition. Piscine couverte et chauffée du 1ᵉʳ avril au 31 octobre. Grand jardin. Parking privé. Langue parlée : anglais.

Prix : 1 pers. 40/46 € ◆ 2 pers. 45/53 € ◆ 3 pers. 55/68 € ◆ pers. sup. 15 €
Ouvert : Toute l'année.

🐕	⛱	🏊	🎾	🏊	🐎	🚣	🚜	⛺
3	3	2	SP	2	2	7	3	

Cécile et Guillaume PICAULT - 20, rue de Tachainville - La Varenne - 28630 VER-LES-CHARTRES - Tél. : 02 37 26 45 32 -
E-mail : lavarenne28@free.fr

VILLIERS-LE-MORHIER Chandelles    *C.M. 60 Pli 17*

|||| 3 ch. Dans le calme et la verdure d'une ancienne ferme restaurée, Catherine passionnée de chevaux et Jean-Marc professeur de golf, vous accueillent dans leurs chambres d'hôtes de grand confort (salle de bains/wc, TV), entrée indépendante, parking clos. Stage et leçons de golf. Accueil chevaux, boxes et carrière.

Prix : 2 pers. 58 €

🐕	🏊	🎾	🏊	🚴	🚜	⛺
	SP	2	3	3	SP	3	3

Catherine et J-Marc SIMON - 19, rue des Sablons - Chandelles - 28130 VILLIERS-LE-MORHIER - Tél. : 02 37 82 71 59 -
Fax : 02 37 82 71 59 - E-mail : info@chandelles-golf.com - www.chandelles-golf.com

VILLIERS-LE-MORHIER   *C.M. 60 Pli 8*

|||| 1 ch. Dans un moulin Louis XIII, au bord de la Drouette bénéficiant d'un environnement calme et verdoyant, Chantal vous propose une chambre aménagée dans un ancien four à pain avec 1 lit 2 pers., TV, baignoire et wc privatifs, en duplex, échelle de meunier en bas, salon/lit 1 pers. Langue parlée : anglais.

Prix : 1 pers. 46 € ◆ 2 pers. 53 € ◆ 3 pers. 69 €
Ouvert : Toute l'année.

🐕	🏊	🎾	🏊	⛵	🚴	🚜	⛺
	SP	3	3	2	15	15	3	6	3

Chantal LAVAUX-MERLE - 2 rue Gobienne - Moulin de la Tournachère - 28130 VILLIERS-LE-MORHIER - Tél. : 02 37 82 52 51 -
Fax : 02 37 82 52 51

Indre

GITES DE FRANCE
1, rue Saint-Martin - B.P. 141
36003 CHATEAUROUX Cedex
Tél. 02 54 22 91 20 - Fax 02 54 27 60 00

3615 Gîtes de France
0,2 €/min

AIGURANDE La Crouzette   *C.M. 68 Pli 19*

|||| 4 ch. **Musée George Sand à la Châtre : 25 km. Nohant 30 km...** Situées dans une grande maison neuve entourée d'un jardin ombragé, à 200 m du centre ville, 2 chambres au rez-de-chaussée (2 lits 140) contiguës pour une famille avec salle de bains particulière et WC. ETAGE : 2 chambres (2 lits 140, 1 lit 90) pour une famille avec salle de bains et WC particuliers. Salon (TV) à dispositon. Terrasse (salon de jardin). 4 pers. : 61 €. Région de la Vallée Noire à proximité.

Prix : 1 pers. 30 € ◆ 2 pers. 34 € ◆ 3 pers. 46 € ◆ pers. sup. 8 € ◆ repas 11 €
Ouvert : toute l'année.

🐕	⛱	🏊	🎾	🏊	🏓	🎣	🏊	🚜	⛺
	20	25	10	0,5	20	20	30	0,5	50	0,2

Elise LE JEANNE - la Crouzette - route de Chateauroux - 36140 AIGURANDE - Tél. : 02 54 06 32 61

Centre **Indre**

ARGENTON-SUR-CREUSE Le Moulin Mou   *C.M. 68 Pli 17*

2 ch.   Site archéologique à 13 km à St-Marcel, Argenton-sur-Creuse à 5 km...... Tim et Mary BEEDELL vous accueillent dans leur ferme d'élevage située à proximité de l'A20, dans leurs 2 ch. d'hôtes à l'été. 1ère ch. (1 lit 140), 2e ch. (1 lit 140, 1 lit 90, canapé-lit appoint 140). S.d.b., wc réservés aux ch. S. à manger. Salon (TV). Salle de jeux pour les enfants. Abri couvert (s. de jardin, barbecue, jeux d'extérieurs. Suite : 73 €. FORF. SEJOUR : 23 €. Etape idéale pour les familles, ornithologues et randonneurs sur la route de St-Jacques-de-Compostelle. Langue parlée : anglais.

Prix : 1 pers. 30 € 2 pers. 37 € 3 pers. 55 € pers. sup. 8 €
Ouvert : Toute l'année.

20	5	12	5	20	20	5	33	SP	5	5

Mary et Tim BEEDELL - « le Moulin Mou » - 36200 TENDU - Tél. : 02 54 24 32 51 - Fax : 02 54 24 47 17 -
E-mail : fbeedell@club-internet.fr

LE BLANC Les Chezeaux   *C.M. 68 Pli 16*

2 ch.   2 chbres d'hôtes situées à l'étage d'une maison de maître retirée, très au calme en pleine campagne, dans le Parc Naturel de la Brenne, (1 lit 140, 1 canapé-lit enfant 160) avec salles de bains et WC attenants. Salle à manger. Grand salon avec cheminée (bibliothèque). Grand jardin d'agrément (salon de jardin, barbecue). Parking. Hebergement reservé aux non fumeurs. Nombreux circuits pédestres et cyclistes balisés alentours. Possibilité pratique canoë, baignade, équitations.

Prix : 1 pers. 43 € 2 pers. 46 € pers. sup. 12 €
Ouvert : du 1er avril au 31 octobre.

13	1,7	7	1,7	1,7	3	18	SP	40	3

Alain JUBARD - « les Chezeaux » - 36300 LE BLANC - Tél. : 02 54 37 32 17 ou 06 77 72 22 85 - E-mail : jubardalain@wanadoo.fr

BOUGES-LE-CHATEAU Petit Château de Ste-Colombe   A   *C.M. 68 Pli 8*

2 ch.   Musée cuir et parchemin à Levroux : 6 km. Château de Bouges : 3 km... Dans 1 cadre de verdure, petit château du XVe s. agrémenté d'1 piscine, comportant 2 suites de 2 à 4 pers. (4 lits 140) avec s.d.b./wc attenants à chacune et téléphone en service restreint. Jardin d'hiver pour petit déjeuner. A disposition dans les dépendances, cuisine d'été aménagée pour les séjours. Parking. Barbecue, salon de jardin, chaises longues, banc. Langue parlée : anglais.

Prix : 1 pers. 53 € 2 pers. 53 €
Ouvert : Toute l'année.

25	SP	20	6	25	18	3	30	6

Marie-Antoinette DAQUEMBRONNE - « petit château de Ste-Colombe » - 36110 BOUGES-LE-CHATEAU - Tél. : 02 54 35 88 33 - Fax : 02 54 35 15 21

CHABRIS Les Bizeaux   *C.M. 64 Pli 18*

3 ch.   Châteaux de la Loire, Valençay 15 km. forêt de Gâtines : 12 km... Ancienne fermette rénovée, belles chambres avec vue sur bois et champs, assurant calme et repos. 1ère chambre (1 lit 140, 1 lit 90), salle d'eau et WC privés. 2e chambre (1 lit 240), salle d'eau et WC attenants. 3e chambre (2 lits 90), salle d'eau et WC attenants. Salon (TV). Salle à manger. Terrasse (salon de jardin). Vaste terrain. Parking. Plage aménagée sur les bords du Cher à 1 km (baignade, pêche, canoë). Langue parlée : anglais.

Prix : 1 pers. 35 € 2 pers. 43 € 3 pers. 55 € pers. sup. 9 €
Ouvert : Toute l'année.

1	1	2	1	1	7	1,5	1

Bernadette PLANQUES - « les Bizeaux » - 36210 CHABRIS - Tél. : 02 54 40 14 51 - Fax : 02 54 40 14 51

CHABRIS   (TH)   *C.M. 64 Pli 18*

E.C. 2 ch.   Châteaux de la Loire, Valençay 15 km. forêt de Gâtines : 12 km.. Au croisement des châteaux royaux, de la Sologne mystérieuse et du pays envoutant de George Sand, vous aimerez séjourner et goûter la table d'hôtes de cette belle demeure du XIXe sc. dans son parc classé de 5 000 m². 1er ét. : 1 ch. (1 lit 160) avec s. d'eau et WC attenants. 2e étage : Suite familiale pour 4 pers. (2 lits 140) avec s.d.b. et wc attenants. Salle à manger et salon à disposition. Plage aménagée sur les bords du Cher à 1 km (baignade, pêche, canoë).

Prix : 2 pers. 52 € pers. sup. 17 € repas 20 €
Ouvert : Toute l'année.

1	1	2	1	1	7	1,5	1

Françoise BILLIOTTE - 7, avenue Pasteur - route de Valencay - 36210 CHABRIS - Tél. : 02 54 41 20 84 - Fax : 02 54 41 20 84 -
E-mail : france.serge@club.internet.fr

CHALAIS Le Grand Ajoux   (TH)   *C.M. 68 Pli 16*

3 ch.   Manoir du XVIIIe sc. au milieu de la verdure, dans le Parc de la Brenne. Calme et détente dans le jardin fleuri et en soirée, observation de cerfs, biches, sangliers. Sur place, élevage d'ânes noirs du Berry. 2 chambres et suite (4 pers.) avec sanitaires privés. Salle à manger avec cheminée. Piscine (salon de jardin, chaises longues, VTT, ping-pong). Etangs privés (1 et 2 ha). Grand intérêt cynégétique (brâme du cerf) et ornithologique. Départ de chemins de randonnée. Pêche. Accompagnement sorties en VTT. Langues parlées : anglais, espagnol.

Prix : 1 pers. 44 € 2 pers. 49 €
Ouvert : De mai à septembre (autres périodes sur reservation).

20	SP	SP	5	5	20	20	15	SP	35	5

Aude DE LA JONQUIERE-AYME - « le Grand Ajoux » - 36370 CHALAIS - Tél. : 02 54 37 72 92 - Fax : 02 54 37 56 60 -
E-mail : grandajoux@AOL.com - http://membersAOL.com/grandajoux

Indre *Centre*

CHAMPILLET Le Grand Communal (TH) C.M. 68 Pli 19

1 ch. Châtres (musée G.Sand, F3) : 7 km, Nohant : 16 km, St-Chartier 18 km... 1 chambre d'hôtes à l'étage d'une grande maison située à l'entrée du bourg, pour 2 pers. Salle d'eau et WC attenants. Salon particulier (canapé-lit 140, TV couleur, réfrigérateur). Grand jardin clos de 4 ha (salons de jardin, jeux pour enfants). Parking. Etangs privés (pêche possible). Région de la Vallée Noire à proximité.

Prix : 1 pers. 27 € ○ 2 pers. 38 € ○ 3 pers. 53 € ○ repas 11 €
Ouvert : Toute l'année.

7	9,5	2	7	7	16	SP	7	1	

Jean-Claude DUCROT - « le Grand Communal » - 36160 CHAMPILLET - Tél. : 02 54 31 41 63

CHASSENEUIL Les Tailles C.M. 68 Pli 17

2 ch. Musée de la chemiserie à Argenton/Creuse 12 km, St Marcel 7 km, Parc..... A 7 km de l'A20 (sortie 15), dans un petit hameau, Yvette et Jacques et leur enfants vous accueillent dans une ferme en activité, au calme de la campagne, dans la simplicité de la vie de famille. 2 chbres de plain-pied avec entrée indépendante des propriétaires (2 lits 140, 2 lits 90, canapé-lit (2 enfts.), lit enfant -3 ans) avec douche et lavabo attenants à chacune. WC communs aux chambres. Grande salle commune/coin cuisine pour séjour. Cour non close. Salon de jardin, barbecue. Suite de 4 pers. : 52 €.

Prix : 1 pers. 29 € ○ 2 pers. 34 € ○ 3 pers. 41 €
Ouvert : Du 1er mai au 30 septembre.

25	12	25	7	7	25	16	25	12	9

Yvette et Jacques FAUDUET - « les Tailles » - 36800 CHASSENEUIL - Tél. : 02 54 36 77 05 - Fax : 02 54 36 77 05

CHATILLON-SUR-INDRE Les Bigorne C.M. 68 Pli 6

3 ch. Réserve zoologique de la Haute Touche à Obterre à 15 km... 3 chambres d'hôtes situées dans une ferme d'élevage (goûters à la ferme : 7 €/adulte et 4 €/enfant), à l'étage. 1ère chambre (1 lit 140), salle d'eau et WC attenants. 2e chambre (1 lit 140, 2 lits 90), salle d'eau et WC attenants. 3e chambre (1 lit 140, 1 lit 120), salle de bains et WC particuliers. S. à manger (cheminée)/salon à disposition. Cour à l'avant. Jardin à l'arrière (jeux extérieurs pour enfts, salon de jardin). Petite cuisine équipée pour les séjours. visite de la ferme (vaches). forfait semaine : 230 €. Vieille ville de Châtillon-sur-Indre à 3 km.

Prix : 1 pers. 29 € ○ 2 pers. 35 € ○ pers. sup. 12 € ○ repas 11 €
Ouvert : Toute l'année sur réservation.

10	3	6	3	20	20	27	SP	45	3

Michel et Huguette PASQUIER - « les Bigorne » - 36700 CHATILLON-SUR-INDRE - Tél. : 02 54 38 80 74 - Fax : 02 54 38 79 31

CHATILLON-SUR-INDRE La Poignardière C.M. 68 Pli 6

E.C. 3 ch. Zoo à Obterre 15 km, Château de Palluau & d'Argy (14), Chatillon/Indre. Dans 1 demeure du début du siècle, située dans un parc arboré aux nombreuses essences dont certaines ont plus de deux siècles, aux portes de la Touraine, 3 chambres d'hôtes (3 lits 160) avec salle d'eau ou salle de bains et WC attenants in chambre, à l'étage. Piscine et tennis. Cuisine d'été aménagée pour les séjours, près de la piscine. Jardin d'hiver pour petit dej. Etang de 2,5 ha à disposition. Langues parlées : anglais, allemand.

Prix : 1 pers. 37 € ○ 2 pers. 50 € ○ pers. sup. 15 €
Ouvert : Toute l'année.

4	SP	6	SP	20	20	27	SP	45	4

Maryse LHEUREUX - la Poignardière - 36700 CHATILLON-SUR-INDRE - Tél. : 02 54 38 78 14 - Fax : 02 54 38 95 34 -
E-mail : maryse-lheureux@yahoo.fr

CHEZELLES Le Priouze (TH) C.M. 68 Pli 8

3 ch. Château de Bouges à 25 km et de Valençay à 30 km... A l'ét. d'1 agréable maison du XVIIIe s., dans 1 parc ombragé bordé d'1 rivière : 3 ch. d'hôtes (2 lits 140, 2 lits 120) avec sanitaires complets, prises TV & tél pour chacune. S. à manger. Salon avec cheminée (TV, jeux, biblio., coin musique). Cuisine équipée pour séjour. Terrasse (salons de jardin, barbecue, ping-pong, portique, jeux de plein air, pique-nique). Pêcherie. Forfait séjour : 245 €/semaine. Tarif réduit pour séjour. Gîte rural au sein de la propriété. Accès n°11 et 13 de l'A20. Parc naturel de la Brenne (Mille Etangs) à proximité.

Prix : 1 pers. 34 € ○ 2 pers. 43/49 € ○ pers. sup. 15 € ○ repas 16 €
Ouvert : Toute l'année.

14	14	15	0,1	14	14	8	SP	15	9

Michelle et Georges BABLIN - 4 rue du Priouze - 36500 CHEZELLES - Tél. : 02 54 36 66 28 ou 02 54 26 98 08 - Fax : 02 54 36 66 28

CIRON Cochet (TH) C.M. 68 Pli 17

2 ch. Au r.d.c. d'1 fermette du XVIIIe, située en pleine Brenne, 1 suite pour 4 pers. : (1 lit 140)/1 ch. (2 lits 90) avec s. d'eau et wc particuliers (2 épis). Et. : 1 chambre (1 lit 140) avec salon et salle d'eau/wc (3 épis). A disposition dans les chambres : HIFI/CD. Salle à manger/salon commun (cheminée). Grand terrain aménagé (s. de jardin, barbecue, vélos, pétanque). Parc de la Haute-Touche à Obterre. Réserve d'oiseaux de Chérine à Mézières-en-Brenne Aux alentours : châteaux, abbayes, églises, musées... Pays de George Sand Circuits de randonnée. Langue parlée : anglais.

Prix : 2 pers. 46/76 € ○ pers. sup. 23 € ○ repas 19 €
Ouvert : Toute l'année.

5	16	7	5	5	5	16	7	5	25	7

Den et Linda BARLOW - « beau Rêve » - Cochet - 36300 CIRON - Tél. : 02 54 28 55 71 ou 06 21 06 27 53 - Fax : 02 54 28 55 71 -
E-mail : den.barlow@libertysurf.fr

Centre — Indre

CIRON Château de L'Epine
A   *C.M. 68 Pli 17*

2 ch. Au cœur du P.N.R. de la Brenne, en bordure de la Creuse, dans 1 château entouré d'1 parc boisé de 1 ha, 1 ch. d'hôtes au 1er ét. (1 lit 160 à baldaquin), s.d.b./WC attenants, salon. Au 2e étage, 1 suite (4 pers.) possédant une échanguette dominant la Creuse qui privilégie l'observation des oiseaux, avec 1 lit 200 et 1 lit 140, coin salon, s.d.b. et wc particuliers. A la disposition des hôtes : Salle à manger/salon (cheminée). Salle de détente (TV, bibliothèque, jeux...). VTT, raquettes à disposition, tennis privé. La suite : 130 €. Langue parlée : anglais.

Prix : 1 pers. 70 € 2 pers. 76 €
Ouvert : Toutes les vacances scolaires.

SP	16	7	SP	SP	SP	16	7	SP	25	SP

Christine et Maurice VALLIN - 5, place de l'Eglise - 91650 BREUX-JOUY - Tél. : 02 54 28 75 29 ou 06 81 10 69 80 - Fax : 02 54 28 75 29 - E-mail : christine.vallin@caramail.com

CLERE-DU-BOIS Les Effes
C.M. 68 Pli 6

3 ch. Au cœur d'une vaste propriété, 3 chambres d'hôtes spacieuses dans un manoir du XVIIe siècle, environné d'un parc arboré. R.D.C. : 2 ch. (1 lit 2 pers. 1 lit 160), salle de bains et wc privés. Grand salon attenant. ETAGE : 1 ch. (2 lits 1 pers.), salle de bains et wc privés. Étang de Bellouche 25 km. Château d'Azay-le-Ferron 9 km. Parc de la Haute Touche à Obterre 6 km (loups, cervidés...). Réserve naturelle de Chérine 24 km. Maison de la Pisciculture à Mézière-en-Brenne 20 km. Musée Archéologique à Martizay 14 km. Langues parlées : anglais, allemand.

Prix : 2 pers. 49 €

18	10	5	5	25	30	SP	10

Christian MEUNIER - Les Effes 36700 CLERE-DU-BOIS - Tél. : 02 54 38 72 43 ou 02 54 38 86 06

COINGS Domaine de Villecourte
C.M. 68 Pli 8

4 ch. A 7 km de Déols et Châteauroux, domaine de caractère entouré d'1 écrin de verdure où les amoureux de la nature seront ravis de rencontrer lièvres, faisans, chevreuils. 4 chambres doubles (sanitaires privés). Cuisine à dispo. Salon (tél. prise TV, canapé-lit). Prise TV et wifi. Terrain non clos (vue sur plan d'eau et bordure de rivière). Sorties 11 et 12 de l'A20. SEJOUR : 275 € (charges en supplément). Langue parlée : anglais.

Prix : 1 pers. 38 € 2 pers. 49 € pers. sup. 15 € repas 17 €
Ouvert : Toute l'année.

10	10	15	10	10	10	17	5	10	7

Claudine DAGUET-RAULT - « domaine de Villecourte » - Route de la Champenoise - 36130 COINGS - Tél. : 02 54 22 12 56 - Fax : 02 54 22 12 56

COINGS Le Château
C.M. 68 Pli 8

E.C. 4 ch. Cette demeure du XIXe s., flanquée d'1 tour du XVe s., située dans 1 parc de 9 ha, vous offre, aux portes de Châteauroux, 1 séjour reposant. A 3 mn, restaurant ouvert toute l'année 24 h/24. R.D.C. : 1 ch. (1 lit 140) avec salle d'eau et WC particuliers. ETAGE : 3 chambres (1 lit 120, 1 lit 140, 2 lits 120) ayant chacune salle d'eau ou s.d.b. et wc particuliers. A disposition : Salon (TV) aménagé dans une tour (VXe s.).

Prix : 1 pers. 39 € 2 pers. 46/59 € pers. sup. 34 €
Ouvert : Toute l'année.

10	10	15	10	10	10	17	SP	10	7

Dominique COTILLON - « le Château » - 36130 COINGS - Tél. : 02 54 07 02 48 - Fax : 02 54 07 02 48

CUZION Moulin de Chateaubrun
C.M. 68 Pli 18

4 ch. Gargilesse à 15 km (village d'artistes, maison de G.Sand). Ancien moulin réhabilité localisé en bords de Creuse au cœur d'un site naturel préservé. Idéal pour des vacances calmes et reposantes. Amoureux de la nature, vous pourrez randonner au départ du moulin à pied ou à VTT (location sur place) ou encore vous offrir une balade romantique en barque canoé ou kayack (location/place) dans la Vallée de la Creuse. 3 chambres d'hôtes (1 lit 140), salle d'eau et WC communs. 1 chbre (1 lit 140), salle d'eau et WC privés. Salle commune à disposition (petit déjeuner). Tir à l'arc, baignade, planche à voile... sur le lac d'Eguzon à 3 km.

Prix : 1 pers. 23 € 2 pers. 29 €
Ouvert : Toute l'année.

3	20	3	SP	3	SP	20	3

SYNDICAT MIXTE SITE LAC D'EGUZON - 4, route du Moulin de l'Etang - 36270 EGUZON-CHANTOME - Tél. : 02 54 47 46 40 - Fax : 02 54 47 35 63 - E-mail : syndicat.laceguzon@wanadoo.fr

DOUADIC Le Fresne
C.M. 68 Pli 13

2 ch. Le Blanc 13 km, abbaye de Fontgombault 10 km, étang de la mer rouge)... Dans une belle maison de Maître du XVIIIe sc. située dans le Parc Naturel Régional de la Brenne, 2 chambres d'hôtes à l'étage. 1ere chbre (1 lit 140) avec salle d'eau et WC. 2e chbre (2 lits 100) avec salle de bains et WC. Salles à manger et coin salon à disposition. Terrasse (salon de jardin). Grand parc de 4 ha. Centre equestre sur la propriété.

Prix : 1 pers. 30/35 € 2 pers. 38/43 €
Ouvert : De paques à la toussaint.

13	2	13	13	13	23	13	50	3

Calliope GARCIA-LIVA - « le Fresne » - 36300 DOUADIC - Tél. : 02 54 37 83 00 ou 02 54 37 10 28

Indre — Centre

DOUADIC Château du Pin (TH) — C.M. 68 Pli 13

2 ch. Le Blanc 13 km, abbaye de Fontgombault 10 km, étang de la mer rouge... Une grande maison de famille s'ouvre à ses hôtes au milieu d'un parc de 7 ha planté d'arbres séculaires. Le calme y est tel que chevreuils, lièvres et écureuils n'hésitent pas s'y attarder. Pique-nique dans le parc aux beaux jours (9 €). ETAGE : 1 chbre et 1 suite (3 pers.) avec 1 lit 140, 1 lit 125, lit bébé, prises TV et tél. et douche/WC attenants. 1 ch. (2 lits 90, prises TV et tél.), s. de bains. Biblio. (cheminée). S. à manger /salon à dispo. Abris voitures. Salon de jardin, chaises longues. Location de vélos. Langues parlées : anglais, allemand.

Prix : 1 pers. 43 € ◦ 2 pers. 46 € ◦ 3 pers. 69 € ◦ pers. sup. 12 € ◦ repas 17 €
Ouvert : du 01/04 au 31/10 et sur réservation en 05, 06, 09 et 10.

🐕	⛱	🏃	🎾	🏊	⛳	🏇	🚴	🎣
13	2	13	13	13	23	13	50	3

Elisabeth ZACHARIE-THERET - château du Pin - 36300 DOUADIC - Tél. : 02 54 37 40 55 ou 01 48 93 62 21

EGUZON-CHANTOME La Bergerie À Bousset (TH) — C.M. 68 Pli 18

3 ch. A 1 km, lac d'Eguzon : (base de loisirs, baignade)... A 500 m du centre du bourg, dans une magnifique demeure ancienne et restaurée (ameublement de qualité), au calme, 3 chambres d'hôtes au 1er étage (3 lits 140, 1 lit 90) toutes équipées de salles d'eau et WC privés. Séjour avec cheminée (TV). Parc de 5000 m² paysagé et ombragé avec piscine privée et salon de jardin. Parking. Randonnées pédestres. Langue parlée : anglais.

Prix : 1 pers. 40 € ◦ 2 pers. 44 € ◦ pers. sup. 16 € ◦ repas 18 €
Ouvert : du 1er février au 15 novembre.

🐕	⛱	🏃	🎾	🏊	⛳	🏇	🚴	🎣
1	15	1	1	1	22	1		1

Philippe et Josy HENRY - « la Bergerie a Bousset » - 36270 EGUZON-CHANTOME - Tél. : 02 54 47 37 91 - Fax : 02 54 47 37 91

ETRECHET Les Menas (TH) — C.M. 38 Pli 8

4 ch. 4 chbres d'hôtes aménagées dans une maison du XVIIIe sc. entourée d'un grand parc ombragé. R.D.C. : 2 chbres (facilité accès handicapé) avec 2 lits 140, sanitaires complets attenants. ETAGE : 2 chbres (2 lits 140), dont 1 avec cheminée (s. d'eau. s. de bains, WC attenants. Salon privé (TV. biblio., bureaux). S. à manger. Salon de jardin, balançoire. Châteauroux à 2 km (pêche, baignade, voile, canoë sur le lac de Belle-Isle et promenades).Vieille ville et Musée Bertrand (souvenirs napoléoniens, expositions picturales). Forêt domaniale de Châteauroux (parcours de santé, randonnées, VTT). Langues parlées : anglais, espagnol.

Prix : 1 pers. 36 € ◦ 2 pers. 43/46 € ◦ pers. sup. 12 € ◦ repas 15 €
Ouvert : Toute l'année.

🐕	⛱	🏃	🎾	🏊	⛳	🏇	🚴	🎣
1	2	6	2	1	1	10	15	0,3	1	2

Nicole LYSTER - « les Menas » - 36120 ETRECHET - Tél. : 02 54 22 63 85 - Fax : 02 54 22 63 85

FLERE-LA-RIVIERE Les Cèdres — C.M. 68 Pli 6

1 ch. Château de Loches (ville médiévale) à 16 km, Zoo de Beauval à 40 km... 1 chambre d'hôtes spacieuse (poutres, pierres apparentes) avec entrée indépendante, comprenant 1 lit 140, salon privé (TV), aménagée dans une maison de maître du XVIIIe sc. entourée d'un parc ombragé bordé d'un cours d'eau (salon de jardin, barbecue). Sanitaires attenants. Garage. forfait séjour à partir de la 4e nuit. Région de la Brenne à proximité (parc animalier de la Haute Touche, randonées équestre, pédestre, cycliste à partir de l'O. de Tourisme de Mézières-en-Brenne). GR 46 à proximité.

Prix : 1 pers. 38 € ◦ 2 pers. 42 € ◦ pers. sup. 12 €
Ouvert : Toute l'année.

🐕	⛱	🏃	🎾	🏇	🚴	🎣
8	6	3	6	30	30	SP	15	SP

Huguette COULON - 33, rue Nationale - 36700 FLERE-LA-RIVIERE - Tél. : 02 54 39 31 13

FLERE-LA-RIVIERE Les Vincents — C.M. 68 Pli 6

3 ch. Région de la Brenne à proximité. Sentier du pays de Valançay à 1 km... 1 halte de charme ! Belle maison située dans 1 grand parc fleuri et arboré. Les couleurs de ses ch. raffinées vous séduiront pour 1 séjour calme & reposant.2 ch. d'hôtes avec sanitaires complets, « Les Muriers » avec 1 lit 140 et « Les Tilleuls » avec 2 lits 90. Salon avec cheminée (TV). 1 suite en duplex (1 lit 140, 2 lits 90, lit pour enft.) avec s.d.b. et wc privés. Terrasse. Salon de jardin et parking. Château de Loches (37) à 16 km (ville médiévale). GR 46 à proximité. La suite : 56/84 €. Langue parlée : anglais.

Prix : 1 pers. 43 € ◦ 2 pers. 55 € ◦ pers. sup. 15 €
Ouvert : du 15 juin au 15 septembre (W.E. sur réservation).

🐕	⛱	🏃	🎾	🏇	🚴	🎣
8	6	3	6	30	30	SP	15	1

Claude RENOULT - « le Clos Vincents » - 2, les Vincents - 36700 FLERE-LA-RIVIERE - Tél. : 02 54 39 30 98 - Fax : 02 54 39 30 98

FLERE-LA-RIVIERE Le Moulin du Bourg (TH) — C.M. 68 Pli 6

3 ch. 3 chb. d'hôtes dans un ancien moulin de bourg en bordure de rivière. R.D.C. : Salle à manger/salon (ancienne salle des engrenages) avec TV, chaîne stéréo. 1 chbre (1 lit 140), salle d'eau, WC attenants avec accès sur la terrasse. ETAGE : 1 chbre (1 lit 120, 1 lit 90). 1 suite pour une famille (1ere chbre (1 lit 140), 2e chbre (2 lits 90)). S. d'eau et WC attenants. Biblio. Parking. S. de jardin. Barbecue, ping-pong, VTT. Tarif degressif sauf week-end de fêtes et juillet et août. Loches (37), ville médiévale à 16 km. La Brenne à proximité. Sentier de randonnée GR46 attenant. Etang communal situé face au moulin. La suite : 55/62 €.

Prix : 1 pers. 35 € ◦ 2 pers. 40 € ◦ pers. sup. 7/13 € ◦ repas 19 €
Ouvert : du 1er mai au 15 octobre.

🐕	⛱	🏃	🎾	🏇	🚴	🎣
8	5	3	5	30	30	SP	16	SP

Danielle AUMERCIER - le Moulin du Bourg - 36700 FLERE-LA-RIVIERE - Tél. : 02 54 39 34 41 - Fax : 02 54 39 34 93 -
E-mail : lemoulindeflere@wanadoo.fr

Centre **Indre**

GEHEE Château de Touchenoire — C.M. 68 Pli 7

6 ch. Déposez humeurs et fatigue, découvrir un lieu de calme et de beauté, un coin de nature idéal pour le repos, les balades, le retour sur soi-même. Au château, dans un parc boisé de 30 ha, 6 chbres d'hôtes. 1ER ETAGE : 2 chbres (2 lits 120, 2 lits 90), salle d'eau et WC attenants. Suite pour 3 pers. (2 lits 100, 1 lit 120), deux salles d'eau, deux WC attenants. 2ᵉ ét. : 2 chbres (1 lit 160, 1 lit 140), s. d'eau et wc attenants. 1 chbre (2 lits 90) avec s. d'eau attenante et wc sur le palier. Salle à manger. Salon avec cheminée. Terrasse. Grande salle de jeux (ping-pong, s. de jardin). Parking. Piscine privée. Langues parlées : anglais, hollandais.

Prix : 1 pers. 46 € ▪ 2 pers. 61/76 € ▪ 3 pers. 84 € ▪ repas 15 €
Ouvert : du 1er mai au 30 septembre.

SP	20	11	30	SP	30	3

Jacques DE CLERCK - château de Touchenoire - 36240 GEHEE - Tél. : 02 54 40 87 34 - Fax : 02 54 40 87 34

INGRANDES Château D'Ingrandes — C.M. 68 Pli 16

4 ch. 4 ch. d'hôtes situées dans les vestiges féodaux d'1 château du XIème- XVᵉ s., en bordure de rivière. R.D.C. : S. à manger 1 ch. (1 lit 160) avec s.d.b. et WC attenants. 1 ch. mansardée (5 pers.) avec 1 lit 160, 3 lits 90 et s.d.b., wc attenants. 1 chbre ETAGE : Grand salon (XVᵉ sc.)/biblio. avec cheminée (TV, tél. à carte FRANCE TELECOM). aménagée dans le donjon (1 lit 160, 1 lit 140), salle de bains et WC. Suite en duplex (1 lit 160, 2 lits 90), sanitaires complets privés. Salon de jardin, barbecue... Parking. Forf. Séjour : 49 €. Site inscrit (ISMH) et ouvert au public. La suite : 69/84 €. Langue parlée : anglais.

Prix : 1 pers. 46 € ▪ 2 pers. 54/61 € ▪ pers. sup. 8 € ▪ repas 18 €
Ouvert : du 01/04 au 15/06 (sur reservation) et du 16/06 au 15/10.

11	9	17	9	11	9	16	SP	48	9

Jacqueline DROUART - château d'Ingrandes - place de l'Eglise - 36300 INGRANDES - Tél. : 02 54 37 46 01 - Fax : 02 54 28 64 55 -
E-mail : jdrouart@AOL.com

LURAIS Fournioux — C.M. 68 Pli 15

1 ch. Futuroscope : 45 mn, Angles/Anglin : 4 km, Abbaye de Fontgombault : 5 km... Aménagée dans une fermette du XIXᵉ s. CHAMBRE de SEJOUR indépendant de plain-pied, entre Vallée de la Creuse et de l'Anglin, aux portes du Poitou et de la Touraine. Petite cuisine équipée. Salle d'eau et WC attenants à la chambre (1 lit 140). Coin salon (TV, canapé-lit 90). Jardin clos. FORFAIT SEJOUR : 185/215 €. Petit étang. Orchidées sauvages Mai et Juin. Faune et flore diversifiée (Parc Naturel Régional de la Brenne). Baignade sauvage à 800 m. Station thermale de la Roche Posay à 15 km.

Prix : 1 pers. 34 € ▪ 2 pers. 38 €
Ouvert : toute l'année.

0,8	15	4	5	1	14	4	1	38	4

Maurice et Monique LAMY - 6 rue des Lilas - Fournioux - 36220 LURAIS - Tél. : 02 54 37 52 61 - Fax : 02 54 35 52 61 -
E-mail : lamy.gite@wanadoo.fr

MERIGNY Le Bois D'Haut — C.M. 68 Pli 16

1 ch. Musée des Oiseaux à Le Blanc : 15 km. De plantes en bouquets, de pierres en rochers, de contes en légendes, 1 jolie ch. (1 lit 140, s. d'eau et WC) aménagée au r.d.c d'1 ferme (entrée indépendante) toute en bio et biodynamie, pour les passionnées de botanique & de nature. Petit déj. pris dans la cuisine familiale. Cour à l'avant et jardin à l'arrière (salon de jardin, vélos, jeux enfants, ping-pong). Possibilité de participer à des stages de phytothérapie et agri-biologie (en fonction du calendrier), sorties botaniques. Sentier de découverte. Rocher d'escalade de la Dube et vallée de l'Anglin à proximité. Langues parlées : anglais, allemand.

Prix : 1 pers. 26 € ▪ 2 pers. 29 € ▪ 3 pers. 37 € ▪ repas 10 €
Ouvert : toute l'année.

2	15	4	2	2	35	15	6	SP	45	2

Serge et Maryse GUZA - « le Bois d'Haut » - 36220 MERIGNY - Tél. : 02 54 37 36 52 - Fax : 02 54 37 36 52 -
E-mail : sguza@clubinternet.fr

MERS-SUR-INDRE Le Lac — C.M. 68 Pli 19

5 ch. Nohant : 8 km (G. Sand), St-Chartier : 10 km (festival Luthiers et Sonneur 5 chbres d'hôtes (5 lits 140) avec salle d'eau et WC attenants, situées dans une maison indépendante à côté de celle des propriétaires, dans la forêt. Grande salle à manger commune avec cheminée (insert). Coin salon. Petit coin cuisine. Grand parc boisé de 30 hectares pour randonnées (VTT et pédestres). Salon de jardin. Parking et table de pique-nique. Pêche gratuite dans étang.

Prix : 1 pers. 25 € ▪ 2 pers. 35 € ▪ 3 pers. 45 € ▪ pers. sup. 10 €
Ouvert : toute l'année.

20	6	16	5	20	20	20	SP	20	5

Françoise GATESOUPE - « le Lac » - 36230 MERS-SUR-INDRE - Tél. : 02 54 36 29 49

MEZIERES-EN-BRENNE Domaine des Vigneaux — C.M. 68 Pli 6

2 ch. 2 chbres d'hôtes (2 lits 140) avec salles de bains/WC particulières, situées dans une agréable propriété de Brenne, face à un étang de 140 ha. Grande cuisine/salle à manger (petit déjeuner). Grand jardin clos (tennis privé). Terrasse (salon de jardin). Etangs privés (possibilité de pêche à la journée). LOCATION en SEJOUR UNIQUEMENT (MINIMUM 2 JOURS). Randonnées équestre, pédestre, cycliste à partir de l'Office de Tourisme de Mézières-en-Brenne (Maison de la Pisciculture). Réserves ornithologique et naturelle à proximité. Nombreux chemins de randonnée balisés alentours. Tarif 4 pers. : 60 €.

Prix : 1 pers. 37 € ▪ 2 pers. 43 € ▪ 3 pers. 52 €
Ouvert : Toute l'année.

5	22	12	SP	20	20	28	SP	35	10

Nicole LEFEBURE - « domaine des Vigneaux » - 36290 MEZIERES-EN-BRENNE - Tél. : 02 54 38 11 32

Indre — *Centre*

MEZIERES-EN-BRENNE La Presle
C.M. 68 Pli 6

2 ch. Ancienne ferme de caractère restaurée située à l'entrée du bourg, comprenant 1 ch. au r.d.c. (1 lit 140) avec salle de bains et wc attenants, donnant sur la terrasse. 1 suite à l'étage (1 lit 160, 2 lits 90) avec coin salon et s. de bains et wc attenants. Salon de jardin. Proposition de reservation de visites accompagnées par un Ornithologue. La suite : 76 €. Nombreux chemins de randonnée alentours. Langues parlées : anglais, italien.

Prix : 1 pers. 35/40 € 2 pers. 43/46 € 3 pers. 69 € pers. sup. 15 €
Ouvert : Toute l'année.

8	18	15	SP	23	8	23	30	SP	40	SP

Arlette NICAUD - la Presle - 36290 MEZIERES-EN-BRENNE - Tél. : 02 54 38 12 36

MONTCHEVRIER La Gagnerie
C.M. 68 Pli 19

2 ch. Nohant : 30 km, La Châtre : 30 km, Gargilesse : 20 km, Lac d'Eguzon : 20 km... 2 chambres d'hôtes situées à l'étage d'une ferme d'élevage. 1ère chbre (1 lit 140, 1 lit 90) avec salle d'eau et WC attenants. 2ᵉ chbre (1 lit 140) avec salle d'eau et WC attenants. Salle à manger/salon à disposition Cour et jardin non clos (salon de jardin, chaises longues). Pêche en rivière (« La Bouzanne ») à 1 km. Région de la Vallée Noire à proximité. Langue parlée : anglais.

Prix : 1 pers. 27 € 2 pers. 34 € 3 pers. 41 €
Ouvert : Toute l'année.

20	25	10	4	20	20	20	20	1	30	4

Christine et Pierre MADELENAT - « la Gagnerie » - 36140 MONTCHEVRIER - Tél. : 02 54 06 30 41

MONTIPOURET
C.M. 68 Pli 19

2 ch. Nohant et St-Chartier : 5 km, G.Sand, Festival International Luthiers... Village de qualité de vie dans 1 environnement calme & contrasté où les occasions de rêve sont réalité. Pays de Georges Sand dans son cadre de verdure et de bois. 2 chambres d'hôtes (1 lit 140, 1 lit 90) pour une famille, situées à l'étage d'une maison de bourg (entrée indépendante). Salle d'eau et WC particuliers aux chambres. Cuisine à disposition pour les séjours. Salle à manger/jardin d'hiver (petits déjeuners). Grand jardin clos (salon de jardin). Parking.

Prix : 1 pers. 23 € 2 pers. 30 € 3 pers. 46 €
Ouvert : De Paques à la toussaint.

10	20	SP	21	1	2

Roland BLANCHARD - 4, rue du Chuillet - 36230 MONTIPOURET - Tél. : 02 54 31 04 88

MONTIPOURET Le Monteil
C.M. 68 Pli 19

E.C. 1 ch. Nohant et St-Chartier : 5 km, G.Sand, Festival International Luthiers... Dans une dépendance au cadre calme et agréable, 1 chambre d'hôtes (1 lit 140, 1 lit 90) (lit bébé) offrant une vue sur la Vallée Noire. Sanitaires complets privatifs. Poss. accès piscine des propriétaires.

Prix : 1 pers. 34 € 2 pers. 38 € pers. sup. 15 €
Ouvert : Avril à fin octobre.

10	20	SP	21	1	2

Madeleine et Raymond PILON - « le Monteil » - 36230 MONTEIL - Tél. : 02 54 31 10 29 ou 06 85 27 85 87

NOHANT-VIC Ripoton
C.M. 68 Pli 19

4 ch. Nohant : 2 km, fresques de l'eglise de vic, la Châtre : 7 km, St-Chartier. Au cœur de la Vallée Noire, au village de George Sand, vous serez accueillis par Martine dans l'ancienne ferme familiale restaurée située au bord de l'Indre. 4 chambres d'hôtes à l'étage ayant chacune salle d'eau et WC particuliers (3 lits 140, 1 lit 120, 3 lits 90). Grande salle commune avec cheminée, bibliothèque, documentation touristique, circuits de randonnée. Terrain (salon de jardin). Parking. Abri voiture. Langue parlée : anglais.

Prix : 1 pers. 25 € 2 pers. 35 € 3 pers. 45 € repas 14 €
Ouvert : 1Er mars au 31 octobre.

SP	7	12	7	25	18	SP	30	2

Martine COLOMB - « Ripoton » - 36400 NOHANT-VIC - Tél. : 02 54 31 06 10 - E-mail : martine.colomb@tak.fr

---

ORVILLE Les Fouages
C.M. 64 Pli 19

2 ch. Château de Valençay (spectacle son) : 20 km, Château de Bouges : 22 km.. A 200 km au sud de Paris, au cœur de la France, un oasis de verdure, de calme, propice à la détente et au ressourcement vous attend. Vous y serez accueillis chaleureusement avec plaisir. 1 CHAMBRE de SEJOUR (2 lit 90, lit d'appoint), sanitaires et cuisine privés. 1 chambre (1 lit 140) à l'étage avec sanitaires attenants. Jardin d'agrément fleuri tout autour. S. de jardin, chaises longues, portique, bac à sable. Jardin d'hiver possible pour petits déjeuners (pain et confitures maison). FORFAIT SEJOUR : 150 €/SEMAINE. Pêche en rivière à 3 km (« Le Fouzon »). Langue parlée : anglais.

Prix : 1 pers. 24 € 2 pers. 29/32 € pers. sup. 8/11 €
Ouvert : Toute l'année.

20	8	5	8	20	8	30	8

Lidia et Claude PYOT - « les Fouages » - 36210 ORVILLE - Tél. : 02 54 40 67 33

Centre / Indre

PELLEVOISIN Le Relais
C.M. 68 Pli 7

2 ch. — **Stages archéologiques : 5 km. Levroux : 15 km (Musée cuir parchemin).** Nous serons très heureux de vous faire connaître nos 6 enfants, de vous recevoir dans notre ferme. Vous pourrez visiter l'élevage de chèvres et profiter du calme d'un coin de campagne à découvrir. Au rez-de-chaussée. 1ère chbre (3 lits 90, prise TV, bibliothèque) et salle d'eau, WC dans le couloir. 2e chambre (1 lit 140, prise TV, bibliothèque, lavabo). WC et s. d'eau. Petite cuisine disponible sur demande. Salle à manger (petits déjeuners). Cour de ferme non close (S. de jardin, portique). Garage. - 20 % pour 8 jours. Enfant : 11 €. Etang (pêche, jeux) près du bourg de Pellevoisin. Langues parlées : anglais, allemand.

Prix : 1 pers. **27 €** 2 pers. **36 €** 3 pers. **49 €**
Ouvert : Toute l'année.

10	10	25	1,5	22	1,5	30	1,5

DOUBLIER Denis et NICOLAS Anne-Marie - le Relais - 36180 PELLEVOISIN - Tél. : 02 54 39 01 77

LE POINCONNET
C.M. 68 Pli 8

3 ch. — **Châteauroux :6 km, lac de Belle Isle, parc de Chenevieres à Déols.** Dans une maison de maître du XVIIIè sc. entourée d'un parc de 15 ha, 2 suites pour 2/5 personnes avec salon, salles de bains et WC attenants et 1 chambre pour 2 personnes (1 lit 140) avec salle d'eau privée. Séjour et salon (TV). Salon de jardin. Logement de chevaux sur place. Possibilité organisation week-end en chasse à courre, week-end méchoui (18 pers.). Swin golf privé 9 trous (clubs fournis) : 7 €/pers. Forêt domaniale (allées cavalières) à proximité. Suite : 76 €.

Prix : 1 pers. **34/38 €** 2 pers. **40/43 €** pers. sup. **15 €**
Ouvert : toute l'année.

5	6	2	6	6	6	20	4	6	SP

Lionel DROUIN - « les Divers » - allée Paul Rue - 36330 LE POINCONNET - Tél. : 02 54 35 40 23 - Fax : 02 54 35 40 83

LE POINCONNET Le Petit Epot
C.M. 68 Pli 8

2 ch. — **Châteauroux : 6 km(vieille ville...), lac de Belle Isle, musée Bertrand.** 2 chambres d'hôtes près du bourg aménagées à l'étage d'une grande maison de caractère, avec salle d'eau particulière à chaque chambre (2 lits 140, 1 lit 90). Salle de séjour, salon (TV) et bibliothèque à la disposition des hôtes. Terrasse. Parc ombragé clos (salon de jardin). Possibilité parking voitures. POSSIBILITE FORFAIT SEJOUR EN HORS SAISON. Forêt domaniale de 5 000 ha à proximité (nombreuses allées cavalières, promenades fléchées, parcours aménagés pour les sportifs). Squash.

Prix : 1 pers. **26 €** 2 pers. **38 €** 3 pers. **41/46 €** pers. sup. **10/15 €**
Ouvert : toute l'année.

6	6	2	SP	6	6	10	2	4	SP

Suzanne MITATY - 63, le Petit Epot - 36330 LE POINCONNET - Tél. : 02 54 35 40 20

LE PONT-CHRETIEN La Baronne
(TH)
C.M. 68 Pli 18

3 ch. — **Site de la Boucle du Pin : 13 km, Gargilesse : 17 km, sentiers balisés :21k** Venez à la ferme prendre le temps de vivre & d'admirer la nature, faire des balades à pied ou en VTT, et déguster les mets de chez nous. Profitez d'1 accueil chaleureux. Ch. de séjour (1 lit 140, 1 lit 90)/coin cuisine, s. d'eau/WC, aménagée dans 1 maisonnette (cour de ferme). 2 ch. d'hôtes dans l'ét. de la ferme (2 lits 140, 1 lit 90) et wc, douche, lavabo à chaque ch. Salon (TV, bar) donnant sur jardin aménagé (s. de jardin, portique, chaises longues). ENFT - de 2 ANS GRATUIT - SEJOUR : 200 €.

Prix : 1 pers. **32 €** 2 pers. **37 €** 3 pers. **51 €** pers. sup. **11 €** repas **12 €**
Ouvert : toute l'année.

2	3	15	1	1	20	8	1	3	1

Laurent GAUTIER - « la Baronne » - 36800 LE PONT-CHRETIEN-CHABENET - Tél. : 02 54 25 82 09 - Fax : 02 54 25 82 09

POULIGNY-NOTRE-DAME Le Gachet
A
C.M. 68 Pli 19

3 ch. — **Nohant : 15 km, St-Chartier : 20 km (festival luthiers), Ste-Sevère : 6 km..** Dans une ferme berrichonne restaurée (intérieur caractère régional), offrant un cadre rustique et chaleureux, 2 chbs d'hôtes à l'étage (entrée indépendante), 1ère chbre (1 lit 140, 1 lit 90), cuisine équipée/salon (canapé), s. d'eau/WC. A dispo : grd séjour/s. à manger/bar/salon avec cheminée (TV). S. de jardin. Parking. chbre séjour (3 PERS.) - 260 €/semaine. Golf et balnéo à 6 km.

Prix : 1 pers. **37/43 €** 2 pers. **42/49 €**
Ouvert : Toute l'année.

10	SP	15	SP	8	10	SP	SP	45	SP

Monique et Jacques DELACHATRE - « le Gachet » - 36160 POULIGNY-NOTRE-DAME - Tél. : 02 54 30 20 52 ou 02 54 30 11 72

PRUNIERS Le Moulin de Palbas
(TH) CB
C.M. 68 Pli 9

4 ch. — **Vallée Noire : Nohant : 18 km, St-Chartier : 15 km, Forêt de Bommiers : 5 km.** Un accueil chaleureux dans un magnifique domaine du XVIe sc., sur 33 ha de lande, pied de mur, s. d'eau. Toute la confort pour les grands comme les petits (literie privée), terrasse, aire de jeux, salon/TV/ biblio./chem. jeux de société...). Découvrez nos chbres à thème avec vue sur l'étang et nos petits déjeuners nature (pain, confiture maison, oeufs, lait frais). 1 ch. familiale (6 pers.) avec coin salon/convertible. (4 pers.) 1 quadruple/mezzanine. Sur place : VTT, pêche, équitation, randonnées pédestres. Rencontres musicales en Mai à l'abbaye de la Prée à 20 km. Langues parlées : anglais, hollandais.

Prix : 1 pers. **50 €** 2 pers. **50 €** 3 pers. **80 €** pers. sup. **15 €** repas **15 €**
Ouvert : Toute l'année sur réservation.

15	SP	5	5	15	15	15	SP	20	5

Joke GEURTSEN-TEN HAAFT - « le Moulin de Palbas » - 36120 PRUNIERS - Tél. : 02 54 49 13 01 - Fax : 02 54 49 13 01 - E-mail : lemoulindepalbas@yahoo.com - www.palbas.com

Indre   *Centre*

REBOURSIN Le Moulin   C.M. 68 Pli 9

||| 3 ch.   **Levroux : musée du cuir et parchemin (20 km), Chateau de Valençay : 10 km.** Suite pour 4 personnes aménagées dans une maison de caractère du XVIIIe sc.. 1 chambre (1 lit 140) avec salle de bains et WC attenants (2 lits 90). Mezzanine (2 lits 120). Salon à disposition. Grand parc (salon de jardin) ombragé. Abri voiture. Complexe sportif (piscine à vagues, patinoire, bowling...) à Issoudun à 20 km. Pêche sur étang à Reboursin à 2 km. Langues parlées : anglais, espagnol.

Prix : 1 pers. **38 €** 2 pers. **49 €**
Ouvert : Du 1er juillet au 15 août.

🐕	⛱	🏃	🎾	🌊	🚣	🤽	🚂
	3	12	3	18	20	3	20	3

Gerard CHENEAU - « le Moulin » - 36150 REBOURSIN - Tél. : 02 54 49 72 05

SARZAY Montgarni   🐑   (TH)   C.M. 68 Pli 19

||| 3 ch.   **Château de Sarzay, Nohant : 8 km, circuit G.Sand, St-Chartier : 14 km.....** Maison de maître XIXe entourée d'un parc ombragé clos. 3 chbres d'hôtes au 1er étage (2 lits 140, 2 lits 90), salle de bains et WC attenants à chacune. Grande salle commune répartie en salon (cheminée), coin TV, salon/bibliothèque, espace musique, salle à manger, à la disposition des hôtes. Terrasse donnant sur le parc. Piscine privée. Parking. Produits de la ferme. Circuit F3 à La Châtre. Langue parlée : anglais.

Prix : 1 pers. **30 €** 2 pers. **38 €** pers. sup. **9 €** repas **9/14 €**
Ouvert : Toute l'année.

🐕	⛱	🏃	🎾	🌊	🚣	🤽	🚂
	25	SP	20	7	25	25	20	0,5	7	7

Michel LABAURIE - « Montgarni » - 36230 SARZAY - Tél. : 02 54 31 31 05 - Fax : 02 54 31 30 10

SARZAY Château de Sarzay   (TH)   C.M. 68 Pli 19

||| 4 ch.   **Musée G.Sand à la Châtre : 7 km, Animations estivales à Nohant : 5 km.....** 4 chambres d'hôtes aménagées dans l'enceinte d'un château du XIVe sc. ouvert au public (visites guidées). Grande cour intérieure (expositions diverses). Grande salle de réunion aménagée dans les dépendances pour les mariages et fêtes de famille. R.D.C. : Grand séjour avec cheminée (piano) /coin cuisine. 1 chbre (1 lit 140) avec salle d'eau/WC attenante. Etage : Coin détente (canapé, vidéo). 3 chbres (2 lits 140, 2 lits 90) possédant chacune salle d'eau/WC attenants. Langue parlée : anglais.

Prix : 1 pers. **41 €** 2 pers. **46 €** repas **9 €**
Ouvert : Toute l'année.

🐕	⛱	🏃	🎾	🌊	🚣	🤽	🚂
	25	7	20	7	25	25	22	6	7	7

Richard HURBAIN - château de Sarzay - 36230 SARZAY - Tél. : 02 54 31 32 25

SAULNAY La Marchandière   🐑   C.M. 68 Pli 7

||| 3 ch.   Situés dans la région des Mille Etangs, Alain & Jocelyne seront heureux de vous accueillir dans leur ferme brennouse pour vous faire découvrir toute la beauté de la nature. Calme assuré, sentiers randonnée & rivière à 2 pas. 2 doubles au R.D.C avec s.d'eau/WC attenants. 1 familiale (5 pers) à l'ét. avec accès indépendant (1 lit 140, 3 lits 90), s.d'eau/wc attenants. S. à manger à disposition (TV et cheminée). Grange aménagée en salle de jeux (ping-pong, billard américain, cuisine équipée pour séjours). Terrasse (60 m²). S. de jardin, barbecue, portique, VTT.

Prix : 1 pers. **30 €** 2 pers. **38 €** pers. sup. **12 €**
Ouvert : Toute l'année sur réservation.

⛱	🏃	🎾	🌊	🚣	🤽	🚂
11	16	12	8	11	11	10	SP	45	2,5

Alain et Jocelyne RENONCET - « la Marchandière » - 36290 SAULNAY - Tél. : 02 54 38 42 94

SAUZELLES   C.M. 68 Pli 5

||| 2 ch.   **Abbaye de Fontgombault : 2 km, Angles/Anglin : 15 km, Futuroscope...** La campagne pour la tranquillité, le calme pour vous reposer, la vallée de la Creuse pour admirer. L'accueil chaleureux pour votre arrivée, la simplicité pour vous rassurer. 2 chambres d'hôtes à l'étage (2 lits 140, 1 lit 90) avec chacune salle d'eau et WC attenants, aménagées dans une ancienne grange. Possibilité lits appoint enfants. Entrée indépendante. Terrasse couverte. Jardin d'agrément (s. de jardin, portique). Parking. Aire de loisirs de Mijault à 500 m. Fromage de Pouligny-Saint-Pierre (AOC) à 10 km. Langues parlées : anglais, espagnol.

Prix : 1 pers. **30 €** 2 pers. **38 €** 3 pers. **46 €**
Ouvert : Paques à la toussaint.

🐕	⛱	🏃	🎾	🌊	🚣	🤽	🚂
	1	7	2	2	7	7	2	0,5	50	2

Marie-Françoise CHEZEAUX - 3, rue de la Vallée - 36220 SAUZELLES - Tél. : 02 54 37 63 33 - Fax : 02 54 37 63 33

SAUZELLES   C.M. 68 Pli 5

||| 2 ch.   **Abbaye de Fontgombault : 2 km, Pouligny-St-Pierre : 10 km, Angles/Anglin..** Les amoureux de nature et de vieilles pierres seront comblés par l'ambiance des bâtiments et des jardins. Après une nuit douillette dans des chambres de charme, un petit déjeuner copieux vous sera servi. 2 chbres (2 lits 140, possibilité lit bébé) de plain-pied avec sanitaires complets attenants. Grand jardin arboré et fleuri clos (chaises longues, salon de jardin). Parking. Enfant -de 3 ans gratuit. Aire de loisirs de Mijault à 500 m. Futuroscope de Poitiers à 50 km. Langue parlée : anglais.

Prix : 1 pers. **35 €** 2 pers. **40 €** 3 pers. **49 €** pers. sup. **9 €**
Ouvert : Paques à la toussaint.

🐕	⛱	🏃	🎾	🌊	🚣	🤽	🚂
	1	7	2	2	7	7	2	0,5	50	2

J.-Cl. et Jeannette BAELDE - 4, impasse des Charbonnières - Tillioux - 36220 SAUZELLES - Tél. : 02 54 28 58 56 - Fax : 02 54 28 59 23 -
E-mail : les-treilles@wanadoo.fr

Centre — Indre

ST-AOUT Château la Villette (TH) *C.M. 68 Pli 9*

2 ch. **Vallée Noire : Nohant 15 km (maison G.Sand), St-Chartier (festival) :10 km** Ce lieu ravira les amoureux de la nature et les adeptes du silence. Un immense étang et la campagne à perte de vue. Accueil très agréable et très personnalisé. 2 chbres d'hôtes à l'étage d'une belle demeure du XIXᵉ sc. (2 lits 180) avec salle de bain et WC attenants à chacune. Grand salon et salle à manger à disposition. Parking. Salon de jardin, chaises longues. Grande salle de chasse à disposition (tarif sur demande) pour réunions. Chenil. Parking. Equitation sur demande. Forêt de Bommiers à 14 km. Langues parlées : anglais, allemand.

Prix : 1 pers. 46 € 2 pers. 54 € repas 19 €
Ouvert : Toute l'année sur réservation.

SP	6	18	4	20	20	25	6	22	4

Karin VERBURGH - « château la Villette » - 36120 ST-AOUT - Tél. : 02 54 36 28 46

ST-AUBIN La Planche À L'Ouaille (TH) *C.M. 68 Pli 9*

4 ch. Dans 1 ferme, entièrement restauré, près de la forêt de Bommiers & à 3 km de l'aérodrome de Fay-Ségry (vol à voile). Nous vous accueillerons dans le calme des champs & vous pourrez vous détendre dans 1 jardin ombragé avec 1 gde terrasse. 4 ch. d'hôtes (dont 2 attenantes) à l'ét., disposant toutes d'1 s. d'eau ou d'1 s.d.b. & wc privé & attenant (3 lits 140, 3 lits 90). Grde salle commune/coin salon (doc. touristique, livres). Salon de jardin, barbecue, portique, jeux. Parking. Issoudun à 10 km : musée de l'Apothicairerie, complexe sportif (piscine à vagues, bowling, patinoire).

Prix : 1 pers. 31 € 2 pers. 38 € 3 pers. 52 € repas 11/17 €
Ouvert : Paques à la toussaint.

12	10	12	3	12	3	10	12	10	10

Annie ROCHETON - Scea des Planches - « la Planche a l'Ouaille » - 36100 SAINT-AUBIN - Tél. : 02 54 21 05 93 ou 02 54 21 41 87 - Fax : 02.54.21.59.94

ST-BENOIT-DU-SAULT *C.M. 68 Pli 17*

3 ch. **Cité médiévale (églises,..), Dolmen des Gorces, cascades des rocs-Mart** Maison de caractère du XIVᵉ et XVᵉ s., porte fortifiée de la cité. 1ᵉʳᵉ chbre (1 lit 140), sanitaires complets (douche, lavabo, WC). 2ᵉ chbre (1 lit 140, 2 lits 90, coin salon, TV coul.), baignoire, lavabos, WC. Chambre de séjour (1 lit 100, 1 lit 90), sanitaires complets, coin salon, TV coul. Cuisine équipée au R.D.C.. Petite terrasse. Parking. Séjour : 230 € à 305 €/semaine. Mme BOYER possède un atelier artisanal.

Prix : 1 pers. 30/38 € 2 pers. 38/50 € pers. sup. 15 €
Ouvert : Toute l'année.

10	18	10	1	18	30	1	18	SP

Marie-France BOYER - cité Médiévale - « le Portail » - 36170 ST-BENOIT-DU-SAULT - Tél. : 02 54 47 57 20 - Fax : 02 54 47 57 20

ST-CHARTIER La Breuille *C.M. 68 Pli 19*

3 ch. 3 chambres d'hôtes (2 lits 140, 2 lits 90, lavabos) situées à l'étage d'une ferme d'élevage. Salle d'eau, salle de bains et 2 WC à l'étage, communs aux chambres. Cuisinette à la disposition des hôtes pour les séjours. Coin salon privé réservé aux hôtes. Salon de jardin. Vallée Noire à proximité (Pays de George Sand). Festival International des Luthiers et Maîtres Sonneurs au château de Saint-Chartier à 3 km. Sentier de randonnée balisé des Maîtres Sonneurs à proximité.

Prix : 1 pers. 23 € 2 pers. 27 € pers. sup. 8/9 €
Ouvert : Toute l'année.

13	20	13	24	SP	12	3

Monique RAFFIN - « la Breuille » - 36400 ST-CHARTIER - Tél. : 02 54 31 02 86 - Fax : 02 54 31 02 86

ST-CHARTIER Vinceuil *C.M. 68 Pli 19*

2 ch. 2 chambres d'hôtes (2 lits 140) à l'étage d'une ancienne ferme située à proximité du sentier de randonnée des Maîtres Sonneurs. Salle d'eau particulière à chaque chambre et WC commun aux deux. Petit salon réservé aux hôtes (TV). Salle à manger/salon pour petits déjeuners. Cour close (salon de jardin). Terrasse. Parking. Festival International des Luthiers et Maîtres Sonneurs dans le château de Saint-Chartier en Juillet. Maison de George Sand à Nohant à 2 km (Fêtes Romantiques, théâtre). La Châtre à 15 km (musée George Sand, circuit de Formule 3).

Prix : 1 pers. 26 € 2 pers. 30 €
Ouvert : Week-end et toutes les vacances scolaires.

15	20	4	25	4	25	4

Maurice et Martine PASQUET-DARCHY - « Vinceuil » - 36400 ST-CHARTIER - Tél. : 02 54 36 27 03 - Fax : 02 54 36 27 03

ST-CIVRAN Les Ateliers de Chassingrimont (TH) *C.M. 68 Pli 17*

1 ch. Dans une grande maison de caractère, une chambre d'hôtes de plain-pied (2 lits 1 pers.), avec vue sur l'étang bordé d'iris sauvages, entrée indépendante. Sanitaires complets dans la tour attenante. A disposition, 1 petite et 1 grande salle à manger, bibliothèque, salon. Une longue table sous le cèdre, guinguette au bord de l'eau. Table et lampions... Grand potager biologique. St-Benoit-du-Sault 7 km (village médiéval). Prissac 8 km (musée de la machine agricole). Château de la garde Giron 12 km. Musées de la chemiserie à Argenton-sur-Creuse 20 km et archéologique à Saint-Marcel 25 km.

Prix : 2 pers. 50 € repas 14/18 €
Ouvert : Toute l'année.

10	20	5	10	20	10	25	20	1	20	7

Anouchka BLAVIER - Les Ateliers de Chassingrimont - 36170 ST-CIVRAN - Tél. : 04 54 25 53 56 - Fax : 02 54 25 53 55 -
E-mail : info@gitecouvert.com

Indre   *Centre*

ST-GAULTIER (TH)   C.M. 68 Pli 17

|||| 2 ch. Au cœur de la France, le Berry et le « Manoir des Remparts ». Romantisme & accueil chaleureux se conjuguent. Charme, ch. ouvrant sur le parc de 4500 m². Cuisine au saveurs du terroir, pour goûter de délicieux moments d'1 authentique bonheur. Gde ch. au r.d.c. (1 lit 160) avec salon (cheminée) et 2 s.d.b./wc. ét. : 2 grande ch. avec coin salon (cheminée) et s. d'eau/wc. Argenton-sur-Creuse à 10 km : Musée de la Chemiserie. Musée et site archéologique à Saint-Marcel à 16 km. Site de la Boucle du Pin à 15 km. Château de la Prune à (ruines) à 23 km. Gargilesse (village d'artistes) à 25 km. Suite : 200 €. Enfants : 5 €. Langues parlées : anglais, hollandais.

Prix : 1 pers. 95 € 2 pers. 99/115 € 3 pers. 170 € repas 24 €
Ouvert : Toute l'année sauf du 15 decembre au 1ᵉʳ janvier.

🐕	⛱	🏇	🎾	🏊	🎣	👤	🚂	🤸	🚲	⛷
	30	10	14	2,5	2,5	30	15	0,5	10	2

Renze RIJPSTRA - « le Manoir des Remparts » - 14, rue des Remparts - 36800 ST-GAULTIER - Tél. : 02 54 47 94 87 - Fax : 02 54 47 94 87 - E-mail : willem.prinsloo@wanadoo.fr

TENDU La Chasse (TH) 🐑   C.M. 68 Pli 18

|| 3 ch. Vallée de la creuse : site de la Boucle du Pin : 18 km, St-Marcel : 6 km... Un accueil chaleureux vous attend à « La Chasse », une ferme d'élevage de 200 hectares, où vous trouverez 3 chambres d'hôtes à l'étage. 1ᵉʳᵉ chbre (1 lit 140) avec salle d'eau et wc attenants (3 EPIS). Salle de bains et WC réservés aux 2 autres chambres (2 lits 140, 1 lit 90, 2 lavabos) (2 EPIS). Salle à manger/salon avec cheminée. Parking. Salon de jardin. Hebergement reservé aux non fumeurs. Langue parlée : anglais.

Prix : 1 pers. 24/27 € 2 pers. 43/46 € 3 pers. 55 € repas 8/16 €
Ouvert : Fermé en janvier, fevrier, mars.

🐕	⛱	🏇	🎾	🏊	🎣	👤	🚂	🤸	🚲	⛷
	1	10	13	10	30	30	14	33	SP	10	10

Robin MITCHELL - « la Chasse » - 36200 TENDU - Tél. : 02 54 24 07 76

THEVET-SAINT-JULIEN La Garenne   C.M. 68 Pli 19

||| 2 ch. Nohant : 8 km maison Sand, St-Chartier : 7 km, La Châtre :10 km (circuit f3. Une grange du XVIIIᵉ sc. restaurée vous accueille à la campagne et vous assure le calme et le repos au Pays de George Sand. Au rez-de-chaussée : 1ᵉʳᵉ chbre (1 lit 140, 1 lit ancien 120), salle de bains et WC attenants. 2ᵉ chbre (1 lit 140), salle de bains et WC attenants. Grand séjour (coin musique) avec cheminée. Cour (parking privé) et jardin fleuri. Randonnées sur place (7 à 21 km).

Prix : 1 pers. 34 € 2 pers. 44 € pers. sup. 14 €
Ouvert : Du 1ᵉʳ avril à fin octobre.

🐕	🏇	🎾	👤	🏊	🚲	⛷
	10	15	10	20	3	10	3

Solange ABRIOUX-FRENKEL - « la Garenne » - 36400 THEVET-SAINT-JULIEN - Tél. : 02 54 30 04 51 - Fax : 02 54 30 04 51

THEVET-SAINT-JULIEN La Garenne   C.M. 68 Pli 19

||| 1 ch. Nohant : 8 km maison Sand, St-Chartier : 7 km, La Châtre :10 km (circuit f3. Une maison ancienne vous assure calme et repos. Ferme à 500 m environ. 1 chambre d'hôtes (1 lit 140, TV, douche et WC attenants) avec entrée indépendante au rez-de-chaussée. Salon avec cheminée à disposition. Jardin (salon de jardin, chaises longues, vélos). Parking. Pêche en rivière à 1 km.

Prix : 1 pers. 31 € 2 pers. 39 € pers. sup. 23 €
Ouvert : Du 1ᵉʳ avril au 31 octobre.

🐕	🏇	🎾	👤	🏊	🚲	⛷
	10	15	10	20	1	10	3

Françoise BEVIS - « la Garenne » - 36400 THEVET-SAINT-JULIEN - Tél. : 02 54 30 05 29

TOURNON-SAINT-MARTIN La Charité (TH) 🐑   C.M. 68 Pli 6

|| 1 ch. Abbaye de Fotgombault : 12 km Argentomagus : 50 km. Parc animalier : 20 km.. Faites 1 halte nature dans notre ferme d'élevage (vaches limousines & moutons) située dans le Parc Naturel Régional de la Brenne. Au carrefour du Berry, de la Touraine et du Poitou, nos gîtes sont le point de départ de nombreuses visites et découvertes. 1 ch. d'hôtes (1 lit 160) au r-d-c. S. d'eau attenante. WC dans l'entrée. Salle de séjour (TV) à la dispo des hôtes. Cour non close. Possibilité logement de chevaux. Circuit nature et observatoire. Pêche sur étang privé à 2 km. Futuroscope de Poitiers à 60 km Langues parlées : anglais, espagnol.

Prix : 1 pers. 25 € 2 pers. 30 € repas 11 €
Ouvert : toute l'année.

🐕	⛱	🏇	🎾	🏊	🎣	👤	🚂	🤸	🚲	⛷
12	20	15	4	20	30	20	17	2	40	4

FERME DE LA CHARITE - famille GAGNOT - route de Martizay - 36220 TOURNON-SAINT-MARTIN - Tél. : 02 54 37 52 77 -
Fax : 02 54 37 52 77

TOURNON-SAINT-MARTIN   C.M. 68 Pli 6

|||| 3 ch. Roche Posay 12 km, Abbaye de Fontgombault 8 km, futurosope, Le Blanc 15k Au pays des Mille Etangs, en bordure de Creuse, 3 chambres d'hôtes (2 lits 140, 1 lit 160) avec salle de bains et WC attenants à chacune et terrasse privative, situées dans une habitation contemporaine entourée d'un jardin paysagé agrémenté d'une piscine (salon de jardin, chaises longues). Canoë-kayak sur place.

Prix : 1 pers. 46 € 2 pers. 53 €
Ouvert : Toute l'année sur reservation.

🐕	⛱	🏇	🎾	🏊	🎣	👤	🚂	🤸	🚲	⛷
	SP	SP	12	SP	SP	15	8	SP	35	SP

Christiane et André SIMONNET - 24 bis, route de le Blanc - 36220 TOURNON-SAINT-MARTIN - Tél. : 02 54 28 77 34 -
Fax : 02 54 28 77 34

Centre

Indre

TRANZAULT
C.M. 68 Pli 19

2 ch. La ferme, le vert bocage de George Sand, les sentiers de randonnée, sont gages de réussite d'un séjour de détente et de repos complet. 1 chambre d'hôtes indépendante à l'étage (1 lit 140) avec salle d'eau et WC. Salon à disposition (TV couleur, canapé-lit 140). Cour et grand parc (aire de jeux, salon de jardin). Ch. de séjour comprenant dans 1 maisonnette à côté de celle du propriétaire : Cuisine (l.linge, réfrigérateur, micro ondes). 1 lit 140. Salon (TV, canapé-lit 140). Poss. pêche sur petit étang privé. Logement de chevaux sur place. Ch. de séjour (2 pers.) : 215 €/semaine - enfant -de 10 ans : 6 €.

Prix : 1 pers. 27 € 2 pers. 37 € 3 pers. 52 €
Ouvert : Toute l'année.

6	15	20	6	6	25	SP	28	5

Bertrand MICHOT - 15, chemin de Coutin - 36230 TRANZAULT - Tél. : 02 54 30 88 42 - Fax : 02 54 30 96 52

VENDOEUVRES Château Robert
C.M. 68 Pli 7

E.C. 3 ch. Perdu au milieu d'1 gde forêt, près d'1 magnifique étang, le Domaine de Lancosme, appartenant à la CNP, est 1 gde propriété avec en son centre le Château Robert et ses 3 ch. d'hôtes doubles aménagées dans les communs. Celles-ci sont parquetées et comprennent chacune leurs sanitaires et 1 kitchenette. Au rez-de-chaussée, deux séjours, salons avec cheminée et biblio. A 150 m, un étang privé d'une superficie de 3 ha est à disposition (pêche sportive aux carpes et silures (payant)). Possibilité chasse. Séjour : 25 €/1 pers. et 40 €/2 pers. Langues parlées : anglais, allemand.

Prix : 1 pers. 30 € 2 pers. 45 € pers. sup. 10/12 € repas 15 €
Ouvert : Toute l'année.

5	10	5	5	5	18	15	SP	30	5

Didier et Catherine AINE - château Robert - 36500 VENDOEUVRES - Tél. : 02 54 38 32 48 - Fax : 02 54 38 32 48 -
E-mail : catherine.aine@freesbee.fr

VEUIL Les Rotis
C.M. 64 Pli 18

1 ch. Château de Valençay 6 km, forêt de Gâtines 3 km, château de la Loire... Chambre de séjour située sur une base U.L.M. à côté d'un petit gîte d'étape. Séjour/salon. Coin cuisine aménagé (micro-ondes, lave-linge). 1 chambre (1 lit 140, 1 lit 90). Sanitaires complets (douche, lavabo, WC). Jardin à l'avant (salon de jardin, barbecue). Piscine d'usage commun. Possibilité bâptème de l'air en U.L.M. et location VTT.

Prix : 1 pers. 35 € 2 pers. 40 € 3 pers. 53 € repas 12 €
Ouvert : Toute l'année.

SP	25	2	6	14	14	SP	6	2

Stephane COLIN - « les Rotis » - 36600 VEUIL - Tél. : 02 54 40 35 04 - Fax : 02 54 40 31 63

VICQ-SUR-NAHON L'Echalier
C.M. 64 Pli 18

3 ch. Musée de la Pierre à fusil à 8 km à Luçay-le-Mâle... Ambiance champêtre ; calme total ; le chant des oiseaux au réveil. Une ferme ancienne au milieu de 34 ha de champs et de bois. Le repos garanti ! 2 chambres d'hôtes doubles et 1 chambre quadruple avec sanitaires privés à chacune. Salon de jardin à disposition. Club-house avec bar et billard américain. Location VTT. Mare à poissons. Vol promenade au-dessus du château de Valençay, à 7 km,(parc animalier, demeure de Tayllerand) en avion ultra-léger, avec le propriétaire. Chemins de randonnée. Langues parlées : anglais, allemand.

Prix : 1 pers. 35 € 2 pers. 40 € 3 pers. 52 € pers. sup. 11 € repas 11/23 €
Ouvert : Toute l'année.

20	7	20	2,5	20	25	SP	30	2,5	20	2,5

Helmut et Banyen MOSZKOWICZ - l'Echalier - 36600 VICQ-SUR-NAHON - Tél. : 02 54 40 35 98 - Fax : 02 54 40 36 00 -
E-mail : hmoszko@wanadoo.fr

VIGOULANT Moulin Vieux
C.M. 68 Pli 19

2 ch. Besoin de chlorophylle, de calme, de repos... Nous vous attendons dans les dépendances du Moulin Vieux au cœur d'1 vallée verdoyante de 7 ha où coule le ruisseau des Palles, à la limite de l'Indre et de la Creuse. 2 ch. avec s.d.b. et WC indépendant desservies par 1 entrée privative (bar, billard, lecture). 1ère ch. (1 lit 140), 2e ch. (1 lit 140, 2 lits 90). Pêche sur place (plan d'eau). Nombreux sentiers de randonnée. Vallée Noire chère à George Sand. Nombreux châteaux dans un rayon de 30 km. Tarif 4 pers. : 69 €. Langue parlée : anglais.

Prix : 1 pers. 38/41 € 2 pers. 41/46 € 3 pers. 61 € repas 14 €
Ouvert : Toute l'année.

14	4	3	18	18	7	SP	50	3

Alain et Michele MARTIN - « Moulin Vieux » - 36160 VIGOULANT - Tél. : 02 54 30 55 16 - Fax : 02 54 30 55 16 -
E-mail : almichmartin@wanadoo.fr - http ://perso.wanadoo.fr/lemoulinvieux/fr/index.htm

VIGOULANT Les Pouges
C.M. 68 Pli 19

3 ch. Vous aimez la campagne, vous rêvez de calme, d'espace, alors venez nous rejoindre. Notre maison située au milieu des champs est entourée d'animaux. Le pain est fait dans l'ancien four et les repas sont élaborés avec les produits de notre terre. 3 chbres d'hôtes, ayant salle d'eau et WC attenants. 1ère chbre (1 lit 180, 1 lit 90), 2e chbre (2 lits 90, 1 lit 140). 3e ch. (2 lits 90). Grande s. à manger commune. Salon à disposition (TV). Pièce détente/coin salon (jeux). Jeux d'extérieur, salon de jardin. VTT, pêche sur place. Poss. accès piscine propriétaire (entrée privative). Enfant de 5 ans gratuit. Langue parlée : anglais.

Prix : 1 pers. 27 € 2 pers. 34 € 3 pers. 40 € pers. sup. 6 € repas 8 €
Ouvert : Toute l'année.

8	17	13	8	2	18	8	2	60	10

Anne-Marie HYZARD - la ferme des Vacances - les Pouges - 36160 VIGOULANT - Tél. : 02 54 30 60 60

Indre
Centre

VIGOUX
C.M. 68 Pli 17

¦¦¦ 2 ch. Dans un village tranquille, soyez chez vous dans une grande maison de cour de ferme au milieu du bocage, près d'Argenton/Creuse, de St-Benoît- du-Sault et du lac Chambon. A l'ét. : 1ère ch. (1 lit 160), salle d'eau et wc attenants. 1 ch. contiguë (4 pers.) avec salle d'eau et wc attenants. Grand séjour à la disposition des hôtes. Salon de jardin. Terrasse et jardin fleuri en saison. Lac Chambon à 20 km (voile, (baignade, ski nautique...). Site archéologique d'Argentomagus à 12 km (musée et chantier de fouilles). Enfant : 11 à 15 €. A20, sortie n°19 et N20 direction Vigoux.

Prix : 1 pers. 32 € 2 pers. 37 € 3 pers. 50 €
Ouvert : à partir du 1er mars.

20	10	10	10	20	20	15	2	SP	

Odette DAMET - 5, rue des Bois - 36170 VIGOUX - Tél. : 02 54 25 30 26

VIGOUX Pommeroux
C.M. 68 Pli 17

E.C. 2 ch. Lac d'Eguzon 20 km, site archéologique d'Argentomagus 10 km, Gargilesse. Michèle vous accueille dans un écrin de verdure. Vous serez charmés par la douceur des lieux (calme et terrain clos fleuri et arboré, pelouse et salon de jardin). Aire de jeux pour enfants, parking. A l'étage : Suite (3 pers.) accessible par escalier de ferme : Petit salon. coin détente (petit déjeuner). Salon (TV). Mezzanine. 1 lit 140 et 1 lit 90. Salle d'eau et wc. 1 chambre (1 lit 140) et petite chambre contiguë (1 lit 120). Salle d'eau et wc.

Prix : 1 pers. 35 € 2 pers. 43/46 € pers. sup. 15 € repas 13 €
Ouvert : De pâques à octobre.

20	10	10	10	20	20	15	2	SP	

Michele BOURDET - « Pommeroux » - 36170 VIGOUX - Tél. : 02 54 25 31 17 - Fax : 02 54 25 31 17

VILLEDIEU-SUR-INDRE La Bruere
C.M. 68 Pli 7

¦¦ 3 ch. Châteauroux 15 km, couvent des Cordeliers, lac de Belle-Isle, Déols 17k Ancienne ferme rénovée, entourée de 2 ha de jardin, située à proximité d'un golf, comprenant 3 chambres d'hôtes (2 lits 140, 2 lits 90) ayant chacune des sanitaires complets (douche, lavabo, WC) attenants. Salon avec cheminée (TV) à disposition. Salon de jardin et portique. Abri pour voiture. Enfant -5 ans gratuit. Golf 18 trous à Villedieu. Langue parlée : anglais.

Prix : 1 pers. 26 € 2 pers. 34 € pers. sup. 9 €
Ouvert : Toute l'année.

15	5	14	6	15	15	10	6	16	6

Alec-Stephen STONE - « la Bruere » - 36320 VILLEDIEU-SUR-INDRE - Tél. : 02 54 26 11 14

VILLEDIEU-SUR-INDRE Le Grand St-Bonnet
C.M. 68 Pli 7

E.C. 2 ch. Châteauroux 15 km, couvent des Cordeliers, lac de Belle-Isle, Déols 17k Maison dominant la Vallée de l'Indre (rivière pour pêche à 300 m), située sur une exploitation céréalière. Pour vos séjours, piscine à disposition sur la propriété. Des chemins de randonnée alentours et un golf 18 trous à 5 km. 2 chambres d'hôtes contiguës pour famille 4 pers à l'ét. (1 lit 140, 2 lits 90, 1 lit bébé) avec coin salon et sanitaires particuliers. Langue parlée : anglais.

Prix : 2 pers. 38 € pers. sup. 9 € repas 11 €
Ouvert : Toute l'année.

15	5	14	6	15	15	10	6	16	6

Jacques et Lucette MERIGOT - Gaec du Grand Saint-Bonnet - 36320 VILLEDIEU-SUR-INDRE - Tél. : 02 54 26 53 96 ou 02 54 26 13 31

Indre-et-Loire

GITES DE FRANCE TOURAINE - Service Réservation
38, rue Auguste Fresnel - B.P. 139
37171 CHAMBRAY-LES-TOURS Cedex
Tél. 02 47 48 37 13 - Fax 02 47 48 13 39
http://www.loire-valley-holidays.com
E-mail : info@loire-valley-holidays.com

3615 Gîtes de France
0,2€/min

AMBOISE
C.M. 64 Pli 16

¦¦¦ 2 ch. 2 chambres spacieuses avec entrées indépendantes, dans un beau manoir de la fin XVIIe, au milieu d'un parc de 3 ha., un havre de quiétude à 5 mn du château d'Amboise et du Clos Lucé. L'une des chambres est située au r.d.c. et l'autre à l'étage. Elles ont chacune TV, 1 lit 160 x 200, 1 lit 1 pers., salle de bains privée et wc privés. Possibilité d'accueil de cavaliers (pré de 1 hectare sur place). Réduction de 10 % du 1/10 au 31/03 ainsi qu'à partir de 4 nuits. Langue parlée : anglais.

Prix : 1 pers. 66 € 2 pers. 70 € 3 pers. 85 €
Ouvert : Toute l'année.

1,5	1,5	1	10	SP	2	2

Annick DELECHENEAU - Manoir de la Maison Blanche - 18, rue de l'Epinetterie - 37400 AMBOISE - Tél. : 02 47 23 16 14 ou 06 88 89 33 66 - E-mail : annick.delecheneau@wanadoo.fr - www.lamaisonblanche-fr.com

Centre **Indre-et-Loire**

AMBOISE Chanteloup
C.M. 64 Pli 16

2 ch. Sur D83, en retrait d'Amboise (2 km), au calme. 2 chambres dans une maison rurale d'aspect modeste (ancienne plâtrerie du site classé de Chanteloup 1770), offrant un confort simple : chambres claires et aérées, chauffage d'appoint en toute saison, ventilation de chaque sanitaire. 1 ch. (1 lit 2 pers., salle d'eau privée : lavabo, douche, toilettes). 1 ch. (1 lit 2 pers., 1 lit 1 pers., salle d'eau privée : lavabo, douche), wc privés réservés à la 2ᵉ chambre sur palier. Jardin d'agrément (salon de jardin pour pique-nique). Proximité d'une ferme et de la forêt. Parking privé. 2 nuits minimum en vac. scolaires. Remise 10 % à partir de 3 nuits.

Prix : 1 pers. 30 € 2 pers. 38 € 3 pers. 46 €

2	2	2	5	2	0,5	3	2

Caroline BODICHON-LAIZE - Chanteloup - 37400 AMBOISE - Tél. : 02 47 57 03 85 - E-mail : caroline.bodichon@club-internet.fr

AMBOISE Les Vallinières
C.M. 64 Pli 16

2 ch. 2 ch. à l'étage, maison de caractère, calme absolu, pleine campagne, bord de forêt d'Amboise, balades à pieds, à vélo. 1 ch. (1 lit 2 pers., 2 lits 1 pers., baignoire, douche, lavabo et wc privés), 1 ch. (1 lit 2 pers., 1 lit 1 pers.) avec bains, douche et sanitaires privatifs non attenants. Parking, cour, terrasse. Location vélos (500 m). Petits déjeuners servis au bord de l'eau sous le regard envieux des tortues et des carpes gourmandes. Sur D61, chemin privé à droite, 1,3 km après le rond-point de sortie d'Amboise. Swin-golf à 12 km.

Prix : 2 pers. 39/61 € 3 pers. 53/75 €

3	3	3	4	5	SP	3	4	1,3

Famille PASQUET - Les Vallinières - 37400 AMBOISE - Tél. : 02 47 23 27 42 - Fax : 02 47 23 25 05 - E-mail : pierre@pasquet.com ou SR : 02 47 48 37 13

AMBOISE Les Vergers de la Ménaudière
C.M. 64 Pli 16

1 ch. 1 suite à l'étage d'une ancienne ferme de la fin XVIIIᵉ située dans un cadre de verdure (parc de 3 ha. avec pièce d'eau), à 2 km du centre d'Amboise. Ameublement de qualité. La suite est composée d'une 1ᵉ ch. avec 2 lits 1 pers., d'une 2ᵉ ch. avec 1 lit 2 pers., d'une salle de bains et de wc privés. Accès direct à la forêt d'Amboise pour promenade. Langue parlée : anglais.

Prix : 2 pers. 46 € 3 pers. 61 €

2,5	2,5	2,5	9	4	SP	2	2

Gérard FOREST - Les Vergers de la Ménaudière - 37400 AMBOISE - Tél. : 02 47 57 06 96 - Fax : 02 47 57 06 96 ou SR : 02 47 48 37 13

ANCHE
C.M. 64 Pli 13

2 ch. 2 chambres d'hôtes indépendantes (dont 1 suite à mi-étage) dans une maison paysanne des XVIIIᵉ et XIXᵉ au cœur d'un village vigneron du Val de Vienne, à 6 km de Chinon. Elles ont chacune salle de bains et wc privés. La suite se compose d'une chambre avec 1 lit 2 pers. et d'un grand salon avec cheminée et 1 lit 1 pers. La chambre située au r.d.c. est équipée de 2 lit 1 pers. Possibilité de lits d'enfants sur demande. Ameublement et décoration de style. Grand jardin clos et ombragé. Parking. Langues parlées : italien, anglais.

Prix : 1 pers. 40 € 2 pers. 46/52 € 3 pers. 67 € pers. sup. 12 €

6	2	0,5	10	SP	8	20	8	0,5

FOURRIER - Les Prunellières - 16, rue de la Gautraie - 37500 ANCHE - Tél. : 02 47 93 15 47 - E-mail : lesprunellieres@wanadoo.fr ou SR : 02 47 48 37 13

ARTANNES-SUR-INDRE
C.M. 64 Pli 14

1 ch. Dans la dépendance d'une maison tourangelle du XIXᵉ située au centre du village. 1 suite composée de 2 ch. : (1 lit 2 pers., 1 lit 1 pers.) et (1 lit 120) à l'étage avec salle d'eau et wc privés. Séjour en r.d.c. avec coin-cuisine à l'usage exclusif des hôtes (ameublement rustique, TV, tél. à compteur). Cour fleurie. Possibilité de forfait séjour : 259 €/semaine pour 2 pers. Lit bébé à disposition. GR3 sur place.

Prix : 1 pers. 38 € 2 pers. 43 € 3 pers. 56 € pers. sup. 14 €

6	3	0,5	2	12	0,5	10	20	0,5

Evelyne SCHAEFER - 23, avenue de la Vallée du Lys - 37260 ARTANNES-SUR-INDRE - Tél. : 02 47 26 80 22 ou SR : 02 47 48 37 13

ATHEE-SUR-CHER Vallet
C.M. 64 Pli 15

3 ch. Dans une maison de caractère du XVIIIᵉ au bord du Cher, 1 ch. au r.d.c. et 2 ch. à l'étage. Toutes les chambres sont équipées d'une salle de bains, de wc privés. 2 chambres ont chacune 1 lit 2 pers. et 1 lit 1 pers. La 3ᵉ chambre a 1 lit 2 pers. Terrasse, beau parc, parking. Langues parlées : anglais, allemand.

Prix : 2 pers. 46/61 € pers. sup. 15 €

5	5	SP	5	5	SP	SP	22	2

Augustin CHAUDIERE - Vallet - 37270 ATHEE-SUR-CHER - Tél. : 02 47 50 67 83 ou SR : 02 47 48 37 13 - Fax : 02 47 50 68 31 - E-mail : pavillon.vallet@wanadoo.fr ou SR : 02 47 48 37 13

Indre-et-Loire   *Centre*

ATHEE-SUR-CHER Le May   C.M. 64 Pli 15

1 ch. Maison d'habitation située dans une ancienne ferme. 1 chambre au r.d.c. avec 1 lit 2 pers., 1 convertible de qualité, salle d'eau et wc privés. TV installée dans la chambre. Séjour avec TV et cheminée. Accueil et repos avec salon de jardin. Billard possible. Terrasse, parking. Maison située à 1 km d'Athée sur la D83. 240 €/semaine pour 2 pers. Lit bébé gratuit.

Prix : 1 pers. 35 € 2 pers. 40 € pers. sup. 12 €

6	1	2	SP	6	SP	18	1

Laurence POITEVIN - Le May - 4, ch. la Trépignerie - 37270 ATHEE-SUR-CHER - Tél. : 02 47 50 68 14 - Fax : 02 47 50 60 24 ou SR : 02 47 48 37 13

AZAY-LE-RIDEAU Les Méchinières   C.M. 64 Pli 14

2 ch. 2 chambres d'hôtes en rez-de-chaussée dans une ferme en activité (moutons, daims), ancienne dépendance du château du Gerfault. Totalement indépendantes ces chambres ont chacune salle d'eau privée et wc privés : 1 ch. (1 lit 2 pers.), 1 ch. (2 lits 120). Lit d'appoint et lit de bébé possible. Grand salon à disposition des hôtes. Coin-cuisine disponible sous condition. Grand jardin en pelouse et terrasse avec mobilier de jardin. Langue parlée : anglais.

Prix : 1 pers. 43 € 2 pers. 48 €

4	SP	SP	7	SP	18	3,5	3,5

François DE CHENERILLES - Les Méchinières - 37190 AZAY-LE-RIDEAU - Tél. : 02 47 45 32 67 - Fax : 02 47 45 35 74 - E-mail : francoisdechenerilles@wanadoo.fr ou SR : 02 47 48 37 13

AZAY-LE-RIDEAU   C.M. 64 Pli 14

E.C. 2 ch. Situées dans un ensemble troglodytique perché plein sud sur le coteau dominant la vallée de l'Indre, 2 chambres d'hôtes indép., à 1 km du centre d'Azay le Rideau. Les chambres ont chacune s. d'eau et wc privés. 1 ch. (1 lit 160), 1 ch. (1 lit 2 pers.). Lit d'appoint et lit de bébé possible. Coin-cuisine et des vélos (+ suggestions de parcours) à dispo. des hôtes. Le propriétaire, tailleur de pierres, a réalisé une succession de terrasses fleuries, du plus bel effet. Langue parlée : anglais.

Prix : 1 pers. 41 € 2 pers. 46 € pers. sup. 12 €

0,5	0,5	0,2	15	SP	1	12	3	1

Alain et Cathy SARRAZIN - Les Caves - 37190 AZAY-LE-RIDEAU - Tél. : 02 47 45 31 25 ou SR : 02 47 48 37 13

AZAY-LE-RIDEAU La Petite Loge   C.M. 64 Pli 14

5 ch. 5 chambres d'hôtes bénéficiant d'une entrée indépendante, dans une ancienne fermette tourangelle sur 1 ha. en partie boisé, à 1 km du centre d'Azay-le-Rideau. 1 ch. (2 lits 2 pers.), 1 ch. (2 lits 1 pers.) et 3 ch. avec chacune 1 lit 2 pers. Toutes étant équipées d'une salle d'eau et de wc privés. Coin-cuisine à diposition. Parking, mobilier de jardin, portique. Langues parlées : anglais, espagnol.

Prix : 2 pers. 43/54 € 3 pers. 58/69 €

1	1	1	8	14	3	2

Christine BANTAS - La Petite Loge - 15, route de Tours - 37190 AZAY-LE-RIDEAU - Tél. : 02 47 45 26 05 ou 06 61 81 94 07 - E-mail : lapetiteloge@free.fr

AZAY-LE-RIDEAU Marnay   C.M. 64 Pli 14

2 ch. Maison neuve dans village. 2 ch. au r.d.c. (1 lit de 2 pers.). Douche et wc privés. Terrain non clos. Entrée indépendante. Parking. Musée Maurice Dufresne à proximité (machines anciennes).

Prix : 1 pers. 21 € 2 pers. 24 €

6	6	0,5	12	0,5	6	6

Catherine NICAUD - 1, chemin de la Butte - Marnay - 37190 AZAY-LE-RIDEAU - Tél. : 02 47 45 23 30

AZAY-SUR-CHER Le Clos des Augers   (TH)   C.M. 64 Pli 15

2 ch. 1 chambre et 1 suite dans les dépendances d'une propriété rurale XVIII°. Suite duplex 2/4 pers. (TV, 1 lit 2 pers., douche, wc au r.d.c. et espace nuit avec 1 lit gigogne 2 pers. à l'étage). 1 ch. (TV, 1 lit 2 pers., douche, wc). Table d'hôtes sur réservation, partagée avec propriétaires dans leur salle à manger. Cour fleurie avec salons de jardin, garage voiture. Etang, prairie 2 ha. avec animaux, prés à chevaux. Réservation possible minitel 3615 GITES DE FRANCE. Consultation sur Internet. Langue parlée : anglais.

Prix : 1 pers. 42 € 2 pers. 48 € 3 pers. 60 € repas 19 €

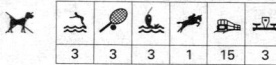

3	3	3	1	15	3

Philippe HELLIO - Le Clos des Augers - 37270 AZAY-SUR-CHER - Tél. : 02 47 50 49 49 - Fax : 02 47 50 49 51 - E-mail : closdesaugers@wanadoo.fr ou SR : 02 47 48 37 13

Centre
Indre-et-Loire

AZAY-SUR-CHER Château du Coteau
C.M. 64 Pli 15

6 ch. — 6 chambres à l'étage du pavillon de l'horloge d'une propriété romantique du XIXe, au milieu d'un parc animalier de 12 ha. au bord du cher. Toutes les ch. ont salle de bains ou douche, wc, TV et téléphone. 4 ch. (2 lits 1 pers. juxtaposables en 1 lit 2 pers.), 1 ch. (1 lit 160), 1 appartement (salon, coin-cuisine, 1 ch. à 1 lit 2 pers., 1 ch. à 3 lits 1 pers.). Salon à disposition des hôtes (piano). Nuitée pour 2 pers. dans l'appartement : 119 €. Parc animalier. Vol en montgolfière. Langue parlée : anglais.

Prix : 1 pers. **74/91** € 2 pers. **74/119** € 3 pers. **121/150** €
pers. sup. **30** €

🐕	🏊	🎾	🎣	🏇	⛵	🚶	⛳	🚲	🚉
5	5	SP	SP	SP		15	17		2

TASSI - Château du Côteau - 37270 AZAY-SUR-CHER - Tél. : 02 47 50 47 47 - Fax : 02 47 50 49 60 ou SR : 02 47 48 37 13

AZAY-SUR-INDRE Moulin de la Follaine
C.M. 64 Pli 16

4 ch. — 4 chambres (dont 2 suites) dans moulin de caractère aux mécanismes en état de marche. La Follaine, ancien territoire de chasse du Marquis de La Fayette, située entre Val de Loire et Touraine du sud. Vous apprécierez tranquillité et fraîcheur du parc aquatique de 3 ha, qui abrite, en outre, un gîte rural. Chaque chambre a salle de bains et wc privés. 1 ch. en rez-de-jardin (1 lit 2 pers.). Etage : 1 suite (3 lits 1 pers.), 1 suite (1 lit 2 pers., 1 lit 130, 1 lit 1 pers.). Salon (TV, cheminée). TV sur demande dans les chambres. Parc avec mobilier de jardin, pêche possible. Châteaux alentours entre 10 et 25 km. Langues parlées : anglais, espagnol.

Prix : 1 pers. **46/52** € 2 pers. **52/59** € 3 pers. **67/75** €
pers. sup. **15** €

🐕	🏊	🎾	🎣	🏇	⛵	🚶	⛳	🚲	🚉
10	3	SP	6	10	SP	1	20	10	3

Danie LIGNELET - Moulin de la Follaine - 37310 AZAY-SUR-INDRE - Tél. : 02 47 92 57 91 - Fax : 02 47 92 57 91 -
E-mail : moulindelafollaine@wanadoo.fr - www.multimania.com/moulindefollaine

AZAY-SUR-INDRE La Bihourderie
C.M. 64 Pli 16

4 ch. — Dans la maison du porteur de lances, Mignès sera heureuse de vous accueillir dans une des 4 ch. indépendantes au r.d.c. de sa jolie demeure typique du Lochois, 1er prix gîtes fleuris. Chaque ch. a bains ou douche et wc privés : 1 twin (2 lits 1 pers.), 1 double, 2 triples. Lit bébé. Salon conçu pour les hôtes (cuisine, TV vidéo). Jardin (portique, ping-pong, vélo, pétanque). Panier pique-nique possible à midi. Espace et calme assurés. Pour raisons de santé, et à son grand regret, Mignès ne fait plus table d'hôtes. Mais l'aubergiste du village (2 km) réservera à ses hôtes un prix spécial de 14,49 € vins et café compris. Langue parlée : anglais.

Prix : 1 pers. **37** € 2 pers. **40/43** € pers. sup. **14** €

🐕	🏊	🎾	🎣	🏇	⛵	🚶	⛳	🚲	🚉
10	6	2,5	6	18	0,5	20	60	4	5

Marie-Agnès BOUIN - La Bihourderie - 37310 AZAY-SUR-INDRE - Tél. : 02 47 92 58 58 - Fax : 02 47 92 22 19 -
E-mail : mignes.bouin2@freesbee.fr ou SR : 02 47 48 37 13

BALLAN-MIRE Château du Vau
C.M. 64 Pli 14

5 ch. — 5 chambres d'hôtes à l'étage d'un château bati vers la fin du XVIIIe et situé sur 110 ha. de parc et forêt. A proximité d'une ferme produisant du foie gras, moutons, chevaux) et à mi-chemin entre Tours et Azay-le-Rideau. 1 ch. (1 lit 2 pers., 1 lit 1 pers.), 1 ch. (2 lits 1 pers.), 3 ch. (1 lit 2 pers.), avec chacune salle de bains et wc privés. 2 salons réservés aux hôtes. Accès au parc du château. Golf 18 trous à 300 m. Langues parlées : anglais, allemand.

Prix : 1 pers. **78/84** € 2 pers. **85/92** € 3 pers. **114** €
pers. sup. **18** € repas **29** €

🐕	🏊	🎾	🎣	🏇	⛵	🚶	⛳	🚲	🚉
	9	2	2	0,3		13	2		

Bruno CLEMENT - Château du Vau - 37510 BALLAN-MIRE - Tél. : 02 47 67 84 04 - Fax : 02 47 67 55 77 -
E-mail : chateauduvau@chez.com - www.chez.com/chateauduvau ou SR : 02 47 48 37 13

BALLAN-MIRE Château de Bois Renault
C.M. 64 Pli 14

5 ch. — 5 chambres luxueuses aménagées à l'étage d'un château du XVIIIe remanié au XIXe, dans un parc boisé de 22 ha. clos de mur, à 10 mn de Tours. Toutes les chambres bénéficient d'une vaste salle de bains et wc privés. Elles sont équipées soit de 2 lits 1 pers., soit d'un lit 2 pers. de grande dimension (160 ou 180 cm). 1 des chambres donne sur une terrasse qui domine le parc. Toutes les chambres ont le téléphone et deux d'entre elles sont climatisées. Salon. Salle TV. Langues parlées : anglais, allemand.

Prix : 1 pers. **85** € 2 pers. **95/115** € pers. sup. **25** €

🐕	🏊	🎾	🎣	🏇	⛵	🚶	⛳	🚲	🚉
5	4	2	0,5	SP	2	14	3		

François DUHOUX - Château de Bois Renault - 37510 BALLAN-MIRE - Tél. : 02 47 67 89 38 - Fax : 02 47 67 10 92 -
E-mail : boisrenault@free.fr - www.chateauxcountry.com

BEAUMONT-EN-VERON La Balastière - Grézille
C.M. 64 Pli 13

4 ch. — 4 ch. avec entrées indépendantes dans ancienne ferme restaurée XVe-XIXe, à mi-chemin entre Chinon et Bourgueil. Grand jardin ombragé entouré par le vignoble. R.d.c. : 1 ch. (1 lit 2 pers., douche, wc). Etage : 1 ch. (1 lit 2 pers., douche, wc). 1 grande ch. 60 m² (1 lit 2 pers. 2 lits 1 pers., baignoire, wc, coin-cuisine). Salon et cuisine réservés aux hôtes. Animation sur le goût et la gastronomie. Label « Panda ». Langues parlées : anglais, allemand.

Prix : 2 pers. **38/50** € 3 pers. **60** €
Ouvert : Toute l'année sauf janvier.

🐕	🏊	🎾	🎣	🏇	⛵	🚶	⛳	🚲	🚉
3,5	3,5	1,5	4	5	SP	5		3,5	

Antoinette DEGREMONT - La Balastière - Grezille - 37420 BEAUMONT-EN-VERON - Tél. : 02 47 58 87 93 ou 06 81 69 35 06 -
Fax : 02 47 58 82 41 - E-mail : balastiere@infonie.fr - http://perso.infonie.fr/balastiere

Indre-et-Loire

Centre

BEAUMONT-EN-VERON Château de Coulaine
C.M. 64 Pli 13

3 ch. Chambres à l'étage d'un château fin XVe (ISMH) au milieu d'un grand parc. 1 suite avec salle de bains (1 lit 160, 1 lit 1 pers., 1 lit enfant). 1 suite 3 pers. avec salle d'eau et wc. 1 ch. (lit 160 avec salle d'eau et wc). Salle avec cheminée et pièce avec réfrigérateur et four micro-ondes. Accueil des cavaliers. Réduction de 10 % (2 nuits), de 15 % (7 nuits et plus).

Prix : 1 pers. 43 € 2 pers. 55 € 3 pers. 65 €
Ouvert : Toute l'année sauf du 15 novembre au 1er mars.

3	3	0,5	3	3	0,5	3	4	3

Jacques DE BONNAVENTURE - Château de Coulaine - 37420 BEAUMONT-EN-VERON - Tél. : 02 47 93 01 27

BEAUMONT-EN-VERON Grézille
C.M. 64 Pli 13

3 ch. 3 chambres à l'étage d'une ancienne propriété rurale du XVIIIe au cœur du Chinonais. Entrée indépendante, grand séjour-salon avec coin-cuisine. 1 ch. (2 lits 1 pers., salle de bains et wc), 2 ch. avec douche et wc (1 lit 2 pers.). Jardin ombragé avec mobilier. Vue sur le vignoble. Langue parlée : allemand.

Prix : 2 pers. 48 €

2	2	1	2,5	0,5	12	6	3,5	

Micheline BACH - Grézille - 37420 BEAUMONT-EN-VERON - Tél. : 02 47 58 43 53 ou 06 80 30 61 00 - Fax : 02 47 58 43 63 -
E-mail : grezille.bach@wanadoo.fr

BEAUMONT-LA-RONCE La Guillonière
C.M. 64 Pli 5

1 ch. Dans ancienne ferme. R.d.c. : 1 ch. avec douche et wc (1 lit 2 pers.). Parking. Restaurants : 1 km.

Prix : 2 pers. 27 €

9	5	10	25	0,5	20	1	

Madeleine GERNIER - La Guillonnière - 37360 BEAUMONT-LA-RONCE - Tél. : 02 47 24 42 83

BEAUMONT-LA-RONCE La Louisière
C.M. 64 Pli 5

3 ch. 3 chambres dans une ferme en activité située à proximité du bourg face au parc du château de Beaumont et à la lisière de la forêt. Situées au 1er étage, elles ont toutes salle de bains ou salle d'eau privée et wc privés. Elles ont respectivement 2 lits 1 pers., ou 1 lit 2 pers. et 1 lit 1 pers., ou enfin 1 lit 2 pers. et 3 lits 1 pers. Lit bébé. Séjour (cheminée et TV). Jardin. Parking. Vélos. Restaurant à 300 m. Télévision dans toutes les chambres. Langue parlée : anglais.

Prix : 1 pers. 32 € 2 pers. 40 € 3 pers. 51 € pers. sup. 11 €
Ouvert : Toute l'année.

20	SP	0,5	5	SP	10	20	SP

Michel CAMPION - La Louisière - 37360 BEAUMONT-LA-RONCE - Tél. : 02 47 24 42 24 ou SR : 02 47 48 37 13

BERTHENAY Les Prés Bayard
C.M. 64 Pli 14

2 ch. Villandry 4 km. Tours 12 km. 2 ch. au r.d.c. de la dépendance (en partie XVe) d'une maison tourangelle XVIIIe, typique des bords de Loire, sur 7500 m² paysagers. 1 ch. (1 lit 2 pers.). 1 ch. (2 lits 1 pers. ou 1 lit 2 pers.) avec chacune douche et wc privés. Table d'hôtes sur réservation sauf mercredi et dimanche soir. Piscine privée sécurisée. Parking privé. 3e chambre et coin-cuisine en cours de réalisation. Accès rapide : axes autoroutiers (8 km). Animaux acceptés sous conditions. Remise 10 % sur 3e nuit et suivantes. Langues parlées : anglais, espagnol.

Prix : 1 pers. 45 € 2 pers. 50 € pers. sup. 13 € repas 20 €

SP	3	SP	5	SP	3	8	1,5	3

Catherine BOUCHON - Les Prés Bayard - 37510 BERTHENAY - Tél. : 02 47 50 13 14 ou 06 81 15 10 88 - Fax : 02 47 50 13 14 -
E-mail : pres-bayard@wanadoo.fr

BERTHENAY L'Aireau des Bergeons
C.M. 64 Pli 14

2 ch. 2 chambres à l'étage, dans une ancienne fermette tourangelle 1840 située à 500 m en contrebas de la Loire et à 1 km du Val de Cher, qui ouvre de plus sur un superbe jardin fleuri avec plusieurs terrasses et tonnelles. Les chambres ont chacune 1 lit 2 pers. et un wc privé, plus une salle d'eau privée ou une salle de bains privée. Sur place, piscine privée (8x4 m). A 20 mn de Tours et 5 mn du château de Villandry. Langue parlée : anglais.

Prix : 1 pers. 38 € 2 pers. 48 € 3 pers. 60 € pers. sup. 12 €
repas 18 €

SP	2	0,5	4	SP	7	8	7

Marie SALBREUX - Chantoiseau - L'Aireau des Bergeons - 37510 BERTHENAY - Tél. : 02 47 43 50 22

Centre — Indre-et-Loire

BERTHENAY La Grange Aux Moines   *C.M. 64 Pli 14*

▐▐▐ 5 ch. **Tours 12 km. Villandry 6 km.** 5 chambres situées dans une ancienne ferme du XVIIe restaurée, dans un hameau en bord de Loire. Toutes avec entrée indépendante, salle d'eau et wc privés. R.d.c. : 1 ch. (1 lit 2 pers., 2 lits 1 pers.). Etage : 1 suite (1 lit 2 pers., 2 lits 1 pers.), 2 ch. (1 lit 2 pers.), 1 ch. (2 lits 1 pers.). Parc ombragé. Garage fermé. Location de bicyclettes. Piscine privée. Langue parlée : anglais.

Prix : 1 pers. 44 € ▫ 2 pers. **52/59** € ▫ 3 pers. **73/96** €

	🐕	〰	🎾	🎣	🏃	⛵	👥	🎯	🚉	⛽
	SP	5	0,5	7	12	0,5	5	9	14	3

Janine MILLET - La Grange aux Moines - 37510 BERTHENAY - Tél. : 02 47 50 06 91 - Fax : 02 47 50 06 91 ou SR : 02 47 48 37 13

BLERE Moulin du Fief Gentil (TH) *C.M. 64 Pli 16*

▐▐▐ 4 ch. 4 chambres aménagées dans un moulin (XVIe et XIXe), à la sortie de Bléré, dans une propriété de 2,3 ha. Sur place un étang de 6000 m² alimentant le bief qui passe sous le séjour où sont servis les repas. 2 ch. ont chacune 1 lit 160 ainsi que s.d.b. et wc privés. Les 2 autres ont chacune 2 lits 1 pers., wc privés et soit 1 s.d.b. ou 1 s. d'eau privée. Réduction de 10 % pour 3 nuits et plus. Table d'hôtes sur réservation. Langue parlée : anglais.

Prix : 1 pers. **60/84** € ▫ 2 pers. **70/90** € ▫ pers. sup. 15 € ▫ repas 27 €

🐕	〰	🎾	🎣	🏃	⛵	👥	🎯	🚉	⛽
0,5	0,5	SP	10	0,5	SP	30	20	0,5	

Ann MASON - Le Moulin de Fief Gentil - 37150 BLERE - Tél. : 02 47 30 32 51 - Fax : 02 47 30 22 38 - E-mail : fiefgentil@wanadoo.fr - http://perso.wanadoo.fr/fiefgentil

BOSSAY-SUR-CLAISE La Fertauderie 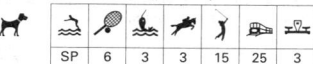 *C.M. 68 Pli 6*

▐▐▐ 4 ch. 4 ch. dans dépendance fermette XVIe, en pleine campagne. Proximité vallées de la Claise et de la Creuse, station thermale la Roche-Posay. Les propriétaires proposent un séjour au grand calme. R.d.c. : 1 ch. 4 pers. (bains et wc). Etage : 2 ch. (chacune 1 lit 2 pers., douche et wc). 1 suite (ch. : 1 lit 2 pers., douche, wc, séjour/cuisine : 2 lits pliants 1 pers.). Coin-cuisine et salle de musique avec instruments à disposition. Séjour (cheminée, TV). Jardin en pelouse. Table d'hôtes sur réservation les vendredi, samedi, dimanche. Parc paysager de 6000 m², piscine privée.

Prix : 1 pers. 33 € ▫ 2 pers. **38/42** € ▫ pers. sup. 10 € ▫ repas 12 €

🐕	〰	🎾	🎣	🏃	👥	🚉	⛽
	SP	6	3	3	15	25	3

Famille GLENN - La Fertauderie - 37290 BOSSAY-SUR-CLAISE - Tél. : 06 87 45 61 87 ou 02 47 94 43 74 - Fax : 02 47 94 44 63 - E-mail : glennhome@free.fr

BOURGUEIL Le Moulin de Touvois   (TH) *C.M. 64 Pli 13*

▐▐▐ 5 ch. 5 chambres dans un ancien moulin du XVIIIe, à 5 km de Bourgueil et à 100 m d'un restaurant gastronomique. 1 ch. au r.d.c. et 4 ch. à l'étage. 4 chambres avec 1 lit 160 ou 2 lits 1 pers. jumelables bains et wc privés. 1 chambre a 1 lit 2 pers. ainsi que douche et wc privés. Sur place à disposition des hôtes, piscine privée (12 m x 6 m), au milieu d'une grande pelouse dont l'accès est commandé par un petit pont de bois enjambant un ruisseau. Randonnées au départ du moulin. Table d'hôtes sur réservation. Langue parlée : anglais.

Prix : 1 pers. **41/48** € ▫ 2 pers. **46/53** € ▫ 3 pers. **56/64** € ▫ pers. sup. 11 € ▫ repas 16 €

🐕	〰	🎾	🎣	🏃	⛵	👥	🎯	🚉	⛽
	SP	5	SP	12	15	SP	22	10	5

Myriam MARCHAND - Le Moulin de Touvois - 37140 BOURGUEIL - Tél. : 02 47 97 87 70 - Fax : 02 47 97 87 70 - E-mail : moulindetouvois@wanadoo.com - www.moulindetouvois.com

BRAYE-SUR-MAULNE Domaine de la Bergerie (TH) *C.M. 64 Pli 13*

▐▐▐ 3 ch. Dans le château d'une propriété romantique de 1850, sur un parc paysager et fleuri de 12 ha., où nichent aussi 3 gîtes ruraux. Ce site, doté en outre d'une immense pièce d'eau, est un havre de quiétude dans un écrin de verdure. Les chambres, toutes situées au 2e étage, sont équipées de la climatisation avec avec 1 lit 160 x 200, salle de bains et wc privés. La suite offre, en plus, 2 lits 1 pers. Salon privé pour les hôtes. Table d'hôtes sur réservation. Salle de réception sur place. Langues parlées : anglais, allemand.

Prix : 2 pers. 65 € ▫ 3 pers. 100 € ▫ repas 20 €

🐕	〰	🎾	🎣	🏃	👥	🚉	⛽
	12	2,5	SP	4	SP	8	12	4

Colette DEFOND - Domaine de la Bergerie - 37330 BRAYE-SUR-MAULNE - Tél. : 02 47 24 90 88 - Fax : 02 47 24 90 88 - E-mail : clairedefond@gmx.net - http://people.freenet.de/bergerie/

CANDES-SAINT-MARTIN Les Sarments (TH) *C.M. 64 Pli 13*

▐▐▐ 3 ch. Ancienne ferme en tuffeau (fin XIXe), sur les hauteurs du village de Candes, à proximité du panorama sur la confluence de la Vienne et de la Loire. 3 chambres, une suite, chacune équipée de sanitaires privés complets. 1 ch. (1 lit 160), 1 ch. (1 lit 160, 2 lits 1 pers.), 1 suite (1 lit 160, 1 lit 2 pers., 1 lit 1 pers.). TV sur demande dans les chambres. Grand jardin de 4500 m² avec terrasse (vue sur Monstsoreau et sur les vignes). Table d'hôtes sur réservation.

Prix : 1 pers. 40 € ▫ 2 pers. 44 € ▫ 3 pers. 56 € ▫ repas 15 €

🐕	〰	🎾	🎣	🏃	⛵	👥	🎯	🚉	⛽
	8	1	1	10	SP	12	7	12	0,5

André LHERBETTE - Les Sarments - 15, rue Trochet - 37500 CANDES-SAINT-MARTIN - Tél. : 02 47 95 93 40 - Fax : 02 47 95 93 40 ou SR : 02 47 48 37 13

Indre-et-Loire
Centre

CANDES-SAINT-MARTIN
C.M. 64 Pli 13

3 ch. 3 chambres indépendantes avec salle d'eau et wc privés dans une maison bourgeoise du XIX°. 2 ch. au r.d.c. : 1 ch. (1 lit 2 pers.), 1 ch. (2 lits 1 pers.). Etage : 1 ch. (1 lit 2 pers.). Jardin et terrasse face à la Loire. Parc ombragé, terrain de volley. Parking. Possibilité de location à la semaine (hiver).

Prix : 1 pers. 42 € 2 pers. 47 € pers. sup. 15 €

🐕	⛰	🎾	🏊	🦌	⛵	👥	⛳	🚂	🏛
13	0,8	0,5	12	SP	0,5	8	12	1	

Jack LAMBERT - « La Fontaine » - 46, route de Compostelle - 37500 CANDES-SAINT-MARTIN - Tél. : 02 47 95 83 69 - Fax : 02 47 95 83 09 ou SR : 02 47 48 37 13

LA CELLE-SAINT-AVANT Le Grignon
C.M. 68 Pli 5

3 ch. 2 chambres et 1 suite à l'étage d'une ancienne fermette restaurée, dans un hameau situé entre la Celle-Saint-Avant et Descartes (vivante bourgade en bord de Creuse et village natal du philosophe), à 35 mn du Futuroscope. 2 ch. avec chacune 1 lit 2 pers., une salle d'eau et des wc privés. Suite avec 1 lit 120, 2 lits 1 pers., 1 lit enfant, salle de bains et wc privés. Séjour avec TV et cheminée. Possibilité d'autres lits d'enfants. Jardin en pelouse, parking. Golf et voile à 35 mn.

Prix : 1 pers. 31/34 € 2 pers. 37/40 € 3 pers. 49/52 €

🐕	⛰	🎾	🏊	🦌	⛵	👥	⛳	🚂	🏛
6	6	1,5	7	25	SP	6	30	12	6

Claude CHUIT - Le Grignon - 3, allée du Grignon - 37160 LA CELLE-SAINT-AVANT - Tél. : 02 47 65 13 61 ou 06 86 50 61 92 - E-mail : nicoleclaudechuit@minitel.net

CERE-LA-RONDE Le Petit Biard
C.M. 64 Pli 16

4 ch. 4 ch. d'hôtes à l'étage dans une propriété rurale en pleine campagne, 15 km au sud de Chenonceaux. 1 ch. familiale (1 lit 2 pers., 2 lits 1 pers.), 1 ch. (1 lit 2 pers.) et 1 ch. à 2 lits avec chacune douche et wc privés non communiquants. 1 ch. (1 lit 2 pers.) avec douche et wc particuliers. Environnement calme et boisé avec mobilier de jardin. Grande salle d'hôtes avec cheminée. Mobilier ancien. Parking clos. Réduction 10 % à partir de 3 nuits. Restaurants 3 km. Petits déjeuners servis jusqu'à midi. Langue parlée : anglais.

Prix : 2 pers. 32/37 € 3 pers. 46 €

🐕	⛰	🎾	👥	🚂	🏛
8	8	3	SP	15	3

Martine LAIZE - Le Petit Biard - 37460 CERE-LA-RONDE - Tél. : 02 47 59 51 18 - Fax : 02 47 59 51 18 - E-mail : bb-lepetitbiard@club-internet.fr

CHAMBOURG-SUR-INDRE Le Petit Marray
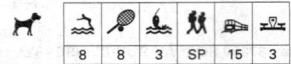
C.M. 64 Pli 16

4 ch. Dans une ancienne ferme tourangelle de 1830, 4 chambres spacieuses avec entrées indépendantes. R.d.c. : 1 suite (1 ch. avec 1 lit 2 pers., 1 ch. avec 2 lits 1 pers., douche, wc). Etage : 1 suite (salon avec 1 canapé- lit gigogne 1 pers., 1 ch. avec 1 lit 2 pers., bains, wc), 1 ch. (1 lit 2 pers., douche, wc). Dans logis indép., 1 ch. 24 m² accessible aux pers. handicapées (1 lit 2 pers., possibilité 2 lits 1 pers. en plus, bains, wc). TV dans les chambres. Micro-ondes et réfrigérateur dans 3 chambres. Bibliothèque, jeux. Jardin de 6000 m². Table d'hôtes sur réservation (11 €/enfant de - 12 ans). Langue parlée : anglais.

Prix : 1 pers. 45/52 € 2 pers. 50/60 € 3 pers. 60/70 € repas 21 €

🐕	⛰	🎾	🏊	🦌	⛵	👥	⛳	🚂	🏛
4	2	2	4	15	0,5	4		4	

Serge PLANTIN - Le Petit Marray - 37310 CHAMBOURG-SUR-INDRE - Tél. : 02 47 92 50 67 - Fax : 02 47 92 50 67 - E-mail : splantin@opencom.fr

CHAMBRAY-LES-TOURS La Louveterie
(TH)
C.M. 64 Pli 15

1 ch. 1 suite au r.d.c. (entrée indépendante), dans maison tourangelle rurale restaurée (fin XVIII°), sur un grand jardin fleuri et ombragé de 3000 m². Situation idéale en pleine campagne de Chambray, à la limite d'Esvres-sur-Indre. La suite offre 2 douches et un wc privé, ainsi que 2 chambres ayant chacune 1 lit 2 pers. Elle bénéficie en outre d'une petite terrasse privative avec mobilier de jardin. Un salon est à disposition avec TV et cheminée. Ameublement de qualité. Propriétaire spécialisée dans le linge ancien. Réduction 10 % dès 4 nuits hors juillet/août. Langues parlées : anglais, espagnol.

Prix : 1 pers. 60 € 2 pers. 69 € 3 pers. 89 € repas 23 €

🐕	⛰	🎾	🏊	👥	⛳	🚂	🏛
4	4	2	2	SP	4	10	4

Catherine DUFOUR - La Louvèterie - 8, chemin de Tuloup - 37170 CHAMBRAY-LES-TOURS - Tél. : 02 47 28 67 32 ou 06 62 22 67 32

CHAMPIGNY-SUR-VEUDE La Pataudière
(TH)
C.M. 68 Pli 3

2 ch. 2 chambres d'hôtes au r.d.c. dans une ferme typique du Richelais (bâtiments XVI°), avec entrée indépendante. Chacune étant équipée d'un lit 2 pers. avec salle de bains et wc privés. Terrasses avec mobilier de jardin. Découverte des truffes de décembre à février (dîners à thème). Nombreux châteaux à visiter, dont certains privés, dans un rayon de 20 km. Proximité du Futuroscope. Langue parlée : anglais.

Prix : 1 pers. 46 € 2 pers. 54 € repas 19 €

🐕	⛰	🎾	🏊	👥	⛳	🚂	🏛
2	2	2	12	SP	25	18	2

Françoise GAULANDEAU - La Pataudière - 37120 CHAMPIGNY-SUR-VEUDE - Tél. : 02 47 58 12 15 - Fax : 02 47 58 12 15

Centre

Indre-et-Loire

CHANCAY Vau Morin
C.M. 64 Pli 15

2 ch. 2 vastes chambres de 70 m² dans une belle demeure du XVe sur une exploitation agricole en pleine campagne vouvrillonne. Situées à l'étage elles ont chacune une cheminée d'époque, un salon avec TV, ainsi qu'une salle de bains et des wc privés. 1 ch. familiale (1 lit 160, 1 lit 120, convertible 2 pers.), 1 ch. (1 lit 160, 1 lit 80). Cuisine réservée aux hôtes. Verger ombragé avec salon de jardin et jeux de plein air à disposition.

Prix : 1 pers. 49 € 2 pers. 53 € pers. sup. 14 €

10	1	1	10	SP	12	1	

Roland CHAVIGNY - Vau Morin - 37210 CHANCAY - Tél. : 02 47 52 92 12 - Fax : 02 47 52 27 78 ou SR : 02 47 48 37 13

CHANCAY Le Moulin de Bacchus
C.M. 64 Pli 15

5 ch. Au cœur du Vouvrillon, dans un grand moulin des XVIIe et XIXe situé sur la Brenne entre Chançay et Vernou, 5 ch. (dont 1 suite) à l'étage. Elles offrent toutes salle de bains ou douche et wc privés. Au 2e étage : 1 suite (1 lit 160, 2 lits 1 pers.), 1 ch. (2 lits 1 pers.), 1 ch. (1 lit 160). Au 3e étage : 2 ch. climatisées (1 lit 160 et 2 lits 1 pers. chacune). Salon bibliothèque (avec TV) réservé aux hôtes. Propriété de 4 ha., traversée de 300 m de rivière, offrant piscine privée chauffée (15 x 7.40 m), solarium, bains de soleil, cuisine d'été, barbecue et ping-pong. Chambres non fumeurs.

Prix : 1 pers. 59/68 € 2 pers. 65/74 € pers. sup. 18 €

SP	1,5	SP	SP	15	6	

Françoise SURIN - Le Moulin de Bacchus - 37210 CHANCAY - Tél. : 02 47 52 27 90 - Fax : 02 47 52 26 03 -
E-mail : didier-surin@wanadoo.fr - www.moulin-de-bacchus.com ou SR : 02 47 48 37 13

CHANCEAUX-SUR-CHOISILLE Le Moulin de la Planche
C.M. 64 Pli 15

3 ch. 3 chambres dans un ancien moulin bordé par la Choisille, sur une propriété de caractère très calme. A l'étage 2 chambres avec chacune salle d'eau et wc privés, 1 ch. de 2 lits 1 pers. et 1 ch. de 1 lit 2 pers. Au r.d.c. une chambre avec 1 lit 2 pers., salle d'eau et wc privés équipés pour handicapés et possibilité d'un lit supplémentaire. Jardin avec jeux d'enfants. Parking. TV dans toutes les chambres.

Prix : 1 pers. 36 € 2 pers. 42 € 3 pers. 61 € pers. sup. 4 €

15	SP	2	SP	2	15	9

Jacqueline CHAUVEAU - Le Moulin de la Planche - 37390 CHANCEAUX-SUR-CHOISILLE - Tél. : 02 47 55 11 96 - Fax : 02 47 55 24 93 ou SR : 02 47 48 37 13

CHANNAY-SUR-LATHAN Le Tertre
C.M. 64 Pli 13

3 ch. 3 chambres dans une ancienne dépendance sur une exploitation agricole (élevage moutons, vaches et chevaux). Toutes situées à l'étage, elles ont chacune salle d'eau et wc privés. 2 ch. ont 1 lit 2 pers. et une a 2 lits 1 pers. Salle réservée aux hôtes. Grande cour, parking. A proximité du lac de Rillé (2,5 km), du golf des Sept Tours et des châteaux. Possibilité de faire vos repas pour les enfants, cuisine à votre disposition. Baignade au Lac de Rillé.

Prix : 1 pers. 36 € 2 pers. 39 € 3 pers. 49 € pers. sup. 10 €

9	2	0,5	2	2,5	0,5	12	9	5

Sophie GAUDIN - Le Tertre - 37330 CHANNAY-SUR-LATHAN - Tél. : 02 47 24 65 26 - Fax : 02 47 24 27 43 ou SR : 02 47 48 37 13

LA CHAPELLE-SUR-LOIRE La Madeleine
C.M. 64 Pli 13

E.C. 3 ch. « La Madeleine », une ancienne demeure de vacances datant de 1850, abrite désormais 3 chambres d'hôtes dont une suite. Dans le village au bout d'une impasse, elle est composée de bâtiments désormais encadrant une grande cour. Chaque chambre a une entrée indépendante plus salle d'eau et wc privés. Au r.d.c. : 1 suite (1 lit 2 pers., 2 lits 1 pers.). A l'étage : 1 ch. (1 lit 2 pers.), 1 ch. (2 lits 1 pers.). Salon réservé aux hôtes (petits déjeuners, TV). Kit de puériculture et coin cuisine à disposition. Cour de 1600 m² avec pelouse et tilleuls séculaires. Mobilier de jardin et balancoires. Parking ombragé. Réduction de 10 % dès 3 nuits. Langue parlée : anglais.

Prix : 1 pers. 41 € 2 pers. 45 € 3 pers. 59 € pers. sup. 10 € repas 13 €

6	5	1	8	3	5	

Pascal PERONY - La Madeleine - 59, route de Tours - 37140 LA CHAPELLE-SUR-LOIRE - Tél. : 02 47 97 47 94 ou 06 61 65 28 62

CHARGE Les Têtes Noires
C.M. 64 Pli 16

3 ch. 3 chambres à l'étage d'une propriété à la campagne, avec chacune salle de bains ou douche et wc privés. 1 ch. avec 1 lit 160 (possibilité 1 pers. en plus dans 1 lit 1 pers.), salle de bains attenante. 1 ch. avec 1 lit 2 pers. (ou possibilité ch. avec 2 lits 1 pers.), salle de bains non attenante. 1 ch. avec 1 lit 2 pers., douche attenante. Salle de séjour pour le petit déjeuner. Grand jardin avec salon de jardin. Parking intérieur.

Prix : 2 pers. 38/40 € pers. sup. 10 €

4	2	1	10	4	0,5	5	4

Janine RONFLARD - Les Têtes Noires n°23 - 37530 CHARGE - Tél. : 02 47 57 04 91

Indre-et-Loire   *Centre*

CHARGE   C.M. 64 Pli 16

5 ch. 5 chambres d'hôtes aménagées en r.d.c. dans dépendance de construction récente située à proximité de la maison des propriétaires et d'un gîte rural. 1 lit 2 pers. dans chaque chambre avec salle d'eau et wc privés (lit d'appoint possible). Cuisine à disposition. Parking intérieur. Jardin, terrasse, mobilier de jardin. Langue parlée : anglais.

Prix : 1 pers. 30/35 € 2 pers. 34/38 € 3 pers. 43/47 € pers. sup. 9 €

4	1	0,5	10	0,5	5	4	

Nicole CLERQUIN - Chante Merle - 1, impasse du Colombier - 37530 CHARGE - Tél. : 02 47 57 06 33 ou 06 61 14 06 33 - Fax : 02 47 57 06 33

CHARNIZAY Les Bénestières   C.M. 68 Pli 6

4 ch. Sur ferme en activité (céréales, bovins) en pleine campagne, Brenne et Vallée de la Creuse à proximité, 4 ch. avec douche et wc privés chacune. R.d.c. : 1 ch. pour handicapé (1 lit 2 pers.), 1 ch. (1 lit 2 pers., 2 lits 1 pers.). Etage : 2 ch. (chacune 1 lit 2 pers., 1 lit 1 pers.). Coin cuisine. Séjour. Jardin en pelouse. 1/2 pens. 2 nuits et + : 32 €/pers. (en ch. double). Ferme de séjour : suivi cultures, découverte forêt et, à proximité, stages d'archéologie. Repas à réserver. Futuroscope 1 heure. Seuls les chiens peuvent être acceptés après accord préalable des propriétaires (supp. de 3 €). Langue parlée : anglais.

Prix : 1 pers. 34 € 2 pers. 38 € pers. sup. 15 € repas 15 €

5	5	5	12	SP	25	16	30	5

Martine ROBERT - Les Bénestières - 37290 CHARNIZAY - Tél. : 02 47 94 56 78 - Fax : 02 47 94 41 70 - E-mail : henri-martine.robert@wanadoo.fr ou SR : 02 47 48 37 13

CHATEAU-LA-VALLIERE Vaujours   C.M. 64 Pli 14

3 ch. 3 chambres indépendantes situées au r.d.c. dans une ferme (chèvres). Salles d'eau et wc privés. TV couleur. 1 ch. twin (2 lits 1 pers.) et 2 ch. doubles (1 lit 2 pers.). Possibilité de lit d'appoint ou de lit bébé. Parking-jardin (mobilier de jardin, barbecue). Restaurant à 400 m. Table d'hôtes sur réservation. Piscine privée sur place. Langue parlée : anglais.

Prix : 1 pers. 33 € 2 pers. 39 € pers. sup. 13 € repas 13 €

SP	3	0,3	7	12	0,5	5	2,5	2,5

RIBERT - Vaujours - 37330 CHATEAU-LA-VALLIERE - Tél. : 02 47 24 08 55 - Fax : 02 47 24 19 20 - E-mail : rib007@aol.com ou SR : 02 47 48 37 13

CHAVEIGNES La Varenne   C.M. 68 Pli 4

3 ch. En pleine campagne, à 4 km de Richelieu, modèle architectural unique, 3 chambres dans une harmonieuse demeure XVII° aux vastes chais, centre d'un domaine consacré à la production de noix et de miel. Très spacieuses et calmes, les ch. sont toutes équipées de bains et wc privés (lits 160 ou 2 lits 1 pers.). Salon chaleureux avec piano et cheminée. Petits déjeuners gourmands. Sur place : piscine-miroir chauffée, jardins, ping-pong, 5 ha. de bois, promenades pédestres, prêts de vélos et de solex. Futuroscope à 40 km. Langues parlées : anglais, allemand.

Prix : 1 pers. 67/93 € 2 pers. 74/100 € pers. sup. 25 €

SP	3	4	15	SP	28	4

DRU-SAUER - La Varenne - 37120 CHAVEIGNES - Tél. : 02 47 58 26 31 - Fax : 02 47 58 27 47 - E-mail : dru-sauer@la-varenne.com - www.la-varenne.com ou SR : 02 47 48 37 13

CHEDIGNY Le Moulin de la Rochette   C.M. 64 Pli 16

2 ch. Loches 10 km. Chenonceaux 18 km. Amboise 25 km. Venez vous reposer au calme dans un ancien moulin, au bord de l'Indrois, où sont aménagées 2 chambres d'hôtes à l'étage. 1 ch. en suite (1 lit 2 pers., 1 lit 1 pers.), salle de bains et wc privés. 1 ch. (2 lits 1 pers.), salle d'eau et wc privés. Entrée indépendante. Jardin au bord de l'eau. Table d'hôtes sur demande.

Prix : 2 pers. 43/46 € 3 pers. 58/66 € pers. sup. 15 € repas 18 €

8	1	SP	12	15	0,5	11	0,5

Louise BENEDICT - Le Moulin de la Rochette - 37310 CHEDIGNY - Tél. : 02 47 92 51 66 - Fax : 02 47 92 25 72 ou SR : 02 47 48 37 13

CHEILLE La Grange Bleue   C.M. 64 Pli 14

1 ch. Azay-le-Rideau 4 km. Dans une maison de maître du XIX°, 1 chambre d'hôtes de caractère au r.d.c., avec entrée indépendante, donnant sur un jardin clos et reposant (salon de jardin), dans hameau dominant le Val de l'Indre, à 800 m du GR3 et de la forêt de Chinon. Nombreux châteaux aux alentours. La chambre a 1 lit 2 pers., 1 lit 1 pers., possibilité 1 lit supp. et lit bébé. Salle de bains et wc privés. Meubles anciens, ambiance cosy. Copieux petit déj. dans vaisselle ancienne. Remise 10 % dès 3 nuits. Forfait 7 nuits/2 pers. : 277 €. Option table d'hôtes le jeudi sur réservation. Restaurants à 4 km. Accès par D17 à 300 m. Langue parlée : anglais.

Prix : 1 pers. 38 € 2 pers. 44 € 3 pers. 55 € pers. sup. 11 € repas 17 €

4	4	1	6	18	SP	4	16	4	3

Elisabeth MINIER - La Grange Bleue, Grd Vaujoint - Cheille - 37190 AZAY-LE-RIDEAU - Tél. : 02 47 45 94 75

Centre **Indre-et-Loire**

CHEILLE La Surprise   (TH)   *C.M. 64 Pli 14*

3 ch. 3 chambres mansardées (dont une avec une entrée indépendante), à l'étage de la maison des propriétaires et ouvrant sur un jardin paysager avec étang. Vue sur la vigne et la forêt de Chinon. 1ᵉ ch. (1 lit 2 pers., 1 lit d'appoint 2 pers., lavabo, douche et wc privés non cloisonnés), 2ᵉ ch. (1 lit 2 pers., 1 lit 1 pers., lavabo, douche et wc privés non cloisonnés). 3ᵉ ch. (2 lits 1 pers., lavabo, douche et wc privés non attenants). Coin bibliothèque. Table d'hôtes sur réservation. Détente dans parc 6000 m² avec étang. Propriétaire artiste peintre (exposition permanente sur place).

Prix : 2 pers. 40 € 3 pers. 57 € pers. sup. 17 € repas 16 €

| | 5 | 1 | 0,8 | 10 | 10 | SP | 4 | 18 | 4,5 | 4,5 |

Jean-Michel BLANCHER - La Surprise - 37190 CHEILLE - Tél. : 02 47 45 37 74 ou 06 61 80 10 02

CHEILLE   *C.M. 64 Pli 14*

2 ch. A proximité d'Azay-le-Rideau (1 km), 2 chambres avec entrée indépendante, au rez-de-chaussée d'une propriété rurale du XIXᵉ. 1 ch. (1 lit 2 pers., 1 lit 1 pers.), 1 ch. (1 lit 2 pers.), chacune avec salle de bains et wc privés. Mobilier ancien. A disposition des hôtes, un jardin ombragé de 2000 m² autour du potager ornemental des propriétaires et jouxtant le parc du château de la Touche (XVIIᵉ). Langue parlée : anglais.

Prix : 1 pers. 37 € 2 pers. 44 € 3 pers. 55 € pers. sup. 11 €

| | 2 | 0,5 | 0,5 | 8 | SP | 1 | 16 | 2 | 1 |

Dominique BRAUD-GUERITAULD - 18, rue du Vieux Chêne - 37190 CHEILLE - Tél. : 02 47 45 34 38 ou 06 20 11 91 49 -
E-mail : dominiquebraud@aol.com

CHEILLE Les Ecureuils   (TH)   *C.M. 64 Pli 14*

2 ch. Ussé 10 km. Azay-le-Rideau 4 km. Forêt de Chinon 1 km. Propriété rurale XIXᵉ dans hameau dominant le Val de l'Indre. Suite XVIIIᵉ indép. de 4/5 pers. (kitchenette, 1 lit 2 pers., douche, wc au r.d.c. plus 2 lits 1 pers. en mezzanine). 1 ch. triple à l'étage du logis principal (entrée indép., 1 lit 2 pers., 1 lit 1 pers., douche, wc). Salon (meubles anciens). Lit de bébé. Petits déjeuners copieux et raffinés. Dîners sur réservation. Mobilier de grande qualité. Tennis (6 €/heure). Remise 10 % dès 3 nuits hors juillet/août. Forfait semaine sous conditions : 320 €. Langues parlées : anglais, italien, espagnol.

Prix : 1 pers. 40/47 € 2 pers. 46/54 € 3 pers. 58/65 € repas 18 €

| | 5 | SP | 1 | 6 | 18 | SP | 17 | 6 | 3 |

MENORET - 1, chemin du Grand Vaujoint - Les Ecureuils - Cheille - 37190 AZAY-LE-RIDEAU - Tél. : 02 47 45 39 74 -
E-mail : Ecureuils.Menoret@wanadoo.fr ou SR : 02 47 48 37 13

CHEILLE Le Vaujoint   *C.M. 64 Pli 14*

3 ch. 3 chambres de caractère dans la dépendance d'une propriété familiale du XIXᵉ, dans un petit hameau à 4 km d'Azay-le-Rideau. Salon réservé aux hôtes (TV, cheminée, mobilier ancien). 2 ch. (1 lit 2 pers.), 1 ch. (2 lits 1 pers.), salle d'eau et wc privatifs. Grand jardin ombragé avec barbecue, salon de jardin. Parking privé. GR3 à 500 m. Forêt à 800 m. Une dizaine de châteaux dans un rayon de 20 km. Langues parlées : anglais, italien.

Prix : 1 pers. 41 € 2 pers. 45 € pers. sup. 15 €

| | 4,5 | 4,5 | 0,6 | 10 | 18 | 0,5 | 4 | 16 | 4 | 4 |

JOLIT - Le Vaujoint - Cheille - 37190 AZAY-LE-RIDEAU - Tél. : 02 47 45 48 89 - Fax : 02 47 58 68 11 ou SR : 02 47 48 37 13

CHENONCEAUX Clos Mony   *C.M. 64 Pli 16*

3 ch. 3 chambres d'hôtes à l'étage d'une maison tourangelle de la fin du XIXᵉ, dans un quartier calme au centre de Chenonceaux et à 500 m de l'entrée de son réputé château. Les chambres sont équipées chacune avec salle d'eau et wc privés. 2 ch. avec chacune 1 lit 2 pers., 1 ch. avec 2 lits 1 pers. Grand jardin de 3400 m² avec bassin d'agrément d'accès protégé. Langue parlée : anglais.

Prix : 1 pers. 44 € 2 pers. 49 € pers. sup. 15 €

| | 6 | 0,5 | 0,6 | 6 | 0,3 | 2 | 0,4 | 0,1 |

Betty LE CLAINCHE - Le Clos Mony - 6, rue des Bleuets - 37150 CHENONCEAUX - Tél. : 02 47 23 82 68 - Fax : 02 47 23 82 68 -
E-mail : clos.mony@wanadoo.fr - www.france-bonjour.com/clos-mony/ ou SR : 02 47 48 37 13

CHENONCEAUX La Baiserie   *C.M. 64 Pli 16*

3 ch. 3 chambres dans une ancienne fermette du XVᵉ restaurée au XXᵉ située dans un environnement calme et fleuri, à proximité du château et du village. Entrée indépendante au r.d.c. : 1 ch. (1 lit 2 pers., TV, s. d'eau et wc privés). A l'étage : 1 ch. (1 lit 2 pers., 2 lits 1 pers., TV) et 1 ch. (1 lit 2 pers., 1 lit 1 pers., TV), chacune avec s.d.b. et wc privés. Salle à manger-salon avec TV, réservée aux hôtes. Parc sur 1 ha. avec animaux de la ferme. Terrasse, salon de jardin, VTT à disposition. Parking clos (accès par digicode).

Prix : 2 pers. 46/64 € 3 pers. 73/76 € pers. sup. 12 €
Ouvert : Toute l'année.

| | 6 | 0,6 | 1 | 8 | 0,5 | 0,5 | 0,6 |

Claude GUYOMARD - La Baiserie - 37150 CHENONCEAUX - Tél. : 02 47 23 90 26 - Fax : 02 47 23 81 26 - E-mail : info@labaiserie.com - www.labaiserie.com ou SR : 02 47 48 37 13

Indre-et-Loire

Centre

CHINON Le Clos de Cément, la Rochelle
C.M. 64 Pli 13

2 ch. 2 ch. à l'étage d'une ancienne ferme située à 2 km du centre de Chinon. Lavabo dans chaque chambre. 1 douche et 1 wc communs sur le palier. 1 ch. (1 lit 2 pers.). 1 ch. (2 lits 1 pers.). Jardin avec salon de jardin.

Prix : 1 pers. **20** € 2 pers. **32** € 3 pers. **43** €

2	2	2	4	2	1	2	20	3	2

Etienne DE GRAEVE - Le Clos de Cement - La Rochelle - 37500 CHINON - Tél. : 02 47 93 11 86

CHISSEAUX
(TH) *C.M. 64 Pli 16*

4 ch. **Chenonceau 2 km.** Au r.d.c. d'une ancienne ferme viticole de la fin du XIX° dans le village. 1 ch. (1 lit 2 pers.), 1 ch. (2 lits 1 pers.), s. d'eau et wc privés. 1 ch. (1 lit 2 pers. 1 lit 1 pers.), s.d.b. et wc privés. 1 ch. familiale (1 lit 2 pers. 3 lits 1 pers.), s. d'eau et wc privés. Repas enfant (11 € si - 12 ans). Jardin d'agrément et potager bio. Les propriétaires vous proposeront la table d'hôtes, sur réservation, dans la salle à manger troglodytique ou sur la terrasse. Langue parlée : anglais.

Prix : 1 pers. **41** € 2 pers. **46/53** € 3 pers. **66** € pers. sup. **10/13** € repas **18** €

	7	0,5	0,5	SP	15	2	2

Mireille ANSAR - 5, rue du Perpasse - 37150 CHISSEAUX - Tél. : 02 47 23 81 20 - E-mail : lestilleulsduperpasse@wanadoo.fr

CHOUZE-SUR-LOIRE La Cernée - Port Boulet
(TH) *C.M. 64 Pli 13*

2 ch. 2 chambres d'hôtes, avec entrées indépendantes, aménagées dans une ancienne ferme restaurée typiquement tourangelle, non loin de la levée de la Loire, à proximité de Bourgueil, Chinon, Saumur et des châteaux. 1 suite très spacieuse comportant 2 ch. avec 1 lit 2 pers., 2 lits gigognes 1 pers., s.d.b. et wc privés. 1 ch. avec 2 lits 1 pers., s. d'eau et wc privés. Table d'hôtes régionale, sur réservation. Grand jardin ombragé avec mobilier de jardin, étang. Cour fermée.

Prix : 1 pers. **38** € 2 pers. **40** € 3 pers. **50** € pers. sup. **11** € repas **15** €

5	4	1	7	0,5	0,5

Paola JULIENNE - La Cernée. 32, rue Hurtauderie - Port-Boulet - 37140 CHOUZE-SUR-LOIRE - Tél. : 02 47 95 12 70 ou SR : 02 47 48 37 13

CHOUZE-SUR-LOIRE La Perruchonnière
C.M. 64 Pli 13

5 ch. En pleine campagne 5 ch. dans maison tourangelle. R.d.c. : 1° ch. (lit 2 pers., salle de bains et wc privés). 2° ch. (1 lit 2 pers., 2 lits 1 pers., salle d'eau et wc privés, cuisine contigüe, usage possible : 14 €/jour, forfait semaine), ces deux avec entrée indépendante sur jardin. Etage : 3° ch. (1 lit 2 pers., salle d'eau et wc privés). 4° ch. (1 lit 2 pers., 1 lit 1 pers., lavabo, coin cuisine), douche et wc. 5° ch. (1 lit 2 pers., 1 lit 1 pers., salle d'eau privée, wc privé), ces trois avec entrée indépendante. Réduction 8 % (3 nuits) et 10 % (à partir de 4 nuits), sauf week-end et haute saison. Langues parlées : anglais, italien.

Prix : 2 pers. **40/47** € 3 pers. **53** €

8	4	3	0,5	4

Germaine BODY - La Perruchonnière - 37140 CHOUZE-SUR-LOIRE - Tél. : 02 47 95 15 68 - E-mail : body.germaine@wanadoo.fr

CHOUZE-SUR-LOIRE Montachamps
(TH) *C.M. 64 Pli 13*

5 ch. 5 chambres indépendantes à l'étage d'une ferme en activité. 3 ch. (1 lit 2 pers. plus 1 lit 1 pers.) et 2 ch. (1 lit 2 pers.), 4 d'entre elles sont équipées d'une s. d'eau privée et 1 avec salle de bains privée. Toutes les 5 ont des wc privés. Vente de produits de la ferme. Jardin. Demi-pension pour un minimum de 3 nuits : 34 €/nuit/pers. en chambre double. Activités ferme de séjour : cueillette des asperges, traite des vaches. Repas sur réservation et tous les soirs sauf le dimanche. Réduction pour 3 nuits (hors juillet et août). Langue parlée : espagnol.

Prix : 1 pers. **34** € 2 pers. **40/41** € 3 pers. **54/69** € repas **16** €

12	6	3	14	0,5	17	8	6

Michèle PLASSAIS - Montachamps - 37140 CHOUZE-SUR-LOIRE - Tél. : 02 47 95 10 73 - Fax : 02 47 95 06 72 ou SR : 02 47 48 37 13

CIGOGNE
C.M. 64 Pli 16

1 ch. 1 chambre quadruple en r.d.c. avec entrée indépendante, dans une ferme céréalière, à 10 mn du Val de Cher et à mi-chemin entre Amboise et Loches. La chambre est équipée avec 1 lit 160, 2 lits gigognes 80, ainsi que salle d'eau et wc privés. Salon à disposition des hôtes. 1 lit bébé gratuit. Langues parlées : anglais, espagnol.

Prix : 1 pers. **34** € 2 pers. **38** € 3 pers. **49** €

9	5	7	SP	9	6

Patrick FONTAINE - 8, la Peignère - 37310 CIGOGNE - Tél. : 02 47 23 53 27 ou 06 08 34 24 31 - Fax : 02 47 30 39 73

Centre

Indre-et-Loire

CINQ-MARS-LA-PILE Le Moulin de Racault
C.M. 64 Pli 14

2 ch. **Château de Langeais 6 km.** 2 chambres dans un moulin du XVIII° au bord du Breuil, un petit affluent de la Loire (distante de 3 km). Situées à l'étage, les chambres ont chacune un lit 2 pers., une salle de bains privée, un wc privé et une TV. L'une ouvre sur le parc de 7 hectares et l'autre donne sur la rivière. Séjour à disposition permanente des hôtes (cheminée, meubles anciens). Petits déjeuners variés et gourmands. Langue parlée : anglais.

Prix : 1 pers. **42/46** € 2 pers. **46/51** € pers. sup. **14** €

🐕	〰️	🎾	🎣	🏇	⛵	🚶	🎯	🚲	⛴️
	6	1,5	SP	5	SP	2		2	

Rosaline LE CARDINAL - Le Moulin de Racault - 37130 CINQ-MARS-LA-PILE - Tél. : 02 47 96 52 94

CINQ-MARS-LA-PILE La Meulière
C.M. 64 Pli 14

3 ch. 3 ch. situées à l'étage d'une maison bourgeoise, à proximité de la gare. 2 ch. avec chacune 1 lit 2 pers. ainsi que salle d'eau et wc privés. 1 ch. familiale (2 lits 2 pers., salle de bains et wc privés). Séjour avec TV. Langue parlée : anglais.

Prix : 1 pers. **34** € 2 pers. **40** € 3 pers. **51** €

🐕	〰️	🎾	🎣	🏇	⛵	🚶	🎯	🚲	⛴️
	4	0,5	1	4	0,5	8	0,5	0,5	

Patrick VOISIN - La Meulière - rue du Breuil - 37130 CINQ-MARS-LA-PILE - Tél. : 02 47 96 53 63 ou SR : 02 47 48 37 13

CIVRAY-DE-TOURAINE
C.M. 64 Pli 16

1 ch. **Chenonceau et Val de Cher 1 km.** 1 suite aménagée sur tout le 1er étage d'une maison tourangelle du XVI° restaurée et agrandie, située à la sortie du bourg. Cette suite comprend une chambre avec 1 lit 2 pers. et une chambre avec 2 lits 1 pers., 1 lit d'appoint sur demande. Un grand palier avec coin salon ainsi qu'une salle d'eau et wc privés. Jardin en pelouse, parking. Réduction 10 % à partir de la 4° nuit. Possibilité de découverte du Vignoble de la vallée du Cher avec visite de cave (appellation Touraine).

Prix : 1 pers. **35** € 2 pers. **41** € 3 pers. **60** € pers. sup. **15** €

🐕	〰️	🎾	🎣	🏇	⛵	🚶	🎯	🚲	⛴️
	5	0,8	0,5	4	5	0,5	5	1	5

Gisèle AUGER - 1, rue des Pichards - 37150 CIVRAY-DE-TOURAINE - Tél. : 02 47 23 94 75 ou 06 08 80 26 03

CIVRAY-DE-TOURAINE (TH)
C.M. 64 Pli 16

3 ch. **Château de Chenonceau 4 km.** 2 chambres et 1 suite dans une dépendance (début XX°) d'une propriété de caractère, maison de maître XVII°, avec 1 gîte rural sur place. 1 ch. au r.d.c. (1 lit 160, salle de bains, cheminée). 1 ch. à l'étage (1 lit 2 pers., douche, wc). Suite au r.d.c. (2 ch., 1 lit 160, 2 lits 1 pers., salle d'eau, wc, pièce avec kitchenette, coin-repas, salon, TV). Parc 3 ha. en partie boisé et enclos avec animaux (ânes, volailles). Ping-pong commun. Table d'hôtes avec produits biologiques, sur réservation. Plateau jardin en été (11 €). Remise 10 % à partir de 3° nuit. Langue parlée : anglais.

Prix : 1 pers. **46** € 2 pers. **53** € 3 pers. **76** € pers. sup. **15** € repas **19** €

🐕	〰️	🎾	🎣	🏇	⛵	🚶	🎯	🚲	⛴️
	3	2	3	10	3	10	SP	10	3

Marie BOBLET - 22, vallée de Mesvres - 37150 CIVRAY-DE-TOURAINE - Tél. : 02 47 23 51 04 ou 06 88 83 82 48 - E-mail : marmittiere@libertysurf.fr - http://perso.libertysurf.fr/marmittiere/

CIVRAY-DE-TOURAINE Les Cartes
C.M. 64 Pli 16

E.C. 2 ch. Les propriétaires vous accueillent dans l'une de leurs 2 chambres d'hôtes et mettent à votre disposition le jardin et les étangs, la terrasse, ainsi que, du 1er mai au 30 septembre, le sauna (5 €) et la piscine chauffée. 1 ch. au r.d.c. avec TV, 2 lits 1 pers., douche et wc privés, 1 ch. à l'étage avec TV, 2 lits 1 pers., 1 lit 2 pers., salle de bains et wc privés. Lit de bébé à disposition. Réduction de 10 % à partir de la 3° nuit consécutive. Langue parlée : anglais.

Prix : 1 pers. **46** € 2 pers. **57/73** € 3 pers. **88** €

🐕	〰️	🎾	🏇	🚶	🎯	🚲	⛴️
SP	6	SP	SP	30	10	5	

Daniel et Nadia MANDIN - Les Cartes - 37150 CIVRAY-DE-TOURAINE - Tél. : 02 47 57 94 94 - Fax : 02 47 57 89 33 - E-mail : nadiamandin@infonie.fr

CORMERY (TH)
C.M. 64 Pli 15

3 ch. **Azay-le-Rideau et Villandry 30 km. Chenonceau et Loches 20 km.** 3 chambres dans une maison de caractère des XV° à XIX° attenante à l'ancienne abbaye carolingienne et située dans le centre historique de Cormery. 3 chambres au rez-de-chaussée et 2° étage, toutes avec salle de bains ou salle d'eau privée et wc privé. 1 ch. avec 1 lit 2 pers., 1 ch. avec TV, 2 lits avec 1 lit 2 pers. et 1 ch. avec 2 lits 1 pers. Séjour avec cheminée. Parking intérieur, jardin avec porte romane du XII°. Vélos à disposition. Table d'hôtes sur réservation et pas les samedis. Langue parlée : anglais.

Prix : 1 pers. **59/68** € 2 pers. **65/74** € 3 pers. **94** € repas **26** €

🐕	〰️	🎾	🎣	🏇	⛵	🚶	🎯	🚲	⛴️
	6	0,5	0,3	11	SP	18		20	SP

Susanna MCGRATH - 3, rue Alcuin - 37320 CORMERY - Tél. : 02 47 43 08 23 - E-mail : sacriste@creaweb.fr ou SR : 02 47 48 37 13

Indre-et-Loire — Centre

COURCELLES-DE-TOURAINE La Gallechère (TH) C.M. 64 Pli 13

1 ch. Au 1er étage d'une construction neuve. 1 ch. mansardée avec poutres apparentes (1 lit 2 pers., 2 lits 1 pers.). Salle de bains et wc individuels. Salle réservée aux hôtes. A proximité : musée du Falun, château du Lude, lac de Rillé. Accès : D67. Terrasse, salon de jardin, parc clos. Golf, ULM et cité ornithologique à 6 km. Proche des châteaux de la Loire et de la route Bourgueil - Chinon.

Prix : 1 pers. 26 € 2 pers. 34 € 3 pers. 38 € repas 13 €
Ouvert : Toute l'année.

🐕	🏊	🎾	🏄	🎣	⛵	🕺	🚴	🚂
6	6	2	6	6	0,2	5	20	6

BERGE - La Gallechère - 37330 COURCELLES-DE-TOURAINE - Tél. : 02 47 24 63 65 ou SR : 02 47 48 37 13

COURCELLES-DE-TOURAINE 🛇 (TH) C.M. 64 Pli 13

4 ch. A 6 km de Château-la-Vallière sur la route de Bourgueil. 4 chambres indépendants dans une fermette restaurée. Aire de jeux. Mobilier de jardin, portiques. 2 ch. au 1er étage (1 lit 2 pers., 2 lits 1 pers.), 2 ch. au r.d.c. (1 lit 2 pers.). Salles de bains et wc privés. Petit salon. Idéale pour famille. Jeux d'enfants et ping-pong sur place. Langues parlées : anglais, italien.

Prix : 1 pers. 34 € 2 pers. 40 € 3 pers. 52 € pers. sup. 12 € repas 18 €
Ouvert : Toute l'année.

🐕	🏊	🎾	🏄	🎣	⛵	🕺	🚴	🚂
6	7	3	5	7	SP	6	5	20	6

Jean-Marie GABARRE - 3, la Grande Gallechère - 37330 COURCELLES-DE-TOURAINE - Tél. : 02 47 24 90 77 - Fax : 02 47 24 90 77 - E-mail : mf.gabarre@microcodil.com - www.ehol.com ou SR : 02 47 48 37 13

CRAVANT-LES-COTEAUX Pallus C.M. 64 Pli 14

3 ch. Maison ancienne de caractère restaurée dans hameau viticole chez antiquaire : 3 ch. au 1er étage avec salle de bains et wc privés (1 lit 2 pers.) dont 1 suite (1 lit de 180 et 2 lits 1 pers.), salon réservé aux hôtes. Ameublement de qualité. Piscine privée dans jardin. English Langues parlées : allemand, anglais.

Prix : 2 pers. 80/88 € pers. sup. 23 €

🐕	🏊	🎾	🏄	🚶	⛵	🚴	🚂
SP	2	2	10	0,5	10	11	2

Bernard et Barbara CHAUVEAU - Pallus - 37500 CRAVANT-LES-COTEAUX - Tél. : 02 47 93 08 94 - Fax : 02 47 98 43 00 - E-mail : bcpallus@club-internet.fr ou SR : 02 47 48 37 13

CRAVANT-LES-COTEAUX Les Bertinières C.M. 64 Pli 14

3 ch. 3 chambres dans une maison bourgeoise de la fin XIXe et de style néo-gothique. 1 ch. au r.d.c. avec salle d'eau privée (1 lit 140). Etage : 1 suite avec salle de bains privée (1 lit 2 pers., 2 lits 120), 1 ch. avec salle d'eau privée (1 lit 2 pers.). 2 wc communs au r.d.c. et à l'étage. Parking. Jardin ombragé (salon de jardin, terrasse, portique).

Prix : 1 pers. 23 € 2 pers. 32 €

🐕	🏊	🎾	🏄	🚶	⛵	🚴	🚂
7	1	1,5	14	0,5	7	7	0,5

Geneviève SCHLECHT-BURY - 4, les Bertinières - 37500 CRAVANT-LES-COTEAUX - Tél. : 02 47 93 12 40

LA CROIX-EN-TOURAINE La Jaunière C.M. 64 Pli 16

3 ch. Dans maison ancienne rénovée, 3 ch. au r.d.c. avec salle d'eau et wc privés. 2 ch. (1 lit de 2 pers., 2 lits de 1 pers.). 1 ch. (1 lit de 2 pers.). Salle réservée aux hôtes. Accès facile pour personne handicapée (maison de plain-pied). Jardin attenant, parking privé. Langue parlée : anglais.

Prix : 1 pers. 32 € 2 pers. 35 € 3 pers. 47 €

🐕	🏊	🎾	🏄	⛵	🚴	🚂
2	2	2	2	0,5	2	0,5

Andrée GUEUDIN - La Jaunière - 22, rue de la République - 37150 LA CROIX-EN-TOURAINE - Tél. : 02 47 57 95 82 ou 06 13 98 81 09

LA CROIX-EN-TOURAINE La Chevallerie C.M. 64 Pli 16

4 ch. 4 chambres dans une fermette près de la forêt d'Amboise avec entrée indépendante de celle du propriétaire. Salle d'eau et wc privés pour chacune. 2 ch. au r.d.c. avec chacune 1 lit 2 pers., 1 lit 1 pers. et 1 lit pliant. Salle à manger avec coin-cuisine à disposition des hôtes. A l'étage : 1 ch. (1 lit 2 pers.) et 1 ch. (2 lits 1 pers.), salle à manger, coin-cuisine. Terrasse avec salon de jardin, portique et barbecue. Grand jardin clos avec pelouse.

Prix : 1 pers. 30 € 2 pers. 37 € pers. sup. 12 €

🐕	🏊	🎾	🏄	🎣	⛵	🕺	🚴	🚂
4	4	4	2	4	SP	4	6	4

Martine ALEKSIC - La Chevallerie - 37150 LA CROIX-EN-TOURAINE - Tél. : 02 47 57 83 64 ou SR : 02 47 48 37 13

Centre
Indre-et-Loire

LA CROIX-EN-TOURAINE Le Pressoir de Villefrault
C.M. 64 Pli 16

2 ch. 2 chambres d'hôtes au r.d.c. d'une dépendance située dans une ferme équestre comprenant en outre un gîte d'étape. Elles sont équipées d'une salle d'eau et de wc privés ainsi que d'un lit 2 pers. (lit supplémentaire possible). Cuisine, vaisselle et salle à vivre à disposition. Cour fermée avec salon de jardin. Parking. Espaces verts. Langue parlée : anglais.

Prix : 1 pers. 35 € 2 pers. 38 € 3 pers. 50 €

4	4	4	SP	4	SP	4	3	2

Jean-Marc PAILLAUD - Villefrault - 37150 LA CROIX-EN-TOURAINE - Tél. : 02 47 23 53 07 -
E-mail : pressoir.de.villefrault@wanadoo.fr - http://perso.wanadoo.fr/pressoir ou SR : 02 47 48 37 13

CROUZILLES Château de Pavier
C.M. 68 Pli 4

3 ch. Chinon et Azay-le-Rideau 15 km. 3 chambres d'hôtes avec entrée indépendante dans une aile du château de Pavier, une demeure du XVe restaurée du XIXe et entourée de douves sèches. Elles ont chacune salle de bains ou salle d'eau et wc privés. 2 ch. au rez-de-chaussée avec 1 lit 2 pers. et 1 suite au 1er étage avec 1 lit 160 et 2 lits 1 pers. Parc de 25 ha. pour promenades. Piscine privée sur place. Table d'hôtes sur réservation.

Prix : 1 pers. 65 € 2 pers. 75 € 3 pers. 90 € pers. sup. 15 € repas 25 €

SP	5	1	7	SP	30	10	5	

Bernard DE NOUEL - Château de Pavier - 37220 CROUZILLES - Tél. : 02 47 58 55 14 - Fax : 02 47 58 55 14 -
E-mail : bernard.de-nouel@wanadoo.fr

DESCARTES Villouette
C.M. 68 Pli 5

2 ch. 1 ch. avec lavabo (2 pers.). 1 ch. avec lavabo (3 pers.). Salle de bains et wc réservés aux hôtes. Séjour avec cheminée à disposition. Jardin d'agrément avec mobilier. Parking. Baignade 4 km. Possibilité de table d'hôtes. Animaux acceptés. Situé à 4 km de Descartes sur la D31 en direction de Loches. Proche des châteaux de la Loire et d'accès rapide au Futuroscope.

Prix : 1 pers. 23 € 2 pers. 31 € 3 pers. 39 € repas 13 €

5	5	5	0,5	5	25	5	

Marie-Thérèse DELAUNAY - Villouette - 37160 DESCARTES - Tél. : 02 47 59 80 07

DIERRE
C.M. 64 Pli 16

5 ch. 5 chambres aménagées dans une maison de bourg. R.d.c. : 1 ch. avec bains (1 lit 2 pers., 1 lit 1 pers.), wc non attenant. 1 ch. avec douche (1 lit 2 pers.), wc privés. Etage : 3 ch. avec salle de bains (3 x 1 lit 2 pers.), 1 wc pour ces 3 chambres. Café-restaurant en face. Parking.

Prix : 1 pers. 30 € 2 pers. 35 € 3 pers. 43 €

4	4	1	4	4	0,5	4	0,5	

Jean-pierre BOURREAU - Le Bourg - 37150 DIERRE - Tél. : 02 47 57 93 92

DOLUS-LE-SEC Manoir du Puy
C.M. 64 Pli 15

1 ch. 1 suite composée de 2 ch. au 1er étage du Manoir du Puy, un édifice du XVe et XVIIe (I.S.M.H.), superbement restauré par la propriétaire, qui propose également la table d'hôtes au coin du feu (très belles et hautes cheminées dans chaque pièce). Suite équipée d'1 s.d.b. (baignoire et douche), wc avec lavabo, 3 lits 1 pers. dans une ch. 1 lit 2 pers. dans l'autre. Grand jardin avec mobilier de jardin. 1 gîte de caractère (5 pers.) dans les dépendances.

Prix : 2 pers. 61 € 3 pers. 81 € repas 19 €
Ouvert : Du 15 mai au 30 septembre.

8	8	6	1	6	SP	8	8

Marie-Thérèse BRUNEAU - Le Puy - 37310 DOLUS-LE-SEC - Tél. : 02 47 59 38 23 - Fax : 02 47 59 38 23

EPEIGNE-LES-BOIS Les Doumées
C.M. 64 Pli 16

3 ch. 3 chambres à l'étage d'une maison tourangelle restaurée et située dans un hameau à proximité de Chenonceaux et Montrichard (10 km). Les chambres ont chacune un wc privé et soit une salle de bains privée, soit une salle d'eau privée. 1° ch. (1 lit 2 pers., 1 lit 1 pers.), 2e ch. (1 lit 2 pers.), 3e ch. (1 lit 2 pers., 1 lit 1 pers.). Salon à disposition avec cheminée et TV. Jardin intérieur ombragé. Table d'hôtes sur réservation. Langues parlées : anglais, espagnol.

Prix : 1 pers. 41 € 2 pers. 47 € 3 pers. 58 € pers. sup. 13 € repas 18 €

10	10	2,5	15	15	SP	20	10	10

Vasco et Martine COSTA - Les Doumées - 2, route d'Echedan - 37150 EPEIGNE-LES-BOIS - Tél. : 02 47 23 84 21 ou 06 71 52 81 60 - Fax : 02 47 23 84 21 - E-mail : quima@wanadoo.fr

Indre-et-Loire — *Centre*

EPEIGNE-SUR-DEME — Château de Girardet
C.M. 64 Pli 4

5 ch. 5 chambres dont 1 suite aux 1er et 2e étage d'un château bati et restauré au cours des XVe, XVIIe et XIXe, donnant sur un parc de 5 ha. où passent sangliers et chevreuils. 2 chambres doubles, 2 chambres triples (dont la suite) et 1 chambre pour 4 pers. Quatre chambres sont équipées de salle de bains et wc privés, une chambre avec douche et wc privés. Séjour avec cheminée. 2 salons à disposition. Table de ping-pong. Location de vélos sur place. Langues parlées : allemand, anglais.

Prix : 1 pers. 55/93 € 2 pers. 61/104 € 3 pers. 117/127 €

🐕	🏇	🎾	🏊	🏃	⛵	🚶	🏌	🚲	🚆
7	2	0,3	6	15	SP	6	15	20	2

Jacques et Maryse CHESNAUX - Château de Girardet - 37370 EPEIGNE-SUR-DEME - Tél. : 02 47 52 36 19 - Fax : 02 47 52 36 90 ou SR : 02 47 48 37 13

ESVRES-SUR-INDRE — Les Moulins de Vontes
TH   *C.M. 64 Pli 15*

3 ch. 3 chambres d'hôtes nichées dans un écrin d'eau et de verdure, dans l'un des moulins de Vontes qui ont été reconstruits à la fin du XVIIIe, sur l'Indre, à 2,5 km en amont du village d'Esvres. Réparties sur 3 étages, les chambres ont toutes salle d'eau et wc privés. 2 ch. (1 lit 160 chacune), 1 ch. (2 lits 1 pers.). Elles sont indépendantes du moulin principal où les hôtes trouveront à leur disposition un salon avec TV. Réduction de 10 % pour 3 nuits et plus. Table d'hôtes sur réservation. Langues parlées : anglais, allemand.

Prix : 1 pers. 68/83 € 2 pers. 76/90 € pers. sup. 23 € repas 23 €

🐕	🏇	🎾	🏊	🏃	⛵	🚶	🏌	🚆
	2,5	2,5	SP	5	15	7	20	2,5	2,5

Odile DEGAIL - Les Moulins de Vontes - 37320 ESVRES-SUR-INDRE - Tél. : 02 47 26 45 72 - Fax : 02 47 26 45 31 -
E-mail : odile.degail@worldonline.fr - www.moulinsdevontes.com

FERRIERE-LARCON — Châtre
TH    *C.M. 68 Pli 5*

3 ch. Au sud-ouest de Loches, entre D50 et D59, 3 chambres d'hôtes de plain-pied avec entrées indépendantes, dans une ferme de caractère. Salle d'eau et wc privés. Une kitchenette est à disposition. Vous dormirez au calme sur une literie de qualité. Pelouse ombragée, salon de jardin, ping-pong, panneau de basket, portique. Remise de 10 % pour séjour de plus 3 nuits. Repas table d'hôtes sur réservation, pris avec les propriétaires. Menu enfant : 8 €. Futuroscope à 45 mn.

Prix : 1 pers. 32 € 2 pers. 38 € 3 pers. 53 € pers. sup. 15 € repas 15 €

🐕	🏇	🎾	🏊	🏃	🚶	🚆
	6	6	1	11	0,5	18	6

François GUILLARD - Chatre - 37350 FERRIERE-LARCON - Tél. : 02 47 59 67 47 - Fax : 02 47 59 67 47 ou SR : 02 47 48 37 13

FERRIERE-SUR-BEAULIEU — La Brétignière
TH   *C.M. 68 Pli 5*

2 ch. 2 chambres d'hôtes indépendantes à l'étage dans une ancienne grange restaurée située sur 85 ha. de prés et de bois avec pièce d'eau. 2 ch. avec chacune salle de bains et wc privés. 1 lit 2 pers. dans l'une, 1 lit 2 pers. et 1 lit 1 pers. dans l'autre. Salon réservé aux hôtes. Jardin, parking. Prix semaine : 240 € pour 2 pers.

Prix : 2 pers. 40 € 3 pers. 52 € repas 13 €

🐕	🏇	🎾	🏊	🏃	⛵	🚶	🚆
	7	7	SP	SP	8	7	5

Michel LAUVRAY - La Bretignière - 37600 FERRIERE-SUR-BEAULIEU - Tél. : 02 47 91 59 54 - Fax : 02 47 94 04 96 ou SR : 02 47 48 37 13

FRANCUEIL — Le Moulin
TH   *C.M. 64 Pli 16*

5 ch. 5 chambres dans un ancien moulin du XIXe. Salle de bains et wc privés dans chaque chambre. Parc paysager avec rivières, chute d'eau, étang et canards. Petit déjeuner servi au bord de l'eau. Jardin d'hiver et grand salon à disposition des hôtes. Piscine privée chauffée et salons de jardin. Possibilité de panier pique-nique le midi. Dégustation de vins AOC. Parking clos. Norvégien parlé. Réduction 15 % du 1/10 au 31/03. Langues parlées : anglais, allemand, espagnol.

Prix : 1 pers. 50/122 € 2 pers. 58/130 € 3 pers. 81/93 € repas 22 €

🐕	🏇	🎾	🏊	🏃	⛵	🚶	🏌	🚲	🚆
	SP	6	SP	20	6	0,5	6	20	3	0,5

Solange NAESS - Le Moulin - 28, rue du Moulin Neuf - 37150 FRANCUEIL - Tél. : 02 47 23 93 44 - Fax : 02 47 23 94 67 -
E-mail : le-moulin.naess@wanadoo.fr - www.france-bonjour.com/le-moulin/

GENILLE — Le Moulin de la Roche
C.M. 64 Pli 16

4 ch. 4 chambres d'hôtes dans un moulin des XVe, XVIIe et XIXe situé sur l'Indrois, à proximité de Loches et de la vallée du Cher. Au r.d.c. : 1 ch. (1 lit 2 pers., salle d'eau et wc privés). Au 1er étage : 2 ch. doubles (1 lit 150 ou 2 lits 1 pers.) et 1 ch. triple (1 lit 150, 1 lit 1 pers.). Toutes avec wc et salle d'eau privés. Salon avec cheminée. Jardin ombragé 2000 m² entouré par la rivière et son bief. Parking privé. Propriétaires franco-britanniques. Ping-pong. Restaurant à proximité. Langues parlées : anglais, espagnol.

Prix : 2 pers. 55/58 € 3 pers. 69/72 € pers. sup. 14 €

🐕	🏇	🎾	🏊	🏃	⛵	🚶	🚆
	1	1	SP	8	8	SP	11	1

Josette et Clive MIEVILLE - Le Moulin de la Roche - 37460 GENILLE - Tél. : 02 47 59 56 58 - Fax : 02 47 59 59 62 -
E-mail : clive.mieville@wanadoo.fr - www.moulin-de-la-roche.com ou SR : 02 47 48 37 13

Centre **Indre-et-Loire**

GENILLE Domaine de Marolles
C.M. 64 Pli 16

6 ch. Maison attenante au château des XV° et XVIII° dans un cadre forestier d'une tranquillité totale. 6 ch. pour 2 pers. avec lavabo. Salle de bains, douches, wc. Possibilité de repas (cuisine et salle à manger privées). Ping-pong, tennis privé. Langue parlée : anglais.

Prix : 1 pers. **23** € 2 pers. **30** €
Ouvert : Du 1er avril au 31 octobre.

2,5	SP	10	8	SP	8	45	12	2,5

Alain COUTURIE - Château de Marolles - 37460 GENILLE - Tél. : 02 47 59 50 01 - Fax : 02 47 59 96 51

GENILLE La Frillère
C.M. 64 Pli 16

4 ch. 4 ch. situées à l'étage d'une demeure de caractère dans un parc forestier. Très calme. 2e étage : 1 suite, bains et wc privés (2 lits 2 pers., 1 lit 120, 1 lit 1 pers.). 1 ch., wc et douche privés (1 lit 2 pers.). 3e étage : 1 suite (4 lits 1 pers.), douche et wc privés. 1 ch. (1 lit 2 pers., 2 lits 1 pers.), douche et wc privés. Etang avec châlet dans propriété pour pêche et pique-nique. Hors saison sur réservation.

Prix : 1 pers. **27/35** € 2 pers. **34/41** € 3 pers. **46** €
Ouvert : Du 15 avril au 1er octobre.

5	5	0,5	5	0,5	10	5

Bernard VALLETTE - La Frillère - 37460 GENILLE - Tél. : 02 47 59 51 01

HOMMES Le Vieux Château

C.M. 64 Pli 13

5 ch. 5 chambres de caractère dans une ancienne grange dimière du XV°. Grand salon à disposition (cheminée, TV, tél.). 1 ch. pour handicapé en r.d.c. (2 lits 2 pers.). 4 ch. à l'étage : (2 lits 1 pers. ou 1 lit 2 pers.), salle de bains et wc privés. Parc et cour d'honneur. English, deutsch, italien. Sur place : piscine privée, point-phone, location VTT. Table d'Hôtes sur réservation. Demi-pension : 75 €/jour/personne. Langues parlées : anglais, italien.

Prix : 1 pers. **78** € 2 pers. **94/106** € 3 pers. **121** € pers. sup. **23** € repas **28** €

SP	4	SP	2,5	1,5	SP	1,5	7	12	3

Albine HARDY - Relais du Vieux Château - 37340 HOMMES - Tél. : 02 47 24 95 13 - Fax : 02 47 24 68 67 -
E-mail : levieuxchateaudehommes@wanadoo.fr ou SR : 02 47 48 37 13

HUISMES La Chaussée
C.M. 64 Pli 13

3 ch. 3 chambres dans une belle propriété du XIX°, mélange de briques et de tuffeau, sur toile de fond romantique, un parc de 1,5 ha. en grande partie boisé sur lequel s'écoule une petite rivière. 2 ch. avec chacune 2 lits 1 pers., salle d'eau ainsi que wc privés. 1 ch. avec 1 lit 2 pers., 1 lit 110, une grande salle de bains privée avec baignoire et douche, wc privés. Piscine privée sur place. Langues parlées : hollandais, anglais.

Prix : 1 pers. **50/70** € 2 pers. **59/83** € pers. sup. **23** €

SP	1	1,5	SP	6	2,5

Marie-José BRINCKMAN - La Chaussée - 37420 HUISMES - Tél. : 02 47 95 45 79 - Fax : 02 47 95 45 79 - E-mail : ariasse@yahoo.fr - www.lachaussee.fr.st ou SR : 02 47 48 37 13

HUISMES L'Ermitage

C.M. 64 Pli 13

5 ch. 5 chambres d'hôtes dont 2 ch. à l'étage d'une gentilhommière, sur exploitation agricole (cressiculture). 2 personnes par chambre, plus 1 lit 1 pers. dans grand cabinet de toilette. WC à la porte des chambres, salle de bains au bout du couloir. 1 ch. dans les dépendances au r.d.c. avec salle d'eau et wc privés. Cheminée. Coin-cuisine. TV. Table d'hôtes sur réservation. 2 chambres supplémentaires avec salle de bains et wc privés. Salle à disposition des hôtes. Salon de jardin. 2 chambres 3 épis, 1 chambre 2 épis, 2 chambres 1 épi. Langue parlée : anglais.

Prix : 1 pers. **24/39** € 2 pers. **27/43** € 3 pers. **34/41** € repas **9** €

5	1	4	4	6	0,5	25	7	3

Marie-Chantal DE VERNEUIL - L'Ermitage - 37420 HUISMES - Tél. : 02 47 95 52 40 - Fax : 02 47 95 58 71

HUISMES

C.M. 64 Pli 13

2 ch. 2 chambres à l'étage dans dépendance d'une propriété viticole du XVI° au XVIII°, située en centre bourg. Entrée indépendante. 1e ch. (1 lit 2 pers., 1 canapé convertible), 2e ch. (1 lit 2 pers., 1 lit 1 pers.). Salle d'eau et wc privés. Salle de dégustation et petit déjeuner réservés aux hôtes. Grande cour, parking intérieur, salon de jardin. Restaurant à 150 m. Fermeture du 31 octobre au 1er avril. SR : 02 47 48 37 13. Langue parlée : anglais.

Prix : 1 pers. **35** € 2 pers. **39** € pers. sup. **11** €

7	1	1	5	0,5	9	9	0,5

Vincent BELLIVIER - La Tourette - 12, rue de la Tourette - 37420 HUISMES - Tél. : 02 47 95 54 26 - Fax : 02 47 95 54 26

Indre-et-Loire
Centre

HUISMES — La Pilleterie
C.M. 64 Pli 13

3 ch. — 3 chambres de caractère dans une dépendance d'une ancienne ferme restaurée. Cadre bucolique et calme assuré. 1 ch. (2 lits 1 pers., douche et wc privés). 1 ch. (1 lit 2 pers., bains et wc privés). 1 suite (1 lit 2 pers., 2 lits 1 pers., bains et wc privés). Salon conçu pour les hôtes (cheminée, TV couleur), cuisine à disposition. Grand jardin. Parking. Réservation à la semaine possible.

Prix : 2 pers. 44/54 € 3 pers. 76 € pers. sup. 15 €

6	2	3	4	0,5	6	2

Marie-Claire PRUNIER - La Pilleterie - 37420 HUISMES - Tél. : 02 47 95 58 07 - E-mail : mcguilletat.prunier@wanadoo.fr ou SR : 02 47 48 37 13

L'ILE-BOUCHARD — Le Moulin de Saussaye
A
C.M. 68 Pli 4

3 ch. — Ferme-auberge avec 3 chambres d'hôtes dans dépendance d'une ferme d'élevage en activité avec moulin XVIII° au bord de la Manse : 1 ch. (2 pers.) et 2 suites (4 pers. et 5 pers.) avec mezzanine. Salle d'eau et wc privés. Coin-cuisine dans 1 chambre. Vente de vins Chinon AOC. Sur place pêche (truites et carpes). Chiens acceptés sous conditions. Langue parlée : anglais.

Prix : 1 pers. 31 € 2 pers. 39 € 3 pers. 52 € pers. sup. 13 €

0,8	0,8	SP	7	0,8	SP	0,8	15	0,5

MEUNIER - Le Moulin de Saussaye - 37220 L'ILE-BOUCHARD - Tél. : 02 47 58 50 44 - Fax : 02 47 58 66 54 - E-mail : info@moulindesaussaye.com - www.moulindesaussaye.com ou SR : 02 47 48 37 13

INGRANDES-DE-TOURAINE — Le Clos Saint André
(TH)
C.M. 64 Pli 13

6 ch. — 6 chambres avec salle de bains et wc privés sur propriété viticole de caractère (XVI° et XVIII°). R.d.c. : 1 ch. (1 lit 2 pers., 2 lits 1 pers.). 1° étage : 2 ch. (1 lit 2 pers.), 1 ch. (1 lit 2 pers., 1 lit 1 pers). 2° étage : 1 ch. (1 lit 2 pers., 1 lit 1 pers.), 1 ch. (2 lits 1 pers., 1 lit enfant). Salle (cheminée). Parking, terrasse et jardin ombragés réservés aux hôtes. Pétanque. Vins de Bourgueil de la propriété. Table d'hôtes gourmande sur réservation (sauf dimanche) avec 1/2 bouteille de Bourgueil AOC comprise (du 01/04 au 15/10, autres dates nous consulter). Langue parlée : anglais.

Prix : 1 pers. 40 € 2 pers. 45/52 € 3 pers. 64 € pers. sup. 12 € repas 24 €

12	0,5	3	13	12	0,5	20	28	3	8

Michèle PINCON - Le Clos Saint-André - 37140 INGRANDES-DE-TOURAINE - Tél. : 02 47 96 90 81 ou 06 73 19 96 12 - Fax : 02 47 96 90 81 - E-mail : mmpincon@club-internet.fr

JAULNAY — La Rivagère
(TH)
C.M. 68 Pli 4

2 ch. — 2 chambres dont 1 suite au rez-de-chaussée d'une ferme en activité (asperges). Il y a une salle d'eau et des wc privés et séparés dans chacune. La chambre a 1 lit 2 pers. La suite, composée de 2 ch., possède une entrée privative et contient 1 lit 2 pers. et 3 lits 1 pers. A proximité : Richelieu (12 km), Châtellerault (18 km), et le Futuroscope.

Prix : 1 pers. 30 € 2 pers. 33 € 3 pers. 45 € repas 12 €
Ouvert : Toute l'année sauf du 15 juin au 30 juin.

11	11	1	7	20	11

Marie-Madeleine PATROUILLAULT - La Rivagère - 37120 JAULNAY - Tél. : 02 47 95 66 55 - Fax : 02 47 95 67 20 ou SR : 02 47 48 37 13

LANGEAIS
C.M. 64 Pli 14

3 ch. — 3 chambres à l'étage d'une ancienne située au bord d'une rivière, la Roumère, à proximité immédiate du château de Langeais. Elles sont toutes équipées d'une salle d'eau et de wc privés. 1 ch. (1 lit 2 pers., TV), 1 ch. (2 lits 2 pers., TV), 1 ch. familiale (1 lit 2 pers. 3 lits 1 pers., TV). Grand jardin, pêche au coup, promenade en barque, pétanque. Petit déjeuner au bord de l'eau. 4 pers. : 66 €. Parking privé. Langue parlée : anglais.

Prix : 1 pers. 37/40 € 2 pers. 41/46 € 3 pers. 56 €

0,5	0,5	SP	1	0,8	SP	0,6	15	0,8	SP

Marion VENOT - 28, rue Foulques Nerra - 37130 LANGEAIS - Tél. : 02 47 96 68 45 - Fax : 02 47 96 68 45 - E-mail : venot-marion@wanadoo.fr - http ://perso.wanadoo.fr/marion.venot/

LANGEAIS — Domaine de Châteaufort
(TH)
C.M. 64 Pli 14

6 ch. — A l'écart du centre ville de Langeais (800 m du château), au milieu d'un parc boisé de 9 ha avec piscine privée chauffée. 6 chambres situées au 1° ou au 2° étage, toutes équipées d'une salle de bains ou d'une salle de douche et d'un wc privés. 2 grands salons à disposition des hôtes. Table d'hôtes uniquement sur réservation. Langue parlée : anglais.

Prix : 1 pers. 66/81 € 2 pers. 73/88 € 3 pers. 91/107 € repas 23 €

SP	1	1	0,2	SP	15	1,5	1

GROSOS - Domaine de Châteaufort - 37130 LANGEAIS - Tél. : 02 47 96 85 75 - Fax : 02 47 96 86 03 - E-mail : resa@i-a-s.fr

Centre

Indre-et-Loire

LANGEAIS L'Epeigné (TH)
C.M. 64 Pli 14

3 ch. 3 ch. à l'étage d'une belle ferme restaurée en activité (élevage viande limousine). 2 ch. 2 pers. et 1 suite 4 pers. avec salle d'eau et wc privés, cuisine et salle indépendantes réservées aux hôtes, pouvant être louées à des groupes. Jardin d'agrément, bois, box pour chevaux. 1/2 pension à partir de 3 nuits : 72 € par couple. Table d'hôtes (produits fermiers : volaille, viande limousine). Direction : à Langeais prendre D15 ou rue Rabelais sur 2 km. Langue parlée : anglais.

Prix : 1 pers. 40 € 2 pers. 46 € 3 pers. 58 € pers. sup. 12 € repas 17 €

2	2	0,5	0,5	7	0,5	15	2	2

Martine HALOPE - L'Epeigne - 37130 LANGEAIS - Tél. : 02 47 96 54 23 ou 02 47 96 84 06 - Fax : 02 47 96 54 23

LEMERE Château de la Noblaye
C.M. 68

2 ch. 2 suites à l'étage du château de la Noblaye, un édifice du XVII° situé à mi-chemin entre Chinon et Richelieu. Il ouvre sur un parc de 10 hectares et 6 ha de bois, avec une terrasse dominant le vallon (mobilier de jardin). Les 2 suites disposent d'une salle d'eau et wc privés. 1° suite (1 lit 2 pers., 1 lit 1 pers.), 2° suite (2 lits 1 pers., 1 lit 1 pers.). Salon à disposition. Un petit gîte rural 4 épis est situé à l'extrémité du château. Réduction à partir de 3 nuits. Langue parlée : anglais.

Prix : 1 pers. 46/54 € 2 pers. 51/59 € 3 pers. 61/69 €

7	3	3	7	SP	28	18	3,5

Alain MARQUETON - Château de la Noblaye - 37120 LEMERE - Tél. : 02 47 95 77 52 - Fax : 02 47 95 79 23

LERNE La Grande Cheminée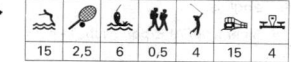
C.M. 64 Pli 13

3 ch. Dans une ferme de caractère du XVII° (volailles), aux confins du Poitou, de la Touraine et de l'Anjou, 3 ch. à l'étage avec entrée indépendante : 1 ch. à 2 lits avec salle d'eau et wc privés non attenants. 1 ch. double avec 1 suite (1 lit 2 pers., 2 lits 1 pers.) avec chacune salle d'eau et wc privés. Petit salon réservé aux hôtes. Grand jardin ombragé. Lits d'appoint possibles, équipement pour bébé. Grande salle et coin-cuisine à disposition. Produits fermiers, vins.

Prix : 1 pers. 31 € 2 pers. 37/40 € 3 pers. 54 € pers. sup. 15 €

15	2,5	6	0,5	4	15	4

Suzanne BLANCHARD - La Grande Cheminée - 37500 LERNE - Tél. : 02 47 95 94 46 ou 06 73 05 82 74 - Fax : 02 47 95 86 20

LIGNIERES-DE-TOURAINE
C.M. 64 Pli 14

2 ch. Situées au r.d.c. dans des bâtiments du XIX°, 1 suite 4 pers. dans une dépendance et 1 chambre avec une entrée indépendante dans la maison principale, sur une exploitation arboricole (pommes, poires), entre Azay-le-Rideau et Langeais, lieu stratégique pour la visite des châteaux de la région. Forfait semaine possible (253 € sans petit déjeuner). TV dans les ch. La suite se compose d'un salon avec kitchenette et 2 lits 1 pers. ainsi que d'1 chambre avec 1 lit 2 pers. La ch. est équipée d'un lit 2 pers., d'un lit 1 pers., d'une douche/wc privés. Terrasse privative à la suite. Jardin ombragé. Garage à disposition.

Prix : 1 pers. 40 € 2 pers. 44 € 3 pers. 55 €

7	3	0,5	6	SP	17	7	7

Jean-Pierre DUVEAU-CHARDON - 22, la Croix des Durets - 37130 LIGNIERES-DE-TOURAINE - Tél. : 02 47 96 85 04 - Fax : 02 47 96 57 99 - E-mail : jp-b.duveau@terre-net.fr - www.terre-net.fr

LIGRE La Milaudière
C.M. 68 Pli 3

4 ch. 4 chambres dans un ensemble de caractère XVI°, au centre de Ligré. Havre de quiétude aux confins de Touraine et Poitou, proche de Chinon. Toutes ont salle ou douche et wc privés. 1 ch. (1 lit 1 pers.), 1 ch. (4 lits 1 pers.), 1 ch. (1 lit 2 pers.). Séjour (TV, cheminée). Cour, jardin paysager. Possibilité de yoga avec Michelle, professeur de yoga viniyoga. Randonnées sur place. Ping-pong, aire de pique-nique à disposition. Coin cuisine possible (3 €/jour). Langues parlées : anglais, espagnol.

Prix : 1 pers. 34/40 € 2 pers. 39/44 € 3 pers. 57 € pers. sup. 13 €

7	7	4	7	SP	7	20	7	7

Michelle et Laurent MAROLLEAU - La Milaudière - 5, rue Saint-Martin - 37500 LIGRE - Tél. : 02 47 98 37 53 - Fax : 02 47 93 36 74 - E-mail : milaudiere@club-internet.fr - http ://perso.club-internet.fr/mbforma ou SR : 02 47 48 37 13

LIGRE Le Clos de Ligré (TH)
C.M. 68 Pli 3

3 ch. 3 ch. spacieuses dont 2 indépendantes, au r.d.c. ou étage, dans une belle demeure bourgeoise 1850, formant un clos et jouissant d'un jardin d'un hectare. Toutes ont salle de bains et wc privés. L'une est aménagée dans un ancien pressoir (1 lit 2 pers.). Une autre est située dans un ancien fruitier (2 lits 1 pers., 1 lit 1 pers. dans un salon contigu). La 3° étant dans la maison (1 lit 2 pers., 1 lit 1 pers.). Salon de musique et de lecture à disposition. Piscine privée. Terrasse couverte (salon jardin). Remise 10 % d'octobre à avril, pour 3 nuits et plus. Table d'hôtes sur réservation. Langues parlées : anglais, espagnol.

Prix : 1 pers. 60 € 2 pers. 80 € pers. sup. 26 € repas 25 €

SP	7	5	15	SP	7	25	7	7

Martine DESCAMPS - Le Clos de Ligre - 22, rue du Rouilly - 37500 LIGRE - Tél. : 02 47 93 95 59 - Fax : 02 47 93 06 31 - E-mail : martinedescamps@hotmail.com

Indre-et-Loire

Centre

LIGUEIL Le Chemin Vert (TH)
C.M. 68 Pli 5

1 ch. **Accès rapide au Futuroscope et aux châteaux.** Calme et tranquilité dans 1 chambre au r.d.c. dans une ancienne ferme à 1 km du centre de Ligueil. Salle d'eau et wc privés. 1 lit 2 pers. et 1 lit 1 pers. Jardin ombragé clos. Parking fermé. Salon de jardin. Chemin pédestre devant le bâtiment. Table d'hôtes sur réservation. Réduction à partir de 2 nuits. Accès : rue des Anciens d'Afrique du Nord. Mini-golf et étang pour pêche à 1,5 km.

Prix : 1 pers. 23 € ◊ 2 pers. 33 € ◊ 3 pers. 41 € repas 13 €

🐕	🏊	🎾	🎣	🏇	⛵	👥	🚉	🍴
1,5	1,5	1	12	12	0,1	18	1	

Joseph et Lucie THIELIN - Le Chemin Vert - 37240 LIGUEIL - Tél. : 02 47 59 61 23 ou 06 65 50 66 13

LIMERAY Les Grillons A
C.M. 64 Pli 16

4 ch. 4 chambres d'hôtes dans une ferme d'élevage avicole. Auberge avec spécialités régionales sur place. 2 chambres doubles et 2 chambres triples, toutes étant équipées d'une salle de bains et de wc privés. Terrain avec salon de jardin. Langues parlées : anglais, allemand.

Prix : 1 pers. 38 € ◊ 2 pers. 43/49 € ◊ 3 pers. 55 €

🐕	🏊	🎾	🎣	🏇	⛵	👥	🚉	🍴
	8	3	0,8	6	0,5	1,5	0,8	0,5

Famille GUICHARD - Auberge « Les Grillons » - Limeray - 37530 AMBOISE - Tél. : 02 47 30 11 76 ou SR : 02 47 48 37 13

LOCHE-SUR-INDROIS La Gironnerie (TH)
C.M. 68 Pli 7

3 ch. 3 chambres dans une maison bourgeoise de 1840 située en pleine campagne à proximité de Loches et de Montrésor. Parc de 5000 m² sur une propriété de 7 ha. avec pièce d'eau. 1 ch. au r.d.c. avec 1 lit 2 pers., salle de bains et wc privés. A l'étage : 1 ch. avec 1 lit 2 pers., 1 lit 1 pers., salle d'eau et wc privés. 1 suite familiale 80 m² (composée de 2 ch.) avec 2 lits 2 pers., 1 lit 120, 1 lit 1 pers., un salon bibliothèque, salle d'eau et wc privés. Salon (TV, cheminée). Parking intérieur. Langue parlée : anglais.

Prix : 1 pers. 38 € ◊ 2 pers. 44 € ◊ 3 pers. 60/79 € ◊ pers. sup. 14 € repas 18 €

🐕	🏊	🎾	🎣	🏇	⛵	👥	🚉	🍴
	10	3	SP	5	10	SP	10	18	3

Françoise SEDJAL - La Gironnerie - 37460 LOCHE-SUR-INDROIS - Tél. : 02 47 92 63 36 - E-mail : lagiron@club-internet.fr

LOCHES Les Jolletières (TH)
C.M. 68 Pli 6

3 ch. 3 chambres, dans une ferme en activité située dans la vallée de l'Indre, à 3 km du centre de Loches. 1er étage : 3 ch. avec salle d'eau et wc privés (2 lits 2 pers., 2 lits 1 pers.). Possibilité lit supplémentaire. Salle à disposition des hôtes (TV). Jardin pelouse ombragée (salon de jardin). VTT et ULM sur place. Réduction de 10 % au delà de 3 nuits. Table d'hôtes sur réservation sauf dimanche. Du 1/10 au 31/12 et du 1/02 au 31/03 uniquement sur réservation. Langue parlée : anglais.

Prix : 1 pers. 34 € ◊ 2 pers. 38 € ◊ pers. sup. 11 € repas 15 €
Ouvert : Toute l'année (sauf janvier).

🐕	🏊	🎾	🎣	🏇	⛵	👥	🚉	🍴
	3	3	0,5	1	12	0,5	3	3

Elisabeth DOUARD - Les Jolletières - 37600 LOCHES - Tél. : 02 47 59 06 61 - Fax : 02 47 59 06 61 ou SR : 02 47 48 37 13

LE LOUROUX La Chaumine
C.M. 64 Pli 15

2 ch. 2 chambres totalement indépendantes situées dans une ferme en activité jouxtant le camping à la ferme. Dans chacune : 1 lit 2 pers., 1 canapé 2 pers., salle d'eau et wc privés, TV. Petite cuisine avec ch. pour séjours prolongés (forfait semaine pour 2 pers. : 199 € en juillet-août, 168 € en hors saison). Terrasse couverte (ping-pong). Grand espace en pelouse (salon de jardin, barbecue, portique). Exposition des produits du terroir. Réduction 10 % à partir de 4 nuits. Lac de 65 ha à 500 m. Langues parlées : anglais, espagnol.

Prix : 1 pers. 36 € ◊ 2 pers. 38 € ◊ pers. sup. 13 €

🐕	🏊	🎾	🎣	🏇	⛵	👥	🚉	🍴
	8	0,5	0,5	3	0,5	SP	19	SP

Claude BAUDOIN - La Chaumine - 37240 LE LOUROUX - Tél. : 02 47 92 82 09 - E-mail : bruno.baudoin@free.fr ou SR : 02 47 48 37 13

LUSSAULT-SUR-LOIRE Château de Pintray
C.M. 64 Pli 16

E.C. 5 ch. 5 ch. d'hôtes sur propriété viticole, cœur vignoble de Montlouis, dans château XVIIe, XIXe. R.d.c. : 2 ch. avec choix entre 1 lit 2 pers. ou 2 lits, (+ canapé 1 pers. pour une). Etage : 1 ch. (1 lit 2 pers.), suite (2 lits 120, 1 lit 160, autre lit possible). Bains et wc privés chacune. Suite (1 lit 160, choix 2 lits 1 pers. ou 1 lit, autre lit poss. 2 s.d.b. + 2 wc privés). Salon (cheminée, TV, billard). Charme dans ameublement et décoration de qualité. Parc et vignobles forment clos 6 ha. Rando. pédestre. Langue parlée : anglais.

Prix : 1 pers. 82 € ◊ 2 pers. 90 € ◊ 3 pers. 111 € ◊ pers. sup. 21 €

🐕	🏊	🎾	🎣	🏇	⛵	👥	🚉	🍴
	6	6	2	7	SP	6	6	

RAULT-COUTURIER - Château de Pintray - Lussault-sur-Loire - 37400 AMBOISE - Tél. : 02 47 23 22 84 - Fax : 02 47 57 64 27 - E-mail : marius.rault@wanadoo.fr ou SR : 02 47 48 37 13

Centre
Indre-et-Loire

LUZILLE Les Bourdes
C.M. 64 Pli 16

2 ch.

2 chambres ayant chacune leur entrée indépendante, dans une ancienne fermette XIX° restaurée et située en pleine campagne, à 15 mn du château de Chenonceau. 1 ch. au r.d.c. (1 lit 2 pers., salle d'eau, wc). La seconde, située à l'étage, est une petite suite composée de 2 ch. (5 lits 1 pers., 2 lits bébé, salle de bains, wc). Cuisine d'été à disposition. 3 box pour chevaux. Grand jardin avec piscine privée sécurisée. 10 % de réduction à partir de 3 nuits. Location : bicyclettes ainsi qu'âne et poneys pour promenades. Langue parlée : anglais.

Prix : 1 pers. 40 € 2 pers. 45 € 3 pers. 60 € pers. sup. 10 € repas 15 €

	SP	2	10	SP	10	2

Pascale AUSSENARD - Les Bourdes - 37150 LUZILLE - Tél. : 02 47 30 37 26 - Fax : 02 47 30 37 26 - E-mail : paussenard@free.fr

LUZILLE Bois-Joubert
C.M. 64 Pli 16

1 ch.

Château de Chenonceau 7 km. 1 ch. d'hôtes aménagée à l'étage d'une maison tourangelle située dans un hameau. 2 lits 2 pers., salle d'eau et wc privés non attenants. Salle de séjour à disposition des hôtes. Terrasse. Table d'hôtes sur réservation. Langue parlée : anglais.

Prix : 1 pers. 22 € 2 pers. 28 € 3 pers. 34 € pers. sup. 6 € repas 10 €

7	3	3	7	0,5	3

Andrée SARTIS - Bois Joubert - 37150 LUZILLE - Tél. : 02 47 30 21 45 ou 06 20 90 87 02 - E-mail : andree-sartis@creditfoncier.fr

MONTHODON Le Sentier
C.M. 64 Pli 5

6 ch.

Dans maréchalerie XVIII°, à colombages, entre le Loir et la Loire, à proximité d'Amboise et des principaux châteaux, 6 ch. 2 à 5 pers. toutes avec douche et wc privés. Maison de caractère indép. des propriétaires, en surplomb d'une jolie vallée, dans un cadre de verdure et au calme. Séjour-salle à manger réservé aux hôtes dans l'ancienne forge (cheminée). Meubles et bibelots anciens. Jardin paysagé d'un ha avec terrasses, mobilier et relax. Ruisseau, ânes, prêt de vélos, jeux d'enfants. Langues parlées : anglais, allemand.

Prix : 1 pers. 30 € 2 pers. 34 € 3 pers. 42 € pers. sup. 8 € repas 13 €

9	9	2	1	30	SP	30	20	9	4

Patricia et Danny NIEDBALSKI - Le Sentier - 6 rue des Rosiers - 37110 MONTHODON - Tél. : 02 47 29 61 61 - E-mail : lamarechalerie@aol.com - http://members.aol.com/lamarechalerie

MONTLOUIS-SUR-LOIRE
C.M. 64 Pli 15

2 ch.

Au cœur des châteaux et du vignoble, entre Amboise et Tours, propriété de caractère fin XIX° surplombant la vallée de la Loire, au bord du GR3 avec accès direct pour la promenade. 2 chambres au second étage offrant une vue panoramique sur la Loire. 1 ch. double (1 lit), 1 ch. triple (3 lits), chacune avec salle d'eau et wc privés. Parc boisé et paysager de 1,4 ha avec tennis privé et jeux d'enfants à disposition. Parking intérieur. Restaurants à proximité. Gîte rural dans une dépendance à la même adresse. Langue parlée : anglais.

Prix : 1 pers. 55 € 2 pers. 60 € 3 pers. 76 € pers. sup. 16 €

1	SP	0,5	1	6	SP	15	8	SP

Jean-Pierre CHALONS - Le Buisson - 7, rue Madeleine Vernet - 37270 MONTLOUIS-SUR-LOIRE - Tél. : 02 47 50 98 18 - E-mail : isabelle.chalons@wanadoo.fr - www.loire-valley-holidays-jp-chalons.com

MONTRESOR Le Moulin
C.M. 64 Pli 16

4 ch.

4 chambres à l'étage d'un moulin du XIX° bâti sur l'Indrois et situé à la sortie du village classé de Montrésor, 1 ha. de terrain. 1 ch. (1 lit 1 pers., 1 lit 2 pers.) et 1 ch. (1 lit 2 pers.), chacune avec salle d'eau et wc privés. 1 ch. (4 lits 1 pers.) et 1 ch. (2 lits 1 pers.) avec chacune salle de bains et wc privés. Grand séjour-salon ayant beaucoup de caractère, avec vue sur le bief. Plusieurs restaurants à proximité. Piscine privée. Langues parlées : anglais, polonais, allemand.

Prix : 1 pers. 45/50 € 2 pers. 50/55 € pers. sup. 13 €

	SP	0,5	SP	12	2	17	0,5

Alain et Sophie WILLEMS - Le Moulin - 37460 MONTRESOR - Tél. : 02 47 92 68 20 - Fax : 02 47 92 74 65 - E-mail : alain.willems@wanadoo.fr ou SR : 02 47 48 37 13

MONTRESOR
C.M. 64 Pli 16

2 ch.

2 chambres à l'étage d'une maison du XVI°, au centre du bourg classé parmi « Les plus beaux villages de France ». Salle à manger au rez de chaussée abritant l'ancien four banal du château de Montrésor. La propriétaire, graphiste, vous accueillera dans une ambiance et un décor personnalisé. Les 2 ch. offrent chacune salle d'eau et wc privés. 1 chambre (1 lit 2 pers.), 1 ch. (2 lits 1 pers.).

Prix : 2 pers. 41 € pers. sup. 11 €

8	2	2	2	2	SP	18	0,2

Catherine PIVET - 15, rue Branicki - 37460 MONTRESOR - Tél. : 02 47 92 69 26 - Fax : 02 47 92 78 77 - E-mail : catherine.pivet@wanadoo.fr

Indre-et-Loire
Centre

MONTS Château de la Roche
C.M. 64 Pli 15

|||| 3 ch. 3 chambres d'hôtes aux 1ᵉʳ et 2ᵉ étages d'un château du XIXᵉ situé au bord de l'Indre, sur un parc clos 200 ha. avec forêt, dans un cadre exceptionnel. Aux portes de Tours et d'Azay-le-Rideau. 1 ch. (1 lit 2 pers.) et 1 ch. (2 lits 1 pers.) avec chacune 1 salle d'eau et 1 wc privés. 1 ch. (1 lit 2 pers.) avec salle de bains et wc privés. Possibilité d'un lit pour enfant (avec supplément). TV et téléphone dans les 3 chambres.

Prix : 2 pers. 107 €

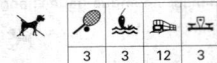

3	3	12	3

Diane DE CHAMBURE - Château de la Roche - 37260 MONTS - Tél. : 02 47 26 70 08 - Fax : 02 47 26 63 94 ou SR : 02 47 48 37 13

MORAND L'Allier
C.M. 64 Pli 6

||| 2 ch. 1 suite et 1 chambre aménagées à l'étage de la maison d'habitation dans une ferme céréalière des XVIIIᵉ et XIXᵉ. Les deux sont équipées d'une salle d'eau et de wc privés. 1 grand lit 2 pers. dans la chambre, 1 grand lit 2 pers. plus 2 lits 1 pers. dans les 2 ch. composant la suite. Séjour (TV, cheminée). Cour et jardin en pelouse. Réduction de 10 % à partir de 2 nuits hors saison. Langue parlée : anglais.

Prix : 1 pers. 32 € 2 pers. 42 € 3 pers. 52 €

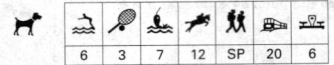

6	3	7	12	SP	20	6

Jean-Marc DATTEE - L'Allier - 37110 MORAND - Tél. : 02 47 56 00 14 - Fax : 02 47 56 00 14 ou SR : 02 47 48 37 13

MOSNES Le Buisson
C.M. 64 Pli 15

|||| 3 ch. 3 chambres à l'étage d'une ancienne ferme située sur les hauteurs à 3 km de la Loire et 12 km d'Amboise. Chacune des chambres est équipée avec salle d'eau et wc privés. 2 ch. (chacune avec 1 lit 2 pers. et 1 lit 1 pers.), 1 ch. (1 lit 2 pers.). Salon-séjour avec cheminée et TV à disposition. Dans le calme et l'espace, à mi chemin entre Blois et Tours (30 km), base idéale pour rayonner et découvrir le patrimoine de la Touraine. Sur place, basse-cour, mares, jardin potager biologique, terrasse, parking.

Prix : 1 pers. 34 € 2 pers. 38/46 € 3 pers. 54 € pers. sup. 11 €

12	2	3	3	SP	12	2,5

Marie-France BAQUET - Le Buisson - 37530 MOSNES - Tél. : 02 47 57 31 09 - Fax : 02 47 57 61 43 - E-mail : lebuisson@libertysurf.fr

MOSNES
C.M. 64 Pli 15

E.C. 3 ch. Maison bourgeoise de la fin XIXᵉ, dans un village des bords de Loire aux confins de la Touraine et du Blésois, où sont aménagées 3 chambres d'hôtes au 1ᵉʳ et au 2ᵉ étage. Elles ont toutes une salle d'eau ou salle de bains privée et un wc privé. 1 ch. (2 lits 1 pers.), 1 ch. (1 lit 2 pers.), 1 ch (1 lit 160, 1 lit 1 pers.). Kit bébé. 1 lit d'appoint. Le décor intérieur reflète la passion des propriétaires pour la chevallerie médiévale. Jardin en terrasse avec mobilier de jardin. Parking intérieur clos. Langues parlées : espagnol, anglais.

Prix : 1 pers. 42 € 2 pers. 46 € 3 pers. 59 € pers. sup. 13 €

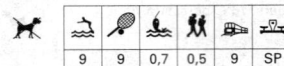

9	9	0,7	0,5	9	SP

Jean-Marc CHARPIN - 67, rue Nationale - 37530 MOSNES - Tél. : 02 47 57 38 26 - E-mail : LA-LICE2@wanadoo.fr - http://perso.wanadoo.fr/la-lice ou SR : 02 47 48 37 13

MOSNES Les Hauts Noyers
C.M. 64 Pli 15

|||| 2 ch. Ancienne ferme XVIIIᵉ restaurée entre vignes et bois à 1 km de la Loire. 1 ch. (1 lit 2 pers., salle de bains et wc privés), 1 suite 60 m² (1 lit 2 pers., 2 lits 1 pers., 1 lit d'enfant, wc, salle de bains et coin-salon privés). Ameublement de qualité. Entrée indépendante (terrasse et salon de jardin pour chaque chambre). Salle de séjour réservée aux hôtes. Parking privé. Vélos à disposition. Beau jardin primé. Meilleur petit déjeuner 1996. Jeu de boules.

Prix : 1 pers. 50 € 2 pers. 52 € 3 pers. 67 € pers. sup. 15 €

10	2,5	1	3	11	0,5	10	15	10	1

SALTRON - Les Hauts Noyers - 37530 MOSNES - Tél. : 02 47 57 19 73 - Fax : 02 47 57 60 46

NAZELLES-NEGRON Le Château des Ormeaux
C.M. 64 Pli 16

|||| 6 ch. 6 chambres d'hôtes à l'étage d'un château romantique dominant plein sud le Val de Loire. Proximité d'Amboise et du vignoble de Vouvray. 3 chambres avec 1 lit 2 pers. et 3 ch. avec 2 lits 1 pers., toutes avec vue sur la vallée, mobilier d'époque, téléphone avec ligne directe, salle de bains ou salle d'eau et wc privés. Salon avec cheminée. Parc de 25 ha avec piscine privée. Animaux acceptés sous condition (petite taille). Langues parlées : anglais, italien.

Prix : 1 pers. 99/107 € 2 pers. 107/115 € pers. sup. 30 €

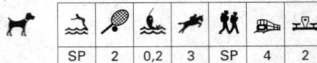

SP	2	0,2	3	SP	4	2

Emmanuel GUENOT - Le Château des Ormeaux - Nazelles-Négron - 37530 AMBOISE - Tél. : 02 47 23 26 51 - Fax : 02 47 23 19 31 - E-mail : chateaudesormeaux@wanadoo.fr - www.chateaudesormeaux.com ou SR : 02 47 48 37 13

Centre — **Indre-et-Loire**

NAZELLES-NEGRON Château de Nazelles — C.M. 64 Pli 16

3 ch. 3 chambres dans une authentique demeure XVIe classée monument historique, construite par Thomas Bohier (aussi constructeur du château de Chenonceau) et qui domine plein sud la vallée de la Loire et le château d'Amboise. 1 chambre double dans pavillon, 2 chambres doubles à l'étage du château (dont une avec 2 lits simples). Toutes les ch. ont s.d.b./wc attenants. Grand salon réservé aux hôtes. Le parc présente une succession de terrasses et abrite quelques habitations troglodytiques et une piscine privée creusée dans le roc (à disposition des hôtes). Langues parlées : anglais, italien.

Prix : 2 pers. 85/90 € pers. sup. 16 € repas 23 €

	SP	0,5	4	SP	9	2	0,2

Véronique FRUCTUS - Château de Nazelles - 16, rue Tue la Soif - 37530 NAZELLES-NEGRON - Tél. : 02 47 30 53 79 - Fax : 02 47 30 53 79 - E-mail : info@chateau-nazelles.com - www.chateau-nazelles.com

NAZELLES-NEGRON — C.M. 64 Pli 16

3 ch. 3 chambres au 1er étage d'une maison bourgeoise à 300 m de la gare SNCF et 1 km d'Amboise. Salles d'eau privées. 2 wc communs. 1 ch. (1 lit 2 pers.), 1 ch. (1 lit 2 pers., 1 lit 1 pers.), 1 ch. (1 lit 120, 1 lit 1 pers.). Lit de bébé (4 €). Grand jardin en pelouse de 1800 m². Parking. TV couleur dans toutes les chambres. 2 nuits minimum les week-end en juillet et août.

Prix : 1 pers. 26 € 2 pers. 33 € 3 pers. 42 € pers. sup. 12 €

0,7	0,7	0,4	10	0,5	1	0,2

Marie-Antoinette JOLY - 10, boulevard des Platanes - 37530 NAZELLES-NEGRON - Tél. : 02 47 23 22 42 ou SR : 02 47 48 37 13

NEUIL-SACHE Les Hautes Mougonnières — C.M. 64 Pli 14

5 ch. Saché 5 km. Azay-le-rideau 12 km. Ferme en activité (foie gras, framboises, volailles), 5 ch. en étage avec douche, wc privés. Suite (1 lit 2 pers., 2 lits 1 pers.). 2 ch. (1 lit 2 pers., 1 lit 1 pers.) dont 1 a entrée indép. coin cuisine. 1 ch. (1 lit 2 pers.), 1 ch. (2 lits). Etage : coin détente (bibliothèque). R.d.c. : salle pour les hôtes, meubles anciens. Parking. Jardin, pelouse. Vente produits régionaux. 1/2 pens. dès 3 nuits (36 €/j/pers./ch. double). Prix suite : 74 €. Accès : D8 entre Thilouze et St-Epain. Futuroscope à 1 H. Coin cuisine, véranda. Langue parlée : anglais.

Prix : 1 pers. 40 € 2 pers. 40 € 3 pers. 54/74 € repas 18 €

	10	2	5	0,5	15	10	2

Soline MESTIVIER - Les Hautes Mougonnières - 37190 NEUIL - Tél. : 02 47 26 87 71 - Fax : 02 47 26 82 29 - E-mail : jp.mestivier@voila.fr ou SR : 02 47 48 37 13

NEUILLE-LE-LIERRE La Roche — C.M. 64 Pli 16

4 ch. 4 chambres à l'étage dans une partie d'une seigneurie du XIVe située dans un parc de 8 ha. (dont 4 boisés) bordé d'une rivière. Entrée indépendante. 2 ch. doubles (1 lit 2 pers.), 1 ch. twin (2 lits 1 pers.), bains et wc privés, 1 ch. triple avec douche et wc privés. Séjour avec coin-cuisine conçu pour les hôtes. Parking. A 8 mn de la sortie « Amboise » de l'autoroute A10.

Prix : 1 pers. 38 € 2 pers. 49 € 3 pers. 64 € pers. sup. 15 €

	12	4	0,5	5	12	0,5	20	10	1

RAMEAU - La Roche - 37380 NEUILLE-LE-LIERRE - Tél. : 02 47 52 98 10 ou 06 71 15 55 58

NEUVY-LE-ROI Le Château du Bois — C.M. 64 Pli 4

4 ch. 4 chambres au 1er étage d'une ferme en activité datant du XIXe. Belle grange du XVIe sur place. Située à 500 m du bourg sur la D2. 2 chambres de 2 pers. et 2 chambres de 4 pers. avec une salle de bain et wc privés par chambre. Salon à disposition (TV). Jardin avec salon. Langues parlées : anglais, espagnol.

Prix : 2 pers. 31/48 € repas 11 €

	9	0,7	0,6	7	15	0,5	13	11	1,5

Marie CORMERY - Le Château du Bois - 37370 NEUVY-LE-ROI - Tél. : 02 47 24 44 76 - Fax : 02 47 24 86 58 ou SR : 02 47 48 37 13

NOUANS-LES-FONTAINES La Petite Richerie — C.M. 68 Pli 7

2 ch. 2 chambres d'hôtes en pleine campagne, dans une ferme en activité (céréales, volailles), aux confins de la Touraine et de l'Indre, au centre d'un triangle Loches, Valençay, St-Aignan. 1 ch. au r.d.c. avec entrée indépendante, jardin d'hiver et terrasse privative, 2 lits 1 pers., salle d'eau et wc privés. A l'ét. grande ch. de 40 m² avec 1 lit 2 pers., 2 lits 1 pers., salle d'eau et wc privés. Grand jardin ombragé avec piscine privée et chauffée. Barbecue, ping-pong. Petite rivière à truites en bordure de propriété. Réduction 10 % à partir de 3 nuits. Langue parlée : anglais.

Prix : 1 pers. 37 € 2 pers. 44 € pers. sup. 12 € repas 14 €

	SP	3	0,5	8	13	SP	22	3

Dominique CHARPENTIER - La Petite Richerie - 37460 NOUANS-LES-FONTAINES - Tél. : 02 47 92 62 48 ou 06 76 05 35 87 - Fax : 02 47 92 62 48

Indre-et-Loire

Centre

NOUANS-LES-FONTAINES
C.M. 68 Pli 7

4 ch. 4 ch. dans dépendance d'une maison de bourg. Une quadruple au r.d.c. avec salle d'eau et wc privés (1 lit 2 pers., 2 lits 1 pers., coin cuisine), 1 ch. accessible aux handicapés (1 lit 2 pers., 1 lit 1 pers., douche, wc, lavabo, coin cuisine). 2 ch. à l'étage avec chacune lavabo, salle d'eau et wc privés (1 lit 2 pers. ou 1 lit 2 pers. et 1 lit 1 pers.). Jardin, terrasse, ping-pong. Restaurant à 100 m. Anglais parlé. Balades en forêt. Châteaux Loches et Valençay à 25 km. Détente. Petit déjeuner servis sous véranda devant la cour fleurie ou, l'hiver, partagé avec les propriétaires dans la salle à manger avec cheminée. Langue parlée : anglais.

Prix : 1 pers. 25/32 € 2 pers. 31/41 € 3 pers. 38/49 €

🐕	🏊	🎾	🚴	🏊‍♂️	⛵	👥	🏌️	🚂	🎣
	0,5	0,5	0,3	7	10	0,5	30	25	0,5

Gisèle HUYGHE-EAST - 5, rue Victor Hugo - 37460 NOUANS-LES-FONTAINES - Tél. : 02 47 92 79 07 - Fax : 02 47 92 79 07 ou SR : 02 47 48 37 13

ORBIGNY La Canterie
(TH) *C.M. 64 Pli 17*

3 ch. 3 chambres à l'étage dans une dépendance d'une ancienne fermette située en pleine campagne, aux confins de la Touraine et du Berry. 2 ch. (1 lit 2 pers., 1 lit 1 pers.), l'une ayant salle d'eau et wc privés, l'autre salle de bains et wc privés. 1 ch. (2 lits 1 pers.) avec salle de bains et wc privés. Séjour réservé aux hôtes, salon et TV. Jardin de 4000 m² avec mobilier de jardin. VTT sur place, forêt à 500 m, base de loisirs et baignade à 12 km. Piano sur place. Langues parlées : anglais, allemand.

Prix : 1 pers. 37 € 2 pers. 41 € 3 pers. 55 € pers. sup. 10 € repas 16 €

🐕	🏊	🎾	🚴	🚣	⛵	👥	🏌️	🚂
	5	5	5	15	12	SP	15	5

Gérard PERRAUD - La Canterie - 37460 ORBIGNY - Tél. : 02 47 92 61 44 - E-mail : perraud-valy@worldonline.fr - http://perso.worldonline.fr/la-canterie

PANZOULT Beauséjour
C.M. 64 Pli 14

2 ch. Demeure de caractère sur domaine viticole. Dans le logis principal : 1 suite avec entrée indépendante, salle de bains et wc privés (1 lit 2 pers., 1 lit 120). Dans la tourelle en bord de piscine : 1 ch. avec entrée indépendante, salle de bains et wc privés (1 lit 2 pers.). Jardin en terrasse avec piscine privée, surplombant la vallée de la Vienne, vue magnifique. Parking. Langue parlée : anglais.

Prix : 2 pers. 76 € 3 pers. 99 €

🐕	🏊	🎾	🚴	🚣	⛵	👥	🚂
	SP	2	1	7	0,5	20	7

Marie-Claude CHAUVEAU - Beauséjour - 37220 PANZOULT - Tél. : 02 47 58 64 64 - Fax : 02 47 95 27 13 - E-mail : dom.beausejour@wanadoo.fr - www.domainedebeausejour.com ou SR : 02 47 48 37 13

PANZOULT La Tranchée
C.M. 64 Pli 14

1 ch. 1 chambre d'hôtes à l'étage d'une ancienne fermette située dans le vignoble chinonais. 1 lit 2 pers., possibilité d'un lit bébé (supplément de 2 €). Bains et wc privés non attenants. Salon et coin cuisine à disposition (2 €/repas). Grande cour close. Parking. Terrasse (salon de jardin).

Prix : 1 pers. 26 € 2 pers. 31 €

🐕	🏊	🎾	🚴	🚣	⛵	👥	🏌️	🚂
	4	1	1,5	13	0,5	4	18	1

Huguette MORON - La Tranchée - 37220 PANZOULT - Tél. : 02 47 58 62 88

PAULMY La Marquetière
(TH) *C.M. 68 Pli 5*

1 ch. Dans une ancienne ferme du XIX°, une belle chambre d'hôtes en r.d.c. avec entrée indépendante, à 12 km du Grand-Pressigny (préhistoire) et 18 km de Loches (cité médiévale). La chambre offre 1 lit 160, salle d'eau et wc privés. Pièce de séjour à disposition des hôtes avec billard, coin salon et TV. Table d'hôtes sur réservation. Les propriétaires, artistes peintres, sont amateurs de chevaux (2 poneys sur place). Langues parlées : anglais, allemand.

Prix : 1 pers. 35 € 2 pers. 41 € repas 17 €

🐕	🏊	🎾	🚴	🚣	⛵	👥	🏌️	🚂
	6	6	6	15	SP	25	12	6

Evelyne MARRET - La Marquetière - 37350 PAULMY - Tél. : 02 47 92 35 12 - Fax : 02 47 92 35 12 ou SR : 02 47 48 37 13

LE PETIT-PRESSIGNY Les Courtaudières
(TH) *C.M. 68 Pli 5*

2 ch. 2 suites de 40 m² au r.d.c. d'une dépendance, dans un bel ensemble de bâtiments de ferme du XVIII° autour d'une cour centrale. Chaque chambre est équipée avec 1 lit 1 pers., 1 lit 2 pers., douche privée, wc privé, mini-bar et TV. Espace de détente et de remise en forme (accès payant) aménagé dans l'une des granges : sauna, spa et douche à jets. Mare à disposition sur place pour la pêche. Langue parlée : anglais.

Prix : 1 pers. 52 € 2 pers. 57 € pers. sup. 16 € repas 18 €

🐕	🏊	🎾	🚴	👥	🏌️	🚂
	2,5	2,5	SP	SP	15	15	2,5

Bernadette FREMION - Les Courtaudières - 37350 LE PETIT-PRESSIGNY - Tél. : 02 47 94 91 81 - Fax : 02 47 94 91 81 - E-mail : bernadette.fremion@free.fr - http://bernadette.fremion.free.fr

Centre

Indre-et-Loire

LE PETIT-PRESSIGNY
C.M. 68 Pli 5

4 ch. — Maison indépendante de l'habitation des propriétaires dans le centre d'un petit bourg très calme. Grande salle tourangelle (poutres et pierres apparentes), cheminée. 4 chambres : chacune 1 lit 2 pers., salle d'eau (wc, douche, lavabo, dont 1 ch. accessible pour handicapé. Petits déjeuners copieux, pain maison. Deux restaurants en face. Ferme à 3 km. Réduction à partir de 5 nuits. Supplément de 3 €/animal. Langue parlée : anglais.

Prix : 1 pers. 35 € 2 pers. 38 € pers. sup. 12 €

8	8	SP	10	SP	17	30	SP

Bernard LIMOUZIN - La Pressignoise - 9, rue du Savoureulx - 37350 LE PETIT-PRESSIGNY - Tél. : 02 47 91 06 06 -
E-mail : natacha.limouzin@wanadoo.fr

POCE-SUR-CISSE
C.M. 64 Pli 16

E.C. 1 ch. — Située à l'étage, une suite dans une maison tourangelle de 1852, à proximité de l'entrée latérale du château de Pocé et de son parc boisé accessible. Cette suite de 40 m² offre 1 lit 2 pers., 1 convertible 2 pers., TV, salle de bains et wc privés. Un salon avec coin cuisine est tenu à la libre disposition des hôtes. Grande terrasse avec salon de jardin. Jardin arboré de 200 m² avec barbecue. Réduction de 15 % dès 3 nuits. Restaurants et divers services aux alentours, accessibles à pieds. Langues parlées : italien, portugais.

Prix : 1 pers. 42 € 2 pers. 46 € 3 pers. 61 €

3	1	1	6	3	3

Jean-Charles PINHEIRA - 7, impasse du Château - 37530 POCE-SUR-CISSE - Tél. : 02 47 57 46 15 - Fax : 02 47 57 46 58 -
E-mail : jc.pinheira@wanadoo.fr - http://perso.wanadoo.fr/sophie.pinheira/ ou SR : 02 47 48 37 13

POCE-SUR-CISSE Les Mésanges
C.M. 64 Pli 16

2 ch. — A 3,5 km d'Amboise, près des châteaux de la Loire et de leurs vignobles, du parc des mini-châteaux et de l'Aquarium géant. 2 chambres à l'étage dans un cadre champêtre agréable et calme. 1 ch. (1 lit 2 pers.) et 1 ch. (3 lits 1 pers.) avec salles d'eau privées, wc privés et accès indépendant aux 2 chambres. Grand jardin paysager avec barbecue et salons de jardin. Possibilité d'observation au télescope. Parking privé. Réduction pour séjour d'une semaine. Ouvert du 1er avril au 15 novembre.

Prix : 1 pers. 24/26 € 2 pers. 32/35 € 3 pers. 46 € pers. sup. 11 €

3	2	1	2	3	SP	3	2

Marie-Claire PITAULT - Les Mésanges - Vaussubleau - 37530 POCE-SUR-CISSE - Tél. : 02 47 57 02 59 - Fax : 02 47 23 10 15 -
E-mail : noel.pitault@worldonline.fr

POCE-SUR-CISSE
C.M. 64 Pli 16

1 ch. — 1 suite aménagée au rez-de-chaussée d'une belle maison du XVIIIe située dans le centre du village. 2 lits de 2 pers. situés dans 2 pièces séparées, salle de bains privée, wc privé. Séjour avec cheminée. Cour et terrasse. Langue parlée : anglais.

Prix : 1 pers. 26 € 2 pers. 34 € 3 pers. 40 €

3	0,5	0,5	6	3	3

Nicole BOUTEAUX - 6, rue d'Amboise - 37530 POCE-SUR-CISSE - Tél. : 02 47 57 26 14 ou SR : 02 47 48 37 13

RAZINES Château de Chargé
C.M. 68 Pli 4

4 ch. — Futuroscope 35 km. Dans le château de Chargé (XIVe, XVIIe), ancienne demeure des gouverneurs de Chinon et Richelieu, 4 chambres d'hôtes au 1er étage. Chambre XIVe (1 lit 180 ou 2 lits 90) et chambre XVIIe (1 lit 160) chacune avec bains et wc privés. Chambre XVIIIe et chambre des Dames (chacune 1 lit 2 pers. plus salle d'eau et wc privés). Salon à disposition des hôtes. Cour d'honneur et parc avec piscine privée. Russe parlé. Réduction au delà de 3 nuits. Langues parlées : anglais, espagnol, allemand.

Prix : 1 pers. 69/100 € 2 pers. 77/107 € pers. sup. 24 €

SP	5	10	14	SP	17	7

Claude et Marie-Louise D'ASFELD - Château de Charge - 37120 RAZINES - Tél. : 02 47 95 60 57 - Fax : 02 47 95 67 25 -
E-mail : charge@chateauxcountry.com - www.chateauxcountry.com ou SR : 02 47 48 37 13

RAZINES La Prunelière
(TH) *C.M. 68 Pli 4*

3 ch. — 3 chambres d'hôtes (dont 1 suite) avec entrée indépendante, à l'étage d'une ancienne ferme restaurée, dans une propriété rurale des XVIe et XVIIe typique du Richelais. Toutes ont une TV ainsi que douche et wc privés. 1 ch. (1 lit 2 pers.), 1 ch. (2 lits 1 pers.), 1 suite composée de 2 ch. (1 lit 2 pers., 2 lits 1 pers., 1 lit bébé, réfrigérateur, micro-ondes). Grande salle de séjour à disposition avec mise en valeur de l'ancien pressoir. Cette propriété de 1,5 hectares offre terrasses et jardins paysagers, potager. Table généreuse. Vélos, piano, boules. Swin-golf à 4 km.

Prix : 1 pers. 35/42 € 2 pers. 40/46 € 3 pers. 58 € pers. sup. 8 € repas 16 €

8	4	4	5	SP	20	8

MENANTEAU-BERTON - La Prunelière - 37120 RAZINES - Tél. : 02 47 95 67 38

Indre-et-Loire

Centre

RESTIGNE
C.M. 64 Pli 13

2 ch. 2 chambres d'hôtes, dans une propriété rurale (XIX°) restaurée, avec une belle façade en pierre de taille, dans un hameau viticole du bourgueillois. 1° chambre à l'étage dans une dépendance (1 lit 2 pers., 1 lit 120, salle de bains privée, wc privé). 2° chambre au r.d.c. dans le logis principal (1 lit 2 pers., salle d'eau privée, wc privé). Jardin paysager. 7° prix des « Gîtes fleuris » 2000. Principaux châteaux dans un rayon de 20 km : Azay-le-Rideau, Villandry, Langeais, Rigny-Ussé. Langue parlée : anglais.

Prix : 1 pers. 46 € 2 pers. 53 € pers. sup. 11 €

🐕	⛵	🎾	🏊	🏃	🎿	🚂	⛷
	10	7	2	12	SP	15	7

Monique LAFONTAINE - 9, les Champs de Millere - 37140 RESTIGNE - Tél. : 02 47 97 40 41

RESTIGNE
(TH) *C.M. 64 Pli 13*

2 ch. 2 chambres à l'étage d'une belle maison tourangelle de vigneron, dans le vignoble de Bourgueil (vin de la propriété), formant un clos autour d'un jardin paysager, passion de la propriétaire qui cultive, en outre, des fraises des bois et des courges. Les chambres sont chacune équipées avec salle d'eau et wc privés. 1 ch. (1 lit 2 pers., 1 convertible 2 pers.), 1 ch. (1 lit 2 pers., 1 lit 1 pers.). Table d'hôtes sur réservation.

Prix : 1 pers. 38 € 2 pers. 44 € 3 pers. 54 € repas 16 €

🐕	⛵	🎾	🏊	🏃	🎿	🚂	⛷
	10	3	4	8	SP	8	1,5

Josiane HUDEBINE - 77, rue Basse - 37140 RESTIGNE - Tél. : 02 47 97 32 93 - E-mail : josiane.hudebine@voila.fr

RESTIGNE Château Louy
C.M. 64 Pli 13

1 ch. Ch. d'hôtes dans une dépendance d'une propriété ancienne du XVII°. Le studio avec entrée indépendante comprend : 1 salle de bains, des wc privés, 1 coin-cuisine, 2 lits 1 pers. et 1 mezzanine avec 2 lits (2 enfants). Jardin calme. Langue parlée : anglais.

Prix : 1 pers. 38 € 2 pers. 46 € 3 pers. 55 € pers. sup. 9 €

🐕	⛵	🎾	🏊	🏃	🎿	🚂	⛷
	5	1	3	5	0,5	20	11,5	1

Geoffrey LUFF - Château Louy - 37140 RESTIGNE - Tél. : 02 47 96 95 22 - E-mail : joy.luff@wanadoo.fr ou SR : 02 47 48 37 13

RESTIGNE
(TH) *C.M. 64 Pli 13*

3 ch. 3 chambres à l'étage d'une maison tourangelle sur une propriété viticole. Salle d'eau et wc privés. 1 ch. (1 lit 2 pers.), 1 ch. (2 lits 1 pers.) et 1 ch. (1 lit 2 pers. et 2 lits 1 pers.). Entrée indépendante. Cuisine. Parking. Jardin. Table d'hôtes sur réservation. Usage cuisine : 13 €/jour. Forfait semaine. Restauration à 1 km. Activité ferme de séjour : initiation à la boule de Fort et à la dégustation des vins dans une cave pittoresque (vin de Bourgueil de la propriété), visite de caves.

Prix : 2 pers. 42/44 € 3 pers. 54 € pers. sup. 15 € repas 15 €

🐕	⛵	🎾	🏊	🏃	🎿	🚂	⛷
	8	4	3	8	0,5	20	5	0,5

Annette GALBRUN - 15, rue Croix des Pierres - 37140 RESTIGNE - Tél. : 02 47 97 33 49 - Fax : 02 47 97 46 56 ou SR : 02 47 48 37 13

RICHELIEU
C.M. 68 Pli 3

4 ch. 4 chambres à l'étage dans une belle demeure bourgeoise du début XIX° située au cœur de l'ensemble architectural (XVII°) de Richelieu et donnant sur un parc intérieur calme de 2000 m². Elles sont toutes équipées d'une salle de bains et de wc privés. 2 ch. ont chacune 2 grands lits 1 pers., les 2 autres ayant chacune 1 lit 2 pers. de 170 x 200. Grand salon avec cheminée, téléphone à compteur et TV. Parking intérieur, garage. Animaux acceptés sous conditions. Langues parlées : anglais, italien.

Prix : 1 pers. 70 € 2 pers. 80 € pers. sup. 15 €

🐕	⛵	🎾	🏊	🏃	🚂	⛷
	0,5	0,5	1	7	25	SP

Michèle COUVRAT-DESVERGNES - 6, rue Henri Proust - 37120 RICHELIEU - Tél. : 02 47 58 29 40 - Fax : 02 47 58 29 40 - E-mail : lamaisondemichele@yahoo.com ou SR : 02 47 48 37 13

RICHELIEU
C.M. 68 Pli 3

4 ch. 4 ch. d'hôtes de style (2/3 pers.) aménagées dans une demeure de caractère au centre de Richelieu. Salles d'eau et wc privés. Ameublement de qualité. Jardin d'hiver à usage exclusif des hôtes. Jardins à la française. Restaurants à proximité. Poneys à 6 km. Swin-golf à 9 km.

Prix : 1 pers. 43 € 2 pers. 58 € 3 pers. 76 € pers. sup. 9 €

🐕	⛵	🎾	🏊	🏃	🎿	🚂	⛷
	0,5	0,5	0,5	0,5	0,5	25	0,5

Marie-Josephe LEPLATRE - 1, rue Jarry - 37120 RICHELIEU - Tél. : 02 47 58 10 42 ou SR : 02 47 48 37 13

Centre
Indre-et-Loire

RIGNY-USSE Le Pin *C.M. 64 Pli 13*

4 ch. 4 chambres d'hôtes dans une ancienne ferme restaurée en orée de forêt. Toutes avec salle de bains et wc privés. 1ᵉ ch. (2 lits 2 pers.), 2ᵉ ch. (1 lit 2 pers.), 3ᵉ ch. en duplex (1 lit 2 pers., coin-cuisine), 4ᵉ ch. (1 lit 2 pers.). Salon avec cheminée et poutres apparentes (billard, TV). Sauna. Piscine privée. Parking. Ping-pong. Située sur les terres du château de la Belle au bois dormant. Une dizaine d'autres châteaux dans un rayon de 20 km. Langue parlée : anglais.

Prix : 1 pers. 39/61 € 2 pers. 39/61 € 3 pers. 77 €

SP	1,5	9	0,5	14	2		

Jany BROUSSET - Le Pin - 37420 RIGNY-USSE - Tél. : 02 47 95 52 99 - Fax : 02 47 95 43 21 ou SR : 02 47 48 37 13

RIGNY-USSE La Petite Prée (TH) *C.M. 64 Pli 13*

2 ch. 2 ch. (entrées indépendantes) au r.d.c. d'une ancienne fermette restaurée (élevage chevaux), entre Loire et Indre, vue sur château d'Ussé. 1 ch. (1 lit 2 pers., douche, wc, option lit supp.). 1 suite 4/5 pers. ayant 2 ch. (1 lit 2 pers. et coin canapé plus 1 lit 2 pers. et 1 lit 1 pers.) avec douche et wc privés mais séparés. Lit bébé (3 €/jour). Séjour commun (poutres, cheminée). Jardin. Parking privé. Hébergement non fumeurs. Dîners sur réservation 24 H à l'avance (pas de table d'hôtes les jeudi, dimanche et jours fériés). Micro-ondes et frigo à disposition. Réduction dès 3 nuits (hors ponts et vacances scolaires).

Prix : 1 pers. 28/31 € 2 pers. 32/38 € 3 pers. 40/46 € repas 14 €

10	10	0,4	8	0,5	12	2

Dominique et J-Jacques GAZAVE - La Petite Prée - 37420 RIGNY-USSE - Tél. : 02 47 95 54 71 ou SR : 02 47 48 37 13

RILLY-SUR-VIENNE La Papinière *C.M. 68 Pli 4*

1 ch. Dans une dépendance d'une exploitation agricole (céréales, légumes) située à 10 km de Sainte-Maure-de-Touraine, une chambre d'hôtes au r.d.c. avec 1 lit 2 pers., salle d'eau, wc, TV et kitchenette. Forfait semaine pour 2 pers. : 214 €. Futuroscope à 35 mn. Langue parlée : anglais.

Prix : 1 pers. 31 € 2 pers. 38 € pers. sup. 15 €

12	2	SP	3	12	SP	5	10	5

Claudette RAINEAU - La Papinière - 37220 RILLY-SUR-VIENNE - Tél. : 02 47 58 32 20 - Fax : 02 47 58 71 19 - E-mail : verte-vallee@wanadoo.fr ou SR : 02 47 48 37 13

RIVARENNES La Gourdonnerie *C.M. 64 Pli 14*

1 ch. 1 suite au r.d.c. avec entrée indépendante, coin salon, dans une maison du XIXᵉ entièrement restaurée et située au milieu d'un parc clos, au bord de la forêt de Chinon. La suite est équipée d'une chambre avec 1 lit 2 pers. et d'une chambre avec 1 lit de 120. Elles bénéficient d'une salle de bains et wc privés. Terrasse privée avec mobilier de jardin. TV sur demande. Langues parlées : allemand, anglais.

Prix : 1 pers. 38 € 2 pers. 44 € 3 pers. 61 €

10	3,5	2	0,5	SP	10	2,5	2

Monika DOBERT-SCHRADER - La Gourdonnerie - 37190 RIVARENNES - Tél. : 02 47 58 01 86 ou 06 83 96 07 89 - Fax : 02 47 58 01 86 - E-mail : monika.s@wanadoo.fr

RIVARENNES La Loge (TH) *C.M. 64 Pli 14*

3 ch. Musée de « la poire tapée » 2 km. 36 km de Tours et Saumur, 4 km d'Ussé, 13 km d'Azay-le-Rideau, Chinon et Langeais. 3 ch. au r.d.c. d'une maison tourangelle en orée de forêt de Chinon. 1 ch. (3 lits 1 pers., salle d'eau et wc privé), 1 ch. (1 lit 2 pers., douche), wc privé non attenant. 1 ch. (1 lit 80, 2 lits 1 pers. juxtaposés) avec salle d'eau et wc privés non attenants. Séjour (cheminée, TV). Parking. Grand jardin. Remise 5 % à partir de 3 nuits et 10 % à partir de 5 nuits. Accès par D 139. Table d'hôtes sur réservation. Balades et stages équestres avec monitrice DE (poneys et chevaux). Frigo et micro-ondes à disposition. Langue parlée : anglais.

Prix : 1 pers. 28/31 € 2 pers. 33/36 € 3 pers. 41/45 € pers. sup. 8 € repas 14 €

12	5	2,5	SP	SP	12	2,5	2

Marie-Reine MULLER-FOUIN - La Loge - Rivarennes - 37190 AZAY-LE-RIDEAU - Tél. : 02 47 95 42 63 - Fax : 02 47 95 42 63 ou SR : 02 47 48 37 13

SACHE Le Moulin Vert de la Chevrière *C.M. 64 Pli 14*

4 ch. 4 chambres au 1ᵉʳ ou 2ᵉ étage d'un moulin (base XVᵉ) situé sur l'Indre, à 1.5 km en amont de Saché, à 7 km d'Azay-le-Rideau. Toutes sont équipées d'une salle de bains et wc privés. 1 ch. (1 lit 2 pers.), 1 ch. (2 lits 1 pers.) et 2 ch.(1 lit 160 chacune). Au 3ᵉ étage : grand salon avec TV et vidéo (grand écran, satellite), bibliothèque et billard. Terrasse en éperon sur la rivière. Promenades au bord de l'eau sur 4 ha. de la propriété. Etablissement non fumeur.

Prix : 1 pers. 75 € 2 pers. 83 €

7	1,5	SP	3	SP	7	1,5

Gérard LETOURNEAU - Le Moulin Vert de la Chevrière - 12, route Basse Chevrière - 37190 SACHE - Tél. : 02 47 26 83 95 - Fax : 02 47 26 83 95 - E-mail : gs.letourneau@wanadoo.fr

Indre-et-Loire

Centre

SACHE Les Tilleuls - la Sablonnière
C.M. 64 Pli 14

||| 4 ch. — 1 chambre et 1 suite à l'étage d'une maison ancienne de la fin XIX° plus 2 chambres dans une dépendance, dans un hameau dominant le Val d'Indre et situé à 1,5 km du pittoresque village de Saché. Toutes les chambres ont 1 salle d'eau et des wc privés. 3 ch. avec chacune 1 lit 2 pers. et 1 ch. avec 3 lits 1 pers. Séjour avec TV. Jardin ombragé et paysager, parking. Langues parlées : anglais, allemand.

Prix : 1 pers. 46 € 2 pers. 61 € 3 pers. 77 € pers. sup. 15 €

🐕	🏊	🎾	🚣	🏄	🚶	⛵	🏌
	5,5	5,5	0,5	5	0,5	19	1,5

Michelle PILLER - Les Tilleuls - La Sablonnière - 37190 SACHE - Tél. : 02 47 26 81 45 - Fax : 02 47 26 84 00 ou SR : 02 47 48 37 13

SAVIGNY-EN-VERON Chevire
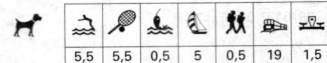
C.M. 64 Pli 13

||| 3 ch. — 3 chambres non fumeurs à l'étage d'une grange XVIII° attenante au logis propriétaires (belle maison bourgeoise en pierre de taille), dans village vigneron au cœur du Parc Naturel Régional. 1 ch. (1 lit 160, 2 lits gigognes 1 pers., salle de bains, wc), 1 ch. avec salle d'eau et wc privés non attenants (1 lit 2 pers.), 1 ch. (1 lit 2 pers., 1 lit 1 pers., bain, wc). Grand séjour avec coin cuisine à usage exclusif des hôtes. Possibilité 1 lit bébé. Cour et jardin (mobilier de jardin). Garage voiture. Prairie avec coin pique-nique. Table d'hôtes sur réservation sauf dimanche et lundi. Langue parlée : anglais.

Prix : 1 pers. 29/36 € 2 pers. 36/43 € pers. sup. 11 € repas 16 €
Ouvert : Toute l'année sauf du 15/12 au 15/01.

🐕	🏊	🎾	🚣	🏄	🚶	⛵	🏌	🚂	✈
	4	1	2	6	SP	10	15	10	3

Marie-Françoise CHAUVELIN - Chevire - 11, rue Basse - 37420 SAVIGNY-EN-VERON - Tél. : 02 47 58 42 49 - Fax : 02 47 58 42 49 ou SR : 02 47 48 37 13

SAVONNIERES Prieuré St-Anne
C.M. 64 Pli 14

||| 1 ch. — Demeure tourangelle de caractère des XV° et XVII°. Salle réservée aux hôtes (cheminée). Ameublement de qualité. Au 1er étage : 1 suite composée de 2 chambres (2 lits 2 pers., 1 lit d'enfant). Salle d'eau et wc privés. Jardin.

Prix : 1 pers. 34 € 2 pers. 53 € pers. sup. 17 €

🐕	🏊	🎾	🚣	🏄	🚶	⛵	🏌	🚂	✈
	10	0,5	0,5	2	5	0,5	5	12	0,5

Lucette CARE - Le Prieuré Sainte-Anne - 10, rue Chaude - 37510 SAVONNIERES - Tél. : 02 47 50 03 26 ou SR : 02 47 48 37 13

SAVONNIERES
C.M. 64 Pli 14

|| 1 ch. — 1 chambre aménagée dans une ancienne maison du XVI°, restaurée au XX° et bénéficiant d'une superbe vue sur le Cher. Située au r.d.c., la chambre a 4 lits de 1 pers. et offre salle d'eau et wc privés non attenants. Séjour avec cheminée et TV. Jardin, parking. Piscine troglodytique privée et chauffée du 1er avril au 31 décembre. Langues parlées : anglais, espagnol.

Prix : 1 pers. 40 € 2 pers. 49 € 3 pers. 67 €
Ouvert : Toute l'année sauf durant le mois de janvier.

🐕	🏊	🎾	🚣	🏄	🚶	⛵	🏌	🚂	✈
	SP	1	SP	4	5	SP	5	12	SP

Marie-Claude LISBONA - 7, rue des Grottes - La Varinière - 37510 SAVONNIERES - Tél. : 02 47 50 14 04 - Fax : 02 47 50 14 04 -
E-mail : la_variniere@yahoo.fr

SEPMES La Ferme des Berthiers

C.M. 68 Pli 5

||| 6 ch. — 6 chambres dans une maison de maitre (1856) d'une ferme tourangelle. 3 ch. au 1er étage : 1 ch. (3 lits 1 pers., douche, wc), 1 ch. (1 lit 2 pers., 1 lit 1 pers., douche, wc), 1 ch. (1 lit 2 pers., bains, wc). 1 suite au r.d.c. composée de 2 ch. (1 lit 150, 1 lit 120, douche et wc. 2 ch. dans dépendance : 1 double et 1 quadruple avec chacune wc/s. d'eau indép. Séjour, salon, cour close, jardin ombragé. Possibilité lit bébé et chambre enfants. Langues parlées : anglais, allemand, hollandais.

Prix : 1 pers. 34 € 2 pers. 41/46 € 3 pers. 49/58 € repas 18 €

🐕	🏊	🎾	🚶	🚂	✈
	7	0,5	3	SP	7	0,5

Anne-Marie VERGNAUD - Ferme des Berthiers - 37800 SEPMES - Tél. : 02 47 65 50 61 - Fax : 02 47 65 50 61 -
E-mail : lesberthiers@libertysurf.fr ou SR : 02 47 48 37 13

SORIGNY
(TH)
C.M. 64 Pli 15

|| 2 ch. — Au cœur des châteaux de la Loire, dans une ancienne ferme, 2 chambres avec salle d'eau et wc privés. Petit déjeuner avec produits maison, jardin arboré pour la détente. Langue parlée : anglais.

Prix : 1 pers. 30 € 2 pers. 34 € 3 pers. 43 € repas 15 €

🐕	🏊	🎾	🚣	🏄	🚶	⛵	🏌	🚂
	8	0,5	0,5	0,2	15	0,5	10	17	0,5

Marie-Thérèse AUDENET - Rue de Monts - 37250 SORIGNY - Tél. : 02 47 26 20 90

Centre — Indre-et-Loire

SOUVIGNE
C.M. 64 Pli 14

4 ch. 4 ch. dont 2 suites au r.d.c. dans dépendances d'une belle maison XVIII° (sortie du village), donnant sur bel espace 4500 m² clos de murs anciens. Suite duplex (2 lits 1 pers., TV, 1 lit 2 pers.), 1 ch. (1 lit 2 pers., TV), 1 ch. (2 lits 1 pers.), toutes ont douche et wc privés. Suite (bains + wc privés, 1 lit 160, convertible 1 pers., clic-clac 150). Salon (TV et cheminée à dispo.). Lit bébé. Lavage + séchage linge possible. Téléphone téléséjour. Remise dès 3è nuit. Terrasse. Atelier poterie. Jardin bordé par petite rivière. Mobilier jardin. Langue parlée : anglais.

Prix : 1 pers. 31/34 € 2 pers. 35/43 € 3 pers. 56 € pers. sup. 10/16 €

11	5	SP	10	20	0,5	5	30	7

Liliane et Patrick BRUNET - La Mésange Potière - 10, rue Juliette Aveline - 37330 SOUVIGNE - Tél. : 02 47 24 54 36 - Fax : 02 47 24 54 36 - E-mail : mesangep@club-internet.fr - http://perso.club-internet.fr/mesangep ou SR : 02 47 48 37 13

SOUVIGNY-DE-TOURAINE La Maladrie
C.M. 64 Pli 16

2 ch. Dans une ancienne ferme début XIX°, 2 grandes chambres indépendantes à l'étage d'une grange restaurée jouxtant l'habitation des propriétaires, à la sortie du village entre Amboise, Chenonceaux et Chaumont. Les chambres ont chacune 1 lit bateau 215 et 1 lit 140 x 200 ainsi que salle d'eau privée et wc privé. Pièce à disposition des hôtes avec four et réfrigérateur. Jardin paysager 1500 m², clos de mur, avec mobilier de jardin. Langues parlées : anglais, russe.

Prix : 1 pers. 45 € 2 pers. 48 € 3 pers. 63 € pers. sup. 12 €

9	5	3	5	SP	9	7

Hélène et Jean-René BRUKHOVETSKY - La Maladrie - 19, rue Ronsard - 37530 SOUVIGNY-DE-TOURAINE - Tél. : 02 47 23 18 07 - E-mail : lamaladrie@minitel.net

ST-BAULD Le Moulin du Coudray
C.M. 64 Pli 15

3 ch. 3 chambres à l'étage d'un ancien moulin du XVI° restauré au XX° et situé sur 3 ha. de parc paysager avec un étang de 1 ha. offrant une possibilité de pêche. Toutes les chambres sont équipées d'une luxueuse salle de bains privée (dont 2 avec baignoire et douche), de wc privés et enfin soit d'un lit 2 pers. soit de 2 lits 1 pers. Salle de séjour réservée aux hôtes et salon avec cheminée. Terrasse pavée et ombragée de 100 m² donnant sur le parc. VTT. Salle de gymnastique à disposition. Table d'hôtes sauf le vendredi et sur réservation uniquement. Langue parlée : anglais.

Prix : 1 pers. 43 € 2 pers. 52 € pers. sup. 15 € repas 20 €
Ouvert : Toute l'année.

8	5	SP	3	15	20	15	4

Sylvie PERIA - Le Moulin du Coudray - 37310 ST-BAULD - Tél. : 02 47 92 82 64 ou 06 67 20 02 17 - Fax : 02 47 92 82 64

ST-BRANCHS Le Joncheray
C.M. 64 Pli 15

1 ch. 1 suite à l'étage d'une ancienne fermette restaurée comprenant 1 lit 2 pers., 2 lits 1 pers., possibilité lits d'appoint et bébé. Salle d'eau et wc privés. Grand séjour à disposition des hôtes, TV. Ameublement de qualité. Jardin en pelouse et terrasse avec salon de jardin. Parking intérieur. Jeux de boules.

Prix : 1 pers. 36 € 2 pers. 42 € 3 pers. 58 € pers. sup. 15 €

4	2,5	2	5	8	0,5	25	2,5

Mme FARGE Jeanine et M. DAMON J.C. - Le Joncheray - 37320 ST-BRANCHS - Tél. : 02 47 26 35 28

ST-BRANCHS La Paqueraie
C.M. 64 Pli 15

4 ch. 4 chambres dans très belle demeure restaurée ouvrant sur une pelouse. 2 ch. ont chacune un lit 2 pers. et 2 ch. ont chacune 2 lits 1 pers. Toutes sont équipées soit d'une salle d'eau soit d'une salle de bains et de wc privés. Séjour avec cheminée. Parc de 1 ha. avec parking et garage, belle pelouse. Piscine privée. Langues parlées : anglais, espagnol.

Prix : 2 pers. 59/69 € pers. sup. 19 € repas 23 €

SP	3,5	2	3	22	7,5

Monique BINET - La Paqueraie - 37320 ST-BRANCHS/CORMERY - Tél. : 02 47 26 31 51 - Fax : 02 47 26 39 15 - E-mail : monique.binet@wanadoo.fr - http://perso.wanadoo.fr/lapaqueraie/ ou SR : 02 47 48 37 13

ST-EPAIN La Maison Rouge
C.M. 64 Pli 14

3 ch. Dans une dépendance de la fin XVII°, au centre d'un ensemble de bâtiments ruraux surplombant la vallée de la Manse et situés à 800 m de Crissay-sur-Manse (classé parmi les plus beaux villages de France), 3 grandes chambres pour 4 pers., toutes avec salle d'eau et wc privés. 1 ch. au r.d.c. et 1 à l'étage offrent chacune 2 lits gigognes 1 pers. et 1 lit 160. La 3e chambre au r.d.c. bénéficie d'un lit 160 sur mezzanine et de 2 lits gigognes 1 pers. Langue parlée : anglais.

Prix : 1 pers. 39/43 € 2 pers. 43/46 € 3 pers. 55/58 € repas 18 €

10	2	0,3	SP	SP	SP	SP	16	2

Josseline ROSSI - La Maison Rouge - 37800 ST-EPAIN - Tél. : 02 47 73 59 76 - E-mail : chambredhôte@aol.com

Indre-et-Loire
Centre

ST-ETIENNE-DE-CHIGNY Le Portail - Vieux Bourg
C.M. 64 Pli 14

3 ch. Calme, repos et simplicité. Au rez de chaussée, dans une dépendance d'une propriété XVII° et XIX° dominant le vieux bourg de Saint-Etienne, un village de caractère à proximité de Luynes. 3 chambres de charme avec entrée indépendante, équipées d'un lit 2 pers., d'un canapé convertible en couchage, d'une salle de bains et de wc privés. Grande piscine privée et terrasse au sein d'un vaste jardin arboré. Langue parlée : anglais.

Prix : 1 pers. 45 € 2 pers. 50 € 3 pers. 65 € pers. sup. 15 €

SP	3	2	5	SP	17	12	3

DE CLERVAL - Le Portail - Vieux Bourg - 37230 ST-ETIENNE-DE-CHIGNY - Tél. : 02 47 55 66 12 - E-mail : declerval@hotmail.com - www.multimania.com/leportail/ ou SR : 02 47 48 37 13

ST-HIPPOLYTE Le Vallon de Vitray
C.M. 68 Pli 6

4 ch. 4 chambres d'hôtes dans dépendance d'une ancienne ferme XVIII° restaurée, aux confins de la Touraine et du Berry, dans vallon calme et verdoyant. 1 ch. accessible aux handicapés au r.d.c. et 3 ch. à l'étage, toutes ayant salle d'eau et wc privés. 1 ch. au r.d.c. (2 lits 1 pers.). Etage : 1 ch. (1 lit 2 pers.), 1 ch. (1 lit 160), 1 suite (4 lits 1 pers.). TV chambres. Salle à manger avec cheminée. Entrée indépendante. Grand jardin paysager 2000 m² (salon de jardin, ping-pong), terrasse dominant le vallon. Location VTT sur place. Langue parlée : anglais.

Prix : 1 pers. 36 € 2 pers. 41 € 3 pers. 53 € pers. sup. 11 € repas 16 €

12	12	0,3	3	20	SP	10	12	12

Robert et Michelle DESNOS - Le Vallon de Vitray - 37600 ST-HIPPOLYTE - Tél. : 02 47 94 75 73 - Fax : 02 47 94 75 73 - E-mail : miro@micro-video.fr ou SR : 02 47 48 37 13

ST-MARTIN-LE-BEAU Fombêche
C.M. 64 Pli 15

6 ch. 6 ch. dans maison neuve indépendante du logement du propriétaire, sur une exploitation vinicole. Salle réservée aux hôtes. 1 ch. (2 lits 1 pers.). 1 ch. (1 lit 2 pers., 1 lit 1 pers.). 4 ch. avec lits 2 pers. Salle de bains et wc privés pour chacune des 6 ch., toutes situées au r.d.c. Terrasse. Parking privé. Point-phone. Aéroclub. Restaurant troglodytique à 50 m.

Prix : 1 pers. 32 € 2 pers. 42 € 3 pers. 51 €

7	1	0,5	2	2	0,5	9	1

Jean GUESTAULT - Fombêche - 2, rue de la Rochère - 37270 ST-MARTIN-LE-BEAU - Tél. : 02 47 50 25 52 - Fax : 02 47 50 28 23 ou SR : 02 47 48 37 13

ST-MARTIN-LE-BEAU Cangé
C.M. 64 Pli 15

5 ch. Tours 16 km. Amboise 8 km. 5 ch. r.d.c., dans propriété viticole XIX°, cœur vignoble de Montlouis. Entrée indépendante. Douche, wc, TV dans chacune. 1 ch. (1 lit 2 pers.), 2 ch. (1 lit 2 pers. et sur mezzanine : 3 lits 1 pers.), 1 ch. (1 lit 2 pers. convertible 2 pers.), 1 ch. (2 lits 1 pers., baignoire). Grand séjour (cheminée, bibliothèque, téléphone). Kitchenette. Jardin (salon de jardin). Parking. Restaurant 2 km. Gare TGV 12 km. Chai sur place. Dégustation vins et confiture de vins. Langue parlée : anglais.

Prix : 1 pers. 34 € 2 pers. 44 € 3 pers. 56 € pers. sup. 12 €
Ouvert : Toute l'année.

8	2	2	4	2	SP	30	2	2

MOYER - Rue des Caves « Cange » - Domaine de Beaufort - 37270 ST-MARTIN-LE-BEAU - Tél. : 02 47 50 61 51 - Fax : 02 47 50 27 56 - E-mail : aurore.de.beaufort@wanadoo.fr ou SR : 02 47 48 37 13

ST-NICOLAS-DE-BOURGUEIL Chevrette
C.M. 64 Pli 13

3 ch. Maison dans vignoble (très calme). Au r.d.c. : 2 ch. avec 1 lit 2 pers., salle d'eau et wc privés. 1 ch. (1 lit 2 pers., 1 lit 120) avec salle d'eau et wc privés non attenants. Portes sur terrasse et jardin. Véranda, salon, cuisine et TV réservés aux hôtes.

Prix : 1 pers. 32 € 2 pers. 37 € 3 pers. 47 €

7	1	1	6	0,5	4	1

Linette CADARS - Chevrette - 37140 ST-NICOLAS-DE-BOURGUEIL - Tél. : 02 47 97 80 03

ST-OUEN-LES-VIGNES Le Bois de la Chainée
C.M. 64 Pli 16

3 ch. 3 chambres à l'étage dans une ancienne fermette (XIX°) restaurée et située dans un hameau boisé à 1 km du bourg ainsi qu'à proximité d'Amboise et du Val de Loire. Entrée indépendante et parking intérieur. 1 suite avec coin-cuisine (2 lits 1 pers., convertible grand confort 2 pers.) et 1 ch. (1 lit 2 pers., 1 lit 80). 1 suite (composée de 2 ch.) pour 5 pers., avec chacune salle d'eau et wc privés. Forfait semaine possible. Jardin en pelouse et bois sur 1 ha (salon de jardin). Langues parlées : anglais, italien.

Prix : 1 pers. 34 € 2 pers. 40/47 € pers. sup. 14 €

6	6	2	2	SP	25	6	1

Michèle PASSEMARD - Le Bois de la Chainée - 37530 ST-OUEN-LES-VIGNES - Tél. : 02 47 30 13 17 - Fax : 02 47 30 10 75 - E-mail : gpassemard@aol.com ou SR : 02 47 48 37 13

Centre
Indre-et-Loire

ST-OUEN-LES-VIGNES
C.M. 64 Pli 16

E.C. 1 ch. 1 chambre, avec entrée indépendante, au rez-de-chaussée d'une maison de maître fin XIX° avec vue sur le jardin et la piscine. Maison située au cœur du village et à proximité d'un restaurant gastronomique. La chambre est équipée avec 1 lit 2 pers., salle d'eau et wc. Jardin et parc bordés par une rivière (pêche possible). Parking fermé. Ping-pong. Location de VTT. x Langue parlée : anglais.

Prix : 1 pers. 35 € ◊ 2 pers. 42 € ◊ pers. sup. 10 €

SP	8	SP	4	8	4

Sylvie BRACQUART - 19-21, rue Jules Gautier - 37530 ST-OUEN-LES-VIGNES - Tél. : 02 47 30 13 27

ST-PATERNE-RACAN
C.M. 64 Pli 4

3 ch. Maison indépendante dans bourg comprenant 3 ch. au 1er étage : 1 ch. avec salle de bains, wc et 2 lits 1 pers., et 2 ch. avec chacune salle d'eau, wc et 1 lit 2 pers. Salle réservée aux hôtes. Jardin clos. Chambres non fumeur. 3 restaurants sur place. Petits chiens acceptés sur demande.

Prix : 1 pers. 30 € ◊ 2 pers. 35 €

0,5	0,5	SP	5	10	0,5	10	0,5

Renée BOUCHET - 1, place de la Gare - 37370 ST-PATERNE-RACAN - Tél. : 02 47 29 21 67

ST-QUENTIN-SUR-INDROIS La Bertinière
 (TH)
C.M. 64 Pli 16

1 ch. Une suite au r.d.c. dans une longère de caractère (XVII° et XVIII°), avec entrée indépendante. La propriété, sur 7000 m² de parc boisé clos, est située en pleine campagne. La suite se compose d'une chambre (1 lit 2 pers., salle de bains et wc privés) et d'un salon-bibliothèque avec convertible clic-clac 2 pers., chaine hifi et TV. Parc clos avec piscine privée. Sur place à disposition des hôtes : ping-pong, jeux de boules, salons de jardin. Animaux acceptés sous réserve et après accord préalable. 2 autres chambres en cours de réalisation. Langues parlées : anglais, espagnol.

Prix : 1 pers. 53 € ◊ 2 pers. 61 € ◊ 3 pers. 76 € ◊ pers. sup. 15 € ◊ repas 17 €

SP	4	3	8	15	SP	15	10	4

Françoise et Valérie DUBOIS - GUIBRAY - La Bertinière - Route de Chenonceaux - 37310 ST-QUENTIN-SUR-INDROIS - Tél. : 02 47 92 57 89 ou 06 83 54 13 63 - Fax : 02 47 92 56 25 - E-mail : labertiniere@infonie.fr

ST-REGLE La Pelleterie
C.M. 64 Pli 16

4 ch. 4 ch. dans une maison restaurée, située sur 1 ha. de jardin paysager et ombragé, avec mobilier de jardin et barbecue. A l'étage : 2 ch. doubles, 1 ch. triple et 1 ch. quadruple équipée d'un coin-cuisine. Toutes les chambres ont une salle de bains ou une douche privée et un wc privé. Le propriétaire propose croissants maison et parfois pain. Possibilité forfait semaine : 260 € pour 2 pers. Sur place : ping-pong, jeu de boules, VTT, balade en forêt. Langue parlée : anglais.

Prix : 1 pers. 38 € ◊ 2 pers. 42 € ◊ pers. sup. 13 €

5	5	5	10	30	SP	5	25	5	2,5

Daniel GUERY - La Pelleterie - 37530 ST-REGLE - Tél. : 02 47 57 16 71

ST-REGLE
C.M. 64 Pli 16

2 ch. 2 chambres à l'étage d'une maison tourangelle dans hameau calme. Douche et wc privés. TV couleur dans chaque chambre. 1 ch. triple (3 lits 1 pers., canapé), 1 ch. triple (1 lit 2 pers., 1 lit 1 pers.). Petit salon à l'étage et pièce de jour réservée aux hôtes. Restaurant à 500 m. Pour 5 nuits réservées la 5° nuit sera offerte. Jardin. Langue parlée : italien.

Prix : 1 pers. 26 € ◊ 2 pers. 41 € ◊ pers. sup. 11 €

3	3	2,5	3	0,5	3,5	0,5

Emma TAVERNIER - 6, impasse des Thomeaux - Saint-Règle - 37530 AMBOISE - Tél. : 02 47 57 41 65

STE-CATHERINE-DE-FIERBOIS La Tinellière

2 ch. 2 chambres quadruples au rez-de-chaussée d'une ancienne fermette restaurée (fin XVII°), dans un hameau à la campagne. 1 chambre avec mezzanine dans le logis principal (1 lit 2 pers., 2 lits 1 pers.). 1 chambre dans une dépendance donnant sur la terrasse au sud (1 lit 160, 2 lits gigognes). Les 2 ch. ont chacune TV, salle d'eau et wc privés. Accès au salon (cheminée, meubles anciens). Jardin clos, jeux de boules. Réduction de 10 % à partir de 4 nuits.

Prix : 1 pers. 31/36 € ◊ 2 pers. 36/40 € ◊ 3 pers. 48/52 € ◊ pers. sup. 12 €

7	3	7	SP	7	7

Eliane PELLUARD - La Tinellière - 37800 STE-CATHERINE-DE-FIERBOIS - Tél. : 02 47 65 61 80

Indre-et-Loire

Centre

TAUXIGNY

C.M. 64 Pli 15

3 ch. Au cœur du village de Tauxigny, à mi-chemin entre Tours et Loches, dans une maison bourgeoise de caractère (XVII°), 3 chambres donnant sur une cour intérieure avec une source. Les chambres offrent chacune douche et wc privés et deux d'entre elles disposent d'une entrée indépendante. 1 ch. au r.d.c. (1 lit 160, 1 lit 1 pers.). A l'étage : 1 ch. (1 lit 160, 2 lits 1 pers.), 1 ch. (2 lits 1 pers.), coin cuisine à disposition. Jardin clos surélevé pour la détente (mobilier de jardin). Possibilité de location de vélos (itinéraires à disposition). Langue parlée : anglais.

Prix : 2 pers. **41/49** € pers. sup. **12** €

🐕	🏊	🎾	🏇	🚶	🚆	⛵
8	0,8	0,3	12	0,5	18	8

**Christophe MARZAIS-KERBRIAND - La Maison des sources - 2 ruelle des Sources - 37310 TAUXIGNY - Tél. : 02 47 92 13 91 -
Fax : 02 47 61 28 48 ou SR : 02 47 48 37 13**

LA TOUR-SAINT-GELIN La Néronnerie

C.M. 68 Pli 4

1 ch. 1 suite (composée de 2 chambres) située dans une petite dépendance d'une propriété viticole du XIX° à mi-chemin entre l'Ile-Bouchard et Richelieu (cité du cardinal). 2 lits de 2 pers. et 1 canapé clic-clac de 120 avec salle d'eau et wc privés. TV couleur et frigo dans la chambre. Jardin en pelouse avec mobilier de jardin à disposition des hôtes. Parking.

Prix : 2 pers. **38** € 3 pers. **61** €

🐕	🏊	🎾	🏇	🚶	🚆	⛵
7	7	7	15	7	17	7

Yvonne DUBOIS - La Néronnerie - 37120 LA TOUR-SAINT-GELIN - Tél. : 02 47 58 31 84 ou SR : 02 47 48 37 13

TRUYES Chaix

C.M. 64 Pli 15

6 ch. Dans un manoir du XVI°, à 3 km du village de Truyes, 6 chambres réparties au r.d.c., 1° et 2° étages. Spacieuses et calmes, les chambres sont toutes équipées soit d'une salle de bains, soit d'une salle d'eau ainsi que de wc privés. R.d.c. : 1 ch. avec 1 lit 2 pers. 1° étage : 2 ch. (2, 3 ou 4 personnes). 2° ét. : 2 ch. avec chacune 1 lit 2 pers. et 1 ch. avec 3 lits 1 pers. Salon à disposition des hôtes. Piscine et tennis privés. Table d'hôtes sur réservation. Langues parlées : anglais, espagnol.

Prix : 1 pers. **36/42** € 2 pers. **46/53** € 3 pers. **63/69** € repas **17** €

🐕	🏊	🎾	🏇	🚶	🚆	⛵
SP	SP	2	8	0,5	20	3

**Dominique CASAROMANI - Manoir de Chaix - 37320 TRUYES - Tél. : 02 47 43 42 73 - Fax : 02 47 43 05 87 -
E-mail : pascal.casaromani@free.fr - http://www.manoir-de-chaix.com ou SR : 02 47 48 37 13**

VARENNES Crêne

C.M. 68 Pli 5

3 ch. 3 ch. à l'étage d'une ferme en activité. 1° ch. (1 lit 2 pers., 1 lit 1 pers.), salle de bains et wc privés. 2° ch. (1 lit 2 pers., 1 lit 1 pers.), salle de bains et wc réservés, non attenants. 3° ch. (1 lit 2 pers., 1 lit 1 pers.), bains et wc privés. Grand séjour à usage exclusif des hôtes, avec coin cuisine et TV. Cour et jardin. Située sur la D31 entre Ligueil et Loches. Supplément de 3 € par animal. Mini golf à 10 km.

Prix : 1 pers. **21** € 2 pers. **34** € 3 pers. **41** € pers. sup. **9** € repas **13** €

🐕	🏊	🎾	🏇	🚶	🚆	⛵
10	2	1	10	6	10	10

Nicole BARANGER - Crene - Varennes - 37600 LOCHES - Tél. : 02 47 59 04 29 - Fax : 02 47 59 04 29 ou SR : 02 47 48 37 13

VERETZ Le Clairault

C.M. 64 Pli 15

1 ch. 1 chambre au r.d.c. d'une longère tourangelle du XVIII° restaurée, dans un hameau à proximité de Tours (15 mn du centre ville) et de la Vallée du Cher. Deux gîtes ruraux sont aménagés à proximité. La chambre est équipée avec 1 lit 2 pers., 1 lit 1 pers. ainsi que salle de bains et wc privés. Lit de bébé sur demande. Langues parlées : anglais, espagnol.

Prix : 1 pers. **38** € 2 pers. **43** € 3 pers. **55** € pers. sup. **12** €

🐕	🏊	🎾	🏇	🚶	🚆	⛵
5	1,2	1,2	5	SP	16	10	1,2

Gilles ROUXEL - Le Clairault - 37270 VERETZ - Tél. : 02 47 50 52 06

VERETZ

C.M. 64 Pli 15

1 ch. 1 chambre d'hôtes très indépendant en r.d.c., dans l'annexe d'une maison tourangelle située au calme, dans un hameau à 2 km de la vallée du Cher et 15 mn de Tours centre. La chambre est équipée d'un lit 2 pers. plus salle de bains et wc privés. Lit d'appoint et lit bébé possible. Grand espace ombragé de 4000 m² en pelouse. Une 2° ch. avec salle de bain pour 2 pers. est en cours de réalisation.

Prix : 1 pers. **39** € 2 pers. **42** € pers. sup. **12** €

🐕	🏊	🎾	🏇	🚶	🚆	⛵
6	2	2	6	SP	6	2

Colette FILLIQUET - 34, chemin de la Vitrie - 37270 VERETZ - Tél. : 02 47 50 52 92 ou 06 89 45 65 55

Centre
Indre-et-Loire

VERETZ La Pidellerie
C.M. 64 Pli 15

1 ch. Maison de maître du XVIe à 300 m des rives du Cher. 1 chambre à l'étage avec 2 lits 1 pers., salle d'eau et wc privés. Parking privé. Jardin avec mobilier de jardin. Salon à disposition des hôtes. Accès : RN-76 entre Véretz et Azay-sur-Cher. Langues parlées : anglais, allemand.

Prix : 1 pers. 40 € 2 pers. 45 €

8	2	0,2	4	SP	12	3	

CASAROMANI - La Pidellerie - 11, chemin de Roujoux - 37270 VERETZ - Tél. : 02 47 50 31 93 ou SR : 02 47 48 37 13

VERNOU-SUR-BRENNE Le Moulin Garnier
C.M. 64 Pli 15

4 ch. 4 chambres d'hôtes (dont 1 suite) à 500 m du centre du village de Vernou, dans un ancien moulin du XVe donnant sur la Brenne, dans un espace de 1 hectare paysager. 1 ch. (2 lits 1 pers.) et 1 ch. (2 lits 2 pers., 1 lit 1 pers.) avec chacune salle d'eau privée et wc privé. 1 ch. (1 lit 2 pers., salle de bains et wc privés). 1 suite (2 lits 2 pers., 1 salle de bains, 1 salle d'eau, 1 wc). Vélos sur place. Piscine privée des propriétaires à disposition. Langues parlées : anglais, allemand, italien.

Prix : 1 pers. 40/55 € 2 pers. 43/80 € repas 17 €

SP	0,5	SP	14	SP	13	0,5

Marcel GUEGNAUD - le Moulin Garnier - 21 route de Château-Renault - 37210 VERNOU-SUR-BRENNE - Tél. : 02 47 52 10 91 ou 06 22 60 14 12 - Fax : 02 47 52 17 21 - E-mail : mpguegnaud@aol.com

VERNOU-SUR-BRENNE Vallée de Cousse
C.M. 64 Pli 15

6 ch. Dans une ferme ancienne du XVe, mobilier ancien. 4 ch. indépendantes au r.d.c. avec salle de bains et wc privés et 2 ch. à l'étage. Composition : 3 ch. (1 lit 2 pers.), 1 ch. (2 lits 1 pers.), 1 ch. (2 lits 2 pers.), 1 ch. (1 lit de 130, 1 lit de 100).

Prix : 1 pers. 41 € 2 pers. 50/67 €

7	7	7	0,5	15	3

Geneviève BELLANGER - Ferme des Landes - Vallée de Cousse - 37210 VERNOU-SUR-BRENNE - Tél. : 02 47 52 10 93 - Fax : 02 47 52 08 88 ou SR : 02 47 48 37 13

VERNOU-SUR-BRENNE Château de Jallanges
C.M. 64 Pli 15

6 ch. Au centre du vignoble de Vouvray, entre Tours et Amboise, en plein cœur du Val de Loire et les plus beaux châteaux dans un rayon de 50 km. 2 suites de 2 à 5 pers. et 4 ch. dans un château du XVe construit par Louis XI en 1460. Chambres meublées de style avec cheminée et vue sur parc et bois de 25 ha. WC et bains privés. Mini-bar, salon réservé aux hôtes, expositions ponctuelles, billards, parc et jardin renaissance française. Sur place : piscine, dégustation et vente de vins, promenades en calèche, envol en montgolfière, jeux de croquet, vélos... Aéroport à 9 km. Langues parlées : anglais, allemand, italien.

Prix : 1 pers. 110/175 € 2 pers. 110/275 € 3 pers. 150/215 € pers. sup. 40 € repas 45 €

SP	2	2	10	0,5	12	6	2

FERRY-BALIN - Château de Jallanges - Vernou-sur-brenne - 37210 VOUVRAY - Tél. : 02 47 52 06 66 - Fax : 02 47 52 11 18 - E-mail : info@chateaudejallanges.fr - www.chateaudejallanges.fr

VILLAINES-LES-ROCHERS La Sauneraie
C.M. 64 Pli 14

3 ch. Futuroscope 50 km. Forêt de Chinon 2 km. Dans une exploitation agricole céréalière, à 2,5 km de Villaines les Rochers, un village de vanniers. Les 3 chambres sont toutes équipées d'une douche privée et d'un wc privé. 1 ch. au r.d.c. (1 lit 2 pers., 1 lit 1 pers.). A l'étage : 1 ch. (1 lit 2 pers.), 1 ch. (1 lit 2 pers., 1 lit 120). Séjour avec cheminée, salon (TV). Equipement bébé sur place. Accueil de cavaliers possible. Chiens de meute sur place (propriétaire maître d'équipage). Restaurant à 500 m. Vélos sur place. Golf de Loudun à 35 km, golf des Sept Tours à 25 km. Langue parlée : anglais.

Prix : 2 pers. 42 € pers. sup. 21 €

6	4	4	10	SP	25	6	2,5

VALIANOS-SIONNEAU - La Sauneraie - 37190 VILLAINES-LES-ROCHERS - Tél. : 02 47 45 95 88

VILLANDRY Le Colombier
C.M. 64 Pli 14

1 ch. 1 chambre d'hôtes indépendante, aménagée au r.d.c. d'une dépendance, dans le calme et la tranquillité d'une propriété située en contrebas de la levée du Cher (rive droite), à 2,5 km du confluent du Cher et de la Loire. Elle est équipée avec 1 lit 2 pers., 1 lit 1 pers., ainsi que salle de bains et wc privés. Possibilité de lit bébé. Jardin paysager de 4000 m avec mobilier de jardin. Piscine privée chauffée sur la propriété. Réduction de 10 % à partir de 3 nuits. Accès par le pont de Savonnières. Vélos sur place. Langue parlée : anglais.

Prix : 1 pers. 41 € 2 pers. 46 € 3 pers. 61 € pers. sup. 15 €

SP	3	SP	6	12	SP	3	7	15	3

FAVROLLE - Le Colombier - 37510 VILLANDRY - Tél. : 02 47 50 02 41 ou 06 87 16 92 83

Indre-et-Loire

Centre

VILLANDRY Le Haut Munat
C.M. 64 Pli 14

2 ch. Dans un hameau surplombant les vallées de la Loire et du Cher (vue imprenable), à 2 km du château de Villandry, cette maison tourangelle de 1830 comporte 2 chambres d'hôtes au rez-de-chaussée, chacune avec entrée indépendante. 1 ch. (TV, 1 lit 2 pers., salle d'eau, wc), 1 ch. (TV, 1 lit 2 pers., salle de bains avec baignoire balnéo, wc). A disposition des hôtes : jardin d'hiver, avec coin cuisine, donnant sur la piscine privée couverte (chauffée de mai à octobre). Réduction 10 % à partir de 4 nuits et hors saison de piscine.

Prix : 1 pers. **54/60** € ● 2 pers. **58/65** €

SP	2	2	0,5	SP	12	8	12	3

Nicole GRANIER - Le Haut Munat - 37510 VILLANDRY - Tél. : 02 47 50 02 37

VILLEDOMER Gâtines
C.M. 64 Pli 15

1 ch. Dans une ferme au rez-de-chaussée, 1 chambre pour 2 pers. avec douche et wc privés. Accès direct par RD 766 à 1,5 km. Route d'Angers à mi-chemin entre Château-Renault et Saint-Laurent-en-Gâtines. En forêt au bord d'un étang, dans le cadre d'une ancienne abbaye des XII°, XIV°, XV° et XVIII°. Barque sur place à disposition.

Prix : 1 pers. **28** € ● 2 pers. **31** € ● repas **12** €

7	7	SP	SP	7	7	

JAVET - Abbaye de Gatines - 37110 VILLEDOMER - Tél. : 02 47 29 54 75

VILLEDOMER L'Auverderie
C.M. 64 Pli 15

3 ch. 3 chambres au r.d.c. et à l'étage d'une dépendance d'une ferme en activité (vaches laitières). 2 chambres doubles (lit 2 pers.) et 1 ch. familiale (1 lit 2 pers., 1 lit 120, 1 lit 1 pers.), avec chacune salle d'eau et wc privés. Séjour-salon en r.d.c. à l'usage exclusif des hôtes, avec coin-cuisine à disposition. Jardin et grande cour de ferme (salon de jardin). Située entre N10 et D766 sur la route le Boulay. Réduction de 10 % (plus de 3 nuits).

Prix : 1 pers. **29** € ● 2 pers. **35** € ● 3 pers. **47** € ● pers. sup. **12** € ● repas **13** €

7	4	5	7	8	SP	7	7

Alain AUROUET - L'Auverderie - 37110 VILLEDOMER - Tél. : 02 47 55 01 57 ou 06 81 72 63 71 - Fax : 02 47 55 02 77 - E-mail : al.aurouet@wanadoo.fr

VOU La Métairie des Bois
C.M. 68 Pli 5

2 ch. 2 ch. au r.d.c. dans une ancienne ferme restaurée du XVI°, en bordure de forêt (150 ha accessibles). Chaque ch. a 1 lit 160, TV, salle d'eau et wc privés. Elles sont toutes les deux accessibles par une terrasse privée et bénéficient chacune d'un salon de jardin. A disposition des hôtes : portique et petite piscine pour enfants, ping-pong, vélos. La forêt et ses étangs vous permettront de voir et d'entendre les cerfs, en particulier au moment du brâme, de pratiquer la pêche et d'écouter les nombreux bruits au bord de l'eau. Langues parlées : anglais, espagnol.

Prix : 1 pers. **41** € ● 2 pers. **46** € ● pers. sup. **12** €

12	5	SP	14	SP	25	12	12

Jean-Claude BAILLOU - La Métairie des Bois - 37240 VOU - Tél. : 02 47 92 36 46 ou 06 80 36 15 28 - Fax : 02 47 92 36 46 - E-mail : baillou@wanadoo.fr

VOUVRAY Domaine des Bidaudières
C.M. 64 Pli 15

6 ch. 6 chambres luxueuses et climatisées au 2° étage (avec ascenseur) d'un château du XVIII° sur une propriété de 12 ha, un ancien domaine viticole situé sur le côteau plein sud à la sortie de Vouvray. 4 ch. doubles, 1 ch. twin et 1 ch. triple, toutes étant équipées d'une salle de bains et de wc privés. Salle réservée aux hôtes (TV). Grande salle troglodytique pour mariages et réceptions. Parc avec grande piscine privée et terrasses. Langues parlées : anglais, allemand.

Prix : 1 pers. **75** € ● 2 pers. **105/290** € ● 3 pers. **120** € ● pers. sup. **15** €

SP	1,5	2	3	12	1,5

Pascal et Sylvie SUZANNE - Domaine des Bidaudières - Rue du Peu Morier - 37210 VOUVRAY - Tél. : 02 47 52 66 85 - Fax : 02 47 52 62 17 - E-mail : info@hôte@bidaudieres.com - www.bidaudieres.com ou SR : 02 47 48 37 13

VOUVRAY
C.M. 64 Pli 15

E.C. 2 ch. Dans le centre du village de Vouvray, cité viticole à 9 km de Tours, 1 chambre à l'étage d'une maison bourgeoise XVII°. La chambre offre 1 lit 2 pers., salle de bains et wc privés. Salon réservé aux hôtes (TV). Bibliothèque. Parking intérieur clos. Grande cave dans le tuffeau. La seconde chambre (3 pers.) est en cours de réalisation pour 2002 (s. d'eau/wc privés). Langues parlées : anglais, espagnol.

Prix : 1 pers. **40** € ● 2 pers. **46** €

0,5	0,5	1	7	12	0,5

Bernadette GIQUEL - La Tuffeaulière - 12 rue du commerce - 37210 VOUVRAY - Tél. : 02 47 52 62 60 ou 06 64 66 62 32 - E-mail : giquel@oreka.com

Centre
Loir-et-Cher

Loir-et-Cher

GITES DE FRANCE - Service Réservation Tourisme Vert
5, rue de la Voute du Château - B.P. 249 - 41001 BLOIS Cedex
Tél. 02 54 58 81 64 - Fax 02 54 56 04 13
http://www.gites-de-france-blois.com
E.mail : gites-41@wanadoo.fr

AVARAY

C.M. 64 Pli 8

1 ch. A proximité de Blois et de Chambord, sur une exploitation agricole, 1 chambre 2 personnes (1 lit 1,40 m), salle d'eau et wc privatifs, située au pied du château d'Avaray sur le GR 3. Possibilité pique-nique. Langue parlée : anglais.

Prix : 1 pers. 29 € 2 pers. 34 € pers. sup. 9 €
Ouvert : Toute l'année.

🐕	🏊	🚣	🎾	🚶	🐎	⛳	🎣	🌲	🚴	🚂	⛵
	5	SP	5	SP	11	16	15	SP	5	5	SP

Didier SAUVAGE - 2 rue de la Place - 41500 AVARAY - Tél. : 02 54 81 33 22

AZE Ferme de Crislaine

C.M. 64 Pli 6

5 ch. 5 Chambres d'hôtes à la ferme avec accès indépendant (10 mn gare TGV). A l'étage : 1 ch. familiale (1 lit 140, 2 lits 90), 3 ch. 2 pers. (3 lits 140), 1 ch. (2 lits 90), poss. lit d'appoint dans chaque ch. (WC, douches, lavabo privatifs) mez. avec TV donnant sur une salle com. avec coin cuis., pour les familles avec jeunes enf., matériel de puéric. Dans le verger, pisc. ouv., pétanque, portique, sal.de jard., ping-pong, volley-ball, ball-trap à disp. des hôtes, déc. ferme et activités.(vaches laitières-culture biologique). Table d'hôtes sur résa (pas de repas le dimanche). Chamb.familiale (2/4 pers.). Tarif 4 pers. : 53 €.

Prix : 1 pers. 29 € 2 pers. 36/37 € 3 pers. 44 € pers. sup. 5 €
repas 16 €

🐕	🏊	🚣	🎾	🚶	🐎	⛳	🎣	🌲	🚴	🚂	⛵
	SP	2,5	2,5	SP	3	7	20	1	SP	6	2,5

Christian GUELLIER - Ferme de Crislaine - 41100 AZE - Tél. : 02 54 72 14 09 - Fax : 02 54 72 18 03 ou SR : 02 54 58 81 64

AZE Gorgeat

C.M. 64 Pli 6

6 ch. La Ferme de Gorgeat en agriculture biologique se situe en bordure de forêt, gare TGV 3 km (propriétaire dispo. pour déplacement gare). Découv. activités à la ferme : porcs en plein air, poules et cultures céréalières. SP, vente produits bio, tennis. 3 ch 2 pers (3 lits 140), 2 ch familiales, s. d'eau et wc privés. 1 ch s.d.b. (baignoire balnéo). Séjour, coin cuisine réservés aux hôtes. Poss. séjour balnéo (alimentation bio). Table d'hôtes sur résa. Tarif enfant -12 ans. -10 % à partir d'1 semaine. Tarif 4 pers. : 53 €. Animaux admis sous réserve. Langue parlée : anglais.

Prix : 1 pers. 29/31 € 2 pers. 36/46 € 3 pers. 44 € pers. sup. 8 €
repas 15 €
Ouvert : Toute l'année.

🐕	🏊	🚣	🎾	🚶	🐎	⛳	🎣	🌲	🚴	🚂	⛵
	5	SP	SP	SP	1	4	20	SP	SP	3	2

Michel et Nadège BOULAI - La Ferme des Gourmets - Gorgeat - 41100 AZE - Tél. : 02 54 72 04 16 - Fax : 02 54 72 04 94 -
E-mail : michel.boulai@wanadoo.fr - http ://perso.wanadoo.fr/gorgeat ou SR : 02 54 58 81 64

BOURRE Domaine de la Salle du Roc

C.M. 64 Pli 17

4 ch. Au cœur de la vallée du Cher, 4 chambres aménagées dans un manoir de caractère du XIIIè siècle. A l'étage : 2 ch. (lits 140) avec sanitaires privatifs, 1 grande chambre avec salle de bains, cabinet de toilettes, wc. Au rez-de-chaus. : une suite comprenant 2 ch. de 2 pers. avec sanitaires privatifs. Langue parlée : anglais.

Prix : 1 pers. 60 € 2 pers. 70/110 €
Ouvert : Toute l'année.

🐕	🏊	🚣	🎾	🚶	🐎	⛳	🎣	🌲	🚴	🚂	⛵
	4	SP	SP	10	10	4	2		4	3	4

Patricia BOUSSARD - 69 route de Vierzon - Manoir de la Salle - 41400 BOURRE - Tél. : 02 54 32 73 54 - Fax : 02 54 32 47 09 ou
SR : 02 54 58 81 64

CANDE-SUR-BEUVRON Le Court Au Jay

C.M. 64 Pli 17

3 ch. A la ferme, au rez de ch. : 1 ch. (1 lit 140, 1 lit 90) salle d'eau et WC privés. A l'étage : 1 ch. (1 lit 140), salle de bains et wc privés, 1 ch. (2 lits jumeaux 90), salle d'eau et WC privés, poss. lit d'appoint dans chaque ch., chauf. cent., atelier de fleurs séchées SP, 10 % de réduc. pour 1 semaine complète, 20 % de réduc. pour 1 mois complet. Tarif 4 pers. : 58 €.

Prix : 1 pers. 32/35 € 2 pers. 35/38 € 3 pers. 43/50 €
pers. sup. 8 €
Ouvert : Toute l'année.

🐕	🏊	🚣	🎾	🚶	🐎	⛳	🎣	🌲	🚴	🚂	⛵
	16	1	SP	1	6	1	16	SP	SP	10	1

Mr et Mme MARSEAULT - Le Court au Jay - 41120 CANDE-SUR-BEUVRON - Tél. : 02 54 44 03 13 - Fax : 02 54 44 03 13

Loir-et-Cher

Centre

C.M. 64 Pli 17

CELLETTES

¦¦¦ 2 ch. Dans le bourg, au calme, 2 chambres d'hôtes aménagées à l'étage d'une maison de caractère de style solognot : 1 chambre (1 lit 2 personnes), salle d'eau et wc privatif, 1 chambre double mansardée (1 lit 2 pers. 1 lit 1 personne + poss. lit d'appoint), salle d'eau et wc privatifs. Chauffage central. Jardin arboré, parking privé, jeux divers. Petits déjeuners au jardin l'été. Tarif 4 pers. : 70 €. Langue parlée : anglais.

Prix : 1 pers. 42 € 2 pers. 46 € 3 pers. 58 € pers. sup. 12 €
Ouvert : Toute l'année.

10	SP	SP	SP	3	10	7	1	10	10	SP

Marie-Françoise HEYTE - 9 rue des Ormeaux - 41120 CELLETTES - Tél. : 02 54 70 49 85 - Fax : 02 54 70 49 84 -
E-mail : francoise.heyte@wanadoo.fr ou SR : 02 54 58 81 64

CHAMBON-SUR-CISSE Bury

C.M. 64

E.C. 3 ch. Dans la Vallée de la Cisse, ancienne maison de vigneron datant de 1830 dont l'étable et l'écurie ont été transformées en 3 chambres d'hôtes. 1 duplex (3 lits de 0,90 m salle d'eau privative) et 1 duplex (2 lits de 0,90 m avec salle d'eau privative). La 3e chambre de plain pied peut accueillir 2 pers. (1 lit 1,60 m) et 1 couchage possible pour bébé. Salle de bain privative et machine à laver séchante. Parking privatif. Poss. barbecue. Grand jardin d'environ 3000 m² bordé par une petite rivière. Pêche possible.

Prix : 1 pers. 32 € 2 pers. 46 € 3 pers. 60 €
Ouvert : Du 1er avril à la Toussaint.

11	11	SP	11	SP	11	20	10	SP	11	1

Pierre DELEGLISE - 23 rue de la Fontaine de Bury - 41190 CHAMBON-SUR-CISSE - Tél. : 02 54 70 07 41 - Fax : 02 54 70 07 41

CHATEAUVIEUX La Pouarderie

C.M. 64 Pli 17

¦¦¦ 3 ch. Au milieu des vignes, ancienne ferme restaurée : 3 chambres d'hôtes avec entrée indépendante, 1 pour personnes à mobilité réduite (1 ch. 2 personnes : 1 lit 1,40 m), 2 ch. 3/4 personnes : 1 lit 1,40 m, 2 lits 0,90 m), salle d'eau et wc privatifs. A disposition lit de bébé + baignoire, chaise haute. Grande salle avec coin cuisine. Cheminée, barbecue à disposition des hôtes. Grand espace vert. Zoo Beauval à 1 km. Tarif 4 pers. : 59 €. Langue parlée : anglais.

Prix : 1 pers. 35 € 2 pers. 40 € 3 pers. 49 € pers. sup. 10 €
Ouvert : Toute l'année.

4	3	4	SP	4	5	30	2	4	5	4

Mr et Mme VENISSE - La Pouarderie - 41110 CHATEAUVIEUX - Tél. : 02 54 75 32 23 - Fax : 02 54 75 06 53 -
E-mail : yves.venisse@wanadoo.fr - http://www.geocities.com/avenisse/

CHATILLON-SUR-CHER

C.M. 64 Pli 17

¦ 3 ch. Entre le Canal du Berry et le Cher, maison de caractère avec un grand jardin. 1 chambre (1 lit 1,40 m) avec salle de bains et wc privatifs. 1 chambre (1 lit 1,40 m) et 1 chambre (2 lits 0,90 m) avec salle d'eau et wc communs aux 2 chambres. Cuisine avec coin détente + cheminée (TV et chaine hifi) réservés aux hôtes. Possibilité d'accompagnement de groupes en VTT et vélos tourisme. Gratuité enfant -4 ans.

Prix : 1 pers. 29 € 2 pers. 35 €
Ouvert : Toute l'année.

8	SP	1	SP	3	7	27	SP	8	1

Christian et Bernadette LEMENAGER - 1 rue de Trèvety - 41130 CHATILLON-SUR-CHER - Tél. : 02 54 32 07 74 - Fax : 02 54 32 07 74

CHATRES-SUR-CHER

C.M. 64 Pli 19

¦¦ 4 ch. 4 ch. d'hôtes aménagées dans une ancienne maison de bourg, à 200 m du Canal du Berry : 1 ch. (1 lit 140, 1 lit 90), 1 ch. (1 lit 140 + convertible enfants), 1 ch. (1 lit 140, 1 canapé lit 140) et 1 mezzanine (1 lit 2 pers.), 1 ch. (2 lits 140). Pour chaque ch. : salle d'eau, WC privatifs et entrée indépendante. Tarif 4 pers. : 48 €.

Prix : 1 pers. 28 € 2 pers. 33 € 3 pers. 40 € pers. sup. 8 €
Ouvert : Toute l'année.

3	SP	0,3	10	3	2	20	SP

Bruno LACLAUTRE - 19 rue Jean Segretin - 41320 CHATRES-SUR-CHER - Tél. : 02 54 98 10 24

CHAUMONT-SUR-LOIRE Les Hauts de Chaumont

C.M. 64 Pli 16

¦¦¦ 3 ch. A 100 m du château de Chaumont/Loire et du Festival International des Jardins, au cœur des châteaux, 3 chambres d'hôtes au 1er avec douches et wc privatifs. 2 ch. (1 lit 1,40) et 1 ch. (2 lits 0,80). Au rez de chaussée : salon réservé aux hôtes avec tables pour petits déjeuners, kitchenette, TV-magnétoscope, coin cheminée, piano, jeux de société. Piscine à disposition sur place. Terrasses. Ping-pong. Parking privé. Location de vélos SP. Prix spéciaux pour 1 ou 2 pers hors saison (Nov. à Mars). A partir de la 3e nuit 43 € pour 2 pers.

Prix : 1 pers. 47 € 2 pers. 47 € pers. sup. 12 €
Ouvert : Toute l'année.

SP	1	0,1	SP	1	5	15	SP	4	SP

Daniel GOMBART - 2 rue des Argillons - Les Hauts de Chaumont - 41150 CHAUMONT-SUR-LOIRE - Tél. : 02 54 33 91 45 -
Fax : 02 54 33 91 45 - **E-mail :** gombart@free.fr - http://www.france-bonjour.com/hauts-de-chaumont/ ou SR : 02 54 58 81 64

Centre
Loir-et-Cher

CHAUMONT-SUR-THARONNE La Farge *C.M. 64 Pli 9*

3 ch. Dans un parc boisé de 40 ha, maison de caractère. Au rez-de-ch. : 1 ch.(1 lit 140) avec salle de bains et wc particuliers, 1 suite composée de 2 ch. (2 lits 90, 1 lit 140), salle de bains, douche, wc particuliers, 1 appart. 3 pers. : 69/76 €, (1 ch. 1 lit 140, séjour, convertible 130, cheminée, cuisine, TV), poss. cuisine le soir, piscine, équitation. Tarif 4 pers. : 76 €. Animaux admis sous réserve. Langue parlée : anglais.

Prix : 2 pers. **53/69** € 3 pers. **76** € pers. sup. **12** €
Ouvert : Toute l'année.

	SP	5	5	SP	SP	5	SP	5	10	5

DE GRANGENEUVE - La Farge - 41600 CHAUMONT-SUR-THARONNE - Tél. : 02 54 88 52 06 - Fax : 02 54 88 51 36 -
E-mail : SylvieLansier@wanadoo.fr - http://www.france-bonjour.com/la-farge/

CHEVERNY La Mènerie *C.M. 64 Pli 17*

2 ch. Au cœur des châteaux de la Loire, à 6 km du château de Cheverny dans une propriété de 10 hect. en bordure de forêt. Dans la maison du propriétaire avec entrée indépendante au rez de chaussée. 2 ch double (1 lit 2 places), salle de bains, wc privatifs. Tennis privé sur place. Grill. Restaurant à 1 km.

Prix : 1 pers. **38/53** € 2 pers. **53/69** € pers. sup. **14** €
Ouvert : Toute l'année.

	4	SP	SP	0,5	5	20	6	SP	4	20	4

Gérald BERLAND - La Mènerie - 41700 CHEVERNY - Tél. : 02 54 79 62 41 ou SR : 02 54 58 81 64 - Fax : 02 54 79 62 41 -
E-mail : berland-g@faxviva.net - http://lamenerie.multimania.com/

CHEVERNY Ferme des Saules (TH) *C.M. 64 Pli 17*

6 ch. A 2 km du château de Cheverny, dans un cadre forestier et champêtre, 6 chambres d'hôtes avec salle de bains et wc privés. 2 chambres avec 1 lit double, 2 chambres avec lits jumeaux, 2 chambres avec 1 lit 160. Poss. lit sup. pour enfant. Table d'hôtes le vendredi, samedi, lundi sur réservation, avec produits régionaux (maître des lieux cuisinier). Tarif 4 pers. : 89 €. Restaurants à 1800 mètres. Piscine sur place. Langues parlées : anglais, hollandais.

Prix : 2 pers. **55/75** € 3 pers. **78** € repas **22** €
Ouvert : Toute l'année.

	SP	SP	5	0,1	5	10	SP	SP	5	20	2

Didier MERLIN - Ferme des Saules - 41700 CHEVERNY - Tél. : 02 54 79 26 95 ou 06 20 12 97 32 - Fax : 02 54 79 97 54 -
E-mail : merlin.cheverny@infonie.fr

CHITENAY *C.M. 64 Pli 17*

1 ch. 1 chambre d'hôtes aménagée dans un bâtiment mitoyen à la maison des propriétaires, avec entrée indépendante (2 lits 90), salle d'eau avec WC privatifs. Petite terrasse sur jardin. TV. Kitchenette. Abri voiture. Tarif bébé : 7 €.

Prix : 1 pers. **33** € 2 pers. **43** €
Ouvert : Toute l'année.

	12	2,5	SP	0,5	12	12	12	4	10	12	0,5

Mr et Mme GRILLET - 12 route de Cellettes - 41120 CHITENAY - Tél. : 02 54 70 42 22

CHITENAY Le Clos Dussons *C.M. 64 Pli 17*

3 ch. Au cœur des Châteaux de la Loire à 6 km de Cheverny dans une propriété de caractère du XVIIe, au calme, entourée par la nature, 3 chambres d'hôtes avec salle d'eau et wc privatifs. 1 ch. pour 2 pers, 1 ch. (suite) pour 2 ou 4 pers et 1 appartement pigeonnier XVI pour 2 ou 4 pers. Petit déjeuner copieux. Nombreux restaurants à proximité. Passionné d'architecture Monsieur BRAVO vous conseillera sur la visite des Châteaux de la Loire. Salon de jardin. Tarifs 4 pers. : 96/117 €. Langue parlée : anglais.

Prix : 2 pers. **44/85** € 3 pers. **60/101** € pers. sup. **16** €

	15	5	2	SP	1	15	6	1	6	15	2

Roland BRAVO - Le Clos Bigot - Le Clos Dussons - 41120 CHITENAY - Tél. : 02 54 44 21 28 - Fax : 02 54 44 38 65 -
E-mail : clos.bigot@wanadoo.fr - www.multimania.com/closbigot

CONTRES La Rabouillère *C.M. 64 Pli 17*

6 ch. Au cœur des châteaux de la Loire, à 6 km de Cheverny, aménagées dans une demeure de caractère solognote, entourée d'un parc. 4 ch. d'hôtes, avec salle de bains et wc partic. (2 ch. avec gd lit, 2 ch. avec lits jumeaux). 1 suite 2 pers. (1 lit 180) salle de bains, WC privés, cheminée, s. de séjour, salon à disposition. Appartement dans petite maison annexe, comprenant 2 ch. avec s. de bains et WC privatifs, salon avec cheminée, cuisine équipée communs aux 2 ch. Restaurant (3 km). Tarif 4 pers. : 122 €. Langue parlée : anglais.

Prix : 4 pers. **46** € 2 pers. **55/107** € 3 pers. **99/122** €
pers. sup. **15** €
Ouvert : Toute l'année.

	3	10	3	0,5	20	20	6	0,5	SP	25	3

Martine THIMONNIER - Chemin de Marcon - La Rabouillère - 41700 CONTRES - Tél. : 02 54 79 05 14 - Fax : 02 54 79 59 39 -
E-mail : rabouillere@wanadoo.fr - http //rabouillere.ifrance.com/ ou SR : 02 54 58 81 64

Loir-et-Cher — *Centre*

CORMERAY L'Achet
C.M. 64 Pli 17

4 ch. A 5 km de Cheverny, 1 ch. d'hôtes aménagée dans une ancienne écurie, mitoyenne à la maison des propriétaires (2 lits 140), s. d'eau et wc privatifs avec cuisine à disposition. 3 ch. d'hôtes dans un corps de ferme à colombage, proche de l'habitation du propriétaire, 1 ch. (2 lits 140), 1 ch., s. d'eau et wc privatifs, 1 ch. (2 lits 140), s. d'eau et wc priv. 1 ch. (1 lit 140 + 1 lit 90), salle d'eau et wc privatifs. Chauf. élect. Jardin clos. Salon de jardin. Un petit déjeuner copieux et varié, « accompagné de pain, pâtisseries et confitures, fabrication maison ». Tarifs 4 pers. : 54/58 €.

Prix : 1 pers. 31/36 € 2 pers. 39/43 € 3 pers. 46/51 € pers. sup. 8 €

Ouvert : Toute l'année.

8	7	3	SP	1	15	5	5	14	3

Dominique LEHOUX - L'Achet - 41120 CORMERAY - Tél. : 02 54 44 20 94 ou 06 84 40 06 98

COULOMMIERS-LA-TOUR
C.M. 64 Pli 6

3 ch. Maison restaurée avec tourelle située à 6 km de Vendome sud est : 3 chambres d'hôtes situées à l'étage. 1 chambre (2 lits de 0,90), 1 chambre (1 lit 1,40 m), 1 chambre familiale (1 lit 1,40 m et 3 lits 0,90 m). Douche, lavabo et wc privés dans chaque chambre. A disposition salle à manger, salon avec télévision. Jeux intérieurs et extérieurs pour tous. Espace vert. Salon de jardin. Ping Pong. Karting à pédales pour enfants. Matériel bébé à disposition. Lit bébé : 5 €. Langue parlée : anglais.

Prix : 1 pers. 30 € 2 pers. 40 € pers. sup. 12 €

Ouvert : Toute l'année.

6	6	0,2	0,7	0,1	6	10	2	7	6

Patricia BLUET - 15 rue Vendomoise - 41100 COULOMMIERS-LA-TOUR - Tél. : 02 54 77 00 33 - Fax : 02 54 77 00 33

COUR-CHEVERNY Le Beguinage
C.M. 64 Pli 17

6 ch. A proximité du château de Cheverny, dans une maison de caractère, 6 ch. d'hôtes dont 1 ch. (2 lits 90, 1 lit bébé), 1 ch. (1 lit 140, 2 lits 90), 1 ch. (1 lit 140), 1 ch. (1 lit 140, 2 lits 90), salles d'eau et wc privatifs. 1 ch. (1 lit 140), 1 ch. (1 lit 140), s. de bains et WC privatifs. Grand parc paysagé, parking privé. Poss. pêche sur place (rivière en limite de jardin). Restaurants à 5 min. à pied. Vol en montgolfière sur place ou dans les environs suivant la météo. Tarifs 4 pers. : 77/84 €. Langue parlée : anglais.

Prix : 1 pers. 42/49 € 2 pers. 45/60 € 3 pers. 65/69 € pers. sup. 16 €

Ouvert : Toute l'année.

2	SP	0,3	SP	5	15	3	1	0,4	15	0,2

Brice et Patricia DELOISON - Le Béguinage - 41700 COUR-CHEVERNY - Tél. : 02 54 79 29 92 - Fax : 02 54 79 94 59 - E-mail : LE.BEGUINAGE@wanadoo.fr - http://www.multimania.com/beguinage/ ou SR : 02 54 58 81 64

CROUY-SUR-COSSON Le Moulin de Crouy
C.M. 64 Pli 8

5 ch. Parc de Chamborg 10 km. A 1h30 de Paris, dans un cadre privilégié et calme, 4 chambres à l'étage d'un moulin, personnalisés par les propriétaires, tapissiers-décorateurs : Milady (1 lit de 1.60 m) salle de bains avec WC - Pastourelle (1 lit de 1.40 m) salle de bains, WC - Clé des Champs (1 lit de 1.40 m), salle d'eau avec WC - Rose des Sables (1 lit de 1.40 m), salle d'eau avec WC. Au 2° ét. : 1 suite familiale - La Goelette (1 lit 140, 4 lits 90 + 1 canapé lit) salle d'eau, wc. Au RDC, vaste séjour avec cheminée et TV donnant sur la terrasse. Parc de 14 ha avec tennis. Table d'hôtes sur réservation. Tarif 4 pers. : 90 €.

Prix : 1 pers. 45/50 € 2 pers. 50/55 € pers. sup. 13 € repas 18 €

Ouvert : Toute l'année.

8	SP	SP	SP	4	SP	20	6	

Nathalie HARRAULT - 3 route de la Cordellerie - Le Moulin de Crouy - 41220 CROUY-SUR-COSSON - Tél. : 02 54 87 56 19 - Fax : 02 54 87 51 61 - E-mail : lemoulindecrouy@wanadoo.fr ou SR : 02 54 58 81 64

CROUY-SUR-COSSON Les Renardières
C.M. 64 Pli 8

E.C. 1 ch. Située en Sologne, à 9 km du château de Chambord, dans une ancienne ferme en pleine nature, à 1 km du bourg, 1 chambre d'hôtes familiale (1 chambre 1 lit 140 et 1 chambre 2 lits 90) avec salle de bains et wc privatifs. Etang de 1 ha sur la propriété. Sur place possibilité de promenades en forêt. Au petit déjeuner, vous pourrez déguster le miel de la maison, ainsi que le pain d'épices et les confitures fabriqués avec les fruits du jardin.

Prix : 1 pers. 54 € 2 pers. 54 € 3 pers. 69 € pers. sup. 15 €

Ouvert : Toute l'année.

8	8	SP	1	SP	4	25	15	15	1

Joël SAINSON - Les Renardières - 41220 CROUY-SUR-COSSON - Tél. : 02 54 87 02 68

DANZE La Borde
C.M. 64 Pli 6

5 ch. Entre Danzé et la Ville aux Clercs, dans une propriété boisée de 10 ha, arrosée par le Boulon (1ère catégorie) : au 1er étage d'une maison de caractère : 5 ch. tout confort, chacune avec salle d'eau et wc privatifs, lit d'appoint, salon TV réservé aux hôtes, club ULM 5 km. Salon de jardin. Tarif dégressif à partir de la 2e nuit. Tarifs 4 pers. : 72/78 €. Langues parlées : anglais, espagnol.

Prix : 1 pers. 28/39 € 2 pers. 37/68 € 3 pers. 62/68 € pers. sup. 10 €

Ouvert : Toute l'année.

SP	SP	2	3	7	20	15	3	15	15	2

KAMETTE - La Borde - 41160 DANZE - Tél. : 02 54 80 68 42 - Fax : 02 54 80 63 68 - E-mail : michelkamette@minitel.net - http://www.la-borde.com

Centre — **Loir-et-Cher**

ECOMAN
(TH) — *C.M. 64 Pli 7*

4 ch. A la croisée du Perche, de la Beauce et de la Sologne, soyez les bienvenus au chateau d'Ecoman, demeure du XIXè récemment restaurée, situé au cœur du village. Dans le chateau, à l'étage, nous disposons de 4 ch. d'hôtes dont 1 suite (45 m^2) avec 2 couchages 140 et 1 ch. double type parents/enfants avec 2 lits 140, 1 ch. lit 140 et 1 ch. lit 140. Toutes équipées de salle d'eau et wc privatifs. Poss. lit d'appoint et lit bébé. Table d'hôtes sur résa. Tarif 4 pers. : 99 €/nuit. Parking privé. Coin détente avec TV dans salon réservé aux hôtes. Propriété entourée d'un parc boisé de 10 ha avec étang.

Prix : 1 pers. **49** € ♦ 2 pers. **53/69** € ♦ 3 pers. **84** € ♦ pers. sup. **15** € ♦ repas **18** €

Ouvert : Toute l'année.

🐕	🏊	🚣	🎾	🏃	✈	⛵	🎣	🌲	🚴	🚂	⛳
8	SP	3	SP	25	6	4	SP	SP	27	6	

Richard BIGOT/FONTAINE - 11 - 13 rue de Châteaudun - 41290 ECOMAN - Tél. : 02 54 82 68 93 - Fax : 02 54 82 00 66 -
E-mail : bigot-ecoman@club-internet.fr - http ://www.chateau-decoman.fr ou SR : 02 54 58 81 64

FAVEROLLES-SUR-CHER
🅢 — CB — *C.M. 64 Pli 16*

4 ch. Sur la route des vins, à proximité du donjon de Montrichard, de Chenonceaux, d'Amboise, de Chaumont s/Loire. Christiane aura le plaisir de vous accueillir dans 1 suite composée de 2 ch. spacieuses (1 ch 1 lit 160, 1 lit double type 90 et 1 ch 2 lits 90), salle de bains et wc privatifs, meublées de mobilier ancien, 1 ch (2 lits 90x200). 2 ch (1 lit 140 chacune), s. d'eau et wc privatifs, à l'ét. d'une ancienne maison de vigneron en tuffeau. Salon réservé aux hôtes. Kitchenette à dispo. Parking. Réduction à partir de la 3e nuit. Salon de jardin. Portique. 4 pers. : 73 €.

Prix : 1 pers. **32** € ♦ 2 pers. **39/50** € ♦ 3 pers. **61** € ♦ pers. sup. **13** €

Ouvert : Toute l'année.

🐕	🏊	🚣	🎾	🏃	✈	⛵	🎣	🌲	🚴	🚂	⛳
3,7	1,7	3,7	0,5	19	3,7	30	6	4,5	5	2,7	

Christiane CORDIER - 27 rue de la Clémencerie - 41400 FAVEROLLES-SUR-CHER - Tél. : 02 54 32 26 96 -
E-mail : Christiane.CORDIER@wanadoo.fr - http ://site.voila.fr/clemencerie ou SR : 02 54 58 81 64

FEINGS Favras
C.M. 64 Pli 17

3 ch. Sur la route des chateaux du Val de Loire, à 20 km de Blois, dans une ancienne propriété vinicole, 2 ch. à l'étage de l'habitation principale avec accès indépendant : les Pensées (1 lit 140 et 1 lit 90), les Anémones (1 lit 140). Au rez-de-chaussée d'une maison indépendante les Lauriers (1 lit 160) et 1 salon (1 canapé lit 140). Toutes les chambres sont équipées avec salle d'eau, wc et télévision. Petits déjeuners servis dans la salle à manger familiale (excellentes confitures maison). Cuisine indépendante avec cheminée et réfrigérateurs individuels à la dispo. des hôtes. Parc arboré avec étang privé.

Prix : 1 pers. **40** € ♦ 2 pers. **50** € ♦ 3 pers. **60** €

Ouvert : Du 1er mars au 15 novembre.

🐕	🏊	🚣	🎾	🏃	✈	⛵	🎣	🌲	🚴	🚂	⛳
6	SP	3	SP	5	15	7	0,5	SP	20	3	

Jean et Gisèle LIONDOR - Favras - Les Roseaux - 41120 FEINGS - Tél. : 02 54 20 27 70 ou SR : 02 54 58 81 64

FEINGS Favras
C.M. 64 Pli 17

3 ch. A 15 km de Blois, venez découvrir le Val de Loire, ses Châteaux, ses musées, ses abbayes. Maison de caractère, du XVIIIè siècle, gardée par un cèdre séculaire. Denise et Régis vous y accueillent. 1 suite (ch. 1 lit 180, 1 ch. 2 lits 90), s. de bains, wc, TV. 1 suite (1 ch. 1 lit 140, 1 ch. 2 lits 90) s. d'eau, WC, TV. 1 ch. (1 lit 140), s. d'eau, WC, TV. Salle de jeux, coin-cuisine. Vous apprécierez 1 copieux petit déjeûner (confitures maison). Parc ombragé. Animations culturelles en été (concerts musique classique, spectacles historiques sons et lumières). Tarif 4 pers. : 70 €. Réduction de 10 % à partir de la 3e nuitée.

Prix : 1 pers. **38** € ♦ 2 pers. **43/50** € ♦ 3 pers. **60** € ♦ pers. sup. **12** €

Ouvert : Du 1er mars au 15 novembre.

🐕	🏊	🚣	🎾	🏃	✈	⛵	🎣	🌲	🚴	🚂	⛳
5	SP	5	7	15	8	15	7	15	5		

Mr et Mme PAPINEAU - Le Petit Bois Martin - Favras - 41120 FEINGS - Tél. : 02 54 20 27 31 - Fax : 02 54 33 20 98 ou SR : 02 54 58 81 64

FEINGS Bellyvières
C.M. 64 Pli 17

1 ch. A proximité des châteaux du Val de Loire (spectacles historiques, été culturel et musical...), 1 chambre d'hôtes située sur une exploitation viticole, aménagée dans une ancienne maison rénovée, située à 30 m de l'habitation des propriétaires. Pièce d'accueil au r.d.c. avec cuisine aménagée (réservée à la chambre). A l'étage, 1 ch. (1 lit 140, 2 lits 90), salle d'eau et wc privés, matériel bébé. Télévision. Lave linge commun. Salon de jardin et barbecue. Jeux pour enfants. Tarif 4 pers. : 62 €.

Prix : 1 pers. **30** € ♦ 2 pers. **40** € ♦ 3 pers. **51** € ♦ pers. sup. **11** €

Ouvert : Toute l'année.

🐕	🏊	🚣	🎾	🏃	✈	⛵	🎣	🌲	🚴	🚂	⛳
7	SP	1	SP	15	20	10	1	7	20	7	

Solange DESTOUCHES - 2 chemin de Bellyvières - 41120 FEINGS - Tél. : 02 54 20 23 35

LA FERTE-SAINT-CYR

4 ch. En Sologne, proche de Chambord, 4 chambre d'hôtes (dont 2 suites) dans une propriété de 5 ha avec 2 étangs en lisière de forêt. Au rez de chaussée : 2 chambres avec lit de 2 personnes, 1 suite avec 1 lit 2 personnes et 2 lits 1 personne. Au 1er étage : 1 suite avec 3 lits de 2 personnes, toutes avec salle de bains et wc privatif. Salon de jardin, barbecue et télévision à disposition des hôtes. Tarif 4 pers. : 73 €/nuit.

Prix : 1 pers. **40** € ♦ 2 pers. **46** € ♦ 3 pers. **61** € ♦ pers. sup. **14** €

Ouvert : Toute l'année (sous réserve).

🐕	🏊	🚣	🎾	🏃	✈	⛵	🎣	🌲	🚴	🚂	⛳
15	SP	0,5	1	0,5	9	0,5	15	0,5			

Alexandre LAVADO - 4 route de Ligny - 41220 LA-FERTE-ST-CYR - Tél. : 02 54 87 90 05 - Fax : 02 54 87 64 23 -
E-mail : althaeachambres@aol.com ou SR : 02 54 58 81 64

Loir-et-Cher   *Centre*

FONTAINE-RAOUL Le Poteau   C.M. 60 Pli 16

E.C. 1 ch. Dans un hameau, un cadre champêtre et reposant, entouré de bois vous accueille. 1 chambre avec lits jumeaux, salle d'eau, wc particuliers, lit d'appoint et entrée indépendante. Langues parlées : anglais, allemand.

Prix : 1 pers. 27 € 2 pers. 34 € pers. sup. 8 €
Ouvert : Toute l'année.

22	9	8	8	9	9	15	2	8	9	8

Véronique MAHIEU - Le Poteau - 41270 FONTAINE-RAOUL - Tél. : 02 54 80 52 88

FONTAINES-EN-SOLOGNE La Paquetière   C.M. 64 Pli 18

2 ch. **Château de Cheverny 8 km. Château de Chambord 15 km.** A 5 km du bourg de Fontaines-en-Sologne, dans une demeure solognote, au calme, à proximité des Châteaux. 2 ch. d'hôtes en rez de chaussée, indépendantes de la maison des propriétaires. 1 ch. (2 lits 90), 1 ch. (1 lit 140), poss. lit suppl. dans chaque ch. Les ch. disposent chacune d'une salle de bains et wc privatifs. Chauffage électrique. Terrasse. Salon de jardin, espace de détente, parc avec pièce d'eau. 7° nuit gratuite.

Prix : 1 pers. 35 € 2 pers. 43 € pers. sup. 12 €
Ouvert : Toute l'année.

10	8	8	2	8	20	8	2	10	15	8

Gérald PLOQUIN - La Paquetière - 41250 FONTAINES-EN-SOLOGNE - Tél. : 02 54 79 21 97 - Fax : 02 54 79 21 97 ou SR : 02 54 58 81 64

FOSSE   C.M. 64 Pli 7

2 ch. A 5 km de Blois, sur l'axe Blois-Le Mans, dans une ancienne ferme au centre d'un petit village. A l'étage : 1 chambre (1 lit 1,40 m) avec salle de bains et wc privatifs. 1 chambre (1 lit 1,40 m) avec douche et wc privatifs. Possibilité lit d'appoint et lit bébé. Salon commun aux hôtes avec télévision. Coin-kitchenette.

Prix : 1 pers. 30 € 2 pers. 40 € 3 pers. 50 €
Ouvert : Toute l'année.

7	7	2	4	10	8	20	4	7	5	2

André et Monique PARENT - 20 rue de Audun - 41330 FOSSE - Tél. : 02 54 20 04 08 - Fax : 02 54 20 04 08

FOUGERES-SUR-BIEVRE Ma Dépense   C.M. 64 Pli 17

2 ch. Au cœur des Châteaux de la Loire, à 1 km du Château de Fougères, au rez-de-chaussée d'une ferme, 2 chambres d'hôtes (1 ch. 2 épis et 1 ch. 3 épis) 1 chambre (1 lit 140) avec accès indépendant, salle d'eau et wc privatifs, TV, chauffage électrique ; 1 chambre (1 lit 140) salle d'eau et wc privatifs, chauffage central. Possibilité lit d'appoint 1 pers. dans les 2 chambres (11 €), cuisine d'été aménagée. Salon de jardin.

Prix : 1 pers. 31 € 2 pers. 38 € pers. sup. 11 €
Ouvert : Toute l'année.

7	1	1	SP	10	20	10	6	7	20	1

Roger HEMERY - Ma Dépense - La Pierre a 3 Poux - 41120 FOUGERES-SUR-BIEVRE - Tél. : 02 54 20 26 57

FRETEVAL Rocheux   C.M. 64 Pli 7

E.C. 3 ch. Dans un chateau du XVIIIè siècle entouré d'un parc de 18 ha, situé à mi-chemin entre Oucques et Lignières (D12) au second étage de cette belle demeure, 3 ch. toutes avec bains et wc privés, vous attendent. La chambre Merisier avec 1 gd lit (160) + 1 lit 1 pers., la chambre Chene avec 1 gd lit + possibilité 1 lit sup.. La chambre Noyer avec 1 lit (160) + 2 lits pour 1 pers. Poss. lit bébé. Salon de TV et jeux réservé aux hôtes, salle de petits déjeuners avec coin cuisine (pouvant etre mis à dispo. pour le soir). Tarif 4 pers. : 72 €/nuit. Langues parlées : anglais, italien.

Prix : 1 pers. 44 € 2 pers. 54 € 3 pers. 64 € pers. sup. 13 €
Ouvert : Toute l'année.

8	SP	5	SP	5	5	5	SP	SP	20	5

Laurent et Marianne GUERRE GENTON - Château de Rocheux - 41160 FRETEVAL - Tél. : 02 54 23 29 74 -
E-mail : chateauderocheux@net-up.com

GIEVRES La Pierre   C.M. 64 Pli 18

3 ch. A 100 m de la route Tours/Vierzon, 3 ch. d'hôtes aménagées sur une exploitation agricole céréalière, avec entrée indépendante. Au rez-de-ch. : 2 ch. (1 lit 140, 2 lits 90), salle d'eau et WC privatifs. Espace salon à l'étage, avec 1 ch. (1 lit 160, 2 lits 90), salle de bains et wc privatifs. Pièce de séjour avec cheminée réservée aux hôtes. Coin-cuisine à leur disposition. Possibilité lit d'appoint. Etang sur place. Préau pour voiture. Salon de jardin. Jeux pour enfants. Animaux admis sous réserve. Tarif 4 pers. : 56 €.

Prix : 1 pers. 32 € 2 pers. 38/43 € 3 pers. 49 € pers. sup. 8 €
Ouvert : Toute l'année sauf vacances de février.

5	SP	3	SP	5	10	40	SP	10	30	3

Isabelle VATIN - La Pierre - 41130 GIEVRES - Tél. : 02 54 98 66 93 ou 06 63 74 49 89 - Fax : 02 54 98 66 93 -
E-mail : vat-isa@clubinternet.fr - http : //www.lechampdupre.com

Centre **Loir-et-Cher**

HOUSSAY Les Morines
C.M. 64 Pli 6

3 ch. A la ferme, à l'étage : 3 ch. d'hôtes (dont 2 classées 2 épis) 1 ch. (1 lit 140, 2 lits 90), 1 ch. (1 lit 140, 2 lits 90), douche, WC privatifs. 1 ch. double (2 lits 140) douche particulière, WC communs. Chauf. cent. Vente de fromage de chèvre, camping à la ferme. Lave linge. Salon de jardin et barbecue. Jeux pour enfants. Tarif 4 pers. : 46 €.

Prix : 1 pers. 20 € 2 pers. 38 € 3 pers. 42 € repas 12 €
Ouvert : Toute l'année.

🐕	🏊	🎣	🎾	🚶	🏇	⛳	🌲	🚴	🚗
9	6	9	SP	9	6	1	9	3	

Hubert PETIT - Les Morines - 41800 HOUSSAY - Tél. : 02 54 77 19 64

LANCE
C.M. 64

2 ch. Maison dans le village de Lancé, au calme avec un terrain clos et arboré, située entre la Vallée du Loir et les chateaux de la Loire. Accès aux chambres indépendant. Rez de chaussée : séjour (télévision), coin cuisine à disposition des hôtes (réfrigérateur, mini-four, plaques électriques, cafetière). A l'étage : 1 chambre (1 lit double et 1 lit simple) salle d'eau et wc privatifs, 1 chambre (2 lits simples) salle d'eau et wc privatifs. Possibilité d'initiation à la poterie. Restaurant dans le village.

Prix : 1 pers. 33 € 2 pers. 42 € pers. sup. 13 €
Ouvert : Toute l'année.

🐕	🏊	🎣	🎾	🚶	🏇	⛳	🌲	🚴	🚗
12	SP	0,5	SP	6	12	20	SP	5	5

Guy CROSNIER - 1 rue du Mousseau - 41310 LANCE - Tél. : 02 54 82 81 59

LANGON Nocfond
C.M. 64 Pli 19

4 ch. Ancienne ferme restaurée, dans un grand parc fleuri et ombragé, située en pleine Sologne. Les chambres ont un nom : « Bagatelle » : 2 lits jumeaux avec salle de bains et wc privatifs. « Berthe St James » : 1 lit 1,40 avec salle de bains et wc privatifs. « La Varende » : 1 lit 1,40 m avec salle d'eau et wc privatifs. « Les Guernazelles » : 1 lit 1,40 m avec salle d'eau et wc. Parking privé. Les chiens sont acceptés.

Prix : 2 pers. 43/50 € pers. sup. 11 €
Ouvert : Toute l'année.

🐕	🏊	🎣	🎾	🚶	🏇	⛳	🌲	🚴	🚗
6	3	7	SP	3	20	SP	SP	17	6

Thierry COUTON-PROD'HOMME - Nocfond - 41320 LANGON - Tél. : 02 54 98 16 21 ou SR : 02 54 58 81 64

LESTIOU
C.M. 64 Pli 8

3 ch. Au cœur des châteaux de la Loire, à 12 km de Chambord, 20 mn de Blois, 7 km de Beaugency, 1h30 de Paris. Marie-Jeanne et Marguerite FAUCONNET et Albert CATARIVAS vous accueillent dans maison du 17e s. restaurée avec authenticité et offrent 3 ch d'hôtes de caractère avec leurs charpentes apparentes. 1 ch (1 lit 760), 1 ch (1 lit 160 + 2 lits 80). 1 ch. (2 lits 80 en twins + 1 convertible 140), s.d.b./wc privatifs aménagés. A l'étage, ch. bénéficient d'une vue magnifique sur la Loire, la campagne et le jardin. Table d'hôtes sur réservation pris dans la salle à manger avec cheminée et vue sur jardin. Parking fermé. Tarif 4 pers. : 88 €/nuit.

Prix : 1 pers. 50/55 € 2 pers. 54/58 € 3 pers. 73 € pers. sup. 15 € repas 21 €
Ouvert : De Pâques à décembre inclus.

🐕	🏊	🎣	🎾	🚶	🏇	⛳	🌲	🚴	🚗
7	0,2	SP	0,2	24	7	10	12	7	2

Marie-Jeanne FAUCONNET - 56 Grande Rue - 41500 LESTIOU - Tél. : 02 54 81 22 36 - Fax : 02 54 81 22 36 ou SR : 02 54 58 81 64

LUNAY La Belle Etoile
C.M. 64 Pli 5

1 ch. A la ferme, 1 ch. d'hôtes indépendante, aménagée en rez de ch. (1 lit 140, 1 lit 90), poss. lit d'appoint, wc et salle d'eau privés, coin cuisine et salle de repas, chauf. élec. Pêche sur place (étang privé). Jeux pour enfants. Terrain de boules SP. Piscine gratuite à 7 km. Villages troglodytes, Châteaux, etc.

Prix : 1 pers. 28 € 2 pers. 34 € 3 pers. 49 € pers. sup. 9 €
Ouvert : Toute l'année.

🐕	🏊	🎣	🎾	🚶	🏇	⛳	🌲	🚴	🚗
7	SP	5	8	20	25	5	10	20	5

Robert ABLANCOURT - La Belle Etoile - 41360 LUNAY - Tél. : 02 54 72 00 89 ou SR : 02 54 58 81 64

MAREUIL-SUR-CHER La Lionnière
C.M. 64 Pli 17

2 ch. Ferme Tourangelle, à proximité du val de Loire et au cœur de la vallée du Cher (châteaux, vignobles...), 2 ch. aménagées au 1er ét. avec s.d.b./wc privatifs pour chaque ch. 1 ch. (1 lit 140 et 2 lits 90), 1 ch. (3 lits 140). Calme et détente dans jardin paysagé. Elevage de chèvres, moutons, volailles SP. Produits fermiers SP. Tarif 1/2 pension à partir de 3 jours. Tarif 4 pers. : 60 €. À proximité du zoo de Beauval. Langue parlée : anglais.

Prix : 1 pers. 37 € 2 pers. 37 € 3 pers. 48 € pers. sup. 11 € repas 15/21 €
Ouvert : Toute l'année sur réservation.

🐕	🏊	🎣	🎾	🚶	🏇	⛳	🌲	🚴	🚗
4	4	4	SP	6	4	35	SP	4	7	4

Frédéric BOULAND - Ferme Auberge de la Lionnière - 41110 MAREUIL-SUR-CHER - Tél. : 02 54 75 24 99 - Fax : 02 54 75 44 74 -
E-mail : fa-lionniere@wanadoo.fr - http : //perso.wanadoo.fr/frederic.bouland/

Loir-et-Cher   *Centre*

MAREUIL-SUR-CHER Les Aulnaies   (TH)   C.M. 64 Pli 17

5 ch. Ancienne bergerie au cœur des vignobles, à l'orée de la forêt. 5 chambres toutes avec salle de bains et wc privatifs. (3 chambres pour 2 personnes et 2 chambres pour 4 personnes). TV chaines européennes. Piscine privée, étang. Pêche. Vélos à disposition. Terrain de Volley-ball. Parc clos de 3 ha. A 2 km du Zoo de Beauval. Tarif 4 pers. : 95 €.

Prix : 1 pers. 48 € 2 pers. 58 € 3 pers. 78 € pers. sup. 20 € repas 22 €

Ouvert : Du 15 février au 31 décembre.

🐕	🏊	🏊	🎾	🎣	🏃	🎿	🎯	🌲	🚲	🏛	⛷
	SP	SP	3	SP	4	4	30	5	4		

Bernard BODIC - 2 rue des Aulnaies - 41110 MAREUIL-SUR-CHER - Tél. : 02 54 75 43 89 - Fax : 02 54 75 43 89 - E-mail : lesaulnaies@aol.com - http ://www.lesaulnaies.com

LA MAROLLE-EN-SOLOGNE Bel Air   (TH)   C.M. 64 Pli 8

4 ch. Au cœur de la Sologne, à proximité des étangs, 3 ch.d'hôtes 2 pers. (3 lits 140) sanitaires privés. 1 suite (1 ch. 1 lit 140, 1 ch. 2 lits 90), sanitaires communs, kitchenette, aménagées dans un bâtiment de ferme restauré, annexe à la maison des propriétaires. Accès indépendant pour chaque ch., donnant sur une grande terrasse. Terrain non clos. Poss. lit d'appoint. chauf. élec., 10 % de réduc. à partir du 3e jour en 1/2 pension. Table d'hôte sur réservation. Tarif 4 pers. : 60 €. Langue parlée : anglais.

Prix : 1 pers. 33 € 2 pers. 40 € 3 pers. 50 € pers. sup. 10 € repas 14 € 1/2 pens. 29 €

Ouvert : Toute l'année.

🐕	🏊	🏊	🎾	🎣	🏃	🎿	🎯	🌲	🚲	🏛	⛷
	15	2	4	0,5	12	30	20	SP	SP	25	2

Mr et Mme LAMBERT-NEUHARD - Bel Air - 41210 LA-MAROLLE-EN-SOLOGNE - Tél. : 02 54 83 60 47 - Fax : 02 54 83 73 85 ou SR : 02 54 58 81 64

MAROLLES   (TH)   C.M. 64 Pli 7

E.C. 3 ch. Dans une authentique demeure beauceronne du XIXe s. à 5 km de Blois, Danielle et Gilles vous réservent un accueil chaleureux et convivial. Il vous proposent 3 grandes ch. élégantes et confortables toutes équipées de s.d.b./wc privatifs dont 1 ch. familiale (double chambre, 1 lit 2 pers., 2 lits 1 pers.). Déjeuner buffet au jardin d'hiver. 4 pers. : 99 €. Piscine sur place. Jardin fleuri et ombragé. Parking dans la propriété. Une étape de charme non loin des chateaux de la Loire. Langues parlées : anglais, allemand.

Prix : 1 pers. 59 € 2 pers. 69/73 € 3 pers. 84/88 € pers. sup. 15 € repas 23 € 1/2 pens. 59 €

Ouvert : Toute l'année.

🐕	🏊	🏊	🎾	🎣	🏃	🎿	🎯	🌲	🚲	🏛	⛷
	SP	5	10	3	1	12	12	14	1	5	3

Gilles et Danielle ALAIMO - 5 rue de la Mairie - 41330 MAROLLES - Tél. : 02 54 20 09 46 - E-mail : alaimo.danielle@wanadoo.fr

MENNETOU-SUR-CHER Les Barres   A   C.M. 64 Pli 19

4 ch. A la ferme, à 3 km du bourg, 4 ch. aménagées, dans une maison solognote dans un parc calme. 1 ch. (1 lit 140), 1 ch. (2 lits 90), 1 ch (3 lits 90), 1 ch. (2 lits 1 pers., 2 lits sup. 90), s. d'eau, wc dans chaque ch., chauf. élec., entrée indépendante, parking, poss. location roulottes, chariots bâchés. Tarif 4 pers. : 66 €.

Prix : 1 pers. 38 € 2 pers. 42 € 3 pers. 54 € pers. sup. 8 €

Ouvert : Du 1er mars au 31 janvier.

🐕	🏊	🏊	🎾	🎣	🏃	🎿	🎯	🌲	🚲	🏛	⛷
	3	3	3	SP	10	5	SP	15	20	3	

Nicole PITET - Ferme-auberge des Barres - 41320 MENNETOU-SUR-CHER - Tél. : 02 54 98 03 77 ou 06 08 24 20 39 - Fax : 02 54 98 10 12 - E-mail : pitetnicole@aol.com - http ://www.lesbarres.fr.st

MER   C.M. 64 Pli 8

5 ch. 5 ch. d'hôtes aménagées dans une maison de caractère, 1 ch. (1 lit 140, 1 lit 90), salle de bains, wc privatifs. 1 ch. (1 lit 140, poss. lit d'appoint 90), salle d'eau, wc. 1 ch. (2 lits 80 accolés), salle d'eau, wc. 1 suite de 2 ch. : 1ère ch. (2 lits 90) + 2è ch. (2 lits 80, salle de bains, wc). 1 ch. (1 lit 140, 1 lit 80), salle de bains, wc. Salon et kitchenette à dispos. des hôtes. Billard. Expo et vente tableaux SP. Coin détente. Jardin et parking clos. 2 gîtes ruraux à proximité. Tarifs 4 pers. : 65/90 €.

Prix : 1 pers. 40 € 2 pers. 45/55 € 3 pers. 58/80 € pers. sup. 12 €

Ouvert : Toute l'année.

🐕	🏊	🏊	🎾	🎣	🏃	🎿	🎯	🌲	🚲	🏛	⛷
	0,5	2	0,5	SP	10	15	12	5	SP	SP	

Claude et Joëlle MORMICHE - 9 rue Jean et Guy Dutems - Le Clos - 41500 MER - Tél. : 02 54 81 17 36 - Fax : 02 54 81 70 19 - http ://www.France-bonjour.com/mormiche/ ou SR : 02 54 58 81 64

MEUSNES   C.M. 64 Pli 17

4 ch. Charme et tranquilité dans cette ancienne école de jeunes filles fin XVIIIe. 4 chambres donnant sur un parc clos de murs. 1 suite (lit 140, petit boudoir lit de 120, douche, baignoire, wc). 1 grande chambre (lit 140 et lit 90, baignoire, wc). 1 chambre (lit 140, douche, wc). 1 grande chambre (lit 140, possibilité lit d'appoint 140, baignoire, wc). Piscine couverte à disposition. Salon de jardin. Possibilité de pique-nique dans le parc. Tarifs 4 pers. : 61/77 €.

Prix : 1 pers. 39/48 € 2 pers. 45/54 € 3 pers. 58/63 €

Ouvert : Toute l'année.

🐕	🏊	🏊	🎾	🎣	🏃	🎿	🎯	🌲	🚲	🏛	⛷
	SP	0,8	0,5	0,3	12	12	30	0,5	6	0,2	

Patrick et Dominique LEGRAS - 210 rue Jean Jaurès - La Saulaie - 41130 MEUSNES - Tél. : 02 54 32 59 66 - E-mail : plegras@infonie.fr - http ://www.chez.com/closeriedemeusnes/ ou SR : 02 54 58 81 64

Centre — **Loir-et-Cher**

MILLANCAY Villeloup
C.M. 64 Pli 18

2 ch. 2 ch. d'hôtes dans une ferme typiquement solognote, à 500 m de la D 122, au milieu des bois et des prairies, très calme. 2 ch. 2 pers., poss. lit supplémentaire dans l'une, avec s. de bains commune. Chauf. élec. forêt SP, patinoire 10 km.

Prix : 1 pers. 30 € 2 pers. 33 € pers. sup. 10 €
Ouvert : Du 1er avril au 15 novembre.

10	10	3	0,5	10	25	SP	10	10	3

Solange SEVAUX - Villeloup - 41200 MILLANCAY - Tél. : 02 54 96 64 32

MONDOUBLEAU
(TH) *C.M. 64 Pli 5*

4 ch. A 170 km de Paris, situé dans le Perche/Vendomois, entre la Vallée du Loir et le grand Perche, un véritable paradis pour les cyclistes et les randonneurs. Un artisan dessinateur hébéniste et une cuisinière passionnée vous accueillent dans leur grande maison de caractère de la fin XVIIe s., maison calme, jardin clos. 4 ch. familiales de 3 à 6 pers. (3 de 2 épis, 1 de 3 épis) avec salles de bains et wc privés. Table d'hôtes sur réservation. Location de vélos sur place avec itinéraires. Animaux admis sous réserve. Tarif 4 pers. : 64 €. Langue parlée : anglais.

Prix : 1 pers. 34/39 € 2 pers. 40/45 € 3 pers. 52/57 € pers. sup. 12 € repas 19 €
Ouvert : Toute l'année.

0,5	0,3	0,5	SP	8	40	10	SP	28	SP

Alain et Isabelle PEYRON-GAUBERT - Carrefour de l'Ormeau - 41170 MONDOUBLEAU - Tél. : 02 54 80 93 76 - Fax : 02 54 80 88 85

MONT-PRES-CHAMBORD Manoir de Clénord
C.M. 64 Pli 17

6 ch. Dans un manoir du XVIIe s., 6 ch. dont 2 suites : 1 suite (1 ch. 1 lit 2 pers., 1 ch. 2 lits 1 pers., s. de bains, wc) 1 suite (1 ch. 2 lits 1 pers. 1 ch. 1 lit 1 pers., s. de bains, wc), 1 ch. (2 lits 1 pers., s. de bains, wc). En annexe, 1 ch. (1 lit 2 pers., douche), 1 ch. (2 lits 1 pers., s. de bains, wc), 1 ch. (1 lit 2 pers., douche, wc). Lit bébé gratuit. Lit sup. enfant 9 €. Tarifs 4 pers. : 160/181 €. Langues parlées : anglais, espagnol.

Prix : 1 pers. 49/120 € 2 pers. 56/146 € 3 pers. 151/164 € pers. sup. 15 €
Ouvert : Du 1er février au 15 décembre. Hors saison sur demande.

SP	SP	SP	SP	6	9	5	SP	5	10	3

Christiane RENAULD - 998 route de Clenord - Manoir de Clenord - 41250 MONT-PRES-CHAMBORD - Tél. : 02 54 70 41 62 - Fax : 02 54 70 33 99 - E-mail : info@clenord.com - http ://www.clenord.com ou SR : 02 54 58 81 64

MONTEAUX
C.M. 64 Pli 16

3 ch. A 200 m du centre du village, sur la route des vignobles, 3 ch. d'hôtes. 1 suite 2/4 pers. 390 F (1 ch. 1 lit 140, 1 salon canapé-lit 140, douche, WC privatifs), kitchenette. A l'étage de la maison des propriétaires, avec entrée indépendante : 2 ch. (1 lit 140 chacune), s. de bains/WC privatifs. Poss. lit d'appoint (9 €), jardin clos, salon de jardin. Parking privé. Equipement complet pour accueil bébé. Tarif 4 pers. : 62 €.

Prix : 1 pers. 34/43 € 2 pers. 43/53 € 3 pers. 60 € pers. sup. 10 €
Ouvert : Toute l'année.

11	2	5	SP	15	40	13	10	5	2	SP

Michel LECOMTE - 20 rue de la Briderie - Les Cèdres - 41150 MONTEAUX - Tél. : 02 54 70 20 09 - Fax : 02 54 70 20 09 - E-mail : michel.lecomte2@freesbee.fr - http ://www.chambres-les-cedres.com ou SR : 02 54 58 81 64

MONTHOU-SUR-BIEVRE Le Chêne Vert
C.M. 64 Pli 17

3 ch. Dans une ancienne ferme du XVIe siècle, au cœur d'un parc paysagé d'un hectare, à proximité des Châteaux de la Loire dont Chaumont/Loire et ses jardins (9 km), 2 ch. d'hôtes (2/3 pers.) dont 1 ch au rez-de-chaussée dans batiment indépendant avec douche wc privés et une suite allant de 2 à 8 pers. 2 douches, 2 wc, salon avec cheminée et télévision. Cuisine équipée à disposition à partir de 2 nuits. Tarif 4 pers. : 130 €. Langue parlée : anglais.

Prix : 1 pers. 53 € 2 pers. 64/84 € 3 pers. 84 € pers. sup. 15 €

3	3	SP	3	16	12	3

Marie-France TOHIER - Le Chêne Vert - 41120 MONTHOU-SUR-BIEVRE - Tél. : 02 54 44 07 28 - Fax : 02 54 44 17 94

MONTHOU-SUR-BIEVRE La Poulinière
C.M. 64 Pli 17

3 ch. A proximité des Châteaux de la Loire, dans une ferme restaurée, 3 chambres d'hôtes avec sanitaires privatifs dont 1 chambre en rez-de-chaussée accessible aux personnes à mobilité réduite : 1 chambre (2 lits 140) et à l'étage 2 chambres (2 lits 140 et 1 lit 140). TV. Salon de jardin et barbecue. Jeux pour enfants. Tarif 4 pers. : 46 €.

Prix : 1 pers. 23 € 2 pers. 37 € 3 pers. 46 €
Ouvert : Toute l'année.

8	4	10	1	5	15	8	2	4	8	6

Lucien ROUVRE - La Poulinière - 41120 MONTHOU-SUR-BIEVRE - Tél. : 02 54 44 15 57 - Fax : 02 54 44 15 57 ou SR : 02 54 58 81 64

Loir-et-Cher

Centre

MONTHOU-SUR-CHER
C.M. 64 Pli 17

2 ch. À 3 km de Montrichard, au cœur de la vallée du Cher, dans une maison de 1850. Au 1er étage : escalier privatif avec rampe, ch. familiale (1 lit 2 pers, 3 lits 1 pers., 1 lit enfant jusqu'à 6 ans + 1 suite 1 lit 130 avec douche et wc privés pour les 2 chambres). Bibliothèque, jeux intérieurs, classeur touristique à dispo., pique-nique jardin (2000 m²). Espace cuisine dans chalet avec terrasse et salon de jardin. Réception et petits déjeuners dans véranda face au jardin fleuri et parking. Hiver, salle à manger. On ne fume pas à l'intérieur. Accueil chaleureux. Tarif enfant : 10 € jusqu'à 6 ans. 1 nuit 4 pers. : 68 € 1 sem. : 280 €, 5 pers. : 320 €. Langues parlées : anglais, allemand.

Prix : 1 pers. 40 € 2 pers. 41/42 € 3 pers. 55 € pers. sup. 13 €
Ouvert : Toute l'année.

3	2	3	2	4	3	2	3	4	2

Françoise VRILLAUD - 8 rue de Vineuil - Vineuil - 41400 MONTHOU-SUR-CHER - Tél. : 02 54 32 70 65 - Fax : 02 54 32 70 65

MONTLIVAULT
(TH) *C.M. 64 Pli 7*

5 ch. Entre Loire et Chambord, aux portes de la Sologne, nombreuses poss. touristiques et sportives : prêt de vélos, tennis à dispo., rando. pédestres. 5 ch. d'hôtes dans une ancienne ferme viticole, toutes de plain-pied, avec entrée indép., à 4 km du parc de Chambord et à 10 km de Blois. Suite familiale (1 lit 140, 2 lits 90), 1 ch 3 pers. (3 lits 90). 2 ch. (1 lit 160), 1 ch. (1 lit 140) salles de bains ou salles d'eau et wc privatifs. Parking privé et clos, jardin. Table d'hôtes traditionnelle à la table des propriétaires, sur résa. (Prix -12 ans). Tarif 4 pers. : 75 €. Langue parlée : anglais.

Prix : 1 pers. 35/75 € 2 pers. 42/75 € 3 pers. 60/75 € pers. sup. 13 € repas 20 €
Ouvert : Toute l'année.

7,5	1	SP	4	1,5	4	4	SP	12	SP

Jean-Claude PARZY - 1 rue de St-Dye - 41350 MONTLIVAULT - Tél. : 02 54 20 69 55 - Fax : 02 54 20 69 55 -
E-mail : salamandres@ifrance.com - http : //salamandres.fr.fm ou SR : 02 54 58 81 64

MUIDES-SUR-LOIRE
C.M. 64 Pli 8

1 ch. Maisonnette ancienne, indépendante de celle des propriétaires, située à 1 km du domaine de Chambord. La Arnaudière est face à l'église du 16e siècle, en bordure de Loire. 2 lits de 0.90 m en mezzanine. Au rez de chaussée, 1 lit de 1.40 m. Sanitaires privatifs. Lit bébé sur demande. Le petit déjeuner, composé de confitures et pâtisseries maison, est servi dans le séjour ou le jardin. Salon de jardin. Place de parking. Pêche dans la Loire à 100 mètres. Endroit calme, sans circulation. Tarif 4 pers. : 70 €. Langue parlée : anglais.

Prix : 2 pers. 46 € 3 pers. 61 €
Ouvert : Toute l'année.

5	SP	0,1	SP	8	14	5	1	5	SP

Bruno DURAND - 24 rue de la Mairie - La Arnaudière - 41500 MUIDES-SUR-LOIRE - Tél. : 02 54 87 06 26 ou 06 88 80 12 72 -
E-mail : arnaudiere@aol.com - http : //arnaudiere.ifrance.com

NEUNG-SUR-BEUVRON
C.M. 64 Pli 19

3 ch. Dans le bourg, à prox. des châteaux de la Loire, 3 ch. d'hôtes dont 1 ch. (1 lit 140) aménagée dans un bâtiment annexe à l'habitation de la propriétaire, S. d'eau/WC privatifs, séjour avec mezzanine (1 lit 90, canapé-lit 140), coin cuisine à disposition des hôtes. A l'étage : 2 ch. 2 pers. avec sanitaires privés, poss. lit d'appoint, lit bébé. Grand jardin, vélo, terrain de boules, parking intérieur. L'autoroute 71 à 17 km. Restaurant à 400 m. Tarif 4 pers. : 46 €. Langue parlée : anglais.

Prix : 1 pers. 30/46 € 2 pers. 43/46 € 3 pers. 46/53 € pers. sup. 11 €
Ouvert : Toute l'année.

17	SP	1	SP	17	30	10	SP	SP	22	SP

Patrick CREHAN - 16 rue du 11 Novembre - Breffni - 41210 NEUNG-SUR-BEUVRON - Tél. : 02 54 83 66 56 - Fax : 02 54 83 66 56 -
E-mail : breffni65@hotmail.com ou SR : 02 54 58 81 64

NOUAN-SUR-LOIRE Bois Renard
C.M. 64 Pli 8

4 ch. Château du XIXè siècle où se trouve un gîte, situé dans un parc au milieu des bois, en bordure du Parc de Chambord. A l'étage : 1 chambre (2 lits 90) avec s.b.b. et wc privatifs. 1 chambre (2 lits 90) avec s.d.b. et wc privatifs. 1 chambre (1 lit 140 + 1 lit 90) avec s.d.b. et wc privatifs. 1 suite familiale de 3 chambres (6 lits 90) avec s.d.b. et wc privatifs. Salon réservé aux hôtes. Tarifs : 4 pers. : 91 €, 5 et 6 pers. : 137 €. Langue parlée : anglais.

Prix : 1 pers. 61/76 € 2 pers. 61/76 € 3 pers. 91/101 € pers. sup. 15 €
Ouvert : Juillet et août.

5	2	2	7	20	5	SP	7	2

Michel DE WARREN - 6 rue Edouard Fournier - 75116 PARIS - Tél. : 01 40 72 82 78 ou SR : 02 54 58 81 64

OISLY
 C.M. 64 Pli 17

3 ch. Dans le village, 3 ch. d'hôtes aménagées au R. de ch. d'une ferme. 1 ch. avec cuisine (1 lit 1 pers., 1 lit 2 pers, TV). A l'ét. 1 ch. avec kitchenette (1 lit 1 pers., 1 lit 2 pers., TV). 1 ch. (2 lits 1 pers.), s. d'eau, WC privatifs. chauf. cent. et élec. Garage. Salle de jeux. Coin pêche. Restaurants dans le village.

Prix : 1 pers. 25 € 2 pers. 31/34 € 3 pers. 45 € pers. sup. 10 €
Ouvert : Toute l'année.

5	SP	5	SP	10	12	5	5

François BONNET - Rue du Stade - Le Bourg - 41700 OISLY - Tél. : 02 54 79 52 77

Centre — Loir-et-Cher

OISLY La Presle
C.M. 64 Pli 17

1 ch. A la ferme, au cœur des Châteaux de la Loire, dans un environnement calme, arboré et fleuri. A l'étage : 1 suite dont 1 ch. (1 lit 2 places), 1 ch. (2 lits 1 place), salle d'eau et wc réservés aux hôtes. Rez de chaussée : cuisine-séjour, TV, salle de jeux, dégustation, vente de vins de Touraine. Basse cour, âne.

Prix : 1 pers. 25 € 2 pers. 34 € 3 pers. 48 €
Ouvert : Toute l'année.

6	SP	6	SP	9	30	15	2	6	15	6

Claude BOUCHER - La Presle - 41700 OISLY - Tél. : 02 54 79 52 69 - Fax : 02 54 79 80 44

OUCHAMPS Les Motteux
C.M. 64 Pli 17

3 ch. Au cœur des Châteaux de la Loire. A la ferme, au calme dans bâtiment annexe, aménagées au R. de ch., 2 ch. avec s. d'eau et WC privatifs : 1 ch. (1 lit 2 pers. + 1 lit d'appoint 1 pers.), 1 ch. (1 lit 2 pers., 1 lit d'appoint 1 pers.), kitchenette attenante. Véranda avec coin-cuisine, TV couleur. Au r.d.c., mitoyen à la maison des propriétaires avec entrée indépendante : 1 chambre 3 épis (1 lit 2 pers., 1 lit 1 pers.), salle d'eau, wc privatifs. TV couleur, coin cuisine, chauf. élec., jardins d'agrément privatifs. Restaurant à 3 et 5 km. 4 pers. : 61 €.

Prix : 1 pers. 31 € 2 pers. 36 € 3 pers. 46 € pers. sup. 12 €
Ouvert : Toute l'année.

12	1	3	1	6	1	SP	14

Jean et Eliane VERNON - Les Motteux - 41120 OUCHAMPS - Tél. : 02 54 70 42 62 - Fax : 02 54 70 42 62

LE POISLAY Les Coteaux
C.M. 60 Pli 16

3 ch. A la ferme, en activité avec des animaux (bovins, volailles), 1 ch. au rez-de-chaussée (2 lits 1 pers.), 1 ch. à l'étage (1 lit 2 pers. + 1 lit 1 pers.), 1 ch. à l'ét. (1 lit 2 pers. + 2 lits 1 pers. + 1 lit bébé), salle de bains et wc dans chaque ch., 1 pièce (TV, micro-ondes, frigo), poss. découvrir les travaux de la ferme, table ping-pong, VTT, vélos. Tarif dégressif au nombre de nuits. Animaux admis sous réserve. Tarif 4 pers. : 52 €.

Prix : 1 pers. 26 € 2 pers. 34 € 3 pers. 43 €
Ouvert : Toute l'année.

18	2	3	10	6	15	25	1	2

Michel COIGNEAU - Les Coteaux - 41270 LE-POISLAY - Tél. : 02 54 80 53 19 - Fax : 02 54 80 19 11 ou SR : 02 54 58 81 64

PONTLEVOY Les Bordes
C.M. 64 Pli 17

6 ch. Au cœur des Châteaux de la Loire, à 3 km de Pontlevoy, route de Chaumont sur Loire (D 114), ferme offrant 6 ch. d'hôtes indépendantes de la maison d'habitation. 1 ch. au R de ch. (1 lit 2 pers., 2 lits 1 pers.), 5 ch. à l'ét. dont 1 ch. (2 lits 1 pers.), 3 ch. (1 lit 2 pers.), salle d'eau, wc privatifs, 1 ch. (1 lit 2 pers., 1 lit 1 pers.), s.d.b., wc privatifs. Chauffage électrique. Parc et jeux. Salle d'accueil. 10 % de réduction pour 1 semaine. Tarif 4 pers. : 57 €.

Prix : 1 pers. 32 € 2 pers. 37/42 € 3 pers. 49 € pers. sup. 11 €
Ouvert : Toute l'année.

7	9	3	SP	3	7	20	6	7	8	3

Josiane GALLOUX - Les Bordes - Route de Chaumont-sur-Loire - 41400 PONTLEVOY - Tél. : 02 54 32 51 08 - Fax : 02 54 32 64 43

PRUNIERS-EN-SOLOGNE Domaine de Saugirard
C.M. 64 Pli 18

1 ch. Ancienne ferme, proche des Châteaux de la Loire. Dans un cadre de verdure, une étape sereine, dans un domaine solognot, Marie-France vous fera partager le charme de cette région. Rez-de-chaussée : 1 chambre (1 lit 1.40 m) avec salle d'eau et wc privatifs. Réservation uniquement en week-end.

Prix : 1 pers. 34 € 2 pers. 40 € 3 pers. 55 €
Ouvert : Toute l'année en week-end seulement.

4	SP	4	SP	15	15	25	SP	SP	4	4

Marie-France BISSON - La Ferme de Saugirard - Les Tilleuls - 41200 PRUNIERS-EN-SOLOGNE - Tél. : 02 54 96 56 90 ou 06 70 40 08 96

RILLY-SUR-LOIRE Ferme du Plessis
(TH) *C.M. 64 Pli 16*

2 ch. 2 ch. d'hôtes aménagées dans un ancien manoir du XVe siècle. A l'étage : 2 ch. double (1 lit 140 dans chacune), salle de bains/WC communs aux 2 ch. Sur place : aire naturelle de camping (25 emplacements, tir à l'arc (avec animateur). Chauffage central au bois. Possibilité randonnées équestres accompagnées (6 box + 3 paddocks). VTT avec moniteur. Langue parlée : anglais.

Prix : 1 pers. 32 € 2 pers. 37 € repas 9 € 1/2 pens. 12/13 €
Ouvert : Toute l'année.

12	SP	4	SP	10	6	SP	SP	8	8

Christophe SERIN - Ferme du Plessis - 41150 RILLY-SUR-LOIRE - Tél. : 02 54 20 90 55 - Fax : 02 54 20 90 55

Loir-et-Cher *Centre*

ROCE La Touche
C.M. 64 Pli 6

5 ch. A 5 kms à l'est de Vendôme, dans un cadre de verdure et de repos. 1 ch. (2 lits 1 pers.), lavabo, douche, WC. 2 ch. (1 lit 2 pers., 1 lit 1 pers.), séjour. 1 espace familial sur 2 niveaux (4/5 pers.), lavabo, douche, WC, coin cuisine priv. Espace vert. Volley. Tir à l'arc. Ping-pong. Vélos + VTT. Tarif 4 pers. : 60 €. Langue parlée : anglais.

Prix : 1 pers. 30 € 2 pers. 40 € 3 pers. 50 € pers. sup. 10 €
Ouvert : De mai à septembre.

🐕	🏊	🎣	🎾	👥	🐎	🏇	🎿	🌲	🚴	🚗	🚉
	6	SP	3	SP	7	14	15	SP	SP	14	6

Jean-Louis NOUVELLON - La Touche - 41100 ROCE - Tél. : 02 54 77 19 52 - Fax : 02 54 77 06 45 - E-mail : jl-nouvellon@yahoo.fr ou
SR : 02 54 58 81 64

ROMORANTIN
C.M. 64 Pli 18

5 ch. 5 ch. d'hôtes dans une maison de caractère. Au 1er étage : 1 ch. (2 épis) 3/4 pers. avec s. d'eau. 1 ch. 2 pers. avec s. de bains, wc. 1 ch. 3 pers. avec coin-nurserie, s. de bains et WC. Au 2e ét. : 1 suite 5 pers. (1 ch. 1 lit 2 pers. et 1 ch. 1 lit 2 pers. 1 lit 1 pers.), douche, wc sur le palier. Lit bébé 10 €. Abri couvert. Salon de jardin. Jeux divers. Parc d'attractions. Parc boisé. Tarif 4 pers. : 60 €.

Prix : 1 pers. 30/38 € 2 pers. 30/46 € 3 pers. 56/59 €
pers. sup. 18 €
Ouvert : Toute l'année.

🐕	🏊	🎣	🎾	👥	🏇	🎿	🌲
	2	0,5	2	6	10	2	1

RAQUIN - 32 route de Selles-sur-Cher - 41200 ROMORANTIN - Tél. : 02 54 76 01 59

SAMBIN
C.M. 64 Pli 17

5 ch. Entre Chambord, Amboise et Chenonceau, dans un ancien corps de ferme rénovée et entourée d'un grand jardin calme, je vous propose 5 chambres et une vaste pièce commune avec véranda et terrasse. (3 ch. à 1 lit et 2 ch. à 2 lits - 2 des chambres pouvant former une suite familiale, chacune avec sanitaires privés). Parking dans la propriété. Balançoire et jeux pour enfants. Table d'hôtes sur réservation - nourriture biologique à 80 %.

Prix : 1 pers. 35/39 € 2 pers. 41/45 € pers. sup. 11 € repas 16 €
Ouvert : De février à octobre.

🐕	🏊	🎣	🎾	👥	🐎	🏇	🎿	🌲	🚗	🚉
	11	8	SP	SP	6	20	15	12	20	SP

Sophie GELINIER - 23 rue Fontaine-St-Urbain - 41120 SAMBIN - Tél. : 02 54 20 24 95 - E-mail : sophie.gelinier@libertysurf.fr ou
SR : 02 54 58 81 64

SANTENAY Le Bas Beau Pays
C.M. 64 Pli 6

4 ch. Sur une exploitation agricole du Val de Loire, à proximité des Châteaux, 4 chambres. Au R de ch. : 1 ch. (1 lit 140, 1 lit 90). A l'étage : 1 ch. (1 lit 140, 2 lits 90), 1 ch. (2 lits jumeaux 90), 1 ch. (1 lit 140) s. d'eau, WC privatifs, entrée indép., chauf. cent., jardin ombragé non clos. Table d'hôtes sur réservation. Tarif 4 pers. : 59 €.

Prix : 1 pers. 28 € 2 pers. 35 € 3 pers. 47 € pers. sup. 12 €
repas 16 €
Ouvert : Toute l'année.

🐕	🏊	🎣	🎾	👥	🐎	🏇	🎿	🌲	🚴	🚗	🚉
	4	SP	4	SP	20	20	20	10	13	14	4

Jean et Monique DEUTINE - Le Bas Beau Pays - 41190 SANTENAY - Tél. : 02 54 46 12 33 ou 06 71 72 18 96 - Fax : 02 54 46 12 33

SANTENAY La Borderie
C.M. 64 Pli 6

1 ch. Sur une exploitation agricole, 1 ch. (1 lit 140), avec s. de bains, WC particuliers. Terrasse ombragée, salon de jardin. Poss. lit bébé. Tarif dégressif à part. 2e nuit. Garage. Langue parlée ; anglais.

Prix : 1 pers. 29 € 2 pers. 36 €
Ouvert : Toute l'année.

🐕	🏊	🎾	🎿	🚴	🚗	🚉
	5	5	20	15	20	5

Jean-Louis TERRIER - La Borderie - 41190 SANTENAY - Tél. : 02 54 46 11 33 - Fax : 02 54 46 11 33 ou SR : 02 54 58 81 64

SANTENAY Herceux
C.M. 64 Pli 6

1 ch. Située au cœur des châteaux, entre Blois et Amboise, à 10 min. de la sortie autoroute A10 (sortie Amboise) ancienne ferme restaurée, sur un terrain de 3 ha. calme assuré. 1 suite composée de 2 chambres spacieuse (1 lit 140 et 1 lit 90 - 1 lit 140 et 1 lit 120), possibilité lit bébé, salle de bains (baignoire et douche) et wc privatifs. Salon et salle de jeux réservés aux hôtes, salon de jardin, jeux enfants. Tarifs dégressifs à partir de la 3e nuit. Gîte mitoyen pour 6 personnes. Tarif 4 pers. : 84 €/nuit.

Prix : 1 pers. 38 € 2 pers. 46 € 3 pers. 65 € pers. sup. 19 €
Ouvert : Toute l'année.

🐕	🏊	🎣	🎾	👥	🐎	🏇	🎿	🌲	🚴	🚗	🚉
	9	12	10	SP	12	20	15	12	SP	13	10

Bernard THOMAS - Herceux - 41190 SANTENAY - Tél. : 02 54 46 12 10

Centre   **Loir-et-Cher**

SARGE-SUR-BRAYE La Vougrerie   *C.M. 64 Pli 5*

3 ch. A 4 kms du bourg, dans une ferme située en pleine campagne, avec vue panoramique sur le bocage percheron. 3 ch. avec sanit. priv. Salon à dispos. des hôtes. vélos 10 vit., VTT et piscine privée SP. Pêche ds étang priv. Stage d'init. peint. sur soie sur dem. préalable. Coin cuisine. Animaux admis sous réserve.

Prix : 1 pers. 29 € 2 pers. 36 € 3 pers. 44 € pers. sup. 9 €

SP	SP	4	SP	4	18	20	SP	9	4

Claude et Martine ROUSSEAU - La Vougrerie - 41170 SARGE-SUR-BRAYE - Tél. : 02 54 72 78 24 - Fax : 02 54 72 75 96 -
E-mail : vougrerie@free.fr ou SR : 02 54 58 81 64

SARGE-SUR-BRAYE Les Ganeries   *C.M. 64 Pli 5*

E.C. 1 ch. Dans un cadre rustique, 1 chambre d'hôtes spacieuse (1 lit 1,60 m), possibilité lit de 0,90 m, salon avec cheminée, salle d'eau et wc privatifs. A disposition des hôtes salle de séjour avec cheminée, salon, télévision. Kitchenette avec lave-linge. Piscine surelevé, portique, vélos, ping-pong, pétanque. Animaux admis sous réserve.

Prix : 1 pers. 30 € 2 pers. 40 € pers. sup. 9 €
Ouvert : Toute l'année.

SP	26	3	3	SP	3	30	30	25	SP	25	3

Josiane JEULIN - Les Ganeries - 41170 SARGE-SUR-BRAYE - Tél. : 02 54 72 78 44

SAVIGNY-SUR-BRAYE Villeaux   *C.M. 64 Pli 5*

2 ch. Sur une ferme, dans une grande maison indépendante, à 17 km de Vendôme (gare TGV), à 2.5 km de Savigny sur Braye, à l'ét. : 2 ch. (3 lits 2 pl.,1 lit 1 pl.), s. d'eau, s. de bains, wc part. à chaque ch., chauf. cent., prod. fermiers, pique-nique du jardin, barbecue. Piscine gratuite à 2 km. 1 gîte + 1 gîte de groupe sur place (capacité 30 pers.), salle 45 places. 10 % de remise à partir de 2 nuits. Cuisine à disposition. Réfrigérateur pour chaque chambre. Peche sur place en étang privé. Tarif 4 pers. : 60 €.

Prix : 2 pers. 35/40 € 3 pers. 50 € pers. sup. 10 €
Ouvert : Du 1er février au 31 décembre.

3	SP	2,5	SP	10	13	25	1	7	15	2,5

Huguette CROSNIER - Villeaux - 41360 SAVIGNY-SUR-BRAYE - Tél. : 02 54 23 71 49 ou SR : 02 54 58 81 64

SELLES-SAINT-DENIS Les Atelleries   *C.M. 64 Pli 19*

3 ch. Au cœur de la Sologne, sur 65 ha, dans une ancienne ferme de style solognot restaurée, 3 ch d'hôtes aménagées dans des dépendances indépendantes. 2 ch dans une ancienne « boulangerie » restaurée avec son four à pain. Au r.d.c. : 1 ch. 2 pers. (1 lit 160), s.d.b., wc privatifs. A l'étage : 1 ch. 3 pers. (1 lit 160, 1 lit 90), s.d.b., wc privatifs. 1 ch. 3 pers. dans bâtiment à colombages (3 lits 90), s.d.b., wc privatifs. Salon réservé aux hôtes. Chien admis sous réserve (chenil). Forfait chasse accomp. sur le territoire. Tarif 4 pers. : 61 €. Langues parlées : anglais, espagnol.

Prix : 1 pers. 37 € 2 pers. 46 € 3 pers. 54 €
Ouvert : Toute l'année.

14	SP	5	5	14	13	15	SP	SP	5	5

Caroline QUINTIN - Les Atelleries - 41300 SELLES-ST-DENIS - Tél. : 02 54 96 13 84 - Fax : 02 54 96 13 78 -
E-mail : caroline.quintin@wanadoo.fr - http://perso.wanadoo.fr/caroline.quintin/

SELLES-SUR-CHER Bezaine   *C.M. 64 Pli 18*

2 ch. Au bord du canal du Berry, 2 ch. d'hôtes 2 pers. amén. ds une maison de caractère, 1 ch. (2 lits jumeaux 90), s. de bains, WC priv. 1 ch. (2 lits jumeaux 90), s. de bains, WC priv. Piscine sur la propriété. Billard. Gare de Selles S/Cher 5 km.

Prix : 1 pers. 38 € 2 pers. 46 € pers. sup. 10 €
Ouvert : Toute l'année.

5	SP	5	5	20	10	20	SP	5	5

Mr et Mme LERATE - 29 rue des Rieux - « Bezaine » - 41130 SELLES-SUR-CHER - Tél. : 02 54 97 51 35 ou SR : 02 54 58 81 64

SERIS   *C.M. 64 Pli 8*

5 ch. Région du val de Loire et de ses châteaux, 5 ch. aménagées dans une ferme du XIXe, situées sur une exploitation agricole en activité. 3 ch. de plain-pied avec douche et wc priv. 1 ch. (1 lit 140), 1 ch. (2 lits 90, 2 lits d'appoint), 1 ch. (1 lit 160, convertible 140). A l'ét. 1 ch. (1 lit 140, 1 lit 90, lit appoint, 1 lit bb), 1 ch. (1 lit 160, TV), s.d.b., wc priv. Salon réservé aux hôtes aménagé dans une ancienne cave, abri couvert, jardin-activités : découv. de la région en vélo, poss. d'accompagnement des groupes, VTT et vélos tourisme à louer SP. Poss. de confectionner ses confitures. Animaux admis sous réserve. Tarif 4 pers. : 72 €. Langue parlée : anglais.

Prix : 1 pers. 39/40 € 2 pers. 43/49 € 3 pers. 60/71 € repas 16 €
Ouvert : Toute l'année.

7	10	5	10	10	15	10	SP	7	5

Jean-Yves et Annie PESCHARD - 10 Chemin de Paris - 41500 SERIS - Tél. : 02 54 81 07 83 - Fax : 02 54 81 39 88 -
E-mail : jypeschard@wanadoo.fr ou SR : 02 54 58 81 64

Loir-et-Cher *Centre*

SEUR La Valinière
C.M. 64 Pli 17

5 ch. Situées géographiquement au milieu des chateaux de la Loire. Maison bourgeoise, meubles anciens, salle de bains et wc privés pour chaque chambre. Salon, salle à manger réservés aux hôtes, bien adaptés pour les longs séjours. Petits déjeuners copieux avec produits maison ou spécialités locales. Tarif 4 pers. : 68 €. Promotion pour 7 nuits : 212 à 262 € en moyenne saison et 234 à 284 € pour 2 pers. en très haute saison. En haute saison moins 2 €/chambre, en moyenne saison moins 4 €/chambre et en basse saison moins 7 €/chambre.

Prix : 1 pers. **35/41** € 2 pers. **42/89** € 3 pers. **54/65** € pers. sup. **11** €
Ouvert : Toute l'année.

10	SP	SP	SP	5	10	10	1	10	3

Jean-Pierre D'ELIA - La Valinière - 41120 SEUR - Tél. : 02 54 44 03 85 - Fax : 02 54 44 17 87 ou SR : 02 54 58 81 64

SOINGS-EN-SOLOGNE
C.M. 64 Pli 18

2 ch. Entre la Loire et le Cher, 2 ch. d'hôtes situées dans le bourg d'un village. Au rez-de-chaussée : douche et WC communs réservés aux hôtes. A l'étage : 1 ch. (1 grand lit), 1 ch. (2 lits 1 pers.). Salon de jardin.

Prix : 1 pers. **29** € 2 pers. **32** € pers. sup. **12** €
Ouvert : Toute l'année.

7	0,5	0,5	SP	6	20	8	SP	16	25	SP

Jacques et Alice BRISSET - 8 rue de Selles - 41230 SOINGS-EN-SOLOGNE - Tél. : 02 54 98 70 13 - Fax : 02 54 98 72 08 ou SR : 02 54 58 81 64

SOUGE La Mulotière
C.M. 64 Pli 5

2 ch. Entre Vendôme-Tours-Le Mans. Au cœur de la Vallée du Loir. Vous serez accueillis chaleureusement par les propriétaires de cette charmante demeure du 18e siècle. Calme et appaisante. Située à 4 km de Troo, village troglodyte. 6 Km de Poncé-Loir, village artisanal. 5 Km de Couture, Manoir du poète Ronsard. Proche des châteaux de la Loire. 1 ch. (1 lit 2 pers), salle de bains privés : 3 épis. 1 ch. (1 lit 2 pers + 1 lit 1 pers), salle de bains privés : 2 épis. Possibilité d'ajouter 1 chambre (1 lit 2 pers.) en chambre familiale. Salon de jardin. Vélos. Parking privé. Restaurants 2 km. Tarif 4 pers. : 70 €.

Prix : 1 pers. **29** € 2 pers. **38** € 3 pers. **51** € pers. sup. **13** €
Ouvert : De Pâques à la Toussaint.

10	SP	10	SP	20	9	12	SP	30	SP

Alain et Fabienne PARTENAY - 10 rue du Bourg Neuf - La Mulotière - 41800 SOUGE - Tél. : 06 80 33 72 55 - Fax : 02 54 72 46 97

ST-AIGNAN-SUR-CHER
C.M. 64 Pli 17

4 ch. A prox. des châteaux de la Loire, 4 ch. d'hôtes de charme, situées ds une demeure bourg (jardin à la française, vue panoram. sur château et collégiale). Au 1er ét. : 1 suite de style avec 2 lits 140, s.d.b., WC communs aux 2 ch. Au 2e ét. : 1 ch. (2 lits 90), s. d'eau, wc privatifs, 1 ch. de style avec 1 lit 140 et 1 lit 120, s. de bains et wc privatifs. 1 ch. donnant sur le jardin (1 lit 140 et 2 lits 90), salle d'eau et wc privatifs. Au cœur de la vallée du cher, à prox. du val de Loire (châteaux, musées, abbayes). Tarif 4 pers. : 70 €.

Prix : 2 pers. **40/50** € 3 pers. **60** € pers. sup. **13** €
Ouvert : Toute l'année.

SP	SP	SP	2	3	SP	25	2	2	SP

Geneviève BESSON - 66 rue Maurice Berteaux - 41110 ST-AIGNAN-SUR-CHER - Tél. : 02 54 75 24 35 - Fax : 02 54 75 24 35

ST-AMAND-LONGPRE
C.M. 64 Pli 6

3 ch. Située en Vallée du Loir, à 12 km de Vendôme, à 30 km de Blois, et 1 km de la RN 10, dans une maison de caractère avec grand jardin clos équipé d'une piscine privative (12 m x 5 m). 3 ch. d'hôtes - 1 suite dont 1 ch. (1 lit 130, poss. lit 90) + 1 ch. (1 lit 120, 1 lit 90), 1 ch. (1 lit 140, 1 lit 90), 1 ch. (1 lit 140, poss. lit 90), s. de bains + WC. Salon TV et pièce de réception avec cheminée. Petits déjeuners copieux avec produits maison. Tarifs 4 pers. : 64/70 €.

Prix : 1 pers. **32/39** € 2 pers. **40/46** € 3 pers. **52/58** € pers. sup. **12** €
Ouvert : Toute l'année.

SP	0,5	0,5	SP	5	30	SP	10	0,5

Chantal GATIEN - 3 avenue du Président Grellet - 41310 ST-AMAND-LONGPRE - Tél. : 02 54 82 94 44

ST-CLAUDE-DE-DIRAY L'Aubergeon
C.M. 64 Pli 7

E.C. 1 ch. A mi chemin entre Blois et Chambord, à proximité de la Loire, votre chambre d'hôtes (1 lit 140, salle d'eau et wc privatifs) est située au hameau de l'Aubergeon ou règne un calme remarquable. A l'ombre des glycines, vous bénéficiez d'une cour fermée, fleurie avec passion. Le jardin constituera une alternative heureuse à votre intérieur entièrement neuf où règne fraicheur et bon gout. Les bicycles à votre disposition complèteront les plaisirs de votre séjour. Poss. lit bébé. Séjour gratuit pour enfant jusqu'à 5 ans.

Prix : 2 pers. **43** € pers. sup. **11** €
Ouvert : Toute l'année.

3	0,5	1	2	7	2	10	5	SP	7	0,5

Jean-Claude DERRE - 12 rue de l'Aubergeon - 41350 ST-CLAUDE-DE-DIRAY - Tél. : 02 54 20 57 26 ou 02 54 52 21 02

Centre
Loir-et-Cher

ST-DENIS-SUR-LOIRE Mace (TH) *C.M. 64 Pli 7*

6 ch. — A 3 km de Blois, 6 ch. aménagées dans une propriété des XVIIIe-XIXe siècles, entourées d'un parc, sur les bords de la Loire. R. de ch. : 1 ch. 2 pers. A l'étage : 5 ch. : 2 de 4 pers. + 3 de 2 pers., toutes équipées de sanitaires et WC privés. Salon, bibliothèque à disposition des hôtes. Table d'hôtes sur réservation. Tarifs 4 pers., 86/128 €. Langues parlées : anglais, espagnol.

Prix : 1 pers. **56/80** € 2 pers. **66/96** € 3 pers. **76/112** € pers. sup. **17** € repas **30** €
Ouvert : Toute l'année. Hiver sur réservation.

4	0,5	0,3	2	0,5	15	10	3	5	1

Muriel CABIN-ST-MARCEL - La Villa Medicis - Mace - 41000 ST-DENIS-SUR-LOIRE - Tél. : 02 54 74 46 38 - Fax : 02 54 78 20 27

ST-DENIS-SUR-LOIRE *C.M. 64 Pli 7*

4 ch. — A 5 km du château de Blois se profile la longue silhouette de la Malouinière, ancienne demeure du peintre Bernard LOR-JOU. Une douce lumière sur ses toits d'ardoises, son parc et une piscine entourée de vieux murs sont une invitation au bonheur de vivre. Avec 4 chambres qui allient charme et grand confort, un salon, un billard. Une chaleureuse salle à manger aux poutres de chênes centenaires. La Malouinière vous accueille pour passer des moments de parfaite détente à proximité des plus beaux châteaux de la Loire. Tarif 4 pers. : 152 €/nuit.

Prix : 1 pers. **76** € 2 pers. **99/122** € 3 pers. **122/152** € pers. sup. **23** €
Ouvert : Toute l'année sur réservation.

SP	3	SP	3	2	15	SP	5

Edith DE ST-LEGER - 1 rue Bernard Lorjou - 41000 ST-DENIS-SUR-LOIRE - Tél. : 02 54 74 62 56 - Fax : 02 54 74 62 56 -
E-mail : infos@la-malouiniere.com - www.la-malouiniere.com ou SR : 02 54 58 81 64

ST-DYE-SUR-LOIRE *C.M. 64 Pli 7*

3 ch. — A 4 km de Chambord, Francis et Béatrice vous ouvrent leur maison d'artistes du XVIII siècle dans un jardin romantique au port fluvial de Chambord. Ils se feront un plaisir de vous assister dans vos exploits culturels et gourmands. 3 ch. de caractère comprenant : 1 ch (1 lit 140), salle de bains et wc privatif, 1 ch (2 lits 90), s. d'eau, wc privatifs. 1 ch (1 lit 1,40) salle d'eau et wc privatif. Garage et Parking. Petits déjeuners dans le jardin. Bicyclettes à louer. Langues parlées : anglais, allemand.

Prix : 1 pers. **42** € 2 pers. **55/60** € 3 pers. **72** € pers. sup. **15** €
Ouvert : D'avril à octobre.

8	SP	8	SP	3	10	15	3	SP	8	SP

Francis BONNEFOY - 120 rue Nationale - 41500 ST-DYE-SUR-LOIRE - Tél. : 02 54 81 60 01 - Fax : 02 54 81 60 01 -
E-mail : fbonnefoy@libertysurf.fr - http ://perso.libertysurf.fr/fbonnefoy

ST-FIRMIN-DES-PRES Haie de Champs *C.M. 64 Pli 6*

3 ch. — A 6 km de Vendôme, 30 km de Blois, sur la route de la vallée du Loir, 3 ch. d'hôtes de plain-pied, aménagées dans les écuries annexes d'une ancienne ferme du XVIe s. : 1 ch. (2 lits 90), 1 ch. familiale (1 lit 140, 2 lits 90), 1 ch. (1 lit 140 et 1 lit de 90), possibilité de lit d'appoint (9 €), salle d'eau, WC privatifs, prise TV ds chaque chambre. Cuisine équipée à disp., poss. déplac. propriétaire gare TGV ou ville (Vendôme). Grand terrain avec salon de jardin et jeux enfants. Petit déj. copieux servi ds salle à manger des propriétaires (conf. maison). Tarif 4 pers. : 56 €. Langues parlées : anglais, espagnol.

Prix : 1 pers. **30** € 2 pers. **38** € 3 pers. **47** € pers. sup. **9** €
Ouvert : Toute l'année.

6	2	6	SP	6	15	SP	6	7	6

Jean PRUDOR - 4 route Belle Vallée - Haie de Champ - 41100 ST-FIRMIN-DES-PRES - Tél. : 02 54 23 40 97 ou SR : 02 54 58 81 64

ST-GEORGES-SUR-CHER *C.M. 64 Pli 16*

3 ch. — A proximité des châteaux de la Loire, le Prieuré de la chaise du XVIe siècle avec sa chapelle du XIIe, est une étape au calme, dans un authentique domaine viticole. Au R de ch. : 2 ch. 2 pers. (1 lit 140, 1 lit de 150), douche, WC privatifs. Au 1er étage : 1 appartement - 2 ch., salle de bains, WC, (1 lit 140, 1 lit 160 + 1 lit gigogne 2 personnes). Tarif 4 pers. : 107 €. Langue parlée : anglais.

Prix : 1 pers. **60** € 2 pers. **61/80** € 3 pers. **95** € pers. sup. **16** €
Ouvert : Toute l'année.

5	2	5	1	5	20	SP	2	5

Danièle DURET-THERISOLS - Prieure de la Chaise - 8 rue du Prieure - 41400 ST-GEORGES-SUR-CHER - Tél. : 02 54 32 59 77 ou
SR : 02 54 58 81 64 - Fax : 02 54 32 69 49 - E-mail : prieuredelachaise@yahoo.fr

ST-HILAIRE-LA-GRAVELLE Clairefontaine A *C.M. 64 Pli 7*

4 ch. — A la ferme, ancien fief du 18e siècle, Marie Bernadette vous accueille dans un cadre champêtre et reposant entouré de bois et fontaines. Loisirs sur place, pêche, promenade et randonnées. Pour vos week end, venez vous détendre à Clairefontaine. Chambre Myosotis : 1 lit 140, salle d'eau, wc et lit bébé. Chambre Les Roses : 1 lit 140 et 1 lit 90, salle d'eau, wc. Chambre Chevrefeuille : 1 lits 140, 1 lit 90, salle d'eau, wc (accessible handicapés). Chambre Orthensias : 2 lits 90, salle d'eau avec wc.

Prix : 1 pers. **37/45** € 2 pers. **45/54** € 3 pers. **63** € pers. sup. **15** € repas **18** € 1/2 pens. **43** €
Ouvert : De mars à décembre.

15	SP	1	1	5	5	SP	20	5	3,5

Marie-Bernadette AVRAIN - Ferme-auberge - Clairefontaine - 41160 ST-HILAIRE-LA-GRAVELLE - Tél. : 02 54 82 01 19 -
Fax : 02 54 82 06 91 ou SR : 02 54 58 81 64

Loir-et-Cher

Centre

ST-JULIEN-DE-CHEDON
C.M. 64 Pli 16

1 ch. Sur un domaine viticole, à l'étage avec entrée indépendante, 1 chambre familiale (1 chambre avec 1 lit 140 et 1 lit 90 et une 2e chambre avec 1 lit 140) salle d'eau, wc à l'usage exclusif des hôtes, chauffage élec., produits fermiers, dégustation de vin, cour fermée, salon de jardin à disposition des hôtes. Coin télévision. Tarif 4 pers. : 79 €.

Prix : 1 pers. **28 €** 2 pers. **41 €** 3 pers. **49 €** pers. sup. **8 €**
Ouvert : Toute l'année.

3	3	3	1	10	17	3	1	4	5	2

Elie BOUGES - 3 route de la Puannerie - Domaine de la Puannerie - 41400 ST-JULIEN-DE-CHEDON - Tél. : 02 54 32 11 87 - Fax : 02 54 32 77 14

ST-LAURENT-NOUAN
C.M. 64 Pli 8

3 ch. A la porte des chateaux de la Loire et des sentiers de Sologne, à quelques minutes de Chambord, sur la route D 951, Catherine et Maurice vous feront partager le charme et le calme de leur demeure du XVIIè siècle et de son parc. 3 ch. d'hôtes de charme. 1 ch. 2 pers. (1 lit 140), 1 ch. 2 pers. (1 lit 140), 1 ch. 3 pers. (1 lit 140, 1 lit 90). Salle d'eau privative pour chaque chambre. Salle à manger séjour à disposition des hôtes. Poss. de pique-niquer sur place dans le parc.

Prix : 2 pers. **50 €** 3 pers. **60 €**
Ouvert : Toute l'année.

1	1	SP	SP	10	1	1	1	SP	8	0,5

**Maurice et Catherine LIBEAUT - 26 rue de l'Ormoie - 41220 ST-LAURENT-NOUAN - Tél. : 02 54 87 24 72 - Fax : 02 54 87 24 93 -
E-mail : maurice.catherine.libeaut@wanadoo.fr - http://www.france-bonjour.com/lormoie/**

ST-MARTIN-DES-BOIS Les Pignons
C.M. 64 Pli 5

4 ch. 4 ch d'hôtes dans authentique ferme d'élevage. A l'étage : 1 ch (1 lit 140, 1 lit 90), 1 ch (2 lits 90), 1 ch (1 lit 140, 2 lits 90, 1 conv.) s. d'eau et WC privatifs. R. de ch. : 1 ch (1 lit 140, 1 lit 90), s. d'eau, wc privés, access. pers. hand. Peut compléter gite rural 4 pers (l-linge). Entrée indép. dans séjour (cheminée) et coin cuisine. Chauff. cent. Ping-pong, volley, poneys. Propriétaires à dispo pour déplac. à la gare. Rando. proposées (circuits, cartes) ou accompagnées. Liaison GR 35 et 335 et de Pays. Tarif 4 pers. :55 €. Animaux admis sous réserve.

Prix : 1 pers. **27 €** 2 pers. **37 €** 3 pers. **46 €** pers. sup. **8 €**
repas **14 €**
Ouvert : Toute l'année.

	6	2	4	SP	20	20	0,5	6	25	2

**Guy et Elisabeth CHEVEREAU - Ferme des Pignons - 41800 ST-MARTIN-DES-BOIS - Tél. : 02 54 72 57 43 ou SR : 02 54 58 81 64 -
Fax : 02 54 72 57 39 - E-mail : guychevereau@yahoo.fr - http ://www.multimania.com/fermedespignons**

ST-MARTIN-DES-BOIS Manoir de la Chevalinière
C.M. 64 Pli 5

E.C. 3 ch. En Vallée du Loir, entre Troo et Montoire, sur la route de Saint Jacques de Compostel, dans un Manoir du XVe siècle. A l'étage : 1 chambre double (1 lit 1,40 m, 1 lit 1,30 m et 1 lit 0,90 m), salle de bains et wc privatifs. Coin salon privatif dans la chambre. 1 chambre (1 lit 140 et 1 lit 110), salle de bains et wc privatifs. Espace vert à disposition avec pièce d'eau poissonneuse et ruisseau 1ere catégorie sur la propriété. Restaurant à 2 km. Animaux admis sous réserve. Tarif 4 pers. : 68 €.
Langues parlées : anglais, espagnol.

Prix : 2 pers. **39/48 €** 3 pers. **55/58 €** pers. sup. **10 €**
Ouvert : De Pâques à la Toussaint.

	3,5	SP	2	1	20	10	5	3,5	21	3,5

**Grégoire LUCIEN-BRUN/DEBEAUMONT - Manoir de la Chevalinière - 41800 ST-MARTIN-DES-BOIS - Tél. : 02 54 72 53 94 -
Fax : 02 54 72 53 94 - E-mail : gregoire@onetelnet.fr ou SR : 02 54 58 81 64**

ST-RIMAY St-Nicolas
C.M. 64 Pli 6

3 ch. A 3 km de Montoire S/Loir, à la ferme, ds l'anc. chapelle St Nicolas du XIe s., 3 ch. d'hôtes. A l'étage : 2 ch.,dont 1 ch. 3 pers. (1 lit 140, 1 lit90), 1 ch. 2 pers. (2 lits 90),s. de bains,wc communs. 1 ch.familiale 2 épis (1 lit 140, 2 lits 90), s.d'eau, WC part. poss. lit d'appoint : 11 €, coin cuisine, cour close, barbecue. Prod. ferm. Gîte rural annexe. 10 % réduc. à part. d'un séj. d'1 sem. Table d'hôtes 14 €, sur dde. Musée du folklore international de Montoire S/Loir et gare historique 23-24/10/1940 (4 km). Pour 2 pers, à partir de la 2e nuit : 35 €. Tarif 4 pers. : 61 €. Descente du Loir en canoë kayack. Animaux admis sur réserve.

Prix : 1 pers. **28 €** 2 pers. **40 €** 3 pers. **50 €** pers. sup. **11 €**
repas **14 €**
Ouvert : Toute l'année.

	4	1	4	2	10	9	3	4	14	5

André COLAS - 25 route de St-Nicolas - 41800 ST-NICOLAS-ST-RIMAY - Tél. : 02 54 85 03 89 - Fax : 02 54 85 03 89

ST-ROMAIN-SUR-CHER
C.M. 64 Pli 17

2 ch. Située au cœur des châteaux de la Loire, dans une maison restaurée à l'ancienne. Au r. de ch. : 1 ch. 2 pers. (1 lit 140), s. de bains, wc privés + petit salon rotin. Au 1er ét. : 1 ch. avec s. de bains + WC privé, (1 lit 140). Poss. lit sup. 9 €. Animaux admis sous réserve. Langue parlée : anglais.

Tarifs non communiqués
Ouvert : Toute l'année.

	6	2	2	1	6	1	SP	30	0,5

Elisabeth FASSOT-CHANGARNIER - Le Bourg - 41140 ST-ROMAIN-SUR-CHER - Tél. : 02 54 71 31 98

Centre **Loir-et-Cher**

SUEVRES
C.M. 64 Pli 7

5 ch. Vous aimez le calme et la nature au bord de l'eau, Marie-Françoise et André vous accueillent dans un ancien moulin à eau du XVIIIè s., entouré d'un écrin de verdure, au cœur du val de Loire entre Chambord et Blois. Ils vous conseilleront sur vos itinéraires, visites, balades... Vaste jardin paysagé avec piscine privée sur place. Parking clos. Salon, TV. Restaurant à 1 km. 4 ch. de charme avec salle de bains et wc privés, et 1 suite familiale comprenant : 2 ch. (lit 160 + lit 90), 1 ch. à 2 lits, 1 ch. lit 140, 1 suite (lit 180 + 2 lits 90). Tarif 4 pers. : 105 €. Langue parlée : anglais.

Prix : 1 pers. **43** € 2 pers. **49/73** € 3 pers. **76/89** € pers. sup. **16** €
Ouvert : Toute l'année.

SP	SP	1	15	15	15	10	SP	5	

Marie-Françoise SEGUIN - 8 rue des Choiseaux - Le Moulin de Choiseaux - 41500 SUEVRES - Tél. : 02 54 87 85 01 - Fax : 02 54 87 86 44 - E-mail : choiseaux@wanadoo.fr - http ://choiseaux.ifrance.com ou SR : 02 54 58 81 64

SUEVRES
C.M. 64 Pli 7

E.C. 4 ch. Magnifique demeure XVIIIe entièrement restaurée, située au cœur des châteaux de la Loire, 10 min de Chambord et de Blois. Opulence et discrétion de cette maison de Maitre entourée d'un parc de 4 ha arboré et fleuri avec piscine. La Maitresse des lieux vous invite à vous y reposer et à découvrir l'art de vivre et le calme de cette région chargée d'histoire. Au petit déjeuner, délicieuses confitures Maison des fruits du verger. 4 chambres de caractère donnant sur le parc, bains, wc privatifs, TV. Salon à disposition des hôtes. Cheminées. Piscine sur le domaine, promenades au bord de la Loire, visites guidées du village de Suèvres. 4 pers. : 168 €. Langues parlées : anglais, espagnol, italien.

Prix : 1 pers. **54/99** € 2 pers. **92/152** € 3 pers. **130/152** € pers. sup. **15** €
Ouvert : Toute l'année.

SP	0,6	1	SP	3	5	15	10	SP	5	1

Véronique DE CAIX - Château de la Rue - Fleury - 41500 SUEVRES - Tél. : 02 54 46 82 47 ou 06 03 23 44 09 - Fax : 02 54 46 88 17

THENAY La Serrerie
C.M. 64 Pli 17

E.C. 3 ch. Sur la route des chateaux, entre Loire et Cher, à 5 km du chateau du Gué Péan, Guylaine vous accueille dans une ancienne ferme du XIX siècle restaurée et vous propose 3 chambres spacieuses dont 1 ch. familiale, avec entrée indépendante, toutes équipées de salle d'eaux et wc privés (possibilité de TV dans les chambres). Un vaste séjour, une cuisine, un salon (bibliothèque, télévision, cheminée) et salon de jardin sont réservés aux hôtes. Poss. lit d'appoint et lit bébé. Animaux admis sous réserve. 4 pers. : 70 €.

Prix : 1 pers. **30/40** € 2 pers. **40/50** € 3 pers. **60** € pers. sup. **10** €
Ouvert : Toute l'année (octobre à décembre sur réservation).

12	2	7	7	13	13	24	6	7	3

Ghylaine MOREAU - 12 chemin de la Fagoterie - La Serrerie - 41400 THENAY - Tél. : 02 54 71 08 04

THORE-LA-ROCHETTE Le Carroir
C.M. 64 Pli 6

2 ch. Sur une exploitation viticole, dans la vallée du Loir, 2 ch. d'hôtes aménagées dans des bâtiments annexes à la maison du propriétaire, avec salle d'eau ou salle de bains et WC privatifs. 1 ch. (1 lit 140), 1 ch. (1 lit 140, 1 lit 90).

Tarifs non communiqués
Ouvert : Toute l'année.

9	0,8	1	SP	SP	9	1	SP

Jean BRAZILIER - 17 rue des Ecoles - Le Carroir - 41100 THORE-LA-ROCHETTE - Tél. : 02 54 72 81 72

THOURY La Bruyère Marion
C.M. 64 Pli 8

2 ch. Au cœur des châteaux de la Loire, et au portes du parc de Chambord, la bruyère marion est une ancienne ferme située à l'orée de la forêt, au calme absolue. 2 ch. d'hôtes avec salle d'eau et wc privatifs, 1 ch. (1 lit 140 et 1 lit 90), 1 ch. (1 lit 140) aménagées dans un batiment annexe à la maison des propriétaires. Séjour à disposition des hôtes. Grand jardin. Chauffage électrique. Parking. Langue parlée : anglais.

Prix : 1 pers. **32** € 2 pers. **41** € 3 pers. **50** € pers. sup. **7** €
Ouvert : Toute l'année.

12	SP	5	SP	10	18	10	SP	14	4

Jean-Louis TOUCHET - La Bruyère Marion - 41220 THOURY - Tél. : 02 54 87 56 55 ou 02 54 87 06 23

THOURY
C.M. 64

6 ch. A proximité de la Sologne (forêt, chasse, rando. pédestres, équitation), à 300 m de l'entrée du parc de Chambord dans une ancienne ferme Solognote, dotée d'un parc ombragé avec étang. 3 ch. triples (1 lit 2 pers., 1 lit 1 pers., s. d'eau, wc privatifs), 3 ch. doubles (2 lits 1 pers., s. d'eau, wc privatif), 1 ch. familiale (1 lit 2 pers., 2 lits 1 pers., s.d.b., wc). 1 lit bébé. Parking privé. Cuisine à disposition des hôtes. Salon avec TV et cheminée réservé aux hôtes. Tarif 4 pers. : 88 €.

Prix : 1 pers. **37/52** € 2 pers. **49/64** € 3 pers. **61/76** € pers. sup. **12** €
Ouvert : Toute l'année.

10	SP	3	SP	10	10	3	SP	10	SP

VERMET Claude/GOBY Dominique - 4 rue du Pavillon - La Grange aux Herbes - 41220 THOURY - Tél. : 02 54 87 55 79 ou SR : 02 54 58 81 64

Loir-et-Cher   *Centre*

THOURY La Maugerie

E.C. 5 ch.

Au cœur de la Sologne, à 6 km du Château de Chambord, 5 chambres d'hôtes spacieuses avec wc et salle de bains privatifs. Dans une ancienne grange rénovée, 5 chambres dont 2 suites et une chambre adaptée aux personnes à mobilité réduite. Salle restaurant avec grandes baies vitrées donnant sur la campagne et la terrasse. Table d'hôtes sur demande. Sur place : poney, jeux pour enfants, VTT, petit élevage de chevaux, possibilité d'accueil chevaux. Allemand (un peu). Tarif 4 pers. : 74 €. Langue parlée : anglais.

Prix : 1 pers. 41 € 2 pers. 48 € 3 pers. 61 € pers. sup. 13 €
repas 17 €

Ouvert : Toute l'année.

🐕	🏊	🏊	🎾	🏃	🎣	🏹	🚴	🚂	🚉
10	2	2	SP	8	25	15	SP	12	1

Gérard LANGE - 8 route de la Maugerie - La Ferme de la Maugerie - 41220 THOURY - Tél. : 02 54 87 05 07 -
E-mail : lamaugerie@aol.com - www.la-maugerie.com ou SR : 02 54 58 81 64

TOUR-EN-SOLOGNE La Baguenodière   *C.M. 64 Pli 18*

5 ch.

A la ferme, indépendant du propriétaire. A l'étage : 4 ch. d'hôtes, 1 ch.(1 lit 140, 2 lits 90), 2 ch. (2 lits 140), 1 ch. (1 lit 140, 1 lit 90), s. d'eau et WC communs à l'usage exclusif des hôtes. chauf. élec. cuisine aménagée à disposition des hôtes. Vente laine mohair. Fermé le dimanche après-midi. Tarif 4 pers. : 52 €.

Prix : 1 pers. 24 € 2 pers. 33/35 € 3 pers. 39/41 €

Ouvert : Toute l'année.

🐕	🏊	🏊	🎾	🏃	🎣	🏹	🚴	🚉
3	1	3	10	15	15	2	3	0,5

Maurice MAUGUIN - 7 Chemin de la Baguenodière - 41250 TOUR-EN-SOLOGNE - Tél. : 02 54 46 45 33

TROO   *C.M. 64 Pli 5*

1 ch.

Au cœur de la partie troglodytique du village de Troo, Barbara et Bernard, dans une ambiance franco-américaine, vous accueillent dans leur chambre d'hôtes troglodyte aménagée pour 3 personnes (1 lit 1,40 m et 1 lit 1,20 m) avec salle de bains et wc privatifs. Accès indépendant, cheminée, petit coin terrasse, petits-déjeuners avec confiture maison. Barbecue. Langue parlée : anglais.

Prix : 1 pers. 35 € 2 pers. 40 € 3 pers. 50 € pers. sup. 10 €

Ouvert : Toute l'année.

🐕	🏊	🏊	🎾	🏃	🎣	🏹	🚴	🚂	🚉
6	0,5	0,5	0,5	9	25	15	6	25	0,5

B. et B. SAVAETE - Escalier St-Gabriel - 41800 TROO - Tél. : 02 54 72 50 34 - E-mail : bandbcave@minitel.net

VALAIRE La Caillaudière   *C.M. 64 Pli 17*

3 ch.

Au cœur des Châteaux du Val de Loire (Blois, Chambord...), à proximité de la Sologne (forêts, chasse...) proche de Chaumont sur Loire, dans une ferme du XVIè siècle, 3 ch. aménagées à l'étage : 1 ch. 2 pers. (1 lit 140), 1 ch. 2 pers. (1 lit 140), 1 ch. 2 pers. (2 lits 90), s. d'eau et WC priv. pour chaque ch., kitchenette réservée aux hôtes, coin-salon/séjour.

Prix : 1 pers. 30 € 2 pers. 37 € 3 pers. 48 € pers. sup. 11 €

Ouvert : Toute l'année.

🐕	🏊	🏊	🎾	🏃	🎣	🏹	🚴	🚂	🚉
15	SP	6	2	5	20	20	2	7	12	4

Etienne GALLOU - La Caillaudière - 41120 VALAIRE - Tél. : 02 54 44 03 04 - Fax : 02 54 44 03 04

VALLIERES-LES-GRANDES Ferme de la Quantinière   *C.M. 64 Pli 16*

5 ch.

Entre Loire et Cher, au cœur du « triangle d'or », 5 chambres d'hôtes aménagées dans une ancienne ferme restaurée. Les chambres sont toutes équipées d'une salle de douche ou de bains et de wc privés. Venez profiter de la ferme de la Quantinière qui vous propose calme, détente et cuisine de qualité dans une magnifique demeure du XIXè siècle. Table d'hôtes sur réservation. Tarif 4 pers. : 80 €. Langues parlées : anglais, hollandais.

Prix : 1 pers. 44 € 2 pers. 50 € 3 pers. 65 € pers. sup. 15 €
repas 21 €

Ouvert : Du 1er avril au 31 décembre. Hors saison sur demande.

🐕	🏊	🏊	🎾	🏃	🎣	🏹	🚴	🚂	🚉
8	4	3	SP	10	8	12	SP	SP	8	3

Annie DOYER - Ferme de la Quantinière - 41400 VALLIERES-LES-GRANDES - Tél. : 02 54 20 99 53 - Fax : 02 54 20 99 53 -
E-mail : fermequantiniere@minitel.net - http : //www.france-bonjour.com/la-quantiniere/

VALLIERES-LES-GRANDES La Hubardière   *C.M. 64 Pli 16*

3 ch.

A la ferme, à l'étage dans un environnement calme, 2 ch. (1 lit 140, 2 lits 90), salle d'eau particulière et WC communs à l'usage exclusif des hôtes, 1 ch. 3 épis avec salle de douche ou de bains et wc particuliers. Chauffage élec. Poss. pique-nique SP. Barbecue. Exploitation agricole d'élevage. Table d'hôtes sur réservation. Salon avec télévision canal satellite. ULM à 6 km. Boutique avec produits du terroir sur place.

Prix : 1 pers. 31 € 2 pers. 38/41 € pers. sup. 16 € repas 16 €

Ouvert : Toute l'année.

🐕	🏊	🏊	🎾	🏃	🎣	🏹	🚴	🚂	🚉
12	SP	3	10	3	25	10	SP	6	10	3

Gérard et Joëlle LEVIEUGE - La Hubardière - 41400 VALLIERES-LES-GRANDES - Tél. : 02 54 20 95 38 - Fax : 02 54 20 90 35 ou
SR : 02 54 58 81 64

Centre — Loir-et-Cher

VENDOME La Bretonnerie (TH)

3 ch. A proximité de Vendome, 3 chambres d'hôtes sur une propriété arborée de 2 ha. 1 chambre (1 lit 140, 1 lit 90, 1 lit d'appoint), salle d'eau, wc. 1 chambre 2 pièces (1ère pièce : 1 lit 140. 2e pièce : 2 lits 90 supperposés et 1 lit bébé), salle de bains, wc. 1 chambre (1 lit 140), salle d'eau, wc. Télévision dans chaque chambre. Salle de séjour. salon de jardin et barbecue à disposition des hôtes. Chauffage central. Equipement bébé à disposition. Table d'hôtes sur réservation. Animaux admis sous réserve (tenus en laisse). Tarif 4 pers. : 54 €/nuit.

Prix : 1 pers. 32 € 2 pers. 40 € 3 pers. 47 € pers. sup. 7 € repas 15 €
Ouvert : Toute l'année.

2	0,5	2	3	3	2	12	SP	2	2,5	1,5

Yves et Claudine SALAÜN - 32 route du Bois la Barbe - La Bretonnerie - 41100 VENDOME - Tél. : 02 54 77 46 22 - Fax : 02 54 77 46 22 - E-mail : bretonnerie@aol.com ou SR : 02 54 58 81 54

VERNOU-EN-SOLOGNE
C.M. 64 Pli 18

2 ch. Repos. Calme. Accueil chaleureux. Au cœur de la Sologne (à 2 km du bourg - direction Route de Millançay). 2 chambres d'hôtes situées à l'étage avec douche et wc particuliers pour chaque ch. 1 ch (1 lit 140).1 ch (1 lit 140 + 1 lit 90). Grand jardin arboré et fleuri. Maisonnette aménagée permettant préparation repas (gaz, frigo, vaisselle, barbecue). Proche des châteaux de la Loire. Réduction de 10 % à partir de 4 nuits. Animaux admis sous réserve.

Prix : 1 pers. 31 € 2 pers. 39 € 3 pers. 54 € pers. sup. 15 €
Ouvert : Du 1er mai au 31 octobre.

15	2	2	2	15	30	20	SP	15	2	2

Rose et André LEHEUX - Chemin d'Yssaire - La Rosandray - 41230 VERNOU-EN-SOLOGNE - Tél. : 02 54 98 20 91

VILLEBAROU
C.M. 64 Pli 7

4 ch. A 5 km de Blois, 4 chambres d'hôtes, aménagées dans une maison de caractère, dont 3 ch. 2 personnes en r.d.c. avec entrée indépendante, salle d'eau et wc privatifs (1 ch. accessible aux pers. à mobilité réduite-normes handicapés). A l'étage une suite de 50 m² avec mezzanine (1 lit 160 et 1 lit 140 avec s.d.b. (baignoire et douche), wc privatifs. Fournil de 36 m² aménagé en salle à manger avec équipement cuisine. TV commune réservée aux hôtes. Cour fleurie avec parking fermé. Tennis de table. Parc ombragé avec portique. Tarifs 4 pers. : 69/97 €. Langue parlée : anglais.

Prix : 1 pers. 38 € 2 pers. 45/73 € 3 pers. 57/85 € pers. sup. 12 €
Ouvert : Toute l'année (l'hiver, sur réservation).

4	10	1	15	10	10	10	SP	5	2

Jacques et Agnès MASQUILIER - 8 rte de la Chaussée St-Victor - « Le Retour » - Francillon - 41000 VILLEBAROU - Tél. : 02 54 78 40 24 - Fax : 02 54 56 12 36

VILLECHAUVE La Lune Et Les Feux
C.M. 64 Pli 5

3 ch. Situées sur le GR 335, entre Lavardin et Vouvray, dans une ancienne école rurale aménagée, 3 ch. amén. au Rez-de-ch., 2 ch. 3 pers. avec douche priv. (2 lits 140), 1 ch. avec s. de bain (1 lit 140), poss. lit sup. Produits de la ferme servis au petit déjeuner, préau et cour pour véhic., jardin d'agrément à l'usage des hôtes. Gare TGV 15 km. Vallées du Loir (églises romanes, châteaux fortifiés) et de la Loire à proximité. Animaux admis sous réserve. Langues parlées : anglais, allemand, italien.

Prix : 1 pers. 17 € 2 pers. 33 € 3 pers. 38 € pers. sup. 4 €
Ouvert : Toute l'année.

7	SP	3	SP	10	20	SP	15	3

Claude LABALLE - La Lune et les Feux - 41310 VILLECHAUVE - Tél. : 02 54 80 37 80 ou SR : 02 54 58 81 54

VILLENEUVE-FROUVILLE
C.M. 64 Pli 7

3 ch. 3 ch. d'hôtes aménagées à l'étage d'une ferme céréalière du XVè siècle, situées dans le bourg d'un village typique et calme, à 150 m de la D 924 (Chartres-Blois). 1 ch. 2 pers. (2 lits 90), 1 ch. 1 pers. (1 lit 125, 1 lit bébé), 1 ch. 3 pers. (2 lits 90, 1 lit 120). Salles d'eau privatives. Chauf. élec. Garage et cour fermée. Poss. petit déjeuner au jardin l'été. Lit bébé : 7 €. Restaurant à 4 km.

Prix : 1 pers. 32 € 2 pers. 38/41 € 3 pers. 53 € pers. sup. 12 €
Ouvert : Toute l'année.

4	10	4	6	20	6	8	4	20	4

Bernard POHU - 5 place de l'Eglise - 41290 VILLENEUVE-FROUVILLE - Tél. : 02 54 23 22 06 - Fax : 02 54 23 22 06 - http://pohu.ifrance.com ou SR : 02 54 58 81 54

VILLENY La Giraudière
C.M. 64 Pli 8

5 ch. Dans une propriété priv., demeure du XVIIIè s., au 1er ét. : 3 ch. de style (3 lits 2 pers.), s. de bains privative et WC privés pour 2 ch. Au 2è ét. : 2 ch. (2 lits 1 pers.), s. de bains ou cabinet de toilette dans chaque ch., wc sur palier. Tennis privé. Réd. 15 % pour 1 semaine. Tarif 4 pers. : 110 €.

Prix : 1 pers. 60/65 € 2 pers. 60/65 € 3 pers. 110 € pers. sup. 15 €
Ouvert : Du 1er avril au 11 novembre.

25	10	SP	SP	10	35	20	SP	10	3

Anne ORSINI - Château de la Giraudière - 41220 VILLENY - Tél. : 02 54 83 72 38

Loir-et-Cher   *Centre*

VILLERBON Villejambon   C.M. 64 Pli 7

3 ch. Sur une ancienne ferme beauceronne, à proximité de Blois. Ancien cellier restauré comprenant 3 ch. d'hôtes avec salle d'eau et wc pour chaque ch. (1 lit 150, 1 lit 140, 2 lits 90), séjour, salon avec meubles régionaux à disposition des hôtes. Jeux. Poss. pique-nique et repos dans jardin d'agrément. Cuisine à disposition des hôtes. Animaux admis sous réserve.

Prix : 1 pers. 39 € 2 pers. 44 € pers. sup. 13 €
Ouvert : Toute l'année (sur réservation).

	10	4	2	10	10	8	2	10	10	10	8

Elisabeth LESOURD - 3 route des Grèves - Villejambon - cedex 8520 - 41000 VILLERBON - Tél. : 02 54 46 83 16 - Fax : 02 54 46 83 16

VILLEXANTON   C.M. 64

E.C. 2 ch. Située au cœur des châteaux de la Loire, à 19 km de Chambord, à 10 km de la Loire, Marie Claire et Laurent vous accueillent dans une demeure plus que centenaire au cœur d'un charmant petit village et vous feront partager le charme, la convivialité et le calme de cette demeure : 2 ch. « La Mansardière » et « La Rose des Sables » (1 lit 2 pers.+1 lit bébé). Salle de bains ou d'eau, wc privatifs attenants aux chambres. Coin cuisine à disposition des hôtes. Les propriétaires pourront vous proposer un petit déjeuner copieux, composé de patisseries maison et de viennoiserie qui sera servi dans le séjour ou le jardin. Grande cheminée dans le séjour.

Prix : 1 pers. 38 € 2 pers. 42 € pers. sup. 12 €
Ouvert : Toute l'année.

	8	10	4	8	12	14	16	10	11	8	8

DAVID Marie-Claire et Laurent - 4 rue de Villiers - 41500 VILLEXANTON - Tél. : 02 54 87 08 49 - Fax : 02 54 87 08 49 -
E-mail : mcd.david@infonie.fr

GITES DE FRANCE - LOISIRS ACCUEIL LOIRET
8, rue d'Escures - 45000 ORLEANS
Tél. 02 38 62 04 88 - Fax 02 38 62 98 37

BOUGY-LES-NEUVILLE Le Climat des Quatre Coins   C.M. 60 Pli 19

2 ch. A l'orée de la Forêt d'Orléans dans une propriété très calme, à 300 m à gauche de l'église. Dans un bâtiment indépendant, à l'étage : 1 ch. (1 lit 2 pers., 1 lit 1 pers.), salle de bains, wc, kitchenette. Salon (cheminée, 1 conv. 2 pers.). Rez-de-chaussée : 1 ch. (1 lit 2 pers.), salle de bains, wc privés. Jardin, barbecue, salon de jardin réservé aux hôtes. Possibilité d'accueil de cavaliers (boxes, prés, carrières). Promenades en forêt d'Orléans, hébergement chevaux 12 €/jour. Langues parlées : anglais, allemand.

Prix : 1 pers. 27 € 2 pers. 37 € 3 pers. 46 € pers. sup. 10 €

	SP	SP	2	SP	10	4	19	4

Alain GLOTIN - Le Climat des Quatre Coins - 45170 BOUGY-LES-NEUVILLE - Tél. : 02 38 91 80 89 -
E-mail : Danielle.Glotin@wanadoo.fr

BOUGY-LES-NEUVILLE La Chenaie

1 ch. Au cœur de la forêt d'Orléans, Pierrette & Michel vous proposent 1 belle ch. d'hôtes à l'étage de leur maison, au calme. Située à proximité de Neuville aux Bois (D. 97) & proche de Chamerolles (Château des Parfums). La ch. (1 lit 160), s. d'eau et wc communiquante sur le palier, 1 ch. suppl. (2 lits 90). Salon de détente (bibliothèque, ludothèque) privatif. Grand espace arboré dans une clairière. Langue parlée : anglais.

Prix : 1 pers. 32 € 2 pers. 41 € 3 pers. 50 € pers. sup. 10 €

	SP	SP	10	25	SP	15	5	8	25	5

Pierrette et Michel PARMENON - 135, rte des Vallées d'Orléans - La Chenaie - 45170 BOUGY-LEZ-NEUVILLE - Tél. : 02 38 75 57 55 -
Fax : 02 38 62 66 92 - E-mail : michel.parmenon@wanadoo.fr

BOUZY-LA-FORET La Velisière   (TH)

E.C. 2 ch. 2 chambres dans une propriété à l'orée de la forêt d'Orléans, situées à l'angle de la D. 152 et la route de Lorris, venez découvrir les richesses du Val de Loire, de St-Benoît-sur-Loire, Sully-sur-Loire et la forêt d'Orléans. 2 chambres en rez-de-chaussée : 1 chambre (1 lit 140), salle d'eau et wc, la seconde 2 lits 90, salle d'eau et wc. L'espace ombragé de la forêt permet des pique-niques. Table d'hôtes sur réservation. Le petit déjeuner peut être servi dans une grande verrière. Langues parlées : anglais, allemand.

Prix : 1 pers. 34 € 2 pers. 43 € pers. sup. 11 € repas 13 €

	SP	SP	2	7	5	15	7	4	30	4

Bernadette et Michel BEAUBOIS - La Velisière - 40, route de Lorris - 45460 BOUZY-LA-FORET - Tél. : 02 38 58 53 42 ou
06 87 47 86 60 - E-mail : michel.beaubois@ac-orleans-tours.fr

BRAY-EN-VAL Les Saules

3 ch. Entre Loire et Forêt d'Orléans, dans une propriété ancienne restaurée, 3 chambres raffinées. Les hôtes pourront disposer d'un salon, salle de billard. Rez-de-chaussée : 1 chambre (1 lit 140), salle d'eau wc privés, 1 chambre (1 lit 140), salle de bains - wc privés. Etage : 1 grande chambre (1 lit 140, 1 lit 90, 1 lit 80), salle de bains et wc privés. 1 lit bébé à disposition et 1 lit supplémentaire 1 pers. possible. Terrasses avec salons de jardin, possibilité de se promener dans le parc boisé et paysagé, (3 ha) traversé par une rivière. Pique-nique possible. chauf. central, parking fermé.

Prix : 1 pers. 37/46 € 2 pers. 44/54 € pers. sup. 14 €
Ouvert : Toute l'année.

	SP	1	0,3	0,3	2	12	8	4	35	0,3

Monique et Jacques BEZIN - Les Saules - 18 rue des jardins du Coulouis - 45460 BRAY-EN-VAL - Tél. : 02 38 29 08 90

Centre   Loir-et-Cher

BRETEAU La Chenauderie   (TH)

5 ch. Sur 1 exploitation agricole, dans 1 grange aménagée vous sont proposées 5 chambres d'hôtes spacieuses, à proximité des étangs de la Puisaye (pêche). Rez-de-chaussée : grande salle à manger/salon à disposition, 1 ch. pour personnes handicapées (1 lit 140), salle d'eau et wc privés. Etage : 1 ch. (1 lit 140, 2 lits 90), salle de bains, wc, 3 ch. (4 lits 90, 2 lits 140), salle d'eau, wc dans chacune. Salon de jardin. Table d'hôte sur réservation. Langue parlée : anglais.

Prix : 1 pers. **35** € 2 pers. **43** € 3 pers. **52** € pers. sup. **9** €
repas **16** €

SP	SP	5	3	25	25	3	

Brigitte ROBILLIART - La Chenauderie - 45250 BRETEAU - Tél. : 02 38 31 97 88 - Fax : 02 38 29 69 38

BRIARE La Thiau   C.M. 65 Pli 2

4 ch. Entre Gien et Briare, maison du 18è de style Mansart, proche de celle des propriétaires, dans 1 parc paysager de 3 ha à 300 m de la Loire, accessible par 1 allée privée. R-d-c : grande ch. avec 1 cuisine, s.d.b./wc privés (1 lit 2 pers., 1 lit 1 pers., 1 lit sup. possible, cheminée). A l'étage : 3 ch. (1 lit 2 pers., 1 lit 1 pers.) s.d.b./wc privés. Salon (TV, lecture, jeux). Lave-linge commun. Tennis, ping-pong, jeux d'enfants extérieurs. Location 2 VTT. Animaux 5 €/jour, - 10 % si séjour supérieur ou égal à 3 nuits. Langues parlées : espagnol, anglais.

Prix : 1 pers. **40/53** € 2 pers. **44/57** € 3 pers. **57/73** €
pers. sup. **13** €

SP	SP	SP	20	6	25	4	4	4

Bénédicte FRANCOIS-DUCLUZEAU - Domaine de la Thiau - 45250 BRIARE - Tél. : 02 38 38 20 92 - Fax : 02 38 67 40 50 -
E-mail : lathiau@club-internet.fr - http://perso.club-internet.fr/lathiau

BRIARRES-SUR-ESSONNE Francorville   C.M. 61 Pli 11

2 ch. Puiseaux 4 km. Sur la rivière l'Essonne, dans un ancien moulin. A l'étage, 1 chambre (1 lit 140, 1 lit 90) avec salle d'eau et wc privés, 1 chambre (1 lit 140) avec salle d'eau et wc privés. Par la D. 25 Villereau-Briarres à 2 km de Briarres, Moulin de Francorville. Rivière sur place avec promenades. Réduction à partir de la 2e nuit. Bon restaurant à 2 km.

Prix : 1 pers. **30** € 2 pers. **40** € 3 pers. **50** €
Ouvert : Toute l'année.

SP	30	SP	SP	6	10	9	10	4

Bernard COULON - Francorville - 45390 BRIARRES-SUR-ESSONNE - Tél. : 02 38 39 13 59

LA BUSSIERE La Chesnaye

5 ch. 4 chambres spacieuses dont 2 suites proposées dans le petit château de la Chesnaye (19è s.). 1er étage : 2 chambres avec chacune 1 lit 140, 2 salles de bains dont 1 talasso et wc indépendant pour chacune. 2e étage 2 suites chacune 2 lits 140 avec salle de bains et wc, 1 chambre (2 épis) avec salle de bains et wc privés sur le palier (76 €).

Prix : 2 pers. **61** € 3 pers. **53** € pers. sup. **23** €

10	10	0,8	10	10	15	1	10	0,8

Madeleine et Marcel MARTIN-DENIS - La Chesnaye - 45230 LA-BUSSIERE - Tél. : 02 38 35 99 39

CHAILLY-EN-GATINAIS Ferme du Grand Chesnoy

4 ch. Au cœur d'une propriété boisée bordant le canal d'Orléans (poss. pêche), reliée à la forêt domaniale par des sentiers. Entrée indépendante, salle à manger-salon réversé aux hôtes, repas dans le jardin, salle de billard. 1er étage : 1 ch. (1 lit 140), grande salle de bains avec vue, wc, 1 suite (1 lit 140), salon (1 lit 100), salle d'eau, wc. 2e étage : 1 ch. (1 lit 160), double exposition sud et ouest, grande salle de bains avec vue, wc, 1 ch. (2 lits 90) double exposition nord et ouest, grande salle de bains avec vue, wc. Possibilité table d'hôtes. Langue parlée : anglais.

Prix : 1 pers. **46** € 2 pers. **53** € 3 pers. **69** €
Ouvert : Toute l'année, du 1er novembre au 31 mars sur réservation.

SP	SP	SP	6	6	25	7	24	6

Benoist et Marie CHEVALIER - Ferme du Grand Chesnoy - 45260 CHAILLY-EN-GATINAIS - Tél. : 02 38 96 27 67 ou 06 72 14 68 78 - Fax : 02 38 96 27 67

CHAINGY

2 ch. Sur la route des châteaux, dans maison de caractère du XVIè s., entourée d'un grand jardin fleuri : 2 chambres d'hôtes avec entrées indépendantes 1 suite comprenant au rez-de-chaussée 1 salon avec canapé-lit 140) et à l'étage 1 chambre avec 1 lit 140, sanitaires privées attenants. A l'autre bout du bâtiment : 1 chambre avec 1 lit 140 et sanitaires privés. Possibilité lit d'appoint. Parking dans cour fermée. Langues parlées : allemand, anglais.

Prix : 1 pers. **35/50** € 2 pers. **38/55** € 3 pers. **67** € pers. sup. **12** €
Ouvert : Du 1er avril au 31 octobre.

SP	2	1	1	2	15	8	8	1	1

Ursula MOUTON - 18, rue de la Grolle - 45380 CHAINGY - Tél. : 02 38 80 65 68 - E-mail : titmar@free -
http://titmar.free.fr/chambreshôtes.htm

Loir-et-Cher

Centre

CHATILLON-SUR-LOIRE La Giloutière
C.M. 65 Pli 2

2 ch. Dans une ancienne maison de mariniers près du Canal de Briare près du port et du bourg de Châtillon, 2 chambres en étage : 1 chambre (1 lit 2 pers.), salle d'eau et wc privés ; 1 chambre (1 lit 2 pers.) et 1 chambre d'appoint (1 lit 1 pers.), salle d'eau et wc privés. Salon et salle à manger commune aux hôtes (cheminée). Jardin. Dans 1 annexe, 1 duplex avec séjour/salon (cheminée), kitchenette (lave-vaisselle, micro-ondes), 1 chambre (1 lit 2 pers.), salle d'eau, wc. TV. Parking privé. Prix du duplex : semaine : 185 €, week-end 99 €.

Prix : 1 pers. 34 € 2 pers. 41 € 3 pers. 53 €
Ouvert : Toute l'année.

SP	5	SP	2	11	40	5	5	SP	

Nicole LEFRANC - 13 rue du Port - La Giloutière - 45360 CHATILLON-SUR-LOIRE - Tél. : 02 38 31 10 61

CHATILLON-SUR-LOIRE Les Brulis

3 ch. 3 chambres d'hôtes, route de Cernoy dans une propriété rurale rénovée, au calme, proche des bords de Loire, de Gien et du Sancerrois. Au rez-de-chaussée : 1 chambre 2 lits 90, salle d'eau et wc indépendants privatifs, à l'étage : 2 chambres (2 lits 140), salle d'eau et wc privatifs. A disposition des hôtes, rez-de-chaussée : salle à manger et détente, coin-cuisine à disposition, TV. Salon de jardin. Accès à la piscine des propriétaires.

Prix : 1 pers. 35 € 2 pers. 44 €

SP	12	6	6	6	SP	30	12	6	

Robert et Micheline EDMET - les Brulis - 45360 CHATILLON-SUR-LOIRE - Tél. : 02 38 31 42 33

CHAUSSY Château de Chaussy

5 ch. **Toury en Eure-et-Loir 5 km.** Située dans une demeure du 17è siècle sur l'axe Châteaudun-Pithiviers, 1 chambre à l'étage composée de 2 pièces (1 lit 2 pers., 1 lit 1 pers.), salle de bains et wc privés. Dans les dépendances 4 chambres (dont 2 ch. E.C.) avec wc et salles de bains ou salle d'eau privés. Possibilité d'organisations de stages, séminaires, receptions. Piscine privée. Table d'hôte sur réservation. Supplément chien : 4,5 €. Langues parlées : anglais, allemand.

Prix : 1 pers. 43 € 2 pers. 56/59 € 3 pers. 64/69 € repas 18 €
Ouvert : Toute l'année.

SP	SP	15	5	7	

Yan et Geneviève HAENTJENS - Château de Chaussy - 2, place du Château - 45480 CHAUSSY - Tél. : 02 38 39 36 98 ou 06 12 63 74 26 - Fax : 02 38 39 36 98 - E-mail : genevieve-haentjens@free.fr

CHECY Les Courtils
C.M. 64 Pli 9

3 ch. Dans une ancienne grange rénovée sur la place de l'église dans un petit village, 3 chambres. 1 au rez-de-chaussée : 1 lit 140, banquette, salle de bains et wc. Etage : 2 chambres ; 1 avec 2 lits 90, 2 lits d'appoint, salle de bains, wc, 1 avec 1 lit 160, salle de bains, wc et 1 chambre d'appoint avec 1 lit 140, salle de bains et wc. Salle d'accueil avec cheminée. Terrasse, jardin arboré et clos, vue sur le Canal et la Loire. Restaurants à proximité. Langues parlées : anglais, allemand.

Prix : 1 pers. 38 € 2 pers. 49 € 3 pers. 64 € pers. sup. 15 €

SP	6	SP	SP	5	6	5	10	10	SP

Annie MEUNIER - « Les Courtils » - Rue de l'Avé - 45430 CHECY - Tél. : 02 38 91 32 02 - Fax : 02 38 91 48 20 - E-mail : les.courtils@wanadoo.fr

CHECY

1 ch. 1 chambre familiale aménagée dans une ancienne grange du 18e près de la maison des propriétaires. Site calme et face au canal et proche d'Orléans. A l'étage : 2 chambres avec 2 lits 140, 1 salle d'eau et wc communs. Possibilité d'utiliser le salon de la grange l'été. Accès à la piscine chauffée des propriétaires d'avril à octobre. Salon de jardin. Parking privé dans le parc. Pour accéder : prendre la petite route qui longe le canal. Langue parlée : allemand.

Prix : 2 pers. 46 € pers. sup. 12 €

SP	6	SP	SP	5	6	SP	SP	10	SP

Béatrice LAMBERT - 40 rue du Port à l'Ardoise - 45430 CHECY - Tél. : 02 38 55 12 99 ou 06 63 77 12 99

CHEVANNES

C.M. 61 Pli 12

3 ch. Mireille et Olivier vous accueilleront dans leur ancienne fermette rénovée dans 1 petit village du Gâtinais à 1 heure de Paris. 3 ch. dans 1 maison indépendante, 1 ch. (1 lit 140, 1 lit 90) au rez-de-chaussée, salle d'eau et wc privés. Etage : 1 ch. (1 lit 140, 1 lit 90, 1 lit 90 en mezzanine), 1 ch. (1 lit 140, 1 lit 90), salle d'eau et wc privés pour chacune. Lit enfant sur demande. Salon commun avec cheminée. Table d'hôte sur réservation. Salon de jardin. Langue parlée : anglais.

Prix : 1 pers. 28 € 2 pers. 35 € 3 pers. 45 € pers. sup. 10 € repas 14 €
Ouvert : Toute l'année.

SP	SP	SP	12	5	5	5	3

Olivier TANT - Le Village - 45210 CHEVANNES - Tél. : 02 38 90 92 23 ou 06 11 84 99 20

Centre

Loir-et-Cher

CHEVILLON-SUR-HUILLARD Le Grand Casseau
C.M. 65 Pli 2

3 ch. Dans une maison récente en bordure de forêt. 3 chambres en rez-de-chaussée : 2 ch. avec 1 lit 2 pers., salle d'eau privative et wc communs aux hôtes, 1 ch. avec 1 lit 2 pers., salle de bains et wc privés. Salle commune, salon (cheminée), 2 garages, grand parc boisé. Circuit pédestre. Possibilité de pique-nique. Situées proche de la déviation de RN. 60.

Prix : 1 pers. 26 € 2 pers. 30/34 € pers. sup. 11 €
Ouvert : Toute l'année.

SP	5	SP	4	4	4	4	5	5	3

Gérard GRANDDENIS - Le Grand Casseau - 45700 CHEVILLON-SUR-HUILLARD - Tél. : 02 38 97 80 45 ou 02 38 93 37 10

CHEVILLON-SUR-HUILLARD

E.C. 2 ch. 2 chambres agréables dans un parc avec étang. Les chambres sont dans une ancienne grange proche de la maison des propriétaires, situées dans le Gâtinais, proche de Montargis à 1 h de Paris, déviation de la RN. 60 à proximité. 2 chambres indépendantes au rez-de-chaussée, chacune (1 lit 140), salle d'eau et wc privés. TV et magnétoscope à disposition. Salon jardin, table de ping-pong, vélos à disposition. Possibilité de pique-nique.

Prix : 1 pers. 34 € 2 pers. 43 € pers. sup. 12 €

SP	SP	0,5	12	1,8	8	8	8	10	8

Frédéric et Brigitte TOSTAIN - 218, route de St-Maurice - 45700 CHEVILLON-SUR-HUILLARD - Tél. : 02 38 97 97 93

COULLONS Gault
C.M. 65 Pli 1

4 ch. Sur 3 ha dans une ancienne ferme du Second Empire. Au rez-de-chaussée : 3 chambres de 2 pers. (2 épis NN) avec salle de bains privée et wc communs pour ces 3 chambres. A l'étage : 1 grande chambre (45 m²) 4 pers. (3 épis NN), de grand confort avec salle de bains et wc privés. Salle à manger et de détente réservée aux hôtes, TV. Aire de pique-nique, salons de jardin. Etang privé : pêche possible.

Prix : 1 pers. 29 € 2 pers. 37/52 € 3 pers. 58 €
Ouvert : Toute l'année.

SP	10	SP	6	10	10	5

Jean-Luc RAFFIN - Gault - 45720 COULLONS - Tél. : 02 38 67 59 77

COURTENAY La Tuilerie

2 ch. A proximité de Courtenay (6 km de l'A.6) dans une maison de construction récente, avec un bel espace paysager. A l'étage : 1 chambre avec 1 lit 2 pers., 1 convertible 2 pers., TV, salle d'eau/wc communicante, 1 chambre familiale (2 lits 2 pers., 1 lit 90), petit patio pour chaque chambre, lit enfant à dispo. Jardin, jeux d'enfants, salons de jardin. Réduction possible à partir de la 3e nuit. Petits déjeuners servis en terrasse l'été sous le regard malicieux des écureuils. Salle à manger et salon à disposition des hôtes. Prix de la suite pour 5 pers. : 84 €. Salon lecture. Langue parlée : anglais.

Prix : 1 pers. 37 € 2 pers. 43 € 3 pers. 55 € pers. sup. 12 €
repas 16 €
Ouvert : Toute l'année.

6	25	0,5	0,5	8	8	6	20	25	6

Mireille LEFEVRE - 72, al. des Pinsons-la-Tuilerie - La Jacquemnière - 45320 COURTENAY - Tél. : 02 38 97 95 36 ou 06 72 66 51 60

CRAVANT Villecoulon

1 ch. Située dans 1 hameau calme dans 1 ancienne fermette, avec entrée indépendante & garage privé, 1 ch. familiale en duplex, comprenant au r-d-c : 1 grand salon (1 lit 140, 1 canapé-lit 1 pers.), avec porte fenêtre donnant sur la terrasse & le jardin (salon de jardin à dispo). A l'étage en mezzanine : 1 lit 140 et 1 lit bébé. S.d.b. privée et wc indépendant. TV.

Prix : 1 pers. 40 € 2 pers. 44 € 3 pers. 58 € repas 14 €
Ouvert : Toute l'année.

SP	5	11	11	13	25	11	24	11	3

Martine VICAT DIT PIRAUD - Villecoulon - 45190 CRAVANT - Tél. : 02 38 44 67 58 - Fax : 02 38 44 67 58 -
E-mail : martinevicat@minitel.net - http://www.chez.com/martinevicat/

DONNERY Cornella
C.M. 64 Pli 10

3 ch. Dans une ancienne ferme restaurée à 700 m du bourg. En rez-de-chaussée : 1 chambre (1 lit 140), salle d'eau et wc privés. A l'étage : 1 chambre (2 lits 90 et 1 lit enfant), salle de bains et wc privés, dans une ambiance rustique et de style. Jardin.

Prix : 1 pers. 37 € 2 pers. 44 € pers. sup. 16 €
Ouvert : Toute l'année.

SP	SP	1	3	SP	10	16	0,7

Jacques AVRIL - 27 rue de Vennecy - Cornella - 45450 DONNERY - Tél. : 02 38 59 26 74 - Fax : 02 38 59 29 69

Loir-et-Cher

Centre

DONNERY La Poterie
(TH) *C.M. 64 Pli 10*

3 ch. Dans une ferme en activité à proximité de la Forêt et du Canal d'Orléans D. 709 entre Donnery et Fay-aux-Loges. 1 chambre (1 lit 140) salle d'eau, wc privés, 1 chambre (1 lit 160) salle d'eau, wc privés, 1 chambre (3 lits 90) salle d'eau, wc privés. Salle de séjour avec coin-cuisine à disposition des hôtes. Table d'hôtes sur réservation. Réduction si plus 4 nuits. Langue parlée : anglais.

Prix : 1 pers. **31 €** 2 pers. **40 €** 3 pers. **49 €** pers. sup. **9 €** repas **15 €**

SP	10	0,2	12	3	SP	10	20	0,5

Ouvert : Toute l'année.

Dominique CHARLES - La Poterie - 45450 DONNERY - Tél. : 02 38 59 20 03 - Fax : 02 38 57 04 47 -
E-mail : lapoteriecharles@wanadoo.fr

ECHILLEUSES
(TH) *C.M. 61 Pli 11*

2 ch. **Paris 80 km.** Entre Puiseaux et Bellegarde, dans un bâtiment ancien, situé dans la cour d'une exploitation agricole. 2 chambres au rez-de-chaussée : 1 chambre (1 lit 2 pers., 1 canapé lit), salle d'eau, wc ; 1 chambre (1 lit 2 pers.) salle d'eau, wc. Table d'hôtes sur demande.

Prix : 1 pers. **30 €** 2 pers. **40 €** 3 pers. **53 €** pers. sup. **14 €** repas **15 €**

SP	30	5	5	7	20	5	10	20	5

Francine HYAIS - 3, cour du Château - 45390 ECHILLEUSES - Tél. : 02 38 33 60 16

FAY-AUX-LOGES Herbault

4 ch. 4 chambres aménagées avec goût dans un ancien bâtiment, au bout du village dans un endroit calme dans un espace paysager. Herbault est proche de la forêt d'Orléans et à quelques kilomètres de la Loire (route de Vitry). Au rez-de-chaussée : 1 grande salle pour les petits-déjeuners avec coin-salon. A l'étage : 1 chambre (1 lit 150), salle d'eau, wc, 2 chambres (1 lit 150, 1 lit 80), salle d'eau, wc, 1 chambre (2 lits 90), salle d'eau, wc. Pique-nique possible et restaurant au village. Langue parlée : anglais.

Prix : 1 pers. **38 €** 2 pers. **46 €** 3 pers. **53 €**

Ouvert : Toute l'année.

SP	SP	0,5	5	SP	1	1	20	20	1

Dominique SONNEVILLE - Route de Vitry-aux-Loges - Herbault - 45450 FAY-AUX-LOGES - Tél. : 02 38 59 21 18

FEROLLES
(TH) *C.M. 60 Pli 9*

3 ch. Maison récente située dans un village très calme. A l'étage, 1 chambre (1 lit 2 pers., 1 lit d'appoint 2 pers.), salle d'eau et wc privés. Au r.d.c., 1 chambre (2 lits 1 pers.), salle d'eau et wc privés, 1 chambre indépendante (1 lit 2 pers., 1 lit d'appoint 120), salle d'eau et wc privés. Grand jardin clos et arboré. Table d'hôtes sur réservation. Langue parlée : anglais.

Prix : 1 pers. **28 €** 2 pers. **40 €** 3 pers. **50 €** pers. sup. **11 €** repas **13 €**

Ouvert : Toute l'année.

3	10	10	5	6	10	15	20	4

Susan DE SMET - 8, route du Martroi - La Bretèche - 45150 FEROLLES - Tél. : 02 38 59 79 53

LA FERTE-ST-AUBIN La Vieille Forêt
C.M. 64 Pli 9

4 ch. En Sologne, calme et confort vous attendent en pleine nature dans une ancienne ferme rénovée. Halte idéale pour la visite des châteaux de la Loire et la découverte des richesses de la Sologne. 2 chambres et 2 chambres familiales aménagées dans les dépendances. Chacune avec entrée indépendante, salle de bains et wc privés. Cuisine et pièce commune à disposition des hôtes. Lit de bébé sur demande. Jardin, salons de jardin. Promenades et pêche sur place. Langues parlées : anglais, espagnol.

Prix : 1 pers. **34 €** 2 pers. **42 €** 3 pers. **50 €** pers. sup. **11 €**
Ouvert : Toute l'année.

SP	SP	SP	SP	5	1	5	5	5

Marie-Françoise RAVENEL - Route de Jouy le Potier - La Vieille Forêt - 45240 LA-FERTE-ST-AUBIN - Tél. : 02 38 76 57 20 -
Fax : 02 38 64 82 80

LA FERTE-ST-AUBIN Le Château

3 ch. Chambres à l'étage d'1 château du 17ᵉ s. 1 chambre-suite (18ᵉ s.) vue sur les îles et le parc du château avec salle de bains et wc. 1 chambre (17ᵉ s.) avec lit baldaquin, vue sur les jardins de la cour d'honneur avec salle de bains et wc, 1 chambre/suite vue sur jardin et cour d'honneur avec lit Empire (19ᵉ s.). Les chambres sont meublées d'époque. Château historique privé ouvert à la visite de 10 h à 19 h avec parc (40 ha).

Prix : 2 pers. **91/170 €** 3 pers. **230 €**
Ouvert : Du 1ᵉʳ mai au 30 septembre.

1	1	0,1	10	2	5	SP	1	0,5

Catherine GUYOT - Château de la Ferte St-Aubin - 45240 LA-FERTE-ST-AUBIN - Tél. : 02 38 76 52 72 - Fax : 02 38 64 67 43

Centre **Loir-et-Cher**

GERMIGNY-DES-PRES

C.M. 64 Pli 10

5 ch. Dans petit village ligérien, célèbre par son oratoire carolingien, nous vous proposons 5 chambres de 2 à 4 pers., lits individuels et/ou couple, poss. lit supplémentaire. Salle de bains/wc privés pour chacune. Situées dans un bâtiment attenant, elles s'ouvrent sur un grand jardin paysager (portes-fenêtres au rez-de-chaussée), très calme. Vous apprécierez le barbecue, salon de jardin, jeux d'enfants, cuisine équipée. Dans le salon : bibliothèque, jeux, TV. Expositions d'artistes locaux. Parking privé. Excellent restaurant à 200 m. Table d'hôte d'octobre à mars sur réservation. Langues parlées : espagnol, anglais.

Prix : 1 pers. 34 € 2 pers. 43 € 3 pers. 50 € pers. sup. 8 € repas 13 €

Ouvert : Toute l'année.

	SP	2	SP	15	4	15	4	SP	30	1

Marie et Laurent KOPP - 28, route de Chateauneuf - 45110 GERMIGNY-DES-PRES - Tél. : 02 38 58 21 15 - Fax : 02 38 58 21 15 - E-mail : marie.kopp@free.fr - www.kopp.fr

GIDY Ferme de la Volière
C.M. 60 Pli 19

3 ch. Sur une exploitation agricole dans un bourg calme, proche d'Orléans, 3 chambres à l'étage : 1 ch. 2 lits 1 pers., salle de bains et wc, 1 ch. 2 lits 1 pers., salle d'eau et wc, 1 ch. 1 lit 2 pers., salle d'eau et wc. Salle commune, coin-cuisine. Jardin libre-service (fruits et légumes, produits du terroir). Tarif dégressif à partir de la 2e nuit.

Prix : 1 pers. 27 € 2 pers. 31 €

Ouvert : Toute l'année.

6	4	12	4	4	12	12	SP	

Philippe LECOMTE-FOUSSET - 181, rue des Malvoviers - 45520 GIDY - Tél. : 02 38 75 43 18 - Fax : 02 38 75 43 18

HUISSEAU-SUR-MAUVES

E.C. 2 ch. Entre Beauce et Val de Loire, Catherine et Joël vous accueillent pour une étape champêtre dans leur maison ancienne située à 1 km de la RN 157 : une pause nature sur un parcours de randonnée ou en longeant les Mauves. Deux chambres à l'étage comprenant chacune 1 lit 160 et 1 lit 90, salle d'eau et wc privés. La salle à manger est à disposition avec cheminée. Salon de jardin, jeux d'enfants dans vaste et beau jardin. Langue parlée : anglais.

Prix : 2 pers. 44 € pers. sup. 11 €

Ouvert : Toute l'année.

SP	1	9	7	5	20	9	9	20	5

Catherine et Joel RIBIERAS-DEFARGES - 200, impasse de Montpipeau - 45130 HUISSEAU-SUR-MAUVES - Tél. : 02 38 74 09 35

ISDES
C.M. 64 Pli 10

1 ch. Dans un beau bâtiment solognot de caractère, une suite indépendante : séjour-salon-chambre (1 lit 2 pers., 1 lit 1 pers.), salle de bains et wc privés. Portes-fenêtres sur grand jardin-parc avec salon de jardin. Calme, parking privé. 1 chien accepté sur demande avec supplément 6 €. Possibilité table d'hôtes sur réservation. Restaurants gastronomiques à proximité.

Prix : 1 pers. 46 € 2 pers. 52 € pers. sup. 23 € repas 16 €

	SP	9	SP	12	8	12	15	15	20	SP

Renée HATTE - 30, route de Clemont - 45620 ISDES - Tél. : 02 38 29 10 89 - Fax : 02 38 29 10 00

JOUY-LE-POTIER
C.M. 64 Pli 9

1 ch. **Chambord 30 km. Orléans 20 km.** En plein cœur de la Sologne, dans une maison de style solognot, au milieu d'un vaste jardin arboré, située sur un chemin tranquille, 1 chambre familiale comprenant à l'étage 1 ch. (2 lits 90) et 1 ch. (1 lit 160 et 1 lit 90), salle d'eau et wc privés. Bibliothèque (TV) attenante. Salon commun avec cheminée. Terrasse. Supplément bébé 3 €. Table d'hôte sur réservation. Découverte de la Sologne avec ses bois, ses étangs, golfs et châteaux.

Prix : 1 pers. 34 € 2 pers. 43 € 3 pers. 52 € repas 16 €

	SP	5	5	15	3	5	11	11	11	1,5

Christiane BECCHI - 778 rue de Chevenelles - 45370 JOUY-LE-POTIER - Tél. : 02 38 45 83 07 - Fax : 02 38 45 83 07

LORCY

3 ch. 3 ch. raffinées situées entre forêt d'Orléans & Montargis, au centre d'1 petit bourg attenante à 1 maison bourgeoise, dans 1 maison typiquement gâtinaise du XVIIIè s. 1 ch. à l'étage avec 1 lit 180, 1 lit 90, s.d.b., wc, au rez-de-chaussée : 1 avec 1 lit 140 et 1 lit 80 en mezzanine, 1 autre avec 1 lit 160, salle d'eau ou s.d.b., wc indépendants. Salle à manger, salon à disposition, TV. Vélos à disposition, parking privé. Salons de jardin. Langues parlées : anglais, italien.

Prix : 1 pers. 48/58 € 2 pers. 55/66 € 3 pers. 68/79 € pers. sup. 13 €

	SP	15	8	20	10	29	12	12	25	SP

Danielle DE MERSAN - 15, rue de la Mairie - La Petite Cour - 45490 LORCY - Tél. : 02 38 92 20 76 - Fax : 02 38 92 91 97 - E-mail : la_petite_cour@yahoo.fr - www.la-petite-cour.com

Loir-et-Cher — Centre

MARCILLY-EN-VILLETTE La Nouet
C.M. 64 Pli 9

2 ch. **Orléans 20 km.** En Sologne sur la D. 64, dans une fermette « La Nouët », située dans un petit bois, 1 chambre (1 lit 2 pers.), salle d'eau et wc privés, 1 chambre attenante (2 lits 1 pers.). Propriété close, fleurie. Très bon restaurant à 1 km dans le village. Promenades en forêt sur chemins balisés. Etang, centre équestre. Calme garanti.

Prix : 2 pers. 39 €
Ouvert : Toute l'année.

SP	2	1	2	3	8	8	10	1	

Maryse RICHARD-PRENGERE - Route de Sennely - La Nouet - 45240 MARCILLY-EN-VILLETTE - Tél. : 02 38 76 17 40

MAREAU-AUX-PRES Le Clos des Muids

E.C. 4 ch. **Orléans 10 km.** Dans l'ancienne graineterie du village datant du 19ᵉ siècle, aux portes de la Sologne et sur la route de la Vallée des Rois, Nathalie et Dominique vous proposent 4 belles chambres climatisées et 1 piscine couverte chauffée toute l'année. R.d.c. : 1 ch. (1 lit 160 x 200), salle d'eau, wc privés, 1 grande salle avec cheminée repas et petits déjeuners. Etage : 1 chambre familiale (1 lit 160 x 200, 3 lits 90 x 200), salle d'eau, wc privés, 1 chambre (1 lit 140 x 190), salle d'eau, wc privés, 1 chambre (1 lit 160 x 200, 2 lits 90 x 200), salle de bains et wc privés.

Prix : 1 pers. 50 € 2 pers. 59 € 3 pers. 73 € pers. sup. 14 € repas 18 €

1	1	3	10	5	10	SP	3	6	1

LE CLOS DES MUIDS - M. Mme Bouttier - Ambiance et Loisirs 45 - 45370 MAREAU-AUX-PRES - Tél. : 02 38 45 63 16 - Fax : 02 38 45 63 40 - E-mail : Bouttier-Mareau@wanadoo.fr - www.chambre-dhôtes.com

---

MARIGNY-LES-USAGES Les Usses

3 ch. Chambres d'hôtes dans un bâtiment attenant à la maison des propriétaires. 3 chambres spacieuses à l'étage (literie 140) avec chacune salle de bains et wc privés, tél. direct, 1 salon bibliothèque à disposition permettant 2 couchages supplémentaires (lits 90). Rez-de-chaussée : grande salle à manger avec coin-cuisine. Equipement bébé sur demande.

Prix : 1 pers. 45 € 2 pers. 50 € 3 pers. 59 € pers. sup. 9 €

SP	8	4	12	1	8	8	12	12	1

Kris et Jean-Claude MARIN - 145, rue du Courtasaule - Les Usses - 45760 MARIGNY-LES-USAGES - Tél. : 02 38 75 14 77 - Fax : 02 38 75 90 65 - E-mail : Kris.marin@wanadoo.fr

---

MENESTREAU-EN-VILLETTE
C.M. 64 Pli 9

3 ch. Dans une maison Solognote rénovée, au milieu d'un grand jardin boisé, sur GR 3C. 3 chambres en rez-de-chaussée avec entrées indépendantes, salle d'eau et sanitaires privés. Salle commune aux hôtes. Parking.

Prix : 1 pers. 38 € 2 pers. 46 € 3 pers. 53 € pers. sup. 8 €
Ouvert : Toute l'année.

SP	SP	0,5	0,5	3	10	0,5	10	10	0,5

Olivier CADEL - 115 chemin de Bethleem - 45240 MENESTREAU-EN-VILLETTE - Tél. : 02 38 76 90 70

MENESTREAU-EN-VILLETTE Les Foucault
C.M. 64 Pli 9

3 ch. Située au cœur de la forêt solognote, dans 1 bel environnement au grand calme. Hébergement de grand confort. Au r-d-c : 1 ch. suite (1 lit 160, 1 lit d'appoint 140) avec salon et cheminée, TV et entrée indépendante, salle de bains et wc privés. A l'étage : 2 très grandes chambres (1 lit 160, 1 lit d'appoint 140) dont 1 avec terrasse privée, s.d.b./wc privés et TV. Grand espace vert avec promenades sur place, salon de jardin. Animaux acceptés après accord préalable. Langues parlées : anglais, allemand.

Prix : 1 pers. 54/63 € 2 pers. 60/69 € pers. sup. 16 €
Ouvert : Toute l'année.

SP	SP	SP	8	10	8	7	15	15	7

Rosemary BEAU - La ferme des Foucault - 45240 MENESTREAU-EN-VILLETTE - Tél. : 02 38 76 94 41 - Fax : 02 38 76 94 41

MESSAS

1 ch. Maison vigneronne dans un parc paysagé indépendant et clos (meilleur fleurissement 00) aux portes de la Sologne et au pays des châteaux. 1 chambre familiale. Rez-de-chaussée : 1 lit 140, salon avec cheminée. Etage : 4 lits 90, salle d'eau et wc privés au rez-de-chaussée. Salon de jardin, jeux pour enfants, accès à la piscine privée des propriétaires. Locatin de VTT. Table d'hôtes sur réservation. Tarifs spécifiques pour famille. Langue parlée : anglais.

Prix : 1 pers. 40 € 2 pers. 48 € 3 pers. 60 € pers. sup. 12 € repas 15 €

2	5	3	3	10	7	4	3	3	3

Martine et Dominique GIL - 19, rue de Villeneuve - 45190 MESSAS - Tél. : 02 38 44 21 34 - E-mail : madomilagil@wanadoo.fr

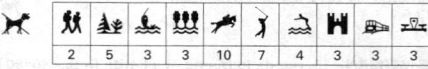

Centre
Loir-et-Cher

MEUNG-SUR-LOIRE Hameau de la Nivelle

C.M. 64 Pli 9

▦▦▦ 4 ch. Dans un hameau très calme, maison entourée d'un jardin arboré et fleuri. 4 chambres. Rez-de-chaussée : 1 chambre (2 lits 1 pers.), salle de bains et wc communs. Etage : 1 chambre (1 lit 2 pers.), 1 chambre d'enfants attenante (2 lits 1 pers.) avec salle de bains et wc privés. Ant. TV dans chaque chambre. Grande terrasse, jardin, salons de jardin, portique, location de vélos que place. Tarifs dégressifs à partir de la 2ᵉ nuit.

Prix : 1 pers. 30 € 2 pers. 40 €
Ouvert : Toute l'année.

| | SP | 0,3 | 10 | 3 | 10 | 3 | 3 | 3 | 3 |

Raymonde BECHU - 30 rue de la Batissière - Hameau de la Nivelle - 45130 MEUNG-SUR-LOIRE - Tél. : 02 38 44 34 38 - Fax : 02 38 44 34 38

MONTCRESSON Le Chesnoy

▦ 1 ch. 1 chambre familiale sur la route de Montargis à Châtillon Coligny (D. 93) aménagée dans une maison indépendante sur le site de l'ancienne écluse du Chesnoy à 300 m du canal de Briare et du Loing dans une propriété boisée et de charme. La chambre est indépendante, salle d'eau (1 lit 160, étage : 2 lits 90, salle de bains, wc). Espace extérieur agréable. Salle à manger, salon avec TV et cheminée à disposition. Langues parlées : anglais, espagnol.

Prix : 1 pers. 30 € 2 pers. 49 € 3 pers. 64 € pers. sup. 15 €

| | SP | SP | SP | 10 | 6 | 20 | 6 | 6 | 12 | 3 |

Ines BARTHELEMY - 1, rue de la Montagne Jaune - Le Chesnoy - 45700 MONTCRESSON - Tél. : 02 38 90 00 63 ou 06 84 22 37 39

MONTEREAU Courpalet (TH)

▦▦ 3 ch. A l'orée de la forêt d'Orléans, 3 chambres situées dans la maison du propriétaire. 2 chambres (1 lit 140), 1 chambre (2 lits 90) salle de bains privative pour chaque chambre, wc communs. TV à disposition dans séjour. Salon de jardin. Etang à proximité. Possibilité d'accueil de chevaux. Table d'hôte sur demande.

Prix : 1 pers. 38 € 2 pers. 43/46 € pers. sup. 11 € repas 15 €

| | SP | SP | SP | 10 | 5 | 6 | 25 | 2 |

Christiane HAMELIN - Route de Ouzouer-sur-Loire - Courpalet - 45260 MONTEREAU-EN-GATINAIS - Tél. : 02 38 87 72 44 - Fax : 02 38 87 72 44

MONTLIARD Château de Montliard (TH)

▦▦▦▦ 4 ch. **Paris 100 km.** Dans un château Renaissance du XVIè s., entouré de douves en eau et d'un parc de 14 hectares, appartenant à la même famille depuis 1384, en lisière de forêt d'Orléans. A l'étage du château, 4 ch. de caractère spacieuses, très confortables, salle de bains et wc privés, équipement bébé. Vous serez séduit par le charme, le calme & l'authenticité de ce lieu & y trouverez de quoi vous reposer et vous détendre : parc, bicyclettes, ping-pong, jeux, TV... écurie, chenil. Bébé gratuit. A proximité : la forêt d'Orléans, et différents châteaux. Les animaux ne sont pas acceptés dans les ch. Langues parlées : anglais, allemand.

Prix : 1 pers. 46/61 € 2 pers. 59/84 € 3 pers. 69/99 € pers. sup. 15 € repas 18/26 €
Ouvert : Toute l'année et l'hiver sur réservation.

| | SP | 1 | SP | SP | 3 | 25 | 5 | 15 | 25 | 2 |

Annick et François GALIZIA - Château de Montliard - 5, route de Nesploy - 45340 MONTLIARD - Tél. : 02 38 33 71 40 - Fax : 02 38 33 86 41 - E-mail : a.galizia@infonie.fr - www.France-bonjour.com/montliard/

NEVOY Sainte-Barbe (TH)

C.M. 65 Pli 2

▦▦▦ 3 ch. Dans une propriété rurale de caractère du XIXè, donnant sur le jardin. A l'étage : 1 grande chambre (1 lit 2 pers., 1 lit d'appoint 1 pers.), salle de bains et wc privés, 1 chambre (2 pers.), salle de bains et wc privés, 1 chambre (1 pers.) salle d'eau et wc privés. Accès indépendant. Au rez-de-chaussée : salle d'accueil, salon à disposition des hôtes, TV. Tennis sur place. Langue parlée : anglais.

Prix : 1 pers. 34/42 € 2 pers. 58 € 3 pers. 70 € pers. sup. 12 € repas 23/30 €

| | SP | SP | SP | 9 | SP | 3 | 3 | 3 |

Annie LE LAY - Ste-Barbe - 45500 NEVOY - Tél. : 02 38 67 59 53 - Fax : 02 38 67 28 96 - E-mail : annielelay@aol.com - www.france-bonjour.com/sainte-barbe/

NEVOY Domaine Les Marceaux

▦ 1 ch. Une chambre d'hôtes située dans une belle propriété du XVIè dans un cadre calme, proche de Gien. Au rez-de-chaussée : 1 chambre avec 1 lit 140, 1 salle de bains privative, wc. 1 grand salon à disposition des hôtes avec cheminée. Salon de jardin. Langue parlée : anglais.

Prix : 2 pers. 53 € 3 pers. 69 €
Ouvert : Toute l'année.

| | 3 | 3 | 5 | 15 | 20 | 5 | 4 | 5 | 5 |

Béatrice et Patrick OSSUDE - Domaine les Marceaux - 45500 NEVOY - Tél. : 02 38 38 03 85 ou 02 38 67 95 21 - Fax : 02 38 67 95 22

Loir-et-Cher | *Centre*

NOGENT-SUR-VERNISSON Les Grandes Bruyeres (TH)   C.M. 65 Pli 2

2 ch. Dans une ancienne ferme située à l'orée de la forêt d'Orléans. 2 chambres (1 lit 140) à l'étage. TV dans chacune, salle d'eau et wc privés pour chaque chambre mais sur le palier. Etang et pêche sur place. Table d'hôtes sur demande avec produits du terroir.

Prix : 1 pers. 35 € 2 pers. 40 € repas 18 €
Ouvert : Toute l'année.

SP	SP	SP	SP	15	15	15	5	5

Guy GIRAUX - Les Grandes Bruyères - 45290 NOGENT-SUR-VERNISSON - Tél. : 02 38 96 10 37

OUZOUER-SUR-TREZEE La Chaurie (TH)   C.M. 65 Pli 2

E.C. **4 ch.** Au milieu d'une propriété de chasse, dans une vaste maison. Au rez-de-chaussée, 1 chambre avec 1 lit 180, salle de bains et wc. Etage : 1 chambre (1 lit 160), salle de bains, wc, 1 chambre (2 lits 100 x 200), salle de bains, wc, 1 chambre familiale (1 lit 140, 2 lits 90), salle d'eau, wc. Grande salle commune, petite salle avec cheminée. Domaine de chasse à la journée.

Prix : 1 pers. 34/46 € 2 pers. 39/54 € pers. sup. 11 €

SP	SP	2,5	4	7	4	4	4	2,5

Jean-Luc et Marie GUENOT - La Chaurie - 45250 OUZOUER-SUR-TREZEE - Tél. : 02 38 29 61 73 ou 02 38 29 65 25

PAUCOURT Bel Ebat (TH)   C.M. 61 Pli 12

4 ch. 3 ch. et une suite avec sanitaires privés. Petit déjeuner : jus de fruit frais, viennoiseries, confitures maison... Table d'hôtes : cuisine bourgeoise (terrines, soufflés...). TV, salle de jeux. VTT. Forêt, chevaux, attelage, pêche, chasse. Parc 3 ha. Châteaux de la Loire. Découverte de la Sologne. Monuments historiques. Vignobles de Sancerre, Chablis... Golf, piscine, tennis, pêche, chasse. Langues parlées : anglais, allemand.

Prix : 1 pers. 95 € 2 pers. 115 € 3 pers. 125 € repas 35 €
Ouvert : Toute l'année.

5	5	10	SP	5	5	6	4	7

Antoine et Emmanuelle DE JESSE CHARLEVAL - 191, allée de Bel Ebat - Bel Ebat - 45200 PAUCOURT - Tél. : 02 38 98 38 47 - Fax : 02 38 85 66 43

ST-BENOIT-SUR-LOIRE Fleury   C.M. 65 Pli 1

1 ch. 1 chambre d'hôte aménagée dans une maison de construction récente située aux abords de St-Benoît-sur-Loire. Entrée indépendante dans jardin clos, le 1er étage est à l'usage exclusif des hôtes avec 1 chambre (1 lit 140), salle d'eau et wc privés, 1 chambre supplémentaire sur demande. 1 coin-salon à disposition. Pique-nique possible.

Prix : 1 pers. 34 € 2 pers. 37 € 3 pers. 52 € pers. sup. 15 €
Ouvert : De mai à septembre.

SP	5	2	2	15	8	1	30	1

Lionel LECLERC - 21, route de Sully - Fleury - 45730 ST-BENOIT-SUR-LOIRE - Tél. : 02 38 35 10 80

ST-BENOIT-SUR-LOIRE (TH)   C.M. 64 Pli 10

6 ch. Entre Sully-sur-Loire & St-Benoît, sur 1 exploitation agricole céréalière. Au r-d-c : 2 ch. (2 lits 90), s. d'eau/wc privés chacune. A l'étage : 1 ch. (3 lits 90), 1 ch. (2 lits 90), s. d'eau/wc privés chacune. Dans 1 maison indépendante dans le jardin de plain pied 1 suite (4 lits 90), s.d.b./wc privés, 1 ch. normes handicapés (2 lits 1 pers.), s. d'eau, wc. Salle d'acceuil, cuisine aménagée à disposition des hôtes. Agréable jardin arboré et potager, salon de jardin. Possibilité de location de bicyclette ou à disposition pour long séjour et week-end de 2 jours.

Prix : 1 pers. 37/40 € 2 pers. 43/46 € 3 pers. 61/76 € pers. sup. 16 € repas 16 €
Ouvert : Toute l'année.

SP	10	2	20	6	12	7	2	25	2

Dom. et Mireille BOUIN - 6 chemin de la Borde - 45730 ST-BENOIT-SUR-LOIRE - Tél. : 02 38 35 70 53 - Fax : 02 38 35 10 06 -
E-mail : Mireille-Dominique.BOUIN@wanadoo.fr - http : //www.france-bonjour.com/la-borde/

ST-LOUP-DE-GONOIS Le Pressoir

E.C. **1 ch.** Courtenay 10 km. A proximité d'1 village du Gâtinais, 1 chambre dans une ancienne grange près de la maison des propriétaires. St-Loup-de-Gonois est situé au cœur du Gâtinais (sortie A. 6 Dordives) et proche de Ferrières (cité médiévale). Rez-de-chaussée : 1 chambre (1 lit 140), salle d'eau, wc privés avec petit salon et coin-kitchenette. Possibilité lit enfants. Accès au jardin avec vue sur la Vallée de la Cléry. Salon de jardin, barbecue. Salle à manger (salon à disposition des hôtes). Possibilité de pique-nique.

Prix : 1 pers. 35 € 2 pers. 43 € 3 pers. 52 € pers. sup. 9 €
Ouvert : Toute l'année.

SP	6	0,5	17	5	18	10	20	3

Jean-Marc SARRAZIN - Le Pressoir - 45210 ST-LOUP-DE-GONOIS - Tél. : 02 38 92 10 50

Centre   **Loir-et-Cher**

ST-MARTIN-D'ABBAT Le Haut des Bordes   *C.M. 64 Pli 10*

1 ch. Grande maison dans un hameau calme, en bordure de rivière avec étang, grand jardin boisé. 1 chambre (1 lit 2 pers), salle de bains et wc privés, dans pièce attenante (1 lit d'appoint 2 pers), prix 4 pers. (9 €).

Prix : 1 pers. 38 € 2 pers. 45 € 3 pers. 58 € pers. sup. 9 €
Ouvert : Toute l'année.

SP	SP	SP	2	18	9	9	35	4

Chantal PELLETIER - Le haut des Bordes - 45110 ST-MARTIN-D'ABBAT - Tél. : 02 38 58 22 09

TAVERS   (TH)   *C.M. 64 Pli 8*

4 ch. Dans une ancienne ferme rénovée du 18è siècle, 4 chambres calmes et agréables vue sur le parc, entrée indépendante. Rez-de-chaussée : 1 chambre (2 lits 90), 1 chambre (1 lit 140, 1 lit 90). Etage : 1 chambre (1 lit 140), 1 chambre (1 lit 140, 2 lits 90), coin-salon. Salle d'eau et wc privatifs, TV dans chaque chambre. Séjour ameublement ancien. Dans le cadre reposant de la Vallée de la Loire. Parc ombragé et fleuri. Accès à la piscine des propriétaires. Vélos à disposition. Ping-pong, salon de jardin. Repas sur réservation (sauf dimanche) préparés par Pierre cuisinier professionnel. Parking fermé. Langue parlée : anglais.

Prix : 1 pers. 40/46 € 2 pers. 53 € 3 pers. 66 € pers. sup. 12 € repas 18 €
Ouvert : Toute l'année.

SP	SP	2	2	10	10	SP	2	SP

Patricia FOURNIER - 115, rue des Eaux Bleues - « Le clos de Pontpierre » - 45190 TAVERS - Tél. : 02 38 44 56 85 - Fax : 02 38 44 58 94 - E-mail : le.clos.de.pontpierre@wanadoo.fr - www.france-bonjour.com/clos-de-pontpierre/

TAVERS Les Gratelièvres   (TH)   *C.M. 64 Pli 8*

2 ch. Au calme, maison fleurie avec jardin arboré et parking. A l'étage : 1 chambre (1 lit 2 pers., 1 lit 1 pers.), 1 chambre (1 lit 2 pers., 2 lits 1 pers.), salle d'eau et wc privés dans chacune. Ant. TV dans chaque chambre. Lit de bébé et lit d'appoint à disposition. Séjour avec cheminée. Salon de jardin, table d'hôte sur demande. Langues parlées : anglais, espagnol.

Prix : 1 pers. 31 € 2 pers. 39 € 3 pers. 49 € pers. sup. 11 € repas 16 €
Ouvert : Toute l'année.

SP	1,5	0,5	10	10	2	2	2	SP

Patrick et Sylviane TERLAIN - 74 bis, rue des Eaux Bleues - Les Gratelièvres - 45190 TAVERS - Tél. : 02 38 44 92 58 ou 06 14 74 31 32

TRAINOU   (icon)   *C.M. 64 Pli 10*

1 ch. Dans une fermette rénovée et dans un bâtiment indépendant. A l'étage : 1 chambre avec 1 lit 140, 1 lit de bébé, cabinet de toilette, wc. 1 chambre supplémentaire : 2 lits de 90. Au rez-de-chaussée : salle d'eau et salle de détente, réfrigérateur, TV, chauffage central. Jardin, ping-pong, toboggan, cages à poules.

Prix : 1 pers. 30 € 2 pers. 38 €
Ouvert : Toute l'année.

2	2	6	2	3	6	17	22	2

Daniel GUY - 538 rue du Grand Fouqueau - 45470 TRAINOU - Tél. : 02 38 65 64 55

VANNES-SUR-COSSON   (TH)   *C.M. 64 Pli 10*

3 ch. Dans une maison solognote de caractère, 1 chambre (1 lit 140), salle de bains et wc privatifs, 1 chambre (1 lit 140, 1 lit 90) salle d'eau et wc privatifs, 1 chambre (1 lit 140), salle d'eau et wc privatifs. Salle commune avec cheminée. Jardin, terrasse. Table d'hôte sur demande.

Prix : 1 pers. 35 € 2 pers. 40 € 3 pers. 49 € repas 11/15 €
Ouvert : Toute l'année.

SP	SP	SP	15	25	10	15	34	SP

Aleth NICOURT - 6, rue de la Croix Madeleine - 45510 VANNES-SUR-COSSON - Tél. : 02 38 58 15 43

VANNES-SUR-COSSON Domaine de Ste-Helène   (icon)   (TH)

2 ch. Sully-sur-Loire (château) 13 km. Maison solognote dans 1 cadre de verdure avec piscine privée. De plain pied, grande ch. indépendante (1 lit 290) s.d.b/wc privés, salon contigu (40 m²), alcôve avec 2 lits 90, réfrigérateur, TV, très calme, ensoleillée. Ambiance personnalisée. 1 ch. indépendante sur jardin (1 lit 140), TV, s. d'eau, wc privés, décor très raffiné. Cuisine équipée à disposition des hôtes. Calme. Parking privé. Table d'hôtes très exceptionnellement. Animaux acceptés avec supplément. Langues parlées : anglais, espagnol.

Prix : 2 pers. 54/77 € pers. sup. 15 € repas 23/30 €

1	10	1	2	15	7	SP	15	30	1

Agnès CELERIER - Domaine de Ste-Helène - 45510 VANNES-SUR-COSSON - Tél. : 02 38 58 04 55 - Fax : 02 38 58 28 38 - E-mail : celerierloiret@hotmail.com

Loir-et-Cher   *Centre*

VANNES-SUR-COSSON Le Haut des Tuileries

▌▌▌ 1 ch.   Au milieu des bois dans une maison typiquement solognote et un environnement très calme, 1 chambre (1 lit 140, 1 lit 120) avec salle d'eau et wc privés. Entrée indépendante. TV. Salon de jardin. Table d'hôte sur demande.

Prix : 1 pers. **34** € 2 pers. **43** € pers. sup. **15** €
Ouvert : Toute l'année.

SP	SP	3	18	10	12	18	18	35	3

Christophe ETOURNEAU - Le Ludion - Le Haut des Tuileries - 45510 VANNES-SUR-COSSON - Tél. : **02 38 58 12 87**

VITRY-AUX-LOGES Les Sapins

▌▌▌ 2 ch.   2 chambres d'hôtes proposées dans 1 maison de charme à colombages du Val de Loire. Au cœur de la forêt d'Orléans & à proximité de Sully, de Chamerolles et Orléans. 1 chambre au rez-de-chaussée : 1 lit 160 (séparable), salle d'eau et wc séparé et sortie sur le jardin. 1 grande chambre à l'étage : 1 lit 160, salle de bains et wc. Possibilité chambre d'enfants (2 lits). Possibilité table d'hôte, pique-nique dans le jardin possible. Langue parlée : anglais.

Prix : 2 pers. **46** € pers. sup. **12** €

SP	SP	SP	5	15	10	10	30	1,5	

Laurence BOERINGER - 45, route de la Malloie - Les Sapins - 45530 VITRY-AUX-LOGES - Tél. : **02 38 59 45 39** - Fax : **02 38 59 45 39** - E-mail : lboeringer@minitel.net

CHAMPAGNE-ARDENNE

Pour réserver, écrire ou téléphoner :

08 - ARDENNES
GÎTES DE FRANCE - Service Réservation
6, rue Noël - B.P. 370
08106 CHARLEVILLE-MÉZIÈRES Cedex
Tél. : 03 24 56 89 65 - Fax : 03 24 56 89 66
http://perso.wanadoo.fr/gitardennes

3615 Gîtes de France
0,2 €/min

51 - MARNE
GÎTES DE FRANCE - Service Réservation
Route de Suippes
B.P. 525
51009 CHÂLONS-EN-CHAMPAGNE Cedex
Tél. : 03 26 64 95 05 - Fax : 03 26 64 95 06

10 - AUBE
GÎTES DE FRANCE - Service Réservation
2 bis, rue Jeanne-d'Arc
B.P. 4080
10014 TROYES Cedex
Tél. : 03 25 73 00 11 - Fax : 03 25 73 94 85
www.gites-de-france-aube.com

3615 Gîtes de France
0,2 €/min

52 - HAUTE-MARNE
GÎTES DE FRANCE - Service Réservation
40 bis, avenue Foch
52000 CHAUMONT
Tél. : 03 25 30 39 08 - Fax : 03 25 30 39 09
E-mail : tourisme.hautemarne@wanadoo.fr
www.tourisme-hautemarne.com

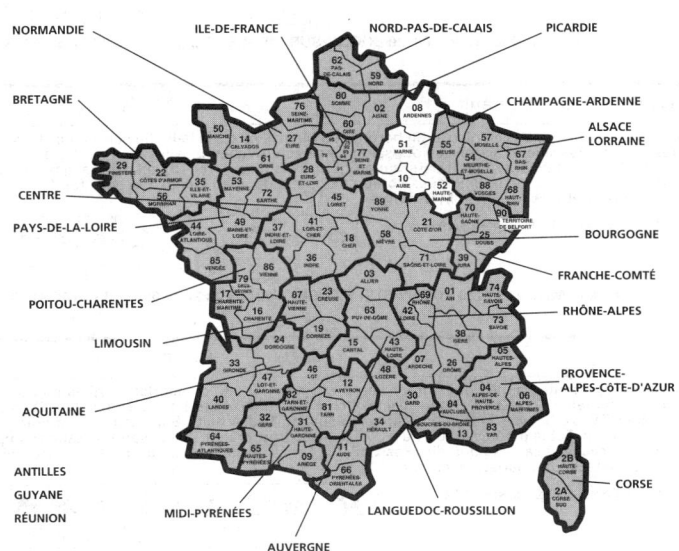

Ardennes

Champagne-Ardennes

GITES DE FRANCE - Service Réservation
6, rue Noël - B.P. 370
08106 CHARLEVILLE-MEZIERES Cedex
Tél. 03 24 56 89 65 - Fax 03 24 56 89 66
http://perso.wanadoo.fr/gitardennes

3615 Gîtes de France
0,2 €/min

ACY-ROMANCE
C.M. 56 Pli 7

| ||| 3 ch. | Corps de ferme du début du siècle à 150 m de l'Aisne (rivière) et du Canal des Ardennes, situé en village dans un joli cadre verdoyant. Terrain. Garage. R.d.c. : salle d'hôtes (TV). Etage : 2 ch. (1 lit 2 pers., lit appoint 1 pers., s.e., wc). 1 ch.-suite (1 ch. (2 lits 2 pers.) annexe 1 lit 2 pers., lit appoint 2 pers.), s.e., wc). Lit bébé. TV couleur. Salle de bains + douche. Produits fermiers, visite d'exploitation sur place. Vous randonnerez tranquillement à pied ou à vélo (2 bicyclettes sur place) sur le sentier « Nature » balisé à 1 km. Musée, aéroclub, église gothique, belvédère, arboretum 1 km. Pistes VTT. |

Prix : 1 pers. 27 € 2 pers. 34 € pers. sup. 9 €
Ouvert : Toute l'année.

🐕	🌲	⛱	🏊	🚣	⛵	🎣	🎾	🏃	🏇	🚴	🚂
15	1	2	20	25	25	1	1	1	0,2	1	1

Alain et Noëlle LEBEGUE - Rue de l'Oseraie - 08300 ACY-ROMANCE - Tél. 03 24 38 50 16 ou 06 78 58 37 93 - Fax : 03 24 38 50 16

AUTRECOURT-ET-POURRON Hameau de Pourron
 (TH)
C.M. 56 Pli 9

| ||| 1 ch. | 1 chambre d'hôtes et sa suite à l'étage d'une maison mitoyenne avec terrain clos, terrasse. Chambre : 1 lit 2 pers. (150 cm), 2 lits 1 pers. (90 cm). Suite : 3 lits 1 pers. (130 cm, 120 cm, 90 cm). Lit bébé. TV couleur. Salle de bains + douche. WC. Table d'hôtes. Salle d'hôtes spacieuse, mobilier de caractère. 10 % de réduction au-delà de la 3e nuit. Accueil et pension chevaux (pâture, 6 attaches sous abri). Le hameau est entouré de magnifiques paysages, au grand calme. Langues parlées : anglais, allemand. |

Prix : 1 pers. 24 € 2 pers. 34 € 3 pers. 47 € pers. sup. 14 € repas 11 €
Ouvert : Toute l'année.

🐕	🌲	⛱	🏊	🚣	⛵	🎣	🎾	🏃	🏇	🚴	🚂
SP	10	5	25	10	25	8	15	SP	SP	15	4

Abel LALLEMENT - Hameau de Pourron - 08210 AUTRECOURT-ET-POURRON - Tél. 03 24 26 24 33

BOGNY-SUR-MEUSE La Vinaigrerie
 (TH)
C.M. 53 Pli 18

| ||| 4 ch. | 4 chambres d'hôtes dans maison en pierres en bordure de la forêt, de la Meuse et d'une route. R.d.c. (accès 5 marches) : terrasses. Séjour/salon de caractère (insert). WC. 1er étage : 3 ch. (1 lit 2 p., s.e., wc). 2nd ét. mansardé : 1 ch. (1 lit 2 p.-annexe 2 lits superpo. 1 p., lit bébé. S.e., wc. Salon (clic-clac, TV, Nintendo, réfrigérateur). Ch. cent. gaz. 2 ch. avec balcon (vue sur bois). Double vitrage. Serrure-sécurité dans chaque ch. Terrain clos 1000 m² (pergola, parking). Poss. garage. Sentiers VTT, pédestres GR 12C sur place. Table d'hôtes midi et soir sur réservé. 1/4 vin compris. Lit bébé 8 €. Non fumeur. Réduction à partir 5e nuitée. |

Prix : 1 pers. 28/33 € 2 pers. 34/38 € pers. sup. 13/15 € repas 13 €
Ouvert : Toute l'année.

🐕	🌲	⛱	🏊	🚣	⛵	🎣	🎾	🏃	🏇	🚴	🚂
SP	15	15	15	5	1	20	SP	SP	0,7	0,5	

Ghislain et Régine LAUNOIS - 6, rue de la Vinaigrerie - 08120 BOGNY-SUR-MEUSE - Tél. 03 24 53 07 17 ou 06 83 66 21 65 - Fax : 03 24 53 07 17

BOGNY-SUR-MEUSE Château Regnault
(TH) **A**
C.M. 53 Pli 18

| ||| 3 ch. | 3 chambres d'hôtes dans maison en pierres en bordure de Meuse, face à la halte fluviale et aux 4 fils Aymon. Petit terrain clos et terrasse. R.d.c. (escalier d'accès) : séjour/salon de caractère (cheminée insert, TV). WC. Etage : 1 ch. (1 lit 2 pers., salle d'eau, wc). 1 ch. (1 lit 2 pers., 2 lits 1 pers. superposés, salle d'eau, wc). Chauff. central gaz. Village situé au cœur du massif ardennais à proximité de la Belgique. Nombreux points de vue légendaires pour randonnées pédestres et VTT. Musées des minéraux et fossiles, de la Métallurgie. |

Prix : 1 pers. 34 € 2 pers. 37 € pers. sup. 14 € repas 15/19 €
Ouvert : Toute l'année.

🐕	🌲	⛱	🏊	🚣	⛵	🎣	🎾	🏃	🏇	🚴	🚂
SP	15	15	25	15	5	1	20	SP	SP	1	SP

José et Line BRUNSON - 9, rue de la Meuse - 08120 BOGNY-SUR-MEUSE - Tél. 03 24 32 26 69 ou 06 78 01 81 75 - Fax : 03 24 32 26 69

BOSSEVAL
 (TH)
C.M. 53 Pli 19

| ||| 3 ch. | 3 ch. d'hôtes ouvertes toute l'année dans un ancien presbytère du 18è comportant 2 gîtes en r.d.c. 1er ét. : 1 ch. (1 lit 2 pers., s.d.b., wc, fauteuils, TV). 2e ét. : coin-cuisine, 1 ch. mezzanine (4 lits 1 pers., coin-salon, TV, s.d.b., wc). 3 lits bébé. L.linge. Réduction 10 % 4 nuits. Balançoire. Chambres de charme, de caractère au mobilier ancien. Table d'hôtes le soir du 01/09 au 15/05 (réservation 48 h. avant) boissons comprises, enfant 7 ans 9 €. Pelouses. Barbecues. 3 salons de jardin. Poss. 4 VTT. Tennis gratuit, boulodrome 100 m. Accueil 4 chevaux à 6 km (boxes, pâture close). Langue parlée : allemand. |

Prix : 1 pers. 30 € 2 pers. 38 € 3 pers. 49 € pers. sup. 12 € repas 15 € 1/2 pens. 46 €
Ouvert : Toute l'année.

🐕	🌲	⛱	🏊	🚣	⛵	🎣	🎾	🏃	🏇	🚴	🚂
SP	10	10	15	10	10	SP	7	SP	3,2	10	2,5

Jacqueline et J.F. LAMBERTY - 4, place de la République - 08350 BOSSEVAL - Tél. 03 24 29 48 25 ou 06 80 31 76 15 - Fax : 03 24 52 79 60

Champagne-Ardennes — **Ardennes**

BRIENNE-SUR-AISNE
C.M. 56 Pli 6

4 ch. Reims (caves de champagne) 20 km. Chemin des Dames 25 km. 4 chambres d'hôtes de caractère avec entrée indépendante chez agriculteur céréalier. R.d.c. : salle d'hôtes (âtre). Etage : 2 ch. avec chacune : mezz. (1 lit 2 pers., 1 lit 1 pers.), salon (TV coul.), s.e., wc privés. 1 ch. (1 lit 2 pers., TV coul., s.e.). WC privés dans couloir. 1 ch. (1 lit 2 pers., TV, kitchenette (micro-ondes), coin-séjour, s.e., wc). Cuisine à disposition (coin-repas). Chauffage électrique. Salle de jeux (baby-foot, ping-pong). Terrain (barbecue, portique). Cadre verdoyant et très tranquille. Vélos. Musée privé. Restaurant au village.

Prix : 1 pers. **23/28** € 2 pers. **28/38** € 3 pers. **46** € pers. sup. **11** €
Ouvert : Toute l'année.

	SP	25	18	4	25	7	18	5	2	1	18	1

Jacqueline et Jean-Pierre LERICHE - 13, route de Poilcourt Sydney - 08190 BRIENNE-SUR-AISNE - Tél. : 03 24 72 94 25 - Fax : 03 24 72 94 25

CHAMPIGNEULLE
C.M. 56 Pli 9

3 ch. 3 chambres d'hôtes dans corps de ferme situé à proximité de la forêt d'Argonne. Terrain et parking. Rez-de-chaussée : salle d'hôtes (TV). Etage : 1 ch. (1 lit 2 pers., salle d'eau, wc). 1 ch. (1 lit 2 pers., 1 lit 1 pers., salle d'eau, wc). 1 ch. (1 lit 2 pers., 2 lits 1 pers., salle de bains, wc). Lit bébé 5,5 €. Possibilité de pique-niquer sur place. Rivière 1 km. Restaurant 6 km.

Prix : 1 pers. **25** € 2 pers. **33** € 3 pers. **40** € pers. sup. **8** €
Ouvert : Toute l'année.

	SP	10	25	20	6	10	6	1	55	6

Marie-Ange DECORNE - 08250 CHAMPIGNEULLE - Tél. : 03 24 30 78 66 ou 03 24 30 78 31

CHATEL-CHEHERY
C.M. 56 Pli 9

3 ch. Entre lacs et forêts, 3 ch. d'hôtes dans château XVIIIe, dans un village à flanc de côteau, dominant la vallée de l'Aire avec parc arboré offrant un panorama exceptionnel. R.d.c. : 1 ch. (double entrée, 2 lits 1 pers., s.d'eau, wc, coin-salon, cheminée, coin-cuisine). Etage : 1 ch. (1 lit 2 pers., s.d'eau, wc). 1 ch. (2 lits 1 pers., 1 lit 120, s. d'eau, wc). Table d'hôtes le soir sur résa. boisson non comprise. Barbecue. Lit bébé 9 €, nécessaire enfant. Poss. L. et s.linge. Piscine privée chauffée du 15/6 au 15/9. Etang privé. Rivière à truites au village. Séjour gastronomique. Riche patrimoine : abbaye séculaire, églises fortifiées. Remise 4 nuits.

Prix : 1 pers. **53/57** € 2 pers. **61/69** € pers. sup. **23** € repas **16** €
Ouvert : Toute l'année.

	SP	30	SP	30	30	0,3	15	SP	SP	25	12

Jacques et Simone HUET - Château de Châtel - 08250 CHATEL-CHEHERY - Tél. : 03 24 30 78 54 - Fax : 03 24 30 25 51

CHEMERY-SUR-BAR
C.M. 56 Pli 9

3 ch. 3 chambres d'hôtes dans maison du XVIIIe dans le village. Parking, jardin (portique). Rez-de-chaussée : salle d'hôtes (cheminée). Etage : 1 ch. (1 lit 2 pers., cabinet de toilette, wc). 1 ch. (1 lit 2 pers., cabinet de toilette, wc). 1 ch. (2 lits 1 pers., cabinet de toilette). Douche et wc communs. Chauffage central. Passage routes des Forêts, Lacs et Abbayes. Eglise romane classée. Route Ardennes Eifel. Sentiers (étape du GR 14). Rivière, canal, halte fluviale 500 m. Aire de pique-nique et point de vue 1 km. Restaurants 12 km. Aérodrome 15 km. Ski de fond 20 km. Langue parlée : anglais.

Prix : 1 pers. **28** € 2 pers. **32/40** € pers. sup. **12** €
Ouvert : Du 1er mai au 30 septembre, et vacances scolaires.

	5	12	16	12	12	12	12	SP	0,5	16	7

Nicole et Rémy GUILLAUME - La Brasserie - 34 rue Nationale - 08450 CHEMERY-SUR-BAR - Tél. : 03 24 35 40 31

CHUFFILLY-ROCHE Hameau de Roche
C.M. 56 Pli 8

1 ch. 1 chambre d'hôtes située à 25 m de la maison des propriétaires semi-mitoyenne à un gîte rural. Chambre de plain-pied accessible aux personnes handicapées (1 lit 2 pers.) avec TV couleur, salle d'eau et wc. Terrasse. Dans hameau qui inspira Rimbaud, sur propriété de 6 hectares de prairies où galopent juments et poulains (écuries indépendantes), un étang de pêche, 3 gîtes semi-mitoyens, la chambre d'hôtes et la maison des propriétaires.

Prix : 1 pers. **32** € 2 pers. **37** €
Ouvert : Toute l'année.

	10	18	11	25	18	10	11	20	SP	SP	22	4

Christian et Nadine MAMELIN - Hameau de Roche - 08130 CHUFFILLY-ROCHE - Tél. : 03 24 30 50 35 - Fax : 03 24 30 50 35

DONCHERY Le Sautou
C.M. 53 Pli 19

4 ch. Situées au cœur de l'Ardenne, dans une clairière, au château du Sautou XIXè, 4 spacieuses et charmantes chambres. R.d.c. : salle d'hôtes, salon (cheminées), wc, véranda avec vue sur parc. 1er étage privé. 2e étage : salon. 1 ch. (1 lit 2 p., s.e., wc). 1 ch. (2 lits 1 p.), 1 ch. (1 lit 2 p.), 1 suite (1 lit 1 p., 1 lit 2 p.), avec s.d.b. et wc privés chacune. Coin-cuisine (café, chauffe-biberon), matériel de puériculture du 2d étage. Table d'hôtes le soir sur réservation boisson non comprise. Coin-salons privatifs dans chaque chambre (2 en tourelle). Cadre forestier (12 hectares) : bois, étang, ruisseau, tennis, piscine.

Prix : 1 pers. **60** € 2 pers. **75** € pers. sup. **16** € repas **19/22** €
Ouvert : Toute l'année.

	SP	4	SP	20	30	20	SP	8	SP	4	8	4

Michèle et Yvon GARDAN - Le Sautou - 08350 DONCHERY - Tél. : 03 24 52 70 08 - Fax : 03 24 52 70 08

Ardennes
Champagne-Ardennes

FUMAY
C.M. 53 Pli 18

3 ch. — 3 chambres d'hôtes dans maison de caractère du XVIIIe siècle en bordure de Meuse. Rez-de-chaussée : salon, salle d'hôtes (TV couleur). Etage : 1 ch. (1 lit 2 pers., salle d'eau, wc). 1 ch. (1 lit 2 pers., salle de bains, wc). 1 ch. (1 lit 2 pers., 1 lit 1 pers., salle de bains, wc). Possibilité lit d'appoint. Chauffage central gaz. A 200 m possibilité de repas au feu de bois du mardi au dimanche soir (50 % de remise pour les enfants).

Prix : 1 pers. 38 € 2 pers. 43 € pers. sup. 15 €
Ouvert : Toute l'année.

	SP	15	8	40	15	2	SP	15	SP	SP	2	SP

Liliane et J.Claude LORENT - 3, rue du docteur Bourgeois - 08170 FUMAY - Tél. : 03 24 41 29 66 ou 03 24 41 12 12

GERNELLE
A *C.M. 53 Pli 19*

1 ch. — Belgique 5 km. Charleville-Mézières 8 km. 1 chambre d'hôtes indépendante mitoyenne à la maison des propriétaires. Garage. Jardinet et terrasse côté rue. Terrain clos arboré avec terrasses couverte et non couverte. Rez-de-chaussée : salon (TV couleur). 1 ch. (1 lit 2 pers.). Salle d'eau. WC. Chauffage électrique. Calme et repos garantis. Restaurant au village ouvert midi et soir 7 jours sur 7. Au cœur d'un village tranquille, à proximité de Charleville-Mézières (place Ducale, musées, patinoire, piscine...). Centre équestre 4 km. Parc animalier 5 km.

Prix : 1 pers. 39 € 2 pers. 43 €
Ouvert : Toute l'année.

	SP	12	8	20	30	20	10	4	SP	8	8	8

Guy et Josette TOULOUSE DAUPHIN - Rue des Autrichiens - 08440 GERNELLE - Tél. : 03 24 54 79 26

GIVET
C.M. 53 Pli 9

2 ch. — Berges de la Meuse 500 m. 2 chambres d'hôtes dans pavillon de haut standing sur propriété de 3 700 m² (terrasse, barbecue, balançoire), en bordure de la frontière belge, à l'entrée du bourg. Parking fermé. A l'étage, 1 ch. (1 lit 2 pers., TV couleur). Salle d'eau privée non communiquante avec wc. 1 ch. (2 lits 1 pers., TV couleur). Salle d'eau privée avec wc. Chauffage électrique. Garage. Restaurants à 1 km. Métiers d'Arts, Fort de Charlemont à Givet.

Prix : 1 pers. 30 € 2 pers. 38 € pers. sup. 15 €
Ouvert : Du 1er avril au 30 septembre.

	0,5	1	1	60	50	10	1	10	0,5	1	0,5	0,5

Robert et Josiane DUJEUX - 19 bis, route de Philippeville - 08600 GIVET - Tél. : 03 24 42 75 33 - Fax : 03 24 40 01 66

GRANDPRE
(TH) *C.M. 56 Pli 9*

3 ch. — 3 chambres d'hôtes dans maison XIXe et corps de ferme. Jardin d'agrément 1 000 m². Garage. Cour fermée. Rez-de-chaussée : salle d'hôtes (piano à queue, TV, cheminée). 1er étage : 1 ch. (1 lit 2 pers., 1 lit bébé), salle de bains et wc privés. 2e étage : 2 suites (1 lit 2 pers., 2 lits 1 pers.). Salles de bains et wc privés. Table d'hôtes boissons non comprises (vins : plus de 100 crus). Enfants (- 8 ans) 6 €. Chauffage central fuel. Produits fermiers. Boxes chevaux. Rivière sur place. Langue parlée : anglais.

Prix : 1 pers. 25 € 2 pers. 34 € 3 pers. 40 € pers. sup. 6 €
repas 11/13 €
Ouvert : Toute l'année.

	SP	13	17	20	SP	13	SP	SP	17	SP

Dominique et Philippe ARNOULD - Rue de Montflix - 08250 GRANDPRE - Tél. : 03 24 30 52 87 - Fax : 03 24 30 52 87

GRIVY-LOISY Le Pied des Monts
A *C.M. 56 Pli 8*

5 ch. — 5 chambres d'hôtes dans corps de ferme situé dans un hameau, cadre verdoyant et tranquille. Terrasse, aire de jeux. R.d.c. : auberge de campagne (petits-déjeuners et repas). 1er étage : 4 ch. mezzanines (2 lits 2 pers.), salle d'eau et wc privatifs. 1 ch. (1 lit 2 pers., 1 lit 1 pers., salle d'eau et wc). Coin-salon avec TV et téléphone dans chaque ch. Terrain et parking. Bicyclettes sur demande. Sentiers, canoë, VTT, aquacycle 4 km. Lac 16 km.

Prix : 1 pers. 40 € 2 pers. 44 € 3 pers. 59 € pers. sup. 12 €
repas 15/24 € 1/2 pens. 50 €
Ouvert : Toute l'année.

	15	16	6	25	4	15	4	15	26	6

Maurice CREUWELS - Auberge du Pied des Monts - Grivy - 08400 GRIVY-LOISY - Tél. : 03 24 71 92 38 - Fax : 03 24 71 96 21 -
E-mail : auberge-du-pied-des-monts@wanadoo.fr - www.pied-des-monts.com

HAYBES
C.M. 53 Pli 18

4 ch. — Vieux Moulins de Thilay (ski de fond) 10 km. 4 ch. d'hôtes 1 et 2 épis au r.d.c. d'une vaste demeure en bord de Meuse. Entrée indépendante aux hôtes. Vue directe sur la Meuse et sur la forêt d'Ardenne. Parc 4 000 m² avec coins terrasse. Salle d'hôtes de prestige (TV coul.) et grand balcon. 2 ch. 1 épi (1 lit 2 pers., lavabo). S. d'eau et wc communs. 2 ch. 2 épis (1 lit 2 pers.). S. d'eau et wc privatifs. Chauffage central fuel. Restaurants sur place. 2 gîtes ruraux pour 3 et 4 personnes dans annexe. Accès direct au chemin de halage de la Meuse. Mini golf à 1 km. Langue parlée : espagnol.

Prix : 1 pers. 35 € 2 pers. 38/43 € pers. sup. 8 €
Ouvert : Toute l'année.

	SP	27	12	40	27	SP	2	27	SP	SP	SP

Noël et Mariana BLONDEAU - 42, rue St-Louis - 08170 HAYBES - Tél. : 03 24 41 61 93

Champagne-Ardennes — Ardennes

LALOBBE La Besace (TH) — C.M. 53 Pli 18

4 ch. **Signy-l'Abbaye 5 km.** 4 chambres d'hôtes pour l'évasion dans maison indépendante. Hameau au cœur de la forêt. Garage. R.d.c. : salle d'hôtes. Salon (cheminée, TV couleur). Véranda. Etage : 2 ch. 2 épis (1 lit 2 pers., s.e.). WC privatifs attenants. 1 ch. 3 épis (1 lit 2 pers., s.e., wc). 1 ch. 3 épis (1 lit 2 pers., 1 lit 1 pers., s.e., wc). Jardin fleuri, arboré 7 000 m². Terrain de pétanque, ping-pong. Accueil chevaux (pâture attenante). GR12, sentiers balisés à 50 mètres. Location VTT à Signy l'Abbaye. Table d'hôtes sur réservation boissons comprises. Possibilité de menus gastronomiques (gibier d'octobre à janvier). Réduction 10 % 4 nuits. Langues parlées : allemand, anglais.

Prix : 1 pers. 33/36 € ◆ 2 pers. 38/42 € ◆ 3 pers. 49 € ◆ pers. sup. 8 €
repas 14/23 €
Ouvert : Toute l'année.

🐕	🌲	⛱	🚣	⛳	🎣	🎾	🏇	🏃	🏊	🚲	🚂
SP	35	24	28	35	35	5	14	SP	3	24	5

Claude CARPENTIER - La Besace - 08460 LALOBBE - Tél. : 03 24 52 81 94 ou 03 24 52 82 15

MOUZON Villemontry — C.M. 56 Pli 10

4 ch. 4 chambres d'hôtes dans corps de ferme donnant sur la Meuse. Rez-de-chaussée : salle d'hôtes (cheminée, réfrigérateur). 4 ch. (1 lit 2 pers., 1 lit pliant 1 pers.), salles d'eau et wc privés. Lit bébé (10 €). Vue exceptionnelle sur la gorge boisée de l'Alma et la vallée riante de Mouzon. Pension chevaux (10 €/jour). Mini-golf 2 km. Canotage 10 km. Lac 12 km.

Prix : 1 pers. 29 € ◆ 2 pers. 36 € ◆ 3 pers. 52 € ◆ pers. sup. 16 €
Ouvert : Toute l'année.

🐕	🌲	⛱	🚣	⛳	🎣	🎾	🏇	🏃	🏊	🚲	🚂
2	10	2	2	30	2	15	1	2	14	2	

Madeleine ADAMS - Villemontry - 08210 MOUZON - Tél. : 03 24 26 12 73

ROCROI (TH) — C.M. 53 Pli 18

3 ch. 3 chambres d'hôtes dans ville fortifiée. Garage pour moto. Terrain (terrasse, barbecue). Rez-de-chaussée : salle d'hôtes (cheminée insert, TV couleur). Etage : 1 ch. 3 épis (1 lit 2 pers., salle d'eau, wc). 1 ch. 2 épis (1 lit 2 pers.). 1 ch. (2 lits 1 pers. superposés, 1 lit 2 pers., 1 lit 2 pers.) salle d'eau, wc. 2 VTT à disposition. Lit enfant 2 ans à disposition. Toutes les chambres sont équipées de TV couleur Canal Satellite. Table d'hôtes le soir sur réservation boissons comprises (- 50 % enfants 12 ans). En frontière franco-belge. Etape pour pèlerins de St-Jacques de Compostelle. Non fumeur.

Prix : 1 pers. 26/29 € ◆ 2 pers. 38/42 € ◆ pers. sup. 18 €
repas 15/18 €
Ouvert : Toute l'année.

🐕	🌲	⛱	🚣	⛳	🎣	🎾	🏇	🏃	🏊	🚲	🚂
2	8	SP	8	8	8	7	SP	8	12	SP	

Françoise DUMONCEAU - 5, rue d'Hersigny - 08230 ROCROI - Tél. : 03 24 53 86 37 - Fax : 03 24 53 86 37 - levdum@aol.com

SAILLY Grand'Rue — C.M. 56 Pli 10

1 ch. 1 chambre d'hôtes et sa suite dans maison rénovée en pierres. Garage. Terrasse, jardin et verger. Rez-de-chaussée : séjour/salon de caractère (cheminée insert, TV couleur parabole). 1 ch. (1 lit 2 pers.) avec vue sur jardin et campagne. Salle d'eau. WC. Etage : suite (1 lit 2 pers., 1 lit 120 cm). Grand calme au sein d'un village de 250 habitants. Semi-aménagement pour handicapés à mobilité réduite. 2 bicyclettes à disposition.

Prix : 1 pers. 27 € ◆ 2 pers. 37 € ◆ pers. sup. 14 €
Ouvert : Toute l'année.

🐕	🌲	⛱	🚣	⛳	🎣	🎾	🏇	🏃	🏊	🚲	🚂
1,5	15	8	8	20	3	3	12	0,7	0,4	3	1,5

Maurice GADAN - Grand'Rue - 08110 SAILLY - Tél. : 03 24 22 20 92 ou 06 74 42 00 56

SAPOGNE-SUR-MARCHE (TH) — C.M. 57 Pli 1

2 ch. **Citadelle Montmédy 15 km. Château-fort de Sedan 30 km.** 2 chambres d'hôtes dans une ancienne ferme restaurée au cœur d'un petit village rural à la frontière belge. Entrée indépendante. Rez-de-chaussée : 2 ch. (2 lits 1 pers. longueur 2 m) avec salle d'eau et wc privés. Coin repas salon détente (poêle bois feu ouvert). Terrasse, cour, abri couvert. Table d'hôtes. Circuits touristiques et gastronomiques transfrontaliers. Possibilité de week-end et mid-week golf avec initiation. Proche du GR transgaumaise. Abbaye d'Orval, Avioth et St Walfroy 6 km. Langues parlées : néerlandais, anglais.

Prix : 1 pers. 30 € ◆ 2 pers. 46 € ◆ repas 11/23 €
Ouvert : Toute l'année.

🐕	🌲	⛱	🚣	⛳	🎣	🎾	🏇	🏃	🏊	🚲	🚂
SP	20	12	6	25	25	15	25	SP	1	25	10

Irène KLERKX - Rue de l'Eglise - 08370 SAPOGNE-SUR-MARCHE - Tél. : 03 24 29 44 02 - E-mail : ireneky@worldonline.fr

TOULIGNY Ferme de la Basse Touligny (TH) — C.M. 53 Pli 18

3 ch. 2 chambres et une suite dans ferme fortifiée de 1652, cadre verdoyant. R.d.c. : salle d'hôtes. Salon (TV couleur, cheminée). 1 ch. (1 lit 2 pers., 1 lit 1 pers., s.d.b., wc). Etage : 1 ch. (1 lit 2 pers., 1 lit 1 pers., s.d.b., wc). 1 suite (1 ch. (1 lit 2 pers., 1 lit 1 pers.), annexe (1 lit 2 pers.), s.d.b., wc.), coin-salon, salle d'eau, wc). Ferme champêtre classée monument historique d'élevage bovin et ovin dans cadre calme avec parcours de pêche privée sur la Vence. Table d'hôtes le soir réservation boissons comprises, repas enfants 10 € (moins de 12 ans). Réductions pour groupes et long séjour. Supplément animaux 3 €. Langues parlées : allemand, anglais.

Prix : 1 pers. 30 € ◆ 2 pers. 40 € ◆ 3 pers. 50 € ◆ pers. sup. 10 €
repas 20 €
Ouvert : Toute l'année.

🐕	🌲	⛱	🚣	⛳	🎣	🎾	🏇	🏃	🏊	🚲	🚂
SP	18	15	15	18	18	2,5	15	SP	SP	15	2,5

J.Claude et Dominique LEDOUX-FOSTIER - La Basse Touligny - 08430 TOULIGNY - Tél. : 03 24 35 60 07 - Fax : 03 24 35 51 45

Ardennes
Champagne-Ardennes

TOURNAVAUX (TH) C.M. 53 Pli 19

3 ch. 3 chambres d'hôtes dans ancienne fermette restaurée située dans cadre verdoyant et tranquille en bordure de Semoy (rivière). Terrain, parking. R.d.c. : salle d'hôtes (cheminée, TV couleur). Etage : 2 ch. (1 lit 2 pers., 1 lit 1 pers., salle d'eau, wc). 1 ch. avec mezzanine 20 m^2 (1 lit 2 pers., 1 lit 1 pers., coin-cuisine, salle d'eau, wc). Lit bébé 5,5 €. Table d'hôtes le soir sur réservation 1 boisson comprise, enfants moins de 10 ans (7 €). Supplément kitchenette 7,5 €.

Prix : 1 pers. 31 € - 2 pers. 41 € - 3 pers. 57 € - pers. sup. 17 € - repas 14 €

Ouvert : Toute l'année.

SP	1	10	15	SP	1	10	SP	SP	9	SP

Guy DUPONT - 25/27 Grand'Rue - 08800 TOURNAVAUX - Tél. : 03 24 32 83 54 ou 06 77 93 95 20 - Fax : 03 24 32 83 54 - E-mail : DupontDaniele@wanadoo.fr

---

VIEL-ST-REMY Margy (TH) C.M. 56 Pli 8

3 ch. 3 chambres d'hôtes aménagées dans une ancienne fermette du Porcien. Environnement nature. Jardin verger, étang pour pêche gratuite. Terrasse couverte et ouverte avec vue remarquable. Salle d'hôtes et salon (cheminée). Etage : accès privatif. 1 ch. (1 lit 2 pers.). 2 ch. (1 lit 2 pers., 1 lit 1 pers.). Salle d'eau et wc privatifs pour chaque chambre. Lit & accessoires bébé, TV sur demande. Décoration personnalisée par les propriétaires (patchwork, broderies, tableaux 3D...). Coin-cuisine à disposition. Table d'hôtes les dimanche et lundi soir sur réservation boisson comprise, enfant 10 ans 8 €. Restaurant campagnard 5 km. Garage motos et vélos.

Prix : 1 pers. 29 € - 2 pers. 35 € - 3 pers. 49 € - pers. sup. 12 € - repas 15 €

Ouvert : Toute l'année.

7	30	18	22	30	18	6	7	7	SP	18	6

Thérèse et René TURQUIN - Margy - 08270 VIEL-SAINT-REMY - Tél. : 03 24 38 56 37 - Fax : 03 24 38 56 37

VIEUX-LES-ASFELD A C.M. 56 Pli 6

4 ch. Reims (caves champagne) 25 km. 4 chambres aménagées dans une ferme ancienne très fleurie. R.d.c. : salle d'hôtes (cheminée), salle séminaire. Etage : 1 ch. avec mezzanine (1 lit 2 pers., 2 lits 1 pers., s. d'eau, wc, TV). 1 ch. (2 lits 1 pers., s. d'eau, wc, TV). 1 ch. (1 lit 2 pers., 2 lits superposés, 1 lit 1 pers., s.d.b., wc, TV). 1 ch. (1 lit 2 pers., salle d'eau, wc, TV). Chauffage central. Auberge de campagne, parking, jardin, terrasse, espace jeux, basse-cour, volière, moutons sur place. Pêche, rivière, canal. Possibilité VTT. Route Porcien. Eglise Asfeld (XVI°). Chemin des Dames. Musées.

Prix : 1 pers. 30 € - 2 pers. 38 € - pers. sup. 13/16 € - repas 12/24 €

Ouvert : Toute l'année.

0,5	25	25	10	40	1	5	12	SP	1	25	1,5

AUBERGE D'ECRY - Christiane LAMOTTE - et Michel BOUCTON - 08190 VIEUX-LES-ASFELD - Tél. : 03 24 72 94 65 - Fax : 03 24 38 39 41 - E-mail : ferme.d.ecry@wanadoo.fr - www.multimania.com/fermedecry

---

VILLERS-SUR-LE-MONT (TH) C.M. 53 Pli 18

4 ch. 4 chambres d'hôtes dans corps de ferme isolé, avec cour, jardin et parking. Rez-de-chaussée : salle d'hôtes (TV, cheminée). Etage : 1 ch. (1 lit 2 pers., 1 lit 1 pers., salle de bains, wc). 1 ch. (1 lit 2 pers., 1 lit 1 pers., salle d'eau, wc). 2 ch. (1 lit 2 pers., salle d'eau, wc). Lit bébé sur demande. Table d'hôtes boissons comprises. Grand calme au milieu des prés et des bois.

Prix : 1 pers. 28 € - 2 pers. 34 € - 3 pers. 45 € - pers. sup. 11 € - repas 12 €

Ouvert : Toute l'année.

3	25	14	5	25	25	3	5	SP	SP	14	3

M.France et J.Claude COLINET - 08430 VILLERS-SUR-LE-MONT - Tél. : 03 24 32 71 66 - Fax : 03 24 32 71 66

VIREUX-WALLERAND C.M. 53 Pli 18

1 ch. Lac des Vieilles Forges 30 km. 1 chambre d'hôtes et 1 chambre annexe au second étage d'une maison mitoyenne avec terrain clos (barbecue) commun avec un gîte rural. Possibilité garage ou abri couvert. Cuisine (plaque de cuisson, micro-ondes, réfrigérateur). 1 ch. (1 lit 2 pers., 1 lit enfant 5 ans). 1 ch. (2 lits 1 pers.). Salle d'hôtes (TV couleur, divan). Salle d'eau. WC. Lit bébé 6 €. Chauffage central. Commerce local. Restaurant, produits fermiers au village. Visite Camp Romain.

Prix : 1 pers. 30 € - 2 pers. 38 € - pers. sup. 15 €

Ouvert : Toute l'année.

SP	10	10	3	SP	SP	SP	SP	SP	SP	

Edouard HENQUIN - 8, place de l'Eglise - 08320 VIREUX-WALLERAND - Tél. : 03 24 41 61 57 ou 03 24 42 08 29 - Fax : 03 24 42 08 29 - E-mail : quindard@wanadoo.fr

---

VIREUX-WALLERAND A C.M. 53 Pli 18

2 ch. 2 chambres d'hôtes dans pavillon indépendant sur les hauteurs du chemin des Bruyères-de-Vireux. Garage pour moto. Terrain clos et terrasse fleuris. Rez-de-chaussée : salle d'hôtes (âtre). Etage : 1 ch. (1 lit 2 pers., 1 lit appoint 1 pers., salle d'eau, wc). 1 ch. (2 lits jumeaux 1 pers., salle de bains, wc). Ch. central fuel. Village situé dans la pointe des Ardennes en zone transfrontalière franco-belge qui vit au fil de la Meuse au cœur du massif forestier ardennais. Nombreuses randonnées. Bowling au village. Charcuterie de Terroir. Réduction à partir de la 3° nuitée.

Prix : 1 pers. 38 € - 2 pers. 43 € - pers. sup. 15 €

Ouvert : Du 15 janvier au 15 décembre.

SP	10	10	30	3	SP	SP	SP	1	SP	

J.Pierre et Josiane DUCAMP - 36 rue Petitfrère - Les Rouges Voies - 08320 VIREUX-WALLERAND - Tél. : 03 24 41 61 83 - Fax : 03 24 41 63 26

Champagne-Ardennes / Ardennes

WARNECOURT
C.M. 53 Pli 18

¦¦¦ 1 ch. **Charleville-Mézières 6 km.** Au centre d'un village calme, 1 chambre d'hôtes indépendante de caractère de plain pied dans maisonnette en pierres. Dans la chambre : TV couleur, âtre (bois 3 €), 1 lit 2 pers., couchage 1 pers. en mezzanine (accès échelle meunier). Salle d'eau, wc. Lit bébé 4,5 €. Chauffage électrique. Restaurants et activités 6 km. Petit déjeuner servi dans salle à manger familiale (à 20 m). Béatrice et Bernard prennent le temps nécessaire pour vous guider en fonction de vos attentes. Terrain clos fleuri 2 000 m². Etang d'agrément (canards colvert). Terrasse et parking privés. Langues parlées : anglais, allemand.

Prix : 1 pers. 35 € ¦ 2 pers. 43 € pers. sup. 14 €
Ouvert : Toute l'année.

1	6	6	3	30	8	0,3	13	SP	6	6	6

Bernard PERRET - 25, rue de la Hobette - 08090 WARNECOURT - Tél. : 03 24 58 08 76

Aube

GITES DE FRANCE
Service Réservation
2 bis, rue Jeanne-d'Arc - B.P. 4080
10014 TROYES Cedex
Tél. 03 25 73 00 11 - Fax 03 25 73 94 85

3615 Gîtes de France
0,2 €/min

AVIREY-LINGEY
C.M. 61 Pli 17

¦¦ 2 ch. Au cœur du vignoble, petite maison calme donnant sur les vignes, 2 chambres avec salle d'eau et wc individuels. 1 ch (1 lit 2 pers), 1 ch (2 lits 1 pers). Grand salon, bibliothèque, télévision. Jardinet fleuri, salon de jardin. Petit déjeuner copieux. Possibilité de pêche à la truite en rivière ou étang.

Prix : 1 pers. 30 € ¦ 2 pers. 40/44 €
Ouvert : Toute l'année.

35	SP	SP	25	25	8	SP	SP	8

Mme MAITRE - 6 rue du Torchepot - 10340 AVIREY-LINGEY - Tél. : 03 25 29 39 63 ou SR : 03 25 73 00 11

BAROVILLE
C.M. 61 Pli 9

¦¦ 1 ch. Dans le plus grand village du Bar Sur Aubois et sur la Route Touristique du Champagne, maison de caractère sur terrain clos, arboré et fleuri. Salon de jardin. A l'étage de la maison du propriétaire, 1 chambre (1 lit 2 pers) donnant sur les vignes. Salle d'eau et wc privatifs. Possibilité de visiter l'exploitation viticole avec dégustation.

Prix : 1 pers. 24 € ¦ 2 pers. 35 €
Ouvert : Toute l'année.

15	25	SP	25	25	15	SP	12	4

Michel URBAIN - Les Combelles - 10200 BAROVILLE - Tél. : 03 25 27 00 36 ou SR : 03 25 73 00 11 - Fax : 03 25 27 78 80

BERCENAY-EN-OTHE
(TH) *C.M. 61 Pli 16*

¦¦ 2 ch. Accueil familial, Chantal et Albert sont à votre disposition. Village reposant, entouré de chemins de randonnées de la Forêt d'Othe, à 15 km de TROYES, maison de caractère local avec un accès indépendant s'ouvrant sur une terrasse et un grand espace vert aménagé de jeux et clôturé. 2 ch avec coin toilette (2 lits 1 pers + possibilité lit suppl, lit bébé gratuit). 1 salle de bains commune avec douche. Repas pris au coin d'un feu de cheminée - spécialité terroir. Langues parlées anglais, allemand. TH : 12 Euros. Langues parlées : anglais, allemand.

Prix : 1 pers. 23 € ¦ 2 pers. 32 € ¦ 3 pers. 43 € repas 12 €
Ouvert : Toute l'année.

10	10	10	10	15	10	SP	10	15	5

Albert GERLACH - 7 rue d'Estissac - 10190 BERCENAY-EN-OTHE - Tél. : 03 25 75 86 40 - Fax : 03 25 75 82 57

BERNON
(TH) *C.M. 61 Pli 6*

¦¦¦ 4 ch. Dans une ancienne fromagerie, ferme d'héliciculture aux portes de la Bourgogne et des côteaux de Chablis. 2 ch. en r.d.c. avec entrée indép. 1 ch. (1 lit 2 pers), salle d'eau, wc. 1 ch. (2 lit 1 pers), salle de bains, wc. A l'étage 1 ch. (1 lit 2 pers), salle d'eau,wc et 1 ch. (2 lits 2 pers), salle d'eau, wc. Salon, séjour. Cheminée, TV dans les chambres. Cuisine à disposition, jardin d'agrément avec salon, parking. Table d'hôte (14 €) et goûter à la ferme sur réservation, vente de produits du terroir. Langue parlée : anglais.

Prix : 1 pers. 32/35 € ¦ 2 pers. 35/38 € repas 14 €
Ouvert : Toute l'année.

17	1	SP	40	10	12	SP	12	17	SP

Daniel et Claudine PETIT - 2 rue de la Fontaine - 10130 BERNON - Tél. : 03 25 70 55 42 ou 03 25 70 08 34 - Fax : 03 25 70 50 90

Aube — Champagne-Ardennes

BOUILLY
C.M. 61 Pli 16

3 ch. Sur la RN77, à 10 mn de Troyes, en direction d'Auxerre, 30 mn des lacs, aux portes de la Forêt d'Othe, Michèle et Jean-Paul vous accueillent dans leur ferme à pans de bois. 2 ch (1 lit 2 pers + lit d'appoint). Salle de bains et wc privés. 1 ch (1 lit 2 pers + 2 lits 1 pers). Salle de détente, TV, bibliothèque. Cour fermée, fleurie. Parc ombragé, jeux pour enfants. Table d'hôte : 11/14 Euros boisson non comprise et sur réservation.

Prix : 1 pers. 32 € 2 pers. 38 € pers. sup. 12 € repas 11/14 €
Ouvert : Toute l'année.

13	10	SP	25	13	SP	SP	8

Jean-Paul et Michèle BENOIT - 27 rue du Bois - 10320 BOUILLY - Tél. : 03 25 40 25 35 ou SR : 03 25 73 00 11

BOURGUIGNONS
C.M. 61 Pli 17

3 ch. Sur la route du champagne, la Capitainerie, ancienne administration éclusière de 150 ans. 4 chambres personnalisées, vue sur la Seine et sur le jardin. 1 chambre (2 lits 1 pers, 1 lit 2 pers), 2 ch (1 lit 2 pers), 1 ch (1 lit 2 pers), possibilité lit supplémentaire (12 €). Salle de bains et wc individuels. La salle du four à pain sert d'atelier (œufs peints). Pelouse avec meubles de jardin. Cuisine d'été et véranda aménagée. De vieilles porcelaines égayent le petit déjeuner. Chambres d'hôtes « non fumeur ».

Prix : 1 pers. 31 € 2 pers. 41 € 3 pers. 53 € pers. sup. 12 €
Ouvert : Toute l'année.

30	SP	3	18	18	2	SP	19	SP

Raymond GRADELET - Capitainerie de St-Vallier - 10110 BOURGUIGNONS - Tél. : 03 25 29 84 43

BOUY-LUXEMBOURG
C.M. 61 Pli 17

4 ch. Nicole, Serge et leurs enfants vous accueillent dans leur ferme familiale en activité. Dans un bâtiment indépendant rénové, 4 chambres avec sanitaires et douches individuels. 2 ch. (1 lit 2 pers 1 lit 1 pers), 1 ch (1 lit 2 pers 2 lits superposés), 1 ch (1 lit 2 pers). Possibilité lit supplémentaire. Cuisine à disposition. Grande salle de détente. A la ferme, découverte des animaux et du matériel agricole. Possibilité de visiter l'Eglise XV et XVIe siècle. TH : adultes 13 €, enfants : 8 €.

Prix : 1 pers. 24 € 2 pers. 32 € 3 pers. 40 € pers. sup. 8 € repas 13 €
Ouvert : Toute l'année.

15	10	10	10	10	SP	10	15	5

EARL BOUVRON - 10220 BOUY-LUXEMBOURG - Tél. : 03 25 46 31 67 - Fax : 03 25 46 31 67

BOUY-SUR-ORVIN
C.M. 61 Pli 5

2 ch. Ferme forte du 18e siècle insérée dans le bâti villageois, composé d'éléments défensifs et d'un superbe pigeonnier nouvellement restauré. L'Orvin coule au fond d'un jardin entretenu avec passion et paré de mille fleurs où vous dégusterez des fruits de saisons. En haut d'un escalier monumental en bois, 1 chambre (2 lits 2 pers, lavabo). (1 ch 2 coin cuisine, salon). Salle d'eau et wc à l'extérieur de la chambre. Téléphone téléséjour à la ferme. Langue parlée : anglais.

Prix : 1 pers. 20 € 2 pers. 32 € 3 pers. 50 € pers. sup. 15 €
Ouvert : Toute l'année.

10	SP	SP	10	10	5	SP	30	10	5

James BAUGNET - Ferme du Château - 10400 BOUY-SUR-ORVIN - Tél. : 03 25 39 20 56

BRAGELOGNE-BEAUVOIR
C.M. 61 Pli 7

E.C. 1 ch. Dans village du vignoble, maison mitoyenne à d'autres bâtiments, vue sur les vignes, cour et terrain clos. 1 grande chambre (2 lits 1 pers) avec coin détente, canapé, TV. Salle de bains et wc privés. Petits déjeuner copieux pris dans la salle à manger du propriétaire. Possibilité de visite de cave.

Prix : 1 pers. 26 € 2 pers. 34 €
Ouvert : Toute l'année.

30	SP	SP	50	50	10	SP	10	SP

Gérard COLLIN EARL CHAMPAGNE - Grande rue - 10340 BRAGELOGNE-BEAUVOIR - Tél. : 03 25 29 39 28 ou SR : 03 25 73 00 11 - Fax : 03 25 29 11 74

BREVONNES
C.M. 61 Pli 18

2 ch. Au cœur des lacs de la Forêt d'orient, vaste maison calme donnant sur jardin ombragé. Au rez-de-chaussée, 1 chambre (1 lit 2 pers, 1 lit 1 pers), 1 chambre (2 lits 2 pers, 1 lit 1 pers), douche, lavabo individuels. Wc communs. Entrée indépendante aux propriétaires. Barbecue et frigidaire à disposition.

Prix : 1 pers. 25 € 2 pers. 31 € pers. sup. 9 €
Ouvert : Toute l'année.

20	SP	SP	10	10	SP	SP	10	5

René MAILLY - Rue du bois - 10220 BREVONNES - Tél. : 03 25 46 31 30

Champagne-Ardennes **Aube**

BREVONNES
C.M. 61 Pli 8

3 ch. Au cœur des grands lacs de la Forêt d'Orient, grande maison au calme dans un vaste jardin ombragé donnant sur les prés. 3 chambres en r.d.c, 2 ch (1 lit 2 pers), 1 ch (1 lit 2 pers + 1 lit 1 pers et possibilité lits supplémentaires). Salle d'eau et wc privés. Entrée indépendante. Petite cuisine et barbecue à disposition. Jeux pour enfants. TH sur réservation 15 Euros.

Prix : 1 pers. 25 € 2 pers. 35 € 3 pers. 43 € pers. sup. 8 € repas 15 €

Ouvert : Toute l'année.

🐕	🏃	🌊	🌲	⛵	⛱	🎾	🚶	🏇	🚲	🛏
20	5	SP	10	10	SP	SP	10	30	5	

Gilles ANTOINE - 6 rue de Dienville - 10220 BREVONNES - Tél. : 03 25 46 31 44

CHARMONT-SOUS-BARBUISE
C.M. 61 Pli 7

2 ch. Au centre de la plaine champenoise, sortie A26 Troyes Nord n°31, sur la commune, à 10 mn des lacs et magasins d'usines. Au r.c.d de la maison des propriétaires, 2 ch de plain-pied entrée et cour indépendantes donnant sur un jardin où passe la rivière, grand calme. Chaque chambre (1 lit 2 pers), salle d'eau, wc, prise TV. Possibilité lit supplémentaire (lit bébé 2 €). Table d'hôte le soir sur réservation : 16 Euros boisson comprise.

Prix : 1 pers. 28 € 2 pers. 38 € pers. sup. 8 € repas 16 €

Ouvert : Toute l'année.

🐕	🏃	🌊	🌲	⛵	⛱	🎾	🚶	🏇	🚲	🛏
14	10	10	10	10	SP	10	6	14	SP	

Claudine LAURENT - 27 rue des Sources - 10150 CHARMONT-SOUS-BARBUISE - Tél. : 03 25 41 01 64

COURTERON
C.M. 61 Pli 18

3 ch. Dans un vaste corps de ferme fortifiée du 16ᵉ intégrant un ancien monastère du 13ᵉ, 3 chambres intimes de plain-pied avec mur de pierre apparent et décorées dans les tons pastels, entrée individuelle. 1 ch (1 lit 2 pers + 1 lit 1 pers), 2 ch (1 lit 2 pers), chacune avec wc et salle d'eau individuels. Restaurant sur place uniquement en week-end. Salon de jardin, espaces verts fleuris, chemin de randonnées des cadoles + route touristique du champagne passant au village. Vente à la ferme : volailles + foie gras.

Prix : 1 pers. 29 € 2 pers. 34 € 3 pers. 46 € pers. sup. 12 € repas 15 €

Ouvert : Février à décembre.

🐕	🏃	🌊	🌲	⛵	⛱	🎾	🚶	🏇	🚲	🛏
20	2	1	35	SP	8	SP	10	10		

SARL FERME DE LA GLOIRE DIEU - La Gloire Dieu - 10250 COURTERON - Tél. : 03 25 38 20 67

LES CROUTES
C.M. 61 Pli 16

3 ch. Entre la Champagne et la Bourgogne, aux portes du Chablisien, maison contemporaine de caractère avec parc boisé. 2 ch (1 lit 2 pers), 1 ch (2 lits 1 pers, 1 lit 2 pers), salle d'eau, wc. Coin détente autour d'une grande cheminée, télévision, vidéo. Salon, bibliothèque à disposition. Salon de jardin. Table d'hôte de qualité. Petit déjeuner (viennoiseries et confitures maison).

Prix : 1 pers. 30/35 € 2 pers. 35/43 € 3 pers. 50 € pers. sup. 9 € repas 17 €

Ouvert : Du 16/3 au 14/11.

🐕	🏃	🌊	🌲	⛵	⛱	🎾	🚶	🏇	🚲	🛏
25	SP	SP	3		SP	15	12	5		

Marie-Anne ALBERT-BRUNET - 10130 LES-CROUTES - Tél. : 03 25 70 60 90

DIENVILLE
C.M. 61 Pli 18

5 ch. Dans bâtiments champenois du 19ᵉ, proche d'un camping 3*, le Colombier offre 2 ch. (1 lit 2 pers.), 1 ch. (2 lits 1 pers.), 1 ch (1 lit 2 pers. 1 lit 1 pers.). 2 wc et 2 douches communes. Cuisine équipée et salle de repas à la disposition des clients, salle de détente. Ping-pong, baby-foot, parking. Entrée indépendante. En saison restauration rapide. Terrain au bord de l'Aube. Petit déjeuner copieux. Langues parlées : anglais, allemand.

Prix : 1 pers. 24 € 2 pers. 32 € 3 pers. 45 €

Ouvert : Toute l'année.

🐕	🏃	🌊	🌲	⛵	⛱	🎾	🚶	🏇	🚲	🛏
20	SP	SP	10	SP	SP	SP	SP	5	SP	

LE COLOMBIER - 10500 DIENVILLE - Tél. : 03 25 92 23 47 - Fax : 03 25 92 23 57

EAUX-PUISEAUX
C.M. 61 Pli 6

3 ch. Dans le Pays d'Othe, Marie-Paule et Francis vous accueillent dans leur ferme et vous proposent 3 chambres toutes équipées de salle d'eau, wc prise TV. 1 ch (1 lit 2 pers), 1 ch (2 lits 1 pers), 1 ch (1 lit 2 pers + lits superposés + 1 lit 1 pers). Jeux d'enfants à disposition, portique, location et circuit VTT sur place. Visite du Musée du Cidre au Village. Langue parlée : anglais.

Prix : 1 pers. 27 € 2 pers. 35 € pers. sup. 9 €

Ouvert : Toute l'année.

🐕	🏃	🌊	🌲	⛵	⛱	🎾	🚶	🏇	🚲	🛏
20	4	SP	35	15	5	SP	14	4		

Francis LAMBERT - Ferme des Hauts Frenes - 10130 EAUX-PUISEAUX - Tél. : 03 25 42 15 04 - Fax : 03 25 42 02 95

Aube
Champagne-Ardennes

ESTISSAC (TH)
C.M. 61 Pli 16

|||| 5 ch. Dans un moulin champenois à pans de bois, superbement restauré au milieu d'un parc de verdure, de fleurs et d'eau. 4 ch (1 lit 2 pers), 1 ch (3 lits 1 pers). Sauna, grande salle et salon à disposition. Parc ombragé, parking, point-phone, boutique cadeaux du terroir, parc animalier. Table d'hôte à base de produits du terroir aubois et de truites, 18 €. Petit déjeuner copieux à votre heure. Langues parlées : anglais, allemand.

Prix : 1 pers. **49 €** 2 pers. **56/66 €** 3 pers. **66/76 €** repas **18 €**
Ouvert : Toute l'année.

7	SP	SP	10	6	1	SP	3	25	SP

Edouard MESLEY - Moulin d'Eguebaude - 10190 ESTISSAC - Tél. : 03 25 40 42 18 ou 03 25 40 40 92 - Fax : 03 25 40 40 92

ESTISSAC
C.M. 61 Pli 16

||| 4 ch. Situé dans le Pays d'Othe, Monsieur PHILIPPE et ses 2 filles vous accueillent chaleureusement dans leur propriété agrémentée d'un agréable parc ombragé, d'un plan d'eau, d'une piscine couverte et chauffée (printemps 2000), 1 ch (1 lit 2 pers), 1 ch (1 lit 2 pers + 1 lit 1 pers), 1 ch (2 lits 2 pers), 1 ch (1 lit 2 pers + 2 lits 1 pers). Baignoire balnéo, douche, wc, TV et possibilité d'appoint et lit bébé dans toutes les chambres. Petit déjeuner copieux (confiture, miel, viennoiserie...) Langues parlées : anglais, allemand.

Prix : 1 pers. **30 €** 2 pers. **37 €** 3 pers. **43 €** pers. sup. **6 €**
Ouvert : Toute l'année.

7	SP	SP	10	6	1	SP	3	SP

Laurent PHILIPPE - 23 rue J. Hector - 10190 ESTISSAC - Tél. : 03 25 40 67 01 ou 06 80 65 54 93

FAYS-LA-CHAPELLE (TH)
C.M. 61 Pli 16

E.C. 1 ch. A un km de RN77, aux portes de la Forêt du Chaourçois, Sandrine et Jean Luc vous accueillent dans leur maison champenoise à pans de bois. 1 chambres (1 lit 2 pers), salle de bains et wc privé. Salon réservé aux hôtes. Possibilité de ballade en jeep pour découvrir le Pays d'Armance. Accueil cavaliers et parc pour chevaux (11 Euros)

Prix : 1 pers. **29 €** 2 pers. **38 €** repas **11 €**
Ouvert : Mars 2001.

20	4	SP	30	11	20	SP	1	20	7

Jean-Luc MICHEL - 16 rue de la fontaine - 10320 FAYS-LA-CHAPELLE - Tél. : 03 25 40 31 77 ou SR : 03 25 73 00 11 -
E-mail : jenlucsandrine@hotmail.com

FOUCHERES
C.M. 61 Pli 17

|||| 5 ch. Dans village orné de bois et traversé par la Seine, maison juste à côté de l'église. Prieuré du XIe desservi par une tour centrale situé dans cette ferme en activité. 3 chambres avec cheminée. En r.d.c. : 1 ch. (2 lits 2 pers). A l'étage : 1 ch. (2 lits 2 pers), 1 ch. (2 lits 2 pers., 1 lit 1 pers). Salle d'eau, wc. Dans un autre bâtiment resrauré, 2 chambres meublées en 18 et 19e (1 lit 2 pers, 1 lit 1 pers). Espace détente et note québécoise au petit déjeuner.

Prix : 1 pers. **35 €** 2 pers. **35/45 €** pers. sup. **13 €**
Ouvert : Toute l'année.

SP	SP	SP	18	SP	5	SP	8	22	4

Gilles et Sylvie BERTHELIN - Place de l'église - Le Prieure - 10260 FOUCHERES - Tél. : 03 25 40 98 09

FOUCHERES
C.M. 61 Pli 17

E.C. 2 ch. A mi chemin entre la cité des TRICASSES, « TROYES VILLE D'ART » et la pétillante « COTE DES BAR » FOUCHERES village dans la verdoyante vallée de la Seine, Michelin vous propose 2 chambres avec entrée indépendante. 1 ch (1 lit 2 pers + 1 lit 1 pers), 1 ch (1 lit 2 pers), salle d'eau et wc privés. Petit déjeuner copieux (viennoiserie, compote maison, etc...). Terrain ombragé avec chaises longues, parking. A découvrir

Prix : 1 pers. **35 €** 2 pers. **41 €** pers. sup. **11 €**
Ouvert : Toute l'année.

20	SP	15	SP	5	SP	8	4

Micheline et Jean OGE - 16 rue des Commottes - 10260 FOUCHERES - Tél. : 03 25 73 66 70

FULIGNY (TH)
C.M. 61 Pli 9

|| 1 ch. En bordure des lacs et du vignoble champenois, maison ancienne au milieu d'une campagne verte et boisée. En rez-de-chaussée : entrée indépendante formant bureau, bibliothèque ouverte sur terrasse et jardin. A l'étage : 1 chambre tout confort (1 lit 2 pers, 1 lit 1 pers) possibilité lit supplémentaire. Vélos, ping-pong, TV. Table d'hôte cuisine gastronomique. 16 Euros sur réservation uniquement. Soirée étape VRP 43 Euros Langue parlée : anglais.

Prix : 1 pers. **34 €** 2 pers. **40 €** 3 pers. **11 €** repas **16 €**
Ouvert : Toute l'année.

12	10	SP	10	10	6	SP	12	8

Nicole GEORGES - 17 rue des Ecuyers - 10200 FULIGNY - Tél. : 03 25 92 77 11 ou SR : 03 25 73 00 11 - Fax : 03 25 92 77 11

Champagne-Ardennes — **Aube**

GERAUDOT
C.M. 61 Pli 17

6 ch. Dans les larges espaces de la Champagne humide, en bordure du Lac de la Forêt d'Orient, notre maison en pierre abrite 6 chambres : 2 ch (1 lit 2 pers), 2 ch (1 lit 1 pers, 1 lit 2 pers), 1 ch (2 lits 1 pers, 1 lit 2 pers, 2 lits 1 pers, douche individuelle). 2 salles d'eau et wc communs pr les autres chambres. Coin-cuisine. Taxe de séjour. Langue parlée : anglais.

Prix : 1 pers. 20 € ◊ 2 pers. 30 € ◊ 3 pers. 37 € ◊ pers. sup. 8 €
Ouvert : Toute l'année.

20	1	SP	SP	SP	SP	SP	SP	SP	SP	SP

Marcelle RENAUDET - 19, rue du Général Bertrand - 10220 GERAUDOT - Tél. : 03 25 41 22 92 ou 03 25 80 63 40 - Fax : 03 25 80 11 24

JEUGNY
(TH) *C.M. 61 Pli 16*

4 ch. A l'orée du chaourçois, Jean et Danielle vous accueillent dans une ancienne fermette champenoise à pans de bois, au milieu d'un grand verger. Le calme et la convivialité agrémenteront votre séjour. 2 chambres (2 lits 1 pers), 1 ch (1 lit 2 pers + 1 lit 1 pers), 1 ch (3 lits 1 pers). Chambres de plain-pied avc s.d.b. et wc. Salle commune, parking. La campagne vallonnée, ainsi que la forêt riche en champignons et gibiers vous invitent à de longues promenades à pied ou en vélos. Excursions : Troyes, le Pays d'Othe, la Route du Champagne, parc de la Forêt d'Orient et lac. TH / 15 Euros (apéritif, vin compris).

Prix : 1 pers. 29 € ◊ 2 pers. 37 € ◊ 3 pers. 44 € ◊ repas 15 €
Ouvert : Toute l'année.

30	15	SP	SP	30	25	SP	15	2

Jean CHALONS - 22 rue de Villeneuve - 10320 JEUGNY - Tél. : 03 25 40 21 93 ou SR : 03 25 73 00 11 -
E-mail : jean.chalons@worldonline.fr - www.lalouviere.fr.st

LANDREVILLE
C.M. 61 Pli 18

2 ch. Au cœur des Coteaux du vignoble de la Côte des Bar, sur la route touristique du Champagne. A Landreville, petit village de caractère, Françoise et Yves DUFOUR vous accueillent dans leur grande maison, à côté de l'église du 12ᵉ siècle. Ils vous proposent une suite familiale de 2 chambres séparées + salle d'eau et wc privatif. 1 lit 2 pers), chambre aux papillons (1 lit de 130). Vous retrouverez l'âme des vignerons et la passion du vin de vos hôtes. Salon de jardin et VTT. Langue parlée : anglais.

Prix : 1 pers. 31 € ◊ 2 pers. 38 € ◊ 3 pers. 61 €
Ouvert : Toute l'année.

30	SP	SP	20	SP	SP	SP	10	45	SP

Françoise DUFOUR - 4 rue de Croix Malot - 10110 LANDREVILLE - Tél. : 03 25 29 66 19 - Fax : 03 25 38 56 50 -
E-mail : dufourearl@aol.com

LANDREVILLE
(TH) *C.M. 61 Pli 18*

E.C. 3 ch. Au cœur du village typiquement viticole, Brigitte et Michel vous invitent dans un cadre agréable et fleuri. Entrée indépendante, à l'étage 1 chambre (églantine) (1 lit 2 pers), salle d'eau et wc, 1 suite de 2 ch (impressionnistes) de 4 pers (2 lits 1 pers dans chaque ch), salle d'eau wc. Salle à manger, petit coin salon, jeux de société. Location VTT.(8 €/jour). Possibilité d'organiser des promenades à cheval. Parking aux abords des chambres. Table d'hôte sur réservation uniquement. Langue parlée : anglais.

Prix : 1 pers. 30 € ◊ 2 pers. 38 € ◊ pers. sup. 11 € ◊ repas 11/14 €
Ouvert : Toute l'année.

30	SP	SP	20	SP	SP	SP	10	SP

Michel HENRIOT - 8 rue de la vieille halle - 10110 LANDREVILLE - Tél. : 03 25 38 57 23 ou SR : 03 25 73 00 11

LAUBRESSEL
C.M. 61 Pli 17

6 ch. Sur le circuit touristique du Parc Naturel de la Forêt d'Orient et sur un terrain clos arboré et fleuri. 6 chambres avec salle d'eau et wc privés dans une ancienne grange et pigeonnier tout en colombage régional. 1 ch (1 lit 2 pers), 2 ch (1 lit 2 pers, 2 lits 1 pers), 1 ch (4 lits 1 pers), 2 ch (2 lits 2 pers). 2 salles/coin cuisine dont une avec cheminée. Lave-linge disponible, salon de jardin, barbecue. Petit déjeuner copieux (lait, fromage blanc, yaourt de la ferme, viennoiseries, confitures maison). Parking privé.

Prix : 1 pers. 25 € ◊ 2 pers. 37 € ◊ 3 pers. 44 € ◊ pers. sup. 6 €
Ouvert : Toute l'année.

SP	4	SP	10	10	8	SP	7	8

Joëlle JEANNE - 33 rue du Haut - 10270 LAUBRESSEL - Tél. : 03 25 80 27 37 - Fax : 03 25 80 80 67

LAUBRESSEL
C.M. 61 Pli 17

3 ch. Nellu vous accueille à la Corline, maison à pans de bois typiquement champenoise située à mi-chemin des lacs de la Forêt d'Orient et de Troyes. Elle vous propose 2 chambres à l'étage. 1 ch (2 lits 1 pers) et 1 ch (3 lits ou 5 pers). Salles d'eau et wc privés. Au rez-de-chaussée : séjour. Petit déjeuner copieux. Jardin arboré.

Prix : 1 pers. 26 € ◊ 2 pers. 37 € ◊ 3 pers. 43 € ◊ pers. sup. 9 €
Ouvert : Toute l'année.

10	4	SP	10	10	8	SP	7	8

Nelly NOAILLY - 2, rue Paty - 10270 LAUBRESSEL - Tél. : 03 25 80 61 77

Aube
Champagne-Ardennes

LESMONT
C.M. 61 Pli 8

E.C. 5 ch. Sur bord du parc de la forêt d'orient, au sein d'un ancien relais de chasse à courre, jouxtant parc boisé et rivière aube, 5 chambres tout confort (salle de bains, wc, TV) 2 ch en r.d.c, 3 ch (1 lit 2 pers), 1 ch (2 lits 1 pers), 1 ch (3 lits 1 pers). Salon. A l'étage : salle de détente au-dessus de la salle de repas. Piscine 15x7, terrain de boules. Etape équestre 6 boxs. Nombreuses ballades à pied (GR) ou à VTT (loc VTT sur place) pour observer la nature ou pédaler jusqu'aux lacs 10 km. Lit enfant, parking privé, chenil pour animaux. Sports aériens 3 km. Golf 17 km Langues parlées : anglais, allemand.

Prix : 1 pers. 45 € 2 pers. 50 € 3 pers. 60 € pers. sup. 10 € repas 15 €
Ouvert : Toute l'année.

SP	SP	SP	10	SP	10	SP	10	SP

François BRADIER - Domaine des Lacs - 10500 LESMONT - Tél. : 03 25 92 00 70 ou SR : 03 25 73 00 11 - Fax : 03 25 92 00 70 - www.domainedeslacs.com

LONGCHAMP-SUR-AUJON
C.M. 61 Pli 19

3 ch. Dans la vallée de l'Aube, au pied de l'Abbaye de Clairvaux, vous serez accueillis comme des amis dans ma maison traditionnelle avec parc fleuri et clos. Au 1er étage : 1 ch (1 lit 2 pers, 1 lit 1 pers), au 2e étage : 1 ch (1 lit 2 pers), 1 ch (1 lit 2 pers, 1 lit 1 pers), lavabo, douche dans chaque ch, WC commun à chaque étage. Grande cheminée dans salle d'accueil. Petit déjeuner : lait de ferme, confitures et pain faits maison. Véranda, garage, salon de jardin. Ferme auberge en face. Visite de l'Abbaye tous les samedis après midi.

Prix : 2 pers. 34 € 3 pers. 42 € pers. sup. 8 €
Ouvert : Toute l'année.

13	SP	SP	40	13	SP	SP	3	SP

Robert BRESSON - Hameau d'Outre Aube - 10310 LONGCHAMP-SUR-AUJON - Tél. : 03 25 27 80 17 - Fax : 03 25 27 87 69 - E-mail : GILBERTE.BRESSON @wanadoo.fr

LUSIGNY-SUR-BARSE
C.M. 61 Pli 17

6 ch. Dans une annexe de la ferme, vieille maison restaurée avec goût, proposant 6 chambres sur un jardin privatif donnant sur les champs et une sur terrasse. 2 chambres dans une aile de plain-pied (1 lit 2 pers), wc, douche, lavabo. A l'étage 3 chambres. 2 ch (1 lit 2 pers), douche, wc, lit 1 pers), douche, wc, 1 ch (1 lit 2 pers + 1 lit 1 pers) douche. Télévision dans chaque chambre. Salle commune, bibliothèque, sauna, salle de séminaire en sous-sol. Ping-pong.

Prix : 1 pers. 28/35 € 2 pers. 40/43 € 3 pers. 50 € repas 17 €
Ouvert : Toute l'année.

20	4	SP	4	4	SP	SP	15	3

Philippe HUOT - Ferme de la Porcherie - 10270 LUSIGNY-SUR-BARSE - Tél. : 03 25 41 54 20 ou SR : 03 25 73 00 11 - Fax : 03 25 41 54 77 - E-mail : pat.phi.huot@wanadoo.fr - http://perso.wanadoo.fr/rosedesvents/

MARAYE-EN-OTHE
C.M. 61 Pli 16

4 ch. Village au creux d'une petite vallée du Pays d'Othe, traversé par le GR 24 C et offrant de nombreuses possibilités d'itinéraires. Vieille maison sur jardin arboré. 4 ch. : 1 ch. (2 lits 2 pers.), 1 ch. (1 lit 2 pers. 1 lit 1 pers. lit enfant), 2 ch. (1 lit 2 pers.). Salles de bains communes. Petit déjeuner copieux : pain, beurre, confiture, fromage et gâteau maison. 1 euro pour personne accompagnée d'un chien.

Prix : 1 pers. 22 € 2 pers. 26 €
Ouvert : Toute l'année.

10	4	SP	10	10	SP	SP	25	10

Claude LAINE - Grande Rue - 10160 MARAYE-EN-OTHE - Tél. : 03 25 70 14 86

MESSON
C.M. 61 Pli 16

5 ch. Dans un petit village situé dans la région du Pays d'Othe, 5 chambres dans une maison de caractère ayant appartenue à la famille de Savoie. 1 ch (2 lits 1 pers), 2 ch (1 lit 2 pers, 1 lit 1 pers), 1 ch (3 lits 1 pers), 1 ch (1 lit 2 pers, 2 lits 1 pers). Un gîte rural attenant à ces chambres peut permettre un accueil total de 19 personnes. Ferme-Auberge en face. Balade en forêt.

Prix : 1 pers. 29 € 2 pers. 39 € 3 pers. 46 € pers. sup. 54 €
Ouvert : Toute l'année.

30	15	SP	30	10	8	30	15	8

S.A.R.L. DEBROUWER - La Cray 'Othe - 10190 MESSON - Tél. : 03 25 70 31 12 - Fax : 03 25 70 37 03

LA MOTTE-TILLY
C.M. 61 Pli 4

5 ch. Dans la vallée de la Seine et à proximité du Château de la Motte Tilly, maison indépendante donnant sur une cour de ferme avec terrasse. Chaque chambre est équipée d'une salle d'eau, wc, prise TV. En rez-de-chaussée, 1 ch (2 lits 1 pers aménagée pour handicapé). A l'étage, 4 ch (1 lit 2 pers), cuisine à disposition. Petit déjeuner copieux avec pâtisseries. Confitures maison.

Prix : 1 pers. 28 € 2 pers. 38 €
Ouvert : Toute l'année.

6	SP	SP	4	4	6	SP	10	4

Marie-Louise RONDEAU - 12 rue du Chêne - 10400 LA-MOTTE-TILLY - Tél. : 03 25 39 83 85 ou SR : 03 25 73 00 11

Champagne-Ardennes
Aube

NOGENT-SUR-SEINE
(TH)   *C.M. 61 Pli 5*

5 ch. « La quiétude » est une péniche de 1931 restaurée avec passion par Anita, amarrée à NOGENT, avec une vue imprenable sur les Moulins de Nogent datant du 19°. De l'avis de tous on dort très bien, doucement bercé par le bruit de la Seine poursuivant son chemin vers Paris. 5 chambres ambiance boiseries marines raviront les moussaillons. Hublots en cuivre un panorama au ras des flots. 3 ch (1 lit 2 pers), 1 ch (2 lits 1 pers), 1 ch (1 lit 2 pers + 1 pers). Salle d'eau et wc individuels. Cheminée, piano, bibliothèque, salle de séjour sous verrière, vélos et canoë à bord, à votre disposition. Table hôte sur réservation. Langues parlées : anglais, espagnol.

Prix : 1 pers. 39/53 € 2 pers. 46/61 € 3 pers. 61 € repas 16/23 €
Ouvert : Toute l'année.

SP	SP	SP	SP	SP	SP	30	SP

Anita FARGUES - Rue de l'Ile Olive - Péniche La Quiétude - 10400 NOGENT-SUR-SEINE - Tél. : 03 25 39 80 14 ou 03 25 40 79 39 - Fax : 03 25 39 80 14 - E-mail : http://perso.wanadoo.fr/quietude/

POUGY
C.M. 61 Pli 7

5 ch. Prés des lacs de la forêt d'Orient et dans un parc clos d'un hectare aux arbres plus que centenaires, superbe propriété de la fin du 18°, style empire abritant 5 chambres personnalisées avec goût. 3 ch (1 lit 2 pers), possibilité lit appoint, wc, S.d.b ou S. d'eau privée. 1 ch (1 lit 2 pers), wc, S. d'eau, 1 ch (1 lit 2 pers + 2 lits 1 pers), wc, S. d'eau. Salle à manger commune donnant sur parc. A l'étage petit salon détente proposant des infos touristiques. Possibilité pêche étang au filet du 15 octobre au 15 janvier. Pêche aux gros en étang toute l'année. Langue parlée : anglais.

Prix : 1 pers. 35 € 2 pers. 39 € pers. sup. 5 €
Ouvert : Toute l'année.

30	SP	SP	20	SP	7	SP	14	30	8

Antoine MORLET - Grande rue - Château de Pougy - 10240 POUGY - Tél. : 03 25 37 09 41 - Fax : 03 25 37 87 29

RIGNY-LE-FERRON
C.M. 61 Pli 15

5 ch. Au cœur du Pays d'Othe, vous découvrirez à la sortie du village, la ferme fortifiée des Ardents du XVII° avec ses deux tours, ses pigeonniers et sa cour fleurie. 5 chambres mansardées : 4 ch (2 lits 1 pers), 1 ch (1 lit 2 pers, possibilité lit supplémentaire). Salle d'eau et salle de bains, wc communs. Kitchenette, salle à manger, télévision à disposition des hôtes.

Prix : 1 pers. 21 € 2 pers. 28 € 3 pers. 41 € pers. sup. 8 €
Ouvert : Toute l'année.

10	4	SP	10	10	SP	SP	1	35	2

Patrice DERAEVE - 16, rue du Moulin - 10160 RIGNY-LE-FERRON - Tél. : 03 25 46 79 82 - Fax : 03 25 46 75 80

SOLIGNY-LES-ETANGS
C.M. 61 Pli 15

2 ch. Le Vallon est un relais calme et confortable du Pays Nogentais, aux abords de belles forêts vous augurant un séjour de détente et d'air pur. Décoration méticuleuse. 2 chambres (1 lit 2 pers). Salle d'eau et wc indépendants. Possibilité lit supplémentaire dans chaque chambre. Salon, salle à manger. Grand confort. Jardin fleuri.

Prix : 1 pers. 27 € 2 pers. 40 € 3 pers. 55 €
Ouvert : Toute l'année.

7	SP	4	7	7	5	SP	35	5	

Jeanine HERBOMEL - Le Vallon - 10400 SOLIGNY-LES-ETANGS - Tél. : 03 25 39 22 08

ST-GERMAIN
C.M. 61 Pli 16

5 ch. Maison de charme, parc fleuri, arboré, orangerie, verger, canaux à 6 km du centre de Troyes, 3 km des magasins d'usines. 5 chambres d'hôtes. R.d.c : 1 chambre double avec salle d'eau. Etage : 4 chambres double ou twin avec lit en 190 ou 210. Non fumeur. Langues parlées : anglais, italien.

Prix : 1 pers. 38 € 2 pers. 44 € pers. sup. 12 €

5	SP	15	20	20	SP	SP	SP	5	2

Marie MEEKEL - 412 route de Lépine - Les Beauchots - 10120 ST-GERMAIN - Tél. : 03 25 79 51 92 ou SR : 03 25 73 00 11

THIL
C.M. 61 Pli 19

2 ch. Dans une ferme abritant en arrière-cour, poules et lapins. 2 chambres refaites à neuf. Point de départ pr de nombreuses visites et promenades. 1 ch. (1 lit 2 pers., 1 pers.), lavabo, douche, wc. 1 ch. (2 lits 1 pers.), douche, lavabo, wc. S. de jardin, tourelle. Baby-foot, ping-pong. Cour fermée. Chien accepté sauf dans les chambres. Micro-ondes à disposition.

Prix : 1 pers. 23 € 2 pers. 38 € 3 pers. 48 € pers. sup. 6 €
Ouvert : Toute l'année.

15	25	SP	45	25	9	SP	20	3	

Michel HENRY - 22 Grande Rue - 10200 THIL - Tél. : 03 25 92 76 67

Aube
Champagne-Ardennes

THIL
C.M. 61 Pli 19

2 ch. Dans une ferme en activité de 1853, située dans un village en limite Est du département, vous découvrirez le calme de ce petit village agricole où Laurence et François vous accueilleront chaleureusement. 2 chambres à l'étage avec entrée indépendante. 1 ch (1 lit 2 pers), lavabo, douche, wc sur pallier. 1 ch (2 lits 1 pers, lavabo) douche, wc sur pallier. Salon de jardin. Chenil pour animaux. Soulaines d'huys à 3 km. Langue parlée : anglais.

Prix : 1 pers. **20 €** 2 pers. **30 €**
Ouvert : Toute l'année.

🐕	🏊	🚣	🌲	⛵	🏖	🎾	🏃	🏇
15	25	SP	25	25	9	SP	20	3

François HENRY - 10200 THIL - Tél. : 03 25 92 73 58

VALLANT-SAINT-GEORGES
C.M. 61 Pli 6

3 ch. Dans un village de la vallée de la Seine, 2 chambres d'hôtes indépendantes situées dans 2 petits pavillons. Grand terrain arboré et fleuri. 1 ch (2 lits 1 pers), salle d'eau, wc, kitchenette. 1 chambre (1 lit 2 pers), salle d'eau de la maison du propriétaire 1 grande chambre (1 lit 2 pers, 1 lit 1 pers, lit enfant), douche, wc privé. Grande cour fleurie et fermée. Volailles et lapins. Petit déjeuner : confitures et brioches maison.

Prix : 1 pers. **24 €** 2 pers. **30 €** 3 pers. **40 €**

🐕	🏊	🚣	🌲	⛵	🏖	🎾	🏃	🏇
15	SP	SP	40	40	3	SP	4	4

Jean GALLAND - 24 rue des Chavaliers - 10170 VALLANT-SAINT-GEORGES - Tél. : 03 25 21 12 47

VILLEHARDOUIN (TH)
C.M. 61 Pli 7

5 ch. Dans petit village au nom historique, à l'orée du Parc Naturel de la Forêt d'Orient, Jean-Pierre et Thérèse vous accueillent dans leur ferme et vous feront découvrir quelques uns des charmes de la vie rurale et des paysages aubois. Dans un cadre rustique, 5 chambres, cuisine à disposition, salle à manger, bibliothèque. Animaux acceptés sous réserve. 2 ch (1 lit 2 pers), wc privatifs. 1 ch (1 lit 2 pers, 1 lit 1 pers), 1 ch 1 lit 2 pers, 2 lits 1 pers), salle de bains, 2 salles d'eau, 3 wc communs.

Prix : 1 pers. **21/28 €** 2 pers. **34/43 €** 3 pers. **40/46 €** pers. sup. **8 €** repas **15 €**
Ouvert : Toute l'année.

🐕	🏊	🚣	🌲	⛵	🏖	🎾	🏃	🏇
25	7	SP	9	9	5	SP	10	4

Thérèse MEURVILLE-DETHUNE - 10220 VILLEHARDOUIN - Tél. : 03 25 46 40 28 ou SR : 03 25 73 00 11 - Fax : 03 25 46 32 39 -
E-mail : jp.meurville.dethune@wanadoo.fr

VILLEMAUR-SUR-VANNE
C.M. 61 Pli 5

2 ch. En Pays d'Othe, maison typiquement champenoise du 19e sur 5000 m² de terrain arboré et un verger de pommiers au bord de la Vanne. Accueil sympathique et dynamique d'Evelyne qui propose à l'étage 2 chambres spacieuses (1 lit 2 pers). Salle de bains, wc privés. Salle de séjour avec télévision, barbecue. 2 VTT à disposition. A ne pas manquer, un jubé du 16e dans l'église du village et un vieux pont en pierre qui fait « le gros dos » depuis des siècles au-dessus de la Vanne.

Prix : 2 pers. **27/34 €** pers. sup. **8 €**
Ouvert : Toute l'année.

🐕	🏊	🚣	🌲	⛵	🏖	🎾	🏃	🏇
2	SP	SP	2	2	2	SP	50	6

Evelyne DAUPHIN - 27, rue Notre Dame - 10190 VILLEMAUR-SUR-VANNE - Tél. : 03 25 40 55 57

VILLIERS-LE-BRULE (TH)
C.M. 61 Pli 18

5 ch. Située dans le parc de la Forêt d'Orient, le Bocage vous accueille, venez découvrir son confort et ses 5 chambres : 2 ch (1 lit 2 pers), douche privée, 1 ch (1 lit 2 pers, 1 lit d'appoint), 1 ch (1 lit 2 pers, lit bébé), 1 ch (1 lit 2 pers, 1 lit 1 pers), salles de bains, wc communs. Salon avec télévision, salle à manger. L'auvent champenois aménagé en salon d'extérieur donne sur la prairie, les champs et les bois. Jardin ombragé à la française. Parking avec forfait (2 jours). 1/2 pens : 115 €/jour, 1/2 pens : 168 €/3 jours. Forfait semaine en 1/2 pens : 381 €. Chien 5 €/nuit.

Prix : 1 pers. **27/30 €** 2 pers. **30/34 €** 3 pers. **43/46 €** pers. sup. **8 €** repas **14/21 €**
Ouvert : Toute l'année.

🐕	🏊	🚣	🌲	⛵	🏖	🎾	🏃	🏠	🏇
20	7	SP	7	7	2	SP	3	20	2

Edouard WIECZORECK - 10220 VILLIERS-LE-BRULE - Tél. : 03 25 46 32 86 - Fax : 03 25 46 32 86

VIREY-SOUS-BAR (TH)
C.M. 61 Pli 17

5 ch. Au cœur du vignoble champenois, ancienne ferme restaurée, située à 500 m de la N71 5 chambres de plain-pied 2 ch (1 lit 2 pers + 1 lit 1 pers), 2ch (1 lit 2 pers), 1 ch (2 lits 1 pers). Salle d'eau, wc individuel. Salon de jardin dans grande cour fleurie. Salle commune avec salon, TV, cheminée, coin cuisine à disposition. Parking fermé.

Prix : 1 pers. **18/24 €** 2 pers. **35/40 €** 3 pers. **53 €** pers. sup. **18 €** repas **14 €**
Ouvert : Toute l'année.

🐕	🏊	🚣	🌲	⛵	🏖	🎾	🏃	🏇
25	SP	SP	20	20	SP	3	2	

Francis GRIS - 28 rue Jean Monnet - 10260 VIREY-SOUS-BAR - Tél. : 03 25 29 73 19 ou SR : 03 25 73 00 11

Champagne-Ardennes
Aube

VULAINES
C.M. 61 Pli 15

5 ch. Dans pays d'Othe, maison de caractère du 19ᵉ avec 5 chambres personnalisées, lumineuses, décorées avec soin. R.d.c. surélevé : 1 ch (1 lit 150), salle de bains, wc, 2 ch (1 lit 2 pers), salle d'eau, wc, 3 ch (2 lits 1 pers), salle d'eau, wc. Restaurant à 200 m. Accueil chaleureux dans un lieu calme agrémenté d'un grand jardin fleuri et d'une terrasse où vous pourrez vous détendre. Petits déjeuners copieux et variés (viennoiseries, pâtisseries et confitures maison).

Prix : 1 pers. 30/34 € ■ 2 pers. 35/42 € ■ pers. sup. 10 €
Ouvert : Toute l'année.

35	5	SP	5	5	3	SP	50	4

FANDARD SCHMITE - 7 rue de l'ancienne Gare - 10160 VULAINES - Tél. : 03 25 40 80 99 - Fax : 03 25 40 80 99

Marne
GITES DE FRANCE - Service Réservation
Route de Suippes - B.P. 525
51009 CHALONS-EN-CHAMPAGNE Cedex
Tél. 03 26 64 95 05 - Fax 03 26 64 95 06

AMBRIERES (TH)

1 ch. 1 ch. d'hôtes (1 lit 2 pers.) chez un agriculteur. Salle d'eau et wc privés. Accueil simple et familial. Garage. Parking. Restaurant 3 km. Voile 4 km. Baignade 5 km. Entrée indépendante.

Prix : 1 pers. 24 € ■ 2 pers. 32 € ■ pers. sup. 12 € ■ repas 12 €
1/2 pens. 56 €
Ouvert : Toute l'année.

4	1	10	3	9	10	3

Thérèse TRICHOT - 51290 AMBRIERES - Tél. : 03 26 73 70 03

AVIZE Le Vieux Cèdre (TH)
C.M. 56 Pli 16

3 ch. Dans une demeure bourgeoise de 1845 typiquement champenoise, 3 ch. d'hôtes. 1 ch. (1 lit 160), 1 ch. (2 lits 100), 1 ch. 2 épis (1 lit 150). S.d.b. et wc privés pour chaque chambre. Poss. lit suppl. Propriété viticole située dans vieux bourg au cœur de la Cote des Blancs, entourée d'un parc privé, arbres centenaires. Jeux société, ping pong. Accueil chaleureux. Visite de caves sur place. Langue parlée : anglais.

Prix : 2 pers. 42 € ■ 3 pers. 54 € ■ pers. sup. 13 € ■ repas 22 €
Ouvert : Toute l'année sauf périodes de vendanges.

SP	SP	1	SP	8	30	SP	10	SP

Imogen et Didier PIERSON-WHITAKER - 14 route d'Oger - « Le Vieux Cèdre » - 51190 AVIZE - Tél. : 03 26 57 77 04 -
Fax : 03 26 57 97 97 - E-mail : champagnepiersonwhitaker@worldnet.fr

BANNAY (TH)
C.M. 56 Pli 15

4 ch. Dans village pittoresque, maison de caractère dans un cadre rustique confortable et calme. 1 ch. 2 pers. (s.d.b. et wc privés séparés d'un rideau), 1 ch. 3 pers. (s.d.b. et wc privés), 1 ch. 3 pers. (s.d.b. et wc privés). Séjour campagnard. Une maison indépendante : 1 ch. 2 pers. + suite 1 lit 90 et canapé convertible. Salle d'eau et wc privés. Kitchenette à disposition. Spécialités à la table d'hôte, produits fermiers. Jeux de société et bibliothèque. Panier pique nique. Visite de la ferme avec ses animaux. Site préhistorique. Pelouse et jardin d'agrément. Langues parlées : anglais, allemand.

Prix : 1 pers. 35/46 € ■ 2 pers. 43/52 € ■ pers. sup. 15/28 €
repas 22/25 €
Ouvert : Toute l'année.

SP	5	SP	8	10	15

J.Pierre et Muguette CURFS - 51270 BANNAY - Tél. : 03 26 52 80 49 - Fax : 03 26 59 47 78

BELVAL-SOUS-CHATILLON Hameau du Paradis (TH)

3 ch. Entre la forêt et le vignoble, dans une ancienne ferme rénovée, 3 chambres d'hôtes : 1 lit de 2 pers. dans chacune. Salle d'eau et wc privés dans chaque chambre. Possibilité lit bébé. Jardin, salon de jardin. Table d'hôtes uniquement sur réservation. Pas de table d'hôtes le Mardi.

Prix : 1 pers. 32 € ■ 2 pers. 46 € ■ 3 pers. 58 € ■ pers. sup. 15 €
repas 23 €
Ouvert : Toute l'année.

SP	10	SP	8	10	15	SP	12	15	5

Daniel GRAFTIAUX - Hameau du Paradis - 51480 BELVAL-SOUS-CHATILLON - Tél. : 03 26 58 13 15 - Fax : 03 26 58 11 87

BLIGNY
C.M. 56

2 ch. Dans un petit village de la Vallée de l'Ardre réputée pour ses églises romanes, 1 ch. avec suite (1 lit 2 pers. 2 lits 1 pers.), 1 ch. (1 lit 2 pers.), salon, TV, cabinet de toilette, douche, wc indépendants. Terrasse, pelouse, parking. Eurodisney : 1 h. 3 terrains de golf à 10 mn. Au cœur du Parc Naturel de la Montagne de Reims. Région agricole et viticole, sillonnée de sentiers de randonnées pédestres. Vous serez accueillis dans une maison très confortable avec un feu de bois.

Prix : 1 pers. 34 € ■ 2 pers. 43 € ■ pers. sup. 17 €
Ouvert : Toute l'année.

1	2	1	2	12	12	15	5

Jean ROBION - 8 rue de la Barbe aux Canes - 51170 BLIGNY - Tél. : 03 26 49 27 79 - Fax : 03 26 49 25 77

Marne   *Champagne-Ardennes*

BOISSY-LE-REPOS Basse Vaucelle   *C.M. 237*

2 ch. 2 jolies ch. meublées de façon rustique, à l'étage d'une fermette rénovée, à caractère typiquement champenois, aux abords accueillants et fleuris. 1 lit 2 pers. pour chaque ch., s.d.b., wc privés. Poss. lits suppl. Située dans vallée calme, verdoyante, idéale pour le repos. Entrée indép. Salon de Jardin, portique. Parking. Endroit abrité pour la belle saison. Cuisine à disposition des hôtes. Poss. équitation. Sentiers pédestres balisés. Table d'hôtes sur réservation 24 h à l'avance. Possibilité préparation panier pique-nique. Promenade en calèche 2 km. Prix 1/2 pens. 2 pers. à partir de 3 nuits.

Prix : 1 pers. 30 € ♦ 2 pers. 37 € ♦ repas 15/18 € ♦ 1/2 pens. 55 €
Ouvert : Toute l'année.

SP	3	6	SP	15	6	20	6	30	6

Roselyne et Jean LAFORET - la Basse Vaucelle - 51210 BOISSY-LE-REPOS - Tél. : 03 26 81 16 52 - Fax : 03 26 81 16 52 -
E-mail : rjlafo@wanadoo.fr

BOURSAULT La Boursaultière

1 ch. Au cœur du vignoble, dans une maison de caractère, 1 chambre d'hôtes calme, très confortable avec douche et wc privés. Décoration raffinée. Entrée indépendante. Salle de séjour avec cheminée, jardin, terrasse, salon de jardin. Route touristique champenoise, vue panoramique, nombreuses promenades, forêt. Parking privé.

Prix : 1 pers. 43 € ♦ 2 pers. 58 € ♦ pers. sup. 20 €
Ouvert : Toute l'année.

1	SP	6	10	14	14	14	4	

Françoise DE CONINCK - 44 rue de la Duchesse d'Uzes - La Boursaultière - 51480 BOURSAULT - Tél. : 03 26 58 47 76 -
Fax : 03 26 58 47 76

BOURSAULT Les Impériales   *C.M. 56*

5 ch. Sur les côteaux de la Vallée de la Marne, en bordure de forêt, dans un cadre calme et verdoyant, ancienne maison de vignerons entièrement rénovée, 5 chambres d'hôtes avec douche et wc privés. Hall d'entrée indépendant, séjour avec vue sur le parc, salon avec TV, terrasse et salon de jardin. Nombreuses promenades, visites et restaurations à proximité.

Prix : 1 pers. 39 € ♦ 2 pers. 42/46 € ♦ 3 pers. 55 € ♦ pers. sup. 13 €

	SP	2	30	SP	8	3	10	15	3

Françoise/Dominique CUCHET - 2 rue de l'Ascension - « Les Impériales » - 51480 BOURSAULT - Tél. : 03 26 58 63 71 ou 06 62 70 04 85 - **Fax :** 03 26 57 87 94

BROUILLET

3 ch. Reims 20 km. Paris 130 km. Dans la verdoyante Vallée de l'Ardre, maison de caractère du 18e avec grand jardin très fleuri. 3 chambres d'hôtes (1 lit 2 pers.), salle d'eau ou salle de bains, wc privés, TV pour chaque chambre. Accès indépendant aux chambres. Point accueil de la route touristique du Champagne. Visite de cave, dégustation. Randonnées pédestres. Cour fermée la nuit. Lit enfant 15 €. Langues parlées : anglais, allemand.

Prix : 2 pers. 42/46 €
Ouvert : Toute l'année.

8	SP	10	18	10	5	11	3

Remi et Marie ARISTON - 4, 8 Grande Rue - 51170 BROUILLET - Tél. : 03 26 97 43 46 - Fax : 03 26 97 49 34 -
E-mail : contact@champagne-aristonfils.com - www.champagne-aristonfils.com

CAUROY-LES-HERMONVILLE

1 ch. Sur la route touristique du Champagne, chez un viticulteur-agriculteur, 1 chambre d'hôtes (1 lit 2 pers.) avec douche et wc privés, TV. Lit bébé à disposition. Salon de jardin, barbecue. Prêt VTT, promenade dans les bois et les vignes. Visites conseillées.

Prix : 1 pers. 28 € ♦ 2 pers. 39 €
Ouvert : Toute l'année sauf du 18 décembre au 24 décembre inclus.

0,8	15	25	SP	20	20	1	15	0,4

Jean-Marc VIGREUX - 13 Petite Rue - 51220 CAUROY-LES-HERMONVILLE - Tél. : 03 26 61 55 87 - Fax : 03 26 61 50 72 -
E-mail : info@champagnevigreuxfrere.com

LES CHARMONTOIS

3 ch. 3 ch. d'hôtes aménagées dans une ferme rénovée. R.d.c. : entrée indépendante : 1 ch. 2 pers. avec petit salon (fauteuils convertibles). 1 ch. 3 pers. (1 lit 2 pers., 1 lit 1 pers.). Poss. 1 lit suppl. Accès personnes handicapées. Etage : 1 ch. Salle d'eau et wc dans chaque ch. Salle de séjour. Piano. Jardin. Produits fermiers sur place. Sur place, camping rural.

Prix : 1 pers. 29 € ♦ 2 pers. 36 € ♦ pers. sup. 10 € ♦ repas 13 €
Ouvert : Toute l'année.

SP	SP	SP	SP	9	18	18

Bernard et Nicole PATIZEL - 5 rue St-Bernard - 51330 LES-CHARMONTOIS - Tél. : 03 26 60 39 53 - Fax : 03 26 60 39 53 -
E-mail : nicole.patizel@wanadoo.fr

Champagne-Ardennes **Marne**

CONDE-SUR-MARNE (TH)

3 ch. Au cœur d'un village situé sur la route du vignoble champenois, au pied d'un clocher classé monument historique, dans une ancienne ferme entièrement rénovée, 3 ch. d'hôtes, décoration raffinée. 1 ch. 2 lits 1 pers., 2 ch. 1 lit 2 pers. Douche, wc privés chacune. Cuisine, salle à manger, salon avec TV, cheminée, véranda, réservés aux hôtes. Pelouse, salon de jardin. Accès indépendant aux chambres. Possibilité visite de cave dans le village. Halte nautique. Passage GR4. Circuits VTT et pédestres proposés. Club ULM à 10 mn. Table d'hôtes uniquement sur réservation.

Prix : 1 pers. 30 € 2 pers. 38/43 € pers. sup. 15 € repas 16 €
Ouvert : Toute l'année.

8	SP	SP	SP	10	SP	15	SP	15	4

Jeanne BARRAULT - 7 rue Albert Barre - 51150 CONDE-SUR-MARNE - Tél. : 03 26 67 95 49 ou 03 26 66 90 61 - Fax : 03 26 66 82 97

CONGY (TH)

5 ch. Venez découvrir la Champagne dans une exploitation familiale. 5 ch. d'hôtes dans une maison de caractère indép., entièrement rénovée (3 ch. 1 lit 2 pers., 2 ch. 2 lits 2 pers. + clic-clac). Très belle salle de bains avec système hydromassage et wc dans chaque chambre. Salle de séjour réservée aux hôtes, salon avec cheminée. Accès indépendant aux chambres. Pelouse, salon de jardin à disposition. Visite de cave et accueil au Champagne. Poss. repas gastronomique.

Prix : 1 pers. 43 € 2 pers. 53 € 3 pers. 69 € pers. sup. 15 € repas 23/34 €
Ouvert : Toute l'année sauf période vendanges.

1	9	12	SP	15	20	20	SP	25	0,6

André et M.Therèse TRUFFAUT - 20 rue St-Remy - 51270 CONGY - Tél. : 03 26 59 31 23 - Fax : 03 26 59 60 07

COURCELLES-SAPICOURT

C.M. 56 Pli 6

2 ch. Reims (cathédrale, caves...) 15 km. Dans petit village champenois, maison ancienne de caractère. Deux chambres très confortables. Accès indépendant. Une chambre au rez-de-chaussée (2 lits 1 pers.), une chambre au 1er étage (1 lit 2 pers.). Possibilité lit supplémentaire. Salle d'eau et wc privés dans chaque chambre. Kitchenette à disposition des hôtes. Jardin, terrasse. Accès à la piscine privée des propriétaires. Route du Champagne. Parc Régional de la Montagne de Reims.

Prix : 1 pers. 38 € 2 pers. 44 € 3 pers. 59 €
Ouvert : Du 1er mai au 30 novembre.

SP	10	SP	2	SP	SP	3	30	15	5

Catherine et Pierre CARRE - 3 rue du Montcet - 51140 COURCELLES-SAPICOURT - Tél. : 03 26 48 27 90 ou 03 26 08 18 08 - Fax : 03 26 08 75 63

COURCY

2 ch. Marie-Claude vous accueille dans sa maison, de construction récente, au calme, dans un cadre verdoyant et fleuri. 2 chambres en rez-de-chaussée. 1 ch. 1 lit 2 pers., 1 ch. 2 lits 1 pers. Salle de bains et wc privés. Terrasse, salon de jardin, pelouse à disposition des hôtes.

Prix : 1 pers. 28 € 2 pers. 39 € 3 pers. 54 €
Ouvert : Toute l'année, sauf week-end de pentecôte.

0,5	5	3	6	15	SP

Jacques SOGNY - 3 rue du Château d'Eau - 51220 COURCY - Tél. : 03 26 49 62 06 ou 06 80 82 57 55

CRAMANT

C.M. 56

4 ch. A Cramant, au cœur du vignoble champenois de la côte des Blancs, en bordure de forêt et des vignes sur une exploitation viticole familiale. 4 ch. à l'étage. 2 ch. (2 pers.) 3 épis avec s.d.b. et wc privés, 1 ch. (3 pers.) 2 épis avec s.d.b. privée, 1 ch. (2 pers.) 2 épis avec s.d.b. privée. wc privés communs pour ces 2 chambres. Poss. lit enfant. Coin-détente, TV couleur, magazines, jeux... Parking extérieur. VTT à disposition. Vue panoramique. Vente de Champagne Voirin-Jumel. Visite de caves, pressoir, cuverie.

Prix : 1 pers. 27/30 € 2 pers. 37/40 € 3 pers. 46 €
Ouvert : Toute l'année sauf période vendanges et fêtes de fin d'année.

0,1	10	6	SP	10	4	8	25	SP	25	10	0,5

Valérie et Patrick VOIRIN - 555 rue de la Libération - 51530 CRAMANT - Tél. : 03 26 57 91 19 - Fax : 03 26 57 56 29

CUMIERES Le Chêne Plat

3 ch. Abbaye d'Hautvillers (berceau du Champagne) 1 km. Epernay 3 km. Au pied des côteaux, dans un village viticole, sur la route touristique du Parc Naturel de la Montagne de Reims, 3 ch. d'hôtes. 1 ch. (1 lit 2 pers. 1 lit 1 pers.), 1 ch. (1 lit 2 pers.), 1 ch. (2 lit 1 pers.). Entrée indépendante pour 2 ch. Possibilité lit suppl. Douche et wc privés dans chaque chambre. Salle de séjour, TV, salon de jardin, barbecue.

Prix : 1 pers. 37 € 2 pers. 43 € 3 pers. 51 €
Ouvert : Toute l'année.

SP	4	4	SP	4	SP

Anne et Jean-Pol PATE - 177 rue de Dizy - 51480 CUMIERES - Tél. : 03 26 51 66 46 ou 06 80 72 37 39

Marne — Champagne-Ardennes

FONTAINE-SUR-AY — Au Beau Sarrazin

1 ch. Installée au r.d.c. d'1 maison de maître, dans 1 ancienne ferme, la ch. aux Papillons vous accueillera pour de belles nuits avec son grand lit. Sa s.d.b. privative & sa suite à 2 lits simples complètent 1 confort déjà bien présent. Le petit déjeuner copieux & ses confitures maison seront servis dans la chambre ou dans le séjour aux colombages typiques de la région. Savine & Philippe auront plaisir à vous recevoir dans cette maison de charme. Langue parlée : anglais.

Prix : 1 pers. 38 € 2 pers. 45 € 3 pers. 53 €
Ouvert : Toute l'année.

0,5	SP	SP	5	12	12	25	0,5	10	2	2

Savine et Philippe VILLAIN - 6 rue des Seigneurs - Au Beau Sarrazin - 51160 FONTAINE-SUR-AY - Tél. : 03 26 52 30 25 - Fax : 03 26 52 03 99 - E-mail : aubeausarrazin@wanadoo.fr

LE GAULT-SOIGNY (TH) C.M. 61 Pli 5

3 ch. Ferme typique de la Brie Champenoise, accès indép. aux chambres. R.d.c. : salle de détente (TV, cheminée), coin-cuisine. Étage : 1 ch. style scandinave (2 lits 1 pers.), s.d.b., wc privés. 1 ch. style romantique, 2 épis, (1 lit 2 pers.), s.d.b./wc privés attenants à la ch. Dans la maison des propr. : 1 ch. style ancien (1 lit 2 pers. 1 lit 1 pers.) s.d.b./wc privés. Lit supplémentaire sur demande. Cadre verdoyant proche d'une belle forêt. Table d'hôtes sur réservation. Panier pique-nique. Langue parlée : anglais.

Prix : 1 pers. 29 € 2 pers. 34 € 3 pers. 43 € pers. sup. 12 € repas 16 €
Ouvert : Toute l'année.

SP	8	SP	3	10	30	10

Guy et Nicole BOUTOUR - ferme de Desire - 51210 LE-GAULT-SOIGNY - Tél. : 03 26 81 60 09 - Fax : 03 26 81 67 95 - E-mail : domaine_de_desire@yahoo.fr

LES GRANDES-LOGES C.M. 56 Pli 17

3 ch. Maison ancienne indépendante dans un corps de ferme situé au cœur du village. R.d.c. : salle de détente (cheminée), canapé, jeux de société, lecture, kitchenette. 1 ch. accessible aux personnes handicapées, (1 lit 2 pers., 1 lit 1 pers.), salle d'eau, wc. Étage : 1 ch. (1 lit 2 pers.), (2 lits 1 pers.). Salle d'eau et wc privés chacune. Salon de jardin, balançoire, parking couvert, cour fermée. Tarif dégressif à partir de la 3e nuit. Tennis et ping-pong au village.

Prix : 1 pers. 30 € 2 pers. 40 € 3 pers. 50 €

10	6	60	SP	SP	13	25	60	18	11

Etienne JANSON - 1 rue de Chalons - 51400 LES-GRANDES-LOGES - Tél. : 03 26 67 32 38

ISLES-SUR-SUIPPE C.M. 56 Pli 7

3 ch. En bordure de rivière dans un cadre calme et verdoyant, maison de caractère fleurie. A l'ét. 1 ch. spacieuse (2 épis), 1 lit 2 pers. + 1 lit 1 pers., s.d.b. et wc privés extérieurs à la ch., 1 ch. (1 lit 2 pers.), douche et wc privés, 1 ch. 1 lit 2 pers. douche et wc privés. Prise TV. Lit bébé. Bibliothèque, jeux société, TV à disposition, ameublement de qualité. Ambiance chaleureuse. R.d.c., salon, salle à manger, service petits déjeuners améliorés. Jardin arboré, salon de jardin, possibilité pique-nique. Portique, ping-pong. Garage. Restaurants à proximité. Promenade.

Prix : 1 pers. 30 € 2 pers. 40 € 3 pers. 57 €
Ouvert : Toute l'année.

SP	SP	17	18	17	1

Simone DEIBENER - 34 rue du Piquelet - « le Chignicourt » - 51110 ISLES-SUR-SUIPPE - Tél. : 03 26 03 82 31

ISLES-SUR-SUIPPE

E.C. 5 ch. Au cœur de la campagne, à proximité d'1 rivière et de la forêt, 5 ch. au 1er étage d'1 maison du 19e siècle rénovée. Entrée indépendante. S. d'eau & wc privés pour chaque ch. WC extérieurs à la chambre pour 2 ch. Salon, TV, bibliothèque, parking dans cour fermée, salon de jardin, terrasse couverte. Jardin et espaces verts. Restaurants et commerces à proximité. Langues parlées : anglais, allemand.

Prix : 1 pers. 32 € 2 pers. 41 € 3 pers. 57 €
Ouvert : Du 1er mars au 1er décembre.

0,5	0,5	20	20	20	1

Ana et Philippe KIELBASIEWICZ - 20 route de Rethel - 51110 ISLES-SUR-SUIPPE - Tél. : 03 26 03 53 13 - E-mail : les.passionnes@wanadoo.fr - http ://perso.wanadoo.fr/les.passionnes/

JOISELLE

E.C. 2 ch. Sur une exploitation laitière située dans un petit village calme et verdoyant, Ivana et Guy vous proposent 2 chambres indépendantes de plain pied. WC et salle d'eau pour chaque chambre. 2 lits 2 pers. Meubles rustiques. Possibilité lit enfant. Coin-salon avec TV dans séjour. Salon de jardin, barbecue. Sentiers pédestres.

Prix : 1 pers. 29 € 2 pers. 39 € pers. sup. 14 €
Ouvert : Toute l'année.

1	6	25	4	6	16	40	SP	18	6

Guy et Yvana DEGOIS - Rue de la Fontenelle - Hameau Champagnemay - 51310 JOISELLE - Tél. : 03 26 81 52 13 - Fax : 03 26 81 52 13

Champagne-Ardennes **Marne**

JUVIGNY

E.C. 2 ch. Sur la petite route touristique du Champagne, dans une aile du château du 18ᵉ, 2 chambres pleine de charme plus une suite. Accès indépendant. R.d.c. : 1 ch. (1 lit à baldaquin 160 x 200), s. d'eau et wc. Etage : 1 ch. (1 lit 180 x 200) et une suite (2 lits 1 pers.). S.d.b. et wc privés. Poss. lit bébé. Petit déjeuner servi dans l'ancienne cuisine du château. Calme et détente assurés. Parc, étang (pêche) dans un milieu privilégié.

Prix : 1 pers. **74 €** 2 pers. **88/99 €** pers. sup. **18 €**
Ouvert : Toute l'année.

🐕	🌲	⛵	🎿	🏇	🎾	🏊	🎯	🚂	🚲
15	SP	SP	5	SP	9	28	12	SP	

Brigitte CAUBERE - Château de Juvigny - 51150 JUVIGNY - Tél. : 03 26 64 86 24 ou 06 08 53 84 63 - Fax : 03 26 64 86 26 -
E-mail : brigitte.caubère@wanadoo.fr

MAILLY-CHAMPAGNE   🍷   C.M. 56 Pli 16

2 ch. **Verzenay (musée de la vigne) 2,5 km**. Chez un viticulteur, dans un tranquille village au cœur du vignoble et du Parc Régional de la Montagne de Reims, dans une vieille maison champenoise indépendante, meublée en ancien, 1 ch. (1 lit 2 pers.) salle d'eau et wc privés, 1 ch. (1 lit 2 pers. + 1 lit 1 pers.) + 1 ch. communiquante (1 lit 2 pers.) avec salle d'eau et wc privés. Salle à manger, salon, TV, lecture, jeux, ping-pong. Parking dans cour fermée. Terrasse sur jardin d'agrément, avec espace fumeurs. Restaurants dans villages voisins. Vente de champagne. Langue parlée : anglais.

Prix : 1 pers. **44 €** 2 pers. **49 €** 3 pers. **69/81 €** pers. sup. **20 €**

🐕	🌲	⛵	🏇	🏊	🚂	🚲
SP	4	SP	14	5	SP	

Irène et Jacques CHANCE - 18 rue Carnot - 51500 MAILLY-CHAMPAGNE - Tél. : 03 26 49 44 93 ou 06 16 84 18 61 - Fax : 03 26 49 44 93

MAISONS-EN-CHAMPAGNE   C.M. 56

2 ch. 2 ch. d'hôtes 2 pers. avec poss. lit suppl. (9 €), lit bébé (3 €) et accessoires. Salle d'eau et wc particuliers dans chaque chambre. Etage réservé aux locataires avec salle de détente, TV. Terrasse. Ferme champenoise en limite du vignoble. Possibilité de promenades pédestres.

Prix : 1 pers. **26 €** 2 pers. **31 €**
Ouvert : Toute l'année.

🐕	⛵	🏊	🚲	🚂
6	8	SP	8	4

Michel COLLOT - 19 rue de Coole - 51300 MAISONS-EN-CHAMPAGNE - Tél. : 03 26 72 73 91

MAREUIL-SUR-AY   (TH)

3 ch. Dans village viticole, ancien domaine d'un maître vigneron du 18ᵉ, 3 ch. de caractère. S.d.b. et wc privés, TV couleur, satellite, magnétoscope, mini bar-réfrigérateur, 1 ch. 1 lit 2 pers., 1 ch. 1 lit 2 pers. (convertible 2 pers.). 1 ch. duplex (3 épis) 2 pers. + convertible, kitchenette. Salle à manger, cheminée, vaste parc clos arboré, pelouse. Terrasse, salon de jardin, garage. Lits et chaises pour enf. Grande salle de jeux. Centre amincissement et relaxation, UV, sauna. TABLE D'HOTES UNIQUEMENT SUR RESERVATION. Poss. repas gastronomique sur réservation. 2 pers. minimum 40 €. Pas de table d'hôtes le dimanche soir. Langues parlées : anglais, allemand, espagnol.

Prix : 1 pers. **53/61 €** 2 pers. **58/69 €** 3 pers. **69/84 €** repas **24 €**
Ouvert : Toute l'année sauf février.

🐕	🌲	⛵	👥	🎿	🏇	🎾	🏊	🎯	🚴	🏋	🚂	🚲
3	SP	SP	0,5	SP	0,5	9	10	SP	0,5	3	SP	

Yves et Martine GIRAUD - 11 rue Sadi Carnot - Domaine de « la Marotière » - 51160 MAREUIL-SUR-AY - Tél. : 03 26 52 11 00 ou 03 26 52 03 13 - Fax : 03 26 52 95 30 - E-mail : LAMAROTIERE@wanadoo.fr

MAREUIL-SUR-AY   (TH)

6 ch. A 7 km à l'Est d'Epernay, en bordure du canal, sur la route touristique du Champagne, dans une ancienne demeure de 1837 chez un producteur de Champagne, 6 chambres de caractère, tout confort, avec salle d'eau et wc privés dans chaque chambre. Accès indépendant aux chambres. Salon de détente avec mini-bar. Parking et grand jardin clos. Table d'hôtes avec repas gastronomiques servis dans un ancien cellier champenois. Petits animaux acceptés. Langues parlées : anglais, allemand.

Prix : 1 pers. **53 €** 2 pers. **61/76 €** 3 pers. **99/115 €** repas **30/46 €**
Ouvert : Toute l'année.

🐕	🌲	⛵	👥	🏇	🎾	🎯	🚴	🚂	🚲
5	SP	SP	2	0,5	7	10	SP	3	SP

Guy CHARBAUT - Sarl Champagne Guy Charbaut - 12 rue du Pont - 51160 MAREUIL-SUR-AY - Tél. : 03 26 52 60 59 -
Fax : 03 26 51 91 49 - E-mail : champagne.guy.charbaut@wanadoo.fr - www.champagne-guy-charbaut.com

MARGERIE-HANCOURT Ferme de Hancourt   🛏   (TH) 🍷

4 ch. Maison indép. dans un corps de ferme. Salle de détente avec coin-cuisine, TV, cheminée. R.d.c. : 1 ch. 2 pers. (2 épis), 1 ch. 2 pers. (3 épis). Etage : 1 ch. (2 épis) (1 lit 2 pers., 1 lit 1 pers.), 1 ch. (3 épis) (2 lits 2 pers.). Salle d'eau et wc privés dans chaque chambre. Poss. lit bébé. Balançoire et salon de jardin. Tarif dégressif à partir 4ᵉ nuit.

Prix : 1 pers. **24 €** 2 pers. **30 €** 3 pers. **38 €** pers. sup. **7 €**
repas **11 €**

🐕	🌲	⛵	🏇	🎾	🏊	🎯	🚴	🚂	🚲
2	2	1	15	8	20	15	20	20	6

Michelle et Denis GEOFFROY - 51290 MARGERIE-HANCOURT - Tél. : 03 26 72 48 47 - Fax : 03 26 72 48 47

Marne
Champagne-Ardennes

MARGERIE-HANCOURT Le Clos de Margerie (TH)

||| 2 ch. — 2 chambres d'hôtes spacieuses dans un ancien corps de ferme, au centre du village (2 lit 2 pers., 1 lit 1 pers.). Salle d'eau et wc privés pour chaque chambre. Accès indépendant aux chambres. Salle de détente et bibliothèque. Calme assuré. Repas au Champagne sur réservation. Poss. lit bébé.

Prix : 1 pers. 26 € ◊ 2 pers. 34 € ◊ 3 pers. 46 € ◊ pers. sup. 9 € ◊ repas 13/18 €

3	1	18	SP	10	5	20	10	18	20	6

Maurice et Claudine BRASSART - 4 rue des Clos - Le clos de Margerie - 51290 MARGERIE-HANCOURT - Tél. : 03 26 41 02 14 ou 06 07 44 34 75

MATOUGUES (TH) C.M. 56 Pli 5

||| 3 ch. — Dans une maison de grand confort, cadre accueillant, verdoyant et fleuri, 1 ch. (2 épis) 2 pers., 2 ch. (3 épis) 2 à 4 pers. S.d.b. ou douche, wc privés. Bibliothèque sur la champagne. Randonnée GR 14 à 2 km. Circuits VTT et touristiques proposés. Espace vert et arborétum. Jeux intérieurs et extérieurs. Ferme poly.-élevage, Vallée de Marne, proche vignoble champenois. Poss. repas gastronomique (boissons en suppl.) et anniversaire sur réser. A partir 6 pers. soirées raclette, fondue, pierrade (18 €). 10 % remise à partir de 3 nuits. Pas de table d'hôtes le Dimanche soir.

Prix : 1 pers. 31 € ◊ 2 pers. 42 € ◊ 3 pers. 46 € ◊ repas 18/27 €
Ouvert : Toute l'année.

4	60	SP	SP	10	18	60	8	5

Jacques et Nicole SONGY - Chemin de St-Pierre - « la Grosse Haie » - 51510 MATOUGUES - Tél. : 03 26 70 97 12 - Fax : 03 26 70 12 42 - E-mail : songy.chambre@wanadoo.fr

LE MEIX-TIERCELIN C.M. 61 Pli 7

|| 1 ch. — 1 ch. (1 lit 2 pers. 1 lit 1 pers.), salle de bains et wc privés.

Prix : 1 pers. 26 € ◊ 2 pers. 40 € ◊ 3 pers. 46 €
Ouvert : Toute l'année.

5	SP	6	20	20	SP

Emile COLLOMBAR - 7 Grande Rue - 51320 LE-MEIX-TIERCELIN - Tél. : 03 26 72 40 37

MONDEMENT-MONTGIVROUX C.M. 56

||| 6 ch. — A proximité des Marais de St-Gond et des caves de Champagne, le Domaine équestre de Montgivroux, ferme du XVIIè, typique de la Brie Champenoise, entièrement restaurée sur 29 ha, vous accueillera dans ses 6 chambres mansardées, de très bon confort, toutes équipées de S.d.b., wc, TV. Logement chevaux possible. Centre équestre, VTT, ping-pong, promenade pédestre, salon de jardin.

Prix : 1 pers. 53 € ◊ 2 pers. 61 € ◊ 3 pers. 84 €
Ouvert : Toute l'année sauf de novembre à février.

SP	SP	SP	10	10	SP	38	10

Laurent CARBONARO - Domaine Equestre Montgivroux - 51120 MONDEMENT-MONTGIVROUX - Tél. : 03 26 42 06 95 ou 03 26 42 06 93 - Fax : 03 26 42 06 94

MONTHELON (TH) C.M. 56

|| 3 ch. — 3 chambres d'hôtes chez un viticulteur. R.d.c. : 1 ch. 1 lit 2 pers. (douche et wc privés), 1 ch. 1 lit 2 pers. et 1 lit 1 pers. (poss. lit suppl.), douche et wc privés extérieurs à la chambre (ch. classée 1 épi). Etage : 1 ch. 1 lit 2 pers. (salle de bains et wc privés). Salon de détente avec TV. Terrasse, salon de jardin. Petits animaux acceptés. Visite de caves, pressoir, cuverie et vignes suivie d'une dégustation.

Prix : 1 pers. 31 € ◊ 2 pers. 39 € ◊ 3 pers. 54 € ◊ pers. sup. 16 € ◊ repas 19 €
Ouvert : Toute l'année.

0,5	5	6	5	6	5		

Annick et J.Claude LE BRUN - 9 rue St-Vincent - 51530 MONTHELON - Tél. : 03 26 59 73 51 ou 06 07 99 59 21 - Fax : 03 26 59 72 05 - E-mail : champagne-lebrun@wanadoo.fr

MONTHELON

E.C. 2 ch. — Sur les côteaux en plein cœur du vignoble champenois, Martine & André vous recevront comme des amis dans leur grande maison familiale, 1 vieille demeure du 17e s. restaurée avec goût. A l'ét., ils ont pris plaisir à aménager pour vous « Les Cépages », 2 ch. lumineuses & confortables : « Les Chardonnays », ch. 2 pers., s. d'eau dans la ch./wc privé extérieur à la ch. Et « les Pinots Meuniers », suite familiale 4 pers. 1 lit 2 pers. et 2 lits 1 pers., salle d'eau et wc privés. Lit bébé, table à langer, salon détente et TV à disposition.

Prix : 1 pers. 30/35 € ◊ 2 pers. 38/43 € ◊ 3 pers. 53/55 € ◊ pers. sup. 15 €
Ouvert : Toute l'année sauf vendanges, noël et jour de l'an.

1	6	4	1	5	15	1	7	3

André et Martine PIENNE - 38 rue Gaston Poittevin - 51530 MONTHELON - Tél. : 03 26 59 74 63 ou 06 08 09 36 70 - E-mail : andrepienne@free.fr

Champagne-Ardennes
Marne

NUISEMENT-SUR-COOLE
C.M. 56 Pli 17

¦¦¦ 2 ch. Dans un petit village de la vallée de la Coole, au cœur de la plaine champenoise, Patrick et Régine, agriculteurs, vous accueillent dans leur deux chambres d'hôtes, très confortables, de plain pied. 1 lit de 2 pers., douche et wc privés dans chaque chambre. Lit bébé gratuit. Accès indépendant. Terrasse, salon de jardin, calme et repos parmi les arbres et fleurs. Chemin de randonnée.

Prix : 1 pers. 31 € 2 pers. 39 € pers. sup. 16 €
Ouvert : Toute l'année.

35	SP	45	SP	7	SP	10	20	SP	10	10

**Patrick et Regine PICARD - 6 rue du Moulin - 51240 NUISEMENT-SUR-COOLE - Tél. : 03 26 67 62 14 - Fax : 03 26 67 79 45 -
E-mail : pat.picard@wanadoo.fr**

OEUILLY

¦¦¦ 4 ch. 4 ch. d'hôtes calmes et confortables, dans un pavillon individuel au r.d.c.. 4 ch. 2 pers. douche et wc dans chaque chambre. Chez un vigneron, au cœur du vignoble champenois, visite des caves et dégustation commentée de nos Champagnes. Sur la route touristique du Champagne avec vue panoramique sur la pittoresque Vallée de la Marne. Pelouses fleuries, salon de jardin, parking privé. Au village : randonnées pédestres (forêt et vignoble), 3 musées, église classée. Langues parlées : anglais, allemand.

Prix : 1 pers. 36 € 2 pers. 43 € 3 pers. 55 € pers. sup. 15 €
Ouvert : D'avril à novembre.

0,1	2	SP	3	0,1	12	10	12	12	10	3

**Jean-Mary TARLANT - 51480 OEUILLY - Tél. : 03 26 58 30 60 - Fax : 03 26 58 37 31 - E-mail : Champagne@Tarlant.com -
www.tarlant.com**

OGER

E.C. 6 ch. 6 ch. d'hôtes avec sanitaires privés. Coin-détente sur le palier. Salle de réception pour prendre le petit déjeuner, meublée d'objets champenois. TV, jeux de société, ping-pong, baby-foot. Parking. Loisirs variés dans un rayon de 9 km : randonnée, musée, cave, etc.). Vente de champagne. Oger, l'un des plus beaux villages de France, fort renommé pour ses lavoirs et ses girouettes, baigne dans les vignes. Notre maison est typiquement champenoise, caractéristique de la demeure traditionnelle et familiale viticole du pays. Bois à proximité (vue panoramique).

Prix : 1 pers. 39 € 2 pers. 42 € 3 pers. 57 € pers. sup. 16 €
Ouvert : Du 1er mars au 30 novembre.

2	8	2	7	10	1

Brigitte DREMONT-LEROY - 7 rue du Fort - 51190 OGER - Tél. : 03 26 57 94 78 - Fax : 03 26 59 17 41

PASSY-GRIGNY Le Temple
C.M. 56 Pli 15

¦¦¦ 4 ch. Offrez vous le pittoresque du Tardenois dans un cadre verdoyant au pied des ruines de cette ancienne commanderie des Templiers où vous savourerez le calme de la campagne. Etage : 3 ch. 2 pers., R.d.c. 1 ch. (1 lit 2 pers. + 1 lit 1 pers.). Douche et wc privés pour chaque chambre. Dans notre jardin, vous pourrez vous détendre près de vieilles pierres. Entrée indépendante. Langue parlée : anglais.

Prix : 1 pers. 47 € 2 pers. 49 € 3 pers. 64 €
Ouvert : Toute l'année.

SP	10	2	10

**Michel et Chantal LE VARLET - le Temple - 51700 PASSY-GRIGNY - Tél. : 03 26 52 90 01 - Fax : 03 26 52 18 86 -
E-mail : M.LEVARLET@FREE.fr**

PONTGIVART-AUMENANCOURT
C.M. 56 Pli 6

¦¦ 5 ch. 5 ch. d'hôtes aménagées dans les anciens greniers à foin, dans un cadre verdoyant et fleuri, très calme, chez un agriculteur. 3 ch. (2 lits 1 pers.), 1 ch. (4 lits de 1 pers.), 1 ch. (3 lits + 2 en mezzanine pour enfants). Douches et lavabos privés. Cuisine à disposition. Pique nique possible. Organisation de circuits et visites. Restaurants 5 km. Langues parlées : anglais, allemand.

Prix : 1 pers. 23 € 2 pers. 37 € 3 pers. 50 €
Ouvert : Toute l'année.

SP	10	2	10	10	10	5

**Jean-René DUPUIT - 2 rue du Molveau - « la Carandace » - 51110 PONTGIVART-AUMENANCOURT - Tél. : 03 26 97 53 69 -
Fax : 03 26 97 00 59**

PROUILLY
C.M. 56

¦¦¦ 3 ch. Sur la route touristique du Champagne, chez un vigneron, 3 chambres d'hôtes avec douche et wc privés, (2 lits d'une pers. pour chacune). Parking privé, terrasse, salon de jardin. Restaurants à 2 km. Circuits pédestres balisés. Visite de nos caves.

Prix : 1 pers. 32 € 2 pers. 43 €
Ouvert : Toute l'année sauf période de vendanges.

1	8	25	SP	8	2	15	9	SP	25	2	2

**Jean-Marie GOULARD - 13 Grande Rue - 51140 PROUILLY - Tél. : 03 26 48 21 60 - Fax : 03 26 48 23 67 -
E-mail : goulard@club-internet.fr - http ://surf.to/goulard**

Marne
Champagne-Ardennes

PRUNAY
C.M. 56

2 ch. 1 ch. 2 pers., 1 ch. 3 pers. Salle d'eau et wc privés pour chaque chambre. Possibilité lits supplémentaires. Accès indépendant aux chambres. Salle de séjour/coin-repos. TV, lecture, jeux. Réfrigérateur. Baby-sitting. Restaurants proches. Cinéma 10 mn. Parc des expositions 5 mn. Vous êtes attendus dans une maison de caractère, ancien relais de chasse où vous pourrez profiter d'un beau jardin clos avec salons, pelouse, portique, ping-pong. Visite de Reims et route du Champagne.

Prix : 1 pers. 43 € 2 pers. 50 € 3 pers. 73 € pers. sup. 16 €
Ouvert : Toute l'année.

10	SP	12	12	15	12	3	

Christian et Odile LE BEUF - « La Bertonnerie en Champagne » - 51360 PRUNAY - Tél. : 03 26 49 10 02 - Fax : 03 26 49 17 13

RILLY-LA-MONTAGNE Au Chérubin
C.M. 56 Pli 16

3 ch. Situé au cœur du vignoble, dans village avec tous commerces, chez un viticulteur, 3 chambres d'hôtes dans une maison calme avec cour et parking fermés. 2 ch. 1 lit 2 pers. + 1 lit 1 pers., 1 ch. 1 lit 2 pers. (possibilité 1 lit suppl.). Salle d'eau et wc privés dans chaque chambre. Berceau et lit bébé gratuit. Jardin, salon de jardin, jeux pour enfants. Barbecue. Kitchenette à disposition. Salle de détente. Visite des caves. Découverte du Champagne. Gratuit pour enfants - de 3 ans. Restaurants à 6 km.

Prix : 1 pers. 35 € 2 pers. 43/52 € 3 pers. 53 € pers. sup. 9 €
Ouvert : Toute l'année.

SP	SP	SP	7	20	SP	SP

Didier JEANGOUT - 3 rue Gervais - 51500 RILLY-LA-MONTAGNE - Tél. : 03 26 03 41 90 ou 06 10 02 80 52 - Fax : 03 26 03 49 39

SARCY

2 ch. 2 ch. 3 pers. (mobilier de famille) avec 2 salles d'eau et wc privés. 1 lit en mezzanine avec TV, bibliothèque. Bons petits déjeuners (confiture, pains et jus de fruits maison), servis près d'un feu de bois ou sur la terrasse couverte, dominant le jardin, le verger, la vallée de l'Ardre et l'étang privé (pêche). Parking, garage. Cuisine à disposition. Dans la belle campagne vallonnée du Tardenois, dans le Parc Naturel Régional de la Montagne de Reims, M. et Mme Bouché vous accueillent avec simplicité et gentillesse dans leur maison calme et confortable (intérieur chaud et rustique).

Prix : 1 pers. 34 € 2 pers. 40/43 € 3 pers. 57 €
Ouvert : Toute l'année.

SP	SP	17	4

Michel et Michelle BOUCHE - 33 rue de la Sous-Préfecture - 51170 SARCY - Tél. : 03 26 61 86 71

SELLES
C.M. 56

2 ch. A un quart d'heure de Reims, dans une petite maison bourgeoise au cœur du village, 2 ch. d'hôtes. 1 ch (1 lit 2 pers.), 1 ch. (3 lits 1 pers.) + 1 lit 1 pers. supplémentaire. Salle de bains et wc privés. Accueil chaleureux. Cadre calme et verdoyant. Jardin, salon de jardin, garage. TV à disposition des hôtes. Petit déjeuner copieux. Restaurant 2 km.

Prix : 1 pers. 30 € 2 pers. 38 € 3 pers. 53 € pers. sup. 15 €

3	50	SP	2	20	25	20	2

Hélène et Alain GUERIN - 10 Grande Rue - 51490 SELLES - Tél. : 03 26 48 70 60

SEZANNE
C.M. 61 Pli 5

3 ch. Anne-Marie et Jacques, viticulteurs, vous accueillent dans leur propriété où vous pourrez y séjourner, au calme, dans 3 chambres confortables (lits 2 pers.). Accès indépendant aux chambres. Salle de bains et wc privés extérieurs aux chambres. Lit bébé. Salon, TV. Tarif degressif après 2 nuits. Visite des celliers. Accueil au champagne. Tous services et restaurants sur place. A l'intersection de la RN4 et de la D51.

Prix : 1 pers. 29 € 2 pers. 37 €
Ouvert : Toute l'année.

SP	SP	SP	8	SP	SP	25	SP

Jacques et Anne-Marie PINARD - 29 rue Gaston Laplatte - 51120 SEZANNE - Tél. : 03 26 80 58 81 - Fax : 03 26 81 37 37

ST-ETIENNE-AU-TEMPLE

2 ch. Dans la plaine champenoise, au milieu de champs, chez des agriculteurs éleveurs, 2 chambres d'hôtes. 1 ch. (1 lit 2 pers.), 1 ch. (2 lits 1 pers.). Douche et wc privés pour chaque chambre. Entrée indépendante. Salle de séjour et salon réservés aux hôtes. Jeux, lecture à disposition. Calme et repos assuré. Possibilité lit bébé et lit d'appoint. Table d'hôtes sur réservation.

Prix : 1 pers. 30 € 2 pers. 40 € 3 pers. 49 € repas 15 €
Ouvert : Toute l'année sauf fêtes fin d'année.

40	40	50	20	10	8	9	30	10	10

Nadine HAMANT - Chemin de la Jorne - 51460 ST-ETIENNE-AU-TEMPLE - Tél. : 03 26 66 32 02

Champagne-Ardennes **Marne**

ST-GERMAIN-LA-VILLE

3 ch. Nicole et Denis, agriculteurs, vous accueillent sur leur exploitation au cœur de la plaine champenoise. Dans une construction indépendante, entièrement rénovée, 3 ch. d'hôtes (dont 2 de plain pied) avec salle d'eau et wc privés pour chaque chambre. 2 ch. (1 lit 2 pers. + 1 lit gigogne), 1 ch. (2 lits 1 pers.). Lit bébé gratuit. Salle de détente, kitchenette, TV à la disposition des hôtes. Cour fermée. Salon de jardin. GR 14 sur place. Restauration à proximité.

Prix : 1 pers. 28 € 2 pers. 37 € 3 pers. 45 €
Ouvert : Toute l'année.

35	SP	50	SP	10	4	12	20	SP	50	13	4

Nicole et Denis LESAINT - 7 rue de Chalons - 51240 ST-GERMAIN-LA-VILLE - Tél. : 03 26 67 51 13 ou 06 70 35 40 32 -
E-mail : denis.lesaint@wanadoo.fr

ST-HILAIRE-AU-TEMPLE *C.M. 56*

2 ch. Sandrine et J.Michel vous accueillent dans une maison indépendante, 1 ch. 2 épis, 1 ch. 3 épis (1 lit 2 pers., 1 lit 1 pers.) dans chacune, salle d'eau et wc privés. Salle de détente : canapé, TV, lecture, jeux, équipement cuisine. Possibilité lit bébé gratuit. Parking couvert, petite terrasse, barbecue. Proximité des sites et monuments. Village fleuri.

Prix : 1 pers. 30 € 2 pers. 37/40 € 3 pers. 46/49 €
Ouvert : Toute l'année.

40	70	SP	12	1	15	10	SP	70	13	13

Sandrine et J.Michel THENOT - 51 rue Louis Cochet - 51400 ST-HILAIRE-AU-TEMPLE - Tél. : 03 26 66 33 94 ou 06 14 88 44 17

ST-MARTIN-D'ABLOIS *C.M. 56*

4 ch. Un viticulteur vous accueille dans un site panoramique, grand calme, entre forêt et vignes. Notre maison (accès en r.d.c.) surplombe le village. 3 ch. 2 épis. (poss. lit supplémentaire) + 1 ch. 3 pers. avec ch. enfants communiquante (20 €/1 pers., 34 €/2 pers.), douche et wc dans chacune. Kitchenette à disposition. Salon, TV coul., hifi. Jardin et parking clos, Salon de jardin. Visite de cave. Vente de champagne. Forfaits w.e. (circuits historiques, viticoles, initiation à la dégustation) randonnées pédestres. Musée Petit Déjeuner. Tarif après 3 nuits hiver. Gratuit enf. - 2 ans. 1/2 tarif - 6 ans. Langues parlées : anglais, espagnol.

Prix : 1 pers. 35 € 2 pers. 42 € 3 pers. 56 € pers. sup. 14 €
Ouvert : Toute l'année.

0,5	1,5	0,5	10	1	12	20	12	1

Christian DAMBRON - Route de Vauciennes - Montbayen - 51530 ST-MARTIN-D'ABLOIS - Tél. : 03 26 59 95 16 ou 06 81 85 74 23 -
Fax : 03 26 51 67 91 - E-mail : christine.dambron@wanadoo.fr

ST-REMY-EN-BOUZEMONT (TH) *C.M. 61 Pli 8*

E.C. 5 ch. Dans 1 maison champenoise à pans de bois et colombages datant de 1776, 5 chambres aménagées dans la maison des propriétaires avec s.d.b. et wc privés pour chaque ch. (extérieurs pour une chambre). Salon de lecture et salle de réunion à dispo. des hôtes. Terrasse et parking fermé. Location sur place : vélos, VTT, canoés, kayaks, barques, engins nautiques à pédales. Poss. de pêche en rivière ou au large (lac du DER). Table d'hôtes commune (heure repas 20 h). Cuisine familiale. Repas enfants - 5 ans : 8 €.

Prix : 1 pers. 32 € 2 pers. 40 € 3 pers. 52 € pers. sup. 14 €
repas 16 €
Ouvert : Toute l'année.

15	SP	7	SP	5	13	4	SP	7	13	SP

François GRINGUILLARD - « Au Brochet du Lac » - 15 Grande Rue - 51290 ST-REMY-EN-BOUZEMONT - Tél. : 03 26 72 51 06 -
Fax : 03 26 73 06 95 - E-mail : françois.gringuillard2@libertysurf.fr

STE-EUPHRAISE-ET-CLAIRIZET *C.M. 56*

4 ch. Sur une exploitation viticole familiale, dans un ensemble de bâtiments de ferme et d'une maison de caractère, 4 ch. d'hôtes avec salle d'eau et wc indépendants : 3 ch. (1 lit 2 pers. chacune), 1 ch. (2 lits 1 pers.). Grande salle de réception pour les petits déjeuners. Cour fermée. TV. Salon de jardin. Visites conseillées, randonnées avec topoguide. Espace verdoyant et très calme. Visite de notre cave, pressoir.

Prix : 1 pers. 46 € 2 pers. 52 €
Ouvert : Toute l'année.

6	SP	12	13	6

Guy DELONG - 24 rue des Tilleuls - 51390 STE-EUPHRAISE-ET-CLAIRIZET - Tél. : 03 26 49 20 86 - Fax : 03 26 49 24 90 -
E-mail : guydelongch@wanadoo.fr

TALUS-SAINT-PRIX *C.M. 56*

1 ch. Dans un petit village de Champagne, à l'étage d'une maison de pierres, vous serez toujours nos seuls hôtes dans la suite : 1 ch. (1 lit 140, 1 lit 90) + 1 ch. (2 lits 90), salle de bains et wc privés. Salle de repos avec jeux de société, billard, hifi, bibliothèque, documentation régionale, TV, réfrigérateur. Les terrasses, le grand jardin fleuri, les pelouses accueilleront vos instants de détente. Un petit déjeuner varié (confitures maison) vous sera servi l'été sur la terrasse et l'hiver dans la salle à manger devant un feu de bois. Restaurants 3 km. Langues parlées : anglais, espagnol.

Prix : 1 pers. 40 € 2 pers. 50 € 3 pers. 59 € pers. sup. 20 €
Ouvert : Toute l'année.

0,5	1	1	SP	5	16	16	SP	35	3

Corinne CHARMEL-DEGUINES - « La Charmette » - 17 Grande Rue - 51270 TALUS-ST-PRIX - Tél. : 03 26 52 82 11

Marne
Champagne-Ardennes

VAL-DE-VESLE
C.M. 56 Pli 17

5 ch. Chez des agriculteurs, au pied du vignoble champenois, dans une ferme de caractère, entièrement rénovée, 5 ch. d'hôtes, décoration très raffinée. R.d.c. : 2 ch. 2 pers. avec convertible dont 1 ch. accessible aux personnes handicapées. Etage, 3 ch. 2 pers. dont une avec convertible. Salle d'eau et wc privés dans chaque chambre. Lits Bébé à disposition. Accès indépendant aux chambres. S. à manger, cuisine, salon, TV, lecture, réservés aux hôtes. Jeux pour enfants, terrasse, pelouse, salon de jardin. Parking dans cour fermée. Ancien village calme et verdoyant de Courmelois. Rivière, église XIIè, visite de caves à proximité, route du Champagne. Langue parlée : anglais.

Prix : 1 pers. 35 € 2 pers. 44 € 3 pers. 58 € pers. sup. 71 €
Ouvert : Toute l'année.

4	SP	5	1,5	18	25	5	18	SP

Joy et Laurent LAPIE - 1 rue Jeanne d'Arc - 51360 VAL-DE-VESLE - Tél. : 03 26 03 92 88 - Fax : 03 26 02 76 16

VERT-TOULON
C.M. 56 Pli 16

2 ch. 1 ch. 1 lit 1 pers., 1 lit 2 pers., TV, salle d'eau et wc privés, 1 ch. 1 lit 2 pers., salle de bains et wc privés. Garage, salon de jardin, balançoire, cheminée. Boulangerie, épicerie et restaurant sur place. Connaissances de la vigne, du vin et visite des caves. Langue parlée : anglais.

Prix : 1 pers. 26 € 2 pers. 34 € 3 pers. 41 €
Ouvert : Toute l'année sauf période de vendanges.

SP	20	10	SP	10	12	12	SP	SP	25	0,5

Didier LECLERC - 20 rue des Ruisselots - 51130 VERT-TOULON - Tél. : 03 26 52 10 46 ou 03 26 52 20 59 - Fax : 03 26 52 10 46

VERTUS La Madeleine

3 ch. Au cœur du vignoble champenois, dans un environnement très calme, verdure, fleurs, à proximité de la forêt, vous serez accueillis chez un agriculteur/éleveur. 2 ch. 2 pers., mezzanine, salon, balcon, sanitaires pour chaque chambre. 1 ch. (accès indépendant) 3 pers., sanitaires privés. Séjour, TV à disposition. Poss. lit suppl. Lit bébé gratuit. Rochers d'escalade et parcours sportif à 800 m, circuits touristiques, circuits GR, visite chez un viticulteur. Vol libre 4 km. Table d'hôtes sur réservation (sauf le dimanche).

Prix : 1 pers. 30 € 2 pers. 42 € 3 pers. 50 € pers. sup. 12 € repas 18/24 €
Ouvert : Toute l'année.

SP	2	70	SP	2	2	70	18	SP

René et Huguette CHARAGEAT - La Madeleine - 51130 VERTUS - Tél. : 03 26 52 11 29 - Fax : 03 26 59 22 09

VERTUS
C.M. 56 Pli 16

2 ch. A Vertus, au cœur du vignoble champenois de la Cote des Blancs, un des plus prestigieux crus classés de la Champagne. Chez un viticulteur, dans un cadre calme et verdoyant, 1 ch. 3 épis (1 lit 160) avec s.d.b. et wc privés, 1 ch. 2 épis (1 lit 160 + 1 clic-clac) s.d.b. et wc privés non communiquants. Grande pièce commune au r.d.c. Terrasse, salon de jardin. Parking intérieur et garage. Langue parlée : anglais.

Prix : 1 pers. 30/34 € 2 pers. 38/41 € pers. sup. 12 €
Ouvert : Du 01/03 au 30/11, fermé pendant la periode des vendanges.

SP	SP	70	SP	10	SP	SP	50	SP	20	SP

Jean-Claude DOQUET - Route de la Cense-Bizet - Les Chantereines - 51130 VERTUS - Tél. : 03 26 52 14 68 - Fax : 03 26 58 41 28

VERTUS

4 ch. Au cœur du vignoble champenois, un couple de viticulteurs vous accueille dans un environnement calme et verdoyant. Entrée indépendante. 3 ch., décoration raffinée, 1 ch. (1 lit 2 pers.), 1 ch. (2 lits 1 pers.). Poss. lit suppl. Lit bébé. Douche et wc dans chaque chambre. Coin-détente, salon, TV, cheminée, réservés aux hôtes. Terrasse, salon de jardin. Parking intérieur. Restaurants et commerces sur place.

Prix : 1 pers. 34 € 2 pers. 41 € pers. sup. 12 €
Ouvert : Toute l'année sauf vendanges, janvier et fevrier.

1	2	2	SP	1	0,5	20	1

Serge JUMEL - 31 avenue de Bammental - 51130 VERTUS - Tél. : 03 26 52 02 80 - Fax : 03 26 52 06 58

VILLE-EN-TARDENOIS

4 ch. Reims et Epernay 20 km. Paris 1 h. Dans une ancienne ferme, 4 ch. dont 1 ch. 2 pers. + suite 1 pers. avec s.d.b., wc et TV. 1 ch. 2 pers + suite 2 pers. avec s.d.b., wc et TV, une 1 ch. (1 lit 2 pers.), 1 ch. 2 pers. + suite 2 pers. avec s.d.b. et wc, et 1 ch. pour 2 pers. avec s.d.b., wc. Accès indépendant. Terrasse, salon de jardin. Parking abrité et fermé. 1 restaurant au village. Commerces et services sur place. Village verdoyant et agricole du Tardenois. Belles promenades.

Prix : 1 pers. 38 € 2 pers. 46 € 3 pers. 58 €
Ouvert : Du 1er mars au 20 décembre.

7	20	10	20	SP

Nathalie et Eric LELARGE - Ferme du Grand Clos - rue de Jonquery - 51170 VILLE-EN-TARDENOIS - Tél. : 03 26 61 83 78 - Fax : 03 26 50 01 32

Champagne-Ardennes   **Marne**

VILLENEUVE-RENNEVILLE

|||| 3 ch. Au cœur du vignoble de la Côte des Blancs, chez un viticulteur, 3 ch. d'hôtes situées dans un cadre verdoyant et très calme. 2 ch. de 2 pers. avec salle de bains et wc privés. 1 ch. (3 épis) 2 pers. Salle d'eau et wc privés. Gratuit pour - de 2 ans. Tarif dégressif à partir de 3 nuits. Possibilité repas gastronomique sur réservation à partir de 6 pers. : 38,11 €. Vente de champagne Jacques Collard sur place, visite des caves de la propriété, cuverie, pressoir.

Prix : 1 pers. 43 € 2 pers. 53 € 3 pers. 69 € repas 23/38 €
Ouvert : Toute l'année.

4	SP	4	4	20	4

Jacques COLLARD - Château de Renneville - 51130 VILLENEUVE-RENNEVILLE - Tél. : 03 26 52 12 91 - Fax : 03 26 51 10 49

VINCELLES   *C.M. 56*

||| 4 ch. Dans un village de la vallée de la Marne, au milieu du vignoble champenois, 4 chambres d'hôtes dans une maison de caractère. Etage : 2 ch. (2 épis) 2 pers., s.d.b. et wc privés extérieurs à la ch., 1 ch. (3 épis) 2 pers., s.d.b. et wc privés, 1 ch. + suite (3 pers.), s.d.b. et wc privés. Salon à disposition (TV). Terrasse, salon de jardin, abri couvert pour voitures. Accueil simple et familial. Activités : visites guidées à thèmes, location VTT, promenades en bateau avec pique nique. Découverte de la Champagne par les golfs. Pêche.

Prix : 2 pers. 46/69 € 3 pers. 58/81 € pers. sup. 12 € repas 24 €

1	0,2	0,2	SP	1	1	2	SP	1	1	1

Alain SIMON - 3 rue Paul Chapelle - 51700 VINCELLES - Tél. : 03 26 58 87 94 ou 06 84 43 52 32 - Fax : 03 26 58 87 94 -
E-mail : simonal@minitel.net

WARMERIVILLE Val des Bois   **A**

||| 2 ch. Aux portes du vignoble champenois, à la lisière des Ardennes, au lieu-dit du « Val des Bois », Nicole et Christian vous accueillent en amis et vous invitent à partager le calme de leur ancienne gare de voyageurs. 1 chambre + 1 ch. communicantes. 2 lits 2 places. Salle d'eau, wc privés pour chaque chambre. Intérieur chaleureux et confortable. Petits déjeuners servis au rez-de-chaussée, dans la salle à manger dit « salle des pas perdus » ou à l'extérieur dès les beaux jours. Miel, confitures et pain d'épices sont maison. Terrasse, salon de jardin, abri couvert.

Prix : 1 pers. 34 € 2 pers. 43 €
Ouvert : Toute l'année.

0,5	SP	40	SP	SP	17	18	SP	40	17	SP

Nicole et Christian LEDUC-LACROIX - 6 bis rue du 8 Mai 1945 - Val des Bois - 51110 WARMERIVILLE - Tél. : 03 26 40 90 81 ou 06 61 15 90 81

Haute-Marne

GITES DE FRANCE - Service Réservation
40 bis, avenue Foch - 52000 CHAUMONT
Tél. 03 25 30 39 08 - Fax 03 25 30 39 09
E-mail : tourisme.hautemarne@wanadoo.fr - http://www.tourisme-hautemarne.com

BAY-SUR-AUBE La Maison Jaune   *C.M. 66 Pli 1*

|||| 4 ch. Langres (cité fortifiée et ses 4 lacs) 32 km. Dijon 75 km. 4 ch. avec bains/wc privés. Petit déj. : jus de fruits, confitures maison, fromages du terroir... Table d'hôtes : saumon cru, truite fumée, canard aux fruits rouges, crème citron..., TV, jeux, biblio. Ping-pong. Possibilité de pique-nique. Sur réservation, déjeuner sur l'herbe ombragée du terroir et champagne. Parking privé, cour, jardin, rivière (baignade, pêche). Le long de l'Aube, belle maison située sur 1 vaste domaine. Chambres de charme au décor raffiné avec beaux meubles anciens & tableaux authentiques. Vous apprécierez la gentillesse discrète de la maîtresse de maison & l'accueil chaleureux qu'elle vous réservera. Découverte de la peinture. Langues parlées : hollandais, anglais, allemand.

Prix : 1 pers. 50 € 2 pers. 60 € 3 pers. 70 € repas 25 €
Ouvert : Toute l'année.

SP	SP	14	14	14	SP	25	25	32	4

Marian JANSEN-GERRETSEN - Rue Principale - La Maison Jaune - 52160 BAY-SUR-AUBE - Tél. : 03 25 84 99 42 - Fax : 03 25 87 57 65 -
E-mail : jwjansen@club-internet.fr

CHALINDREY Les Archots

||| 5 ch. Langres 10 km. 5 ch. avec salles d'eau et wc privatifs : 2 ch. 5 pers., 2 ch. 2 pers. et 1 ch. 4 pers. Séjours, salon et salle de jeux. Table d'hôtes sur réservation. Bibliothèque. Parking. Dans un domaine de 5 ha. traversé par 3 rivières, en bordure de l'ancienne voie romaine, dans un cadre verdoyant et sauvage. En lisière de 2000 ha. de forêt. Aire de jeux pour enfants. Cueillette de champignons et promenades vous sont proposés. Langues parlées : allemand, anglais.

Prix : 1 pers. 26 € 2 pers. 37 € 3 pers. 47 € pers. sup. 11 € repas 12 €
Ouvert : Toute l'année.

SP	SP	3	3	10	10	10	10	3	3

Serge et Véronique FRANCOIS - Les Archots - Gîtes des Archots - 52600 CHALINDREY - Tél. : 03 25 88 93 64 ou 06 78 02 28 94 -
Fax : 03 25 88 93 64

Haute-Marne — Champagne-Ardennes

CHAMOUILLEY

4 ch. 4 chambres dans maison de caractère comprenant 2 chambres 2 pers. et 2 chambres 3 pers. avec salles d'eau et wc particuliers. TV. Cour. Terrain. Parking. Possibilité de cuisiner. Salle de billard. Entrée indépendante. Langue parlée : anglais.

Prix : 1 pers. 30 € 2 pers. 35 € 3 pers. 41 € pers. sup. 8 €
Ouvert : Toute l'année.

🐕	🌲	⛵	🎾	🏃	🏖	⛵	🎣	♨	🚂
1	1	1	8	8	12	12	12	3	1

Liliane et Antoine MARSAL - 4 route d'Eurville - 52410 CHAMOUILLEY - Tél. : 03 25 55 02 26

COIFFY-LE-HAUT Ferme Adrien (TH)

3 ch. 3 ch. d'hôtes, toutes personnalisées, aménagées dans une ferme entourée de prairies et de belles forêts. 1 ch. (1 lit 2 pers. 2 lits 1 pers.). 1 ch. (1 lit 2 pers. 1 lit 1 pers.). 1 ch. (1 lit 2 pers. 1 lit 110). Salles d'eau et wc particuliers. Parking, cuisine, salle de séjour, salle de jeux, bibliothèque, TV. Mobilier de jardin, barbecue, ping-pong, jeux, billard. Petite région pittoresque, belles forêts, vignobles des côteaux de Coiffy, nombreux sites et monuments à visiter. Vélos à disposition. Sentiers pédestres. Musée familial.

Prix : 1 pers. 27 € 2 pers. 37 € 3 pers. 52 € pers. sup. 12 € repas 12 € 1/2 pens. 40 €
Ouvert : Toute l'année.

🐕	🌲	⛵	🎾	🏃	🏖	⛵	🎣	♨	🚂
SP	5	3	10	10	20	30	30	25	10

Henri et Gaby PELLETIER - Ferme des Granges du Vol - Adrien - 52400 COIFFY-LE-HAUT - Tél. : 03 25 90 06 76

COLMIER-LE-BAS (TH) CB C.M. 66 Pli 1

4 ch. 4 chambres d'hôtes aménagées dans une ancienne maison de maître rénovée (lits 2 pers. en 160). Salles de bains avec wc privés. Séjour, TV, bibliothèque. Garage. Parking. Table d'hôtes sur réservation. Produits biologiques selon disponibilité. Salle musique et lecture. Thé et café à disposition dans les chambres. Les propriétaires anglais qui ont rénové cette maison, vous accueilleront chaleureusement dans 4 chambres spacieuses et de grand confort. Cuisine classique, bienvenue aux végétariens. Vues superbes. Maison non fumeur. Langue parlée : anglais.

Prix : 1 pers. 34 € 2 pers. 44 € 3 pers. 55 € pers. sup. 11 € repas 14 €
Ouvert : Toute l'année.

🐕	🌲	⛵	🎾	🏃	🏖	⛵	🎣	♨	🚂
1	3,5	3,5	3,5	35	3,5	35	35	35	10

Terence McNAMARA - Le Chat-Dodu - 52160 COLMIER-LE-BAS - Tél. : 03 25 88 93 43 - Fax : 03 25 88 93 43 -
E-mail : LeChatDodu@aol.com - http ://members.aol.com/lechatdodu/Index.htm

CULMONT (TH) C.M. 66

4 ch. Lac de la Liez à 8 km. Langres 10 km. 4 chambres d'hôtes avec salles d'eau et wc particuliers dans chacune. Entrées indépendantes. Salon, TV. Possibilité de cuisiner. Chauffage central. Parking, cour et terrain. Accès par la RN19 (proche de l'A31/A5). À l'entrée d'un village calme, dans une vallée boisée. Au pays des 4 lacs et à proximité des remparts de Langres et de ses sites historiques. Table d'hôtes sur réservation. Langues parlées : anglais, finlandais.

Prix : 1 pers. 23 € 2 pers. 32 € 3 pers. 40 € pers. sup. 9 € repas 12 €
Ouvert : Toute l'année.

🐕	🌲	⛵	🎾	🏃	🏖	⛵	🎣	♨	🚂
SP	2	3	1	10	8	8	8	2	2,5

Edith et Jean-Claude VARNEY - 9 rue du Haut - 52600 CULMONT - Tél. : 03 25 88 91 61 ou 03 25 84 90 87 - Fax : 03 25 88 91 61

DROYES C.M. 61 Pli 9

2 ch. Lac de Der 5 mn. 2 chambres dont 1 avec suite pour enfants ou amis, avec salles de bains et wc privatifs. (3/4 pers.). Taxe de séjour : en plus. Enfants de 4/10 ans : 1/2 tarif et tarif dégressif après le 3ᵉ nuit. Jardin clos. Sur la route des églises à pans de bois, à quelques kilomètres à vol de Grue Cendrée, du plus grand lac artificiel d'Europe (lac du Der/Chantecoq), vous serez accueillis dans une maison à pans de bois, fleurie, calme. Langues parlées : anglais, espagnol.

Prix : 1 pers. 34 € 2 pers. 44 € 3 pers. 60 € pers. sup. 16 €
Ouvert : Toute l'année.

🐕	🌲	⛵	🎾	🏃	🏖	⛵	🎣	♨	🚂
SP	SP	SP	25	9	9	9	25	7	

Sylvie GRAVIER - 11 rue de la Motte - 52220 DROYES - Tél. : 03 25 04 62 30 - E-mail : lamaison.marie@wanadoo.fr

DROYES

2 ch. Lac du Der à 5 mn. 2 ch. (3/4 pers.) à pans de bois avec mobilier d'époque dans une ancienne ferme champenoise avec salles d'eau et wc privatifs. En rez-de-chaussée avec accès direct sur la terrasse. Coin de jour dans chaque chambre : TV, bibliothèque et jeux de société. Terrasse, jardin, jeux de plein air et parking (abri couvert) sur la propriété. Randonnées pédestres. Vélos sur place. Lac du Der : toutes activités nautiques, observation d'oiseaux migrateurs. Langues parlées : anglais, italien.

Prix : 1 pers. 34 € 2 pers. 46 € 3 pers. 58 € pers. sup. 12 €
Ouvert : Toute l'année.

🐕	🌲	⛵	🎾	🏃	🏖	⛵	🎣	♨	🚂
SP	SP	SP	4	25	9	9	9	25	7

Pascale ARNOULD-STEIN - 6 rue de la Motte - 52220 DROYES - Tél. : 03 25 94 32 44

Champagne-Ardennes **Haute-Marne**

ESNOMS-AU-VAL

C.M. 66 Pli 2

4 ch. **Langres 25 km. Dijon 45 km.** 4 chambres aménagées dans une maison de caractère. Salles d'eau et wc privés. Salle de séjour, salon, TV, cheminée. Terrain d'1 ha 600 avec verger, salon de jardin, balançoire. Chemins de randonnées (VTT, pédestre et équestre). Recommandé par le guide du Routard et FFCT.

Prix : 1 pers. 27 € 2 pers. 38 € 3 pers. 50 € pers. sup. 12 € repas 12 €
Ouvert : Toute l'année.

1	5	SP	4	25	12	12	12	25	8

Gérard PASCARD - Au Gîte du Val - 52190 ESNOMS-AU-VAL - Tél. : 03 25 84 82 02

FLAGEY

C.M. 66 Pli 2

4 ch. **Langres 12 km.** 4 chambres aménagées dans la maison rénovée du propriétaire. 1 ch. 4 pers. (2 pièces). 2 chambres 3 pers. 1 chambre 2 pers. Salles d'eau et wc privés. Séjour, salon, TV, bibliothèque. Possibilité lit bébé (8 €). Chauffage électrique. Parking. Garage. Location de VTT/vélos et visite de la ferme sur place. Petit village de 50 habitants à 3 km de l'A31 (sortie Langres sud). Ancienne ferme. Jardin avec beaucoup de fleurs et arbres fruitiers. 1er prix chambres d'hôtes fleuries 1995/1996/1997/1998/1999.

Prix : 1 pers. 30 € 2 pers. 42 € 3 pers. 54 € pers. sup. 13 € repas 13 €
Ouvert : Toute l'année.

SP	5	5	10	12	5	5	5	14	5

Sylvie JAPIOT - 52250 FLAGEY - Tél. : 03 25 84 45 23

FRESNES-SUR-APANCE

C.M. 62 Pli 14

2 ch. **Langres 40 km.** Dans une maison de caractère avec terrasse et grand parc, 2 chambres 3 personnes. Salle d'eau et wc privatifs. Séjour. TV. Bibliothèque. Cadre intérieur spacieux et agréable. Petits déjeuners variés. Garage. Plan d'eau sur place. Propriétaires appréciant les contacts humains et qui ont toujours pratiqué la convivialité et l'accueil. Langue parlée : anglais.

Prix : 1 pers. 29 € 2 pers. 35 € pers. sup. 8 €
Ouvert : Du 15 juin au 15 septembre.

SP	SP	7	7	40	40	40	40	7	

Guy et Christiane CHATELAIN - Route de Bourbonne - 52400 FRESNES-SUR-APANCE - Tél. : 03 25 90 09 78

GRANDCHAMP La Vallée Verte

5 ch. **Langres (cité fortifiée, ses 4 lacs) 20 km. Le Pailly (château) 8 km.** 2 ch. et 3 suites avec TV, mini-bar, plateau thé & café, bains & wc privés. Petit déj. : oranges pressés, jambon & œufs bio, fromages, confitures & pain maison... Table d'hôtes à base de produits frais fermiers. Poss. repas végétariens et diététiques. Bibliothèque, salle de jeux, galerie d'art avec expositions. Parc de 5 ha avec équitation, pêche, vélos & jeux. En pleine campagne, ce beau manoir datant du XVe s. est la plus ancienne demeure du village. Il offre des suites de charme avec salon, mobilier d'époque et tableaux de style différent. Superbe aménagement intérieur, cheminées Renaissance et Empire, carreaux d'époque... Galerie d'art. Langues parlées : hollandais, anglais, allemand.

Prix : 1 pers. 46 € 2 pers. 76 € 3 pers. 91 € repas 14 €
Ouvert : Toute l'année.

1	SP	10	SP	10	8	8	8	12	12

Mmes Tanja et Alie KALSE-KUIK - La Vallée Verte - 52600 GRANDCHAMP - Tél. : 03 25 88 03 45 - Fax : 03 25 88 03 45 -
E-mail : info@lavalleeverte.com - www.lavalleeverte.nl

HUMBECOURT

1 ch. **Lac de Der 8 km. St-Dizier 8 km.** 1 chambre et sa suite pour amis ou enfants avec salle d'eau et wc privés. Séjour/salon réservés exclusivement aux hôtes avec convertible 2 places. TV, jeux, ping-pong. Parking, garage. Accès indépendant. Sur place « le panier de la fermière » : production d'endives et confitures maison, vente de produits du terroir. Piscine à 2 km. Lac du Der Chantecoq à 10 mn : baignade, voile, pêche et observation des oiseaux migrateurs. Tarifs dégressifs pour plus de 2 nuits. peut accueillir jusqu'à 6 pers.

Prix : 1 pers. 30 € 2 pers. 44 € 3 pers. 61 €
Ouvert : Toute l'année sur réservation.

1	1	SP	5	8	8	8	8	8	2

Elisabeth et Pierre LIEBAULT - 22 rue du Général de Gaulle - 52290 HUMBECOURT - Tél. : 03 25 04 00 49 - Fax : 03 25 04 00 49

LANTY-SUR-AUBE

2 ch. **Clairvaux 15 km. Colombey-les-Deux-Eglises 20 km.** 2 chambres au rez-de-chaussée avec salles d'eau et wc privatifs. 1 chambre 2 pers. et 1 ch. 3 pers. Salle de séjour. TV. Parking. Garage. Tour close. Sotie autoroute A5 à 10 mn. Restaurant sur place. Dans notre jolie ferme restaurée en pierres de région, nous venons de créer au rez-de-chaussée 2 charmantes chambres d'hôtes d'un confort et de calme assurés. Une table d'hôtes avec produits du terroir est à votre disposition sur réservation. Annette et Jean seront heureux de vous accueillir.

Prix : 1 pers. 30 € 2 pers. 40 € 3 pers. 55 € pers. sup. 12 € repas 13 €
Ouvert : Toute l'année.

1	1	25	30	30	2	30	30	30	12

Annette et Jean PERRAIN - 9 rue Pautel - 52120 LANTY-SUR-AUBE - Tél. : 03 25 02 77 92 - Fax : 03 25 01 90 50

Haute-Marne
Champagne-Ardennes

LONGEVILLE-SUR-LA-LAINES (TH)

▐▐▐ 5 ch. **Lac du Der (migration des grues cendrées, mars et oct./nov.) 15 km.** 5 chambres d'hôtes 2 pers., avec salle de bains et wc privés. 1 ch. avec suite pour 2 enfants. Parc verdoyant et reposant dominant étang et rivière. Sympathique table d'hôtes où vous apprécierez la qualité d'une cuisine familiale (sur réservation). Circuit des églises champenoises. A visiter : Maison de l'Oiseau et du Poisson, Route du Fer, Haras de Montier-en-Der. Langue parlée : anglais.

Prix : 1 pers. **41/50 €** 2 pers. **44/53 €** 3 pers. **59/69 €** pers. sup. **15 €** repas **23 €**
Ouvert : Toute l'année.

	2	SP	2	7	25	15	15	15	40	10

Philippe et Christine VIEL-CAZAL - Boulancourt - 52220 LONGEVILLE-SUR-LA-LAINES - Tél. : 03 25 04 60 18

LOUVIERES Au Pré L'Eau d'Aniro (TH)

▐▐▐ 3 ch. **Langres (cité fortifiée et ses 4 lacs) 20 km. Chaumont 17 km.** 1 chambre et 2 suites de 2 chambres avec salles d'eau et wc privés. Séjour. Salon. TV. Bibliothèque. Parking. Initiation à la cuisine de terroir (sur réservation). Promenades accompagnées d'ânes. Dans 1 cadre agréable, vous trouverez calme & repos. A qelques minutes des bois vous pouvez pratiquer la randonnée en VTT, à pieds & à cheval. A notre T.H., est servi 1 cuisine traditionelle & de terroir. Soyez les bienvenus au « Pré l'Eau d'Anirol », l'accueil & la convivialité vous sont assurés...

Prix : 1 pers. **20 €** 2 pers. **42 €** 3 pers. **50 €** pers. sup. **8 €** repas **15 €**
Ouvert : Toute l'année.

	3	1	7	7	7	15	15	15	17	7

Annie SASTRE - Rue Pacotte - Au Pré l'Eau d'Anirol - 52800 LOUVIERES - Tél. : 03 25 32 16 49
E-mail : prelot.anirol@wanadoo.fr http://perso.wanadoo.fr/au-pre-leau-danirol

---

LUZY-SUR-MARNE

▐▐▐ 1 ch. **Chaumont 6 km. Langres 30 km.** 1 chambre et sa suite pour amis ou enfants avec salon, salle d'eau et wc privatifs. Situé à l'étage d'une maison rénovée dans propriété fleurie. Chauffage central. Séjour. Véranda. TV. Jeux de société. Bibliothèque. Garage. Terrain clos. Possibilité table pour pique-nique. Suite 3 pièces : 2 chambres avec 1 lit 2 pers. Salon privatif.

Prix : 1 pers. **36 €** 2 pers. **43 €** 3 pers. **59 €**
Ouvert : Toute l'année.

	SP	SP	6	6	6	20	20	20	6	6

Martine et Christian FEYL - 24 Grand'Rue - 52000 LUZY-SUR-MARNE - Tél. : 03 25 31 16 05 - Fax : 03 25 31 16 05 -
E-mail : martine.feyl@libertysurf.fr

MANDRES-LA-COTE (TH)

▐▐▐ 3 ch. **Nogent 4 km. Langres 28 km.** 2 chambres 2 pers. 1 ch. 4 pers. et 1 ch. 5 pers. (suite 2 pièces), dans une ancienne ferme rénovée, salle d'eau et wc privatifs. Salon. Bibliothèque. TV dans chaque chambre. Parking. Terrain de jeux.

Prix : 1 pers. **27 €** 2 pers. **34 €** 3 pers. **43 €** pers. sup. **9 €** repas **11 €**
Ouvert : Toute l'année.

	1	10	SP	4	4	25	25	17	4

Christiane et Robert LESPRIT - 6 rue de Normandie - 52800 MANDRES-LA-COTE - Tél. : 03 25 01 94 03 - Fax : 03 25 01 94 03

NULLY
C.M. 61 Pli 19

▐ 2 ch. **Colombey-les-Deux-Eglises 15 km. Nigloland 20 km. Lac-du-Der 20 km** 2 chambres d'hôtes aménagées à l'étage de la maison des propriétaires. 2 chambres 2 pers. avec salle d'eau et wc, réservés aux hôtes. Salle de séjour et salon à la disposition des hôtes. Abri couvert. Parking. Chauffage central. Cour intérieure fleurie avec terrasse. Restaurant à 6 km. Sur la route 960 entre Brienne-le-Château et Joinville.

Prix : 1 pers. **23 €** 2 pers. **32 €** pers. sup. **13 €**
Ouvert : Toute l'année.

	SP	6	10	10	20	20	20	20	6

Madeleine MOREL - 52110 NULLY - Tél. : 03 25 55 40 36

ORMOY-LES-SEXFONTAINES (TH)

▐▐▐ 2 ch. **Chaumont 15 km. Colombey-les-Deux-Eglises 18 km.** 2 chambres avec salles d'eau et wc privatifs. TV couleur dans chaque chambre. Chauffage central. Séjour, salon, TV, bibliothèque. Parking. Vous serez accueillis chez l'habitant au calme d'un petit village haut-marnais. Repas et cuisine familiale. Langue parlée : anglais.

Prix : 1 pers. **27/30 €** 2 pers. **27/30 €** 3 pers. **38 €** pers. sup. **8 €** repas **11 €**
Ouvert : Toute l'année.

	1	5	7	15	7	5	40	40	7	7

Maud et Henri LAHAYE - Rue Principale - 52310 ORMOY-LES-SEXFONTAINE - Tél. : 03 25 01 40 97 ou 06 85 03 07 02

Champagne-Ardennes

Haute-Marne

POUILLY-EN-BASSIGNY

3 ch. **Bourbonne-les-Bains 10 km.** 3 chambres dans une ancienne ferme rénovée. Salles d'eau et wc privatifs. Chauffage central. Séjour. Salon. TV. Parking. Garage.

Prix : 1 pers. 18 € 2 pers. 27 € 3 pers. 38 € pers. sup. 12 €
Ouvert : Toute l'année.

2	3	10	20	10	7	30	25	10	5

Jean-Louis BAULERET - Rue du Centre - 52400 POUILY-EN-BASSIGNY - Tél. : 03 25 88 04 57

PRANGEY

3 ch. **Lac de Villegusien 2 km. Langres 15 km.** 3 chambres avec chacune : salle de bains et wc privatifs. Séjour/salon. 2 chambres avec 1 lit 2 pers. et 1 chambre avec 2 lits 1 pers. Tarif spécial 1 semaine 2 pers. : 274,41 €. Parking fermé. Les propriétaires vous accueillent pour un séjour de détente dans une demeure de charme située à côté du château, dans un cadre séduisant où règnent le calme et l'agrément d'une nature verdoyante et reposante. Langue parlée : anglais.

Prix : 1 pers. 37 € 2 pers. 44/49 € pers. sup. 12 €
Ouvert : Toute l'année (hors saison sur réservation).

SP	2	2	18	10	2	2	2	15	2

Monique et Patrick TRINQUESSE - L'Orangerie - 52190 PRANGEY - Tél. : 03 25 87 54 85 - Fax : 03 25 88 01 21

PRAUTHOY Château de Prauthoy

4 ch. **Langres (cité fortifiée et ses 4 lacs) 20 km. Dijon 45 km.** 2 chambres et 2 suites de 2 ch. avec bains et wc privés. Petit déjeuner : jus de fruits, céréales, laitages, fruits, charcuterie... Table d'hôtes : coq au vin, bœuf bourguignon, poulet à la crème et aux champignons... Salons et bibliothèque, TV, vidéo, jeux de société. Fumoir. Cour et parc de 5 ha avec piscine chauffée de mai à septembre. Au cœur du village, cet élégant château du XVIIe s., agrandi au XIXe, vient d'être entièrement rénové. Les communs ornés d'une tourelle ont été aménagés vers 1870 ainsi que la fausse grotte. Chambre de style différent avec mobilier d'époque Louis XV et XVI, Empire et Napoléon III.

Prix : 1 pers. 78 € 2 pers. 85 € 3 pers. 100 € repas 25 €
Ouvert : Toute l'année sur réservation.

2	5	0,2	SP	5	5	5	20	0,5

PUGEAUT Rémy SARL CHATEAU DE PRAUTHOY - 22 Grand'Rue - Château de Prauthoy - 52190 PRAUTHOY - Tél. : 03 25 84 95 70 ou 03 25 87 37 19 - Fax : 03 25 87 37 19 - E-mail : ch.prauthoy@infonie.fr

PRESSIGNY

4 ch. **Langres 30 km.** 3 ch. plus une suite 2/4 pers. dans une maison bourgeoise du XIXe s. située dans un village calme et accueillant, près d'un étang de pêche. 2 chambres 2 pers. avec salles d'eau privatives et wc communs, 1 chambre 3 pers. avec salle d'eau et wc privatifs. Séjour, salon, salle de jeux, TV et bibliothèque. Parking, garage et jardin. Exposition permanente d'aquarelles réalisées par le propriétaire. Tarif suite 2/4 pers. : 46 €/ 75 €. Langue parlée : anglais.

Prix : 1 pers. 29/34 € 2 pers. 34/39 € 3 pers. 55 € pers. sup. 15 € repas 12 €
Ouvert : Toute l'année.

SP	SP	SP	15	SP	10	30	15	25	5

Evelyne et Michel POOPE - Maison Perrette - 52500 PRESSIGNY - Tél. : 03 25 88 80 50 - Fax : 03 25 88 80 49 -
E-mail : POOPEMichel@net-up.com

ST-BROINGT-LES-FOSSES

4 ch. **Langres 19 km.** 4 chambres dans une ancienne ferme rénovée. 2 ch. 3 pers. et 2 ch. 2 pers. Salle d'eau et wc privés. Salon, TV et bibliothèque. Chauffage central. Terrain avec salon de jardin, balançoire. Garage et parking. Possibilité lit bébé.

Prix : 1 pers. 27 € 2 pers. 37 € pers. sup. 12 €
Ouvert : Toute l'année.

SP	5	5	15	15	5	5	5	20	3

Marie-Bernard PETIT - 52190 ST-BROINGT-LES-FOSSES - Tél. : 03 25 88 40 83 - Fax : 03 25 88 95 23

ST-LOUP-SUR-AUJON

2 ch. **Langres 25 km.** 2 chambres d'hôtes aménagées dans une maison située dans une grande cour. 1 ch. 2 pers. et 1 ch. 3 pers. avec salle d'eau particulière et wc à l'usage exclusif des hôtes. Barbecue. Parking. Golf 10 km. Produits fermiers sur place. Sentiers de grande randonnée. Tarif spécial pour long séjour. Sorties autoroute 15 et 20 km. Jardin d'agrément, portique pour enfants. Restaurant au village (fermé mardi soir et mercredi).

Prix : 1 pers. 20 € 2 pers. 29 € 3 pers. 38 € pers. sup. 8 €
Ouvert : Toute l'année.

SP	SP	3	10	25	25	25	18	30	10

Henri et Claudette LARDENOIS - St-Loup sur Aujon - 52210 ARC-EN-BARROIS - Tél. : 03 25 84 40 64

Haute-Marne *Champagne-Ardennes*

THONNANCE-LES-JOINVILLE Le Moulin

4 ch. **Joinville 3 km.** 4 chambres, dont une suite, situées dans un moulin en bordure de forêt. Salles d'eau et wc privatifs. Chauffage central. Séjour. Salon. TV. Cheminée. Bibliothèque, vidéothèque. Salle de jeux. Parking. Visite gratuite pour les hôtes d'une astaciculture (élevage d'écrevisse). Forfait pêche sur étang privé : 18 €/journée. 12 €/ demi-journée. Langues parlées : anglais, allemand.

Prix : 1 pers. **35 €** 2 pers. **40 €** 3 pers. **50 €** pers. sup. **12 €**
Ouvert : Toute l'année.

SP	1	3	1	30	30	3	1

Myriam et J.Pierre GEERAERT - Le Moulin - Route de Nancy - 52300 THONNANCE-LES-JOINVILLE - Tél. : 03 25 94 13 76 ou 06 07 82 90 91 - Fax : 03 25 94 02 52

TREIX (TH) *C.M. 62 Pli 11*

2 ch. **Langres (cité fortifiée) 35 km. Colombey-les-Deux-Eglises 20 km.** 2 ch. 2 pers. dans 1 ancienne ferme restaurée avec goût. 1 ch. (1 lit 2 pers.), 1 ch. (2 lits 1 pers. + 1 convertible). Possibilité lits supplémentaires dans chaque ch. S.d.b. et wc privés dans chacune. Salle de séjour. Salon avec cheminée. Jardin, terrain avec salon de jardin. Garage. Treix, agréable village calme et fleuri, à l'orée de la forêt. Les propr. vous accueilleront avec chaleur et vous aideront à découvrir la région (coutellerie de Nogent, Colombey-les-2-Eglises). En été, les repas préparés à partir de produits sains et naturels se dégustent à l'ombre du lilas. Table d'hôtes du 1er avril au 30 sept. sur résa. Poss. pique-nique. Langues parlées : anglais, allemand.

Prix : 1 pers. **23 €** 2 pers. **30 €** 3 pers. **39 €** pers. sup. **9 €** repas **12 €**
Ouvert : Toute l'année.

SP	5	1	6	5	35	35	35	7	5

Francis et Sylvie PAUTHIER - 52000 TREIX - Tél. : 03 25 32 26 88

VAUX-SUR-BLAISE

2 ch. **Joinville 15 km. Lac du Der 20 km.** 2 chambres 3 pers. dans une grande maison du XIXe siècle. Salles d'eau et wc privatifs. Chauffage central. Séjour. Salon. TV. Parking couvert. Garage. Cour close. Possibilité de pêche en rivière 1ere catégorie. Possibilité de cuisiner. Vous serez accueillis par un couple d'agriculteurs retraités ayant l'habitude de côtoyer les enfants. Restaurant sur place.

Prix : 1 pers. **29 €** 2 pers. **35 €** 3 pers. **44 €** pers. sup. **11 €**
Ouvert : Toute l'année.

1	SP	SP	7	3	20	3	16	3

Adeline et J.Claude BUAT - 5 rue des Moulins - 52130 VAUX-SUR-BLAISE - Tél. : 03 25 55 34 09

VELLES

4 ch. **Parc de loisirs Aventure Parc à Guyonvelle 3 km. Langres 35 km.** 4 chambres d'hôtes aménagées dans une ancienne ferme. 3 chambres 2 pers. et 1 chambre 3 pers. avec salles d'eau particulières et wc réservés aux hôtes. Possibilité de cuisiner. Pelouse. Abri couvert. Randonnées équestres, pédestres, tir à l'arc, et location de vélos sur place. Animaux admis sauf dans les chambres. Terrain multisports sur place. Maison de caractère située au bout du village. Cadre et environnement calmes et reposants dans un village d'artistes et d'artisans (artiste peintre). Promenades en calèche, circuit botanique, apiculture. Vannier au village. Langue parlée : anglais.

Prix : 1 pers. **22 €** 2 pers. **30 €** 3 pers. **36 €**
Ouvert : Toute l'année.

1	3	5	SP	15	3	35	35	20	5

Alain et Christine ROUSSELOT - 52500 VELLES - Tél. : 03 25 88 85 93 - Fax : 03 25 88 85 93

VERBIESLES

1 ch. **Chaumont 5 km. Langres 20 km.** A 1 km de la RN19 1 ch. (1 lit 2 pers.) et sa suite (2 lits 1 pers.). Salle de bains et wc privés. Parking, cour fermée, terrasses et pelouse détente. A l'étage d'une ancienne ferme rénovée à l'entrée du village dans un site verdoyant en pleine campagne. Bienvenue aux non fumeurs. Langues parlées : anglais, allemand.

Prix : 1 pers. **35 €** 2 pers. **45 €** 3 pers. **60 €** pers. sup. **15 €**
Ouvert : De Pâques à la Toussaint inclus.

SP	SP	SP	6	6	6	20	20	7	5

Marie-Thérèse MARUSIAK - 52000 VERBIESLES - Tél. : 03 25 31 16 41 - Fax : 03 25 31 16 41 - E-mail : marusiakbob@aol.com - www.marusiakbedandbreakfast.com

VILLARS-SANTENOGE (TH) *C.M. 66 Pli 2*

5 ch. **Langres 40 km.** 5 chambres aménagées dans un style rustique. 4 chambres 2 pers. 1 chambre 3 pers. 2 salles d'eau et 2 wc dont 1 indépendant, à l'usage exclusif des hôtes. Séjour. Possibilité cuisine. Cheminée. Terrasse donnant sur un grand espace vert. Chauffage électrique. Parking. Centre équestre sur place. Table d'hôtes sur réservation. Ancienne maison de ferme rénovée dans un cadre naturel rural de qualité. Possibilité randonnées pédestres et équestres sur les sentiers de la région (GR7 10 km). Pêche dans rivières et étangs. Langues parlées : anglais, allemand.

Prix : 1 pers. **20 €** 2 pers. **27 €** 3 pers. **34 €** repas **14 €** 1/2 pens. **29 €** pens. **40 €**
Ouvert : Toute l'année.

SP	SP	SP	SP	12	SP	40	40	40	SP

Lionel GUENIN - Realis de la Vallé de l'Ource - 52160 VILLARS-SANTENOGE - Tél. : 03 25 84 20 62 - Fax : 03 25 84 34 05

Champagne-Ardennes **Haute-Marne**

VILLEGUSIEN-LE-LAC (TH)

1 ch. **Langres 16 km. Lac de Villegusien 1 km.** 1 chambre à l'étage de la maison du propriétaire, avec accès indépendant. Salle d'eau et wc privatifs. Salle de jeux. Parking. Mini-bar. Micro-ondes. 1 chambre : 1 lit 2 pers., 1 lit 1 pers. et 1 lit d'appoint. Grande chambre située dans une maison ancienne de caractère, avec vue sur le jardin d'agrément.

Prix : 1 pers. **29 €** 2 pers. **38 €** 3 pers. **46 €** pers. sup. **10 €**
repas **12 €** 1/2 pens. **40 €** pens. **50 €**

Ouvert : Toute l'année sur réservation.

5	SP	9	8	16	SP	SP	SP	16	2

Danièle et Claude MANIN-POUILLY - Rue de l'Eglise - 52190 VILLEGUSIEN-LE-LAC - **Tél. : 03 25 88 49 78 ou 06 10 89 77 69**

VILLIERS-SUR-SUIZE (TH)

3 ch. **Langres 15 km. Chaumont 17 km.** 2 chambres 3 pers. et 1 chambre 2 pers. dans une ferme rénovée. Salles d'eau et wc privatifs. Possibilité lit supplémentaire. Chauffage central. Séjour. Salon. Cheminée. TV. Garage. Parking. Mobilier de jardin. Location de VTT. Restaurant sur place. Chambres d'hôtes à la ferme dans un cadre fleuri et calme. Découverte des activités de la ferme. Loisirs en forêt et nature. Randonnée dans les étoiles : observatoire d'astronomie privé sur place. Langue parlée : anglais.

Prix : 1 pers. **30 €** 2 pers. **41 €** 3 pers. **47 €** pers. sup. **12 €**
repas **12 €**

Ouvert : Toute l'année.

SP	SP	3	6	15	13	25	13	15	SP

Roselyne et Eric GRUOT - 52210 VILLIERS-SUR-SUIZE - **Tél. : 03 25 31 11 80 ou 03 25 31 23 07**

CORSE

Pour réserver, écrire ou téléphoner :

20 - CORSE
GÎTES DE FRANCE SERVICES
77, cours Napoléon
B.P. 10
20181 AJACCIO Cedex 01
Tél. : 04 95 10 06 14
Fax : 04 95 10 54 38

3615 Gîtes de France
0,2 €/min

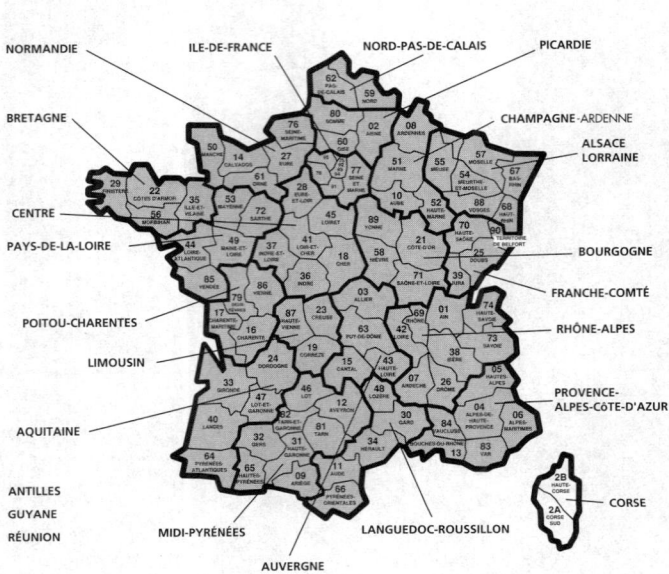

Corse

GITES DE FRANCE CORSE
BP 10
77, cours Napoléon
20181 AJACCIO Cedex 01
Tél. 04 95 10 06 14 - Fax 04 95 10 54 38

3615 Gîtes de France
0,2 €/min

ALERIA Cateraggio
C.M. 90 Pli 6

5 ch. 5 chambres d'hôtes aménagées au 1er étage de la maison du propriétaire (maison en pierres apparentes), située au bord du fleuve. Salle d'eau/wc privatifs pour chaque chambre. Terrasse ou balcon. Séjour commun aux propriétaires avec télévision, terrasse couverte donnant sur la rivière.

Prix : 1 pers. 38 € 2 pers. 41 €
Ouvert : Toute l'année.

3	3	0,5

Alain MARTINIERE - Route de Corte - 20270 ALERIA - Tél. : 04 95 57 02 89 - Fax : 04 95 57 02 89

ASCO
Alt. : 630 m — (TH) — *C.M. 90 Pli 14*

5 ch. 5 chambres d'hôtes : 2 ch. (1 lit 2 pers. et 1 lit 1 pers. chacune), 1 ch. (1 lit 2 pers.), 2 ch. (1 lit 2 pers. et 2 lits 1 pers.), sanitaires privatifs pour chacune des 5 ch.. Terrasse, terrain, balcon, parking. Animaux admis sous réserve. Rivière autour du village : kayak, baignade. Ski sur place.

Prix : 2 pers. 43 € 3 pers. 57 € pers. sup. 11 € repas 18 €
Ouvert : D'avril à octobre.

30	SP	0,5	SP	19	19

Ambroise VESPERINI - 20276 ASCO - Tél. : 04 95 47 83 53 ou 04 95 47 61 89

BALOGNA Aghja
C.M. 90 Pli 15

2 ch. Dans le village, 2 ch. aménagées dans la maison de la propriétaire. Maison de caractère en pierres sur 3 niveaux. Rez-de-chaussée : 1 ch. (1 lit 2 pers.), salle d'eau/WC privatifs, accès indépendant et intérieur. 2e étage : 1 ch. (1 lit 2 pers.), salle d'eau/WC privatifs. Petite terrasse, TV, séjour commun aux hôtes, petit déjeuner maison. Endroit très calme. Tarif basse et moyenne saison : 1 pers. 38 €, 2 pers. 46 €. Langue parlée : italien.

Prix : 2 pers. 53 €
Ouvert : Toute l'année.

15	3,5	15	20	5	20	25	3

Toussainte CARLOTTI - L'Aghja - 20160 BALOGNA - Tél. : 04 95 26 71 28 ou 06 87 20 25 31

CARBUCCIA U Machjone
C.M. 90 Pli 16

2 ch. Au cœur du parc régional de la Gravona : chambres d'hôtes aménagées dans une construction annexe à la maison des propriétaires. 2 grandes chambres (1 lit 2 pers.), salle d'eau /wc pour chaque chambre, salle commune dans la maison des propriétaires pour les petits déjeuners. Accès indépendant pour chacune des 2 chambres. TV dans chaque chambre. Terrasse privative avec salon de jardin pour chaque chambre. Piscine (5,6 X 5,6), jeux d'enfants. Superficie des chambres 45 et 35 m². Langues parlées : anglais, italien.

Prix : 1 pers. 41 € 2 pers. 46 € pers. sup. 23 €
Ouvert : Toute l'année.

20	3	3	SP	3	3

Alexandre DELLAPINA - Route de Peri - U Machjone - 20133 CARBUCCIA - Tél. : 04 95 52 82 50 ou 06 12 55 42 00 - Fax : 04 95 52 82 50 - E-mail : Alex.Dellapina@wanadoo.fr - http ://perso.wanadoo.fr/corsica.alex.dellapina/

CASTA
(TH) — *C.M. 90 Pli 3*

E.C. 1 ch. Chambre d'hôtes dans la maison des propriétaires. 1 ch. (1 lit 2 pers. et 1 lit 1 pers.) avec sanitaires privatifs. Séjour avec TV, et cheminée communs avec les propriétaires. Superficie 30 m². Kitchenette à disposition des hôtes. Ferme équestre sur place.

Prix : 2 pers. 40 € 3 pers. 46 € repas 14 €
Ouvert : Toute l'année.

6	7	SP	8

Annie FERRARI-GIAFFERI - Casta - Relais Equestre - 20217 ST-FLORENT - Tél. : 04 95 37 17 83

CERVIONE Prunete
C.M. 90 Pli 4

3 ch. 3 chambres d'hôtes de caractère, chaleureuses et accueillantes, aménagées dans la maison des propriétaires sur 2 niveaux. R.d.c. : 1 ch. familiale, entrée indép. (1 ch. 1 lit 2 pers., 1 ch. 1 lit 120) avec petite terrasse commune et coin pique-nique, s. d'eau/wc privatifs, wc indép., salon salle à manger communs aux hôtes et aux propriétaires, TV, cheminée. 1er étage : coin-détente, 2 ch. (1 lit 2 pers. chacune dont une avec petite terrasse), s. d'eau/wc privatifs. Lit pliant pour enfant de moins de 10 ans et lit bébé à la demande. A l'extérieur : 2 terrasses couvertes, jardin fleuri, parking. Langue parlée : italien.

Prix : 2 pers. 51 € 3 pers. 75 € pers. sup. 13 €
Ouvert : Toute l'année.

0,5	4	5	7	50	45	30	40	4

Anne-Marie DOUMENS - « Casa Corsa » - Acqua Nera - Prunete - 20221 CERVIONE - Tél. : 04 95 38 01 40 ou 04 95 57 00 77 - Fax : 04 95 38 01 40

Corse

FIGARI San Gavino — (TH) — C.M. 90 Pli 9

2 ch. **Bonifacio 17 km.** 2 chambres d'hôtes dans la maison de la propriétaire (accès indépendant). 1 chambre (1 lit 2 pers), 1 chambre (1 lit 2 pers. et 1 lit 1 pers.), sanitaires privés pour chaque chambre. Salon avec cheminée et TV communs avec la propriétaire. Superficie des chambres 18 et 20 m². Bonifacio, ville pitoresque de la Corse, cité médiévale isolée du reste de l'île par un vaste et aride plateau calcaire. Langues parlées : italien, anglais.

Prix : 1 pers. **38 €** 2 pers. **53 €** 3 pers. **69 €** repas **20 €**
Ouvert : Toute l'année.

7	2	4	SP	1	18	10	

Alberte BARTOLI - L'Orca de San Gavino - 20114 SAN-GAVINO-DE-FIGARI - Tél. : 04 95 71 01 29

FIGARI San Gavino — (TH) — C.M. 90 Pli 9

E.C. 1 ch. **Bonifacio 17 km.** 1 chambre d'hôtes au 1er étage de la maison de la propriétaire. 1 chambre (1 lit 2 pers), sanitaires privatifs. Salon privé avec cheminée, TV et bibliothèque. Bonifacio, ville pitoresque de la Corse, cité médiévale isolée du reste de l'île par un vaste et aride plateau calcaire. Langues parlées : italien, anglais.

Prix : 1 pers. **46 €** 2 pers. **61 €** repas **20 €**
Ouvert : Toute l'année.

7	2	4	SP	1	18	10	

Alberte BARTOLI - L'Orca de San Gavino - 20114 SAN-GAVINO-DE-FIGARI - Tél. : 04 95 71 01 29

FIGARI Piscia — A — C.M. 90 Pli 9

5 ch. A la campagne au cœur du maquis corse dans une ferme auberge, maison de caractère en pierres située sur une exploitation agricole de 100 ha, 5 chambres d'hôtes : 2 ch. (1 lit 2 pers.) au r.d.c. entrée indépendante, et 1 ch. (1 lit 2 pers.) et 2 ch. (1 lit 2 pers. et 1 lit 1 pers.) au 1er étage, s.d.b., wc privatifs pour chacune des chambres. Décoration bois et plâtre, salle de ferme auberge, cuisine famillíale traditionnelle corse. Terrasse, piscine de 23 m², cascade, bains de soleil. Très belle vue sur la plaine et les cotes sud de l'île. Chambres de 15 m² et 11 m².

Prix : 1 pers. **49 €** 2 pers. **58 €** 3 pers. **87 €** repas **30 €** 1/2 pens. **61 €**
Ouvert : Toute l'année.

15	12	14	SP	SP	SP	50	13	

Marc FINIDORI - Les Bergeries de Piscia - 20114 FIGARI - Tél. : 04 95 71 06 71 - Fax : 04 95 71 06 71

FIGARI Valicella Sheranée — C.M. 90 Pli 9

3 ch. Sur une exploitation agricole, 3 chambres d'hôtes de 14 m² (1 lit 2 pers. et 1 lit 1 pers. chacune) aménagées dans la maison du propriétaire. Ancienne cave à vin entièrement rénovée sur une propriété de 10 ha. Salle d'eau/wc privatifs, salle de séjour commune aux hôtes et au propriétaire. Terrasse couverte, salon de jardin en bois pour chaque chambre, parking. Ping-pong, hamac. Langues parlées : italien, anglais.

Prix : 2 pers. **61 €** 3 pers. **76 €**
Ouvert : Toute l'année.

8	4	4	SP	2	SP	20	10

Renée GALIETTI - Valicella - Sheranée - 20114 FIGARI - Tél. : 06 82 58 17 32

FURIANI A Casetta — C.M. 90

1 ch. A 2 km du village de Furiani, dans une résidence, 1 chambre d'hôtes située au 1er niveau d'une villa indépendante. 1 ch. (1 lit 2 pers.) avec sanitaires privatifs mais non communicants (situés au même niveau que la chambre), salon et TV communs avec la propriétaire. Terrain clos et entretenu avec pelouse, terrasse, parking. Langue parlée : italien.

Prix : 1 pers. **29 €** 2 pers. **38 €**
Ouvert : Toute l'année.

5	3	2	3	20	5	1

Jacqueline FILIPPI - Lot. A Casetta - Villa n° 45 - 20600 BASTIA-FURIANI - Tél. : 04 95 33 34 96 ou 04 95 30 33 97

LURI Santa-Severa — C.M. 90 Pli 2

4 ch. Chambres d'hôtes aménagées à l'étage de la maison des propriétaires avec accès indépendant. 4 ch. (1 lit 2 pers. chacune), sanitaires privés. Balcon avec salon de jardin pour chaque chambre, salle commune pour les petits déjeuners. Jardin ombragé. Vue sur la mer et les montagnes. Tarif mai : **38 €**.

Prix : 2 pers. **46 €**
Ouvert : Du 4 mai au 28 septembre.

0,5	0,2	25	3

Raymonde MICHELI - Santa Severa - 20228 LURI - Tél. : 04 95 35 01 27

LURI Hameau de Campo — 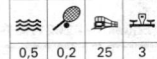 (TH) — C.M. 90 Pli 2

2 ch. Dans le hameau de Campo : 2 chambres d'hôtes (1 lit 2 pers.) dans la maison des propriétaires (accès indépendant). Sanitaires privatifs (pour 1 des 2 chambres sanitaires non cloisonnés sauf wc). Réfrigérateur dans chaque chambre. Salle de séjour commune aux hôtes et propriétaires. Jardin d'agrément. Bibliothèque, topo-guide randonnées. Langues parlées : italien, anglais.

Prix : 1 pers. **36 €** 2 pers. **38 €** repas **15 €**
Ouvert : Toute l'année.

2	2	15	SP	2	34	34	2

Georges ABELLI - Campo - 20228 LURI - Tél. : 04 95 35 05 64 - Fax : 04 95 35 05 64

Corse

MOLTIFAO Capanella (TH)

6 ch. A la campagne, lieu dit Capanella : 6 chambres situées dans la maison du propriétaire. 4 ch. avec sanitaires privatifs et communicants, 2 ch. avec salles d'eau privatives et communicantes, wc privatifs mais non communicants. Salon et salle à manger à l'usage des hôtes. Terrain non clos, terrasse ombragée, bord de rivière, parking. Village de tortues à 300 m, kayak. Langue parlée : italien.

Prix : 2 pers. 41 € 3 pers. 53 € repas 15 €
Ouvert : Toute l'année.

SP	SP	10	9

Alexandre FILIPPI - 20218 MOLTIFAO - Tél. : 04 95 47 80 29

MONTICELLO (TH)   C.M. 90 Pli 13

5 ch. A la sortie du village : 5 ch. d'hôtes dans la maison des propriétaires. 5 ch. (1 lit 2 pers. chacune), sanitaires privatifs pour 4 chambres et sanitaires privatifs mais non communicants pour 1 chambre. Salle à manger commune aux hôtes et aux propriétaires, petit déjeuners servis sur la terrasse. Pour enfant de moins de dix ans : 7,5 €. Pêche à 3 Kms. Table d'hôtes sur réservation et sauf le dimanche. Langue parlée : italien.

Prix : 1 pers. 39 € 2 pers. 46 € 3 pers. 69 € repas 20 €
Ouvert : Toute l'année.

4	1,5	1,5	1,5	5	5

Christiane BANDINI - Route de Reginu - Tre Castelli - 20220 MONTICELLO - Tél. : 04 95 60 24 27

OLIVESE   Alt. : 1150 m   (TH)   C.M. 90

E.C. 4 ch. Au col de la Vaccia, 4 chambres d'hôtes aménagées dans la Ferme Auberge du propriétaire (ancienne maison sur 3 niveaux, entièrement rénovée). 4 ch. (1 lit 2 pers. et 1 lit 1 pers. chacune), salle d'eau/wc privatifs et communicants à chaque chambre. Terrain clos et arboré avec salons de jardin, vue panoramique sur vallée et montagnes. Parking.

Prix : 2 pers. 45 € 3 pers. 59 € repas 23 € 1/2 pens. 84 €
Ouvert : Toute l'année.

50	50	SP	3,5	SP	13

Antoine-Dominique BURESI - Auberge du Col de la Vaccia - 20140 OLIVESE - Tél. : 06 84 75 70 27

PARTINELLO (TH)   C.M. 90 Pli 15

2 ch. 2 chambres d'hôtes côté vallée dans la maison du propriétaire (accès indépendant). 2 chambres (1 lit 2 pers. chacune), salle d'eau/wc privatifs pour chaque chambre. Salle de séjour commune.

Prix : 2 pers. 49 € repas 23 €
Ouvert : Du 15 avril au 15 septembre.

2,5

Antoine GANDOLFI - U Radadiu - 20147 PARTINELLO - Tél. : 04 95 27 32 25 - Fax : 04 95 27 32 25

PATRIMONIO Calvello   C.M. 90 Pli 3

2 ch. Chambre d'hôtes située dans une maison de caractère. Suite composée de 2 chambres (2 lits 110 cm et 1 lit 2 pers.), salle d'eau/wc. Salon privé, mobilier rustique. Petit déjeuner maison. Parking. Calme assuré.

Prix : 2 pers. 55/59 €
Ouvert : Du 4 mai au 2 novembre.

3	5	0,8	5	0,8	20	SP

Pierre-Louis FICAJA - Château Calvello - 20253 PATRIMONIO - Tél. : 04 95 37 01 15 - Fax : 04 95 37 01 15

PIANOTTOLI Favalli (TH)   C.M. 90 Pli 9

2 ch. A la campagne : deux chambres d'hôtes de 18 m^2 dans la maison des propriétaires (1 lit 2 pers. chacune), salle d'eau/wc privatifs pour chaque chambre. Séjour commun aux hôtes, terrain avec salon de jardin. Chemin d'accès en terre sur 800 m. Situées dans une petite pépinière d'ornement, au milieu du maquis. Cadre reposant.

Prix : 2 pers. 46 € 3 pers. 61 € repas 15 €
Ouvert : Toute l'année.

5	3	1	2

Bernard LABBE - Favalli - 20131 PIANOTTOLI - Tél. : 04 95 71 86 18 - Fax : 04 95 71 86 18

PIANOTTOLI Favalli (TH)   C.M. 90 Pli 9

1 ch. A la campagne : 1 chambre d'hôtes de 18 m^2 dans une maison indépendante à proximité de la maison des propriétaires : 1 lit 2 pers. et 1 lit 1 pers., salle d'eau/wc privatifs. Séjour commun aux hôtes. Salon de jardin. Chemin d'accès en terre sur 800 m. Située dans une pépinière. Cadre reposant.

Prix : 2 pers. 46 € 3 pers. 61 € repas 15 €
Ouvert : Toute l'année.

5	3	1	2

Bernard LABBE - Favalli - 20131 PIANOTTOLI - Tél. : 04 95 71 86 18 - Fax : 04 95 71 86 18

Corse

PIANOTTOLI-CALDARELLO
C.M. 90

2 ch. — A l'entrée du village, 2 chambres d'hôtes aménagées dans la maison des propriétaires. Rez-de-chaussée : 1 ch. (1 lit 2 pers.), 1er étage : 1 ch. (1 lit 2 pers.). Salle d'eau/WC privatifs et communicants pour chaque chambre. Accès indépendant, salon de jardin, parking. Langue parlée : italien.

Prix : 1 pers. **38 €** 2 pers. **46 €**
Ouvert : Toute l'année.

5	3	7	1	10	0,3	

Jacques BERQUEZ - 20131 PIANOTTOLI - Tél. : 04 95 71 83 82 ou 06 11 46 77 11

PIEDIGRIGGIO (TH)
C.M. 90

E.C. 5 ch. — Surplombant le village (distant de 350 m), 5 chambres d'hôtes situées dans la maison des propriétaires (exploitants agricoles). 5 ch. (1 lit 2 pers. chacune), sanitaires privatifs et communicants à chaque ch. Salle de détente avec TV commune aux hôtes, grande salle de séjour. Terrain clos, terrasse commune, salon de jardin. Parking dans la propriété.

Prix : 1 pers. **46 €** 2 pers. **46 €** repas **19 €** 1/2 pens. **84 €**
Ouvert : Du 1er avril au 15 octobre.

25	4	5	3	3	SP	4	4

Simon AGOSTINI - 20218 PIEDIGRIGGIO - Tél. : 04 95 47 68 75 - Fax : 04 95 47 68 77

PINO
C.M. 90 Pli 1

1 ch. — Chambre d'hôtes de 18 m², située dans la maison du propriétaire (accès indépendant). 1 chambre (1 lit 2 pers. et 1 lit 1 pers.), donnant sur une grande terrasse extérieure aménagée avec coin-cuisine. Salle d'eau et wc privatifs. Langue parlée : italien.

Prix : 2 pers. **41 €** 3 pers. **50 €**
Ouvert : Toute l'année.

2	10	25	10	40	40	10

Martine BENEVENTI - 20228 PINO - Tél. : 04 95 35 10 42 ou 06 14 91 11 31 - Fax : 04 95 35 10 42

PORTICCIOLO
C.M. 90 Pli 1

3 ch. — A 100 m de la mer, 3 chambres d'hôtes (dont 2 avec vue sur mer) situées au r.d.c. de la maison de la propriétaire (maison en bordure de route départementale). 2 ch. (1 lit 2 pers. chacune), 1 ch. (2 lits 1 pers.), salle d'eau/wc privatifs et communicants à chaque chambre. Possibilité de parking devant la maison. Tarifs basse et moyenne saison : 1 pers. 30 €, 2 pers. 38 €.

Prix : 1 pers. **38 €** 2 pers. **49 €**
Ouvert : Toute l'année.

0,1	12	4	6	6	25	45	20	1

Cathy CATONI - Maison Bella Vista - Porticciolo - 20228 CAGNANO - Tél. : 04 95 35 38 46 ou 06 10 74 95 42

PROPRIANO (TH)
C.M. 90 Pli 18

3 ch. — Ch. d'hôtes sous forme de châlets indépendants situés à proximité de la maison des propriétaires. 3 ch./châlets avec réfrigérateur (1 lit 2 pers. chacune), salle d'eau/WC privatifs pour chaque chalet. 2 chalets avec balcon, 1 chalet avec terrasse, dans un endroit boisé. Salle de séjour/cheminée, TV et bibliothèque commune avec les propriétaires. Photos sur demande. Table d'hôtes avec vue imprenable sur le Golfe du Valinco. Possibilité longs séjours à la demande. 1/2 pension pour 2 pers.

Prix : 1 pers. **30 €** 2 pers. **43 €** 3 pers. **61 €** repas **18 €** 1/2 pens. **76 €**
Ouvert : Toute l'année.

2	10	3	2	SP

Gisèle TAFANELLI - Ile de Beauté - Route de Viggianello - 20110 PROPRIANO - Tél. : 04 95 76 06 03

PROPRIANO Baracci (TH)
C.M. 90 Pli 18

4 ch. — 4 chambres d'hôtes à l'étage de la maison familiale. 3 ch. (2 lits 1 pers.), 1 ch. (1 lit 2 pers.), salle d'eau privatives, wc communs. Petits déjeuners servis dans la salle à manger ou sur la terrasse. Ferme équestre sur place. Superficie des chambres 13 m². Prix basse et moyenne saison : 1 pers. 19 €, 2 pers. 38 €.

Prix : 1 pers. **47 €** 2 pers. **47 €** repas **13 €**
Ouvert : Toute l'année.

0,3	5	SP	5

Carole LEANDRI - Ferme Equestre de Baracci - BP 65 - 20110 PROPRIANO - Tél. : 04 95 76 19 48 - Fax : 04 95 76 19 48

PROPRIANO Baracci (TH)
C.M. 90 Pli 18

1 ch. — Chambre d'hôtes (1 lit 2 pers.), salle d'eau/wc privatifs, à l'étage de la maison familiale, qui comprend 4 autres chambres d'hôtes. Petits déjeuners servis dans la salle à manger ou sur la terrasse. Ferme équestre sur place. Prix basse et moyenne saison : 1 pers. 21 €, 2 pers. 41 €.

Prix : 1 pers. **53 €** 2 pers. **53 €** repas **13 €**
Ouvert : Toute l'année.

0,3	5

Carole LEANDRI - Ferme Equestre de Baracci - BP 65 - 20110 PROPRIANO - Tél. : 04 95 76 19 48 - Fax : 04 95 76 19 48

Corse

SAN-MARTINO-DI-LOTA
C.M. 90 Pli 3

4 ch. Chambres d'hôtes dans un ancien couvent de capucins du XVII°s. 4 ch. (3 lits 2 pers., 2 lits 1 pers.), s.d.b. et wc privés pour chacune des 4 ch.. L'une d'entre elle dispose d'une terrasse. Salon privatif aux hôtes, salle à manger avec cheminée. Mobilier de caractère. Grand parc avec salons de jardin. Ping-Pong. 3 restaurants dans le village. Cet ancien couvent de Capucins date du XVII° siècle. La famille Cagninacci l'acquiert au début de notre siècle et le transforme en joli château. Tarifs basse saison : 1 pers. : 62 €, 2 pers. : 66 €, 3 pers. : 81 €. Langues parlées : anglais, italien.

Prix : 1 pers. **68** € 2 pers. **72** € 3 pers. **87** €
Ouvert : Du 18 mai au 28 septembre.

8	SP	11	4	

Bertrand CAGNINACCI - Château Cagninacci - 20200 SAN-MARTINO-DI-LOTA - Tél. : 04 95 31 69 30 - Fax : 04 95 31 91 15

SCATA Rumitorio
C.M. 90 Pli 4

1 ch. Chambre d'hôtes dans la maison des propriétaires. 1 ch. (1 lit 130 cm.), sanitaires privés. Séjour avec cheminée et TV communs avec les propriétaires. Au cœur de la Castagniccia : une région verte, même en été.

Prix : 1 pers. **46** € 2 pers. **50** €
Ouvert : De juin à septembre.

9	9	15	0,2	7

Marie FONTANA - Villa les Prairies - Rumitorio - 20213 SCATA - Tél. : 04 95 36 95 90

SERRA-DI-FERRO Favalella
(TH)   *C.M. 90 Pli 18*

2 ch. Site préhistorique de Filitosa 6 km. 2 chambres d'hôtes au rez-de-chaussée de la maison des propriétaires. 1 ch. (1 lit 2 pers.), 1 ch. (2 lits 1 pers.), salle de bains et wc communs aux deux chambres. Salle de séjour réservée aux hôtes. Maison à proximité de la route.

Prix : 1 pers. **35** € 2 pers. **40** € repas **15** €
Ouvert : Toute l'année.

4	4	0,2	4

Jean-Luc SANTONI - Favavella - 20140 SERRA-DI-FERRO - Tél. : 04 95 74 01 83 - Fax : 04 95 74 01 83

SOLLACARO Cigala-Filitosa
C.M. 90 Pli 18

3 ch. A 3 minutes du site Préhistorique de Filitosa, 3 ch. hôtes. 1 ch. (1 lit 2 pers.), 2 ch. (2 lits 1 pers.), situées au r.d.c. de la maison des propriétaires. Accès indépendant. Salle d'eau et wc indépendants dans chaque chambre. Séjour, coin-salon, cheminée commun aux hôtes et aux propriétaires. Petit déjeuner servi sur la terrasse. Terrain clos 1 ha. Parking, TV, salon de jardin pour chaque chambre. Lit bébé/chaise haute à la demande. Cuisine d'été, barbecue avec pergola, coin-repas réservé aux hôtes. Vaisselle fournie. Vue imprenable sur mer.

Prix : 1 pers. **46** € 2 pers. **58** €
Ouvert : Toute l'année.

5	15	7	15	6	15	15	6	60	5

Anita TARDIF - Cigala - Filitosa - 20140 SOLLACARO - Tél. : 06 62 43 13 69 ou 04 95 74 29 48

SOTTA Petralonga Salvini
(TH)   *C.M. 90 Pli 8*

5 ch. A la campagne : 5 chambres d'hôtes aménagées dans un bâtiment annexe à la maison des propriétaires. 3 ch. (1 lit 2 pers. et 1 lit 1 pers.), 2 ch. (1 lit 2 pers.), salle d'eau/wc privatifs pour chaque chambre. Salle de séjour et coin-salon communs aux hôtes. Petit déjeuner et repas servis sur une terrasse couverte. Superficie des chambres (15 m² et 18 m²). Tarifs basse saison : 2 pers. : 48 €, 3 pers. : 63 €. Langues parlées : italien, anglais.

Prix : 2 pers. **58** € 3 pers. **76** € repas **18** €
Ouvert : D'avril à octobre.

5	7

Sébastien MELA - Petralonga Salvini - 20146 SOTTA - Tél. : 04 95 71 25 65 ou 06 85 71 08 02

SPELUNCATO Regino
C.M. 90 Pli 13

5 ch. Dans un ancien moulin situé au cœur de la vallée du Régino, un oasis de calme et de tranquilité, 3 ch. d'hôtes (1 lit 2 pers. chacune), situées au 1er étage de la maison des propriétaires et 2 ch. d'hôtes (1 lit 2 pers. chacune) situées dans une bâtisse à 2 étages (1 ch. à chaque étage) à proximité immédiate de la maison des propriétaires. Sanitaires privatifs pour chaque chambre. Grand salon commun avec TV par satellite. Grande terrasse ombragée, salon de jardin. Au cœur de la Balagne, vous vivrez un véritable retour aux sources. Tarifs dégressifs hors saison.

Prix : 1 pers. **46** € 2 pers. **61** €
Ouvert : Toute l'année.

6	6	5	3	12

Mme FRANCISCI - Auberge du Barrage - Regino - 20281 SPELUNCATO - Tél. : 04 95 61 50 31 - Fax : 04 95 61 50 31

Corse

ST-PIERRE-DE-VENACO
Alt. : 800 m — (TH) — C.M. 90 Pli 5

2 ch. Chambres d'hôtes dans la maison des propriétaires (maison traditionnelle en pierres), qui comprend également un gîte d'étape. 2 ch. (1 lit 2 pers. et 1 lit 1 pers. chacune) avec sanitaires privatifs. Salle de séjour commune avec les propriétaires. Poss. demi-pension, poss. de cuisiner. Superficie des chambres 17 m².

Prix : 1 pers. 30 € 2 pers. 38 € 3 pers. 46 € repas 12 €
Ouvert : Toute l'année.

1	SP	7	3	1	3	10	1

Charles HIVER - 20250 ST-PIERRE-DE-VENACO - Tél. : 04 95 47 07 29 ou 04 95 47 02 80 - Fax : 04 95 47 02 80

STE-LUCIE-DE-TALLANO
C.M. 90 Pli 8

1 ch. Situé en rez-de-jardin de la maison des propriétaires (entrée indépendante), composée de : 1 chambre (2 lits 1 pers.), salon privatif avec cheminée (conv. 2 pers.), salle d'eau/wc privatifs. Possibilité cuisine. Balcon, salon de jardin. Très calme, vue imprenable.

Prix : 2 pers. 46 € 3 pers. 69 €
Ouvert : Toute l'année.

18	2	SP

Antoinette MINCHELLI - 20112 STE-LUCIE-DE-TALLANO - Tél. : 04 95 78 81 40

SUARICCHIO U Celavu
A — C.M. 90 Pli 16

5 ch. Ch. d'hôtes mansardées au-dessus de la ferme-auberge à prox. de la RN 193 direction Bastia. 3 ch. (2 lits 1 pers. chacune), 1 ch. (1 lit 2 pers. et 1 lit 1 pers.), chaque ch. possède 1 sanitaire complet, 1 suite composée de 2 ch. (1 lit 2 pers. chacune), s. d'eau/wc. Ferme auberge au r.d.c., poss. repas traditionnel (produits de la ferme). Poss. 1/2 pension. Vente de produits à la ferme. Chambres d'hôtes situées à 800 m du parc à tortues, 10 mn du petit train. Langue parlée : italien.

Prix : 1 pers. 44 € 2 pers. 49 € 3 pers. 61 € repas 20 €
Ouvert : D'avril à octobre.

22	22	1

François ORSONI - U Celavu - Ferme-auberge U Celavu - 20133 SUARICCHIO - Tél. : 04 95 52 80 64 ou 04 95 20 33 77 - Fax : 04 95 20 33 77

TASSO
Alt. : 800 m — A — C.M. 90 Pli 7

4 ch. Chambres d'hôtes au dessus de la ferme auberge des propriétaires. 3 ch. (1 lit 2 pers. chacune), 1 ch. (2 lits 1 pers.), sanitaires pour chaque chambre. Salon de jardin. Possibilité repas (23 €/pers.). Idéal pour les amateurs de randonnés en montagne, de calme et de tranquilité.

Prix : 1 pers. 38 € 2 pers. 38 € repas 23 €
Ouvert : Toute l'année.

60	60

Jacques BARTOLI - 20134 TASSO - Tél. : 04 95 24 50 54 - Fax : 04 95 24 53 02

TRALONCA
Alt. : 700 m — (TH) — C.M. 90 Pli 4

4 ch. **Corte (musée de la corse) 12 km.** Chambres d'hôtes dans une maison au cœur du village. 3 ch. (1 lit 2 pers. chacune), 1 ch. (2 lits 1 pers.), sanitaires communs aux hôtes. Escalier intérieur très raide. Salle de séjour avec cheminée et TV communs avec les propriétaires.

Prix : 1 pers. 30 € 2 pers. 38 € 3 pers. 46 € repas 15 €
Ouvert : Toute l'année.

14	14	SP	14	14

Don-Pierre SIMONETTI - Bistugliu 52 - 20250 TRALONCA - Tél. : 04 95 47 10 19

VICO Col St-Antoine
Alt. : 500 m — A — C.M. 90 Pli 15

5 ch. Chambres d'hôtes au dessus de la ferme auberge, accès indépendant. 3 ch. (2 lits 1 pers. chacune), 1 ch. (1 lit 2 pers.), 1 ch. (1 lit 2 pers. et 1 lit 1 pers.), sanitaires privatifs à chaque chambre. Tarifs dégressifs en moyenne et basse saison. Vico est un village au-dessus de Sagone, petite station balnéaire. Idéal pour allier mer et montagne.

Prix : 2 pers. 38 € 3 pers. 53 €
Ouvert : Toute l'année.

14	2	52	2

Emilie ARRIGHI - Col St-Antoine - 20160 VICO - Tél. : 04 95 26 61 51

VIZZAVONA Casa-Alta
Alt. : 1000 m — C.M. 90 Pli 6

5 ch. Ch. d'hôtes aménagées dans une grande maison en pierres dans la forêt de pins de Vizzavona. 2 ch. (2 lits 1 pers.), 3 ch. (1 lit 2 pers.), 2 sanitaires communs aux hôtes. Chaque ch. est personnalisée. Salle de séjour commune aux hôtes avec bibliothèque, TV, magnétoscope. Petits déjeuners copieux et variés. Chauffage électrique. Escalade sur place.

Prix : 1 pers. 42 € 2 pers. 50 € 3 pers. 61 €
Ouvert : Toute l'année.

SP	10	SP	SP	20	2

Pauline COSTA-JOURDAN - Casa-Alta - Vizzavona - 20219 VIVARIO - Tél. : 04 95 47 21 09

Corse

ZERUBIA
Alt. : 800 m (TH) *C.M. 90 Pli 7*

4 ch. Dans le village : 4 chambres d'hôtes dans la maison des propriétaires (maison ancienne en pierres de taille). 1 ch. (2 lits 1 pers.), 3 ch. (1 lit 2 pers.), s. d'eau/wc privatifs pour chaque chambre. Ch. situées à 2 km du sentier de randonnée Mare E Mare (transport assuré par le propriétaire jusqu'au sentier), et à 1/2 heure des Aiguilles de Bavella. Langues parlées : anglais, italien.

Prix : 1 pers. **39** € 2 pers. **46** € 3 pers. **61** € pers. sup. **15** €
repas **19** € 1/2 pens. **69** €

Ouvert : Toute l'année.

40	2	SP	4	40	2

Marie-Claire COMITI - U Rughjonu - 20116 ZERUBIA - Tél. : 04 95 78 73 64 - E-mail : COMITI@WORLDONLINE.FR

FRANCHE-COMTÉ

Pour réserver, écrire ou téléphoner :

25 - DOUBS
GÎTES DE FRANCE
4 ter, faubourg Rivotte
25000 BESANÇON
Tél. : 03 81 82 80 48 - Fax : 03 81 82 38 72

39 - JURA
LOISIRS ACCUEIL - Service Réservation
8, rue Louis-Rousseau
39000 LONS-LE-SAUNIER
Tél. : 03 84 87 08 88 - Fax : 03 84 24 88 70

70 - HAUTE-SAÔNE
GÎTES DE FRANCE
6, rue des Bains
70000 VESOUL Cedex
Tél. : 03 84 97 10 70 - Fax : 03 84 97 10 71
E-mail : cdt70@wanadoo.fr
www.haute-saone-tourism.com

90 - TERRITOIRE-DE-BELFORT
GÎTES DE FRANCE
2 bis, rue Clemenceau
90000 BELFORT
Tél. : 03 84 21 27 95 - Fax : 03 84 55 90 99

Franche-Comté
Doubs

GITES DE FRANCE
4 ter, faubourg Rivotte - 25000 BESANÇON
Tél. 03 81 82 80 48 - Fax 03 81 82 38 72

AMANCEY
Alt. : 600 m — (TH) — C.M. 70 Pli 5

1 ch. **Ornans à 15 km. Vallées de la Loue et du Lison à 10 km.** Aménagé au r.d.c de l'habitation des propriétaires 1 chambre double (1 lit 2 pers. 1 lit 1 pers. ou 2 lits enfants) avec cheminée, salle de bains privée, wc indép. Entrée indép. Séjour privé four à pain. Terrain commun partiellement clos avec salon de jardin. Parking. Cabine téléphonique à proximité. Langue parlée : anglais.

Prix : 1 pers. 27 € 2 pers. 37 € pers. sup. 12 € repas 13 €
Ouvert : Toute l'année.

🐕	⛷	🎾	🏃	🏊	🏊	🚂	🛶
5	SP	15	15	30	30	SP	

Jean et Sylviane MAURY - 6 rue du Four - 25330 AMANCEY - Tél. : 03 81 86 53 65

ARC-SOUS-CICON Les Rochers
Alt. : 860 m — (TH) — C.M. 70 Pli 6

1 ch. **Vallée de La Loue 13 km.** Chambre double avec entrée indép., aménagée dans la vaste maison de maître de la propr., en pleine nature. Chambre double : 1 ch. (1 lit 2 pers. + lit bébé), 1 lavabo (équipement bébé), 1 ch. (2 lits 1 pers. superp.) et espace bureau. S.d.b. et wc privé. Salle à manger commune (cheminée). Terrasse et terrain ombragé. Taxe de séjour en sus. Table d'hôtes sur réservation. Animaux acceptés avec suppl. Accueil chevaux possible. ULM à 3,5 km.

Prix : 1 pers. 24 € 2 pers. 43 € 3 pers. 53 € pers. sup. 11 € repas 10 €
Ouvert : Toute l'année.

🐕	⛷	🎿	🎾	🏃	🏊	🚴	🚂	🛶
3,5	27	3,5	20	15	18	19	8	3,5

JOLY Elisabeth et LEMBOLEY Daniel - Route de Passonfontaine - Les Rochers - 25520 ARC-SOUS-CICON - Tél. : 03 81 69 90 90

ARC-SOUS-MONTENOT
Alt. : 650 m — C.M. 70 Pli 5

1 ch. 1 chambre d'hôtes au 1er étage d'une belle maison comtoise. A proximité de la « Route des Sapins ». 1 lit 2 pers. 1 lit 1 pers., salle d'eau et wc privés. Salle à manger commune avec les propriétaires. Jardin arboré, salon de jardin. Cabine téléphonique à 100 m et restaurant à 5 km.

Prix : 1 pers. 24 € 2 pers. 34 € 3 pers. 43 € pers. sup. 9 €

🐕	⛷	🎿	🎾	🏃	🏊	🚂	🛶
12	40	3	10	SP	12	18	12

Jeannine PERROT-MINOT - 3 rue Anatole Maillard - 25270 ARC-SOUS-MONTENOT - Tél. : 03 81 49 30 16 ou 03 81 49 37 27

ARC-SOUS-MONTENOT
Alt. : 630 m — C.M. 70 Pli 5

1 ch. 1 chambre au rez-de-chaussée d'une ancienne ferme rénovée (1 lit 2 pers. 1 lit 1 pers.), salle d'eau privée, wc séparés privés. Pelouse avec salon de jardin. A proximité de la route des sapins. Restaurant à 5 km. Cabine téléphonique à 100 m.

Prix : 1 pers. 24 € 2 pers. 34 € 3 pers. 43 € pers. sup. 9 €
Ouvert : Toute l'année.

🐕	⛷	🎿	🎾	🏃	🏊	🚂	🛶
12	40	3	10	SP	12	18	12

Gabriel et Raymonde MICHEL-AMADRY - 18 rue de Villeneuve - 25270 ARC-SOUS-MONTENOT - Tél. : 03 81 49 30 63

AUBONNE La Ferme du Château
Alt. : 650 m — (TH) 🐑 — C.M. 70 Pli 7

3 ch. 3 ch. avec chacune des sanitaires privés aménagées au 1e étage, dans une ancienne demeure du 18è. 1 ch. (1 lit 2 pers. 2 lits 1 pers. superp.), s. d'eau, wc. 1 ch. (1 lit 2 pers.), 1 conv. 2 pers., s. d'eau, wc. 1 ch. avec hall d'entrée (1 lit 2 pers. 2 lits 1 pers. superposés), s.d.b., wc. Salon privé avec TV. Bibliothèque. Vaste parc aménagé comprenant l'équipement de jardin, ping-pong. Exploitation agricole dans l'une des dépendances. A proximité des vallées touristiques de la Loue et du Lison. Repas avec produits de la ferme (sauf lundi soir). Langue parlée : anglais.

Prix : 1 pers. 32 € 2 pers. 38 € 3 pers. 47 € pers. sup. 9 € repas 13 € 1/2 pens. 45/51 €

🐕	⛷	🎿	🎾	🏃	🏊	🚴	🚂	🛶
6	23	6	23	9	16	SP	14	15	9

CHOGNARD Véronique et LOMBARDOT Xavier et Isabelle et - 2 rue du Château - La Ferme du Château - 25520 AUBONNE -
Tél. : 03 81 69 90 56 - Fax : 03 81 69 90 56

LE BARBOUX
Alt. : 900 m — 🐑 — C.M. 66 Pli 18

1 ch. **Sauts du Doubs 11 km. Musée de l'horlogerie 12 km.** 1 ch. double 2 pers. avec 1 lit 2 pers., 2 lits 1 pers., 1 lit enfant (- 3 ans), salle d'eau, wc séparés et privés, chambre non fumeur. Terrain non clos avec salon de jardin. Cabine téléphonique à 2 km. Restaurants à 4 km. Taxe de séjour en sus. Une ch. double avec sanitaires privés aménagés au 1e étage de l'habitation des propriétaires, sur l'exploitation agricole située dans un hameau « partie de Bize », où vous pouvez apprécier le calme de la campagne environnante. Visite de la ferme. Possibilité de participer aux travaux de la ferme. Langue parlée : anglais.

Prix : 1 pers. 26 € 2 pers. 35 € pers. sup. 8/11 €
Ouvert : Toute l'année.

🐕	⛷	🎿	🎾	🏃	🏊	🚂	🛶
SP	20	7	18	10	26	12	12	7

Michel et Isabelle BERNARD - Partie de Bize - 25210 LE-BARBOUX - Tél. : 03 81 43 77 57 - Fax : 03 81 43 77 57

Doubs

Franche-Comté

LE BARBOUX Alt. : 900 m *C.M. 66 Pli 18*

1 ch. 1 chambre double aménagée au rez de chaussée d'une grande maison située au centre du village. 2 ch. 2 pers. (2 lits 1 pers. 1 lit 2 pers.) avec salle d'eau commune aux 2 ch. Salle de séjour commune avec le propriétaire. Cabine téléphonique à proximité. Restaurant à 3 km.

Prix : 1 pers. 20 € 2 pers. 30 € pers. sup. 11 €
Ouvert : De Mai à Octobre.

	SP	20	7	18	10	26	12	12	7

André et M-Madeleine MAILLOT - 25210 LE-BARBOUX - Tél. : 03 81 43 77 10

BAUME-LES-DAMES Saint-Ligier   A   CB   *C.M. 66 Pli 16*

2 ch. 2 ch. d'hôtes identiques (1 lit 2 pers. 1 lit 1 pers.) avec salle d'eau et wc privés aménagées au 1er étage de la ferme-auberge des propriétaires. Poss. de rajouter 1 lit 1 pers. dans chaque chambre. Petit coin-détente en mezzanine avec canapé. Véronique et Patrice vous accueillent dans leur ferme-auberge située dans un cadre naturel verdoyant, calme et dominant Baume-les-Dames (direction A36), très belle vue. Spécialités régionales : saucisses et jambon fumés, fondues, veau de lait, röschtis... Langue parlée : allemand.

Prix : 1 pers. 36 € 2 pers. 46 € 3 pers. 61 € pers. sup. 15 € repas 13 €
Ouvert : Du 31 janvier au 20 décembre.

	2	2	32	2	2	2

Patrice et Véronique RAMEL - Saint-Ligier - 25110 BAUME-LES-DAMES - Tél. : 03 81 84 09 13 - Fax : 03 81 84 09 13

BRETONVILLERS La Joux   Alt. : 800 m   *C.M. 66 Pli 17*

4 ch. **Site de consolation 12 km.** 4 ch. d'hôtes, avec chacune des sanitaires privés, dans une ancienne ferme typique du Haut-Doubs. Entrée par pont de grange. Ch. 1 Mont du Frêne : 4 lits 1 pers. s.d.b. wc. Ch. 2 Prés du Fol : 1 lit 2 pers. s. d'eau, wc. Ch. 3 Pierre Perthuis : 3 lits 1 pers. s. d'eau, wc. Ch. 4 La Racine : 2 lits 1 pers., s. d'eau, wc. Salon commun (bibliothèque, TV). Terrain avec équipement de jardin. Randonnée pédestre sur place, escalade, varappe à 5 km. Restaurant au village. Langue parlée : anglais.

Prix : 1 pers. 27 € 2 pers. 38 € 3 pers. 49 € pers. sup. 11 €

	8	6	3	6	26	SP	30	4

Patrick DORGET - La Joux - 25380 BRETONVILLERS - Tél. : 03 81 44 35 78

CHAPELLE-D'HUIN Le Magasin Neuf   Alt. : 800 m   A   CB   *C.M. 70 Pli 6*

2 ch. 2 ch. avec entrée indép. aménagées au 1er étage d'un ancien relais de diligence. En bordure de la D472 « Le Relais des salines ». Auberge au r.d.c. 2 ch. avec chacune (1 lit 2 pers. 2 lits 1 pers. superp.), s. d'eau et wc privés. Prix repas boissons non comprises. Terrasse commune. Fermé le dimanche soir. Langues parlées : anglais, allemand.

Prix : 1 pers. 25 € 2 pers. 34 € 3 pers. 43 € pers. sup. 10 € repas 10 €

	3	22	SP	SP	10	13	13	7

Jean-Claude BONNOT - Le Magasin Neuf - Relais des Salines-le Souillot - 25270 CHAPELLE-D'HUIN - Tél. : 03 81 89 56 49 -
E-mail : JC-bonnot@wanadoo.fr - www.aubergerelaisdessalines.fr.st

CHAPELLE-D'HUIN   Alt. : 800 m   *C.M. 70 Pli 16*

1 ch. 1 chambre (2 lits 2 pers.) avec douche, lavabo et wc privés, aménagée au 1er étage de la ferme des propriétaires (accès indépendant par escalier extérieur). Salon de jardin. Garage, parking privé, terrain ombragé partiellement clos. Visites guidées sur demande. Cabine téléphonique à proximité. Possibilité de cuisiner moyennant supplément. Restaurant à 2 km ou à 5 km.

Prix : 1 pers. 24 € 2 pers. 34 € pers. sup. 11 €
Ouvert : Toute l'année.

	3	22	SP	7	10	7	13	7

Jean et Colette PRITZY - 35 Grande rue - 25270 CHAPELLE-D'HUIN - Tél. : 03 81 89 52 76

CHAPELLE-DES-BOIS Les Creux   Alt. : 1080 m   (TH)   *C.M. 70 Pli 16*

2 ch. Au 1er étage de la maison des propriétaires, 2 chambres avec entrée indép. (2 lits 1 pers. 1 lit 2 pers.), sanitaires privés à chaque chambre. Chauffage central. Salle à manger avec coin-détente réservée aux hôtes. Terrain non clos avec équipement de jardin. Au cœur du Massif Jurassien. Location de ski et VTT. Réduction pour les enfants. Taxe de séjour en sus. Langue parlée : anglais.

Prix : 1 pers. 26 € 2 pers. 39/43 € pers. sup. 14 € repas 13 €
1/2 pens. 64/69 €
Ouvert : Toute l'année.

	SP	7	SP	10	3	SP	SP	15	SP

Marguerite BLONDEAU - Les Creux - 25240 CHAPELLE-DES-BOIS - Tél. : 03 81 69 23 04

Franche-Comté   Doubs

CHAPELLE-DES-BOIS La Chaumoz   Alt. : 1080 m   (TH)   C.M. 70 Pli 16

4 ch. **Parc Naturel régional du Haut-Jura sur place** R.d.c. 1 ch. aux normes handicapés (1 lit 2 pers. salle d'eau, wc), séjour/salon réservé aux hôtes. 1er étage : 1 chambre et mezzanine (1 lit 2 pers. 2 lits 1 pers.), 1 chambre double (1 lit 2 pers. 2 lits 1 pers.) avec chacune kitchenette, salle d'eau et wc. 1 chambre (2 lits 1 pers. salle d'eau, wc). Vaste terrain non clos, parking. Réductions enfants. Taxe de séjour en sus. Langues parlées : anglais, espagnol.

Prix : 1 pers. 23/29 € 2 pers. 37/46 € repas 12 €

SP	7	3	10	19	2	SP	15	3

Ghyslaine MARTY - La Chaumoz - 25240 CHAPELLE-DES-BOIS - Tél. : 03 81 69 27 23 - Fax : 03 81 69 12 63

CHARQUEMONT   Alt. : 1000 m   C.M. 66 Pli 18

4 ch. 1er ét. de la maison du prop., 2 ch. accès par escalier ext. privé. Grillon 1 : 1 ch. 2 pers (1 lit 2p). Balcon, sdb et wc. Grillon 2 : 1 ch. double (1 lit 2 pers. 1 lit 1 pers), sdb et wc. S. à manger/coin-biblio. Terrasse privée. 1 lit pliant 1 pers. suppl. Rdc. dans un pavillon voisin, Grillon 4 : 1 ch. double ouvrant sur terrasse (2 lits 1 pers. s. d'eau, wc). TV. Grillon 3 : 1 ch. ouvrant sur terrasse (3 lits 1 pers), salle de bains, wc séparés, téléphone et TV. Grillon 2 et 4 classées 3 épis. Restauration possible à 100 m (fermée en janvier). Langue parlée : anglais.

Prix : 1 pers. 32 € 2 pers. 40 € 3 pers. 55 € pers. sup. 15 €
Ouvert : Toute l'année.

SP	3	12	12	15	20	18	30	5

Sylvie MARCELPOIX - Le Bois de la Biche - 25140 CHARQUEMONT - Tél. : 03 81 44 07 01

CHOUZELOT   C.M. 66 Pli 15

2 ch. 2 chambres d'hôtes situées un peu à l'écart du village. Calme. 1 chambre au 2e étage (1 lit 2 pers. 2 lits 1 pers.) avec salle d'eau et wc privés. 1 chambre double (2 lits 2 pers.) avec salle de bains et wc privés. Terrasse commune. Accès piscine privée du propriétaire (baignade non surveillée). Restaurants à 1 km (Quingey).

Prix : 1 pers. 27 € 2 pers. 37 € 3 pers. 47 € pers. sup. 11 €

29	1	8	0,5	25	18	1

Gérard SAGE - 21 route du Mont-Gardot - 25440 CHOUZELOT - Tél. : 03 81 63 66 83 - Fax : 03 81 63 66 83

CHOUZELOT Maison Sous les Feuilles   (TH)   C.M. 66 Pli 15

1 ch. **Saline Royale d'Arc-et-Senans 14 km**. Très belle ch aménagée dans 1 partie de l'habitation des propr. entrée indép. Maison non fumeur. Ch. en duplex : 1er ét. (1 lit 2 pers 1 lit 1 pers), s.d.b. wc privés. R.d.c., séjour privé, TV, réfrig. et micro-ondes à dispo. Terrasse privée avec salon de jardin. Garage. Table d'hôtes sur résa., repas végétarien poss. Piscine sur la propriété, baignade non surveillée. Langue parlée : anglais.

Prix : 1 pers. 48 € 2 pers. 56 € 3 pers. 66 € pers. sup. 10 € repas 18/21 €
Ouvert : Toute l'année sauf fêtes de fin d'année.

1	9	SP	SP	1	1	15	1

Martine PRILLARD - 1 rue du village - 25440 CHOUZELOT - Tél. : 03 81 63 71 60

CLERVAL   C.M. 66 Pli 17

E.C. 2 ch. **Vallée du Doubs : sur place.** 2 chambres. CH1 : (1 lit 1.40 + 1 lit 0.90), salle de bains et wc privés non attenant. CH2 : (1 lit 1.60 + 1 lit 1.40), salle d'eau et wc privés. Salon réservé aux hôtes en mezzanine avec TV. Vaste jardin arboré clos, salon de jardin. 2 chambres confortables dont 1 suite familiale, aménagées au 1er étage de l'habitation des propriétaires. Restaurants à Clerval.

Prix : 1 pers. 26/27 € 2 pers. 34/36 € pers. sup. 11 €
Ouvert : Toute l'année sauf en mars.

15	8	SP	16	SP

Robert et Colette CORNEILLE - 31bis, avenue Gaston Renaud - 25340 CLERVAL - Tél. : 03 81 97 84 31 - Fax : 03 81 97 84 31

LA CLUSE-ET-MIJOUX   Alt. : 1000 m   C.M. 70 Pli 7

2 ch. **Frontière Suisse à 5 km.** 2 chambres au r.d.c. d'une belle demeure comtoise (2 gîtes ruraux sous le même toit). 1 ch. (1 lit 2 pers.), salle d'eau, wc privés attenants. 1 ch. (1 lit 2 pers.), salle de bains, wc privés. Lave-linge à disposition. Salle de séjour commune avec la propriétaire, cheminée, TV. Terrain ombragé avec équipement de jardin. Restaurant à 5 km.

Prix : 1 pers. 26/27 € 2 pers. 34/36 € pers. sup. 9 €
Ouvert : Toute l'année.

9	9	9	4	4	9	9	8

Liliane MARGUIER - Hameau de Montpetot - 25300 LA-CLUSE-ET-MIJOUX - Tél. : 03 81 69 42 50

Doubs

Franche-Comté

CROSEY-LE-PETIT La Montnoirotte
C.M. 66 Pli 17

4 ch. **Château de Belvoir à 7 km** R.d.c. : 1 ch. aux normes hand. (2 lits 1 pers.), salle à manger, terrasse couverte. R.d.c. surélevé : salle commune, kitchenette, espace-salon (biblio. TV, magnéto.). L-linge, sèche-linge. Et. : 1 ch. (1 lit 2 pers. poss. lit enfant/bébé). 1 ch. (1 lit 2 pers. 2 lits 1 pers. superposés). 1 ch. (2x2 lits superposés ; 2 lits 1 pers.), s. d'eau. Wc privés pour chaque ch. Ch. d'hôtes dans 1 ferme comtoise typique, isolée, cadre verdoyant et calme. Situées sur la chaîne du Lomont entre la vallée du Cusansin et du Doubs. Elevage de chevaux, promenades, randonnées, stages (guide de tourisme équestre diplomé). Salon de jardin, barbecue. Piscine, baignade non surveillée.

Prix : 1 pers. 27 € 2 pers. 41 € pers. sup. 15 € repas 8/14 €

🐕	⛷	🎾	🏇	🏊	🏊	🚂	⛽
20	10	SP	10	SP	16	10	

Joëlle et Alain BOUCHON - Relais equestre Montnoirotte - route de Vellevans - 25340 CROSEY-LE-PETIT - Tél. : 03 81 86 83 98 ou 06 80 66 85 10 - Fax : 03 81 86 82 53

DOMMARTIN
Alt. : 800 m (TH) *C.M. 70 Pli 6*

E.C. 2 ch. **Lac Saint-Point à 14 km. Station de Métabief/Mont d'Or à 22 km.** Belles ch. avec chacune sanitaires privés au 1er étage de l'habitation des propriétaires. 1 ch. (1 lit 2 pers. salle d'eau et wc séparés. 1 ch. (1 lit 2 pers. 1 lit 1 pers. salle d'eau, wc indép. Espace petit-déjeuner, séjour réservés aux hôtes. Local rangement (ski, vélo). Jardin aménagé avec son équipement. Table d'hôtes le week-end. Restaurant 4 km. (Pontarlier). Tarifs dégressifs au-delà de 3 nuits. Enfants -6 ans : gratuit, jusqu'à 15 ans demi tarif. Langues parlées : anglais, allemand.

Prix : 1 pers. 30 € 2 pers. 42 € 3 pers. 55 € pers. sup. 14 € repas 13 € 1/2 pens. 30/43 €

🐕	⛷	⛷	🎾	🏇	🏊	🏊	🚂
7	12	5	3	SP	5	5	3

Claude GEFFROY - 2 Grande rue - 25300 DOMMARTIN - Tél. : 03 81 39 21 67 - Fax : 03 81 39 21 67

LES ECORCES Bois Jeunet
C.M. 66 Pli 18

3 ch. 3 ch. au 1er ét. de l'habitation typique du Haut Doubs, en pleine campagne, avec 3 autres loc. de vacances. 1 ch. (1 lit 1 pers.), lavabo, balcon. S.d.b/wc privés au r.d.c. 1 ch. (1 lit 2 pers. 1 lit 1 pers.), lavabo, s.d.b/wc privés sur palier. 1 ch. (1 lit 2 pers., 2 lits 1 pers.), s.d.b/wc privés. Piscine sur la propriété, tennis de table. Lit enfant et buanderie. Table d'hôtes exceptionnellement et sur réservation. Restaurants 2 km. Biblio. à dispo. Grand parc, terrasse. Parking. Salon de jardin. Animaux admis avec supplément de 5 €/jour. Tarif enfant. Réduction à partir de 2 nuits. Langues parlées : anglais, allemand.

Prix : 1 pers. 30 € 2 pers. 40 € 3 pers. 55 € pers. sup. 45 € repas 23 €

Ouvert : Toute l'année.

🐕	⛷	⛷	🎾	🏇	🏊	🏊	🚴	🚂	⛽
0,5	2	2	8	7	SP	SP	15	25	2

Paul et Marie-Thérèse PERROT - Bois-Jeunet - 25140 LES-ECORCES - Tél. : 03 81 68 63 18 - Fax : 03 81 68 63 18

ETERNOZ Alaise
C.M. 70 Pli 5

3 ch. **Au cœur de la Vallée du Lison** 3 chambres. CH « menthe » (1 lit 2 pers. 1 lit 1 pers.), douche, lavabo. CH « citron » (1 lit 2 pers. 1 lit 1 pers.), douche, lavabo, wc séparés communs à 2 chambres. CH « orange » (1 lit 2 pers. 1 lit 1 pers.), s. d'eau, wc, séjour privé avec kitchenette, poêle/cheminée. Terrasse + terrain commun non clos avec plusieurs espaces détente aménagés (salon de jardin, barbecue). 3 chambres aménagées au rez de chaussée de la maison de la propriétaire (l'Autr'huis) comprenant également 1 gîte rural. Entrée indépendante. Restaurant à 5 km. GR59 sur place. Langue parlée : anglais.

Prix : 1 pers. 24/27 € 2 pers. 35/38 € 3 pers. 46 € pers. sup. 11 €

Ouvert : Toute l'année.

🐕	⛷	⛷	🎾	🏇	🏊	🚂	⛽
18	17	5	5	20	35	5	

Aimée LASRY - 1 chemin de Myon - 25330 ALAISE - Tél. : 03 81 86 67 37

ETRAY
Alt. : 720 m *C.M. 66 Pli 16*

E.C. 1 ch. **A proximité de la Vallée de la Loue.** 1 chambre double (1 lit 2 pers, 1 convertible 1 pers, 1 lit 0.90) ; salle d'eau et wc privés non atttenants. Terrasse et terrain communs non clos. Parking. Sentiers PR sur place. Salon de jardin. 1 suite familiale aménagée au 1er étage de la maison contemporaine des propriétaires. Restaurants à Valdahon 3 km. Langue parlée : allemand.

Prix : 1 pers. 28 € 2 pers. 39 € pers. sup. 11 €

🐕	⛷	🎾	🏇	🏊	🏊	🚂
4	25	SP	6	3	3	3

Jacques et Georgette HANRIOT-COLIN - 13 rue des tilleuls - 25800 ETRAY - Tél. : 03 81 56 43 35

FONTAINE-LES-CLERVAL Les Granges Sous la Cote
(TH) *C.M. 66 Pli 17*

E.C. 3 ch. **A proximité de la Vallée du Doubs.** 3 chambres. CH1 : 2 lits 0.90 m, salle d'eau et wc privés. CH2 : 1 lit 2 m + 1 lit de coin 1.10 m, salle de bains + wc privés. CH3 (suite familiale) : 1 lit 1.40 + 2 lits 0.90 m, salle d'eau et wc privés. TV et espace salon dans chaque chambre. Salon commun avec le propriétaire (cheminée, bibliothèque), terrasse ombragée, vaste terrain arboré avec pelouse. Terrasse. 3 chambres aménagées au 1er étage de la jolie maison de campagne des propriétaires, dans hameau en pleine nature.

Prix : 1 pers. 41 € 2 pers. 53 € pers. sup. 15 € repas 15 €

Ouvert : Du 1/06 au 30/09.

🐕	🎾	🏇	🏊	🏊	🚂
10	15	7	22	7	7

Philippe et Mireille FRESSE - « Solinou » - ferme au Creu Male - Les granges sous la cote - 25340 FONTAINE-LES-CLERVAL - Tél. : 03 81 93 89 02

Franche-Comté

Doubs

FRANOIS
C.M. 66 Pli 15

▮▮▮ 1 ch. — 1 chambre d'hôtes aménagée au rez-de-chaussée de la maison des propriétaires, entrée indépendante par garage. 1 chambre (1 lit 2 pers. 2 lits 1 pers.). Salle d'eau et wc. Prise téléphone, réfrigérateur. Garage, salon de jardin sur terrain clos ombragé commun. Restaurant à 3 km. Langues parlées : anglais, espagnol.

Prix : 1 pers. 25 € 2 pers. 35 € 3 pers. 45 € pers. sup. 10 €

SP	4	8	5	8	9	9	0,5

Maurice et Gisèle GARCIA - 14, chemin du Clousey - 25770 FRANOIS - Tél. : 03 81 59 03 84

GILLEY Montagne de Gilley
Alt. : 1040 m (TH) *C.M. 70 Pli 7*

▮▮ 2 ch. — En pleine nature, 2 ch. avec entrée indépendante, au 1ᵉʳ étage de l'habitation des propriétaires, au calme. 1 ch. (1 lit 2 pers.), s. d'eau, wc privés dans le hall. 1 ch. (1 lit 2 pers. 2 lits 1 pers. superp.). S. d'eau, wc, gratuit pour les enfants de - de 3 ans. Taxe de séjour pour les + 12 ans. Réduction à partir de 4 jours. Produits de la ferme. 1 téléski sur place. Table d'hôtes fermée samedi soir et dimanche soir en juillet et août. Langue parlée : anglais.

Prix : 1 pers. 23 € 2 pers. 30 € pers. sup. 9 € repas 11 €
Ouvert : Toute l'année.

SP	24	9	4	20	12	3	3

Adrien MARGUET - 14 La Montagne de Gilley - 25650 GILLEY - Tél. : 03 81 43 31 54 ou 03 81 43 37 91

GILLEY
Alt. : 860 m (TH) 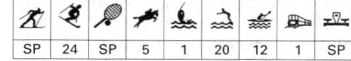 *C.M. 70 Pli 7*

▮▮ 1 ch. — Musée de l'horlogerie 12 km. Abbaye de Montbenoit 4 km. 1 chambre double ouvrant sur un balcon, au 1ᵉʳ étage de la maison de la propriétaire, comprenant : 1 chambre (1 lit 2 pers.), 1 ch. (1 lit 2 pers. et lit bébé), salle d'eau, wc privés. Terrain non clos. Terrasse, ping-pong, piste VTT sur place. Cabine téléphonique 200 m.

Prix : 1 pers. 23 € 2 pers. 34 € pers. sup. 9 € repas 11 €

SP	24	SP	5	1	20	12	1	SP

Jeannine HENRIET - 2 avenue Leclerc - 25650 GILLEY - Tél. : 03 81 43 30 46

GILLEY
Alt. : 860 m (TH) *C.M. 70 Pli 7*

▮▮▮ 3 ch. — Abbaye de Montbenoit : 4 km. Musée de l'Horlogerie : 12 km (Morteau). 3 ch : « Merisier » : (1 lit 1.40 m), s. d'eau/wc privés. « Musumara » suite familiale : 1 lit 2.00 m + 1 lit de coin 1.20 m, s. d'eau/wc privés + espace salon (chaîne stéréo). « l'Aurore » : 1 lit 1.40 m, s. d'eau/wc privés. Toutes avec une douche hydromassage + TV. Poss. lit d'appoint et bébé. Séjour/salon commun avec propriétaire : vaste terrain arboré clos. Parking. 3 chambres aménagées au 1ᵉʳ étage de l'habitation des propriétaires (« la fée chocolatine »). Possibilité de démonstration et/ou de stages avec dégustation de chocolats. Table d'hôtes de qualité avec dessert chocolatier. Enfants de moins de 6 ans gratuit ; à partir de 6ans (9 €). Langues parlées : italien, anglais.

Prix : 1 pers. 23 € 2 pers. 43 € 3 pers. 73 € repas 15 €
Ouvert : Toute l'année.

SP	24	SP	5	1	20	12	1	SP

Marie-Laure XAVIER - 10 rue Pasteur - 25650 GILLEY - Tél. : 03 81 43 35 14 - Fax : 03 81 43 35 14

GRAND-COMBE-DES-BOIS Ville Basse
Alt. : 1000 m (TH) *C.M. 66 Pli 18*

▮ 2 ch. — Parcours des échelles de la mort 10 km. Ch. 1 : (1 lit 2 pers. 1 lit 1 pers.) salle d'eau. Ch. 2 (1 lit 2 pers.), salle de bains. Wc communs aux 2 chambres. Réfrigérateur à disposition. Sur le passage du GR5 et de la GTJ (grande traversée du Jura). Parking, séjour commun propriétaires avec TV, salon de jardin. Cabine téléphonique à 1 km. 2 ch. d'hôtes aménagées au 1ᵉʳ étage de l'habitation des propriétaires. Vue panoramique sur la Suisse. Tarifs spéciaux hors saison et enfants. Supplément de 4 € par jour et par animal.

Prix : 1 pers. 20 € 2 pers. 32 € 3 pers. 40 € pers. sup. 9 € repas 11 € 1/2 pens. 26 €
Ouvert : Toute l'année.

7	10	7	17	7	25	17	17	7

Louis TAILLARD - Ville Basse - 25210 GRAND-COMBE-DES-BOIS - Tél. : 03 81 43 70 42

GRAND-COMBE-DES-BOIS
Alt. : 1000 m (TH) *C.M. 66 Pli 18*

▮ 1 ch. — 1 ch. double (2 pièces) au 1ᵉʳ étage de l'habitation des propriétaire située au centre du village, (1 lit 2 pers. 1 lit 1 pers. chacune, salle de bains, wc). Salon avec TV réservé aux hôtes. Parking privé, cour, pelouse, salon de jardin, balançoires. Situées sur le passage du GR5 et de la GTJ (grande traversée du Jura). Cabine tél. à 20 m.

Prix : 1 pers. 30 € 2 pers. 34 € pers. sup. 9 € repas 12 €
Ouvert : Toute l'année sur demande.

7	10	7	17	7	25	17	17	7

Colette et Jean MAILLOT - 7 rue principale - 25210 GRAND-COMBE-DES-BOIS - Tél. : 03 81 43 70 36

Doubs

Franche-Comté

JALLERANGE
C.M. 66 Pli 14

E.C. 4 ch. **Grottes d'Oselles 21 km. Besançon 28 km.** 4 ch. aménagées à l'ét. de la vaste habitation des propriétaires, avec chacune 1 lavabo. ch. Sarah (1 lit 2 pers. 1 lit 1 pers.). ch. Rachel (1 lit 2 pers. 1 lit bébé). ch. Elisa (1 lit 2 pers. 1 lit 1 pers.). 1 ch. Françoise (3 lits 1 pers.). Sanitaires communs : s. d'eau (douche, lavabo), 1 douche, 2 wc séparés. Salon privé avec TV. Vaste terrain non clos, parking. Barbecue, salon de jardin. Restaurant à 6 km.

Prix : 1 pers. **26** € 2 pers. **39** € pers. sup. **13** €
Ouvert : Toute l'année.

6	15	1	28	SP	28	11	6	

Colombe et Emmanuel COEURDEVEY - 11 Grande rue - 25170 JALLERANGE - Tél. : 03 81 58 21 06 ou 06 70 72 13 25

LARNOD
C.M. 66 Pli 15

2 ch. **La citadelle de Besançon : 5 km. La Vallée de la Loue à 10 km.** 2 chambres. CH1 (1 lit 1.40 m + 1 lit enfant) avec salle d'eau et wc privés + TV. CH2 : (1 lit 1.40 m) avec salle d'eau et wc privés + TV. Séjour/salon à disposition. Telephone des propriétaires à disposition. Terrasse et jardin d'agrément. Piscine sur la propriété (baignade non surveillée). Supplément 5 € pour 1 enfant. Table d'hôtes sur réservation. 2 chambres, avec entrée indépendante, aménagées dans la demeure de caractère (XVIIIe siècle) du propriétaire. Langue parlée : anglais.

Prix : 1 pers. **45** € 2 pers. **50** € repas **17** €
Ouvert : Toute l'année.

30	SP	10	10	SP	6	2

Fabienne et Laurent COSTE - 20 route de la Maltournée - 25720 LARNOD - Tél. : 03 81 57 37 15 ou 06 76 70 81 39 -
E-mail : chezlescoste@yahoo.fr - http ://alamaltournee.free.fr

LAVANS-VUILLAFANS
Alt. : 700 m   A
C.M. 66 Pli 16

5 ch. Ferme-auberge et 1 chalet/chambre en pleine nature. R.d.c. 1 ch. (1 lit 2 pers.), s.d.b. (baignoire/cabine douche/lavabo) et wc privés. 1 ch. 2 épis (1 lit 2 pers.), salle d'eau privée, wc communs. 1er étage : 1 ch. (1 lit 2 pers. 2 lits 1 pers.), s.d.b., wc. 1 ch. double (1 lit 2 pers., 3 lits 1 pers.), s.d.b./wc. Chalet/chambre situé à prox. de la ferme auberge (1 lit 2 pers. 2 lits 1 pers.), s. d'eau et wc privés, coin-détente, terrasse avec salon de jardin. Boissons non comprises dans le prix du repas. Petit-déjeuner amélioré, vente de produits fermiers. Longs séjours, nous consulter. Langues parlées : anglais, allemand.

Prix : 1 pers. **42/50** € 2 pers. **45/52** € pers. sup. **20** € repas **14/25** €
Ouvert : De janvier à novembre.

6	5	18	8	9	8	9	9	

Bernard BOURDIER - Ferme du Rondeau - 25580 LAVANS-VUILLAFANS - Tél. : 03 81 59 25 84 ou 03 81 59 26 64 - Fax : 03 81 59 29 31

LAVANS-VUILLAFANS Le Rondeau
Alt. : 700 m   A
C.M. 66 Pli 16

2 ch. **Vallée de la Loue 15 km.** A 3 km du village, en pleine nature, très grand calme et belle vue. 2 chambres au 1er étage de la maison des propriétaires avec chacune 1 lit 2 pers., salle de bains et wc privés. Coin-salon en mezzanine. Vente de produits fermiers. Repas : boissons non comprises. Petits-déjeuner amélioré. Longs séjours, nous consulter. Langues parlées : allemand, anglais.

Prix : 1 pers. **42** € 2 pers. **45** € pers. sup. **20** € repas **14/25** €
Ouvert : De janvier à novembre sur réservation.

6	5	18	8	9	8	9	9	

Emile BOURDIER - Ferme du Rondeau - 25580 LAVANS-VUILLAFANS - Tél. : 03 81 59 25 84 ou 03 81 59 26 64 - Fax : 03 81 59 29 31

LOMBARD
C.M. 66 Pli 15

3 ch. **A proximité de la Vallée de la Loue et du Val d'Amour.** 3 chambres : CH1 (1 lit 1.40), salle d'eau et wc privés. CH2 (1 lit 1.40 + 1 lit enfant), salle d'eau et wc privés. CH3 (1 lit 1.40 + 1 lit enfant), salle d'eau et wc privés. Séjour privé avec bibliothèque, TV, possibilité de consulter internet. Propriété close avec jardin arboré (salon de jardin). Parking. Possibilité lit bébé + table à langer. 3 chambres spacieuses aménagées au 1er étage d'une très belle maison bourgeoise. Restaurant à 4 km, Quingey. Langue parlée : anglais.

Prix : 1 pers. **30** € 2 pers. **40** € pers. sup. **11** €

33	4	14	SP	22	4,5	4

Jean-Luc et Andrée CARRIERE - 16 Grande rue - 25440 LOMBARD - Tél. : 03 81 63 67 95 ou 06 74 97 19 93 -
E-mail : CARRIEREJL@aol.com - http://perso.ksurf.net/jlcarriere

MORTEAU
Alt. : 800 m
C.M. 70 Pli 7

2 ch. **Saut du Doubs à 7 km. Musée de l'horlogerie à Morteau.** 2 chambres spacieuses décorées avec goût et raffinement dans belle maison bourgeoise. Chambre 1 (1 lit 2 pers.), s. d'eau, wc séparés privés. Chambre 2 (1 lit 2 pers.), s. d'eau et wc privés. Séjour/salon avec cheminée et TV, communs avec la propriétaire. Bibliothèque et tél. à disposition. Terrasse avec salon de jardin. Propriété close avec jardin ombragé. Ski nautique à 7 km. Restaurant sur place à Morteau. Langue parlée : anglais.

Prix : 1 pers. **47** € 2 pers. **53** € pers. sup. **24** €
Ouvert : Toute l'année.

10	10	SP	6	SP	22	SP	SP	SP

Arlette LAUDE - 7 rue de la Guron - 25500 MORTEAU - Tél. : 03 81 67 42 33 - Fax : 03 81 67 49 83

Franche-Comté   **Doubs**

MYON La Fin du Moulin
C.M. 70 Pli 5

3 ch. 3 ch. d'hôtes dont 1 en r.d.c. access. aux pers. hand. (1 lit 2 pers.), douche/lavabo, wc. 2 ch. 2 pers. (1 lit 2 pers. 2 lits 1 pers.) au 1er ét. avec douche et lavabo chacune. 2 wc communs (1 au r.d.c., 1 à l'étage). Salle de détente au 1er avec TV coul. Biblio. Jeux de société. L-linge commun au sous-sol. Pelouse/terrasses avec salons de jardin. Parking. Tarifs réduits à partir du 3e jour. Restauration possible à 300 m. Langue parlée : allemand.

Prix : 1 pers. 23 € 2 pers. 35 € pers. sup. 11 €
Ouvert : Toute l'année.

18	SP	23	SP	14	SP	19	SP

Noël et Noëlle NEDEY - Le Bergeret - 25440 MYON - Tél. : 03 81 63 72 26

ONANS
C.M. 66 Pli 17

1 ch. **A proximité du Pays de Montbéliar.** chambre (1 lit 160, 1 convertible 2 pers.), salle d'eau et wc privés, terrasse avec salon de jardin, terrain non clos, parking commun. Peut accueillir de 2 à 4 personnes. 1 chambre aménagée au rez de chaussée de l'habitation des propriétaires. Entrée indépendante. Langues parlées : allemand, anglais, espagnol.

Prix : 1 pers. 27 € 2 pers. 37 € pers. sup. 12 €

5	9	4	21	9	5

Daniel et Anne-Lise MARTINEZ - Rue des Roches - Cedex 08 - 25250 ONANS - Tél. : 03 81 93 47 66 - Fax : 03 81 93 47 66

OUGNEY-LA-ROCHE « Chez Soi »
C.M. 66 Pli 16

E.C. 4 ch. **Au cœur de la vallée du Doubs.** 4 ch. : CH1 : (2 lits 0.90 jumeaux), s. d'eau, wc séparés. CH2 : (2 lits 0.90 jumeaux + 2 lits 0.90 superposés), s. d'eau, wc. CH3 : (2 lits 0.90 jumeaux), s. d'eau, wc. CH4 : avec entrée indépendante (2 lits 0.90 jumeaux), s. d'eau, wc. Séjour, kitchenette (gaz, réfrigérateur), salle à manger rustique, terrasse, bac à sable, vélos à louer, 1 barque à dispo., salon de jardin. 4 chambres dont une double et une avec balcon sur rivière, dans belle maison en pierres en bordure du Doubs (halte nautique). Reduction 15 % à partir de 7 nuits de novembre à avril. Tarifs enfants. Langues parlées : anglais, allemand, hollandais.

Prix : 1 pers. 38/53 € 2 pers. 46/61 € repas 23 €
Ouvert : Toute l'année.

5	15	SP	12	2	5

Gerard et Wilma GEERS-PEURSUM - « Chez Soi » - 25640 OUGNEY-LA-ROCHE - Tél. : 03 81 55 57 05 ou 06 88 98 60 82 - Fax : 03 81 55 57 05 - E-mail : chez-soi@wanadoo.fr - www.chezsoi.nl

PALANTINE
C.M. 70 Pli 5

1 ch. 1 ch. totalement indép. au r.d.c. d'une très belle maison de campagne dans un petit village calme, à proximité des vallées de la Loue et du Lison (GR590). Ornans, Saline Royale d'Arc-et-Senans, Salins-les-Bains. 1 ch. (1 lit 2 pers.), poss. lit 1 pers. supp., salle d'eau (lave-linge) et wc privés, TV. Terrasse privée avec salon de jardin. Vaste parc. Chasse sur place. Restaurant à 6 km. Cabine téléphonique à 4 km.

Prix : 1 pers. 26 € 2 pers. 35 € pers. sup. 11 €
Ouvert : Toute l'année.

22	6	13	6	30	SP	6	24	7

Bernadette et Pierre FAILLENET - 7 rue des Charrieres - 25440 PALANTINE - Tél. : 03 81 63 65 70

PESSANS
C.M. 66 Pli 5

4 ch. **Quingey 4 km.** 4 ch. dans 1 maison récente, à proximité de la R.N 83. R.d.c. : 1 ch. (1 lit 2 pers. 2 lits 1 pers.), s. d'eau. 1 ch. (1 lit 2 pers.), s. d'eau. WC communs dans le hall. 1er ét. : 1 ch. familiale : 1 pièce (1 lit 2 pers.), 1 pièce (3 lits 1 pers.), avec s. d'eau. 1 ch. (1 lit 2 pers.), s. d'eau, wc communs aux 2 ch. Possibilité de promenades en calèche. Séjour avec TV. Vallée de la Loue, rivière à 1 km. Auberge à 2 km. Salins-les-Bains ville thermale avec casino, centre de remise en forme... à 19 km. Delta-plane. Jardin commun à disposition avec équipement de jardin. Suppl. de 2 €/animal/jour. Langue parlée : anglais.

Prix : 1 pers. 25 € 2 pers. 35 € 3 pers. 43 € pers. sup. 8 €
Ouvert : Toute l'année.

30	4	12	1	19	3	1	13	4

Colette DROZ-VINCENT - Rue de la Fontaine - 25440 PESSANS - Tél. : 03 81 63 75 43

PIERREFONTAINE-LES-VARANS Le Creusot Alt. : 750 m
C.M. 66 Pli 17

4 ch. **Cirque de consolation à 16 km.** Aménagées dans une belle ferme comtoise. 1 chambre au r.d.c. aux normes handicapées (2 lits 1 pers.) avec s. d'eau, wc privés. 1er étage : 1 ch. (1 lit 1 pers., lavabo), 1 ch. (2 lits 1 pers., lavabo), 1 chambre (2 lits 1 pers. avec lavabo), salle d'eau et wc communs. Salle de séjour et salon communs avec les propriétaires. TV couleur. Vaste terrain aménagé non clos avec salon de jardin. Téléski sur la commune.

Prix : 1 pers. 27 € 2 pers. 35 € pers. sup. 9 € repas 9/11 €
1/2 pens. 37 € pens. 53 €
Ouvert : Toute l'année.

SP	3	3	5	17	33	16	3

Marie-Madeleine GODAT - 4,chemin Creusot - 25510 PIERREFONTAINE-LES-VARANS - Tél. : 03 81 56 07 16 - Fax : 03 81 56 07 16 - E-mail : mgodat@m6net.fr

Doubs
Franche-Comté

RENNES-SUR-LOUE
C.M. 70 Pli 5

2 ch. — 2 ch. d'hôtes avec accès indép. dans une maison de ferme traditionnelle en pierre, recouverte de vigne vierge, implantée au centre d'un village en bordure de rivière. 1 ch. (1 lit 2 pers. Poss. lit 1 pers. suppl.), salle d'eau, wc privés. 1 ch. (2 lits 1 pers.), Poss. 1 lit 1 pers. suppl. s. d'eau, wc privés. Terrasse de 40 m² avec salon de jardin. Supplément animal.

Prix : 1 pers. 29 € 2 pers. 38 € pers. sup. 13 € repas 15 €
Ouvert : Toute l'année.

34	11	19	SP	14	6	6	6

Claudine TRIBUT/FAURE - Place du Village - 25440 RENNES-SUR-LOUE - Tél. : 03 81 63 52 62 -
E-mail : c.tribut@amiesenfranchecomte.com

RENNES-SUR-LOUE
C.M. 70 Pli 5

1 ch. — 1 chambre (1 lit 2 pers.), salle de bains (baignoire, douche, lavabo) et wc séparés privés. 1 lit pliant 1 pers. Coin-salon avec TV réservé aux hôtes. Espace pelouse ombragé avec salon de jardin. Restaurant 5 km. Repas pouvant être servis chez Tribut-Faure Claudine (table d'hôtes). Belle chambre au 1er étage d'un pavillon neuf dominant une aire naturelle de camping à proximité de la rivière « La Loue ». Grand calme.

Prix : 1 pers. 29 € 2 pers. 38 € pers. sup. 13 €
Ouvert : Juin et août.

11	10	SP	14	6	6	6

Philippe TRIBUT - 2 place du village - 25440 RENNES-SUR-LOUE - Tél. : 03 81 63 75 54 - Fax : 03 81 63 75 54

LA SOMMETTE La Doleze
Alt. : 730 m — C.M. 66 Pli 17

1 ch. — 1 chambre double au 2e étage de la maison des propriétaires comprenant également 2 gîtes ruraux. 1 chambre (1 lit 2 pers.). 1 chambre (2 lits 1 pers.). Salle d'eau et wc privés. Vaste terrain. Ski de piste à 5 km avec 1 téléski. Restaurant à 3 km.

Prix : 1 pers. 27 € 2 pers. 38 € pers. sup. 12 €
Ouvert : Toute l'année.

5	4	5	6	16	9	4

Dominique et Michelle GUINCHARD - 1, rue de la Faye - la Doleze - 25510 LA-SOMMETTE - Tél. : 03 81 56 02 84

ST-GEORGES-D'ARMONT
Alt. : 530 m — C.M. 66 Pli 16

1 ch. — Château de Belvoir 15 km. 1 chambre aménagée dans la vaste maison des propriétaires. 1 chambre (1 lit 2 pers. 1 lit d'appoint), salle d'eau et wc privés. Séjour-salon commun avec propriétaires (TV à disposition). Terrain non clos, salon de jardin. Repas à base de produits sans traitements chimiques. Cabine téléphonique à 300 m.

Prix : 1 pers. 27 € 2 pers. 38 € pers. sup. 9 € repas 11/14 €
1/2 pens. 35 € pens. 46 €
Ouvert : Toute l'année.

9	13	3	10	SP	7	7

Bernard et Nelly DUNZER - 2 Rue Foley - 25340 ST-GEORGES-D'ARMONT - Tél. : 03 81 93 86 15

VAUDRIVILLERS Chez Mizette
C.M. 66 Pli 17

4 ch. — Situées dans un petit village sur le plateau du Lomont 4 chambres aménagées au r.d.c. et étage : 1 ch. (1 lit 2 pers.), s. d'eau, wc et 1 ch. (1 lit 2 pers.), s. d'eau, wc. 1 ch. (1 lit 2 pers.), s. d'eau et wc, 1 ch. (1 lit 2 pers.), s. d'eau et wc, poss. lit enf. Salon avec TV couleur, bibliothèque et coin-cuisine intégré communs aux hôtes. Terrain non clos. Langue parlée : allemand.

Prix : 1 pers. 30 € 2 pers. 40 € 3 pers. 53 € pers. sup. 13 €
repas 13 € 1/2 pens. 42 €
Ouvert : Toute l'année.

19	16	11	8	23	SP	SP	15	3

Marie-Josephe PHILIPPE - 3 rue de l'église - Chez Mizette - 25360 VAUDRIVILLERS - Tél. : 03 81 60 45 70 - Fax : 03 81 60 45 70 -
E-mail : chez-mizette@wanadoo.fr - http://perso.wanadoo.fr/guy.pommier/mizette

VERNIERFONTAINE
Alt. : 730 m — C.M. 66 Pli 16

1 ch. — 1 chambre au 1er étage de la maison des propriétaires. Entrée indépendante par escalier extérieur. 1 lit 2 pers. Possibilité 1 lit enfant. Salle d'eau, wc séparés. Terrain avec salon de jardin. Parking. Restaurants au village. Cabine téléphonique à proximité. Réductions pour séjours de plus de 4 jours.

Prix : 1 pers. 26 € 2 pers. 34 € 3 pers. 44 € pers. sup. 11 €

11	36	SP	8	11	7	SP	12	7	SP

Michel GAULARD - 19 rue du Stade - 25580 VERNIERFONTAINE - Tél. : 03 81 60 01 27

Franche-Comté

Doubs

VILLERS-LE-LAC Le Cernembert
Alt. : 1300 m — A — C.M. 70 Pli 7

5 ch. — 1 ch. (1 lit 2 pers. 2 lits 1 pers. superp.), s. d'eau, wc. Coin-séjour/kitchenette, 1 ch. acc. pers. hand. EC (1 lit 2 pers.), coin-salon (1 lit 1 pers.), s. d'eau/wc. 1 ch. (1 lit 2 pers.) ouvrant sur terrasse, s. de jardin, s. d'eau, wc, coin-séjour, frigo, 1 ch. double (1 lit 2 pers. 2 lits 1 pers. superp.), s.d.b., wc. Kitchenette/coin-salon, ouvrant sur terrasse privée avec salon de jardin. R.d.c. : pièce commune (repas, coin-salon/cheminée). 1 ch. (1 lit 2 pers. 1 lit 1 pers.), s.d.b., wc, kitchenette/coin-séjour. Séjours organisés avec accompagnateur « gens de pays ». Langues parlées : anglais, allemand.

Prix : 1 pers. 42 € 2 pers. 46/56 € 3 pers. 63/75 € repas 14 €
1/2 pens. 37/44 €

	SP	10	SP	11	2	16	SP	2	6	2

Jean-Paul MARGUET - Le Cernembert - Mont Genevrier - 25130 VILLERS-LE-LAC - Tél. : 03 81 68 01 85 - Fax : 03 81 68 16 49 -
E-mail : marguet@saut-du-doubs.com - www.saut-du-doubs.com (paiement sécurisé).

VILLERS-LE-LAC La Courpée
Alt. : 1300 m — C.M. 70 Pli 7

1 ch. — 1 chambre double : 2 lits 2 pers., possibilité lit enfant, salle d'eau, wc privés. Jardin d'agrément non clos. Equipement de jardin (balancelle, petite piscine enfant). Abri pour vélos, motos et skis. Taxe de séjour. Enfant de moins de 10 ans : 8 €. 1 chambre au 1er étage de la maison des propriétaires « La Rose des Vents ». Entrée commune. Endroit calme. Belle vue. Réservation par téléphone de 11 h à 13 h et de 19 h à 22 h.

Prix : 1 pers. 30 € 2 pers. 44 € pers. sup. 14 €
Ouvert : Toute l'année sauf du 10/10 au 15/11.

	SP	10	SP	11	2	16	SP	2	6	1

Lucienne VERNIER - 42, La Courpée route des Fins - 25130 VILLERS-LE-LAC - Tél. : 03 81 68 11 95 ou SR : 03 81 82 80 48

VILLERS-SOUS-CHALAMONT
Alt. : 710 m — C.M. 70 Pli 5

3 ch. — 3 chambres chez un propriétaire agriculteur. 1er étage de la ferme : 1 ch. (1 lit 2 pers. 1 convertible 120), salle d'eau, wc. 2 ch. dans une petite maison en r.d.c. à côté de la ferme comprenant chacune 1 lit 2 pers. et salle d'eau, wc, séjour, kitchenette communs aux 2 ch. Cabine téléphonique à proximité. Restaurant à 8 km. Terrain avec salon de jardin. A proximité de la route des Sapins. Réductions pour séjours de plus d'une semaine.

Prix : 1 pers. 24 € 2 pers. 34 € 3 pers. 43 € pers. sup. 9 €

	13	35	8	8	5	18	13	SP

Yves et Jeanne JEUNET - 5 grande rue - 25270 VILLERS-SOUS-CHALAMONT - Tél. : 03 81 49 37 51 - Fax : 03 81 49 32 26

VUILLAFANS
C.M. 70 Pli 6

5 ch. — Vaste batisse entourée d'un parc en bordure de la Loue. 1er étage : 1 chambre double avec balcon (2 lits 2 pers.), lavabo, s.d.b., wc non attenants. 2e étage : 4 ch. (3 lits 2 pers. 3 lits 1 pers. 1 lit enfant) avec lavabo dont 1 avec salle d'eau privée. Salle d'eau et wc communs aux 3 autres chambres. Taxe de séjour. Restaurant à 8 km ou 15 km.

Prix : 1 pers. 21 € 2 pers. 27 € 3 pers. 40 € pers. sup. 14 €
Ouvert : Toute l'année.

	16	SP	17	SP	20	SP	SP	29	SP

Jean-Claude FAIVRE-DUBOZ - 31 rue de Besançon - Villa sans Façon - 25840 VUILLAFANS - Tél. : 03 81 60 90 79 - Fax : 03 81 60 90 79

Jura

LOISIRS ACCUEIL - Service Réservation
8, rue Louis-Rousseau - 39000 LONS-LE-SAUNIER
Tél. 03 84 87 08 88 - Fax 03 84 24 88 70

ANDELOT-EN-MONTAGNE
Alt. : 650 m — A (TH) — C.M. 70 Pli 5

6 ch. — 6 chambres de 2 à 3 personnes avec salle d'eau ou salle de bains privés, WC privés, téléphone, salon avec cheminée, grande salle à manger, salle de jeux, jardin et terrasses fleuries, aménagées dans une belle maison au centre du village. Forêts, pâturages et cours d'eau abondent dans la région. Langue parlée : anglais.

Prix : 1 pers. 29 € 2 pers. 38 € p_sup. 8 € repas 10 €
1/2 pens. 29 €
Ouvert : De février à octobre.

	18	18	SP	SP	15	25	15	4	15	15

Anne Marie et Thérèse BOURGEOIS BOUSSON - Grande Rue - 39110 ANDELOT-EN-MONTAGNE - Tél. : 03 84 51 43 77

ANDELOT-LES-SAINT-AMOUR
Alt. : 520 m — A — C.M. 70 Pli 13

6 ch. — Magnifique demeure du XII et XIV è siècles, construite par l'illustre famille de Coligny, qui domine le village et la vallée du Suran. 3 chambres sont aménagées dans l'ancien donjon, salle de lecture réservée aux hôtes, grand salon, cour, terrasse, grand parc de 10 ha et tennis privé, mongolfière, tir à l'arc. Langues parlées : anglais, allemand.

Prix : 2 pers. 195 € p_sup. 23 €
Ouvert : Toute l'année.

	SP	SP	SP	30	5

Harry BELIN - Rue de l'Eglise - 39320 ANDELOT-LES-ST-AMOUR - Tél. : 03 84 85 41 49 - Fax : 03 84 85 46 74

Jura

Franche-Comté

ARLAY
(TH) *C.M. 70 Pli 4*

4 ch. Vielle maison vigneronne en bordure de rivière, dans un bourg historique au patrimoine très riche. Très joli jardin fleuri et ombragé, calme, tranquilité et convivialité sont au rendez-vous. Une des chambres est aménagée dans une petite maison dans le jardin. Salon musical, salon de lecture, bibliothèque, cheminée à disposition des hôtes. Langues parlées : anglais, allemand.

Prix : 2 pers. **42 €** 3 pers. **55 €** p_sup. **13 €** repas **14 €**
Ouvert : Toute l'année.

🐕	🛏️	⛱️	🚶	🐎	🎿	🏊	🎾	🎣	🚂	🚴
30	3	SP	6	60	70	SP	SP	18	15	5

M-Claude et Christian PETIT - Rue Honoré Chapuis - 39140 ARLAY - Tél. : 01 11 63 86 58

BAUME-LES-MESSIERS
A *C.M. 70 Pli 4*

1 ch. Une chambre avec sanitaires privés est aménagée dans une ancienne maison de village située au centre du bourg, près de l'abbaye. Le village et le site de Baume sont classés comme un des plus beaux sites de France. Langue parlée : anglais.

Prix : 1 pers. **30 €** 2 pers. **39 €**
Ouvert : Toute l'année.

🐕	🛏️	⛱️	🚶	🐎	🎿	🏊	🎾	🎣	🚂	🚴
12	12	SP	20	6	SP	15	12	6		

Marie et Rex ANDREWS - Place de la Mairie - 39210 BAUME-LES-MESSIEURS - Tél. : 03 84 44 65 72 - Fax : 03 84 44 65 72 -
E-mail : andrewsrm@libertysurf.fr

BAUME-LES-MESSIERS L'Abbaye
(TH) A *C.M. 70 Pli 4*

3 ch. Dans le cadre prestigieux de l'Abbaye de Baume les Messieurs, 3 chambres avec sanitaires privés sont aménagées, grand salon avec billard, boutique et restaurant de produits régionnaux sur place. Très belle vue sur la reculée et le village classé. Langue parlée : anglais.

Prix : 1 pers. **59 €** 2 pers. **59 €** p_sup. **16 €** repas **14/18 €**
Ouvert : Toute l'année.

🐕	🛏️	⛱️	🚶	🐎	🎿	🏊	🎾	🎣	🚂	🚴
12	12	SP	20	6	SP	15	12	6		

Ghislain BROULARD - L'Abbaye - 39210 BAUME-LES-MESSIEURS - Tél. : 03 84 44 64 47 - Fax : 03 84 44 90 25

BELLECOMBE La Dalue
Alt. : 1200 m   A *C.M. 70 Pli 15*

4 ch. Les chambres avec sanitaires privés sont aménagées dans une maison de montagne entièrement rénovée, située au cœur du parc Naturel régional du Haut-Jura. Salle à manger avec cheminée, salle de détente. Pâturages, grands espaces, forêts et sentiers de randonnées caractérisent cette région à l'environnement préservé. Langues parlées : anglais, allemand.

Prix : 1 pers. **27 €** 2 pers. **46 €** 3 pers. **64 €** p_sup. **18 €** repas **12 €** 1/2 pens. **38 €**
Ouvert : Toute l'année.

🐕	🛏️	⛱️	🚶	🐎	🎿	🏊	🎾	🎣	🚂	🚴
2	6	SP	4	SP	6	10	15	18	10	

Bernard PERRIER - 39310 BELLECOMBE - Tél. : 03 84 41 69 03 - Fax : 03 84 41 66 22 - E-mail : perrier.ladalue@wanadoo.fr

BONLIEU
Alt. : 880 m   A *C.M. 70 Pli 15*

4 ch. Au cœur de la région des lacs, et aux portes du Haut-Jura, 4 chambres avec sanitaires privés sont aménagées dans une ferme construite en 1815, et entièrement rénovée, jardin d'agrément, grande terrasse, cour, salon de jardin. Plans d'eau, cascades et belvédères constituent la toile de fond de cette région touristique. Langue parlée : anglais.

Prix : 1 pers. **30/34 €** 2 pers. **34/42 €** 3 pers. **42/50 €** p_sup. **8 €**
Ouvert : Toute l'année.

🐕	🛏️	⛱️	🚶	🐎	🎿	🏊	🎾	🎣	🚂	🚴
2	2	SP	1	13	30	5	3	20	18	10

Christine et Dominique GRILLET - 12 Rue de la Maison Blanche - 39130 BONLIEU - Tél. : 03 84 25 59 12 -
E-mail : dominique.grillet@wanadoo.fr

BONNAISOD
(TH) *C.M. 70 Pli 13*

3 ch. Dans un endroit très calme au cœur des bocages bressans, les chambres avec sanitaires privés sont aménagées au 1er étage d'une ancienne ferme rénovée. Entrée indépendante. L'étable reconvertie en grand séjour avec salle à manger, salon bibliothèque et coin TV est à la disposition des hôtes. Grand jardin arboré et fleuri. Terrasses, salon de jardin. Vue panoramique sur la campagne et les coteaux du Revermont. Le soir, sur réservation, table d'hôtes de produits du terroir et du potager. Vélos à disposition. Langues parlées : hollandais, anglais.

Prix : 1 pers. **35 €** 2 pers. **40 €** 3 pers. **50 €** repas **15 €**
Ouvert : Toute l'année.

🐕	🛏️	⛱️	🚶	🐎	🎿	🏊	🎾	🎣	🚂	🚴
25	15	SP	4	70	80	6	2	15	12	5

Nicole et maurice JACQMIN - 2 Route de Rieland - Bonnaisod - 39190 VINCELLES - Tél. : 03 84 25 19 17 - Fax : 03 84 25 17 78 -
E-mail : champs.derrière@worldonline.fr - www.multimania.com/champsderriere/

Franche-Comté
Jura

BRACON La Grange Cavaroz — Alt. : 500 m — A — C.M. 70 Pli 5

2 ch. Dominant la station thermale de Salins-les-Bains et la vallée de la Furieuse, les chambres avec sanitaires privés sont aménagées dans une ferme située en pleine nature, jardin fleuri, terrasse et salon de jardin. Calme, grands espaces, très belle vue sur le Mont-Poupet, et confitures maison ne manqueront pas de séduire parents et enfants.

Prix : 1 pers. **26/27 €** 2 pers. **32/35 €** 3 pers. **43 €** p_sup. **9 €**
Ouvert : Toute l'année.

🐕	⛱	👥	🏃	⛷	🎾	🏊	🎣	🚲	⛳
5	SP	3	20	40	3	3	30	10	3

Michel DUQUET - 3 la grande Cavaroz - 39110 BRACON - Tél. : 03 84 73 00 07

CERNON Sous Le Château — Alt. : 800 m — A (TH) — C.M. 70 Pli 14

3 ch. Les chambres avec sanitaires privés sont aménagées dans un chalet situé en pleine nature, et qui dispose d'une très belle vue sur le village et la campagne avoisinante. Lacs, forêts, grands espaces abondent dans cette région au patrimoine naturel très riche. Calme et confort caractérisent cet hébergement. Les repas sont confectionnés avec les produits du jardin. Langue parlée : anglais.

Prix : 1 pers. **41 €** 2 pers. **46 €** 3 pers. **59 €** p_sup. **14 €** repas **14 €** 1/2 pens. **34 €**
Ouvert : Du 01/02 au 31/10.

🐕	🪑	⛱	👥	🏃	⛷	🎾	🏊	🎣	🚲	⛳
5	5	SP	12	SP	2	25	30		12	

Françoise LAMARCHE - Viremont - 39240 CERNON - Tél. : 03 84 35 75 17 - Fax : 03 84 35 75 17 - E-mail : af.lamarche@wanadoo.fr - http://site.wanadoo.fr/sous-le-chateau

---

CHARENCY — Alt. : 800 m — A — C.M. 70 Pli 5

1 ch. Dans un village typique du Haut-Jura, les chambres sont aménagées dans une maison ancienne rénovée. Forêts, rivières et grands espaces constituent la toile de fond de cette région.

Prix : 1 pers. **20 €** 2 pers. **40 €** 3 pers. **42 €** p_sup. **9 €**
Ouvert : Toute l'année.

🐕	⛱	👥	🏃	⛷	🎾	🏊	🎣	🚲	⛳
10	SP	10	15	25	5	2	10	7	

Marie Louise et Roger MELET - 39250 CHARENCY - Tél. : 03 84 51 16 11

CHAREZIER — Alt. : 500 m — A (TH) — C.M. 70 Pli 14

4 ch. Dans la région des lacs, trois chambres avec sanitaires privés sont aménagées dans une petite maison dans la jardin, et une chambre dans la maison du propriétaire. Salle de séjour et salon avec télévision, terrasse. Vastes pâturages, forêts, lacs et cascades caractérisent cette région.

Prix : 2 pers. **32 €** 3 pers. **39 €** p_sup. **7 €** repas **9 €** 1/2 pens. **24 €**
Ouvert : Toute l'année.

🐕	🪑	⛱	👥	🏃	⛷	🎾	🏊	🎣	🚲	⛳
5	5	SP	5	20	30	5	1	20	22	5

Jacqueline DEVENAT - Rue du vieux Lavoir - 39130 CHAREZIER - Tél. : 03 84 48 35 79

CHAREZIER — Alt. : 500 m — A — C.M. 70 Pli 14

1 ch. Une chambre avec sanitaire privé est aménagée dans une maison ancienne entièrement rénovée au cœur de la Région des Lacs, cour et terrain attenant. Lacs, forêts, cascades et belvédères abondent dans cette région très touristique.

Prix : 1 pers. **27 €** 2 pers. **33 €**
Ouvert : Toute l'année.

🐕	🪑	⛱	👥	🏃	⛷	🎾	🏊	🎣	🚲	⛳
6	6	SP	6	15	30	6	SP	20	25	6

Madeleine et Henry MAITRE - 7 rue du vieux Lavoir - 39130 CHAREZIER - Tél. : 03 84 48 32 78

CHAREZIER — A — C.M. 70 Pli 14

4 ch. Au cœur du pays des lacs, les chambres avec sanitaires privés sont aménagées sur une exploitation agricole en activité, salon TV en commun, terrasse aménagée, jeux de boules. Lacs, cascades, grandes forêts, sentiers de randonnées caractérisent cette région touristique. Spécialités gastronomiques régionales à la ferme auberge sur place.

Prix : 1 pers. **27 €** 2 pers. **30 €** 3 pers. **38 €** p_sup. **8 €** repas **10 €** 1/2 pens. **25 €**
Ouvert : Toute l'année.

🐕	🪑	⛱	👥	🏃	⛷	🎾	🏊	🎣	🚲	⛳
6	6	SP	6	20	7	1	25	22	5	

Cécile et Claude BAILLY - 9 Rue du Lavoir - 39130 CHAREZIER - Tél. : 03 84 48 35 07 -
E-mail : contact@campagne-hebergement-vacance.com - www.campagne-hebergement-vacance.com

Jura

Franche-Comté

CHATELNEUF
Alt. : 800 m   **A**   *C.M. 70 Pli 5*

1 ch. Une chambre avec sanitaires privés est aménagée dans une maison située en pleine nature, salle de séjour avec TV à la disposition des hôtes. Garage, jardin, terrasse, parking, pré. Possibilité de cuisine. Forêts, grands espaces, et cours d'eau parsèment cette région.

Prix : 1 pers. **21** € 2 pers. **26** €
Ouvert : Toute l'année.

🐕	🏖	⛱	👥	🐎	⛷	🎾	🏊	🎣	🚤	⛵
10	2	SP	10	15	15	7	10	12	12	

Mariette et André MICHAUD - 75 Route de Mont sur Monnet - 39300 CHATELNEUF - Tél. : 03 84 51 61 70

CHATENOIS La Thuilerie des Fontaines
A   *C.M. 66 Pli 14*

4 ch. Aux confins de la Franche-Comté et de la Bourgogne, entre les massifs de la Serre, et de la forêt de la Chaux, près de la basse vallée du Doubs, 4 chambres ont été aménagées dans une demeure du milieu XVIII ème siècle avec wc et salle d'eau ou salle de bain privés. Salon de lecture et bibliothèque locale. Piscine chauffée dans un parc ombragé attenant. Salon de jardin. Langues parlées : anglais, allemand.

Prix : 1 pers. **34** € 2 pers. **41** € 3 pers. **49** € p_sup. **8** €
Ouvert : Toute l'année.

🐕	🏖	⛱	👥	🐎	🎾	🏊	🎣	🚤	⛵
2	SP	SP	50	SP	2	15	6	6	

Françoise et Michel MEUNIER - 2 Rue des fontaines - 39700 CHATENOIS - Tél. : 03 84 70 51 79 -
E-mail : michel.meunier2@wanadoo.fr - http://perso.wanadoo.fr/hôtes-michel.meunier/michel.htm

---

CHEVIGNY
(TH)   *C.M. 66 Pli 13*

1 ch. Une chambre familiale pour 2 ou 4 personnes, aménagée dans une grande maison de caractère située à deux pas de la Bourgogne. Magnifique parc arboré et fleuri, terrasse couverte. Possibilité de prendre le petit déjeuner sur la terrasse, dans le parc où chez le propriétaire. Salon avec cheminée, billard, bibliothèque et jeux. Table d'hôtes le week-end sur réservation. Garage fermé à disposition.

Prix : 1 pers. **30** € 2 pers. **38** € 3 pers. **46** € pers. sup. **8** € repas **15** €
Ouvert : Toute l'année.

🐕	🏖	⛱	👥	🐎	🎾	🏊	🎣	🚤	⛵
7	7	SP	5	7	10	20	7	5	

Patricia et Patrick SAUNIER - Route de Rainans - 39290 CHEVIGNY - Tél. : 03 84 82 10 84

CHISSEY-SUR-LOUE
A   *C.M. 70 Pli 4*

3 ch. Les chambres avec sanitaires privés sont aménagées dans une maison rénovée de la vallée de la Loue. Cour, jardin, clos attenant, terrasse ombragée et couverte, piscine privée. Rivières, forêts et étangs constituent la toile de fond de cette région. Village à proximité des Salines Royales D'Arc et Senans. Langues parlées : anglais, hollandais.

Prix : 1 pers. **35** € 2 pers. **40** € pers. sup. **8** €
Ouvert : D'avril à octobre.

🐕	🏖	⛱	👥	🎾	🏊	🎣	🚤	⛵
1	1	SP	6	SP	1	15	9	9

Sandrine et Lone OSINGA - 27 Grande Rue - 39380 CHISSEY-SUR-LOUE - Tél. : 03 84 37 79 17 - E-mail : sandrine.osinga@wanadoo.fr

---

COLLONDON
Alt. : 530 m   **A**   *C.M. 70 Pli 14*

2 ch. Au cœur de la région des lacs, deux chambres avec sanitaires privés sont aménagées dans une ancienne ferme franc-comtoise. Grand parc arboré, salon de jardin, barbecue, jeux pour enfants. Langue parlée : anglais.

Prix : 2 pers. **43** € 3 pers. **37** € pers. sup. **6** €
Ouvert : Toute l'année.

🐕	🏖	⛱	👥	🎾	🏊	🚤	⛵
5	5	SP	3	5	2	30	2

Florence et J. Michel LEGRAND/CORDIER - 39130 COLLONDON - Tél. : 03 84 25 71 61

COLONNE Vaivre
A   **(TH)**   *C.M. 70 Pli 3*

1 ch. Au cœur de la Bresse jurassienne, cette chambre familiale est aménagée dans une ancienne ferme bressanne entièrement rénovée. Une grande cuisine, un magnifique salon avec une superbe cheminée disposant de mobilier ancien sont à la disposition des hôtes. Grand parc arboré avec étang et piscine privés. Terrasse, salon de jardin. Le propriétaire passionné de cuisine vous fera découvrir toutes les facettes de la gastronomique régionale. Possibilité de sortie nocturne autour des étangs pour écouter la faune. Langue parlée : anglais.

Prix : 1 pers. **38** € 2 pers. **43** € pers. sup. **9** € repas **20** €
Ouvert : Week-end et juillet, août.

🐕	🏖	⛱	👥	🐎	⛷	🎾	🏊	🎣	🚤	⛵
50	SP	SP	4	65	75	12	SP	19	12	12

Véronique PIARD - Vaivre - 39800 COLONNE - Tél. : 03 84 37 56 47

Franche-Comté **Jura**

CONDAMINE   A   *C.M. 70 Pli 14*

2 ch. Dans une belle ferme jurassienne entièrement rénovée, 2 chambres avec sanitaires privés et entrées indépendantes sont aménagées, salon avec cheminée et bibliothèque à disposition des hôtes, beau jardin fleuri, terrasse, salon de jardin. Vignoble, rivières, forêts et traditions gastronomiques caractérisent cette région. Langue parlée : allemand.

Prix : 1 pers. 39 € 2 pers. 43 € 3 pers. 46 € p_sup. 8 €
Ouvert : Toute l'année.

30	10	SP	5	60	70	5	0,5	10	10	10

Michèle et Jean NICOLAS - Rue du Centre - 39570 CONDAMINE - Tél. : 03 84 35 32 38 - Fax : 03 84 35 36 03

COURLAOUX   (TH)   *C.M. 70 Pli 13*

2 ch. A deux pas de la Bourgogne, 2 chambres avec sanitaires privés sont aménagées dans une grande villa, salon avec cheminée, salle à manger, terrasse, piscine et magnifique parc arboré. Langue parlée : anglais.

Prix : 1 pers. 49 € 2 pers. 53 € pers. sup. 15 € repas 15 €
Ouvert : Toute l'année.

25	SP	SP	2	45	60	2	2	1,5	7	7

Anne-Claire et Maxime GRENARD - Les Vernes - 39570 COURLAOUX - Tél. : 03 84 35 37 16 -
E-mail : anne-claire.grenard@wanadoo.fr - www.hors-du-temps.ifrance.com ou SR : 03 84 87 08 88

DARBONNAY   A   *C.M. 70 Pli 4*

1 ch. Une chambre avec sanitaire privé est aménagée dans une belle demeure d'un village du vignoble jurassien, salon à disposition, terrasse, grand parc arboré, salon de jardin. Au cœur du vignoble, forêts, étangs et rivières caractérisent cette région.

Prix : 1 pers. 38 € 2 pers. 43 €
Ouvert : Toute l'année.

10	2	10	4	5	20	18	6

Philippe et Anette BONNET - Place de la Mairie - 39230 DARBONNAY - Tél. : 03 84 85 50 12 - Fax : 03 84 85 50 12 -
E-mail : bonnet.philippe2@wanadoo.fr

DARBONNAY   (TH)   *C.M. 70 Pli 4*

2 ch. Agnès et Pascal vous accueillent dans leur maison francomtoise située à l'entrée du village, et vous proposent 2 chambres avec sanitaires privés. Salle de séjour avec cheminée, piano mis à disposition. Jardin arboré, vue unique sur châteaux et vignoble. Endroit privilégié pour découvrir les sites de Baume les Messieurs, Arbois, Dole. Maison d'hôtes « élue par les européennes ». Langue parlée : anglais.

Prix : 1 pers. 35 € 2 pers. 43 € 3 pers. 58 € p_sup. 15 €
repas 17 €
Ouvert : De Pâques à la Toussaint.

10	2	10	4	5	20	18	6

Agnès FOUGERE - 39230 DARBONNAY - Tél. : 03 84 85 58 27 - Fax : 03 84 85 58 27 - E-mail : agnès.fougere@wanadoo.fr -
www.amiesenfranchecomte.com

DENEZIERES   Alt. : 650 m   A   *C.M. 70 Pli 5*

1 ch. La chambre est aménagée dans une ancienne ferme entièrement rénovée, au cœur de la région des Lacs. Grand salon avec une cheminée monumentale, TV couleur. Terrasse et jardin. Forêts, lacs, rivières et cascades constituent la toile de fond de cette région. Langue parlée : anglais.

Prix : 1 pers. 30 € 2 pers. 37 € 3 pers. 43 €
Ouvert : Toute l'année sauf février et mars.

7	7	SP	7	20	35	7	5	40	15	7

Jocelyne LIEHN - Grande Rue - 39130 DENEZIERES - Tél. : 03 84 25 58 05 - Fax : 03 84 25 58 05 - E-mail : trot.menu@libertysurf.fr

DOMPIERRE-SUR-MONTS   Alt. : 515 m   A   *C.M. 70 Pli 14*

1 ch. Une chambre avec sanitaires privés est aménagée dans une maison récente disposant d'une vaste cour, d'un jardin attenant et située sur une exploitation agricole en activité. Terrasse et salon de jardin. Nombreuses activités possible au Lac de Vouglans. Vastes pâturages, forêts, cours d'eau et cascades constituent la toile de fond de cette région.

Prix : 1 pers. 25 € 2 pers. 31 €
Ouvert : Toute l'année.

10	10	SP	10	4	10	20	18	4

Annie et Claude PONCET - Route de Lons - 39270 DOMPIERRE-SUR-MONT - Tél. : 03 84 25 42 50

FRANCHE-COMTÉ

Jura
Franche-Comté

ETIVAL-LES-RONCHAUX
Alt. : 820 m — A — C.M. 70 Pli 15

2 ch. Au cœur de la région des lacs, à proximité des grandes forêts jurassiennes, 2 chambres 4 personnes avec cabinet de toilette et WC particuliers pour l'une, l'autre avec douche, lavabo et WC. Réfrigérateur à la disposition des hôtes. Terrain, parking, pré. Possibilité cuisine.

Prix : 1 pers. 26 € 2 pers. 33/35 € 3 pers. 38/40 € p_sup. 5 €
Ouvert : Toute l'année.

🐕	⛱	⛱	🏃	⛷	⛷	🎾	🏊	🏌	🚂	⛳
SP	SP	SP	10	SP	SP	10	SP	25	11	

Maguy JAILLET - Les Ronchaux - 39130 ETIVAL-LES-RONCHAUX - Tél. : 03 84 44 87 19

LA FAVIERE
Alt. : 870 m — (TH) — C.M. 70 Pli 5

4 ch. 4 chambres avec sanitaires privés aménagées dans une vaste ferme typique de la région, en bordure du village. Salon avec TV, grande salle de jeux à disposition. Terrasse, jardin, salon de jardin. Grands espaces, forêts, pâturages constituent la toile de fond de cette région.

Prix : 1 pers. 24 € 2 pers. 32 € 3 pers. 40 € pers. sup. 9 €
1/2 pens. 27 €
Ouvert : Toute l'année.

🐕	⛱	⛱	🏃	⛷	⛷	🎾	🏊	🏌	🚂	⛳
20	12	SP	8	8	15	3	3	20	3	

Chantal et Jean-Marie COURVOISIER - Ferme des Coucous - 39250 LA-FAVIERE - Tél. : 03 84 51 16 74 - Fax : 03 84 51 16 74

FAY-EN-MONTAGNE
Alt. : 550 m — A — C.M. 70 Pli 4

2 ch. Les chambres sont aménagées au premier étage d'une ancienne ferme de caractère, salon commun avec TV, magnétoscope et Kitchnette à disposition. Terrasses, jardin fleuri, et salon de jardin. Possibilité de promenades à cheval au village.

Prix : 1 pers. 27 € 2 pers. 37 € 3 pers. 46 € p_sup. 8 €
Ouvert : Toute l'année.

🐕	⛱	⛱	🏃	⛷	⛷	🎾	🏊	🏌	🚂	⛳
17	12	SP	SP	60	12	9	25	12	12	

Raymonde et Jean BAILLY - 39800 FAY-EN-MONTAGNE - Tél. : 03 84 85 30 81

FAY-EN-MONTAGNE
Alt. : 550 m — A (TH) — C.M. 70 Pli 4

3 ch. Les chambres avec sanitaires privés sont aménagées à l'étage et au rez de chaussée d'une maison rénovée au centre du village. Salon avec jeux et télévision à disposition pour les hôtes, jardin et terrasse. Possibilité de promenades à cheval et à poney au village. Vastes pâturages, forêts, lacs et cascades caractérisent cette région.

Prix : 1 pers. 27 € 2 pers. 37 € 3 pers. 46 € p_sup. 8 € repas 12 €
1/2 pens. 58 €
Ouvert : Toute l'année.

🐕	⛱	⛱	🏃	⛷	⛷	🎾	🏊	🏌	🚂	⛳
17	12	SP	SP	60	12	9	25	12	12	

Andrée ROMAND - 39800 FAY-EN-MONTAGNE - Tél. : 03 84 85 30 79 - Fax : 03 84 85 39 69

FONCINE-LE-HAUT Le Rocheret
Alt. : 900 m — A — C.M. 70 Pli 15

2 ch. Les chambres avec sanitaires privés sont aménagées dans une maison de construction récente avec jardin et terrasse fleurie. Très belle vue sur la forêt du Mont-Noir et la campagne environnante. Calme et tranquillité caractérisent ce lieu.

Prix : 1 pers. 29 € 2 pers. 34 € 3 pers. 46 €
Ouvert : Toute l'année.

🐕	⛱	⛱	🏃	⛷	⛷	🎾	🏊	🏌	🚂	⛳
18	18	SP	3	SP	3	SP	SP	20	12	1

Françoise et Maurice PIANET - 19 Rue du Rocheret - 39460 FONCINE-LE-HAUT - Tél. : 03 84 51 90 84

FONCINE-LE-HAUT Le Bayard
Alt. : 1050 m — (TH) — C.M. 70 Pli 15

2 ch. Les chambres avec sanitaires privés sont aménagées dans un chalet situé sur la Mont Bayard, disposant d'un bel environnement et d'une superbe vue sur la vallée de la Saine et les hauts sommets du massifs jurassiens. Une chambre bénéficie d'un coin cuisine privé. Piste de ski, sentiers de randonnée pédestre et VTT au départ du chalet. Table d'hôtes sur réservation uniquement. Langues parlées : anglais, allemand, espagnol, russe.

Prix : 1 pers. 38 € 2 pers. 40 € 3 pers. 55 € p_sup. 15 €
1/2 pens. 37 €
Ouvert : Toute l'année.

🐕	⛱	⛱	🏃	⛷	⛷	🎾	🏊	🏌	🚂	⛳
18	18	SP	3	SP	3	2	SP	20	15	2

Bernadette et Daniel PRETET - 48 Le Bayard - 39460 FONCINE-LE-HAUT - Tél. : 03 84 51 94 55 - Fax : 03 84 51 94 55 -
E-mail : bernadette.pretet@freesbee.fr

Franche-Comté **Jura**

LE FRASNOIS
Alt. : 800 m (TH) C.M. 70 Pli 15

5 ch. — 5 chambres avec sanitaires privés, dont une accessible aux personnes à mobilité réduite sont aménagées dans une ancienne ferme rénovée, au cœur de la région des Lacs. Salon en mezzanine avec TV, bibliothèque et coin-feu réservé aux hôtes. Terrasse, jardin et salon de jardin. Equipement pour bébé. Enfants : 18,29 à 22,87 €, gratuit pour les enfants de 2 ans et moins. Non fumeurs. Langues parlées : anglais, espagnol.

Prix : 1 pers. **34** € 2 pers. **43** € 3 pers. **56** € pers. sup. **14** €
repas **13** € 1/2 pens. **31** €
Ouvert : Toute l'année.

🐕	🛏	🏖	🏃	🐎	🎿	🎾	🏊	🚤	⛷
0,5	0,5	SP	SP	10	20	SP	0,5	12	10

Laurence et Philippe COLOMBATO - 66 route des Lacs - 39130 LE-FRASNOIS - Tél. : 03 84 25 51 32 - Fax : 03 84 25 51 32 -
E-mail : pcolomba@club-internet.fr - http : //auberge.5.lacs.free.fr

LE FRASNOIS
Alt. : 800 m **A** C.M. 70 Pli 15

4 ch. — Grand chalet situé au milieu du vallon, au cœur de la région des lacs. 4 chambres d'hôte (de 3 à 5 couchages), dont 2 avec mezzanine, salle d'eau et Wc privés, grand salon commun, coin-salon dans chaque chambre, accès à une terrasse privée depuis chaque chambre, salon de jardin. Auberge à 100 m. Possibilité d'être accueillis en gîte d'étape et de séjour. Exposition et jardin botanique sur place, animés par le propriétaire. 7 lacs à moins de 3 kms. Gorges et cascades du Hérisson. Langues parlées : anglais, allemand.

Prix : 1 pers. **34** € 2 pers. **43/48** € 3 pers. **53/57** € pers. sup. **10** €
Ouvert : Du 1/02 au 11/11 et du 20/12 au 05/01.

🐕	🛏	🏖	🏃	🐎	🎿	🎾	🏊	🚤	⛷
1	1	SP	0,5	6	20	2	0,5	30	10	3

Christian MONNERET - 39130 LE-FRASNOIS - Tél. : 03 84 25 57 27 ou 03 84 25 50 60 - Fax : 03 84 25 50 38

FRONTENAY
A C.M. 70 Pli 4

E.C. 4 ch. — Les chambres sont aménagées dans le superbe château de Frontenay qui domine le village. Salon, salle à manger et salon de musique, parc, terrasse avec vue imprenable sur la bresse jurassienne. Possibilité de location de salle. Langue parlée : anglais.

Prix : 2 pers. **61/84** € pers. sup. **23** €
Ouvert : De mai à octobre.

🐕	🛏	🏖	🏃	🐎	🎿	🎾	🏊	🚤	⛷
25	25	SP	1	1	7	30	15	7

Gislaine et Jacques DE SURY - La Château - 39210 FRONTENAY - Tél. : 03 84 85 23 36 ou 03 84 44 92 49 -
E-mail : jacques.de.sury@wanadoo.fr

GERUGE La Grange Rouge
Alt. : 520 m (TH) 🍇 C.M. 70 Pli 14

5 ch. — Les chambres avec sanitaires privés sont aménagées dans une ferme auberge de caractère, située dans un très beau cadre naturel. Salle de séjour, Salon TV. Grand jardin avec plusieurs terrasses ombragées.

Prix : 1 pers. **32** € 2 pers. **40** € 3 pers. **50** € pers. sup. **10** €
repas **11** €
Ouvert : Toute l'année sauf fin août/début septembre.

🐕	🛏	🏖	🏃	🐎	🎿	🎾	🏊	🚤	⛷
20	20	SP	6	5	SP	6	10	6

Anne-Marie VERJUS - La Grange Rouge - 39570 GERUGE - Tél. : 03 84 47 00 44 - Fax : 03 84 47 34 15

GEVRY
A (TH) C.M. 66 Pli 13

5 ch. — Au centre d'un petit village, aménagées dans une ancienne ferme du XVIII ème siècle, 5 chambres 2 et 3 pers,3 chambres à l'étage et 2 au rez de chaussée. Toutes disposent de salle de bains et wc privés. Grande salle à manger et salon avec cheminée. Vaste parc clos arboré et fleuri. Langue parlée : allemand.

Prix : 1 pers. **33** € 2 pers. **40** € 3 pers. **47** € pers. sup. **8** €
repas **16** €
Ouvert : Toute l'année.

🐕	🛏	🏖	🏃	🎾	🏊	🚤	⛷
SP	3	SP	4	1	4	6	6

Monique et Jean Gabriel PILLOUD - 3 rue du Puits - 39100 GEVRY - Tél. : 03 84 71 05 93 ou 06 89 33 06 17 - Fax : 03 84 71 08 08 -
E-mail : gabriel.pilloud@wanadoo.fr

GRUSSE Le Vernois
(TH) 🍇 C.M. 66 Pli 13

6 ch. — Belle maison vigneronne située au milieu des vignes, au cœur du Revermont. 6 chambres avec sanitaires privés, grand salon commun, cour, jardin fleuri, grande terrasse, salon de jardin. Langue parlée : allemand.

Prix : 1 pers. **27** € 2 pers. **35** € 3 pers. **50** € pers. sup. **15** €
repas **14** € 1/2 pens. **41/63** €
Ouvert : Toute l'année.

🐕	🛏	🏖	🏃	🐎	🎿	🎾	🏊	🚤	⛷
20	10	SP	6	5	1	10	12	3

Germaine BAUD - Le Vernois - 39190 GRUSSE - Tél. : 03 84 25 04 03

Jura
Franche-Comté

LAC-DES-ROUGES-TRUITES
Alt. : 930 m — **A** — *C.M. 70 Pli 15*

3 ch. Les chambres avec sanitaires communs sont aménagées au 1er étage d'une maison indépendante située dans un hameau. Possibilité de cuisine avec coin-repas. Grands espaces, forêts, pâturages et innombrables sentiers de randonnées caractérisent cette région.

Prix : 2 pers. **30 €** 3 pers. **38 €**
Ouvert : Toute l'année.

10	10	SP	6	SP	8	5	5	8	8	

Elisabeth et Guy VIONNET - 205 Le Marechet - 39150 LAC-DES-ROUGES-TRUITES - Tél. : 03 84 60 18 95

LE LARDERET
Alt. : 680 m — **A** — *C.M. 70 Pli 05*

2 ch. Les chambres avec sanitaires privés sont aménagées dans une ancienne ferme rénovée, dans un petit village situé au pied du massif forestier de la Fresse. Cour et terrain attenant. Salon de jardin. Grands espaces, pâturages, forêts et sentiers de randonnées sont nombreux dans la région. Langues parlées : anglais, allemand.

Prix : 1 pers. **27 €** 2 pers. **35 €** 3 pers. **43 €** pers. sup. **9 €**
Ouvert : Toute l'année.

25	20	SP	7	17	45	12	4	45	7	12

Christian MARGUET - 39300 LE-LARDERET - Tél. : 03 84 51 46 82

LAVANGEOT
C.M. 66 Pli 13

1 ch. 2 chambres pour 4 personnes aménagées au premier étage d'une maison, 2 chambres, salon-séjour, coin cuisine, salle d'eau, TV, balcon, jardin arboré, salon de jardin. Vélos à disposition, activité escalade sur falaises à 5 km.

Prix : 1 pers. **37 €** 2 pers. **45 €** pers. sup. **10 €**
Ouvert : Du 1er juillet au 31 octobre.

10	10	2	10	2	10		10	10	5	

Gisèle et Jean-François SKRABAL - 10 Rue des Puits - 39700 LAVANGEOT - Tél. : 03 84 71 30 62 - Fax : 03 84 71 30 62 -
E-mail : gisele.skrabal@wanadoo.fr - http://www.chambrejura.fr.st/

LAVANS-LES-SAINT-CLAUDE Lizon
Alt. : 750 m — **A** — *C.M. 70 Pli 15*

2 ch. Les chambres avec sanitaires privés sont aménagées à l'étage d'une maison surplombant le village et la vallée de la Bienne. Salon Intérieur et terrasse couverte. Jardin couvert. Jardin d'été et d'hiver. Belle vue sur la vallée depuis les chambres. Langue parlée : italien.

Prix : 1 pers. **27 €** 2 pers. **34 €** 3 pers. **52 €** pers. sup. **3 €**
Ouvert : Toute l'année.

20	20	SP	20	25	30	6	3	10	9	2

Marie TOMASSETTI - Lizon - 39170 LAVANS-LES-ST-CLAUDE - Tél. : 03 84 42 85 30 - Fax : 03 84 42 86 52

LAVANS-LES-SAINT-CLAUDE
Alt. : 600 m — **A** — *C.M. 70 Pli 15*

1 ch. Au cœur du Parc Naturel du Haut Jura, dans un village dominant la vallée de la Bienne, une chambre familiale pour 2 ou 4 personnes est aménagée dans une grande villa, avec accès totalement indépendant. Grand salon privé avec bibliothèque, fauteuils, canapé et TV couleur, réservé exclusivement aux hôtes. Cuisine équipée. Terrasse et grand jardin d'agrément, salon de jardin.

Prix : 1 pers. **29 €** 2 pers. **38 €** 3 pers. **46 €** pers. sup. **6 €**
Ouvert : Toute l'année.

13	12	SP	8	18	25	2	4	15	9	SP

Marie-Claude BONDIER - 39170 LAVANS-LES-ST-CLAUDE - Tél. : 03 84 42 23 73

LAVANS-LES-SAINT-CLAUDE
Alt. : 600 m — **A** (TH) — *C.M. 70 Pli 15*

3 ch. Les chambres sont aménagées dans une maison située au cœur du Parc Régional du Haut Jura, et qui domine la large et profonde vallée de la Bienne. Magnifique point du vue depuis les chambres sur les plus hauts sommets du Jura. Jardin attenant, jeu de boules. Langue parlée : allemand.

Prix : 1 pers. **30 €** 2 pers. **38 €** 3 pers. **46 €** pers. sup. **8 €** repas **15 €**
Ouvert : Toute l'année.

13	12	SP	8	18	25	2	4	15	9	SP

Marthe et Jacques FUMEY - 39170 LAVANS-LES-ST-CLAUDE - Tél. : 03 84 42 18 51

LENT
Alt. : 800 m — **A** (TH) — *C.M. 70 Pli 5*

2 ch. Les chambres sont aménagées dans une ferme de séjour à 800 m d'altitude, au rez de chaussée d'un chalet avec une vue imprenable sur la vallée de l'Ain et la montagne du Jura, où seules tintent les cloches des vaches. Vastes pâturages, forêts de sapins, et cours d'eau constituent la toile de fond de cette région. Langues parlées : anglais, allemand.

Prix : 1 pers. **31 €** 2 pers. **45 €** repas **20 €** 1/2 pens. **42 €**
Ouvert : Toute l'année.

1	8	SP	SP	5	25	2	1	8	8	

Marie-Claude et Gilles TONNAIRE - 13 rue de la Jette - 39300 LENT - Tél. : 03 84 51 83 56 - Fax : 03 84 51 84 49

Franche-Comté — Jura

LOISIA
Alt. : 550 m — **A** — *C.M. 70 Pli 13*

2 ch. Au Sud du département, dans la région appelée Petite Montagne, les chambres avec sanitaires privés sont aménagées dans une maison ancienne rénovée, située dans un petit hameau. Calme et tranquilité caractérisent ce lieu. Larges espaces verts à proximité immédiate.

Prix : 1 pers. 24 € 2 pers. 30 € 3 pers. 38 € pers. sup. 23 €
Ouvert : Toute l'année.

15	SP	10	15	15	4	

Josianne GUIDARD - Les Carrats - 39230 LOISIA - Tél. : 03 84 44 52 74

LONGCHAUMOIS Les Adrets
Alt. : 1000 m — **A** — *C.M. 70 Pli 15*

2 ch. Les chambres avec sanitaires privés, sont aménagées dans une ancienne ferme de montagne rénovée et située en pleine nature, au cœur du Parc Naturel Régional du Haut-Jura. Grand séjour avec coin bar, coin salon, cheminée, bibliothèque. Grand jardin, cour, terrasse, salon de jardin. Grands espaces, calme et pleine nature caractérisent ce lieu. Langues parlées : anglais, allemand, espagnol.

Prix : 1 pers. 35 € 2 pers. 45 € 3 pers. 60 € pers. sup. 15 €
Ouvert : Toute l'année sauf Noël, jour de l'An, première semaine de septembre.

13	12	SP	20	SP	10	4	10	20	12	4

Lucie et Gérard BOURGEOIS - Les Adrets - 39400 LONGCHAUMOIS - Tél. : 03 84 60 60 48 - Fax : 03 84 60 67 41 - E-mail : gerardbourgeois4@wanadoo.fr

MACORNAY
A — *C.M. 70 Pli 14*

2 ch. Les chambres avec sanitaires privés, dont 1 avec salon privé, sont aménagées à l'étage d'une maison récente. Grand séjour avec cheminée, TV et bibliothèque. Beau jardin fleuri, terrasse disposant d'une belle vue, salon de jardin. Les chambres sont vastes, mansardées, et ont beaucoup de charme. Le village de Macornay est un joli village du « Val de Sorne ». Très beaux circuits VTT et pédestres au départ de la maison.

Prix : 1 pers. 27 € 2 pers. 35 € 3 pers. 43 € pers. sup. 8 €
Ouvert : Toute l'année.

30	5	SP	7	60	70	SP	15	2	3	SP

Catherine et Hervé RAYNAUD - 39570 MACORNAY - Tél. : 03 84 47 51 78

MIGNOVILLARD Petit Villard
Alt. : 885 m — **A** (TH) — *C.M. 70 Pli 06*

2 ch. Sur les hauts plateaux du Jura dans un cadre naturel préservé, les chambres avec sanitaires privés sont aménagées dans une ferme typique du Haut-Jura. Salle de séjour avec TV, salle de jeux. Terrain, jardin, garage. Vastes pâturages et forêts de sapins constituent la toile de fond de la région.

Prix : 1 pers. 26 € 2 pers. 38 € 3 pers. 51 € pers. sup. 6 € repas 12 €
Ouvert : Toute l'année.

16	16	SP	7	SP	8	SP	3	6	SP

Anne-Marie et Maurice VACELET - Petit Villard - 39250 MIGNOVILLARD - Tél. : 03 84 51 32 34

MONTIGNY-SUR-AIN
Alt. : 520 m — **A** (TH) — *C.M. 70 Pli 4*

3 ch. Au cœur du Pays des lacs, 3 chambres avec sanitaires privés, très personnalisées sont aménagées dans une ferme entièrement rénovée. Rivières, cascades, lacs et forêts constituent la toile de fond de cette région. Langue parlée : anglais.

Prix : 1 pers. 27 € 2 pers. 41 € pers. sup. 12 € repas 15 €
Ouvert : Toute l'année.

10	10	SP	3	30	45	10	25	10	4

Christelle et Pascal OLIVIER - Rue du Château - 39300 MONTIGNY-SUR-AIN - Tél. : 03 84 51 27 24 - Fax : 03 84 51 28 14

NEVY-LES-DOLE
A (TH) — *C.M. 70 Pli 3*

1 ch. Cette chambre familiale pour 2 ou 4 personnes est aménagée dans un ancien moulin entièrement restauré. Grand salon. Jardin arboré et terrasse, rivière sur place. Langue parlée : anglais.

Prix : 1 pers. 26 € 2 pers. 38 € repas 15 €
Ouvert : Toute l'année.

10	SP	6	SP	SP	5	10	10

Pamela WHITE - 39380 NEVY-LES-DOLE - Tél. : 03 84 71 08 96 - Fax : 03 84 71 02 45 - E-mail : pamoulin@wanadoo.fr

Jura
Franche-Comté

C.M. 70 Pli 4

OUNANS (TH)

2 ch. Les chambres avec sanitaires privés et entrées totalement indépendantes, sont ammenagées dans une ancienne ferme comtoise totalement rénovée, qui fut l' ancien Relais de Diligence d'Ounans sous la présidence de Jules Grévy. Coin repos avec salon bibliothèque-musique commun, prise TV dans chaque chambre. Elles sont joliment décorées (salon de jardin et terrasse). En été les repas sont confectionnés à partir des légumes du potager cultivés par la propriétaire. Spécialités franc-comtoises et niçoise au choix. Confitures maison au petit-déjeuner. Langues parlées : anglais, espagnol, italien.

Prix : 1 pers. **31 €** 2 pers. **36 €** 3 pers. **46 €** pers. sup. **11 €** repas **15 €** 1/2 pens. **40 €**

Ouvert : Toute l'année.

🐕	⛲	⛱	🚶	🏇	⛷	🎿	🎾	🏊	⛳	🏛	🚲
	SP	SP	SP	5	70	80	5	SP	15	10	10

Gisèle ARNAUD - 28 Route de Dole - 39380 OUNANS - Tél. : 03 84 37 62 53 - Fax : 03 84 37 66 48 - E-mail : houteau@free.fr - http://houteau.free.fr

LES PLANCHES-EN-MONTAGNE A la Montagne Ronde Alt. : 700 m (TH)

C.M. 70 Pli 15

4 ch. En pleine nature dans un cadre très reposant, les chambres sont aménagées dans une ancienne et vaste ferme jurassienne totalement rénovée. Charme et bon goût caractérisent les chambres. Cuisine régionale. Rivière à deux pas et Gorges de la Langouette à proximité. Table d'hôtes tous les soirs sauf le vendredi. TH tous les soirs sauf le vendredi. Langue parlée : anglais.

Prix : 1 pers. **32 €** 2 pers. **40 €** pers. sup. **15 €** repas **17 €** 1/2 pens. **14 €**

Ouvert : Du 1/01 au 30/9 et du 1/11 au 31/12.

🐕	⛲	⛱	🚶	🏇	⛷	🎿	🎾	🏊	⛳	🏛	🚲
	12	12	SP	6	10	6	4	SP	35	15	15

Didier PREVOT - 3 chemin de la Montagne Ronde - 39150 LES-PLANCHES-EN-MONTAGNE - Tél. : 03 84 51 53 98 - Fax : 03 84 51 49 48

PRESILLY Alt. : 600 m (TH)

C.M. 70 Pli 14

4 ch. 4 ch. avec TV, s.d.b./wc privés, aménagées dans une ancienne fermette entièrement rénovée. Grand salon commun avec cheminée, salle à manger. Salon de jardin, terrasse, parking privé. Cuisine et spécialités du terroir, vin compris, vous attendent à la TH. Présilly est un petit village à l'orée de la forêt en région des lacs dominé par un château du XI et XIII s. Lacs, cascades, forêts caractérisent cette région du premier plateau. Animaux acceptés sur demande. Ouvert toute l'année.

Prix : 1 pers. **45 €** 2 pers. **51 €** pers. sup. **21 €** repas **17 €** 1/2 pens. **42 €**

Ouvert : Toute l'année.

🐕	⛲	⛱	🚶	🏇	⛷	🎿	🎾	🏊	⛳	🏛	🚲
	10	10	2	9	50	65	3	3	18	15	8

Régine CHALET - La Baratte - 39270 PRESILLY - Tél. : 03 84 35 55 18 - Fax : 03 84 35 56 05

ROTALIER A (TH)

C.M. 70 Pli 13

4 ch. Le château Gréa est une ancienne et belle demeure de la fin du XVIII ème siècle située dans les vallons ensoleillés du Vignoble jurassien, entouré d'un vaste parc ombragé d'arbres plus que centenaires. Les chambres, deux suites et deux chambres doubles sont magnifiquement aménagées. Le château domine la plaine de Bresse. Depuis la terrasse la vue s'étend jusqu'au côtes de Bourgogne. Table d'hôtes sur réservation.

Prix : 1 pers. **58/61 €** 2 pers. **70/73 €** pers. sup. **23 €** repas **15 €**

Ouvert : Toute l'année.

🐕	⛲	⛱	🚶	🏇	🎾	🏊	⛳	🏛	🚲
	40	12	SP	6	5	4	12	12	5

Pierre DE BOISSIEU - Château Gréa - 39190 ROTALIER - Tél. : 03 84 25 05 07 - Fax : 03 84 25 18 87

SALINS-LES-BAINS A

C.M. 70 Pli 15

2 ch. Les chambres avec sanitaires privés sont aménagées au 1er étage d'une maison du XVIII ème siècle, au cœur du vieux Salins, station thermale. Terrasse et salon de jardin. Belle vue sur la ville depuis le jardin. Grand choix de randonnées depuis la maison.

Prix : 1 pers. **24 €** 2 pers. **30 €** pers. sup. **9 €**

Ouvert : Toute l'année.

🐕	⛱	🏇	🎿	🎾	🏊	🏛	🚲
	1	SP	14	SP	2	25	8	SP

Annie et Jean-Claude DELOLME - 39110 SALINS-LES-BAINS - Tél. : 03 84 73 16 32

SAMPANS Aux Champs du Bois A

C.M. 66 Pli 13

3 ch. Entre Bourgogne et Franche-Comté, dans un joli manoir du début du siècle dernier, à 4 km de Dole, ville natale de Pasteur, 3 chambres ont été coquettement aménagées avec salle de bains ou douche et WC privatifs. Grand parc boisé et clos avec possibilité de garer bateau et remorques. Bibliothèque, salon télévision sont à disposition des hôtes. Langues parlées : anglais, allemand.

Prix : 1 pers. **33 €** 2 pers. **40 €** 3 pers. **47 €**

Ouvert : Toute l'année.

🐕	⛲	⛱	🚶	🎾	🏊	🏛	🚲
	4	4	SP	4	SP	10	4	SP

Colette LAGE - Route de Dole - Au champs du Bois - 39100 SAMPANS - Tél. : 03 84 82 25 10 - Fax : 03 84 82 25 10

Franche-Comté — Jura

SARROGNA Marangea
Alt.: 500 m — TH — C.M. 70 Pli 14

2 ch. Les chambres sont aménagées dans une ancienne maison totalement rénovée, dans un joli village de la petite montagne au pays des lacs et cascades. Possibilité de stage de peinture. A deux pas du lac de Vouglans. Langues parlées : anglais, allemand.

Prix : 1 pers. 21 € 2 pers. 32 € repas 12 € 1/2 pens. 28 € pens. 37 €
Ouvert : Toute l'année.

8	8	SP	5	6	2	20	12	5	

Ria et Cornélis DE VOOGD - Le Niocraux Marangea - 39270 SARROGNA - Tél. : 03 84 35 53 70 - Fax : 03 84 35 53 70

ST-AMOUR
A — C.M. 70 Pli 16

5 ch. Dans le sud du département, cette belle demeure de la fin du XVIII ème siècle domine la petite cité historique de Saint-Amour. Le parc est planté d'arbres centenaires, une grande et belle rotonde à colonades borde la piscine et s'ouvre sur un magnifique jardin fleuri. 5 chambres de 2 personnes avec sanitaires privés, salon de lecture, TV. Sauna à disposition. Langues parlées : anglais, allemand.

Prix : 1 pers. 50 € 2 pers. 60 €
Ouvert : D'avril à septembre.

10	10	SP	SP	1	35	SP

Rita et Hans NAEGELI - 6 Avenue de Lyon - L'Achapt - 39160 SAINT-AMOUR - Tél. : 03 84 48 75 70 - Fax : 03 84 48 70 50 -
E-mail : lachapt@wanadoo.fr

ST-CYR
A — C.M. 70 Pli 4

1 ch. Cette vaste chambre est aménagée dans une très belle propriété. Le parc et les jardins sont à la disposition des hôtes. Située au cœur du Vignoble d'Arbois, et à deux pas de la station thermale de Salins-Les-Bains. Langues parlées : anglais, allemand.

Prix : 1 pers. 35 € 2 pers. 43 € 3 pers. 49 €
Ouvert : D'Avril à septembre.

3	7	SP	9	3	8	9

Marie-Christine DURET - 39600 SAINT-CYR - Tél. : 03 84 66 00 63

ST-LAURENT-EN-GRANVAUX Les Poncets
Alt.: 900 m — A — C.M. 70 Pli 15

2 ch. Les chambres sont aménagées dans une maison située dans un hameau, en pleine campagne. Deux chambres avec salle d'eau commune, une chambre avec sanitaires privés. Jardin, terrain, parking, pré. Vastes pâturages, et forêts de sapins caractérisent cette région.

Prix : 1 pers. 22/27 € 2 pers. 27/33 € 3 pers. 31/37 €

5	5	SP	15	5	15	0,5	5	25	2	2

Marie-Jeanne PIARD - 2 Les Poncets - 39150 SAINT-LAURENT-EN-GRANDVAUX - Tél. : 03 84 60 87 18

ST-LOUP
A — C.M. 70 Pli 3

4 ch. Entre Bresse et Vallée de la Saône, les chambres sont aménagées dans une ancienne ferme rénovée. Cuisine équipée à la disposition exclusive des hôtes. Tv couleur dans le salon. Abri couvert, parking, pré, jardin attenant ombragé avec balançoires, jeux de pétanque.

Prix : 1 pers. 23 € 2 pers. 30 € 3 pers. 38 € pers. sup. 8 €
Ouvert : Toute l'année.

SP	SP	SP	SP	SP	SP	8	8

Andrée et Pascal THEVENIN - 4 Rue Chanaux - 39120 SAINT-LOUP - Tél. : 03 84 70 10 72 - Fax : 03 84 70 10 72

ST-MAUR
Alt.: 600 m — A — C.M. 70 Pli 14

4 ch. 4 chambres avec salle de bains et WC privés, disposant d'un salon privé. Grand séjour avec salon commun. Cour et jardin attenant. Cuisine réservée au hôtes. salon de jardin. 1 lit 2 personnes et 1 lit 1 personne par chambre. ouvert toute l'année. Grande maison rénovée en bordure du village. très belle vue sur la montagne jurassienne. Saint Maur se situe au carrefour du vignoble et du pays des lacs.

Prix : 1 pers. 29 € 2 pers. 35 € 3 pers. 40 € pers. sup. 6 €
Ouvert : Toute l'année.

10	10	SP	5	10	5	10	10

Michèle et J-Pierre TRANCHANT - 39570 SAINT-MAUR - Tél. : 03 84 44 23 34 - Fax : 03 84 44 21 57

ST-MAURICE-CRILLAT
Alt.: 800 m — A — TH — C.M. 70 Pli 15

2 ch. Les chambres sont aménagées dans une ancienne ferme rénovée, dans un village situé au cœur du Pays des lacs. Cour et jardin attenant avec salon de jardin. Lacs, forêts, vastes pâturages constituent la toile de fond de cette région très touristique.

Prix : 1 pers. 30 € 2 pers. 38 € 3 pers. 46 € pers. sup. 8 € repas 11 €
Ouvert : Toute l'année.

8	8	SP	6	10	20	5	5	20	8

Marie-Claude et Fredy RIGOULET - 37 rue Mont Fleuri - 39130 SAINT-MAURICE-CRILLAT - Tél. : 03 84 25 21 02

Jura
Franche-Comté

ST-PIERRE Les Croyets
Alt. : 900 m — A — C.M. 70 Pli 15

1 ch. Dans une ancienne ferme du XVIII ème, entièrement rénovée, une chambre avec sanitaires privés, salon, est aménagée à l'étage et dispose d'une entrée indépendante. Jardin fleuri, cour, terrasse ombragée, salon de jardin. Au cœur du Parc Naturel Régional, dans une cadre de pâturages et de vastes forêts, parsemés de lacs.

Prix : 1 pers. **32** € 2 pers. **43** € 3 pers. **50** €
Ouvert : Toute l'année.

20	5	SP	10	SP	20	2,5	3	25	2,5	2,5

Nicole et Bernard PONCET - 23 grande Rue - Les Croyets - 39150 SAINT-PIERRE - Tél. : 03 84 60 84 79 - Fax : 03 84 60 84 79

SYAM
Alt. : 650 m — A — C.M. 70 Pli 5

5 ch. Les chambres avec sanitaires privés sont aménagées dans une magnifique demeure, meubles d'époque, TV et téléphone dans toutes les chambres. Salon de réception et bibliothèque à disposition des hôtes. Rivière et parcours de pêche 1ere catégorie dans le parc. Au cœur de la région des lacs et du Haut-Jura, dans une région riche en rivières et cascades. Le domaine de Syam présente un ensemble d'édifices aux toîts polychromes. Inscrit à l'Inventaire des Monuments Historiques. Langues parlées : anglais, allemand.

Prix : 1 pers. **43** € 2 pers. **58** €
Ouvert : D'avril à septembre.

SP	SP	SP	10	15	50	5	SP	8	8

Jean-Paul GAY BANTEGNIE - SCI Alesia - Château Bontemps - 39600 ARBOIS - Tél. : 03 84 66 25 34 ou 03 84 66 14 91 - Fax : 03 84 66 14 91

THERVAY La Raye
A — C.M. 66 Pli 14

2 ch. Les chambres sont aménagées dans une ancienne ferme rénovée, salon privé avec bibliothèque et TV. Jardin fleuri avec terrasses, salon de jardin. Dans la vallée de l'Ognon, région de forêts et de grands cours d'eau.

Prix : 1 pers. **30** € 2 pers. **36** €
Ouvert : De Pâques à octobre.

20	20	SP	5	2	SP	25	16	6

Colette et J-Pierre PONCELIN - 34 Route de Dijon - La Raye - 39290 THERVAY - Tél. : 03 84 70 20 04

VERNANTOIS
A — C.M. 70 Pli 14

2 ch. Les chambres avec sanitaires privés sont aménagées dans une maison vigneronne. Salon commun avec piano, cheminée, TV couleur. Terrasse, jardin fleuri, verger, salon de jardin. Leschambres bénéficient d'une très belle vue sur le village. Au cœur du vignoble et en bordure du golf 18 trous. Une galerie d'art a été aménagée au rez de chaussée. Langue parlée : anglais.

Prix : 1 pers. **32** € 2 pers. **39** € 3 pers. **49/57** € pers. sup. **4** €
Ouvert : Toute l'année.

25	1	SP	1	60	70	1	SP	SP	6	3

Monique et Michel RYON - 8 Rue du Lacuzon - 39570 VERNANTOIS - Tél. : 03 84 47 17 28 - Fax : 03 84 47 17 28 -
E-mail : rose.art@wanadoo.fr

VILLENEUVE-LES-CHARNOD
Alt. : 500 m — A (TH) — C.M. 70 Pli 14

2 ch. Les chambres sont aménagées dans la maison du propriétaire avec accès totalement indépendant. Cour et espaces verts attenants. Salon de jardin. Sur l'itinéraire équestre du Grand Huit. Location de chevaux sur place. Cette région appelée Petite Montagne est riche en sites naturels et historiques. Langue parlée : anglais.

Prix : 1 pers. **23** € 2 pers. **30** € 3 pers. **38** € repas **11** €
Ouvert : Toute l'année.

14	14	SP	SP	5	5	32	12

Françoise et Serge BRUN - 39240 VILLENEUVE-LES-CHARNOD - Tél. : 03 84 44 31 63 - Fax : 03 84 44 31 63

VILLERS-FARLAY
A — C.M. 70 Pli 4

2 ch. A 10 minutes du vignoble d'Arbois, des thermes de salins les bains et de la saline Royale d'Arc et Senans, les chambres avec sanitaires privés sont aménagées dans une maison de caractère de la vallée de la Loue. Belle salle à manger, mobilier ancien, jardin fleuri, terrasse. Langue parlée : anglais.

Prix : 1 pers. **29** € 2 pers. **39** € 3 pers. **48** € pers. sup. **10** €
Ouvert : Toute l'année.

SP	SP	SP	6	50	70	SP	SP	18	5	5

Evelyne et Jean GAMELON - 39600 VILLERS-FARLAY - Tél. : 03 84 37 61 44

Franche-Comté **Jura**

VILLERS-LES-BOIS   A   *C.M. 70 Pli 3*

2 ch. Les chambres avec sanitaires privés sont aménagées dans une grande maison jurassienne rénovée. Jardin fleuri et clos, terrasse. Une chambre peut être accessible aux personnes à mobilité réduite. Région plate de bois, étangs et lacs juste avant l'accès au premier plateau jurassien et en bordure du Revermont, vignoble réputé. VTT à disposition, table de ping-pong, balançoire. Langues parlées : anglais, espagnol.

Prix : 1 pers. 32 € 2 pers. 37 € 3 pers. 46 € pers. sup. 9 €
Ouvert : Toute l'année.

20	15	SP	15	SP	SP	18	15	5

Géraldine et Marc CORRETJA - 23 Rue Principale - 39800 VILLERS-LES-BOIS - Tél. : 03 84 37 57 90 - Fax : 03 84 37 57 90

VILLERS-ROBERT   A (TH)   *C.M. 70 Pli 4*

3 ch. Les chambres avec sanitaires privés sont aménagées dans un ancien moulin restauré dans une région parsemée d'étangs et de cours d'eau. Salle à manger et salon avec cheminée. Parc arboré attenant avec la rivière (pêche privée sur place). Salon de jardin. Villers-Robert est le village où l'écrivain Marcel Aymé a vécu. Langue parlée : anglais.

Prix : 1 pers. 41 € 2 pers. 49 € 3 pers. 66 € pers. sup. 11 € repas 15 €
Ouvert : Toute l'année.

15	SP	SP	SP	SP	7	15	8

Jacqueline MONAMY - Le moulin - 39120 VILLERS-ROBERT - Tél. : 03 84 71 52 39

VOITEUR   (TH)   *C.M. 70 Pli 4*

3 ch. Nichée dans un cadre de verdure naturel au cœur du vignoble jurassien, en bordure de rivière, les chambres avec sanitaires privés sont aménagées dans une maison de construction récente. Salon, terrasse, salon de jardin, piscine privée, jardin, possibilité de prêt de vélos, table d'hôtes le soir sur réservation. A proximité de Château-Chalon et de l'Abbaye de Baume les Messieurs, site classé « Plus beau village de France ». Langue parlée : anglais.

Prix : 1 pers. 43 € 2 pers. 49 € repas 14 €
Ouvert : Toute l'année.

20	10	SP	10	50	70	10	15	10	SP

Colette MONACI - 5 route de Menetrux - 39210 VOITEUR - Tél. : 03 84 85 28 43

VOITEUR   (TH)   *C.M. 70 Pli 4*

5 ch. Cette vaste et belle demeure, en grande partie du XIV ème siècle a été agrandie au XVIIe et XVIII ème siècles, 5 chambres avec 3 lits 2 places, 3 lits 1 place y sont aménagées. Grand parc avec potager, petite vigne, grandes terrasses et arbres centenaires. Langues parlées : anglais, allemand, italien.

Prix : 1 pers. 91 € 2 pers. 61/100 € pers. sup. 23 € repas 15 €
Ouvert : Toute l'année.

10	10	SP	15	10	SP	10	10	SP

Brigitte et Mickaël KELLER - Château St Martin - 39210 VOITEUR - Tél. : 03 84 44 91 87 - Fax : 03 84 44 91 87

Haute-Saône

GITES DE FRANCE
6, rue des Bains - 70000 VESOUL Cedex
Tél. 03 84 97 10 70 - Fax 03 84 97 10 71
E.mail : cdt70@wanadoo.fr
site : www.haute-saone.tourism.com

AROZ   *C.M. 66 Pli 5*

2 ch. 2 chambres d'hôtes dans une maison indépendante située dans un petit village à 3 km de la Saône. 1 chambre de 3 pers., salle de bains indépendant, TV. 1 chambre de 2 pers. au 2e étage avec salon, salle de bains et wc. Salle de séjour, salon. Jardin, terrain. Restaurant 8 km. Parking. Voiture indispensable. Parcours d'orientation 38 km.

Prix : 1 pers. 27 € 2 pers. 38 € 3 pers. 50 €
Ouvert : D'avril à septembre.

3	SP	10	10	7	7	10	10	10	2

Yvette FRANCOIS - 70360 AROZ - Tél. : 03 84 78 86 19

LA BASSE-VAIVRE La Chenevière   (TH)   *C.M. 66 Pli 15*

2 ch. 1 ch. (1 lit 2 pers.), salle d'eau et wc particuliers et attenants. 1 ch. (1 lit 2 pers., 2 lits 1 pers.), salle d'eau et wc privés non attenants. Ces chambres sont aménagées à l'étage, dans la maison du propr., située dans un parc aménagé, calme. Salle de séjour, salon, bibliothèque, TV, salon de jardin à la disposition des hôtes. Parcours d'orientation 29 km. Circuit villes d'eau. Tarif pour 4 pers. : 50 € pour 1 couple + 2 enfants.

Prix : 1 pers. 28 € 2 pers. 30/34 € 3 pers. 40 € repas 13 €
1/2 pens. 28 €

SP	SP	10	15	37	27	42	45	4

Suzanne MESSEY - La Chenevière - 70210 LA-BASSE-VAIVRE - Tél. : 03 84 92 83 73

Haute-Saône *Franche-Comté*

BOUHANS-LES-MONTBOZON Ferme de la Vaucelle   (TH)   *C.M. 66 Pli 16*

2 ch. 2 chambres d'hôtes dans la maison des propriétaires, à proximité de leur exploitation agricole. 1 chambre (1 lit 2 pers.), douche/lavabo/wc attenants, 1 chambre (1 lit 2 pers., 2 lits 1 pers.), salle d'eau/wc privés sur le palier. Séjour, salon de jardin communs aux propriétaires. Repas enfant - 12 ans 7,5 €. La Haute Vallée de l'Ognon vous propose de multiples activités de plein air avec le centre de villersexel et le complexe de Bonnal. Au fil de vos promenades, de jolis monuments sont à visiter. Langue parlée : allemand.

Prix : 1 pers. 22/24 € 2 pers. 30/32 € 3 pers. 38 € pers. sup. 8 €
repas 13 € 1/2 pens. 34/36 €
Ouvert : Toute l'année.

2	2	6	SP	8	15	2	6	34	5

Jean et Anne-Marie RAGUIN - Ferme de la Vaucelle - 70230 BOUHANS-LES-MONTBOZON - Tél. : 03 84 92 30 67 - Fax : 03 84 92 36 70

CHAMPAGNEY La Quarantaine   A   *C.M. 66 Pli 7*

1 ch. 1 chambre d'hôtes aménagée dans une ferme haute-saônoise parfaitement rénovée, au cœur d'un parc de 5 ha. avec 3 étangs. 1 lit 2 pers. avec salle d'eau, wc, TV, réfrigérateur, bar et salon de jardin privés. Auberge à la ferme. Vous apprécierez le charme de cette ferme dans le Parc Naturel Régional des Ballons des Vosges. La base de plein air et le bassin de Champagney, la proximité des Vosges (Planche des Belles Filles, Ballon d'Alsace) permettent de nombreuses activités. A voir : chapelle de Ronchamp, cité de Belfort...

Prix : 1 pers. 61 € 2 pers. 69 €
Ouvert : Du 1er avril au 31 octobre.

SP	SP	17	SP	39	54	SP	15	4

Josyane MEYER - La Quarantaine - chemin des Planches - 70290 CHAMPAGNEY - Tél. : 03 84 23 15 62

CHAUMERCENNE   *C.M. 66 Pli 14*

3 ch. Maison ancienne située dans petit village, 1 chambre (1 lit 2 pers.), lavabo. 1 chambre (3 lits 1 pers.) et lavabo, 1 petite chambre (1 lit 1 pers.) et lavabo/wc indépendant et salle de bains commune aux hôtes. Salon, salle à manger, TV, jardin d'agrément communs avec le propriétaire. Olive et Suzanne, 2 charmantes anglaises vous accueilleront dans un intérieur cossu, aménagé avec goût. Située dans la Basse-Vallée de l'Ognon, découvrez Pesmes, petite cité comtoise de caractère, animations et loisirs regorgent dans ce joli coin de verdure. VTT 5 km. Langues parlées : anglais, italien.

Prix : 1 pers. 26 € 2 pers. 35 € 3 pers. 44 €
Ouvert : Toute l'année.

5	5	20	18	5	5	12	31	5

Olive STEARN - Cidex 06 - 70140 CHAUMERCENNE - Tél. : 03 84 32 26 01

CULT Les Egrignes   (TH)   *C.M. 66 Pli 14*

3 ch. Marnay 4 km. Vallée de l'Ognon 4 km. Vous succomberez à l'accueil chaleureux qui vous sera réservé et tomberez sous le charme de cette belle demeure (château de 1854) décorée et meublée avec goût et raffinement. Vous apprécierez l'harmonie et la quiétude des lieux ainsi que l'excellente cuisine servie à la table d'hôtes. Une étape à ne pas manquer. Animaux admis après accord. 2 suites 2 pers. et 1 ch. 2 pers. (2 lits jumeaux) avec sanitaires privés. Petit déjeuner : viennoiseries, patisseries et confitures maison, céréales... Table d'hôtes : terrines, magret de canard aux griottines, croustillants d'escargots... Jeux de société, salon. Parc, ping-pong, vélos. Langues parlées : anglais, allemand.

Prix : 1 pers. 46/53 € 2 pers. 53/61 € 3 pers. sup. 18 € repas 23 €
Ouvert : Toute l'année.

5	5	20	20	5	25	25	4

Fabienne LEGO-DEIBER - Château de Cult - rte d'Hugier - Les Egrignes - 70150 CULT - Tél. : 03 84 31 92 06 ou 06 84 20 64 91 - Fax : 03 84 31 92 06 - E-mail : lesegrignes@wanadoo.fr

DAMPIERRE-LES-CONFLANS La Renaudine   (TH)   *C.M. 66 Pli 6*

4 ch. Maison indépendante avec terrain non clos, belle vue sur les Vosges. 1 chambre (1 lit 2 pers., 2 lits 1 pers.), salle de bains, wc attenants, 1 chambre (1 lit 2 pers., 1 lit 1 pers., poss. lit bébé), s.d.b./douche et wc attenants privés, 1 chambre (1 lit 1 pers.), lavabo, s.d.b. sur le palier, 1 ch. (2 lits 1 pers.), s.d.b., douche et wc privés attenants. Séjour, salon avec TV à la disposition des hôtes. Prix spéciaux pour enfants. Parcours d'orientation 18 km. Promenades en calèche à la ferme. Enfant - 12 ans 16 €. Bébé (2 à 5 ans) 8 €. Langues parlées : allemand, anglais.

Prix : 1 pers. 25 € 2 pers. 39 € 3 pers. 46 € pers. sup. 53 €
1/2 pens. 30 € pens. 40 €
Ouvert : Toute l'année, fermé du 15 décembre au 15 janvier.

2	SP	10	14	8	29	2	25	20	4

Claudine THEVENOT - La Renaudine - 70800 DAMPIERRE-LES-CONFLANS - Tél. : 03 84 49 82 34

ECHENOZ-LE-SEC Les Gambes   (TH)   *C.M. 66 Pli 6*

4 ch. Château de Filain 2 km. Chapelle Ste-Anne 2 km. 4 chambres dans la ferme du propr. dans un hameau. 4 ch. à l'étage : 1 ch. (2 lits 1 pers.), salle d'eau privative (2 lavabos, 1 wc, 2 douches) attenante non communicante, 2 ch. (2 lits 1 pers., lavabo), 1 ch. (1 lit 2 pers., 2 lits 1 pers., lavabo), salle d'eau pour les 3 ch. (2 lavabos, 2 wc, 2 douches). Séjour, salon, bibliothèque, salle de jardin, barbecue. Table d'hôtes sur réservation. 10 % de réduction à partir de la 5e nuit. Petit terrain d'agrément à disposition des hôtes. La Moyenne Vallée de la Saône vous offre de multiples activités culturelles et sportives, VTT, randonnée pédestre, voile, canoë-kayak. Langues parlées : allemand, anglais.

Prix : 1 pers. 35 € 2 pers. 49 € 3 pers. 64 € pers. sup. 15 €
repas 12 €
Ouvert : Toute l'année.

SP	12	12	14	12	10

Yvonne VETSCH - Route de Filain - Les Gambes - 70000 ECHENOZ-LE-SEC - Tél. : 03 84 78 35 39

Franche-Comté — Haute-Saône

ECROMAGNY La Champagne (TH) — C.M. 66 Pli 7

5 ch. **Luxeuil-les-Bains 17 km.** A l'étage d'une ancienne ferme rénovée à l'écart du village, dans la forêt. 2 chambres (1 lit 2 pers.), salle d'eau/wc privés et attenants pour chacune, 1 lit enfant pour 1 des chambres, 1 chambre (1 lit 2 pers., 1 lit enfant -10 ans), convertible, salle d'eau/wc privés attenants. 2 chambres (2 lits 2 pers.), salle d'eau/wc privés et attenants, 1 lit enfant. A disposition : salle de séjour avec coin-salon privatif. Terrasse avec salon de jardin. Ch. d'hôtes situées sur le plateau des 1000 étangs dans les Vosges Saônoises. Aucune habitation à moins de 500 m, la maison se trouve au milieu des bois. Supplément 1 nuit : 3 €. Langues parlées : allemand, anglais.

Prix : 1 pers. 29 € ❚ 2 pers. 38 € ❚ 3 pers. 53 € ❚ pers. sup. 15 € ❚ repas 12/21 €
Ouvert : Toute l'année.

	SP	7	7	8	15	7

Luzia et Adalbert BORK - La Champagne - 70270 ECROMAGNY - Tél. : 03 84 20 04 72 - Fax : 03 84 20 04 72

ESMOULIERES Es Vouhey — Alt. : 600 m — C.M. 66 Pli 7

5 ch. 5 ch. d'hôtes dans une ancienne ferme typique des Vosges Saônoises. Maison indépendante comportant un gîte rural au r.d.c. (2 lits 1 pers.), 1 adaptée aux pers. handicapées. 2 ch. (1 lit 2 pers.). Salle d'eau et wc chacune. A la disposition des hôtes : salle à manger/salon/coin-cuisine, bibliothèque, terrasse, TV. Table d'hôtes sur réservation. Situées au cœur du Parc Naturel régional des Ballons des Vosges, vous découvrirez le plateau des 1000 Etangs, site pittoresque du département. A proximité : Luxeuil-les-Bains, station thermale, offre de nombreuses activités et animations.

Prix : 1 pers. 39 € ❚ 2 pers. 44 €
Ouvert : Toute l'année.

5	SP	20	20	32	38	32	50	7

Colette DUCHANOIS - Es Vouhey ou Evouhey - 70310 ESMOULIERES - Tél. : 03 84 49 35 59

ESMOULINS Au Hêtre Pourpre (TH) — C.M. 66

2 ch. **Gray 7 km.** 2 ch. d'hôtes aménagées dans une ancienne maison de maître, sur une propriété arborée de 1 ha. avec ruisseau et vivier (poss. pêche). 1 ch. (2 lits 1 pers.), salle de bains avec wc privée et attenante à la ch. 1 ch. (1 lit 2 pers.), salle d'eau avec wc privée et attenante à la ch. A disposition des hôtes : salle à manger, salon privé, grand parc, matériel bébé. Possibilité de lit d'appoint moyennant supplément. Parking privé dans la propriété. 20 % de réduction au delà de la 3ᵉ nuitée. Camping-car accepté.

Prix : 1 pers. 40/43 € ❚ 2 pers. 46/49 € ❚ pers. sup. 14 € ❚ repas 18 €
Ouvert : Toute l'année.

	SP	3	7	5	7	5	40	3

Marie-Claude VEZZOLI - Rue de la Tenise - Au Hêtre Pourpre - 70100 ESMOULINS - Tél. : 03 84 67 45 16 ou 06 89 83 49 35

FRAHIER Les Gros Chênes (TH) — C.M. 66 Pli 7

4 ch. **Belfort 10 km.** Dans la maison du propriétaire, 1 aile est réservée aux hôtes. Entrée indépendante, salle à manger, salon avec cheminée, TV. 1 ch. (2 lits 1 pers.), 2 ch. (1 lit 2 pers.), 1 ch. (4 lits 1 pers.). Salle d'eau et wc pour chacune. Mezzanine avec coin-repos (possibilité couchage enfants). Terrasses avec salon de jardin, terrain d'agrément, véranda. 59 €/4 pers. Mini-golf 12 km. Réduction 15 % pour séjour de 4 jours minimum. Couchage gratuit : enfant - moins 5 ans. Marie-Elisabeth et Philippe vous accueillent dans leur cadre champêtre, au cœur d'un paysage vallonné, au pied du Ballon d'Alsace et du Ballon de Servance. Langues parlées : allemand, anglais.

Prix : 1 pers. 35 € ❚ 2 pers. 40 € ❚ 3 pers. 51 € ❚ pers. sup. 8 €
repas 12 € ❚ 1/2 pens. 29 €
Ouvert : Toute l'année.

	SP	SP	10	5	10	5	5	10	1

M-Elisabeth et Philippe PEROZ - Les Gros Chênes - 70400 FRAHIER - Tél. : 03 84 27 31 41 - Fax : 03 84 27 31 41 -
E-mail : e-peroz@libertysurf.fr - www.amiesenfranchecomte.com

FRESSE Hameau de Montaujeu — Alt. : 700 m — C.M. 66 Pli 7

4 ch. **Bonchamp 10 km. Luxeuil-les-Bains 30 km. Belfort 25 km.** 4 chambres d'hôtes dans 4 chalets individuels de 25 m² sur un terrain arboré, face à la maison des propriétaires. 3 chalets identiques : 1 lit 2 pers., coin-cuisine, salle d'eau/wc, balcon. 1 chalet (plus petit) : 2 lits 1 pers., coin-cuisine, salle d'eau/wc, balcon. A disposition des hôtes : salon de jardin, terrasse, barbecue, terrain de pétanque. Réduction enfants. A proximité du Plateau des Mille Etangs et du Ballon d'Alsace, venez découvrir à pied, à VTT ou à cheval cette région aux multiples facettes. Langues parlées : allemand, anglais.

Prix : 1 pers. 27/30 € ❚ 2 pers. 35/40 €
Ouvert : Toute l'année.

	0,5	SP	12	9	20	9

Pierre FERREUX - Hameau de Montaujeu - 70270 FRESSE - Tél. : 03 84 63 32 07

GY — C.M. 66 Pli 14

1 ch. **Gray 20 km. Vésoul 32 km. Besançon 35 km.** Dans 1 ancien moulin indép. Terrain non clos, parking privé, poss. abri couvert. R.d.c. : 1 ch. familiale, 2 ch. communicantes : 1 ch. (2 lits 1 pers.), 1 ch. (1 lit 2 pers.), poss. lit suppl. enfant (gratuit) et lit bébé, s. d'eau/wc privative et communicante, accessible depuis chaque ch. Salle petit déjeuner, salon (cheminée), salon de jardin. Bibliothèque. TV. Maison dans un environnement très vert au bord d'un petit ruisseau, beaucoup de calme et de liberté. Promenades à pied dans un très beau massif forestier (flore intéressante). Château, musée à proximité. Visite et dégustation aux caves Guillaume « vins de Gy ». Poss. accueil cavaliers. Langues parlées : anglais, allemand.

Prix : 1 pers. 30 € ❚ 2 pers. 41 € ❚ 3 pers. 61 €
Ouvert : Toute l'année.

	SP	18	14	14	SP	19	35	SP

Andrée DUROY - Rue du Moulin de l'Etang - 70700 GY - Tél. : 03 84 32 94 12 - Fax : 03 84 32 94 12

Haute-Saône   *Franche-Comté*

HUGIER   C.M. 66 Pli 14

||| 4 ch. Maison indép., terrain non clos. Terrasse couverte. Parking privé, barbecue, salon de jardin. R.d.c. : 1 ch., TV (1 lit 2 pers., 2 lits 1 pers.), s. d'eau/wc privés. 1er ét. : 1 ch. (1 lit 2 pers.), TV, 1 lit enfant, douche/wc/s.d.b., 1 ch. 2 pers. avec TV, s.d.b., wc attenants privés. Salle à manger. Piscine à disposition des hôtes (sous leur responsabilité). Maison située dans la Basse Vallée de l'Ognon, vous découvrirez le plaisir de la pêche et du canoë-kayak. Vous visiterez l'un des plus beaux villages de France : Pesmes et découvrirez les monuments et châteaux des villages environnants. Langue parlée : allemand.

Prix : 1 pers. **24/27** € 2 pers. **32/38** € 3 pers. **43** € pers. sup. **11** €
Ouvert : Toute l'année.

6	6	3	13	42	15	6	30	6	

Pierre KNAB - route de Sornay - 70150 HUGIER - Tél. : 03 84 31 58 30 ou 03 84 31 53 82

MAGNY-LES-JUSSEY   C.M. 66 Pli 5

||| 2 ch. Ferme en haut du village, monter vers la mairie, maison ancienne rénovée. 1 chambre (1 lit 2 pers.), salle d'eau attenante et privative, wc privés attenants indépendants de la salle d'eau. 1 chambre double (1 lit 2 pers. 2 lits 1 pers. 1 lit bébé), salle d'eau/wc privatifs et attenants. Terrasse et tonnelle. Bibliothèques. Paysage verdoyant très calme. Abri pour voiture. Parcours d'orientation 38 km. Forêt sur place.

Prix : 1 pers. **30** € 2 pers. **42** € 3 pers. **52** € pers. sup. **10** €
Ouvert : Toute l'année.

4,5	6	10	15	8	41	8	38	35	8

Bernadette BILLY - 70500 MAGNY-LES-JUSSEY - Tél. : 03 84 68 07 28

MELIN A L'Abri du Pin   C.M. 66 Pli 4

||| 3 ch. Ferme rénovée à côté du propr., grand terrain non clos. Au r.d.c. : 1 ch. (1 lit 2 pers.), s. d'eau/wc attenante et privée. 1 ch. (1 lit 2 pers.), s. d'eau/wc privée et attenante. A l'ét. : 1 grande ch. (1 lit 2 pers.), canapé, s. d'eau/wc privée et attenante. Poss. couchage enfant et bébé. A disposition des hôtes : salle petit-déjeuner/coin-salon. Poss. cuisine. Cheminée. TV. Salon de jardin. Garage, barbecue. Produits fermiers au village. Pédalo. Parc de loisirs à 9 km. Pizzeria au village. Cyclotourisme. Vélos et table de ping-pong à la disposition des hôtes. Terrasse couverte. Langues parlées : anglais, allemand.

Prix : 1 pers. **23/27** € 2 pers. **29/34** € pers. sup. **8/15** €
Ouvert : Toute l'année.

3	15	15	15	15	7

Raymond VIENNOT - A l'Abri du Pin - 70120 MELIN - Tél. : 03 84 92 12 50 - E-mail : abridupin@chez.com - www.chez.com/abridupin

MERCEY-SUR-SAONE   C.M. 66 Pli 4

|||| 1 ch. Aménagée dans un petit château du XVIIe siècle, en bordure de Saône, dans un parc clos, ombragé : 1 suite indépendante dite d'apparât en boiserie et décor XVIIIe s. comprenant : 1 ch. 2 pers. + 1 lit enfant, séjour avec 1 lit 1 pers., s.d.b., 2 wc, de plain pied avec terrasse et salon de jardin privatifs. A disposition : bassin-piscine, vélos, barques, canoë-kayak. Petits déjeuners raffinés aux produits frais de la propriété.

Prix : 1 pers. **44** € 2 pers. **65** € pers. sup. **24** €
Ouvert : De mai à octobre (sur réservation uniquement).

SP	3	20	20	7	22	40	40	52	5

Bernadette JANTET - 70130 MERCEY-SUR-SAONE - Tél. : 03 84 67 07 84

LA ROSIERE Le Chant du Petit Pré   Alt. : 700 m   (TH)   C.M.

|||| 1 ch. **Luxeuil-les-Bains 8 km.** Une chambre (2 lit 1 pers. jumeaux), salle d'eau privative attenante et communicante, wcséparés. Terrasse privative. Salon, bibliothèque. Petits déjeuner à base de produits du jardin et du terroir ou végétariens. Chambres stylées avec dentelles de Luxeuil. Cuisine familiale et régionale. Chambres d'hôtes Panda. Langue parlée : anglais.

Prix : 1 pers. **46** € 2 pers. **52** € repas **15** €
Ouvert : Toute l'année.

3	SP	18	10	5	30	15	3

Christian BALAND - Le Chant du Petit Pré - 70310 LA-ROSIERE - Tél. : 03 84 94 44 75 - Fax : 03 84 94 44 75 -
E-mail : chant-du-petit-pre@wanadoo.fr

SAUVIGNEY-LES-PESMES   C.M. 66 Pli 14

||| 6 ch. **Pesmes 1,5 km.** 6 chambres d'hôtes dans la maison du propriétaire, entrée indépendante chacune. 1 chambre (1 lit 1 pers.), 2 chambres (1 lit 2 pers.), 2 chambres (1 lit 2 pers. 1 lit 1 pers.), 1 chambre (1 lit 2 pers., 2 lits 1 pers.), salle d'eau/wc privés et attenants chacune. A disposition des hôtes : salon, TV, cour et salon de jardin. Garage fermé gratuit. 4 pers : 70 €. Sauvigney-les-Pesmes est un village situé dans la basse vallée de l'Ognon. Ce secteur est riche en sites et monuments. La rivière l'Ognon vous invite à la pêche, à la pratique du canoë-kayak et à la randonnée. forêt à 1 km, restaurants à 1,5 km. Langue parlée : anglais.

Prix : 1 pers. **37** € 2 pers. **43/50** € 3 pers. **56** € pers. sup. **14** €
Ouvert : Du 1er mars au 31 octobre.

1,5	SP	15	20	1,5	40	1,5	17	20	1,5

Claude-Marie BONNEFOY - 70140 SAUVIGNEY-LES-PESMES - Tél. : 03 84 31 21 01 - Fax : 03 84 31 20 67

Franche-Comté **Haute-Saône**

TERNUAY Les Contances   A   (TH)   *C.M. 66 Pli 7*

E.C. 5 ch. R.d.c : 1 ch 2 pers avec salle d'eau/wc privative. Au 1er ét. : 1 ch 2 pers (lavabo), 1 ch (4 lits 1 pers), salle d'eau indép. commune au 2 ch Au 2ᵉ ét. : 1 ch familiale : 1 ch (1 lit 2 pers), et 1 ch (3 lits 1 pers), salle d'eau attenante. A disposition des hôtes : espace détente, salle de jeux en mezzanine. 70 €/5 pers. 61 €/4 pers. TH sur réservation. Ping-pong, boules, badminton. Au pied du plateau des 1000 étangs, 4 chambres ont été aménagées dans une ancienne ferme rénovée dans le style local. Site isolé au cœur d'une forêt, entouré d'étangs et de tourbières. Accès sur 2 km par un chemin empierré. Langues parlées : allemand, anglais.

Prix : 1 pers. 20 € 2 pers. 30 € 3 pers. 46 € repas 12 €
Ouvert : Du 15 mars au 30 septembre.

5	SP	5	SP	23	5

Françoise MARLIER - Les Contances - 70270 TERNUAY - Tél. : 03 84 20 41 97

TERNUAY   *C.M. 66 Pli 7*

5 ch. Situées dans la maison du propriétaire, 2 chambres (2 lits 2 pers.). 1 chambre (1 lit 130). 1 chambre (2 lits 2 pers.). 1 chambre (1 lit 2 pers., 1 lit 1 pers.), salle d'eau/wc attenants et privatifs pour chaque chambre. Salle à manger, salon communs avec le propriétaire. Terrasse et salon de jardin. Revues/jeux de société. 58 €/4 pers. Situé dans le Parc Naturel Régional des Ballons des Vosges, découvrez une nature exceptionnelle dont le plateau des milles étangs. En faisant halte à Ternuay, vous y serez accueillis chaleureusement. Boxes pour chevaux

Prix : 1 pers. 30 € 2 pers. 40 € 3 pers. 49 € pers. sup. 9 €
Ouvert : Toute l'année uniquement sur réservation.

SP	SP	13	16	5	27	7

Urs STOCKLI - Route de Melay - 70270 TERNUAY - Tél. : 03 84 63 88 05

VILLERS-SUR-SAULNOT La Forge d'Isidore   A   *C.M. 66 Pli 7*

6 ch. 6 chambres d'hôtes aménagées dans un bâtiment neuf. 1 chambre (1 lit 2 pers., 1 lit 1 pers.), 2 chambres (2 lits 1 pers.), 3 chambres (1 lit 2 pers.). Douche, lavabo, wc pour chaque chambre. Sur place : gîte d'étape, relais équestre. Spécialités de la ferme-auberge : poulet au comté et veau de lait (sur réservation). La proximité de Montbéliard, Héricourt et Villersexel offre de multiples possibilités d'activités et d'animations. Pour les amateurs de spéléologie, nombreuses grottes dans le secteur de Villers-sur-Saulnot. Langue parlée : allemand.

Prix : 1 pers. 26 € 2 pers. 35 € 3 pers. 41 €
Ouvert : Toute l'année.

14	SP	5	4	8	14	15	4

Daniel et Colette ROBERT - 10 Grande Rue - La Forge d'Isidore - 70400 VILLERS-SUR-SAULNOT - Tél. : 03 84 27 43 94

Territoire-de-Belfort

GITES DE FRANCE
2 bis, rue Clémenceau - 90000 BELFORT
Tél. 03 84 21 27 95 - Fax 03 84 55 90 99

AUXELLES-HAUT   Alt. : 650 m   *C.M. 66 Pli 8*

1 ch. Belfort 14 km. Mulhouse 60 km. Maison de campagne située sur les hauteurs du village. Chambre d'hôtes aménagée au r.d.c. Salle de bains, wc privatif, coin-salon, petite kitchenette. Chauffage central. Entrée privative et petite terrasse. Grand confort. Charmant village de moyenne montagne où depuis la chambre on observe une magnifique vue panoramique sur la région.

Prix : 1 pers. 43 € 2 pers. 46 € pers. sup. 14 €
Ouvert : Toute l'année.

8	10	5	13	SP	SP	12	5

Joëlle SCHAFFHOLD - 14 rue Saint-Jean - 90200 AUXELLES-HAUT - Tél. : 03 84 27 13 46 ou 06 07 87 85 01 - Fax : 03 84 29 53 94

AUXELLES-HAUT   Alt. : 615 m   A   ⬛   *C.M. 66*

E.C. 3 ch. Ballon d'Alsace 15 km. Belfort 12 km. 3 chambres d'hôtes avec douche et wc communs situées au 2ᵉ étage de l'auberge. Chambres avec lits double ou simple. Possibilité lit supplémentaire. Situées dans le petit village de montagne d'Auxelles-Haut dans un cadre campagnard. L'auberge est au centre du village, point de départ de randonnées. Langue parlée : anglais.

Tarifs non communiqués

10	SP	12	4,5

LE COIN DE LA STOLLE - 1 rue de la Stolle - 90200 AUXELLES-HAUT - Tél. : 03 84 29 07 92

BESSONCOURT   *C.M. 66 Pli 8*

1 ch. A proximité de Belfort, 1 chambre d'hôtes aménagée au 1ᵉʳ étage avec salle d'eau et wc. Chauffage gaz.

Prix : 1 pers. 24 € 2 pers. 32 €
Ouvert : Toute l'année.

12	7	SP	SP	30	7	2

Marie-Thérèse SIBRE - 6 rue des Eglantines - 90160 BESSONCOURT - Tél. : 03 84 29 93 97

Territoire-de-Belfort

Franche-Comté

EGUENIQUE
C.M. 66

E.C. 2 ch. **Belfort 8 km.** 2 ch d'hôtes avec sanitaires privés situées dans une ferme rénovée annexe comportant 2 gîtes ruraux. Espace détente et kitchenette commune aux ch. Jardin. Au calme, ces ch d'hôtes, situées aux portes de l'Alsace, vous permettront de passer un agréable séjour. Le propriétaire se fera un plaisir de vous faire découvrir la faune, flore et gastronomie locale. Langues parlées : allemand, anglais.

Prix : 1 pers. **26/35** € 2 pers. **35/43** €
Ouvert : Toute l'année.

8	10	8	30	8	1

Michel LECOMTE - 4 rue de la Creuse - 90150 EGUENIQUE - Tél. : 03 84 29 81 13 ou 06 22 63 52 00

ETUEFFONT
(TH) C.M. 66 Pli 8

1 ch. Emotion, santé, partage, tels sont les maîtres mots de cette maison d'hôtes ou Daniel et Astride vous accueillent dans une atmosphère chaleureuse et une ambiance cosy. Une jolie ch aménagée à l'étage de la maison du propriétaire et une suite pour 4 pers dans une maison attenante. Sanitaires privés. Grand parc ombragé et fleuri à disposition des hôtes. Point de départ de sntiers de randonnées. Possibilité de stage peinture. Auberge à proximité en hors saison. Langues parlées : allemand, anglais.

Prix : 1 pers. **43** € 2 pers. **47** € 3 pers. **59** €
Ouvert : Toute l'année.

14	SP	14	11	SP	4	SP	22	15

Daniel ELBERT - 8 rue de la Chapelle - 90170 ETUEFFONT - Tél. : 03 84 54 68 63 - E-mail : daniel.elbert@wanadoo.fr

FOUSSEMAGNE
(TH) C.M. 66

E.C. 2 ch. **Belfort 13 km. Colmar 50 km.** 2 ch 2 pers en rez-de-jardin. Douche et wc dans chaque ch. TV. Terrasse fleuri avec accès direct à la piscine et au jardin d'agrément. Parc à chevaux. Grand confort. Espace, lumière, confort font le charme de cette grande maison située aux portes de l'Alsace. Christian et Martine vous feront redécouvrir convivialité et qualité de vie ainsi que toutes les facettes de la gastronomie régionale avec leur table d'hôtes.

Prix : 1 pers. **43** € 2 pers. **46** € 3 pers. **59** € repas **16/20** €
1/2 pens. 63 €
Ouvert : Toute l'année.

SP	SP	SP	30	SP	30	2	2

Christian et Martine COURBAT/BILGER - 24 Faubourg Saint Antoine - 90150 FOUSSEMAGNE - Tél. : 03 84 23 48 19 - Fax : 03 84 23 48 19 - E-mail : relais9068@aol.com

FOUSSEMAGNE
C.M. 66 Pli 8

1 ch. Chambre d'hôtes aménagée au 1er étage, dans une maison de caractère située sur une grande propriété du XVIIIe siècle. 1 chambre (1 lit 2 pers.), salon, TV, salle d'eau et wc attenants. Parc de 1 ha. Grand confort. Séjour agréable au calme et dans la nature. Propriétaire possédant des chevaux.

Prix : 1 pers. **34** € 2 pers. **42** € pers. sup. **10** €
Ouvert : Toute l'année.

20	16	16	SP	SP	35	16	6

Marianne LIOTE - 7 rue des Vosges - 90150 FOUSSEMAGNE - Tél. : 03 84 23 48 76

FOUSSEMAGNE

1 ch. 1 chambre aménagée au rez-de-chaussée dans une maison de campagne située dans un cadre agréable, dans un petit village au calme, aux portes de l'Alsace et de la Suisse, comportant 1 lit 2 pers., salle d'eau et wc privés. Chauffage central, TV, jardin. Pêche sur place. Base nautique à 20 km.

Prix : 1 pers. **26** € 2 pers. **32** €
Ouvert : Toute l'année.

15	11	SP	10	SP	16	SP

Jean PANZANI - 8 rue des Vosges - Cidex 331 - 90150 FOUSSEMAGNE - Tél. : 03 84 23 34 01

LARIVIERE
C.M. 66 Pli 8

2 ch. 2 chambres d'hôtes confortables meublées en rustique, à l'étage d'une grande maison alsacienne, au centre du village. Chaque chambre dispose d'une salle de bains et wc particuliers. Salle commune à la disposition des hôtes. Pour votre détente, vous apprécierez notre piscine et notre terrasse avec jardin ombragé et fleuri. Parking fermé. Poss. pique-nique. Restaurants à proximité. Langues parlées : allemand, anglais.

Prix : 1 pers. **32** € 2 pers. **41** € 3 pers. **50** € pers. sup. **8** €
Ouvert : Toute l'année.

5	7	15	15	2	10	SP	25	15	SP

Alain et Maryse LIGIER - 4 rue du Margrabant - 90150 LARIVIERE - Tél. : 03 84 23 80 46

Franche-Comté **Territoire-de-Belfort**

LEPUIX-GY
Alt. : 1247 m   A   C.M. 66

4 ch. — 4 ch. (2 pers.) dont 1 ch. (2 lits 1 pers.). WC, s.d.b. chacune. Dans les 2 salons destinés aux pensionnaires : canapés, fauteuils, tables et chaises (TV). Vous serez accueillis dans 1 cadre chaleureux et convivial. 1 vue panoramique exceptionnelle sur toutes les Vosges et avec un peu de chance, toute la chaîne des Alpes Françaises et Suisses. Au cœur du parc naturel régional des ballons des Vosges. Parapente, VTT, ski de fond et alpin, randonnée pédestre et raquettes sur place. Musée 10 km.

Prix : 1 pers. 35 € 2 pers. 45 € pers. sup. 12 € repas 14 €
1/2 pens. 46 € pens. 67 €

Ouvert : Toute l'année.

🐕	🏊	🎣	🎾	🚶	⛷	🚡	⛴
20	5	10	25	SP	SP	30	10

FERME-AUBERGE DU BALLON D'ALSACE - MOREL Michel - Ballon d'Alsace - 90200 LEPUIX-GY - Tél. : 03 84 23 97 21

PETITEFONTAINE La Corbière
C.M. 66 Pli 8

1 ch. — **Belfort 20 km.** Chambres d'hôtes au r.d.c., comportant (1 lit 2 pers.), salle de bains et wc particuliers, coin-salon avec TV. Ancienne ferme rénovée sur une grande propriété située dans un petit village au sud du massif des Vosges, à proximité de l'Alsace. Pique-nique possible. Langue parlée : hollandais.

Prix : 1 pers. 30 € 2 pers. 40 € pers. sup. 8 €
Ouvert : Toute l'année.

🐕	🏊	🎣	🚶	⛷	🚡	⛴
2	5	5	20	20	2	

Jacques DE GROOTE - 6 rue des Corbières - 90360 PETITEFONTAINE - Tél. : 03 84 23 80 27 ou 03 84 23 02 18

ILE-DE-FRANCE

Pour réserver, écrire ou téléphoner :

77 - SEINE-ET-MARNE
GÎTES DE FRANCE - Service Réservation
11, rue Royale
77300 FONTAINEBLEAU
Tél. : 01 60 39 60 39 - Fax : 01 60 39 60 40
E-mail : mdt@tourisme77.net
www.tourisme77.net

78 - YVELINES
GÎTES DE FRANCE - Service Réservation
Hôtel du Département
2, place André-Mignot
78012 VERSAILLES Cedex
Tél. : 01 30 21 36 73 - Fax : 01 39 07 88 56
E-mail : gites-de-france@cg78.fr

91 - ESSONNE
GÎTES DE FRANCE - Service Réservation
2, cours Monseigneur-Roméro
91025 ÉVRY Cedex
Tél. : 01 64 97 23 81 - Fax : 01 64 97 23 70
E-mail : info@gites-de-france-essonne.com
www.gites-de-france-essonne.com

95 - VAL-D'OISE
GÎTES DE FRANCE - Service Réservation
Château de La Motte
Rue François-de-Ganay
95270 LUZARCHES
Tél. : 01 30 29 51 00 - Fax : 01 30 29 30 86

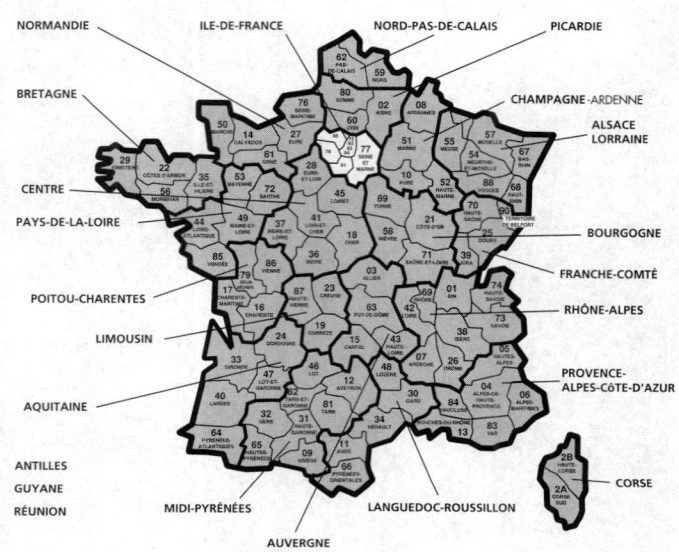

Ile-de-France
Seine-et-Marne

GITES DE FRANCE - Service Réservation
11, rue Royale - 77300 FONTAINEBLEAU
Tél. 01 60 39 60 39 - Fax 01 60 39 60 40
E-mail : mdt@tourisme77.net
http://www.tourisme77.net

BANNOST-VILLEGAGNON Hameau de Marchelong (TH)
C.M. 4077 Pli F3

1 ch. **Paris 75 km. Provins 20 km. Jouy-le-Chatel 3 km.** A 20 km de Disneyland Paris. Située dans le hameau de Marchelong, une suite familiale aménagée dans une maison traditionnelle avec jardin clos. A l'étage : 1 chambre avec lit double et 1 chambre avec 2 lits simples. Salle d'eau, wc. Au r.d.c. : salle des petits déjeuners, salon avec coin-cheminée. Jardin, terrasse. Accueil chaleureux. Nombreux sites touristiques aux alentours. Table d'hôtes sur réservation. Langue parlée : anglais.

Prix : 1 pers. 37 € 2 pers. 43 € pers. sup. 17 €
Ouvert : Toute l'année.

20	8	2	3	2	23	20	25	10	20	3

Geneviève et Gilbert CHIMENTO - 37 hameau de Marchelong - 77970 BANNOST-VILLEGAGNON - Tél. : 01 64 01 55 28

BAZOCHES-LES-BRAY
C.M. 4077 Pli F5

1 ch. **Paris 90 km. Provins 20 km. Bray-sur-Seine 4 km.** A 65 km de Disneyland Paris. Ferme céréalière typiquement briarde. Maison indépendante dans le village. Accueil sympathique. Jardin clos et terrasse. Salle des petits déjeuners. 1 chambre au r.d.c. avec 1 lit de 2 personnes et 1 lit de 1 personne. Salle d'eau et wc privés. Circuits randonnées et VTT. Langue parlée : anglais.

Prix : 1 pers. 40 € 2 pers. 46 € pers. sup. 14 €

65	4	0,1	7	3	20	4	20	3	18	4

Laurence BENOIT - 13 rue de la Poterne - 77118 BAZOCHES-LES-BRAY - Tél. : 01 60 67 14 05 ou 06 83 83 99 50 - Fax : 01 60 67 14 05

BOIS-LE-ROI (TH)
C.M. 4077 Pli C5

5 ch. **Paris 60 km. Fontainebleau 5 km.** Dans un charmant village du bord de Seine au cœur de la forêt. Centre équestre (chevaux de propriétaires) dans une magnifique maison de style anglo-normand en lisière de forêt. Salle des petits-déjeuners et salon au r.d.c. Entrée indépendante. 6 chambres aménagées aux 1er et 2e étages. 4 chambres avec 1 lit de 2 pers., 2 chambres avec 1 lit de 1 pers. Douche et lavabo dans toutes les chambres. 3 wc communs. Salle de billard avec cheminée. TV. Table d'hôtes sur réservation à partir de 6 personnes. Langues parlées : anglais, allemand.

Prix : 1 pers. 31 € 2 pers. 38 € pers. sup. 16 € repas 23/29 €

0,5	1	1	0,1	1	1	1	1	2,5	1	

Nathalie et Patrice KOENIG - 27/29 avenue Joffre - 77590 BOIS-LE-ROI - Tél. : 01 60 69 63 15 - Fax : 01 60 69 63 27

BOIS-LE-ROI
C.M. 4077 Pli C5

1 ch. **Paris 60 km. Fontainebleau 8 km.** Dans un village au cœur de la forêt. Belle maison de village rénovée avec goût. Beaucoup de charme. Très agréable jardin. Chambre aménagée dans un bâtiment annexe donnant sur une cour fleurie. Maison indépendante. Entrée indépendante. Au r.d.c. : salon avec 1 lit de 1 pers. et 1 canapé 2 pers.. Au 1er : salon et salle de bains avec wc. En mezzanine 2 lits de 1 pers. Décoration très soignée. Petit-déjeuner dans la salle à manger des propriétaires ou dans le jardin. Meubles de jardin. Parking dans la cour. Base de loisirs à proximité. Nombreuses possibilités de randonnées et escalades en forêt de Fontainebleau. Télévision dans la chambre. Langue parlée : anglais.

Prix : 1 pers. 46 € 2 pers. 54 € pers. sup. 19 €

90	0,5	2	0,5	0,3	2	2	2	2	2	1

Angeline et Claude FALLON - 25 rue Guido Sigriste - La Fallonnière - 77590 BOIS-LE-ROI - Tél. : 01 60 69 54 96 - Fax : 01 60 69 54 96 - E-mail : claudefallon@aol.com

BREAU (TH)
C.M. 4077 Pli D4

3 ch. **Paris 50 km. Melun 15 km.** Relais du Couvent. Très belle ferme restaurée, terrain de 6 ha, site classé. VTT et tennis sur place. Spécialité de la ferme, le vol en montgolfière. Sur place ensemble de 3 gîtes ruraux, 1 gîte de groupe et 3 chambres d'hôtes. Au r.d.c. : salle des petits déjeuners, 1 ch. avec 1 lit double et 1 lit simple, 1 ch. avec 1 lit double et 2 lits simples. Au 1er : 1 ch. avec 1 lit double. Salle d'eau et wc privés dans chaque chambre. Baby-sitting. Langues parlées : anglais, allemand.

Prix : 1 pers. 38 € 2 pers. 43 € pers. sup. 19 € repas 16 €

30	SP	SP	3	0,1	5	7	20	2	7	

Nicole et Jacques LEGRAND - Relais du Couvent - 77720 BREAU - Tél. : 01 64 38 75 15 - Fax : 01 64 38 75 25 - E-mail : Ferme.Couvent@wanadoo.fr - http://www.lafermeducouvent.com

Seine-et-Marne
Ile-de-France

LA BROSSE-MONTCEAUX Malassise
(TH) — C.M. 4077 Pli E/6

2 ch. **Paris 85 km. Fontainebleau 20 km. Montereau 8 km.** Dans un endroit particulièrement calme, fermette briarde du XVIIIe rénovée avec goût. 2 chambres d'hôtes à l'étage : 1 chambre avec 1 lit de 2 pers. et 1 lit de 1 pers. et 1 chambre avec 1 lit de 2 pers. Salle d'eau et wc dans chaque chambre. Décoration originale. Jardin. Terrasse. Meubles de jardin. Salle des petits déjeuners au r.d.c. ouvrant sur jardin. Table d'hôtes sur réservation. Cuisine traditionnelle et méditerranéenne. Nombreuses balades et sites touristiques aux alentours. Forfait golf. Langue parlée : anglais.

Prix : 1 pers. 45 € ■ 2 pers. 52 € ■ pers. sup. 16 € ■ repas 20 €

| 80 | SP | 3 | 6 | 0,1 | 4 | 10 | 5 | 6 | 4 | 4 |

Dominique et Michel GIRONDE - Malassise - 77940 LA-BROSSE-MONTCEAUX - Tél. : 01 64 32 93 12 - Fax : 01 64 32 93 12 -
E-mail : malassise@worldonline.fr - perso.worldonline.fr/malassise-77

BUSSY-ST-MARTIN
C.M. 4077 Pli C2

1 ch. **Paris 25 km. Disneyland Paris 10 km.** Proche du RER et A4. En face d'une ravissante église classée entourée de champs, la chambre est aménagée dans une maison authentique, confortable, indépendante. Au r.d.c. : salon avec poutres, coin-cuisine, TV. A l'étage : 1 grande chambre avec 1 lit de 2 pers. et 1 lit de 1 pers. Salle d'eau. wc. Accueil chaleureux. Kugelhopf maison au petit déjeuner. Visite guidée de l'église, descriptif des châteaux voisins (Ferrières, Champs sur Marne et Guermantes). Base de loisirs à proximité. Langue parlée : anglais.

Prix : 1 pers. 43 € ■ 2 pers. 49 € ■ pers. sup. 17 €

| 10 | 2 | 2 | 1 | 3 | 2 | 3 | 5 | 2 | 3 | 2 |

Guy HERRENSCHMIDT - 3 rue de la Montagne - 77600 BUSSY-ST-MARTIN - Tél. : 01 64 66 11 24 ou 06 14 16 49 95

BUSSY-ST-MARTIN
C.M. 4077 Pli C/2

1 ch. **Paris 25 km. Disneyland Paris 6 km.** Maison récente dans un charmant village. Beau jardin arboré. La chambre est aménagée en rez-de-jardin avec un accès indépendant. Salon de jardin. 1 chambre pour 2 personnes avec coin-salon (canapé clic-clac) et coin-cuisine. Salle d'eau et wc. Télévision. Petit-déjeuner chez les propriétaires. Accueil chaleureux. Animaux acceptés sous réserve. Langues parlées : anglais, espagnol.

Prix : 1 pers. 37 € ■ 2 pers. 43 € ■ pers. sup. 16 €

| 6 | 2 | 2 | 1,5 | 3 | 2 | 3 | 5 | 2 | 3 | 3 |

Martine DAUTUN - 6 rue du Moulin - 77600 BUSSY-ST-MARTIN - Tél. : 01 64 66 35 45 - Fax : 01 64 66 35 45 -
E-mail : martine_dautun@hotmail.com et dautun@fr.imb.com

BUSSY-ST-MARTIN
C.M. 4077 Pli C2

3 ch. **Paris 25 km. Disneyland Paris 6 km.** Très joli village facilement accessible (A4-RER). Nombreux sites touristiques aux alentours. Maison ancienne avec grand jardin arboré. Dans une aile indépendante, 1 suite familiale composée de deux chambres avec 1 lit 1 pers. et 1 lit 2 pers., salle de bains et wc privés. 1 chambre avec 1 lit de 2 pers. avec salle de bains et wc. Salle des petits déjeuners/salon avec cheminée. Au 1er étage d'un bâtiment annexe, 1 suite familiale composée d'une chambre avec 1 lit de 2 pers. et 1 lit de 1 pers. 1 chambre avec 1 lit de 1 pers. Salle d'eau/wc. Coin-repas et coin-cuisine. Terrasse. Jardin. Animaux sous réserve. Langue parlée : anglais.

Prix : 1 pers. 42 € ■ 2 pers. 45 € ■ pers. sup. 19 €

| 6 | 2 | 2 | 1 | 3 | 2 | 3 | 5 | 2 | 3 | 3 |

Judith et Gabor ULVECZKI-KOSA - 9 rue du Parc - 77600 BUSSY-ST-MARTIN - Tél. : 01 64 66 01 23 - Fax : 01 64 66 36 66 -
E-mail : ulgab@wanadoo.fr

BUTHIERS Herbeauvilliers
(TH) — C.M. 4077 Pli A6

2 ch. **Paris 75 km.** Herbeauvilliers, très beau village à proximité de Fontainebleau et Malesherbes, magnifique propriété avec un vaste jardin paysagé. Superbe golf à 2 kms. Décoration très soignée. Au r.d.c. : salon avec télévision et vidéo. A l'étage une suite familiale composée d'une chambre avec 2 lits de 1 pers. 1 chambre avec 1 lit de 2 pers. Salle de bains. WC. Au r.d.c. 1 chambre double sur jardin avec salle d'eau et wc. Petit déjeuner servi dans un jardin d'hiver ou en terrasse. Excellente table d'hôtes le soir (cuisine traditionnelle, barbecue...). Organisation de réception et réunions familiales de jour exclusivement. Forfait week-end. Animations. Langue parlée : anglais.

Prix : 1 pers. 61 € ■ 2 pers. 61/69 € ■ pers. sup. 22 € ■ repas 23 €

| 80 | SP | 5 | 8 | 5 | 2 | 5 | 5 | 5 | 5 | 5 |

Béatrice et Alain ROBERT - 55 rue Grande - Herbeauvilliers - 77760 BUTHIERS - Tél. : 01 64 24 16 26 ou 06 20 65 01 97 -
Fax : 01 64 24 16 39 - E-mail : mediagreen@wanadoo.fr - http ://perso.wanadoo.fr/perrichonniere

CELY-EN-BIERE
C.M. 4077 Pli B5

2 ch. **Paris 50 km. Fontainebleau 14 km. Barbizon 6 km.** Très belle ferme dans une magnifique région. Vaste terrain, meubles de jardin. Salle des petits déjeuners au rez-de-chaussée. 2 chambres dans un bâtiment annexe. 1 chambre au r.d.c. avec 2 lits de 1 personne. Salle d'eau et wc privés. 1 chambre au 1er étage avec 1 lit de 2 personnes. Salle d'eau et wc privés. Nombreux sites touristiques à proximité. Langue parlée : italien.

Prix : 1 pers. 38 € ■ 2 pers. 43 € ■ pers. sup. 17 €

| 50 | 0,5 | 0,5 | 2 | 5 | 0,3 | 6 |

Rita et Jean BOURDIN - 23 rue de la Mairie - 77930 CELY-EN-BIERE - Tél. : 01 64 38 05 96 - Fax : 01 64 38 05 96

Ile-de-France — Seine-et-Marne

CHAILLY-EN-BIERE
C.M. 4077 Pli B5

3 ch. **Paris 55 km. Fontainebleau 10 km. Barbizon 2 km.** Situé dans un charmant village briard. Grande cour carrée, salon de jardin. Nombreuses promenades et sites touristiques aux alentours. Dans un bâtiment annexe d'un ancien corps de ferme, 3 chambres familiales composées de 2 chambres séparées avec chacune 1 lit double et 2 lits 1 pers., salle d'eau et wc privés. Coin-tisanerie. Petit-déjeuner pris chez le propriétaire. Sur place, Musée du Père Noël et Médiamusée. Langue parlée : suédois.

Prix : 1 pers. 32 € 2 pers. 37 € pers. sup. 15 €
Ouvert : De mai à septembre.

70	1	2	3	1	4	10	4	6	10	1

Tuula MAJAVESI - 17 rue de la Fromagerie - 77930 CHAILLY-EN-BIERE - Tél. : 01 60 69 22 54 - Fax : 01 60 69 22 60 -
E-mail : majavesi.sinikka.seppo@wanadoo.fr - http ://perso.wanadoo.fr/fermedelafromagerie

CHALMAISON
C.M. F5

1 ch. **Paris 80 km. Provins (cité médiévale) 10 km.** A 50 km de Disneyland Paris. Région touristique avec de nombreuses promenades entre Bassée et Provins. Petit village calme. Détente assurée. 1 chambre dans un bâtiment annexe à la maison des propriétaires. 1 lit de 2 personnes. Salle d'eau et wc privés. Tisanerie. Salon et salle des petits déjeuners chez le propriétaire. Jardin paysagé. Terrasse. Langue parlée : anglais.

Prix : 1 pers. 40 € 2 pers. 45 € pers. sup. 17 €

50	2	4	10	2	10	10	35	1	4	4

Liliane et André ZENTZ - 19 rue Eugène Jacquelin - 77650 CHALMAISON - Tél. : 01 64 01 77 59 - Fax : 01 64 01 77 59 -
E-mail : chalmaison@fr.fm - http ://www.chalmaison.fr.fm

LA CHAPELLE-IGER
(TH) *C.M. 4077 Pli D4*

1 ch. **Paris 60 km. Champeaux 17 km. Rozay-en-Brie 4 km.** La Source, à 23 kms de Disneyland Paris. Dans une vieille maison briarde, 1 chambre avec 1 lit de 2 personnes et 1 lit de 1 pers.. Salle d'eau et wc privés. Salon. Véranda. Télévision. Week-ends à thèmes : remise en forme et relaxation en salle réservée pour la détente (musicothérapie, thérapie manuelle et stage et séances individuels). Accueil convivial. Table d'hôtes sur réservation. Chambre d'Hôtes Oxygène. Langue parlée : anglais.

Prix : 1 pers. 38 € 2 pers. 46 € pers. sup. 19 € repas 17 €

23	SP	0,1	3	10	10	1,5	18	4	13	1,5

Francine MESMAQUE - 4 rue du Général Leclerc - 77540 LA-CHAPELLE-IGER - Tél. : 01 64 42 91 99

LA CHAPELLE-RABLAIS
C.M. 4077 Pli D4

3 ch. **Paris 70 km. Fontainebleau 20 km. Provins 20 km.** Le château des Moyeux, demeure reconstruite au 18ᵉ siècle vous accueille sur un parc de 30 ha. 3 chambres d'hôtes de 2 pers. à l'étage vous sont proposées. avec chacune une salle de bains et des wc privés. Au r.d.c. salon avec cheminée. Petit salon de musique. Salle à manger. Bibliothèque avec cheminée. Orangerie avec piscine. Petit-déjeuner de qualité dans superbe décor. Restaurants à proximité. Les plus curieux découvriront la crypte et la chapelle. Beau parc romantique. Possibilité de forfait pour séjour en semaine ou week-end de plusieurs nuits. Lit de bébé à disposition. Langues parlées : anglais, espagnol.

Prix : 1 pers. 76 € 2 pers. 91 €

60	3	6	3	SP	5	SP	15	10	6	6

Corinne et Stéphane FOURNOL - Château des Moyeux - 77370 LA-CHAPELLE-RABLAIS - Tél. : 01 64 08 49 51 ou 01 64 08 42 74 - Fax : 01 64 08 49 51 - E-mail : ch.d.m@wanadoo.fr - site.voila.fr/ch_d_moyeux

LES CHAPELLES-BOURBON Beaumarchais
C.M. 4077 Pli D3

1 ch. **Paris 43 km.** Le Manoir de Beaumarchais situé à moins de 3/4 H de Paris par l'autoroute A4 (sortie 13) et à 15 mn de Disneyland Paris est de style anglo-normand. Classé monument historique, il est entouré d'un parc de 12 ha composé de bois et de prés pour les chevaux. Belle décoration. Nombreuses promenades aux alentours. Hubert et Francine Charpentier vous accueillent dans une grande suite située au 1ᵉʳ étage, composée d'une vaste chambre avec 2 lits de 1 pers., d'un salon installé dans la tour et d'une salle de bains avec wc. Le petit déjeuner est servi dans la salle à manger ou sur la terrasse. Langue parlée : anglais.

Prix : 1 pers. 112 € 2 pers. 120 €

15	5	1	6	5	15	5	25	12	6	6

Francine et Hubert CHARPENTIER - Beaumarchais - 77610 LES-CHAPELLES-BOURBON - Tél. : 01 64 07 11 08 - Fax : 01 64 07 14 48 -
E-mail : hubert.charpentier@wanadoo.fr - http ://www.le-manoir-de-beaumarchais.com

CHARTRETTES Château de Rouillon
C.M. 4077 Pli C5

4 ch. **Paris 53 km. Fontainebleau 10 km.** Le Château de Rouillon est une magnifique propriété du XVIIᵉ siècle, sur les bords de Seine. Cadre et aménagement de grande qualité. Magnifique parc de 2 ha avec jardin à la française, terrasse. Salon, salle à manger au r.d.c. avec bibliothèque et vidéothèque. 1 étage : 1 grande chambre avec 1 lit double et salle de bains et wc. 1 suite composée d'une très vaste ch. (vue sur Seine et parc) avec 1 lit double et coin-salon et 1 ch. avec 1 lit double, s.d.b. et wc. Au 2ᵉ :1 vaste ch. avec 1 lit double, s.d.b. et wc et 1 petite ch. avec 1 lit simple. 1 suite composée d'1 ch. à lit double et 1 ch. 2 lits simples, s.d.b. et wc. Langue parlée : anglais.

Prix : 1 pers. 54/61 € 2 pers. 60/75 € pers. sup. 25 €

70	1	2	2	2	2	5	2	SP	3	1

Peggyè MORIZE-THEVENIN - 41 avenue Charles De Gaulle - Château de Rouillon - 77590 CHARTRETTES - Tél. : 01 60 69 64 40 ou 06 12 52 79 91 - Fax : 01 60 69 64 55 - E-mail : chateau.de.rouillon@club-internet.fr

Seine-et-Marne   Ile-de-France

CHARTRETTES Le Pressoir   C.M. 4077 Pli C5

1 ch. **Paris 50 km. Fontainebleau 10 km. Bois-le-Roi (base de loisirs) 2 km.** Belle maison de pays rénovée avec goût dans un charmant village situé en bord de Seine. Pressoir du XVIIe. Dans un petit jardin fleuri, accès indépendant à une chambre confortable pour 2 pers. (2 lits) Située à l'étage d'une dépendance avec douche et wc. Tisanerie, coin-repas. Petit-déjeuner chez les propriétaires ou dans le jardin. Marie-Hélène et Michel, artisans créateurs de jouets en bois pourront vous faire visiter leur atelier. Langue parlée : anglais.

Prix : 1 pers. 38 € 2 pers. 43 €
Ouvert : De mars à octobre.

1	2	2	1	2	10	2	1	2	0,5

M-Hélène et Michel CHEVILLON - 28 rue Aristide Briand - Le Pressoir - 77590 CHARTRETTES - Tél. : 01 60 69 51 17 - Fax : 01 64 87 12 09 - E-mail : le pressoirchevillon@minitel.net

LE CHATELET-EN-BRIE La Fauconnière   C.M. 4077 Pli C4

4 ch. **Paris 57 km. Vaux-le-Vicomte 14 km. Fontainebleau 12 km.** La Fauconnière, très belle ferme fleurie, environnement soigné, accueil chaleureux. Salle des petits déjeuners au r.d.c. Au 1er : 2 chambres avec 1 lit de 2 pers. Salle de bains et wc privés. 1 chambre avec 1 lit de 2 pers. Salle d'eau et wc privés. 1 chambre avec 2 lits de 1 pers. Salle d'eau et wc privés.

Prix : 1 pers. 35 € 2 pers. 42 € pers. sup. 16 €

60	3	3	2	2	7	7	1	7	3

Christophe DUMORTIER - « La Fauconnière » - 77820 LE-CHATELET-EN-BRIE - Tél. : 01 60 69 40 45 ou 06 70 63 76 49 - Fax : 01 60 69 40 45

CHATILLON-LA-BORDE La Borde   C.M. 4077 Pli C4

2 ch. **Paris 60 km. Vaux-le-Vicomte 8 km.** La Borde, à 3 km de l'autoroute A5, (sortie Chatillon la Borde). Gare de Bois le Roi à 30 mn de paris Gare de Lyon Sites touristiques à proximité. Vaste fermette ancienne dans un hameau calme et boisé. Au r.d.c. : salle des petits déjeuners et table d'Hôtes avec poutres et cheminée. Au 1er : 1 chambre avec 1 lit double, salle d'eau et wc privés. 1 chambre (2 épis) avec 1 lit double, salle d'eau et wc privés non communiquants. TV. Jardin paysagé, détente assurée. Accueil chaleureux. Cours de cuisine sur demande. Forfait demi-pension le week-end à partir de 2 nuits (sauf périodes de fêtes, juillet, août). Chambres d'Hôtes Oxygène. Langue parlée : anglais.

Prix : 1 pers. 32/37 € 2 pers. 37/41 € pers. sup. 16 € repas 20 €

55	5	5	8	0,5	10	12	10	5	12	5

Nadine et Yves GUERIF - 16 Grande Rue - La Borde - 77820 CHATILLON-LA-BORDE - Tél. : 01 60 66 60 54 ou 06 82 06 80 70 - www.bonadresse.com/ile de france/chatillon la bord

CHATRES   C.M. 4077 Pli C3

4 ch. **Paris 40 km. Tounan-en-Brie 7 km. Disneyland Paris 20 km.** Le Portail bleu. Dans une ancienne ferme rénovée, 2 chambres personnalisées. Au rez-de-chaussée, 1 chambre confortable avec 1 lit de 2 personnes. Salle d'eau et wc privés. Au 1er étage, 1 chambre familiale avec 1 lit de 2 personnes et 3 lits de 1 personne. Salle d'eau et wc privés. Jardin paysagé clos. Ping-pong. Panier pique-nique sur demande. Baby-sitting. GR1 pour randonnées à proximité. Accueil convivial. Langue parlée : anglais.

Prix : 1 pers. 42 € 2 pers. 49 € pers. sup. 17 € repas 19 €

20	5	0,3	5	0,5	25	5	30	1	7	0,1

Dominique et Pierre LAURENT - 2 route de Fontenay - 77610 CHATRES - Tél. : 01 64 25 84 94 - Fax : 01 64 25 84 94 - E-mail : leportailbleu@voila.fr

CHENOISE   C.M. 4077 Pli F4

2 ch. **Paris 70 km. Provins (cité médiévale) 9 km.** Belle région avec de nombreux attraits touristiques. Maison de village rénovée avec grand jardin. Salle des petits déjeuners au r.d.c. Terrasse. 1 chambre avec 1 lit 2 pers. Salle d'eau et wc privés. 1 chambre avec 2 lits de 1 pers., sanitaires privés. Coin-cheminée dans le salon. Accueil chaleureux. Table d'hôtes de cuisine traditionnelle. Calme et détente assurés. Parking à l'intérieur de la propriété. Animaux sous réserve de l'accord des propriétaires.

Prix : 1 pers. 31 € 2 pers. 35 € pers. sup. 14 € repas 16 €

40	9	0,3	6	1	15	0,3	25	25	9	0,2

Patrick GIREUD - 20 rue du Parc - 77160 CHENOISE - Tél. : 01 64 00 96 55 ou 06 84 15 56 72 - Fax : 01 64 00 96 55 - E-mail : chenoise@fr.fm - http ://www.chenoise.fr.fm

CHOISY-EN-BRIE Champbonnois   C.M. 4077 Pli F3

4 ch. **Paris 80 km.** Situé à 35 minutes de Disneyland Paris, entre Coulommiers et la Ferté-Gaucher au hameau de Champbonnois, grande maison briarde rénovée avec goût avec vaste jardin fleuri et terrasse. Calme et détente assurés. Vous serez accueillis chaleureusement dans 4 chambres de 2 à 4 personnes dont 1 chambre familiale avec salle de bains ou salle d'eau et wc privés. Lit de bébé disponible. Séjour/salon avec cheminée, bibliothèque, télévision. Balades à pied ou à vélo dans la campagne et vallée du Morin. Vélo sur place. Citée médiévale de Provins à 30 minutes. stage d'artisanat. Langue parlée : anglais.

Prix : 1 pers. 47 € 2 pers. 53 € pers. sup. 18 €

40	2	6	3	10	5	10	4	3	10	3

Catherine et Jean MORRIOT - La Marvalière - 10 rue Bulot - Champbonnois - 77320 CHOISY-EN-BRIE - Tél. : 01 64 04 46 80 ou 06 15 09 15 86 - Fax : 01 64 20 44 96 - E-mail : cjmorriot@aol.com - http ://members.aol.com/cjmorriot/

Ile-de-France   Seine-et-Marne

COURPALAY Ferme de Gratteloup   C.M. 4077 Pli D4

4 ch. **Paris 50 km. Melun 25 km. Disneyland Paris 20 km. Rozay-en-Brie 5 km.** Ferme Gratteloup. Ferme équestre de caractère, rénovée, recensée en 1383, isolée sur terrain valonné de 3 ha. Salle rustique avec cheminée, salon détente pour les petits déjeuners au coin du feu l'hiver, à l'ombre des parasols l'été. Au 1er : 2 chambres avec 1 lit double, 1 chambre avec 1 lit double et 1 lit simple, 1 chambre avec 1 lit double et 3 lits simples. Salle d'eau et wc privés dans chaque chambre. Jeux pour les enfants. Ambiance chaleureuse. Animaux sous réserve. GR1 à 3 kms. Forfait cavalier, randonneur de passage avec hébergement du cheval. Langue parlée : anglais.

Prix : 1 pers. 38 € 2 pers. 43 € pers. sup. 17 €

🐕	⛽	🎾	🏇	🌲	⛳	🏖	🛍	🏊	🚤	⛵
20	5	1	1	4	12	1	25	5	10	1

Patrick BERTRAND - Ferme de Gratteloup - 77540 COURPALAY - Tél. : 01 64 25 63 04 ou 06 07 79 91 07 - Fax : 01 64 25 63 04

CRECY-LA-CHAPELLE   C.M. 4077 Pli D2

1 ch. **Paris 45 km. Meaux 15 km. Disneyland Paris 15 km.** Maison de bourg dans un charmant village. Grande salle rustique avec cheminée, salon avec télévision, joli jardin avec accès à la rivière. Piscine couverte. Au rez-de-chaussée, 1 chambre avec 2 lits de 1 personne. Salle d'eau et wc privés. Accès indépendant. Accueil chaleureux. Langue parlée : anglais.

Prix : 1 pers. 34 € 2 pers. 38 € pers. sup. 14 €

🐕	⛽	🎾	🏇	🌲	⛳	🏖	🛍	🏊	🚤	⛵
15	0,5	0,1	1	5	1	0,5	10	0,1	0,5	0,1

Muguette DUFOUR - 63 rue du Général Leclerc - 77580 CRECY-LA-CHAPELLE - Tél. : 01 64 63 83 89 - Fax : 01 64 63 83 89

CRECY-LA-CHAPELLE Hameau de Ferolles   C.M. 4077 Pli D2

1 ch. **Paris 45 km. Meaux 15 km. Disneyland Paris 15 km.** Hameau de Ferolles, calme et nombreuses promenades aux alentours. Agréable préau donnant sur le jardin. Accès indépendant. 1 chambre avec 1 lit de 2 personnes aménagée avec goût. Salle d'eau et wc privés. Possibilité lit de bébé et baby sitting. VTT. Animaux sous réserve. TV sur demande. Langue parlée : anglais.

Prix : 1 pers. 42 € 2 pers. 50 €

🐕	⛽	🎾	🏇	🌲	⛳	🏖	🛍	🏊	🚤	⛵
15	1	1	1	5	1	1	10	1	1	1

Jocelyne JOLIVET-LAUBIER - 34 rue Charles Dullin - Ferolles - 77580 CRECY-LA-CHAPELLE - Tél. : 01 64 63 89 98 ou 06 11 67 77 07 - Fax : 01 64 63 89 98

CRECY-LA-CHAPELLE   (TH)   C.M. 4077 Pli D2

5 ch. **Paris 45 km. Meaux 15 km. Disneyland Paris 15 km.** Située au cœur du bourg, bordée par un bras du Morin et flanquée d'un petit lavoir, la Hérissonnière vous accueille dans ses 5 chambres confortables, décorées avec goût. Vous serez séduit par le calme et le charme de son environnement. Vaste terrasse et pergola fleurie. Sur deux corps de bâtiments mitoyens. 4 chambres (1 lit double et 1 lit simple). 1 chambre (1 lit double). Salle de bains ou salle d'eau avec wc dans chaque chambre. TV dans chaque chambre. Salon, salle à manger. Table d'hôtes raffinée sur réservation. Accueil très convivial. Langue parlée : anglais.

Prix : 1 pers. 50 € 2 pers. 60 € pers. sup. 20 € repas 20 €

🐕	⛽	🎾	🏇	🌲	⛳	🏖	🛍	🏊	🚤	⛵
15	SP	0,4	5	3	15	15	SP	0,8	0,1	

Thierry et Stéphane BORDESSOULE-BESSELIEVRE - 4 rue du Barrois - La Herrissonnière - 77580 CRECY-LA-CHAPELLE - Tél. : 01 64 63 00 72 ou 06 11 24 16 93 - Fax : 01 64 63 06 07

CRISENOY Ferme de L'Eglise   C.M. 4077 Pli C4

4 ch. **Paris 55 km. Melun 12 km.** Ferme de l'Eglise, Disneyland Paris à 30 mn. Très belle ferme dans le village face à l'église. Vaste cour et abri couvert. Accueil chaleureux, ambiance familiale. Au r.d.c. : salle des petits déjeuners r.d.c., 1 chambre avec 1 lit double et 3 lits simples, salle d'eau et wc privés. Au 1er : 2 chambres avec 1 lit double, 2 lits simples et salle d'eau privée. 1 chambre avec 1 lit double, salle d'eau sur le palier. WC communs aux trois chambres. Baby sitting. Langue parlée : anglais.

Prix : 1 pers. 31 € 2 pers. 37 € pers. sup. 14 €

🐕	⛽	🎾	🏇	🌲	⛳	🏖	🛍	🏊	🚤	⛵
35	0,5	1	10	5	18	12	15	10	12	6

Françoise et Didier CHATTE - 2 rue de l'Eglise - 77390 CRISENOY - Tél. : 01 64 38 82 79 ou 06 60 95 85 52 - Fax : 01 64 38 84 01

CRISENOY   C.M. 4077 Pli C4

3 ch. **Paris 55 km. Melun 12 km.** Très belle maison dans le village aménagée avec goût. Jardin clos. Terrasse. Meubles de jardin. Ambiance chaleureuse. Excellent accueil. Pris des petits déjeuners au r.d.c. Au 1er étage : 2 chambres avec 1 lit de 2 personnes, lit d'enfant. Salles d'eau et wc privés. Donnant sur le jardin, 3e chambre suite avec accès indépendant. 1 lit de 2 personnes et 1 lit de 2 personnes dans une autre chambre. salle d'eau et wc privés. Salle rustique avec cheminée et coin-cuisine. Langue parlée : anglais.

Prix : 1 pers. 35 € 2 pers. 40 € pers. sup. 16 €

🐕	⛽	🎾	🏇	🌲	⛳	🏖	🛍	🏊	🚤	⛵
35	0,5	1	10	5	18	12	15	10	12	6

Josette et Alain VALERY - 6 rue de l'Eglise - 77390 CRISENOY - Tél. : 01 64 38 83 20

Seine-et-Marne   Ile-de-France

DAMMARIE-LES-LYS Vosves
C.M. 4077 Pli B4

||| 2 ch. **Paris 40 km. Melun 5 km.** Hameau de Vosves. Très belle maison avec vaste terrain et beau jardin. Accueil chaleureux. Stages de peinture organisés par la propriétaire : artiste peintre. Salle des petits déjeuners au r.d.c. 1 chambre au dessus de l'atelier avec 1 lit de 2 pers. et 2 lits de 1 pers. Salle d'eau et wc privés. 1 chambre au r.d.c. d'un batiment annexe avec 1 lit 2 pers. Salle d'eau et wc privés. Animaux acceptés sous réserve. Stages d'aquarelle de mi-avril à mi-juin. Langue parlée : anglais.

Prix : 1 pers. 38 € 2 pers. 46 € pers. sup. 17 €

🐕	🏠	🍴	🎾	🏃	🌲	⛳	⛱	🅿	🏊	🚂	🚲
45	2	5	8	7	12	4	8	1	3	2	

Geneviève LEMARCHAND - 155 rue de Boissise - Vosves - 77190 DAMMARIE-LES-LYS - Tél. : 01 64 39 22 28 - Fax : 01 64 79 17 26

DORMELLES
C.M. 4077 Pli D6

||| 2 ch. **Paris 75 km. Fontainebleau 18 km. Moret-sur-Loing 10 km.** Trés belle région. La Mare aux Loups, maison avec beaucoup de caractère, le propriétaire est un artisan du cuir, vaste jardin. Salle des petits déjeuners au r.d.c. 1 chambre au 1er dans un bâtiment indépendant avec 1 lit double et 1 lit simple d'appoint et 1 mitoyenne pour famille avec 1 lit double. Salle d'eau et wc privés. Réduction de 10 % à partir de 2 nuits consécutives. Possibilité accueil chevaux (pré et abri). Langue parlée : anglais.

Prix : 1 pers. 39 € 2 pers. 46 € pers. sup. 19 €

🐕	🏠	🍴	🎾	🏃	🌲	⛳	⛱	🅿	🏊	🚂	🚲
2	2	7	1	4	10	10	2	10	2		

Odile et Guy LARGILLIERE - 17 rue de la Mare aux Loups - Les Bois Dormelles - 77130 DORMELLES - Tél. : 01 60 96 62 46 - Fax : 01 64 70 90 90

ECHOUBOULAINS Echou

C.M. 4077 Pli D5

||| 3 ch. **Paris 65 km. Fontainebleau 20 km. Melun 20 km.** Ferme de la Recette. Grande ferme avec beaucoup de charme. Dans le même batiment, 1 gîte rural, 1 gîte de séjour et 1 ferme auberge sur place. Salle des petits déjeuners au r.d.c. Au 1er : 3 chambres avec 1 lit de 2 pers., salle d'eau et wc privés. Décoration soignée. Circuits randonnées et VTT. Cour de ferme. Langue parlée : anglais.

Prix : 1 pers. 38 € 2 pers. 43 € pers. sup. 17 €

🐕	🏠	🍴	🎾	🏃	🌲	⛳	⛱	🅿	🏊	🚂	🚲
SP	2,5	10	1	15	10	12	SP	10	2,5		

Famille DUFOUR - Ferme de la Recette - Echou - 77820 ECHOUBOULAINS - Tél. : 01 64 31 81 09 - Fax : 01 64 31 89 42 - www.aubergeetfermeauberge.com

EGREVILLE

C.M. 4077 Pli D6

||| 1 ch. **Paris 90 km. Nemours 20 km.** Accès très facile par Autoroute A6. Maison moderne en bordure de village. Terrasse et jardin clos. Parking. Portique pour enfants. Accueil très chaleureux. Nombreuses promenades aux alentours. Salle des petits déjeuners au r.d.c. Au 1er étage : 1 suite familiale composée de 1 chambre avec 1 lit double et 1 lit 1 pers., 1 chambre avec 1 lit double. Salle d'eau et wc privés. Salon avec télévision. Langue parlée : allemand.

Prix : 1 pers. 37 € 2 pers. 42 € pers. sup. 16 €

🐕	🏠	🍴	🎾	🏃	🌲	⛳	⛱	🅿	🏊	🚂	🚲
80	0,1	0,1	5	3	15	0,1	10	10	0,5		

Geneviève et Roger DELANDRE - 21 route de Bransles - 77620 EGREVILLE - Tél. : 01 64 29 51 85

GRISY-SUR-SEINE Ferme de Toussacq

C.M. 4077 Pli F5

||| 5 ch. **Paris 95 km.** Ferme de Toussac sur la D411. En bordure de la Seine, à 1h15 de Paris par l'A5. Parc d'un ancien château avec pigeonnier et chapelle. Dans l'ancienne bergerie rénovée, 2 ch. en r.d.c. et 3 ch. à l'étage de 2 à 3 pers. Salle d'eau douche ou bain et wc privés dans chaque ch. Au r.d.c. : salle à manger avec espace cuisine réservé aux hôtes. Salon de jardin. TV dans le séjour, dans les chambres sur demande. Copieux petits déjeuners avec produits de la ferme. Table d'hôtes sur réservation, sauf le dimanche et mardi soir, repas végétarien possible (jardin Bio). Accueil chaleureux. Calme et détente assurés. Pêche, promenade, canotage (location), baignade. Langue parlée : anglais.

Prix : 1 pers. 38 € 2 pers. 45 € pers. sup. 15 € repas 12 €

🐕	🏠	🍴	🎾	🏃	🌲	⛳	⛱	🅿	🏊	🚂	🚲
80	6	3	10	13	35	18	22	0,1	15	6	

Dominique et J.Louis COLAS - Ferme de Toussac - Grisy-sur-Seine - 77480 VILLENAUXE-LA-PETITE - Tél. : 01 64 01 82 90 - Fax : 01 64 01 82 61 - E-mail : toussacq@terre-net.fr

GRISY-SUR-SEINE Ferme de Quinottes
C.M. 4077 Pli F5

|| 4 ch. **Paris 95 km. Provins 20 km. Bray-sur-Seine 7 km.** Ferme de Quinottes. Dans une ferme située en bordure de Seine, baignades, grandes promenades sur la propriété, site ornithologique. Au r.d.c. une chambre familiale confortable composée d'une chambre avec 1 lit de 2 pers. et 1 lit de 1 pers. communiquant avec 1 chambre pour 2 pers. Salle d'eau et wc privés. A l'étage, 1 chambre familiale composée d'1 grande chambre spacieuse avec coin-salon, avec 1 lit de 2 pers. et 1 lit 1 pers. communiquante à 1 chambre pour 2 pers. avec salle d'eau et wc privés. calme et détente. Table d'hôtes conviviale, cuisine familiale, produits de la ferme. Langue parlée : anglais.

Prix : 1 pers. 35 € 2 pers. 38 € pers. sup. 22 € repas 15 €

🐕	🏠	🍴	🎾	🏃	🌲	⛳	⛱	🅿	🏊	🚂	🚲
80	7	5	15	14	35	20	25	0,1	17	7	

Martine et Philippe FLON - 1 ferme de Quinottes - 77480 GRISY-SUR-SEINE - Tél. : 01 64 01 85 31 ou 06 83 15 06 79 - Fax : 01 64 01 85 31

Ile-de-France
Seine-et-Marne

GUIGNES/YEBLES La Pierre Blanche (TH)
C.M. 4077 Pli C4

2 ch. **Paris 42 km. Guignes 2 km.** La Pierre Blanche, très beau domaine ancien, élevage de chevaux. Vaste terrain clos. Forêt et ruisseau sur place. Tables d'hôtes conviviale. Accueil très sympathique. Au 1er étage, 2 chambres avec 1 lit de 2 personnes. Salle de bains et wc privés dans 1 chambre. salle de bains et wc privés non communiquants pour 1 autre chambre. Salle de grande capacité pour groupes, séminaires, avec restauration. Magnifique jardin paysagé. GR sur place. Possibilité de monter à cheval sur place. Langue parlée : anglais.

Prix : 1 pers. 29 € - 2 pers. 34 € - pers. sup. 14 € - repas 11 €

SP	10	SP	1	10	10	20	SP	5	2	

Annick BOISSELIER - RN19 - Domaine de la Pierre Blanche - 77390 YEBLES - Tél. : 01 64 06 31 05

HERICY
C.M. 4077 Pli C5

1 ch. **Paris 60 km. Fontainebleau 6 km.** Situé dans un agréable village bordant la Seine. Nombreuses promenades en forêt. Sites touristiques à proximité. 1 chambre aménagée dans une dépendance avec 1 lit de 2 personnes. Salle de bains et privés. Langue parlée : anglais.

Prix : 1 pers. 31 € - 2 pers. 39 €

50	2	3	6	0,5	6	6	6	0,5	0,2	0,2

Marie-Hélène et Serge MAEHREL - 9 avenue de Fontainebleau - 77850 HERICY - Tél. : 01 64 23 81 33 - Fax : 01 60 74 29 93

HERICY
C.M. 4077 Pli C5

1 ch. **Paris 60 km. Fontainebleau 6 km.** Maison dans le village. Très beau village sur les bords de Seine en lisière de forêt. Entrée indépendante. Salle des petits-déjeuners au r.d.c. Au 1er étage, 1 suite familiale composée de 2 chambres avec chacune 1 lit de 2 personnes. Salle d'eau et wc communs.

Prix : 1 pers. 32 € - 2 pers. 37 € - pers. sup. 16 €

50	2	3	6	0,5	6	6	6	0,2	0,3	0,1

Josette et Roger MADAMOUR - 1 rue Elie Rousselot - 77850 HERICY - Tél. : 01 64 23 63 54

JAIGNES (TH)
C.M. 4077 Pli E2

2 ch. **Paris 50 km. Disneyland Paris 30 km.** Très belle maison dans un village, calme et détente. Grand jardin. Terrasse. Au r.d.c. : 2 salons avec cheminées et télévision. Salle des petits déjeuners. Entrée indépendante. Accueil privilégié et de qualité. Langues parlées : anglais, espagnol. 2 personnes, salle de bains wc privés. 1 suite avec 1 chambre à 2 lits 1 personne et 1 chambre avec 1 lit 2 personnes. Salle d'eau et wc privés. TV. Table d'hôtes sur réservation.

Prix : 1 pers. 49 € - 2 pers. 58 € - pers. sup. 19 € - repas 23 €

30	SP	2	10	8	8	7	25	0,5	5	5

Gisèle et Daniel CARRE - 1 rue des Vignes - 77440 JAIGNES - Tél. : 01 60 01 73 34 - Fax : 01 60 01 73 01 -
E-mail : daniel.carre.consultant@wanadoo.fr

JOUARRE La Brosse (TH)
C.M. 4077 Pli E2

5 ch. **Paris 60 km. Meaux 18 km. Jouarre 8 km. Disneyland Paris 12 km.** Grande ferme briarde avec cour fermée. Calme et détente assurés. Nombreux sites et promenades aux alentours. 3 chambres rustiques de 2 personnes ouvrant sur la cour et 2 chambres de 3 personnes. Salle d'eau/wc dans chaque chambre. Salle des petits déjeuners et table d'hôtes à base de produits de la ferme. Salon de jardin. Location de salle pour mariages, séminaires, réunions. Table d'hôte sur réservation. Chambres d'hôtes Oxygène. Langue parlée : anglais.

Prix : 1 pers. 32 € - 2 pers. 40 € - pers. sup. 16 € - repas 14 €

12	SP	8	12	1,5	12	12	10	4	12	12

Marie-Thérèse VAN PRAET - Ferme de la Brosse - 77640 JOUARRE - Tél. : 01 60 22 15 14 - Fax : 01 60 22 36 58

JOUY-LE-CHATEL Le Petit Paris (TH)
C.M. 4077 Pli E3

2 ch. **Paris 65 km. Provins et Nangis 15 km. Disneyland Paris 35 km.** Le Petit Paris, 2 chambres aménagées dans un ancien relais, agréable jardin fleuri avec piscine. Vélos sur place. Bar, séjour/détente, salle de billard et ping-pong. Au r.d.c., 1 chambre avec 1 lit double, salle d'eau et wc privés. Au 1er, 1 chambre avec 1 lit double, salle d'eau et wc non communiquants. Jeux d'enfants. Table d'hôtes sur réservation. Langue parlée : anglais.

Prix : 1 pers. 34 € - 2 pers. 38 € - pers. sup. 16 € - repas 11 €

35	5	2,5	2,5	0,5	20	15	20	8	15	2,5

Raymonde et Daniel DIVET - 9 rue du Lavoir - Le Petit Paris - 77970 JOUY-LE-CHATEL - Tél. : 01 64 01 55 98

Seine-et-Marne — Ile-de-France

LAVAL-EN-BRIE Le Grand Buisson
C.M. 4077 Pli 5/ED

1 ch. **Paris 85 km. Fontainebleau, Moret-sur-Loing et Provins 20 km.** A 5 km de Montereau, 70 km de Disneyland Paris. Charmant hameau à 1 km du village de Laval-en-Brie. Ancienne ferme briarde rénovée avec goût. Beau jardin fleuri clos de murs. Dans un bâtiment annexe, l'Atalante : une grande chambre spacieuse indépendante avec 1 lit de 2 pers. et un coin salon de détente avec piano, 1 lit de 1 pers. et un convertible 2 pers. Cheminée. Salle d'eau. WC. Tisanerie. Terrasse. Meubles de jardin. Nombreux sites et promenades aux alentours. Petit déjeuner servi chez le propriétaire. Table d'hôtes sur réservation. Animaux sous réserve. Location de vélos sur place. Langues parlées : anglais, espagnol.

Prix : 1 pers. 44 € 2 pers. 51 € pers. sup. 19 €

🐕	⛪	✕	🎾	🏇	🌲	⛳	⛱	⚽	🏊	🚢	🎣
70	1	1,5	10	4	10	5	5	5	5	5	2

Florence et Georges MANULELIS - 8 rue Grand du Buisson - Le Grand Buisson - 77148 LAVAL-EN-BRIE - Tél. : 01 45 82 94 02 ou 06 86 18 54 98 - Fax : 01 45 82 94 02 - E-mail : florence.manulelis@worldonline.fr - www.latalante.free

LIZINES
  C.M. 4077 Pli F4

3 ch. **Paris 80 km. Provins 12 km. Disneyland Paris 50 km.** Sur la D209. Ferme adossée à une jolie église du XIII° siècle. Accueil chaleureux, Ambiance familiale, petit jardin. Au r.d.c. : salle des petits déjeuners, 1 chambre avec 1 lit double, s.d.b. et wc privés, entrée indépendante. Au 1er : 1 chambre avec 1 lit double et 1 lit simple, 1 chambre avec 1 lit double, s. d'eau, wc. Cuisine à disposition. Table d'hôtes le soir uniquement (sauf le vendredi) sur réservation. Produits de la ferme. Animaux sous réserve. TV sur demande. Tarif dégressif suivant la durée du séjour. Chambre d'hôtes Oxygène. Langue parlée : anglais.

Prix : 1 pers. 38 € 2 pers. 43 € pers. sup. 16 € repas 12 €

🐕	⛪	✕	🎾	🏇	🌲	⛳	⛱	⚽	🏊	🚢	🎣
50	SP	4	12	15	12	12	35	5	7	5	4

Annick et Jean-Marie DORMION - 24 rue du Perre - 77650 LIZINES - Tél. : 01 60 67 32 47 - Fax : 01 60 67 32 47

LIZINES
  C.M. 4077 Pli F4

5 ch. **Paris 80 km. Provins 12 km.** A 35 mn de Disneyland Paris. Sur la D209. Jolie maison indépendante face à la ferme des propriétaires. Région touristique. Accueil chaleureux, ambiance familiale. 5 chambres de 2 à 3 personnes. Salle de bains et wc dans chaque chambre. Télévision à la demande. Jardin verdoyant et fleuri avec mobilier de jardin. Calme. Coin-cuisine à disposition. Grange aménagée en salon d'été avec cheminée, barbecue, bar. Jeux d'enfants. Tarif dégressif suivant la durée du séjour. Produits de la ferme. Table d'hôtes uniquement le lundi, mardi et mercredi soir. Auberge dans le village et à 4 km. Accueil à la gare. Langue parlée : anglais.

Prix : 1 pers. 37 € 2 pers. 40 € pers. sup. 16 € repas 14 €

🐕	⛪	✕	🎾	🏇	🌲	⛳	⛱	⚽	🏊	🚢	🎣
50	SP	4	12	15	12	12	35	5	7	5	4

Christine et J-Claude DORMION - 2 rue des Glycines - 77650 LIZINES - Tél. : 01 60 67 32 56 - Fax : 01 60 67 32 56

LA MADELEINE-SUR-LOING
C.M. 4077 Pli C6

2 ch. **Paris 85 km. Fontainebleau 25 km. Nemours 7 km.** A 20 mn de Barbizon, la Ferme du Loing, magnifique propriété rénovée avec goût. Cour fleurie et arborée. Dans un bâtiment annexe indépendant, au r.d.c. salon avec cheminée et coin-repas. WC. A l'étage : 1 chambre avec 2 lits de 2 pers. Salle de bains, douche et wc. 1 chambre avec 2 lits de 1 pers. Salle de bains, jacuzzi, douche et wc. Salon à l'étage. Belle décoration. Terrasse. Magnifique salon bar. Possibilité d'accès à la piscine couverte chauffée été/hiver. Prestations soignées. Vaste terrain aménagé. Langue parlée : anglais.

Prix : 1 pers. 107 € 2 pers. 115 € pers. sup. 23 €

🐕	⛪	✕	🎾	🏇	🌲	⛳	⛱	⚽	🏊	🚢	🎣
90	3	7	10	10	20	SP	4	1	7	7	7

André et Fabienne BREUZARD - 2 rue de la République - La Ferme du Loing - 77570 LA-MADELEINE-SUR-LOING - Tél. : 01 64 78 14 43 ou 01 60 89 81 40 - Fax : 01 64 28 46 10

MAINBERVILLIERS
C.M. 4077 Pli B6

2 ch. **Paris 60 km. Fontainebleau 20 km. Malesherbes 5 km.** Commune de Boissy-aux-Cailles. A 8 km sortie A6 Ury. Belle région touristique. Proximité du GR1 Maison indépendante dans une cour de ferme. Terrasse. Accueil convivial. Au r.d.c., salle des petits déjeuners et table d'hôtes (sur réservation). Salle de détente et lecture. Au 1er : 2 chambres rustiques et spacieuses. 1 ch. (1 lit 2 pers. et 1 lit 1 pers.). 1 ch. (1 lit 2 pers.). Salles d'eau et wc privés. Parking, cour fermée. Vaste jardin intérieur, jeux d'enfants, ping-pong. Tarifs dégressifs à partir de la 2e nuit. Vol à voile à 6 kms. Langue parlée : anglais.

Prix : 1 pers. 38 € 2 pers. 43 € pers. sup. 17 € repas 15 €

🐕	⛪	✕	🎾	🏇	🌲	⛳	⛱	⚽	🏊	🚢	🎣
60	5	3,5	4	0,1	6	3	3	5	5	5	5

Nadine et Laurent STELMACK - Mainbervilliers - 77760 BOISSY-AUX-CAILLES - Tél. : 01 64 24 56 77 ou 06 21 30 31 87 - Fax : 01 64 24 56 77

Ile-de-France **Seine-et-Marne**

MERY-SUR-MARNE
C.M. 4077 Pli F2

2 ch. **Paris 80 km. Disneyland Paris 35 km.** Situé dans une boucle de la Marne, le Russelet est une vaste maison de la fin du 19ᵉ siècle sur un parc arboré de 2 ha. Au r.d.c. : salle des petits-déjeuners, salle de jeux (flipper, ping-pong). Au 1ᵉʳ, 1 coin-salon et 2 chambres confortables offrant un point de vue sur la vallée de la Marne. 1 ch. 1 lit double, salle d'eau et wc privés. 1 chambre familiale composée d'1 chambre avec 1 lit double et 1 chambre avec 2 lits simples, salle d'eau et wc privés. Berceau et TV à la demande. Lieu idéal pour les amateurs de pêche, de promenade à pied, à cheval, en vélo ou en bateau. Langue parlée : anglais.

Prix : 1 pers. 45 € 2 pers. 51 € pers. sup. 21 €

35	2,5	2	2	SP	20	SP	15	SP	2,5	1,5

Sylvie et Yves LEROY-DROLLER - 6, route du Russelet - 77740 MERY-SUR-MARNE - Tél. : 01 60 23 57 29 - Fax : 01 60 23 54 99 -
E-mail : russelet@wanadoo.fr - http://perso.wanadoo.fr/russelet

MONTCEAUX-LES-PROVINS
C.M. 4077 Pli G3

1 ch. **Paris 90 km. Provins 18 km. Disneyland Paris 40 km.** Accès par la RN 4. Très belle maison dans le village, aménagée avec goût. Jardin clos et fleuri, meubles de jardin. Accueil chaleureux. Petits déjeuners très copieux servis sur une table raffinée au r.d.c. Salon avec cheminée. Salle de bains et wc. Au 1ᵉʳ étage : 1 chambre avec 1 lit de 2 personnes. Bibliothèque. Possibilité de chambre familiale. Plateau de courtoisie. Promenades sur Paris. Langue parlée : anglais.

Prix : 1 pers. 38 € 2 pers. 43 € pers. sup. 16 €

40	0,1	5	5	2	45	18	20	5	18	5

Alberte EYRAUD - Impasse du Prieure - 77151 MONTCEAUX-LES-PROVINS - Tél. : 01 64 01 99 31

MONTIGNY-SUR-LOING
C.M. 4077 Pli C5

3 ch. **Paris 70 km. Fontainebleau 8 km. Moret-sur-Loing 6 km.** Agréable vallée du Loing. Nombreuses promenades et sites touristiques. Maison de caractère rénovée avec goût et située dans le bourg. Jardin. Salle des petits déjeuners servis au r.d.c. A l'étage : 2 chambres avec 1 lit de 2 personnes et 1 chambre avec 2 lits de 2 personnes et 1 personne. Salles d'eau et wc privés. Télévision dans les chambres. Décoration soignée. Lit de bébé. Parking. Langue parlée : anglais.

Prix : 1 pers. 37 € 2 pers. 41 € pers. sup. 16 €

70	1	3	1	0,5	10	9	15	1	1	0,2

Pascale et J-Michel GICQUEL - 46 rue Montgermont - 77690 MONTIGNY-SUR-LOING - Tél. : 01 64 45 87 92

MONTMACHOUX
C.M. 4077 Pli D6

3 ch. **Paris 80 km. Fontainebleau 20 km. Moret-sur-Loing 10 km.** Très beau village de la vallée de l'Orvanne. Maison de charme rénovée avec beaucoup de goût. Jardin fleuri. Au r.d.c. : salle des petits déjeuners. Coin-salon détente avec cheminée. 1 chambre avec 2 lits 1 pers.. Salle d'eau et wc privés. A l'étage : 1 chambre avec 1 lit 2 pers. salle d'eau et wc privés. 1 chambre avec 1 lit 2 pers. et 1 lit 1 pers.. Salle d'eau et wc privés. Belle décoration. Atmosphère chaleureuse. Nombreuses promenades aux alentours. Circuits randonnées. Chambre d'hôtes oxygène. Langue parlée : anglais.

Prix : 1 pers. 41 € 2 pers. 45/55 € pers. sup. 17 €

90	4	4	6	0,2	4	8	8	4

Catherine et Jacques ROUSSEAU - 7 Grande Rue - 77940 MONTMACHOUX - Tél. : 01 64 70 21 31 ou 06 82 66 28 65 -
Fax : 01 64 70 29 68 - E-mail : la-marechale@infonie.fr - http : //perso.infonie.fr/la-marechale/

MONTOLIVET La Fontaine aux Loups
C.M. 4077 Pli G3

5 ch. **Paris 90 km. La Ferté-Gaucher 12 km.** La Fontaine aux Loups, 12 kms de la Champagne. Ancienne ferme isolée, restaurée dans l'esprit initial. Accueil convivial. 5 chambres avec salle d'eau et wc privatifs : 1 chambre avec 1 lit double, 3 chambres avec 1 lit double et 1 lit 1 pers., 1 chambre avec 2 lits doubles (aménagée pour personnes Handicapées). Petite et grande salle à manger avec cheminées. Salle pour fête ou sports, grande terrasse meublée plein sud, terrain de jeux, baignade sur place, animaux. Ludothèque. Possiblité baby-sitting. Gîte de séjour en cours de réalisation (7 chambres). Week-end à thèmes, séminaires. stages, fêtes.... Langue parlée : anglais.

Prix : 1 pers. 36 € 2 pers. 40 € pers. sup. 15 € repas 13/20 €

60	12	4	2	0,5	30	SP	12	6	12	12

Gérard et Pierre VAPPEREAU - BOISSON - La Fontaine aux Loups - 77320 MONTOLIVET - Tél. : 01 64 03 76 76 - Fax : 01 64 03 76 77 -
E-mail : ecrire@fontaine-aux-loups.org - www.fontaine-aux-loups.org

NESLES-LA-GILBERDE Ferme de Bourbeaudoin
C.M. 4077 Pli D3

3 ch. **Paris 40 km. Coulommiers 15 km. Rozay-en-Brie 6 km.** Ferme de Bourbeaudoin sur la D402. A 25 km de Disneyland Paris. Nombreuses promenades en forêt, piscine, terrain de boules, aire de jeux pour les enfants, salon de jardin. 2 gîtes ruraux et 1 gîte de séjour sur le même site. Salle des petits déjeuners au r.d.c. Au 1ᵉʳ : 2 chambres avec 1 lit double et 1 chambre avec 2 lits simples. Salle d'eau et wc privés dans chaque chambre. Animaux sous réserve. Langues parlées : anglais, allemand.

Prix : 1 pers. 32 € 2 pers. 37 € pers. sup. 16 € repas 8/19 €

25	SP	3	8	0,1	10	SP	30	3	10	5

Yolande et Kleber HARLIN - Ferme de Bourbeaudoin - Nesles la Gilberde - 77540 ROZAY-EN-BRIE - Tél. : 01 64 25 65 24 -
Fax : 01 64 42 99 84

Seine-et-Marne

Ile-de-France

NOISY-SUR-ECOLE
C.M. 4077 Pli B5

2 ch. **Paris 60 km. Fontainebleau 18 km. Milly-la-Forêt 3 km.** Très beau village au cœur de la forêt de Fontainebleau, proche des sentiers et des rochers. Maison de village rénovée avec goût. Charmant jardin paysagé. Au r.d.c., salle des petits déjeuners et coin-salon détente, TV, avec cheminée. A l'étage d'un bâtiment annexe : 1 chambre avec 1 lit de 2 personnes. Salle d'eau et wc privés non communiquants. 1 chambre avec 4 lits de 1 personne. Salle d'eau et wc privés. La propriétaire paysagiste, vous fera partager son amour des plantes. Varappe à proximité. Chambre hôte Oxygène. Stages d'aménagement de jardins. Location de vélos. Langue parlée : anglais.

Prix : 1 pers. 45 € • 2 pers. 50 € • pers. sup. 20 €

🐕	⌂	✖	🎾	🐟	🌲	⛳	☂	@	🚤	🚗
60	0,1	0,5	0,5	0,2	10	3	15	0,5	18	3

Bérénice BROUARD - 23 rue d'Auvers - 77123 NOISY-SUR-ECOLE - Tél. : 01 64 24 79 12 - Fax : 01 64 24 72 71 -
E-mail : bbrouard@club-internet.fr

ORMEAUX
(TH) *C.M. 4077 Pli 3/D*

4 ch. **Paris 50 km. Disneyland 25 km.** La Ferme du Vieux Château, architecture typiquement briarde rénovée avec passion vous accueille. Collection d'outils et d'art populaire. Espace galerie d'art contemporain. Grand salon cathédrale avec cheminée. En étage : 4 chambres de charme personnalisées avec sanitaires privés, douche à jets ou baignoire avec hydromassage et TV couleurs. Chambres Non-Fumeurs. Tél/fax- accès Internet /bureautique. Raffinement rustique des petits déjeuners et très bonne table d'hôtes. Salon-terrasse dans un grand jardin fleuri et arboré, au calme absolu. Halte équestre, attelage, billard... Accueil gare, aéroport, RER. Langues parlées : anglais, allemand.

Prix : 1 pers. 37/54 € • 2 pers. 44/60 € • pers. sup. 15 €
repas 13/44 €

Ouvert : Toute l'année.

🐕	⌂	✖	🎾	🐟	🌲	⛳	☂	@	🚤	🚗
25	1	4	SP	2	15	10	5	0,2	15	1

Inge MAEGERLEIN - Ferme du Vieux Château - 77540 ORMEAUX - Tél. : 01 64 25 78 30 ou 06 85 19 04 39 - Fax : 01 64 07 72 91 -
E-mail : bandb77@wanadoo.fr - www.chambres-table-hotes.com

OTHIS Hameau de Beaumarchais
C.M. 4077 Pli C1

2 ch. **Paris 45 km. Othis 2 km.** Hameau de Beaumarchais, à 20 mn de Disneyland Paris, 18 km de l'aéroport Charles de Gaulle. Plaisance est un véritable havre de paix propice à la détente avec son agréable jardin fleuri. Dans une batisse ancienne, vous apprécierez une chambre de charme au r.d.c. pour 2 personnes et son salon décorés avec beaucoup de goût et de délicatesse, s.d.b. et wc privés. Au 1er : 1 chambre de 2 personnes avec s.d.b. et wc privés. Un copieux petit-déjeuner vous sera servi. La chaleur de l'accueil et la douceur des lieux seront inoubliables. Chambres Non Fumeurs. Mini-bar. Langues parlées : anglais, allemand.

Prix : 1 pers. 99/108 € • 2 pers. 105/116 €

🐕	⌂	✖	🎾	🐟	🌲	⛳	☂	@	🚤	🚗
25	SP	3	7	0,2	15	10	20	5	6	3

Françoise MONTROZIER - 12 rue des Suisses - Beaumarchais - 77280 OTHIS - Tél. : 01 60 03 33 98 - Fax : 01 60 03 56 71

PALEY
(TH) *C.M. 4077 Pli D6*

5 ch. **Paris 90 km. Fontainebleau 22 km. Nemours 12 km.** Magnifique moulin du 16e siècle rénové et situé sur un bief du Lunain. Vaste cour et terrasse. 5 chambres d'hôtes sont aménagées dans un bâtiment annexe. Au rez-de-chaussée : 1 chambre avec 1 lit de 2 pers. et 1 chambre familiale composée d'une chambre avec 1 lit de 2 pers. et 1 chambre avec 2 lits de 1 pers. Salon de détente commun. A l'étage : 1 chambre avec 2 lits de 1 pers. et 2 chambres familiales composées d'une chambre avec 1 lit de 2 pers. et 1 chambre avec 2 lits de 1 pers. Salle d'eau et wc privés dans toutes les chambres. Table d'hôtes sur réservation. Prestations de qualité. Langue parlée : anglais.

Prix : 1 pers. 46 € • 2 pers. 54 € • pers. sup. 19 € • repas 15/23 €

🐕	⌂	✖	🎾	🐟	🌲	⛳	☂	@	🚤	🚗
80	3	1	1	4	8	9	5	SP	12	3

Alain BRULE - 1 route du Petit Moulin - Le Petit Moulin - 77710 PALEY - Tél. : 01 60 96 53 18 ou 06 80 59 88 78

PENCHARD
C.M. 4077 Pli D2

2 ch. **Paris 45 km. Disneyland Paris 20 km.** Dans une ferme au cœur du village. Nombreux sites et promenades aux alentours. Accueil chaleureux. 2 chambres confortables de 3 personnes aménagées avec goût au 1er étage. Salle d'eau et wc privés. Salle des petits déjeuners avec coin-tisanerie, salon. Jardin et vaste cour de ferme. Petits déjeuners en terrasse l'été. Langue parlée : anglais.

Prix : 1 pers. 38 € • 2 pers. 43 € • pers. sup. 17 €

🐕	⌂	✖	🎾	🐟	🌲	⛳	☂	@	🚤	🚗
20	1	5	5	0,1	8	5	15	3	5	1

Chantal et Georges VIARD - 2 place de la Mairie - 77124 PENCHARD - Tél. : 01 60 09 56 34 - Fax : 01 60 23 95 36

PERTHES-EN-GATINAIS
(TH) *C.M. 4077 Pli B5*

2 ch. **Paris 47 km. Fontainebleau 13 km. Barbizon 5 km.** Corps de ferme rénovée avec goût dans le bourg. Coté jardin, maison indépendante comprenant 1 salon et coin-tisanerie, au r.d.c. et 1 chambre à l'étage avec 1 lit de 2 pers. Salle de bains et wc privés. Côté cour, dépendance aménagée pour 2 pers. comprenant 1 chambre et 1 salon, s.d.b. et wc privés. Petit-déjeuner servi sur place ou chez le propriétaire. Table d'hôtes de cuisine traditionnelle sur réservation. Vaste jardin clos de murs et verger. Accueil chaleureux. Langue parlée : anglais.

Prix : 1 pers. 40/48 € • 2 pers. 46/54 € • pers. sup. 20 €
repas 15/23 €

🐕	⌂	✖	🎾	🐟	🌲	⛳	☂	@	🚤	🚗
60	3	5	3	8	4	8	20	3	10	0,1

Viviane et Philippe DUPUY - 14 rue de Melun - 77930 PERTHES-EN-GATINAIS - Tél. : 01 60 66 18 93 ou 06 09 15 67 63 -
Fax : 01 60 66 18 93

Ile-de-France
Seine-et-Marne

POLIGNY Haras de la Fontaine
C.M. 4077 Pli C6

2 ch. **Paris 70 km. Nemours 4,5 km. Souppes-sur-Loing 5 km.** Haras de la Fontaine. Ferme équestre en pleine nature longée par le GR.13. Calme et détente assurés. Salle des petits déjeuners au r.d.c. ou sur la terrasse ensoleillée. A l'étage : 2 vastes chambres, l'une avec 3 lits simples, salle d'eau et wc privés non communiquants, l'autre avec 1 lit double et 1 lit simple. Salle d'eau et wc privés. Halte équestre et promenades sur place. Langue parlée : anglais.

Prix : 1 pers. 37 € 2 pers. 41 € pers. sup. 17 €

🐕	🏠	🎾	🏇	🌲	🏃	⛱	🅿	⚓	🚤	🗼
90	0,5	3	SP	0,1	20	4,5	5	2	4,5	4,5

Catherine et Gilbert AMIEL - 3 rue de la Fontaine - Haras de la Fontaine - 77167 POLIGNY - Tél. : 01 64 78 01 17 ou 06 13 71 07 65 - Fax : 01 64 78 01 17 - E-mail : amiel@haradelafontaine.com - www.haradelafontaine.com

POMMEUSE Pommeuse
C.M. 4077 Pli E3

5 ch. **Paris 50 km.** Dans un petit village briard de la Vallée du Grand Morin, proche d'activités culturelles et de loisirs, vous serez accueillis chaleureusement par les propriétaires dans un authentique moulin à eau du XIVe siècle. Sur place repos et détente dans de vastes salons. Vous pourrez aussi profiter d'un parc verdoyant de 3 ha en bordure de rivière. Ile facilement accessible. Grande salle à manger avec cheminée. Au 1er : 5 chambres personnalisées dont 2 familiales de 4 personnes. Salle de bains et wc privés, vue sur la rivière ou parc. Jeux de plein-air, ping-pong, pêche, VTT, randonnée. Langue parlée : anglais.

Prix : 1 pers. 45 € 2 pers. 50 € pers. sup. 22 € repas 17/23 €

🐕	🏠	🎾	🏇	🌲	🏃	⛱	🅿	⚓	🚤	🗼
18	2	2	1	1	4	7	15	SP	2	2

Annie et Jacky THOMAS - 32 avenue du Général Huerne - Le Moulin de Pommeuse - 77515 POMMEUSE - Tél. : 01 64 75 29 45 - Fax : 01 64 75 29 45 - E-mail : infos@le-moulin-de-pommeuse.com - www.le-moulin-de-pommeuse.com

PROVINS Ferme du Chatel
C.M. 4077 Pli F4

5 ch. **Paris 80 km. Fontainebleau 55 km. Disneyland Paris 50 km.** Ferme du Chatel. Dans une cité médiévale classée avec de nombreuses animations estivales. Un accueil chaleureux vous attend mon loin des remparts de la vieille ville. Petite salle de séminaires (12 à 15 pers.). Au r.d.c. : salle des petits déjeuners, coin-cuisine, possibilités de pique nique. 1 chambre de 2 pers. 1 chambre de 3 pers. A l'étage : 2 chambres de 4 pers. 1 chambre de 3 pers. Salle d'eau et wc dans chaque chambre. Baby sitting. Grill. Location de rosalie. Accueil chevaux. Langue parlée : anglais.

Prix : 1 pers. 43 € 2 pers. 45 € pers. sup. 19 €

🐕	🏠	🎾	🏇	🌲	🏃	⛱	🅿	⚓	🚤	🗼
50	0,2	1	4	3	24	1	30	10	1	1

Annie et Claude LEBEL - 5 rue de la Chapelle St-Jean - Ferme du Chatel - 77160 PROVINS-VILLE-HAUTE - Tél. : 01 64 00 10 73 - Fax : 01 64 00 10 99 - E-mail : ferme du chatel@wanadoo.fr - www.provins.net

SOUPPES-SUR-LOING Champs Sur les Bois
C.M. 4077 Pli C6

5 ch. **Paris 90 km. Nemours 8 km. Disneyland Paris 90 km.** Hameau Champs sur les Bois, à 2 km de Souppes sur Loing. Ecurie de propriétaires sur place, pension et accueil de chevaux en box. 4 ha de terrain clos. A l'étage du Domaine des Roses, 5 chambres aménagées confortables et personnalisées (2 ch. avec 1 lit double, 3 ch. avec 1 lit simple, 1 lit double), salle d'eau et wc privés dans chaque chambre. Salle à manger et salon du propriétaire à disposition, cheminée, TV, salle bibliothèque. Accueil sympathique. Nombreuses promenades et sites touristiques à proximité. Langues parlées : anglais, espagnol.

Prix : 1 pers. 41/49 € 2 pers. 46/54 € pers. sup. 13 € repas 16 €

🐕	🏠	🎾	🏇	🌲	🏃	⛱	🅿	⚓	🚤	🗼
90	2	7	0,5	2	7	2	2	2	2	2

Karine et Pascal GUITTONNEAU - 6 rue du Marais Brule - Champs-sur-les-Bois - 77460 SOUPPES-SUR-LOING - Tél. : 01 60 55 09 81 - Fax : 01 60 55 09 81 - E-mail : SGUITTONNEAU@AOL.COM

SOUPPES-SUR-LOING Fonteneilles
C.M. 4077 Pli C6

1 ch. **Paris 90 km. Nemours 10 km. Montargis 25 km.** Base de loisirs et parc animalier à 2 km. Dans un hameau, ancienne fermette, restaurée, environnée d'un petit jardin calme et agréable. 1 chambre en rez-de-chaussée dans un bâtiment annexe avec 1 lit de 2 pers. Salle d'eau et wc. Télévision. Coin-salon. Petit-déjeuner pris chez le propriétaire ou dans le jardin fleuri si le temps le permet. Meubles de jardin. Accueil chaleureux. Ambiance familiale. Nombreuses promenades et découvertes aux alentours. Langue parlée : anglais.

Prix : 1 pers. 40 € 2 pers. 46 € pers. sup. 13 €

🐕	🏠	🎾	🏇	🌲	🏃	⛱	🅿	⚓	🚤	🗼
90	2	2	2	2	7	2	2	2	2	2

Dominique VANNER - 30 rue de Lepuy - Fonteneilles - 77460 SOUPPES-SUR-LOING - Tél. : 01 60 55 18 81 ou 06 88 14 07 48

ST-GERMAIN-SUR-MORIN Montguillon
C.M. 4077 Pli D2

3 ch. **Paris 40 km. Disneyland Paris 7 km.** Village au bord du Morin. Hameau de Montguillon sur les hauteurs à 1.5 km. Calme et détente assurés Maison briarde restaurée avec goût sur un vaste terrain de 2500 m². Accès rapide station RER de Chessy. Entrée indépendante. Salon avec cheminée Terrasse. Meubles de jardin. 3 chambres d'hôtes avec sanitaires privés. Au r.d.c. : 1 chambre avec 1 lit 2 pers. A l'étage : 2 chambres avec 1 lit de 2 pers. et 2 lits de 1 pers. en mezzanine. Décoration soignée. Nombreuses promenades aux alentours. Accueil de qualité et chaleureux. Table d'hôtes certains jours sur réservation. Langues parlées : anglais, espagnol.

Prix : 1 pers. 46 € 2 pers. 54 € pers. sup. 19 € repas 21 €

🐕	🏠	🎾	🏇	🌲	🏃	⛱	🅿	⚓	🚤	🗼
7	2	1,5	2	5	5	15	15	2	2	2

Chantal LEGENDRE - 22 rue de St-Quentin - Montguillon - 77860 ST-GERMAIN-SUR-MORIN - Tél. : 01 60 04 45 53 - Fax : 01 60 42 28 59 - E-mail : chantal.legendre@wanadoo.fr - http://perso.wanadoo.fr/les-hauts-de-montguillon/

Seine-et-Marne   Ile-de-France

ST-OUEN-EN-BRIE   (TH)   C.M. 4077 Pli D4

E.C. 3 ch. **Paris 60 km. Provins (cité médiévale) 30 km. Nangis 6 km.** A 40 km de Disneyland Paris et à proximité de sites touristiques. Au cœur de la Seine et Marne, le Logis Brie-Art vous accueille dans un cadre champêtre. A l'étage accès par un escalier extérieur, 1 chambre aménagée avec 1 lit double, lit de bébé, salle d'eau et wc privés. Cheminée et tisanerie. 1 chambre avec 1 lit double, salle d'eau et wc. 1 chambre avec 1 lit double et 1 lit simple. Salle d'eau et wc. Table d'hôtes sur réservation à base de produits du terroir. Rosine, artiste peintre et Alain, photographe d'art vous feront partager la passion de leur métier. Week-end peinture.

Prix : 1 pers. 37 € ◦ 2 pers. 45 € ◦ pers. sup. 17 € ◦ repas 20 €

40	3	3	0,1	2	3	6	25	3	6	3

**Rosine et Alain GOHET - 41 rue de la Mairie - 77720 ST-OUEN-EN-BRIE - Tél. : 01 64 08 46 38 ou 06 83 28 21 47 - Fax : 01 64 08 40 15 -
E-mail : alain.gohet@wanadoo.fr**

ST-SAUVEUR-SUR-ECOLE Hameau de Brinville   (TH)   C.M. 4077 Pli B4

2 ch. **Paris 50 km. Fontainebleau 12 km. Barbizon 5 km.** Hameau de Brinville. Maison récente de belle qualité sur un vaste terrain paysagé. Terrasse avec meubles de jardin et barbecue à disposition au pied de la piscine. Région offrant de nombreux sites et visites. Au r.d.c. : salle des petits déjeuners, salon avec cheminée, TV et magnéto.. Au 1er : 2 ch. confortables avec 1 lit double, salle d'eau et wc privés. TV dans chaque chambre. Lit et chaise de bébé à disposition. Salon à l'étage avec billard. Décoration soignée. Table d'hôte raffinée avec de bonnes recettes maison sur réservation. Chambre d'hôtes oxygène. Langue parlée : anglais.

Prix : 1 pers. 48 € ◦ 2 pers. 57 € ◦ repas 25 €

65	5	0,5	1	2	5	SP	15	2	5	5

**Catherine et J-Michel LETANG - 15 rue des Vallées - Brinville - 77930 ST-SAUVEUR-SUR-ECOLE - Tél. : 01 60 65 66 37 ou
06 85 27 70 72 - Fax : 01 60 65 66 37**

THOMERY   C.M. 4077 Pli C5

1 ch. **Paris 65 km. Fontainebleau 7 km.** Belle maison du XVIIIe siècle avec jardin au centre du village. Région très touristique et proche de la forêt de Fontainebleau. Salle des petits déjeuners au r.d.c. A l'étage : 1 suite familiale composée de 2 chambres avec chacune 2 lits de 2 personnes. Meubles anciens, décoration soignée. Salle d'eau et wc privés. Langue parlée : anglais.

Prix : 1 pers. 38 € ◦ 2 pers. 41 € ◦ pers. sup. 16 €

60	0,5	5	5	0,1	5	5	20	0,5	5	0,1

Régine et Jean FARNAULT - 7 rue de Cronstadt - 77810 THOMERY - Tél. : 01 60 70 07 23

THOMERY   C.M. 4077 Pli C5

4 ch. **Paris 65 km. Fontainebleau 7 km.** Belle région touristique, proche de la forêt et des bords de Seine. Très beau village. Salle des petits déjeuners au rez-de-chaussée. Salon de détente. Grande véranda au r.d.c. ouvrant sur un spacieux jardin fleuri. Terrasse. Coin jeux pour enfants. A l'étage : 4 chambres avec chacune 1 lit de 2 personnes. 2 salles d'eau communes, wc séparés. Accueil chaleureux et souriant. Baby sitting. Langue parlée : anglais.

Prix : 1 pers. 37 € ◦ 2 pers. 41 € ◦ pers. sup. 17 €

60	1	2	5	0,1	8	7	20	0,2	2	1

Marie-Rose VARNEROT - 56 rue Neuve - 77810 THOMERY - Tél. : 01 60 96 43 26

THOURY-FEROTTES   C.M. 4077 Pli D6

3 ch. **Paris 85 km. Fontainebleau 25 km.** La Forteresse, belle ferme fortifiée. Beaucoup de caractère. Golf 18 trous sur place. Au r.d.c. salle des petits déjeuners décorée avec beaucoup de goût et 2 chambres avec entrée indépendante avec 1 lit double et 1 lit simple, salle d'eau et wc privés. 1 suite familiale composée d'1 chambre avec 1 lit double et 1 chambre avec 2 lits simples, s.d.b.. WC privés. Possibilité de restauration sur place. Club House. Langue parlée : anglais.

Prix : 1 pers. 37 € ◦ 2 pers. 41/44 € ◦ pers. sup. 17 €

80	SP	4	10	0,1	10	10	SP	10	3

**Michèle et François CRAPARD - La Forteresse - 77940 THOURY-FEROTTES - Tél. : 01 60 96 95 10 ou 01 60 96 97 00 -
Fax : 01 60 96 01 41**

TREUZY-LEVELAY   C.M. 4077 Pli C6

2 ch. **Paris 80 km. Nemours 10 km.** Agréables vallées de l'Orvanne et du Lunain. Nombreuses promenades et sites touristiques. Maison entourée d'un jardin arboré de 4000 m². 2 chambres aménagées au 1er étage d'un bâtiment indépendant avec 1 lit de 2 personnes. Salles d'eau et wc privés. 3e chambre pour enfant. Langues parlées : anglais, italien.

Prix : 1 pers. 42 € ◦ 2 pers. 46 € ◦ pers. sup. 18 €

80	3	0,1	3	0,2	7	8	12	1	8	3

**Damienne et Gilles CAUPIN - 3 rue Creuse - 77710 TREUZY-LEVELAY - Tél. : 01 64 29 01 11 - Fax : 01 64 29 05 21 -
E-mail : gillescaupin@compuserve.com**

Ile-de-France — **Seine-et-Marne**

TRILBARDOU
C.M. 4077 Pli C2

▮▮▮ 1 ch. **Paris 40 km. Disneyland Paris 15 km. Meaux 6 km.** Village agréable. Propriété jouxtant l'église. Belle maison du 19ᵉ siècle sur un jardin de 3000 m² clos de murs. Terrasse. Jardin d'hiver. Bar avec collections. Salon avec cheminée au r.d.c. A l'étage : 1 chambre familiale avec 1 lit de 2 pers. et 2 lits de 1 pers. dans une chambre mitoyenne. Salle de bains et wc privés. Belles prestations. Nombreuses promenades et découvertes aux alentours. Accueil chaleureux. Langue parlée : anglais.

Prix : 1 pers. 43 € 2 pers. 49 € pers. sup. 19 €

🐕	⛪	✕	🎾	🏇	🌲	🏌	⛱	🍴	⚓	🚆	🚗
	15	6	0,5	4	10	8	6	5	SP	4	SP

Evelyne et Patrick CANTIN - 2 rue de l'Eglise - 77450 TRILBARDOU - Tél. : 01 60 61 08 75 ou 06 11 23 87 23

URY
C.M. 4077 Pli 5/B

▮▮▮ 1 ch. **Paris 70 km. Fontainebleau 10 km.** Dans un charmant village au cœur de la forêt de Fontainebleau. Les Glycines, belle maison de pays rénovée avec goût. Jardin clos de murs. Calme et détente assurés. Bâtiment annexe avec entrée indépendante. 1 chambre d'hôtes familiale composée d'une chambre avec 1 lit de 2 personnes et d'un coin-chambre avec 2 lits de 1 personne. Lit d'enfant. Salle de bains et douche. WC indépendants. Le petit déjeuner est servi dans la véranda ou en terrasse lorsque le temps est clément. Meubles de jardin. Parking intérieur. Christiane et Christian vous proposent sur réservation des sorties et circuits VTT. Langue parlée : anglais.

Prix : 1 pers. 45 € 2 pers. 51 € pers. sup. 18 €

🐕	⛪	✕	🎾	🏇	🌲	🏌	⛱	🍴	⚓	🚆	🚗
	90	5	7	0,1	0,5	6	7	15	8	9	0,5

Christiane et Christ DELOFFE - 9 rue de Melun - 77760 URY - Tél. : 01 64 24 44 21 ou 06 83 28 99 80 - Fax : 01 64 24 44 21

VANVILLE Ferme Grand'Maison (TH)
C.M. 4077 Pli E4

▮▮▮ 4 ch. **Paris 60 km. Provins (cité médiévale) 14 km. Nangis 7 km.** Ferme Grand'Maison, au cœur de la Brie historique, RN19 (accès par A4, A5). Beau corps de ferme aménagé autour d'une cour intérieure paysagée. Terrasse. Boxes pour chevaux. Accueil chaleureux et détente assurée. Au r.d.c. grande salle avec coin-salon, tisanerie. A l'étage : 1 suite familiale avec 1 lit 2 pers., 4 lits 1 pers., salle d'eau et wc. 1 chambre avec 1 lit 2 pers., salle d'eau et wc. 1 chambre avec 2 lits 2 pers., salle d'eau et wc. 1 chambre en r.d.c. avec 1 lit 2 pers. et 1 lit 1 pers. accessible pour personnes à mobilité réduite, salle d'eau et wc. Location de salle réception sur place. Langues parlées : anglais, allemand.

Prix : 1 pers. 50 € 2 pers. 55 € pers. sup. 22 € repas 28 €

🐕	⛪	✕	🎾	🏇	🌲	🏌	⛱	🍴	⚓	🚆	🚗
	45	0,2	0,5	3	5	10	7	20	SP	7	7

Myriam HALLIER - Ferme Grand'Maison - 77370 VANVILLE - Tél. : 01 64 01 63 18 - Fax : 01 64 01 65 36 - E-mail : hallier@wanadoo.fr - http ://www.la-grand-maison.com

VAUDOY-EN-BRIE
C.M. 4077 Pli E3

▮▮▮ 2 ch. **Paris 60 km. Rozay-en-Brie 10 km. Provins 20 km.** Accès par RN4. Très belle ferme aménagée et meublée avec goût dans un charmant village. Salle commune avec bibliothèque et cheminée au r.d.c. 2 chambres au 1ᵉʳ étage. 1 chambre avec 1 lit de 2 personnes et 1 lit de 1 personne. salle d'eau et wc privés. 1 chambre avec 2 lits de 1 pers. salle d'eau et wc privés. Salon de jardin. Possibilité de pique-nique. A 500 m aire de jeux pour les enfants. Chambre d'hôtes oxygène. Langue parlée : néerlandais.

Prix : 1 pers. 38 € 2 pers. 44 € pers. sup. 18 €

🐕	⛪	✕	🎾	🏇	🌲	🏌	⛱	🍴	⚓	🚆	🚗
	25	0,2	0,2	4	5	25	30	5	15	0,2	

Marie-J. et Gilbert VANDIERENDONK - 7 rue de Coulommiers - 77141 VAUDOY-EN-BRIE - Tél. : 01 64 07 51 38 - Fax : 01 64 07 52 79

VAUX-SUR-LUNAIN
C.M. 4077 Pli C6

▮▮▮ 2 ch. **Paris 85 km. Fontainebleau 30 km. Nemours 18 km.** Ferme de l'Abondance, à 70 km de Disneyland Paris. Dans une très belle ferme du bocage Gatinais, grand séjour/salon avec cheminée et salle des petits déjeuners. A l'étage : 1 chambre avec 3 lits de 1 personne. 1 chambre avec 1 lit de 2 personnes et cheminée. Salles d'eau et wc privés. Nombreuses promenades aux alentours. Accueil et hébergement de chevaux. Langue parlée : anglais.

Prix : 1 pers. 40 € 2 pers. 46 € pers. sup. 19 €

🐕	⛪	✕	🎾	🏇	🌲	🏌	⛱	🍴	⚓	🚆	🚗
	70	5	0,7	5	5	10	7	18	18	18	5

Henri DOUBLIER - 18 rue de Lorrez - Ferme de l'Abondance - 77710 VAUX-SUR-LUNAIN - Tél. : 01 64 31 50 51 - Fax : 01 64 31 51 87 - E-mail : h.doublier@free.fr ou h.doublier@wanadoo.fr - www.multimania.com/biologique/

VERNOU-LA-CELLE
C.M. 4077 Pli D5

▮▮▮ 1 ch. **Paris 70 km. Fontainebleau 20 km. Moret-sur-Loing 9 km.** Charmant village avec de nombreuses activités et sites à découvrir. Maison de village en pierres. Beaucoup de charme. Décoration soignée. Séjour/salon avec cheminée pour les petits déjeuners en r.d.c. A l'étage, 1 ch. (1 lit de 2 pers. et 1 lit de 1 pers.). 1 chambre d'enfants mitoyenne (2 lits). Salle d'eau avec wc particuliers. Chauffage central. Accueil libre. Petit déjeuner en terrasse l'été. Les propriétaires assurent la liaison avec la gare de Moret-sur-loing pour les randonneurs et la livraison des bagages vers la chambre d'hôte de l'étape suivante. Langue parlée : anglais.

Prix : 1 pers. 37 € 2 pers. 46 € pers. sup. 17 €

🐕	⛪	✕	🎾	🏇	🌲	🏌	⛱	🍴	⚓	🚆	🚗
	60	1	1	2	1	20	1	30	1,5	1,5	1

Monique et Daniel DESSOGNE - 25 rue du Montoir - 77670 VERNOU-LA-CELLE - Tél. : 01 64 23 22 84

Seine-et-Marne

Ile-de-France

VILLE-ST-JACQUES
C.M. 4077 Pli D5

!!! 1 ch. **Paris 80 km. Moret-sur-Loing 7 km. Montereau 7 km.** Charmant village. Région touristique avec de nombreuses possibilités de visites aux alentours. Accueil chaleureux et familial. Chambre dans un bâtiment annexe avec accès indépendant. Jardin. Meubles de jardin. 1 chambre avec 1 lit de 2 personnes et 1 lit de 1 personne en mezzanine. Salle d'eau. WC. TV. Salle des petits déjeuners chez le propriétaire. Décoration soignée. Base nautique à proximité. Produits fermiers dans le village. Lit de bébé. Langues parlées : anglais, allemand.

Prix : 1 pers. 41 € ◦ 2 pers. 46 € ◦ pers. sup. 19 €

🐕	⛪	✖	🎾	🐎	🌲	⛳	⛱	🎣	🏊	🚲	🚤
70	0,5	0,5	10	12	10	7	20	7	7	7	

M-France et Gérard DESPREZ - 11 rue des Demoiselles - 77130 VILLE-ST-JACQUES - Tél. : 01 60 96 66 05 ou 06 72 08 68 35 -
Fax : 01 60 96 66 05 - E-mail : alexisdesprez@lemel.fr

VILLENEUVE-LE-COMTE
C.M. 4077 Pli C3

!!! 2 ch. **Paris 33 km. Meaux 20 km. Disneyland Paris 6 km.** Au cœur du village, maison ancienne renovée dans un environnement très calme propice à la détente. Accès à un jardin clos avec salon de jardin aménagé sous une grange. Au r.d.c. : 1 chambre avec 1 lit 2 pers. S.d.b., wc privés. Entrée indépendante. A l'étage : 1 suite familiale comprenant 1 ch. avec 1 lit 2 pers. et 1 lit 1 pers. et 1 ch. avec 2 lits 1 pers.. Salle de bains et wc privés. Lit de bébé disponible. Décoration soignée. Panier pique-nique sur demande. Circuits. Possibilité Baby-sitting. Accueil gare, RER, aéroport possible. Chambre d'hôtes Oxygène. Langue parlée : anglais.

Prix : 1 pers. 40 € ◦ 2 pers. 50 € ◦ pers. sup. 18 €

🐕	⛪	✖	🎾	🐎	🌲	⛳	⛱	🎣	🏊	🚲	🚤
	6	0,2	0,2	10	0,2	10	12	15	2	4	0,1

Anne-Marie BRUT - 8 place de la Mairie - 77174 VILLENEUVE-LE-COMTE - Tél. : 01 60 43 04 01 ou 06 12 30 32 88 -
Fax : 01 60 43 07 15 - E-mail : a.brut@libertysurf.fr - bonadresse.com/ile-de-france/villeneuve-le-comte.htm

VILLENEUVE-LE-COMTE
C.M. 4077 Pli 3/D

!!! 5 ch. **Paris 33 km. Lagny 10 km. Disneyland Paris 4 km.** Gare RER de Chessy à 4 km. Maison indépendante sur le terrain des propriétaires. Terrasse, jardin. Au rez-de-chaussée : salle à manger/salon, salle des petits déjeuners. 1 chambre pour 2 personnes avec salle d'eau et wc privés. A l'étage : 4 chambres de 4 personnes avec chacune une mezzanine avec 2 lits de 1 personne. Salle d'eau et wc privés dans les chambres. Chauffage électrique. Accueil chaleureux.

Prix : 1 pers. 41 € ◦ 2 pers. 46 € ◦ pers. sup. 17 €

🐕	⛪	✖	🎾	🐎	🌲	⛳	⛱	🎣	🏊	🚲	🚤
4	0,1	0,1	10	0,2	10	12	15	12	4	0,2	

Eliane et René TEISSEDRE - 55 boulevard de l'Est - 77174 VILLENEUVE-LE-COMTE - Tél. : 01 60 43 28 27 - Fax : 01 60 43 10 42 -
http ://perso.chello.fr/martine.teissedre

VOINSLES *Ferme de Planoy*
C.M. 4077 Pli E3

!!! 1 ch. **Paris 50 km. Disneyland Paris 30 km. Rozay-en-Brie 7 km.** Ferme de Planoy, belle ferme briarde au décor rustique. 1 chambre aménagée au rez-de-chaussée avec 1 lit double et 1 lit simple, salle d'eau et wc privés. Entrée indépendante, chambre accessible avec une certaine autonomie (fauteuil roulant). Sur le même site 1 gîte de 9 à 12 personnes et 1 gîte de séjour de 29 personnes. Langue parlée : anglais.

Prix : 1 pers. 38 € ◦ 2 pers. 43 € ◦ pers. sup. 17 €

🐕	⛪	✖	🎾	🐎	🌲	⛳	⛱	🎣	🏊	🚲	🚤
28	SP	3	4	4	20	10	30	6	15	7	

Louisette et Bernard DESAINDES - Ferme de Planoy - 77540 VOINSLES - Tél. : 01 64 07 51 48 ou 01 64 25 74 46 - Fax : 01 64 07 51 48 -
E-mail : gite-de-sejour-desaindes@wanadoo.fr - http ://giterural.free.fr

Yvelines

GITES DE FRANCE - Service Réservation
Hôtel du Département - 2, place André-Mignot
78012 VERSAILLES Cedex
Tél. 01 30 21 36 73 - Fax 01 39 07 88 56
E-mail : gites-de-france@cg78.fr

AUFFARGIS
!! 1 ch. **Paris 35 km. Rambouillet 10 km.** Avec entrée indép. : 1 ch. (2 lits 1 pers.), salle d'eau avec wc, TV avec magnétoscope (2500 films). Jardin. Possibilité de petit-déjeuner dans le salon (cheminée) ou la véranda. Maison dans le Parc Naturel Régional de la Haute Vallée de Chevreuse et sur le GR1. A proximité : abbaye des Vaux de Cernay. Circuits de randonnée à Maincourt, pistes cyclables à Dampierre-en-Yvelines et Montfort-l'Amaury. Forêt sur place. Langues parlées : espagnol, anglais, allemand.

Prix : 1 pers. 35 € ◦ 2 pers. 46 €
Ouvert : Toute l'année.

🐕	🐎	🌲	🏇	✖	🏊	🎾	🎣	🚲	🚤
	SP	15	SP	1,7	8	5	0,2	4	1,7	2

DEPAOLI - Chemin des Côtes - 78610 AUFFARGIS - Tél. : 01 34 84 95 97 - Fax : 01 34 84 95 97 - E-mail : sdepaoli@free.fr

Ile-de-France

Yvelines

BAILLY

2 ch.

Versailles 5 km. Saint-Germain-en-Laye 7 km. Paris 15 km. 2 ch situées dans une dépendance. Entrée commune : 1 ch (1 lit 2 pers., s. d'eau, wc privatifs) et 1 ch (2 lits 1 pers, s.d.b, wc privatifs) avec salons privatifs dont une avec 1 coin cuisine. Possibilité de lit suppl et TV. Grand jardin avec accès à un étang. Petits déjeuners copieux et variés à base de produits biologiques. Réduction à partir de la 4e nuitée. Aux portes de Versailles, connue depuis 1464, rattachée au domaine Royal (maison du médecin de Louis XIV), la ferme des Moulineaux est située dans un cadre de verdure et de terres agricoles. Lieu privilégié et paisible. Sur place : poney (enfants et adultes), pêche (fourniture matériel). Langue parlée : suédois.

Prix : 1 pers. 35/38 € 2 pers. 46/49 € pers. sup. 15 €

Ouvert : Toute l'année sauf 15 jours en avril et 15 jours en août.

2	4	3	2	SP	2	SP	3	3

Gérard THOMAS - Ferme des Moulineaux - 78870 BAILLY - Tél. : 01 34 62 63 00 - Fax : 01 34 62 63 00

BEHOUST

C.M. 196 Pli 3

2 ch.

Petite maison indép. comprenant 2 ch. R.d.c. : 1 ch. (1 lit 2 pers.) avec coin-salon pour le petit déjeuner, s.d.b. et wc indép. Au 1er étage : 1 ch. (2 lits 1 pers.). Possibilité lit bébé disponible gratuitement. Salle de jeux. Vélos à dispo. 10 % de réduction à partir de la 2e nuit. Tarif 4 pers. : 85 €. A 30 mn de Versailles, grande ch d'hôtes de très bon confort, aménagée dans une petite maison indépendante sur une jolie propriété. Calme et décoration raffinée. Langue parlée : anglais.

Prix : 1 pers. 39 € 2 pers. 51 € 3 pers. 68 €

Ouvert : Toute l'année.

1	6	1	3	14	9,5	1,5	14	1,5

Michel et Josiane SERAY - 2, rue de la Masse - 78910 BEHOUST - Tél. : 01 34 87 27 88 - Fax : 01 34 87 27 88

CHAPET

2 ch.

Paris 34 km. Saint-Germain-en-Laye 12 km. A l'étage de la maison du propriétaire, 1 ch. (1 lit 2 pers.), 1 ch. (1 lit 2 pers. avec possibilité d'1 lit supplémentaire) TV dans chaque ch. Salle de bains avec wc communs. Petit salon particulier. Possibilité table d'hôtes sur demande. Parking privé dans la cour. Dans un charmant village francilien, 2 chambres d'hôtes confortables au calme avec jardin donnant sur la campagne à 10 mn de Versailles et 15 mn de Paris. Langues parlées : anglais, allemand.

Prix : 1 pers. 26 € 2 pers. 35 € pers. sup. 19 €

Ouvert : Toute l'année.

2	8	SP	5	12	1	12	5	0,5

M. PIQUEREY - 15, rue du Parc - 78130 CHAPET - Tél. : 01 34 74 84 51

DANNEMARIE

2 ch.

Houdan 3 km. Paris 60 km. M. & Mme Hièle vous proposent 2 ch d'hôtes dans une longère du XVIIIe siècle : 1 ch (2 lits 1 pers) avec entrée privative donnant sur le jardin, s.d.b, wc privatifs et TV. Dans le corps de ferme attenant : 1 grande chambre (1 lit 2 pers) avec entrée indép., s.d.b, wc privatifs, terrasse privative, parking intérieur. 1 ch 3 épis et 1 ch en cours de classement. Langue parlée : anglais.

Prix : 1 pers. 35/42 € 2 pers. 54 €

Ouvert : Toute l'année.

SP	9	2	12	10	3	3	3

M. HIELE - 2, rue de la Chaude Joute - 78550 DANNEMARIE - Tél. : 01 30 59 68 01

EPONE

C.M. 196 Pli 4

4 ch.

Dans une partie de l'ancienne ferme au cœur d'un village typique des coteaux de la Vallée de la Seine avec salle d'eau et wc privatifs chacune. 2 ch. (1 lit 2 pers.). Chauffage central. 2 ch. (2 lits 1 pers.), chauffage électrique. Lit suppl : 12 €. Chambres de bon confort. Location de vélos de randonnée et VTT. 2 ch. accessibles aux personnes handicapées. Langue parlée : anglais.

Prix : 1 pers. 34 € 2 pers. 38/58 €

1	5	0,5	3	13	0,5	3	0,8	0,5

Olivier et Denise DEGORRE - 17, rue Roulette - 78680 EPONE - Tél. : 01 30 95 30 00 - Fax : 01 30 95 33 32 - E-mail : thl1@wanadoo.fr - www.thl.fr

FOURQUEUX

3 ch.

Saint-Germain-en-Laye 2 km. Versailles 12 km. Paris 25 km. 3 ch d'hôtes agréables et de bon confort, aménagées dans la maison du propriétaire, au cœur du village. Au r.d.c. : 1 ch. (1 lit 2 pers.) et 1 ch. (1 lit 2 pers.) avec s.d.b. et wc communs (ouvertes uniquement en juillet et août). A l'étage : 1 ch. (1 lit 2 pers.) couchage japonais futon et (1 lit 1 pers.) avec s. d'eau et wc non privatifs. Possibilité lit bébé. Jardin. Possibilité de table d'hôtes. 4 pers. : 85 €. RER à proximité. Langues parlées : anglais, espagnol.

Prix : 1 pers. 29 € 2 pers. 47 € 3 pers. 72 €

1	0,5	SP	2	2	0,5	2	2

Viviane NOE - 6, allée des Jardins - 78112 FOURQUEUX - Tél. : 01 30 61 05 33

Yvelines　　　　　　　　　　　　　　　　　　　　　　　　　　Ile-de-France

HARGEVILLE

1 ch. **Versailles 30 km. Paris 50 km.** A 30 km de Versailles, 1 grande ch familiale agréable aménagée à l'étage dans une dépendance, à proximité du propriétaire, située dans un petit village calme. 1 ch (1 lit 2 pers.), 1 ch. (1 lit 1 pers.), s. d'eau/wc indép., séjours, coin cuisine aménagée. TV, vaste jardin à disposition. Langue parlée : anglais.

Prix : 1 pers. 41 € 2 pers. 53 € 3 pers. 67 €

SP	7	5	10	5	0,8	12	9	4

LEYMARIE - 26, rue d'Elleville - 78790 HARGEVILLE - Tél. : 01 30 42 33 40

MAREIL-LE-GUYON

2 ch. **Montfort-l'Amaury. Thoiry.** 1 grande ch (1 lit 2 pers), 1 ch (1 lit 2 pers), salle de bains et wc communs. Jardin à disposition. Poss. Lit bébé et lit supp. A 3 km de Montfort-l'Amaury et 30 km de Versailles. Dans un village ancien, ch. d'hôtes à l'étage d'une grande maison arborée, située dans une impasse calme donnant sur un cour d'eau. Départ de nombreuses promenades.

Prix : 1 pers. 28 € 2 pers. 36 € pers. sup. 16 €
Ouvert : Toute l'année.

8	3	3	SP	3,5	3	3		

DE GAVRE - 2 ruelle des Prés - 78490 MAREIL-LE-GUYON - Tél. : 01 34 86 92 14

MAULE

2 ch. **Versailles 27 km. Paris 45 km.** 1 chambre (1 lit 2 pers. 1 lit 1 pers.) et 1 ch. (1 lit 2 pers.) avec salle d'eau et wc communs. Possibilité de barbecue et mise à disposition d'un salon de jardin à 27 km de Versailles. 2 ch. agréables au 1er étage de la maison des propriétaires, sur un terrain paysagé de 1000 m², calme absolu.

Prix : 1 pers. 29 € 2 pers. 36 € 3 pers. 47 €
Ouvert : Toute l'année.

SP	14	2	8	10	2	8	2	2

VAUZELLE - 14, rue du Centre - 78580 MAULE - Tél. : 01 30 90 64 16

MEDAN

2 ch. **Maison d'Emile Zola à Médan 2 km. Bords de Seine 1 km.** A l'étage : 1 grande chambre (1 lit 160) et dressing-room, 1 ch. (1 lit 1 pers.), salle de bains, wc privatifs. Accès au salon (cheminée) et à la terrasse sur le jardin. Petits déjeuners soignés. Possibilité de petits-déjeuners bio avec supplément. A 8 km de Saint-Germain-en-Laye, au cœur de la forêt de Médan, patrie d'Emile Zola, à l'étage d'une demeure calme et confortable.

Prix : 1 pers. 38 € 2 pers. 54 € 3 pers. 69 €
Ouvert : Toute l'année.

10	3	3	3	5	3	5	3	3

Liliane LISSEMORE - 2, clos Jardinet - 21, rue Pierre Curie - 78670 MEDAN - Tél. : 01 39 75 54 69 ou 06 07 67 67 09

MEZY-SUR-SEINE

E.C. 1 ch. 1 ch (1 lit 2 pers), petit salon, salle de bains privative avec wc. Ch d'hôtes à l'étage d'une maison ancienne située sur les hauteurs du village de Mézy, disposant d'une coquette cour intérieure fleurie, offrant la possibilité de petit-déjeuner en terrasse extérieure. Langue parlée : anglais.

Prix : 2 pers. 53 € pers. sup. 8 €
Ouvert : Fermeture 1ère quinzaine d'août.

1	6	5	4	5	5	3	3

Brigitte LE LOSTEC - 7 rue Alfred Lasson - 78250 MEZY-SUR-SEINE - Tél. : 01 30 99 76 01 ou 06 75 20 48 75

MOISSON

3 ch. 1er étage : 1 ch. (1 lit 2 pers.), s. d'eau/wc privatifs, sauna. 1 ch. (1 lit 130), s.d.b./wc privatifs. 2e étage : 1 ch. (1 lit 2 pers.), s. d'eau/wc privés. Salle de réception (tarifs à voir avec le prop.). Au 2e étage : 1 ch (1 lit 2 pers) avec salle d'eau et wc privatifs. Salle de vidéo, de réception. Ancien prieuré (XVIe) de charme dans un village de la boucle de la Seine. 3 ch. aménagées dans une belle propriété avec parc fleuri et piscine chauffée. Langues parlées : anglais, espagnol.

Prix : 1 pers. 45 € 2 pers. 54 € 3 pers. 61 €
Ouvert : Toute l'année.

0,2		SP	0,2	SP	1	1	0,5	8	0,5

Brigitte LEVI - 4, allée du Jamborée - 78840 MOISSON - Tél. : 01 34 79 37 20 - Fax : 01 34 79 37 58

MONTAINVILLE

1 ch. **Thoiry 4 km. Giverny 40 km.** Ch. familiale comprenant 1 lit 2 pers et 2 lits 1 pers avec TV, s.d.b raffinée, salle d'eau et wc. Parc paysager clos (10 000 m²) avec piscine commune avec les propriétaires. Salon de jardin, poneys et animaux de ferme sur place. Proximité GR1 et GR11. Forfait détente (piscine, tennis, VTT) avec supplément. Formule lune de miel. Réduction à partir de la 3e nuitée. A proximité de Versailles, au cœur d'un ravissant village typique des Yvelines, dans les dépendances de la Fauconnerie de Louis XIV. Décoration raffinée, tomettes anciennes, poutres et pierres apparentes. 4 pers : 35 €. Langues parlées : anglais, espagnol.

Prix : 1 pers. 74 € 2 pers. 74 € pers. sup. 120 €
Ouvert : Janvier à novembre.

5	10	SP	SP	1	SP	15	3	3

M. OGER - 1 rue de l'Ormoir - La Fauconnerie du Roy - 78124 MONTAINVILLE - Tél. : 01 34 75 17 24 ou 06 09 40 69 60 - www.lafauconnerie.com

Ile-de-France   Yvelines

NEAUPHLE-LE-CHATEAU

|||| 3 ch. **Montfort l'Amaury 10 km. Versailles 15 km. Paris 25 km.** A l'étage avec accès indépendant par le jardin d'hiver : 1 ch. (2 lits 1 pers.) avec s.d.b. et wc privés, 1 ch. (1 lit 160) avec s. d'eau et wc privés, 1 ch. (1 lit 200 x 200) avec s. d'eau et wc privés. Accès salon Napoléon III avec TV. Petit déjeuner dans la véranda. Dans le village de Neauphle-le-Château, 3 chambres d'hôtes de très bon confort aménagées dans une demeure Napoléon III, au milieu d'un parc. Langue parlée : anglais.

Prix : 1 pers. 80 € 2 pers. 90 € pers. sup. 15 €
Ouvert : Toute l'année.

🐕	🌲	🍴	❌	🏊	🐎	🎾	🏭	⛳
1	5	0,5	3	3	0,5	5	0,5	

M. DROUELLE - 33, rue Saint-Nicolas - 78640 NEAUPHLE-LE-CHATEAU - Tél. : 01 34 89 76 10 - Fax : 01 34 89 76 10

ORGEVAL La Thuilerie

||| 1 ch. **St Germain-en-Laye. Thoiry.** A l'étage : 1 ch (2 lit 80x200) attenante à une antichambre avec 1 lit supplémentaire, salle d'eau et wc privatifs, salon (cheminée) au r.d.c à disposition. Grand jardin clos, salon de jardin. Possibilité de petit-déjeuner à l'extérieur. Route communale à proximité de la propriété. Lit supplémentaire : 13 €. A 18 km de Versailles et à 25 km de Paris, dans une maison du XIXᵉ siècle, au cœur du village. Accès rapide par l'autoroute A13 (1 km) et A14 (2 km). Ambiance chaleureuse. Langue parlée : anglais.

Prix : 1 pers. 47 € 2 pers. 65 €
Ouvert : Toute l'année.

🐕	🌲	🍴	❌	🏊	🐎	🎾	🏭	⛳
SP	2	0,5	6	2	0,2	1	3	0,5

M. RENARD-DELAHAYE - 321 rue de la Chapelle - La Thuilerie - 78630 ORGEVAL - Tél. : 01 39 75 40 23 ou 06 80 62 25 04 - Fax : 01 39 75 40 23

POIGNY-LA-FORET

|||| 6 ch. **Rambouillet 15 km.** Au 1ᵉʳ étage : 2 ch (1 lit 2 pers) avec s. d'eau et wc privatifs. Au 2ᵉ étage : 1 ch (1 lit 2 pers) avec s. d'eau et wc privatifs. TV, minichaîne. 1 ch (1 lit 2 pers) avec s. d'eau et wc privatifs. Petit déjeuner à l'anglaise. Au cœur de la forêt de Rambouillet dans une belle demeure du XIXᵉ siècle, entourée d'un immense parc, 6 ch. d'hôtes et salon de charme ont été aménagés avec des meubles et souvenirs anciens. 4 pers : 108 €. 5 pers : 135 €. Langues parlées : anglais, espagnol, italien.

Prix : 2 pers. 54/63 € 3 pers. 81 € pers. sup. 16 €
Ouvert : Toute l'année.

🐕	🌲	🍴	❌	🏊	🐎	🎾	🏭	⛳
SP	15	0,2	8	1	1	10	8	8

**M. LE BRET - 2 rue de l'Eglise - 78125 POIGNY-LA-FORET - Tél. : 01 34 84 73 42 - Fax : 01 34 84 74 38 -
E-mail : lechateaudepoigny@wanadoo.fr**

PORT-VILLEZ Notre Dame de la Mer

||| 4 ch. **Giverny 8 km.** Au 1ᵉʳ étage : 1 ch (1 lit 2 pers) avec s.d.b et wc privatifs, 1 suite familiale avec 1 ch (2 lits 1 pers) et 1 ch (1 lit 2 pers) avec s. d'eau et wc communs. Au 2ᵉ étage : 2 ch (1 lits 2 pers) avec s.d.b et wc privatifs. Jolie vue sur la campagne et tranquilité du jardin, salon à disposition, possibilité de table d'hôtes sur demande et WE lune de miel. A 50 km de Versailles et 72 km de Paris, accès facile par l'autoroute A13. Manoir de chasse situé dans un petit hameau sur les collines boisées de la Vallée de la Seine, à proximité de Giverny et du Château de Bizy. 4 pers : 99 €. Lit supplémentaire : 5 €. Langues parlées : anglais, hollandais.

Prix : 2 pers. 53/68 €
Ouvert : Avril à octobre.

🐕	🌲	🍴	❌	🏊	🐎	🎾	🏭	⛳
SP	10	2	8	4	7	8	4	4

**M. LOGE - 10 route du Chêne Monsieur - Notre Dame de la Mer - 78270 PORT-VILLEZ - Tél. : 01 30 93 12 17 -
www.clanloge@wanadoo.fr**

LA QUEUE-LEZ-YVELINES

|| 1 ch. **Montfort-l'Amaury 4 km. Houdan 15 km. Paris 45 km.** Entrée indépendante, 1 ch. (2 lits 1 pers.), salle d'eau privative avec lave-linge, wc indépendants, cuisine équipée et coin-salon. Possibilité lit bébé. Proche de la forêt de Rambouillet, grande chambre d'hôtes aménagée dans une petite maison entièrement rénovée. Lit suppl : 7 €. Langues parlées : anglais, allemand.

Prix : 2 pers. 54 €
Ouvert : Toute l'année.

🐕	🌲	🍴	❌	🏊	🐎	🎾	🏭	⛳
3	1	3	4	10	1	15	2,5	1

M. STEFFENS - 35, rue Grosrouvre - 78940 LA-QUEUE-LEZ-YVELINES - Tél. : 01 34 86 57 99 - E-mail : steffens@wanadoo.fr

ROSAY

E.C. 2 ch. **Thoiry 12 km. Houdan 17 km.** A l'étage : 1 ch (1 lit 2 pers) et 1 ch (2 lits 1 pers) avec salle de bains commune et wc séparés. Piscine chauffée, possibilité petit déjeuner en terrasse avec vue sur la vallée verdoyante de la Vaucouleurs. A 10 km de Thoiry, belle maison bourgeoise face au château de Rosay et à proximité de la forêt de Rambouillet. Langue parlée : anglais.

Prix : 1 pers. 42 € 2 pers. 46 €
Ouvert : Toute l'année.

🐕	🌲	🍴	❌	🏊	🐎	🎾	🏭	⛳
SP	8	0,5	SP	1	2	1	6	2

Christine RICHARD - 14 rue de la Vaucouleurs - 78790 ROSAY - Tél. : 01 34 76 40 49 ou 06 20 47 61 80

Yvelines — Ile-de-France

VAUX-SUR-SEINE La Cascade

3 ch. St-Germain-en-Laye 15 km. Versailles 25 km. Au 1er étage : 1 ch (2 lits 1 pers) avec salle de bains, wc privatifs et balcon. 1 ch (1 lit 2 pers) avec salle d'eau, wc privatifs et balcon. Au 2e étage avec accès par un escalier en colimaçon : 1 ch (2 lits 1 pers), (2 lits enfants) avec salle d'eau et wc privatifs. Portique, terrain de boule, parking intérieur. Possibilité lit enfant (8 € suppl/nuitée). A 15 km de St-Germain-en-Laye et 25 km de Versailles, accès par l'autoroute A13-A14-A15 sur les côteaux de la Seine, face à la forêt, 3 ch d'hôtes aménagées dans une grande demeure style île de France avec piscine chauffée. 4 pers : 78/82 €. Lit supplémentaire : 16 €.

Prix : 1 pers. 35/40 € ◊ 2 pers. 46/50 € ◊ 3 pers. 62/66 €
Ouvert : Toute l'année.

	SP	12	5	SP	10	1	1	1	1

BULOT - 30 chemin des Valences - La Cascade - 78740 VAUX-SUR-SEINE - Tél. : 01 34 74 84 91 ou 06 07 04 31 59 - Fax : 01 34 92 02 33

Essonne

GITES DE FRANCE - Service Réservation
2, cours Monseigneur Roméro
91025 EVRY Cedex
Tél. 01 64 97 23 81 - Fax 01 64 97 23 70
E-mail : info@gites-de-france-essonne.com
http://www.gites-de-france.com

BALLANCOURT La Fironnette   *C.M. 237 Pli 42*

1 ch. Paris 40 km. Fontainebleau 20 km. Dominique et Marie-José vous accueillent et vous proposent une chambre dans un studio indépendant. Tarifs dégressifs pour plusieurs nuitées. 1 chambre en mezzanine (1 lit 2 pers.) avec salon et coin-repas, accès indépendant. Parking clos.

Prix : 1 pers. 40 € ◊ 2 pers. 53 €
Ouvert : Toute l'année.

1	3	4	0,8	1	5	1	0,1

M-José et Dominique FIRON - 7 rue St-Martin - 91610 BALLANCOURT - Tél. : 01 64 93 24 19 ou 06 20 25 48 16

BOISSY-SOUS-ST-YON   *C.M. 237 Pli 41*

2 ch. Frédérique et Philippe vous accueillent dans leur très belle propriété située au cœur du village. 1 suite 3 pers. aménagée au 2e étage de la maison. 2 chambres (1 lit 2 pers., 1 lit 1 pers.) avec salle d'eau et wc privés. Au 1er étage, une grande chambre (2 lits 1 pers.), avec salle de bains et wc privés. Grand jardin paysager. Piscine. De copieux petits déjeuners maison sont servis dans une salle de séjour de charme. A proximité : centre équestre, sentier de randonnée GR 1, forêt (500 m). Accueil international. Restaurant 2 km. Tarifs dégressifs pour plusieurs nuitées. Langue parlée : anglais.

Prix : 1 pers. 40/46 € ◊ 2 pers. 50/56 € ◊ 3 pers. 65 € ◊ pers. sup. 15 €
Ouvert : Toute l'année.

0,5	0,5	3	0,5	3	13	2	0,2

Philippe JAILLON - 3 rue du Pont Cage - 91790 BOISSY-SOUS-ST-YON - Tél. : 01 60 82 08 03 - Fax : 01 60 82 17 15 -
E-mail : jaillon@francenet.fr

BROUY   (TH)   *C.M. 237*

1 ch. Etampes 17 km. Malesherbes 10 km. R.d.c. : 1 grande ch. (1 lit 2 pers.) avec salle d'eau et wc privés, couchage 2 pers. en mezzanine (2 lits 1 pers.), accès indépendant. Halte équestre. Un petit déjeuner traditionnel vous sera servi au choix dans la chambre, en famille ou au jardin clos de murs, calme garanti. Tarifs dégressifs pour plusieurs nuitées. Table d'hôtes sur réservation (vin inclus). A la limite du Parc du Gâtinais, Isabelle et Philippe accueillent dans leur propriété tous les amoureux de la nature (randonneurs à pied, à cheval ou en voiture). A proximité : GR11 et 111C, vol à voile, halle et chapelle St-Blaise à Milly-la-Forêt, escalade à Buthiers, canoë-kayak... Langue parlée : anglais.

Prix : 1 pers. 38 € ◊ 2 pers. 49 € ◊ 3 pers. 59 € ◊ pers. sup. 11 € ◊ repas 14/15 €
Ouvert : Toute l'année.

5	7	12	12	10	19	10	10

Philippe et Isabelle DANVERS - 8 rue du Gatinais - 91150 BROUY - Tél. : 01 64 99 31 27 - Fax : 01 64 99 31 27

BUNO-BONNEVAUX Chantambre   *C.M. 237*

1 ch. Paris 70 km. Fontainebleau 30 km. Eurodisney 70 km. Chartres 80 km. M. et Mme Despert vous proposent 1 suite familiale mansardée, dans une maison de village restaurée, avec entrée indépendante. 1 suite : 1 ch. (1 convertible 2 pers.), 1 ch. (2 lits 1 pers.), salle d'eau, wc, kitchenette (évier, réfrigérateur, micro-ondes) privés. Milly-la-Forêt 8 km. Vaux-le-Vicomte 40 km. Langue parlée : anglais.

Prix : 1 pers. 38 € ◊ 2 pers. 47 € ◊ 3 pers. 53 € ◊ pers. sup. 8 €
Ouvert : Toute l'année.

0,1	3	6	1,5	0,3	10	1,4	6

Geneviève et Albert DESPERT - 8 route de Malesherbes - 91720 BUNO-BONNEVAUX - Tél. : 01 64 99 40 23 -
E-mail : adespert@fr.packardbell.com

Ile-de-France

Essonne

BUNO-BONNEVAUX Bonnevaux
C.M. 237 Pli 42

1 ch. **Paris 65 km. Fontainebleau 25 km.** A votre disposition : une chambre comprenant 1 lit 2 pers. et 1 lit d'appoint, 1 salle d'eau avec wc et 1 coin-cuisine. Accès indépendant par le jardin privatif. A proximité de milly-la-Forêt et de Fontainebleau. Vivre à la campagne dans une ancienne fermette, sur un terrain boisé. Tarifs dégressifs pour plusieurs nuitées. Langues parlées : allemand, anglais.

Prix : 1 pers. 30 € ■ 2 pers. 40 € ■ pers. sup. 8 €
Ouvert : Toute l'année.

0,1	1	3	2	2	6	3	2	2

Georg NEUHOFF - 1 chemin de la Butte Ronde - 91720 BUNO-BONNEVAUX - Tél. : 01 64 99 37 59 - Fax : 01 64 93 23 52

CERNY
C.M. 237 Pli 41

1 ch. **Milly-la-Forêt 16 km. La Ferté-Alais 1 km.** M. et Mme Laporte vous accueillent dans une maison récente, située à proximité du cœur du village. 1 chambre est aménagée en rez-de-jardin (1 lit 2 pers., 1 lit d'appoint), TV. Entrée indépendante par une terrasse. Salle d'eau/wc privés. Animaux acceptés sur demande. Restaurants au bourg. Petits déjeuners servis dans une salle très agréable réservée aux hôtes avec un coin-salon ou sur la terrasse. Accès au jardin. A proximité : aérodrome de Cerny (musée volant, meeting aérien à la Pentecôte), étangs de pêche, sentier de randonnée GR 111. Tarifs dégressifs pour plusieurs nuitées. Langue parlée : anglais.

Prix : 1 pers. 38 € ■ 2 pers. 46 € ■ pers. sup. 15 €
Ouvert : Toute l'année.

0,5	3	1	1	3	8	1	1

Annie LAPORTE - 9 rue du Moulin à Vent - 91590 CERNY - Tél. : 01 64 57 75 44

CHALO-ST-MARS Hameau de Boinville
C.M. 237 Pli 41

1 ch. **Etampes 7 km.** Dans une très belle propriété située en Vallée de la Chalouette, 1 chambre d'hôtes aménagée au rez-de-chaussée de la maison des propriétaires (1 lit 2 pers., 2 lits 1 pers.), salle de bains et wc privés. Salon privé avec cheminée. Accès à une terrasse et à un jardin paysager clos, salon de jardin. Langue parlée : anglais.

Prix : 1 pers. 49 € ■ 2 pers. 69 € ■ 3 pers. 84 € ■ pers. sup. 15 €
Ouvert : Toute l'année.

SP	1	8	3	0,1	20	7	3

Christine et Alain LE MORVAN-CHAPTAL - 4 hameau de Boinville - 91780 CHALO-ST-MARS - Tél. : 01 64 95 49 76

CHEVANNES
C.M. 237 Pli 42

2 ch. **Fontainebleau 15 mn. Disneyland 45 mn.** Dans une ferme de caractère, 2 chambres d'hôtes de charme aménagées dans un bâtiment annexe avec un accès indépendant. 2 chambres (2 lits 2 pers., 1 lit 1 pers.) avec salle d'eau et wc privés. Dans chaque chambre un coin-cuisine, TV. Petits déjeuners servis dans une agréable salle dans 1 jolie cour fleurie (salon de jardin). Sur place : location de vélos. Dans le village : golf, restaurant. A proximité : piscine olympique 2 km. Auberge à proximité. Prix dégressifs pour plusieurs nuitées. Après midi « foie gras » et « confitures étonnantes » à la ferme. Promenades en voiture à cheval. Langues parlées : anglais, espagnol.

Prix : 1 pers. 56 € ■ 2 pers. 66 € ■ 3 pers. 73 €
Ouvert : Toute l'année.

3	5	0,5	0,3	5	0,6	0,6	0,8

Martine POUTEAU - 14 rue St-Martin - Ferme de la Joie - 91750 CHEVANNES - Tél. : 01 64 99 70 70 - Fax : 01 64 99 74 74 - E-mail : martinepouteau@aol.com - www.cf-2 p.fr/b&b-chevannes.htm

CHEVANNES
C.M. 237 Pli 42

1 ch. **Paris 40 km. Fontainebleau 15 km. Evry 15 km.** A l'étage de la maison : 1 chambre comprenant 1 lit 2 pers., 1 chambre 2 lits 1 pers., 1 salle de bains avec wc (baignoire + douche) privative non communiquante. Le petit déjeuner vous sera servi en famille dans la salle à manger ou en terrasse. A disposition : TV, séjour avec cheminée, coin-cuisine, jardin fleuri, parking dans la propriété. Annick et Henri vous accueillent dans leur maison de caractère, et vous proposent une très belle chambre familiale. Langues parlées : anglais, espagnol.

Prix : 1 pers. 38 € ■ 2 pers. 53/66 € ■ 3 pers. 66 € ■ pers. sup. 11 €
Ouvert : Toute l'année.

2	3	5	4	6	0,6	5	0,5

Annick et Henri GALY - 1 rue du Bois Marsas - 91750 CHEVANNES - Tél. : 01 64 99 85 66 ou 06 15 79 88 61

DOURDAN Hameau Le Rouillon
C.M. 237 Pli 40

2 ch. **Dourdan 3 km.** Dans un hameau, M. et Mme Evain vous attendent dans une très belle ferme classée. 2 chambres d'hôtes, 1 chambre (1 lit 2 pers., 1 lit 1 pers.), salle de bains privée non communicante, wc privés. 1 chambre (1 lit 2 pers., 1 lit 1 pers.) salle de bains communicante, wc privés. Prise TV dans chaque chambre. De copieux petits déjeuners vous seront servis dans une belle salle rustique (cheminée). Accès à un jardin (salon de jardin) calme assuré. Sur place : location de vélos, à proximité : forêt de Dourdan, sentiers de randonnée GR111. Restaurants 3 km.

Prix : 1 pers. 29/30 € ■ 2 pers. 37/40 € ■ 3 pers. 47/50 € ■ pers. sup. 11 €
Ouvert : Toute l'année.

1	3	3	3	3	7	3	3

Paulette et Bernard EVAIN - 4 rue de la Gambade - Hameau le Rouillon - 91410 DOURDAN - Tél. : 01 64 59 84 27 - Fax : 01 64 59 84 17

Essonne — Ile-de-France

GOMETZ-LE-CHATEL Le Vieux Village
C.M. 237 Pli 41

¦¦¦ 2 ch. — **Paris 25 km. Versailles 20 km. Gif-sur-Yvette 1 km.** 2 chambres de caractère aménagées à l'étage, avec un accès indépendant (1 lit 2 pers., 2 lits 1 pers., 1 lit d'appoint) avec salles d'eau et wc privés. Salon d'hôtes où sont servis les petits déjeuners. Coin-cuisine à disposition. Tarifs dégressifs pour plusieurs nuitées. Sentiers GRP, PR1 et 8. Gare RER B à 3 km. A voir : vallée de Chevreuse, châteaux de St-Jean-de-Beauregard, de Breteuil, de Dampierre. M. et Mme Henriot vous accueillent dans leur maison ancienne « Au Point du Jour », située au cœur du vieux village. Langue parlée : anglais.

Prix : 1 pers. 37 € 2 pers. 48 € pers. sup. 13 €
Ouvert : Toute l'année.

SP	5	1	0,6	1,3	0,1	3	0,5

J-Louis et M-Pierre HENRIOT - 43 rue St-Nicolas - 91940 GOMETZ-LE-CHATEL - Tél. : 01 60 12 30 87 -
E-mail : jlmp.henriot@wanadoo.fr

MILLY-LA-FORET Ferme de la Grange Rouge
C.M. 237 Pli 42

¦¦¦ 5 ch. — **Milly-la-Forêt 3 km.** Sophie et Jean-Charles vous accueillent dans une ferme aux champs, du XVᵉ siècle, typique d'Ile-de-France. 5 chambres de caractère, avec accès indépendant. 3 ch. (1 lit 2 pers.), 2 ch. (2 lits 1 pers. lit d'appoint). Chaque chambre est équipée d'une prise TV, d'une salle d'eau et de wc. Les petits déjeuners sont servis dans une salle de séjour chaleureuse avec coin-salon, ouverte sur un agréable jardin clos. A proximité : Milly-la-Forêt (halle, Cyclope...), forêt de Fontainebleau, sentiers de randonnée GR1, vol à voile, base de loisirs 14 km. Restaurants 3 km.

Prix : 1 pers. 33 € 2 pers. 40 € pers. sup. 10 €
Ouvert : Toute l'année sauf janvier et du 15 au 31 décembre.

5	4	4	4	6	14	4	3

Sophie et J-Charles DESFORGES - Route de Gironville - Ferme de la Grange Rouge - 91490 MILLY-LA-FORET - Tél. : 01 64 98 94 21 - Fax : 01 64 98 99 91

MOIGNY-SUR-ECOLE
C.M. 237 Pli 42

¦¦¦ 1 ch. — **Milly-la-Forêt 3 km. Paris 48 km.** M. et Mme Appel-Roulon vous accueillent dans une maison de caractère, dans un joli village du Gâtinais. 1 suite familiale. 1 chambre (1 lit 2 pers.), 1 chambre (2 lits 1 pers.), TV, salle d'eau/wc privés. La suite a un accès indépendant sur le jardin, salon de jardin. Coin-cuisine à disposition. De copieux petits déjeuners vous seront servis dans une salle de séjour, chaleureuse. A proximité : ne manquer pas la visite de Milly-la-Forêt (halle, le Cyclope...), le château de Courances, Barbizon, Fontainebleau, sentier de randonnée GR 11. A 40 minutes de Paris. Restaurants 3 km. Langues parlées : anglais, espagnol.

Prix : 1 pers. 32 € 2 pers. 40 € 3 pers. 62 € pers. sup. 9 €
Ouvert : Toute l'année.

0,5	2,5	3	0,5	1	7	7	0,1

Claude APPEL-ROULON - 10 sentier de la Grille - 91490 MOIGNY-SUR-ECOLE - Tél. : 01 64 98 49 97

MOIGNY-SUR-ECOLE (TH)
C.M. 237 Pli 42

¦¦¦ 3 ch. — **Milly-la-Forêt 3 km.** Dans un joli village et dans une propriété de caractère, 3 chambres d'hôtes indépendantes. En rez-de-chaussée : 1 ch. (1 lit 2 pers.) avec salle d'eau et wc privés, TV. A l'étage : 1 ch. (1 lit 2 pers., lit d'appoint), 1 suite (2 lits 1 pers., lit d'appoint). Dans chaque chambre salle d'eau/wc privés et TV. Parking privatif selon disponibilités. Salle des petits déjeuners réservée aux hôtes avec coin-cuisine, vaste salon à disposition, table d'hôtes sur réservation, vin non compris. Accès à un jardin clos paysager (salon de jardin). A proximité : sentier GR 11, Milly la Forêt (halle, le Cyclope), forêt de Fontainebleau. Restaurant 3 km. Langue parlée : anglais.

Prix : 1 pers. 32 € 2 pers. 43/49 € 3 pers. 55 € pers. sup. 9 €
repas 13 €
Ouvert : Toute l'année.

0,5	0,5	3	3	1	7	9	3

Frédéric LENOIR - 9 rue du Souvenir - Milly-la-Forêt - 91490 MOIGNY-SUR-ECOLE - Tél. : 01 64 98 47 84 - Fax : 01 64 98 05 92

PRUNAY-SUR-ESSONNE Petit Gironville
C.M. 237 Pli 42

¦¦ 1 ch. — **Paris 70 km. Milly-la-Forêt 8 km.** En vallée de l'Essonne, Annick et Robert vous proposent une chambre au rez-de-chaussée de leur maison : 1 lit 2 pers., avec salle d'eau et wc privés. Calme assuré. De copieux petits déjeuners vous seront servis dans le séjour (cheminée). A disposition : salon, jardin ombragé non clos. A proximité : GR1, base de loisirs, Milly-la-Forêt.

Prix : 1 pers. 35 € 2 pers. 41 €
Ouvert : Toute l'année.

1	1,8	4	4	1	15	10	2	4

Annick et Robert CHERON - 4 rue des Bois - Petit Gironville - 91720 PRUNAY-SUR-ESSONNE - Tél. : 01 64 99 53 34

SACLAS Ferme des Prés de la Cure
C.M. 237 Pli 41

¦¦¦ 3 ch. — **Etampes 10 km.** M. et Mme Souchard vous accueillent dans leur très belle ferme du XVᵉ siècle située au cœur du village. 3 chambres d'hôtes de caractère aménagées à l'étage, avec un accès indépendant. 3 ch. (3 lits 2 pers., 1 lit d'appoint 1 pers.) avec salles d'eau et wc privés. Prise TV dans chaque chambre. De copieux petits déjeuners sont servis dans une salle de séjour avec coin-salon, accès à une terrasse et à un jardin. A 50 m, parc paysager avec plan d'eau, sentier de randonnée GR111. Aérodrome 5 km, base de loisirs à Etampes (piscine à vagues). Restaurants 100 m.

Prix : 1 pers. 38 € 2 pers. 46 € pers. sup. 11 €
Ouvert : Toute l'année sauf décembre, janvier et février.

0,1	5	6	0,1	0,1	12	8	0,1

André et Françoise SOUCHARD - 17 rue Jean Moulin - Ferme des Prés de la Cure - 91690 SACLAS - Tél. : 01 60 80 92 28

Ile-de-France — Essonne

SACLAS — Gittonville
C.M. 237 Pli 41

2 ch. **Paris 60 km. Versailles 45 km. Etampes 9 km.** Au r.d.c : 1 chambre familiale composée de 2 pièces mitoyennes (2 lits 2 pers.) avec salle de bains et wc privatifs à proximité. A l'étage, une chambre (1 lit 2 pers.) avec salle de bains et wc privatifs à proximité. A disposition, grand salon + TV avec terrasse (vue sur l'étang). Petit déjeuners copieux servis dans la séjour avec vue sur l'étang. Tarifs dégressifs pour plusieurs nuitées. Igor vous accueille dans sa maison de charme située en pleine campagne dans un magnifique parc en bordure de Juine, avec étang privatif. Langues parlées : anglais, allemand, italien.

Prix : 1 pers. 35 € ■ 2 pers. 43/55 € ■ 3 pers. 66 €
Ouvert : Toute l'année.

🐕	⛺	🏇	🏊	🎾	⛳	🏌	🚆	🛒
SP	5	6	1	SP	25	9	1	

Igor DRIGATSCH - 21 rue de Gittonville - 91690 SACLAS - Tél. : 01 69 58 25 03 - Fax : 01 69 58 25 03

SERMAISE — Mondetour
C.M. 237 Pli 40

2 ch. **Dourdan 6 km. Paris 50 km.** A l'étage, 1 ch. (1 lit 2 pers., 1 lit d'appoint enfant supplémentaire 8 €/nuit) avec s.d.b. privée, une suite familiale (2 lits 2 pers.) avec salle de bains privée non communicante. 2 wc. Prise TV dans chaque ch. Petits déjeuners servis dans une grande salle de séjour avec salon, cheminée et TV. Cuisine à disposition. Lit bébé gratuit. Parking clos. Terrasse. Sortie Dourdan A10 à 10 mn. Dans une ancienne ferme rénovée où se situe également un gîte de séjour, M. et Mme Ivert vous reçoivent au Hameau de Mondetour. Accès direct chemin de randonnées pédestres, VTT, équestres, GR1 à 1 km. GR111 à 3 km. Forêt domaniale de Dourdan 5 km. Langue parlée : anglais.

Prix : 1 pers. 33/37 € ■ 2 pers. 42/70 € ■ 3 pers. 70/101 €
Ouvert : Toute l'année.

🐕	⛺	🏇	🏊	🎾	⛳	🏌	🚆	🛒
1	5	7	3	5	10	3	5	

Daniel et Isabelle IVERT - 8 rue de Morainville - Hameau de Mondetour - 91530 SERMAISE - Tél. : 01 64 59 51 49 ou 06 87 40 60 74 -
E-mail : daniel.ivert@wanadoo.fr - http://perso.wanadoo.fr/daniel.ivert

ST-CYR-SOUS-DOURDAN — Le Logis d'Arnière
C.M. 237 Pli 40

2 ch. **Rambouillet, Etampes 25 km. Chartres 35 km.** Dans un très beau manoir, parc en bordure de rivière, (site classé), Tae et Claude vous feront découvrir le charme de leur logis et de leurs suites décorées avec raffinement comprenant 2 chambres (1 lit 2 pers. et 2 lits 1 pers.), une vaste salle de bains 1930 et wc. Tarif dégressif plusieurs nuitées. Accès au parc de 7 ha. en bord de rivière, salon jardin, aire de jeux, vélos, garage. A proximité sentier GR111. Centre équestre, châteaux du Marais et de Courson, centre historique de Dourdan. Restaurants ouverts tous les jours. Langues parlées : anglais, espagnol.

Prix : 1 pers. 60 € ■ 2 pers. 69 € ■ 3 pers. 90 € ■ pers. sup. 9 €
Ouvert : Toute l'année.

🐕	⛺	🏇	🏊	🎾	⛳	🏌	🚆	🛒
0,3	3	5	5	SP	3	5	5	

Claude DABASSE - 1 rue du Pont Rue - Logis d'Arnière - 91410 ST-CYR-SOUS-DOURDAN - Tél. : 01 64 59 14 89 - Fax : 01 64 59 07 46 -
E-mail : cdabasse@ifrance.com

VAUHALLAN
C.M. 237 Pli 5

1 ch. **Palaiseau 5 km. Bièvres 5 km.** Au cœur d'un village, M. et Mme Leblond proposent 1 chambre d'hôtes à l'étage de leur maison (1 lit 2 pers.). Salle d'eau et wc privés, proches de la chambre. Les petits déjeuners sont servis dans la salle de séjour (cheminée), salon à la disposition des hôtes. Accès à un jardin clos (salon de jardin). A proximité : vallées de la Bièvre et de Chevreuse, à Bièvres : musée de la photographie, musée littéraire de V. Hugo. Dans le village : passage du GR11, restaurants. RER à Massy-Palaiseau 5 km puis bus. Auberge à proximité.

Prix : 1 pers. 32 € ■ 2 pers. 40 €
Ouvert : Toute l'année.

🐕	⛺	🏇	🏊	🎾	⛳	🏌	🚆	🛒
5	2	5	3	6	2,5	0,2		

Louise et Serge LEBLOND - 2 impasse Leclerc - 91430 VAUHALLAN - Tél. : 01 69 41 31 19

VERT-LE-GRAND
(TH)
C.M. 237 Pli 41

6 ch. **Arpajon 10 km. Paris 35 km.** Dans une ferme du village, Mme Le Mezo propose 2 ch. (4 pers.) aménagées à l'étage de sa maison. 1 suite 3 épis : 2 ch. (1 lit 2 pers., 1 lit 1 pers.), s. d'eau/wc privés, 1 ch. 2 épis (2 lits 1 pers.), s. d'eau/wc privés proches. 2 ch. indépendantes E.C. (2 lits 2 pers., 1 lit 1 pers.), avec s. d'eau/wc privée, prise TV et parking dans la cour de la ferme. De copieux petits déjeuners vous seront servis dans le séjour (cheminée) de la maison. Possibilité table d'hôtes boissons non comprises. A proximité : étangs de pêche, sentiers de randonnée GR11C et PR, château de Ballancourt. Restaurants 4 km.

Prix : 1 pers. 30/38 € ■ 2 pers. 35/50 € ■ 3 pers. 60 € ■ pers. sup. 11 € ■ repas 14 €
Ouvert : Toute l'année.

🐕	⛺	🏇	🏊	🎾	⛳	🏌	🚆	🛒
1	1	6	0,5	3	8	0,5		

Lucette LE MEZO - 10 rue des Herses - 91810 VERT-LE-GRAND - Tél. : 01 64 56 00 28

VERT-LE-PETIT
C.M. 237 Pli 42

E.C. 5 ch. **Paris 35 km. Fontainebleau 30 km. Versailles 40 km. Evry 12 km.** Au r.d.c : 1 ch. (1 lit 2 pers.) avec salle d'eau et wc privatifs. A l'étage : 4 ch. (2 pers. chacune) avec salle d'eau et wc privatifs. Entrée indépendante. Parking clos. Petits déjeuners servis dans la salle d'hôtes ou en terrasse. Tarifs dégressifs pour plusieurs nuitées. A proximité : GR11C et PR, étangs de pêche dans le village. Au cœur du village, Bruno et Monique Mercier vous accueillent et vous proposent 5 chambres d'hôtes dans leur ferme (ancienne grange rénovée). Langues parlées : anglais, allemand.

Prix : 1 pers. 32 € ■ 2 pers. 42 € ■ pers. sup. 15 €
Ouvert : Toute l'année.

🐕	⛺	🏇	🏊	🎾	⛳	🏌	🚆	🛒
3	1	5	0,5	0,5	5	10	3	0,5

Bruno et Monique MERCIER - 36 rue du Général Leclerc - 91710 VERT-LE-PETIT - Tél. : 01 64 93 24 39 - Fax : 01 64 93 24 39

Essonne

Ile-de-France

LA VILLE-DU-BOIS
C.M. 237 Pli 41

3 ch. **Paris 20 km. Montlhéry 1 km.** R.d.c. : 1 ch. 2 épis (1 lit 2 pers.) avec s.d.b. privative et wc communs aux hôtes. A l'étage : 1 ch. (1 lit 2 pers., 1 lit d'appoint 1 pers.), 1 ch. (1 lit 2 pers.) avec s.d.b. et wc indépendants communs aux hôtes (1 épi). Petits déjeuners servis dans le séjour ou en terrasse. Coin-salon avec cheminée et TV. Lit bébé. Jardin, parking dans la propriété. Fabrication et vente d'artisanat. A proximité : châteaux de Courson, St-Jean-de-Beauregard, Versailles. Forêt aménagée à 500 m. Accès : A10, A6 à 5 km. RER B et C. Dans un cadre verdoyant et calme, à proximité de la N20, 3 chambres spacieuses et agréables. Langue parlée : espagnol.

Prix : 1 pers. 32/40 € 2 pers. 38/47 € pers. sup. 13 €
Ouvert : Toute l'année.

0,5	2	4	0,8	3	6	4	0,5	

Josiane et Guy CALMEL - 14 avenue de Beaulieu - 91620 LA-VILLE-DU-BOIS - Tél. : 01 69 01 30 43

Val-d'Oise

GITES DE FRANCE - Service Réservation
Château de La Motte - rue François de Ganay
95270 LUZARCHES
Tél. 01 30 29 51 00 - Fax 01 30 29 30 86

AMBLEVILLE

1 ch. **Château d'Ambleville, La Roche-Guyon 8 km.** 1 chambre d'hôtes 3 pers. à l'étage avec salle de bains particulière et wc au rez-de-chaussée. Salle de séjour. Chambre située sur une ferme dont l'activité est arrêtée. Ambiance champêtre très au calme. Gratuité pour les enfants jusqu'à 3 ans. Périmètre du Parc Naturel Régional du Vexin Français. Château d'Ambleville. La Roche Guyon 8 km: château, vallée de la Seine, Vertheuil-Givarny.

Prix : 1 pers. 28 € 2 pers. 32 € 3 pers. 37 €
Ouvert : Toute l'année.

10	5	22	4	5	5	22	22	7	3

Paule DEBEAUDRAP - Ferme d'en haut - 95710 AMBLEVILLE - Tél. : 01 34 67 71 08 - Fax : 01 30 29 30 86

AMBLEVILLE

1 ch. **Jardin du château d'Ambleville, La Roche-Guyon 8 km.** 1 chambre 2 pers. (1 lit 2 pers.) située au 1er étage de la maison du propriétaire. Salle de bains et wc à l'usage exclusif des hôtes. Périmètre du Parc Naturel Régional du Vexin Français.

Prix : 1 pers. 28 € 2 pers. 32 €
Ouvert : Toute l'année.

10	5	22	4	5	5	22	22	9	3

Didier SAVALE - 3 rue d'en Haut - 95710 AMBLEVILLE - Tél. : 01 34 67 72 47 - Fax : 01 30 29 30 86

AUVERS-SUR-OISE Hameau de Chaponval
C.M. 55

3 ch. **Pontoise 6 km. Paris 35 km.** 3 ch. d'hôtes avec salon pour les petits déjeuners, accès indépendant. 1 ch. 25 m² (1 lit 2 pers. 1 lit 1 pers.), salle d'eau/wc privés, accès par le couloir. 1 ch. 20 m² (1 lit 2 pers. 2 lits 1 pers.), petit salon, salle d'eau, wc. Aménagement rustique, champêtre. Cour de ferme fleurie, jardin (petit déjeuner possible à l'extérieur). 4 pers. ; 69 €. 1 studio avec coin-cuisine. S. d'eau wc. (1 lit 2 pers.). Village des impressionnistes : château, église, tombe de Van-Gogh, maison Ravoux, musée de l'absinthe, Daubigny. Pontoise, ville d'art, vallée de l'Oise. Accès rapide par SNCF de Paris St Lazare ou Nord (halte de Chaponval).

Prix : 1 pers. 35 € 2 pers. 44 € 3 pers. 57 € pers. sup. 12 €
Ouvert : Toute l'année.

1	1	3	1	0,5	4	3	0,3	1

Serge CAFFIN - 4 rue Marceau - Ferme du Four - Hameau de Chaponval - 95430 AUVERS-SUR-OISE - Tél. : 01 30 36 70 26 - Fax : 01 30 29 30 86

AUVERS-SUR-OISE La Ramure

3 ch. **Pontoise 5 km. Paris 35 km.** 3 ch. spacieuses à la décoration soignée. S. d'eau privée, wc pour 1 grande chambre. WC sur le même étage pour les deux autres chambres. 1 seule chambre avec sanitaires dans la chambre, les deux autres accès par le couloir. Salle à manger au r.d.c. Table d'Hôtes au salon d'hiver ou jardin, l'été. Accueil chaleureux. Tarifs ch.1 : 40 €, ch.2 : 60 €, ch.3 : 70 €. Vue sur l'église d'Auvers-sur-Oise. Village des impressionnistes : château. Maison Van Gogh. Musée Daubigny. Grande maison bourgeoise fin XIXe siècle. Parc clos de 2000 m², terrasse. Vue sur la vallée de l'Oise. Parking sur propriété. Expositions permanentes : peintures... Lit sup. 15 €. Langues parlées : anglais, espagnol.

Prix : 40/70 € pers. sup. 15 €
Ouvert : Toute l'année.

1	1	1	SP	5	5	0,3	0,5

M. AMANIERA - 38 rue du Montcel - La Ramure - 95430 AUVERS-SUR-OISE - Tél. : 01 30 36 79 32 - Fax : 01 30 36 79 39 -
E-mail : laramure@club-internet.fr - http ://perso.club-internet.fr/laramure

Ile-de-France / Val-d'Oise

AVERNES

3 ch. **La Roche-Guyon 15 km. Auvers-sur-Oise 20 km. Paris 50 km.** Maison des années 30 restaurée sur un parc boisé de 8000 m². Parking sur la propriété. Accès aux chambres indépendant situées au r.d.c. 1 ch. 20 m² (1 lit 2 pers.), lavabo, TV. 1 ch. 12 m² (1 lit 2 pers.), TV. 1 ch. 12 m² (2 lits 1 pers.), lavabo, TV. Lit bébé disponible. 2 wc et 2 s. d'eau à usage exclusif des hôtes pour les 3 ch. Table d'hôtes sur réservation. Petit déjeuner au jardin d'hiver : grande baie vitrée très agréable ou en terrasse, l'été. Solarium, jeux extérieurs. Maison agréable et conviviale en toute saison. Vexin Français, parc naturel régional à 400 m du bourg, 12 km de Magny-en-Vexin, 15 km du RER Cergy, 70 km de Rouen.

Prix : 1 pers. 37 € 2 pers. 40 €
Ouvert : Toute l'année.

	0,5	1	2	1	15	15	0,5	

J-Jacques et Eliane JOMARD - 15 rue de Gadancourt - 95450 AVERNES - Tél. : 01 30 39 26 64 - Fax : 01 34 66 13 29

CHERENCE Le St-Denis

5 ch. **La Roche-Guyon 4 km. Cergy 40 km. Paris 70 km.** Maison rurale de caractère avec un grand jardin d'agrément fleuri, au cœur du village, très calme. Terrasse, salon de jardin. Parking dans la propriété. Rez-de-chaussée : salle à manger, cheminée, TV, salon. 1ᵉʳ étage : 5 ch. avec salle de bains ou d'eau et wc. Chauffage central. Ambiance champêtre et rustique. Périmètre du Parc Régional du Vexin Français. Château, vallée de la Seine. Vol à voile, montgolfière. Route des crêtes, jardins de Giverny, et Musée américain (10 km), Vernon, château de Villarceaux. Limite de l'Eure et des Yvelines. Langues parlées : anglais, allemand.

Prix : 2 pers. 55 €

	1	SP	15	SP	2	4	15	16	4

Andrée PERNELLE - 1 rue des Cabarets - 95510 CHERENCE - Tél. : 01 34 78 15 02 - Fax : 01 30 29 30 86

MERIEL

1 ch. **Auvers-sur-Oise 2,5 km. L'Isle-Adam 4 km.** Très spacieuse chambre d'hôtes indépendante de 40 m² coquettement aménagée, jardin paysager de 500 m², terrasse, parking. Entrée (1 lit 1 pers.), salon/coin-cuisine (1 conv. 120), TV. 1 grande ch. de 17 m² (1 lit 160), s. d'eau, wc. Entrée indép. Petit déjeuner servi dans le salon. Poss. de préparation de repas (réfrigérateur, gazinière). Poss. lit bébé. Au cœur du village, tout près des commerces, de la gare, sur la D2, entre Auvers/Oise, Pontoise, site impressionniste et L'Isle-Adam, ville touristique, plage fluviale, croisières sur l'Oise. Pontoise, ville d'art Sur place : musée Jean Gabin, office de tourisme. Abbaye du Val. 4 pers. : 58 €.

Prix : 1 pers. 37 € 2 pers. 44 € 3 pers. 52 €
Ouvert : Toute l'année.

	1	0,8	0,2	0,4	4	4	0,2	1

Sylvie et Arnaud PONTHIEUX - 1 rue du Haut Val Mary - 95630 MERIEL - Tél. : 01 34 48 11 98 - Fax : 01 34 48 11 98 -
E-mail : a.ponthieux@free.fr - http ://a.ponthieux.free.fr

MONTSOULT

2 ch. **Cergy-Pontoise 20 km.** Dans le vieux Montsoult, au calme, agréable maison des années 80. Jardin de 1500 m² clos, fleuri et ombragé. Terrasse, salon de jardin, parking. 1ᵉʳ ét. : 2 grandes ch. 18 m² (2 lits 1 pers. 1 lit 160), lit bébé à dispo. S. d'eau, wc privés. Vue privilégiée sur la plaine de France et la forêt de l'Isle-Adam (1ᵉʳᵉ plage fluviale de France). Tarif 4 pers. : 66 €. Gîte rural à proximité. Ambiance claire et reposante. Ecouen, musée national de la Renaissance au château. Chantilly, Ermenonville. Auvers/Oise, site impressionniste, château, musée, église. Accès rapide à Paris par N1. Train (30 mn). L'Isle-Adam, ville touristique. Langues parlées : anglais, espagnol.

Prix : 1 pers. 35 € 2 pers. 43 € 3 pers. 52 €
Ouvert : Toute l'année.

SP	1	5	1,5	10	5	5	1	1

Henri BITRAN - 53 rue de Pontoise - 95560 MONTSOULT - Tél. : 01 34 69 91 51 - Fax : 01 30 29 30 86

NESLES-LA-VALLEE Hameau de Verville

2 ch. **Pontoise 10 km. l'Isle-Adam 5 km.** Maison ancienne, en vallée du Sausseron. 2 grande ch. à l'étage : 1 ch. (1 lit 130. 1 lit 1 pers.) avec bibliothèque, 1 ch. (1 lit 130. 1 lit 1 pers.), s.d.b. et wc indép. communs aux 2 ch. Mobilier ancien. Sur le palier, petit salon avec revues et livres, jeux. Petit déjeuner dans le séjour ou terrasse d'été. Poss. garage. Maison de non fumeurs. Jardin clos et ombragé contigu au GR1. Près d'Auvers, poss. de découvrir le château d'Auvers et le musée de l'impressionnisme. Plage fluviale et site touristique de l'Isle-Adam. Pontoise, ville d'art et capitale du Vexin.

Prix : 1 pers. 30 € 2 pers. 40 € 3 pers. 49 € pers. sup. 12 €
Ouvert : Toute l'année.

SP	1,5	1,5	5	10	5	4	1,5	

Michel DAUGE - Hameau de Verville - 51 route de Valmondois - 95690 NESLES-LA-VALLEE - Tél. : 01 30 34 73 09 -
Fax : 01 30 34 73 09

NESLES-LA-VALLEE

2 ch. **L'Isle-Adam 4 km. Auvers-sur-Oise 7 km. Paris 35 km.** Ancienne ferme vexinoise dans le Parc Naturel Régional du Vexin Français. 2 ch. à l'étage : 12 m² et 45 m². 1 ch. (1 lit 2 pers.), s. d'eau et wc privés dans la ch., TV. 1 grande ch. (2 lits 1 pers., 1 lit 2 pers. en mezzanine). Coin-salon avec TV. S.d.b. et wc privés dans la ch. Petit déjeuner servi dans la maison. Charme et tranquilité. Parking, grand jardin très agréable, chemins de randonnée. Dans la vallée de l'Oise, près du site impressionniste d'Auvers/Oise. Le hameau de Verville est à 1,5 km du bourg. Forêt et plage fluviale à l'Isle-Adam. Tarif 4 pers. : 91,47 €. Langue parlée : anglais.

Prix : 1 pers. 39/61 € 2 pers. 46/69 € 3 pers. 81 €
Ouvert : Toute l'année.

SP	0,8	2	4	4	3	2,5		

Dominique BOULANGER - 19 rue Carnot - Hameau de Verville - 95690 NESLES-LA-VALLEE - Tél. : 01 34 70 66 59 -
Fax : 01 30 29 30 86 - E-mail : dboul@bigfoot.com

Val-d'Oise   Ile-de-France

PARMAIN

4 ch. **Cergy 15 km. L'Isle-Adam 500 m. Auvers-sur-Oise 6 km.** Grande ferme en activité avec cour fermée. Parking à l'intérieur, terrasse, salon de jardin. R.d.c. : cuisine, salle des petits-déjeuners, style bistrot, TV. 1er étage : 2 ch. de 25 et 30 m^2 (2 lits 1 pers.), s. d'eau, wc, (1 lit 2 pers.), s.d.b., wc. 2e ét. : 2 ch. de 25 et 30 m^2 (2 lits 1 pers. 1 lit 2 pers.), (1 lit 2 pers.), s.d.b., wc pour chacune. Salon TV dans une cave voutée. Idéal pour les pers. sans véhicule : tout sur place. L'Isle-Adam, ville touristique : plage fluviale, forêt. Auvers/Oise : château, site impressionniste. Half-court de tennis (demi-terrain) dans la cour. Ping-pong. 4 pers. : 65,5 €. Langue parlée : anglais.

Prix : 1 pers. **37** € 2 pers. **46** € 3 pers. **57** €

Ouvert : Toute l'année.

🐕	🌲	🐎	🚣	🎾	🏌	⛱	🚆	🚉
2	2	1	1	0,5	2	1	0,5	0,5

Laurent DELALEU - 131 rue du Maréchal Foch - 95620 PARMAIN - Tél. : 01 34 73 02 92 - Fax : 01 34 08 80 76

PUISEUX-EN-FRANCE   (TH)

2 ch. **Roissy-en-France 7 km. Cergy-Pontoise 30 km. Paris 25 km.** 2 chambres aménagées à l'étage d'une maison récente à proximité d'un petit bois. 1 ch. double (1 lit 2 pers. 1 lit 1 pers.), 1 ch. (2 lits 1 pers.). Possibilité 2 lits suppl. Salle de bains, wc à usage exclusif des hôtes. Petit déjeuner dans le salon du propriétaire. Grand jardin. Table de ping-pong. Prix pour 4 pers. : 63 €. Table d'hôtes sur réservation. Environnement : plaine de France, Chantilly, vallée de l'Oise, abbaye de Royaumont. Paris et aéroports : accès rapide. Langue parlée : anglais.

Prix : 1 pers. **31** € 2 pers. **40** € 3 pers. **52** € pers. sup. **11** €
repas **17** € 1/2 pens. **35/68** €

Ouvert : Toute l'année.

🐕	🌲	🐎	🚣	🎾	🏌	⛱	🚆	🚉
10	5	22	4	SP	5	30	3	1

Marie-France STEIMETZ - 3 chemin de la Porte du Temple - Le Village - 95380 PUISEUX-EN-FRANCE - Tél. : 01 34 72 32 74 - Fax : 01 30 29 30 86 - E-mail : sophie.ste@wanadoo.fr

LA ROCHE-GUYON   (TH)

6 ch. **Château de la Roche Guyon.** Chambres situées au cœur du village, l'un des plus beaux de France, dominant les falaises de craie de la vallée de la Seine. 2 ch. (2 lits 2 pers.), 4 ch. (4 lits 2 pers. 4 lits 1 pers.), s.d.b. et wc privés chacune. Grand confort. Ameublement ancien 30. Salon (bibliothèque, TV). Salle pour petits déjeuners ou repas. Sites impressionnistes : Vétheuil, Giverny. Grande maison bourgeoise avec un grand verger. Dégustation des fruits de saison. Repas à l'extérieur, l'été. -10 % à partir de la 3e nuit. Repas à partir de 3 nuits. Langue parlée : anglais.

Prix : 1 pers. **35** € 2 pers. **44/49** € 3 pers. **55** € repas **14/17** €
1/2 pens. **39/96** €

Ouvert : Toute l'année.

🐕	🌲	🐎	🚣	🎾	🏌	⛱	🚆	🚉
1	4	15	SP	SP	8	15	6	0,3

Henri BOUQUET - 3 route de Gasny - 95780 LA-ROCHE-GUYON - Tél. : 01 34 79 75 10

ST-CLAIR-SUR-EPTE   (TH)

2 ch. Chambres à l'étage. 1 ch. (1 lit 2 pers.) avec douche et lavabo. 1 ch. (2 lits 1 pers.) avec douche. WC communs aux 2 ch. sur le palier réservés aux hôtes. Aménagement contemporain en pin. Petit déjeuner et repas à l'intérieur ou à l'extérieur. TV, bibliothèque. Location de VTT et de canoës sur place. Chambres d'hôtes dans une grande maison à colombages du XVIIIe siècle sur la N14, en centre ville. Parking dans la cour ou à l'extérieur. Région du Vexin Français. Village à la limite de l'Eure. Vallée de l'Epte, château de Villmarceaux. Stages : parapente, paramoteur, labyrinthe végétal... Langues parlées : anglais, allemand.

Prix : 1 pers. **28** € 2 pers. **37** € repas **9/14** €

Ouvert : Toute l'année.

🐕	🌲	🐎	🚣	🎾	🏌	⛱	🚆	🚉
1	8	20	0,5	0,8	6	20	12	SP

Michèle MALARTIC - 12 Place Rollon - 95770 ST-CLAIR-SUR-EPTE - Tél. : 01 34 67 68 74 ou 06 13 81 66 30

ST-MARTIN-DU-TERTRE   (TH)

1 ch. **Royaumont 10 km. Chantilly 15 km. Ermenonville 20 km. Cergy 30 km.** Grande ch. (17 m^2) dans 1 bâtiment attenant à la maison des prop. Terrasse, salon de jardin, accès indép. de plain-pied (1 lit 2 pers. 1 conv. 2 pers.), 1 lit bébé à dispo. Coin-salon. TV. Salle de bains avec wc dans la ch. Repas sur demande. En plaine de France, au cœur du village le plus haut d'Ile-de-France, site classée et pittoresque. Tarif 4 pers. : 56,4 €. A l'orée de la forêt de Carnelle : site archéologique, randonnée. Cyclotourisme : circuits, chemins balisés. Site du lac Bleu. Accès à Paris : 35 km par la N1. Langue parlée : anglais.

Prix : 1 pers. **29** € 2 pers. **37** € pers. sup. **11** € repas **11/14** €

🐕	🌲	🐎	🚣	🎾	🏌	⛱	🚆	🚉
SP	8	8	1	2	5	8	3	SP

Elisabeth MIGLIANICO - 29 rue du Lieutenant Baud - 95270 ST-MARTIN-DU-TERTRE - Tél. : 01 30 35 93 49 - Fax : 01 30 29 30 86

ST-PRIX

2 ch. **Paris 20 km. Enghien-les-Bains 8 km.** Plain-pied, accès indép. 2 ch. communicantes ouvrant sur la terrasse (1 convert. 2 pers., 2 lits 1 pers.). Petit salon, TV, mini-biblio., mini-bar-frigo, jeux de société. S. d'eau (douche, wc, lavabo). Lavabo dans la 2e ch. Parking. Portique pour enfants, ping-pong. Salon de jardin. Transats. Petit-déjeuner en terrasse l'été ou dans le salon, cheminée l'hiver. Jardin clos et fleuri. Maison de construction récente située dans un quartier résidentiel calme. Accueil autour de petits déjeuners « maison » copieux. Enghien-les-Bains : lac, champ de courses, thermalisme à 3 km. Auvers-sur-Oise : site impressionniste. Prix 4 pers. : 66 €.

Prix : 1 pers. **35** € 2 pers. **43** € 3 pers. **55** €

Ouvert : Toute l'année.

🐕	🌲	🐎	🚣	🎾	🏌	⛱	🚆	🚉
2	3	1	1	3	5	10	1	SP

Daniel et Monique BESQUENT - 4 rue de la Liberté - 95390 ST-PRIX - Tél. : 01 34 16 48 30 - Fax : 01 34 16 24 19

Ile-de-France

Val-d'Oise

WY-DIT-JOLI-VILLAGE Château d'Hazeville

2 ch. **Hazeuille, la Roche Guyon.** 2 ch. dans un magnifique pigeonnier au milieu d'une ferme près du château où habitent les propriétaires. 1er étage : 1 chambre 25 m^2 en demi-cercle (2 lits 1 pers.), s.d.bains, wc, TV, bibliothèque et coin-salon. 2e étage : 1 ch. avec mezzanine sous la charpente en ombrelle du toit (1 lit 2 pers. à baldaquin), s.d.bains et wc, TV, salon, raffinement. Site classé monument historique (16e). Petit-déjeuner à la table de « Léonie d'Hazeville » dans une vaisselle qu'il a peint à la main. Possibilité de table d'hôtes. Site du Vexin dans le Parc Naturel Régional. Langues parlées : anglais, espagnol.

Prix : 1 pers. **90** € 2 pers. **110** €
Ouvert : Toute l'année.

SP	2	SP	1	1	2	15	10	10

Guy DENECK - Château d'Hazeville - Hazeville - 95420 WY-DIT-JOLI-VILLAGE - Tél. : **01 34 67 06 17** ou **01 42 88 67 00** - Fax : **01 34 67 17 82**

LANGUEDOC-ROUSSILLON

Pour réserver, écrire ou téléphoner :

11 - AUDE
GÎTES DE FRANCE - Service Réservation
78 ter, rue Barbacane
11000 CARCASSONNE
Tél. : 04 68 11 40 70 - Fax : 04 68 11 40 72

30 - GARD
GÎTES DE FRANCE - Service Réservation
3, place des Arènes - B.P. 59
30007 NÎMES Cedex 4
Tél. : 04 66 27 94 94 - Fax : 04 66 27 94 95
E-mail : contacts@gites-de-france-gard.asso.fr
www.gites-de-france-gard.asso.fr

34 - HÉRAULT
GÎTES DE FRANCE - Service Réservation
Maison du Tourisme
34184 MONTPELLIER Cedex 4
Tél. : 04 67 67 71 62 ou 04 67 67 71 83
Fax : 04 67 67 71 69
www.gites-de-france-herault.asso.fr

48 - LOZÈRE
GÎTES DE FRANCE - Service Réservation
14, bd Henri-Bourrillon - B.P. 4
48001 MENDE Cedex
Tél. : 04 66 48 48 48
Fax : 04 66 65 03 55

66 - PYRÉNÉES-ORIENTALES
SERVICE RÉSERVATION
CDT Pyrénées-Orientales
16, av. des Palmiers - B.P. 540
66005 PERPIGNAN Cedex
Tél. : 04 68 51 52 70
Fax : 04 68 51 52 79
E-mail : tourisme.roussillon.france@wanadoo.fr
www.resinfrance.com

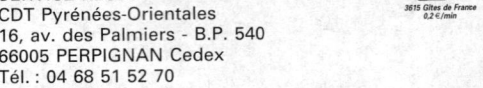

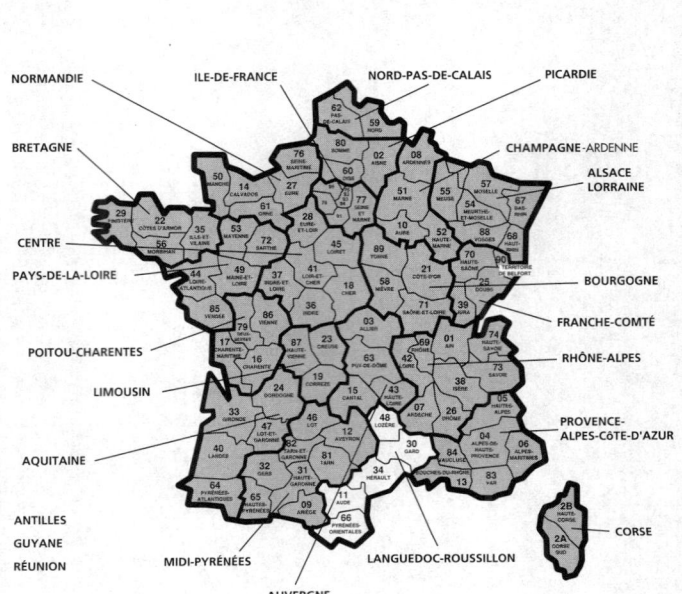

Languedoc-Roussillon

Aude

GITES DE FRANCE - Service Réservation
78 ter, rue Barbacane
11000 CARCASSONNE
Tél. 04 68 11 40 70
Fax 04 68 11 40 72
E-mail : GITESDEFRANCE.AUDE@wanadoo.fr - www.itea.fr/GDF/11

3615 Gîtes de France
0,2 €/min

ALBIERES Domaine de Boutou   Alt. : 550 m   (TH)   C.M. 86 Pli 8

5 ch. — 5 chambres d'hôtes dans la maison du propriétaire, dans un cadre de pleine nature à proximité d'un petit village des Corbières au cœur du Pays Cathare à 10 kms de Mouthoumet. Les chambres (2 pers) sont situées au 1er étage avec salle d'eau et wc privatifs. Salle commune, chauffage central. Grande terrasse, espace extérieur entretenu. Loisirs : Boucles et sentiers de randonnée pédestre, visite des sites du Pays Cathare : Château d'Arques, Termes, Peyrepertuse. Point info sur les animations au district de Mouthoumet.

Prix : 1 pers. 34 € 2 pers. 38 € 3 pers. 49 € pers. sup. 11 € repas 15 €
Ouvert : toute l'année.

65	7	7	7	7	20	4	15	70	32	10

Christian LAFARGUE - Domaine de Boutou - 11330 ALBIERES - Tél. : 04 68 70 04 05

ALET-LES-BAINS Val d'Aleht   CB

1 ch. — Chambre d'hôtes en suite pour 4 pers avec salle de bains et wc privatif non attenant à la chambre. Salle à manger donnant sur une terrasse face au parc, salon avec cheminée, télévision. Ambiance familiale. Ch. d'hôtes située à l'étage de la maison familiale de caractère au cœur du village médiéval et thermal d'Alet Les Bains. Grand parc ombragé en bord de rivière. Circuits pedestres et VTT aménagés autour du village. Location VTT sur place, restaurants à proximité. Tel prop Mme Cranmer :04 68 69 90 40 Langues parlées : espagnol, anglais.

Prix : 1 pers. 26 € 2 pers. 36 € 3 pers. 46 € pers. sup. 10 €
Ouvert : toute l'année.

100	SP	15	4	SP	SP	SP	62	1	38	SP

GITES DE FRANCE-SERVICE RESERVATION - 78 Ter, rue Barbacane - 11000 CARCASSONNE - Tél. : 04 68 11 40 70 -
Fax : 04 68 11 40 72 - E-mail : GITESDEFRANCE.AUDE@wanadoo.fr - www.itea.fr/GDF/11

ARAGON Le Château d'Aragon   CB   C.M. 83 Pli 11

5 ch. — A 12 km de Carcassonne, au sommet d'un petit village paisible, haut perché entre vignes et garrigues, le château d'Aragon dresse ses deux tours depuis le XII ème siècle. Laetitia et Rodolphe vignerons passionnés vous y accueillent et vous proposent 5 chambres de caractère équipées tout confort dont 3 au 1er étage communiquant avec le grand balcon. vue superbe. Vous ferez la découverte des produits issus de leurs vignobles (Corbières et Minervois) en contemplant l'architecture du salon et de la cour intérieure. Tel prop M Ourliac : 04 68 77 19 62. Langues parlées : anglais, espagnol.

Prix : 2 pers. 46/53 € pers. sup. 15 €
Ouvert : du 15/03 au 15/10 et les vacances scolaires hors saison.

90	SP	25	8	10	3	3	2	10	12	5

GITES DE FRANCE-SERVICE RESERVATION - 78 Ter, rue Barbacane - 11000 CARCASSONNE - Tél. : 04 68 11 40 70 -
Fax : 04 68 11 40 72 - E-mail : GITESDEFRANCE.AUDE@wanadoo.fr - www.itea.fr/GDF/11

AZILLE   CB   C.M. 83 Pli 12

4 ch. — Maison de maître au centre d'un village du Minervois avec jardin d'intérieur,4 chbres d'hôtes avec sanitaires privés dont une avec terrasse privée.1 étage : 1 chbre avec terrasse : 1 lit 2 pers, 1 chbre(3 lits 1 pers avec salon)1 ch. avec 1 lit 2 pers. Au 2° étage : 1 chb 1 lit 2 pers, avec salon, cheminée. Chauffage central, pièce commune et salon. Loisirs : Balade sur les sentiers de Pays et visite site de Minerve, baignade et randonnées équestres autour du lac de Jouarres. Randonnées près du Canal du Midi. salon de jardin et bains de soleil. Tel prop M Tenenbaum : 04 68 91 56 90. Langue parlée : anglais.

Prix : 2 pers. 50 € pers. sup. 16 €
Ouvert : toute l'année.

48	SP	3	4	3	3	3	40	18	SP

GITES DE FRANCE-SERVICE RESERVATION - 78 Ter, rue Barbacane - 11000 CARCASSONNE - Tél. : 04 68 11 40 70 -
Fax : 04 68 11 40 72 - E-mail : GITESDEFRANCE.AUDE@wanadoo.fr - www.itea.fr/GDF/11

BAGES Domaine du Pavillon   C.M. 86 Pli 9

2 ch. — 2 chambres d'hôtes sur un domaine viticole à quelques kilomètres de Narbonne, au bord de l'étang de Bages. 2 ch. (1 lit 2 pers.), salle d'eau et wc privative. Tarif réduit à partir de 3° nuit : 30 €. Domaine viticole face aux étangs de Bages la Nautique, en retrait par rapport à la RN9 et l'autoroutes situé en contre bas du domaine, 2 chambres en rez de chaussée de la maison familiale sont disponibles. LOISIRS : Balades : étangs de Bages et de Sigean. Visite de Narbonne.

Prix : 2 pers. 34 € 3 pers. 38 €
Ouvert : 15 Juin au 15 septembre

10	1	3	3	3	3	4	30	4	4

Michèle FOISSIER - Domaine du Pavillon - 11100 BAGES - Tél. : 04 68 41 13 56 - Fax : 04 68 41 13 56

Aude
Languedoc-Roussillon

BAGES Les Palombières d'Estarac
C.M. 86 Pli 10

E.C. 1 ch.

Le parc d'Estarac propose une chambre d'hôtes de grand confort dans une propriété située en bordure des étangs de Bages et de Sigean. Richement arboré, le parc de 3 ha entièrement clos (d'un mur) est situé au cœur du futur parc naturel. Une piscine de 8mx15 et un court de tennis avec éclairage sont disponibles. Parking dans la propriété. Grande chambre non fumeur avec salle de bains et wc privatifs avec dressing. Salle à manger et salon avec cheminée, télévision et hi-fi, salon lecture et jeux, véranda. Les petits-déjeuners et repas du soir pourront être servis sur la terrasse. tel prop M Penseyres et Aeby : 04-68-42-45-56. Langues parlées : anglais, allemand.

Prix : 1 pers. 66 € 2 pers. 73 € repas 15 €

🐕	≈	🎾	⛵	🦌	⛱	🏊	🚤	✈	🚉	🅿
18	SP	4	4	5	3	SP	30	4		6

GITES DE FRANCE-SERVICE RESERVATION - 78 Ter, rue Barbacane - 11000 CARCASSONNE - Tél. : 04 68 11 40 70 - Fax : 04 68 11 40 72 - E-mail : GITESDEFRANCE.AUDE@wanadoo.fr - www.itea.fr/GDF/11

BIZANET Domaine St-Jean

4 ch.

Sur la route des châteaux du Pays Cathare, ch. d'hôtes aménagées dans 1 domaine viticole au cœur des Corbières, face au Massif. La propriété, dans 1 environnement de senteurs, est située à 12 km de Narbonne et à 25 km de la mer. 4 Ch. d'hôtes dont 1 avec mezzanine pour 4 pers. (salle d'eau et wc privatifs) aménagées à l'étage d'1 dépendance du domaine. Accueil au rez de chaussée avec salon cheminée, salle à manger. Terrasse pour les petits déjeuners et jardins aménagés en harmonie avec le milieu naturel. 1 ch. pr 3 pers. avec terrasse attenante. tél prop Mr et Mme Delbourg : 04-68-45-17-31. Langue parlée : espagnol.

Prix : 2 pers. 52/62 € pers. sup. 12 €
Ouvert : toute l'année.

🐕	≈	🎾	⛵	🦌	⛱	🏊	🚤	✈	🚉	🅿
25	3	15	15	25	55	12	12	30	12	3

GITES DE FRANCE-SERVICE RESERVATION - 78 Ter, rue Barbacane - 11000 CARCASSONNE - Tél. : 04 68 11 40 70 - Fax : 04 68 11 40 72 - E-mail : GITESDEFRANCE.AUDE@wanadoo.fr - www.itea.fr/GDF/11

BIZANET La Barthe Saint-Pierre
C.M. 86 Pli 9

E.C. 3 ch.

Aux abords d'un village des Corbières à 12 kms de Narbonne, au cœur du vignoble du terroir de Frontfroide dont l'abbaye cistercienne est à 5 kms, ensemble de 3 chambres d'hôtes aménagées dans une belle maison de pays avec jardin ombragé et fleuri. Marion et Jean Malric, vignerons, vous accueilleront dans un grand séjour avec salon (cheminée). A l'étage : 3 belles chambres avec salle d'eau et wc privatifs. tel prop M et Mme Malric : 04.68.45.10.66. ou 04 68 45 17 27.

Prix : 2 pers. 46 € pers. sup. 7 €
Ouvert : toute l'année.

🐕	≈	🎾	⛵	🦌	⛱	🏊	🚤	✈	🚉	🅿
25	1	15	15	25	12	12	30	12		SP

GITES DE FRANCE-SERVICE RESERVATION - 78 Ter, rue Barbacane - 11000 CARCASSONNE - Tél. : 04 68 11 40 70 - Fax : 04 68 11 40 72 - E-mail : GITESDEFRANCE.AUDE@wanadoo.fr - www.itea.fr/GDF/11

BOUISSE Domaine des Goudis
Alt. : 650 m
C.M. 86 Pli 8

6 ch.

Ensemble de chambres d'hôtes grand confort, sur un domaine entièrement restauré, tout en vieilles pierres, en plein cœur du Pays Cathare. Face aux Pyrénées, le domaine offre aux amateurs de grand air de nombreuses activités : randonnées équestres et pédestres, piscine privée chauffée. Visite de sites du Pays Cathare et de l'élevage de chevaux. 6 chambres d'hôtes avec téléphone direct, sanitaires et wc privatifs. Salle à manger avec cheminée, salon, bibliothèque, parc, pelouse et jardin en terrasse, salle à manger d'été. Produits régionaux. Table d'hôtes : samedi, dimanche et lundi. Tel prop M/Mme Delattre : 04 68 70 02 76. Langues parlées : anglais, allemand.

Prix : 1 pers. 66 € 2 pers. 73 € 3 pers. 93 € pers. sup. 20 € repas 21 €

🐕	≈	🎾	⛵	🦌	⛱	🏊	🚤	✈	🚉	🅿
70	6	90	6	15	25	15	90	45	17	17

GITES DE FRANCE-SERVICE RESERVATION - 78 Ter, rue Barbacane - 11000 CARCASSONNE - Tél. : 04 68 11 40 70 - Fax : 04 68 11 40 72 - E-mail : GITESDEFRANCE.AUDE@wanadoo.fr - www.itea.fr/GDF/11

BOUTENAC La Bastide des Corbières
C.M. 86 Pli 9

5 ch.

5 chs d'hôtes (18 à 30 m²) situées au 1° et 2° étage de la maison des propriétaires, personnalisées au travers de son mobilier et de sa décoration avec salle de bains-wc et dressing privatif, 2 ch. avec salle d'eau-wc. A l'étage : espace lecture et jeux. Au rez de chaussée salle à manger et salon avec cheminée. Tel prop M/Mme Camel : 06 68 27 20 61. Parc arboré avec terrasse et chapiteau de réception où sont servis de mai à octobre les petits déj. et les repas. Parking. Maison de maître vigneronne au cœur des Corbières à proximité des abbayes de Lagrasse et de Fontfroide, sur la route des châteaux cathares et à 35 km de la Cité de Carcassonne.

Prix : 1 pers. 55/60 € 2 pers. 60/65 € pers. sup. 14 € repas 23 €

🐕	≈	🎾	⛵	🦌	⛱	🏊	🚤	✈	🚉	🅿
30	SP	30	6	6	3	6	6			SP

GITES DE FRANCE-SERVICE RESERVATION - 78 Ter, rue Barbacane - 11000 CARCASSONNE - Tél. : 04 68 11 40 70 - Fax : 04 68 11 40 72 - E-mail : GITESDEFRANCE.AUDE@wanadoo.fr - www.itea.fr/GDF/11

Languedoc-Roussillon

Aude

BRAM Domaine de Pigne A C.M. 82 Pli 20

2 ch. Ensemble de 2 chambres d'hôtes situées au-dessus de la Ferme-Auberge du Pigné, à 1 km du village de Bram. Les chambres sont pour 2 personnes (1 lit supplémentaire dans la chambre n°1 est possible) et disposent de sanitaires avec wc privatifs et attenants. Les petits déjeuners pourront être pris dans le patio ou dans la salle à manger de la Ferme Auberge. Un grand espace vert arboré est proposé avec mobilier de jardin. De nombreuses petites balades sont possibles autour du domaine. Les sites touristiques de Fanjeaux et Carcassonne sont tout prêts à 10 et 15 kms. Tel prop Mme Piquet : 04 68 76 10 25.

Prix : 2 pers. 37 € pers. sup. 12 € repas 21 €

100	1	25	8	7	30	1	5	20	1	1	

GITES DE FRANCE-SERVICE RESERVATION - 78 Ter, rue Barbacane - 11000 CARCASSONNE - Tél. : 04 68 11 40 70 -
Fax : 04 68 11 40 72 - E-mail : GITESDEFRANCE.AUDE@wanadoo.fr - www.itea.fr/GDF/11

BUGARACH Le Presbytère (TH) C.M. 86 Pli 7

5 ch. Ensemble de 5 chs d'hôtes non fumeur aménagées dans l'ancien presbytère de Bugarach, à 8 kms des thermes de Rennes les Bains, à 18 km du Donjon d'Arques et 10 km de Rennes le Château. La bâtisse est de caractère avec son jardin arboré sur la place de Bugarach. Nombreuses randonnées possibles au départ du village dont la fameuse ascension du pic(1230 m). Ch. avec sanitaires et wc privatifs et attenants pour 2, 3 ou 4 pers. Chauffage central. Salle à manger pour les repas en table d'hôtes sur réservation. Accueil randonneurs assuré hors saison. Taxe de séjour 0.46 €/pers. (+18 ans). Panier pique-nique 6 €.

Prix : 1 pers. 30 € 2 pers. 41 € pers. sup. 21 € repas 14 €
1/2 pens. 34 € pens. 40 €
Ouvert : toute l'année sur réservation

70	10	10	SP	10	SP	12	70	35	SP	

Monique JEANNIN - Le Presbytere - 11190 BUGARACH - Tél. : 04 68 69 82 12

CASCASTEL Domaine Grand Guilhem C.M. 86 Pli 9

4 ch. 4 chambres d'hôtes de grand confort dans une belle maison de maître vigneronne du XIXe siècle, en pierres de pays avec parc arboré en pinède avec piscine (11x5). Vue panoramique sur le château du village, la guarrigue et les vignes en coteaux. Salle à manger avec cheminée et piano, salon. Les petits déjeuners peuvent être pris dans le jardin. Les propriétaires viticulteurs vous feront découvrir les vins du Haut Fitou. 4 chambres d'hôtes de grand confort situées au 1°et 2° étage offrant toutes un coin salon, salle de bains privative, wc indépendants. Chauff.élect. Parking. Tel prop M Contrepois : 04-68-45-86-67 Langue parlée : anglais.

Prix : 1 pers. 59 € 2 pers. 65 € 3 pers. 76 € pers. sup. 11 €

25	2	25	7	SP	SP	SP	45	30	SP

GITES DE FRANCE-SERVICE RESERVATION - 78 Ter, rue Barbacane - 11000 CARCASSONNE - Tél. : 04 68 11 40 70 -
Fax : 04 68 11 40 72 - E-mail : GITESDEFRANCE.AUDE@wanadoo.fr - www.itea.fr/GDF/11

CASTANS Laviale Alt. : 650 m (TH) C.M. 83 Pli 12

5 ch. Ensemble de 5 chs d'hôtes situées dans une grande batisse au cœur d'un village du Haut Cabardès, à deux pas du gouffre de Cabrespine et du lac de Pradelles, à 1/2 heure des chaos de Lastours, de l'abbaye de Caunes, randos pédestres, VTT sur les sentiers balisés. 5 chambres d'hôtes pour 2 à 4 personnes de 2 et 3 épis. La maison comprend un espace accueil avec salle de jeux, une salle à manger avec cheminée, salon avec TV, bibliothèque donnant sur une grande terrasse ombragée où sont servis petits déjeuners et repas en été. Tel prop M Lapeyre : 04 68 26 14 18.

Prix : 1 pers. 30 € 2 pers. 37/41 € pers. sup. 12 € repas 14 €
Ouvert : Toute l'année

85	SP	40	6	5	5	21	32	32	15

GITES DE FRANCE-SERVICE RESERVATION - 78 Ter, rue Barbacane - 11000 CARCASSONNE - Tél. : 04 68 11 40 70 -
Fax : 04 68 11 40 72 - E-mail : GITESDEFRANCE.AUDE@wanadoo.fr - www.itea.fr/GDF/11

CASTANS Domaine de Fount Estremiero Alt. : 650 m (TH) C.M. 83 Pli 12

E.C. 3 ch. Au cœur de la Montagne Noire, vous gouterez au charme douillet de cette bergerie du 18e siècle dans le calme de sa chataigneraie. Toutes les chambres dominent la piscine et les forêts du Massif de Quiersboutou, de nombreuses randonnées sont possibles depuis le domaine. Suivant la saison, fruits du verger, châtaignes et champignons sont au menu de la table d'hôtes. Table d'hôtes proposée près de la cheminée ou sur la terrasse. Les chbres sont à l'étage et disposent de sanitaires et wc privatifs attenants. Espaces jeux, bibliothèque, salon musique, piscine chauffée, sauna sont proposés. Lac à 5 kms. Tel prop M et Mme Peltier : 04.68.26.17.39.

Prix : 1 pers. 41 € 2 pers. 46/50 € pers. sup. 12 € repas 17 €
1/2 pens. 38 € pens. 53 €
Ouvert : toute l'année.

90	SP	40	6	SP	5	SP	35	35	15

GITES DE FRANCE-SERVICE RESERVATION - 78 Ter, rue Barbacane - 11000 CARCASSONNE - Tél. : 04 68 11 40 70 -
Fax : 04 68 11 40 72 - E-mail : GITESDEFRANCE.AUDE@wanadoo.fr - www.itea.fr/GDF/11

CAUX-ET-SAUZENS Domaine des Castelles C.M. 83 Pli 11

3 ch. Très grandes chambres d'hôtes (environ 35 m²) dans une belle demeure située sur un ancien domaine viticole à quelques kms de la Cité Médiévale de Carcassonne et du Canal du Midi. Vous avez le choix entre la chambre « Tournesol », « Laurier rose » ou la suite « Palmier » pour 5 pers., avec vue sur le parc (1 hectare). Chacune avec salle d'eau et wc privatifs. Les petits déjeuners sont servis à la belle saison sur les terrasses du grand parc. Chauffage central. Ouvert à l'année. Langues parlées : anglais, espagnol.

Prix : 2 pers. 50/58 € pers. sup. 14 €
Ouvert : toute l'année.

77	2	10	10	10	3	7	7	7	2

Isabelle CLAYETTE - Domaine des Castelles - 11170 CAUX-ET-SAUZENS - Tél. : 04 68 72 03 60 - Fax : 04 68 72 03 60

Aude
Languedoc-Roussillon

CAVANAC
C.M. 86 Pli 7

3 ch. 3 chambres d'hôtes à l'étage d'une maison de vigneron située dans le village avec sanitaires privatifs, salle à manger, salon bibliothèque. Dépendances pour les véhicules, jardin d'agrément à 150 m. Boucles et sentiers de randonnée passant devant la maison, visite de la Cité de Carcassonne à 5 km, de l'abbaye de Saint Hilaire à 10 km. Langue parlée : anglais.

Prix : 1 pers. **24** € 2 pers. **30** € pers. sup. **9** €
Ouvert : Toute l'année.

70	SP	15	5	8	25	3	8	10	10	SP

Henri SOURNIES - 54 rue Traversiere - 11570 CAVANAC - Tél. : 04 68 79 78 38

CAZALRENOUX Saint-Estephe
C.M. 82 Pli 20

2 ch. 2 ch. d'hôtes (2 à 4 pers.) sur un domaine de la Piège, petite région au sud de Castelnaudary, à 4 kms du village (D102), sur la route de Fanjeaux-Belpech, dans la maison familiale. Domaine avec jardin et vue panoramique sur les Pyrénées. Salles d'eau privées et wc communs. Salle commune. Chauffage. Parc.

Prix : 2 pers. **34** € pers. sup. **11** € repas **11** €
Ouvert : Toute l'année sauf le mercredi.

100	6	30	2	SP	8	18	40	20	8

Joelle CHAUVEL - St-Estephe - 11270 CAZALRENOUX - Tél. : 04 68 60 51 67

CUCUGNAN L'Amandière
C.M. 86 Pli 7

2 ch. A proximité des sites du Pays Cathare de Quéribus et Peyrepertuse et aux abords du charmant petit village de Cucugnan, deux chambres d'hôtes classées 3 épis et une chambre en complément pour 2 pers. Sanitaires et WC privatifs. Site arboré avec vue imprenable et 2 terrasses sur jardin. Parking privé dans la propriété. Restaurants au village à 100 m. LOISIRS : Balades pédestres sur les sentiers du Pays Pathare et sur le site des Gorges de Galamus, visite du théâtre virtuel à Cucugnan. Fermé du 01.01 au 15.02. Langues parlées : anglais, allemand.

Prix : 2 pers. **43** € 3 pers. **56** €
Ouvert : Fermé du 01/01 au 15/02.

50	13	45	0,5	3	35	3	75	12	40	45	4

Ghislaine VERHEVEN - l'Amandiere - 3, chemin de la Chapelle - 11350 CUCUGNAN - Tél. : 04 68 45 43 42

CUCUGNAN Les Sentolines

3 ch. Au cœur du village de caractère de Cucugnan rendu célèbre par son « curé » d'Alphone Daudet, et entre les Châteaux du Pays Cathare de Quéribus et Peyrepertuse, Patrick vous accueille en chambre d'Hôtes. 3 Chambres d'hôtes avec salle d'eau et wc privatifs et attenants sont disponibles. Toutes les chambres sont équipées du chauffage. Les petits déj sont servis dans la salle commune. La batisse donne sur la rue principale qui mène au restaurant et au « petit théâtre ». De nombreuses excursions sur les sentiers et dans les gorges de Galamus sont possibles. Garage à dispo. pour vélos/motos. Tél prop M Mounie : 04 68 45 00 04.

Prix : 1 pers. **38** € 2 pers. **41** € 3 pers. **53** €
Ouvert : toute l'année.

50	8	45	5	5	35	3	14	40	45	4

GITES DE FRANCE-SERVICE RESERVATION - 78 Ter, rue Barbacane - 11000 CARCASSONNE - Tél. : 04 68 11 40 70 -
Fax : 04 68 11 40 72 - E-mail : GITESDEFRANCE.AUDE@wanadoo.fr - www.itea.fr/GDF/11

CUXAC-CABARDES Domaine du Pujol
C.M. 83 Pli 11

2 ch. A 5 kms au dessus du village de Cuxac Cabardès, le domaine de Pujol vous séduit par le charme de ces batisses de pierres de pays, situé dans un cadre de forêts. 2 chambres (sanitaires communs) situées dans la maison familiale avec un grand terrain aménagé à côté du potager. Les petits déjeuners sont pris sur la terrasse. Les repas sont une table d'hôtes sont élaborés avec les légumes du jardin accompagnés des vins du pays. Tél prop M et Mme Krippner Susstrunk : 04-68-26-68-60. Enfants de moins de 12 ans 50 % sur tout les prix. Langues parlées : anglais, allemand.

Prix : 1 pers. **35** € 2 pers. **40** € pers. sup. **11** € repas **13** €
Ouvert : Toute l'année.

90	5	8	6	5	5	25	25	5

GITES DE FRANCE-SERVICE RESERVATION - 78 Ter, rue Barbacane - 11000 CARCASSONNE - Tél. : 04 68 11 40 70 -
Fax : 04 68 11 40 72 - E-mail : GITESDEFRANCE.AUDE@wanadoo.fr - www.itea.fr/GDF/11

ESCOULOUBRE Les Bains
Alt. : 900 m
C.M. 86 Pli 16

4 ch. A proximité des stations de ski de Mijanès (10 kms), de Formiguères et des Angles (25 kms), à la limite de l'Aude, de l'Ariège et des Pyrénées Orientales, sur la route d'Axat à Font Romeu, ancien hôtel Thermal aménagé en maison familiale avec 4 chambres d'hôtes de grand confort. Les chambres sont situées au 2è et 3è étage de la bâtisse. Séjour et coin cuisine dispo. Chambres pour 2 à 4 personnes avec sanitaires et wc privatifs (non attenant pour la ch.4). Excursion aux grottes de Laguzou, au château et au musée d'Usson. Restauration possible à 5 ou 10 kms.

Prix : 1 pers. **34** € 2 pers. **38** € 3 pers. **46/53** € pers. sup. **15** €

100	25	25	25	35	SP	20	25	80	35	20

Daniel et Micheline BILOT - Maison Roquelaure - 11140 ESCOULOUBRE-LES-BAINS - Tél. : 04 68 20 47 23

Languedoc-Roussillon

Aude

ESPERAZA Les Pailhères
(TH) *C.M. 86 Pli 7*

5 ch. Vers la haute vallée de l'Aude, au cœur du Pays Cathare et à proximité du site de Rennes le Château, 4 chambres d'hôtes aménagées dans une dépendance de la maison familiale, avec sanitaires et wc privatifs donnant sur une terrasse panoramique. En contrebas des chambres, une pièce privative aux hôtes est disponible. Salle à manger et cuisine élaborée à base de produits de la ferme. Des repas peuvent être servis à l'intérieur près de la cheminée ou bien en plein air à côté du potager. Pour vos pique-nique la fermière préparera un panier de choix. Langue parlée : espagnol.

Prix : 1 pers. **32 €** 2 pers. **38 €** 3 pers. **49 €** pers. sup. **9 €** repas **14 €**

Ouvert : toute l'année.

90	3	20	2	20	10	3	40	3	60	10	3

Monique PONS - Les Pailhères - Caderonne - 11260 ESPERAZA - Tél. : 04 68 74 19 23 - Fax : 04 68 74 19 23

FABREZAN Lou Castelet
C.M. 86 Pli 9

5 ch. Cette belle maison de maître de style manoir, restaurée par un couple de Belges flamands, offre à l'étage 4 chambres d'hôtes de caractère pour 2 à 3 pers. et une belle suite pour 4 pers. avec salle d'eau ou de bains privatives. Petits déjeuners servis sur la terrasse ou dans la salle à manger authentique du XIXᵉ siècle. Tarifs hors saison, nous consulter. 2 salons avec jeux et télévision sont à la disposition des hôtes. La maison, au cœur du village natal de Charles Cros, possède une tour offrant une vue panoramique sur les vignobles environnants, avec un parc ombragé. Location à la semaine en juillet et août. Tél prop M Wouters :04 68 43 56 98. Langues parlées : hollandais, allemand.

Prix : 1 pers. **65 €** 2 pers. **70 €** 3 pers. **85/110 €** pers. sup. **5 €**

Ouvert : d'avril à septembre

40	SP	40	SP	10	40	SP	10	45	10	SP

GITES DE FRANCE-SERVICE RESERVATION - 78 Ter, rue Barbacane - 11000 CARCASSONNE - Tél. : 04 68 11 40 70 - Fax : 04 68 11 40 72 - E-mail : GITESDEFRANCE.AUDE@wanadoo.fr - www.itea.fr/GDF/11

FAJAC-EN-VAL La Mignoterie
(TH) *C.M. 86 Pli 8*

4 ch. La Corbière ne se donne pas, elle se gagne. La Mignoterie est peut-être le premier pas vers cette conquête. La légende veut qu'au début des années 70, Trénet ait composé bon nombre de chansons en ces lieux où amitié, convivialité et bien vivre à partager sont en parfaite harmonie. 4 ch. dont 1 familiale pour 4 pers équipées de sanitaires privatifs : la rose que le soleil arrose, le bleu pour les amoureux, la jaune ouverte sur la lune et la blanche pour les noces. La pièce musique, jardin et terrasse à votre dispo. Tarif hors saison 45 €. Tél prop M Mignot : 04-68-79-71-42.

Prix : 2 pers. **46/50 €** pers. sup. **15 €** repas **9 €**

Ouvert : toute l'année.

70	6	18	10	1	1	18	22	18	10	

GITES DE FRANCE-SERVICE RESERVATION - 78 Ter, rue Barbacane - 11000 CARCASSONNE - Tél. : 04 68 11 40 70 - Fax : 04 68 11 40 72 - E-mail : GITESDEFRANCE.AUDE@wanadoo.fr - www.itea.fr/GDF/11

FELINES-TERMENES
(TH) *C.M. 86 Pli 8*

3 ch. 3 Chambres d'hôtes aménagées à l'étage d'un bâtiment agricole mitoyen à la maison des propriétaires avec espaces extérieurs attenant non clos. Vous pouvez profiter des sentiers « petites vadrouilles » qui sont à proximité ou bien visiter les citadelles du Pays Cathare (Termes ou Villerouge à 4 Kms), Carcassonne et la mer sont à 1 heure de route. Trois chambres d'hôtes avec salle d'eau attenante et privative, wc en commun, situées au 1ᵉʳ étage. En rez de chaussée, salle de séjour avec cheminée. Chauffage électrique. Langue parlée : anglais.

Prix : 1 pers. **26 €** 2 pers. **30 €** repas **12 €**

Ouvert : toute l'année.

45	SP	45	30	SP	SP	4	55	35	4	

Georgette CAUQUIL HOUALET - 4, route de Davejean - L'habitarelle - 11330 FELINES-TERMENES - Tél. : 04 68 70 04 40 ou 04 68 70 04 12

FERRALS-LES-CORBIERES Le Logis de Dame Salimonde
C.M. 86 Pli 9

2 ch. Le Logis de Dame Salimonde est situé à la croisée des chemins de l'Abbaye de Fontfroide et des Châteaux Cathares au cœur des vignobles des Corbières. La maison comprenant 1 patio arboré et fleuri est décorée par Christine et son mari vigneron. Ch. aux tons pastels orangés sont en harmonie avec les terres cuites des sols et des meubles anciens restaurés et peints. Un sanitaire attenant à chaque chambre. Dans le patio méditerranéen, vous pourrez déguster les confitures du Logis et déguster un bon Corbières de Pays. Gratuit pour les enfants de -de 5 ans. Parking à proximité. Garage disponible. Tel prop M et Mme Lafitte : 0468435735. Langue parlée : espagnol.

Prix : 2 pers. **46 €** pers. sup. **15 €**

Ouvert : Toute l'année

45	SP	30	7	3	SP	3	40	7	SP	

GITES DE FRANCE-SERVICE RESERVATION - 78 Ter, rue Barbacane - 11000 CARCASSONNE - Tél. : 04 68 11 40 70 - Fax : 04 68 11 40 72 - E-mail : GITESDEFRANCE.AUDE@wanadoo.fr - www.itea.fr/GDF/11

FONTJONCOUSE La Selve
(TH) *C.M. 86 Pli 9*

3 ch. Ensemble de 3 chambres d'hôtes aménagées dans une maison de maître, dans un village typé des Corbières, à proximité immédiate de l'auberge du Vieux Puits. Un jardin attenant est disponible pour les repas en extérieur et les petits déjeuners. Des stages de peinture, gravure sur bois, de patchwork sont proposés à la demande. 1 ch. pour 2 pers. est aménagée au r.d.c avec SE et wc attenant, 2 autres chs. sont à l'étage : 1 double pour 4 pers. et wc non attenants, 1 ch. pour 2 pers. avec SE et wc. Une salle à manger est disponible en rdc salon avec télévision. Chauffage central, tél du prop Mme Raillard : 04.68.44.08.06. Langues parlées : allemand, anglais.

Prix : 1 pers. **34 €** 2 pers. **38 €** repas **15 €**

Ouvert : toute l'année.

28	15	28	18	28	5	15	55	30	5	

GITES DE FRANCE-SERVICE RESERVATION - 78 Ter, rue Barbacane - 11000 CARCASSONNE - Tél. : 04 68 11 40 70 - Fax : 04 68 11 40 72 - E-mail : GITESDEFRANCE.AUDE@wanadoo.fr - www.itea.fr/GDF/11

Aude
Languedoc-Roussillon

GAJA-LA-SELVE Saint-Sauveur
C.M. 82 Pli 19

4 ch. Chambres d'hôtes situées sur un domaine en pleine campagne entourée de bois, face au Pyrénées, lac pour pêcher le brochet et la carpe. 3 chambres à l'étage d'une dépendance du château de Saint-Sauveur avec sanitaires privés et salle commune. Séjour avec cheminée. Chauffage électrique. Piscine privée. Réservation 78 h. Fermé en juillet et août. Langue parlée : anglais.

Prix : 1 pers. **24** € 2 pers. **40** € 3 pers. **49** € repas **15** €
Ouvert : du 1er septembre au 30 juin.

	🐕	〰️	🎾	⛵	🐎	⛱️	🏊	🌀	🚂	🚉
	100	6	15	6	SP	SP	18	55	18	18

Simone GRANEL - St-Sauveur - 11270 GAJA-LA-SELVE - Tél. : 04 68 60 61 59 - Fax : 04 68 60 62 07

GINCLA
Alt. : 590 m
C.M. 86 Pli 17

5 ch. 5 chambres d'hôtes (3 en 2 épis et 2 en 3 épis) aménagées au 1er, 2e et 3 ème étage dans la maison du propriétaire avec salle d'eau privée + wc. A l'entrée du village sur la D22, à 4 km du château du Pays Cathare de Puilaurens dans la belle et calme vallée de la Boulzane. Salle commune. Chauffage. Restaurant à proximité. Cuisine équipée à disposition. Pour 2 personnes rajouter 6 € si 2 lits. Tarifs dégressif selon la durée du séjour. Langues parlées : allemand, anglais.

Prix : 1 pers. **29/35** € 2 pers. **39/45** € 3 pers. **50/56** € pers. sup. **5** €
Ouvert : toute l'année.

	🐕	〰️	🎾	⛵	🐎	⛱️	🏊	⛷️	🌀	🚂	🚉
	70	7	35	8	35	14	SP	14	25	60	25	6

Jean-Charles BRUCHET - 2, route de Boucheville - 11140 GINCLA - Tél. : 04 68 20 50 92 - Fax : 04 68 20 50 92 - www.multimania.com/bruchet

GINESTAS La Promenade

3 ch. 3 Chambres d'Hôtes de bon confort situées dans une belle maison de village avec un grand jardin attenant ombragé et une terrasse. Parking assuré dans la propriété. Un salon avec cheminée est à disposition. les petits déjeuners peuvent être servis sur la terrasse. Excursions à Minerve, au Somail ou à Narbonne conseillées. Ballades au bord du Canal. 2 chambres sont pour 2 personnes et 1 chambre pour 2 personne et un enfant, toutes disposent d'une salle d'eau avec wc privatif. L'ensemble est spacieux et peut convenir pour de longs séjours. N° prop : Mme Gauthier : 04-68-46-31-62. Langue parlée : anglais.

Prix : 1 pers. **38** € 2 pers. **46** € repas **14** €
Ouvert : toute l'année.

	🐕	〰️	🎾	⛵	🐎	⛱️	🏊	🌀	🚂	🚉
	30	SP	20	3	6	1,5	6	35	15	SP

GITES DE FRANCE-SERVICE RESERVATION - 78 Ter, rue Barbacane - 11000 CARCASSONNE - Tél. : 04 68 11 40 70 - Fax : 04 68 11 40 72 - E-mail : GITESDEFRANCE.AUDE@wanadoo.fr - www.itea.fr/GDF/11

LABECEDE-LAURAGAIS Domaine de Villemagne
C.M. 82 Pli 20

3 ch. 3 chambres d'hôtes situées dans la maison familiale dans un cadre de pleine nature. 1 ch.en 2 épis et 2 chambres en 3 épis donnent sur une belle terrasse panoramique plein sud face aux Pyrénées. Chambres avec salle d'eau et wc privatif pour 2 à 3 pers. Salon privatif aux chambres. Chauffage central. Salle à manger avec cheminée et TV. A 2 pas du GR7 et du lac de St Ferréol que l'on peut relier en 1 h 30 de marche et 1 h en VTT. Le cadre de pleine nature et la vue sur les Pyrénées sont inoubliables. Acc.équestre et pêche en rivière possible sur place. Tel prop Mme Gacquiere. Langues parlées : anglais, espagnol.

Prix : 2 pers. **38/43** € pers. sup. **11** € repas **11** €
Ouvert : Toute l'année.

	🐕	〰️	🎾	⛵	🐎	⛱️	🏊	🌀	🚂	🚉
	3	15	SP	15	15	15	40	15	15

GITES DE FRANCE-SERVICE RESERVATION - 78 Ter, rue Barbacane - 11000 CARCASSONNE - Tél. : 04 68 11 40 70 - Fax : 04 68 11 40 72 - E-mail : GITESDEFRANCE.AUDE@wanadoo.fr - www.itea.fr/GDF/11

LAGRASSE Hameau de Villemagne
C.M. 86 Pli 8

2 ch. 2 chambres d'hôtes aménagées dans une demeure de caractère avec jardin ombragé. 1 ch. 2 pers. (2 lits 1 pers.), 1 ch. composée de 2 pièces pour 4 pers. (2 lits 120. 1 lit 2 pers.), sanitaires et wc privés. Salle commune au rez-de-chaussée. Ouvert toute l'année sauf du 15 septembre au 30 octobre. Gare 28 kms. Commerces 3 kms. A 8 kms de Lagrasse, « château Villemagne » est situé à l'entrée des gorges de l'Alsou. Le propriétaire sera heureux de vous faire visiter le caveau et goûter les vins du domaine. Langues parlées : espagnol, anglais.

Prix : 1 pers. **26** € 2 pers. **34** € 3 pers. **44** € pers. sup. **11** €
Ouvert : Toute l'année sauf du 15 septembre au 30 octobre.

	🐕	〰️	🎾	⛵	🐎	⛱️	🏊	🌀	🚂	🚉
	60	8	60	25	20	0,1	20	30	27	3

Roger CARBONNEAU - Hameau de Villemagne - 11220 LAGRASSE - Tél. : 04 68 24 06 97 - Fax : 04 68 24 06 97

LAGRASSE
C.M. 86 Pli 8

E.C. 2 ch. Au cœur d'un des plus beaux villages de France, célèbre pour son abbaye et en bordure de l'Orbieu petite rivière coléreuse aux rivages rafraichissants, Nicole et Jean Hugues vous offrent l'hospitalité dans leur maison familiale. Durant votre séjour, vous serez sous le charme des voûtes du patio et de la glycine, des terres cuites et des vieilles pierres. 2 ch. avec salle d'eau et wc privatifs sont disponibles au 1er et 2e étage : 1 pour 2 pers. et l'autre au 2è pour 3 pers. Les petits déjeuners seront servis dans le patio. Des vélos sont à disposition des hôtes. Tel prop M/Mme Guillot : 04-68-43-14-54. Langues parlées : anglais, allemand.

Prix : 2 pers. **53** € pers. sup. **14** €

	🐕	〰️	🎾	⛵	🐎	⛱️	🏊	🌀	🚂	🚉
	50	SP	50	SP	SP	SP	SP	20	20	SP

GITES DE FRANCE-SERVICE RESERVATION - 78 Ter, rue Barbacane - 11000 CARCASSONNE - Tél. : 04 68 11 40 70 - Fax : 04 68 11 40 72 - E-mail : GITESDEFRANCE.AUDE@wanadoo.fr - www.itea.fr/GDF/11

Languedoc-Roussillon
Aude

LAURE-MINERVOIS Domaine du Siestou
C.M. 83 Pli 12

4 ch. — 4 Ch. non fumeur aménagées à l'étage, mitoyennes avec le propriétaire. Entrée indépendante. 3 ch pour 2 pers dont 1 avec 2 lits 1 pers. 1 chbre familiale pour 4 pers (1 lit 2 pers.-2 lits superposés 1 pers) avec SE et WC privatifs. Grde salle à manger avec coin détente, jardin ombragé en pinède clos et parking. LL dispo. Mme Dhoms : 04 68 78 30 81. Ch. de 2 à 4 pers, au milieu des vignes, Gaby et Roger vous accueillent au Domaine du Siestou. Vignerons, ils vous proposent la découverte des cépages et des terroirs ainsi qu'une initiation à la dégustation des vins du cellier Lauran Cabaret. Randonnée. TH sur réservation, sauf le mardi. Langue parlée : espagnol.

Prix : 1 pers. 38 € ⊘ 2 pers. 45 € ⊘ 3 pers. 60 € ⊘ pers. sup. 15 € ⊘ repas 14 €

Ouvert : toute l'année.

60	3	10	8	4	8	4	5	20	20	3

GITES DE FRANCE-SERVICE RESERVATION - 78 Ter, rue Barbacane - 11000 CARCASSONNE - Tél. : 04 68 11 40 70 -
Fax : 04 68 11 40 72 - E-mail : GITESDEFRANCE.AUDE@wanadoo.fr - www.itea.fr/GDF/11

LEUCATE
C.M. 86 Pli 10

3 ch. — 3 chbres d'hôtes de caractère aménagées dans la maison familiale sur l'avenue principale du village, au 1er,2 et 3e étage. 1 ch avec suite pour 4 pers avec S.d.e et wc privatifs. 2 chs pour 2 pers avec S.d.e et wc privatifs. Au R.d.c : salle à manger, séjour avec cheminée et TV, cour jardin en patio. Parking face maison. Tel prop M Vigier :04 68 40 98 55. Ch. d'hôtes situées dans un village de vignerons et de pêcheurs du littoral audois. Balades pédestres et VTT autour des étangs et sur la falaise, visite des parcs ostréicoles, base nautique de planches à voile, dégustation vins et visite de la cave de Leucate. Restaurant sur place. Langues parlées : anglais, espagnol.

Prix : 1 pers. 35 € ⊘ 2 pers. 43 € ⊘ 3 pers. 67 € ⊘ pers. sup. 12 €

Ouvert : Toute l'année.

2	SP	10	2	2	10	1	85	1	35	5	SP

GITES DE FRANCE-SERVICE RESERVATION - 78 Ter, rue Barbacane - 11000 CARCASSONNE - Tél. : 04 68 11 40 70 -
Fax : 04 68 11 40 72 - E-mail : GITESDEFRANCE.AUDE@wanadoo.fr - www.itea.fr/GDF/11

MARSEILLETTE La Fargues
C.M. 83 Pli 12

3 ch. — Chambres avec salle d'eau et wc privatifs, aménagées au 1er et 2e étage d'une maison de caractère. Salon avec bibliothèque, télévision, salle à manger, petit déjeuner dans le parc. 3 chambres d'hôtes dans une belle demeure du début du siècle avec parc attenant ombragé. Petit village du Minervois en bordure du Canal du Midi et de l'Aude. Balades en bicyclette sur les chemins de l'étang, tennis au village. Langues parlées : espagnol, anglais.

Prix : 2 pers. 46 € ⊘ pers. sup. 15 €

Ouvert : De début Avril à fin Septembre

60	5	20	20	20	1	5	17	20	5

Martine DE ROULHAC - 16 avenue de la Belle Aude - La Fargues - 11800 MARSEILLETTE - Tél. : 04 68 79 13 88 - Fax : 04 68 79 13 88

MIREPEISSET Beau Rivage
C.M. 83 Pli 13

3 ch. — Trois chambres d'hôtes aménagées dans une villa aux abords du village à proximité d'une ferme équestre, avec terrain attenant, parking, terrasse couverte, pièce commune. Chambres pour deux personnes avec sanitaires et wc privatifs. LOISIRS : Visite de la Cité de Minerve, de la Grange Cistercienne de Fontcalvy près d'Ouveillan, baignade et jeux au village sur la base de la Garenne. Balades sur les berges ombragées du Canal du Midi. Musée du chapeau et des potiers,le Somail, Amphoralis, gare touristique. Langues parlées : anglais, allemand.

Prix : 1 pers. 37 € ⊘ 2 pers. 42/45 € ⊘ pers. sup. 16 €

Ouvert : Fermé de octobre à Pâques

25	2	20	SP	1	SP	SP	15	35	15	1

Claire LEFEVRE DURAND - « Beau Rivage » - 11120 MIREPEISSET - Tél. : 04 68 46 25 07

MIREPEISSET L'Herbe Sainte
C.M. 83 Pli 13

4 ch. — 4 ch. d'hôtes aménagées au 1er étage d'1 maison de maître sur 1 domaine viticole du Minervois à 200 m du village. Trois ch. 2 personnes avec lavabos individuels, sanitaires, wc communs. Une chambre avec salle d'eau, wc privatifs pour 3 à 4 personnes. Salle à manger détente, frigidaire commun à disposition des locataires, jardin ombragé plan d'eau à proximité. LOISIRS : Visite de la Cité de Minerve, du Musée des potiers « Amphoralis à Salleles d'Aude ». Sentiers pédestres et baignade sur la base de la Garenne, mer à 25 kms, Canal du Midi à 500 m. Remise de 5 % hors saison pour un séjour de 3 jours.

Prix : 1 pers. 27 € ⊘ 2 pers. 34/37 € ⊘ 3 pers. 49 € ⊘ pers. sup. 7 €

25	2	20	1	2	1	15	35	15	1

Monique RANCOULE - l'Herbe Sainte - 11120 MIREPEISSET - Tél. : 04 68 46 31 17

MONTBRUN-DES-CORBIERES Domaine des Noyers
A
C.M. 83 Pli 13

5 ch. — 5 chambres d'hôtes dans une maison située à l'entrée du village sur D65. 3 chambres de 2 pers. avec salle d'eau particulière. Chauffage électrique. 2 chambres de 3 pers. avec salle d'eau particulière.Terrasse, cour, jardin, parking. Repas possible en Ferme-Auberge. LOISIRS : Balades sur les boucles et sentiers du Pays GR 77 et petite halte à l'église de Notre Dame du Colombier, perdue au milieu des vignes. Visite du vignoble du propriétaire et dégustation. LE PRIX DEMI-PENSION EST POUR 2 PERSONNES Langues parlées : anglais, allemand.

Prix : 1 pers. 27 € ⊘ 2 pers. 35 € ⊘ 3 pers. 44 € ⊘ repas 15/21 € ⊘ 1/2 pens. 63 €

Ouvert : De Pâques au 30 octobre.

45	SP	15	7	7	6	7	40	7	3

Thérèse GALY - Domaine des Noyers - 11700 MONTBRUN-DES-CORBIERES - Tél. : 04 68 43 94 01 - Fax : 04 68 43 94 01

Aude
Languedoc-Roussillon

MONTBRUN-DES-CORBIERES Le Petit Lion (TH) *C.M. 83 Pli 13*

2 ch. 2 chambres d'hôtes situées dans le petit village des Corbières. 1 chambres 3 pers., 1 chambre pour 4 pers. avec sanitaires individuels et chauffage. Salle à manger commune avec possibilité de repas en table d'hôtes avec des spécialités du Terroir. Terrasse, entrée indépendante.. Loisirs : balades sur les sentiers du Pays (Sentier GR77). Petite halte à l'église Notre Dame du Colombier perdue au milieu des vignes. Prix 1/2 pension pour 2 personnes.

Prix : 1 pers. 26 € 2 pers. 30 € 3 pers. 32 € repas 14 €
1/2 pens. 59 €
Ouvert : toute l'année.

45	SP	15	7	7	6	6	SP	40	7	3

Thérèse ESQUIVA - 11700 MONTBRUN-DES-CORBIERES - Tél. : 04 68 43 94 25

MONTFORT-SUR-BOULZANE Alt. : 800 m (TH) *C.M. 86 Pli 17*

4 ch. A 7 kms du château du Pays Cathare de Puilaurens, dans un petit village de la belle et calme vallée de la Boulzane dans les Pyrénées Audoises, 4 chambres d'hôtes aménagées au 1er étage de la maison familiale de Dany et Jean DAUBEZE. 2 chambres avec salle d'eau et wc privatifs, 1 chambre avec lavabo et salle d'eau non attenante. Salle à manger. Chauffage central. Repas à la demande à la table familiale. LOISIRS : petites randonnées sur les sentiers et boucles du pays et sites du Pays Cathare à proximité.

Prix : 2 pers. 24/27 € 3 pers. 30/32 € repas 12 €
Ouvert : toute l'année.

70	SP	30	7	30	15	SP	30	27	80	27	SP

Jean DAUBEZE - 11140 MONTFORT-SUR-BOULZANE - Tél. : 04 68 20 62 56

MONTMAUR (TH) *C.M. 82 Pli 19*

2 ch. 2 Chambre d'hôtes de caractère, avec douche et wc privatif attenant, aménagée sur un domaine en pleine campagne Lauragaise, à l'ouest de Castelnaudary. Environnement paisible, parc, près avec chevaux et sentier botanique. Grand salon avec bibliothèque et TV vidéo. LOISIRS : Randonnées pédestres sur les sentiers et boucles du pays. Nombreuses excursions. Exposition permanente de patchwork et aratoires. Abri avec jeux, VTT et bicyclettes mises gratuitement à disposition.M et Mme Vanderzeypen Tél prop : 04.68.60.00.40 Langues parlées : anglais, allemand.

Prix : 1 pers. 35/38 € 2 pers. 43/46 € 3 pers. 61 € repas 18 €
Ouvert : OUVERT TOUTE L'ANNEE

100	4	10	10	SP	10	4	60	17	35	6	12

GITES DE FRANCE-SERVICE RESERVATION - 78 Ter, rue Barbacane - 11000 CARCASSONNE - Tél. : 04 68 11 40 70 -
Fax : 04 68 11 40 72 - E-mail : GITESDEFRANCE.AUDE@wanadoo.fr - www.itea.fr/GDF/11

MONTOLIEU Le Bousquet *C.M. 83 Pli 11*

2 ch. 2 chambres (1 lit 2 pers. 2 lits 1 pers.) avec sanitaires indépendants, aménagées au 1er étage d'une maison neuve aux abords du village. WC communs. Une des chambres dispose d'une terrasse plein sud. Pièce d'accueil au rez-de-chaussée. Chauffage. Chambres d'hôtes sur une propriété aux abords du « village du livre » de Montolieu, sur la route de Saissac et des plans d'eaux du Cabardès.

Prix : 2 pers. 34 €
Ouvert : toute l'année.

90	3	15	10	15	1	3	20	18	1

Gilles BOYER - Le Bousquet - 11170 MONTOLIEU - Tél. : 04 68 24 84 58

MONTOLIEU Le Bousquet *C.M. 83 Pli 11*

1 ch. Chambre d'hôtes d'accès indépendant, de plain-pied, donnant sur une terrasse couverte avec salon de jardin et bains de soleil, face au grand jardin bien ensoleillé de la propriété. Aux abords du village du Livre de Montolieu. Promenade pédestre sur les boucles de Pays du Cabardès. Tel prop M/Mme Agasse : 04 68 24 84 88. Chbre pour 2 pers avec sanitaires attenants et privatifs (salle d'eau et wc indépendants). Chauffage central, petite pièce de séjour privative (TV) attenante donnant sur la terrasse. Les petits déjeuners seront pris au choix sur les différentes terrasses de la maison selon les saisons. Langue parlée : espagnol.

Prix : 2 pers. 40 € pers. sup. 9 €
Ouvert : Toute l'année

85	3	15	10	15	1	3	17	17	0,8

GITES DE FRANCE-SERVICE RESERVATION - 78 Ter, rue Barbacane - 11000 CARCASSONNE - Tél. : 04 68 11 40 70 -
Fax : 04 68 11 40 72 - E-mail : GITESDEFRANCE.AUDE@wanadoo.fr - www.itea.fr/GDF/11

MONTOLIEU Hameau de Franc *C.M. 83 Pli 11*

2 ch. Chambres d'hôtes situées dans 1 belle maison de caractère orientée plein sud sur 1 domaine arboré à 3 kms du village du livre de Montolieu. Boucles de randonnée et VTT sur place. Grande terrasse avec mobilier de jardin pour profiter du climat de la région. Ensemble de 2 ch. de 2 pers. aménagées à l'étage de la maison familiale avec sanitaires et wc privatifs aux ch. Au rez de chaussée, une salle de séjour avec cheminée est à votre disposition. Langue parlée : italien.

Prix : 2 pers. 35 € pers. sup. 8 €
Ouvert : d'avril à mi octobre.

90	3	15	3	55	3	100	3	25	25	3

Monique BURTET - Hameau de Franc - La Grange - 11170 MONTOLIEU - Tél. : 04 68 24 86 33

Languedoc-Roussillon
Aude

MOUX Relais de L'Alaric
(TH) C.M. 86 Pli 8

5 ch. 5 Chambres d'hôtes à l'étage de la maison familiale aux abords du village, avec wc et salle d'eau et 1 avec salle de bains privative, table d'hôtes avec salle d'accueil (télévision), bibliothèque, grande cheminée. Loisirs : Visites et dégustations des vins des Corbières chez les propriétaires. Initiation à l'aeronautique. Promenades aériennes. VTT à disposition. Nuisances possibles : voie ferrée à 100 m. Tel prop M Sarda : 04 68 43 97 68. Langues parlées : anglais, espagnol.

Prix : 1 pers. 34 € 2 pers. 43 € 3 pers. 58 € pers. sup. 15 € repas 14 €

Ouvert : Fermeture du 1er janvier au 1er mars.

42	12	20	8	20	5	5	30	12	1

GITES DE FRANCE-SERVICE RESERVATION - 78 Ter, rue Barbacane - 11000 CARCASSONNE - Tél. : 04 68 11 40 70 - Fax : 04 68 11 40 72 - E-mail : GITESDEFRANCE.AUDE@wanadoo.fr - www.itea.fr/GDF/11

NARBONNE
(TH) C.M. 83 Pli 14

5 ch. 5 chambres d'hôtes aménagées dans une maison récente, indépendante. 3 ch. (3 épis) avec sanitaires individuels. 2 ch. (2 épis) avec salle d'eau privée, wc communs. A proximité de Narbonne, en direction de Coursan RN 9, structure aménagée dans la maison familiale pouvant être le point de départ de journées découvertes (culturelle et historique) ou de journées de détente sur « l'Espace Liberté », bases de loisirs de Narbonne, en bord de mer. Langue parlée : espagnol.

Prix : 2 pers. 38 € pers. sup. 11 € repas 14 €

Ouvert : Toute l'année.

15	2	15	15	15	SP	5	25	2	2

Jérôme BALESTA - Chemin Bas Razimbaud - 11100 NARBONNE - Tél. : 04 68 32 52 00

NARBONNE Domaine de Jonquières
C.M. 86 Pli 9

4 ch. 4 chambres d'hôtes de grand confort avec salle de bains, wc indépendants et privatifs, dressing. Salon commun avec cheminée, Bibliothèque et télévision. Aménagées dans une maison de maître languedocienne sur un domaine viticole des environs de Narbonne à 20 kms de la plage. Tennis et sauna sur place. Tél prop SA Vignerons de la Mediterranée : 04-68-42-85-00.

Prix : 2 pers. 60 € pers. sup. 15 €

20	SP	5	5	5	5	5	25	10	5

GITES DE FRANCE-SERVICE RESERVATION - 78 Ter, rue Barbacane - 11000 CARCASSONNE - Tél. : 04 68 11 40 70 - Fax : 04 68 11 40 72 - E-mail : GITESDEFRANCE.AUDE@wanadoo.fr - www.itea.fr/GDF/11

NEBIAS L'Assaladou
Alt. : 600 m (TH) C.M. 86 Pli 6

3 ch. 3 Chambres avec salle d'eau et wc privatifs, situées à l'étage d'une dépendance mitoyenne à la maison du propriétaire, salle à manger avec cheminée, espace extérieur ombragé. 1 chambre 2 personnes, 1 chambre 3 personnes, 1 chambre pour 4. Chauffage électrique, repas en table d'hôtes. Domaine d'élevage équestre situé à 500 mètres de Nébias sur le sentier Cathare et le GR 7. Lac privé ombragé à 1 km pour la pratique de la pêche. Accueil de randonneurs équestres assuré. Tel prop M Painco : 04 68 20 80 89. Langues parlées : anglais, espagnol.

Prix : 1 pers. 27 € 2 pers. 37 € pers. sup. 9 € repas 13 €

Ouvert : Toute l'année sur réservation

85	1	10	0,5	10	10	1	30	10	65	10	1

GITES DE FRANCE-SERVICE RESERVATION - 78 Ter, rue Barbacane - 11000 CARCASSONNE - Tél. : 04 68 11 40 70 - Fax : 04 68 11 40 72 - E-mail : GITESDEFRANCE.AUDE@wanadoo.fr - www.itea.fr/GDF/11

OUVEILLAN Grangette Haute
(TH) C.M. 83 Pli 13

4 ch. Chambres d'Hôtes aménagées dans une maison languedocienne entièrement rénovée, située en pleine campagne à 2 km du village, proche du Canal du Midi, de Minerve (site cathare) et des plages. Sur l'arrière de la maison, un parc en pelouse avec des pins parasols à la végétation luxuriante prédomine. Pour les vacanciers recherchant le calme et l'imprenable sur le village d'ouveillan, vous est réservé. 4 chambres avec sanitaires (salle d'eau ou salle de bains) privatifs attenants situées : une au Rch et 3 au 1er étage. Salon et bibliothèque à disposition. Table d'Hôtes sur réservation. Tarifs dégressifs pour séjour prolongé. Mme Renoux Meyer : 04 68 46 86 24. Langues parlées : anglais, allemand.

Prix : 1 pers. 43 € 2 pers. 52/58 € 3 pers. 73 € pers. sup. 15 € repas 18 €

Ouvert : toute l'année.

30	2	30	SP	30	2	20	2	30	20	2

GITES DE FRANCE-SERVICE RESERVATION - 78 Ter, rue Barbacane - 11000 CARCASSONNE - Tél. : 04 68 11 40 70 - Fax : 04 68 11 40 72 - E-mail : GITESDEFRANCE.AUDE@wanadoo.fr - www.itea.fr/GDF/11

OUVEILLAN
(TH) C.M. 83 Pli 13

E.C. 2 ch. Ensemble de deux chambres d'hôtes situées à l'étage de la maison familiale. La maison donne sur un grand jardin arboré clos avec terrasse où pourront être servis les petits-déjeuners et les repas. Le village est situé à 20 kms de la mer et à deux pas du Canal du Midi ou de la ferme de Foncalvy où sont proposés des animations culturelles tout l'été. Les 2 chs sont équipées d'1 salle d'eau et d'1 wc indépendant privatif. La 1ère ch est pour 2 pers, la 2e (familiale) peut accueillir 2 à 4 pers. Les repas à la table d'hôtes vous permettront de découvrir la cuisine locale en harmonie avec les vins de pays. tel prop M/Mme Canderle :04.68.46.97.55. Langue parlée : anglais.

Prix : 2 pers. 46/61 € pers. sup. 12 € repas 15 €

20	0,3	20	2	5	5	130	15	20	15	SP

GITES DE FRANCE-SERVICE RESERVATION - 78 Ter, rue Barbacane - 11000 CARCASSONNE - Tél. : 04 68 11 40 70 - Fax : 04 68 11 40 72 - E-mail : GITESDEFRANCE.AUDE@wanadoo.fr - www.itea.fr/GDF/11

Aude
Languedoc-Roussillon

PADERN
C.M. 86 Pli 8

4 ch.
Au pied du château de Padern et sur la route des châteaux cathares de Peyrepertuse et Quéribus, chez les vignerons du Domaine du Grand Arc, 4 chambres d'hôtes aménagées au 1er et 2e étage dans une bâtisse indépendante proche de la maison des propriétaires. 4 chambres pour 2 personnes avec sanitaires et wc privatifs, séjour, salle commune en mezzanine avec cheminée. LOISIRS : Randonnées pédestres et équestres sur les sentiers balisés du pays, baignade dans les Gorges du Verdouble. Visite des caves et dégustation de vins d'appellation et vins doux naturel. Aéroport à 50 km.
Langue parlée : anglais.

Prix : 1 pers. 28 € 2 pers. 36 € pers. sup. 8 €
Ouvert : Fermé du 5 septembre au 15 octobre.

	〰️	🎾	⛵	🏇	⛱️	🛶	🎿	🏄	⛳	🚉	✈️
	50	8	50	8	SP	35	SP	80	8	50	SP

Bruno et Fabienne SCHENCK - Rue Tranquille - La Fleurine - 11350 PADERN - Tél. : 04 68 45 01 03 ou 04 68 45 04 16 -
Fax : 04 68 45 01 03 - E-mail : info@grand-arc.com - www.grand-arc.com

PALAIRAC Les Ginestous
C.M. 86 Pli 8

3 ch.
Chambres d'hôtes situées dans une bâtisse de caractère d'un village des Hautes Corbières à côté de la fontaine communale. Loin de toute agitation, à une demi-heure des châteaux du Pays Cathare, de nombreuses balades sont possibles. La Méditerranée est à 1 h de route. La maison comprend 3 niveaux : rez de chaussée : coin toilette, salle à manger avec coin cuisine. Au 1er étage : 3 chambres dont une en suite pour 4 pers., 2 ch. pour 2 pers. avec sanitaires et wc privatifs. Au 2e dominant les toits du village une grande terrasse solarium avec un séjour pour les petits déjeuners. Bibliothèque à disposition. Tel prop M Lacaze : 04 68 45 01 24. Langues parlées : anglais, espagnol.

Prix : 1 pers. 34 € 2 pers. 44 € pers. sup. 19 € repas 15 €
Ouvert : De Pâques à Noël

	〰️	🎾	⛵	🏇	⛱️	🛶	🎿	🏄	⛳	🚉	✈️
	55	12	55	12	12	10	12	40	45	12	

GITES DE FRANCE-SERVICE RESERVATION - 78 Ter, rue Barbacane - 11000 CARCASSONNE - Tél. : 04 68 11 40 72 -
Fax : 04 68 11 40 72 - E-mail : GITESDEFRANCE.AUDE@wanadoo.fr - www.itea.fr/GDF/11

PENNAUTIER Château de Liet
C.M. 83 Pli 11

6 ch.
A 5 kms de Carcassonne, ensemble de 6 ch. d'hôtes de caractère avec sanitaires privatifs aménagées dans 1 château du 19e siècle au cœur d'1 parc boisé de 7 ha. 3 ch. sont des suites pour 3 à 4 pers., les autres pour 2 pers. 2 chs et 2 suites bénéficient d'1 vue imprenable sur le parc et la piscine. 1 des ch. et 1 suite disposent d'1 terrasse privative. Toutes les chambres sont également équipées d'un mini-bar. Le petit déjeuner sera servi dans la salle à manger d'époque. Le parc et la piscine privée sont réservés uniquement à la clientèle du domaine. Ping pong à disposition dans le parc. Langues parlées : anglais, espagnol.

Prix : 2 pers. 46/61 € 3 pers. 84/91 € pers. sup. 15 €
Ouvert : Sur réservation.

	〰️	🎾	⛵	🏇	⛱️	🛶	🎿	🏄	⛳	🚉	✈️
	80	2	20	6	SP	80	3	100	SP	5	1

Claude MEYNIER - Sarl le Liet - Château le Liet - 11610 PENNAUTIER - Tél. : 04 68 11 19 19 - Fax : 04 68 47 05 22

PEYREFITTE-DU-RAZES Domaine de Couchet
C.M. 86 Pli 6

4 ch.
4 chambres d'hôtes aménagées dans une très belle maison de maître du XVIIIe, dans un cadre de pleine nature soigné et fleuri. Salle d'eau et wc privés pour chaque chambre. Bibliothèque et salon accessibles aux hôtes. Hors Saison réservation possible minimum 3 jours sur réservation. LOISIRS : balades sur les boucles et sentiers balisés du pays. Baignade et pêche autour du lac de Montbel, et visite de la vieille ville de Mirepoix. Réduction de 10 % pour tous séjour supérieur à 3 nuits. Langue parlée : anglais.

Prix : 1 pers. 46 € 2 pers. 27/53 € 3 pers. 61 € pers. sup. 15 € repas 20 €
Ouvert : Oouvert toute l'année.

	〰️	🎾	⛵	🏇	⛱️	🛶	🎿	🏄	⛳	🚉	✈️
	90	19	15	8	15	25	10	50	14	50	19	10

Jean-Pierre ROPERS - Domaine de Couchet - 11230 PEYREFITTE-DU-RAZES - Tél. : 04 68 69 55 06 - Fax : 04 68 69 55 06 -
E-mail : jeanpierre.ropers@fnac.com

PEYRIAC-DE-MER
C.M. 86 Pli 9

E.C. 3 ch.
3 chambres d'hôtes dans la maison familiale sur les hauteurs d'un village typique au milieu d'un grand parc arboré et tranquille. Parking. Sanitaires privatifs, chauffage électrique. Accès indépendant. Les petits déjeuners sont servis dans la salle d'accueil et de lecture ou en terrasse. Frigo et micro-ondes à disposition. Taxe séjour incluse. Le site de Peyriac/mer est exceptionnel : c'est un territoire protégé véritable paradis pour la flore et les oiseaux (flamants roses) en bord d'étang et d'anciennes salines à visiter par un sentier sur pilotis. Caveaux A.O.C Corbières au village. Tarifs basse-saison : 42/47 €/2 pers. Langues parlées : espagnol, anglais.

Prix : 1 pers. 42/47 € 2 pers. 45/50 €
Ouvert : toute l'année.

	〰️	🎾	⛵	🏇	⛱️	🛶	🎿	🏄	⛳	🚉	✈️
	14	0,5	1	6	1,5	1	10	30	10	SP	

Jean BLAZY - 26, rue du Moulin - 11440 PEYRIAC-DE-MER - Tél. : 04 68 41 23 78 - E-mail : jean.blazy@wanadoo.fr

Languedoc-Roussillon
Aude

PEYRIAC-DE-MER L'Oustal Nau (TH)
C.M. 86 Pli 9

3 ch. Ensemble de 3 chambres d'hôtes de caractère aménagées dans la maison d'une famille de pêcheurs sur un domaine à 3 kms du village, au cœur des vignobles de l'appellation Rocbère en Corbières. Gérard vous proposera de l'accompagner sur les étangs pour relever les filets et rentrer le poisson que vous dégusterez à la table de Florence. Des vélos sont à disp. pour découvrir la faune et la flore du futur Parc Naturel. Les chs sont avec sanitaires et wc privatifs. Elles communiquent avec un patio couvert et une salle de séjour réservée aux hôtes. Tarifs basse saison : 42 €/2 pers. Tel prop M et Mme Barbouteau : 04-68-41-69-76.

Prix : 2 pers. **49/69** € 3 pers. **59** € pers. sup. **9** € repas **14** €
Ouvert : toute l'année.

16	4	3	3	4	3	3	13	30	15	3

GITES DE FRANCE-SERVICE RESERVATION - 78 Ter, rue Barbacane - 11000 CARCASSONNE - Tél. : 04 68 11 40 70 - Fax : 04 68 11 40 72 - E-mail : GITESDEFRANCE.AUDE@wanadoo.fr - www.itea.fr/GDF/11

PORTEL-DES-CORBIERES La Terrienne (TH)
C.M. 86 Pli 9

2 ch. 2 chambres d'hôtes situées au premier étage de la maison des propriétaires avec sanitaires privés pour chaque chambre. Terrasse et piscine. Table d'hôtes familiale et conviviale autour des propriétaires vignerons qui vous feront découvrir leur région autour de leur activité principale. La maison est située dans 1 village des Corbières Maritimes à 15 minutes de la mer et 7 minutes des étangs. Visite du site de Notre Dame des Oubiels, de la réserve africaine de Sigean, balades sur les sentiers du pays et visite des caves de vieillissement Terra Vinea.

Prix : 2 pers. **34** € repas **11** € 1/2 pens. **12** €
Ouvert : Toute l'année.

15	1	7	4	7	60	10	SP	35	15	SP

Jacky MOMBELLET - 21, rue quartier Neuf - La Terrienne - 11490 PORTEL-DES-CORBIERES - Tél. : 04 68 48 36 20

PORTEL-DES-CORBIERES Les Campets [CB]

E.C. 3 ch. Myriam et Jacques vous accueillent dans leur maison de caractère située dans un petit hameau de Corbières Maritimes au milieu des vignes. Vous pourrez visiter les abbayes et les châteaux du Pays Cathares, parcourir les sentiers du patrimoine naturel. 3 chambres d'hôtes de grand confort avec une décoration originale et un patio de style mauresque agrémenteront votre séjour. La grande terrasse bien ensoleillée et fleurie, vous permettra de découvrir les senteurs de la pinède jouxtant la structure. tel prop M/Mme Pasternak : 04-68-48-89-79. Langue parlée : anglais.

Prix : 2 pers. **53/64** € pers. sup. **12** €

15	3	5	3	0,5	0,5	95	8	30	18	3

GITES DE FRANCE-SERVICE RESERVATION - 78 Ter, rue Barbacane - 11000 CARCASSONNE - Tél. : 04 68 11 40 70 - Fax : 04 68 11 40 72 - E-mail : GITESDEFRANCE.AUDE@wanadoo.fr - www.itea.fr/GDF/11

POUZOLS-MINERVOIS Les Auberges (TH)
C.M. 83 Pli 13

3 ch. 3 chambres d'hôtes aménagées à l'étage de la maison familiale du propriétaire avec sanitaires et wc privatifs, situées sur un domaine en bordure de la D 5 (de Carcassonne à Béziers), au cœur du vignoble du Minervois. Structure d'accueil comprenant 3 chambres d'hôtes, 2 gîtes ruraux et un camping. Repas en Table d'Hôtes sur réservation. Loisirs : Sur place 3 circuits VTT (20-10-5 kms), vous profiterez également de la piscine sur place dans le cadre d'un camping 1 étoile de 19 places et de nombreuses promenades pédestres. 5 % de Réduction au delà de 5 jours.

Prix : 2 pers. **27** € pers. sup. **6** € repas **11** € 1/2 pens. **50** €
Ouvert : Toute l'année.

35	1	15	6	SP	6	SP	40	22	1

Véronique PRADAL - 6, les Auberges - 11120 POUZOLS-MINERVOIS - Tél. : 04 68 46 26 50 ou 04 68 46 13 87

POUZOLS-MINERVOIS Creva Tinas (TH) [CB]

4 ch. 4 ch. d'hôtes de charme situées dans 1 bâtisse de caractère d'1 domaine viticole du Minervois, au cœur des vignes et des pinèdes à 300 m du joli village de Pouzols. Anne, viticultrice vous accueille et vous fera découvrir ses passions : la vigne et le vin. Boucles de randonnée à pieds et à VTT balisées au départ du domaine. Tel prop Mme Chardonnet : 04 68 46 38 69. Canal du midi et pêche à la truite (4 km), Minerve (15 km) lac de Jouarres (8 km). 4 chbres d'hôtes de charme pour 2 pers. mitoyennes à un gîte rural situées dans la maison familiale avec sde et wc privatifs, salle à manger, salon bibliothèque. Chauf central. Le petit déj. peut être servi dehors. Langues parlées : anglais, allemand.

Prix : 1 pers. **41/43** € 2 pers. **44/46** € pers. sup. **13** € repas **14** €
Ouvert : toute l'année.

35	SP	35	6	2	6	2	40	15	SP

GITES DE FRANCE-SERVICE RESERVATION - 78 Ter, rue Barbacane - 11000 CARCASSONNE - Tél. : 04 68 11 40 70 - Fax : 04 68 11 40 72 - E-mail : GITESDEFRANCE.AUDE@wanadoo.fr - www.itea.fr/GDF/11

PRAT-DE-CEST
C.M. 86 Pli 9

5 ch. 5 chambres d'hôtes aménagées au 1er étage de la maison familiale. 2 ch. 4 pers., 1 ch. pour 3 pers. 2 ch. 2 pers. avec douches privées. Restaurant à proximité. Animaux admis avec accord préalable du propriétaire. Jardin avec table pour pique-niquer. Chambres d'hôtes situées dans une maison en bordure de la RN 9, dans le village de Prat de Cest à quelques kilomètres de la mer et des étangs.

Prix : 1 pers. **23** € 2 pers. **30/34** € 3 pers. **38** € pers. sup. **7** €
Ouvert : Toute l'année.

18	4	4	4	8	3	7	35	10	10

Martine BOU - Les Vacquiers - 11100 PRAT-DE-CEST - Tél. : 04 68 41 58 36 - Fax : 04 68 41 58 36

Aude
Languedoc-Roussillon

PRAT-DE-CEST Domaine d'Estarac
C.M. 86 Pli 9

5 ch. 5 chambres d'hôtes situées dans la maison familiale, au cœur d'un environnement maritime protégé. 1 ch. 2 pers.- 1 ch. 4 pers. en suite, 3 ch. pour 3 pers. avec salles d'eau particulières. Chauffage central. Jardin, abri voiture, parking. Pêche. Forêt. Patinoire 8 kms. Restaurant 2 kms. Bowling à 8 kms. Chambres aménagées dans une maison bourgeoise rurale du XIXe siècle sur un domaine en bordure des étangs de Bages et de Sigean. Une galerie d'art et une brocante sont situées sur le site, mais bien séparées. Langues parlées : anglais, hollandais.

Prix : 1 pers. 31 € 2 pers. 40 € 3 pers. 55 €
Ouvert : Toute l'année sauf Noël et jour de l'An.

18	4	4	10	5	3	10	35	10	2

Alexandre VAN DER ELST - Domaine d'Estarac - 11100 PRAT-DE-CEST - Tél. : 04 68 41 57 31

RAISSAC-D'AUDE La Cicindelle

4 ch. Entre Narbonnais et Corbières, à 5 mn du Canal du Midi, 4 chambres d'hôtes avec sanitaires privatifs. Séjour avec cheminée, chauffage central. Prix spécial hors saison suivant durée. Les propriétaires sont passionnés d'entomologie et de paléontologie, leur collection est remarquable. Chambres d'Hôtes situées au cœur du village très calme, aménagées au 1er étage d'une maison familiale de caractère (18è s.) avec cour en devant de porte aménagée pour les petits déjeuners. Langues parlées : anglais, espagnol.

Prix : 1 pers. 34 € 2 pers. 40 € 3 pers. 51 € pers. sup. 15 €
Ouvert : de Pâques à fin septembre.

30	2	30	15	15	1	15	35	15	2

Laureen TILLIER - 4, rue des Pacaniers - 11200 RAISSAC-D'AUDE - Tél. : 04 68 43 80 95

LA REDORTE La Marelle
(TH) — *C.M. 83 Pli 12*

E.C. 5 ch. Au cœur du village de La Redorte en Minervois, en écart de la route de Carcassonne à Béziers, vous serez accueillis chez René et Nicole et leurs enfants dans l'ancienne école du village entièrement rénovée devenue leur maison. La bâtisse est spacieuse et a conservé son charme d'antan. Ensemble de 5 ch. d'hôtes dont 1 familiale pour 4 pers. 4 avec salle d'eau et wc privatifs attenants et 1 ch. avec salle de bains et wc. Les petits déjeuners peuvent être servis sur la terrasse ou dans le patio. Le soir, vous pourrez partager la table d'hôtes.tel prop M/Mme Bascou :04-68-91-59-30. Langues parlées : anglais, espagnol.

Prix : 2 pers. 46 € pers. sup. 15 € repas 15 €

50	SP	8	8	8	1	8	15	15	SP

GITES DE FRANCE-SERVICE RESERVATION - 78 Ter, rue Barbacane - 11000 CARCASSONNE - Tél. : 04 68 11 40 70 -
Fax : 04 68 11 40 72 - E-mail : GITESDEFRANCE.AUDE@wanadoo.fr - www.itea.fr/GDF/11

ROQUETAILLADE Maison de Léoncie
(TH) — *C.M. 86 Pli 7*

4 ch. La Maison de Léoncie dispose de 4 ch. au 1er et 2e étage : 2 ch. avec salle d'eau et wc attenants privatifs, 2 ch. avec salle d'eau attenante et wc à l'extérieur privatifs. Ch. pour 2 à 3 pers avec chauf. élec. Une salle à manger, un coin salon avec four à pain, cheminée ainsi qu'une bibliothèque avec ouvrages spécialisés et documents sur le Pays Cathare. Ch. d'hôtes au cœur d'1 village où l'on taille avec le même savoir faire la vigne et la pierre « Roquetaillade ». Le village et son château du XIè s. dominent le vignoble de la blanquette où d'admirables points de vue s'offrent à vous.Table d'Hôtes sur résa. Tel prop M/Mme Blondel :04 68 31 58 54. Langue parlée : anglais.

Prix : 1 pers. 30 € 2 pers. 43/46 € pers. sup. 7 € repas 15 €
Ouvert : toute l'année.

60	8	15	20	15	10	50	10	40	10

GITES DE FRANCE-SERVICE RESERVATION - 78 Ter, rue Barbacane - 11000 CARCASSONNE - Tél. : 04 68 11 40 70 -
Fax : 04 68 11 40 72 - E-mail : GITESDEFRANCE.AUDE@wanadoo.fr - www.itea.fr/GDF/11

SAISSAC L'Albejot
Alt. : 600 m (TH) — *C.M. 83 Pli 11*

5 ch. 5 chambres d'hôtes de 2 à 4 pers., dans la maison du propriétaire, dont 3 avec salle d'eau commune et 2 avec entrée indépendante salle de bains et wc privatifs. Salle commune avec cheminée. Balades équestres sur place et autour du lac avec moniteur agréé Jeunesse et Sports. Sur une ferme d'élevage des environs de Saissac (D408), à proximité du plan d'eau du Lampy, dans un cadre de prairies et de forêts. Langues parlées : espagnol, anglais.

Prix : 1 pers. 18/23 € 2 pers. 27/37 € 3 pers. 38 € pers. sup. 7/9 € repas 12 € 1/2 pens. 29/34 €
Ouvert : Toute l'année

100	3	2	SP	2	2	3	23	23	2

André ARREDONDO - l'Albejot - 11310 SAISSAC - Tél. : 04 68 24 44 03

SAISSAC Le Lampy Neuf
Alt. : 650 m (TH) — *C.M. 83 Pli 11*

4 ch. 4 Chambres d'hôtes dont une double, aménagées dans une maison de maître du XIX ème siècle, au cœur de l'arboretum du Lampy, parc centenaire et au bord du lac et des rigoles du Canal du Midi. Organisation de séjours à thème à la demande, parcours des fables de La Fontaine. 4 chambres d'hôtes avec sanitaires privatifs attenants aménagées à l'étage de cette belle maison. Une grande salle à manger vous accueillera pour les petits déjeuners et les repas en table d'hôtes. Salon et bibliothèque. Langues parlées : espagnol, anglais.

Prix : 2 pers. 30/53 € pers. sup. 15 € repas 18 €
Ouvert : toute l'année

110	5	SP	5	SP	50	SP	100	10	30	25	5

Claude BOUDET - Le Lampy Neuf - 11310 SAISSAC - Tél. : 04 68 24 46 07

Languedoc-Roussillon — Aude

SAISSAC Castel de Bataille (TH) — C.M. 83 Pli 11

4 ch. Chambres d'Hôtes situées dans une maison de maître du début du siècle à mi-chemin de Saissac et de Montolieu au cœur d'un pays d'élevage et de prairies. Attenante à la maison, un petit parc de 3 ha traversé par un ruisseau. Randonnées pédestres et VTT possibles. 4 chambres avec sanitaires privatifs au 1er et 2e étage, dont 1 ch.familiale de 4 pers. Les chambres donnent sur le parc. Les petits déjeuners et les repas seront proposés en terrasse selon la saison. Les produits servis sont issus du potager et des fermes environnantes. Tarif hors saison : Tel prop Mr Halley : 04-68-24-45-26 Langues parlées : anglais, espagnol.

Prix : 2 pers. **46 €** 3 pers. **61 €** pers. sup. **11 €** repas **14 €**
Ouvert : toute l'année.

🐕	〰	🎾	⛵	🏃	⛱	⛷	🏊	🌬	🚂	⚓
	100	6	22	15	SP	40	10	100	10	20	20	5

GITES DE FRANCE-SERVICE RESERVATION - 78 Ter, rue Barbacane - 11000 CARCASSONNE - Tél. : 04 68 11 40 70 - Fax : 04 68 11 40 72 - E-mail : GITESDEFRANCE.AUDE@wanadoo.fr - www.itea.fr/GDF/11

SALLELES-D'AUDE (TH) — C.M. 83 Pli 14

E.C. 5 ch. Ensemble de 5 ch. d'hôtes aménagées dans 1 maison de maître d'1 village de vignerons situées à 12 kms de Narbonne. La maison borde le Canal de jonction entre le Canal du Midi et le Canal de la Robine. A la sortie du village, le site archéologique Amphoralis et son musée sont remarquables. La maison dispose au 1er d'un grand hall avec biblio, salon, salle à manger. Vous serez logés dans l'une des 5 chambres avec sanitaires attenants et wc privatifs (2 chs sont au 1er étage et 3 autres au second étage). La table d'hôtes est assurée. Un grand garage est disponible. Tel prop Mme Evans : 04-68-46-83-03. Langues parlées : anglais, allemand.

Prix : 2 pers. **53/61 €** pers. sup. **14 €** repas **18 €**
Ouvert : du 1-05 au 31-10.

🐕	〰	🎾	⛵	🏃	⛱	⛷	🏊	🌬	🚂	⚓
	25	SP	25	2	8	40	SP	15	35	12	SP

GITES DE FRANCE-SERVICE RESERVATION - 78 Ter, rue Barbacane - 11000 CARCASSONNE - Tél. : 04 68 11 40 70 - Fax : 04 68 11 40 72 - E-mail : GITESDEFRANCE.AUDE@wanadoo.fr - www.itea.fr/GDF/11

SALSIGNE Domaine de Combestremières (TH) — C.M. 83 Pli 11

5 ch. 5 chambres d'hôtes dont 4 de 2 pers. et 1 de 3 pers. aménagées au 1er étage de la maison familiale avec sanitaires individuels privatifs. Salle commune. Repas à base de produits fermiers servis dans une salle de caractère avec cheminée (feu de bois). Possibilité d'avoir un casse-croûte. Sur un domaine agricole de la Montagne Noire, entre Salsigne et Villardonnel, magnifique ferme restaurée bordée de bois, à proximité du Site Cathare des Châteaux de Lastours et des sentiers de randonnée qui sillonnent le Cabardès. Possibilité de location de VTT (5).

Prix : 2 pers. **34 €** 3 pers. **41 €** repas **16 €** 1/2 pens. **32 €**
Ouvert : juillet et août.

🐕	〰	🎾	⛵	🏃	⛱	⛷	🏊	🌬	🚂	⚓
	85	12	25	10	25	6	12	25	25	4

André LAFAGE - Domaine de Combestremieres - 11600 SALSIGNE - Tél. : 04 68 77 06 97 - Fax : 04 68 77 56 39

SIGEAN (TH) — C.M. 86 Pli 10

E.C. 3 ch. Situé dans le village de Sigean, à deux pas de la mer et des espaces naturels préservés des Corbières, Dorothée et Frédéric vous accueillent dans une ancienne maison vigneronne restaurée par leurs soins et ornée des peintures du propriétaire, artiste peintre. Vous serez séduit par l'âme des chambres et du jardin avec patio typiquement méditerranéen où sont servis l'été les repas et petits déjeuners. 3 chambres pour 2, 3 et 4 pers.avec sanitaires privatifs attenants. Garage et VTT à disposition. Repas sur réservation. Tel Prop Mr Leclercq : 04-68-48 62 75.

Prix : 2 pers. **45 €** pers. sup. **11 €** repas **19 €**
Ouvert : toute l'année.

🐕	〰	🎾	⛵	🏃	⛱	⛷	🏊	🌬	🚂	⚓
	5	0,2	3	5	5	5	0,2	45	5	SP

GITES DE FRANCE-SERVICE RESERVATION - 78 Ter, rue Barbacane - 11000 CARCASSONNE - Tél. : 04 68 11 40 70 - Fax : 04 68 11 40 72 - E-mail : GITESDEFRANCE.AUDE@wanadoo.fr - www.itea.fr/GDF/11

SONNAC-SUR-L'HERS Roubichoux — Alt. : 500 m — C.M. 86 Pli 6

1 ch. Chambre d'hôtes située sur un domaine du Chalabrais, à quelques km du Lac de Montbel, dans un cadre de prairies et de forêts. Ici le pays n'est jamais plat, ce qui en fait tout le charme pour les randonnées pédestres ou en VTT. Une chambre d'hôtes (1 lit 2 pers+1 lit 1 pers) avec entrée indépendante, sanitaire. Chauffage, salle commune.

Prix : 1 pers. **24 €** 2 pers. **34 €** pers. sup. **10 €**
Ouvert : Toute l'année.

🐕	〰	🎾	⛵	🏃	⛱	⛷	🏊	🌬	🚂	⚓
	100	8	12	4	12	12	3	15	65	25	4

Jean BENET - Roubichoux - 11230 SONNAC-SUR-L'HERS - Tél. : 04 68 69 22 93

SOULATGE La Giraudasse (TH) — C.M. 86 Pli 8

5 ch. A mi-route entre les châteaux du Pays Cathare de Quéribus, Peyrepertuse, et les gorges de Galamus, dans une ancienne maison de maître du XVIIe siècle, Katia et Anibal vous proposent 5 chambres d'hôtes spacieuses, non fumeur, avec salle d'eau et wc privés. Grand jardin avec arbres fruitiers. Chauffage central. En été, repas et petits déj. sont pris sous la tonnelle, en hiver, le salon et son coin lecture vous accueillent près de la cheminée. A la table d'hôtes, dégustation de cassoulet, d'agneau, de lapin... Langues parlées : anglais, espagnol.

Prix : 1 pers. **40 €** 2 pers. **48 €** 3 pers. **58 €** repas **20 €** 1/2 pens. **88 €**
Ouvert : Fermé du 30/11 au 01/03.

🐕	〰	🎾	⛵	🏃	⛱	⛷	🏊	🌬	🚂	⚓
	55	14	55	8	10	40	1	14	50	8

Anibal et Katia SOMOZA TIBERGHIEN - La Giraudasse - 11330 SOULATGE - Tél. : 04 68 45 00 16 - Fax : 04 68 45 05 40 - E-mail : giraudasse@hotmail.com

Aude

Languedoc-Roussillon

ST-DENIS La Salamandre Alt. : 500 m

2 ch. Chambres d'Hôtes aménagées à la sortie de Saint Denis vers Cuxac Cabardès. La maison est entourée d'un parc de 4000 m² descendant vers la rivière. L'environnement est propice aux randonnées, à la pêche et à la baignade (nombreux lacs à proximité). Location de VTT sur place. Les extérieurs sont aménagés en terrasses avec salon de jardin. 2 chambres d'hôtes (1 lit 1 pers+1 lit 2 pers par chbres) situées à l'étage de la maison familiale avec salle d'eau-wc privative à chaque chambre. Les chambres sont équipées d'un chauffage et donnent sur un petit salon. Un coin cuisine est disponible. Tel prop Mme Lambinet : 04 68 26 42 13. Langues parlées : anglais, espagnol.

Prix : 1 pers. 33 € 2 pers. 36 € pers. sup. 8 €
Ouvert : toute l'année.

105	SP	15	6	6	SP	6	28	28	1

GITES DE FRANCE-SERVICE RESERVATION - 78 Ter, rue Barbacane - 11000 CARCASSONNE - Tél. : 04 68 11 40 70 -
Fax : 04 68 11 40 72 - E-mail : GITESDEFRANCE.AUDE@wanadoo.fr - www.itea.fr/GDF/11

ST-FRICHOUX La Belle Minervoise (TH) C.M. 83 Pli 12

5 ch. 5 ch. d'hôtes pour 2-3 pers. dans la maison familiale avec salle d'eau et wc privatifs attenants. Petits déjeuners gourmands avec confiture à l'ancienne faites maison qui peuvent être servis sur la terrasse, cuisine raffinée et variée. Chambres situées dans une maison de maître du 19ᵉ siècle, vue sur les vignes dont 4 chambres. Tel prop M/Mme Jarry : 04 68 78 23 65. La maison dispose de 2 terrasses (au sud et au nord) un petit parc non attenant et arboré est disponible à 200 mètres. Possibilité de randonnées au départ de la maison. Dégustation des vins du Minervois par le vigneron du village sur RDV.Table d'hôtes sur réservation sauf mercredi en 07&08. Langue parlée : anglais.

Prix : 2 pers. 43 € pers. sup. 12/13 € repas 15 €
Ouvert : Toute l'année.

50	3	15	15	4	8	4	8	20	20 SP

GITES DE FRANCE-SERVICE RESERVATION - 78 Ter, rue Barbacane - 11000 CARCASSONNE - Tél. : 04 68 11 40 70 -
Fax : 04 68 11 40 72 - E-mail : GITESDEFRANCE.AUDE@wanadoo.fr - www.itea.fr/GDF/11

ST-HILAIRE C.M. 86 Pli 7

5 ch. A 15 km de Carcassonne, au cœur du vignoble du plus vieux brut du monde, le « Crémant de Limoux ». Les chambres sont aménagées dans une maison de maître du village, dont la remarquable abbaye bénédictine du VIII ème s. est à visiter, ainsi que celle de Ste Polycarpe. Baignades dans les gorges verdoyantes du Lauquet très agréables. Tel prop M Hoyos : 04 68 69 41 21. 5 chambres d'hôtes situées au 1ᵉʳ étage d'une maison de maître au cœur du village dont 3 avec salle d'eau et wc privatifs attenants. 2 avec salle de bains.et wc privatifs. Les petits déjeuners peuvent être servis dans la salle à manger ou bien à l'extérieur dans le petit jardin et terrasse. Langues parlées : espagnol, anglais.

Prix : 1 pers. 38 € 2 pers. 38/44 € 3 pers. 58 €
Ouvert : Toute l'année

80	SP	17	7	5	20	1	15	15	SP

GITES DE FRANCE-SERVICE RESERVATION - 78 Ter, rue Barbacane - 11000 CARCASSONNE - Tél. : 04 68 11 40 70 -
Fax : 04 68 11 40 72 - E-mail : GITESDEFRANCE.AUDE@wanadoo.fr - www.itea.fr/GDF/11

ST-MARTIN-LALANDE La Capelle (TH) C.M. 82 Pli 20

3 ch. 3 ch. 3 épis avec coin-cuisine dans le séjour, wc, salle d'eau indépendante. Chauffage électrique. 3 chambres d'hôtes aménagées sur un domaine agricole, à proximité du Canal du Midi (3 kms) et de Castelnaudary 4 kms "la Cité du Cassoulet » dans un cadre de verdure, sur la route de l'Abbaye de St Papoul avec vue panoramique sur la chaîne pyrénéenne. Langue parlée : espagnol.

Prix : 2 pers. 38/46 € 3 pers. 53 € pers. sup. 7 € repas 20 €
Ouvert : Du 15 Juin au 15 Septembre.

90	2	20	10	5	70	2	80	5	30 6 2

Jacques SABATTE - « la Capelle » - 11400 ST-MARTIN-LALANDE - Tél. : 04 68 94 91 90

ST-MARTIN-LALANDE Domaine Escourrou (TH) C.M. 82 Pli 20

3 ch. 3 chambres d'hôtes situées dans la maison familiale au 1ᵉʳ étage. Chambre Jaune N°1 pour 2 à 3 personnes TV, sanitaires et wc privatifs. La chambre Bleue N°2 a sa salle de bains et à proximité sur le palier. La chambre rose n°3 spacieuse dispose d'une salle de bains balnéothérapie, WC privés et TV. En RdC une salle à manger avec cheminée s'ouvre sur le parc. Ferme lauragaise de charme, du 18°,entièrement restauré, en bordure du Canal du Midi, à proximité du GR7, dans un magnifique parc fleuri, piscine, salon de jardin, barbecue, jeux enfants. A l'écart de la RN113. Repas sur réservation. Tel prop M Delcroix : 04 68 94 98 41. Langue parlée : anglais.

Prix : 1 pers. 33/45 € 2 pers. 40/53 € 3 pers. 50/65 € repas 23 €

6	20	10	SP	50	SP	100	SP	30 5 5

GITES DE FRANCE-SERVICE RESERVATION - 78 Ter, rue Barbacane - 11000 CARCASSONNE - Tél. : 04 68 11 40 70 -
Fax : 04 68 11 40 72 - E-mail : GITESDEFRANCE.AUDE@wanadoo.fr - www.itea.fr/GDF/11

ST-MARTIN-LE-VIEIL C.M. 82 Pli 20

2 ch. Deux chambres d'hôtes aménagées dans une villa indépendante aux abords du village, près du centre équestre de la « Cavale St Félix » et d'un parc de loisirs avec baignade aménagée. Les chambres pour 2 personnes sont équipées de salle d'eau privative (douche et lavabo), wc communs. Séjour, terrasse, salon avec cheminée et télévision. Chauffage central. Table d'hôtes sur réservation à la table familiale. Langue parlée : italien.

Prix : 2 pers. 30 € pers. sup. 9 €
Ouvert : toute l'année.

90	0,5	18	1	0,5	0,5	7	20	20 7

Bernard VENDRAMINI - Gerrino - 11170 ST-MARTIN-LE-VIEIL - Tél. : 04 68 76 02 80

Languedoc-Roussillon **Aude**

ST-MARTIN-LE-VIEIL Abbaye de Villelongue
C.M. 83 Pli 11

4 ch. 4 chambres d'hôtes de charme situées au 1er étage à l'emplacement de l'ancien dortoir des moines (douche, lavabo, wc privatifs). Les petits déjeuners seront servis dans la salle des Moines ou sous le cloître. Tel prop M Eloffe : 04 68 76 92 58. Chambres d'hôtes aménagées avec goût dans une ancienne abbaye cistercienne du XIIè siècle, dans un ensemble architectural romantique. Le charme mélancolique de ces ruines et du jardin allié à la chaleur de l'accueil des propriétaires, font de ce domaine une étape originale et reposante. Langues parlées : anglais, espagnol.

Prix : 2 pers. 50/54 €
Ouvert : Toute l'année

85	5	20	5	8	5	8	25	10	8

GITES DE FRANCE-SERVICE RESERVATION - 78 Ter, rue Barbacane - 11000 CARCASSONNE - Tél. : 04 68 11 40 70 -
Fax : 04 68 11 40 72 - E-mail : GITESDEFRANCE.AUDE@wanadoo.fr - www.itea.fr/GDF/11

ST-MARTIN-LE-VIEIL Villelongue
C.M. 83 Pli 11

2 ch. Les 2 chambres d'hôtes (4 pers) de grand confort, spacieuses, avec salle de bains et wc privatifs, sont aménagées au 1er étage de la maison familiale. On y accède par une entrée indépendante. Le petit déjeuner est servi dans la salle à manger, aux meubles anciens. Visite du jardin. A 100 m, une petite auberge vous propose sa cuisine traditionnelle. A 5 kms de Montoliéu, village du livre, "Villelongue Côté Jardin » vous accueille dans 2 chambres d'hôtes aménagées dans un ancien logis abbatial, environné par son parc exubérant aux arbres rares et bicentenaires, arrosé par les béals de l'hydraulique monastique. Tel prop Mme Antoine : 04 68 76 09 03. Langue parlée : anglais.

Prix : 1 pers. 43 € 2 pers. 50 € pers. sup. 15 €
Ouvert : Toute l'année

85	5	20	15	5	35	5	100	5	22	12	5

GITES DE FRANCE-SERVICE RESERVATION - 78 Ter, rue Barbacane - 11000 CARCASSONNE - Tél. : 04 68 11 40 70 -
Fax : 04 68 11 40 72 - E-mail : GITESDEFRANCE.AUDE@wanadoo.fr - www.itea.fr/GDF/11

ST-MICHEL-DE-LANES Château de St-Michel de Lanes
C.M. 82 Pli 19

1 ch. Au cœur d'1 ravissant village médiéval, à 30 min de Toulouse et quelques kms du Canal du Midi, Alix et Vincent proposent aux amateurs d'histoire, de poésie et de romantisme, 1 suite de prestige dans leur petit château de famille. Ceinturée par 1 parc de 2 ha aux cèdres bicentenaires, elle est située dans 1 aile indépendante du château avec sanitaires privatifs. Le salon de style néo-gothique est remarquable par son plafond à caissons et sa cheminée de marbre rouge. Les petits déjeuners sont proposés dans le parc si le temps le permet. Les enfants de -4 ans sont invités. Langue parlée : anglais.

Prix : 2 pers. 115 €

4	3	15	3	3	20	50	20	7

Alix et Vincent DE LA PANOUSE - Château de St-Michel-de-Lanes - 1, rue du Pont de l'Hers - 11410 ST-MICHEL-DE-LANES -
Tél. : 04 68 60 31 80 - E-mail : chateausaintmicheldelanes@libertysurf.fr -
http://chateauxandcountry.com/chateaux/saintmicheldelanes

ST-PAPOUL Le Falga
C.M. 82 Pli 20

2 ch. A la ferme, 2 chambres d'hôtes aménagées dans la maison du propriétaire, 1 ch. 3 pers. (1 lit 2 pers. 1 lit 1 pers.). 1 ch. (3 lits 1 pers.). Lavabo individuel. Salle d'eau et wc communs. Chauffage électrique. Salle commune au rez-de-chaussée pour petit-déjeuner. A l'entrée du village de St Papoul à 2 pas de l'Abbaye sur le GR7, chambres d'hôtes au 1 er étage de la maison familiale. Parc ombragé.

Prix : 1 pers. 20 € 2 pers. 34 € 3 pers. 46 € pers. sup. 12 €
Ouvert : Toute l'année.

150	1	15	10	15	45	15	8	35	8	2

Agnès AVELINE - Le Falga - 11400 ST-PAPOUL - Tél. : 04 68 94 94 74 ou 04 68 94 95 20

TALAIRAN
C.M. 86 Pli 8

E.C. 4 ch. Ensemble de chambres d'hôtes aménagées dans une maison de caractère au cœur d'un village de vignerons sur la route des châteaux cathares (Villerouge Termenès à 8 kms), une grande terrasse solarium fleurie avec pergola est disponible. De nombreuses boucles de petites randonnées sont possibles. Dégustation et visite des caves chez des vignerons du Pays. Ensemble de 4 chambres avec sanitaires privatifs attenants pour 2 à 3 personnes. Les chambres sont grandes et meublées avec goût. Une salle d'accueil et de séjour est disponible. Les petits déjeuners pourront être servis sur la terrasse. Garage à disposition. Tel prop Mme Chertier : 04-68-44-09-92.

Prix : 2 pers. 53/58 € pers. sup. 15 €

40	SP	40	8	10	5	20	50	20	SP

GITES DE FRANCE-SERVICE RESERVATION - 78 Ter, rue Barbacane - 11000 CARCASSONNE - Tél. : 04 68 11 40 70 -
Fax : 04 68 11 40 72 - E-mail : GITESDEFRANCE.AUDE@wanadoo.fr - www.itea.fr/GDF/11

Aude
Languedoc-Roussillon

VENTENAC-EN-MINERVOIS
C.M. 83 Pli 13

2 ch. A 20 km de Narbonne, près des berges du Canal du Midi, chambres d'hôtes aménagées dans une ancienne maison du Canal, en pierres apparentes et donnant sur un grand jardin fleuri et arboré de fruitiers. Deux chambres pour une ou deux personnes dont une 3 épis disposant d'un sanitaire-wc privatif, la deuxième (2 épis) d'une salle d'eau, le wc étant extérieur à la chambre. Chauffage en supplément : 3 €/jour en hiver. Selon la saison, salle à manger, véranda et terrasse pour petit déjeuner gourmand. Jardin d'agrément et verger pour amateurs de sieste ou de pique-nique. Barbecue, frigo et vélos à disposition des Hôtes. Langues parlées : anglais, allemand.

Prix : 1 pers. 37/40 € 2 pers. 40/43 €
Ouvert : toute l'année.

25	3	18	8	7	SP	8	35	8	3

Dominique MEERT - Route de Canet - Les Soleils Bleus - 11120 VENTENAC-EN-MINERVOIS - Tél. : 04 68 43 21 65 -
Fax : 04 68 43 28 01 - E-mail : jean-pierre.steinbrecher@wanadoo.fr

VILLARDONNEL Abbaye de Capservy

3 ch. 3 Chambres d'hôtes de caractère aménagées dans l'ancienne abbaye de Capservy du XI ème siècle située à 17 kms de Carcassonne, au cœur d'une nature exceptionnelle, Denise et Daniel vous accueilleront à leur table pour vous faire partager et apprécier les richesses de la gastronomie locale. Tel prop M/Mme Meilhac : 04 68 26 61 40. 3 ch. d'hôtes aménagées comprenant 2 ch. avec mezzanine pour 4/5 pers avec SdE, wc privatifs attenants et 1 ch. pour 2 pers avec SdB, wc privatifs attenants. Salle à manger avec cheminée, salon lecture, jardin avec salon. Petit lac et piscine. Table d'hôtes sur réservation sauf dim.& merc.soir. Langues parlées : anglais, allemand.

Prix : 1 pers. 34 € 2 pers. 45/52 € 3 pers. 56/63 € repas 20 €
Ouvert : Fermeture du 15 novembre au 15 février.

80	5	15	6	SP	SP	SP	17	5	2

GITES DE FRANCE-SERVICE RESERVATION - 78 Ter, rue Barbacane - 11000 CARCASSONNE - Tél. : 04 68 11 40 87 -
Fax : 04 68 11 40 72 - E-mail : GITESDEFRANCE.AUDE@wanadoo.fr - www.itea.fr/GDF/11

VILLARDONNEL Domaine de la Calm
C.M. 83 Pli 11

4 ch. En balcon sur la plaine du Carcassonnais, baigné par les brumes matinales le domaine de La Calm vous invite à partager la vie d'une famille d'éleveurs ovins du Pays Cathare. Marie et Eric ont aménagé 4 belles ch. équipées de sanitaires privatifs au dessus de la salle à manger où la table fermière et la cheminée en pierre de pays témoignent des traditions rurales. Sur la terrasse, les petits déjeuners pourront être servis (confiture maison garantie). A leur table (sur réservation), vous dégusterez les produits de la ferme préparés par Marie pendant qu'Eric vous initiera au tir à l'arc. Langue parlée : anglais.

Prix : 1 pers. 30 € 2 pers. 40 € pers. sup. 15 € repas 12 €
Ouvert : Toute l'année.

85	5	10	5	5	5	5	25	25	4

Eric et Marie Noelle MARTIN - Domaine de la Calm - 11600 VILLARDONNEL - Tél. : 04 68 26 52 13 - Fax : 04 68 26 58 30 -
E-mail : lacalm@free.fr ou SR : 04 68 11 40 87

VILLARZEL-DU-RAZES Domaine du Granet
C.M. 86 Pli 7

3 ch. 3 chambres sont proposées : la jeune Pyrénées (1 lit 2 pers) et la douillette Malepère (1 lit 2 pers) sont en 2 épis, wc en commun. La naturelle Bugarach (1 lit 2 pers en 160+1 lit 1 pers) wc privé est en 3 épis. Il fait bon manger à Granet, quand les papilles s'animent, on sent le fruit du travail de l'homme. Blotti au creux des collines de la Malepère, dans un paysage ouvert de bois, de champs et de vignes, le domaine de Granet est en harmonie avec l'environnement, véritable mosaïque de couleurs. Simone, Albert et leurs 3 fils vous accueilleront dans leur maison.tél prop Mme Gianesini :04-68-31-38-46.

Prix : 1 pers. 30 € 2 pers. 37 € pers. sup. 9 € repas 14 €
1/2 pens. 29/31 €
Ouvert : Toute l'année.

80	10	30	5	12	12	toute	15	12	12

GITES DE FRANCE-SERVICE RESERVATION - 78 Ter, rue Barbacane - 11000 CARCASSONNE - Tél. : 04 68 11 40 87 -
Fax : 04 68 11 40 72 - E-mail : GITESDEFRANCE.AUDE@wanadoo.fr - www.itea.fr/GDF/11

VILLEMAGNE Co de Borios
C.M. 82 Pli 20

2 ch. 2 chambres d'hôtes à l'étage de la maison familiale avec salle de bains, WC communs aux 2 chambres (wc indépendants) d'une capacité de 2 et 3 personnes. Pièce commune avec coin cheminée. Salle à manger pour le petit-déjeuner. Jardin ombragé. Chambres d'hôtes aménagées dans la maison familiale d'un domaine d'élevage ovin de la Montagne Noire. A 1 km du petit village de Villemagne, à 9 kms de l'Abbaye de Saint Papoul, à 10 kms du lac du Lampy. Les boucles de randonnée passent sur le domaine. Visite du domaine et de l'élevage ovins. Tel prop M Castillo : 04 68 94 23 11. Langues parlées : anglais, espagnol.

Prix : 1 pers. 23 € 2 pers. 30 € pers. sup. 9 €
Ouvert : Des vacances de Février aux vacances de Toussaint.

7	10	7	10	7	40	15	1	

GITES DE FRANCE-SERVICE RESERVATION - 78 Ter, rue Barbacane - 11000 CARCASSONNE - Tél. : 04 68 11 40 87 -
Fax : 04 68 11 40 72 - E-mail : GITESDEFRANCE.AUDE@wanadoo.fr - www.itea.fr/GDF/11

VILLENEUVE-LES-CORBIERES Domaine Lerys
C.M. 86 Pli 9

2 ch. 2 Chambres d'hôtes avec terrasse situées à l'entrée du village à l'étage d'un caveau de dégustation des vins du domaine viticole. Vous êtes ici au cœur des Corbières à deux pas des sites du Pays Cathare. Par beau temps, en se promenant sur les boucles de randonnée, vous pourrez apercevoir la Méditerranée. Au village, un petit restaurant de pays mérite le détour. 2 Chambres dont 1 de 4 places avec salle d'eau et wc attenants privatifs, donnant sur une grande terrasse (salon de jardin), salle commune en rez de chaussée pour les petits déjeuners. Langue parlée : espagnol.

Prix : 2 pers. 40 € pers. sup. 14 €
Ouvert : toute l'année.

30	SP	30	15	4	SP	4	40	40	SP

Alain IZARD - 11360 VILLENEUVE-LES-CORBIERES - Tél. : 04 68 45 95 47 - Fax : 04 68 45 86 11

Languedoc-Roussillon
Aude

VILLEROUGE-TERMENES
C.M. 86 Pli 8

1 ch. Chambre de caractère indépendante en rez de chaussée, mitoyenne à la maison des propriétaires, pour 3 personnes (1 lit 2 pers. 1 lit 1 pers.), salle d'eau, wc indépendant. Coin kitchenette. Chauffage électrique. Tel prop Mme Lefranc : 04 68 70 00 42. Chambre d'Hôtes située au cœur d'un village médiéval des Corbières aux ruelles tortueuses et fleuries, le village est remarquable par son château, sa rôtisserie médiévale et ses animations estivales. Autour du village, de nombreuses petites vadrouilles vous sont proposées. Langues parlées : anglais, espagnol.

Prix : 2 pers. 37 € 3 pers. 47 €
Ouvert : toute l'année.

40	SP	40	5	15	1	7	45	33	SP

GITES DE FRANCE-SERVICE RESERVATION - 78 Ter, rue Barbacane - 11000 CARCASSONNE - Tél. : 04 68 11 40 70 - Fax : 04 68 11 40 72 - E-mail : GITESDEFRANCE.AUDE@wanadoo.fr - www.itea.fr/GDF/11

VILLESEQUE-DES-CORBIERES Château du Haut Gléon
C.M. 86 Pli 9

6 ch. Dans le cadre d'un château viticole de la vallée du Paradis dans les Corbières, à 25 kms des côtes méditérranéennes, 6 chambres d'hôtes de charme aménagées dans la maison des bergers et la maison des vendangeurs. 2 chambres avec sanitaires et wc non communiquants sont classées en 2 épis. 4 chambres avec sanitaires et wc communiquants sont classées en 3 épis. Une salle à manger avec salon et cheminée sont à disposition. Cour commune, parking et parc ombragé aménagé accessible à tous.

Prix : 2 pers. 53/69 €
Ouvert : toute l'année.

25	2	25	7	7	2	7	45	20	7

Léon-Nicolas DUHAMEL - Château de Haut Gleon - 11360 VILLESEQUE-DES-CORBIERES - Tél. : 04 68 48 85 95 - Fax : 04 68 48 46 20

Gard

GITES DE FRANCE - Service Réservation
C.D.T. - 3, place des Arènes - B.P. 59
30007 NIMES Cedex 4
Tél. 04 66 27 94 94 - Fax 04 66 27 94 95

3615 Gîtes de France 0,2 €/min

AIGREMONT Les Romarins (TH)

3 ch. Nîmes 30 km. Alès et Cévennes 20 km. Avignon 65 km. Uzès 30 km. 3 ch. d'hôtes spacieuses dans ancienne grange renovée avec climatisation, s.d.b. privées, grande salle à manger avec possibilité de table d'hôtes. Grand jardin tranquille avec parking privé. Salon de lecture/TV, accueil chaleureux. ch. d'hôtes dans joli village avec château du XIV siècle. Dans région touristique, centrale pour les villes romaines de Nimes et Arles, le Pont du Gard, Avignon, Anduze et sa Bambouseraie et train à vapeur vers les Cevennes. Entre la mer (45min) et le Massif Cevenol (15min). Langue parlée : anglais.

Prix : 1 pers. 42 € 2 pers. 46 € 3 pers. 60 € repas 15 €
Ouvert : toute l'année.

15	9	5	4	9	60	15	20	9	4

Ronald et Marie-Claude EDWARDES - Route de Sauve - Les Romarins - 30350 Aigremont - Tél. : 04 66 60 47 98 ou SR : 04 66 27 94 94

AIGUES-VIVES (TH)
C.M. 83 Pli 8

3 ch. Dans maison bourgeoise, 3 ch. avec salle de bains et wc indépendants, avec 1 lits 2 pers. Jardin clos de murs, espace vert. Possibilité repas, point-phone. Grand séjour. Espace enfant, lit enfant gratuit sur demande et matériel. Buanderie à disposition. Entre Nîmes et Montpellier, aux portes de la Camargue et des Cévennes, dans un village typique du sud à tradition gardiane (taureaux) proche de la mer, du Grau du Roi, de la Grande Motte et de la rivière Vidourle.

Prix : 1 pers. 53 € 2 pers. 61 € 1/2 pens. 15 €
Ouvert : Toute l'année.

SP	SP	5	6	SP	15	15	1	SP

Edwige MONOD - 145 rue de la Poste - 30670 AIGUES-VIVES - Tél. : 04 66 35 49 48 - Fax : 04 66 35 52 36

AIGUEZE

4 ch. Gorges de l'Ardèche 2 km. Au calme, dans ce charmant village, site inscrit dominant l'arrivée des gorges par ses falaises. 2 ch. dans une maison indép. provençale avec jardin fleuri et oliviers, personnalisées et indép. avec terrasse donnant sur le jardin, sanitaires privés et réfrigérateur. Cuisine/salon pour séjour. Gîtes 2/4 pers. sur place. Copieux petit déjeuner servi en terrasse avec confiture maison. Au fond du jardin coin-repos, piscine privée (5 x 10 avec bains de soleil) couverte en hors-sais. Parking privé fermé. L-linge à dispo. Animaux admis sous réserve. Au village : restaurant, grill. Accès à l'Ardèche par escalier.

Prix : 2 pers. 54/58 € pers. sup. 70 €
Ouvert : Du week-end des Rameaux à mi-octobre.

SP	1	SP	20	SP	110	SP	1

Michel CHENIVESSE - entrée du Village - « les-jardins-du-Barry » - 30760 AIGUEZE - Tél. : 04 66 82 15 75 - Fax : 04 66 82 35 85

Gard
Languedoc-Roussillon

AIMARGUES Mas des Cabanes

5 ch. 5 ch. aménagées au rez-de-chaussée avec salle de bains et wc dans chaque chambre. Coin-cuisine. Terrasse, jardin, aire de jeux, parking privé. Tennis privé. En pleine Camargue. A proximité de Nîmes, Arles et Montpellier. Langue parlée : anglais.

Prix : 1 pers. **39** € 2 pers. **46** € 3 pers. **54** € pers. sup. **8** €
Ouvert : Toute l'année.

5	SP	5	10	SP	15	20	2

Adeline PASQUALINI - Mas des Cabanes - 30470 AIMARGUES - Tél. : 04 66 88 03 43 ou 06 89 83 90 04 - Fax : 04 66 88 03 43

ALLEGRE-LES-FUMADES
C.M. 80 Pli 8

4 ch. Maison isolée, en pleine campagne. 1 ch. 2 pers., avec s. d'eau commune. 1 ch. (1 lit 2 pers.) avec s. d'eau et wc privés. 1 ch. 2 pers. (2 lits 1 pers.), avec s. d'eau et wc privés. Séjour à la disposition des hôtes. Abri couvert, parking. Logement pour chevaux sur place. Spéléologie. Escalades. Stage poterie. Langue parlée : anglais.

Prix : 1 pers. **28** € 2 pers. **38/44** €
Ouvert : Toute l'année.

4	1,5	0,5	1	7	8	7	4	2

Michel et Françoise SIMONOT - Mas Cassac - Allègre - 30500 ALLEGRE-LES-FUMADES - Tél. : 04 66 24 85 65 - Fax : 04 66 24 80 55

ANDUZE Veyrac
C.M. 80 Pli 17

2 ch. Bambouseraie et petit train à vapeur 2 km. 2 ch. (1 lit 2 pers. 1 lit 1 pers.) à l'étage, avec salle d'eau et wc privés pour chaque chambre. Cuisine collective. Jardin. Max et Jeanine vous accueillent dans un cadre calme et verdoyant. Vieille ferme indép.

Prix : 2 pers. **46** € 3 pers. **57** €
Ouvert : Toute l'année.

2	1	1	5	15	80	30	5	15	4

Max TIRFORT - 125 chemin de Veyrac - 30140 ANDUZE - Tél. : 04 66 60 53 29

ANDUZE Le Cornadel

5 ch. Ancienne ferme rénovée comprenant 1 grande ch. 2 ou 3 pers., 2 ch. 2 pers., 2 suites de 2 ou 4 pers., tout confort. Dans chaque chambre : réfrigérateur, TV, magnétoscope, climatisation. Cadre très agréable, salle repas avec cheminée. Spécialités cévenoles : cèpes, truffes, truites, charcuterie, maison et Aioli de morue. Langue parlée : espagnol.

Prix : 1 pers. **62/77** € 2 pers. **76/92** € 3 pers. **100/115** €
Ouvert : Toute l'année sauf du 12/11 au b7/12 et du 14/01 au 02/02.

SP	1	SP	1	SP	80	80	50	15	2

Karine ANFOSSO - Le Cornadel - 30140 ANDUZE - Tél. : 04 66 61 79 44 - Fax : 04 66 61 80 46 - E-mail : anfosso@cornadel.fr - www.cornadel.fr

LES ANGLES

1 ch. Avignon 3 km. Pont du Gard 15 km. St-Rémy 20 km. Lubéron 30 km. 1 ch. avec 1 lit 2 pers. S.d'eau privative avec douche et wc. Parking, jardin ombragé, piscine 11m*5 m. Petits déjeuners en terrasse « mini-brunch ». Commerces et bus à proximité. La Poulideto, ch. d'hôtes indépendant au calme à quelques minutes d'Avignon. Pour découvrir la cité des Papes et la Provence. Jardin avec grande piscine pour la détente. Langues parlées : anglais, espagnol.

Prix : 2 pers. **65** €
Ouvert : Avril à Septembre.

2	1	SP	3	0,5

Juliette SOTO - 19 bld de l'Orient - 30133 Les Angles - Tél. : 04 90 25 06 32 - Fax : 04 90 25 06 32 - E-mail : juliette.soto@worldonline.fr - http ://perso.worldonline.fr/lapoulideto/

ARAMON
C.M. 81 Pli 11

1 ch. 1 ch. 2 pers. (3 épis), douche et wc pirvés. Petit déjeuner à l'anglaise, confiture maison. Salle de séjour, salle de jeux avec TV, musique, bibliothèque à disposition. Point-phone. Cuisine d'été aménagée. Barbecue. Terrasse. Ping-pong. Piscine avec vue panoramique. Fermé du 31 octobre au 1er avril. Mas situé sur 7 ha. vallonnés. Une oasis de calme en plein cœur d'une région touristique et culturelle. Accès : sur la D126 entre la D2 et la N100. Langue parlée : anglais.

Prix : 2 pers. **74** €
Ouvert : Du 1er mai au 30 septembre.

SP	3	3	6	SP	80

André et Annie MALEK - Le Rocher Pointu - Plan de Deve - 30390 ARAMON - Tél. : 04 66 57 41 87 - Fax : 04 66 57 01 77 - E-mail : amk@rocherpointu.com - www.rocherpointu.com

Languedoc-Roussillon
Gard

ARGILLIERS La Bastide de Boisset

5 ch. Pont du Gard 4 km. Uzès 9 km. Nîmes et Avignon 30 km. Orange 40 km. Belle maison ancienne restaurée en pierre du Gard. Et. : 1 ch. (2 lits 1 pers.), s.d.b., douche, wc, 1 ch. (1 lit double), douche et wc indép., 1 ch. (1 lit double), douche, wc indép., 2 suites avec s.d.b., wc. Meubles ancien, décoration très soignée, Chaque chambre et suite dans style différent. BibliothèqueA, cheminée. Piscine privée, terrasse, jardin. Parking privé. Maison très confortable, très calme dans un petit village. Table d'hôtes, nous consulter. Paysage de vergers, vignes, garrigues, à l'écart de la route. Repos et tranquillité assurés. Prix des suites (4 pers.) : 99 €. Langue parlée : anglais.

Prix : 2 pers. **57/61** € pers. sup. **15** €
Ouvert : Du 6 janvier au 19 décembre.

4	3	3	SP	80	3	30	3	

Guillemette et Philippe DE CORNEILLAN - Le Village - La Bastide de Boisset - 30210 ARGILLIERS - Tél. : 04 66 22 91 13 -
E-mail : http://bastidedeboisset.free.fr

ARPAILLARGUES-ET-AUREILHAC Mas de Luna

4 ch. Pont du Gard 15 km. Nîmes 25 km. Arles 45 km. Avignon 45 km. R.d.c. : 1 ch. (1 lit 2 pers.). Etage : 1 petite suite de 2 ch. (1 lit 160, 2 lits 1 pers.), 1 ch. (1 lit 160, 1 lit 1 pers.), toutes avec salle de bains et wc privés. Séjour, terrasse et balcon communs. Poss. repas le soir, cuisine traditionnelle. Dans un village pittoresque à 7 km d'Uzès, vous serez accueillis dans une demeure du XVIIIe siècle entièrement restaurée, disposant de chambres décorées avec raffinement. Langues parlées : anglais, espagnol.

Prix : 1 pers. **60** € 2 pers. **70** € 3 pers. **85** € pers. sup. **15** €
Ouvert : Toute l'année.

5	6	5	5	6	70	10	0,5	25	1

Danielle DUPRAT - Mas de Luna - place du Pouzet - 30700 ARPAILLARGUES - Tél. : 04 66 03 30 67 - Fax : 04 66 03 30 67 -
E-mail : masdeluna@wanadoo.fr ou SR : 04 66 27 94 94

ARPHY La Baumelle   Alt. : 500 m   (TH)

1 ch. Dans une chataîgneraie, 1 ch. indépendante avec douche et wc. Jardin indépendant. Chambre d'hôtes dans une batisse en pierres, au cœur d'une chataigneraie, indépendante de la maison du propriétaire, de plein-pied, sur jardin ombragé réservé à la chambre, bordé d'un ruisseau. Piscine commune au prop. En bordure du Parc National, vue imprenable. Randonnées possibles à proximité et visites de nombreux sites. Langue parlée : anglais.

Prix : 1 pers. **50** € 2 pers. **53** € 3 pers. **57** € repas **6/12** €
Ouvert : Toute l'année.

2	2	2	4	SP	70	15	SP	7	2

Anne et Patrick GRENOUILLET - La Baumelle - 30120 ARPHY - Tél. : 04 67 81 12 69 - Fax : 04 67 81 12 69

ARRE Mas la Fouzette   (TH)

1 ch. Cirque de Navacelle 15 km. Gorges Nounbie 20 km. Lac del Pises 20 km. Ch. d'hôtes composée de 2 pièces + s.d.b. (douche). Ch. avec 1 grand lit. Salon avec 1 clic clac et 1 terrasse équipée de meubles de jardin. Cette ch. est prévue pour pouvoir accueillir des gens à mobilité réduite. Ch. d'hôtes dans 1 ancien mas cévenol sur une propriété de 10 ha bordée par une rivière à truites entourée de forêts de chataigniers. Calme et tranquillité. Nombreux sites naturels et architecture à visiter. Langue parlée : anglais.

Prix : 1 pers. **31** € 2 pers. **38** € 3 pers. **46** € pers. sup. **53** €
repas **15** € 1/2 pens. **45** € pens. **65** €
Ouvert : Toute l'année.

SP	1	SP	3	10	80	30	SP	75	1

Pierre LOUIS-GUEHENNEC - La Fouzette - 30120 Arre - Tél. : 04 67 82 07 49 - Fax : 04 67 82 07 49

AUJAC Le Brouzet   Alt. : 550 m

1 ch. Chambre d'hôtes indépendante au rez-de-chaussée, avec salle de bains (douche, wc). Jardin et terrasse indépendants. Piscine commune. Lave-linge commun. Cadre agréable, calme et tranquillité. Vue magnifique sur le village et le mont Lozère. Baignade, promenades et Parc National à proximité. Sites historiques.

Prix : 1 pers. **28** € 2 pers. **37** €
Ouvert : Toute l'année.

2	1	2	10	SP	80	SP	12

Serge CABA - Le Brouzet - 30450 AUJAC - Tél. : 04 66 61 24 01

BARJAC La Sérénité

3 ch. Belle maison du XVIIIe s., sur la place du village, vue superbe sur les Cévennes. 1 suite (1 lit 2 pers., 1 lit 1 pers.) avec grand salon, s.d.b., douche indép., 2 lavabos, wc (55 m^2). 1 suite familiale/2 ch. (1 lit 2 pers. 2 lits 1 pers.) avec s.d.b., 2 lavabos, wc (55 m^2). 1 ch. (1 lit 2 pers.), s. d'eau, wc. Prix suites : 2 pers./105 €., 3 pers./120 €., 4 pers./137 €. Jardin arboré de 1500 m^2. Immense terrasse pour petits déjeuners et détente. Chambres vastes et confortables avec meubles et objets anciens (le propriétaire est antiquaire. Salon/biblioth. à dispo. Beaucoup de charme, multiples richesses régionales à proximité.

Prix : 2 pers. **60/105** € 3 pers. **120** €
Ouvert : Toute l'année sur réservation.

6	1	6	3	7	110	12	30	0,3	

Catherine et Yannick L'HELGOUALCH - La Sérénité - place de la Mairie - 30430 BARJAC - Tél. : 04 66 24 54 63 - Fax : 04 66 24 54 63

Gard
Languedoc-Roussillon

BARJAC

2 ch. En rez-de-chaussée totalement indépendantes, dans la partie sud d'un mas provençal, 2 ch. avec pour chacune 1 lit 2 pers. et 1 lit 1 pers. Mezzanine pour l'une d'entre elles, douche, wc, coin-cuisine équipé, grande terrasse et salon de jardin pour chaque chambre. Abri voiture jouxtant les chambres. Grand parc et pré attenant. Lieu très calme avec très belle vue panoramique sur la campagne environnante, les Cévennes et la vallée de la Cèze. Nombreuses curiosités et promenades (grottes, avens, randonnées pédestres, gorges de l'Ardèche et de la Cèze).

Prix : 1 pers. 43 € 2 pers. 46 € 3 pers. 53 €
Ouvert : Du 15 mars au 15 novembre.

8	2,5	8	4	8	100	8	4	60	2,5

Jean DIVOL - Le Mas Neuf - 30430 BARJAC - Tél. : 04 66 24 50 79

BARJAC La Villette

2 ch. A 2 pas du village renaissance de Barjac, près des gorges de l'Ardèche, le mas Escombelle, bâtisse du XVIIe vous accueille dans un cadre convivial. 1 ch. sur piscine (2 lits 1 pers.), 1 ch. avec plafond voûté en pierre (1 lit 2 pers.), s. d'eau, wc et accès indép. pour chacune. 1 des ch. donne sur une cour ombragée avec de belles arcades en pierre. Jardin paysager et piscine de 10 x 5 m. Conseils et indications pour randonnées pédestres, VTT et cyclotourisme. Langue parlée : anglais.

Prix : 1 pers. 42 € 2 pers. 51 € pers. sup. 8 € repas 17 €
Ouvert : Toute l'année.

6	1	6	2	SP	12	30	1

Antoine et Isabelle AGAPITOS - La Villette - Mas Escombelle - 30430 BARJAC - Tél. : 04 66 24 54 77 -
E-mail : mas-escombel@wanadoo.fr

BEAUCAIRE Le Petit Saint-Paul

C.M. 240 Pli 4

2 ch. Nîmes 20 km. Arles 16 km. Tarascon 10 km. Avignon 30 km. Dans un environnement de maisons isolées, 2 chambres (1 lit 2 pers. 1 lit 1 pers.) avec douche et wc privés, en rez-de-chaussée. Jardin commun, abri voiture. Parc à chevaux. Repas possible sur réservation (14 €). Au milieu des vignes et des vergers. Au cœur d'une région touristique, aux portes de la Camargue. Le Pont du Gard, le Palais des Papes, les Baux de Provence... à visiter aux alentours. Sur la D163 entre la N113 et la D999. Langues parlées : anglais, espagnol.

Prix : 1 pers. 43 € 2 pers. 49 € 3 pers. 56 € pers. sup. 8 €
Ouvert : Toute l'année.

20	5	3	7	8	40	8	5

Annie GIBERT - Chemin de Valescure - Le Petit Saint-Paul - 30300 BEAUCAIRE - Tél. : 04 66 74 54 82 - Fax : 04 66 74 54 82 -
E-mail : agibert@club-internet.fr

BEAUCAIRE Domaine des Clos

5 ch. Arles 15 km. Tarascon 7 km. Avignon 25 km. St-Rémy-de-Provence 20 km. Mas provençal du XVIIIe situé en pleine campagne. A l'étage : ch. Jaune (2 lits 1 pers.), ch. Rouge (1 lit 2 pers.), ch. Verte (1 lit 2 pers.), ch. Rose (2 lits 1 pers.), ch. Bleue (1 lit 2 pers.), douche, lavabo et wc pour chacune. Salle à manger et cuisine communes réservées aux ch. Auvent avec barbecue. Grand jardin, piscine. Avec son pigeonnier, sa cave à vins, sa fontaine, ses écuries, il a gardé tout son caractère. La décoration mêle terres cuites, pierres de taille et colonnades. Nombreuses activités golf, vélo, sports nautiques, randonnées. Langues parlées : anglais, allemand.

Prix : 2 pers. 47/70 €
Ouvert : Toute l'année.

3	3	SP	45	30	7	8

David et Sandrine AUSSET - Domaine des Clos - route de Bellegarde - 30300 BEAUCAIRE - Tél. : 04 66 01 14 61 ou 06 11 81 62 78 -
Fax : 04 66 01 00 47 - E-mail : aussetd@aol.com - www.domaine-des-clos.com

BELVEZET

1 ch. Uzès 12 km. Au calme, dans une vallée tranquille, en bordure de hameau. 1 chambre d'hôtes (1 lit 2 pers.) avec entrée indépendante, aménagée au 1er étage, salle de bains et wc privés. Piscine et jardin. Possibilité repas sur demande. Randonnées à pied et VTT.

Prix : 2 pers. 46 €
Ouvert : Du 1er avril au 31 octobre.

10	10	SP	80	20	2

Hélène NOLENT - Le Tilleul Bleu - 30580 BELVEZET - Tél. : 04 66 22 15 93 - Fax : 04 66 22 15 93

BEZ-ET-ESPARON Château Massal

3 ch. 3 ch. de style avec lits 2 pers., salle de bains et wc indépendants. Entrée indépendante, dans le château du XIXe flanqué de 2 tours disposant d'un cadre exceptionnel : bois de chêne et châtaigniers, roches ruiniformes, vue sur la vallée de l'Arre et vieux villages. Jardin arboré et fleuri où vous pourrez prendre vos repas et vous reposer. Grand salon d'intérieur. Possibilité repas sur réservation. Au cœur des Cévennes très riches en loisirs : randonnées dans forêts de l'Aigoual, immensité minérale des Causses, Cirques de Navacelle, grottes (Demoiselles), gorges (Tarn, Jonte). Suppl. 10 € pour lit enfant. Langue parlée : anglais.

Prix : 1 pers. 51 € 2 pers. 58/74 € pers. sup. 10 € repas 22 €
Ouvert : Toute l'année.

7	1	1	7	7	70	20	20	75	5

Françoise DU LUC - Château Massal - 30120 BEZ-ET-ESPARON - Tél. : 04 67 81 07 60 ou 06 14 35 45 04 - Fax : 04 67 81 07 60

Languedoc-Roussillon
Gard

BLANDAS
Alt. : 650 m

🛏️ 2 ch.

Le Cirque de Navacelle 1 km. Le Lac du Selegon 50 km. Mt-Aigoual 45 km 1ère ch. :rez de chaussée, douche dans ch., wc dans ch., cuisine indépendante commune. 1 lit 2 pers. + 1 clic clac 1 pers., TV, piscine commune, terrasse indépendante, terrain commun. 2e ch. : idem sauf 2 lits 1 pers. + 1 clic clac 1 pers. Sur 1 parcelle de 2 ha dans 1 cadre de verdure sur les Causses, en bordure du cirque de Navacelles situé au début du Larzac et à la fin des Cevennes 1 endroit sûr pour le calme et la découverte de la nature.

Prix : 1 pers. 31 € 2 pers. 40 € 3 pers. 49 €
Ouvert : Toute l'année.

🐕	⛱️	🎾	🏊	🤽	🌊	⛸️	🌲	🚂
7	7	20	0,1	70	21	1	17	

Vincent SOGORB - route de Vissec - 30770 Blandas - Tél. : 04 67 81 53 52 ou SR : 04 66 27 94 94

BOISSET-ET-GAUJAC Le Montaud

🛏️ 2 ch.

Musée du Désert 6 km. Musée de la Soie 20 km. Bambouseraie 3 km. Jean et Lili vous accueillent dans un ancien Mas languedocien, dans leurs deux chambres. « Campanule », comprend douche, wc, lavabo et un petit coin-salon avec 2 fauteuils, « Hellébore » (2 épis) comprend douche et lavabo, wc privatifs à proximité. Chauffage central. Les chambres situées au r.d.c., avec entrée indépendantes, donnent sur le jardin avec terrasse. L'environnement est calme et ensoleillé dans les chênes verts, à l'écart de la circulation. Possibilité de remise en forme par massages relaxant (S.G.M). Piscine privée. Langue parlée : anglais.

Prix : 1 pers. 35/40 € 2 pers. 43/46 €
Ouvert : Toute l'année.

🐕	⛱️	🎾	🏊	🤽	🌊	⛸️	🌲	🚂
2,5	2,5	2,5	3	SP	70	3	11	2,5

Jean et Lili DEMOLDER - Mas le Montaud (n°686) - 30140 BOISSET-ET-GAUJAC-(ANDUZE) - Tél. : 04 66 60 85 62 - Fax : 04 66 60 85 62

BREAU Maison Forestière de Puechagut
Alt. : 1000 m (TH)

🛏️ 3 ch.

Mont Aigoual 18 km. Parc National des Cévennes 1 km. 3 ch. en pierres apparentes : 1 ch. (2 lits 1 pers.), salle de bains avec baignoires et wc indépendants, 1 ch. (1 lit 2 pers.), salle de bains avec douche et wc indépeendants, et 1 ch. classée 1 épi (2 lits 1 pers.), lavabo et wc indépendants, douche commune. En plein cœur de la forêt domaniale, à proximité de nombreux G.R. et des sites touristiques (Cirque de Navacelles, Cirque des Pises, grottes...), la Maison des Cévennes offre de nombreuses poss. culturelles et sportives, pour la découverte d'un monde naturel et d'ouverture sur les cultures locales. Langues parlées : anglais, espagnol.

Prix : 2 pers. 32/40 € repas 11/14 € 1/2 pens. 29/33 € pens. 40/44 €
Ouvert : Toute l'année.

🐕	⛱️	🎾	🏊	🤽	🌊	⛸️	🌲	🚂
10	12	1	12	18	70	30	SP	18

ASSOCIATION DES AMIS DE L'AIGOUAL - Maison des Cévennes - Puechagut - 30120 BREAU - Tél. : 04 67 81 70 96 ou 04 67 81 76 26 - Fax : 04 67 81 76 29

LA BRUGUIERE Le Mas des Santolines
🍷 🏠 (TH) 🍴 💳

🛏️ 5 ch.

Uzès 12 km. Nîmes 30 km. Avignon 35 km. Arles, Camargue 45 km. Mas du début du XIXe siècle entièrement rénové, composé de 5 ch. dont 1 suite, toutes très confortables et agréablement décorées. Lits en 160 ou 100, salles de bains pratiques et soignées. Pièces communes : salon, cuisine, salle à manger, sont vastes et claires et accueillantes. Chiens admis sur demande. Poss. transfert du mas à l'aéroport ou gare. Niché au cœur de la Provence gardoise, Le Mas des Santolines est à proximité de sites incomparables, et proche de la Camargue et de la Méditerranée. Le vaste jardin offre sa végétation méditerranéenne et l'agrément de sa piscine privée. Cuisine gourmande servie sous le figuier centenaire. Langues parlées : anglais, espagnol.

Prix : 1 pers. 84 € 2 pers. 84 € 3 pers. 92 € repas 23 € 1/2 pens. 60 € pens. 60 €
Ouvert : Toute l'année.

🐕	⛱️	🎾	🏊	🤽	🌊	⛸️	🌲	🚂
10	2	10	10	SP	45	10	2	25	3

Marie-Claude PARMENTIER - Le Mas des Santolines - 30580 LA BRUGUIERE - Tél. : 04 66 72 85 04 - Fax : 04 66 72 87 38 - www.mas-santolines.com ou SR : 04 66 27 94 94

LE CAILAR Mas St Maurice

🛏️ 2 ch.

Les Aigues Mortes 18 km. Les Stes-Maries-de-la-Mer 25 km. 2 ch. au rez de chaussée avec cabinet de toilette comprenant lavabo, douche et wc privés. Séjour commun terrasse et jardin commun. Ch. dans 1 mas typique en petite Camargue au milieu des vignes à proximité de la mer d'Aigues Mortes et des Stes Maries de la mer et de Nîmes. Langue parlée : anglais.

Prix : 1 pers. 38 € 2 pers. 45 € pers. sup. 7 €
Ouvert : Toute l'année.

🐕	⛱️	🎾	🏊	🤽	🌊	⛸️	🌲	🚂
20	10	2	0,5	5	20	5	2	

Jean-Claude TROUGNAC - Mas St Maurice - route de Codognan - 30740 Le Cailar - Tél. : 04 66 73 35 86 - Fax : 04 66 53 90 97 - E-mail : jc.trougnac@free.fr ou SR : 04 66 27 94 94

CALVISSON
(TH)

🛏️ 3 ch.

3 ch. à l'étage avec salle de bains et wc particuliers. Salle de séjour/salon avec cheminée, terrasses. Chambres donnant sur un patio intérieur. Garage voiture 4 €. Environnement de village, totalement indépendant. Hôtel particulier du XVIe siècle entièrement restauré. Visites guidées d'Arles, Nîmes, Montpellier, Avignon. Expositions de peinture sur place. Langues parlées : anglais, italien, espagnol.

Prix : 1 pers. 38 € 2 pers. 46/49 € 3 pers. 58 € pers. sup. 8 € repas 15 €
Ouvert : De début février à fin novembre.

🐕	⛱️	🎾	🏊	🤽	🌊	⛸️	🌲	🚂
8	SP	8	5	SP	20	18	25	8	SP

Régis et Corinne BURCKEL DE TELL - Pays de Nîmes - Grande Rue 48 - 30420 CALVISSON - Tél. : 04 66 01 23 91 - Fax : 04 66 01 42 19 - E-mail : corinne.burckeldetel@free.fr - www.bed-and-art.com

Gard
Languedoc-Roussillon

CAMPESTRE-ET-LUC Le Luc
Alt. : 750 m — A (TH) — C.M. 83 Pli 5

6 ch. **Cirque de Navacelle 25 km. Saint-Guilhem-le-Désert 45 km.** Vous serez accueilli dans 1 domaine datant de 1850 aménagé avec soin pour votre plus grand plaisir. 6 ch. avec s.d.b. et wc indépendants. Jardin, terrasse. Repas d'hôtes à l'auberge (grande cheminée) ; produits régionaux, cuisine gourmande. Parking et garage fermé. Ambiance douce et idéal pour se ressourcer. La Couvertoirade à 20 km. Le domaine, au pied duquel part un G.R, est environné d'1 quinzaine de sites touristiques parmi les plus marquants de la région (Lac du Salagou, Cirque de Mourèze, Grottes de Labeil et de Clamouse...)
Langue parlée : anglais.

Prix : 1 pers. 37 € 2 pers. 45 € pers. sup. 9 € repas 16 €
Ouvert : Toute l'année.

40	15	15	0,1	22	115	40	20	30	15	

Jean-Michel MOHA - Domaine du Luc - Au Pays des Templiers - 30770 CAMPESTRE-ET-LUC - Tél. : 04 67 82 01 01 -
Fax : 04 67 82 01 01

CAMPESTRE-ET-LUC
Alt. : 700 m

2 ch. Chaque chambre comprend : 1 lit 2 pers., salle d'eau et wc indépendants et sont aménagées à l'étage. Salle commune, TV. Sites à découvrir : Lacouvertoirade, Roquefort, le Cirque de Navacelle, Millau, le St-Gairal, le Mont Aigoual... Le causse de Campestre est un causse particulier, si vous passez par là il ne vous laissera pas indifferent, comme une femme qui a un attrait inexplicable. Le village de Campestre va vous retenir comme une oasis au milieu du désert, d'où ma joie de vous le faire connaître, lui et ses secrets.

Prix : 2 pers. 40 €
Ouvert : Du 15 juin au 30 septembre.

15	15	10	3	15	80	15	7	3

Marc CAUSSE - Le Village - 30770 CAMPESTRE-ET-LUC - Tél. : 04 67 82 09 96 ou 04 67 81 10 65 - Fax : 04 67 81 10 65

LA CAPELLE-MASMOLENE

1 ch. **Uzès 13 km. Le Pont du Gard 15 km.** 1 chambre indépendante avec douche et wc. Terrasse. Jardin commun. Ouvert toute l'année. A 1 km du village, environnement de mas en pleine campagne, ombragé et calme. Vols en montgolfière sur place. Langue parlée : anglais.

Prix : 1 pers. 35 € 2 pers. 45 €
Ouvert : Toute l'année.

12	0,3	1	45	12	SP	33	10	

Jean et Diane DONNET - route de la Capelle - 30700 LA CAPELLE-MASMOLENE - Tél. : 04 66 37 11 33 - Fax : 04 66 37 15 21 -
E-mail : jean.donnet@wanadoo.fr

CARDET Mas Julian

1 ch. **Anduze 12 km. Uzès 30 km. Nîmes 40 km. Pont du Gard 45 km.** ch. au rez de chaussée comportant salle d'eau et wc, séjour privé attenant avec coin cuisine entièrement équipé, chauffage central. Dans leur mas restauré avec vue imprenable sur les Cévennes, dans 1 cadre fleuri et arboré contribuant à la qualité de votre séjour, Renée et Georges vous proposent en r.d.c. 1 ch. avec salle d'eau et wc intégrés, séjour privé attenant, coin cuisine, jardin, piscine à disposition à la belle saison.

Prix : 2 pers. 54 €
Ouvert : Toute l'année.

2	5	SP	60	15	2	

Renée et Georges VERDET - 81 chemin du Mas Julian - 30350 Cardet - Tél. : 04 66 83 81 68

CASTELNAU-VALENCE
(TH)

3 ch. **Uzès 15 km. Nîmes 25 km.** Maison de village en pierre, calme et confortable. Chambres spacieuses 1er ét. : 1 ch. 3 pers. 2e ét. : 1 ch. 2 pers. et 1 ch. 2 à 5 pers., toutes avec s. d'eau et wc indép. dans la ch. Salle à manger, salon. Terrasse et piscine communes. Parking clos. Repas soir sur commande. Enfants de moins de 7ans : 12.50 €. Table d'hôtes soignée. Cuisine provençale. Langue parlée : allemand.

Prix : 1 pers. 46 € 2 pers. 54 € pers. sup. 16 € repas 15 €
Ouvert : De février à fin novembre.

5	10	5	SP	60	15	25	6	10	

André BARTHELEMY - La Maison d'Alcalure - rue du Camp - 30190 CASTELNAU-VALENCE - Tél. : 04 66 60 13 26 - Fax : 04 66 60 13 26 ou SR : 04 66 27 94 94

CASTILLON-DU-GARD Mas de Raffin
C.M. 83 Pli 10

4 ch. Dans un vieux mas entièrement restauré. R.d.c. : 1 ch. 2 pers. voutée, 1 ch. voûtée 2 ou 3 pers., 1 ch. (poutres) 2 ou 3 pers. Etage : 1 ch. 2 ou 4 pers. (poutres) avec coin-cuisine. 1 chambre 2 ou 3 pers (poutres). Salle de bain et douche et wc séparés pour chaque chambre. TV. Cour fermée. Parking. En plein cœur des vignes et de la garrigue à 5 mn du pont du Gard. A 10 mn d'Uzès « 1er Duché de France ». Calme, repos, détente assurés. Cave particulière en côte du Rhône (rouge et rosé). Langues parlées : anglais, italien.

Prix : 1 pers. 51 € 2 pers. 65/84 € 3 pers. 88/100 €
Ouvert : Toute l'année.

4	2	4	4	SP	100	3	SP	24	0,4

Michel VIC - Mas de Raffin - 30120 CASTILLON-DU-GARD - Tél. : 04 66 37 13 28 - Fax : 04 66 37 62 55

Languedoc-Roussillon
Gard

CASTILLON-DU-GARD La Maison d'Elie

4 ch. **Pont du Gard et gorges du Gardon 3 km. Nîmes et Avignon 25 km.** 3 ch. avec bain balnéo relaxalt et wc. 1 ch. avec douche et wc (douche d'hydromassage). TV satellite et mini bar (TV 16/9e). Piscine couverte et chauffée avec terrasse sur les toits. Salon avec cheminée pour l'hiver. Maison d'hôtes au cœur d'1 authentique village médiéval entre Nîmes et Avignon, à 3 km du Pont du Gard. Ch. voutées et décor provençal, meublé d'ancien et de « cigales » pour 1 séjour ou la richesse de la région vous offre même dans le village la gastronomie dans ses restaurants.

Prix : 1 pers. **55** € 2 pers. **95** € 3 pers. **110** €
Ouvert : Du 15 Février au 31 decembre.

3	5	5	SP	80	5	15	25	

Mireille DAUTEUIL - rue Turion Sabatier - La Maison d'Elie - 30210 Castillon-du-Gard - Tél. : 04 66 37 24 70 ou 06 20 46 02 44 - Fax : 04 66 37 24 70

CAVEIRAC

3 ch. 3 chambres d'hôtes au r.d.c., s'ouvrant sur une terrasse fleurie. Totalement indépendantes. 2 ch. avec 1 lit 2 pers. chacune dont 1 équipée d'une kitchenette (45 €) et 1 ch. avec 1 lit jumeaux, salle d'eau et wc pour chaque chambre. 2 chambres sont équipées d'un réfrigérateur. Grand jardin. Très calme. Piscine privée. Restaurant 500 m.

Prix : 1 pers. **37** € 2 pers. **42** € 3 pers. **54** €
Ouvert : Toute l'année.

40	1	20	15	SP	40	20

Clément MARTIN - rue de la Station - 30820 CAVEIRAC - Tél. : 04 66 81 35 16

CENDRAS Le Puech

2 ch. 2 chambres d'hôtes (1 lit 2 pers.) avec douches, lavabos et wc indépendants. TV. Jardin indépendant, terrasse. Piscine privée de 10 x 5 avec terrasse. Tarif 4 pers. : **69** €. Villa très calme avec vue panoramique, très ensoleillée. En Cévennes, nombreuses activités à proximité (équitation, piscine, etc...). Nombreuses curiosités à visiter : bambouseraie, musée du désert, musée de la soie, etc...

Prix : 2 pers. **46** € 3 pers. **59** €
Ouvert : Toute l'année.

0,5	0,2	0,5	9	0,2	80	30	20	6	0,5

René BORD - Le Puech - 30480 CENDRAS - Tél. : 04 66 30 20 28 - Fax : 04 66 30 20 28

CENDRAS Hameau de la Baume (TH)

1 ch. **Pont du Gard 35 km.** Chambre 16m² environ. Grand lit + 2 lit appoints. Grande salle de bains avec douche. Vue sur nature et espace vert avec chevaux. Terrasse commune avec gîte d'étage. Jardin commun. Cuisine commune. Table d'hôte. Safari Souterrain. VTT. Accompagnement randonnée et découverte de la vallée (sites et monuments). Cnetre equestre. Ecomusée. Langue parlée : anglais.

Prix : 1 pers. **38** € 2 pers. **43** € 3 pers. **96** € pers. sup. **15** €
repas **12** €
Ouvert : Toute l'année.

1	1,5	1	SP	1,5	80	40	5	7	1,5

Jean-Louis GALERA (Sarl CAMINAREM) - Centre equestre du Galeizon - Gîte de la Baume - 30480 Cendras - Tél. : 04 66 78 83 03 ou 06 73 75 52 76 - Fax : 04 66 78 83 03 - E-mail : CAMINAREM@free.fr

LE CHAMBON

4 ch. **Alès 32 km. Besseges 12 km.** 4 chambres.

Prix : 1 pers. **38** € 2 pers. **53** €
Ouvert : Toute l'année.

SP	SP	SP	20	100	20	SP	4	SP

Dominique PASSIEU - place Louis Badourle - 30450 LE CHAMBON - Tél. : 04 66 61 49 25 - Fax : 04 66 61 50 36

CHAMBORIGAUD Le Mas du Seigneur Alt. : 510 m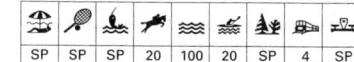

5 ch. Dans un mas cévenol du XVIe, 5 chambres rénovées et décorées avec soin à accès indépendant : 1 lit 2 pers., salle d'eau et wc dans chacune. Poss. lit suppl. Bibliothèque. Piscine, boulodrome, parking privé. 1/2 pension, 1 semaine minimum. Situé au milieu de 15 ha. de pins, de châtaigniers centenaires. Nous serons heureux de vous faire profiter de la nature environnante, du calme, de la beauté du site et de nombreuses activités (marche, cueillette, baignade). Langues parlées : anglais, espagnol.

Prix : 1 pers. **43** € 2 pers. **58** € 3 pers. **74** € pers. sup. **16** €
repas **17** € 1/2 pens. **45** €
Ouvert : Du 1er Fevrier au 30 novembre.

2	4	1	10	SP	90	15	SP	5	4

Louis et Danièle BERTRAND - Altayrac - Le Mas du Seigneur - 30530 CHAMBORIGAUD - Tél. : 04 66 61 41 52 - Fax : 04 66 61 41 52 - www.i-france.com/seigneur

Gard

Languedoc-Roussillon

COLLORGUES

||| 3 ch. 3 chambres d'hôtes indépendantes, aménagées dans un vieux mas indépendant, en limite de village. 1 ch. (2 lits 1 pers.), 2 ch. (1 lit 2 pers.) avec cabinet de toilette (lavabo, wc, douche) pour chacune. 2 chambres sont en r.d.c., 1 à l'étage. Jardin méditérranéen. Terrasses indépendantes. Piscine privée. Parking fermé. Golf à 11 km. Langues parlées : allemand, anglais.

Prix : 1 pers. **50/53** € 2 pers. **57/80** €
Ouvert : De Pâques à la Toussaint.

🐕	⛱	🎾	🏇	🏊	≈	⛳
11	5	11		SP	60	15

Dominique DANZEISEN-LEIJENAAR - Mas du Platane - 30190 COLLORGUES - Tél. : 04 66 81 29 04

COLOGNAC Alt. : 600 m (TH)

|| 2 ch. 2 chambres d'hôtes au 2ᵉ étage. Vue sur la campagne. Salle d'eau dans chaque chambre. WC réservés aux 2 chambres. Salle de séjour avec cheminée. Jardin. Terrasse. Langues parlées : anglais, espagnol.

Prix : 1 pers. **28** € 2 pers. **38** € 3 pers. **49** € pers. sup. **7** € repas **13** € 1/2 pens. **40/64** €
Ouvert : Toute l'année.

🐕	⛱	🎾	🏇	🏊	≈	🌲
6	0,1	0,1	6	6	60	15	0,1

Anne-Eléonore CHARTREUX - place de la Mairie - 30460 COLOGNAC - Tél. : 04 66 85 28 84 - Fax : 04 66 85 48 77

CONGENIES L'Amourie

|| 2 ch. 1 chambre (2 lits 1 pers.) et 1 chambre (1 lit 2 pers.) + mezzanine 2 enfants avec salle d'eau et wc particuliers dans chacune. Mezzanine avec 2 lits enfant. Séjour commun, grande cour commune. Enfant : 14 €. Animation musicale à l'Amourié (orgue à tuyaux, musique ancienne) entre mer et montagne, petit village du midi calme et reposant. Langue parlée : allemand.

Prix : 1 pers. **35** € 2 pers. **38** €
Ouvert : Toute l'année sauf novembre et décembre.

🐕	⛱	🎾	🏇	🏊	≈	🚴
10	2	10	5	8	35	12	0,3

Danielle ARMAND-DELORD - 34 avenue de la Malle Poste - 30111 CONGENIES - Tél. : 04 66 80 76 35

CONQUEYRAC Ceyrac   C.M. 83

| 4 ch. En pays cévenol, grand mas du XVIIIᵉ, 4 chambres studios avec lits 2 pers. et 1 lit 1 pers., salle d'eau et wc indépendants pour chaque chambre. Salle commune. Terrasse. Tennis. Piscine disponible juillet et août. Calme assuré, cadre très agréable. A proximité : nombreuses curiosités à visiter. Langues parlées : anglais, italien.

Prix : 1 pers. **32/38** € 2 pers. **38/42** € 3 pers. **51/74** €
Ouvert : Toute l'année.

🐕	⛱	🎾	🏇	🏊	≈	🌲	⛳	🚴
12	0,3	8	3	8	40	12	30	40	45	3

S.A. SUMAR - Ceyrac - Domaine de Ceyrac - 30170 CONQUEYRAC - Tél. : 04 66 77 68 85 - Fax : 04 66 77 91 29

COURRY Croix-Parens   (TH)

||| 3 ch. Barjac 20 km. Uzès 50 km. Nîmes 65 km. Dans un vieux mas restauré, aux voûtes centenaires, meublé en ancien, 3 ch. à l'étage, toutes avec salle de bains et wc privés. Salle à manger, 2 salons avec TV. Terrasse, jardin, piscine, parking privé. Table d'hôtes le soir sur réservation. Animal : 2.50 €. Au pied des Cévennes, à la limite Gard/Ardèche. En bordure d'un petit village, calme assuré, confort, accueil chaleureux. Activités : tennis au village, VTT, balades, p-pong, jeu de boules. Parc National des Cévennes, bambouseraie, Gorges de l'Ardèche, vallée de la Cèze, Pont du Gard. Langue parlée : anglais.

Prix : 1 pers. **49** € 2 pers. **55/61** € 3 pers. **73** € pers. sup. **16** € repas **19** €
Ouvert : De mars à la Toussaint (sur réservation en hors-saison).

🐕	⛱	🎾	🏇	🏊	≈	🌲	🚴
7	0,3	7	6	SP	110	0,7	5	7	SP

Catherine MALET - La Picholine - Courry - 30500 ST-AMBROIX - Tél. : 04 66 24 13 30 - Fax : 04 66 24 09 63 -
E-mail : picholine@wanadoo.fr - www.lapicholine.fr.st

CROS Le Château

| 1 ch. 1 chambre d'hôtes indépendante avec vue sur un paysage sauvage, calme et de caractère. 1 ch. de 18 m² au 1ᵉʳ étage (1 lit 2 pers.), salle d'eau et wc privés. Rez-de-chaussée : cuisine/séjour de 18 m² avec 1 clic-clac. Parking, terrain attenant. Enfant : 7 €. Langue parlée : allemand.

Prix : 2 pers. **35** € 3 pers. **43** €
Ouvert : De mi-avril à fin septembre.

🐕	⛱	🎾	🏇	🏊	≈	🌲	🚴
4	5	SP	4	5	60	15	5

Lore FOHREN - Le Château - 30170 CROS - Tél. : 04 66 77 92 92

Languedoc-Roussillon
Gard

DOMAZAN Le Moulin

1 ch. Pont du Gard 10 km. Avignon 15 km. Nîmes 20 km. Arles 70 km. Dans ancien moulin à huile rénové. 1 ch. de 16m² au premier étage, lit de 140. Mobilier ancien, tapis, poutres apparentes, pierres du « Pont du Gard ». Salle d'eau + wc indépendant hors de la chambre. Au cœur des Côtes du Rhône méridionales, à qqs kms Pont du Gard, Fabienne et Bruno ont aménagé l'ancien moulin à huile du village. Beaucoup de charme se dégage de cette maison de caractère protégée par son jardin clos où vous pourrez prendre 1 copieux petit déj. avec confitures et cakes maison. Langues parlées : anglais, allemand.

Prix : 1 pers. 43 € 2 pers. 53 € repas 15 €
Ouvert : Avril à Novembre.

10	10	10	5	8	60	10	10	15	6

Fabienne ROSSI-BODIN - Avenue des Aires - Le Moulin - 30390 Domazan - Tél. : 04 66 57 46 13 - Fax : 04 66 57 46 13 -
E-mail : fabienne.rossi@mageos.com ou SR : 04 66 27 94 94

DURFORT

2 ch. Alès 25 km. Anduze 10 km. Environnement de mas, dans la maison du propriétaire entourée de bois, vignes et prairies. 1 ch. (1 lit 2 pers. 1 lit 1 pers.), avec douche et wc indépendants, 1 ch. (2 lits 1 pers.) avec s.d.b., wc. Pièce de jour commune avec cheminée et TV. Grand terrain boisé, très beau panorama. Tous loisirs à proximité. Langue parlée : anglais.

Prix : 1 pers. 40 € 2 pers. 50 € 3 pers. 65 €
Ouvert : Toute l'année.

6	10	6	6	10	50	10	SP	25	1

Michel VIGNON - Mas de Gouze - 30170 DURFORT - Tél. : 04 66 77 03 44

EUZET

3 ch. Uzès 17 km. Nîmes 30 km. La ch. « Iris (1 terrasse privée) dominant le jardin de bambous, comprend 1 ch. principale (lit 2 pers.), 1 ch. voutée (lit 1 pers.) et 1 s.d.b. (baignoire et wc).La ch. « Olive » (lit à baldaquin), s.d.b. avec douche et terrasse (vue d'exception). La ch. "bambous" direct jardin (petite cuisine). Petit app. espagnol pour 2 à 4 pers. Ch avec accès indépendant. Adossé à la montagne et à la garrigue, en haut du village, le château d'Euzet à une vue dominante sur la vallée qui mène à Uzès. Entouré d'un jardin terrasse, il domine « le jardin de bambous » où est située la piscine. La demeure de style provencal comporte de nombreuses pièces à vivre. Langue parlée : anglais.

Prix : 2 pers. 58/106 € 3 pers. 73/106 € pers. sup. 15 €
Ouvert : Toute l'année sauf Aout.

60	1	10	4	SP	60	10	SP	16	15

Anne LEVIEL - rue du Château - Le Château - 30360 EUZET-LES-BAINS - Tél. : 04 66 83 38 38 - Fax : 04 66 83 37 38 -
E-mail : EUZET@club-internet.fr

FONS-SUR-LUSSAN La Magnanerie

3 ch. Uzès 25 km. Pont du Gard 32 km. Anduze et Vallon Pont d'Arc 40 km. 1 ch. (2 lits 1 pers.), 1 ch. (1 lit 2 pers.), 1 ch. familiale (2 ch. distinctes,douche et wc séparés) toutes avec salle de bains et wc, aménagées dans une magnanerie (élevage de vers à soie) du XVIII°. Décoration raffinée dans un esprit « sud ». 2 terrasses accueillantes. Cuisine régionale et conviviale à la table d'hôtes. Salon avec TV, terrasse et verdure. Dans un village authentique de la garrigue, calme et préservé. Nombreuses randonnées entre vignes, oliveraies et garrigue. Possibilité de stages de décoration murale à la chaux (peintures et enduits) par le propriétaire. Langues parlées : anglais, allemand.

Prix : 1 pers. 44 € 2 pers. 49 € repas 15 €
Ouvert : Toute l'année.

8	4	8	1	4	90	8	2	45	0,2

Michel GENVRIN - La Magnanerie - 30580 FONS-SUR-LUSSAN - Tél. : 04 66 72 81 72

GARRIGUES-SAINTE-EULALIE Sainte-Eulalie
C.M. 80 Pli 18

1 ch. Uzès 12 km. Nîmes 25 km. Porte des Cévennes 30 km. Chambre avec 2 lits 1 pers., salle d'eau et wc. Chauffage central. Environnement de hameau dans une maison familiale. A moins d'une heure de la mer. A la limite de la Provence, au cœur de la garrigue.

Prix : 2 pers. 55 €
Ouvert : Toute l'année.

5	2	5	15	0,1	70	10	25	3

Daniel et Elyett ACCABAT - Garrigues Ste-Eulalie - Ste-Eulalie - 30190 ST-CHAPTES - Tél. : 04 66 81 21 12 - Fax : 04 66 81 93 39 -
www.GITESDESTEEULALIE.TSX.ORG

GENOLHAC Toureves
Alt. : 885 m   C.M. 80 Pli 7

1 ch. Ecomusée du Mt-Lozère 30 km. La Garde Guerin (village fortifié) 25 km. Alt.900 m. Le grand mas ensoleillé vous propose 1 ch. pour 2 pers. entièrement équipée (salle d'eau privée avec wc) avec accès indépendant. Salle à manger et cuisine à disposition. Repas table familiale avec miel, confitures, fromages de chèvre, chataignes devoisins et vin vallée du Rhône compris. Lieu magique à preserver, aux confins du parc national des Cevennes sur le flanc oriental du mont Lozère,Toureves est un Belvedere d'où l'on beneficie d'1 vue exceptionnelle. GR68 (Tr Mt Lozère). Randonnées équestres, VTT, Escalades, ski ou Astronomie. Langues parlées : anglais, espagnol.

Prix : 1 pers. 23 € 2 pers. 46 € pers. sup. 16 € repas 14 €
1/2 pens. 37 € pens. 45 €
Ouvert : Toute l'année.

0,2	5	0,1	5	13	20	20	SP	5	5

Michelle et Jacques POSTEL-VINAY LEMAIRE - Toureves - 30450 Genolhac - Tél. : 04 66 61 10 01 - Fax : 04 66 61 10 01

Gard
Languedoc-Roussillon

ISSIRAC (TH)

3 ch. Au pied du village, dans une maison en pierre au charme authentique, 3 ch. d'hôtes équipées de douche et wc, balcon attenant. Grand jardin avec très belle vue. De la maison : sentiers pédestres, circuits VTT à la découverte des charmes de la garrigue. Au pays des lavandes et des cerises, Issirac est un petit village calme et pittoresque avec ses ruelles, son clocher caractéristique dominant les Gorges de l'Ardèche et la Vallée de la Cèze.

Prix : 1 pers. 41 € 2 pers. 47 € 3 pers. 54 € repas 13 €
Ouvert : Toute l'année.

6	6	6	10	2	90	12	0,5

Pascale CHAVE - chez Dame Tartine - rue de la Fontaine - 30760 ISSIRAC - Tél. : 04 66 82 17 06 - E-mail : dame.tartine@9online.fr - http://web-accueil.net/chez-dame-tartine.htm

JUNAS Domaine de Christin

1 ch. Nîmes 30 km. Uzès 40 km. Montpellier 30 km. 1 ch. d'hôtes (1 lit 2 pers.), salle de bains, wc privés. Jardin commun sur la propriété du mas viticole. Séjour commun. Possibilité abri voiture. Calme et repos assurés. Taxe de séjour : 0,61 €/pers./jour. Entre Cévennes et Camargue, sur les Terres de Sommières, à la croisée des hauts lieux touristiques. Marie-France et André vous accueillent dans leur mas viticole languedocien, dans la verdure du château de Christin (monument histo.). Viticulture, visites du vignoble, des chais, dégustation. Soirée. Langue parlée : espagnol.

Prix : 1 pers. 43 € 2 pers. 49 €
Ouvert : Toute l'année.

5	3	3	4	3	30	15	3

Mathieu et M-France MAHUZIES - route d'Aubais - Domaine de Christin - 30250 JUNAS - Tél. : 04 66 80 95 90 - Fax : 04 66 80 95 90 - www.logassist.fr/christin

LASALLE Domaine de Bagard

5 ch. 5 chambres d'hôtes (1 lit 2 pers. ou 1 lit 1 pers.) selon la chambre, douche et wc indépendants. Terrasse et jardins communs. Piscine sur place. Chambres situées dans les Cévennes. Langue parlée : anglais.

Prix : 1 pers. 40 € 2 pers. 45 € 3 pers. 55 €
Ouvert : Toute l'année.

3	3	5	5	SP	70	15	30	3

John MAC DONALD - Domaine de Bagard - 30460 LASALLE - Tél. : 04 66 85 25 51

LASALLE Domaine de Soulages

4 ch. Uzes, Nîmes, Montpellier 50 km. Bambouseraie, grottes, gorges 20 km. Chambres d'hôtes et suite spacieuses et agréables, avec salle de bains et wc. Belle vue. Meubles et objets de style et d'époque. L'architecture de la demeure est favorable aussi bien aux réunions conviviales qu'à l'isolement intimiste. Le domaine s'étale sur 38 ha., il a été profondément remanié par l'édification de magnifiques murs en granit en terrasses ou barrages. Région de festival : Uzes, Le Vigan...

Prix : 1 pers. 74 € 2 pers. 77 € 3 pers. 104 € pers. sup. 15 €
Ouvert : Toute l'année sur réservation.

SP	2	10	2	SP	50	20	SP

Guillaume GOURGAS - Saint-Louis de Soulages - 30460 LASALLE - Tél. : 04 66 85 41 83 ou 04 67 64 49 13

LAUDUN Château de Lascours

5 ch. Aéroports d'Avignon 25 km et Nîmes 40 km. Uzès 17 km. 4 ch. et 1 suite indépendantes avec salle de bains et wc particuliers, aménagées dans un château (XII et XVII siècles), classé monument historique, entouré de douves en eau vive. Salle d'accueil, petit déjeuner copieux, parking. Tranquillité assurée. Piscine dans le parc. 4 pers. :114 € et enfants de moins de 7ans :15 €. Alentours du château : Laudun, camp de César (site archéologique) et vignoble classé. Bagnols sur Cèze : musée de peinture. Langues parlées : anglais, italien.

Prix : 1 pers. 75 € 2 pers. 84 € 3 pers. 99 € pers. sup. 14 €
Ouvert : Toute l'année.

0,1	0,1	0,1	0,5	0,1	80	30	SP	25	0,1

Jean-Louis BASTOUIL - Château de Lascours - 30290 LAUDUN - Tél. : 04 66 50 39 61 - Fax : 04 66 50 30 08 -
E-mail : CHATEAU.DE.LASCOURS@wanadoo.fr

LAVAL-PRADEL Le Mas de la Cadenede A (TH)

4 ch. Nîmes 40 km. Rez de chaussée, s.d.b avec douche et wc dans ch., TV, sèche cheveux, terrasse privative, salle de détente avec billard, salle de jeux avec bibliothèque. Repas possible midi et soir. Piscine privée commune. Parking privé. Lieu de vie chaleureux, aménagé pour faire de votre séjour en Cevennes 1 repère,1 souvenir. Les ch. sont toutes équipées du confort nécessaire à votre bien être (1 avec mezzanine).Salle de détente sous 1 voûte de pierre. La piscine vous berce par le bruit des chutes d'eau. Instant de quiétude. Langue parlée : anglais.

Prix : 1 pers. 49 € 2 pers. 59 € 3 pers. 69 € pers. sup. 10 €
repas 17 € 1/2 pens. 93/127 €
Ouvert : Toute l'année.

10	3	10	8	SP	60	10	SP	6	3

Maxime TURC - Le Mas de la Cadenede - Le Mas de Dieu - 30110 Laval-Pradel - Tél. : 04 66 30 78 14 - Fax : 04 66 30 78 88 -
E-mail : masdelacadenede@free.fr - www.masdelacadenede.free.fr ou SR : 04 66 27 94 94

Languedoc-Roussillon
Gard

LAVAL-SAINT-ROMAN Trescouvieux   A

¶¶¶ 2 ch.   2 chambres d'hôtes (1 lit 2 pers.) aménagées à l'étage avec douche et wc indépendants. Pays spiripontain, Cèze-Ardèche. Auberge de campagne. Domaine viticole.

Prix : 1 pers. 37 €   2 pers. 42 €   3 pers. 54 €   repas 13/22 €

3	3	3	5	9	100	3	1	25	3

CHARMASSON FRERES - Trescouvieux - 30760 LAVAL-SAINT-ROMAN - Tél. : 04 66 82 17 46 - Fax : 04 66 90 03 31

LAVAL-SAINT-ROMAN Le Mas de la Chapelle

¶¶¶ 3 ch.   Maison indép. de caractère à la sortie du village. R.d.c. : 1 ch. (1 lit 2 pers., 1 lit 1 pers.), douche, wc, terrasse privés, 1 ch. (1 lit 2 pers. 2 lits 1 pers. en mezzanine), douche et wc. 1er ét. : 1 ch. (1 lit 2 pers.), s.d.b. et. Chauffage, ventilateur, moustiquaire. Séjour (cheminée). Parking clos. Piscine 6 x 12. 65 €/4 pers. Jardin d'agrément avec salons et jeux. Barbecues, réfrig. commun, cuisine commune à dispo. Accueil chaleureux. Situées entre la Vallée de la Cèze et les gorges de l'Ardèche, entre Orange et Montelimar, nombreux sites à visiter. Langue parlée : anglais.

Prix : 1 pers. 47 €   2 pers. 53 €   3 pers. 59 €
Ouvert : Toute l'année.

5	5	5	7	130	5	5	30	5	

Anne LAMY - Le Village - Le Mas de la Chapelle - 30760 LAVAL-SAINT-ROMAN - Tél. : 04 66 82 36 22 - Fax : 04 66 82 36 22

LIOUC Clos du Martinou   (TH)   CB   C.M. 83 Pli 7

¶¶¶ 5 ch.   5 ch. avec s. d'eau et wc indépendants, dont 2 à l'étage (lits 2 pers. et 3 lits enfants superposés), balcon. 1 ch. à l'étage (lit 2 pers.), terrasse. 2 ch. au r.d.c. (lits 2 pers.). 1 ch. access. aux pers. hand. Salle à manger et cuisine commune. Tarif 1/2 pens. :53 €/1 pers., 76 €/2 pers., 102 €/3 pers., 126 €/4 pers. Village de 80 habitants, situé au cœur du vignoble du Salavès. Eglise du XIe siècle, bois de chêne centenaires, escalade 10 km (Claret : class Europ), bord de rivière le Vidourle, piscine privée, VTT, randonnées GR, PR. A 40 mn de la mer et des Cévennes. Prix en arrière saison et groupe. Langues parlées : anglais, espagnol.

Prix : 1 pers. 37 €   2 pers. 44 €   3 pers. 54 €   pers. sup. 10 €
repas 18 €   1/2 pens. 53/126 €
Ouvert : Toute l'année.

0,5	1	0,5	2	SP	40	60	10	40	1

Silvy et Jack RATIER - Clos de Martinou - 30260 LIOUC - Tél. : 04 66 77 41 42 - Fax : 04 66 77 31 68

LOGRIAN Le Mas des Elfes

¶¶¶¶ 1 ch.   Nîmes 40 km. Uzès 30 km. Anduze 12 km. Dans un mas en pleine campagne à l'orée d'un bois de chêne bordé d'oliviers. Elisabeth et Christian vous accueillent dans une chambre totalement indépendant aménagée à l'étage d'un mazet en pierres avec s.d.b. et wc privés. Terrasse avec salon de jardin ombragé. Piscine à disposition. Ping-pong. Randonnées pédestre et equestre. Belle vue sur les cévennes. Bienvenue aux amoureux du calme et de la nature. Langue parlée : anglais.

Prix : 1 pers. 48 €   2 pers. 55 €
Ouvert : Toute l'année.

6	6	3	3	SP	30	SP	6

Elisabeth et Christian CHAVAN - Le Mas des Elfes - 30610 LOGRIAN - Tél. : 04 66 77 45 16

LUSSAN La Lèque   A   (TH)   C.M. 80

¶¶¶ 4 ch.   4 chambres d'hôtes confortables avec salle de bains et wc indépendants, aménagées avec goût dans un beau mas, faisant partie d'un petit hameau très pittoresque. Chauffage. Grand séjour commun avec cheminée, billard. Table d'hôtes sur réservation (cuisine provençale). Piscine privée. Rivière la Cèze, randonnées pédestres et cheval, boxes. Langue parlée : allemand.

Prix : 1 pers. 49 €   2 pers. 55 €   3 pers. 67 €   repas 13 €
Ouvert : De février au 2 janvier.

12	SP	12	SP	SP	150	12	50	4

Sylvia DOLLFUS - La Leque - Mas des Garrigues - 30580 LUSSAN - Tél. : 04 66 72 91 18 - Fax : 04 66 72 97 91

LUSSAN Mas de Rossière   (TH)

¶¶¶ 2 ch.   2 chambres avec lits 2 pers., salle d'eau et wc indépendants. Pièce commune avec cheminée. Ferme équestre et en exploitation, possibilité location de chevaux, nombreuses promenades pédestres. Piscine privée, spéléo 3 km, escalade 5 km, pistes VTT. Possibilité de loger son cheval à l'écurie : 8 € avec nourriture, promenade en calèche.

Prix : 1 pers. 34 €   2 pers. 38 €   repas 14 €
Ouvert : De mars à novembre sur réservation.

12	4	12	SP	SP	70	12	SP	26	4

Maurice et Nicole CAILAR - Mas de Rossière - 30580 LUSSAN - Tél. : 04 66 72 96 57

Gard
Languedoc-Roussillon

LUSSAN Les Buis de Lussan

2 ch. 4 ch. d'hôtes avec entrée indépendante aménagées dans la maison du propriétaire. 1 ch. (2 lits séparés), 3 ch. (lit double) avec douche et wc privés. Chauffage central. Séjour indépendant. Jardin méditerranéen avec bassin jaccuzi et vue panoramique. Au cœur du village médiéval de Lussan, maison restaurée avec l'ambiance du sud. Uzès, Avignon, les Cévennes, Pont du Gard, Camargue. Prêt de VTT. Langues parlées : anglais, espagnol.

Prix : 1 pers. 55/63 € 2 pers. 61/69 € repas 23 €
Ouvert : Toute l'année.

9	1	SP	5	SP	80	SP	18	SP	

Thierry VIEILLOT - Les Buis de Lussan - rue de la Ritournelle - 30580 LUSSAN - Tél. : 04 66 72 88 93 - Fax : 04 66 72 88 93 -
E-mail : buisdelussan@netup.com

LUSSAN
C.M. 80 Pli 19

2 ch. Situé au centre d'un très beau village médiéval, environnement de garrigues. 2 chambres avec 1 lit 2 pers., salle d'eau et wc indép. dans chacune. 1 lit enfant. Chauffage électrique. Possibilités de promenades et randonnées. Possibilité de se restaurer sur place « Restaurant les 3 Muriers ».

Prix : 2 pers. 38 €
Ouvert : Toute l'année.

9	9	SP	SP	9	80	9	40	SP	

COMMUNE DE LUSSAN - place Jules Ferry - Le Village - 30580 LUSSAN - Tél. : 04 66 72 89 77

MANDAGOUT Le Vigan
Alt. : 500 m

1 ch. **Le Mont Aigoual 30 km. Le Cirque de Navacelle 35 km.** Dans un écrin de verdure unique, mas cévenol authentique du XIe à découvrir. 1 ch. (2 lits 1 pers.), mezzanine (1 lit 1 pers.), salle de douche, wc. Terrain attenant. Table d'hôtes le soir. Enfant : 7,62 €.

Prix : 1 pers. 30 € 2 pers. 43 € 3 pers. 55 € repas 13 €
Ouvert : Toute l'année.

6	2	6	5	6	65	20	SP	6	2

Jean-Michel SEGUY - Le Mas du Haut - Le Serre - 30120 MANDAGOUT - Tél. : 04 67 81 88 48 - Fax : 04 67 81 88 48

MEYNES Le Mas du Micocoulier

2 ch. **Pont du Gard 6 km. Nîmes et Uzès 20 km. Avignon 25 km.** Environnement : de mas. Maison totalement indépendante. 2 ch. Equipement : étage, douche dans ch., wc dans ch., séjour commun, terrasse commune, jardin commun, table d'hôtes, soir sur réservation. Le Mas du Micocoulier se situe dans 1 environnement calme dans 1 propriété de 2 ha de vergers. Nous désirons faire profiter de ce lieu paisible et faire partager les charmes de la région : activités culturelles, promenades,... : région très empreinte d'1 histoire très riche (pont du Gard, Avignon,...)

Prix : 1 pers. 40 € 2 pers. 50 € 3 pers. 60 € repas 16 €
Ouvert : Toute l'année

4	3	4	0,1	1	75	4	40	25	2

Jacques THIEULIN - quartier du Théron - Le Mas du Micocoulier - 30840 Meynes - Tél. : 06 10 48 32 98 ou 04 66 57 15 93 -
Fax : 04 66 57 15 85 - E-mail : micocoulier@free.fr - www.micocoulier.fr

MIALET Le Col d'Uglas
Alt. : 539 m

2 ch. 2 chambres (2 lits 2 pers.) avec s.d.b. et wc. Terrasse individuelle. Terrain. Parking privé. Au cœur des montagnes. Calme, repos et détente. Terrasse panoramique couverte, vue imprenable. Cuisine cévenole (menu ou carte). Parcours de santé sur place. Nombreux GR pour randonneurs et cyclistes. VTT, juin/septembre transhumance. Nombreuses visites : bambouseraie; musée du désert, du santon, des mineurs; corniche des Cévennes;train à vapeur; écomusée du Galeizon. Cueillette de chataîgners. Parc animalier sur place. Grotte du Goleizon. Loc. de VTT.

Prix : 1 pers. 34 € 2 pers. 54 € repas 14/17 € 1/2 pens. 41 €
Ouvert : Toute l'année.

9	12	6	12	10	SP	11	11		

Brigitte VIGIER - Le Col d'Uglas - 30140 MIALET - Tél. : 04 66 86 62 07 - Fax : 04 66 86 19 43 - E-mail : col-duglas@infonie.fr -
www.col-duglas.com

MONOBLET Le Mas de L'Aubret
C.M. 240 Pli 15

6 ch. **Anduze 13 km. Nîmes 50 km. Parc National des Cévennes 15 km.** Dans un cadre de verdure, près du village, grande maison comprenant 6 ch. d'hôtes de 2 ou 3 pers. chacune, avec salle de bains et wc. Lit enfant suppl. 11 €. Terrasse. Grand salon de loisirs avec cheminée. Bibliothèque. Cuisine d'été. Coin-repas à l'ombre des lauriers à disposition. Entre Anduze et St-Hippolyte-du-Fort, Monoblet, village typiquement cévenol se situe dans les premiers contreforts des Cévennes, entre vignes et châtaigniers, sur l'itinéraire des GR6 et GR63. Nombreuses randonnées pédestres de tous niveaux. Pré-parc national. Langue parlée : anglais.

Prix : 1 pers. 30 € 2 pers. 40 € 3 pers. 50 € pers. sup. 11 €
Ouvert : Toute l'année.

12	7	12	10	7	60	15	2	50	0,2

Robert COYNEL - Le Mas de l'Aubret - La Pause - 30170 MONOBLET - Tél. : 04 66 85 42 19 - Fax : 04 66 85 40 65 -
E-mail : nr.coynel@laubret.com - www.laubret.com

Languedoc-Roussillon

Gard

MONTAREN

3 ch. **Nîmes 30 km. Avignon 40 km.** Chambres avec salle d'eau individuelle, dont 2 de 4 pers. et 1 de 2 pers. Vue sur Uzès et sur la piscine. Chauffage central. Piscine privée, aire de jeux, vue panoramique sur le Duche D'uzès. Tranquilité, repos. 1/2 pension : 80 €/2 pers., 103 €/3 pers., 128 €/4 pers. Enfant moins de 10ans :10 €.

Prix : 1 pers. **48 €** 2 pers. **50 €** 3 pers. **58 €** 1/2 pens. **63 €**
Ouvert : Toute l'année.

15	6	15	15	SP	80	15	5	30	6

Diane STENGEL - La Bergerie, Montée de Larnac - route de Saint-Ambroix - 30700 MONTAREN-SAINT-MEDIERS -
Tél. : 04 66 03 32 02 ou 06 87 45 76 07 - Fax : 04 66 03 32 02

MONTAREN-SAINT-MEDIERS

C.M. 80 Pli 19

4 ch. 4 chambres d'hôtes aménagées dans un mas de caractère en pleine campagne, au 1er étage. Salle d'eau et wc individuels dans chaque chambre. Possibilité 1/2 pension. TH sur résa. le soir, produits de la ferme, confitures (canards, coqs, asperges, fruits et légumes). Chauffage. Calme assuré. Environnement de garrigues. 73 €/ 4 pers. Prix 1/2 pens. pour 2 pers. :94 €. Terrasse panoramique, vue sur la campagne autour d'Uzès. Piscine privée.

Prix : 1 pers. **50 €** 2 pers. **54 €** 3 pers. **63 €** repas **20 €**
Ouvert : Toute l'année.

8	5	10	5	80	10

Thérèse STENGEL-DELBOS - Cruviers Larnac - 30700 MONTAREN-SAINT-MEDIERS - Tél. : 04 66 22 10 89 - Fax : 04 66 22 06 76

MONTCLUS   A

3 ch. 3 chambres d'hôtes comprenant 1 lit 2 pers. 1 lit 1 pers. lavabo. Douche, wc communs aux 3 chambres. Terrasse. Taxe de séjour : 0,3 €/pers. Langues parlées : allemand, anglais.

Prix : 1 pers. **26 €** 2 pers. **32 €** 3 pers. **41 €** repas **12 €**
1/2 pens. **38 €** pens. **50 €**
Ouvert : D'avril à octobre.

0,1	1	0,1	10	10	80	0,1	50	10

Claudine BRUGUIER - Le Moulin - 30630 MONTCLUS - Tél. : 04 66 82 32 52

MONTDARDIER

Alt. : 630 m   *C.M. 83 Pli 6*

4 ch. **Montdardier 2 km. Cirque de Navacelles 9 km. Le Vigan 12 km.** 1 chambre (lit 1 pers., salle d'eau et wc. 1 chambre (1 lits 2 pers.), salle d'eau et wc. 1 chambre (4 pers.), douche-cabine, lavabo, wc. 1 ch. (2 lits jumeaux), salle d'eau et wc. Terrasse privatives pour chaque chambre. Maison de plain-pied, salle de documentation sur la région, avec TV. Maison isolée sur une exploitation de 75 hectares. Sur le Causse de Blandas. Elevage de lamas et ânes. Randonnées avec ânes bâtés. GR sur l'exploitation. Langue parlée : allemand.

Prix : 1 pers. **27 €** 2 pers. **34 €** 3 pers. **40 €** pers. sup. **9 €**
repas **11 €**
Ouvert : Toute l'année.

9	2	9	7	11	65	14	2	60	2

C. HYNEK et AM. NOYER - Causse et Lama - route de Navas - 30120 MONTDARDIER - Tél. : 04 67 81 52 77 - Fax : 04 67 81 53 69 -
E-mail : Causse-Lama@wanadoo.fr - www.mageos.ifrance.com/causseetlama

MOUSSAC

C.M. 80 Pli 18

1 ch. Chambre en totalité au rez-de-chaussée avec 1 lit 2 pers., salle d'eau et wc indépendants. Coin-cuisine dans la chambre. Séjour commun. Piscine privée. Pays Alès-Nîmes-Uzès : à proximité du village de Moussac. Calme assuré. Nombreuses curiosités aux alentours. Langues parlées : anglais, espagnol.

Prix : 1 pers. **39 €** 2 pers. **44 €**
Ouvert : Toute l'année.

20	0,5	1	SP	60	20	3	0,5

Jean-Louis ISSAURAT - route de Castelnau - 30190 MOUSSAC - Tél. : 04 66 81 68 14 - Fax : 04 66 81 68 14 -
E-mail : i6poupi7@aol.com

MOUSSAC

1 ch. **Uzès 18 km. Nîmes 20 km. Arles et Alès 25 km.** Ch. d'hôte pour 4 pers., enchaînement de 3 voutes aménagées en séjour cuisine pour la 1ere avec 1 couchage 1 pers., en chambre avec 1 lit à 2 places plus 1 lit à 1 place pour la 2e voute, 1 grande salle de bains pour la 3e voute. Dans un ensemble bâti, dans le haut du village de MOUSSAC, une chambre d'hôte voutée agréable proche des villes d'Uzès 18 km Nîmes 20 km, Alès 25 km. Bien situé pour les vacanciers qui aiment visiter.

Prix : 1 pers. **32 €** 2 pers. **40 €** 3 pers. **46 €**
Ouvert : Toute l'année.

10	0,5	0,5	10	3	60	18	30	20	0,5

Michel PAPA - Mas du plan - 30350 Domessargues - Tél. : 04 66 83 36 70

Gard
Languedoc-Roussillon

NAVACELLES Hameau de Cal
C.M. 80 Pli 18

5 ch.

Uzès 30 km. Nîmes et la Vallée de la Cèze 50 km. 1 ch. pour 4 pers. avec mezz. (1 lit 2 pers.plus 2 lits 1 pers.). 1 ch. pour 4 pers.avec mezz. (4 lits 1 pers.). 3 ch. pour 2 pers.(2 lits 1 pers.). Salle de bains et wc dans chaque ch. Sèche-cheveux. Balcon. Cuisine et salle de séjour avec cheminée, permettant aux hôtes de préparer leur repas. Espace autour de la maison. Dans la vallée de la Cèze, dans 1 hameau, à 500 m de la station Thermales des Fumades (voies respiratoires, dermatologie, remise en forme), 5 ch. d'hôtes personnalisées. En sortie de hameau, sur 1 piton rocheux avec ouverture sur la Garrigue. Sur le passage de chemins de petites randonnées. Langues parlées : anglais, espagnol.

Prix : 1 pers. 38/43 € 2 pers. 43/45 € 3 pers. 49/58 €
Ouvert : Toute l'année.

🐕	🏖️	🎾	🏃	⛵	〰️	🌲	🏛️	🚂
6	5	5	1	5	80	6	SP	14	4

Mireille et Gérard CARRIERE - Hameau de Cal - les Hauts de Séguissous - 30580 Navacelles - Tél. : 04 66 24 87 45 -
E-mail : mireille.carriere@wanadoo.fr ou SR : 04 66 27 94 94

NIMES Le Garric
C.M. 83 Pli 9

5 ch.

5 chambres (lits 160) équipées de salle de bains et wc indépendants. Terrasse ou balcon de 20 m² environ. TV couleur, téléphone. Parc ombragé, terrain de boules, ping-pong, billard. Pièce commune en bordure de piscine équipée d'une cuisine où seront pris les petits déjeuners et les repas du soir. Une belle maison récente clos de murs en pierres sèches en plein cœur des garrigues nîmoises classées site protégé. Une oasis de verdure peuplée d'écureuils, d'oiseaux et de plantes aromatiques où règne le calme et la quiétude. Magnifiques paysages sur le plateau de Garrons.

Prix : 1 pers. 74 € 2 pers. 81 € 3 pers. 114 € pers. sup. 23 €
repas 24/25 € 1/2 pens. 53/69 €
Ouvert : Du 1er mars au 31 octobre.

🐕	🏖️	🎾	🏃	⛵	〰️	🌲	🏛️	🚂
15	3	15	5	SP	45	15	SP	7	5	2

Michel et Eliane MARTIN - 631 chemin d'Engance - 30000 NIMES - Tél. : 04 66 26 84 77 - Fax : 04 66 26 84 77

NIMES

1 ch.

Nîmes 5 km. Maison indépendante, entourée de pins et d'oliviers comprenant 1 chambre d'hôtes au rez-de-chaussée (1 lit 2 pers.), douche et wc indépendants. Jardin commun. Chambre située en garrigues. Langue parlée : allemand.

Prix : 1 pers. 34 € 2 pers. 42 €

🐕	🏖️	🎾	🏃	⛵	〰️	🌲	🏛️	🚂
15	2	10	5	2	45	15	5	1

Anne-Marie PIT - 7, impasse du Blasinier - 30000 NIMES - Tél. : 04 66 27 04 80 ou 06 88 98 71 56

NOTRE-DAME-DE-LA-ROUVIERE Le Redonnel Alt. : 500 m

1 ch.

1 chambre d'hôtes située au cœur des Cévennes. 2 lits 2 pers., douche et wc privés. Jardin en traversiers. Chauffage électrique. Cirque de Navacelles et Uzes. Langue parlée : anglais.

Prix : 1 pers. 29 € 2 pers. 35 € 3 pers. 43 € pers. sup. 8 €
Ouvert : Toute l'année.

🐕	🏖️	🎾	🏃	⛵	〰️	🌲	🏛️	🚂
	SP	6	SP	4	13	90	SP	65	1

Agnès BOUSQUET - Le Redonnel - 30570 NOTRE-DAME-DE-LA-ROUVIERE - Tél. : 04 67 82 47 69

PONT-SAINT-ESPRIT
C.M. 80 Pli 10

3 ch.

3 chambres d'hôtes aménagées à l'étage d'une vieille bastide époque Empire, au bord de l'Ardèche (plage privée), dans un parc d'1,5 hectare de vergers et d'arbres fruitiers. Salle d'eau individuelle. Langues parlées : anglais, espagnol.

Prix : 1 pers. 50 € 2 pers. 55 € 3 pers. 63 €
Ouvert : Toute l'année.

🐕	🏖️	🎾	🏃	⛵	〰️	🌲	🏛️	🚂
	SP	3	SP	3	SP	100	6	6	7	3

Ghislaine DE VERDUZAN - Pont d'Ardèche - 30130 PONT-SAINT-ESPRIT - Tél. : 04 66 39 29 80 - Fax : 04 66 39 51 80

PONT-SAINT-ESPRIT Domaine de Lamartine
C.M. 80 Pli 10

4 ch.

4 chambres d'hôtes aménagées au 2e étage disposant chacune d'une salle de bains et d'un wc privés. 1 lit 2 pers. ou 2 lits 1 pers. pour chacune. Petits déjeuners servis sous les ombrages. 1 pers suppl enfant de moins de 7ans :8 €. Maison de caractère, meublée en ancien. Demeure ancestrale, à proximité des Gorges de l'Ardèche, au milieu d'une région très riche en archéologie, histoire de l'architecture, culture et tourisme (Orange, Avignon, Nîmes, Vaison-la-Romaine).

Prix : 1 pers. 37/38 € 2 pers. 42 € 3 pers. 52 €
Ouvert : Du 15 mars au 15 octobre.

🐕	🏖️	🎾	🏃	⛵	〰️	🌲	🏛️	🚂
0,5	SP	0,5	3	SP	100	3	3	10	3

Sabine DE VERDUZAN - Domaine de Lamartine - 30130 PONT-SAINT-ESPRIT - Tél. : 04 66 39 09 08 - Fax : 04 66 39 09 08

Languedoc-Roussillon — Gard

PONTEILS-ET-BRESIS   Alt. : 560 m

2 ch. 2 chambres dans maison indépendante à l'entrée du village, située en pleine campagne. Salle de séjour commune avec cheminée, possibilité cuisine. 1 ch. (1 lit 2 pers. 1 lit 1 pers.), salle d'eau et wc indépendants. 1 ch. (4 lits 1 pers. dont 2 sur mezzanine), salle d'eau et wc indépendants, possibilité lit enfant et table d'hôtes.4 pers. 60 €. A 100 m du cœur d'un petit village cévenol, face au Mont Lozère et au Parc National des Cévennes, Marie-Luce et Jean-Marie vous accueillent pour quelques jours de repos. Ils vous font connaître la vie rurale, leurs produits et spécialités fermières. Langue parlée : anglais.

Prix : 2 pers. **50 €** 3 pers. **55 €**
Ouvert : Toute l'année sauf Juillet-Août.

🐕	🏖	🎾	🎣	🏇	≈	≋	🌲	⛳	🚂
0,2	8	0,2	SP	SP	100	SP	6		10

Jean-Marie COUSTES - Ponteils - 30450 PONTEILS-ET-BRESIS - Tél. : 04 66 61 21 62 ou 06 70 34 36 48

PUDAUT Les Plaines

1 ch. Avignon 7 km. Chateauneuf-du-Pape et Pont du Gard 15 km. Orange 20 km. Il s'agit d'une chambre en rez de chaussée avec s.d.b. et wc privatifs plus TV, équipé d'1 lit en 140, avec possibilité d'adjonction d'1 lit supplémentaire en 90. Cette ch. s'ouvrant par 1 porte fenêtre à 3 vantaux donne sur 1 terrasse privative, par laquelle on accède au jardin (1200m^2) ainsi qu'à la piscine (10m*5 m). Le jardin est très ombragé, entièrement clôturé, fermé par 1 portail électrique à télécommande. Parking sûr. Langue parlée : anglais.

Prix : 1 pers. **54 €** 2 pers. **60 €** 3 pers. **75 €**
Ouvert : Toute l'année sauf août.

🐕	🏖	🎾	🎣	🏇	≈	≋	🌲	🚂
20	3	5	6	90	30	8		1,5

Anny ALBERTI - les plaines-chemin St Vérédème - 30131 Pudaut - Tél. : 06 16 01 92 60 ou 04 90 26 33 01 - Fax : 04 90 26 33 01 - E-mail : alberti2@caramail.com

PUJAUT Les Bambous   (TH)

1 ch. Maison de caractère du XVIII° en pierres apparentes, tout confort, dans le village. 1 ch. (1 lit 2 pers.) avec 1 mezzanine (1 lit 2 pers.), salle de bains et wc indépendants. Séjour commun. Cour ombragée et fleurie. Poss. parking. Tarif 4 pers. : 73 €. Langue parlée : anglais.

Prix : 1 pers. **35 €** 2 pers. **43 €** 3 pers. **58 €** repas **15 €**
Ouvert : Toute l'année.

🐕	🏖	🎾	🎣	🏇	≈	≋	🌲	⛳	🚂
30	3	5	3	3	100	30	50	8	SP

Joël et Michèle ROUSSEAU - Les Bambous - rue de la Mairie - 30131 PUJAUT - Tél. : 04 90 26 46 47 ou 06 82 93 06 68 - Fax : 04 90 26 46 47 - E-mail : rousseau.michele@wanadoo.fr

PUJAUT   (TH)   C.M. 81 Pli 1

1 ch. Avignon 8 km. Chambre et salon adjacent dans pièces voûtées avec salle d'eau, wc et douche (lits jumeaux). Salon avec lit gigogne. Réfrigérateur et micro onde. Entrée indépendante. Maison de village du XVII° avec jardin et cuisine d'été. Possibilité parking. Parachutisme et vol à voile à 1.5 km. Langue parlée : anglais.

Prix : 2 pers. **40 €** 3 pers. **56 €** repas **13 €**
Ouvert : Toute l'année.

🐕	🎾	🎣	🏇	≈	≋	🚂
2	4	3	4	80	30	SP

Helen THOMPSON - place des Consuls - 30131 PUJAUT - Tél. : 04 90 26 31 68 ou 06 87 68 83 74

REMOULINS Pont du Gard   C.M. 80

5 ch. Nîmes et Avignon 20 km. Uzès 10 km. Arles 35 km. Dans une grande bâtisse : 5 ch. spacieuses climatisées (1 lit 160 chacune) avec bain ou douche et wc, chacune de style différent.TV et climatisation dans chaque chambre. Parking fermé. Salon commun, piano. Terrasse avec vue sur le parc. P-pong, et piscine. Accès à la rivière. Lit suppl. : enfant (-12 ans) 20 €. Gratuit enfant moins de 2ans. Promenades sur les sentiers de la forêt privée de 6 ha. à 900 m du Pont du Gard, patrimoine mondial. Bienvenue aux amoureux de la nature, des oiseaux et du calme. Petit déjeuner gourmand, « brunch ». Langues parlées : anglais, italien.

Prix : 1 pers. **70 €** 2 pers. **80 €** 3 pers. **105 €**
Ouvert : De mars à octobre.

🐕	🏖	🎾	🎣	🏇	≈	≋	🌲	⛳	🚂
SP	1	SP	8	SP	50	1	8	20	1

Gérard CRISTINI - Pont du Gard/Rive Droite - La Terre des Lauriers - 30210 REMOULINS - Tél. : 04 66 37 19 45 ou 06 12 10 61 92 - Fax : 04 66 37 19 45 - www.laterredeslauriers.com

REMOULINS

3 ch. 3 chambres d'hôtes avec salle d'eau et wc particuliers, (1 lit 2 pers., 2 lits 1 pers.). Salon et jardin communs. Salon à l'étage. Remoulins est situé entre Nîmes et Avignon. Nombreuses curiosités à visiter à proximité (Pont du Gard, Cité des Papes, Baux de Provence...)

Prix : 1 pers. **34 €** 2 pers. **45 €** 3 pers. **60 €**
Ouvert : Du 1er mars au 30 novembre.

🐕	🏖	🎾	🎣	🏇	≈	≋	🌲	🚂
	1	SP	1	15	60	3	2	SP

Georges BARRE - 18 chemin du Grand Champ - Le Grand Champ - 30210 REMOULINS - Tél. : 04 66 37 07 84 ou 04 66 37 21 01

Gard
Languedoc-Roussillon

REVENS (TH)

5 ch. 5 chambres d'hôtes, toutes avec bains et wc (1 avec kitchenette), aménagées dans un prieuré roman restauré des X°, XI° et XV° siècles. Les chambres sont meublées en ancien et rustique, 4 disposent de lits à baldaquin. Repas possible le soir en hors-saison. Vous apprécierez la beauté sauvage de la Vallée de la Dourbies. Entre Saint-Véran et Cantobre.

Prix : 1 pers. 46 € 2 pers. 53/69 € pers. sup. 11 € repas 17 €
Ouvert : Toute l'année.

	SP	6	1,5	14	100	20	7

Madeleine MACQ - Hermitage Saint-Pierre - Saint-Pierre de Revens - 12230 NANT - Tél. : 05 65 62 27 99

RIBAUTE-LES-TAVERNES Mas de L'Amandier (TH)

4 ch. Ancienne maison de maître, en pleine campagne, avec vue sur les Cévennes. 4 ch. d'hôtes dont 1 suite, toutes avec accès indépendant : 3 ch. (1 grand lit 2 pers. 1 lit 1 pers. chacune), 1 ch./suite (1 grand lit 2 pers., 4 lits 1 pers.), avec salle de bains et wc privés pour chacune. Table d'hôtes sur réservation (vin compris). 75 à 98 €/4 pers. Langue parlée : anglais.

Prix : 1 pers. 57 € 2 pers. 63 € 3 pers. 69 € repas 20 €
Ouvert : Toute l'année.

	10	1,5	10	1,5	60	15	35	1,5

LASBLEIZ Sophie et BERNARD Dominique - Camp Galhan - Mas de l'Amandier - 30720 RIBAUTE-LES-TAVERNES - Tél. : 04 66 83 87 06 - Fax : 04 66 83 87 69

ROCHEFORT-DU-GARD

2 ch. **Avignon 8 km. Rochefort-du-Gard 3 km.** 2 chambres d'hôtes au rez-de-chaussée d'une maison de caractère à l'abri d'un bosquet de chênes verts. Chambres complètement indépendantes avec 1 lit 2 pers., salle d'eau et wc privés dans chacune. Grand jardin. Langue parlée : anglais.

Prix : 1 pers. 35 € 2 pers. 38 € 3 pers. 45 €
Ouvert : Toute l'année

	14	5	14	0,5	7	60	20	7	2

Alain et Chantal CARRET - LES JONCS - 30650 ROCHEFORT - Tél. : 04 90 31 75 11 ou 06 62 39 14 24

ROCHEGUDE 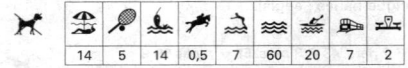 (TH)

1 ch. 1 chambre (1 lit 2 pers. 1 lit 1 pers. possibilité lit enfant/85 F), salle de bains, wc indépendants. Balcon, terrasse privée. Parking. Repas possible le soir. Piscine privée. Environnement village médiéval restauré, ruelles piétonnes. Organisation d'activités sportives, culturelles et artisanales. Pêche en rivière. enfant 15.7 €. Langues parlées : anglais, espagnol.

Prix : 1 pers. 35 € 2 pers. 50 € 3 pers. 65 € repas 16 €
Ouvert : Du 1er mai au 30 septembre.

	SP	8	0,5	SP	SP	80	1	22	1,5

Michèle CACES - Rochegude - 30340 BARJAC - Tél. : 04 66 24 48 91 - Fax : 04 66 24 48 91

ROGUES   Alt. : 560 m   (TH)   *C.M. 80 Pli 16*

5 ch. 5 ch. d'hôtes indépendantes dans un mas caussenard, 2/3 lits avec mezzanines, wc, douches, lavabos privés. Séjour, salle de travail, bibliot. Aire de jeux pour enfants. 1/2 tarif enfant - 8 ans. Pour séjour supérieur à 2 jours : 29.73 €/1/2 pens. et 38.87 €/pension. Demi tarif pour enfant.

Prix : 1 pers. 30 € 2 pers. 39 € pers. sup. 8 €
Ouvert : Toute l'année.

	10	0,1	7	15	SP	80	20	SP

Daniel SALAVERT - Le Revel - Rogues - 30120 LE VIGAN - Tél. : 04 67 81 50 89 - Fax : 04 67 81 50 89 - E-mail : daniel.salavert@wanadoo.fr - http://perso.wanadoo.fr/giterevel/ ou SR : 04 66 27 94 94

ROGUES La Jurade   Alt. : 630 m      *C.M. 80 Pli 16*

4 ch. Dans un mas cévenol. 4 ch. indépendantes (2, 3 ou 4 pers.) + 1 suite 4 pers., toutes avec wc et douche. R.d.c : 1 ch. permettant accès aux pers. handicapées. Terrasse, salon de jardin, jeux pour enfant. Grand espace intérieur. Salle de restaurant dans un autre batiment. Accueil des groupes, séminaires, réunions familiale ou amicales. Sur le Causse, en pleine nature, près du Cirque de Navacelles, La Jurade invite au calme et à la découverte du patrimoine naturel et historique. Son auberge offre la possibilité de repas variés privilégiant les produits régionaux. Prix enfant : 1/2 pension : 16 €., pension : 22 €.4 PERS/54 €. Langue parlée : anglais.

Prix : 1 pers. 28 € 2 pers. 36 € 3 pers. 45 € 1/2 pens. 16/28 € pens. 22/37 €
Ouvert : Toute l'année sauf Janvier et fevrier.

	2	10	5	10	80	20	2

Isabelle et Luc BERNIER - Auberge de la Jurade - 30120 ROGUES - Tél. : 04 67 81 53 17

Languedoc-Roussillon **Gard**

LA ROQUE-SUR-CEZE

6 ch. 2 ch. d'hôtes au 1er étage et 4 ch. d'hôtes au 2e étage d'une maison en pierre de type cévenol. 4 ch. (1 lit 2 pers. ou 2 lits 1 pers.), 1 ch. (1 lit 2 pers., 1 lit 1 pers. chacune), 1 ch. 4 pers., toutes avec douche, lavabo et wc. Jardin, barbecue et piscine à disposition. 76 €/4 pers. Taxe de séjour : 0,46 €/pers. en juillet et août. Dans le centre du village (site inscrit, pont classé monument historique), au pied duquel coule le Cèze qui forme les cascades du Sautadet (site classé).

Prix : 1 pers. 45 € 2 pers. 54 € 3 pers. 70 € pers. sup. 15 €

0,5	6	0,5	1	100	10	4

Pierre et Yolande RIGAUD - La Roque sur Cèze - 30200 BAGNOLS-SUR-CEZE - Tél. : 04 66 82 79 37 - Fax : 04 66 82 79 39

SANILHAC

3 ch. Uzès 8 km. Pont du Gard 10 km. Nîmes 20 km. Anduze 40 km. Dans une maison de village avec jardin intérieur, au calme, 3 chambres d'hôtes avec salle d'eau et wc privés. Pièce de jour avec petit réfrigérateur. Livres à disposition. Accès indépendant. Parking à proximité. Proche du site de la Beaume St-Veredeme (gorges du Gardon et de Collias, départ canoës). Golf 9 trous à 9 km. Parking fermé : 3,05 €/nuit.

Prix : 1 pers. 43 € 2 pers. 47 € 3 pers. 55 €
Ouvert : De Pâques à la Toussaint.

3	SP	2	5	8	60	20	SP

Claude GEORGE - place du Château - 30700 SANILHAC - Tél. : 04 66 22 56 50 ou 04 66 03 06 07 - E-mail : apogeo@wanadoo.fr

SAUVE Perdiguier-Bas

3 ch. Anduze 12 km. N?mes 40 km. Montpellier 45 km. Chambres à l'étage, avec douche et wc dans chaque chambre. Salle commune pour petits déjeuners. Terrasse, piscine. Parking en commun. Mas sur un vaste terrain au milieu des vignes, bordé par le cours d'eau « Le Crieulon ». Offrant calme et détente au bord de la piscine et sous les arbres, permettant promenades et ballades en VTT à proximité. Circuits de randonnées pédestres à 5 km.

Prix : 1 pers. 40 € 2 pers. 43 €
Ouvert : Toute l'année.

5	3	SP	60	35	5

Annie RENAULT - La Renaudière - Perdiguier-Bas - 30610 SAUVE - Tél. : 04 66 77 36 22 ou 06 03 22 46 14

SAUVE A

6 ch. 4 chambres avec mezzanine (1 lit 2 pers. 2 lits 1 pers. dans chaque chambre), 2 ch. (1 lit 2 pers.). Salle de bains et wc privés. Possibilité 1/2 pension. Piscine privée. Chambres d'hôtes avec mezzanine contruites dans un bâtiment de ferme situé au milieu des vignes, un puits à roue curiosité architecturale caractérise le domaine. Rivière à proximité.

Prix : 1 pers. 36 € 2 pers. 40 € 3 pers. 48 € repas 15 €
Ouvert : Toute l'année.

2	0,3	SP	3	SP	60	40	2

Stéphane MEILHAC - La Pousaranque - 30610 SAUVE - Tél. : 04 66 77 51 97 ou 04 66 77 00 97

SAUVETERRE L'Hoste (TH) C.M. 80 Pli 20

3 ch. L'Hoste est 1 mas rénové dans le style avec pierres apparentes, décor provençal. 3 ch. avec mezzanine : 1 ch. (1 lit 2 pers. 2 lits 1 pers.), 2 ch. (4 lits 1 pers.). Salle d'eau, wc et chauff. central dans chaque chambre. Salon à la dispo. des hôtes. Terrasse, parking fermé. Pelouse fleurie, verger. Endroit calme proche d'Avignon. Pool-House avec cuisine d'été. En pleine campagne. Piscine privée, pétanque, ping-pong. Choregies d'Orange, festival d'Avignon, vignobles Tavel et Châteauneuf-du-Pape. Langues parlées : espagnol, italien, anglais.

Prix : 1 pers. 53 € 2 pers. 58 € 3 pers. 73 € pers. sup. 15 € repas 23 €
Ouvert : Toute l'année.

SP	2	2	5	SP	80	30	14	4

Christiane SOULIER - chemin de Saint-Marc - 136, chemin de l'Hoste - 30150 SAUVETERRE - Tél. : 04 66 82 55 91

SAZE La Calade (TH)

3 ch. 1 ch. au r.d.c. avec 2 lits 1 pers., douche et wc. Ouverture sur terrasse et jardin. 2 autres ch. à l'ét. avec 1 lit 2 pers., douche et wc indép. par chambre. Chambres équipées d'un réfrigérateur. Petit déjeuner continental, derrière la maison un autre jardin qui vous invite à la détente avec piscine privée (12 X 7). Maison d'hôtes de style provençal, proche d'Avignon. Nombreuses visites et activités dans un rayon de 30 km. Langue parlée : anglais.

Prix : 1 pers. 49 € 2 pers. 55 € repas 20 €
Ouvert : Toute l'année.

10	5	10	5	SP	80	10	5	20	12	5

Valérie et Michel GAILLAC - chemin du Puech de Soullie - Villa la Calade - 30650 SAZE - Tél. : 04 90 31 70 52 - Fax : 04 90 31 70 52 - E-mail : la.calade.saze@wanadoo.fr

Gard
Languedoc-Roussillon

SERNHAC Le Mas Hardi

╫╫╫ 2 ch.   **Pont du Gard 5 km. Avignon 25 km. Nîmes 20 km. Tarascon 12 km.** Mas restauré. 2 ch. très spacieuses (lits de 180 cm), Une dans maison indépendante, l'autre dans la maison du propriétaire. Douche et wc privés. TV-VHS deans chacune. Parking fermé. Grand jardin, piscine et jeu de boules. Dans environnement très calme, le mas est entouré d'abricotiers et de vignes. Ch. très agréables avec décoration soignée. Excellentes tables d'hôtes (occasionnelle et sur réservation). Vidéothèque à la disposition des hôtes. Avignon, Nîmes, Arles, Uzes et Pont du Gard sont très près. Langues parlées : anglais, italien, espagnol.

Prix : 2 pers. 70 €
Ouvert : Toute l'année.

1	3	1	5	SP	70	10	15	20	3

FRANCA BARONI-RODRIGUEZ - 3910 route de Beaucaire - Le Mas Hardi - 30210 Sernhac - Tél. : 04 66 37 49 28 -
E-mail : VITOCO98@HOTMAIL.COM

SERVAS

╫╫╫ 4 ch.   **Eaux thermales « Les Fumades » 3,5 km.** En pleine nature, 4 chambres avec lits de 2 pers., salle d'eau et wc indépendants pour chaque chambre, salon, salle commune. Calme assuré, piscine privée, cour commune avec barbecue. Nombreuses curiosités à visiter aux alentours (les cascades du Sautadet, Pont du Gard, Arènes de Nîmes, etc...). Enfant : 9 €. 64 €/4 pers.

Prix : 1 pers. 43 € 2 pers. 46 € 3 pers. 55 €
Ouvert : Toute l'année.

SP	5	0,3	2	SP	80	25	5	5

Myriam SORDI - Mas des Commandeurs - 30340 SERVAS - Tél. : 04 66 85 67 90

SOMMIERES

╫╫╫ 3 ch.   3 chambres d'hôtes aménagées à l'étage : 2 ch. (1 lit 2 pers.) avec salle de bains et wc. 1 ch. (1 lit 2 pers. 2 lits 1 pers.) avec salle d'eau. Terrasse indépendante. Piscine privée. Jardin. Restaurants sur place. Calme, entre mer et Cévennes. Gastronomie régionale. Ville médiévale. Tennis dans le village. Langue parlée : anglais.

Prix : 1 pers. 51 € 2 pers. 54 € 3 pers. 67 € pers. sup. 16 €
Ouvert : Toute l'année.

24	SP	SP	0,5	SP	24	40	12	0,2

Colette LABBE - 8 avenue Emile Jamais - 30250 SOMMIERES - Tél. : 04 66 77 78 69 - Fax : 04 66 77 78 69

SOMMIERES Mas Davignon

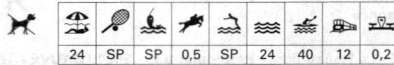

C.M. 83 Pli 08

╫╫╫ 2 ch.   **Nîmes 25 km. Uzes 35 km.** 2 ch. avec douches/wc, séjour (avec piano droit), et salon (TV) communs. Accès indép. à l'étage. Garage fermé. Jardin méditerranéen de 5000 m² avec piscine. Entre mer et Cévennes, aux portes de la Camargues, Eliane et Jean-François vous invitent à partager leur passion pour la nature, la musique et les automobiles de collection. Repas possible le soir sur réservation. Langues parlées : anglais, allemand.

Prix : 2 pers. 55/58 € pers. sup. 16 €
Ouvert : Du 1er février au 20 décembre.

25	1	1	3	SP	25	6	0,5	15	1,5

J-François et Eliane GAUDRIAULT - 26 route d'Aubais - BP 92031 - Ch. d'hôtes du Mas Davignon - 30252 SOMMIERES-CEDEX -
Tél. : 04 66 80 02 22 - E-mail : sommieres@wanadoo.fr - http ://perso.wanadoo.fr/jean-francois.gaudriault

SOUDORGUES

╫╫ 5 ch.   **Anduze 25 km. Nîmes 55 km.** Chacune de nos 5 ch. d'hôtes possède des lits individuels, salle de bains (douche) et sanitaires privatifs. Calme et nature, au cœur d'1 chataigneraie traversée par les GR 61 et 63, à 10 mn rivière pour baignade et à proximité de grands sites touristiques. 1 professionnel de la randonnée à dispo. Soirée à thèmes, animations. Parking. Terrasse. Salon avec cheminée. 1/2 pension pour 2 pers. : 65 €. Langue parlée : anglais.

Prix : 1 pers. 28 € 2 pers. 43 € repas 13 € 1/2 pens. 36/65 €
Ouvert : Toute l'année.

1	0,5	1	4	100	18	SP	30	4

Xavier HOREL - Gîte Longitude - Le Village - 30460 SOUDORGUES - Tél. : 04 66 85 07 89 - http ://perso.wanadoo.fr/gite.longitude/

ST-AMBROIX

╫╫╫ 3 ch.   **Uzès et Anduze 35 km. Nîmes 60 km. Vallon Pont d'Arc 20 km.** Bâtisse en pierre (bastide) calme avec vue dominante, très beau panorama. Equipements neufs disposant de chambres avec salle d'eau privées chacune et wc.très bonne literie. TV. Grand placard, grande penderie. Petit déjeuner copieux. Poss. coin-cuisine. Séjour. Grand espace indépendant. A proximité de Saint-Ambroix. Station thermale : Les Fumades 3 km. Enfant de moins de 7ans :8 €.

Prix : 1 pers. 36 € 2 pers. 42 € 3 pers. 62 € pers. sup. 10 €
Ouvert : Toute l'année.

3	5	3	4	5	90	3	6	5	4

Guy et Elisabeth JULHAN - 880 Saint-Germain - rte de St-Julien de Cassagnas - 30500 ST-AMBROIX - Tél. : 04 66 24 31 87 ou
06 12 79 43 00 - Fax : 04 66 24 31 87 - E-mail : ge.julhan@free.fr - www.djourdan.com/stgermain

Languedoc-Roussillon
Gard

ST-ANDRE-D'OLERARGUES La Bégude (TH)

2 ch. Ferme en pierre restaurée, en pleine nature. 2 ch. d'hôtes jumelées (1 lit 2 pers. 2 lits 1 pers.), 1 s.d.b. bains, coin-repas et kitchenette aménagés, coin-salon (30 m^2), lessive et TV et climatisation sur demande. Chauff. central. Piscine privée (4 x 8 m), terrain de jeux ombragé avec boules, ping-pong, badminton, portique et toboggan pour enfants. Coin pique-nique aménagé au bord du ruisseau. Chambres calmes et confortables. A proximité de la Roque-sur-Cèze, village classé. Repas et barbecue possible à l'extérieur. De nombreux divertissements proposés au cœur d'une région touristique de la Vallée de la Cèze.

Prix : 1 pers. **51** € 2 pers. **56** € 3 pers. **65** € pers. sup. **5** € repas **18** €
Ouvert : Toute l'année.

2	8	SP	2	SP	100	8	5	8

Geneviève FRAYSSE - Mas de la Bégude - 30330 ST-ANDRE-D'OLERARGUES - Tél. : 04 66 79 08 63 - Fax : 04 66 79 08 63

ST-ANDRE-DE-MAJENCOULES Le Villaret (TH)

1 ch. Appartement au niveau d'un jardin floral, avec accès direct sur ce dernier. 1 chambre indépendante (1 lit 2 pers. 2 lits 1 pers.), salle d'eau, wc indépendants. Salon, salle de séjour. Terrasse. Selon la saison, dîner servi dans le jardin. Répondeur téléphonique. Tarif 4 pers. : **62** €. Enfant : **6** €. Langues parlées : anglais, allemand.

Prix : 1 pers. **31** € 2 pers. **38** € 3 pers. **45** € repas **15** €
Ouvert : Toute l'année.

0,5	12	0,2	12	70	12	SP

Nicolas et Agnès BRUCKIN - Le Villaret - « le jardin des Sambucs » - 30570 ST-ANDRE-DE-MAJENCOULES - Tél. : 04 67 82 46 47 ou 06 82 49 59 19

ST-ANDRE-DE-VALBORGNE

2 ch. Chambres à l'étage, bains et wc dans chaque chambre. Séjour commun. Cuisine et terrasse commune avec l'autre chambre. Chambres situées au cœur d'un beau village Cévénol, dans le parc national des Cévennes. Grande maison de Maître où chaleur et convivialité vous assureront un agréable séjour.

Prix : 1 pers. **31** € 2 pers. **37** €
Ouvert : Toute l'année.

0,5	1	25	100	0,2

MAIRIE DE SAINT-ANDRE-DE-VALBORGNE - 30940 ST-ANDRE-DE-VALBORGNE - Tél. : 04 66 60 39 16 - Fax : 04 66 60 39 16 ou SR : 04 66 27 94 94

ST-BRES Le Deves

1 ch. 35 m^2 au sol + mezzanine 10 m^2. 1 chambre (1 lit 2 pers.), mezzanine avec 2 couchages. Sanitaires (douche, wc), chauffage. Salon avec cheminée et TV. Coin-cuisine intégré (lave-linge). Terrasse aménagée, ping-pong. Jardin. 60 €/4 pers. Entre Cévennes et Ardèche, rayonnant sur Nîmes, Pont du Gard, Uzés, Avignon, Camargue, Les Gorges du Tarn, les grottes renommées, la mer. A proximité de la rivière de la Cèze : baignade, canoë, pédalos, pêche, orpaillage. Au cœur de la campagne, dans une vieille maison cernée de terrasses arborées.

Prix : 2 pers. **45** € 3 pers. **55** € pers. sup. **10** €
Ouvert : Toute l'année.

1	1	1	6	1	85	2	2	1

Christian BEAUDOU - Mas de Playsse - 30500 ST-AMBROIX - Tél. : 04 66 24 36 81

ST-CHRISTOL-LES-ALES (TH)

3 ch. 3 chambres d'hôtes pour 2 ou 4 pers. aménagées dans une ferme située en pleine campagne. Salle d'eau et wc particuliers. Salle de séjour à la disposition des hôtes. Produits fermiers sur place. Jeux. Possibilité repas du soir pris en commun avec les fermiers. Camping, calme. Piscine privée. 55 €/4 pers.

Prix : 1 pers. **27** € 2 pers. **34** € 3 pers. **44** € pers. sup. **9** € repas **11** € 1/2 pens. **38** € pens. **55** €

5	1	5	2	SP	70	9	10

Hélène MAURIN - Mas Cauvy - 30380 ST-CHRISTOL-LES-ALES - Tél. : 04 66 60 78 24

ST-CHRISTOL-LES-ALES Boujac (TH)

4 ch. 3 chambres d'hôtes, dont 1 suite familiale, avec salle d'eau et wc indépendants et 2 chambres avec salle de bains et wc, aménagées dans un mas entièrement rénové. 1 indépendante, cabanon, 1 entrée indépendante. Chauffage central. Grand séjour commun avec cheminée. Enfant de moins de 7 ans : 7,62 €. 69 €/4 pers. Mas provençal en pleine nature, calme et repos assurés. Activités sportives à proximité (tennis, circuit équestre). Cuisine selon, les produits de saisons, provençale,... Accueil l'hiver par réservation téléphonique.

Prix : 1 pers. **39** € 2 pers. **46** € 3 pers. **61/62** € repas **19** €
Ouvert : Toute l'année.

9	0,5	9	2	0,1	70	5	2,5

Clotilde SALLIERES - Boujac « Les Micocouliers » - 128 chemin des Brusques - 30380 ST-CHRISTOL-LES-ALES - Tél. : 04 66 60 71 94 ou 06 11 99 77 30

733

Gard
Languedoc-Roussillon

ST-GILLES

4 ch. 4 chambres d'hôtes de 1 à 4 pers. aménagées dans un bâtiment neuf, avec salle d'eau et wc indépendants. Donnant sur un jardin clos. Parking ombragé clos. 53 €/4 pers. Langues parlées : anglais, espagnol.

Prix : 1 pers. 35 € ◊ 2 pers. 40 € ◊ 3 pers. 48 €
Ouvert : Toute l'année.

🐕	⛱	🎾	🏃	≈	≈	🌲	🤸	🏠	🚗
30	3	4	5	SP	35	30	5	8	17	2

Claude DUPLISSY - Mas Plisset - route de Nîmes - 30800 ST-GILLES - Tél. : 04 66 87 18 91

ST-GILLES La Palunette

1 ch. 1 chambre d'hôtes indépendante joliment meublée, ouverte sur la pelouse du jardin avec salon de jardin et terrasse dallée. 1 chambre coquette avec des meubles peints (1 lit 2 pers. 1 lit 1 pers.), salle d'eau, wc et TV privés.

Prix : 2 pers. 46 € ◊ 3 pers. 58 €

🐕	⛱	🎾	🏃	≈	≈	🌲	🏠	🚗
30	5	1	1	SP	30	5	20	5

Florence DOMINGUEZ - La Palunette - route de Fourques - 30800 ST-GILLES - Tél. : 04 66 87 49 80 - Fax : 04 66 87 18 55

ST-HIPPOLYTE-DU-FORT

5 ch. 5 chambres dont 4 avec 2 lits jumeaux + lits d'appoint 1 pers. et 1 autre avec 1 lit 2 pers. Salle de bains et wc privés. Jardin à disposition des hôtes. Maison de charme et de caractère du XVIII°, avec un grand jardin très calme. Terrasse à disposition des hôtes. En pleine Cévennes. Langue parlée : anglais.

Prix : 1 pers. 38 € ◊ 2 pers. 50 € ◊ 3 pers. 59 €

🐕	⛱	🎾	🏃	≈	≈	🌲	🏠	🚗
0,2	7	4	0,1	49	7	7	30	SP

Arlette NAINTRE-COLLIN - 14 rue Blanquerie - 30170 ST-HIPPOLYTE-DU-FORT - Tél. : 04 66 77 94 10 - Fax : 04 66 77 94 10 -
E-mail : Naintre-Collin@libertysurf.fr - http ://S4f14Rb.Multimania.com

ST-JEAN-DU-GARD Bannière

C.M. 242 Pli 11

1 ch. Chambre 2 pers. (1 lit 2 pers. + couchette enfant), dans un mas cévenol sur une exploitation agricole. Entrée indépendante : terrasse ombragée. Chauffage central. Douche, wc indépendants, réfrigérateur. Rivière, GR, aquarium, musée, bambouseraie à proximité. D260 - Route corniche des Cévennes. Langues parlées : anglais, espagnol.

Prix : 1 pers. 36 € ◊ 2 pers. 40 €
Ouvert : Toute l'année.

🐕	⛱	🎾	🏃	≈	≈	🌲	🤸	🏠	🚗
1	3	1	3	3	70	3	SP	30	3

Luc BOUDET - Bannière - 30270 ST-JEAN-DU-GARD - Tél. : 04 66 85 13 05

ST-JEAN-DU-GARD Caderle

Alt. : 500 m 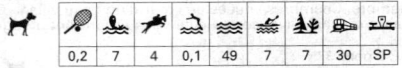 C.M. 80 Pli 17

4 ch. 4 ch., toutes chauffées et équipées de douche et wc privés. Elles ont toutes un accès indépendant et un petit salon privatif. Piscine couverte du 01/05 au 31/10. Table d'hôte sur réservation (pas desservie le mercredi hors vacances scolaires). Mas situé dans la zone limithophe du Parc des Cévennes, au milieu des chataîgniers. Langue parlée : anglais.

Prix : 1 pers. 28/48 € ◊ 2 pers. 35/58 € ◊ 3 pers. 46/68 € ◊ repas 16 €
Ouvert : Du 1er février au 30 novembre.

🐕	⛱	🎾	🏃	≈	≈	🌲	🤸	🏠	🚗
13	8	5	18	SP	80	8	SP	30	8

Claude DAVID - Mas le Canton - Caderle - 30270 ST-JEAN-DU-GARD - Tél. : 04 66 85 47 99 - Fax : 04 66 85 47 99

ST-JULIEN-DE-LA-NEF Château d'Isis

A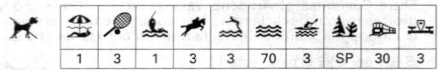

3 ch. 3 ch. d'hôtes : 1 ch. Rose (2 lits 1 pers.) avec s.d.b., plafond à la Française, sol ancien. 1 ch. Bleue (1 lit 2 pers.) avec vue sur parc. 1 ch. verte avec lits à baldaquin (2 x 2 pers.) + 1 à 2 lits 1 pers. 2 tours dans la ch. WC et lavabo dans l'une, baignoire et lavabo dans l'autre. Salon avec cheminée. 1/2 pension/2 pers :76 € ; pension/2 pers :102 €. Château du XIV° en cours de rénovation. Prix pens. selon le nombre de pers. Sur réservation. Cuisine du terroir : gigot à la broche, gibier, écrevisses, foie gras, menu végétarien sur demande. Dans la verdure et les magnolias, en Cévennes, calme assuré. Ruisseau, cascades, bois, prés. Langues parlées : anglais, espagnol, italien.

Prix : 1 pers. 36/50 € ◊ 2 pers. 50/65 € ◊ 3 pers. 65/80 €
pers. sup. 16 € ◊ repas 13/15 € ◊ 1/2 pens. 49 € ◊ pens. 62 €

🐕	⛱	🎾	🏃	≈	≈	🌲	🏠	🚗
0,5	5	0,5	3	0,5	80	1	SP	70	6

M. ROUDIER et Mme VILLARD - Château d'Isis - Rive Droite de l'Hérault - 30440 ST-JULIEN-DE-LA-NEF - Tél. : 04 67 73 56 22 -
Fax : 04 67 73 56 22

Languedoc-Roussillon — Gard

ST-JUST-ET-VACQUIERES (TH)

▮▮ 3 ch. 3 chambres d'hôtes (2 lits 2 pers., 2 lits 1 pers. et poss. 3ᵉ lit dans chaque chambre) avec salle de bains, lavabo, douche et wc privés, possibilité lit enfant. Accès direct au jardin. Piscine privée. A proximité auberge de campagne, restauration familiale de qualité. 1/2 pens. sur la base de 2 pers. Environnement de qualité, calme assuré. Nombreuses curiosités à visiter aux alentours. Langues parlées : allemand, anglais, hollandais.

Prix : 1 pers. **42** € 2 pers. **50/60** € 3 pers. **65/75** € pers. sup. **10** €
1/2 pens. **90/100** €
Ouvert : Toute l'année.

🐕	⛱	🎾	🎣	🏇	≈	🏊	🌲	🚠	⛷
2	1	15	15	SP	80	30	SP	15	15

Alain ANTOINE - route de Vacquières - 30580 ST-JUST-ET-VACQUIERES - Tél. : 04 66 83 72 02 - Fax : 04 66 83 72 02

ST-MAMERT (TH)

▮▮▮ 3 ch. Maison du XIXᵉ siècle rénovée contemporain comprenant à l'étage : 2 chambres (1 lit 2 pers.) et 1 chambre (1 lit 2 pers., 2 lits 1 pers.) avec salle de bains et wc particuliers dans chacune, et donnant sur cour et jardin. Chauffage. Langue parlée : espagnol.

Prix : 1 pers. **38** € 2 pers. **46** € pers. sup. **15** € repas **15** €
Ouvert : Toute l'année.

🐕	⛱	🎾	🎣	🏇	≈	🏊	🌲	🚠	⛷
20	SP	15	6	11	40	20	15		SP

Eliette COUSTON - 12 rue de la Mazade - 30730 ST-MAMERT - Tél. : 04 66 81 17 56 - Fax : 04 66 81 17 56

ST-NAZAIRE-DES-GARDIES

▮▮▮▮ 2 ch. 2 chambres d'hôtes avec salle de bains et wc indépendants aménagées dans la maison du propriétaire. Entrée indépendante. Grande piscine, terrasses et jardin. En pleine campagne. Chambres très confortables dans une ancienne magnanerie bien restaurée avec une superbe vue et une tranquillité parfaite. Langue parlée : anglais.

Prix : 1 pers. **60** € 2 pers. **75** € pers. sup. **15** €
Ouvert : Toute l'année.

🐕	⛱	🎾	🎣	🏇	≈	🏊	🌲	🚠	⛷
SP	0,5	7	10	SP	50	20	7		

Edna PRICE - Mas de la Fauguière - 30610 ST-NAZAIRE-DES-GARDIES - Tél. : 04 66 77 38 67 - Fax : 04 66 77 11 64

ST-PAULET-DE-CAISSON La Cantarelle

C.M. 80 Pli 9

▮▮ 3 ch. Gorges de l'Ardèche 4,5 km. Au cœur d'une région touristique, au calme. 1 chambre 3 pers. 2 chambres 4 pers. Lavabo et douche privés. WC communs aux 3 chambres. Entrée indépendante du propriétaire. Séjour à la disposition des hôtes. Jardin, piscine privée avec abri, douche, wc. Barbecue, poss. pique-nique. Restaurant 4,5 km. Plage. Pédalos, canoës 4,5 km. 63.50 €/4 pers. De Pont-Saint-Esprit, direction Barjac N86 puis D901.

Prix : 1 pers. **35** € 2 pers. **40** € 3 pers. **52** €
Ouvert : Toute l'année.

🐕	⛱	🎾	🎣	🏇	≈	🏊	🌲	🚠	⛷
1	4,5	1	1	SP	100	4,5	7	10	1

Daniel et Françoise GUET - La Cantarelle - 30130 ST-PAULET-DE-CAISSON - Tél. : 04 66 39 17 67

ST-PAULET-DE-CAISSON Mas Canet

▮▮▮ 6 ch. Vallée de la Cèze et gorges de l'Ardèche 9 km. Pont-St-Esprit 7 km. 3 ch. (1 grand lit 2 pers. chacune) avec salle d'eau/wc et prise TV, 3 ch. (1 grand lit 2 pers.) avec salle de bains, wc, prise TV. Possibilité location TV. Piscine privée commune aux hôtes. Aux portes de la Provence et du Languedoc, dans une belle forêt domaniale, à 3 km de Chartreuse-de-Valbonne, belle ferme du XVIᵉ siècle en pierres apparentes, construite par les moines. Pont-Saint-Esprit (très beau marché le samedi matin).

Prix : 2 pers. **47/50** €
Ouvert : Toute l'année.

🐕	⛱	🎾	🎣	🏇	≈	🏊	🌲	🚠	⛷
9	3	9	8	SP	100	9	SP	10	4

Bernard PELLOUX - Mas du Canet - 30130 ST-PAULET-DE-CAISSON - Tél. : 04 66 39 25 96 - Fax : 04 66 89 19 56 - www.mascanet.com

ST-QUENTIN-LA-POTERIE La Rabade

▮▮▮ 2 ch. En bordure du village de St-Quentin-la-Poterie, à 5 minutes d'Uzès. 1 ch. (2 lits 1 pers. 1 lit enfant), s.d.b. et wc indépendants, TV. 1 ch. double ou suite (1 lit 2 pers., 2 lits 1 pers.), s.d.b. et wc indépendants, TV. Terrasse, grand jardin ombragé commun, piscine, cuisine d'été commune avec barbecue, p-pong. Loc. de vélos. Poss. table d'hôtes. Selon la saison, les petits déjeuners sont servis en terrasse avec l'olivier. 96 €/4 pers. Langue parlée : anglais.

Prix : 1 pers. **48/54** € 2 pers. **60/66** € 3 pers. **72/84** €
pers. sup. **13** €
Ouvert : Toute l'année.

🐕	⛱	🎾	🎣	🏇	≈	🏊	🌲	🚠	⛷
	10	1	3	5	SP	75	10	2	25	0,2

Catherine ANQUETIL - La Rabade - avenue du 14 Juillet - 30700 ST-QUENTIN-LA-POTERIE - Tél. : 04 66 03 01 76 - Fax : 04 66 03 01 76

ST-QUENTIN-LA-POTERIE Les Pins de Jols

C.M. 80 Pli 18

▮▮▮ 4 ch. Uzès 4 km. Le Pont du Gard 15 km. Nîmes 30 km. Avignon 35 km. 4 ch. d'hôtes équipées pour 2 ou 3 pers. avec s. d'eau et wc privés, 2 ch. avec kitchenette, dans une maison de charme située dans un parc avec piscine. Calme, confort et convivialité au milieu des pins, à 5 mn d'Uzès, 10 mn du Pont du Gard, 45 mn des Cévennes et des gorges de l'Ardèche. Sur place, nombreux potiers d'art de St-Quentin-la-Poterie. Langue parlée : anglais.

Prix : 1 pers. **46/50** € 2 pers. **56/60** € 3 pers. **71/75** €
pers. sup. **15** €
Ouvert : Toute l'année.

🐕	⛱	🎾	🎣	🏇	≈	🏊	🌲	🚠	⛷
15	2	15	2	SP	75	1	30		2

Michèle CLAMENS-DELCOR - Les Pins de Jols - 30700 ST-QUENTIN-LA-POTERIE - Tél. : 04 66 03 16 84 - Fax : 04 66 03 16 84

Gard
Languedoc-Roussillon

ST-ROMAN-DE-CODIERES Mas Cougnot

E.C. 1 ch. **Grottes Demoiselles Lauriers 15 km. Cirque de Navacelle 25 km.** Mas cévenol restauré entre les traversiers réaménagés et les châtaignes. R.d.c. : douche, wc dans la chambre, terrasse indépendante. 3 ha de jardin. Table d'hôtes sur demande. Forêt. Sites touristiques et culturels à proximité. St-Hyppolite 15 km, Sauve 25 km, Anduze 30 km. Langues parlées : espagnol, anglais.

Prix : 1 pers. 35 € 2 pers. 43 € 3 pers. 53 €
Ouvert : Toute l'année.

10	5	5	10	1,5	60	10	0,1	60	4,5

Odile CHALVET - Mas Cougnot - Chemin du Recodier - 30440 ST-ROMAN-DE-CODIERES - Tél. : 04 67 81 39 05 - Fax : 04 67 81 39 05 ou SR : 04 66 27 94 94

ST-SEBASTIEN-D'AIGREFEUILLE Le Mas des Sources (TH)

5 ch. **Anduze 4 km. Bambouseraie 3 km.** Au pied des Cevennes, dans une magnanerie du XVII, 5 ch. spacieuses.s.d.b., wc privés et TV dans chaque ch. Grand séjour, cuisine et buanderie. petits déj. et repas servis sur la terrasse ou dans le patio. Cette demeure, dans 1 parc de 8 ha, offre des espaces de détente autour du bassin aquatique, de la tonnelle, endroits propices au farniente et païque-nique. Prix 1/2 pension fixé sur la base de 2 pers. Tarifs réduits sur séjour et repas enfant. Langues parlées : anglais, russe.

Prix : 1 pers. 51 € 2 pers. 57 € 3 pers. 71 € pers. sup. 16 € repas 19 €
Ouvert : Toute l'année.

2	4	2	5	5	60	20	0,2	6	10	4

Sandra NABZDYJAK - Le Mas des Sources - Anduze - 30140 ST-SEBASTIEN-D'AIGREFEUILLE - Tél. : 04 66 60 56 30 - Fax : 04 66 60 56 30

ST-SIFFRET
C.M. 80 Pli 19

2 ch. **Uzès 5 km. Pont du Gard 15 km. Nîmes 25 km. Avignon 35 km.** Chambre pour 2 personnes avec salle d'eau et wc séparé attenants. Au rez de chaussée de la maison, avec terrasse indépendante, jardin commun, parking privé. Chambre d'hôte de charme, au calme dans un jardin de garrigue.

Prix : 1 pers. 41 € 2 pers. 49 €
Ouvert : Toute l'année.

10	1	5	2	5	85	10	15	25	5

Pierre et Nadine GLEYSE - Le clos des Buis - chemin des Lembertes - 30700 St-Siffret - Tél. : 04 66 22 33 19 ou SR : 04 66 27 94 94

SUMENE Hameau de Cezas
Alt. : 780 m
C.M. 80

1 ch. Couloir entrée avec wc, placard, salle d'eau (douche, lavabo, lave linge, coin refrigerateur) puis chambre avec grande fenêtre et vue imprenable sur prieuré St Martin de Cezas avec 1 lit double + 1 clic clac + cheminée + TV + secretaire. Dans 1 imposante bâtisse du XVe on embrasse 1 vaste panorama (Mt Ventoux, Baux de Provence, Port Camargue).Le hameau de Cezas (lieu dit chargé d'histoire) est au cœur de la forêt Domaniale de la Fage avec de nombreux itinéraires de randonnées. Langue parlée : anglais.

Prix : 1 pers. 25 € 2 pers. 37 € 3 pers. 41 €
Ouvert : Toute l'année.

8	8	10	8	8	50	9	SP	9

Joseph BOISSEAU - LD Cezas - 30440 Sumene - Tél. : 04 66 77 26 23 ou 06 11 99 93 28 - Fax : 04 66 77 95 49 - E-mail : l.Boisseau@wanadoo.fr

---

TAVEL Enclos de L'Olivier (TH)

2 ch. **Tavel 1,2 km (1er rosé de France).** Dans une maison rose aux volets verts, 2 chambres d'hôtes (1 lit 2 pers.), avec accès indépendant, salle de bains et wc. Cuisine d'été. Parc pour voitures. Au milieu des vignobles. Très reposant. Accès rapide : autoroute A9, sortie Roquemaure, dir. Tavel 6 km. Vin de Tavel compris à la table d'hôtes. Vous passerez devant une cave Coop, puis à droite passez devant le stade (côté sud), 200 m à droite. Dégustation. Membre de la Commanderie de Tavel. Visite route du Vignoble. Langues parlées : anglais, italien.

Prix : 2 pers. 50 € repas 18 €
Ouvert : Toute l'année.

18	1,2	20	10	1,2	80	60	8	12	1,2

Gilberte THOUVEREZ - Enclos de l'Olivier - Chemin des Oliviers - 30126 TAVEL - Tél. : 04 66 50 03 20

THOIRAS Hameau de Prades (TH)

5 ch. 5 ch.(20 m²), toutes avec sanitaires complets. Au 1er étage : ch. avec terrasse (1 lit 2 pers, 1 lit 1 pers), bain/wc, ch. avec terrasse (1 lit 2 pers.), douche/wc, ch. avec terrasse (1 lit 2 pers., 1 lit 1 pers.), douche/wc. Au r.d.c., ch. (1 lit 2 pers) douche, wc. Demeure du XVIIe, Salle audio-vidéo. Patio, parc, piscine, parking, garage.R.d.c ch avec terrasse(1 lit 2 pers) douche, wc. Demeure du XVIIè, vue dominante sur les collines. Vastes chambres au décor raffiné autour d'un patio fleuri. La piscine et le parc contribueront à l'agrément de votre séjour. Langues parlées : anglais, allemand.

Prix : 1 pers. 54 € 2 pers. 60/75 € pers. sup. 16 € repas 20 €
Ouvert : Du 25 mars à la toussaint.

1	0,5	1	3	SP	50	1	0,5	20	2

Sophie AUVRAY - Mas de Prades - Thoiras - 30140 ANDUZE - Tél. : 04 66 85 09 00 ou 06 80 28 51 46 - Fax : 04 66 85 09 00

Languedoc-Roussillon
Gard

THOIRAS Hameau de Massiès Nord

1 ch. **Bambouseraie de Prafrance 10 km.** A l'étage de la maison du propriétaire. Salle d'eau et wc dans la chambre. Séjour commun. Jardin commun, abri voiture. Autobus proche. En bordure de rivière, situé entre Anduze et St-Jean-du-Gard, environnement de hameau. Langue parlée : anglais.

Prix : 1 pers. 39 € 2 pers. 46 € repas 15 €
Ouvert : Du 16 janvier au 14 décembre.

	SP	5	SP	5	5	70	35	SP	20	5

Corinne LANORD - Hameau de Massiès Nord - 30140 THOIRAS - Tél. : 04 66 85 06 57 - E-mail : lanord@online.fr - http ://lanord.free.fr ou SR : 04 66 27 94 94

THOIRAS Massies

4 ch. Chambre n°1 avec mezzanine (1 lit 2 pers.), salle d'eau et wc indépendants. Chambres n°2 et 3 avec mezzanine (1 lit 2 pers. 2 lits 1 pers.), salle d'eau et wc indépendants. Chambre n°4 avec mezzanine (1 lit 2 pers. 3 lits 1 pers.), salle d'eau et wc indépendants. Terrasse et jardin communs. Salle commune. Chambres situées dans un corps de ferme, dans un petit hameau typique des Cévennes, proche de Gardon. Calme, repos, détente.

Prix : 1 pers. 32 € 2 pers. 40 € 3 pers. 47 €
Ouvert : De février à novembre.

	0,8	4	0,8	4	4	70	35	0,1	20	4

Paul et Danièle GUYOT - Massies - 30140 THOIRAS - Tél. : 04 66 85 11 66

TORNAC

4 ch. **Anduze 5 km. Nîmes et Uzès 40 km. Musée du Désert 6 km.** Toutes les ch. avec sanitaires privés bain/douche 2 ch. avec TV. Suite 4 pers. plus 1 ch. 2 pers. :1er étage. 2 ch. 2 pers. plus lit supplémentaire : 2e étage. Belle demeure dans 1 paysage de vignobles avec des senteurs de lavande et de romarin. Chaque ch. raffinée a son style assorti à de beaux meubles anciens, rideaux aux tonalités lumineuses. Charmante s.d.b. Aux beaux jours les repas sont servis sur la terrasse ombragée d'1 joli jardin fleuri. Langues parlées : anglais, espagnol.

Prix : 1 pers. 42 € 2 pers. 53 € 3 pers. 67 € pers. sup. 13 € repas 17 €
Ouvert : De Paques à fin Octobre.

	3	3	2	7	60	3	20	5

Pierre DELJEHIER - Hameau de Bouzène - 30140 Tornac - Tél. : 04 66 60 78 40 ou 06 13 23 10 17 - Fax : 04 66 60 78 40 - E-mail : djr2@wanadoo.fr

UZES Domaine de Malaric

C.M. 80 Pli 19

5 ch. **Uzès 3 km. Pont du Gard 11 km. Nîmes 20 km. Avignon 35 km.** 4 ch. spacieuses à l'étage comprenant chacune 1 lit 2 pers. + 1 clic-clac, salle d'eau et w.c. 1 ch. au r.d.c. avec 2 lits 1 pers. avec sanitaires privés et terrasse. Séjour en r.d.c., salon, bibliothèque avec TV. Réfrigérateur à la disposition des clients. Chauffage. Cour, galerie, jardin. Taxe de séjour : 0,46 €/pers./jour. Réduct. à partir de 3 nuits. Chambre à 2 lits 2 pers. : 68.60 €. Domaine agricole du XVIIe siècle en pleine nature, calme assuré. Rivières, parc ombragé. Randonnées pédestres et VTT. Réservation conseillée Langue parlée : allemand.

Prix : 1 pers. 42 € 2 pers. 52 € 3 pers. 60 €
Ouvert : De mars à la Toussaint.

	8	3	0,5	3	3	70	8	2	23	0,5

René et Michèle STRAUB - Pont des Charrettes - Domaine de Malaric - 30700 UZES - Tél. : 04 66 22 15 24 - Fax : 04 66 03 00 69

VALLABREGUES

2 ch. **Chateaux Beaucaire, Tarascon 6 km. Baux de Provence 20 km.** 1 chambre 2 pers., salle d'eau et wc indép., 1 chambre 2 pers. + 2 lits supp., salle d'eau et wc indép. Dans propriété à la campagne, calme, à proximité du village, tous commerce. Au centre du triangle Nîmes - Arles - Avignon. A 1 heure de Sainte Marie de La Mer, Pont du Gard à 1/4 d'heures. Avignon, Pont St Benget, Palais des Papes à 20 km. Langues parlées : anglais, espagnol.

Prix : 2 pers. 43 € pers. sup. 27 € repas 13,18 €
Ouvert : De mai à Septembre.

	0,4	0,4	0,4	16	SP	60	15	5	6	0,5

Yvon CHAPELLE - 30300 VALLABREGUES - Tél. : 04 66 59 11 57 - Fax : 04 66 59 11 57

VALLERAUGE Le Monna

Alt. : 515 m

1 ch. Maison semi indépendante, autour du mas, grande chambre spacieuse, douche, wc dans la chambre (contigue). Terrasse indépendante. Chambre pour 1 couple avec 2 enfants. Enfant 8 €. La clede du mas transformée en chambre d'hôtes, ch. de vacances, avec 1 terrasse indépendante, ombragée par une treille « muscaté », avec les jardins et la nature tout autour. Langues parlées : anglais, allemand.

Prix : 1 pers. 39 € 2 pers. 42 €
Ouvert : Toute l'année hormis 20 decembre au 10 janvier.

	SP	10	SP	30	15	70	30	SP	22	2,5

Gilles et Renée PATRINOS - Ardaillers - Le Monna - 30570 Valleraugue - Tél. : 04 67 82 44 59 ou SR : 04 66 27 94 94

Gard
Languedoc-Roussillon

VALLERAUGUE L'Esperou — Alt. : 1230 m — (TH)

2 ch. 2 chambres avec douche et lavabo, au 1er étage d'une maison particulière, avec jardin, balcon. Salon à disposition des hôtes avec television. Langues parlées : italien, anglais.

Prix : 1 pers. 28/31 € 2 pers. 34/37 € repas 12 €
Ouvert : Toute l'année.

🐕	⛱	🎾	🏊	🏃	〰	🌲	🚌	🚉
6	SP	SP	8	30	100	40	SP	90	SP

Elisabeth DAUDEMARD - l'Esperou - Villa Notre Dame du Bonheur - 30570 VALLERAUGUE - Tél. : 04 67 82 60 06

VALLERAUGUE Mas Gibert - Ardaillers — Alt. : 600 m — (TH)

3 ch. Mt-Aigoual 35 km. Cirque de Navacelle 50 km. St-Guilhem 60 km. 1 ch. 2 pers., 2 ch. 4 pers., 1 suite de 2 ch. pour 5 pers. meublées rustiques, toutes avec s.d.b. et wc indépendants. Salon d'accueil avec cheminée cévenole. En été, repas et petit déjeuner au bord de la piscine. Propriété exposée plein sud avec vue vaste panorama sur les montagnes. Nombreuses visites touristiques dans un rayon de 50 km. Repas enfant - 12 ans : 9 €. Dans un hameau authentique au cœur des Cévennes, vous passerez un séjour au calme dans un écrin de verdure et de montagne. Au gré des G.R vous découvrirez la faune et la flore du Parc National des Cévennes. Langues parlées : anglais, espagnol.

Prix : 1 pers. 31/37 € 2 pers. 42/52 € 3 pers. 61/78 € pers. sup. 14/37 € repas 14 €
Ouvert : Toute l'année.

🐕	⛱	🎾	🏊	🏃	〰	🌲	🚌	🚉
10	8	5	15	SP	85	20	1	75	7

Didier GUILLOME - La Soleillade - Mas Gibert - Ardaillers - 30570 VALLERAUGUE - Tél. : 04 67 82 44 37 - Fax : 04 67 82 44 37

VALLERAUGUE L'Esperou — Alt. : 1285 m — (TH)

2 ch. Meyrues 27 km. Le Vigan 28 km. 1 ch. (1 lit pers.) avec TV, salle d'eau et wc indépendants. 1 coin-cheminée + TV dans une pièce à côté de la chambre. 1 ch. (1 lit 2 pers., 2 lits 1 pers. superposés) avec TV, salle d'eau et wc indépendants. Proche du Mont Aigoual à 3 km de la station de ski de Part-Peyrot, dans un paysage extraordinaire, en plein cœur du Parc National des Cévennes (grottes, randonnées pédestres et équestres, VTT, pêche, canoë, spéléo, champignons...).

Prix : 1 pers. 23 € 2 pers. 39 € 3 pers. 54 € repas 13 €
Ouvert : Toute l'année.

🐕	⛱	🎾	🏊	🏃	〰	🌲	🚌	🚉
3	0,5	1	0,1	27	90	45	0,1	45	0,1

Philippe JOVER - l'Esperou - route des Cascades d'Orgon - 30570 VALLERAUGUE - Tél. : 04 67 82 62 99 ou 06 86 95 02 95

VALLERAUGUE L'Esperou — Alt. : 1280 m — (TH)

1 ch. Chambre avec 1 lit 2 pers. 1 lit superposé. Salle d'eau et wc particuliers. Terrasse. Possibilité d'utiliser la cuisine. Situé à proximité du Mont Aigoual au cœur du parc national des Cévennes. Environnement de ferme entouré de pâturages et de forêts. Musée de la météorologie nationale, abîme de Bramabiau. 61 €/4 pers. Langue parlée : anglais.

Prix : 1 pers. 24 € 2 pers. 38 € 3 pers. 54 € repas 13 € 1/2 pens. 37 €
Ouvert : Toute l'année.

🐕	⛱	🎾	🏊	🏃	〰	🌲	🚌	🚉
3	1	1	35	100	50	SP	35	0,5

Sylvie MONZO - Draille du Languedoc - l'Esperou - 30570 VALLERAUGUE - Tél. : 04 67 82 64 69

VAUVERT Montcalm — (TH)

3 ch. 3 chambres avec chacune salle de bains et wc, 1 lit 2 pers., 2 lits 1 pers. Meubles peints, décoration personnalisée. Parc de 1 ha. ombragé. En pleine Camargue entre vignes et mer. Au centre de 4 hauts lieux touristiques : les Saintes-Maries de la Mer, Aigues-Mortes, Arles, Nîmes. Approche de la Camargue profonde. Animaux de la ferme. Langue parlée : allemand.

Prix : 2 pers. 45 € 3 pers. 60 € repas 20 €
Ouvert : Toute l'année.

🐕	⛱	🎾	🏊	🏃	〰	🚌	🚉
20	25	3	4	20	12	81

Jo WAELDELE - route d'Aigues Mortes - Montcalm « Mas Apolline » - 30600 GALLICIAN - Tél. : 04 66 73 52 20 - Fax : 04 66 73 52 20 - E-mail : apolline.image@wanadoo.fr - www.masapolline.camargue.fr

---

VENEJAN Les Calandres — (TH)

2 ch. Avignon 40 km. Orange 20 km. Nîmes 50 km. Uzès 35 km. Vaison 45 km. Chaque chambre à l'étage avec lits individuels juxtaposables et pouvant héberger un couple et 2 enfants, toutes avec salle de bains individuelle, TV et entrée indépendante. Vous y accédez par un escalier extérieur. Le petit déjeuner est servi en terrasse ou dans la salle selon votre convenance. Poss. table d'hôtes (spécialités méditerranéennes).

Prix : 1 pers. 54 € 2 pers. 62 € 3 pers. 76 € repas 19 €
Ouvert : De février à novembre.

🐕	⛱	🎾	🏊	🏃	〰	🌲	🚌	🚉
10	10	1	3	80	10	10	0,5	15	2

Marie-Rose PARMENTIER - route de St-Etienne des Sorts - 30200 VENEJAN - Tél. : 04 66 79 26 53 ou 04 66 50 61 31

Languedoc-Roussillon **Gard**

VERS-PONT-DU-GARD La Begude (TH)

4 ch. 4 chambres d'hôtes aménagées à l'étage d'un vieux mas de famille, à 1 km du Pont du Gard. Chambres avec mezzanines, salle d'eau et wc dans chaque chambre. Salon avec cheminée et TV, salle de séjour. Patio. Exposition de peinture. La garrigue à 2 pas, location VTT sur place. 66 €/4 pers. Circuit F1 6 km, monuments 1 km, sites historiques 20 km.

Prix : 1 pers. 38 € 2 pers. 47 € 3 pers. 56 € repas 12 €
Ouvert : De Pâques à octobre.

SP	1	SP	4	13	50	5	80	25	3

Pierre Jean TURION - La Begude de vers Pont du Gard - 30210 REMOULINS - Tél. : 04 66 37 16 25 ou 06 86 90 44 84

LE VIGAN Mas de Campelle
C.M. 80 Pli 16

1 ch. **Le Vigan 2 km.** 1 ch. d'hôtes dans une ancienne magnanerie, en rez-de-chaussée et indépendant (1 lit 2 pers.) avec 1 mezzanine (1 lit 1 pers.), douche, wc et terrasse + réfrigérateur. Superbe environnement plein sud, avec vue exceptionnelle. Nombreuses activités à proximité. A la fois proche des commodités du Vigan et en retrait de toute habitation. Poss. table d'hôtes.

Prix : 2 pers. 42 € 3 pers. 52 €
Ouvert : Toute l'année.

2	3	2	3	2	70	25	0,1	65	2

Alain SAHUC - Mas de Campelle - 30120 LE VIGAN - Tél. : 04 67 81 21 53

VILLENEUVE-LES-AVIGNON Les Jardins de la Livrée A
C.M. 81 Pli 11

4 ch. **Avignon 3 km.** 4 chambres d'hôtes avec douche et wc pour chacune, aménagées à l'étage. Terrasse. Grand jardin, parking fermé, piscine privée. Si vous le souhaitez, vos journées se termineront autour d'une table où vous dégusterez une cuisine du terroir. Dans l'ancien centre de Villeneuve-les-Avignon (art et histoire). Cité Papale, une bâtisse s'ouvre sur un vaste jardin calme et verdoyant. Découverte de la Provence et du Languedoc. Langue parlée : anglais.

Prix : 1 pers. 55/70 € 2 pers. 60/93 € 3 pers. 80/113 € repas 19/23 €
Ouvert : Toute l'année.

SP	0,5	1	1	SP	80	60	5	SP

Irène GRANGEON - Les Jardins de la Livrée - 4 bis rue Camp de Bataille - 30400 VILLENEUVE-LES-AVIGNON - Tél. : 04 90 26 05 05

VILLENEUVE-LES-AVIGNON Les Ecuries des Chartreux
C.M. 81 Pli 11

2 ch. 3 ch. aménagées dans 1 maison ancienne restaurée et indépendante. S.d.b. et wc indépendants. 1 ch. (2 lits 1 pers. ou 1 lit 2 pers.selon demande) plus mezzanine (1 lit d'appoint 1 pers.) 1 ch (2 lits 1 pers ou 1 lit 2 pers.) 1 doplex 4 pers.(1 lit 2 pers. et 2 lits 1 êrs.ou 1 lit 2 pers.) Une partie du terrain est réservée aux hôtes... Chambres situées au cœur historique du village (chartreuses, livrées cardinalices, fort). A proximité immédiate d'Avignon. Nombreuses activités culturelles et sportives. Route des vins à découvrir, Camargue, etc... Langues parlées : anglais, espagnol.

Prix : 1 pers. 55/104 € 2 pers. 60/110 € 3 pers. 75/115 €
Ouvert : Toute l'année.

20	2	1	2	0,2	80	20	3	SP

Pascale LETELLIER - Les Ecuries des Chartreux - 66, rue de la République - 30400 VILLENEUVE-LES-AVIGNON - Tél. : 04 90 25 79 93 - Fax : 04 90 25 79 93 - www.avignon-et-provence.com/ecuries-chartreux

Hérault

GITES DE FRANCE - Service Réservation
Maison du Tourisme - B.P. 3070
34034 MONTPELLIER Cedex 1
Tél. 04 67 67 71 62 ou 04 67 67 71 83 - Fax 04 67 67 71 69
http://www.gites-de-france-herault.asso.fr

3615 Gîtes de France
0,2 €/min

ADISSAN (TH)
C.M. 83 Pli 5

4 ch. Maison de maître au cœur du village. R.d.c. : salon, cuisine, salle de séjour. 1er ét. : 2 ch. 4 pers., s.d.b./ wc, 2 ch. 2 pers., s.d.b., wc, ch. central. TV ds chaque chambre, cuisine d'été. Terrasse, parc ombragé, ping-pong, vélos, piscine, parking clos. TH/réservation. Dégustation produits terroir, cuisine indonésienne (1/sem.) Tarif dégres. hors sais. Langue parlée : anglais.

Prix : 1 pers. 36 € 2 pers. 43 € 3 pers. 55 € pers. sup. 13 € repas 14 €
Ouvert : Toute l'année

30	SP	13	4	4	3	11	13	SP

Siti et Laurent FILLON - 15 avenue de Pezenas - Villa des Roses - 34230 ADISSAN - Tél. : 04 67 25 01 24 ou SR : 04 67 67 71 62 -
E-mail : villadesroses@club-internet.fr

Hérault
Languedoc-Roussillon

AUTIGNAC
C.M. 83 Pli 14

5 ch. — A la lisière du village, chambres de plain-pied, dans pavillon mitoyen à la maison du propriétaire. Salle de séjour dans véranda, coin-cuisine. 3 chambres 3 pers., 2 chambres 4 pers., s.e./wc privatifs, ch. électr., réfrigérateur par ch. Jardin ombragé, s.d.j., parking, barbecue.

Prix : 1 pers. **31** € 2 pers. **37** € 3 pers. **46** € pers. sup. **10** €
Ouvert : Du 1er Avril au 30 Octobre

🐕	≈	⛵	🏖	🎾	🏇	🎣	🚴	🏛	
	30	5	30	12	12	SP	12	20	18	SP

Alice CONDOUMY - 2 rue du Moulin - 34480 AUTIGNAC - Tél. : 04 67 90 26 34 ou SR : 04 67 67 71 62

AUTIGNAC
(TH) — *C.M. 83 Pli 14*

3 ch. — Au cœur du vignoble, dans le centre du village, 3 chambres 2 et 3 pers., salle d'eau, wc privatifs, chauffage électrique, coin-salon, TV, réfrigérateur, lave-linge. Jardin ombragé, barbecue, salon de jardin, ping-pong. Langue parlée : espagnol.

Prix : 1 pers. **32** € 2 pers. **43** € 3 pers. **54** € pers. sup. **11** €
repas **17** €
Ouvert : Toute l'année.

🐕	≈	⛵	🏖	🎾	🏇	🎣	🚴	🏛	
	30	4	30	10	10	SP	SP	10	20	18	SP

Josette HORTER - Rue du 8 Mai - 34480 AUTIGNAC - Tél. : 04 67 90 24 05

AVENE Truscas
C.M. 83

5 ch. — 5 chambres sur 2 niveaux à 3 km de la Station Thermale d'Avène-les-Bains, au centre du hameau. 3 chambres (1 lit 2 pers.), 2 chambres (2 lits 1 pers.), salle de bains et wc privatifs, chauffage électrique, pièce commune. Cour non attenante face à la maison, salon de jardin.

Prix : 1 pers. **30** € 2 pers. **37** € 3 pers. **46** €

🐕	≈	⛵	🏖	🎾	🏇	🎣	🚴	🏛
	3	10	3	3	3	3	30	25	5

CASTAN Serge SICA D'AVENE - 34260 AVENE - Tél. : 04 67 23 40 99

BAILLARGUES Domaine de Saint-Antoine
C.M. 83 Pli 7

6 ch. — Chambres d'hôtes sur domaine viticole proche autoroute A9. 6 chambres 2 pers., salles d'eau et wc privatifs, chauffage central, téléphone, lave-linge. Terrasse, cour intérieure avec possibilité parking, aire de jeux. Langue parlée : espagnol.

Prix : 1 pers. **30** € 2 pers. **35** €
Ouvert : Toute l'année.

🐕	≈	⛵	🏖	🎾	🏇	🎣	🚴	🏛
	15	5	15	15	5	10	2	15	1,5

Michel VITOU - Domaine de Saint-Antoine - 34670 BAILLARGUES - Tél. : 04 67 70 15 58 - Fax : 04 67 70 50 13

BEDARIEUX Domaine de Pélissols
(TH) — *C.M. 83 Pli 4*

4 ch. — Chambres sur domaine, terrain très ombragé (platanes centenaires). Fontaine du XVIIe siècle. 2 chambres 3 pers., s.e./wc privés, 1 chambre 4 pers., s.d.b./wc privés, 1 ch. 2 pers., s.e/wc priv., TV, réfri. dans salle commune, chauf. central. Terrasse, piscine en Juil. Août (autres dates nous consulter), pas de TH le dimanche soir en juil. et Aout.

Prix : 1 pers. **31** € 2 pers. **39** € 3 pers. **46** € pers. sup. **10** €
repas **14** €
Ouvert : De Février à Novembre

🐕	≈	⛵	🏖	🎾	🏇	🎣	🚴	🏛
	50	SP	10	SP	SP	2	4	12	2	2

Mireille BONNAL - Domaine de Pelissols - 34600 BEDARIEUX - Tél. : 04 67 95 42 12 - Fax : 04 67 95 04 64

BELARGA
(TH) — *C.M. 83 Pli 6*

1 ch. — Chambre dans ancienne cave vinicole en pierres apparentes dans cour fermée, au bord de l'Hérault. 1 chambre (2 lits 1 pers.), mezzanine (2 lits 1 pers.), salles d'eau et wc privatifs, salle de séjour commune, TV, chauffage électrique. Terrasse, salon de jardin, parking clos, ping-pong, billard, pêche sur place. Prix repas enf. - 12 ans : 8 €. Langues parlées : allemand, anglais.

Prix : 1 pers. **35** € 2 pers. **43** € 3 pers. **53** € pers. sup. **10** €
repas **14** €
Ouvert : Toute l'année.

🐕	≈	⛵	🏖	🎾	🏇	🎣	🚴	🏛
	35	2	35	SP	SP	0,5	6	30	45	30	2

Patricia RIBOUX - 20 avenue du Telon - 34230 BELARGA - Tél. : 04 67 25 36 19

Languedoc-Roussillon — Hérault

BESSAN (TH) — C.M. 83 Pli 16

4 ch. — 4 chambres dans maison de maître en bordure de RD. R.d.c : 1 chambre 3 pers., 1er ét. : 2 chambres 2 et 3 pers., 2e ét. : 1 suite (4 Lits 1 pers.), s.e. et wc, ch. élect., salle de séjour réservée aux hôtes, TV. Réfrigérateur/congélateur à dispo. Poss. lave-linge pour séjour. Tennis de table, jardin arboré clos 3000 m², parking fermé. Autoroute A9 sortie 2 km du péage Agde-Pézénas. 1 gîte dans le village.

Prix : 1 pers. 32 € 2 pers. 40 € 3 pers. 50 € pers. sup. 12 € repas 15 €
Ouvert : Toute l'année.

🐕	≈	🏊	⛵	🎣	⛱	🎾	🏇	⛳	🎿	🛷
10	6	10	1	1	SP	10	10	6	SP	

Lucien PAUL - 30, avenue de la Victoire - 34550 BESSAN - Tél. : 04 67 77 40 07 - Fax : 04 67 77 40 07

BEZIERS Mas Croix de la Reilhes — C.M. 83 Pli 15

3 ch. — Vous trouverez le charme de la campagne et la proximité de la ville dans cette maison méditerranéenne, au milieu d'un parc de 6000 m². 1 ch. 3 pers., terrasse, 2 ch. 2 pers., salles de bains privatives, wc communs, salons intérieur et extérieur pour petits-déjeuners, TV. Garage, parking clos.

Prix : 1 pers. 30 € 2 pers. 38 € 3 pers. 48 € pers. sup. 10 €
Ouvert : Toute l'année.

🐕	≈	🏊	⛵	🎣	⛱	🎾	🏇	⛳	🎿	🛷
12	2	12	2	2	0,3	2	2	6	2	1

Nicole GRANIER-MARECHAL - Mas Croix de la Reilhes - Rue des Lutins - 34500 BEZIERS - Tél. : 04 67 31 26 57

BEZIERS Domaine de la Cremade (TH) — C.M. 83 Pli 15

1 ch. — Anne et René vous accueillent en chambre d'hôte sur ancien domaine du XVIIè dans un cadre de verdure entouré de 30 ha de cultures méditerranéennes. 1 ch. en rez-de-de-chaussée pour 2 pers., salle d'eau et wc privatifs, ch. central, prise TV, salon, salle de séjour. Jardin privatif, cour clôturée, garage. Table d'hôte sur résa. Poss. équip. BB. A partir de la 4è nuit 45 €/nuitée/2 pers. Langues parlées : anglais, allemand.

Prix : 2 pers. 50 € pers. sup. 11 € repas 16 €
Ouvert : Toute l'année.

🐕	≈	🏊	⛵	🎣	⛱	🎾	🏇	⛳	🎿	🛷
8	8	8	4	2,5	3	3	15	4	4	

Anne et René PURSEIGLE - Domaine de la Cremade - 34500 BEZIERS - Tél. : 04 67 49 30 71 - Fax : 04 67 49 30 71 -
E-mail : GITE.lacremade@wanadoo.fr

LE BOSC Salelles du Bosc — C.M. 83 Pli 5

4 ch. — Maison de maître dans le village, 2 ch. 2 pers., 2 ch. 3 pers., aménagées au deuxième étage, salle d'eau/wc privatifs, grande cuisine, chauffage, cheminée, TV. véranda, terrasse.

Prix : 1 pers. 31 € 2 pers. 39 € 3 pers. 46 € pers. sup. 8 €
Ouvert : Toute l'année.

🐕	≈	🏊	⛵	🎣	⛱	🎾	🏇	⛳	🎿	🛷
50	0,5	3	3	3	0,5	3	15	12	50	SP

Huguette VAILLE - 1 rue de la Marguerite - 34700 SALELLES-DU-BOSC - Tél. : 04 67 44 70 60 - Fax : 04 67 44 73 11

CAPESTANG La Bastide Vieille (TH) — C.M. 83 Pli 14

3 ch. — A 3 km du village et du Canal du Midi, au cœur de la campagne, 2 chambres 2 pers. de plain-pied en r.d.c., 1 chambre 3 pers. salle de bains ou salles d'eau, wc privatifs, chauffage électrique. Salle de séjour, salon, cheminée, téléphone. Terrasse, salon de jardin.

Prix : 2 pers. 40 € 3 pers. 54 € pers. sup. 13 € repas 15 €
Ouvert : Du 1er mars au 31 octobre.

🐕	≈	🏊	⛵	🎣	⛱	🎾	🏇	⛳	🎿	🛷
25	6	25	12	25	5	25	25	15	3	

Bernard FOUISSAC - La Bastide Vieille - 34310 CAPESTANG - Tél. : 04 67 93 46 23 ou 06 13 93 93 44

CASTANET-LE-HAUT Le Fau — Alt. : 800 m — A — C.M. 83 Pli 3

4 ch. — Ferme dans cadre verdoyant aux portes des Monts du Caroux et de l'Espinouse. 1er étage : 1 ch. 4 pers., 1 ch. 3 pers., 2 ch. 2 pers., salle d'eau/wc privatifs, gîte de séjour et ferme-auberge SP. Possibilité VTT, belles randonnées pédestres, escalade, grottes. Poss. demi-pension. repas 13 €. Langues parlées : espagnol, portugais.

Prix : 1 pers. 29 € 2 pers. 39 € pers. sup. 14 € repas 13 €

🐕	≈	🏊	⛵	🎣	⛱	🎾	🏇	⛳	🎿	🛷
60	25	15	7	15	6	10	25	23	30	10

Daniel et Elisabeth BOUSQUET - Le Fau - La Croix de Mounis - 34610 ST-GERVAIS-SUR-MARE - Tél. : 04 67 23 60 93 -
Fax : 04 67 23 60 93

Hérault — Languedoc-Roussillon

CASTELNAU-DE-GUERS St-Paul de Fannelaure
C.M. 83 Pli 15

1 ch. Au cœur du vignoble du Picpoul de Pinet, Michèle et Philippe vous ouvrent leur demeure languedocienne. 1er ét. : 1 ch. 2 pers., s.e./wc privatifs, chambre pour enfants (3 pers.), TV, bibliothèque, poss. équip. BB, réfrigérateur à dispo. Terrasse, salon de jardin, piscine, VTT, vélos enfants, aire de jeux, parking. Sentier botanique. Possibilité forfait famille. TH sur résa. Dégustation vins. Langues parlées : anglais, espagnol.

Prix : 1 pers. 31 € 2 pers. 41 € 3 pers. 56 € pers. sup. 16 € repas 14 €

Ouvert : Toute l'année

	〰️	⛵	⛱	🎾	🏇	🚉	🎿
12	SP	12	7	7	4	18	18	15	4

Philippe VAILLE - Domaine ST-Paul-de-Fannelaure - 34120 CASTELNAU-DE-GUERS - Tél. : 04 67 98 93 87 - Fax : 04 67 98 00 95 - E-mail : fannelaure@aol.com

CAUX
C.M. 83 Pli 15

2 ch. Maison de maître du XIXe siècle. Rez-de-chaussée : salle de séjour, cuisine, salon, TV. 1er étage : 2 chambres 2 pers, possibilité 2 lits d'appoint 80, salle d'eau/wc privatifs, chauffage, lave-linge. Petite cour, parking.

Prix : 1 pers. 29 € 2 pers. 34 € 3 pers. 42 € pers. sup. 8 €

25	7	25	7	7	SP	7	20	SP

SCEA LAMBEYRAN - 10 avenue de Neffies - 34720 CAUX - Tél. : 04 67 98 40 25 - Fax : 04 67 98 40 25

LE CAYLAR-EN-LARZAC
Alt. : 750 m — TH — *C.M. 83 Pli 5*

5 ch. Chambres dans maison typique des Causses du Larzac. 2 chambres 2 pers., 2 chambres 3 pers., 1 chambre 4 pers., salle d'eau, wc privatifs, salle de séjour, chauffage central, cheminée. Terrasse, parking. Chambre 4 pers. : 71 €.

Prix : 1 pers. 36 € 2 pers. 46 € 3 pers. 54 € repas 17 € 1/2 pens. 39 €

Ouvert : Toute l'année

70	1	30	5	30	1	5	30	50	SP

Bernard CLARISSAC - Faubourg Saint-Martin - 34520 LE CAYLAR - Tél. : 04 67 44 50 19 - Fax : 04 67 44 52 36

CAZOULS-LES-BEZIERS Domaine de la Plaine
TH — *C.M. 83 Pli 14*

4 ch. Authentique Mas Languedocien du XIXè siècle sur ancien domaine viticole à 7 km du Canal du Midi. R.d.c. : 1 suite 4 pers., 1er ét. : 2 ch. 3 pers., 1 ch. 2 pers., se/wc priv., prise TV, séjour, salon, ch. électr., TH. Terrain, terrasse, salon de jardin, barbecue, terrain de jeux, parking et garage, pergola, buanderie (L.linge), boulodrome. Suite 4 pers. : 60 €. Cuisine d'été avec réfrigérateur. Langue parlée : espagnol.

Prix : 1 pers. 29 € 2 pers. 37 € 3 pers. 48 € repas 13 €

24	8	24	4	4	5	8	4	8	1,2

Marcel RAMOS - La Noria - Domaine de la Plaine - 34370 CAZOULS-LES-BEZIERS - Tél. : 04 67 93 58 27 - Fax : 04 67 93 34 97

CELLES Les Vailhes
TH — *C.M. 83 Pli 5*

5 ch. Au primtemps, lac du Salagou : brochets, carpes, sandres. Ancienne bergerie restaurée et agrandie dans le style traditionnel au bord du Lac du Salagou. 4 chambres 2 pers., 1 chambre 3 pers. (lit d'appoint), salles d'eau/wc privatifs, chauffage central, L.linge, téléphone, salle de séjour/coin-salon, cheminée. Terrain, terrasse avec vue sur le lac. Langues parlées : allemand, anglais.

Prix : 1 pers. 42 € 2 pers. 48 € pers. sup. 20 € repas 16 €

Ouvert : Toute l'année

55	SP	SP	SP	7	SP	SP	35	50	9

Antoine BERNARD - La Maison du Lac - les Vailhes - Celles - 34700 LODEVE - Tél. : 04 67 44 16 33 - Fax : 04 67 44 46 02

CLERMONT-L'HERAULT Les Bories
TH — *C.M. 83 Pli 5*

3 ch. Plan d'eau de 2e catégorie. Lac du Salagou. Carpes, brochets,... Au cœur de l'arrière pays languedocien, à 5 mn du lac du Salagou, ch. en pleine nature dans cadre de verdure. 3 ch. de plain-pied (2 lits 90 cm), s.e. et wc privatifs, TV, Tél. Jardin, s.d.j. terrasse, parking. Local aménagé pour pêcheurs et VTT, planche à voile. Ouvert en hiver sur résa., séjour minimum 3 jours, tarif dégressif. Les terrains de la propriété sont en refuge pour la protection des oiseaux. Langue parlée : allemand.

Prix : 1 pers. 39 € 2 pers. 46 € repas 14 €

Ouvert : toute l'année, l'hiver sur réservation.

40	4	2	2	2	3	1	3	30	40	3

Pascal et Martine MOREAU - Le Mas Font Chaude - Les Bories - 34800 CLERMONT-L'HERAULT - Tél. : 04 67 96 19 77 - Fax : 04 67 96 19 77 - E-mail : martine.moreau34@wanadoo.fr

Languedoc-Roussillon — Hérault

CLERMONT-L'HERAULT La Genestière
C.M. 83 Pli 5

2 ch. Maison récente ds jardin verdoyant entouré de pinèdes à 2 km du Lac du Salagou. La région du Lac, par la diversité de ses paysages et la richesse de son patrimoine, mérite un séjour de plusieurs jour. 2 ch. plain-pied avec entrées ind., 1 ch. 2 pers. (1 lit 180), s.d.b. et wc, 1 suite 2/3 pers. (lits 160, 90), s.d.e./wc. Cuisine d'été couverte, barbecue. Salon de jardin, parking. Poss. stages d'initiation à la sculpture, moulage d'art pour séjour/une sem. minimum (1 ou 2 pers. max./stage), atelier sculpture SP. Langue parlée : anglais.

Prix : 1 pers. 37/45 € ■ 2 pers. 42/49 € ■ 3 pers. 56/63 €
Ouvert : Toute l'année

40	4	2	2	2	3	1	2	30	25	4

Maurice et Flore NEVEU - Route de Liausson - La Genestière - 34800 CLERMONT-L'HERAULT - Tél. : 04 67 96 30 97 ou 04 67 96 18 46 - Fax : 04 67 96 32 56

COLOMBIERES-SUR-ORB
C.M. 83 Pli 4

2 ch. Maison de maître avec jardin en bordure de la RD 908. Deux chambres 2 personnes avec lavabo, salle d'eau et wc communs non attenants, salle de séjour/salle-à-manger, chauffage, jardin, parking privatif clos. Table d'Hôtes sauf Juillet, Août et Septembre. Cuisine à la disposition des hôtes. Possibilité pique-nique sur place, dans jardin ou salle de séjour.

Prix : 1 pers. 23 € ■ 2 pers. 28 € ■ 3 pers. 34 €
Ouvert : Toute l'année

60	7	SP	2	4	7	5	6	7

Simone RAYNAL - 34390 COLOMBIERES-SUR-ORB - Tél. : 04 67 95 84 69

COLOMBIERES-SUR-ORB Sevirac
C.M. 83 Pli 4

2 ch. Chambres au r.d.c. de la maison du propriétaire, sur propriété de 4 ha, au pied des monts du Caroux. 1 chambre 2 pers., 1 chambre 4 pers., s.d.b./wc privatifs, ch. électr., salle de détente, cheminée. Terrain clôturé, terrasse, jeux d'enfants et de société, boulodrome, ping-pong, TH, parking. Vente de fruits SP, ruisseau de 1ere cat.

Prix : 1 pers. 29 € ■ 2 pers. 34 € ■ pers. sup. 8 € ■ repas 13 €

40	7	20	SP	2	4	6	5	7	15	1

Marie-Jose AZEMA - Sevirac - 34390 COLOMBIERES-SUR-ORB - Tél. : 04 67 95 89 80

COURNIOU La Métairie Basse
Alt. : 500 m
C.M. 83 Pli 13

2 ch. 2 chambres dans corps de ferme de caractère en moyenne montagne au cœur du Parc du Haut-languedoc. Ns sommes producteurs de noix, marrons et éleveurs de moutons. 2 ch. 3 pers., salle d'eau, wc priv., chauffage, cheminée, coin-cuisine, poss. L.Linge (4 €). Terrasse, jardin à l'ombre de tilleuls centenaires, parking, jeux, restaurants à prox. Ferme avec animaux. Randonnées pédestres. Lac. Sites cathares. Grottes. Langues parlées : anglais, italien.

Prix : 1 pers. 35 € ■ 2 pers. 43 € ■ 3 pers. 51 € ■ pers. sup. 10 €
Ouvert : 1Er Avril au 30 Septembre et sur réservation d'octobre à mars.

60	8	20	SP	15	2	15	15	30	25	7

Jean-Louis et Eliane LUNES - La Métairie Basse - Prouilhe - 34220 COURNIOU - Tél. : 04 67 97 21 59 - Fax : 04 67 97 21 59

DIO-ET-VALQUIERES Vernazoubres
C.M. 83 Pli 4

5 ch. Pour un séjour paisible, en toute quiétude, nous vous accueillons dans le cadre chaleureux de notre demeure très confortablement aménagée, dotée de 5 chambres d'hôtes 2 et 3 pers., salle de bains ou salle d'eau et wc privés. Beau séjour, cheminée, salon, TV, jeux de société, piscine, Tél. Notre table d'hôte vous fera apprécier les spécialités du terroir. Diverses randonnées pédestres ou équestres, vous permettront de parcourir la campagne autour de Vernazoubres, petit hameau situé à 15 minutes du lac du Salagou et proche des stations thermales d'Avène et Lamalou-les-Bains. Langue parlée : anglais.

Prix : 1 pers. 35 € ■ 2 pers. 48 € ■ 3 pers. 67 € ■ pers. sup. 20 € ■ repas 15 € 1/2 pens. 38 €
Ouvert : 30 Mars au 20 décembre

45	SP	11	SP	11	17	SP	8	17	12	12

SICA DE LA VALLEE ROUGE ET DES GARRIGUES - Mme LAUFFENBERGER - Vernazoubres - 34650 DIO-ET-VALQUIERES - Tél. : 04 67 23 00 65 - Fax : 04 67 23 00 65

GIGEAN
C.M. 83

2 ch. Maison de maître du XIXe siècle dans village typique du Languedoc. 1 ch. 2 pers., s.e./wc privatifs, 1 ch. 3 pers., s.e./wc privatifs. Parc (3500 m^2), piscine, ping-pong. Ferme-équestre 1 km, ULM 1 km, ball-trap 4 km. Table d'hôte sur réservation. Langues parlées : anglais, espagnol.

Prix : 1 pers. 32/34 € ■ 2 pers. 41/46 € ■ pers. sup. 16 € ■ repas 16 €
Ouvert : Toute l'année.

12	SP	12	12	SP	4	35	12	SP	

NIERI Roland et BARBE Françoise - 55 avenue de la Gare - 34770 GIGEAN - Tél. : 04 67 78 39 91 ou 06 82 66 23 11

Hérault
Languedoc-Roussillon

GIGNAC Mas de Pélican A C.M. 83 Pli 6

4 ch. Grand Mas languedocien, environnement de vignes et garrigues dominant la vallée. 1er ét. : 3 chambres avec mezzanine et coin/salon pour 4 pers., s.e./wc privatifs, 1 ch. 2 pers., s.d.b./wc privatifs, chauffage central, lave-linge. Balcon, parking dans cour non clôturée. Ferme-auberge SP. Langues parlées : anglais, espagnol.

Prix : 1 pers. 44 € 2 pers. 52 € pers. sup. 11 € repas 19 €
Ouvert : De novembre à fin septembre.

30	SP	15	4	15	1	10	10	25	30	3,5

Baudoin et Isabelle THILLAYE DE BOULLAY - Mas de Pelican - 34150 GIGNAC - Tél. : 04 67 57 68 92 - Fax : 04 67 57 68 92

GIGNAC Le Jardin d'Arnaud C.M. 83 Pli 6

2 ch. Sur les hauteurs de Gignac, villa méditerranéenne sur 3000 m² de terrain avec vue sur les derniers contreforts des Cévennes. R.d.c. : 1 ch. familiale 4 pers. 40 m² (1 lit 2 pers., 1 canapé 130 cm), salle d'eau, wc, terrasse, salon de jardin. 1er ét. : 1 ch. (1 lit 2 pers.), salle d'eau/wc, ch. électr., TV. Salon/séjour communs. Terrasse, poss. L.linge, parking. Table d'hôte uniquement sur réservation. Langue parlée : espagnol.

Prix : 1 pers. 40 € 2 pers. 46 € 3 pers. 58 € pers. sup. 13 €
Ouvert : Toute l'année sauf du 15 décembre au 15 janvier.

45	7	12	1	1	1	2	1	25	30	0,5

Danielle ARNAUD - 424 impasse Chemin Vieux - Le Jardin d'Arnaud - 34150 GIGNAC - Tél. : 04 67 57 21 38

GIGNAC Mas Cambounet TH C.M. 83 Pli 6

2 ch. Le Mas Cambounet est magnifiquement restauré sur une propriété de 10 ha en pleine campagne. 1 ch. 2 pers. en rez-de-chaussée, cheminée, salle d'eau/wc priv., 1 ch. familiale 5 pers. au 1er ét. (2 lits 2 pers., 1 lit 1 pers.), salle de bain/wc, chauffage central, salle commune à dispo., TV, Tél. téléséjour. Cour, parking, salon de jardin. Langues parlées : anglais, italien.

Prix : 1 pers. 42 € 2 pers. 55 € 3 pers. 70 € pers. sup. 11 € repas 17 € 1/2 pens. 39 €
Ouvert : Toute l'année.

35	15	20	10	10	3	8	8	20	25	3

Fabienne PERRET - Mas Cambounet - 34150 GIGNAC - Tél. : 04 67 57 55 03 - Fax : 04 67 57 55 03

GORNIES Le Grenouillet TH C.M. 83 Pli 6

E.C. 5 ch. Dans maison du XVIIIe siècle, 5 chambres en 1er ét. au seuil des Cévennes, en bordure de la Vis (rivière 1ère cat.). 1 ch. 3 pers., 1 ch. familiale 4 pers., 2 ch. 2 pers., 1 ch. 1 pers., s.d.b., s.e., 2 wc communs. R.d.c. : Salle de séjour, cheminée, TV, ch. central. Terrain, terrasse, s.d.j. Randonnées, escalade, baignade, pêche SP. Poss. L.linge. VTT 15 km. Langues parlées : anglais, hollandais.

Prix : 1 pers. 23 € 2 pers. 33/29 € 3 pers. 42/48 € pers. sup. 10 € repas 12/15 €
Ouvert : Du 15 février au 31 décembre.

85	16	35	SP	SP	7	7	15	30	70	16

René et Elisabeth SERVAYE - La Source des Lutins - Le Grenouillet - 34190 GORNIES - Tél. : 04 67 73 42 82 ou 06 88 33 52 04 - Fax : 04 67 73 42 82

GRABELS Le Mazet C.M. 83

3 ch. **Accessible avec aide** A 4 Km de Montpellier aux portes de l'arrière pays Héraultais, Le Mazet, maison Languedocienne propose 3 ch. d'hôtes : La Provençale (1 lit 2 pers.), l'exotique (2 lits 1 pers. ou 1 lit 2 pers.), chacune avec mezzanine (1 lit 1 pers.), s.d.e./wc priv. La Méditerranéenne peut accueillir 2 pers. s.d.e/wc priv., tél.téléséjour. Piscine 10-12H-16-18H, parking clos et arboré. P.Déj. proposé en chambre. 2 pers. avec 2 lits suppl. 3 €/jour, enfant - de 3 ans : 5 €. Chien accepté suppl. de 1,50 €/jour. Restaurants à proximité. Langues parlées : anglais, allemand.

Prix : 1 pers. 31 € 2 pers. 40 € 3 pers. 55 € pers. sup. 15 €

16	SP	16	0,5	25	0,5	4	25	8	8	SP

Philippe et Suzanne ROBARDET - 253 chemin du Mas de Matour - 34790 GRABELS - Tél. : 04 67 03 36 57

GRAISSESSAC Les Platanes TH C.M. 83 Pli 4

3 ch. Maison de maître du XIXè avec jardin mi-ombragé. Salon/cheminée/TV, salle de séjour/bibliothèque. 1 chambre 4 pers., 2 chambres 3 pers., poss. lit enfant, s.e., wc privatifs, chauffage central, réfrigérateur à dispo. Parking, cour fermée, jardin, coin détente, tennis de table, barbecue. Table d'hôte sur réserv., poss. lave-linge. Langues parlées : anglais, allemand.

Prix : 1 pers. 31 € 2 pers. 41 € 3 pers. 51 € pers. sup. 10 € repas 15 €
Ouvert : Toute l'année.

55	15	25	SP	SP	SP	15	20	10	15	SP

MARTINET Roger & SCHWEYER Elisabeth - 11 rue de la Gare - 34260 GRAISSESSAC - Tél. : 04 67 23 93 43 - Fax : 04 67 23 93 43 - E-mail : platanes.les@fnac.net

Languedoc-Roussillon **Hérault**

LAMALOU-LES-BAINS
C.M. 83 Pli 4

3 ch. Maison de maître des années 1930, au centre de la station thermale de Lamalou-les-Bains. 2e niveau : 1 chambre (2 lits 1 pers.), douche, lavabo, 1 chambre (1 lit 2 pers.), douche, lavabo, 1 chambre (1 lit 2 pers. 160 cm), douche, lavabo, wc communs, salle de séjour, salon, chauffage central. Terrasse couverte, jardin, salon de jardin, parking. Langue parlée : italien.

Prix : 1 pers. 26 € 2 pers. 42 €
Ouvert : De mars à octobre.

50	1	50	4	15	1	3	10	5	7	1

Mario VALENZA - 33 avenue de la République - 34240 LAMALOU-LES-BAINS - Tél. : 04 67 95 28 13

LIEURAN-LES-BEZIERS
C.M. 83 Pli 15

2 ch. Maison de style méditerranéen, au cœur du village. 2 chambres de 3 pers., salles d'eau/wc privatifs, coin-repos, coin-cuisine à disposition, chauffage, TV et climatiseur, frigo-bar, jeux de société. Jardin ombragé 1000 m², terrasses, garage, cuisine d'été, cheminée-barbecue, lave-linge, lave-vaisselle.

Prix : 1 pers. 31 € 2 pers. 45 € 3 pers. 60 € pers. sup. 15 €
Ouvert : Toute l'année.

25	5	25	SP	SP	5	10	8	9	SP

Claude MARESMA - 11 Grand Rue - 34290 LIEURAN-LES-BEZIERS - Tél. : 04 67 36 13 74

LUNAS Laval de Nize
Alt. : 500 m   A   *C.M. 83 Pli 4*

1 ch. Au pied des Cévennes méridionales, près du Parc du haut Languedoc, nous saurons vous accueillir dans un cadre authentique. 1 chambre pour 2 personnes avec salle d'eau et wc privatifs, chauffage, TV. Possibilité séminaires (journées thématiques), sauna, musculation, aire de jeux. Piscine, auberge SP. Basse et moyenne saison 2 pers. 45 € - 19 €.pers. suppl. - 1 pers. 35 E. Langue parlée : anglais.

Prix : 1 pers. 39 € 2 pers. 51 € pers. sup. 22 € repas 15 €
Ouvert : Toute l'année.

60	14	14	SP	SP	3,5	3,5	10	3,5	

DOMAINE DU VAL DE NIZE - Laval de Nize - 34650 LUNAS - Tél. : 04 67 23 34 23 - Fax : 04 67 23 34 24

LUNEL Pont de Lunel
C.M. 83

1 ch. 1 chambre d'hôte dans une bastide, anciennement relais de poste et auberge très renommée. 1 chambre 4 pers., lavabo et douche, 2 wc sur palier. Terrain, terrasse, salon de jardin.

Prix : 1 pers. 32 € 2 pers. 37 € 3 pers. 48 € pers. sup. 9 €
Ouvert : D'avril à septembre.

12	1,5	12	SP	3	SP	6	10	3	1,5

Blandine BERTHELON - Pont de Lunel - 34400 LUNEL - Tél. : 04 67 71 40 97

LUNEL Le Relais d'Agathe
C.M. 83 Pli 8

5 ch. Marie-Ange vous accueille dans sa demeure en pierre située en bordure de l'agglomération, près de la voie domitienne. 3 chambres de plain pied en r.d.c. avec sanitaires privatifs, 2 ch. à l'étage/terrasse privative, salle d'eau, wc. Salle de séjour, salon, chauffage, climatisation, TV. Belle cour intérieure, piscine (14X5) non clôturée, parking clos. Prix/séjours en hors saison et pour groupes. Vélos à disposition. Langues parlées : anglais, espagnol.

Prix : 1 pers. 77/92 € 2 pers. 77/92 €
Ouvert : Toute l'année.

12	SP	12	SP	3	SP	6	10	1	SP

Marie-Ange DOMENECH - 35 rue des Cèpes - Le Relais d'Agathe - 34400 LUNEL - Tél. : 04 67 71 29 02 -
E-mail : Marie-Ange@relaisdagathe.com

LUNEL Mas Saint-Ange
(TH)   *C.M. 83 Pli 8*

5 ch. La Camargue, les Stes-Maries-de-la-mer, Aigues-Mortes...cf description A proximité de la Camargue, Sylvie et Jacques vous accueillent dans leur maison. R.d.c. Ch.1 (1 lit 2 pers.), s.e/wc. 2e Et. Ch.2 (1 lit 2 pers., 1 lit 1 pers.), s.b/wc, Ch.3 (1 lit 2 pers. 160x200), s.b/wc, Ch.4 et Ch.5 (1 lit 2 pers.), s.e/wc, salle à manger/salon, TV, Tél., chem., Chauf. élect. Terrasse, terrain clos, piscine (non cl.) s.d.j., VTT. Table d'hôte sur réservation. Attraits Touristiques : La Camargue (fetes & traditions taurines), Les Stes-Maries-de-la-Mer, Aigues-Mortes, Arles, Avignon, Le Grau du Roi, La Grande-Motte, Carnon, Palavas, plage de l'Espiguette, Montpellier (Animations culturelles,universités) Nimes. Langues parlées : anglais, espagnol.

Prix : 1 pers. 46 € 2 pers. 46 € 3 pers. 58 € pers. sup. 13 €
repas 14 €
Ouvert : Toute l'année.

12	SP	12	12	12	SP	1	50	10	3	2

Jacques BORDES - 629 chemin des Saintes-Maries - Mas Saint-Ange - 34400 LUNEL - Tél. : 04 67 83 97 50 - Fax : 04 67 83 97 50 ou
SR : 04 67 67 71 62

Hérault

Languedoc-Roussillon

MAUREILHAN Les Arbousiers *C.M. 83 Pli 14*

ℍℍℍ 6 ch. A 5 km du Canal du Midi, propriétaire-viticulteur possédant 6 chambres au cœur du village. 1er ét. : 4 chambres climatisées (2 et 3 pers.), salles d'eau ou bains et wc privatifs. R.d.c. : 2 ch. (2 à 4 pers.), salles d'eau, wc privés, salle de séjour/coin-repos, bibliothèque, TV, Tél., cheminée. Jardin, aire de jeux, terrasse ombragée, parking clos. Sortie autoroute 36. Langues parlées : anglais, espagnol.

Prix : 1 pers. 34 € 2 pers. 40 € 3 pers. 52 € pers. sup. 12 € repas 15 €
Ouvert : Toute l'année.

🐕	〰	🚣	⛵	⛱	🎾	🎣	⛳	🚲	🛤
	20	9	20	4	4	SP	15	15	9	SP

Bruno et Jacqueline FABRE-BARTHEZ - Les Arbousiers - 34370 MAUREILHAN - Tél. : 04 67 90 52 49 ou 06 84 20 04 28 - Fax : 04 67 90 50 50 - E-mail : ch.d.hôtes.les.arbousiers@wanadoo.fr

MIREVAL Savino *C.M. 83 Pli 17*

ℍ 1 ch. 1 chambre 2 pers. au rez-de-chaussée de la villa du propriétaire avec entrée indépendante, salle d'eau/wc privatifs, coin-cuisine, TV, chauffage central, frigo/bar, loggia. Parking clos et couvert, jardin arboré. Langue parlée : anglais.

Prix : 1 pers. 34 € 2 pers. 37 €

🐕	〰	🚣	⛵	⛱	🎾	🎣	⛳	🚲	🛤
	4	6	4	4	4	0,3	1	25	12	0,4

Simone GARNIER - 4 rue Ronsard - 34110 MIREVAL - Tél. : 04 67 78 15 24

MIREVAL *C.M. 83 Pli 17*

ℍℍℍ 3 ch. 1 demeure confortable qui ne manque pas de cachet avec son petit parc clos en plein centre d'1 village languedocien. 3 ch. résolument terre du sud, vous accueillent toutes trois pour 2 pers. (poss. d'1 3è pers.) avec s.e. ou s.d.b./wc privés, chauf. électr., TV vidéo sur dem., biblio, vaste séjour,cheminée, home ciné., mob. de jardin, parking int. privé. organisation personnalisée de séjours. A 4 km d'1 plage protégée sur la Mediterranée et à 12 km de Montpellier et de Sète l'Enclos associe situation & environnement exceptionnels. Langue parlée : italien.

Prix : 1 pers. 44 € 2 pers. 48 € pers. sup. 15 €
Ouvert : Toute l'année.

🐕	〰	🚣	⛵	⛱	🎾	🎣	⛳	🚲	🛤
	4	6	4	4	4	0,8	1	50	25	2	SP

Anne-Marie CONTE-PRIVAT - 15 avenue de Verdun - L'Enclos - 34110 MIREVAL - Tél. : 04 67 78 39 70 - Fax : 04 67 78 39 70 - E-mail : conte-privat@wanadoo.fr ou SR : 04 67 67 71 62

MONS-LA-TRIVALLE  *C.M. 83 Pli 3*

ℍℍℍ 1 ch. Au pied des monts du Caroux et de l'Espinouse, à la porte des gorges d'Héric, Véronique et Antoine vous accueillent dans leur maison -les 4 saisons- dans 1 suite 4 pers., s.e., wc privatifs, coin-salon, salle à manger, cheminée,. Terrasse, jardin non clos, salon de jardin, barbecue, parking privatif. Poss. tarif 1/2 pens. Langue parlée : espagnol.

Prix : 2 pers. 39 € 3 pers. 54 € pers. sup. 15 € repas 16 €
Ouvert : Toute l'année

🐕	〰	🚣	⛵	⛱	🎾	🎣	⛳	🚲	🛤
	55	15	25	SP	SP	SP	SP	10	15	5

MARTINEZ Antoine SAUSSOL Véronique - Le Village - 34390 MONS-LA-TRIVALLE - Tél. : 04 67 97 70 93 ou 04 67 97 80 43

MONTAGNAC *C.M. 83*

ℍℍℍ 4 ch. Sur ancien domaine viticole, en bordure de la N 113, 3 chambres d'hôtes indépendantes 2 pers., 1 chambre 3/4 pers., salle d'eau/wc privatifs, chauffage électrique, salon, salle à manger, cuisine, buanderie. Jardin clos ombragé, terrasse, salon de jardin, parking clos. Langue parlée : anglais.

Prix : 1 pers. 38 € 2 pers. 42 € 3 pers. 50 € pers. sup. 7 €
Ouvert : Toute l'année

🐕	〰	🚣	⛵	⛱	🎾	🎣	⛳	🚲	🛤
	22	5	22	SP	3	4	20	22	SP

Daniel GENER - 34 avenue Pierre Sirven - 34530 MONTAGNAC - Tél. : 04 67 24 03 21 - Fax : 04 67 24 03 21

MONTAGNAC *C.M. 83*

E.C. 1 ch. Gladys et Heinz vous accueillent dans cet ancien couvent des Augustins (XVè) aujourd'hui transformé en demeure chaleureuse, au centre du village en bordure de la RN 113. 1 ch. au 2è ét. pour 2 pers. vue sur la chapelle (lit supl. possible), s. d'eau/wc privatifs. Salon à dispo. avec coin TV et biblio., poss. l./sèche-linge. Cour intérieure ombragée composée d'une flore variée typiquement méditerranéenne. Langue parlée : anglais.

Prix : 1 pers. 52 € 2 pers. 54 € pers. sup. 27 €
Ouvert : Toute l'année.

🐕	〰	🚣	⛵	⛱	🎾	🎣	⛳	🚲	🛤
	22	5	22	4	3	4	20	SP

Gladys et Heinz STEMMANN - 23 avenue Pierre Sirven - 34530 MONTAGNAC - Tél. : 04 67 24 16 67 - Fax : 04 67 24 16 63

Languedoc-Roussillon — Hérault

MONTAUD
C.M. 83 Pli 7

1 ch. Maison du XIX° siècle. R.d.c. : grande salle de séjour, coin-détente, cheminée. 1 chambre pour 2 personnes, salle de bain + douche balnéo, wc, chauffage central, TV, magnétoscope, réfrigérateur. Jardin clos, salon de jardin, garage, piscine, ping-pong.

Prix : 1 pers. 54 € 2 pers. 60 € pers. sup. 12 €
Ouvert : Toute l'année.

	≈	🏞	⛵	🏊	🏖	🎾	🏃	🎣	🚂	🚉
	30	SP	30	SP	SP	3	15	20	3	

Bernadette FARE - 11 rue Fontaine des Amours - 34160 MONTAUD - Tél. : 04 67 86 56 99 - Fax : 04 67 86 56 99

MOULES-ET-BAUCELS Domaine de Blancardy
A
C.M. 83 Pli 16

3 ch. Mas du XII° & XVI° siècle sur domaine de 350 ha, à mi-chemin entre mer et montagne. 1er et 2e ét. : 3 chambres 2 pers., s.e./wc privatifs, ch. électr., TV. Cour intérieure, parking, vente de produits. Auberge (vins, carthagène, foies gras...) Dégustation de vins, jeux enfants. Randonnée SP, escalade 3 km. Repas 13 à 32 €. Station Aigoual 40 km, ski de fond et piste. Langues parlées : anglais, espagnol.

Prix : 1 pers. 28/43 € 2 pers. 40/77 € pers. sup. 14 €
1/2 pens. 34/40 €
Ouvert : Toute l'année sur réservation

	≈	🏞	⛵	🏊	🏖	🎾	🏃	🎣	🚂	🚉
	45	8	45	7	7	3	7	7	40	7

Laure MARTIAL - Domaine de Blancardy - 34190 MOULES-ET-BAUCELS - Tél. : 04 67 73 94 94 - Fax : 04 67 73 55 59 -
E-mail : Blancardy@aol.com

MURVIEL-LES-BEZIERS L'Hacienda des Roucans
(TH)
C.M. 83

6 ch. 1 havre de paix de 9000 m² au bord de la rivière, vous serez séduit par le confort des ch., l'accueil chaleureux. 1 ch./salon, s.d.b./wc (2 lits 1 pers.), 3 ch. (1 lit 2 pers.), 1 ch. (2 lits 1 pers., canapé-lit), 1 ch. (1 lit 2 pers., salon, canapé-lit), s.d.b./wc, TV, réfrigérateur dans chaque ch., avec toutes accès au jardin et piscine, biblio, sauna. Parking privé, garage, barbecue, ping-pong, baby-foot, vélo, VTT. Langues parlées : anglais, hollandais.

Prix : 2 pers. 62/89 € pers. sup. 15 € repas 21 €
Ouvert : Toute l'année.

	≈	🏞	⛵	🏊	🏖	🎾	🏃	🎣	🚂	🚉
	20	SP	20	SP	SP	2	5	SP	25	15	2

Pierre et Linda BLANPAIN-VANDERMOSTEN - L'Hacienda des Roucans - Route de Reals - 34490 MURVIEL-LES-BEZIERS -
Tél. : 04 67 32 90 10 - Fax : 04 67 32 90 81

MURVIEL-LES-BEZIERS Château de Murviel
C.M. 83 Pli 14

3 ch. 3 chambres dans château médiéval sur les hauteurs du village en circulade. 1 ch. 2 pers. (lit 160 baldaquin), salle d'eau/wc, 1 ch. (3 lits 90), suite (1 lit 160, canapé 2 pers.), salle d'eau/wc, TV, chauffage électrique, salle de séjour, lave-vaisselle, poss. lave-linge. Cour intérieure 210 m². Gratuit enf. -2ans. Tarif semaine, voir prop. Parking clos. Langue parlée : anglais.

Prix : 1 pers. 65 € 2 pers. 70 € 3 pers. 85 € pers. sup. 15 €
Ouvert : Toute l'année sauf février, semaine entre Noël et jour de l'An.

	≈	🏞	⛵	🏊	🏖	🎾	🏃	🎣	🚂	🚉
	25	15	25	3	3	0,5	10	5	25	15	0,5

Marie-Laure BERNARD - 1 place Clémenceau - Château de Murviel - 34490 MURVIEL-LES-BEZIERS - Tél. : 04 67 32 35 45 ou
06 08 24 57 28 - Fax : 04 67 32 35 25 - E-mail : chateau-de-murviel@wanadoo.fr

NISSAN-LEZ-ENSERUNE Les Cigalines
C.M. 83 Pli 14

4 ch. Le temps d'une étape ou d'un séjour soyez cigale. Entre vigne et garrigue, vous apprécierez le confort de nos chambres. 3 ch. 2 pers., 1 ch. 1 pers., s.d.b./wc individuels, TV, ch. central. Parking clos. Dans le jardin arboré, les chaises longues vous invitent à la farniente. Grande terrasse couverte. Cuisine équipée et barbecue à dispo. jeux enfants. Supl. chien 5 €. A 1 km Nissan, Clinique Causse, 12 km les plages. Langues parlées : anglais, allemand.

Prix : 1 pers. 28/34 € 2 pers. 34/40 € pers. sup. 8 €
Ouvert : toute l'année

	≈	🏞	⛵	🏊	🏖	🎾	🏃	🎣	🚂	🚉
	15	4	15	15	15	2	2	30	15	7	SP

Nicole BARDEL-PAINT - Villa les Cigalines - 34440 NISSAN-LEZ-ENSERUNE - Tél. : 04 67 37 16 20 - Fax : 04 67 37 16 20

NISSAN-LEZ-ENSERUNE Domaine Salabert
C.M. 83 Pli 14

4 ch. Sur domaine viticole depuis le début du 19e siècle, 4 ch. à proximité de la maison du vigneron. 2 ch. 2 pers., 2 ch. 3 pers., s.e/wc privatifs. Poss. lit BB, salle de séjour, cuisine à dispo., ch. électrique. Jardin, s.d.j., barbecue, pinède, jx d'enfants, piscine. Parking priv. Visite des vignes, dégustation des vins. Attraits Touristiques : Sur place les propriétaires vous proposent la visite des vignes avec dégustation de leurs vins. Oppidum d'Enserune, canal du Midi, abbaye de Foncaude, Béziers (féria en Août), Narbonne, Minerve (cité cathare), Pézenas (ville de Molière), les plages. Langues parlées : anglais, allemand.

Prix : 1 pers. 34 € 2 pers. 46 € 3 pers. 58 € pers. sup. 12 €
Ouvert : toute l'année

	≈	🏞	⛵	🏊	🏖	🎾	🏃	🎣	🚂	🚉
	15	SP	15	8	SP	2	2	30	30	8	2

Danièle et Rodolphe LAURENS - Domaine Salabert - Les Iris - 34440 NISSAN-LEZ-ENSERUNE - Tél. : 04 67 37 19 43 ou
06 86 49 43 81 - E-mail : rodolphe.laurens@freesbee.fr

Hérault
Languedoc-Roussillon

NOTRE-DAME-DE-LONDRES Le Pous
C.M. 83 Pli 7

▌▌▌ 6 ch. Dans belle demeure du XVIII° siècle, entourée de bois et garrigues, 6 chambres 2 pers., salles d'eau ou salles de bains et wc privatifs, chauffage, salle de séjour, téléphone. Grand terrain.

Prix : 1 pers. **43 €** 2 pers. **46/54 €** 3 pers. **54 €** pers. sup. **8 €**
Ouvert : Toute l'année.

🐕	〰	⛵	⛱	🎾	🐎	⛳	🚲	🎿
40	40	12	10	2	2	10	35	9

Elisabeth NOUALHAC - Le Pous - 34380 NOTRE-DAME-DE-LONDRES - Tél. : 04 67 55 01 36

OLARGUES
C.M. 83 Pli 3

▌▌ 3 ch. Dans site classé, sur les berges du Jaur, ancien Relais de poste en pierres de pays. Accès plain-pied : 1 ch. (1 lit 2 pers.), 1 ch. (2 lits 1 pers.), 1 ch. (1 lit 2 pers., 1 lit appoint), salles d'eau privatives/wc, chauffage central, sauna, pièce de jour/bibliothèque, cheminée, espace détente, Tél. Terrasse, jardin, s.d.j., parking. Poss. livraison repas traiteur. Langues parlées : anglais, allemand.

Prix : 1 pers. **38 €** 2 pers. **44 €** pers. sup. **17 €**
Ouvert : Toute l'année.

🐕	〰	🏊	⛵	⛱	🎾	🐎	⛳	🚲	🎿
70	20	25	SP	SP	0,5	20	4	20	25	0,5

Edial DEES - Rue du Tour des Ponts - La Mazette - 34390 OLARGUES - Tél. : 04 67 97 33 80 ou 06 07 05 60 14 - Fax : 04 67 97 33 80

OLONZAC
CB *C.M. 83 Pli 13*

▌▌▌ 5 ch. Ancien relais de poste du XIX° situé au centre du village, près du Parc Municipal. 2è étage : 1 ch. familiale (1 lit 2 pers., 2 lits 1 pers.), 2 ch. 2 pers., 2 ch. 3 pers., salle d'eau et wc privatifs, salle de séjour/salon et cuisine d'été, TV, cheminée, chauffage électrique. Jardin, salon de jardin. Poss. climatisation et lave-linge. Langues parlées : anglais, espagnol.

Prix : 1 pers. **46 €** 2 pers. **50 €** 3 pers. **65 €** pers. sup. **16 €**
Ouvert : Toute l'année.

🐕	〰	🏊	⛵	⛱	🎾	🐎	⛳	🚲	🎿
45	9	3	2	3	SP	15	25	9	SP

Henri MIGAUD - 3 avenue d'Homps - 34210 OLONZAC - Tél. : 04 68 91 17 70 ou 06 80 47 46 78

PEZENES-LES-MINES Les Vignals
(TH) *C.M. 83 Pli 5*

▌▌▌▌ 4 ch. A seulement 10 km de la ville, vous vous sentirez loin du monde dans une nature préservée et sauvage. Le repos dans un cadre de pierre et bois et sur la table les produits du jardin. 2 ch. 2 pers., 1 ch. 3 pers., 1 ch. 4 pers., salle d'eau, wc, chauf. électrique, séjour/cheminée. Terrasse, barbecue, boulodrome, parking priv. Poss. tarif 1/2 pens. Langues parlées : anglais, allemand.

Prix : 1 pers. **30 €** 2 pers. **40 €** 3 pers. **50 €** pers. sup. **14 €** repas **14 €**
Ouvert : Toute l'année.

🐕	〰	🏊	⛵	⛱	🎾	🐎	⛳	🚲	🎿
45	9	10	9	10	9	10	15	9	9

Roland VERDIER - Les Vignals - 34600 PEZENES-LES-MINES - Tél. : 04 67 95 12 42 - Fax : 04 67 95 12 42 - E-mail : VERDIERR@aol.com

PIGNAN
C.M. 83 Pli 7

▌▌ 3 ch. Chambres dans maison de caractère au centre du village. 1 ch. 2 pers. salles d'eau privatives, wc communs, 1 ch. 2 pers., salle d'eau/wc privatifs, 1 ch. 3 pers. salle d'eau/wc privatifs. Salle de séjour, chauffage. Garage, cour.

Prix : 1 pers. **28 €** 2 pers. **36 €** 3 pers. **47 €**

🐕	〰	⛵	⛱	🎾	🐎	⛳	🚲	🎿
17	2	17	3	SP	4	5	10	SP

Gilbert PINEDE - 1 rue de la Cité - 34570 PIGNAN - Tél. : 04 67 47 72 46

POMEROLS Domaine Fon de Rey
🍷 **(TH)** *C.M. 83 Pli 16*

▌▌▌▌ 6 ch. Bastide du XVII° siècle, au cœur des vignes, à 10 km de la Méditerranée dans parc de pins centenaires. Appart. locatifs dans bât. annexe. 1er ét. 2 ch. familiales 4 pers. dt 1 avec terrasse, 2 ch. 2 pers. dt 1 avec terrasse, 2e ét. : 2 ch. 2 pers., s.e. ou s.b/wc privatifs, ch. central, salon (billard français), TV. Structures accueil séminaires, stages, manifestations culturelles. Piscine clôturée, salon de jardin, ping-pong. Prix table d'hôte vin non compris. Langues parlées : anglais, espagnol.

Prix : 1 pers. **40/87 €** 2 pers. **45/92 €** pers. sup. **16 €** repas **17 €**
Ouvert : De mars à novembre. Groupes hors saison sur réservation.

🐕	〰	🏊	⛵	⛱	🎾	🐎	⛳	🚲	🎿
10	SP	10	3	10	1	5	10	10	1

ELUARD Jeannette & Alain et BECK Monique et J-Pierre - Domaine Fon de Rey - Route de Pezenas - 34810 POMEROLS -
Tél. : 04 67 77 08 56 - Fax : 04 67 77 21 09

Languedoc-Roussillon — Hérault

LE POUGET
C.M. 83 Pli 6

2 ch. Sur les hauteurs du village, ds ancienne remise rénovée, 2 ch. mansardées à l'étage. Salle de séjour, TV et bibliothèque réservés aux hôtes, 1 ch. 2 pers. (lit 160), salle d'eau/wc, TV, 1 ch. 2 pers. (2 lits 90), salle d'eau/wc, chauf./climatiseur. Petite cour fleurie pour petit-déjeuners. Poss. L.linge, parking à proximité. Poss. petit-déj. en garrigue (promenade accompagnée). Langue parlée : anglais.

Prix : 1 pers. **45** € 2 pers. **55** € pers. sup. **13** €
Ouvert : Toute l'année.

🐕	≈	🏊	⛵	🏄	⛱	🎾	🏇	🎣	🏌	🚉	✈
	25	10	13	1	1	SP	1	20	25	25	SP

Henri ISQUIERDO - Rue de l'Estang - 34230 LE POUGET - Tél. : 04 67 96 84 58 ou 04 67 88 63 68

POUSSAN
C.M. 83 Pli 16

5 ch. Proche étang de Thau, au pied de la colline La Moure et du Massif de la Gardiole, 5 ch. dans maison de construction récente. Plain-pied en r.d.c, accessibles pers. mobilité réduite. 3 ch. (2 lits 1 pers.) s.e/wc priv. 1er Et. : 2 ch. (1 lit 160) s.d.b./wc priv., chauffage & climatisation par géothermie, séjour/salon, biblio./mezzanine, cheminée, abri couvert véhicules. Terrain clos 2500 m², piscine, salon de jardin, parking couvert, ping-pong. Proche A9. Repas sur réservation. Tarifs préférentiels pour séjours supérieur à 7 J. Langues parlées : anglais, espagnol.

Prix : 1 pers. **50/60** € 2 pers. **60** € 3 pers. **75** € pers. sup. **15** € repas **20** €
Ouvert : Toute l'année.

🐕	≈	🏊	⛵	🏄	⛱	🎾	🏇	🎣	🏌	🚉	✈
	12	SP	4	4	4	SP	1	30	20	8	0,5

Pierre BARBE - 65 bis, rue des Horts - 34560 POUSSAN - Tél. : 04 67 78 29 39 - E-mail : bbe2000@aol.com ou SR : 04 67 67 71 62

POUZOLLES
C.M. 83 Pli 15

5 ch. Chambres climatisées dans maison attenante à celle des propriétaires vignerons. R.d.c. : salle de séjour/salon. 1er ét. : 5 chambres 2 à 4 pers., salle d'eau ou de bain et wc privatifs, ch. électr., cheminée, TV, tél., réfrigérateur. Piscine ouverte 8/20H, parking clos. TH tous les soirs (vins inclus). Jardin, terrasse ombragée, garage vélos. Motos, balançoires. Salle de loisirs (doc. jeux de société, ping-pong). Repas enfant - de 6 ans : 10 €. 7 nuits hors saison 250 € en demi-pension par personne.

Prix : 1 pers. **43** € 2 pers. **49** € 3 pers. **65** € pers. sup. **16** € repas **16** € 1/2 pens. **41** €
Ouvert : Du 1er avril au 22 septembre

🐕	≈	🏊	⛵	🏄	⛱	🎾	🏇	🎣	🏌	🚉	✈
	31	SP	25	10	10	SP	8	20	8	6	SP

Brigitte GELLY - Domaine l'Eskillou - 4 rue de la Distillerie - 34480 POUZOLLES - Tél. : 04 67 24 60 50 - Fax : 04 67 24 60 50 - E-mail : brigitte.gelly@wanadoo.fr

PUIMISSON
C.M. 83 Pli 14

2 ch. Au rez-de-chaussée de la maison du propriétaire, 1 chambre 3 pers. et une chambre 2 pers. de plain-pied, salle d'eau/wc privatifs, chauffage. Petite cuisine d'été à l'extérieur, lave-linge commun. Grand parc ombragé.

Prix : 1 pers. **30** € 2 pers. **34** € 3 pers. **39** € pers. sup. **6** €
Ouvert : Toute l'année.

🐕	≈	🏊	⛵	🏄	⛱	🎾	🏇	🎣	🏌	🚉	✈
	25	25	10	10	SP	9	9	15	SP		

Madeleine SERRUS - Rue des Caves - 34480 PUIMISSON - Tél. : 04 67 36 09 57

QUARANTE
C.M. 83 Pli 14

4 ch. Entre mer et montagne, région vallonnée idéal randonnées, 4 km Canal du Midi, maison de maître du XIXe siècle, parc 3500 m² ombragé, 4 ch. spacieuses. 1er ét. : 3 ch. 3 pers., s.d.b./wc priv., 2è ét. : 1 ch. 4 pers., s.d.b./wc priv., salon, T.V, cheminée. Parking clos, piscine, pétanque, vélo. Repas/réserv. Réduc. pour séjours prolongés. Béziers et Narbonne à 25 km, restaurants proches. Autre langue parlée ITA. Langues parlées : anglais, allemand, espagnol.

Prix : 2 pers. **43/50** € 3 pers. **57/64** € pers. sup. **15** € repas **19** €

🐕	≈	🏊	⛵	🏄	⛱	🎾	🏇	🎣	🏌	🚉	✈
	35	SP	35	4	1	SP	2	19	21	25	SP

Helge WOLFF - 24 Grande Rue - 34310 QUARANTE - Tél. : 04 67 89 34 72 - Fax : 04 67 89 30 64 - E-mail : wolffhelge@hotmail.com

RIOLS
C.M. 83 Pli 13

5 ch. La Cerisaie, très belle maison bourgeoise du XIXe siècle avec son magnifique parc ombragé, 5 ch. sur 2 niveaux. R.d.c. : salle à manger, biblio., salon. 1er ét. : 2 ch. 2 pers., 2e ét. : 3 ch. 2 pers., s.e/wc privatifs, chem., TV, Tél., ch. électr. Terrasse, s.d.j., pisc. p.-pong, parking. Table d'hôte sur réservation. Remise 10 %/7 jours. Gorges d'Héric, Massif du Caroux 15 km, lac de la Raviège (25 km), Grottes de la Devèze à 9 km. Langues parlées : anglais, allemand.

Prix : 1 pers. **55** € 2 pers. **60/75** € pers. sup. **19** € repas **20** €
Ouvert : Du 1er février et 1er décembre

🐕	≈	🏊	⛵	🏄	⛱	🎾	🏇	🎣	🏌	🚉	✈
	60	SP	60	0,2	25	0,2	20	15	35	50	4

Honorah et Albert KARSTEN - 1 route de Bedarieux - La Cerisaie - 34220 RIOLS - Tél. : 04 67 97 03 87 - Fax : 04 67 97 03 88 - E-mail : CERISERAIE@wanadoo.fr

Hérault
Languedoc-Roussillon

ROQUEBRUN Les Mimosas (TH) C.M. 83 Pli 4

4 ch. Dans beau village, en bordure de l'Orb et aux portes du Parc du Haut-Languedoc, belle maison de maître du XIXe siècle. R.d.c. : salon, biblio., 1 ch. 2 pers., s.e/wc privés. 1er ét. : 1 ch. 2 pers., 1 suite 4 pers., s.e/wc priv. 2e ét. : 1 ch. 2 pers., s.e./wc privés, coin-détente, Tél. Terrasse, garage. Maison non fumeur. Langue parlée : anglais.

Prix : 1 pers. 61/69 € 2 pers. 65/73 € pers. sup. 10/16 €
repas 27 €

| 45 | 15 | 45 | SP | SP | SP | 25 | SP | 25 | 30 | SP |

Denis et Sarah LA TOUCHE - Avenue des Orangers - Les Mimosas - 34460 ROQUEBRUN - Tél. : 04 67 89 61 36 - Fax : 04 67 89 61 36 - E-mail : la-touche.les-mimosas@wanadoo.fr

SALASC A C.M. 83 Pli 5

5 ch. 5 chambres dans maison indépendante, auberge attenante. 2 ch. 2 pers., 3 ch. 3 pers., salle d'eau/wc privatifs, tél. Salle de séjour privative à chaque chambres. Terrasse privative à chaque chambres.

Prix : 1 pers. 29 € 2 pers. 40 € 3 pers. 53 € pers. sup. 13 €
repas 15 € 1/2 pens. 42 € pens. 65 €
Ouvert : 15 Mars au 20 décembre.

| 50 | 4 | 4 | 4 | 4 | 4 | 4 | 10 |

Christine et Xavier JEANROY - Route du Mas Canet - 34800 SALASC - Tél. : 04 67 88 13 39 ou 04 67 96 15 82 - Fax : 04 67 96 15 82

LA SALVETAT-SUR-AGOUT La Moutouse Alt. : 870 m (TH) C.M. 83 Pli 3

E.C. 3 ch. Ancienne ferme au cœur du Parc Naturel Régional du haut Languedoc, dans un cadre verdoyant. 1 ch. 4 pers., 2 ch. 3 pers., s.e./wc privatifs, salle commune, TV, cheminée. Terrasse, terrain. Idéal pour les randonnées et les sports aquatiques. Plateau des lacs à proximité.

Prix : 2 pers. 37 € pers. sup. 10/13 € repas 13 €
Ouvert : De Pâques à la Toussaint.

| 87 | 5 | 5 | 4 | 5 | 5 | SP | 45 | 4 |

PISTRE Noelie et CAZALS Magali - La Moutouse - 34330 LA SALVETAT-SUR-AGOUT - Tél. : 04 67 97 61 63 ou 06 76 67 85 02

LA SALVETAT-SUR-AGOUT Hameau de Mèges Alt. : 756 m (TH) C.M. 83 Pli 3

E.C. 1 ch. Hélène et Pierre vous accueillent dans leur ferme située dans un hameau au cœur du Parc Naturel Régional du haut Languedoc. Chambre au 1er ét. (35 m², 1 lit 2 pers., 2 lits gigogne 1 pers.), salle d'eau, wc, chauffage central gaz, salle de séjour commune et coin repos, TV, cheminée. Terrain, salon de jardin. Prix dégressifs pour séjours. Poss. accueil ânes et chevaux. Langue parlée : anglais.

Prix : 1 pers. 31 € 2 pers. 43 € 3 pers. 55 € pers. sup. 11 €
repas 16 €
Ouvert : Toute l'année.

| 75 | 6 | 6 | 2 | 6 | 5 | 6 | 50 | 5 |

Hélène POMMIER - Hameau de Meges - 34330 LA SALVETAT-SUR-AGOUT - Tél. : 04 67 97 56 65 ou 06 86 43 00 23 - Fax : 04 67 97 64 69 - E-mail : pommier.pierre@wanadoo.fr

SAUSSAN C.M. 83 Pli 7

4 ch. Nous vous accueillons dans un ancien bâtiment viticole, en pierres apparentes au centre du village. 4 chambres avec entrée indépendante. R.d.c. : grand séjour, salon, 2 ch. 2 pers., s.e/wc privés. 1er ét. : 2 ch. 2 pers., s.e/wc privatifs, chauffage central. Terrasse ombragée, grand jardin arboré, parking clos.

Prix : 1 pers. 31 € 2 pers. 39 €

| 10 | 3 | 10 | SP | 4 | 10 | 10 | SP |

Ariane GINE - 6 rue des Penitents - 34570 SAUSSAN - Tél. : 04 67 47 81 01

ST-ANDRE-DE-BUEGES Bombequiols (TH) C.M. 83

5 ch. Bastide médiévale, dans site sauvage et préservé. Salle à manger sous les arches de la terrasse ou devant la cheminée. 2 ch., 1 duplex, 3 suites distribués autour de la cour intérieure avec accès indép., suites avec cheminée, s.d.b., wc privatifs. Piscine, parc de 50 ha, lac collinaire. Calme et sérénité pour les inconditionnels du silence. Tarif suite 110 €. TH produits du terroir, vins de pays. Randonnées et visites de qualité : St-Guilhem-le-Désert, La Couvertoirade, églises romanes, Grotte des Demoiselles, bambouseraie d'Anduze.

Prix : 2 pers. 80/110 € pers. sup. 25 € repas 25 €

| SP | SP | SP | 12 | 6 | 2 | 12 |

Anne-Marie BOUEC - Route de Brissac - Bombequiols - 34190 ST-ANDRE-DE-BUEGES - Tél. : 04 67 73 72 67 - Fax : 04 67 73 72 67

Languedoc-Roussillon — Hérault

ST-CLEMENT-DE-RIVIERE C.M. 83 Pli 7

▊▊▊ 5 ch. Un havre de paix et de silence pour ces 4 chambres dans maison de maître du XVIIIè au milieu d'un parc. R.d.c. : Ch.1 (1 lit 2 pers. 1 lit 1 pers.) s.d.b./wc priv. Et. : Ch.2 (1 lit 2 pers. 160X200), Ch.3 (2 lits 1 pers.,) s.d.b./wc priv. Ch4. familiale : ch. (1 lit 2 pers.) ch. (1 lit 1 pers., 1 lit enf.) s.d.b/wc. Salle à manger,salon, chem., Tél.,piscine. Attraits touristiques : à 10 km Montpellier (universités, nombreuses manifestations culturelles) Nimes, possibilités activités sportives entre mer et montagne, circuit art roman, Camargue, Parc Naturel Haut Languedoc. Langue parlée : anglais.

Prix : 1 pers. **65/80** € 2 pers. **80/90** € 3 pers. **110** €

15	SP	15	SP	SP	0,5	8	5	7	0,5

Calista BERNABE - Domaine de Saint-Clement - 34980 ST-CLEMENT-DE-RIVIERE - Tél. : 04 67 66 70 89 - Fax : 04 67 84 07 96 -
E-mail : calista.bernabé@wanadoo.fr

ST-FELIX-DE-L'HERAS Madieres Le Haut   Alt. : 680 m   A   C.M. 83 Pli 5

▊▊▊ 4 ch. 4 chambres de plain-pied dans bâtiment annexe à une ferme du Larzac, avec vue sur paysage typique caussenard. 2 ch. (3 lits 1 pers.), 2 ch. (1 lit 160, 1 lit 1 pers.), salles d'eau et wc privatifs, salle commune à disposition, TV, point-phone, chauffage électrique. Terrasses, salons de jardin, auberge sur place. Sup./chambre : 30 m^2. Langue parlée : anglais.

Prix : 1 pers. **46** € 2 pers. **61** € 3 pers. **77** € pers. sup. **8** €
Ouvert : Du 1er avril au 15 novembre.

70	10	20	2	20	4	12	50	45	2

Guilhem TEISSERENC - Madieres-le-Haut - 34520 ST-FELIX-DE-L'HERAS - Tél. : 04 67 44 50 41 - Fax : 04 67 44 50 41

ST-JEAN-DE-BUEGES Le Grimpadou   C.M. 83

▊▊ 4 ch. 4 chambres dans maison au centre du village. 2 ch. 2 pers., 2 ch. 3 pers., salle d'eau, wc privatifs, salle de séjour/coin-repos, TV, téléphone, chauffage. Jardin. Prix dégressifs à la semaine. Suppl. animaux : 3 €. Auberge dans le village.

Prix : 1 pers. **32/35** € 2 pers. **42/45** € 3 pers. **52/53** €
Ouvert : Sur réservation

50	18	SP	SP	SP	1	7	45	SP

Jean-Luc COULET - Le Grimpadou - 34380 ST-JEAN-DE-BUEGES - Tél. : 04 67 73 11 34

ST-MARTIN-DE-L'ARCON La Pomarède   (TH)   C.M. 83 Pli 4

▊▊ 2 ch. Deux chambres 2 personnes au rez-de-chaussée d'une maison en pierre apparente, salle d'eau privative, wc commun, cheminée, chauffage central. Terrasse.

Prix : 1 pers. **26** € 2 pers. **33** € 3 pers. **39** € pers. sup. **8** €
repas **12** € 1/2 pens. **28** € pens. **33** €

60	7	30	SP	1	2	2	SP	9	16	1,5

Marie-Pierre RAYNAL - La Pomarede - 34390 OLARGUES - Tél. : 04 67 95 80 42

ST-NAZAIRE-DE-LADAREZ   (TH)   C.M. 83 Pli 14

▊▊ 2 ch. Maison XIXè au centre du village. Rez-de-chaussée : salle de séjour, coin-cuisine. 2e étage : 2 chambres (1 lit 2 pers.), salle d'eau, wc privatifs, cheminée. Cour, salon de jardin, table d'hôte.

Prix : 1 pers. **39/42** € 2 pers. **43/46** € repas **15** €
Ouvert : Toute l'année.

45	18	45	9	9	9	9	30	25	9

Jacquy et Stephy CATANZANO-FARRUGIA - Rue Française Les Semailles - 34490 ST-NAZAIRE-DE-LADAREZ - Tél. : 04 67 89 56 28

ST-SERIES Mas de Fontbonne   C.M. 83 Pli 7

▊▊▊ 5 ch. Dans un Mas, au cœur de la campagne et des vignobles, 5 ch. 2 pers. en r.d.c., salle d'eau, wc privatifs, ch. électr., frigo-bar, coin-détente (TV hors saison). Terrain, terrasse, salon de jardin, barbecue, parking couvert, piscine couverte avril à oct. Ping-pong, foot, volley, tir à l'arc, jx d'enfants, rest. 1,5 km. Gîtes sur place. Sortie autoroute 5 km. Langues parlées : anglais, espagnol.

Prix : 1 pers. **36** € 2 pers. **47** € 3 pers. **53** € pers. sup. **7** €
Ouvert : Toute l'année

20	SP	20	1,5	2	1,5	6	1,5	13	7	1,5

Luc LIGNON - Mas de Fontbonne - 34400 ST-SERIES - Tél. : 04 67 86 00 30 ou 04 67 86 08 74 - Fax : 04 67 86 00 30 -
E-mail : fontbonne@wanadoo.fr

Hérault
Languedoc-Roussillon

STE-CROIX-DE-QUINTILLARGUES L'Euzière
C.M. 83 Pli 7

3 ch. Dans site reposant, entre les Cévennes la Camargue & Montpellier, maison de caractère au cœur d'1 village typiquement languedocien. 1 ch. 3 pers., 3 ch. 2 pers. en r.d.c. avec entrées ind. dt 1 accessible hand., s. d'eau/wc privatifs, frigo-bar. Salle à manger, salon, TV, chauf. central, cuisine à dispo. Terrasse couverte, terrain clos arboré 5000m², salon de jardin. Parking couvert, nombreuses activités sportives, culturelles et artistiques à proximité. 43 € pour 5 nuits et plus. Escalade 5 km. Langue parlée : anglais.

Prix : 1 pers. 42 € ⋅ 2 pers. 45 € ⋅ 3 pers. 60 € ⋅ pers. sup. 16 €
Ouvert : Toute l'année.

	🐕	≈	⛵	🏄	⛱	🎾	🐎	🏌	🚌	🚉
		25	5	25	8	20	5	5	20	15	30	5

Michèle et Bernard GUEUGNEAU - Chemin des Clausses - L'Euziere - 34270 STE-CROIX-DE-QUINTILLARGUES - Tél. : 04 67 59 52 68
ou SR : 04 67 67 71 62

TEYRAN
C.M. 83 Pli 7

2 ch. Belle maison vigneronne du XIXè siècle, un air de campagne et de garrigue à 10 mn de Montpellier au cœur du village entre mer et montagne, entrée indépendante à l'étage : 2 ch. communiquantes 4 pers., salle d'eau/wc priv., 1 ch. 2 pers. accès par terrasse de 100 m², salle d'eau/wc priv., ch. électrique. Salle à manger, salon, TV, cheminée, bibliothèque. Jardin et parking clos avec garage. Départ circuits pédestres et VTT. Langues parlées : anglais, espagnol.

Prix : 1 pers. 45 € ⋅ 2 pers. 51 € ⋅ 3 pers. 80 € ⋅ pers. sup. 8 €
Ouvert : Toute l'année.

🐕	≈	⛵	🏄	⛱	🎾	🐎	🏌	🚌	🚉
	17	3	17	6	5	3	3	7	10	SP

Maryvonne BALESTRINI - 12 rue de l'Avenir - La Begude - 34820 TEYRAN - Tél. : 04 67 87 96 51 ou 06 84 38 20 54 -
E-mail : balestrini@club-internet.fr

LA TOUR-SUR-ORB
(TH) *C.M. 83*

6 ch. Maison de maître du XIXᵉ siècle. 4 ch. 2 pers., 2 ch. 3 pers., salle de bains, wc privatif, chauffage, salle de séjour, cheminée, TV, lave-linge, téléphone. Jardin et parc ombragés, terrasse, parking privé, patio, salle donnant dans le parc, pouvant accueillir : musique, littérature, séminaires, spectacles. Langues parlées : anglais, espagnol.

Prix : 1 pers. 36 € ⋅ 2 pers. 42 € ⋅ 3 pers. 51 € ⋅ pers. sup. 11 €
repas 7 €

🐕	≈	⛵	🏄	⛱	🎾	🐎	🏌	🚌	🚉
	50	6	25	SP	SP	SP	5	10	12	SP

Françoise CHEVALIER-PERIER - 34260 LA TOUR-SUR-ORB - Tél. : 04 67 95 02 99

VIAS
(TH) *C.M. 83 Pli 15*

1 ch. Au cœur du vieux village languedocien, maison traditionnelle agrémentée d'une cour intérieure qui mène à une suite indépendante couleurs du midi, située au 1ᵉʳ étage (1 lit 2 pers. 1 lit 1 pers.), 2 lavabos, s.e, wc privatifs, chauffage. Salon de jardin, petit-déj. et table d'hôte servis dans le patio ou le séjour. Prix 1/2 pens./2 pers. A proximité du canal du Midi (loc. de bateaux), randonnées pédestres et VTT (loc. sur place). Langues parlées : anglais, hollandais.

Prix : 1 pers. 33 € ⋅ 2 pers. 42 € ⋅ 3 pers. 55 € ⋅ pers. sup. 10 €
repas 15 € 1/2 pens. 72 €
Ouvert : Toute l'année

🐕	≈	⛵	🏄	⛱	🎾	🐎	🏌	🚌	🚉
	3	5	3	1	3	0,1	1	3	7	4	SP

Pascaline TCHOLAKIAN - 3 rue Racine - 34450 VIAS - Tél. : 04 67 01 65 92 ou 06 20 31 77 87

VILLETELLE Les Bougainvilliées
C.M. 83

5 ch. Belle maison de caractère, ch. de plain-pied une entrée, terrasse et salon de jardin indépendants. 4 ch. 2 pers. + coin-salon (canapé d'appoint), s.e. ou s.d.b., wc. 1 suite 4 pers. (dont 1 lit 160), s.d.b., wc. Ch. électr., l.linge commun, coin-cuisine, Tél. Sauna, hammam, tennis, terrain 2 ha clos, parking couvert, jeux divers. Poss. TH occasionnellement. Langue parlée : anglais.

Prix : 1 pers. 54 € ⋅ 2 pers. 57 € ⋅ 3 pers. 72 € ⋅ pers. sup. 16 €
Ouvert : Toute l'année.

🐕	≈	⛵	🏄	⛱	🎾	🐎	🏌	🚌	🚉
	20	SP	20	1	SP	1	1	20	6	1

Daniel BARLAGUET - 343 chemin des Combes Noires - Les Bougainvillees - 34400 VILLETELLE - Tél. : 04 67 86 87 00 -
Fax : 04 67 86 87 00

VILLETELLE
(TH) *C.M. 83 Pli 8*

4 ch. Proche de la Camargue et de la Méditerranée, belles chambres dans demeure construite par les Compagnons, sur terrain arboré de 4000 m². R.d.c. 1 suite 3 pers., s.d.b./wc, 1 ch. 2 pers. (lit 160), s.d.b./wc, 1ᵉʳ ét. 1 ch. 2 pers. (lit 160), salle d'eau/wc, terrasse, suite indép.(3 épis de plain-pied en r.d.c.4 pers.(lit 160 et canapé 2 pers.), s.d.b./wc. TV, tél., salle de séjour, salon, cuisine d'été, salle de remise en forme avec suppl. (sauna, balnéo..). Jardin et parking clos, terrasse, piscine non clôturée. Langue parlée : anglais.

Prix : 2 pers. 64/74 € ⋅ pers. sup. 16 € repas 20 €
Ouvert : Toute l'année.

🐕	≈	⛵	🏄	⛱	🎾	🐎	🏌	🚌	🚉
	20	SP	20	1	SP	1	1	20	7	1

Paul SCALESSE - Villa l'Amairadou - 620 chemin de Montpellier - 34400 VILLETELLE - Tél. : 04 67 86 80 65 ou 06 81 84 75 00

Languedoc-Roussillon
Lozère

GITES DE FRANCE - Service Réservation
14, bd Henri-Bourrillon - B.P. 4
48001 MENDE Cedex
Tél. 04 66 48 48 48 - Fax 04 66 65 03 55

ARZENC-DE-RANDON
Alt. : 1275 m (TH) *C.M. 76 Pli 16*

1 ch. 2 chambres et 1 gîte de séjour dans une maison de type Margeride. Grande cheminée. Sanitaires communs. Salle d'eau dans les chambres, wc communs. Salle de séjour avec TV à la disposition des hôtes. Restaurant, randonnées. Accessible par la D3. Repas à partir de nos produits : pain maison, porc, poulet, jardin, lait, beurre. tarifs 2001.

Prix : 1 pers. 17 € 2 pers. 34 € 1/2 pens. 26/31 €
Ouvert : Toute l'année.

SP	SP	10

Alexis et Françoise AMARGER - Le Giraldes - 48170 ARZENC-DE-RANDON - Tél. : 04 66 47 92 70

ARZENC-DE-RANDON Le Giraldes
Alt. : 1276 m (TH)

2 ch. Chateauneuf-de-Randon 10 km. 2 ch. d'hôtes avec salle d'eau et wc privés chacune. Salle à manger, cheminée. Terrasse, rivière, parking. Gratuit pour les enfants jusqu'à 3 ans. Cuisine du terroir, spécialités : moche, flecque, ponty. Tarifs 2001. Langue parlée : espagnol.

Prix : 1 pers. 16 € 1/2 pens. 28 € pens. 40 €
Ouvert : Toute l'année.

SP	SP	10	30	30	30	10	30	12

Daniel et Jeannette VALY - Le Giraldes - 48170 ARZENC-DE-RANDON - Tél. : 04 66 47 93 62 - E-mail : valy@ordilyon.fr - www.ordilyon.fr/ousta de baly

BARRE-DES-CEVENNES Le Mazeldan
Alt. : 700 m (TH)

3 ch. A 700 m d'altitude, le Mazeldan est un hameau situé entre Barre des Cévennes et Sainte-Croix Vallée Française. Nous vous accueillons sur notre exploitation agricole (ovin, bovin) dans un bâtiment traditionnel de caractère. Vue magnifique sur les Cévennes. Wc et salle d'eau dans chaque ch. Salon et salle à manger communs avec cheminée et télévision. Terrasse, parking. 1/2 pension : 47 €/1 pers ; 66 €/2 pers ; 94 €/3 pers.

Prix : 1 pers. 34 € 2 pers. 40 € 3 pers. 55 € pers. sup. 11 € repas 13 € 1/2 pens. 47 €
Ouvert : Toute l'année.

17	1	17	4	7	20	55	4

Claude BOISSIER - Mazeldan - 48400 BARRE-DES-CEVENNES - Tél. : 04 66 45 07 18

LE BLEYMARD La Combette
Alt. : 1060 m (TH) *C.M. 150 Pli B1*

2 ch. Mont Lozère + Parc National des Cévennes 7 km. Maison d'architecture contemporaine comprenant 2 ch d'hôtes. Au 1er niveau : 1 ch avec 2 lits 1 place, salle d'eau, wc privatifs. Au 3e niveau : 1 ch familiale avec 2 ch à 2 lits 1 place chacune + possibilité lit d'appoint 1 place, salle d'eau/bains + wc. Séjour coin salon, cheminée feu ouvert, TV, jardin + salon. Repas internat., pain fait maison. Dans la maison des propriétaires, au calme et en pleine nature. Situé à 1 km du sentier et auprès du Lot. Table d'hôtes le soir sur réservation (sauf dimanche soir), petit déjeuner copieux. décoration africaine, séjour commun avec accès direct sur terrasse et jardin avec vue splendide. Langues parlées : hollandais, anglais, allemand.

Prix : 1 pers. 31 € 2 pers. 46 € 3 pers. 60 € pers. sup. 15 € repas 14 €
Ouvert : Toute l'année sauf les mois de décembre, janvier et avril.

25	SP	7	1	2	29	2	14	2

Anita KLEIN-KAMP - La Combette - 48190 LE BLEYMARD - Tél. : 04 66 48 61 35 ou 04 66 48 61 36 - E-mail : lacombette@wanadoo.fr - www.lacombette.com

LE BLEYMARD Le Bonnetés
Alt. : 1230 m (TH)

2 ch. Mont Lozère. Parc National des Cévennes. 2 ch. confortables et accueillantes dans 1 charmante demeure traditionnelle, 1 ch. (1 lit 2 pers., 1 lit d'appoint), 1 ch. (2 lits 1 pers.), salle d'eau/wc dans chaque chambre. Possibilité lit bébé. Chauffage central. Dans la montagne du Goulot face au Mt Lozère, le gîte de l'escoutal, ancienne ferme rénovée, offre calme et dépaysement aux amoureux de la nature. Langues parlées : anglais, espagnol.

Prix : 1 pers. 28 € 2 pers. 40 € 3 pers. 56 € repas 15 € 1/2 pens. 35 €
Ouvert : Du 1/4 au 11/11.

SP	3	9	3	35	3

Nathalie BOCQUEE - Le Bonnetés - Gîte « L'Escoutal » - 48190 LE BLEYMARD - Tél. : 04 66 48 64 08 - E-mail : nathalie.bocquee@gr70.com - www.gr70.com

Lozère

Languedoc-Roussillon

LA CANOURGUE La Vialette Alt. : 850 m (TH) C.M. 80 Pli 5

6 ch. — 6 chambres d'hôtes avec salle de bains, wc, TV. Fax à disposition. Sortie 40 à la Canourgue, prendre la D998, 12 km après la Canourgue prendre dir. Ste-Enimie en face la Capelle. Ferme Caussenarde du XVe siècle. Accueil chaleureux.

Prix : 2 pers. 42 € / 1/2 pens. 34 €
Ouvert : Toute l'année.

🐕	🏖	⛱	🎾	🏇	🏊	🚲	⛵
15	15	12	8	20	15	20	12

Jean et Anne-Marie FAGES - La Vialette - en face la Capelle - 48500 LA CANOURGUE - Tél. : 04 66 32 83 00 ou 04 66 32 94 62

LA CANOURGUE Le Mazelet Alt. : 800 m A (TH) C.M. 80 Pli 4/5

3 ch. — 3 chambres d'hôtes (1 lit 2 pers. 1 lit 1 pers.) dont 1 avec salle d'eau et wc privés (3 épis) et 2 avec salle d'eau privée et wc communs (2 épis). Chauffage. Calme assuré. Accès par D998, au golf du Sabot : D46, à droite direction la Malène D43 à gauche. A 13 km des Gorges du Tarn. Terrasse avec transat. Badminton, parking. Menu gastronomique et carte des vins. Spécialité : charcuterie, aligot, truffade, coupetade. Aménagement de nouvelles chambres avec salon commun et toutes sanitaires privés. 1/2 pens/2 pers. : 60 €, 1/2 pens/3 pers. : 82 €. Langue parlée : anglais.

Prix : pers. sup. 22 € repas 11 €
Ouvert : Toute l'année.

🐕	🏖	⛱	🎾	🏇	🏊	🚲	⛵
10	13	6	5	5	13	6	7

Muriel TRANCHARD - Le Mazelet - 48500 LA CANOURGUE - Tél. : 04 66 32 83 16

CHANAC Le Moulin de Magre Alt. : 630 m (TH) C.M. 80 Pli 5

4 ch. — Gorges du Tarn 20 km. Lot 200 m. 4 ch. dans un ancien moulin, ruisseau. 1 ch. pour 4 pers. 1 ch. 2 pers. s. d'eau + wc privatifs. 2 ch. 2 pers. s. d'eau privative et wc communs au 2 ch. Table d'hôte sur réservation. Espaces verts, jardins et parking privés. Tarif 4 pers. : 52 €.

Prix : 1 pers. 25 € 2 pers. 31/34 € 3 pers. 43 € repas 14 €
Ouvert : Toute l'année.

🐕	🏖	⛱	🎾	🏇	🏊	🚲	⛵
SP	SP	SP	SP	20	20	SP	SP

Anne-Marie DALLES-SABAT - Le Moulin de Magre - avenue de la Gare - 48230 CHANAC - Tél. : 04 66 48 17 28 ou 04 66 48 20 74

CHANAC Le Jas Alt. : 900 m A (TH) C.M. 80 Pli 5

3 ch. — Gorges du Tarn 12 km. Vallée du Lot 6 km. Entre les Gorges du Tarn et la Vallée du Lot. Accès D 31 puis D 44 de Chanac. A 75 sortie « Le Monastier ». Chambres d'hôtes à la ferme. 3 ch. indépendantes chez le propriétaire sur 5000 m² de terrain arboré et fleuri. 8 places. WC. S. d'eau privatifs par chambre. Parking, salon de jardin, coin TV, l-linge, kitchenette. Equipement bébé. Barbecue. Réservations obligatoires, charges comprises. Gratuite jusqu'à 2 ans et - 30 % jusqu'à 6 ans pour les repas. Pas de repas en août. Les dimanches, Mercredi et Jeudi en juillet. Rando pédestres sur place. Cuisine copieuse et chaleureuse du terroir à base de Roquefort, agneaux, charcuterie maison.

Prix : 1 pers. 35 € 2 pers. 40 € 3 pers. 52 € pers. sup. 14 € repas 13 € 1/2 pens. 34 €
Ouvert : De Pâques à fin septembre.

🐕	🏖	⛱	🎾	🏇	🏊	🚲	⛵
7	7	6	23	6	12	6	7

J-Pierre et Sylvie DURAND - Le Jas - 48230 CHANAC - Tél. : 04 66 48 22 93

CHANAC Le Gazy Alt. : 800 m A (TH) C.M. 80 Pli 5

6 ch. — 1 ch. 3 épis (2 lits 2 pers.), salle d'eau, wc, 2 ch. (1 lit 2 pers.), douche, lavabo, wc communs aux 2 ch. sur le palier, 1 ch. (2 lits 120), douche, lavabo, wc, 1 ch. (1 lit 2 pers.), douche, lavabo, 1 ch. double (1 lit 2 pers. 1 lit 1 pers.), douche, lavabo, wc communs à ces 2 ch. 46 €/4 pers. 1/2 pens. sur la base de 2 pers. : 53 €.

Prix : 2 pers. 31 € 3 pers. 43 € repas 11 €
Ouvert : Toute l'année sur réservation.

🐕	🏖	⛱	🎾	🏇	🏊	🚲	⛵
7	7	7	20	10	25	7	7

Marie-Thérèse PRADEILLES - Le Gazy - 48230 CHANAC - Tél. : 04 66 48 21 91

CHANAC Le Cros Bas Alt. : 800 m (TH)

4 ch. — Les Gorges du Tarn 15 km. 3 chambres avec lavabos, douches et wc communs (1 épi) et 1 ch. 3 pers. (3 épis) avec salle d'eau et wc privés. Salle à manger. Parking, terrain, salon de jardin. Réservation obligatoire. Enfant gratuit jusqu'à 3 ans.

Prix : 1 pers. 23/29 € 2 pers. 31/38 € 3 pers. 53 € pers. sup. 9 € repas 11 €
Ouvert : Du 1er avril au 30 septembre.

🐕	🏖	⛱	🎾	🏇	🏊	🚲	⛵
4	15	4	14	20	15	4	4

SAHUQUET Catherine et SALANSON Gilles - Le Cros Bas - 48230 CHANAC - Tél. : 04 66 48 10 60

Languedoc-Roussillon **Lozère**

CHANAC Le Villard Jeune Alt. : 650 m (TH)

1 ch. **Gorges du Tarn, Causses, Aubrac.** A 650 m d'altitude et à 5 km de Chanac, dans le hameau du Villard dominant la vallée du Lot, maison caussenarde de charme comprenant 1 ch avec accès indépendant par la cour. Au r.d.c : salle d'eau/wc, à l'étage 1 ch : 1 lit 2 places, 1 lit 1 place. Salon de jardin, parking communal à proximité. Table d'hôtes sur réservation.

Prix : 1 pers. 46 € 2 pers. 46 € 3 pers. 54 € repas 13 €
Ouvert : Avril-octobre.

0,5	15	4	15	10	15	5	5	5	

Andrée PENEL - Le Villard Jeune - 48230 CHANAC - Tél. : 04 66 48 27 60 ou 06 88 89 97 11 - E-mail : christian.penel@online.fr

CHAUCHAILLES Boutans Bas Alt. : 960 m (TH) *C.M. 80*

4 ch. **Les loups du Gévaudan 15 km. L'Aubrac 15 km. Chaudes-Aigues 15 km.** 4 ch. indépendantes. Ch. fumeurs. Cuisine du terroir. Spécialités : produits fermiers. WC privatifs par chambre. Salle d'eau/bain privatif par chambre. Cheminée. Salle à manger. Terrasse. Terrain, parking. Coin-baignade dans la cour. Ferme restaurée entourée de prés. Le village le plus proche est à 8 km. Tarifs 2001.

Prix : 1 pers. 28 € 2 pers. 38 € 3 pers. 51 € pers. sup. 12 €
repas 15 € 1/2 pens. 37 €
Ouvert : De mai à octobre.

4	SP	7	17	17	7

Malik et M-Christine ALILI - Boutans Bas - 48310 CHAUCHAILLES - Tél. : 04 66 31 61 72

CHEYLARD-L'EVEQUE Alt. : 1130 m (TH) *C.M. 76 Pli 17*

5 ch. **Langogne 10 km. Pradelles 15 km.** Au centre d'1 village paisible, à l'orée de la forêt de Mercoire. Maison rénovée en granit et lauzes de pays. 5 ch calmes et confortables de 2 ou 4 pers. S. d'eau, bains privés. Détente et sports nature. Proximité GR4 et GR7. Halte Stevenson sur GR70. Accès Langogne/Mende. TH le soir. Cuisine de terroir d'Auvergne et de Provence et traditionnelle de Lozère. Gîte de pêche et neige. Salon commun. Expo photo « Antarctique ». TV. Satellite. Hifi vidéo. Bibliothèque. Cheminée. Salle à manger, terrasse ombragée. Jardin, boulodrome. Parking. Réservation obligatoire. Séminaire. Repas à thème, buffet. Prêt matériel : VTT, pêche, escalade, ski. Langue parlée : anglais.

Prix : 1 pers. 32 € 2 pers. 45/47 € 3 pers. 65 € pers. sup. 20 €
repas 14 € 1/2 pens. 36/48 €
Ouvert : Toute l'année.

8	SP	10	10	5	5	12	12	12

Agnès et Christian SIMONET - Refuge de Moure - 48300 CHEYLARD-L'EVEQUE - Tél. : 04 66 69 03 21 - Fax : 04 66 69 03 21 - E-mail : gitap.simonet@wanadoo.fr - www.lozere-gite.com

CHIRAC Les Violles Alt. : 1100 m A *C.M. 80*

4 ch. 3 ch. (1 lit 2 pers. 1 lit 1 pers.), 1 ch. (1 lit 2 pers. 2 lits 1 pers.), s. d'eau commune. A l'extérieur, dans une ancienne porcherie : 2 ch. (1 lit 2 pers. 1 lit 1 pers.), s.d.b. Dans un ancien four à pain. Biblio., salon de repos dans la salle typique lozérienne avec grande cheminée. 1/2 pens. : 60 €/2 pers. En suivant un petit sentier longeant le Rioulong à 9 km de Chirac. Dans une ancienne ferme, l'auberge offre des produits fabriqués maison, dans une nature intacte. Langues parlées : anglais, allemand.

Prix : 1 pers. 30 € 2 pers. 30 € 3 pers. 35 € pers. sup. 4 €
repas 16 € 1/2 pens. 42 €
Ouvert : Toute l'année.

SP	10	10	18	10	1	14	10

Bernard PROCKL - Auberges des Violles - 48100 CHIRAC - Tél. : 04 66 32 77 56

LE COLLET-DE-DEZE Le Lauzas Alt. : 600 m (TH) *C.M. 80 Pli 7*

1 ch. Dans un mas cévenol, propriété de 20 ha. 1 ch. (1 lit 2 pers.) avec cabinet de toilette indépendant (douche, wc). Isolation complète, chauffage central. Bibliothèque. Piano, Forêt, randonnée. Conseil gratuit sur la région et la randonnée par une accompagnatrice montagne diplômée d'état. Table d'hôtes sur demande. Pique-nique 6,10 €. - 50 % pour enfant - 8 ans. RN106 Alès-Florac-Mende. Repas froid : 6,5 €. Repas chaud avec apéritif vin et café compris : 16 €. Extension possible en gîte. SNCF : Paris/Nîmes. Langue parlée : anglais.

Prix : 2 pers. 43 € pers. sup. 12 € repas 16 €
Ouvert : Toute l'année.

SP	SP	SP	8	SP	15	15	10	8

Pierrette COUDERT - Le Lauzas - 48160 LE COLLET-DE-DEZE - Tél. : 04 66 41 03 88

LE COLLET-DE-DEZE Lou Rey Alt. : 500 m (TH) *C.M. 80 Pli 7*

6 ch. **Collet-de-Deze 5 km. Alès 30 km.** Dans un Mas cévenol surplombant une des nombreuses vallées avec une vue saisissante depuis la terrasse, et toutes les chambres. 6 ch. avec lavabo et douche cabine : 1 ch. (1 lit 2 pers. 1 lit 1 pers.), 3 ch. (1 lit 2 pers.), 2 ch. (1 lit 2 pers. 1 lit 1 pers. en mezzanine). 2 wc communs aux 6 ch. Salle commune. Randonnées, activités nautiques. Tarifs 2001. 1/2 pension/2 pers. : 51,8 €. Pension complète/2 pers. : 68,6 €. Possibilité de dortoir 12 pers. 13,7 €/nuit petit déjeuner compris. Tarif 4 pers. : 86,9 €. Langues parlées : anglais, allemand.

Prix : 1 pers. 28 € 2 pers. 34 € 3 pers. 43 € repas 12 €
1/2 pens. 37 €

5	5	5	15	5

David SAWALICH - Lou Rey - 48160 LE COLLET-DE-DEZE - Tél. : 04 66 45 58 58 - Fax : 04 66 45 58 58 - E-mail : saw.lou.rey@wanadoo.fr

Lozère — Languedoc-Roussillon

FLORAC Le Pradal
Alt. : 1000 m — (TH) — C.M. 80 Pli 6

1 ch. 1 ch. 3 pers. (1 lit 2 pers. 1 lit 1 pers.), salle de bains et wc indépendants. Sur le Causse Méjean et au cœur du Parc National des Cévennes, en bordure des corniches du Tarn et du Tarnon. 1/2 pens. sur la base de 2 pers. Tarifs 2001.

Prix : 2 pers. 40 € 3 pers. 53 € repas 11 € 1/2 pens. 63 €
Ouvert : Toute l'année.

6	6	6	6	60	6	6	8	60	6

Gilbert PUEL - Le Pradal - 48400 FLORAC - Tél. : 04 66 45 12 77 - Fax : 04 66 45 12 77

FONTANS Les Sapins Verts
Alt. : 1000 m — A — C.M. 76 Pli 15

5 ch. Serverette 4 km. D4 Saint-Alban 7 km. Lacs du Gavinet et Moulinet 15 k 5 ch. d'hôtes de 2 à 3 pers. avec salle d'eau et wc privés, dans une ancienne demeure. Chauffage central. Cuisine familiale et traditionnelle, spécialités du terroir et de la Margeride (volailles, truffade, aligot, coupetade, tourtelle...). 1/2 pens. enfant 26 €. 1/2 pens. : 71 €/2 pers. à partir de 3 jours. Boissons non comprises. Réserve à bisons 12 km. Parc avec loups 20 km. Lac de Naussac 40 km. Randonnées, champignons, fruits sauvages « ne rien faire » dans parc ombragé. Randonnées, cueillettes, repas dans parc ombragé.

Prix : 1 pers. 33 € 2 pers. 45 € 3 pers. 62 € pers. sup. 17 € repas 14 € 1/2 pens. 46 €
Ouvert : De début avril à mi-octobre.

				4	4	4	7	15	18	18	5

Louis et M-Paule CRUEIZE - Les Sapins Verts - Chazeirollettes - 48700 FONTANS - Tél. : 04 66 48 30 23

FOURNELS Grandviala
Alt. : 950 m — A (TH) — C.M. 76 Pli 14

3 ch. Parc à loups 30 km. Réserve des bisons 26 km. 3 chambres indépendantes pour 6 pers. Chambres fumeurs. Salon commun. Cuisine du terroir. Terrain, parking. Aux portes de l'Aubrac. Produits de la ferme.

Prix : 2 pers. 31 € pers. sup. 9 € repas 14 €
Ouvert : Toute l'année.

	SP	1	9	12	12	30	SP

Henri et Julie PERRIER - Grandviala - 48310 FOURNELS - Tél. : 04 66 32 52 96 ou 06 89 53 70 61

FRAISSINET-DE-FOURQUES L'Hom
Alt. : 1000 m — (TH)

2 ch. Gorges du Tarn et de la Jonte à 20 km. Maison traditionnelle, 1 ch (1 lit 2 places), 1 ch (1 lit 2 places)+(2 lits 1 places). Salle d'eau et wc privatifs à chaque ch, terrasse, salon de jardin, parking, chauffage électrique. Cuisine du gîte d'étape à disposition à l'étage ou possibilité de table d'hôtes. Vente de produits fermiers (charcuterie, volaille, moutons). Sentiers pédestre d'interprétation de Nîmes le vieux à proximité 4 km aller/retour.

Prix : 1 pers. 29 € 2 pers. 38 € pers. sup. 16 € repas 13 € 1/2 pens. 64 €
Ouvert : De mars à novembre.

10	14	10	14	14	14	20	14	60	14

Martine TURC - L'Hom - 48400 FRAISSINET-DE-FOURQUES - Tél. : 04 66 45 66 14

GATUZIERES
Alt. : 800 m — (TH)

3 ch. 3 ch. grand confort 6 à 10 pers., d'accès indépendant de plain-pied. Salle de bains/wc privatifs. Pelouse, jardin. Sur le fond de paysage, la faune locale en mosaïque, d'où son nom : « La Mosaïque ». Calme assuré. Randonnées à pied, en VTT à partir de la chambre. - 10 % pour les longs séjours. Repas ou réservation. Située à 6 km de Meyrueis entre la Causse Méjean et l'Aigoual. Langue parlée : anglais.

Prix : 1 pers. 42 € 2 pers. 46 € 3 pers. 57 € pers. sup. 9 € repas 12 €
Ouvert : Toute l'année.

	SP	SP	6	25	6	45	6

Muriel TRESCARTE - 48150 GATUZIERES - Tél. : 04 66 45 64 10

GATUZIERES Jontanels
Alt. : 900 m — (TH)

3 ch. Dans un hameau paisible, au cœur du Parc National des Cévennes, maison typique indépendante en bordure de la Jonte, belles balades en forêt. 2 ch. avec salle d'eau/bains et wc privés. Salle à manger, salon avec cheminée et TV. Lave-linge. Salon de jardin, terrasse, parking. Réservation obligatoire. Balades en forêts sur place. Grottes l'Aven Armand, Causses Méjean, Noir et Sauveterre, Larzac, gorges, Belvédère des Vautours, Mont Aigoual...

Prix : 1 pers. 39 € 2 pers. 43 € repas 13 € 1/2 pens. 69 €
Ouvert : Toute l'année.

	SP	9	9	9	20	9	50	9

Alain BUONAMINI - Jontanels - 48150 GATUZIERES - Tél. : 04 66 45 67 37

GRANDRIEU Bellelande
Alt. : 1160 m — A (TH)

4 ch. 4 ch. d'hôtes indépendantes, toutes avec wc privés. Salle d'eau ou de bains privative ou commune. Salon et TV communs, cheminée dans la salle des repas. Salon de jardin, terrasse, parking. Réservation obligatoire. Enfant gratuit jusqu'à 3 ans. Cuisine du terroir (aligot, charcuteries maison, veau, volaille...). 2 chambres 2 épis et 2 chambres 3 épis.

Prix : 1 pers. 20 € 2 pers. 38 € repas 14 € 1/2 pens. 32 €
Ouvert : De pâques à Toussaint.

5	5	5	20	5	20	20	5

Eloi ASTRUC - Bellelande - 48600 GRANDRIEU - Tél. : 04 66 46 30 53

Languedoc-Roussillon **Lozère**

HURES-LA-PARADE Le Buffre — Alt. : 1000 m — C.M. 80 Pli 6

1 ch. Chambre d'hôtes située dans un petit hameau au cœur du causse Méjean. Ch. 2 lits 1 pers. Salle de bains et wc indépendants. TV couleur. Chauffage électrique. Tarifs 2001.

Prix : 1 pers. **32 €** 2 pers. **41 €** pers. sup. **11 €**
Ouvert : De Pâques à Novembre.

15	15	18	15	18	50	18

Denis GAL - Le Buffre - 48150 MEYRUEIS - Tél. : 04 66 45 61 84

LANGOGNE — Alt. : 912 m — (TH) — C.M. 76 Pli 16

3 ch. Maison de village en rénovation écotechnique, dans une rue calme au centre de Langogne, à 200 m de chemins de randonnée. 1 ch. (1 lit 2 pers.), 1 suite (2 lits 2 pers.), 1 suite (2 lits 1 pers.), 1 suite (2 lits 2 pers.), 4 sanitaires complets. Draps, couettes et serviettes de bains fournis. Lave-linge, sèche-linge. Bibliothèque. Vidéothèque, billard, bar d'accueil, salle pour séminaire. Garage, terrasse d'été. TH le soir. Membre de l'association « sur le chemin de Stevenson ». Lac de Naussac, eaux vives, golf, VTT sur place. Langue parlée : anglais.

Prix : 1 pers. **29 €** 2 pers. **47 €** repas **17 €** 1/2 pens. **40 €**
Ouvert : Toute l'année.

	SP	1,5	1,5	SP	4	6	1,5	1,5	0,6	0,1

Philippe BLANC - 9 rue de la Honde - 48300 LANGOGNE - Tél. : 06 07 61 55 66 - Fax : 04 66 69 15 25 -
E-mail : philippe.blanc@gr70.com - www.gr70.com

LAVAL-ATGER Mas de Bonnaude — Alt. : 1000 m — (TH) — C.M. 76 Pli 16

3 ch. 1 ch. avec vue (1 lit 2 pers.), salle de bains marbre, lavabo, baignoire, wc et bidet. 2 ch. sur 2 niveaux (1 lit 2 pers. en mezzanine), au r.d.c. : 1 lit 1 pers. avec lavabo, douche, wc privatifs. Chauffage central. Prise TV. Table d'hôtes avec cheminée. Piscine et tennis privés. Demeure historique ayant appartenu au tristement célèbre abbé du Chayla, déclencheur de la guerre des « Camisards » sous Louis XIV. Cuisine du terroir à la TH (le soir). Balades à pieds. Promenades à cheval. Accueil de cavaliers. Réduct. 20 % hors juil./août. Bébé : gratuit. Enfants 3 à 8 ans : -50 %. Langues parlées : anglais, italien.

Prix : 1 pers. **36/63 €** 2 pers. **43/72 €** 3 pers. **60/90 €** repas **15 €**
1/2 pens. **50/77 €**
Ouvert : Toute l'année.

	SP	SP	SP	15	15	SP	15	SP	5

Chantal SCHWANDER - Mas de Bonnaude - 48600 LAVAL-ATGER - Tél. : 04 66 46 46 01 - www.gite-equestre-lozere.com

LAVAL-DU-TARN — Alt. : 800 m — (TH) — C.M. 80 Pli 5

3 ch. 1 ch. (2 lits 2 pers.), 1 ch. à 2 lits pour 2 ou 3 pers. Poss. 1 lit suppl. dans les ch. S. d'eau et wc privés pour chacune. Petits déjeuners servis sur la terrasse avec confitures maison, beurre et miel. Sur commande, repas du soir (juillet et août) avec les produits de la ferme (volailles, lapins, quiches aux champignons, aligot, truites). D'autres chambres sont disponibles pour les groupes. Ouvert toute l'année. Randonnées pédestres sur place (nombreux chemins et sentiers balisés). Découverte de la flore du Causse. A 75 sortie 40 direction Gorges du Tarn.

Prix : 1 pers. **28 €** 2 pers. **36/41 €** pers. sup. **11 €** repas **13 €**
Ouvert : Toute l'année.

9	9	9	9	15	9	9	17	20	9

Jean et Anne-Marie MIRMAND - 48500 LAVAL-DU-TARN - Tél. : 04 66 48 51 51

LA MALENE — C.M. 80 Pli 5

2 ch. Le Causse 2 km. Grottes 15 km. Dans une vieille maison en pierre adossée aux rochers des gorges du Tarn, 2 chambres d'hôtes mansardée avec sanitaires privés (2 places et 4 places), coin-détente dans le jardin avec vue sur les gorges. Rivière et plage à 300 m. Calme, confort et activités diverses. Descente en barque sur place. Accès : D907 bis ou D43, A75 à 20 km. Nuitée 4 pers : 68 €. Baignade, canoë-kayak, randonnées. Langue parlée : anglais.

Prix : 1 pers. **37 €** 2 pers. **42 €** pers. sup. **10 €**
Ouvert : Toute l'année.

	SP	SP	SP	12	20	SP	20	SP

Christophe et Myriam BRUN - Village - 48210 LA MALENE - Tél. : 04 66 48 55 95

LA MALENE — C.M. 80 Pli 5

1 ch. Gorges du Tarn sur place. Descente en barque. Nombreuses excursions. 1 chambre indépendante, 2 places. WC privés pour chaque chambre. Terrasse. Réservation obligatoire. Vue sur jardin. Au cœur des gorges du Tarn et des grands Causses. Appartement ch 2 lits 1 pers. Lavabo, bain douche, wc indépendant. Petit salon, TV. Terrasse. Petit déjeuner. Taxes de séjour compris 45 €. Chambre, 1 grand lit 2 pers, lavabo, douche, wc. TV, terrasse, petit déjeuner et taxes de séjour comprises 42 €.

Prix : 2 pers. **42/45 €**
Ouvert : D'avril à octobre.

SP	SP	12	20	SP	24	SP

Huguette BRUN - 48210 LA MALENE - Tél. : 04 66 48 51 02

Lozère

Languedoc-Roussillon

LA MALENE
C.M. 80 Pli 5

1 ch. 1 chambres d'hôtes (1 lit 2 pers.) indépendante et calme, douches/wc privés indépendants. TV. Chauffage électrique. Terrasse privée. Activités diverses à proximité dans les gorges du Tarn.

Prix : 1 pers. 29 € 2 pers. 38 €
Ouvert : Toute l'année.

SP	SP	20	SP	SP		24	SP

Michel FAGES - Le Pigeonnier - 48210 LA MALENE - Tél. : 04 66 48 57 51

MARCHASTEL
Alt. : 1200 m   (TH)   *C.M. 76*

5 ch. **Parc à loups du Gévaudan 15 km. Station thermale 20 km.** Jeanine et André ont aménagés cinq chambres avec accès indépendants et équipées d'une salle d'eau et wc privés dans une ancienne grange, un bâtiment de caractère de la propriété familiale, situé au cœur de l'Aubrac dans un joli village, très paisible, avec randonnées sur place. Une salle à manger avec kitchenette pour préparer vos pique-nique. Un l-linge à votre disposition. Cuisine du terroir et spécialités régionales. A 15 km du Parc à loups et 20 km de la station thermale Chaldette.

Prix : 1 pers. 34 € 2 pers. 39 € pers. sup. 10 € repas 12 €

2	2	15	20	30	5	30	23	5

André et Jeanine BOYER - Marchastel - 48260 NASBINALS - Tél. : 04 66 32 53 79

MARVEJOLS
Alt. : 650 m   A   *C.M. 80 Pli 5*

6 ch. Situées dans un château des XVIIe et XIXe siècles, 6 ch. de 2 à 4 pers. avec sanitaires privatifs dont 1 ch. avec mezzanine. Salle à manger, salon. Parking, parc, piscine, salon de jardin. Cheminée, TV à usage collectif. Dans un domaine de 9 ha. Auberge à 50 m. Tarifs 2001.

Prix : 1 pers. 46/47 € 2 pers. 53/69 € 3 pers. 76/84 € pers. sup. 15 €
Ouvert : De juin à septembre.

3	SP	4	28	SP	5	4

Jacques et Maryse MIALANES - Château de Carrière - quartier de l'Empery - 48100 MARVEJOLS - Tél. : 04 66 32 02 27 ou 04 66 32 28 14 - Fax : 04 66 32 49 60

MAS-SAINT-CHELY Prunets
Alt. : 1000 m   (TH)   *C.M. 80 Pli 6*

1 ch. **Sainte-Enimie 20 mn.** 1 ch. indépendant avec son entrée, salle d'eau, wc, lavabo, douche. Meublée avec des meubles anciens. Ch. très claire, propre avec peintures récentes (1 lit 2 pers. 1 lit 1 pers.). Dans une ferme Caussenarde du XVIIIe, en bordure des gorges du Tarn. Table d'hôtes sur réservation. Repas enfant -12 ans : 11 €. Propriété de 193 ha., loin de toute nuisance, piscine privée, grands espaces pour toutes randonnées. Auberges à 7 km.

Prix : 1 pers. 50 € 2 pers. 50 € 3 pers. 64 € repas 17 €
Ouvert : Toute l'année. Fermeture 2 janvier au 15 février.

15	15	20	15	SP	45	7

Dominique MOREAU - Prunets - 48210 MAS-SAINT-CHELY - Tél. : 04 66 48 55 98

MOISSAC-VALLEE-FRANCAISE Le Cambon
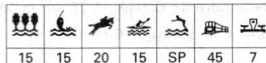   *C.M. 80 Pli 6*

4 ch. 1 ch. 3 pers. (3 lits 1 pers.), 1 ch. 2 pers. (1 lit 2 pers.), 1 ch. 3 pers. (1 lit 2 pers. 1 lit 1 pers.), 1 ch. (1 lit 2 pers.) en duplex avec 3 lits 1 pers. Toutes les ch. possèdent des sanitaires privés. Piscine à dispo. Produits de la ferme et du jardin, pain et confitures maison. Sur la ferme : rucher cévenol et jardins en terrasse. TH (5 jours par semaine). Le domaine du Cambon est situé en bordure du Gardon. L'accueil est proposé dans l'ancien mas restauré attenant au parc.

Prix : 1 pers. 23 € 2 pers. 46 € 1/2 pens. 38 €
Ouvert : Toute l'année.

SP	SP	6	20	6	SP	17	6

Hubert DIVOUX - Le Cambon - 48110 MOISSAC-VALLEE-FRANCAISE - Tél. : 04 66 44 73 13 - Fax : 04 66 44 73 15

MOLEZON La Baume
Alt. : 510 m   (TH)   *C.M. 80 Pli 6*

2 ch. **Ecomusée de la Cévenne 3 km.** Mas entièrement restauré. Chambres d'hôtes confortables, agréables et claires disposent toutes de salles d'eau et wc indépendants. Petit salon avec magnétoscope, jeux et bibliothèque (nombreux ouvrages sur les Cévennes) vous est réservé. Repas pris à la table familiale. Pour 2 pers., 75 € en 1/2 pension, 25 € par pers. sup. Petite exploitation agricole située sur un magnifique environnement calme et reposant de prés, de ruisseaux et de chataigneraies. Sur la commune, nombreux éléments de l'Ecomusée du Parc National des Cévennes, label Panda. Rivière à proximité et sentiers de randonnée au départ de la Baume. Langues parlées : norvégien, allemand.

Prix : 1 pers. 35 € 2 pers. 45 € pers. sup. 10 € 1/2 pens. 50 €
Ouvert : Pâques à Toussaint.

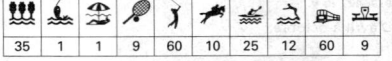

35	1	1	9	60	10	25	12	60	9

Nathalie DOLLFUS - La Baume - 48110 MOLEZON - Tél. : 04 66 44 76 99 - Fax : 04 66 44 74 31 - E-mail : dollfus@aol.com

Languedoc-Roussillon
Lozère

MONTBEL
Alt. : 1200 m — (TH) — C.M. 76

2 ch. 2 chambres d'hôtes avec wc privés et salle d'eau par chambre, salon commun, cheminée, salle à manger, TV commune. Parking, équipement bébé. Possibilité accueil chevaux. Animaux acceptés sous condition. Nuitée 4 pers. : 60 €. Repas : 13 € pour séjours de plus de 4 jours en 1/2 pension. Tarifs enfants. Langue parlée : anglais.

Prix : 1 pers. 27 € 2 pers. 37 € 3 pers. 50 € pers. sup. 10 € repas 15 € 1/2 pens. **40/42** €

Ouvert : Toute l'année.

🐕	⛱	🎾	🏃	🏊	🚂	⛷
SP	7	20	20	7	5	7

Jackie MOULIN - La Grange des Moulin - 48170 MONTBEL - Tél. : 04 66 47 95 61

MONTBRUN Mativet
Alt. : 910 m — (TH) — C.M. 80 Pli 6

1 ch. Ferme située dans un cadre désertique et reposant, comprenant 1 chambre d'hôtes (1 lit 2 pers. 2 lits 1 pers.), wc, salle d'eau privative. Terrain. Proximité Gorges du Tarn. Terrain de vol à voile à proximité. Possibilité de randonnées pédestres.

Prix : 2 pers. 35 € pers. sup. 11 € repas 12 €

Ouvert : De Pâques à la Toussaint.

🐕	⛱	🎾	🏃	🏊	🚂	⛷
9	9	10	5	9	10	40	11

Juliette MICHEL - Mativet - 48210 MONTBRUN - Tél. : 04 66 45 04 76

MONTBRUN Mativet
Alt. : 900 m — (TH) — C.M. 80 Pli 6

1 ch. Chambre dans la maison du propriétaire. Douche et wc privatifs. Ch. avec 1 lit 2 pers. et 2 lits enfants. Au milieu du Causse Méjean, calme et détente assurés. Possibilités randonnées, VTT, vol à voile sur place. 1/2 pension sur la base de 2 pers. Repas adulte 12,20 €. Repas enfant de 2 à 10 ans : 6,10 €.

Prix : 2 pers. 35 € 3 pers. 43 € pers. sup. 8 € repas 12 € 1/2 pens. 59 €

Ouvert : Du 1er février au 30 novembre.

🐕							
10	10	12	10	20	40	12

Béatrice MICHEL - Mativet - 48210 MONTBRUN - Tél. : 04 66 45 00 37

NASBINALS Le Foirail
Alt. : 1100 m — C.M. 76

2 ch. **Aubrac sur place. Fêtes de la transhumance au printemps.** Dans le village de Nasbinals, au cœur de l'Aubrac. 1 ch (1 lit 2 places) avec salle d'eau, wc sur le palier, 1 ch avec salle d'eau pour 3 pers et wc privatif. Salon commun : cheminée, TV. Parking, cour, salon de jardin. Tarifs 2001.

Prix : 2 pers. 38 € 3 pers. 57 €

🐕	⛱	⛷
	2	SP

Colette CHASSANG - Le Foirail - 48260 NASBINALS - Tél. : 06 87 49 16 70

NAUSSAC Pomeyrols
Alt. : 1000 m — A (TH) — C.M. 76 Pli 7

4 ch. Ancienne ferme traditionnelle entièrement rénovée comprenant 4 chambres au 1er étage chez le propriétaire. Sanitaires privatifs (douche, wc, lavabo) dans chacune. Salon commun. Chauffage central. Accès : RN88 puis D26. 1/2 pens. 2 pers. : 73,18 €. Spécialités à base de veau de la ferme. Entre le lac de Naussac et Langogne, en bordure de l'Allier, au cœur d'une forêt et à proximité de Langogne, la ferme de Pomeyrols offre convivialité, calme et indépendance. Chevaux, animaux de la ferme (vaches allaitantes), promenade. Pédestres et VTT. Langue parlée : anglais.

Prix : 1 pers. 28 € 2 pers. 43 € repas 15 €

Ouvert : De février à novembre et vac. scol. de Noël sur réservation.

🐕	⛱	🎾	🏃	🏊	🚂	⛷
SP	5	8	10	10	5	8	8

Georges et Sylviane AUGUSTE - l'Escapade - Pomeyrols - 48300 NAUSSAC - Tél. : 04 66 69 25 91 ou 06 80 08 40 28

NAUSSAC Pomeyrols
Alt. : 1000 m — (TH)

5 ch. **Lac de Naussac 2 km. Langogne 5 km.** A proximité de Langogne et du lac de Naussac, dans le hameau de Pomeyrols, maison d'habitation rénovée comprenant 5 ch d'hôtes. Décoration raffinée. Possibilité de repas en table d'hôtes. Chaque ch dispose de sanitaires privés (salle d'eau et wc) et d'une décoration personnalisée. Coin cuisine à disposition. Salon avec cheminée à feu ouvert. Parking, cour, salon de jardin, TV commune. Accès à un téléphone possible. 3 ch 2 places, 1 ch 3 places et 1 ch 4 places.

Ouvert : Toute l'année.

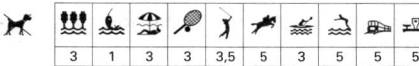

🐕		⛱		🎾	🏃	🏊	🚂	⛷
3	1	3	3	3,5	5	5	5	5

Michèle BANDON - Pomeyrols - 48300 NAUSSAC - Tél. : 04 66 69 17 47 - E-mail : p.bandon@libertysurf.fr

Lozère

Languedoc-Roussillon

LE POMPIDOU
Alt. : 750 m A (TH) *C.M. 80 Pli 6*

4 ch. 4 ch. de 2 ou 3 pers. avec salle d'eau et wc privatifs. Salon commun avec documentation et réfrigérateur. Terrasse avec salon de jardin. Parking et jardin privés. Chambres aménagées dans une maison de maître dans un petit village sur la corniche des Cévennes. A la croisée des vallées Borgne et Française, au pied de la can de l'Hospitalet, vous découvrirez une région riche en histoire et en paysages.

Prix : 1 pers. 33 € ◆ 2 pers. 40 € ◆ 3 pers. 49/57 € ◆ pers. sup. 9 € ◆ repas 13 € ◆ 1/2 pens. 33 €

10	10	SP	10	23	30	60	SP

Ouvert : Toute l'année sauf du 22 au 30/06 et du 21/12 au 05/01.

Jean-Marie CAUSSE - Le Village - 48110 LE POMPIDOU - Tél. : 04 66 60 31 82 - E-mail : j.m.causse@libertysurf.fr

LE PONT-DE-MONTVERT Le Merlet
Alt. : 1100 m (TH) *C.M. 80 Pli 7*

6 ch. 6 chambres 2 pers. avec salle d'eau et wc privés aménagées dans une ferme du XVIe, dans le Parc National des Cévennes, un merveilleux bout du monde selon « Le Guide du Routard ». Nous partageons les repas élaborés à partir des produits de la ferme. Itinéraires pour rand. pédestres. Taxe de séjour : 0,3 €/jour/pers. Suppl. single : 8 €. Maison paysanne de France 1997. Le Merlet, un pays où le temps prend encore le temps. Langues parlées : anglais, allemand.

Prix : repas 15 € ◆ 1/2 pens. 40 €

SP	SP	8	60	25	25	30	8

Ouvert : Toute l'année.

Philippe et Catherine GALZIN - Le Merlet - 48220 LE PONT-DE-MONTVERT - Tél. : 04 66 45 82 92 - Fax : 04 66 45 80 78

LE PONT-DE-MONTVERT Finiels
Alt. : 1200 m (TH) *C.M. 80 Pli 16*

5 ch. Dans une maison restaurée, nos 5 ch. d'hôtes sont confortables, toutes avec sanitaires privés. Au cœur du Parc National des Cévennes et sur le chemin de Stevenson (GR 70) été comme hiver vous pouvez venir profiter des loisirs de détente : baignade, respirer et s'enivrer du parfum des narcisses et genêts au printemps. Promenades en forêts en automne. Ce petit village sur le flanc sud du mont Lozère, Finiels baigne dans le calme. TH à base de produits maison ou locaux. Repas servis devant la cheminée XVIe siècle. 1/2 pens. sur la base de 2 pers. 1/2 pension sur la base de 2 pers : 72 €. Langue parlée : anglais.

Prix : 2 pers. 49 € ◆ repas 12 € ◆ 1/2 pens. 36 €

SP	SP	6	6	10	25	15	30	6

Ouvert : Toute l'année.

Jacqueline GALZIN - Maison Victoire - Finiels - 48220 LE PONT-DE-MONTVERT - Tél. : 04 66 45 84 36

PREVENCHERES Albespeyres
Alt. : 880 m (TH) *C.M. 80 Pli 7*

5 ch. Village le plus proche 5 km. Accès D 906, 5 ch. indépendantes. WC et s. d'eau, bains privés par chambre. Salon commun. Salle à manger, terrasse, terrain, parking. Réservation obligatoire. Cuisine du terroir, spécialités agneau et dessert au miel. En bordure des Gorges du Chassezac, la Garde-Guérin (village médiéval) paysage de Landes à Genets et bruyère, séjour à thème : Brame du Cerf, visite de Miellerie, location d'ânes, chevaux, randonnées pédestres, raquettes accompagnées (accompagneur diplômé). Réduction 10 % jusqu'à 10 ans.

Prix : 1 pers. 21 € ◆ 2 pers. 43 € ◆ 3 pers. 64 € ◆ repas 12 € ◆ 1/2 pens. 30 €

1	1	5	1	10	40	5	5

Ouvert : Toute l'année.

Christine GALLAND - Albespeyres - 48800 PREVENCHERES - Tél. : 04 66 46 06 47 ou 06 81 98 90 56 - Fax : 04 66 46 06 47

PRINSUEJOLS La Baume Haute
Alt. : 1100 m (TH) *C.M. 76*

3 ch. Château de La Baume sur place. Aubrac sur place. Dans le cadre majestueux du château de la Baume, en plein cœur du Gévaudan, bâtiment XVIIe siècle aménagé avec raffinement. Visite du château de la Baume. 3 ch spacieuses avec salle de bains + wc dont une belle ch avec lit à baldaquins, décoration raffinée. Parc du château. Parking. Tarifs 2001. Sur les chemins de St Jacques de Compostelle, découverte de l'Aubrac (randonnées à pied ou à cheval). Spécialité : fouasse.

Prix : 1 pers. 61 € ◆ 2 pers. 92 € ◆ 3 pers. 122 € ◆ repas 12 €

5	SP	5	15	30	15	15

Ouvert : Juillet et août.

Véronique DE LAS CASES - 1 rue Louise Michel - La Baume haute - 92300 LEVALLOIS - Tél. : 01 47 48 05 54 ou 06 87 53 22 99 - E-mail : francois.de.las.cases@libertysurf.fr

QUEZAC
Alt. : 600 m (TH) *C.M. 80 Pli 6*

3 ch. Sainte-Enimie 16 km. Florac 12 km. « La Maison de Marius » vous accueille au cœur des Gorges du Tarn. La demeure est authentique, les maîtres de maison chaleureux, la cuisine du terroir vous séduira ainsi que le gateau aux noix. Charges : taxe de séjour : 0,30 € par pers et par jour en sus.

Prix : 1 pers. 45/61 € ◆ 2 pers. 45/61 € ◆ pers. sup. 16 € ◆ repas 20 €

SP	SP	2	45	1	2	28	2

Ouvert : Toute l'année.

Danielle MEJEAN - La Maison de Marius - 8 rue du Pontet - 48320 QUEZAC - Tél. : 04 66 44 25 05 - Fax : 04 66 44 25 05

Languedoc-Roussillon — Lozère

RIEUTORT-DE-RANDON — Les Fangettes
Alt. : 1000 m — *C.M. 76 Pli 15*

1 ch. — **Parc à loups du Gévaudan 20 km. Rieutort-de-Randon 2 km.** Dans un petit hameau de la Margeride : 1 ch. chez le propriétaire, 2 places. Sanitaires privés, salle à manger, TV commune. Réservation obligatoire. Tarifs 2001.

Prix : 1 pers. **27 €** 2 pers. **31 €**
Ouvert : Toute l'année.

2	2	18	2

Albert JOUVE - Les Fangettes - 48700 RIEUTORT-DE-RANDON - Tél. : 04 66 47 35 81

LE ROZIER « La Pause »
C.M. 80 Pli 5

6 ch. — Au confluent des Gorges du Tarn et de la Jonte, à l'écart du village, 6 chambres d'hôtes aménagées à l'étage de la maison du propriétaire. 4 chambres 2 pers. 1 ch. 3 pers. et 1 ch. 4 pers. (67 € la nuitée), toutes avec salle d'eau et wc privés. Terrasse avec salon de jardin. Piscine privée. Randonnées sur les Corniches du Méjean au départ de la maison. Tarif 4 pers. : 67 €.

Prix : 2 pers. **40 €** 3 pers. **53 €** pers. sup. **14 €**
Ouvert : Toute l'année.

SP	SP	SP	5	SP	20	SP

Francis ESPINASSE - Route de Capluc « La Pause » - 48150 LE ROZIER - Tél. : 05 65 62 63 06

ST-ANDEOL-DE-CLERGUEMORT — Le Cros
Alt. : 640 m — (TH)

2 ch. — **Collet de Dèze 11 km. Le Pont de Montvert 20 km.** Entre Alès et Florac, mas cévenol traditionnel du XVIIIe, dans un hameau accroché au versant sud du Parc National des Cévennes. Ch spacieuse de 40 m² pouvant être soit 1 ch avec suite pour 2 pers ou 2 ch familiales communicantes pour 3 ou 4 pers. Salon/salle à manger, cuisinette. Cheminée, bibliothèque. Equipement bébé. Terrasse, salon de jardin. Agrément Panda. Paysage naturel propice au ressourcement et à l'expression artistique. Vente de produits maison et légumes du jardin. Sentiers huguenots en Cévennes. Mont Lozère. Gratuit jusqu'à 2 ans et -50 % pour les -10 ans. Langues parlées : anglais, espagnol.

Prix : 2 pers. **48 €** 3 pers. **57 €** pers. sup. **7 €** repas **13 €**
Ouvert : Toute l'année.

15	SP	8	10	5	15	18	35	11

Anne-Marie PETIT-DUNOGIER - Le Cros - 48160 ST-ANDEOL-DE-CLERGUEMORT - Tél. : 04 66 41 05 85

ST-ANDRE-DE-CAPCEZE — Vielvic
(TH) — *C.M. 80*

1 ch. — **Villefort et son lac 7 km. Parc National des Cévennes.** A Vielvic sur la commune de St Andre de Capcèze, à 480 m d'altitude et à 7 km de Villefort, ch d'hôtes pour 4 pers (1 lit 2 places, 2 lits 1 place superposés) avec coin cuisine (réfrigérateur table top, 2 plaques électriques, 1 évier). Salle d'eau/wc privés. chauffage central fuel, terrain, salon de jardin.

Ouvert : Toute l'année.

7	7	7	7	7

Martine FABREGUE - Vielvic - 48800 SAINT-ANDRE-DE-CAPCEZE - Tél. : 04 66 46 81 40

ST-ANDRE-DE-LANCIZE — Le Valès
Alt. : 600 m — (TH) — *C.M. 80*

3 ch. — **Parc National des Cévennes.** A 12 km de St Germain de Calberte, petit hameau calme et tranquille. 1 ch (1 lit 160, mezzanine 1 lit 90 cm), 2 ch (1 lit 160, mezzanine 2 lits 90 cm), salle d'eau/wc privatifs. Terrain, salon de jardin, terrasse. Sur place randonnées avec âne, poneys. Vente de produits de la ferme. Découverte de la faune et de la flore. 1/2 pension enfants -6 ans : 20 €, de 6 à 12 ans : 25 €. Panier pique-nique : 7 €.

Prix : 1 pers. **35 €** 2 pers. **40/45 €** 3 pers. **60 €** pers. sup. **10 €** repas **15 €** 1/2 pens. **35 €**
Ouvert : Toute l'année.

1	1	15	15	12	12

Séverine KIEFFER - Le Valès - 48240 SAINT-ANDRE-DE-LANCIZE - Tél. : 04 66 45 93 20 - Fax : 04 66 45 93 20

ST-ETIENNE-VALLEE-FRANCAISE — Le Ranc des Avelacs
Alt. : 550 m — (TH) — *C.M. 80 Pli 17/7*

6 ch. — 6 ch. d'hôtes tout confort avec terrasses privatives. 3 ch. (1 lit 2 pers.), 1 ch. (4 lits 1 pers.), 2 ch. (2 lits 1 pers.). Chauffage. S. d'eau et wc dans chacune. Table d'hôtes dans une salle commune avec cheminée ou une terrasse couverte attenante. Randonnées pédestres sur place. Piscine privée sur place. 1/2 pension : 80 € pour 2 pers. En pleine nature (vue exceptionnelle sur la Corniche des Cévennes et le Mt Aigoual). Mas cévenol en pierre de schiste rénové. Vente de miel récolté au mas. Spécialités de cuisine au miel (pain d'épices, tajines). Langues parlées : anglais, espagnol.

Prix : repas **13 €** 1/2 pens. **46 €**
Ouvert : Toute l'année sur réservation.

3	3	3	5	70	5	50	SP	43	5

Bernard et Martine CHATIN - Le Ranc des Avelacs - 48330 ST-ETIENNE-VALLEE-FRANCAISE - Tél. : 04 66 45 71 80 - Fax : 04 66 45 75 58 - E-mail : chatinb@aol.com

Lozère — Languedoc-Roussillon

ST-FREZAL-DE-VENTALON Vimbouches   Alt. : 700 m   A   C.M. 80 Pli 7

2 ch. **Saint-Privat-de-Vallongue 6 km.** Suite familiale pour 5 pers. : 1 ch. 2 pers. (1 lit 2 pers.) et 1 ch. 3 pers. (1 lit 2 pers. 1 lit 1 pers.) avec cabine de douche, lavabo et wc privatifs pour chacune. Bibliothèque (ouvrages régionaux) et meubles de style à chaque chambre. Grande salle commune avec cheminée. Repas sur terrasse ou au coin du feu. Tarifs 2001. Ferme cévenole en culture biologique au cœur du Parc Naturel des Cévennes. Repas à la ferme-auberge où l'on cultive le goût de l'authentique. Langue parlée : anglais.

Prix : 2 pers. 37 € 3 pers. 44 € repas 15/21 € 1/2 pens. 34 €
Ouvert : Toute l'année.

		15	30	6	35	6
SP	SP					

J-Yves et Catherine PIN - Vimbouches - 48240 ST-FREZAL-DE-VENTALON - Tél. : 04 66 45 54 00

ST-FREZAL-DE-VENTALON Le Viala   Alt. : 600 m   (TH)   C.M. 80 Pli 7

4 ch. Dans un mas cévenol du XVIe siècle, entièrement restauré et primé par les maisons paysannes de France, 4 ch. meublées par les artisans de Lozère. Elles communiquent sur un patio et une terrasse sous treilles et un grand jardin fleuri. Agrément gîte Panda/WWF.

Prix : 1 pers. 30 € 2 pers. 37 € 3 pers. 46 € pers. sup. 7 €
repas 14 € 1/2 pens. 33 €
Ouvert : Toute l'année.

8	4	8	10	10	40	10	20	10

Bernard et Maryse BRUGES - Gîte du Viala - Le Viala - 48240 ST-FREZAL-DE-VENTALON - Tél. : 04 66 45 54 08

ST-GERMAIN-DE-CALBERTE Lou Pradel   Alt. : 740 m   (TH)   C.M. 80 Pli 7

E.C. 3 ch. Au cœur des Cévennes, 3 chambres d'hôtes grand confort avec sanitaires privatifs, salon avec cheminée, bibliothèque, le tout dominant les vallées cévenoles. GR67 sur place. Enclos pour ânes, hébergements équestres. Repas assurés sur résa. RN106 puis, au Collet de Dèze D13 dir. Saint-Germain-de-Calberte. Une vue imprenable sur la Cévenne des Cévennes. Ferme auberge à 1 km. Langues parlées : anglais, allemand.

Ouvert : Toute l'année.

10	10	12	2	12	10	10

Pol et Maria HOSTENS - Lou Pradel - 48370 ST-GERMAIN-DE-CALBERTE - Tél. : 04 66 45 92 46 - Fax : 04 66 45 92 46 -
E-mail : pradel.nbechard@wanadoo.fr

ST-GERMAIN-DE-CALBERTE Vernet   Alt. : 620 m   (TH)   C.M. 81 Pli 7

6 ch. 6 ch. d'hôtes. Sanitaires privés pour chaque chambre (douche, wc, lavabo). Salon avec cheminée. Chauffage central. Terrasse sous la treille. Bibliothèque. Classement Panda, recommandé par le Parc National des Cévennes. Repas enfant 8 €. Accès par N106 et D984. Découverte du milieu naturel, faune. Elevage ânes, brebis, poss. de voir les animaux, de ramasser les framboises avec l'agriculteur. Repas préparés avec les produits du jardin et de la ferme.

Prix : 1 pers. 35 € 2 pers. 43 € 3 pers. 55 € pers. sup. 15 €
repas 13 € 1/2 pens. 35 €
Ouvert : Toute l'année.

10	2	10	12	10	35	10

Sabine LAMY - Vernet - 48370 ST-GERMAIN-DE-CALBERTE - Tél. : 04 66 45 91 94 - Fax : 04 66 45 93 36 -
E-mail : gerard.lamy@libertysurf.fr

ST-GERMAIN-DE-CALBERTE Le Mazelet Bas   A   (TH)   C.M. 80 Pli 7

1 ch. Grande salle de séjour avec coin-cuisine et cheminée (1 lit 1 pers.), 1 chambre (1 lit 2 pers.), lavabo, une salle de bains avec wc. Chauffage central. Terrasse indépendante avec salon de jardin. Poss. de louer à la semaine en juillet/août. Vente de crème de marrons. Camping 3 étoiles à prox. Tarifs 2001. Langues parlées : anglais, espagnol.

Prix : 1 pers. 32 € 2 pers. 34 € 3 pers. 35 € repas 9 €
1/2 pens. 41 €
Ouvert : Toute l'année.

0,3	0,3	7	30	7	15	4

Jeannine MARTIN - Le Mazelet Bas - 48370 ST-GERMAIN-DE-CALBERTE - Tél. : 04 66 45 90 45

ST-JULIEN-D'ARPAON   Alt. : 600 m   A   C.M. 80 Pli 6

2 ch. 2 ch. d'hôtes dans une propriété : 1 ch. (1 lit 2 pers.) et 1 ch. (2 lits 1 pers.) avec salle d'eau et wc privés. Poss. de panier repas pour pique-nique. Salle de loisirs : billard américain/français, TV, vidéo. Balançoire, jeu de pétanque, p-pong. Auberge sur réservation. Domaine des Trois Tilleuls dont l'histoire remonte au XVIIe siècle domine la vallée de la Minerbe. dans un cadre magnifique, à l'ombre d'arbres centenaires, au cœur du Parc des Cévennes, aux portes des gorges du Tarn. Gratuit jusqu'à 3 ans. Ensemble de 5 gîtes et 6 chambres d'hôtes.

Prix : 1 pers. 29 € 2 pers. 46 € repas 18 € 1/2 pens. 46 €
Ouvert : Toute l'année.

			8	8	15	8
SP	SP	SP				

DOMAINE DES TROIS TILLEULS - Village - 48400 ST-JULIEN-D'ARPAON - Tél. : 04 66 45 25 54 ou 04 66 45 25 94 -
Fax : 04 66 45 25 95 - www.cevennes.net/les-trois-tilleuls.htm

Languedoc-Roussillon — Lozère

ST-MARTIN-DE-BOUBAUX   Alt. : 550 m   (TH)   C.M. 20 Pli 7

4 ch. 4 ch. indépendantes dans un vieux mas camisard du XVIIIe siècle, dominant la vallée du « Galeizon », classée réserve de biosphère par l'Unesco. Cuisine du terroir. Spécialités : pain maison, légumes du jardin, confitures de Claudine. Repos au milieu des fleurs. Convivialité et calme. Tarifs 2001. Possibilité promenade accompagnée. Gratuit jusqu'à 3 ans.

Prix : 1 pers. 34 € ● 2 pers. 40 € ● 3 pers. 49 € ● repas 13 €
Ouvert : Toute l'année.

1	20	2	20	15	

Claudine RICHER - Les Molières - 48160 ST-MARTIN-DE-BOUBAUX - Tél. : 04 66 45 51 21

ST-MARTIN-DE-LANSUSCLE Le Cauvel   Alt. : 800 m   (TH)   C.M. 80 Pli 6

5 ch. Une maison, une aspiration, une respiration, une inspiration, une invitation, un lieu où s'imaginer, où l'on imagine, une imagination, une image, l'image d'une maison, l'image de soi dans la maison. Une famille avec ses 5 enfants l'habite, ouvre et partage ce lieu pour que ceux qui y viennent puissent, à leur tour, en saisir le calme et la beauté. Une grande bibliothèque, un coin feu, des chambres douillettes, une odeur de pain chaud, de confiture. Une cuisine inventive. Rencontre, partage. Prendre le temps de penser à soi, aux autres, d'être soi parmi les autres. Gîte Panda. Langue parlée : anglais.

Prix : 1 pers. 35/40 € ● 2 pers. 70/80 € ● repas 14 €
1/2 pens. 38/44 €
Ouvert : Les week-ends du 11/11 au 01/04.

4	4	4	12	9	22	12	45	9

Hubert et A-Sylvie PFISTER - Château de Cauvel - 48110 ST-MARTIN-DE-LANSUSCLE - Tél. : 04 66 45 92 75 - Fax : 04 66 45 94 76

ST-PIERRE-DES-TRIPIERS Le Courby   Alt. : 900 m   A   C.M. 80 Pli 5

6 ch. Aven Armand 10 km. Centre de réintroduction des vautours 3 km. 6 chambres entièrement rénovées avec douche et wc privatifs. 3 ch. (2 lits 1 pers.). Possibilité d'un lit supplémentaire dans 4 des chambres. 1/2 pension/2 pers. :68,6 €, pension complète : 88,4 €/2 pers. Piscine chauffée privée. Accueil de chevaux (8 box, paddock). Tarifs 2001. Sur le Causse Méjean, ancienne ferme dans le hameau de Courby, dans un domaine en partie boisé de 200 ha. Centre d'acclimatation des chevaux de Prejwalsky. Randonnées, escalade et rafting 15 km. Langues parlées : anglais, espagnol.

Prix : 1 pers. 37 € ● 2 pers. 49 € ● 3 pers. 61 € ● pers. sup. 13 €
repas 13/21 € ● 1/2 pens. 46 € ● pens. 55 €
Ouvert : Du 1er avril au 30 septembre.

20	20	20	20	20	SP	35	20	

DAVID Catherine AVEN Armand S.A. - Le Courby - Saint-Pierre-des-Tripiers - 48150 MEYRUEIS - Tél. : 04 66 45 63 21 ou 05 63 54 09 26 - Fax : 05 63 54 73 99

ST-PIERRE-DES-TRIPIERS La Viale   Alt. : 900 m   A   (TH)   C.M. 80 Pli 5

2 ch. Arcs de Saint-Pierre sur place. Réserve biosphère. 2 ch. de 4 pers. chacune avec salle d'eau et wc privés pour chacune. Propriété de 900 ha. sur plateau calcaire avec forêts de pins et de chênes. Sur le lieu de réintroduction des vautours fauves. Nuitée 4 pers. : 71 €. Randonnées, spéléo, VTT sur place et escalade à 10 km. Repas enfant de - de 10 ans : 7 €.

Prix : 2 pers. 43 € ● 3 pers. 57 € ● repas 13 €
Ouvert : D'avril à novembre.

10	10	10	10	20	10	10	30	10

Pascal POQUET - La Viale - 48150 ST-PIERRE-DES-TRIPIERS - Tél. : 04 66 48 82 39

ST-PIERRE-DES-TRIPIERS La Volpilière   Alt. : 930 m   (TH)   C.M. 80 Pli 5

3 ch. 3 chambres de charme (2 à 4 pers.) avec salle de bains ou salle d'eau et wc privés. Chauffage central. Grand séjour avec coin-salon, cheminée et TV. Notions d'anglais. Tarif 1/2 pension (à partir de 3 jours), 1 pers : 50 €., 2 pers : 70 €. Sur le Causse Méjean, au dessus des gorges du Tarn et de la Jonte, en pleine nature, maison indépendante avec terrasse et vue superbe sur la campagne et le mont Aigonal. Cadre agréable et raffiné. Randonnées pédestres (GR6), site de réintroduction du vautour fauve à prox. Corniches du Méjean.

Prix : 1 pers. 42 € ● 2 pers. 49 € ● pers. sup. 13 € ● repas 13 €
Ouvert : Du 15 mars au 15 novembre.

10	10	15	17	40	20	20	38	17

Danielle et Michel GAL - Le Choucas - La Volpilière - Saint-Pierre-des-Tripiers - 48150 MEYRUEIS - Tél. : 04 66 45 64 28
Fax : 04 66 45 64 28

ST-PRIVAT-DE-VALLONGUE La Baume   Alt. : 670 m   (TH)   CB   C.M. 80

4 ch. Parc National des Cévennes. Mont Lozère randonnées à thème à 20 km. Dans une authentique demeure Cévenole du XVIIe siècle, aménagée avec 4 ch d'hôtes. En commun : salle à manger, 2 salons, salle de billard, table d'hôtes. Parking, salons de jardin, accès à un téléphone, terrasse, randonnées à thèmes en boucle au départ de La Baume. Ch « Magnanerie » : 1 lit 2 place, 2 lits 1 places, salle d'eau et wc, coin canapé. Suite « Bruyère » : 1 lit 2 place, 2 lits 1 places, salle de bains, wc, coin salon. Ch « La Clède » : au r.d.c : coin salon et terrasse privée, à l'étage : 1 lit 2 places, coin salon, salle d'eau, wc. Ch « Tilleul » : hall avec possibilité canapé lit 1 place, ch : 1 lit 2 places, coin salon, salle d'eau, wc. Langues parlées : anglais, espagnol.

Prix : 1 pers. 40 € ● 2 pers. 70 € ● 3 pers. 84 € ● pers. sup. 16 €
repas 23 € ● 1/2 pens. 54 €

5	3	3	SP	10	42	SP	40	1,5

Philippe et Richard THEME - La Baume - 48240 SAINT-PRIVAT-DE-VALLONGUE - Tél. : 04 66 45 58 89 - Fax : 04 66 45 48 84 -
E-mail : bouges@club-internet.fr - http://cevennes.com/calbertix

Lozère
Languedoc-Roussillon

ST-ROME-DE-DOLAN L'Aubépine — Alt. : 860 m — C.M. 80 Pli 4

3 ch. Petit coin calme à proximité des gorges du Tarn, dans une maison neuve. 3 chambres (1 lit 2 pers.) avec lavabo. Baignade et autres activités nautiques, aire de sports à 2 km (tennis, boules, football et volley), randonnées pédestres et VTT. Flore et faune exceptionnelles. Langue parlée : anglais.

Prix : 2 pers. 32 €
Ouvert : Toute l'année.

🐕	👨‍👩‍👧	⛱	🎾	🏌	🏃	🏊	🚠	🎿
	7	7	2	26	10	7	17	17	8

Roger et Marinette NURIT - l'Aubépine - 48500 ST-ROME-DE-DOLAN - Tél. : 04 66 48 81 46 - Fax : 04 66 48 81 46

ST-ROME-DE-DOLAN Combelasais — Alt. : 870 m — C.M. 80 Pli 4

3 ch. 2 ch. 2 épis (1 lit 2 pers. chacune), 1 avec s.d.b. et 1 avec salle d'eau, wc communs. 1 chambre 3 épis (4 pers.), douche, lavabo et wc privatifs. A75, N88 à Sévérac-le-Château prendre la route des gorges du Tarn (Le Massegros). Combelasais, Sainte-Rome-de-Dolan. Tarifs 2001 sur place.

Prix : 1 pers. 21 € 2 pers. 29/34 € 3 pers. 43 € pers. sup. 9 €
Ouvert : Toute l'année.

🐕	👨‍👩‍👧	⛱	🎾	🏌	🏃	🏊	🚠	🎿
	10	10	10	2	20	10	10	12	2

Pierre et Yvonne CALMELS - Combelasais - 48500 ST-ROME-DE-DOLAN - Tél. : 04 66 48 80 08

ST-ROME-DE-DOLAN Almières — Alt. : 950 m — (TH) — C.M. 80 Pli 4

1 ch. **Gorges du Tarn sur place.** Maison caussenarde du 18ᵉ siècle sur le splendide panorama des Gorges du Tarn et les grands espaces du Causse propices à de merveilleuses balades. Chambre chez le propriétaire. Sanitaires privés. Table d'hôtes. Ouvert toute l'année. L'hiver sur réservation. Egalement gîte d'étape et de séjour sur place.

Prix : 3 pers. 65 € repas 12 €
Ouvert : Toute l'année.

🐕	👨‍👩‍👧	⛱	🎾	🏌	🏃	🏊	🚠	🎿
	5	5	7	15	10	5	15	7

Nathalie CHAYTAN - Les Fleurines - Almières - 48500 ST-ROME-DE-DOLAN - Tél. : 04 66 48 81 01 ou 06 82 42 97 71 - Fax : 04 66 48 81 01

STE-COLOMBE-DE-PEYRE Lasfonds — Alt. : 1165 m — (TH) 🍇

4 ch. **Lac du Moulinet 3 km. Parc des Loups 7 km. Bisons d'Europe 30 km.** Fermette traditionnelle (murs en granit et toit de lauzes). 4 chambres, toutes avec salle d'eau et wc. Cheminée. Chauffage central. Terrain. Garage pour vélos. Possibilité accompagnement gare. 1/2 pens. sur la base de 2 pers. Randonnées, VTT, ski de fond. A proximité du GR65 (St-Jacques de Compostelle). Cascades du Déroc 20 km. Repas : 8 € enfants -12 ans. Réduction demi-pension à partir de la 4ᵉ nuit.

Prix : 1 pers. 34 € 2 pers. 43 € pers. sup. 13 € repas 13 € 1/2 pens. 43 €
Ouvert : Toute l'année.

🐕	👨‍👩‍👧	⛱	🎾	🏌	🏃	🏊	🚠	🎿
	3	3	3	20	35	20	20	8	8

Georges PAUC - Le Chaudoudoux - Lasfonds - 48130 STE-COLOMBE-DE-PEYRE - Tél. : 04 66 42 93 39 ou 06 72 83 58 13

STE-CROIX-VALLEE-FRANCAISE — Alt. : 600 m — (TH) 🍇 — C.M. 80 Pli 6

3 ch. Belle demeure historique comprenant 2 chambres (1 lit 2 pers.) avec lavabo, 1 chambre (1 lit 2 pers. 2 lits 1 pers.) avec lavabo. Douche et wc communs. Vente de produits fermiers. Participation aux travaux agricoles sur demande. D 983 par Pont-Ravagers. 1/2 pension pour 2 pers : 46 €.

Prix : 1 pers. 23 € 2 pers. 26 € 3 pers. 38/44 € pers. sup. 12 € 1/2 pens. 33 €
Ouvert : De début février à mi-novembre.

🐕	👨‍👩‍👧	⛱	🎿
	3	3	7

MAUGE Fabrice et CHARBONNIER M.Claude et Corinne - La Deveze par Pont Ravagers - 48110 STE-CROIX-VALLEE-FRANCAISE - Tél. : 04 66 44 74 41

STE-ENIMIE Nissoulogres — Alt. : 920 m — C.M. 80 Pli 5

6 ch. Dans un bâtiment annexe, 6 ch. de 2 à 4 pers. avec salle de bains et wc privatifs, dont 1 ch. accès handicapés. Repas en groupe. Possibilité 1/2 pension et pension. Situées sur le Causse de Sauveterre au dessus de Sainte-Enimie. Langues parlées : allemand, italien.

Ouvert : Fermeture en janvier.

🐕	👨‍👩‍👧	⛱	🏃	🏊	🚠	🎿
	13	13	11	13	30	22	13

Annie et Patrice FOUQUEROLLE - Nissoulogres - 48210 STE-ENIMIE - Tél. : 04 66 48 53 76 - Fax : 04 66 48 58 43 -
E-mail : patrice.fouquerolle@wanadoo.fr

Languedoc-Roussillon — Lozère

STE-ENIMIE La Perigouse
Alt. : 850 m (TH) *C.M. 80 Pli 5*

3 ch. Dans une ferme de 1769, 3 ch. avec salle de bains/wc privatifs. Dalle calcaire et poutres apparentes d'époque, meubles anciens, ambiance d'autrefois. Italiens également parlé. Découverte de la ferme biologique et de son élevage de chevaux en liberté. Cheval, VTT, canoë, spéléologie. Tarifs 2001. Séjours au calme en pleine nature ou séjours actifs. Langues parlées : anglais, allemand.

Prix : 1 pers. 35 € ⎮ 2 pers. 40 € ⎮ repas 13 € ⎮ 1/2 pens. 40 €
Ouvert : Toute l'année.

| | 12 | 8 |

Jean-Pierre POURQUIER - La Perigouse - 48210 STE-ENIMIE - Tél. : 04 66 48 53 71 - Fax : 04 66 48 54 67

STE-ENIMIE La Jasse

5 ch. Bâtisse de caractère située au centre du village médiéval. 4 ch., salle d'eau, wc dans chaque chambre. Jardin privatif, garage moto/vélo. Causse Méjean et Causse Sauveterre, gorges du Tarn.

Prix : 2 pers. 43 € ⎮ 3 pers. 54 €
Ouvert : Toute l'année.

SP	SP	1	30	10	SP	30	30	SP

Nathalie WOUTERS - La Jasse - rue de la Combe - 48210 STE-ENIMIE - Tél. : 04 66 48 53 96

TERMES La Narce
Alt. : 1100 m (TH) *C.M. 76 Pli 14*

3 ch. Chambres individuelles de 2 lits. Salle d'eau et wc privatifs. Grande salle à manger avec cuisine aménagée et cheminée. Blottie entre Aubrac et Margeride en pleine nature, à 500 m du village sur parc de 3 ha. Supplément chambre seule : 15 €. La Narce est une ancienne ferme restaurée dans le respect des traditions. Calme et tranquillité garantis. Accès par chemin privé.

Prix : 2 pers. 41 € ⎮ pers. sup. 15 € ⎮ 1/2 pens. 34 €
Ouvert : Toute l'année.

| | 8 | 5 |

Alain CHALVET - La Narce - 48310 TERMES - Tél. : 04 66 31 64 12 - Fax : 04 66 31 64 12

LA TIEULE
Alt. : 935 m   A   *C.M. 80 Pli 4*

6 ch. 6 ch. spacieuses avec bains et wc privés. Salle détente avec TV. Dans une ferme caussenade restaurée. Coin-cheminée. Piscine, terrasse. Accueil chaleureux et convivialité. Produits sains et régionaux, viande d'autruche. Sur le Causse Sauveterre, près des gorges du Tarn. Sortie A41 (A75) 3 km. Gîte d'étape et équestre avec écuries. Pension chevaux. Sport et nature. Langues parlées : anglais, espagnol.

Prix : 2 pers. 52 € ⎮ 3 pers. 67 € ⎮ pers. sup. 15 € ⎮ repas 13 €
1/2 pens. 76 €
Ouvert : Du 14 février au 31 décembre.

7	SP	7	7	5	7	SP	7	7

Christine BASSET - 48500 LA TIEULE - Tél. : 04 66 48 82 83 - Fax : 04 66 48 89 23

LES VIGNES

4 ch. Au cœur des Gorges du Tarn dans un village pittoresque. 4 ch. indépendantes, 10 places. WC, salle d'eau, salle de bains privés par chambre. Terrasse, parking, réservation conseillée. Formule randonnée : 2 pers. : 49 €/ pers. et 4 pers. : 46 €/ pers. (1 chambre + 2 journées de canoë). Pédalos sur place, randonnées pédestres sur place, escalade 3 km. Randonnée canoë 2 pers 48,78 € ; 4 pers : 45,73 €.

Prix : 2 pers. 37 € ⎮ 3 pers. 45 € ⎮ pers. sup. 13 €
Ouvert : Du 1er mai au 30 septembre.

SP	SP	SP	10	SP	30	SP

Hervé CAVALIER - route de Malène - 48210 LES VIGNES - Tél. : 04 66 48 83 87 - Fax : 04 66 48 83 87

VILLEFORT Mas de L'Affenadou
Alt. : 600 m (TH) *C.M. 80*

2 ch. Villefort 1 km. GR68 sur place. Cévennes. Mac de Villefort 1 km. Mas du XVIe siècle, sur le GR68, 1 km du lac, au cœur des Cévennes, à proximité du Mas de la Barque et du Mont Lozère. Exploitation agricole sur place. 2 ch avec 1 lit 140, possibilité lit d'appoint pour enfant, salle d'eau et wc privatifs dans les ch. TH : produits de la ferme (canard gras), produits du terroir. Salle à manger rustique avec cheminée. Tarifs 2001. Parking, terrasse en lauze, salon de jardin. Lave-linge à disposition. Réservation 48 h.

Prix : 1 pers. 28 € ⎮ 2 pers. 38 € ⎮ 3 pers. 46/54 € ⎮ repas 14 €
1/2 pens. 41 €
Ouvert : Toute l'année.

1	1	1	1	10	1	1	1	1

Nelly MANIFACIER - Mas de l'Affenadou - 48800 VILLEFORT - Tél. : 04 66 49 27 42 ou 04 66 46 97 23

Pyrénées-Orientales

Languedoc-Roussillon

SERVICE RÉSERVATION
C.D.T. Pyrénées Orientales
B.P. 540 - 66005 PERPIGNAN Cedex
Tél. 04 68 66 61 11 - Fax 04 68 67 06 10
E-mail : gites-de-france66@msa66.msa.fr - http://www.resinfrance.com

3615 Gîtes de France
0,2 €/min

ARGELES-SUR-MER Mas Senyarich
C.M. 86 Pli 20

5 ch. **Collioure 7 km. Cloître d'Elne 7 km.** A 5 mn des plages, 5 chambres d'hôtes dans un mas de caractère au cœur de la forêt méditerranéenne. Surplombant le village, le panorama s'étend jusqu'à la mer. Marina propose ses spécialités catalanes servies à sa table d'hôtes. Piscine, parking. Randonnées pédestres et VTT au départ du mas. 1 gîte rural également sur place. Langues parlées : anglais, espagnol.

Prix : 1 pers. 46/50 € 2 pers. 50/55 € 3 pers. 64/68 € repas 20 €
Ouvert : Toute l'année.

🐕	〰️	⛱️	⚓	👥	🏃	🚂	🛏️
	5	SP	5	30	SP	100	7	3	5

Marina ROMERO - Mas Senyarich - 66700 ARGELES-SUR-MER - Tél. : 04 68 95 93 63 - Fax : 04 68 95 93 63

CAMELAS Mas Félix
C.M. 86 Pli 19

5 ch. **Castelnou 2 km. Thuir 7 km.** 4 chambres d'hôtes et une suite familiale, dans un mas de caractère perché, sur les hauteurs des Aspres. Salle à manger et salon réservés. La table d'hôtes est à base d'une délicieuse cuisine méditerranéenne. Ce mas isolé permet un séjour calme et reposant. Chambres d'hôtes non fumeurs. Suite 93 €. Langues parlées : anglais, allemand.

Prix : 1 pers. 44 € 2 pers. 55 € 3 pers. 67/78 € repas 21 €
Ouvert : Du 1er avril au 15 septembre.

🐕	〰️	⛱️	⚓	👥	🏃	🚂	🛏️
	35	10	10	SP	10	25	8

Lucie BOULITROP - Mas félix - 66300 CAMELAS - Tél. : 04 68 53 46 71 - Fax : 04 68 53 40 54 - E-mail : lucie.boulitrop@wanadoo.fr ou SR : 04 68 51 52 70

CASES-DE-PENE Les Oliviers de Virginia
C.M. 86 Pli 18

4 ch. **Tautavel 7 km. Quéribus 18 km.** 4 chambres d'hôtes aménagées dans un mas contemporain, sur un domaine oléicole et viticole de 20 ha, au calme et en pleine nature. Accès indépendant à chaque chambre. Rayonnez à la découverte des Corbières et des sites cathares. Aéroport de Perpignan à 10 km (navette assurée). Suite 85 €. Langue parlée : anglais.

Prix : 1 pers. 43/49 € 2 pers. 43/55 € 3 pers. 70 €
Ouvert : Toute l'année.

🐕	〰️	⛱️	⚓	👥	🏃	🚂	🛏️
	20	SP	SP	40	SP	5	SP

M-Christine et Robert FAURE - Les Oliviers de Virginia - 66600 CASES-DE-PENE - Tél. : 04 68 38 91 46 ou 06 08 07 53 15 - Fax : 04 68 38 91 48 - E-mail : lesoliviersdevirgina@wanadoo.fr

CASTELNOU Domaine de Querubi
C.M. 86 Pli 19

6 ch. **Figuéras 35 km. Castelnou 35 km.** Face au cirque grandiose des Pyrénées, 4 chambres d'hôtes et 2 suites familiales, dans un mas du XIIe magnifiquement restauré. 200 ha d'une végétation aux senteurs méditerranéennes (garrigues, oliviers...) entourent le domaine. Randos, chasse, tir à l'arc sont proposés sur place. Suite 105 €. Langues parlées : espagnol, anglais.

Prix : 1 pers. 61 € 2 pers. 73 € 3 pers. 82 € repas 23 €
Ouvert : Toute l'année.

🐕	〰️	⛱️	⚓	👥	🏃	🚂	🛏️
	30	SP	15	30	SP	70	10	25	7

Roland et Françoise NABET-CLAVERIE - Domaine de Querubi - 66300 CASTELNOU - Tél. : 04 68 53 19 08 - Fax : 04 68 53 18 96 - E-mail : contact@querubi.com - www.querubi.com

CASTELNOU La Figuera
C.M. 86 Pli 19

4 ch. **RPrieuré de Serrabonne 20 km.** 4 chambres d'hôtes dans une maison de caractère d'un des plus beaux village de France. Les aménagements sont confortables et la décoration raffinée. Les petits-déjeuners sont servis sur la grande terrasse. Jardin clos et fleuri avec solarium et mobilier de détente sous les figuiers. Parking privé à l'entrée du village. Langues parlées : anglais, hollandais.

Prix : 1 pers. 46 € 2 pers. 58/65 € 3 pers. 75 €
Ouvert : Toute l'année.

🐕	〰️	⛱️	⚓	👥	🏃	🚂	🛏️
	25	5	25	20	SP	80	5	20	5

Patrick et Luc DEGREEF ET DIEZ - 3 Carrer de la font d'Avall - 66300 CASTELNOU - Tél. : 04 68 53 18 42 - Fax : 04 68 53 18 42 - E-mail : lafiguera@wanadoo.fr - www.la-figuera.com ou SR : 04 68 51 52 70

Languedoc-Roussillon
Pyrénées-Orientales

CAUDIES-DE-FENOUILLEDES
C.M. 86 Pli 7

3 ch. **Puylaurens 6 km. Gorges St-Jaume 2 km.** A deux pas du pays cathare, 3 chambres d'hôtes au dessus du caveau de dégustation et de vente de l'exploitation viticole. Terrain clos, avec toboggan et balançoire (en bordure de RD 117). Petits -déjeuners à la fourchette à base de charcuterie du village et confitures maison. Langues parlées : espagnol, anglais.

Prix : 1 pers. 34 € 2 pers. 41 € 3 pers. 56 €
Ouvert : D'avril à septembre.

50	15	1	25	1	50	1	1	SP

Pierre JOURET - Avenue du roussillon - 66220 CAUDIES-DE-FENOUILLEDES - Tél. : 04 68 59 91 97 ou SR : 04 68 51 52 70

CERET Domaine de Bellevue
C.M. 86 Pli 19

1 ch. **Espagne 10 km.** 1 chambre d'hôtes aménagée dans une demeure du XIXe siècle, sur un domaine viticole. Confortable coin salon avec TV dans la chambre. Très beau panorama sur les Pyrénées depuis le parc fleuri, ombragé, calme et reposant. Parking sur place.

Prix : 1 pers. 44 € 2 pers. 51 €
Ouvert : Toute l'année.

25	2	0,2	8	2	8	25	2	

Olivier DE BONET - Domaine de Bellevue - 66400 CERET - Tél. : 04 68 87 38 42

CERET Las Bourgueres
C.M. 86 Pli 19

3 ch. **Espagne 10 km.** A 3 km de Céret, 3 chambres d'hôtes dans une propriété calme et arborée. Aux beaux jours, les petits déjeuners sont servis sur la terrasse ensoleillée avec une splendide vue sur le massif du Canigou. Parking abrité. Des randonnées sont accessibles au départ au mas.

Prix : 1 pers. 41 € 2 pers. 47 € 3 pers. 56 €
Ouvert : Toute l'année.

30	3	3	10	3	10	3	4	

Simone JOSSE-ROUX - Mas Terra Rosa - Las Bourgueres - 66400 CERET - Tél. : 04 68 87 34 00 ou 06 09 06 76 63

ELNE Mas de la Roubine
C.M. 86 Pli 20

3 ch. **Collioure 4 km.** Sur une exploitation arboricole, 3 chambres d'hôtes blotties dans un mas isolé. La table d'hôtes est servie dans la salle de séjour ouvrant sur une vaste pelouse arborée. L'environnement est calme. Parking couvert dans la propriété. Plages, sites culturels ou sportifs tout proche.

Prix : 1 pers. 49 € 2 pers. 52 € 3 pers. 61 € repas 19 €
Ouvert : Du 1er février au 31 novembre.

4	2	4	SP	4	4	4

Régine PIQUEMAL PASTRE - Mas de la Roubine - 66200 ELNE - Tél. : 04 68 22 76 72 - Fax : 04 68 22 76 72

ELNE Mas de la Couloumine
C.M. 86 Pli 20

6 ch. 5 chambres d'hôtes et une suite familiale climatisée, aménagées dans un mas arboricole et maraîcher. Salle à manger et salon réservés aux hôtes avec TV, cheminée. Vous profiterez du jardin ombragé (pétanque, ping-pong). Parking sur place.

Prix : 1 pers. 31 € 2 pers. 37 € 3 pers. 47 € repas 14 €
Ouvert : Toute l'année.

7	SP	7	SP	1	1	

Chantal et Louis TUBERT - Mas de la Couloumine - 66200 ELNE - Tél. : 04 68 22 36 07

ELNE Can Oliba
C.M. 86 Pli 20

6 ch. **Perpignan 12 km.** Bâtisse catalane, aux pieds de la cathédrale et de son cloître. 5 chambres d'hôtes et une suite familiale, à 5 km des plages. Salon avec cheminée et piano. Table d'hôtes aux saveurs méditerranéennes. Expo permanente d'œuvres contemporaines. Nombreuses galeries dans le village. Jardin avec piscine jacuzzi. Suite 73 €.

Prix : 1 pers. 50 € 2 pers. 55 € 3 pers. 59 € repas 37 €
Ouvert : Toute l'année.

5	SP	5	20	1	1	0,5

Florence LE CORRE - 24 rue de la Paix - 66200 ELNE - Tél. : 04 68 22 11 09 ou 06 09 35 67 44 - E-mail : elna@club-internet.fr

LATOUR-BAS-ELNE
C.M. 86 Pli 20

4 ch. **Argelès 6 km.** 4 chambres d'hôtes aménagées avec goût, style catalan, dans une bâtisse, ainsi qu'un gîte rural. Accès indépendants. Salon et salle à manger réservés aux petits-déjeuners. Parking et possibilité de pique-nique dans la propriété. Restauration traditionnelle à proximité dans le village. Langue parlée : espagnol.

Prix : 1 pers. 45 € 2 pers. 50 €
Ouvert : Toute l'année.

3,9	1	3	20	7	80	1,5	3,5	SP

Colette ARMENGOL - Chemin des Horts - B.P. 17 - 66200 LATOUR-BAS-ELNE - Tél. : 04 68 22 75 28 - Fax : 04 68 22 75 28 ou SR : 04 68 51 52 70

Pyrénées-Orientales　　　　　　　　　　　　　　　Languedoc-Roussillon

LLO Cal Miquel
Alt. : 1400 m　　(TH)　　C.M. 86 Pli 16

||| 5 ch.　**Espagne 4 km.** 5 chambres d'hôtes aménagées dans une jolie ferme cerdane, située sur les hauteurs du village de Llo. Ambiance chaleureuse grâce aux éléments déco et mobilier de qualité. Belle salle à musique avec piano, bibliothèque et cheminée. Terrasse avec vue sur la montagne, mobilier de détente. Suite 64 €. Langues parlées : anglais, espagnol.

Prix : 1 pers. **40 €** 2 pers. **43 €** 3 pers. **50 €** repas **14 €**
Ouvert : Toute l'année.

🐕	≈	⛱	⛵	👥	⛷	🏇	🚲	🚉
	1	1	1	SP	5	1	4	4

Jean-Pierre MASSIE - Cal Miquel - 66800 LLO - Tél. : 04 68 04 19 68 - E-mail : calmiquel@wanadoo.fr - www.calmiquel.com

---

LOS MASOS Plein Sud
Alt. : 500 m　　　　　C.M. 86 Pli 17

||| 1 ch.　**Eus 5 km. Prades 8 km.** 1 chambre d'hôtes dans une maison individuelle. Salle à manger et salons communs avec les propriétaires avec TV et cheminée. Terrasse avec salon de jardin, grand terrain clos arboré et fleuri. Parking sur place. Langues parlées : anglais, hollandais.

Prix : 1 pers. **44 €** 2 pers. **50 €**
Ouvert : Toute l'année.

🐕	≈	⛱	⛵	👥	⛷	🏇	🚲	🚉
	40	SP	10	12	SP	40	8	6	8

Jacqueline et Jean AMERYCKX - 4 chemin de las Maroches - Plein Sud - 66500 LOS MASOS - Tél. : 04 68 96 29 87 - Fax : 04 68 96 29 87

MATEMALE Cal Simunot
Alt. : 1500 m　　　　　C.M. 86 Pli 16

||| 4 ch.　**Parc animalier 3 km.** 4 chambres d'hôtes dans une aile de ferme en activité. Salon dans la véranda des propriétaires. Cuisine équipée à disposition avec salon et TV. Cour close avec salon de jardin, barbecue, terrasse. Parking. Sur place, vente des produits de la ferme et découverte de la bergerie : idéal pour les enfants ! Langue parlée : espagnol.

Prix : 2 pers. **39 €** 3 pers. **54 €**
Ouvert : Toute l'année.

🐕	≈	⛱	👥	⛷	🏇	🚲	🚉
	1	SP	SP	3	1	10	SP

Cathy et Jean-Pierre VERGES - 25 bis rue de la Mouline - Cal Simunot - 66210 MATEMALE - Tél. : 04 68 04 43 17 - www.cerdagne-capcir.fr/cal.simunot/default.html ou SR : 04 68 51 52 70

MAUREILLAS-LAS-ILLAS Mas d'En Bach
　　　　　(TH)　　C.M. 86 Pli 19

||| 4 ch.　**St-Martin de Fenollar 3 km.** 3 chambres d'hôtes et une suite familiale dans un mas du XVIIIe siècle rénové par des propriétaires anglais. La jolie vue sur le clocher du village, le parc boisé et la source du domaine donnent aux lieux une ambiance champêtre et tranquille. Parking sur place. Suite 76 €. Langue parlée : anglais.

Prix : 1 pers. **40 €** 2 pers. **46/55 €** 3 pers. **60/64 €** repas **19 €**
Ouvert : Toute l'année.

🐕	≈	⛱	⛵	👥	⛷	🏇	🚲	🚉
	24	SP	3	4	SP	7	28	1

Claire PENFOLD - Mas d'en Bach - 66480 MAUREILLAS - Tél. : 04 68 83 04 10 - Fax : 04 68 83 07 69 ou SR : 04 68 51 52 70

MILLAS
　　　　　C.M. 86 Pli 19

||| 2 ch.　**Tautavel 22 km.** 2 chambres d'hôtes dans une maison individuelle aux abords du village. Salle à manger et salon communs avec TV, hi-fi cheminée et bibliothèque. Terrasse et jardin clos avec barbecue. Mobilier de détente autour de la piscine. Langue parlée : espagnol.

Prix : 2 pers. **49 €** 3 pers. **64 €**
Ouvert : Toute l'année.

🐕	≈	⛱	⛵	👥	⛷	🏇	🚲	🚉
	30	SP	1	15	60	9	1	SP

Evelyne et Julien SANCHEZ - 11 avenue Ludovic Masse - 66170 MILLAS - Tél. : 04 68 57 32 78 ou 06 08 30 51 34 - E-mail : ev.sanchez@wanadoo.fr - www.la-bougainvillee.com

---

MILLAS
　　　　　C.M. 86 Pli 19

||| 2 ch.　**Bélesta 8 km. Corneilla de la Rivière 5 km.** Dans une villa proche du village, 2 chambres d'hôtes avec accès indépendant. Les petits-déjeuners, copieux et variés, sont servis dans le jardin ou salon réservé. Pendant votre séjour, demandez à Lucienne et Gabriel, la visite commentée de la serre exotique et du jardin paysagé !

Prix : 1 pers. **32 €** 2 pers. **43 €** 3 pers. **53 €**
Ouvert : Toute l'année.

🐕	≈	⛱	⛵	👥	⛷	🏇	🚲	🚉
	25	8	1	35	5	70	15	0,5	SP

Lucienne et Gabriel VINOUR - Avenue Ludovic Masse - 66170 MILLAS - Tél. : 04 68 57 16 51 - Fax : 04 68 57 16 51 - E-mail : lgvinour@aol.com ou SR : 04 68 51 52 70

Languedoc-Roussillon Pyrénées-Orientales

MILLAS
C.M. 86 Pli 19

1 ch. **Perpignan 17 km. Tautavel 22 km. Força Réal 6 km.** Au cœur du pays catalan, 1 chambre d'hôtes climatisée dans une belle maison de caractère dans le village. Salon et salle à manger communs avec les propriétaires. Accès à une terrasse avec salon de jardin et une jolie vue sur le Canigou et les toits de Millas. Langue parlée : espagnol.

Prix : 1 pers. 30 € 2 pers. 41 € 3 pers. 52 €
Ouvert : Toute l'année.

20	1	1	30	30	15	1	SP

Monique et Joseph RICHARD - 6 place de la Portalade - 66170 MILLAS - Tél. : 04 68 57 22 17 ou 06 65 28 09 76

MONT-LOUIS La Volute
Alt. : 1600 m   C.M. 86 Pli 16

5 ch. **Espagne 20 km. Andorre 50 km.** Sur les remparts, ancienne demeure du Gouverneur de Louis XIV, 5 chambres d'hôtes disposant de salle d'eau aux chaleureuses faïences romanes. Grande pièce de caractère sous les toits avec salon détente, espace enfants, musiques. Feux de bois et cuisine équipée. Jardin avec panoramique sur la montagne. Langues parlées : anglais, espagnol.

Prix : 1 pers. 43/47 € 2 pers. 52/59 € 3 pers. 67/75 €
Ouvert : Toute l'année sauf Pâques.

80	2	SP	SP	SP	SP	2	SP

Martine SCHAFF - 1 place d'armes - La Volute - 66210 MONT-LOUIS - Tél. : 04 68 04 27 21 - Fax : 04 68 04 27 21 ou SR : 04 68 51 52 70

MONTESQUIEU-DES-ALBERES Les Trompettes Hautes
C.M. 86 Pli 19

5 ch. **Argelès 20 km. Collioure 26 km.** 5 chambres d'hôtes dans une maison individuelle dans un lotissement résidentiel. Les chambres sont équipées de TV. Salon commun avec les propriétaires, avec cheminée. Jardin clos et arboré avec piscine et mobilier de détente, parking. Langue parlée : anglais.

Prix : 2 pers. 56 €
Ouvert : D'avril à octobre.

20	SP	1	1	6	20	5	

Norman et Jacqueline HAYES - 13 rue du Tambori - Les trompettes hautes - 66740 MONTESQUIEU-DES-ALBERES -
Tél. : 04 68 83 00 56 - Fax : 04 68 83 00 56 ou SR : 04 68 51 52 70

MONTESQUIEU-DES-ALBERES Les Agouillous
C.M. 86 Pli 19

1 ch. **Argelès 15 km. Collioure 26 km.** 1 chambre d'hôtes équipée d'une salle d'eau, aménagée dans une annexe. Salon commun dans la maison du propriétaire. Vous pourrez profiter du jardin et des arbres fruitiers. Pas de possibilité d'accès à la piscine. Langues parlées : anglais, espagnol.

Prix : 1 pers. 34 € 2 pers. 41 € 3 pers. 50 €
Ouvert : Toute l'année.

20	20	1	1	6	20	5	

Delphine BAYOT-BRILLEAU - Chemin des Vignes - 66740 MONTESQUIEU-DES-ALBERES - Tél. : 04 68 89 89 52 ou SR : 04 68 51 52 70

MONTFERRER Mas Can Ripe
Alt. : 800 m   C.M. 86 Pli 18

6 ch. **Céret 20 km. Espagne 50 km.** 5 chambres d'hôtes et une suite familiale dans un mas isolé aménagé par un couple néerlandais, sur les hauteurs de Montferrer. Salle à manger et salon réservés aux hôtes avec coin bibliothèque. Jardin avec solarium. Accès par un chemin carrossable mais non goudronné. Suite 82 €. Langues parlées : hollandais, anglais.

Prix : 1 pers. 40 € 2 pers. 50 € 3 pers. 66/74 € repas 13 €
Ouvert : Du 1er mars au 31 octobre.

51	SP	7	14	SP	20	SP	50	8

Adrianus CASTRICUM - Mas Can Ripe - Baynat d'en Galangau - 66150 MONTFERRER - Tél. : 04 68 39 81 08 - Fax : 04 68 39 81 08

MOSSET Mas Lluganas
Alt. : 700 m   A   C.M. 86 Pli 17

6 ch. **St-Martin du Canigou 22 km.** 6 chambres d'hôtes aménagées à l'étage d'une ferme en activité. Grande salle à manger avec cheminée et coin bibliothèque. Ferme auberge avec préparation des produits de l'exploitation sur place. Une visite de la ferme est possible sur réservation. Langues parlées : allemand, anglais.

Prix : 1 pers. 23/35 € 2 pers. 28/42 € 3 pers. 52 € repas 15 €
Ouvert : Du 01 avril au 15 octobre (+ vac. scol. d'hiver).

60	12	SP	2	SP	SP	12	2

FEIJOO-TUBLET - Mas Luganas - 66500 MOSSET - Tél. : 04 68 05 00 37 - Fax : 04 68 05 04 08 - E-mail : Maslluganas@aol.com

Pyrénées-Orientales — Languedoc-Roussillon

MOSSET La Forge
Alt. : 700 m — C.M. 86 Pli 17

4 ch. **Train Jaune 14 km. Serrabone 20 km.** Ancienne forge catalane rénovée comprenant 3 chambres d'hôtes et 1 suite. Accès individuel à chaque chambre. Salle à manger avec cheminée. Jardin fleuri avec barbecue, salon de jardin. La propriété de 2 ha est bordée par une rivière à truites. Possibilité de prendre les repas dans ferme-auberge des environs. Suite 80 €. Langues parlées : anglais, allemand.

Prix : 1 pers. 35 € 2 pers. 42 €
Ouvert : Toute l'année.

63	2	SP	5	SP	SP	13	1

Judith CARMONA - La Forge - Mas Luganas - 66500 MOSSET - Tél. : 04 68 05 04 84 - Fax : 04 68 05 04 08 -
E-mail : Maslluganas@aol.com ou SR : 04 68 51 52 70

MOSSET Casa Del Gat
Alt. : 600 m — (TH) — C.M. 86 Pli 17

3 ch. **Villefranche de Conflent 14 km.** 2 chambres d'hôtes et une suite familiale aménagées dans une maison isolée, au cœur de la vallée de la Castellane. Salle à manger et salon communs avec le propriétaire. Grand jardin arboré, terrasse. Randonnées, calme, nature. Cuisine méditerranéenne (végétarienne sur demande). Suite 73 €. Langues parlées : hollandais, anglais.

Prix : 1 pers. 38 € 2 pers. 43/46 € 3 pers. 58 € pers.-sup. 4 € repas 14 €
Ouvert : Toute l'année.

60	SP	1	2	SP	15	2	10	3

Aurélie D'HUYVETTER - La casa del Gat - Hameau Brezes - 66500 MOSSET - Tél. : 04 68 05 07 50 - Fax : 04 68 05 07 50 -
E-mail : joaurelie@hotmail.com - www.ehol.com/accommodation/1258014_fr.asp

---

NOHEDES Le Presbytère
Alt. : 950 m — (TH) — C.M. 86 Pli 17

1 suite familiale aménagée dans l'ancien presbytère de ce village de montagne. L'environnement isolé et préservé du site permet la randonnée. Aussi à votre retour, n'hésitez pas à vous ressourcer aux sauna, hammam, jacuzzi, baignoire à bulles mis à disposition par Henri, qui propose également les repas à sa table d'hôtes. Suite = 100 €.

Prix : 1 pers. 44 € 2 pers. 51 € 3 pers. 82 € repas 19 €
Ouvert : Toute l'année.

65	SP	SP	15	SP	40	20

Henri MASSERON - Le Presbytère - 66500 NOHEDES - Tél. : 04 68 96 27 82 ou 06 83 34 70 42 - E-mail : hmasseron@hotmail.com - http://presbyteredenohedes.ifrance.com

---

PERPIGNAN Domaine du Mas Boluix
C.M. 86 Pli 19

6 ch. **Le Castillet 5 km.** Dans un vignoble de 30 ha, mas rénové du XVIII°, 5 chambres d'hôtes et une suite familiale, à la décoration raffinée, toutes climatisées avec télévisions étrangères. Salle à manger et salon. Jean-Louis, vigneron vous présentera son domaine pendant votre séjour ! Suite 99 €. Langue parlée : espagnol.

Prix : 1 pers. 58 € 2 pers. 64 € 3 pers. 73 €
Ouvert : Toute l'année.

8	3	3	30	15	80	3	5	1,5

Jean-Louis CEILLES - Domaine du mas Boluix - 66100 PERPIGNAN - Tél. : 04 68 08 17 70 - Fax : 04 68 08 17 71 -
www.domaine-de-boluix.com

PRATS-DE-MOLLO-LA-PRESTE Can Berger
Alt. : 950 m — (TH) — C.M. 86 Pli 18

2 ch. **Espagne 22 km. Domaine de Falgos 30 km.** Dans mas de caractère du XIX° (7 km du village), 2 chambres d'hôtes, chacune pour 3 personnes (calme et nuits fraîches) avec entrée indépendante. Accès extérieur au r.d.c privatif à chaque chambre : coin kitchenette, salon, cheminée et télévision. Table d'hôtes de qualité dans la salle à manger du propriétaire. Salon de jardin, ping-pong. Langues parlées : anglais, hollandais.

Prix : 2 pers. 53/69 € 3 pers. 69/84 € repas 23 €
Ouvert : Toute l'année.

65	SP	7	15	SP	45	30	68	7

Raphael et Linda VANDERIET AERTS - Mas Can Berger Route du col de Soos Can Simunot - 66230 PRATS-DE-MOLLO-LA-PRESTE -
Tél. : 04 68 39 71 58 - Fax : 04 68 39 71 58 - E-mail : canberger@infonie.fr

---

PRUGNANES Domaine de Coussères
(TH) — C.M. 86 Pli 8

5 ch. **Gorges de Galamus 7 km. Château de Quéribus 12 km.** 4 grandes chambres d'hôtes et une suite familiale dans une ancienne bastide rénovée. Le site domine un paysage sauvage de falaises, garrigues et vignobles et où règne un calme absolu. Salon, bibliothèque, séjour, salle à manger, nombreuses terrasses. Table d'hôtes et cuisine tous horizons. Suite 100/110 €. Langues parlées : hollandais, anglais.

Prix : 1 pers. 45/50 € 2 pers. 55/60 € 3 pers. 65/70 € repas 20 €
Ouvert : Toute l'année.

50	SP	10	SP	50	7	45	5

Joo et Anne MAES - Domaine de Coussères - 66220 PRUGNANES - Tél. : 04 68 59 23 55 - Fax : 04 68 59 23 55 - www.cousseres.com
ou SR : 04 68 51 52 70

Languedoc-Roussillon
Pyrénées-Orientales

SAILLAGOUSE Mas Rondole — Alt. : 1300 m — C.M. 86 Pli 16

2 ch. **Via Ferrata 2 km. Andorre 40 km. Espagne 10 km.** 2 chambres d'hôtes aménagées dans une ferme cerdane, sur l'exploitation agricole, en activité. Séjour réservé aux hôtes avec coin-cuisine. Chaque chambre est équipée d'un confortable petit salon, avec possibilité de TV. Vous pourrez admirer la vue sur les montagnes environnantes depuis la terrasse, accessible de chaque chambre. Langues parlées : anglais, espagnol.

Prix : 1 pers. **43** € 2 pers. **55** €
Ouvert : Toute l'année.

| 90 | 6 | 2 | 10 | SP | 12 | 6 | 3 | 2 |

Sophie et Philippe BAZAN - Mas Rondole - 66800 SAILLAGOUSE - Tél. : 04 68 04 00 51 - E-mail : mas.rondole@wanadoo.fr

SALSES-LE-CHATEAU La Salsepareille — C.M. 86 Pli 18

4 ch. **Perpignan 10 km. Le Château de Salses 500 m.** 4 chambres d'hôtes chez les propriétaires, qui vous accueillent dans leur maison bourgeoise du début du siècle, au cœur d'un village catalan, avec sa place, ses platanes et ses cigales ! Goûtez aux joies du farniente au bord de la piscine ou découvrez les richesses culturelles et touristiques du Roussillon. Langues parlées : anglais, espagnol.

Prix : 1 pers. **31/35** € 2 pers. **38/43** €
Ouvert : Toute l'année.

| 8 | SP | 5 | 1 | SP |

Marie-Catherine SIMON - 4 avenue Xavier Lloberes - La Salsepareille - 66600 SALSES-LE-CHATEAU - Tél. : 04 68 38 61 70 - Fax : 04 68 38 61 70 - E-mail : salsepareille@wanadoo.fr

SALSES-LE-CHATEAU — C.M. 86 Pli 18

1 ch. **Les Corbières 30 km.** Une chambre d'hôtes dans une villa contemporaine entre Salses et le littoral. La maison est blottie au milieu des vignes (accès par un chemin non goudronné) et seules les cigales viennent troubler la tranquillité des lieux ! Matériel bébé à disposition. Location de vélo. Langue parlée : anglais.

Prix : 1 pers. **43** € 2 pers. **47** € 3 pers. **53** €
Ouvert : Toute l'année.

| 10 | SP | 1 | 15 | 8 | 5 | 5 |

Patrick et Anne COLMAIRE - Route de St-Hippolyte - 66600 SALSES-LE-CHATEAU - Tél. : 04 68 38 65 02 - Fax : 04 68 38 65 02 - E-mail : patrickcolmaire@caramail.com

SERRALONGUE Case Guillamo — Alt. : 700 m — (TH) — C.M. 86 Pli 18

3 ch. **Céret 35 km. Musée Dali 50 km.** Au cœur du haut vallespir, 2 chambres et une suite familiale aménagées dans un mas catalan de 1839 niché dans une forêt de 45 ha. Calme, nature et gastronomie. Terrasse ombragée, parking. Sur place, il est possible de pratiquer la pêche et la randonnée. Accès par un chemin non goudronné sur 1,8 km. Suite 91 €. Langues parlées : allemand, espagnol.

Prix : 1 pers. **46** € 2 pers. **54** € 3 pers. **69** € repas **23** €
Ouvert : Toute l'année.

| 55 | SP | SP | 25 | SP | 50 | 4 | 65 | 4 |

Elisabeth et Phillipe BRACCKEVELDT - Case Guillamo - 66230 SERRALONGUE - Tél. : 04 68 39 60 50 ou SR : 04 68 51 52 70

ST-LAURENT-DE-CERDANS Mas Del Faig — Alt. : 700 m — (TH) — C.M. 86 Pli 18

5 ch. **Céret 25 km. Tours de Cabrens 8 km.** Sur propriété de 60 hectares, 3 chambres d'hôtes, une suite familiale, une suite réservée aux personnes handicapées blotties dans un mas catalan du XIXe. Coin cuisine, séjour (cheminée, TV, magnétoscope). Piscine clôturée accessible personnes handicapées, salon de jardin, parking. Découverte des saveurs catalanes autour d'une table d'hôtes conviviale. Suite 61/76 €. Langues parlées : anglais, espagnol.

Prix : 1 pers. **38** € 2 pers. **46** € 3 pers. **61** € repas **15** €
Ouvert : Toute l'année.

| 50 | SP | SP | 12 | SP | SP | 55 | 5 |

Emmanuelle PRATS - Mas el Faig - La forge del Mitg - 66260 ST-LAURENT-DE-CERDANS - Tél. : 04 68 39 53 91 - E-mail : emmanuelle.prats@wanadoo.fr

TAURINYA Las Astrillas — Alt. : 560 m — (TH) — C.M. 86 Pli 17

6 ch. **Pau Casals à Prades 5 km. St-Michel de Cuxa 2 km.** Au pied du Canigou, 5 chambres d'hôtes et une suite familiale dans un mas de caractère rénové. Salle à manger, commune pour le propriétaire, avec cheminée, salon réservé aux hôtes, jardin fleuri avec mobilier de détente. Bernard a aménagé un petit musée pour les curieux de la vie d'autrefois. Suite 58 €. Langues parlées : anglais, espagnol.

Prix : 2 pers. **42** € 3 pers. **53** € repas **16** €
Ouvert : Mars à Novembre.

| 50 | 5 | SP | 10 | SP | 30 | 4 | 5 | 1 |

Bernard LOUPIEN - Las Astrillas - 66500 TAURINYA - Tél. : 04 68 96 17 01 - Fax : 04 68 96 17 01 - E-mail : las.astrillas@libertysurf.fr ou SR : 04 68 51 52 70

Pyrénées-Orientales

Languedoc-Roussillon

THUIR Mas Petit Casa Del Arte   *C.M. 86 Pli 19*

5 ch. **Prieuré de Serrabone 22 km.** 4 chambres d'hôtes et une suite familiale dans un mas de caractère du XI° rénové. Accès indépendant à certaines chambres. Toutes sont équipées de TV, téléphone et mini-bar. Grand salon avec cheminée et terrasse. Grand parc, parking. Partagez la passion des propriétaires, amateurs d'art. Suite 99 €. Langues parlées : anglais, espagnol.

Prix : 1 pers. **61/70 €** 2 pers. **73/76 €**
Ouvert : De Pâques à la Toussaint.

22	SP	22	22	10	15	2

Joelle FOURMENT - Casa del Arte - Mas Petit - 66300 THUIR - Tél. : 04 68 53 44 78 - Fax : 04 68 53 44 78 -
E-mail : casadelarte@wanadoo.fr - http ://perso.wanadoo.fr/casa.del.arte/ ou SR : 04 68 51 52 70

VILLELONGUE-DE-LA-SALANQUE Le Clos St-Jean   *C.M. 86 Pli 20*

5 ch. **Perpignan 8 km. Méditerranée 4 km.** 4 chambres et 1 suite familiale à 5 mn des plages. La maison (entrée du village) est bordée d'un parc de loisirs, de pistes cyclables. Séjour (TV, jeux, bibliothèque). Mobilier de jardin, terrasse ombragée, grand terrain clos, portique, cuisine du terroir catalan. Jackye et Jean-Marie vous renseigneront avec plaisir sur leur région. Suite 91 €. Langues parlées : espagnol, anglais.

Prix : 1 pers. **38 €** 2 pers. **46 €** 3 pers. **84 €** repas **15 €**
Ouvert : Toute l'année.

4	4	4	40	SP	5	12	SP

Jean-Marie FAU - Avenue du Littoral - Mas Grand Jean - 66410 VILLELONGUE-DE-LA-SALANQUE - Tél. : 04 68 73 94 18 -
Fax : 04 68 73 97 93 ou SR : 04 68 51 52 70

LIMOUSIN

Pour réserver, écrire ou téléphoner :

19 - CORRÈZE
GÎTES DE FRANCE
Immeuble Consulaire - Puy Pinçon
Tulle est - B.P.30
19001 TULLE Cedex
Tél. : 05 55 21 55 61 - Fax : 05 55 21 55 88
E-mail : gites.de.france.correze@wanadoo.fr

23 - CREUSE
GÎTES DE FRANCE
1, rue Martinet - B.P. 89
23011 GUÉRET Cedex
Tél. : 05 55 61 50 15 - Fax : 05 55 41 02 73
E-mail : gites.de.france.creuse@wanadoo.fr

87 - HAUTE-VIENNE
GÎTES DE FRANCE
32, avenue du Général-Leclerc
87065 LIMOGES Cedex
Tél. : 05 55 77 09 57 - Fax : 05 55 10 92 29
E-mail : gites.de.france.87@wanadoo.fr

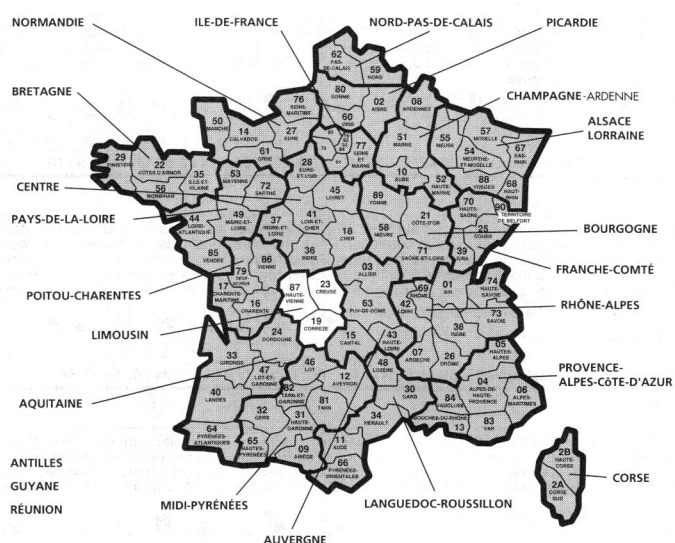

Corrèze
Limousin

GITES DE FRANCE
Immeuble Consulaire - Puy Pinçon - Tulle Est - B.P. 30
19001 TULLE Cedex
Tél. 05 55 21 55 61 - Fax 05 55 21 55 88
E-mail : gites.de.france.correze@wanadoo.fr

AFFIEUX-PRES-TREIGNAC Maury

2 ch. Superbes chambres confortables avec suites dans un charmant Manoir au cœur des Monédières. Calme, beauté du paysage, promenades enchanterresses sont au programme. Les suites sont composées d'une chambre pour 2 pers. et d'un coin-salon avec 1 couchage 1 pers. Gratuit pour les enfants jusqu'à 3 ans, - 5 € de 3 à 10 ans. Lit supplémentaire 9 €. Prix 4 pers : 63 €. Langue parlée : anglais.

Prix : 1 pers. **41** € 2 pers. **47** € 3 pers. **56** €
Ouvert : Toute l'année.

SP	2	3	8	SP	3	30	8	22	6

Georges et Odile ROGER-GILLET - Maury - 19260 AFFIEUX-PRES-TREIGNAC - Tél. : 05 55 98 04 01 - Fax : 05 55 98 04 01

AIX Chalons d'Aix   Alt. : 730 m

3 ch. **Le Sancy 40 km. Ussel 15 km. Merlines 4 km.** Venez découvrir à la limite du Limousin et de l'Auvergne, la Haute Corrèze avec ses forêts, rivières, plan d'eau. Nathalie et Christian vous accueillent sur leur exploitation (bovins limousins) dans un cadre verdoyant et calme. Cuisine avec les produits de la ferme (cochons, bœuf, cèpes,myrtilles...). 3 ch aménagées à l'étage dans la maison des propriétaires, avec salles d'eau et wc privés + salon commun. Moins 10 % à partir de 5 nuits. Hors saison tables d'hôtes sur réservation seulement. Prix 4 pers : 59 €.

Prix : 1 pers. **31** € 2 pers. **37** € 3 pers. **48** € pers. sup. **11** € repas **13** €
Ouvert : Toute l'année.

4	4	SP	6	5	15	35	25	4	4

Christian et Nathalie FAGEOLLE - Chalons d'Aix - 19200 AIX - Tél. : 05 55 94 31 17

ALTILLAC La Majorie Basse

4 ch. Michel et Christine vous reçoivent dans une grande maison à proximité de la Dordogne, dans un cadre enchanteur avec piscine privé. 4 ch,cuisine équipée, salon, terrasse vous permetront de passer un excellent séjour. Tarif semaine/2 pers : 343 €, lit supplémentaire :8 €. Suite 4 pers/semaine : 519 €. Tarif hors saison sur demande.

Prix : 1 pers. **40** € 2 pers. **49** € 3 pers. **56** € repas **15** €
Ouvert : Toute l'année.

1	SP	SP	SP	SP	10	5	0,4		

Michel et Christine GILLIERON - La Majorie Basse - 19120 ALTILLAC - Tél. : 05 55 91 28 70 - Fax : 05 55 91 28 70 -
E-mail : lamajorie@wanadoo.fr

AMBRUGEAT Le Goumoueix   Alt. : 700 m

2 ch. **Meymac 5 km.** Le Manoir du Goumoueix, situé dans un parc de 5 ha., dans un environnement calme, loin de toutes pollutions, au cœur de paysages sauvages et naturels. Vos hôtes vous feront découvrir la région remplie de sites historiques. Le GR440, chemin de grandes randonnées, vous guidera jusqu'au Lac de Séchemailles, rendez-vous de pêche, de baignade et de sports nautiques. Les ch sont spacieuses (25 m² environ), orientation sud avec vue, ski de fond possible en saison. Langue parlée : anglais.

Prix : 1 pers. **38** € 2 pers. **45** € 3 pers. **54** € repas **15** €
Ouvert : Toute l'année.

5	SP	SP	4	SP	4	25	4	5	5

Françoise COURTEIX - Manoir le Goumoueix - 19250 AMBRUGEAT - Tél. : 05 55 95 12 87 ou 06 76 18 91 76

ARGENTAT

2 ch. Aux portes de la jolie ville d'Argentat, ce havre de paix idyllique sur les bords de la Dordogne, dans un parc de 5000 m² vous accueille pour un séjour chaleureux et convivial. Deux chambres accès de plain-pied. Une des chambres est équipée d'un lit 160 articulé, TV, frigo, douche hydro-massage. Bibliothèque. Les voitures peuvent être garées dans l'enceinte du parc. En saison, de bons conseils pour la cueillette de champignons vous seront proposés. Pour ceux qui préfèrent la pêche, les rives de la Dordogne et de la Maronne s'offrent à eux. Langues parlées : espagnol, anglais.

Prix : 1 pers. **38** € 2 pers. **46/49** € 3 pers. **54/57** € pers. sup. **10** €
Ouvert : Toute l'année (hiver sur réservation).

2	2	SP	2	SP	2	40	SP		

Montserrat PARLANT - 4, route du Chastang - 19400 ARGENTAT - Tél. : 05 55 28 87 14 - Fax : 05 55 28 83 31

ARGENTAT Chadiot

6 ch. Florence et Eric vous accueillent dans une jolie demeure de la fin du 18è siècle. Située au fond d'un val ensoleillé La Maison du Pêcheur reçoit touristes et mordus de l'Ombre et dame Fario. Le soir, réuni autour de la grande table, vous pourrez déguster des petits plats de la gastronomie locale. Eric, guide pêche agréé peut également vous proposer des stages de pêche à la mouche sur la Dordogne : la journée : 99 € ; 3 jours : 252 € ; 5 jours : 374 €. Langue parlée : anglais.

Prix : 1 pers. **30** € 2 pers. **41** € 3 pers. **53** € repas **15** €
1/2 pens. **38** € pens. **50** €

2	1	SP	SP	2	30	1	45	2	

Florence et Eric LEBOUCHER - Chadiot - 19400 ARGENTAT - Tél. : 05 55 28 81 99 - Fax : 05 55 28 81 99 - E-mail : ericlbchr@aol.com

Limousin — **Corrèze**

ARNAC-POMPADOUR — Relais du Brifan

4 ch. Brigitte et François vous accueillent dans une maison rurale de caractère, poutres apparentes. 4 ch avec salle d'eau et wc, salle commune avec réfrigérateur et micro-ondes, salon de jardin - cuisine d'été avec barbecue et ancien four aménagé. Possibilité de baby-sitting sur place. Pour cavaliers, location de boxes neufs : 8 €/jour (paille et foin compris). A 3 km de l'hippodrome de Pompadour.

Prix : 1 pers. **30 €** 2 pers. **37 €** 3 pers. **55 €**

3	20	0,3	3	SP	3	30	20	3	3

Brigitte et François LEMOINE - Relais du Brifan, Le Queyraud - 19230 ARNAC-POMPADOUR - Tél. : 05 55 98 52 56

BEAULIEU-SUR-DORDOGNE

C.M. 75 Pli 19

6 ch. Située au cœur de Beaulieu, à 2 pas de la Dordogne, la Maison, dès le seuil franchi vous surprendra par ses colonnes voûtées d'inspiration mexicaine. 4 ch. donnent sur patio intérieur fleuri et 2 sur jardin suspendu et la piscine. Chacune a une décoration originale. Chambre indienne, 1930, de la mariée, aux oiseaux... Une grande pièce avec cheminée vous est réservée. Passionnée de brocante et chineuse invétérée, Christine vous dévoilera ses adresses. Prix 4 pers : 84 €.

Prix : 1 pers. **38/44 €** 2 pers. **46/56 €** 3 pers. **61/76 €**
Ouvert : Du 1er avril au 30 septembre.

SP	SP	SP	8	SP	SP	17	30	7	0,2

J-Claude et Christine HENRIET - 11, rue de la Gendarmerie - 19120 BEAULIEU-SUR-DORDOGNE - Tél. : 05 55 91 24 97 - Fax : 05 55 91 51 27

BENAYES — Forsac

C.M. 72 Pli 18

3 ch. Base de la Minoterie 15 km (kayak, VTT, tir à l'arc). Chambres d'hôtes situées au 1er étage d'un château des XIII, XVIe et XIXe siècles, en cours de restauration, situées sur une exploitation agricole. Sur place, un enclos de chasse. Possibilité de pêche. Possibilité de repas sur demande. Base de la Minoterie 15 km (kayak, VTT, Tir à l'arc). Karting à 10 km. Prix 4 pers : 46 €. Langue parlée : anglais.

Prix : 1 pers. **29 €** 2 pers. **34 €** 3 pers. **40 €**
Ouvert : Toute l'année.

6	6	SP	15	SP	15	30	15	5

Henry et Mireille DEMONTBRON - Forsac - 19510 BENAYES - Tél. : 05 55 73 47 78 - Fax : 05 55 73 47 78

BILHAC — Mas-Vidal

(TH)

3 ch. 3 chambres (1 avec loggia) à l'étage d'une maison en pierre, wc, salle d'eau pour chaque chambre, chauffage, lits supplémentaires. Salon de repos, TV, lecture, accès au parc ombragé, salon de jardin. Prix 1/2 pension : 69 € /2 pers. Situés sur les coteaux sud dominant la Vallée de la Dordogne, nombreux sites, Rocamadour, Sarlat, Tours de Saint-Laurent (Jean Lurçat), festival de Saint-Céré, Arts, Châteaux... Accès : voie rapide Brive/Toulouse, sortie 52 Noailles/Turenne, de Châteauroux à la sortie 52 autoroute gratuite. Langue parlée : anglais.

Prix : 1 pers. **34 €** 2 pers. **38 €** 3 pers. **46 €** repas **13/16 €**
Ouvert : Toute l'année.

5	SP	3	0,5	SP	SP	10	25	3	3

Pierre et Michele SIMBILLE - Mas Vidal - 19120 BILHAC - Tél. : 05 55 91 08 74 - www.multimania.com/masvidal/contacts.html

BORT-LES-ORGUES

C.M. 239 Pli 41

3 ch. A 40 km du Sancy et du Puy-Mary. Dans un petit village traversé par la Dordogne, 2 ch. avec vue sur les orgues donnant sur jardin, 1 ch. donnant sur l'église de Bort. Les 3 chambres ont un sanitaire complet. 2 salons de jardin, barbecue. Possibilité de baptême ULM, pêche sur barrage et rivière 3 km. Restaurants à proximité, sentiers, randonnées VTT limitrophes du Cantal. Salon très spacieux avec grande baie vitrée. Animaux acceptés sous certaines conditions.

Prix : 1 pers. **29 €** 2 pers. **37 €** 3 pers. **46 €**
Ouvert : Toute l'année.

1	3	3	5	3	1	20	3	SP

Jean-Claude BOURDOUX - 51, boulevard de la Nation - place de l'Eglise - 19110 BORT-LES-ORGUES - Tél. : 05 55 96 00 58 - Fax : 05 55 96 00 58

CHAMBERET

3 ch. Jean-François et Nicole vous accueillent dans leur maison fin XVIIIe. 3 chambres sises dans le bourg avec jardinet et tonnelle d'ifs centenaires, salon de jardin. Toutes les chambres avec : douche, wc, kitchenette. Pièce de jour avec TV, livres. Le petit déjeuner est pris dans les chambres. Au cœur des animations estivales. Restaurant sur place. Langue parlée : allemand.

Prix : 1 pers. **30 €** 2 pers. **38 €** 3 pers. **49 €**
Ouvert : Toute l'année.

SP	SP	SP	4	SP	4	35	10	30	SP

Jean-François DESMOULIN-CATONNET - 2, route du Mont Gargan - 19370 CHAMBERET - Tél. : 05 55 98 34 26 - Fax : 05 55 97 90 66

Corrèze
Limousin

CHAMBOULIVE
C.M. 75 Pli 8

3 ch. **Seilhac 6 km.** Dans un petit bourg calme à l'étage d'une maison des XIXe et XXe siècles. Tous services sur place. Près du Plateau de Millevaches et de la Vézère. A 6 km de l'A.20.

Prix : 1 pers. 27 € 2 pers. 30 €
Ouvert : Toute l'année.

SP	SP	SP	6	SP	10	25	6	15	SP

Maurice FLEYGNAC - Le Bourg - 19450 CHAMBOULIVE - Tél. : 05 55 21 62 95

LA CHAPELLE-SAINT-GERAUD Lagrange Alt. : 520 m (TH)
C.M. 75

2 ch. Au cœur de la Xaintrie dominant la vallée de la Dordogne vous découvrirez une petite ferme d'élevage où Lucette vous accueille et vous propose des chambres dans une maison typique de la région. Pelouse ombragée et salon de jardin. Chauffage central au mazout. Piscine et canoë-kayak 8 km. Limite Lot et Cantal, vallée de la Dordogne. Près des sites touristiques : Rocamadour, Padirac, Sarlat, Beaulieu. Prix dégressifs à partir de la 2e nuit.

Prix : 1 pers. 25 € 2 pers. 32 € repas 12 €
Ouvert : De Pâques à la Toussaint.

8	8	8	8	SP	8	8	38	8

Lucette DUPUY - La Grange - 19430 LA-CHAPELLE-SAINT-GERAUD - Tél. : 05 55 28 51 50

CHASTEAUX Chauzanel
C.M. 75 Pli 8

2 ch. Maison de caractère, 2 chambres d'hôtes avec salle d'eau et wc particuliers. Terrasses fleuries sur 3 côtés, prairie. Lits enfants possibles. A 3 km du bourg. Région touristique et culturelle (Limousin, Périgord, Quercy). Réduction pour séjour au delà de 3 nuits : 42 €. Langue parlée : anglais.

Prix : 1 pers. 40 € 2 pers. 46 €
Ouvert : Du 15 juin au 15 septembre.

3	3	3	4	2	6	3	3	7	5

Annick et Jacques PUYBARET - Chauzanel - 19600 CHASTEAUX - Tél. : 05 55 85 81 44

CHAUMEIL Tréphy Alt. : 750 m (TH)

2 ch. Au cœur des Monédières, au sein d'une ferme équestre, 2 chambres d'hôtes de plain-pied avec mezzanine aménagées dans un bâtiment rénové en granit, avec salle d'eau et wc privés. Lieu idéal pour se reposer, partir à la découverte de la région, à pied, VTT ou à cheval. Patrice organise des randonnées équestres toute l'année pour débutants ou initiés. Accès indépendant, salon, TV, cheminée (cantou), chauffage électrique. Produits de la ferme. Séjours. Elevage de quarter horse et vente de chevaux. Prix 4 pers : 63 €. Langues parlées : anglais, hollandais.

Prix : 1 pers. 30 € 2 pers. 40 € 3 pers. 52 € repas 13 €
Ouvert : Toute l'année, du 15 novembre au 30 mars sur réservation.

3	3	3	SP	SP	15	40	15	20	8

Patrice BARGEAU - Ferme Equestre de Trephy - 19390 CHAUMEIL - Tél. : 05 55 21 40 34 - Fax : 05 55 21 40 34 -
E-mail : TREPHY@wanadoo.fr - trephy.free.fr

CLERGOUX Leix Alt. : 550 m (TH)

4 ch. **Château de Sédières 5 km.** Dans une ferme de caractère, au calme, 4 chambres de plain-pied avec entrées indépendantes, mitoyennes à la maison des propriétaires, avec salle d'eau et wc particuliers. Equitation et attelages sur place, table d'hôtes avec produits de la ferme. A 3 km du bourg, lac à proximité. Prix 4 pers : 64 €. Langues parlées : anglais, hollandais.

Prix : 1 pers. 30 € 2 pers. 42 € 3 pers. 53 € pers. sup. 10 €
repas 14 €
Ouvert : Toute l'année.

8	5	SP	SP	SP	8	21	3

Sylvie SOUDANT - Leix - 19320 CLERGOUX - Tél. : 05 55 27 75 49 - Fax : 05 55 27 75 49 - E-mail : asoudant@fr.packardbell.org

COLLONGES-LA-ROUGE Domaine de la Raze

5 ch. A 2 pas de Collonges-la-Rouge vue sur le paysage majestueux des tours du village. Eliane et Jean-Pierre vous reçoivent dans une ancienne métairie de caractère entourée d'un jardin de peintre composé de bouquets d'arbres fleuris et de rosiers anciens odorants. D'agréables chambres claires décorées de rideaux et courtepointes de couleurs offrent un havre de tranquilité. Douches et wc dans chaque chambre. Grand séjour avec cheminée, bibliothèque, téléphone sur place, coin-cuisine, grande piscine privée. Langue parlée : anglais.

Prix : 1 pers. 30 € 2 pers. 40 € 3 pers. 50 €
Ouvert : Toute l'année.

2	4	6	SP	SP	15	20	6	1

Eliane TATIEN - Domaine de la Raze - 19500 COLLONGES-LA-ROUGE - Tél. : 05 55 25 48 16 ou 05 55 25 49 00 -
E-mail : domainedelaraze@yahoo.fr - www.correze.net/laraze-jardinlaraze.free.fr

Limousin — Corrèze

COLLONGES-LA-ROUGE — La Vigne Grande

5 ch. Dans un des plus beaux villages de France, ancienne grange restaurée dans un cadre charmant et tranquille, 5 chambres à l'étage équipées de salle de bains avec wc chacune. Séjour, TV, cheminée, bibliothèque, téléphone, possibilité de pique-niquer. Chauffage électrique et bois. Grande piscine privée. A 2 km du bourg. Plusieurs restaurants dans le village. Langues parlées : anglais, italien.

Prix : 1 pers. 27 € 2 pers. 37 € 3 pers. 47 € pers. sup. 8 €
Ouvert : Toute l'année.

🐕	🎾	⛱	🏊	🐎	👣	🏌	⛵	🚂	⛴
2	5	5	5	SP	3	25	25	20	4

Gabrielle DIGIANNI - La Vigne Grande - 19500 COLLONGES-LA-ROUGE - Tél. : 05 55 25 39 20 - E-mail : La-vigne-grande@infonie.fr

COMBRESSOL — Les Chaussades   Alt. : 630 m   (TH)

3 ch. Maison typique du Plateau de Millevaches, en pierres. Accueil de cavaliers. 2 chambres avec salles d'eau privatives, 1 chambre avec salle de bains. A proximité de Meymac (centre d'art comtemporain), randonnées...

Prix : 2 pers. 34/37 € 3 pers. 50 € pers. sup. 8 € repas 14 €
Ouvert : Toute l'année.

🐕	🎾	⛱	🏊	🐎	👣	🏌	⛵	🚂	⛴
3	4	SP	5	SP	5	15	5	6	1,5

Marcelle MIGNON - Les Chaussades - 19250 COMBRESSOL - Tél. : 05 55 94 27 89 - Fax : 05 55 94 27 89

CUBLAC — La Farandole   (TH)

4 ch. Marie-Pierre et Guy, agriculteurs, éleveurs de canards gras et bovins, vous accueilleront en Périgord-limousin dans une belle bâtisse en pierres dominant la vallée. 4 ch dont une avec suite. Piscine (15x8 m), près de Lascaux, Sarlat, Padirac, Rocamadour. Langue parlée : anglais.

Prix : 1 pers. 34 € 2 pers. 40 € 3 pers. 49 € repas 12/30 €
1/2 pens. 37 € pens. 44/50 €

🐕	🎾	⛱	🏊	🐎	👣	🏌	⛵	🚂	⛴
8	SP	1	SP	SP	10	10	6	6	

Marie-Pierre PRAUDEL - La Farandole - 19520 CUBLAC - Tél. : 05 55 85 19 79 - Fax : 05 55 85 19 79 - E-mail : humbert.guy@wanadoo.fr - http ://perso.wanadoo.fr/fermeaubergelafarandole/

CUREMONTE   A   (TH)

3 ch. Dans l'un des plus beaux villages de France, aux confins du Périgord, au cœur d'une cité médiévale, Fernande, agricultrice vous recevra dans ses 3 chambres d'hôtes très confortables avec salle d'eau particulière, de style rustique, aménagées dans une ancienne grange. Exploitation broutard, noix, canard gras.

Prix : 1 pers. 32 € 2 pers. 48 € 3 pers. 64 € repas 11/17 €
1/2 pens. 41 €
Ouvert : Toute l'année sur réservation.

🐕	🎾	⛱	🏊	🐎	👣	🏌	⛵	🚂	⛴
10	12	12	25	12	25	25	12	12	

Fernande RAYNAL - Le Bourg - 19500 CUREMONTE - Tél. : 05 55 25 35 01

ESPAGNAC — La Traverse   Alt. : 550 m   (TH)   C.M. 75 Pli 9

2 ch. Tulle 15 km. Ce petit village se trouve dans une région pittoresque, sur les hauteurs proches des gorges de la Dordogne. Les chambres sont aménagées dans une demeure de caractère construite en 1640. En compagnie de M. Rouget, les gourmets pourront découvrir la vie des abeilles ou s'initier aux petits secrets de la cuisine régionale. Salon, TV, vidéo, lecture, piano. Relax dans le jardin fleuri, jeux d'enfants, environnement exceptionnel pour la randonnée pédestre. 1/2 pension pour 1 pers. occupant une chambre seule 38 €. Repas sur demande. Langue parlée : anglais.

Prix : 1 pers. 30 € 2 pers. 37 € 3 pers. 50 € repas 14 €
1/2 pens. 30 €
Ouvert : De Pâques à la Toussaint.

🐕	🎾	⛱	🏊	🐎	👣	🏌	⛵	🚂	⛴
1	2	SP	12	SP	6	12	12	2	

ROUGET - La Traverse - 19150 ESPAGNAC - Tél. : 05 55 29 29 79 - Fax : 05 55 29 28 22 - http ://espagnac.com

ESPAGNAC — Le Mourigal   Alt. : 525 m

1 ch. Cascade de Gimel 10 km. Château de Sedière 15 km. Au Mourigal, sympathique hameau de caractère, nous offrons gîte et petit-déjeuner à tous les curieux de vie rurale. Nous vous proposons de goûter au plaisir de la randonnée/promenade avec un compagnon-âne bâté, de visiter les producteurs locaux et déjeuner ou dîner dans les fermes auberges voisines. Les chevaux et leurs cavaliers sont les bienvenus. Langue parlée : anglais.

Prix : 1 pers. 30 € 2 pers. 35 € 3 pers. 46 €
Ouvert : Toute l'année.

🐕	🎾	⛱	🏊	🐎	👣	🏌	⛵	🚂	⛴
5	10	2	16	SP	5	25	15	20	3

Christine MARTIN-DUPLESSY - Le Mourigal - 19150 ESPAGNAC - Tél. : 05 55 29 15 08 - Fax : 05 55 29 15 08 - E-mail : correze.ane@free.fr

Corrèze
Limousin

ESTIVAUX Les Rebières
C.M. 75 Pli 8

2 ch. **Uzerche perle du Limousin 15 km.** Uzerche, perle du Limousin, 12 km, Pompadour, cité du cheval, 18 km, et, Le Saillant, village médiéval, 10 km, concerts l'été au Château. Près des Gorges de la Vézère, vous serez reçu dans une charmante demeure de caractère entourée de vergers issus de cultures bio. Au 1er étage, 2 ch au décor feutré, comprenant, chacune, salle d'eau, wc et salon. Au r.d.c, salle à manger avec cheminée. Chauffage central au bois. Jardin. Calme, bocage vous invitent à la détente. Sur place, étang, pêche, SP balisés et GR46. Paysages changeants, panoramas, sous-bois, belvédères. Tables d'hôtes sur demande, repas traditionnels ou végétariens. 4 pers 76 €.

Prix : 1 pers. **30 €** 2 pers. **46 €** 3 pers. **61 €** repas **14 €**
1/2 pens. **37/44 €**
Ouvert : Toute l'année.

6	10	SP	18	SP	10	10	10	6

Anne-Marie BUGEAT - Les Rebières - 19410 ESTIVAUX - Tél. : 05 55 73 77 55 - Fax : 05 55 98 98 67

EYBURIE Laschamps

1 ch. Chambre d'hôtes indépendante à l'étage avec vue sur les Monédières, salle d'eau et wc privatifs. Possibilité 2 pers. supplémentaires dans 1 chambre attenante et possibilité lit enfant. Terrasse avec store, salon de jardin, chaises longues. Restaurant à proximité, joli point de vue. A 800 m du bourg. Parking privé au bout de l'allée d'entrée. Prix 4 pers : 74 €.

Prix : 1 pers. **43 €** 2 pers. **43 €** 3 pers. **55 €**
Ouvert : Toute l'année.

8	8	SP	10	SP	8	10	SP

Yvonne DUMORTIER - Laschamps - 19140 EYBURIE - Tél. : 05 55 98 83 32

FORGES La Souvigne
C.M. 75 Pli 19

3 ch. **Argentat 10 km.** Ian et Jacquie vous invitent dans une ancienne demeure restaurée. 3 chambres d'hôtes, 2 à l'étage avec salle d'eau et wc privés et 1 au rez-de-chaussée avec salle de bains et wc privés. Salle de séjour à la disposition des hôtes. Chauffage électrique, bibliothèque. Parking facile. Table d'hôtes sur réservation seulement. Langues parlées : anglais, allemand.

Prix : 1 pers. **25/28 €** 2 pers. **28/31 €** pers. sup. **9 €** repas **13 €**
Ouvert : Toute l'année.

SP	11	SP	11	SP	11	15	15	16	11

Ian et Jacquie HOARE - La Souvigne - 19380 FORGES - Tél. : 05 55 28 63 99 - Fax : 05 55 28 65 62 - E-mail : La.souvigne@wanadoo.fr - http://perso.wanadoo.fr/souvigne

---

GIMEL-LES-CASCADES

1 ch. Jolie chambre d'hôtes située au cœur du village de Gimel Les Cascades. Michèle et Pascal vous accueillent dans le calme de leur chaleureuse maison de granit. Le village fleuri est charmant et les cascades grandioses. Nombreuses balades le long de la vallée de la Montane. Langue parlée : anglais.

Prix : 1 pers. **37 €** 2 pers. **40 €**
Ouvert : Toute l'année.

1	2	SP	20	SP	6	25	6	12	6

Pascal ANDRIESSENS - Le Bourg - 19800 GIMEL-LES-CASCADES - Tél. : 05 55 21 23 47 - Fax : 05 55 21 23 47 -
E-mail : p.andriessens@oreka.fr

GOURDON-MURAT Gourdon
Alt. : 700 m

2 ch. **Bugeat 7 km.** 2 chambres dont 1 au rez-de-chaussée avec salle d'eau et wc particuliers. Possibilité de cuisine/séjour dans les 2 chambres. Tout confort : TV, réfrigérateur, gazinière. Chauffage central. Cadre reposant à la campagne. Au cœur du plateau de Millevaches, à 25 km du musée du Président. Prix 2 chambres 4 pers : 61 €.

Prix : 1 pers. **32 €** 2 pers. **35/38 €** 3 pers. **46 €**
Ouvert : Du 1er avril au 30 octobre.

SP	6	SP	6	SP	12	7	7

Eva CHEZE - 19170 GOURDON-MURAT - Tél. : 05 55 94 01 56

JUILLAC Fouillargeas

2 ch. **Pompadour 14 km.** Henri et Monique vous reçoivent dans leur maison, sur une exploitation arboricole (pommes). 2 chambres d'hôtes situées au 2e étage de la maison. Chaque chambre a un lavabo. La salle d'eau est commune aux 2 chambres. Chauffage électrique. A 3 km du bourg. Possibilité de repas à 3 km. Parc avec salon de jardin. Les 2 chambres 43 €/nuit pour une même famille.

Prix : 1 pers. **24 €** 2 pers. **26 €** 3 pers. **27 €**
Ouvert : Toute l'année.

3	3	SP	2	SP	3	7	3

Henri POUQUET - Fouillargeas - 19350 JUILLAC - Tél. : 05 55 25 60 44

Limousin

Corrèze

LESTARDS Coissac
Alt. : 650 m

5 ch. Maison typique en granit dans un petit hameau entre le plateau de Millevaches, et les Monédières, près du « site natura 2000 » et les Gorges de la Vézère (cascades de la Virolle). Nelly exploite avec ses frères l'élevage de bovins, ovins et chevaux. Les magnifiques sous-bois invitent à des promenades tranquilles, et selon la saison, à la cueillette des myrtilles et des champignons. Langue parlée : anglais.

Prix : 1 pers. **18** € 2 pers. **27** € 3 pers. **35** €
Ouvert : Toute l'année sur réservation.

4	6	SP	6	SP	25	12	10	12

Nelly BARDELLE - Coissac - 19170 LESTARDS - Tél. : 05 55 94 01 11 ou 05 55 94 02 60 - Fax : 05 55 94 01 32

LIOURDRES

1 ch. Cette chambre d'hôtes, très confortable, avec salle d'eau et wc particuliers, a été aménagée dans la tour d'une maison contemporaine. Elle ouvre sur la Vallée de la Dordogne. Lit enfant disponible. Terrasse, parc ombragé et fleuri. Salle de séjour avec cheminée et TV... Lit supplémentaire 1 pers. dans chambre à part 18 €. Langues parlées : allemand, anglais.

Prix : 1 pers. **23** € 2 pers. **30** €
Ouvert : Toute l'année.

8	1	1	7	SP	8	15	8	3

Pierre et Irmtraud PREVILLE - Les Esplaces de la Vidalie - 19120 LIOURDRES - Tél. : 05 55 91 19 58

MANSAC Le Seuil-Bas

5 ch. Les chambres sont aménagées dans un ancien bâtiment de ferme, dans une région limitrophe du Périgord. Ferme de séjour avec camping à la ferme et gîte rural. Sur place : piscine, jeux d'enfants, tennis. Langue parlée : anglais.

Prix : 1 pers. **29** € 2 pers. **35** € 3 pers. **41** € repas **14** €
Ouvert : Toute l'année.

SP	SP	6	6	SP	SP	12	12	6	4

Noël FRAYSSE - Le Seuil Bas - 19520 MANSAC - Tél. : 05 55 85 27 14 ou 05 55 85 11 69

MARCILLAC-LA-CROISILLE La Teyssonnière
Alt. : 550 m

4 ch. Dans un hameau, repos et calme vous sont assurés. La Maison près du Lac est là, demeure de caractère, cadre chaleureux, cantou avec feu de bois, avec ses 4 chambres confortables, au décor raffiné, pourvues chacune d'une salle de bains. A proximité (2 km), 4 restaurants ayant chacun ses spécialités régionales. Paysages Corréziens, vallée de la Dordogne. Le Lac est à 600 m au bout du chemin. Prix 4 pers : 49 €.

Prix : 1 pers. **29** € 2 pers. **35** € 3 pers. **42** €
Ouvert : Toute l'année.

SP	SP	SP	6	SP	8	SP	19	2

Jean-Claude CLEMENT - La Teyssonnière - 19320 MARCILLAC-LA-CROISILLE - Tél. : 05 55 27 58 99 ou 06 73 36 96 79

MEYMAC Lontrade
Alt. : 750 m

3 ch. Vous serez accueillis dans une belle maison traditionnelle du Plateau de Millevaches, sur un vaste terrain arboré. 3 ch confortables. Calme, farniente, découverte du Plateau sont au rendez-vous. Golf, tennis, lacs, baignades, pêche à proximité.

Prix : 1 pers. **27** € 2 pers. **40** € 3 pers. **67** € repas **15** €

6	8	SP	6	SP	15	8	6	6

Fanny COQUET - Lontrade - 19250 MEYMAC - Tél. : 05 55 95 14 23 ou 06 15 12 61 52

MEYSSAC Grand Rue

4 ch. Collonges-la-Rouge 1 km. Rocamadour et Padirac 20 mn. Jean-Luc et Valérie sont heureux de vous accueillir dans leur demeure en gré rouge avec une tour du XVIIe siècle au cœur du vieux Meyssac. Turenne et Curemonte à proximité. 4 chambres spacieuses avec suite. Prix 4 pers : 61 €. Langue parlée : anglais.

Prix : 1 pers. **35** € 2 pers. **40/45** € 3 pers. **50/55** €
Ouvert : Toute l'année.

SP	10	10	5	SP	SP	15	20	20	SP

Jean-Luc LEBAS - La Dame Blanche - Grand Rue - 19500 MEYSSAC - Tél. : 05 55 84 05 96 ou 06 83 30 53 99

MILLEVACHES Le Magimel
Alt. : 900 m

4 ch. Située au cœur du Plateau de Millevaches, dans un lieu calme, maison indépendante avec chambres à l'étage. Une pièce de réception, ainsi qu'une terrasse extérieure avec salon de jardin sont à votre disposition. A 2 km du bourg. Promenades pédestres, sous bois agréables, pêche.

Prix : 1 pers. **31** € 2 pers. **35** €
Ouvert : Du 1er mai au 30 septembre.

10	15	SP	15	SP	30	10	15	15	11

Maryline DESASSIS - Le Magimel - 19290 MILLEVACHES - Tél. : 05 55 95 61 24 - Fax : 05 55 95 17 27

Corrèze
Limousin

MONCEAUX-SUR-DORDOGNE Saulières
C.M. 75 Pli 9/10

4 ch. **La Dordogne (rivière) 200 m.** Au cœur de la Vallée où coule la Dordogne, rivière et nature préservées, Marie-Jo et Jean-Marie vous accueillent dans leur maison, sur leur exploitation (élevage de bovins, noix). Les chambres sont aménagées dans une extension de leur maison contemporaine, chacune avec salle d'eau et wc privés et décoration particulière. Terrain bord rivière pour pique-niquer. Cuisine équipée, salon, salle à manger et terrasse à disposition des hôtes, cheminée. Prix 4 pers : 60 €. Langue parlée : anglais.

Prix : 1 pers. **30** € ♦ 2 pers. **40** € ♦ 3 pers. **50** €
Ouvert : Toute l'année.

🐕	🎾	⛱	🎣	🏇	🏊	🤸	⛳	⛵	🚂	🅿
3	SP	SP	6	SP	6	20	6	40		7

Marie-José LAFOND - Saulières - 19400 MONCEAUX-SUR-DORDOGNE - Tél. : 05 55 28 09 22 - Fax : 05 55 28 09 22

MONTGIBAUD

2 ch. **Pompadour (cité du cheval) 15 km.** Dans un charmant petit bourg, à proximité de Pompadour, cité du cheval, et de l'A20 (sortie 42). « Les Tilleuls » (2 chambres mansardées au décor fleuri, salon) vous invite à découvrir les superbes paysages et le patrimoine du Bas-Limousin. Restaurant à 20 m. Langue parlée : anglais.

Prix : 1 pers. **34** € ♦ 2 pers. **41** € ♦ 3 pers. **49** €
Ouvert : Du 1er mars au 30 novembre.

🐕	🎾	⛱	🎣	🏇	🏊	🤸	⛳	⛵	🚂	🅿
10	10	SP	15	SP	10		45			10

Mylène COULAUD - Le Bourg - 19210 MONTGIBAUD - Tél. : 05 55 73 44 94 - Fax : 05 55 73 44 94

MOUSTIER-VENTADOUR Messence Alt. : 650 m

2 ch. Jacqueline et Jean vous accueillent dans une charmante maison fleurie, blottie dans un écrin de verdure. A proximité des Gorges de la Dordogne. 2 chambres à l'étage, cheminée, bibliothèque. Chevaux et promenades à cheval, pêche sur place dans l'étang de la propriété. Piscine privée. Langues parlées : anglais, allemand, hollandais.

Prix : 1 pers. **30** € ♦ 2 pers. **50** € ♦ 3 pers. **70** € ♦ repas **20** €
1/2 pens. **45** €
Ouvert : Du 1er avril au 30 novembre.

🐕	🎾	⛱	🎣	🏇	🏊	🤸	⛳	⛵	🚂	🅿
9	9	SP	SP	SP	SP	15	15	9		9

Jacqueline et Jean FLAPPER et VAN OVERVELD - Messence - 19300 MOUSTIER-VENTADOUR - Tél. : 05 55 93 25 36 - Fax : 05 55 93 92 97 - E-mail : Renardieres@wanadoo.fr

---

NAVES Gourdinot (TH)

3 ch. **Uzerches 25 km. Tulle 12 km.** En arrivant chez Brunhild et Jean-Marc, on se croirait au bout du monde et pourtant... 3 ch. raffinées à l'étage. 1 ch. avec grand lit à baldaquin et salon confortable, 1 ch. sur loggia (1 lit 2 pers.), 1 ch. (2 lits 1 pers.). Au r.d.c., c'est la vie familiale, salon, TV et bibliothèque. Grande cuisine avec cantou, vous attend pour vos repas à la table d'hôtes. Dans cette charmante maison typique de la Corrèze, vous apprécierez la gastronomie locale et le calme. Brunhild pourra vous initier à la fabrication du pain dont le délicieux parfum vous ravira. Langue parlée : anglais.

Prix : 1 pers. **29** € ♦ 2 pers. **35/40** € ♦ 3 pers. **46/50** € ♦ repas **14** €
Ouvert : Toute l'année.

🐕	🎾	⛱	🎣	🏇	🏊	🤸	⛳	⛵	🚂	🅿
7	4	2	3	SP	3	25	4	12		5

Brunhild et Jean-Marc PERROT - Gourdinot - 19460 NAVES - Tél. : 05 55 27 08 93

NESPOULS Belveyre (TH)

4 ch. Le calme et l'accueil de cette ancienne demeure restaurée sera au rendez-vous. Nous vous recevrons comme nos amis dans un cadre chaleureux et sympathique en proposant des nuits douillettes grâce à 4 chambres raffinées, équipées de salles d'eau, wc privés, et... chut! plein de surprises encore. Prix 4 pers : 45 €. A « Cheval » sur le Lot et la Dordogne, vous aimerez Pompadour et ses haras, Collonges la Rouge, Rocamadour, etc... Et si vos vacances se passaient à Belveyre?

Prix : 1 pers. **27** € ♦ 2 pers. **30/38** € ♦ 3 pers. **38/45** € ♦ repas **15** €
Ouvert : Du 1er mai au 30 septembre.

🐕	🎾	⛱	🎣	🏇	🏊	🤸	⛳	⛵	🚂	🅿
5	SP	5	5	SP	10	10	5	15		2

Eloi et Marie-France LALLE - Belveyre - 19600 NESPOULS - Tél. : 05 55 85 84 47

NEUVIC Raulhac Alt. : 700 m (TH)

4 ch. 4 ch d'hôtes entièrement neuves, construites dans une grange. Salle de séjour, bibliothèque, chauffage central gaz. Sur 10 ha de terrain, vous pourrez vous promener, pêcher, ramasser des champignons, noisettes, châtaignes et très bientôt des fruits rouges. Très proche de Bort les Orgues, Dordogne, Lac aménagé. Langue parlée : anglais.

Prix : 1 pers. **29** € ♦ 2 pers. **40** € ♦ 3 pers. **53** € ♦ repas **13** €

🐕	🎾	⛱	🎣	🏇	🏊	🤸	⛳	⛵	🚂	🅿
4	4	SP	4	30	5	4	30			4

Jean-Jacques LARIVIERE - Raulhac - 19160 NEUVIC - Tél. : 05 55 95 09 14 - E-mail : COLETTE.LARIVIERE@wanadoo.fr

Limousin

Corrèze

NEUVIC Ferme de Becherave   Alt. : 630 m   (TH)

3 ch. Vous serez accueillis dans une ancienne ferme traditionnelle de la Haute Corrèze (région champignons). A deux pas du lac, une vue sur les montagnes du Puy de Dome et du Cantal vous enchantera. 3 ch sont à votre disposition pour découvrir notre pays et notre cuisine gastronomique, salle de séjour avec cheminée, télévision, chauffage central électrique.

Prix : 1 pers. 30 € ♦ 2 pers. 53 € ♦ repas 13 €
Ouvert : Toute l'année.

🐕	☂	⚓	🏇	👥	⛳	⛵	🚂	⛴
2	2	2	0,5	2	2	20	1	

André CHASTAING - Ferme de Becherave - 19160 NEUVIC - Tél. : 05 55 95 97 60

NOAILHAC Le Genestal   (TH)

6 ch. La maison des étoiles est composée d'une ancienne ferme et d'une grange attenante, construites en pierres rouges du pays et rénovées avec un souci de tradition locale et d'authenticité. Sur une colline, à 1,5 km du bourg de Noailhac, elle domine toute la vallée et bénéficie d'un calme et d'une vue exceptionnels. Les 6 ch d'hôtes ont chacune une décoration très soignée et personnalisée. Toutes les ch ont une salle d'eau avec sanitaire particulier et vue sur les étoiles. Taxes de séjour incluse dans le prix. Langues parlées : anglais, espagnol.

Prix : 1 pers. 32 € ♦ 2 pers. 40 € ♦ 3 pers. 48 € ♦ pers. sup. 8 €
repas 16 € ♦ 1/2 pens. 28/45 €

🐕	🎾	☂	⚓	🏇	👥	⛳	⛵	🚂	⛴
4	10	3	10	SP	6	15	4	12	6

Jacqueline CICUREL - Le Genestal - 19500 NOAILHAC - Tél. : 05 55 25 31 46 ou 06 12 23 86 24 - Fax : 05 55 25 31 46 -
E-mail : la.maison.des.etoiles@wanadoo.fr - http ://maison.etoiles.free.fr

NOAILLES Pont de Coudert

3 ch. **Plan d'eau du Causse 6 km.** A la limite du Quercy et du Périgord. Région touristique par excellence. Proche de l'autoroute A20, à 600 m du bourg. Possibilité de garage, cour fermée pour voitures. Chauffage, salle de séjour, salon, TV. 3 chambres dont 1 pour 4 pers. avec petite cuisine attenante. Restaurant à promité. Prix 4 pers : 58 €. Langue parlée : espagnol.

Prix : 1 pers. 32 € ♦ 2 pers. 37 € ♦ 3 pers. 52 €
Ouvert : Toute l'année.

🐕	🎾	☂	⚓	🏇	👥	⛳	⛵	⛴
5	5	5	8	SP	6	5	8	0,5

Marie DURAND - Le Pont de Coudert - 19600 NOAILLES - Tél. : 05 55 85 83 22

OBJAT

2 ch. Belle demeure restaurée du XIXᵉ siècle, Stahlhana situé à mi-chemin entre le haras de Pompadour et la cité de Brive la Gaillard, est blottie en douce terre corrézienne, aux confins du Périgord et du Haut-Quercy, Stahlhana vous offre le charme d'une suite spacieuse dont le décor raffiné est en harmonie avec l'accueil attentif de Béatrice et Eric-Marie. Vous disposez d'une bibliothèque et d'un salon particulier pour préparer ensemble vos visites culturelles, touristiques ou sportives. Langues parlées : anglais, espagnol.

Prix : 1 pers. 45 € ♦ 2 pers. 55 € ♦ 3 pers. 65 € ♦ pers. sup. 15 €
Ouvert : Toute l'année.

🐕	🎾	☂	⚓	🏇	👥	⛳	⛵	🚂
SP	10	SP	10	SP	SP	15	10	SP

Béatrice et Eric DOUCET - 14, avenue Raymond Poincaré - 19130 OBJAT - Tél. : 05 55 25 58 42 ou 06 84 82 40 91 -
Fax : 05 55 25 58 42 - E-mail : familledoucet@stahlhana.com

OBJAT

3 ch. Dans sa belle demeure familiale, style mansard, du début du 20ᵉ siècle, entièrement rénovée, Pierre Guiony vous réservera un accueil chaleureux et particulièrement attentif. Vous aurez le choix entre 3 ch spacieuses dont une double pouvant vous accueillir avec 3 enfants. Ds un vaste salon, vous pourrez préparer avec lui les multiples excursions ou randonnées que vous permet la situation d'Objat, aux confins du Limousin, de l'Auvergne, du Quercy et du Périgord : les vallées de la Dordogne et de la Vézère et leurs sites préhistorique sont à moins d'1 heure de route.

Prix : 1 pers. 38 € ♦ 2 pers. 44 € ♦ 3 pers. 53 € ♦ pers. sup. 11 €

🐕	🎾	☂	⚓	🏇	👥	⛳	⛵	🚂
SP	SP	SP	5	SP	SP	15	15	SP

Henri Pierre GUIONY - 10 avenue Georges Clémenceau - 19130 OBJAT - Tél. : 05 55 25 00 17 ou 06 82 31 86 03 -
E-mail : guiony@club-internet.fr

PALAZINGES   Alt. : 540 m   (TH)

5 ch. 5 chambres d'hôtes spacieuses dans une grange restaurée à l'ancienne, équipées chacune de salle d'eau et de wc. Vue exceptionnelle. A proximité de Tulle et de Brive. La semaine pour 2 pers : 390 €. Langue parlée : anglais.

Prix : 1 pers. 31 € ♦ 2 pers. 39 € ♦ 3 pers. 46 € ♦ repas 13 €

🐕	🎾	☂	⚓	🏇	👥	⛳	⛵	⛴
4	4	4	4	SP	4	4	4	

Dominique et Nicole CURE - Le Bourg - 19190 PALAZINGES - Tél. : 05 55 84 63 44

Corrèze — *Limousin*

PEYRISSAC

▦▦ 2 ch. — 2 jolies ch dans une maison traditionnelle, salon de lecture, télévision, chauffage central électrique. Terrain clos avec salon de jardin, terrasse.

Prix : 1 pers. **27 €** 2 pers. **35 €** 3 pers. **46 €**

🐕	🎾	⛱	🐟	🏃	🚶	⛵	🏌	⛵	🚂	🏊
6	10	1	10	SP	12	10	18	10		

André et Jacqueline ROUX - Le Bourg - 19260 PEYRISSAC - Tél. : 05 55 98 28 73

ROSIERS-D'EGLETONS La Peyrière   Alt. : 600 m   (TH)

▦▦▦ 2 ch. — Propriété privée. Grand parc. Etang et bois. Chambres avec vue sur le parc, très calme. Salle de bains réservée aux hôtes. WC attenants. Cadre pour les amateurs de la nature. Grandes randonnées pédestres.

Prix : 1 pers. **29 €** 2 pers. **34 €** repas **13 €**
Ouvert : Toute l'année.

🐕	🎾	⛱	🐟	🏃	🚶	⛵	🏌	⛵	🚂	🏊
1	5	SP	20	SP	5	20	6	5		

Jacqueline PEYRICOT - La Peyrière - 19300 ROSIERS-D'EGLETONS - Tél. : 05 55 93 10 73

SAILLAC La Bertine   *C.M. 75 Pli 19*

▦▦▦ 1 ch. — **Collonges-la-Rouge 2 km. Cité de Turenne 4 km.** Au pays de la noix vous serez accueillis dans une chambre très calme située au rez-de-chaussée d'un logement indépendant avec wc et salle d'eau particuliers. Chauffage électrique. Jardin d'agrément dans un cadre charmant et tranquille, possibilité de pique-niquer. Produits fermiers. Abri voiture. Proche du Lot et de la Dordogne.

Prix : 1 pers. **31 €** 2 pers. **35/38 €** 3 pers. **46/50 €**
Ouvert : Toute l'année.

🐕	🎾	⛱	🐟	🏃	🚶	⛵	🏌	⛵	🚂	🏊
3	4	4	4	SP	4	15	15	4	4	

Joël ULMET - La Bertine - 19500 SAILLAC - Tél. : 05 55 25 41 24

SARRAN Rouffiat   Alt. : 600 m   (TH)

▦▦▦ 2 ch. — Eddy et Heidi vous accueillent dans leur charmante demeure traditionnelle au cœur des Monédières. 2 très jolies chambres confortables. Calme et farniente sont au programme. Spécialités culinaires locales, Belges et Suisses mais également cuisine végétarienne sur demande. Langues parlées : anglais, allemand, hollandais, espagnol.

Prix : 1 pers. **29 €** 2 pers. **35/43 €** 3 pers. **47 €** pers. sup. **12 €** repas **12/15 €**
Ouvert : Toute l'année.

🐕	🎾	⛱	🐟	🏃	🚶	⛵	🏌	⛵	🚂	🏊
6	5	SP	8	SP	5	37	10	11	5	

Eddy et Heidi MERCHIE-SCHALLER - Rouffiat - 19800 SARRAN - Tél. : 05 55 21 29 39 - Fax : 05 55 21 29 39

SARROUX Puy de Bort   Alt. : 800 m   (TH)

▦▦▦ 4 ch. — Roger et Odette, agriculteurs en ferme biologique, vous accueillent sur leur exploitation (bovins, lait et viande). Quatre chambres d'hôtes aménagées avec wc et salle d'eau particuliers, salle de séjour, produits fermiers. Vue sur les Orgues, le Puy Mary et le Sancy. Itinéraire de Bort les Orgues : D922 ou D979, suivre le circuit des Orgues. Animaux acceptés sous conditions. Prix 4 pers : 54 €.

Prix : 1 pers. **28 €** 2 pers. **37 €** 3 pers. **45 €** pers. sup. **8 €** repas **13 €**
Ouvert : Toute l'année.

🐕	🎾	⛱	🐟	🏃	🚶	⛵	🏌	⛵	🚂	🏊
5	5	5	12	0,5	5	30	5	5	5	

Roger VENNAT - Puy de Bort - 19110 SARROUX - Tél. : 05 55 96 05 10

ST-BONNET-L'ENFANTIER Bugeat   (TH)

▦▦▦ 1 ch. — Imaginez : une maison au bout du chemin, le calme, la tranquilité, le chant des grillons mêlé à celui des grenouilles les soirs d'été, celui de la chouette qui espère se faire la grenouille. Et puis au petit déjeuner, le chant des oiseaux et l'odeur du matin. Artiste, musicien, créateur, le séchoir à noix peut se transformer en atelier. Imaginez... que c'est les vacances ; vous êtes chez nous au bout de la Corrèze, au pays de Colette, au pays des grives et peut-être... des loups. Les Allandrines : 1 ch avec salle de bains et wc. Chauffage central. Jeux de société, jeux de plein air, bibliothèque.

Prix : 1 pers. **31 €** 2 pers. **37 €** repas **14 €**

🐕	🎾	⛱	🐟	🏃	🚶	⛵	🏌	⛵
6	15	SP	6	6	6			

Marie-Claude CARON - Les Allandrines Bugeat - 19410 ST-BONNET-L'ENFANTIER - Tél. : 05 55 73 05 61

Limousin — Corrèze

ST-BONNET-L'ENFANTIER La Borde

5 ch. Dans un cadre verdoyant et calme, d'accès facile (5 km de l'A 20), Nadine vous accueille chaleureusement dans sa ferme d'élevage d'oies entourée de noyeraies : 5 ch à l'étage, chacune ayant son sanitaire complet. A la table d'hôtes, vous découvrirez une cuisine traditionnelle dans une ambiance familiale et conviviale : de quoi se ressourcer, se régaler et se reposer. Sur place : cuisine, jeux de société, jeux de plein air. En hiver Nadine organise des week-ends foie gras. Tarif 2 pers, à compter de 2 nuitées : 36 € (15 % de réduction). Tarif 1/2 pension à compter de 2 nuitées : 32 € par pers.

Prix : 2 pers. 42 € repas 14 € 1/2 pens. 35 €
Ouvert : Toute l'année sauf du 10 septembre au 25 octobre.

C.M. 75 Pli 8

3	10	10	20	SP	10	20	15	3

Nadine BUGE - La Borde - 19410 ST-BONNET-L'ENFANTIER - Tél. : 05 55 73 72 44 - Fax : 05 55 73 72 44

ST-CERNIN-DE-LARCHE Le Moulin Vieux de la Roche

6 ch. 5 ch avec TV, bains et wc privés ; 1 suite avec douche et sanitaire privés, entrée indépendante dans un moulin du XIIIe siècle. Danielle et Michel vous accueillent dans le vieux moulin cistercien du 13 ème siècle dans la quiétude de la grange restaurée (1693). Les ch sont confortablement aménagées dans un cadre raffiné et personnalisé par la maîtresse de maison. Votre regard s'échappera vers le pittoresque petit village de Laroche ou vers les falaises du cirque de la Doux. Les grandes cheminées et les terres cuites anciennes accentuent le charme de ces vieux bâtiments ainsi que la grande salle à manger où vous prendrez de copieux petits déjeuners. Langues parlées : anglais, espagnol.

Prix : 1 pers. 43/68 € 2 pers. 49/65 € 3 pers. 61/75 €
repas 15/19 €
Ouvert : Du 1er mars au 31 octobre.

3	0,6	0,6	5	SP	0,6	5	0,6	3	1

Michel et Danielle ANDRIEUX - Le Moulin vieux de la Roche. - 19600 ST-CERNIN-DE-LARCHE - Tél. : 05 55 85 40 92 - Fax : 05 55 85 34 66

ST-CHAMANT

6 ch. Marie-Madeleine et Germain vous accueillent dans leur grande maison située dans un vieux quartier très calme du village. Six chambres avec salle d'eau et wc privés dont une accessible aux personnes handicapées et deux avec salon privé. Salle de séjour, TV. Table d'hôtes sur demande.

Prix : 1 pers. 30 € 2 pers. 37 € 3 pers. 55 € repas 14 €
1/2 pens. 33 €
Ouvert : Du 1er avril au 30 novembre.

4	6	6	6	SP	6	25	20	24	SP

Madeleine et Germain COUTAL - Le Bourg - 19380 ST-CHAMANT - Tél. : 05 55 28 05 46 - Fax : 05 55 28 84 03

ST-HILAIRE-PEYROUX Bel-Air

2 ch. Marie-Christine fille de Madeleine vous accueille à la ferme de polyculture élevage (veaux de lait sous la mère), sur un plateau entre Tulle et Brive, la nature et le calme sont assurés. Arthur, le petit âne, ballade vos enfants. Prix 4 pers : 38 €. 2 ch d'hôtes avec 2 salles d'eau indépendantes et 2 wc. A 500 m du bourg. Restaurant à 500 m.

Prix : 1 pers. 25 € 2 pers. 31 € 3 pers. 36 €
Ouvert : Toute l'année.

SP	6	SP	10	9	10	10	10	15	0,5

Marie-Christine LAVAL - Bel Air - 19560 ST-HILAIRE-PEYROUX - Tél. : 05 55 25 72 71 ou 06 82 63 39 00 - Fax : 05 55 25 72 71

ST-JAL Les Bessines
Alt. : 500 m

2 ch. Uzerche 7 km. Au 1er étage de leur maison, dans un cadre champêtre, parmis les bois et les prés, les chambres vous assureront calme et repos. Vous garderez de votre passage l'accueil chaleureux de votre hôte et le souvenir des paysages corréziens. Langue parlée : espagnol.

Prix : 1 pers. 30 € 2 pers. 35 €
Ouvert : Du 15 mars au 15 novembre.

6	10	4	8	SP	5	8	7	4

Gaby et Simone DESAGUILLER - Les Bessines - 19700 ST-JAL - Tél. : 05 55 73 19 70

ST-JULIEN-PRES-BORT La Garenne à Nuzejoux
Alt. : 600 m

4 ch. Bort-les-Orgues 6 km. Ancienne demeure à l'intérieur entièrement rénovée dans un parc boisé. Au cœur de l'Artense, aux limites de 3 départements. Dispose de 4 chambres raffinées, équipées de salles d'eau, wc privés, d'une véranda, coin-repas. TV, jeux, piscine privée. Tarifs dégressifs. Réduction basse-saison. Prix 4 pers : 70 €. Amis de la nature, de la pêche, Eric et Martine vous feront découvrir les sites et vastes horizons sans oublier la gastronomie régionale.

Prix : 1 pers. 35 € 2 pers. 45 € 3 pers. 56 € repas 14/16 €
Ouvert : Toute l'année.

2	5	5	3	SP	SP	20	5	20	7

**Eric MESNIL - La Garenne à Nuzejoux - 19110 ST-JULIEN-PRES-BORT - Tél. : 05 55 94 83 83 - Fax : 05 55 94 83 83 -
E-mail : LAGARENNE@MINITEL.NET - www.LA.GARENNE.FR.ST**

Corrèze   *Limousin*

ST-MARTIN-SEPERT Le Château
C.M. 75 Pli 8

3 ch.

Pompadour, cité du cheval 10 km. Situé entre Uzerche (base de canoë-kayak) et Pompadour (haras) ce vaste château aux lignes pures du XVIIIéme siècle vous accueille dans ses ch 2 et 3 épis donnant sur un grand parc. Vous pourrez profiter de nos chevaux avec les randonnées organisées par le Relais de « Garamage » à 1 km. Suivre en voiture ou bicyclette le circuit des « églises romanes » ou celui des rétables ou partir sur la Vézère en kayak ou en rafting. Billard et ping-pong sont à votre disposition ainsi qu'une cuisine indépendante, dans 1 bâtiment annexe. A partir du 8ᵉ jour : 1 pers 37 € ; 2 pers 40 € ; 3 pers 43 €. Langues parlées : anglais, espagnol.

Prix : 1 pers. **40 €** 2 pers. **43 €** 3 pers. **46 €**
Ouvert : Toute l'année.

| 10 | 6 | SP | 1 | SP | 6 | 45 | 9 | 12 | 6 |

Jean-Luc et Dorothée DE CORBIER - Château de Saint-Martin Sepert - 19210 ST-MARTIN-SEPERT - Tél. : 05 55 73 50 70 ou 06 70 36 22 35 - Fax : 05 55 73 50 70 - CHATEAU.CORREZE.FREE.FR

ST-MATHURIN-LEOBAZEL Mialaret   Alt. : 530 m

6 ch.

Six chambres d'hôtes dans une maison de caractère au sein d'une ferme équestre avec salle d'eau et wc dans chaque chambre. Chauffage électrique. Grande salle à manger. Salon, point-phone sur place, salon de jardin. Prix 4 pers : 69 €. Langue parlée : anglais.

Prix : 1 pers. **35 €** 2 pers. **47 €** 3 pers. **58 €** repas **11 €**
1/2 pens. **35 €** pens. **44 €**
Ouvert : Toute l'année.

| 5 | 5 | SP | SP | SP | 10 | 24 | 5 |

Guy SEGOL - Mialaret - 19430 ST-MATHURIN-LEOBAZEL - Tél. : 05 55 28 50 09 - Fax : 05 55 28 54 00

ST-SOLVE Bellevue

1 ch.

Chambres spacieuses avec salon (insert), piscine commune sur place à 3 chalets bois, terrain arboré, calme. Téléphone, possibilité magnétoscope, DVD, chaines satellites sur demande, salle de bains avec jacuzzi, hamman, sauna.

Prix : 2 pers. **49 €**

| 20 | 14 | 3 | SP | SP | 14 | 1 | 0,5 |

Gilbert LAVIALLE - Bellevue - 19130 ST-SOLVE - Tél. : 05 55 25 95 49 - E-mail : CHALET.Bellevue@TAK.FR

ST-YRIEIX-LE-DEJALAT Les Chaussades   Alt. : 620 m

2 ch.

2 chambres d'hôtes à l'étage avec vue sur une ferme conduite en biologie, dont vous trouverez les produits à la table d'hôte. Calme, forêts, ruisseaux, possibilité de randonnées au départ de la ferme. Prix 4 pers : 50 €. Langue parlée : anglais.

Prix : 1 pers. **34 €** 2 pers. **40 €** 3 pers. **46 €** repas **12 €**
Ouvert : Du 1ᵉʳ avril au 1ᵉʳ novembre.

| 8 | 8 | SP | 8 | SP | 8 | 8 | 8 |

ROUSSEAU Nadine et DANIEL Philippe - Les Chaussades - 19300 ST-YRIEIX-LE-DEJALAT - Tél. : 05 55 93 21 72 ou 06 08 15 76 53 - Fax : 05 55 93 21 72 - E-mail : nadphi@club-internet.fr

TARNAC Larfeuil   Alt. : 800 m

2 ch.

Jean-Luc et Anny vous reçoivent sur leur exploitation agricole (bovins limousins et équidés) dans une ancienne grange comprenant au rez-de-chaussée deux chambres d'hôtes avec wc et douche particuliers, salle de séjour avec cheminée, chauffage. Entre Bugeat et Tarnac.

Prix : 1 pers. **30 €** 2 pers. **35 €**
Ouvert : Toute l'année sauf à la Toussaint.

| 5 | SP | SP | SP | 5 | 15 | 7 | 7 | 7 |

Jean-Luc JAGAILLOUX - Larfeuil - 19170 TARNAC - Tél. : 05 55 95 51 66

TROCHE La Petite Brunie

5 ch.

Pompadour 3 km. En plein cœur du Limousin, à proximité du Périgord, Jacques et Martine, jeunes exploitants agricoles (bovins et pommiers) vous accueillent dans une bâtiment entièrement rénové et indépendant avec 5 chambres confortables équipées avec salle d'eau et wc particuliers, chauffage électrique, cheminée, salle de séjour commune. Bourg à 3 km. Sur place : étang de 3 ha. (pêche). Prix 4 pers : 58 €.

Prix : 1 pers. **29/37 €** 2 pers. **34/41 €** repas **16 €**
Ouvert : Toute l'année.

| 2 | SP | 2 | SP | 3 | 3 | 3 |

Jacques et Martine CROUZILLAC - La Petite Brunie - 19230 TROCHE - Tél. : 05 55 73 34 17 - Fax : 05 55 73 57 25 - E-mail : martine.crouzillac@netcourrier.com - www.isasite.net/la-petite-brunie

Limousin — **Corrèze**

TUDEILS Château de la Salvanie

4 ch. Dans ce château où l'on peut apprécier la quiétude de la campagne et le charme des demeures anciennes sont situées 3 chambres d'hôtes et une suite (wc, lavabo, douche), séjour, TV, cheminée, salon. Micro-ondes et réfrigérateur. Terrasse avec salon de jardin. Prix 4 pers : 68 €.

Prix : 1 pers. **41 €** 2 pers. **50 €** 3 pers. **59 €** pers. sup. **9 €**
Ouvert : Du 1er avril au 1er décembre.

8	8	8	8	8	8	8

Edmond POUJADE - Château de la Salvanie - 19120 TUDEILS - Tél. : 05 55 91 53 43

TURENNE La Croix de Belonie

3 ch. A 400 m du bourg historique de Turenne classé un des plus beaux villages de France et sur une colline entourée de prairies, vous êtes accueillis dans l'ancienne maison d'un fondeur de cloches, récemment restaurée. Meubles anciens, décoration soignée, bouquets, composent un cadre chaleureux et raffiné. Vous découvrirez toutes les richesses de la région, conseillés par votre hôtesse, passionnée d'art, d'histoire et de nature. Vue panoramique, grand jardin, piscine, salon TV, biblio. régionale. Langue parlée : anglais.

Prix : 1 pers. **38 €** 2 pers. **45 €**
Ouvert : Toute l'année.

5	10	SP	10	SP	10	SP	17	0,5

**Catherine COUVRAT-DESVERGNES - La Croix de Belonie - 19500 TURENNE - Tél. : 05 55 85 97 07 ou 06 10 61 46 92 -
E-mail : bcouvrat@aol.com**

TURENNE

2 ch. Située au pied de la Tour CESAR, vous séjournerez dans une demeure du XVIIIéme siècle, entièrement destinée aux hôtes, à l'atmosphère d'antan et à la décoration raffinée. R.d.c séjour avec cantou, 1 ch 2 pers, à l'étage 1 ch avec suite 2/4 pers. Salle d'eau et wc privés dans chaque ch. Lit bébé. Chauffage central fuel. En saison Dominique servira votre petit déjeuner au salon d'été d'où vous profiterez d'un magnifique panorama sur la vallée. Elle saura vous guider afin de découvrir notre région et que chacun de vos pas soit un émerveillement. Bibliothèque, TV sat., piscine. Prix 4 pers : 67 €.

Prix : 1 pers. **38 €** 2 pers. **45 €** 3 pers. **56 €** pers. sup. **11 €**
Ouvert : Toute l'année sauf vacances de Pâques (zone B).

7	15	1	7	SP	10	16	15	3	SP

**Dominique DELAUNAY - Le Bourg - 19500 TURENNE - Tél. : 05 55 22 04 07 ou 06 84 59 47 53 -
E-mail : CLEMENT27.LUCIE@wanadoo.fr**

TURENNE Au Bontemps

6 ch. En bordure du Quercy, ancienne ferme isolée, calme, située dans un des plus beaux villages de France, 6 chambres d'hôtes dans une ancienne grange restaurée avec salles d'eau privatives (lavabo, douche, wc). Salle de séjour, TV, bibliothèque, petit déjeuner servi dans la salle à manger des propriétaires. Prix 4 pers : 60 €.

Prix : 1 pers. **29 €** 2 pers. **39 €** 3 pers. **49 €** pers. sup. **11 €**
Ouvert : Toute l'année.

8	12	5	13	SP	10	15	12	15	3

Jean-Pierre SOUSTRE - Au Bontemps - 19500 TURENNE - Tél. : 05 55 85 97 72

USSEL La Grange du Bos   Alt. : 650 m

3 ch. Michèle, vous reçoit dans sa grande maison de caractère située dans une ferme d'élevage de bovins limousins qu'elle exploite en GAEC avec son mari et son fils. Les chambres sont aménagées à l'étage. Autour de la maison, un parc fleuri avec jeux d'enfants invite au séjour. Baignade, pêche et tennis au plan d'eau du Ponty (800 m). Les repas sont préparés avec les produits de la ferme.

Prix : 1 pers. **19 €** 2 pers. **33 €** 3 pers. **49 €** repas **12 €**
1/2 pens. 29 € pens. **36 €**
Ouvert : Du 1er mars au 1er décembre.

SP	SP	SP	1	SP	3	20	25	4	SP

Michèle MALPELAS - La Grange du Bos - 19200 USSEL - Tél. : 05 55 72 15 68

VARS-SUR-ROSEIX Le Logis Varsois

5 ch. Jean et Annick vous reçoivent dans leur maison restaurée du XIX° siècle, entièrement rénovée. 5 chambres d'hôtes à l'étage avec douche et wc particuliers. Grande salle avec cheminée (cantou). Bibliothèque. Parking. Chauffage électrique. Restaurant à 50 m. Prix dégressifs à la semaine. Prix 4 pers : 61 €. Limite Dordogne 8 km.

Prix : 1 pers. **32 €** 2 pers. **38 €** 3 pers. **46 €**
Ouvert : Du 1er avril au 30 octobre.

5	5	5	8	SP	5	20	30	25	3

Annick VAN CAUWENBERG - Le Logis Varsois - 19130 VARS-SUR-ROSEIX - Tél. : 05 55 25 23 61

Corrèze
Limousin

VEGENNES Laverdes
C.M. 75 Pli 3

2 ch. 2 ch en r.d.c d'une maison en pierre wc et salle d'eau pour chaque ch. A proximité de Curemonte, Collonge-la-Rouge, Turenne, Beaulieu. A la limite du Lot, région touristique par excellence. Proche du quercy et de la vallée de la Dordogne. Nombreuses visites touristiques et culturelles. Dans une ferme. Sur place : cuisine, terrain clos et jeux d'enfants au calme. Accès voie rapide, Brive- Toulouse, sortie 52, NOailles- Turenne.

Prix : 1 pers. 25 € 2 pers. 30 € 3 pers. 35 €
Ouvert : Du 1er avril au 1er décembre.

3	5	3	5	SP	5	13	12	3	3

Rémy LACROIX - Laverdes - 19120 VEGENNES - Tél. : 05 55 91 10 58

VITRAC-SUR-MONTANE
Alt. : 600 m — *C.M. 75 Pli 10*

2 ch. Cascades de Gimel 12 km. Les Monédières 14 km. Tulle 21 km. Raymonde et Roland vous reçoivent dans leur maison en granit et toit de Lauzes où 2 chambres d'hôtes sont à l'étage avec douche et wc particuliers, salle de bains. Salle de séjour avec grande cheminée, TV. Chauffage central. Coin pique-nique sur pelouse fleurie et ombragée. Bibliothèque. Sentiers pédestres. 1 restaurant dans le village ainsi que dans un rayon de 5 à 10 km. Musée du Président Jacques Chirac Sarran 5 km.

Prix : 1 pers. 34 € 2 pers. 40 € 3 pers. 49 €
Ouvert : Toute l'année.

SP	10	SP	10	SP	10	10	7	7

**Roland et Raymonde MANOURY - Place de l'Eglise - 19800 VITRAC-SUR-MONTANE - Tél. : 05 55 21 35 50 - Fax : 05 55 21 35 50 -
E-mail : rolmanv@aol.com**

VOUTEZAC Sajueix
(TH)

3 ch. Pompadour (cité du cheval) 14 km. Jean-Charles vous reçoit dans sa charmante demeure « la gentilhômmière » située dans un petit village au cœur de la vallée de la Vézère et de la Loyre. 3 ch. à l'étage dont 1 avec suite. Au programme, farniente et gastronomie. A proximité de Pompadour et d'Objat. Autoroute A20 sortie 45 venant de Limoges ou sortie 50 venant de Toulouse. Canoë-kayak 5 km.

Prix : 1 pers. 34/35 € 2 pers. 37/40 € 3 pers. 48/51 € pers. sup. 11 € repas 14 € 1/2 pens. 32/34 €
Ouvert : Toute l'année.

6	6	1,5	15	SP	7	27	30	7	2

Jean-Charles RELIER - Sajueix 14 - 19130 VOUTEZAC - Tél. : 05 55 25 80 70 - Fax : 05 55 25 80 70

Creuse

GITES DE FRANCE
1, rue Martinet - B.P. 89
23011 GUERET Cedex
Tél. 05 55 61 50 15 - Fax 05 55 41 02 73
E-mail : gites.de.france.creuse@wanadoo.fr

AJAIN La Maison du Bois
Alt. : 530 m — *C.M. 72 Pli 10*

4 ch. 4 chambres d'hôtes situées dans un hameau. 3 ch. 2 pers. 1 ch. 4 pers. Salle d'eau, wc réservés aux hôtes. Salle de séjour à la disposition des hôtes. Chauffage central. Terrain. Possibilité cuisine. Restaurant 2 km. Prix 4 pers. 27 €. Langue parlée : anglais.

Prix : 1 pers. 15 € 2 pers. 20 € 3 pers. 23 €
Ouvert : Toute l'année.

5	10	5	10	5	1	10	2

Maxime SENOTIER - La Maison du Bois - 23380 AJAIN - Tél. : 05 55 80 92 59

AJAIN Roudeau
C.M. 72 Pli 10

1 ch. C'est dans le petit village du Roudeau que Catherine et Alain accueillent chaleureusement leurs hôtes dans leur charmante ancienne ferme rénovée fin XIXè. R.d.c : séjour, kitchenette (poss. de cuisiner). A l'étage : salon (TV), 1 suite : 1 ch. (1 lit 2 pers.) et 1 ch. (1 lit 1 pers.) avec sanitaires privés. Terrain aménagé, parking privé. Restaurants à 12 km.

Prix : 1 pers. 30 € 2 pers. 43 € 3 pers. 53 €
Ouvert : Toute l'année.

2	12	2	12	2	12	2	12

Catherine et Alain NICON - Roudeau - 23380 AJAIN - Tél. : 05 55 80 91 98 ou 06 81 72 49 04 - E-mail : clindindin@clubinternet.fr

ALLEYRAT Ourdeaux
Alt. : 576 m — A — *C.M. 73 Pli 1*

6 ch. Aubusson 7 km. Aubusson « Capitale de la tapisserie » sur une ferme traditionnelle de 75 ha consacrée à l'élevage. R.d.c. : 4 ch. (1 lit 2 pers. chacune). A l'étage : 1 ch. familiale 4 pers., 1 ch. 3 pers. Les repas préparés avec les produits de l'exploitation sont dégustés dans leur ferme-auberge. Poney pour enfants. Terrasse, parking, piscine, vélos. Chauffage électrique. Prix 4 pers. : 75 € à 79 €.

Prix : 1 pers. 41 € 2 pers. 43/50 € 3 pers. 64/69 €
Ouvert : Toute l'année.

SP	SP	7	SP	SP	7	7

Patrice et Guylaine D'HIVER - Ourdeaux - 23200 ALLEYRAT - Tél. : 05 55 66 29 65 ou 06 72 46 44 63

Limousin — Creuse

AUZANCES-LES-MARS Les Coursières — Alt. : 650 m — C.M. 73 Pli 2

4 ch. — 4 chambres d'hôtes situées dans un village. 1 ch. 2 pers. 1 ch. 3 pers. 2 ch. 4 pers. 2 salles d'eau et 3 wc communs. Séjour, salon (TV) à disposition des hôtes. Terrain, cour. Chauffage électrique. Restaurant 3 km. Prix 4 pers. 30 €. Langue parlée : anglais.

Prix : 1 pers. 20 € 2 pers. 24 € 3 pers. 27 € repas 11 €
Ouvert : Toute l'année.

4	18	4	3	3	4	3	4

Antoinette KIRSCH - Les Coursières - 23700 AUZANCES - Tél. : 05 55 67 05 78

BANIZE Meyzoux — Alt. : 600 m — C.M. 72 Pli 10

4 ch. — 4 chambres d'hôtes aménagées dans un ancien manoir situé en pleine campagne. 1 ch. 4 pers. avec salle de bains privée. 1 ch. 1 pers. avec salle d'eau privée. 1 ch. 2 pers. avec salle de bains privée. 1 ch. 2 pers. avec salle d'eau privée. Séjour/coin-salon avec TV, bibliothèque. TV dans les chambres. Chauffage central. Parc. Restaurant à 10 km. Ski de fond 18 km. Menu végétarien à la demande. Pour un enfant : 9 € à partir de 5ans.

Prix : 1 pers. 27 € 2 pers. 44 € pers. sup. 17 € repas 15 €
Ouvert : De février à octobre.

25	14	5	25	5	3	2,5	14	4

Maryse GUY - Meyzoux - Banize - 23120 VALLIERES - Tél. : 05 55 66 07 51

BETETE Château de Moisse — C.M. 68 Pli 19

4 ch. — Le château situé dans un parc de 25 ha, sur une colline, avec une belle vue sur la campagne, bucolique de la Creuse, offre 4 chambre d'hôtes ; toutes les chambres disposent de sanitaires privés. La salle à manger, un salon (TV), la terrasse, le parc et un parking sont à la disposition des hôtes. Prix 4 pers : 122 €. Sur un parc arboré de 25 ha. Chauffage au gaz. Parking. Restaurant à 3,5 km. Location de vélos. Langues parlées : anglais, allemand, hollandais.

Prix : 1 pers. 69 € 2 pers. 76 € 3 pers. 105 €
Ouvert : Du 1er juin au 30 septembre et sur réservation.

8	1	3,5	8	16	15

Simone et Ignace DEBOUTTE - Château de Moisse - 23270 BETETE - Tél. : 05 55 80 84 25 - Fax : 05 55 80 84 25

BOUSSAC La Courtepointe — C.M. 68 Pli 20

4 ch. — 4 ch. d'hôtes aménagées dans 1 demeure du XVIIIe s. Séjour/salon avec TV et biblio. A l'ét. : ch.1 « Verdure » (1 lit 2 pers. lit enfant), salle d'eau/wc. ch.2 « Rose » (3 lits 1 pers.), s.d.b./wc, suite 3 « Mauve & Muguet » (1 lit 2 pers. 2 lits 1 pers.), s.d.b./wc. En r.d.c. ch.4 « jardin d'artiste » avec accès indépendant (1 lit 2 pers.), salle d'eau et poss. cuisine. Chauffage central. Garage 200 m. Terrasse avec salon de jardin. Jardin. Parking. Restaurant à proximité.

Prix : 1 pers. 33 € 2 pers. 46 € pers. sup. 13 € repas 14 €
Ouvert : Toute l'année.

10	10	1	20	SP	8	SP	SP

Françoise GROS - 3, rue des Loges - La Courtepointe - 23600 BOUSSAC - Tél. : 05 55 65 80 09 - Fax : 05 55 65 80 09 -
E-mail : courtepointe@wanadoo.fr - Pro.wanadoo.fr/courtepointe/

BUSSIERE-DUNOISE Les Couperies — C.M. 72 Pli 9

2 ch. — Pays des 3 Lacs, Guéret 13 km. Deux chambres tout confort au décor soigné au 1er étage, (1 lit 2 pers.), salle d'eau et wc ; TV par chambre. Cuisine, salon avec cheminée, TV, bibliothèque au rez-de-chaussée à la disposition des hôtes. Jardin avec terrasse, bosquet privé, parking. Chambres d'hôtes aménagées dans un joli petit village verdoyant si calme et pourtant tout proche de Guéret, des belles plages animées du « Pays des 3 Lacs » et de sites remarquables. Nombreux chemins pédestres et VTT. Langues parlées : anglais, allemand.

Prix : 1 pers. 40 € 2 pers. 45 € pers. sup. 8 €
Ouvert : Toute l'année.

4	13	4	4	4	6	13	4

Paule et Roger BOUERY - Les Couperies - 23320 BUSSIERE-DUNOISE - Tél. : 05 55 81 63 23 - Fax : 05 55 81 63 23 -
E-mail : bouèry@wanadoo.fr

BUSSIERE-SAINT-GEORGES Couchardon — C.M. 68 Pli 20

4 ch. — En bordure de 2 étangs arborés, Edith aménage ses chambres d'hôtes d'un confort non négligeable dans un ancien corps de ferme du siècle passé. L'environnement de qualité offre des séjours d'une très grande convivialité. 4 chambres de plain-pied (1 lit 2 pers./CH, sanitaires privés). Salle à manger-salon (bibliothèque, TV) Restaurants à 5 km.

Prix : 1 pers. 38 € 2 pers. 46 € 3 pers. 53 € pers. sup. 8 €
Ouvert : Toute l'année.

30	5	SP	15	5

Edith GUILBERT - Couchardon - 23600 BUSSIERE-SAINT-GEORGES - Tél. : 05 55 82 78 01 ou 05 55 82 04 17

Creuse
Limousin

LA CELLE-DUNOISE L'Age
(TH) — C.M. 68 Pli 18

4 ch. Faites « l'école buissonnière » chez Béatrice et Henry, en pleine nature, au cœur de la vallée de la Creuse. 3 ch. avec mezzanine en r.d.c. (ch.1 et 3 : 1 lit 2 pers.+ 2 lits enfant/ch ; ch.2 : 2 lits 1 pers.+ 2 lits enfant). 1 suite à l'été.(1 lit 2 pers, 2 lits enfant). Sanitaires privés. Séjour-salon détente (biblio, jeux). kitchenette. Restaurant 4 km. Prix 4 pers : 65 €. Parking clos, jardin de vivaces, bassin d'agrément. Location de barques de pêche, canoé et vélos. Tarifs dégressifs selon durée des séjours. Réservations recommandées. Structure adaptée aux séjours de famille et aux séjours thématiques (randonnées, pêche, canoé-kayak, VTT,...) ou multi-activités. Langue parlée : anglais.

Prix : 1 pers. 34 € ◆ 2 pers. 42 € ◆ 3 pers. 53 € ◆ repas 14 €
Ouvert : Toute l'année sauf Noël.

🐕	⛱	🏊	⛵	🎾	🎣	🚴	⛳
	4	18	1	6	4	4	SP	4

Henry et Béatrice N'GUYEN - L'Age - L'Ecole Buissonnière - 23800 LA-CELLE-DUNOISE - Tél. : 05 55 89 23 49 - Fax : 05 55 89 27 62 - E-mail : ecolebuissonniere@wanadoo.fr - www.ecole-buissoniere.tm.fr

---

CHAMBON-SAINTE-CROIX
(TH) — C.M. 68 Pli 18

4 ch. **Fresselines 7 km. Crozant 14 km. La Celle Dunoise 6 km.** Ancienne maison du siècle passé, implantée à proximité des sites où vécurent les impressionnistes de Crozant. 2 ch. 2 pers. avec lit enfant, 1 ch. 2 pers. et 1 ch. 4 pers. avec salles d'eau privées (TV dans les chambres) séjour avec coin-salon, jardin aménagé et terrasse (salon de jardin). Chauffage central. Prix 4 pers. 69 €. Pour un enfant 7.5 € à partir de 12ans. Restaurant à 6 et 12 km.

Prix : 1 pers. 38 € ◆ 2 pers. 41 € ◆ 3 pers. 49 € ◆ repas 15 €
Ouvert : Toute l'année.

🐕	⛱	🏊	⛵	🎾	🚴
	8	20	4	10	12	12

Antoine PICARD - 2 rue de la Mairie - Le Bourg - 23220 CHAMBON-SAINTE-CROIX - Tél. : 05 55 89 24 80 - Fax : 05 55 89 24 80

CHAMPSANGLARD Le Villard
C.M. 72 Pli 9

4 ch. Au cœur du « Pays des 3 Lacs » au milieu d'un parc paysager, Corinne et Gérard vous accueillent dans cet ancien relais de chasse construit au début du siècle dernier. Les 4 chambres très confortables avec TV et sanitaires privatifs, bénéficient d'une vue panoramique sur la campagne creusoise. Piscine chauffée, parking clos, parc arboré. Restaurant à 3 km. Langue parlée : anglais.

Prix : 1 pers. 68 € ◆ 2 pers. 76 €
Ouvert : Toute l'année.

🐕	⛱	🏊	⛵	🎾	🎣	🚴	⛳
	2	SP	2	20	5	5	0,5	5

Corinne et Gérard LEROY-HUET - Le Villard - 23220 CHAMPSANGLARD - Tél. : 06 82 07 14 15 - E-mail : lescagnes@wanadoo.fr - www.tavilladescagnes.com

---

LA CHAPELLE-SAINT-MARTIAL
C.M. 72 Pli 10

3 ch. Maison de caractère, totalement indépendante. R.d.c. : séjour. 1er étage : 1 ch. 2 pers., salle d'eau et wc privés. 2e étage : 1 ch. 2 pers., salle d'eau et wc privés. De plain-pied, indépendant avec vue sur le jardin et la piscine : 1 ch. 2 pers., salle d'eau et wc privés. TV couleur dans les chambres. Chauffage central. Terrasse avec salon de jardin, parking. Restaurant à 6 km. Petits animaux admis. Langue parlée : anglais.

Prix : 1 pers. 34/53 € ◆ 2 pers. 40/58 € ◆ pers. sup. 9 €
Ouvert : Toute l'année.

🐕	⛱	🏊	⛵	🎾	🎣	🚴	⛳
	10	SP	4	25	4	6	30	13	8

Alain COUTURIER - Le Bourg - La Chapelle Saint-Martial - 23250 PONTARION - Tél. : 05 55 64 54 12 - Fax : 05 55 64 54 12

CHATELUS-MALVALEIX Lauzine
(TH) — C.M. 68 Pli 19

2 ch. 2 chambres d'hôtes aménagées au 1er étage d'une maison contemporaine (1 lit 2 pers./chambre). Salle d'eau et wc communs aux 2 chambres. Séjour avec coin-salon et TV couleur. Chauffage électrique. Terrain attenant. Parking aménagé. Restaurants à 2 km. Petits animaux admis.

Prix : 1 pers. 27/34 € ◆ 2 pers. 30/37 € ◆ repas 15 €
Ouvert : Toute l'année.

🐕	⛱	🏊	🎾	🚴	⛳
	2	27	2	2	2	3

Claude et Véronique FOURREAU - Lauzine - 23270 CHATELUS-MALVALEIX - Tél. : 05 55 80 76 16

CHATELUS-MALVALEIX Le Chereix
(TH) — C.M. 68 Pli 19

1 ch. **Boussac 20 km.** Ancienne construction du XIXe dont le 1er étage a été aménagé en chambres d'hôtes de 4 pers. (1 lit 2 pers. 2 lits 1 pers., 1 lit bébé), une salle d'eau, wc, coin salon (TV, bibliothèque). Jardin d'agrément pour petits déjeuners Creusois. Parking. Prix 4 pers. : 55 €. Réduction de 15 % au-delà de 2 nuits.

Prix : 1 pers. 28 € ◆ 2 pers. 37 € ◆ 3 pers. 46 € ◆ repas 10 €
Ouvert : Toute l'année sauf les 2 dernières semaines de décembre.

🐕	⛱	🏊	🎣	🚴	⛳
	0,8	0,8	0,8	8	0,8	26	0,8

Mona et Jean-Marie BAUWENS - Le Chereix - 23270 CHATELUS-MALVALEIX - Tél. : 05 55 80 52 75

Limousin **Creuse**

CHAVANAT La Roussille
Alt. : 597 m   **A**

4 ch. — 2 châlets comprenant chacun 2 chambres confortablement aménagées, avec terrasses privées (salons de jardin). En r.d.c. : 1 chambre 2 pers. (1 lit 2 pers.) avec salle de bains, wc, mezzanine pour enfants à l'étage (2 lits 1 pers.). Séjour-salon avec cheminée dans la maison du propriétaire. Bibliothèque. Terrain aménagé. Auberge de pays à proximité. Prix 4 pers. 49 €. Langue parlée : anglais.

Prix : 1 pers. **35** € 2 pers. **40** € 3 pers. **44** €
Ouvert : Toute l'année sauf en octobre.

15	15	15	20	5	7	

Guenaële OTCHAKOVSKY - La Roussille - 23250 CHAVANAT - Tél. : 05 55 66 63 29 - Fax : 05 55 66 84 33 - prarenoclubinternet.fr

CROCQ La Hetraie
Alt. : 770 m   *C.M. 73 Pli 11*

2 ch. — Maison contemporaine située à 500 m du bourg, dans un cadre de calme et de verdure. 1 ch. 2 pers., salle d'eau privée. 1 ch. 2 pers. + lit enfant, salle de bains privée. Séjour (TV couleur). TV dans chaque chambre. Chauffage central. Parking, terrasse avec salon de jardin et barbecue. Possibilité cuisine. Restaurant dans le bourg. Enfant à partir de 5 ans : 9 €.

Prix : 1 pers. **32/35** € 2 pers. **40/43** € 3 pers. **52** €
Ouvert : Toute l'année.

10	25	2	1	3	SP	0,5

Jacques et Edithe LONGCHAMBON - La Hetraie - 23260 CROCQ - Tél. : 05 55 67 41 77 - Fax : 05 55 67 49 60

CROCQ
Alt. : 770 m

2 ch. — Maison indépendante située dans un bourg. 2 chambres 3 pers. confortables, au décor chaleureux, au 1er étage (1 lit 2 pers. 1 lit 1 pers.). Sanitaires communs aux chambres. Chauffage central. Coin-salon avec TV. Terrasse commune. Garage. Enfant à partir de 5 ans : 9 €. Restaurant dans le bourg.

Prix : 1 pers. **27** € 2 pers. **35** € 3 pers. **46** €
Ouvert : Toute l'année.

12	20	SP	20	SP	3	SP

Jacques et Colette LAFRIQUE - Route de la Bourboule - 23260 CROCQ - Tél. : 05 55 67 41 45

LE DONZEIL Lascaux
Alt. : 600 m   *C.M. 73 Pli 2*

1 ch. — Reneé et Denise retraités vous accueillent dans 1 ancienne ferme typiquement Creusoise agrémentée d'1 petit étang près duquel on vous servira le petit déj. sur 1 terrasse couverte. R.d.c. : séjour/coin-salon (TV, biblio., cheminée), s.d.b, wc. Etage : 1 ch. (1 lit 2 pers.) avec suite (1 lit enfant). Chauffage électrique. Parking. Restaurant 3 km. Enfant à partir de 3ans : 7,5 €. Capacité 2 adultes 1 enfant.

Prix : 1 pers. **38** € 2 pers. **46** €
Ouvert : De Pâques à la Toussaint.

0,5	25	SP	SP	20	5

René et Denise FRIC - Lascaux - 23480 LE-DONZEIL - Tél. : 05 55 66 64 18

LE DONZEIL
C.M. 72 Pli 10

1 ch. — Maison de caratère entièrement restaurée, totalement indépendante de la maison des propriétaires, située dans un bourg. 1 chambre (1 lit 2 pers.), salle d'eau, wc. Séjour, TV. Chauffage central, jardin, garage. Restaurant 4 km. Poss. cuisine. Baignade à 500 m non surveillée. Enfant à partir de 2 ans : 12 €.

Prix : 1 pers. **32** € 2 pers. **43** €
Ouvert : Toute l'année hors-saison sur réservation.

20	11	35	0,2	15	11

Claude et M.Josèphe FROIDEFON - Le Bourg - 23480 LE-DONZEIL - Tél. : 05 55 66 67 81

FRESSELINES Confolent
(TH)   *C.M. 68 Pli 18*

3 ch. — Très belle maison creusoise, des XVIIe et XVIIIe siècles, implantée sur le site Claude Monet au confluent des deux Creuse. 2 ch. 2 pers. avec salle de bains et wc, 1 ch. 2 pers. avec salle d'eau et wc. Séjour. Salon avec TV et bibliothèque. Chauffage central. Parking. Restaurant à 10 km. Langue parlée : anglais.

Prix : 1 pers. **53** € 2 pers. **60/73** € pers. sup. **15** € repas **21** €
Ouvert : Toute l'année.

0,3	0,3	0,5	10	30	10

Danielle DEMACHY-DANTIN - Confolent - 23450 FRESSELINES - Tél. : 05 55 89 70 83

GENOUILLAC Montfargeaud
A

5 ch. — Aux portes du département, à mi-chemin entre Guéret et La Châtre, 4 chambres d'hôtes et 1 suite aménagées dans une ancienne ferme située dans un village paisible. 3 ch. 3 pers., 1 ch. 2 pers., 1 suite 4 pers., chacune avec s.d.b., wc, tél. et TV. Séjour. Chauffage électrique. Parking. Prix 4 pers. : 61 €. Langues parlées : anglais, allemand.

Prix : 1 pers. **40** € 2 pers. **44** € 3 pers. **56** €
Ouvert : Toute l'année.

1	12	1	2	10	12	2

Annie AUDOUX - 20 Montfargeaud - Petite Marie - 23350 GENOUILLAC - Tél. : 05 55 80 85 60 - Fax : 05 55 80 75 73

LIMOUSIN

Creuse
Limousin

GENTIOUX Pallier — Alt. : 830 m — C.M. 72 Pli 20

5 ch. Maison du XVIIIe siècle (ancienne maison forte templière), avec 5 chambres d'hôtes. Rez-de-chaussée : séjour, salon (TV, bibliothèque), 2 ch. (1 lit 2 pers.), s. de bains et wc. 1er étage : 1 ch. (1 lit 2 pers.), s. de bains et wc, 1 ch. (1 lit 2 pers.), s. de bains et wc. 2e étage : 1 ch. (3 lits 1 pers., lit enfant), s. de bains et wc. Enfant de 2 à 8 ans : 1/2 tarif. Chauffage central et cheminées. Terrain aménagé, parking, jardin médiéval, étang, pêcherie pour enfants. Boissons non comprises dans le prix repas. Restaurants à 9 km. Ski de fond sur place.

Prix : 1 pers. 42 € 2 pers. 52 € 3 pers. 58 € pers. sup. 10 € repas 15 €
Ouvert : Du 1er avril au 15 novembre.

13	27	SP	13	9	10	9	4

Yolande et Yves GOMICHON - Pallier - La Commanderie - 23340 GENTIOUX - Tél. : 05 55 67 91 73 - Fax : 05 55 67 91 73

GENTIOUX-PIGEROLLES Ferme des Nautas — Alt. : 850 m — A — C.M. 72 Pli 20

3 ch. Maison de caractère sur le « Plateau de Millevaches », sur 1 ferme orientée principalement vers l'élevage (bovins, ovins et porcs cul noir). 2 ch. : 1 ch. (2 lits 2 pers.), s. d'eau, wc. 1 ch. (1 lit 2 pers. 2 lits 1 pers.), s. d'eau, wc. 1 maison indép. située à 20 m de l'habitation (2 lits 2 pers.), s. d'eau, wc. Séjour/coin-salon (TV, biblio.). Chauffage central. Terrain ombragé, parking. Ferme-auberge sur place. Ski de fond sur place. Prix 4 pers. : 57 €. Langue parlée : anglais.

Prix : 1 pers. 33 € 2 pers. 41 € 3 pers. 48 € pers. sup. 10 € repas 14 €
Ouvert : Toute l'année.

15	SP	15	15	15	10	7

François et Danielle CHATOUX - Pigerolles - 23340 GENTIOUX-PIGEROLLES - Tél. : 05 55 67 90 68 - Fax : 05 55 67 93 12 -
E-mail : les_nautas@wanadoo.fr - perso.wanadoo.fr/les_nautas

GOUZON — C.M. 73 Pli 1

2 ch. Guéret 31 km. Boussac 19 km. Aubusson 28 km. 2 ch. 2 pers. (poss. lit enfant), au 1e étage partagent salle d'eau et wc sur le pallier. Séjour avec coin-salon (TV, cheminée), Chauffage central. Terrain aménagé. Parking. Restaurant dans le bourg. Petits animaux admis. Enfant à partir de 3/4 ans : 9 €. A la sortie du bourg de Gouzon, en direction de Domeyrot, Nicole et Guy vous accueillent dans leur maison contemporaine entourée d'un terrain ombragé.

Prix : 1 pers. 26 € 2 pers. 29 € pers. sup. 12 €
Ouvert : Toute l'année.

10	10	SP	SP	20	1

Nicole et Guy AUBERT - Route de Domeyrot - 23230 GOUZON - Tél. : 05 55 62 27 43

LE GRAND-BOURG Montenon — A — C.M. 72 Pli 9

5 ch. Dans une demeure de caractère située sur une colline dominant la vallée de la Gartempe. 1 chambre 3 pers. 2 chambres 2 pers. 2 chambres 4 pers. Salle d'eau et wc dans chaque chambre. Séjour (bibliothèque, jeux de société et TV). Terrain attenant. Ping-pong. Parking. Tarif Enfants de 5 à 11 € selon l'âge. Prix 4 pers. : 68 €. Martine et Michel Limousin vous reçoivent dans une ambiance chaleureuse. Vous aurez accès à la piscine, et le soir vous pourrez déguster les produits du terroir (fromages de pays, foie gras, confits), qui seront servis à l'auberge paysanne. Langue parlée : anglais.

Prix : 1 pers. 29 € 2 pers. 40 € 3 pers. 54 € repas 14 €
Ouvert : Toute l'année sauf janvier.

10	SP	0,8	15	5	15	SP	15	6

Michel et Martine LIMOUSIN - Montenon - 23240 LE-GRAND-BOURG - Tél. : 05 55 81 30 00 - Fax : 05 55 81 36 33 -
E-mail : montenon@wanadoo.fr - ferme-de-montenon.com

GUERET Beausoleil

4 ch. Maison de caractère totalement indépendante implantée à proximité du Parc à loups de Chabnières, près du vieux village des Coussières, à 300 m du plan d'eau de Courtille. 1 ch. 2 épis NN (1 lit 2 pers.). 3 ch. 3 épis NN (1 lit 2 pers./chambre). Séjour/coin-salon avec bibliothèque régionale. Chauffage central. Terrain aménagé. Parking clos, terrasse couverte. Restaurant 300 m. Table d'hôtes sur réservation. Animaux admis sur demande.

Prix : 1 pers. 38 € 2 pers. 49 € 3 pers. 73 € repas 15 €
Ouvert : Toute l'année.

0,3	2	0,3	0,3	0,3	0,3	3	3

Jeanine ROYER - Beausoleil - Le Cottage - 23000 GUERET - Tél. : 05 55 81 90 96

JOUILLAT Villecoulon — C.M. 72 Pli 10

3 ch. Guéret 18 km. Ancienne demeure fin du siècle, implantée dans le village de Villecoulon, à proximité des lacs. 3 ch. de 2 pers.(1 lits 2 pers. 1 lit enf./ch.), salle de bains, wc. Séjour avec cheminée, salon (TV, cheminée, bibliothèque). Chauffage central. Terrain aménagé, parking. Restaurant à 1 km. Possibilité table d'hôtes. Langues parlées : anglais, italien.

Prix : 1 pers. 30 € 2 pers. 35 € pers. sup. 11 €
Ouvert : Toute l'année.

2	18	2	2	18	11

Danielle et Gilbert GIRARDOT - Villecoulon - 23220 JOUILLAT - Tél. : 05 55 51 24 47 - Fax : 05 55 51 24 47 -
E-mail : gi-gir@club-internet.fr

Limousin

Creuse

LUSSAT Puy-Haut
C.M. 73 Pli 1

5 ch. Au cœur du village de Puy-Haut se trouve un beau bâti du XIII° restauré au XVII°. R.d.c. : séjour, salon (TV, bibliothèque), 1 ch. 2 pers. 1er étage : 3 ch. 2 pers., 1 ch. 3 pers., salle de bains et wc pour chaque chambre. Chauffage électrique. Terrain aménagé. Poss. cuisine (kitchenette). Parking. Jeux enfants, piscine privée entourée d'un jardin aménagé avec lits de soleil. Casino à Evaux-les-Bains 10 km.

Prix : 1 pers. **49** € 2 pers. **54/58** € 3 pers. **67** € pers. sup. **9** € repas **17** €

Ouvert : Du 1er avril à la Toussaint, autres périodes sur réservation.

15	SP	4	4	7

Claude et Nadine RIBBE - Puy-Haut - 23170 LUSSAT - Tél. : 05 55 82 13 07 - Fax : 05 55 82 13 07

MAGNAT-L'ETRANGE
Alt. : 750 m

2 ch. Maison de caractère indép. située dans un bourg. R.d.c. : salle à manger avec cheminée, salon avec billard. 1 ch. (1 lit 2 pers., 1 lit enfant), salle de bains, wc, salon. A l'étage : salle de lecture avec TV, TPS, jeux de société, bibliothèque régionale, 1 ch. (1 lit 2 pers., 1 lit enfant), salle de bains, wc, salon. Chauffage central. Parking. Parc entièrement clos par un mur en pierres sèches, salon de jardin, barbecue. Restaurant à 15 km. Enfant : 12 €.

Prix : 1 pers. **38** € 2 pers. **46** € repas **15** €

Ouvert : Toute l'année.

15	28	SP	15	15	14

Ginou et Michel CHEVALLIER - Le Bourg - 23260 MAGNAT-L'ETRANGE - Tél. : 05 55 67 88 38 - Fax : 05 55 67 88 38 -
E-mail : ginouchevallier@aol.com

MAINSAT La Chaumette
Alt. : 540 m

2 ch. Maison de caractère totalement indépendante. 2 chambres à l'étage. 2 ch. de 2 pers. Salon réservé aux hôtes avec bibliothèque régionale. R.d.c : séjour, salon (TV). Chauffage central. Garage. Parking. Terrain aménagé. Restaurant à 5 km. Tarif préférentiel à partir de la 2e nuit. Cette maison creusoise sera pour vous un havre de repos idéal pour les amoureux de la nature. Langue parlée : anglais.

Prix : 1 pers. **35** € 2 pers. **44** € 3 pers. **58** € pers. sup. **14** €

Ouvert : Toute l'année.

6	20	3	8	8	4	12	4

Brigitte BAUDERE - La Chaumette - 23700 MAINSAT - Tél. : 05 55 83 11 52 - Fax : 05 55 83 11 52 - www.adhmc.com/baudere

MARSAC
C.M. 72 Pli 8

2 ch. 2 ch. d'hôtes aménagées dans une maison de caractère du début du siècle. ch. 1 (1 lit 2 pers. 1 lit 1 pers.), ch. 2 (2 lits 1 pers.), s.d.b., wc, TV et bibliothèque pour chaque chambre. Chauff. central. Parking. Repas enfant à partir de 3 ans et jusqu'à 8 ans : 7,5 €. Restaurant dans le bourg. Week-end « gastronomie » (de sept. à fin mai).

Prix : 1 pers. **37** € 2 pers. **43** € 3 pers. **49** € repas **12** €

Ouvert : Toute l'année.

9	0,8	0,8	20	1	10	SP	SP

Francette et Daniel NOEL - 15, rue de Lavaud - Le Bourg - 23210 MARSAC - Tél. : 05 55 81 50 49

MERINCHAL Le Montaurat
Alt. : 780 m
C.M. 73 Pli 2

3 ch. Maison en pierre, totalement indépendante. R.d.c. : séjour, 1 chambre (3 pers.) avec salle de bains et wc. Etage : 1 ch. (2 pers.), 1 ch. (3 pers.), chacune avec salle de bains et wc. Salon (TV, bibliothèque régionale). Chauffage central. Possibilité cuisine. Terrain. Parking. Restaurant 3 km. Prix 4 pers. : 60 €.

Prix : 1 pers. **32** € 2 pers. **40** € 3 pers. **50** € pers. sup. **9** €

Ouvert : Toute l'année.

15	30	4	4	10	4	4

Didier et Odile LABAS - Le Montaurat - 23420 MERINCHAL - Tél. : 05 55 67 25 99 ou 06 83 05 11 88 - Fax : 05 55 67 25 99

NAILLAT Les Villettes
C.M. 72 Pli 9

2 ch. La Souterraine 20 km. Guéret 24 km. Demeure du début du siècle implantée sur une ancienne exploitation agricole. Rez-de-chaussée : séjour, salon (TV, bibliothèque), 1 chambre (1 lit 2 pers.), salle d'eau, wc. A l'étage : 1 suite (1 lit 2 pers. 2 lits 1 pers.), salle de bains, wc. Chauffage central. Terrain aménagé, parking. Enfant à partir de 3 ans : 7,8 €. 4 pers. : 52 €. Langue parlée : anglais.

Prix : 1 pers. **34** € 2 pers. **40** € 3 pers. **46** € repas **12/18** €

Ouvert : Vacances d'été, week-end, petites vac. scol. de la zone B uniquement.

6	17	6	4	24	20	5

Elisabeth PRADEAU - Les Villettes - 23800 NAILLAT - Tél. : 05 55 89 12 15 ou 06 84 71 78 49

PEYRAT-LA-NONIERE La Vaureille
C.M. 73 Pli 1

2 ch. 2 chambres d'hôtes dans un château situé dans un hameau. 2 ch. de 2 pers. avec salle de bains commune. Salle commune à disposition des hôtes. Parc, étang sur place. Restaurant 3 km.

Prix : 1 pers. **24** € 2 pers. **38** €

Ouvert : Du 1er juin au 30 septembre.

3	18	SP	3	18	SP	10

Odette DELAMBERTERIE - La Vaureille - 23130 PEYRAT-LA-NONIERE - Tél. : 05 55 62 32 04

Creuse — Limousin

PIONNAT
C.M. 72 Pli 10

||| 2 ch. **Guéret 12 km.** Demeure de caractère du XIXᵉ siècle, située sur la place du petit bourg de Pionnat, face à l'église St-Martin-de-Tours (XIIIᵉ). Rez-de-chaussée : séjour-salon, ch. 1 (1 lit 2 pers., salle d'eau, wc). A l'étage : espace bibliothèque, ch. 2 (1 lit 2 pers., salle d'eau, wc). TV dans chaque chambre. Chauffage central. Jardin, terrasse, parking. Restaurant dans le bourg. Langue parlée : anglais.

Prix : 1 pers. **27 €** 2 pers. **38 €**
Ouvert : Toute l'année.

12	12	4	12	12	8	12	12

Isabelle GUILLON - 5, place de la Mairie - 23140 PIONNAT - Tél. : 05 55 81 86 16

PONTARION Château Gaillard
C.M. 72 Pli 9

||| 3 ch. 3 ch. d'hôtes dans une maison d'habitation avec entrée indép. : 2 ch. de 4 pers. (2 épis NN), salle d'eau, wc. 1 Chambre de 3 pers. (3 épis NN) acc. aux handicapés moteurs accompagnés avec poss. de faire la cuisine. Séjour, salon (TV, bibliothèque) en r.d.c. Parking. Barbecue. Chauffage électr. Restaurant à 500 m. Enfant à partir de 5 ans : 7,5 €. Prix 4 pers. : 50 €.

Prix : 1 pers. **27 €** 2 pers. **35 €** 3 pers. **43 €** pers. sup. **8 €**
Ouvert : Toute l'année.

6	23	SP	25	9	12	0,5

Roger et Lorette MAYNE - 3, Château-Gaillard - 23250 PONTARION - Tél. : 05 55 64 52 76

PUY-MALSIGNAT Les Vergnards
Alt. : 615 m — *C.M. 73 Pli 1*

||| 1 ch. **Aubusson, capitale de la tapisserie à 18 km.** C'est sur l'exploitation agricole qu'Yvette, spécialisée dans la transformation de fromages fermiers, accueille ses hôtes dans sa maison du siècle dernier, restaurée dans sa propre architecture. 1 chambre 2 pers. (1 lit 2 pers.) avec douche et wc privés. Séjour avec coin salon (TV), parking.

Prix : 1 pers. **30 €** 2 pers. **38 €** repas **15 €**
Ouvert : Toute l'année.

4	6	3	6	10

Yvette POUTARD - Les Vergnards - 23130 PUY-MALSIGNAT - Tél. : 05 55 83 30 33 ou 05 55 83 30 98

ROCHES La Vergnolle
Alt. : 530 m — *C.M. 72 Pli 10*

||| 4 ch. Nelly et Philippe vous accueillent dans une agréable demeure où 4 chambres ravissantes avec TV vous y attendent. 3 chambres de 2 pers. (dont 4 avec 1 lit 2 pers., 1 ch. avec 2 lits 1 pers.), 1 ch de 3 pers. (1 lit 2 pers., 1 lit 1 pers.). Séjour (TV, bibliothèque), terrain aménagé, jeux d'enfants. Parking. Sur place : piscine, étangs et nombreux animaux de la ferme. Mise à disposition de vélos et cannes à pêche (gratuit). Menu enfant moins de 12 ans : 6 €. Prix chambre enfant moins 4 ans : gratuit. Prix dégressifs à la semaine. Langue parlée : anglais.

Prix : 1 pers. **36 €** 2 pers. **43 €** 3 pers. **54 €** pers. sup. **11 €** repas **13/17 €**
Ouvert : Toute l'année.

5	SP	SP	20	5	12	25	5	22	5

Nelly et Philippe BOURET - La Vergnolle - 23270 ROCHES - Tél. : 05 55 80 81 97 ou 06 63 42 23 14 - Fax : 05 55 80 88 12

SAVENNES Les Vergnes
Alt. : 665 m — *C.M. 72 Pli 9*

||| 2 ch. Dans la nature Creusoise, en lisière de la forêt domaniale de Chabrière près d'un ruisseau, 2 maisons de pierre et de bois. Maison n°1 : r-d-c 1 séjour avec kitchenette (1 lit 1 pers.). 1ᵉʳ ét., 1 ch. 2 pers. Maison n°2 : r-d-c- : séjour avc kitchenette, terrasse pergola. Au 1ᵉʳ ét. 1 suite de 3 ch. : 2 ch. (1 lit 2 pers.) et 1 ch. (1 lit 1 pers.). Un jardin aménagé agrémente l'ensemble. Randonnée. Prix 4 pers : 73 €. Pour un enfant 7,5 € à partir de 2 ans.

Prix : 1 pers. **46 €** 2 pers. **55 €** 3 pers. **63 €**
Ouvert : Du 1ᵉʳ avril au 31 octobre.

6	6	SP	5	4	6	6

Nicole PEITER - Les Vergnes - 23000 SAVENNES - Tél. : 05 55 80 08 20 ou 05 55 81 90 13 - Fax : 05 55 51 04 85

ST-AGNANT-DE-VERSILLAT L'Aumône
C.M. 72 Pli 8

E.C. 1 ch. **La Souterraine 1 km (cité à caractère médiévale).** Mercedes, passionnée de peinture, accueille ses hôtes dans sa maison contemporaine entourrée d'un jardin ombragé, agrémenté d'un petit bassin. Rez-de-chaussée : séjour. A l'étage : 1 suite (1 lit 2 pers. 2 lits 1 pers.), salle d'eau, wc, TV, bibliothèque. Garage, parking. Pergola. Petit déjeuner servi dans séjour ou sous pergola. Restaurants à 1 km. 4 pers. : 53 €. Langues parlées : espagnol, anglais.

Prix : 1 pers. **30 €** 2 pers. **38 €** 3 pers. **46 €** pers. sup. **8 €**
Ouvert : Toute l'année.

1	1	1	1	4	1	1

Mercedes GOGUE - 20, l'Aumône - 23300 ST-AGNANT-DE-VERSILLAT - Tél. : 05 55 63 04 94 ou 06 71 90 05 01

Limousin — **Creuse**

ST-BARD Château de Chazepaud   Alt. : 690 m

5 ch. Chambres aménagées dans un château néo-renaissance implanté dans un parc centenaire. R.d.c. : salle à manger renaissance, salon Louis XVI avec TV. A l'étage : 1 ch. (1 lit 2 pers.), avec s. d'eau, 2 ch. (1 lit 2 pers., 1 lit 1 pers/ch.), avec s.d.b., 1 suite 4 pers. Au 2è étage : 1 ch. 3 pers. (1 lit 2 pers., 1 lit 1 pers., avec s.d.b. Ch. central. Parking. Restaurant à 2 km. Prix 4 pers. : 85/110 €. Piscine couverte et chauffée. Salle de remise en forme. Jeux pour enfants.

Prix : 1 pers. **45/70** € 2 pers. **55/80** € 3 pers. **70/95** €
pers. sup. **15** € repas **20** €

Ouvert : D'avril à octobre et vacances scolaires.

🐕	⛱	🏊	⛵	🎾	🐎	🚴	⛳
	15	SP	0,5	15	8	8	SP	8

Patrick et Madeleine ALBRIGHT - Château de Chazepaud - 23260 ST-BARD - Tél. : 05 55 67 33 03 ou 06 83 12 58 61 -
Fax : 05 55 67 30 25 - E-mail : albrightpatrick@aol.com

ST-DIZIER-LEYRENNE Le Masbeau   *C.M. 72 Pli 9*

3 ch. Bourganeuf 10 km. Dans la dépendance de leur maison bourgeoise du début du siècle, Nicole et Jean-Pierre ont aménagé 3 ch. de caractère. En r.d.c. : séjour avec TV. Au 1er étage : salon (bibliothèque). 2 ch. de 2 pers. avec 2 lits enfant chacune et 1 ch. 2 pers., s. d'eau et wc privés. Chauffage électr. Salle de jeux, terrain aménagé. Garage, parking. Poss. de cuisiner. Une piscine implantée dans le petit parc agrémente le séjour de leurs hôtes. Prix 4 pers. 53 €. Restaurant à 3 km. Langue parlée : anglais.

Prix : 1 pers. **34** € 2 pers. **38** € 3 pers. **46** €
Ouvert : De mars à novembre.

🐕	⛱	🏊	⛵	🎾	⛳
	2	SP	2	2	2

Jean-Pierre PELEGE - Le Masbeau - 23400 ST-DIZIER-LEYRENNE - Tél. : 05 55 64 40 11 - Fax : 05 55 64 46 42 -
E-mail : j-p.pelege@wanadoo.fr

ST-DIZIER-LEYRENNE La Villatte   (TH)   *C.M. 72 Pli 9*

1 ch. Bourganeuf 13 km. 1 ch. 2 pers. au 1er étage avec salle d'eau-wc. En rez-de-chaussée : séjour, salon avec TV et bibliothèque. Chauffage électrique. Terrain aménagé, parking. Restaurant à 3 km. Possibilité de cuisiner. Julia Dunbar se fait un plaisir d'accueillir des hôtes dans sa demeure de la fin du siècle dernier. Les repas du soir peuvent être pris dans la salle de séjour ou sur la terrasse aménagée à cet effet. Langue parlée : anglais.

Prix : 1 pers. **27** € 2 pers. **37** € repas **11** €
Ouvert : Toute l'année.

🐕	⛱	🏊	⛵	🎾	🐎	⛳
3	10	3	3	3	3

Julia DUNBAR - La Villatte - 23400 ST-DIZIER-LEYRENNE - Tél. : 05 55 64 43 34 - Fax : 05 55 64 43 34

ST-ETIENNE-DE-FURSAC   *C.M. 72 Pli 8*

4 ch. Circuit de la Creuse Romane. Eglises fortifiées du XIIè. Chateau... 4 ch. non fumeurs : 1er étage : CH.1 (2 lits 1 pers., salle d'eau-wc), CH.2 (1 lit 2 pers., salle d'eau-wc). 2e étage : CH.3 et 4 (1 lit 2 pers., salle de bains-wc/ ch). Lit supplémentaire sur demande. Salle de séjour non fumeur, salon fumeur, bibliothèque, TV. Terrain aménagé : terrasse avec salon de jardin, jeux d'enfants. Parking. Près de la Commanderie des Templiers, Josette & Dominique accueillent chaleureusement leurs hôtes dans un ancien presbytère du 18è siècle, réaménagé au début du 20è siècle. Son parc est protégé des regards extérieurs et offre une vue imprenable sur les Monts d'Ambazac. Enfant à partir de 4ans : 12 €.

Prix : 1 pers. **54/63** € 2 pers. **60/69** € repas **17** €
Ouvert : Toute l'année sauf fevrier (sur reservation du 1/11 au 31/03).

🐕	⛱	🏊	🎾	🐎
5	5	3	4	5

Dominique et Josette BASSE - 44, Paulhac - 23290 ST-ETIENNE-DE-FURSAC - Tél. : 05 55 63 36 02 ou 06 67 91 52 28

ST-HILAIRE-LA-PLAINE Grand-Villard   *C.M. 72 Pli 10*

1 ch. Chambre d'hôtes dans une maison située dans un village. 1 chambre 2 pers. avec salle d'eau commune. Séjour. Cour ombragée. Chauffage central. Restaurant 6 km.

Prix : 2 pers. **23** €
Ouvert : De mai à septembre.

🐕	⛱	🏊	⛵	🎾	🐎	⛳
14	14	3	14	6	14	6

Aimée PAULY - Grand-Villard - 23150 ST-HILAIRE-LA-PLAINE - Tél. : 05 55 80 04 11

ST-HILAIRE-LA-PLAINE Le Grand Villard   *C.M. 72 Pli 10*

1 ch. A 25 km d'Aubusson : capitale de la tapisserie. C'est dans une ancienne demeure agricole de la fin du XIè que Maité reçoit ses hôtes. Le petit déjeuner sera servi dans la salle de séjour ou dans le petit jardin arboré. Séjour-salon (TV, biblio) en rez de chaussée. A l'étage : 1 chambre 3 pers. (1 lit 2 pers., 1 lit 1 pers.), avec sanitaires privés. Restaurant à 6 km. Langue parlée : anglais.

Prix : 1 pers. **30** € 2 pers. **41** € 3 pers. **53** €
Ouvert : Toute l'année.

🐕	⛱	🏊	⛵	🎾	🐎	⛳
6	12	6	12	6	12	6

Maité MEROT - Le grand Villard - 23150 ST-HILAIRE-LA-PLAINE - Tél. : 05 55 81 17 59

Creuse
Limousin

ST-HILAIRE-LE-CHATEAU La Chassagne
C.M. 72 Pli 9/10

|||| 5 ch. Magnifique demeure, château des XV et XVII°, surplombant la vallée du Thaurion, avec parc ombragé de 5 ha. bordé d'une rivière à truites « Le Thaurion ». 4 ch. au château (3 lits 2 pers. 2 lits 1 pers.), 1 suite dans la maison du garde (1 lit 2 pers. 1 lit 1 pers.), coin-salon avec TV. Salle de bains et wc dans chaque chambre. Séjour. Chauffage central. Restaurants gastronomique à 3 km.

Prix : 1 pers. **69/84** € 2 pers. **76/91** € 3 pers. **91/105** €
Ouvert : Toute l'année.

27	3	27	3	3

M-Christine et Gérard FANTON - La Chassagne - 23250 ST-HILAIRE-LE-CHATEAU - Tél. : 05 55 64 55 75 ou 05 55 64 50 12 -
Fax : 05 55 64 90 92

ST-MARTIAL-LE-MONT Les Bregères
C.M. 72 Pli 10

||| 2 ch. 2 chambres d'hôtes aménagées au rez-de-chaussée d'une maison d'habitation implantée dans un parc. 2 chambres 2 pers. Séjour (TV), bibliothèque. Possibilité cuisine. Restaurant 1 km. Parking. Terrain ombragé (salon de jardin). Lit supplémentaire pour 2 enfants : 23 €.

Prix : 1 pers. **30** € 2 pers. **34** €
Ouvert : Du 10 juin au 10 septembre.

5	15	1	1,5	10	0,5	0,5

Carlos et Christiane LOPEZ - n°8 Les Bregères - 23150 ST-MARTIAL-LE-MONT - Tél. : 05 55 62 47 90 - saint-martial-le-mont.com

---

ST-MARTIAL-LE-MONT Sainte-Marie
(TH) *C.M. 72 Pli 10*

||| 3 ch. Maison de campagne, ancien Relais de Poste, située dans un parc de 2 ha. Les chambres décorées des œuvres de Monique, artiste peintre, sont des plus accueillantes. 3 ch. au 1er étage : 1 ch. 2 pers. (classée 2 épis NN) avec s.d.b., wc privés non attenants à la chambre. 2 ch. 3 pers. (3 épis NN) avec s.d.b., wc privés. En r.d.c. : séjour, salon avec TV. Parking. Possibilité découverte de la pêche en Creuse. Langue parlée : anglais.

Prix : 2 pers. **34** € 3 pers. **46** € repas **14** €
Ouvert : Toute l'année.

6	15	1	2	5	SP	2

Monique et Marc TORTERAT - Sainte-Marie - 23150 ST-MARTIAL-LE-MONT - Tél. : 05 55 81 43 36

ST-MOREIL La Ribière au Gué
(TH) *C.M. 72 Pli 19*

||| 2 ch. **Lac de Vassière 18 km. Bourganeuf 20 km.** 2 ch. 3 pers. au 1er étage avec salles d'eau privées, séjour avec coin-salon (TV, bibliothèque). Chauffage central. Terrain aménagé (jeux et piscine pour enfants), parking. Sur une ancienne demeure (début du XIXe) située sur un ancien domaine agricole d'un hectare, avec pièce d'eau, Cécile et André se font le plaisir d'accueillir leurs hôtes entourés d' Edouard et Aiglonne. Langues parlées : anglais, allemand, espagnol.

Prix : 1 pers. **38** € 2 pers. **41** € 3 pers. **61** € repas **13** €
Ouvert : Toute l'année.

12	12	20	6	20	9

Cécile et André STOEBNER - La Ribière au Gué - 23400 ST-MOREIL - Tél. : 05 55 54 93 81 - Fax : 05 55 54 93 81

ST-PARDOUX-LE-NEUF Les Vergnes Alt. : 650 m
(TH) *C.M. 73 Pli 1*

||| 6 ch. **Aubusson 7 km (capitale de la tapisserie).** Dans une ferme du XVIIIe, belle maison creusoise avec étang privé face aux chambres. 6 ch. (5 lits 2 pers. 3 lits 1 pers.) + ch. communicante (2 lits 1 pers.). Salle d'eau et wc particuliers dans chaque chambre. Dans l'une des chambres, bain balnéothérapie. Séjour avec cheminée. Salon, TV. Bibliothèque. Ch. élect. Parc attenant. Terrasse sur place. Restaurant à 7 km. Prix 4 pers. : 84 €. Langue parlée : anglais.

Prix : 1 pers. **43/61** € 2 pers. **52/73** € 3 pers. **69** € repas **16** €
Ouvert : Du 1er avril à fin octobre.

SP	SP	SP	45	6	15

Patrick et Sylvie DUMONTANT - Les Vergnes - 23200 ST-PARDOUX-LE-NEUF - Tél. : 05 55 66 23 74 - Fax : 05 55 67 74 16

ST-PARDOUX-LES-CARDS Le Mont Gapier Alt. : 540 m
(TH)

||| 4 ch. Maison de caractère du XVIe implantée sur les anciennes terres du château de Villemonteix (élevage bovin limousins). R.d.c. : séjour/coin-salon, TV, bibliothèque, cheminée. Terrain aménagé, jeux enfants. A l'étage : 1 ch. (1 lit 2 pers.), 1 suite (1 lit 2 pers. 1 lit 1 pers. 1 lit enfant), inclus, s.d.b., wc, dans chaque ch. Au 2° : 1 ch. (1 lit 2 pers./ch.), s. d'eau. WC dans chaque chambre. Restaurant à 3 km. Prix 4 pers. : 62 €. Animaux acceptés mais pas dans les chambres. Langue parlée : anglais.

Prix : 1 pers. **34/36** € 2 pers. **46/48** € 3 pers. **58** € repas **16** €
Ouvert : Toute l'année.

1,5	1,5	1,5	23	SP	3

Ghislaine JUHEL - Le Mont Gapier - 23150 ST-PARDOUX-LES-CARDS - Tél. : 05 55 62 35 16

Limousin — Creuse

ST-PIERRE-BELLEVUE La Borderie Alt. : 700 m C.M. 72 Pli 9

5 ch. Grande maison du XIX° siècle, en pierres de taille, située dans un village. 1 ch. 4 pers., 2 ch. 2 pers. 2 pers., (3 épis NN). Séjour/salon avec TV, bibliothèque et cheminée. Chauffage central. Terrain aménagé, parking. Ski de fond 20 km. Repas enfant de 7 € à 9 €. Restaurant à 1 km. Prix 4 pers. : 53 €. Langue parlée : anglais.

Prix : 1 pers. **30/33** € 2 pers. **33/40** € 3 pers. **43** € pers. sup. **10** € repas **15** €

Ouvert : Toute l'année.

12	35	3	12	8	3	8

Marc et Maryse DESCHAMPS - La Borderie - 23460 ST-PIERRE-BELLEVUE - Tél. : 05 55 64 96 51 - Fax : 05 55 64 94 11 - www.gites-de-la-borderie.com

ST-SULPICE-LE-GUERETOIS Domaine du Mouchetard C.M. 72 Pli 9

2 ch. 1 suite 4 pers. avec salle de bains, wc. 1 chambre 2 pers. avec salle d'eau, wc. Salle à manger. Chauffage électrique. Parking. Restaurant 7 km. Prix 4 pers. 61 €. Dans un manoir, au cœur d'un parc animalier de 30 ha.

Prix : 1 pers. **38** € 2 pers. **38** € 3 pers. **53** €

Ouvert : Du 1er avril au 15 novembre.

7	7	SP	7	7	7	7	7	7

Bernadette et Henri LE MINTIER - Domaine du Mouchetard - 23000 ST-SULPICE-LE-GUERETOIS - Tél. : 05 55 52 34 03

ST-YRIEIX-LA-MONTAGNE Gibouleaux Alt. : 700 m C.M. 72 Pli 20

3 ch. Maison de caractère de 1863. 2 chambres 2 pers., avec lit enfant, 1 ch. 4 pers., salles d'eau et wc particuliers. Séjour/salon avec TV. Chauffage central. Terrain aménagé, parking. Prix 4 pers. 63 €.

Prix : 1 pers. **35** € 2 pers. **40** € 3 pers. **55** €

Ouvert : Toute l'année.

8	20	8	25	6	6	30	20	20

Richard et Danièle DARDUIN - Gibouleaux - 23460 ST-YRIEIX-LA-MONTAGNE - Tél. : 05 55 66 03 27 - Fax : 05 55 66 05 82

ST-YRIEIX-LA-MONTAGNE La Valette Alt. : 650 m C.M. 72 Pli 10

3 ch. Aubusson 20 km. 2 ch. 2 pers. et 1 suite 4 pers. avec salles de bains privées. Séjour (avec TV et bibliothèque). Terrain aménagé, parking, chauffage central. Salle de jeux et piscine communes à 2 autres gîtes. Prix pour 4 pers. : 76 €. Restaurant à 7 km. Corinne et Charles accueillent leurs hôtes dans un ancien village bâti par les Maçons Creusois récemment rénové en complexe touristique.

Prix : 1 pers. **53** € 2 pers. **53** €

Ouvert : De juillet à septembre.

7	SP	7	7	7	7	25	20	20

Corinne et Charles KULUNKIAN - La Valette - 23460 ST-YRIEIX-LA-MONTAGNE - Tél. : 05 55 66 07 77 - Fax : 05 55 66 04 08

TOULX-SAINTE-CROIX Les Montceaux C.M. 73 Pli 1

1 ch. Boussac 8 km. Toulx-Sainte-Croix 4 km. Demeure du début du siècle, aux portes de Toulx-Sainte-Croix, à proximité de Boussac, tenue par Brigitte, artiste peintre. La galerie d'art est intégrée dans la demeure. 1 chambre 2 pers. au 2° étage avec salle de bains et wc privés. Au 1er étage : séjour avec coin-salon (bibliothèque). Terrain aménagé, parking, garage. Restaurants à 8 km. Langues parlées : hollandais, anglais, espagnol.

Prix : 1 pers. **40** € 2 pers. **46** € repas **15** €

Ouvert : Toute l'année.

10	SP	8	8	SP	8

Brigitte VAN DE WEGE - Les Montceaux - 23600 TOULX-SAINTE-CROIX - Tél. : 05 55 65 09 55 - Fax : 05 55 65 09 55 - E-mail : brigitte.van-de-wege@wanadoo.fr - perso.wanadoo.fr/chez.brigitte/

VALLIERE Alt. : 580 m

1 ch. Royere de Vassivière : 20 km. Audusson : 15 km capitale de la tapisserie. La campagne dans un petit bourg...Aux portes de la capitale de la tapisserie, sur la route des lacs, France et Pascal mettent à votre disposition, dans leur ravissante maison fin du XVIIè, une suite composée : d'1 chambre spacieuse, équipée TV (1 lit 2 pers.), d'un salon (possibilité 1 lit 1 pers), d'1 chambre attenante (1 lit 2 pers) en mezzanine. 4 pers./78 €. Langues parlées : anglais, espagnol, italien, allemand.

Prix : 1 pers. **53** € 2 pers. **53** € 3 pers. **66** € pers. sup. **12** €

Ouvert : Toute l'année.

15	15	3	20	1	4	20

France et Pascal MAURER - route de Banize - 23120 VALLIERE - Tél. : 05 55 66 02 62

VALLIERE Le Masvaudier Alt. : 643 m

2 ch. Aubusson à 12 km (Capitale de la tapisserie). C'est dans un contexte familiale qu'Yvette reçoit ses hôtes dans son ancienne fermette du début du siècle. 1 chambre (1 lit 2 pers), 1 chambre (1 lit 2 pers, 1 lit 1 pers) avec sanitaires privés. Séjour (television). Terrain aménagé, garage. Restaurant à 2.5 km.

Prix : 1 pers. **26** € 2 pers. **30** €

Ouvert : Toute l'année.

25	13	2,8	25	2,8	9	2,5

Yvette JURET - Le Masvaudier - 23120 VALLIERE - Tél. : 05 55 66 03 18 ou 05 55 66 06 45

Haute-Vienne

Limousin

GITES DE FRANCE
32, avenue du Général Leclerc
87065 LIMOGES Cedex
Tél. 05 55 77 09 57 - Fax 05 55 10 92 29
E-mail : gites.de.france.87@wanadoo.fr

AMBAZAC Le Puy d'Henriat (TH) *C.M. 72 Pli 8*

||| 2 ch. Une belle et grande demeure dans un parc de 5 ha. A l'étage : 2 ch. aménagées en suites familiales, avec salle d'eau et wc privés. 1 ch. avec balcon ouvrant sur le parc. « La Limousine » vous assure un accueil chaleureux, le calme et le repos dans un cadre privilégié. A 4 km, le centre de loisirs d'Ambazac : équitation, tennis, VTT, randonnées dans les monts d'Ambazac, baignade.

Prix : 1 pers. 34 € ◆ 2 pers. 44 € ◆ 3 pers. 59 € ◆ pers. sup. 16 €
repas 15 € ◆ 1/2 pens. 229 €

Ouvert : Du 1er juin au 15 septembre.

6	4	4	4	4	4	4	4

Jeanine MAIRE - La Limousine - Le Puy d'Henriat - 87240 AMBAZAC - Tél. : 05 55 56 74 40 ou 06 84 23 38 34 - Fax : 05 55 56 74 40 -
E-mail : alfred.maire@infonie.fr

ARNAC-LA-POSTE (TH) *C.M. 72 Pli 8*

||| 3 ch. Dans la maison de Mme Rouart, 2 chambres au 1er étage et 1 chambre au 2e étage. Chacune est équipée de sanitaires privés. Convecteurs électriques. Salon avec cheminée réservé aux hôtes. TV, bibliothèque. Dans le village, cette ancienne maison rénovée ouvre sur un jardin ombragé et sur la petite place où se dresse un grand marronnier. Mme Rouart vous offrira un accueil de qualité. Langues parlées : anglais, allemand.
CV

Prix : 2 pers. 36 € ◆ 3 pers. 46 € ◆ repas 13 €
Ouvert : Du 1er juin au 20 septembre.

10	11	10	1	SP	12	SP

Yvonne ROUART - Rond Point du Marronnier - 87160 ARNAC-LA-POSTE - Tél. : 05 55 76 87 26

BELLAC (TH) *C.M. 72 Pli 7*

||| 3 ch. Chambres d'hôtes aménagées dans une maison de caractère du XVIIe siècle, au cœur du vieux Bellac. 3 ch. (2, 3 ou 4 pers.), aux 1er et 2e étages avec sanitaires privés. Salon. Salle de séjour. Parking privé. Cour intérieur, petit terrain avec pelouse. Table d'hôtes sur réservation. Langues parlées : allemand, anglais.

Prix : 1 pers. 28 € ◆ 2 pers. 34 € ◆ 3 pers. 43 € ◆ pers. sup. 9 €
repas 13 €

Ouvert : Toute l'année.

1	1	1	SP	4	2	SP

Jean-Paul et Odile FONTANEL - 8 rue du Docteur Vetelay - 87300 BELLAC - Tél. : 05 55 68 11 86 - Fax : 05 55 68 78 96 -
E-mail : bellac@free.fr - bellac.free.fr

BELLAC (TH) *C.M. 72 Pli 7*

||| 4 ch. 4 ch. d'hôtes aménagées aux 1er et 2e étages d'une ancienne maison située dans le centre historique de Bellac. Ch. pour 2, 3 ou 4 pers. 3 ch. avec s. d'eau et wc, 1 avec salle d'eau et wc sur palier. Salle à manger et salon réservés aux hôtes. Possibilité cuisine. Petite cour intérieure. Parking à proximité, garage privé fermé.

Prix : 1 pers. 26 € ◆ 2 pers. 34 € ◆ 3 pers. 42 € ◆ pers. sup. 7 €
repas 13 €

Ouvert : Toute l'année.

1	1	1	SP	4	1	SP

Jean et Colette GAUTIER - Le Bourg - 20, rue Armand Barbes - 87300 BELLAC - Tél. : 05 55 68 74 45

BERSAC-SUR-RIVALIER Domaine du Noyer (TH) *C.M. 72 Pli 8*

||| 4 ch. 4 ch. dans logis seigneurial du XVIe siècle au cœur d'une propriété de 20 ha., avec piscine, salle de gym, vélos. 4 ch. 2 pers. (3 lits 2 pers. 2 lits 1 pers.) avec s. d'eau et wc privés. Salle de séjour, salon, cheminée, biblio., salle de jeux. Anna, médecin/acupuncteur/homéopathe et Jean, sculpteur vous accueillent pour passage, séjour et week-end. Boxes pour chevaux, carrière d'entrainement. Etang de pêche sur place. 1/2 pension/pers. pour 1 semaine : 265 €. Langue parlée : anglais.
CV

Prix : 1 pers. 34 € ◆ 2 pers. 45 € ◆ 3 pers. 55 € ◆ repas 15 €
Ouvert : Toute l'année.

2	SP	SP	SP	3	SP	6	2

Jean et Anna MASDOUMIER - Domaine du Noyer - Bersac-sur-Rivalier - 87370 ST-SULPICE-LAURIERE - Tél. : 05 55 71 52 91 -
Fax : 05 55 71 51 48 - E-mail : noyer.prats@cyberpoint.tm.fr

BERSAC-SUR-RIVALIER Le Pré de Lafont (TH) *C.M. 72 Pli 8*

||| 3 ch. Dans une ancienne chaumière du XVIIe siècle, 3 chambres en mansarde (1 lit 2 pers.) avec salle d'eau et wc privés, salle d'hôtes avec cheminée. TV réservée aux hôtes. Grand terrain, coin-détente sous préau, piscine hors sol (8 x 4 m). Table d'hôtes sur réservation, pas de repas les mercredi et jeudi. Gérard aime faire apprécier la vie de son pays natal, au cœur des monts d'Ambazac, et vous proposera avec son épouse de superbes randonnées. Langue parlée : anglais.
CV

Prix : 1 pers. 30 € ◆ 2 pers. 38 € ◆ 3 pers. 47 € ◆ pers. sup. 9 €
repas 14 €

Ouvert : De Pâques à la Toussaint.

8	5	2	SP	5	5

Annie JACQUEMAIN - Le Pré de Lafont - 87370 BERSAC-SUR-RIVALIER - Tél. : 05 55 71 47 05 - Fax : 05 55 71 47 05

Limousin
Haute-Vienne

BESSINES-SUR-GARTEMPE Morterolles-Sur-Semme (TH) C.M. 72 Pli 8

|||| 3 ch. Dans une annexe indépendante de la maison, 3 chambres d'hôtes vastes et claires ouvrent sur une terrasse et 1 jardin. Elles accueillent de 2 à 4 pers. et disposent chacune d'une salle d'eau et wc particuliers. Salon mitoyen réservé aux hôtes. Table d'hôtes sur réservation sauf le dimanche soir. La ferme d'élevage bovin de Jean-Marie et d'Andrée Tessier se trouve dans un petit hameau tout proche de l'A20, sortie 23.1 ou 24. Jean-Marie vous fera visiter sa ferme avant de vous inviter à goûter aux rillettes de lapins et aux volailles maison. Langue parlée : anglais.

Prix : 1 pers. 28 € 2 pers. 34 € 3 pers. 42 € pers. sup. 8 €
repas 13 €

6	4	5	5	7	2	

Ouvert : Toute l'année.

**Jean-Marie et Andrée TESSIER - Chez Doussaud - Morterolles-Sur-Semme - 87250 BESSINES-SUR-GARTEMPE -
Tél. : 05 55 76 06 94 - Fax : 05 55 76 09 17**

BLANZAC Rouffignac   A   C.M. 72 Pli 7

|||| 5 ch. Dans cette belle maison bourgeoise située dans un grand parc, 5 chambres confortables avec sanitaires privés. Séjour, salon, TV à disposition des hôtes. Jardin. Aire de jeux, parking, pré. Pour réserver, téléphonez aux heures repas. Poss. de restauration à la ferme-auberge de Mme Kubiak Le Quéré ou de réserver une assiette froide (7 €) sur réservation. Rivière 1 km. Lac à 20 km. Produits fermiers sur place. Langues parlées : anglais, allemand.

Prix : 1 pers. 31 € 2 pers. 38 € 3 pers. 48 € pers. sup. 6 €

4	SP	4	SP	8	4	4

Ouvert : Toute l'année.

Marcelle LEQUERE - Rouffignac - RN145 - 87300 BLANZAC - Tél. : 05 55 68 03 38

BLANZAC Rouffignac   A   C.M. 72 Pli 7

|||| 5 ch. Dans une ferme d'élevage, 5 ch. très confortables dont 2 en duplex pour 4 et 5 pers. avec s. d'eau et wc privés, TV, donnent en mezzanine sur un vaste séjour au décor contemporain. Salle de jeux avec billard. Dispose aussi salon TV, piano. Catherine vous propose à la table de sa ferme-auberge un dîner copieux à partir des produits de l'exploitation : quiche aux rillettes de canard, agneau à l'indienne, grimolée... Les Monts de Blond, Bellac, Mortemart, centre de la Mémoire d'Oradour-sur-Glane... Langue parlée : anglais.

Prix : 1 pers. 33 € 2 pers. 40 € 3 pers. 49 € pers. sup. 9 €
repas 15 €

4	SP	4	SP	8	4	4

Ouvert : Toute l'année.

Catherine et Alex KUBIAK LE QUERE - Rouffignac - 87300 BLANZAC - Tél. : 05 55 68 02 14 - Fax : 05 55 68 86 89

BLOND La Plaine Blond   (TH)   C.M. 72 Pli 6

|| 5 ch. 5 ch. (2 à 4 pers.). Salle d'eau/wc particuliers dans chaque ch. s. à manger avec cheminée, salle de jeux (ping-pong) avec coin-cuisine à la disposition des hôtes. Aire de jeux. Bicyclettes. 1/2 pens./2 pers./sem. : 382 €. Par pens./sem. 244 €. Au pied des monts de blond dans une ancienne ferme fortifiée, Gérard et Thérèse, agriculteurs, vous parleront de leur métier et des nombreuses promenades pour découvrir les pierres à légende.

Prix : 1 pers. 32 € 2 pers. 36 € 3 pers. 44 € pers. sup. 8 €
repas 13 €

11	13	11	2	SP	5	12	3

Ouvert : Toute l'année.

**Gérard et Thérèse VAUGOYEAU - La Plaine Blond - 87300 BELLAC - Tél. : 05 55 68 82 57 - Fax : 05 55 68 82 57 -
E-mail : therese.vaugoyeau@worldonline.fr**

BLOND Thoveyrat   (TH)   C.M. 72 Pli 6

|| 5 ch. 5 chambres confortables dont 1 en rez-de-chaussée, un salon et un grand séjour avec cheminée, dans cette grande maison de caractère, près des monts de Blond. A la saison, Pierre fait déguster l'agneau de pays élevé à l'herbe et le porc biologique de la ferme. Sur demande, une savoureuse cuisine végétarienne. Langues parlées : anglais, allemand.

Prix : 1 pers. 26 € 2 pers. 31 € 3 pers. 39 € pers. sup. 7 €
repas 13 €

14	3	1	3	SP	7	3

Myriam et Pierre MORICE - Thoveyrat - 87300 BLOND - Tél. : 05 55 68 86 86 - Fax : 05 55 68 86 86 - E-mail : chambrehôte@freesurf.fr

BOISSEUIL Domaine de Moulinard   C.M. 72 Pli 18

|||| 5 ch. A l'étage de cette grande maison, 5 ch. spacieuses et claires, au mobilier ancien. Des fenêtres, vue sur le jardin calme et ombragé qui entoure la maison. Chaque chambre dispose de sanitaires privés. Restaurant 2 km. A 6 km, golf 18 trous, parcours sportif, piscine chauffée. A 10 mn au sud de Limoges, non loin de l'axe Paris/Toulouse (accès A20 sortie 37), en pleine campagne, Moulinard est une ferme d'élevage ovin et d'arboriculture. M. et Mme Ziegler ont restauré une partie de la maison de maître du XVIIIe siècle, près de leur habitation. Idéal pour découvrir Limoges. Langue parlée : anglais.

Prix : 1 pers. 29 € 2 pers. 36 €

Ouvert : D'avril à octobre.

9	6	2	1	13	7	2

**Brigitte ZIEGLER - Domaine de Moulinard - 87220 BOISSEUIL - Tél. : 05 55 06 91 22 - Fax : 05 55 06 98 28 -
E-mail : philippe.ziegler@wanadoo.fr**

Haute-Vienne
Limousin

BONNAC-LA-COTE La Drouille Noire
C.M. 72 Pli 7

3 ch. **Limoges 20 mn.** En pleine nature, à proximité de l'autoroute A20 (sortie n°27). A l'étage d'une grange proche de la maison familiale, 3 chambres avec salle d'eau et wc privés. Dans cette ancienne dépendance de l'Abbaye de Grandmont, Pierre produit des légumes, de la rhubarbe, des petits fruits et conduit une des rares vignes de la Haute-Vienne. Limoges, capitale des arts du feu, musées de la porcelaine et des émaux, ancienne cité et cathédrale, centre de la Mémoire d'Oradour-sur-Glane... Langue parlée : anglais.

Prix : 1 pers. 36 € ⋅ 2 pers. 42 € ⋅ 3 pers. 54 € ⋅ pers. sup. 13 €
Ouvert : Toute l'année.

15	15	SP	6	SP	15	15	14	2

Pierre NIVET - La Drouille Noire - 87270 BONNAC-LA-COTE - Tél. : 05 55 39 90 84 ou 06 19 08 73 41 - Fax : 05 55 39 90 84

BREUILAUFA
C.M. 72 Pli 7

1 ch. Monsieur et Madame Léger proposent 1 suite familiale de 2 ch. avec une salle de bains et wc privés. Auberge de campagne à proximité. Maison située dans un petit bourg tranquille au pied des Monts de Blond, à 2 km de la route Poitiers-Limoges. Les Monts de Blond, Bellac, Mortemart, Centre de la Mémoire d'Oradour-sur-Glane.

Prix : 1 pers. 29 € ⋅ 2 pers. 35 € ⋅ 3 pers. 42 € ⋅ pers. sup. 6 €
Ouvert : Toute l'année.

8	3	SP	3	4	9	9		

Roland et Gisèle LEGER - Le Bourg - 87300 BREUILAUFA - Tél. : 05 55 53 33 15

BUJALEUF Les Côtes du Maine (TH)
C.M. 72 Pli 19

5 ch. Une grande maison avec vue sur le lac de Bujaleuf. A l'étage 5 chambres dont 3 suites familiales, chacune avec salle d'eau et wc privés. Chauffage central, TV et salon réservés aux hôtes (terrasse avec vue sur le lac). 1/2 pens. : 198 €/pers./semaine. La table d'hôtes fait une large place aux produits de la ferme et aux légumes du jardin. Située sur une propriété boisée de 3 ha., la maison de Natacha et Bertrand est à 300 m de la plage. Langue parlée : anglais.

Prix : 1 pers. 30 € ⋅ 2 pers. 38 € ⋅ 3 pers. 44 € ⋅ pers. sup. 5 € ⋅ repas 12 €
Ouvert : Toute l'année.

0,5	14	SP	3	3	3	0,5	6	1

Natacha et Bertrand JACQUELINE - Les Côtes du Maine - 87460 BUJALEUF - Tél. : 05 55 69 51 45

BURGNAC Le Marchadeau (TH)
C.M. 72 Pli 17

3 ch. **18 km au sud de Limoges. Aixe-sur-Vienne 7 km.** En pleine campagne, dans une grande maison de caractère, située dans un parc. Dans une dépendance de la maison, 1 chambre de 2 pers. et une chambre familiale 4 pers. avec sanitaires privés. Chauffage central. Table d'hôtes sur réservation.

Prix : 1 pers. 33 € ⋅ 2 pers. 39 € ⋅ repas 14 €
Ouvert : Toute l'année.

8	7	6	6	1	8	7	18	7

Mr et Mme DACCORD - Le Marchadeau - 87800 BURGNAC - Tél. : 05 55 58 13 30 - E-mail : jacqueline.daccord@wanadoo.fr - france.bonjour.com/le-marchadeau

---

BUSSIERE-BOFFY
C.M. 72 Pli 6

5 ch. Dans une maison indépendante, 5 chambres au confort simple partagent 1 salle d'eau, 2 WC et une cuisine. Tous les paroissiens de Bussière-Boffy ont connu le petit bistrot d'Emilie à deux pas de l'église. Restaurant à 5 km.

Prix : 1 pers. 18 € ⋅ 2 pers. 24 € ⋅ 3 pers. 26 € ⋅ pers. sup. 2 €
Ouvert : Toute l'année.

5	SP	12	6	

Emilie VILLEGER-BARTKOWIAK - Le Bourg - 87330 BUSSIERE-BOFFY - Tél. : 05 55 68 35 36

BUSSIERE-GALANT Brumas   Alt. : 500 m   (TH)
C.M. 72 Pli 17

3 ch. 3 chambres d'hôtes dans une ferme située dans un village au sommet des Monts de Châlus, avec salle d'eau et wc communs sur le palier. Salle de séjour à la disposition des hôtes. Garage, terrain, parking. Denise et Jean-Raymond ont une large expérience de l'accueil en chambres d'hôtes : accueil chaleureux en toute simplicité. Parc Naturel Régional du Périgord Limousin, forteresse de Montbrun, châteaux de Brie et de Châlus, pays de la météorite...

Prix : 1 pers. 23 € ⋅ 2 pers. 28 € ⋅ 3 pers. 34 € ⋅ pers. sup. 6 € ⋅ repas 11 €
Ouvert : Toute l'année.

6	10	8	4	SP	8	7	5	

Denise et J-Raymond BARRY - Brumas - 87230 BUSSIERE-GALANT - Tél. : 05 55 78 80 52

Limousin
Haute-Vienne

BUSSIERE-GALANT Contentigne
C.M. 72 Pli 16

E.C. 3 ch. Un élevage de pur sang arabes aux confins de la Dordogne et du Limousin, 3 chambres avec salle d'eau et wc privés sont aménagées dans une grange mitoyenne à la maison familiale. Bibliothèque, salon, jeux. Dans cette ancienne ferme restaurée avec goût, vous admirerez les poulains, juments et étalons qui galopent ensemble dans les prés. Parc Naturel Régional du Périgord Limousin, forteresse de Montbrun, châteaux de Brie et de Châlus, pays de la météorite... Langues parlées : anglais, allemand.

Prix : 1 pers. 31 € 2 pers. 40 €
Ouvert : Toute l'année.

4	3	SP	4	SP	9	4	3	

Christelle ELLEBOODE - Contentigne - 87230 BUSSIERE-GALANT - Tél. : 06 85 67 73 88

BUSSIERES-POITEVINE
(TH) *C.M. 72 Pli 6*

2 ch. Maison indépendante dans un hameau proche de la vallée de la Gartempe, entre Poitiers et Limoges. A l'étage, 2 chambres simples mais coquettes, avec salle d'eau, wc communs, le palier. Rose et Peter ont pris leur retraite dans ce coin tranquille de la Marche Limousine. Ils accueillent dans un français encore hésitant mais avec beaucoup de gentillesse. Le Futuroscope est à 1 heure de route. Langue parlée : anglais.

Prix : 1 pers. 23 € 2 pers. 39 € repas 13 €
Ouvert : Toute l'année.

9	3	2	SP	9	2

Rose et Peter BALLARD - 7, Le Bouchage - 87320 BUSSIERE-POITEVINE - Tél. : 05 55 68 47 59 - Fax : 05 55 68 47 59

LE CHALARD Le Petit Masvieux
(TH) *C.M. 72 Pli 17*

5 ch. **Cimetière Mérovingien de Chalard 3 km. Périgord Vert 5 km.** Dans un manoir du XIXᵉ, 4 ch. pour 2 ou 3 pers. avec salle d'eau et wc privés et 1 belle suite de 4 pers. Grande salle à manger avec bibliothèque et billard. Etang de pêche (carpes). Yoland et Kaspar ont été séduits par ce domaine qui ressemble à un petit paradis terrestre. Table d'hôtes sur réservation. Location de vélos. Langues parlées : anglais, hollandais, allemand.

Prix : 1 pers. 43 € 2 pers. 55 € 3 pers. 60 € pers. sup. 35 € repas 17 €
Ouvert : Toute l'année.

3	11	SP	2	SP	11	12	3

CLARIJS Yoland et PINTARIC Kaspar - Le Petit Masvieux - 87500 LE-CHALARD - Tél. : 05 55 09 94 14 - Fax : 05 55 09 20 81 -
E-mail : le-petit-masvieux@wanadoo.fr - perso.wanadoo.fr/le-petit-masvieux

CHALUS L'Age
 C.M.

1 ch. Près de la maison des propriétaires, petite maison indépendante comprenant une suite familiale de 2 chambres avec salle d'eau et wc privés. Séjour en véranda donnant sur le jardin, coin-cuisine, TV. Restaurants à Chalus à 3 km. Une étape au calme, sur la route Richard Coeur de Lion, entre Limoges et Périgueux, au cœur du Parc Naturel Régional Périgord-Limousin. Langue parlée : allemand.

Prix : 1 pers. 33 € 2 pers. 41 € 3 pers. 52 € pers. sup. 9 €
Ouvert : Toute l'année.

6	3	SP	3	11	3	3	

Marie-Claire LAGARDE - l'Age - 87230 CHALUS - Tél. : 05 55 78 44 24

CHAMPAGNAC-LA-RIVIERE
 (TH) *C.M. 72 Pli 16*

4 ch. Château du XVᵉ siècle situé dans un parc de 3 ha. avec piscine et tennis. 4 ch. de caractère aux 1ᵉʳ et 2ᵉ étages. Salle de bains et wc privés. Salon, salle à manger, bibliothèque. Sur la propriété : vélo, promenades en forêt, pêche. Langue parlée : anglais.

Prix : 2 pers. 95 € repas 40 €
Ouvert : Du 1ᵉʳ mai au 1ᵉʳ novembre, autres mois sur réservation.

11	SP	SP	SP	2	11	8	5

Pierre DU MANOIR DE JUAYE - Château de Brie - 87150 CHAMPAGNAC-LA-RIVIERE - Tél. : 05 55 78 17 52 - Fax : 05 55 78 14 02 -
E-mail : chateaudebrie@wanadoo.fr - www.chateaux-france.com

LA CHAPELLE-MONTBRANDEIX Lartimache
 *C.M. 72 Pli 16*

4 ch. 4 ch. à l'étage d'un ancien grenier aux poutres apparentes, dont 1 suite familiale 4/6 pers. S. d'eau ou s.d.b. et wc privés chacune. Grande pièce avec cheminée, terrasse, l-linge et coin-cuisine à la disposition des pensionnaires, ping-pong, salle de société, prêt de vélos, initiation à la pêche. Evelyne et Bernard vous accueillent cordialement dans l'ancien corps de ferme du XVᵉ Siècle qu'ils ont rénové, sur un site verdoyant non loin du Périgord-Limousin, à 2 étangs privés, en plein cœur du Parc Naturel Régional du Périgord-Limousin. Accueil randonneurs, chevaux. Semaine 1/2 pens. pour 4 pers. : 640 €. Langue parlée : anglais.

Prix : 1 pers. 28 € 2 pers. 38 € 3 pers. 45 € pers. sup. 10 € repas 12 €
Ouvert : Toute l'année.

4	15	SP	5	SP	5	20	9

Evelyne et Bernard GUERIN - Lartimache - 87440 LA-CHAPELLE-MONTBRANDEIX - Tél. : 05 55 78 75 65

Haute-Vienne
Limousin

LA CHAPELLE-MONTBRANDEIX Doumailhac (TH) *C.M. 72 Pli 16*

🏠🏠🏠 3 ch. Une gentilhommière du XVIIe siècle à l'écart du village. A l'étage : 3 chambres avec salle d'eau ou salle de bains et wc privés (1 suite familiale pour 4 pers. et 2 chambres de 2 pers. chacunes). Au rez-de-chaussée : un grand séjour aux vieilles dalles de granit où sont servis les repas et un living qu'ils partagent avec les hôtes. Laurence et Benoît se sont récemment installés dans cette jolie demeure du Parc Naturel Périgord-Limousin. Ils vous proposent de découvrir ce pays à l'occasion de balades pédestres ou VTT (vélos sur place) sur les nombreux chemins forestiers proches de leur gîte.

Prix : 1 pers. 34 € 2 pers. 43 € 3 pers. 56 € pers. sup. 9 € repas 13 €
Ouvert : Toute l'année.

🐕	⛱️	🏊	⛵	🎾	👥	🏃	🚂	⛷️
	6	15	3	6	SP	5	19	7

Benoît et Laurence de RADIGUES - Doumailhac - 87440 LA-CHAPELLE-MONTBRANDEIX - Tél. : 05 55 78 57 06 - Fax : 05 55 78 57 06 -
E-mail : radi.ben@free.fr

CHATEAU-CHERVIX La Chapelle (TH) *C.M. 72 Pli 18*

🏠🏠🏠 4 ch. Dans une ferme d'élevage biodynamique de chèvres, petite maison traditionnelle avec 4 chambres, salle d'eau et wc particuliers. Salle de séjour avec bibliothèque réservée aux hôtes. Jardin, aire de jeux, terrain, parking. Rivière 3 km. Forêt sur place. Voiture indispensable. Coin-cuisine à la disposition des hôtes. Table d'hôtes (du 01/07 au 15/08 sur réservation. Cuisine avec les produits de la ferme. Accès par A20, sortie 41 à Magnac Bourg. 1/2 pension/pers. pour 1 semaine : 208 €. Langues parlées : anglais, espagnol.

Prix : 1 pers. 30 € 2 pers. 38 € 3 pers. 43 € repas 14 €
Ouvert : Toute l'année.

🐕	⛱️	🏊	🎾	👥	🏃	🚂
	6	6	4	SP	6	4

Patrick et Mayder LESPAGNOL - La Chapelle - 87380 CHATEAU-CHERVIX - Tél. : 05 55 00 86 67 - Fax : 05 55 00 70 78 -
E-mail : lespagno@club-internet.fr

CHATEAUNEUF-LA-FORET La Croix du Reh *C.M. 72 Pli 18/19*

🏠🏠🏠 4 ch. Cette demeure cossue s'abrite dans un parc aux arbres centenaires parmi les massifs de rosiers et de rhododendrons ;4 chambres de 2 à 4 pers. avec sanitaires privés sont décorées avec raffinement. Leigh a choisi de s'installer dans ce bourg situé au pied d'un massif forestier de 700 ha. Après un moment de détente dans le parc de la maison, vous terminerez votre soirée au coin du feu dans un salon très confortable orné de belles poutres en chêne. Le Lac de Vassivière (1000 ha.) et le Plateau de Millevaches. Saint-Léonard-de-Noblat et Eymoutiers, anciennes cités sur la Vienne. Langue parlée : anglais.

Prix : 1 pers. 61 € 2 pers. 68 € 3 pers. 76 €
Ouvert : Toute l'année.

🐕	⛱️	🏊	⛵	🎾	👥	🏃	🚂
	0,5	14	0,5	0,5	0,5	14	SP

Leigh ANDREWS - La Croix du Reh - 87130 CHATEAUNEUF-LA-FORET - Tél. : 05 55 69 75 37 - Fax : 05 55 69 75 38 -
E-mail : lacroixdureh@aol.com - www.la croixdureh.com

CIEUX Les Volets Bleus (TH) *C.M. 72 Pli 7*

🏠🏠🏠 3 ch. Maison ouvrant sur un jardin boisé et fleuri bordé d'un ruisseau, tout près du Lac de Cieux (43 ha. avec baignade), 3 ch. à l'étage décorées avec soin, avec salle d'eau et wc particuliers. Salle à manger et coin-salon avec cheminée, bibliothèque, TV réservés aux hôtes. Table d'hôtes (menu végétarien) possible sur réservation. On ne fume pas dans la maison. Kathy et Tony, ont eu le coup de foudre pour ce petit village situé au pied des Monts de Blond. Découvrez les pierres à légendes par les nombreux sentiers pédestres équestres et VTT. Langue parlée : anglais.

Prix : 1 pers. 32 € 2 pers. 40 € repas 17 €
Ouvert : Du 1er mai au 15 octobre.

🐕	⛱️	🏊	🎾	👥	🏃	🚂
	SP	SP	0,5	0,5	6	0,5

Kathy et Tony FRENCH - Les Volets Bleus - l'Etang - 8/10 rte d'Oradour-sur-Glane - 87520 CIEUX - Tél. : 05 55 03 26 97 -
Fax : 05 55 03 26 97

CIEUX Les Lathières (TH) *C.M. 72 Pli 7*

🏠🏠 3 ch. 2 chambres dont une de plain-pied et un appartement (4 pers., petite cuisine, sanitaires privés) ouvrent sur les prés. 2 chambres d'appoint permettent d'accueillir un groupe de 10 pers. Séjour avec cheminée. Une petite route forestière conduit à cette ancienne ferme nichée entre prairies et châtaigneraies. René et Geneviève connaissent bien les chemins qui mènent aux pierres à légendes des Monts de Blond. A quelques km d'Oradour-Sur-Glane et de Limoge. Table d'hôtes sur réservation. Langues parlées : espagnol, anglais.

Prix : 1 pers. 29 € 2 pers. 37 € 3 pers. 49 € pers. sup. 15 € repas 12 €
Ouvert : Toute l'année.

🐕	⛱️	🏊	🎾	👥	🏃	🚂
	4	4	4	SP	10	30	4

Geneviève et René de la BARDONNIE - Les Lathières - 87520 CIEUX - Tél. : 05 55 03 30 61 - Fax : 05 55 03 30 61

COMPREIGNAC (TH) *C.M. 72 Pli 17*

🏠🏠🏠 2 ch. Le lac de Saint-Pardoux (330 ha.) 5 km. Maison contemporaine nichée dans un agréable jardin ombragé et fleuri. L'étage, entièrement réservé aux hôtes, se compose d'1 suite familiale de 2 chambres avec salle d'eau, wc et 1 chambre 2 pers. avec salle d'eau et wc, salon. Grand terrain en pelouse, parking privé. Table d'hôtes sur réservation. Le lac offre tous les plaisirs de la baignade et du nautisme.

Prix : 1 pers. 31 € 2 pers. 37 € 3 pers. 55 € pers. sup. 8 € repas 14 €
Ouvert : Toute l'année.

🐕	⛱️	🏊	🎾	👥	🏃	⛵	🚂
	5	5	5	0,5	13	5	0,5

Danielle et Xavier PELISSON - 15 route de Nantiat - 87140 COMPREIGNAC - Tél. : 05 55 71 03 83

Limousin — Haute-Vienne

COMPREIGNAC (TH) — C.M. 72 Pli 7

E.C. 3 ch. 3 chambres d'hôtes pour 2 et 3 pers. avec sanitaires privés. Jardins en terrasse. Maison de caractère aux belles corniches de granit, située dans le bourg de Compreignac, près de la vieille église fortifiée à 4 km. Le Lac de Saint-Pardoux offre sur 330 ha. tous les plaisirs de la baignade, de la pêche et de la voile. La Vallée de la Gartempe, Châteauponsac (musée), le Lac de Saint-Pardoux, Limoges et les arts du feu.

Prix : 1 pers. 35 € - 2 pers. 40 € - 3 pers. 46 € - pers. sup. 7 € - repas 13 €
Ouvert : Toute l'année.

🐕	⛱	≈	🎾	🚶	🐎	🚲	🛏
	3	3	3	SP	12	3	13	SP

Béatrice et Gilbert SALLET - 6,7 place du 11 novembre - 87140 COMPREIGNAC - Tél. : 05 55 71 23 51

COUSSAC-BONNEVAL Las Gouttas (TH) — C.M. 72 Pli 17

▮▮ 2 ch. 2 chambres de 2 personnes et une suite familiale 3/4 pers. chacune avec salle d'eau et wc privés, l'autre avec salle de bains et wc privés. Cuisine à disposition pour séjours, repas sur réservation. Maison indépendante située dans une petite ferme d'élevage ovin, au milieu des prés, à proximité de la Corrèze et de la Dordogne.

Prix : 1 pers. 30 € - 2 pers. 36 € - 3 pers. 46 € - pers. sup. 10 € - repas 14 €
Ouvert : D'avril à novembre.

🐕	⛱	≈	🎾	🚶	🐎	🚲	🛏
12	14	3	3	14	3	14	3

Nicole et Marcel PENAUD - Las Gouttas - 87500 COUSSAC-BONNEVAL - Tél. : 05 55 75 24 25

COUSSAC-BONNEVAL Le Moulin de Marsaguet (TH) — C.M. 72 Pli 17

▮▮▮ 3 ch. Au bord d'un bel étang de 13 ha., dans un ancien moulin, 3 chambres de 2 à 3 pers. avec bains ou douches et wc. Valérie et Renaud vous accueillent dans la grande maison de maître de forge où vous pourrez déguster les excellents produits de leur ferme (foie gras, confits, magrets, légumes du potager...). Week-end foie gras. Langue parlée : anglais.

Prix : 1 pers. 35 € - 2 pers. 39 € - repas 17 €
Ouvert : Toute l'année sur réservation.

🐕	⛱	≈	🎾	🚶	🐎	🚲	🛏
	14	14	SP	3	SP	14	12	3

Renaud et Valérie GIZARDIN - Le Moulin de Marsaguet - 87500 COUSSAC-BONNEVAL - Tél. : 05 55 75 28 23 - Fax : 05 55 75 28 29

COUSSAC-BONNEVAL Marsac (TH) — C.M. 72 Pli 17

▮▮▮ 3 ch. **Pompadour, château de Coussac Bonneval sur place.** Petite ferme d'élevage dans un joli site, en pleine nature, au cœur du Pays Arédien. 2 ch. de plain-pied et 1 en mezzanine dans 1 maisonnette indép. (2 à 4 pers.), chacune avec s. d'eau et wc privés. Séjour et coin-salon réservés aux hôtes. Thierry élève en biologique et en plein air des cochons cul-noir, spécialité régionale que vous dégusterez à sa table d'hôtes. Table d'hôtes sur réservation. Langues parlées : anglais, espagnol.

Prix : 1 pers. 34 € - 2 pers. 39 € - 3 pers. 47 € - pers. sup. 9 € - repas 14 €
Ouvert : Toute l'année.

🐕	⛱	≈	🎾	🚶	🐎	🚲	🛏
	14	14	SP	3	SP	14	14	3

Catherine et Thierry CHIBOIS - Marsac - 87500 COUSSAC-BONNEVAL - Tél. : 05 55 75 95 61 - Fax : 05 55 75 95 61 - www.france-bonjour.com/marsac/

CUSSAC Fayolas (TH) — C.M. 72 Pli 16

▮▮▮ 3 ch. A l'étage d'une maison indépendante : 3 chambres avec salle d'eau chacune et wc privés, séjour au r.d.c. La maison de Cliff et Margaret est située dans un coin tranquille d'un ancien hameau du Parc Naturel Régional Périgord-Limousin. Elle ouvre sur une terrasse et un grand terrain en pelouse. Agréable panorama sur les Monts de Chalus et le Puyconnieux. La Route Richard Coeur de Lion qui relie entre eux les principaux sites architecturaux, le châteaux de Brie, les forteresses médiévales de Châlus Chabrol et de Montbrun, les remarquables fresques de l'Eglise Saint-Eutrope des Salles Lauvauguyon. Vélo-rail à Bussière Galant. Langue parlée : anglais.

Prix : 1 pers. 35 € - 2 pers. 42 € - repas 11/15 €
Ouvert : Toute l'année.

🐕	⛱	≈	🎾	🚶	🐎	🚲	🛏
	8	14	8	2	SP	3	20	8

Margaret et Cliff BENTLEY - Fayolas - 87150 CUSSAC - Tél. : 05 55 70 96 46 - Fax : 05 55 70 96 46 - E-mail : cliff.mag@wanadoo.fr

DOURNAZAC Les Tilleuls (TH) — C.M. 72 Pli 16

▮▮▮▮ 4 ch. Les tilleuls, grande demeure du XIX° siècle, vous accueille dans un bourg tranquille du Parc Naturel Régional Périgord-Limousin. A l'ét. : 4 ch. dont 2 suites familiales (1 lit 2 pers. 2 lits 1 pers.), chacune avec s. d'eau/wc privés. R.d.c. : salon avec bibliothèque, jeux, TV donnant sur le jardin. Balancelle, salon de jardin et balançoire sont à votre disposition. Catherine et Pierre vous indiqueront les Hauts-Lieux de la route Richard Coeur de Lion, comme la tour de Chalus et la forteresse médiévale de Montbrun. Table d'hôtes sur réservation avec de savoureux produits régionaux.

Prix : 1 pers. 31 € - 2 pers. 39 € - 3 pers. 49 € - pers. sup. 12 € - repas 13 €
Ouvert : Toute l'année (sauf du 7 au 31.01 et du 18.11 au 15.12).

🐕	⛱	≈	🎾	🚶	🐎	🚲	🛏
	10	7	1	7	SP	11	7	SP

Catherine et Pierre MERLE-PANISSIER - 87230 DOURNAZAC - Tél. : 05 55 78 68 47 - Fax : 05 55 78 68 47

Haute-Vienne
Limousin

EYMOUTIERS Moulin Bachellerie
C.M. 72 Pli 19

3 ch. A la sortie d'Eymoutiers, près de la maison des propriétaires, 3 ch. d'hôtes dans un ancien moulin au bord de la Vienne. 1 ch. 2 pers. avec salle de bains et wc, 2 suites de 2 ch. pour 3 ou 4 pers. avec salle d'eau et wc privés. Un coin idéal pour les pêcheurs à la truite... et pour s'endormir en se laissant bercer par le bruit de la rivière. Le Lac de Vassivière (1000 ha.) et le plateau de Millevaches, Saint-Léonard-de-Noblat et Eymoutiers, ancienne cité sur la Vienne. Langue parlée : allemand.

Prix : 2 pers. 43/46 € 3 pers. 81 €
Ouvert : Toute l'année.

13	1	SP	1	3	13	0,5	0,5	0,5

Paul IHLE - Moulin Bachellerie - 87120 EYMOUTIERS - Tél. : 05 55 69 17 29

EYMOUTIERS La Roche
Alt. : 500 m   (TH)   *C.M. 72 Pli 19*

2 ch. 2 chambres aménagées à l'étage d'un ancien relais de diligence, avec sanitaires privés. Salon avec cheminée réservé aux hôtes. Terrain paysager de 1 ha. Michel Jaubert, architecte d'intérieur, peintre et sculpteur habite avec son épouse, un petit hameau situé dans la montagne Limousine, dans l'arrière pays du lac de Vassivière. Randonnée pédestre douce, 2-3 jours, acheminement bagages assuré. Langues parlées : anglais, allemand.

Prix : 1 pers. 38 € 2 pers. 47 € 3 pers. 60 € pers. sup. 12 €
repas 15 €
Ouvert : Toute l'année.

10	8	1	8	4	8	8	8

Josette JAUBERT - La Roche - 87120 EYMOUTIERS - Tél. : 05 55 69 61 88 - clos.arts.free.fr

FEYTIAT Le Vieux Crezin
C.M. 72 Pli 17

3 ch. **A 5 minutes du centre de Limoges.** Dans un petit hameau tranquille, Danielle et Bernard, ont aménagé dans une vaste grange 3 chambres d'hôtes spacieuses donnant en mezzanine sur séjour avec billard. Chaque chambre dispose d'une salle d'eau ou salle de bains et de wc privés. Accès par autoroute 20 (sortie 35).

Prix : 1 pers. 40 € 2 pers. 48 € 3 pers. 57 € pers. sup. 9 €
Ouvert : Toute l'année.

3	2	4	5	6	2

Danielle et Bernard BRULAT - Le Vieux Crezin - 87220 FEYTIAT - Tél. : 05 55 06 34 41 - Fax : 05 55 48 37 16

FEYTIAT
(TH)   *C.M. 72 Pli 18*

3 ch. Aux 1er et 2e étages : 3 belles chambres dont 1 suite familiale et 1 chambre prestige avec salle d'eau et wc particuliers. Toutes les chambres ouvrent sur le parc qui entoure la maison. Vaste panorama sur la vallée. A 10 minutes de Limoges, surplombant la vallée de la Valoine, cet ancien prieuré du XVIe vous transporte dans la salle du moulin (réservation souhaitée). Mady et Gérard, passionnés de porcelaine, vous accueillent dans la maison familiale et se proposent de vous faire découvrir les arts de la table à différentes époques. Limoges, capitale des arts du feu. Musées de la porcelaine et des émaux... Langue parlée : anglais.

Prix : 1 pers. 54/92 € 2 pers. 61/100 € repas 16/28 €
Ouvert : Toute l'année.

5	7	SP	2	4	9	6	1

Mady et Gérard CHASTAGNER - Allée du Puy Marot - 87220 FEYTIAT - Tél. : 05 55 48 33 97 - Fax : 05 55 30 31 86 -
E-mail : gerardchastagner@wanadoo.fr

FROMENTAL Le Moulin du Goutay
(TH)   *C.M. 72 Pli 8*

3 ch. A l'étage de la maison, 3 chambres confortables dont 1 avec petit coin-cuisine, avec salle d'eau privée, wc communs, cheminée. Chauffage central. Bibliothèque. Les repas sont servis dans l'ancienne salle du moulin (réservation souhaitée). Nathalie, Patrick et leur petite fille Winona vous accueillent sur le site très pittoresque d'un ancien moulin qu'ils ont restauré. C'est le lieu idéal pour partir à la découverte des Monts d'Ambazac, à pied ou à cheval. La famille élève des chevaux et Patrick est guide de tourisme équestre.

Prix : 1 pers. 25 € 2 pers. 31 € 3 pers. 37 € pers. sup. 3 €
repas 13 €
Ouvert : Toute l'année.

9	SP	5	SP	12	11	10

Nathalie EMERY - Le Moulin du Goutay - 87250 FROMENTAL - Tél. : 05 55 76 60 22 - Fax : 05 55 76 14 59 -
E-mail : LE-MOULIN-DU-GOUTAY@wanadoo.fr

FROMENTAL Montautre
(TH)   *C.M. 72 Pli 8*

4 ch. Dans une gentilhommière du XVe siècle, 4 ch. d'hôtes de caractère avec s. d'eau et wc privés. Séjour, salon, bibliothèque. Table d'hôtes sur réservation. Stages de danse, de yoga et de cuisine sur réservation. Norma et Rini, ébéniste, ont rénové cet ancien logis qui dresse son donjon carré et ses machicoulis sur un paysage de prés et de bois, aux confins de la Creuse. La Vallée de la Gartempe, Châteauponsac (musée), le lac de Saint-Pardoux, Limoges et les arts du feu. Langues parlées : anglais, espagnol, hollandais.

Prix : 1 pers. 45 € 2 pers. 54 € 3 pers. 61 € repas 13 €
Ouvert : De mai à décembre.

9	8	7	SP	6	10	4

Norma RIVA SCHIPPER - Château de Montautre - 87250 FROMENTAL - Tél. : 05 55 76 69 81 ou 06 72 30 22 20 - Fax : 05 55 76 69 81 -
E-mail : Normarini@compuserve.com

Limousin — Haute-Vienne

FROMENTAL   C.M. 72 Pli 8

||| 2 ch.

A la sortie du bourg, un petit chemin mène à ce joli mas couvert de fleurs, à l'orée de la forêt. Au rez-de-chaussée : 2 ch. avec salle de bains et wc privés, séjour aux boiseries de chêne avec cheminée. Table d'hôtes sur réservation. Possibilité repas gastronomique : 20 €. Située dans un parc de 2 ha., la maison dispose d'un court de tennis en terre battue. Monique sera heureuse de vous faire découvrir son étonnant jardin aux essences rares. A20 sortie 24. Langue parlée : anglais.

Prix : 1 pers. 29 € 2 pers. 34 € 3 pers. 38 € pers. sup. 4 €
repas 12/20 €
Ouvert : Toute l'année.

12	1	SP	5	2	11	2	7

Monique KEMPF-THEILLAUD - 87250 FROMENTAL - Tél. : 05 55 76 25 26 ou 06 72 51 57 72 - Fax : 05 55 76 25 26

GLANGES Laucournet   C.M. 72 Pli 18

||| 1 ch.

Cette ravissante maison à votre dispo. sur réservation. Au rez-de-chaussée : séjour/coin-bibliothèque et cheminée. Salle de bains. A l'étage : une suite de 2 chambres d'hôtes très calme. Vue sur les champs. Terrasse. Possibilité logement chevaux. Rivière 3 km. Forêt 10 km. Restaurant 6 km. Location en séjour hors période estivale. Voiture indispensable (à 10 mn de l'A20 Limoges/Toulouse, sortie 41), D82 direction Glanges sur 1 km, puis D120 après passage à niveau, direction Saint-Méard sur 5 km, parcours fléché. Langues parlées : anglais, espagnol.

Prix : 1 pers. 46 € 2 pers. 54 € 3 pers. 61 € pers. sup. 7 €
Ouvert : Du 15 juin au 15 septembre.

7	2	7	10	7

Jean-Luc et A-Marie DESMAISON - Laucournet - 87380 GLANGES - Tél. : 05 55 00 81 27 - Fax : 05 55 00 81 27

LES GRANDS-CHEZEAUX Le Grand Moulin   C.M. 68 Pli 17

||| 2 ch.

A 3 km de l'A20 (sortie 21), 800 m après les Grands Chezeaux, dans un coin de campagne très calme, Malou et Hervé vous accueillent dans leur ferme où ils élèvent des moutons et des poulets. 2 ch. avec sanitaires privés. Salon, TV. Terrasse. TH sur réservation. Animaux admis sauf dans les chambres. Prix 1/2 pens./pers. pour 1 semaine : 201 €. Accès par A20, sortie 21. Langue parlée : anglais.

Prix : 1 pers. 31 € 2 pers. 38 € 3 pers. 46 € pers. sup. 7 €
repas 15 €
Ouvert : Toute l'année.

9	5	5	5	6	1

Hervé et Malou DRU - Le Grand Moulin - 87160 LES-GRANDS-CHEZEAUX - Tél. : 05 55 76 75 67 - Fax : 05 55 76 75 67

ISLE Château de la Chabroulie   C.M. 72 Pli 17

||| 4 ch.

4 chambres avec salle de bains et wc privés. Salon, coin-bibliothèque, cheminée. Domaine de 70 ha autour du château. 6 km de Limoges, la Chabroulie offre toute la chaleur et la qualité de ces vieilles demeures familiales où il fait bon s'arrêter. Il est possible de randonner en vélo sur la propriété. Langue parlée : anglais.

Prix : 1 pers. 58 € 2 pers. 61 € 3 pers. 71 €
Ouvert : Toute l'année.

8	1	2	SP	6	8	8	2

Bénédicte et Philippe DE LA SELLE - Château de la Chabroulie - 87170 ISLE - Tél. : 05 55 36 13 15 - Fax : 05 55 36 13 15 -
E-mail : dls@chateau-chabroulie.com - www.chateau-chabroulie.com

ISLE Verthamont   C.M. 72 Pli 17

||| 3 ch.

A 2 pas de Limoges, cette belle maison de style contemporain est retirée en pleine campagne avec vue panoramique sur la vallée de la Vienne. 3 ch. avec salle d'eau et wc particuliers, 2 d'entre elles ouvrent par de grandes baies vitrées sur des terrasses individuelles avec salon de jardin. Piscine privée, jardin paysager fleuri. Chauffage central. Centre ville à 10 minutes. Restaurants 2 km. Langues parlées : anglais, allemand.

Prix : 1 pers. 29 € 2 pers. 37 € 3 pers. 44 € pers. sup. 12 €
repas 15 €
Ouvert : Toute l'année.

SP	1	4	SP	6	4	8	3

Edith BRUNIER - Pic de l'Aiguille - Verthamont - 87170 ISLE - Tél. : 05 55 36 12 89 - E-mail : brunieredith@yahoo.fr

LADIGNAC-LE-LONG Les Etangs   C.M. 72 Pli 17

|| 3 ch.

A l'étage d'une maison attenante à son habitation, Mme Jarry a aménagé 3 chambres avec salle d'eau privée. WC en commun. Au rez-de-chaussée : séjour réservé aux hôtes. Prix 1/2 pension pour 1 semaine pour 2 pers. : 305 €. Pour satisfaire votre gourmandise, Mme Jarry vous propose ses produits de la ferme.

Prix : 1 pers. 25 € 2 pers. 31 € 3 pers. 38 € repas 13 €
Ouvert : Toute l'année.

5	5	5	6	10	1	5

Fernande JARRY - Les Etangs - 87500 LADIGNAC-LE-LONG - Tél. : 05 55 09 36 47

Haute-Vienne

Limousin

LADIGNAC-LE-LONG Les Etangs — A — C.M. 72 Pli 17

1 ch. **A 30 km au sud de Limoges.** Dans une ferme d'élevage, Françoise et Christian proposent une suite familiale de 2 chambres, salle d'eau, wc et salon privés, dans une partie mitoyenne à leur habitation. Vous dégusterez dans leur ferme-auberge le confit de canard maison, l'agneau d'herbe et les légumes du jardin. La ferme est située au bord d'un très bel étang, on y entre en passant sous un curieux porche-pigeonnier. A 5 km, le lac de Saint-Hilaire : pêche, baignade, équitation, tennis. Langue parlée : anglais.

Prix : 1 pers. 28 € 2 pers. 31 € 3 pers. 51 € pers. sup. 3 €
repas 13/24 €

Ouvert : De Pâques à la Toussaint.

5	5	5	6	10	10	10	

GRANGER Françoise et Christian - Les Etangs - 87500 LADIGNAC-LE-LONG - Tél. : 05 55 09 38 16

LAURIERE La Bezassade — Alt. : 500 m — C.M. 72 Pli 8

1 ch. **Monts d'Ambazac sur place.** Andrée Chanudet aime revenir chaque année dans sa ferme limousine, au cœur des Monts d'Ambazac. 1 ch. indépendante avec salle d'eau et wc privés. Petit salon. Accès au coin-cheminée, TV.

Prix : 1 pers. 29 € 2 pers. 34 € 3 pers. 46 € pers. sup. 8 €

Ouvert : Du 1er juillet au 1er septembre.

6	4	4	SP	4	4	

Robert et Andrée CHANUDET - La Bezassade - 87370 LAURIERE - Tél. : 05 55 71 58 07

MAGNAC-BOURG — A — C.M. 72 Pli 18

3 ch. Dans une maison indépendante, sur une ferme d'élevage de canards gras et de porcs fermiers. 3 ch. avec s. d'eau et wc privés (2 au r.d.c., 1 à l'étage). Accès par A20 sortie 41 ou 42. Anne-Marie et Jean-Claude vous proposent à la table de leur ferme-auberge quelques spécialités alléchantes : foie gras poêlé au miel, tournedos de canard aux cèpes, magret de canard avec son foie gras, clafoutis aux framboises. Langues parlées : anglais, espagnol.

Prix : 1 pers. 32 € 2 pers. 37 € 3 pers. 43 € pers. sup. 6 €
repas 13 €

Ouvert : De mai à octobre.

5	SP	5	7	12	35	4

A-Marie et J-Claude ROCHE - La Roche de Caux - 87380 MAGNAC-BOURG - Tél. : 05 55 00 56 43 - Fax : 05 55 00 56 43

MAGNAC-LAVAL L'Age — TH — C.M. 72 Pli 7

5 ch. Aux 1er et 2e étages d'un manoir, 5 ch. claires et spacieuses pour 2 à 4 pers. avec sanitaires particuliers (3 avec salle d'eau, 2 avec salle de bains). Au rez-de-chaussée : 1 grand salon avec billard, coin-cheminée et bibliothèque. Au bas de la colline, une bonne auberge de campagne où l'on peut se rendre à pied. Annie et Jean-Paul sont des enseignants spécialistes du Moyen-Orient. Abritée dans un joli parc centenaire leur grande demeure offre un vaste panorama sur le bocage de la basse Marche. Langues parlées : anglais, espagnol, persan.

Prix : 1 pers. 31 € 2 pers. 43 € 3 pers. 54 € pers. sup. 11 €
repas 15 €

Ouvert : Toute l'année.

14	2	2	SP	2

Jean-Paul et Annie ALBESPY - l'Age - 87190 MAGNAC-LAVAL - Tél. : 05 55 68 26 03 - www.France-bonjour.com/albespy/

MASLEON — C.M. 72 Pli 18

4 ch. Dans une maison indépendante, 3 ch. d'hôtes à l'ét. et 1 au r.d.c., chacune avec s. d'eau ou de bains/wc particuliers. R.d.c. : 2 salons, cheminée, réservé aux hôtes, TV, biblio. Terrasse, salon de jardin. Cuisine. Réfrigérateur et lave-linge à dispo., pétanque, ping-pong. Parking fermé. Marylène et Frédéric sont éleveurs de bovins limousins, dans un village à 7 km des lacs de Bujaleuf et de Chateauneuf la Forêt aménagés pour la baignade. Ce lieu est recommandé pour un séjour, possibilité de location en gîte rural. Entre Limoges et Vassivière par la D979.

Prix : 1 pers. 33 € 2 pers. 37/45 € 3 pers. 54 € pers. sup. 15 €

Ouvert : Du 15 juillet au 15 août.

8	3	8	7	10	8	10	0,1

Frédéric et Marylène CHARBONNIAUD - Le Bourg - 87130 MASLEON - Tél. : 05 55 57 00 63 - Fax : 05 55 57 00 63 -
E-mail : Marylene.CHARBONNIAUD@wanadoo.Fr

NANTIAT Les Leszes — C.M. 72 Pli 7

2 ch. **Lac de Saint-Pardoux (300 ha.) 15 km.** A l'étage d'un château, une chambre avec salle d'eau et wc privés, 2 pers. et une suite de 2 chambres (4 pers) avec salle d'eau et wc attenants. Le château des Leszes est situé dans un parc au cœur d'un domaine forestier peuplé d'arbres centenaires, nombreuses randonnées pédestres. Piscine. Salle de ping-pong. Loc. VTT sur place. Langue parlée : anglais.

Prix : 1 pers. 32 € 2 pers. 40 € 3 pers. 55 €

Ouvert : Toute l'année.

13	SP	2	2	SP	13	3	2

Emmanuel VEYRIRAS - Les Leszes - 87140 NANTIAT - Tél. : 05 55 53 59 31 - Fax : 05 55 53 36 22 -
E-mail : domaine.lesleszes@libertysurf.fr

Limousin
Haute-Vienne

NEXON Domaine des Landes   C.M. 72 Pli 17

3 ch. Dans une dépendance couverte de chaume : 3 chambres avec sanitaires privés et TV. Suite familiale pour 4 pers. dans la maison des propriétaires. Sauna, hammam. Chaumière contemporaine située dans un parc de 10 ha. aux châtaigniers centenaires avec une grande piscine. Château de Nexon et de Coussac Bonneval. Collégiales romanes de Solignac. Saint-Yrieix-la-Perche. Haras Nationaux de Pompadour. Langues parlées : anglais, espagnol.

Prix : 1 pers. 64 € 2 pers. 69 € repas 28 €
Ouvert : Toute l'année.

	5	SP	5	5	2	5	5	5

Jean-François CANE - Domaine des Landes - 87800 NEXON - Tél. : 06 07 08 80 20 ou 05 55 58 25 25 - E-mail : jf.cane@irisnet.fr - nexon.irisnet.fr

ORADOUR-SUR-GLANE La Tuilière des Bordes   C.M. 72 Pli 7

2 ch. A 3 km de la cité martyre d'Oradour-sur-Glane. Dans un hameau, une maison comportant 2 chambres 3 pers. avec salle d'eau particulière. WC sur le palier. Salle de séjour. Chauffage central. Terrain clos. Supplément 2,50 €/jour par animal. Restaurant à 3 km.

Prix : 1 pers. 28 € 2 pers. 31 € 3 pers. 40 € pers. sup. 8 €
Ouvert : Juillet-août et sur réservation les autres mois.

	6	6	2	5	7	3	

Louis et Paulette de CATHEU - La Tuilière des Bordes - 87520 ORADOUR-SUR-GLANE - Tél. : 05 55 03 11 50

PAGEAS La Ribière   C.M. 72 Pli 16

2 ch. A l'étage d'une ancienne grange limousine rénovée, 2 ch. pour 3 pers. avec salle d'eau et wc privés, réfrigérateur, TV satellite. Séjour et coin-cuisine communs aux chambres. Ouverture en rez-de-jardin sur une terrasse fleurie. Studios au r.d.c. Sur place 2 étangs de pêche (carpes, brochets, truites), piscine extérieure chauffée, sauna, jeu de boules. Auberge à 3 km. Sylviane et Michel réservent un accueil chaleureux dans leur belle propriété de 47 ha, près d'un étang de 10 ha dans le Parc Régional Périgord-Limousin. Forteresse de Montbrun, châteaux de Brie et Châlus, pays de la météorite. Langues parlées : anglais, espagnol.

Prix : 1 pers. 37 € 2 pers. 45 € 3 pers. 52 €
Ouvert : Toute l'année.

	9	SP	SP	2	2	10	16	16	6

Sylviane et Michel BONNEAU - La Ribière - 87230 PAGEAS - Tél. : 05 55 78 44 35 - Fax : 05 55 78 56 71 - E-mail : mbonn1950@aol.com

PANAZOL La Petite Prade   C.M. 72 Pli 18

1 ch. Près de Limoges, Annette a aménagé une chambre d'hôtes dans sa maison située à la campagne. R.d.c. : séjour avec kitchenette, salle d'eau, wc, lave-linge. A l'étage : mezzanine mansardée. Sur le terrain boisé et fleuri, une piscine hors-sol commune est à la disposition des hôtes. Séjour à la semaine : 229 €. Table d'hôtes sur réservation. Possibilité accueil chevaux au pré. Limoges, capitale des arts du feu, musées de la porcelaine et des émaux. Golf de la Porcelaine à proximité. Centre de la mémoire d'Oradour-sur-Glane... Langue parlée : anglais.

Prix : 1 pers. 31 € 2 pers. 39 € 3 pers. 45 € repas 13 €
Ouvert : De juin à septembre.

	5	2	2	1	SP	5	5	5

Annette MALEFOND - La Petite Prade - 87350 PANAZOL - Tél. : 05 55 06 04 71 ou 05 55 10 86 97 - Fax : 05 55 10 86 99

PANAZOL Echaudieras   C.M. 72 Pli 17

2 ch. Un coin de campagne, à 2 pas de Limoges. Dans une partie mitoyenne et indépendant de l'habitation ont été aménagées 2 chambres avec salle d'eau et wc particuliers : 1 ch. (1 lit 2 pers.), 1 ch. (2 lits 1 pers.). L'ensemble donne de plain-pied sur un terrain boisé et fleuri. Restaurant 2 km. Roselyne et Daniel, originaires du nord, aiment le Limousin et auront plaisir à vous faire découvrir tout le patrimoine de Limoges et de sa région. En hors-saison : possibilité location avec coin-cuisine équipé pour séjour longue durée. A20 à 3 km, sorties 34 ou 35. Golf 4 km.

Prix : 1 pers. 31 € 2 pers. 37 € 3 pers. 45 €
Ouvert : Toute l'année.

	6	5	2	2	1	2	5	5

Daniel et Roselyne MAQUET - Echaudieras - 87350 PANAZOL - Tél. : 05 55 06 05 17

PANAZOL   C.M. 72 Pli 17/18

5 ch. Limoges 6 km. 2 chambres sont aménagées en mansarde dans la maison des propriétaires, trois dans une dépendance mitoyenne. Salle d'eau et wc privés. Grand séjour rustique avec salon de lecture en mezzanine. Ce logis du XIX° siècle donne sur un parc arboré de 3 ha. avec piscine. Henri est un spécialiste de la décoration sur porcelaine et vous fera découvrir les arts du feu. Capitale des arts du feu. Musées de la porcelaine et des émaux. Ancienne cité et cathédrale. Centre de la Mémoire d'Oradour-sur-Glane Langue parlée : anglais.

Prix : 1 pers. 43 € 2 pers. 49 € 3 pers. 57 € repas 19 €
Ouvert : Toute l'année.

	6	SP	3	2	2	3	6	6	2

Henri et Maryse CHAMOULAUD - 4, allée de Courbiat - 87350 PANAZOL - Tél. : 05 55 30 81 37 ou 06 82 96 05 83 - Fax : 05 55 31 00 98 - E-mail : henri.parry@libertysurf.fr

Haute-Vienne

Limousin

PENSOL

C.M. 72 Pli 16

3 ch.

3 chambres douillettes aménagées en mansarde dans une ancienne maison de caractère, chacune avec salle d'eau et wc privés. Au r.d.c. : salon et séjour avec cheminée portant un écusson de 1622. Pensol est un petit bourg tranquille au cœur du Parc Naturel Régional du Périgord-Limousin. Prix 1/2 pension pour 1 semaine. A la table d'hôte : cuisine variée et saine, légumes du jardin, que de bons produits naturels ! Terrasse et barbecue pour les beaux jours. Langue parlée : anglais.

Prix : 1 pers. 31 € 2 pers. 40 € 3 pers. 50 € repas 13 €
Ouvert : Toute l'année.

9	7	3	SP	7	8	

Agnès et J-François FOURGEAUD - La Vieille Maison - 87440 PENSOL - Tél. : 05 55 78 75 14

PENSOL Le Moulin

A

C.M. 72 Pli 16

3 ch.

Ancien moulin situé au bord du Bandiat dans le Parc Naturel Régional. A l'étage : 3 ch. pour 2 et 4 pers., avec salle d'eau et wc privés. Au r.d.c., une petite salle où sont servis les repas de la ferme-auberge. Lapins, volailles et petits fruits produits naturellement, titilleront avec délice vos papilles à la table de la ferme-auberge. Langue parlée : anglais.

Prix : 1 pers. 31 € 2 pers. 38 € 3 pers. 43 € pers. sup. 11 € repas 13 €
Ouvert : Toute l'année.

9	15	SP	5	SP	10	16	15

Catherine BERTHELOT - Le Moulin - 87440 PENSOL - Tél. : 05 55 78 21 31 - Fax : 05 55 78 21 31

PEYRAT-DE-BELLAC La Lande

C.M. 72 Pli 7

3 ch.

Dans une belle maison marchoise : 3 chambres avec sanitaires particuliers. Grande salle commune avec cheminée qui donne de plain-pied sur une terrasse et un jardin avec piscine privée. A 3 km de la route Poitiers-Limoges (N147). Proche de Bellac, en direction de Poitiers, une petite route conduit à la ferme d'élevage ovin, de Marie et Georges. A la table d'hôtes, Marie, fin cordon bleu, vous fera déguster ses spécialités limousines après un apéritif maison : agneau de leur élevage, paté de pommes de terre, flognarde...

Prix : 1 pers. 34 € 2 pers. 40 € 3 pers. 47 € repas 15 €
Ouvert : De Pâques à fin octobre.

SP	3	5	5	1	5	5

Georges et Marie QUESNEL - La Lande - 87300 PEYRAT-DE-BELLAC - Tél. : 05 55 68 00 24 ou 05 55 68 31 83

PEYRAT-LE-CHATEAU Bois la Combe   Alt. : 560 m

C.M. 72 Pli 19

2 ch.

Lac de Vassivière 10 km. Une grande maison dans une propriété au cœur de la Montagne Limousine, vous propose de plain-pied : 1 ch. 2 pers. et 1 suite de 2 ch. pour 4 pers., avec salle d'eau et wc.

Prix : 1 pers. 30 € 2 pers. 35 € 3 pers. 66 € pers. sup. 4 €
Ouvert : Toute l'année.

2	12	2	1	9	13	12	3

Nicole LYRAUD - La Ribière aux Gours - Bois la Combe - 87470 PEYRAT-LE-CHATEAU - Tél. : 05 55 69 41 64 - Fax : 05 55 69 41 64

PEYRAT-LE-CHATEAU Quenouille   Alt. : 750 m

C.M. 72 Pli 19

4 ch.

Lac de Vassivière (1000 ha.) 3 km. Le hameau de Quenouille bénéficie d'une vue imprenable sur la petite vallée de Peyrat-le-Château. 4 chambres avec salles d'eau particulières dont 1 avec wc privés dans une maison contiguë à l'habitation de Bruno et ses enfants. Séjour/coin-salon avec TV. Prix 1/2 pens. pour 1 semaine : 183 €. Langues parlées : anglais, allemand.

Prix : 1 pers. 28 € 2 pers. 34 € 3 pers. 39 € pers. sup. 3 € repas 14 €
Ouvert : De février à novembre.

4	12	4	4	SP	8	4	12	6

Bruno PERIN - Quenouille - 87470 PEYRAT-LE-CHATEAU - Tél. : 05 55 69 25 76 - Fax : 05 55 69 25 76 - E-mail : brperin@wanadoo.fr

PEYRAT-LE-CHATEAU Villards

C.M. 72 Pli 19

5 ch.

Lac de Vassivière 8 km. Une belle bâtisse en pierre sur une propriété de 30 ha. de forêts et de prairies. 1 ch. au r.d.c. et 4 ch. à l'étage (2 à 4 pers.), toutes avec salle d'eau et wc privés. Salon avec cheminée (bibliothèque, TV, billard). Location VTT. Nous vous invitons à découvrir la nature sauvage de Millevaches au cours de magnifiques balades pédestres, équestres ou en VTT.

Prix : 1 pers. 34 € 2 pers. 41 € 3 pers. 48 € pers. sup. 8 € repas 14 €
Ouvert : Toute l'année.

2	12	2	SP	SP	SP	8	12	12	2

Bernard LEPORCHER - Villards - 87470 PEYRAT-LE-CHATEAU - Tél. : 05 55 69 21 36

Limousin   **Haute-Vienne**

PEYRILHAC La Boisserie   *C.M. 72 Pli 7*

⫶⫶⫶ 3 ch.   3 chambres spacieuses et confortables avec sanitaires privés, dans une maison indépendante avec séjour, coin-salon. Vous êtes accueillis chez des artisans. Restaurant 3 km. Poss. location cuisine pour séjours. La Boisserie est un hameau tranquille à 2 km de la nationale Limoges/Poitiers. Base de départ pour randonnées dans les monts de Blond.

Prix : 1 pers. 33 € 2 pers. 38 € 3 pers. 51 €
Ouvert : Du 1er avril au 31 octobre.

🐕	⛱	🚣	🎾	🚶	🚂	🚴
11	7	3	3	3	2	3

Louis et Josette SAVATTE - La Boisserie - 87510 PEYRILHAC - **Tél.** : 05 55 75 69 68

REMPNAT Château de la Villeneuve   Alt. : 500 m   🛏 (TH)   *C.M. 72 Pli 19*

⫶⫶⫶ 3 ch.   **Lac de Vassivière 15 km.** 3 chambres dont une suite, avec salle d'eau et wc privés, ouvrent par de grandes fenêtres sur le parc ou sur la rivière. Au r.d.c. salon avec cheminée, salle à manger. Manoir du XIXe siècle sur les contreforts du plateau de Millevaches entouré d'un vaste parc. Piscine intérieure chauffée. Ateliers de peinture sur soie et de miniatures. Billard snooker. Pêche privée no kill sur la Vienne ou dégustation de savoureux menus préparés par le maître de maison. Langue parlée : anglais.

Prix : 1 pers. 59 € 2 pers. 75 € 3 pers. 90 € repas 23/38 €
Ouvert : Toute l'année.

🐕	⛱	🚣	🎾	🚶	🐎	⛵	🚂	🚴
15	SP	SP	5	SP	8	15	15	15

Jean-Claude AEN - Château de la Villeneuve - 87120 REMPNAT - **Tél.** : 05 55 69 99 28 - **Fax** : 05 55 69 99 26 -
E-mail : jean-claude.aen@wanadoo.fr

RILHAC-LASTOURS Rilhac   *C.M. 72 Pli 17*

⫶⫶⫶ 3 ch.   Dans une maison mitoyenne à celle de M. Debord : 3 chambres d'hôtes à l'étage, chacune pour 3 pers. avec salle d'eau et wc privés. Dans un village voisin, 2 petites maisons mitoyennes ont été aménagées pour l'accueil de 5 pers., chacune avec sanitaires particuliers et cuisine, elles peuvent être louées à la semaine.

Prix : 1 pers. 31 € 2 pers. 37 € 3 pers. 46 €
Ouvert : Toute l'année.

🐕	⛱	🚣	🎾	🚶	🐎	🚂	🚴
5	5	5	5	5	5	5	5

Alexis DEBORD - Rilhac - 87800 RILHAC-LASTOURS - **Tél.** : 05 55 58 22 43

ROCHECHOUART   (TH)   *C.M. 72 Pli 16*

E.C. 3 ch. Ancienne maison rénovée dans une cité de caractère. Elle donne sur une ruelle qui monte au château. 3 grandes chambres au 1er et 2e étage pour 2 et 3 pers. avec salle d'eau et wc privés. Rochechouart a été construite sur le site d'une météorite tombée il y a plus de 200 millions d'années. Son château du 15e abrite un musée d'art contemporain. Langues parlées : hollandais, anglais, allemand.

Prix : 2 pers. 46 € 3 pers. 55 € repas 14 €
Ouvert : Toute l'année.

🐕	⛱	🚣	🎾	🚶	🐎	🚂	🚴
12	14	1	1	SP	11	12	0,5

Niké et Jan KROES - 12, rue Porte Beraud - 87600 ROCHECHOUART - **Tél.** : 05 55 03 60 08 - **Fax** : 05 55 03 60 08 -
E-mail : nikejan@wanadoo.fr - perso.wanadoo.fr/marjul/

ROYERES Le Masbareau   (TH) 🐾   *C.M. 72 Pli 18*

⫶⫶⫶ 2 ch.   2 chambres d'hôtes au mobilier de caractère, avec sanitaires privés, au 1er et 2e étage de la demeure avec splendide panorama. Un appartement confortable peut accueillir une famille. Sur place : étangs de pêche, promenades en forêt privée, accueil de cavaliers. Vous êtes accueillis dans un parc aux arbres centenaires, au cœur d'un domaine agricole et forestier où sont élevés des bovins limousins en agriculture biologique. Langue parlée : anglais.

Prix : 1 pers. 40 € 2 pers. 43/46 € 3 pers. 51 € pers. sup. 12 €
repas 15 €
Ouvert : Toute l'année.

🐕	🚣	🎾	🚶	🐎	🚂
11	SP	5	SP	9	9

Anne BOUDET - Le Masbareau - 87400 ROYERES - **Tél.** : 05 55 00 28 22 - **Fax** : 05 55 00 28 22

ST-AUVENT Coufiegeas   (TH) 🐾   *C.M. 72 Pli 16*

⫶⫶⫶ 4 ch.   Entre Rochechouart et Saint-Junien, sur une colline dominant la Gorre, vous êtes accueillis par un couple franco-finlandais dans une ferme de caractère rénovée dans un cadre de verdure, accueillant et calme. À l'étage : 4 ch. avec sanitaires particuliers. Sur place, vous pouvez déguster les produits de la ferme : rillettes, pâtés, jambon et des plats régionaux. Réduction de 10 % à partir de la 3e nuit. Langue parlée : anglais.

Prix : 1 pers. 31 € 2 pers. 36 € 3 pers. 40 € pers. sup. 5 €
repas 13 €
Ouvert : Toute l'année.

🐕	⛱	🚣	🎾	🚶	🚂	🚴
10	10	1	SP	11	7	7

Geoffroy et Päivi TILLEUL - Coufiegeas - 87310 ST-AUVENT - **Tél.** : 05 55 48 16 12 - **Fax** : 05 55 48 16 12

Haute-Vienne
Limousin

ST-BONNET-BRIANCE Fraissanges
(TH) C.M. 72 Pli 18

1 ch. A l'étage de la maison, 1 chambre avec douche et wc particuliers (1 lit 2 pers. 1 lit 1 pers. 1 lit bébé) et 1 petit coin-salon indépendant avec 1 convertible 2 pers. Mme Vincent et ses enfants vous accueillent avec beaucoup de cordialité dans leur ferme d'élevage. Langue parlée : anglais.

Prix : 1 pers. 25 € 2 pers. 29 € 3 pers. 37 € repas 10 €
Ouvert : Toute l'année.

11	3		1	9	7	

Simone VINCENT - Fraissanges - 87260 ST-BONNET-BRIANCE - Tél. : 05 55 75 50 34 ou 05 55 75 57 49

ST-BRICE-SUR-VIENNE
C.M. 72 Pli 6

5 ch. 4 chambres harmonieusement décorées et 1 chambre familiale avec sanitaires privés (3 épis). En mezzanine coin-salon avec jeux de société et bibliothèque. Terrasse, portique, vélos. La Musardière est située à deux pas de la Vienne, sur un grand terrain bordée par un ruisseau. Langue parlée : anglais.

Prix : 1 pers. 28 € 2 pers. 34 € 3 pers. 49 € pers. sup. 9 €
Ouvert : Toute l'année.

8	SP	1	1	11	1	8	3

Lydie BONNOT - 2 route de Saint-Victurnien - 87200 ST-BRICE-SUR-VIENNE - Tél. : 05 55 03 34 07 - Fax : 05 55 03 34 07 - E-mail : lamusardiere@wanadoo.fr - perso.wanadoo.fr/musardiere/

ST-HILAIRE-BONNEVAL
(TH) C.M. 72 Pli 18

4 ch. Limoges 17 km. Dans un petit village typique du Val de Briance, 3 ch. avec salle d'eau et wc privés dans une ancienne forge et 1 ch. dans la maison du forgeron. Elles donnent de plain-pied sur un grand salon avec cheminée et sur un parc verdoyant et fleuri. Dominique et Aude vous feront partager leur passion pour ce site qu'ils ont choisi. Table d'hôtes sur réservation. Accès A20 sortie 39 à 3 km.

Prix : 1 pers. 29 € 2 pers. 36 € 3 pers. 42 € repas 12 €
Ouvert : Toute l'année.

16	16	2	SP	SP	3	4	5

Dominique et Aude BATAILLER - Le Bourg - La Forge - 87260 ST-HILAIRE-BONNEVAL - Tél. : 05 55 00 68 57 - E-mail : la_forge@mail.dotcom.fr - france-bonjour.com/batailler

---

ST-JUNIEN-LES-COMBES Château de Sannat
(TH) C.M. 72 Pli 7

4 ch. 4 chambres doubles très spacieuses avec sanitaires privés (douche ou bain) dont une classée 3 épis. Grand salon avec TV, salle à manger dans une belle demeure du XVIIIe siècle. Edifié sur une ancienne place forte, le château offre un large panorama sur les monts de Blond. Vaste parc avec jardin suspendu à la française, au cœur d'une propriété boisée de 500 ha, avec piscine et tennis privés. Langues parlées : allemand, espagnol.

Prix : 2 pers. 100 € repas 23 €
Ouvert : Juillet, août, septembre et vacances de la Toussaint.

SP	SP	SP	SP	3	9	9

Claude et Jacques de SAINTE-CROIX - Château de Sannat - 87300 ST-JUNIEN-LES-COMBES - Tél. : 05 55 68 13 52 - Fax : 05 55 68 13 52 - E-mail : labelette@aol.com

---

ST-JUST-LE-MARTEL Les Petits Rieux
(TH) C.M. 72 Pli 18

2 ch. A 15 km à l'est de Limoges. Saint-Léonard-de-Noblat 10 km. 2 chambres (3 pers.) aménagées dans une maison à 800 m de la ferme avec salle de bains et wc privés. Terrain. Parking. Tennis privé. Plage, rivière 10 km. Situées à 500 m de la N141.

Prix : 1 pers. 27 € 2 pers. 35 € 3 pers. 46 € pers. sup. 7 € repas 12 €
Ouvert : Toute l'année.

10	8	SP	3

BON François et Bernadette - Les Petits Rieux - 87590 ST-JUST-LE-MARTEL - Tél. : 05 55 09 24 85 - Fax : 05 55 09 24 85

ST-LAURENT-SUR-GORRE Les Bellunies
(TH) C.M. 72 Pli 16

2 ch. Château de Rochechouart 17 km. A l'étage : 2 chambres pour 2 et 3 pers. avec sanitaires privés, séjour et salon avec cheminée. Au r.d.c., salle de jeux (billard) donnant sur le parc et le coin barbecue. Babette et Daniel se sont installés pour leur retraite dans ce coin tranquille du Parc Naturel Périgord-Limousin. Leur maison est située en pleine campagne dans un parc arboré de 3 ha. au bord d'un étang de pêche. Centre de la Mémoire d'Oradour-sur-Glane. Thermes de Chassenon. Langue parlée : anglais.

Prix : 1 pers. 33 € 2 pers. 39 € 3 pers. 45 € repas 12 €
Ouvert : Toute l'année.

3	12	SP	3	1	18	2

Babette et Daniel VILLEMIN - Les Bellunies - 87310 ST-LAURENT-SUR-GORRE - Tél. : 05 55 48 18 63 - Fax : 05 55 48 18 63

Limousin — Haute-Vienne

ST-LEGER-LA-MONTAGNE Saint-Léger   Alt. : 580 m   *C.M. 72 Pli 8*

3 ch. 3 chambres sont aménagées à l'étage d'une maison communale qui abrite un gîte d'étape au rez-de-chaussée. Sanitaires communs. Chauffage électrique. Le petit déjeuner et le dîner sont servis dans l'auberge sympathique des « Trois Clochers » à 2 pas. Sur place, départ de sentiers de randonnée. Dans le petit village de Saint-Léger au cœur des monts d'Ambazac, une grande maison de granit.

Prix : 1 pers. **22 €** 2 pers. **27 €**
Ouvert : Toute l'année.

9	6	5	SP	12	10	6	

COMMUNE DE SAINT-LEGER-LA-MONTAGNE - 87340 ST-LEGER - Tél. : 05 55 39 80 83 - Fax : 05 55 39 81 27

ST-LEGER-LA-MONTAGNE Lasgorceix   Alt. : 550 m   *C.M. 72 Pli 8*

E.C. 3 ch. Dans une ancienne ferme rénovée au cœur des Monts d'Ambazac, 1 chambre et 2 suites de 2 chambres avec salle d'eau et wc privés. Pascal, professeur de français à Taïwan vous fera découvrir l'art du thé chinois et vous apprendra à calligraphier votre nom en mandarin. Les Monts d'Ambazac : pays du granit et des maçons limousins. Musée de minéralogie... Langues parlées : anglais, chinois.

Prix : 1 pers. **30 €** 2 pers. **40 €** 3 pers. **50 €** pers. sup. **10 €**

11	6	6	SP	12	7	7

Anne et Pascal BRUNEAU - Lasgorceix - 87340 ST-LEGER-LA-MONTAGNE - Tél. : 05 55 79 66 59 - Fax : 05 55 79 66 59 -
E-mail : pascalbr@aol.com

ST-LEONARD-DE-NOBLAT   *C.M. 72 Pli 18*

5 ch. Dans le bourg de St-Léonard-de-Noblat, remarquable cité médiévale, 2 chambres (1 épi) dans la maison, avec salle d'eau et wc communs et 3 chambres avec salle d'eau et wc privés dans la maison attenante reliée par un jardin fleuri. A disposition : salon, lave-linge. Pour séjours prolongés : coin-repas avec cuisine. Tarifs groupe, week-end et semaine. Françoise vous racontera Léonard, les massepains et vous fera partager son goût pour la création de petits émaux et la fabrication de bouquets secs. Accueil particulier réservé aux cyclotouristes, dans la patrie de Raymond Poulidor.

Prix : 1 pers. **29 €** 2 pers. **40 €** 3 pers. **53 €** pers. sup. **14 €**
Ouvert : Toute l'année.

15	0,5	2	0,5	11	1	SP

Françoise BIGAS - 20, rue Jean Jaurès - 87400 ST-LEONARD-DE-NOBLAT - Tél. : 05 55 56 19 47 - Fax : 05 55 56 19 47

ST-LEONARD-DE-NOBLAT La Réserve à Bassoleil   *C.M. 72 Pli 18*

2 ch. 1 chambre d'hôtes 2 pers. aménagée à l'étage d'une maisonnette, attenante à la maison des propriétaires, au cœur d'un joli parc fleuri de perces neige, de rhododendrons ou d'hortensias bleus selon la saison. Salon avec cheminée. Cuisine (lave-linge). Salle d'eau et wc au rez-de-chaussée. Possibilité 1 chambre annexe. Réduction de 2,5 €/pers. à partir de la 2e nuit. Langues parlées : anglais, allemand, hollandais.

Prix : 1 pers. **30 €** 2 pers. **45 €** 3 pers. **60 €** pers. sup. **15 €**
Ouvert : Toute l'année sur réservation.

8	6	3	6	9	5	5

Neline JANSEN DE VOMECOURT - La Réserve à Bassoleil - 87400 ST-LEONARD-DE-NOBLAT - Tél. : 05 55 56 18 39 -
E-mail : vomecourt.jansen1@libertysurf.fr

ST-LEONARD-DE-NOBLAT Chabant   *C.M. 72 Pli 18*

2 ch. Maison indépendante située dans la campagne, à 2 km du bourg. 2 chambres : 1 (3 épis) à l'étage avec salle d'eau et wc privés et 1 (2 épis) au rez-de-chaussée avec douche et wc privés. Jardin et parking fermés. A proximité du bourg médiéval de Saint-Léonard-de-Noblat, patrie de Raymond Poulidor.

Prix : 1 pers. **29 €** 2 pers. **37 €** 3 pers. **46 €**
Ouvert : Toute l'année.

13	1	2	1	2	15	1	1,5

Thérèse et René JACQUELINE - Chabant - 87400 ST-LEONARD-DE-NOBLAT - Tél. : 05 55 56 88 95

ST-MARTIN-TERRESSUS La Gasnerie   (TH)   *C.M. 72 Pli 8*

4 ch. Entre St-Léonard et Ambazac, dans une dépendance ouvrant sur un jardin ombragé et fleuri, 3 ch. lambrissées à l'étage, avec s.d.b. et wc privés, 1 au r.d.c. : 1 ch. avec s. d'eau/wc, poss. lit bébé. Salon. Chauffage central et électrique. Repas sur réservation. 1/2 pens. pour 2 pers./semaine : 381 €. A20 sorties 26 et 33, à 1 km de la D5, sur la D29. Si vous aimez le douceur de la campagne, le calme, la nature, les animaux, les paysages vallonnés, Marie et Paul vous invitent à venir partager le charme de la Gasnerie.

Prix : 1 pers. **28 €** 2 pers. **34 €** 3 pers. **42 €** repas **13 €**
Ouvert : Toute l'année.

6	12	3	3	8	12	3

Paul et Marie POUSSIN - La Gasnerie - 87400 ST-MARTIN-TERRESSUS - Tél. : 05 55 57 11 64 - Fax : 05 55 57 12 65

Haute-Vienne

Limousin

ST-PARDOUX Vaugueniges
C.M. 72 Pli 7

5 ch. Dans un parc de 7 ha., avec piscine couverte et chauffée, sauna, jacuzzi, château du XIXe. 5 grandes ch. avec salle d'eau particulière. Salons (TV, bibliothèque, piano). Centre équestre sur place. Cuisine au choix : produits du terroir, plats cuisinés, spécialités diététiques. Un espace est réservé aux fumeurs. Centre équestre sur place. Marick, professeur de yoga, Gestalt practicienne, diététicienne et Alain, professeur d'éducation physique et maître nageur/sauveteur proposent des séjours à thèmes : natation, forme, détente, santé... Langues parlées : espagnol, anglais, allemand.

Prix : 1 pers. 54/57 € 2 pers. 67/70 € 3 pers. 80/83 € pers. sup. 13 € repas 22 €

Ouvert : Du 1er avril au 1er novembre.

3	SP	SP	6	3	SP	10	38	3

Alain et Marick CLAUDE - Château de Vaugueniges - 87250 ST-PARDOUX - Tél. : 05 55 76 58 55 - Fax : 05 55 76 57 11 - E-mail : vauguenige@voila.fr

ST-PRIEST-LIGOURE Moulin du Cap
C.M. 72 Pli 17

4 ch. 4 chambres d'hôtes aménagées dans un moulin, au bord d'un petit étang. 3 chambres avec douche et wc privés (2 et 3 épis), 1 chambre avec douche privée et wc communs (2 épis). Chauffage central. Jeux, parking, pré. Forêt 9 km. Lac 10 km. Renée vous fera goûter ses spécialités : boudins aux châtaignes, patissons frits, lapin sauté, tarte aux pommes. Gaston vous guidera dans la visite de son moulin.

Prix : 1 pers. 28 € 2 pers. 31 € 3 pers. 39 € pers. sup. 7 € repas 13 €

Ouvert : Toute l'année.

10	SP	5	12	11	1

Gaston et Renée AUDEVARD - Moulin du Cap - 87800 ST-PRIEST-LIGOURE - Tél. : 05 55 00 62 28

ST-SYLVESTRE-GRANDMONT Bois Sauvage Alt. : 600 m
C.M. 72 Pli 8

3 ch. Au cœur des Monts d'Ambazac, dans une belle maison en bois massif, entourée de forêts et d'étangs, 3 ch. confortables et coquettes (2/4 pers.) avec s.d.b. et wc privés. Pour les séjours supérieurs à 1 nuit prix 1 à 2 pers. : 42 €, 3 pers. : 57 €, 4 pers. : 72 €. Lieu calme propice à des séjours de repos. Cuisine saine et familiale. Repas végétarien sur demande. Exposition de peintures sur place. randonnées, cueillette de champignons, centres équestres, tennis. Lac de Saint-Pardoux et sa base nautique à 10 km. Accueil chaleureux. Langues parlées : italien, anglais, espagnol.

Prix : 1 pers. 46 € 2 pers. 46 € 3 pers. 62 € pers. sup. 16 € repas 14 €

Ouvert : Toute l'année.

8	8	8	SP	8	8	8

Edith et Lorenzo RAPPELLI - Les Chênes - Les Sauvages par Grandmont - 87240 ST-SYLVESTRE - Tél. : 05 55 71 33 12 - Fax : 05 55 71 33 12 - E-mail : les.chenes@wanadoo.fr - www.haute-vienne.com/chenes.htm

ST-VICTURNIEN
C.M. 72 Pli 6

3 ch. Belle maison de maître de moulin construite en 1850 et récemment restaurée. 2 chambres 2 pers. et une suite de 2 chambres 5 pers. avec sanitaires privés. Le jardin en terrasse offre une vue panoramique sur la vallée de la Vienne. Piscine (12 x 5), pétanque, badminton, billard anglais, barbecue. Philippe et Angela Debernard vous réservent un chaleureux accueil franco-irlandais. Centre de la Mémoire d'Oradour-sur-Glane. Château de Rochechouart. Thermes de Chassenon. Langue parlée : anglais.

Prix : 1 pers. 39/45 € 2 pers. 45/60 € 3 pers. 68 € pers. sup. 7 € repas 14 €

Ouvert : Toute l'année.

8	SP	0,5	0,5	SP	15	SP	SP

Philippe et Angela DEBERNARD - 32 rue Alluaud - la Maison de Maître Dony - 87420 ST-VICTURNIEN - Tél. : 05 55 03 19 99 - Fax : 05 55 03 54 50 - E-mail : debernardphil@aol.com

ST-VICTURNIEN La Chapelle Blanche
C.M. 72 Pli 7

3 ch. 1 chambre familiale (1 lit 2 pers., 2 lits 1 pers.) et 2 chambres 2 pers. Chaque chambre dispose d'une entrée de salle d'eau et wc. Repas sur réservation. Grande cour fermée. Tennis de table. Dans leur ferme typique adossée au village de la Chapelle Blanche, Marcel et Anne-Marie produisent l'agneau « Baronnet ». De jolies balades dans les chemins de la ferme encouragent à la randonnée pédestre.

Prix : 1 pers. 30 € 2 pers. 38 € 3 pers. 50 € pers. sup. 5 € repas 13 €

Ouvert : Du 15 avril au 31 octobre.

12	2	4	4	13	3

Anne-Marie et Marcel LALOYAUX - La Chapelle Blanche - 87420 ST-VICTURNIEN - Tél. : 05 55 03 58 20

ST-VICTURNIEN Le Loubier
C.M. 72 Pli 6

4 ch. Oradour-sur-Glane 4 km. Près de la vallée de la Vienne, cette grande demeure du XIXe siècle ouvre sur un parc peuplé d'arbres centenaires. A l'étage : 3 ch. spacieuses de 2 à 4 pers. au mobilier de caractère, avec salle d'eau et wc privés. R.d.c. : 1 suite familiale accessible aux personnes handicapées. Réduc. pour séjour 1 semaine. Restaurants à proximité. A 5 km, centre de la mémoire d'Oradour-sur-Glane : village de St-Victurnien, la route Richard Cœur de Lion, les monts de Blond.

Prix : 1 pers. 31 € 2 pers. 42 € 3 pers. 49 € pers. sup. 6 €

Ouvert : Toute l'année.

11	11	3	3	3	14	3	3

Michel DAURIAC - Le Loubier - 87420 ST-VICTURNIEN - Tél. : 05 55 03 29 22

Limousin — Haute-Vienne

ST-VITTE-SUR-BRIANCE Lapeyrousse
C.M. 72 Pli 18

4 ch. — 4 chambres d'hôtes aménagées dans une maison indépendante. Salle d'eau et wc communs aux chambres. Chauffage central, salon, TV. Garage, terrain. Prix 1/2 pension pour 1 semaine. N° tél. portable : 06.87.50.50.32. Accès par A20, sortie 42, direction La porcherie.

Prix : 1 pers. 25 € 2 pers. 28 € 3 pers. 39 € pers. sup. 4 € repas 10 € 1/2 pens. 160 €

Ouvert : Toute l'année.

6	6	6	SP	5	5

Marie-Christine DELORT - Manin - Lapeyrousse - 87380 ST-VITTE-SUR-BRIANCE - Tél. : 05 55 71 83 23 ou 05 55 71 70 60

ST-YRIEIX-LA-PERCHE Veyrinas
C.M. 72 Pli 17

3 ch. — 2 chambres sont installées à l'étage dans une grange rénovée, la troisième dans un petit chalet, chacune avec salle d'eau et wc privés. Ancienne ferme aménagée dans un joli site isolé aux confins du Périgord Vert, au bord de la Loue. M. Hochster, un cordon bleu est très attentif à la qualité de sa table d'hôte. Château de Nexon et de Coussac Bonneval. Collégiales romanes de Solignac et de St-Yrieix-la-Perche. Haras Nationaux de Pompadour. Langue parlée : allemand.

Prix : 1 pers. 35 € 2 pers. 40 € 3 pers. 52 € pers. sup. 5 € repas 12 €

Ouvert : Toute l'année.

6	4	SP	4	3	5	4

Micheline et Alfred HOCHSTER - Veyrinas - 87500 ST-YRIEIX-LA-PERCHE - Tél. : 05 55 08 21 96

ST-YRIEIX-SOUS-AIXE La Roche
C.M. 72 Pli 17

3 ch. — Limoges 12 km. 2 ch. avec douche, prise TV, 1 ch. avec grande salle de bains, prise TV. Dans cette demeure du début du siècle située sur les coteaux du Val de Vienne, Monique et Gérard vous accueilleront toute l'année. Ils ont décoré leurs 3 chambres d'hôtes avec les peintures réalisées par Monique et leurs nombreux souvenirs de voyage. Table d'hôtes sur réservation. Laissez-vous tenter par le chocolat et les confitures maison du petit-déjeuner, servi en été, à l'ombre des arbres centenaires. Langues parlées : espagnol, anglais.

Prix : 1 pers. 32 € 2 pers. 37/42 € pers. sup. 13 € repas 14 €

Ouvert : Toute l'année.

11	9	SP	1	4	9	9	5

Monique CABIN - La Roche - 87700 ST-YRIEIX-SOUS-AIXE - Tél. : 05 55 03 54 77 - E-mail : gecabs@net-up.com

VERNEUIL-MOUSTIERS Domaine du Fan
C.M. 68 Pli 16

E.C. 5 ch. — Une belle allée de chênes conduit à ce Manoir du XIX siècle, situé dans une propriété de 60 ha., 5 chambres d'hôtes pour 2 à 4 pers. avec salle d'eau et wc privés. Séjour, salon de lecture, salle vidéo. Attraits touristiques, la Collégiale romane du Dorat, le Futuroscope. Prix pour enfant dans la ch. (3-12 ans) : 5 €. Suzanne Nozari a été séduite par ce lieu plein de charme, aux confins du Parc Naturel Régional de la Brenne. Langues parlées : anglais, allemand.

Prix : 1 pers. 43 € 2 pers. 52 € 3 pers. 59 € repas 13 €

Ouvert : Toute l'année.

18	SP	SP	SP	15	7	19	4

Suzanne NOZARI - Domaine du Fan - 87360 VERNEUIL-MOUSTIERS - Tél. : 05 55 68 25 30 - Fax : 05 55 60 14 56 -
E-mail : contact@domainedufan.de - www.domainedufan.com

VERNEUIL-SUR-VIENNE L'Oustalet
C.M. 72 Pli 7/11

E.C. 2 ch. — Dans une partie attenante à leur habitation, à l'étage : 2 chambres avec sanitaires privés, lit bébé mis à disposition. Restaurant à 5 km. Sylvie et Eric ont aménagé une ancienne ferme située dans un hameau, à 5 minutes de la sortie ouest de Limoges. Centre de la Mémoire d'Oradour-sur-Glane. Château de Rochechouart. Thermes de Chassenon. Langues parlées : anglais, allemand.

Prix : 1 pers. 30 € 2 pers. 39 €

Ouvert : Toute l'année.

11	7	3	5	5	13	6

Sylvie et Eric BARELAUD-TKACZUK - L'Oustalet - Tranchepie - 87430 VERNEUIL-SUR-VIENNE - Tél. : 05 55 00 17 35 -
Fax : 05 55 00 17 35 - E-mail : eric.barelaud@worldon.line.fr

VEYRAC Grand Moulin
C.M. 72 Pli 7

3 ch. — Limoges 15 km. Centre de la Mémoire d'Oradour-sur-Glane 6 km. M. et Mme Doridant ont aménagé une ancienne grange limousine située près de leur logis. 3 chambres spacieuses avec salle d'eau ou bain et wc privés. Salle à manger, salon en mezzanine. Belle piscine privée. Pas de TH le mardi soir. Musées de la porcelaine et des émaux. Langue parlée : anglais.

Prix : 1 pers. 38 € 2 pers. 46 € 3 pers. 55 € pers. sup. 8 € repas 14 €

Ouvert : De mars à octobre.

12	SP	6	1	1	10	16	16	1

Guy et Gisèle DORIDANT - Grand Moulin - 87520 VEYRAC - Tél. : 05 55 03 11 87 - Fax : 05 55 03 11 87

MIDI-PYRÉNÉES

Pour réserver, écrire ou téléphoner :

09 - ARIÈGE
GÎTES DE FRANCE - LOISIRS ACCUEIL
31 bis, rue du Général-de-Gaulle - B.P. 143
09000 FOIX
Tél. : 05 61 02 30 80 ou 05 61 02 30 89
Fax : 05 61 65 17 34
E-mail : gites-de-france.ariege@wanadoo.fr

12 - AVEYRON
CENTRALE DE RÉSERVATION
GÎTES DE FRANCE - Maison du Tourisme
17, rue Aristide-Briand - B.P. 831
12008 RODEZ Cedex
Tél. : 05 65 75 55 55 - Fax : 05 65 75 55 61
E-mail : gites.de.france.aveyron@wanadoo.fr

31 - HAUTE-GARONNE
GÎTES DE FRANCE - LOISIRS ACCUEIL
14, rue Bayard - B.P. 845
31015 TOULOUSE Cedex 06
Tél. : 05 61 99 44 00 - Fax : 05 61 99 44 19
E-mail : info@gites-de-france-31.com
www.gites-de-france-31.com

32 - GERS
GÎTES DE FRANCE - Service Réservation
Maison de l'Agriculture - Route de Tarbes
B.P. 161
32003 AUCH Cedex
Tél. : 05 62 61 79 00 - Fax : 05 62 61 79 09
E-mail : loisirs.accueil.gers@wandoo.fr
www.resinfrance.com/gers-gascogne/

46 - LOT
GÎTES DE FRANCE - Maison du Tourisme
B.P. 162
46003 CAHORS Cedex 9
Tél. : 05 65 53 20 75 - Fax : 05 65 53 20 79
E-mail : gites-de-france.lot@wanadoo.fr

65 - HAUTES-PYRÉNÉES
GÎTES DE FRANCE
22, place du Foirail
65000 TARBES
Tél. : 05 62 34 31 50 - Fax : 05 62 34 37 95
E-mail : contact@gites-france-65.com
www.gites-france-65.com

81 - TARN
A.T.T.E.R. - Maison des Agriculteurs
B.P. 89
81003 ALBI Cedex
Tél. : 05 63 48 83 01 - Fax : 05 63 48 83 12
E-mail : gitesdutarn@free.fr
www.gites-tarn.com

82 - TARN-ET-GARONNE
GÎTES DE FRANCE - LOISIRS ACCUEIL
2, bd Midi-Pyrénées - B.P. 534
82005 MONTAUBAN Cedex
Tél. : 05 63 21 79 61 - Fax : 05 63 66 80 36
E-mail : cdt82@wanadoo.fr
www.resinfrance.com

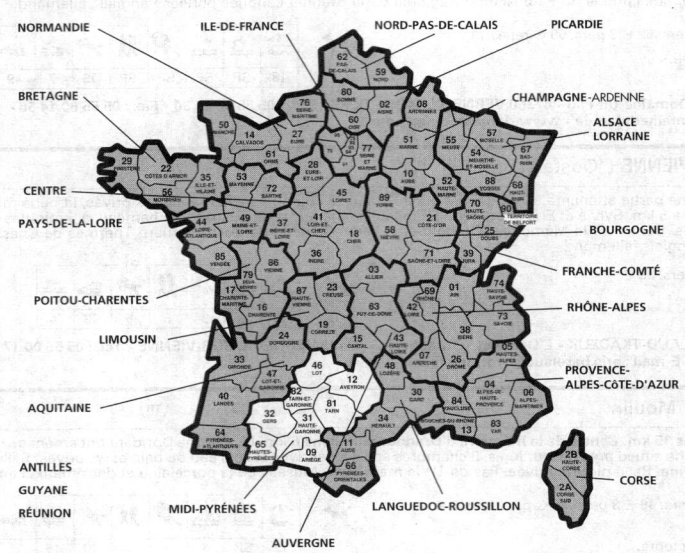

Midi-Pyrénées

Ariège

GITES DE FRANCE - LOISIRS ACCUEIL
37 bis, rue du Général de Gaulle - B.P. 143 - 09000 FOIX
Tél. 05 61 02 30 80 ou 05 61 02 30 89 - Fax 05 61 65 17 34
E.mail : gites-de-france.ariege@wanadoo.fr

APPY
Alt. : 970 m (TH) *C.M. 86 Pli 15*

3 ch. R.d.c. : salle commune avec cheminée. 1ᵉʳ étage : 2 ch. (1 lit 2 pers. 1 lit 1 pers., salle d'eau et wc privés chacune). 2ᵉ étage : 1 ch. familiale (1 lit 180, 1 annexe 2 lits 1 pers.), s. d'eau et wc privés. Salon de jardin. Dans une jolie maison de montagne, au cœur du petit village d'Appy. Grand jardin attenant. Prix 1/2 pension et pension sur la base de 2 pers. 4 pers. 60 €.

Prix : 1 pers. 29 € 2 pers. 39 € 3 pers. 49 € repas 15 €
1/2 pens. 67 € pens. 96 €
Ouvert : Toute l'année.

9	9	8	18	10	22	18	1	9	9

Martine SERENA - 09250 APPY - Tél. : 05 61 64 46 88 - http://perso.wanadoo.fr/patrick.blaser/

ARTIX Varilhes
C.M. 86 Pli 4

2 ch. Varilhes 6 km. Dans une maison indépendante, toute en pierres apparentes, au milieu des prés et des bois en pleine campagne, sur un très grand terrain de 5000 m² clos. 2 ch. d'hôtes en cours de classement. R.d.c. : séjour avec cheminée et coin-salon. Accès indépendant aux chambres. 1 ch. (1 lit 2 pers.), 1 ch. (1 lit 1 pers.), salle d'eau et wc privés communs aux 2 chambres. Madame Galy vous accueille dans sa maison d'hôtes, située en pleine campagne ariégeoise, au milieu de prés et entourée de bois, vous savourerez calme et tranquilité. Rivière à 6 km et randonnée à 30 km. Abri couvert pour voitures.

Prix : 1 pers. 32 € 2 pers. 36 € pers. sup. 16 €
Ouvert : Toute l'année.

6	6	30	6	3	

Pierrette GALY - Sangy - 09120 ARTIX - Tél. : 05 61 69 58 15

AUGIREIN
Alt. : 600 m *C.M. 86 Pli 4*

2 ch. Saint-Lizier 25 km. Saint-Bertrand-de-Comminges 35 km. Au bord d'une petite rivière, à 200 m du village. Les propriétaires, pépinièristes, vous proposent dans une maison typique des montagnes ariégeoises, 2 chambres : 1 ch. (1 lit 160, 1 lit 1 pers.), 1 ch. (1 lit 160 et canapé-lit), chacune avec salle d'eau et wc privés. Lieux communs : salon, terrasse et jardin fleuri et arboré. Les propriétaires vous feront partager dans un écrin de verdure arboré et fleuri, leur passion des plantes ornementales. Petit camping. Jardin à proximité. Journée du patrimoine artisanal le 17 août (démonstration de savoir faire). Langues parlées : anglais, italien.

Prix : 1 pers. 31 € 2 pers. 37 € 3 pers. 45 €
Ouvert : Du 1ᵉʳ juin au 20 novembre.

11	4	20	22	58	2	40	11

Charles et Claudine DAFFIS - La Vie en Vert - 09800 AUGIREIN - Tél. : 05 61 96 82 66 - Fax : 05 61 04 73 00

AUGIREIN Le Castillou
Alt. : 600 m (TH) *C.M. 86 Pli 2*

E.C. 3 ch. Sabotier d'Audressein 10 km. R.d.c. : 1 ch. (1 lit 2 pers. 1 lit 1 pers.), salle de bains et wc privés. 1ᵉʳ étage : 1 ch. (1 lit 2 pers.), salle d'eau et wc privés. 1 ch. (1 lit 160), salle de bains et wc privés. 1 chambre complémentaire servant d'appoint à une même famille (2 lits 1 pers.), salle d'eau commune avec une autre chambre. 1/2 pension : -15 % à partir de 4 jours. Tarif chambre complémentaire de 9 à 19 €. Situé au cœur des Pyrénées Ariégeoises, dans le petit village d'Augirein, le Castillou se présente idéalement pour vous faire passer des vacances vertes au grand air et dans un environnement chaleureux. Musée et fabrication artisanale fromagère à 12 km. Langue parlée : anglais.

Prix : 1 pers. 30 € 2 pers. 40 € 3 pers. 50 € pers. sup. 10 €
repas 14 €
Ouvert : Toute l'année.

12	2	10	50	23	0,5	40	3

Jean-Marc et Marie-Antoinette AZEMA-ABELOUS - Le Castillou - 09800 AUGIREIN - Tél. : 05 61 04 82 72 -
E-mail : jmAzema@wanadoo.fr - http ://perso.wanadoo.fr/jean-marc.azema/

AX-LES-THERMES Bazerques
Alt. : 800 m *C.M. 86 Pli 15*

5 ch. 5 chambres dont 2 au rez-de-chaussée et 3 à l'étage avec chacune 2 lits 1 pers., salle d'eau et wc privatifs. Grand séjour/salle à manger chaleureux avec une cheminée en pierre. Barbecue dans la cour. Ax-les-Thermes, station thermale réputée pour les affections rhumatismales et ORL. A la sortie d'Ax-les-Thermes, en direction d'Andorre et de l'Espagne, un petit hameau perché et ensoleillé, facile d'accès, Margreth et Pierre vous accueilleront dans leur maison de montagne. Belle cheminée dans le salon, idéal pour séjour à la montagne, ski et randonnée. Langue parlée : allemand.

Prix : 1 pers. 30 € 2 pers. 42 €
Ouvert : Toute l'année sauf novembre.

3	3	5	70	20	10	2	SP	4	2

Pierre SERRES - 2E Bazerques - « l'Adret » - 09110 AX-LES-THERMES - Tél. : 05 61 64 05 70

Ariège — Midi-Pyrénées

BENAC — Château de Benac
Alt. : 500 m — C.M. 86 Pli 4

6 ch. **Foix 8 km.** Au « château de Bénac », demeure du XVIIe. En r.d.c., salles communes : TV, cheminées, bibliothèque, jeux enfants. Au 2e étage : 3 ch. avec 1 lit 2 pers. et 3 ch. avec 1 lit 2 pers. et 1 lit 110, salle d'eau, wc. Chauffage électrique. Au Château de Bénac, situé au milieu de la nature, dans la vallée de la Barguillère, Serge et Sylvie vous accueillent dans leur magnifique demeure, au centre du département, dans le pays du Comte de Foix.

Prix : 1 pers. **38 €** 2 pers. **49/52 €** 3 pers. **58 €** pers. sup. **11 €** repas **16 €** 1/2 pens. **37/40 €**

Ouvert : Du 1er février au 15 novembre.

2	2	5	20	15	20	8	8

Serge et Sylvie DOUMENC - Château de Benac - 09000 BENAC - Tél. : 05 61 02 65 20

LE BOSC — Madranque
Alt. : 900 m

3 ch. **Foix 15 km. Col des Marous 2 km.** 3 chambres, 2 chambres avec salle d'eau et wc privatifs, accès indépendant. 1 chambre familiale, salle d'eau et wc privés (1 lit 2 pers.), 2 lits dans une annexe pour une même famille. Séjour avec cheminée. Prêt du lave-linge et du sèche-linge. Animaux acceptés sur demande. Chambre familiale 66 €/4 pers. Dans « la Vallée Verte », ancienne ferme dans un petit hameau de montagne, joliment restaurée avec vue sur les crêtes et la vallée. Possibilité de panier pique-nique. En hiver : ski de fond accompagné. Sur demande : stages de tissages et teintures végétales. Langues parlées : allemand, anglais.

Prix : 1 pers. **35 €** 2 pers. **40 €** 3 pers. **53 €** repas **14 €**

Ouvert : Toute l'année.

6	6	6	20	25	4	35	2	15	6

Birgit et J-Claude LOIZANCE - Madranque - 09000 LE-BOSC - Tél. : 05 61 02 71 29 - Fax : 05 61 02 71 29

BOUSSENAC — Les Trinquades
Alt. : 800 m — A — C.M. 86 Pli 4

4 ch. **Massat 7 km. Saint-Girons 30 km. Tarascon 23 km.** 4 chambres d'hôtes dans un 4 chalets individuels sur une propriété. Chacun pour 3 pers. : 1 ch. (1 lit 2 pers., 1 lit 1 pers.), salle d'eau avec wc, chauffage électrique. A proximité du Col de Port, la ferme-auberge domine toute la vallée, belles balades en montagne.

Prix : 1 pers. **28 €** 2 pers. **38 €** 3 pers. **53 €** 1/2 pens. **32 €**

Ouvert : Tous les jours en saison et tous les week-ends en hors saison.

23	7	7	23	7

Marie-Christine SOULA - Les Trinquades - 09320 BOUSSENAC - Tél. : 05 61 96 95 39

CAMON
C.M. 86 Pli 6

2 ch. **Mirepoix 14 km.** Sur une ferme d'élevage de bovins, dans une villa indépendante séparée des bâtiments agricoles, à l'étage : 1 ch. 3 épis (2 lits 2 pers.), s. d'eau et wc privés et 1 ch. 2 épis (1 lit 2 pers.), s. d'eau et wc privés. TV. Piscine et tennis sur place. Camping à la ferme. Produits fermiers. Restaurant 1,5 km. 4 pers. : 57 €.

Prix : 1 pers. **27 €** 2 pers. **34/38 €** 3 pers. **50 €**

Ouvert : Toute l'année.

SP	SP	5	0,3

Roger DUMONS - La Besse - 09500 CAMON - Tél. : 05 61 68 13 11

CAPOULET-JUNAC — Le Pré de la Forge
Alt. : 600 m — C.M. 86 Pli 17

3 ch. Dans une maison indépendante entourée d'espaces verts et de fleurs, dans un cadre reposant, aménagées au 1er étage 2 ch. 2 épis : 1 ch. (2 lits 1 pers.), s.d.b., wc. 1 ch. (1 lit 2 pers.), s. d'eau non fermée, wc privés (au r.d.c.). 1 ch. 3 épis (1 lit 2 pers.), s. d'eau privée attenante, wc. Chambres non fumeurs. TV dans chaque chambre. Les propriétaires vous accueilleront en toute simplicité dans leur maison et vous séduiront par leur gentillesse. Séjours hors juillet/août -20 % à partir de la 5e nuit sur la totalité du séjour.

Prix : 1 pers. **31/34 €** 2 pers. **34/37 €**

Ouvert : Du 1er avril au 30 septembre.

7	1	6	3	10	SP	7	7

Pierre DA SILVA - Le Pré de la Forge - 09400 CAPOULET-ET-JUNAC - Tél. : 05 61 05 93 57

CESCAU
Alt. : 700 m — C.M. 86 Pli 2

1 ch. En haut d'un village de montagne face aux Pyrénées (15 km), maison paysanne rénovée à pans et balcons de bois. 3 pièces privatives : ch. (1 lit 2 pers.), salle de bains et wc séparés, donnant dans un grand séjour avec mezzanine (1 lit 1 pers.). Confort et esthétique. Arts plastiques et étude nature pratiqués. Bibliothèque, grand jardin sauvage, entrée indépendante. Tarifs dégressifs au delà de 8 jours : - 10 %. En été, exposition des dessins et peintures des hôtes. Diverses activités de l'association culturelle : concerts, balades à thème en montagne. Langue parlée : anglais.

Prix : 1 pers. **32 €** 2 pers. **38 €** 3 pers. **51 €**

Ouvert : Toute l'année.

2	2	2	30	7	40	30	SP	13	1,5

Bernard RICHARD - 09800 CESCAU - Tél. : 05 61 96 74 24 - E-mail : tizirichard@caramail.com

Midi-Pyrénées — Ariège

COS Caussou
Alt. : 500 m A (TH)

E.C. 6 ch. Ferme indépendante consacrée à l'élevage Gascon. 2 ch. (1 lit 2 pers. chacune), 2 ch. (1 lit 2 pers. 1 lit 1 pers.), 2 ch. (3 lits 1 pers.), 1 ch. (2 lits 1 pers.). S. d'eau et wc privés pour chacune. 2 ch. avec balcon. Chambres à l'étage. Séjour, salle à manger, salon avec cheminée et bibliothèque. Lit suppl. sur demande. Parc fleuri autour de la maison. A proximité de la ville de Foix (5 mn en voiture) et près de Cos (petit village), la ferme de Caussou, entièrement rénovée, permet de passer d'agréables séjours au calme. Poss. de monter en estive avec la propriétaire 1 jour/semaine. Tarifs dégressifs dès la 2e nuit (hors juillet-août).

Prix : 2 pers. **43** € 3 pers. **55** € pers. sup. **14** € repas **14** €
1/2 pens. **64/73** €

0,3	0,3	1,5	12	18	45	30	3	2	2

Ouvert : Toute l'année sauf du 15 décembre au 15 janvier.

Paulette BABY - Caussou - 09000 COS - Tél. : 05 61 65 34 42

COS Lanque
1 ch.

Foix 5 km. Montségur 20 km. 1 ch. indépendante de 31 m² (1 lit 2 pers., 1 lit 1 pers.), salle d'eau, wc et terrasse privatifs. Chauffage central. Salle à manger commune en rez-de-chaussée. Loggia avec table en bois, jeux et terrasse privée. Située dans une très belle ferme du XVIIe siècle, face aux Pyrénées Ariégeoises avec une très belle vue sur la vallée, exposée plein sud, dominant la forêt.

Prix : 1 pers. **31** € 2 pers. **46** € pers. sup. **12** €
Ouvert : Toute l'année.

1	1	2	11	35	6	5

Monique DURAND - Lanque - Route de Lizonne - 09000 COS - Tél. : 06 83 28 94 46

DUN Cambel
2 ch. (TH)

R.d.c. : grande salle à manger, salon. 1er étage : 1 grande chambre (1 lit 1 pers. 1 lit 150), salle d'eau privative, wc. 2e étage : 1 grande chambre (3 lits 1 pers.), salle d'eau et wc privés. Chauffage. Prix 1/2 pension sur la base de 2 pers. Séjour de 4 nuits ou plus : 59 €/2 pers. Poss. repas végétarien ou dissocié sur demande. Au bord du Douctouyre, grande maison de caractère où vous serez servis des repas à base de produits de qualité.

Prix : 1 pers. **30** € 2 pers. **38** € 3 pers. **50** € repas **14** €
1/2 pens. **33** €

Ouvert : Du 1er avril au 1er novembre.

15	0,5	0,5	45	35	30	60	SP	20	15

Françoise et René COPIN-THEVENET - Cambel - 09600 DUN - Tél. : 05 61 68 69 31 - Fax : 05 61 68 69 31

ESPLAS-DE-SEROU Le Guerrat
Alt. : 560 m (TH)   *C.M. 86 Pli 4*

E.C. 2 ch. **Mas d'Azil 18 km. Saint-Lizier 20 km. Foix 35 km.** Dans une ancienne grange rénovée à 4 km de Rimont, 2 ch. avec table d'hôtes végétariennes. R.d.c. : grande salle avec coin-salon. Etage : 1 ch. (1 lit 160, 1 lit 2 pers.), 1 ch. (1 lit 2 pers. 1 lit 1 pers.), salle d'eau + wc privés à chaque chambre. Chauffage par poêles à bois. Parking. Accès des chambres directement sur le jardin pelousé. Terrasse demi-ombragée. Susan et Trévor vous proposent une table d'hôtes végétariennes avec des produits biologiques de leur exploitation qu'ils cultivent à proximité (3 km) et qu'ils transforment dans leur atelier sur place. Langues parlées : anglais, espagnol, allemand.

Prix : 1 pers. **28** € 2 pers. **38** € 3 pers. **48** € repas **11** €
Ouvert : Du 1er mai au 30 octobre.

18	4	18	25	4	60	60	1	18	18

Susan MORRIS - Le Guerrat - 09420 ESPLAS-DE-SEROU - Tél. : 05 61 96 37 03 - E-mail : leguerrat@aol.com - www.vegan.port5.com/flashvegangite.html

FABAS Château de Poudelay
C.M. 86 Pli 3

E.C. 1 ch. **Saint-Lizier 19 km.** Suite spacieuse, lit à baldaquin, salon avec cheminée, s.d.b. confortable, TV. Vue extraordinaire, château charmant sur un terrain de 32 ha. Grand salon, bibliothèque, petit salon, salle à manger, cuisine XVI, pièce panoramique. Jeux, équipement bébé, lits enfants. Taxi aéroport. Animaux admis sur demande. Exclusivement non fumeurs. Au cœur des Petites Pyrénées, un accueil chaleureux vous attend dans ce château plein de charme et d'originalité où déjà Napoléon III séjournait. Vous y trouverez repos et détente dans un domaine de verdure et de bois. Chapelle du XIXe siècle, terrasse, parc, bassin. Langues parlées : allemand, anglais, espagnol.

Prix : 2 pers. **92/115** €
Ouvert : Du 1er mars au 31 octobre.

22	5	3	19	12	2	15	2

Hans-Georg HONNE - Château de Poudelay - 09230 FABAS - Tél. : 05 61 66 88 86 - Fax : 05 61 66 88 86 - SR : 05 61 02 30 80
E-mail : poudelay@club-internet.fe - www.resinfrance.com

FOUGAX-ET-BARRINEUF Les Mijanes
Alt. : 650 m   *C.M. 86*

E.C. 1 ch. **Château de Montségur 12 km. Château de Puivert 15 km.** Proche du château de Montségur, ancienne ferme en lisière de forêt. 1 chambre spacieuse (1 lit 2 pers. 1 lit 1 pers.), salle de bains et wc privés. Entrée indépendante. Chauffage. Chantel Mignot vous fera partager son coin de tranquillité.

Prix : 1 pers. **35** € 2 pers. **40** € 3 pers. **50** €
Ouvert : De février à la Toussaint.

10	10	15	55	12	30	15	38	3

Chantal MIGNOT - Les Mijanes - 09300 FOUGAX-ET-BARRINEUF - Tél. : 05 61 01 63 76 ou SR : 05 61 02 30 80

Ariège — Midi-Pyrénées

GAUDIES Certes
C.M. 82/86

4 ch. Dans les coteaux, maison ancienne entièrement rénovée à proximité de la maison des propriétaires avec séjour, salon au r.d.c. 4 ch. à l'étage (dont 1 en cours de classement) : 1 ch. 2 pers., 3 ch. 3 pers. avec s.d.b. et wc privatifs. Chauffage. Grand espace extérieur. Stages de création artistique sur place, programme sur demande. Langues parlées : hollandais, anglais, allemand.

Prix : 1 pers. **21/26** € 2 pers. **30/39** € 3 pers. **46** € repas **14** €
1/2 pens. **27/30** €
Ouvert : Toute l'année.

🐕	🏊	🎾	🏇	🏰	⛷	⛵	🚲	⛳
13	4	15		45	SP		13	4

Jeanne GOSSELIN - Certes - 09700 GAUDIES - Tél. : 05 61 67 01 56 - Fax : 05 61 67 42 30

GENAT
Alt. : 1000 m — C.M. 86 Pli 4

E.C. 1 ch. Grottes de Niaux 5 km. Andorre 70 km. Plateau de Beilles 35 km. Dans un petit village de montagne, maison ancienne rénovée de grand confort, indépendante avec jardin, terrasse. 2e étage : grande ch. de 25 m² (1 lit 2 pers.) avec poutres apparentes, salle de bains et wc privatifs. Fourniture gratuite du lit bébé sur demande (- de 2 ans). Séjour avec cheminée, coin-lecture. Chauffage central au gaz. Préférence non fumeurs. Entre Toulouse et l'Andorre, Josiane et Bernard infirmiers et accompagnateurs en montagne ont à cœur de vous faire découvrir la région. Josiane prépare une cuisine du sud, naturelle avec des produits de qualité (possibilité de régimes adaptés). Randonnées, VTT, raquettes sur place.

Prix : 1 pers. **57** € 2 pers. **57** € repas **12** €
Ouvert : Du 5 janvier au 31 octobre.

🐕	🏊	🎾	🏇	🏰	⛷	⛵	🚲	⛳
8	6	15	35	5	35	8	1	8	8

HALLER Josiane et BUTEL Bernard - 09400 GENAT - Tél. : 05 34 09 88 26 - Fax : 05 34 09 88 27 - E-mail : altides@wanadoo.fr - www.altides.com

IGNAUX
Alt. : 1000 m

2 ch. 2 chambres d'hôtes aménagées dans une maison traditionnelle de montagne. 2 chambres 4 pers. avec salle d'eau et wc privés. Coin-cuisine, salon. Salon de jardin ombragé avec vue sur la montagne. Ax-les-Thermes 5 km. Sensibilité bio - Découverte milieu montagnard - Contes et légendes - pastoralisme. Langue parlée : anglais.

Prix : 1 pers. **27** € 2 pers. **35** € 3 pers. **44** € pers. sup. **8** €
Ouvert : Toute l'année.

🐕	🏊	🎾	🏇	🏰	⛷	⛵	🚲
5	5	3		10	5	SP	5

ROLLAND - Maison de Casimir - 09110 IGNAUX - Tél. : 05 61 64 04 40

LACOURT
Alt. : 600 m

E.C. 5 ch. Proche de St-Girons au bout d'une étroite route de montagne, au milieu des prairies et des bois, dans une maison indépendante d'un hameau Ariégeois familial (ferme agricole). 4 ch. sur 2 étages : chacune avec salle de bains et wc privés (1 lit 2 pers., 1 ou 2 lits 1 pers.). La 5e ch. est dans une toute petite maison en pierre avec s.d.b. + wc (1 lit 2 pers.). Rez-de-chaussée : salon (cheminée), salle à manger réservée aux hôtes, terrasse. Chauffage central solaire. Proximité : randonnées, skis de piste et de fond, pêche, parapente, kayak. Langue parlée : anglais.

Prix : 2 pers. **34** € 3 pers. **44** € repas **12** €
Ouvert : Toute l'année.

🐕	🏊	🎾	🏇	⛷
12	12	6	15	SP

Muriel LORNE - Raoubots - 09200 LACOURT - Tél. : 05 61 66 62 65

LANOUX Le Touron
C.M. 86 Pli 4

E.C. 4 ch. A l'étage, 4 chambres d'hôtes, dont 3 avec douche, lavabo et wc et 1 avec douche et lavabo, les wc étant dans le couloir. R.d.c. : salon et séjour donnant accès à une terrasse ombragée. Table d'hôtes sur réservation. Vous serez à la table d'hôtes avec Danielle et François, ambiance conviviale et décontractée. Repas composés essentiellement des produits de la ferme : canard gras, porcs, volailles, agneaux, pâtés et légumes de saison du jardin. La Ferme du Touron est une ferme typique des coteaux d'Ariège, verdoyante et boisés, entièrement restaurée à l'écart de la Vallée de la Lèze.

Prix : 1 pers. **34/35** € 2 pers. **39/42** € repas **14** €
Ouvert : Du 15 mars au 15 novembre ou sur réservation.

🐕	🏊	🎾	🏇	🏰	⛷	⛵	🚲	⛳
7	7	6	30	12	75	6	28	7

François et Danielle DENRY - Le Touron - 09130 LANOUX - Tél. : 05 61 67 15 73 - Fax : 05 61 67 55 41

LERAN Bon Repos
C.M. 235

3 ch. Lac de Montbel (pêche) 3 km. 3 ch. d'hôtes avec s.d.b. et wc privés, au 1er étage d'une ferme en activité (élevage, laitières). Salle à manger, salon avec cheminée et piano à l'usage exclusif des hôtes. Terrain ombragé. Ferme très calme. Sur la propriété : piscine privée, ping-pong, aménagement pique-nique, jardin ombragé. Forfait 1 semaine 2 pers. : 458 €. Promenades pédestres autour du lac de Montbel, VTT, promenades en ULM avec le propriétaire, soirées. Karting 3 km. Musée du textile 8 km. Musée de la machine agricole 3 km. Sites historiques : Montségur, Mirepoix, Camon, Foix, Puivert. Langue parlée : anglais.

Prix : 1 pers. **37** € 2 pers. **42** € 3 pers. **54** € pers. sup. **12** €
repas **16** €
Ouvert : Toute l'année.

🐕	🏊	🎾	🏇	🏰	⛷	⛵	🚲
3	14	5	25	25	5	37	3

Marie-Anne DE BRUYNE - Ferme Bon Repos - 09600 LERAN - Tél. : 05 61 01 27 83 - Fax : 05 61 01 27 83

Midi-Pyrénées
Ariège

LERAN
C.M. 86 Pli 5

5 ch. **Lac de Léran (plage...) 2 km. Mirepoix (village du XIIIᵉ) 14 km.** R.d.c. : salon, salle de séjour/coin-biblio. et accès sur cour aménagée pour les repas et petits déjeuners. Etage : 1 ch. (1 lit 160), s. d'eau, wc privés. 1 ch. (1 lit 160, 1 lit 1 pers.), s.d.b., wc privés. 1 suite de 2 pièces (1 lit 160, 2 lits 1 pers.), s. d'eau, wc privés indép. 2ᵉ étage : 2 ch. (1 lit 160), s. d'eau et wc privés chacune. Charmante maison du XVIIIᵉ siècle, restaurée par un couple d'australiens. Dans cet agréable cadre de caractère, vous pourrez vous relaxer dans un magnifique oasis vert où la tranquillité est assurée par un petit ruisseau. Découvrez les produits du terroir (mais aussi la cuisine australienne). Langue parlée : anglais.

Prix : 1 pers. 46 € ● 2 pers. 53 € ● 3 pers. 67 € ● pers. sup. 14 €
repas 18 €

Ouvert : Toute l'année.

| 17 | SP | 50 | 40 | 45 | 2 | 50 | SP |

John et Lee-Anne FURNESS - Impasse du Temple - 09600 LERAN - Tél. : 05 61 01 50 02 - Fax : 05 61 01 50 02 - SR : 05 61 02 30 80 -
E-mail : john.furness@wanadoo.fr - www.chezroo.com

LESCURE La Baquette
C.M. 86 Pli 3

3 ch. A l'est de Saint-Girons en pleine campagne, face aux Pyrénées, 1 chambre (2 épis) au rez-de-chaussée : 1 ch. (1 lit 1 pers.), douche, lavabo, wc privés et à l'étage : 1 ch. (1 lit 2 pers.), et l'autre ch. (2 lits 1 pers.), chacune avec douche, lavabo, wc privés. Chauffage. Véranda et jardin. Randonnées accompagnées. Nicholas spécialiste de la randonnée vous fera découvrir les plus belles espèces d'oiseaux. Il vous accompagnera dans les Pyrénées pour l'étude de la vie sauvage. Chambre d'hôtes Panda, stage découverte de la faune et de la flore sur place. Langue parlée : anglais.

Prix : 1 pers. 28 € ● 2 pers. 37 € ● 3 pers. 46 € ● repas 13 €

Ouvert : Toute l'année.

| 8 | 2 | 12 | 15 | 15 | 28 | 25 | 8 | 8 |

Nicholas GOLDSWORTHY - La Baquette - 09420 LESCURE - Tél. : 05 61 96 37 67

LORP Prat du Ritou
C.M. 86 Pli 3

3 ch. **Lorp 1 km.** « La Maison Blanche » à 3 km de Saint-Girons, maison indépendante, de plain-pied : 1 ch. (1 lit 2 pers. 1 lit 120), s. d'eau et wc privés. 1 ch. (1 lit 2 pers.), terrasse de 10 m², s.d.b. et wc privés. 1 ch. (2 lits jumeaux et 2 lits superposés), s. d'eau et wc privés. TV, vidéothèque, bibliothèque. Parc. Maison réservée aux non fumeurs. Bicyclettes, VTT, pêche, chevaux sur place. Vol à voile 1 km. Parapente 5 km. Escalade et randonnée en montagne. Equipement pour enfants Label « Accueil Toboggan ». Promenade en attelage. Soins aux chevaux. Relais équestre. Langues parlées : anglais, espagnol.

Prix : 1 pers. 34 € ● 2 pers. 43 € ● 3 pers. 53 € ● pers. sup. 11 €
repas 13 €

Ouvert : Toute l'année.

| 3 | 3 | 3 | 25 | 25 | 35 | 25 | SP | 1 |

Alain et Agnès ROQUES - Prat du Ritou - Maison Blanche - 09190 LORP-SAINT-LIZIER - Tél. : 05 61 66 48 33 ou 06 12 52 36 00 -
Fax : 05 61 66 36 71 - http://perso.wanadoo.fr/a.roques.lamaisonblanche

LUDIES Château de Ludies
C.M. 86 Pli 5

5 ch. **Mirepoix, ville médiévale 10 km. Vals 5 km. Montségur 50 km.** 4 ch. et 1 suite toutes avec bains et wc privés : 1 ch. 1 lit 2 pers., 2 ch. avec chacune 1 lit 140, 2 lits 1 pers., 1 ch. 2 lits 1 pers. et 1 lit 80 en alcôve. Petits déjeuners copieux, table d'hôtes à base de produits du terroir (sur réservation). Biblio., salon TV, atelier de peinture. Parc avec piscine, tennis, tonelle et terrasse d'été. Suite : 69 à 76 €. 1/2 pens. sur la base de 2 pers. Le château de Ludies, face aux Pyrénées vient d'être entièrement reconstruit et restauré. Matériaux anciens et décors personnalisés vous séduiront. Mobilier d'époque, cheminée en pierre et four à pain vous charmeront à l'heure du dîner. Salle de jeux avec billard.

Prix : 1 pers. 46/69 € ● 2 pers. 61/76 € ● 3 pers. 76 € ● repas 19 €
1/2 pens. 91 €

Ouvert : Toute l'année sur réservation.

| SP | SP | 4 | 50 | 5 | 45 | 65 | 2 | 6 | 3 |

Laure et Jean-Paul BOGULINSKI-FINES - Château de Ludies - 09100 LUDIES - Tél. : 05 61 69 67 45 ou SR : 05 61 02 30 80

MASSAT Las Paousses
Alt. : 750 m
C.M. 86 Pli 3

2 ch. Dans la maison des propriétaires, 2 chambres (1 lit 2 pers. 1 lit d'appoint chacune), salle d'eau et wc privés. Chauffage. Cuisine équipée Salon avec cheminée, TV et vidéo au rez-de-chaussée. Coin-repas aménagé dans le jardin avec barbecue. Table d'hôtes sur réservation. Dans une maison isolée, à 1 km du village de Massat, Denis, pépiniériste, Béatrice, infirmière et leurs 3 enfants vous accueillerons. Langue parlée : anglais.

Prix : 1 pers. 30 € ● 2 pers. 38 € ● 3 pers. 47 € ● pers. sup. 9 €
repas 14 €

Ouvert : Toute l'année.

| 30 | 1 | 1 | 45 | 30 | 15 | 45 | 1 | 30 | 1 |

Denis LEBLON - Las Paousses - 09320 MASSAT - Tél. : 05 61 04 94 45 ou 05 61 96 94 31 - Fax : 05 61 04 94 45

MAZERES
C.M. 86 Pli 18

5 ch. Belle maison d'autrefois, au cœur de Mazères, avec jardin priv. arboré. 5 ch. de caractère, au charme d'antan associé au confort actuel. Chacune avec sanitaire priv. (lavabo, bain, wc, lit 2 pers.), 2 avec lit d'appoint (1 pers.), et 2 avec ch. annexes (2 lits 1 pers). 1 avec accès indép. S. à manger, biblioth., salon avec jeux et TV. 1/2 pens. sur la base de 2 pers. Table d'hôtes sur réserv. Cet Hotel particulier de 1740, berceau de la famille Martimor, vous permettra de respirer au calme. Avec cour intérieure et nombreuses dépendances. Vous pourrez vous promener dans le village de pierres roses ensoleillées, où se situe cette demeure classée Maison de France. Langues parlées : anglais, espagnol.

Prix : 1 pers. 38 € ● 2 pers. 43/53 € ● 3 pers. 69 € ● pers. sup. 15 €
repas 15 € 1/2 pens. 84 €

Ouvert : Toute l'année.

| 0,5 | 0,5 | 6 | 70 | 50 | 7 | | SP |

Emmanuel GUYBERT - 10, rue Martimor - 09270 MAZERES - Tél. : 05 61 69 42 81 ou SR : 05 61 02 30 80

Ariège — Midi-Pyrénées

MERCENAC Nerou – L'Esclopier   Alt. : 500 m   (TH)   C.M. 86 Pli 3

4 ch. Dans une ancienne maison de 1836, au sommet des collines surplombant Mercenac, dans cet havre de paix isolé vous dévoile un panorama magnifique sur la chaîne des Pyrénées. 4 ch. à l'étage (3 en 3 épis, 1 en 2 épis). 3 ch. (1 lit 2 pers.), 1 ch. (3 pers. poss. 1 pers. suppl.). Salle d'eau et wc privés chacune. L'Esclopier vous propose un lieu de vie avec cheminée, TV, bibliothèque. La plupart des produits sont issus de la ferme. La famille Feuillerat saura vous présenter toutes les richesses de la région (orpaillage, pêche, randonnées, cité médiévale de Saint-Lizier, grottes...).

Prix : 1 pers. 29 € 2 pers. 37 € 3 pers. 46 € repas 13 €
Ouvert : Toute l'année.

13	10	7	25	30	45	15	SP	13	13

Jean-Marc FEUILLERAT - Nerou « l'Esclopier » - 09160 MERCENAC - Tél. : 05 61 96 65 40

MERCENAC   Alt. : 500 m   (TH)   C.M. 86 Pli 3

2 ch. Cite de Saint-Lizier 7 km. Grande bâtisse construite vers 1800 surplombant le village de Mercenac, comprenant : 2 ch. chacune avec salle de bains et wc privés, l'une à l'étage (2 lits jumeaux + 1 couchage enfant) face au mont Valier, l'autre (1 lit 180, sommiers séparés), sur le parc et accessible aux pers. à mobilité réduite. Séjour commun de 50 m² avec salle à manger, salon TV, cheminée. Salle de détente de 60 m² pour la lecture. Nombreux jeux : billard, baby-foot, bibliothèque, jeux de sociétés, coin-aménagé pour la lecture et la détente dans le parc de la maison aux volets bleus où Alain et Nicole vous attendent pour un séjour au calme. Langue parlée : anglais.

Prix : 1 pers. 43 € 2 pers. 50 € 3 pers. 59 € repas 16 €
Ouvert : D'avril à octobre inclus, autres périodes sur réservation.

13	10	7	25	30	45	15	SP	13	7

Alain et Nicole MEUNIER - Les Volets Bleus - 09160 MERCENAC - Tél. : 05 61 96 68 55 - Fax : 05 61 96 68 55 - SR : 05 61 02 30 80

MONTAUT Domaine de Pegulier   (TH)   C.M. 82 Pli 18

2 ch. Mirepoix 15 km. Le château de üegulier construit en 1786 vous ouvre ses portes. Au r.d.c. : le salon avec cheminée, TV, hi-fi, la cuisine, la bibliothèque, 1 wc. A l'étage : sur le palier, coin-détente. 1 suite spacieuse avec 1 ch. (1 lit 160), 1 ch. (1 lit 1 pers.), aménagée en salon. S. d'eau très spacieuse (douche, vasque, wc et banc d'abdo.). Espace familial indépendant : 1 ch. (1 lit 160), coin-salon, 2 ch. (1 lit 120 chacune), s. d'eau, douche, vasque, wc. En suivant l'allée de buis qui contourne le château vous arriverez sur la cour gravillonnée. Aménagée en terrasse avec mobiliers de jardin, parc ombragé de 2 ha. Piscine chauffée. Langues parlées : anglais, hollandais.

Prix : 1 pers. 46 € 2 pers. 58 € 3 pers. 75 € pers. sup. 16 € repas 18 €
Ouvert : Toute l'année.

SP	3,5	5	40	27	40	SP	3,5	3,5

Anne et Jacques MAES-LENOIR - Domaine de Pegulier - 09700 MONTAUT - Tél. : 05 61 68 30 65 - Fax : 05 61 68 30 65 - SR : 05 61 02 30 80 - E-mail : pegulier@wanadoo.fr

MONTAUT   C.M. 235 Pli 38

4 ch. 4 ch. d'hôtes : 1 ch. avec ch. attenante 2 épis, 2 ch. 3 épis. Situées au 1ᵉʳ étage d'une très belle maison ancienne. 1 ch. (1 lit 2 pers.) attenante à 1 ch. (1 lit 1 pers.), 1 ch. (1 lit 2 pers.), 1 ch. (2 lits 120). Toutes avec salle d'eau et wc privatifs. Au r.d.c. : séjour réservée aux hôtes. Cuisine à dispo. Grand parc ombragé aux essences d'arbres variées, donnant sur un plan d'eau de 10 ha. Langues parlées : anglais, italien.

Prix : 1 pers. 28 € 2 pers. 36/40 €
Ouvert : Toute l'année.

6	1	2	SP

Casimir et Bernadette GIANESINI - Royat - 09700 MONTAUT - Tél. : 05 61 68 32 09 - Fax : 05 61 68 32 09

MONTBEL Canterate   Alt. : 600 m   (TH)

4 ch. 4 chambres d'hôtes dans une grande maison dans le hameau de Canterate avec lavabo, 2 ch. avec douches privées, salle d'eau et wc communs sur le palier. Située sur une colline au milieu des prés et des bois. Très beau paysage. Calme. Lac à 3 km (baignade possible). Randonnées guidées, cours de langues, jardin, ferme dans le hameau. 4 pers./58 €. Langues parlées : allemand, anglais.

Prix : 2 pers. 37/40 € 3 pers. 47 € repas 12 €
Ouvert : D'avril à octobre.

25	12	12	45	3

Pierre CROISON - Hameau de Canterate - 09600 MONTBEL - Tél. : 05 61 68 18 45

MONTEGUT-PLANTAUREL Château de la Hille   C.M. 86 Pli 4

1 ch. Varilhes 15 km. Foix 22 km. Dans un château du XVIᵉ où est installé dans le parc un camping. 1 ch. (1 lit 2 pers.) avec salle d'eau et wc privés, salon. Chauffage central. Entrée indépendante. Sur cette ferme, vous pourrez apprécier le calme dans un beau parc ombragé, avec piscine privée et commune avec une autre installation de ch. d'hôtes, observer les animaux, pratiquer la pêche dans la rivière.

Prix : 1 pers. 38 € 2 pers. 50 €
Ouvert : Toute l'année.

SP	2	7	18	5	30	15	4

Odile DANDINE-DEDIEU - Château de la Hille - 09120 MONTEGUT-PLANTAUREL - Tél. : 05 61 67 34 94 - Fax : 05 61 67 34 94

Midi-Pyrénées   Ariège

MONTEGUT-PLANTAUREL Château de la Hille   C.M. 86 Pli 4

1 ch. Dans un château du XVIe où, dans le parc est installé un camping. Ensemble comprenant : 1 ch. d'hôtes 2 pers. et 1 salon avec couchage 2 pers. S. d'eau et wc privés. Ch. central. TV. Entrée indépendante. Sur cette ferme, vous pourrez apprécier le calme dans un beau parc ombragé, observer les animaux, pratiquer la pêche dans la rivière. Sur cette ferme, vous pourrez apprécier le calme dans un beau parc ombragé avec piscine privée et commune avec une autre installation de chambres d'hôtes, observer les animaux, pratiquer la pêche dans la rivière.

Prix : 1 pers. 38 € 2 pers. 50 € pers. sup. 11 € repas 16 €
Ouvert : Toute l'année.

	SP	2	7	18	5	45	30	15	4

Odette DEDIEU - Château de la Hille - 09120 MONTEGUT-PLANTAUREL - Tél. : 05 61 67 34 94

MONTOULIEU   Alt. : 650 m

2 ch. **Foix 8 km.** Dans un petit village de montagne, en direction de Tarascon, 2 ch. d'hôtes aménagées à l'étage, chez des propriétaires retraités. 2 ch. avec chacune 1 lit 2 pers. (pour 4 pers. de la même famille). S.d.b. et wc privés. Accès direct aux ch. par escalier extérieur. Cour close, terrasse panoramique avec salon de jardin. 4 pers./58 €.

Prix : 1 pers. 27 € 2 pers. 30 € 3 pers. 55 €
Ouvert : Toute l'année.

	8	8	16	25	13	15	3	8	8

Georges AMIEL - 09000 MONTOULIEU - Tél. : 05 61 65 35 60

SALSEIN   Alt. : 725 m   C.M. 86 Pli 2

3 ch. **Castillon 3 km. Saint-Crions 12 km.** Maison indép. dans un petit village de montagne, 2 ch. pour 2 pers. avec accès direct au jardin, lavabo, wc et s.d.b. privés. A l'ét. 1 suite comportant 1 ch. 3 pers. avec face de parc, 1 ch. 2 pers. (1 lit d'appoint) avec balcon, s.d.b., wc. Salon commun avec cheminée, bibliothèque et photothèque. Animaux acceptés sur demande. Judith vous accueille dans sa maison où vous pourrez découvrir ses talents de décoratrice, mêlés aux charmes des traditions anciennes, four à pain, toit en ardoises. Elle vous conseillera dans le choix de vos randonnées, vous aidera à découvrir les curiosités du pays, les artisans d'art... Langues parlées : anglais, russe, tchèque.

Prix : 2 pers. 45 € repas 15 €
Ouvert : Toute l'année sur réservation.

	3	3	15	30	40	3

Judith MATULOVA - La Maison de la Grande Ourse - 09800 SALSEIN - Tél. : 05 61 96 16 51

SAURAT Layrole   Alt. : 800 m   C.M. 86 Pli 4

1 ch. **Saurat 3 km.** Sur la route du Col de Port, maison indépendante située dans un site de montagnes, entourée d'un parc arboré et fleuri. 1 ch. (1 lit 2 pers.), salle d'eau privée avec douche et lavabo. WC indépendants. TV. Bibliothèque. Terrasse. Les hôtes s'abstiennent de fumer. Table d'hôtes sur réservation. Site d'escalade - Grotte à Bédeilhac (5 km).

Prix : 1 pers. 30 € 2 pers. 34 € repas 14 €
Ouvert : Du 15 avril au 15 octobre.

	10	3	10	5	20	SP	9	3

Roger ROBERT - Layrole - 09400 SAURAT - Tél. : 05 61 05 73 24

SAURAT Le Pradal   Alt. : 680 m   A   C.M. 86 Pli 4

E.C. 1 ch. **Tarascon sur Ariège 7 km. Parc pyrénéen art préhistorique 5 km.** Maison de montagne située dans le petit village de Saurat, dans une belle vallée verdoyante avec très belle vue sur les pics environnants en rez-de-chaussée de la maison avec un accès indépendant. 1 ch. (1 lit 2 pers.), sanitaires, wc privés. Salon de lecture, séjour. Jardin extérieur aménagé, arboré. Maison indépendante dans un village de montagne idéale pour se reposer et visiter les nombreux sites alentours : grottes de Bédeilhac 2 km, Niaux 11 km, ou savourer les plaisirs sportifs : site d'escalade à 2 km, plan d'eau à 11 km avec téléski-nautique.

Prix : 1 pers. 33 € 2 pers. 38 €
Ouvert : Toute l'année.

	7	SP	1	48	2	29	9	SP	7	SP

Renée JAUZE - Le Pradal - 09400 SAURAT - Tél. : 05 61 05 67 62 - Fax : 05 61 05 67 63

SERRES-SUR-ARGET Le Poulsieu   Alt. : 800 m

5 ch. **Foix 12 km.** Ferme de montagne sur domaine de 70 ha. avec une vue magnifique. Salle à manger et salon avec cheminée et TV. Comprenant 5 chambres d'hôtes : 2 ch. (1 lit 2 pers., 1 lit 1 pers.), 1 ch. (2 lits 1 pers.), 1 ch. (1 lit 2 pers.), 1 ch. (1 lit 2 pers. et 2 lits 1 pers. en mezzanine). Salle d'eau et wc privés pour chaque chambre. Cuisine à disposition pour le midi, table d'hôtes extérieure et/ou intérieure. Grande terrasse. Jardin fleuri, aire de jeux, piscine privée. Langues parlées : anglais, allemand, hollandais.

Prix : 1 pers. 30/33 € 2 pers. 37/40 € pers. sup. 8 € repas 12 €
Ouvert : Du 1er avril au 1er octobre.

	SP	3	SP	14	20	20	SP	12	4

Bob et Jenny BROGNEAUX - Le Poulsieu - 09000 SERRES-SUR-ARGET - Tél. : 05 61 02 77 72 - Fax : 05 61 02 77 72

Ariège
Midi-Pyrénées

ST-GIRONS Encausse

▦▦▦ 4 ch. 1 ch. familiale (1 lit 2 pers. 2 lits 1 pers.), sanitaires complets. 2 ch. doubles avec sanitaires complets privés + 1 annexe avec lavabo. 1 ch. double dans un petit appartement (salon, cheminée, cuisine, sanitaires). 1 grande salle commune (salon, TV, cheminée, piano, possibilité de cuisiner). A 1,5 km de la ville, dans un cadre de verdure, belle maison de caractère. Vous pourrez associer le calme de la nature à proximité d'une localité (tous commerces), offrant les activités les plus diversifiées (animations estivales). Prix pour 4 pers. : 61 €. Langues parlées : anglais, espagnol.

Prix : 1 pers. 31 € 2 pers. 38 € 3 pers. 51 €
Ouvert : Toute l'année.

1,5	1,5	2	25	23	35	4	2	1,5	1,5

Lysette CATHALA - Le Relais d'Encausse - 09200 ST-GIRONS - Tél. : 05 61 66 05 80

ST-LARY
Alt. : 700 m

▦▦▦ 1 ch. 1 chambre d'hôtes aménagée avec soin, au 2ᵉ étage avec accès intérieur ou extérieur indépendant (1 lit 2 pers. 1 lit 125), salle de bains et wc privés. Entrée avec réfrigérateur, rangement, micro-ondes. Pêche et promenade en montagne. Tous services à Castillon 15 km. Restaurant au village. Sentiers VTT. Dans un petit village de montagne, chez le fromager local, une délicieuse chambre d'hôtes climatisée bien indépendante, pour profiter des balades en forêt ou pour la pêche.

Prix : 1 pers. 27 € 2 pers. 35 € 3 pers. 38 €

13	4	13	40	40	25	55	1	25	13

Zelia ESTAQUE - Village - 09800 ST-LARY - Tél. : 05 61 96 70 32 - Fax : 05 61 04 71 75

ST-MARTIN-DE-CARALP Cantegril
Alt. : 535 m   (TH)

▦▦ 4 ch. Dans une maison indépendante, en bout du hameau de Cantegril, 4 chambres d'hôtes aménagées dans la maison du propriétaire avec accès indépendant. Séjour, salon réservés aux hôtes. Cheminée. Bar. 3 ch. (1 lit 2 pers.), 1 ch. (2 lits 1 pers.). S. d'eau ou s.d.b. et wc privés pour chaque chambre. Environnement exceptionnel. Pension avec 2 heures d'équitation incluses. Cantegril est un petit hameau fréquenté surtout par les passionnés du cheval (stage d'initiation et de perfectionnement). Installation située sur un sentier de randonnées pédestres et équestres. Tous services et animations à Foix 10 mn. Notions d'anglais et d'espagnol. Langues parlées : anglais, espagnol.

Prix : 1 pers. 29/31 € 2 pers. 32/34 € 3 pers. 45 € pers. sup. 11 €
repas 10 € pens. 44/57 €
Ouvert : Toute l'année.

7	1	SP	10	10	20	25	7	7

Jean-Michel PAGES - Ecole d'Equitation Cantegril - 09000 ST-MARTIN-DE-CARALP - Tél. : 05 61 65 15 43 - Fax : 05 61 02 96 85

ST-PAUL-DE-JARRAT

▦▦▦ 3 ch. Foix 7 km. Très belle maison individuelle entourée de prés et de forêts. 1 ch. très spacieuse (1 lit 2 pers.), s. d'eau et wc privés. R.d.c. : 1 ch. (1 lit 2 pers.), 1 ch. (2 lits 1 pers.), s. d'eau et wc privés chacune. 1 ch. 2 épis, les 2 autres 3 épis. Lit bébé/demande. Vaste salon avec TV. Cuisinette à la dispo. des hôtes. Ski nautique 4 km, deltaplane 8 km. Langues parlées : anglais, espagnol.

Prix : 1 pers. 34 € 2 pers. 40 €
Ouvert : Du 1ᵉʳ mai au 30 septembre.

SP	SP	10	15	30	30	30	3	6	3

Paul SAVIGNOL - 09000 ST-PAUL-DE-JARRAT - Tél. : 05 61 64 14 26

STE-CROIX-VOLVESTRE
(TH)

▦▦▦ 6 ch. Dans une belle maison de caractère, près du lac. 1 ensemble avec 1 ch. (1 lit 2 pers.) et 2 ch. attenantes 3 épis (1 lit 1 pers.), s. d'eau et wc. 1 ensemble avec 1 ch. (1 lit 2 pers.), 1 ch. (1 lit 1 pers.), salon, s. d'eau et wc (3 épis). 1 ensemble avec 1 ch. (1 lit 2 pers.), s. d'eau et wc (2 épis). Séjour, billard, salon, TV, piano, cheminée. Terrasse, jardin. Mini-golf. Ferme aux enfants.

Prix : 1 pers. 25 € 2 pers. 36 € repas 13 €
Ouvert : Toute l'année.

20	0,3	SP	35	0,3	13	0,5

Josette PERE - La Maison du Bout du Pont - 09230 STE-CROIX-VOLVESTRE - Tél. : 05 61 66 73 73

TARASCON-SUR-ARIEGE
Alt. : 500 m   (TH)   C.M. 86 Pli 4

▦▦▦ 5 ch. Tarascon 1 km. Dans grande et belle maison de maître du XVIIᵉ s. entourée par 1 parc aux arbres centenaires, et par 1 bois classé. 3 ch. (lit 2 pers.), s. de bains et wc privés, 1 ch.(1 lit 160, 2 lits 1 pers.), 1 ch.(1 lit 2 pers., 3 lits 1 pers.), ces 2 ch. sont composées de 2 grandes pièces avec s. de bains et wc privés. Table d'hôtes sur demande. 1/2 pens. sur la base de 2 pers. Dans cette grande et belle maison, vous pourrez découvrir les animaux et les oiseaux qui peuplent les lieux du parc et du bois, et séjourner grâce à la diversité des chambres soit en couple, en famille ou encore entres amis. Piscine intérieure privée sur le domaine. 4 pers. : 75 à 82 €.

Prix : 1 pers. 40 € 2 pers. 49 € 3 pers. 61/69 € repas 15 €
1/2 pens. 53 €
Ouvert : Toute l'année.

SP	1	20	1,5	1	1

Pierre MARIE - Domaine Fournie - Route de Saurat - 09400 TARASCON-SUR-ARIEGE - Tél. : 05 61 05 54 52 - Fax : 05 61 02 73 63 - E-mail : Contact@domaine-fournie.com - www.domaine-fournie.com

Midi-Pyrénées

Ariège

UNAC L'Oustal
Alt. : 650 m   (TH)   C.M. 86 Pli 15

2 ch. — **Grottes de Miaux 17 km. Circuit Chapelles Romanes départ sur place.** Deux chambres d'hôtes dans une grande maison de caractère avec grande terrasse et jardins attenants. Chambres avec s.d.b. et wc privés. Table d'hôtes sur réservation uniquement. Dans notre petit village ariégeois, venez découvrir le charme d'une maison familiale avec table d'hôtes représentative de notre savoir faire gastronomique. Les prix du repas comprennent les boissons. Possibilité de 1/2 pension qui inclue le petit déjeuner, le repas du soir et la chambre, les prix sont fixés pour 1 pers. Les propriétaires seront ravis de vous faire découvrir les charmes de cette région. Randonnées sur place. Langues parlées : allemand, espagnol.

Prix : 2 pers. **64 €** 3 pers. **75 €** repas **28 €**
Ouvert : Du 1er avril au 15 octobre.

🐕	🏊	🎾	🏇	🎣	⛲	🏛	🚣
8	3	5	15	8	3	3	

Michel DESCAT - L'Oustal - 09250 UNAC - Tél. : 05 61 64 48 44

UNAC
Alt. : 650 m   (TH)

5 ch. — Dans la vallée de la Haute-Ariège, ancienne maison entièrement restaurée. Salle à manger, salon, TV. Toutes les ch. sont climatisées. 1 ch. (1 lit 2 pers.), s. d'eau/wc privée attenante à 1 ch. (même famille) avec wc + lavabo (1 lit 2 pers.). 1 ch. (2 lits 1 pers.), s.d.b. + wc privés. Annexe : 2 ch. chacune (1 lit 2 pers.), s. d'eau + wc privés. Kitchenette à dispo. La famille Berde vous accueillera autour d'une table gourmande dans un cadre chaleureux. Bonne cuisine familiale. Proximité de la station thermale et climatique d'Ax-les-Thermes. Animaux admis sur demande. Tarif ch. annexe : 39 à 49 €. Cour, jardin avec vue sur les montagnes. Parking.

Prix : 1 pers. **31 €** 2 pers. **39/49 €** 3 pers. **53 €** repas **13 €**
Ouvert : Toute l'année.

🐕	🏊	🎾	🏇	🎣	🏛	⛷	⛲	🚣
8	8	4	45	15	16	8	2	2

J-Claude et Madeleine BERDE - 09250 UNAC - Tél. : 05 61 64 45 51 - Fax : 05 61 64 49 07

VENTENAC Saint-Martin

2 ch. — **Varilhes 10 km. Foix 15 km. Pamiers 17 km.** Chez des agriculteurs qui gèrent un camping en ferme d'accueil. 1 ch. (1 lit 2 pers., 2 épis) avec s. d'eau et wc privés, non cl.(1 lit 2 pers. ou 2 lits 1 pers., 1 épi) avec sanitaires sur le palier. Salon réservé aux hôtes. Camping à la ferme sur place avec piscine. Ambiance très chaleureuse dans cette installation de tourisme qui reste très familiale. Jeux, ping-pong, salle de réunion, rando.

Prix : 1 pers. **27 €** 2 pers. **31/36 €** pers. sup. **11 €**
Ouvert : Toute l'année.

🐕	🏊	🎾	🏛	⛷	🚣
SP	10	20	25	10	10

Robert et Marinette COMELONGUE - Saint-Martin - 09120 VENTENAC - Tél. : 05 61 60 72 43

LE VERNET Saint-Paul

4 ch. — **Le Vernet 1 km.** Dans une grande ferme de caractère rénovée, 4 chambres avec pour chacune : 1 lit 2 pers., salle de bains et wc. Entrée particulière aux hôtes. Salon, salle à manger communs avec cheminée et coin-bibliothèque. Dans un endroit très calme, ferme rénovée avec un parc de 2 ha., arboré, entourée d'une part par la rivière l'Ariège et d'autre part par un petit ruisseau. Très proche de la RN20, malgré tout très calme, facile d'accès. Langues parlées : anglais, espagnol.

Prix : 1 pers. **28 €** 2 pers. **36 €**
Ouvert : Toute l'année.

🐕	🏊	🎾	🏇	🎣	🏛	⛷	⛲	🚣
4	1	10	40	20	60	40	SP	1	4

Marie-France TOULIS - Saint-Paul - 09700 LE-VERNET - Tél. : 05 61 68 32 93 ou 05 61 68 37 63 - Fax : 05 61 68 31 53

Aveyron

CENTRALE DE RESERVATION
GITES DE FRANCE
Maison du Tourisme - 17, rue A. Briand - B.P. 831
12008 RODEZ Cedex
Tél. 05 65 75 55 55 - Fax 05 65 75 55 61
E.mail : gites.de.france.aveyron@wanadoo.fr

3615 Gîtes de France
0,2 €/min

ALPUECH La Violette
Alt. : 1150 m   (TH)   C.M. 76 Pli 13

5 ch. — **Laguiole 8 km.** 5 ch., d'accès indép. 4 ch. de 2 pers., s. d'eau ou bains/wc privés, 1 ch. familiale 4 pers. (2 ch. contiguës), s.d.b./wc privés. Salon privatif avec cheminée, TV, séjour commun avec cheminée. Terrasse, espace vert sur 2 ha., salon de jardin, ping-pong. Montgolfière. Accessibilité handicapé : 1 ch. avec 1 certaine autonomie. Réduction pour séjour en 1/2 pension. L'aubrac vous accueille... Délassez-vous en admirant les immenses pâtures où fleurissent, au printemps, les genêts et où paissent les troupeaux de vaches. Randonnez à loisir sur ces mêmes grands espaces. Découvrez pourquoi pas toute cela « d'en haut », dans la nacelle d'une montgolfière.

Prix : 1 pers. **46/50 €** 2 pers. **54/57 €** 3 pers. **73 €** pers. sup. **14 €** repas **17 €**
Ouvert : Du 27/04 au 23/09, du 28/10 au 4/11 et du 27/12 au 03/01.

🐕	🏊	🎾	🏇	🎣	🏛	⛷	⛲	🚣
8	SP	8	8	20	15	16	60	3

Danielle et Gilbert IZARD - BDG Air Aubrac - La Violette - 12210 ALPUECH - Tél. : 05 65 44 33 64 ou 05 65 68 52 36 - Fax : 05 65 44 33 64 - france-bonjour.com/air-aubrac

Aveyron   Midi-Pyrénées

AUZITS La Serre   (TH)   C.M. 80 Pli 1

1 ch. 1 chambre d'hôtes de plain-pied, dans une grange aménagée. 1 chambre (1 lit 2 pers. 2 lits 1 pers. + lit enfant) avec salle d'eau, wc privés et coin-salon (réfrigérateur). Chauffage. Pré, poneys. Produits fermiers. Table d'hôtes sur réservation fermée les 3 premières semaines d'août. Restaurant à 500 m. Réduction pour séjour. Cette chambre, facile d'accès, bénéficie d'une situation propice pour découvrir les richesse environnantes qu'elles soient gastronomiques avec le vin de Marcillac et le stockfish ou culturelles avec Conques et la vallée du Lot.

Prix : 1 pers. 27 € 2 pers. 34 € 3 pers. 43 € pers. sup. 9 €
repas 12 €
Ouvert : Toute l'année.

3		6	3	3		

Jean-Paul et Annie PINQUIE - La Serre - Côte d'Hymes N140 - 12390 AUZITS - Tél. : 05 65 63 43 13 ou 06 78 69 95 91 -
Fax : 05 65 63 43 13

AUZITS Lestrunie   (TH)   C.M. 80 Pli 1

1 ch. 1 chambre d'hôtes (1 lit 2 pers. 1 lit 100) de plain-pied, dans un petit bâti indépendant avec salle d'eau et wc privés, coin-salon. Chauffage. Centre de thermalisme (rhumatisme) à Cransac 6 km. Corps de ferme avec son pigeonnier, accroché au coteau surplombant une petite vallée boisée. C'est ce paysage que vous admirerez. Pour vous aider à le découvrir, J.Marie a tracé des itinéraires de randonnées. Quant aux gourmands, ils pourront déguster les délicieuses confitures d'Anne-Marie.

Prix : 1 pers. 30 € 2 pers. 35 € 3 pers. 40 € pers. sup. 4 €
repas 10 €
Ouvert : Toute l'année.

5	15	10	5	6	5	

J-Marie et A-Marie DELCAMP - Lestrunie - Rulhe - 12390 AUZITS - Tél. : 05 65 63 11 40

BALAGUIER-D'OLT   C.M. 79 Pli 10

2 ch. 2 chambres d'hôtes dans une belle demeure typique du village, au 1er étage de la maison du propriétaire. 1 ch. familiale 4 pers. avec salle d'eau/wc privés. 1 chambre 3 pers. avec salle d'eau/wc privés. Salle à manger et séjour avec cheminée communs. Terrasse, jardin, salon de jardin, barbecue. Réduction pour séjour. Vélos à disposition. Dans ce cadre champêtre et boisé, d'agréables promenades mènent à la découverte de la vallée du Lot, rivière propice aux activités comme le canoë, la baignade et la pêche. Langue parlée : anglais.

Prix : 1 pers. 34 € 2 pers. 42 € 3 pers. 50 €
Ouvert : Du 1er avril au 15 novembre.

2	SP	14	15	2	15	16	5

Maud LE FUR - Place de la Mairie - 12260 BALAGUIER-D'OLT - Tél. : 05 65 64 62 31 - Fax : 05 65 64 62 31

LA BASTIDE-L'EVEQUE Le Pontet   Alt. : 600 m   C.M. 79 Pli 20

3 ch. 3 chambres d'hôtes aménagées dans une maison située en pleine campagne. 1 ch. 4 pers., salle d'eau et wc privés. 1 ch. 2 pers. et 1 ch. 3 pers. avec salles d'eau privées et wc communs. Chauffage central. Salle à manger avec TV à disposition. Cour, pelouse ombragée. Camping en ferme d'accueil. Rivière 6 km. Lac sur l'exploitation (pêche). Raymond et son épouse vous réservent un accueil chaleureux et familial dans leurs chambres à la ferme. C'est en pleine campagne, mais tout près de la bastide animée de Villefranche-de-Rouergue que vous savourerez cette tranquillité.

Prix : 1 pers. 21 € 2 pers. 26/29 € 3 pers. 32/37 € pers. sup. 7 €
Ouvert : Toute l'année.

2	SP	12	7	SP	8	

Raymond BESSOU - Le Pontet - 12200 LA-BASTIDE-L'EVEQUE - Tél. : 05 65 29 92 34 ou 05 65 29 95 60

BOURNAZEL La Borde   Alt. : 500 m   C.M. 80 Pli 1

4 ch. Belcastel 10 km. Villefranche-de-Rouergue 25 km. Dans un bâtiment annexe, sur 2 niveaux avec accès indép., 2 ch. 2/3 pers., salles d'eau et wc privés, 2 ch. familiales (mezzanine) 2/4 pers., salle d'eau et wc privés. Séjour commun avec cheminée, TV. Terrain non clos, salon de jardin, cuisine d'été, barbecue, ping-pong. Poss. lit d'appoint et lit bébé. Camping en ferme d'accueil. Ferme-Auberge à 200 m. A la ferme de la Borde, l'ambiance est chaleureuse et l'on aime bien recevoir. Vous pourrez en juger en découvrant l'agréable aménagement de l'ancienne bergerie ainsi que la décoration harmonieuse et fort réussie des chambres.

Prix : 1 pers. 30 € 2 pers. 35 € 3 pers. 44 € pers. sup. 9 €
Ouvert : Toute l'année.

0,2	1	7	7	2	20	9	7

Pilar et Roland MATHAT - La Borde - 12390 BOURNAZEL - Tél. : 05 65 64 41 09

BOURNAZEL   Alt. : 550 m   C.M. 80 Pli 1

2 ch. 2 chambres d'hôtes aménagées dans la maison des propriétaires. 2 ch. 3 pers. en duplex (1 lit 2 pers. et 1 convertible dans chaque chambre), salles d'eau/wc privés. Salon de jardin, piscine (12 x 6 m), pêche, VTT, pétanque, ping-pong sur place. Cures thermales réputées (7 km). Ferme-auberge à proximité immédiate. Vous serez accueillis au cœur du village de Bournazel où ruelles et maisons de caractère côtoient le superbe château renaissance. Isabelle et Alain mettent à votre disposition un cheval pour découvrir les chemins des forêts communales de Bournazel. Langue parlée : anglais.

Prix : 1 pers. 30 € 2 pers. 34 € 3 pers. 40 € pers. sup. 6 €
Ouvert : Du 1er mars au 31 décembre.

SP	SP	SP	SP	60	7	7

Alain et Isabelle GRANIER - 12390 BOURNAZEL - Tél. : 05 65 64 45 21 - Fax : 05 65 64 41 40

Midi-Pyrénées — Aveyron

BOURNAZEL
Alt. : 500 m   A

C.M. 80 Pli 1

4 ch. — 4 chambres d'hôtes, dans un village. 3 ch. 2 pers. avec salle d'eau et wc privés. 1 ch. 4 pers. (suite) avec salle d'eau et wc privés. Lit d'appoint possible. Cour et pelouse closes. Piscine privée. Centre de thermalisme à Cransac 7 km. 4 chambres d'hôtes aménagées dans les mansardes d'une grande maison de pierres, où vous convient Nicole et Claude. Un château de la Renaissance domine le petit village de Bournazel. Dans le verger, de l'autre côté de la rue un coin de fraîcheur : la piscine et le petit étang. Langues parlées : anglais, espagnol.

Prix : 1 pers. 30 € — 2 pers. 34 € — 3 pers. 40 € — pers. sup. 6 € — repas 10 €
Ouvert : Du 1er mars au 31 décembre.

SP	SP	7	SP	7	7	7

Claude et Nicole NICOULAU - 12390 BOURNAZEL - Tél. : 05 65 64 52 86 ou 06 16 03 79 12 - Fax : 05 65 64 41 40

BOZOULS Les Brunes
Alt. : 610 m

C.M. 80 Pli 3

E.C. 4 ch. — **Plateau de l'Aubrac 40 km. Vallée du Lot : Estaing 25 km.** 4 ch. d'hôtes 2 pers. avec salle de bains ou d'eau et wc privés, au 1er étage et au 2e étage de la maison de la propriétaire. Séjour commun avec TV, cheminée. Jardin, terrasse, salons de jardin. Restaurants 5 km. Située sur le Causse, entre Rodez et la Vallée du Lot, la belle maison de maître des Brunes et son vaste espace arboré vous ouvre ses portes. Vous prendrez vos petits déjeuners dans la grande cuisine aux dalles de pierres, la cheminée et son four à pain donnent un charme certain à cette pièce. Langues parlées : anglais, espagnol.

Prix : 1 pers. 53/61 € — 2 pers. 60/68 € — pers. sup. 16 €
Ouvert : Toute l'année.

5	5	5	14	35	17	5

Monique PHILIPPONNAT - Les Brunes - 12340 BOZOULS - Tél. : 05 65 48 50 11 ou 06 80 07 95 96 - Fax : 05 65 48 83 62 -
E-mail : monique.philipponnat@libertysurf.fr

CALMONT Le Puech Saint-Amans
Alt. : 650 m

C.M. 80 Pli 2

1 ch. — 1 ch. d'hôtes chez l'habitant, au 1er étage. 1 ch. familiale 2/3 pers., salle d'eau et wc privés non communicants. Séjour commun (TV). Pelouse ombragée, salon de jardin, barbecue. Vous êtes accueillis aux portes de Rodez dans une ferme située en pleine campagne. De là vous partirez à la découverte de la capitale aveyronnaise et des grands lacs du Lavezou, mais d'abord poussez jusqu'au village de Calmont blotti au pied de son château.

Prix : 1 pers. 30 € — 2 pers. 38 € — 3 pers. 50 € — pers. sup. 12 €
Ouvert : Du 1er avril au 31 octobre.

13	10	10	15	3	3

Fernande TERRAL - Le Puech Saint-Amans - 12450 CALMONT - Tél. : 05 65 69 45 21

CAMARES Rigols
Alt. : 650 m

C.M. 80 Pli 13

4 ch. — **Abbaye de Sylvanés 18 km.** 4 chambres d'hôtes chez l'habitant, dans un hameau. Sur 2 niveaux 1 ch. familiale 3 pers., 3 ch. 2 pers., salles d'eau et wc privés, lits bébé. Séjour (cheminée, TV, bibliothèque) commun, coin-cuisine. Jardins, terrasse, salon de jardin, barbecue, poss. de plateaux repas froids sur réservation. Restaurants à 6 km. Ancien prieuré du sud Aveyron, cette vaste demeure offre un séjour agréable, lumineux et sympathique petit jardin à l'arrière. Situé dans le Parc naturel régional des grands causses, vous pourrez découvrir le Rougier de Camares, le Tarn, l'Hérault, Sylvanés... Balades en perspective. Langue parlée : anglais.

Prix : 2 pers. 37/46 € — 3 pers. 53 €
Ouvert : Du 1er mai au 1er octobre.

10	3	6	10	30	60	6

Anne-Marie DESPREZ - Prieuré Saint-Jean - Rigols - 12360 CAMARES - Tél. : 05 65 99 51 37 - Fax : 05 65 99 51 37 -
E-mail : DESPREZ.ANNE-MARIE@wanadoo.fr - www.france-bonjour.com/le-prieuré-st-jean/

CAMBOULAZET Sabin
Alt. : 560 m

C.M. 80 Pli 2

2 ch. — 2 chambres d'hôtes aménagées dans la maison du propriétaire avec accès indépendant. 2 ch. 3 pers. avec salle d'eau, wc et TV privés. Salle de séjour commune. Cour commune close. Réduction à partir de la 3e nuit. Bernard et Martine vous proposent un petit séjour dans leur campagne aveyronnaise. Tout proche, le Viaur pour les amateurs de pêche ou pourquoi pas de siestes au bord de l'eau. En parcourant le pays aux 100 vallées, vous visiterez entre autre le château du Bosc (Toulouse Lautrec). Langue parlée : anglais.

Prix : 2 pers. 34 € — 3 pers. 41 € — pers. sup. 8 €
Ouvert : De Pâques à la Toussaint.

4	1	10	10	10	9

Bernard et Martine BLUY - Sabin - 12160 CAMBOULAZET - Tél. : 05 65 72 28 25 - E-mail : bernard.bluy@wanadoo.fr

CAMPOURIEZ Banhars

C.M. 76 Pli 12

2 ch. — **Entraygues 3 km.** 2 ch. d'hôtes chez l'habitant, au 1er étage, avec accès indépendant. 2 ch. 2 pers., salle d'eau ou de bains/wc privés. Séjour et salon communs (TV, cheminée). Terrasse, jardin, salon de jardin. À 3 km d'Entraygues, près de Saint-Amans-des-Côts. Rédu. à partir de la 3e nuit. Taxe de séjour. Banhars est un village « d'eau », au confluent de la vallée du Lot et des gorges de la Truyère, du lac des Tours, de Conques et d'Estaing. Amateurs de grands espaces verdoyants, l'Aubrac et le Carladez sont tout proches. Pêcheurs, cavaliers, amoureux de flore et de nature... vous êtes les bienvenus. Langue parlée : anglais.

Prix : 1 pers. 36 € — 2 pers. 44 € — 3 pers. 59 € — pers. sup. 16 €
Ouvert : Toute l'année.

SP	SP	8	SP	12	35	35	3	45	3

Monique MADAMOURS - Banhars - Les Hortensias - 12140 CAMPOURIEZ - Tél. : 05 65 44 51 21 - Fax : 05 65 44 51 21

Aveyron — Midi-Pyrénées

LA CAPELLE-BALAGUIER
C.M. 79 Pli 10

5 ch. 5 ch. d'hôtes avec accès indépendant, dans le village. 3 ch. 2 et 3 pers., salles d'eau/wc privés au 1er étage de la maison du propriétaire, 2 ch. 2 et 3 pers., salles d'eau/wc privés dans une maison contiguë. Séjour réservé aux hôtes. Jardin, pelouse et terrasse. Dans un petit village du causse, entre la vallée du Lot et les Bastides de Villeneuve et Villefranche de Rouergue, ces chambres d'accès indépendant seront un excellent pied-à-terre pour de nombreuses randonnées à pied ou en VTT.

Prix : 1 pers. 28 € 2 pers. 36 € 3 pers. 44 € pers. sup. 8 €
Ouvert : De mai à octobre.

SP	13	5	SP	14	14	14

Gérard CALMETTE - 12260 LA-CAPELLE-BALAGUIER - Tél. : 05 65 81 62 52

LA CAPELLE-BLEYS La Peyrière
Alt. : 680 m — *C.M. 80 Pli 1*

E.C. 2 ch. **Bastide royale de Villefranche de Rouergue : 15 km.** 2 chambres d'hôtes dans un bâti annexe, accès indépendant, au 1er étage, dans un hameau. 2 chambres 2 pers., salles d'eau ou bains/wc privés, séjour commun avec le propriétaire, cour, terrasse, salon de jardin, barbecue, VTT. La maison bleue... une belle couleur qui éclaire les murs de pierre de cet ancien corps de ferme dominé par un pigeonnier. Les chambres, totalement indépendantes, ouvrent sur une cour agréablement fleurie avec, en son milieu un petit bassin. Langues parlées : anglais, espagnol, allemand.

Prix : 1 pers. 38 € 2 pers. 43/46 €
Ouvert : Toute l'année.

2	2	SP	8	7	8	8

John MARSHALL - La Peyriere - 12240 LA-CAPELLE-BLEYS - Tél. : 05 65 65 64 02

CASSAGNES-BEGONHES
Alt. : 500 m — *C.M. 80 Pli 12*

E.C. 1 ch. **Rodez (cathédrale, musées) 25 km.** 1 chambre d'hôte chez l'habitant, accès indépendant et de plain-pied, dans un bourg. 1 chambre 2/4 pers., salle d'eau/wc privés, cuisine à disposition, terrasse, salon de jardin, barbecue, restaurants à 500 m. La chambre ouvre sur une terrasse qui surplombe les prés, un lieu calme. Vos hôtes, passionnés d'équitation vous conseilleront pour découvrir ce coin de campagne. Quant aux pêcheurs, ils pourront parcourir les berges du Viaur ou plonger leurs cannes dans les eaux du lac de Pareloup. Langue parlée : anglais.

Prix : 1 pers. 27 € 2 pers. 34 € pers. sup. 9 €
Ouvert : Toute l'année.

SP	SP	4	4	20	25	SP

Marie-Laure MALART - 12, rue du Foirail - 12120 CASSAGNES-BEGONHES - Tél. : 05 65 46 77 87

CASTELNAU-DE-MANDAILLES La Molière
C.M. 80 Pli 3

5 ch. **Plateau de l'Aubrac 20 km. Vallée du Lot 12 km.** 5 chambres d'hôtes dans un bâtiment annexe, accès indépendant, 4 chambres 2 pers. et 1 chambre 3 pers., salles d'eau/wc et TV privées, salon et kitchenette communs. Jardin, salons de jardin, ping-pong, parking. Piscine privée. La pleine campagne, tel est l'environnement de la Molière, petit corps de ferme niché au cœur des coteaux. Ses agréables chambres sont aménagées dans une ancienne grange, entre Aubrac et Vallée du Lot, à proximité du chemin de Saint-Jacques de Compostelle (GR65), célèbre itinéraire de pèlerinage. Langue parlée : anglais.

Prix : 1 pers. 37 € 2 pers. 44 € 3 pers. 59 € pers. sup. 15 €
Ouvert : Du 1er mars au 31 octobre.

4	SP	4	SP	2	10	10	9	40	4

Chantal et Denis LOMBARDO - La Molière - 12500 CASTELNAU-DE-MANDAILLES - Tél. : 05 65 48 72 17 - Fax : 05 65 48 72 17

CASTELNAU-PEGAYROLS Le Fau
Alt. : 850 m — *C.M. 80 Pli 13*

2 ch. 2 ch. d'hôtes chez l'habitant. 1 ch. 4 pers. au rez-de-chaussée, d'accès indépendant avec salle d'eau et wc privés. 1 ch. 3 pers. à l'étage avec salle de bains et wc privés non attenants. Salle à manger commune. Terrasse et jardin, salon de jardin, ping-pong. Randonnées pédestres à 2 km. Réduction pour séjour à partir de 2 nuits. Au Fau, vous pourrez alterner entre le repos ou les activités. D'un côté les lacs du Levezou (nombreuses activités nautiques), Micropolis, la cité des insectes, de l'autre le Parc Naturel Régional des Grands Causses, la randonnée, le parapente... et les visites des gorges du Tarn et de la vallée du Tarn.

Prix : 2 pers. 32 € 3 pers. 42 €
Ouvert : Toute l'année.

SP	6	20	20	15	20	15

Claude TAILLEFER - Le Fau - 12620 CASTELNAU-PEGAYROLS - Tél. : 05 65 62 01 62

CASTELNAU-PEGAYROLS Le Sahut
Alt. : 900 m — *C.M. 80 Pli 13*

3 ch. 3 ch. avec entrée indépendante. 2 ch. 2 pers., sanitaires privés et wc communs. 1 ch. 2 pers. de plain-pied, douche/wc privés (1 épi). Séjour avec cheminée et TV privés et coin cuisine. Cour non close, pelouse, portique, ping-pong, salon de jardin, barbecue, lac collinaire (pêche). Camping à la ferme sur place. Restaurant 3 km. Delta-plane 16 km. Restaurant 3 km. La ferme du Sahut, en pleine campagne est idéalement placée pour la découverte. Au sud « les Raspes » de la vallée du Tarn, à l'est, les somptueuses gorges du Tarn, au nord le Lévezou et ses grands lacs et juste à côté le village médiéval de Castelnau.

Prix : 2 pers. 35 € pers. sup. 10 €
Ouvert : Du 2 janvier au 20 décembre.

4	SP	15	21	30	12	15

Guy SOULIE - Le Sahut - 12620 CASTELNAU-PEGAYROLS - Tél. : 05 65 62 02 26

Midi-Pyrénées — Aveyron

CAUSSE-ET-DIEGE
C.M. 79 Pli 10

E.C. 1 ch. **Saut de la Mouline 20 km. Vallée du Lot 10 km.** 1 chambre d'hôtes chez l'habitant, dans un hameau. Au r.d.c. : ch. 2 pers., salle d'eau et wc privés non attenants, séjour commun (cheminée, TV). Jardin, salon de jardin, barbecue, piscine (5 x 10). Restaurants à 3 km. Sur le Causse du Quercy, près de Figeac et de la vallée du Lot, dans un petit hameau agricole, vous êtes accueillis dans une grande maison de maître qui fait face à son pigeonnier. Sur l'arrière, la vaste terrasse et sa piscine vous invitent aux bains de soleil.

Prix : 1 pers. 37 € 2 pers. 46 €
Ouvert : Du 15 juin au 15 septembre.

12	7	16	13	13	12	13	13

Dominique LHEUREUX - 5, rue du Béarn - 91130 RIS-ORANGIS - Tél. : 01 69 43 21 89 ou 05 65 64 66 72

CENTRES La Malénie
C.M. 80 Pli 12

2 ch. 2 ch. d'hôtes chez l'habitant. 2 ch. 2 pers. avec salle d'eau et wc privés, d'accès indépendant et de plain-pied, terrasses privatives. Séjour avec cheminée et salon avec TV communs. Jardin, piscine privée, salons de jardin, ping-pong. Réduction de 5 % à partir de la 8e nuit. Restaurant à 3 km. En pleine campagne, vous êtes accueillis dans une ancienne ferme à des prairies arborées qui plongent vers un ruisseau. Le paysage est verdoyant, le site calme et les environs foisonnent de sentiers qui vous feront découvrir le pays « des Cent Vallées » dont la vallée de Viaur et ses viaducs. Langue parlée : anglais.

Prix : 1 pers. 32 € 2 pers. 37 € pers. sup. 9 €
Ouvert : Du 1er mai au 31 octobre.

3	SP	20	SP	30	8	13

Claudine BOIDOT - La Malénie - 12120 CENTRES - Tél. : 05 65 69 26 19 ou 06 21 12 96 55 - E-mail : jean-pierre.boidot2@libertysurf.fr

COLOMBIES Combrouze
Alt. : 700 m — *C.M. 80 Pli 1*

3 ch. 3 ch. d'hôtes chez l'habitant, d'accès indépendant. 2 ch. 3 pers., salles d'eau ou de bains et wc privés, 1 ch. 2 pers., salle d'eau et wc privés. Séjour et salon communs (cheminée, bibliothèque). Cour et jardin, salon de jardin, barbecue. Poss. lit bébé. -10 % à partir de la 2e nuitée. Françoise et Claude vous reçoivent dans l'ancienne école d'un hameau du Ségala, en pleine campagne. Vous aimerez surement les tons bleus du salon, le confort des chambres et le verger sur l'arrière de la maison.

Prix : 1 pers. 40 € 2 pers. 55 € 3 pers. 65 €
Ouvert : Du 15 avril au 15 septembre.

6	10	16	6	40	32	6

Françoise et Claude GALAMPOIX - Ancienne Ecole - Combrouze - 12240 COLOMBIES - Tél. : 05 65 69 97 07

COMBRET Notre Dame de Betirac

C.M. 80 Pli 3

2 ch. **Abbaye de Sylvanés 25 km. Cités templières du sud Aveyron 50 km.** 2 chambres d'hôtes à la ferme, sur 2 niveaux, dans un bâtiment annexe à l'ancien couvent du village, accès indép. 2 ch. 2 pers. (poss. lit bébé), s. d'eau et wc privés, séjour réservé aux hôtes (canapé), coin-cuisine. Pelouse, salon de jardin, barbecue, portique, VTT. Circuit de karting et aéroclub à Belmont/Rance (11 km). Réduc. pour séjour. Vous profiterez d'une vue exceptionnelle sur les Monts de Lacaune et vous vous reposerez dans la fraîcheur des pierres de cette demeure du XIXe. Pour vos excursions, vous êtes idéalement situés pour découvrir les grands sites : Albi, Millau, les Gorges du Tarn, Roquefort... Langue parlée : anglais.

Prix : 1 pers. 30 € 2 pers. 40 €
Ouvert : Du 1er juillet au 1 septembre.

11	6	11	11	40	11

Luc CHOCHINA - Notre Dame de Bétirac - 12370 COMBRET - Tél. : 05 65 99 80 45 ou 06 72 94 14 30 - Fax : 05 65 99 80 45

COMPEYRE Quiers
Alt. : 630 m — **A** — *C.M. 80 Pli 14*

6 ch. 6 chambres de plain-pied et à l'étage, dans un bâtiment annexe. 5 ch. 2 pers., s.d.b. ou s. d'eau et wc privés. 1 ch. 4/5 pers., s. d'eau et wc privés. Lits d'appoint. Tél. dans les ch. Salon de jardin. Prix 1/2 pens. par pers. en ch. double. Pas de table d'hôtes le dimanche soir hors 07/08 et le lundi soir sur toute la période. Repas sur réservation uniquement. Taxe de séjour. La ferme de Quiers : un petit « bout du monde » agrippé aux contreforts des falaises du Causse, un lieu, une ambiance à découvrir absolument. Plus loin, les Gorges du Tarn vous attireront par le spectacle du relief et la profusion d'activités.

Prix : 2 pers. 43 € 3 pers. 53 € pers. sup. 10 € repas 13 €
Ouvert : Du 1er avril au 11 novembre.

5	5	15	12	40	5	12

Jean et Véronique LOMBARD-PRATMARTY - Quiers - 12520 COMPEYRE - Tél. : 05 65 59 85 10 - Fax : 05 65 59 80 99 -
E-mail : QUIERS@wanadoo.fr - www.ifrance.com/quiers

CONQUES Montignac

C.M. 80 Pli 1/2

3 ch. **Site classé de Conques 2 km : abbatiale, trésor d'orfèvrerie.** 3 ch. d'hôtes d'accès indépendant aménagées dans une maison proche de celle des propriétaires, dans un hameau. 3 ch. 2 pers. et 3 pers., salles d'eau et wc privés. Séjour commun. Cour et terrasse, salon de jardin. Un souci de vie naturelle anime vos hôtes et ils souhaitent vous le faire partager ; la production du jardin est servie à la table d'hôtes, des matériaux naturels ont servis à aménager cette maison à colombages, aux portes de Conques. Un lieu de charme et la décoration des chambres mérite une halte. Langues parlées : anglais, allemand, espagnol.

Prix : 1 pers. 36 € 2 pers. 40 € 3 pers. 47 € repas 14 €
Ouvert : Du 1er avril au 3 novembre.

7	SP	7	7	5	35	7

Maurya et Gérard ACHTEN - Montignac - 12320 CONQUES - Tél. : 05 65 69 84 29

Aveyron

Midi-Pyrénées

CONQUES Cambelong

C.M. 80 Pli 1/2

1 ch. **Conques 1 km. Rodez 35 km.** 1 ch. d'accès indép. (1 lit 160, 1 convertible 2 pers.), salle d'eau/wc privée. Salon (bibliothèque, piano, cheminée, jeux) et séjour (cheminée) communs, accès payant à une cuisine d'été. Lave-linge. Terrasse couverte, parc aménagé, salon de jardin, accès à la piscine de l'hôtel. Des collines boisées qui « glissent » vers le Dourdou, une belle maison de pierres où vous êtes cordialement reçus. Vous pourrez randonner dans les environs sur le GR de St-Jacques de Compostelle, mais aussi pêcher dans le Dourdou et vous profiterez des conseils d'un passionné, votre hôte.

Prix : 1 pers. 43 € 2 pers. 47 € 3 pers. 58 €
Ouvert : Du 15 avril au 30 septembre.

🐕	🎾	🏊	🏊	🚡	⛷
7	SP	1	SP	37	7

Christine et Alain GARCIA - Cambelong - 12320 CONQUES - Tél. : 05 65 69 80 71 - Fax : 05 65 69 80 71 -
E-mail : lamaisondelasource@hotmail.com

COUPIAC Lapaloup

Alt. : 580 m   (TH)

C.M. 80 Pli 12

3 ch. **Route des Seigneurs du Rouergue (châteaux)** dans un rayon de 30 km. 3 ch. d'hôtes aménagées au 1er étage de la maison de la propriétaire. 3 ch. 2 et 3 pers., salles d'eau/wc privés. Séjour et salon communs (cheminée, TV). Cour et terrasse couverte, salon de jardin, barbecue, ping-pong. Abbaye de Sylvanes 50 km. Possibilité plats végétariens. La ferme se consacre à l'élevage des chevaux, des brebis et offre une vue panoramique sur les prés et forêts. Ce site est propice à la découverte grâce à de nombreux sentiers balisés du « Pays des 7 Vallons », au cœur du Parc Naturel Régional des Grands Causses à parcourir à pied, à cheval ou en VTT. Langues parlées : anglais, hollandais, allemand.

Prix : 1 pers. 29 € 2 pers. 37 € 3 pers. 55 € repas 16 €
Ouvert : Toute l'année.

🐕	🎾	🏊	🏊	🎣	🚡	⛷
4	SP	13	4	12	45	4

Rosette SLUIMAN - Lapaloup - 12550 COUPIAC - Tél. : 05 65 99 71 49 - Fax : 05 65 99 72 63

ENTRAYGUES Mejanasserre

A

C.M. 76 Pli 12

2 ch. **Estaing 17 km. Conques 30 km.** Dans bâtis annexe, d'accès indép. 1 ch. 4/5 pers., s.d.b. et wc privés (3 épis), 1 ch. 3 pers., s. d'eau et wc privés (EC). Pelouse à prox., salon de jardin, ping-pong. Poss. pension chevaux (carrière, box, pâture...). Vous aimerez les maisons de pierres de Méjanasserre, les recoins fleuris, la volière, la vue splendide sur la vallée du Lot. L'ambiance y est conviviale et la décoration, très personnalisée « signée » de la maîtresse de maison. Les pains que vous dégusterez, sont cuits dans le four à pain qui trône dans l'entrée de la ferme-auberge.

Prix : 1 pers. 37 € 2 pers. 46 € pers. sup. 11 € repas 19 €
Ouvert : Du 1er avril au 31 octobre.

🐕	🎾	🏊	🏊	🎣	🚡	⛷
4	4	7	4	35	45	4

Véronique FORVEILLE - Mejanasserre - 12140 ENTRAYGUES - Tél. : 05 65 44 54 76 - Fax : 05 65 44 54 76

ESTAING Cervel

(TH)

C.M. 80 Pli 3

4 ch. 4 ch. d'hôtes de caractère, au pied de l'Aubrac. 2 ch. 2 pers. et 2 ch. familiale 3 pers. (lits 160) avec s. d'eau et wc privés, TV, poss. lits suppl. Salon réservé aux hôtes, avec boiseries, cheminée, piano, biblio. et TV. Salon de jardin. Tarif 1/2 pens./pers. pour séjour de plus de 2 nuits en chambre double. Séjour gourmand en toute saison grâce aux produits de la ferme et du jardin. Dans ce petit hameau de la vallée du Lot, Madeleine et André vous ouvrent les portes de leurs chambres meublées en traditionnel à l'étage d'une ferme avec vue sur la cour ombragée et la terrasse fleurie.

Prix : 1 pers. 37 € 2 pers. 45 € 3 pers. 58 € pers. sup. 13 € repas 14 € 1/2 pens. 34 €
Ouvert : Du 1er avril au 15 novembre.

🐕	🎾	🏊	🏊	🎣	⛷	🚡	⛷
5	1,5	7	5	7	30	30	5	35	5

André et Madeleine ALAZARD - Cervel - Route de Vinnac - 12190 ESTAING - Tél. : 05 65 44 09 89 - Fax : 05 65 44 09 89

FLAVIN Nouvel Vayssac

Alt. : 600 m

C.M. 80 Pli 2

1 ch. **Rodez 10 mn.** 1 chambre d'hôtes aménagée au 1er étage de la maison du propriétaire. 1 ch. 2 pers. avec salle d'eau, wc privés. Poss. lit d'appoint. Garage à disposition. Pelouse commune. Salon de jardin. Portique, vélos, pétanque. Restaurant à Flavin 3 km. A Nouvel-Vayssac, au milieu d'un élevage charolais, Henri et Véronique vous invitent à découvrir leur passion pour ce métier. Pour les amateurs de baignade, les lacs du Levezou sont tout proches.

Prix : 1 pers. 46 € 2 pers. 46 € 3 pers. 59 € pers. sup. 14 €
Ouvert : Du 1er avril au 31 octobre.

🐕	🎾	🏊	🏊	🚡
3	10	6	15	10	15

Henri et Véronique VIDAL - Nouvel Vayssac - 12450 FLAVIN - Tél. : 05 65 71 98 07 - Fax : 05 65 71 98 07

FLORENTIN-LA-CAPELLE La Capelle

Alt. : 700 m   (TH)

C.M. 76 Pli 13

2 ch. **Laguiole (coutellerie, fromagerie) 25 km. Entraygues 18 km.** 2 ch. d'hôtes avec accès indépendant aménagées sur 3 niveaux dans la maison des propriétaires, dans un hameau. 2 ch. 2 et 3 pers., salles d'eau et wc privés. Séjour privé (TV, bibliothèque), coin-cuisine à disposition. Panier pique-nique. Terrasse, petit jardin, salon de jardin. Poss. lit bébé. Table d'hôtes sur réservation. De La Capelle, plongez vers la Vallée du Lot : Estaing, Entraygues ou poursuivez la montée vers l'Aubrac, à moins que vous ne préfériez farnienter au bord du lac de la Selve (pêche, baignade). De retour chez vos hôtes vous apprécierez les repas à la table familiale et l'accueil sympathique.

Prix : 1 pers. 33 € 2 pers. 40 € 3 pers. 49 € repas 13 €
Ouvert : Toute l'année.

🐕	🎾	🏊	🏊	🎣	🚡	⛷
6	4	10	4	4	16	55	8

Valérie et Lucien VEYRE - Les Capellous - La Capelle - 12140 FLORENTIN-LA-CAPELLE - Tél. : 05 65 44 46 39 ou 06 73 16 35 83 -
E-mail : lucien.veyre@wanadoo.fr

Midi-Pyrénées   **Aveyron**

GISSAC Saint-Etienne   Alt. : 700 m   (TH)   *C.M. 80 Pli 13*

4 ch. **Abbaye de Sylvanés 10 km.** 4 chambres d'hôtes chez l'habitant, un gîte à proximité, dans un superbe corps de ferme isolé en campagne. Au 2è étage : 2 ch. 2 pers., salle d'eau et wc privés, 2 ch. 2/4 pers., salle d'eau et wc privés, lit bébé. Séjour (cheminée) et salon commun. Cour et jardin, salon de jardin. Réduction pour séjour en demi-pension. Passez le porche, la maison de maître ouvre sur la cour pavée, entourées d'anciennes bergeries voûtées. Dalles de pierre, grandes chambres aux murs peints à la chaux créent l'ambiance. Et pour découvrir le sud de l'Aveyron, le Parc des grands causses suivez les conseils passionnés de vos hôtes.

Prix : 1 pers. **37 €** 2 pers. **46 €** 3 pers. **61 €** pers. sup. **15 €** repas **16 €**

Ouvert : Du 15 janvier au 15 décembre.

10	10	10	23	35	10

Anne-Marie et Gilbert BOSC - Saint-Etienne - 12360 GISSAC - Tél. : 05 65 99 59 27 ou 06 84 11 38 96 - Fax : 05 65 99 59 27

LACROIX-BARREZ Vilherols   Alt. : 850 m   *C.M. 76 Pli 12*

4 ch. **Dans la maison du prop.** 1 ch. familiale 3 pers. avec s. d'eau et wc privés. Accès au salon avec TV et cheminée. Dans un bâtiment annexe, 3 ch. 2 pers. (TV) dont 1 avec terrasse privée, s. d'eau et wc privés. Coin-cuisine dans les chambres. Jardin et prairie communs, salon de jardin, parking. Accès pers. hand. De belles maisons de pierres et de lauzes, des chambres agréablement décorées, et face à vous, un vaste panorama se déploie sur la sauvage vallée de la Truyère. Restaurant à 4 et 6 kms. Centre de remise en forme à 6 km.

Prix : 1 pers. **38/53 €** 2 pers. **46/61 €** 3 pers. **61/76 €** pers. sup. **15 €**

Ouvert : Juillet et août + vacances scolaires.

4	10	6	16	8

Jean LAURENS - Vilherols - 12600 LACROIX-BARREZ - Tél. : 05 65 66 08 24 - Fax : 05 65 66 19 98

LAGUIOLE Bouet   Alt. : 1000 m   *C.M. 76 Pli 13*

4 ch. **4 ch. avec accès indép. pour 3/4 pers.**, salle d'eau ou s.d.b./wc privés, TV dans les ch. Séjour commun (cheminée), lave-linge, réfrigérateur. Cour et terrain herbés, salon de jardin, barbecue. Réduc. pour séjour. Tarif pour 4 pers : 71 €. Vous avez entendu parler de l'aligot, des couteaux de Laguiole, de la transhumance. Vous rêvez de dormir dans un petit château, de profiter d'une chambre spacieuse, d'admirer le troupeau de belles vaches Aubrac. Alors nous serons heureux de vous accueillir dans notre maison classée « ferme Patrimoine ».

Prix : 1 pers. **40 €** 2 pers. **48 €** 3 pers. **59 €**

Ouvert : Du 1er avril au 15 novembre.

1	1	2	8	6	56	1

Evelyne et Michel CHAYRIGUES - Bouet - 12210 LAGUIOLE - Tél. : 05 65 44 33 33 ou 06 77 00 53 87

LAGUIOLE Moulhac   Alt. : 1100 m   *C.M. 76 Pli 13*

4 ch. **Laguiole 3 km.** 4 chambres d'hôtes à la ferme aménagées au 1er étage d'une ancienne grange. 3 ch. 2 pers., 1 ch. 4 pers., salles d'eau ou de bains/wc privés. Séjour privé au rez-de-chaussée (cheminée). Cour (cheminée), jardin, animaux acceptés sous réserves (chien : 3,81 €/nuit). Petit lac sur la propriété. Sur le plateau de l'Aubrac, une ferme en pleine nature où l'on élève des vaches. Les chambres jouxtent la maison d'habitation. Un parti pris de décoration, mêlant des matériaux traditionnels et des éléments modernes, donne un charme certain à ce lieu. L'adresse conviviale et insolite de l'Aubrac... Langue parlée : anglais.

Prix : 1 pers. **39 €** 2 pers. **49 €** pers. sup. **13 €**

Ouvert : Toute l'année.

3	SP	11	10	8	8	65	3

Claudine et Philippe LONG - Moulhac - 12210 LAGUIOLE - Tél. : 05 65 44 33 25 ou 06 07 30 55 77 - Fax : 05 65 44 33 25 -
www.france-bonjour.com/moulhac/

LAPANOUSE   Alt. : 700 m   *C.M. 80 Pli 4*

3 ch. **Gorges du Tarn 25 km.** 3 chambres dans ancienne grange jouxtant la maison d'habitation, dans village, proche de l'église. 1 ch. 2 pers., 1 ch. (mezz.) 4 pers.,1 ch. (duplex) 5 pers., coin-cuisine, s. d'eau et wc privés, séjour privé (TV). Terrasse, jardinet, salon de jardin, barbecue. Chambres non fumeur. Restaurant à 100 m. Equip. bébé. Lapanouse : village du Parc naturel régional des grands causses, resserré autour de son église du XIe. D'ici découvrez les Gorges du Tarn, la vallée du Lot, l'Aubrac. Pour décorer les chambres, vos hôtes ont choisi des harmonies de couleurs. Dans le salon, la cheminée vous invite à la détente. Langue parlée : anglais.

Prix : 1 pers. **32/38 €** 2 pers. **38 €** 3 pers. **50 €** pers. sup. **12 €**

Ouvert : Toute l'année.

3	1	8	3	48	35	3	3

Armelle et Henri COSTES - Rue des Rosiers - 12150 LAPANOUSE - Tél. : 05 65 71 64 40 - Fax : 06 65 71 64 40 -
E-mail : COSTES@net.np

LAPANOUSE-DE-CERNON   Alt. : 560 m   *C.M. 80 Pli 14*

E.C. 3 ch. **Ste-Eulalie de Cernon, commanderie templière 5 km.** 3 chambres d'hôtes chez l'habitant, au 2e étage d'une maison de village. 2 chambres 3 pers. et 1 chambre 2 pers., salles d'eau/wc privés, séjour commun (TV, cheminée). Cour herbeuse close (300 m²), salon de jardin, barbecue. Le jardin de cette grande maison de pierre ouvre sur la place de l'église de ce petit village du pays Templiers et Hospitaliers. Vous le découvrirez à loisir en parcourant les sentiers de randonnée qui le sillonnent, votre hôte, en parfait connaisseur vous conseillera judicieusement. Langue parlée : espagnol.

Prix : 2 pers. **40 €** 3 pers. **55 €**

Ouvert : Toute l'année.

3	SP	6	9	20	25	25	3

Jacques PELISSIER - Place de l'Eglise - 12230 LAPANOUSE-DE-CERNON - Tél. : 05 65 62 72 07 - Fax : 05 65 62 72 07

Aveyron   *Midi-Pyrénées*

LUNAC La Bourdarie   (TH)   C.M. 79 Pli 20

E.C. 1 ch. **Najac, bastide du Rouergue 15 km.** 1 chambre chez l'habitant, accès indépendant, au 1er étage, dans un village. 1 chambre 2/4 pers., salle de bains/wc privés, séjour commun, jardin, salon de jardin, barbecue, escalade à 8 km. La maison d'Antoinette est à son image : simple, chaleureuse, fleurie, sa spécialité : les bouquets secs. Elle est également animateur bénévole de randonnées, voilà une bonne adresse pour découvrir la région de Najac à la vallée du Viaur, des vacances ravigorantes vous sont proposées... profitez-en !

Prix : 1 pers. 27 € 2 pers. 37 € 3 pers. 45 € pers. sup. 8 €
repas 12 €

Ouvert : Du 1er février au 30 septembre et du 26 octobre au 31 décembre.

SP	6	12	12	12	12	SP

Antoinette CHENU - La Bourdarie - 12270 LUNAC - Tél. : 05 65 81 45 12

MALEVILLE Lascazes   (TH)   C.M. 79 Pli 10

E.C. 2 ch. **Villefranche de Rouergue, Bastide royale 12 km.** 2 chambres d'hôtes chez l'habitant au 1er étage, dans un hameau. 2 chambres 2 pers., salles de bains/wc privés, séjour et salon (cheminée, TV) communs, cour et jardin, salon de jardin, barbecue, possibilité lit d'appoint et bébé. Peut accueillir jusqu'à 6 personnes. Bel ancien corps de ferme de pierre et de lauze, en pleine campagne du Ségala. Les chambres aménagées dans les combles ont permis la mise en valeur de la charpente. Quand aux pièces de jour, lumineuses, elles ne vous laissent rien ignorer des passions de votre hôte : les chevaux et la décoration.

Prix : 1 pers. 29 € 2 pers. 46 € pers. sup. 14 € repas 17 €

Ouvert : Toute l'année.

6	10	10	12	10	12	6

Danielle HERTAULT - La Meaulnerie - Lascazes - 12350 MALEVILLE - Tél. : 05 65 29 35 42 ou 06 18 81 68 94 -
E-mail : lameaulnerie@ifrance.com - www.lameaulnerie.com

MILLAU Montels   Alt. : 580 m   C.M. 80 Pli 14

||| 3 ch. Chez l'habitant, 1 chambre d'hôtes familiale (4 pers.), salle d'eau/wc privés, 2 chambres (2 pers.), salles d'eau/wc (accès indép.), TV dans les chambres, séjour commun. Jardin, cour et terrasse, salon de jardin, barbecue. Taxe de séjour. Montels, une ferme accrochée aux flancs des plateaux qui entourent Millau. Vous bénéficierez d'une vue pittoresque sur la ville et les contreforts du Larzac. Ne soyez pas surpris de voir planer quelques parapentes, activité fort pratiquée en cette région. Les randonnées y sont nombreuses, les paysages rocailleux, sauvages et si beaux. Vous êtes au pays des Gorges du Tarn.

Prix : 1 pers. 34/37 € 2 pers. 37/40 € 3 pers. 46/49 €

Ouvert : Toute l'année.

5	7	5	35	5	5	5

Henriette CASSAN - Montels - 12100 MILLAU - Tél. : 05 65 60 51 70

MONTJAUX Candas   C.M. 80 Pli 13

| 3 ch. **Roquefort 20 km. Gorges du Tarn 40 km.** 3 chambres d'hôtes avec entrée indépendante, située dans un hameau. 3 ch. 2 pers. avec possibilité lit supplémentaire 1 pers. et lit bébé. Salle de bains et wc communs. Restaurant 4 km. Base nautique à 7 km. Plage aménagée sur le Tarn à 300 m. Réduction pour séjour. Abbaye de Sylvanés et Micropolis à visiter. Candas est un petit hameau niché au creux de la vallée du Tarn, assagie depuis Millau. En effet, au tumulte des gorges succède une vallée moins abrupte mais tout aussi belle et passionnante avec ses paysages de vignes et de vergers et ses villages traditionnels, tel Candas. Langue parlée : anglais.

Prix : 2 pers. 29 € pers. sup. 8 €

Ouvert : Toute l'année.

8	0,3	8	17	6	17	7

Alain CAUMES - Candas - 12490 MONTJAUX - Tél. : 05 65 62 52 25

MONTLAUR Le Mas d'Azais   C.M. 80 Pli 13

| 4 ch. 4 ch. d'hôtes chez l'habitant. A l'ét. : 1 ch. 3 pers., s. d'eau/wc privée, 2 ch. 2 pers. et 1 ch. 3 pers., s. d'eau et wc communs. Séjour (cheminée, TV) commun, grand salon privé. Terrasse et cour, salon de jardin, barbecue, ping-pong, pêche dans cour sur la propriété. Poss. lit d'appoint et lit bébé. - 10 % sur séjour min. 3 nuits. Rando 2 km. Une ferme vous accueille dans cette vallée du Dourdou où domine le rouge de la terre et des maisons de pierres. Ce lieu regorge de curiosités, la première sur la propriété : une mini-centrale électrique installée sur un des canaux d'irrigation qui sillonnent la plaine. Château de Montaigut...

Prix : 1 pers. 21/25 € 2 pers. 30/40 € 3 pers. 50 € pers. sup. 9 €

Ouvert : Toute l'année.

3	SP	3	12	3	30	3

Jeanine et Joël COVINHES - Le Mas d'Azais - 12400 MONTLAUR - Tél. : 05 65 49 57 87

MORLHON Le Verdier   Alt. : 560 m   C.M. 79 Pli 20

||| 1 ch. 1 chambre d'hôtes 2 pers., dans une maison attenante à celle du propriétaire avec salle de bains, wc et séjour avec cheminée privés. Devant de porte herbeux non clos, salon de jardin, barbecue. Réduction pour séjour. Morlhon, aux portes de la bastide royale de Villefranche-de-Rouergue et du village médiéval de Najac, est un village historique où subsistent encore quelques vestiges du passé. Au Verdier, votre séjour sera marqué par le calme et la richesse des paysages aux reliefs accidentés.

Prix : 1 pers. 30 € 2 pers. 37 € 3 pers. 46 €

Ouvert : Toute l'année.

3	SP	12	10	3	10

Yvette PEZET - Le Verdier - 12200 MORLHON-LE-HAUT - Tél. : 05 65 29 93 88

Midi-Pyrénées
Aveyron

MUR-DE-BARREZ Domaine des Hautes Cimes Alt. : 920 m
C.M. 76 Pli 12

5 ch.

5 chambres d'hôtes aménagées dans une maison indépendante face à l'habitation du propriétaire. 1 ch. 2 pers., salle d'eau et wc privés. 2 ch. 2 pers., salles d'eau privées. 2 ch. 3 pers., salles d'eau privées. 2 wc communs. Salle de séjour avec cheminée et salon privé. Terrain, pré. Animaux admis sous réserve. Garderie d'enfants au village. Restaurant 9 km. Le domaine des « Hauts Cimes » est une grande maison de maître couverte de lierre située dans un hameau de la campagne de Carladez.

Prix : 1 pers. **26 €** 2 pers. **30/34 €** 3 pers. **38 €**
Ouvert : Du 15 mai au 15 septembre.

12	1	9	10	10

Jean PRUNET - Domaine des Hautes Cimes - La Salesse - 12600 MUR-DE-BARREZ - Tél. : 05 65 66 14 27

NAJAC La Prade Haute
C.M. 79 Pli 20

1 ch.

1 ch. d'hôtes dans un bâtiment annexe, chambre familiale pour 4 pers. sur 2 niveaux, salle d'eau et wc privés. Poss. lit bébé. Terrasse et jardin communs, salon de jardin, ping-pong. Etang privé (pêche). Taxe de séjour. Langue parlée : anglais. Ouvert toute l'année. Vous serez accueillis dans une vieille demeure de ferme avec sa cour intérieure, proche du site médiéval de Najac et des gorges de l'Aveyron. La chambre est spacieuse, chaleureuse et vous apprécierez les petits déjeuners servis sur la terrasse, dans le jardin ou la très belle cuisine aux tons bleus. Langue parlée : anglais.

Prix : 1 pers. **30 €** 2 pers. **37 €** pers. sup. **11 €**
Ouvert : Toute l'année.

4	4	1	4	15	4	4	4

Hervé et Marie DELERUE-SOURNAC - La Prade Haute - 12270 NAJAC - Tél. : 05 65 29 74 30 - E-mail : lapradehaute@wanadoo.fr

NAJAC
C.M. 79 Pli 20

3 ch.

3 chambres chez l'habitant sur 2 niveaux : 2 ch. de 2 pers., salle de bains/wc privés et 1 ch. familiale 4 pers., salle de bains et wc privés. Séjour et salon communs. Petit jardin et terrasse, salon de jardin. Réduction pour séjour. (10 % à partir de 5 nuits). Vous serez accueillis dans une vieille demeure de Najac, village dominé par un château médiéval. Les peintures de votre hôte animent l'impressionnante cage d'escalier qui mène aux chambres, sobres et agréables. Un jardinet sur l'arrière de la maison vous invite au repos. Langue parlée : anglais.

Prix : 1 pers. **32 €** 2 pers. **46 €** 3 pers. **59 €** pers. sup. **8 €**
Ouvert : Toute l'année.

2	2	2	2	2	SP

Frédéric MAURAU-HANRION - Place du Faubourg - Maison Authesserre - 12270 NAJAC - Tél. : 05 65 29 73 47 -
E-mail : f.maurau-hanrion@wanadoo.fr

NAJAC La Prade
C.M. 79 Pli 20

E.C. 3 ch.

3 chambres aménagées dans une maison neuve, attenante à l'habitation des propriétaires, 3 ch. 2 pers. avec salle d'eau/wc privés,séjour privé, coin-cuisine à disposition, terrasse, salon de jardin. Restaurant 3 km. Camping à la ferme à proximité, location d'un mobil-home et de caravanes. Réduc. 10 % sur séjour pour 3 nuits minimum. Chez Maïté et Jean-Pierre vous êtes accueillis dans une ambiance familiale. Calme et convivialité sont toujours au rendez-vous et des sites tout proches sont à découvrir : Najac et les gorges de l'Aveyron notamment.

Prix : 2 pers. **31 €** 3 pers. **39 €** pers. sup. **8 €**
Ouvert : Toute l'année.

3	3	8	3	3	3

Jean-Pierre et Maïte VERDIER - La Prade - 12270 NAJAC - Tél. : 05 65 29 71 51 - Fax : 05 65 29 71 51 -
E-mail : jp_et_m_verdier@hotmail.com

NANT Mas de la Place Alt. : 510 m
C.M. 80 Pli 15

2 ch.

Dans un bâti annexe, d'accès indép. et de plain-pied, 2 ch. 2 pers., salles d'eau/wc privés. Coin-cuisine attenant. Séjour commun. Cour, salon de jardin, barbecue, ping-pong. Poss. week-end pêche, chasse en saison. Animaux acceptés sous réserve. Réduc. pour séjour. Entre Larzac et Cévennes, au cœur du Parc Naturel Régional des Grands Causses, vous pratiquerez mille activités culturelles : églises romanes, visite des sites Templiers et hospitaliers... et sportives : pêche, randonnées... ou de détente au pied du chêne séculaire qui ombrage l'entrée de la ferme. Langue parlée : anglais.

Prix : 1 pers. **30 €** 2 pers. **35 €** 3 pers. **46 €** pers. sup. **11 €**
Ouvert : Du 1er mars au 1er novembre.

5	SP	5	5	37	5

M-Claire et J-Claude COULET - Le Chêne - Mas de la Place - 12230 NANT - Tél. : 05 65 62 27 40 - Fax : 05 65 62 27 40

NOAILHAC Prayssac Alt. : 530 m
C.M. 80 Pli 1

E.C. 4 ch.

Eglise romane, trésor (classé patrimoine mondial de l'UNESCO) 12 km. 4 chambres d'hôtes chez l'habitant au rez de chaussée et au 1er, en pleine campagne. 3 chambres 2 pers., 1 chambre familiale 4 pers., salles d'eau/wc privés, séjour commun (TV), jardin, terrasse, salon de jardin, cures thermales à Cransac 17 km. Sur une colline, Prayssac offre un large panorama sur la campagne. Près de Conques et placé sur le chemin de St-Jacques, petits et grands randonneurs trouveront leur bonheur. Chaque chambre à son thème, peint par la maitresse des lieux. Votre préférée : la grenouille, la châtaigne ou la St Jacques? Langue parlée : anglais.

Prix : 1 pers. **28 €** 2 pers. **36 €** 3 pers. **45 €** repas **13 €**
Ouvert : Toute l'année.

11	12	5	11	8	14	11

Hélène et Bruno TETAZ - l'Ostalada - Prayssac - 12320 NOAILHAC - Tél. : 05 65 43 09 73

Aveyron

Midi-Pyrénées

NOAILHAC Montbigoux   Alt. : 580 m   C.M. 80 Pli 1

2 ch. **Conques 8 km.** 2 ch. d'hôtes chez l'habitant, au 1er étage mansardé. 1 ch. 2 pers., salle d'eau/wc privée non communicante. 1 ch. 3 pers., salle d'eau/wc privée. Séjour commun (cheminée, TV). Cour et terrasse commune, salon de jardin, barbecue, garage. De Montbigoux, vous discernerez sur fond d'un vaste horizon, la cathédrale de Rodez...fort éloignée pourtant, ainsi que la vallée du Dourdou et les collines environnantes. A 6 km de Conques, classé patrimoine mondial de l'UNESCO, son abbatiale et le GR65, chemin de St Jacques de Compostelle à 200 m.

Prix : 1 pers. 28 € 2 pers. 34 € 3 pers. 44 € pers. sup. 10 €
Ouvert : Toute l'année.

5	5	6	5	17	38	5

Michel et Simone FALIP - Montbigoux - 12320 NOAILHAC - Tél. : 05 65 69 85 01 ou 06 81 93 34 50 - Fax : 05 65 69 85 01

ONET-LE-CHATEAU Les Cabaniols   Alt. : 600 m   C.M. 80 Pli 2

4 ch. 4 ch. d'accès indépendant. Dans une ancienne grange 3 ch. (2, 3 et 4 pers.), dans un petit bâti, 1 ch. (2 pers.), salles d'eau/wc privés, coin-cuisine et séjour (TV, bibliothèque) privatifs. Jardin, salon de jardin, barbecue. Possibilité lit bébé. Aux portes de Rodez, tout en étant à la campagne, ces chambres s'ouvrent sur un agréable jardin fleuri. Des randonnées à pied sur les Causses, tout proche, aux balades lointaines vers Conques, les lacs du Levezou ou l'Aubrac, ou encore le golf de Fontanges, à quelques pas : vous ne manquerez pas d'activités.

Prix : 1 pers. 37/41 € 2 pers. 41/46 € 3 pers. 56 € pers. sup. 9 €
Ouvert : Toute l'année.

2	7	10	4	30	4	4

Nadine CONSTANS - Les Cabaniols - 12850 ONET-LE-CHATEAU - Tél. : 05 65 42 68 33 ou 06 82 08 57 63 - Fax : 05 65 42 68 33

PEYRELEAU L'Ermitage   (TH)   C.M. 80 Pli 4

3 ch. 3 ch. chez l'habitant. 2 ch. 2 pers. et 1 suite 2 ou 3 pers., s. d'eau ou bains/wc privés, salle voûtée (repas), salon privé (TV, musique, cheminée). Terrasse, salon de jardin, petit déjeuner : produits issus de l'agriculture biologique. L'Ermitage, vaste demeure et ancien couvent dominant le village classé de Peyreleau, au confluent des gorges du Tarn et de la Jonte. Le calme, la vue imprenable et un accueil chaleureux dans une maison qui a incontestablement du charme. Langues parlées : anglais, allemand. les vendredi et samedi soir uniquement. Réduct. hors-saison à partir de 4 nuits. VTT.

Prix : 1 pers. 46 € 2 pers. 50/73 € 3 pers. 73/88 € pers. sup. 15 € repas 21 €
Ouvert : Du 20 mars au 12 novembre.

SP	SP	4	9	40	40	SP	20	SP

Doris et Philippe GARSI - l'Ermitage - 12720 PEYRELEAU - Tél. : 05 65 62 61 91 ou 06 08 51 23 65

PEYRELEAU L'Amorier   C.M. 80 Pli 4

3 ch. 3 ch. d'hôtes chez l'habitant aux rez-de-chaussée et 1er étage. 1 ch. 2 pers. (2 épis), 1 ch. 3 pers. (3 épis), 1 ch. 4 pers. (2 épis), chacune avec salle d'eau/wc privée. Séjour avec cheminée et salon communs. Terrasse couverte, jardin, salon de jardin. Randonnée pédestre sur place. Taxe de séjour. Une belle maison, toute en hauteur accrochée aux parois du village de Peyreleau, au confluent des gorges du Tarn et de la Jonte. Une terrasse qui ne donne qu'une envie, s'y attarder... Un paysage et un lieu où vous pourrez aussi « bouger » : canoë, spéléo, escalade, randonnées... Langue parlée : anglais.

Prix : 1 pers. 38 € 2 pers. 49 € 3 pers. 61 € pers. sup. 11 €
Ouvert : Du 15 mars au 31 décembre.

SP	SP	4	6	40	40	SP	20	SP

Florence BOISNARD - l'Amorier - 12720 PEYRELEAU - Tél. : 05 65 62 67 20

POMAYROLS   Alt. : 550 m   C.M. 80 Pli 4

1 ch. 1 ch. d'hôtes spacieuse chez l'habitant, avec accès indépendant. 1 ch. 3 pers., salle d'eau et wc privés + kitchenette. Séjour commun. Terrasse, salon de jardin. Tél 01 69 21 32 56 (hors vac. scolaires). Pomayrols, petit village proche de Saint-Geniez-d'Olt, domine la vallée du Lot. Au nord, l'Aubrac : espace, grand air et quiétude garantis.

Prix : 2 pers. 31 € pers. sup. 11 €
Ouvert : Du 15 avril au 6 novembre.

7	1	7	12	30	7	25	7

Pierrette ROUCH - 4 passage Severine - 91600 SAVIGNY-SUR-ORGE - Tél. : 05 65 52 70 28 ou 05 65 47 44 00

POMAYROLS   Alt. : 550 m   C.M. 80 Pli 4

1 ch. 1 chambre d'hôtes (2 pers) au 2e étage dans le village, salle d'eau/wc privés, séjour commun (cheminée, TV). Petit jardin, salon de jardin, barbecue, garage. Vous êtes là, aux portes de l'Aubrac, en haut du village de Pomayrols, près du château qui domine la vallée du Lot. La chambre claire et mansardée vous permet de profiter de ces paysages verdoyants. Langue parlée : anglais.

Prix : 2 pers. 32 € 3 pers. 41 €
Ouvert : Du 1er juillet au 30 aout.

7	SP	7	35	35	7	20	7

Claudine RASCALOU-BROUZES - 11, rue François 1er - 92170 VANVES - Tél. : 01 46 45 18 48 ou 05 65 47 40 22

Midi-Pyrénées — Aveyron

PONT-DE-SALARS La Coste
Alt. : 690 m (TH) C.M. 80 Pli 3

3 ch. **Micropolis, la cité des insectes 20 km.** 3 ch. d'hôtes dans la maison du prop. dans le village, face à la gendarmerie. R.d.c., entrée indép. 2 ch. (lit 2 pers.), 1 ch. (2 lits 1 pers.). S. d'eau, wc privés, TV (réception satellite) chacune. Séjour commun. Jardin d'agrément, salon de jardin à dispo. Rivière, voile sur place. Restaurant 500 m. Animaux admis sous réserve. Table d'hôtes sur résa. uniquement (pas de table le dimanche soir). Réduct. séjour en basse saison. Taxe de séjour. Pont-de-Salars, au cœur de l'Aveyron à 25 km du golf de Rodez. Mireille, guide touristique a réalisé pour vous des circuits découvertes.

Prix : 1 pers. 38 € 2 pers. 45 € pers. sup. 17 € repas 17 €
Ouvert : Toute l'année.

	SP	SP	4	3	SP	13	20	SP

**Michel et Mireille BEDOS - 12290 PONT-DE-SALARS - Tél. : 05 65 46 84 14 ou 06 83 46 42 71 - Fax : 05 65 46 84 14 -
E-mail : mireillebedos@fr.st - www.mireillebedos.fr.st**

POUSTHOMY La Rivière
C.M. 80 Pli 12

4 ch. 4 chambres situées en pleine campagne. 4 ch. 2 pers. avec 2 salles d'eau et 2 wc communs, lit d'appoint possible. Véranda, terrain non clos à la disposition des hôtes. Possibilité cuisine. Promenades pédestres. Ruisseau, piscine privée sur place. Table de ping-pong. Réduction 10 % pour famille nombreuse en séjour. Dans la campagne du sud-Aveyron, retrouvez le calme et découvrez à proximité les Vallées du Tarn et du Rance dont les cours sont ponctués de village au cachet préservé : St-Sernin, plaisance pour le Rance, Lincou, Brousse et Ambialet pour le Tarn.

Prix : 1 pers. 23 € 2 pers. 38 € 3 pers. 53 € pers. sup. 15 €
Ouvert : Toute l'année.

7	SP	9	SP	40

Gunter JACOBY - La Rivière - 12380 POUSTHOMY - Tél. : 05 65 99 63 18

PRADES-DE-SALARS Boulouis
Alt. : 830 m   A   C.M. 80 Pli 3

5 ch. 5 ch. dans ancienne grange avec accès indép. 3 ch. 2 pers., 2 ch. 4 pers., dont une familiale, salles d'eau/wc. Poss. lit bébé. Séjour privatif, bibliothèque, jardin, salons de jardin, ping-pong. Repas en ferme auberge uniquement sur réservation (pas de repas le lundi midi). Réduction pour séjour. Au bord du lac de Pareloup (300 m), ferme coquette et fleurie. Les chambres aménagées dans une bâtisse en pierre portent les noms de pré. Vous profiterez des plaisirs de la plage, des balades en pleine nature et vous rénouerez avec la gastronomie campagnarde à la table de la ferme-auberge. Langues parlées : anglais, espagnol.

Prix : 1 pers. 34 € 2 pers. 40 € 3 pers. 53 € pers. sup. 12 € repas 14 €
Ouvert : Du 1er juin au 30 septembre + week-end de mai.

3	SP	3	SP	36	3

Annie et David CLUZEL - Boulouis - 12290 PRADES-DE-SALARS - Tél. : 05 65 46 34 55 - Fax : 05 65 46 34 55

RIEUPEYROUX Sallevezines
Alt. : 600 m (TH) C.M. 80 Pli 1

E.C. 4 ch. 4 chambres chez l'habitant au rez de chaussée et au 1er étage, en pleine campagne. 2 chambres 2 pers. et 2 chambres 3 pers., salles d'eau/wc privés, séjour commun (TV, poêle à bois), cour et jardin, salon de jardin, jeux d'enfants, animaux acceptés (paiement), réduction en haute saison. Sallevezines, un ancien corps de ferme implanté dans la paisible campagne du Ségala. La quiétude garantie qui ne peut être troublée que par de sympathiques animaux : les ânes qui paissent dans les prés. Et vous serez proche des gorges de l'Aveyron et d'un des plus beaux villages de France : Belcastel. Langues parlées : hollandais, anglais.

Prix : 1 pers. 31 € 2 pers. 39 € 3 pers. 48 € repas 15 €
Ouvert : Toute l'année.

5	5	23	5	45	5

Cathy et Patrick REDING - Sallevezines - 12240 RIEUPEYROUX - Tél. : 05 65 65 50 93 - Fax : 05 65 65 50 93

RIGNAC La Garrissonie
Alt. : 515 m   C.M. 80 Pli 1

3 ch. 3 ch. aménagées dans une maison de caractère avec mezzanine, poutres apparentes et terrasse couverte fleurie. 2 ch. 2 pers. avec salle d'eau/wc privée. 1 ch. 3 pers. (2 épis) avec salle de bains/wc privée non attenants. Jardin ombragé avec salon de jardin, possibilité barbecue et pique-nique. 2 chevaux à dispo. des hôtes. Animaux admis sous réserve. Restaurants 4 km. Ferme-auberge à 2 km. A la Garrissonie, l'accueil est simple, chaleureux et spontané. Tout proche de Rodez, vous pourrez découvrir les petites rues qui mènent à la cathédrale, visiter Belcastel ou déguster le vin local « Le Marcillac » chez un producteur. 51,83 €/4 pers.

Prix : 2 pers. 34 € 3 pers. 41 € pers. sup. 8 €
Ouvert : Toute l'année.

5	5	15	5	25	5

André et Monique PRADEL - La Garrissonie - 12390 RIGNAC - Tél. : 05 65 64 53 25 - Fax : 05 65 64 53 25

RIVIERE-SUR-TARN Les Salles
(TH)   C.M. 80 Pli 4

5 ch. **Millau 12 km.** 4 ch. 2 pers., 1 ch. 3 pers. avec s. d'eau et wc privés, accès indép. Aire de jeux, ping-pong, terrasse, barbecue, parking, portique, pétanque. Pas de table d'hôtes le dimanche. Plage à 1 km (base de loisirs) sur le Tarn. Taxe de séjour. Réduction pour séjours. (hors 07 et 08) Tarif 1/2 pension par pers. en chambre double. Pour vous accueillir sur la route des gorges du Tarn : une ferme viticole. Implantée au cœur du hameau, la grande maison de pierres, avec sa vigne et son verger sur l'arrière, domine une agréable piscine.

Prix : 1 pers. 30 € 2 pers. 40 € 3 pers. 55 € repas 13 €
Ouvert : Toute l'année.

1	SP	SP	SP	SP	12	SP

Jean et Jeanine MELJAC - Les Salles - 12640 RIVIERE-SUR-TARN - Tél. : 05 65 59 85 78 - Fax : 05 65 59 85 78

Aveyron
Midi-Pyrénées

RIVIERE-SUR-TARN
C.M. 80 Pli 4

5 ch. 5 ch. dans la maison du prop., avec accès indép. 3 ch. 2 pers. à l'étage avec s. d'eau/wc privées, 2 ch. 2 et 3 pers. (2 épis) de plain-pied avec s. d'eau/wc privées. TV dans 1 ch. Séjour commun. Terrasse, pelouse close par des haies, salon de jardin, parking. Taxe de séjour. Pas de table d'hôtes le dimanche soir. Animaux admis sous réserve. L'Arcade, grande maison avec son verger se trouve sur la route des gorges du Tarn. Un environnement idéal pour des vacances actives et sportives. Jeux d'enfants, ping-pong, portique. Base de loisirs 1 km. Pas de TH le dimanche soir, cuisine régionale, produits du jardin. Langues parlées : anglais, espagnol.

Prix : 1 pers. 33 € 2 pers. 40 € 3 pers. 49 € pers. sup. 9 € repas 13 €

Ouvert : Du 15 mars au 15 novembre.

SP	SP	SP	1	SP	12	SP

Jeannine et Francis FABRE - l'Arcade - rue Beausoleil - 12640 RIVIERE-SUR-TARN - Tél. : 05 65 59 85 88 ou 06 08 65 01 90 - Fax : 05 65 59 85 88

LA ROUQUETTE Le Moulin de Castel
C.M. 79 Pli 20

E.C. 1 ch. 1 ch. d'hôtes 2 pers. avec salle d'eau/wc privés et entrée indépendante, aménagée dans la maison des propriétaires. Séjour commun avec TV et cheminée. Jardin, salons de jardin, portique. Les Bastides du Rouergue : Najac et Villefranche-de-Rouergue. En pleine campagne, cette agréable maison de pierre blanche, très fleurie est séparée du Moulin de Castel par un ruisseau : l'Assou. Situé entre Villefranche de Rouergue et Najac, vous ne manquerez pas de sites à visiter à moins que vous ne préfériez parcourir le GR36.

Prix : 1 pers. 34 € 2 pers. 43 € repas 14 €

Ouvert : Toute l'année.

SP	SP	5	9	10	16	9	5

Maryla et Jean MAUGY - Le Moulin de Castel - 12200 LA-ROUQUETTE - Tél. : 05 65 29 48 81

SALLES-LA-SOURCE Cougousse
C.M. 80 Pli 2

E.C. 1 ch. Rodez : cathédrale, musées 12 km. 1 chambre d'hôtes chez l'habitant au rez de chaussée, accès indépendant, dans un hameau. 1 chambre 2 pers. (TV, coin-cuisine) salle d'eau/wc privés, séjour commun, terrasse et salon de jardin privés, barbecue, parc de 2 ha., possibilité lits d'appoint et bébé, restaurants à 3 km. L'imposante demeure qui abrite également des gîtes se dresse dans l'étroit vallon de Marcillac, petit Nice où poussent les vignobles du même nom. Ruisseau bordé d'arbres longe le parc : agréable impression de fraîcheur que l'on retrouve dans la ch. à l'abri des murs épais de cet ancien couvent.

Prix : 1 pers. 30 € 2 pers. 43 € pers. sup. 11 €

Ouvert : Toute l'année.

2	SP	10	2	20	12	3

Jean et Claudette TORRUBIANO - Cougousse - 12330 SALLES-LA-SOURCE - Tél. : 05 65 71 85 52 ou 06 71 72 35 52 - Fax : 05 65 71 85 52 - E-mail : gites.de.cougousse@wanadoo.fr

---

LA SALVETAT-PEYRALES Campels
Alt. : 500 m
C.M. 80 Pli 1

3 ch. 3 ch. aménagées au r.d.c. surélevé de la maison des propriétaires, dans un petit village calme. 2 ch. 2 pers. 1 ch. 3 pers. avec sal d'eau et wc communs. Chauffage central, salle à manger avec cheminée. Balcon, terrain aménagé avec salon de jardin, balançoire. Sentiers pédestres balisés en forêt, pêche en rivière. De ce petit hameau du Ségala, vous garderez le souvenir d'un certain art de vivre grâce à la table d'hôtes et ses spécialités et aussi grâce à la nature environnante généreuse en sentiers et en ruisseaux.

Prix : 1 pers. 25 € 2 pers. 31 € 3 pers. 40 € repas 11 €

Ouvert : Du 1er avril au 30 septembre.

4	2	6	11	8	11	10

Gilbert et Marinette BARBANCE - Campels - 12440 LA-SALVETAT-PEYRALES - Tél. : 05 65 81 82 04

LA SALVETAT-PEYRALES Les Tronques
A
C.M. 80 Pli 1

6 ch. 6 ch. de plain-pied avec s. d'eau et wc chacune, dans une maison attenante, en pleine campagne. 4 ch. 2 pers., 1 ch. familiale 5 pers., 1 ch. 2 pers. (acces. aux pers. hand.). Cour ombragée, pré avec salon de jardin à dispo., balançoires. Découverte de la ferme. Réduc. pour séjour. Pas de table d'hôtes le lundi soir en juillet et août. Animaux admis sous réserve. Sentiers de pays. Sur place : soirée gastronomique et expo. de peinture l'été, animation musicale rock et stages équestres (w.e. et semaine) en hiver. Fermeture selon travaux agricoles en juin et en septembre.

Prix : 1 pers. 34 € 2 pers. 40 € pers. sup. 11 € repas 14 €

Ouvert : Du 1 janvier au 30 septembre et du 1er novembre au 31 décembre.

2	SP	2	12	SP	2

Marc et Régine FOULQUIER - Les Tronques - 12440 LA-SALVETAT-PEYRALES - Tél. : 05 65 81 81 34 - E-mail : lestronques@fr.mm

---

SANVENSA Lacalm
C.M. 79 Pli 20

E.C. 4 ch. Villefranche de Rouergue, Bastide royale 14 km. 4 chambres d'hôtes aménagées au rez de chaussée et au 1er étage d'une maisonnette proche de l'habitation du propriétaire, dans un hameau. 4 chambres 2 et 3 pers., possibilité lit bébé, salles d'eau/wc privés, séjour à disposition (TV, poêle à bois), jardin, salon de jardin à disposition, barbecue. Les chambres sont aménagées dans une vieille maison de pierre claire, les volets, peints en bleu, lui donnent un air pimpant. Roselyne et Christian, qui servent à la table d'hôtes les produits fermiers et régionaux, vous invitent à découvrir cette belle région du Ségala et leur métier : agriculteur.

Prix : 1 pers. 31/34 € 2 pers. 43/46 € 3 pers. 52/55 € repas 13 €

Ouvert : Toute l'année.

12	5	7	12	12	14	2

Roselyne et Christian GINESTE - Lacalm - 12200 SANVENSA - Tél. : 05 65 29 81 63

Midi-Pyrénées — Aveyron

SANVENSA Monteillet (TH)
C.M. 79 Pli 20

▮▮▮ 3 ch. Dans un hameau, 3 ch. d'hôtes 2/4 pers. dont 2 au r.d.c. de la maison du prop. (accès indép.) : 2 ch. 2 pers. (2 et 3 épis), s. d'eau ou de bains/wc privés, terrasse commune. Bât. annexe : 1 ch. 2/4 pers. (3 épis), kitchenette, s.d.b./wc privée, terrasse. En commun : séjour (cheminée, TV), cour non close, salon de jardin, barbecue, ping-pong. Petits déjeuners en plein air, sous la tonnelle, belle terrasse ouvrant sur la campagne, les fleurs, le calme... Vous trouverez tout cela chez Monique et Pierre et vous profiterez des nombreux sites alentours : Najac, gorges de l'Aveyron... Pas de TH les dimanche, mardi, jeudi soir ou sur résa. Langues parlées : anglais, italien.

Prix : 1 pers. 35 € ⋅ 2 pers. 38 € ⋅ 3 pers. 46 € ⋅ repas 15 €
Ouvert : Du 1er janvier au 8 septembre et du 24 septembre au 31 décembre.

SP	5	1	11	20	15	11	SP

Pierre et Monique BATESON - Monteillet - 12200 SANVENSA - Tél. : 05 65 29 81 01 - Fax : 05 65 65 89 52 - E-mail : pbc@wanadoo.fr

SAUVETERRE-DE-ROUERGUE Jouels Alt. : 540 m (TH)
C.M. 80 Pli 1

▮▮▮ 4 ch. 4 chambres d'hôtes au 1er étage d'une maison de caractère, accès indépendant. 1 ch. familiale de 4/5 pers., 3 chambres 2 pers., salles d'eau et wc privés. Séjour, salon avec TV réservés aux hôtes. Terrasse, salon de jardin, parking. Tarif 1/2 pension par pers. en chambre double. Pas de table d'hôtes le vendredi et le samedi en 07 et 08. C'est dans l'ancien couvent du village, une maison de caractère, que sont installées ces chambres au décor personnalisé. L'autre bonne raison de séjourner à Jouels : bien sûr la proximité de la bastide royale de Sauveterre mais aussi le village de Belcastel et le château du Bosc.

Prix : 1 pers. 34 € ⋅ 2 pers. 42/53 € ⋅ 3 pers. 57/67 € ⋅ repas 14 €
Ouvert : Toute l'année.

2	SP	4	4	10	10	4	

Marcel et Maguy PRIVAT - Lou Cambrou - Jouels - 12800 SAUVETERRE-DE-ROUERGUE - Tél. : 05 65 72 13 40

LA SELVE Le Favaldou Alt. : 650 m (TH)
C.M. 80 Pli 12

E.C. 3 ch. 3 chambres chez l'habitant au 1er étage mansardé, dans un hameau. 2 chambres 2 pers. et 1 chambre familiale 4 pers., salles d'eau/wc privés, séjour commun (TV, cheminée), terrasse, jardin, salon de jardin, barbecue. Dans un hameau agricole du Ségala Marie-Jo a aménagé ses chambres dans une ambiance « cocooning ». Elle saura vous faire partager son enthousiasme pour cette région qu'elle connait bien pour l'avoir parcourue à pied et en moto. Et à la table d'hôte vous goûterez les productions du jardin.

Prix : 1 pers. 29 € ⋅ 2 pers. 40 € ⋅ pers. sup. 16 € ⋅ repas 13 €
Ouvert : Toute l'année.

2	3	15	9	15	15	36	9

Marie Jo VERNHES - Le Favaldou - 12170 LA-SELVE - Tél. : 05 65 74 26 21 ou 06 87 10 63 27 - E-mail : Marie-jo.vernhes@wanadoo.fr

LA SERRE Monteils Alt. : 650 m (TH)
C.M. 80 Pli 12

▮▮ 4 ch. 4 ch. chez l'habitant,(dont 2 classées 1 épi). 2 ch. 2 et 3 pers., salles d'eau et wc privés, accès au séjour (cheminée, TV) de plain-pied et indépendant. 1 ch. 3 pers. à l'étage, salle d'eau et wc privés. 1 ch. 2 pers. au r.d.c., accès indépendant, avec salle d'eau et wc privés. Véranda et terrasse, grande pelouse ombragée, salon de jardin. Réduction pour séjour. Les chambres de la ferme de Monteils, toutes proches de St-Sernin-sur-Rance, ouvrent sur un large panorama qui porte jusqu'aux Monts de Lacaune. Les amateurs de pêche trouveront leur bonheur avec le Rance et les ruisseaux.

Prix : 1 pers. 21 € ⋅ 2 pers. 31 € ⋅ 3 pers. 37 € ⋅ pers. sup. 6 € ⋅ repas 10 €
Ouvert : Du 1er avril au 31 octobre.

4	4	4	4	35	4	

Marcellin CAMBON - Monteils - 12380 LA-SERRE - Tél. : 05 65 99 62 73

SEVERAC-LE-CHATEAU Bois de Coursac Alt. : 800 m (TH)
C.M. 80 Pli 4

▮▮ 5 ch. Chambres non fumeur. Au 1er étage de la maison d'habitation, 2 ch. (2 pers.) + 1 ch. familiale (4 pers.), salles d'eau ou bains/wc privés. Dans un bâtiment mitoyen, accès indép.,2 suites duplex 2 pers. avec s. d'eau/wc privés. Jardin, salon de jardin. Table d'hôtes sur réservation, cuisine régionale. Taxe de séjour. Chambre non fumeur. Dans le parc Naturel régional des grands Causses cette belle maison de pierres est nichée au creux des bois. Un choix de vacances actives et curieuses ou de repos en ce lieu paisible où flotte une odeur de buis. Proche des gorges du Tarn et des lacs du Levezou.

Prix : 1 pers. 34 € ⋅ 2 pers. 40 € ⋅ pers. sup. 11 € ⋅ repas 14 €
Ouvert : Toute l'année sur réservation.

7	3	15	15	30	20	15	15

Esmeralda et Xavier LEMAIRE - Bois de Coursac - 12150 SEVERAC-LE-CHATEAU - Tél. : 05 65 58 80 61 - Fax : 05 65 58 80 61

ST-ANDRE-DE-NAJAC L'Homp (TH)
C.M. 79 Pli 20

▮ 1 ch. 1 chambre 2/3 pers. dans la maison du propriétaire. Salle de bains, douche et wc privés non communicants face à la chambre. Séjour-salon communs, cheminée, TV satellite. Cour et grand jardin fleuri. Petit étang, terrasse, salon de jardin. Réduction pour séjour. Cette belle ferme rénovée, en pleine campagne, s'ouvre sur le large panorama de la vallée du Viaur : calme et quiétude garantis. Michèle et André vous recevront dans leur maison fleurie, au charme très personnalisé. Langues parlées : anglais, hollandais.

Prix : 1 pers. 30 € ⋅ 2 pers. 42 € ⋅ 3 pers. 53 € ⋅ repas 14 €
Ouvert : Du 10 avril au 10 novembre (autres périodes sur réservation).

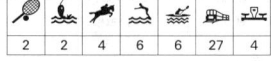

2	2	4	6	6	27	4

Michele DETHIER - Lormaleau - L'Homp - 12270 ST-ANDRE-DE-NAJAC - Tél. : 05 65 65 70 46 - Fax : 05 65 65 70 48 -
E-mail : lormaleau@wanadoo.fr - www.france-bonjour.com/lormaleau

Aveyron
Midi-Pyrénées

ST-BEAUZELY Les Landes
Alt. : 700 m
C.M. 80 Pli 14

E.C. 3 ch. **Les Gorges du Tarn 40 km.** 3 chambres d'hôtes chez l'habitant. Au 1er étage : 2 ch. 2 pers., salles d'eau ou de bains avec privés non attenants. A l'étage de la maison du gardien : 1 ch. familiale 4 pers., salle d'eau et wc privés. Séjour (cheminée, TV) et salon commun. Jardins, piscine (12x6) du 15/06 au 30/09, jacuzzi. Petits déjeuners gourmands. Restaurant à 800 m. Les Landes, bel ensemble de maisons entouré de verdure près du ruisseau « La Muze ». Intérieur surprenant : des objets de tous pays côtoient le design le plus moderne. A cela s'ajoute un environnement propice à la randonnée et à la découverte : Micropolis, l'abbaye de Courberoumale.

Prix : 2 pers. **43/64 €** 3 pers. **60 €**
Ouvert : Toute l'année.

🐕	🎾	🏊	🚴	⛵	🏰
1	SP	1	17	17	1

Jean-Louis ESPERCE - Les Landes - 12620 ST-BEAUZELY - Tél. : 05 65 62 03 14 - Fax : 05 65 62 04 52 -
E-mail : domainedeslandes@fr.com - www.domainedeslandes.fr.st

ST-COME Boraldette
C.M. 80 Pli 3

2 ch. 2 ch. au 1er étage de la maison du propriétaire. 2 chambres 2 pers. avec salle d'eau et wc communs. Cour non close commune, barbecue, salon de jardin. Maison proche de la route Saint-Côme/Espalion. Pour réserver, téléphoner aux heures des repas. D'agréables chambres s'offrent à vous, à proximité d'Espalion, gros bourg blotti autour de son pont médiéval qui enjambe le Lot. Pour agrémenter votre séjour, vous avez un large choix : circuits dans la vallée du Lot ou sur l'Aubrac, visites des villages typiques : Estaing, St-Côme-d'Olt.

Prix : 1 pers. **23 €** 2 pers. **28 €** pers. sup. **9 €**
Ouvert : Du 1er mai au 30 septembre.

🐕	🎾	🏊	🚴	⛷	🏃	🚴	⛵
2	SP	1	2	30	30	2	30	2

Henri et Solange BURGUIERE - Boraldette - Route d'Espalion - 12500 ST-COME - Tél. : 05 65 44 10 61

ST-GEORGES-DE-LUZENCON
A
C.M. 80 Pli 14

6 ch. 6 ch. dans un ancien bât. de ferme. 3 ch. 2 pers. avec s.d.b. et wc privés. 2 ch. 3 pers. avec s. d'eau privées et 2 wc communs. 1 ch. 3 pers. avec s. d'eau/wc privés. Jardin avec mobilier. Piscine privée. Parking. Delta-plane 5 km. GR763 à prox. Salle à manger climatisée. Repas en ferme auberge. Taxe de séjour. Ségonac, entre gorges et vallée du Tarn, une ferme pour vous accueillir. Les chambres sont indép., coquettes, sobres et spacieuses et proche de la piscine. A la ferme auberge, vous pourrez déguster des spécialités du sud Aveyron.

Prix : 2 pers. **34/40 €** 3 pers. **43/49 €** repas **13 €**
Ouvert : Du 1er mars au 10 novembre.

🐕	🎾	🏊	🚴	⛵
2	1	14	SP	5	3

Michel et Françoise GOUTTENOIRE - Ferme Auberge du Sanglier - Segonac - 12660 ST-GEORGES-DE-LUZENCON -
Tél. : 05 65 62 38 40 ou 06 16 95 59 76 - Fax : 05 65 62 38 40 - E-mail : michel.GOUTTENOIRE@vnumail.com - www.ifrance.com/millau

ST-IGEST Couderc-Batut
(TH)
C.M. 79 Pli 10

1 ch. **Saut de la Mounine 25 km. Bastide de Villefranche-de-Rouergue 16 km.** 1 chambre d'hôtes chez l'habitant, dans un hameau. A l'étage : 1 chambre familiale (2 ch. distinctes) 4 pers., avec salle d'eau/wc privatifs, séjour (TV, cheminée, bibliothèque) commun. Jardin, salon de jardin et barbecue. Table d'hôtes sur réservation. M. et Mme Lilley ont choisi de se retirer dans ce petit hameau proche du causse du Quercy, de la vallée du Lot et de la Diège. Ils vous feront goûter leurs spécialités internationales à la table d'hôtes. Langue parlée : anglais.

Prix : 1 pers. **24 €** 2 pers. **34 €** 3 pers. **50 €** repas **14 €**
Ouvert : Du 1er avril au 30 Octobre.

🐕	🎾	🏊	🚴	⛵	🏰
5	5	16	15	30	16	6

LILLEY - Couderc Batut - 12260 ST-IGEST - Tél. : 05 65 81 51 97 - Fax : 05 65 81 51 97

ST-REMY Mas de Jouas
(TH)
C.M. 79 Pli 10

6 ch. 6 ch. proche de la maison du propr. Sur 2 niveaux, 5 ch. 2 pers., s.d.b., wc privés. 1 chambre 3 pers., s.d.b., wc privés. TV dans chaque chambre. Séjour à dispo au r.d.c. Grand terrain non clos. Salons de jardin, petit étang. Tennis gratuit. Taxe de séjour. Réduction pour séjour. Tout près de Villefranche de Rouergue, vieille bastide royale, on déniche le Mas du Jouas : une impression de bout du monde... et la sereine quiétude de la campagne. Au pied des chambres aménagées dans une ancienne bergerie, la piscine et la cascade dominent un large panorama. Langues parlées : anglais, allemand, hollandais.

Prix : 1 pers. **43 €** 2 pers. **58/61 €** 3 pers. **72/75 €** pers. sup. **14 €** repas **19 €**
Ouvert : Du 1er mars au 31 décembre.

🐕	🎾	🏊	🚴	⛵	🏰
1	SP	7	SP	20	7	7

Guy et Christel TAILLET - Mas de Jouas - 12200 ST-REMY - Tél. : 05 65 81 64 72 - Fax : 05 65 81 50 70

ST-SATURNIN-DE-LENNE La Caillebotte
Alt. : 650 m
(TH)
C.M. 80 Pli 4

1 ch. **Saint-Geniez-d'Olt 10 km. Gorges du Tarn 40 km.** 1 chambre d'hôtes chez l'habitant, dans un village. A l'étage : 1 chambre familiale 2/4 pers., d'accès indépendant, salle de bains et wc privés, séjour (cheminée, TV, canapé, bibliothèque) commun. Jardin clos, salon de jardin. Une halte sympathique, au début d'une semaine, entourée d'un agréable jardin et sort de l'ordinaire : c'est une ancienne laiterie de Roquefort. L'accueil y est simple et chaleureux et le lieu tranquille. Découvrez la vallée du Lot ou les Gorges du Tarn et parcourez les sentiers de pays au départ du village. Langue parlée : allemand.

Prix : 1 pers. **23 €** 2 pers. **34 €** 3 pers. **38 €** pers. sup. **8 €** repas **11 €**
Ouvert : Du 15 juin au 30 août.

🐕	🎾	🏊	🚴	⛵	🏰
SP	SP	8	5	35	15	5

Théa SIEGER - La Caillebotte - 12560 ST-SATURNIN-DE-LENNE - Tél. : 05 65 47 46 30

Midi-Pyrénées

Aveyron

ST-SERNIN-SUR-RANCE
C.M. 80 Pli 12

E.C. 4 ch. **Albi, cathédrale et musée Toulouse Lautrec 50 km.** 4 chambres d'hôtes chez l'habitant au 1er et 2e étage, accès indépendant, en sortie du bourg. 2 chambres 2 pers. 2 chambres 3 et 4 pers., salles de bains/wc privés, TV dans les chambres, séjour privatif (billard), jardin, salon de jardin, jeux d'enfants, garage, réduction pour séjour hors juillet/août, piscine privée. Entre Albi et Millau, St Sernin sur Rance est le pays de Victor, l'enfant sauvage de l'Aveyron. Ce petit bourg, étiré sur un éperon rocheux, rocheux, domine la rivière qui l'enserre : Le Rance. De la véranda où vous prendrez votre petit déjeuner vous apercevrez la piscine et les collines boisés.

Prix : 1 pers. **34** € 2 pers. **38** € 3 pers. **53** €
Ouvert : Du 1er mars au 31 octobre.

🐕	🎾	⛱	🏊	🏊	🚐	⛵
SP	1	SP	SP	20	50	SP

Andrée et Pierre VILLENEUVE - Route de Guergues - 12380 ST-SERNIN-SUR-RANCE - Tél. : 05 65 97 54 23 ou 06 85 53 34 49 - Fax : 05 65 99 63 92

STE-CROIX Les Allemands
C.M. 79 Pli 9/10

2 ch. 2 ch. chez l'habitant, aux 1er et 2e étages. 2 ch. 2 et 4 pers. avec salles d'eau/wc privés. Séjour commun (cheminée, TV, bibliothèque). Parc de 2500 m², salon de jardin. Réduction pour séjour. Animaux admis sous réserve. Une grande maison accueillante, entourée d'un cèdre et de marronniers, sur le Causse de Villeneuve. Des découvertes en perspective entre Lot et Aveyron. Langue parlée : anglais.

Prix : 1 pers. **43/46** € 2 pers. **52/58** € 3 pers. **64** €
Ouvert : Du 1er mai au 30 septembre.

🐕	🎾	⛱	🏊	🏊	🍽	🚐	⛵
2	12	5	3	15	15	15	5

Fabien et Monique PETIT - Le Cèdre - Les Allemands - 12260 STE-CROIX - Tél. : 05 65 81 50 46 - Fax : 05 65 81 50 49

STE-EULALIE-DE-CERNON Les Clauzets   Alt. : 650 m
C.M. 80 Pli 14

E.C. 2 ch. **Sites templiers dans un rayon de 20 km. Caves de Roquefort 25 km.** 2 ch. d'hôtes 2 pers. avec salles d'eau privatives et accès indépendant, aménagées au rez-de-chaussée de la maison des propriétaires. Séjour commun avec TV. Poss. lit d'appoint. Jardin non clos, salon de jardin. Réduction pour séjours. Restaurants 500 m. Au pied du Larzac, dans le Parc Naturel Régional des Grands Causses, au pays des templiers et des hospitaliers, vous êtes reçus chez de jeunes agriculteurs, éleveurs de brebis laitières. Un patrimoine riche, des possibilités de randonnées... Il y en a pour tous les goûts.

Prix : 1 pers. **31** € 2 pers. **36** € pers. sup. **8** €
Ouvert : Toute l'année.

🐕	🎾	⛱	🏊	🏊	🍽	🚐	⛵
SP	SP	15	6	54	25	25	SP

Martine et Robert GLANDIERES - Les Clauzets - 12230 STE-EULALIE-DE-CERNON - Tél. : 05 65 62 74 39 - Fax : 05 65 58 70 97 -
E-mail : martine-robert.glandières@wanadoo.fr

STE-EULALIE-DE-CERNON Les Clauzets   Alt. : 650 m   🗝
C.M. 80 Pli 14

3 ch. 3 chambres chez l'habitant, au r.d.c., accès indépendant. 1 chambre 3 pers. 2 chambres 2 pers. Salles d'eau/wc privées. Pelouse, barbecue, salon de jardin, portique. Réduction 10 % à partir de la 2e nuit. GR71 sur place. Restaurants au village. Au cœur du Parc Naturel Régional des Grands Causses et du pays Templiers, la ferme des Clauzets est aux portes de la commanderie templière de Ste-Eulalie-de-Cernon. L'architecture du village est marquée de leur empreinte. Faites un détour par Roquefort ou évadez-vous sur les immensités du Larzac.

Prix : 1 pers. **31** € 2 pers. **36** € 3 pers. **48** € pers. sup. **8** €
Ouvert : Toute l'année.

🐕	🎾	⛱	🏊	🏊	🍽	🚐	⛵
SP	SP	15	20	40	25	6	

Henri et Monique VINAS - Les Clauzets - 12230 STE-EULALIE-DE-CERNON - Tél. : 05 65 62 71 23

SYLVANES La Grine   (TH)
C.M. 80 Pli 13/14

5 ch. 5 ch. dans une ancienne grange. 4 ch. 2 pers. 1 ch. 4 pers. Toute avec s. d'eau et wc privés. Salle à manger et cheminée commune. 1 ch. accessible aux pers. hand. Réduction pour séjour. Table d'hôtes sur résa. (fermée le dimanche soir). La Grine, belle bâtisse de pierres rouges vous accueille dans ce coin tranquille du sud Aveyron. Nombreuses promenades : abbaye Cistercienne de Sylvanès, réputée pour ses manifestations musicales d'art sacré mais aussi la bergerie de Claude Arvieu.

Prix : 1 pers. **35** € 2 pers. **40** € 3 pers. **49** € repas **13** €
Ouvert : Toute l'année pour les groupes (mini 6 pers.) sinon du 15/3 au 10/11.

🐕	🎾	⛱	🏊	🏊	🍽	🚐	⛵
7	3	7	20	7	20	35	7

Claude et Annie ARVIEU - La Grine - 12360 SYLVANES - Tél. : 05 65 99 52 82

Aveyron
Midi-Pyrénées

VERRIERES La Graillerie
(TH)   C.M. 80 Pli 4

E.C. 3 ch. **Gorges du Tarn 15 km.** 3 chambres d'hôtes chez l'habitant, au 1er étage, accès indépendant, dans un lieu-dit proche de la N9 (200 m). 2 chambres 2 pers. et 1 chambre 3 pers., salles d'eau/wc privés, séjour privatif (cheminée, TV), cour close (150 m^2), salon de jardin, barbecue, Table d'hôtes : sur réservation, pas de TH le dimanche soir. La Graillerie est près de la route qui mène à Millau et aux gorges du Tarn, derrière se dresse le viaduc de Verrières. Découvrez 1 maison de pierre et des chambres agréablement décorées. Au retour des nombreuses balades qu'offre cette région vous goûterez, à la table d'hôtes les spécialités locales.

Prix : 2 pers. **40/47** € 3 pers. **53** € pers. sup. **8** € repas **13** €
Ouvert : Du 1er avril au 20 octobre.

🐕	🎾	⛱	🎣	♨♨♨	🚴	🚂	⛵
4	SP	10	10	30	4	10	4

Monique GELY - La Graillerie - 12520 VERRIERES - Tél. : 05 65 59 83 95 ou 06 70 20 49 65

LE VIBAL Les Moulinoches
Alt. : 750 m   (TH)   C.M. 80 Pli 3

4 ch. 4 ch. au 1er étage de la maison du propriétaire. 2 ch. 2 pers., 1 ch. 3 pers., salle d'eau et wc communs. 1 chambre familiale de 6 pers., salle d'eau et wc privés. R.d.c. : réfrigérateur à disposition. Cour non close. Taxe de séjour. Camping à la ferme au bord du lac. La ferme des Moulinoches a quasiment les pieds dans l'eau. Face au lac de Pont-de-Salars (plage surveillée à 200 m), ce lieu de séjour est une aubaine pour tous les amateurs de baignade et de farniente, mais aussi pour les « actifs ».

Prix : 2 pers. **26** € 3 pers. **34** € pers. sup. **8** € repas **13** €
Ouvert : Toute l'année.

🐕	🎾	⛱	🎣	♨♨♨	⛵
7	SP	3	0,2		7

André VIALARET - Les Moulinoches - 12290 LE VIBAL - Tél. : 05 65 46 85 80

VILLEFRANCHE-DE-PANAT Le Mas Bertrand
Alt. : 930 m   (TH)   C.M. 80 Pli 13

4 ch. 4 ch. chez l'habitant, aux 1er et 2e étages. 3 ch. 2/3 pers. et 1 ch. familiale 4 pers., s. d'eau/wc privés, séjour et salon (cheminée et jeux de société). Parking privé, salon de jardin, jeux de plein air. Taxe de séjour. Réduction pour séjour. Agnès et Patrick vous accueillent dans leur ferme du XVIIIe aux toits de Lauze où vous goûterez calme et confort des lieux. Lors des repas, près de la cheminée, vous apprécierez la cuisine familiale et traditionnelle. A l'extérieur, authentique cour pavée, terrasse, jardin et vue imprenable sur la vallée du Tarn.

Prix : 1 pers. **33** € 2 pers. **39** € 3 pers. **45** € pers. sup. **10** € repas **15** €
Ouvert : Toute l'année.

🐕	🎾	⛱	🎣	♨♨♨	🚴	🚂	⛵
7	8	SP	7	8	10	40	7

Agnès et Patrick PERRON D'ARC - La Ferme de la Centaurée - Le Mas Bertrand - 12430 VILLEFRANCHE-DE-PANAT - Tél. : 05 65 46 43 11 - Fax : 05 65 46 43 11 - www.lacentauree.com

---

VILLEFRANCHE-DE-ROUERGUE Les Pesquies
C.M. 79 Pli 20

3 ch. 3 ch. d'hôtes au 1er étage de la maison du propriétaire, avec accès indépendant. 2 ch. 2 pers., salles de bains et wc privés, 1 ch. 3 pers., salle d'eau et wc privés. Kitchenette/séjour et salon (cheminée) privatifs. Poss. lits d'appoint et lit bébé. Jardin, salon de jardin. Réduction pour séjour. Que vous dormiez dans la chambre provençale ou dans la chambre africaine, vous apprécierez le charme, l'ambiance du Mas de Comte et l'accueil de M. et Mme Jayr. Vous serez idéalement situés pour découvrir deux belles régions : le Lot et l'Aveyron. Langues parlées : anglais, allemand.

Prix : 1 pers. **34** € 2 pers. **44** € 3 pers. **54** € pers. sup. **10** €
Ouvert : Du 1er février au 31 décembre.

🐕	🎾	⛱	🎣	♨♨♨	🚂	⛵
6	1	6	6	15	12	6	6

Agnès JAYR - Le Mas de Comte - Les Pesquies - 12200 VILLEFRANCHE-DE-ROUERGUE - Tél. : 05 65 81 16 48 - Fax : 05 65 81 16 48

Haute-Garonne

GITES DE FRANCE - LOISIRS ACCUEIL
14, rue Bayard - B.P. 845
31015 TOULOUSE Cedex 06
Tél. 05 61 99 44 00 - Fax 05 61 99 44 19
E.mail : info@gites-de-france-31.com - www.gites-de-france-31.com

---

ANAN Le Moulin de Samaran
C.M. 82 Pli 15

3 ch. **L'Isle-en Dodon 4 km.** Au r.d.c : cuisine et coin-repas, salon (poêle à bois). A l'étage : ch verte et rose (1x140 + 1x120) (1x140 + 120), ch 1930 (1x140) avec salle d'eau/wc pour chacune. Chauffage électrique. Dans les coteaux de Gascogne, cette maison de maîtres rénovée vous attend pour une halte ou un séjour « au vert ». Vous pourrez découvrir les sites historiques alentours, vous balader, flâner dans les marchés avoisinants ou plus simplement vous reposer à l'ombre des arbres.

Prix : 1 pers. **33** € 2 pers. **39** € 3 pers. **54** €
Ouvert : De mai à octobre.

🐕	⛱	🎾	🎣	🚂	⛵
	4	0,3	4	10	35	4

Marc et Odile MOTTE - Le Moulin de Samaran - 31230 ANAN - Tél. : 05 61 94 14 43

Midi-Pyrénées — **Haute-Garonne**

ANTIGNAC Suberbielo

Alt. : 600 m — (TH) — C.M. 86 Pli 1

2 ch. **Bagnères-de-Luchon 4 km.** Au r.d.c. : salle à manger (insert) pour la table d'hôtes familiale, salon commun (cheminée, bibliothèque, vidéo, jeux de société). A l'étage : 1 ch 35 m^2 avec (1 lit 2 pers.), alcôve avec (2 lits 1 pers. superposés) 1 ch de 35 m^2 avec 2 lits 1 pers et 2 lits 1 pers superposés, alcôve, salles de bains/wc privatifs et communicants, lit bébé. A Suberbielo, dans leur maison du XIXe siècle, Michelle, Philippe et leurs enfants vous accueilleront à bras ouverts dans leur village, au centre d'Antignac, à deux pas de Luchon. Cour pavée de galets en devant de porte, jardin. Stationnement facile. Espace chien. Langues parlées : anglais, espagnol.

Prix : 1 pers. 36 € ◊ 2 pers. 42 € ◊ 3 pers. 61 € ◊ repas 14 €
Ouvert : Toute l'année.

4	0,5	4	SP	4	1,5	4	2	2

Michelle NORD et Philippe JEAN - Suberbielo - 31110 ANTIGNAC - Tél. : 05 61 94 37 03 - Fax : 05 61 94 37 54 -
E-mail : suberbielo@aol.com

AURIAC-SUR-VENDINELLE

C.M. 82 Pli 19

2 ch. Salle à manger et coin-salon (cheminée). 1 ch. (1 lit 2 pers.) salle de bains avec wc. 1 ch. (1 lit 2 pers + 1 lit 80), salle d'eau et wc séparés. Terrasse. Aire de stationnement. Villa de plain-pied à la sortie du village, entourée d'un jardin clos fleuri. 1 ch est classée 3 épis. Jeux d'enfants. Tarif réduit dès la 3e nuit. (Lit supplémentaire possible et lit bébé). Restaurant au village à 300 m. Langue parlée : anglais.

Prix : 1 pers. 31/34 € ◊ 2 pers. 34/40 € ◊ pers. sup. 11 €
Ouvert : Toute l'année sauf janvier et février.

6	0,5	18	SP	0,5	15	35	0,5

Madeleine LECOLLIER - 10 route de Vaux - 31460 AURIAC-SUR-VENDINELLE - Tél. : 05 62 18 95 54 ou 06 03 85 48 69 -
Fax : 05 62 18 95 54

AURIGNAC Hôtel de Carsalade

(TH) — C.M. 82 Pli 16

2 ch. **Saint-Gaudens 20 km.** Distibuées par un escalier remarquable au r.d.c. : ch.1 (1 lit 2 pers.) avec salle d'eau et wc privés. Au 1e étage : cuisine, salle à manger et terrasse. Au 2e étage : ch.2 (1 lit 2 pers. 1 lit 1 pers.) avec s.d.b. et wc non attenants. TV dans les chambres. Au cœur d'Aurignac, 2 ch. d'hôtes aménagées dans un hôtel particulier du XVe s. Cuisine et salle à manger communes aux hôtes et aux propriétaires. Langues parlées : italien, anglais, espagnol.

Prix : 1 pers. 35 € ◊ 2 pers. 43 € ◊ 3 pers. 54 € ◊ repas 13 €
Ouvert : Du 1er juin au 31 octobre.

0,5	2	5	SP	0,5	0,5	9	SP

Claude et Jeanne BRUNET - Rue des Murs - Hôtel de Carsalade - 31420 AURIGNAC - Tél. : 05 61 98 75 08

AUTERIVE Les Murailles

A — C.M. 82 Pli 18

5 ch. A l'étage : salon détente (TV, bibliothèque, jeux de société), salle des petits déjeuners, 2 ch. (1 lit 2 pers.), 2 lits 1 pers. et 1 lit 1 pers. d'appoint) avec chacune s. d'eau et wc privés. Au rez-de-chaussée : 3 chambres (3 lits 2 pers.) avec chacune salle d'eau et wc privés. 1 chambre accessible aux pers. handicapées. Ch non fumeur. A 2,5 km du village, ferme toulousaine rénovée comprenant une auberge et 5 chambres d'hôtes (élevage de volailles). Produits maison à partir de canards gras venant de producteurs locaux.

Prix : 2 pers. 43 € ◊ pers. sup. 17 € ◊ repas 16 €
Ouvert : Toute l'année sur réservation.

2,5	10	SP	2,5	2,5	2	3

Hélène TOURNIANT - Route de Grazac - Les Murailles - 31190 AUTERIVE - Tél. : 05 61 50 76 98 - Fax : 05 61 50 76 98 -
E-mail : helene.tourniant@wanadoo.fr

AUTERIVE La Maison de Pierrette

(TH) — C.M. 82 Pli 18

3 ch. **Toulouse 35 km.** Au r.d.c : salle à manger et salon communs avec les propriétaires. Ch d'hôtes aménagées à l'étage et accessible par un escalier extérieur : 3 ch (1x140 + 1x90) dont 2 avec salle d'eau/wc et une salle de bains/wc. Chauffage central au gaz. Vous trouverez le repos dans l'ancienne guinguette que Pierrette et Patrice ont restaurée, à l'écart d'Auterive, dominant la vallée. Vous bénéficierez d'une vue agréable sur la campagne environnante en vous délassant dans le jardin arboré. Aire de stationnement aménagée. Langue parlée : anglais.

Prix : 1 pers. 39 € ◊ 2 pers. 43 € ◊ 3 pers. 55 € ◊ pers. sup. 13 € ◊ repas 13 €
Ouvert : Toute l'année.

SP	1	10	1,5	4	15	1,8	1

Pierrette BOURDEAU - Rue Michelet - La Maison de Pierrette - 31190 AUTERIVE - Tél. : 05 61 50 81 31 ou 06 08 01 28 98 -
Fax : 05 61 50 81 31

AUTERIVE La Manufacture

(TH) — C.M. 82 Pli 18

5 ch. Au r.d.c. : salle à manger et salon indép. avec poêle et TV communs avec propriétaires. A l'étage : « ch. noire » (1 lit 160, 1 lit 120), s.d.b./wc. « Ch. Empire » (2 lit 120), s. d'eau/wc, « ch. du parc » (2 lits 120, 1 lit 1 pers) s.d.b/wc, « ch de Claude » (1 lit 2 pers) avec s.d.b./wc. Ch des oiseaux 1 ch (1 lit 2 pers) s. d'eau/wc (prise TV). Prise TV dans les 2 premières ch. Ancienne Manufacture Royale (fabrication de draps) du XVIIIe en bordure d'Ariège, au cœur d'Auterive. Superbe jardin d'agrément, cour et parc de 1 ha. 1 gîte rural sur place. Aire de stationnement. Piscine, vélos, portique, ping-pong, jeux... Langues parlées : anglais, espagnol.

Prix : 1 pers. 45/50 € ◊ 2 pers. 60/75 € ◊ 3 pers. 80/95 € ◊
pers. sup. 20 € ◊ repas 24 €
Ouvert : Du 1/04 au 31/10.

SP	SP	15	SP	0,5	8	0,8	SP

Valérie BALANSA - 2 rue des Docteurs Basset - La Manufacture - 31190 AUTERIVE - Tél. : 05 61 50 08 50 ou 06 74 12 60 10 -
Fax : 05 61 50 08 50 - www.pyrenet.fr/manufacture

Haute-Garonne   Midi-Pyrénées

AUZAS   A   C.M. 82 Pli 16

3 ch. A l'étage : grande salle réservée aux hôtes, avec cheminée (coin-TV), 3 ch. avec dans chacune 1 rochelle, dans chaque ch. (1 lit 2 pers. 2 lits 1 pers.), salle d'eau et wc privés pour chaque chambre. Portique communs. Sur une exploitation agricole (ovins, canards gras), produits de la ferme, visite de l'exploitation, stages découpe et mise en conserve canards gras, fabrication de pain (produits naturels). Gîte rural sur place. Langue parlée : espagnol.

Prix : 1 pers. 32 € 2 pers. 38 € 3 pers. 52 € repas 13 €
Ouvert : Toute l'année.

🐕	⚓	🏊	♨	🎾	🏇	🎯	🚲	🚂
	SP	1	SP	1	5	10	5	

Angeline et André SCHMITT - 31360 AUZAS - Tél. : 05 61 90 23 61 - Fax : 05 61 90 23 61

AUZAS Domaine de Méraut   (TH)   C.M. 82 Pli 16

2 ch. Demeure typiquement commingeoise. 1 ch. familiale (2 lits 2 pers.), salle de bains et wc indépendants. 1 ch. (2 lits 100.), salle de bains et wc indép. Séjour avec cheminée et TV. Salle à manger. Terrasse aménagée. Garage. Grand parc avec jardin fleuri sur une propriété entièrement clôturée, 3 lacs privés. Langues parlées : anglais, allemand.

Prix : 1 pers. 46 € 2 pers. 54 € 3 pers. 92 € repas 13 €
Ouvert : Toute l'année.

🐕	⚓	🏊	♨	🎾	🏇	🎯	🚲	🚂
	6	SP	SP	SP	3	6	10	6

Gabrielle JANDER - Domaine de Menaut - 31360 AUZAS - Tél. : 05 61 90 21 51

AVIGNONET-LAURAGAIS En Jouty   C.M. 82 Pli 19

2 ch. Au rez-de-chaussée : séjour commun avec cheminée. A l'étage : 1 ch. (2 lits 1 pers.) avec salle d'eau privée. 1 ch. (1 lit 2 pers.) avec salle de bains privée non attenante, wc communs réservés. Parking, abri voiture. Jardin, cour. Ferme du Lauragais (céréales, volailles, asperges) à 3 km du village. Lac sur place (pêche). Langue parlée : espagnol.

Prix : 1 pers. 28 € 2 pers. 36 € 3 pers. 46 € pers. sup. 13 €
Ouvert : Du 1er mars au 31 octobre.

🐕	⚓	🏊	♨	🎾	🏇	🎯	🚲	🚂
	10	SP	3	SP	3	44	45	4

Agnès et Anne LEGUEVAQUES - En Jouty - 31290 AVIGNONET-LAURAGAIS - Tél. : 05 61 81 57 35

AZAS En Tristan   C.M. 82 Pli 9

4 ch. Au r.d.c. : grand séjour avec cheminée (TV). A l'étage : 4 ch. mansardées avec sanitaires privés : ch. Rose (2 lits 1 pers.), ch. bleue (1 lit 2 pers. 1 lit 1 pers.), ch. verte (1 lit 2 pers. 1 lit 1 pers.), ch. jaune (1 lit 2 pers. 1 lit 120). Salon de lecture et de repos réservé aux hôtes. Jardin non clos et cour fermée aménagée avec coin-barbecue. Espace jeux. Dans une ancienne métairie restaurée, à 2 km du village en direction de Garrigues. Grande terrasse au sud. 1 chambre est classée 2 épis. Langue parlée : anglais.

Prix : 1 pers. 32/37 € 2 pers. 37/31 € 3 pers. 53 €
Ouvert : Toute l'année.

🐕	⚓	🏊	♨	🎾	🏇	🎯	🚲	🚂
	8	3	10	SP	5	5	7	8

Gérard et Chantal ZABE - En Tristan - 31380 AZAS - Tél. : 05 61 84 94 88 - Fax : 05 61 84 94 88 - E-mail : en.tristan@free.fr - http://en.tristan.free.fr/

BERAT Le Soubiran   (TH)   C.M. 82 Pli 17

2 ch. Ancienne ferme de plain-pied rénovée à l'entrée du village. Salle à manger, salon, cheminée, avec accès indépendant. 2 ch. (1 lit 2 pers.), (2 lits 1 pers.) salle d'eau privative avec wc, à chaque chambre. Parking. Grand terrain clos fleuri, animaux, potager. Réductions séjours. Table d'hôtes sur réservation.

Prix : 1 pers. 33 € 2 pers. 39 € repas 13 €
Ouvert : Toute l'année.

🐕	⚓	🏊	♨	🎾	🏇	🎯	🚲	🚂
	6	SP	5	SP	0,5	6	25	36	0,1

Danièle et J-Pierre CAILLEAUD - 168 route de Gratens - 31370 BERAT - Tél. : 05 61 91 52 57 - E-mail : jp.cailleaud@free.fr - www.perso.libertysurf.fr/cailleaud

BOULOC Bouxoulis   C.M. 82 Pli 8

3 ch. R.d.c. : salle commune réservée aux hôtes et aux repas (coin-cuisine) avec en rochelle un coin-salon avec TV. A l'étage : 2 ch. (1 lit 2 pers.) avec s. d'eau. + lavabo 1 ch. (1 lit 2 pers.), s. d'eau et wc, 1 ch. attenante (2 lits 1 pers.) avec lavabo, salle d'eau attenante, wc communs. Lave-linge sur demande. Possibilité lit supplémentaire en 90 cm. 1 des chambres est classée 2 épis. Aire de stationnement. Ancienne ferme rénovée située à 200 m de l'exploitation agricole du propriétaire.

Prix : 1 pers. 20/21 € 2 pers. 26/29 € pers. sup. 8 €
Ouvert : Toute l'année.

🐕	⚓	🏊	♨	🎾	🏇	🎯	🚲	🚂
	7	10	10	3	4	3	21	20	7

Lucien SOULARD - Bouxoulis - 31620 BOULOC - Tél. : 05 61 82 03 29

Midi-Pyrénées — Haute-Garonne

BRETX — Domaine de Fleyres (TH) C.M. 82 Pli 7

4 ch. R.d.c. : salle à manger, séjour, cheminée, coin-TV, cuisine. Ch. du jardin (2 épis) : poss. accès indép. (1 lit 2 pers. 1 lit 80), s. d'eau attenante/wc privés. Etage : ch. verte : (1 lit 2 pers. 1 lit bébé), s. d'eau/wc. Ch. Suite de l'Evêque : (1 lit 160, 1 lit 1 pers.), coin-salon (1 lit 2 pers.), s.d.b./wc. Ch. Demoiselles (1 lit 2 pers. 1 lit 120), s. d'eau, wc. Très belle maison de maîtres avec un grand parc non clos, gazonné et fleuri, situé à 100 m de l'exploitation agricole. Agrément Fédération National du Cheval.

Prix : 1 pers. **40** € 2 pers. **45** € 3 pers. **55** € repas **13** €
Ouvert : Du 1/04 au 31/10.

4	SP	15	SP	4	SP	12	20	2

André et Sylvie DELPRAT - Domaine de Fleyres - 31530 BRETX - Tél. : 05 61 85 39 53 ou 06 15 42 75 12 - Fax : 05 61 85 39 53

CABANAC-SEGUENVILLE — Château de Séguenville (TH) C.M. 82 Pli 6

4 ch. Toulouse 45 km. Ch d'hôtes de caractère « Art de vivre ». Au cœur de la Gascogne, le château de Séguenville vous accueille dans un cadre exceptionnel. Balcon sur les Pyrénées et les collines du Gers, le parc aux arbres centenaires est un havre de paix. Au r.d.c à la disposition des hôtes un salon TV, un grand salon cheminée, la salle à manger, la terrasse. A l'étage, une suite et 3 magnifiques ch, non fumeurs, sont réparties autour d'une belle galerie, chaque ch est équipée d'un grand lit en 180x200 et d'une salle de bains ou douche, wc. Langues parlées : anglais, allemand, espagnol.

Prix : 2 pers. **90/95** € 3 pers. **100/110** € repas **20** €
Ouvert : Du 15/01 au 15/12.

SP	5	12	SP	7	24	45	12	

Jean-Paul et Marie LARENG - Château de Séguenville - 31480 CABANAC-SEGUENVILLE - Tél. : 05 62 13 42 67 - Fax : 05 62 13 42 68 -
E-mail : info@chateau-de-seguenville.com - www.chateau-de-seguenville.com

CALMONT — Château de Terraqueuse C.M. 82 Pli 18

2 ch. Calmont 3 km. 1er ét. : 2 ch. comprenant chacune salle de bains et wc privés (lits 160). R.d.c. : pièces de réception, billard. Le château de Terraqueuse classé à l'inventaire des Monuments Historiques, dont il subsiste une tour, la cour d'honneur de 2500 m² et les communs du XVIIe siècle, est situé dans un parc de 18 ha. cloturé, avec de nombreuses pièces d'eau en bordure de rivière.

Prix : 1 pers. **54** € 2 pers. **77** € pers. sup. **39** €
Ouvert : De fin juin à fin août.

SP	SP	10	SP	SP	10	35	48	8

TALPAYRAC SCI DE TERRAQUEUSE - M. de CARAYON - Château de Terraqueuse - 31560 CALMONT - Tél. : 05 61 08 10 04 -
Fax : 05 61 08 73 32 - E-mail : terraqueuse@wanadoo.fr

CAMBIAC — En Pecoul (TH) C.M. 82 Pli 19

2 ch. R.d.c. : salle à manger, salon, TV, cheminée, communs avec le propriétaire. A l'ét. : salon réservé aux hôtes, 1 ch. (1 lit 2 pers.) et (1 lit 1 pers.) dans une chambre attenante. 1 ch. (1 lit 2 pers.). S. d'eau/wc privés à chaque ch. Lit bébé à disposition, lit supplémentaire. Chambres mansardées. En toute saison, sur leur exploitation agricole, Elisabeth et Noël vous reçoivent dans la tradition familiale qui fait la renommée des chambres d'hôtes. L'art et la douceur de vivre s'y conjuguent à la richesse d'une région où tout est possible. Langue parlée : anglais.

Prix : 1 pers. **35** € 2 pers. **41** € 3 pers. **64** € repas **13** €
Ouvert : Toute l'année.

3	3	3	SP	3	5	37	33	3

Noël et Elisabeth MESSAL - En Pecoul - 31460 CAMBIAC - Tél. : 05 61 83 16 13 - Fax : 05 61 83 16 13

CARAMAN — Le Croisillat C.M. 82 Pli 19

5 ch. Château des XIVe et XVIIIe siècles isolé à 2,5 km du village, entouré d'un jardin fleuri et d'un parc clôturé ombragé, de 11 ha. A l'ét. : 1 ch. (1 lit 2 pers.), salle de bains, wc. 1 ch. (1 lit 2 pers.). S. d'eau/wc 1 ch (1 lit en 210) salles de bains, wc, 1 ch. (1 liten 120), s.d.b., wc, 1 ch. (1 lit 2 pers. et 2 lits 1 pers.), s. d'eau et wc. Salon avec cheminée. Les chambres donnent sur le parc ou sur la cour intérieur du château et sont meublées d'époque. Sur place, piscine commune aux chambres et à un gîte rural. Salle à manger, aire de stationnement et salon de jardin communs. Tous les sanitaires ne sont pas chauffés. Langues parlées : anglais, espagnol, russe.

Prix : 1 pers. **61** € 2 pers. **77/92** € 3 pers. **92/99** € repas **16** €
Ouvert : Du 15 mars au 15 novembre.

SP	2,5	2,5	SP	2,5	2,5	29	30	2,5

GUERIN - Château de Croisillat - 31460 CARAMAN - Tél. : 05 61 83 10 09 - Fax : 05 61 83 30 11 -
E-mail : chateau.du.croisillat@wanadoo.fr

CASTELNAU-D'ESTRETEFONDS — Saint-Guilhem C.M. 82 Pli 15

4 ch. Fronton 2,5 km. Toulouse 24 km. Séjour avec coin-détente (TV) dans chapelle restaurée. 4 ch. non fumeurs avec chacune cheminée, s.d.b. et wc privatifs : suite Floralie (1 lit 2 pers.), chambre Bengali (2 lits 1 pers.), chambre Azur (2 lits 1 pers.), suite Negretze (1 lit 160 cm 1 lit 1 pers. 1 lit bébé). 4 chambres d'hôtes aménagées dans une propriété viticole, à 2,5 km du village, route d'accès au-dessus du Chais. Accès aux chambres indépendant de l'habitation mitoyenne. Grand domaine boisé avec arboretum naturel et piscine extérieure. Langues parlées : anglais, espagnol.

Prix : 1 pers. **34/46** € 2 pers. **41/49** € pers. sup. **12** €
Ouvert : Toute l'année.

SP	12	15	SP	2,5	4	15	8	2,5

Esméralda et Philippe LADUGUIE - Domaine de Saint-Guilhem - 31620 CASTELNAU-D'ESTRETEFONDS - Tél. : 05 61 82 12 09 ou 06 85 20 54 18 - Fax : 05 61 82 65 59

Haute-Garonne
Midi-Pyrénées

CATHERVIELLE La Soulan
Alt. : 1200 m   C.M. 85 Pli 20

3 ch.

Bagnères-de-Luchon 8 km. Espagne 20 km. Ancienne grange aménagée, vieille d'un siècle, nichée dans un petit village plein sud, offrant une vue privilégiée ainsi qu'une belle baie vitrée ouverte sur les Pics des 3000. Colette et Gérard vous accueillent toute l'année autour de la table d'hôtes. Terrain. Terrasses. Aire de jeux. Stationnement. Proche GR10. Habitation privée et attenante pour les hôtes. Entrée sur séjour. Kitchenette. salon TV. au r.d.c, 1 ch avec lits (1x140) (1x90) enfant, salle d'eau attenante avec wc, 2 lavabos. Etage, 1 ch double avec lits (1x140) (1x90) avec salle de bains attenante,wc. 1 ch 3 épis avec (1 lit en 140) salle de bains et wc communiquant.

Prix : 1 pers. 26 € ♦ 2 pers. 35 € ♦ 3 pers. 47 € ♦ repas 12 €
Ouvert : Toute l'année.

8	0,5	6	0,5	2	5	8	8	3

Colette RONDEAU - La Soulan - 31110 CATHERVIELLE - Tél. : 05 61 79 06 35

CAUJAC Rieumajou
C.M. 82 Pli 18

E.C. 4 ch.

Au r.d.c. : 3 ch. (1 x 140) (2 x90) (1 x 140 + 2 x 90) avec s. d'eau/wc pour chacune. A l'ét. : 1 ch. (3 x 90) et sanitaires privés sur le palier. Salle de séjour avec cheminée, TV. Coin-cuisine poss. Buanderie commune avec L-linge. Table et fer à repasser. Sur une exploitation agricole de 180 ha. (céréales), une maison de maître à colombages, entièrement rénovée. Langues parlées : allemand, hollandais.

Prix : 1 pers. 23 € ♦ 2 pers. 34 € ♦ 3 pers. 41 € ♦ pers. sup. 6 € ♦ repas 11 €
Ouvert : Toute l'année sauf décembre et janvier.

SP	5	20	SP	10	10	44	10	10

William GORIS - Rieumajou - 31190 CAUJAC - Tél. : 05 61 08 93 83 - Fax : 05 61 08 12 33

CAUJAC Mana
C.M. 82 Pli 18

4 ch.

Au r.d.c. : grande salle de séjour avec cheminée, TV, buanderie commune avec lave-linge, matériel de repassage. 2 ch. avec salle d'eau et wc privatifs (4 lits 1 pers. 2 lits 2 pers.). A l'ét. : 2 ch. mansardées avec salles d'eau et wc privatifs (2 lits 1 pers. 1 lit 2 pers.). Terrasse couverte. Sur une exploitaion agricole (céréales), villa construite dans le style toulousain à colombages. Langues parlées : anglais, allemand, hollandais.

Prix : 1 pers. 23 € ♦ 2 pers. 34 € ♦ 3 pers. 42 € ♦ repas 11 €
Ouvert : Toute l'anée sauf en décembre et janvier.

SP	SP	10	10	10	10

Reino GORIS - Mana - 31190 CAUJAC - Tél. : 05 61 08 93 83 - Fax : 05 61 08 93 83

CHARLAS
C.M. 82 Pli 15

1 ch.

Montmaurin 5 km. Au r.d.c : salon (cheminée) et salle à manger communs avec les propriétaires, prolongés d'agréables terrasses. A l'étage : 1 ch (1x140) avec sa salle de bains et son wc privatifs. Table d'hôtes sur réservation. Située sur la crête d'un coteau, cette maison de village vous offre un magnifique panorama sur la chaîne des pyrénées depuis la terrasse et le jardin où vous pourrez vous détendre et prendre éventuellement vos petits déjeuners.

Prix : 1 pers. 37 € ♦ 2 pers. 41 € ♦ pers. sup. 3 € ♦ repas 14 €
Ouvert : Du 1er avril au 30 octobre.

5	1	5	5	20	10

CLARET - Route de Saman - 31350 CHARLAS - Tél. : 05 61 88 23 21

CINTEGABELLE Serres d'En Bas
C.M. 82 Pli 18

4 ch.

Au r.d.c. : 1 ch. avec salle d'eau et wc (1 lit 2 pers.). A l'étage : 1 ch. avec salle de bains et wc (1 lit 2 pers. 1 lit 1 pers.), 1 ch. (2 lits 1 pers.) avec s. d'eau/wc, 1 suite (1 lit 2 pers. 3 lits 1 pers.), wc/s. d'eau indép. Salle de séjour commune pour les repas. Coin-TV. Espace vert. (2 repas dont 1 gastronomique). Ping-pong et portique avec jeux pour enfants. Laverie. Forfait w.e. : 175 €/2 pers.

Prix : 1 pers. 38 € ♦ 2 pers. 42/46 € ♦ 3 pers. 60/80 € ♦ pers. sup. 15 € ♦ repas 15 €
Ouvert : De Pâques au 30 septembre.

SP	3	10	SP	SP	4	40	4	4

Danielle DESCHAMPS-CHEVREL - Serres d'en Bas - Route de Nailloux - 31550 CINTEGABELLE - Tél. : 05 61 08 41 11 - Fax : 05 61 08 41 11

FIGAROL Chourbaou
C.M. 86 Pli 2

4 ch.

Rez-de-chaussée : salle à manger avec cheminée réservée aux hôtes, coin TV. Etage, 2 ch. (2 lits 2 pers.) salle de bains et wc attenants pour chaque chambre. Terrasse commune, avec vue sur les Pyrénées. 1 ch. (1 lit 2 pers.) salle d'eau privée attenante, wc, 1 suite familiale avec 1 ch (1 lit 2 pers) et 1 ch (2 lits 1 pers), salle d'eau, wc. Ancienne ferme de caractère datant de 1878, entièrement rénovée, située face aux Pyrénées, vue à 180° (du Pic du Midi au Pic du Valier). Grand terrain clôturé, ombragé, fleuri. Abri voitures. Possibilité de pique-nique dans le jardin. Gîte rural sur place.

Prix : 1 pers. 31/34 € ♦ 2 pers. 38/43 € ♦ 3 pers. 52 € ♦ pers. sup. 13 € ♦ repas 13 €
Ouvert : Toute l'année.

7	2	7	SP	4	7	10	5

BORDERES MARQUAIS - Chourbaou - 31260 FIGAROL - Tél. : 05 61 98 25 54

Midi-Pyrénées — **Haute-Garonne**

FRANCON La Bastide
C.M. 82 Pli 16

4 ch. Très grande maison ancienne, à proximité du village. Rez-de-jardin : piscine, terrasse ombragée, cuisine d'été. R.d.c. : un grand séjour/salle à manger avec cheminée. A l'ét. : 3 ch. (2 lits 2 pers. 2 lits 1 pers.), salle d'eau et wc privatifs dans chacune, 1 ch. (2 lits 1 pers.), s.d.b. et wc privatifs communicants. Salon de détente commun. Piscine chauffée. Terrain clos ombragé et fleuri. Parking.

Prix : 1 pers. 38 € 2 pers. 45 € 3 pers. 61 € repas 15 €
Ouvert : D'avril à octobre.

🐕	🏊	🚿	🍽	🎾	🐎	🚂	⛵
	SP	15	15	SP	5	8	30	8

Vidiane DUCLAUD - La Bastide - 31420 FRANCON - Tél. : 05 61 98 67 25

GAURE Mariel
C.M. 82 Pli 8

1 ch. Toulouse 16 km. Ch d'hôtes de plain pied aménagée dans l'habitation des propriétaires et bénéficiant d'un accès indépendant par une terrasse couverte bordant un côté de la maison : (1x160) avec salle d'eau et wc séparé. Séjour (cheminée) accessible par la terrasse. Proche de Toulouse, cette ancienne ferme vous accueille sur son coteau, au milieu des champs du Lauragais. Là, vous pourrez vous détendre, loin du bruit, et profiter du grand jardin (non clos) qui s'étend devant la maison. Aire de stationnement. Langue parlée : anglais.

Prix : 1 pers. 39 € 2 pers. 43 €
Ouvert : Toute l'année.

🐕	🏊	🚿	🍽	🎾	🐎	🚂	⛵
	10	12	12	3	2	5	16	3

Colette CLERC - Mariel - 31590 GAURE - Tél. : 05 61 83 61 56 ou 06 83 52 88 97 - Fax : 05 62 18 97 08 -
E-mail : colette.clerc@wanadoo.fr

GRENADE Domaine de Vivès
C.M. 82 Pli 7

2 ch. Toulouse 25 km. Au r.d.c : séjour (poêle) commun aux hôtes et à la propriétaire. A l'étage : ch Bouton d'Or (1x160) avec salle d'eau/wc. Ch familiale Marguerite (1x140) et Berger (2x90) avec salle de bains et wc. Le Domaine de Vivès vous ouvre ses portes pour un séjour professionnel ou des vacances « au vert ». Vous y serez accueillis dans l'une des 2 ch d'hôtes et pourrez profiter de la proximité de Toulouse pour découvrir les richesses culturelles et le patrimoine de la région.

Prix : 1 pers. 37 € 2 pers. 40 € 3 pers. 55 €
Ouvert : Toute l'année.

🐕	🏊	🚿	🍽	🎾	🐎	🚂	⛵
	1	SP	15	1	15	9	7	1

Monique FAUVARQUE - Domaine de Vivès - 31330 GRENADE - Tél. : 05 61 82 65 30 ou 06 85 04 76 87

L'ISLE-EN-DODON En Catello
C.M. 82 Pli 16

4 ch. Aménagées à l'étage dans les anciens communs : 4 chambres (3 lits 2 pers. 2 lits 1 pers.) avec chacune salle d'eau et wc privatifs (lit bébé disponible). Lave-linge commun. Salon de détente (TV, jeux de société), grande loggia réservée aux hôtes (ping-pong). 4 chambres d'hôtes aménagées sur une exploitation agricole à 3 km du village à côté de l'habitation des propriétaires et de 2 gîtes ruraux. Grand espace et cour commune. Langue parlée : anglais.

Prix : 1 pers. 26 € 2 pers. 31 € repas 13 €
Ouvert : Toute l'année.

🐕	🏊	🚿	🍽	🎾	🐎	🚂	⛵
	3	3	15	SP	3	20	40	3

Philippe/M-Pierre EGRETAUD - En Catello - 31230 L'ISLE-EN-DODON - Tél. : 05 61 88 67 72 - Fax : 05 61 88 67 72

IZAUT-DE-L'HOTEL Soucaoux
C.M. 86 Pli 1

3 ch. Aspet 3 km. Au r.d.c : grande pièce de vie avec cuisine, salle à manger et coin-feu (cheminée). A l'étage (avec possibilité d'accès indépendant) : 3 ch (1x160) (1x160) avec chacune salle d'eau et wc, (1x160 + 1x90) avec salle de bains et wc séparé. Dans ce petit village de montagne, vous serez reçus sur une exploitation agricole pour des vacances « nature ». Vous profiterez des nombreuses randonnées organisées dans le pays et pourrez admirer le Cagire depuis vos ch. Langue parlée : anglais.

Prix : 1 pers. 26/29 € 2 pers. 38/43 € 3 pers. 50 € repas 13 €
Ouvert : Toute l'année.

🐕	🏊	🚿	🍽	🎾	🐎	🚂	⛵
	3	0,3	15	3	5	15	3

Pierre BOE - Soucaoux - 31160 IZAUT-DE-L'HOTEL - Tél. : 05 61 88 47 88 ou 05 61 88 57 65

JUZET-DE-LUCHON Le Poujastou
Alt. : 625 m — *C.M. 86 Pli 1*

5 ch. Bagnères-de-Luchon 2 km. Au r.d.c : salle à manger, salon (cheminée). A l'étage : ch Médan (1x40), ch Saherle (1x40), ch Bordes Sèques (1x140 + 2x90 superp.). Au 2e étage sous combles : ch Estiouère (4x90), ch Sillasserre (3x90). Chaque ch dispose d'une salle d'eau/wc privative. Elodie et Thierry vous attendent dans un ancien café rénové, tout près de Luchon. Que vous veniez pour la détente, le repos, la cure ou un séjour sportif (BE d'accompagnateur en montagne et VTT), vous serez reçus dans la convivialité ! jardin clos, garage. Langues parlées : anglais, espagnol, russe.

Prix : 1 pers. 30 € 2 pers. 44 € 3 pers. 64 € pers. sup. 20 €
repas 13 €
Ouvert : Toute l'année.

🐕	🏊	🚿	🍽	🎾	🐎	🚂	⛵
	2	2	2	2	2	3	2

Elodie et Thierry COTTEREAU - Rue du Sabotier - Le Poujastou - 31110 JUZET-DE-LUCHON - Tél. : 05 61 94 32 88 ou 06 88 30 00 20 -
E-mail : lepoujastou@wanadoo.fr - lepoujastou.com

Haute-Garonne — Midi-Pyrénées

LABROQUERE Château de Vidaussan
C.M. 86 Pli 1

5 ch. **Saint-Bertrand-de-Comminges 4 km.** Au r.d.c. : grande salle à manger (cheminée) et salon communs. A l'étage : Ch. 1 (1 lit 2 pers.), salle d'eau/wc. Ch. 2 (1 lit 2 pers.), salle d'eau/wc, salon privatif. Ch. 3 (1 lit 2 pers. 1 lit 120), salle de bains/wc. Ch. 4 (1 lit 160), salle d'eau/wc. Ch. 5 (1 lit 2 pers. 1 lit 130), (2 lits 1 pers.), avec salle de bains/wc. Dans un cadre d'exception, vous serez accueillis au Château de Vidaussan, en bord de Garonne, et pourrez profiter du grand parc arboré, de la piscine, de la pêche et des visites culturelles alentours (Saint-Bertrand de Comminges, Valcabrère...). Langues parlées : allemand, hollandais, anglais.

Prix : 1 pers. 37 € 2 pers. 41 € 3 pers. 53 € pers. sup. 15 € repas 14 €
Ouvert : Toute l'année.

🐕	⛱	🏊	👥	🎾	✈	🏇	🚲	⛷
	SP	SP	5	0,1	0,8	5	5	5

Christiane SIPIETER - Château de Vidaussan - 31510 LABROQUERE - Tél. : 05 61 95 05 68

LANTA Garnes d'Espagne
C.M. 82 Pli 9

2 ch. 1 ch. à l'étage : (1 lit 2 pers.), avec une ch. attenante (2 lits 1 pers.), s.d.b. et wc. Salon privé avec TV au r.d.c. 1 seconde ch. indép. aménagée en étage (1 lit 2 pers.) + mezzanine pour lit d'enfant ou lit bébé, s. d'eau et wc. Salon privatif du r.d.c. Salon de jardin. Chambres aménagées dans l'aile d'une demeure de caractère, ancienne maison de maître entourée d'un parc de 15000 m². Possibilité de pique-nique dans le jardin (réfrigérateur à dispo.). Accueil familial, douceur de vie à la campagne. Restaurant à 2 km au village.

Prix : 1 pers. 36 € 2 pers. 42 € 3 pers. 57 € pers. sup. 16 €
Ouvert : D'avril à novembre.

🐕	⛱	🏊	👥	🎾	✈	🏇	🚲	⛷
	8	2	2	SP	2	4	5	20	2

Charles et Denise PANEGOS - Garnes d'Espagne - 31570 LANTA - Tél. : 05 61 83 75 23

LAPEYROUSE-FOSSAT
C.M. 82 Pli 8

1 ch. **Toulouse 12 km.** Chambre d'hôtes aménagée de plain-pied dans la maison des propriétaires, avec possibilité d'accès indépendant. Petite pièce de repos attenante avec kitchenette réservée aux hôtes. Aux portes de Toulouse, cette chambre d'hôtes est aménagée dans une maison récente entourée d'un grand parc. Piscine privée, grande terrasse. Langue parlée : anglais.

Prix : 1 pers. 34 € 2 pers. 39 € 3 pers. 46 €
Ouvert : Toute l'année.

🐕	⛱	🏊	👥	🎾	✈	🏇	🚲	⛷
	SP	15	SP	1,5	1	6	12	1,5

Tatiana GRIMAUD - 5, route de l'Union - 31180 LAPEYROUSE-FOSSAT - Tél. : 05 61 09 19 45 ou 06 71 93 25 05 - E-mail : lisag163@hotmail.com

LARRA
C.M. 82 Pli 7

2 ch. 3 ch. d'hôtes. et 3 petites ch. attenantes : 1 ch. (1 lit 160. 2 lits 1 pers.), s.d.b., wc. 1 ch. (1 lit 2 pers. 2 lits 1 pers.), s. d'eau, wc. Coin-cuisine, salon avec TV, aire de stationnement. Château du XVIIIᵉ siècle, entouré d'un parc de 15 ha. non clos atmosphère unique : aménagement parfois un peu désuet mais charmant. Langue parlée : anglais.

Prix : 2 pers. 69 € 3 pers. 84 € repas 23 €
Ouvert : De Pâques à la Toussaint.

🐕	⛱	🏊	👥	🎾	✈	🏇	🚲	⛷
	7	8	8	SP	8	6	12	28	7

Brigitte DE CARRIERE - Château de Larra - 31330 LARRA - Tél. : 05 61 82 62 51

LATOUR Namaste
C.M. 82 Pli 17

4 ch. **Carbonne 20 km. Toulouse 60 km.** Au rez-de-jardin (accès indépendant) : 1 ch. (3 lits 1 pers.) avec s. d'eau et wc séparés. Côté cour, mitoyennes de l'habitation des propriétaires. 3 ch. avec s. d'eau et wc privatifs (1 lit 2 pers 1 lits 1 pers.) chacune. Dans la maison, grande salle à manger commune (cheminée monumentale) et salle d'activités avec matériel hi-fi/vidéo (stages). Produits biologiques (exploitation agricole « bio »). A « Namasté », les 4 ch. de Marie-Paule vous accueilleront dans un cadre original et convivial. Jardin et beau panorama sur les Pyrénées. Possibilité stages sportifs (danse, yoga, etc...), culturels (poterie, cuisine canard) et séminaires. Langues parlées : anglais, italien, allemand.

Prix : 1 pers. 30 € 2 pers. 39 € 3 pers. 52 € repas 14 €
Ouvert : Toute l'année.

🐕	⛱	🏊	👥	🎾	✈	🏇	🚲	⛷
	SP	7	12	SP	7	12	50	50	7

Marie-Paule REVEILLES - Primoulas - 31310 LATOUR - Tél. : 05 61 97 46 87 ou 06 84 19 42 64 - Fax : 05 61 90 33 57 - E-mail : namaste.primoulas@wanadoo.fr

LAVALETTE La Poterie
C.M. 82 Pli 8

4 ch. **Toulouse 15 km.** Maison de plain-pied : entrée par la cuisine, salle à manger (cheminée), wc indépendant. 4 ch. distribuées autour d'un couloir central, disposant chacune d'une sortie directe sur le jardin. Ramsès (2 lits 1 pers.), salle d'eau/wc. Milano (1 lit 180, 2 lits 1 pers.) avec s.d.b./wc. Soprano (1 lit 180), s. d'eau/wc. Louise (2 lit 1 pers.), s.d.b./wc..ette ancienne poterie a tout spécialement été réaménagée pour vous accueillir en chambres d'hôtes. Vous pourrez vous y détendre, à deux pas de Toulouse, en profitant de son jardin fleuri... et en dégustant la bonne cuisine de Jean-Loup. Langue parlée : anglais.

Prix : 1 pers. 38 € 2 pers. 46 € 3 pers. 58 € pers. sup. 16 € repas 16 €
Ouvert : Toute l'année.

🐕	⛱	🏊	👥	🎾	✈	🏇	🚲	⛷
	5	5	8	SP	1	2	10	5	5

Jean-Loup THIBAUD - La Poterie - Route de Lavaur - D112 - 31590 LAVALETTE - Tél. : 05 61 84 34 49 - Fax : 05 61 84 99 19 - E-mail : lapoterie@free.fr - lapoterie.free.fr

Midi-Pyrénées — **Haute-Garonne**

LEGUEVIN Domaine de Labarthe

C.M. 82 Pli 7

3 ch.

Au r.d.c. : 2 salons communs (poêle, TV, bibliothèque). A l'étage : 3 chambres (3 lits 1 pers. 2 lits 2 pers., 1 lit 120, 1 convertible 2 pers. 1 lit enfant), salle d'eau et wc indépendants communs aux 3 chambres. Salon de jardin, barbecue. Sur une exploitation agricole céréalière à 1,5 km du village, 3 chambres aménagées à l'étage d'une grande maison ancienne, rénovée en briques et galets de la Garonne.

Prix : 1 pers. **24/31** € 2 pers. **27/44** € pers. sup. **9/21** €
Ouvert : Toute l'année.

🐕	🏊	⚓	🍴	⛷	🎾	🏇	🚲	🚉	🛫
	1,5	14	14	SP	1,5	3	18	1,5	

Charles et M-Thérèse LAPOINTE - Domaine de Labarthe - 31490 LEGUEVIN - Tél. : 05 61 86 60 25

LUNAX

(TH) *C.M. 82 Pli 15*

2 ch.

Ancienne ferme rénovée à 1 km du village avec terrasse et parking. R.d.c. : salle à manger (cheminée) et salon communs avec TV. 1 chambre (1 lit 2 pers.), salle d'eau avec wc, accès indépendant. A l'étage : 2 chambres (2 lits 1 pers.), salle d'eau, wc indépendants, poss. accès indépendant. Lit supplémentaire sur demande. Terrain de camping sur place. Langues parlées : allemand, anglais.

Prix : 1 pers. **27** € 2 pers. **37** € repas **14** €
Ouvert : Toute l'année.

🐕	🏊	⚓	🍴	⛷	🎾	🏇	🚲	🚉	🛫
	6	0,2	0,2	SP	4	10	30	6	

MAZANEK - 31350 LUNAX - Tél. : 05 61 88 26 06

MARTRES-TOLOSANE Campignas

(TH) *C.M. 82 Pli 16*

2 ch.

Au rez-de-chaussée : 1 ch. principale et 1 ch. attenante avec accès indépendant (3 lits 1 pers.), salle d'eau et lavabo privés. WC indépendants et privés. A l'étage : 1 ch. principale et 1 ch. attenante (1 lit 2 pers. 2 lits 1 pers.), salle d'eau et wc réservés aux hôtes. Salle à manger et salon cheminée communs avec les propriétaires. Sur une exploitation agricole (céréales et vergers), une maison de maître avec un petit parc ombragé vous attend. Bâtiment d'exploitation à proximité. Langues parlées : espagnol, anglais.

Prix : 1 pers. **31** € 2 pers. **34** € 3 pers. **46** € repas **13** €
Ouvert : Du 1er juin au 15 septembre.

🐕	🏊	⚓	🍴	⛷	🎾	🏇	🚲	🚉	🛫
	1	3	11	11	SP	1	0,8	60	2	1

André PERRIER - Campignas - 31220 MARTRES-TOLOSANE - Tél. : 05 61 90 02 29 - Fax : 05 61 90 02 29

MILHAS

Alt. : 538 m *C.M. 86 Pli 2*

3 ch.

Dans le village de Milhas, en bordure d'un petit ruisseau de montagne. A l'étage : 1 ch. (1 lit 2 pers.), s. d'eau, wc privés. 1 ch. (1 lit 2 pers. 1 lit 110), s. d'eau, wc privés. R.d.c. : 1 ch. (1 lit 2 pers. 1 lit 120, 1 lit 110), s. d'eau, wc attenants. Salle à manger commune au r.d.c. (cheminée, TV). Possibilité de garage et de pique-nique.

Prix : 1 pers. **28** € 2 pers. **31** € 3 pers. **39** €
Ouvert : Toute l'année.

🐕	🏊	⚓	🍴	⛷	🎾	🏇	🚲	🚉	🛫
	4	SP	25	20	SP	4	4	50	18	4

Jean-Bertrand LAYLLE - 31160 MILHAS - Tél. : 05 61 88 41 06

MOLAS Les Figuiers

(TH) *C.M. 82 Pli 15*

3 ch.

L'Isle-en-Dodon 5 km. Saint-Gaudens 45 km. Au r.d.c. : séjour commun aux propriétaires et aux hôtes (cheminée). A l'étage : 2 grandes chambres Félicia (1 lit 2 pers. 1 lit 120) avec salle de bains (f), et Cornélia (1 lit 160) avec salle d'eau/wc, ch. familiale Francesca (1 x 140 + 1 x 110) (2 x 90), s.d'eau/wc. Salon privé aux hôtes avec TV et bibliothèque. Table d'hôtes sur réservation. Aux Figuiers, vous serez reçus en amis dans cette belle maison commingeoise située à flanc de coteau, dans le village de Molas. Vous profiterez du grand jardin et du parc avec arbres centenaires, face à la chaîne des Pyrénées. Aire de stationnement. Langue parlée : anglais.

Prix : 1 pers. **33** € 2 pers. **41** € 3 pers. **53** € pers. sup. **13** € repas **14** €
Ouvert : Toute l'année.

🐕	🏊	⚓	🍴	⛷	🎾	🏇	🚲	🚉	🛫
	5	5	10	SP	5	15	20	45	5	

Annick VALENTIN - Les Figuiers - 31230 MOLAS - Tél. : 05 61 94 15 46 ou 06 83 49 07 12 - E-mail : lesfiguiers@free.fr - http://lesfiguiers.free.fr

MONTBERAUD Toubies

(TH) *C.M. 82 Pli 17*

3 ch.

Cazères 12 km. Toulouse 60 km. Au r.d.c : s. de séjour commune (cheminée) et à l'ét. : 2 ch. (1 lit 2 pers), s. d'eau/wc privatifs pour chacune. Mitoyenne et accessible par une galerie couverte : ch. de la tour (1 lit 2 pers. 1 lit 160) (en duplex) avec s.d.b./wc. Salon privatif, coin-cuisine donnant sur le patio : salle d'activités (ping-pong, jeux divers, atelier...). TH sur demande. A l'écart du village, cette ancienne ferme rénovée vous offre l'hospitalité dans une de ses chambres d'hôtes aménagées autour d'un patio. Jolie vue sur les Pyrénées. Langues parlées : anglais, allemand, hollandais.

Prix : 1 pers. **28** € 2 pers. **40** € pers. sup. **20** € repas **14** €
Ouvert : Toute l'année.

🐕	🏊	⚓	🍴	⛷	🎾	🏇	🚲	🚉	🛫
	SP	5	5	SP	5	30	12	5		

Birgit et Peter ALBRECHT et LAGENDIJK - Toubies - 31220 MONTBERAUD - Tél. : 05 61 98 14 35 - Fax : 05 61 98 14 35

Haute-Garonne

Midi-Pyrénées

MONTBERAUD La Prieuresse (TH) — C.M. 82 Pli 17

||| 2 ch. **Cazères 12 km.** Au r.d.c. : salon (cheminée), salle à manger (cheminée), véranda. A l'étage : 1 chambre (1 lit 2 pers.) avec salle d'eau et wc privatifs, 1 suite (1 lit 2 pers.) + (1 lit enfant dans salon réservé) avec salle de bains et wc. La Prieuresse vous invite à faire une halte champêtre dans ses 2 chambres d'hôtes aménagées dans une ferme rénovée. Beau panorama sur les Pyrénées. Jardin, cour, véranda, aire de stationnement. Langues parlées : allemand, anglais.

Prix : 1 pers. **29/32** € 2 pers. **37/40** € 3 pers. **47** € repas **13** €
Ouvert : Du 1er juin au 30 septembre.

12	2	3	3	4	3	3	

Dietrich ZIMPEL - La Prieuresse - 31220 MONTBERAUD - Tél. : 05 61 98 15 71

MONTBRUN-BOCAGE Pavé (TH) — C.M. 82 Pli 17

||| 4 ch. 3 ch en étage aménagées dans l'aile de la maison des propriétaires, ch 1 (1x130), ch2 (1x140) avec respectivement salle d'eau/wc et salle d'eau et wc indépendant au r.d.c. Ch 3 (1x140 + 1x90) avec salle d'eau/wc communiquants. Ch 4 au 1er étage de la maison des propriétaires (2x90 + 1x140 en rochelle + lavabo), salle de bains avec wc indépendants au r.d.c. R.d.c, s. à manger/cheminée où le soir le repas est pris à la table familiale. Terrasse pr petit déjeuner et dîner l'été. TH av des produits de la ferme. Réduction séjours. 1 ch est classée 1 épi. Cadre chaleureux pr cette petite ferme entourée de prés et de bois où se pratique l'élevage de brebis. Langue parlée : anglais.

Prix : 1 pers. **31** € 2 pers. **37** € 3 pers. **53** € repas **14** €
Ouvert : Toute l'année sur réservation.

20	1	10	SP	5	20	20	10

Josette PARINAUD - Pave - 31310 MONTBRUN-BOCAGE - Tél. : 05 61 98 11 25

MONTESQUIEU-LAURAGAIS — C.M. 82 Pli 18

||| 5 ch. **Toulouse 25 km. Villefranche-Lauragais 6 km.** Au r.d.c. : grande pièce d'accueil avec kitchenette. A l'étage accessible par maison propriétaires : ch. 1 (1 lit 2 pers.) avec s. d'eau et wc dans la ch. Ch. 2 (1 lit 2 pers. 1 lit 1 pers. pour 1 enfant en rochelle) avec s.d.b. (douche à jets, jaccuzi), et wc indépendants non communicants. 3 ch. (3 lits 2 pers. 2 lits 1 pers) av chacune s. d'eau/wc séparés, salon réservé. TV, biblio. Ferme entièrement rénovée, d'1 jardin paysagé fleuri. Verger, terrasse couverte. Abri voiture. Etable rénovée en s. d'accueil av coin-cuisine. Poss. initiation patchwork. Langues parlées : anglais, espagnol, allemand.

Prix : 1 pers. **40** € 2 pers. **45** € 3 pers. **57** € pers. sup. **12** €
Ouvert : Toute l'année.

SP	SP	10	SP	1	7	20	25	6

Irène et Joseph PINEL - Bigot - 31450 MONTESQUIEU-LAURAGAIS - Tél. : 05 61 27 02 83 - Fax : 05 61 27 02 83 -
E-mail : joseph.pinel@libertysurf.fr - http ://perso.libertysurf.fr/hôtebigot

MONTESQUIEU-VOLVESTRE La Halte du Temps (TH) — C.M. 82 Pli 17

||| 4 ch. R.d.c : salle à manger commune, grande cheminée salon de musique réservé aux hôtes. Et. : 4 ch. avec « ciel de lit » dans alcôve. Les Tisanes (1 lit 2 pers.), s.d.b/wc, La Roseraie (1 lit 2 pers.), ch. enfant attenante Les Eglantines (1 lit 1 pers.), s. d'eau/wc. Les Cardines (1 lit 2 pers.), s.d.b/wc indép. la ch. du Marquis (1 lit 2 pers et 1 lit 1 pers) s.d.b./wc. On accède à cet hôtel particulier du XVIIe siècle par une charmante cour intérieure. Terrasse sur jardin clos. Un escalier Louis XIII mène aux chambres. Toutes les pièces ont une cheminée. Langues parlées : anglais, allemand, italien.

Prix : 1 pers. **46** € 2 pers. **54** € 3 pers. **69** € repas **18** €
Ouvert : Toute l'année.

SP	0,5	5	SP	0,5	5	15	11	SP

Marie-Andrée GARCIN - 72 rue Mage - La Halte du Temps - 31310 MONTESQUIEU-VOLVESTRE - Tél. : 05 61 97 56 10 -
Fax : 05 61 97 56 10 - E-mail : lahaltedutemps@free.fr

MONTESQUIEU-VOLVESTRE Monplaisir — C.M. 82 Pli 17

||| 1 ch. **Rieux, Volestre 6 km.** Au r.d.c : cuisine et coin-repas (cheminée), grand salon (poêle à mazout). A l'étage : salle de jeux (ping-pong) et ch (1x140 + 1x120) avec salle d'eau et wc. Pas de chauffage. Hébergement sur exploitation agricole. Dans la plaine du volvestre, entre Rieux et Montesquieu, François et Marie-Claire vous accueilleront dans leur ferme pour une étape ou un séjour. Vous y profiterez du jardin et pourrez flâner alentours sur les chemins campagnards. Langues parlées : allemand, anglais, espagnol.

Prix : 1 pers. **34** € 2 pers. **38** € 3 pers. **53** €
Ouvert : De juin à septembre.

3	0,1	6	3	6	35	10	3

François et M-Claire GUNST - Monplaisir - 31310 MONTESQUIEU-VOLVESTRE - Tél. : 05 61 90 54 29

MONTGAILLARD-DE-SALIES (TH) — C.M. 82 Pli 1

|| 2 ch. **Mane 2,5 km.** Au r.d.c. : salle à manger commune (poêle à bois). Demi-palier : salle d'eau/wc privés à la chambre Jaune. A l'étage : chambre Jaune : parents-enfants, (1 lit 2 pers. 1 lit 1 pers.) avec coin-salon. Au 2e étage : ch. Bleue classée 3 épis (2 lits 1 pers. 1 lit 110) avec s. d'eau/wc communicante. Grande maison comminegoise disposant d'une cour à l'avant et d'un jardin sur l'arrière. Abri voiture, salon de jardin. Accueil cavaliers et chevaux. Langue parlée : anglais.

Prix : 1 pers. **30** € 2 pers. **35** € 3 pers. **46** € repas **13** €
Ouvert : Toute l'année.

5	SP	3	2	15	2,5

Claude CHANJOURDE - Les Baladous - 31260 MONTGAILLARD-DE-SALIES - Tél. : 05 61 90 63 99 - Fax : 05 61 90 08 07 -
E-mail : baladous@aol.com

Midi-Pyrénées

Haute-Garonne

MONTMAURIN Caso Nousto

C.M. 82 Pli 15

3 ch. **Boulogne-sur-Gesse 10 km.** Au r.d.c. : salle à manger et salle pour petits-déjeuners. A l'étage : 3 chambres. Ch. 1 (1 lit 2 pers.) avec s. d'eau et wc indépendants. Ch. 2 (1 lit 2 pers. 1 lit 1 pers.) avec s. d'eau/wc. Ch. 3 (1 lit 2 pers. 1 lit 1 pers.) avec s. d'eau et wc. En table d'hôtes : dégustation de plats régionaux élaborés à partir du jardin et des volailles élevées sur place. A 500 m du village, en haut d'une colline, ancienne ferme rénovée datant de 1810 avec parc clôturé, ombragé et fleuri, comprenant 2 gîtes ruraux et 3 chambres d'hôtes. Langue parlée : espagnol.

Prix : 1 pers. 36 € 2 pers. 38 € repas 13 €
Ouvert : Toute l'année.

	SP	0,8	10	0,8	0,8	15	25	5	5

Louis et Nicole DALLIER - Caso Nousto - 31350 MONTMAURIN - Tél. : 05 61 88 25 50 ou 06 85 07 44 37

MONTPITOL Stoupignan

C.M. 82 Pli 9

3 ch. Dans le pays toulousain, grande maison de maître style Louis XIII entourée d'un grand parc arboré. 1 ch. (2 lits 1 pers.), salle de bains, wc. 1 ch. (2 lits 1 pers.), salle d'eau et wc. 1 ch. (1 lit 2 pers.), salle de bains, wc. Grand salon. Poss. séminaires (10 pers. maxi). TV dans chaque chambre. Langue parlée : anglais.

Prix : 1 pers. 46 € 2 pers. 77 € 3 pers. 92 €
Ouvert : Toute l'année.

	4,5	1	SP	4,5	18	4

Claudette FIEUX - Stoupignan - 31380 MONTPITOL - Tél. : 05 61 84 22 02

PALAMINY Les Pesques

C.M. 82 Pli 16

2 ch. Salon, salle à manger communs avec le propriétaire (poêles à bois). Ch. de violette au r.d.c. (1 lit 2 pers. 1 lit 1 pers.) avec vestibule. Salle d'eau privée, wc indép. ch. de rose (accès indép.). (2 lits 1 pers.) avec s. d'eau/wc, in à l'étage communicant par 1 escalier extérieur (1 lit 2 pers.) avec lavabo. Ancienne ferme de caractère, indépendante située sur un terrain non clos de 2 ha. Grande cour intérieure de 1500 m² environ, ombragée, gazonnée et fleurie avec allée piétonne. Accueil chevaux possible. Langue parlée : anglais.

Prix : 1 pers. 35 € 2 pers. 40 € 3 pers. 55 € repas 14 €
Ouvert : Toute l'année.

	3	0,8	3	SP	3	3	3

Brigitte et Bruno LE BRIS - Les Pesques - 31220 PALAMINY - Tél. : 05 61 97 59 28 - Fax : 05 61 98 12 97

PEGUILHAN

C.M. 82 Pli 15

2 ch. Ancienne ferme avec maison de caractère située à 800 m du village jardin. 2 chambres aménagées à l'étage : 1 ch. (1 lit 2 pers. 2 lits 1 pers.), salle d'eau et wc privés. 1 ch. (1 lit 2 pers. 1 lit 1 pers.), salle d'eau et wc privés. R.d.c. : salle commune avec cheminée, TV, jeux. Organisation de week-end ou semaine en pension complète sur le thème « Initiation à la gastronomie » : programme et tarifs sur demande. Langues parlées : anglais, espagnol.

Prix : 1 pers. 24 € 2 pers. 37 € 3 pers. 52 € repas 11 €
Ouvert : Toute l'année.

	4	1	3	3	SP	0,8	8	45	35	5

Annie CASTEX - Ferme Auberge de Peguilhan - 31350 PEGUILHAN - Tél. : 05 61 88 75 78 - Fax : 05 61 88 75 78

PEYSSIES La Dourdouille

C.M. 82 Pli 17

2 ch. **Cazères 15 km.** Maison récente entourée d'1 jardin mi-clos gazonné et fleuri. Terrasses couvertes av salons de jardin, petits déjeuners et dîners d'été. Abri voiture. De plain-pied : grde s. de séjour commune av coin-repas et coin-salon (cheminée, TV). Ch. sortie directe possible sur le jardin (1 lit 2 pers) communiquant avec la s.d.b (douche / baignoire) privative non cloisonnée.(lit en 90 disponible). WC indépendants attenants. A l'étage, chambre avec balcon (4 lits 1 pers. dont 2 sur mezzanine), salle d'eau/wc privatifs. Salon attenant avec jeux et bibliothèque. A disposition : baignoire chaise, lit de bébé et radio FM. Langues parlées : espagnol, portugais.

Prix : 1 pers. 37 € 2 pers. 43 € 3 pers. 55 € repas 12 €
Ouvert : Du 1er avril au 31 octobre.

	4	1	1	SP	4	12	3	1

Etiennette et Pierre DECOMPS - La Dourdouille - 31390 PEYSSIES - Tél. : 05 61 87 99 20 - Fax : 05 61 87 99 20

PIN-MURELET En Jouanet

C.M. 82 Pli 16

2 ch. **Gers 3 km.** Ancienne ferme restaurée, située en pleine campagne à 3 km du village. Au r.d.c. : séjour commun (cheminée). A l'ét : ch. familiale avec terrasse privée comprenant une ch. (1 lit 2 pers.) communiquant avec la ch. enfants (3 lits 1 pers.), s. d'eau privée, wc privatifs non communiquants. 1 ch. (1 lit 180). s.d.b. dans la chambre, wc indép. non attenants. Abri voiture. Table d'hôtes sur réservation avec dégustation de produits gastronomiques de Gascogne. Jeux de société. Billard indien. Village à côté de Rieumes. Langues parlées : anglais, espagnol.

Prix : 1 pers. 37 € 2 pers. 45 € 3 pers. 58 € repas 13 €
Ouvert : De Pâques à la Toussaint.

	SP	7	7	SP	2	4	45	6

Annie et Jean-Louis FLOUS - En Jouanet - 31370 LE-PIN-MURELET - Tél. : 05 61 91 91 05 - Fax : 05 61 91 91 05

Haute-Garonne
Midi-Pyrénées

PONLAT-TAILLEBOURG
C.M. 85 Pli 20

1 ch. ch. aménagée en r.d.c. et ouvrant sur la terrasse : 1 lit 2 pers., avec salle d'eau, wc privés, TV et radio dans la ch. Salle à manger et salon (cheminée, TV) communs avec les propriétaires. Jardin clos, terrasse couverte, aire de stationnement réservée. Jacuzzi, VTT. « La Maison Basque » dans un petit hameau, chambre aménagée dans la maison des propriétaires, avec accès indépendant. Langues parlées : anglais, espagnol.

Prix : 1 pers. 35 € 2 pers. 40 €
Ouvert : Toute l'année.

🐕	🏊	💧	🎯	🎾	🐎	🏌	🚉	🚗
3,5	0,1	3,5	3,5	3,5	3,5	3,5	3,5	3,5

Michel et Judith BLIN - La Maison Basque - 31210 PONLAT-TAILLEBOURG - Tél. : 05 61 95 49 37 - Fax : 05 61 95 49 37

PRESERVILLE La Pigeonnière
C.M. 82 Pli 18

2 ch. Au r.d.c. : vaste séjour/coin-salle à manger/coin-salon commun avec les propriétaires. A l'ét. : 2 ch. aménagées sous les combles (2 lits 1 pers. et 1 lit 2 pers.), chacune avec salle d'eau et wc privatifs. Poss. lit supplémentaire ou lit bébé. Abri voiture. Ancienne ferme lauragaise à 800 m du village avec grand terrain non clos et piscine. Langue parlée : anglais.

Prix : 1 pers. 35 € 2 pers. 40 € 3 pers. 53 € repas 13 €
Ouvert : Toute l'année.

🐕	🏊	💧	🎯	🎾	🐎	🏌	🚉	🚗
SP	4	30	SP	0,8	5	10	20	5

J-Claude et Catherine GERIN - La Pigeonnière - 31570 PRESERVILLE - Tél. : 05 61 83 82 11 - Fax : 05 61 83 81 11

REVEL La Métairie de Dreuilhe

2 ch. Revel 4 km. Au r.d.c : salle à manger, petit salon ouvrant sur la terrasse et le jardin. A l'étage : 2 ch (1x140) (1x140) avec une vaste salle de bains avec douche et baignoire et un wc indépendant communs aux 2 ch. Dans le hameau de Dreuilhe, au pied de la montagne noire et de St Ferréol, cette maison d'hôtes vous propose une halte conviviale. Outre les nombreuses balades possibles aux environs, vous pourrez vous détendre sur place, sur la terrasse ou dans le jardin. Cour (stationnement).

Prix : 1 pers. 28 € 2 pers. 32 € repas 13 €
Ouvert : Toute l'année.

🐕	🏊	💧	🎯	🎾	🐎	🏌	🚉	🚗
4	4	4	4	4	4	4	16	4

Gérard BOLLE - Chemin de la Fontaine - La Métairie de Dreuilhe - 31250 REVEL - Tél. : 05 62 18 02 24

SAMOUILLAN Le Moulin
C.M. 82 Pli 16

4 ch. Ancien moulin situé à 1 km du village sur un petit cours d'eau, avec terrain ombragé et potager pour la table d'hôtes. Au r.d.c. : salle à manger salon avec cheminée. A l'étage : 2 ch. (2 lits 2 pers. 1 lit 1 pers.), salle d'eau et wc communs. 2 ch. (2 lits 2 pers. 2 lits 1 pers.), salle d'eau avec wc privés chacune. Abri voiture. Les 2 chambres avec le sanitaire commun sont classées 1 épi. Plats végétariens à la demande. Langues parlées : anglais, espagnol.

Prix : 1 pers. 30 € 2 pers. 42 € repas 14 €
Ouvert : Toute l'année.

🐕	🏊	💧	🎯	🎾	🐎	🏌	🚉	🚗
15	SP	10	15	15	15	20	15	

Steve CALLEN - Le Moulin - 31420 SAMOUILLAN - Tél. : 05 61 98 86 92 - Fax : 05 61 98 86 92 - E-mail : kris.steve@free.fr - moulin-vert.net

ST-ELIX-LE-CHATEAU L'Enclos
C.M. 82 Pli 17

2 ch. Au r.d.c. : salle à manger (cheminée) et salon (cheminée) communs avec le propriétaire. A l'étage : salle de jeux et de lecture, ch. bleue (1 lit 160 cm, 1 lit enfant), ch. jaune mansardée (1 lit 2 pers. 2 lits 100) avec chacune s. d'eau et wc indép. Poss. lit bébé et lit d'appoint 1 pers. Réduction pour enfants et longs séjours. Maison de maître à la sortie du village avec parc ombragé et fleuri, piscine. Menu gastronomique sur commande. Un gîte rural sur place. Langue parlée : espagnol.

Prix : 1 pers. 34 € 2 pers. 43 € 3 pers. 58 € repas 14 €
Ouvert : Toute l'année.

🐕	🏊	💧	🎯	🎾	🐎	🏌	🚉	🚗
SP	1	5	SP	1	10	10	SP	

Michèle et Patrice BOUISSET - L'Enclos - 31430 ST-ELIX-LE-CHATEAU - Tél. : 05 61 87 61 46 ou 06 83 51 51 54 - Fax : 05 61 87 61 46 - E-mail : pbouisset@hotmail.com

ST-FELIX-DE-LAURAGAIS
C.M. 82 Pli 19

4 ch. Grande maison avec jardin, garage, parking. Au rez-de-chaussée : 2 ch. (1 lit 2 pers.), salle d'eau et wc privés. A l'étage : 1 ch. (1 lit 2 pers. 1 lit 1 pers.), 1 ch. (1 lit 2 pers.). Salle de bains et wc communs. Salle à manger, véranda, kitchenette commune. 2 chambres sont en cours de classement.

Prix : 1 pers. 31 € 2 pers. 40 € 3 pers. 51 € pers. sup. 15 €
Ouvert : Toute l'année.

🐕	🏊	💧	🎯	🎾	🐎	🏌	🚉	🚗
10	3	15	15	15	0,3	15	63	

Olga ANGELINI - Faubourg du Midi - 31540 ST-FELIX-DE-LAURAGAIS - Tél. : 05 61 83 02 47

Midi-Pyrénées — Haute-Garonne

ST-FRAJOU Moulères (TH) *C.M. 82 Pli 16*

2 ch. **Saint-Gaudens 35 km. Espagne 75 km.** Au r.d.c. : séjour commun aux propriétaires et aux hôtes (cheminée, piano). A l'étage (accès indépendant possible) : grand salon privatif aux hôtes (bibliothèque, jeux). 2 chambres familiales (1 lit 2 pers. 2 lits 1 pers.) avec chacune leur salle d'eau et leur wc indépendants privatifs. Sur les coteaux du Comminges, cette ferme (élevage de chevaux lourds, production de petits fruits rouges) vous accueille dans un cadre ombragé (jardin aménagé autour d'une petite mare). Grande aire de stationnement et abri-voitures possible sous le hangar. Langues parlées : anglais, espagnol, hollandais.

Prix : 1 pers. **33** € 2 pers. **44** € 3 pers. **62** € pers. sup. **18** €
repas 13 €
Ouvert : Toute l'année.

11	11	2	SP	11	15	40	25	11	

Chantal BUTERY - Route des Crêtes - Moulères - 31230 ST-FRAJOU - Tél. : 05 61 94 14 14 - Fax : 05 61 94 14 14

ST-GAUDENS Domaine de Bellefond *C.M. 86 Pli 01*

1 ch. 1 chambre d'hôtes aménagée au 2e étage d'une maison sur une exploitation agricole (vaches laitières et polyculture) à 2 km du village. 1 ch. (1 lit 2 pers. 1 lit 120 suppl.) avec lavabo et bidet. Salle de bains et wc au 1er ét. réservés aux hôtes. Salle de séjour avec TV. Jardin, garage. Langues parlées : italien, espagnol.

Prix : 1 pers. **28** € 2 pers. **31** € pers. sup. **8** €
Ouvert : Toute l'année.

1	2	2	2	1	2		30	3	2

Gino PELLIZARI - Domaine de Bellefond - 31800 ST-GAUDENS - Tél. : 05 61 89 20 67

ST-GAUDENS Les Gavastous (TH) *C.M. 86 Pli 1*

2 ch. **Saint-Gaudens 1,5 km.** Au r.d.c. : séjour (cheminée) ouvrant sur la terrasse et le jardin. A l'étage : 2 ch (1x140) (1x140) disposant d'une salle de bains et de wc communs sur le même palier. A deux pas de l'autoroute et en retrait du bourg, cette ferme vous accueille pour une étape ou un séjour et vous propose de découvrir Comminges et Pyrénées. Aire de stationnement dans la cour. Possibilité de garage fermé. Langue parlée : espagnol.

Prix : 1 pers. **26** € 2 pers. **30** € repas **29** €
Ouvert : Toute l'année

1,5	0,2	1,5	1,5	0,5	1,5	1,5	1,5

Mr et Mme DEDIEU - Chemin de Camasset - Les Gavastous - 31800 SAINT-GAUDENS - Tél. : 05 61 89 57 70 ou 06 76 51 53 29

ST-LEON Pagnard A *C.M. 82 Pli 18*

5 ch. Au rez-de-chaussée : salle à manger de la ferme-auberge avec cheminée. Au 1e ét. : petit salon privatif avec TV. 5 chambres, (5 lits 2 pers, 5 lits 1 pers.) avec salles d'eau et wc privatives et communicantes à chaque chambre. Grande maison du XVIIIe siècle rénovée avec ferme auberge sur place (propriété clôturée). Les chambres d'hôtes sont aménagées dans le bâtiment mitoyen de la maison des propriétaires au dessus de la ferme-auberge. Exploitation agricole diversifiée (élevage de gibier, basse-cour, céréales). Langues parlées : anglais, espagnol.

Prix : 1 pers. **39** € 2 pers. **39** € 3 pers. **54** € repas **10** €
Ouvert : Toute l'année.

SP	SP	5	5	5	40	10	5

Anne-Marie LAMOUROUX - Pagnard - 31560 ST-LEON - Tél. : 05 61 81 92 21 - Fax : 05 61 81 92 21

ST-MARCET Becad (TH) *C.M. 82 Pli 15*

2 ch. Vaste salle à manger commune avec les propriétaires avec coin-détente, cheminée et TV. 2 ch. aménagées de plain-pied (1 lit 2 pers. 2 lits 1 pers. chacune), salle d'eau et wc indép. pour chacune. Prises TV et tél. dans les ch. Ferme commingeoise à 1,5 km du village. Les ch. sont aménagées dans une partie annexe de la maison principale dont elles sont reliées par une grande terrasse pour les hôtes. Local access. par la terrasse, avec wc, douche, lave-linge et téléphone. Langue parlée : espagnol.

Prix : 1 pers. **31** € 2 pers. **37** € repas **29** €
Ouvert : Toute l'année.

12	SP	18	SP	2	3	24	12	12

Jacques et Gisèle LAVIGNE - Becad - 31800 ST-MARCET - Tél. : 05 61 89 22 21 ou 05 61 88 94 58 - Fax : 05 61 88 22 21 -
E-mail : gite.deco@free.fr - http://gite.deco.free.fr

ST-PAUL-D'OUEIL Maison Jeanne Alt. : 1000 m *C.M. 85 Pli 20*

3 ch. **Bagnères de Luchon 6 km.** Au r.d.c. : salle à manger et salon. Au 1er étage : ch familiale (1x140) (2x90) avec salle d'eau/wc privative. Au 2e étage sous combles : 2 ch avec salles de bains/wc (1x40) (2x90). TV dans les ch. Ch d'hôtes de caractère : « Art de Vivre ». Dans ce petit village de la vallée d'Oueil, cette maison d'hôtes en pierre vous accueille au coin du feu, d'un décor chaleureux et feutré. Ski, balades et nature seront au rendez-vous. Grand jardin clos. stationnement devant la propriété. 4 pers : 88 €. Langue parlée : espagnol.

Prix : 1 pers. **49** € 2 pers. **55** € 3 pers. **73** €
Ouvert : Toute l'année.

6	SP	15	6	6	6	6	6

Michèle GUERRE - Maison Jeanne - 31110 SAINT-PAUL-D'OUEIL - Tél. : 05 61 79 81 63 - Fax : 05 61 79 81 63 -
www.locations-luchon.com/B/guerre

Haute-Garonne

Midi-Pyrénées

ST-PIERRE-DE-LAGES Château du Bousquet

C.M. 82 Pli 8

1 ch. Au 2e étage : 1 suite avec ch principale (1 lit 2 pers) et 1 ch attenante (2 lits 1 pers), salle d'eau et wc privés. Sur la route du Pastel, au cœur d'un bois de 15 ha, siège de l'exploitation agricole, bel ensemble du XVIIe avec château, cour intérieure et communs.

Prix : 1 pers. **50 €** 2 pers. **67 €** 3 pers. **83 €**
Ouvert : Toute l'année.

🐕	⛱	🏊	⛲	🏇	🎾	🏃	🎣	🚂	✈
	10	1	1	SP	0,8	10	1	12	2,5

Arnaud et Inès DE LACHADENEDE - Château du Bousquet - 31570 ST-PIERRE-DE-LAGES - Tél. : 05 61 83 78 02 - Fax : 05 62 18 98 29

STE-FOY-D'AIGREFEUILLE Le Petit Roquette

C.M. 82 Pli 8

2 ch. Dans une ancienne ferme du Lauragais du XVIIIe. Salle de séjour privée avec cheminée. Ch. suite Rose avec accès indép. (1 lit 160), 2 lits 1 pers. dans partie salon. Salle de bains, wc privés, ch. bleue (1 lit 2 pers. + appoint enfant) avec s.d.b./wc non communicante, chambre rose (1 lit 2 pers.) avec s. d'eau/wc attenante. « Le Pesques », ferme lauragaise rénovée, un peu à l'écart du village, disposant d'une cour gravillonnée à l'avant (possibilité de stationner sous le hangar) et d'un grand jardin clôturé de 5000 m², petit plan d'eau non protégé. Terrasse couverte ping-pong.

Ch. suite Rose avec accès indép. (1 lit 160), 2 lits 1 pers. dans partie salon. Salle de bains, wc privés, ch. Tournesol (1 lit 2 pers.) et s. d'eau avec wc. Salle à manger et salon communs avec les propriétaires. Terrasse couverte, très grand terrain arboré et fleuri, non clos. Langues parlées : anglais, espagnol, allemand.

Prix : 2 pers. **46/60 €** pers. sup. **19 €**
Ouvert : Toute l'année.

🐕	⛱	🏊	⛲	🎾	🏃	🚂	✈
	SP	1	2	3	3	15	8

Mr et Mme CHANFREAU-PHIDIAS - Le Petit Roquette - 31570 STE-FOY-D'AIGREFEUILLE - Tél. : 05 61 83 60 88 - Fax : 05 61 83 60 88

TREBONS-SUR-LA-GRASSE Le Pesques

(TH) C.M. 82 Pli 19

2 ch. **Villefranche-Lauragais 4,5 km.** Aménagement de plain-pied : salle à manger et salon communs avec les propriétaires (cheminée/insert). 2 ch. non fumeurs : ch. bleue (1 lit 2 pers. + appoint enfant) avec s.d.b./wc non communicante, chambre rose (1 lit 2 pers.) avec s. d'eau/wc attenante. « Le Pesques », ferme lauragaise rénovée, un peu à l'écart du village, disposant d'une cour gravillonnée à l'avant (possibilité de stationner sous le hangar) et d'un grand jardin clôturé de 5000 m², petit plan d'eau non protégé. Terrasse couverte ping-pong.

Prix : 1 pers. **40 €** 2 pers. **43 €** repas **16 €**
Ouvert : Du 1er avril 15 octobre.

🐕	⛱	🏊	⛲	🏇	🎾	🏃	🎣	🚂	✈
	SP	1,5	SP	SP	0,5	4,5	25	4,5	4,5

Nicole et Michel JEAN - Le Pesques - La Roque - 31290 TREBONS-SUR-LA-GRASSE - Tél. : 05 61 27 25 70 - Fax : 05 61 27 25 70

LES VARENNES Château des Varennes

(TH) C.M. 82 Pli 19

4 ch. **Montgiscard 8 km. Toulouse 26 km.** Au r.d.c : vaste entrée, salon, salle à manger avec cheminée communs avec les propriétaires, bibliothèque (billard...) réservée à la clientèle. Ch du Bedouen (1 lit 160), s.d.b. privée et wc indép. A l'étage : ch de la Tour classée 3 épis (1 lit 160) + lit enfant dans la ch attenante, ch des Oiseaux (1 lit 160), ch des Mariés (1 lit 160), chacune s.d.b. et wc privés. Construit au XVIe siècle en briques roses, le château des Varennes vous accueille dans un parc aux arbres centenaires et vous propose de séjourner dans 4 chambres avec vue superbe sur les coteaux. Promenades dans le parc, détente dans la piscine et découverte de l'art de vivre en « pays de cocagne ». Langues parlées : anglais, espagnol.

Prix : 1 pers. **69/99 €** 2 pers. **76/110 €** repas **27 €**
Ouvert : Toute l'année.

🐕	⛱	🏊	⛲	🎾	🏃	🎣
	SP	10	SP	0,2	0,2	20

Béatrice et Jacques MERICQ - Château des Varennes - 31450 LES-VARENNES - Tél. : 05 61 81 69 24 - Fax : 05 61 81 69 24 - E-mail : j.mericq@wanadoo.fr

VERNET Domaine de Dussède

C.M. 82 Pli 18

4 ch. **Toulouse 22 km.** Au r.d.c : salle à manger, petit et grand salons, salle de billard, terrasse. A l'étage : salle des petits déjeuners, ch Louis XVI (1x140 avec ciel de lit), ch Rétro (1x140) ch. Louis XIII (1x140), suite ch. Louis XV (1x160 avec ciel de lit) (1x120). Chacune des ch dispose d'un coin salon et d'une salle de bains avec wc séparé. Aux portes de Toulouse, le Domaine de Dussède vous accueille dans un cadre enchanteur, où tout est luxe et raffinement. Vous êtes attendus pour un séjour d'exception et pourrez flâner dans le parc, vous détendre au bord de la piscine ou échanger quelques balles de tennis sur le court privé. Langues parlées : espagnol, anglais.

Prix : 1 pers. **125/245 €** 2 pers. **135/255 €** 3 pers. **265 €**
Ouvert : D'avril à septembre.

🐕	⛱	🏊	⛲	🎾	🏃	🚂	✈
	SP	0,5	0,5	SP	6	12	2	2

Modesta TROUCHE - Domaine de Dussède - 31810 VERNET - Tél. : 05 61 08 39 30 - Fax : 05 61 08 39 30

Midi-Pyrénées

Gers

GITES DE FRANCE - Service Réservation
Maison de l'Agriculture - Route de Tarbes - B.P. 161
32003 AUCH Cedex
Tél. 05 62 61 79 00 - Fax 05 62 61 79 09
E.mail : loisirs.accueil.gers@wanadoo.fr - http://www.resinfrance.com/gers-gascogne/

3615 Gites de France
0,2 €/min

ARROUEDE Le Traquet — A — C.M. 82 Pli 15

6 ch. A l'étage, 6 chambres d'hôtes : 1 chambre 4 pers. avec salle d'eau et wc particuliers. 5 chambres 2 pers. avec salle d'eau et wc particuliers. Possibilité 3 lits supplémentaires sur demande. Au rez-de-chaussée : pièce détente/salon, cheminée, TV, salle à manger de l'auberge à la disposition des hôtes. Ferme située sur la route de crête d'Arrouede à Mont d'Astarac, face à la chaîne des Pyrénées. Auberge à la ferme. Repas enfant : 7 €. Station de ski à 70 km. Poss. de stages de golf, en liaison avec le club de Masseube (6 km).

Prix : 1 pers. 31 € — 2 pers. 36 € — pers. sup. 19 € — repas 13 €
1/2 pens. 31 €
Ouvert : Toute l'année.

3	3	3	3	10	3	3	35	10

Joël et Chantal STAELENS - Le Traquet - 32140 ARROUEDE - Tél. : 05 62 66 09 87 ou SR : 05 62 61 79 00

AUCH Le Castagne — C.M. 82 Pli 5

4 ch. 4 ch. à l'étage : 2 ch. (1 lit 2 pers. 1 lit 1 pers.), s. d'eau avec wc dans chaque ch. 1 ch. (3 lits 1 pers.), s. d'eau avec wc. 1 ch. (1 lit 2 pers. 2 lits 1 pers.), s. d'eau avec wc. Coin-salon à l'étage. R.d.c. : s. d'eau avec wc, salle de séjour (cheminée, TV). Chauff. Services proposés : l-linge, lit bébé. Véronique vous accueille dans une maison restaurée du siècle dernier (terrasse, salon de jardin, barbecue) aux portes d'Auch (cathédrale), vue imprenable sur châteaux et campagne. VTT, salle de jeux, pédalos, mini-golf, piscines. Gîte rural, camping en ferme d'accueil. Tel portable : 06 07 97 40 37. Langue parlée : anglais.

Prix : 1 pers. 31 € — 2 pers. 40 € — 3 pers. 54 € — pers. sup. 11 €
Ouvert : Toute l'année.

SP	25	25	SP	8	8	8	4	4

Véronique SEMEZIES-DUPUY - Route de Toulouse - Le Castagne - 32000 AUCH - Tél. : 05 62 63 32 56 - Fax : 05 62 63 32 56 ou SR : 05 62 61 79 00

AUTERRIVE Domaine de Poudos — (TH) — C.M. 82 Pli 5

4 ch. Dans une annexe, à l'étage : 1 ch. (1 lit 2 pers. 1 convertible, s. d'eau/wc), 1 ch. familiale (3 lits 1 pers.), s.d.b./wc. R.d.c. : 1 ch. familiale (3 lits 1 pers.), 1 ch. (1 lit 1 pers. Ch. central. Denise et Jean-Louis vous accueillent dans une grande demeure du XVIII°. Elevage de taureaux de combat, à proximité de la D.34. Festival de country Music à Mirande à 9 km (semaine du 14/07). Festival « jazz in Marciac » 18 km (semaine du 15/08). Langue parlée : espagnol.

Prix : 1 pers. 35 € — 2 pers. 43/45 € — 3 pers. 57/60 €
pers. sup. 11/12 € — repas 15 €
Ouvert : Toute l'année.

SP	19	19	1	5	5	12	8	5

Jean-Jacques ASTAU - Domaine de Poudos - 32550 AUTERRIVE - Tél. : 05 62 61 00 93 - Fax : 05 62 61 00 93 ou SR : 05 62 61 79 00

BAJONNETTE Au Boy — C.M. 82 Pli 5

1 ch. Mauvezin ancienne bastide 15 km. A l'étage de la maison des propriétaires, 1 ch. (1 lit 2 pers., salle de bain, wc privatifs sur le palier). Andrée vous reçoit dans sa maison, à la ferme. Jardin fleuri et ombragé. Maison mitoyenne à 1 gîte rural.

Prix : 2 pers. 31 €
Ouvert : Toute l'année.

10	10	10	10	10	35	10

André MARSEILLE - Au Boy - 32120 BAJONNETTE - Tél. : 05 62 06 62 23

BARS Cantaou — C.M. 82 Pli 14

1 ch. 1 ch. aménagée sur 3 niveaux dans la tour de la maison avec accès direct indép., ouvrant sur cour fermée (arbres, pelouse, salon de jardin et petit bassin). Au r.d.c. : salle des petits-déjeuners (cheminée). Au 1er étage : salle de bains avec wc. 2e étage : 1 lit 2 pers. 1 lit 1 pers. Ch. central. Denise et Jean-Louis vous accueillent dans une grande demeure du XVIII°. Elevage de taureaux de combat, à proximité de la D.34. Festival de country Music à Mirande à 9 km (semaine du 14/07). Festival « jazz in Marciac » 18 km (semaine du 15/08). Langue parlée : espagnol.

Prix : 1 pers. 30 € — 2 pers. 35 € — 3 pers. 43 €
Ouvert : Toute l'année.

9	9	9	0,5	9	8	25	35	9

Denise DARRE - Cantaou - 32300 BARS - Tél. : 05 62 66 53 55

Gers — Midi-Pyrénées

BEAUMARCHES — A Labeyrie
C.M. 82 Pli 3

2 ch. Route des Bastides et des Castelnaux, Festival de jazz à Marciac 7 km. A l'étage, 2 chambres : Chambre Jaune (1 lit 2 pers.), salle de bains, wc séparé. Chambre Rose (1 lit 2 pers.), salle de bains, wc. 2 lits d'appoint de 1 pers. Au rez-de-chaussée : pièce de jour, salle à manger. Marie-Edith et sa famille vous accueillent dans leur maison de maître (ferme gasconne), entourée d'un parc ombragé, sur la route des bastides. Sur la propriété : très beau lac collinaire au beau milieu des bois (pêche, promenade). Autre tél. : 05 59 33 92 21.

Prix : 1 pers. 42 € ○ 2 pers. 45 € ○ pers. sup. 15 €
Ouvert : Toute l'année.

	7	8	7	7	3	15	45	3

Marie-Edith SAMSON-LARRIEU - « A Labeyrie » - 32160 BEAUMARCHES - Tél. : 05 62 69 49 11 - E-mail : alabeyrie@multimania.com - www.multimania.com/alabeyrie ou SR : 05 62 61 79 00

BELLEGARDE-ADOULINS — La Garenne
C.M. 82 Pli 15

1 ch. Ch. 1 duplex familial à l'étage : 1 ch. (1 lit 2 pers.), 1 ch. contiguë (1 lit 130, poss. lit d'appoint 1 pers.), salle d'eau et wc privés. Séjour avec cheminée et TV couleur à dispo. Chauffage central. Parking. 2 gîtes sur place. Tarifs dégressifs à partir de 3e nuitée. Tarif 4 pers. : 65 €. Cuisine en juillet/août avec terrasse couverte. Sur la commune de Bellegarde, belle maison restaurée à proximité d'une exploit. agricole. Terrasse couverte, grand balcon (salon de jardin, piscine commune « Zodiac » enterrée (9,20 x 4,50 x 1,20). Vue sur côteaux de l'Astarac et Chaîne des Pyrénées. Vélos. Rando pédestre. Table d'hôtes sur demande. Langues parlées : anglais, espagnol.

Prix : 1 pers. 33 € ○ 2 pers. 44 € ○ 3 pers. 55 € ○ repas 14 €
Ouvert : Toute l'année.

	SP	13	6	4	4	5	30	4

Olivier et Mireille COUROUBLE - La Garenne - 32140 BELLEGARDE - Tél. : 05 62 66 03 61 - Fax : 05 62 66 03 61

BELMONT — Les Figuiers
C.M. 82 Pli 4

4 ch. Feria de Pentecôte, Festival Tempo Latino à Vic Fezensac 11 km. 4 chambres d'hôtes à l'étage, avec petit coin salon sur le palier. 1 ch. (1 lit 160, 1 lit d'enfant 80), 1 ch. (2 lits jumeaux, 1 lit 1 pers.), 1 ch. (1 lit 2 pers.). Dans chaque chambre : salle d'eau (douche, lavabo) avec wc. R.d.c. : salle à manger/séjour, bibliothèque, TV. Grand jardin et piscine. John et Violette vous accueillent dans leur grande maison gasconne, ouvrant sur jardin fleuri. Vue panoramique sur les coteaux. Langues parlées : anglais, espagnol.

Prix : 1 pers. 43 € ○ 2 pers. 49 € ○ pers. sup. 15 €
Ouvert : Du 1er avril au 31 décembre.

	SP	11	11	11	11	25	32	11

Violette et John SMITH - « Les Figuiers » - Couté - 32190 BELMONT - Tél. : 05 62 06 58 33 - Fax : 05 62 06 58 33 ou SR : 05 62 61 79 00

BERAUT — Bordeneuve
C.M. 82 Pli 4

5 ch. 5 ch. d'hôtes dans une grande ferme entourée de pelouses ombragées. A l'étage : 1 ch. 3 pers., coin-toilette non cloisonné (douche lavabo), 1 ch. 3 pers., coin-toilette (douche lavabo), 1 ch. 3 pers. (s.d.b.). Sur palier : wc communs aux 3 ch. R.d.c. : 2 ch. (1 lit 2 pers.), s. d'eau, wc chacune. A la disposition des vacanciers une pièce détente avec TV. Chauffage. Station thermale 16 km. Sur place : kit piscine (6 m de diamètre), gîte rural, camping à la ferme, vente de produits du terroir (foie gras, confit).

Prix : 1 pers. 27 € ○ 2 pers. 38 € ○ 3 pers. 57 € ○ repas 12 €
1/2 pens. 31 €
Ouvert : Toute l'année sauf la 1ère quinzaine de novembre.

	6	15	15	7	3	6	25	46	6

Robert et Evelyne VIGNAUX - Bordeneuve - 32100 BERAUT - Tél. : 05 62 28 08 41

BERAUT — Le Hour
C.M. 82 Pli 4

2 ch. 2 ch. d'hôtes à l'étage de la maison du propriétaire. 2 chambres 2 pers. Salle de bains et 2 wc communs. Station thermale à 16 km. Sur demande : ch. enfant (1 lit 120). Chauffage central. Lave-linge payant. 3 gîtes ruraux sur place. Supplément repas gastronomique : 8 €, repas enfant : 8,50 €.

Prix : 1 pers. 27 € ○ 2 pers. 36 € ○ pers. sup. 27 € ○ repas 15 €
1/2 pens. 33 €
Ouvert : Toute l'année.

	6	15	15	7	3	6	25	46	6

Yvon et Hélène DUSSAUT - Le Hour - 32100 BERAUT - Tél. : 05 62 28 02 08

BIRAN — Betaire-Sud
C.M. 82 Pli 4

3 ch. 3 ch. d'hôtes : A l'étage 1 ch. double familiale (2 lits 2 pers.), s.d.b. et wc, accès par couloir privatif. Au r.d.c. : 1 ch. (1 lit 2 pers.), s.d.b/wc contigus, 1 ch. (2 lits 1 pers., TV), s. d'eau avec wc, coin-cuisine attenant. Poss. lit enfant (suppl. 7,5 €). Salle à manger, salon, cheminée, TV à la disposition des hôtes. Maison dominant le village et les collines, avec parc ombragé, prairie de 2000 m². Terrain de pétanque à 500 m. Lac privé 1 km, golf à Embats/Auch (12 km). Auberges à Saint-Lary (8 km), Lavardens (12 km), Auch (12 km). Prix nuit 4 pers. : 70 €.

Prix : 1 pers. 28 € ○ 2 pers. 38 € ○ pers. 50 € ○ pers. sup. 14 €
Ouvert : Toute l'année.

	15	12	12	3	15	15	12	15	8

Henri et Jeannette BARBE - Betaire-Sud - 32350 BIRAN - Tél. : 05 62 64 63 73

Midi-Pyrénées   Gers

BIRAN La Broquère   C.M. 82 Pli 4

2 ch. A l'étage 2 ch. d'hôtes et 1 ch. d'appoint pour enfants : 1 ch. 3 pers. (cabinet de toilette), 1 ch. 2 pers. avec cabinet de toilette, ch. d'appoint (2 lits 1 pers.), sanitaires réservés communs aux ch. WC sur palier. Sanitaires des propriétaires à l'étage. Salle à manger, cheminée, salon, TV à la disposition des hôtes. A 300 m de la RN 124 Auch-Vic Fezensac, sur la commune de Biran, grande maison entourée d'un jardin fleuri, salon de jardin sur terrasse clôturée.

Prix : 1 pers. **22** € 2 pers. **30** € 3 pers. **39** € pers. sup. **11** €
Ouvert : Toute l'année.

| 11 | 7 | 7 | 2 | 11 | 7 | 17 | 17 | 12 |

Claude et Paulette BOURDERE - La Broquère - 32350 BIRAN - Tél. : 05 62 64 62 17

CAHUZAC-SUR-ADOUR A Galuppe   C.M. 82 Pli 2

3 ch. 3 ch. aménagées au r.d.c. : 1 ch. 2 épis ouvrant sur parc (1 lit 2 pers.) salle d'eau et wc privés attenants. 1 ch. 1 épi (1 lit 2 pers.) cabinet de toilette. 1 ch. 1 épi (1 lit 2 pers.) cabinet de toilette. Salle de bains et wc réservés aux 2 chambres. Chauffage central. Prise TV dans les chambres. Salle à manger (cheminée), véranda/salon. Corinte, Angélo et Ginette vous accueillent dans une belle villa récente, entourée d'un parc avec piscine et tennis, située dans le petit village de Cahuzac-sur-Adour. Langue parlée : italien.

Prix : 1 pers. **34** € 2 pers. **34** € repas **14** €
Ouvert : Toute l'année.

| SP | 10 | 10 | 0,1 | 20 | SP | 40 | 45 | 5 |

Angelo et Ginette POZZOBON CORINTE - A Galuppe - 32400 CAHUZAC-SUR-ADOUR - Tél. : 05 62 69 22 48 - Fax : 05 62 69 28 89

CASTELNAU-BARBARENS La Tuquette   C.M. 82 Pli 5

1 ch. 1 chambre familiale : 1 lit 2 pers. et 2 lits 1 pers., sanitaires privés : salle de bains et wc (accès par couloir). A disposition des hôtes : salle de séjour, cuisine de la table d'hôtes. Anne-Marie et Max vous accueillent en toute amitié dans leur maison rénovée au milieu des coteaux (cultures et bois). Piscine, barbecue, terrasse couverte et salon de jardin. Supplément pour repas gastronomiques : 7 €/pers. Repas enfant : 7 €, tarif 4 pers. : 60 €. Sur place : 1 gîte rural. Langue parlée : espagnol.

Prix : 1 pers. **31** € 2 pers. **37** € 3 pers. **52** € repas **13** €
1/2 pens. **32** € pens. **45** €
Ouvert : Toute l'année.

| SP | 7 | 7 | 2 | 7 | 25 | 20 | 7 |

Anne-Marie et Max BOGDANOS - La Tuquette - 32450 CASTELNAU-BARBARENS - Tél. : 05 62 65 95 08 - Fax : 05 62 65 95 08

CASTELNAU-BARBARENS Le Basté   C.M. 82 Pli 5

2 ch. 2 chambres d'hôtes aménagées au 1er étage de la maison du XVIIIe des propriétaires, avec parc ombragé. 2 chambres 2 pers. dont 1 ch. avec salle de bains et wc privés, l'autre avec salle d'eau et wc privés. A la disposition des hôtes séjour avec cheminée et TV. Chauffage. Cuisine de nos grand-mères et repas pris à la table familiale.

Prix : 1 pers. **30** € 2 pers. **42** € repas **15** €
Ouvert : Toute l'année.

| 15 | 9 | 9 | 0,5 | 8 | 9 | 17 | 15 | 9 |

René et Alice CARTIER - Au Baste - 32450 CASTELNAU-BARBARENS - Tél. : 05 62 65 97 17 ou SR : 05 62 61 79 00

CASTELNAU-BARBARENS L'Envignes   C.M. 82 Pli 5

2 ch. Auch : monuments, cathédrale 20 km. 2 grandes ch. aménagées dans la maison des propriétaires. Au r.d.c. : 1 ch. (2 lits 80 « jumelés »), salle d'eau, wc privatifs dans le couloir. A l'étage : 1 ch. familiale mansardée (1 lit 2 pers. 4 lits 1 pers.) avec module « parents », module « enfants », s.d.b., wc communicants par palier, coin-détente. Mireille et Jean vous accueillent dans leur maison ancienne, restaurée avec goût, sur le côteau, vue panoramique sur la campagne. Salle de séjour commune, salle à manger d'été. Sur place : piscine (12x6, profondeur 1 m/2,40 m). Langues parlées : anglais, espagnol.

Prix : 1 pers. **40** € 2 pers. **46** € 3 pers. **65** € pers. sup. **4** €
repas **13** € 1/2 pens. **36** €
Ouvert : Du 1er mars au 15 décembre.

| 9 | 1,5 | 14 | 9 | 20 | 14 | 14 |

Mireille MONTILLOT - L'Envignes - Chemin d'Envignes - 32450 CASTELNAU-BARBARENS - Tél. : 05 62 65 84 12

CASTELNAU-D'ARBIEU   C.M. 82 Pli 5

2 ch. Lectoure (ville d'art et d'histoire) 10 km. Saint-Clar 5 km. Claude et Maryse vous accueillent dans leur maison, rénovée, ouvrant sur un jardin ombragé. Aménagées à l'étage : 2 ch. (1 lit 2 pers. 1 lit 1 pers. dans chacune), salle d'eau, wc pour chacune. Terrasse fleurie de 50 m² attenante aux 2 chambres et équipée de 2 salons de jardin. Séjour avec coin-salon réservé aux hôtes. Langue parlée : anglais.

Prix : 1 pers. **49** € 2 pers. **58** € 3 pers. **80** €
Ouvert : Du 15 janvier au 15 décembre.

| SP | 5 | 8 | 2 | 8 | 0,3 | 10 | 43 | 5 |

Claude et Maryse COCHARD - Rue au Barry - 32500 CASTELNAU-D'ARBIEU - Tél. : 05 62 64 07 32 - Fax : 05 62 64 06 91 -
E-mail : maryse.cochard@wanadoo.fr - www.cochard.fr/hôtes ou SR : 05 62 61 79 00

Gers — Midi-Pyrénées

CASTELNAU-D'AUZAN Le Juge
(TH)   C.M. 79 Pli 13

3 ch. **Eauze (capitale de l'Armagnac) 8 km. Barbotan 12 km, Séviac.** 3 chambres à l'étage. 2 ch. (2 lits 2 pers.), 1 ch. (3 lits 1 pers.), salle d'eau, wc dans chacune. Chauffage. Séjour et salon communs avec TV. Lave-linge. Lit bébé sur demande. Sur un domaine agricole et viticole de 30 ha., Michel et Bernadette vous accueillent dans leur maison de maître ouvrant sur le jardin arboré, avec salon de jardin. Suppl. repas gastronomique : 9 €. Repas enfant : 7,5 €. Promenade sur le domaine de 30 ha., dont 10 ha. de vignes. Visite d'une Palombière sur la propriété. Tél portable : 06.83.97.89.19. Vente de vin à la propriété. Langue parlée : anglais.

Prix : 1 pers. 40 € 2 pers. 49 € 3 pers. 64 € pers. sup. 15 € repas 18 €
Ouvert : Toute l'année.

🐕	🏊	🏛	⛵	🐎	🎾	🏃	🚲	🚉
3	12	12	10	4	3	4	65	3

Michel et Bernadette DENIS - Domaine de la Musquerie - Le Juge - 32440 CASTELNAU-D'AUZAN - Tél. : 05 62 29 21 73 - Fax : 05 62 29 28 47 - E-mail : michel.denis@guideo.fr ou SR : 05 62 61 79 00

CASTERA-LECTOUROIS La Grange Gasconne
(TH)   C.M. 79 Pli 15

2 ch. **Lectoure : ville d'art et d'histoire, station thermale 9 km.** Au r.d.c. : 2 ch. d'hôtes avec accès direct sur terrasse. Chambre Bleue (1 lit 2 pers.), salle d'eau, wc. Chambre Africaine (1 lit 2 pers. 1 lit 1 pers.), salle d'eau, wc. Grand séjour avec cheminée, terrasse couverte. Chantal vous reçoit en toute amitié dans une ancienne étable en pierre, entièrement restaurée, mariage de tradition et de modernité. Juchée sur un promontoire, elle vous offre un large panorama sur les vallons environnants, calme et détente assurés. Possibilité de séjours à thème (golf, peinture). Langues parlées : anglais, espagnol, hollandais.

Prix : 1 pers. 57 € 2 pers. 61 € 3 pers. 84 € repas 19 € 1/2 pens. 48 €
Ouvert : Toute l'année.

🐕	🏊	⛵	🐎	🎾	🏃	🚉
9	4	20	9	20	27	9

Chantal DUPUIS-MENDEL - La Grange Gasconne - « Bêche » - 32700 CASTERA-LECTOUROIS - Tél. : 05 62 68 48 29 - E-mail : lagrange_gasconne@hotmail.com

CAUSSENS Le Vieux Pressoir
🏊   A   🐕   CB   C.M. 82 Pli 4

3 ch. A l'étage : (salon pour les hôtes sur palier). 1 ch. familiale (2 lits 2 pers.), s. d'eau communicante avec wc. 1 ch. (2 lits 1 pers.), s. d'eau/wc, 1 ch. (1 lit 2 pers. 1 lit 130), s.d.b./wc. Chauffage central. TV dans les ch. A dispo. des hôtes : salle à manger (TV couleur) donnant sur terrasse. Service payant : l-linge : 7,5 €/machine. Tarif 4 pers : 61/75 €. Grande demeure en pierre du XVIIe siècle donnant sur un parc fleuri (piscine, jacuzzi). Panorama sur les coteaux. Tarifs dégressifs à partir de la 3e nuit. Sur place : produits fermiers (foie gras confit), repas enfant : 7 €, supplément repas gastronomique : 8,5 €. Langue parlée : anglais.

Prix : 1 pers. 38 € 2 pers. 47 € 3 pers. 53/66 € repas 15 € 1/2 pens. 38 € pens. 49 €
Ouvert : Toute l'année.

🐕	🏊	🏛	⛵	🐎	🎾	🏃	🚲	🚉
SP	15	15	0,5	6	8	28	40	8

Christine et Laurent MARTIN - Le Vieux Pressoir - Saint-Fort - 32100 CAUSSENS - Tél. : 05 62 68 21 32 - Fax : 05 62 68 21 32 ou SR : 05 62 61 79 00

CAZAUX-VILLECOMTAL Le Presbytère
(TH)   C.M. 82 Pli 13

2 ch. **Marciac, Festival de jazz 10 km. Mirande, Festival Country Music 35 km** 2 chambres d'hôtes aménagées au r.d.c. de la maison des propriétaires. 1 ch. avec possibilité d'accès indép. par terrasse (1 lit 150, 1 lit d'appoint), s.d.b. avec wc. 1 ch. familiale (1 lit 2 pers. 1 lit 1 pers.), salle d'eau, wc, possibilité lit supplémentaire 1 pers. Tarifs dégressifs à partir de la 3e nuit. Supplément repas gastronomique 8 €. Daniel et Michèle vous réserveront le meilleur accueil dans leur maison (ancien presbytère) récemment rénovée, ouvrant sur un jardin agréable. Joli panorama sur la vallée et la chaîne des Pyrénées. Langue parlée : anglais.

Prix : 1 pers. 30 € 2 pers. 46 € 3 pers. 63 € pers. sup. 17 € repas 15 € 1/2 pens. 38 €
Ouvert : Toute l'année.

🐕	🏊	⛵	🐎	🎾	🏃	🚲	🚉
10	18	1	7	10	10	30	10

Daniel NOURY - Le Presbytère - 32230 CAZAUX-VILLECOMTAL - Tél. : 05 62 64 89 26 - Fax : 05 62 64 89 26

CLERMONT-POUYGUILLES Au Hillian
(TH)   C.M. 82 Pli 14

1 ch. **Mirande 12 km (festival de Country Music en juillet, bastide, musée).** 1 ch. (accès indépendant sur jardin) : 1 lit 2 pers., s. d'eau, wc. A disposition : salle à manger/salon (cheminée) communs. Chauffage. Services proposés : lave-linge, nuitée, piano, vélos. Table d'hôtes sur réservation. Demi-pension : 30,49 €/pers./jour sur 5 jours et plus. VTT. Chantal et Michael vous accueilleront au calme dans leur maison de charme qui offre une perspective sur les coteaux de Gascogne. Jardin verdoyant et fleuri (petit plan d'eau). Langue parlée : anglais.

Prix : 1 pers. 30 € 2 pers. 42 € repas 15 €
Ouvert : 1er avril au 5 novembre.

🐕	🏊	🏛	⛵	🐎	🎾	🏃	🚲	🚉
7	7	30	7	15	7	10	20	7

Chantal PAVARD-GIBBS - Au Hillian - 32300 CLERMONT-POUYGUILLES - Tél. : 05 62 66 26 15 - Fax : 05 62 66 26 15 - E-mail : chantal.gibbs@free.fr ou SR : 05 62 61 79 00

Midi-Pyrénées — **Gers**

CONDOM En Parette (TH) — C.M. 79 Pli 14

2 ch. **Condom (sites, navigation sur la Baïse) 5 km. Abbaye de Flaran 15 km.** 2 ch. à l'étage : 1 ch. (1 lit 2 pers. 1 lit 1 pers., s. d'eau, wc), 1 ch. (1 lit 2 pers. s. d'eau, wc sur palier). Au r.d.c. : séjour commun (cheminée, TV). Chauffage. Services proposés : lit bébé, I-Linge, minitel. Vente produits de la ferme sur place. Pêche à proximité. Supplément repas gastronomique : 4,5 €. Repas enfant : 7,5 €. Denise vous accueille ds une ancienne ferme rénovée du 18ᵉ (conserverie à la ferme), cour et salon de jardin, à 1 km de la rivière Baïse, sur un sentier de randonnée. Sur place : aire naturelle (camping-car). Ferme-Auberge à 10 km, station thermale à 22 km. Vélo, VTT enfants. Langue parlée : espagnol.

Prix : 1 pers. **20 €** 2 pers. **32 €** 3 pers. **40 €** pers. sup. **8 €**
repas **13 €** 1/2 pens. **29 €** pens. **41 €**

Ouvert : Toute l'année.

5	22	7	1	5	5	25	40	5

Denise DUPUY - En Parette - 32100 CONDOM - Tél. : 05 62 28 19 39 - Fax : 05 62 28 19 39

COURTIES Tauzin-Dessus — C.M. 82 Pli 3

1 ch. **Marciac 7 km.** A l'étage : 1 chambre familiale (2 lits 2 pers.), salle d'eau avec wc. Chauffage. Séjour et salon commun avec TV à disposition des hôtes. Odette et Elie vous accueillent dans leur maison de ferme gascogne, cour clôturée, salon de jardin, barbecue. Prix nuit 4 pers. : 55 €. Restaurants et randonnée à 7 km. A 7 km de Marciac, territoire du Jazz, festival (sem. du 15 août) et concerts toute l'année lors des week-end.

Prix : 1 pers. **25 €** 2 pers. **28 €** 3 pers. **52 €**
Ouvert : Toute l'année.

7	7	7	7	7	7	7	15	50	7

Odette CASTETS - Tauzin-Dessus - 32230 COURTIES - Tél. : 05 62 70 91 51

EAUZE Mounet (TH) — C.M. 82 Pli 3

3 ch. **Gentilhommière entourée d'un parc. Ferme spécialisée dans la production de foie gras d'oie et de canard** : élevage, conserverie. 3 ch. d'hôtes dont 2 à l'étage : 1 ch. (1 lit 2 pers.), s. d'eau/wc privés. 1 ch. (1 lit 2 pers. 1 lit d'appoint 1 pers), s. d'eau/wc privés. R.d.c. : 1 ch. (1 lit 2 pers.), s.d.b. attenante avec wc. Accueil dans la s. à manger familiale (TV, cheminée), au r.d.c. TH (sauf dimanche soir). A dispo des hôtes à l'étage : coin-détente, salon (TV, biblio). Station thermale 12 km. Suppl. repas gastronomique : 18 €/pers. Vente produits fermiers. Visite de la ferme. Ferme auberge (grpe 15 pers. mini). Langues parlées : anglais, espagnol.

Prix : 2 pers. **45/53 €** repas **20 €** 1/2 pens. **43/47 €**
Ouvert : De Pâques à la Toussaint.

3	12	12	4	3	3	3	55	4

Bernard et Monique MOLAS - Mounet - 32800 EAUZE - Tél. : 05 62 09 82 85 - Fax : 05 62 09 77 45 ou SR : 05 62 61 79 00

EAUZE Hourcazet — C.M. 82 Pli 15

4 ch. **Eauze (capitale de l'Armagnac) 6 km.** 2 ch à l'étage de la maison de la propriétaire. 1 ch (1 lit 160, 1 lit 1 pers, salle d'eau avec wc, TV), 1 ch (1 lit 2 pers, 1 lit 130, salle d'eau avec wc, TV). 2 ch en r.d.c de l'annexe : chacune avec (1 lit 2 pers, salle d'eau/wc et TV). Chauffage. Séjour/salon commun (TV, cheminée, bibliothèque), terrasse, grand parc avec mobilier de jardin à disposition des hôtes. Retirée au milieu des vignes, ds 1 parc fleuri planté de chênes centenaires, cette ancienne ferme à colombages entièrement rénovée & décorée avec goût, vs offre ds 1 ambiance champêtre alliant calme, charme & simplicité, 1 séjour chaleureux grâce à l'accueil attentionné & discret de sa propriétaire. Langues parlées : anglais, italien.

Prix : 1 pers. **45 €** 2 pers. **55 €** pers. sup. **20 €**
Ouvert : Du 1ᵉʳ avril au 30 novembre, autres périodes sur réservation.

6	13	13	13	6	6	6	60	6

Claude LEJEUNNE - Hourcazet - 32800 EAUZE - Tél. : 05 62 09 99 53 - Fax : 05 62 09 99 53 - E-mail : claude.lejeunne@mageos.com - site.voila.fr/hourcazet ou SR : 05 62 61 79 00

ENDOUFIELLE Malyni (TH) — C.M. 82 Pli 6

1 ch. **Toulouse 45 km.** 1 ch. à l'étage : 1 lit 2 pers. à baldaquin, TV, s. d'eau/wc. A la disposition des hôtes, pièces communes avec la propriétaire : cuisine (réfrigérateur), séjour/salon (cheminée, TV). Chauffage. Services proposés : 1 lit d'appoint, I-linge, garage privé. Table d'hôtes sur demande. Maison récente entourée d'un grand jardin arboré (salon de jardin, barbecue), dans la vallée de la Save, à 2 km du village. Festival de Flamenco, Toros y Cocinas Gimont (27 km) en juin. Langue parlée : anglais.

Prix : 1 pers. **30 €** 2 pers. **38 €** pers. sup. **15 €** repas **17 €**
Ouvert : Toute l'année.

8	8	8	2	8	8	8	12	8

Myriam DUFOUR - Malyni - 32600 ENDOUFIELLE - Tél. : 05 62 07 96 56 ou 05 62 07 26 43

ESTANG Espelette — C.M. 82 Pli 2

1 ch. 1 chambre à l'étage (parquet, belle charpente apparente) : 1 lit 110, 1 lit 2 pers., sanitaires privatifs sur le palier (salle d'eau et wc indépendants). Mezzanine. A la disposition des hôtes : salle à manger, salon (TV). Chauffage central. Service payant : lave-linge. Marcelle et Gérard vous accueillent dans leur belle maison en pierre entourée d'un parc (salon de jardin) dominant le village, à 200 m de la mairie d'Estang. Tennis au village.

Prix : 1 pers. **39 €** 2 pers. **39 €** 3 pers. **50 €**
Ouvert : Toute l'année.

6	10	10	0,3	10	0,1	20	35	0,1

Marcelle et Gérard LABARTHE - Espelette - 32240 ESTANG - Tél. : 05 62 09 66 83

Gers   Midi-Pyrénées

FOURCES Bajolle   C.M. 79 Pli 13

1 ch. 1 ch. avec poss. d'accès direct par une porte fenêtre ouvrant sur la cour de ferme : 1 lit 2 pers., s. d'eau/wc attenante. A dispo. : salle à manger/salon (petits déjeuners), cuisine/coin-repas. Ch. central. Lave-linge payant. Jardin fleuri avec salon de jardin. Restaurant 1,5 km. Solange et Pierre vous accueillent dans leur grande maison gasconne, sur une ferme (vignes, céréales, vaches laitières), à proximité du joli petit village de Fourcès (Bastide ronde). Langue parlée : espagnol.

Prix : 2 pers. 34 €
Ouvert : D'avril à septembre.

8	7	30	1	8	1,5	20	50	1,5

Solange et Pierre MONDIN - Bajolle - 32250 FOURCES - Tél. : 05 62 29 40 65 - Fax : 05 62 29 45 79

FOURCES Château du Garros   C.M. 79 Pli 13

3 ch. Fources 500 m, bastide circulaire du XIVᵉ. Montréal-Seviac 6 km. A l'étage de la demeure des propriétaires 3 vastes chambres dont 2 familiales : 1 ch. (1 lit 160 à baldaquin, 1 lit 80, s.d.b./wc), 1 ch. (1 lit 150, 1 lit 1 pers., s.d.b. et douche, wc), 1 ch. (2 lits jumeaux 1 pers., s.d.b. et douche, wc). A disposition des hôtes : salon, salle à manger, bibliothèque, cheminée. Anne vous accueille dans une grande demeure pleine de charme et entourée d'un parc (salon de jardin, barbecue). Chambres spacieuses, décoration soignée, meubles anciens. Réduction pour enfants de - de 12 ans.

Prix : 1 pers. 69/92 € 2 pers. 76/85 € 3 pers. 122 €
Ouvert : De mai à octobre.

10	0,2	5	0,5	16	55	13

Anne CARTER-BRODRIBB - Château du Garros - 32250 FOURCES - Tél. : 05 62 29 47 89 - Fax : 05 62 29 47 89 -
E-mail : chateaudugarros@wanadoo.fr - http ://perso.wanadoo.fr/chateaudugarros/

GALIAX Le Monjon   C.M. 82 Pli 3

2 ch. 2 ch. à l'ét. : grande ch. (1 lit 2 pers., 2 lits 1 pers./mezz.), s. d'eau et wc privés. 1 ch. familiale (1 lit 2 pers. 1 lit 1 pers.), s.d.b. et wc privés. R.d.c. : hall, salle à manger, salon à la dispo. des hôtes. Chauff. central. Suppl. repas gastronomique : 9 €/pers. Repas enfant : 7 €. Prix pour 4 pers. : 59/63 €. Tarifs dégressifs à partir de la 3ᵉ nuitée. A 400 m du village de Galiax, grande maison (rez-de-chaussée et étage) entourée d'un jardin ombragé et fleuri, située sur une exploitation agricole de polyculture et d'élevage, dans la vallée de l'Adour.

Prix : 1 pers. 24/27 € 2 pers. 35/40 € 3 pers. 49/53 € repas 14 €
1/2 pens. 32/34 €
Ouvert : Toute l'année.

3	12	20	2	4	3	7	3

Paul et Yvonne PUSTIENNE - Le Minjon - 32160 GALIAX - Tél. : 05 62 69 34 35

GALIAX   C.M. 82 Pli 3

3 ch. 3 ch. d'hôtes aménagées à l'étage de la maison des propriétaires. 2 ch. 2 pers. avec s. d'eau et wc privés. 1 ch. 2 pers. avec s.d.b. et wc privés. Salle à manger et salon avec cheminée au r.d.c. Chauffage. Station thermale 35 km. Tarifs dégressifs à partir de la 3ᵉ nuitée. Gîte rural sur place.

Prix : 1 pers. 24 € 2 pers. 38 € pers. sup. 10 €
Ouvert : Du 8 janvier au 20 décembre.

4	18	10	0,5	15	2	35	7	3

Pierre et Michele METAYER - 32160 GALIAX - Tél. : 05 62 69 34 23

GAUJAC Pagayrac   C.M. 82 Pli 16

2 ch. Saramon, Samatan et Simorre 7 km. Castelnau Barbarens 10 km. A l'étage : 1 grande ch./salon (1 lit 2 pers., canapé, TV, s. d'eau avec wc), 1 grande ch. (1 lit 2 pers., 1 lit 110, 1 lit 1 pers., banquette/lit, TV), s. d'eau avec wc sur palier. Chambres fleuries, meubles de qualité. Chauffage. A disposition : véranda commune, salon d'été. Services proposés : l-linge, minitel, fax. Nuitée. Tarif 4 pers. 109 €. Nous vous accueillons dans notre demeure du XIXᵉ siècle restaurée dans un parc fleuri d'1 ha. dominant les coteaux. Vue panoramique. Piscine privée (11 x 6), lits de repos grand calme au cœur de la nature. Propriéte de 100 ha. Petit-déjeuner servi avec argenterie. Langue parlée : anglais.

Prix : 1 pers. 57 € 2 pers. 64 € 3 pers. 92 € pers. sup. 26 €
Ouvert : Du 1ᵉʳ mai au 31 octobre.

SP	9	9	9	7	25	35	7

Suzanne LOO - Papayrac - 32220 GAUJAC - Tél. : 05 62 62 40 34 - Fax : 05 62 62 40 34

GAZAUPOUY Domaine de Polimon    C.M. 79 Pli 14

5 ch. A l'étage, dans une aile de la demeure : 1 ch. (2 lits jumeaux, s. d'eau/wc), 1 ch. (1 lit 2 pers., s. d'eau/wc), chauffage central. 2 ch. familiales à l'étage dans une dépendance mitoyenne : 1 ch. (1 lit 2 pers. + ch. contigüe 2 lits 1 pers. s. d'eau/wc), 1 ch. (1 lit 2 pers. + ch. séparée 2 lits 1 pers., s. d'eau/wc), chauffage électrique. 4 pers. 90 €. A l'entrée du domaine, dans une petite orangerie : 1 ch. familiale (1 lit 2 pers. + 1 ch. contiguë 1 lit 1 pers., s. d'eau/wc, salon). Pergola, chauffage électrique. Salon, biblio, TV, cheminée, coin-cuisine, lit bébé. Cadre agréable et raffiné. TH en juillet, août. Repas enfant : 9 €. Langues parlées : anglais, espagnol.

Prix : 1 pers. 35/45 € 2 pers. 50/60 € 3 pers. 75 € pers. sup. 15 €
repas 18 €
Ouvert : Toute l'année.

SP	8	8	8	10	SP	30	26	10

Philippe et Catherine BOLAC - Domaine de Polimon - 32480 GAZAUPOUY - Tél. : 05 62 28 82 66 - Fax : 05 62 28 82 88

Midi-Pyrénées — **Gers**

GONDRIN La Gare
C.M. 82 Pli 3

2 ch.

Feria de Toro à Pentecôte et Vic-Fezensac 17 km. Condom 19 km. Au r.d.c., salle à manger/salon communs avec les propriétaires. A l'étage : 1 ch. (1 lit 2 pers., cabine de douche et lavabo dans la ch., wc), 1 ch. familiale (1 lit 2 pers, s.d.b, wc, 2 lits 1 pers., cabine de douche et lavabo). Catherine et Jean-Philippe vous reçoivent dans leur maison, une ancienne gare aménagée. Sur place : 4 gîtes contigus, piscine, salon de jardin. Tarif réduits hors juillet août : nous consulter. Langues parlées : anglais, espagnol.

Prix : 2 pers. 42 € pers. sup. 14 € repas 14 €
Ouvert : Toute l'année.

	SP	5	15	1	13	55	1

Jean-Philippe DROUADAINE - La Gare - 32330 GONDRIN - Tél. : 05 62 29 10 43 - Fax : 05 62 29 14 74

LE HOUGA Le Glindon
C.M. 82 Pli 2

3 ch.

Nogaro 15 km. Vic Fezenzac 45 km. 3 ch. d'hôtes au r.d.c., dans une aile attenante de la maison. 1 ch. (1 lit 2 pers.), s.d.b. avec wc, 1 ch. classée 2 épis (1 lit 2 pers. 1 lit 1 pers.), s.d.b. avec wc, 1 ch. (1 lit 2 pers.), s. d'eau avec wc. A dispo. des hôtes : grand hall (séjour/salon TV), patio, salon de jardin. Salle à manger/salon (cheminée, bibliothèque) communs avec les propriétaires. Brigitte et Daniel vous accueillent pour un séjour convivial, calme et reposant, dans une ancienne ferme gasconne restaurée (XVIIe siècle) : colombages, patio. A l'orée de la forêt landaise, vous y découvrirez biches et chevreuils. Stage foie gras. SP : volley, jeux, piscine (prévue pour saison 2002) Langues parlées : anglais, espagnol.

Prix : 1 pers. 40 € 2 pers. 48 € 3 pers. 58 € repas 15 €
1/2 pens. 39 €
Ouvert : Toute l'année.

	6	0,2	2	4	20	32	4

Brigitte DUCHENE - Le Glindon - 32460 LE-HOUGA - Tél. : 05 62 08 97 61 - Fax : 05 62 08 97 61 ou SR : 05 62 61 79 00

LE HOUGA Les Vignes
C.M. 82 Pli 2

1 ch.

1 ch. familiale mansardée, comprenant 2 chambres (2 lits 2 pers.), une s.d.b. et wc donnant sur une mezzanine (petit coin-salon). Chauffage électrique. R.d.c. : séjour/salon (cheminée, piano, TV) à disposition des hôtes. Possibilité 1 lit d'appoint et 1 lit bébé. Suppl. repas gastronomique : 7,5 €/pers. Tarif dégressif à partir de la 3e nuitée. Repas enfant : 7,5 €. A 500 m du village, maison récente neuve de style landais avec terrasse couverte, entourée de pelouse (salon de jardin, barbecue, terrain de pétanque).

Prix : 1 pers. 31 € 2 pers. 31 € repas 14 € 1/2 pens. 30 €
Ouvert : Toute l'année.

	6	25	1	1	0,5	30	10	0,4

Raymond et Thérèse POUSSADE - Les Vignes - 32460 LE-HOUGA - Tél. : 05 62 08 97 07

IDRAC-RESPAILLES Au Noby
C.M. 82 Pli 4

4 ch.

Mirande (bastide, musée, festival de country music en juillet) 3 km. 4 ch. (1 lit 2 pers.), s. d'eau avec wc dans chaque chambre. A disposition : coin-cuisine (réfrigérateur), séjour. Chauffage. Service proposé : lave-linge. Supplément repas gastronomique : 4,50 €. Tarifs dégressifs à partir de la 3e nuit. Alain et Hélène vous accueillent dans une maison de construction récente (terrasse, terrain ombragé, salon de jardin) donnant sur la campagne (lac), proche de la ferme (bovins, basse-cour). Langues parlées : espagnol, anglais.

Prix : 1 pers. 28 € 2 pers. 34 € 3 pers. 43 € repas 14 €
Ouvert : Toute l'année.

	3	17	17	3	6	3	25	21	3

Alain et Hélène FILLOS - Les Quatre Saisons - Au Noby - 32300 IDRAC-RESPAILLES - Tél. : 05 62 66 60 74 ou SR : 05 62 61 79 00

L'ISLE-JOURDAIN Le Fiouzaire
C.M. 82 Pli 6/7

5 ch.

L'Isle-Jourdain 4 km. Chez prop. 1 ch. familiale (1 lit 2 pers.), salon, conv., TV, s. d'eau, wc. Ch. élect. Dans annexe : 1 ch. (1 lit 2 pers. s. d'eau/wc), 2 ch. (1 lit 2 pers., 2 lits 1 pers., mezz., s. d'eau, wc, prise TV, kitchenette chacune, 1 lit 1 pers. suppl. dans 1 ch.), 1 ch. (1 lit 2 pers. 1 lit 1 pers. s. d'eau avec wc). 4 pers : 65 €. Supplément repas gastronomique 10 €. Ferme typique gasconne en r.d.c., espaces verts et ombragés (terrasse, coin-repas, cheminée, barbecue, piscine commune). Fermier conservateur (foie gras). Stage de cuisine. VTT et promenades. A dispo. des hôtes : salle commune, TV, l-linge. Tarifs degressifs à partir de la 4e nuitée.

Prix : 1 pers. 31 € 2 pers. 40 € 3 pers. 52 € pers. sup. 5 €
repas 16 € 1/2 pens. 36 €
Ouvert : Toute l'année.

	SP	4	4	4	4	4	4	4

Jacques et M-Claude CHAUVIGNE - Le Fiouzaire - Chemin de Ninets - Route de Grenade - 32600 L'ISLE-JOURDAIN - Tél. : 05 62 07 18 80 - Fax : 05 62 07 08 24 ou SR : 05 62 61 79 00

Gers
Midi-Pyrénées

L'ISLE-JOURDAIN Au Pigeonnier de Guerre
C.M. 82 Pli 6/7

3 ch. 3 ch. dont 1 donnant sur l'exterieur. 2 ch. (1 lit 2 pers., salle d'eau et wc pour chacune), 1 ch. (1 lit 2 pers. 1 lit 1 pers.), s. d'eau et wc. A la disposition des hôtes : hall d'accueil, salle de séjour (cheminée, TV, biblio.), terrasse et salon de jardin. Tarifs dégressifs à partir de 3 nuits. 2e tél : 05 62 07 29 04. Eliane vous accueille au calme dans l'ancienne étable de la ferme attenante à sa maison, près d'un pigeonnier typique de la région, vue sur la vallée de la Save et ses vallons. Possibilité de recevoir des groupes (8 pers.). Suppl. repas gastronomique : 14 €. Langues parlées : anglais, espagnol.

Prix : 1 pers. 38 € 2 pers. 42 € 3 pers. 54 € repas 15 €
1/2 pens. 36 €

Ouvert : Du 1er janvier au 24 décembre.

3	3	3	0,3	7	3	4	2	2

Eliane BAJON - Au Pigeonnier de guerre - 32600 L'ISLE-JOURDAIN - Tél. : 05 62 07 29 17 - Fax : 05 62 07 31 70 ou SR : 05 62 61 79 00

JEGUN
C.M. 82 Pli 4

5 ch. Auch (cathédrale, musées) 15 km. 4 ch au 2e étage : 1 ch familiale (1 lit 2 pers, à baldaquin, 1 lit 1 pers), s. d'eau, wc, 2 ch (1 lit 2 pers, 2 lits 1 pers), s. d'eau, wc dans chacune, 1 ch (1 lit 2 pers), avec coin-salon, s.d.b et wc. Au 1er étage :séjour/salon (TV, hi-fi) réservé aux hôtes, kitchenette. Service proposé : lave-linge. 1 ch au r.d.c (1 lit 2 pers, s. d'eau/wc) classé 2 épis. Rolande vous accueille dans une maison de pierres restaurée, au cœur de la bastide, à proximité du « Parc du Bastion », offrant un large panorama sur la campagne environnante. Demi-pension sur réservation. Supplément repas gastronomique : 9 €. Langue parlée : espagnol.

Prix : 1 pers. 42 € 2 pers. 45 € 3 pers. 55 € pers. sup. 20 €
repas 20 €

Ouvert : Du 1er mars au 31 octobre.

13	4	4	4	13	0,1	15	15	SP

Rolande MENGELLE - 28 Grand rue - 32360 JEGUN - Tél. : 05 62 64 55 03 ou SR : 05 62 61 79 00

JEGUN Houreste
C.M. 82 Pli 4

2 ch. 2 ch. aménagées à l'étage. Chambre rose (1 lit 2 pers.), salle d'eau et wc privés. Chambre rotin (1 lit 2 pers.), salle d'eau et wc privés. A la disposition des hôtes : salon (TV, cheminée, bibliothèque), abri voiture. Possibilité 2 lits d'appoint, 1 lit bébé. Poss. 1 lit bébé. Tarifs dégressifs à partir de la 4e nuitée. Possibilité pique-nique. Marie-Josephe et Louis vous accueillent chaleureusement dans leur ferme, dans un cadre agréable. Lac, pêche à proximité sur la propriété, ainsi qu'un gîte rural. Station thermale et base de loisirs à 6 km. Langues parlées : espagnol, italien.

Prix : 1 pers. 25 € 2 pers. 43 € pers. sup. 15 €

Ouvert : Toute l'année.

10	6	6	0,1	10	3	20	20	3

Louis et M-Josephe CAVERZAN - Houreste - 32360 JEGUN - Tél. : 05 62 64 51 96 - Fax : 05 62 64 51 96 ou SR : 05 62 61 79 00

JUILLAC Au Château
C.M. 82 Pli 3

3 ch. Festival de jazz à Marciac 5 km (août). 3 ch. à l'étage d'une aile attenante à la demeure des propriétaires : 2 ch. (1 lit 2 pers.), s. d'eau avec wc dans chaque ch., 1 ch. (2 lits 1 pers.), s. d'eau avec wc. R.d.c. : pièce de jour (cheminée, coin-kitchenette). Chauff. élect. Service payant : l-linge. 1 lit d'appoint avec 1 lit bébé à dispo. Suppl. repas gastro : 8 €. Repas enf. : 9 €. Yves et Hélène vous accueillent dans une chartreuse du XVIIIe, grand parc ombragé et fleuri aux arbres centenaires dominant les coteaux Gersois, vue jusqu'aux Pyrénées. Calme et repos assuré. Prêt de 2 vélos de balade. Tél. portable : 06.15.90.25.31.

Prix : 1 pers. 43 € 2 pers. 46 € pers. sup. 11 € repas 16 €
1/2 pens. 39 €

Ouvert : Toute l'année.

5	5	5	0,3	5	5	5	10	40	5

Yves et Hélène DE RESSEGUIER - Au Château - 32230 JUILLAC - Tél. : 05 62 09 37 93 ou SR : 05 62 61 79 00

JUILLAC
C.M. 82 Pli 3

2 ch. Marciac à 3 km : Festival de Jazz, 1ere quinzaine d'août. 2 chambres d'hôtes à l'étage de la maison des propriétaires : 1 ch. (1 lit 2 pers., lavabo, douche, wc). 1 ch. (2 lits 1 pers., lavabo, douche, wc). Coin-détente enfants. Au rez-de-chaussée : grande salle-à-manger et salon communs. Supplément repas gastronomique : 6 €. Marie-France et Didier vous accueillent, au calme, dans leur maison du 19e s. ouvrant sur un parc agréable. Table d'hôtes sur réservation. Service proposé : lave-linge. Tarif dégressif à partir de la 3e nuit. Artisan conserveur : foie gras « Les Folies de Marciac ».

Prix : 1 pers. 27/29 € 2 pers. 35 € pers. sup. 11 € repas 14 €
1/2 pens. 32 €

Ouvert : Toute l'année.

3	3	3	3	8	40	3

Marie-France PAQUIE - 32230 JUILLAC - Tél. : 05 62 09 33 31 - Fax : 05 62 09 30 93 - foliesdemarciac.com

JUILLES Au Soulan de Laurange
C.M. 82 Pli 6

3 ch. Gimont (pays du foie gras, abbaye, bastide) 5 km. Toulouse 60 km. 3 ch raffinées, confortables : 1 ch. (2 lits 100, 1 lit 80, s. d'eau avec double vasques, wc). 1 ch. (1 lit 160 : 2 lits 80 jumelables, 1 lit 120, s. d'eau avec doubles vasques, wc). 1 ch. familiale : ch. 1 (1 lit 160, s. d'eau avec doubles vasques, wc), ch. 2 (1 lit 2 pers., s.d.b. et wc face à la ch.). Chauffage. Service payant : l-linge. 4 pers. : 158 €. Gérard & Alain vous accueillent au calme dans une belle demeure du 18e, à l'allure toscane, avec parc fleuri, terrasses, dominant les côteaux du Gers : vue panoramique. Piscine et 1 gîte sur place. Réduction hors juillet et août, nous consulter pour tarif hors saison. Juillet/août 2 nuitées minimum. Langues parlées : anglais, espagnol, italien.

Prix : 1 pers. 75 € 2 pers. 83 € 3 pers. 103/150 € repas 20 €

Ouvert : Toute l'année.

SP	17	17	6	6	6	25	6	5

CROCHET Gérard et PETIT Alain - Chemin de Ladeveze - Au Soulan de Laurange - 32200 JUILLES - Tél. : 05 62 67 76 62 - Fax : 05 62 67 76 62 ou SR : 05 62 61 79 00

Midi-Pyrénées **Gers**

LAAS Marchou (TH) *C.M. 82 Pli 14*

4 ch. 4 ch. d'hôtes à l'étage d'une ancienne ferme avec terrasse. Jardin ombragé et fleuri. 1 ch. 3 épis (1 lit 2 pers.), s.d.b./wc privés. 2 ch. 2 épis (1 lit 2 pers. s. d'eau privée chacune), 2 wc sur le palier réservés aux 2 ch. 1 ch. familiale 3 épis (1 lit 2 pers. 2 lits 1 pers. 1 lit d'appoint, 1 lit bébé), s. d'eau/wc privés. Salle à manger/salon avec cheminée et TV. Salle à manger, auvent pour repas à l'extérieur. Repas enf. : 7 €. Prix pour 4 pers. : 64,5 €.

Prix : 1 pers. **25/29** € 2 pers. **34/39** € 3 pers. **52** € pers. sup. **13** € repas **16** € 1/2 pens. **33/35** €

Ouvert : Toute l'année.

10	3	3	3	3	0,2	4	35	4

Paul et Odette DUFFAR - Marchou - 32170 LAAS - Tél. : 05 62 67 57 14 ou SR : 05 62 61 79 00

LAAS *C.M. 82 Pli 14*

2 ch. 2 ch. à l'étage : 1 ch. (1 lit 2 pers. 1 lit d'appoint 1 pers.) s. d'eau et wc privés. 1 ch. (1 lit 2 pers.) s.d.b. et wc privés. A la dispo. des hôtes au r.d.c. : salle à manger (cheminée, TV), salon (cheminée). Chauff. central. Isabelle et Claude vous accueillent dans leur grande maison gasconne ouvrant sur un jardin fleuri et ombragé. Ils vous feront partager leur passion pour la Gascogne et les meubles anciens, au cœur de la campagne vallonnée. Les Pyrénées sont à 1 h de route.

Prix : 1 pers. **43** € 2 pers. **54** € 3 pers. **70** €

Ouvert : Juillet et août.

12	1	1	1	1	15	5	35	4

Claude et Isabelle LESCURE - Castelnau - 32170 LAAS - Tél. : 05 62 67 57 08 - Fax : 05 62 96 97 07

LABRIHE Le Clos de la Grisardière *C.M. 82 Pli 6*

2 ch. **Mauvezin (bastide-circuit du foie gras) 3 km.** 2 ch. aménagées dans des annexes : 1 ch. (1 lit 2 pers., coin-détente et canapé convertible, salle d'eau/wc, petite cabine de douche), terrasse donnant sur jardin ; 1 ch. avec mezzanine (1 lit « baldaquin » 2 pers., coin-détente et canapé convertible, salle d'eau/wc privés. Hameau rénové (maison des propriétaires et dépendances), entouré d'un parc agréable, où Frédéric et Patricia vous accueillent pour un séjour calme et reposant. Tarif 4 pers : 94,5 €. Tarif dégressif à partir de la 3e nuitée. Langue parlée : anglais.

Prix : 1 pers. **44/51** € 2 pers. **49/57** € 3 pers. **70/77** €

Ouvert : De février à décembre.

3	3	20	3	30	30	3

Frédéric NORMAND - Le Clos de la Grisardière - Bouvées - 32120 LABRIHE - Tél. : 05 62 06 78 80 - Fax : 05 62 06 78 80

LAMAZERE Le Presbytère *C.M. 82 Pli 4*

1 ch. **Festival de country music à Mirande 6 km (juillet).** 1 chambre à l'étage : (1 lit 2 pers.) avec poss. d'accès indépendant donnant sur cour intérieure, s. d'eau privative avec wc. A la disposition des hôtes : grand salon, bibliothèque. Service non demandé : lave-linge (4 €). Ferme-auberge à 15 km. Presbytère du XIXe restauré construit sur un emplacement de remparts moyenageux surplombant la vallée de la Baise. Vue sur la chaîne des Pyrénées. Festival de jazz à Marciac en août. Festival de salsa (en juillet) et Féria (à la Pentecôte) à Vic Fezensac. Langues parlées : anglais, espagnol.

Prix : 1 pers. **29** € 2 pers. **45** €

Ouvert : Toute l'année.

6	20	20	2	10	3,5	20	20	6

Yolande et Jean-Louis MAISONNEUVE - Le Presbytère - 32300 LAMAZERE - Tél. : 05 62 66 79 63 - Fax : 05 62 66 77 10 ou SR : 05 62 61 79 00

LANNE-SOUBIRAN (TH) *C.M. 82 Pli 2*

1 ch. 1 chambre familiale (1 lit 2 pers. 1 lit 120). Salle d'eau et wc. Salle de séjour et de détente avec cheminée et coin-kitchenette à la disposition des hôtes. Téléphoner aux heures de repas. Supplément repas gastronomique : 7,62 €. Au village, maison restaurée, à pignon, entourée d'une cour fleurie avec salon de jardin, sur le chemin de Saint-Jacques-de-Compostelle. Table d'hôtes sur demande.

Prix : 1 pers. **34** € 2 pers. **39** € 3 pers. **55** € repas **15** € 1/2 pens. **35** €

Ouvert : Du 1er avril au 31 octobre.

7	20	7	7	6	0,5	25	15	7

Aline MARTET - Au Village - 32110 LANNE-SOUBIRAN - Tél. : 05 62 69 04 15

LARTIGUE Moulin de Mazeres (TH) *C.M. 82 Pli 5*

4 ch. 4 ch. aménagées dans un ancien moulin à eau composé d'un bel ensemble de bâtiments (pelouse, prairies, arbres). 1 ch. (1 lit 2 pers.), s. d'eau, wc privés. 1 ch. (2 lits 1 pers.), salle d'eau, wc privés. 1 ch. (3 lits 1 pers.), salle d'eau, wc privés. 1 ch. « la Grange aux Chouettes » (2 lits 1 pers.), salle d'eau, wc privés, coin-salon, cheminée. Salon d'été avec TV. Situées sur la D40. Piscine, ping-pong sur place. Chauffage. Langue parlée : anglais.

Prix : 1 pers. **51** € 2 pers. **57** € 3 pers. **63** € repas **19** €

Ouvert : Toute l'année.

SP	7	7	SP	15	12	20	20	7

Régine BERTHEAU - Moulin de Mazeres - 32450 LARTIGUE - Tél. : 05 62 65 98 68 - Fax : 05 62 65 83 75

Gers
Midi-Pyrénées

LARTIGUE Hameau de Mazères (TH)
C.M. 82 Pli 5

4 ch. Au r.d.c. : 2 ch. ouvrant sur terrasse (2 lits 1 pers.). A l'étage : 2 ch. avec balcon (1 lit 2 pers.). Salle d'eau et wc pour chaque chambre. A dispo. : séjour (TV, cheminée, piano), lave-linge, lit bébé, télécopie, minitel. Table d'hôtes sur demande. Repas enf. : 7 €. Suppl. repas gastronomique 7 €. Nicole et Philippe (artisan conservier) vous accueillent, au calme, dans une aile rénovée de leur maison ouvrant sur un grand terrain ombragé et fleuri, salon de jardin et ping-pong. Pays du Haut Astarac (Nature, randonnée, pêche, chasse). Les Pyrénées à 1 heure. Langue parlée : anglais.

Prix : 1 pers. **42** € 2 pers. **46** € 3 pers. **57** € repas **14** €
1/2 pens. **37** €

Ouvert : Toute l'année.

🐕	🏊	⛪	⛵	🐎	🎾	🏹	🚂	🚲
17	7	30	0,5	6	7	25	20	7

Nicole et Philippe DEVAUX - Hameau de Mazeres - 32450 LARTIGUE - Tél. : 05 62 65 80 72 - Fax : 05 62 65 80 75 ou SR : 05 62 61 79 00

LARTIGUE Garrigas
C.M. 82 Pli 5

3 ch. Les Pyrénées à 1 heure. Au r.d.c. de l'annexe : 3 ch. (1 lit 2 pers. 1 lit 150, 2 lits 1 pers.), salle d'eau avec wc pour chaque chambre. Chauffage. Dans la maison des propriétaires, salle à manger (service des petits déjeuners), salon (TV). Lit bébé à dispo. des hôtes. Marie-Claire et Jean vous accueillent dans une annexe de leur maison, ouvrant sur un grand jardin arboré et fleuri (salon de jardin), surplombant la vallée de l'Arratz. Vue sur les coteaux. Poss. séjours « Chasse et pêche ». Ferme-auberge à 5 km. Pays du Haut Astarac (Nature, randonnée). Langues parlées : anglais, italien.

Prix : 1 pers. **40** € 2 pers. **44** € pers. sup. **20** €

Ouvert : Du 1er avril au 15 décembre.

🐕	🏊	⛪	⛵	🐎	🎾	🏹	🚂	🚲
	10	6	6	10	6	20	17	6

Marie-Claire FORGET - Garrigas - 32450 LARTIGUE - Tél. : 05 62 65 42 10 - Fax : 05 62 65 49 25 ou SR : 05 62 61 79 00

LAUJUZAN Domaine du Verdier
C.M. 82 Pli 2

3 ch. 2 ch. au r.d.c. : 1 ch. (1 lit 2 pers. s.d.b. avec wc), 1 ch. ouvrant sur parc (2 lits jumelables 1 pers., s.d.b. avec wc). A l'étage : 1 ch. double : (1 lit 160, 2 lits 110 dans alcôve, s.d.b. avec wc). A dispo. des hôtes : salle à manger d'été/salon (TV), cuisine, accès depuis le parc. Chambre double 3/6 pers. : 90 €. Geneviève et Jean-Pierre vous accueillent dans leur demeure Napoléon III, sur les coteaux de l'Armagnac en Gascogne, dans un cadre harmonieux et paisible. Parc ombragé et fleuri, étang. Sur place : 3 vélos, table de ping-pong, croquet, filet et ballon de volley, pétanque, piscine. Langues parlées : anglais, espagnol.

Prix : 1 pers. **41** € 2 pers. **49** € pers. sup. **8** €

Ouvert : Du 15 juin au 15 septembre.

🐕	🏊	⛪	⛵	🐎	🎾	🏹	🚂	🚲
	SP	20	20	SP	13	9	25	35	9

J-Pierre et Geneviève SANDRIN - Domaine du Verdier - 32110 LAUJUZAN - Tél. : 05 62 09 06 57

LAURAET Au Bernes
C.M. 82 Pli 4

3 ch. 2 ch. mansardées au 2e étage : ch. « Orange » (2 lits 1 pers.), ch. « Citron » (1 lit 2 pers.), s.d.b. avec wc chacune. 1 ch. double au 1er étage : ch. « Amande » (2 lits 1 pers.), wc privés et ch. « Lavande » (1 lit 2 pers.), wc privés, s.d.b. En commun : séjour/coin-salon (cheminée, TV, biblio régionale). Chauffage. Services proposés : tel., fax, minitel. Léa vous accueille dans sa demeure gasconne, au cœur des vignobles de l'Armagnac, dans un triangle riche en passé gallo-romain. Terrasses, jardin, salon de jardin, barbecue. Pétanque, p-pong, VTT. Tarif 4 pers. : 80 €. Langue parlée : anglais.

Prix : 1 pers. **40** € 2 pers. **48** € 3 pers. **70** €

Ouvert : Toute l'année.

🐕	🏊	⛪	⛵	🐎	🎾	🏹	🚂	🚲
	5	8	27	2	14	3	18	55	5

Léa HERBINIERE - Au Bernes - La Bastidoun - 32330 LAURAET - Tél. : 05 62 68 29 49 - Fax : 05 62 68 29 49

LAURAET Peillot
C.M. 82 Pli 3

4 ch. 5 ch. dont 2 au r.d.c. et 2 familiales, disposant chacune d'une salle d'eau et wc. 2 chambres (1 lit 2 pers.). 1 ch. (2 lits 100, 1 convertible 2 pers.). 2 ch. famîlales (1 lit 2 pers. 2 lits 1 pers.). Salle à manger et salon privatifs. Sur place : location d'une salle de réception dans l'annexe (150 m²). Tarif 4 pers. : 90 €. Dominique et Pierre vous accueillent dans le cadre verdoyant et calme d'une vieille ferme gasconne, entièrement restaurée, sur un domaine de 4 ha. Piscine et pateaugeoire enfants. Condom : musée de l'Armagnac, cathédrale. Langue parlée : anglais.

Prix : 1 pers. **49** € 2 pers. **57** € 3 pers. **73** € pers. sup. **17** €

Ouvert : Toute l'année.

🐕	🏊	⛪	⛵	🐎	🎾	🏹	🚂	🚲
	SP	5	10	6	12	40	5		

Dominique MORARDET - Peillot - 32330 LAURAET - Tél. : 05 62 29 51 85 - Fax : 05 62 29 51 85 ou SR : 05 62 61 79 00 - E-mail : franck.morardet@wanadoo.fr

LAVARDENS Mascara
C.M. 82 Pli 4

4 ch. A l'étage : 3 ch. (1 lit 2 pers., s. d'eau avec wc), 1 ch. (1 lit 2 pers. 1 lit 100, s.d.b. avec wc). R.d.c. : salle à manger, salon avec cheminée et TV, piano et bibliothèque à la disposition des hôtes. Vente de produits régionaux. Sur la D103 de Vic-Fezenzac à Fleurance, Monique et Roger vous accueillent dans une grande maison de campagne (mobilier de qualité, décor soigné), ouvrant sur un jardin fleuri (piscine, terrasse, pelouse, salon de jardin, VTT, ping-pong) à proximité d'une garenne ombragée. Langues parlées : anglais, allemand, italien.

Prix : 1 pers. **45/50** € 2 pers. **54/61** € pers. sup. **16** €

Ouvert : Du 1er février au 31 décembre.

🐕	🏊	⛪	⛵	🐎	🎾	🏹	🚂	🚲
	SP	14	14	4	15	14	12	15	10

Roger et Monique HUGON - Mascara - 32360 LAVARDENS - Tél. : 05 62 64 52 17 - Fax : 05 62 64 58 33 ou SR : 05 62 61 79 00

Midi-Pyrénées — Gers

LAVARDENS Nabat   A   *C.M. 82 Pli 4*

2 ch.   2 ch. d'hôtes 2 pers. situées à l'étage de la maison des propriétaires. Salle d'eau et wc particuliers. Espace ombragé et fleuri. Station thermale 10 km. Tarif dégressif à partir de la 3e nuitée.

Prix : 1 pers. 33 € 2 pers. 38 € pers. sup. 18 € repas 12 €
1/2 pens. 31 €
Ouvert : Toute l'année.

20	10	10	2	20	5	12	20	5

Jack et Angèle ULRY - Nabat - 32360 LAVARDENS - Tél. : 05 62 64 51 21 - Fax : 05 62 64 54 60

LECTOURE Le Pradoulin   *C.M. 82 Pli 5*

1 ch.   Suite aménagée à l'étage d'une maison de maître, parc ombragé et fleuri (salon de jardin, hamac) comprenant 2 chambres donnant sur un grand salon, (1 lit 2 pers. 1 lit 1 pers.) salle de bains et wc privés (accessibles par salon). A disposition des hôtes : maison avec souvenirs de plusieurs époques (meubles anciens, collections de tapis, tableaux, pièces archéologiques). Station thermale à Lectoure 1 km.

Prix : 1 pers. 38 € 2 pers. 46 €
Ouvert : Toute l'année.

1	2	2	2	8	1	14	35	1

Martine VETTER - Le Pradoulin - 32700 LECTOURE - Tél. : 05 62 68 71 25

LIGARDES Bazignan   *C.M. 79 Pli 14*

2 ch.   **Condom 14 km : musée de l'Armagnac, Cathédrale.** Au rez-de-chaussée : salle à manger, salon, cuisine, 2 ch. (1 lit 160, salle de bains, wc), 1 ch. (4 lits 1 pers., salle de bains, wc). A disposition : 1 chambre alcove (1 lit gigogne 2x80). Biblio, salon TV, salle à manger, coin-cuisine. TH sur demande. Repas enfant : 7,5 €. Tarif dégressif à partir de la 3e nuit. Salle de jeux de 36 m² donnant sur terrasse à prox. Henri et Sophie vous accueillent dans les dépendances mitoyennes au château familial de Bazignan, terrasse donnant sur un parc aux arbres centenaires, au cœur de l'exploitation agricole, accès au potager, dans un cadre propice au repos, à la détente, au bien vivre. Tennis, piscine, VTT, ping-pong. Langue parlée : anglais.

Prix : 1 pers. 38 € 2 pers. 46 € pers. sup. 11 € repas 15 €
Ouvert : De janvier à fin mai et d'octobre à fin décembre

SP	14	14	15	SP	35	29	14

Henri et Sophie DOUSSAU de BAZIGNAN - Bazignan - 32480 LIGARDES - Tél. : 05 62 28 83 01 - Fax : 05 62 28 86 78 -
E-mail : henri.doussau@wanadoo.fr - www.bazignan.com ou SR : 05 62 61 79 00

LOUSSOUS-DEBAT   *C.M. 82 Pli 3*

5 ch.   R.d.c. : 1 ch. familiale (1 lit 2 pers. 2 lits 1 pers.), s. d'eau, wc, chauffage central. Dans 3 annexes : 1 ch. (1 lit 2 pers.) + 1 mezz. (2 lits 1 pers.), s. d'eau/wc + kitchenette. A l'ét. : 2 ch. indép. (2 lits 1 pers./ch), s. d'eau, wc chacune, 1 ch. (1 lit 2 pers. lit enf.), s. d'eau/wc + kitchenette au r.d.c. Salle à manger, salle détente. Chauffage élect. Ancienne ferme restaurée avec piscine, au cœur du vignoble des Côtes de St-Mont. Salle de jeux (billard américain), terrain de volley, pétanque. Jardin attenant à la maison avec espace de jeux clos (ping-pong, portique). Poss. rand. pédestres et cyclistes. Accueil toboggan. Repas enf. : 7,5 €. 4 pers. : 76 €. Potager bio. Langues parlées : anglais, espagnol.

Prix : 1 pers. 32 € 2 pers. 40 € 3 pers. 58 € repas 15 €
1/2 pens. 35 €
Ouvert : Du 1er avril au 31 octobre.

SP	6	6	6	25	6	30	55	6

CARAVANNIER Pierre et DE JOLY Agnes - Au Village - 32290 LOUSSOUS-DEBAT - Tél. : 05 62 09 21 98 - Fax : 05 62 09 21 98 ou
SR : 05 62 61 79 00

LUPIAC Domaine de Hongrie   *C.M. 82 Pli 3*

1 ch.   Lupiac 2,5 km. R.d.c. : 1 ch. 2 pers. (TV), salle de bains avec wc. Bibliothèque, salon de détente, salle à manger avec cheminée a disposition des hôtes. Ch. central. Salle de jeux (billard américain), terrain de volley, pétanque. Poss. table d'hôtes sur réservation. Ancienne ferme restaurée au sommet d'un côteau, au Pays de Dartagnan. Tarifs dégressifs à partir de la 4e nuitée. Supplément repas gastronomique : 15 €. Langue parlée : anglais.

Prix : 2 pers. 50 € repas 17 €
Ouvert : De février à novembre.

10	2,5	2,5	2,5	15	2,5	25	40	10

René et Jacqueline GILLET - Domaine de Hongrie - 32290 LUPIAC - Tél. : 05 62 06 59 58 - Fax : 05 62 64 41 93

859

Gers — Midi-Pyrénées

MAUPAS Le Pouy
C.M. 82 Pli 2

4 ch. R.d.c. : 1 ch. (1 lit 2 pers. 1 lit bateau 120), s. d'eau/wc, 1 ch. (1 lit 2 pers. style 1900, 1 lit d'angle 1 pers., cheminée en marbre), s.d.b./wc, 1 ch. (1 lit 2 pers. à baldaquin style Empire, cheminée en marbre), s.d.b./wc. 1 ch. (1 lit 2 pers.), s.eau, wc. A disposition : cuisine/séjour (cheminée), salon (cheminée, TV). Chauffage électrique. Germaine et sa fille Béatrice vous accueillent chaleureusement dans leur maison du XVIIe rénovée, située sur une colline de sable fauve, plantée d'eucalyptus et dominant une forêt de chênes (région de vignobles : Armagnac et Floc). Piscine et terrain de jeux sur place. Langues parlées : anglais, espagnol.

Prix : 1 pers. 40/43 € 2 pers. 45/50 € 3 pers. 60/65 € pers. sup. 15 €
Ouvert : De Pâques à mi-novembre.

SP								
SP	14	14	0,5	10	3	20	35	3

Germaine et Béatrice DUCASSE - Le Pouy - 32240 MAUPAS - Tél. 05 62 09 60 60 - Fax : 05 62 09 60 68

MAURENS Menjoulet
C.M. 82 Pli 6

2 ch. 2 ch. à l'étage d'une maison ancienne récemment rénovée, ouvrant sur un jardin fleuri et terrain clos. 1 ch. (1 lit 2 pers. salle d'eau communicante/wc) 1 ch. (1 lit 2 pers., salle d'eau communicante/wc). A dispo. des hôtes : salle à manger, salon. Piscine 11 x 5,5. Poss. 1/2 pension. 1 gîte rural (2 pers.) sur place. Suppl. repas gastronomique : 8 €, repas enfant : 7 €. Langues parlées : anglais, espagnol.

Prix : 1 pers. 27 € 2 pers. 40 € repas 14 € 1/2 pens. 34 €
Ouvert : Toute l'année.

SP	15	15	0,3	6	2,5	13	7	6

Maurice et Maryse FOUROUX - Menjoulet - 32200 MAURENS - Tél. 05 62 67 83 40 ou SR : 05 62 61 79 00

MAUROUX La Ferme des Etoiles
C.M. 82 Pli 5/6

3 ch. Station thermale 15 km. 1 ch. au r.d.c. : (1 lit 2 pers. 1 lit 1 pers.), s.d.b., wc, 2 ch. à l'ét. : (1 lit 2 pers. 1 lit 1 pers.), s.d.b./wc pour chaque ch. Espaces communs à 1 gîte de séjour à thème (plate-forme d'observation astronomique, coupole, planétarium, téléscopes, salle de projection, TV, vidéo). Tarif 4 pers. avec petit-déjeuner : 83 €. Demi-pension et pension sur base 2 pers. Bruno et Betty vous accueillent dans 1 demeure gasconne restaurée dans le plus grand respect du style traditionnel, implantée au cœur de la Lomagne et entourée d'1 parc arboré et fleuri (piscine, salons de jardin). Suppl. repas gastronomique : 9 €/pers, repas enf. : 8 €. Autre tél. : 05 62 06 09 76. Langues parlées : anglais, espagnol, portugais.

Prix : 1 pers. 40 € 2 pers. 53 € 3 pers. 68 € pers. sup. 15 € repas 16 € 1/2 pens. 43 €
Ouvert : De début avril à mi-novembre.

SP	4	4	4	15	4	15	40	4

Bruno MONFLIER - La Ferme des Etoiles - Le Corneillon - 32380 MAUROUX - Tél. 05 62 66 46 83 - Fax : 05 62 06 24 99 ou SR : 05 62 61 79 00

MAUROUX Moulin au Pouteou
C.M. 82 Pli 6

4 ch. Saint-Clar (bastide, hall) 4 km. Lectoure 19 km. R.d.c. : 1 ch. (1 lit 2 pers. 1 lit 1 pers., s.d.b., wc), 1 ch. (1 lit 160, 1 lit 2 pers.), 1 ch. (1 lit 160, 1 lit 1 pers.), 1 ch. à l'ét. : (1 lit 2 pers.). S. d'eau et wc pour chaque ch. A dispo. : s. à manger avec cheminée & bar expresso, cuisine avec équipement moderne, séjour, salon avec cheminée, biblio, TV, chaîne Hifi, fax. Frigo, l-linge, sèche-linge. Poss. repas le midi ou le soir. Maison de ferme rénovée de style gascon, jardin fleuri, piscine (salon de jardin, mare). Station thermale et remise en forme à 19 km. Tarifs dégr. à partir de la 3e nuit, tarif 4 pers. : 99 €. Repas enf. : 14 €. supp. repas gastronomique : 25 €. Tél. 05 62 66 35 64.

Prix : 2 pers. 75 € 3 pers. 84/87 € repas 28 € 1/2 pens. 66 € pens. 94 €
Ouvert : Du 1er février au 31 décembre.

SP	4	4	20	4	15	55	4

Bernhard et Ingrid HILPERT - Moulin au Pouteou - 32380 MAUROUX - Tél. 05 62 66 33 82 - Fax : 05 62 66 33 82 ou SR : 05 62 61 79 00

MIRADOUX Maison Lou Casaù
C.M. 79 Pli 15

3 ch. Lectoure, ville d'art 17 km. 3 ch. spacieuses et raffinées. 1 ch. en r.d.c. (1 lit 2 pers., salle d'eau, wc), et 2 ch. à l'étage : 1 ch. (2 lits 1 pers., s.d.b., wc), 1 ch. familiale (1 ch. « parents », 2 ch. « enfants » : 1 lit 2 pers. 3 lits 1 pers., s.d.b, wc). Salle à manger, salon privatif (TV). Au cœur d'un petit village tranquille Béatrice et André vous accueillent cordialement dans leur demeure du XVIIIe rénovée avec goût, décoration raffinée, mobilier de qualité. Jardin et terrasse, piscine (jets de massage). Langues parlées : anglais, allemand, espagnol.

Prix : 1 pers. 55 € 2 pers. 65 € 3 pers. 85 € pers. sup. 20 €
Ouvert : Du 1er avril au 15 novembre.

SP	3	13	0,4	24	30	0,1

André et Béatrice LANUSSE CAZALE - 5 place de la halle - Maison Lou Casaù - 32340 MIRADOUX - Tél. 05 62 28 73 58 - Fax : 05 62 28 73 17

MIRANDE Moulin de Régis
C.M. 82 Pli 14

4 ch. 4 ch. au 2e ét. sur le pourtour d'une galerie (escalier, ascenseur) : 1 ch. (1 lit 160, s. d'eau, wc.), 1 ch. (2 lits 1 pers., s. d'eau/wc séparés), 1 ch. (1 lit 160, 2 pers. en mezzanine, s. d'eau/wc séparés). Chaque ch. : TV et prise tél. A dispo. : salle (cheminée, salon), sauna, jaccuzi. Tarif 4 pers. 114 €. Ancien moulin à eau du XIIe rénové, entouré de pelouse ombragée et fleurie (piscine couverte et chauffée), au bord du canal, en Pays d'Astarac. 2 gîtes 3 épis, poss. canoë-kayak, chevaux, boxes à chevaux. Festival de Country en juillet à Mirande.

Prix : 2 pers. 84 € 3 pers. 99 €
Ouvert : Toute l'année.

SP	14	14	SP	2	0,8	20	20	0,5

Gisèle et Pierre TREMONT - Moulin de Régis - 32300 MIRANDE - Tél. 05 62 66 66 29 - Fax : 05 62 66 51 06 ou SR : 05 62 61 79 00

Midi-Pyrénées — Gers

MIRANDE Le Président
C.M. 82 Pli 14

3 ch. **Mirande sur place : Festival de Country Music (semaine du 14 juillet).** Au rez-de-chaussée, 2 chambres avec accès indépendant par terrasse et petit jardin. Dans chaque chambre : 1 lit 2 pers. 1 convertible, salle d'eau et wc. A l'étage : 1 chambre familiale en 2 modules mansardés (1 lit 2 pers. 2 lits 1 pers.), 2 salles d'eau et wc. Salle de jeux avec billard. Marie-Hélène et Jacques vous reçoivent dans leur grande maison agréablement rénovée, ouvrant sur un grand jardin fleuri avec vue sur les Pyrénées. Accès par une allée sur la RN21. Possibilité de « Séjour golf » avec le golf de Pallane. Jazz in Marciac 1ère quinzaine d'août. Langues parlées : anglais, espagnol.

Prix : 1 pers. 35/42 € ■ 2 pers. 40/46 € ■ pers. sup. 12 €
Ouvert : Toute l'année.

1,5	15	1,5	4		1,5	20	25	1	

Marie-Hélène PIQUEMIL - Le Président - Route d'Auch - 32300 MIRANDE - Tél. : 05 62 66 64 06 - Fax : 05 62 66 64 06 ou SR : 05 62 61 79 00

MONFERRAN-PLAVES Les Merisiers
C.M. 82 Pli 15

3 ch. 3 ch. dans une aile de la maison. Etage : 1 ch. ouvrant sur terrasse (1 lit 160, 1 lit d'appoint 1 pers.), s.d.b. et wc séparés, 1 ch. (2 lits 1 pers.), s.d.b., wc séparés. R.d.c. : 1 ch. ouvrant sur terrasse et parc avec accès indép. (1 lit 140), salle d'eau et wc séparés. Chauffage. Salon (cheminée, TV, biblio., chaîne Hifi), l-linge, matériel et lit bébé à dispo. Au sommet d'une colline, sur la route des Pyrénées, Louisette et Auguste vous réservent un accueil sympathique dans leur fermette gasconne, parc, salon de jardin, terrasse avec s. à manger d'été. Poss. de séjours « Foie gras » et « Chasse ». Repas enf. 8 €. Suppl. repas gastronomique 12 €. Langue parlée : anglais.

Prix : 1 pers. 35/38 € ■ 2 pers. 41/46 € ■ pers. sup. 12 € ■ repas 18 €
1/2 pens. 39/41 €
Ouvert : Du 1er janvier au 25 décembre.

3	20	20	10	3	13	23	3	

Louisette LEBRUN - Les Merisiers - 32260 MONFERRAN-PLAVES - Tél. : 05 62 66 20 90 ou SR : 05 62 61 79 00

MONFERRAN-SAVES Le Meillon
C.M. 82 Pli 6

4 ch. A l'étage : 2 chambres (1 lit 160), salle de bains et wc pour chacune. 1 chambre (1 lit 150), salle d'eau et wc. 1 chambre (2 lits 1 pers.), salle d'eau et wc. Au rez-de-chaussée : salle à manger et salon réservés aux hôtes. Anne-Marie et Jean-Raymond vous accueillent dans leur demeure, située dans une ferme et ouvrant sur un grand jardin, avec vue panoramique sur les vallons. Piscine, jacuzzi. Pêche (lac). Lave-linge : service payant. Supplément repas gastronomique : 9 €. Repas enfant : 9 €. Langues parlées : anglais, espagnol.

Prix : 1 pers. 44 € ■ 2 pers. 54 € ■ pers. sup. 17 € ■ repas 17 €
Ouvert : Toute l'année.

SP	7	7	7		7	30	7	

Anne-Marie LANNES - Le Meillon - 32490 MONFERRAN-SAVES - Tél. : 05 62 07 83 34 - Fax : 05 62 07 83 57 ou SR : 05 62 61 79 00

MONTAMAT Caufepe
C.M. 82 Pli 15/16

3 ch. 3 ch. à l'étage : ch. verte (1 lit 160). Ch. ancienne (1 lit 2 pers. 1 lit 1 pers.). Ch. bleue (1 lit 2 pers.). Salle d'eau et wc privés dans chaque chambre. Sur palier : petit salon. A dispo. des hôtes : salle à manger/salon réservés. Ch. élect. Suppl. repas gastro. : 5,5 €. Monique et Lucien vous accueillent chaleureusement dans leur ferme du 18e siècle sur les côteaux du Gers. Jardin. Salle à manger d'été avec cuisine aménagée à dispo. Ils vous feront découvrir les produits de leur ferme. Sur demande : l-linge, paniers pique-nique.

Prix : 1 pers. 30 € ■ 2 pers. 41 € ■ 3 pers. 55 € ■ repas 16 €
1/2 pens. 37 €
Ouvert : Toute l'année.

5	7	7	7	10	5	30	28	5

Lucien et Monique JONCKEAU - Caufepe - 32220 MONTAMAT - Tél. : 05 62 62 37 55 - Fax : 05 62 62 32 10 ou SR : 05 62 61 79 00

MONTESQUIOU
C.M. 82 Pli 4

4 ch. 4 ch. personnalisées. 2e étage : 1 ch. (1 lit 2 pers. 1 lit 80), s. d'eau/wc. 1 ch. (2 lits 1 pers. jumelables), s.d.b. avec wc. 1er étage : 1 ch. (1 lit 160 à baldaquin), s. d'eau/wc. 1 ch. (2 lits 1 pers. jumelables), s. d'eau/wc. A dispo. : grand séjour ouvrant sur terrasse. Repas enf. sup. pour les 2 à 12 ans. Tél. portable à disposition du propriétaire : 06 87 89 31 02. Sur la route des Bastides et des Castelnaux, maison (fin XVIIIe) restaurée, attenante à la porte fortifiée (XIIIe), dans une rue très calme du pittoresque village de Montesquiou. Cabine téléphonique. Ferme-auberge 4 km. Tarif dégressif à partir de la 5e nuit sauf juillet/août.

Prix : 1 pers. 34/48 € ■ 2 pers. 42/61 € ■ pers. sup. 18 €
Ouvert : Du 1er janvier au 9 janvier et du 6 février au 31 décembre.

10	7		20	7	5	0,5	29	0,5

Marie-Thérèse KOVACS - Au village - 32320 MONTESQUIOU - Tél. : 05 62 70 97 59 - Fax : 05 62 70 97 59 - www.france-bonjour.com/gascogne/ ou SR : 05 62 61 79 00

MONTESQUIOU Le Petit Haget
C.M. 82 Pli 4

5 ch. **Mirande : Festival Country Music (14 juillet) 10 km. Marciac 15 km.** 5 ch. dans une ancienne étable entièrement rénovée. 2 ch. en r.d.c. avec accès indépendant : 1 ch. accueil handicapés (1 lit 2 pers.), salle d'eau avec wc, 1 ch. (2 lits 1 pers.), salle d'eau, salle à manger avec tv et lave-linge pour chacune (2 lits 2 pers. 1 pers.). A disposition grand séjour avec cheminée et coin-cuisine. Jean-Pierre et France-Laure vous accueillent chaleureusement, pour un séjour à la ferme. Possibilité de visite de l'élevage d'oies fermières du Gers (label), service payant : lave-linge. Sur place : baby-foot, vente de produits de la ferme (conserves).

Prix : 1 pers. 41 € ■ 2 pers. 46 € ■ pers. sup. 13 € ■ repas 16 €
Ouvert : De début avril à mi octobre, hors saison le we.

10	0,3	7	1	50	3

France-Laure BRAZZALOTTO - « La Ferme des Grisettes » - Le Petit Haget - 32320 MONTESQUIOU - Tél. : 05 62 70 94 13 - Fax : 05 62 70 94 13 ou SR : 05 62 61 79 00

Gers
Midi-Pyrénées

MONTESTRUC En Saubis
C.M. 82 Pli 5

1 ch. **Montestruc 1 km.** Dans une annexe contiguë à la maison des propriétaires, à l'étage : 2 ch. d'accès indépendant (dont 1 en cours) 3 pers. chacune (1 lit 2 pers. 1 lit 1 pers.). Au r.d.c. : s.d.b., wc. Coin-salon avec TV à la dispo des hôtes (véranda). Grande maison de ferme avec jardin ombragé et fleuri, salon de jardin. Camping en ferme d'accueil sur place. Activité : pétanque, ping-pong. Langue parlée : anglais.

Prix : 1 pers. 37 € 2 pers. 37 € 3 pers. 55 € pers. sup. 19 €
Ouvert : Du 1er juin au 15 septembre.

🐕	🏊	⛪	⛵	🏇	🎾	🎣	🚂	🎿
7	SP	SP	4	5	1	5	17	1

Alain et Arlette DAGUZAN - En Saubis - 32390 MONTESTRUC - Tél. : 05 62 62 26 12

MONTREAL Seviac
C.M. 79 Pli 13

1 ch. **Montréal (1ère bastide de Gascogne) 2 km.** 1 ch. familiale : 2 lits 2 pers., salle de bains, wc. Pièce de vie : TV, séjour avec coin-salon. Chauffage. Gérard et Lydie vous accueillent dans une ancienne ferme rénovée avec cour et jardinet (salon de jardin), à proximité de la villa gallo-romaine de Séviac. Tarif 4 pers. : 76 €.

Prix : 2 pers. 38 €
Ouvert : Toute l'année.

🐕	🏊	⛪	⛵	🏇	🎾	🎣	🚂	🎿
15	2	25	2	17	2	14	53	2

Gérard et Lydie CAHUZAC - Seviac - 32250 MONTREAL - Tél. : 05 62 29 44 12

MONTREAL-DU-GERS Macon   A (TH)
C.M. 82 Pli 3

2 ch. 2 ch. à l'étage d'une ancienne ferme, entourée d'une chênaie, située à 500 m de la villa gallo-romaine de Séviac. 2 ch. 2 pers. avec s. d'eau/wc privés. Poss. 1 lit 1 pers. supplémentaire. 2 salles de séjour avec cheminée. Station thermale et remise en forme à 15 km. Langues parlées : anglais, espagnol.

Prix : 2 pers. 41 € pers. sup. 18 € repas 15 €
Ouvert : Du 1er/04 au 31/10 (tous les jours) et du 1er/11 au 31/03 (week-end).

🐕	🏊	⛪	⛵	🏇	🎾	🎣	🚂	🎿
14	1	25	1	1	1	14	55	1

Yolande TRAMONT - Macon - 32250 MONTREAL-DU-GERS - Tél. : 05 62 29 42 07 - Fax : 05 62 29 44 85

PERGAIN-TAILLAC Le Couvent
C.M. 79 Pli 15

2 ch. **Lectoure 28 km. Condom 20 km.** R.d.c. : 1 ch. décorée bois (1 lit 2 pers. salle d'eau, wc). A l'étage : 1 ch. familiale en cours de classsement (2 lits 2 pers. en alcôves, salle d'eau, wc). Possibilité 2 lits d'appoint. A disposition, au r.d.c. : salle à manger. Chantal, Jean-pierre et leurs filles vous accueillent dans leur ancienne demeure, rénovée et décorée avec goût. grand jardin avec piscine. Langues parlées : anglais, espagnol, italien.

Prix : 2 pers. 49 € 3 pers. 65 € pers. sup. 16 €
Ouvert : Toute l'année.

🐕	🏊	🏇	🎾	🚂	🎿
SP	2	5	5	20	7

Chantal TEYCHENEY - Le Couvent - Le Couvent - 32700 PERGAIN-TAILLAC - Tél. : 05 62 28 82 39 ou 05 62 28 85 10 - Fax : 05 62 28 82 39

POLASTRON Lou-Cantou   (TH)
C.M. 82 Pli 6

4 ch. 4 ch. dont 2 au r.d.c. : ch. « Les Années 30 « (1 lit 2 pers.), Ch. « Campagne » (1 lit 2 pers.). A l'étage : ch. « Chez Grand Mère » (1 lit 2 pers.), Ch. « les Roses Bleues » (2 lits 1 pers.), salle d'eau et wc privés pour chaque chambre. A la disposition des hôtes : salle à manger, cheminée. L-linge. Lise et Louis vous accueillent pour 1 nuit ou un agréable séjour dans une maison rénovée au cœur du petit village de Polastron. Table d'hôtes (sur résa.), vente de produits de la ferme, visite conservière. Suppl. repas gastronomique : 7,5 €/pers. Langue parlée : italien.

Prix : 1 pers. 27 € 2 pers. 38 € 3 pers. 49 € pers. sup. 11 € repas 14 € 1/2 pens. 33 €
Ouvert : Du 15 janvier au 15 septembre et du 30 septembre au 30 novembre.

🐕	🏊	⛪	⛵	🏇	🎾	🎣	🚂	🎿
8	5	5	5	8	4	30	12	8

Louis et Lise BENEDET - Lou Cantou - 32130 POLASTRON - Tél. : 05 62 62 53 39 ou 05 62 62 41 71 - Fax : 05 62 62 41 71

RISCLE Bidouze   A
C.M. 82 Pli 2

5 ch. 5 ch. à l'ét. : 1 ch. (2 lits 1 pers. 1 lit 2 pers. s. d'eau et wc séparés), 1 ch. (1 lit 2 pers. 1 lit 1 pers., s. d'eau avec wc.), 1 ch. (2 lits jumeaux 1 pers., s. d'eau/wc), 1 ch. (1 lit 2 pers., s.d.b. et wc séparés. 1 ch. familiale avec mezzanine (2 lits 2 pers.), s.d.b., wc séparés. Chauffage électrique. Entre les Landes et les Pyrénées, maison de ferme restaurée. Sur place : gîte de séjour, TV, 3 lits 1 pers. suppl. Services payants : lave-linge et sèche-linge. 4 pers./80 €. Suppl. repas gastro : 23 €. Equipements communs au gîte de séjour : salon/séjour (TV), kitchenette.

Prix : 2 pers. 47/50 € 3 pers. 63/66 € repas 11 €
Ouvert : Toute l'année.

🐕	🏊	⛪	⛵	🏇	🎾	🎣	🚂	🎿
2	2	15	2	18	2	50	2	

Georgette et Daniel DUBOS - Bidouze - 32400 RISCLE - Tél. : 05 62 69 86 56 - Fax : 05 62 69 75 20

Midi-Pyrénées
Gers

SAMATAN Latrillote
C.M. 82 Pli 16

3 ch. Fermette entourée de prairie, pelouse avec vue sur les Pyrénées. 2 ch. 2 pers. 3 épis avec s.d.b./wc particuliers. 1 ch. 2 pers. 2 épis avec s. d'eau particulière et wc dans le hall. Poss. ch. d'enf. (2 lits 1 pers.). Séjour. S. à manger. Chauffage central. Terrasse couverte. Repas enf. : 7,50 €. TH : cuisine traditionnelle gasconne, suppl. repas gastronomique 7,5 €. Tarif réduit à partir de la 3e nuitée. Camping en ferme d'accueil. A 3 km au nord-est de Samatan sur la D4 au lieu-dit Latrillote (route de Gimont).

Prix : 1 pers. 27/30 € 2 pers. 32/40 € repas 16 € 1/2 pens. 36 €
Ouvert : Du 5 janvier au 20 décembre.

3	3	2	3	3	3	35	15	3

Monique MORVAN - Latrillote - 32130 SAMATAN - Tél. : 05 62 62 31 17 - Fax : 05 62 62 31 17 ou SR : 05 62 61 79 00

SARRAGACHIES La Buscasse
C.M. 82 Pli 2

3 ch. Fabienne, Jean-Michel et leurs enfants vous reçoivent dans leur belle demeure du 18e s. entourée d'un parc avec vue magnifique, sur une exploitation agri-viticole. Cadre très reposant. Nombreux sites, monuments et bases de loisirs à proximité. Visites de chais d'Armagnac, de Madiran, de Saint-Mont. Piscine, vélos, tir à l'arc. 3 jolies chambres à l'étage : ch.1 (1 lit 160/200), s.d.b./wc, ch.2 (2 lits 1 pers.), s. d'eau/wc, ch.3 (1 lit 2 pers.), s. d'eau/wc. A disposition : salle à manger-salon avec cheminée, cuisine, lave-linge. Langues parlées : anglais, espagnol.

Prix : 1 pers. 42 € 2 pers. 45 € pers. sup. 15 €
Ouvert : Toute l'année.

SP	15	15	5	15	1,5	20	40	5

Fabienne et J-Michel ABADIE - La Buscasse - 32400 SARRAGACHIES - Tél. : 05 62 69 76 07 - Fax : 05 62 69 79 17 -
E-mail : Buscasse@aol.com ou SR : 05 62 61 79 00

SCIEURAC-ET-FLOURES La Maison du Pin
C.M. 82 Pli 3

2 ch. Mirande (18 km) Festival Country Music. Marciac (12 km) Festival Jazz. R.d.c. 1 chambre (1 lit 2 pers.), s. d'eau et wc séparé. 1 chambre d'accès indépendant (1 lit 2 pers.), s. de bains et wc séparé, s. à manger commune, TV, salon (jeux de société, bilbiothèque). Salle à manger d'été (terrasse couverte). A dispo. salle avec équipement sportif d'intérieur. Lit bébé, lit d'appoint sur demande. Lave-linge (service payant). Pierre et Françoise vous accueillent chaleureusement, au calme dans leur maison entourée d'un jardin. Piscine hors sol (10x6). Large panorama sur la campagne vallonnée. Repas enfant : 4,5 %. Supplément repas gastronomique : 9 €.

Prix : 1 pers. 30 € 2 pers. 36 € pers. sup. 15 € repas 9 €
1/2 pens. 26 € pens. 33 €
Ouvert : Du 1er avril au 31 octobre.

12	12	8	20	3	10	50	12

Pierre PRUD'HOMME - La Maison du Pin - 32230 SCIEURAC-ET-FLOURES - Tél. : 05 62 09 34 74

SIMORRE La Ferme du Rey
C.M. 82 Pli 15

4 ch. 4 ch. aménagées à l'étage (mobilier ancien de qualité) : 1 ch. (1 lit 2 pers.), s. d'eau/wc attenants, 1 ch. (1 lit 160), s. d'eau/wc, 1 ch. (1 lit 160), s. d'eau/wc. 1 ch. (1 lit 2 pers.), s. d'eau/wc. A dispo. : coin-détente/hall (canapé, TV, magnétoscope, bibliothèque). R.d.c. : salle de séjour, cheminée. Chauff. central. Poss. lit bébé. Supplément repas gastronomique : 7 €. Repas enf. 8 €. Service payant : lave-linge. Marie et Pascal vous accueillent chaleureusement dans leur maison de maître restaurée dans les coteaux vallonnés et boisés, espace fleuri et ombragé, piscine. Sentiers de randonnée à proximité. Chasse à 8 km. Langues parlées : anglais, espagnol.

Prix : 1 pers. 31 € 2 pers. 42 € pers. sup. 14 € repas 16 €
1/2 pens. 37 €
Ouvert : Du 15 mars au 30 novembre.

SP	7	7	1,5	3	4	4	35	3

Marie et Pascal CONSIGLIO - La Ferme du Rey - 32420 SIMORRE - Tél. : 05 62 65 35 91 - Fax : 05 62 65 36 42 ou SR : 05 62 61 79 00

ST-ARROMAN Lasserre
C.M. 82 Pli 14

1 ch. Mirande 20 km. A l'étage : 1 ch. (1 lit 2 pers.), s. d'eau. Séjour commun (TV, cheminée) et l-linge à dispo des hôtes. Repas gastronomique 5 €. Tarifs dégressifs à partir de la 3e nuitée. Lit bébé. Animaux acceptés sous réserve d'accord. Grande maison face à la chaîne des Pyrénées, jardin ombragé et fleuri, salon de jardin. Sur une exploitation agricole (produits fermiers = foie gras). Sur place un gîte rural à l'étage d'une aile de la maison. Festival de Country Music à Mirande (sem. du 14 juillet).

Prix : 1 pers. 31 € 2 pers. 42 € 3 pers. 53 € repas 15 €
Ouvert : Toute l'année.

5	15	15	15	20	5	5	25	5

Mmes PERRIER Mado et LACONDEMINE M-Claude - Lasserre - 32300 ST-ARROMAN - Tél. : 05 62 66 09 10 - Fax : 05 62 66 01 14 -
E-mail : ferme.lassene@free.fr

ST-CLAR
C.M. 82 Pli 5

3 ch. Maison de maître en pierre de taille, rénovée. A l'étage : ch. Bacchus (1 lit 2 pers. 1 lit d'appoint enf.), entrée, s. d'eau, wc. Ch. Bagatelle : ch. (1 lit 2 pers.), antichambre (1 lit 80, s. d'eau, wc). Ch. Fleur Bleue (1 lit 1 pers. 1 lit 110), s. d'eau/wc. Poss. ch. enf. (2 lits 80), douche, lavabo. Grand salon avec TV. Communs aux propriétaires : grande cuisine, salle à manger avec cheminée. Jardin clos aménagé. Dans le site classé d'une halle du 13e siècle. Repas enfant : 8 €. TH uniquement sur réservation. Pas de TH le mardi et jeudi. Langue parlée : anglais.

Prix : 1 pers. 37 € 2 pers. 46/55 € 3 pers. 70 € repas 16 €
1/2 pens. 39/44 €
Ouvert : De mars à décembre.

10	4	4	1	4	1	10	50	SP

Nicole COURNOT - La Carlande - Place de la Mairie - 32380 ST-CLAR - Tél. : 05 62 66 47 31 - Fax : 05 62 66 47 70 -
E-mail : nicole.cournot@wanadoo.fr ou SR : 05 62 61 79 00

Gers

Midi-Pyrénées

ST-LARY Le Cousteau

C.M. 82 Pli 4

||| 5 ch.

Jegun 6 km. 5 ch. d'hôtes aménagées dans une maison gasconne. A l'étage : 2 ch. 2 pers. avec salle d'eau et wc privés et 2 ch. 2 pers. avec salle de bains et wc privés. R.d.c. (accès direct) : 1 ch. 4 pers. avec salle de bains et wc privés. Chauffage central. Ameublement rustique. Salle de séjour, terrasse. Piscine privée. Station thermale à 11 km. Week-ends : préparation cuisine gasconne et foies gras.

Prix : 1 pers. 31 € 2 pers. 38 € 3 pers. 53 € repas 17 €
1/2 pens. 36 € pens. 51 €
Ouvert : Du 1er janvier au 2 septembre et du 21 septembre au 31 décembre.

SP	11	11	20	15	15	14	6	

Yann MALARET - Le Cousteau - 32360 ST-LARY - Tél. : 05 62 64 53 50 ou SR : 05 62 61 79 00

ST-MAUR Domaine de Loran

C.M. 82 Pli 14

||| 4 ch.

4 ch. à l'ét., dont 2 familiales. Ch. Jaune (1 lit 2 pers. 2 lits jumeaux), s.d.b./wc. Ch. Rose (1 lit 160, 2 lits 1 pers.), s.d.b./wc. Ch. Verte (1 lit 2 pers.), s. d'eau/wc. Ch. Blanche (1 lit 2 pers.), s. d'eau et wc sur le palier. A la dispo. des hôtes : séjour, s. de jeux (billard), ping-pong, portique, bibliothèque. 70 €/4 pers. Poss. lit bébé. Chauffage d'appoint. Marie et Jean vous accueilleront de Pâques à la Toussaint dans leur grande demeure, disposant d'un beau parc et d'un plan d'eau à proximité.

Prix : 1 pers. 31/34 € 2 pers. 40/45 € 3 pers. 55/60 € pers. sup. 15 €
Ouvert : De Pâques à la Toussaint.

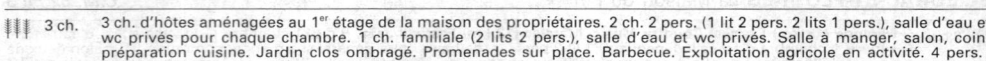

3	5	5	0,5	3	3	12	28	3

Jean et Marie NEDELLEC - Domaine de Loran - 32300 ST-MAUR - Tél. : 05 62 66 51 55 - Fax : 05 62 66 78 58 ou SR : 05 62 61 79 00

ST-MAUR Noailles

C.M. 82 Pli 14

||| 3 ch.

3 ch. d'hôtes aménagées au 1er étage de la maison des propriétaires. 2 ch. 2 pers. (1 lit 2 pers. 2 lits 1 pers.), salle d'eau et wc privés pour chaque chambre. 1 ch. familiale (2 lits 2 pers.), salle d'eau et wc privés. Salle à manger, salon, coin-préparation cuisine. Jardin clos ombragé. Promenades sur place. Barbecue. Exploitation agricole en activité. 4 pers. : 66 €.

Prix : 1 pers. 30 € 2 pers. 35 € 3 pers. 61 €
Ouvert : Toute l'année.

8	4	4	4	1	12	32	6	

Marthe SABATHIER - Noailles - 32300 ST-MAUR - Tél. : 05 62 67 57 98 ou SR : 05 62 61 79 00

ST-MEZARD Sabathé

C.M. 79 Pli 15

|| 2 ch.

1 ch. familiale (2 lits 1 pers. 1 lit 2 pers.), s. d'eau/wc privée, 1 ch. (2 lits 1 pers.), s.d.b. privée, wc indépendants. Séjour/salon réservé aux hôtes. A la dispo des hôtes : s. à manger (service des petits-dejeuners et repas en TH). Poss. pens. complète sur demande. 57 €/4 pers. Repas enf. : 7 €. Salle (50 m²). Terrasse (120 m²) pour stages divers. Maison rénovée, en pierre dans un hameau. Thierry et Sylvie vous accueillent en toute amitié pour un séjour reposant. Poss. séjours à thème : Qi Gong, Tai Chi (exercices traditionnels chinois), remise en forme. Tarifs dégressifs à partir de la 3e nuitée. Langue parlée : anglais.

Prix : 1 pers. 25 € 2 pers. 37 € 3 pers. 47 € pers. sup. 10 €
repas 12 € 1/2 pens. 31 € pens. 38 €
Ouvert : Toute l'année.

6	15	15	3	25	0,5	25	30	15

Sylvie et Thierry BARRETEAU - Le Sabathe - 32700 ST-MEZARD - Tél. : 05 62 28 84 26 ou SR : 05 62 61 79 00

ST-PUY La Lumiane

C.M. 82 Pli 4

||| 5 ch.

Flaran 10 km (abbaye cistercienne). Castéra-Verduzan 9 km (thermes). 1 ch. dans la maison du prop. (2 lits 1 pers.), s.d.b. avec wc. 4 ch. dans une annexe : 2 ch. à l'étage (1 lit 2 pers. chacune), l'une avec s.d.b. et wc, l'autre avec s. d'eau et wc, r.d.c. : 1 ch. (1 lit 2 pers.), s.d.b., wc, 1 ch. (1 lit 2 pers.), s. d'eau avec wc. Tél. et TV dans chaque ch. Séjour, cheminée, salon, TV, communs. Chauff. Lit bébé, l-linge, fax. J-Louis et Catherine vous accueillent dans leur ancienne demeure rénovée du XVIIIe, au cœur du village. Terrain 1500 m², piscine, salon de jardin, barbecue. TH sur demande. Suppl. repas gastro. : 7,5 €. Langues parlées : anglais, italien.

Prix : 1 pers. 53 € 2 pers. 61 € pers. sup. 23 € repas 23 €
Ouvert : Toute l'année sauf vacances scolaires-février.

SP	9	9	9	11	0,1	18	34	6

J-Louis et Catherine SCARANTINO - La Lumiane - 32310 ST-PUY - Tél. : 05 62 28 95 95 - Fax : 05 62 28 59 67 -
E-mail : LA.LUMIANE@wanadoo.fr ou SR : 05 62 61 79 00

STE-DODE Au Manot Le Village

C.M. 82 Pli 14

||| 5 ch.

Vallée Pyrénéenne, Lourdes 60 km. 5 chambres avec acces indép. par terrasse ou galerie. Au r.d.c. : 1 ch. (2 lits 1 pers.), salle d'eau et wc. A l'étage : 3 ch. (2 lits 1 pers.), 1 ch. (1 lit 2 pers.), salle d'eau et wc pour chaque chambre. Chauff. A dispo. : séjour, salon (TV), lave-linge (payant), lit bébé, télécopie. Table d'hôtes (du 1er juil. au 30 sept.). Repas enf. 7 €. Anne et Claudine vous accueillent dans une aile entièrement rénovée de leur maison traditionnelle ouvrant sur un grand jardin ombragé, salon de jardin, vélos, VTT, ping-pong. Langue parlée : anglais.

Prix : 1 pers. 35 € 2 pers. 40 € pers. sup. 11 € repas 14 €
Ouvert : Toute l'année.

SP	8	8	8	20	6	16	40	6

Mmes LALANNE Anne et LAVERDURE Claudine - Au Manot - Le Village - 32170 STE-DODE - Tél. : 05 62 67 11 31 -
Fax : 05 62 67 11 31

Midi-Pyrénées — Gers

TERMES-D'ARMAGNAC Domaine de Labarthe
C.M. 82 Pli 2

||| 4 ch. A l'étage : ch. Verte (1 lit 2 pers), salle de bains, wc. Ch. Tournesol (1 lit 2 pers.), salle d'eau/wc. Ch. Bleue (1 lit 2 pers. 1 lit 1 pers.), salle de bains, wc. Ch. Rose (1 lit 2 pers. 1 lit 1 pers.), salle de bains, wc. 2 coins-salon au 1er étage. Pièce de séjour et salle à manger privée au rez-de-chaussée. Repas enfant : 7,5 €. Marlène et sa mère vous accueillent dans une ferme de la vallée de l'Adour, ancienne propriété de la « Tour de Termes d'Armagnac » (site historique, musée). Jardin entouré de mares avec poissons (anciens fossés, fortifications). Production de foie gras à la ferme.

Prix : 1 pers. **37** € 2 pers. **43** € 3 pers. **54** € repas **13** €
1/2 pens. **35** €
Ouvert : Toute l'année.

| | 7 | 10 | 1,5 | 20 | 7 | 50 | 7 |

Christiane et Marlène LARDENOIS - Domaine de Labarthe - 32400 TERMES-D'ARMAGNAC - Tél. : 05 62 69 24 97 - Fax : 05 62 69 24 97

TERMES-D'ARMAGNAC Sempe
C.M. 82 Pli 3

||| 4 ch. **Tour et musée du Panache gascon à Termes d'Armagnac 1 km.** 4 ch. à l'étage d'un bâtiment rénové contigu à la maison des prop. 1 ch. (1 lit 2 pers.), 1 ch. (1 lit 2 pers.), 1 ch. (1 lit 2 pers. 1 lit 120), 1 ch. (3 lits 1 pers.). S. d'eau, wc ds chaque ch. Salon (TV), coin-cuisine (réfrigérateur). Chauffage. 4 pers. : 61 €. Supplément repas gastronomique : 4 €. Courses Landaises de mai à août. Ariane vous accueille à la ferme (gavage, conservrie), jardin avec végétation luxuriante (salon de jardin, ping-pong, VTT). Poss. stage découpe et transformation canards gras. Vente de produits fermiers. Territoires & festival jazz à Marciac (en août). Circuit 4x4 à 2 km. Langues parlées : allemand, espagnol.

Prix : 1 pers. **37** € 2 pers. **42** € 3 pers. **57** € repas **13** €
1/2 pens. **34** €
Ouvert : Toute l'année.

| SP | 10 | 10 | 3 | 20 | 0,5 | 34 | 54 | 9 |

Ariane LAINE - Sempe - 32400 TERMES-D'ARMAGNAC - Tél. : 05 62 69 25 13 - Fax : 05 62 69 25 13 ou SR : 05 62 61 79 00

TOURNECOUPE
C.M. 82 Pli 6

||| 5 ch. 5 ch. d'hôtes dans une aile de la maison des propriétaires (ancien pigeonnier). R.d.c. : 2 ch. (1 lit 2 pers. chacune), 3 ch. (1 lit 2 pers., 1 lit 1 pers. chacune). A l'ét. : 1 ch. (1 lit 2 pers.), toutes avec s. d'eau et wc particuliers. Ch. central. Sans suppl. sur place : piscine, bicyclettes, pêche, l-linge, putting green. Possibilité préparation repas du midi sous auvent aménagé. Salon avec TV, salle à manger avec cheminée. Jardin ombragé. 2 gîtes ruraux sur place.

Prix : 1 pers. **34** € 2 pers. **46** € 3 pers. **64** € pers. sup. **18** €
repas **12** € 1/2 pens. **35** €
Ouvert : Toute l'année.

| SP | 15 | 15 | 1 | 15 | 0,2 | 15 | 45 | 5 |

Jean et Jacqueline MARQUE - En Bigorre - 32380 TOURNECOUPE - Tél. : 05 62 66 42 47 ou SR : 05 62 61 79 00

VILLECOMTAL/ARROS Le Rive Droite
C.M. 82 Pli 13

||| 1 ch. **Piémont Pyrénéen-Lourdes 45 km. Vue panoramique sur Pyrénées 3 km.** 1 ch. familiale à l'étage : 1 lit 200, 1 lit 2 pers., s.d.b. avec wc, coin-salon. A disposition : séjour et salon (TV) communs, chauffage. Services proposés : télécopie, lave-linge, lit-bébé. Nuitée. Tarifs dégressifs à partir de la 2e nuitée. Ouvert de juillet à août : tous les jours. Autres périodes : jeudi à dimanche. Myriam vous accueille dans leur appartement privé dans une demeure du 19e s entourée d'un parc agréable et ombragé (salon de jardin), en bordure de la rivière Arros, dans le village, à proximité du chemin de St-Jacques de Compostelle. Sur place : table de la Ronde des Mousquetaires.

Prix : 1 pers. **54** € 2 pers. **61** € 3 pers. **98** €
Ouvert : Du 1er janvier au 23 octobre, 3 novembre au 31 décembre.

| 15 | 15 | 15 | SP | 3 | 0,5 | 18 | 22 | 0,5 |

Myriam PITON - 1 Chemin St-Jacques - Le Rive Droite - 32730 VILLECOMTAL/ARROS - Tél. : 05 62 64 83 08 - Fax : 05 62 64 84 02 ou SR : 05 62 61 79 00

Lot

GITES DE FRANCE - Maison du Tourisme
B.P. 162 - 46003 CAHORS Cedex 9
Tél. 05 65 53 20 75 - Fax 05 65 53 20 79
E.mail : gites-de-france.lot@wanadoo.fr

ALBAS Le Soleil
C.M. 79 Pli 7

||| 3 ch. Dans la maison des propriétaires avec entrées indépendantes, chambre 1 (1 lit 2 pers.), salle d'eau, wc. Chambre 2 (1 lit 2 pers., 1 lit d'appoint 2 pers.), salle d'eau, wc. Chambre 3 (1 lit 2 pers. 2 lits 1 pers.) dans une chambre attenante, salle d'eau, wc. Terrasse, salon de jardin, barbecue, terrain de boules, parc arboré. Chauffage central. Chambres aménagées dans une maison de caractère ; TV dans les ch., lave-linge, réfrigérateur, ch. non fumeur. Soirée animation, piano. Piscine découverte (12 x 6). Tarif 4 pers. : 61/70 €. Langues parlées : anglais, espagnol.

Prix : 1 pers. **43** € 2 pers. **46** € 3 pers. **50/54** €
Ouvert : Toute l'année.

| | SP | 3 | 8 | 0,2 | 0,2 | 22 | 3 |

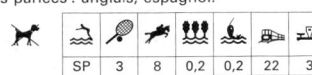

FERRON M.Thérèse et J.François - Rivière Haute - 46140 ALBAS - Tél. : 05 65 30 91 90 ou 06 62 17 38 07 - Fax : 05 65 30 91 90 -
E-mail : le-soleil@wanadoo.fr

Lot — Midi-Pyrénées

ALBAS La Méline (TH) — C.M. 79 Pli 7

||| 3 ch. Dans une belle demeure retirée ayant un très beau point de vue sur les forêts et les vignes. 1 ch. (1 lit 2 pers., 1 lit 1 pers.) avec s. d'eau et wc. 1 ch. accessible pers. hand. (2 lits 1 pers.) avec s.d.b. et wc. 1 ch. (1 lit 2 pers.) avec s. d'eau et wc. TV dans chaque ch. Ch. central. Terrasse, salon de jardin, parc arboré. Site calme et reposant. Belles randonnées pédestres. Le reste de l'année sur réservation uniquement. Langues parlées : anglais, allemand, hollandais.

Prix : 1 pers. 30 € 2 pers. 44 € 3 pers. 55 € repas 17 €
Ouvert : Du 1er avril au 30 septembre.

🐕	🏃	🎾	🚴	♨	🏖	🏊	🚣	🚲
	7	4	9	4	4	4	9	20	7

Edouard et Nel VOS - La Méline - Route de Sauret. D37 - 46140 ALBAS - Tél. : 05 65 36 97 25 - Fax : 05 65 36 97 25 -
E-mail : EDNEL.Vos@wanadoo.fr

ALBAS — C.M. 79 Pli 7

||| 3 ch. **Cahors 24 km.** A l'étage d'une annexe de la maison des propriétaires. 1 chambre (4 lits 1 pers.), salle de bains et wc, 1 chambre (1 lit 2 pers.), salle de bains et wc, 1 chambre (3 lits 1 pers.), salle de bain + wc. Cuisine d'été (réfrigérateur). Piscine privée (12 m x 6 m). Randonnée sur place. Dans une propriété quercynoise de 4 ha. au cœur du vignoble du Cahors et de la Vallée du Lot. Tarif 4 pers. : 70 €. Langues parlées : espagnol, anglais.

Prix : 1 pers. 38/40 € 2 pers. 43/44 € 3 pers. 56 €
Ouvert : Du 1er mai au 30 octobre.

🐕	🏊	🎾	🚴	♨	🏖	🏊	🚣	🚲
	SP	4	16	2,5	2,5	24	4

Max GRAVES - Crespiat - 46140 ALBAS - Tél. : 05 65 20 18 04 ou 06 08 60 60 09 - Fax : 05 65 30 75 20 - E-mail : maxgrav@aol.com

ALVIGNAC Mazeyrac (TH) — C.M. 75 Pli 19

||| 4 ch. **Sites de Rocamadour et de Padirac 8 km.** Ch. et TH dans une maison quercynoise datant de 1818. Au rez-de-chaussée (1 lit 2 pers. + lit d'appoint) avec salle d'eau et wc (entrée indépendante). 2 ch. à l'étage : 1 ch. (1 lit 2 pers., 2 lits 1 pers.) avec salle d'eau et wc et 1 ch. (1 lit 2 pers.) avec salle d'eau et wc. Chauffage d'appoint, réfrigérateur. Prix 4 pers. : 47/53 €. TH sur réservation.

Prix : 1 pers. 30 € 2 pers. 35 € 3 pers. 41/47 € pers. sup. 8 € repas 15 €
Ouvert : Toute l'année.

🐕	🏊	🎾	🚴	♨	🏖	🏊	🚣	🚲
	8	2	8	10	SP	8	8	8

Elie LASCOSTE - Route de Rocamadour - Mazeyrac - 46500 ALVIGNAC - Tél. : 05 65 33 61 16

ALVIGNAC Le Roc

||| 4 ch. **Rocamadour 5 km. Padivac 7 km.** Entre Roc-Amadour et Padivac, en pleine campagne, ds une maison de tradition quercynoise. Ch. situées à l'ét., accès indép. : « safranée » 1 lit 2 pers., s. d'eau + wc. « Primevère » 2 lits 1 pers., s. d'eau + wc. « Cannelle » 1 lit 2 pers., 1 lit d'appoint 2 pers., s.d.b. + wc. « Eté indien » 1 lit 2 pers., 1 lit 1 pers., s.d.b. + wc. Petit déjeuner servi en terrasse l'été. Poss. assiette fraîcheur : 9 €. Patisseries maison. 4 pers. 47/53 €. 4 ch. situées à l'ét. de la maison des propriétaires avec accès indép en pleine campagne. Calme assuré.

Prix : 1 pers. 30 € 2 pers. 35 € 3 pers. 41/47 €
Ouvert : Toute l'année.

🐕	🏊	🎾	🚴	🚣	🚲
	8	2	8	1,5	2,5

Marie et Yves LASCOSTE - Le Roc - 46500 ALVIGNAC - Tél. : 05 65 33 70 18 - Fax : 05 65 33 70 18

ALVIGNAC — C.M. 79 Pli 19

|||| 2 ch. **Gouffre de Padirac et site de Rocamadour 6 km.** A l'étage d'une maison de caractère dans le village (3 lits 2 pers. 1 lit 1 pers.), possibilité d'un lit d'appoint, salle de bains ou salle d'eau et wc particuliers pour chaque chambre. Chauffage central. 4 pers. 43 €. Langue parlée : polonais.

Prix : 1 pers. 27 € 2 pers. 30 € 3 pers. 37 € pers. sup. 6 €
Ouvert : Du 1er mars au 30 octobre.

🐕	🏊	🎾	♨	🏖	🏊	🚣	🚲
	6	SP	6	13	13	3	13	7	SP

Paul LASCOSTE - Route de Padirac - 46500 ALVIGNAC - Tél. : 05 65 33 60 95

ANGLARS-JUILLAC Mas de Bouyssou (TH) — C.M. 79 Pli 7

|| 2 ch. Dans la vallée du Lot au cœur du vignoble de Cahors AOC. 1 ch. 2 pers., 1 ch. 4 pers. avec salle de bains et wc particuliers à chaque ch. Salle de séjour avec TV à la disposition des hôtes. Bibliothèque. Restaurant 500 m. 49 €/nuit 4 pers.

Prix : 1 pers. 32 € 2 pers. 35 € 3 pers. 46 € repas 17 €
Ouvert : Toute l'année.

🐕	🏊	🎾	♨	🏖	🏊	🚣	🚲
	1	1	SP	SP	SP	0,5	35	1

Claudine BOUYSSET - Mas de Bouyssou - 46140 ANGLARS-JUILLAC - Tél. : 05 65 36 25 25 ou 06 87 93 98 38

Midi-Pyrénées — Lot

ARCAMBAL Le Bousquet (TH) — C.M. 79 Pli 8

1 ch. Au rez-de-chaussée de la maison des propriétaires avec entrée indépendante (1 lit 2 pers. 1 lit 1 pers.), salle d'eau et wc particuliers. Chauffage électrique.

Prix : 1 pers. 28 € — 2 pers. 34 € — 3 pers. 41 € — pers. sup. 6 € — repas 11 €
Ouvert : Toute l'année.

8	0,5	8	0,5	0,5	0,5	8	8

Daniel GAUTHERET - Rue de l'Eglise - Le Bousquet - 46090 ARCAMBAL - Tél. : 05 65 30 03 12

ARCAMBAL Pasturat — C.M. 79 Pli 8

2 ch. Cahors 17 km. A l'étage de la maison des propriétaires, avec entrées indépendantes. 1 ch. (1 lit 2 pers.) avec salle d'eau et wc. 1 ch. (3 lits 1 pers.) avec salle d'eau et wc. Chauffage. Possibilité de repas à partir de 11 €. Langue parlée : anglais.

Prix : 1 pers. 27 € — 2 pers. 30 € — 3 pers. 38 €
Ouvert : Toute l'année.

15	2	3	0,5	0,5	0,5	0,5	17	2

Anne-Marie CHARAZAC - Pasturat - 46090 ARCAMBAL - Tél. : 05 65 31 44 94 ou 05 65 31 40 57 - Fax : 05 65 31 41 99 -
E-mail : gitescharazac@hotmail.com

LES ARQUES Domaine des Olmes — C.M. 79 Pli 7

2 ch. Dans la maison des propriétaires dont 1 à l'étage (1 lit 2 pers.), et la 2ᵉ au r.d.c. (2 lits 1 pers.) avec entrée indépendante, terrasse privée et salon de jardin. Salle d'eau, wc privatif à chaque chambre. Possibilité d'un lit d'appoint et d'un lit bébé. Chambres non fumeur. Piscine, jardin, parking. Langues parlées : anglais, allemand, hollandais.

Prix : 1 pers. 46 € — 2 pers. 50 € — 3 pers. 69 €
Ouvert : Toute l'année.

5	3	5	5	5

Catherine VAN BUCHEM - Domaine les Olmes - Sarrau - 46250 LES-ARQUES - Tél. : 05 65 21 48 18 - Fax : 05 65 21 48 18 -
E-mail : pbuchem@club-internet.fr

AUTOIRE Taillefer — C.M. 75 Pli 19

1 ch. De plain-pied avec entrée indépendante (1 lit 2 pers.), salle d'eau et wc particuliers. Chauffage central. Située dans un village exceptionnel tant par la qualité de ses bâtiments que son environnement naturel (cirque d'Autoire). Téléphoner aux heures des repas.

Prix : 1 pers. 27 € — 2 pers. 34 €
Ouvert : Toute l'année.

6	6	15	5	5	5	14	6

Christian FEUILLADE - Taillefer - 46400 AUTOIRE - Tél. : 05 65 38 24 33 - E-mail : cfeul@wanadoo.fr

AUTOIRE Taillefer — C.M. 75 Pli 19

1 ch. Entrée indépendante (1 lit 2 pers. 1 lit d'appoint 1 pers.), aménagée au rez-de-chaussée de la maison de la propriétaire, située à la sortie du village « classé ». Salle d'eau et wc particuliers. Terrasse.

Prix : 1 pers. 23/26 € — 2 pers. 27/30 € — 3 pers. 38/41 €
Ouvert : Toute l'année.

7	7	7	5	5	5	14	7

Odette VESPIERS - Taillefer - 46400 AUTOIRE - Tél. : 05 65 38 15 60

AUTOIRE La Rivière (TH) — C.M. 75 Pli 19

3 ch. Gouffre de Padirac 6 km. Dans une maison de caractère située à 1,5 km du village classé : 1 ch. (1 lit 2 pers.), 1 ch. (1 lit 160, 1 lit 1 pers.), s.d.b. et wc pour chaques chambres, 1 ch. (2 lits 1 pers.), s. d'eau et wc. Salon avec TV. Chauffage central. Vente de produits régionaux sur place. Golf 9 trous à 3 km. Taxe de séjour : 0,5 €/jour/pers. Repas enfant : 7 €.

Prix : 1 pers. 30 € — 2 pers. 34 € — 3 pers. 46 € — pers. sup. 8 € — repas 14 €
Ouvert : Toute l'année.

4	4	4	5	5	0,5	14	4

Christiane GRAVES - La Rivière - 46400 AUTOIRE - Tél. : 05 65 38 18 01 - Fax : 05 65 38 00 50

Lot — Midi-Pyrénées

AUTOIRE La Plantade
C.M. 75 Pli 19

3 ch. **Autoire (village classé) 1,5 km. Saint-Céré (festival musique) 4 km.** A l'étage de la maison des propriétaires. 1 ch. (1 lit 2 pers. 1 lit 1 pers.). 1 ch. (1 lit 2 pers.). 1 ch. (2 lits 2 pers.), salle d'eau et wc privés chacune. Chauffage central. 43 €/4 pers. Golf (9 trous) 3 km.

Prix : 1 pers. **24** € 2 pers. **27** € 3 pers. **38** € pers. sup. **5** €
repas **11** €
Ouvert : Toute l'année.

4	4	4	SP	5	14	4

Solange GAUZIN - La Plantade - 46400 AUTOIRE - Tél. : 05 65 38 15 51

BAGNAC-SUR-CELE Escaloutat
C.M. 80 Pli 1

5 ch. Dans la maison des propriétaires, 2 ch. au 1er étage (2 lits 2 pers.) avec lavabo, salle d'eau et wc communs aux 2 ch. 3 ch. au 2e étage (3 lits 2 pers., 2 lits 1 pers.) avec salle d'eau et wc communs aux 3 ch.

Prix : 1 pers. **26** € 2 pers. **37** € 3 pers. **40** € repas **12** €
Ouvert : Toute l'année.

2	2	2	15	2	2	15	2	2

Thérèse SENAT - Escaloutat - 46270 BAGNAC-SUR-CELE - Tél. : 05 65 34 94 20

LE BASTIT Bel-Air
C.M. 75 Pli 19

6 ch. Dans une maison Quercynoise de caractère. 2 ch. (2 lits 1 pers.). 1 ch. (1 lit 2 pers. 1 lit d'appoint). 3 ch. (1 lit 2 pers.). Salle d'eau ou salle de bains et wc particuliers chacune. Chauffage central. Salon, TV, buvette, terrasse ombragée. Terrain de boules, salon de jardin, spéléologie, sentiers sur place. Téléséjour. Minitel. Coin-cuisine. Sites de Rocamadour et de Padirac à proximité. 56 €/4 pers. Repas enfant 8 €. Langue parlée : anglais.

Prix : 1 pers. **32** € 2 pers. **41** € 3 pers. **49** € repas **14** €
Ouvert : Toute l'année.

8	8	8	9	8

Francine CHAMBERT - Bel Air - 46500 LE-BASTIT - Tél. : 05 65 38 77 54 - Fax : 05 65 38 85 18

BELAYE Marliac
C.M. 79 Pli 7

5 ch. (6 lits 1 pers. 4 lits 160), salle d'eau et wc particuliers pour chaque chambre. Terrasse, barbecue, lave-linge, chauffage électrique. Ouvert toute l'année. Chaque ch. avec accès indépendant. Piscine privée de 10 x 5 m. Jeux d'enfants, ping-pong, jeu de boules. Taxe de séjour : 0,15 €/jour/pers. 91/92 €/4 pers. 5 chambres d'hôtes dont 2 aménagées en duplex situées dans une belle ferme Quercynoise du XVIIIe siècle. Repas enfant 9 €. Langues parlées : hollandais, italien.

Prix : 1 pers. **46** € 2 pers. **55/61** € 3 pers. **69/76** € pers. sup. **15** €
repas **17** €
Ouvert : Toute l'année.

SP	8	6	8	8	30	8

Véronique STROOBANT - Marliac - 46140 BELAYE - Tél. : 05 65 36 95 50 - Fax : 05 65 31 99 04

BELFORT-DU-QUERCY Moulin du Lemboulas St Genie

1 ch. Ch. aménagée au r.d.c. de la maison du propriétaire avec entrée indép., ancien moulin. 1 ch. (2 lits 1 pers.), poss. d'1 lit 1 pers. dans 1 ch. attenante, s. d'eau + wc, coin salon, chauff. central, TV, parc.

Prix : 2 pers. **38** € 3 pers. **46** €
Ouvert : Toute l'année.

4	4	10	30	4

Jean-François ARENES - Moulin de lemboulas-St Génie - 46230 BELFORT-DU-QUERCY - Tél. : 05 65 31 75 09

BELMONT-BRETENOUX
C.M. 75 Pli 19

3 ch. Au rez-de-chaussée petit salon (3 lits 1 pers.), salle d'eau + wc réservés aux hôtes de 2 ch. 1 ch. à l'étage (1 lit 2 pers.), salle d'eau + wc particuliers. Possibilité de lit bébé. Jardin privatif réservé aux hôtes. Chauffage électrique. Langue parlée : anglais.

Prix : 1 pers. **23/24** € 2 pers. **30/37** €
Ouvert : Toute l'année.

6	6	6	20	6	6	10	10	4

Anne WILDER - 46130 BELMONT-BRETENOUX - Tél. : 05 65 38 22 61

BELMONTET Laspeyrières
C.M. 79 Pli 17

1 ch. Dans une annexe à la maison des propriétaires (1 lit 2 pers. 1 lit enfant), salle d'eau et wc particuliers.

Prix : 1 pers. **26** € 2 pers. **30** € 3 pers. **37** €
Ouvert : Toute l'année.

6	6	6	6	30	6

Bernard SOUQUES - Laspeyrière - 46800 BELMONTET - Tél. : 05 65 31 91 38 - Fax : 05 65 31 91 38

Midi-Pyrénées
Lot

BELMONTET Le Chartrou
C.M. 79 Pli 17

2 ch. Dans la maison des prop. (2 lits 1 pers.) 1 des 2 ch. est au r.d.c. avec entrée indép. 1 ch. aménagée dans une annexe (1 lit 2 pers.), salle de bains ou salle d'eau et wc chacune. Séjour de remise en forme (soin d'hygiène naturelle : yoga, sauna, jaccuzi, hydromassage, baignoire à jet sous-marin). Restaurant 6 km. Piscine. Musculation, gymnastique, vibromassage.

Prix : 1 pers. 26 € 2 pers. 37 €
Ouvert : Toute l'année.

🐕	🏊	🎾	🏇	⛱	🏖	⛵	🚐	🚲
	SP	6	10	24	6	6	24	6

Dominique DARGERE - Le Chartrou - 46800 BELMONTET - Tél. : 05 65 31 90 23

BOISSIERE La Garrigue
C.M. 79 Pli 8

4 ch. A l'étage de la maison des propriétaires, chambre 1 (1 lit 2 pers.), salle d'eau, wc. Chambre 2 (1 lit 2 pers. 1 lit 1 pers.), salle d'eau, wc. Chambre 3 (1 lit 1 pers.), salle d'eau, wc. Chambre 4 (1 lit 2 pers.), salle d'eau, wc. Chauffage central, terrasse, salon de jardin, cour, terrain 1/2 clos. Chambre non fumeur, lit bébé, cheminée en fonctionnement. Maison en pierre du 17ᵉ siècle de type quercynois. Jardin arboré 1200 m². Vue imprenable, proche de la forêt.

Prix : 1 pers. 27 € 2 pers. 37 € 3 pers. 53 € pers. sup. 17 €
Ouvert : Toute l'année.

🐕	🏊	🎾	🏇	⛱	🏖	⛵	🚐	🚲
17	2	4	8	8	8	8	17	8

Jean-Claude BOUVIER - La Garrigue - 46150 BOISSIERES - Tél. : 05 65 30 98 40

BOUSSAC Domaine des Villedieu
 (TH)
C.M. 79 Pli 10

4 ch. De plain-pied avec accès indép. dans des annexes à la maison des propr. (3 lits 2 pers. 2 lits 1 pers. 1 lit d'appoint 1 pers.), salle d'eau + wc pour chacune. Salon, bibliothèque. Chauffage électr. d'appoint. Salon de jardin. Piscine privée (14 x 6 m) commune avec la clientèle de la ferme-auberge. Produits fermiers sur place. Prix 4 pers. : 105 €. Langues parlées : anglais, allemand.

Prix : 1 pers. 43/49 € 2 pers. 43/76 € 3 pers. 90 € pers. sup. 11 € repas 19 €
Ouvert : Toute l'année.

🐕	🏊	🎾	🏇	⛱	🏖	⛵	🚐	🚲
	SP	10	10	2	2	2	10	10

Martine VILLEDIEU - Domaine des Villedieu - 46100 BOUSSAC - Tél. : 05 65 40 06 63 - Fax : 05 65 40 09 22 - E-mail : villedi@aol.com - www.villedieu.com

BRENGUES Baros

1 ch. Brengues 2 km. Ch. aménagée dans la maison du propriétaire (1 lit 2 pers., s. d'eau + wc), poss. d'1 lit 2 pers. dans 1 pièce attenante, séjour privatif, réfrigérateur, salon de jardin. 1 ch. à la ferme dans la maison du propriétaire. 4 pers. : 55 €.

Prix : 1 pers. 27 € 2 pers. 32 € 3 pers. 46 € pers. sup. 8 €

🐕	🏊	🎾	🏇	⛱	🏖	⛵	🚐	🚲
	3	3	3	SP	SP	3	14	3

Lucien OULIE - Bazos - 46320 BRENGUES - Tél. : 05 65 40 02 58

BRENGUES Vigne Grande
C.M. 79 Pli 9

2 ch. A l'étage de la maison des propriétaires (1 lit 2 pers. 2 lits 1 pers.), salle d'eau et wc particuliers. Chauffage central. Lave-linge. Coin-cuisine avec réfrigérateur. TV. Piscine privée commune à 2 gîtes ruraux. Mini-golf 2 km. Restaurant 600 m. 61 €/4 pers.

Prix : 1 pers. 32 € 2 pers. 38 € 3 pers. 52 €
Ouvert : Toute l'année.

🐕	🏊	🎾	🏇	⛱	🏖	⛵	🚐	🚲
	SP	0,5	15	0,5	0,5	0,5	14	0,5

Guy OULIE - Vigne Grande - 46320 BRENGUES - Tél. : 05 65 40 00 46 - Fax : 05 65 40 09 00

BRENGUES Merlet
C.M. 79 Pli 9

3 ch. A l'étage de la maison des propriétaires, située à 100 m du Célé : (2 lits 2 pers. 3 lits 1 pers. 1 lit bébé). Salle de bains ou salle d'eau et wc particuliers pour chaque chambre. Chauffage. Restaurant 1 km.

Prix : 1 pers. 30 € 2 pers. 40 € 3 pers. 46 €
Ouvert : Toute l'année.

🐕	🏊	🎾	🏇	⛱	🏖	⛵	🚐	🚲
1	1	12	SP	SP	SP	SP	15	1

Thérèse CHANUT - Merlet - 46320 BRENGUES - Tél. : 05 65 40 05 44 - Fax : 05 65 40 05 44

Lot — Midi-Pyrénées

BRETENOUX Ferme de Borie
C.M. 75 Pli 19

6 ch. Festival de musique au château de Castelnau 2,5 km du 20/07 au 15/08. Dans une ferme de caractère du XIVe siècle avec entrée indépendante. 4 ch. (2 lits 1 pers.) et 2 ch. (1 lit 2 pers.). Salle d'eau et wc dans chaque chambre. Petit salon. Terrasse panoramique dominant les 12 ha. Chauffage électrique. Parc ombragé avec tables pour pique-nique. Restaurants 300 m. Langue parlée : anglais.

Prix : 1 pers. 27 € 2 pers. 34 €
Ouvert : Toute l'année.

1	0,5	8	0,3	0,3	0,3	0,3	2	0,3

Jeanine RIGAL - Ferme de Borie - 46130 BRETENOUX - Tél. : 05 65 38 41 74 ou 05 65 38 61 49

CABRERETS
C.M. 79 Pli 9

3 ch. A l'étage de la maison des propriétaires (3 lits 2 pers. 3 lits 1 pers.). Salle d'eau et wc particuliers pour chacune. Poss. d'un couchage suppl. sur canapé clic-clac. Coin-cuisine. Chauffage d'appoint. 59 €/4 pers. Langues parlées : anglais, hollandais.

Prix : 1 pers. 27 € 2 pers. 35/38 € 3 pers. 46/49 € pers. sup. 11 €
Ouvert : Du 1er février au 30 octobre.

8	SP	1	SP	SP	SP	SP	32	SP

Patrick BESSAC - Place de la Mairie - 46330 CABRERETS - Tél. : 05 65 31 27 04 - Fax : 05 65 30 25 46

CAHORS Saint-Henri
C.M. 79 Pli 8

4 ch. Dans la maison du propriétaire (3 lits 2 pers. 4 lits 1 pers.), 1 chambre (1 lit 2 pers. possibilité 1 lit 2 pers. supplémentaire), salle de bains ou salle d'eau et wc particuliers. TV couleur dans chaque chambre. Chauffage électrique. Piscine privée (10 x 5 m), tennis privé. 53 €/4 pers.

Prix : 1 pers. 30 € 2 pers. 38 € 3 pers. 46 € repas 15 €
Ouvert : Toute l'année.

SP	SP	5	5	5	5	5	5

Noël MASCHERETTI - Saint-Henri - 46000 CAHORS - Tél. : 05 65 22 56 47 ou 06 81 55 55 36

CALES Lac Boutel
C.M. 75 Pli 18

4 ch. De plain-pied aménagées dans une annexe à la maison des propriétaires (4 lits 2 pers. 3 lits 1 pers.), s. d'eau ou s.d.b. et wc privés. Chauffage. Terrasses pour chaque chambre, réfrigérateur à disposition. Poss. 1 lit d'appoint 2 pers. Piscine privée sur place. 61 €/4 pers. Langue parlée : anglais.

Prix : 1 pers. 34 € 2 pers. 38 € 3 pers. 50 € repas 12 €
Ouvert : Toute l'année.

SP	9	7	7	7	7	7	12	9

Alain VERGNES - Lac Boutel - 46350 CALES - Tél. : 05 65 37 95 70 - Fax : 05 65 41 90 87

CAMBURAT Le Fau

2 ch. 2 chambres aménagées dans la maison du propriétaire avec entrée indépendante, à proximité de Figeac. Ch. « safran » (1 lit 2 pers.), salle d'eau, wc, ch. « coriandre » (1 lit 2 pers.), salle d'eau, wc. Terrasse, jardin. Piano. Week-end et férié sur réservation.

Prix : 1 pers. 30 € 2 pers. 38 €
Ouvert : Du 1er juin au 30 septembre.

9	9	9	9	9	9

Bernard BEDRUNE - 12, rue E. Chabbaud - 46100 FIGEAC - Tél. : 05 65 40 14 38 ou 05 65 34 37 55 - http://site.voila.fr/welspech/index.html

CARDAILLAC Le Pressoir Cadépice
C.M. 79 Pli 10

1 ch. Au 2e étage d'une demeure du XVIIIe siècle, située dans un village médiéval. Elle se compose de 2 pièces indépendantes (1 lit 2 pers., 1 lit 120, 1 lit 1 pers. 1 lit bébé), salle d'eau, wc. Bibliothèque, jardin, terrasse. Piano. (week-end et férié sur réservation). 4 pers. : 62 €. Demeure de caractère du XVIIIe siècle située dans un village médiéval. Vous pourrez prendre le petit-déjeuner près du Cantou et visiter l'ancien pressoir à noix dans l'atelier du propriétaire artiste-peintre.

Prix : 1 pers. 35 € 2 pers. 43 € 3 pers. 53 € pers. sup. 8 €
Ouvert : Du 1er janvier au 1er octobre et du 15 au 31 décembre.

6	10	SP	1	1	10	SP

Gisèle et Philippe HEDOUIN - Rue Sénéchal - Pressoir Cadepice - 46100 CARDAILLAC - Tél. : 05 65 40 18 49 ou 06 81 66 91 72

CASTELNAU-MONTRATIER La Combe

3 ch. Cahors 25 km. 3 chambres de caractère aménagées dans une maison quercynoise et ses dépendances avec entrée indép. et terrasse privative. « le figuier » : 1 lit 2 pers., s. d'eau, wc), « les chênes » : 1 lit 2 pers., 1 lit 1 pers., s. d'eau, wc), « la source » : 2 lits 2 pers., s. d'eau, wc indép., chauff., TV dans chaque ch. Jardin. Piscine privée couverte. 4 pers. 98 €.

Prix : 2 pers. 58/76 € 3 pers. 78/90 € repas 21 €
Ouvert : Toute l'année.

3	6	12	12	1	25	3

Michèle LELOUREC - La Combe - 46170 CASTELNAU-MONTRATIER - Tél. : 05 65 21 84 16 - Fax : 05 65 21 84 49 -
E-mail : michele.lelourec@free.fr

Midi-Pyrénées — Lot

CORN Laparrot
C.M. 79 Pli 9

1 ch. Au r.d.c. de la maison de la propriétaire, 1 chambre (1 lit 2 pers.), salle d'eau, wc. Prise TV. Chauffage central au sol. Vous pourrez prendre le petit déjeuner en terrasse ou dans la salle de séjour au choix, dans une maison typique agrémentée de 2 pigeonniers. Minitel, réfrigérateur, lit bébé, parking, privé, bibliothèque.

Prix : 1 pers. 34 € — 2 pers. 38 € — 3 pers. 46 €
Ouvert : Toute l'année.

15	15	7	

Monique ALBAGNAC - Laparrot - 46100 CORN - Tél. : 05 65 11 41 55

CORN Laparrot (TH)

1 ch. Figeac 15 km. Ch. aménagée à l'ét. de la amison des propriétaires (1 lit 1 pers.), s. d'eau et wc privatif, poss. d'1 ch. supp. avec 1 lit 1 pers. Coin salon commun avec les propriétaires (TV couleur, bibliothèque, cheminée).

Prix : 2 pers. 35 € — 3 pers. 46 € — repas 12 €
Ouvert : Toute l'année.

15	15	15	7	15	7

René FALGUIERES - Laparrot - 46100 CORN - Tél. : 05 65 40 00 98 ou 06 81 94 27 15

CRAYSSAC Le Mas de Laurent
C.M. 79 Pli 7

1 ch. Cahors 15 km. Au 1er étage de la maison des propriétaires. 1 chambre (1 lit 2 pers.), salle d'eau et wc indépendants, poss. de 2 lits 1 pers. dans chambre attenante. Possibilité coin-cuisine, chauffage centrale. Terrasse. Tennis privé, randonnée. 4 pers. 58 €.

Prix : 1 pers. 30 € — 2 pers. 34 € — 3 pers. 46 €
Ouvert : Toute l'année.

0,8	1	SP	3	3	15	6

Raymond DESTAL - Mas de Laurent - 46150 CRAYSSAC - Tél. : 05 65 20 03 57

DEGAGNAC Domaine de Montsalvy (TH)
C.M. 79 Pli 7

2 ch. A l'étage d'une ancienne ferme restaurée. 1 ch. (1 lit 2 pers.), s. d'eau et wc, 1 ch. (2 lits 1 pers.), s. d'eau et wc, poss. d'appoint et lit bébé. Séjour (TV, vidéo, biblioth., cheminée). Terrain de 4 ha. Calme, verdure, accueil chaleureux, riche documentation sur le région. Barbecue. Rando sur place, plan d'eau à 2.8 km. Repas enfant 5 €. Langue parlée : anglais.

Prix : 1 pers. 27 € — 2 pers. 38/46 € — pers. sup. 14 € — repas 14 €
Ouvert : Du 1er juin au 31 août.

SP	SP	1	20	2,8	13	2,8

Guy NODON - Domaine de Montsalvy - 46340 DEGAGNAC - Tél. : 05 65 41 51 57 - Fax : 05 65 41 51 57

DEGAGNAC La Cabane - Poudens
CB *C.M. 75 Pli 17*

3 ch. Gourdon 6 km. Spacieuses, aménagées à l'étage d'une maison bourgeoise. 1 ch./suite (1 lit 160) avec coin-salon, salle de bains et wc. 1 ch. (1 lit 160) avec salle d'eau et wc. 1 ch. (2 lits 1 pers.) avec coin-salon, salle d'eau et wc. Poss. lits d'appoint. Salons de jardin, terrasse, jardin et pré, piscine découverte. 4 pers. 85 €. Vue sur la vallée du Céou. Langues parlées : anglais, allemand, hollandais.

Prix : 2 pers. 46/55 € — 3 pers. 70 € — pers. sup. 15 €
Ouvert : Toute l'année.

SP	3,5	6	14	6	6

Occo BINNENDIJK - La Cabane - Poudens - 46340 DEGAGNAC - Tél. : 05 65 41 49 74 - Fax : 05 65 41 49 74 -
E-mail : lacabane@wanadoo.fr

DURAVEL La Roseraie
A *C.M. 79 Pli 9*

4 ch. Au cœur du vignoble de Cahors, vue sur la vallée du Lot. 3 chambres (1 lit 2 pers.), 1 chambre (2 lits 1 pers.). Salle d'eau et wc particuliers pour chaque chambre. Salon avec TV. Ch. élect. Piscine privée commune à la clientèle de 2 gîtes. Taxe de séjour : 0,30 €/pers./jour. Elevage d'autruches. Table d'hôte à partir de 3 nuits. 1 km du village, tous commerces. Parc privatif. Langue parlée : anglais.

Prix : 1 pers. 30 € — 2 pers. 40 € — pers. sup. 10 € — repas 14 €
Ouvert : Toute l'année.

SP	1	1	1	1	11	1

Denis et Patricia RIGAL - La Roseraie - 46700 DURAVEL - Tél. : 05 65 24 63 82 - Fax : 05 65 30 89 75

DURAVEL (TH)

4 ch. Ch. aménagées dans le château au cœur du vignoble de Cahors. En r.d.c., ch. suite (2 lits 1 pers., s.d.b., wc). A l'ét., ch. jaune (1 lit 2 pers., s. d'eau, wc), ch. verte (1 lit 2 pers., s.d.b., wc), ch. rose (1 lit 2 pers., s.d.b., wc, salon privé, 1 lit d'appoint 2 pers.), chauff., salon avec TV sat., bibliothèque. Grand parc.

Prix : 2 pers. 69/105 € — pers. sup. 19 € — repas 20 €
Ouvert : Toute l'année.

3	3	10	4	4	6,5	14	6,5

Philippe et Isabelle DUCOUM - 46700 DURAVEL - Tél. : 05 65 36 54 27 ou 05 65 36 40 99 - Fax : 05 65 36 44 71

Lot
Midi-Pyrénées

ESCAMPS
C.M. 79 Pli 19

IIII 1 ch. **Marché de la truffe de Lalbenque 8 km.** A l'étage d'une demeure du XVIII siècle. 1 ch./suite (1 lit 2 pers. à baldaquin) et 1 lit 1 pers. dans une petite chambre attenante. Coin-salon, salle de bains, wc, cheminée, bibliothèque. Chauffage central. Garage. Piscine privée. Langues parlées : anglais, espagnol.

Prix : 1 pers. 49/64 € 2 pers. 53/69 € 3 pers. 69/84 € repas 17 €
Ouvert : Toute l'année.

	SP	4	6	14	14	14	14	25	8

Claude PELISSIE - 46230 ESCAMPS - Tél. : 05 65 31 63 60 - Fax : 05 65 31 73 48 - http://www.france-bonjour.com/escamps/

FAJOLES Le Pech de Compassy
C.M. 75 Pli 18

III 2 ch. **Gourdon 9 km.** Dans une annexe attenante à la maison des propriétaires (projet de 2 ch. supplémentaires pour 2000). 1 ch. (1 lit 2 pers.) avec mezzanine (1 lit 1 pers.), salle d'eau et wc, 1 ch. (1 lit 2 pers.). Chauffage central. Piscine commune aux propriétaires. Terrasse. Langue parlée : anglais.

Prix : 1 pers. 30 € 2 pers. 38 € 3 pers. 50 € repas 13 €
Ouvert : Toute l'année.

	SP	3	3	9	5	5	5	9	9

Philippe CUFFAUX - Le Pech de Compassy - 46300 FAJOLES - Tél. : 05 65 37 69 27 - Fax : 05 65 37 69 27 - http://www.france-bonjour.com/compassy/

FARGUES Bru
C.M. 79 Pli 7

III 1 ch. Au rez-de-chaussée (1 lit 160 + 1 lit d'appoint 2 pers.). Salle d'eau et wc particuliers. Salon, salle de séjour. Chauffage électrique. Salon de jardin réservé aux hôtes. Chemins balisés équestres, pédestres, VTT sur place. Possibilité de pique-nique. Prix 4 pers. : 54 €. Repas enfant 8 €.

Prix : 2 pers. 38 € 3 pers. 46 € repas 18 €
Ouvert : Du 15/03/02 au 15/11/2002.

10	7	10	10	28	10

Dominique DALBERGUE - Bru - 46800 FARGUES - Tél. : 05 65 36 92 20

FAYCELLES
C.M. 79 Pli 10

III 2 ch. A l'ét. de la maison des propriétaires bénéficiant d'un très beau point de vue sur la vallée du Lot. 1 ch. (1 lit 2 pers., 1 lit 1 pers., s. d'eau, wc), 1 ch (1 lit 2 pers., petit salon, poss. lit d'appoint, s. d'eau et wc). Chauff. central, TV dans chaque chambre, grande cuisine aménagée et toute équipée à titre privatif pour une seule ch. (sup. 3 €/jour). Poss. de pique-nique. Langue parlée : allemand.

Prix : 1 pers. 32 € 2 pers. 40 € 3 pers. 46 €

	6	0,5	6	2,5	6	2,5	6	7	SP

Eloi BESSE-DAYNAC - Le Bourg - 46100 FAYCELLES - Tél. : 05 65 34 07 66

FAYCELLES Lavalade
C.M. 79 Pli 10

III 2 ch. Au r.d.c. de la maison des propriétaires, avec entrée indép. et bénéficiant d'un très beau point de vue sur le Lot (1 lit 2 pers. 3 lits 1 pers. 1 lit d'appoint 120). S. d'eau et wc privés pour chaque chambre. Réfrigérateur. Chauffage central. Parc, terrasse, salon de jardin, barbecue. Parking. Piscine privée (12 x 6 m). Chambres non fumeur. Langues parlées : anglais, allemand, hollandais.

Prix : 1 pers. 42 € 2 pers. 48 € 3 pers. 56 € pers. sup. 14 € repas 19 €
Ouvert : Toute l'année.

	SP	2	8	2	8	2	10	8	8

Fernand DUMOULIN - La Valade - 46100 FAYCELLES - Tél. : 05 65 34 61 31 - Fax : 05 65 34 61 31

FAYCELLES La Cassagnole
C.M. 79 Pli 10

III 1 ch. Au r.d.c. avec entrée indépendante, (1 lit 2 pers., 2 lits 1 pers.), situées sur le GR65 de Saint-Jacques-de-Compostelle. Salle d'eau et wc particuliers. Coin-cuisine et terrasse. Chauffage. Stages sur place (calligraphie, peinture...). 56 €/4 pers.

Prix : 2 pers. 40 € 3 pers. 49 € pers. sup. 8 €
Ouvert : Toute l'année.

	4	3	4	4	4	4	4	4	4

Jean LEFRANCOIS - Relais Saint-Jacques - La Cassagnole - 46100 FAYCELLES - Tél. : 05 65 34 03 08 - Fax : 05 65 34 03 08

FIGEAC Hauteval

II 1 ch. **Figeac 1 km.** Ch. aménagée au sous-sol de la maison des propriétaires avec entrée indép. (1 lit 2 pers., salle d'eau et wc). Terrasse, jardin.

Prix : 2 pers. 40 €

	3	3	15	3	3

Claude ALEYRANGUES - Hauteval - Planioles - 46100 FIGEAC - Tél. : 05 65 34 40 54

Midi-Pyrénées — Lot

FLAUGNAC Le Jardinet
C.M. 79 Pli 18

1 ch. Castelnau-Montratier 3,5 km. Cahors 17 km. Au rez-de-chaussée, avec entrée indépendante. 1 ch. (1 lit 2 pers.), avec lavabo, douche et wc. Chauffage. Piscine privée commune avec les propriétaires et les hôtes d'un gîte. Langue parlée : anglais.

Prix : 1 pers. 38 € 2 pers. 43 € repas 15 €
Ouvert : Toute l'année.

	SP	0,5	6	10	17	3,5

Edwige PONCIN-ARNOUIL - Le Jardinet - 46170 FLAUGNAC - Tél. : 05 65 21 81 41 - Fax : 05 65 21 83 43

FLORESSAS

2 ch. Puy l' Evêque 12 km. Ch. de plain pieds aménagées dans la maison des propriétaires avec entrée indép. au cœur du vignoble des côteaux de l'AOC Cahors. « Rosière » (1 lit 2 pers., s. d'eau, wc), « Marquise » (1 lit 2 pers., s. d'eau, wc), téléphone, TV dans chaque ch., chauff., séjour, salon privatif, terrasse, jardin.

Prix : 2 pers. 46 € pers. sup. 8 €
Ouvert : Toute l'année.

	12	12	8	12	20	1

Sabine DELGOULET - Les loges de Carlat - Route de Sérignac - 46700 FLORESSAS - Tél. : 05 65 31 92 84 ou 06 81 89 08 68

FONS La Piale
C.M. 79 Pli 10

3 ch. Au r.d.c. de la maison des propriétaires (1 lit 2 pers.), salle de bains, wc indépendant. Chauffage. Supplément repas gastronomique : 22.9 €. Ancienne demeure du XVIII° siècle bénéficiant d'une piscine (12 m x 6 m) et d'un parc de 7 ha. Grande chambre de caractère avec salle de bains, wc et salon d'hôtes (1 lit 2 pers.). Les propriétaires ont conservé des éléments d'origine dans la salle à manger tels que le « Cantou » ou la « Souillarde ». Langues parlées : anglais, hollandais.

Prix : 1 pers. 48/55 € 2 pers. 53/60 € repas 14 €
Ouvert : Toute l'année.

10	10	10	10	10

Charlotte VIPREY - La Piale - 46100 FONS - Tél. : 05 65 40 19 52

FONTANES-DU-CAUSSE Magnens Haut
C.M. 79 Pli 9

4 ch. Padirac, Rocamadour, vallée du Célé 20 km. A l'étage de la maison des propriétaires, située sur le Causse de Granat. 4 ch. (1 lit 2 pers. 1 lit 1 pers. 1 lit pliant). Salles d'eau particulières, wc communs aux ch. Chauffage électrique. Spéléologie, sentiers sur place, location VTT à 15 km. Table d'hôtes sur réservation. Repas enfant : 6 €. 46 €/4 pers. Langues parlées : anglais, espagnol.

Prix : 1 pers. 23 € 2 pers. 32 € 3 pers. 40 € repas 12 €
Ouvert : Du 15 juin au 15 septembre.

10	10	15	20	20	20	15	10

Jacquie ISSALY - Magnens Haut - 46240 FONTANES-DU-CAUSSE - Tél. : 05 65 21 16 09 - Fax : 05 65 31 10 74

FRANCOULES Le Mas de Jaillac

4 ch. Cahors 21 km. Ch. aménagées dans une ancienne grange restaurée avec soin et bénéficiant d'un très beau point de vue. 1 ch. (1 lit 2 pers., 1 lit 1 pers., s.d.b., wc), 2 ch. (1 lit 2 pers., s.d.b., wc), chauff. central, cour, jardin et prairies 2 ha, grande piscine. 4 pers. : 75/90 €. Endroit calme avec terrasse, jardin, très belle vue sur la vallée environnante.

Prix : 1 pers. 40/55 € 2 pers. 45/60 € 3 pers. 60/75 € repas 19 €
Ouvert : Toute l'année.

	SP	8	10	10	10	21	10

Eric BELLEMANS - Le Mas de Faillac - 46090 FRANCOULES - Tél. : 05 65 36 02 36 - Fax : 05 65 36 02 35 -
E-mail : e.bellemans@wanadoo.fr

FRAYSSINET-LE-GELAT La Serpt
C.M. 79 Pli 7

1 ch. De plain-pied avec entrée indépendante (1 lit 2 pers.), salle d'eau + wc particuliers. Terrasse, salon de jardin. Repas enfant 8 €.

Prix : 1 pers. 25 € 2 pers. 31 € pers. sup. 8 € repas 13 €
Ouvert : Du 1er mars au 30 octobre.

	6	6	5	5	35	6

Jean-Claude SOULIE - La Serpt - 46250 FRAYSSINET-LE-GELAT - Tél. : 05 65 36 66 15 ou 05 65 36 60 34 - Fax : 05 65 36 60 34

Lot
Midi-Pyrénées

FRAYSSINET-LE-GELAT La Thèze
C.M. 75 Pli 17

1 ch. Au r.d.c. da la maison du propriétaire avec entrée indépendante (1 lit 2 pers.), poss. 2 lits 1 pers. dans 1 chambre attenante. Salle d'eau et wc particuliers. Coin-cuisine. Chauffage électrique. 48 €/4 pers. Ferme Auberge 500 m.

Prix : 1 pers. **28 €** 2 pers. **31 €** 3 pers. **40 €**
Ouvert : Toute l'année.

7	4,5	4,5	15	35	35	4,5

Robert MURAT - La Thèze - 46250 FRAYSSINET-LE-GELAT - Tél. : 05 65 36 65 92

FRAYSSINET-LE-GOURDONNAIS Le Pech
C.M. 79 Pli 8

1 ch. Au r.d.c. avec entrée indépendante et située dans le village (1 lit 2 pers.). Salle de bains et wc communs avec la propriétaire. Chauffage central. Terrasse. Salon de jardin. Barbecue. Piscine privée (8 m x 4 m) commune avec la propriétaire. Lit d'appoint 1 pers.

Prix : 1 pers. **30 €** 2 pers. **34 €** repas **10 €**
Ouvert : Du 1er juin au 30 septembre.

SP	1	12	4	4	4	25	10	1

Nicole DENEUX - Le Pech - 46310 FRAYSSINET-LE-GOURDONNAIS - Tél. : 05 65 24 52 10

GINDOU Le Ségalard
C.M. 79 Pli 7

3 ch. Gourdon 19 km. 2 chambres avec entrées indépendantes et 1 au 1er étage de la maison des propriétaires. Ch. « La Pergola » (1 lit 160, 1 lit 1 pers.) avec salle d'eau et wc. Ch. « La Source » (2 lits 1 pers.) avec salle d'eau et wc. Ch. « Cocoon » (1 lit 160, 1 lit 1 pers.) avec salle d'eau et wc. Chauffage. Piscine commune aux propriétaires (9 x 4 m). Salon. Télévision (dans 1 chambre).

Prix : 1 pers. **42/46 €** 2 pers. **46/52 €** 3 pers. **68/72 €** repas **19 €**
Ouvert : Du 30 mars au 15 novembre.

SP	4	10	4	4	4	20	19	4

Monique DELAUNOIT - Le Segalard - 46250 GINDOU - Tél. : 05 65 21 62 71 - Fax : 05 65 21 62 71 - http://www.gites-de-france-lot/segalard/

GOURDON Chaunac
C.M. 79 Pli 8

2 ch. Dans la maison des propriétaires, chambre 1 (1 lit 2 pers.), salle d'eau, wc, coin-cuisine/coin-salon. TV, réfrigérateur, lave-linge. Lit d'appoint possible, cour avec salon de jardin. Chambre dans l'annexe (1 lit 2 pers.), salle d'eau, wc. Prise TV. Chauffage, salon de jardin. Chambres simples et coquettes situées dans un cadre de verdure et à proximité de Gourdon.

Prix : 1 pers. **30 €** 2 pers. **34 €** pers. sup. **9 €**
Ouvert : Toute l'année.

1,5	1,5	3	3	3	2	1,5

Danièle BARRIERE - Chaunac - 46300 GOURDON - Tél. : 05 65 41 19 49 - Fax : 05 65 41 19 49

GOURDON Le Paradis
C.M. 79 Pli 8

4 ch. Dans la maison du propriétaire, 1 ch. (1 lit 2 pers.), salle d'eau privée et wc privatif sur palier, 1 ch. (1 lit 2 pers. 1 lit 1 pers.), salle d'eau wc privatif. et 1 ch. (1 lit 2 pers. 1 lit 1 pers.) avec salle d'eau et wc particuliers, 1 ch. (2 lits 1 pers.), s. d'eau et wc privatifs sur le palier. Piscine privée (14 m x 7 m), pataugeoire commune avec la clientèle d'une aire naturelle de camping. Taxe de séjour : 0.30 €/jour/pers.

Prix : 1 pers. **32 €** 2 pers. **37 €** 3 pers. **49 €** repas **13 €**
Ouvert : Toute l'année.

SP	1	4	1	11	4	0,5

Jacquie JARDIN - Le Paradis - Route de Salviac D 673 - 46300 GOURDON - Tél. : 05 65 41 09 73 ou 06 72 18 05 44

GOURDON
C.M. 79 Pli 8

2 ch. Sarlat 25 km. Entrée indépendante aménagée au rez-de-chaussée (1 lit 2 pers.), l'autre aménagée à l'étage (1 lit 2 pers.), possibilité 1 lit 2 pers. et 1 lit d'appoint 80 dans une chambre attenante, salle d'eau et wc particuliers. Chauffage central. Chambres situées à la sortie de Gourdon. 61 €/4 pers.

Prix : 1 pers. **30 €** 2 pers. **34 €** 3 pers. **46 €** pers. sup. **8 €**
Ouvert : Toute l'année.

0,5	0,5	3	0,5	0,5	0,5	10	1	SP

Jeanne BASTIT - 37, rue Jean Joseph Calles - 46300 GOURDON - Tél. : 05 65 41 09 37

Midi-Pyrénées — **Lot**

GRAMAT Ferme du Gravier (TH)
C.M. 79 Pli 9

5 ch. **Rocamadour et Padirac 9 km.** Dans une fermette typique du Causse, dans la maison des propriétaires, dont 3 à l'étage et 2 au rez-de-chaussée (4 lits 2 pers. 3 lits 1 pers. 2 lits superposés 1 pers.), salle d'eau + wc particuliers. Chauffage électrique. Possibilité de lits d'appoint. Bibliothèque, Terrasse, salon de jardin. 59 €/4 pers. Repas enfant 8 €. Langues parlées : anglais, italien.

Prix : 1 pers. 38 € ◆ 2 pers. 38/41 € ◆ 3 pers. 49 € pers. sup. 11 € repas 15 €
Ouvert : Toute l'année.

1,5	1,5	1,5	20	20	20	1	1,5

Patrice et Lydia RAVET - Ferme du Gravier - Le Gravier - 46500 GRAMAT - Tél. : 05 65 33 41 88 - Fax : 05 65 33 73 75

GRAMAT Montanty (TH)
C.M. 79 Pli 9

4 ch. **Rocamadour et Padirac 13 km.** A l'étage de la maison des propriétaires, dans une ancienne grange entièrement restaurée. 4 ch. (1 lit 2 pers. chacune) avec salle d'eau et wc particuliers. Poss. lit bébé et lit d'appoint. 2 ch. sont en cours de réalisation. Langues parlées : anglais, espagnol.

Prix : 1 pers. 30/31 € ◆ 2 pers. 37 € ◆ 3 pers. 49 € pers. sup. 9 € repas 14 €
Ouvert : Du 1/04/02 au 15/10/02.

3,5	3,5	3,5	20	20	20	3,5	3,5

Brigitte DUMAS - Montanty - 46500 GRAMAT - Tél. : 05 65 33 41 65 - Fax : 05 65 33 41 66 - www.montanty.com

GRAMAT Le Cloucau - Cavagnac (TH)
C.M. 75 Pli 19

4 ch. Dans une vaste demeure du XVIIIè siècle, au cœur du Causse de Gramat. Accès indépendant. Chambre 1 : « L'Hortensia » (1 lit 2 pers.), salle de bains et wc, chambre 2 : « Le Pigeonnier » (1 lit 160), salle d'eau et wc. La « Caussanette » (suite r.d.c. 1 lit 2 pers., à l'étage 2 lits 1 pers., s.d.b. + wc. 4 pers. : 72/80 €. La « Brocantine » (suite r.d.c. 1 lit 1.60 m, chambre attenante 2 lits 1 pers., s.d'eau + wc). Piscine 5 x 10 m avec plongeoir. TV. Piano. Ch. non fumeur. Chauffage. Randonnée sur place.

Prix : 2 pers. 52/56 € ◆ 3 pers. 71 € pers. sup. 11 € repas 18 €
Ouvert : Toute l'année.

SP	4	4	5	15	4	4

Francine BOUGARET - Domaine du Cloucau - Cavagnac - 46500 GRAMAT - Tél. : 05 65 33 76 18 ou 06 12 90 03 28 - Fax : 05 65 33 76 18 - E-mail : lecloucau@caramail.com

GRAMAT Moulin de Fresquet (TH)
C.M. 75 Pli 19

5 ch. **Sites de Rocamadour et Padirac 9 km.** Maison de caractère et de charme dans 1 authentique moulin à eau quercynois du XVIIº, dont 3 avec accès direct sur le parc ombragé de 3 ha. avec cour d'eau privé. 5 ch. (6 lits 2 pers.). Salle d'eau et wc privés chacune. Chauffage. Terrasse. Bibliothèque. Salon avec TV et bibliothèque. Pêche dans cours d'eau privé. 87 €/4 pers. Repas enfant 9,15 €.

Prix : 1 pers. 50/54 € ◆ 2 pers. 50/67 € ◆ 3 pers. 81 € repas 18 €

0,8	0,8	0,8	1	SP	SP	15	1	1

Claude RAMELOT - Moulin de Fresquet - 46500 GRAMAT - Tél. : 05 65 38 70 60 ou 06 08 85 09 21 - Fax : 05 65 33 60 13 - E-mail : moulindefresquet@ifrance.com

ISSEPTS (TH)
C.M. 79 Pli 19

2 ch. **Figeac 12 km.** A l'étage de la maison, située à l'entrée du village, dans une ancienne grange entièrement restaurée. 1 ch. (1 lit 160) avec salle d'eau et wc et 1 ch. (1 lit 2 pers., 2 lits 1 pers.) dans une chambre attenante avec salle de bains et wc. Chauffage. Prix 4 pers. : 46 €. Langue parlée : anglais.

Prix : 1 pers. 26/28 € ◆ 2 pers. 32/34 € ◆ 3 pers. 40 € repas 14 €
Ouvert : Du 1er février au 30 novembre.

8	12	12	12	4	12	5	4

Catherine GRISE - 46320 ISSEPTS - Tél. : 05 65 40 17 61

ISSEPTS Le Pech d'Issepts (TH)
C.M. 79 Pli 10

2 ch. Au rez-de-chaussée de la maison des propriétaires. 1 chambre (1 lit 2 pers.), salle d'eau et wc, 1 chambre (1 lit 2 pers.), salle d'eau et wc. Chauffage central. Box et prés pour l'accueil de chevaux. Jardin, terrasse, billard, bibliothèque, ping-pong, VTT et randonnée sur place. Repas enfant 7 €. Repas pour séjour à la semaine, ou plus : 10 €.

Prix : 1 pers. 27 € ◆ 2 pers. 35 € ◆ 3 pers. 43 € repas 13 €
Ouvert : Toute l'année.

8	1,2	12	16	16	16	3	3

Nathalie FALGUIERES - Le Pech d'Issepts - 46320 ISSEPTS - Tél. : 05 65 40 10 51 - Fax : 05 65 40 10 51 - E-mail : issepts@aol.com

Lot — Midi-Pyrénées

LES JUNIES Le Château
C.M. 79 Pli 7

2 ch. Au 2ᵉ étage du château des Junies. 1 ch. (2 lits 1 pers.) et 1 ch. (1 lit 2 pers. à baldaquin), salle d'eau et wc particuliers à chaque chambre. Salon privé. Parc. Possibilité de 2 lits d'appoint dans les chambres. Langue parlée : anglais.

Prix : 1 pers. 53 € 2 pers. 61 € 3 pers. 70 € pers. sup. 9 €

🐕	🏊	🎾	🐎	⛱	🚲	🎣
	4,5	3	3	SP	25	7

Janine BARBERET - Le Château - 46150 LES-JUNIES - Tél. : 05 65 36 29 98

LABASTIDE-MURAT Larcher
C.M. 79 Pli 8

2 ch. De plain-pied avec entrée indépendante, (2 lits 2 pers. 1 lit d'appoint 1 pers. 2 pers.). Salle d'eau et wc dans chaque chambre. Chauffage central. Salon de jardin. Vente directe à la ferme (foie gras, confit, pâtés...), piscine privée et ping-pong sur place. Prix 4 pers. : 46 €. Coin-cuisine commun aux 2 chambres.

Prix : 1 pers. 25 € 2 pers. 34 € 3 pers. 40 €
Ouvert : Toute l'année.

🐕	🏊	🎾	🐎	⛱	🚲	🎣
	SP	3	10	3	18	3

Patrick COLDEFY - Larcher - 46240 LABASTIDE-MURAT - Tél. : 05 65 31 10 39 ou 05 65 21 13 15 - Fax : 05 65 31 14 84

LABASTIDE-MURAT Domaine de la Grèze
C.M. 79 Pli 8

2 ch. Dans la maison des propriétaires, bénéficiant d'un très beau point de vue. Au 1ᵉʳ étage : 1 chambre (2 lits 1 pers.), salle d'eau et wc. Au 2ᵉ étage : 1 chambre (2 lits 1 pers.), salle de bains et wc. Chauffage. Salles d'aérobic et de musculation, sauna, solarium sur place (avec suppl. de prix). Piscine privée.

Prix : 1 pers. 40/50 € 2 pers. 40/50 €
Ouvert : Toute l'année.

🐕	🏊	🎾	🐎	⛱	🚲	🎣
	SP	0,5	10	2	21	0,5

Henri VAN CITTERT - Domaine de la Crèze - 46240 LABASTIDE-MURAT - Tél. : 05 65 24 52 97 - Fax : 05 65 24 52 97 -
E-mail : info.lagreze@wanadoo.fr - http://www.lagreze.fr

LACAM-D'OURCET Les Teuillères   Alt. : 550 m   (TH)
C.M. 75 Pli 20

2 ch. Plan d'eau de Tolerme 2 km. A l'étage de la maison des propriétaires. 1 ch. (1 lit 2 pers.) avec salle d'eau et wc et 1 ch. (2 lits 1 pers.) avec salle d'eau et wc. Chauffage. Salon avec bibliothèque. Ping-pong. Jardin, salon de jardin, cour, terrasse. Possibilité de panier repas : 7 €. Camping sur place. Table d'hôtes uniquement sur réservation. 1 lit d'appoint. Langues parlées : allemand, hollandais, anglais.

Prix : 1 pers. 27 € 2 pers. 32 €, pers. sup. 14 € repas 12 €
Ouvert : Du 1ᵉʳ mars au 31 décembre.

🐕	🏊	🎾	🐎	⛱	🚲	🎣
	8	8	10	0,9	0,9	34	6

Adriaan VAN REEUWIJK - Les Teuillères - 46190 LACAM-D'OURCET - Tél. : 05 65 11 90 55 - Fax : 05 65 11 90 55 -
E-mail : camping.Les-teuilleres@wanadoo.fr - http://travel.to/lesteuilleresx

LACAPELLE-MARIVAL La Garrouste
C.M. 75 Pli 19

1 ch. Au rez-de-chaussée de la maison des propriétaires (1 lit 2 pers.), salle de bains et wc particuliers. Chauffage électrique. Visite du château de Lacapelle (XIIᵉ siècle), exposition de peinture, sculpture et artisanat en saison, du 1ᵉʳ juillet au 15 septembre.

Prix : 1 pers. 34 € 2 pers. 41 €
Ouvert : Toute l'année.

🐕	🏊	🎾	🐎	⛱	🚲	🎣
	1	1	12	25	25	1	9	1

Marcel BOUSSAC - La Garrouste - Route de Latronquière - 46120 LACAPELLE-MARIVAL - Tél. : 05 65 40 84 15

LACHAPELLE-AUZAC Lachapelle Basse
C.M. 75 Pli 18

3 ch. Sous forme de suite dans une partie de la demeure des propriétaires (3 lits 2 pers. 6 lits 1 pers.), salle de bains ou salle d'eau et wc particuliers chacune. Grand salon avec TV. Salon de jadin, terrasse. Piscine privée (11,5 x 5,5 m) commune avec les propriétaires. Prix 4 pers : 61/69 €. Golf à 3 km.

Prix : 1 pers. 37 € 2 pers. 43 € 3 pers. 53/58 €
Ouvert : Toute l'année.

🐕	🏊	🎾	🐎	⛱	🚲	🎣
	SP	5	5	5	5	5	5	5

René LOURDJANE - Lachapelle Basse - 46200 LACHAPELLE-AUZAC - Tél. : 05 65 37 82 77 - Fax : 05 65 37 82 77 -
E-mail : lourdjanerene@wanadoo.fr - http://www.france-bonjour.com/lachapelle-auzac/

Midi-Pyrénées
Lot

LALBENQUE Fournet (TH)

1 ch. **Cahors 20 km.** Ch. aménagée dans la maison des propriétaires situées au cœur du Causse (1 lit 2 pers.), s.d'eau + wc, salon, TV, cour et terrain. Chemin de St Jacques de Compostelle à proximité, poss. de venir vous chercher en voiture. Petits chemins bordés de pierres sèches.

Prix : 2 pers. **46 €** repas **12 €**
Ouvert : Toute l'année.

7	7	5	25	25	1	20	7

Louis COUCHOUD - Le mas de Céré - Fournet - 46230 LALBENQUE - **Tél. : 05 65 24 79 20**

LAMOTHE-CASSEL Le Mas-Blanc
C.M. 75 Pli 18

2 ch. Dans une maison attenante à celle des propriétaires. 1 ch. (2 lits 2 pers., 2 lits 1 pers., 1 lit bébé), s.d.b., wc privés. 1 ch. au rez-de-chaussée (2 lits 2 pers. 2 lits 1 pers.), s. d'eau, wc. Salle de séjour à la disposition des hôtes. Chauffage électrique. Cheminée. Propriétaire de 3 gîtes ruraux. 46 €/4 pers.

Prix : 1 pers. **23 €** 2 pers. **30 €** 3 pers. **38 €** pers. sup. **8 €**
Ouvert : Toute l'année.

9	0,5	15	12	9	26	6

Maria GARRIGUES - Le Mas Blanc - 46240 LAMOTHE-CASSEL - **Tél. : 05 65 36 80 11** - **Fax : 05 65 36 80 11**

LAMOTHE-FENELON Gatignol (TH)
C.M. 79 Pli 8

3 ch. De plain-pied avec accès indépendants dont 1 ch. dans une annexe (1 lit 2 pers. 1 lit 100) et 2 ch. au rez-de-chaussée de la maison des propriétaires (1 lit 2 pers.), salle d'eau ou de bains et wc particuliers. Chauffage central. Salon de jardin, petite terrasses privatives. Repas enfant - 10 ans : 8 €. Pas de table d'hôtes le dimanche. Langues parlées : espagnol, anglais.

Prix : 1 pers. **30 €** 2 pers. **37 €** 3 pers. **44 €** repas **14 €**
Ouvert : Toute l'année.

4	4	13	1,5	1,5	1,5	7	13	4

Eliane MONTARNAL - Gatignol - 46350 LAMOTHE-FENELON - **Tél. : 05 65 37 60 24**

LAMOTHE-FENELON
C.M. 75 Pli 18

3 ch. A l'étage (2 lits 2 pers. 2 lits 1 pers.), salle d'eau et wc réservés aux hôtes des 2 chambres et 1 située au r.d.c. (1 lit 2 pers.), salle d'eau et wc privés. Chauffage central. Possibilité de pique-nique, terrasse couverte. Site de Rocamadour et Sarlat dans les environs. 38 €/4 pers. Restaurant sur place dans le village.

Prix : 1 pers. **24/26 €** 2 pers. **28/32 €** 3 pers. **34/40 €**
Ouvert : Toute l'année.

7	7	SP	7	7	7	12	SP

Colette FRANCOULON - 46350 LAMOTHE-FENELON - **Tél. : 05 65 37 60 22**

LATOUILLE-LENTILLAC Le Moulin de Latouille
C.M. 75 Pli 20

4 ch. **Saint-Céré 7 km.** Patricia et Philippe vous accueillent dans leur maison disposant d'un jardin ombragé et fleuri. Les ch. sont aménagées au 1er ét. de la amison des propriétaires avec entrée indép. 3 ch. (1 lit 2 pers., s.d.b. + wc), 1 ch. (1 lit 2 pers., 1 lit 1 pers., s.d.b. + wc). Restaurant à 500 m.

Prix : 1 pers. **23/26 €** 2 pers. **27/30 €** 3 pers. **34/38 €**
Ouvert : Toute l'année.

7	7	5	0,3	0,3	0,2	13	7

Philippe GAILLARD - Le Moulin de Latouille - 46400 LATOUILLE-LENTILLAC - **Tél. : 05 65 38 29 02 ou 05 65 38 05 17**

LEBREIL Labrugade (TH)
C.M. 79 Pli 17

3 ch. Entrées indépendantes, dans un bel environnement boisé et vallonné, du Quercy Blanc. 3 ch. (3 lits 2 pers., 1 lit 1 pers., 1 lit d'appoint, 1 lit bébé), salle d'eau et wc privés. Chauffage central. Cour, salon, bibliothèque. Repas enfant 7 €. Vous serez accueillis au cœur d'une campagne riante, fleurie et boisée où tout est calme et reposant. L'été, vous apprécierez la terrasse ombragée équipée d'un salon de jardin et l'hiver la chaleur d'un bon feu de cheminée.

Prix : 1 pers. **29 €** 2 pers. **37 €** 3 pers. **46 €** pers. sup. **9 €**
repas **13 €**
Ouvert : Toute l'année.

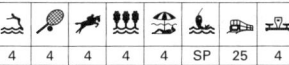

4	4	4	4	SP	25	4

Madeleine BIBARD - Labrugade - 46800 LEBREIL - **Tél. : 05 65 31 84 66**

Lot
Midi-Pyrénées

LENTILLAC-SAINT-BLAISE Le Mas des Garrits

C.M. 79 Pli 10

E.C. 1 ch. A la limite des départements du Lot et de l'Aveyron, 1 chambre familiale au r.d.c avec chambre attenante aménagée dans la maison des propriétaires, de façon agréable (1 lits 2 pers., 2 lit 1 pers. + 1 lit bébé) salle d'eau, wc. Chauffage. Piscine découverte (5,5 m x 11 m). Salon de jardin. Jardin. Salon de bridge. Repas 18 € en dépannage. 4 pers. : 76 €. Macha et Jacques sont passionnés de bridge.

Prix : 1 pers. **46 €** 2 pers. **49 €** 3 pers. **63 €**
Ouvert : Toute l'année.

🐕	🚶	🏇	🎪	⛱	🚲	🏨
SP	13	3	3	4	0,5	

Macha et Jacques VIGUIE - Le Mas des Garrits - 46100 LENTILLAC-SAINT-BLAISE - Tél. : 06 12 92 89 25 ou 05 65 34 13 71 - Fax : 05 65 34 13 71 - E-mail : jacques.viguié@wanadoo.fr

---

LHOSPITALET Le Baylou
C.M. 79 Pli 18

1 ch. A l'étage de la maison des propriétaires (1 lit 2 pers. 1 lit 1 pers.), salle de bains et wc communs avec les propriétaires. Ch. central. Sur place également, un camping à la ferme. Golf (9 trous) 15 km. Chasse sur place. Véranda couverte.

Prix : 1 pers. **21 €** 2 pers. **26 €** 3 pers. **32 €**
Ouvert : Toute l'année.

🐕	🚶	🎾	🏇	🎪	⛱	🚲	🏨
	12	4	4	12	4	10	10

Micheline GIRMA - Le Baylou - 46170 LHOSPITALET - Tél. : 05 65 21 00 57

LIMOGNE-EN-QUERCY Bastide de Vinel

4 ch. **Cahors 35 km.** Ch. aménagées au 1er ét. de la maison des propriétaires. Ch.1 (1 lit 2 pers., 2 lits 1 pers., s. d'eau, wc), ch.2 (3 lits 1 pers., s. d'eau, wc), ch.3 (3 lits 1 pers., s. d'eau, wc), ch.4 (1 lit 2 pers., 1 lit 1 pers., s. d'eau + wc), jardin, cour. Les ch. sont aménagées dans une ancienne école religieuse récemment restaurée. 4 pers. : 56 €.

Prix : 1 pers. **30 €** 2 pers. **37/41 €** 3 pers. **47/52 €** pers. sup. **11 €**
Ouvert : Toute l'année.

🐕	🚶	🎾	🏇	🎪	⛱	🚲	🏨
	1	1	1,5	12	11	35	0,2

Jean-Pierre GAVENS - Bastide de Vinel - 46260 LIMOGNE-EN-QUERCY - Tél. : 05 65 24 37 32

LIMOGNE-EN-QUERCY
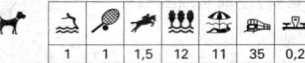

4 ch. **Cahors 35 km.** Ch. aménagées dan sune ancienne maison de maître. A l'ét. 3 ch. : la ch. aux oiseaux (1 lit 2 pers., coin salon, s.d.b. + wc), la ch. cirée (1 lit 2 pers., s.d.b. + wc), la ch. voûtée (1 lit 2 pers., salon + 1 lit enfant, s.d.b. + wc). Au r.d.c., 1 ch. avec accès indép. : l'ancienne étude (3 lits 1 pers., coin salon, s.d.b. + wc), chauffage, jardin paysager. Parc cloturé de murs, très ombragé. Langue parlée : anglais.

Prix : 2 pers. **46/53 €** 3 pers. **64 €** pers. sup. **8 €** repas **15 €**
Ouvert : Toute l'année.

🐕	🚶	🎾	🏇	🎪	⛱	🚲	🏨
	0,5	0,5	0,5	8	9	9	35	SP

Patrice PONSOLLE - Le clos des Chênes Verts - Route de Cahors - 46260 LIMOGNE-EN-QUERCY - Tél. : 05 65 31 50 03 - Fax : 05 65 31 50 03 - E-mail : ponsolle@club-internet.fr

---

LIMOGNE-EN-QUERCY
C.M. 79 Pli 9

2 ch. **Parc de loisirs 8 km.** A l'étage de la maison des propriétaires, 1 ch. (1 lit 2 pers., 1 lit 1 pers.) avec s. d'eau et wc privés, 1 ch. (1 lit 2 pers., 1 lit 1 pers.) avec s.d.b. et wc communs avec le propr. Séjour à la dispo. des hôtes. Ch. élect. Terrasse et cour ombragée, site calme. Accès indépendant donnant sur cour. Terrain. Restaurant sur place.

Prix : 1 pers. **25/29 €** 2 pers. **27/34 €** 3 pers. **38/46 €**
Ouvert : Toute l'année.

🐕	🚶	🎾	🏇	🎪	🚲	🏨
	1,5	1,5	1,5	10	10	26	0,3

Roland DUBRUN - Route de Cenevières - 46260 LIMOGNE-EN-QUERCY - Tél. : 05 65 31 50 50

LINAC La Croux
C.M. 75 Pli 20

1 ch. Au r.d.c. avec accès indépendant dans une maison typique, dans un parc au cœur du Ségala, dans un très bel environnement boisé et vallonné. (1 lit 2 pers. 1 lit d'appoint 120), salle d'eau et wc privés. Ch. élect. et central. Salon de jardin, barbecue. Enclos pour chevaux et ping-pong. Découverte guidée de la région en VTT par le propriétaire (initiateur VTT fédéral). Cuisine d'été. TV dans la chambre. Location de vélo. VTT sur place.

Prix : 1 pers. **30 €** 2 pers. **40 €** 3 pers. **46 €**
Ouvert : Toute l'année.

🐕	🚶	🎾	🏇	🎪	⛱	🚲	🏨
	7	7	7	5	5	3	5	14	7

Gérard FABIEN - La Croux - Route de Latronquière - 46270 LINAC - Tél. : 05 65 34 93 04 ou 06 08 34 10 89

Midi-Pyrénées — Lot

LISSAC-ET-MOURET

E.C. 2 ch. **Figeac 8 km.** Ch. à l'ét. de la maison Quercynoise des propriétaires. Ch.1 (1 lit 2 pers., s. d'eau, wc), 1 ch. familiale (2 lits 2 pers. et 1 lit 1 pers. dans 1 ch. attenante, s. d'eau et wc indép.), chauff. central. Accès gratuit à 2 piscines et un trampoline commun avec la clientèle d'un camping à la ferme et d'une crêperie. 4 pers. : 55 €. Langue parlée : anglais.

Prix : 1 pers. 30 € 2 pers. 34/38 € 3 pers. 46 € pers. sup. 9 €
Ouvert : Toute l'année.
Sabine BROSSE - L'Oasienne - Claviès - 46100 LISSAC-ET-MOURET - Tél. : 05 65 14 06 49 ou 06 87 62 26 96 - Fax : 05 65 34 40 98

LISSAC-ET-MOURET L'Oasienne Clavies
C.M. 79 Pli 10

3 ch. A l'étage de la maison des propriétaires (3 lits 2 pers. 2 lits 1 pers. 1 lit enfant). Salle d'eau et wc privés pour chaque ch. Gîte rural, camping à la ferme sur place. 2 piscines et 1 jaccuzi privés communs avec la clientèle d'un camping à la ferme et de 2 gîtes. Trampoline. Mini-golf, barbecue. Buvette sur place. Restaurant 7 km. Ping-pong. 41 €/4 pers. Langue parlée : anglais.

Prix : 1 pers. 29 € 2 pers. 32 € 3 pers. 37 € repas 14 €
Ouvert : Toute l'année.

SP	2	4	3	8	5	8	8	8

Gérard et Nicole GAY - L'Oasienne Clavies - 46100 LISSAC-ET-MOURET - Tél. : 05 65 34 40 98 ou 06 76 07 87 26 - Fax : 05 65 34 40 98

LIVERNON L'Oustal Del Rey
C.M. 75 Pli 19

2 ch. Entrées indépendantes, dont une aménagée au r.d.c. (1 lit 2 pers. 1 lit 120), TV, salle d'eau, wc. Une à l'étage (1 lit 2 pers.), salle d'eau, wc. Chauffage central. Terrasse, terrain, restaurant à 500 m. Parc, tir à l'arc, ping-pong. Ch. non fumeur. Accompagnement rando.

Prix : 1 pers. 27/34 € 2 pers. 30/37 € 3 pers. 41/46 €
Ouvert : Toute l'année.

10	1	6	10	4	7	4	0,5	

Audrey et Jean-Luc GOUTAL - L'Oustal del Rey - Mas de Charles - 46320 LIVERNON - Tél. : 05 65 40 58 39 -
E-mail : jean-luc.goutal@educagri.fr

MARCILHAC-SUR-CELE Les Tilleuls
C.M. 79 Pli 9

4 ch. A l'étage d'une demeure du XVIIIe siècle : 7 lits 1 pers. 2 lits 2 pers. 1 lit bébé. Salle d'eau et wc particuliers chacune. Chauffage électrique. Salon réservé aux hôtes. Parc ombragé avec bassin, portique balançoire pour enfants, salon de jardin, barbecue. Réfrigérateur. Restaurant à proximité. 4 pers. : 62 €.

Prix : 1 pers. 27 € 2 pers. 37/39 € 3 pers. 52/56 €
Ouvert : Du 1er janvier au 15 novembre.

4	0,5	4	SP	SP	SP	8	SP

Michèle MENASSOL - Les Tilleuls - Maison Falret - 46160 MARCILHAC-SUR-CELE - Tél. : 05 65 40 62 68 - Fax : 05 65 40 74 01 -
http://www.les-tilleuls.fr.st

MARCILHAC-SUR-CELE Cap de la Coste
C.M. 79 Pli 9

3 ch. Au rez-de-chaussée : 1 chambre au r.d.c. (1 lit 2 pers.), salle de bains et wc. A l'étage : 1 chambre (1 lit 2 pers.), 1 ch. (1 lit 2 pers., 2 lits 1 pers.) salle d'eau et wc. Chauffage. Piscine privée (10 x 5). Plan d'eau à 1 km, randonnée sur place. Tarif 4 pers. : 67 €. Jardin. Chambre avec 1 lit 2 pers. et 2 lits 1 pers., formant suite avec la chambre de l'étage (pour 1 famille). Table d'hôte occasionnelle pour les marcheurs.

Prix : 1 pers. 35 € 2 pers. 41 € 3 pers. 55 € repas 15 €
Ouvert : Toute l'année.

SP	1	3	1	1	20	15

Colette BESSY - La Caussenarde - Cap de la Coste - 46160 MARCILHAC-SUR-CELE - Tél. : 05 65 40 69 10

MARCILHAC-SUR-CELE Lou-Cayrou
C.M. 79 Pli 9

4 ch. A l'étage de la maison des propriétaires, dans un site un peu isolé à proximité de la vallée du Celé. « Fer à cheval » (2 lits 1 pers.), s.d.b. et wc, « La Chouette » (1 lit 2 pers.), s. d'eau et wc, « Le Chapeau » (2 lits 2 pers.), s.d.b. et wc, « La Paille » (1 lit 2 pers.), s.d.b. et wc. Chauffage. Restaurant à 3 km (15 mn à pied). Plan d'eau à 3 km, randonnée sur place.

Prix : 1 pers. 30 € 2 pers. 43 € repas 12 €
Ouvert : Toute l'année.

7	3	7	3	3	20	3

Peter REUSEMANN - Lou Cayrou - 46160 MARCILHAC-SUR-CELE - Tél. : 05 65 31 28 41 - Fax : 05 65 31 28 41

MARCILHAC-SUR-CELE

1 ch. Ch. familiale aménagée dans la maison des propriétaires (1 lit 2 pers., poss. de 2 lits 1 pers. dans une chambre séparée, s.d.b. et wc indép.). Chauff., terrasse, jardin, piscine privée.

Prix : 2 pers. 43 € 3 pers. 55 € pers. sup. 67 € repas 15 €
Ouvert : du 5 avril au 30 novembre 2002.

1	3	1	1	20	1

Marc FRANCOIS - Routes de Pailhes - 46160 MARCILHAC-SUR-CELE - Tél. : 05 65 40 71 95 ou 06 75 04 32 35 - E-mail : mmcfrancois@aol.com

Lot   Midi-Pyrénées

MARCILHAC-SUR-CELE Monteils   C.M. 79 Pli 9

4 ch.   A l'étage : 1 ch. (1 lit 2 pers. + 1 lit 1 pers.), 1 ch. (2 lits 2 pers.), 1 ch. (2 lits 1 pers.), salle d'eau et wc communs aux 4 chambres. Chauffage électrique. Possibilité d'un lit d'enfant. Tarif 4 pers. : 34 €.

Prix : 1 pers. **20 €** 2 pers. **23 €** 3 pers. **27 €**
Ouvert : Toute l'année.

🐕	🏊	🎾	🏇	🍴	⛱	🏊	🚉	⛵
	7	3	5	SP	SP	SP	SP	22	3

Robert SOURSOU - Monteils - 46160 MARCILHAC-SUR-CELE - Tél. : 05 65 31 28 62

MARCILHAC-SUR-CELE Montredon   C.M. 79 Pli 9

2 ch.   Au r.d.c. d'une maison ancienne (1772), (2 lits 2 pers. 1 lit d'appoint 1 pers.), lavabo, douche et wc particuliers pour chaque chambre, poss. d'un lit suppl. (130), dans une chambre attenante. Chauffage central. Jardin, terrasse ombragée et fleurie. poss. de pique-nique. Produits fermiers. Portique, toboggan. Salon de jardin. Prix 4 pers. : 53 €.

Prix : 1 pers. **27 €** 2 pers. **35 €** 3 pers. **43/46 €**
Ouvert : Toute l'année.

🐕	🏊	🎾	🏇	🍴	⛱	🏊	🚉	⛵
	5	5	4	5	5	5	8	5

Huguette BLANC - Montredon - 46160 MARCILHAC-SUR-CELE - Tél. : 05 65 40 67 74 ou 05 65 40 69 77

MARTEL Les 3 Chats   C.M. 75 Pli 18

E.C. 2 ch.   Chambres aménagées dans une annexe. Chambre 1 (1 lit 2 pers.), salle d'eau, wc. Chauffage électrique. TV. Chambre 2 (2 lits 1 pers.), salle d'eau, wc. TV. Les 2 chambres ont un accès direct à un jardin. Demeure traditionnelle au cœur de Martel, cité médiévale, les « 3 chats » vous accueilleront dans un cadre agréable.

Prix : 1 pers. **35 €** 2 pers. **40 €**
Ouvert : Toute l'année.

🐕	🎾	🏇	🍴	⛱	🚉	⛵
	4	2	4	4	8	SP

Michèle ROUCHON-MAZERAT - Rue Montpezat - Les 3 Chats - 46600 MARTEL - Tél. : 05 65 37 10 12 - Fax : 05 65 37 10 12

MARTEL La Cour au Tilleul   C.M. 75 Pli 18

3 ch.   3 charmantes ch. d'hôtes avec entrée indép. donnant sur la cour intérieur de cette belle demeure lotoise. 1 ch. (1 lit 2 pers., 1 lit 1 pers., s. d'eau, wc). 1 ch. (1 lit 2 pers., 2 lits 1 pers., s. d'eau, wc). 1 ch. (1 lit 2 pers., s. d'eau, wc). Chauffage central, petit déjeuner servis en terrasse l'été. 4 pers. : 53/73 €. Dans le petit village médiéval de Martel, lieu de calme et de repos, venez flaner dans ces ch. d'hôtes aménagées avec goût et fantaisie.

Prix : 1 pers. **38/43 €** 2 pers. **43 €** 3 pers. **46/58 €**
Ouvert : Toute l'année.

🐕	🏊	🎾	🏇	🍴	⛱	🏊	🚉	⛵
	10	4	4	4	4	4	4	5	SP

Myriam JOUVET - Avenue du Capitani - La Cour au Tilleul - 46600 MARTEL - Tél. : 05 65 37 34 08

MARTEL Croix-Mathieu   C.M. 75 Pli 18

4 ch.   4 ch. : 1 à l'étage de la maison des propriétaires (1 lit 2 pers. 1 lit 1 pers.), avec salle d'eau et wc particuliers. Possibilité (1 lit 2 pers. 1 lit bébé) dans une chambre attenante. 3 chambres en r.d.c. avec entrée indépendante aménagées dans l'annexe de la maison des propriétaires dont 2 ch. (1 lit 2 pers., 1 lit 1 pers.). 1 ch. (2 lits 1 pers.). 4 pers. 72 €. Poss. lit d'appoint, 2 s. deau et wc privés, s.d.b. et wc privés. Séjour/coin-salon avec TV et cheminée. Terrasse couverte avec barbecue. Piscine privée commune aux propriétaires. Poss. pique-nique sur place. Site panoramique calme et reposant. Suppl. repas gastronomique : 23 €. Repas enfant 7,7 €. Langue parlée : anglais.

Prix : 1 pers. **32 €** 2 pers. **38/53 €** 3 pers. **59/63 €** pers. sup. **12 €** repas **15 €**
Ouvert : Toute l'année.

🐕	🏊	🎾	🏇	🍴	⛱	🏊	🚉	⛵
	13	1	8	5	2	5	5	8	1

Liliane MACAINE - Croix Mathieu - 46600 MARTEL - Tél. : 05 65 37 41 78 ou 05 65 27 13 03

MARTEL

4 ch.   Martel 2 km. Ch. aménagées à l'ét. de la maison des propriétaires. « Les papillons roses » (1 lit 2 pers., s. d'eau, wc), « les papillons bleus » (1 lit 2 pers., 1 lit 1 pers., s.d.b., wc), « les papillons verts » (1 lit 2 pers., 1 banquette, s. d'eau, wc), « les papillons jaunes » (2 lits 1 pers., 2 lits 0,80 m., s. d'eau, wc). Chauff., terrasse, jardin, terrain de boules. Piscine privée, ping-pong, bibliothèque, chasse et location de vélo sur place. Week-ends et semaines à thème hors saison.

Prix : 2 pers. **43/55 €** pers. sup. **11 €** repas **14 €**

🐕	🎾	🏇	⛱	🏊	🚉	⛵
	6	4	6	5	5	11	2

Christiane GASPARD - Domaine de la Vaysse - 46600 MARTEL - Tél. : 05 65 32 49 87 - Fax : 05 65 32 49 87

Midi-Pyrénées — Lot

MAUROUX Mas de Laure
C.M. 79 Pli 6

5 ch. **Puy l'Evêque 11 km.** Dans une ancienne ferme de caractère avec accès indépendants. « couché de soleil » (2 lits 1 pers.), « sous ciel étoilé » (1 lit 160 + mezzanine 2 lits 1 pers.), « abri des vents » (2 lits 1 pers.), « plain sud » (1 lit 160 et 1 lit 1 pers.), « brise d'antan » (1 lit 160), salle d'eau et wc dans chaques chambres. Chauffage. Piscine privée (5 x 12), randonnées 4 x 4 (sauf en juillet et août), plan d'eau à 8 km, randonnée pédestre sur place. Repas gastronomique : 27 €, repas enfant : 9,15 €. 4 pers. : 79/89 €. Week-end à thème.

Prix : 1 pers. **55/65** € 2 pers. **55/65** € 3 pers. **67/77** € pers. sup. **12** € repas **20** €
Ouvert : Toute l'année et sur réservation d'octobre à février.

	SP	0,5	2	6	8	8	13	1

Laure TREBOSSEN - Mas de Laure - 46700 MAUROUX - Tél. : 05 65 30 67 39 - Fax : 05 65 30 67 39 - E-mail : mas.de.laure@infonie.fr

MAUROUX Domaine les Gonies

2 ch. **Puy l'Evêque 10 km.** Ch. aménagées dans la maison des propriétaires avec accès indép. 1 ch. (1 lit 2 pers.) s. d'eau et wc indép. 1 ch. (1 lit 2 pers.), s. d'eau et wc indép. Réfrigérateur dans chaque ch., chauff. d'appoint, jardin. Piscine privée commune avec la clientèle d'un gîte rural.

Prix : 2 pers. **46** € repas **15** €
Ouvert : Toute l'année.

	0,5	1	8	8	8	13	1

Ton KODDEN - Domaine les Gonies - 46700 MAUROUX - Tél. : 05 65 36 53 97 - Fax : 05 65 36 53 97 - E-mail : les.gonies@wolmail.nl

MAYRINHAC-LENTOUR Gontal-Bas

C.M. 75 Pli 19

2 ch. **Gouffre de Padirac 6 km. Rocamadour 20 km.** Au rez-de-chaussée de la maison des propriétaires, dont 1 avec entrée indépendante : 1 ch. (2 lits 2 pers.) avec salle d'eau et wc et 1 ch. (1 lit 2 pers., 1 lit 1 pers.) avec salle d'eau et wc. Chauffage électrique. 4 pers. : **39** €.

Prix : 1 pers. **23** € 2 pers. **27** € 3 pers. **33** € repas **11** €
Ouvert : Toute l'année.

	12	2	5	12	12	5

Marie-Line DONNADIEU - Gontal-Bas - 46500 MAYRINHAC-LENTOUR - Tél. : 05 65 38 06 14

MAYRINHAC-LENTOUR La Grèze
C.M. 75 Pli 19

3 ch. **Saint-Céré 12 km. Padirac 4 km.** A l'étage de la maison des propriétaires. 1 ch. (1 lit 2 pers.) avec salle d'eau et wc. 1 ch. (2 lits 1 pers.) avec salle d'eau et wc, 1 ch. (1 lit 2 pers., 2 lits 1 pers.) avec salle d'eau et wc. Chauffage. Salon de jardin, terrasse. Piscine commune aux propriétaires. Prix 4 pers. : **61** €. Langue parlée : anglais.

Prix : 1 pers. **35** € 2 pers. **38** € 3 pers. **46** €
Ouvert : Du 1er avril au 31 octobre.

	SP	3	10	10	10	10	10

Bryan CROOK - La Grèze - 46500 MAYRINHAC-LENTOUR - Tél. : 05 65 33 73 48 - Fax : 05 65 33 73 48 -
E-mail : bryanne.atlagreze@wanadoo

MAYRINHAC-LENTOUR La Coste
C.M. 75 Pli 19

2 ch. **Gouffre de Padirac 6 km. Rocamadour 20 km.** Dans la maison du propriétaire à l'étage (3 lits 1 pers.), salle d'eau et wc. Chauffage. 1 chambre indépendante sur jardin (1 lit 2 pers.), salle d'eau + wc, chauffage, salon de jardin, terrasse avec accès indépendant. Prêt de vélos. Randonnées sur place. Langue parlée : espagnol.

Prix : 1 pers. **29** € 2 pers. **37** € 3 pers. **46** € repas **14** €
Ouvert : Toute l'année.

	8	1,5	6	10	10	10	8	6

Robert IGNACIO - La Coste - 46500 MAYRINHAC-LENTOUR - Tél. : 05 65 10 88 48 - Fax : 05 65 10 88 48 -
E-mail : ignaciorobert@wanadoo.fr

MERCUES Le Mas Azemar
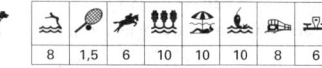
C.M. 79 Pli 8

6 ch. Dans une belle demeure de charme au cœur du vignoble AOC Cahors. 1 ch. (1 lit 2 pers. 1 lit 1 pers.). 2 ch. (1 lit 2 pers. chacune). 1 ch. (2 lits 120, 1 lit 1 pers.). 1 ch. (2 lits 1 pers.). 1 ch. (3 lits 1 pers.). S.d.b. ou s. d'eau et wc particuliers pour chacune. Salon. Chauffage central. Taxe de séjour : 0.61 €./pers./jour. Repas enfant : 12.20 €. Tarif 4 pers. : 105.2 €. Supplément repas gastronomique 30 €. Langue parlée : anglais.

Prix : 1 pers. **60/78** € 2 pers. **60/78** € 3 pers. **93** € pers. sup. **15** € repas **24** €
Ouvert : Toute l'année sur réservation.

	SP	0,5	5	5	5	10	0,5

Claude PATROLIN - Le Mas Azemar - 46090 MERCUES - Tél. : 05 65 30 96 85 - Fax : 05 65 30 53 82 - E-mail : masazemar@aol.com -
www.masazemar.com

Lot — Midi-Pyrénées

MIERS Lamothe
C.M. 75 Pli 19

2 ch. Rocamadour 8 km. Padirac 6 km. A l'étage de la maison des propriétaires 1 ch. (1 lit 2 pers., 1 lit d'appoint), salle de bain et wc réservés aux hôtes, 1 ch. (1 lit 2 pers., 1 lit d'appoint), salle d'eau, possibilité d'1 lit supplémentaire (2 pers.) dans une chambre attenante. Salle à manger réservée aux hôtes. Chauffage central.

Prix : 1 pers. **18/23 €** 2 pers. **23/27 €** 3 pers. **30/34 €**
Ouvert : Toute l'année.

🐕	🏊	🎾	🏇	👥	⛱	🏊‍♂️	🚂	🚲
10	2	10	10	10	2	10	11	2

Armande SALACROUP - Lamothe - 46500 MIERS - Tél. : 05 65 33 64 14

MIERS Borie
C.M. 75 Pli 19

1 ch. Rocamadour 8 km. Padirac (gouffre) 4 km. Parc aquatique 3 km. Dans la maison des propriétaires, avec entrée indépendante (1 lit 2 pers. 1 lit 1 pers. 1 lit d'appoint). Salle de bains et wc particuliers. Chauffage. Terrasse. Salon de jardin. Location de VTT à 11 km. A la ferme, démonstration de garage, vente directe de produits fermiers. Tarif 4 pers. : 43 €.

Prix : 1 pers. **26 €** 2 pers. **30 €** 3 pers. **38 €**
Ouvert : Du 1er mai au 30 octobre.

🐕	🏊	🎾	🏇	👥	⛱	🏊‍♂️	🚂	🚲
11	2	11	8	4	6	8	12	2,5

Alice LAVERGNE - Borie - 46500 MIERS - Tél. : 05 65 33 60 48

MIERS Grezes
C.M. 75 Pli 19

4 ch. Site de Rocamadour 10 km. Padirac 5 km. A l'étage d'une ancienne grange restaurée à côté de la maison des propriétaires (5 lits 2 pers. 1 lit 1 pers. 2 lits 1 pers. superposés, 1 lit d'appoint, 1 lit bébé). Salle d'eau et wc particuliers pour chaque chambre. Chauffage électrique. Salons de jardin. Barbecue. Portique. Réduction 10 % à la semaine. Taxe de séjour comprise. Prix 4 pers. : 50 €. Golf à 18 km.

Prix : 1 pers. **28 €** 2 pers. **35 €** 3 pers. **42 €**
Ouvert : Du 1er avril au 30 septembre.

🐕	🏊	🎾	🏇	👥	⛱	🏊‍♂️	🚂	🚲
3	1,5	10	8	4	8	8	10	2

Josiane LAVERGNE - Grezes - Le Vieux Séchoir - 46500 MIERS - Tél. : 05 65 33 68 33 - Fax : 05 65 33 68 33 -
E-mail : levieuxsechoir@wanadoo.fr - www.site.voila.fr/levieuxsechoir

MILHAC Château-Vieux
C.M. 75 Pli 18

5 ch. Gourdon 7 km. Grottes de Cougnac 4 km. Sarlat 15 km. Rocamadour 20 km. Au rez-de-chaussée accessible aux pers. hand. 1 ch. (2 lits 2 pers.) avec salle d'eau et wc, et 4 chambres à l'étage. 3 ch. (1 lit 2 pers., 1 lit 1 pers.) avec salle d'eau et wc. 1 ch. (1 lit 2 pers.) avec salle d'eau et wc. Chauffage. Prix 4 pers. : 64 €. Table d'hôtes sur réservation. Supplément repas gastronomique 23 €. Repas enfant. Lac à 3 km.

Prix : 1 pers. **31 €** 2 pers. **37 €** 3 pers. **45 €** repas **14 €**
Ouvert : Toute l'année.

🐕	🏊	🎾	🏇	👥	⛱	🏊‍♂️	🚂	🚲
7	1	2	4	4	4	4	7	7

Christian BOUDET - Château Vieux - 46300 MILHAC - Tél. : 05 65 41 02 11 ou 06 86 74 69 83 - Fax : 05 65 41 02 11 -
E-mail : chateau_vieux@hotmail.com - www.internet46.fr/chateau_vieux.html

LE MONTAT Les Tuileries
C.M. 79 Pli 18

3 ch. A 5 km au sud de Cahors, 3 chambres de plain pied, indépendantes les unes des autres, à proximité du GR65, N 20 et A20. 1 ch. (1 lit 2 pers., 2 lits 1 pers.), 1 ch. (1 lit 2 pers., 1 lit 1 pers.), 1 ch. (1 lit 2 pers.). Salle d'eau et wc pour chaque chambre. Chauffage. Salons de jardin, TV pour chaque chambre. Randonnée étape chemin Saint-Jacques de Compostelle, enclos pour chevaux. Découverte de la truffe l'hiver. Prix 4 pers. : 61/67 €. Supplément repas gastronomique 15 €. Chambres non fumeur. Langue parlée : anglais.

Prix : 1 pers. **38/41 €** 2 pers. **44 €** 3 pers. **53/56 €** pers. sup. **6 €** repas **14 €**
Ouvert : Toute l'année.

🐕	🏊	🎾	🏇	👥	⛱	🏊‍♂️	🚂	🚲
8	1	4	10	10	8	5		

André CARRIER - Domaine Les Tuileries - 46090 LE-MONTAT-CAHORS - Tél. : 05 65 21 04 72 - Fax : 05 65 21 04 72 -
E-mail : domainelestuileries@yahoo.com - www.multimania.com/domlestuileries

MONTBRUN La Treille
C.M. 79 Pli 9

4 ch. Entrée indépendante, situées à l'étage de la maison des propriétaires, en bordure de la rivière le Lot. 1 ch. accessible aux pers. hand. (1 lit 2 pers.), 1 ch. (1 lit 2 pers.), 1 ch. (2 lits 1 pers.), 1 ch. (1 lit 2 pers. 2 lits 1 pers.), salle d'eau et wc pour chacune. Poss. lits bébé et d'appoint. Chauffage. Séjour privatif, salon de jardin. Prix 4 pers. : 49 €.

Prix : 1 pers. **27 €** 2 pers. **34 €** 3 pers. **40 €** pers. sup. **8 €**
Ouvert : Toute l'année.

🐕	🏊	🎾	🏇	👥	⛱	🏊‍♂️	🚂	🚲
8	8	8	SP	8	SP	8	8	8

Emmanuel PRADINES - La Treille - 46160 MONTBRUN - Tél. : 05 65 40 77 20

Midi-Pyrénées   Lot

MONTCUQ Caufour-Rouillac (TH)   C.M. 79 Pli 17

E.C. 1 ch. **Montcuq 5 km.** Au rez-de-chaussée de la maison des propriétaires, avec entrée indépendante. 1 ch. (1 lit 2 pers.) avec salle de bains et wc. Chauffage. Le propriétaire possède 2 gîtes ruraux. Table d'hôtes sur demande. Repas enfant 7.62 €. Salon de jardin, pataugeoire, ping-pong. Langues parlées : anglais, allemand, italien.

Prix : 2 pers. 38/46 € repas 19 €
Ouvert : Toute l'année.

🐕	🏊	🎾	🏇	⛱	🚉	⛽
	5	5	5	5	25	5

Guy DECHAUX - Caufour-Rouillac - 46800 MONTCUQ - Tél. : 05 65 31 91 52 - Fax : 05 65 31 91 52 - E-mail : caufour@club-internet.fr

MONTDOUMERC Lamourio   C.M. 79 Pli 8

3 ch. Au sud de Cahors, lieu calme. Invitation à la douceur de vivre, séjour gastronomique : confits, foie-gras, magret, truffes. 3 chambres avec chacune douche, lavabo, wc. Ch. « rose » 4 pers. (2 lits 2 pers.), ch. « verte/bleue » 3 pers. (1 lit 2 pers., 1 lit 1 pers.). Lave-linge. Jardin, piscine, VTT, ping-pong, billard. Prix 4 pers. : 53/59 €. Repas enfant 6.8 €. 8 jours/7 nuits : 1/2 pension 2 personnes à partir de 468.7 €.

Prix : 1 pers. 34/50 € 2 pers. 38/50 € 3 pers. 46/50 € repas 13 €
Ouvert : Toute l'année.

🐕	🏊	🎾	🏇	🍷	⛱	🎣	🚉	⛽
	SP	3	7	4	4		17	10

Jacqueline ROUILLON - Lamourio - 46230 MONTDOUMERC - Tél. : 05 65 24 30 04 - Fax : 05 65 24 72 65 -
E-mail : lamourio@hotmail.com - http://www.quercy-vacances.net

MONTVALENT La Blatte   C.M. 75 Pli 18

2 ch. **Rocamadour et Padirac 12 km.** Dans une annexe à la maison des propriétaires, dont 1 à l'étage (1 lit 2 pers., 2 lits 1 pers.) avec salle d'eau et wc. 1 ch. aménagée sous forme de suite (1 lit 2 pers., 2 lits 1 pers.) avec salle d'eau et wc. Chauffage électrique. Lave-linge, ping-pong, barbecue. Taxe de séjour : 0.30 €/jour/pers. Prix 4 pers. : 52 €. Assiette froide (viande-légume-fromage ou dessert) : 7.6 €.

Prix : 1 pers. 30 € 2 pers. 37 € 3 pers. 44 €
Ouvert : Toute l'année.

🐕	🏊	🎾	🏇	🏊	🍷	⛱	🎣	🚉	⛽
	6	4	6	4	4	4	4	10	9

Monique LAILLIER - La Blatte - 46600 MONTVALENT - Tél. : 05 65 37 38 13 - Fax : 05 65 37 38 13 -
E-mail : monique-laillier@wanadoo.fr

NADAILLAC-DE-ROUGE Les Cassous   C.M. 75 Pli 18

1 ch. De plain-pied avec entrée indépendante (1 lit 2 pers.). Salle d'eau et wc particuliers. Possibilité 1 lit enfant et 1 lit bébé dans une chambre attenante. 4 pers. : 46 €.

Prix : 1 pers. 26 € 2 pers. 30 € 3 pers. 38 € repas 14 €
Ouvert : Toute l'année.

🐕	🏊	🎾	🏇	🍷	⛱	🎣	🚉	⛽
	8	8	8	4	4	4	4	10	8

Gisèle COLONGE - Les Cassous aux Cassagnes - 46350 NADAILLAC-DE-ROUGE - Tél. : 05 65 37 64 07

ORNIAC Le Couffin   (TH)

2 ch. **Cahors 35 km.** Ch. aménagée dan sla maison des propriétaires et située sur un « chemin qui parle ». 2 ch. (2 lits 2 pers.) avec s. d'eau et wc privatifs. S. de séjours avec cheminée et coin-salon commun avec les propriétaires, chauff. central, TV, jardin, terrasse, buvette, mise à disposition de 2 chevaux (sans accompagnateur) pour les hôtes. 1 chambre familiale en projet pour l'été 2002. Langues parlées : allemand, anglais.

Prix : 1 pers. 27 € 2 pers. 30 € repas 11 €
Ouvert : Toute l'année.

🐕	🎾	🏇	⛱	🎣	🚉	⛽
	4	6	5	5	35	5

Carmen NEHRKORN - Le Couffin - 46330 ORNIAC - Tél. : 05 65 31 33 96

PADIRAC Latreille   (TH)   C.M. 75 Pli 19

4 ch. **Site de Rocamadour 15 km. Site de Padirac 1 km.** A l'étage de la maison des propriétaires. 3 ch. (1 lit 2 pers., 1 lit 1 pers. chacune) et 1 ch. (1 lit 2 pers.). Salle d'eau et wc pour chacune. 3 lits d'appoint. Chauffage. Taxe de séjour incluse. Repas enfant 8 €. Tarif 4 pers. : 50 €.

Prix : 1 pers. 26 € 2 pers. 32 € 3 pers. 40 € repas 13 €
Ouvert : Toute l'année.

🐕	🏊	🎾	🏇	🍷	⛱	🎣	🚉	⛽
	0,3	10	10	8	8	8	8	9	10

Philippe et M-Joëlle LESCALE - Latreille - 46500 PADIRAC - Tél. : 05 65 33 67 57 - Fax : 05 65 33 67 57

Lot — Midi-Pyrénées

PAYRIGNAC/GOURDON Le Syndic
C.M. 75 Pli 8

6 ch. Avec entrée indép., dont 4 au 2ᵉ étage : 1 ch. (1 lit 2 pers., 3 lits 1 pers.), 3 ch. (1 lit 2 pers. chacune) et 2 au r.d.c. : 1 ch. (1 lit 2 pers.), 1 ch./suite (2 lits 2 pers.). Toutes avec s. d'eau et wc. Chauffage. Salons de jardin, balançoires. Poss. pique-nique. Prix nuit 4 pers. : 67 à 73 €. Repas enf. 7,6 €. Réfrigérateur commun aux 2 ch. Itinéraire Sarlat/Rocamadour.

Prix : 1 pers. 34 € 2 pers. 38/43 € 3 pers. 52 € pers. sup. 14 €
repas 14 €

5	1	5	6	6	1	6	7	5

Marie-France CAPY - le Syndic - 46300 PAYRIGNAC - Tél. : 05 65 41 15 70 - Fax : 05 65 41 15 70

PELACOY Mas de Jaillac
C.M. 79 Pli 8

2 ch. Au rez-de-chaussée avec entrée indépendante donnant sur 1 pelouse et vue sur la campagne : 1 ch. (1 lit 2 pers.) et 1 ch. (1 lit 2 pers., 1 lit 1 pers.), salle de bains et wc communs aux 2 chambres. Chauffage central. Possibilité pique-nique sur place. Prix 4 pers. 45 €.

Prix : 1 pers. 20 € 2 pers. 25 € 3 pers. 32 €
Ouvert : De Pâques à la Toussaint ou sur réservation.

12	12	18	16	12

Jean-Jacques IMBERT - Mas de Jaillac - 46090 PELACOY - Tél. : 05 65 36 86 12

PEYRILLES Trespecoul
C.M. 79 Pli 18

3 ch. Entrée indépendante. 2 ch. (1 lit 2 pers.), s. d'eau et wc pour chacune. 1 ch. (1 lit 2 pers. et 1 lit 1 pers.), s.d.b. et wc privés. Poss. un lit supp. (1 pers.) dans chacune avec supp. de 30 F. Chauffage électr. Salon de jardin, barbecue, coin-cuisine, ping-pong à la disposition des hôtes. Restaurant 2 km. Prix 4 pers. : 50 €. Langue parlée : anglais.

Prix : 1 pers. 27 € 2 pers. 30/35 € 3 pers. 35/46 €
Ouvert : De Pâques à la Toussaint.

2	2	15	SP	17	2

André et Jacqueline CHRISTOPHE - Trespecoul - 46310 PEYRILLES - Tél. : 05 65 31 00 91 ou 06 80 81 86 15 - Fax : 05 65 31 00 91 - E-mail : j-et-a-christophe@wanadoo.fr - www.internet46.fr/trespecoul.html

---

PINSAC Le Port de Pinsac
C.M. 75 Pli 18

1 ch. Entrée indépendante, (3 lits 1 pers.) avec salle de bains et wc particuliers. Chauffage central. Taxe de séjour : 0,30 €/jour/pers. Langue parlée : anglais.

Prix : 1 pers. 27 € 2 pers. 37 € 3 pers. 44 €
Ouvert : Du 1ᵉʳ mars au 15 novembre.

5	5	5	0,1	0,1	0,1	0,1	6	5

Laurence DU PELOUX DE SAINT-ROMAIN - Le Port de Pinsac - 46200 PINSAC - Tél. : 05 65 37 02 40 - Fax : 05 65 37 11 21

PRADINES Valrose - Le Poujal
C.M. 79 Pli 8

2 ch. Cahors 5 km. Au 1ᵉʳ étage d'un élégant manoir entouré de terrasse dominant la vallée du Lot, à proximité immédiate de Cahors. 1 chambre (1 lit 2 pers.), salle d'eau, wc, 1 chambre (1 lit 2 pers., 2 lits 1 pers.), s. d'eau + wc. Cour, terrasse. Bibliothèque. Prix 4 pers. : 72 €.

Prix : 2 pers. 46 € 3 pers. 69 €
Ouvert : Toute l'année.

0,4	1	SP	5	2

Claude FAILLE - Valrose - Le Poujal - 46090 PRADINES - Tél. : 05 65 22 18 52 ou 06 16 53 51 44 - E-mail : claude.faille@libertysurf.fr

---

PRADINES Flaynac - les Poujades
C.M. 79 Pli 8

2 ch. CH à l'ét. d'une maison typiquement quercynoise, au milieu des vignes et face aux château de Mercues. (2 lits 2 pers., 1 lit 1 pers.). S.d.b. ou s. d'eau et wc privés. Terrasse, salon de jardin, parc ombragé et fleuri. Petit déjeuner servi en terrasse. Beau point de vue. Chauffage. Pour réserver, téléphonez aux heures des repas. Restaurant à 2 km.

Prix : 1 pers. 34 € 2 pers. 38 € 3 pers. 53 €
Ouvert : Toute l'année.

5	1	5	0,1	8	0,1	8	8	2

Jean et Fernande FAYDI - Flaynac - Les Poujades - 46090 PRADINES - Tél. : 05 65 35 33 36

Midi-Pyrénées — Lot

PRAYSSAC Niaudon
C.M. 79 Pli 7

1 ch. — Dans une annexe de la maison des propriétaires, (1 lit 2 pers.), salon (TV), plus 1 chambre indépendante (1 lit 2 pers.), salle de bains et wc. Terrasse, parc, piscine privée commune avec les propriétaires. 4 pers. : 79 €. Langue parlée : anglais.

Prix : 1 pers. 35/40 € 2 pers. 40/46 € 3 pers. 75 €
Ouvert : De mai à octobre.

| | SP | 2,7 | 7 | 3 | 3 | 3 | 6 | 25 | 3 |

Robert LE DU - Niaudon - 46220 PRAYSSAC - Tél. : 05 65 22 45 25 - E-mail : N.R.LEDU@wanadoo.fr

PUY-L'EVEQUE Maison Rouma
C.M. 79 Pli 7

3 ch. — Chambres d'hôtes aménagées aux 1er et 2e étages de la maison des propriétaires située dans Puy-l'Evêque au bord de la rivière. Blue Room (1 lit 2 pers.), salle de bains, wc indépendants. Nikki's Room (1 lit 2 pers.), salle de bains, wc indépendants. Henry's Room (2 lits jumeaux 1 pers.), salle de bains, wc indépendants. Cour, terrasse pour petits déjeuners. Parking. Piscine découverte. Langue parlée : anglais.

Prix : 1 pers. 42 € 2 pers. 46 € 3 pers. 53 €
Ouvert : Toute l'année.

| | 0,5 | 0,5 | 8 | SP | 0,5 | 33 | SP |

Bill ARNETT - Maison Rouma - 2, rue du Docteur Rouma - 46700 PUY-L'EVEQUE - Tél. : 05 65 36 59 39 - Fax : 05 65 36 59 39 -
E-mail : williamarnett@hotmail.com

PUY-L'EVEQUE Loupiac
(TH)
C.M. 79 Pli 7

4 ch. — A l'étage de la maison des propriétaires avec entrées indépendantes. 1 ch. (1 lit 2 pers.), 1 ch. (1 lit 2 pers., 1 lit 120), 1 ch. (1 lit 2 pers., 2 lits 1 pers.), 1 ch. (1 lit 2 pers., 1 lit 1 pers.). Salle d'eau et wc privés. Salle de détente. Salon de jardin. Terrasse. Base nautique et VTT à 4 km. Prix 4 pers. : 43 €. Pour réserver, téléphonez aux heures des repas. Repas enfant 7 €.

Prix : 1 pers. 27/30 € 2 pers. 30/34 € 3 pers. 37/40 € repas 12 €
Ouvert : Toute l'année.

| | 3 | 3 | 3 | 3 | 3 | 3 | 3 | 20 | 3 |

Michel BORREDON - Loupiac - Moulin de Cledelle - 46700 PUY-L'EVEQUE - Tél. : 05 65 30 83 39

PUY-L'EVEQUE
(TH)

5 ch. — Puy l'Evêque 3 km. Ch. aménagées dans une grande demeure. 2 ch. (1 lit 2 pers., s. d'eau, wc), 1 ch. (1 lit 2 pers., 1 lit 1 pers., s. d'eau, wc), 1 ch. sous forme de suite (grand salon indép., 1 lit 2 pers., s.d.b., wc), 1 ch. avec accès intérieur (1 lit 140 cm, s.d.b., wc), salon avec TV, grand jardin.

Prix : 2 pers. 61/91 € 3 pers. 90 € pers. sup. 14 € repas 18 €
Ouvert : Du 15 avril au 15 octobre.

| | 3 | 3 | 3 | 10 | 4 | 4 | 6,5 | 14 | 3 |

Jean-Louis BARRAUD - Domaine de Cazes - 46700 PUY-L'EVEQUE - Tél. : 05 65 30 69 74 - Fax : 05 65 30 85 05

PUY-L'EVEQUE Martignac

1 ch. — Puy l'Evêque 3 km. Ch. aménagée dans la maison des propriétaires avec entrée indép. (1 lit 2 pers., 1 clic-clac, s. d'eau), poss. d'un lit supp. dans une ch. à l'ét. de la maison des propriétaires. Chauffage central, piscine, terrasse, jardin. 4 pers. : 58 €.

Prix : 1 pers. 27 € 2 pers. 40 € 3 pers. 49 €

| | 3 | 3 | 3 | 4 | 15 | 4 | 3 | 15 | 3 |

Pierre DUCHEMIN - La Palombière - Martignac - 46700 PUY-L'EVEQUE - Tél. : 05 65 36 04 29

PUY-L'EVEQUE La Bouyssette
C.M. 79 Pli 7

2 ch. — Dans la maison des propriétaires (1 lit 2 pers. 1 lit d'appoint 1 pers.), salle d'eau et wc particuliers. 1 chambre dans la maison des propriétaires (1 lit 2 pers., 1 lit suppl. dans ch. attenante, salle de bains et wc particuliers. Chauffage électrique. Salon de jardin. Club de bridge 2 km. Cueillette de champignons dans les bois du propriétaire. Ping-pong. Piscine privée (10 m x 5 m). Prix 4 pers. : 49 à 53 €.

Prix : 1 pers. 30/34 € 2 pers. 37/40 € 3 pers. 43/46 €
Ouvert : Juillet et août.

| | SP | 2 | 2 | 2 | 2 | 2 | 2 | 17 | 2 |

Bernard VASSE - La Bouyssette - 46700 PUY-L'EVEQUE - Tél. : 05 65 21 37 04 ou 05 65 30 80 93

Lot   Midi-Pyrénées

LES QUATRE-ROUTES Saint-Julien   (TH)   C.M. 75 Pli 19

3 ch. **Sites de Turenne et de Colonge-la-Rouge 10 km.** Dans la maison des propriétaires, avec entrées indépendantes. Rez-de-chaussée « Tilleul » : 1 ch. (1 lit 2 pers. + TV couleur) avec salle d'eau et wc, « Tournesol » 1 ch. (2 lits 2 pers) avec s.d.b., wc et TV couleur. A l'étage : « Lavande » 1 ch. (1 lit 2 pers.) avec s. d'eau et wc. Chauffage. Terrasse. Prix 4 pers. : 58 €. Repas enfant : 6,1 €. A la saison, Josette propose démonstration et participation au cavage des truffes.

Prix : 1 pers. **30/35 €** 2 pers. **35/40 €** 3 pers. **53 €** pers. sup. **8 €** repas **14 €**

Ouvert : Toute l'année.

🐕	🏊	🎾	🐎	⛱️	🏖️	🎣	🏛️	🚂
10	1	10	6	1	1	6	1	1

René EYMAT et Mme Josette CHABOY - Saint-Julien - 46110 LES-QUATRE-ROUTES - Tél. : 05 65 32 11 82

RIGNAC Causse de Roumegousse   C.M. 75 Pli 19

1 ch. A l'étage de la maison des propriétaires, chambre (1 lit 2 pers.), (1 lit 2 pers.) dans une pièce attenante, salle d'eau, wc, terrasse. Chauffage électrique. Maison de construction neuve bénéficiant d'une terrasse avec une belle vue sur les collines environnantes. Tarif 4 pers. : 61 €.

Prix : 1 pers. **37 €** 2 pers. **37 €** 3 pers. **53 €**

Ouvert : Toute l'année.

🐕	🏊	🎾	🐎	⛱️	🏖️	🎣	🏛️	🚂
	3	15	1	15	15	15	3	3

Marie-Claude BOUZA-BERGOUGNOUX - Causse de Roumegouse - 46500 RIGNAC - Tél. : 05 65 33 73 01

RIGNAC Pouch   (TH)   C.M. 75 Pli 19

3 ch. Au r.d.c. de la maison des propriétaires. 1 ch. (1 lit 2 pers., 2 lits 1 pers. superposés) avec salle de bains wc. 1 ch. (1 lit 2 pers.) avec salle d'eau et wc. 1 chambre aménagée au 1ᵉʳ étage (1 lit 2 pers.), salle d'eau, wc. Grand salon. Prix 4 pers. : 69 €. Repas enfant 6.8 €. Piscine privée. Langue parlée : anglais.

Prix : 1 pers. **38 €** 2 pers. **38 €** 3 pers. **53 €** repas **18 €**

Ouvert : Toute l'année.

🐕	🏊	🎾	🐎	⛱️	🏖️	🎣	🏛️	🚂
SP	3	5	10	10	3	10	5	2

Lillian BELL - Pouch - 46500 RIGNAC - Tél. : 05 65 33 66 84 - Fax : 05 65 33 71 31 - E-mail : lilianbell@aol.com

RIGNAC Les Bourruts   C.M. 75 Pli 19

2 ch. A l'étage de la maison des propriétaires, avec entrée indépendante. 1 ch. (1 lit 2 pers. 2 lits 1 pers.), salle d'eau et wc. 1 ch. (1 lit 2 pers. 2 lits 1 pers.), salle d'eau et wc. Chauffage électrique. Jardin ombragé. Possibilité lit d'appoint pour enfant. 4 pers. : 47 €. Possibilité de table pour pique-niquer.

Prix : 1 pers. **27 €** 2 pers. **34 €** 3 pers. **40 €**

Ouvert : Toute l'année.

🐕	🏊	🎾	🐎	⛱️	🏖️	🎣	🏛️	🚂
3	3	3	17	17	17	17	3	3

Patrick BALAYSSAC - Les Bourruts - 46500 RIGNAC - Tél. : 05 65 33 69 31

RIGNAC Roumegouse   C.M. 75 Pli 19

1 ch. **Gramat 3 km.** A l'étage de la maison des propriétaires avec entrée indépendante, 1 ch. (1 lit 2 pers., 2 lits 1 pers.), salle de bains, wc, 1 ch. (2 lits 1 pers.), s. d'eau et wc, 1 ch (1 lit 2 pers., 1 lit 1 pers.), s. d'eau, wc. Piscine privée. Restaurants dans les environs. Prix 4 pers. : 50 €. Langues parlées : anglais, espagnol.

Prix : 1 pers. **35 €** 2 pers. **35 €** 3 pers. **43 €**

Ouvert : Toute l'année.

🐕	🏊	🎾	🐎	⛱️	🏖️	🎣	🏛️	🚂
	3	1	15	15	15		3	3

Felicidad WATTIER - Roumegouse - 46500 RIGNAC - Tél. : 05 65 33 62 56 ou 05 65 10 53 97

ROCAMADOUR Maison-Neuve   C.M. 75 Pli 19

3 ch. **Rocamadour, rocher des Aigles, forêts des Singes 1 km.** Avec entrée indépendante. S. d'eau et wc privés pour chacune : 1 ch. (1 lit 2 pers.), 1 ch. (1 lit 2 pers. 1 lit 1 pers. poss. 1 lit d'appoint 1 pers.), 1 ch. (1 lit 2 pers. 1 lit 1 pers.). Poss. 1 lit 2 pers. suppl. dans 1 ch. au r.d.c. avec s. d'eau et wc. Ch. élect. Possibilité d'1 lit d'appoint 1 pers. Taxe de séjour : 0,30 €/jour/pers. Prix 4 pers. : 54 €.

Prix : 1 pers. **30 €** 2 pers. **34/40 €** 3 pers. **44 €**

Ouvert : Toute l'année.

🐕	🏊	🎾	🐎	⛱️	🏖️	🎣	🏛️	🚂
10	1	10	10	10	10	10	10	1

Odette ARCOUTEL - Maison Neuve - 46500 ROCAMADOUR - Tél. : 05 65 33 62 69

ROCAMADOUR L'Hospitalet   C.M. 75 Pli 19

6 ch. A l'étage de la maison des propriétaires. 2 ch. (1 lit 2 pers., 1 lit 1 pers.) avec s.d.b. et wc. 1 ch. (1 lit 2 pers.) avec s.d.b. et wc. Taxe de séjour : 0.3 €/jour. Prix 4 pers. 54.9/64 €. Chambres situées à proximité du site de Rocamadour, de la forêt des Singes, du Rocher des Aigles. Possibilité de repas hors saison uniquement sur réservation. Restaurant sur place ou à proximité. Produits fermiers sur place, barbecue.

Prix : 1 pers. **32 €** 2 pers. **39/43 €** 3 pers. **52 €**

Ouvert : Toute l'année.

🐕	🏊	🎾	🐎	⛱️	🏖️	🎣	🏛️	🚂
6	0,2	10	10	10	10	10	10	SP

Marguerite LARNAUDIE - L'Hospitalet - 46500 ROCAMADOUR - Tél. : 05 65 33 62 60 - Fax : 05 65 33 62 60

Midi-Pyrénées — Lot

SAIGNES La Mazotière (TH) C.M. 75 Pli 19

3 ch. Dans une annexe à la maison des propriétaires, de plain-pied, avec entrées indép. Chambre 1 (1 lit 2 pers.) accès aux handicapé, salle d'eau, wc. Chambre 2 (1 lit 2 pers. 1 lit 1 pers.), salle d'eau, wc. Chambre 3 (1 lit 2 pers. 1 lit 1 pers.), salle de bains, wc. Salle de séjour et coin-salon réservés aux hôtes avec TV et magnétoscope. Terrasse, jardin.

Prix : 1 pers. 31 € 2 pers. 37 € 3 pers. 46 € repas 14 €
Ouvert : Du 1er mai au 30 septembre.

8	8	8	17	3	17	8	8

Véronique DUMONT - La Mazotière - 46500 SAIGNES - Tél. : 05 65 33 75 31 ou 06 71 44 35 21 - Fax : 05 65 33 75 31

SALVIAC Bertrand Joly Haut (TH)

2 ch. **Gourdon 14 km**. Ch. aménagées dans la maison des propriétaires avec entrée indép. Ch. 1 (1 lit 2 pers.), s. d'eau, wc, ch. attenante avec 2 lits superposés 1 pers. Ch. 2 (2 lits 1 pers.), s. d'eau, wc indép., 1 lit 1 pers. sur une mezzanine. Chauffage, terrasse, jardin, parking. Maison de construction récente, vue panoramique. 4 pers. : 70 €. Langues parlées : anglais, espagnol.

Prix : 2 pers. 44 € 3 pers. 59 € pers. sup. 8 € repas 15 €
Ouvert : Toute l'année.

1	2	12	14	1

Gisèle HAUCHECORNE - La Maison Jaune - Bertrand Joly Haut - 46340 SALVIAC - Tél. : 05 65 41 48 52 - Fax : 05 65 41 48 52

SALVIAC Le Catalo C.M. 79 Pli 7

2 ch. Ch. à l'ét. d'une ancienne grange restaurée (2 lits 2 pers.). Salle de bains et wc réservés aux hôtes. Belle vue sur la campagne environnante Chauffage. Piscine privée (12 m x 7 m) commune à 2 gîtes ruraux. Golf 15 km.

Prix : 1 pers. 30 € 2 pers. 37 €
Ouvert : Toute l'année.

SP	1	2	14	1

Gérard MOMMEJAT - Le Catalo - 46340 SALVIAC - Tél. : 05 65 41 56 36 ou 06 10 69 27 42

SARRAZAC Château de Couzenac (TH) C.M. 75 Pli 18

4 ch. A l'étage d'un château datant du XVIIIe siècle, entièrement restauré. 1 ch. (2 lits 1 pers.) avec salle de bains et wc. 3 ch. (1 lit 2 pers.) avec salle de bains et wc. Grand salon avec TV. Chauffage central. Parc ombragé et fleuri. Langue parlée : anglais.

Prix : 1 pers. 46 € 2 pers. 53 € 3 pers. 61 € repas 15 €
Ouvert : Toute l'année.

10	3	10	15	15	15	6	6

Louise MAC CONCHIE - Château de Couzenac - 46600 SARRAZAC - Tél. : 05 65 37 78 32 ou 05 55 91 00 30 - Fax : 05 55 91 00 30

SAULIAC-SUR-CELE Les Fargues (TH)

3 ch. Entrées indépendantes, aménagées au rez-de-chaussée de la maison des propriétaires. 1 ch. (2 lits 1 pers., 1 convertible) avec salle d'eau et wc. 1 ch. (1 lit 2 pers., 1 lit enfant) avec salle de bains et wc. 1 ch. (1 lit 2 pers.) avec salle d'eau et wc. Terrasses privées. Chauffage. Dans maison quercynoise du 16e siècle, 3 ch. avec entrées indép. situées au r.d.c., dont les terrasses privatives dominent la vallée du Célé et le jardin, avec une très belle vue sur le château de Sauliac et les falaises.

Prix : 1 pers. 31 € 2 pers. 37/38 € 3 pers. 44/46 € repas 13 €
Ouvert : Toute l'année.

14	9	14	0,5	0,5	0,5	40	9

Claude RONCIN - Les Fargues - 46330 SAULIAC-SUR-CELE - Tél. : 05 65 31 29 96 - Fax : 05 65 31 29 96

SAUX La Guilhaumière C.M. 79 Pli 7

2 ch. Dans une maison typiquement quercynoise. 1 ch. (1 lit 2 pers.), 1 ch. (2 lits 1 pers.), s. d'eau et wc privés pour chaque chambre. Chauffage. Poss. de partager la cuisine d'été de la piscine. Lave-linge. TV dans 1 des chambres. Parc clos de 1 ha., potager. Piscine privée (12 x 6 m) commune à un gîte rural. Prix 4 pers. : 84 €. Langue parlée : anglais.

Prix : 1 pers. 35 € 2 pers. 46 € 3 pers. 66 €
Ouvert : Du 1er avril au 30 septembre.

SP	2,5	6	12	8	15	2,5

Régine MAHIEU-DULOR - Le Mas - La Guilhaumière - 46800 SAUX - Tél. : 05 65 31 91 82

SENAILLAC-LAUZES C.M. 79 Pli 8

E.C. 1 ch. A l'étage de la maison des propriétaires, 1 chambre (1 lit 2 pers.), 2 lits 1 pers., dans une pièce attenante, salle d'eau, wc. Chauffage central. Ancienne école construite en 1870 et restaurée en 1995, située dans le village d'Artix, sur les hauteurs. Tarif 4 pers. : 61 €.

Prix : 1 pers. 30 € 2 pers. 38 € 3 pers. 49 €
Ouvert : Toute l'année.

9	9	SP	SP	9	32	9

Emilien MAURY - Artix - 46360 SENAILLAC-LAUZES - Tél. : 05 65 31 18 11

Lot — Midi-Pyrénées

SOUILLAC Le Prieuré-Cieurac-Lanzac

||| 5 ch. **Souillac 2,5 km.** Ch. aménagées à l'ét. de la maison des propriétaires (ancien prieuré). 1 ch. (1 lit 2 pers. 1 lit 1 pers. dans ch. attenante), s. d'eau, wc, 1 ch. (1 lit 2 pers., s. d'eau, wc), 1 ch. (1 lit 2 pers., canapé convert., s. d'eau, wc), 1 ch. (1 lit 2 pers., s.d.b., wc), 1 ch. (1 lit 2 pers., s. d'eau, wc), chauffage. 4 pers. : 65 €. La maison des propriétaires, ancien prieuré, ayant conservé sa chapelle. Langues parlées : hollandais, allemand, anglais.

Prix : 1 pers. 38/45 € 2 pers. 44/50 € 3 pers. 56/60 €

3	2,5	2,5	1	1	2,5	2,5	2,5

LANDMAN - Le Prieuré - Cieurac-Lanzac - 46200 SOUILLAC - Tél. : 05 65 32 74 61 - E-mail : contact@le-prieure.net - www.le-prieuré.net

ST-BRESSOU Rabanel   (TH)   C.M. 75 Pli 20

||| 2 ch. Dans une belle maison quercynoise, les chambres sont aménagées dans la maison des propriétaires avec entrées indépendantes. Chambre 1 « l'Atelier d'Artiste » (1 lit 2 pers.) (1 lit 120, en mezzanine, salle d'eau, wc, véranda). Chambre 2 « Gauguin » (1 lit 2 pers.), salle d'eau, wc, véranda. Terrain non clos. Lit bébé. 4 pers. : 61 €. Chambres dans une belle maison quercynoise, situées dans un cadre de verdure et bénéficiant d'un très beau point de vue. Langue parlée : anglais.

Prix : 1 pers. 35/38 € 2 pers. 40/46 € 3 pers. 56 € pers. sup. 11 € repas 14 €

Ouvert : Du 1er novembre au 31 octobre.

8	8	4	18	18	9	8

Maurice HAGENDORF - Rabanel - 46120 ST-BRESSOU - Tél. : 05 65 40 88 54 - E-mail : maude-rabanel@wanadoo.fr

ST-CHAMARAND Les Cèdres de Lescaille   (TH)   C.M. 75 Pli 18

||| 5 ch. A l'étage de la maison des propriétaires. 4 ch. (1 lit 2 pers. 1 lit 1 pers. chacune), 1 ch. (1 lit 2 pers.), salle d'eau et wc pour chaque chambre. Poss. lit d'appoint. Chauffage. Jardin, terrasse, piscine privée commune aux propr. Tarif dégressif suivant la saison. Prix 4 pers. 55 à 65 €. Repas enfant : 6,10 €.

Prix : 1 pers. 30 € 2 pers. 35/45 € 3 pers. 45/55 € pers. sup. 9 € repas 15 €

Ouvert : De Pâques à la Toussaint, groupe hors saison.

SP	1	7	4	1,5	12	4

André CHAMPEAU - Les Cèdres de Lescaille - 46310 ST-CHAMARAND - Tél. : 05 65 24 50 02 - Fax : 05 65 24 50 78 - E-mail : lescaillé46@.com

ST-CHAMARAND Le Cayrou   (TH)   C.M. 79 Pli 8

||| 2 ch. En rez-de-chaussée, avec entrées indépendantes. 1 ch. (1 lit 2 pers.), s. d'eau et wc. 1 ch. dans une petite annexe dans le jardin (1 lit 2 pers. 1 lit 1 pers.), s.d.b. et wc. Poss. lit d'appoint. Chauffage. Jardin, piscine privée commune aux propriétaires. Chambres de charme très bien décorées. Repas enfant 11 € (- 10 ans).

Prix : 1 pers. 38/47 € 2 pers. 49/58 € 3 pers. 72 € repas 15 €

Ouvert : D'avril à octobre.

SP	1,5	7	4	11	4

Jean-Philippe BEAUHAIRE - Le Cayrou - 46310 ST-CHAMARAND - Tél. : 05 65 24 50 23

ST-CHELS Ussac   C.M. 79 Pli 9

|| 2 ch. A l'étage de la maison des propriétaires. 1 ch. (1 lit 2 pers.) avec s.d.b., 1 ch. (1 lit 2 pers.) avec s. d'eau. Poss. 1 lit 130 dans 1 chambre attenante. WC réservés aux hôtes. Chauffage central. Salle de séjour avec TV. Terrasse, jardin, salon de jardin, barbecue. Bibliothèque. Cuisine d'été.

Prix : 1 pers. 27/30 € 2 pers. 30/37 € 3 pers. 38/40 €

Ouvert : Toute l'année.

6	6	6	5	5	23	6

Janette VINGHES - Ussac - 46160 ST-CHELS - Tél. : 05 65 40 63 43

ST-CIRGUES Roudergue   (TH)   C.M. 75 Pli 20

||| 3 ch. Au 2e étage de la maison des propriétaires. La « Rouge » (1 lit 160), salle d'eau et wc, la « Blanche » (1 lit 160, 1 lit 1 pers.), salle d'eau et wc, la « Dorée » (1 lit 160, 1 lit 1 pers.), salle d'eau et wc. Chauffage central. Plan d'eau à 15 km, randonnée sur place. Parc ombragé. St Cirgues se trouve à la limite des 3 départements Cantal, Aveyron, Lot. Véronique et Philippe sont producteur de miel. (proche de Figeac).

Prix : 1 pers. 40 € 2 pers. 44 € 3 pers. 64 € repas 14 €

Ouvert : Toute l'année.

12	12	12	0,5	15	1	12	12

Véronique THIBAUDEAU - Roudergue - 46210 ST-CIRGUES - Tél. : 05 65 40 37 40 ou 06 89 30 13 88 - Fax : 05 65 40 49 83 - E-mail : philippe.thibaudeau@wanadoo.fr

Midi-Pyrénées
Lot

ST-DENIS-LES-MARTEL Cabrejou (TH) *C.M. 75 Pli 19*

3 ch. Dont 2 situées en r.d.c. et 1 à l'étage avec salon particulier. 2 ch. (1 lit 2 pers. 1 lit 1 pers.), 1 ch. (2 lits 1 pers.). S. d'eau ou s.d.b. et wc privés pour chaque chambre. Chauffage central ou électrique. Parc ombragé. Salons de jardin. Table d'hôtes uniquement de Pâques à la Toussaint. Prix 4 pers. 46 €.

Prix : 1 pers. **28** € 2 pers. **35** € 3 pers. **40** € repas **13** €
Ouvert : Toute l'année.

5	5	5	6	6	6	6	5	3,5

Roger et Marinette ANDRIEUX - Cabrejou - 46600 ST-DENIS-MARTEL - Tél. : 05 65 37 31 89 - Fax : 05 65 37 31 89

ST-DENIS-LES-MARTEL Cabrejou (TH) *C.M. 75 Pli 19*

4 ch. A l'étage d'une ancienne grange à côté de la maison des propriétaires. 1 ch. (1 lit 2 pers.) avec salle de bains et wc. 2 ch. (1 lit 2 pers.) avec salle d'eau et wc. 1 ch. (2 lits 1 pers.) avec salle de bains et wc. Poss. 1 lit d'appoint 1 pers. Grand séjour avec cheminée. Chauffage électrique. Coin-cuisine. Table d'hôtes uniquement de Pâques à la Toussaint.

Prix : 1 pers. **28** € 2 pers. **35** € 3 pers. **40** € repas **13** €
Ouvert : Toute l'année.

5	5	5	6	6	6	6	5	3,5

Jean-Paul ANDRIEUX - Cabrejou - 46600 ST-DENIS-LES-MARTEL - Tél. : 05 65 37 31 89 - Fax : 05 65 37 31 89

ST-GERMAIN-DU-BEL-AIR Laborie (TH) *C.M. 79 Pli 8*

1 ch. Au 2è étage de la maison typique des propriétaires. 1 chambre (1 lit 2 pers. 2 lits 1 pers. dans une chambre attenante), salle d'eau et wc. Chauffage central. Plan d'eau à 1.5 km, randonnée sur place. Prix 4 pers. : 64 €. Repas gastronomique 20.6 €. Poss. lit d'appoint. Terrasse, jardin ombragé. Repas élaboré à partir de produits frais du jardin et de la basse-cour. Petit déjeuner très convivial.

Prix : 1 pers. **34** € 2 pers. **37** € 3 pers. **52** € repas **13** €
Ouvert : Toute l'année.

1,5	1,5	1,5	SP	SP	15	1,5

Roger CALONGE - Laborie - 46310 ST-GERMAIN-DU-BEL-AIR - Tél. : 05 65 31 09 23

ST-GERY Domaine du Porche  *C.M. 79 Pli 8*

4 ch. Dans le village, avec entrées indépendantes, 2 à l'étage et 2 au r.d.c. de la maison des propriétaires. 1 ch. (1 lit 2 pers.) avec s.d.b. et wc. 3 ch. (1 lit 2 pers., 1 lit 1 pers.) avec salle d'eau et wc. Poss. 1 lit bébé. Chauffage central. Cuisine d'été. Piscine privée. Terrasse ombragée, jardin pour pique-nique.

Prix : 1 pers. **26/30** € 2 pers. **30/37** € 3 pers. **37/43** €
Ouvert : Toute l'année.

SP	0,2	8	0,2	0,2	0,2	20	SP

Jean-Claude LADOUX - Domaine du Porche - 46330 ST-GERY - Tél. : 05 65 31 45 94 - Fax : 05 65 31 45 94

ST-LAURENT-LES-TOURS Lacombe *C.M. 75 Pli 19*

2 ch. Sur les hauteurs de Saint-Céré (vue panoramique), situées à l'étage de la maison des propriétaires. 1 ch. (1 lit 2 pers., 1 lit 1 pers.) avec s. d'eau et wc. 1 ch. (1 lit 180, 2 lits 1 pers. 1 lit 1 pers.) avec s.d.b. et wc. Terrasse, véranda. Chauffage. Piscine privée (9 x 5,5 m). Festival de musique classique du 14/7 au 15/8. Télévision.

Prix : 1 pers. **30** € 2 pers. **34/43** € 3 pers. **46/52** €
Ouvert : Toute l'année.

SP	1	1	1	3	1	20	12	1

Paquerette CALVIGNAC - 256, rue des Cartoules Lacombe - 46400 ST-LAURENT-LES-TOURS - Tél. : 05 65 38 38 03 ou 06 82 91 24 46 - Fax : 05 65 38 38 03

ST-MARTIN-DE-VERS Verliez

2 ch. Cahors 30 km. Ch. à la ferme aménagées à l'ét. de la maison des propriétaires avec entrée indép.1 ch (1 lit 2 pers., 2 lits 1 pers. dans une ch. attenante, s. d'eau, wc), 1 ch. (1 lit 2 pers., 1 lit 1 pers., s. d'eau, wc), kitchenette, coin séjour, coin salon, TV, chauffage central, terrasse, terrain. 4 pers. : 58 €.

Prix : 2 pers. **38** € 3 pers. **49** €

10	10	12	25	4	12	30	2

Raymond DARDENNES - Verliez - 46360 ST-MARTIN-DE-VERS - Tél. : 05 65 31 31 85 - Fax : 05 65 31 21 52

Lot
Midi-Pyrénées

ST-MARTIN-LE-REDON Castel du Bouysset
C.M. 79 Pli 6

⦀ 5 ch. Dans la grange du Castel, à l'étage : 3 ch. (1 lit 2 pers. chacune), s.d.b. ou s. d'eau + wc. Plain-pied (accessible au pers. handicapées) : 1 ch. (2 lits 1 pers.), salle d'eau, wc. 1 ch. (1 lit 2 pers.) avec mezzanine (1 lit 2 pers. 1 lit 1 pers.), salle d'eau et wc. Chauffage central. Terrasse avec salon de jardin, terrain. Garage et parking privé. Piscine privée commune aux propriétaires. Prix 4 pers. 120 €. Langues parlées : allemand, anglais, hollandais.

Prix : 1 pers. **55** € 2 pers. **61** € repas **18** €
Ouvert : Toute l'année.

🐕	🏊	🎾	🏃	⛱️	🛥️	🚲	🚴
	SP	1	SP	5	10	5	

Jean-Luc MEYER - Castel du Bouysset - 46700 ST-MARTIN-LE-REDON - Tél. : 05 65 30 34 00 - Fax : 05 65 30 34 09

ST-MEDARD Le Quoireuil
C.M. 79 Pli 7

⦀ 2 ch. A l'étage d'une ancienne grange entièrement restaurée, jouxtant la maison des propriétaires, à la sortie du village. 1 chambre (1 lit 2 pers., 1 lit 1 pers.), salle d'eau et wc, 1 chambre (1 lit 2 pers.), salle d'eau et wc. Piscine privée. Plan d'eau à 4 km, randonnée sur place. Dans un petit village dominant la vallée du Vert, à 17 km de Cahors. Au r.d.c., salon commun aux 2 chambres avec réfrigérateur, terrasse, salon de jardin, treille, tonnelle, parc. Langues parlées : anglais, italien.

Prix : 1 pers. **35** € 2 pers. **40** € 3 pers. **50** € repas **15** €
Ouvert : Toute l'année.

🐕	🏊	🎾	🏃	⛱️	🛥️
	SP	4	5	SP	4	4

Jean-Paul DENIS - Le Quoireuil - 46150 ST-MEDARD - Tél. : 05 65 21 48 37 - Fax : 05 65 21 48 37 - E-mail : quoireuil@wanadoo.fr

ST-PANTALEON Malbouyssou
C.M. 79 Pli 17

⦀ 4 ch. Grottes de Roland 12 km. Avec entrée indépendante : 1 ch. (1 lit 2 pers.) avec lavabo et douche. 1 ch. (3 lits 1 pers.) avec lavabo et douche. 2 ch. (2 lits 1 pers.) avec lavabo et douche. 2 wc communs aux 4 chambres. Chauffage électrique. Possibilité 1 lit d'appoint. Repas enfant : 7.6 €.

Prix : 1 pers. **23** € 2 pers. **32** € 3 pers. **43** € repas **13** €
Ouvert : Toute l'année.

🐕	🏊	🎾	🏃	⛱️	🛥️	🚲
	10	10	1,5	10	0,1	20	10

Claude TOUZET - Malbouyssou - Saint-Martial - 46800 ST-PANTALEON - Tél. : 05 65 31 87 59 - Fax : 05 65 31 87 59

ST-PANTALEON Preniac
C.M. 79 Pli 17

⦀ 4 ch. Au cœur du Quercy blanc, dans les dépendances d'une belle ferme 5 ch. dont : 2 au r.d.c. et 2 à l'étage, située sur le GR65. 1 ch. (1 lit 2 pers., 1 lit 1 pers.) avec salle d'eau et wc, 1 ch. (3 lits 1 pers.) avec salle d'eau et wc, 1 ch. (1 lit 2 pers.) avec salle d'eau et wc, 1 ch. (2 lits 1 pers.) avec salle d'eau et wc. Chauffage. Prix 4 pers. 59 €. Coin cuisine, lave-linge, réfrigérateur, barbecue, jardin, terrasse, plan d'eau privatif de 2000 m². Belle ferme quercynoise du 18ᵉ siècle, à 2 pas du chemin de Compostelle. Langues parlées : anglais, espagnol.

Prix : 1 pers. **30** € 2 pers. **40** € 3 pers. **49** € repas **13** €
Ouvert : Toute l'année.

🐕	🏊	🎾	🏃	⛱️	🛥️	🚲	🚴
	4	4	4	4	4	20	4

Françoise CARDINET - Preniac - 46800 ST-PANTALEON - Tél. : 05 65 31 88 51 - Fax : 05 65 31 88 51

ST-PANTALEON Lartigue

⦀ 1 ch. Cahors 15 km. Ch. aménagée au r.d.c. de la maison des propriétaires sous forme de suite avec entrée indép. (1 lit 2 pers., 2 lits 1 pers., s.d'eau + wc), chauffage, terrasse, salon de jardin. Centre équestre sur place. Chambres non fumeurs. 4 pers. : 59 €. Langue parlée : anglais.

Prix : 1 pers. **30** € 2 pers. **38** € 3 pers. **49** € pers. sup. **11** €
repas **13** €
Ouvert : Toute l'année.

🐕	🏊	🎾	🏃	⛱️	🛥️	🚲	🚴
	10	10	SP	10	10	10	15	10

Annick DUBOIS - Lartigue - 46800 ST-PANTALEON - Tél. : 05 65 31 89 29

ST-PAUL-DE-LOUBRESSAC Le Mas

⦀ 1 ch. Ch. familiale aménagée à l'ét. de la maison des propriétaires 1 ch. (1 lit 2 pers.), 1 ch. attenante (2 lits 1 pers.), s.d.b. et wc indép. Terrasse, jardin. 4 pers. : 58 €.

Prix : 2 pers. **38** € 3 pers. **49** €

🐕	🏊	🎾	🛥️
	6	6	6	6

Michèle DEILHES - Le Mas - 46170 ST-PAUL-DE-LOUBRESSAC - Tél. : 05 65 21 93 26

Midi-Pyrénées
Lot

ST-PIERRE-TOIRAC La Cloterie
(TH) — *C.M. 79 Pli 10*

1 ch. À l'étage d'une ancienne maison de maître datant du XVIIIe siècle et aménagée sous forme de suite (1 lit 160, 1 lit 110. 1 lit 100.), s.d.b. et wc privés, coin-salon. Chauffage central. Parc clos et ombragé, jardin à la française avec roseraie. Téléphoner de 13 h à 15 h ou après 21 h. Prix 4 pers. 69 €. Epicerie dans le village. Produits fermiers sur place.

Prix : 1 pers. **38** € ◊ 2 pers. **49/53** € ◊ 3 pers. **55/61** € ◊ repas **14** €
Ouvert : Toute l'année.

🐕	🏊	🎾	🏇	⛱️	🏖️	🎣	🚲	🚂
14	1	1	1	1	1	1	14	14

Emma GIRY - La Cloterie - 46100 ST-PIERRE-TOIRAC - Tél. : 05 65 34 15 21

ST-SIMON Mas de Lavit
 — *C.M. 75 Pli 9*

1 ch. Bien situé pour découvrir le Quercy, dans un hameau de l'ét. d'une ferme quercynoise avec entrée indép. 1 ch. (1 lit 2 pers., poss. de 2 lits d'appoint dans une ch. attenante), s.d.b. et wc particuliers. La famille Bayard-Vayssouze saura vous conseiller pour dénicher visites, restaurants et activités selon vos goûts. Prêts de livres, cassettes et documents divers. Poss. de pique-nique et de consulter son courrier électronique. 4 pers. : 42/44 €. Langues parlées : anglais, allemand.

Prix : 1 pers. **28/30** € ◊ 2 pers. **30/32** € ◊ 3 pers. **36/38** € ◊ pers. sup. **6** €
Ouvert : Toute l'année.

🐕	🏊	🎾	🏇	⛱️	🏖️	🎣	🚲	🚂
10	5	0,5	15	15	15	5	4	4

Jean BAYARD - Mas de Lavit - 46320 ST-SIMON - Tél. : 05 65 40 48 75 ou 05 65 40 57 15 - E-mail : vayssouze@yahoo.fr

---

ST-SIMON Les Moynes
(TH)

5 ch. 5 ch. situées sur une propriété de 12 ha (ancienne bergerie restaurée) dont 1 de plain pied accessible aux pers. à mobilité réduite, au cœur du Parc Régional des Causses du Quercy. 2 ch. (1 lit 2 pers., 1 ch. 1 lit 2 pers., 1 lit 1 pers.), 2 ch. (1 lit 2 pers., 2 lits 1 pers.), s. d'eau et wc privatives à chaque ch. 4 pers. : 63 €. Piscine 12 x 6 + petit bain, parc, terrasse, terrain de boules, ping-pong, piano, billard, bibliothèque, salon télé, randonnée pédestre. Langues parlées : anglais, espagnol.

Prix : 1 pers. **38** € ◊ 2 pers. **46/52** € ◊ 3 pers. **53/56** € ◊ pers. sup. **12** € ◊ repas **17** €
Ouvert : Du 1er avril au 31 décembre.

🐕	🏊	🎾	🏇	⛱️	🏖️	🎣	🚲	🚂
12	8	1	12	12	18	9	6	

Frank LE CERF - Les Moynes - 46320 ST-SIMON - Tél. : 05 65 40 48 90 - Fax : 05 65 40 48 90 - E-mail : les.moynes@free.fr

---

ST-SOZY Le Pech Grand
(TH) — *C.M. 75 Pli 18*

5 ch. En prolongement de la maison des propriétaires avec entrée indépendante. 1 ch. (4 lits 1 pers.), s. d'eau et wc, 1 ch. (3 lits 1 pers.), s. d'eau, wc, 1 ch. (1 lit 160, s. d'eau, wc), 2 ch. (2 lits 1 pers.), douche, lavabo, wc, 1 salle d'eau et wc indép., 1 baignoire, 1 wc indép. Chauffage d'appoint. Randonnée sur place. Prix 4 pers. : 65 €. Repas enfant 7 €. Langues parlées : hollandais, anglais, allemand.

Prix : 1 pers. **34** € ◊ 2 pers. **41** € ◊ 3 pers. **53** € ◊ pers. sup. **12** € ◊ repas **15** €
Ouvert : Du 1er mars au 1er novembre.

🐕	🏊	🎾	🏇	⛱️	🏖️	🎣	🚲	🚂
1	0,5	7	0,5	0,5	0,5	12	0,5	

Charles HINSSEN - Le Pech Grand - 46200 ST-SOZY - Tél. : 05 65 32 27 98 - E-mail : PECHGRAND@wanadoo.fr - www.pechgrand.myweb.nl

---

ST-SOZY Le Mas Rambert

3 ch. **Souillac 10 km.** Propriété située sur le Causse de Martel au cœur de sites exceptionnels. Ch. aménagées à l'ét. de la maison des propriétaires. Ch.1 (1 lit 2 pers., s. d'eau + wc), ch.2 (1 lit 2 pers., poss. de 2 lits 1 pers. dans 1 ch. attenante, s. d'eau + wc), ch.3 (1 lit 2 pers., 2 lits 1 pers., s. d'eau + wc). Prise TV dans chaque ch. 4 pers. : 79 €.

Prix : 1 pers. **42** € ◊ 2 pers. **49** € ◊ 3 pers. **64** € ◊ pers. sup. **11** €
Ouvert : Toute l'année.

🐕	🏊	🎾	🏇	⛱️	🏖️	🎣	🚲	🚂
2	2	7	2	2	10	2		

Françoise TIERCE - Le Mas Rambert - 46200 ST-SOZY - Tél. : 05 65 37 14 07 - Fax : 05 65 37 14 07

ST-SULPICE-SUR-CELE Mas de Jordy
(TH) — *C.M. 79 Pli 9*

2 ch. Au rez-de-chaussée avec entrée indépendante. 1 ch. (1 lit 2 pers.) avec salle d'eau et wc. 1 ch. (1 lit 2 pers., 1 lit 1 pers.) avec salle d'eau et wc. Poss. 1 lit 2 pers. et 1 lit 1 pers. suppl. dans chambre attenante. Chauffage électrique. Réfrigérateur. Terrasse ombragée. Parking.

Prix : 1 pers. **25** € ◊ 2 pers. **31/34** € ◊ 3 pers. **37/40** € ◊ repas **12** €
Ouvert : Toute l'année.

🐕	🏊	🎾	🏇	⛱️	🏖️	🎣	🚲	🚂
3,5	3,5	1	3,5	3,5	3,5	3,5	14	16

Aurélie RAFFY - Mas de Jordy - 46160 ST-SULPICE-SUR-CELE - Tél. : 05 65 40 03 80

Lot

Midi-Pyrénées

STE-ALAUZIE Le Fort
C.M. 79 Pli 17

1 ch. 2 pièces en enfilade située à l'étage d'une maison de maître dominant la vallée. 1 ch. (1 lit 150, 1 lit 110), salle de bains et wc communs avec la propriétaire. Chauffage central. Salon de jardin. Terrain de 4 ha., golf 8 trous à 6 km.

Prix : 2 pers. **53** € 3 pers. **69** €
Ouvert : Du 1er juillet au 31 août.

🐕	🏊	🎾	🏇	🚂	⛵
	7	7	7	25	7

Christiane SOULE - Le Fort - 46170 STE-ALAUZIE - Tél. : 05 65 22 92 21

TAURIAC
C.M. 75 Pli 19

4 ch. Dans la maison des propriétaires, restaurée dans le style du pays et située dans le village, 3 chambres (1 lit 2 pers.), salle d'eau, 1 chambre (2 lits 2 pers.), salle d'eau, wc, wc communs aux 3 chambres. Chauffage central. Jardin, terrasse, jeux pour enfants. Tarif 4 pers. 49 €.

Prix : 1 pers. **27** € 2 pers. **30** € 3 pers. **44** €
Ouvert : Du 1er avril au 1er novembre.

🐕	🏊	🎾	🏇	⛱	🚣	🎣	🚂	⛵
	5	2	7	0,2	1	1	6	2

Paulette et Guy DESTRAUX - 46130 TAURIAC - Tél. : 05 65 38 53 31

THEDIRAC Manoir de Surgès
(TH) *C.M. 79 Pli 7*

3 ch. A l'étage d'un manoir du XVIIe, chambres de grand confort dont 1 en duplex. 1 ch./duplex (1 lit 160 à baldaquin, 2 lits 1 pers.), 1 ch. (1 lit 160 à baldaquin), 1 ch. (1 lit 160, 1 lit 1 pers.), s.d.b. et wc pour chacune. Poss. 2 lits d'appoints. Chauffage central. Séjour avec TV, cheminée. Terrasse avec salon de jardin. Prix 4 pers. 91 €. Supplément repas gastronomique : 27 €. Repas enfant : 7 €. Propriété de 36 ha. permettant randonnée. Piscine privée commune aux propriétaires.

Prix : 1 pers. **46/53** € 2 pers. **53/61** € 3 pers. **69/76** € pers. sup. **15** € repas **21** €
Ouvert : Toute l'année.

🐕	🏊	🎾	🏇	🚂
	SP	2	20	20	8

Joëlle DELILLE - Manoir de Surges - 46150 THEDIRAC - Tél. : 05 65 21 22 45 ou 06 75 26 79 44 -
E-mail : manoirdesurges@multimania.com

THEMINETTES Friaulens Haut
(TH) *C.M. 75 Pli 19*

4 ch. Au rez-de-chaussée de la maison de la propriétaire, avec entrée indépendante. 3 ch. (1 lit 2 pers.), salle d'eau et wc, 1 chambre (2 lits 1 pers.), salle d'eau et wc. Possibilité de 3 lits d'appoint supplémentaires. Randonnée sur place. Repas enfant 8 €. Télécopie. Langues parlées : anglais, allemand.

Prix : 1 pers. **38** € 2 pers. **38** € pers. sup. **11** € repas **14** €
Ouvert : Toute l'année.

🐕	🏊	🎾	🏇
	7	7	7

Isabelle NGUYEN-THANH - La Gaoulière - Friaulens Haut - 46120 THEMINETTES - Tél. : 05 65 40 97 52 ou 06 81 04 14 21 -
Fax : 05 65 40 97 52 - E-mail : gites-de-france-lot.com/la-gaoulière/

TOUR-DE-FAURE Combe de Redoles
(TH) *C.M. 79 Pli 9*

6 ch. Entrée indépendante, dans une ferme quercynoise restaurée, en lisière de forêt, face à Saint-Cirq Lapopie. Salle d'eau et wc privés dans chaque chambre (lits 1 pers. ou 2 pers.). Chauffage central, salle à manger et salon privatif, piano, cuisine d'été, barbecue, salon de jardin, jeux de plein-air. Piscine (10 m x 5 m) + piscine enfant. Prix 4 pers. 50 €. Repas enfant 6 €. Langue parlée : anglais.

Prix : 1 pers. **32** € 2 pers. **37** € 3 pers. **44** € pers. sup. **11** € repas **12** €
Ouvert : Toute l'année.

🐕	🏊	🎾	🏇	🎳	🚣	⛱	🎣	🚂	⛵
	3	1	3	1	1	1	1	35	1

Philippe DRUOT - Combe de Redoles - 46330 TOUR-DE-FAURE - Tél. : 05 65 31 21 58 - Fax : 05 65 31 21 58 -
E-mail : druot@club-internet.fr - www.quercy.net/com/redoles/

UZECH-LES-OULES Le Château
(TH) *C.M. 79 Pli 8*

4 ch. 1 tour du XIVe siècle et 1 tour en pierre entièrement restaurées, dans l'enceinte du château. 1 ch. en duplex (1 lit 2 pers. 1 lit 120) avec s.d.b., wc, salon privé. 1 ch. (1 lit 2 pers.) avec s.d.b., wc, salon privé et terrasse. 1 ch. en duplex (1 lit 180. 1 lit 1 pers.) avec s. d'eau, wc. 1 ch. (1 lit 1 pers.) avec s. d'eau, wc. Chauffage. Piscine privée (10 x 5 m). Repas gastronomique 30.5 €. Langues parlées : anglais, espagnol.

Prix : 1 pers. **46** € 2 pers. **76** € 3 pers. **91** € repas **23** €
Ouvert : Toute l'année.

🐕	🏊	🎾	🏇	🚂	⛵
	SP	7	20	30	25	8

Dominique BRUN - Le Château - 46310 UZECH-LES-OULES - Tél. : 05 65 22 75 80 - Fax : 05 65 22 75 80

Midi-Pyrénées
Lot

UZECH-LES-OULES Les Bories (TH) — C.M. 79 Pli 8

4 ch. Dans le prolongement de la maison des propriétaires. 4 ch. (1 lit 2 pers. chacune) avec salle d'eau et wc. Poss. lit d'appoint (canapé). Chauffage. Prix 4 pers. 34 €.

Prix : 1 pers. 23 € 2 pers. 26 € 3 pers. 30 € pers. sup. 5 €
repas 11 €
Ouvert : Toute l'année.

8	8	12	22	8	

Jean-Michel PRADIE - Les Bories - 46310 UZECH-LES-OULES - Tél. : 05 65 22 74 68

VERS Le Bois-Noir (TH) — C.M. 79 Pli 8

6 ch. Dans une grande maison située au cœur d'une chênaie. 6 chambres (6 lits 2 pers. 3 lits 1 pers.), s.d.b. ou s. d'eau et wc privés dans chacune. Chauffage électrique. Salon de jardin, terrasse. Piscine privée (14 x 6 m). Jeux de société, bibliothèque, ping-pong. Taxe de séjour : 2 F/pers. Prix 4 pers. 47.2 €. Repas enfant 9.15 €. Langue parlée : anglais.

Prix : 1 pers. 29/36 € 2 pers. 29/36 € 3 pers. 45 € repas 12 €
Ouvert : Toute l'année.

SP	2	2	2	2	20	15	2

Jacques DUFLOS - Le Bois-Noir - 46090 VERS - Tél. : 05 65 31 44 50 - Fax : 05 65 31 47 01

VIDAILLAC Moulin de Vidaillac (TH) — C.M. 79 Pli 19

E.C. 2 ch. Dans une très belle maison de caractère restaurée. 1 ch. au rez-de-chaussée (1 lit 2 pers., 1 lit 1 pers.) avec salle d'eau et wc. 1 ch. à l'étage (2 lits 2 pers., 1 lit 1 pers.) avec salle d'eau et wc. Poss. lit bébé. Supplément repas gastronomique 16.7 €. Réfrigérateur. Langues parlées : anglais, allemand, espagnol.

Prix : 1 pers. 35 € 2 pers. 43 € pers. sup. 14 € repas 15 €
Ouvert : En juillet et août.

7	2	12	15	20	15	12	26	7

Cécile VAISSIERE - Moulin de Vidaillac - 46260 VIDAILLAC - Tél. : 05 65 31 56 31 ou 01 46 21 16 75 - Fax : 05 65 31 56 91

LE VIGAN-SUR-GOURDON Manoir de la Barrière (TH) — C.M. 75 Pli 8

4 ch. De 30 à 50 m², avec entrées indépendantes, aménagées dans un manoir du XIIIe siècle entièrement restauré. « La Quercy » (1 lit 2 pers.), salle de bain, wc. « l'Occitane », 1 chambre (1 lit 160), salle de bain, wc. « La Régence » (1 lit 2 pers.), salle de bain, wc. « Le Pigeonnier » (1 lit 2 pers. 2 lits 1 pers.), salle de bain, wc. Coin-salon dans chaque chambre. Parc de 1 ha. ombragé avec ruisseau. Prix 4 pers. : 155 €. Piscine privée. Langue parlée : anglais.

Prix : 1 pers. 55 € 2 pers. 75 € 3 pers. 95 € pers. sup. 20 €
repas 30 €
Ouvert : Du 1er avril au 20 octobre.

SP	0,2	3	SP	SP	6	SP

Michel et Christiane AUFFRET - Manoir de la Barrière - 46300 LE-VIGAN-SUR-GOURDON - Tél. : 05 65 41 40 73 - Fax : 05 65 41 40 20 -
E-mail : manoirauffret@aol.com - www.france-bonjour.com/manoir-la-barriere/

VIRE-SUR-LOT Port de Vire (TH)

5 ch. Puy l'Evêque 4 km. Ch. de plain pieds avec entrée indép., aménagées dans la maison des propriétaires. 1 ch. (1 lit 2 pers., s. d'eau + wc), 4 ch. (1 lit 2 pers., 2 lits 1 pers. en mezzanine, s. d'eau + wc), terrasse, jardin, en bordure du lot. 4 pers. : 79 €.

Prix : 2 pers. 49 € 3 pers. 64 € repas 15 €
Ouvert : Toute l'année.

4	6	SP	10	4

André-Louis BIANCO - Port de Vire - « La Maison du Port » - 46700 VIRE-SUR-LOT - Tél. : 05 65 24 67 38

Hautes-Pyrénées

GITES DE FRANCE
22, place du Foirail - 65000 TARBES
Tél. 05 62 34 31 50 - Fax 05 62 34 37 95
E-mail : contact@gites-france-65.com - http://www.gites-france-65.com

ADAST — C.M. 85 Pli 17

3 ch. 3 chambres d'hôtes et 1 suppl. sur demande : 1 ch. au rez-de-chaussée et 2 à l'étage. Dans chacune : 1 lavabo et 1 lit 2 pers., wc indép. à l'étage et 1 salle de bains communs à tous les locataires. Séjour commun avec les propriétaires. Terrain. Camping de 6 emplacements à proximité.

Prix : 2 pers. 31 € 3 pers. 39 € pers. sup. 8 €
Ouvert : Toute l'année.

SP	1	1	1	25	50	1	1

Henri CAMPET - Adast - 8 rue des Coquelicots - 65260 PIERREFITTE-NESTALAS - Tél. : 05 62 92 73 88

Hautes-Pyrénées

Midi-Pyrénées

ADE
C.M. 85 Pli 8

5 ch. 5 chambres d'hôtes 2 pers. avec cabinet de toilette individuel et salle de bains commune. Appartement du propriétaire situé au rez-de-chaussée, accès extérieur pour les chambres d'hôtes. Salle de séjour. Cour pour les voitures. Forêt, restaurant 5 km. Squash 4 km. Voile et lac 5 km. Lourdes au sud, centre mondial du pélerinage qui contraste au milieu des communes rurales posées dans des paysages très vallonnés.

Prix : 1 pers. 23 € 2 pers. 31 € 3 pers. 35 €
Ouvert : De Pâques à octobre.

		M			
10	SP	SP		4	5

Jean et Angèle POUEY - 7 rue du Lavedan - 65100 ADE - Tél. : 05 62 94 67 36

ADE
C.M. 85 Pli 8

3 ch. 1 ch. d'hôtes au r.d.c. de la maison des prop. (1 lit 2 pers., 2 lits 1 pers.), avec s.d.b. et wc à proximité. A l'étage d'un bâtiment situé en face de la maison d'habitation : 2 ch. avec s. d'eau et wc communs. Salon, parking dans la cour, pelouse et salon de jardin. 49 €/4 pers.

Prix : 1 pers. 26 € 2 pers. 31 € 3 pers. 40 € pers. sup. 10 €
Ouvert : Toute l'année.

			M					
SP	SP	4	4	4	4	5	4	SP

Michel MATHEU - Rue Delasalle - 65100 ADE - Tél. : 05 62 94 44 02

ANCIZAN
Alt. : 760 m   **A**   *C.M. 85 Pli 8*

1 ch. Dans un petit village, 1 chambre rustique lambrissée (1 lit 2 pers.) chez l'habitant : accueil familial, repos et tranquillité assurés. Douche, lavabo et wc dans la chambre. Bus SNCF sur place. Lac 10 km.

Prix : 1 pers. 31 € 2 pers. 35 €
Ouvert : Toute l'année.

SP	SP	SP	7	SP	30	1	30	SP

Lucien MOULIE - 12 cap de Bourg - 65440 ANCIZAN - Tél. : 05 62 39 96 89

ANERES Les Sorbiers
(TH)   *C.M. 85 Pli 9*

3 ch. 3 chambres : 3 ch. avec salle d'eau et wc indépendants. Salle à manger, salon, TV, bibliothèque. Chauffage central. Parking privé à l'extérieur. Nombreux loisirs et grottes à proximité. L'hiver, station de ski Nistos-Cap-Nestes. Cour commune aux propriétaires. Cuisine régionale. Ce jeune couple vous recevra dans une ancienne maison jouxtant un gîte.

Prix : 2 pers. 37 € 3 pers. 46 € pers. sup. 10 € repas 13 €
Ouvert : Toute l'année.

SP	SP	SP	9	2	6	6	12	2

Valérie ROGE - Les Sorbiers - 65150 ANERES - Tél. : 05 62 39 75 41

LES ANGLES
Alt. : 650 m   (TH)   *C.M. 85 Pli 7*

2 ch. Lourdes 8 km. 2 ch. d'hôtes dans une ferme isolée Bigourdane dans un cadre de verdure charmant. 1 ch. (1 lit 2 pers.), rez-de-chaussée : salle d'eau, wc communicants. Etage : 1 ch. (2 lits 120, 1 lit 140, 1 lit 90), salle de bains et wc privés sur palier. Poss. lits bébé et enfant. Séjour avec bibliothèque et cheminée, salon de jardin, barbecue, chemin privée non goudronné. Repas à 80 % composés de produits fermiers. Animaux de la ferme sur place. Possibilité d'accompagner les propriétaires pour la transhumance des brebis.

Prix : 1 pers. 31 € 2 pers. 38 € 3 pers. 57 € repas 16 €
1/2 pens. 35 €
Ouvert : Toute l'année.

SP	SP	SP	8	8	8	8	8	8

Evelyne STALIN - Aliouret - 65100 LES-ANGLES - Tél. : 05 62 42 93 69 - Fax : 05 62 42 93 69 - E-mail : Ferme.Aliouret@wanadoo.fr - http://perso.wanadoo.fr/Ferme.Aliouret

ANSOST
(TH)   *C.M. 85 Pli 8*

5 ch. Fronton 5 km. Dans un corps de ferme rénové dans un petit village, 5 chambres à l'étage, 4 ch. (1 lit 2 pers.), 1 ch. (1 lit 2 pers. cabine avec lits superposés), wc, douche et lavabo dans chacune. Possibilité lit supplémentaire. Chauffage électrique. TV, lit bébé. Cour avec ombrage et pelouse. Voile et lac 18 km.

Prix : 1 pers. 26 € 2 pers. 32 € repas 13 €
Ouvert : Toute l'année.

3	10	7	3	5	25	7

Charles LOUIT - 65140 ANSOST - Tél. : 05 62 96 62 63 - Fax : 05 62 96 62 63

Midi-Pyrénées / **Hautes-Pyrénées**

ARCIZAC-EZ-ANGLES
C.M. 85 Pli 18

3 ch. **Lourdes 4 km.** 3 chambres d'hôtes au rez-de-chaussée (3 lits 2 pers. 1 lit 1 pers. poss. 1 lit d'appoint) dans la maison du propriétaire, sanitaires privatifs. Cour fermée avec pelouse et parking. Dans un petit village de 150 habitants. Voile et lac 5 km. Tarif 2 pers. 2 lits : 37,50 €.

Prix : 1 pers. 28 € 2 pers. 35 € 3 pers. 43 €
Ouvert : Toute l'année.

SP	SP	SP	5	5	5	10	5	4

Amélie TARBES - Arcizac ez Angles - 65100 LOURDES - Tél. : 05 62 42 92 53

ARCIZANS-AVANT
Alt. : 600 m
C.M. 85 Pli 17

3 ch. **Parc National des Pyrénées 10 km.** Frédéric, accompagnateur en montagne et Maïté, vous accueillent dans 1 maison ancienne (1855) typiquement Bigourdane dans 1 petit village très calme. 3 ch. de 1, 3 et 5 pers. avec douche, lavabo et wc privés. A dispo. : coin-cuisine avec TV. Terrasse avec une vue splendide sur les montagnes. 2 restaurants dans le village. Station thermale 2 km. Station de ski (alpin et fond) 10 km. Langues parlées : anglais, espagnol.

Prix : 1 pers. 28 € 2 pers. 39 € 3 pers. 51 € pers. sup. 13 €
Ouvert : Toute l'année.

0,5	0,5	3	2	2	2	10	2	

Maïté VERMEIL - 3 rue du Château - 65400 ARCIZANS-AVANT - Tél. : 05 62 97 55 96 - Fax : 05 62 97 55 96

ARCIZANS-AVANT Château du Prince Noir
Alt. : 700 m **A** *C.M. 85 Pli 17*

3 ch. 3 ch. d'hôtes dans une ancienne bâtisse du lavedan. Et. : 1 ch. (1 lit 2 pers. poss. 2 lits 1 pers. suppl.), sanitaires adjacents (baignoire). 1 ch. communicante (1 lit 2 pers. 1 lit enft.), 1 ch. (2 lits 1 pers.), sanitaires privés (douche). Grand séjour avec cheminée. Salon de jardin, terrasse. Sur un site classé (monuments historiques), en haut d'un village pyrénéen avec panorama/belvédère. La propriétaire est passionnée de chevaux.

Prix : 2 pers. 40 € 3 pers. 54 € pers. sup. 14 €
Ouvert : Toute l'année.

SP	SP	SP	4	4	18	16	4	

Véronique DOYEN - Le Château du Prince Noir - 65400 ARCIZANS-AVANT - Tél. : 05 62 97 02 79 - http://prince.noir.free.fr

ARIES-ESPENAN Moulin d'Aries
(TH) *C.M. 85 Pli 10*

5 ch. **Pyrénées et Espagne 1 h. Atlantique 2 h.** 2 ch. au r.d.c., 3 ch. à l'ét. 1 ch. (1 lit 2 pers.), 4 ch. (2 lits 1 pers.), dans 2 ch. poss. 2 adultes et 2 enf. ou 3 adultes (1 grand lit suppl.). Douche wc chacune. Grand pré derrière la maison. Salon, bibliothèque, cheminée, salle à manger, TV satellite. 2e séjour dans une partie du moulin avec biblio., TV satellite, vidéo, jeux société et enfants. Vélos à disposition. Proche de la D929 mais complètement au calme dans 1 moulin du XIVe au bord du Gers, entièrement rénové dans 1 vallée riante du Piémont Pyrénéen. Sites, villes, marchés de ce pays gourmand, promenades à pied, à bicyclette. Langues parlées : allemand, anglais.

Prix : 1 pers. 41 € 2 pers. 52 € 3 pers. 61 € pers. sup. 9 € repas 18 €
Ouvert : Du 15 mai au 15 janvier ou sur réservation.

SP	SP	SP	1	1	22	SP	22	2

Dorit WEIMER-VD-WEYDEN - Moulin d'Aries - Aries Espenan - 65230 CASTELNAU-MAGNOAC - Tél. : 05 62 39 81 85 - Fax : 05 62 39 81 85

ARRENS-MARSOUS Maison Sempé
Alt. : 877 m (TH) *C.M. 85*

4 ch. **Lourdes 25 km. Cauterets 40 km. Gavarnie 45 km.** 4 ch. d'hôtes (poss. 1 ch. familiale composée de 2 ch. communicantes), situées chez le propr. dans une maison de caractère du XVIIIe siècle, au cœur d'un village pyrénéen. Sanitaires privatifs. Séjour et salle à manger communs aux propr. Cheminée (poêle à bois), biblio., TV. Terrasse, jardin, salon de jardin. -10 % à partir de la 3e nuit. Repas enfant 7 €. Tarifs enfants : -4 ans gratuit, de 4 à 12 ans 8 €/nuit. Table d'hôtes : spécialités régionales et cuisine familiale. Sylvie et Michel seront heureux de vous accueillir dans l'une des plus belles maisons du caractère du village, dans une vallée offrant diverses animations : ski de fond, VTT,... Langue parlée : anglais.

Prix : 1 pers. 35 € 2 pers. 45 € 3 pers. 55 € repas 15 €
1/2 pens. 50/125 €
Ouvert : Toute l'année.

SP	SP	1	1	1	5	25	1	

Sylvie GUILLET - Maison Sempé - 3 rue Marque de Dessus - 65400 ARRENS-MARSOUS - Tél. : 05 62 97 41 75

ARRENS-MARSOUS Les Lenses
Alt. : 956 m
C.M. 85 Pli 18

2 ch. Dans une maison isolée comprenant l'hébergement des propriétaires et 2 gîtes. A l'étage : 2 ch. (1 lit 2 pers.), 1 suite (2 lits 1 pers. ou 1 lit 2 pers.) avec sanitaires privés (douche, wc). Salle à manger commune aux propr. Coin-salon dans chaque chambre. Balcon pour 1 des chambres. Terrasse commune, terrain, barbecue, parking. VTT 3 km. 58 €/4 pers. Le propriétaire est guide accompagnateur de pêche. Station de ski de fond 7 km. A proximité immédiate d'un petit village de montagne avec tous services, les chambres sont situées dans un vallon spacieux.

Prix : 1 pers. 31 € 2 pers. 39 € 3 pers. 46 € pers. sup. 8 €
Ouvert : Toute l'année.

SP	SP	1	3	1	1	25	25	1

Serge THOREZ - Les Lenses - 65400 ARRENS-MARSOUS - Tél. : 05 62 97 45 23 - Fax : 05 62 97 45 23

Hautes-Pyrénées

Midi-Pyrénées

ARRENS-MARSOUS Alt. : 920 m   C.M. 85 Pli 17

1 ch. Maison indépendante sur un terrain dominant le village. 1 ch. au r.d.c. (1 lit 2 pers.), avec salle de bains et wc indépendants. Séjour avec cheminée, salon. Terrasse (balancelle), salon de jardin, pelouse. Piscine avec toboggan et golf miniature à proximité. Belle vue et calme assuré. En surplomb du village, entourée de pelouse, villa confortable à la décoration moderne, où votre hôtesse vous accueillera chaleureusement.

Prix : 1 pers. **31** € 2 pers. **39** €
Ouvert : Toute l'année.

SP	SP	0,7	2	5	24	0,6

Lucette DUMERC - 10 rue Espoune Loungue - 65400 ARRENS-MARSOUS - Tél. : 05 62 97 21 59 ou 06 83 22 58 46

ARRENS-MARSOUS Alt. : 860 m C.M. 85 Pli 17

2 ch. 2 ch. d'hôtes dans la maison du propriétaire, entourée de prairies, dans un site de montagne. R.d.c. : 1 ch. (1 lit 2 pers.), suite (1 lit 2 pers.), sanitaires privatifs (baignoire, lavabo, bidet, wc). 1er étage : 1 ch. (1 lit 2 pers. 1 lit 1 pers.), sanitaires privés (douche, lavabo, wc). Séjour avec TV et cheminée. Chauffage électrique. Site de loisirs 100 m. 53 €/4 pers. Langue parlée : anglais.

Prix : 1 pers. **31** € 2 pers. **38** € 3 pers. **48** € pers. sup. **10** €
Ouvert : Toute l'année.

SP	0,5	0,5	0,2	0,2	0,2	4	24	SP

Lucie BATAN-LAPEYRE - 51 route d'Azun - 65400 ARRENS-MARSOUS - Tél. : 05 62 97 12 93 - Fax : 05 62 97 43 88

ARTIGUES Alt. : 650 m C.M. 85 Pli 18

3 ch. Lourdes 5 km. Bagnères-de-Bigorre 18 km. Dans une ancienne ferme typique bigourdane, 3 ch. dans la ferme au r.d.c., entrée indépendante. 1 suite : 1 ch. (1 lit 2 pers. 1 convertible 1 pers.), 1 ch. (2 lits 1 pers.). Dans l'ancienne bergerie devenue la maison des hôtes : 1 ch. à l'étage avec entrée indép. (1 lit 2 pers. 1 convertible 2 pers.), cheminée. Chacune de ces ch. dispose de sa s. d'eau. Kitchenette, terrasse avec salon de jardin et barbecue. Au r.d.c. : 1 ch. (1 lit 2 pers.), s. d'eau. Salon commun avec les propriétaires. Découvrez un petit village de 30 habitants, avec la ferme typiquement bigourdane au bout du village où les chambres s'ouvrent sur les prairies.

Prix : 1 pers. **31** € 2 pers. **39** € 3 pers. **61** € pers. sup. **8** €
Ouvert : Toute l'année.

SP	5	5	5	5	5	5	5	5

Colette CAPDEVIELLE - 65100 ARTIGUES - Tél. : 05 62 42 92 42 - E-mail : colette.capdevielle@wanadoo.fr - www.pyrenees-online.fr/Capdevielle

ASPIN-EN-LAVEDAN   A (TH) C.M. 85 Pli 17

6 ch. Cauterets 30 km. Argeles 12 km. Gavarnie 49 km. Dans un petit village à 3 km de Lourdes, sur le siège d'une exploitation agricole. 2 ch. 2 épis (3 lits 2 pers.), douche, lavabo privatifs, wc communs. 4 ch. 3 épis dont 1 ch. familiale (7 lits 2 pers.), sanitaires privés. TV dans chaque chambre. Poss. de lits supplémentaires. Pelouse, coin-détente, parking clôturé. Repas enfant moins de 7 ans 7 €. 48/61 €/4 pers. Table d'hôtes : les repas sont préparés avec les produits de la ferme. Vente de produits fermiers. Visite de l'exploitation. Repas gastronomique 20/26 €. Langue parlée : espagnol.

Prix : 1 pers. **26/31** € 2 pers. **31/37** € 3 pers. **40/46** € pers. sup. **10** € repas **12** €
Ouvert : Toute l'année.

SP	3	3	3	3	12	3	3

FAMILLE BOYRIE-LAMARQUE - Ferme Mongeat - 1 chemin du Turoun Debat - 65100 ASPIN-EN-LAVEDAN - Tél. : 05 62 94 38 87 ou 06 81 35 53 01 - E-mail : s.boyrie_lamarque@libertysurf.fr - http ://perso.libertysurf.fr/boyrie

AUCUN Alt. : 950 m C.M. 85

E.C. 2 ch. Lourdes 20 km. Parc National 7 km. 2 ch. d'hôtes avec entrée indépendante, dans une grange typique (pierre et bois), à proximité d'un camping. 1 lit 2 pers. pour chacune avec mezzanine (enfant - 13 ans), douche privée, wc communs. Salle à manger commune, cheminée, pièce de jour privée avec coin-salon, TV, bibliothèque, jeux. Salon de jardin, parking, grand terrain. Lieu où se mêlent avec simplicité, moderne et ancien. Réveil au petit matin grâce à un panorama d'exception, au cœur des Pyrénées.

Prix : 1 pers. **29** € 2 pers. **35** € 3 pers. **43** €
Ouvert : Toute l'année.

SP	SP	SP	2	2	20	6

Yves LANNE - chemin des Poueyes - 65400 AUCUN - Tél. : 05 62 97 45 05 - Fax : 05 62 97 45 05 - E-mail : yves.lanne1@libertysurf.fr

AYROS C.M. 85 Pli 17

3 ch. Lourdes 10 km. Cauterets 17 km. Gavarnie 35 km. Tourmalet 39 km. Au 2e étage de la maison du propriétaire : 3 ch. (1 lit 2 pers., 1 lit 1 pers. chacune), sanitaires complets privés pour chaque chambre. Salle de séjour privative. Coin-salon, TV au rez-de-chaussée. Jardin, salon de jardin, parkings. Dans une ancienne maison de famille réaménagée en chambres d'hôtes, au pied du Hautacam, venez savourer un séjour tranquille dans un petit village typiquement haut-pyrénéen. Belle vue sur la montagne. Restaurant 300 m. Langues parlées : anglais, espagnol.

Prix : 1 pers. **29** € 2 pers. **39** € 3 pers. **46** €
Ouvert : Toute l'année.

SP	2	SP	11	3	2	11	5

Raymonde et J-Marie PAMBRUN - 3 Camin Dera Hont - 65400 AYROS - Tél. : 05 62 97 04 00 - Fax : 05 62 97 04 00

Midi-Pyrénées — **Hautes-Pyrénées**

AYZAC-OST Maison Bellocq
C.M. 85 Pli 17

2 ch. Dans une ancienne maison Bigourdane cossue, meublée à l'ancienne, dans le village, 2 ch. au 2e étage : 1 ch. (1 lit 2 pers., poss. 2 lits 1 pers. dans ch. attenante, douche, lavabo, wc. 1 ch. (2 lits 1 pers.), douche, lavabo, wc. TV dans chaque ch. Chauffage. Salon de jardin, jardin, cour. Bibliothèque. Auberge sur place. Dans une ancienne ferme au caractère authentique et au décor raffiné, dans de vastes chambres au grand confort, savourez la quiétude d'un séjour ou d'une nuit au pays des 7 vallées du Lavedan. Langue parlée : espagnol.

Prix : 1 pers. 31 € 2 pers. 43 € 3 pers. 55 € pers. sup. 13 €
Ouvert : De mai à octobre.

SP	SP	SP	3	3	8	3	8	3

Claudine CABAR - Maison Bellocq - 4 chemin de Sailhet - 65400 AYZAC-OST - Tél. : 05 62 90 33 15 ou 06 87 63 15 71 - Fax : 05 62 90 33 15

BARBAZAN-DEBAT Le Château   (TH)
C.M. 85 Pli 18

2 ch. Tarbes 6 km. Lourdes 20 km. Bagnères-de-Bigorre 15 km. Dans la maison du propriétaire, 2 chambres d'hôtes avec entrée indépendante : 1 ch. (2 lits 1 pers.), 1 ch. (1 lit 2 pers. 1 lit 1 pers.), salle d'eau, wc pour chacune. TV sur demande à l'avance. Suppl. animaux 3 €. Parc calme, salon de jardin. Voile et lac 20 km. Situées sur une petite hauteur et entourées de forêts, ces chambres d'hôtes vous permettront de goûter au calme. A proximité du chef-lieu du département. Langue parlée : espagnol.

Prix : 1 pers. 28 € 2 pers. 42/43 € pers. sup. 16 € repas 12 €
Ouvert : Toute l'année.

SP	1	2	1	4	12	6	1	

Arnaud DE CASTELBAJAC - Le Château - 65690 BARBAZAN-DEBAT - Tél. : 05 62 33 83 51 - Fax : 05 62 33 83 51

BAREGES   Alt. : 1300 m
C.M. 85 Pli 18

5 ch. 4 ch. d'hôtes avec dans chaque chambre 1 ou 2 lits, lavabo, douche et wc privés dans chaque chambre. 1 ch. avec douche et wc communs. Salle à manger commune pour les repas du soir l'été. Au cœur des Pyrénées, tout près des sites touristiques importants, Lourdes, Gavarnie, Pic du Midi, Cauterets, stations de ski et thermale sur place. 4 pers. : 56/59 €. Formule originale de cuisine, chaque famille établit son menu, fait ses provisions et la propriétaire se charge de cuisiner et de servir les repas le soir uniquement demandés en été seulement (sans supplément de prix).

Prix : 1 pers. 25/30 € 2 pers. 37/41 € 3 pers. 45/49 €
Ouvert : Du 1er juin au 30 septembre et l'hiver.

SP	SP	SP	SP	SP	SP	30	SP	

Joséphine LASSALLE CAZAUX - 10 rue Polard - 65120 BAREGES - Tél. : 05 62 92 68 27 - http://perso.libertysurf.fr/lassalle-cazaux

BAREGES   Alt. : 1250 m
C.M. 85 Pli 18

5 ch. Sur 2 ét. d'1 vieille maison typique barégeoise du XVIIIe, au 2e ét. : 1 ch. (1 lit 2 pers.), 1 ch. (1 lit 2 pers.), 1 ch. (2 lits 1 pers.), s. d'eau et wc sur le palier et cabinet de toilette chacune. 1er ét. : 2 ch. communicantes avec s.d.b. (1 lit 2 pers. 1 lit 120), salle à manger commune. Jardin, salon de jardin. Local à skis. Petite ville montagnarde balnéaire et illustre, station de ski. A portée sans avoir à utiliser de voiture, toutes activités de loisirs en même temps que le charme irremplaçable d'1 maison ancienne. Restaurants, auberge à proximité. Langues parlées : espagnol, anglais.

Prix : 1 pers. 25/28 € 2 pers. 34/37 € 3 pers. 51/55 € pers. sup. 8 €
Ouvert : Du 15 décembre au 15 avril et du 15 mai au 15 octobre.

SP	SP	SP	0,2	0,2	30	2	30	0,1

Ginette REY - 4 passage des Oiseaux - 65120 BAREGES - Tél. : 05 62 92 68 53

BARTRES
C.M. 85 Pli 7

5 ch. Habitat dans une ferme au cœur du village : 5 chambres d'hôtes dont 1 accessible aux pers. hand. (3 lits 2 pers. 6 lits 1 pers. 2 conv.), salle à manger et salon communs avec les prop., cheminée, TV, biblio. Cour, terrain entièrement clôturé, jardin, parking, restaurant à 80 m, salon de jardin. 49 €/4 pers. Venez découvrir ces chambres situées dans une ferme en activité, au cœur d'un village de caractère au passé historico-religieux reconnu aux pieds des grands sites pyrénéens. Langue parlée : espagnol.

Prix : 1 pers. 26 € 2 pers. 34 € 3 pers. 41 €
Ouvert : Toute l'année.

SP	3	SP	SP	3	3	3	5	3

Daniel LAURENS - 3 route d'Ade - 65100 BARTRES - Tél. : 05 62 42 34 96 - Fax : 05 62 94 58 06

BEAUCENS   Alt. : 500 m   (TH)
C.M. 85 Pli 18

3 ch. Argelès-Gazost 5 km. Lourdes 15 km. 3 ch. d'hôtes de caractère, chacune 1 lit 2 pers. 1 lit 1 pers., possibilité lit d'appoint. 1er étage : grande chambre mobilier XIXe, s.d.b./wc, balcon avec petit salon extérieur. 2e étage : 2 belles chambres (douche/wc). Grand séjour avec cheminée, TV, bibliothèque. Micro ondes et réfrigérateur à dispo. Terrasse ombragée, jardin, potager, prairie. Parking. Restaurants à proximité. Au sud de Lourdes, vous serez tout à la fois au plus grand calme et magnifiquement situés pour découvrir les plus beaux coins des Pyrénées : Gavarnie, le Pic du Midi... ou encore au village le Donjon des Aigles... Table d'hôtes de novembre à avril, les week-end, sur réservation. Langues parlées : anglais, espagnol.

Prix : 2 pers. 42/49 € 3 pers. 52/60 € pers. sup. 11 € repas 14 €
Ouvert : Toute l'année.

SP	2	10	5	5	15	5	15	5

Henri et Ione VIELLE - 15 route de Vielle - « Eth Béryè Petit » - 65400 BEAUCENS - Tél. : 05 62 97 90 02 - Fax : 05 62 97 90 02 - www.beryepetit.com

Hautes-Pyrénées

Midi-Pyrénées

BERNAC-DESSUS
(TH) — *C.M. 85 Pli 8*

1 ch. Pic du Midi 30 km. Lourdes 20 km. La Mongie (station de ski) 25 km. 1 ch. d'hôtes (1 lit 2 pers., poss. de rajouter 1 lit d'appoint) au 1er étage, avec vue sur les Pyrénées. Salle d'eau et wc privés attenants à la chambre. Poss. de garer la voiture dans la cour. La propriétaire vous fera déguster les spécialités du pays. Propriétaires pratiquant la randonnée en montagne, le ski, les raquettes et également les balades en 4x4. Table d'hôtes sur réservation.

Prix : 1 pers. 34 € 2 pers. 42 € pers. sup. 8 € repas 13 €
Ouvert : Du 1er avril au 1er novembre.

🐕	🚶	🏊	🎾	🏇
SP	SP	7	4	1

Christine BOURRE - 2 Cami de la Gleyse - 65360 BERNAC-DESSUS - Tél. : 05 62 45 32 11 ou 06 84 39 86 95 -
E-mail : c.bourre@wanadoo.fr - http://perso.wanadoo.fr/christinebourre/

BERNADETS-DEBAT La Riberre
(TH) — *C.M. 85 Pli 9*

2 ch. Lourdes 50, St-Sever-de-Rustan 10, Tarbes 35 et Puydarrieux 12 km. Dans une ancienne ferme bigourdane, 2 chambres d'hôtes avec sanitaires privatifs (1 lit 2 pers. chacune), salle à manger, salon, cheminée, TV, salle de lecture et de musique, bibliothèque, terrasse ombragée où les repas végétariens pourront être servis. Parc arboré clos avec salon de jardin, salle de relaxation et de méditation. Potager sans pesticide, ni désherbant. Vélos sur place, cour. Possibilité de prendre des cours de relaxation et de méditation selon les principes des yogas et de recevoir 4 cavaliers et leur monture. Langue parlée : anglais.

Prix : 1 pers. 35 € 2 pers. 40 € repas 12 €
Ouvert : Toute l'année.

🐕	🚶	🏊	M	🏊	🎾	🏇	🚴	🚂	⛷
SP	SP	SP	35	7	7	35	10	35	7

Philippe CHOLIN - Ferme le Refuge - La Riberre - 65220 BERNADETS-DEBAT - Tél. : 05 62 35 69 56 - Fax : 05 62 35 69 56

BETPOUEY
Alt. : 980 m — (TH) — *C.M. 85 Pli 18*

4 ch. Barèges (station thermale) 3 km. 4 ch. d'hôtes avec salle d'eau et wc privés : 1 ch. 4 pers. au r.d.c., 1 ch. 3 pers. à l'étage et 2 ch. 2 pers. sont aménagées dans une grange restaurée, située dans un village de montagne, au pied du Tourmalet. Parking privé. Salle de séjour avec cheminée et TV. 55 €/4 pers. Un jeune couple natif de la vallée vous fera partager la tradition séculaire de l'accueil pratiqué vis à vis des thermalistes et amoureux des Pyrénées. Le village est petit et typique.

Prix : 1 pers. 31 € 2 pers. 39 € 3 pers. 48 € pers. sup. 11 € repas 13 €
Ouvert : Toute l'année.

🐕	🚶	🏊	🎾	🏇	🚴	⛷
SP	SP	4	3	4	25	3

Christine LASSALLE - 65120 BETPOUEY - Tél. : 05 62 92 88 50

BOO-SILHEN Les Aillans
(TH) — *C.M. 85 Pli 17*

3 ch. Dans une grange rénovée, à proximité de la maison du prop. (maison de caractère du XVe), dans un hameau isolé, en pleine verdure, 3 ch. d'hôtes dont 1 familiale (2 ch. communicantes), sanitaires privés pour chaque chambre. Salle à manger et salons indépendants. Cheminée, TV, biblio., vidéo, Hifi. Cour, parc entièrement clos, salon de jardin, garage. Calme, repos et charme ancien sont préservés par les propriétaires conviviaux. Franck avec son 4 x 4 sera heureux de vous faire découvrir les Hautes Pyrénées d'une façon inhabituelle et conviviale (forfait 2 pers. 46 €, 4 pers. 77 €, pique-nique inclus). Repas enfant - de 5 ans 8 €. Langues parlées : espagnol, anglais, allemand.

Prix : 1 pers. 31 € 2 pers. 45 € 3 pers. 57 € repas 16 €
Ouvert : Toute l'année.

🐕	🚶	🏊	🎾	🏇	🚴	🚂	⛷
2	1	SP	2	10	8	12	2,5

Franck BROUILLET - Les Aillans - Silhen Débat - 65400 BOO-SILHEN - Tél. : 05 62 97 59 22 - Fax : 05 62 97 59 22

BORDERES-LOURON
Alt. : 850 m — (TH)

5 ch. Genos Loudenvielle 10 km. St-Larry 18 km. Ancienne ferme rénovée comprenant 5 ch. d'hôtes aux 1er et 2e étages : 1 ch. (1 lit 2 pers.), 4 ch. (1 lit 2 pers., 1 lit 1 pers. chacune), sanitaires complets privés. Salle à manger et salon communs. Jardin, pelouse, salon de jardin. Anne-Lise et Henri seront heureux de vous accueillir dans une vieille ferme restaurée au cœur des Pyrénées, dans une vallée offrant diverses activités : ski, parapente, randonnées, VTT, ...

Prix : 1 pers. 31 € 2 pers. 43 € 3 pers. 54 € repas 14 €
Ouvert : Toute l'année.

🐕	🚶	🏊	🎾	🏇
SP	10	SP	32	2

BRACHET Anne-Lise et CHAMARY Henri - Le Village - 65590 BORDERES-LOURON - Tél. : 05 62 99 98 89 - Fax : 05 62 99 98 89

BORDERES-LOURON
Alt. : 850 m — *C.M. 85 Pli 19*

3 ch. Arreau 5 km. Génos 8 km. A l'étage d'une grande maison, 3 chambres de 20 m² chacune meublées rustique comprenant chacune douche et lavabo. 1 ch. (1 lit 2 pers.), 1 ch. (1 lit 2 pers. 1 lit 1 pers.), 1 ch. (1 lit 2 pers.). WC communs. Cuisine, salle à manger avec coin-salon. Terrasse, salon de jardin, parking privé. Visite du patrimoine local (églises classées). Loisirs à proximité : piscine, tennis, randonnées équestres et pédestres, escalade, voile, lac d'altitude, piscine ludique (balnéo), chasse, pêche, ski, hôtel/restaurant à 50 m. Aventure Park. Langues parlées : espagnol, anglais.

Prix : 1 pers. 28 € 2 pers. 31 € 3 pers. 35 €
Ouvert : Toute l'année.

🐕	🚶	🏊	M	🏊	🎾	🏇	🚴	🚂	⛷
SP	SP	SP	8	8	8	8	8	30	8

Gilles MARSALLE - 65590 BORDERES-LOURON - Tél. : 05 62 98 65 79

Midi-Pyrénées   **Hautes-Pyrénées**

BORDERES-SUR-ECHEZ Borderes
C.M. 85 Pli 8

1 ch. **Lourdes et Bagnères 30 km.** A l'étage de la maison familiale, 1 chambre de caractère de 35 m² pour 2 ou 3 pers. (1 lit 2 pers. 1 lit 1 pers.), mobilier ancien, coin-salon, salle d'eau attenante. Salle à manger commune. Cour, jardin, salon de jardin. Sur une ferme très fleurie avec jardin où l'on pratique hors l'amour des fleurs, l'élevage des anglo-arabes. Nous sommes à 5 km du haras de Tarbes.

Prix : 1 pers. 31 € 2 pers. 39 € 3 pers. 46 €
Ouvert : Toute l'année.

40	3	SP	3	3	SP	8	7	3	SP

Marthe FONTAN - 18 rue Pasteur - 65320 BORDERES-SUR-ECHEZ - Tél. : 05 62 36 42 61

BOURG-DE-BIGORRE
C.M. 85 Pli 19

2 ch. **Bagnères 15 km. Pic du Midi 35 km. Lourdes 38 km. Esparros 11 km.** 1 ch. au r.d.c. de 22 m², carrelée, très claire avec porte-fenêtre donnant sur le parc, sanitaires complets privés. A ch. à l'étage avec entrée par escalier indépendant ou entrée par maison, très spacieuse (45 m²), poutres, parquet, avec lavabo, ch. avec dressing. Salle d'eau et wc. A disposition : VTT, cuisine, terrasse, bain de soleil, lave-linge, ping-pong. Repas enfant : 9,14 €. Conseils et documentations en randonnée, divers sports, gastronomie, visites et curiosités de la région, l'artisanat.

Prix : 2 pers. 49/54 € 3 pers. 57/61 € pers. sup. 8 € repas 14 €
Ouvert : Toute l'année.

SP	SP	SP	15	2	15	10

Gérald MAGNIEN - La Caminade - 65130 BOURG-DE-BIGORRE - Tél. : 05 62 39 08 63

CABANAC Villa Sans Souci
C.M. 85 Pli 8

2 ch. **Bagnères-de-Bigorre 18 km. Lourdes 40 km. Tarbes 15 km.** 2 ch. d'hôtes dans une maison de famille au charme retrouvé typique des coteaux pyrénéens. Sur le palier du 1er ét., 2 ch. avec (1 lit 2 pers.) et sanitaires intérieurs chacune. Séjour spacieux et confortable, cheminée, TV, chaîne Hifi, magnéto., coin-salon. Jardin d'agrément devant la maison, salon de jardin. Jardin potager face au côté de la maison et abri couvert. M. et Mme Laurent natifs du Pas de Calais sont tombés amoureux des Pyrénées et de cette maison, ils vous feront apprécier le charme de l'un et de l'autre. Dans un ancien relais de poste sur la place du village (210 hab.), 2 ch. « La Belle Epoque » et « l'Age Tendre ». Centre équestre à prox.

Prix : 1 pers. 32 € 2 pers. 40 € 3 pers. 55 € pers. sup. 13 €
Ouvert : Toute l'année.

SP	SP	10	4	0,5	4

Maryse LAURENT - Villa Sans Souci - 65350 CABANAC - Tél. : 05 62 35 17 78

CAMOUS
Alt. : 650 m   C.M. 85 Pli 19

2 ch. **Sarrancolin 2 km. Arreau 3 km.** Dans 1 petit village typiquement pyrénéen de 24 hab. Au pied du col d'Aspin, 2 ch. d'hôtes à l'étage d'une villa avec balcon. 1 ch. (1 lit 2 pers.), 1 suite (1 lit 2 pers. 1 lit 120) avec sanitaires privés (1 avec baignoire et 1 avec douche). Salle à manger/coin-salon privés. TV, cheminée. Jardin clôturé, salon de jardin, barbecue, parking privé. Dans un tout petit village de montagne de la vallée d'Aure, ces chambres d'hôtes vous permettront la découverte du terroir et la possibilité de nombreuses randonnées... L'Espagne est aussi à leur porte. Langues parlées : anglais, espagnol, allemand.

Prix : 1 pers. 29 € 2 pers. 37 € 3 pers. 46 €
Ouvert : Toute l'année.

SP	3	8	15	3	12	20	2

Francine BECH - 65410 CAMOUS - Tél. : 06 07 51 92 11 - Fax : 05 62 39 51 70

CAMPAN La Laurence
Alt. : 1000 m   C.M. 85 Pli 18

5 ch. Dans un chalet de grand confort avec vue panoramique, 5 ch. d'hôtes indépendantes avec salle d'eau et wc, coin-salon, balcon ou terrasse, kitchenette pour 3. 1 des chambres est classée 2 épis. Salle à manger commune au propriétaire, salon, bibliothèque, TV. Proche du col d'Aspin, superbe vue sur la vallée et les montagnes. Espagnol parlé. Christian, passionné de montagne vous fera découvrir les bons coins et les belles randonnées, et Marian vous régalera de ses bons petits plats. 24 €/enf. -10 ans, panier-repas 8 €. Suppl. chauff. 4 €/j./ch. Réductions pour chèques vacances et groupes (en hors-saison). Langues parlées : anglais, italien, allemand.

Prix : 1 pers. 35 € 2 pers. 44 € 3 pers. 60 € pers. sup. 14 € repas 15 € 1/2 pens. 27 €
Ouvert : Du 1er décembre au 30 octobre.

SP	SP	SP	15	1	4	18	3	15	9

Marian MASSON - La Laurence - 65710 CAMPAN - Tél. : 05 62 91 84 02 ou 05 62 91 84 21 - Fax : 05 62 91 84 21 -
E-mail : lalaurence@wanadoo.fr - http://perso.wanadoo.fr/lalaurence

CAMPAN
Alt. : 600 m   C.M. 85 Pli 17

3 ch. **Campan 2 km. Grottes 3 km.** 3 ch. d'hôtes dans une grange rénovée à l'ancienne, mitoyenne à la maison des propriétaires. R.d.c. : coin-cuisine, salle à manger à disposition. A l'étage : 2 ch. (2 lits 1 pers.), 1 ch. (1 lit 2 pers. + mezzanine 2 couchages) avec s.d.b. Verger, potager, espace vert, salon de jardin, barbecue, grande table extérieure. 70 €/4 pers. 16 €/enfant -12 ans. Serge, moniteur de ski/guide culturel et Catherine vous proposent de partager les différentes activités autour de leur habitation : escalade (1 km), parapente (satge à 1 km), VTT, raquettes, surf, ou de rester sur place à savourer l'air du temps et la beauté du paysage... Langues parlées : anglais, espagnol.

Prix : 1 pers. 22 € 2 pers. 44 €
Ouvert : Toute l'année.

SP	0,3	5	2	5	1	5	5	6	1

DUFFAU Catherine et ABADIE Serge - chemin d'Angoue - 65710 CAMPAN - Tél. : 05 62 91 77 95

Hautes-Pyrénées   *Midi-Pyrénées*

CAMPARAN   Alt. : 920 m   C.M. 85 Pli 19

3 ch. St-Lary-Soulan 4 km. 2 chambres dans une ferme de montagne, à l'entrée d'un tout petit village. 1 ch. (1 lit 2 pers.), 1 ch. (1 lit 2 pers., 2 lits 1 pers.), 1 ch. (2 lits 1 pers.), avec sanitaires privatifs pour chacune (douche). Mezzanine. Salle à manger commune avec les propriétaires. Cour, balcon, mobilier de jardin, parking, coin-salon, TV, cheminée. Très belle vue sur la vallée d'Aure et les Pics qui l'entoure. Stations de ski et thermale à proximité. Nombreuses activités très proches. Maison conservée dans le style avec son mobilier d'origine dans le séjour. Tarif 4 pers. 61 €. Langue parlée : espagnol.

Prix : 1 pers. **31 €** 2 pers. **39 €** 3 pers. **52 €** pers. sup. **14 €**
Ouvert : Toute l'année.

SP	2	8	4	4	30	4	30	3

Marie-Thérèse MOREILHON - La Couette de Bieou - 65170 CAMPARAN - Tél. : 05 62 39 41 10

CASTELNAU-MAGNOAC Manoir de la Grange   C.M. 85 Pli 10

3 ch. Auch 40 km. Haras de Tarbes 40 km. Station thermale 20 km. 3 chambres d'hôtes situées dans un manoir dont une suite pour 3 personnes. Sanitaires privatifs, salle à manger, salon et bibliothèque réservés aux hôtes, petite cuisine à disposition, parc entièrement clôturé, piscine, salon de jardin, parking privé. A 1 heure du Pic du Midi, 3 chambres d'hôtes dans un manoir du XVIe siècle entre Gascogne et Pyrénées. Piscine (14 x 6) et parc (5 ha) privés. Randonnées, équitation, tennis et aéroclub aux portes du manoir qui vous feront goûter « l'art de vivre » en Pyrénées. Langues parlées : anglais, espagnol.

Prix : 1 pers. **52 €** 2 pers. **61 €** 3 pers. **76 €**
Ouvert : Du 1er janvier au 5 novembre.

SP	3	3	10	SP	0,5	24	3	24	0,5

Bernard VERDIER - Manoir de la Grange - 65230 CASTELNAU-MAGNOAC - Tél. : 05 62 99 85 33 ou 06 89 10 00 73 -
Fax : 05 62 99 85 33 - E-mail : mandelagrange@wanadoo.fr - www.castelmagnoac.com

CASTELNAU-MAGNOAC Au Verdier   (TH)   C.M. 85 Pli 10

3 ch. 3 ch. d'hôtes (4 lits 2 pers. 1 lit 1 pers.) avec sanitaires privatifs. Balcon dans chaque galerie. Dans la salle de séjour, trône une grande table bigourdane où vous pourrez prendre de succulents petits déjeuners et repas avec les produits frais de la ferme. TV, téléphone, bibliothèque. Vous serez accueillis dans une ancienne étable où mangeoires et râteliers ont été conservés, on y a installé 3 belles chambres dans la grange à grains, chacune différente. Du balcon, on peut admirer les parterres de fleurs et le parc. Un lac de pêche est à votre disposition ainsi qu'une terrasse. Langue parlée : espagnol.

Prix : 1 pers. **31 €** 2 pers. **39 €** 3 pers. **46 €** pers. sup. **11 €** repas **14 €**
Ouvert : D'avril à octobre sur réservation uniquement.

SP	SP	1	13	3	23	5	25	2

Nathalie CARRILLON-FONTAN - Au Verdier - route de Lamarque - 65230 CASTELNAU-MAGNOAC - Tél. : 05 62 99 80 95 -
Fax : 05 62 39 85 45

CASTELNAU-RIVIERE-BASSE Hameau de Mazeres   (TH)   C.M. 85 Pli 2

3 ch. Sur 1 propriété agricole gasconne du XVIIIe, r.d.c. : 1 ch. (2 pers.), 1 suite (2 pers.), s.d.b., wc, cheminée. 1er ét. : 1 ch. (2 pers.), douche, wc, cheminée. 1 ch. (2 pers.) et suite (3 pers.), douche, wc. Salon, TV, cheminée, biblio. Salle à manger, cheminée. Ch. central. 64 €/4 pers. Repas enfant - 12 ans : 7 €. Bébé gratuit. Cour fermée, jardin, VTT. Près de l'église romane de Mazères, Nicole et Jean-Louis se consacrent à l'élevage et à la sauvegarde de l'âne des Pyrénées. Rando. pédestres avec âne de bât, pêche sur les bords de l'Adour. Table d'hôtes réputée. Location d'un âne de bât : 31 €. Langues parlées : allemand, anglais.

Prix : 1 pers. **40 €** 2 pers. **43 €** 3 pers. **55 €** repas **14 €**
Ouvert : Toute l'année.

SP	SP	SP	2	2	15	2	40	2

Nicole et Jean-Louis GUYOT - Hameau de Mazeres - 65700 CASTELNAU-RIVIERE-BASSE - Tél. : 05 62 31 90 56 - Fax : 05 62 31 92 88

CASTELNAU-RIVIERE-BASSE   (TH)   C.M. 85 Pli 2/3

4 ch. 4 ch. dans les dépendances d'1 château : toutes avec des lits à baldaquin (sauf celle du r.d.c.). R.d.c. : 2 ch. (1 lit 180), s.d.b. 1 ch. (2 lits 1 pers.), s. d'eau, wc privés chacune. Poss. lit d'appoint. Et. : 1 ch. (1 lit 160), s. d'eau et wc privés. 1 suite (1 lit 2 pers.), 1 ch. attenante (2/3 lits), s.d.b. et wc privés. Séjour/salon communs aux hôtes. Bibliothèque. Piscine, jardin, salon de jardin. Table d'hôtes sur réservation. Ancien vignoble. Langues parlées : anglais, allemand, italien.

Prix : 1 pers. **58/80 €** 2 pers. **58/85 €** pers. sup. **19 €** repas **20 €**
Ouvert : Toute l'année sur réservation.

SP	1	SP	0,5	25	5	45	0,8

Andrew et Maria HEDLEY - Le Château du Tail - 65700 CASTELNAU-RIVIERE-BASSE - Tél. : 05 62 31 93 75 - Fax : 05 62 31 93 72 -
E-mail : chateau.du.tail@wanadoo.fr - www.sudfr.com/chateaudutail

CASTELNAU-RIVIERE-BASSE Pont de Prechac   C.M. 85 Pli 8

3 ch. Tarbes 40 km. Lourdes 60 km. Marciac 20 km. 3 chambres d'hôtes au 1er étage d'une ancienne maison restaurée sur les berges de l'Adour. 1 ch. (1 lit 2 pers.), 1 ch. (2 lits 1 pers.), salle de bains et wc communs sur le palier. 1 ch. (1 lit 150, 1 lit 1 pers.) avec salle de bains et wc privés. Grande salle commune avec cheminée et terrasse. Parc, portique, pêche. Castelnau-Rivière-Basse près du Madiranais, à proximité de la D935 à la limite des Landes, du Gers et des Pyrénées Atlantiques.

Prix : 1 pers. **31 €** 2 pers. **34 €** 3 pers. **46 €** pers. sup. **13 €**
Ouvert : Toute l'année.

SP	3	3	40	0,5	6

Claudine BOULANGER - Pont de Prechac - Route de Plaisance - 65700 CASTELNAU-RIVIERE-BASSE - Tél. : 05 62 31 90 41

Midi-Pyrénées   **Hautes-Pyrénées**

CAUTERETS Hameau de Cancéru   Alt. : 1000 m   *C.M. 85 Pli 17*

2 ch. **Lourdes 30 km. Gavarnie 40 km. Pont d'Espagne 11 km.** 2 chambres d'hôtes situées au 1er étage d'une maison mitoyenne à celle de la propriété, ambiance chalet (bois), de grande qualité. 1 ch. (2 lits 1 pers.), 1 ch. (1 lit 2 pers.), salle d'eau et wc privés chacune, salle à manger et coin-salon privatifs, TV, salon de jardin, parking, terrain. Au cœur du Parc National des Pyrénées, la prestigieuse station thermale et de sports d'hiver de Cauterets située à 1000 m d'altitude vous attend. Dans ce cadre majestueux, Rosa vous accueillera et vous conseillera sur les sites à découvrir. Le meilleur accueil vous sera réservé. Langues parlées : espagnol, anglais.

Prix : 2 pers. **49 €**
Ouvert : Toute l'année.

	SP	0,5	1	1	1	1,5	1

Rosa JOVE MALLOL CERESUELA - Quartier Cancéru - 65110 CAUTERETS - Tél. : 05 62 92 53 24 - Fax : 05 62 92 53 24

CAUTERETS   Alt. : 900 m   *C.M. 85 Pli 17*

2 ch. **Lourdes 30 km. Gavarnie 40 km. Pont d'Espagne 11 km.** 2 chambres d'hôtes de très grand confort dans un aménagement très soigné et très raffiné dont une avec terrasse privée. Salle de bains, wc et dressing privatifs pour chaque chambre. Chauffage central gaz. 1 chambre (1 lit 2 pers.), 1 chambre (1 lit 160 et lit d'appoint pour enfant de -12 ans). 2 chambres d'hôtes, dont une avec terrasse privée, de grand confort et à la décoration très raffiné, situées à 900 m d'altitude au cœur du Cirque de Cauterets. Petits déjeuners gourmand servi l'hiver près de la cheminée, l'été près de la terrasse. Gratuit jusqu'à 12 ans. Langue parlée : espagnol.

Prix : 2 pers. **60/69 €** pers. sup. **11 €**
Ouvert : Du 15/12 au 15/04 et du 15/06 au 30/09. Autres périodes sur résa.

0,5	0,5	3	3	3	3	30	10	3	3

Blaise IGAU - Quartier Calypso - Grange St-Jean - 65110 CAUTERETS - Tél. : 05 62 92 58 58 ou 06 08 33 37 06 - Fax : 05 62 92 58 58

CHEZE Le Palouma   Alt. : 780 m   *C.M. 85 Pli 17*

3 ch. Habitat situé dans un petit village de montagne à côté de la maison du prop. Accès extérieur 5 marches. 3 ch. (2 lits 2 pers. 3 lits 1 pers.), lavabo, douche et wc pour 2 ch., lavabo, douche (wc dans le couloir) pour la 3e ch. Salle à manger et salon communs aux prop. Cheminée, TV, biblio. Jeux, jardin et verger clos. Terrasse, salon de jardin, parking communal. Chambres d'hôtes à l'entrée d'un petit village haut perché au cœur des montagnes Pyrénéennes, très belle vue sur la vallée de Luz-Saint-Sauveur. 3 stations de ski. 2 stations thermales. Montagne, randonnée, photo...

Prix : 1 pers. **28 €** 2 pers. **34 €** 3 pers. **46 €**
Ouvert : Toute l'année.

	SP	5	5	6	30	15	30	5

Marie-Hélène THEIL - Le Palouma - Cheze - 65120 LUZ-ST-SAUVEUR - Tél. : 05 62 92 90 90 - Fax : 05 62 92 90 90

CHIS   *C.M. 85 Pli 8*

3 ch. **Lourdes 25 km.** Chez des agriculteurs, dans une maison restaurée à l'ancienne, 3 chambres (1 lit 2 pers.), salle de bains particulière avec wc, séjour, salon. Garage fermé. Restaurant à proximité immédiate. Ping-pong, poney sur place. Voile et lac 20 km. Vaches, chevaux, ânes, volailles et produits fermiers à la ferme. Langue parlée : espagnol.

Prix : 1 pers. **31 €** 2 pers. **41 €** pers. sup. **13 €**
Ouvert : Toute l'année.

	SP	SP	SP	7	SP	10	2	7	1

Jacques DALAT - 1 chemin du Camparces le Buron - Ferme St-Féreol - 65800 CHIS - Tél. : 05 62 36 21 12

CLARENS   Alt. : 600 m   (TH)   *C.M. 85 Pli 19*

2 ch. **Lourdes 45 km. Lannemezan 6 km. Galan 7 km. Tarbes 35 km.** A l'étage : 1 suite de 2 ch. pour 1 famille (1 lit 2 pers., 2 lits 1 pers.), douche et wc attenants. R.d.c. : 1 grande ch. (1 lit 2 pers. 2 lits 1 pers.), douche et wc attenants. Grand séjour, coin-salon, cheminée, TV. 2 terrasses, salon de jardin, barbecue, piscine hors sol. 48/54 €/4 pers. Pour savourer à l'anglaise le plus grand calme d'un village des côteaux (400 habitants). La pelouse est commune à tous, la cuisine soignée, l'accueil chaleureux. Enfin la simplicité de ce couple installé au pays depuis quelques années vous ravira. Le village présente un intérêt historique. Langue parlée : anglais.

Prix : 1 pers. **30 €** 2 pers. **34 €** 3 pers. **41/44 €** repas **11 €**
1/2 pens. **28 €**
Ouvert : De mai à octobre.

	SP	SP	SP	6	6	6	9	6	6

Joan ROBERTS - 6 rue Marque Debat - 65300 CLARENS - Tél. : 05 62 98 22 94 - Fax : 05 62 98 22 94

ESCALA Lannemezan   Alt. : 600 m   *C.M. 85 Pli 19*

2 ch. Dans une maison indépendante : 1 ch. de 18 m² (1 lit 2 pers., 1 lit 1 pers.) et 1 suite de 18 m² (1 clic-clac 2 pers.), 2 lavabos, douche et wc privés. Terrain clos, salon de jardin, terrasse, parking. TV. Possibilité cuisine. Charges en plus pour long séjour si cuisine utilisée. Vue sur les Pyrénées et le Pic du Midi. Montagne à 1/2 heure. A proximité de Saint-Bertrand-de-Comminges, gouffre d'Esparros, grottes de Gargas. Gratuit pour les enfants de moins de 3 ans. 53,36 €/4 pers.

Prix : 1 pers. **31 €** 2 pers. **39 €** 3 pers. **46 €** pers. sup. **8 €**
Ouvert : Toute l'année.

6	8	5	3	5	5	5

Madeleine BERTRAM - 7 rue des Ormes - Le Belvédère - 65250 ESCALA - Tél. : 05 62 98 26 36

Hautes-Pyrénées

Midi-Pyrénées

ESCAUNETS Ferme de Daunat

C.M. 85 Pli 8

||| 2 ch. **Pau et Tarbes 25 km. Lourdes 30 km.** 2 ch. d'hôtes dont 1 avec suite (1 lit 2 pers. chacune) + 1 lit d'appoint 1 pers., à l'étage d'une ferme. L'une avec salle d'eau, l'autre avec salle de bains. Téléphone, salle à manger paysanne. Cour, jardin, salon de jardin, jeux d'enfants. 2 km de circuit de 1h15 en bordure d'un lac, bois : tarif 7,62 €. Centre équestre 8 km. Petit gîte rural de 2/3 pers. sur place. Promenades à dos d'ânes, en bordure d'un bois et d'un lac, sans accompagnement. Tarif : 7,62 €/le circuit de 1 heure 1/4 à 1 heure 1/2.

Prix : 1 pers. 23 € 2 pers. 32 € pers. sup. 8 € repas 12 €
Ouvert : Toute l'année.

0,6	0,6	3	11	2	45	25	4	

Martine et Félix GRANGE - Ferme de Daunat - 65500 ESCAUNETS - Tél. : 05 59 81 50 67

ESPARROS Le Randonneur

Alt. : 520 m

C.M. 85 Pli 18

|| 4 ch. En plein cœur des Baronnies, paradis de verdure et de calme, 3 chambres avec lavabo, douche, wc et réfrigérateur. 1 ch. attenante avec lavabo, bains et wc. Séjour, salon, billard, grande terrasse, piscine, sauna. Poss. loc. VTT sur place et organisation de rand. à pied. Parapente. Salle de réunion pour stage (hors-saison sur demande). 57,93 €/4 pers. Vous serez très gentiment accueillis par M. Duthu qui connait très bien sa région native et bien d'autres. Possibilité de repas à l'auberge à 500 m (12 €/pers.). Langues parlées : espagnol, anglais.

Prix : 1 pers. 35 € 2 pers. 43 € 3 pers. 51 € pers. sup. 8 €
Ouvert : Les vacances scolaires et hors saison sur demande.

SP	0,5	0,5	SP	6	13	6	12	0,5

Bernard DUTHU - Le Randonneur - 65130 ESPARROS - Tél. : 05 62 39 19 34 - Fax : 05 62 39 18 00 - http://perso.wanadoo.fr/le-randonneur

ESQUIEZE-SERE

Alt. : 700 m

C.M. 85 Pli 18

|| 1 ch. **Barèges, Luz, Ardiden, station thermale 2 km.** 1 ch. d'hôtes en bordure de la route. Entrée indépendante, 1 grande ch. (2 lits 1 pers.), séjour, coin-salon (1 conv. 2 pers.), salle de bains et wc privés. TV, kitchenette équipée. Chauffage central. Parking. Poss. camping sur place. Auberges 2 km. Dans la très belle vallée de Luz, la « grange bigourdane » vous propose 1 chambre d'hôtes sur une ancienne ferme typique avec terrain clos fleuri. Langues parlées : espagnol, italien.

Prix : 1 pers. 23/27 € 2 pers. 46/58 €
Ouvert : Toute l'année.

SP	SP	0,5	0,5	0,5	30	0,5

Mme RIVIERE ACCORNERO - 49 avenue du Barège - 65120 ESQUIEZE-SERE - Tél. : 05 62 92 87 43 - Fax : 05 62 92 87 43

FONTRAILLES

C.M. 85 Pli 9

||| 2 ch. Dans une très belle ferme de caractère, 2 ch. (avec poss. ch. supplémentaire) comprenant chacune une grande salle de bains privée, douche et toilettes séparées. Bibliothèque, salon de musique, cheminée, TV. Salon de jardin abrité, terrasse, jardin. Réserve ornithologique. Festival « nuits musicales » de Trie-sur-Baïse à l'Ascension. 80 €/4 pers. Belle propriété de caractère située dans la paisible et verdoyante région des Coteaux, face aux Pyrénées où Claudine Casteret vous réserve cet accueil chaleureux et convivial qui fait des hôtes de véritables amis. Table d'hôtes très raffinée avec spécialités régionales et autres. Langues parlées : anglais, allemand.

Prix : 2 pers. 54/61 €
Ouvert : Toute l'année.

SP	SP	SP	2	0,8	10	30	25	5

Claudine CASTERET - 65220 FONTRAILLES - Tél. : 05 62 35 51 70

FONTRAILLES

C.M. 85 Pli 9

||| 3 ch. Au sud Gascogne, dans les coteaux pyrénéens, au milieu d'une nature particulièrement protégée. A l'ét. : 2 ch. (1 lit 2 pers.), 1 ch. (1 lit 2 pers. 1 lit 1 pers.), sanitaires privés chacune dans 1 partie indép. Salon et salle de jour/salle à manger indép. avec biblio., piano et jeux. Parc avec piscine, ping-pong. Location de vélos. Tennis au village. Chambres d'hôtes de caractère au cœur d'une campagne particulièrement protégée. A Trie-sur-Baïse, prendre la D939. Après le panneau Fontrailles (environ 1,5 km), 1ère route à gauche et 1ère maison à gauche. Langues parlées : anglais, espagnol, allemand.

Prix : 1 pers. 43 € 2 pers. 50/57 € pers. sup. 10 € repas 20 €
Ouvert : Toute l'année.

SP	SP	0,5	15	3	29	2	

Nicolas et Dominique COLLINSON - Jouandassou - 65220 FONTRAILLES - Tél. : 05 62 35 64 43 - Fax : 05 62 35 66 13 - E-mail : dom@collinson.fr - www.collinson.fr

GAILLAGOS L'Ayous

Alt. : 950 m

C.M. 85 Pli 17

||| 1 ch. **Lourdes 20 km. Gavarnie 45 km. Cauterets 30 km. Lac d'Estaing 15 km.** Chez le propriétaire dans une ancienne bergerie rénovée, au milieu de la prairie. 1 ch. (2 lits 1 pers. associés) avec salle d'eau et wc privés. Salon, cheminée et salle à manger communs aux propriétaires. Vue panoramique sur le Pic du Midi. Pêche à la truite sur la propriété. C'est une bergerie ancienne conçue comme une maison de famille, le site est absolument exceptionnel, panorama grandiose sur la chaîne des Pyrénées... Langues parlées : allemand, anglais.

Prix : 1 pers. 30 € 2 pers. 43 € repas 12 € 1/2 pens. 33 €
Ouvert : Toute l'année.

SP	SP	10	10	25	25	10

Ingrid et Jean-Louis ROBAIN - l'Ayous - 65400 GAILLAGOS - Tél. : 05 62 97 41 29 - Fax : 05 62 97 41 29

Midi-Pyrénées **Hautes-Pyrénées**

GALAN Namaste
Alt. : 500 m — C.M. 85 Pli 9

2 ch. A la sortie du village, Namaste est une ancienne ferme typique du XIXᵉ siècle. Rez-de-chaussée : 2 chambres avec sanitaires privés et accès indépendant (lits simples ou doubles à convenir lors de la réservation). Salon, cheminée, TV, bibliothèque, piano et sauna. Garage privé couvert, jardin clos. Etape de charme. Table d'hôtes avec produits de l'agriculture bio/produits fermiers. Jean et Danièle vous accueillent dans leur ferme rénovée autour d'une table de produits du pays. Excellent pour se ressourcer. Langue parlée : anglais.

Prix : 1 pers. **39** € 2 pers. **43** € 3 pers. **54** € pers. sup. **13** € repas **16** €

Ouvert : Toute l'année.

SP	SP	SP	10	0,5	15	15	12	0,5	

Jean FONTAINE - Namaste - 13 rue de la Baise - 65330 GALAN - Tél. : 05 62 99 77 81 - Fax : 05 62 99 77 81 -
E-mail : Namaste-65@libertysurf.fr

GARDERES
C.M. 85 Pli 7

4 ch. 4 chambres d'hôtes aménagées dans une ancienne grange de style, indépendantes de la maison du propriétaire (3 lits 2 pers. 2 lits 1 pers.), sanitaires privatifs. Poutres apparentes, chambres insonorisées, terrasse couverte, cour et garage fermés. Produits fermiers à la table d'hôtes. Ping-pong, TV. Visite de la ferme. Le site se trouve dans les enclaves des Hautes-Pyrénées sur la route départementale n°47 (Aire-sur-Adour, Lourdes). Vue sur les Pyrénées.

Prix : 1 pers. **26** € 2 pers. **34** € 3 pers. **43** € pers. sup. **10** € repas **11** €

Ouvert : Toute l'année.

30	5	5	20	10	18	5		

Joseph et Josette LABORDE - 27 route de Seron - 65320 GARDERES - Tél. : 05 62 32 53 86

GEZ-ARGELES
Alt. : 650 m — C.M. 85 Pli 17

5 ch. **Argeles-Gazost 2 km (station thermale).** Ancienne ferme restaurée près de la maison du prop. au cœur des Pyrénées dans 1 cadre verdoyant et calme : 4 ch. à l'ét. 1 ch. au r.d.c. accès aux pers. hand. 2 ch. (1 lit 2 pers.), 2ch. (des Pyrénées 1 ch. (1 lit 2 pers. 2 lits 1 pers.), s. d'eau, wc privés. Salle à manger, salon, TV. Parking privé. Pelouse, salon de jardin, pergola, barbecue. Située dans un petit village, grange confortable. Venez découvrir une source inépuisable de sites panoramiques, lacs, randonnées etc... Langue parlée : espagnol.

Prix : 1 pers. **29** € 2 pers. **37** € 3 pers. **51** € pers. sup. **14** € repas **13** €

Ouvert : Du 1ᵉʳ mai au 30 septembre.

SP	SP	SP	2	3	3	12	12	2

Jean DOMEC - 65400 GEZ-ARGELES - Tél. : 05 62 97 28 61

GREZIAN
Alt. : 760 m — C.M. 85 Pli 18

2 ch. 2 ch. d'hôtes dans la maison du propriétaire, dont 1 avec accès indépendant. 1 ch. (1 lit 160), 1 ch. 2/3 pers. avec salle de bains + wc privatifs pour chaque chambre. Salle à manger, salon, cheminée, bibliothèque, TV. Cour, parking, jardin arboré, salon de jardin, barbecue. Loisirs à proximité. Dans cette ancienne ferme familiale, sur un petit village typique, M. Giboudeaux (guide et moniteur de ski) vous fera partager ses connaissances sur la région et l'histoire de tout le pays, tandis que Mme Giboudeaux fera revivre les saveurs, couleurs et odeurs des plats issus de la tradition. Langue parlée : espagnol.

Prix : 2 pers. **42** € 3 pers. **55** € repas **13** € 1/2 pens. **34** €

Ouvert : Toute l'année.

SP	0,2	SP	5	1	27	1	27	1

Michel et Martine GIBOUDEAUX - 65240 GREZIAN - Tél. : 05 62 39 96 78 ou 06 88 32 58 82

JUNCALAS Maison Monseigneur Laurence
C.M. 85 Pli 18

4 ch. R.d.c. : salle à manger, coin-salon. 1ᵉʳ ét. : 2 ch. de caractère, 2 ch. (1 lit 2 pers. chacune). 2ᵉ ét. : 2 ch., petit salon. Sanitaires privés par ch. Cheminée, TV. 1 lit 2 pers. chacune. Salle à manger de caractère, salon, TV, garage, parking, cour privative, salon de jardin, barbecue. Lourdes à proximité. Voile, lac 7 km. Arlette et Robert vous accueillent en Piémont Pyrénéen dans une maison de caractère où Monseigneur Laurence (évèque des apparitions de Lourdes) a passé 1 partie de son enfance. Parc ombragé avec ruisseau. VTT sur place. Sorties pêche (initiation par le prop.) et montagne accomp., soirées grillades.

Prix : 1 pers. **31** € 2 pers. **39/45** € 3 pers. **54** € repas **36** € 1/2 pens. **47** €

Ouvert : Toute l'année.

SP	SP	5	3	7	7	10	7	7

Robert ASSOUERE - Maison Monseigneur Laurence - 65100 JUNCALAS - Tél. : 05 62 42 02 04 - Fax : 05 62 94 13 91

JUNCALAS
C.M. 85 Pli 18

3 ch. **Lourdes 7 km.** 3 chambres d'hôtes situées dans la maison du propriétaire avec sanitaires privatifs (3 lits 2 pers. 1 lit 1 pers.), insert, TV, bibliothèque, séjour, salle commune à l'usage exclusif des vacanciers, cour fermée, salon de jardin et parking. Cour. 4 pers. : **55** €. Piscine, golf, équitation et pêche dans le village.

Prix : 1 pers. **27** € 2 pers. **37** € 3 pers. **46** €

Ouvert : Toute l'année.

SP	SP	SP	7	7	7	12	7	7

Daniel COUMES - 65100 JUNCALAS - Tél. : 05 62 94 76 26

Hautes-Pyrénées
Midi-Pyrénées

LABASTIDE Lauga
Alt. : 700 m — C.M. 85 Pli 19

4 ch. Ancienne bergerie comportant 4 ch. à l'étage (2 à 4 pers.) avec chacune sanitaires privés. Salle de séjour réservée aux hôtes autour de la cheminée, salon avec billard, salle TV. Piscine couverte et chauffée, tennis couvert (lolf-court), salle de gym., cour, jardin, parking.

Prix : 1 pers. 46 € 2 pers. 60 € repas 16 € 1/2 pens. 46 €
Ouvert : De juin à septembre et vacances hiver.

SP	2	SP	SP	SP	14	8	12	2

Alain et Evelyne DASQUE - Les Granges du Col de Coupe - Route d'Esparros RD26 - 65130 LABASTIDE - Tél. : 05 62 98 80 27 ou 06 87 48 53 21 - Fax : 05 62 98 20 57

LABASTIDE
Alt. : 700 m — C.M. 85 Pli 18

4 ch. Grande maison avec galerie au dessus des prop., 4 ch. à l'étage avec escalier ext. 1 ch. (1 lit 2 pers. 2 lits 1 pers.) sanitaires privés, coin-salon, tél. 1 ch. (1 lit 2 pers.), sanitaires privés, tél. 1 ch. + pièce attenante, sanitaires privés (1 lit 2 pers. 3 lits 1 pers.), coin-salon, possibilité 1 chambre supplémentaire. A proximité d'un gîte. Vue dégagée et panoramique sur la chaîne. Loisirs privatifs : parc de 1 ha., ping-pong, terrain de volley, badminton, foot, salle de musculation. Poss. 1/2 pension nous consulter. Tarif 4 pers. : 59 €. Langue parlée : anglais.

Prix : 1 pers. 35 € 2 pers. 43 € 3 pers. 51 € pers. sup. 8 € repas 14 €
Ouvert : Toute l'année.

SP	2	SP	SP	10	5	10	10	2

Christian SPARTOLI - La Colo d'Alz - 65130 LABASTIDE - Tél. : 05 62 98 10 03 - Fax : 05 62 98 10 03

LABATUT-RIVIERE
— C.M. 85 Pli 8

4 ch. Sur une exploitation céréalière dans une aile rénovée d'un manoir, 5 ch. à l'étage : 2 ch. avec salle de bains commune et 2 ch. avec salle d'eau privées. Réfrigérateur, bar. Possibilité TV. Parking, salon de détente, cheminée, bibliothèque, jeux, jardin, spa et sauna privés. Poney, bicyclette, VTT sur place. Restaurant 1 km, ferme-auberge 3 km. Lac, voile 7 km. 1/2 pension sur la base de 2 pers. et sur demande. Court de tennis sur place ainsi que piscine avec nage à contre-courant, terrain de boules, salle d'animation. Langue parlée : anglais.

Prix : 1 pers. 42 € 2 pers. 39/46 € 3 pers. 55 € repas 13 € 1/2 pens. 69 €
Ouvert : Toute l'année.

SP	SP	SP	SP	SP	35	SP	30	SP

Daniel SOUQUET - rue du Manoir Souquet - Labatut Rivière - 65700 MAUBOURGUET - Tél. : 05 62 96 34 12 - Fax : 05 62 96 95 92

LABORDE
Alt. : 530 m — C.M. 85 Pli 19

4 ch. Gouffre d'Esparros 3 km. Lourdes 50 km. Espagne 65 km. 4 chambres d'hôtes situées dans une ancienne maison avec salle de bains et wc privatifs, coin-détente, cheminée, bibliothèque, jeux, jardin, parking fermé. Cuisine tarditionnelle et raffinée. Au cœur d'un petit village offrant une vue imprenable sur la vallée, Gi et Jean vous accueillent dans une ancienne maison (1854) rénovée, face à l'église. Séjours à thèmes : cuisine, dessin, aquarelle, poterie. Parcours santé balisés pour cardiaques.

Prix : 1 pers. 39 € 2 pers. 46 € 3 pers. 54 € pers. sup. 8 € repas 14/17 €
Ouvert : Toute l'année.

SP	2	20	16	20	20	20	20	3

Gi et Jean VIDAL - Les Couettes - 65130 LABORDE - Tél. : 05 62 39 07 53 - Fax : 05 62 39 07 53

LABORDE
— C.M. 85 Pli 18

5 ch. 5 ch. de style dont 2 suites, dans un petit château en plein cœur des Baronnies, avec balcon, salle d'eau privative (5 douches, 1 baignoire). Salle commune, coin-salon, bibliothèque. Joli parc et espace vert de 1,5 ha., avec vieux arbres, palmiers, bananiers, rosiers et traversé par une rivière (truites, écrevisses). Grande terrasse, cour, salons de jardin. Salle de jeux, p-pong, boulodrome, petit lac. Cuisine traditionnelle ou exotique. Garderie. Danses et soirées. Randonnées accompagnées, stages linguistiques. Réduction enfants. Ambiance familiale. Chambres tenues par un couple canadien/allemand. Langues parlées : espagnol, anglais, allemand.

Prix : 1 pers. 39/85 € 2 pers. 49/60 € pers. sup. 15/22 € repas 18 €
Ouvert : Toute l'année.

SP	SP	SP	7	15	SP	15	1	

Petra ENGLISCH - Le Petit Château - 65130 LABORDE - Tél. : 05 62 40 90 16 - Fax : 05 62 40 90 18 - E-mail : Petit.Chateau@wanadoo.fr

---

LAMARQUE-PONTACQ
— C.M. 85 Pli 7

2 ch. Lourdes 11 km. Tarbes 20 km. Soumoulou 10 km. 1 ch. d'hôtes très spacieuse aménagée dans la maison de la propriétaire, maison de style Ile de France, de plain-pied, dans un cadre très fleuri, dans un petit village. 1 ch. (1 lit 2 pers., 1 lit 1 pers.), 1 ch. (2 lits jumeaux, lit enfant) avec s. d'eau, 1 s.d.b., salle à manger, salon, TV, bibliothèque. Cour, parc entièrement clôturé, terrasse. Salon de jardin, barbecue, parking. Possibilité chambre supplémentaire si besoin est. Cuisine très soignée, plats régionaux. Petits animaux admis. Tarif 4 pers. : 62,50 €. Langues parlées : espagnol, anglais.

Prix : 1 pers. 39 € 2 pers. 39 € 3 pers. 51 € repas 16/19 €
Ouvert : Du 1er avril à fin octobre (le reste de l'année sur demande).

5	SP	1	1	4	12	SP

Mme AGUT - 8 chemin d'Alie - 65380 LAMARQUE-PONTACQ - Tél. : 05 59 53 51 22

Midi-Pyrénées — **Hautes-Pyrénées**

LAU-BALAGNAS Les Artigaux
C.M. 85 Pli 17

3 ch. — 3 ch. d'hôtes tout confort. Lavabo, douche et wc pour 2 ch. et salle de bains et wc pour 1 ch. Chauffage central. Bibliothèque pour enfants. Calme assuré. 46 €/4 pers. Langue parlée : anglais.

Prix : 1 pers. 31 € 2 pers. 37 € 3 pers. 42 €
Ouvert : De juillet à septembre.

🐕	👥	⛵	🎣	🎾	🐎	🚲	⛳
SP	SP	SP	SP	15	1	1	1

Georges VIGNES - 7 chemin des Artigaux - 65400 LAU-BALAGNAS - Tél. : 05 62 42 06 87 ou 05 62 97 06 35 -
E-mail : marc.vignes@wanadoo.fr - http ://perso.wanadoo.fr/marc.vignes/

LAU-BALAGNAS
C.M. 85 Pli 17

5 ch. — 5 chambres d'hôtes. 4 ch. (1 lit 2 pers. Possibilité lit d'appoint), 1 ch. (2 lits 1 pers.), douche, wc, lavabo dans chaque chambre. Salon de jardin, lave-linge et sèche-linge collectifs. Barbecue. Dans une ancienne grange aménagée, Pierre et Monique vous accueilleront et auront le plaisir de vous faire connaître les Pyrénées.

Prix : 1 pers. 31 € 2 pers. 36 € 3 pers. 41 €
Ouvert : Toute l'année.

🐕	👥	⛵	🎣	🎾	🐎	🚲	⛳
15	0,1	SP	SP	SP	12	3	12	1

Pierre NOGRABAT - 65400 LAU-BALAGNAS - Tél. : 05 62 97 22 45 - Fax : 05 62 97 56 23

LAYRISSE La Ferme Davanches   Alt. : 500 m   (TH)
C.M. 85 Pli 17

3 ch. — 3 chambres d'hôtes dans une ancienne ferme attenante à la maison des propriétaires. 3 ch. d'hôtes avec sanitaires privatifs (douche) au 1er étage avec charpente apparente et mobilier ancien. Salle à manger, salon. Salon de jardin, jeux d'enfants, parking privé, terrain clos. Repas enfant - 5 ans : 5 €. 49 €/4 pers. 1/2 pens. sur la base de 2 pers. Un jeune couple d'agriculteurs et leur petite fille vous recevront dans leur maison et à leur table d'hôtes, sur un petit village typique des environs de Lourdes. Layrisse (150 hab.) bien situé géographiquement à la croisée des 3 vallées : Bagnères-de-Bigorre, Tarbes et Lourdes.

Prix : 1 pers. 25 € 2 pers. 34 € 3 pers. 42 € pers. sup. 8 €
repas 11 € 1/2 pens. 55 €
Ouvert : Toute l'année.

🐕	👥	⛵	🎣	🎾	🐎	🚲	⛳
SP	SP	SP	12	12	10	12	2

Thierry SALLES - La Ferme Davanches - 65380 LAYRISSE - Tél. : 05 62 45 47 22

LOUBAJAC   (TH)
C.M. 85 Pli 8

4 ch. — Dans une maison de caractère bigourdane entourée d'un terrain et d'un jardin, Nadine et Jean-Marc vous proposent : 2 chambres (1 lit 2 pers.), 1 chambre (1 lit 2 pers. 1 lit 1 pers.), 2 chambres (2 lits 2 pers.), chacune avec salle de bains et wc. Salon privé avec TV et bibliothèque. Salon de jardin. 46 €/4 pers. Voile et lac 5 km.

Prix : 1 pers. 28 € 2 pers. 34 € 3 pers. 43 € repas 13 €
1/2 pens. 29 €
Ouvert : Toute l'année.

🐕	👥	⛵	🎣	🎾	🐎	🚲	⛳
SP	10	SP	5	5	5	5

Nadine et Jean-Marc VIVES - 28 route de Bartres - 65100 LOUBAJAC - Tél. : 05 62 94 44 17 ou 06 08 57 38 95 - Fax : 05 62 42 38 50 -
E-mail : Nadine.Vives@wanadoo.fr - www.anousta.com

LOURDES   (TH)
C.M. 85 Pli 17

2 ch. — 2 ch. d'hôtes avec sanitaires privés et TV, possibilité 1 ch. supplémentaire. Petit déjeuner copieux avec pains frais, brioche, confiture maison, jus d'orange, yaourt et œuf coque. Table d'hôtes : garbure, confit, légumes du potager, dessert maison. A 800 m des sanctuaires, dans un parc arboré, jardin. Vue magnifique sur les Pyrénées. Belle maison spacieuse de style contemporain, accès par un chemin privé en pleine campagne, dans un calme complet. Grand parc ombragé de 6000 m². Lourdes, centre mondial du pèlerinage et également une étape agréable pour découvrir les Pyrénées où de nombreuses excursions sont possibles.

Prix : 1 pers. 31 € 2 pers. 42 € 3 pers. 54 € repas 16 €
1/2 pens. 46 €
Ouvert : Toute l'année.

🐕	👥	⛵	🎣	🎾	🐎	🚲	⛳
1	1	SP	1	1	10	1,2	1

J-Marie et Monique MOUSSEIGNE - chemin des Coustere - 65100 LOURDES - Tél. : 05 62 94 39 93 - Fax : 05 62 94 39 93

LOURES-BAROUSSE Ferme de Maribail   Alt. : 500 m
C.M. 85 Pli 20

2 ch. — 2 chambres d'hôtes avec cabinet de toilette, douche et wc dans chacune. Pelouse arborée et fleurie en bordure d'eau (canal). Les 2 chambres sont dans une ferme arboricole (pommiers) avec cour et jardin. Chambres calmes et fraîches avec possibilité détente dans le jardin. VTT sur place. Voile et lac 5 km. Langues parlées : espagnol, anglais.

Prix : 1 pers. 27 € 2 pers. 31 €
Ouvert : Toute l'année.

🐕	👥	⛵	🎣	M	🐎	🎾	🚲	⛳
SP	SP	SP	3	7	2	5	2	1

Yves RICKWAERT - Ferme Maribail - 65370 LOURES-BAROUSSE - Tél. : 05 61 94 93 88

Hautes-Pyrénées — Midi-Pyrénées

MAUBOURGUET
C.M. 85 Pli 8

E.C. 4 ch. **Vignobles Madiran 13 km. Tarbes 26 km. Lourdes 45 km. Pau 45 km.** 4 chambres d'hôtes dont 1 suite situées dans une grande maison bourgeoise de style basque-landais sur un parc de 4 ha. Au 1er étage : 2 ch. (24 m²) avec chacune 1 balcon, (1 lit 2 pers., 1 lit 1 pers.), s.d.b. et wc privés. 1 suite dont 1 ch. (23 m²) avec 1 lit 2 pers. et 1 lit 1 pers., et 1 ch. (15 m²) avec 1 lit 2 pers., balcon, salle d'eau et wc privés. Poss. lit suppl. et lit bébé, salon/salle à manger communs, chaîne hi-fi, chauf. central, TV, bibliothèque, 2 terrasses, salon de jardin, piscine privée, VTT, jeux de société, pêche en rivière sur la propriété. Au carrefour du Gers, des Landes et des Pyrénées Atlantiques. Table d'hôtes sur résa. Langues parlées : espagnol, anglais.

Prix : 1 pers. 38 € 2 pers. 46 € 3 pers. 58 € pers. sup. 12 €
repas 15 €
Ouvert : Toute l'année.

SP	SP	26	SP	SP	20	5	25	SP

Thierry et Liliane DUCROS - 210 rue du Maréchal Joffre - 65700 MAUBOURGUET - Tél. : 05 62 96 05 81 -
E-mail : lilianeducros@hotmail.com

MAUBOURGUET
C.M. 85 Pli 8

E.C. 1 ch. **Marciac 13 km. Mirande 35 km. Plaisance 19 km. Tarbes 30 km.** Sur la place d'un bourg, une chambre d'hôtes (25 m²), à l'étage de la maison du propriétaire avec salle d'eau et wc privatifs, (1 lit 2 pers., 1 lit 1 pers., 1 lit tiroir), salle à manger commune, TV, jardin commun avec rivière. Pot de l'amitié à l'arrivée. Les propriétaires possèdent un chien et un chat. Piscine juillet/août. Région verte, à 1h30 des Pyrénées, 2 h de l'Atlantique, 2 h de Toulouse. Vous découvrirez la région par les départementales bien connues de la propriétaire. Jeux manuels et jeux de société en cas de pluie. Langue parlée : anglais.

Prix : 1 pers. 31 € 2 pers. 34 € 3 pers. 37 € pers. sup. 7 €
repas 12 €
Ouvert : Toute l'année.

0,5	1	2	25	1	1	13	5	25	0,5

Françoise et Alain MICHEL - 72 place de la Libération - L'Eau Vive - 65700 MAUBOURGUET - Tél. : 05 62 96 04 12

MAUBOURGUET — Domaine de la Campagne
C.M. 85 Pli 8

4 ch. **Maubourguet 1 km.** Rez-de-chaussée, 2 grandes ch. avec sanitaires privés chacune (3 épis) + 2 grandes ch. avec s.d.b. privée, wc communs (2 épis). Salle de séjour/coin-salon, jeux. Voile et lac 13 km. Terrain de sport, parc d'agrément. Hamac et transat face aux Pyrénées. Piscine. Parking. Bonne table d'hôtes. Festival de jazz en août (à Marciac). Calme assuré. Réduction pour enfant de moins de 10 ans. Accès : direction Sauveterre D50, puis Auriebat, à 800 m après Maubourguet près de la rivière Estéous.

Prix : 1 pers. 20/23 € 2 pers. 36/39 € 3 pers. 39/46 € repas 11 €
1/2 pens. 60 €
Ouvert : De Pâques à la Toussaint.

SP	50	SP	SP	SP	2	30	13	30	1

NOUVELLON Françoise et Henri-Paul - Domaine de la Campagne - 65700 MAUBOURGUET - Tél. : 05 62 96 45 71 - Fax : 05 62 96 02 29

MOLERE — Le Gîte du Poiré
C.M. 85

2 ch. **Bagnères-de-Bigorre 18 km. Lourdes 45 km.** A l'étage : 2 ch. d'hôtes mansardées dans une ferme bigourdanne rénovée. 1 ch. (1 lit 2 pers., 1 lit 1 pers.), 1 ch. (2 lits 1 pers.), salle d'eau privative dans chaque chambre, wc communs. Coin-salon, bibliothèque. Salon de jardin, barbecue, parc, cour. Tarif 4 pers. : 58 €. Sylvie et Eric vous accueillent dans une coquette ferme bigourdane (1872) rénovée. A Molère, balcon des Baronnies, sur le chemin de St-Jacques de Compostelle, ce petit village jouit d'une vue splendide sur la chaîne des Pyrénées et le célèbre Pic du Midi de Bigorre, mais aussi sur l'historique château de Mauvezin, château médiéval datant de Gaston Phébus. Langues parlées : anglais, espagnol.

Prix : 2 pers. 31 € pers. sup. 8 €
Ouvert : Toute l'année.

SP	3	SP	3	5	3	7	7	3

Sylvie ARHEIX - Le Gîte du Poiré - 65130 MOLERE - Tél. : 05 62 39 05 65 ou 06 71 28 27 76 - Fax : 05 62 39 05 65 - www.baronnies.com

MOMERES
C.M. 85 Pli 8

6 ch. **Lourdes 18 km.** 6 ch. d'hôtes dans une ferme-auberge typiquement bigourdane, proche de la station thermale de Bagnères-de-Bigorre. 3 ch. (1 lit 2 pers.), 3 ch. (2 lits 2 pers.), salle de bains dans chacune. Parc, jardin, cour, terrasse, plan d'eau, VTT, Ping-pong. Vente produits fermiers. Ferme spécialisée dans le gavage des canards. 4 pers. : 53 €. 1/2 pens. pour 1 couple : 60 €.

Prix : 1 pers. 30 € 2 pers. 36 € 3 pers. 43 € pers. sup. 8 €
repas 13 € 1/2 pens. 43 €
Ouvert : Toute l'année.

SP	SP	SP	5	SP	2	5	5	SP

Arlette CABALOU - 65360 MOMERES - Tél. : 05 62 45 99 34 ou 06 07 96 31 04 - Fax : 05 62 45 31 57

Midi-Pyrénées — **Hautes-Pyrénées**

MONTGAILLARD Maison Buret (TH) C.M. 85 Pli 18

3 ch.

3 ch. d'hôtes dont 1 suite dans une maison de maître 1791 qui a tenu à garder son caractère originel. R.d.c. : 1 ch. (1 lit 2 pers. 1 lit 1 pers.), douche et wc privés. Et. : 1 suite/2 ch. (1 lit 2 pers. 1 lit 130. 1 lit 1 pers.), s.d.b. et wc. 1 ch. (2 lits 2 pers.), douche et wc privés. Pelouse, barbecue, salon de jardin. Parkings privés. Séjour + ch. avec cheminée. Maison de famille ayant appartenu à un vétérinaire, ayant conservé ses instruments et dont le petit fils sait faire revivre la mémoire. Petit village traditionnel (700 hab.) pyrénéen. Collection d'outils de ferme et instruments de musique anciens. Petit musée retraçant la vie paysanne au XVIIe siècle. Langues parlées : anglais, espagnol.

Prix : 1 pers. 35/46 € ● 2 pers. 35/46 € ● pers. sup. 8 € ● repas 16 €
Ouvert : Toute l'année.

		SP	SP	SP	6	6	6	6	6	1

Jean-Louis et Jo CAZAUX - 67 La Cap de la Veille - Maison Buret - 65200 MONTGAILLARD - Tél. : 05 62 91 54 29 ou 06 11 77 87 74 - Fax : 05 62 91 52 42

NISTOS Alt. : 700 m (TH) C.M. 85 Pli 19

2 ch.

Lannemezan 20 km. Montrejeau 15 km. Vallée de Nistos 0 km. 3 ch. dont 2 ch. identiques meublées à l'ancienne 2 épis, au r.d.c., l'autre à l'ét. de la maison du propr. Elles comportent chacune : coin-table, 1 lit 2 pers. et 1 alcôve séparée avec 2 lits superp. et wc, baignoire et lavabo attenants, 1 suite 3 épis. Salle à manger et salon communs. Jardin, salon de jardin. Parc animalier et botanique de 2 ha. 61 €/4 pers. Bibliothèque et riche documentation sur les Pyrénées. Très proche d'une station de ski de fond en hiver, dans une vallée verdoyante avec rivière à truites. Ces chambres vous assureront le dépaysement et le calme attendus. Une chère gastronomique y refera vos forces. Repas gastronomique : 16 €.

Prix : 1 pers. 28 € ● 2 pers. 38/46 € ● 3 pers. 53 € ● repas 13 €
Ouvert : Toute l'année.

		SP	SP	SP	15	15	10	10	8	15	8

Sébastien BERTRAND - Relais E l'Ours - 65150 NISTOS - Tél. : 05 62 39 77 02 - Fax : 05 62 39 74 24

OMEX Cami Deths Escourets Alt. : 600 m (TH) C.M. 85 Pli 17

3 ch.

3 ch. d'hôtes dans une maison typique (pierre et bois), dont 1 en r.d.c. « La Couturière » avec terrasse (2 lits jumeaux 1 pers.), s.d.b. indép. A l'étage « Tourmalet » (1 lit 2 pers., 1 lit 1 pers. en alcôve), 1 ch. « Bigorre » (2 lits jumeaux 1 pers. 1 lit-bateau 120), s.d.b. privatives attenantes. Séjour, coin-salon, cheminée. Tél. et TV dans chaque ch. Coffre-fort. Pelouse, salon de jardin, piscine, potager. Arbres fruitiers. Parking privé. Climatisation. Sur 1 petit village pyrénéen resté intact, vous serez accueillis par Murielle, ancienne costumière de l'opéra de Paris qui a mis en œuvre son talent de décoratrice pour redonner vie à 1 ancienne ferme. Langue parlée : anglais.

Prix : 1 pers. 40 € ● 2 pers. 54 € ● 3 pers. 65 € ● pers. sup. 11 € ● repas 17 €
Ouvert : Février à octobre.

		SP	SP	SP	3	6	4	4	

Murielle FANLOU - Cami Deths Escourets - Les Rocailles - 65100 LOURDES-OMEX - Tél. : 05 62 94 46 19 - Fax : 05 62 94 33 35 - E-mail : muriellefanlou@aol.com - www.lesrocailles.com

ORDIZAN Le Presbytère Ancien C.M. 85 Pli 18

1 ch.

Bagnères (station thermale) 6 km. Tarbes 15 km. 1 ch. d'hôtes de 26 m² à l'étage du beau et ancien presbytère d'un village de la Haute Bigorre. 1 ch. (1 lit 2 pers., 1 lit 1 pers.). Séjour avec cheminée, bibliothèque, téléphone. Salon de jardin, jardin clos, parking privé. Le mobilier ancien de la maison ainsi que sa décoration vous plongeront dans l'atmosphère d'un temps révolu : celui où l'on avait le temps de vivre. Langues parlées : espagnol, italien, anglais.

Prix : 1 pers. 29 € ● 2 pers. 42 € ● 3 pers. 51 €
Ouvert : Toute l'année.

		SP	SP	SP	6	5	4	2	3	5	3

Claude BRIANTI - Le Presbytère Ancien - 1 route d'Antist - 65200 ORDIZAN - Tél. : 05 62 95 13 91

ORINCLES (TH) C.M. 85

3 ch.

Lourdes 12 km. Bagnères (ville thermale) 15 km. Proche de Lourdes, plaque tournante donnant accès aux différentes vallées pyrénéennes, ancien moulin rénové où le bruit des meules a cessé mais où le chant de l'eau est toujours là, calme et apaisant. 2 ch. (1 lit 2 pers., 1 lit 1 pers. chacune) et 1 ch. (1 lit 2 pers.) + mezzanine (2 lits 1 pers.), toutes avec salle de bains privative. Petits animaux admis. Poss. randonnées pédestres avec accompagnateurs diplômés. Loisirs privatifs : vélos, prêt de canne à pêche, balnéo. Langues parlées : anglais, espagnol.

Prix : 1 pers. 42 € ● 2 pers. 49 € ● 3 pers. 60 € ● pers. sup. 11 € ● repas 17 € ● 1/2 pens. 59 €
Ouvert : Toute l'année.

		SP	SP	SP	10	10	10	10	8	

Françoise GRIMBERT - Passage du Moulin - 65380 ORINCLES - Tél. : 05 62 45 40 65 - Fax : 05 62 45 60 50 - E-mail : moulindo@free.fr

OSSUN-BOURG (TH) C.M. 85 Pli 8

4 ch.

4 ch. d'hôtes simples et accueillantes avec salle d'eau privée sur un site agréable et reposant entre Tarbes et Lourdes, avec vue sur les Pyrénées, dans un petit village calme. Entrée indépendante. Cour, jardin, terrasse, pétanque, ping-pong, VTT. Parking privé. Voile et lac 10 km. 1/2 tarif enfant jusqu'à 10 ans.

Prix : 1 pers. 28 € ● 2 pers. 34 € ● 3 pers. 42 € ● pers. sup. 8 € ● repas 13 €
Ouvert : Sur réservation.

		SP	SP	3	10	5	10	5	SP	SP

Michel et Marinette ABADIE - 38 rue Henri Maninat - 65380 OSSUN - Tél. : 05 62 32 89 07

Hautes-Pyrénées

Midi-Pyrénées

OUEILLOUX
Alt. : 500 m — TH — C.M. 85 Pli 18

3 ch. **Bagnères-de-Bigorre 13 km. Abbaye de l'Escaladieu 15 km.** Dans l'ancienne étable et le grenier de la maison du propriétaire. 3 ch. à l'étage, chacune avec 4 lits 1 pers., douche et wc privés. Salle à manger, salon réservés aux hôtes. Cheminée insert. Espace pelouse ombragé, parking privé, salon de jardin, TV, coin-cuisine. 54 €/4 pers. Au pied des Pyrénées, Rachel et Alain vous accueillent au « Relais du Barboutou » pour un séjour qui ne laisse qu'un regret... celui de le quitter !

Prix : 1 pers. 31 € ◆ 2 pers. 39 € ◆ 3 pers. 46 € ◆ repas 13 €
Ouvert : Toute l'année.

SP	7	7	7	12	7	7

Rachel et Alain GUIDICI - 15 Cami Deth Barboutou - 65190 OUEILLOUX - Tél. : 05 62 35 07 66 - Fax : 05 62 35 07 66

OUZOUS
Alt. : 500 m — C.M. 85 Pli 17

4 ch. 4 chambres d'hôtes aux 1er et 2e étages d'une grande et ancienne ferme de caractère : 2 lits jumeaux, 4 lits 2 pers. 2 lits d'appoint, avec sanitaires privatifs. Séjour, salon et bibliothèque. Bélvédère, salon de jardin. Petits animaux admis. Restaurant typique. Port. : 06 08 51 77 62. Dans un petit village montagnard de la vallée d'Argelès avec ses murettes de gros cailloux, vos salons de jardin sont placés sur un bélvédère qui surplombe toute la vallée. Vous serez agréablement surpris par le calme et le charme de la maison bigourdane du XVIIIe siècle et de son jardin fleuri. Langues parlées : espagnol, anglais.

Prix : 1 pers. 32 € ◆ 2 pers. 40 € ◆ 3 pers. 52 €
Ouvert : Toute l'année.

SP	SP	SP	4	4	13	3	4	4

Pierre NOGUEZ - Chemin de l'Eglise - 65400 OUZOUS - Tél. : 05 62 97 24 89 ou 05 62 97 26 69 - Fax : 05 62 97 29 87

PIERREFITTE-NESTALAS
TH — C.M. 85 Pli 18

4 ch. **Argeles 5 km. Tarbes 37 km.** 4 ch. d'hôtes dans l'ancienne grange de la ferme, située dans la cour des propriétaires, à proximité d'un gîte. A l'étage : 1 ch. (1 lit 2 pers.), 1 ch.(2 lits 2 pers.), 1 ch. (2 lits 1 pers.), 1 ch. (1 lit 2 pers. + 1 lit 2 pers. en mezzanine), sanitaires privatifs. Rez-de-chaussée : grand séjour/coin-salon et cheminée, cuisine attenante. 52 €/4 pers. Chambres situées dans un cadre calme et reposant. Le carrefour des vallées de Luz, Cauterets, val d'Azun, Hautacam, Lourdes. Trouée verte sur place.

Prix : 1 pers. 28 € ◆ 2 pers. 36 € ◆ 3 pers. 44 € ◆ pers. sup. 8 € ◆ repas 11 €
Ouvert : Du 1er février au 31 octobre.

SP	SP	5	4	SP	18	7	12	SP

Claire et Noël DUBARRY - 21 rue Parmantier - 65260 PIERREFITTE-NESTALAS - Tél. : 05 62 92 74 77

PINAS Domaine de Jean-Pierre
Alt. : 600 m — C.M. 85 Pli 19

3 ch. Au calme, sur le plateau de Lannemezan, 3 belles chambres d'hôtes avec salle de bains et wc privés dans une grande maison de caractère avec parc ombragé. Etape de charme, jolie décoration intérieure, salon, bibliothèque, piano. Hôtesse et petit chien joyeux très accueillants. Restaurant proche 3 km. Accès : par A64 et N117, 5 km à l'est de Lannemezan. A l'église de Pinas, direction Villeneuve, maison à droite à 800 m. Langues parlées : anglais, espagnol.

Prix : 1 pers. 40 € ◆ 2 pers. 45 € ◆ 3 pers. 60 € ◆ pers. sup. 15 €
Ouvert : Toute l'année, l'hiver sur réservation.

20	SP	5	1	3	SP	1		

Marie COLOMBIER - route de Villeneuve - Domaine de Jean-Pierre - 65300 PINAS - Tél. : 05 62 98 15 08 - Fax : 05 62 98 15 08 -
E-mail : marie.colombier@wanadoo.fr

POUMAROUS Hount du Cap
Alt. : 500 m — TH — C.M. 85 Pli 9

1 ch. **Pic du Midi 37 km. Ski 37 km. Montagne 12 km.** A la frontière des Baronnies sur un village des coteaux ayant gardé toute son authenticité : 1 ch. d'hôtes dans la maison du propr. à proximité d'un petit gîte situé en r.d.c. avec accès indép. (1 lit 2 pers., 1 lit 1 pers., 1 lit bébé), sanitaire privatif (douche). Poss. TV dans la chambre. Séjour/coin-salon/coin-bibliothèque communs, accès intenet gratuit, parking. Abri couvert, salon de jardin, jardin, chaises longues, potager. Très bonne connaissance de la région et riche documentation. Poss. nuits ou séjours autogérés dans le calme. Poss. de séjours guidés, organisés et accompagnement sur demande. Menu gastronomique : 18 €. Langue parlée : anglais.

Prix : 1 pers. 30 € ◆ 2 pers. 38 € ◆ 3 pers. 45 € ◆ repas 13/18 €
Ouvert : Toute l'année.

SP	SP	SP	12	5	3	12	5	3

Elisabeth et Rémi CHAUVET et LESAULNIER - Hount du Cap - 65190 POUMAROUS - Tél. : 05 62 35 21 93 -
E-mail : HOUNTDUCAP@aol.com

SALIGOS La Munia
Alt. : 650 m — TH — C.M. 85 Pli 18

3 ch. **Luz-St-Sauveur 3 km.** Dans un petit village de 81 hab., calme et reposant, avec un joli point de vue sur la montagne. 3 ch. d'hôtes à l'étage avec mezzanine (3 lits 2 pers., 4 lits 1 pers.), lavabo, douche et wc privés. TV, téléphone, bibliothèque et jeux de société. Terrasse, salon de jardin, barbecue, parking. 50 €/4 pers.

Prix : 1 pers. 23 € ◆ 2 pers. 32 € ◆ 3 pers. 41 € ◆ repas 11 €
Ouvert : Toute l'année.

9	SP	3	3	9	25	2

Monique LABIT - La Munia - 65120 SALIGOS - Tél. : 05 62 92 84 74

Midi-Pyrénées
Hautes-Pyrénées

SALLES-ARGELES La Chataigneraie
Alt. : 650 m   **A**   *C.M. 85 Pli 17*

¶¶ 1 ch.   **Gavarnie 60 km. Cauterets 25 km. Luz-St-Sauveur 36 km.** Dans la maison du propriétaire, à proximité du restaurant, 1 ch. d'hôtes au 2e étage avec sanitaires privés. Séjour et coin-repas chez le propriétaire. Cheminée, TV et magnétoscope. Bibliothèque. Buanderie, cour, jardin, terrasse, parking, salon de jardin. Poss. TH, boisson non comprise. Au cœur des Pyrénées (Gavarnie, Luz, Cauterets), Dany et Jean-Pierre vous accueilleront dans leur maison typique meublée à l'ancienne et située dans un parc. Langues parlées : anglais, espagnol.

Prix : 1 pers. 39 € 2 pers. 39 € pers. sup. 16 € repas 17 €

Ouvert : Toute l'année sauf janvier.

SP	5	6	6	6	5	25

Danielle DESSAY - La Chataigneraie - 65400 SALLES-ARGELES - Tél. : 05 62 97 17 84 - Fax : 05 62 97 93 14

SALLES-ARGELES
Alt. : 666 m   (TH)   *C.M. 85 Pli 17*

¶¶¶ 4 ch.   **Argelès-Gazost 4 km.** 4 chambres d'hôtes situées dans une maison bigourdane : aux 1er et 2e étages. 1 ch. (1 lit 2 pers., 1 lit 1 pers.), 1 ch. (1 lit 2 pers.), 2 ch. (3 lits 1 pers.). Sanitaires privatifs dans chaque chambre. Grande salle à manger, coin-salon, terrasse, jardin, parking privé, vue panoramique. Sandra et Bruno vous accueillent dans leur maison bigourdane « Can Sano » 1884. Langues parlées : anglais, espagnol, allemand.

Prix : 1 pers. 36 € 2 pers. 48 € 3 pers. 60 € repas 15 €

SP	4	4	4	8	1	4	4

Sandra MARIN - Can Sano - 65400 SALLES - Tél. : 05 62 97 92 08

SALLES-ARGELES
Alt. : 700 m   (TH)   *C.M. 85 Pli 17*

¶¶¶ 4 ch.   4 chambres d'hôtes : 1 ch. (1 lit 2 pers., 2 lits superp.), 2 ch. (2 lits 1 pers.), 1 ch. (3 lits 1 pers.), sanitaires privés chacune (lavabo, douche et wc). Salle à manger et salon. Enfant - de 5 ans : gratuit. S'ouvrant sur les 3 vallées de Luz, Cauterêts, Arrens, le Bélvédère est d'abord un accueil chaleureux dans un cadre exceptionnel, baigné de soleil et de tranquillité. Des moments de détente partagés autour d'une table généreuse, sur votre terrasse face aux Pyrénées. Langues parlées : espagnol, anglais.

Prix : 2 pers. 43/48 € pers. sup. 14 € repas 15 €
1/2 pens. 35/38 €

Ouvert : Toute l'année sauf novembre.

SP	SP	SP	4	4	1	8	4

Jean-Marc CRAMPE - 6 rue de l'Eglise - Le Belvédère - 65400 SALLES-ARGELES - Tél. : 05 62 97 23 68 - Fax : 05 62 97 23 68 -
E-mail : LE.BELVEDERE@wanadoo.fr

SARRANCOLIN
Alt. : 640 m   *C.M. 85 Pli 19*

¶¶ 2 ch.   **Sarrancolin 300 m.** 2 chambres d'hôtes (1 lit 2 pers. 2 lits 1 pers.) avec salle de bains et wc attenants, aménagées dans une maison individuelle pyrénéenne à 300 m du village. Coin-salon et TV. Poss. cuisine au sous-sol si long séjour. Parc arboré avec balançoires, salon de jardin, dans un endroit calme et reposant près d'une route forestière. Bus à 300 m. Langue parlée : espagnol.

Prix : 1 pers. 25 € 2 pers. 34 € 3 pers. 51 €

Ouvert : Toute l'année.

SP	0,4	1	20	0,4	18	18	18	0,3

Jeanne PUCHOL - Route du Tous - 65410 SARRANCOLIN - Tél. : 05 62 98 78 18

SARRANCOLIN
Alt. : 635 m   *C.M. 85 Pli 19*

¶¶¶ 1 ch.   1 chambre d'hôtes confortable (1 lit 2 pers. possibilité 1 lit 1 pers. et 1 lit bébé), salle d'eau et wc privés sur le palier, dans la maison du propriétaire. Station de ski de fond, 2 stations thermales, piscine et plan d'eau à 18 km. Montagne, randonnées, gastronomie et pêche aux environs. 6 €/enfant. Voile et lac à 15 km. En pleine nature, calme et repos garantis. Langue parlée : espagnol.

Prix : 1 pers. 30 € 2 pers. 38 € 3 pers. 46 €

Ouvert : Toute l'année.

SP	SP	SP	18	SP	15	12	2	2

Marie MENVIELLE - Quartier Portailhet - 4 chemin de Couste - 65410 SARRANCOLIN - Tél. : 05 62 98 77 60

SAUVETERRE
(TH)   *C.M. 85 Pli 8*

¶ 4 ch.   4 chambres d'hôtes (1 lit 2 pers. chacune), salle d'eau indépendante, séjour, salon. Parking, garage. Vaste pelouse ombragée pour le repos et les jeux de plein air, ping-pong, badminton. Voile et lac 11 km. Activités à 2 km, ULM. Tarif 4 pers. : 41,16 €.

Prix : 1 pers. 23/29 € 2 pers. 26/32 € 3 pers. 36 € repas 11 €
1/2 pens. 48 € pens. 69 €

Ouvert : Toute l'année.

SP	SP	SP	5	3	11	5	5

Raymonde et Gilles GOUT - Ferme Auberge Bidot - Sauveterre - 65700 MAUBOURGUET - Tél. : 05 62 96 36 76

Hautes-Pyrénées

Midi-Pyrénées

SOMBRUN Château de Sombrun
C.M. 85 Pli 8

4 ch. Le château de ce charmant petit village vous accueillera dans ses chambres : 1 ch. et 1 suite de 2 ch. (2 lits 1 pers. 1 lit 2 pers.) avec s.d.b. et wc privés. 2 ch. suppl. dans les dépendances : 1 ch. (2 lits 1 pers.), 1 ch. (1 lit 2 pers.), s.d.b. et wc privés. Salon au r.d.c. Piano, salle de billard et bibliothèque, salon TV et musique, salle à manger. Parc, piscine, étang. 83 €/4 pers. Diner sur résa. (sauf dimanche). Repas enfant : 10 €. Sur la route des vins du Maridan, au carrefour du Béarn, de la Bigorre et de l'Armagnac, le château de Sombrun situé sur un parc de 6 ha., vous offre un cadre exceptionnel propice à la détente et au bien vivre. Langue parlée : anglais.

Prix : 1 pers. 55/56 € ● 2 pers. 57/58 € ● 3 pers. 71 € ● repas 20 €
Ouvert : Toute l'année sauf du 1er décembre au 31 janvier.

	0,5	2	SP	SP	0,5	25	4	27	2

Josette et Gilles BRUNET - Château de Sombrun - 65700 SOMBRUN - Tél. : 05 62 96 49 43 - Fax : 05 62 96 01 89 -
E-mail : www.sudfr.com/chateaudesombrun/

SOUBLECAUSE
C.M. 85 Pli 8

E.C. 2 ch. Madiran 3 km. Marciac 15 km. Tarbes 38 km. Pau 45 km. 2 chambres d'hôtes situées au 1er étage d'une maison de type gascon : 1 ch. (2 lits 1 pers.), salle d'eau et wc privatifs, 1 ch. (1 lit 160, 1 lit 1 pers.), salle de bains et wc privatifs, salon/salle à manger, cheminée, TV, grand jardin fleuri et arboré (arbres fruitiers), mare, salon de jardin, piscine hors sol. Télévision dans chaque chambre. Deux chambres calmes et spacieuses. Possibilité de prendre les repas du soir sur réservation, cuisine traditionnelle. Possibilité de faire des stages « foie gras » durant l'hiver pour apprendre à cuisiner un canard gras de A à Z.

Prix : 1 pers. 31 € ● 2 pers. 39 € ● 3 pers. 46 € ● repas 16 €
Ouvert : Toute l'année.

	2	1	38	3	40	25	38	3

EARL D'HECHAC - Mireille LASBATS - Quartier Héchac - 65700 SOUBLECAUSE - Tél. : 05 62 96 45 82 ou 06 70 03 78 36

ST-ARROMAN Domaine Vega
C.M. 85 Pli 9

Alt. : 600 m

5 ch. Dans un manoir, 5 chambres d'hôtes rénovées avec chacune : 1 lit 2 pers. sanitaires complets privatifs, poss. lit enfant suppl. Séjour commun aux prop., salon/biblio. Piano, parc, salon de jardin, terrain de 3 ha. Chambres décorées au pochoir. Parc planté d'arbres centenaires, piscine paysagère (très belle vue). Accueil chaleureux. M. Mun qui vit dans ce manoir chargé d'histoire et qu'il réhabilite, vous fera partager l'amour qu'il porte à son activité principale : l'élevage des pigeons de Chair. Langues parlées : espagnol, anglais.

Prix : 1 pers. 37 € ● 2 pers. 46 € ● pers. sup. 8 € ● repas 19 € ● 1/2 pens. 83 €
Ouvert : Du 1er février au 31 octobre.

	SP	2	SP	5	12	5	12	5

Jacques MUN - Domaine Vega - 65250 ST-ARROMAN - Tél. : 05 62 98 96 77 - Fax : 05 62 98 96 77

ST-LAURENT-DE-NESTE
C.M. 85 Pli 20

3 ch. St-Bertrand-de-Comminges 10 km. Lourdes 60 km. Espagne 40 km. 3 ch. d'hôtes spacieuses et confortables dans une maison de caractère typique de la Neste : 1 ch. dans la maison du propriétaire (1 lit 2 pers., 2 lits 1 pers.), 2 ch. dans l'annexe mitoyenne (1 lit 160 chacune), s.d.b. et wc privés. Jardin à disposition des hôtes pour détente et repas. Table d'hôtes (produits locaux) sur résa. les mercredi, vendredi et samedi. Au pied des Pyrénées, la Souleillane, ancienne ferme de maître de 1822, vous accueille au centre du village pour un séjour de calme et de détente. Nous privilégions un accueil simple et familial et souhaitons vous faire partager notre goût pour cette région qui a su conserver son authenticité.

Prix : 1 pers. 35 € ● 2 pers. 43 € ● 3 pers. 51 € ● pers. sup. 8 € ● repas 14 €
Ouvert : Toute l'année.

	SP	SP	SP	8	SP	8	4	8	SP

Fabienne GARCIA - 4 rue de l'Ancienne Poste - La Souleillane - 65150 ST-LAURENT-DE-NESTE - Tél. : 05 62 39 76 01 ou 06 87 13 19 45 - E-mail : fjl.garcia@wanadoo.fr

ST-PE-DE-BIGORRE Ferme Versailles
C.M. 85 Pli 7

3 ch. Dans une grande maison bigourdane, 3 chambres confortables avec salle d'eau/wc privés. Chauffage central. Salon avec TV. Grande salle à manger avec mobilier ancien dans la maison du propriétaire construite par ses grands-parents en 1863. Parking dans la cour de la ferme. Voile et lac 10 km. Site facile d'accès, agréable et reposant. Table d'hôtes avec des produits de la ferme, cuisine soignée. Nombreuses activités, promenades, excursions, visite à proximité. 1/2 tarif enfant - 12 ans. Langue parlée : anglais.

Prix : 2 pers. 35 € ● repas 13 € ● 1/2 pens. 31 €
Ouvert : Du 1er mars au 15 décembre.

	0,5	0,3	0,1	1	1	10	4	1

Michel et Lucienne AZENS - Ferme Versailles - 65270 ST-PE-DE-BIGORRE - Tél. : 05 62 41 80 48

ST-PE-DE-BIGORRE La Calèche
C.M. 85 Pli 7

3 ch. Lourdes, grottes de Betharram 10 km. 4 chambres, 1 avec s.d.b. et wc, 3 avec salle d'eau et wc. Petit déjeuner copieux à base de croissants, jus de fruits, confitures maison et spécialités servi dans les anciennes écuries. Parking fermé. Au pied des Pyrénées, dans le vieux village de St-Pé-de-Bigorre, la Calèche est une maison de maître du XVIIe siècle qui réveille les souvenirs d'antan. Les 4 ch., de style Louis XIII, romantique, provençale ou rustique sont décorées avec goût. Vous apprécierez la table d'hôtes (quiche aux graisserons, canard aux pêches), généreuse et conviviale, dans les anciennes écuries ou sous la glycine de la terrasse et disposerez du parc privé avec piscine. Langues parlées : anglais, allemand, espagnol.

Prix : 1 pers. 39 € ● 2 pers. 39/46 € ● 3 pers. 59 € ● pers. sup. 14 €
Ouvert : Toute l'année.

	10	10	SP	SP	10	10	4	SP

Françoise et Luc L'HARIDON - La Calèche - 6 rue du Barry - 65270 ST-PE-DE-BIGORRE - Tél. : 05 62 41 86 71 ou 05 62 94 60 17 - Fax : 05 62 94 60 50

Midi-Pyrénées — **Hautes-Pyrénées**

ST-PE-DE-BIGORRE
C.M. 85 Pli 17

4 ch. **Pau 25 km. Lourdes 8 km.** 4 ch. (1 lit 2 pers., 1 lit 1 pers. chacune) dans 1 maison de maître du XVIIᵉ avec sanitaires privés. Meubles de style, vaste salle à manger/séjour, bibliothèque et TV, cheminée dans chaque ch. Parc aux grands arbres, jardin, parking clos dans la propriété, salon de jardin, potager à la française, verger avec fontaine. Au village, base préolympique de raft. Le Grand Cèdre, demeure de caractère (1604), maison de maître du XVIIᵉ siècle, sise au cœur de Saint-Pe-de-Bigorre, bastide au passé chargé d'histoire à 50 m de la place aux arcades et de l'église classée du XIᵉ siècle. Enfant -5 ans : gratuit. Langues parlées : anglais, espagnol, allemand, italien.

Prix : 1 pers. 48 € ■ 2 pers. 60 € ■ 3 pers. 72 €
Ouvert : Toute l'année.

	1	0,2	3	SP	0,2	0,2	8	5	0,5	SP

Christian PETERS - Le Grand Cèdre - 6 rue du Barry - 65270 ST-PE-DE-BIGORRE - Tél. : 05 62 41 82 04 - Fax : 05 62 41 85 89 - E-mail : chp@grandcedre.com - www.grandcedre.com

ST-PE-DE-BIGORRE Ferme Campseisillou
C.M. 85 Pli 17

3 ch. **Lourdes 13 km.** 3 chambres d'hôtes avec sanitaires privatifs attenants (3 lits 2 pers. 1 lit 120, 1 lit 1 pers.), séjour réservé aux hôtes, TV, salon. Terrasse, salon de jardin. Table d'hôtes à base de produits fermiers. A 3 km du centre du village sont juchées 3 ch. en pleine montagne au milieu de la forêt dans le plus grand calme et jouissant chacune d'une très belle vue de leur porte-fenêtre. Langues parlées : anglais, espagnol, portugais.

Prix : 1 pers. 27 € ■ 2 pers. 35 € ■ 3 pers. 44 € ■ pers. sup. 9 € ■ repas 13 €
Ouvert : Toute l'année.

	SP	SP	SP	3	3	13	1	13	3

Marie-Luce ARRAMONDE - Campseisillou - Quartier du Mousques - 65270 ST-PE-DE-BIGORRE - Tél. : 05 62 41 80 92 - Fax : 05 62 41 80 92 - E-mail : camparaa@clubinternet.fr

TOSTAT
C.M. 85 Pli 8

4 ch. Dans les anciennes écuries du château, classé monument historique, se trouve 1 chambre accessible aux pers. hand. en r.d.c. (2 lits 1 pers.), à l'étage : 1 ch. (1 lit 2 pers. 1 lit 1 pers.), 2 lits jumeaux 1 pers.), sanitaires privatifs chacune. Poss. lits d'appoint et lit bébé. Grande cuisine pouvant être en gestion libre, grand salon. Poss. de recevoir des séminaires (12/15 pers.). En contrebas de l'imposant château XVIIIᵉ, l'espace intérieur de ces chambres redonne une âme aux anciennes écuries, l'extérieur dégage toute l'atmosphère de la plaine de l'Adour. Langue parlée : espagnol.

Prix : 1 pers. 43 € ■ 2 pers. 46 € ■ pers. sup. 14 € ■ repas 14 €
Ouvert : Toute l'année.

	SP	SP	10	10	10	10	12	5	10	6

Catherine RIVIERE D'ARC - Allée du Château - 65140 TOSTAT - Tél. : 05 62 31 23 27 - Fax : 05 62 31 23 27

VIC-EN-BIGORRE
C.M. 85 Pli 8

4 ch. **Vignoble Madiran 15 km.** 3 ch. dans une extension avec coin-cuisine à côté de la maison du prop. (2 lits 2 pers. 2 lits 1 pers. 2 lits superp. dans l'1 des ch.), s. d'eau et wc chacune. 1 ch. (1 lit 2 pers.) avec s. d'eau, wc privés dans la maison du prop. Séjour, salon communs avec le propriétaire, cheminée, TV, jeux, tél. Cour, parc clos, salon de jardin, barbecue et parking. Portique, bac à sable, cabane, Parc très fleuri (1ᵉʳ et 2ᵉ prix ville et département en 2000). Salle à manger d'été réservée aux hôtes. Toutes sortes d'activités sur place. Circuit VTT, aéromodélisme, plan d'eau à 10 km. Tir à l'arc 5 km. Pétanque. Quelques monuments historiques.

Prix : 1 pers. 31 € ■ 2 pers. 34 € ■ 3 pers. 42 € ■ pers. sup. 9 € ■ repas 14 €
Ouvert : Vacances scolaires.

	0,5	0,5	0,5	0,5	1	17	SP

Lucienne BROQUA - rue Osmin Ricau - 65500 VIC-EN-BIGORRE - Tél. : 05 62 96 26 29 ou 06 87 22 75 54

VIDOU
C.M. 85 Pli 7

3 ch. Ancienne ferme bigourdane en région de coteaux : 3 chambres avec sanitaires indép. complets. Rez-de-chaussée : grande ch. (1 lit 2 pers. poss. 2 lits superp. suppl., douche). Etage : 1 ch. mansardée (1 lit 2 pers., douche), 1 ch. avec mezzanine (2 lits 2 pers., baignoire). 2 salons, séjour. Piscine, jeux d'enfants. Pré, salon de jardin, barbecue. Vos fenêtres s'ouvriront sur les Pyrénées, le jardin potager et le charme de la campagne. Table d'hôtes le soir avec des produits frais du jardin. 1/2 pens. : 206 €/semaine, enfant - 10 ans : 103 €. Langue parlée : anglais.

Prix : 1 pers. 28 € ■ 2 pers. 37 € ■ pers. sup. 14 € ■ repas 14 €
Ouvert : Toute l'année.

	SP	SP	5	SP	5	25	7

Chantal MANSOUX - Las Peloches - 65220 VIDOU - Tél. : 05 62 35 65 04 - http://perso.wanadoo.fr/coteaux-bigorre/peloches/index.htm

VIELLA Les Cabanes
Alt. : 900 m — *C.M. 85 Pli 18*

3 ch. **Tourmalet, Pic du Midi 10 km. Gavarnie, Pont d'Espagne 30 km.** 3 ch. d'hôtes situées dans un endroit calme à 300 m de la route du Tourmalet sur 1 petit village de montagne. A l'étage : 1 ch. (1 lit 2 pers. 2 lits 1 pers.), s. d'eau et wc privés. R.d.c. : 2 ch. (1 lit 2 pers.), s. d'eau et wc privés. Salle à manger, TV, coin-bibliothèque, cheminée. Grande terrasse, salon de jardin, barbecue. 4 pers. 54 €. Très joli point de vue sur les monts environnants.

Prix : 1 pers. 28 € ■ 2 pers. 37 € ■ 3 pers. 46 € ■ pers. sup. 10 € ■ repas 12 € ■ 1/2 pens. 30 €
Ouvert : Toute l'année.

	1	1	1	2	2	2	5	30	2

Marcel et Jocelyne LAPORTE - Les Cabanes - Eslias - 65120 VIELLA - Tél. : 05 62 92 84 58

Hautes-Pyrénées

Midi-Pyrénées

VIELLE-AURE
Alt. : 800 m
C.M. 85

||| 3 ch. **Station de ski et thermale de St-Lary 1,5 km. Espagne 20 km.** Au cœur de la vallée d'Aure, à 800 m d'altitude, 3 chambres d'hôtes calmes, aménagées dans la maison typique des Pyrénées du propriétaire. Pour chaque chambre salle d'eau et wc privatifs, salle à manger pour le petit déjeuner, salon de jardin, parking. Tarif 4 pers. : 70 €. Près de la réserve naturelle de Néouvielle (20 km), de nombreuses stations de ski. Nombreuses activités à proximité, telles que randonnées pédestres (étape du GR10) et équestre, VTT, parapente, canyoning, rafting, escalade...

Prix : 1 pers. 35 € ○ 2 pers. 40 € ○ 3 pers. 55 €
Ouvert : De mai à septembre.

SP	SP	1,5	1,5	35	3	SP		

Claude FOURCADE-ABBADIE - 65170 VIELLE-AURE - Tél. : 05 62 39 42 33

VIELLE-AURE
Alt. : 800 m
C.M. 85 Pli 18

||| 3 ch. 3 ch. d'hôtes aménagées dans une grange accolée à la maison de la propriétaire. A l'étage : 3 ch. (3 lits 2 pers.), salle d'eau privative. Salon de jardin, terrasse, parkings privatifs. Chambres très calmes, très confortables avec une très belle vue sur les massifs environnants. Pièce non-aménagée (table + chaise) pour manger. Grand pré devant. Village situé dans la vallée d'Aure, tout à fait typique et vivant. Gîte rural 6 pers. sur place.

Prix : 1 pers. 35 € ○ 2 pers. 40 € ○ pers. sup. 13 €
Ouvert : Toute l'année.

SP	SP	SP	1	0,8	15	1	30	1

Pauline BEYRIE - 65170 VIELLE-AURE - Tél. : 05 62 39 52 68 ou 05 62 39 59 78

VIGNEC
Alt. : 840 m
C.M. 85 Pli 8

||| 4 ch. 4 ch. d'hôtes dans la maison du propriétaire. 1 ch. (2 lits 1 pers.), 3 ch. (1 lit 2 pers. chacune), salle d'eau et wc chaque chambre. Petit salon, grande salle avec cheminée. Petit parc arboré. Agriculteurs/éleveurs, petit camping, sur un petit village typique. Visite du troupeau en estives, fenaisons avec goûter.

Prix : 2 pers. 36 €
Ouvert : Toute l'année.

1	1	1	1	1

Daniel VERDOT - 65170 VIGNEC - Tél. : 05 62 39 54 53

VIZOS La Grange
Alt. : 830 m (TH)
C.M. 85 Pli 18

| 2 ch. **Luz-St-Sauveur 2 km. Gavarnie 22 km.** Ancienne grange située sur une prairie dévalant vers la vallée. 2 ch. d'hôtes à l'étage avec entrée indépendante, sanitaires communs, coin-salon, TV, bibliothèque. A proximité, petits animaux de la basse-cour (poules, lapins) et moutons. Poss. de barbecue, salon de jardin. Lieu calme et tranquille pour profiter pleinement de la montagne avec une vue exceptionnelle sur la vallée. Possibilité de camper et de découvrir le milieu selon la saison. Visite des estives en été avec le propriétaire. Langue parlée : espagnol.

Prix : 1 pers. 22 € ○ 2 pers. 28 € ○ 3 pers. 37 € ○ repas 11 € ○ 1/2 pens. 25 €
Ouvert : Toute l'année.

SP	2	2	30	2

Bruno ALBERT - La Grange - 65120 VIZOS - Tél. : 05 62 92 87 41

Tarn

GITES DE FRANCE - Service Réservation
Maison des Agriculteurs
La Milliasolle - B.P. 89
81003 ALBI Cedex
Tél. 05 63 48 83 01 - Fax 05 63 48 83 12
E-mail : gitesdutarn@free.fr - www.gites-tarn.com

3615 Gîtes de France
0,2 €/min

AIGUEFONDE Le Fourchat
(TH)
C.M. 83 Pli 11

||| 5 ch. **Mazamet 5 km. Lac des Montagnès 10 km.** A la ferme, ancien bâtiment de ferme rénové : 5 ch. pour 2 à 4 pers., dans un site calme et boisé. Séjour et salon réservés aux hôtes avec TV. A l'ét., 2 ch. (1 lit 2 pers.), 1 ch. (2 lits 1 pers.), 2 ch. (1 lit 2 pers., 2 lits superp), s.e. et wc privés dans chacune. Table d'hôtes avec produits de la ferme. Cour, s/jardin. Simone, Roger et Véronique Lelièvre vous accueillent avec convivialité et authenticité dans leur ferme de séjour. Outre l'aspect traditionnel et la fraîcheur des lieux, la nature est omniprésente. Animations à la ferme : poneys pour les enfants. Nombreuses découvertes et activités sportives.

Prix : 1 pers. 27 € ○ 2 pers. 34 € ○ 3 pers. 43 € ○ pers. sup. 9 € ○ repas 13 €
Ouvert : Du 1er mars au 30 novembre 2002.

5	10	10	2	5	10	4	SP	40	20	5	5

Roger et Simone LELIEVRE - Le Fourchat - 81200 AIGUEFONDE - Tél. : 05 63 61 22 67 ou 05 63 98 12 62

Midi-Pyrénées — Tarn

ALGANS Montplaisir En Rose   C.M. 82 Pli 09

5 ch. **Lavaur 12 km. Puylaurens 12 km.** Dans une maison de maître du XVIIè siècle, 5 ch. de 2 à 3 pers. avec s.e. et wc privés dans chacune. 1 ch. (2 lits 1 pers.), 2 ch. (1 lit 2 pers., 1 lit 1 pers.), 2 ch. (3 lits 1 pers.). Salle à manger, coin-salon, TV. L.linge et frigo à dispo. Grand jardin avec espace jeux, piscine, ping pong. Prêt de VTT. Table d'hôtes sur réservation. Nous vous accueillons dans une maison restaurée, en pierres apparentes et colombages, en pleine nature, avec les Pyrénées comme horizon et au cœur du pays de Cocagne. Sur place : piscine, VTT, baby-sitting sur demande, badminton, poss. de stage. Langues parlées : anglais, espagnol.

Prix : 1 pers. 46 € 2 pers. 51 € 3 pers. 69 € repas 17 €
Ouvert : Toute l'année.

SP	15	15	10	6	6	12	25	25	5	12	6

Thierry MAZZIA - Montplaisir - En Rose - 81470 ALGANS - Tél. : 05 63 75 02 33 - Fax : 05 63 75 02 33

AMARENS La Maihoulie   C.M. 79 Pli 19

E.C. 1 ch. Au r.d.c. : 1 ch. (1 lit 2 pers.), salle d'eau et wc privés. Petite terrasse privée attenante à la chambre avec accès indépendant. Piscine, salon de jardin. Sentier de randonnée sur place (GR36). Dans un havre de paix, la famille Steadman vous ouvre les portes de leur maison typique du pays cordais. La détente est assurée autour de la piscine qui surpombe la vallée. Langue parlée : anglais.

Prix : 1 pers. 46 € 2 pers. 46 €
Ouvert : Toute l'année.

6	15	6	5	6	6	25	20	6	7	6

Michael et Barbara STEADMAN - La Maihoulie - 81170 AMARENS - Tél. : 05 63 56 38 02 - Fax : 05 63 56 38 02 -
E-mail : mstea79099@aol.com

AMBIALET Ambels   C.M. 83 Pli 01

3 ch. **Prieuré et méandre d'Ambialet 6 km. Albi 22 km.** Trois chambres sont réservées aux hôtes. 1 ch. (1 lit 2 pers.) wc sur palier, 1 ch. (1 lit 2 pers.), 1 ch. (1 lit 1 pers.), la suite de 2 ch. communiquantes (1 lit 2 pers., 1 lit 120, 1 lit 1 pers.).Salle d'eau et wc privés dans toutes les chambres. TV dans salon commun, salon de jardin, portique. Parc ombragé avec aire de pique-nique aménagée. Nous vous accueillons dans notre demeure à quelques km de la presqu'île d'Ambialet en plein cœur de la nature. Langue parlée : espagnol.

Prix : 1 pers. 30 € 2 pers. 35 € 3 pers. 44 € pers. sup. 10 €
Ouvert : Toute l'année.

15	20	20	6	6	16	22	15	6	22	6

Christine ALIBERT - Ambels - 81430 AMBIALET - Tél. : 05 63 55 38 60 ou 06 82 24 73 49

ANGLES Bethanie   Alt. : 750 m   C.M. 83 Pli 02

2 ch. **Brassac 12 km. Lac de la Raviège 8 km.** Au centre du village, 2 ch. pour 2 ou 3 pers. Au 1er : 1 ch. (1 lit 2 pers., 1 lit 1 pers.) avec s.d.b. et wc privés attenants. Au 2è : 1 ch. (1 lit 180) avec s.d.b. et wc non attenants. Poss. de compléter cette ch. avec une autre (1 lit 120). Séjour, biblio. Cour intérieure ombragée, salon de jardin. Terrain clos à 100 m. Cette ch. spacieuse maison ancienne fortifiée, au cœur du village, la propriétaire vous accueillera dans les 2 chambres d'hôtes qu'elle a aménagées. Vous y serez confortablement installés, au calme, et pourrez déguster les copieux petits-déjeuners préparés par votre hôtesse.

Prix : 1 pers. 39/46 € 2 pers. 46/54 € 3 pers. 65/72 € pers. sup. 19 €
Ouvert : Toute l'année.

15	8	8	1	4	27	2	8	SP	27	SP

Sophie-Dominique CAUFMENT - Bethanie - Place de la Poste - 81260 ANGLES - Tél. : 05 63 50 49 55 - Fax : 05 63 50 49 55

BELLEGARDE La Borie Neuve   C.M. 80 Pli 11

5 ch. **Albi 12 km.** 2 ch. pour 2 pers. avec entrée indép., toutes avec s.d.b. ou s. d'eau et wc particuliers, 2 ch. avec 2 lits 1 pers., 3 ch. avec 1 lit 2 pers. TV sur demande. Poss. kitchenette. L.linge du propr. (3 €). Garderie d'enfants sur demande. Table d'hôtes le soir. Piscine privée sur place, ping-pong. 2 gîtes ruraux sur le même site. Animaux acceptés sur demande. Ancien corps de ferme du XVIè siècle restauré à 400 mètres du village, un cadre très calme et champêtre. A visiter : Albi avec sa cathédrale, et ses musées dont celui de Toulouse-Lautrec. Chaque année, la ville organise des festivals de musique, théâtre, région très touristique, bastide, forêt... Langues parlées : anglais, espagnol.

Prix : 1 pers. 39/48 € 2 pers. 43/52 € pers. sup. 12 € repas 18 €
Ouvert : Toute l'année.

SP	6	10	6	0,4	20	12	15	6	12	12	4

Jacqueline RICHARD - La Borie Neuve - 81430 BELLEGARDE - Tél. : 05 63 55 33 64

LE BEZ Amiguet   Alt. : 600 m   C.M. 83 Pli 02

5 ch. **Brassac 1 km. Castres 23 km.** Dans une région de moyenne montagne avec forêts de sapins : 5 ch. pour 2 pers. ou 3 pers. avec 1 lit 2 pers. dans 3 ch. et 1 lit 2 pers. et 1 lit 1 pers. dans 2 autres ch., 2 salles d'eau et wc communs. Terrain, salon de jardin. Situées près de la région granitique du Sidobre et des Monts de Lacaune, vous pourrez faire de belles promenades dans les bois.

Prix : 1 pers. 23 € 2 pers. 26 € 3 pers. 29 €
Ouvert : Toute l'année.

3	10	10	10	3	3	22	SP	22	22	22	1

Maurice HOULES - Amiguet - 81260 LE-BEZ - Tél. : 05 63 74 00 62

Tarn
Midi-Pyrénées

LE BEZ — Le Reclot
Alt. : 750 m (TH) C.M. 83 Pli 02

1 ch. **Brassac 5 km. Castres 30 km.** En moyenne montagne, 1 ch. pour 2 pers., à l'ét. : 1 ch. (2 lits 1 pers.), s.e. et wc privés et attenants. Salon commun aux hôtes et aux propriétaires, terrasse, jardin. TV. Salon de jardin, portique, VTT. Restauration familiale. Réduction pour enfants. Gîte rural sur place. 1 chambre d'hôtes dans une région forestière, à proximité du Sidobre.

Prix : 1 pers. 26 € 2 pers. 29 € pers. sup. 10 € repas 13 €
Ouvert : Toute l'année.

🐕	🏊	🏖️	⛱️	🎾	🚴	🏌️	🌲	🏰	🚂	🚉
	10	5	5	5	10	3	30	SP	SP	30	10

Chantal JARDRIT - Le Reclot - 81260 LE-BEZ - Tél. : 05 63 74 05 36 ou 06 74 70 24 76

BRIATEXTE — En Galinier
(TH) C.M. 82 Pli 09

2 ch. **Graulhet 6 km. Lavaur 15 km.** A la ferme. 2 ch. pour 4 et 3 pers. dans leur maison d'habitation : 1 ch. (1 lit 2 pers., 2 lits 1 pers. superp.), s.d.b. et wc privés, 1 ch. (1 lit 2 pers., 1 lit 1 pers), salle d'eau et wc privés. L-linge. Salle de détente avec TV, biblio. ping-pong, petit terrain de foot, bac à sable. Terrasse ombragée, jardin. Table d'hôtes. Produits du jardin et verger. Geneviève et Jean vous accueillent dans leur ferme (élevage ovins et cultures), à la limite de l'Albigeois Castrais et aux portes du Lauragais. Réductions séjours à partir de 2è nuitée.

Prix : 1 pers. 26 € 2 pers. 36 € 3 pers. 45 € pers. sup. 11 € repas 10/13 €
Ouvert : Toute l'année.

🐕	🏊	🏖️	⛱️	🎾	🚴	🏌️	🌲	🏰	🚂	🚉
	6	20	12	6	6	8	8	40	12	6

Geneviève BRU - En Galinier - 81390 BRIATEXTE - Tél. : 05 63 42 04 01 ou 05 63 42 09 47 - Fax : 05 63 42 04 01

BROUSSE — La Metairie Grande
(TH) C.M. 82 Pli 10

1 ch. **Lautrec 6 km. Castres 20 km.** Maison située à quelques kms du village médiéval de Lautrec, sur l'exploitation agricole. 1 ch. pour 2 pers., à l'étage, avec s.e. et wc privatifs (1 lit 2 pers. 1 lit 1 pers). Salle de séjour, salon communs, biblio. TV dans la ch. L.linge à la demande. Jardin, terrasse, plan d'eau sur place (pêche). Table d'hôtes (produits de la ferme et du jardin). Près du village (baignade surveillée, piscine avec jeux d'enfants) et proche de Castres et de la région granitique du Sidobre, ces chambres sont sur une ferme où l'on produit l'ail de Lautrec. Moutons sur place.

Prix : 1 pers. 26 € 2 pers. 31 € 3 pers. 34 € pers. sup. 16 € repas 13 €
Ouvert : Toute l'année.

🐕	🏊	🏖️	⛱️	🎾	🚴	🏌️	🌲	🏰	🚂	🚉
	6	SP	6	5	6	3	20	SP	30	6	6

Pierre et Anne-Marie PALAFRE - CALMELS - La Metairie Grande - 81440 BROUSSE - Tél. : 05 63 75 92 29

CAGNAC-LES-MINES — Las Campagnes
(TH) 🅲🅱 C.M. 79 Pli 20

3 ch. **Cordes 12 km. Cagnac 5 km. Albi 10 km.** Proche d'Albi, 3 ch. de 3 pers. R.d.c. : 1 ch. (3 lits 90). A l'ét. : 2 ch. (1 lit 160, 1 lit 90) avec s.e ou s.d.b et wc privés. Salle à manger, TV, salon, cheminée. Jardin d'hiver, biblio, musique. Equip. BB. Salle de jeux, piscine, parking privé. La table d'hôtes vous séduira par ses odeurs, couleurs, variétés anciennes de légumes Bio. Panier pique-nique. Sur la route des Bastides, près de Cordes, maison en pierres apparentes de style régional sur une prop. maraîchère de 2 ha. Décoration chaleureuse et originale : jeux de mosaïques inspirés des couleurs et éléments naturels du site. Tarifs hors saison. Table hôtes sauf jeudi/vendredi (sur accord). Langue parlée : anglais.

Prix : 1 pers. 46 € 2 pers. 57 € 3 pers. 72 € repas 16 €
Ouvert : Toute l'année.

🐕	🏊	🏖️	⛱️	🎾	🚴	🏌️	🌲	🏰	🚂	🚉
	SP	1	15	0,5	5	15	10	2	15	12	10	5

Didier et Valérie JOLY - VALENTIN - Las Campagnes - 81130 CAGNAC-LES-MINES - Tél. : 05 63 53 92 97 - Fax : 05 63 53 92 97 ou SR : 05 63 48 83 01

CAHUZAC-SUR-VERE
C.M. 79 Pli 19

2 ch. **Gaillac 12 km. Cordes 10 km.** Sur la place du village, 2 ch. à l'ét. pour 2 pers., avec s. d'eau dans chacune et wc communs sur palier aux 2 ch. (1 lit 2 pers., 1 lit 160). Salon avec TV privatif, frigo. Produits fermiers. Restaurant et commerces au village ainsi que piscine et location VTT. Disponibilités toute l'année. Réservation par tél. de 13H à 18H et après 21H de préférence. Annie Delpech vous accueille dans sa maison ancienne, en plein cœur du pays des Bastides.

Prix : 1 pers. 31 € 2 pers. 34/39 € 3 pers. 39/43 €
Ouvert : Toute l'année.

🐕	🏊	🏖️	⛱️	🎾	🚴	🏌️	🌲	🏰	🚂	🚉
	0,2	15	15	0,2	0,2	5	18	8	18	10	12	SP

Annie DELPECH - Place de l'Eglise - 81140 CAHUZAC-SUR-VERE - Tél. : 05 63 33 95 50 ou 05 63 33 90 25 - Fax : 05 63 33 97 09

CAHUZAC-SUR-VERE
(TH) C.M. 79 Pli 19

3 ch. **Gaillac 12 km. Cordes 10 km.** Dans le village. 3 ch. pour 2 et 4 pers., à l'ét. d'une maison entièrement restaurée, avec des meubles rustiques : 2 ch. (1 lit 2 pers. dans chacune) salle d'eau et wc privés, 1 ch. (1 lit 2 pers., 1 lit 110, 1 lit 120), s.d.b. et wc privés. Lit bébé sur demande. Table d'hôtes avec les produits fermiers, terrasse fleurie avec salon de jardin. Claudine vous accueille dans sa maison. Cahuzac est un petit village situé dans le circuit des Bastides, entre Cordes et Gaillac. Table d'hôtes fermée du 14 juillet au 15 août.

Prix : 1 pers. 31 € 2 pers. 39 € pers. sup. 11 € repas 13 €
Ouvert : Toute l'année.

🐕	🏊	🏖️	⛱️	🎾	🚴	🏌️	🌲	🏰	🚂	🚉
	0,2	15	15	0,2	2	12	10	10	10	10	8	SP

Claudine MIRAILLE - Place de l'Eglise - 81140 CAHUZAC-SUR-VERE - Tél. : 05 63 33 91 53 - Fax : 05 63 33 99 59

Midi-Pyrénées / Tarn

CAHUZAC-SUR-VERE Pech Del Cel
C.M. 79 Pli 19

E.C. 1 ch. — 1 ch. pour 3 pers. aménagée au 1er étage (1 lit 2 pers., 1 lit 110) avec s.d.b. privative et wc ind. sur le palier. Lit bébé à dispo. Séjour, salon privatifs. Salon de jardin, barbecue, ping-pong, balancelle. Sur le plateau cordais, et sur une exploitation agricole et viticole de 20 ha. Visite des bastides albigeoises et randonnées pédestres à proximité.

Prix : 1 pers. 26 € 2 pers. 34 € 3 pers. 39 € pers. sup. 8 €
Ouvert : Du 1er juin au 30 septembre.

4	12	12	4	4	18	25	18	20	9	15	4

Claude et Brigitte AUREL - Pech Del Cel - 81140 CAHUZAC-SUR-VERE - Tél. : 05 63 56 08 06 - Fax : 05 63 56 08 06

CAHUZAC-SUR-VERE La Ventresque
C.M. 79 Pli 19

5 ch. — Cordes 12 km. Gaillac 12 km. A 1 km du village, 3 ch. à l'ét., 2 ch. ind. sur l'aile droite de la propriété, de 2 à 4 pers. 2 ch. (1 lit 2 pers.), 2 ch. (1 lit 2 pers., 2 lits 1 pers.),1 ch. (3 lits 1 pers.). 4 ch. ont s.e. et wc privés attenants, l'autre s.e. et wc privés non attenants. 3 lits bb + équip. à dispo. Cuisine d'été à dispo. Salon avec TV. Table d'hôtes (soir). Dans leur maison traditionnelle, Aurore et Jean-Marc ont aménagé 5 jolies chambres. Vous pourrez déguster les spécialités de la cuisine régionale. Possibilité de panier pique-nique pour le midi. Prix dégressifs pour séjours. Gratuité pour bébé. Piscine (5x10), 2 VTT, jeux d'enfants. Langues parlées : anglais, espagnol.

Prix : 1 pers. 39/42 € 2 pers. 45/49 € 3 pers. 57 € pers. sup. 13 € repas 14 €
Ouvert : Toute l'année.

SP	13	13	2	1	14	20	15	13	7	12	1

Aurore CUQUEL - La Ventresque - 81140 CAHUZAC-SUR-VERE - Tél. : 05 63 33 29 94 - Fax : 05 63 33 29 94 -
E-mail : laventresque@wanadoo.fr - http ://perso.wanadoo.fr/laventresque/

CAMBON-D'ALBI Rayssaguel
C.M. 80 Pli 11

5 ch. — Albi 7 km. Propriété viticole et d'élevage. 5 ch. pour 2, 3 pers. Dans annexe : 2 ch. 3 épis NN. 1 lit 140 dans chaque ch. (poss. lit suppl.), s.d.b., wc privés. 3 ch. 2 épis NN dont 2 avec 1 lit 140 et 1 lit 90, une avec 1 lit 140, s.e. privée et wc communs. Salon. TV. Table d'hôtes avec produits fermiers. 2 ch. sanitaires acces. pers. hand. Cour, terrasse, vélos. Renée et Paul vous accueillent dans leur propriété du XVIIIe siècle, à la campagne, près d'Albi, avec visite d'élevage traditionnel, conserverie, dégustation. Vente directe de confits et foies de canards gras. Médaille d'or et d'argent au Concours Général Agr. de Paris. 2 gîtes sur place. Langues parlées : anglais, espagnol.

Prix : 1 pers. 26 € 2 pers. 34 € 3 pers. 40 € pers. sup. 8 € repas 13/20 €
Ouvert : Toute l'année.

4	SP	20	SP	1	4	7	SP	10	7	7	5

Paul ROLLAND - 47 chemin de Rayssaguel - 81990 CAMBON-D'ALBI - Tél. : 05 63 53 00 34 - Fax : 05 63 53 00 34 -
E-mail : ferme.de.rayssaguel@wanadoo.fr - http ://www.rayssaguel.com

CAMBOUNES Oms   Alt. : 500 m
C.M. 83 Pli 02

1 ch. — Brassac 8 km. Le Sidobre 3 km. Dans une ferme d'élevage équins de trait, au cœur d'une région de moyenne montagne : 1 ch. pour 2 ou 3 pers. (1 lit 2 pers.), poss. lit d'appoint, salle d'eau et wc. Table d'hôtes avec les produits du terroir. Jardin avec terrasse. Gîte de 5 pers. sur place. Situé dans un coin très calme, repos assuré en bordure du plateau granitique du Sidobre, Roselyne et Pierre vous accueillent.

Prix : 2 pers. 33 € pers. sup. 8 € repas 11 €
Ouvert : Toute l'année.

8	15	15	3	8	SP	21	SP	20	SP	21	8

Pierre MARTY - Oms - 81260 CAMBOUNES - Tél. : 05 63 74 54 89

CAMBOUNET-SUR-LE-SOR Château de la Serre
C.M. 82 Pli 10

3 ch. — Castres 10 km. Toulouse 60 km. Albi 40 km. Carcassonne 60 km. Une suite de 2 ch. pour 2 et 3 pers. Suite : ch. 1 lit 2 pers. et 1 lit 1 pers. dans une tour attenante, s.d.b. et wc privés. 2 autres ch. de caractère (1 lit 2 pers.), (2 lits 1 pers.), s.d.b. et wc privés. Salle à manger familiale où est servi le petit-déjeuner. Table d'hôtes à la demande, billard, piscine. Dans le cadre historique d'un château du XVIe siècle, vous serez accueillis dans le patrimoine de la famille de Limairac qui a aménagé pour vous, dans le charme des vieilles pierres, 3 chambres d'hôtes dans un grand parc avec piscine privée sur place. Langue parlée : anglais.

Prix : 1 pers. 92/122 € 2 pers. 92/122 € 3 pers. 122 € repas 23/28 €
Ouvert : Du 1er mai au 30 octobre.

SP	15	4	4	2	4	15	15	15	15	15	8

Chantal DE LIMAIRAC BERTHOUMIEUX - Château de la Serre - 81580 CAMBOUNET-SUR-SOR - Tél. : 05 63 71 75 73 -
Fax : 05 63 71 76 06 - E-mail : reservations@la-serre.com - http ://www.la-serre.com

CAMBOUNET-SUR-LE-SOR La Serre-Bois des Demoiselles
C.M. 82 Pli 10

4 ch. — Castres 10 km. Puylaurens 10 km. Toulouse 60 km. Sur un domaine agricole, au calme : 4 ch. pour 2, 3, 4 pers. 1 ch. au r.d.c. (1 lit 140, 1 lit 140 sur mezz.), s.d.b., wc. A l'ét. : 1 ch. double (1 lit 140, 1 lit 90) TV, s.d.b. et wc, 2 ch. (2 lits 140), s.e. et wc privés à chacune. Poss. ch. suppl. Séjour, salon communs. Terrain. Table d'hôtes le soir (sauf WE). 10 % de réduction à partir de la 5è nuit. Le Bois des Demoiselles offre une maison avec un intérieur de caractère et des chambres accueillantes sur un terrain boisé. Vous pourrez approfondir vos connaissances sur l'agriculture par le contact avec le fils du propriétaire qui est exploitant.

Prix : 1 pers. 22/26 € 2 pers. 25/29 € 3 pers. 37/39 € pers. sup. 10 € repas 11 €
Ouvert : Toute l'année.

8	3	3	1	1	4	15	15	15	6	1	8

Alice ANDRE - La Serre - Le Bois des Demoiselles - 81580 CAMBOUNET-SUR-LE-SOR - Tél. : 05 63 71 73 73 - Fax : 05 63 71 74 37

Tarn
Midi-Pyrénées

LES CAMMAZES Bel Air Bas Alt. : 600 m (TH) C.M. 82 Pli 20

▮ 3 ch. | Bassin de St-Ferréol 6 km. Revel 11 km. En pleine campagne, maison ancienne rénovée. 3 ch. pour 3 et 4 pers. (1 lit 2 pers., 1 lit 80), (1 lit 2 pers., 2 lits 1 pers. superp.), (1 lit 2 pers., 2 lits 1 pers. superp.), lavabo dans chaque ch., s.e. commune et 1 wc indép. Cheminée. Coin-cuisine, salle de séjour, salon, TV, l.linge. Terrain, terrasse. Table d'hôtes. Remise 10 % pour séjour 5 jours. Dans le Parc Naturel du Haut Languedoc et dans une région boisée, maison en pierres et poutres apparentes, entièrement refaite, à 300 m du village et au bord du GR 7 et d'une petite rivière. Activités sportives : poss. de tir à l'arc, pêche et promenade en barque sur le lac de St Ferréol.

Prix : 1 pers. 22 € 2 pers. 28 € pers. sup. 11 € repas 13 €
Ouvert : Toute l'année.

11	6	6	SP	6	1	SP	6	SP	11	10

André et Patricia LARCHER - Bel Air Bas - 81540 LES-CAMMAZES - Tél. : 05 63 74 16 61

CASTANET Naussens (TH) C.M. 79 Pli 20

▮▮▮▮ 5 ch. | Albi 15 km. Région viticole : 2 ch. pour 2 et 4 pers. avec terrasse, entrée indép. 1 ch. (1 lit 2 pers.) 1 ch. (1 lit 2 pers., 2 lits 1 pers.). 3 autres ch. pour 2, 3 pers, dans une grange rénovée à prox. avec terrasse. 2 ch. (2 lits 2 pers.), 1 ch. (1 lit 2 pers., 1 lit 1 pers.), salle d'eau et wc privés à chacune. Table d'hôtes. A quelques kilomètres d'Albi et de Cordes, Jean-Michel et Catherine vous accueillent dans leur maison où ils ont aménagé 2 chambres, et 3 autres chambres dans une grange annexe. Les repas sont préparés avec les produits fermiers. « Accueil bébé » : 8 € pour les moins de 3 ans.

Prix : 1 pers. 32 € 2 pers. 32 € 3 pers. 47 € pers. sup. 16 € repas 13 €
Ouvert : Du 1er mars au 30 octobre 2002.

SP	6	6	6	6	3	6	SP	15	5	6

Jean-Michel MALBREIL - Naussens - 81150 CASTANET - Tél. : 05 63 55 22 56

CASTELNAU-DE-MONTMIRAL St-Jérôme C.M. 79 Pli 19

▮▮ 2 ch. | Gaillac 7 km. Cordes 18 km. Près de la forêt de la Grésigne et de Cordes, cité médiévale : 2 ch. pour 3 pers. L'une avec 1 lit 2 pers., 1 lit 1 pers., s.e. wc privés, 3 épis NN. L'autre avec 1 lit 2 pers, 1 lit 1 pers., s.e. privée et wc dans couloir, 2 épis NN. Frigo à dispo. Terrasse avec salon de jardin, terrain. Restauration à 4 km. Ces chambres sont situées dans la belle région du Circuit des Bastides. Ce sont plein de petits villages fortifiés, entourés de vignobles, cultures et forêts.

Prix : 1 pers. 25/29 € 2 pers. 29/36 € 3 pers. 37/38 €
Ouvert : Du 1er mars au 30 octobre.

7	4	4	4	4	8	SP	SP	5	5	4

Jacques CAMALET - St-Jérôme - 81140 CASTELNAU-DE-MONTMIRAL - Tél. : 05 63 33 12 02 - Fax : 05 63 33 20 26

CASTELNAU-DE-MONTMIRAL Le Vert C.M. 79 Pli 19

▮▮▮ 2 ch. | Gaillac 15 km. Cordes 20 km. 2 ch. pour 2 pers. + 1 enf. (1 lit 2 pers. et 1 lit enfant dans chacune), salle d'eau avec wc particuliers. Salon particulier aux hôtes, TV. communs avec le propriétaire. Cheminée. Cour, salon de jardin, parking privé, ping-pong. Possibilité achat de vin de Gaillac. Ces chambres sont situées dans une ferme à proximité de la forêt de la Grésigne, faisant partie du circuit de randonnée pédestre du Pays des Bastides Albigeoises. Langue parlée : anglais.

Prix : 1 pers. 25 € 2 pers. 30 € pers. sup. 8 €
Ouvert : Toute l'année.

10	4	4	4	5	20	4	15	4	14	5

Jacques GALAUP - Le Vert - 81140 CASTELNAU-DE-MONTMIRAL - Tél. : 05 63 33 13 87

CASTELNAU-DE-MONTMIRAL Luman (TH) C.M. 79 Pli 19

▮ 4 ch. | Gaillac 13 km. Cordes 18 km. Maison en pleine campagne, près du village médiéval de Castelnau de Montmiral. 4 ch. pour 2 et 5 pers. : 3 ch. 1 épi NN avec s.d.b. et wc communs dont 1 suite (dans la suite : 1 lit 150, 3 lits 1 pers. + lavabo), 2 ch. (1 lit 2 pers. dans chacune). 1 ch. 2 épis NN avec douche, lavabo et wc commun (2 lits 100). Table d'hôtes avec produits fermiers. Lucette et Charles vous accueillent dans leur propriété viticole située dans la région du circuit des Bastides. Langues parlées : espagnol, anglais.

Prix : 1 pers. 23 € 2 pers. 28 € 3 pers. 34 € pers. sup. 10 € repas 11 €
Ouvert : De mars à octobre.

10	2	2	2	5	20	2	30	3	12	12

Charles ROBERT - Luman - 81140 CASTELNAU-DE-MONTMIRAL - Tél. : 05 63 33 10 20 - Fax : 05 63 33 10 20

CASTELNAU-DE-MONTMIRAL Mazars (TH) C.M. 79 Pli 19

▮▮▮ 3 ch. | Gaillac 12 km. Cordes 18 km. A 1 km du village, 3 ch. de 2 à 3 pers. 1 ch. au r.d.c. (1 lit 2 pers., 1 lit 1 pers.), s.d.b. et wc privés. A l'ét. : 2 ch. (1 lit 2 pers., 1 lit 1 pers.),(1 lit 160), chacune avec s.e. et wc privés. Lits d'appoint 1 pers sur dem. Lit bébé à dispo. TV dans les ch./dem. Salon et séjour. Terrain, pétanque, ping-pong. Piscine (10x5.5 m). Table d'hôtes. Entre vignobles et Bastides, proche du village de Castelnau de Montmiral, les propriétaires ont aménagé 3 chambres confortables avec vue sur le village dans leur maison rénovée. Repas gastro, régional ou cuisine exotique sur demande. Panier pique-nique. Tarif dégressif selon durée. Langue parlée : anglais.

Prix : 1 pers. 40 € 2 pers. 49 € 3 pers. 60 € pers. sup. 12 € repas 19 €
Ouvert : Toute l'année.

SP	4	4	3	4	12	20	6	15	1	10	1

Catherine SORDOILLET - La Croix du Sud - Mazars - 81140 CASTELNAU-DE-MONTMIRAL - Tél. : 05 63 33 18 46 - Fax : 05 63 33 18 46 - E-mail : catherine@la-croix-du-sud.com - http : //www.la-croix-du-sud.com

Midi-Pyrénées **Tarn**

CASTELNAU-DE-MONTMIRAL

1 ch. **Cordes 25 km. Gaillac 12 km.** Au cœur du village, dans une petite rue calme, 1 ch. aménagée à l'ét. pour 2 ou 3 pers. (1 lit 2 pers., 1 lit pliant 1 pers. sur demande) avec s.e. et wc privés. Séjour-salon avec TV, cheminée. Bibliothèque. Terrasse plein sud avec vue dégagée sur la campagne, abri fermé. Animaux admis sur demande. Dans une Bastide du XIIIè siècle, maison traditionnelle en pierres, briques et poutres apparentes, une étape idéale pour découvrir le vignoble de Gaillac, la forêt de Grésigne et le Circuit des Bastides. Commerces et services s/place, base de loisirs à 3 km (baignade, activités nautiques..).

Prix : 1 pers. 27 € 2 pers. 30 € 3 pers. 42 €
Ouvert : Toute l'année.

10	3	3	3	6	3	20	3	20	SP	12	12

Reine MALBERT - Rue des Chiffonniers - 81140 CASTELNAU-DE-MONTMIRAL - Tél. : 05 63 33 19 45

CASTELNAU-DE-MONTMIRAL Château de Mayragues

C.M. 79 Pli 19

2 ch. **Gaillac 10 km. Castelnau de Montmiral 5 km.** Dans un château, 2 ch. spacieuses au décor raffiné desservies par le chemin de ronde, chacune pour 2 pers. 1 ch. (1 lit 2 pers) avec s.d.b. et wc. 1 ch. (2 lits 1 pers.), s. d'eau et wc. Randonnées et ping-pong/place. Base de loisirs à 8 km. Un gîte sur place. Un étape idéale pour découvrir le vignoble, l'architecture, l'histoire. Au cœur du vignoble de Gaillac, près de la forêt de Grésigne et des Bastides, sur une propriété de 60 ha (vignes et forêts), chambres de caractère aménagées au 2è étage du Château de Mayragues (14-15e s) donnant sur la galerie en colombages (très belle vue). Vinification sur place. Langue parlée : anglais.

Prix : 1 pers. 61 € 2 pers. 69 € pers. sup. 16 €
Ouvert : Du 1er mars au 20 décembre 2002.

8	8	8	2	8	8	18	SP	8	4,5	10	4,5

**Alan et Laurence GEDDES - Château de Mayragues - 81140 CASTELNAU-DE-MONTMIRAL - Tél. : 05 63 33 94 08 -
Fax : 05 63 33 98 10 - E-mail : geddes@chateau-de-mayragues.com - http://www.chateau-de-mayragues.com**

CASTRES

C.M. 83 Pli 01

2 ch. **Castres 2 km. Le Sidobre 15 km.** 2 ch. de 2 à 4 pers. : 1 suite indép. donnant sur jardin comprenant 1 ch. (1 lit 2 pers.), petit salon, canapé conv., s.e. et wc 1 lit 2 pers. A l'ét. de la maison principale (1 lit 160) avec s.d.b et wc. Poss. de 2 ch. en complément (4 lits 1 pers.), lavabo. Salon et séjour communs. Ping-pong. A 10 mn du centre ville, en allant vers le Sidobre, Pierre et Evelyne ont aménagé 2 jolies chambres dans leur maison. Vous y serez logés dans un cadre de verdure, calme et retiré. Proximité de nombreux loisirs et services. Langues parlées : anglais, espagnol.

Prix : 1 pers. 28 € 2 pers. 34 € 3 pers. 46 € pers. sup. 13 €
Ouvert : Toute l'année.

2	15	2	2	2	2	2	4	2	SP	2	2

**Evelyne et Pierre ROUVE - 101 chemin des Fontaines - 81100 CASTRES - Tél. : 05 63 35 60 40 - Fax : 05 63 35 72 11 -
E-mail : pleinciel@castres.com**

CORDES La Bouriette St-Marcel Campes

C.M. 79 Pli 20

5 ch. **Cordes 3 km.** 5 ch. situées dans une annexe, accès indép., pour 2 à 4 pers. 1 ch. avec 2 lits 1 pers., poss. d'1 lit suppl., salle d'eau et wc privés dans chaque ch. 4 autres ch. (4 lits 2 pers., 1 lit 1 pers.). TV dans les ch. Auberge de campagne. Terrasses fermées & ouvertes au bord de la piscine. Possibilité de 1/2 pension. Remise de -10 % en basse saison. Nadine et Jean-Marc vous accueillent dans leur Auberge de campagne, une leur exploitation de céréales. Située à 3 km de Cordes (cité médiévale), dominant la Vallée du Cérou. L'Auberge de la Bourriette vous accueille en plein pays cathare. Calme et confort. Location VTT. Langues parlées : anglais, espagnol.

Prix : 1 pers. 47/52 € 2 pers. 49/54 € 3 pers. 68/73 €
pers. sup. 19 €
Ouvert : Toute l'année.

SP	15	15	1	7	10	20	SP	15	3	7	3

Jean ALUNNI-FEGATELLI - La Bouriette - Campes - 81170 CORDES - Tél. : 05 63 56 07 32 - Fax : 05 63 56 23 76

CORDES Le Kerglas - les Cabannes

C.M. 79 Pli 20

5 ch. **Cordes 4 km.** 5 ch. pour 2 ou 3 pers. Vous pourrez apprécier la tranquilité, le calme et la verdure, le confort de chacune d'elles, avec leur entrée indép. Dans chaque ch. 1 lit 180 ou 3 lits 90, 3 s.d.b., 2 salles d'eau et wc privatifs. Table d'hôtes. Animaux acceptés : 5 €. GR 36.46 et VTT. La famille Kerjean vous accueille dans leur ferme de 1730. Ils ont aménagé d'anciens bâtiments de la ferme 5 chambres. Une partie face à la cité médiévale de Cordes avec une vue panoramique, l'autre face à la campagne.

Prix : 1 pers. 37/44 € 2 pers. 41/47 € 3 pers. 61/67 € repas 19 €
Ouvert : Toute l'année.

3	20	3	3	3	12	30	SP	15	3	6	3

**FAMILLE KERJEAN - La Vedillerie - Les Cabannes - 81170 CORDES - Tél. : 05 63 56 04 17 ou 06 82 83 94 78 - Fax : 05 63 56 18 56 -
E-mail : le.kerglas@wanadoo.fr**

CORDES Les Tuileries

C.M. 79 Pli 20

5 ch. **Cordes 0,6 km.** Au pied de Cordes. A l'ét. : 5 vastes ch. pour 2, 3 et 4 pers. ttes avec s.e., wc privés. Une maison de maître dans un coin de verdure près de la Bastide se fait à la fois ferme et ch. d'hôtes pour vous accueillir, vous offre le calme, l'espace, une vue exceptionnelle, une agréable piscine, l'ombre des marronniers. A la table d'hôtes où les produits de la ferme figurent en bonne place, le dîner se déroule en toute convivialité, près de la cheminée en hiver, en plein air dès les beaux jours. Sur place : garage et aires de jeux, salon avec TV, ping-pong, lit d'appoint suppl. pour enf. Petits chiens admis. Langue parlée : anglais.

Prix : 1 pers. 40/47 € 2 pers. 48/55 € 3 pers. 56/64 €
pers. sup. 10 € repas 17 €
Ouvert : Toute l'année.

SP	15	3	SP	0,2	12	22	SP	15	0,6	3	0,6

**Annie et Christian RONDEL - Les Tuileries - 81170 CORDES - Tél. : 05 63 56 05 93 - Fax : 05 63 56 05 93 -
E-mail : christian.rondel@wanadoo.fr**

Tarn Midi-Pyrénées

CORDES Aurifat
C.M. 79 Pli 20

4 ch. **Cordes 1 km.** 3 ch. et une suite pour 2 ou 4 pers., toutes avec entrée indép.et sanitaires privés, la plupart avec balcon ou terrasse fleuris où l'on sert le petit-déj : 1 ch. (2 lits 100), 1 ch. (2 lits 90) dans tour de guet, 1 ch (1 lit 2 pers.) dans le pigeonnier et 1 suite (4 lits 1 pers.). Salon (biblio). Terrasse, cuisine, barbecue. Jardin 1 ha. Sur le versant sud de Cordes, à 5 mn de la Cité médiévale et touristique (rest. et serv.) mais bénéficiant du calme de la campagne, Ian et Pénélope vous accueillent dans leur maison de caractère et partagent leur jardin et grde piscine privée (16x7 m). Jolie vue sur la vallée. Prix selon saison. ø Langue parlée : anglais.

Prix : 1 pers. 37/49 € 2 pers. 50/64 € 3 pers. 80/99 € pers. sup. 19 €
Ouvert : De mars à décembre.

SP	16	3	1	1	20	22	5	16	1	4	1

Ian et Pénélope WANKLYN - Aurifat - 81170 CORDES - Tél. : 05 63 56 07 03 - Fax : 05 63 56 07 03 - E-mail : aurifat@wanadoo.fr - http://www.jcjdatacomm.co.uk/france

CORDES Maison des Fées
C.M. 79 Pli 20

E.C. 1 ch. A l'étage : 1 ch. (1 lit 160) avec sanitaires privés. Jardin, cour, terrasse, salon de jardin. Sur place : un gîte, tous commerces, marché, musées, jardins. Festival de musique (juillet), médiathèque, tennis, randonnées. Aux alentours : piscine, équitation, canoë, golf. Gare SNCF, taxis. Dans un des plus beaux villages de France. Sur la vallée, côté sud, dans un cadre exceptionnel. Langues parlées : anglais, espagnol.

Prix : 2 pers. 61 €
Ouvert : De juin à septembre.

4	10	4	0,4	5	20	30	0,3	10	SP	5	SP

R.M. et L. VEGA - Rue de la Bouteillerie - 81170 CORDES - Tél. : 05 63 56 19 78

COUFFOULEUX La Baillo - St-Victor
C.M. 82 Pli 9

E.C. 2 ch. 2 chambres aménagées dans une maison de maître meublée avec goût, sur un parc clos de 2 ha. Entrées indép. : 1 ch. (1 lit 2 pers., 1 lit bébé), s.d.b. et wc privatifs, 1 ch. (1 lit 2 pers.) avec s.d.b, wc indép. privé (poss. 1 ch. supplémentaire). Salon TV, salle à manger. Salle de détente réservée aux hôtes : biblio, lecture et musique. A.N.A. sauf accord. Site agréable, calme et reposant. Piscine (12x6) avec cuisine d'été et barbecue. Table d'hôtes le soir (cuisine familiale et grillades). Tarifs dégressifs à partir de la cinquième nuit. Parking, salon de jardin, transats. Langues parlées : anglais, espagnol, allemand.

Prix : 1 pers. 35 € 2 pers. 46 € 3 pers. 58 € pers. sup. 9 € repas 13 €
Ouvert : Toute l'année.

SP	10	25	SP	3	3	30	10	25	3	3	3

Soizic TRABLY - La Baillo - St-Victor - 81800 COUFFOULEUX - Tél. : 05 63 40 31 66 - Fax : 05 63 40 21 12 - E-mail : miclod@free.fr - http ://www.miclod.free.fr/stvictor/

DONNAZAC
C.M. 79 Pli 20

5 ch. **Cordes 7 km.** Dans un petit village, 5 ch. pour 2, 3 et 5 pers. Au r.d.c : 2 ch. (1 lit 160)(3 lits 1 pers.). A l'ét. : 1 suite (3 lits 1 pers. et 2 lits 80 superp.), 1 ch. (3 lits 1 pers., poss. lit enf.), 1 ch. (1 lit 160, 1 lit 1 pers), toutes avec s.d.b., wc indép. et TV. Séjour à dispo. : frigo, l.vaiss. Jardin clos et piscine, jeux d'enf. T. hôtes sauf lundi/mardi/jeudi (juil/août). Au cœur du Gaillacois et près des Bastides Albigeoises, dans un petit village de pierres blanches, sur un ensemble commun de 5000 m² clôturé, chambres d'hôtes de caractère, spacieuses, à la décoration soignée. Jeux sur place : ping-pong, badminton, 4 vélos adultes. 2 gîtes sur place. Langues parlées : anglais, espagnol.

Prix : 1 pers. 66/85 € 2 pers. 69/85 € 3 pers. 81/97 € pers. sup. 12 € repas 22 €
Ouvert : Toute l'année.

SP	15	8	5	5	11	22	20	15	7	5	7

Isabelle et Laurent PHILIBERT - Les Vents Bleus - Rue de la Caussade - 81170 DONNAZAC - Tél. : 05 63 56 86 11 - Fax : 05 63 56 86 11 ou SR : 05 63 48 83 01 - E-mail : lesventsbleus@free.fr

DOURGNE
C.M. 82 Pli 20

1 ch. **Revel 15 km. Bassin de St-Ferréol 15 km.** Au pied de la Montagne Noire, au cœur du village, une suite pour 4 à 6 pers., au 2è étage. La suite (1 lit 2 pers., 2 lits 1 pers., poss. lit enf.), salle d'eau et wc indép. Poss. d'1 ch. en compl. (1 lit 2 pers.) avec lavabo dans la ch. et douche au r.d.c. Salle de séjour, kitchenette, frigo privatifs. Commerces et restaurant sur place. Aéroport à 14 km. Dans une maison du XVIIè siècle, sur le chemin de St Jacques de Compostelle, près des Abbayes bénédictines d'Encalcat.

Prix : 1 pers. 26 € 2 pers. 32 € 3 pers. 44 € pers. sup. 10 €
Ouvert : Toute l'année.

13	15	15	SP	SP	2	5	18	15	SP		

Rose PAUTHE - 8 les Promenades - 81110 DOURGNE - Tél. : 05 63 50 31 30

DOURGNE En Azemar
C.M. 82 Pli 20

2 ch. **Lac de St-Ferréol 12 km.** Ancienne ferme rénovée. 2 ch. d'hôtes à l'ét., pour 4 pers. avec chacune 1 lit 2 pers., 2 lits 1 pers. dont 1 couchage en mezz., s.d.b. et wc privés dans l'une, s.e. et wc privés dans l'autre. Séjour, salon au r.d.c. avec poêle commun avec les prop. Terrain, s/jardin sous terrasse. Gîte rural sur place. 10 % de réduction à partir de la 4è nuit. Dans le Parc Régional du Haut Languedoc, en pleine campagne, au pied de la Montagne Noire, à 2 km du village de Dourgne. Location V.T.T. Langues parlées : anglais, allemand.

Prix : 1 pers. 35 € 2 pers. 38 € 3 pers. 50 € pers. sup. 12 €
Ouvert : Toute l'année.

12	12	12	2	2	2	18	2	18	2	12	2

Lionel BERARD et Agnès KOVACS - En Azemar - 81110 DOURGNE - Tél. : 05 63 50 12 97 - Fax : 05 63 50 12 97 - E-mail : lionel.berard@free.fr

Midi-Pyrénées **Tarn**

DURFORT Domaine de Jacournassy   Alt. : 650 m   (TH)

E.C. 4 ch.   4 ch. d'hôtes pour 2 et 3 pers. dont 3 ch. avec 1 lit 2 pers. dans chacune et 1 suite avec 1 lit 2 pers. et 1 lit 1 pers., toutes avec s. d'eau ou s.d.b. et wc privés. Lit bébé à dispo. Salle de séjour avec TV, salon. Parc de 1 ha clos, parking privé. Vélos, ping-pong sur place. Animaux sur demande. Propriétaire pratiquant la spéléo. Table d'hôtes. Marie-Josée vous accueille dans sa grande maison, au cœur de la forêt, proche de la Montagne Noire, à la limite de l'Aude et à proximité des lacs de St-Férréol et des Cammazes. Cette agricultrice vous proposera, à sa table, de nombreux produits bio. Langues parlées : anglais, espagnol.

Prix : 2 pers. 39/49 €   3 pers. 54 €   pers. sup. 8 €   repas 13/14 €

15	12	12	15	7	10	50	SP	12	SP	30	7

Marie-Josée PLANAS - Domaine de Jacournassy - 81540 DURFORT - Tél. : 05 63 74 10 28 - E-mail : mijo.jacournassy@free.fr - http://www.mijo.jacournassy.free.fr

ESCOUSSENS Mont St-Jean   (TH)   *C.M. 83 Pli 11*

3 ch.   **Au pied de la Montagne Noire. Castres 15 km.** 3 ch. pour 2 et 3 pers. avec s. d'eau et wc privés : 2 ch. à l'ét. (1 lit 2 pers., 1 lit 1 pers., 1 lit enft), 1 ch. en r.d.c. (1 lit 2 pers., 1 lit 1 pers.). Poss. d'1 ch. suppl. (1 lit 2 pers., 1 lit 1 pers. + lavabo) pour famille. Salle de détente, TV. Cheminée. Table d'hôtes. Terrasse couverte, s/jardin, barbecue, ping-pong. Lit bébé. Marie-Thérèse vous accueille dans sa ferme, ancienne habitation des Chartreux, à 1 km d'Escoussens, au pied de la Montagne Noire, sur le chemin de St Jacques de Compostelle. Langue parlée : anglais.

Prix : 1 pers. 31 €   2 pers. 34 €   3 pers. 46 €   pers. sup. 12 €
repas 14 €
Ouvert : Toute l'année.

7	12	12	0,2	1	14	14	SP	20	7	7

Marie-Thérèse ESCAFRE - Mont St-Jean - 81290 LES-ESCOUSSENS - Tél. : 05 63 73 24 70

ESPERAUSSES   Alt. : 700 m   (TH)   *C.M. 83 Pli 02*

4 ch.   **Lacaune 15 km. Sidobre 15 km.** Au cœur du village, 4 ch. d'hôtes dans une maison entièrement rénovée, pour 2 et 3 pers. A l'ét. : 2 ch. (1 lit 2 pers.), 2 ch. (1 lit 2 pers., 1 lit 110), s.e. et wc privatifs dans chacune. Cheminée. Salle de séjour, salon communs, TV. Terrasse, salon de jardin, barbecue. Billard. Table d'hôtes. Bébés accueillis gratuitement. Près du Sidobre et des Monts de Lacaune, dans une maison ancienne (de 350 ans) aux pierres et poutres apparentes connue sous le nom de « Maison de Jeanne ». Possibilité de pêche à proximité. Tarifs dégressifs pour les séjours et repas gastronomique à la demande.

Prix : 1 pers. 31 €   2 pers. 35 €   3 pers. 46 €   pers. sup. 13 €
repas 14 €
Ouvert : Fermé du 15 décembre au 15 janvier.

11	25	25	SP	11	10	35	2	25	SP	35	11

Florence ARTERO - La Maison de Jeanne - Le Bourg - 81260 ESPERAUSSES - Tél. : 05 63 73 02 77

LES FARGUETTES   (TH)   *C.M. 80 Pli 11*

3 ch.   **Albi 24 km. Viaduc du Viaur 9 km.** Dans la région du Ségala-Carmausin, direction Albi-Rodez : 3 ch. pour 2 pers. 1 ch. 2 épis (1 lit 2 pers.), lavabo et wc privés. Les 2 autres ch. sont 1 épi : 1 ch. (1 lit 2 pers. baldaquin + 1 lit enf.), 1 ch. (1 lit 2 pers., 1 lit enf/dem.) s.d.b., douche et wc communs. Lit d'appoint sur demande. Lave-linge, réfrigérateur. Jardin. Table d'hôtes. André et Jacqueline sont des propriétaires charmants et très accueillants. Leurs chambres sont équipées de mobilier ancien. Vous pourrez profiter de leur piscine (10x5 m) commune avec le camping à la ferme et vous apprécierez les repas pris sur la terrasse avec les produits de la ferme.

Prix : 1 pers. 28 €   2 pers. 28/31 €   3 pers. 39 €   repas 11/13 €
Ouvert : Toute l'année.

SP	4	4	SP	0,5	4	2	SP	4	7	5	5

Jacqueline SALINIER - Route Nationale 88 - 81190 LES-FARGUETTES - Tél. : 05 63 76 66 90

GAILLAC   *C.M. 82 Pli 09*

6 ch.   **Cordes 22 km. Albi 23 km.** Dans un hôtel particulier du XVIIè siècle : 6 ch. pour 2 pers. (5 lits 160, 3 lits 90), TV, s.d.b. et wc privés dans ttes les ch. Meubles anciens, bel escalier en pierres, cour intérieure fleurie, dépendances de caractère. Petits déjeuners dans salle d'hôtes ou sur terrasse couverte donnant sur l'Abbatiale. Grand et petit salon avec TV. Au centre du vieux Gaillac, vue sur l'Abbatiale St-Michel, le Tarn et les toits de la vieille ville. Aux alentours : Circuits touristiques des Bastides, vins de Gaillac. Langue parlée : anglais.

Prix : 1 pers. 38 €   2 pers. 43 €   3 pers. 61 €
Ouvert : Toute l'année.

0,4	12	12	0,1	0,4	10	12	12	SP	1	SP

Lucile PINON - 8 place St-Michel - 81600 GAILLAC - Tél. : 05 63 57 61 48 - Fax : 05 63 41 06 56

GAILLAC La Grouillère   (TH)   *C.M. 82 Pli 10*

3 ch.   **Gaillac 5 km. Albi 28 km.** Au calme, 3 ch. avec s.d.b. et wc privés, (chauffage central). 1 ch. en r.d.c. (1 lit 2 pers.), 2 ch. au 1er étage (1 lit 2 pers.), 1 lit 1 pers. dans chacune). Beau et chaleureux séjour, salon privatif. TV, bibliothèque, cheminée. Terrasse fleurie. Sur place : 3 gîtes dans un autre corps de bâtiment. Piscine commune (5x10 m). Table d'hôtes. Près d'Albi, de Cordes, de cette propriété viticole et élevage de cervidés, vous aimerez son cadre bucolique, son charme champêtre. Vous apprécierez la vue panoramique, la piscine (non privée), le lac à 15 mn à pied (belle balade), le parc ombragé, les saveurs de la table d'hôtes. Langues parlées : anglais, espagnol.

Prix : 1 pers. 41 €   2 pers. 41 €   3 pers. 54 €   pers. sup. 13 €
repas 14 €
Ouvert : Toute l'année.

SP	SP	12	0,5	5	1	12	1	25	5	5	5

Lyne et Denis SOULIE - Domaine de Gradille - D 999 - 81310 LISLE-SUR-TARN - Tél. : 05 63 41 01 57 - Fax : 05 63 57 43 73 - E-mail : lynesoulie@wanadoo.fr

Tarn — Midi-Pyrénées

GAILLAC Le Mas de Sudre
C.M. 82 Pli 09

4 ch. — Gaillac 4 km. Cordes 20 km. 4 ch. claires et spacieuses pour 2 pers. 2 ch. dans une annexe, l'une avec 1 lit 140, l'autre avec 2 lits 90, s.e. et wc privés dans chacune. 2 autres ch. dans la maison des prop : 1 ch. (2 lits 90), 1 ch. (1 lit 140) s.e. et wc privés à chacune. Séjour et salon communs. TV, tél. piano. Grand jardin avec terrasse, tennis, piscine, boulodrome. Les propriétaires, qui sont anglais d'origine, vous accueilleront dans leur grande maison de maître, calme, en plein cœur du vignoble gaillacois Vous bénéficierez de leur piscine privée, de leur tennis et de leurs jeux (ping-pong, etc...) Appartement à louer sur le même site. Langue parlée : anglais.

Prix : 1 pers. 42 € 2 pers. 55 € pers. sup. 20 €
Ouvert : Toute l'année.

	SP	8	8	4	SP	8	7	7	35	4	4	4

Philippa RICHMOND-BROWN - Le Mas de Sudre - 81600 GAILLAC - Tél. : 05 63 41 01 32 - Fax : 05 63 41 01 32 -
E-mail : georgerbrown@free.fr

GARREVAQUES Château de Gandels
C.M. 82 Pli 20

5 ch. — Revel 3 km. Bassinde St-Ferréol 6 km. Près de Revel : 5 ch. spacieuses de grand confort de 2 à 4 pers. dont 1 ch. avec 1 lit 140, les autres avec des lits 160 ou 90, s.d.b, wc, et TV privatifs à chaque ch. Séjour, salon privatifs. Mobilier d'époque. Parc de 5 ha avec piscine de 20m x 4 m, terrasse, s/jardin. Table d'hôtes (repas gastro). Chevaux. N°Internet : www.chateau-de-gandels.com. Imaginez un château de charme au cœur du Lauragais, entre Toulouse et Castres. Parc de 5 ha avec piscine, dessiné par Lenotre avec bassins et fontaines, une cuisine délicieuse et inventive, vous êtes au Château de Gandels. Organisation de réceptions et séminaires. Langues parlées : anglais, italien.

Prix : 2 pers. 107/183 € pers. sup. 16 € repas 29 €
Ouvert : Toute l'année.

	SP	9	9	4	1	6	13	10	9	6	5	6

Martine et Philippe DUPRESSOIR - Château de Gandels - 81700 GARREVAQUES - Tél. : 05 63 70 27 67 ou 06 07 14 11 55 -
Fax : 05 63 70 27 67 - E-mail : dupressoir@chateau-de-gandels.com - http://www.chateau-de-gandels.com

GIROUSSENS Le Pepil
C.M. 82 Pli 09

4 ch. — Lavaur 6 km. A la ferme : 4 ch. pour 2,3,4 pers. 2 ch. (1 lit 2 pers.), 1 ch. (1 lit 2 pers., 1 lit 1 pers.), 1 ch. (2 lits 1 pers., 2 lits superp.) avec s.e. et wc privés. Grande salle de séjour avec cheminée. TV, frigo, l.linge. Parc avec four à pain, barbecue et s/jardin. Vélos, ping-pong, biblio. Table d'hôtes (produits de la ferme). Cuisine à dispo. : 31 €/semaine. Marie-Josée, Jean-Paul et leurs enfants vous réserveront le meilleur accueil dans leur ferme typique de la région pour vous faire partager la vie campagnarde, le calme, l'espace, la détente et les bons repas régionaux avec le pain fait maison et le vin de Gaillac. Jardin botanique à 2 km. Langues parlées : anglais, espagnol.

Prix : 2 pers. 38 € 3 pers. 52/66 € pers. sup. 10 € repas 14 €
Ouvert : Toute l'année sauf du 28/08 au 05/09 et du 29/12 au 04/01.

	6	5	5	10	3	4	10	4	6	6	3

Jean-Paul RAYNAUD - Le Pepil - 81500 GIROUSSENS - Tél. : 05 63 41 62 84

LABASTIDE-ROUAIROUX Montplaisir   Alt. : 520 m
C.M. 83 Pli 12

1 ch. — Montagne Noire 5 km. Mazamet 30 km. Au milieu des bois, cette ancienne fabrique textile est dédiée aujourd'hui à l'éco-tourisme et à la randonnée. 1 ch. (1 lit 2 pers), s.d.b et wc indép., chauffage. Moniteur et activité VTT sur place, circuits à thèmes, GR tout près, sentiers balisés, randonnées pédestres, cyclistes et sculpturelles. Jardin, terrasse. Table d'hôtes. Dans un site sauvage, bâtiment de pierres aménagé en 1 chambre et un gîte d'étape dans une maison indépendante. Occitan parlé. Langues parlées : anglais, italien, espagnol.

Prix : 1 pers. 26 € 2 pers. 34 € repas 12 €
Ouvert : Toute l'année.

12	6	2,5	SP	2,2	15	25	SP	35	2,2	12	2,2

Gérard BASTIDE - Montplaisir - 81270 LABASTIDE-ROUAIROUX - Tél. : 05 63 98 05 76 - Fax : 05 63 98 05 76

LACAUNE La Combe   Alt. : 900 m
C.M. 83 Pli 03

1 ch. — Lacaune 8 km. Lac de Laouzas 9 km. A prox. d'un hameau de montagne, à 8 km de Lacaune. 1 ch. d'hôte aménagée au r.d.c. de la maison des prop. avec entrée indép. Ch. familiale pour 4 pers. (1 lit 2 pers, 2 lits 1 pers. superp.) avec s.e. et wc. Jardin, s/jardin. Loisirs privatifs : portique enfants, V.T.T. Accueil à la ferme dans un hameau de moyenne montagne, cadre calme et verdoyant. Visite de la ferme avec commentaires (sauf juillet et août). Promenade et visite des menhirs en calèche avec pique-nique fermier.

Prix : 1 pers. 26 € 2 pers. 30 € 3 pers. 38 € pers. sup. 8 €
Ouvert : Toute l'année.

8	9	9	1	8	8	55	8	8	7	55	8

Christian BERNARD - La Combe - 81320 MOULIN-MAGE - Tél. : 05 63 37 47 57

LACAUNE Couloubrac   Alt. : 800 m
C.M. 83 Pli 03

5 ch. — Lacaune 5 km. Lac de Laouzas 15 km. 5 ch. de 2 à 4 pers. ttes avec s.e. et wc privés. 1 ch. (1 lit 2 pers). 1 suite (1 lit 2 pers, 2 lits 1 pers), 3 ch. de 3 pers. (1 lit 2 pers, 1 lit 1 pers). Coin salon avec cheminée + TV. Jardin, lac (pêche), barbecue, four à bois. VTT, ping-pong, volley, badmington à dispo. Table d'hôtes (produits fermiers). Claude et Christine vous accueillent à Lacaune-les-Bains dans une maison de caractère. Le Relais de Couloubrac (55 ha) est dans un cirque naturel de verdure, là où jaillissent les sources, blotti au creux des montagnes. Sur place, sentiers de randonnées.

Prix : 1 pers. 36 € 2 pers. 43 € 3 pers. 57 € repas 15 €
Ouvert : Toute l'année.

5	SP	15	SP	5	15	45	SP	45	5	45	5

Claude et Christine SERENO - Couloubrac - 81230 LACAUNE - Tél. : 05 63 37 14 94 - Fax : 05 63 37 14 94

Midi-Pyrénées **Tarn**

LACAZE La Borie de Ganoubre — Alt. : 600 m — A — C.M. 83 Pli 02

3 ch.

Lacaune 18 km. Castres 45 km. Albi 40 km. Ferme d'élevage ovins et volailles sur une propriété de 34 ha. Dans la Vallée du Gijou : 3 ch. pour 2 ou 3 pers. toutes avec s. d'eau et wc privés. 1 ch. (1 lit 2 pers.), 1 ch. (1 lit 2 pers., 1 lit 1 pers.), 1 ch. (2 lits 1 pers.). Terrasse pour petit déjeuner. Salle de détente, frigo, l-linge à dispo. Accès indépandant. Repas à la ferme auberge sur place. Situées dans les Monts de Lacaune, Sidobre tout proche. Sentiers balisés pédestres.

Prix : 1 pers. **25 €** 2 pers. **34 €** 3 pers. **40 €** pers. sup. **8 €**
repas **11 €** 1/2 pens. **28 €**

12	25	25	1,5	12	12	45	SP	45	45	45	8

Ouvert : Toute l'année sauf de mi-septembre à mi-octobre.

Jean-Pierre BRUS - La Borie de Ganoubre - 81330 LACAZE - Tél. : 05 63 50 44 23

LACROUZETTE Cremaussel — Alt. : 600 m — A — C.M. 83 Pli 01

5 ch.

Le Sidobre sur place. Castres 17 km. Région du Sidobre, site classé : 5 ch. d'hôtes (pension, demi-pension) dont 1 ch. pour 3 pers., 1 ch. pour 4 pers., 3 ch. pour 2 pers., toutes avec salle d'eau et wc privés. Auberge sur place : menus campagnards et gastronomiques. Cheminée, salle de séjour. Jardin, salon de jardin. Les propriétaires vous accueillent dans leur auberge. Panorama splendide.

Prix : 1 pers. **35 €** 2 pers. **39 €** 3 pers. **50 €** pers. sup. **12 €**
repas **14 €**

9	3	17	3	17	3	17	SP	10	17	17	4

Ouvert : De mars à décembre (sur réservation).

Gilbert HOULES - Auberge de Cremaussel - 81210 LACROUZETTE - Tél. : 05 63 50 61 33 - Fax : 05 63 50 61 81

LAGARDIOLLE En Calas — TH — C.M. 82 Pli 20

2 ch.

Bassin de St-Ferréol 15 km. Revel 13 km. A la ferme, dans une ancienne étable restaurée : 2 ch. pour 3 et 4 pers. L'une avec 1 lit 2 pers. et 1 lit 1 pers., s.e. et wc privés, l'autre avec 2 lits 2 pers. s.d.b. et wc privés. Salle de séjour, salon avec TV et jeux communs. Table d'hôtes ou pique-nique avec produits de la ferme. Lit bébé + équipement. Dans un petit hameau calme, Laurence, Jean-Claude et leurs enfants vous accueillent dans leur ferme où la basse-cour fera le bonheur des petits (chèvres, moutons, cochons, pigeons, lapins, etc...) et la table le bonheur des grands (charcuterie maison, cassoulet..). Langues parlées : anglais, espagnol.

Prix : 1 pers. **24 €** 2 pers. **30 €** 3 pers. **38 €** pers. sup. **8 €**
repas **10/22 €**

12	15	15	15	8	20	15	4	20	4		4

Ouvert : Toute l'année.

Laurence et J-Claude LARROQUE - En Calas - 81110 LAGARDIOLLE - Tél. : 05 63 50 38 17 - Fax : 05 63 50 38 17

LAMONTELARIE La Tranquille — Alt. : 700 m — TH — C.M. 83 Pli 02

4 ch.

La Salvetat-sur-Agoût 12 km. Lac de la Raviège 1 km. Dans le Parc Rég. du Ht-Languedoc, 4 ch. pour 2 ou 4 pers. (1 lit 2 pers. dans chaque) + poss. ch. suppl. 2 lits 1 pers. superp., s.e. et wc privés. 1 ch. bébé et lit d'appoint (9m suppl.). Séjour, salon, cheminée. L.linge à dispo. Terrasse, parc 1 ha, ping-pong. Table d'hôtes le soir. Réduct. pour séjour à partir de 3 nuits. Sophie et Denis vous accueillent dans leur maison en pleine verdure, à deux pas du Lac de la Raviège. Ici, allongé dans l'herbe au bord du ruisseau de Rieupeyroux, vous pourrez écouter la nature, observer les truites dans un grand aquarium et profiter pleinement du temps qui passe. Langue parlée : anglais.

Prix : 1 pers. **30 €** 2 pers. **37 €** 3 pers. **48 €** pers. sup. **11 €**
repas **11 €**

12	1	1	SP	12	12	15	SP	1	SP	50	12

Ouvert : Du 15 février au 1er novembre.

Denis et Sophie SAILLARD - La Tranquille - 81260 LAMONTELARIE - Tél. : 05 63 74 56 54 - Fax : 05 63 74 56 54 -
E-mail : la-tranquille@worldonline.fr

LARROQUE Peyre-Blanque — Alt. : 500 m — A — C.M. 79 Pli 19

5 ch.

Gaillac 26 km. Dans la région des Bastides : 5 ch. avec accès indép., pour 2 et 3 pers. : 1 ch (1 lit 2 pers., 1 lit 1 pers.), 4 ch. avec lit 2 pers. dans chacune. Lit suppl. sur demande, s.e. et wc privés dans chacune. Salle d'accueil, ferme auberge sur place pour déguster des repas maison avec des produits fermiers (vente directe sur place). Terrain, terrasse. Cécile et Serge vous accueillent dans leur propriété en pleine forêt de la Grésigne sur le circuit des Bastides, près du GR46, entre Larroque et Bruniquel. Langue parlée : anglais.

Prix : 1 pers. **34 €** 2 pers. **43 €** 3 pers. **53 €** pers. sup. **10 €**
repas **16 €**

20	12	12	5	8	8	SP	10	10	22	15	

Ouvert : Toute l'année sauf dimanche soir et le lundi.

Serge et Cécile CAZEAUX - Peyre Blanque - 81140 LARROQUE - Tél. : 05 63 33 10 92 - Fax : 05 63 33 17 28

LASGRAISSES Labouriasse — TH — C.M. 82 Pli 10

2 ch.

Albi 22 km. A la ferme : 2 ch. d'hôtes indép. pour 2 ou 4 pers. 1 ch. (1 lit 2 pers., 1 lit d'appoint), s. d'eau, wc privés, 1 ch. (1 lit 2 pers.) s. d'eau, wc privés + ch. compl. (2 lits 1 pers). Repas pris à la table familiale préparés avec les produits de la ferme (canards gras, conserves). Salle de détente avec TV, terrasse. Réduction pour long séjour (1 ch. seulement). Au calme, avec une jolie vue sur la campagne environnante, Simone et Yves vous accueillent chaleureusement dans leur ferme avicole. Un gîte rural pour 6 pers. sur place. Langue parlée : anglais.

Prix : 1 pers. **32 €** 2 pers. **37 €** 3 pers. **48 €** repas **13 €**

7	17	15	4	7	15	19	22	22	7

Ouvert : Toute l'année.

Simone et Yves FLORENCHIE - Labouriasse - 81300 LASGRAISSES - Tél. : 05 63 34 78 20 - Fax : 05 63 34 78 20

Tarn   *Midi-Pyrénées*

LAUTREC Moulin de Ginestet   (TH)   C.M. 82 Pli 10

1 ch. **Lautrec 3 km. Castres 13 km.** A proximité du site médiéval de Lautrec : 1 ch. pour 2 pers. avec 1 lit 2 pers., s.e. et wc privés. Poss. couchage suppl., coin-salon attenant (2 lits 1 pers.). Cheminée, chauffage, salle de séjour, bibliothèque. Table d'hôtes. Terrain, terrasse, salon de jardin, garage privé. VTT, ping-pong. Chambre dans un moulin du XVIIIè siècle, dans un cadre de verdure. Langue parlée : anglais.

Prix : 1 pers. **26 €** 2 pers. **31 €** pers. sup. **10 €** repas **14 €**
Ouvert : Du 01/06 au 30/09, vacances scolaires et sur réservation.

4	4	4	0,1	3	3	13	13	13	13	3

**Nadine et Gilles GUY - DUBOIS - Moulin de Ginestet - 81440 LAUTREC - Tél. : 05 63 75 32 65 - Fax : 05 63 75 32 65 -
E-mail : duboisgilles@aol.com**

LAUTREC Cadalen   C.M. 82 Pli 10

E.C. 3 ch. **Lautrec 4 km. Castres 15 km.** Dans une maison de caractère, 3 ch. pour 2 et 3 pers. à l'étage, entrée indép., toutes avec grandes s. d'eau et wc privés. 1 ch. (1 lit 2 pers. et 1 lit 1 pers.), 1 suite (1 lit 120 et 1 lit 1 pers.) et 1 suite (1 lit 2 pers.). Salon et salle à manger communs. Poss. de TV dans les ch. sur demande. Jardin. Ping-pong, bibliothèque, jeux. Situées dans la plaine de Lautrec, entre Castres et Albi, au calme, chambres avec meubles d'époque. Deux beaux pigeonniers sur la propriété. A proximité : base de loisirs, village médiéval et sentiers de randonnée. Langue parlée : espagnol.

Prix : 1 pers. **39 €** 2 pers. **47 €** 3 pers. **54 €** pers. sup. **8 €**
Ouvert : Toute l'année.

4	4	4	3	5	15	20	16	4	15	3

Alain ROUQUIER - Cadalen - 81440 LAUTREC - Tél. : 05 63 75 30 02 ou 06 11 53 21 85 - E-mail : cadalen81@hotmail.com

LAVAUR Fontauriole En Charlemagne   C.M. 82 Pli 09

2 ch. **Lavaur 10 km. Toulouse 30 km.** Près de Lavaur. 2 ch. à l'ét. pour 2 et 3 pers, soit 1 ch. (1 lit 2 pers, 1 lit 1 pers.) avec salle d'eau et wc privés. L'autre ch. (1 lit 2 pers) avec lavabo, wc, salle d'eau. Salle de séjour, salon à disposition (TV, musique, réfrigérateur, cheminée) donnant sur terrasse. Jardin. Maison en plein champs, terrasse face aux Pyrénées, espaces boisés et cultivés vallonnés en pays cathare, sur la rte de Belcastel-Teulat (D28), près de la route des vins, du Pastel, des Bastides. Prévenir (veille) de l'heure et du jour d'arrivée. Langue parlée : anglais.

Prix : 1 pers. **21/22 €** 2 pers. **29/31 €** 3 pers. **40 €** pers. sup. **11 €**
Ouvert : Toute l'année.

6	3	30	3	3	20	15	SP	10	10	6

FAMILLE TAILLEFER - En Charlemagne Fontauriole - 81500 BELCASTEL - Tél. : 05 63 58 71 93 - Fax : 05 63 58 71 93

LAVAUR Domaine des Platanes   (S) (TH)   C.M. 82 Pli 09

5 ch. **Lavaur 3,5 km.** Situées entre Toulouse, Castres, Albi, 5 ch. de 2 à 6 pers., s.d.b./wc et TV privés dans chacune. 3 suites avec 1 lit 160 ou 180, de 2 à 4 lits 1 pers. dans chacune, 2 ch (1 lit 180, 2 lits 1 pers). Salle de séjour, salon privatif. Terrain 3 ha clos, cour ombragée, terrasse, piscine clôturée (14x7 m), ping-pong. TH sauf mercredi (juillet/août). Pour un week-end ou plus, que vous ayez une préférence pour l'histoire, les arts, le sport ou la sieste, notre maison vous est ouverte. Service Babby-sitting, espace jeux enfants et matériel bébé, taxi aéroport-gare. Boxes pour chevaux, promenade à cheval. Prix dégressif après la 1ère nuit. Langues parlées : anglais, allemand.

Prix : 1 pers. **40/78 €** 2 pers. **55/78 €** 3 pers. **70/78 €**
pers. sup. **12 €** repas **19 €**
Ouvert : Toute l'année.

SP	1	3	SP	3,5	SP	10	8	SP	3,5	3,5

**Nina et Laurent D'ESTIENNE D'ORVES - En Roque - 81500 LAVAUR - Tél. : 05 63 58 04 58 - Fax : 05 63 58 39 83 ou
SR : 05 63 48 83 01 - E-mail : enroque@wanadoo.fr - http ://perso.wanadoo.fr/enroque/DomaineDesPlatanes**

LAVAUR Château de Poudeous   (TH)   C.M. 82 Pli 09

4 ch. **Lavaur 7 km. Toulouse 24 km.** En pleine nature, 4 ch. pour 2 pers. dont 1 suite, dans un château. Celles avec s.e. sont 2 épis, celles avec s.d.b. sont 3 épis. A l'ét. : 2 ch. (2 lits 1 pers.) avec s.d.b. ou s.e. et wc privatifs, 1 ch. (1 lit 2 pers), s.e, wc, 1 suite (1 lit 2 pers, 1 lit 110 dans une ch. attenante), s.d.b., wc. Poss.lit d'appoint. 3 salons, terrasse. Table d'hôtes/dem. Au Pays de Cocagne, au milieu d'un parc de 18 ha, dominant les collines du Lauragais, le château de Poudéous (1790-1794) vous propose un agréable séjour. Billard, piano, biblio., parc, ping-pong et balades. Centre équestre (spectacles) dans les dépendances (leçons et poneys) à 1 km. Langue parlée : espagnol.

Prix : 2 pers. **47/58 €** 3 pers. **83 €** pers. sup. **8 €** repas **13/23 €**
Ouvert : Toute l'année.

7	13	13	7	7	7	15	13	7	7	7

Mme DELAGNES - Château de Poudeous - 81500 LAVAUR - Tél. : 05 63 41 44 87 ou 05 61 85 40 03

LEMPAUT La Rode   C.M. 82 Pli 20

3 ch. **Puylaurens 6 km. Castres 18 km.** Dans un ancien prieuré cistercien : 2 suites et 1 ch. pour 2 à 5 pers. Suite : 1 ch. (1 lit 2 pers), s.d.b. wc privés + 1 ch. mitoyenne (2 lits 1 pers. et 1 lit bébé). 1 suite (1 lit 160 baldaquin et 1 lit 1 pers), s.d.b. et wc privés + 1 ch. (2 lits jumeaux) et lavabo. 1 ch. (3 lits 110), s.e. et wc privés. Poss. cuisine commune. Salon d'été. Ping-pong. Accueil chaleureux et familial dans une vaste demeure entourée d'un grand parc et d'un bois avec une petite piscine privée, nature, calme et dépaysement. Bibliothèque, salle de jeux et de réunion, piano. 10 % de remise pour séjour de + de 3 nuits (sauf juillet et août). Langue parlée : anglais.

Prix : 1 pers. **39 €** 2 pers. **46 €** 3 pers. **61 €** pers. sup. **15 €**
Ouvert : Du 15 mars au 30 octobre.

SP	15	10	3	5	5	30	3	25	30	18	6

**Catherine DE FALGUEROLLES - La Rode - 81700 LEMPAUT - Tél. : 05 63 75 51 07 - Fax : 05 63 75 51 07 - E-mail : larode@wanadoo.fr -
http ://perso.wanadoo.fr/larode**

Midi-Pyrénées — Tarn

LEMPAUT La Bousquetarie
C.M. 82 Pli 10

4 ch. **Puylaurens 9 km. Bassin de St-Ferréol 10 km.** Château face à la Montagne Noire : 2 ch. et 2 suites, pour 2, 3 et 5 pers, ttes avec meubles de style. Les suites : (1 lit 2 pers, 1 lit 120), (1 lit 140, 3 lits 90, lit enf. 10 ans), s.d.b. et wc privés, 1 ch., (1 lit 140), 1 ch., (2 lits 90 jumelables), s.d.b. et wc privés. Séjour, TV, L.linge. Poss. table d'hôtes en famille, produits fermiers. Dans un parc aux chênes bicentenaires. Ambiance familiale, calme et accueil très chaleureux autour de leur piscine et tennis privés, ping-pong, (loc. de vélos). Connaissance d'anglais. Prix : forfait pour 1 semaine et plus. Langue parlée : anglais.

Prix : 1 pers. **48/53 €** 2 pers. **60/68 €** 3 pers. **83 €** pers. sup. **16 €** repas **20/23 €**
Ouvert : Du 15 janvier au 1er décembre.

	SP	10	10	2	SP	4	22	15	20	18	2

Charles SALLIER - La Bousquetarie - 81700 LEMPAUT - Tél. : 05 63 75 51 09 - Fax : 05 63 75 51 09

LESCURE-D'ALBI Le Pigne
C.M. 80 Pli 11

4 ch. **Albi (cathédrale du XIIè siècle) 6 km.** A quelques kms d'Albi, 4 ch. pour 2 ou 3 pers. Au r.d.c. : 3 ch. (1 lit 2 pers. dans chaque ch.), S.e et wc privés. A l'ét. (accès indép.), 1 ch. (1 lit 2 pers., 1 lit d'appoint 1 pers. sur dem.), s.e. et wc privés. TV coul. dans la ch. L.linge chez le prop. Terrain, s/jardin, ping-pong, baby-foot, piscine (5x10 m). Table d'hôtes le soir. Dans la région de la Vallée du Tarn, chambres d'hôtes confortables et spacieuses, dans une maison en pleine campagne. Calme et repos assurés. Poss. de paniers pique-nique. Réduction de 3 % à partir de la 7è nuit. Langue parlée : anglais.

Prix : 1 pers. **35 €** 2 pers. **43 €** pers. sup. **11 €** repas **14 €**
Ouvert : Toute l'année.

	SP	15	15	5	5	3	7	15	15	6	4

Philippe DESCHAMPS - Le Pigne - 81380 LESCURE-D'ALBI - Tél. : 05 63 60 44 31 ou 06 15 73 06 90 - http://www.lepignie.deschamps@wanadoo.fr

LESCURE-D'ALBI
C.M. 83 Pli 01

E.C. 1 ch. **Albi 5 km.** Maison ancienne, claire, avec jardin clos, au calme, au centre du village (commerces, services et animations) où est aménagée 1 ch. pour 2 pers. à l'étage (1 lit 2 pers., 1 lit bébé), poss. ch. suppl. (1 lit 2 pers.), petite s. d'eau et wc privés. Séjour, salon, salle de TV, bibliothèque. L.linge, petite cuisine et frigo à dispo. Salon de jardin. A proximité d'Albi, Cathédrale, Musée Toulouse-Lautrec et près du Tarn (pêche...). Langue parlée : italien.

Prix : 1 pers. **31 €** 2 pers. **35 €** 3 pers. **47 €** pers. sup. **12 €**
Ouvert : De juillet à août suivant disponibilités.

	5	20	20	0,2	0,2	5	5	10	20	5	5	SP

Monique BANDIERA - 3 rue de la Gasquie - 81380 LESCURE-D'ALBI - Tél. : 05 63 60 48 51

LOMBERS Le Moulin d'Ambrozy

3 ch. **Albi 15 km. Réalmont 5 km.** 3 ch. à l'ét. pour 2 à 4 pers. toutes avec s. d'eau et wc dont 1 avec entrée indép. : 1 ch. (1 lit 140, 1 lit 90), 2 ch. spacieuses (2 lits 160, 3 lits 90). Séjour et salon communs. L.linge, frigo à dispo. Cheminée (insert). Salon de jardin, barbecue, piscine. Table d'hôtes. Paniers pique-nique. Au cœur du département, sur la route de Castres, sur un site calme, près d'une rivière avec un grand jardin et une piscine privée. Ping-pong, vélos, pêche, randos. Langue parlée : anglais.

Prix : 1 pers. **39/51 €** 2 pers. **43/54 €** 3 pers. **55/66 €** pers. sup. **12 €** repas **18 €**

	SP	15	13	SP	5	5	18	25	25	18	18	5

Jacques et Annick NOVAK - Le Moulin d'Ambrozy - 81120 LOMBERS - Tél. : 05 63 79 17 12 - Fax : 05 63 79 17 12 ou
SR : 05 63 48 83 01 - E-mail : moulin.ambrozy@free.fr - http ://moulin.ambrozy.free.fr

LOUPIAC La Bonde

C.M. 82 Pli 09

2 ch. **Rabastens 7 km. Gaillac 20 km.** Près de Rabastens. 2 ch. pour 2 pers., l'une avec s. d'eau et wc (1 lit 2 pers.), l'autre avec s.d.b. et wc privés (2 lits 1 pers.), spacieuses, avec meubles de caractère, biblio., TV dans chaque ch. (canal+) salon privé commun. Cheminée, frigo. Table d'hôtes aux plats exotiques, vins de Pays, produits fermiers. Accès indép., parking privé. Très belle ferme de caractère languedocienne restaurée avec un goût exquis. Meubles anciens, parc. Facilité d'accès par voie rapide Toulouse-Albi, sortie 7. Loisirs à proximité. Repas gastronomique à 23 €. Langues parlées : espagnol, anglais.

Prix : 1 pers. **45 €** 2 pers. **50 €** pers. sup. **11 €** repas **15 €**
Ouvert : Toute l'année sauf du 15 décembre au 15 janvier.

	10	8	8	4	4	10	16	SP	5	4	4

Maurice et Bernadette CRETE - La Bonde - 81800 LOUPIAC - Tél. : 05 63 33 82 83 - Fax : 05 63 33 82 83 - http ://www.labonde81.com

MAURENS-SCOPONT Combe Ramond
C.M. 82 Pli 09

E.C. 4 ch. Maison de maître en pleine campagne. 4 ch. d'hôtes au 2è ét. pour 2 ou 3 pers., toutes avec TV. 1 ch. (1 lit 2 pers., 1 lit 1 pers.), 1 ch. (2 lits 1 pers. jumelables), 2 ch. avec 1 lit 2 pers. dans chacune. 3 ch. (s.d.b avec wc), 1 ch. (s. d'eau avec wc). Terrain, terrasse, parc, piscine. Lit bb (0-2 ans) gratuit. T.d'hôtes lundi/mardi sur réservation. En Pays de Cocagne, dans le triangle Albi-Castres-Toulouse, les propriétaires ont aménagé des chambres près de leur élevage bio de chèvres et lapins angoras, moutons et chèvres nubiennes. Vente d'articles en mohair. Grand lac sur place pour la pêche. Paniers pique-nique sur dem. Langue parlée : anglais.

Prix : 1 pers. **39 €** 2 pers. **51 €** 3 pers. **58 €** pers. sup. **11 €**
repas **15/18 €**
Ouvert : Toute l'année, sauf la semaine de Noël et la semaine du Nouvel An.

	SP	SP	25	SP	12	6	25	SP	25	12	6

Marie-Bernadette VIGNAU - Combe Ramond - 81470 MAURENS-SCOPONT - Tél. : 05 63 58 77 60 ou 06 61 15 77 60 - Fax : 05 63 58 57 27 - E-mail : vignau@wanadoo.fr

Tarn
Midi-Pyrénées

MEZENS Le Cambou
(TH) — C.M. 82 Pli 09

3 ch. — **Rabastens 7 km. Toulouse 30 km.** Dans le pays Rabastinois. 3 ch. pour 2, 3 pers. : 1 ch. (1 lit 180, 1 lit 90), 1 ch. (2 lits 90 jumelables), 1 ch. (1 lit 180), poss. ch. attenante (2 lits 90), s.e. et wc privés. Piano, ateliers de tissage, de sculpture. Animaux non admis dans les ch. Lit et équipement bébé, vélos à dispo. Séjour, coin-cuisine, TV. Table d'hôtes sur terrasse ou au coin du feu. Le Cambou : un petit coin de paradis entre Toulouse et Albi. Vous serez accueillis chaleureusement dans cette ancienne ferme restaurée offrant une vue splendide sur des collines verdoyantes et un château médiéval. Tarifs dégressifs selon la durée. Langues parlées : anglais, néerlandais.

Prix : 1 pers. 28 € 2 pers. 35 € 3 pers. 45 € pers. sup. 8 € repas 13 €
Ouvert : Du 2 janvier au 23 décembre.

3,5	10	10	1,5	3,5	15	10	0,5	4	4	4

Régine SAULLE - Le Cambou - 81800 MEZENS - Tél. : 05 63 41 82 66

MONESTIES La Bouysse

E.C. 3 ch. — A proximité du village, 3 ch. d'hôtes pour 2 pers. (toutes avec 2 lits 1 pers. et lavabo dans chacune), 1 s.d.b. et 1 cabinet de toilette communs, wc communs. Lit bébé sur demande. Salle de séjour, salon avec cheminée, bibliothèque. Jardin clos de 3000 m², salon de jardin. Chez « les voisins », Mark et Margriet, vous accueillent dans leur maison dotée d'une décoration originale. De la terrasse, vous prendrez vos petits-déjeuners et profiterez de la vue panoramique. Les propriétaires parlent couramment l'anglais. Langues parlées : anglais, allemand.

Prix : 1 pers. 28 € 2 pers. 34 €
Ouvert : Toute l'année.

12	3	3	1,5	3	1,5	5	3	1,5	12	1,5

Mark et Margriet PENNINGS - La Bouysse - 81640 MONESTIES - Tél. : 05 63 76 48 78 - Fax : 05 63 76 48 78 -
E-mail : boeken@lesvoisins.nl - http://www.lesvoisins.nl

MONTANS Bois Moysset
(TH) — C.M. 82 Pli 09

4 ch. — **Gaillac 7 km. Lisle-sur-Tarn 3 km.** Exploitation agricole (agriculture bio) composée de vignes, céréales, volailles, chevaux. 4 ch. de 2 et 3 pers. 2 ch. (lits 2 pers.), 2 ch. (1 lit 2 pers., 1 lit 1 pers.) s.e. et wc privés à chaque ch. Table d'hôtes (réserv. avant 14 H) avec les produits de la ferme (volailles et vins) recettes du terroir. Promenades pédestres, parc de repos. Parking. Sylvie, Philippe et leurs enfants vous accueillent dans leur ferme de style gaillacois traditionnel, située sur la commune de Montans, haut-lieu archéologique, village inscrit dans le circuit des Bastides. Vente de produits de la ferme sur place. Langues parlées : anglais, espagnol.

Prix : 1 pers. 29 € 2 pers. 34 € 3 pers. 38 € repas 13 €
Ouvert : Du 1er juin au 30 septembre.

3	3	12	2	3	6	20	3	7	3	

Philippe et Sylvie MAFFRE - Bois Moysset - 81600 MONTANS - Tél. : 05 63 40 41 12

MONTDURAUSSE La Vinatière
(TH) — C.M. 82 Pli 08

3 ch. — **Salvagnac 12 km.** Dans maison restaurée, 3 ch. pour 2, 3 pers. R.d.c. : 1 ch.(1 lit 2 pers., 1 lit 1 pers.) avec s.e. et wc. A l'ét. : 2 ch.(avec chacune 1 lit 2 pers, 1 clic-clac 2 pers., 1 lit bébé) avec s.e. et wc privés. Salon avec TV, cheminée, salle à manger communs. Bibliothèque. Terrain, terrasse. Table d'hôtes (soir). Vélos à dispo. Petits animaux admis (avoir prop.). A la limite du Tarn et du Tarn et Garonne, vue panoramique sur la campagne et le village de Monclar de Quercy, proche de la base de loisirs, maison restaurée avec goût et accueil familial. Equipement bébé complet et jeux pour enfants. Proposition d'itinéraires de visites et de promenades. Langue parlée : anglais.

Prix : 1 pers. 25/28 € 2 pers. 31/34 € 3 pers. 42 € pers. sup. 11 € repas 12 €
Ouvert : Toute l'année.

2	2	2	2	2	10	10	17	18	25	2

Evelyne et Alain BENITTA - La Vinatière - 81630 MONTDURAUSSE - Tél. : 05 63 40 54 34

MONTREDON-LABESSONNIE La Raynalie
C.M. 83 Pli 01

2 ch. — **Le Sidobre 7 km. Castres 20 km.** 2 suites de 3 ch. pour 2 à 8 pers : 1ère suite (1 ch. avec 1 lit 140, 1 ch. avec 2 lits 90, 1 ch. avec 1 lit 140), s.d.b. et wc privés à la suite. 2è suite (1 ch. avec 1 lit 140, 1 ch. avec 2 lits 120, 1 lit bébé, 1 ch. avec 1 lit 140 et 2 lits 90), s.e. et wc privés à la suite. Salon, cuisine, salle à manger. L.vais, l.linge. Piscine, jeux, biblio pour enf. Anne et ses enfants vous accueillent dans leur gentilhommière intégrée dans un ensemble de bâtiments du XVIIIè siècle comprenant un vaste terrain vallonné avec un parc d'agrément, une terrasse avec salon de jardin et barbecue. Ping-pong. Box à chevaux. Langue parlée : anglais.

Prix : 1 pers. 30 € 2 pers. 38 € 3 pers. 47 € pers. sup. 10 €
Ouvert : D'avril à octobre.

SP	4	20	SP	7	7	20	SP	7	22	7

Anne GOERGLER - La Raynalie - 81360 MONTREDON-LABESSONNIE - Tél. : 05 63 75 15 10 - Fax : 05 63 75 15 10

MONTREDON-LABESSONNIE
Alt. : 550 m — (TH) — C.M. 83 Pli 01

1 ch. — **Le Sidobre 10 km. Castres 20 km. Planétaruium observatoire 2 km.** Proche de la région du Sidobre : 1 ch. pour 2 pers. avec entrée indépendante et véranda privée attenante avec canapé-lit et frigidaire (1 lit 2 pers., 1 lit d'enfant sur demande), s.e. et wc privés à la suite. Jardin avec salon d'été sur terrasse. TV dans la ch. Garage privé. Table d'hôtes. Cette chambre d'hôtes est aménagée dans une maison dans le village, avec un grand jardin. Langue parlée : anglais.

Prix : 1 pers. 34 € 2 pers. 37 € repas 14 €
Ouvert : Toute l'année.

3	3	15	3	3	2	20	SP	20	SP	SP

Annie COURNEDE - Route de St-Pierre N°14 - 81360 MONTREDON-LABESSONNIE - Tél. : 05 63 75 15 56

Midi-Pyrénées **Tarn**

MONTROC
Alt. : 500 m
C.M. 83 Pli 01

4 ch. **Montredon Labessonnié et région du Sidobre 12 km. Albi 30 km.** Sur la place du village, 4 ch. d'hôtes à l'été. 2 ch. pour 3 pers. (1 lit 2 pers. et 1 lit 1 pers. dans chacune), 2 ch. pour 2 pers. (2 lits 1 pers. dans chacune), 4 s. d'eau avec wc privés. TV commune. Jardin clos, salon de jardin, garage et parking privés, terrasse. Poss. panier pique-nique midi et soir. Poss. utilisation l.linge. A proximité de la région touristique du Sidobre et près du plan d'eau de Rassisse, les propriétaires ont aménagé 4 chambres à l'étage de leur maison de maître du début du siècle, spacieuses et confortables. Sentier de randonnée GR36 sur place. Langue parlée : allemand.

Prix : 1 pers. 33 € 2 pers. 38 € 3 pers. 48 €
Ouvert : Toute l'année.

11	5	10	2	0,2	5	30	10	5	10	30	10

Mme CLOUZET et Henri VIARD - 14 place du Village - 81120 MONTROC - Tél. : 05 63 55 77 00

MONTVALEN Les Barreaux
(TH)
C.M. 79 Pli 19

1 ch. **Salvagnac 13 km. Rabastens 10 km.** A la ferme, dans une maison ancienne rénovée, claire et spacieuse. A l'étage : une suite pour 4 pers. de 2 ch., dans l'une 1 lit 2 pers., dans l'autre 1 lit 2 pers. Grande s.d.b. et wc indép. réservés aux hôtes. Grande pièce aménagée avec coin-salon, cheminée et TV. Terrasse couverte. Table d'hôtes avec les produits de la ferme (tarif enfants). En pleine campagne, sur les coteaux une jolie vue dégagée, sur une propriété agricole entourée de bois, prés et d'un lac collinaire (pêche possible). Un gîte rural proche. Langue parlée : espagnol.

Prix : 1 pers. 26 € 2 pers. 34 € 3 pers. 46 € pers. sup. 15 €
repas 12 €
Ouvert : Toute l'année.

8	8	20	SP	10	10	10	10	20	10	10	8

Michel ANDRIEU - Les Barreaux - 81630 MONTVALEN - Tél. : 05 61 84 07 27 - Fax : 05 61 84 07 27

MURAT-SUR-VEBRE Félines
Alt. : 900 m
C.M. 83 Pli 03

3 ch. **Lacaune 15 km. Lac de Laouzas 6 km.** Sur une exploitation agricole : 4 ch. à l'été. pour 2 et 4 pers., avec entrée indép. dont 1 suite de 2 ch. (1 lit 2 pers., 2 lits 1 pers.), s.d.b., wc. 1 ch. (1 lit 2 pers.), s.e. et wc. 1 ch. avec mezz. (2 lits 2 pers.), s.d.b. et wc. Parking privé, jardin avec salon de jardin et barbecue. Piscine privée commune aux hôtes et aux prop. Dans un petit hameau des Monts de Lacaune, 4 chambres d'hôtes sont récemment aménagées. Visite de la ferme, production et vente de fromage au lait de brebis sur place.

Prix : 1 pers. 29/32 € 2 pers. 32/39 € 3 pers. 46 € pers. sup. 16 €
Ouvert : Toute l'année.

SP	6	6	1	1	6	65	SP	SP	65	2

Christiane ROQUE - Felines - 81320 MURAT-SUR-VEBRE - Tél. : 05 63 37 43 17 - Fax : 05 63 37 19 85

PARISOT Le Causse
(TH)

E.C. 3 ch. Entre Lavaur et Gaillac, aux portes du Pays de Cocagne, maison de maître, fin du XVIIIe, restaurée dans le style régional. 3 ch à l'été. pour 2 et 3 pers. (2 lits 160, 1 lit 140, 1 lit 90), chacune avec s.e. et wc privés. Lit bb à dispo. S. à manger commune. Salon privatif, cheminée, TV. Parc ombragé, terrasse, s/de jardin, cour, parking, abri voiture. Sur l'axe Toulouse/Albi, maison située sur une propriété de 7 ha dont 1 ha de bois. Table d'hôtes le soir avec produits locaux, grillades au feu de bois, spécialités du Périgord et plats provençaux. Panier pique-nique. Possibilité d'1 lit d'appoint. Langues parlées : anglais, espagnol.

Prix : 1 pers. 29 € 2 pers. 35 € 3 pers. 45 € pers. sup. 8 €
repas 13 €
Ouvert : Du 1er juin au 30 septembre.

4,5	4,5	4,5	3	3	3	22	20	22	4,5	4,5	4,5

Michel et Martine CUENCA - Le Causse - 81310 PARISOT - Tél. : 05 63 40 44 07

PAULINET La Bourrelie
Alt. : 600 m
C.M. 83 Pli 02

2 ch. **Vallée du Tarn 20 km. Gorges de l'Oulas 5 km.** Dans la région des Gorges de l'Oulas : 2 ch. à l'été. pour 2, 3 pers. ttes avec sanitaires privés. 1 ch. (1 lit 2 pers, 1 lit enf.). 1 ch. (1 lit 2 pers., 1 lit 1 pers., 1 lit d'appoint sur dem.) Equip. bébé. Piscine avec surveillance. Situées dans une ferme de séjour, donnant sur la piscine, ces chambres ont un accès indépendant. Accueil d'enfants, animation encadrée (promenade à poneys), en séjour complet. Ballade à cheval et vélo, accueil de cavaliers et gîte de groupe sur place. Langues parlées : allemand, anglais.

Prix : 1 pers. 39 € 2 pers. 43 € 3 pers. 51 €
Ouvert : Toute l'année sauf période de Noël.

SP	5	35	15	5	SP	25	15	25	25	5

Babeth CARREL - La Bourelie - Paulinet - 81250 ALBAN - Tél. : 05 63 55 84 57 - Fax : 05 63 55 38 98

PAULINET Domaine Equestre des Juliannes
Alt. : 500 m (TH)
C.M. 83 Pli 02

5 ch. **Vallée du Tarn 20 km. Gorges de l'Oulas 5 km.** 3 ch., 2 suites de 2 à 5/6 pers, chacune avec s.d.b. et wc. 2, 2, 3, 4 et 6 lits 80 jumelables. 1 ch. avec entrée indép. Salle à manger donnant sur terrasse ombragée, salon avec cheminée. 1 gîte rural de 10 pers. sur place. Piscine commune (10x5 m). Table d'hôtes (cuisine traditionnelle). Salle de jeux. Animaux acceptés sur demande. Prix dégressifs pour séjour. Dans leur ferme du XVIIe siècle, la famille Hudswell vous accueille dans un cadre naturel préservé. Avec ses chevaux, ses poneys, ses installations cette adresse ravira les amateurs d'équitation. Jeux d'enf. Poss. de prise en charge à la gare d'Albi. Langue parlée : anglais.

Prix : 1 pers. 43 € 2 pers. 49/73 € 3 pers. 63/86 € pers. sup. 13 €
repas 11/19 € 1/2 pens. 122 € pens. 183 €
Ouvert : Du 16 mars au 9 novembre 2002.

SP	15	30	1	6	SP	40	SP	15	40	35	6

Marie-Christine et Nick HUDSWELL - S.A.R.L. Domaine des Juliannes - 81250 PAULINET - Tél. : 05 63 55 94 38 - Fax : 05 63 55 97 49 ou SR : 05 63 48 83 01 - E-mail : nicholas.hudswell@wanadoo.fr - http ://perso.wanadoo.fr/juliannes/

Tarn — Midi-Pyrénées

PAULINET
Alt. : 650 m — (TH) — C.M. 83 Pli 02

E.C. 3 ch. **Montredon-Labessonnié et région du Sidobre 12 km.** 3 suites spacieuses (une en r.d.c., deux à l'étage) avec chacune 1 lit 2 pers. et 1 ou 2 lits 1 pers., s.d.b. et wc privés. Cuisine, séjour avec cheminée, hall (salon-biblio). Jardin clos. Table d'hôtes. L.linge et frigo à disposition. Prix dégressifs. Une maison de maître, datant du 1er empire, avec cour et jardin ombragés se situe au village tranquille de Paulinet, en moyenne montagne dans un secteur boisé et sauvage. Randonnées pédestres à 100 m (GR36). Langues parlées : anglais, allemand.

Prix : 1 pers. 40 € 2 pers. 40 € 3 pers. 46 € pers. sup. 6 €
repas 14 €
Ouvert : Toute l'année.

🐕	🏊	👨‍👩‍👧	⛱	🎾	🏇	🏃	🌲	⛷	🏰	🚲	🚂
	17	15	30	1	11	5	40	SP	20	40	40	11

Jérémy et Gillian RODGERS - Village - 81250 PAULINET - Tél. : 05 63 55 97 96 - E-mail : rodgers@enstimac.fr

PENNE
(TH) — C.M. 79 Pli 19

2 ch. **St-Antonin-Noble-Val 13 km. Gorges de l'Aveyron 1 km.** Dans le village, près des Gorges de l'Aveyron. 2 ch. à l'ét. pour 2 pers., avec salles d'eau particulières, wc commun. 1 ch. (1 lit 2 pers.), l'autre ch. (2 lits 1 pers.). Table d'hôtes. Commerces sur place. Nombreuses activités nautiques à proximité sur rivière. Suzanne et René vous accueillent dans leurs chambres 2 épis. Vous pourrez prendre place à leur table d'hôtes sur une terrasse dominant un magnifique panorama avec vue sur le château et la rivière.

Prix : 1 pers. 20 € 2 pers. 29 € repas 11 €
Ouvert : Du 1er mars au 30 octobre.

🐕	🏊	👨‍👩‍👧	⛱	🎾	🏇	🏃	🌲	⛷	🏰	🚲	🚂
	13	12	12	1	2	12	30	SP	SP	1	37	SP

René LACOMBE - Alimentation - 81140 PENNE - Tél. : 05 63 56 31 02

PENNE
C.M. 79 Pli 19

1 ch. **St-Antonin-Noble-Val 10 km. Cordes 28 km.** Dans le charmant village médiéval, 1 ch. pour 2 pers. (3 épis NN) avec entrée indép. : 1 lit 2 pers, salle d'eau et wc privés. Suppl. chauffage central. Salon. Frigo. Terrasse. Possibilité de restauration à 500 m. La propriétaire vous accueille dans sa maison. Vous êtes au cœur du circuit des Bastides. Vous profiterez également de l'illumination du Château la nuit et de la proximité de l'Aveyron pour pratiquer le canoë-kayak et la randonnée pédestre.

Prix : 1 pers. 23 € 2 pers. 29 €
Ouvert : Du 1er mars au 30 octobre.

🐕	🏊	👨‍👩‍👧	⛱	🎾	🏇	🏃	🌲	⛷	🏰	🚲	🚂
	15	15	16	0,5	1	8	30	1	0,5	30	35	SP

Yvette POUSSOU - Le Village - 81140 PENNE - Tél. : 05 63 56 33 89

PUYBEGON L'Hoste
(TH) — C.M. 82 Pli 09

2 ch. **Lavaur 12 km.** Au r.d.c., 1 ch. acc. pers. hand. pour 2 pers. (1 lit 2 pers. avec poss. lit 1 pers.), s.e. et wc privés. A l'ét. : 1 ch. familiale de 6 pers. soit 2 pers/ch. (1 lit 160, 2 lits 1 pers., 2 lits 1 pers.), s.d.b. (2 lavabos), 1 wc, salon ind. Lits bbs + équip. sur dem. Séjour et salon communs. Cheminée, TV sat., musique, échecs. Terrain. Table d'hôtes. Ambiance charme, tradition et confort dans une maison de maître du XVIIIè s., restaurée avec ses colombages et portes d'antan, dans un magnifique cadre de verdure, au sommet des paysages vallonnés du Pays de Cocagne. La ch.rose est acc.aux pers. hand. Animaux admis selon poss. Jeux enfants. Langues parlées : anglais, allemand.

Prix : 2 pers. 39 € 3 pers. 51 € pers. sup. 13 € repas 13 €
Ouvert : Toute l'année.

🐕	🏊	👨‍👩‍👧	⛱	🎾	🏇	🏃	🌲	⛷	🏰	🚲	🚂
	10	10	0,5	0,5	10	15	8	SP	17	20	15	5

Jean-Claude et Jocelyne MILLERET - L'Hoste - 81390 PUYBEGON - Tél. : 05 63 58 66 22

PUYCALVEL
C.M. 82 Pli 10

4 ch. **Lautrec 6 km. Castres 15 km.** Dans un petit village proche de Lautrec, 4 ch. de 2 pers., toutes avec cabines de douche, lavabos privatifs et 1 wc commun. 1 ch. (1 lit 2 pers, 1 lit bébé), 2 ch. (1 lit 2 pers dans chacune), 1 ch. (2 lits 1 pers). Séjour, cuisine et salon communs. TV à dispo. Jardin, terrasse, piscine privée (12,5x7,5 m), barbecue. Base de loisirs à 6 km. Marie-Rose et Louis vous accueilleront dans leur grande maison située au centre du département, où ils ont aménagé 4 chambres d'hôtes.

Prix : 1 pers. 24 € 2 pers. 28 € 3 pers. 36 € pers. sup. 8 €
Ouvert : Toute l'année.

🐕	🏊	👨‍👩‍👧	⛱	🎾	🏇	🏃	🌲	⛷	🏰	🚲	🚂
	SP	6	6	5	6	7	10	SP	6	15	6

Louis et Marie-Rose ARCAMBAL - 81440 PUYCALVEL - Tél. : 05 63 75 91 41

PUYCALVEL Plaisance
(TH) — C.M. 82 Pli 10

3 ch. **Lautrec 7 km. Castres 18 km.** Dans le pays de Cocagne, 3 ch. de 2 ou 3 pers. avec entrées indép. et sanitaires privés dans chacune (s.e. et wc). 2 ch. (1 lit 2 pers. dans chacune), 1 ch (1 lit 2 pers., 1 lit 1 pers). Poss. lits suppl., lit bébé. Grande salle à manger avec cheminée (biblio, TV). Table d'hôtes le soir, sur demande le midi, tarif enfants, soirées à thème. Ancienne fermée sur une propriété de 13 ha (bois et prés). Ces chambres sont à l'étage, donnant sur une terrasse couverte. Village médiéval, tous commerces et base de loisirs aquatiques à Lautrec. Accueil de cavaliers (chevaux sur place) et initiation au travail artistique du cuir. Langues parlées : anglais, espagnol.

Prix : 1 pers. 30 € 2 pers. 40 € 3 pers. 50 € pers. sup. 10 €
repas 13 €
Ouvert : Toute l'année.

🐕	🏊	👨‍👩‍👧	⛱	🎾	🏇	🏃	🌲	⛷	🏰	🚲	🚂
	7	25	7	7	7	12	17	5	25	7	10	7

Minerve CAYLA - Plaisance - 81440 PUYCALVEL - Tél. : 05 63 75 94 59

Midi-Pyrénées **Tarn**

PUYCELCI
C.M. 79 Pli 19

2 ch. **Gaillac 24 km.** Dans le village médiéval : 2 ch. pour 2 pers., l'une au 1er ét. : (1 lit 2 pers.), salle d'eau, wc, l'autre au 2e ét. (2 lit 1 pers.), salle d'eau et wc privés. TV dans chacune. Jardin clos, barbecue, L.linge commun, salon de jardin. Gîte rural sur place. Piscine commune. Auberge à proximité. Tout sport sur place. Au cœur de la cité médiévale de Puycelci classée parmi les plus beaux villages de France et dominant la forêt de la Grésigne, Mr et Mme De Boyer vous recevront dans leur demeure typiquement albigeoise, aménagée avec beaucoup de goût. Langue parlée : anglais.

Prix : 1 pers. 39 € 2 pers. 48 €
Ouvert : Toute l'année.

SP	6	1	1	0,5	SP	SP	12	SP	22	SP

Christian DE BOYER-MONTEGUT - 81140 PUYCELSI - Tél. : 05 63 33 13 65 - Fax : 05 63 33 20 99

PUYCELCI Prat Barrat
C.M. 79 Pli 19

4 ch. **Gaillac 20 km.** Près du village, 4 ch. pour 2, 3, 4 pers. Dans une annexe, en r.d.c. : 1 ch. avec s.e et wc privés (3 lits 1 pers). Dans la maison du prop. 2 ch. non attenantes, louées ensemble, s.d.b. et wc privés, (2 lits 2 pers.), (2 lits 1 pers). 1 ch. (2 lit 1 pers.) s.e. et wc privés. Salle de séjour, salon. Table d'hôtes (produits fermiers). Terrasse, jardin. Animal : 3 €. Chambres dans la maison en r.d.c., très ensoleillée et isolée, conçues pour laisser beaucoup d'indépendance aux hôtes. Au pied du village fortifié, dominant la Vallée de la Vère et la forêt de la Grésigne, point de vue remarquable sur la campagne environnante. Accueil randonneurs.

Prix : 1 pers. 20 € 2 pers. 30 € 3 pers. 45 € repas 11 €
Ouvert : Toute l'année sauf les mois de décembre, janvier, février.

20	8	8	1	1	SP	SP	13	12	25	SP

Jeannette GAIGNARD - Prat Barrat - 81140 PUYCELSI - Tél. : 05 63 33 11 22 - Fax : 05 63 33 11 22

PUYCELCI La Capelle
C.M. 79 Pli 19

2 ch. **Gaillac 17 km.** Près du village. 1 ch. pour 3 pers. avec lavabo (1 lit 2 pers, 1 lit 1 pers) s.e. réservée aux hôtes, poss. ch. suppl. (lit 2 pers). Salle de séjour, TV, tél. Table d'hôte (le soir) cuisine internationale, produits naturels, spécialité de repas végétariens ou hindous (sur commande). Jardin, terrasse ombragée, salon de jardin. Piscine hors-sol (5 m diam.) Au calme, chez un artiste, dans une ancienne maison couverte de roses, aménagée avec beaucoup de goût. Jeux : fléchettes, galerie d'art, bibliothèque. Langues parlées : anglais, allemand, espagnol.

Prix : 1 pers. 19 € 2 pers. 27 € 3 pers. 35 € repas 12 €
Ouvert : Toute l'année.

SP	5	5	SP	4	4	25	2	18	4	16	7

Angela GOTTSCHALK - La Capelle - 81140 PUYCELSI - Tél. : 05 63 33 15 91

PUYCELCI Laval
C.M. 79 Pli 19

3 ch. **Gaillac 23 km.** Gde maison en pierres (1872) : 3 ch. pour 2, 3 et 5 pers. 1 ch. (1 lit 2 pers, 1 lit 1 pers.). s. d'eau et wc privatifs, meubles anciens, poss. suite (2 lits 1 pers.), 2 ch., (2 lits 2 pers.) (1 lit 2 pers., 1 lit 1 pers.), s. d'eau privées et wc commun. Cheminée. Salle de séjour, salon avec TV, frigo. Jardin, table d'hôtes sur terrasse fleurie. Ping-pong. Dans la Vallée de la Vère, au pied du village fortifié de Puycelci, Louis et Josette vous accueillent. La table d'hôtes est sur réservation en hors saison. Pour Juillet et août : table d'hôtes le lundi, mercredi, vendredi. Camping à la ferme à proximité.

Prix : 1 pers. 24 € 2 pers. 30/31 € 3 pers. 39 € pers. sup. 8 € repas 11 €
Ouvert : Toute l'année.

20	6	6	SP	3	3	6	3	18	3	23	10

Josette ROQUES - Laval - 81140 PUYCELCI - Tél. : 05 63 33 11 07

PUYCELCI
C.M. 79 Pli 19

1 ch. **Gaillac 25 km.** Demeure de caractère, dans le village. Les propriétaires tiennent une petite galerie de peinture et ont aménagé une jolie ch. d'hôtes pour 2 pers. au r.d.c. (1 lit 2 pers.) avec s.e. et wc attenants et privés. Poss. lit suppl. TV dans la ch. Coin-cuisine à dispo. exclusive des locataires avec frigo. Petit jardin clos, salon de jardin. Parking. Le village de Puycelci est classé un des plus beaux villages de France. Calme assuré dans un environnement de verdure et de vieilles pierres. Langues parlées : anglais, allemand.

Prix : 1 pers. 39 € 2 pers. 46 € pers. sup. 16 €
Ouvert : Toute l'année.

22	10	10	3	0,5	10	37	2	10	SP	25	SP

Dominique NAZARET - Le Bourg - 81140 PUYCELCI - Tél. : 05 63 33 13 03 ou 05 59 23 09 28 - Fax : 05 63 33 19 25

PUYGOUZON Le Grezal
C.M. 82 Pli 10

1 ch. **Albi 2 km.** 1 ch. pour 2 ou 3 pers. aménagée au 1er étage d'une maison de construction récente, à la campagne. Entrée indépendante (1 lit 2 pers., 2 lits 1 pers., 1 canapé convertible), wc et s.d.b. privés, chauffage. Terrain, cour. En campagne, tout proche d'Albi avec sa cathédrale et ses musées. Les propriétaires vous feront partager leur métier d'agriculteurs. Langue parlée : anglais.

Prix : 1 pers. 25 € 2 pers. 30 € 3 pers. 33 € pers. sup. 8 €
Ouvert : Toute l'année.

2	15	2	5	1	2	3	10	2	4	2

Christian JALBY - Le Gresal - 81990 PUYGOUZON - Tél. : 05 63 38 47 24 ou 06 74 19 02 93

Tarn
Midi-Pyrénées

PUYLAURENS En Pinel
C.M. 82 Pli 10

2 ch. Puylaurens 3 km. Bassin de St-Ferréol 15 km. Grande demeure où sont aménagées à l'ét. 1 ch. et 1 suite de 3 et 4 pers. La ch. (1 lit 2 pers., 1 lit 1 pers.), s.d.b. avec wc privés, la suite (1 lit 160 et 2 lits 1 pers), s.d.b avec wc privés. Lit bébé sur demande. TV et biblio dans salon. Table d'hôtes le soir de l'arrivée seulement. Ping-pong, badminton. Parc. Piscine (12x5 m). Dans cette très belle demeure de famille du XVIIIè siècle entourée d'un parc arboré de 10 ha avec pigeonnier et piscine, les propriétaires ont aménagé 1 chambre et 1 suite, bénéficiant d'une très belle vue sur la Montagne Noire. Langues parlées : anglais, espagnol.

Prix : 1 pers. 61 € 2 pers. 77 € 3 pers. 84/92 € pers. sup. 16 €
repas 17 €

SP	15	15	10	3	10	22	15	15	3	10	3

Ouvert : Du 1er Mai au 15 Octobre.

Christine et Fabrice VIGUIE - En Pinel - 81700 PUYLAURENS - Tél. : 05 63 75 08 62 - Fax : 05 63 75 08 62 ou SR : 05 63 48 83 01

RABASTENS La Bouriette
C.M. 82 Pli 09

2 ch. Toulouse 35 km. Gaillac 20 km. Albi 40 km. En pleine campagne, très calme, au bord du Tarn, 2 ch. pour 2 pers. avec 2 s.e. et wc privés. L'une avec 1 lit 2 pers., l'autre avec 2 lits 1 pers. Poss. lit d'appoint et 1 ch. suppl. pour famille. Séjour, biblio, cheminée. Terrasse, grand jardin, piscine privée, parking privé, grand verger (accès privé au Tarn pour la pêche). Chats admis. Agréable maison située en bordure du Tarn. Langue parlée : espagnol.

Prix : 1 pers. 37 € 2 pers. 43 € pers. sup. 10 € repas 15 €
Ouvert : Du 1er mai au 30 septembre.

SP	2	SP	0,5	4	6	SP	SP	1	1,5

Suzanne et Paul BAUBIL - La Bouriette - 81800 RABASTENS - Tél. : 05 63 33 86 69 ou 06 86 20 55 40

RABASTENS

2 ch. Lisle-sur-Tarn 8 km. Gaillac 18 km. Situées à l'étage, 2 suites. 1 suite de 2 ch pour 3 ou 4 pers. avec s.d.b./wc : 1 ch. (1 lit 140) et en complément soit 1 ch. (1 lit 140) soit 1 ch. (1 lit 120), 1 suite pour 2 ou 3 pers. (1 lit 160, 1 lit 1 pers.), s.d.b., wc. Possibilité lit bébé. L.linge et réfrigérateur à disposition. Table d'hôte (soir), paniers pique-nique. Entre Albi et Toulouse, dans le quartier médiéval du bourg de Rabastens (tous services et commerces, musées), cette maison de famille est un ancien cloître du XVIIè siècle avec jardin et cour intérieurs, terrasse couverte. Pêche et promenades proches.

Prix : 1 pers. 37 € 2 pers. 43/58 € 3 pers. 73 € repas 14 €
Ouvert : Toute l'année.

5	5	25	0,5	1	8	10	10	30	0,5	0,5	0,5

Anne-Marie DELRIEU - 8 rue Pilfort de Rabastens - 81800 RABASTENS - Tél. : 05 63 33 75 27 ou 06 16 40 88 08 - Fax : 05 63 33 75 27

REALMONT
C.M. 83 Pli 01

1 ch. Castres 18 km. Dans une ferme d'élevage de chevaux de sports. 1 ch. pour 2 pers., au r.d.c. avec petit salon, s.d.b. et wc particuliers (1 lit 2 pers., lit pliant 1 pers.). Calme et espace pour se reposer. Jardin, terrasse. Beau paysage. Réservation de préférence après 19 H. Restaurants à proximité. Belle maison en pleine campagne, au calme, avec un joli point de vue, avant la sortie de Réalmont, vers Lombers.

Prix : 1 pers. 31 € 2 pers. 34 € 3 pers. 46 €
Ouvert : Seulement juillet, août et septembre et vacances scolaires.

0,8	5	5	5	0,8	0,2	25	SP	5	25	22	0,6

Georgette POUGET - Elevage Dariel - Route de Lombers - 81120 REALMONT - Tél. : 05 63 55 54 62

REALMONT La Ferme de Bellegarde
C.M. 83 Pli 01

2 ch. Castres 18 km. Lautrec 12 km. Au centre du département : 2 ch pour 2 et 4 pers, entrée indép. R.d.c : 1 ch (1 lit 2 pers) avec mezz (1 lit 100, 1 lit 120), 1 ch (2 lits 1 pers jumelables), s.e. wc privés dans chacune. Lits et matériel bébé à dispo. Séjour, salon communs, cheminée. TV et l.linge à disposition. Cour, jardin. Vente de produits laitiers (chèvre), fruits rouges. Deux chambres sont aménagées dans une maison ancienne, sur une petite ferme d'élevage de chèvres. Lac privé sur place (canoë, pêche). Jeux enf. (ping-pong, babyfoot,...). Réduction à partir de la 3e nuit. Tables d'hôtes (produits de la ferme) sauf le vendredi soir.

Prix : 1 pers. 28 € 2 pers. 34 € 3 pers. 46 € pers. sup. 12 €
repas 13 €
Ouvert : Toute l'année.

2	SP	12	2	2	3	18	10	18	2	18	2

Lydie et Philippe HALLET - Ferme de Bellegrade - Route d'Albi - 81120 REALMONT - Tél. : 05 63 45 50 83 - Fax : 05 63 45 50 83

LE RIOLS Madie

2 ch. Cordes 13 km. Grand séjour/salon, 2 chambres toutes avec sanitaires privés. 1 ch. spacieuse (1 lit 2 pers., salle de bains, douche, wc), 1 ch. (1 lit 2 pers., salle d'eau, wc). Possibilité ch. en complément à l'étage. A disposition : lave-linge, réfrigérateur. Lit et matériel bébé. Grand jardin clos, piscine hors sol, vélos, balançoires. Table d'hôtes le soir. Aux confluents du Tarn, du Tarn et Garonne et de l'Aveyron, des Gorges de l'Aveyron et des Cités médiévales, vous découvrirez le plaisir de la pêche, du canoë, des randonnées. Les prop. de cette demeure ancienne vous feront apprécier le calme, les repas composés de repas fermiers.

Prix : 1 pers. 28/36 € 2 pers. 31/39 € 3 pers. 46/54 €
pers. sup. 10/16 € repas 15 €
Ouvert : Toute l'année sauf vacances de Noël.

SP	10	10	SP	13	8	40	3	6	6	2	6

Patrick RAVON - Madie - 81170 LE RIOLS - Tél. : 05 63 65 42 73

Midi-Pyrénées — **Tarn**

SALIES

E.C. 1 ch. **Albi 6 km.** 1 ch. pour 2 (1 lit 2 pers., lit BB), aménagée à l'étage d'une maison traditionnelle et chaleureuse, avec TV, salle de bains, wc et terrasse de 15 m² privés. Salle à manger et salon (cheminée) commun. L.linge. Terrain de 2 ha avec verger-potager, élevage de volailles, s/de jardin, barbecue, parking privé. Chevaux sur place. Table d'hôtes. Panier pique-nique. La propriétaire, passionnée d'horticulture et de jardinage, vous fera visiter son jardin. A la table d'hôtes (midi + soir), vous dégusterez les produits maison (charcuterie, légumes, desserts), le vin de Gaillac. Poss. repas gastronomique à 19 €. Pension chevaux à 2 km. Langues parlées : espagnol, anglais.

Prix : 1 pers. **31** € 2 pers. **37** € repas **13** €
Ouvert : Toute l'année.

6	20	20	10	6	6	6	25	20	6	6	6

Dominique AMALRIC - Le Village - 81990 SALIES - Tél. : 05 63 79 02 20

SALLES Lagrave

C.M. 79 Pli 20

2 ch. **Monestiés 4 km. Cordes 9 km.** Une chambre avec 1 lit 2 pers., l'autre avec 1 lit 2 pers. et 2 lits 1 pers., chacune avec s.e. et wc privés. Salle de séjour commune, TV. Cour fermée, salon de jardin, parking privé. Table d'hôtes sur réservation. Tarif dégressif à partir d'1 semaine (-10 %). Dans un petit hameau de la Vallée du Cérou, entre Cordes et Monestiés, en pleine campagne sur le bord de la rivière, les propriétaires ont aménagé, dans une ferme en activité, deux chambres d'hôtes au 1er étage. Langues parlées : espagnol, anglais.

Prix : 1 pers. **25** € 2 pers. **32** € 3 pers. **42** € pers. sup. **10** €
repas **13** €
Ouvert : Toute l'année.

12	12	12	SP	4	12	25	10	12	10	4

Claude LARROQUE-RODRIGUEZ - Lagrave - 81640 SALLES - Tél. : 05 63 76 13 27

SALVAGNAC Lagarrigue

C.M. 82 Pli 09

5 ch. **Gaillac 20 km. Montauban 30 km. Albi 40 km. Toulouse 50 km.** A 1 km du village, 5 ch. pour 2, 3, 4 pers. 1 ch. (1 lit 2 pers., 1 lit 1 pers.), 2 ch. (1 lit 2 pers.), 2 ch. (1 lit 2 pers, 2 lits 1 pers) s.e. et wc privés. Lits bébé et lits d'appoint à dispo. TV. Poss. panier pique-nique pour le déjeuner. Grand terrain, terrasse ombragée, piscine (8x5 m). Ping-pong, boulodrome. Table d'hôtes (soir). Dans une ancienne ferme du XVIIIè siècle, les propriétaires ont aménagé 5 jolies chambres d'hôtes à l'étage de leur habitation. VTT à disposition. Espace jeux enfants. Remise de 10 % sur séjour de minimum 1 semaine et -15 % sur séjour de 2 semaines. Langue parlée : anglais.

Prix : 1 pers. **34** € 2 pers. **34** € 3 pers. **45** € pers. sup. **9/10** €
repas **14** €
Ouvert : Toute l'année.

SP	12	12	0,5	2	12	28	3	12	18	1,5

Michèle et Jean-Jacques VEDY - Domaine de Lagarrigue - 81630 SALVAGNAC - Tél. : 05 63 33 29 72 - Fax : 05 63 33 29 72 -
E-mail : info@chambre-hotes-tarn.com - http://www.chambre-hotes-tarn.com

SALVAGNAC

C.M. 82 Pli 9

4 ch. **Gaillac 18 km. Montauban 35 km.** Maison ancienne de village. 4 ch. à l'ét. pour 2 ou 3 pers. 1 ch. 1 épi (2 lits 1 pers.), lavabo, douche. 2 épis : 2 ch. avec chacune 1 lit 2 pers. et 1 ch. (2 lits 1 pers.) équipées d'une s.d.b. et wc privés. 1 lit d'appoint 1 pers. + 1 lit bébé. Cuisine, séjour, 2 salons, wc au r.d.c. Terrain clos, terrasse, piscine ronde (6 m diam.). Table d'hôtes. Salvagnac, petit village entre Albi et Montauban, à proximité des forêts de Sivens et de Grésigne. Les propriétaires, britanniques d'origine, ont aménagé 4 chambres dans leur « Maison Rose ». Organisation de stage photo. Langue parlée : anglais.

Prix : 1 pers. **30** € 2 pers. **35** € pers. sup. **9** € repas **12** €
Ouvert : Du 1er avril au 30 octobre.

SP	13	13	8	0,5	8	30	4	30	8	15	SP

Fred et Christine CHALLIS - La Maison Rose - Rue Gérard Roques - 81630 SALVAGNAC - Tél. : 05 63 40 59 22 -
E-mail : fchallis@photohols.com - http://www.photohols.com

SALVAGNAC La Terragnie

C.M. 82 Pli 09

1 ch. Ancienne ferme restaurée à 3 km du village. 1 ch. d'hôtes au r.d.c. avec accès indép., 1 lit 2 pers., 1 lit bébé avec s. d'eau et wc privés. Salle de séjour, salon, TV, cheminée. Piscine avec terrasse ombragée de 5000 m², ping-pong, salon de jardin, barbecue. Animaux non admis (sauf accord du propriétaire). Au milieu des coteaux, entre Albi et Toulouse, la famille Added vous accueillera dans sa vieille maison, en pleine campagne. Langues parlées : anglais, espagnol.

Prix : 1 pers. **23** € 2 pers. **32** €
Ouvert : Toute l'année sauf Noël et 1er de l'an.

SP	15	15	6	3	13	40	8	8	12	3

Régine ADDED - La Terragnie - 81630 SALVAGNAC - Tél. : 05 63 40 56 26 - E-mail : r.added@free.fr - http ://laterragno.free.fr

SENOUILLAC Bastide de Servadou

E.C. 3 ch. **Albi 15 km.** Restaurée avec goût par Patricia, cette demeure entourée de vignes vous propose des chambres confortables. 3 ch. au 1er ét. 2 ch. avec 1 lit 2 pers., 1 ch. avec 2 lits 1 pers. toutes avec s.d.b. et wc. Parking privé. Parc clos, terrasse, salon de jardin, barbecue, piscine (13 x 5) avec douche et wc, tennis, ping-pong. A proximité d'Albi, de sa cathédrale et de son musée Toulouse Lautrec, sur les coteaux de la vallée du Tarn, au milieu du vignoble Gaillacois, cette maison de maître du XVIII s. vous attend avec sa piscine, son court de tennis, ses circuits pour la marche et la pratique de la bicyclette. Langue parlée : anglais.

Prix : 1 pers. **45** € 2 pers. **68** €
Ouvert : De mars à décembre.

SP	8	8	8	SP	12	8	18	8	8	8	8

Patricia OUVRE DE ZOGHEB - La Bastide de Servadou - La Linardie - 81600 SENOUILLAC - Tél. : 05 63 81 59 06 -
E-mail : pdezog@aol.com

Tarn
Midi-Pyrénées

SIEURAC Le Mas de Combes
C.M. 82 Pli 10

1 ch. **Albi 15 km. Réalmont 8 km.** Maison de maître du XIXè siècle. Au r.d.c. : 1 ch. d'hôtes pour 2 pers. avec 1 lit 2 pers., s. d'eau et wc privés, lit bébé à la demande. L.linge à dispo. Jardin à la française clôturé sur la propriété avec piscine clôturée (12x6 m), salon de jardin, portique, garage. Poss. de table d'hôtes le soir. Au cœur du département, en pleine campagne, les propriétaires de cette maison ont aménagé une jolie chambre décorée avec soin. Le propriétaire, héraldiste de profession, pourra vous parler de sa passion, peut-être vous la faire partager et suscitera votre curiosité. Langue parlée : anglais.

Prix : 1 pers. 39 € 2 pers. 45 € pers. sup. 8 € repas 15 €
Ouvert : Toute l'année.

🐕	🏊	👥	⛱	🎾	🐎	🏇	🌲	⛰	🏰	🚲	🚂
	SP	18	8	8	8	10	10	18	8	15	8

Frédéric et Annie LUZ - Le Mas de Combes - 81120 SIEURAC - Tél. : 05 63 55 53 11 - Fax : 05 63 55 59 79 -
E-mail : luz-herald@ifrance.com - http://www.luz-herald.com/ch

SOREZE Moulin du Chapitre
C.M. 82 Pli 20

4 ch. **Revel 4 km. Bassin de St-Ferréol 3 km.** A 1,5 km du village, 2 ch. au r.d.c. (E.C.C.), l'une avec 1 lit 2 pers, la 2e avec 2 lits 1 pers., s.e. et wc privés. A l'ét. : 2 ch. L'une (2 lits 1 pers.) s.e. et wc privée non attenante, la 2e (1 lit 2 pers.) s.e. et wc privés. Poss. lit d'appoint, lit BB. Séjour, salon commun, piano. Coin-cuisine, L.linge à dispo pour séjour. Terrasse, jardin. A deux pas du lac de St Ferréol et du village de Durfort, au bord de l'eau, le Moulin du Chapitre, ancien moulin à farine, vous ouvre ses portes pour un séjour d'agréable dépaysement. Sur place : petit gîte indép. Baby-foot, portique, ping-pong communs. Langues parlées : allemand, anglais.

Prix : 1 pers. 23/37 € 2 pers. 28/40 € pers. sup. 10 €
Ouvert : Toute l'année.

🐕	🏊	👥	⛱	🎾	🐎	🏇	🌲	⛰	🏰	🚲	🚂
	4	3	3	SP	3	3	SP	3	1	30	4

Bernard et Véronique GALYFAJOU - Moulin du Chapitre - 81540 SOREZE - Tél. : 05 63 74 18 18 -
E-mail : veronique.follet@libertysurf.fr

SOUAL La Bousquetie Haute
C.M. 82 Pli 10

1 ch. **Dourgne 8 km. Castres 15 km.** Dans une ancienne ferme, 1 ch. d'hôtes au r.d.c. pour 2 pers. avec 1 lit 2 pers. et 1 lit bébé, wc et s.d.b. indép. juste à côté de la chambre, avec branchement TV. Salon-séjour avec cheminée. Terrain calme avec salon de jardin sur terrasse. Bibliothèque. Table d'hôtes (produits du jardin, volailles). Tout près de la Montagne Noire, Dominique, Christian et leurs enfants vous accueillent dans leur maison sous des chênes centenaires, dans un lieu agréable et convivial. A mi-chemin entre Castres et Revel. Langues parlées : anglais, espagnol.

Prix : 1 pers. 21 € 2 pers. 27 € pers. sup. 9 € repas 11 €
Ouvert : Du 1er avril au 30 novembre.

🐕	🏊	👥	⛱	🎾	🐎	🏇	🌲	⛰	🏰	🚲	🚂
	15	20	20	8	2	15	10	20	8	13	5

Christian et Dominique COLOMBEL - La Bousquetie Haute - 81580 SOUAL - Tél. : 05 63 75 45 12

SOUEL
C.M. 79 Pli 20

2 ch. **Cordes 5 km. Albi 22 km.** Dans un petit village calme, 2 ch. pour 2 ou 3 pers. aménagées à l'étage d'une maison de caractère (ancienne propriété viticole), chacune avec 1 lit 2 pers., s. d'eau et wc privés, poss. lit pliant 90 et lit bébé. Salle à manger avec cheminée, salon avec TV. Jardin, terrasse. Table d'hôtes. Entre Bastides, Vignoble de Gaillac et forêt de la Grésigne. Chambres d'hôtes à la ferme (élevage d'escargots : visites possibles). Base de loisirs à 7 km. Langue parlée : anglais.

Prix : 1 pers. 29 € 2 pers. 35 € pers. sup. 9 € repas 13 €
Ouvert : Toute l'année.

🐕	🏊	👥	⛱	🎾	🐎	🏇	🌲	⛰	🏰	🚲	🚂
	7	17	7	2	5	10	20	6	17	5	8	5

Christophe VARENE - Escargots des Trois Puits - 81170 SOUEL - Tél. : 05 63 56 16 52 - Fax : 05 63 56 16 52

ST-AMANCET En Rives
C.M. 82 Pli 20

2 ch. **Revel 8 km. Bassin de St-Ferréol 10 km.** Dans le cadre d'une ferme de séjour : 2 ch. pour 2 et 4 pers., à l'ét., l'une avec 1 lit 2 pers, sanitaires particuliers, l'autre (E.C) avec 1 lit 2 pers., 2 lits 1 pers., sanitaires privés. Lit bébé à dispo. Activités sportives s/place : spéléo, descente de canyon, escalade, rando-dessin, VTT, ping-pong. Jardin, terrasse. Poss. petite cuisine. La ferme de séjour, où Anne et Patrick ont le plaisir de vous recevoir, située au pied de la Montagne Noire est le point de départ vers de nombreux lacs et sites touristiques. Ces chambres vous permettront de goûter au calme avec sous vos yeux, les paysages vallonnés de la campagne. Langue parlée : anglais.

Prix : 1 pers. 22 € 2 pers. 31 € 3 pers. 39 € pers. sup. 8 €
Ouvert : Toute l'année.

🐕	🏊	👥	⛱	🎾	🐎	🏇	🌲	⛰	🏰	🚲	🚂
	10	10	SP	10	3	3	30	0,5	30	22	22	3

Anne et Patrick ROSSIGNOL - En Rives - 81110 ST-AMANCET - Tél. : 05 63 50 11 21 - Fax : 05 63 50 11 21

ST-AMANCET La Mejeane
C.M. 82 Pli 20

2 ch. **Revel 8 km. Bassin de St-Ferréol 10 km. Castres 20 km.** Au pied de la Montagne Noire, 2 ch. au r.d.c. pour 2 ou 3 pers. dans une maison en pierres. 1 ch. (1 lit 2 pers.), s.e. et wc privés. 1 ch. (1 lit 2 pers.), s.d.b. et wc privés, poss. lit d'appoint et lit bébé, salon avec cheminée (poss. canapé-lit pour famille). Grand terrain clos, terrasse, table d'hôtes. Ping-pong, portique. Entre plaine et montagne, Chantal, Gilles et leurs enfants vous accueillent dans une des anciennes métairies du château où vous pourrez apprécier le calme et la tranquillité en écoutant le chant des oiseaux, le murmure du ruisseau et les bruits de la nature dans un lieu simple. Langue parlée : espagnol.

Prix : 1 pers. 26 € 2 pers. 29 € pers. sup. 10 € repas 12 €
Ouvert : Toute l'année.

🐕	🏊	👥	⛱	🎾	🐎	🏇	🌲	⛰	🏰	🚲	🚂
	8	10	10	10	3	3	20	SP	6	SP	20	3

Chantal et Gilles LOUP - La Mejeane - 81110 ST-AMANCET - Tél. : 05 63 50 19 78 - Fax : 05 63 50 19 78 -
E-mail : lamejeane@club-internet.fr - http://www.latelier7.com/mejeane

Midi-Pyrénées — Tarn

ST-AMANCET Loroc
C.M. 82 Pli 20

1 ch. — **Revel 8 km. Bassin de St-Ferréol 10 km.** En bordure du village, de plain pied : 1 ch. pour 2 pers. (1 lit 2 pers., 1 lit bébé) avec s.d.b. et wc. Séjour et coin-salon communs avec cheminée, TV. Jardin, terrasse couverte, barbecue, parking privé, jeux d'enf. Table d'hôtes (produits du jardin, volailles). Animaux admis dans chenil (sauf chats). Tous services et commerces à 4 km. Equipement bébé. Les propriétaires ont aménagé 1 chambre d'hôtes dans leur maison, au pied de la montagne noire et sur le chemin de St Jacques de Compostelle.

Prix : 1 pers. 25 € 2 pers. 31 € repas 11 €
Ouvert : Toute l'année.

🐕	🏊	🏖	⛱	🎾	🏇	🌲	⛳	🏨	🍽	🚂
10	10	10	2	4	4	25	SP	10	SP	25	4

Alain et Isabelle LEDOUX - Village - 81110 ST-AMANCET - Tél. : 05 63 74 19 76

ST-LIEUX-LES-LAVAUR Château
C.M. 82 Pli 9

5 ch. — **Lavaur 9 km. Toulouse 30 km.** Dans une demeure du XIXè siècle, 5 ch. d'hôtes pour 2 pers., au 2è étage, toutes avec s.d.b. avec wc et TV. Lits 150 dans chacune. 1 lit bébé. Salon privé, salle à manger. Parc arboré d'1 ha. Piscine ronde hors-sol. Ping-pong, salle de billard. Restaurants et nombreuses activités à proximité. Au cœur du Pays de Cocagne, ce château est situé à la sortie du village de St Lieux, dans un environnement calme et agréable. Langue parlée : anglais.

Prix : 1 pers. 46 € 2 pers. 46 €
Ouvert : Toute l'année sauf semaine de Noël.

🐕	🏊	🏖	⛱	🎾	🏇	🌲	⛳	🏨	🍽	🚂
SP	1	1	1	2	10	1	1	9	6	1

Lizette DORVAL - Château - 81500 ST-LIEUX-LES-LAVAUR - Tél. : 05 63 41 60 87 - Fax : 05 63 41 61 23

ST-MARTIN-LAGUEPIE Sommard
C.M. 79 Pli 20

1 ch. — **Cordes 10 km.** Maison aménagée dans une ancienne grange (pierres et poutres apparentes) dans un petit hameau calme. 1 ch. pour 2 à 3 pers. au r.d.c. avec accès indép. (1 lit 2 pers., 1 lit pliant 90 pour enf.), s.e. et wc privés. Séjour, salon avec cheminée. Terrain clos fleuri, terrasse couverte, garage fermé. Possibilité de pique-nique. Entre Cordes et Laguépie, proche de la Vallée de l'Aveyron et de la forêt de la Grésigne (canoë-kayak, randonnées, Bastides...).

Prix : 1 pers. 31 € 2 pers. 34 € pers. sup. 10 €
Ouvert : Toute l'année.

🐕	🏊	🏖	⛱	🎾	🏇	🌲	⛳	🏨	🍽	🚂
13	20	20	6	10	13	30	10	6	10	15	6

Christian et Cécile MARTIEL - Sommard - 81170 ST-MARTIN-LAGUEPIE - Tél. : 05 61 74 66 67 ou 05 63 56 11 73

ST-MARTIN-LAGUEPIE La Roseraie - Le Baduguet
C.M. 79 Pli 19

2 ch. — **Cordes 10 km.** 2 ch. d'hôtes avec s. d'eau et wc communs : 1 ch. (1 lit 2 pers., 1 lit bébé), 1 ch. (2 lits 2 pers, 3 lits 1 pers.). Equipement bébé. Service l.linge (4 €), s.linge (4 €). Poss. d'utiliser la cuisine de la propr. pour réchauffer le repas. Climatisation réversible dans la maison. Barbecue, salle de jardin. Table d'hôtes, paniers pique-nique. Gare à 4 km à Laguépie. A proximité de la Vallée du Viaur, la Roseraie se trouve en pleine campagne et offre de grandes possibilités de randonnées. La propriétaire est peintre sur verre. Idéal pour randonneurs et pour familles avec jeunes enfants. Stage peinture et gravure sur verre : 76 €/pers matériel compris.

Prix : 1 pers. 20 € 2 pers. 30 € 3 pers. 40 € pers. sup. 8 € repas 12 €
Ouvert : Toute l'année.

🐕	🏊	🏖	⛱	🎾	🏇	🌲	⛳	🏨	🍽	🚂
10	20	10	4	10	21	30	SP	4	10	4

Huguette BORDENAVE - La Roseraie - RD 34 - 81170 ST-MARTIN-LAGUEPIE - Tél. : 05 63 56 09 46 ou 06 07 98 85 97 - Fax : 05 63 56 09 46 - E-mail : laroseraie.tarn@wanadoo.fr

ST-MICHEL-DE-VAX
C.M. 79 Pli 19

1 ch. — **Cordes 18 km. St-Antonin-Noble-Val 7 km.** Dans un ancien relais de Poste, 1 ch. pour 3 pers., entrée indép., 1 lit 2 pers., 1 lit 1 pers, salle d'eau et wc privés. Salle de séjour, salon avec TV, Lave-linge. Pelouse clôturée, salon de jardin. Tarifs dégressifs suivant la saison et durée du séjour. Cabine tél. à proximité. Cette chambre est aménagée à côté du logement du propriétaire, dans le charmant petit village de St-Michel de Vax, dans une belle région boisée, à proximité des Gorges de l'Aveyron. Circuit des Bastides, illumination du Château de Penne à voir. Langue parlée : occitan.

Prix : 1 pers. 25 € 2 pers. 34 €
Ouvert : Du 31 mai au 15 novembre.

🐕	🏊	🏖	⛱	🎾	🏇	🌲	⛳	🏨	🍽	🚂
7	25	25	4	7	3	40	SP	7	25	7

Geneviève et Pierre VIGUIE - Place de l'Eglise - 81140 ST-MICHEL-DE-VAX - Tél. : 05 63 56 34 58

TREBAS La Goudoufie
C.M. 83 Pli 02

3 ch. — **Trébas 3 km. Vallée du Tarn sur place.** 3 ch. de 2 à 4 pers. Au r.d.c. : 1 ch de plain-pied (1 lit 2 pers), s.d.b., wc privés. A l'ét. : 1 ch. (1 lit 2 pers., 2 lits 1 pers), 1 ch. (3 lits 1 pers), les 2 avec s.e. et wc privés. Lit bb à dispo. Séjour, TV, biblio. Terrain, s/jardin. Chats admis. Pour séjours uniquement : T.d'hôtes le soir sur réservation. Remise à partir de la 4è nuit. En haute vallée du Tarn, au calme, dans une ancienne ferme en pierres, une propriété de 5 ha traversée par un petit ruisseau. A dispo : l.linge, 2 V.T.T. Hors saison : forfait WE. Ramassage châtaignes, cueillette champignons. Langue parlée : anglais.

Prix : 1 pers. 30 € 2 pers. 35 € 3 pers. 46 € pers. sup. 11 € repas 12 €
Ouvert : Toute l'année.

🐕	🏊	🏖	⛱	🎾	🏇	🌲	⛳	🏨	🍽	🚂
11	10	3	3	3	20	35	0,3	3	15	35	3

Claude et Josette BERTHOUT - La Goudoufie - Route de Requista - 81340 TREBAS - Tél. : 05 63 55 96 01 - Fax : 05 63 55 96 01 - E-mail : http ://www.web-de-loire.com/c/81H2146.htm

Tarn

Midi-Pyrénées

VALENCE-D'ALBI St-Marcel

C.M. 80 Pli 11

2 ch. Viaduc du Viaur 12 km. Vallée du Tarn 15 km. En pleine campagne, 2 ch. pour 2 et 5 pers. 1 ch. spacieuse (2 lits 2 pers.) au r.d.c. avec entrée indép., s.e., wc privés et cheminée (poss. ch. en compl.). 1 ch. en r.de jardin, accès indép. (1 lit 2 pers., 1 lit 120), poss. ch. en compl. (2 lits 1 pers.), s.e. avec wc privés. Frigo à dispo. Salle de séjour. Grd terrain, s/jardin. 3 vélos, jeux d'enf. T. d'hôtes. Dans le Ségala, pour se mettre au vert, maison en pierres apparentes qui a gardé tout le charme d'autrefois, au calme. Accueil, cadre et cuisine (produits de la ferme) soignés, ambiance personnalisée. Repas pris dans le jardin. Langue parlée : anglais.

Prix : 1 pers. **29 €** 2 pers. **34 €** 3 pers. **40 €** pers. sup. **6 €** repas **13 €**

Ouvert : Toute l'année.

15	20	20	2	15	22	35	15	20	SP	10	6

Sylvie et Pierre MANESSE - DUMETZ - L'Amartco - St-Marcel - 81340 PADIES - Tél. : 05 63 76 38 47 ou 05 63 43 41 23

VAOUR Serene

C.M. 79 Pli 19

4 ch. Cordes 15 km. St-Antonin-Noble-Val 12 km. A la ferme. 3 ch. d'hôtes et 1 suite, de 2 à 4 pers., toutes avec sanitaires privés (3 s.e. et 1 s.d.b.). R.d.c. : 1 ch. acc. pers. hand. (2 lits 1 pers). Etage : 1 ch. (1 lit 140), 1 ch. (1 lit 160), 1 suite (1 lit 160 + salon avec 2 lits 80). Lit bébé. Salon, grand séjour. Cheminée. Piscine commune. Terrasse. Table d'hôtes. Entre Bastides et forêt de la Grésigne, si vous aimez calme, nature, paysages vallonnés et vieilles pierres, Brigitte et Francis vous reçoivent dans leur ferme datant des Templiers, aujourd'hui élevage d'Aubrac. Sentier botanique sur la propriété. Randonnées pédestre et gîte sur place. Langue parlée : espagnol.

Prix : 1 pers. **40/66 €** 2 pers. **48/66 €** 3 pers. **74 €** pers. sup. **8 €** repas **15 €**

Ouvert : De mars à fin décembre.

SP	12	18	10	12	8	35	SP	10	15	12	15

Brigitte et Francis BESSIERES - Serene - 81140 VAOUR - Tél. : 05 63 56 39 34 - Fax : 05 63 56 39 34 ou SR : 05 63 48 83 01

VAOUR

E.C. 3 ch. Au r.d.c. : 1 ch. (1 lit 160, 1 lit bébé), s.e. et wc privatifs. 1 ch. (1 lit 2 pers., lit bébé sur demande), s.e. privative, wc commun, 1 ch. à l'étage avec 1 lit 140, 1 lit bébé, s.e. privative et wc privatif mais non attenant (tout proche de la ch.). Parking, salon de jardin. Table d'hôtes uniquement sur réservation. Poss. de paniers pique-nique. Ces chambres d'hôtes aménagées dans les anciennes écuries du château ont été entièrement rénovées. Elles se situent au cœur des villages médiévaux et sur la route des bastides. A proximité du Tarn et Garonne et des Gorges de l'Aveyron. Langues parlées : anglais, allemand.

Prix : 1 pers. **27/31 €** 2 pers. **38/43 €** pers. sup. **8 €** repas **16/25 €**

Ouvert : Toute l'année.

10	10	10	10	8	45	SP	15	SP	10	SP	

Anne CAPELLE - Village - La Ferme du Muret - 81140 VAOUR - Tél. : 05 63 56 10 96 ou 06 82 97 98 22 - Fax : 05 63 56 20 71

VIANE La Bessière

Alt. : 650 m

C.M. 83 Pli 02

3 ch. Lacaune 12 km. Accueil à la ferme, en bordure de la Vallée du Gijou. 3 ch. de 2 à 3 pers., à l'ét. 1 ch. (1 lit 2 pers.), s.d.b., wc. 1 ch. (1 lit 2 pers., 1 lit 120), s.e. et wc. 1 ch. (1 lit 2 pers, 1 lit 110), s.e., wc. L.linge. Salon avec TV, salle de séjour, cheminée. Jardin avec salon de jardin. Table d'hôtes avec produits fermiers. Poss. visite de la ferme. Myriam et son frère Philippe vous accueillent dans leur ferme d'élevage bovin, dans un paysage de montagne verte et boisée. Champignons à ramasser à la saison sur place. Belles ballades pédestres balisées. A 1 km, pêche à la truite. Langue parlée : anglais.

Prix : 1 pers. **32 €** 2 pers. **39/41 €** 3 pers. **48 €** pers. sup. **11 €** repas **12/20 €**

Ouvert : Toute l'année.

12	27	27	1	3	27	50	SP	27	SP	50	3

Myriam BARDY et Philippe CROS - La Bessière - 81530 VIANE - Tél. : 05 63 37 01 26 ou 05 63 37 51 00

VILLEFRANCHE-D'ALBI La Barthe

C.M. 83 Pli 01

2 ch. Villefranche d'Albi 8 km. Vallée du Tarn 7 km. Maison rénovée proche de la Vallée du Tarn. 2 ch. aménagées à l'ét. pour 2 et 3 pers. : 1 ch. (1 lit 2 pers, 1 lit 1 pers), s.e et wc privés, 1 ch. (1 lit 2 pers, poss. 2 autres lits 1 pers), s.d.b. et wc privés. Table d'hôtes. Terrasse avec jardin. Salon et salle à manger communs. TV. Lit bébé, chaise haute à dispo. VTT. Réduction après 3 jours. Michèle et Michael vous réservent un accueil chaleureux dans leur maison avec jolie vue sur la Vallée du Tarn, en pleine campagne. Piscine posée sur le sol (diam. 4.60 m, prof. 1.20 m). Internet : www.angelfire.com/la/wise Langue parlée : anglais.

Prix : 1 pers. **31 €** 2 pers. **35 €** 3 pers. **45 €** repas **15 €**

Ouvert : Toute l'année.

SP	5	20	7	7	20	25	10	7	7	25	7

Michèle et Michaël WISE - La Barthe - 81430 VILLEFRANCHE-D'ALBI - Tél. : 05 63 55 96 21 - Fax : 05 63 55 96 21 -
E-mail : mx2wise@aol.com - www.angelfire.com/la/wise

Midi-Pyrénées

Tarn-et-Garonne

GITES DE FRANCE - Loisirs Accueil
2, bd Midi-Pyrénées - B.P. 534
82005 MONTAUBAN Cedex
Tél. 05 63 21 79 61 - Fax 05 63 66 80 36
E.mail : cdt82@wanadoo.fr - http://www.resinfrance.com

3615 Gîtes de France
0,2 €/min

AUVILLAR Le Cap de Pech
C.M. 79 Pli 16

2 ch. 1 ch double pr 1 même famille, aménagée avec charme et agrémentée d'1 joli salon privatif : 1 ch (1 lit 2 pers), lavabo, 1 ch (1 lit 2 pers), s. d'eau, wc indépendants, 1 ch (1 lit 2 pers, 1 lit 120) s. d'eau, wc privatif. Auvillar : l'église et son trésor, l'ancienne halle aux grains, les vieilles maisons. Location vélos 6 km. Marché fermier tous les dimanches matins. A disposition : machine à laver, cuisinière-grill, grand jardin, garage. Tarif 4 pers : 69 €. Prix groupe : 17 €.

Prix : 1 pers. **31** € 2 pers. **38** € 3 pers. **53** €
Ouvert : Toute l'année.

13	SP	1	SP	13	6	SP

Annick et Jacques SARRAUT - Le Cap de Pech - 82340 AUVILLAR - Tél. : 05 63 39 62 45 ou 06 08 35 18 02

BEAUMONT-DE-LOMAGNE
C.M. 82 Pli 6

4 ch. Au r.d.c. : 1 ch. access. aux pers. hand. avec aide (1 lit 2 pers.), douche, wc. A l'étage. 1 ch. familiale avec 1 ch. (1 lits 2 pers.), s. d'eau/wc, 1 ch. (2 lits 1 pers. s.d.b. et wc). 1 ch. (1 lit 2 pers.), s.d.b. et wc. 1 ch. (2 lits 1 pers.), salle d'eau, wc. Salle de séjour, TV au r.d.c. TV dans les chambres sur demande 3 €/jour. Dans une grande maison bourgeoise à Beaumont-de-Lomagne, 4 chambres d'hôtes aménagées avec beaucoup de soin. Superbe parc à l'arrière de la maison. 1/2 pens./pers. sur la base de 2 pers. pour minimum 3 jours. Réduction : 3 jours + en demi-pens., prix spécial week-end hors-saison. Langue parlée : anglais.

Prix : 1 pers. **37/43** € 2 pers. **45/52** € 3 pers. **60/66** €
pers. sup. **15** € repas **15/18** € pens. **38/40** €
Ouvert : Toute l'année.

0,8	0,8	0,8	0,8	7	SP	0,8	SP

Tony ELLARD - 16 rue Despeyrous - 82500 BEAUMONT-DE-LOMAGNE - Tél. : 05 63 65 32 34 ou 06 87 13 50 31 - Fax : 05 63 65 29 85

BIOULE La Bouffière
C.M. 79 Pli 18

2 ch. Montauban (musée Ingres) 17 km Au 2e étage : accès privatif, 1 suite familiale avec 2 ch indépendantes : 1 ch. (1 lit 160, 1 lit 1 pers) et 1 ch (1 lit 2 pers, 1 lit 1 pers), s. d'eau, wc, 1 kitchenette réservée aux hôtes, 1 s. de jeux accessible (TV, HIFI, canapés, livres, jeux de société, baby-foot...). Cette grande maison de maîtres quercynole du 18e s. vous accueille en hôtes privilégiés et vous fera profiter de son parc arboré avec étangs, labyrinthe, boulingrin, aire de pique-nique et de sa piscine couverte et chauffée, nichée dans un écrin de rocailles fleuries. Langue parlée : anglais.

Prix : 1 pers. **35/39** € 2 pers. **45/52** € 3 pers. **60/65** €
pers. sup. **13/15** €
Ouvert : Toute l'année.

23	SP	3	2	SP	8	3	10	10	5

Geneviève AUREJAC - La Bouffière - 82800 BIOULE - Tél. : 05 63 64 21 07 - Fax : 05 63 04 21 85 - E-mail : arnaud.aurejac@free.fr - http://arnaud.aurejac.free.fr/bouffiere.htm

BOUDOU Ferme de Lamouroux
C.M. 79 Pli 16

2 ch. Moissac (le cloître) 5 km. Dans chacune des 2 habitations de cette ferme se trouve une chambre d'hôtes : 1 ch. (1 lit 2 pers.) avec grande salle d'eau et wc privatifs. 1 ch. (1 lit 2 pers.) avec salle d'eau et wc privatifs et accès direct sur le jardin. Tarif enfant repas : 8 €. Bien située sur les côteaux de Moissac et à deux pas du chemin de St-Jacques-de-Compostelle, la ferme de Lamouroux s'est transformée pour mieux vous accueillir, aussi bien à cheval, à pied, qu'en voiture. Laissez-vous tenter par la table d'hôtes. Langues parlées : anglais, espagnol.

Prix : 1 pers. **31** € 2 pers. **42** € 3 pers. **54** € pers. sup. **13** €
repas **14/23** €
Ouvert : Toute l'année.

4	4	4	SP	5	

COURAL Anne-Marie - 82200 BOUDOU - Tél. : 05 63 04 27 32 - Fax : 05 63 04 07 65

BOURG-DE-VISA Lasbourdettes
C.M. 79 Pli 16

1 ch. Moissac (le cloître) 15 km. Brassac (le Château) 3 km. Lasbourdettes : 1 lieu de vacances à la ferme où vous pourrez découvrir les saveurs du terroir ainsi que les paysages des côteaux du Quercy. Sur place possibilité de prendre les repas en ferme auberge. Au r.d.c de la maison de la propriétaire avec accès indépendant : 1 ch (1 lit 2 pers avec salle d'eau, wc privatifs). A proximité, 1 gîte 3 épis NN.

Prix : 1 pers. **29** € 2 pers. **38** € pers. sup. **12** €
Ouvert : Toute l'année.

12	5	6	7	SP	19	12	17	6

Arlette DECAUNES - Lasbourdettes - 82190 BOURG-DE-VISA - Tél. : 05 63 94 26 75 ou SR : 05 63 21 79 61

Tarn-et-Garonne
Midi-Pyrénées

BRASSAC La Marquise (TH)
C.M. 79 Pli 16

4 ch. — 4 chambres aménagées au 1er étage de la maison du propriétaire. 1 ch. (1 lit 2 pers. 2 lits 1 pers.), 1 ch. (1 lit 2 pers.), 1 ch. (1 lit 2 pers. 1 lit 1 pers.), 1 ch. (1 lit 2 pers.). Salles d'eau/wc privés. Ombrages, véranda, salon de jardin. Connaissance de la flore, randonnée pédestre, pêche en étang. 1/2 pens. sur la base de 2 pers. et à partir du 3e jour. Vous trouverez dans cette ferme un aménagement soigné et rustique, un accueil très chaleureux, une table d'hôtes de qualité (médaille toque d'or 91). VTT. Canne à pêche sur place. Langue parlée : anglais.

Prix : 1 pers. 32 € 2 pers. 38 € 3 pers. 48 € pers. sup. 10 €
repas 14 € 1/2 pens. 32 € pens. 46 €
Ouvert : Toute l'année.

🐕	⛱	🏊	🎣	🎾	🚶	👥	🐎	🚴	🚉
	14	11	SP	6	SP	17	14	29	20	8

Gilbert et Michèle DIO - La Marquise - 82190 BRASSAC - Tél. : 05 63 94 25 16 - Fax : 05 63 94 25 16 ou SR : 05 63 21 79 61

BRUNIQUEL
C.M. 79 Pli 19

5 ch. — 5 chambres d'hôtes aménagées dans une grande maison située dans le village. 5 chambres 2 pers. avec 2 salles d'eau communes, wc communs sur le palier.

Prix : 1 pers. 16 € 2 pers. 21 €
Ouvert : Toute l'année.

🐕	⛱	🏊	🎣	🎾	🚶	👥	🐎	🚴	🚉
	13	14	1	SP	SP	1	13	7	5

MAIRIE DE BRUNIQUEL - M. le Maire - 82800 BRUNIQUEL - Tél. : 05 63 67 24 76

BRUNIQUEL Promenade du Ravelin (TH)
C.M. 79 Pli 19

4 ch. — Au 1er étage : 1 ch. (1 lit 2 pers. 2 lits 1 pers.), salle de bains et wc privatif. Au 2e étage : 2 ch. (1 lit 2 pers. 1 lit 1 pers. chacune). Au 3e ét. : 1 ch. (1 lit 2 pers. 2 lits 1 pers.), wc privatifs. Transport des bagages d'une étape à l'autre pour les randonneurs. 4 pers = 61 €. « Randon'hôtes », tel est le nom de cette maison où 4 chambres d'hôtes ont été aménagées avec vue magnifique sur le Causse boisé. La table d'hôtes propose ses spécialités au four, son saumon en papillote, ses tartes aux fruits et pâtisserie maison. Conseils de randonnée et cartes à disposition. Langue parlée : anglais.

Prix : 1 pers. 31 € 2 pers. 38 € 3 pers. 54 € repas 15 €
1/2 pens. 34 €
Ouvert : Toute l'année.

🐕	⛱	🏊	🎣	🎾	🚶	👥	🐎	🚴	🚉
	14	11	SP	SP	SP	1	14	7	17	SP

Marc DE BAUDOUIN - Promenade du Ravelin - 82800 BRUNIQUEL - Tél. : 05 63 67 26 16 ou 06 83 07 99 31 - Fax : 05 63 24 17 26 - E-mail : randodo@wanadoo.fr

---

BRUNIQUEL
C.M. 79 Pli 18

1 ch. — Bruniquel (le château), « le Vieux Fusil » sur place. Au 1er étage : très grande ch. (1 lit baldaquin 160), salle de bains et wc privés, coin-salon dans la ch. Possibilité de prendre le petit déjeuner l'été dans le jardinet. Salon et salle à manger communs, bibliothèque. « Il y a des endroits qu'on ne saurait décrire. Dans cette chambre d'hôtes, la propriétaire a réalisé un ensemble raffiné et confortable. Mieux vaut y venir pour découvrir et apprécier.

Prix : 1 pers. 45 € 2 pers. 50 €
Ouvert : Toute l'année.

🐕	⛱	🏊	🎣	🎾	🚶	👥	🐎	🚴	🚉
	16	12	1	1	0,5	30	6	16	SP

Danielle PICHENE - Rue Droite de la Peyre - « Les Lichens » - 82800 BRUNIQUEL - Tél. : 05 63 24 11 76

CASTANET
C.M. 79 Pli 19

3 ch. — 3 chambres d'hôtes aménagées dans une maison située au centre du village. 3 chambres (1 lit 2 pers. 1 lit 1 pers. lavabo chacune), avec salle d'eau commune, wc communs sur le palier. Accès à la piscine commune. Langue parlée : anglais.

Prix : 1 pers. 15/18 € 2 pers. 23/26 € 3 pers. 30/34 €
Ouvert : Toute l'année.

🐕	⛱	🏊	🎣	🎾	🚶	👥	🐎	🚴	🚉
	6	SP	6	6	SP	4	6	10	20	6

Jean-Claude CASTAGNE - Castanet - 82160 CAYLUS - Tél. : 05 63 65 75 04

CASTANET Cambayrac (TH)
C.M. 79 Pli 19

4 ch. — En prenant les repas à la table d'hôtes, face à la cheminée, vous découvrirez la cuisine locale préparée soigneusement par Myriam alors que Daniel saura vous guider pour de belles balades à travers les nombreux sentiers de randonnées. 4 ch. avec s. d'eau et s.d.b./wc privatifs. 3 ch. (1 lit 2 pers. chacune). 1 ch. (2 lits 90). 1/2 pens. sur la base de 2 pers. Sur place : piscine, VTT, ping-pong. En arrivant, l'ardoise du toit et les pierres du mur vous renvoient l'image typique des granges d'antan. A l'intérieur, au 1er étage, dans un cadre rustique et confortable, 4 ch. vous feront apprécier le calme de la campagne. Langues parlées : anglais, espagnol.

Prix : 1 pers. 30 € 2 pers. 40 € pers. sup. 12 € repas 13 €
1/2 pens. 32 €
Ouvert : Toute l'année.

🐕	⛱	🏊	🎣	🎾	🚶	👥	🐎	🚴	🚉
	4	SP	SP	4	SP	9	11	33	6

Daniel et Myriam VIDAL - Cambayrac - 82160 CASTANET - Tél. : 05 63 24 02 03 - Fax : 05 63 24 01 68 - E-mail : DVIDAL@wanadoo.fr - cambayrac.com

Midi-Pyrénées — Tarn-et-Garonne

CASTELSAGRAT Tondes
C.M. 79 Pli 16

2 ch. Moissac 15 km. Brassac 5 km. Au r.d.c : 1 ch (1 lit 2 pers), 1 ch (1 lit 2 pers et 1 lit gigogne). Salle d'eau et wc privatifs pour chacune. Salon commun avec le propriétaire (cheminée, fauteuils, bibliothèque). Mark et Julie vous accueilleront dans leurs ch d'hôtes situées sur la ferme. Vous pourrez apprécier les ballades dans la campagne environnante. Repas enfant 8 €. Langue parlée : anglais.

Prix : 1 pers. 29 € ◆ 2 pers. 36 € ◆ pers. sup. 11 € ◆ repas 15 €
Ouvert : Toute l'année.

13	13	3	13	SP	13	13	13

Mark SELLARS - Tondes - Tondes - 82400 CASTELSAGRAT - Tél. : 05 63 94 52 13

CASTELSARRASIN Dantous Sud
C.M. 79 Pli 16

5 ch. Dans une sympathique maison, 5 chambres ont été aménagées au 1er étage. 4 chambres (1 lit 1 pers. 1 lit 2 pers. chacune). 1 chambre (2 lits 1 pers. 1 lit 2 pers.). Dans chaque chambre salle d'eau/wc. 2 chambres mansardées, toutes de grand confort. Piscine sur place. Terrain clos ombragé. Salle de jeux. Entrée indépendante. Terrain de boules, portique, salon de jardin. TV couleur. Canal latéral à la Garonne à 100 m. Nombreux sites touristiques à visiter (Cloître de Moissac).

Prix : 1 pers. 35 € ◆ 2 pers. 40 € ◆ pers. sup. 14 €
Ouvert : Toute l'année.

17	SP	4	3	6	8	3	3

Christiane GALEA - Dantous Sud - 82100 CASTELSARRASIN - Tél. : 05 63 32 26 95

CAZES-MONDENARD Varere
C.M. 79 Pli 17

1 ch. 1 chambre : 1 lit 2 pers. 1 lit 1 pers. Lavabo. salle d'eau et wc (séparés) réservés aux hôtes. Salle de séjour, bibliothèque, salon de jardin, jeux (ping-pong, baby-foot) à disposition. Piscine sur place. Sur la D81 entre Cazes et Lafrancaise. Au milieu des côteaux nous vous accueillons dans notre ancienne ferme. Vous apprécierez le calme et le site ombragé. A travers l'habitat, les traces du passé et l'actualité locale, vous pourrez découvrir les richesses de la vie rurale du Bas-Quercy.

Prix : 1 pers. 25 € ◆ 2 pers. 30 € ◆ 3 pers. 38 €
Ouvert : Du 1er mai au 31 octobre.

12	SP	3	3	SP	9	25	15	3

Marcel JEANJEAN - Varère - Cazes-Mondenard - 82110 LAUZERTE - Tél. : 05 63 04 52 57

CAZES-MONDENARD Martissan
C.M. 79 Pli 17

3 ch. Moissac (le cloître). Au 1er étage 1 gd couloir dessert la ch. patrimoine « Irma » (3 lits anciens 1 pers.), s.d.b., wc. La ch. actuelle « Julie » (1 lit 2 pers.), s. d'eau, wc. La ch. africaine « Melissa » (1 lit 2 pers. 1 lit 1 pers.), s.d.b., wc. Salon et salle à manger réservés aux hôtes. Au r.d.c. Jardin avec salon de jardin et chaises longues autour de la piscine. Ici, on ne passe pas sans s'arrêter. La maison natale de la famille Mauret ouvre ses portes. Un magnifique couloir bleuté guide dans les pièces de vie empreintes du passé. Chaque chambre évoque une mode, un pays, une tradition. Repas enfant : 7 €.

Prix : 1 pers. 43/45 € ◆ 2 pers. 55/58 € ◆ 3 pers. 58/61 €
pers. sup. 16 € ◆ repas 16 € ◆ 1/2 pens. 78/87 €
Ouvert : Toute l'année.

12	SP	4	8	SP	15	8	30	24	6

Claude MAURET - Martissan - 82110 CAZES-MONDENARD - Tél. : 05 63 95 83 71 - Fax : 05 63 95 83 71 -
E-mail : claude.mauret@free.fr - www.montauban.cci.fr/grange/ ou SR : 05 63 21 79 61

CORBARIEU Lautouy
C.M. 82 Pli 8

4 ch. Montauban (musée Ingres) 7 km. 1 ch « Pivoine » avec accès indépendant (1 lit 160), s.d.b avec wc privatifs. 1 ch « Champêtre » avec accès indépendant et direct avec l'extérieur (1 lit 2 pers.), s. d'eau et wc. 1 ch « Sylvie » (1 lit 160), s.d'eau, wc. 1 ch « Caty » (1 lit 2 pers), s.d'eau,wc. S. à manger et salon communs. Installations équestres (box, carrière, manège). « Nos hôtes trouveront chez vous la tranquillité sur un domaine de 5 ha et profiteront du point de vue, du jardin fleuri, de la piscine, du cadre... » C'est ainsi qu'Anne-Marie et Yvon vous recevront, chaleureusement pour un moment à savourer en toute quiétude. Langues parlées : italien, anglais.

Prix : 1 pers. 38/44 € ◆ 2 pers. 55/66 € ◆ pers. sup. 14 €
Ouvert : Toute l'année.

10	SP	2	2	SP	4	10	15	7	2

Yvon MORENO - Lautouy - 82370 CORBARIEU - Tél. : 05 63 67 86 57 - Fax : 05 63 67 86 57 - E-mail : lautouy@free.fr - www.lautouy.free.fr ou SR : 05 63 21 79 61

ESCATALENS
C.M. 79 Pli 17

4 ch. Montauban (musée Ingres) 20 km. Moissac (cloître) 10 km. Au 1er ét., 1 la suite « Les chevaliers » (1 ch 1 lit 2 pers, 1 ch. 1 lit 1 pers.) s.d.b./wc privatifs). « Les Romantiques » (1 ch 1 lit 2 pers, 1 ch 2 lits 1 pers), s.d.b., wc. « Côté Sud » (1 ch 1 lit 2 pers, 1 ch 2 lits 1 pers), s.d'eau,wc. « Roméo et Juliette » (1 ch 3 lits 1 pers, s.d.b, douche, wc). Salon privatif aux hôtes, Tv, bibliothèque. Jardin ombragé. Cuisine d'été, s.à manger et salon dans les chais, salle de jeux enfants. Cette demeure du 18e s. ne vous laissera pas indifférent. Vous y trouverez le charme exquis de grandes pièces au sol patiné, la décoration personnalisée au thème historique ou romantique, la détente autour de la piscine. Langues parlées : anglais, espagnol.

Prix : 1 pers. 38/50 € ◆ 2 pers. 49/61 € ◆ 3 pers. 61/76 €
repas 15/20 €
Ouvert : Du 1er avril au 31 octobre.

16	SP	0,5	0,7	SP	10	8	3

Claudine CHOUX - Place de la Mairie - 82700 ESCATALENS - Tél. : 05 63 68 71 23 - Fax : 05 63 68 71 23 ou SR : 05 63 21 79 61

Tarn-et-Garonne   Midi-Pyrénées

FENEYROLS Les Clauzels   (TH)   C.M. 79 Pli 19

¦¦¦ 5 ch. **Saint-Antonin ou Cordes-sur-Ciel 18 km.** 2 ch. 3 épis (2 lits 1 pers. 1 lit 2 pers. + 1 lit enfant.), sanitaires privés. 3 ch. 1 épis, 1 ch. (2 lits 1 pers.), 2 ch. (1 lit 2 pers. chacune), poss. lit bébé, lavabo chacune. Salle de bains. Environnement paysager boisé et vallonné, accueil chaleureux. Repas enfant : 7 €. Au bout du chemin, le calme assuré dans cette ferme de séjour où les chemins de randonnées et les balades à cheval seront à 2 pas. Dans un paysage vallonné et boisé, ces 5 chambres d'hôtes vous feront découvrir la vie paisible de la campagne. Langues parlées : anglais, espagnol.

Prix : 1 pers. **22/28** € 2 pers. **28/25** € 3 pers. **39** € repas **13** €
Ouvert : Du 15 février au 15 décembre.

18	18	10	SP	SP	18	18	10	8

Sonia AHARCHAOU - Les Clauzels - Feneyrols - 81140 ROUSSAYROLLES - Tél. : 05 63 56 30 98 - Fax : 05 63 56 22 92 ou SR : 05 63 21 79 61

GRAMONT Les Garbes   (S)   (TH)   C.M. 82 Pli 6

¦¦¦ 4 ch. Simone et Patrice vous accueillent dans leur authentique petite ferme lomagnole. Vous aurez plaisir à séjourner dans leur ch. aux noms de fleurs des champs : au 1er étage, 1 ch. (2 lits 1 pers.), 1 ch. (1 lit 2 pers.), 1 ch. (1 lit 2 pers. 1 lit 1 pers.), 1 ch. (2 lits 2 pers.), s. d'eau, wc privés. Sur place : ping-pong, VTT, jeux pour enfants, grand terrain et terrasse avec vue exceptionnelle. Produits de la ferme. Repas enfants moins de 4 ans : gratuit, moins de 10 ans : 8 €. Tarif 4 pers. 65 €. Langues parlées : anglais, espagnol.

Prix : 1 pers. **30** € 2 pers. **38** € 3 pers. **47** € pers. sup. **10** € repas **14** €
Ouvert : Toute l'année.

8	17	2	7	17	8	7

Patrice et Simone GAILLARD et VARGAS - Les Garbes - 82120 GRAMONT - Tél. : 05 63 94 07 81 ou SR : 05 63 21 79 61

LABARTHE Le Soyc   (TH)   C.M. 79 Pli 17

¦¦¦ 5 ch. **Montpezat-de-Quercy (la collégiale) 15 km. Lauzerte 20 km.** Au 1er étage : 2 ch (2 lits 1 pers, chacune), s. d'eau avec wc privés, 1 ch (1 lit 2 pers, chacune) s. d'eau avec wc privés. 2 ch (1 lit 2 pers, chacune) s. d'eau, wc. Au r.d.c : salon et s. à manger communs. 2 wc communs Au 2e étage : s. de jeux (table de ping-pong). Cuisine d'été (micro-ondes, frigo, gazinière pour bébé) annex terrasse couverte, piscine. Lieu d'accueil très agréable dans cette ancienne maison de maître datant du XVIIIe siècle, construite en pierres blanches, 5 ch. viennent d'être aménagées avec goût. Chacune offre une vue très dégagée sur la campagne. Dehors la piscine, les balades vous attendent pour quelques moments de détente.

Prix : 1 pers. **39/43** € 2 pers. **45/47** € 3 pers. **59/62** € pers. sup. **15** € repas **17** €
Ouvert : Toute l'année.

6	SP	1	6	1	22	6

Richard GROB - Le Soyc - 82220 LABARTHE - Tél. : 05 63 67 70 66 - Fax : 05 63 67 70 66 ou SR : 05 63 21 79 61

LABASTIDE-DU-TEMPLE Barryquoutie   (TH)   C.M. 79 Pli 17

¦¦¦ 2 ch. 2 ch rustiques aménagées dans l'ancien grenier d'une ferme. Ch saumon (1 lit 2 pers, 1 lit 1 pers), s. d'eau/wc. Ch verte (1 lit 2 pers,. 1 lit 1 pers), s. d'eau/wc, grand salon privatif (fauteuils, livres). Douceur et espace dans cette ferme où l'on cultive les fleurs et les plantes, grand jardin paysager (collection rosiers anciens, hydrangeas...). Piscine commune. Langues parlées : anglais, allemand.

Prix : 1 pers. **34** € 2 pers. **43** € 3 pers. **54** € repas **13** €
Ouvert : Toute l'année.

8	SP	SP	SP	SP	8	15	SP

Francis POLYCARPE - Barryquoutie - 82100 LABASTIDE-DU-TEMPLE - Tél. : 05 63 31 68 36

LACHAPELLE   (TH)   C.M. 79 Pli 16

¦¦¦ 2 ch. Dans une ancienne ferme en pierres, rénovée, ouvrant sur un grand espace vert ombragé avec piscine, en bordure d'une Commanderie de Templiers, ce couple franco-hollandais vous réserve un accueil chaleureux et de qualité. 1 ch. double d'1 ch. (2 lits 1 pers) et d'1 ch. (1 lit 2 pers.) s. d'eau/wc priv. 1 ch. (1 lit 2 pers.), s.d.b./wc privés. Salons de jardin. Ping-pong, barbecue. Accueil toboggan. Tarif 4 pers. : 70 €. Repas enfant -7 ans : 8 €. Langues parlées : anglais, hollandais, allemand.

Prix : 2 pers. **43** € 3 pers. **58** € pers. sup. **12** € repas **14** €
Ouvert : Du 1er juillet au 31 août.

	SP	13	15	SP	15	19	7

Françoise et Cornelis VAN DEN BRINK - Village - 82120 LACHAPELLE - Tél. : 05 63 94 14 10 ou 01 39 49 07 37 -
E-mail : lachapelle_vdb@hotmail.com

LAFRANCAISE Trouilles   (TH)   ⊟   C.M. 79 Pli 17

¦¦¦ 6 ch. **Lafrançaise 2 km.** 6 ch. sont aménagées dans la maison du propriétaire. Rez-de-chaussée : 4 ch. d'accès direct (1 lit 2 pers. 1 lit 1 pers. chacune), salle d'eau et wc. 1er étage : 1 chambre (1 lit 2 pers. 1 lit 1 pers.), 1 chambre (1 lit 2 pers.), salle d'eau et wc privatifs. En descendant le chemin, la ferme de Trouilles vous attend en ch. d'hôtes où tous les ingrédients sont réunis pour rendre votre séjour des plus agréables. Piscine. Langue parlée : anglais.

Prix : 1 pers. **31** € 2 pers. **43** € 3 pers. **54** € pers. sup. **10** € repas **14** €
Ouvert : Toute l'année.

3	SP	SP	2	SP	2	2	2

S.A.R.L. DES TROUILLES - MM GUFFROY - Trouilles - 82130 LAFRANCAISE - Tél. : 05 63 65 84 46 - Fax : 05 63 65 97 14

Midi-Pyrénées **Tarn-et-Garonne**

LAFRANCAISE Les Rives
C.M. 79 Pli 7

2 ch. Que de douceur dans cette demeure de caractère du XIXe à l'intérieur, confort douillet et mobilier ancien pour ces 2 ch d'hôtes. 1 ch au r.d.c. (1 lit 2 pers) précédée d'1 salon privé (clic-clac), s.d.b (baignoire sabot), wc indépendants. 1 ch familiale à l'étage : (1 lit 2 pers.), (1 lit 2 pers.), salle d'eau et wc. TV dans chacune. Portique, pêche et toboggan. Tarif 4 pers. : 64 €. Grand parc ombragé avec piscine (6x3 m) synonyme de repos et de détente à quelques pas du Tarn et de l'Aveyron. Entrée indépendante pour les hôtes. A disposition des hôtes grand salon commun (biblio, TV, babyfoot) et cuisine dans dépendance.

Prix : 1 pers. **34** € 2 pers. **43** € 3 pers. **55** € pers. sup. **13** €
Ouvert : Toute l'année.

5	SP	SP	5	SP	12	5	12	5

Francine HUC - Les Rives - 82130 LAFRANCAISE - Tél. : 05 63 65 87 65 ou SR : 05 63 21 79 61

LAFRANCAISE Le Platane
C.M. 79 Pli 17

3 ch. Au 1er ét. : 2 ch. (1 lit 2 pers. chacune) coin-salon, salle d'eau avec wc. 1 ch. (1 lit 160), coin-salon, salle d'eau, wc séparés, privatifs à la ch. Vélos. TV couleur dans chaque chambre. Tarif enfant : 8 €. La ferme de Christa a un cachet très particulier. L'écurie, manège 20x40 m, le pigeonnier, la maison de maître en terre crue magnifiquement restaurée domine un parc agrémenté d'un lac et d'une piscine (13 x 7 m). Faites étape dans ce beau cadre !

Prix : 1 pers. **50/58** € 2 pers. **55/60** € pers. sup. **13** € repas **16** €
Ouvert : Toute l'année.

SP	SP	4	5	SP	22	5

Christa HORF - Coques Lunel - Le Platane - 82130 LAFRANCAISE - Tél. : 05 63 65 92 18 - Fax : 05 63 65 88 18

LAGUEPIE
C.M. 79 Pli 19

4 ch. Dans une maison ancienne restaurée, située dans le village. 1 chambre au r.d.c. (2 lits 1 pers.), lavabo et wc privatifs. Au 1er ét. : 1 ch. : 1 ch (1 lit 2 pers. 1 lit 1 pers.), 1 ch. (1 lit 2 pers.), chacune avec un lavabo. Salle d'eau commune. Au 2e ét. : 1 chambre (1 lit 2 pers. 1 lit 1 pers.), salle d'eau privée. WC communs avec le 1er étage. Au cœur d'une région très touristique réputée, les Gorges de l'Aveyron.

Prix : 1 pers. **26/27** € 2 pers. **29/35** € 3 pers. **37/43** € pers. sup. **8** €
Ouvert : D'avril à décembre.

2	24	SP	1	SP	22	22	SP

Marie-Simone CUVELIER - 82250 LAGUEPIE - Tél. : 05 63 30 27 67 ou SR : 05 63 21 79 61

LAUZERTE Moulin de Tauran
C.M. 79 Pli 17

2 ch. Près de la bastide perchée de Lauzerte, au bord d'une rivière, 2 ch. doubles pour une même famille. 1 ch. (1 lit 2 pers.) et 1 ch. (2 lits 1 pers.), salle de bains et wc, 1 ch. (1 lit 2 pers.) et 1 ch. (1 lit 2 pers.), salle de bains et wc. Salon commun. Repas enfant : 11 €. Tarif 4 pers. : 76 €. Sur place : piscine, ânes de bât, attelages et vélos de randonnées. Langues parlées : anglais, allemand.

Prix : 1 pers. **37** € 2 pers. **43** € 3 pers. **63** € pers. sup. **11** € repas **15/21** €
Ouvert : Toute l'année.

SP	SP	SP	2	SP	3	25	30	2

S.A.R.L. LES TOQUES DU CANARD - Le Moulin de Tauran - 82110 LAUZERTE - Tél. : 05 63 94 60 68

LAVIT La Ferme de Floris
C.M. 79 Pli 16

5 ch. 5 ch. au 1er étage aux couleurs pastels, 2 ch. (1 lit 2 pers. chacune), 1 ch. (2 lits 1 pers.). 2 ch. (1 lit 2 pers. 2 lits 1 pers. chacune), s. d'eau, wc chacune. Petit salon à l'étage. Lit d'appoint 1 pers. sur demande. Salle à manger, salon (cheminée) au r.d.c. réservés aux hôtes. Ping-pong, jeux de société, portique, bibliothèque. 4 pers : 63 €. Produits de la ferme. A la saison, cueillette de champignons. Faites étape à la ferme de Floris où Joseph et Danielle vous proposent un hébergement en chambre d'hôtes. Vous y apprécierez le calme de la campagne, et la dégustation des produits du terroir à la table d'hôtes. Goûter à la ferme. « BAF ».

Prix : 1 pers. **30** € 2 pers. **41** € 3 pers. **52** € repas **14** € 1/2 pens. **35** € pens. **47** €
Ouvert : Toute l'année.

10	3	1	3	SP	15	15	15	24	3

Joseph et Danielle BORGOLOTTO - La Ferme de Floris - Route de Saint-Clar - 82120 LAVIT - Tél. : 05 63 94 03 26 - Fax : 05 63 94 05 45 ou SR : 05 63 21 79 61

MAUBEC Le Jardin d'En Naoua
C.M. 82

5 ch. Au r.d.c., 1 ch. familiale : 1 ch. (1 lit 2 pers.) et 1 ch. (2 lits 1 pers.), s. d'eau/wc privés, accès hand. 1 ch. 2 épis (2 lits 1 pers.), s. d'eau/wc communs. A l'ét. : 2 ch. (1 lit 2 pers. chacune dont 1 avec 1 lit bébé et 1 avec 1 lit d'appoint 1 pers.), s. d'eau/wc privés, 1 ch. (3 lits 1 pers.), s.d.b., wc privés. Jardin, terrasse, vélos. Chiens sous réserve. Située au bas du village fortifié de Maubec, le Jardin de Naoua est une ancienne ferme du XVIIIe dont la restauration toute récente vous permettra d'apprécier des chambres d'hôtes confortables, de savourer les plats de la table d'hôtes (sur résa). Belle balade dans ce paysage agréable et boisé. Langues parlées : anglais, espagnol.

Prix : 1 pers. **29/33** € 2 pers. **35/46** € 3 pers. **54** € repas **15** € 1/2 pens. **33** €
Ouvert : D'avril à octobre.

2	10	2	2	SP	6	45	2

Michèle ROUX - Le Jardin d'en Naoua - 82500 MAUBEC - Tél. : 05 63 65 39 61 - Fax : 05 63 65 39 61 ou SR : 05 63 21 79 61

Tarn-et-Garonne   *Midi-Pyrénées*

MONCLAR-DE-QUERCY Les Vincens (TH) C.M. 82 Pli 18

2 ch.

Forêt de la Grésigne 10 km. Gorges de l'Aveyron 10 km. On accède aux ch d'hôtes par une entrée indépendante. Au r.d.c : 1 ch (1 lit 2 pers.), salle de bains, wc privatifs. Au 1er étage : 1 ch (1 lit 2 pers, possibilité lit appoint), salle de bains, wc privatifs. Petit salon dans chaque ch. Leur accent chante la joie d'accueillir, Nicolas et Claudine ont rapatrié leur convivialité du midi dans ce site paisible où la maison domine les bois. Un petit chemin vous amène au lac. Mais avant, appréciez le confort des ch, les repas en TH et le plaisir d'être ici tout simplement.

Prix : 1 pers. 32 € 2 pers. 43 € pers. sup. 12 € repas 15 €
Ouvert : Toute l'année.

1,7	1,7	0,5	1,7		0,2	19	1,7

Claudine BALME - Les Vincens - 82230 MONCLAR-DE-QUERCY - Tél. : 05 63 30 39 83 - Fax : 05 63 30 39 83 ou SR : 05 63 21 79 61

MONTAUBAN Ramierou C.M. 79 Pli 17

3 ch.

Montauban (musée Ingres) 2 km. Moissac (le cloître) 25 km. Dans une dépendance, 1 salon privatif (TV couleur, cheminée, 1 canapé clic-clac) précède la ch (1 lit 2 pers), s.d.b spacieuse (baignoire/ douche) avec wc séparés. Terrasse privative avec salon de jardin, barbecue donnant sur 1 espace vert très arboré. Dans 1 autre dépendance 2 ch avec salon privatif (1 lit 2 pers 1 canapé clic-clac chacune), s. d'eau et wc privatifs. Terrasse commune avec salon de jardin. Un îlot de verdure, un site privilégié, une bâtisse de caractère et un accueil très chaleureux : sûrement l'endroit de rêve pour une étape en ch d'hôtes. Accès à une cuisine aménagée pour les hôtes. 4 pers : 55/59 €. Langue parlée : anglais.

Prix : 1 pers. 34/38 € 2 pers. 43/47 € 3 pers. 50/55 €
Ouvert : Toute l'année.

10	2	4	2	SP	2	10	4	2

Jean-Pierre PERE - 960 chemin du Ramierou - 82000 MONTAUBAN - Tél. : 05 63 20 39 86 - Fax : 05 63 20 39 86

MONTPEZAT-DE-QUERCY La Madeleine C.M. 79 Pli 16

5 ch.

Montpezat-de-Quercy 8 km. 5 ch. aménagées dans une maison de caractère située dans un hameau en pleine campagne. 1 ch. au r.d.c. (1 lit 2 pers.) avec salle de bains part. 1 ch. au 1er étage (2 lits 1 pers.), 3 ch. (2 lits 2 pers. chacune) avec lavabos. Salle de bains commune. 3 wc communs sur palier. Salle de séjour avec TV. Possibilité cuisine. Jardin. Parking. Tarif 4 pers. : 45 €.

Prix : 1 pers. 23 € 2 pers. 30 € 3 pers. 38 € pers. sup. 8 €
Ouvert : De Pâques à la Toussaint.

15	7	SP	7	9	19	15	8

Maurice COURPET - La Madeleine - 82270 MONTPEZAT-DE-QUERCY - Tél. : 05 63 02 06 37

MONTPEZAT-DE-QUERCY Le Barry (TH) C.M. 79 Pli 18

5 ch.

En rez-de-jardin : 1 ch. (1 lit 2 pers.), s.d.b./wc. R.d.c. : 1 ch. (2 lits 1 pers.), s.d.b./wc. A l'ét. : 2 ch. (1 lit 2 pers. chacune), douche/wc. 2e ét. : 1 ch. (1 lit 2 pers. 1 lit 1 pers.). avec s.d.b/wc privés. Salon mis à disposition, TV, bibliothèque. 1/2 pension sur la base de 2 pers. Suppl. 1/2 pens./pers : 18 €. Repas enfant : 7,5 €. Sur le rempart de la cité médiévale de Montpezat-de-Quercy, le Barry, maison en pierre vous propose 5 chambres dans une ambiance de charme. Jardin, terrasse de 500 m² avec piscine, pelouse et fleurs. Vue exceptionnelle sur les côteaux de Quercy. Langues parlées : anglais, allemand.

Prix : 1 pers. 46 € 2 pers. 58 € 3 pers. 69 € repas 19 €
1/2 pens. 46 €
Ouvert : Toute l'année.

2	SP	2	2	1	15	2	24	12	SP

BANKES Francis et JAROSS Lothar - Le Barry - Faubourg Saint-Roch - 82270 MONTPEZAT-DE-QUERCY - Tél. : 05 63 02 05 50 - Fax : 05 63 02 03 07 ou SR : 05 63 21 79 61

MONTPEZAT-DE-QUERCY Pech de Lafon (TH) C.M. 79 Pli 18

3 ch.

Montpezat-de-Quercy (la collégiale) 4 km. Le magnifique couloir encadré des tableaux de son époux artiste-peintre, vous conduit au 1er étage. La ch. « indienne » (1 lit 2 pers. 1 lit 1 pers.). La ch. « les Perroquets » (1 lit 2 pers. 1 lit 1 pers.). La ch. des « Baldaquins » (2 lits 1 pers.), s. d'eau privative avec wc dans chacune. Grand salon avec TV et cheminée, salle à manger réservés aux hôtes. Sur place stages de peinture. TH sur réservation. Animaux admis sous condition. Cette belle demeure de maître du XIXe, aux doux tons rosés, surplombe la campagne quercynoise, où les champs sentent bon le melon.

Prix : 1 pers. 45/48 € 2 pers. 58/64 € 3 pers. 69/77 €
pers. sup. 13 € repas 20 € 1/2 pens. 49/52 €
Ouvert : Du 1er avril au 1er novembre.

10	4	4	4	SP	30	4	28	16	4

Micheline PERRONE - Domaine de Lafon - Pech de Lafon - 82270 MONTPEZAT-DE-QUERCY - Tél. : 05 63 02 05 09 - Fax : 05 63 27 60 69 - E-mail : Micheline.perrone@domainedelafon.com - www.domainedelafon.com ou SR : 05 63 21 79 61

MONTRICOUX Le Moulin de Mirande C.M. 79 Pli 18

4 ch.

Ancien moulin surplombant l'Aveyron, surprenant par sa belle restauration où la noblesse des matériaux se marie parfaitement avec le mobilier de style. 1er ét. : 4 jolies ch. avec sanitaires privés vous assurent un agréable séjour, wc communs sur le palier. 3 ch. (1 lits 2 pers. chacune), salle de bains. 1 ch. (1 lit 80, 1 lit 1 pers.), salle d'eau. Rez-de-chaussée : salle à manger réservée aux hôtes, wc. En vous promenant dans le parc environnant, laissez-vous attendrir par la beauté du site et le bruit agréable de la cascade.

Prix : 1 pers. 34 € 2 pers. 38 € 3 pers. 50 €
Ouvert : Toute l'année.

17	7	SP	1,5	SP	1,5	17	22	1,5

Reine DAUGE - Moulin de Mirande - Montricoux - 82800 NEGREPELISSE - Tél. : 05 63 67 24 18

Midi-Pyrénées   **Tarn-et-Garonne**

NEGREPELISSE Les Brunis   *C.M. 79 Pli 18*

5 ch. Au r.d.c. 1 ch. familiale : 1 ch. (2 lits 1 pers.), communicante avec 1 ch. mansardée (2 lits 1 pers. superp.), 1 ch. (1 lit 2 pers.), s. d'eau/wc chacune. 1er ét. : 1 ch. spacieuse donnant sur balcon (2 lits 1 pers.), superbe s.d.b./wc. 1 ch. (2 lits 1 pers.), 1 ch. (1 lit 2 pers.), s. d'eau/wc. Salon. Coin-détente. 4 pers. : 64/72 €. Dans une très belle maison située aux portes des Gorges de l'Aveyron, vous serez très bien accueillis dans ces 5 ch. pour passer un excellent séjour et apprécier les joies de la piscine. Prise TV dans chaque chambre. Repas en juillet/août sur réservation. Langue parlée : anglais.

Prix : 1 pers. 35/41 €   2 pers. 41/53 €   3 pers. 55/63 €
pers. sup. 10 €   repas 17 €
Ouvert : Toute l'année.

🐕	⛱	🏊	🎾	👥	🏇	🏊	🚴	🚂
13	SP	1	1	2	3	13	2	24	1

Johnny ANTONY - 4965 route de Montricoux - Les Brunis - 82800 NEGREPELISSE - Tél. : 05 63 67 24 08 - Fax : 05 63 67 24 08 ou SR : 05 63 21 79 61

PARISOT Belvésé   *C.M. 79 Pli 19*

3 ch. **Caylus (village médiéval, bastide) 10 km** A l'étage de ce bâti, 2 chambres d'hôtes avec chacune (1 lit 2 pers.), un coin-salon, une salle d'eau avec wc privatifs. 1 ch. (1 lit 2 pers.), coin-salon, salle de bains avec wc privatifs. Salle de séjour au rez-de-chaussée avec canapé, cheminée, kitchenette. Cet endroit est tout simplement beau, agréable, exceptionnel. La nature qui entoure le site de Belvésé, savamment entretenu, embellit le bâti typiquement Rouergat dont la restauration exemplaire mérite de s'y arrêter. Langue parlée : anglais.

Prix : 1 pers. 36 €   2 pers. 54 €
Ouvert : Toute l'année.

🐕	⛱	🏊	🎾	👥	🏇	🚂
3	10	3	3	SP	4	31	3

Colette NORGA - Belvésé - 82160 PARISOT - Tél. : 05 63 67 07 58

PUYLAROQUE Les Chimères   *C.M. 79 Pli 18*

2 ch. Entrée indép., soit par une cour, soit par un vieil escalier en pierres, probablement celui d'une ancienne tour de guêt. 1 ch. romantique avec mobilier de style Henri II et sa ch. annexe (1 lit 2 pers. 1 lit 120), s.d.b. et wc privatifs. 1 ch. rustique aux couleurs vives (1 lit 2 pers. 1 lit 1 pers.), s.d.b. et wc privatifs. Coin-cuisine. Repas enfant : 8 €. Jardin et terrasse avec salon de jardin et barbecue. La maison de Lisanne a subi maintes transformations, tout en gardant des empreintes d'un de ses propriétaires, italien d'origine : 2 ch. spacieuses, chacune avec balcon donnant sur une vue superbe. Langue parlée : anglais.

Prix : 1 pers. 46 €   2 pers. 53 €   3 pers. 66/69 €   repas 18 €
1/2 pens. 44 €
Ouvert : Toute l'année.

🐕	⛱	🏊	🎾	👥	🏇	🏊	🚴	🚂
20	14	1	1	SP	14	20	20	14	SP

Lisanne ASHTON - Les Chimères - Avenue Louis Bessières - 82240 PUYLAROQUE - Tél. : 05 63 31 25 71 - Fax : 05 63 64 90 16 ou SR : 05 63 21 79 61

SERIGNAC Le Vieux Chêne

3 ch. **Cloître de Moissac 30 mn. Musée Ingres de Montauban 30 mn.** 1 vraie ferme posée à flanc de côteaux bordée par 1 bois de vieux chênes avec ruisseau, étang... 1 ch double familiale avec 1 ch (1 lit 2 pers), 1 ch (2 lits 1 pers), et 1 petit coin-salon. 1 s. d'eau/wc avec wc privatifs. R.d.c : 1 ch (1 lit 2 pers.), s.d.b. et wc privatifs. 1 ch (3 lits 1 pers.), s. d'eau, wc privés chacune. Tarif repas enfant : 1/2 tarif de l'adulte. 4 pers : 60 €. Il y a les bons repas à la ferme-auberge, les bains dans la piscine. Ping-pong, pêche, baby-foot, portique, loc. VTT, balades. La qualité de l'accueil, le sens de la convivialité sont ici des éléments privilégiés pour offrir le meilleur séjour. Langues parlées : anglais, espagnol.

Prix : 1 pers. 30 €   2 pers. 40 €   3 pers. 50 €   pers. sup. 10 €
repas 15/30 €   1/2 pens. 35 €
Ouvert : Toute l'année.

🐕	⛱	🏊	🎾	👥	🏇	🚂
5	SP	SP	2	SP	2	15	5

Yves MIRAMONT - Le Vieux Chêne - 82500 SERIGNAC - Tél. : 05 63 20 70 32 - Fax : 05 63 20 74 39 ou SR : 05 63 21 79 61

ST-ANTONIN-NOBLE-VAL Bes de Quercy   *C.M. 79 Pli 19*

4 ch. 4 chambres d'hôtes à l'étage, 1 ch. familiale : 2 ch. (1 lit 2 pers. chacune salle de bains, wc.), 2 ch. (1 lit 2 pers. chacune + 1 lit 1 pers. dans une). 1 ch. (1 lit 2 pers. 1 lit 1 pers.), salles de bains et wc pour chaque chambre. Terrain. Dans une maison typique en pierre à proximité de l'habitation des propriétaires, 4 chambres d'hôtes ont été aménagées avec soin. Cadre agréable et reposant.

Prix : 1 pers. 30 €   2 pers. 40 €   3 pers. 50 €   repas 13 €
Ouvert : Toute l'année.

🐕	⛱	🏊	🎾	👥	🏇	🏊	🚴	🚂
9	8	9	8	SP	9	8	9	14	8

Joseph COSTES - Du Bes de Quercy - 82140 ST-ANTONIN-NOBLE-VAL - Tél. : 05 63 31 97 61

ST-ETIENNE-DE-TULMONT   *C.M. 79 Pli 18*

1 ch. **Saint-Antonin 30 km. Bruniquel 18 km.** Après une terrasse, 1 chambre familiale avec 1 chambre (1 lit 2 pers.) et 1 chambre (2 lits 1 pers.), une salle d'eau avec wc, salon de jardin. Accès indépendant. Ici à Saint-Etienne de Tulmont, Mr et Mme Gilet ont profité de leur espace pour aménager 1 chambre d'hôtes jolie et accueillante. L'endroit est calme et à proximité vous trouverez tous les loisirs (équitation, randonnée, piscine...) mais aussi visite de sites tels que Bruniquel, Saint-Antonin.

Prix : 1 pers. 38 €   2 pers. 38 €   pers. sup. 13 €
Ouvert : Toute l'année.

🐕	⛱	🏊	🎾	👥	🏇	🚂
17	14	2	1	SP	1	14	1

René GILET - 10 chemin de Bonhomme - 82410 ST-ETIENNE-DE-TULMONT - Tél. : 05 63 64 61 94 ou SR : 05 63 21 79 61

Tarn-et-Garonne

Midi-Pyrénées

ST-ETIENNE-DE-TULMONT Le Ramier
C.M. 79 Pli 18

3 ch. **Montauban 5 km. Les Gorges de l'Aveyron 15 km.** 2 des 3 ch ont 1 accès direct sur la terrasse (1 lit 2 pers, salle d'eau, wc privatif) et 1 ch (1 lit 2 pers, salle d'eau, wc privatif dans le couloir). Possibilité lit d'enfant et 1 lit supplémentaire (TV couleur dans chaque ch), salon et salle à manger commun (TV couleur, cheminée). C'est 1 lieu agréable, à 5 min de Montauban et à proximité des Gorges de l'Aveyron : Aménagement très soigné que vous proposent Nadine et Martial en vous accueillant dans leurs ch d'hôtes. Le parc qui entoure la maison garantit le calme et le repos. Langues parlées : anglais, espagnol, italien.

Prix : 1 pers. 35 € 2 pers. 38 € pers. sup. 8 €
Ouvert : Du 1er janvier au 31 décembre.

16	5	2	4	SP	2	5	4	

Nadine LAFLORENTIE - 3833 Vieille rte de Montauban - 82410 SAINT-ETIENNE-DE-TURMONT - Tél. : 05 63 64 64 25 ou 06 76 25 25 99

ST-LOUP La Billebaude
C.M. 79 Pli 15

2 ch. **Valence 7 km.** 1 ch. (1 lit 2 pers.), salle d'eau avec wc privatifs. 1 ch. (1 lit 160), salle d'eau avec wc privatifs. TV couleur dans les chambres. Jardin avec salon de jardin. Piscine du propriétaire. A la Billebaude les propriétaires ont bien fait les choses, pour vous qui aimez les chambres d'hôtes, vous apprécierez l'aménagement qui vous est réservé. Au r.d.c., une salle de séjour privative vous conduit à l'étage aux 2 chambres. L'orange se mêle au bleu, pour le plaisir des yeux et le confort de chacune vous invite. Au repos, pensez au bain dans la piscine lors des après-midi très ensoleillées.

Prix : 1 pers. 30/35 € 2 pers. 38/43 € repas 13/20 €
1/2 pens. 30/35 €
Ouvert : Toute l'année.

17	SP	0,5	4	4	5	7	7

Mireille BERENGUER - La Billebaude - Dumas - 82340 ST-LOUP - Tél. : 05 63 29 02 67 - Fax : 05 63 29 02 67

ST-MICHEL Barette
C.M. 79 Pli 16

4 ch. Grande maison sur un côteau à proximité du site d'Auvillar où 4 ch d'hôtes ont été aménagées avec salon privatif et grand espace vert. Au rez-de-chaussée : 4 ch (1 lit 2 pers), un salon, s.d.b et wc privatifs. Dont 3 ch. 2 épis et 1 ch. 3 épis. Les propriétaires vous y attendent et sauront vous faire apprécier la cuisine locale à leur table d'hôtes. Langues parlées : anglais, espagnol.

Prix : 1 pers. 37/43 € 2 pers. 37/43 € 3 pers. 49/55 €
pers. sup. 12 € repas 15 € 1/2 pens. 34 €
Ouvert : Toute l'année.

7	7	7	7	7	7	11	6

Jean-Claude DUCHAYNE - Ferme de Barette - 82340 ST-MICHEL - Tél. : 05 63 95 91 19 ou 06 85 40 72 35

ST-NAUPHARY Domaine du Roussillon
C.M. 79 Pli 18

3 ch. **Montauban (musée Ingres) 8 km.** Au 1er ét. 1 ch d'hôtes : (1 lit 2 pers, s. d'eau avec wc sur le palier) 1 ch 1 lit 2 pers, 1 lit 1 pers), s. d'eau chacune. Wc privés. L'espace agrémenté le confort de ces 2 ch accompagnés d'1 salon privatif avec TV. R.d.c : 1 ch 3 épis, accès indép. (1 lit 2 pers, 2 lits superposés), s. d'eau avec wc privés. Terrasse couverte devant la ch avec salon de jardin. Grand terrain et espace vert arboré. La ferme est belle au domaine du Roussillon. Ses grandes bâtisses abritent une famille accueillante qui vous propose aussi 1 gîte rural. Piscine commune. Petit déjeuner servi auprès de la cheminée en saison. 4 pers : 68 €.

Prix : 1 pers. 35/38 € 2 pers. 38/48 € 3 pers. 58 €
Ouvert : Toute l'année.

10	SP	SP	1	SP	8	8	0,8

David FRESQUET - Domaine du Roussillon - 82370 ST-NAUPHARY - Tél. : 05 63 67 85 47 ou 06 76 86 21 21 - Fax : 05 63 67 85 47 - www.domaineroussillon.com

---

ST-NICOLAS-DE-LA-GRAVE
C.M. 79 Pli 16

2 ch. A droite la chambre bleue sur le thème du cheval, vous propose un salon (canapé et fauteuil), 1 lit 2 pers., 1 lit d'appoint 1 pers., salle d'eau et wc, à gauche la chambre rose romantique avec son salon (fauteuil, bureau), 1 lit 2 pers., salle de bains, wc. Chacune avec TV. Salon réservé aux hôtes. Jardin clos avec possibilité de déjeuner en terrasse. Cuisine à disposition des hôtes. Madame Valette vous accueille dans sa maison de village, au 1er étage dans 2 belles ch, confortables et agréablement décorées. Langue parlée : espagnol.

Prix : 1 pers. 30 € 2 pers. 37 € 3 pers. 47 €
Ouvert : Toute l'année.

1,5	1,5	1,5	1,5	1,5	1,5	8	SP

Christiane VALETTE - Rue Thomas Goulard - 82210 ST-NICOLAS-DE-LA-GRAVE - Tél. : 05 63 95 97 18 - Fax : 05 63 95 59 16

ST-NICOLAS-DE-LA-GRAVE La Gravette
C.M. 79 Pli 16

2 ch. **Moissac (le cloître) 8 km** Au r.d.c : 1 ch. (1 lit 2 pers. 1 lit 1 pers.) avec s.d'eau et wc privatifs. Etage : 1 ch. (1 lit 2 pers.) avec s.de bains et wc privatifs. TV couleur et magnétoscope dans chacune des chambres. Kitchenette réservée aux hôtes. Accès indépendant. « Accueil Tobbogan ». 4 pers : 58 €. « La Laca » tel est son nom de la maison des propriétaires qui sauront vous accueillir très chaleureusement. Le calme et la verdure seront très apréciables. Un salon de jardin sera mis à votre disposition à l'ombre des Marroniers.

Prix : 1 pers. 30 € 2 pers. 37 € 3 pers. 47 € pers. sup. 11 €
Ouvert : Toute l'année.

1,5	1,5	1,5	SP	1,5	1,5	6	0,5	

David PLANTADE - La Gravette - 82210 ST-NICOLAS-DE-LA-GRAVE - Tél. : 05 63 95 94 91 ou 06 82 39 86 10

Midi-Pyrénées **Tarn-et-Garonne**

ST-VINCENT-LESPINASSE Le Grenier du Levant (TH) 🍇 *C.M. 79 Pli 16*

2 ch. 1er ét : 1 ch (2 lits 1 pers, 2 lits d'appoint), s.d.b privative. Salon avec biblio. TV. R.d.c 1 ch. (1 lit 2 pers), s. d'eau avec wc privatifs, s. de séjour, cheminée réservée aux hôtes, s. d'eau communs/wc. Possibilité lit suppl. 1/2 pension par pers. sur la base de 2 pers. à partir du 3e jour. Gîte d'étape et de séjour. « Accueil Tobbogan ». 4 pers : 59/75 €. Le calme, la verdure et le bien-être vous les trouverez à travers le séjour, dans les ch d'hôtes qu'Annie et Raymond ont joliment aménagé. 1 ch 2 épis, spacieuse, à l'étage, chaleureuse et la 2e 3 épis fidèle au patrimoine. Comment ne pas se laisser tenter par les petits plats proposés à la TH. Langue parlée : espagnol.

Prix : 1 pers. **31/37** € 2 pers. **39/43** € 3 pers. **49/63** € repas **14** €
1/2 pens. **34/36** €

Ouvert : Toute l'année.

7	1	SP	SP	8	5	7	2

Annie GRANIER - Le Grenier du Levant - 82400 ST-VINCENT-LESPINASSE - Tél. : **05 63 29 07 14** - Fax : **05 63 29 07 14** ou SR : **05 63 21 79 61**

VALENCE-D'AGEN *C.M. 79 Pli 16*

2 ch. **Valence-d'Agen 2 km.** Très belle maison située proche de la RN113 où sont aménagées 2 chambres d'hôtes de grand confort. 1 chambre (1 lit 2 pers.) avec salle de bains. 1 chambre familiale : 1 ch. (2 lits 1 pers. en 100), 1 ch. (1 lit 1 pers. en 100) avec salle de douche, wc communs sur le palier. Au r.d.c sanitaires privatifs réservés aux hôtes. Garage. Terrain clos ombragé et fleuri. Golf miniature, piste de patinage, skateboard à 2 km. Tarif 4 pers. : 61 €.

Prix : 1 pers. **26** € 2 pers. **34** € 3 pers. **46** € pers. sup. **15** €
Ouvert : Du 1er avril au 30 septembre.

2	2	2	2	2	2	2	12	SP

Yvonne LAUZIN - 43 avenue Auguste Greze - 82400 VALENCE-D'AGEN - Tél. : **05 63 29 07 49**

NORD-PAS-DE-CALAIS

Pour réserver, écrire ou téléphoner :

59 - NORD
GÎTES DE FRANCE - Service Réservation
89, bd de la Liberté - B.P. 1210
59013 LILLE Cedex
Tél. : 03 20 14 93 93 - Fax : 03 20 14 93 99

3615 Gîtes de France
0,2 €/min

62 - PAS-DE-CALAIS
GÎTES DE FRANCE - Service Réservation
24, rue Desille
62200 BOULOGNE-SUR-MER
Tél. : 03 21 83 96 77 - Fax : 03 21 30 04 81

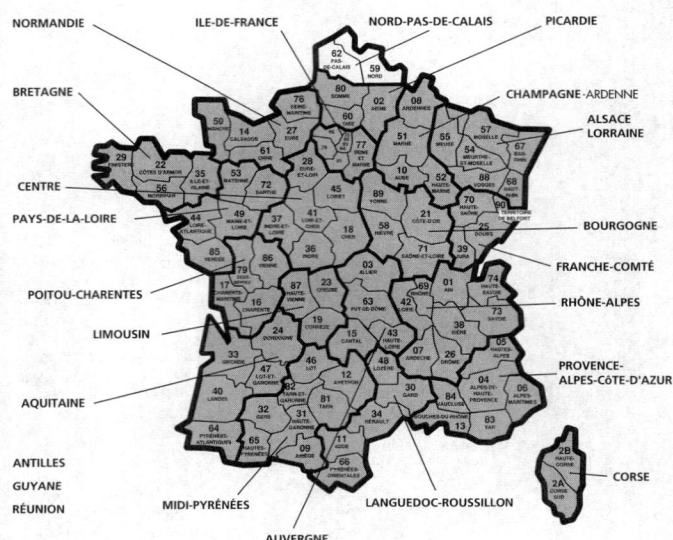

Nord-Pas-de-Calais — **Nord**

GITES DE FRANCE
Service Réservation
89, bd de La Liberté - B.P. 1210
59013 LILLE Cedex
Tél. 03 20 14 93 93 - Fax 03 20 14 93 99

3615 Gîtes de France
0,2 €/min

AIX-LES-ORCHIES *C.M. 51 Pli 17*

2 ch. Belgique 6 km. Saint-Amand 9 km. Douai, Lesquin 20 km. Lille 25 km. Sur une ancienne ferme primée au concours départemental du patrimoine en 1996. 2 ch. indép. de la maison des prop., à l'étage. Ch. 1 : 1 lit 140, 1 lit 90. Ch. 2 : 1 lit 140. Wc, lavabo, douche, TV/ch. Salle de billard. Petit déj. dans la maison des prop. (séjour/chem. foyer ouvert). Auberge de campagne 4 km. Accepte les animaux sauf chat. Villeneuve d'Ascq 26 km. 2 gîtes ruraux/pl. Autoroute Lille Valenciennes sortie Orchies, direction Tournai, puis Aix, suivre Mairie. Construit en 1800, rénovée en 1994. 3 épis 106.5 points.

Prix : 1 pers. **28 €** 2 pers. **34 €** 3 pers. **38 €**

🐕	≈	🚣	⛵	🎣	🎾	🐎	🚶	⛳	🌲	🚠	🚉
	100	6	20	10	6	4	10	12	9	5	3

GITES DE FRANCE-SERVICE RESERVATION - 89 bd de la Liberté - BP 1210 - 59013 LILLE-Cedex - Tél. : 03 20 14 93 93 - Fax : 03 20 14 93 99 ou prop. : 03 20 71 09 54

AIX-LES-ORCHIES (TH) *C.M. 51 Pli 17*

2 ch. Orchies 8 km. Douai 18 km. Villeneuve d'Ascq 20 km. Lille 25 km. 2 ch. d'hôtes indép. de la maison des prop., à la frontière belge. Auberge de campagne/pl. Ch. 1 (1 lit 140), Ch. 2 (2 lits 90). Lavabo, wc, baignoire privés. Ch. cent. gaz. Parking commun clos. St-Amand, station thermale 9 km. Valenciennes 26 km. Tournai 30 km, Bruges 90 km. Prop. ayant 1 gîte rural. Autoroute Lille Valenciennes, sortie Orchies, direct. Mouchin. A l'entrée d'Aix : 1ère rue à droite (ch. à 100 m). 1/2 pension 39 €/1 pers., 55 €/2 pers. Pension 51 €/1 pers., 79 €/2 pers. Construit avant 1914, rénové : 1993. 75 pts. Langue parlée : anglais.

Prix : 1 pers. **27 €** 2 pers. **30 €** repas **12 €** 1/2 pens. **39 €** pens. **51 €**

🐕	≈	🚣	⛵	🎣	🎾	🐎	🚶	⛳	🌲	🚠	🚉
	80	8	10	10	8	10	9	9	8	4	

Mauricette ROULEZ - 67 rue du Général de Gaulle - « La Madelon » - 59310 AIX-LES-ORCHIES - Tél. : 03 20 79 62 47 - Fax : 03 20 79 62 47

BAIVES (TH) *C.M. 53 Pli 6*

5 ch. Val Joly 8 km. Fourmies 15 km. Avesnes/Helpe 20 km. Chimay 8 km. 5 ch. d'hôtes de charme indép. de l'habitation des propriétaires, mezz. Salle commune (chem. à foyer ouvert), salon, jardin d'intérieur. A l'ét. 1 lit 140/ch. Ch. 1 et 2 : lavabo, douche, wc. Ch. 3 et 4 : lavabo, baignoire, wc. Ch. 5 : 2 lavabos, douche, wc. Equitation/pl. Accueil chevaux. Tarif table d'hôtes boissons en sus. Au cœur de la Petite Suisse du Nord. Architecture contemporaine mariée à une charpente apparente aux poutres séculaires. En arrivant dans le village à gauche après l'église. 3 épis 107.8 pts. Const. : 1880, rén. : 1993. Langue parlée : anglais.

Prix : 1 pers. **34/49 €** 2 pers. **37/52 €** repas **15 €**

🐕	≈	🚣	⛵	🎣	🎾	🐎	🚶	⛳	🚠	🚉
	8	8	8	8	0,1	1	15	8		

CHAUVEAU P. et POULAIN Corinne - 2 rue Principale - 59132 BAIVES - Tél. : 03 27 57 02 69 - Fax : 03 27 57 02 69 - E-mail : la.fagne@wanadoo.fr

BANTEUX Bonavis *C.M. 53 Pli 13*

3 ch. 3 ch d'hôtes de Charme à l'ét. de la maison de la ferme de Bonavis (polyculture). Lavabo, wc, douche, TV privés. Ch. 1 : 1 lit 140, accès sur balcon. Ch. 2 : 1 lit 140, 1 lit 90. Ch. 3 (double) : 2 lits 140, 2 lits 90. Ch. cent. Double vitrage. Jeux/enf. Baby-foot, boules. Parking fermé, garage/dem. A 10 km au sud de Cambrai. Restaurants à 500 m. Abbaye de Vaucelles, randonnées pédestres, cyclistes autour de l'Abbaye 2 km. Vol à voile, aérodrome 9 km. A26 2 km, sortie 9 Masnières. Carrefour N44 et D917 entre Cambrai et St-Quentin. A 2 km au nord du village. Construit en 1920, rénové en 1991. 3 épis 86 pts.

Prix : 1 pers. **35/40 €** 2 pers. **42/55 €** 3 pers. **61/67 €** pers. sup. **69/79 €**

Ouvert : Toute l'année.

🐕	≈	🚣	⛵	🎣	🎾	🐎	🚶	⛳	🌲	🚠	🚉
	140	10	12	2	13	2	2	6	15	2	4

Thérèse DELCAMBRE - Ferme de Bonavis - Bonavis - 59266 BANTEUX - Tél. : 03 27 78 55 08 - Fax : 03 27 78 55 08 - E-mail : c.delcambre@club-internet.fr

BANTEUX Bonavis *C.M. 53 Pli 13*

1 ch. Abbaye de Vaucelles 2 km. Cambrai 10 km. Douai 40 km. Ch. d'hôte 40 m², à la ferme (polyculture), access. à tous, indép. de la maison des prop., mitoyenne à 1 gîte. Propriétée ayant 3 ch d'hôtes de charme dans l'habitation principale. Plain-pied : 2 lits 90, wc, lavabo, douche, TV. Supplément animal. Restauration/place. Archéosite de Les Rues-des-Vignes 3 km, Péronne (Somme) 25 km, Vol à voile, aérodrome 9 km. Poss. loc. chambre + le gîte (8 pers., lits faits) : 550 €/sem. w-e. 400 €, w-e. 3 nuits : 470 € (juil. & août). Construit en 1920, rénové en 1996. 3 épis 101.75 pts.

Prix : 1 pers. **40 €** 2 pers. **55 €**

🐕	≈	🚣	⛵	🎣	🎾	🐎	🚶	⛳	🌲	🚠	🚉
	140	10	12	2	13	2	2	6	15	2	4

GITES DE FRANCE-SERVICE RESERVATION - 89 bd de la Liberté - BP 1210 - 59013 LILLE-Cedex - Tél. : 03 20 14 93 93 - Fax : 03 20 14 93 99 ou prop. 03 27 78 55 08

Nord

Nord-Pas-de-Calais

BEAUCAMPS-LIGNY

C.M. 51 Pli 15

3 ch. **Lille 12 km.** 3 ch. dans ancienne ferme au carré au centre du bourg, attenantes à la maison des prop. (entrée indép.). R.d.c. : Ch. 1 (1 lit 140). Et. : Ch. 2 (1 lit 140, 1 lit 90). Ch. 3 (1 lit 140, 2 lits 90). Lavabo, douche, wc, téléphone/ch. Lit bb/dem. TV/dem. Séjour, salon à disposition des hôtes. Piano. Poêle à bois. Ch. cent. gaz. Terrasse 100 m², salon de jardin. Ping-pong. Parking clos. Garage/dem. Circuits VTT, cyclistes. Restaurant, tabac 50 m. A - de 8 km : ULM, équitation, tennis. Construit en 1920. Rénové en 1995. Enfant - 12 ans : 5,5 €. 3 épis 89.5 points. 5ᵉ prix Ch. d'Hôtes fleuries en 1998. Langue parlée : anglais.

Prix : 1 pers. 30 € 2 pers. 41 € 3 pers. 52 €
Ouvert : Toute l'année.

70	8	11	5	3	5	50	10	12	0,1	5	0,2

Claire TILMANT-DANJOU - 8, rue de Radinghem - 59134 BEAUCAMPS-LIGNY - Tél. : 03 20 50 33 82 - Fax : 03 20 50 34 35 -
E-mail : CTILMANT@wanadoo.fr

BIERNE

C.M. 51 Pli 4

4 ch. **Dunkerque 10 km. Bray-Dunes 15 km. Belgique 20 km. Gravelines 25 km.** Ferme (polyculture), 4 ch. d'hôtes indép. de l'habitation des prop. Ch. 1 au r.d.c. acc. à tous : 2 lits 90, wc, lavabo, douche. Et. : ch. 2 : 1 lit 140, wc, lavabo, douche. Ch. 3 : 2 lits 90, wc, lavabo, douche. Ch. 4 : 1 lit 140, wc, lavabo, douche. Salle pour petits-déj. au r.d.c. avec kitchenette. Coin-salon avec TV. S. de jardin. Restaurant 0.8 km. Bergues (fortification Vauban) 2 km. Calais 40 km. Lille, Oostende 60 km. Bruges 80 km. Construit vers 1948, rénové en 2000. 2 gîtes ruraux sur place.

Prix : 1 pers. 32 € 2 pers. 37 €

10	2	6	0,1	2	6	6	4	20	1	2

GITES DE FRANCE-SERVICE RESERVATION - 89 bd de la Liberté - BP 1620 - 59013 LILLE-Cedex - Tél. : 03 20 14 93 93 -
Fax : 03 20 14 93 99 ou prop. : 03 28 68 66 98

BLARINGHEM

A (TH)   C.M. 51 Pli 4

2 ch. **Saint-Omer 12 km. Hazebrouck 14 km. Dunkerque 50 km. Calais 60 km.** 2 ch. d'hôtes indép. de la maison des prop. Auberge de campagne/place. A l'étage. WC, lavabo, douche, TV privés dans ch. 1 (Plein soleil) : 1 lit 140. Ch. 2 (Le Grand Bleu) : 1 lit 140, 1 lit 90. Séjour, coin-lecture. Cheminée avec insert dans l'auberge où se prennent les repas. Parking. Terrasse, salon de jardin. Pelouse close 1000 m². Aire/Lys 5 km. Arques 6 km. Clairmarais (promenades en barques dans les marais) 10 km. Lille 60 km. Aut. Lille-Dunkerque, sortie Hazebrouck, direction St-Omer, Blaringhem jusque N43. Construit 1925. Rénové 1995. 3 épis 79.66 pts. Langue parlée : anglais.

Prix : 1 pers. 29 € 2 pers. 36 € 3 pers. 45 € repas 16 €

50	5	3	1,5	5	2	0,1	15	8	8	1

Michel VANDENKERCKHOVE - 831 Le Mont du Pil - 59173 BLARINGHEM - Tél. : 03 28 43 20 11

BOLLEZEELE Le Pantgat-Hof

(TH)   C.M. 51 Pli 3

4 ch. **Bergues, Cassel 15 km. Saint-Omer 18 km. Gravelines 20 km.** Ancienne ferme à cour fermée. WC, lavabo, douche/ch. 1 access. à tous (1 lit 140, TV, tél.), Ch. 2 (1 lit 140, tél.), Ch. 3 (1 lit 90), Ch 4 (3 lits 90) + suite (2 lits 90) dans bâtiment mitoyen à la maison des prop. TH/réservation. Jardins. Bois. Atelier d'art. Cours de dentelle. Forfait w-e rando. guidée/pl. 3 boxes (loc. mai à octobre). Parking. Poneys, ânes. Terrain clos commun 8000 m². Centre village 2 km. Marais Audomarois (Parc Naturel). Forfait de octobre à mars : week-end 2 nuits, 2 pers. 72 €, week-end famille 5 pers. 132 €. Construit en 1996. 3 épis 91.33 pts. 66 € : 4 pers., 73 € : 5 pers.

Prix : 1 pers. 32 € 2 pers. 40 € 3 pers. 50 € repas 16 €

20	10	15	5	11	10	1	20	15	0,1	7	5

Jean-François CHILOUP-GEY - 27, rue de Metz - 59470 BOLLEZEELE - Tél. : 03 28 68 00 87 ou 03 28 68 04 91 - Fax : 03 28 68 00 87 -
E-mail : chiloup@net-up.com

BOURBOURG Le Withof

A (TH)   C.M. 51 Pli 3

5 ch. **Dunkerque 18 km. Calais, Saint-Omer 30 km.** Ch. d'hôtes de charme. Ancienne ferme fortifiée du 16è S. (oies, canards, poney, moutons) rénovée en 1992. A l'ét. de l'hab. des prop. Ch. 1 (1 lit 140, suite 1 lit 90), lavabo, baign. privés, wc indép./palier. Ch. 2, 3, 4, 5 (baign., wc, lavabo privés). Ch. 2 (1 lit 140, 1 lit 90). Ch. 3, 4 (1 lit 140). Ch. 5 (1 lit 140, 1 lit 90). TV/ch. Meubles Louis Philippe/ch. Régence dans séjour et salon (au r.d.c.). 1 lit bb. Pêche/pl. Pelouse 1 ha. Pâtures 3 ha, salon de jardin. Tunnel sous la Manche 30 km. De la place de Bourbourg direction Audruicq, 400 m après la gendarmerie à droite. Enfant : 10 €, 4 pers. : 70 €.

Prix : 1 pers. 40 € 2 pers. 50 € 3 pers. 60 € repas 17 €

10	1	10	0,1	1	10	1	20	12	2	1

Bernard BATTAIS - Le Withof - Chemin du Château - 59630 BOURBOURG - Tél. : 03 28 62 32 50 - Fax : 03 28 62 38 88

Nord-Pas-de-Calais

Nord

BOUSBECQUE   A

E.C. 2 ch. — 2 ch. d'hôtes à l'ét. de l'Auberge de campagne des prop. (isolation phonique). Anc. boulangerie du 19ᵉ s. rénové en 2000. Ch. Lilas : 3 lits de 90, s. d'eau, wc. Ch. Tulipe : 1 lit 140, 1 lit 90, s. d'eau, wc. Et. : salle pour les petits-déj., TV, frigo, m-ondes. Auberge de campagne sur place. Dans le village chapelles, hallekercq, rando., étang de pêche. 2 centres équestre, tennis, centre culturel. Pays de Ferrain musées, carillon, beffroi, moulins, château. Base nautique d'Halluin 2 km. Piste de ski couverte été/hiver 5 km. A25 sortie 8 Chapelle d'Armentières direct Houplines, Comines Bousbecque. A22 sortie Roncq centre Bousbecque.

Prix : 1 pers. **31 €** 2 pers. **39 €** 3 pers. **46 €**

60	2	15	0,5	0,2	1	0,1	8	0,1	5	0,2

GITES DE FRANCE-SERVICE RESERVATION - 89 bd de la Liberté - BP 1210 - 59013 LILLE-Cedex - Tél. : 03 20 14 93 93 - Fax : 03 20 14 93 99 ou prop. : 03 20 23 53 96

BROXEELE   C.M. 51 Pli 3

2 ch. — **Gravelines 28 km.** Ferme (polyculture), Ch. Rose au r.d.c. de la maison des prop. : 1 lit 140. Ch. Lilas au r.d.c., mitoyenne à 1 gîte : 1 lit 140, 1 lit 90. Lavabo, douche, wc privés. S. des petits-déj. avec chem. insert. Pelouse privée 150 m², salon de jardin. Restos 3 km. Médecin, pharmacien 2,5 km. Wormhout 14 km. Dunkerque, Belgique 25 km. Site des 2 caps, Eurotunnel 45 min. Promenade en barque, poney club 8 km. Prop. ayant des gîtes. A25 sortie Bergues, direction Socx-Bisseezeele, Zeggers-Cappel, St-Omer. A Bollezeele, 1ᵉʳᵉ route à gauche après le camping de l'Yser. Construit 1920, rénové 1991. 71.5 pts.

Prix : 1 pers. **28 €** 2 pers. **34 €** 3 pers. **51 €**

25	14	18	8	4	18	8	18	6	8	2

Raymond LEURS - 59470 BROXEELE - Tél. : 03 28 62 42 05 - Fax : 03 28 43 07 39

CASSEL Au Coucou   C.M. 51 Pli 4

3 ch. — Ferme reconstruite en 1956, rénovée en 1991, au pied du Mont des Récollets. A l'ét. d'une construction annexe : 2 ch. (1 lit 140), 1 ch. (1 lit 140, poss. 1 lit 90). Lavabo, douche, wc privés. Salle des petits-déj. dans un autre bâtiment. Pelouse close commune 400 m², cour, terrrasse. Salon de jardin. Jeux/enfants. Cabine tél. 2 km. Restos 3 km. A 25 4 km. Belgique 7 km. Nombreux musées et ville à visiter dans un rayon de 30 km. Venant de Calais, direction St-Omer, Cassel. A Cassel, direct. Steenvoorde D 948. En venant de Dunkerque, sortie Steenvoorde, direction Cassel. 61.5 points. Langues parlées : hollandais, anglais.

Prix : 1 pers. **25 €** 2 pers. **31 €** repas **16 €**
Ouvert : Toute l'année.

35	12	35	10	3	1	0,1	35	18	6	3

Geert DEBOOSERE - « Au Coucou » - Route de Steenvoorde - 59670 CASSEL - Tél. : 03 28 40 53 48

CASSEL      C.M. 51 Pli 4

2 ch. — **Malo-les-Bains 30 km. Lille 35 km.** Ferme. 2 ch. access. à tous, indép. de la maison des prop. mitoyennes à 1 gîte. Ch. 1 : 2 lits 90. Lit bb 2 ans. Ch. 2 : 1 lit 140. WC, lavabo, douche, TV/ch. Salle pour petit déjeuner dans la maison des prop. avec chem. à foyer ouvert. S. de jardin. Etang privé à 100 m. Belgique 6 km. Malo-les-Bains 30 km. Lille 35 km. Vue sur le Mont Cassel (panorama). Bicyclettes. Propriétaires ayant 2 gîtes ruraux. Accès : autoroute Lille-Dunkerque sortie Cassel, suivre la direction de Cassel jusqu'au magasin Shopi, prendre direction Oxelaere puis 2ᵉ route à gauche. Rénové en 1998. 3 épis 82 pts.

Prix : 1 pers. **29 €** 2 pers. **34 €**

30	10	30	0,1	1	10	2	6	0,1	2	1

Gaston et Henriette WOESTELANDT - Route d'Hazebrouck - 59670 CASSEL - Tél. : 03 28 42 41 15 ou 03 28 48 43 93 - Fax : 03 28 48 47 92

COMINES   C.M. 51 Pli 6

3 ch. — **Armentières 12 km. Ypres 15 km. Roubaix-Tourcoing 17 km.** 3 chambres d'hôtes à l'écart du village, dans une ferme (chevaux, vaches, polyculture) entourée de prairies et d'arbres. A l'étage. Ch. 1 et 2 (1 lit 140), Ch. 3 (double) : (2 lits 90, 1 lit 140). Lavabo, wc, douche privés. Gare SNCF, arrêt de bus au hameau Ste-Marguerite 800 m. Belgique 2 km. A 1 heure de Bruges. A25 Lille-Dunkerque, sortie 8. Prendre direction Houplines, puis Frelinghien et enfin Comines. Accès facile D 945, D 308. Enfant de - 10 ans : 6,5 €. Construit en 1920, rénové en 1990. 4 pers. : 39 €.

Prix : 1 pers. **23 €** 2 pers. **28 €** 3 pers. **34 €** repas **11 €**

60	1	15	2	2	8	15	0,8	2

Pascal VERMES - 1221, Chemin du Petit Enfer - 59560 COMINES - Tél. : 03 20 39 21 28 - Fax : 03 20 39 56 39 -
E-mail : lespresverts@free.fr

Nord

Nord-Pas-de-Calais

COMINES Le Vieux Soldat

C.M. 51 Pli 6

3 ch. **Belgique 5 km. Lille 13 km. Roubaix-Tourcoing 17 km. Bruges 60 km.** Ferme (canards, poules). 3 ch. à l'ét., indép. de la maison du prop. (producteur foie gras, pdts fermiers). Ch. 1 double : 2 lits 140, 2 wc, 2 lavabos, 2 douches. Ch. 2 : 1 lit 140, wc, lavabo, douche. Ch. 3 double : 1 lit 120, 1 lit 140, wc, lavabo, douche, baign. Prise TV. Tél. à carte. Salle petit déj. au r.d.c. Pas d'arrivée après 21 h. Salon de jardin. Menu dégustation de 16 à 22 E. Salle séminaire. Parking privé clos. Rando. pédestre, équestre, pêche, ski. Bus Lille-Comines à 300 m. Rocade NO 4 km, sortie 10 Comines. Construit 1799, rénové 1996. 3 épis 88 pts. 4 pers. : 45 €, enfant : 13 €. Langue parlée : anglais.

Prix : 1 pers. 30 € 2 pers. 35 € 3 pers. 40 € repas 16/22 €

60	1	15	3	2	1	0,1	8	15	0,1	2	2

GITES DE FRANCE-SERVICE RESERVATION - 89 bd de la Liberté - BP 1210 - 59013 LILLE-Cedex - Tél. : 03 20 14 93 93 - Fax : 03 20 14 93 99 ou prop. : 03 20 78 91 31

CROCHTE Voie Romaine

C.M. 51 Pli 4

2 ch. **Belgique 10 km. Bray-Dunes, Calais 30 km. Bruges 60 km.** 2 ch. d'hôtes indép. de la maison des propriétaires. Plain-pied : Ch. 1 : 1 lit 140. Ch. 2 : 2 lits 90. Lavabo, douche, wc privés. Poss. garage, jardin. Sur place : poney, vélos, salle de loisirs, ping-pong, tennis couvert. Cabine tél. à 100 m. Gravelines, Malo, Dunkerque 20 km. Propriétaires ayant 3 gîtes ruraux. Construit en 1965, rénové en 1990. 3 épis NN : 85,7 points. Autoroute A25, sortie Bierne, direction Cassel, passer au-dessus du pont de l'autoroute. A 6 km, panneau « le Vert Village ». Langue parlée : anglais.

Prix : 1 pers. 28 € 2 pers. 31 €
Ouvert : Toute l'année.

20	5	10	2	0,1	5	5	10	12	0,1	5	5

Christophe BEHAEGHE - Voie Romaine - 59380 CROCHTE - Tél. : 03 28 62 13 96 - Fax : 03 28 62 16 45 -
E-mail : le.vert.village@wanadoo.fr

CYSOING

C.M. 51 Pli 16

3 ch. **Villeneuve d'Ascq, Tournai, Orchies 10 km. Lille 15 km.** 3 ch. à l'ét. d'une ancienne fermette (1875). Ch. 1 (1 lit 140, 1 lit enfant/dém. TV, magnétoscope). Ch. 2 (1 lit 140, TV). Ch. 3 (1 lit 140). Wc, lavabo, douche privés. Coin détente (TV, bibliothèque). Chem. à foyer ouvert. dans le séjour. Parking. Piscine découverte, terrain 4 000 m². Circuits pédestres sur place. Pharmacie 500 m. Restaurants, tous commerces 2 km. Rénové en 1995. Accès : sortie Cité Scientifique (4 Cantons), direction Sainghin en Mélantois puis Cysoing (RD 955) et tout droit jusque « Quennaumont » (hameau très calme). Arrêt de bus à 200 m pour liaison métro vers Lille. 3 épis 95 points.

Prix : 1 pers. 36 € 2 pers. 39 €
Ouvert : Toute l'année.

100	10	5	2	15	0,5	0,1	10	5		10	0,5

Annette LAUMET - 192 rue du Maréchal Leclerc - Le Quennaumont - 59830 CYSOING - Tél. : 03 20 79 51 45

LE DOULIEU

C.M. 59 Pli 17

2 ch. **Bailleul 7 km. Belgique 12 km. Lille 25 km. Hazebrouck 13 km.** Ch. d'hôtes au 1er ét. de la maison de Maître des prop., au cœur du village (sur D18). WC, lavabo, douche privés. Ch. 1 : 1 lit 140, 1 lit 90. Ch. 2 : 1 lit 140. Poss. baby-sitting. Jeux/enf. Séjour au r.d.c. avec coin-repas, salon, TV, kitchenette. Salon de jardin. Table d'hôtes sur résa 12/14 E. Merville, forêt de Nieppe 5 km. Equitation 500 m. Ping-pong, badminton, volley-ball, VTT/pl. Axe Lille-Dunkerque. Monts Noir, Cassel, des Cats, étangs de Robecq 15 km. Armentières, Béthune 18 km. Clairmarais, Lens 25 km. Dunkerque 35 km. Const. : 1900, rénové 97. Langues parlées : anglais, allemand.

Prix : 1 pers. 28 € 2 pers. 34 € 3 pers. 40 € repas 14 €
Ouvert : Toute l'année.

50	7	12	12	0,5	0,5	15	12	4	0,1	7	0,2

GITES DE FRANCE-SERVICE RESERVATION - 89 bd de la Liberté - BP 1210 - 59013 LILLE-Cedex - Tél. : 03 20 14 93 93 - Fax : 03 20 14 93 99 ou prop. : 03 28 49 39 25

DOURLERS

C.M. 53 Pli 6

2 ch. **Belgique 15 km. Chimay, Hirson 25 km. Valenciennes 30 km. Lille 90 km.** 2 ch. d'hôtes. Ch. 1 dans la maison de caractère du XVIIe siècle des prop., classée 3 épis : 1 lit 140, wc, lavabo, douche, poss. lit enfant, bureau dans une alcôve, boiserie. Ch. 2 indép. de la maison des prop., classée en 2 épis : 1 lit 140, wc, lavabo, douche, baie sur la campagne. Séjour, chem., pour petit-déj. dans la maison des prop. Jardin privé. S. jardin. Atelier vitraux. Rando/place. Circuits variés. Base loisirs Val Joly 13 km. Bavay 15 km. Golf Mormal, Hippodrome La Capelle 20 km. Prop. ayant un gîte rural. Construit vers 1700. 97.6 pts.

Prix : 1 pers. 35/41 € 2 pers. 38/41 €

6	15	1	6	6	15	15	6	

Jean-Marie WILLOT - 24 rue de la Haut - 59440 DOURLERS - Tél. : 03 27 57 82 15

ESQUELBECQ

C.M. 51 Pli 4

E.C. 1 ch. Une Chambre d'Hôtes mitoyenne à un gîte sur un ancien corps de ferme. Plain-pied : 1 lit 140. Lavabo, wc, douche privés. Cabine tél. à 50 m. Salle des petits déjeuners dans la maison des prop., chem. insert. Salle d'animation, parcours de pêche ouverts au public à 15 m, jeux, billard. Camping 34 emplacements à 50 m. Belgique 15 km. Dunkerque, Malo 20 km. Bray-Dunes, La Panne, Gravelines 30 km. Côte d'Opale 50 km. Lille 65 km. Poss. TH, boissons en sus. Construit en 1900.

Prix : 1 pers. 30 € 2 pers. 38 € repas 15 €

20	5	10	0,1	2	20	0,1	10	15		3	2

GITES DE FRANCE-SERVICE RESERVATION - 89 bd de la Liberté - BP 1210 - 59013 LILLE-Cedex - Tél. : 03 20 14 93 93 - Fax : 03 20 14 93 99 ou prop. : 03 28 62 90 09

Nord-Pas-de-Calais

Nord

ESQUELBECQ
C.M. 51 Pli 4

2 ch. **Dunkerque, Malo 20 km. Bray-Dunes, la Panne, Gravelines 30 km.** Ferme (polyculture, poulets). 2 ch. d'hôtes indép. de la maison des prop. R.d.c. : 1 ch access. à tous 3 lits 90, wc, lavabo, douche. Etage : 1 ch 1 lit 140, wc, lavabo, douche. Lits bb. Salle des petits déjeuner chez le prop. Parking. Epicerie 500 m. Belgique 15 km. Côte d'Opale 50 km. Lille 65 km. Rénové en 2001. Autoroute Lille/Dunkerque, sortie Wormhout, direction Esquelbecq, direct. gare puis Mairie. Langue parlée : anglais.

Prix : 1 pers. **30 €** 2 pers. **38 €** 3 pers. **45 €**

20	5	10	2	0,5	20	0,1	10	15	0,7		

GITES DE FRANCE-SERVICE RESERVATION - 89 bd de la Liberté - BP 1210 - 59013 LILLE-Cedex - Tél. : 03 20 14 93 93 - Fax : 03 20 14 93 99 ou prop. : 03 28 65 61 29

ESTAIRES La Quénèque
(TH) — C.M. 51 Pli 4

4 ch. **Bailleul 12 km. Lille 30 km. Bruges, Gand 80 km.** Dans la campagne de la Vallée de la Lys, près de la Belgique, la famille Huyghe vous reçoit pour 1 ou plusieurs nuits dans l'une de ses 4 ch. dont 1 mitoyenne à 1 gîte, sanitaires particuliers. Ch. 1 et 4 (1 lit 140/2). Ch. 2 (2 lits 90/2). Ch. 3 (1 lit 140/2, 1 lit 90/2). Indép. de leur habitation, à l'ét. d'1 bâtiment rénové dans le style régional. TH/réser., cuisine végétarienne/dem. S. de jardin, 1er prix gîtes fleuris en 2000. Park. clos. A25, sortie 9, puis dir. Estaires, prendre la route face à Lidl, suivre les panneaux. Situées à 3 km du bourg sur D77 au 1822 rue de l'Epinette. Langue parlée : anglais.

Prix : 1 pers. **28 €** 2 pers. **39/42 €** 3 pers. **51 €** repas **14 €**

60	12	10	8	12	4	0,1	20	12	0,1	10	3,5

Bernard HUYGHE - 1822 rue de l'Epinette - La Queneque - 59940 ESTAIRES - Tél. : 03 28 40 84 69

FAUMONT
C.M. 53 Pli 3

3 ch. **Lesquin 15 km. Belgique 18 km. Saint-Amand 20 km.** Ancienne ferme. 3 ch. indép. de la maison de la prop., mitoyennes à 1 gîte. R.d.c. : salle d'accueil (TV/dem.), frigo., m-ondes, cafétéria. Et. : Ch. 1 : 2 lits 90, lavabo, douche, wc. Ch. 2 : 1 lit 140, lavabo, douche, wc. Ch. 3 : 1 lit 140, 1 lit 90, lavabo, douche dans la ch., wc privé sur palier. Séjour pour pt-déj. dans l'habit. de la prop. Pelouse. Cour pavée 450 m². Abri voitures. Pdts fermiers 1 km. Restos 1.5 km. Douai 13 km. Centre historique minier. A23, sortie Orchies. A1, sortie Seclin, Faumont 12 km ou sortie Fresnes-Les-Montauban, Faumont 20 km. Const. 1800. Rénové 1990. 84.5 pts.

Prix : 1 pers. **28 €** 2 pers. **36/38 €** 3 pers. **45 €**

80	8	10	5	1,5	1,5	0,8	8	10	8	1	

Renée DEWAS - 1143 rue du Général de Gaulle - 59310 FAUMONT - Tél. : 03 20 59 27 74

FELLERIES
C.M. 53 Pli 6

2 ch. **Belgique 4 km. Maubeuge 17 km.** Dans une impasse, 2 ch. indép. de la maison des prop. R.d.c., 10 marches. Lavabo, douche, wc privés. Ch. 1 (1 lit 140, 1 lit 90), Ch. 2 (2 lits 90). Prise TV. Séjour, chem. insert, pour petits-déj. Base loisirs Val Joly 7 km. Musée des bois jolis face aux chambres. RN2 4 km. Prop. : atelier-tourneur/bois (visite, démonstration). Circuit pédestre des moulins (départ Felleries). Construit 1980, rénové en 1999. D'Avesnes, direction Bruxelles puis Solre le Chateau, à Beugnies prendre Felleries. 3 épis 98 pts.

Prix : 1 pers. **31 €** 2 pers. **39 €** 3 pers. **43 €**

7	7	7	4	7	7	25	1	7	0,5	

Edith et J-Pierre DUMESNIL - 20, rue de la Place - 59740 FELLERIES - Tél. : 03 27 59 07 43 - Fax : 03 27 59 07 43

FOURNES-EN-WEPPES Ferme de Rosembois
(TH) — C.M. 51 Pli 15

3 ch. **Belgique 10 km. Lille 15 km. Orchies 40 km.** Au calme de la campagne, Francine et Emmanuel Bajeux vous accueillent sur leur exploitation agricole (bovins, polyculture). A l'étage de leur maison, 3 chambres avec sanitaires particuliers vous attendent. Ch. 1 : 1 lit 140. Ch. 2 : 1 lit 140, 1 lit 90. Ch. 3 : 2 lits 90. TV/ch/dem. Séjour avec chem. à foyer ouvert et TV. Salon de jardin. Restaurant au village. Base de loisirs d'Armentières 10 km. Poss. tennis, musculation, gym 2 km. Golf 5 km. Prop. ayant un gîte rural. Autoroute A25 7 km. RN 41 2 km. Construit en 1929, rénové en 1991. 3 épis 94 points. Langue parlée : anglais.

Prix : 1 pers. **28 €** 2 pers. **36/38 €** 3 pers. **45 €** repas **13 €**

80	6	10	2	4	5	15	1,5

Francine BAJEUX - Ferme de Rosembois - Hameau du Bas Flandres - 59134 FOURNES-EN-WEPPES - Tél. : 03 20 50 25 69 - Fax : 03 20 50 60 75 - E-mail : FAMILLEBAJEUX@wanadoo.fr

GUSSIGNIES Les Marlières
C.M. 53 Pli 5

2 ch. **Bavay 7 km. Maubeuge 25 km. Valenciennes 30 km. Mons Belgique 35 km.** 2 ch. dans un ancien presbytère de 1772. Miellerie. Jardin typique 40 m² entouré de murs d'enceintes. Ch.1 au 1er ét. : 1 lit 140. Ch.2 au rdc : 1 lit 140, 1 lit 90. WC, lavabo, douche privés. Gîte bb. Petit feu à bois type ardennais dans la salle petit-déj. Salon de jardin, barbecue. Park. Poss. initiation au travail de l'apiculteur. Cabine tél. 300 m. Base de loisirs du Val Joly 45 km. Restaurants 500 m, estaminets familiaux le long de la vallée de l'Hogneau, départ rando. pédestres. Forêt Mormal 8 km. Construit en 1772, rénové en 1995. 3 épis 86 points.

Prix : 1 pers. **31 €** 2 pers. **39 €** 3 pers. **54 €**

120	13	40	0,2	2	7	0,1	7	8	0,1	25	8

GITES DE FRANCE-SERVICE RESERVATION - 89 bd de la Liberté - BP 1210 - 59013 LILLE-Cedex - Tél. : 03 20 14 93 93 - Fax : 03 20 14 93 99 ou prop. : 03 27 39 86 76

Nord

Nord-Pas-de-Calais

HALLUIN
C.M. 51 Pli 6

3 ch. Roubaix, Tourcoing 12 km. Lesquin, Courtrai 18 km. Tournai 30 km. Ferme (chevaux, poules, polyculture). 3 ch. d'hôtes à l'étage de 2 gîtes, indépendants de la maison des prop. Lavabo, douche, wc privés. Ch. 1 : 1 lit 140, 1 lit 90. Ch. 2 : 1 lit 140. Ch. 3 : 2 lits 90 + suite 2 lits 90. Téléséjour commun. Salon avec coin-TV, lecture. Salle pour les petits-déj. au r.d.c. Parking. Terrasse, terrain non clos commun 70 m². Salon de jardin. A 20 mn de Lille par voie rapide. Reconstruit en 1991. 3 épis 90.7 points. 4 pers. : 49 €.

Prix : 1 pers. 25 € 2 pers. 31 € 3 pers. 38 €

60	2	2	3	4	0,1	10	5	10	2

GITES DE FRANCE-SERVICE RESERVATION - 89 bd de la Liberté - BP 1210 - 59013 LILLE-Cedex - Tél. : 03 20 14 93 93 -
Fax : 03 20 14 93 99 ou prop. : 03 20 37 02 05

HALLUIN
C.M. 51 Pli 6

2 ch. Belgique 1 km. Roubaix, Tourcoing 12 km. Lille, Lesquin 18 km. Ferme (chevaux, poules, polyculture), une aile rebatie en 1996. 2 ch. indép. de la maison des prop. Ch.1 au r.d.c. access. pers. hand. : 2 lits 90. Ch. 2 à l'ét. : 1 lit 140. Lavabo, wc, douche/ch. Gîte bb. Salle de petit-déjeuner au r.d.c. non attenante dans construction annexe. Jardin privé non clos 30 m², parking dans la cour intérieure. Courtrai 18 km. Tournai 30 km. A 20 mn de Lille par voie rapide. De Lille A22, sortie N° 17, direction Halluin douane, au feu, 2e ferme sur la gauche. De Belgique, sortie E17B (Rijsel), direction Halluin douane. Au feu, à droite. 2 épis 81.8 pts. Langue parlée : anglais.

Prix : 1 pers. 25 € 2 pers. 31 €
Ouvert : Toute l'année.

60	2	2	3	4	0,1	10	10	2	

GITES DE FRANCE-SERVICE RESERVATION - 89 bd de la Liberté - BP 1210 - 59013 LILLE-Cedex - Tél. : 03 20 14 93 93 -
Fax : 03 20 14 93 99 ou prop. : 03 20 37 02 05

HAZEBROUCK
C.M. 51 Pli 4/14

2 ch. Cassel 15 km. Saint-Omer, Béthune, Belgique 20 km. 2 ch. d'hôtes access. à tous, au r.d.c, indép. de la maison des prop. 1 lit 140, wc, lavabo, douche access. aux hand. par chambre. TV/ch. Lit bb 4 ans. Séjour pour petit-déj dans l'habitation des prop. Pelouse close commune 30 m², cour 100 m², salon de jardin, balançoire. Garage. Cabine tél. 50 mètres. Restaurants 1 km. Marais audomarois 20 km, Bray-Dunes 28 km, Le Touquet 80 km. En venant de Lille, sortie 11, à Hazebrouck, direction St-Omer, au rond point 1ère maison à gauche. Construit en 1970, rénové en 1998. 2 épis 71 points. Langue parlée : anglais.

Prix : 1 pers. 29 € 2 pers. 34 €

45	3	40	3	3	4	30	1	3	2	1

M-Hélène et Olivier LICOUR - 1071 route de Saint-Omer - Section des 5 rues - 59190 HAZEBROUCK - Tél. : 03 28 41 99 45 ou 03 28 41 76 54 - Fax : 03 28 41 99 45

HERLIES
C.M. 51 Pli 15

2 ch. La Bassée 7 km. Armentières 14 km. Lille 17 km. Béthune 18 km. 2 ch. d'hôtes indép. de l'habitation des prop. avec sortie indép. sur l'extérieur & terrasse privative. Au r.d.c. Lavabo, douche, wc privés. 1 lit 140/ch. Séjour/coin-salon réservé aux hôtes (m-ondes, réfrigérateur). Cabine tél. 500 m. Parking clos. Cour 200 m². Commerces, étang de pêche, tennis 2 km. Restaurants 3 km. Club d'équitation, club d'ULM, golf dans le village. En venant de Lille, autoroute de Dunkerque, sortie Béthune, puis la RN41 jusqu'au carrefour « Les 4 chemins ». Direction de Fromelles, tournez rue des Riez. Construit : 1994. 2 épis 68 pts.

Prix : 1 pers. 27 € 2 pers. 30 €

70	10	14	2	2	2	3	10	4	2

Bruno LIAGRE - 59 rue du Riez - 59134 HERLIES - Tél. : 03 20 29 20 70 - Fax : 03 20 29 33 07

HONDSCHOOTE
C.M. 51 Pli 4

6 ch. Pays-Bas, Grande Bretagne 80 km. Ancien corps de ferme. 6 ch. indép. de la maison du prop. à 5 km du village, à la frontière belge. Au r.d.c. : ch 3. access. à tous (1 lit 140), ch 4. (1 lit 140, 1 lit 90). A l'ét. : ch 1. et 6. (1 lit 140), ch 2. (2 lits 90). ch 5. (1 lit 140, 1 lit 90). Lavabo, wc, douche dans 5 ch. Lavabo, baignoire, wc dans 1 ch. Tél/ch. Auberge/place. Littoral 18 km. De 5 à 40 km : Bruges, Furnes, Ypres, Monts de Flandres, ports (Dunkerque, Oostende). A25, sortie Bray-Dunes ou Bergues. Reconstruit en 1990. 3 épis NN 99 pts. Taxe de séjour. 3è Prix Ch. d'Hôtes fleuries en 1999. Enfant : 9 €. Langue parlée : anglais.

Prix : 1 pers. 35 € 2 pers. 43 € 3 pers. 55 € repas 17/30 €
Ouvert : Toute l'année.

18	11	18	5	5	18	5	18	40	0,1	15	5

Serge ROUFFELAERS - 1200 Chemin du Clachoire - « La Xavière » - 59122 HONDSCHOOTE - Tél. : 03 28 62 61 04 - Fax : 03 28 68 31 27

Nord-Pas-de-Calais — Nord

HOUPLINES La Cour du Roy
C.M. 51 Pli 5/15

2 ch.
Armentières 3 km. Lille, Ypres, Bellewaerde, Monts Noir, Rouge 15 km. 2 ch. d'hôtes à la ferme (animaux, polyculture), indép. de la maison des prop. mitoyennes à des gîtes ruraux. R.d.c. Ch. 1 : 1 lit 140. Ch. 2 : 1 lit 140, 1 lit 90. Lit bb. Lavabo, wc, douche privés. Chem. (séjour où se prennent les petits-déj.). Cabine à carte/place. Produits fermiers à prox. Belgique 2 km. Prés du Hem 4 km. Piste de ski couverte 10 km. Mont des Cats 20 km. Bruges, Gand 60 km, Anvers (zoo) 150 km. A 25 (Lille-Dunkerque), sortie 8, direct. Houplines. Prop. ayant 6 gîtes, 2 g. de séjour. Construit 1922, rénové 87. Langue parlée : anglais.

Prix : 1 pers. 28 € 2 pers. 34 € 3 pers. 42 €
Ouvert : Toute l'année.

	≈	🏊	⛵	🎣	🎾	🏃	🏌	🌲	🚴	🚂	⛳
	60	10	4	1	0,5	0,5	2	15	15	3	1

M-Paule et Gérard DELANGUE - 44 rue du Pilori - La Cour du Roy - 59116 HOUPLINES - Tél. : 03 20 35 05 79 - Fax : 03 20 48 07 85 -
E-mail : gite.lacourduroy@wanadoo.fr

JENLAIN
C.M. 53 Pli 5

2 ch.
Belgique 5 km. Le Quesnoy (ville fortifiée) 7 km. Dans une anc. fermette restaurée, 2 ch. d'hôtes à l'étage. Ch 1 : (1 lit 140, 1 lit 90), douche, lavabo, wc. Ch. 2 : (2 lits 90, mezzanine 1 lit 90), lavabo, douche. WC sur le palier. Salon/bibliothèque : jeux et livres pour les Hôtes. Au petit-dejeuner, nous vous régalerons avec notre fromage blanc, nos yaourts, nos confitures et notre pain « maison ». Enfant : 11 €. Et aussi les fruits de saison... Gîte bb. Jardin 4000 m². Prêt vélos, cartes E.M. Abri voitures. Restaurants dans le village. Forêt et Valenciennes 10 km. 3 épis 107 points.

Prix : 1 pers. 28 € 2 pers. 35 € 3 pers. 46 €

	≈	🏊	⛵	🎣	🎾	🏃	🏌	🌲	🚴	🚂	⛳
	10	10	8	8	5	0,1	8	10	0,1	8	0,1

Francis DEFOORT - 8, rue Friquet - 59144 JENLAIN - Tél. : 03 27 49 76 09

JENLAIN Château d'En Haut
C.M. 53 Pli 5

6 ch.
Valenciennes 10 km. Belgique 12 km. Ch. d'hôtes de Charme à l'étage d'1 château du 18e s. (habitation des propriétaires), avec un parc de 2,5 ha. Ch. 1 : 1 lit 160. Ch. 2 : 1 lit 160. Ch. 3 : 1 lit 140. Ch. 4 : 1 lit 160. Ch. 5 : 1 lit 160 + 1 lit 90 dans ch. attenante. Ch. 6 : 1 lit 160 + 1 lit 120. Ch. 1, 3, 4, 5 : douche, wc, lavabo privés. Ch. 2, 3, 6 : baignoire. WC, lavabo privés. Salon à disposition des hôtes. Cheminée à foyer ouvert. Cabine tél. 800 m. Salon de jardin à disposition des hôtes. Restaurants au village. Rénové en 1992. 4 épis 113 points. Primé gîtes fleuris. Langue parlée : anglais.

Prix : 1 pers. 42/50 € 2 pers. 45/64 € 3 pers. 67 €

	≈	🏊	⛵	🎣	🎾	🏃	🏌	🌲	🚴	🚂	⛳
	130	10	17	10	10	10	8	10	10	6	0,5

Michel DEMARCQ - Château d'en Haut - 59144 JENLAIN - Tél. : 03 27 49 71 80 - Fax : 03 27 35 90 17 - E-mail : mdemarcq@nordnet.fr

JOLIMETZ
A (TH) CB *C.M. 53 Pli 3/4*

5 ch.
Valenciennes 27 km. 5 ch. d'hôtes à l'étage de l'habitation de la prop. avec entrée indép., au centre du village, sur une départementale à 100 m de la forêt de Mormal. 4 ch. avec 1 lit 140, 1 ch. 2 lits 90. WC, lavabo, baignoire privés. TV/dem. Séjour, salon. Chem. à foyer ouvert av r.d.c. Table d'hôtes/ réservation. Auberge de campagne/place. Pelouse 200 m². Salon de jardin. Cour-parking 200 m². Location vélos. Le Quesnoy (gare, commerces, base de loisirs) 2 km. A Le Quesnoy, prendre la direction de Jolimetz. Ch. d'hôtes au centre du village, à 100 mètres de la mairie et de l'église. Construit en 1880, rénové en 1999. Langue parlée : anglais.

Prix : 1 pers. 38 € 2 pers. 43 € repas 15 € 1/2 pens. 49 €

	≈	🏊	⛵	🎣	🎾	🏃	🏌	🌲	🚴	🚂	⛳
	150	19	17	1,5	1,5	4	2	2	0,1	2	2

GITES DE FRANCE-SERVICE RESERVATION - 89 bd de la Liberté - BP 1210 - 59013 LILLE-Cedex - Tél. : 03 20 14 93 87 -
Fax : 03 20 14 93 99 ou prop. : 03 27 26 41 81

LOCQUIGNOL La Touraille
CB *C.M. 53 Pli 5*

4 ch.
Maroilles 7,5 km. Le Quesnoy 9 km. Berlaimont 6 km. Avesnes 17 km. 4 ch. dans l'habitation des prop. dans la forêt de Mormal 9 000 ha sur D233 et GR 122. Ch.1 au 1er ét. : 1 lit 140, wc, 2 vasques, douche, suite 1 lit 110, lavabo. Ch.2 au 1er ét. : 1 lit 140, wc, lavabo, bain. Ch.3, 2e ét. : 1 lit 140, wc, lavabo, baign. Ch.4 : lits 90/200, wc, lavabo, bain. Salle petit-déj. (chem. foyer ouvert). Coin-détente (TV). Parc 800 m²(sapins). S. jardin. Parking clos. Loc. VTT. Pistes cavalières. Restaurants 1 km. Centre équestre. Le Nouvion en Thiérache, Aisne 12 km. Val joly 35 km. Const.1900, rénové 1999. 3 épis 104

Prix : 1 pers. 38/43 € 2 pers. 43/46 € 3 pers. 61 €

	≈	🏊	⛵	🎣	🎾	🏃	🏌	🌲	🚴	🚂	⛳
	180	10	35	2	8	9	0,1	10	0,1	10	10

Odette RENARD-FREMY - 2, La Touraille - 59530 LOCQUIGNOL - Tél. : 03 27 34 20 65 - Fax : 03 27 34 20 65 -
E-mail : renardmc@free.fr - www.chez.com/latouraille ou SR : 03 20 14 93 93

LOMPRET
C.M. 51 Pli 15

3 ch.
Lambersart 2 km. Lille 5 km. Belgique 10 km. Bruges 45 km. 3 ch. de Charme indép. de la maison des prop. Ch. 1 : 1 lit 140, wc, lavabo, baign., coin-salon. Ch. 2 : 1 lit 160, wc, lavabo, baign. Ch. 3 : 2 lit 90, wc, lavabo, douche, coin-salon. Séjour, chem. insert pour les hôtes. Pelouse close privée 7 000 m². Vélos, p-pong, étang privé. Garage. Métro 1 km, 10 min. à pied. Restos 4 km. En bordure de la rocade Lille Ouest. Base loisirs Prés du Hem 2 km. Accès : aut. Lille-Dunkerque, sortie n°6 Lompret Quesnoy/Deule, à 100 m au garage, prendre le chemin. Construit en 1747, rénové en 1998. Langue parlée : anglais.

Prix : 1 pers. 40 € 2 pers. 44/45 €

	≈	🏊	⛵	🎣	🎾	🏃	🏌	🌲	🚴	🚂	⛳
	80	0,1	5	4	0,1	5		10	5		0,5

Olivier DELEVAL - Ferme de Lassus - Rue Pasteur - 59840 LOMPRET - Tél. : 03 20 92 99 12 ou 03 20 54 29 82 - Fax : 03 20 92 99 12 -
E-mail : dadeleval@nordnet.fr

Nord
Nord-Pas-de-Calais

LOMPRET — C.M. 51 Pli 15

4 ch. **Lille 7 km. Belgique 10 km.** Ch. d'hôtes à l'étage de la maison des prop. Ch. 1 : 1 lit 140. Ch. 2 : 2 lits jumeaux. Ch. 3 : 2 lits jumeaux. Ch. 4 : 1 lit 140, 1 lit 90. Lavabo/ch. Douche, wc communs aux 4 ch. Lit bb 5 ans. Salon avec TV. Cour intérieure et jardin 220 m². Cabine tél. à 50 mètres. Restaurants 1 km. Base de loisirs 1 km. Tennis couvert à côté de la maison. Au centre du village, près de l'église. Construit en 1900, rénové en 1989. 1 épi 69,9 points. Langues parlées : anglais, espagnol.

Prix : 1 pers. 22 € 2 pers. 27 € 3 pers. 32 €

🐕	≋	🏊	⚓	⛵	🎾	🐎	🚶	🎿	🌲	🚴	🏕	🚗
	80	4	5	4	0,1	5	15	10	2		3	

Sabine et Francis MARTIN-WURMSER - 40 rue de l'Eglise - 59840 LOMPRET - Tél. : 03 20 22 45 15 ou 06 72 13 78 13

MAROILLES — C.M. 53 Pli 5

2 ch. **Val Joly 30 km. Avesnes 12 km.** 2 ch. d'hôtes à l'ét. d'une habitation située sur une vaste propriété bocagère, en impasse, à 300 m du centre du village, dans un endroit calme. 2 ch. (1 lit 140), (2 lits 90). Lavabo, douche, wc privés. Poss. 1 lit sup. Ch. élect. Isolation. Terrain clos commun au prop. de 30 ares. Etang. Parking. Restaurant 300 m. Initiation à la peinture. Accueil à la maison du parc naturel. Rando. pédestres, cyclo, VTT (découverte bocage, moulins, châteaux, chapelles). Base loisirs du Quesnoy 15 km. GR 122. Construit avant 1900, rénové en 1996. 2 épis 92.33 pts. Enfant : 8 €.

Prix : 1 pers. 24 € 2 pers. 32 €

🐕	≋	🏊	⚓	⛵	🎾	🐎	🚶	🎿	🌲	🚴	🏕	🚗
	10	30	0,1	0,1	3	0,1	25	3	0,1	10	0,5	

Paul BEGUIN - 14 Ruelle Saint-Humbert - 59550 MAROILLES - Tél. : 03 27 77 11 85 - Fax : 03 27 77 11 85 -
E-mail : beguin.paul@wanadoo.fr

MAROILLES — C.M. 53 Pli 5

3 ch. **Landrecies 5 km. Avesnes/Helpe 12 km. Maubeuge 20 km. Val Joly 30 km.** 2 ch. indép. de la maison des prop. sur une ancienne ferme. Et. : Ch. 1 : 1 lit 140, une suite 1 lit 90. Ch. 2 : 3 (E.C) : 2 lits 90. WC, lavabo, douche/ch. Salon, bibliothèque, TV, billard pour les hôtes. R.d.c : salle petit-déj., feu à bois, jeux société, baby-foot. Jardin clos boisé commun 4 000 m² avec vue sur le bocage. Etage non fumeur. Park. Restos 600 m. Forêt Mormal 2 km. Rando., tennis au village. Golf de Mormal. Belgique 40 km. Valenciennes 45 km. Construit 1880, rénové 1999. 3 épis 102.5 pts. Langue parlée : anglais.

Prix : 1 pers. 33 € 2 pers. 42/44 € 3 pers. 50/53 €

🐕	≋	🏊	⚓	⛵	🎾	🐎	🚶	🎿	🌲	🚴	🏕	🚗
	160	20	30	1	3	5	2	30	3		5	3

M-France et J-Noël VILBAS - 555 rue des Juifs - 59550 MAROILLES - Tél. : 03 27 77 74 22 ou 06 85 17 68 32 - Fax : 03 27 77 74 22 -
E-mail : jean-noel.vilbas@wanadoo.fr

MASNIERES — C.M. 53 Pli 3/4

4 ch. **Marcoing 3 km. Cambrai 8 km.** A l'extérieur du village, sur une ferme (porcs, céréales, betteraves). 4 ch. dans l'habitation des prop. Ch. 1 au r.d.c. (1 lit 140). A l'ét. : Ch. 2 : (1 lit 140, 1 lit bb 3 ans), ch. 3 (3 lits 90), ch. 4 : (1 lit 140). Lavabo, wc, douche privés. Ch. cent., isolation. Parking, garage/dem. Cabine tél. 1 km. Pelouse 200 m², salon de jardin. Château d'Esnes, Abbaye Vaucelles 5 km, Cambrai 8 km. Parc loisirs 5 km. A 6 km de l'A26 sortie Masnières n° 9, à 200 m de la RN 44 Cambrai St-Quentin. Construit en 1900, rénové en 1988. Enfant : 8 €.

Prix : 1 pers. 32 € 2 pers. 40/42 € 3 pers. 55 €

🐕	≋	🏊	⚓	⛵	🎾	🐎	🚶	🎿	🌲	🚴	🏕	🚗
	120	7	6	1	7	5	1	45	45	8		1

Gérard et Jeannette CATTEAU - Ferme des Ecarts - 59241 MASNIERES - Tél. : 03 27 37 51 10 - Fax : 03 27 37 51 10 -
E-mail : gcattea@free.fr

MORBECQUE — C.M. 51 Pli 4/14

2 ch. **Mont Noir, Belgique 15 km. Forêt domaniale Nieppe 1,5 km.** Ferme (vaches, poulets, polyculture), cadre verdoyant. 2 ch. indép. de la maison des prop. Au r.d.c. : Ch. 1 (2 lits 90), Ch. 2 (1 lit 140). Douche, lavabo, wc privés. Isolation. Séjour/chem. insert dans une autre bâtiment. Pelouse non close 500 m², terrasse, salon de jardin, parking. Cabine tél., restos 1.5 km. Auberge 2 km. Sentiers pédestres/pl. 1 gîte rural/pl. A 25, sortie Hazebrouck, direct. Béthune. A Morbecque à gauche après l'église. A26, sortie Lillers, direct. Hazebrouck, à droite après la forêt. Const. 1950, rénové 1996. 75 points.

Prix : 1 pers. 31 € 2 pers. 36 €
Ouvert : Toute l'année.

🐕	≋	🏊	⚓	⛵	🎾	🐎	🚶	🎿	🌲	🚴	🏕	🚗
	45	3	30	2	0,5	4	0,1	50	1	0,1	3	1,5

Geneviève et J-Marie TRASSAERT - 20 rue du Pot - 59190 MORBECQUE - Tél. : 03 28 43 67 97

OXELAERE — C.M. 51 Pli 4

2 ch. **Cassel 1,5 km. Saint-Omer 20 km. Dunkerque, Bray-Dunes 30 km.** 2 ch. d'hôtes à l'étage de la maison des prop. dans un parc de 3 ha., au pied du Mont Cassel. 1er étage : 1 ch 140, salon avec bureau attenant, s. de bains, wc. 2e ét. réservé aux hôtes : ch. familiale : 1 lit 140, 2 lits 90, s. d'eau, wc. Salon au r.d.c. pour les hôtes avec TV et cheminée. Piano. Ping-pong. Salon de jardin. Restaurant 1.5 km. Lille 50 km. Hardelot, Wissant 80 km. Sur la grande place de Cassel, direct. Lille, à droite vers Oxelaere, après l'entrée du village sur la gauche : la propriété est au bout de cette rue. Enfant : 8 €. Langue parlée : anglais.

Prix : 1 pers. 30/38 € 2 pers. 38/45 € 3 pers. 48 €
Ouvert : du 01/03 au 31/12

🐕	≋	🏊	⚓	⛵	🎾	🐎	🚶	🎿	🌲	🚴	🏕	🚗
	30	10	30	6	2	6	25	10	0,1	2		2

Antoine MOLIN - Clos Saint-Bertin - 59670 OXELAERE - Tél. : 03 28 42 44 72 - E-mail : amolin@libertysurf.fr

Nord-Pas-de-Calais
Nord

QUAEDYPRE
C.M. 51 Pli 4

4 ch. **Dunkerque, Belgique 15 km. Bruges 1 heure. Calais 30 mn.** Ferme. 4 ch. indép. de la maison du prop. Salle des petits-déjeuner au r.d.c. avec chem. à foyer ouvert et cuisine à disposition. Salon avec TV, antenne satellite et TPS. Ch. à l'ét. : WC, lavabo, douche privés. Ch. 1 : 1 lit 140. Ch. 2 : 3 lits 90. Ch. 3 : 2 lits 90. Ch. 4 : 1 lit 140, 1 lit 90. Lit bb 2 ans. Suppl. animaux 20 F/jour/animal. Salon de jardin. Ferme de cultures traditionnelles régionales : pomme de terre, lin..., fraises et framboises l'été. Basse-cour. Produits fermiers. Construit en 1947, rénové en 1997. 3 épis 92 points. Langue parlée : anglais.

Prix : 1 pers. 29 € 2 pers. 39 € 3 pers. 43 €

15	5	8	5	5	5	5	10	20	5	4

Ghislaine et Gérard REUMAUX - Ferme du Cheval Noir - 59380 QUAEDYPRE - Tél. : 03 28 68 68 85 - Fax : 03 28 68 54 96 -
E-mail : reumaux@multimania.com - http : //www.reumaux.net

LE QUESNOY
C.M. 53 Pli 3/4

5 ch. **Bruxelles 100 km. Valenciennes 16 km. Maubeuge 30 km.** 5 ch. d'hôtes à l'ét. d'un magasin de produits du terroir. Ch. 1 et 5 : 1 lit de 160, 2 lits de 100, vasque, wc, baignoire, bureau. Ch. 2, 3, 4 : 1 lit de 160, vasque, wc, douche. TV/ch. Séjour en r.d.c. dans une aile annexe. Petit déjeuner à base de produits du terroir. Vue sur la vallée de la Rhonelle. 4 pers. : 66 €. Equipements sportifs, restaurants, visites guidées des remparts à Le Quesnoy (fortifiée Vauban) 1 km. Poss. de déguster les produits du verger et régionaux de l'Avesnois. Sur place : salle de dégustation de 200 m² (150 pers.). 3 épis 105.5 points.

Prix : 1 pers. 35/38 € 2 pers. 38/46 € 3 pers. 58 €

170	10	40	2	2	7	10	8	8	3	2

GITES DE FRANCE-SERVICE RESERVATION - 89 bd de la Liberté - BP 1210 - 59013 LILLE-Cedex - Tél. : 03 20 14 93 93 -
Fax : 03 20 14 93 99 ou prop. : 03 27 26 29 06

RAIMBEAUCOURT
C.M. 51.53 Pli 16.4

4 ch. **Douai 12 km. Orchies 15 km. Saint-Amand 20 km. Lille, Tournai 30 km.** Ferme (vaches laitières, polyculture). 4 ch. indép. de la maison des prop. 1 lit 140/ch. Lit bb. Lavabo, wc, baignoire privés pour 3 ch. Lavabo, wc, douche privés pour 1 ch. TV/ch. Salle pour petit-déjeuner dans la maison des prop. Villeneuve d'Ascq 25 km. Enfant : 9 €. Valenciennes, Cambrai 30 km, Lens 35 km, Béthune 40 km. Vente de produits fermiers. 3 gîtes/place. Autoroute de Paris, sortie Seclin, direction Avelin, Pont à Marcq, Faumont, Raimbeaucourt, à 300 mètres de l'église. Construit avant 1900. Rénové en 1994. 3 épis 91 pts.

Prix : 1 pers. 26 € 2 pers. 30 €

80	5	3	2	4	15	10	2	5	0,5

GITES DE FRANCE-SERVICE RESERVATION - 89 bd de la Liberté - BP 1210 - 59013 LILLE-Cedex - Tél. : 03 20 14 93 93 -
Fax : 03 20 14 93 99 ou prop. : 03 27 80 12 56

ROMERIES
C.M. 53 Pli 5

1 ch. **Le Cateau 10 km. Maroilles 15 km. Valenciennes, Cambrai 20 km.** 1 ch. d'hôte indépendante de la maison des propriétaires, au r.d.c. : 1 lit 160, wc, lavabo, baignoire. Salle pour le petit-déjeuner, salon avec TV dans la maison du propriétaire. Terrasse, salon de jardin, pelouse. Etang sur place. Centre du village 0.5 km. Club hippique de Vertain 1 km. Escaudœuvres 25 km. St-Amand, Avesnes/H. 35 km. Construit à la fin du 19e siècle, rénové en 2000. 3 épis 98 points. Langue parlée : anglais.

Prix : 1 pers. 30 € 2 pers. 33 €

2	20	2	1	10	18	10	10	2

GITES DE FRANCE-SERVICE RESERVATION - 89 bd de la Liberté - BP 1210 - 59013 LILLE-Cedex - Tél. : 03 20 14 93 93 -
Fax : 03 20 14 93 99 ou prop. : 03 27 79 30 69

SAINGHIN-EN-MELANTOIS
C.M. 51 Pli 6

4 ch. **Villeneuve d'Ascq 4 km. Cysoing 5 km. Lesquin 6 km. Belgique 10 km.** Ferme (polyculture, élevage, fraises) du 18e siècle, rénovée en 1999, à 200 m du bois de la Noyelle et à 300 m de la rivière de la Marque. 4 ch. au r.d.c. indép. de la maison des prop. Wc, lavabo, douche privés. Ch. 1 et 3 : 1 lit 140/200 cm. Ch. 2 : 3 lits 90/200 cm. Ch. 4 : 2 lits 90/200 cm. TV ch. Kitchenette. Salle pour petits-dej. dans la maison des prop. Table d'Hôtes/réservation. Supplément animaux. Cabine tél. 1500 m. Pelouse 60 m², salon de jardin. Métro 4 cantons 5 km. Accès autouroutes 5 km. Lille 12 km. Orchies 20 km. Construit en 1729, rénové 99. Langue parlée : anglais.

Prix : 1 pers. 31 € 2 pers. 37 € 3 pers. 45 € repas 13 €

80	5	3	2	6	0,1	6	0,2	6	2

Dominique POLLET - 832 rue Pasteur - 59262 SAINGHIN-EN-MELANTOIS - Tél. : 03 20 41 29 82 - Fax : 03 20 79 06 99 ou
SR : 03 20 14 93 93

Nord
Nord-Pas-de-Calais

SEBOURG
C.M. 51 Pli 8

5 ch. **Valenciennes, Le Quesnoy 9 km. Roisin (Belgique) 3 km. Onnaing 5 km.** Ch.1 (r.d.c.) : 1 lit 140, lavabo, wc, baignoire, suite 2 lits 90, lavabo, wc. Et. : Ch.2 : 1 lit 140, wc, lavabo, baign. Ch.3 : 1 lit 140, wc, lavabo, baign. sabot. Ch.4 : 1 lit 90, wc, lavabo, baign. sabot. Ch.5 : 1 lit 140, 1 lit 90, wc, lavabo, douche. Lit bb 3 ans. Coin-salon à l'étage, bibliothèque. TV et téléphone/ch. Salon au rez de chaussée. 4 pers. : 68 €. Salle petit déj. au r.d.c. (+ poss. dans véranda). Tous commerces 500 m. Etang/pl. Parc de 1 500 m². Parking 3 voitures. Sentiers rando./pl. Lille, Cambrai 60 km. Const. : 1966, rénové : 1998. 3 épis 101 pts

Prix : 1 pers. 35 € 2 pers. 41 € 3 pers. 53 €

🐕	≈	⛵	🚤	🎾	🐎	🚶	⛳	🌲	bb	🚲	🚞
	160	9	50	8	1	7	5	8	3	9	1

Pierre DELMOTTE - 23 rue du Moulin - 59990 SEBOURG - Tél. : 03 27 26 53 31 - Fax : 03 27 26 50 08

SOLRE-LE-CHATEAU
C.M. 53 Pli 6/7

3 ch. **Val Joly 10 km. Belgique 5 km.** Maison de maître du XIXᵉ s. 2 ch. dans la maison des prop. et 1 ch. au r.d.c. (entrée indép.). 1ᵉʳ ét., Ch. 1 : 1 lit 140, lavabo, wc, douche. 2ᵉ ét., Ch. 2 : 2 lits 90, lavabo, wc, baignoire. Lit bb/dem. Poss. lit suppl. R.d.c. : ch. 3 : 1 lit 140, lavabo, wc, douche, kitchenette. Salon avec TV. Accès au jardin, terrain clos 20 ares. Vélos/dem. A prox. : randonnées pédestres, équestre, cyclo. Poteries, musées, Chimay. Expositions d'Art Contemporain régulières dans le salon, église (M.H.). A prox., RN2 Paris-Bruxelles. Construit 1870, rénové 1989. 93 points. Langues parlées : anglais, allemand.

Prix : 1 pers. 34 € 2 pers. 40/44 € 3 pers. 57 €
Ouvert : Toute l'année.

🐕	≈	⛵	🚤	🎾	🐎	🚶	⛳	🌲	bb	🚲	🚞
	13	10	3	5	4	1	30	5	15	0,1	

Pierrette MARIANI - 5 Grand'Place - 59740 SOLRE-LE-CHATEAU - Tél. : 03 27 61 65 30 - Fax : 03 27 61 63 38

ST-PIERRE-BROUCK
C.M. 51 Pli 3

4 ch. **Dunkerque, Calais, Saint-Omer 20 km.** Demeure de caractère, 3 ch. de Charme chez la prop. Meubles anciens, cadre raffiné. Ch. 1, 1ᵉʳ ét. : 2 lits 90, wc, lavabo, baign. Ch. 2, 2ᵉ ét. : 1 lit 160/200 cm, wc, lavabo, douche. Ch. 3 + suite, 2ᵉ ét. : 1 lit 140 à baldouin, wc, lavabo, douche, suite : 1 lit 110, wc, lavabo. Ch. 4 (EC) : 1 lit 160/200 cm, lavabo, douche. Salon, chem. foyer ouvert. Terrasse, parc 2 ha. Maison non fumeurs. A 20 min. du littoral. A prox : Cap Gris nez, villes fortifiées, Belgique. Accès A16 (Calais, Dunkerque, Lille), sortie 24 Loon Plage - St-Omer D 800 puis Cappelle-Brouck et St-Pierre-Brouck. 4 épis 118 pts. Enfant : 15 €. Langues parlées : anglais, italien.

Prix : 1 pers. 42 € 2 pers. 49/54 € 3 pers. 64 € repas 17 €
Ouvert : Toute l'année.

🐕	≈	⛵	🚤	🎾	🐎	🚶	⛳	🌲	bb	🚲	🚞
	15	7	15	1	6	6	1	6	1	7	1

Nathalie DUVIVIER-ALBA - « Le Château » - 287 route de la Bistade - 59630 ST-PIERRE-BROUCK - Tél. : 03 28 27 50 05 ou 03 28 27 58 30 - Fax : 03 28 27 50 05 - E-mail : nduvivier@nordnet.fr - www.lechateau.fr.st

STE-MARIE-CAPPEL
C.M. 51 Pli 4

2 ch. **Cassel 3 km. Hazebrouck 8 km. Belgique 10 km. Clairmarais 15 km.** 2 ch. à l'ét. de la maison des prop. 1 lit 140, wc, lavabo, douche privés. Salle/pt déj (chem. foyer ouvert). Pelouse close commune 1800 m², terrasse, salon de jardin, balançoire, bac à sable. Boulanger, tennis 500 m. Forêt, étang. Lille 35 km. Parc d'attractions Bellewaerde, Malo, Dunkerque 30 km. Eurotunnel 50 km. Prop. ayant un gîte rural. Aut. Lille-Dunkerque, sortie Méteren, direction Cassel. Aut. Dunkerque-Lille, sortie Steenvoorde, direction Cassel. Construit : 1974, rénové : 1990. 2 épis 68 points.

Prix : 1 pers. 29 € 2 pers. 38 €

🐕	≈	⛵	🚤	🎾	🐎	🚶	⛳	🌲	bb	🚲	🚞
	40	8	25	2	3	3	0,1	25	15	1	3	2,5

Marie-Dominique DEHEELE - 157 Village Straete - 59670 STE-MARIE-CAPPEL - Tél. : 03 28 42 41 07 ou 06 85 42 92 80

STRAZEELE
C.M. 51 Pli 4

3 ch. **Bailleul, Hazebrouck 5 km. Belgique 10 km. Lille, Mer 35 km.** Ferme (bovins, polyculture), 3 ch. d'hôtes à l'étage d'une ferme auberge. Ch. 1 (1 lit 140, 1 lit 90). Ch. 2 (1 lit 90). Ch. 3 (1 lit 140). Lavabo, wc, douche privés. Fabrication d'apéritif/place. Poss. garage. Terrain clos, pelouse, terrasse 30 m². Pdts fermiers 4 km. Monts de Flandres, forêt domaniale de Nieppe 10 km. Bruges 90 km. Aut. Lille-Dunkerque, sortie 11 (4 km). Ligne TGV 1 km. Le long de la nationale 42. En face du rond-point. Construit en 1921, rénové en 1988. 2 épis 69.70 points. Langue parlée : anglais.

Prix : 1 pers. 28 € 2 pers. 34 € 3 pers. 40 €

🐕	≈	⛵	🚤	🎾	🐎	🚶	⛳	🌲	bb	🚲	🚞
	35	5	35	5	5	3	2	10	2	5	

Thérèse RUCKEBUSCH - 573 route d'Hazebrouck - 59270 STRAZEELE - Tél. : 03 28 43 57 09 - Fax : 03 28 43 50 47

TETEGHEM Le Galgouck
C.M. 51 Pli 3

3 ch. **Dunkerque, Malo-les-Bains 7 km. Belgique 7 km.** 3 ch. d'hôtes à l'ét. de la maison des prop. Ch. 1 : (2 lits de 120, wc, lavabo, douche). Ch. 2 : (1 lit 140, lit bb 2 ans, wc, lavabo, douche, baignoire). Ch. 3 : (1 lit 140, 1 lit 90, wc, lavabo, douche). Gîte bb. Terrasse, pelouse close de 1000 m², salon de jardin. Dunkerque, Malo-les-Bains 7 km. Belgique 7 km. Villes fortifiées : Gravelines (Sportica) 10 km, Bergues (canoë) 7 km. Table d'hôtes (tartes, terrines, spécialités flamandes, confitures...). A 30 min. du Tunnel sous/Manche, Calais. 45 mn du site des 2 Caps. Bruges 1 h. 9 €/repas/enf. = 10 ans. 3 épis 110.5 points.

Prix : 1 pers. 37 € 2 pers. 43 € 3 pers. 51 € repas 16 €
Ouvert : Toute l'année.

🐕	≈	⛵	🚤	🎾	🐎	🚶	⛳	🌲	bb	🚲	🚞
	7	7	5	3	1	2	5	3	3	5	1

Thérèse PEINTE - 157 rue des Pierres - Le Galgouck - 59229 TETEGHEM - Tél. : 03 28 26 00 35 - Fax : 03 28 26 00 35 - www.itea-dev.com/59/1660 ou SR : 03 20 14 93 93

Nord-Pas-de-Calais

Nord

TILLOY-LES-MARCHIENNES (TH)
C.M. 53 Pli 4

3 ch. **Marchiennes 3 km. Orchies 7 km. Belgique 10 km. Douai 20 km.** 3 ch. à l'ét. d'1 logement indép. de la maison des prop. Ferme équestre à 100 m de la forêt. Ch.1, Ch.2 (1 lit 140). Ch.3 (1 lit 140, 1 lit 90). Wc, lavabo, douche privés. Salon avec TV. Séjour (chem. insert) pour pt déj. à 50 m. Loc. chevaux, poneys/place. Station thermale de St-Amand-les-Eaux 7 km. Villeneuve d'Ascq 25 km. A 23 Lille Valenciennes, sortie St-Amand Centre. A 23 Valenciennes-Lille, sortie Marchiennes. Direction Brillon, puis Tilloy, 1ère route à droite après panneau Tilloy. Camping/pl. Construit : 1900, rénové : 1990. 72 pts.

Prix : 1 pers. 25 € 2 pers. 31 € 3 pers. 38 € repas 12 €
1/2 pens. 36 €

	7	2	7	0,1	0,1	9	0,1	5	5	

Valentin DECOOPMAN - 231 rue Emile Bot - 59870 TILLOY-LES-MARCHIENNES - Tél. : 03 27 27 92 42

TOUFFLERS
C.M. 51 Pli 16

3 ch. **Lannoy 3 km. Courtrai 14 km. Roubaix 8 km. Château Estainbourg 10 km.** 3 ch. d'hôtes à l'ét. de l'habitation des prop. 2 ch. (2 lits 90, wc, lavabo, douche), 1 ch. (1 lit 140, wc, lavabo, baignoire). TV/ch. Ch. gaz. Séjour, salon de détente au r.d.c. Jardin fleuri, pelouse 88 m², s. de jardin. Parking. Cabine tél. 10 mètres. Liaison/bus pour Lille & Vill. d'Ascq à 700 m. Petite annexion à 100 m. Restaurant 1 km. Lille 15 min. Villeneuve d'Ascq 10 min. Bruges 50 km. Autoroute de Paris, suivre Villeneuve d'Ascq, sortie Roubaix-Wattrelos, 2ᵉ ront point sur la droite, dir. Lys les Lannoy, Toufflers. 88 points. Langue parlée : anglais.

Prix : 1 pers. 30 € 2 pers. 37 €

	90	5	3	3	1	3	3	1	8	0,2

Nicole et J-Pierre DURIEUX - 75, rue de la Festingue - 59390 TOUFFLERS - Tél. : 03 20 83 65 99 ou 06 12 18 53 34

VIEUX-CONDE Mont de Péruwelz
C.M. 53 Pli 5

3 ch. **Valenciennes 18 km. Onnaing 17 km. Tournai 25 km. Lille 35 km.** Ferme en activité. 3 ch. d'hôtes à l'ét. de la maison des prop. Ch. 1 : 1 lit 140. Ch. 2 : 2 lits 90. Ch. 3 : 1 lit 140, 2 lits 90. Lavabo, douche, wc privés. Lit bb 2 ans. Terrasse commune. Gare 15 km, commerces 2 km. Base loisirs d'Amaury, de Bonsecours, Belgique 4 km, station thermale, parc St-Amand 15 km, château Beloeil. Douai 50 km, Bruxelles 80 km, Bruges 100 km. Aut. A8 de la Belgique et A23 de Lille. De Vieux-Condé, suivre « Gîtes de France », Mont de Péruwelz, au château d'eau, tourner à gauche : chambres à 2,5 km. 2 gîtes/pl. Construit en 1896, rénové en 1989. 3 épis 85,5 pts. 4 pers. : 54 €.

Prix : 1 pers. 24 € 2 pers. 30 € 3 pers. 42 €

	120	4	2	2	2	15	4	5	15	2

M-Paule et Albert MATHYS - 935 rue de Calonne - « Mont de Peruwelz » - 59690 VIEUX-CONDE - Tél. : 03 27 40 16 13

VILLERS-EN-CAUCHIES A
C.M. 53 Pli 4

2 ch. **Bouchain 8 km. Cambrai 13 km. Valenciennes 17 km. Le Quesnoy 20 km.** Ferme (vaches, lapins, chapons, polyculture, fleurs) du 18ᵉ S. rénovée en 1994. 2 ch. à l'ét. de la ferme indép. de la maison des prop. Ch. 1 : (2 lits 90, 1 berceau). Ch. 2 : (2 lits 90). Lavabo, wc, douche privés. Ch. cent. Séjour/salon au r.d.c. Cabine tél. 300 m. Poss. repas à la Ferme auberge au r.d.c. ouverte le dimanche. Pelouse close privée 900 m². Salon de jardin. Mare. Cour fermée. Chemin de rando à 500 m. Restauration/pl. Onnaing 35 km. Autoroute A2, sortie Hordain puis direction Iwuy, Rieux-en-Cambrésis et Villers-en-Cauchies.

Prix : 1 pers. 33 € 2 pers. 39 €

	10	5	5	10	6	35	20	25	13	0,1

GITES DE FRANCE-SERVICE RESERVATION - 89 bd de la Liberté - BP 1210 - 59013 LILLE-Cedex - Tél. : 03 20 14 93 93 -
Fax : 03 20 14 93 99 ou prop. : 03 27 79 12 70

Pas-de-Calais

GITES DE FRANCE - Service Réservation
24, rue Desille
62200 BOULOGNE-SUR-MER
Tél. 03 21 83 96 77 - Fax 03 21 30 04 81

ACQUIN-WESTBECOURT (TH)

4 ch. **Lumbres 3 km. Saint-Omer 13 km.** 4 ch. d'hôtes dans une ancienne ferme : 2 ch. indépendantes et 2 ch. dans la maison des propriétaires. Salon, TV, cheminée. 2 ch. avec chacune 1 lit 2 pers., salle d'eau et wc particuliers, poss. lit enfant. 1 ch. (1 lit 2 pers.) et 1 ch. (3 lits 1 pers.), salle d'eau et wc communs. Parking. Restaurant 3 km. Circuit VTT sur place. Gratuit pour les enfants de moins de 3 ans. Table d'hôtes sur réservation, pas de repas le dimanche soir. Accès par la D225.

Prix : 1 pers. 30 € 2 pers. 38 € 3 pers. 46 € repas 14 €
Ouvert : Toute l'année.

35	18	3	3	3	SP	SP

Claude DENEUVILLE - 49 rue Principale - 62380 ACQUIN-WESTBECOURT - Tél. : 03 21 39 62 57

Pas-de-Calais
Nord-Pas-de-Calais

AIX-EN-ISSART

5 ch. **Montreuil 10 km. Le Touquet 24 km.** 5 ch. dans la maison de caractère des prop. 2 ch. 3 épis (1 lit 2 pers.), 1 ch. 3 épis (1 lit 2 pers. 1 lit 1 pers.) pos. 2 lits d'appoint, s. d'eau/wc part. pour chaque chambre. 1 ch. (1 lit 2 pers.), 2 ch. (2 lits 1 pers.), salle d'eau et wc communs (1 épi). Possibilité lit enfant, salon, TV. Gratuit pour les enfants -2 ans. Restaurant 5 km. Sentiers de randonnées balisés. Jardin, garage. Belle vallée calme et verdoyante, près d'une rivière. Le Bras de Brosne (7 vallées). Possibilité cuisine gratuite dans une dépendance.

Prix : 1 pers. 27/32 € 2 pers. 35/40 € 3 pers. 52 €
pers. sup. 8/12 €
Ouvert : Toute l'année.

24	SP	24	10	SP	15	SP

Gilberte SANTUNE - 42 rue Principale - 62170 AIX-EN-ISSART - Tél. : 03 21 81 39 46

ALEMBON Les Volets Bleus

5 ch. **Licques 3 km. Boulogne-sur-Mer 20 km.** 5 chambres d'hôtes aménagées dans la fermette des propriétaires. 3 ch. (1 lit 2 pers.), 2 ch. (2 lits 1 pers. dans chacune). Salle d'eau et wc privés pour chaque chambre. Séjour, salon, TV, bibliothèque. Petits déjeuners et repas pris dans le séjour devant le poêle à bois ou sur la terrasse ensoleillée. Le café sera servi dans le salon devant la cheminée. Poss. 2 lits enfant suppl. Jardin, parking. TV sur demande pour les chambres. Table d'hôtes le soir sur réservation. VTT sur place. Salon de jardin. Au centre du village. Restaurant à 5 km. Plan d'eau à 3 km. Forêt à 3 km. Centre équestre sur place. Accès par RN42, puis D191.

Prix : 1 pers. 32 € 2 pers. 43 € repas 17 €
Ouvert : Toute l'année.

22	3	22	18	18	SP	SP	18

Véronique BRETON - 1 A, rue du Cap Gris Nez - « Les Volets Bleus » - 62850 ALEMBON - Tél. : 03 21 00 13 17 -
E-mail : D.Breton2@libertysurf.fr

AMBLETEUSE Le Belvédère
C.M. 51

2 ch. **Wimereux 5 km. Boulogne-sur-Mer 10 km.** 1 ch. et 1 suite dans la maison des propriétaires. A l'étage : 1 ch. (1 lit 2 pers.), 1 suite (3 lits 1 pers.), salle d'eau et wc particuliers pour chaque chambre. Kitchenette, séjour, salon, TV. Jardin. En dehors du village. Restaurant à 2 km. Très belle vue sur la mer.

Prix : 1 pers. 31 € 2 pers. 55 € pers. sup. 13 €
Ouvert : Toute l'année.

1	SP	1	10	5	SP	5

Monique HENNEBELLE - Résidence le Belvédère N°15/23 - 62164 AMBLETEUSE - Tél. : 03 21 32 60 29 - Fax : 03 21 32 60 29

AMETTES

2 ch. **Auchel, Pernes-en-Artois et Lillers 8 km. Béthune 15 km.** 2 ch. d'hôtes et 1 suite dans une maison de caractère, dans un corps de ferme en pierre. 1 ch. (1 lit 2 pers.) et 1 suite (1 lit 1 pers.), s. d'eau et wc privés. 1 ch. (1 lit 1 pers. en alcôve. 1 lit 2 pers. 2 lits 1 pers.), s. d'eau et wc privés. Poss. 2 lits enfants suppl. Animaux admis en chenil. Jardin, parking fermé. Gratuit pour les moins de 3 ans. Restaurant sur place. A26 sortie Lillers à 8 km. Amettes sur RN341.

Prix : 1 pers. 23 € 2 pers. 30 € 3 pers. 38 € repas 13 €
Ouvert : Toute l'année.

70	5	8	5	8	SP	8

Jean-Baptiste GEVAS-MARIEN - 2 rue de l'Eglise - 62260 AMETTES - Tél. : 03 21 27 15 02

ARDRES
C.M. 51

3 ch. **Calais 10 km. Ardres 3 km.** 3 chambres d'hôtes indépendantes. R.d.c. : 1 ch. 3 épis (1 lit 2 pers. 1 lit 1 pers.). 1 ch. 3 épis (1 lit 2 pers. 2 lits 1 pers.), avec coin-cuisine. Salle d'eau et wc particuliers pour chacune. 1 ch. 3 épis (1 lit 2 pers.), salle d'eau et wc particuliers en dehors de la chambre. Salon commun. Parking, garage. Jardin. TV dans chaque chambre. En dehors du village. Par RN43. A26, sortie Nordausques + A16 sortie 17. Restaurants à 4 km.

Prix : 1 pers. 30 € 2 pers. 43 € 3 pers. 55 € pers. sup. 12 €
Ouvert : Toute l'année.

12	1	1	5	3	15	10	15

Jean-Louis LELIEUR - Ferme de la Cense Hebron - Bois-en-Ardres - 62610 ARDRES - Tél. : 03 21 35 43 45 - Fax : 03 21 85 87 92

ARDRES Le Manoir de Bois En Ardres

3 ch. **Ardres 2 km. Calais 12 km.** A 20 mn du Tunnel sous la Manche et des Ferries, Françoise et Thierry vous accueillent au calme de la campagne, dans leur manoir récemment restauré. Calme et détente dans un parc de 5 ha. Parking, parc, jardin, ping-pong à disposition des hôtes. 1 chambre (3 lits 1 pers.), 1 chambre (2 lits 1 pers.), 1 suite de 2 chambres (1 lit 2 pers. et 2 lits 1 pers.). Lit de bébé gratuit. 73 €/4 pers.

Prix : 1 pers. 45 € 2 pers. 52 € 3 pers. 67 €
Ouvert : Toute l'année.

12	2	2	8	2	2	SP	15	2

Françoise ROGER - 1530, rue de Saint-Quentin - Le Manoir de Bois en Ardres - 62610 ARDRES - Tél. : 03 21 85 97 78 ou
06 15 03 06 21 - Fax : 03 21 36 48 07 - E-mail : roger@aumanoir.com - www.aumanoir.com

Nord-Pas-de-Calais — Pas-de-Calais

AUBIN-SAINT-VAAST — La Gentilhommière
C.M. 51 Pli 12

3 ch. — **Hesdin 6 km. Montreuil 17 km.** 3 ch. dans une maison de maître style Louis XIII, dans le village. 2 ch. 2 épis. 1 ch. (1 lit 1 pers. 1 lit 2 pers.), 1 ch. (2 lits 2 pers.) avec salle d'eau/wc communs aux 2 ch. 1 ch. 3 épis (1 lit 2 pers. 1 lit 1 pers.) avec salle d'eau et wc privés. Salon, TV à dispo. Chauffage central. Parking, jardin, petit parc boisé. Voiture indispensable. 49 €/4 pers. Par D.439.

Prix : 1 pers. 27/32 € 2 pers. 32/38 € 3 pers. 44/50 €
Ouvert : Toute l'année.

	≈	⛵	🛶	🎾	🐴	🚶	
30	SP	30	6	4	6	SP	

Marceau et Simone VEZILIER - La Gentilhommière - 62140 AUBIN-SAINT-VAAST - Tél. : 03 21 86 80 48

AUCHY-AU-BOIS (TH)

4 ch. — **Lillers 7 km. Aire-sur-la-Lys 9 km.** 4 chambres indépendantes et 1 suite dans une ferme en briques, 1 ch. (1 lit 2 pers.), suite (2 lits 1 pers.), 1 ch. (2 lits 1 pers.), 2 ch. (1 lit 2 pers., 1 lit 1 pers.). Séjour et coin-cuisine réservé aux hôtes, salon, salle de jeux, cheminée, TV, bibliothèque. Salle de bains et wc privés. Au centre du village. Jardin, parking dans la propriété. Prix 4 pers. : 61 €. Accès route A26 sortie Lillers, RN341 Thérouanne.

Prix : 1 pers. 30 € 2 pers. 39 € 3 pers. 49 € repas 14 €
Ouvert : Toute l'année.

	≈	⛵	🛶	🎾	🐴	🚶
60	6	10	7	2	4	5

Brigitte DE SAINT LAURENT - 13 rue Neuve - 62190 AUCHY-AU-BOIS - Tél. : 03 21 25 80 09

AUDEMBERT

2 ch. — **Boulogne-sur-Mer et Calais 20 km. Rinxent 6 km.** 2 chambres aménagées dans la maison des propriétaires. 1 chambre (1 lit 2 pers.), 1 chambre (2 lits 1 pers.), salle d'eau et wc privés pour chaque chambre. Salle de séjour pour les petits déjeuners. Possibilité lit d'enfant supplémentaire. Au centre du village, jardin, parking extérieur. Livres à disposition des hôtes. Restaurant 4 km.

Prix : 1 pers. 34 € 2 pers. 43 € pers. sup. 11 €
Ouvert : Toute l'année.

	≈	⛵	🛶	🎾	🐴	🚶	
4	3	4	20	4	SP	SP	6

Robert et Viviane GILSOUL - 20, rue de la Mairie - 62250 AUDEMBERT - Tél. : 03 21 92 85 87 - Fax : 03 21 92 27 14 -
E-mail : robert.gilsoul@wanadoo.fr - http://perso.wanadoo.fr/robert.gilsoul/

AUDINGHEN — Cap-Gris-Nez

6 ch. — **Wimereux 10 km. Boulogne-sur-Mer 18 km.** 6 ch. d'hôtes, 1 au r.d.c. et 5 à l'étage, près de la mer. 2 ch. 1 épi (1 lit 2 pers. chacune), lavabo, s.d.b./wc communs. 1 ch. 2 épis (1 lit 2 pers. 1 lit 1 pers.), 3 ch. 2 épis (1 lit 2 pers. chacune), s. d'eau/wc privés. Séjours, salons, TV commune aux hôtes. Possibilité cuisine. Jardin, ping-pong, garage, parking. Rando en bord de mer. Location V.T.T. sur place. A16, sortie Marquise, D.191, site du tunnel à 15 km. Restaurant sur place. Site du tunnel à 15 minutes.

Prix : 2 pers. 30/40 € 3 pers. 35/44 € pers. sup. 8 €
Ouvert : Toute l'année.

	≈	⛵	🛶	🎾	🐴	🚶
0,4	SP	0,4	18	6	6	SP

Paul et Marie CALAIS - Route du Cap - Framezelle - 62179 CAP-GRIS-NEZ - Tél. : 03 21 32 98 13 - Fax : 03 21 32 98 13

AUDINGHEN
C.M. 51

6 ch. — **Marquise 8 km. Boulogne-sur-Mer 15 km.** En dehors du village, 6 ch. dont 4 avec vue sur la mer, dans la ferme des prop. 1 ch. et 1 suite (2 lits 2 pers.), 1 ch. (2 lits 1 pers.), 1 ch. (1 lit 2 pers.), 1 ch. et 1 suite (2 lits 1 pers., 1 lit 2 pers.), avec salon, kitchenette et TV, 1 ch. (1 lit 2 pers., 1 lit 1 pers.), avec séjour, coin-cuisine, coin-salon et TV. Salle d'eau et wc privés pour chaque chambre. Poss. convertible (2 pers.). Séjour, salon, cuisine équipée à disposition. Jardin, parking. 73 €/4 pers.

Prix : 1 pers. 31/36 € 2 pers. 40/47 € pers. sup. 13 €
Ouvert : Toute l'année.

	≈	⛵	🛶	🎾	🐴	🚶
SP	5	1,5	16	5	10	SP

Danielle et J.Claude MAERTEN - Ferme des 4 Vents - 62179 CAP-GRIS-NEZ---AUDINGHEN - Tél. : 03 21 32 97 64 -
Fax : 03 21 83 62 54 - E-mail : ferme.des.quatre.vents@wanadoo.fr - http://pro.wanadoo.fr/ferme4vents/

AUDINGHEN — Waringzelle
C.M. 51

2 ch. — En dehors du village, 1 chambre et 1 studio dans la ferme des propriétaires, 1 ch. (2 épis) (2 lits 1 pers.), salle d'eau privés et wc privés dans le couloir. 1 studio (3 épis) (1 lit 2 pers.), salle d'eau et wc privés. Bibliothèque. Kitchenette dans chaque chambre. Jardin boisé, salon de jardin, parking. Wimereux/Boulogne/Calais. Accès A.16, sortie n°7, D.191 ou D.940 ou sortie n°9, Wissant par D940.

Prix : 1 pers. 30 € 2 pers. 40 €
Ouvert : Toute l'année.

	≈	⛵	🛶	🎾	🐴	🚶
1	1	1	16	6	3	SP

Christiane DELATTRE - 2 route du Cran aux Oeufs - Waringzelle 2 - 62179 CAP-GRIS-NEZ - Tél. : 03 21 32 97 48 - Fax : 03 21 32 64 66

Pas-de-Calais
Nord-Pas-de-Calais

AUDINGHEN Le Repos des Mouettes

4 ch. **Wissant 10 km. Boulogne-sur-Mer 20 km.** En dehors du village, dans une maison individuelle, voisine de la ferme d'élevage porcins, à 3 km du Cap-Gris-Nez. R.d.c. 3 ch. de 2 pers., s. d'eau et wc privés, prise TV et kitchenette. Etage : 1 ch. 4 pers. (1 lit 2 pers. 2 lits 1 pers.), s.d.b. et wc privés, prise TV et kitchenette. Séjour dans la maison des propriétaires. Jardin, parking. Prix 4 pers. : 70 €. Restaurant sur place. Taxe de séjour. Accès : D940, entre Audinghen et Audresselles.

Prix : 1 pers. **30** € 2 pers. **40** € 3 pers. **55** €
Ouvert : Toute l'année.

1	5	15	20	10	3	SP

Sylvie DUTERTE - Le Repos des Mouettes - Haringzelle - 62179 AUDINGHEN - Tél. : 03 21 32 97 20 - Fax : 03 21 32 97 20

AUDRESSELLES

1 ch. **Boulogne-sur-mer 15 km. Calais 25 km.** En dehors du village, vue sur la mer. 1 chambre aménagée dans la maison des propriétaires, avec entrée indépendante. 1 chambre (1 lit 2 pers. 1 lit 1 pers.), salle d'eau et wc privés. Coin-cuisine réservé aux hôtes. Séjour commun aux propriétaires. TV. Possibilité lit d'enfant supp. Salon de jardin, barbecue. Chauffage au gaz. Taxe de séjour. VTT sur place.

Prix : 1 pers. **38** € 2 pers. **46** € 3 pers. **53** €
Ouvert : Toute l'année.

SP	SP	15	10	4	SP

Mr et Mme QUENU DUTERTRE - 66, rue Robin - 62164 AUDRESSELLES - Tél. : 03 21 32 96 00 - Fax : 03 21 32 03 40

AUDRUICQ

4 ch. **Calais 20 km. Dunkerque (Nord) 25 km.** 4 chambres d'hôtes aménagées dans la maison des propriétaires en dehors du village, 2 ch. avec 1 lit 2 pers., salle d'eau et wc privés chacune. 2 ch. avec 1 lit 2 pers., s. d'eau privée chacune, wc communs. Salle de séjour réservée aux hôtes avec TV et bibliothèque. Parking. Restaurant à proximité.

Prix : 1 pers. **26** € 2 pers. **29/30** €
Ouvert : Toute l'année.

15	SP	15	4	4	2	SP

Michel DELPLACE - 3578 rue du Canal - 62370 AUDRUICQ - Tél. : 03 21 35 33 43 ou 03 21 82 60 76

AZINCOURT La Gacogne

4 ch. **Hesdin 20 km. Fruges 6 km.** Sur le site historique de la Bataille d'Azincourt (1415). 4 chambres indépendants avec douche, lavabo et wc privés. Salon avec cheminée feu de bois, kitchenette. Les petits déjeuners sont partagés dans la maison de caractère des propriétaires. Ambiance moyenâgeuse. Jardin d'agrément, parc boisé, parking privé.

Prix : 2 pers. **46** € 3 pers. **53** €

50	10	20	1	20	SP

Patrick et Marie-José FENET - La Gacogne - 62310 AZINCOURT - Tél. : 03 21 04 45 61 - Fax : 03 21 04 45 61

BAYENGHEN-LES-SENINGHEN

3 ch. **Lumbres 2 km. Saint-Omer 15 km.** 3 chambres aménagées dans des dépendances restaurées. 2 ch. (1 lit 2 pers.), 1 ch. (1 lit 1 pers. 1 lit 2 pers.). Salle d'eau et wc particuliers pour chacune. Coin-cuisine commun aux 3 chambres. Salle de séjour, salon, TV. Jardin. Restaurant 2 km. Enfant -3 ans : 7,6 €. Accès extérieur dans chaque chambre. Parking dans la cour. Janvier et Février sur réservation. Endroit calme et confortable.

Prix : 1 pers. **28** € 2 pers. **35/38** € 3 pers. **43** € pers. sup. **11** €
Ouvert : Du 1er mars à Noël.

40	3	40	3	3	3	SP	SP

Alain DESVIGNES - 32 rue Principale - 62380 BAYENGHEN-LES-SENINGHEN - Tél. : 03 21 95 71 36

BAZINGHEN Le Clos des Sarcelles C.M. 51

3 ch. **Wissant 10 km. Wimereux 10 km. Ambleteuse 5 km.** 3 ch. d'hôtes aménagées dans la maison des propriétaires, située en dehors du village. Parc boisé, salons de jardin, parking, entrée indépendante. 1 chambre 2 épis (1 lit 2 pers.), 1 chambre 2 épis (1 lit 2 pers.) avec salon. 1 chambre 3 épis (1 lit 2 pers. 2 lits 1 pers., salon), salle d'eau et wc privés pour chacune. Poss. lit d'enfant supp. Enfant de moins de 2 ans gratuit. Restaurant à 1 km. Accès : A16, sortie n°7, direction Cap-Gris-Nez.

Prix : 1 pers. **31** € 2 pers. **41/49** € pers. sup. **12** €
Ouvert : Toute l'année.

5	1	5	12	10	1	SP	7

Claudine DARRAS - Chemin du Marais - Le Bail - « Le Clos des Sarcelles » - 62250 BAZINGHEN - Tél. : 03 21 92 88 00 - Fax : 03 21 92 88 00

Nord-Pas-de-Calais
Pas-de-Calais

BELLE-ET-HOULLEFORT Le Beucq (TH)

4 ch. Boulogne-sur-Mer et Wimereux 11 km. **Desvres 15 km.** 4 ch. dans un manoir de caractère. Salle de séjour, salon, TV, bibliothèque. Parking. 1 ch. (2 lits 2 pers.), 1 ch. (1 lit 2 pers.), lavabo dans chaque ch. Salle d'eau commune aux 2 ch. 1 ch. (1 lit 1 pers. 1 lit 2 pers.), 1 ch. (1 lit 2 pers.), salle d'eau privée pour chaque. 2 wc communs aux 4 ch. Possibilité lit suppl. Gratuit pour enfants -5 ans. Restaurant 11 km. Accès : à 10 km de l'A16, sortie 31, direction Saint-Omer.

Prix : 1 pers. **23/25** € 2 pers. **28/32** € 3 pers. **3**' € pers. sup. **10** € repas **13** €
Ouvert : Toute l'année.

| | 11 | 11 | 11 | 2 | 1 | SP | 4 |

Isabelle DE MONTIGNY - Le Breucq - 62142 BELLE-ET-HOULLEFORT - Tél. : 03 21 83 31 99 ou 06 87 53 94 07 - Fax : 03 21 83 31 99

BEUSSENT Le Ménage

5 ch. Le Touquet 15 km. Etaples et Boulogne-sur-Mer 20 km. **Montreuil 13 km.** 5 ch. d'hôtes dans un manoir du XIXe, dans un écrin de verdure, un calme absolu rénové avec 1 parc de 9 ha. et chacune : 1 lit 2 pers., salle de bains et wc privés, coin-salon et TV. Séjour, fax à disposition des hôtes. Poss. lit enfant suppl. Jardin, parking, abri couvert. Visite atelier de sculptures + galerie du propriétaire. En dehors du village. Enfant -5 ans gratuit. Langue parlée : anglais.

Prix : 1 pers. **61** € 2 pers. **69** € pers. sup. **8** €
Ouvert : Toute l'année.

| | 22 | 3 | 22 | 3 | SP | SP | 13 |

Josiane BARSBY - 124 route d'Hucqueliers - Le Ménage - 62170 BEUSSENT - Tél. : 03 21 90 91 92 - Fax : 03 21 86 38 24

BEZINGHEM Les Granges

6 ch. Desvres 12 km. Montreuil-sur-Mer 15 km. En dehors du village, 6 chambres d'hôtes indépendantes dans un corps de ferme, jardin, parking. R.d.c. : 1 ch. (1 lit 2 pers.), salle d'eau et wc privés. 1 ch. (1 lit 2 pers.), salle d'eau avec wc privés. Etage : 1 ch. (1 lit 2 pers. 1 lit 1 pers.). 2 ch. avec chacune (1 lit 2 pers.), salle d'eau et wc privés pour chacune. Téléphone à l'auberge. Salle de séjour avec coin-salon et TV réservés aux hôtes. Jeux à disposition des hôtes. 15 VTT en location : 4 €/heure, 8 €/demi-journée. Accès par le train : Etaples 20 km. Par la route : D.127 R.N.1, puis D.148 ou D.341

Prix : 1 pers. **30** € 2 pers. **38** € 3 pers. **52** €
Ouvert : Toute l'année.

| | 20 | 2 | 20 | 12 | 6 | 5 | SP |

José DACQUIN - Ferme-Auberge des Granges - 62650 BEZINGHEM - Tél. : 03 21 90 93 19 - Fax : 03 21 90 93 19

BIENVILLERS-AU-BOIS Ecurie de Cocriamont

1 ch. Pas-en-Artois 12 km. Arras 18 km. Au centre du village, 1 chambre aménagée dans le corps de ferme en pierres blanches des propriétaires. 1 chambre (1 lit 2 pers.), salle d'eau et wc privés. Coin-salon dans la chambre avec clic-clac. Possibilité lit supplémentaire, lit bébé. Séjour et salon communs aux propriétaires, bibliothèque. TV dans la chambre. Jardin, garage, parking. Balade accompagnée en poneys. Possibilité hébergement chevaux et poneys en box ou en pature, manège couvert. Ferme-auberge à 5 km. Accès : RN25/Doullens/Arras, direction Beaumetz-les-Logs.

Prix : 1 pers. **30** € 2 pers. **35** € pers. sup. **8** €
Ouvert : Toute l'année.

| | 75 | 75 | 16 | SP | SP | SP |

Jean-Luc GRIMONPREZ - 3, rue Cocriamont - 62111 BIENVILLERS-AU-BOIS - Tél. : 03 21 24 32 55 - www.ecurie-cocriamont.com

BLANGERMONT Ferme des Tilleuls (TH) C.M. 51

2 ch. Frévent 9 km. Saint-Pol 12 km. Hesdin 18 km. 2 chambres dans une maison de maître : 1 ch. (1 lit 2 pers. 1 lit 1 pers.) et 1 ch. (1 lit 2 pers.) avec salles d'eau particulières, wc communs aux 2 ch. sur le palier. Salle de séjour. Jardin et parking. Au centre du village. Table d'hôtes le soir.

Prix : 2 pers. **27/30** € 3 pers. **40** € pers. sup. **9** € repas **11** €
Ouvert : Toute l'année.

| | 50 | 3 | 9 | 7 | SP |

Pierre et Monique COLIN - Ferme des Tilleuls - 33 rue Principale - 62270 BLANGERMONT - Tél. : 03 21 41 34 39

BLANGY-SUR-TERNOISE

3 ch. Saont-Pol 10 km. Arras 45 km. La Côte d'Opale 50 km. 3 ch. aménagées dans demeure des prop., à la sortie du village. A l'ét., 2 ch. (1 lit 2 pers.), lavabo, s.d.b. commune, poss. lit suppl. 1 ch. (1 lit 2 pers.), s.d.b. privée. 1 wc commun à 3 chambres. Séjour, salon, TV, à disposition. Parking, garage. Jardin. Accès aux chambres par terrasse. Restaurant sur place. Circuit VTT 4 km.

Prix : 2 pers. **31** € 3 pers. **38** € pers. sup. **8** €

| | 40 | SP | 10 | 4 | 10 | SP |

Nestor POYER - 15 rue de Fruges - 62770 BLANGY-SUR-TERNOISE - Tél. : 03 21 41 80 32

Pas-de-Calais

Nord-Pas-de-Calais

BLANGY-SUR-TERNOISE

C.M. 51

4 ch.   **Hesdin 12 km. Saint-Pol 15 km. Fruges 14 km.** 4 chambres d'hôtes aménagées dans la maison de maître des propriétaires. 3 ch. avec chacune 1 lit 2 pers., salle d'eau et wc particuliers et 1 ch. (1 lit 2 pers.) avec salle de bains et wc particuliers. Salle de séjour. Possibilité lits et lit enfant suppl. (enfant : 9 €). Garage 2 places à la demande. Gratuit enfant - 2 ans.

Prix : 2 pers. **42 €** pers. sup. **18 €**
Ouvert : Toute l'année.

45	5	45	20	12	10	SP	12

Bernard DECLERCQ - 3, rue de la Gare - 62770 BLANGY-SUR-TERNOISE - Tél. : 03 21 47 29 25

BONNINGUES-LES-ARDRES Le Manoir

6 ch.   **Calais 28 km. Saint-Omer et Boulogne-sur-Mer 25 km.** 6 ch. de caractère dans château style Napoléon III, sur 4200 m² de terrain boisé et en pelouses clos, salon de jardin. 1 ch. 3 épis (1 lit 2 pers.), s. d'eau et wc privés. 2 ch. avec chacune (1 lit 2 pers.), lavabo, s.d.b., 1 ch. (2 lits 1 pers.), s. d'eau et lavabo, 2 ch. avec chacune (1 lit 2 pers.), douche et lavabo. 2 wc communs aux 5 ch. Séjour, salon, TV. Poss. 1 lit enfant et 1 lit 1 pers. suppl. Parking et garage. Salon de 40 m² (30 pers.). Aire de jeux. Voiture indispensable. Restaurant à 3 km. Gratuit jusqu'à 2 ans. Rivière 10 km. Forêt 3 km.

Prix : 1 pers. **26 €** 2 pers. **34/38 €** pers. sup. **8 €**
Ouvert : Toute l'année.

25	5	10	7	3	15	SP	10

Sylvie BREEMERSCH - Le Manoir - 40 route de Licques - 62890 BONNINGUES-LES-ARDRES - Tél. : 03 21 82 69 05 -
Fax : 03 21 82 69 05

BONNINGUES-LES-ARDRES

1 ch.   **Saint-Omer 20 km. Calais 25 km.** Traverser le village en venant de l'A26. 1 chambre d'hôtes aménagée dans la ferme biologique des propriétaires. Jardin, parking. 1 ch. (1 lit 2 pers.), possibilité 1 lit d'appoint, salle d'eau et wc privés, frigo. Salle de séjour commune aux propriétaires, TV dans la chambre. Table d'hôtes sur réservation (avec produits BIO de la ferme). Accès : par le train Audruicq/Pont d'Ardres (13/14 km). Par la route de l'A.26, sortie n° 2 direction Licques, à la sortie du village. Location de vélos sur place. Plan d'eau 10 km. Forêt 1 km. Langues parlées : anglais, hollandais.

Prix : 1 pers. **34 €** 2 pers. **43 €** pers. sup. **13 €** repas **17 €**
Ouvert : Toute l'année.

20	5	10	14	10	13	SP

Mme LOUF DEGRAUWE - 129 rue de Licques - La Ferme de Beaupré - 62890 BONNINGUES-LES-ARDRES - Tél. : 03 21 35 14 44 -
Fax : 03 21 35 57 35 - E-mail : degrauwelut@minitel.fr

BOURSIN

C.M. 51

2 ch.   **Calais et Boulogne-sur-Mer 25 km.** 2 ch. d'hôtes aménagées dans la maison des prop avec accès indép., jardin arboré. 2 ch. avec (1 lit 2 pers. chacune), s. d'eau/wc privés, TV, magnétoscope et tél. dans chaque chambre. Salle de séjour, TV réservée aux hôtes. Kitchenette/micro-ondes. Salle de jeux et biblio. Garage non fermé, parking. Au centre du village. Poss. lit enfant suppl. Salon de jardin, ping-pong, pétanque. Salle commune avec lave-linge, sèche-linge, fer à repasser, porte vélos. Restaurant à 3 km (Hardinghen). Par RN42 et A16. VTT sur place. Forêt sur place.

Prix : 1 pers. **33 €** 2 pers. **38 €** pers. sup. **13 €**
Ouvert : Toute l'année.

20	8	22	10	SP	4	SP

Mauricette et Daniel DUTERTRE - 59, rue du Mont - 62132 BOURSIN - Tél. : 03 21 85 01 21 ou 06 84 88 92 14 - Fax : 03 21 85 10 34 -
E-mail : DUTERTRE.Daniel@wanadoo.fr

BREXENT-ENOCQ La Silexeraie

C.M. 51

2 ch.   **Le Touquet 9 km. Etaples 4 km.** 2 chambres aménagées dans la maison des propriétaires avec chacune 1 lit 2 pers., salle d'eau et wc privés. Coin-détente réservé aux hôtes. Entrée indép. sur salon, véranda, parking, le tout sur un terrain clos avec jardin fleuri. Salon de jardin. En dehors du village. Prendre la direction Tubersent, la « Silexeraie ».

Prix : 1 pers. **37 €** 2 pers. **42 €**
Ouvert : Toute l'année.

9	4	4	4	9	4	SP

Paulette LEPRETRE-GLATIGNY - 62 route d'Hodicq - La Silexeraie - 62170 BREXENT-ENOCQ - Tél. : 03 21 86 76 97

BREXENT-ENOCQ

1 ch.   **Montreuil-sur-mer 6 km. Etaples 7 km. Le Touquet 10 km.** 2 ch. aménagée dans une fermette de caractère. 1 ch. (1 lit 2 pers.), 1 ch. (1 lit 2 pers. 2 lits 1 pers.), s.d.b. et wc privés pour chacune. Salon, TV, cheminée. Calme assuré. Jardin, parking privé. Table d'hôtes : réservation la veille. Petit-déjeuner amélioré 2,5 €/pers. Taxe de séjour. 4 pers. : 73 €.

Prix : 2 pers. **41 €** repas **17 €**
Ouvert : Toute l'année.

10	SP	4	SP

Mme GARBE - 4, rue de l'Eglise - 62170 BREXENT-ENOCQ - Tél. : 03 21 86 04 97 - Fax : 03 21 86 04 97

Nord-Pas-de-Calais — Pas-de-Calais

BRIMEUX Ferme du Saule

C.M. 51

4 ch. **Montreuil 6 km. Hesdin 18 km. Touquet 18 km.** 1 chambre d'hôtes dans la maison des propriétaires (1 lit 2 pers. 1 lit 1 pers.), salle d'eau/wc privés et 3 ch. indép. à la ferme dont 2 avec (1 lit 2 pers. et 1 lit 1 pers.) et 1 avec (1 lit 2 pers.). S. d'eau, wc et TV dans chaque chambre. Poss. lit d'appoint et 1 lit enfant suppl. Au centre du village. Jardin, cour et parking fermés. Restaurant sur place. Pédalo sur place. Plage à 18 km. Accès par RN39, sortie Campagne-les-Hesdin. Langue parlée : anglais.

Prix : 1 pers. **40** € 2 pers. **46** € 3 pers. **60** €
Ouvert : Toute l'année.

	🐕	≈	⛵	⛵	⛵	🎾	🏃	🚶	🎿
		18	SP	18	6	SP	SP	18	SP

Germain TRUNNET - 20 rue de l'Eglise - Ferme du Saule - 62170 BRIMEUX - Tél. : 03 21 06 01 28 ou 06 08 93 77 91 - Fax : 03 21 81 40 14

BRIMEUX Le Relais des Etangs

3 ch. **Montreuil 8 km. Le Touquet 25 km.** 3 ch. dans la maison de maître des prop. 1 chambre (1 lit 2 pers.), salle d'eau et wc privés. 1 chambre (1 lit 2 pers. 1 lit 1 pers.), salle de bains avec wc privés, 1 ch. (1 lit 2 pers.) s. d'eau/wc séparés, privés à la ch. Salle de séjour et salon communs aux propriétaires. Au centre du village. Maison de caractère avec jardin et parking. Restaurant à 8 km. 61 €/4 pers. Accès : Par D.349, entre Montreuil et Hesdin.

Prix : 1 pers. **43** € 2 pers. **47** € pers. sup. **10** €
Ouvert : Toute l'année.

	🐕	≈	⛵	⛵	⛵	🎾	🏃	🚶
		25	SP	25	8	8	15	SP

Mr et Mme TERRYN - 54, route Nationale - Le Relais des Etangs - 62170 BRIMEUX - Tél. : 03 21 06 54 38

BULLECOURT

2 ch. **Arras 20 km. Bapaume 12 km.** Au centre du village, 2 chambres + 1 suite aménagées dans la maison des propriétaires. Jardin, parking. 1 chambre (1 lit 2 pers.) et 1 suite (2 lits 1 pers.), salle d'eau et wc privés. 1 chambre (1 lit 2 pers.), salle d'eau et wc privés. Salle de séjour commune, cheminée, espace détente avec TV. Salon de jardin, barbecue. Possibilité lit d'enfant jusqu'à 3 ans gratuit. 61 €/4 pers. Musée sur place. Restaurant à 5 km. Site historique sur place.

Prix : 1 pers. **31** € 2 pers. **34** € 3 pers. **53** €
Ouvert : Toute l'année.

	🐕	≈	⛵	⛵	⛵	🎾	🏃	🚶	🏛	🎿
		90	15	25	20	7	10	SP	20	18	7

Nicole THERLIER - 52, rue de Douai - 62128 BULLECOURT - Tél. : 03 21 48 91 27

CAMIERS

1 ch. **Etaples 7 km. Boulogne-sur-Mer 16 km. Le Touquet 10 km.** Au centre du village, dans une fermette rénovée, le long d'un cour d'eau, charme de la campagne, proximité des plages. 1 ch. indépendante (1 lit 2 pers.), salle d'eau et wc privés. Coin-cuisine dans la chambre. Parking, jardin. TV. Salon de jardin.

Prix : 1 pers. **35** € 2 pers. **41** €

	🐕	≈	⛵	⛵	⛵	🎾	🏃	🚶
		2	2	2	6	SP	4	SP

Fabienne LABARRE - 12 rue Sainte Gabrielle - 62176 CAMIERS - Tél. : 03 21 84 71 81

CAMIERS Les Arums

2 ch. **Le Touquet 10 km. Hardelot 10 km.** Au centre du village, à 2 km de la plage, 2 chambres et 1 suite aménagées dans la maison des propriéraires. Au r.d.c. jardin, salon de jardin, barbecue, garage, parking. 1 chambre et 1 suite (2 lits 2 pers.), 1 salle d'eau et 1 wc privés. 1 chambre (1 lit 2 pers.), salle d'eau et wc privés. Salle de séjour et véranda communes, salon avec TV commun. Possibilité lit d'enfant supplémentaire à partir de 4 pers. : 74 €. Accès par le train : Camiers. Par la route de l'A.16, sortie Sainte-Cécile/Hardelot, D.940, direction Le Touquet.

Prix : 1 pers. **35** € 2 pers. **42** € 3 pers. **53** € pers. sup. **12** €
Ouvert : Toute l'année.

	🐕	≈	⛵	⛵	⛵	🎾	🏃	🚶	🏛
		1	1	7	2	10	SP	7	0,5

Mr et Mme LEPRETRE PARIS - 86 rue du Vieux Moulin - 62176 CAMIERS - Tél. : 03 21 09 11 29 ou 06 17 01 58 77

CAMPAGNE-LES-BOULONNAIS

3 ch. **Desvres 15 km. Boulogne-sur-Mer et Saint-Omer 30 km.** 2 chambres + 1 suite indépendantes. 1 chambre (1 lit 2 pers.), salle d'eau avec wc privés. 1 chambre + 1 suite (2 lits 1 pers.), salle d'eau avec wc privés. Coin-cuisine dans la chambre avec suite. Séjour et salon réservés aux hôtes dans la résidence des propriétaires. TV commune. Possibilité lit d'appoint supplémentaire. Au centre du village. Parking. 53 €/4 pers.

Prix : 1 pers. **27** € 2 pers. **38** € 3 pers. **46** € pers. sup. **8** €
Ouvert : Toute l'année.

	🐕	≈	⛵	⛵	⛵	🎾	🏃	🚶
		40	5	40	16	15	5	SP

Mr BAILLIEU-TERLUTTE - 4, rue des Croisettes - 62650 CAMPAGNE-LES-BOULONNAIS - Tél. : 03 21 86 58 55

Pas-de-Calais
Nord-Pas-de-Calais

C.M. 51

CHELERS

2 ch. **Aubigny et Saint-Pol 15 km.** 2 chambres d'hôtes aménagées dans la ferme des propriétaires, construction ancienne. 2 ch. (1 lit 2 pers. chacune) avec salle de bains et wc, douche à l'étage. Salon et salle de séjour à disposition. Parking. Commerçants ambulants. Médecin et pharmacie 2 km. Restaurant 15 km.

Prix : 2 pers. 23 €
Ouvert : Toute l'année.

🐕	≋	⛵	⛵	🎾	🏇	🚶	
	80	5	80	30	15	2	SP	5

Françoise THELLIER - 18, rue du Faux - 62127 CHELERS - Tél. : 03 21 47 34 92

CLAIRMARAIS

2 ch. 2 ch. aménagées dans petite maison de caractère, style campagnard, du Marais Audomarois (bâtiment neuf). Au 1er ét., 1 ch. (1 lit 2 pers.), 1 ch. (2 lits 1 pers. poss. 1 lit d'appoint). S. d'eau particulière pour chacune. WC communs aux 2 chambres. Possibilité garage. Jardin, parking. Restaurant 2 km. Animaux admis après accord. Forêt sur place. Salon de jardin.

Prix : 1 pers. 24 € 2 pers. 32 € 3 pers. 40 €
Ouvert : Toute l'année.

🐕	≋	⛵	⛵	🎾	🏇	🚶	🚂
	45	SP	45	5	5	SP	SP	5

Marie-Laure GALAMEZ - 2 route du Grand Nieppe - 62500 CLAIRMARAIS - Tél. : 03 21 93 25 41

COLLINE-BEAUMONT La Colline des Roses

1 ch. **Fort Mahon 7 km.** 1 chambre et 1 suite aménagées dans la maison des propriétaires. 1 ch. et 1 suite (4 lits 1 pers.), salle d'eau et wc privés. Séjour, salon, TV, tél. Jardin. Prix 4 pers. : 85 €. Située en dehors du village. Restaurant à 7 km. Panier pique-nique : 8 €/personne (sur demande).

Prix : 1 pers. 37 € 2 pers. 43 € 3 pers. 64 €
Ouvert : Toute l'année.

🐕	≋	⛵	⛵	🎾	🏇	🚶
	7	1	7	10	7	SP

Solange MENNART - 51 rue du Gris Mont - 62180 COLLINE-BEAUMONT - Tél. : 03 21 86 33 22

CONCHIL-LE-TEMPLE

C.M. 51

4 ch. **Berck 6 km. Boulogne-sur-Mer et Montreuil 10 km.** 4 chambres aménagées dans une propriété de caractère, ancienne et rénovée située dans un bâtiment indépendant. 1 ch. (1 lit 2 pers., berceau), 1 ch. (1 lit 2 pers. 2 lits 1 pers.), 2 ch. (1 lit 2 pers. 1 lit 1 pers. chacune), salle d'eau et wc particuliers pour chacune. Possibilité 1 lit enfant. Séjour, salon avec TV. Jardin. Restaurant 3 km. 61 €/4 pers. Langue parlée : anglais.

Prix : 1 pers. 42 € 2 pers. 46 € 3 pers. 55 € pers. sup. 10 €
Ouvert : Toute l'année.

🐕	≋	⛵	⛵	🎾	🏇	🚶	🎣	🚂
	6	SP	6	6	6	SP	3	3

Nicole FROISSART - 51 rue de la Mairie - 62180 CONCHIL-LE-TEMPLE - Tél. : 03 21 81 11 02 - Fax : 03 21 81 88 32

CONDETTE La Sauvagine A

C.M. 51

2 ch. **Le Touquet 16 km. Boulogne-sur-Mer 10 km. Hardelot 2 km.** 2 chambres d'hôtes indépendants 1 ch. (1 lit 2 pers.), 1 ch. (2 lits 1 pers.), salle d'eau et wc particuliers, salle de séjour commun aux propriétaires. Jardin, parking. Lit enfant accepté. Au centre du village. Poss. box pour cheval. Piscine non couverte sur place. Restaurant sur place. Possibilité auberge sur place. VTT sur place. Forêt à proximité. Langue parlée : anglais.

Prix : 1 pers. 43 € 2 pers. 49 €
Ouvert : Toute l'année.

🐕	≋	⛵	⛵	🎾	🏇	🚶	🎣
	2	1	2	SP	SP	SP	1

Michèle et Claude POULY - La Sauvagine - 6 allée Charles Dickens - 62360 CONDETTE - Tél. : 03 21 32 21 37

CONDETTE

C.M. 51

1 ch. **Le Touquet 16 km. Boulogne-sur-Mer 10 km. Hardelot 2 km.** Dans la maison des propriétaires, 1 chambre (1 lit 2 pers.), salle de bains et wc privés. Séjour commun, salon, TV, bibliothèque. Parking. Restaurant sur place. Au centre du village. Langue parlée : anglais.

Prix : 1 pers. 38 € 2 pers. 46 €
Ouvert : Toute l'année.

🐕	≋	⛵	⛵	🎾	🏇	🚶
	2	1	2	SP	SP	SP

Tracy CALON - Rés. la Verte Vallée - 62360 CONDETTE - Tél. : 03 21 10 51 26 - E-mail : tracycalon@aol.com

CONTES

1 ch. **Montreuil-sur-Mer 18 km. Hesdin 7 km.** 1 chambre d'hôtes dans la maison des propriétaires, au moulin, (2 lits 1 pers. 1 lit 2 pers.), salle de bains et wc privés. Salle de séjour, bibliothèque. Poss. lit enfant suppl. Au centre du village. Restaurant à 2 km. Randonnée pédestre des 7 vallées. Par la RN39.

Prix : 1 pers. 35 € 2 pers. 42 € 3 pers. 53 € pers. sup. 11 € repas 15 €
Ouvert : Toute l'année.

🐕	≋	⛵	⛵	🎾	🏇	🚶	🚂
	30	0,5	30	7	7	7	SP	7

Thérèse-Marie LECERF - 2, rue de la Creuse - 62990 CONTES - Tél. : 03 21 86 80 50

Nord-Pas-de-Calais — Pas-de-Calais

LA COUTURE — La Pilaterie

4 ch. **Lestrem 4 km. Béthune 10 km.** 4 ch. d'hôtes indépendantes avec TV dont 3 avec chacune 1 lit 2 pers. et 1 avec 2 lits 1 pers., salle d'eau et wc privés chacune. Salle de séjour et salon réservés aux hôtes. Possibilité lit d'enfant supplémentaire. En dehors du village. Jardin et parking sur la propriété. Gratuité pour les enfants de moins de 2 ans. Restaurant à 2 km. Accès en train par Béthune à 10 km. Par la route : D945.

Prix : 1 pers. 30 € 2 pers. 34 €
Ouvert : Toute l'année.

80	5	80	10	4	1	SP	10

Jean-Michel DISSAUX - 2129 route d'Estaires - 62136 LA-COUTURE - Tél. : 03 21 26 77 02

CREQUY

2 ch. **Fruges 7 km. Hesdin 14 km.** 2 chambres d'hôtes aménagées dans une maison en brique, entourée de verdure et de fleurs. 1 ch. (1 lit 2 pers. 1 lit 1 pers.), 1 ch. (2 lits 1 pers.), salle d'eau, salle de bains et wc communs aux 2 ch. Salle de séjour, salon, TV, bibliothèque. Parking, jardin, pelouse.

Prix : 1 pers. 23 € 2 pers. 33 € 3 pers. 40 €
Ouvert : Toute l'année.

35	12	14	14	7	7	SP

Henri et Yvette DEMAGNY - 9 rue des Maraitiaux - 62310 CREQUY - Tél. : 03 21 90 60 14

CUCQ — Parc Soleil

2 ch. **Stella plage 2 km. Le Touquet 4 km.** 2 chambres aménagées dans la maison des propriétaires. 1 chambre 2 épis (1 lit 2 pers.), salle d'eau et wc privés sur le palier. Douche et lavabo dans la chambre. 1 chambre 3 épis (1 lit 2 pers.), salle d'eau avec wc privés. Séjour, salon et TV communs. En dehors du village, jardin, parking extérieur à la propriété. Restaurant à 2 km. Accès : Par D.940. Par le train : Gare d'Etaples.

Prix : 1 pers. 37 € 2 pers. 41 €
Ouvert : Toute l'année.

2	2	2	5	5	2	SP	4	4

Catherine BIGOT - 47, avenue des Peupliers - Parc Soleil - 62780 CUCQ - Tél. : 03 21 09 38 41 ou 06 21 46 68 98

DANNES — Le Moulin

2 ch. **Hardelot 5 km. Le Touquet 10 km.** 2 chambres aménagées dans la maison des propriétaires. 2 chambres avec chacune (1 lit 2 pers.), salle d'eau et wc privés pour chacune. Salle de séjour et salon communs. Possibilité lit d'enfant supplémentaire. Au centre du village. Jardin, parking. Accès : A.16 à 5 mn, sortie n° 27, Neufchatel Hardelot. Par D.940 Boulogne/Le Touquet. Etaples à 7 km.

Prix : 1 pers. 38 € 2 pers. 43 € pers. sup. 12 €
Ouvert : Toute l'année.

2	2	2	5	5	SP

Christine LECAILLE - 40, rue du Centre - 62187 DANNES - Tél. : 03 21 33 74 74 ou 06 62 27 60 33 - Fax : 03 21 33 74 74

DUISANS — Le Clos Grincourt

1 ch. **Arras 7 km.** En bordure du village, 1 chambre dans un manoir du XIVe siècle. 1 ch. (1 lit 2 pers.), salle de bains et wc particuliers. Salle de séjour/coin-détente, bibliothèque. Parking. Jardin. Le Touquet par N39. Restaurant 4 km. Gratuité pour les enfants de moins de 5 ans.

Prix : 1 pers. 30 € 2 pers. 44 € pers. sup. 8 €
Ouvert : Toute l'année mais sur réservation du 1er novembre au 31 mars.

80	SP	80	7	SP	4	SP	4

Annie SENLIS - Le Clos Grincourt - 18 rue du Château - 62161 DUISANS - Tél. : 03 21 48 68 33 - Fax : 03 21 48 68 33

DUISANS — Les Quatre Diables

2 ch. **Arras 6 km. Lens 15 km.** Un ensemble indépendant de 80 m² comprenant 1 ch. (1 lit 2 pers.) avec s.d.b. et wc privés et sa suite (2 lits 1 pers.), avec salon, bibliothèque, TV, micro-ondes, réfrigérateur. 1 ch. (2 lits 1 pers.) avec s.d.b. et wc privés attenants à l'ét. des propriétaires. Jardin, terrasse et parking. Salon de jardin, VTT. Forêt 4 km. Tarif 4 pers. : 67 €. Enfant - 5 ans : 2 €.

Prix : 1 pers. 30/40 € 2 pers. 33/46 € 3 pers. 54 €
Ouvert : Toute l'année sauf vacances de Printemps.

80	2	80	8	SP	8	SP	4

Fernand TOUPET - 2 chemin des Meuniers - Les Quatre Diables - 62161 DUISANS - Tél. : 03 21 48 86 39

Pas-de-Calais — Nord-Pas-de-Calais

ECHINGHEN
C.M. 51

4 ch. — Hardelot 10 km. Boulogne-sur-Mer 4 km. 4 chambres d'hôtes aménagées dans une fermette du XVIII° sicèle, environnement agréable et calme. 1 chambre (1 lit 160), salle de bains et wc privés, four micro-ondes, réfrigérateur, terrasse privée. 1 chambre (2 lits 1 pers.). 1 chambre (3 lits 1 pers.). 1 chambre (1 lit 2 pers.), salle d'eau et wc privés pour chacune. Kitchenette. Salle de séjour, salon. Jardin, cour, parking. Boxes chevaux. Remise à partir de la 2° nuit. Chambres au centre du village. Restaurant à 500 m.

Prix : 1 pers. 32 € 2 pers. 41/49 € 3 pers. 50/58 € pers. sup. 9 €
Ouvert : Toute l'année sauf de Noël à fin Janvier.

🐕	≈	⛵	🎾	🏇	🚶	🚆	⛴
5	5	5	5	SP	2	SP	4	4

Jacqueline BOUSSEMAERE - Rue de l'Église - 62360 ECHINGHEN - Tél. : 03 21 91 14 34 - Fax : 03 21 31 15 05 -
E-mail : jp-boussemaere@wanadoo.fr

ENQUIN-SUR-BAILLONS

5 ch. — Hucqueliers 5 km. Montreuil-sur-Mer 15 km. 5 ch. d'hôtes aménagées dans une maison de maître rénovée. Salle de séjour. Salon avec TV. 4 ch. avec chacune 1 lit 2 pers. 1 ch. avec 1 lit 1 pers. et 1 lit 2 pers. 1 salle d'eau, 3 salles de bains et 3 wc. Petit jardin de plaisance. Parking, pelouse avec salon de jardin. Commerçants ambulants. Restaurant sur place.

Prix : 1 pers. 29 € 2 pers. 32 € 3 pers. 40 €
Ouvert : Toute l'année.

🐕	≈	⛵	🎾	🏇	🚶	🚆
18	SP	18	12	5	5	SP	4

Paul et Gisèle VALENCOURT - Rue Principale - 62650 ENQUIN-SUR-BAILLONS - Tél. : 03 21 90 93 93

EPERLECQUES — Château du Ganspette

3 ch. — Saint-Omer 10 km. Watten 3 km. 3 ch. d'hôtes aménagées dans un château du siècle dernier avec parc boisé en dehors du village. 2 ch. (2 lits 1 pers.), salle d'eau et wc privés chacune 1 ch. (1 lit 2 pers.), s. d'eau/wc privé sur le palier. Salle de jeux. Parking, jardin. (1 ch. 2 épis et 2 ch. 3 épis). Restaurant sur place. Construit au cœur de l'Audomarois, ce château du XIX° siècle. Vous offre confort et détente. Piscine et Tennis.

Prix : 2 pers. 46 € pers. sup. 13 €
Ouvert : De mai à septembre.

🐕	≈	⛵	🎾	🏇	🚶
50	1	30	SP	SP	3	SP

Gérard PAUWELS - Château du Ganspette - 62910 EPERLECQUES - Tél. : 03 21 93 43 93 - Fax : 03 21 95 74 98

EPERLECQUES — Bleue-Maison
(TH) *C.M. 51*

2 ch. — St-Omer 10 km. Watten 500 m. Frontière 35 km. Marais Audomarois 35 km. 2 chambres d'hôtes indépendantes dans une demeure rénovée (ancienne grange), en dehors du village. 1 ch. (2 lits 1 pers.) avec salle d'eau et wc particuliers, 1 ch. (1 lit 2 pers.), salle d'eau et wc particuliers, coin-cuisine en dehors de la chambre. Salle de séjour, salon dans la maison des propriétaires. Jardin, parking. Forêt sur place. GR.128 2 km. Par train : St-Omer/Watten/Calais. Taxe de séjour en supplément. Blockhaus à 3 km. Repas sur réservation.

Prix : 1 pers. 29 € 2 pers. 37 € repas 17 €
Ouvert : Toute l'année.

🐕	≈	⛵	🎾	🏇	🚶	🏊	🚆	⛴
30	SP	15	12	3	5	SP	5	0,5	SP

Jean-Luc DUMONT - Bleue Maison - 8, chemin de la Vlotte - 62910 EPERLECQUES - Tél. : 03 21 88 40 37 ou 06 81 70 46 64

ESCALLES

4 ch. — Wissant 6 km. 4 ch. aménagées dans une maison neuve au centre du village. 2 ch. (1 lit 2 pers.), douches et lavabos, wc communs aux 2 ch., 2 ch. (1 lit 2 pers. 1 lit 1 pers.), salle d'eau et wc particuliers. Petit déjeuner offert dans la véranda du propriétaire. Parking. Restaurant sur place. Tunnel sous la Manche à 5 km. Poss. lit enfant suppl. Jardin commun. Réfrigérateur commun. L-linge privatif. Salon de jardin, forêts. Salle de lecture. Accès : A16, Bretelle 11.

Prix : 2 pers. 29/37 € pers. sup. 9 €

🐕	≈	⛵	🎾	🏇	🚶	⛴
SP	SP	SP	5	SP	3	SP	5

Mme CORDONNIER - 8, route de Peuplingues - 62179 ESCALLES - Tél. : 03 21 36 21 16 ou 06 75 29 81 86

ESCALLES — Ferme de L'Eglise

5 ch. — Calais 15 km. 5 chambres aménagées dans une ferme typique du Boulonnais. 2 ch. (1 lit 2 pers.). 1 ch. (2 lits 2 pers.). 2 ch. (1 lit 2 pers. 1 lit 1 pers.). Salle d'eau ou s.d.b. et wc privés pour chaque chambre. Parking, jardin. Restaurant sur place. Séjour, coin-cuisine, salon avec TV commun aux 5 chambres. 55 €/4 pers. Taxe de séjour. Forfait week-end du 1er septembre au 30 juin (2 nuits minimum) : 65 €/1 pers., 75 €/2 pers., 95 €/3 pers., 100 €/4 pers.

Prix : 1 pers. 35 € 2 pers. 40 € 3 pers. 50 €
Ouvert : Toute l'année.

🐕	≈	⛵	🎾	🏇	🚶	🚆
SP	SP	4	15	SP	12	SP	15

Eric BOUTROY - Ferme de l'Eglise - 62179 ESCALLES - Tél. : 03 21 85 20 19 - Fax : 03 21 85 12 74 - E-mail : ferme.eglise@libertysurf.fr -
http://perso.libertysurf.fr/ferme.eglise/

Nord-Pas-de-Calais — Pas-de-Calais

ESCALLES

6 ch. **Calais 12 km. Wissant 7 km.** 6 ch. dans maison de caractère (pigeonnier du XVIIIe), cadre verdoyant et fleuri. 2 ch. (1 lit 1 pers. 1 lit 2 pers.), 1 ch. (2 lits 2 pers.), 1 ch. (1 lit 2 pers. 1 lit 1 pers.), 1 suite (1 lit 2 pers.), 1 ch. (1 lit 2 pers.), c-cuisine. S. d'eau ou de bains/wc chacune. L-linge à dispo. pour 3e ch. Parking, garage, jardin. Accueil de chevaux. TV dans 3 chambres. Salle de jeux. 4 restaurants à 1 km. Accès : A16, sortie 10 ou 11, par Peuplingues, sur D243 ou D940 par la Côte, puis D243, à 1 km du centre, au hameau de la Haute Escalles, sur la petite place. Langue parlée : anglais.

Prix : 1 pers. 33/40 € ◻ 2 pers. 40/50 € ◻ 3 pers. 53/70 € ◻ pers. sup. 13 €
Ouvert : Toute l'année.

	≋	⛵	⛵	🎾	🏃	👥	⛺	🏠
	1	7	12	1	20	SP	10	

Marc BOUTROY - La Grand'Maison - Hameau de la Haute Escalles - 62179 ESCALLES - Tél. : 03 21 85 27 75 - Fax : 03 21 85 27 75

ESTREE La Seigneurie d'Estrée

4 ch. **Montreuil 3 km par RN1. Le Touquet 18 km. Tunnel sous la Manche 45 mn.** Au centre du 1er village de la Vallée de la Course, ferme seigneuriale du XVIIe s., dans un parc d'agrément. 3 ch. et 1 suite dans la maison des propriétaires. Terrasse, véranda, parc, parking dans la cour intérieure. 1 ch. (1 lit 2 pers.), 1 ch. (2 lits 2 pers., 1 lit 1 pers.), 1 ch. (2 lits 1 pers.) et 1 suite (1 lit 2 pers., 3 lits 1 pers.). S.d.b. et wc privés pour chacune. Poss. lit d'appoint et lit bébé suppl. Pièces à dispo. des hôtes, alcôve, four à pain, grande cheminée, kitchenette. Salon de jardin. Barbecue. Chauffage central au gaz. Réduction à partir de 3 nuits. Canoë à 5 km. Restaurant à 100 m. Randonnées équestres. VTT sur place.

Prix : 1 pers. 32 € ◻ 2 pers. 41/50 € ◻ 3 pers. 50 € ◻ pers. sup. 9 €

	≋	⛵	⛵	🎾	🏃	👥	⛺	🏠
	18	5	18	4	5	SP	18	3

Marie-Christine LECLERCQ - 7, rue de la Course - La Seigneurie d'Estrée - 62170 ESTREE - Tél. : 03 21 86 41 60 - Fax : 03 21 86 41 60

FAMPOUX

5 ch. **Lille 50 km. Arras 8 km.** 5 chambres aménagées dans la maison des propriétaires. 1 ch. (1 lit 2 pers. 2 lits 1 pers.). 3 ch. (1 lit 2 pers.). 1 ch. (2 lits 1 pers.). Poss. lit suppl. Salle d'eau particulière à chaque chambre. 2 wc communs aux 5 ch. Salle de séjour, salon, TV, bibliothèque. Restaurant 5 km. Parking, jardin. Tarifs : 43 €/4 pers.

Prix : 1 pers. 23 € ◻ 2 pers. 33 € ◻ 3 pers. 40 €
Ouvert : Toute l'année.

	≋	⛵	⛵	🎾	🏃	👥	🏠
	80	SP	80	5	SP	5	10

Mr et Mme PEUGNIEZ - 17 rue Paul Verlaine - 62118 FAMPOUX - Tél. : 03 21 55 00 90

FAUQUEMBERGUES La Rêverie

C.M. 51

3 ch. **Saint-Omer 20 km. Hesdin 30 km.** 3 ch. d'hôtes dans la maison de caractère des prop. Parc arboré, garage (1 voiture), parking. R.d.c. : 1 ch. (2 lits 1 pers.), salle de bains et wc privés. Etage : 2 ch. (2 lits 2 pers.), salle d'eau, wc chacune. TV dans chacune. Séjour, salon avec cheminée feu de bois. Jardin d'hiver. Parc de 2500 m². Gratuit enfant - 3 ans. Au centre du village, maison de maître du XIXe. Restaurant sur place.

Prix : 1 pers. 40 € ◻ 2 pers. 46 €

	≋	⛵	⛵	🎾	🏃	👥	⛺
	40	SP	40	15	15	SP	15	20

Annie et Gilles MILLAMON - 19 rue Jonnart - La Rêverie - 62560 FAUQUEMBERGUES - Tél. : 03 21 12 12 38 - Fax : 03 21 12 18 66

FILLIEVRES

(TH)

4 ch. **Hesdin 12 km. Saint-Pol 15 km.** 3 chambres et 1 suite aménagées dans une maison indépendante de caractère. 1 chambre (1 lit 2 pers.), 1 chambre et une suite (1 lit 2 pers. 2 lits 1 pers.), 1 chambre (1 lit 2 pers.), salle d'eau et wc privés. 1 chambre (1 lit 2 pers. 1 lit 1 pers.), salle d'eau et wc séparés. Salle de séjour, salon et TV communs, bibliothèque. Apéritif maison. Possibilité d'enfant supplémentaire. Au centre du village dans un moulin du XVIIIe siècle, jardin. Restaurant sur place. Possibilité étang sur place avec carte. Enfant -5 ans gratuit. Rivière sur place. Forêt 12 km. VTT sur place et canoë-kayak.

Prix : 2 pers. 46/49 € ◻ 3 pers. 56/59 € ◻ pers. sup. 11 € ◻ repas 16 €
Ouvert : Toute l'année.

	≋	⛵	⛵	🎾	🏃	👥	⛺	🏠
	45	SP	45	SP	12	SP	12	50

Bernadette LEGRAND - 16, rue de Saint-Pol - 62770 FILLIEVRES - Tél. : 03 21 41 13 20 ou 06 82 62 30 15 - aufildeleau.free.fr/

FOSSEUX

C.M. 51 Pli 1/2

3 ch. **Arras 17 km.** 3 chambres aménagées dans la maison de caractère des propriétaires, avec jardin d'agrément, près d'un bois. 2 ch. (1 lit 2 pers.), 1 ch. (2 lits 1 pers.), wc et salle de bains particuliers pour chacune. Possibilité lit enfant supplémentaire. Salle de séjour, salon, TV, bibliothèque. Garage. Restaurant 5 km. Gratuit enfant -5 ans. Langues parlées : anglais, allemand.

Prix : 1 pers. 26 € ◻ 2 pers. 30 € ◻ 3 pers. 38 € ◻ pers. sup. 8 €

	≋	⛵	⛵	🎾	🏃	👥	⛺	🏠
	80	12	80	17	17	7	SP	18	17	5

Geneviève DELACOURT - 3 rue de l'Eglise - 62810 FOSSEUX - Tél. : 03 21 48 40 13

Pas-de-Calais

Nord-Pas-de-Calais

GAUCHIN-VERLOINGT

C.M. 51 Pli 3

5 ch. **Arras 35 km.** 5 ch. d'hôtes aménagées dans les dépendances d'un manoir du XIX° siècle. Salle de séjour avec cheminée réservée aux hôtes, TV, bibliothèque. 2 ch. (1 lit 2 pers.), 3 ch. (2 lits 1 pers.), salle d'eau et wc particuliers pour chaque chambre. Gratuit pour les enfants - de 5 ans. Parking. Salon de jardin. Garage, parc. Circuit auto/moto de Croix-en-ternois 3 km. Restaurant 2 km. Langues parlées : espagnol, anglais, allemand.

Prix : 1 pers. 32 € 2 pers. 38 € 3 pers. 50 €
Ouvert : Toute l'année.

🐕	≈	⛵	⛵	🎾	🏹	🚶	⛳
	70	12	70	13	2	3	SP	18

Philippe VION - 550 rue de Montifaux - 62130 GAUCHIN-VERLOINGT - Tél. : 03 21 03 05 05 - Fax : 03 21 41 26 76 -
E-mail : McVion.Loubarre@wanadoo.fr

GROFFLIERS

2 ch. **Berck-sur-Mer 3 km.** A proximité de la baie d'Authie, 2 ch. aménagées à l'étage de la maison des prop., entrée indép., calme et confort. 1 ch. (1 lit 2 pers.), 1 ch. (1 lit 2 pers., 1 lit 1 pers.), salle d'eau et wc privés. Chauffage individuel. Jardin fleuri, parking. Salon de jardin. Accès : A16, sortie 25 Berck, direction Groffliers à 3 km.

Prix : 1 pers. 32 € 2 pers. 41 € pers. sup. 12 €
Ouvert : Toute l'année.

🐕	≈	⛵	⛵	🎾	🏹	🚶
1	1	5	5	SP	5	SP

Bernard et Monique COURTOIS - 13 rue Petite Portière - Impasse des Rossignols - 62600 GROFFLIERS - Tél. : 03 21 09 31 35

GUISY La Hotoire

4 ch. **Forêt de Hesdin 3 km. Montreuil 18 km.** 4 chambres indépendantes dans un ancien corps de ferme, situé au centre du village. Au r.d.c. : 1 ch. (1 lit 2 pers.), 1 ch. (1 lit 2 pers.), avec coin-cuisine, 1 ch. (1 lit 2 pers., 1 lit 1 pers.), avec coin-cuisine. 1 chambre (1 lit 2 pers. 2 lits 1 pers. en mezzanine, coin-cuisine). Salle d'eau et wc privés dans chaque chambre. Séjour et salon communs aux propriétaires. Jardin, parking. Salon de jardin, barbecue. TV à disposition. Animaux admis après accord du propriétaire. Accès D.113. Pétanque. Fléchettes. Prêt de vélos. Possibilité de promenade en forêt avec les ânes. 61 €/4 pers.

Prix : 1 pers. 37 € 2 pers. 42 € 3 pers. 53 €
Ouvert : Toute l'année.

🐕	≈	⛵	⛵	🎾	🏹	🚶
	30	SP	30	18	5	3	SP

Martine et Marc W. GARREL - 2 place de la Mairie - 62140 GUISY - Tél. : 03 21 81 00 31 - Fax : 03 21 81 00 31 -
E-mail : a.la.hotoire@wanadoo.fr

HALINGHEN

4 ch. **Montreuil 20 km. Hardelot 6 km et Samer 7 km.** 4 ch. aménagées dans une maison campagnarde. A l'étage, 1 ch. (1 lit 2 pers. 1 lit 1 pers) s. d'eau privée, 1 ch. (1 lit 2 pers.) s. d'eau privée sur palier, 1 ch. (2 lits 1 pers.) s.d.b. privée sur palier, wc commun aux 3 ch. 1 ch. (1 lit 2 pers. 1 lit 1 pers.) s. d'eau et wc privés au r.d.c. Séjour, salon, s. de jeux, TV, biblio. Garage, parking. Ping-pong sur place. Restaurant 7 km. Lit bébé 3 € (gratuit jours suivants). Chiens admis dans ch. du bas. Parapente sur place.

Prix : 1 pers. 26 € 2 pers. 37 € 3 pers. 49 € pers. sup. 12 €
Ouvert : Toute l'année.

🐕	≈	⛵	⛵	🎾	🏹	🚶
	8	3	8	15	7	10	SP

Paul GUILMANT - Place de l'Eglise - 62830 HALINGHEN - Tél. : 03 21 83 51 60 - Fax : 03 21 83 51 60

HALLINES

1 ch. **S-Omer et Lumbres 7 km.** Au cœur de la Vallée de L'Aa, en bordure de rivière, 1 ch. d'hôtes dans la maison de caractère des propriétaires (1 lit 2 pers.), salle d'eau privée à l'étage, wc privés au r.d.c. Séjour avec TV et salon communs aux propriétaires. Jardin. Salon de jardin. Forêt 7 km. A 20 mn de Calis par la A26.

Prix : 1 pers. 27 € 2 pers. 31 €

🐕	≈	⛵	⛵	🎾	🏹	🚶	⛳	🎿
	50	SP	50	7	7	5	SP	7	SP

Annick DE BELVALET - 11 rue du Moulin Leuillieux - 62570 HALLINES - Tél. : 03 21 95 95 60

HARDELOT La Colo

5 ch. **Boulogne-sur-Mer 12 km. Le Touquet 15 km.** Dans la Pinède d'Hardelot, 5 chambres d'hôtes dans la maison des propriétaires. 1 ch. (1 lit 2 pers.), salle d'eau et wc privés. 1 chambre (1 lit 2 pers.), salle d'eau et wc privés à l'extérieur de la chambre. 1 chambre (1 lit 2 pers.), salle de bains et wc privés. 1 chambre (1 lit 2 pers.), salle de bains et wc privés. Coin-cuisine séparé de la chambre. 1 chambre (1 lit 2 pers.), salle de bains et wc privés. Coin-cuisine séparé de la chambre. Garage pour 2 voitures, jardin, parking. Salon réservé aux hôtes, TV, séjour commun aux propriétaires. Ping-pong, barbecue, badminton. Possibilité lits supplémentaires.

Prix : 1 pers. 46/53 € 2 pers. 50/57 € pers. sup. 15 €
Ouvert : Toute l'année.

🐕	≈	⛵	⛵	🎾	🏹	🚶	⛳	🎿
	1	1	1	15	15	1	SP	1	15	1

Sabine DECROIX LUITAUD - 131, avenue Princesse Louise - 62152 HARDELOT - Tél. : 03 21 83 88 54 - Fax : 03 21 83 88 54

Nord-Pas-de-Calais

Pas-de-Calais

HARDELOT La Claire Eau

5 ch. **Boulogne-sur-Mer et le Touquet 12 km.** A l'entrée de la station balnéaire, 5 chambres d'hôtes indépendantes. Construction ancienne rénovée. 5 chambres doubles avec salle de bains et wc privés. Séjour, salon, TV, lecture. Possibilité lit enfant supplémentaire. Au centre du village. Jardin, terrasse, parking privé. Possibilité ping-pong sur place. Restaurant sur place. Enfant moins de 5 ans gratuit.

Prix : 2 pers. 55 €
Ouvert : Toute l'année.

SP	SP	SP	SP	SP	SP	SP	SP

Sylvie DELASSUS - Rond-Point du Centre Equestre - n° 25 - 62152 HARDELOT - Tél. : 03 21 83 43 89 ou 06 22 70 70 08 - Fax : 03 21 83 43 89 - E-mail : laclaireau@wanadoo.fr

HARDINGHEN

3 ch. **Guines 8 km. Marquise 11 km.** Au centre du village, 3 chambres indépendantes avec chacune (1 lit 2 pers.), salle d'eau et wc privés. Salle de séjour dans la maison des propriétaires. Possibilité lit de bébé supplémentaire. Jardin, parking. TV dans chaque chambre. Restaurant à 8 km. Accès par A.16.

Prix : 1 pers. 29 € 2 pers. 38 € pers. sup. 8 €
Ouvert : Toute l'année.

30	10	30	20	8	8	SP

Lionel HEMBERT - 17, rue de Marquise - 62132 HARDINGHEN - Tél. : 03 21 85 37 07 ou 06 15 17 07 68

HAUTEVILLE

C.M. 51

3 ch. **Arras 15 km. Avesnes-le-Comte 3 km.** Au bord du village 3 chambres d'hôtes indépendants, dans une maison de caractère avec entrée indépendante. Rez-de-chaussée : 1 ch. (1 lit 2 pers., poss. conv. 2 pers.). Etage : 2 ch. (1 lit 2 pers., poss. conv. 2 pers.), salle d'eau et wc privés pour chacune. Jardin, cour fermée, jeux de plein air. Poss. lit d'enfant. Petit déjeuner dans salle à manger familiale. Coin-détente avec TV et kitchenette. Sur le circuit des 6 châteaux à pied et VTT. Possibilité de cuisiner dans annexe (gratuit). Restaurant 3 km. Forêt 15 km.

Prix : 1 pers. 30 € 2 pers. 46 € pers. sup. 11 €
Ouvert : Toute l'année.

80	20	80	17	15	4	SP	15

Jeannine et J-Marie DEBAISIEUX - La Solette - 10 rue du Moulin - 62810 HAUTEVILLE - Tél. : 03 21 58 73 58 - Fax : 03 21 58 73 59 - E-mail : lasolette@yahoo.fr - www.lasolette.com

HENNEVEUX

1 ch. **Boulogne-sur-Mer et Lumbres 20 km. Desvres 8 km.** En dehors du village, 1 chambre d'hôtes en mezzanine, avec entrée indépendante aménagée dans les dépendances d'une ferme picarde. Jardin, parking. 1 chambre (1 lit 2 pers. 1 lit 1 pers.), salle d'eau et wc privés. Possibilité convertible 2 pers. Salle de séjours et salon communs. TV dans la chambre. Possibilité lit d'enfant supplémentaire. Pature pour chevaux. Auberge 3 km. Accès R.N.42, D.253.

Prix : 1 pers. 31 € 2 pers. 39 € 3 pers. 46 € pers. sup. 7 €
Ouvert : Toute l'année.

18	10	18	8	SP

Mr et Mme FASTREZ - 60, impasse des Bouillets - Route de Brunembert - 62142 HENNEVEUX - Tél. : 03 21 83 97 31 - Fax : 03 21 83 97 31 - E-mail : mcfastrez@aol.com

HERMELINGHEM Le P'Tit Bled

4 ch. **Guines et Licques 8 km.** Au centre du village, 4 chambres d'hôtes indépendantes, à l'étage, dans une ancienne forge. Parking, terrasse, jardin. 3 chambres avec dans chacune (1 lit 2 pers.), salle d'eau et wc privés. 1 chambre (2 lits 2 pers.), salle d'eau et wc privés. Séjour, salon. Table d'hôtes sur commande, boissons non comprises. Location VTT sur place.

Prix : 2 pers. 37 € repas 15 €
Ouvert : Toute l'année.

25	10	20	5	3	SP	8

Mme JAY - Le P'tit Bled - Place de la Mairie - 62132 HERMELINGHEM - Tél. : 03 21 85 01 64

HERVELINGHEN La Leulène

3 ch. **Cité de l'Europe et Tunnel à 5 minutes. Wissant 3 km. Calais 12 km.** 3 ch. d'hôtes dans une fermette restaurée, de caractère au centre du village. 1 ch. (1 lit 1 pers., 1 lit 2 pers.), s. d'eau et wc privés. 1 ch. (1 lit 2 pers.), s.d.b. et wc privés. 1 ch. et 1 suite (4 lits 1 pers.), s. d'eau et wc privés pour les 2 ch. Séjour et salon communs aux prop. TV, bibliothèque. Poss. Lit enfant suppl. Piano quart de queue accordé, à disposition des pianistes. Jardin, barbecue, salon de jardin, cheminée, jeux enfants, parking. Table d'hôtes sur réservation. Taxe de séjour. Tarif 4 pers. : 72 €. Accès par la sortie St Inglevert en venant de Calais, sortie 9. De Boulogne sortie 8, puis D244.

Prix : 1 pers. 37 € 2 pers. 43 € 3 pers. 61 € pers. sup. 13 € repas 15 €
Ouvert : Fermé entre Noël et le Nouvel An.

3	3	15	3	3	SP

Catherine PETITPREZ - La Leulène - 708, rue Principale - 62179 HERVELINGHEN - Tél. : 03 21 82 47 30 - E-mail : LALEULENE@aol.com

Pas-de-Calais

Nord-Pas-de-Calais

HUCQUELIERS

||| 6 ch.

Desvres 11 km. Montreuil 8 km. Au centre du village dans une demeure du 19ᵉ s. 6 ch. indép. dont 4 ch./appartements comprenant chacune (2 lits 1 pers.), coin-cuisine, s. d'eau, wc et salon privés. Et 2 ch. aménagées en suites, avec s.d.b. et wc privés. 2 séjours/salons dont 1 avec cheminée, four à pain, et 1 salle à manger privée réservée aux hôtes. TV. Poss. lit enfant suppl. Jardin fleuri et paysagé. Salon de jardin. Barbecue. Jeux d'enfants. Parking privé. Accès par la route : D157 et D.126.

Prix : 2 pers. **50/60** € pers. sup. **11** €

25	5	25	11	SP	SP	SP	25	SP

Isabelle et Alain BERTIN - 19 rue de l'Eglise - 62650 HUCQUELIERS - Tél. : 03 21 86 37 10 - Fax : 03 21 86 37 18 -
E-mail : abertin@clubinternet.fr

HUCQUELIERS

|| 2 ch.

Desvres 11 km. Le Touquet à 20 minutes. En dehors du village, dans un cadre verdoyant, fleuri et très calme, 2 chambres d'hôtes aménagées dans une maison récente avec poutres apparentes, salle d'eau et wc privés pour chacune. Salle de séjour, salon et TV communs. Jardin, parking, salon de jardin. Accès par D.157 et D.126.

Prix : 1 pers. **40** € 2 pers. **43** € pers. sup. **13** €
Ouvert : Toute l'année.

25	5	25	11	SP	12	SP	25	SP

Paul LELEU - 3, chemin de Séhen - 62650 HUCQUELIERS - Tél. : 03 21 90 50 35 ou 06 86 02 19 21 - Fax : 03 21 90 50 35

INCOURT

C.M. 51

||| 2 ch.

Hesdin 7 km. Saint-Pol 15 km. Croix-en-Ternois 10 km. 2 chambres d'hôtes indépendantes dans un corps de ferme fleuri. 1 ch. (1 lit 2 pers. 1 lit 1 pers.), 1 ch. (2 lits 1 pers.), accessible aux personnes handicapées. Salle d'eau et wc particuliers. Salle de séjour et salon dans la maison des propriétaires. TV sur demande dans la chambre. Parking. Salon de jardin. Circuit auto-moto. Au centre du village, construction rénovée avec charmante vue sur la prairie boisée. Par RN39, Restaurant 7 km. Documentation touristique à consulter sur place ou à emporter. Plan d'eau 4 km.

Prix : 1 pers. **29** € 2 pers. **37** € 3 pers. **44** €
Ouvert : Toute l'année.

45	5	5	7	7	7	SP	7	7

Marie-Hélène DUBOIS - 7 rue Principale - 62770 INCOURT - Tél. : 03 21 41 90 76 ou 03 21 04 10 93 - Fax : 03 21 41 90 76

LACRES

|| 2 ch.

Studio avec 1 suite de 2 chambres au r.d.c. d'un corps de ferme (1 lit 2 pers. 2 lits 1 pers.). Salle d'eau et wc privés. Salle de séjour. Cuisine. Possibilité lit d'enfant supplémentaire. Parking, coin-pelouse clos, jardin, meubles de jardin. A 13 km du littoral. Restaurant 5 km. Tarif semaine : 198/229 €. Chauffage au fuel. Pharmacien et médecin à 5 km. Découverte des travaux de la ferme. A 200 m de la RN1, entre Boulogne et Montreuil.

Prix : 1 pers. **37** € 2 pers. **46** € pers. sup. **15** €
Ouvert : Toute l'année.

13	3	13	12	5	8	SP	13	5

Michel FOURDINIER - Hameau de Beauvois - 62830 LACRES - Tél. : 03 21 33 50 40 ou 06 80 54 84 81

LEPINE Puits-Berault

|| 4 ch.

Berck 13 km. Montreuil 9 km. 4 ch. d'hôtes dans un corps de ferme rénové. 2 ch. (1 lit 2 pers. 1 lit 1 pers.), 2 ch. (1 lit 2 pers.). Poss. lit d'enfant. Salle d'eau et wc particuliers dans chaque chambre. Salle de séjour, TV, bibliothèque. Coin-téléphone. Restaurant 2 km. Garage, parking, jardin.

Prix : 1 pers. **29** € 2 pers. **37** € 3 pers. **41** €
Ouvert : Toute l'année.

13	3	13	9	3	3	7	9

Denis CONVERT - Puits Berault - 28 rue de la Mairie - 62170 LEPINE - Tél. : 03 21 81 21 03

LIEVIN Ferme du Moulin

(TH)

|| 2 ch.

Lens 4 km. Arras 15 km. Lille 35 km. 2 ch. d'hôtes aménagées dans une maison de caractère située dans un bourg de style régional. 1 ch. (1 lit 2 pers) s.d.b. privée, 1 ch. (1 lit 2 pers. 1 lit 1 pers.), salle d'eau privée, wc communs aux 2 ch. Salle de séjour avec TV. Salon, bibliothèque. Parking fermé, meubles régionaux. Chauffage central. Restaurant sur place. Idéal pour visiter les sites historiques de la guerre 1914/1918. A 3 km du Mémorial Canadien de Vimy. Stade couvert européen 1 km. Accès : par la A26, en venant de Calais, sortie à Aix-Noulette. En venant du sud, sortie Arras centre.

Prix : 1 pers. **23** € 2 pers. **32** € 3 pers. **41** € pers. sup. **9** €
repas **12** €

SP	SP	SP	3	SP	10

François DUPONT - Ferme du Moulin - 58 rue du 4 septembre - 62800 LIEVIN - Tél. : 03 21 44 65 91 ou 06 86 22 04 81

Nord-Pas-de-Calais

Pas-de-Calais

LILLERS Le Tailly

1 ch. **Lillers 3 km. Béthune 9 km.** Dans une maison récente située en dehors du village, chambre indépendante (1 lit 2 pers.) avec coin-cuisine. Salle d'eau et wc séparés. Séjour commun, salon dans la chambre, TV. Jardin et parking. Salon de jardin.

Prix : 1 pers. **29** € 2 pers. **35** €
Ouvert : Toute l'année.

4	3	3	7	SP

Marie-Lise ROUSSEL - 23 bis chemin du Bois - Le Tailly - 62190 LILLERS - Tél. : 03 21 26 03 53

LOCON

6 ch. **Béthune 5 km.** 6 ch. dans une maison rénovée, au centre du hameau. 2 ch. 2 épis (1 lit 1 pers.), lavabo, salle d'eau commune. 4 ch. 3 épis (1 lit 2 pers.). Salle d'eau privée chacune. TV dans ch. Séjour, salon, TV. Garage (6 voitures), parking. Poss. cuisine. Gratuit pour les enfants - 3 ans dans la ch. des parents. Restaurant 2 km. Ski toutes saisons à 15 km.

Prix : 1 pers. **23/31** € 2 pers. **39** €
Ouvert : Toute l'année.

80	8	80	5	5	SP	10	6	2

Maxime NOULETTE - 464 rue du Pont d'Avelette - 62400 LOCON - Tél. : 03 21 27 41 42 - Fax : 03 21 27 80 71

LOCQUINGHEN-RETY La Rochette

2 ch. **Marquise 8 km. Guines 10 km.** 2 ch. d'hôtes et une suite aménagées dans la maison des propriétaires. 1 ch. (1 lit 2 pers. TV), s. d'eau et wc privés hors de la chambre. 1 ch. et une suite (1 lit 2 pers. 1 lit 1 pers.), s. d'eau et wc privés, coin-salon avec TV et coin-cuisine privés à la ch. Poss. lit suppl. à partir de 5 ans. En dehors du village, dans une maison neuve avec jardin et parking. Barbecue, salon de jardin. Restaurant à 8 km. Mise à disposition de vélos enfant et d'une table de ping-pong. Accès par la D232. A 15 mn de la Côte.

Prix : 1 pers. **33** € 2 pers. **40** € 3 pers. **58** € pers. sup. **13** €
Ouvert : Toute l'année.

20	2	20	20	SP	2	SP	8	SP

Bernard PARIS - 2/3 rue Ferdinand Buisson - 62720 LOCQUINGHEN-RETY - Tél. : 03 21 92 76 33 ou 06 75 86 46 97 - Fax : 03 21 92 76 33

LOISON-SUR-CREQUOISE La Commanderie

3 ch. **Montreuil-sur-Mer 13 km. Hesdin 13 km.** 3 chambres dans une demeure templière située au centre du village, réservée aux hôtes. 1 ch. (2 lits 1 pers.). 1 ch. (1 lit 2 pers.) avec kitchenette, véranda. Salle d'eau et wc pour chacune. 1 ch.(2 lits 1 pers.) et 1 suite (1 lit 2 pers.) séparées par s.d.b. et wc. Cheminée feu de bois. Poss. lit bébé gratuit. Salon, salle de jeux, bibliothèque, TV. Salon de jardin. Jardin, parking et rivière. Tarifs 4 pers. : 84 €. Accès par le train, Beaurainville à 3 km, par la route D130 Beaurainville à 13 km. Forêt 8 km.

Prix : 1 pers. **43/54** € 2 pers. **54/61** €
Ouvert : Toute l'année.

25	3	25	13	3	3	SP

Marie-Hélène FLAMENT - 3, allée des Templiers - 62990 LOISON-SUR-CREQUOISE - Tél. : 03 21 86 49 87

LONGVILLIERS

1 ch. **A 10 km du littoral. Etaples et Montreuil 10 km.** 1 chambre d'hôtes avec une suite, aménagée dans les dépendances d'un ancien presbytère (4 lits 1 pers. 1 lit 2 pers.), salle d'eau et wc privés. Salle de séjour, salon, kitchenette. Parking, jardin. Sorties botaniques accompagnées, produits biologiques élaborés sur place. Ferme-auberge 3 km. Chambre d'hôtes située dans un site classé. Centre de loisirs à 20 km. Langue parlée : anglais.

Prix : 2 pers. **43** € pers. sup. **12** €
Ouvert : Toute l'année.

10	5	10	10	2	4	SP	10	8

Francine et Pierre DESRUMAUX - 1 route de Courteville - 62630 LONGVILLIERS - Tél. : 03 21 90 73 51 - Fax : 03 21 90 73 51

LONGVILLIERS La Longue Roye

C.M. 51

6 ch. **Montreuil 10 km. Le Touquet 14 km et Etaples à 10 km par RN1.** 6 chambres indépendantes dans une ferme Cistercienne. Rez-de-chaussée : 1 ch. (2 lits 1 pers.), étage : 4 ch. (1 lit 2 pers. chacune), salle d'eau et wc privés, TV, tél., salon particulier dans chaque ch. 1 ch. (2 lits 1 pers.), salle de bains et wc privés. Séjour commune. Poss. lit enfant et lit d'appoint suppl. Jardin, parking. Petits animaux admis, sauf les chats. Cheminée feu de bois. Salon de jardin. En dehors du village, construction rénovée. VTT sur place. Restaurant 3 km.

Prix : 1 pers. **47** € 2 pers. **52** € pers. sup. **13** €
Ouvert : Toute l'année.

10	5	10	10	4	4	SP	12

Mr et Mme DELAPORTE - La Longue Roye - 3 rue de l'Abbaye - 62630 LONGVILLIERS - Tél. : 03 21 86 70 65 - Fax : 03 21 86 71 32

Pas-de-Calais
Nord-Pas-de-Calais

LUMBRES Ferme de Laby

1 ch. **Lumbres 1 km. Saint-Omer 10 km.** 1 chambre d'hôtes aménagée dans un ancien corps de ferme en dehors du village. 1 ch. (2 lits 1 pers.), salle d'eau et wc privés. Séjour commun aux propriétaires, salon, TV. Parking. Accès par la RN 12, à Lumbres, prendre direction Nielles Les Bléquin.

Prix : 1 pers. 30 € 2 pers. 38 €
Ouvert : Toute l'année.

🐕	≋	⚓	⛵	🎾	🏃	🚶
	40	SP	40	2	2	SP

Elise FASQUELLE - Ferme de Laby - Route de Nielles les Blequin - 62380 LUMBRES - Tél. : 03 21 39 78 93

MAMETZ (TH)

4 ch. **Aire-sur-la-Lys 5 km. Saint-Omer 15 km. Béthune 30 km. Calais 50 km.** 4 chambres indépendantes aménagées au r.d.c., dans la cour d'une ancienne brasserie avec entrée privée. Calme et confort. 2 chambres (1 lit 2 pers.). 2 chambres avec chacune (2 lits 1 pers.). S. d'eau et wc particuliers pour chacune. Salle de séjour, bibliothèque, salon, TV. Parking fermé, jardin. Barbecue. Restaurant sur place. Gratuit pour enfant -5 ans. Chauffage électrique.

Prix : 1 pers. 26 € 2 pers. 37 € pers. sup. 13 € repas 15 €
Ouvert : Toute l'année.

🐕	≋	⚓	⛵	🎾	🏃	🚶	⛳	🏛	🚂
	60	SP	SP	5	SP	5	SP	15	12	SP

Jean-Pierre QUETU - 49 Grand'Rue - 62120 MAMETZ - Tél. : 03 21 39 02 76 - Fax : 03 21 38 12 69 -
E-mail : chambres.hôtes.mametz@wanadoo.fr - www.citeweb.net/mametz/

MARCK

5 ch. **Calais 7 km. Gravelines 12 km.** 5 ch. d'hôtes dans le manoir des propriétaires. Jardin, parking. 1 ch. (2 lits 1 pers.), 1 ch. (2 lits 1 pers.), table, fauteuils, 1 ch. (1 lit 2 pers.), 1 ch. (1 lit 2 pers., 2 lits 1 pers.), s. d'eau et wc privés chacune. 1 ch. (1 lit 2 pers.), bureau, fauteuils, s.d.b. et wc privés. Séjour, salon avec TV, biblioth. réservés aux hôtes. Salon avec cheminée au r.d.c. Poss. lit bébé. En dehors du village. Tél. (carte). Fax. et minitel dans un coin séparé. Restaurant à 7 km. Aviation à 3 km.

Prix : 1 pers. 42 € 2 pers. 50 € pers. sup. 9 €

🐕	≋	⛵	🎾	🏃	🚶
	4	3	7	7	2	SP

Jean et Danièle HOUZET - Le Manoir du Meldick - 2528, Ave. - du Gal de Gaulle le Fort Vert - 62730 MARCK - Tél. : 03 21 85 74 34 -
Fax : 03 21 85 74 34 - E-mail : jeandaniele.houzet@Free.92

MARCK La Rouge Croix

2 ch. **Calais 10 km. Dunkerque 30 km.** 1 chambre + 1 suite aménagées dans la ferme de caractère des propriétaires. R.d.c. : 1 chambre (1 lit 2 pers.), salle d'eau et wc privés. 1 suite de 2 chambres (1 lit 2 pers. 2 lits 1 pers.), salle d'eau avec wc privés. Petit salon en rotin. Salle de séjour commune. En dehors du village, parc, parking. Restaurant à 3 km. 79 €/4 pers.

Prix : 1 pers. 34 € 2 pers. 49 € 3 pers. 64 €
Ouvert : Toute l'année.

🐕	≋	⚓	⛵	🎾	🏃	🚶
	3	3	3	10	2	2	SP

Anne-Sylvie FOISSEY - 272, rue Calmette - 62730 MARCK - Tél. : 03 21 82 71 15 ou 06 70 55 13 92

MARCONNE

1 ch. **Hesdin 500 m. Montreuil 20 km.** 1 chambre aménagée dans une construction récente (2 lits 1 pers.) avec coin-cuisine et salle de bains et wc particuliers. TV. Parking, jardin. Kayak et restaurant sur place.

Prix : 1 pers. 17 € 2 pers. 27 €
Ouvert : Toute l'année.

🐕	≋	⚓	⛵	🎾	🏃	🚶	🚂
	40	SP	40	SP	SP	SP	1

Lucie CARRE - 43 rue des 3 Fontaines - 62140 MARCONNE - Tél. : 03 21 81 67 60

MARESQUEL Château de Riquebourg (TH)

2 ch. **Montreuil-sur-Mer 14 km par RN. Hesdin 9 km.** 2 chambres d'hôtes aménagées dans le petit château du 18e s. des prop. 1 ch. 2 épis (1 lit 1 pers. 1 lit 2 pers.) avec lavabo, salle d'eau particulière hors de la chambre. 1 ch. 3 épis (1 lit 2 pers.), salle d'eau et wc particuliers. Poss. lits supplémentaires. Séjour, salon. Cheminée. Parking, jardin. Forêt à 9 km. En dehors du village. Canoë-kayak 1 km. Restaurant à 1 km. Accès par la D349.

Prix : 2 pers. 41 € 3 pers. 53 € pers. sup. 12 € repas 15 €
Ouvert : Toute l'année.

🐕	≋	⚓	⛵	🎾	🏃	🚶
	24	2	24	9	SP	6	SP

Marie-Thérèse PRUVOST - Château de Riquebourg - 62990 MARESQUEL-ECQUEMICOURT - Tél. : 03 21 90 30 96

Nord-Pas-de-Calais

Pas-de-Calais

MARLES-SUR-CANCHE Manoir Francis C.M. 51

3 ch. **Montreuil 5 km. Le Touquet 20 km. Etaples 15 km.** 3 ch. dans un manoir boulonnais de caractère du XVII°. 1 ch. (1 lit 2 pers.), 1 ch. (1 lit 2 pers.), 1 ch. (1 lit 2 pers.), 1 ch. et 1 suite (2 lits 1 pers. 1 lit 2 pers.). Salle de bains, wc et coin-salon privés pour chaque chambre. Séjour. Parking (vans et voitures). Jardin. Forêt 20 km. Canoë-kayak et restaurant 4 km. Base de loisirs 20 km. Langue parlée : anglais.

Prix : 1 pers. 40 € 2 pers. 50 € pers. sup. 10 €
Ouvert : Toute l'année.

20	2	20	4	4	4	SP	20

Dominique LEROY - 1 rue de l'Eglise - 62170 MARLES-SUR-CANCHE - Tél. : 03 21 81 38 80 - Fax : 03 21 81 38 56

MARTIN-PUICH (TH)

1 ch. **Bapaume et Albert (Somme) 8 km.** 1 chambre d'hôtes dans la maison des propriétaires (1 lit 2 pers. 1 lit 1 pers.), salle d'eau avec wc privés. Salle de séjour et salon avec TV communs. Au centre du village, dans une petite maison de campagne avec jardin, parking (hors de la propriété). Restaurant à 8 km.

Prix : 1 pers. 30 € 2 pers. 35 € 3 pers. 46 € repas 14 €
Ouvert : Toute l'année.

8	8	5	SP	6	6

Colin GILARD - 54 Grande Rue - 62450 MARTIN-PUICH - Tél. : 03 21 50 18 87

MATRINGHEM C.M. 51

4 ch. **Fruges 5 km. Le Touquet 45 km et Saint-Omer 30 km.** 4 ch. d'hôtes indépendantes aménagées dans une construction récente. 2 ch. (1 lit 2 pers.), 1 ch. (2 lits 1 pers.), 1 ch. (2 lits 1 pers.), salle d'eau et wc particuliers chacune. Coin-cuisine commun pour toutes les chambres. Poss. 1 lit enfant. Parking, jardin. TV sur demande. Gratuit enfant - 5 ans.

Prix : 1 pers. 25 € 2 pers. 34 € 3 pers. 38 € pers. sup. 8 €
Ouvert : Toute l'année.

45	SP	45	30	5	SP

Alain MORIEUX - Place du Village - 62310 MATRINGHEM - Tél. : 03 21 04 42 83

MENNEVILLE Le Mont Evente

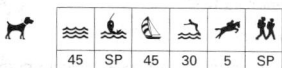

2 ch. **Boulogne-sur-Mer 18 km. Desvres 1 km.** 2 ch. aménagées à l'étage d'une ancienne fermette boulonnaise rénovée, vue sur la vallée (forêt, Monts-du-Boulonnais). Entrée indépendante des prop. 1 lit 2 pers. dans chaque ch. (poss. lit enfant suppl.). Salle d'eau, wc particuliers à chaque ch. Salon, bibliothèque, TV. Jardin, salon de jardin, barbecue, aire de jeux, parking. Restaurant 2 km, ferme-auberge 7 km. En forêt, sentiers balisés pédestres et équestres, GR120 et tour du Boulonnais. Accès : direction Saint-Omer, D215. A26, sortie Thérouanne ou Lumbres. A16, sortie Desvres ou Boulogne, puis D341 Desvres.

Prix : 1 pers. 29 € 2 pers. 38 € pers. sup. 8 €
Ouvert : Du 1er avril au 30 octobre et du 1er novembre au 31 mars le week-end.

18	2	18	3	1	3	SP	15	18	3

Guy et Marie-Claire DESALASE - Le Mont Evente - 62240 MENNEVILLE - Tél. : 03 21 91 77 65

MONTREUIL-SUR-MER C.M. 51 Pli 1

2 ch. Dans une maison de construction récente, dans le style du pays avec poutres apparentes, implantée au milieu d'une prairie, au pied de remparts du XVIe siècle. 1 ch. (1 lit 2 pers.) avec lavabo. S. d'eau et wc privés. 1 ch. et 1 suite (1 lit 2 pers., 1 lit 1 pers.), s. d'eau et wc privés, coin-cuisine dans la ch. Poss. lit pliant 1 pers. Séjour et salon communs. Le propriétaire est randonneur. Taxe de séjour : 1 F/jour/pers. Restaurant sur place.

Prix : 1 pers. 34/35 € 2 pers. 37/43 € 3 pers. 64 € pers. sup. 12 €
Ouvert : Toute l'année.

14	1	15	0,5	0,5	15	SP	15	1

Claude et Anne-Marie MONCOMBLE - 12 rue Tour-Justice - 62170 MONTREUIL-SUR-MER - Tél. : 03 21 06 07 06 - Fax : 03 21 06 07 06

MONTREUIL-SUR-MER C.M. 51

3 ch. **Le Touquet 15 km. Berck 13 km.** En basse ville, dans la maison des propriétaires, 2 chambres (1 lit 2 pers., lavabo), salle de bains et wc communs aux 2 chambres. 1 ch. (1 lit 2 pers.), s.d.b. et wc privés. Séjour commun avec TV. Possibilité lit d'appoint supplémentaire. Jardin, parking dans la propriété. Restaurant sur place. Salon de jardin. Gare à proximité.

Prix : 1 pers. 30/32 € 2 pers. 35/38 € pers. sup. 8/12 €
Ouvert : Toute l'année.

14	SP	15	SP	15	SP	15	SP

Gérard RENARD - 4, avenue du 11 Novembre - 62170 MONTREUIL-SUR-MER - Tél. : 03 21 86 85 72

Pas-de-Calais
Nord-Pas-de-Calais

MONTREUIL-SUR-MER

3 ch. **Le Touquet 15 km. Etaples 12 km.** Au centre d'une ville, 3 chambres d'hôtes aménagées dans la maison de caractère, en pierres et briques, du XVIIIᵉ siècle des propriétaires. 1 chambre (2 lits 1 pers.), 2 ch. avec chacune (1 lit 2 pers.), s.d.b. avec wc privés pour chaque chambre séjour, jardin. Salon et TV dans chaque chambre. Canoë-kayak sur place. Accès A.16, sortie Le Touquet, puis R.N.1

Prix : 2 pers. 46 € pers. sup. 15 €
Ouvert : Toute l'année.

🐕	〰	⛵	🎾	🏃	🚶
15	SP	12	SP	SP	8	SP

Michel LOUCHEZ - 77, rue Pierre Ledent - 62170 MONTREUIL-SUR-MER - Tél. : 03 21 81 54 68 - E-mail : Louchez.Anne@wanadoo.fr

MUNCQ-NIEURLET (TH)

2 ch. **Saint-Omer 16 km. Calais 30 km.** 2 chambres d'hôtes aménagées dans une ancienne ferme (1 lit 2 pers. chacune), salle d'eau et wc particuliers pour chaque chambre. Parking, garage, jardin. Séjour, TV. Poss. lit enfant suppl. Restaurant 2 km. Gratuit pour enfant - 5 ans. Autoroute A26 6 km. En dehors du village.

Prix : 2 pers. 32 € pers. sup. 8 € repas 14 €
Ouvert : Du 1ᵉʳ avril à la Toussaint.

🐕	〰	⛵	🎾	🏃	🚶
30	3	6	6	2	SP	2

Françoise BRETON - 191 rue du Bourg - 62890 MUNCQ-NIEURLET - Tél. : 03 21 82 79 63

NEMPONT-SAINT-FIRMIN

2 ch. **Berck 12 km. Montreuil 14 km. Fort Mahon 12 km.** 2 chambres aménagées dans la maison des propriétaires située au centre du village. Au r.d.c. : 2 ch. avec chacune (1 lit 2 pers.), salle d'eau et wc privés. Poss. lit d'appoint suppl. Séjour commun, TV dans chaque chambre. Jardin, parking privé. Salon de jardin. Accessible aux pers. handicapées. Vue sur le golf. Canoé sur place. Accès par A16, à 5 km.

Prix : 1 pers. 38 € 2 pers. 43 € pers. sup. 12 €
Ouvert : Toute l'année.

🐕	〰	⛵	🎾	🏃	🚶
6	SP	12	12	SP	SP

Mr et Mme TURLURE - 4 rue de la Vieille Grande Rue - 62180 NEMPONT-SAINT-FIRMIN - Tél. : 03 21 86 25 91

NEUFCHATEL-HARDELOT Fields Fairway (TH) C.M. 51

4 ch. **Boulogne-sur-Mer 12 km. Le Touquet 15 km.** Près de la forêt d'Hardelot et en dehors du village, 4 ch. d'hôtes aménagées dans la grande maison des prop., tout confort, cheminée, cadre calme. Séjour, véranda, salon, TV. Ch. non fumeurs. 4 ch. (2 lits 1 pers.), s. d'eau privée à chaque chambre. Table d'hôtes le soir sur commande pour groupes de 8 pers. Pas de repas en juillet et en août. Chauffage central au fuel. Terrain de 4000 m², terrasse, jardin aménagé, meubles de jardin, parking privé. Classes de conversation anglaise sur demande. D940 puis D119. Golfeurs : conditions spéciales « Greenfees » pour golfeurs. Taxe de séjour. VTT sur place. Forêt à 0,5 km. Langues parlées : anglais, allemand.

Prix : 1 pers. 38 € 2 pers. 53 € repas 14 €
Ouvert : De début janvier à novembre.

🏇	〰	⛵	🎾	🏃	🚶	⛳	🚲
4	3	3	12	2	3	SP	2	12	3

Alan FIELD - 91 rue du Chemin - D119 - 62152 NEUFCHATEL-HARDELOT - Tél. : 03 21 33 85 23 - Fax : 03 21 33 85 24 -
E-mail : fields.fairway@wanadoo.fr

NEUFCHATEL-HARDELOT

2 ch. **Entre le Touquet et Boulogne-sur-Mer. Hardelot 6 km.** Entre mer et campagne, dans la maison des propriétaires. Au r.d.c. « la Chambrée » (1 lit 2 pers. 2 lits 1 pers.), salle d'eau et wc attenants. De plain-pied, avec l'espace plein air, le jardin, « la Maisonnette » (1 lit 2 pers.), salle d'eau et wc attenants. Tarifs 4 pers. : 64 €. Tarifs dégressifs : 2 nuitées : 61 € pour 2 pers. Accès : A16, sortie n°27, D940, D.215. A l'arrivée, prendre Neufchatel centre.

Prix : 1 pers. 37 € 2 pers. 43 € 3 pers. 53 €
Ouvert : Toute l'année.

🏇	〰	⛵	🎾	🏃	🚶	⛳
7	2	7	13	SP	7	SP	3

Mr DUMOULIN - 94 rue des Allées - 62152 NEUFCHATEL-HARDELOT - Tél. : 03 21 83 78 19 -
E-mail : marieange.dumoulin@libertysurf.fr

NEUVILLE-SOUS-MONTREUIL

2 ch. **Montreuil 3 km. Le Touquet 17 km.** Au pied de l'Abbaye de la Chartreuse, 2 chambres dans les dépendances d'une maison de caractère. 1 ch. (3 lits 1 pers.), 1 ch. (1 lit 2 pers.). Salle d'eau et wc particuliers pour chaque chambre. Possibilité cuisine. Possibilité lit bébé gratuit. TV. Parking, jardin. Court de tennis sur place. D113 et N1. Restaurant 3 km. Ferme dans un joli cadre fleuri.

Prix : 1 pers. 30 € 2 pers. 42 € pers. sup. 17 €
Ouvert : Toute l'année.

🐕	〰	⛵	🎾	🏃	🚶	🚲
17	3	13	3	SP	10	SP	3

Anne FOURDINIER - Ferme de la Chartreuse - 62170 NEUVILLE-SOUS-MONTREUIL - Tél. : 03 21 81 07 31 - Fax : 03 21 81 07 31

Nord-Pas-de-Calais / Pas-de-Calais

NEUVILLE-SOUS-MONTREUIL
C.M. 51

2 ch. — **Montreuil 3 km. Etaples 12 km. Le Touquet/Berck 15 km.** 2 chambres d'hôtes aménagées dans la maison des propriétaires (1 lit 2 pers. chacune), salle d'eau et wc particuliers, possibilité clic-clac dans 1 ch. Salle de séjour commune aux propriétaires, salon. Cour, terrasse, salon de jardin et parking. Enfants -3 ans gratuits. Restaurant 2 km. TV possible. Construction récente au centre du village.

Prix : 1 pers. 26 € 2 pers. 34 € pers. sup. 13 €
Ouvert : Toute l'année.

	≈	🛶	⛵	🎾	🏇	🏃		
	15	3	15	3	SP	8	SP	

Régis GRESSIER - 12 route de Boulogne - 62170 NEUVILLE-SOUS-MONTREUIL - Tél. : 03 21 81 56 34

NEUVILLE-SOUS-MONTREUIL

2 ch. — **Le Touquet 15 km. Berck 15 km. Etaples 12 km.** 2 chambres d'hôtes aménagées dans la maison des propriétaires, au centre du village. 1 ch. (1 lit 2 pers.), s.d.b. et wc privés. 1 ch. (3 épis) avec (1 lit 2 pers. 2 lits 1 pers.), s. d'eau et wc privés. Poss. 1 lit d'appoint supplémentaire. Séjour, salon communs aux propriétaires. Jardin, parking. Canoë kayak à 2 km. Accès par la RN1, Montreuil à 3 km.

Prix : 1 pers. 25 € 2 pers. 38 € pers. sup. 14 €
Ouvert : Toute l'année.

	≈	🛶	⛵	🎾	🏃		🚂
	15	3	12	3	SP	SP	2	SP

Mr et Mme FOURDINIER - 30 rue de la Chartreuse - 62170 NEUVILLE-SOUS-MONTREUIL - Tél. : 03 21 81 95 05 - Fax : 03 21 81 95 05 - http://perso.wanadoo.fr/christiane.fourdinier

NIELLES-LES-ARDRES

3 ch. — **Ardres 3 km. Calais 17 km.** 3 chambres indépendantes dans une ferme restaurée en briques, cour carrée, parking. 1 ch. (1 lit 2 pers.), s. d'eau et wc privés, coin-cuisine dans la chambre. TV dans la ch. 1 ch. (1 lit 2 pers. 1 lit 1 pers.), s. d'eau et wc privés, coin-cuisine dans la ch. 1 ch. (2 lits 1 pers.), s. d'eau et wc, particuliers. séjour, salon, TV communs aux propriétaires. Table d'hôtes en semaine sur réservation, boissons comprises. Poss. lit supp. de 4 à 10 ans : 7.6 €. Possibilité lit de bébé supplémentaire jusqu'à 3 ans (gratuit). Accès : A26, sortie Ardres/Nordausques. A16, sortie Audruisq (en venant de Dunkerque). A16, sortie Ardres (en venant de Boulogne).

Prix : 1 pers. 30 € 2 pers. 43 € 3 pers. 55 € pers. sup. 12 €
repas 15 €
Ouvert : Toute l'année.

	≈	🛶	⛵	🎾	🏇	🏃	🎣	🚂
	20	3	3	8	3	6	SP	18	2

Mr et Mme CAILLIERET - 130, route Départementale - 62610 NIELLES-LES-ARDRES - Tél. : 03 21 82 86 22 - Fax : 03 21 82 86 22 - E-mail : bruno.caillieret@wanadoo.fr - http://perso.wanadoo.fr/caillieret

NORTLEULINGHEN
C.M. 51

3 ch. — **Ardres 10 km. Saint-Omer 13 km.** 3 chambres d'hôtes aménagées dans la ferme des propriétaires, maison en briques rouges, en bordure du village. 2 ch. avec chacune (1 lit 2 pers.) et 1 chambre (2 lits 1 pers.). Salle d'eau et wc particuliers pour chaque chambre. Salle de séjour, TV. Chauffage central. Jardin, parking. Table d'hôtes sur réservation. Accès : A26, sortie n°2, Northeulinghen à 5 km. RN43, D221.

Prix : 1 pers. 33 € 2 pers. 33 € pers. sup. 8 € repas 15 €
Ouvert : Toute l'année.

	≈	🛶	⛵	🎾	🏇	🏃		🚂
	25	5	10	12	5	SP	8	10

Henri NOEL - 8, rue de la Mairie - 62890 NORTLEULINGHEN - Tél. : 03 21 35 64 60

NUNCQ-HAUTECOTES La Pommeraie

4 ch. — **Frevent 3 km. Saint-Pol 10 km.** Au centre du village, 4 chambres d'hôtes indépendantes. Parc arboré, garage, abri couvert, parking. 2 au r.d.c., 2 à l'étage. 1 ch. (1 lit 2 pers.), salle d'eau et wc privés. 2 ch. avec chacune (1 lit 2 pers. 1 lit 1 pers.), salle de bains, douche et wc privés. 1 ch. avec (1 lit 2 pers.), salle d'eau et wc privés à chacune. Séjour, salon, réfrigérateur, gazinière, lave-linge, sèche-linge, TV, bibliothèque. Jardin, salon de jardin, barbecue. Circuit auto/moto à 10 km. Possibilité lit supplémentaire à partir de 5 ans. Restaurant à 3 km. Accès par la D916.

Prix : 1 pers. 31 € 2 pers. 38 € 3 pers. 47 € pers. sup. 15 €
Ouvert : Toute l'année.

	≈	🛶	⛵	🎾	🏇	🏃	🎣	🚂
	60	8	60	3	3	7	SP	10

Eric MORVAN - 13, route Nationale - La Pommeraie - 62270 NUNCQ-HAUTECOTES - Tél. : 03 21 03 69 85 - Fax : 03 21 47 28 02 - E-mail : eric.morvan01@infonie.fr - www.multimania.com/chambredhôte

OFFRETHUN

2 ch. — **Marquise 5 km. Boulogne-sur-Mer 18 km.** Au centre du village, 2 chambres d'hôtes indépendantes, de caractère, au r.d.c. jardin, parking. 1 ch (1 lit 2 pers.), 1 ch. (1 lit 2 pers. 1 lit 1 pers.), salle d'eau et wc privés pour chacune. Possibilité de bébé supplémentaire. Salle de petit-déjeuner. Salon de jardin, barbecue. Accès : A16, sortie n°5 de Calais et sortie n°4 de Boulogne.

Prix : 2 pers. 38 € 3 pers. 46 €
Ouvert : Toute l'année.

	≈	⛵	🎾	🏇	🏃	🎣	🚂
	7	7	4	4	SP	5	5

Véronique DERAM - 41, rue d'Ecault - 62250 OFFRETHUN - Tél. : 03 21 32 36 15

Pas-de-Calais
Nord-Pas-de-Calais

PENIN
C.M. 51

4 ch. Arras 18 km. Saint-Pol 12 km. Dans la ferme-château du XVIe, entièrement restaurée, 4 ch. d'hôtes indépendantes. 1 ch. (1 lit 2 pers. 1 lit superp.), 3 ch. (2 lits 1 pers.). S. d'eau et wc privés chacune. Séjour, salon, TV. Cuisine équipée. Ch. central, feu dans le salon. Tarif 4 pers. : 60.8 €. Au centre du village. Garage, parking dans cour fermée, pelouse, salon de jardin. Tennis de table et VTT sur place. ULM et parapente à 8 km. Ski alpin à 25 km (Noeux-les-Mines). Centre de loisirs et forêt 15 km.

Prix : 1 pers. 26 € 2 pers. 34 € 3 pers. 46 € repas 12/15 €
Ouvert : Toute l'année.

60	15	60	10	10	8	SP	15

Christophe BOUTIN - 1, rue de Tincques - 62127 PENIN - Tél. : 03 21 58 30 14 - Fax : 03 21 22 73 37

PERNES-LES-BOULOGNE Le Petit Fouquehove
C.M. 51

3 ch. Boulogne-sur-Mer 8 km. Wimereux 7 km. 3 chambres dans la maison des propriétaires, manoir rénové. 2 ch. (1 lit 2 pers.), s.d.b. particulière. 1 ch. (2 lits 1 pers.), s.d.b. privée attenante à la chambre. WC communs aux 2 ch. Salle de séjour, salon. Possibilité 1 lit d'enfant supplémentaire. TV. Parking, garage, parc. Gratuit enfant - 5 ans. Accès par N42 et autoroute A16. Possibilité golf.

Prix : 2 pers. 45 € pers. sup. 8 €
Ouvert : Toute l'année sauf du 15 novembre au dimanche des Rameaux.

6	6	8	SP	2	SP

Mr MILLINER - Le Petit Fouquehove - 62126 PERNES-LES-BOULOGNE - Tél. : 03 21 83 37 03 - Fax : 03 21 33 55 11

PIHEN-LES-GUINES Ferme de Beauregard
C.M. 51

1 ch. Guines 7 km. Calais 10 km. Cap Blanc Nez 5 km. Tunnel Manche 5 km. En dehors du village, 1 ch. indépendante au r.d.c. dans une maison de caractère calme, boisée. Terrasse, salon de jardin, parking. 1 ch. (1 lit 2 pers.), s. d'eau et wc privés. Cuisine privée et séparée. Possibilité lit pliant supplémentaire. Accès : A16, sortie Saint-Inglevert, puis D244 et D243 ou sortie Bonningues-les-Calais, puis D243. A 1 km de l'A16.

Prix : 2 pers. 35 € pers. sup. 11 €
Ouvert : Toute l'année.

6	18	8	6	1	SP	1	1

Michel LUYSSAERT - Ferme de Beauregard - 62340 PIHEN-LES-GUINES - Tél. : 03 21 35 12 96 ou 06 88 65 81 69

PIHEN-LES-GUINES
C.M. 51

3 ch. Guines 5 km. Wissant 9 km. Calais 12 km. Au centre du village, 3 chambres dans la maison des propriétaires (1 lit 2 pers. chacune), salle d'eau et wc privés pour chacune. Séjour, coin-salon, cuisine équipée à disposition. Jardin, parking. Restaurant 5 km.

Prix : 2 pers. 35 € 3 pers. 46 €
Ouvert : Toute l'année.

10	18	10	10	3	SP

Guy DECLEMY - 227 route de Guines - 62340 PIHEN-LES-GUINES - Tél. : 03 21 85 92 61 ou 06 87 07 15 62

QUELMES
C.M. 51

4 ch. Saint-Omer 10 km. 4 ch. d'hôtes aménagées dans un ancien corps de ferme du XVIIIe siècle. Salle de séjour, salon. 3 ch. (1 lit 2 pers.), 1 ch. (1 lit 1 pers. 1 lit 2 pers.), salle d'eau et wc particuliers pour chaque chambre. Cuisine commune aux 4 chambres. Jardin, salon de jardin, parking. Accès par RN42, A26 à 5 km.

Prix : 2 pers. 40 € 3 pers. 53 €
Ouvert : Toute l'année.

45	15	35	5	5	5	2	7

Eric HUYSENTRUYT - 110 rue de la Place - 62500 QUELMES - Tél. : 03 21 95 60 62 - Fax : 03 21 93 20 88

QUESTRECQUES
C.M. 51

4 ch. Boulogne-sur-Mer 15 km. Montreuil 18 km. 3 chambres aménagées dans le manoir du XVIe siècle des propriétaires. 1 chambre indépendante aménagée dans une bergerie. 1 chambre (1 lit 2 pers.), salle de bains, 2 lavabos avec wc privés. 1 chambre (2 lits 1 pers.), 1 chambre 2 épis (1 lit 2 pers.), salle d'eau avec wc privés. 1 chambre (1 lit 2 pers. 2 lits 1 pers. en mezzanine), salle de bains avec wc privés. Séjour et salon communs. En dehors du village, maison de caractère, avec jardin et parking. Découverte du jardin. TV dans les chambres 3 épis, téléphone à disposition. Dans la bergerie, cheminée feu de bois. Bois en supplément. Restaurant 2 km. Accès : A.16, R.N1 puis D.238.

Prix : 2 pers. 69 € pers. sup. 23 €
Ouvert : Du 1er février au 31 décembre.

15	SP	15	8	1	8	SP

Bruno HALLEY DES FONTAINES - 740, route de Samer - 62830 QUESTRECQUES - Tél. : 03 21 87 06 56 - Fax : 03 21 87 06 56

Nord-Pas-de-Calais **Pas-de-Calais**

RAMECOURT — Ferme du Bois Quesnoy

4 ch. **Saint-Pol 2 km. Frévent 8 km.** En dehors du village, dans un corps de ferme en pierres blanches. 4 chambres indépendantes avec sanitaires privés. Parking privé. Kitchenette à disposition des hôtes. Salle pour réunions ou séminaires. Cueillette des fruits rouges en saison. Spécialités : confitures et sirops de fruits, confits d'oignons.

Prix : 1 pers. 35 € ◊ 2 pers. 40 € pers. sup. 8 €
Ouvert : Toute l'année.

	≈	⛵	🚣	🎾	🏇	🚶	
	70	20	20	2	1	10	SP

François DELEAU - Ferme du Bois Quesnoy - 62130 RAMECOURT - Tél. : 03 21 41 66 60 - E-mail : François.deleau@wanadoo.fr

RECLINGHEM   *C.M. 51*

1 ch. **Fauquembergues 7 km. Thérouanne 10 km.** En dehors du village, 1 chambre d'hôtes indépendante dans une construction ancienne rénovée (1 lit 2 pers.) possibilité lits supplémentaires, salle d'eau et wc privés. Séjour et salon dans la maison des propriétaires. Télévision. Parking.

Prix : 1 pers. 24 € ◊ 2 pers. 31 €
Ouvert : Toute l'année.

	≈	⛵	🚣	🎾	🏇	🚶
	50	50	25	2	2	SP

Charles HANNE - 20, rue de Lilette - 62560 RECLINGHEM - Tél. : 03 21 39 53 69 - Fax : 03 21 39 53 69

REGNAUVILLE

2 ch. **Hesdin 7 km.** 2 ch. d'hôtes dans la ferme des propriétaires. Garage, parking et jardin. 1 ch. (1 lit 2 pers.), s. d'eau et wc privés. 1 ch./studio (1 lit 2 pers.) avec coin-cuisine, s. d'eau et wc (poss. loc. à la semaine). Séjour et salon dans la maison des prop. Bibliothèque. Poss. lit d'appoint supplémentaire. Restaurant 2 km. Gratuit enfants - 5 ans. Forêt à 7 km.

Prix : 1 pers. 29 € ◊ 2 pers. 38 € ◊ 3 pers. 52 € pers. sup. 14 €
Ouvert : Toute l'année.

	≈	⛵	🚣	🎾	🏇	🚶		
	30	4	30	7	7	SP	7	7

Claudine LARDEUR - 7, rue des Juifs - 62140 REGNAUVILLE - Tél. : 03 21 86 93 94 - Fax : 03 21 86 63 40

REMILLY-WIRQUIN   A

1 ch. **Lumbres 6 km. Saint-Omer 10 km.** Dans la maison des propriétaires, située au centre du village, 1 chambre (1 lit 2 pers., 2 lits 1 pers.) avec salle d'eau et wc privés. Jardin. Prix 4 pers. : 61 €. Accès par le train, gare à 10 km. Par la route N42, Lumbres, D928.

Prix : 2 pers. 40 € ◊ 3 pers. 53 €
Ouvert : Toute l'année.

	≈	⛵	🚣	🎾	🏇	🚶	
	40	SP	40	6	6	7	SP	10

Jacqueline FASQUELLE - 14 rue Bernard Chochoy - 62380 REMILLY-WIRQUIN - Tél. : 03 21 93 05 99

RICHEBOURG

4 ch. **Béthune 12 km. Armentières 16 km. La Bassée 8 km.** Dans une ferme de caractère, 4 ch. à l'étage d'une dépendance attenante à l'habitation principale. 1 ch. (1 lit 1 pers.), 2 ch. (1 lit 2 pers. 1 lit 1 pers.), 1 ch. (1 lit 2 pers.). Salle d'eau et wc particuliers pour chaque chambre. Salle de séjour et cuisine communes au r.d.c. Véranda. TV. Parking. Gratuit pour enfant - 5 ans. Barbecue, salon de jardin. Centre de loisirs à 6 km. Restaurant 2 km. Accès par D171.

Prix : 1 pers. 26 € ◊ 2 pers. 35 € ◊ 3 pers. 43 €
Ouvert : Toute l'année.

	≈	⛵	🚣	🎾	🏇	🚶	🎯	
	80	5	15	10	SP	2	SP	5	SP

André et Christiane BAVIERE - Ferme les Caperies - 106 rue des Charbonniers - 62136 RICHEBOURG - Tél. : 03 21 26 07 19 - Fax : 03 21 02 79 95

RICHEBOURG   *C.M. 51*

2 ch. 2 chambres indépendantes au 1er étage avec dans chacune : 1 lit 2 pers., salle d'eau, wc particuliers, TV. Entrée et parking privés. Cuisine équipée, salle de repos à disposition. Salle de séjour dans la maison du propriétaire. Possibilité lit enfant supplémentaire. Enfant -5 ans gratuit. En dehors du village. Lave-linge commun. Salon de jardin. Restaurant à 2 km. Langue parlée : anglais.

Prix : 1 pers. 25 € ◊ 2 pers. 33 € pers. sup. 10 €
Ouvert : Toute l'année.

	≈	⛵	🚣	🎾	🏇	🚶		
	80	15	18	12	SP	2	SP	14	SP

Benoît BLONDIAUX-PRINS - 20 rue de la Croix Barbet - 62136 RICHEBOURG - Tél. : 03 21 26 04 95

Pas-de-Calais

Nord-Pas-de-Calais

RICHEBOURG La Niche
C.M. 51

4 ch. **Béthune 10 km. Lens à 15 km. Lille 27 km. La Bassée 10 km.** Nichées dans un paradis campagnard, en dehors du village, 4 ch. indép. à l'ét. : 3 ch. (1 lit 2 pers. chacune, poss. lit suppl.). 1 ch. (1 lit 1 pers.), poss. 1 lit supp., s. d'eau, wc, TV et tél dans chaque ch. Réservés aux hôtes : cuisine, équipée, coin-repas, salle de détente, bibliothèque, jeux, boutique de produits régionaux. Fax. et Internet à dispo. 1 ch. est classée 2 épis. Entrée et parking privés. Gratuit pour moins de 5 ans. Tarifs dégressifs selon séjours. VTT sur place. Forêt à 10 km. Calais 98 km.

Prix : 1 pers. 34 € 2 pers. 38 € pers. sup. 8 €
Ouvert : Toute l'année.

🐕	≋	⛵	⛵	🏊	🎾	🏇	👣	🎾
	80	SP	15	12	SP	SP	SP	12

Renée LE MAT - 2355/31, rue Marsy - « La Niche » - Vieille-Chapelle - 62136 RICHEBOURG - Tél. : 03 21 65 33 13 - Fax : 03 21 66 89 04 - E-mail : CJB@easynet.fr - Laniche.free.fr

ROYON

2 ch. **Beaurainville 9 km par la RN39. Hesdin 15 km. Fruges 12 km.** 2 ch. d'hôtes aménagées dans une fermette de caractère des propriétaires, bordée par la Créquoise. 2 ch. (1 lit 2 pers.), salles de bains et wc particuliers. Salle de séjour, salon, TV, bibliothèque. Parking, jardin. Restaurant sur place. Ecuries pour chevaux.

Prix : 1 pers. 32 € 2 pers. 40 €
Ouvert : Toute l'année.

🐕	≋	⛵	⛵	🏊	🎾	🏇	👣	🚂
	30	SP	30	15	5	7	SP	9

François COUVREUR - 21 rue du Moulin - 62990 ROYON - Tél. : 03 21 90 60 72

SAINS-LES-FRESSIN
C.M. 51

2 ch. **Fruges 9 km. Hesdin 12 km.** A 1/2 heure de la mer, dans un parc arboré et fleuri de 1 ha., en dehors du village, 1 ch. (1 lit 2 pers.), salle de bains, wc privés. 1 ch. et 1 suite (2 lits 2 pers.), salle d'eau et wc privés. Coin-cuisine, salle à manger, cheminée, réfrigérateur. Salon. Jardin. Salon de jardin. Parking fermé. Tarif ch. + suite 4 pers. : 73 €. Restaurant 1 km. Taxe de séjour. Accès : RN39, D155, D928. Langue parlée : anglais.

Prix : 2 pers. 43 € pers. sup. 12 €
Ouvert : Toute l'année sauf décembre.

🐕	≋	⛵	⛵	🏊	🎾	🏇	👣	🚂
	45	4	45	12	SP	SP	SP	SP

Jacques RIEBEN - 35 rue Principale - 62310 SAINS-LES-FRESSIN - Tél. : 03 21 90 60 13 - Fax : 03 21 90 60 13

SAMER Le Pont d'Etienfort
C.M. 51

2 ch. **Samer 2 km. Boulogne-sur-Mer 11 km.** 2 ch. d'hôtes aménagées dans la maison des propriétaires, avec entrée indépendante. 1 ch. (1 lit 2 pers. 2 lits 1 pers.) et 1 ch. (2 lits 1 pers. 1 lit 2 pers.), s. d'eau et wc privés pour chacune. Salle de séjour, salon. Jardin, parking. 49 €/4 pers. Restaurant 2 km. Promenades à poney pour enfants. Salon de jardin. Forêts sur place.

Prix : 2 pers. 34 € 3 pers. 41 €
Ouvert : Toute l'année.

🐕	≋	⛵	⛵	🏊	🎾	🏇
	12	2	12	7	10	SP

Mr PRUVOST-DUVAL - 2209, le Pont d'Etienfort - 1 rue Nationale - 62830 SAMER - Tél. : 03 21 33 50 24

SAMER
C.M. 51

3 ch. **Hardelot 12 km. Boulogne-sur-Mer 15 km.** 3 ch. d'hôtes dans une maison de caractère, au centre du village. 1 ch. (3 lits 1 pers.), 1 ch. (2 lits 1 pers.), s. d'eau et wc privés chacune, 1 ch. (2 lits 1 pers.) salle de bains et wc privés. Salle de séjour, salon, bibliothèque, TV. Poss. lit enfant supplémentaire. Jardin, terrasse, parking. Restaurant sur place. Salon de jardin. A partir de 6 ans : 10 €.

Prix : 1 pers. 32 € 2 pers. 40 € 3 pers. 55 € pers. sup. 10 €
Ouvert : Toute l'année.

🐕	≋	⛵	⛵	🏊	🎾	🏇
	12	2	12	6	SP	2	SP

Joëlle MAUCOTEL - 127 rue du Breuil - 62830 SAMER - Tél. : 03 21 87 64 19 ou 06 77 83 04 74 - Fax : 03 21 87 64 19

LE SARS
C.M. 53 Pli 12

4 ch. **Bapaume 6 km. Albert 12 km.** Au centre du village, 4 ch. dans une habitation traditionnelle de la région. A l'étage : 2 ch. donnant sur une route départementale (1 lit 2 pers., lavabo), s. d'eau et wc communs. R.d.c. : 2 ch. (2 lits 1 pers.), salle d'eau et wc privés, entrée indépendante. Cheminée feu de bois. Musée privé (1ère guerre mondiale). Salle de réception aménagée avec les outils de la ferme réservée aux hôtes. Parking privé fermé, salon de jardin, jardin d'agrément. Sur le champ de batailles de la somme 1914/1918. Restaurant à 6 km. Langue parlée : anglais.

Prix : 1 pers. 29 € 2 pers. 39 € pers. sup. 16 €
Ouvert : Toute l'année.

🐕	⛵	🏊	🎾	🏇	👣	🚂
	5	12	5	SP	20	12	6

Danièle ROUSSEL - 37 rue Nationale - 62450 LE-SARS - Tél. : 03 21 07 05 01 - Fax : 03 21 24 78 10 - www.ville-arras.fr/roussel

Nord-Pas-de-Calais — Pas-de-Calais

SAULCHOY

2 ch. **Hesdin 18 km. Montreuil-sur-Mer 16 km.** 2 ch. d'hôtes dans la maison des propriétaires. Jardin, garage et parking. 1 ch. (1 lit 2 pers.), salle de bains et wc privés. 1 ch. (1 lit 2 pers.), salle d'eau et wc privés. Séjour et salon communs aux prop. Bibliothèque. TV dans chacune. Au centre du village. Poss. lit d'enfant suppl., lit bébé gratuit. Restaurant sur place. Enfant à partir de 3 ans : 8 €.

Prix : 1 pers. 34 € ● 2 pers. 37 € ● pers. sup. 8 €
Ouvert : Toute l'année.

🐕	≈	🏊	⛵	🎣	🎾	🏇	🎿	🚲	🚤
	25	SP	25	16	16	3	SP	16	16

Karl POTTIER - 576, rue de Haut - 62870 SAULCHOY - Tél. : 03 21 81 57 21

SAULTY
C.M. 53 Pli 1

5 ch. **Arras et Doullens 18 km.** 5 ch. dans un château du XIXe dans un parc de 45 ha. verdoyant promenade fléchées dans les vergers, 1 ch. (1 lit 2 pers.), salle d'eau part. 1 ch. (1 lit 2 pers.), s.d.b. particulière, 2 ch. (1 lit 2 pers. 1 lit 1 pers.), s.d.b. wc privés chacune. 1 ch. (1 lit 2 pers. 2 lits 1 pers.), s.d.b./wc privés. Séjour, salon, cheminée feu de bois, coin-cuisine. Salon de jardin. TV. Bibliothèque à disposition des hôtes. Parking. Enfant : 12 €. RN25 Arras/Doullens, dans l'arbret, suivre Saulty. Choix de 10 restaurants dans un rayon de 10 km. Langue parlée : anglais.

Prix : 1 pers. 38 € ● 2 pers. 46 € ● 3 pers. 59 € ● pers. sup. 13 €
Ouvert : Toute l'année sauf janvier.

🐕	≈	🏊	⛵	🎣	🎾	🏇	🚲
	80	6	80	18	7	SP	18	18

Emmanuel et Sylvie DALLE - Verger de Saulty - 62158 SAULTY - Tél. : 03 21 48 24 76 - Fax : 03 21 48 18 32

SORRUS — Ferme du Colombier
C.M. 51 Pli 11

6 ch. **Le Touquet 15 km. Montreuil 4 km.** 6 ch. d'hôtes aménagées dans une construction neuve indép. de la maison des prop. Parking. 4 ch. (1 lit 2 pers. 1 conv. 2 pers.) dans chaque chambre, salle d'eau et wc privés. 2 ch. 1 épi (1 lit 2 pers. 1 conv. 2 pers. chacune), salle d'eau et wc communs aux 2 ch. Petit déjeuner à la table familiale. Salle de détente avec TV. Micro-ondes, réfrigérateur. Canapés. Gratuit pour enfant de - 3 ans. Salons de jardin. Restaurant 3 km. Langue parlée : anglais.

Prix : 1 pers. 20/27 € ● 2 pers. 27/35 € ● 3 pers. 34/41 € ● pers. sup. 6 €
Ouvert : Toute l'année.

🐕	≈	🏊	⛵	🎣	🎾	🏇	🎿	🚲	🚤
	12	10	15	4	SP	14	4	4

Mr et Mme HENOT - Ferme du Colombier - 171 rue Saint-Riquier - 62170 SORRUS - Tél. : 03 21 06 07 27

ST-ANDRE-AU-BOIS — Saint-André
C.M. 51

2 ch. **Hesdin 9 km. Montreuil 13 km par D138.** 2 chambres dans une maison de caractère, 1 ch. (2 lits 1 pers.), salle d'eau et wc particuliers, 1 ch. (2 lits 1 pers.), salle de bains et wc particuliers. Parc, parking. Construction rénovée sur les lieux de l'ancienne abbaye Saint-André. Restaurant 9 km. Langues parlées : anglais, allemand, hollandais.

Prix : 1 pers. 24/27 € ● 2 pers. 35/38 € ● 3 pers. 50 €
Ouvert : Toute l'année.

🐕	≈	🏊	⛵	🎣	🎾	🏇
	30	4	30	10	3	5	2

Mr WITTEMANS - 62870 ST-ANDRE-AU-BOIS - Tél. : 03 21 86 01 50 ou 03 21 86 83 96

ST-AUBIN — Les Buissonnets

3 ch. **Le Touquet et Montreuil-sur-Mer 8 km.** 3 chambres d'hôtes dans la maison des propriétaires dont 2 avec chacune 1 lit 2 pers. et 1 lit 1 pers. Salle d'eau et wc privés (dont 1 avec les wc hors de la ch.). 1 ch. (1 lit 2 pers.), salle d'eau et wc privés. Salle de séjour et salon réservés aux hôtes. A proximité du village avec jardin et parking. Restaurant à proximité. Accès en train : par Etaples 8 km.

Prix : 1 pers. 40 € ● 2 pers. 45 € ● 3 pers. 57 € ● pers. sup. 12 €
Ouvert : Toute l'année.

🐕	≈	🏊	⛵	🎣	🎾	🏇	🚲
	8	8	8	8	8	8	SP	8

Marie-Thérèse HOREL - 67 chemin des Corps Saints - Les Buissonnets - 62170 ST-AUBIN - Tél. : 03 21 84 12 12 ou 06 83 13 82 62 - Fax : 03 21 84 12 12

ST-FLORIS — Les Buissonnets
C.M. 51

1 ch. **Béthune et Hazebrouck 10 km. Merville 5 km.** 1 ch. d'hôtes aménagée dans la maison du propriétaire, avec entrée indépendante (1 lit 2 pers.), salle d'eau et wc particuliers. TV et coin-cuisine dans la chambre. Poss. 1 lit enfant supplémentaire. Fer à repasser, sèchoir. Location vélos, jardin privatif, salon de jardin. Gratuit pour enfant -5 ans. Par D916. Restaurant 1 km.

Prix : 2 pers. 31 €
Ouvert : Toute l'année.

🐕	≈	🏊	⛵	🎣	🎾	🏇	🚲	🚤
	50	SP	50	10	SP	1	SP	6	1

Bruno BOURGOIS - Les Buissonnets - 42 rue de la Calonne-S/la-lys - 62350 ST-FLORIS - Tél. : 03 21 27 38 88 - E-mail : bruno.bourgois@wanadoo.fr

Pas-de-Calais
Nord-Pas-de-Calais

ST-JOSSE-SUR-MER Les Peupliers

5 ch. Montreuil, Le Touquet et Beck 10 km. 5 ch. d'hôtes aménagées dans une construction nouvelle à l'étage, 5 ch. avec chacune (1 lit 2 pers.), 1 ch. avec (2 lits 1 pers.), salle d'eau privée, wc particuliers. Salle de séjour. TV. Poss. cuisine pour chaque chambre. Parking. Gratuit enfant - 5 ans. Restaurant sur place. VTT dans le village.

Prix : 1 pers. 37 € 2 pers. 43 € pers. sup. 11 €
Ouvert : Toute l'année.

8	SP	8	8	8	8	SP	8	3

Alain LEPRETRE - 8, allée des Peupliers - 62170 ST-JOSSE-SUR-MER - Tél. : 03 21 94 39 47 - Fax : 03 21 94 03 08

ST-JOSSE-SUR-MER La Morinie
C.M. 51

2 ch. Montreuil-sur-Mer et Etaples 8 km. Le Touquet 10 km. Dans la maison récente des propriétaires au centre du village, 2 chambres d'hôtes. 1 ch. 2 épis (1 lit 2 pers.), 1 ch. (3 lits 1 pers.) avec salle de bains particulière, 1 ch. 1 épi (2 lits 2 pers. 1 lit 1 pers.) avec salle d'eau particulière. WC à l'étage. Salle de séjour, salon, TV. Poss. lit enfant suppl. Jardin, parking. Table d'hôtes le soir. Garde enfant le soir : 4 € de l'heure. 55 €/4 pers. et 64 €/5 pers.

Prix : 2 pers. 37 € 3 pers. 46 € pers. sup. 11 € repas 12 €
Ouvert : Toute l'année.

15	1	5	8	SP	SP	8

Christiane HOYER - La Morinie - 8 rue des Corps Saints - 62170 ST-JOSSE-SUR-MER - Tél. : 03 21 94 77 28

ST-JOSSE-SUR-MER Ferme du Tertre
C.M. 51

4 ch. Montreuil-sur-Mer et Etaples 8 km par la D139, Le Touquet/Berck 10 km. Dans une ancienne ferme, 4 chambres d'hôtes indépendantes : 2 ch. (1 lit 2 pers.), 1 ch. (3 lits 1 pers.), 1 ch. 4 pers. avec kitchenette, salle de bains et wc particuliers. Séjour avec coin-cuisine. Parking privé, parc paysager avec étang. Restaurant 1 km. 4 golfs à proximité. 2 étangs de pêche sur place. Tarif 4 pers. 75 €. Tarifs dégressifs à partir de la 2e nuit : 37 €/1 pers., 45 €/2 pers., 59 €/3 pers., 71 €/4 pers.

Prix : 1 pers. 41 € 2 pers. 49 € 3 pers. 63 €
Ouvert : Toute l'année.

8	SP	8	8	8	8	SP	8

Sabine et Alain PRETRE - Ferme du Tertre - 77 Chaussée de l'Avant Pays - 62170 ST-JOSSE-SUR-MER - Tél. : 03 21 09 09 13 ou 06 07 42 07 90 - Fax : 03 21 09 09 13 - E-mail : pretrealain@hotmail.com

ST-NICOLAS-LES-ARRAS

3 ch. Arras 2 km. 3 chambres aménagées dans une ferme familiale. 3 ch. (1 lit 2 pers.), salle d'eau particulière pour chacune et wc communs. Poss. cuisine dans l'entrée. Régrigérateur pour les 3 chambres. Garage. Restaurant sur place. Parking fermé. Centre de loisirs à 3 km.

Prix : 1 pers. 23 € 2 pers. 31 €
Ouvert : Toute l'année.

80	1	80	2	1	SP	5	3

Antoinette LESUEUR - Route de Roclincourt - 62223 ST-NICOLAS-LES-ARRAS - Tél. : 03 21 55 27 85

ST-TRICAT
C.M. 51

4 ch. Guines 4 km. Calais 9 km. 4 chambres d'hôtes dans la maison des propriétaires. 1 ch. (1 lit 2 pers. 3 lits 1 pers.), 1 ch. (1 lit 2 pers. 2 lits 1 pers.). 2 ch. (1 lit 2 pers.). Salle d'eau, wc, réfrigérateur et TV dans chaque chambre. Salle de séjour, salon, TV, livres à disposition. Jardin, parking fermé. Tarif repas boissons non comprises. VTT sur place. Au centre du village, manoir du XVIIe siècle de caractère. Par le train : TGV (Calais/Frethun/Saint-Tricat). Par la route : A26 puis RN 43. Tarif 5 pers. 61 €. Promenade en cabriolet et calèches.

Prix : 2 pers. 38 € 3 pers. 46 € pers. sup. 8 € repas 8/23 €
Ouvert : Toute l'année.

4	6	8	9	8	8	SP	9

Nelly CORNILLE - 774, Manoir Haute de Leulingu - 62185 ST-TRICAT - Tél. : 03 21 85 92 58 - Fax : 03 21 85 92 58

ST-TRICAT

1 ch. Calais et Guines 7 km. Au centre du village, 1 chambre aménagée dans la maison des propriétaires. Ensemble complètement indépendant très calme. Jardin et salon de jardin privé accessibles de la chambre. 1 chambre (1 lit 2 pers.), salle d'eau, wc privé au r.d.c. Salle de séjour et salon communs. TV dans la chambre, bibliothèque. Possibilité téléphone à cartes. 2 € en moins sur tarif 1 et 2 pers. pour 3 nuitées et plus. A 5 mn du Tunnel sous la Manche. A 10 mn du Cap Blanc Nez.

Prix : 1 pers. 34 € 2 pers. 39 € pers. sup. 10 €
Ouvert : Toute l'année.

10	25	10	7	3	10	SP	3	6

André PAGNIEZ - 286, rue de l'Eglise - 62185 ST-TRICAT - Tél. : 03 21 82 44 25 - www.ifrance.com/le-gite-du-coq-boiteux

Nord-Pas-de-Calais — Pas-de-Calais

STE-CECILE (TH)

4 ch. **Etaples 6 km. Boulogne-sur-Mer 17 km. Le Touquet 13 km.** 4 ch. d'hôtes dans la maison des propriétaires. Jardin, parking intérieur. R.d.c. : 2 ch. 1 épi (2 lits 1 pers. chacune). Salle de bains et wc communs aux 2 ch. Étage : 2 ch. (1 lit 2 pers. chacune), salle d'eau + wc privés chacune. Séjour avec TV et salon communs. Poss. table d'hôtes le soir sur réservation. Chauffage au fuel. En dehors du village, construction ancienne rénovée. Restaurant à 1 km. Chambres non fumeurs.

Prix : 1 pers. 28/34 € 2 pers. 31/38 € pers. sup. 11 € repas 12 €
Ouvert : Toute l'année.

	≈	⛵	⛵	🎾	🐎	👥	🏛
SP	SP	SP	6	6	SP	SP	10	6

Marie-Chantal DELMAR - 343, chemin des Bateaux - « La Halte » - 62176 STE-CECILE-PLAGE - Tél. : 03 21 84 94 51 ou 06 11 05 09 09 - Fax : 03 21 84 94 51 - jfdelmar.free.fr

STE-CECILE-CAMIERS

2 ch. **Etaples 6 km. Le Touquet 12 km.** A 300 m de la plage, 2 chambres aménagées dans la maison des propriétaires, l'une au r.d.c., l'autre à l'étage. 1 ch. 3 épis (1 lit 2 pers.), salle d'eau et wc privés. 1 ch. (1 lit 2 pers.). Salle d'eau et wc privés au r.d.c. Salon. Possibilité lit d'enfant supplémentaire de 4 à 6 ans : 8 €. Non fumeur. 8e nuit offerte. Restaurant à 1 km. Bienvenue à Sainte-Cécile, séjournez à l'Escale Fleurie, à 200 m de la plage. 2 chambres d'hôtes vous y attendent dans un cadre calme et agréable.

Prix : 1 pers. 32/37 € 2 pers. 37/43 € pers. sup. 8/11 €
Ouvert : Du 1er avril au 30 novembre.

	≈	⛵	⛵	🎾	🐎	👥	🏛	🏚
SP	SP	6	SP	SP	SP	1	1

Nicole WAXIN-DUBUISSON - 486, avenue des Eglantines - L'Escale Fleurie - 62176 STE-CECILE-CAMIERS - Tél. : 03 21 84 71 11

TENEUR (TH) C.M. 51

3 ch. **Azincourt 7 km. Circuit de Croix-en-Ternois 10 km.** 3 ch. d'hôtes aménagées dans une ancienne grange, dans le cadre verdoyant et reposant de la vallée ternoise. Salle de séjour, bibliothèque. 3 ch. (1 lit 2 pers.), salle d'eau et wc particuliers, coin-salon dans chaque chambre. Cuisine à la disposition des hôtes. Poss. 1 lit enfant supplémentaire. Jardin, parking. VTT sur place. Barbecue. Gratuit pour enfant - 5 ans. Restaurant 5 km. Animaux admis après accord des propriétaires. Situé sur le GR21. Tarif semaine : 1200 F/2 pers. Circuit de Croix-en-Ternois à 10 km.

Prix : 1 pers. 33 € 2 pers. 38 € 3 pers. 50 € pers. sup. 9 € repas 16 €
Ouvert : Toute l'année.

	≈	⛵	⛵	🎾	🐎	👥
50	SP	7	15	5	10	SP

Mary-Eve et J-Claude VENIEZ-QUENIART - 11 rue Marcel Dollet - 62134 TENEUR - Tél. : 03 21 41 62 34 - Fax : 03 21 41 62 34 - E-mail : jcveniezi@france.com - www.ifrance.com/jcveniez

THELUS

1 ch. **Arras 6 km. Lens 10 km.** A la sortie du village, maison type chalet dans un jardin d'agrément. Parking. 2 chambres communiquantes (1 lit 2 pers. 1 lit 1 pers.), salle d'eau et wc particuliers. Possibilité lits supplémentaires. Salon, coin-détente avec bibliothèque, TV dans la chambre. Accès : RN17, sortie A26 à 2 km. Enfant moins de 3 ans gratuit. 2 restaurants au village.

Prix : 1 pers. 31 € 2 pers. 39 € 3 pers. 49 € pers. sup. 10 €
Ouvert : Toute l'année.

	🎾	🐎	👥	🏛
15	10	10	6	SP	8

Victor JAPSENNE - 19 bis rue d'Arras - 62580 THELUS - Tél. : 03 21 73 08 85 - Fax : 03 21 73 08 85 - E-mail : victor@Japsenne.nom.fr - www.Japsenne.nom.fr/

TIGNY-NOYELLE Le Prieuré (TH) CB C.M. 51

5 ch. **Berck 12 km. Montreuil 14 km. Abbaye de Valloire 6 km.** 5 ch. d'hôtes dont 1 suite dans 1 maison de caractère en dehors du village. 1 ch. (1 lit 2 pers.), 1 ch. (2 lits 1 pers.), 1 ch. (2 lits 1 pers. 1 lit 2 pers.). 1 ch. (2 lits 1 pers.) et 1 suite (1 lit 1 pers. 1 lit 2 pers.), s.d.b., wc et TV particuliers chacune. Poss. 1 lit enfant suppl. Salle de séjour. Parking (hors propriété), jardin. Restaurant à 2 km. Table d'hôtes sur réservation 24 h à l'avance. Réserve de Marquenterre à 20 km. A16, sorties n°14 ou 15.

Prix : 1 pers. 43 € 2 pers. 52/64 € 3 pers. 64/77 € pers. sup. 16 € repas 22 €
Ouvert : Toute l'année.

	≈	⛵	⛵	🎾	🐎	👥	🏛
12	SP	12	12	12	12	2	2

Roger DELBECQUE - Le Prieuré - Impasse de l'Eglise - 62180 TIGNY-NOYELLE - Tél. : 03 21 86 04 38 - Fax : 03 21 81 39 95

TOURNEHEM-SUR-LA-HEM

2 ch. **Calais et Saint-Omer 25 km.** 2 chambres d'hôtes aménagées dans la maison des propriétaires située au centre du village. Jardin, parc, parking cloturé, grande terrasse. 1 ch. (1 lit 2 pers, 1 lit enfant), salle d'eau privée, wc hors de la chambre. 1 ch. (1 lit 2 pers.), salle d'eau et wc privé. Séjour commun. TV dans chaque chambre. Tél. à l'entrée. Jardin d'enfants, rivière, forêt domaniale, parc d'attractions. Site touristique de la « Chapelle Saint Louis ». Accès par l'A26, sortie n°2, direction Licques, ou par la RN43, à Nordausques, direction Tournehem-sur-Hem.

Prix : 2 pers. 35/38 €
Ouvert : Toute l'année.

	≈	⛵	🐎	👥
20	10	10	10	SP

Denise et Henri LYSENSOONE - 30, rue de Valenciennes - 62890 TOURNEHEM-SUR-LA-HEM - Tél. : 03 21 35 60 56 - Fax : 03 21 36 86 50

Pas-de-Calais

Nord-Pas-de-Calais

TROISVAUX

ɪɪɪ 1 ch. **Saint-Pol-sur-Ternoise 2 km. Croix-en-Ternois 4 km.** Chambre indépendante dans construction annexe. 1 chambre (1 lit 2 pers.) au rez-de-chaussée. Séjour commune, salon dans la chambre avec TV. Hébergement chevaux possible. Au centre du village, jardin. Parking extérieur. Accès N.41 et D.87. Salon de jardin, barbecue. Circuit auto-moto de croix en Ternois à 4 km.

Prix : 1 pers. 37 € 2 pers. 43 €
Ouvert : Toute l'année.

🐕	≋	⛵	🛥	🏸	🏓	🏃	👥	⛴
	65	1	65	13	3	5	SP	3

Mr WAROQUET - 25 rue Principale - 62130 TROISVAUX - Tél. : 03 21 03 05 61

TUBERSENT Les Coquennes

ɪɪɪ 5 ch. **Le Touquet 8 km. Etaples 6 km.** 5 chambres dans maison des propriétaires. 2 ch. (1 lit 2 pers.), s. d'eau et wc privés (3 épis), 1 ch. (1 lit 2 pers. 1 lit 1 pers.), s.d.b. et wc privés (3 épis), 2 ch. (1 lit 2 pers. + lavabo), s. d'eau et wc communs (1 épi). Au r.d.c., séjour, TV. Jardin, parking. Salon de jardin, barbecue. Maison située en dehors du village. Accès par le train à Etaples, par la route A16.

Prix : 2 pers. 34/40 € 3 pers. 50 €
Ouvert : Toute l'année.

🐕	≋	⛵	🛥	🏸	🏃	👥
	8	1	8	6	12	6	SP

Anne-Marie et Alain BOITREL - 59 rue de Frencq - « Les Coquennes » - 62630 TUBERSENT - Tél. : 03 21 86 73 53 - Fax : 03 21 86 09 78

TUBERSENT

ɪɪɪ 4 ch. **Le Touquet 10 km. Montreuil 10 km.** 4 chambres aménagées dans la maison des propriétaires. 1 chambre (1 lit 2 pers.), salle de bains et wc privés. 1 chambre (3 lits 1 pers. dont 1 en alcôve), salle de bains avec wc privés. Coin-cuisine commun aux 2 chambres. 1 chambre (1 lit 2 pers.), salle d'eau et wc privés. 1 chambre (1 lit 2 pers.), salle d'eau avec wc privés dans la tour. Au centre du village, jardin, parking. Séjour à l'étage pour le petit déjeuner, réservé aux hôtes. TV dans chaque chambre. Restaurant 2 km.

Prix : 1 pers. 43 € 2 pers. 49 € 3 pers. 59 € pers. sup. 11 €
Ouvert : Toute l'année.

🐕	≋	⛵	🛥	🏸	🏃	👥
	10	SP	10	5	5	5	SP

Marie-Claire DELAPORTE - 140, route de Frencq - 62630 TUBERSENT - Tél. : 03 21 81 26 48

VALHUON La Villa Jeanne d'Arc

(TH)   *C.M. 51*

ɪɪ 3 ch. **Saint-Pol 7 km. Bruay 15 km. Circuit de Croix-en-Ternois 14 km.** 3 ch. indép. dans une ancienne fermette du XIXE siècle, au r.d.c. 1 ch. (1 lit 2 pers.), 1 ch. (1 lit 2 pers. 1 lit 1 pers.), 1 ch. (2 lits 1 pers.), s. d'eau + wc privés chacune. Salle de séjour commune. Poss. lit enfant suppl. Au centre du village en face de l'école, construction rénovée. Enfants - de 5 ans gratuit. Jardin, parking. Repas uniquement sur réservation. Kitchenette à la disposition des hôtes. Arras 30 km. Langues parlées : anglais, allemand.

Prix : 1 pers. 33 € 2 pers. 40 € 3 pers. 50 € pers. sup. 10 € repas 16 €
Ouvert : Toute l'année sauf en février (congés scolaires).

🐕	≋	⛵	🛥	🏸	🏓	🏃	👥	🚠	⛴
	60	15	60	10	SP	12	SP	7	SP

Sylviane ZIELMANN - La Villa Jeanne d'Arc - 5 rue du Faubourg Brûlé - 62550 VALHUON - Tél. : 03 21 47 97 34 - Fax : 03 21 47 97 34 - www.ifrance.com/zs

VERTON La Chaumière

C.M. 51

ɪɪɪ 4 ch. **Berck 4 km. Le Touquet 15 km.** Aménagées dans une jolie chaumière avec jardin arboré et fleuri au cœur du village calme et paisible, 4 ch. (1 lit 2 pers. chacune). Salle d'eau et wc particuliers, TV pour chaque chambre. Parking. Restaurant à 3 km. A16, Paris, Calais, sortie n°25 Berck. Centre de loisirs à 5 km.

Prix : 1 pers. 39 € 2 pers. 48 €
Ouvert : Toute l'année.

🐕	≋	⛵	🛥	🏸	🏓	🏃	👥	⛳	🚠	⛴
	5	5	5	5	5	5	SP	15	3	5

Christian et Geneviève TERRIEN - La Chaumière - 19 rue du Bihen - 62180 VERTON - Tél. : 03 21 84 27 10 - www.perso.worldonline.fr/lachaumiere

VERTON

ɪɪɪ 2 ch. **Le Touquet 13 km. Berck 4 km.** Au centre du village, 2 ch. indépendantes avec terrain clos, parc fleuri, parking. 1 ch. (1 lit 2 pers. 1 lit 1 pers.) avec coin-cuisine. 1 ch. (1 lit 2 pers.). TV, salle d'eau et wc privés pour chacune. Séjour, portique, salle de jeux. Accès : RN1, Montreuil-Abbeville. D143 Etaples. A16, sortie Berck n°25.

Prix : 2 pers. 35/38 € 3 pers. 46 €

🐕	≋	⛵	🛥	🏸	🏓	🏃	👥	⛳	🚠	⛴
	4	3	4	4	4	2	SP	11	2	SP

Roger LEMOR - 2 rue de Montreuil - 62180 VERTON - Tél. : 03 21 84 23 59

Nord-Pas-de-Calais — Pas-de-Calais

VERTON Villa Marie

4 ch.

Berck 3 km. Le Touquet 13 Km. Au centre du village, dans un parc clos de 28 ares, 3 chambres d'hôtes indépendantes dans une maison attenante à la villa. 1 chambre dans la maison des propriétaires. 2 ch. avec chacune (1 lit 2 pers.), 1 ch. (2 lits 1 pers.), salle d'eau et wc privés pour chacune. 1 suite de 2 chambres (1 lit 2 pers. 2 lits 1 pers.), salle de bains et wc privés. TV dans chaque chambre. Possibilité lit d'appoint supplémentaire. Possibilité cuisine commune. Parking extérieur fermé. 74 à 84 €/ 4 pers. Lit de bébé gratuit. Accès : de A16, sortie Berck, de la RN1, Wailly-Beaucamp, puis D142, direction Verton ou de la D940, de Rue, prendre direction Verton.

Prix : 1 pers. 39 € ■ 2 pers. 48/52 € ■ 3 pers. 61/73 € ■ pers. sup. 13 €
Ouvert : Toute l'année.

5	5	5	5	5	3	SP	13	7	SP

Viviane BROCARD - 12, rue des Ecoles - Villa Marie - 62180 VERTON - Tél. : 03 21 94 05 49 - E-mail : phbrocar@wanadoo.fr - http://site.wanadoo.fr/villamarie/

WAIL Ferme de la Wawette

C.M. 51

4 ch.

Hesdin 7 km. Berck à 40 km. A 30 mn de la mer, dans une ancienne ferme entièrement rénovée, en dehors du village, 4 ch. indépendantes au r.d.c. (1 lit 2 pers. 1 lit 1 pers.), 1 ch. (2 lits 1 pers.), 1 ch. (3 lits 1 pers.), 1 ch. (1 lit 2 pers.), salle d'eau et wc privés pour chacune. Possibilité 2 lits 1 pers. supp. Séjour, salon, cheminée feu de bois réservés aux hôtes. Parking privé. Possibilité garage. Restaurant à 2 km. Circuit de Croix-en-Ternois à 20 km.

Prix : 1 pers. 38 € ■ 2 pers. 42 € ■ 3 pers. 54 € ■ pers. sup. 13 €
Ouvert : Toute l'année.

45	SP	4	14	6	SP	SP	8	8

Anielle COURQUIN - 1 rue de Wawette - 62770 WAIL - Tél. : 03 21 41 88 38 - Fax : 03 21 41 88 38

WAILLY-LES-ARRAS

C.M. 51

4 ch.

Arras 7 km. Amiens 40 km. 4 chambres indépendantes, 2 au rez-de-chaussée et 2 à l'étage. 2 chambres (2 lits 1 pers. chacune), 2 chambres (1 lit 2 pers. chacune). Salle d'eau et wc particuliers pour chacune. Séjour réservé aux hôtes. Possibilité lits enfants en suppl. Possibilité garage, parking. Au centre du village, construction ancienne rénovée. Auberge à 4 km.

Prix : 1 pers. 28 € ■ 2 pers. 35 € ■ pers. sup. 14 €
Ouvert : Toute l'année.

70	20	70	4	SP	7

Denise DESSAINT - 18, rue des Hochettes - 62217 WAILLY-LES-ARRAS - Tél. : 03 21 51 64 14 - Fax : 03 21 51 64 14

WIMILLE

C.M. 51

3 ch.

Marquise et Wimereux 5 km. 3 ch. d'hôtes indép. avec jardin et parking. 2 ch. (1 lit 2 pers. chacune), 1 ch. (1 lit 2 pers. 1 lit 1 pers., coin-cuisine). Salle d'eau et wc privés chacune. Possibilité lit de bébé : 10 €/semaine. Salle de séjour commune aux prop. En dehors du village. Restaurant à 3 km.

Prix : 2 pers. 40 € ■ 3 pers. 50 €
Ouvert : Toute l'année.

5	6	3	10	3	1	SP

Patrick BOUTROY - 2, route d'Etiembrique - 62126 WIMILLE - Tél. : 03 21 87 10 01

WIRWIGNES Ferme du Blaizel

A

3 ch.

Boulogne-sur-Mer 12 km. Desvres 4 km. 3 ch. d'hôtes indép. Parking. R.d.c. : 1 ch. (1 lit 2 pers. 2 lits 1 pers.), 1 ch. (1 lit 2 pers.), 1 ch. (1 lit 2 pers. 1 lit 1 pers.), salle d'eau et wc privés chacune. Coin-cuisine commun aux 3 ch. Séjour dans le hall réservé aux hôtes. TV dans chacune. 70 € : 4 pers. Au centre du village, construction ancienne rénovée. Ferme auberge sur place. Repas boissons non comprises.

Prix : 1 pers. 30 € ■ 2 pers. 40 € ■ 3 pers. 55 € ■ repas 10 €
Ouvert : Toute l'année.

16	6	16	4	4	15	SP

Hervé NOEL - Rue de la Lombardie - Ferme du Blaizel - 62240 WIRWIGNES - Tél. : 03 21 32 91 98 - E-mail : rvnoel@clubinternet.fr - www.fermeaubergedublaisel.com

WISSANT Ferme Le Breuil

C.M. 51

2 ch.

2 chambres d'hôtes aménagées dans la ferme des propriétaires. 1 chambre (1 lit 2 pers.) + poss. 1 conv. 2 pers., 1 chambre (1 lit 2 pers. 1 lit 1 pers.) + lavabo. Salle d'eau particulière à chaque chambre. WC communs aux 2 chambres. Salle de séjour. Parking, salon de jardin dans la cour. Possibilité lit pliant suppl. Construction rénovée en dehors du village. Restaurants. Accès : A16, sortie n°7 ou n°9, route de Wissant-Marquise D238 entre les hameaux de Warcove et du Colombier.

Prix : 1 pers. 31 € ■ 2 pers. 38 € ■ 3 pers. 52 € ■ pers. sup. 13 €
Ouvert : Toute l'année.

3	3	3	20	3	3	SP	9	3

Guy et Béatrice LEBAS - Ferme « Le Breuil » - 62179 WISSANT - Tél. : 03 21 92 88 87 - Fax : 03 21 92 88 87 - www.fermelebreuil.com

NORMANDIE

Pour réserver, écrire ou téléphoner :

14 - CALVADOS
GÎTES DE FRANCE - Service Réservation
6, promenade Madame-de-Sévigné
14050 CAEN Cedex 4
Tél. : 02 31 82 71 65 - Fax : 02 31 83 57 64
E-mail : info@gites-de-france-calvados.fr
www.gites-de-france-calvados.fr

27 - EURE
GÎTES DE FRANCE - Service Réservation
9, rue de la Petite-Cité - B.P. 882
27008 ÉVREUX Cedex
Tél. : 02 32 39 53 38 - Fax : 02 32 33 78 13
E-mail : gites@eure.chambagri.fr

50 - MANCHE
GÎTES DE FRANCE - Informations
Maison du Département
Rond-Point de la Liberté
50008 SAINT-LÔ Cedex
Tél. : 02 33 05 98 70 - Fax : 02 33 56 07 03
E-mail : manchetourisme@cg50.fr
www.manchetourisme.com

61 - ORNE
GÎTES DE FRANCE - Service Réservation
C.D.T. - 88, rue Saint-Blaise
B.P. 50
61002 ALENÇON Cedex
Tél. : 02 33 28 07 00 ou 02 33 28 88 71
Fax : 02 33 29 01 01
E-mail : orne.tourisme@wanadoo.fr

76 - SEINE-MARITIME
GÎTES DE FRANCE - Service Réservation
Imm. Chambre d'Agriculture
Chemin de la Bretèque
B.P. 59
76232 BOIS-GUILLAUME Cedex
Tél. : 02 35 60 73 34 - Fax : 02 35 61 69 20
E-mail : gites.76@wanadoo.fr
www.gites-normandie-76.com

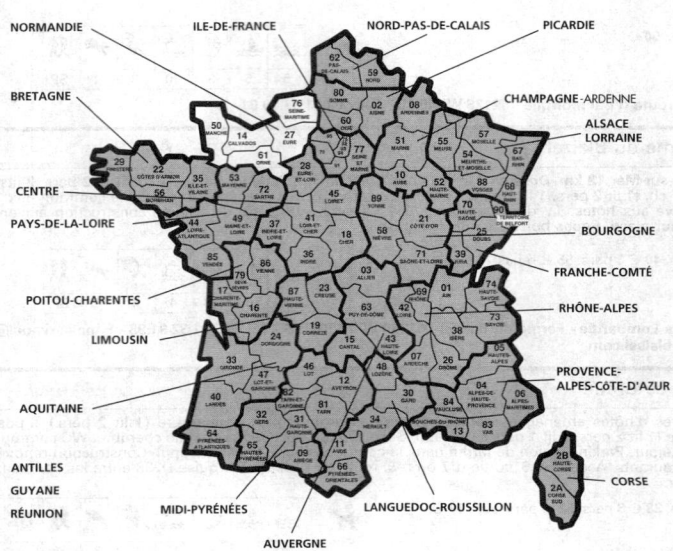

Normandie

Calvados

GITES DE FRANCE - Service Réservation
6, promenade Madame de Sévigné - 14050 CAEN Cedex 4
Tél. 02 31 82 71 65 - Fax 02 31 83 57 64
http://www.gites-de-france-calvados.fr
E.mail : info@gites-de-france-calvados.fr

3615 Gites de France
0,2 €/min

ABLON Cote des Buis
C.M. 54 Pli 8

5 ch. Dans une annexe de l'habitation, au r-d-c : 2 ch 2 pers, 2 ch 3 pers, salles d'eau et wc particuliers. A l'étage : 1 ch 5 pers, salle d'eau et wc particuliers, salon, TV dans chaque chambre. Entrée indépendante. Salon de jardin. Madame Michel vous reçoit dans des chambres harmonieusement décorées de tissus fleuris et assortis. Les petits déjeuners conviviaux sont à l'image de l'accueil.

Prix : 1 pers. 34 € 2 pers. 40 € 3 pers. 54 €
Ouvert : Toute l'année

5	5	5	6	10	5	3	2	6	15	4

Odile MICHEL - Cote des Buis - 14600 ABLON - Tél. : 02 31 98 76 55 ou 06 08 27 98 14

ABLON Chemin de la Batrie
C.M. 55 Pli 3/4

2 ch. Dans l'habitation, au r-d-c : 1 ch 2 pers, salle d'eau et wc particuliers (1 épi). A l'étage : 1 ch 2 pers avec coin salon et une mezzanine 2 pers, lit bébé, salle d'eau et wc particuliers (2 épis). Salon de jardin. Sur les hauteurs de Honfleur, ces chambres sont aménagées pour vous accueillir en couple ou en famille. Le Vieux Bassin et les galeries de peintures sont à 10 minutes.

Prix : 1 pers. 26/29 € 2 pers. 30/35 € 3 pers. 46 €
Ouvert : Toute l'année

5	10	5	5	10	8	5	1	3	1	15	2

Yves et Françoise DUCHEMIN - Chemin de la Batrie - 14600 ABLON - Tél. : 02 31 98 71 15 - Fax : 02 31 98 71 15
E-mail : multimania.com@giteablon - www.multimania.com/giteablon

ABLON Le Gros Chêne

3 ch. Dans une petite maison proche de l'habitation : au r-d-c : 1 ch 2 pers, salle d'eau et wc particuliers. A l'étage : 2 ch 2 pers, salle de bains et wc particuliers. Cuisine à disposition pour 1 ch. Salon de jardin. A deux pas de Honfleur, vous serez accueillis dans des chambres claires et agréablement décorées. Le jardin d'agrément et le calme des lieux vous feront rester.

Prix : 1 pers. 27 € 2 pers. 35 € 3 pers. 44 €
Ouvert : Toute l'année.

8	15	6	15	15	7	3	SP	1	20	6

Christian et Françoise GIMER - Le Gros Chene - 14600 ABLON - Tél. : 02 31 98 77 01 ou 06 86 22 48 48

ABLON
C.M. 231 Pli 20

1 ch. Dans l'habitation au r-d-c : 1 ch 2 pers, salle d'eau et wc particuliers. Salon de jardin. Dans l'arrière pays d'Honfleur, cette chambre coquette vous accueille pour de nombreuses visites (petites randonnées notamment).

Prix : 1 pers. 23 € 2 pers. 38 €
Ouvert : Toute l'année

5	5	5	5	10	5	SP	2	15	5

Françoise MARESCOT - Le Bourg - 14600 ABLON - Tél. : 02 31 98 74 03 ou 06 18 15 60 46

AIRAN Ferme du Vieux Château
C.M. 54 Pli 16/17

1 ch. Dans la maison d'habitation de la ferme, à l'étage : 1 suite 3 pers, avec 1 ch complémentaire 2 pers, poss. lit enfant, salle de bains et wc particuliers. Entrée indépendante. Salle de détente. Salon de jardin. Confort, calme, décoration soignée caractérisent cette chambre très spacieuse, rénovée dans la partie habitation de la Ferme du Vieux Chateau. Langue parlée : anglais.

Prix : 1 pers. 30 € 2 pers. 38 € 3 pers. 49 €
Ouvert : Toute l'année

25	25	14	4	14	11	0,2	0,5	0,3	0,5	8	0,5

Serge et M. France BREE - Ferme du Vieux Chateau - 14370 AIRAN - Tél. : 02 31 23 65 08 - Fax : 02 31 23 65 08
E-mail : marie-france.bree@wanadoo.fr - http://perso.wanadoo.fr/ferme-du-vieux-chateau/

AMBLIE
C.M. 54 Pli 15

3 ch. Dans un bâtiment à proximité de l'habitation, à l'étage : 2 ch 2 pers, 1 chambre 3 pers, salle d'eau et wc particuliers. Au r-d-c : salle de détente. Salon de jardin. Daniel et Lydie vous accueillent chaleureusement dans leur demeure au cœur du village sauvegardé d'Amblie. Le salon de détente aménagé pour les hôtes est un lieu propice au repos. Plages du Débarquement.

Prix : 1 pers. 27 € 2 pers. 38 € 3 pers. 46 €
Ouvert : Toute l'année

5	5	5	1,5	15	1	SP	3	15	3,5

Lydie FIQUET - 28 Rue des Porets - 14480 AMBLIE - Tél. : 02 31 80 57 97

Calvados   *Normandie*

AMFREVILLE L'Ecarde   C.M. 54 Pli 16

2 ch. Dans une annexe de la maison d'habitation, au r-d-c : 1 ch 4 pers, 1 ch 2 pers, salle de bains et wc particuliers. Salon de jardin. Le confort et l'authenticité caractérisent ces deux chambres aménagées dans les dépendances d'un ancien relais de la Poste. Tennis privé.

Prix : 1 pers. **36** € 2 pers. **40** € 3 pers. **49** €
Ouvert : Avril à octobre

🐕	≈	⛵	≈	🏇	🚶	🎾	👥	❌	🏨	🚂
	5	5	5	1	12	SP	2	1	0,2	13	1

Philippe et Jeanine LAMOTTE - L'Ecarde - 10 route de Cabourg - 14860 AMFREVILLE - Tél. : 02 31 78 71 78

AMFREVILLE

1 ch. En annexe à la maison d'habitation, au r-d-c : 1 ch 2 pers avec 1 ch complémentaire 1 pers, salon, canapé- convertible 2 pers, coin cuisine, salle de bains et wc particuliers. Entrée indépendante. Terrasse. Salon de jardin. A proximité de Cabourg dans un cadre calme et fleuri, un accueil convivial vous est offert. Langue parlée : anglais.

Prix : 1 pers. **36** € 2 pers. **46** € 3 pers. **56** €
Ouvert : D'avril à novembre.

🐕	≈	⛵	≈	🏇	🚶	🎾	👥	❌	🏨	🚂
	4	4	10	1	10	4	SP	1	15	0,1

Lucie LEGEARD/LEFOULON - 15 rue de Dolton - 14860 AMFREVILLE - Tél. : 02 31 78 71 56 - E-mail : lucie@legeard.com

ANNEBAULT   C.M. 54 Pli 17

3 ch. Dans la maison d'habitation, à l'étage : 2 ch 3 pers, salle d'eau particulière, 1 ch 2 pers, salle d'eau particulière, possibilité d'1 ch complémentaire 3 pers entrée indépendante. Terrasse avec salon jardin. A 15 minutes de la « Côte Fleurie », grandes chambres bien équipées dans une maison de type régional. Accueil sympathique. Langue parlée : anglais.

Prix : 1 pers. **27** € 2 pers. **35** € 3 pers. **43** €
Ouvert : Toute l'année

🐕	≈	⛵	≈	🏇	🚶	🎾	❌	🏨	🚂
	12	12	2	2	10	2	0,3	12	1

Monique et René LEROY - Route de Rouen - 14430 ANNEBAULT - Tél. : 02 31 64 80 86 - Fax : 02 31 64 80 86

ARGANCHY La Grande Abbaye   C.M. 54 Pli 14

3 ch. Dans la maison d'habitation de la ferme, à l'étage : 1 ch 4 pers, salle d'eau commune (1 épi), 1 ch 2 pers, salle d'eau et wc particuliers (3 épis), 1 ch 4 pers, salle d'eau particulière (2 épis). Salon de jardin. La Grande Abbaye du XIIè au XIVè S. abrite 3 chambres que Suzanne et Michel vous feront découvrir. Venez goûter leurs produits cidricoles. Plages du Débarquement.

Prix : 1 pers. **25** € 2 pers. **29/34** € 3 pers. **37/42** € repas **13** €
Ouvert : Mars à Septembre

🐕	≈	⛵	≈	🏇	🚶	🎾	👥	❌	🏨	🚂
	15	7	5	15	7	4	SP	2,5	7	7

Michel et Suzanne LETOUZE - La Grande Abbaye - 14400 ARGANCHY - Tél. : 02 31 92 57 22

ARGENCES   C.M. 54 Pli 16

2 ch. Dans l'habitation, à l'étage : 2 ch 2 et 3 pers, salles d'eau et wc particuliers. Salon de jardin. La situation de cette chambre est idéale à quelques encablures de Ouistreham et en bordure du Pays d'Auge, contrée de la pomme et des Haras.

Prix : 1 pers. **29** € 2 pers. **34** € 3 pers. **49** €
Ouvert : Toute l'année

🐕	≈	≈	🏇	🚶	🎾	👥	❌	🏨	🚂
	15	15	5	10	1	3	SP	11	0,2

Albert et Renée LEBRETON - 5 Impasse des Jonquilles - 14370 ARGENCES - Tél. : 02 31 23 02 58

ARGENCES   C.M. 54 Pli 16

2 ch. Dans une maison de construction récente, à l'étage : 2 ch 2 pers, salle d'eau et wc particuliers, possibilité lit d'appoint. Billard. Salon de jardin. Cette grande maison contemporaine vous accueille au cœur d'un village animé, à seulement 20 minutes de la plage.

Prix : 1 pers. **29** € 2 pers. **34** € 3 pers. **49** €
Ouvert : Toute l'année

🐕	≈	≈	🏇	🚶	🎾	👥	❌	🏨	🚂
	15	15	5	10	1	3	SP	10	0,2

Henri et Marguerite EGRET - 2 Impasse des Jonquilles - 14370 ARGENCES - Tél. : 02 31 23 60 63

ARGENCES   C.M. 54 Pli 16

2 ch. Dans l'habitation, au r-d-c : 1 ch 2 pers, salle de bains et wc particuliers, avec 1 ch complémentaire 2 pers. A l'étage : 1 ch 3 pers avec entrée indépendante, salle de bains et wc particuliers. TV. Cuisine à disposition. Terrasse avec salon de jardin. Dans une maison de style normand avec intérieur rustique et grand jardin, proche de Caen, de la mer et du Pays d'Auge.

Prix : 1 pers. **30** € 2 pers. **40** € 3 pers. **49** €
Ouvert : Toute l'année

🐕	≈	⛵	≈	🏇	🚶	🎾	👥	❌	🏨	🚂
	20	15	0,5	15	15	0,2	0,2	0,2	SP	10	0,2

Gérard et Annick JAUTEE - 28 rue du Marechal Joffre - 14370 ARGENCES - Tél. : 02 31 23 64 82 ou 06 63 13 88 37

Normandie **Calvados**

ARGENCES
C.M. 55 Pli 12

2 ch. — Dans une maison de construction récente située en zone pavillonnaire, à l'étage : 2 ch 2 et 3 pers, salle d'eau et wc particuliers. Salon de jardin. Une maison contemporaine proche d'un petit bourg dynamique. Claude et Solange seront heureux de vous accueillir et seront de bon conseil pour réussir votre séjour.

Prix : 1 pers. **29** € 2 pers. **34** € 3 pers. **49** €
Ouvert : Toute l'année

15	15	5	10	1	3	0,5	10	0,5

Claude et Solange PERREE - 10 rue Eustache Pillon - 14370 ARGENCES - Tél. : 02 31 23 03 02

AUNAY-SUR-ODON
C.M. 54 Pli 15

2 ch. — Dans l'habitation, au 2e étage : 2 ch 2 pers, avec 1 ch complémentaire 2 pers, salle de bains commune. Situées dans un bourg rural, votre séjour dans ces chambres vous fera apprécier l'accueil charmant de la propriétaire, et la région du Pré-Bocage Normand.

Prix : 1 pers. **23** € 2 pers. **30** € 3 pers. **37** €
Ouvert : Toute l'année

40	7	18	15	14	SP	SP	SP	35	0,1

Rolande PIMOR - 7 Place de l'église - 14260 AUNAY-SUR-ODON - Tél. : 02 31 77 62 92

AUTHIE
C.M. 231 Pli 29-30

3 ch. — Dans l'habitation à l'étage : 2 ch 2 pers, 1 ch 3 pers, salles d'eau et wc particuliers. Possibilité de couchage supplémentaire. Jardin avec salon de jardin. Le clos Hamon est une belle propriété en pierres où vous séjournerez dans des chambres spacieuses à la décoration raffinée. Les plages de la Côte de Nacre et le centre ville de Caen sont à 15 mn.

Prix : 1 pers. **29** € 2 pers. **37** € 3 pers. **49** €
Ouvert : Toute l'année

15	15	5	2	6	10	SP	12	0,5	2	10	0,1

Annick LEMOINE - 2 rue Henri Brunet - 14280 AUTHIE - Tél. : 02 31 26 00 35 ou 06 63 09 69 88

LES AUTHIEUX-SUR-CALONNE Les Bélières

3 ch. — Dans l'habitation, au r-d-c : 1 ch 2 pers, salle d'eau et wc particuliers, entrée indépendante. A l'étage : 2 ch 2 et 3 pers, avec chacune 1 ch complémentaire 2 pers, salle d'eau ou salle de bains et wc particuliers. Salon de jardin. Dans une habitation de construction contemporaine entourée d'un jardin fleuri, Françoise et François vous accueillent avec convivialité dans des chambres confortables au calme.

Prix : 1 pers. **42** € 2 pers. **46** € 3 pers. **61** €
Ouvert : Toute l'année

18	8	18	4	8	6	2	SP	2	8	8

François et Françoise LE ROUX - Route de Blangy le Chât. - Les Bélières - 14130 LES AUTHIEUX-SUR-CALONNE - Tél. : 02 31 64 67 28 - Fax : 02 31 64 67 28 - E-mail : les-belières@wanadoo.fr

BALLEROY
(TH) *C.M. 54 Pli 14*

3 ch. — Dans l'habitation, au r-d-c : 1 ch 3 pers, salle de bains et wc particuliers. A l'étage : 2 ch 2 et 3 pers, salle d'eau et wc particuliers. Salle de détente avec TV. Salon de jardin. Dans un joli village construit dans la perspective du château de Balleroy du XVIIè, vous serez accueillis chaleureusement dans une maison contemporaine et pourrez partager le diner familial à la table d'hôte si vous le souhaitez.

Prix : 1 pers. **30** € 2 pers. **34** € 3 pers. **46** € repas **14** €
Ouvert : Toute l'année

22	0,5	2	22	0,3	2	1	0,5	15	0,5

Louis et Huguette AMELINE - Les Aiguilleres n° 3 - 14490 BALLEROY - Tél. : 02 31 21 92 99

BANVILLE Ferme Le Petit Val
C.M. 55 Pli 1

5 ch. — Dans un bâtiment proche de l'habitation. R-d-c : 2 ch 2 pers, salle d'eau et wc particuliers. A l'étage : une suite de deux chambres de 2 pers, salle d'eau et wc particuliers. Dans l'habitation, à l'étage : 1 ch 3 pers, salle d'eau ou salle de bains avec wc particuliers. Salle de repos avec TV. Chez ces agriculteurs, vous serez accueillis avec convivialité dans un corps de ferme récemment restauré avec jardin d'agrément. Vélos. Plages du Débarquement. Langue parlée : anglais.

Prix : 1 pers. **34** € 2 pers. **41/47** € 3 pers. **53** €
Ouvert : De Pâques à la Toussaint.

3	3	3	3	10	3	3	3	20	0,1

Gérard LESAGE - Le Petit Val - 24 rue du Camp Romain - 14480 BANVILLE - Tél. : 02 31 37 92 18 - Fax : 02 31 37 92 18

Calvados — Normandie

BASLY
C.M. 54 Pli 15

4 ch. — Dans une habitation de construction récente, au r-d-c :1 ch 2 pers, salle de bains particulière. A l'étage : 2 ch 2 et 4 pers, salle d'eau et wc particuliers, poss. lit suppl 1 pers, 1 ch 2 pers, salle d'eau et wc part. TV dans les ch. Salle de détente dans véranda. Salon de jardin. Le petit déjeuner est un moment privilégié que vous prendrez sous la véranda. Ainsi, vous profiterez pleinement du calme du jardin.

Prix : 1 pers. 26 € - 2 pers. 30 € - 3 pers. 38 €
Ouvert : Toute l'année

🐕	≋	⛵	🏊	🎾	🥅	🎾	🚶	✕	🚂	⛳
6	6	6	6	6	0,5	6	0,5	15	2	

Colette DESPERQUES - 14 route de Douvres - 14610 BASLY - Tél. : 02 31 80 94 15

BASLY Le Manoir
C.M. 231

2 ch. — Dans l'habitation, à l'étage : 1 suite de 3 pers, salle de bains et wc particuliers. Dans une annexe, au r-d-c : 1 ch 3 pers, salle de bains et wc particuliers. Grand jardin arboré avec salon de jardin. A proximité d'une station de thalassothérapie (Luc sur Mer) et des plages du Débarquement, ce splendide Manoir du 17è siècle vous accueille. Finesse et harmonie sont les adjectifs de cette adresse à retenir. Ping-pong. Langue parlée : anglais.

Prix : 1 pers. 58 € - 2 pers. 69 € - 3 pers. 88 €
Ouvert : Pâques à septembre.

🐕	≋	⛵	🏊	🎾	🥅	🎾	🚶	✕	🚂	⛳
6	6	6	6	10	9	0,5	6	1	3	10	3

Monique CASSET - 2 route de Courseulles - Le Manoir - 14610 BASLY - Tél. : 02 31 80 12 08 ou 06 61 13 12 08 - Fax : 02 31 80 12 08

BAVENT La Rivaudière
C.M. 231 Pli 18

2 ch. — Dans l'habitation, à l'étage : 1 grande chambre 2 pers, salle d'eau et wc particuliers, 1 chambre 2 pers, salle d'eau et wc particuliers. Salon de jardin. A quinze minutes de Cabourg, dans un village bordant les marais de la Dives, une charmante propriété où Christine et Jean-Baptiste vous accueillent avec chaleur et simplicité. Langues parlées : anglais, espagnol.

Prix : 1 pers. 30 € - 2 pers. 43 €
Ouvert : Les week-ends et vacances scolaires.

🐕	≋	⛵	🏊	🎾	🎾	✕	🚂	⛳
12	12	15	14	14	15	4	15	SP

J.Baptiste et Christine LAGARDE - 1 rue du Lavoir - La Rivaudière - 14860 BAVENT - Tél. : 02 31 78 16 06 -
E-mail : larivaudière@aol.com

BAZENVILLE
C.M. 231 Pli 17

2 ch. — Dans l'habitation de la ferme, à l'étage : 2 ch 2 pers, salles d'eau et wc particuliers. Salon de Jardin. A 5 km de la mer, dans une ferme d'élevage et de polyculture, deux chambres spacieuses à la décoration originale. Langue parlée : anglais.

Prix : 1 pers. 30 € - 2 pers. 40 €
Ouvert : Toute l'année.

🐕	≋	⛵	🏊	🎾	✕	🚂	⛳
5	5	10	15	15	8	8	12	8

Stéphane et Agnès LEPAINTEUR/PAIN - route de Bayeux - 14480 BAZENVILLE - Tél. : 02 31 22 24 04 ou 06 22 03 79 08 -
Fax : 02 31 22 24 04

BEAUMONT-EN-AUGE La Capucine
C.M. 54 Pli 17

2 ch. — Dans une maison de construction récente, au r-d-c : 2 ch 2 et 3 pers, salles d'eau et wc particuliers. Entrée indépendante. Terrasse couverte. Salon de jardin. A 3 km du village authentique de Beaumont, ces chambres vous permettront d'apprécier la campagne du Pays d'Auge.

Prix : 1 pers. 26 € - 2 pers. 34 € - 3 pers. 41 €
Ouvert : Toute l'année

🐕	≋	⛵	🏊	🥅	🎾	🚶	✕	🚂	⛳
11	6	6	5	6	SP	2	6	3	

Liliane PIOGER - La Capucine - Le Bois Jourdain - 14950 BEAUMONT-EN-AUGE - Tél. : 02 31 64 82 10

BEAUMONT-EN-AUGE Ferme de Drumare
C.M. 54 Pli 17/18

2 ch. — Dans l'habitation, à l'étage : 2 grandes chambres de 3 et 4 pers, avec salle de bains et wc particuliers. Salon de jardin. Proche de la ferme, cette maison de caractère du 18è siècle offre des chambres spacieuses et chaleureuses. L'escalier pour y accéder vous fera rêver.

Prix : 1 pers. 31 € - 2 pers. 38 € - 3 pers. 46 €
Ouvert : De Pâques à la Toussaint.

🐕	≋	⛵	🏊	🎾	🥅	🎾	🚶	✕	🚂	⛳
10	10	10	1	3	7	1	1	7	1	

Gilbert LECARPENTIER - Ferme de Drumare - 14950 BEAUMONT-EN-AUGE - Tél. : 02 31 64 83 52

BENY-SUR-MER
C.M. 231

1 ch. — Dans l'habitation, au r-d-c : 1 ch 2 pers, salle de bains et wc particuliers, lit bébé. Entrée indépendante. Salon de détente commun. Salon de jardin. Au sein de cet ancien corps de ferme restauré, cette chambre d'hôtes bénéficie d'une salle d'eau très spacieuse. Accès direct au jardin clos de murs où il fait bon se prélasser. Langue parlée : anglais.

Prix : 1 pers. 32 € - 2 pers. 40 €
Ouvert : Toute l'année.

🐕	≋	⛵	🏊	🎾	🥅	🎾	🚶	✕	🚂	⛳
4	4	4	4	15	8	4	4	4	15	4

J.François et Véronique COSTIL - 32 Grande Rue - 14440 BENY-SUR-MER - Tél. : 02 31 80 07 50 - E-mail : jfcostil@wanadoo.fr

Normandie — Calvados

BERNESQ Le Rupalley
C.M. 54 Pli 14

3 ch. — Dans l'habitation, au r-d-c : 1 ch 4 pers. A l'étage : 1 ch 4 pers et 1 ch 3 pers, salles d'eau et wc particuliers. Entrée indépendante. Dans une ancienne ferme, ces chambres sont rustiques et authentiques. Au petit déjeuner, vous dégusterez le pain cuit au feu de bois. Etang de pêche à proximité. Plages du Débarquement.

Prix : 1 pers. 23 € 2 pers. 37 € 3 pers. 44 €
Ouvert : Toute l'année

10	20	6	15	5	SP	5	5	20	5

Marcelle MARIE - Le Rupalley - 14710 BERNESQ - Tél. : 02 31 22 54 44

BERNIERES-D'AILLY Ferme d'Ailly
C.M. 55 Pli 12 (TH)

4 ch. — Dans l'habitation de la ferme, au r-d-c : 1 ch 3 pers, salle d'eau et wc particuliers. A l'étage : 1 ch 2 pers, 2 ch 3 pers avec chacune leur ch complémentaire 2 pers, salles d'eau et wc particuliers. Salle de séjour, salle de jeux. La décoration raffinée et l'ambiance rustique seront le décor de votre séjour à la ferme d'Ailly. Langue parlée : anglais.

Prix : 1 pers. 27 € 2 pers. 34 € 3 pers. 40 € repas 14 €
Ouvert : De Pâques à la Toussaint.

10	10	10	SP	SP	10	10

André et Arlette VERMES - Ferme d'Ailly - 14170 BERNIERES-D'AILLY - Tél. : 02 31 90 73 58 - Fax : 02 31 40 89 39 - E-mail : andre.vermes@wanadoo.fr

BERNIERES-SUR-MER
C.M. 54 Pli 15

4 ch. — A la ferme. Dans un bâtiment indépendant au r-d-c : 2 ch 3 et 4 pers, salle d'eau particulière. A l'étage : 2 ch 3 pers, salle d'eau particulière. Salon de jardin. Au cœur de cette exploitation agricole, vous profiterez du calme de la campagne, à deux pas de la mer. Accueil sympathique et chambres fonctionnelles. Plages du Débarquement.

Prix : 1 pers. 26 € 2 pers. 33 € 3 pers. 40 €
Ouvert : Toute l'année

1	1	2	0,2	0,3	1	0,8	18	1

J-Claude et Elisabeth BARDELLE - 1 rue Leopold Hettier - 14990 BERNIERES-SUR-MER - Tél. : 02 31 96 65 46

BERNIERES-SUR-MER
C.M. 55 Pli 1/2

2 ch. — Dans la maison d'habitation, à l'étage : 1 ch 2 pers, salle d'eau et wc particuliers. 1 ch 3 pers avec coin salon, salle d'eau et wc particuliers. Entrée indépendante. A deux pas de la mer, vous serez accueillis dans une maison de caractère au centre du village. Repos et convivialité assurés. Langues parlées : anglais, allemand.

Prix : 1 pers. 29 € 2 pers. 35 € 3 pers. 47 €
Ouvert : Mai à septembre

0,8	0,8	2	0,2	0,5	0,5	18	0,5

Michel et Chantal NANDILLON - 86, rue Achille Min - 14990 BERNIERES-SUR-MER - Tél. : 02 31 96 45 73 ou 06 81 79 12 42 - Fax : 02 31 96 45 73 - E-mail : michel.nandillon@wanadoo.fr

BERNIERES-SUR-MER Villa Canchy
C.M. 231 Pli 18

1 ch. — Dans la maison d'habitation, au 2e étage : 1 ch 3 pers, salle d'eau et wc particuliers, 1 ch complémentaire : 1 clic-clac 2 pers. A quelques pas de la mer, ancienne pension de famille de la fin du 19e siècle, la Villa Canchy vous accueille pour d'agréables nuits. La situation est idéale pour profiter du littoral et parcourir les plages du débarquement. Langue parlée : anglais.

Prix : 1 pers. 30 € 2 pers. 35 € 3 pers. 46 €
Ouvert : Toute l'année

0,3	0,3	2,5	0,8	15	0,5	0,3	17	0,3

Marina et Claude MALARMEY - 55 rue du Régt de la Chaudière - Villa Canchy - 14990 BERNIERES-SUR-MER - Tél. : 02 31 96 65 44

BERVILLE-L'OUDON Le Pressoir
C.M. 55 Pli 13

3 ch. — Dans l'habitation, au r-d-c : 1 ch 2 pers, salle d'eau et wc particuliers, entrée indépendante. A l'étage : 2 ch 3 pers, salle de bains particulière. Salle d'accueil. L'ambiance raffinée des chambres est à l'image de cette demeure historique puisque vous résiderez ici dans un ancien pressoir du XVe s. Pêche sur place.

Prix : 1 pers. 34 € 2 pers. 41 € 3 pers. 53 €
Ouvert : Toute l'année

35	3	1	3	6	3	SP	SP	3	3	3

Annick DUHAMEL - Le Pressoir - Route de l'Eglise - 14170 BERVILLE-L'OUDON - Tél. : 02 31 20 51 26 - Fax : 02 31 20 03 03

Calvados

Normandie

BERVILLE-L'OUDON Ferme de L'Oudon
C.M. 231 Pli 31

♦♦♦ 2 ch. Dans un bâtiment mitoyen à l'habitation, 1 ch 3 pers (2 pers au r-d-c et 1 pers en mezzanine), salle d'eau et wc particuliers. Entrée indépendante. Dans l'habitation, au 2ᵉ étage : 1 ch mansardée 3 pers, salle d'eau et wc particuliers. Salon de jardin. Deux chambres chaleureuses à la décoration originale dont une avec entrée indépendante, qui permet de profiter des animaux de l'élevage (anesse, chevaux, oies...). Langues parlées : anglais, allemand.

Prix : 1 pers. 34 € 2 pers. 38 € 3 pers. 50 €
Ouvert : Toute l'année.

🐕	≋	⛵	🏊	🦌	🤾	🎾	🏒	❌	🚤	⛳
	35	40	3	2	3	6	3	SP	SP	3	3	3

Patrick et Dany VESQUE - Ferme de l'Oudon - 14170 BERVILLE-L'OUDON - Tél. : 02 31 20 77 96 - Fax : 02 31 20 67 13 -
E-mail : patrick.vesque@wanadoo.fr

BEUVILLERS Cour de la Tour
C.M. 55 Pli 13

♦♦♦ 3 ch. Dans une habitation de construction récente, au r-d-c : 2 ch 2 pers, 1 ch 3 pers, salle d'eau ou salle de bains particulière. Terrasse. Salon de jardin. A deux pas de la Basilique, cette adresse vous réserve un hébergement confortable. Ne manquer pas de visiter le Pays d'Auge.

CV

Prix : 1 pers. 33 € 2 pers. 40 € 3 pers. 55 €
Ouvert : Avril à septembre

🐕	≋	⛵	🏊	🦌	🤾	🎾	❌	🚤	⛳
	28	17	2	13	12	0,3	0,3	1,5	1,5	1,5

Yvette MANCEL - Cour de la Tour - 9 rue de la Liberte - 14100 BEUVILLERS - Tél. : 02 31 62 18 32 ou 06 09 90 95 92 -
Fax : 02 31 62 18 32 - E-mail : mancel.michel@wanadoo.fr

BEUVRON-EN-AUGE
C.M. 231 Pli 31

♦♦♦ 2 ch. Dans l'habitation, au r-d-c : 1 ch 2 pers, salle d'eau et wc particuliers, poss lit supplémentaire. Dans une ancienne bouillerie, au r-d-c : 1 ch 2 pers, salle d'eau et wc particuliers. Accès indépendants. Salon de jardin. Dans ce charmant village sauvegardé, proche des magnifiques Halles, Mme Hamelin vous accueille dans une belle maison à colombages de caractère, (du XVIIᵉ), très fleurie, les chambres sont bien décorées et personnalisées.

CV

Prix : 1 pers. 38/41 € 2 pers. 43/46 €
Ouvert : De Pâques à la Toussaint.

🐕	≋	⛵	🏊	🦌	🤾	🎾	🏒	❌	🚤	⛳
	17	17	17	7	17	5	SP	SP	SP	25	0,1

Monique HAMELIN - La Place de Beuvron - 14430 BEUVRON-EN-AUGE - Tél. : 02 31 39 00 62 - Fax : 02 31 39 00 62

BEUVRON-EN-AUGE
C.M. 231 Pli 31

♦♦ 2 ch. Dans l'habitation, au r-d-c : 1 ch 2 pers, salle d'eau et wc particuliers. A l'étage : 1 ch 2 pers, avec 1 ch complémentaire 2 pers, salle de bains et wc particuliers. Salon de jardin. Dans un village typique du Pays d'Auge, entrez dans cette maison du XVIIIè siècle, et profitez du calme de ces 2 chambres douillettes.

Prix : 1 pers. 34 € 2 pers. 40/43 € 3 pers. 58 €
Ouvert : Toute l'année

🐕	≋	⛵	🏊	🦌	🤾	🎾	🏒	❌	🚤	⛳
	15	15	15	7	15	5	SP	SP	SP	28	0,1

Marie-Thérèse DUVAL - Rue Principale - 14430 BEUVRON-EN-AUGE - Tél. : 02 31 79 23 79 ou 06 07 61 11 70 - Fax : 02 31 79 23 79

BEUVRON-EN-AUGE
C.M. 231 Pli 31

♦♦ 2 ch. Dans l'habitation, au r-d-c : 1 ch 2 pers, salle d'eau et wc particuliers. A l'étage : 1 ch 2 pers, salle d'eau et wc particuliers. Entrée indépendante. Dans un village sauvegardé, une maison à pans de bois reconstruite à l'identique.

Prix : 1 pers. 36 € 2 pers. 41 €
Ouvert : Toute l'année

🐕	≋	⛵	🏊	🦌	🤾	🎾	❌	🚤	⛳
	15	15	15	7	15	7	SP	0,5	28	0,1

Lucienne et Jean DUVAL - Route de Clermont - 14430 BEUVRON-EN-AUGE - Tél. : 02 31 39 00 19

BEUVRON-EN-AUGE L'Orée du Mont Goubert
C.M. 231 Pli 31

♦♦♦ 2 ch. Dans l'habitation à l'étage : 2 chambres 2 et 3 pers, salle d'eau et wc particuliers. Salons de jardin. A deux pas du village sauvegardé, une maison contemporaine dans un site verdoyant et fleuri. Langues parlées : anglais, italien.

CV

Prix : 1 pers. 33/36 € 2 pers. 40/43 € 3 pers. 55/58 €
Ouvert : Pâques à Toussaint

🐕	≋	⛵	🏊	🦌	🤾	🎾	❌	🚤	⛳
	15	15	15	7	15	7	SP	0,5	30	0,5

Monique et Michel CHAMPE/RIGOLET - Chemin du Mont Goubert - 14430 BEUVRON-EN-AUGE - Tél. : 02 31 79 02 45 -
Fax : 02 31 79 02 45

Normandie — Calvados

BIEVILLE-BEUVILLE Le Londel
C.M. 54 Pli 16

5 ch. Dans une maison de construction récente, à l'étage : 4 ch 2 pers, 1 ch 3 pers, salles d'eau et wc particuliers. Entrée indépendante. Chambres situées dans les environs de Caen. Calme et repos sont assurés. Le petit déjeuner est servi dans un vaste séjour sur une table de ferme.

Prix : 1 pers. 27 € 2 pers. 37 € 3 pers. 44 €
Ouvert : Toute l'année

6	6	5	6	4	4	4	10	5	

Jean-Claude BRUAND - Le Londel - 14112 BIEVILLE-BEUVILLE - Tél. : 02 31 44 51 74 - Fax : 02 31 47 38 30

BIEVILLE-BEUVILLE La Petite Londe
C.M. 54 Pli 16

2 ch. Dans l'habitation de la ferme, à l'étage : 1 ch 2 pers, salle d'eau et wc particuliers (3 épis), 1 ch 2 pers, salle de bains particulière et wc communs (2 épis). Possibilité d'1 ch complémentaire 2 pers. Environnement campagnard pour ces chambres situées dans une maison contemporaine. Langue parlée : anglais.

Prix : 1 pers. 25/30 € 2 pers. 30/38 €
Ouvert : Toute l'année

10	10	5	5	3	3	3	2	7	3

J-Pierre et Françoise LANCE - La Petite Londe - 14112 BIEVILLE-BEUVILLE - Tél. : 02 31 44 52 03

LA BIGNE La Vauterie

C.M. 231 Pli 28/29

3 ch. Dans l'habitation, à l'étage 2 ch de 2 pers, 1 ch 2 pers avec 1 ch complémentaire 2 pers, salles d'eau et wc particuliers. Lit bébé. Possibilité lit suppl. Salon de jardin. Dans un cadre champêtre et paysage de 4 ha, Simone et Jean-Pierre (artiste créateur) vous accueillent chaleureusement dans leur grande demeure aux chambres romantiques. Accueil cheval. Stages créativité : terre, dessin, peinture, aquarelle. Langue parlée : anglais.

Prix : 1 pers. 29 € 2 pers. 38 € 3 pers. 47 €
Ouvert : Toute l'année

9	8	9	0,5	SP	8	24	9	

Simone LAIMAN - La Vauterie - 14260 LA BIGNE - Tél. : 02 31 77 95 21 - Fax : 02 31 77 95 21

BLANGY-LE-CHATEAU Ferme des Millets
C.M. 231 Pli 20

2 ch. Dans une belle demeure, à l'étage : 1 ch 2 pers, et une suite de 2 ch (4 pers), salles d'eau et wc particuliers. Salon de jardin. Aux dominantes de couleurs bleu et écru, ces ravissantes chambres s'ouvrent sur un paysage de bois et de vergers. Langues parlées : anglais, allemand.

Prix : 1 pers. 30 € 2 pers. 43 € 3 pers. 58 € pers. sup. 15 €
Ouvert : Toute l'année

22	10	13	3	10	8	10	10	SP	3	10	1

J-Michel et Elisabeth PICARD-QUERVEL - Ferme des Millets - 14130 BLANGY-LE-CHATEAU - Tél. : 02 31 65 20 92 - Fax : 02 31 65 20 98

BLONVILLE-SUR-MER Le Lieu Pieugé
C.M. 231 Pli 19

5 ch. Dans l'habitation de la ferme, 1 ch 4 pers, salle d'eau particulière et TV (2 épis). Dans un bâtiment indépendant, 3 ch 2 pers, 1 ch 3 pers, salle d'eau commune (1 épi). Cette jolie demeure normande propose des chambres à la fois simples et confortables. Le jardin agrémentera votre séjour.

Prix : 1 pers. 30/34 € 2 pers. 34/46 € 3 pers. 40/52 €
Ouvert : Toute l'année

2	2	2	0,5	5	2	2	2	2	2	2

Roland ORLEACH - Le Lieu Pieugé - 14910 BLONVILLE-SUR-MER - Tél. : 02 31 87 41 37 - Fax : 02 31 87 41 37

BLONVILLE-SUR-MER
C.M. 231 Pli 19

2 ch. Dans la maison d'habitation, au r-d-c : 2 ch 2 pers, salle d'eau et wc particuliers. TV dans chaque ch. Entrée indépendante. Véranda. Salon de jardin. Un brin d'exotisme pour cette petite maison de bord de mer avec un jardin fleuri très agréable. Chambres très confortables, décoration harmonieuse et soignée. Langue parlée : anglais.

Prix : 1 pers. 38 € 2 pers. 46 €
Ouvert : Toute l'année

0,3	0,6	3	SP	3	SP	0,3	SP	0,3	1	0,4

Françoise PHILIPPE - 1 rue de la cour Mariette - 14910 BLONVILLE-SUR-MER - Tél. : 02 31 88 56 93

Calvados

Normandie

BLONVILLE-SUR-MER
C.M. 231 Pli 19

|||| 2 ch. Dans l'habitation, à l'étage : 2 ch 2 pers, salles d'eau et wc particuliers. Possibilité lit supplémentaire. Salon de détente. Salon de jardin. Surplombant la baie de Villers et Blonville, cette jolie maison contemporaine bleue propose 2 chambres au confort et à la décoration très soignés. La terrasse au sud permet une belle vue sur la mer. Langue parlée : anglais.

Prix : 1 pers. 41 € 2 pers. 49 € pers. sup. 15 €
Ouvert : Toute l'année.

1	1	3	1	3	1	6	0,3	1	0,5	1

Serge et Danièle EHRHART - Domaine des Bréoles - 15 allée des Mesanges - 14910 BLONVILLE-SUR-MER - Tél. : 02 31 87 28 35 - Fax : 02 31 87 28 35 - E-mail : bnb-logcabin@wanadoo.fr

LE BO
C.M. 55 Pli 11

|| 2 ch. Dans l'habitation, à l'étage : 2 ch 2 pers, avec possibilité lits supplémentaires, salles d'eau particulières et wc communs. Salle de détente avec TV. Salon de jardin. Possibilité pique-nique. Ces chambres agréables sont à l'image du lieu : calme et repos en Suisse Normande. Nombreux sentiers de randonnées à proximité.

Prix : 1 pers. 29 € 2 pers. 32 €
Ouvert : Toute l'année.

10	3	3	5	3	1	SP	SP	37	0,1

Catherine et J.Louis BOITTIN - 14690 LE BO - Tél. : 02 31 69 70 08

LA BOISSIERE Le Manoir
C.M. 54 Pli 17

|||| 3 ch. Dans l'habitation, au r-d-c : 1 ch 4 pers, salle d'eau et wc particuliers. A l'étage : 1 ch 2 pers et 1 ch 3 pers, salles de bains et wc particuliers. Salon de jardin. Des chambres avec beaucoup de caractère dans ce manoir augeron du XVIe siècle entouré d'un parc arboré.

Prix : 1 pers. 34 € 2 pers. 40/46 € 3 pers. 50 €
Ouvert : Toute l'année.

35	7	7	30	7	2	7	1

Paul et Thérèse DELORT - Le Manoir - D 103 - 14340 LA BOISSIERE - Tél. : 02 31 62 25 95 ou 02 31 32 20 81

BONNEBOSQ Le Champ Versant
C.M. 54 Pli 17

|||| 2 ch. Dans l'habitation de la ferme, à l'étage : 2 ch 2 pers, salle de bains ou salle d'eau et wc particuliers. Ce magnifique manoir augeron de caractère vous garantit un séjour agréable dans un cadre campagnard. Mme Letresor se fera un plaisir de vous raconter sa belle région.

Prix : 1 pers. 34 € 2 pers. 43/46 € 3 pers. 58 €
Ouvert : De Pâques à la Toussaint.

15	15	14	7	12	10	5	1	16	3

Marcel et M-Thérèse LETRESOR - Le Champ Versant - 14340 BONNEBOSQ - Tél. : 02 31 65 11 07 - Fax : 02 31 65 11 07

BONNEVILLE-LA-LOUVET Ferme de la Croix Hauville
C.M. 55 Pli 4

|| 2 ch. Dans l'habitation de la ferme, au r-d-c : 1 ch 2 pers, salle de bains et wc particuliers. A l'étage : 1 ch 2 pers avec 1 ch complémentaire 2 pers, salle d'eau et wc particuliers. Salle de détente. Salon de jardin. Cette belle demeure authentique du Pays d'Auge est implantée dans un cadre soigné où il fait bon profiter du jardin.

Prix : 1 pers. 30 € 2 pers. 38 € 3 pers. 47 €
Ouvert : Toute l'année.

23	12	23	5	12	10	2	12	SP	1	12	5

Gilbert et Françoise DUBOS - Route du Brevedent - « Ferme de la croix Hauville » - 14130 BONNEVILLE-LA-LOUVET - Tél. : 02 31 65 44 83 ou 06 14 56 45 50 - Fax : 02 31 65 44 83

BONNEVILLE-LA-LOUVET Ferme des Tostes
(TH) *C.M. 54 Pli 18*

|||| 5 ch. Dans un bâtiment annexe, au r-d-c : 2 ch 2 pers, 1 ch 4 pers en duplex avec TV. Etage : 2 ch 2 et 3 pers, salle de bains ou salle d'eau et wc particuliers. Salle de détente. TV. Salon de jardin. Spécialités normandes ou végétariennes. La Ferme des Tostes est un ensemble d'anciennes maisons traditionnelles augeronnes restaurées. Chambres confortables et calmes avec vue dégagée sur la campagne. Langue parlée : anglais.

Prix : 1 pers. 38 € 2 pers. 45 € 3 pers. 57 € repas 15 €
Ouvert : Toute l'année.

25	14	18	3	14	8	2	8	SP	2	14	2

Isabelle MONCLERC - Ferme des Tostes - Route de Blangy - 14130 BONNEVILLE-LA-LOUVET - Tél. : 02 31 64 37 74 ou 06 80 42 25 44 - Fax : 02 31 64 95 47 - E-mail : ferme.tostes@wanadoo.fr - www.ferme.tostes.com

Normandie — Calvados

BONNEVILLE-LA-LOUVET Le Clos Fleuri
C.M. 231 Pli 32

1 ch. Dans l'habitation à l'étage : 1 ch 2 pers, salle d'eau et wc particuliers et 1 ch complémentaire 2 pers avec lavabo. Entrée indépendante. Salon de jardin. Située dans un cadre vallonné, cette jolie maison à colombages met à votre disposition des chambres coquettes décorées avec beaucoup de goût. Ici, le calme est assuré !

Prix : 1 pers. 34 € 2 pers. 41 € 3 pers. 56 €
Ouvert : Toute l'année.

23	12	23	5	12	10	2	12	SP	1	12	5

Gilbert et Maryvonne FONGARNAND - La Croix Hauville - Le Clos Fleuri - 14130 BONNEVILLE-LA-LOUVET - Tél. : 02 31 64 74 34 ou 06 68 29 42 80

BONNEVILLE-SUR-TOUQUES
C.M. 54 Pli 17

3 ch. Dans la maison d'habitation, à l'étage : 2 ch 2 pers, 1 ch 3 pers, salle de bains commune. A deux pas de Deauville, Odette vous accueille avec simplicité dans sa maison entourée d'un verger.

Prix : 1 pers. 26 € 2 pers. 34 € 3 pers. 40 €
Ouvert : De Pâques à la Toussaint.

6	6	2	2	4	2	1	0,3	5	2

Odette LOUISET - Quartier de la Forge - 14800 BONNEVILLE-SUR-TOUQUES - Tél. : 02 31 64 79 61

BOULON
C.M. 55 Pli 11

2 ch. Dans l'habitation du propriétaire, à l'étage : 1 ch 2 pers, salle de bains et wc particuliers (3 épis), 1 ch 2 pers, salle d'eau et wc particuliers (2 épis). Poss. lit d'appoint. Salon de détente. Salon de jardin. Ces chambres sont décorées avec goût. De retour de balade, vous pourrez vous détendre dans le jardin soigneusement entretenu.

Prix : 1 pers. 27/29 € 2 pers. 37/40 € 3 pers. 46/50 €
Ouvert : Toute l'année

30	10	2	10	15	5	6	10	4	16	2

J-Jacques et Marie-Jo DUCHEMIN - 789 rue de la République - 14220 BOULON - Tél. : 02 31 39 23 86 ou 06 07 12 66 86

BOURGEAUVILLE La Belle Epine
C.M. 54 Pli 17

4 ch. Proche de l'habitation : 4 ch de 2, 3 et 4 pers avec salles d'eau et wc particuliers. Salon de jardin. A la ferme, au cœur du Pays d'Auge, entre les stations balnéaires de Cabourg et Deauville, 4 chambres spacieuses ont été aménagées dans un ancien pressoir normand au milieu d'un cadre verdoyant et calme.

Prix : 1 pers. 30 € 2 pers. 40 € 3 pers. 50 €
Ouvert : Toute l'année

8	8	1,5	SP	13	1,5	10	SP	2,5	10	3

Vincent et Stéphanie CLOUET - La Belle Epine - 14430 BOURGEAUVILLE - Tél. : 02 31 65 27 26 ou 06 61 17 83 82 - Fax : 02 31 65 27 26

BREMOY Le Carrefour de Fosses

C.M. 54 Pli 14

2 ch. Dans la maison d'habitation, au r-d-c : 1 ch 3 pers, salle d'eau et wc particuliers. A l'étage : 1 ch 3/4 pers, salle d'eau et wc particuliers. Entrée indépendante. Véranda avec cuisine à disposition et salon. Salon de jardin. Après une bonne nuit de repos dans ces chambres au calme, vous pourrez randonner dans cette région vallonnée.

Prix : 1 pers. 24 € 2 pers. 34 € 3 pers. 41 € repas 12 €
Ouvert : Février à novembre

50	50	17	12	18	10	15	SP	7	22	4

Gilbert et Jacqueline LALLEMAN - Le Carrefour de Fosses - 14260 BREMOY - Tél. : 02 31 77 83 22 - E-mail : jg_lalleman@yahoo.fr

BRETTEVILLE-SUR-DIVES Le Pressoir de Glatigny
C.M. 55 Pli 12/13

2 ch. Dans l'habitation, à l'étage : 1 ch 2 pers avec 1 ch complémentaire 2 pers, salle d'eau et wc particuliers, 1 ch 4 pers, salle de bains et wc particuliers. Salon de détente avec TV. Salon de jardin. Le Pressoir de Glatigny, ancien corps de ferme du XVIIIè siècle est situé aux confins du Pays d'Auge. Mr et Mme Delacour vous y accueillent dans des chambres spacieuses.

Prix : 1 pers. 32 € 2 pers. 40 € 3 pers. 52 €
Ouvert : Toute l'année

35	2,5	2,5	2,5	2,5	3	1,5	2,5	2,5

Serge et Yvette DELACOUR - Le Pressoir de Glatigny - 14170 BRETTEVILLE-SUR-DIVES - Tél. : 02 31 20 68 93

Calvados — Normandie

BRETTEVILLE-SUR-LAIZE — Château des Riffets
C.M. 54 Pli 16

4 ch. Dans l'habitation, à l'étage : 2 ch 2 et 3 pers et 2 suites 4 pers, salles de bains et wc particuliers. Salon avec TV. Piscine extérieure couverte chauffée en saison. Parc boisé. Situé dans un parc boisé de 15 ha, le Chateau des Riffets vous offre son cadre majestueux. Langues parlées : anglais, allemand.

Prix : 2 pers. 90 € 3 pers. 116 € repas 40 €
Ouvert : Toute l'année

24	24	SP	4	20	5	1	1	1	15	1

Alain CANTEL - Les Riffets - 14680 BRETTEVILLE-SUR-LAIZE - Tél. : 02 31 23 53 21 - Fax : 02 31 23 75 14 - E-mail : acantel@free.fr

LE BREUIL-EN-AUGE — Le Lieu Gaugain
C.M. 54 Pli 18

2 ch. Dans une maison de construction récente, au r-d-c : 2 ch 2 pers, avec 1 ch complémentaire 2 pers (lavabo dans chaque ch) salle de bains commune. Véranda aménagée avec cuisine et salon. Cette maison perchée sur la colline entourée d'une vaste pelouse offre une vue panoramique sur la Vallée de la Touques où les amateurs de pêche pourront exercer leurs loisirs favoris. Langue parlée : anglais.

Prix : 1 pers. 23 € 2 pers. 28 € 3 pers. 35 €
Ouvert : Toute l'année

18	5	10	5	7	5	1	1	2	5	3

Claude et Lydie AGUT - Le Lieu Gaugain - 14130 LE BREUIL-EN-AUGE - Tél. : 02 31 65 02 10

BREVILLE-LES-MONTS
C.M. 54 Pli 16

3 ch. A la ferme, dans l'habitation : à l'étage, 1 ch 2 pers, salle de bains et wc particuliers avec 1 ch complémentaire 2 pers. Dans une annexe de l'habitation, à l'étage : 2 ch 2 et 3 pers, salle d'eau particulière. Entrée indépendante. Cuisine à disposition. Salon de jardin. Chambres agréables dans une propriété à proximité de la mer. Tranquilité assurée.

Prix : 1 pers. 27 € 2 pers. 34 € 3 pers. 41/46 €
Ouvert : Toute l'année

5	9	4	7	5	4	4	1,5	15	1,5	

Gérard et Paulette FOSSE - 34 rue de Beneauville - Le bas de Bréville - 14860 BREVILLE-LES-MONTS - Tél. : 02 31 78 73 07

BUCEELS — Hameau de la Croix
C.M. 54 Pli 15

3 ch. Dans l'habitation, à l'étage : 1 ch 3 pers, salle d'eau et wc particuliers. Dans un bâtiment mitoyen avec entrée indépendante, au r-d-c, 1 ch 4 pers, à l'étage, 1 ch 3 pers, salle d'eau et wc particuliers. Salle de détente. Cuisine à disposition. Salon de jardin. Belle propriété en pierres du Bessin, à proximité de Bayeux. Les chambres de bon confort, sont personnalisées. La table d'hôtes (sur réservation) vous fera découvrir la cuisine locale.

Prix : 1 pers. 29 € 2 pers. 38 € 3 pers. 50 €
Ouvert : Toute l'année sauf du 15/12 au 15/01.

19	19	10	4	10	1	10	12	2	10	2

Daniel et M. Agnès HARIVEL - Hameau de la Croix - 14250 BUCEELS - Tél. : 02 31 80 38 11 - Fax : 02 31 80 20 53

BURES-SUR-DIVES — Le Mesnil
C.M. 54 Pli 16

2 ch. Dans la maison d'habitation située dans un hameau, à l'étage : 2 ch 3 pers, salle de bains et wc particuliers, avec 1 ch complémentaire 2 pers. Noyée dans un jardin aux multiples couleurs, cette maison offre 2 chambres au mobilier de style, dans une ambiance feutrée.

Prix : 1 pers. 23 € 2 pers. 35 € 3 pers. 52 € repas 15 €
Ouvert : Toute l'année

8	8	8	5	8	3	3	1	1,5	12	3

Jeanine HEMON - Le Mesnil - 14670 BURES-SUR-DIVES - Tél. : 02 31 23 21 53

BURES-SUR-DIVES — Manoir des Tourpes
C.M. 54 Pli 16

3 ch. Dans l'habitation, à l'étage : 3 ch 2 pers, salle d'eau et wc particuliers. Salon bibliothèque avec cheminée. Salon de jardin. Ces chambres à la décoration raffinée vous plongent dans l'ambiance très chaleureuse de ce manoir du XVIIè siècle de caractère, entouré d'un jardin où coule la Dives. Langue parlée : anglais.

Prix : 1 pers. 43 € 2 pers. 46/61 € 3 pers. 72 €
Ouvert : De Pâques à la Toussaint.

12	12	12	12	12	SP	SP	2	15	2	

Michael et M-Catherine LANDON-CASSADY - Manoir des Tourpes - 3 rue de l'Eglise - 14670 BURES-SUR-DIVES - Tél. : 02 31 23 63 47 - Fax : 02 31 23 86 10 - E-mail : mcassady@mail.cpod.fr - www.cpod.com/monoweb/mantourpes

Normandie   Calvados

CAHAGNES Benneville   *C.M. 231 Pli 28*

4 ch. Dans l'habitation de la ferme, à l'étage : 2 ch 2 et 4 pers, salles d'eau et wc particuliers. Dans un bâtiment indépendant : 2 ch 4 pers, salle d'eau et wc particuliers. Entrées indépendantes. Cuisine à disposition. Marie-Thé et Joseph vous accueillent dans leur ferme d'élevage laitier et vous feront découvrir leur travail. Chambres agréables et ambiance conviviale assurée. (10 % réduction à c. de la 3e nuit hors saison).

Prix : 1 pers. **27** € 2 pers. **34** € 3 pers. **41** € repas **14** €
Ouvert : Toute l'année.

| 70 | 7 | 15 | 4 | 2 | SP | 1,5 | 30 | 4 |

Joseph et Marie-Thé GUILBERT - Village de Benneville - 14240 CAHAGNES - Tél. : 02 31 77 58 05 - Fax : 02 31 77 37 84

CAHAGNES La Bessonnière   *C.M. 231 Pli 28*

2 ch. Dans l'habitation, à l'étage : 2 ch 2 pers, salle d'eau et wc particuliers.Salon d'accueil. Dans une grande propriété du 17e siècle, des chambres aménagées avec goût. Du parc, vous pourrez admirer les chevaux. Accueil cheval. Langue parlée : anglais.

Prix : 1 pers. **38** € 2 pers. **41** € 3 pers. **46** €
Ouvert : Pâques à fin septembre

| 30 | 30 | 8 | 3 | 30 | 8 | 3 | SP | 8 | 30 | 3 |

Michel BONHEME - Le Saussay - 14240 CAHAGNES - Tél. : 02 31 77 77 85 - Fax : 02 31 77 77 85

CAHAGNES La Foulerie   *C.M. 231*

2 ch. Dans l'habitation des propriétaires, au r-d-c : 1 ch 2 pers, salle d'eau et wc particuliers. A l'étage : 1 ch 2 pers, salle d'eau et wc particuliers. Entrée indépendante. Salon de détente avec cheminée. Salle de billard. Prêt de VTT. Cet ancien pressoir à cidre rénové avec beaucoup de goût propose 2 chambres douillettes à la décoration raffinée. Un salon confortable et spacieux avec cheminée est également à votre disposition. Langues parlées : anglais, allemand.

Prix : 1 pers. **38** € 2 pers. **49** €
Ouvert : Toute l'année.

| 30 | 30 | 25 | 8 | 25 | 30 | 1 | 1 | SP | 8 | 30 | 1 |

Jean Luc et Irène TALLEC - La Foulerie - 14340 CAHAGNES - Tél. : 02 31 77 79 53 ou 06 20 51 24 41 - E-mail : jean.tallec@wanadoo.fr

CAHAGNOLLES Ferme du Château   *C.M. 231*

2 ch. Dans l'habitation, à l'étage : 2 ch (3 et 4 pers), salles d'eau et wc particuliers. Salon de jardin. Accès indépendant. Dans un cadre campagnard et calme, ces chambres très harmonieuses seront votre pied à terre pour visiter Bayeux, les plages du Débarquement ou parcourir les chemins de randonnées aux alentours.

Prix : 1 pers. **27** € 2 pers. **35** € 3 pers. **46** €
Ouvert : Toute l'année.

| 24 | 24 | 16 | 1,5 | 24 | 1 | 1,5 | 1 | 9 | 16 | 9 |

Francis et Nathalie SIMON - Ferme du Château - 14490 CAHAGNOLLES - Tél. : 02 31 22 75 61

CAMBREMER Le Mesnil   *C.M. 54 Pli 17*

2 ch. Dans une habitation traditionnelle, à l'étage : 2 ch 2 pers, avec 1 ch complémentaire 1 pers, lavabo dans chaque chambre, salle d'eau commune. Cuisine à disposition. Salon de jardin. Mme Camus vous propose des chambres pleines de charme. Elle sera votre guide pour vous faire découvrir la région et la route du Cidre. Accueil chevaux.

Prix : 1 pers. **25** € 2 pers. **30** € 3 pers. **40** €
Ouvert : Toute l'année

| 20 | 15 | 5 | 3 | SP | 3 | 0,5 | 15 | 3 |

Georgette CAMUS - Le Mesnil - 14340 CAMBREMER - Tél. : 02 31 63 00 28

CAMBREMER Les Marronniers   *C.M. 54 Pli 17*

5 ch. Dans une aile de la maison, au r-d-c : 1 ch 2 pers, salle de bains et wc particuliers. A l'étage : 2 ch 3 et 4 pers, salles de bains et wc particuliers. Dans l'ancien pressoir, 2 ch 2 pers, salles de bains et wc particuliers. Cuisine à disposition en été. Entrées indépendantes. Salons de jardin. Entourée d'un parc, cette belle demeure du XVIIe siècle abrite des chambres très coquettes et personnalisées. Vue magnifique sur la Vallée de la Dives. Langue parlée : anglais.

Prix : 1 pers. **35** € 2 pers. **42/52** € 3 pers. **65** €
Ouvert : Toute l'année.

| 22 | 22 | 17 | 7 | 4,5 | SP | 2 | 17 | 4,5 |

Jean et Chantal DARONDEL - Les Marronniers - Englesqueville - 14340 CAMBREMER - Tél. : 02 31 63 08 28 - Fax : 02 31 63 92 54 - E-mail : Chantal.Darondel@wanadoo.fr - www.les-marronniers.com

CAMBREMER Manoir de Cantepie   *C.M. 54 Pli 17*

3 ch. Dans l'habitation, à l'étage : 3 ch 2 et 3 pers, salles de bains et wc particuliers. Salon de jardin. L'harmonie de la décoration personnalisée est à l'image de ce très beau manoir augeron du XVIIe siècle. Langues parlées : anglais, allemand.

Prix : 1 pers. **40** € 2 pers. **45/55** € 3 pers. **60** €
Ouvert : du 1er mars au 15 nov.

| 25 | 25 | 11 | 6 | 7 | 1 | SP | 1 | 11 | 1 |

Arnaud et Christine GHERRAK - Manoir de Cantepie - 14340 CAMBREMER - Tél. : 02 31 62 87 27

Calvados

Normandie

CAMBREMER — Manoir des Mondeaux
C.M. 231 Pli 31

▮▮▮ 1 ch.

Dans le manoir, à l'étage : 1 ch 2 pers et une ch complémentaire 2 pers, salle d'eau et wc particuliers. Entrée indépendante. Salon de jardin. Dans un site calme et verdoyant, ce manoir authentique du 17ᵉ siècle à colombages et tuileaux agrémenté de 2 tourelles et d'un escalier à vis permettra la meilleure détente.

Prix : 1 pers. 46 € 2 pers. 53 € 3 pers. 69 €
Ouvert : Toute l'année.

🐕	≈	⛵	🏊	🐎	🎾	🏃	✕	🏛	🚂
	23	23	23	23	SP	2	15		2

Bénédicte PORCQ - Manoir de Mondeaux - Route de Rumesnil - 14340 CAMBREMER - Tél. : 02 31 63 76 09 - Fax : 02 31 63 76 09

CAMPEAUX — Le Champ Touillon
(TH) 🐑
C.M. 54 Pli 14

▮▮ 4 ch. CV

Dans un bâtiment annexé à l'habitation, au r-d-c : 1 ch 2 pers, salle d'eau et wc particuliers, 1 ch complémentaire 2 pers. A l'étage : 1 ch 2 pers, 2 ch 3 pers, salle d'eau et wc particuliers. Possibilité lit d'appoint 1 pers. Entrée indépendante. Cuisine à disposition. Salle de séjour avec TV. Ces chambres confortables à 5 mn de la base de saut à l'élastique sont un point de départ idéal pour aller découvrir le Mont Saint Michel, le Bocage Normand ou la gastronomie. Accueil cheval.

Prix : 1 pers. 25 € 2 pers. 34 € 3 pers. 38 € repas 13 €
Ouvert : Toute l'année.

🐕	≈	⛵	🏊	🐎	🎾	🏃	✕	🏛	🚂
	45	45	15	4	15	15	2	0,5	1	15	0,5

Carole et David LEPILLEUR - Le Champ Touillon - 14350 CAMPEAUX - Tél. : 02 31 68 75 02

CASTILLON — Le Hameau Vallun
🐑
C.M. 54 Pli 14/15

▮▮▮ 1 ch. CV

Dans l'habitation, à l'étage réservé aux hôtes, 1 ch 3 pers avec 1 ch complémentaire 2 pers, salle d'eau et wc particuliers. Salon de jardin. Dans le cadre verdoyant et fleuri de cette ferme, vous apprécierez la tranquillité et le confort de ces chambres situées à proximité de sites touristiques. Pascale et Christian vous aideront à découvrir la région. Accueil chevaux. Langue parlée : anglais.

Prix : 1 pers. 27 € 2 pers. 34 € 3 pers. 43 €
Ouvert : Mai à septembre.

🐕	≈	⛵	🏊	🐎	🎾	🏃	✕	🏛	🚂
	22	22	12	4	19	4	5	SP	3	12	4

Christian et Pascale CEDRA - Le Hameau Vallun - 14490 CASTILLON - Tél. : 02 31 92 77 10

CASTILLY — Ferme Saint-Blaise
🍷 🐑
C.M. 54 Pli 13

▮▮▮ 2 ch. CV

Dans l'habitation de la ferme, à l'étage : 1 ch 2 pers, salle d'eau et wc particuliers, possibilité lit suppl., 1 ch 2 pers avec 1 ch complémentaire 2 pers, salle d'eau et wc particuliers. Entrée indépendante. Salle de détente avec cuisine à disposition. Cette ferme rénovée du XVIIè siècle abrite 2 grandes chambres confortables. Salle de détente en pierres apparentes. Visite de la ferme et balade en calèche possibles. Dégustation et vente de cidre biologique. Langue parlée : anglais.

Prix : 1 pers. 27 € 2 pers. 34 € 3 pers. 40 €
Ouvert : Toute l'année.

🐕	≈	⛵	🏊	🐎	🎾	🏃	✕	🏛	🚂
	15	17	16	10	23	8	5		8	8	2,5

Louis et Claudette DAUVERS - Ferme Saint Blaise - 14330 CASTILLY - Tél. : 02 31 22 52 06 - Fax : 02 31 22 52 06

LA CHAPELLE-ENGERBOLD — Le Monceau de Cailloux
C.M. 231 Pli 29

▮▮▮ 2 ch.

Dans la maison d'habitation, à l'étage : 1 ch 2 pers, salle d'eau et wc particuliers, 1 ch 2 pers avec entrée indépendante, salle d'eau et wc particuliers, 1 ch compl. avec lits jumeaux. Salon avec canapés et cheminée et TV. Jolie maison en pierres nichée dans un écrin de nature non loin du clocher de ce charmant petit village qui invite à la flanerie. Isabelle et Michel vous reçoivent dans leurs belles chambres douillettes et personnalisées. Langue parlée : anglais.

Prix : 1 pers. 27 € 2 pers. 37 € 3 pers. 50 €
Ouvert : Toute l'année.

🐕	🏊	🐎	🏃	🎾	🏌	🚶	✕	🏛	🚂
	8	5	15	15	1	4	SP	3	20	3

Isabelle et Michel ROCHE - Le Monceau de Cailloux - 14770 LA CHAPELLE-ENGERBOLD - Tél. : 02 31 69 45 37

CHICHEBOVILLE
C.M. 54 Pli 16

▮▮▮ 1 ch. CV

Dans la maison d'habitation, à l'étage : 1 ch 2 pers avec 1 ch complémentaire 2 pers, salle d'eau et wc particuliers. Le calme de ces chambres contribue à un séjour très agréable. A Caen, découvrez le château médiéval et le musée Mémorial.

Prix : 1 pers. 22 € 2 pers. 32 € 3 pers. 42 €
Ouvert : De Pâques à la Toussaint.

🐕	≈	🏊	🐎	🎾	🏃	✕	🏛	🚂
	20	12	6	3	5	2	13	3

Annette VANNEAU - 21 route de Bellengreville - 14370 CHICHEBOVILLE - Tél. : 02 31 23 03 43 ou 06 62 00 03 43

CHOUAIN — La Pompe
🐑
C.M. 54 Pli 14/15

▮▮▮ 1 ch. CV

Dans l'habitation de la ferme, à l'étage : 1 ch 2 pers avec 1 ch complémentaire 2 pers, salle d'eau et wc particuliers. Lit bébé. Cuisine à disposition. Salon de jardin. Cette chambre en suite est idéale pour séjourner en famille. Les plus petits feront connaissance avec la ferme. A quelques kilomètres de Bayeux et des plages du Débarquement. Prêt de vélos. Documents et informations sur les évènements de 1944.

Prix : 1 pers. 24 € 2 pers. 30 € 3 pers. 40 €
Ouvert : Toute l'année.

🐕	≈	⛵	🏊	🐎	🎾	🏃	✕	🏛	🚂
	18	18	10	3	15	10	SP	3	10	4

François et M.Louise BOUIN - La Pompe - 14250 CHOUAIN - Tél. : 02 31 92 58 61

Normandie — Calvados

CLARBEC Pressoir du Lieu Hubert
C.M. 55 Pli 3

2 ch. — Dans l'habitation, au r-d-c : 2 ch 2 pers, salle d'eau ou salle de bains et wc particuliers. Salon de jardin. Accueil chaleureux, environnement très agréable : vous passerez ici un moment privilégié dans une maison typique à colombages.

Prix : 1 pers. 30 € 2 pers. 38 €
Ouvert : Toute l'année

🐕	≈	🛶	🏇	🏌	🎣	🎾	🏊	👥	✕	🍴	🚲
	20	6	17	6	9	6	6	SP	5	6	6

Guy ELIE - Pressoir du Lieu Hubert - 14130 CLARBEC - Tél. : 02 31 64 90 89

CLARBEC Le Lieu Haut
C.M. 55 Pli 3

3 ch. — A la ferme, dans un bâtiment indépendant de l'habitation, au r-d-c : 2 ch 2 pers, salle d'eau et wc particuliers. A l'étage : 1 suite 4 pers salle d'eau et wc particuliers. Salon de jardin. Au cœur d'une ferme cidricole, ce joli bâtiment totalement rénové dans le style augeron abrite 3 chambres de bon confort. Accueil cheval.

Prix : 1 pers. 28 € 2 pers. 35 € 3 pers. 43/54 €
Ouvert : Toute l'année

🐕	≈	🛶	🏇	🏌	🎣	🎾	🏊	👥	✕	🍴	🚲
	16	6	16	6	16	9	6	SP	3	6	6

William et Dominique LANGIN - Le Lieu Haut - 14130 CLARBEC - Tél. : 02 31 65 15 90 - Fax : 02 31 65 15 90

CLECY La Loterie
C.M. 55 Pli 11

2 ch. — Dans un bâtiment annexe, à l'étage : 2 ch 2 pers dont 1 avec 1 ch complémentaire 2 pers, salle d'eau et wc particuliers. Salon de jardin. Equipement bébé. Dans un cadre champêtre et bien fleuri, de belles chambres fonctionnelles et douillettes.

Prix : 1 pers. 27 € 2 pers. 35 € 3 pers. 43 €
Ouvert : Toute l'année

🐕	≈	🛶	🏇	🏌	🎣	🎾	🏊	👥	✕	🍴	🚲
	50	50	6	4	2	6	4	1	SP	2	40	4

Régis et Christelle AUBRY - La Loterie - 14570 CLECY - Tél. : 02 31 69 74 38 - Fax : 02 31 69 61 02 - E-mail : aubry.christelle@free.fr

CLECY Les Bourrey

1 ch. — Dans une annexe de l'habitation, au r-d-c : 1 ch 2 pers, salle d'eau et wc particuliers. Entrée indépendante. salon de jardin. Cette chambre d'hôtes fonctionnelle vous permettra de profiter de tous les loisirs de Suisse Normande : randonnées (GR 36), escalade, canoë kayak, golf. Langue parlée : anglais.

Prix : 1 pers. 27 € 2 pers. 34 €
Ouvert : Toute l'année.

🐕	🛶	🏇	🏌	🎣	🎾	🏊	👥	✕	🍴	🚲
	11	7	1	3	1	1	SP	1	25	1

Max et Frederique RIDGE - Les Bourrey - 14570 CLECY - Tél. : 02 31 69 97 39 ou 06 88 52 67 85 - Fax : 02 31 69 97 39 -
E-mail : fridge99@cub-internet.fr

CLECY-LE-VEY La Ferme du Vey
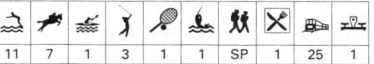
C.M. 55 Pli 11

3 ch. — A la ferme, dans un bâtiment proche de l'habitation. A l'étage : 3 ch 2 pers, salles d'eau et wc particuliers. Lit d'appoint enfant. Entrée indépendante. Cuisine à disposition. Salon de jardin. Chambres confortables et agréables, situées à deux pas du site touristique de Clécy. CB acceptées.

Prix : 1 pers. 29 € 2 pers. 33 €
Ouvert : Toute l'année.

🐕	≈	🛶	🏇	🏌	🎣	🎾	🏊	👥	✕	🍴	🚲
	50	11	1	1	3	1	1	SP	0,5	25	1

SCS LEBOUCHER-BRISSET - La ferme du Vey - 14570 CLECY/LE-VEY - Tél. : 02 31 69 71 02 - Fax : 02 31 69 69 33 -
E-mail : pbrisset@9online.fr

CLECY-LE-VEY La Ferme du Manoir

C.M. 55 Pli 11

3 ch. — Dans l'habitation de la ferme, à l'étage : 1 ch 2 pers avec 1 ch complémentaire 1 pers, 1 ch 3 pers, salle d'eau ou salle de bains et wc particuliers. Dans un bâtiment annexe : 1 ch 4 pers, salle d'eau et wc particuliers. Entrée indépendante. C'est dans un manoir restauré en pleine Suisse Normande que Mme Pellier vous accueille. Chambres agréables et confortables. Petit déjeuner dans un décor rustique. Jeux de boules.

Prix : 1 pers. 26 € 2 pers. 35 € 3 pers. 44 € repas 13 €
Ouvert : Toute l'année

🐕	≈	🛶	🏇	🏌	🎣	🎾	🏊	👥	✕	🍴	🚲
	50	10	3	2	3	2	2	SP	1	40	3

Louise PELLIER - La Ferme du Manoir - 14570 LE VEY - Tél. : 02 31 69 73 81

Calvados

Normandie

CLECY-LE-VEY Le Manoir de Miette
C.M. 55 Pli 11

¦¦¦ 3 ch. Dans l'habitation, à l'étage : 2 ch 2 et 3 pers, salle de bains ou salle d'eau et wc particuliers. A proximité dans une petite maison au r-d-c : entrée indépendante, 1 ch 2 pers, salle d'eau et wc particuliers, coin cuisine. Salon avec TV pour les 3 chambres. Salon de jardin. Dans un manoir de caractère entouré d'un jardin fleuri, un séjour dans ces chambres vous fera découvrir une superbe région réputée pour ses activités de loisirs.

Prix : 1 pers. 30 € 2 pers. 38/46 € 3 pers. 46 €
Ouvert : Toute l'année

🐕	≋	⛵	🐟	🤾	🎾	👥	✖	🚲	🏊
	50	10	1	1	3	1	1	SP	0,5	35	1

André et Denise LEBOUCHER - Le Manoir de Miette - 14570 LE VEY - Tél. : 02 31 69 45 80 - Fax : 02 31 69 69 33

CLINCHAMPS-SUR-ORNE
C.M. 231 Pli 29/30

¦¦¦ 3 ch. Dans l'habitation, à l'étage : 2 ch 2 pers et 1 ch 3 pers, salles de bain et wc particuliers. Salon de détente avec cheminée et canapé. Parc arboré, salon de jardin. Dans cette demeure au charme raffiné, vous pourrez choisir le thème de votre séjour : le XVIIIè siècle dans la chambre Beaumarchais, la littérature dans celle de l'écrivain ou les couleurs du Sud dans la provençale. Langue parlée : anglais.

Prix : 1 pers. 46 € 2 pers. 61 € 3 pers. 76 €
Ouvert : Toute l'année

🐕	≋	⛵	🐟	🤾	🎾	👥	✖	🚲	🏊
	27	27	15	8	17	8	SP	0,3	15	6

Annick HERVIEU - Le Courtillage - 14320 CLINCHAMPS-SUR-ORNE - Tél. : 02 31 23 87 63

COLLEVILLE-SUR-MER Chemin des Forges
C.M. 54 Pli 14

¦ 1 ch. Dans la maison d'habitation, à l'étage : 1 ch 2 pers, 1 lit enfant, salle de bains et wc particuliers. Entrée indépendante. Cour fermée avec pelouse. Salon de jardin. A deux pas des sites historiques des plages du Débarquement, Louis et Juliette vous accueillent dans leur maison et vous feront partager l'histoire de leur région. Char à voile 1.5 km. Langue parlée : allemand.

Prix : 1 pers. 27 € 2 pers. 34 € 3 pers. 43 €
Ouvert : Toute l'année

🐕	≋	⛵	🐟	🤾	🎾	👥	✖	🚲	🏊
	1,5	1,5	15	6	6	0,5	SP	5	14	0,5

Louis et Juliette PICQUENARD - Chemin des Forges - 14710 COLLEVILLE-SUR-MER - Tél. : 02 31 22 40 88

COLLEVILLE-SUR-MER Ferme du Clos Tassin
(TH) 🐑 *C.M. 54 Pli 14*

¦¦¦ 5 ch. A la ferme, dans l'habitation, à l'étage : 1 ch 2 pers, salle de bains et wc particuliers (2 épis), 3 ch 2, 3 et 4 pers, salle de bains et wc particuliers (3 épis). Dans un bâtiment annexe : 1 ch 2 pers, avec 1 ch complémentaire 2 lits 1 pers, salle d'eau et wc particuliers (3 épis). Table d'hôtes sur réservation. Aménagées dans l'habitation, ces chambres situées sur une ferme en activité sont à cinq minutes de la mer et des plages du Débarquement.

Prix : 1 pers. 29 € 2 pers. 34 € 3 pers. 49 € repas 14 €
Ouvert : Toute l'année

🐕	≋	⛵	🐟	🤾	🎾	👥	✖	🚲	🏊
	2	2	15	7	7	0,5	2	0,5	3	15	3

Daniel et M-Thérèse PICQUENARD - Ferme du Clos Tassin - 14710 COLLEVILLE-SUR-MER - Tél. : 02 31 22 41 51 - Fax : 02 31 22 29 46 - www.multimania.com/clostassin

---

COLLEVILLE-SUR-MER Ferme des Mouettes
C.M. 54 Pli 14

¦¦ 5 ch. Dans l'habitation, au r-d-c : 1 ch 4 pers, salle d'eau et wc particuliers. A l'étage : 3 ch 2 pers, salles d'eau particulières, 1 ch 2 pers, salle d'eau et wc particuliers. Entrée indépendante. Salon de jardin. Ces chambres aménagées dans une maison traditionnelle sont à deux pas de la mer, et des plages du Débarquement.

Prix : 1 pers. 24 € 2 pers. 30 € 3 pers. 40 €
Ouvert : Toute l'année

🐕	≋	⛵	🐟	🤾	🎾	👥	✖	🚲	🏊
	2	2	15	7	7	0,5	2	0,5	3	15	1

Roger et Solange ANQUETIL - Ferme des Mouettes - 14710 COLLEVILLE-SUR-MER - Tél. : 02 31 22 42 53

COLOMBELLES
C.M. 54 Pli 16

¦¦ 2 ch. Dans une habitation de construction récente, à l'étage : 2 ch 2 et 3 pers, salle d'eau et wc particuliers. Salon de jardin. Très bonne adresse pour visiter Caen et sa région. Confort et accueil vous sont assurés. Côte fleurie.

Prix : 1 pers. 21 € 2 pers. 29 € 3 pers. 37 €
Ouvert : De Pâques à la Toussaint.

🐕	≋	⛵	🐟	🤾	🎾	👥	✖	🚲	🏊
	10	5	2	5	5	5	5	3	1	4	1

Suzanne KOSTRZ - 29 rue Francis Pressense - 14460 COLOMBELLES - Tél. : 02 31 72 60 83

Normandie — Calvados

COMMES Hameau d'Escures
C.M. 54 Pli 14/15

4 ch. Dans l'habitation, à l'étage : 2 ch 2 pers, 1 ch 4 pers, 1 suite 4 pers, salle de bains et wc particuliers. Vous êtes accueillis dans une habitation traditionnelle du Bessin. Chambres confortables, situées à deux pas d'un joli port de pêche et des plages du Débarquement. Langue parlée : anglais.

Prix : 1 pers. **30/34** € 2 pers. **35/40** € 3 pers. **50/55** €
Ouvert : Toute l'année

🐕	≈	⛵	🏊	🏃	🎾	🎣	🚶	🍴	🚂	🛏
2	2	7	3	1,5	2	2	1	0,2	8	2

Charles et Christiane HAELEWYN - Ferme d'Escures - 14520 COMMES - Tél. : 02 31 92 52 23 - Fax : 02 31 92 52 23

COMMES Ferme du Bosq
C.M. 54 Pli 14/15

1 ch. Dans l'habitation, au r-d-c : 1 ch 2 pers avec 1 ch complémentaire 2 pers. Salle de bains et wc particuliers. Cette demeure restaurée est l'ancienne ferme du Château du Bosq située à quelques pas de Port en Bessin et des Plages du Débarquement.

Prix : 1 pers. **30** € 2 pers. **34** € 3 pers. **46** €
Ouvert : Toute l'année

🐕	≈	⛵	🏊	🏃	🎾	🎣	🚶	🍴	🚂	🛏
1	1	8	SP	1	4	1	SP	2	8	2

Juliette LEROY - Ferme du Bosq - 14520 COMMES - Tél. : 02 31 21 70 57

COMMES Le Logis
C.M. 54 Pli 14/15

4 ch. Dans l'habitation de la ferme, au 1er étage : 1 ch 3 pers, salle de bains et wc particuliers, 2 ch 2 pers, salles d'eau et wc particuliers. Au 2è étage : 1 ch 2 pers, salle de bains et wc particuliers, et 1 ch complémentaire 2 pers avec lavabo et wc particuliers. Poss. lit supp. Salon de jardin. A deux pas du port de pêche de Port en Bessin, vous profiterez d'un hébergement confortable avec une salle de détente. Plages du Débarquement à proximité. Langue parlée : anglais.

Prix : 1 pers. **30** € 2 pers. **35/38** € 3 pers. **46** €
Ouvert : Toute l'année

🐕	≈	⛵	🏊	🏃	🎾	🚶	🍴	🚂	🛏
2	2	6	2	2	2	2	2	7	2

Florence et Gilles HAELEWYN - Escures Village - 14520 COMMES - Tél. : 02 31 21 79 56 - Fax : 02 31 21 79 56

COMMES
C.M. 54 Pli 14/15

3 ch. Dans l'habitation, à l'étage : 2 ch 2 pers, salles d'eau et wc particuliers (3 épis) et 1 ch 2 pers, salle de bains et wc particuliers avec 1 ch complémentaire 2 pers (2 épis). Salon de jardin. Adresse à retenir pour un séjour en famille. Accueil convivial, cadre contemporain, agréable terrasse. A proximité des plages du Débarquement.

Prix : 1 pers. **30** € 2 pers. **35/38** € 3 pers. **50** €
Ouvert : Toute l'année

🐕	≈	⛵	🏊	🏃	🎾	🎣	🚶	🍴	🚂	🛏
2	2	9	2	3	2	2	1	0,3	10	2

Michel et Lilou CAIRON - L'église - 14520 COMMES - Tél. : 02 31 21 71 08 - Fax : 02 31 21 95 87

CORDEBUGLE La Baronnière
C.M. 231 Pli 32

1 ch. Dans une grande maison d'habitation du 18e siècle, au r-d-c : 1 ch 2 pers, salle d'eau et wc particuliers. Entrée indépendante. Belle maison de style située au milieu de 5 ha de forêts, étang privé avec canards et barque. Nombreuses balades, tranquillité dans un cadre idyllique. Langues parlées : anglais, espagnol.

Prix : 1 pers. **37** € 2 pers. **43** € 3 pers. **53** €
Ouvert : Toute l'année

🐕	≈	⛵	🏊	🏃	🎾	🎣	🚶	🍴	🚂	🛏
40	40	14	3	30	5	14	SP	4,5	14	4,5

Hervé et Christine FLEURY - La Baronnière - 14100 CORDEBUGLE - Tél. : 02 32 46 41 74 - Fax : 02 32 44 26 09

COURSEULLES-SUR-MER
C.M. 231 Pli 18

3 ch. Dans l'habitation, à l'étage : deux chambres de 3 pers, dont une très grande, salle d'eau et wc particuliers, 1 chambre 2 pers, salle d'eau et wc particuliers. Salon de jardin. Une belle demeure au centre de la station balnéaire, avec trois chambres personnalisées et de bon goût, situées à 400 m de la plage. Langues parlées : anglais, allemand.

Prix : 1 pers. **34** € 2 pers. **41/46** € 3 pers. **52/56** €
Ouvert : Toute l'année.

🐕	≈	⛵	🏊	🏃	🎾	🚶	🍴	🚂	🛏
0,4	1	0,5	0,5	20	0,5	0,1	17		SP

Gérard et Marie-Noëlle WILLE - 1 rue Arthur Leduc - 14470 COURSEULLES-SUR-MER - Tél. : 02 31 37 86 46 ou 06 78 26 70 07

Calvados   *Normandie*

COURSON La Plaine Postel   *C.M. 231 Pli 27-28*

5 ch. Dans l'habitation de la ferme, 2 ch 2 et 4 pers, salle de bains commune (1 épi), 3 ch 2 pers, salle d'eau et wc particuliers (3 épis). Billard. Dans cette ferme en activité, vous gouterez au calme de la campagne et de la gastronomie normande. Piscine privée.

Prix : 1 pers. **21/26** € 2 pers. **26/35** € 3 pers. **32/44** € repas 14 €
Ouvert : Toute l'année.

| 40 | 3 | 7 | 17 | 3 | SP | SP | 3 | 15 | 3 |

Daniel et Elisabeth GUEZET - La Plaine Postel - 14380 COURSON - Tél. : 02 31 68 83 41 - Fax : 02 31 68 83 41

COURSON La Porte   *C.M. 231*

2 ch. Dans l'habitation, au r-d-c : 1 ch 2 pers, salle d'eau et wc particuliers. A l'étage : 1 ch 3 pers, salle de bains (baignoire sabot), et wc particuliers. Véranda. Salon à disposition. A l'orée de la forêt de Saint Sever, cette maison soignée propose 2 chambres confortables et très calmes. Le petit déjeuner vous sera servi dans la véranda. Prêt vélos.

Prix : 1 pers. **23** € 2 pers. **30** € 3 pers. **38** € repas 14 €
Ouvert : Toute l'année.

| 40 | 15 | 3 | 3 | 15 | 15 | 3 | 13 | 3 | 3 | 16 | 3 |

André CHAPRON - La Porte - 14380 COURSON - Tél. : 02 31 09 03 58 ou 06 03 56 24 49 - E-mail : andre.chapron@wanadoo.fr

CREPON Manoir de Crépon   *C.M. 54 Pli 15*

4 ch. Dans l'habitation, à l'étage : 2 suites 3 et 4 pers, salles de bains et wc particuliers, 2 ch 2 pers avec salle d'eau et wc particuliers. Salle de détente. Salon de jardin. Dans un manoir du XVIIIè siècle, entouré d'un grand parc arboré, ces 4 chambres de grande qualité sont toutes en harmonie. Prêt de vélos. Plages du Débarquement.

Prix : 1 pers. **53** € 2 pers. **69** € 3 pers. **84** €
Ouvert : Toute l'année.

| 4 | 4 | 10 | 5 | 12 | 4 | 12 | 1 | 0,5 | 10 | 0,1 |

Anne-Marie POISSON - Route d'Arromanches - Manoir de Crépon - 14480 CREPON - Tél. : 02 31 22 21 27 - Fax : 02 31 22 88 80

CRESSERONS Ferme de la Burbulence   *C.M. 55 Pli 2*

2 ch. Dans l'habitation de la ferme, au r-d-c : 1 ch 2 pers, salle d'eau et wc particuliers. A l'étage : 1 ch 2 pers et 1 ch complémentaire 2 pers, salle d'eau et wc particuliers. A proximité de la mer, ces chambres de bon confort, disposent d'un joli jardin d'agrément dans le cadre rural d'une ferme. Les stations balnéaires de la côte de Nâcre sont à deux pas.

Prix : 1 pers. **30** € 2 pers. **37** € 3 pers. **47** €
Ouvert : Toute l'année

| 3 | 3 | 6 | 3 | 3 | 10 | 3 |

Denis et Jeanine LEGRAS - 10 Impasse Haie Pendue - 14440 CRESSERONS - Tél. : 02 31 37 39 46 - E-mail : denis.legras@wanadoo.fr

CRESSEVEUILLE Longueval   *C.M. 54 Pli 17*

3 ch. Dans un manoir, en rez-de-jardin : 1 ch 2 pers, salle d'eau et wc particuliers. Tél. téléséjour, TV. Dans un bâtiment annexe mitoyen à une habitation, à l'étage : 1 ch 3 pers, salle d'eau et wc particuliers. TV. Entrée indépendante Dans un autre bâtiment annexe, à l'étage : 1 ch 2 pers, salle de bains et wc particuliers. TV. Salon de jardin. Dans une belle propriété entourée d'un parc arboré. Trois grandes chambres de bon confort. Langues parlées : anglais, hollandais.

Prix : 1 pers. **32** € 2 pers. **41/53** € 3 pers. **61** €
Ouvert : Toute l'année

| 9 | 9 | 1 | 5 | 14 | 0,5 | 0,5 | 1 | 16 | 5 |

Jeanne DE LONGCAMP - Longueval - 14430 CRESSEVEUILLE - Tél. : 02 31 79 22 01 - E-mail : philippe.de-longcamp@wanadoo.fr

CRESSEVEUILLE Les Boulets   *C.M. 54 Pli 17*

2 ch. Dans l'habitation, au r-d-c : 1 ch 2 pers, salle d'eau et wc particuliers. A l'étage : 1 ch 2 pers avec un canapé lit 2 pers, salle de bains et wc particuliers. Salon de jardin. Aménagées dans une maison de construction contemporaine, ces chambres vous garantissent confort et calme. A 10 minutes, découvrez l'un des plus beau village sauvegardé : Beuvron en Auge.

Prix : 1 pers. **24** € 2 pers. **34** € 3 pers. **43** €
Ouvert : Pâques à Toussaint

| 15 | 15 | 4 | 4 | 14 | 4 | 25 | 7 |

J-Elie et M-Thérèse LECOQ - Les Boulets - 14430 CRESSEVEUILLE - Tél. : 02 31 79 28 10

CREULLY La Malle-Poste   *C.M. 231 Pli 29*

1 ch. mans l'habitation du propriétaire, au 2e étage : 1 ch 2 pers, salle d'eau et wc particuliers. Canapé (lit d'appoint 2 enfants). Salon de jardin. Dans un bourg typique du Bessin, cette maison abrite une chambre spacieuse et claire. Jardin fleuri entouré de murs avec pergola. A proximité de Bayeux et des plages du débarquement.

Prix : 1 pers. **27** € 2 pers. **35** € 3 pers. **47** €
Ouvert : Toute l'année.

| 8 | 8 | 8 | 8 | 14 | 0,3 | 1 | SP | 0,1 | 11 | 0,1 |

M-Christine et Didier GUYARD - 25 rue de Caen - 14480 CREULLY - Tél. : 02 31 80 10 68 ou 06 71 69 91 04

Normandie   Calvados

CRICQUEBOEUF
C.M. 231 Pli 19-20

5 ch. — Dans l'habitation, à l'étage : 2 ch 2 pers et 2 ch 3 pers, salles d'eau et wc particuliers (3 épis), 1 ch 2 pers, salle d'eau particulière et wc sur le palier (2 épis). Possibilité couchages suppl. 1 pers. Entre Honfleur et Deauville, Benoit et Sandrine vous feront partager leur villa au décor raffiné. Langue parlée : anglais.

Prix : 1 pers. 30 € 2 pers. 50 € 3 pers. 60 €
Ouvert : Toute l'année

	1	7	7	2	7	7	1	0,5	1	7	1

Benoit et Sandrine HAUCHECORNE - A la Villa des Rosiers - 14113 CRICQUEBOEUF - Tél. : 02 31 98 25 22 ou 06 81 01 11 03

CRICQUEVILLE-EN-AUGE Lieu de Belle Mare
C.M. 54 Pli 17

3 ch. — Dans l'habitation, à l'étage : 1 ch 2 pers, avec 1 ch complémentaire 2 pers, salle de bains particulière, 1 ch 2 pers, salle d'eau particulière, 1 ch 2 pers avec douche. Cette grande demeure de caractère abrite des chambres spacieuses et confortables. Le jardin est soigné et très vaste.

Prix : 1 pers. 35 € 2 pers. 38 € 3 pers. 53 €
Ouvert : De Pâques à la Toussaint.

8	8	8	4	10	5	5	2	2	25	1,5

Michel et Françoise ALEXIS - Lieu de Belle Mare - 14430 CRICQUEVILLE-EN-AUGE - Tél. : 02 31 79 20 01

CRICQUEVILLE-EN-BESSIN Hameau Guay
C.M. 54 Pli 4

5 ch. — Dans l'annexe de l'habitation : 5 ch de 2,3 et 4 pers, 1 lit bébé, salle d'eau et wc particuliers. Salle de détente avec TV et coin cuisine. Salons de jardin. Idéalement situées pour découvrir les plages du Débarquement (Pointe du Hoc à 800 m), ces chambres de bon confort seront une étape agréable et conviviale. Langue parlée : anglais.

Prix : 1 pers. 30 € 2 pers. 35 € 3 pers. 44 € pers. sup. 10 €
Ouvert : Toute l'année

5	5	28	10	10	5	5	1	SP	15	5

Daniel et Corinne PERRIGAULT - Hameau Guay - 14450 CRICQUEVILLE-EN-BESSIN - Tél. : 02 31 92 38 19 - Fax : 02 31 92 38 19

CRISTOT
C.M. 54 Pli 15

1 ch. — Dans un bâtiment proche de l'habitation, au r-d-c : 1 ch 2 pers, salle d'eau et wc particuliers avec 1 ch complémentaire 2 pers à l'étage. Maison en pierres de pays idéalement aménagée pour vous accueillir en famille. Les plages du Débarquement sont à 15 km.

Prix : 1 pers. 23 € 2 pers. 31 € 3 pers. 43 €
Ouvert : Toute l'année

15	10	7	20	4	4	15	4

Claude HENRY - 14250 CRISTOT - Tél. : 02 31 80 80 88

CROISSANVILLE Le Presbytère
C.M. 231 Pli 31

2 ch. — Dans l'habitation, à l'étage : 2 ch 2 pers, salle de bains et wc particuliers, lit bébé. Salon de jardin. Le Presbytère est une jolie demeure en pierres du XVIII° siècle où pousse une superbe glycine. Les chambres douillettes au décor raffiné et harmonieux garantissent calme et repos. Bienvenue Bébé. Langue parlée : anglais.

Prix : 1 pers. 40 € 2 pers. 48 €
Ouvert : Toute l'année.

20	20	18	5	10	15	6	3	2	1	18	6

M. France BEAUVISAGE - Le Presbytère - 14370 CROISSANVILLE - Tél. : 02 31 23 83 88 - Fax : 02 31 23 83 88

CROUAY Le Creullet
C.M. 231 Pli 16-17

2 ch. — Dans l'habitation, au r-d-c : 1 ch 2 pers, salle d'eau et wc particuliers. Entrée indépendante. A l'étage : 1 ch 4 pers, salle d'eau et wc particuliers. Maison en bois de construction récente avec chambres d'hôtes et point de vente de produits fermiers. Situation idéale pour rayonner dans le Bessin, des plages du Débarquement au parc régional.

Prix : 1 pers. 23 € 2 pers. 34 € 3 pers. 43 €
Ouvert : Toute l'année.

12	12	9	12	12	5	9	9	4

René et Marie-France ANNE - Le Creullet - 14400 CROUAY - Tél. : 02 31 92 45 27

CULEY-LE-PATRY
C.M. 54 Pli 15

2 ch. — Dans l'habitation, en rez-de-jardin : 1 ch 2 pers avec 1 ch complémentaire 2 pers, salle d'eau et wc particuliers. Cuisine à disposition, entrée indépendante. A l'étage : 1 ch 2 pers, salle d'eau particulière. Chambre confortable, bien exposée, dotée d'une superbe vue sur la Suisse Normande. La terrasse surplombant la vallée vous permettra d'apprécier le panorama.

Prix : 1 pers. 38 € 2 pers. 46 € 3 pers. 61 €
Ouvert : Toute l'année

50	7	7	7	7	1	1	3	35	2

Claudine BALLANGER - 5 allée des Chênes - 14220 CULEY-LE-PATRY - Tél. : 02 31 79 60 00

Calvados   *Normandie*

DOUVILLE-EN-AUGE Ferme de L'Oraille   *C.M. 54 Pli 17*

||| 3 ch. Dans l'habitation de la ferme, à l'étage : 2 ch 2 et 4 pers, 1 ch 3 pers, salle d'eau et wc particuliers. Entrée indépendante. Salon de jardin. Les chambres donnant sur la campagne avoisinante sont situées dans l'habitation, au cœur d'une ferme en activité. Belles promenades à proximité.

Prix : 1 pers. 30 € 2 pers. 38 € 3 pers. 46 €
Ouvert : Toute l'année

🐕	≋	⛵	🏊	🐎	🎣	🎾	🚶	✖	🚂	⛴
	7	15	7	7	5	3	0,5	3	15	6

Louis et Gisèle HOULET - Ferme de l'Oraille - Chemin de Deraine - 14430 DOUVILLE-EN-AUGE - Tél. : 02 31 79 25 49

DOZULE Le Clos Maingot   *C.M. 231 Pli 19*

|| 2 ch. Dans l'habitation, au 1er étage : 1 ch 2 pers avec 1 ch complémentaire 2 pers, salle d'eau et wc particuliers (3 épis), 1 ch 2 pers avec douche et lavabo (2 épis). Possibilité couchage supplémentaire. Tables de pique-nique. Cette vaste maison de caractère implantée à flanc de côteau bénéficie d'une vue magnifique. Les petits déjeuners vous seront servis dans la salle à manger spacieuse où siège une authentique cheminée double. Langue parlée : anglais.

Prix : 1 pers. 27 € 2 pers. 40 € 3 pers. 53 €
Ouvert : Toute l'année

🐕	≋	⛵	🏊	🐎	🎣	🎾	✖	🚂	⛴
	8	8	8	1	8	8	5	7	5

Marie-Elisabeth CHAUSSEBOURG - Le clos Maingot - 14430 DOZULE - Tél. : 02 31 28 77 12

ECRAMMEVILLE Ferme de L'Abbaye   *C.M. 54 Pli 14*

||| 3 ch. Dans l'habitation de la ferme, au r-d-c : 1 ch 2 pers avec 1 ch complémentaire 1 pers, salle d'eau particulière, 1 ch 2 pers avec 1 ch complémentaire 2 pers, salle de bains et wc particuliers. A l'étage : 1 ch 4 pers, salle d'eau et wc particuliers, entrée indépendante. Salon de jardin. Chambres spacieuses, rustiques et cuisine familiale du terroir en table d'hôtes sur réservation. Visitez le port de pêche de Grandcamp-Maisy et partez en balade en mer à la pointe du Hoc.

Prix : 1 pers. 34 € 2 pers. 40 € 3 pers. 50 € repas 14 €
Ouvert : Toute l'année

🐕	≋	🏊	🐎	🎣	🎾	🚶	✖	🚂	⛴
	7	20	4	20	4	1	10	4	20	4

Annick FAUVEL - Ferme de l'Abbaye - 14710 ECRAMMEVILLE - Tél. : 02 31 22 52 32 - Fax : 02 31 22 47 25

EQUEMAUVILLE La Ferme Chevalier   *C.M. 231 Pli 20*

||| 5 ch. Dans l'habitation de la ferme, au r-d-c : 1 ch 2 pers, salle d'eau et wc particuliers. A l'étage : 2 ch 3 pers, 1 ch 2 pers, 1 ch 5 pers avec mezzanine, salle d'eau et wc particuliers. Entrées indépendantes. Salon de jardin. Françoise et Jean Yves vous accueillent en famille dans leur ferme du XVIIè siècle. Un magnifique puits de l'époque trône au milieu de la cour de cet ancien relais de chevaliers.

Prix : 1 pers. 30 € 2 pers. 38 € 3 pers. 46 €
Ouvert : Toute l'année

🐕	≋	🏊	🐎	🎣	🎾	✖	🚂	⛴
	4	4	3	4	1	0,2	12	1

J-Yves et Françoise GREGOIRE - La Ferme Chevalier - 14600 EQUEMAUVILLE - Tél. : 02 31 89 18 14

EQUEMAUVILLE   *C.M. 231 Pli 20*

|| 2 ch. Dans une annexe de l'habitation, à l'étage : 2 ch 2 et 3 pers, salles d'eau et wc particuliers. Salon de jardin. Bel environnement tranquille pour ces chambres simples et confortables. Honfleur et la Côte fleurie sont à proximité.

Prix : 1 pers. 30 € 2 pers. 34 € 3 pers. 41 €
Ouvert : Toute l'année

🐕	≋	⛵	🏊	🐎	🎣	🎾	🚶	✖	🚂	⛴
	4	4	4	4	1,5	8	1,5	2	12	1,5

Jacques et Nicole BREART - Chemin du Mesnil - 14600 EQUEMAUVILLE - Tél. : 02 31 89 20 01

ESCOVILLE   *C.M. 231 Pli 18*

||| 2 ch. Dans une habitation, à l'étage : 1 ch 2 pers salle de bain particulière, et ch complémentaire 2 pers, 1 ch 2 pers salle d'eau particulière. Salon de jardin. Dans une grande demeure chaleureuse entourée d'un beau jardin, M. COUCHAUX artiste peintre vous propose des stages de peinture. Langue parlée : anglais.

Prix : 1 pers. 30 € 2 pers. 38 € 3 pers. 53 €
Ouvert : Toute l'année

🐕	≋	⛵	🏊	🐎	🎣	🎾	✖	🚂	⛴
	7	7	8	1	15	15	4	8	2

Danièle et Pierre COUCHAUX - 18 rue de Troarn - 14850 ESCOVILLE - Tél. : 02 31 84 82 40

ETERVILLE   *C.M. 54 Pli 15/16*

||| 2 ch. Dans l'habitation, à l'étage : 2 ch 2 pers, salle d'eau et wc particuliers. Possibilité d'1 ch complémentaire 1 pers Salon en mezzanine. Salon de jardin. A quelques minutes de Caen, Mr et Mme Wacheul vous accueillent dans leur vaste chaumière. Pour agrémenter votre séjour, un petit salon en mezzanine et un parc ombragé sont à votre disposition. Langues parlées : anglais, allemand.

Prix : 1 pers. 30 € 2 pers. 34 € 3 pers. 49 €
Ouvert : Toute l'année

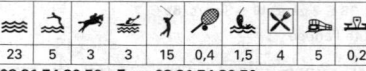

🐕	≋	🏊	🐎	🎣	🎾	✖	🚂	⛴
	23	5	3	3	15	0,4	1,5	4	5	0,2

Jean et Jeanna WACHEUL - 25 route d'Aunay - 14930 ETERVILLE - Tél. : 02 31 74 30 50 - Fax : 02 31 74 30 50

Normandie
Calvados

ETREHAM Hameau de la Ville
C.M. 54 Pli 14

1 ch. — A la ferme. Chambre indépendante 2 pers à l'étage et mitoyenne à un gîte rural, salle d'eau et wc particuliers. Possibilité lit complémentaire. Cuisine à disposition. Salon de jardin. Accueil sympathique pour cette chambre située dans l'arrière pays de Port en Bessin, non loin de Bayeux et des Plages du Débarquement.

Prix : 1 pers. **29** € 2 pers. **38** € 3 pers. **47** €
Ouvert : Toute l'année

8	9	10	10	3	3	1	4	10	4

Jacques et Arlette LAMY - Hameau de la Ville - 14400 ETREHAM - Tél. : 02 31 21 77 56 - Fax : 02 31 21 74 85

FALAISE Ferme du Gué Pierreux
C.M. 231 Pli 30

1 ch. — Dans l'habitation, au r-d-c (avec quelques marches) : 1 ch 2 pers, salle d'eau et wc particuliers et 1 ch complémentaire 1 pers. Salon de détente avec cheminée et TV. Salon de jardin. Le Gué Pierreux est une demeure historique du XVIè siècle où la porterie surmontée d'un colombier ouvre sur un domaine de 10 hectares. Boxes pour chevaux sur place. Italien également parlé. Langues parlées : anglais, espagnol, allemand.

Prix : 1 pers. **38** € 2 pers. **43** € 3 pers. **50** € repas **19** €
Ouvert : Toute l'année

45	45	1,5	1,5	15	22	1,5	2	2	1,5	31	1,5

Michel et Yolande GOURFINK - Ferme du Gué Pierreux - 14700 FALAISE - Tél. : 02 31 90 09 79 - Fax : 02 31 90 45 21 -
E-mail : GUE-PIERREUX@wanadoo.fr

FALAISE Hameau Vaston
C.M. 231 Pli 30

2 ch. — Dans l'habitation, à l'étage : 2 ch 3 pers, salle d'eau et wc particuliers. Salon de détente. Situé dans un hameau aux habitations typiques de la région de Falaise, ce corps de ferme restauré abrite 2 chambres spacieuses et très confortables. Château de Falaise à 1 km.

Prix : 1 pers. **26** € 2 pers. **35** € 3 pers. **46** €
Ouvert : Toute l'année

50	50	1	1	17	24	1	1	0,5	1	23	1

Michel et Dominique JARDIN - Hameau de Vaston - 14700 FALAISE - Tél. : 02 31 90 10 10

FAMILLY Le Manoir
C.M. 231 Pli 32

2 ch. — Dans la maison d'habitation, au 2e étage : 2 ch 2 pers, salles de bains et wc particuliers.lit bébé à disposition. Entrée indépendante. Salon de jardin. Dans un petit haras, en pleine campagne avec âne et chèvres, ces chambres de bon confort vous assurent le calme. Accueil chevaux.

Prix : 1 pers. **27** € 2 pers. **38** € 3 pers. **49** €
Ouvert : Toute l'année.

50	19	6	20	6		6	6	12	6

Françoise GUIBERT - Le Manoir - 14290 FAMILLY - Tél. : 02 31 32 52 11 ou 06 87 46 10 43

FAUGUERNON La Vache
C.M. 55 Pli 13

1 ch. — Dans l'habitation de la ferme, à l'étage : 1 ch 3 pers, salle d'eau et wc particuliers. Entrée indépendante. Salle de détente. Coin pique-nique. Retrouvez ici les images traditionnelles du Pays d'Auge : la maison à colombages et le verger seront le cadre de votre séjour à la ferme.

Prix : 1 pers. **26** € 2 pers. **38** € 3 pers. **50** €
Ouvert : Toute l'année

25	10	6	4	6	5	3	5	7	5

Serge SASSIER - La Vache - 14100 FAUGUERNON - Tél. : 02 31 61 13 31

FIERVILLE-LES-PARCS Le Lieu Sanotin

1 ch. — Dans une chaumière, annexe de l'habitation. A l'étage : 1 ch 2 pers (possibilité lit d'appoint 2 enfants), salle de bains et wc particuliers. TV. Accès indépendant. Salon de jardin. Les propriétaires vous accueillent dans leur jolie chaumière normande entourée d'un magnifique jardin fleuri. Petit déjeuner copieux. Vous pourrez discuter pêche avec Monsieur Hunot. Langue parlée : italien.

Prix : 1 pers. **30** € 2 pers. **46** €
Ouvert : Toute l'année.

19	19	10	6	5	7	3	SP	2	7	1,5

J. Paul et Françoise HUNOT - Le Lieu Sanotin - 14130 FIERVILLE-LES-PARCS - Tél. : 02 31 64 89 91

FONTENAY-LE-MARMION
C.M. 231 Pli 30

1 ch. — Dans l'habitation, à l'étage : une suite de 4 pers, salle d'eau et wc particuliers. Salon. Entrée indépendante. Salon de jardin. C'est avec plaisir que Mr et Mme Fretel vous accueilleront. Intérieur rustique. Joli jardin fleuri. A proximité de Caen, de la mer et de la Suisse Normande. Langue polonaise parlée. Langue parlée : polonais.

Prix : 1 pers. **30** € 2 pers. **43** € 3 pers. **58** €
Ouvert : Toute l'année.

25	25	12	10	4	2	2	2	10	SP

Natalia et Serge FRETEL - 21 rue Gujan Mestras - 14320 FONTENAY-LE-MARMION - Tél. : 02 31 79 16 35

Calvados

Normandie

FORMENTIN
C.M. 54 Pli 17

3 ch. Dans l'habitation, au r-d-c : 1 ch 3 pers, salle d'eau et wc particuliers. A l'étage : 2 ch 3/4 pers, salle d'eau et wc particuliers. Salle de détente avec TV. Salon de jardin. Chambres traditionnelles dans un environnement typiquement normand : maison à colombages et vergers de pommiers.

Prix : 1 pers. 27 € 2 pers. 35 € 3 pers. 46 €
Ouvert : Pâques au 15 septembre

🐕	≈	⛵	🏊	🏃	🎾	🎣	🚶	✕	🏪	🛏
18	10	12	8	10	4	10	10	0,5	12	4

Danielle CARPENTIER - Route de Dives - 14340 FORMENTIN - Tél. : 02 31 61 11 41 - Fax : 02 31 61 11 41

FORMIGNY Quintefeuille
(TH) *C.M. 54 Pli 14*

2 ch. Dans l'habitation, à l'étage : 1 ch 4 pers, salle d'eau et wc particuliers, 1 ch 3 pers, avec 1 ch complémentaire 3 pers, salle de bains et wc particuliers. Salle de séjour, ping-pong Beau corps de ferme typique du Bessin des XVè et XVIè siècles. A l'intérieur, vous apprécierez le calme et la vue sur le jardin très soigné.

Prix : 1 pers. 26 € 2 pers. 39 € 3 pers. 46/54 € repas 15 €
Ouvert : Toute l'année

🐕	≈	⛵	🏊	🏃	🎾	🎣	🚶	✕	🏪	🛏
5	6	15	3	14	3	3	5	5	15	3

Janine DELESALLE - Quintefeuille - 14710 FORMIGNY - Tél. : 02 31 22 51 73 - Fax : 02 31 22 51 73

FORMIGNY Ferme du Mouchel
C.M. 54 Pli 14

4 ch. Dans l'habitation de la ferme, à l'étage : 3 ch 2 à 4 pers, salle d'eau et wc particuliers. Dans une annexe mitoyenne à l'habitation, à l'étage : 1 ch 2 pers avec 1 ch complémentaire 2 pers, salle d'eau et wc particuliers. Salle de détente. Salon de jardin. Grande ferme d'élevage laitier en pleine activité. Belles chambres décorées avec goût, proche des plages du Débarquement.

Prix : 1 pers. 34 € 2 pers. 38/41 € 3 pers. 49/58 € pers. sup. 9 €
Ouvert : Toute l'année.

🐕	≈	⛵	🏊	🏃	🎾	🎣	🚶	✕	🏪	🛏
4	4	15	5	15	4	4	4	2,5	15	5

Odile LENOURICHEL - Ferme du Mouchel - 14710 FORMIGNY - Tél. : 02 31 22 53 79 - Fax : 02 31 21 56 55 -
E-mail : odile.lenourichel@libertysurf.fr

GEFOSSE-FONTENAY La Rivière
(TH) *C.M. 54 Pli 13*

3 ch. Dans un manoir d'époque médiévale, au 2e étage : 1 ch 2 pers, 2 ch 3 pers, salles d'eau et wc particuliers. Salon de jardin. Ferme-manoir fortifiée avec chambres spacieuses au décor soigné avec poutres, mobilier ancien offrant quiétude et douceur de vivre. Salle d'hôtes voutée avec cheminée incluant le four à pain. Table d'hôte sur réservation. Langue parlée : anglais.

Prix : 1 pers. 43 € 2 pers. 46 € 3 pers. 60 € repas 18 €
Ouvert : Toute l'année

🐕	≈	⛵	🏊	🏃	🎾	🎣	🚶	✕	🏪	🛏
1,5	3	20	12	25	3	3	SP	4	20	3

Gérard et Isabelle LEHARIVEL - La Riviere - 14230 GEFOSSE-FONTENAY - Tél. : 02 31 22 64 45 - Fax : 02 31 22 01 18 -
E-mail : manoirdelariviere@mageos.com - http://chez.com/manoirdelariviere

GEFOSSE-FONTENAY Le Château
C.M. 54 Pli 13

2 ch. Dans l'habitation de la ferme, à l'étage : 1 ch 2 pers, salle de bains et wc particuliers, 1 ch 4 pers, salle d'eau et wc particuliers. Lit enfant. Salon de jardin. A l'image de cette demeure du XVIIè siècle, ces chambres sont vastes et lumineuses. A proximité, il vous sera facile de visiter les parcs à huitres de la baie de Veys.

Prix : 1 pers. 30 € 2 pers. 35 € 3 pers. 43 €
Ouvert : De Pâques à la Toussaint.

🐕	≈	⛵	🏊	🏃	🎾	🎣	🚶	✕	🏪	🛏
2	4	25	15	15	20	4	4	4	20	6

Solange LEFEVRE - Le Château - 14230 GEFOSSE-FONTENAY - Tél. : 02 31 22 63 86

GEFOSSE-FONTENAY Manoir de L'Hermerel
C.M. 54 Pli 13

4 ch. Dans l'habitation de la ferme, au r-d-c : 1 ch 2 pers, à l'étage : 1 ch 2 pers et 1 ch 4 pers dans 2 pièces, salles d'eau particulières, poss. lit complémentaire ou lit enfant. 2e étage : 1 grande ch mansardée avec mezzanine pour 4/5 pers, salle d'eau et wc particuliers. Entrée indépendante. Coin pique-nique. Salon de jardin. Dans les tons bleu, vert ou rose, ces chambres ont gardé toute l'ambiance de ce manoir du XVè siècle. Le petit-déjeuner vous est servi devant la cheminée monumentale. Langue parlée : anglais.

Prix : 1 pers. 42 € 2 pers. 50 € 3 pers. 67 €
Ouvert : Du 1er avril à la Toussaint.

🐕	≈	⛵	🏊	🏃	🎾	🎣	🚶	✕	🏪	🛏
1	4	20	15	30	4	4	1	4	20	4

Agnès et François LEMARIE - Manoir de l'Hermerel - 14230 GEFOSSE-FONTENAY - Tél. : 02 31 22 64 12 - Fax : 02 31 22 64 12 -
E-mail : lemariehermerel@aol.com

Normandie — Calvados

GEFOSSE-FONTENAY — Ferme de Jaro (TH) C.M. 54 Pli 13

4 ch. — Dans la maison d'habitation, à l'étage : 3 ch 2, 3 et 4 pers avec salles d'eau ou salles de bains et wc particuliers (2 épis), 1 ch 3 pers salle de bains et wc particuliers (3 épis). Salon avec TV. Décoration chaleureuse des chambres, table d'hôtes renommée et jardin agréable. L'adresse vaut le détour.

Prix : 1 pers. 27 € 2 pers. 34 € 3 pers. 41 € repas 16 €
Ouvert : Toute l'année

1	5	20	5	5	6	20	5

Janine BLESTEL - Ferme de Jaro - 14230 GEFOSSE-FONTENAY - Tél. : 02 31 22 65 05 - Fax : 02 31 22 65 05

GENNEVILLE C.M. 231 Pli 20

5 ch. — Dans l'habitation, à l'étage : 1 ch 4 pers, salle d'eau et wc particuliers. Dans une habitation annexe à 200 m, au r-d-c, 3 ch 2 pers, salles d'eau et wc particuliers. A l'étage : 1 ch 4 pers, salle d'eau et wc particuliers. Salle de détente. La salle du petit-déjeuner, très agréable et l'espace extérieur vous feront passer un moment très convivial. A 10 minutes, le vieux bassin d'Honfleur.

Prix : 1 pers. 26 € 2 pers. 37 € 3 pers. 46 €
Ouvert : Toute l'année

6	6	7	15	6	4	2	10	4

Daniel et Bernadette CRENN - Le Bourg - 14600 GENNEVILLE - Tél. : 02 31 98 75 63

GENNEVILLE C.M. 231 Pli 20

1 ch. — Dans l'habitation, à l'étage : 1 ch 2 pers, salle d'eau et wc particuliers, lit bébé. Entrée indépendante. Salon de jardin. Vous serez agréablement accueillis dans cette maison de style normand. Chambre confortable et joliment décorée. Grand jardin au calme et à 5 minutes du Pont de Normandie.

Prix : 1 pers. 27 € 2 pers. 35 €
Ouvert : Toute l'année

6	6	7	15	6	4	SP	2	10	4

Florence et Thierry BRIERE - Le Bourg - 14600 GENNEVILLE - Tél. : 02 31 98 84 89

GLANVILLE C.M. 55 Pli 3

1 ch. — Dans l'habitation, au r-d-c : 1 ch 2 pers, salle d'eau et wc particuliers. Entrée indépendante. Salon de jardin. Dans une maison typique du Pays d'Auge, et à proximité du village sauvegardé de Beaumont, cette chambre agréable et fonctionnelle contribuera à un séjour reposant.

Prix : 1 pers. 30 € 2 pers. 37 €
Ouvert : Toute l'année

8	8	10	1	10	6	8	3	1	2,5	10	2

J-Pierre et Monique TEXIER - Route de Villers sur Mer - 14950 GLANVILLE - Tél. : 02 31 64 88 33

GONNEVILLE-SUR-HONFLEUR — Le Mont Bouy C.M. 231 Pli 20

2 ch. — Dans l'habitation, à l'étage : 1 grande ch 3 pers avec coin salon, TV, fauteuils salle de bain particulière, 1 grande ch 3 pers avec salon, TV, salle d'eau et wc particuliers. Entrée indépendante. Salon de jardin. Dans une belle chaumière avec un cadre reposant, deux chambres spacieuses avec un agréable coin salon.

Prix : 2 pers. 46 € 3 pers. 58 €
Ouvert : Toute l'année

5	14	5	5	13	5	4	15	4

Liliane HEMERY - Le Mont Bouy - 14600 GONNEVILLE-SUR-HONFLEUR - Tél. : 02 31 89 42 51

GONNEVILLE-SUR-HONFLEUR — Chaumière de Beauchamp C.M. 231 Pli 20

2 ch. — Dans l'habitation, à l'étage : 1 ch 2 pers, salle d'eau et wc particuliers, entrée indépendante, 1 ch 2 pers, salle d'eau et wc particuliers. Salon de jardin. Dans une chaumière du Pays d'Auge, chambres agréables, accueil convivial, environnement campagnard. Vous profiterez pleinement du grand jardin.

Prix : 1 pers. 30/32 € 2 pers. 38/40 €
Ouvert : Toute l'année

5	12	5	2	5	1	15	2	1	13	4

Daniel MICHEL - Chaumière de Beauchamp - 14600 GONNEVILLE-SUR-HONFLEUR - Tél. : 02 31 89 19 93

Calvados
Normandie

GONNEVILLE-SUR-HONFLEUR La Côte du Canet
C.M. 231 Pli 20

3 ch. — A l'extérieur de l'habitation, à proximité de 2 gîtes ruraux : 3 ch 2 pers, salle d'eau et wc particuliers, entrée indépendante (1 au r-d-c, 2 à l'étage). Cuisine à disposition. Salon de jardin. Dans cet ensemble architectural entièrement rénové, Mme Merieult vous accueille très chaleureusement. Chambres idéalement situées pour découvrir Honfleur et la Côte de Grâce.

Prix : 1 pers. **30** € 2 pers. **40** €
Ouvert : Toute l'année.

4	4	2	6	4	6	2	2	14	2,5	

Pierre et Viviane MERIEULT - Cote du Canet - 14600 GONNEVILLE-SUR-HONFLEUR - Tél. : 02 31 89 01 12 - Fax : 02 31 89 93 87

GONNEVILLE-SUR-MER Ferme Bruyere Mannet
C.M. 231 Pli 19

2 ch. — Dans l'habitation, au 1er étage : 1 ch 2 pers, salle de bains particulière avec 1 ch complémentaire 1 pers. Au 2e étage : 1 ch 2 pers (2 lits 1 pers), salle de bainparticulière avec 1 ch complémentaire 2 pers. Dans une grande maison entourée d'un jardin, le propriétaire vous accueille dans une vaste salle à manger. Vous flanerez à Houlgate le long des plages.

Prix : 1 pers. **30** € 2 pers. **43** € 3 pers. **56** €
Ouvert : Toute l'année.

3	3	7	3	1	5	6	SP	3	4	3

Jean CROCHET - Ferme Bruyere Mannet - 14510 GONNEVILLE-SUR-MER - Tél. : 02 31 28 04 15 - Fax : 02 31 28 04 15

GONNEVILLE-SUR-MER Ferme des Glycines
C.M. 231 Pli 19

3 ch. — Dans un bâtiment, au r-d-c : 1 ch 4 pers (2 pers au r-d-c et 2 pers en mezzanine) 1 ch 3 pers, salles d'eau et wc particuliers. Terrasse. Etage : 1 ch 2 pers, salle d'eau et wc particuliers. Entrées indépendantes. Salons de jardin. Entouré de vergers, ce typique corps de ferme Normand abrite des chambres spacieuses, coquettes et personnalisées. Leurs entrées indépendantes s'ouvrent sur un jardin fleuri et arboré.

Prix : 1 pers. **30** € 2 pers. **43** € 3 pers. **55** €
Ouvert : Avril à novembre

3	5	4	4	15	1	3	3	1	6	4

Hugues et Elizabeth EXMELIN - Carrefour Manerbe - 14510 GONNEVILLE-SUR-MER - Tél. : 02 31 28 01 15

GONNEVILLE-SUR-MER L'Eglise
C.M. 231 Pli 19

2 ch. — Dans l'habitation, à l'étage : 1 ch 2 pers avec 1 ch complémentaire 1 pers, salle de bains et wc particuliers (3 épis), 1 ch 2 pers, salle de bains et wc particuliers (2 épis). Salon de jardin. Dans une habitation du XVIe siècle typique du Pays d'Auge, ces chambres vous offrent chaleur et convivialité où le bois est partout présent. Entre mer et campagne, les visites sont nombreuses. Langue parlée : anglais.

Prix : 1 pers. **34** € 2 pers. **38/40** € 3 pers. **55** €
Ouvert : Toute l'année.

4	6	4	4	1	4	4	SP	2	6	4

Simone MENGA - L'Eglise - 14510 GONNEVILLE-SUR-MER - Tél. : 02 31 28 90 33

GRAINVILLE-LANGANNERIE Les Beliers
C.M. 54 Pli 16

2 ch. — Dans l'habitation de la ferme, à l'étage : 1 ch 3 pers, salle d'eau et wc particuliers, 1 ch 2 pers + 1 ch complémentaire 2 pers, salle d'eau et salle de bains avec wc particuliers. Possibilité de lits supplémentaires. Ce beau corps de ferme à l'architecture typique de la région abrite 2 chambres très spacieuses distribuées par un magnifique escalier.

Prix : 1 pers. **27** € 2 pers. **38** € 3 pers. **46** €
Ouvert : Toute l'année

40	18	15	20	7	6	8	5	4	20	1

Thérèse CHAPRON - Les Beliers - 14190 GRAINVILLE-LANGANNERIE - Tél. : 02 31 90 52 37

GRAINVILLE-SUR-ODON
C.M. 54 Pli 15

4 ch. — Dans l'habitation, au r-d-c : 3 ch 2 pers, salle de bains commune (1 épi). A l'étage : 1 ch 4 pers, salle d'eau et wc particuliers (2 épis). TV dans chaque chambre. Possibilité lit supplémentaire 1 pers. Profitez du calme de la campagne et du confort de cette grande maison contemporaine. A seulement 10 minutes, Caen et le Musée Mémorial.

Prix : 1 pers. **21** € 2 pers. **27/28** € 3 pers. **35** €
Ouvert : Toute l'année

25	11	4	20	1	6	4	4	15	11

Marie-Thérèse YON - Rue du Chateau d'eau - 14210 GRAINVILLE-SUR-ODON - Tél. : 02 31 80 97 05 ou 06 68 58 88 79

GRANDCAMP-MAISY La Ferme du Colombier
C.M. 231 Pli 16

5 ch. — A la ferme. Dans un bâtiment annexe à l'habitation, à l'étage : 4 ch 2 pers, 1 ch 4 pers, salles d'eau et wc particuliers. Entrée indépendante. Salle de détente. Salon de jardin. Chambres de bon confort et situées dans un cadre agréable. Les balades sur le port de Grandcamp vous enchanteront. Auberge du Terroir sur place.

Prix : 1 pers. **34** € 2 pers. **38** € 3 pers. **50** €
Ouvert : Toute l'année

1	1	1	23	1	1	1	SP	20	0,5	

Michel et Frédérique LEGRAND - La Ferme du Colombier - 14450 GRANDCAMP-MAISY - Tél. : 02 31 22 68 46 - Fax : 02 31 22 14 33

Normandie — Calvados

GRANDCAMP-MAISY Ferme Suard — C.M. 231 Pli 16

1 ch. Dans l'habitation, au r-d-c- : 1 ch 2 pers, salle d'eau et wc particuliers. Entrée indépendante. Salon de jardin. Cette chambre avec une entrée indépendante vous permet une autonomie totale. A pied, vous rejoindrez le port de Grandcamp et le marché aux poissons.

Prix : 1 pers. 27 € 2 pers. 28 €
Ouvert : De Pâques à la Toussaint.

0,5	0,5	10	20	0,7	0,5	0,5	0,2	20	0,5	

Colette MONTAGNE - Ferme Suard - 14450 GRANDCAMP-MAISY - Tél. : 02 31 22 64 20

GRANDCAMP-MAISY Villa Bellevue — C.M. 231 Pli 16

1 ch. Dans la maison d'habitation, au r-d-c : 1 ch 4 pers (2 pers au r-d-c et 2 pers en mezzanine), salle de bains et wc particuliers. Entrée indépendante. Salon de jardin. Dans une station balnéaire, Madame Marie, vous accueille dans une chambre spacieuse et lumineuse équipée d'une cheminée, située à 150 m de la plage. Langue parlée : anglais.

Prix : 1 pers. 38 € 2 pers. 52 € 3 pers. 64 €
Ouvert : Toute l'année.

SP	SP	20	15	SP	23	SP	SP	SP	0,5	20	SP

Jacqueline MARIE - 13 rue du Cdt Kieffer - 14450 GRANDCAMP-MAISY - Tél. : 02 31 22 64 02 - Fax : 02 31 22 30 20

LE HAM-HOTOT-EN-AUGE Les Vignes — C.M. 55 Pli 12

3 ch. Dans l'habitation de la ferme, à l'étage : 1 ch 4 pers, salle d'eau et wc particuliers, 1 ch 3 pers, douche et lavabo dans la chambre (2 épis). Dans un bâtiment proche, 1 ch 3 pers, salle d'eau et wc particuliers (3 épis). Entrées indépendantes. Jardin d'agrément Découvrez l'ambiance et l'architecture d'une ferme typique du Pays d'Auge. Mme Gallot vous ouvre ses portes. A quelques kilomètres, flânez à Beuvron en Auge, village sauvegardé.

Prix : 1 pers. 28 € 2 pers. 32/40 € 3 pers. 41/50 €
Ouvert : Toute l'année.

15	10	6	18	8	6	5	3	14	5

Marie GALLOT - Les Vignes - 14430 LE HAM-HOTOT-EN-AUGE - Tél. : 02 31 79 22 89

HEULAND La Croix d'Heuland — C.M. 231 Pli 31

2 ch. Dans l'habitation, au r-d-c : 1 ch 2 pers, salle d'eau et wc particuliers. A l'étage : 1 ch 2 pers, salle d'eau et wc particuliers. Salon de détente avec canapé et cheminée. Entrée indépendante. Salon de jardin. A deux pas de Cabourg, cet ancien pressoir entièrement restauré offre deux chambres dans une ambiance chaleureuse et très authentique.

Prix : 1 pers. 30 € 2 pers. 43 €
Ouvert : Toute l'année.

7	7	7	2	15	7	7	15	6	11	6

Martine MARIE-PHILIPPE - La Croix d'Heuland - 14430 HEULAND - Tél. : 02 31 39 67 64

LA HOGUETTE Vesqueville — C.M. 55 Pli 12

3 ch. Dans l'habitation de la ferme, à l'étage : 3 ch 2 et 3 pers avec 1 ch complémentaire 2 pers, salle d'eau particulière. Cuisine à disposition. Salle de séjour. Entrée indépendante. Salon de jardin. Chez de jeunes agriculteurs, dans une ferme d'élevage en activité, vous pourrez voir la traite des vaches laitières et les soins aux animaux.

Prix : 1 pers. 21 € 2 pers. 27/30 € 3 pers. 37 €
Ouvert : Toute l'année.

45	3	3	15	2	3	SP	2,5	25	3

Béatrice LHERMITE - Vesqueville - 14700 LA HOGUETTE - Tél. : 02 31 90 21 49 - Fax : 02 31 40 09 50

LE HOME-VARAVILLE La Charmette — C.M. 54 Pli 16

1 ch. Dans l'habitation, au r-d-c- : 1 ch 2 pers avec 1 ch complémentaire 2 pers à l'étage, salle d'eau et wc particuliers. Salon de jardin. Vous profiterez des charmes de la proximité de la mer et d'un accueil agréable. Langue parlée : anglais.

Prix : 1 pers. 25 € 2 pers. 34 € 3 pers. 45 €
Ouvert : Avril à mi-octobre.

0,3	3	3	3	1	0,3	4	SP	1	5	3

Odette MOINARD - La Charmette - 6 rue Ferdinand Henri - 14390 LE HOME-VARAVILLE - Tél. : 02 31 24 54 39

Calvados

Normandie

HONFLEUR Le Galvani
C.M. 231 Pli 20

2 ch. Dans l'habitation, au r-d-c : 2 ch 2 pers, salles d'eau et wc particuliers. Une chambre avec entrée indépendante. Salon de jardin. Situées à deux encablures du Pont de Normandie, ces chambres d'hôtes sont une halte idéale pour découvrir Honfleur et le Vieux Bassin.

Prix : 1 pers. 30 € 2 pers. 40 €
Ouvert : Toute l'année

2	2	1	4	15	8	1	15	0,5	0,5	1	1

J. Marie et Chantal BOUET - Le Galvani - 14600 HONFLEUR - Tél. : 02 31 89 54 05 ou 06 68 16 37 03

HOTOT-EN-AUGE
C.M. 231 Pli 31

2 ch. Dans l'habitation, à l'étage : 2 ch 2 et 4 personnes, salles d'eau et wc particuliers. Salon de jardin. A deux pas de Beuvron en Auge, cette ancienne fromagerie entièrement rénovée vous propose 2 chambres décorées avec soin. Belle vue sur la campagne avoisinante.

Prix : 1 pers. 30 € 2 pers. 37 € 3 pers. 49 €
Ouvert : Toute l'année

15	15	15	7	30	15	10	3	3	23	7

Denise et Gustave LAVIEC - Chemin de l'Eglise - 14430 HOTOT-EN-AUGE - Tél. : 02 31 39 54 02 - Fax : 02 31 39 62 50 -
E-mail : gustave.laviec@wanadoo.fr

IFS Hameau de Bras
C.M. 54 Pli 15-16

1 ch. Dans une annexe de l'habitation, au r-d-c : 1 ch 3 pers, salle d'eau et wc particuliers. TV. Salon de jardin. Cuisine à disposition. Vous n'oublierez pas votre séjour à Ifs où Mr Lemarinier vous accueille très chaleureusement. A 10 minutes du centre ville de Caen.

Prix : 1 pers. 26 € 2 pers. 35 € 3 pers. 44 €
Ouvert : Toute l'année

15	15	5	8	5	5	8	0,5	6

Jacques et Irène LEMARINIER - 114 rue du Scieur de Bras - 14123 IFS - Tél. : 02 31 23 78 89

ISIGNY-SUR-MER
C.M. 54 Pli 13

1 ch. Dans un bâtiment proche de l'habitation, à l'étage : 1 ch 2 pers avec salle de bains et wc particuliers, entrée indépendante. Cuisine à disposition. Salon de jardin. Une chambre agréable et moderne par sa décoration, située à quelques minutes de la baie des Veys et des plages du Débarquement. Langue parlée : anglais.

Prix : 1 pers. 30 € 2 pers. 37 €
Ouvert : Toute l'année

6	6	15	20	1	0,5	1	0,4	9	0,5

Régine LE DEVIN - 7 rue du Dr Boutrois - 14230 ISIGNY-SUR-MER - Tél. : 02 31 21 12 33 ou 02 31 21 18 75 - Fax : 02 31 21 18 75 -
E-mail : re.ledevin@libertysurf.fr

JUAYE-MONDAYE Ferme de L'Abbaye
C.M. 231 Pli 16-17

2 ch. Dans l'habitation de la ferme, à l'étage 2 ch 3 pers, salle d'eau et wc particuliers. Dans un bâtiment annexe : salle de détente avec TV. Cuisine à disposition. Salon de jardin. Aménagées dans une aile de l'enceinte de l'Abbaye, ces chambres offrent calme et tranquillité. La visite de l'Abbaye est recommandée.

Prix : 1 pers. 27 € 2 pers. 33 € 3 pers. 42 €
Ouvert : Toute l'année

15	15	10	2	20	1	7	1	10	1

Jeanne GUILBERT - Ferme de l'Abbaye - 14250 JUAYE-MONDAYE - Tél. : 02 31 92 98 38

JUAYE-MONDAYE Ferme de Claironde
C.M. 231 Pli 16-17

2 ch. Dans l'habitation de la ferme, à l'étage : 1 ch 3 pers, 1 ch 2 pers avec 1 ch complémentaire 2 pers, salles d'eau et wc particuliers. Salle de détente. Salon de jardin. Vous profiterez de ce séjour à la ferme pour découvrir l'Abbaye de Juaye-Mondaye à proximité.

Prix : 1 pers. 27 € 2 pers. 30 € 3 pers. 43 € repas 14 €
Ouvert : Toute l'année

20	10	0,8	0,5	5	3	9	1

Louis et Claudine COTIGNY - Ferme de Claironde - 14250 JUAYE-MONDAYE - Tél. : 02 31 92 58 56 - Fax : 02 31 51 81 16

Normandie — **Calvados**

LANDES-SUR-AJON Le Château
C.M. 231 Pli 29

- 1 ch. Dans l'habitation de la ferme, à l'étage : 1 ch 3 pers avec salle de bains et wc particuliers. Salon de jardin. Aménagée dans une grande demeure au charme d'antan, cette chambre d'hôte, très spacieuse, garantie le calme.

Prix : 1 pers. 23 € 2 pers. 30 € 3 pers. 38 €
Ouvert : Toute l'année

≈	⛵	🏊	🏇	🎾	🎣	🚶	✕	🚲	⛳
35	6	5	16	6	SP	6	20	6	

Thérèse VAUQUELIN - Le Chateau - 14310 LANDES-SUR-AJON - Tél. : 02 31 77 08 88

LEAUPARTIE Le Bois Hurey
C.M. 54 Pli 17

- 2 ch. Dans l'habitation de la ferme, à l'étage : 2 ch 2 pers avec salle de bains particulières, entrée indépendante. Cuisine à disposition. Salon de jardin. Ces chambres vous garantissent un séjour agréable au cœur du Pays d'Auge.

Prix : 1 pers. 24 € 2 pers. 32 €
Ouvert : Toute l'année

≈	⛵	🏊	🏇	🎾	🎣	🚶	✕	🚲	⛳
20	20	20	8	20	20	4	SP	4	0,5	20	3

Daniel et Sylvie GUERIN - Le Bois Hurey - 14340 LEAUPARTIE - Tél. : 02 31 62 75 49

LINGEVRES Hameau de Verrieres (TH)
C.M. 54 Pli 15

- 5 ch. Dans la maison de la ferme, à l'étage : 3 ch 2 et 3 pers, salle d'eau et wc particuliers. Dans un bâtiment mitoyen à l'habitation, à l'étage : 2 ch 3 pers, salle d'eau et wc particuliers. Entrée indépendante. Charles et Marie vous feront partager leur passion pour leur métier d'agriculteur autour de la table d'hôtes.

Prix : 1 pers. 29 € 2 pers. 35 € 3 pers. 45 € repas 14 €
Ouvert : Toute l'année

≈	⛵	🏊	🎾	🚶	✕	🚲	⛳
20	12	5	3	SP	3	12	3

Charles et Marie POLIDOR - Hameau de Verrieres - 14250 LINGEVRES - Tél. : 02 31 80 91 17 - Fax : 02 31 08 37 78 -
E-mail : lelandey.p@libertysurf.fr - http://perso.libertysurf.fr/lelandey

---

LISIEUX
C.M. 231 Pli 32

- 1 ch. Dans l'habitation de la ferme, à l'étage : 1 ch 3 pers, salle d'eau et wc particuliers, avec 1 ch complémentaire 3 pers. Salle de détente. Salon de jardin. Dans le cadre bucolique d'une ferme augeronne à pans de bois, vous serez accueillis par Roger et Thérèse qui vous parleront de leur pays.

Prix : 1 pers. 24 € 2 pers. 34 € 3 pers. 43 €
Ouvert : De Pâques à la Toussaint.

≈	⛵	🏊	🏇	🎾	🎣	🚶	✕	🚲	⛳
30	2	5	4	2	4	5	2	2	2

Roger et Thérèse FONTAINE - Chemin de la Folletiere - 14100 LISIEUX - Tél. : 02 31 32 22 48

LIVRY La Suhardière (TH)
C.M. 54 Pli 14

- 3 ch. Dans l'habitation de la ferme, au r-d-c : 1 ch 3 pers, salle d'eau et wc particuliers. A l'étage : 2 ch 2 et 3 pers, avec 1 ch complémentaire 2 pers, salle d'eau et wc particuliers. Entrée indépendante. Salon de détente. Salon de jardin. Aménagées dans une ferme rénovée de caractère du XVIIè siècle, ces chambres jouissent d'un cadre reposant. Etang de pêche. Cheval disponible.

Prix : 1 pers. 30 € 2 pers. 40 € 3 pers. 50 € repas 18 €
Ouvert : Toute l'année

≈	⛵	🏊	🏇	🎾	🎣	🚶	✕	🚲	⛳
20	10	1	15	1	SP	1	23	0,5	

Alain et Françoise PETITON - La Suhardiere - 14240 LIVRY - Tél. : 02 31 77 51 02 - Fax : 02 31 77 51 02 -
E-mail : petiton.alain@wanadoo.fr

LONGUES-SUR-MER Ferme de la Tourelle
C.M. 231 Pli 17

- 5 ch. Dans une annexe de l'habitation, à l'étage : 3 ch 3 et 4 pers, salle d'eau et wc particuliers, 2 ch 2 pers, salle d'eau et wc particuliers, entrée indépendante. Salle de détente avec cuisine, salle de remise en forme (avec participation). Salon de jardin. Dans une ancienne ferme du XVIIè siècle du Bessin, proche de la mer, chambres aménagées avec pierres apparentes. Web :

Prix : 1 pers. 32 € 2 pers. 40 € 3 pers. 50 €
Ouvert : Toute l'année

≈	⛵	🏊	🏇	🎾	🎣	🚶	✕	🚲	⛳
1	7	7	7	7	4	4	1	1	7	2

J-Maurice et janine LECARPENTIER - Hameau de Fontenailles - Ferme de la Tourelle - 14400 LONGUES-SUR-MER -
Tél. : 02 31 21 78 47 - Fax : 02 31 21 84 84 - E-mail : lecarpentier2@wanadoo.fr - www.multimania.com/tourelle

Calvados — Normandie

LONGUES-SUR-MER Le Saule *C.M. 231 Pli 17*

3 ch. Dans l'habitation, au r-d-c : 1 ch 2 pers avec douche et wc particuliers. A l'étage : 2 ch 2 pers, salle d'eau et wc particuliers. Poss lit d'appoint. Entrée indépendante. Salon de jardin. A quelques pas des batteries de Longues s/mer, Mr et Mme Ringuenet vous accueillent avec le sourire et de délicieuses confitures maison. Chambres décorées avec beaucoup de goût.

Prix : 1 pers. 32 € 2 pers. 39 €
Ouvert : Toute l'année

🐕	≈	⛵	🏃	≈	🤸	🎾	🏊	👥	✕	🚲	🚂
	0,3	5	5	3	5	5	0,8	0,3	0,2	5	0,5

Yves et Reine RINGUENET - Rue de la mer - Le Saule - 14400 LONGUES-SUR-MER - Tél. : 02 31 92 83 61 ou 06 75 81 08 30

LONGUES-SUR-MER Hameau de Fontenailles *C.M. 231 Pli 17*

1 ch. Dans la maison d'habitation, au 1er étage : 1 ch 2 pers avec salle d'eau et wc particuliers, possibilité d'1 ch complémentaire 2 pers avec wc et lavabo. Salon de jardin. Monique et Jean-Louis seront heureux de vous accueillir au calme, dans leur cour fleurie et vous conseilleront sur les nombreux sites à découvrir Plages du Débarquement.

Prix : 1 pers. 26 € 2 pers. 30 € 3 pers. 46 €
Ouvert : Toute l'année

🐕	≈	⛵	🏃	≈	🤸	🎾	🏊	👥	✕	🚲	🚂
	5	7	7	7	5	2	2	7	2		

J-Louis et Monique LEFEVRE - Près du Clocher - Hameau de Fontenailles - 14400 LONGUES-SUR-MER - Tél. : 02 31 21 75 09

LONGUEVILLE Le Roulage *C.M. 54 Pli 14*

2 ch. Dans l'habitation, à l'étage : 2 ch 2 pers, salle de bains ou salle d'eau et wc particuliers. Salon de jardin. Dans cette belle demeure typique du Bessin, les chambres sont décorées avec beaucoup de goût : couleurs chaudes et harmonieuses, armoires normandes. Agréable jardin. Plages du Débarquement et Port de pêche à proximité. Langue parlée : anglais.

Prix : 1 pers. 42 € 2 pers. 46 €
Ouvert : Toute l'année sauf déc et janv.

🐕	≈	⛵	🏃	≈	🤸	🎾	🏊	👥	✕	🚲	🚂
	8	8	20	8	15	3	SP	SP	8	20	3

Daniel et Janine LEROYER - Le Roulage - 14230 LONGUEVILLE - Tél. : 02 31 22 03 49 - Fax : 02 31 22 03 49

LONGVILLERS La Nouvelle France (TH) *C.M. 231 Pli 29*

3 ch. Dans un bâtiment indépendant de l'habitation, 3 ch 2 pers, salles d'eau et wc particuliers. Salle de détente. Coin repas. Salon de jardin. Dans cette ancienne fermette en pierres de pays, la grange, indépendante de l'habitation vous accueille dans un décor campagnard et confortable. Grande pelouse ombragée, environnement calme, chemins pédestres sur place. Langue parlée : anglais.

Prix : 1 pers. 26 € 2 pers. 34 € repas 14 €
Ouvert : Toute l'année

🐕	≈	⛵	🏃	≈	🤸	🎾	🏊	👥	✕	🚲	🚂
35	4	3	8	18	24	3	4	SP	4	30	4

Anne-Marie GODEY - La Nouvelle France - 14310 LONGVILLERS - Tél. : 02 31 77 63 36 - Fax : 02 31 77 63 36 -
E-mail : anne-marie.godey@wanadoo.fr

LONGVILLERS Mathan *C.M. 231 Pli 29*

3 ch. Dans l'habitation, au 2e étage : 2 ch 2 pers avec 1 ch complémentaire 2 pers, salles de bains et wc particuliers. Au 3e étage : 1 ch 2 pers, salle de bains et wc particuliers. Au 2e étage : salle de détente avec cheminée. Entrée indépendante. Dans un Manoir du XVe siècle, bien situées pour une halte entre la Normandie et la Bretagne, les chambres sont spacieuses, agréables et personnalisées (fauteuils et lits de 160 cm). Langue parlée : anglais.

Prix : 1 pers. 30 € 2 pers. 40 € 3 pers. 49 €
Ouvert : Toute l'année

🐕	≈	⛵	🏃	≈	🤸	🎾	🏊	👥	✕	🚲	🚂
35	35	15	15	35	4	4	30	4			

Jean et Anne-Marie DE MATHAN - Mathan - 14310 LONGVILLERS - Tél. : 02 31 77 10 37 - Fax : 02 31 77 49 13 -
E-mail : jdemathan@fr.packardbell.org

LOUVIGNY Le Mesnil *C.M. 231 Pli 29-30*

1 ch. Dans la maison d'habitation, à l'étage : 1 ch 3 pers, salle d'eau et wc particuliers. A proximité de Caen, chambre située dans une grande maison anglo-normande. Parc et pêche sur place.

Prix : 1 pers. 23 € 2 pers. 32 € 3 pers. 39 €
Ouvert : Toute l'année

🐕	≈	⛵	🏃	≈	🤸	🎾	🏊	👥	✕	🚲	🚂
	20	20	4	2	2	10	2	SP	1	2	5	2

Thierry et Arlette HOLLIER LAROUSSE - Le Mesnil - 14111 LOUVIGNY - Tél. : 02 31 73 52 77 - Fax : 02 31 75 25 24

Normandie — Calvados

LOUVIGNY Le Mesnil
C.M. 231 Pli 29-30

2 ch. — Dans l'habitation, au 1er étage : 1 ch 2 pers, salle d'eau et wc particuliers. Dans une annexe, au 1er étage : 1 ch 2 pers, salle d'eau et wc particuliers. Entrées indépendantes. Ces chambres sont confortables et lumineuses, et le parc d'agrément est un espace privilégié. Location de vélos. Accueil cheval.

Prix : 1 pers. **24 €** 2 pers. **32 €**
Ouvert : Toute l'année

🐕	≈	⛵	🏊	🐎	🏌	🎾	🚴	🚶	✖	🚂	⛴
	20	20	4	1	2	10	2	0,5	0,5	2	5	2

Guy et Michèle HOLLIER-LAROUSSE - Chemin du VIIIe RECCE - Le Mesnil - 14111 LOUVIGNY - Tél. : 02 31 75 25 17 - Fax : 02 31 75 25 24 - E-mail : info@eurogite.com - www.eurogite.com

MAISONS Ferme de la Claire Voie
C.M. 231 Pli 16-17

1 ch. — A la ferme, dans un bâtiment séparé de l'habitation, au r-d-c : 1 ch 3 pers, salle d'eau et wc particuliers Dans cette ferme d'élevage en activité, vous profiterez du calme de la campagne, de la proximité de la mer et des plages du Débarquement.

Prix : 1 pers. **27 €** 2 pers. **37 €** 3 pers. **43 €**
Ouvert : 1Er mars au 15 nov.

🐕	≈	⛵	🏊	🐎	🏌	🎾	🚴	🚶	✖	🚂	⛴
	3,5	10	6	0,2	3	0,5	0,2	2	7	3,5

Eric et Corinne VAUTIER - Ferme de la Claire Voie - 14400 MAISONS - Tél. : 02 31 21 79 58 - Fax : 02 31 21 79 58

MAISONS Moulin Gérard
C.M. 231 Pli 16-17

3 ch. — Dans l'habitation, à l'étage : 3 ch 3 et 4 pers, avec 1 ch complémentaire 2 pers, salles d'eau et wc particuliers. Salon de jardin. Situées dans un ancien moulin restauré et un cadre verdoyant, ces chambres sont confortables et chaleureuses.

Prix : 1 pers. **31 €** 2 pers. **39 €** 3 pers. **49 €**
Ouvert : Toute l'année

🐕	≈	⛵	🏊	🐎	🏌	🎾	🚴	🚶	✖	🚂	⛴
	3	3	5	SP	3	SP	7	3	2	5	3

Pierre et Christiane BERNARD - Moulin Gerard - 14400 MAISONS - Tél. : 02 31 21 44 16 - www.multimania.com/pommes/

MAISONS Ferme des Goupillières
C.M. 231 Pli 16-17

4 ch. — Dans un bâtiment indépendant mitoyen à un gîte rural, au r-d-c : 2 ch 2 et 3 pers, salle d'eau et wc particuliers. A l'étage : 2 ch 3 pers, salle d'eau et wc particuliers. Salle de détente. Cuisine à disposition. Dans un environnement campagnard, ces chambres offrent une décoration très soignée en pierres apparentes. Plages du Débarquement à proximité.

Prix : 1 pers. **32 €** 2 pers. **40 €** 3 pers. **50 €**
Ouvert : De Pâques à la Toussaint.

🐕	≈	⛵	🏊	🐎	🏌	🎾	🚴	🚶	✖	🚂
	3	3	5	3	1	4	3	2	6	3

Annie LABBE - Ferme des Goupillères - 14400 MAISONS - Tél. : 02 31 92 53 47

MALTOT Le Cottage
C.M. 54 Pli 15

2 ch. — Dans l'habitation, à l'étage : 1 ch 3 pers, 1 ch 2 pers, salle d'eau particulières et wc communs. Salon de jardin. A proximité de Caen, ces chambres sont spacieuses, la salle à manger rustique avec une grande cheminée.

Prix : 1 pers. **24 €** 2 pers. **34 €** 3 pers. **46 €**
Ouvert : Toute l'année

🐕	≈	⛵	🏊	🐎	🏌	🎾	🚴	🚶	✖	🚂	⛴
	25	25	6	8	10	6	8	6	SP	8	3

Jacques LARSON - 2, chemin du Longrais - le Cottage - 14930 MALTOT - Tél. : 02 31 26 96 10 ou 06 13 55 68 88 - Fax : 02 31 26 83 82

MANDEVILLE-EN-BESSIN Dauval

C.M. 231 Pli 16

2 ch. — Dans l'habitation de la ferme, à l'étage : 2 ch 3 et 4 pers, salle de bains et wc particuliers, possibilité lit enfant. Salon de jardin. Cette jolie demeure du Bessin propose des chambres spacieuses et confortables. Calme assuré. Plages du Débarquement à proximité. Langue parlée : anglais.

Prix : 1 pers. **26 €** 2 pers. **34 €** 3 pers. **43 €**
Ouvert : Toute l'année

🐕	≈	⛵	🏊	🐎	🏌	🎾	🚴	🚶	✖	🚂	⛴
	7	12	3	9	3	2	2	2	12	3

Pierre LEFEVRE - Dauval - 14710 MANDEVILLE-EN-BESSIN - Tél. : 02 31 22 51 35

Calvados — Normandie

MANDEVILLE-EN-BESSIN Le Haut de Mandeville
C.M. 231 Pli 16

3 épis — 2 ch.

Dans l'habitation, au r-d-c : 1 ch 2 pers, salle d'eau et wc particuliers, 1 ch 3 pers, salle d'eau et wc particuliers. Entrées indépendantes. Salon de jardin. Dans ce jardin paysagé et très soigné, vous apprécierez particulièrement le calme d'un petit déjeuner campagnard autour de la falue, brioche normande faite maison. Langue parlée : anglais.

Prix : 1 pers. 27 € 2 pers. 37 € 3 pers. 46 €
Ouvert : Pâques à Toussaint

	≋	⛵	🏊	🐎	🤸	🎾	🏌	🚶	🍴	🚂	⚓
	7	7	12	3	9	3	3	12	12	3	

Christian JEUNESSE - Le haut de Mandeville - 14710 MANDEVILLE-EN-BESSIN - Tél. : 02 31 92 86 65

MANERBE La Katounette
C.M. 54 Pli 17

3 épis — 4 ch.

Dans l'habitation, à l'étage : 2 ch 2 pers, salle de bains et wc particuliers avec 1 ch complémentaire 2 pers, entrée indépendante. Dans un bâtiment annexe, au r-d-c : 2 ch 2 et 4 pers, salle d'eau et wc particuliers avec 1 ch complémentaire 2 pers. TV dans chaque ch. Salons de jardin. Entourée de bosquets, cette maison augeronne à colombages abrite des chambres coquettes et confortables. Ambiance conviviale assurée.

Prix : 1 pers. 32 € 2 pers. 39 € 3 pers. 49 €
Ouvert : Toute l'année

	≋	⛵	🏊	🐎	🤸	🎾	🏌	🚶	🍴	🚂	⚓
	16	16	4	4	7	14	3	3	2	1	6	1

Micheline VALETTE - La Katounette - 14340 MANERBE - Tél. : 02 31 61 14 66

MANERBE
C.M. 54 Pli 17

2 épis — 2 ch.

Dans une habitation de construction récente, au r-d-c : 1 ch 2 pers, salle de bains et wc privatifs. A l'étage : 1 ch 2 pers, salle d'eau et wc privatifs. Poss. lit supplémentaire. Lit bébé. Salle de détente avec TV. Salon de jardin. Au cœur de ce petit village remarquable du Pays d'Auge, cette maison confortable vous propose 2 chambres personnalisées et décorées avec goût. Le jardin fleuri et soigné assure calme et tranquillité. Langues parlées : anglais, espagnol.

Prix : 1 pers. 27 € 2 pers. 35 € 3 pers. 44 €
Ouvert : Toute l'année

	≋	⛵	🏊	🐎	🤸	🎾	🏌	🚶	🍴	🚂	⚓
	20	10	8	8	10	20	3	10	0,6	10	2

Claude et Michelle MAILLARD - Route de Formentin - 14340 MANERBE - Tél. : 02 31 61 00 66

MANVIEUX Les Jardins
C.M. 54 Pli 15

4 épis — 2 ch.

Dans l'habitation, à l'étage : 2 ch 2 pers, salle de bains et wc particuliers. Entrée indépendante. Salon de jardin. Gilberte vous accueille dans cette ancienne ferme du 18è siècle. Cadre raffiné et douillet, chambres spacieuses avec poutres, pleines de charme. Tennis gratuit sur place. Plages du Débarquement.

Prix : 1 pers. 46/54 € 2 pers. 53/61 €
Ouvert : Toute l'année

	≋	⛵	🏊	🐎	🤸	🎾	🏌	🚶	🍴	🚂	⚓
	1,5	2	8	6	8	SP	2	1	1	8	2

Gilberte MARTRAGNY - Les Jardins - 14117 MANVIEUX - Tél. : 02 31 21 95 17 - Fax : 02 31 21 95 17 - E-mail : clemlou@clubinternet.fr

---

MANVIEUX La Breholière
C.M. 231 Pli 17

3 épis — 3 ch.

Dans l'habitation du propriétaire, à l'étage : 2 ch 2 et 3 pers, salle d'eau et wc particuliers, 1 ch 4 pers en duplex, salle d'eau et wc particuliers, lit bébé. Entrée indépendante. Salon de jardin. Située entre Arromanches et Port en Bessin, cette belle demeure en pierres vous propose 3 chambres à la décoration personnalisée et harmonieuse, dans un environnement très calme. Langues parlées : anglais, espagnol.

Prix : 1 pers. 30 € 2 pers. 38 € 3 pers. 46 €
Ouvert : Toute l'année

	≋	⛵	🏊	🐎	🤸	🎾	🏌	🍴	🚂	⚓
	1,5	2	8	6	8	3	3	8	3	

Sandrine PASTRE - La Breholiere - 14117 MANVIEUX - Tél. : 02 31 22 19 66 ou 06 73 68 71 64 - Fax : 02 31 22 93 48

MANVIEUX La Gentilhommière
C.M. 231 Pli 17

3 épis — 4 ch.

Dans la maison d'habitation, au r-d-c : 1 ch 2 pers, salle de bains et wc particuliers, entrée indépendante. A l'étage : 3 ch 2 pers, salle de bains et wc particuliers. Coin salon dans chaque chambre. Salon de jardin. Dans une demeure en pierres du XVIIIe siècle proche des plages du Débarquement, quatre chambres harmonieuses et confortables. Langue parlée : anglais.

Prix : 1 pers. 43 € 2 pers. 49 €
Ouvert : Toute l'année.

	≋	⛵	🏊	🐎	🤸	🎾	🏌	🚶	🍴	🚂	⚓
	1,5	2	8	6	8	3	2	1	3	8	3

Patricia et Isabelle ROTTIER - La Gentilhommière - L'Eglise - 14117 MANVIEUX - Tél. : 02 31 51 97 91

Normandie
Calvados

MAROLLES La Drouetterie
C.M. 231 Pli 32

2 ch. Dans l'habitation, à l'étage : 1 ch mansardée 2 pers, salle d'eau et wc particuliers avec 1 ch complémentaire 1 pers; 1 ch 3 pers, salle d'eau et wc particuliers. Entrée indépendante. Située dans un joli vallon boisé, c'est dans une propriété à colombages que vous serez accueillis. Les chambres sont authentiques, meublées avec goût. Au petit déjeuner, vous goûterez le miel maison. Langues parlées : anglais, espagnol.

Prix : 1 pers. 30 € 2 pers. 38 € 3 pers. 50 €
Ouvert : Toute l'année

30	7	5	3	4	10	3	

Alain et Vicky GRAN - La Drouetterie - 14100 MAROLLES - Tél. : 02 31 62 73 93

MAROLLES Le Mont Hérault
C.M. 231 Pli 32

1 ch. Dans l'habitation, à l'étage : 1 ch 2 pers, salle d'eau et wc particuliers, coin salon avec canapé et une chambre complémentaire 1 lit 1 pers, canapé-lit (possibilité couchage d'appoint 2 pers). Entrée indépendante. C'est une chambre confortable dans une habitation à colombages. Le Pays d'Auge vous offre d'agréables balades.

Prix : 1 pers. 30 € 2 pers. 38 € pers. sup. 15 €
Ouvert : De Pâques à la Toussaint.

35	12	5	27	0,5	2,5	12	7

J-Claude et Michèle DESLANDES - Le Mont Hérault - 14100 MAROLLES - Tél. : 02 31 63 66 33 - Fax : 02 31 63 66 33 - E-mail : michèle.deslandes@libertysurf.fr

MAROLLES
C.M. 231 Pli 32

3 ch. Dans la maison d'habitation, à l'étage : 2 ch 2 pers, 1 ch 3 pers, salle d'eau et wc particuliers. Entrée indépendante. Salon de jardin. Cette grande demeure traditionnelle en briques et colombages dispose d'une cheminée dans la salle à manger qui sera allumée lors des petits déjeuners ou des soirées un peu fraiches. A pied ou à vélo, vous découvrirez la richesse du patrimoine des villages augerons. Langues parlées : anglais, allemand.

Prix : 1 pers. 30 € 2 pers. 38 € 3 pers. 46 €
Ouvert : Toute l'année

30	30	9	0,5	18	18	2	18	2,5	9	2,5

Lucien et Christiane SIX - Route de Fumichon - 14100 MAROLLES - Tél. : 02 31 63 64 39

MAROLLES La Ferme aux Alpines
C.M. 231 Pli 32

3 ch. A la ferme, dans l'habitation des propriétaires, au 2e étage : 3 chambres 2 pers avec salle de bains ou salle d'eau et wc particuliers, lit bébé, lit supplémentaire 1 pers. Salon de détente. Jardin avec salon de jardin. Cette ancienne ferme aux bâtiments de pierres et de briques propose 3 chambres de très bon confort. Le salon mis à disposition invite au repos. Nombreuses possibilités de promenades aux alentours. Langues parlées : anglais, espagnol.

Prix : 1 pers. 27 € 2 pers. 35 € 3 pers. 43 €
Ouvert : Toute l'année

35	35	12	5	20	27	0,5	0,5	2,5	12	4

Evelyne PILON - le Mont Hérault - la ferme aux Alpines - 14100 MAROLLES - Tél. : 02 31 61 96 11

MARTRAGNY Manoir de L'Abbaye
C.M. 54 Pli 15

2 ch. Dans l'habitation, au r-d-c : 1 ch 2 pers, salle d'eau et wc particuliers. TV. Entrée indépendante. A l'étage : 1 ch 2 pers, 1 lit enfant, TV avec 1 ch complémentaire 2 pers, TV, salle d'eau et wc particuliers. Salle de détente. Salon de jardin. Garage. Les cheminées d'époque dans les chambres rappellent l'authenticité de ce manoir des XVIIè et XVIIIè siècles. A l'extérieur, vous pourrez profiter du parc. Langue parlée : anglais.

Prix : 1 pers. 30/34 € 2 pers. 36/43 € 3 pers. 54/58 €
Ouvert : Toute l'année

12	15	7	SP	20	5	2	SP	0,9	7	7

Maurice et Yvette GODFROY - Manoir de l'Abbaye - 15 rue de Creully - 14740 MARTRAGNY - Tél. : 02 31 80 25 95 - Fax : 02 31 80 25 95 - E-mail : maurette@multimania.com

MATHIEU Le Londel
C.M. 54 Pli 16

3 ch. Dans l'habitation, à l'étage : 2 ch 3 pers, 1 ch 2 pers, salle de bains et wc particuliers. A proximité de Caen, dans un cadre rural, vous profiterez de ces chambres confortables. Le séjour rustique est agrémenté d'une grande cheminée.

Prix : 1 pers. 27 € 2 pers. 37 € 3 pers. 46 €
Ouvert : Toute l'année

6	6	8	3	3	2	2,5	8	2

Pierre LEBLANC - Le Londel - 14920 MATHIEU - Tél. : 02 31 44 51 55

Calvados
Normandie

MERY-CORBON Mathan
(TH) 🐓   *C.M. 231 Pli 31*

2 ch. Dans la maison de la ferme, au 2ᵉ étage : 2 ch mansardées 2 pers (lavabo, bidet), salle d'eau commune, possibilité 1 lit complémentaire 1 pers. A la ferme, au cœur du marais de la Dives, cette grande demeure du Pays d'auge propose 2 chambres simples et agréables.

Prix : 1 pers. 24 € 2 pers. 30 € 3 pers. 38 € repas 13 €
Ouvert : Toute l'année

🐕	≋	⛵	🏇	🏃	🎣	🎾	🏊	👥	❌	🚂	🚴
	20	20	25	9	22	20	10	SP	10	2	25	1

Yvan et M-Josèphe LENORMAND - Mathan - 14370 MERY-CORBON - Tél. : 02 31 23 63 51 ou 06 08 05 31 51 - Fax : 02 31 23 63 51

LE MESNIL-SUR-BLANGY Le Lieu Saulnier
C.M. 231 Pli 20

1 ch. Dans une annexe de l'habitation : 1 ch 2 pers, mezzanine (1 lit enfant à partir de 6 ans), salle d'eau et wc particuliers. Dans un écrin de verdure, vous apprécierez l'intérieur à la fois simple et raffiné de cette chambre. Langue parlée : anglais.

Prix : 1 pers. 37 € 2 pers. 43 € 3 pers. 55 €
Ouvert : Toute l'année

🐕	≋	⛵	🏇	🏃	🎣	🎾	🏊	👥	❌	🚂	🚴
	20	20	13	5	3	3	SP	6	13	3

Marie-France D'HOUDAIN - Le Lieu Saulnier - 14130 LE MESNIL-SUR-BLANGY - Tél. : 02 31 64 14 90

LE MESNIL-SUR-BLANGY La Saulnière
C.M. 231 Pli 20

1 ch. Au 2ᵉ étage de l'habitation de la propriétaire, 1 ch 2 pers, salle d'eau et wc particuliers. Salon de jardin. Dans un petit manoir à colombages du 18ᵉ siècle, cette chambre spacieuse vous offre une agréable vue sur le très grand jardin.

Prix : 1 pers. 37 € 2 pers. 43 €
Ouvert : Toute l'année.

🐕	≋	⛵	🏇	🏃	🎣	🎾	🏊	👥	❌	🚂	🚴
	20	20	13	5	5	3	3	SP	3	13	3

Marie MARGANNE - La Saulnière - 14370 LE MESNIL-SUR-BLANGY - Tél. : 02 31 64 60 67

MEUVAINES Le Clos de Quintefeuille
C.M. 54 Pli 15

1 ch. Dans la maison d'habitation, au 2ᵉ étage : 1 ch 2 pers avec 1 ch complémentaire 2 pers, salle d'eau et wc particuliers au 1ᵉʳ étage. Entrée indépendante. Coin détente en mezzanine avec TV. Salon de jardin. Indépendance, espace et calme caractérisent cette chambre familiale située à 5 minutes d'Arromanches et des Plages du Débarquement.

Prix : 1 pers. 29 € 2 pers. 35 € 3 pers. 46 €
Ouvert : Toute l'année

🐕	≋	🏇	🎣	🎾	👥	❌	🚂	🚴
	2	10	10	15	4	2	SP	16	2

Sylvie LE PERSON - Route d'Arromanches - Le Clos de Quintefeuille - 14960 MEUVAINES - Tél. : 02 31 92 53 95

MEUVAINES L'Ancienne Ecole
(TH)   *C.M. 54 Pli 15*

3 ch. Dans la maison d'habitation, au 1ᵉʳ étage : 1 ch 2 pers, salle d'eau et wc particuliers. 2ᵉ étage : 2 ch 3 pers, salles d'eau et wc particuliers avec poss. chacune 1 lit suppl. Salon de jardin. L'Ancienne Ecole est une maison typique du 18e siècle où Françoise et Georges vous feront partager leur passion de la région et leur cuisine à base de produits du terroir. Plages du Débarquement.

Prix : 1 pers. 29 € 2 pers. 39 € 3 pers. 48 € pers. sup. 10 €
repas 14 €
Ouvert : Toute l'année

🐕	≋	⛵	🏇	🎣	🎾	🏊	👥	❌	🚂	🚴
	2	8	8	18	2	2	SP	2	15	2

Georges et Françoise DARTHENAY - Route d'Arromanches - L'ancienne école - 14960 MEUVAINES - Tél. : 02 31 22 39 59 - Fax : 02 31 22 39 11

MEZIDON La Londe
C.M. 54 Pli 16-17

1 ch. Dans l'habitation, au 2ᵉ étage réservé aux hôtes : 1 ch 2 pers avec 2 complémentaires 1 pers, salle d'eau et wc particuliers, poss. 1 lit appoint 1 pers. Salon de jardin. La ferme de la Londe datant du XVIIIè siècle jouit d'un cadre privilégié : depuis la terrasse, vous apprécierez particulièrement le cadre campagnard. Atelier de modelage et exposition. Poss. stage.

Prix : 1 pers. 26 € 2 pers. 37 € 3 pers. 46 €
Ouvert : Toute l'année

🐕	≋	🏇	🎣	🎾	❌	🚂	🚴
	30	10	15	10	3	3	3

Ludivine HEYSER - La Londe - 14270 MEZIDON - Tél. : 02 31 20 27 49

MITTOIS Le Vieux Châateau

C.M. 55 Pli 13

1 ch. Dans un bâtiment indépendant de la ferme, au r-d-c : 1 ch 2 pers avec 1 mezzanine (1 lit 1 pers), TV, salle d'eau et wc particuliers, possibilité lit d'appoint 1 pers. Table de jardin. Ce charmant petit bâtiment augeron abrite une chambre à la décoration raffinée dans les tons bleus.

Prix : 1 pers. 32 € 2 pers. 40 € 3 pers. 49 €
Ouvert : Toute l'année

🐕	≋	⛵	🏇	🎣	🎾	🏊	👥	❌	🚂	🚴
	30	30	5	8	10	5	1	1	2	5	5

Pierre et Anne PFLIEGER - Le Vieux Chateau - 14170 MITTOIS - Tél. : 02 31 20 73 64 - E-mail : anne.pf@wanadoo.fr

Normandie

Calvados

MONCEAUX-EN-BESSIN Manoir les Equerres (TH)
C.M. 54 Pli 14/15

4 ch. Dans un manoir, au 1er étage : 2 ch 2 pers, salle d'eau et wc particuliers. Au 2e étage : 2 ch 2 pers, salle d'eau et wc particuliers. Salle de billard. Salon de jardin. Parc de 2 ha. Proche de Bayeux, vous tomberez sous le charme de cette demeure normande au style très chaleureux. Les chambres sont personnalisées et le petit déjeuner vous sera servi dans une superbe véranda. Pendant votre séjour, vous profiterez également du parc boisé, du « petit bois » et sa source.

Prix : 1 pers. **46** € 2 pers. **54** € repas **28** €
Ouvert : Toute l'année

	10	10	2	3	9	2	SP	2	1,5	2	

M-Catherine et Didier CHAMBRY - Manoir Les Equerres - 14400 MONCEAUX-EN-BESSIN - Tél. : 02 31 92 03 41 ou 06 80 33 01 03 - Fax : 02 31 92 03 41

MONCEAUX-EN-BESSIN Les Roquelines
C.M. 54 Pli 14/15

1 ch. Dans l'habitation, à l'étage : 1 ch 3 pers, salle d'eau et wc particuliers. Entrée indépendante. TV. Salon de jardin Dans une maison traditionnelle du Bessin, cette chambre est chaleureuse lumineuse et spacieuse. A proximité de Bayeux, sa Tapisserie et ses vieux quartiers. Langue parlée : anglais.

Prix : 1 pers. **30** € 2 pers. **38** € 3 pers. **46** €
Ouvert : Toute l'année

10	10	3	1	14	4	2	1	3	2	3

Raymond et Dominique COLLIGNON - Les Roquelines - 14400 MONCEAUX-EN-BESSIN - Tél. : 02 31 92 44 30 -
E-mail : dominique.collignon2@libertysurf.fr

MONDRAINVILLE Manoir de Colleville
C.M. 54 Pli 15

3 ch. Dans la maison d'habitation, à l'étage : 3 ch 2 pers, salle d'eau et wc particuliers. Salle de détente. Salon de jardin. Cette maison bourgeoise typique du Bocage met à votre disposition des chambres spacieuses et meublées avec goût.

Prix : 1 pers. **27** € 2 pers. **34** €
Ouvert : De Pâques à la Toussaint.

25	12	6	1	1	1	4	12	1

Monique GROSS - Manoir de Colleville - 14210 MONDRAINVILLE - Tél. : 02 31 80 96 75

MONTEILLE Les Vergées
C.M. 54 Pli 17

2 ch. Dans l'habitation, à l'étage : 1 ch 4 pers, salle de bains et wc particuliers, 1 ch 2 pers, salle de bains et wc particuliers. La ferme des Vergées est un exemple architectural de caractère, typique du Pays d'Auge. Les chambres ont également gardé l'authenticité et l'ambiance chaleureuse de ce lieu.

Prix : 1 pers. **38** € 2 pers. **41** € 3 pers. **59** €
Ouvert : De Pâques à la Toussaint.

27	27	12	12	12	27	3	3	0,2	3	12	3

Claudine REQUIER - Ferme les Vergees - 14270 MONTEILLE - Tél. : 02 31 63 01 13 - Fax : 02 31 63 01 13

MONTREUIL-EN-AUGE Ferme du Manoir
C.M. 231 Pli 31

4 ch. Dans l'habitation, à l'étage : 4 ch 2 à 5 pers, salles d'eau ou salles de bains et wc particuliers, poss. lit bébé. Salle de détente. Salon de jardin. Les boiseries, poutres et cheminées donnent une ambiance très douillette à ces chambres : en rose ou vert, choisissez les couleurs de votre séjour!

Prix : 1 pers. **30** € 2 pers. **40** € 3 pers. **52** €
Ouvert : Toute l'année

26	17	15	4	3	1	SP	15	2,5

Henri et Janine GESBERT - Ferme du Manoir - 14340 MONTREUIL-EN-AUGE - Tél. : 02 31 63 00 64 -
E-mail : alain.gesbert@libertysurf.fr

MONTVIETTE Le Manoir d'Annique (TH)
C.M. 231 Pli 31

2 ch. Dans l'habitation, à l'étage : 1 ch 2 pers avec 1 ch complémentaire 2 pers, salle de bains et wc particuliers, 1 ch 2 pers avec 1 ch complémentaire 2 pers, salle d'eau et wc particuliers. Salon de jardin. Dans un manoir du Pays d'Auge restauré par un couple d'anglais, l'atmosphère et les couleurs intérieures sauront vous enchanter. Langue parlée : anglais.

Prix : 1 pers. **37** € 2 pers. **50** € 3 pers. **65** € repas **21** €
Ouvert : Toute l'année

12	8	4	5	SP	6	18	6

Nicholas et Anni WILTSHIRE - Le Manoir d'Annique - La Gravelle - 14140 MONTVIETTE - Tél. : 02 31 20 20 98 - Fax : 02 31 20 74 36 -
E-mail : annique@mail.cpod.fr

Calvados
Normandie

MONTVIETTE L'Orée
(TH) *C.M. 231 Pli 31*

₦₦ 3 ch. Dans la maison d'habitation de la ferme, à l'étage : 3 ch 2 et 3 pers, salle de bains et wc particuliers. Salon de détente. Salon de jardin. Au cœur du Pays d'Auge, une famille anglaise vous accueille dans sa ferme d'élevage de moutons, où les oies gardent la cour. Langue parlée : anglais.

Prix : 1 pers. 27 € 2 pers. 46 € 3 pers. 52 € repas 15 €
Ouvert : Toute l'année

10	10	10	5	SP	5	10	5

Michaël et Mary COOK - L'Orée - 14140 MONTVIETTE - Tél. : 02 31 20 35 16

MONTVIETTE Les Vignes
C.M. 231 Pli 31

₦₦₦ 3 ch. Dans un bâtiment annexe, au r-d-c : 1 ch 2 pers, salle d'eau et wc particuliers. A l'étage : 2 ch 2 pers, salle d'eau et wc particuliers. Entrée indépendante et coin salon pour chaque chambre. Salle de détente commune. Salon de jardin. Vous serez enchantés par ce domaine typiquement normand bâti autour de son Manoir du 18ᵉ siècle, soigneusement rénové. Etang d'agrément. Loc. de bicyclettes. langues parlées : italien, espagnol, portugais. Langues parlées : anglais, allemand.

Prix : 1 pers. 46 € 2 pers. 53 €
Ouvert : Tout l'année

40	18	9	40	5	12	SP	4	18	5

Margaret et Philippe LOVE/KALK - Domaine des Sources - 14140 MONTVIETTE - Tél. : 02 31 20 35 35 ou 06 15 72 15 15 -
Fax : 02 31 20 36 35 - E-mail : DesSources@aol.com - www.le-domaine-des-sources.com

---

MOSLES
C.M. 54 Pli 14

₦₦₦ 1 ch. Dans l'habitation de la ferme, à l'étage : 1 ch 2 pers, salle d'eau et wc particuliers avec 1 ch complémentaire 2 pers, 1 lit bébé. Salon de jardin. C'est une chambre très spacieuse dans une demeure de caractère située à proximité des Plages du Débarquement. Langue parlée : anglais.

Prix : 1 pers. 29 € 2 pers. 38 € 3 pers. 44 €
Ouvert : De Pâques à la Toussaint.

5	20	10	5	8	5	5	1	1	10	10

Anne-Marie LEFEVRE - Quartier d'Argouges - 14400 MOSLES - Tél. : 02 31 92 43 40

MOULT
C.M. 231 Pli 30-31

₦ 2 ch. Dans l'habitation, au r-d-c : 1 ch 2 pers et 1 ch complémentaire 2 pers, salle de bains et wc particuliers. A l'étage : 1 ch 2 pers et 1 ch complémentaire 2 pers, salle d'eau et wc particuliers. Lit enfant. Entrée indépendante. Cuisine à disposition. Pour une étape ou un séjour, un accueil particulièrement chaleureux vous est réservé. De la véranda où vous seront servis les petits déjeuners, vous apprécierez la vue sur le jardin fleuri et soigné.

Prix : 1 pers. 27 € 2 pers. 34 € 3 pers. 46 €
Ouvert : Toute l'année

20	20	18	2	10	SP	8	1	18	1

Jean Pierre PRUVOST - 17 rue Pierre Cingal - 14370 MOULT - Tél. : 02 31 23 06 52

NONANT Lieu Foison
C.M. 54 Pli 15

₦ 1 ch. A la ferme, dans une annexe de l'habitation, 1 ch 2 pers, salle d'eau et wc particuliers. Salon de jardin. Avec un accès de plain-pied, cette chambre fonctionnelle bénéficie d'un calme absolu. Le centre-ville historique de Bayeux est à 10 mn et la plage à 15 km.

Prix : 1 pers. 24 € 2 pers. 32 €
Ouvert : Pâques à Toussaint.

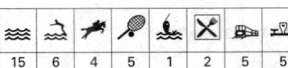

15	6	4	5	1	2	5	5

Simone LECORNU - Lieu Foison - 14400 NONANT - Tél. : 02 31 92 50 36 - Fax : 02 31 92 50 36

NOTRE-DAME-D'ESTREES Les Biches
(TH) *C.M. 231 Pli 31*

₦ 3 ch. Dans une ferme équestre et dans un bâtiment indépendant à proximité de l'habitation : R-d-c : 1 ch 5 pers salle d'eau et wc particuliers. Etage : 2 ch de 4 et 5 pers dont 2 ch complémentaires, salles d'eau et wc particuliers. Entrée indépendante. Les amateurs de chevaux apprécieront particulièrement cette étape à la ferme des Biches, orientée vers l'élevage des chevaux et la fonction de Haras. Langues parlées : anglais, espagnol.

Prix : 1 pers. 28 € 2 pers. 35 € 3 pers. 42 € repas 16 €
Ouvert : Pâques à Toussaint

20	20	17	SP	24	2	2	SP	2	17	2

Patrice NUDD-MITCHELL - Les Biches - 14340 NOTRE-DAME-D'ESTREES - Tél. : 02 31 63 06 86 - Fax : 02 31 63 06 85 -
E-mail : pt.nudd@libertysurf.fr

Normandie

Calvados

NOTRE-DAME-D'ESTREES Le Lieu de la Vigne

C.M. 231 Pli 31

1 ch.

Dans l'habitation au 1er étage : 1 ch 2 pers, salle d'eau et wc particuliers, au 2e étage : 1 ch complémentaire 2 pers avec lavabo et wc particuliers. Salon de jardin. Dans un environnement tranquille, ce petit manoir du XVIIIe siècle offre une chambre chaleureuse avec de jolies boiseries. Accès par un très bel escalier. Boxes pour chevaux sur place. Langue parlée : anglais.

Prix : 1 pers. **29** € 2 pers. **35** € 3 pers. **46** €
Ouvert : Toute l'année

	20	20	17	24	2	2	SP	2	17	5

Noël et Geneviève LE BARON - Le Lieu de la Vigne - 14340 NOTRE-DAME-D'ESTREES - Tél. : 02 31 63 72 66

NOTRE-DAME-DE-LIVAYE Turquelane

C.M. 55 Pli 13

3 ch.

Dans une annexe de l'habitation, au r-d-c : 3 ch, 3 et 4 pers, salle d'eau et wc particuliers. Entrée indépendante. Snakker norsk. Dans une propriété du pays d'Auge, ces chambres indépendantes assurent repos et tranquillité. Château de Crèvecœur à découvrir à proximité. Langues parlées : anglais, allemand.

Prix : 1 pers. **32** € 2 pers. **42** € 3 pers. **55** €
Ouvert : Toute l'année

	22	22	10	10	25	0,5	6	SP	0,5	10	0,5

Philippe et Siri ROULLIER - 14340 NOTRE-DAME-DE-LIVAYE - Tél. : 02 31 63 02 05 - Fax : 02 31 63 02 05

NOYERS-BOCAGE La Cordière

C.M. 54 Pli 15

5 ch.

Dans l'habitation d'une ferme équestre, à l'étage : 5 ch 2, 3 et 4 pers, salles d'eau et wc particuliers. Salle de détente avec cheminée et TV. Exposés au sud, vous bénéficierez du jardin verdoyant et de sa piscine. Nombreuses activités équestres avec moniteur et accompagnateur (poneys et chevaux), manège, carrière, club house avec coin repas. Auberge sur place. Langue parlée : anglais.

Prix : 1 pers. **30** € 2 pers. **41** € 3 pers. **49** €
Ouvert : Toute l'année

	25	25	SP	SP	15	1	5	5	SP	20	1

Philippe et A-Marie FLAGUAIS - Ferme de la Cordière - 14210 NOYERS-BOCAGE - Tél. : 02 31 77 18 64 - Fax : 02 31 77 18 64 -
E-mail : ferme.la.cordiere@wanadoo.fr

ORBEC Le Manoir de L'Engagiste

C.M. 231 Pli 32/33

4 ch.

Dans l'habitation, à l'étage : 1 ch 2 pers, salle de bains et wc particuliers. Dans un bâtiment contigu, au r-d-c : 1 ch 2 pers, salle de bains et wc particuliers. A l'étage : 1 ch 2 pers, 1 ch 4 pers en duplex, salle de bains et wc particuliers. TV. Ping-pong. Salon de jardin. Ce beau manoir des XVIe et XVIIe siècles au centre d'Orbec vous accueille dans des chambres confortables et une salle à manger très agréable. Salon, salle de billard à disposition.

Prix : 1 pers. **53** € 2 pers. **69** € 3 pers. **91** €
Ouvert : Toute l'année

	50	50	2	10	2	2	1	SP	16	0,1

Christian et Annick DUBOIS - 15 rue Saint-Rémy - Manoir de l'Engagiste - 14290 ORBEC - Tél. : 02 31 32 57 22 - Fax : 02 31 32 55 58

ORBEC

C.M. 231 Pli 32/33

2 ch.

Dans l'annexe de l'habitation, à l'étage : 1 suite de 2 ch 2 pers, salle d'eau et wc particuliers et salon, 1 ch 4 pers (dont 2 lits enfants en mezzanine) salle d'eau et wc particuliers et salon. Entrées indépendantes. Salon de jardin. Cette maison bourgeoise du XIXe siècle vous offre des chambres à la décoration harmonieuse et raffinée. Magnifique jardin à l'anglaise où vous pourrez flâner. Allemand parlé. Langues parlées : anglais, espagnol.

Prix : 1 pers. **40** € 2 pers. **50** € 3 pers. **61** €
Ouvert : Toute l'année

	50	50	18	2	2	2	1	SP	18	0,1

Dorothea VAILLERE - 62 rue Grande - 14290 ORBEC - Tél. : 02 31 32 77 99 - Fax : 02 31 32 77 99

OUFFIERES Neumers

C.M. 54 Pli 15

1 ch.

Dans la maison d'habitation, à l'étage : 1 ch 3 pers, salle d'eau et wc particuliers. TV. Cuisine à disposition. Entrée indépendante. Salon de jardin. Au cœur de la Suisse Normande, cette maison dispose d'une grande chambre indépendante dans un environnement calme et verdoyant.

Prix : 1 pers. **24** € 2 pers. **32** € 3 pers. **40** €
Ouvert : Toute l'année

	35	25	5	5	20	2	1	1	2	27	5

Denise MADELEINE - Neumers - 14220 OUFFIERES - Tél. : 02 31 79 73 88

Calvados — Normandie

OUILLY-DU-HOULEY Le Mont Criquet
C.M. 54 Pli 18

2 ch. Dans une maison à colombages, à l'étage : 1 ch 2 pers, salle de bains et wc particuliers. Au r-d-c : 1 ch 2 pers, salle de bains et wc particuliers avec coin cuisine et salle de détente, possibilité 1 lit suppl. 2 pers. Entrée indépendante. Salon de jardin. Dans un très joli site, ces chambres sont agréablement meublées et décorées. Les sentiers sur place vous enchanteront. Mini-golf.

Prix : 1 pers. 27/30 € 2 pers. 34/40 € 3 pers. 49 €
Ouvert : Toute l'année

30	30	10	SP	16	SP	SP	2	10	3

Jacques et Hélène BERNARD - Le Mont Criquet - 14590 OUILLY-DU-OULEY - Tél. : 02 31 62 98 98

OUILLY-LE-VICOMTE Le Lieu Chéri
C.M. 231 Pli 32

1 ch. Dans l'habitation de la ferme, à l'étage : 1 ch 2 pers, salle d'eau et wc particuliers. Entrée indépendante. Salon de jardin. Chez un producteur de cidre, calvados et pommeau, une authentique demeure normande entourée de vergers.

Prix : 1 pers. 32 € 2 pers. 40 €
Ouvert : Toute l'année

25	12	5	12	12	2	0,5	SP	4	6	5

Jocelyne DESFRIECHES - Le Lieu Chéri - 14100 OUILLY-LE-VICOMTE - Tél. : 02 31 61 11 71 - Fax : 02 31 61 05 61

PENNEDEPIE-HONFLEUR Le Pressoir
C.M. 231 Pli 20

2 ch. Dans une maison ancienne, fin 17e siècle, au r-d-c : 1 ch 2 pers, salle d'eau et wc particuliers avec entrée indépendante. A l'étage avec vue sur la mer : 1 ch 2 pers avec 1 ch compl. communicante 2 pers, coin cuisine, salle de bains et wc particuliers. Salon de jardin. Proche de l'estuaire de la Seine, dans un ancien pressoir à colombages, ces chambres confortables seront une étape de choix, dans un environnement très calme.

Prix : 1 pers. 35 € 2 pers. 43 € 3 pers. 55 €
Ouvert : Pâques à Toussaint

1	3	7	7	4	3	SP	3	8	4

Pierre RETOUT-CLAVERIE - La Source - Pennedepie - 14600 HONFLEUR - Tél. : 02 31 81 48 50 - Fax : 02 31 98 40 04

PENNEDEPIE-HONFLEUR La Vigne
C.M. 231 Pli 20

2 ch. Dans une annexe proche de l'habitation, au r-d-c : 1 ch 2 pers, salon attenant avec 1 lit 1 pers, salle d'eau et wc particuliers (3 épis). A l'étage : 1 ch 2 pers, salle d'eau et wc particuliers (2 épis). Salon de jardin. Entre Deauville et Honfleur, au milieu d'un grand jardin, chambres situées dans la dépendance à côté d'une maison normande du 18e siècle, où vous prendrez le petit déjeuner. La mer est à 400 m.

Prix : 1 pers. 30/35 € 2 pers. 38/43 € 3 pers. 53 €
Ouvert : Toute l'année

0,4	4,5	5	4,5	7	6	3	15	SP	SP	8	3,5

Alain et Anne-Marie DONIS - La Vigne - Route de Trouville - 14600 PENNEDEPIE - Tél. : 02 31 88 89 61 ou 06 03 75 40 80 - Fax : 02 31 88 89 61 - E-mail : alain.donis@worldonline.fr

---

PERCY-EN-AUGE
C.M. 231

1 ch. Dans l'habitation à l'étage : 1 ch 2 pers avec 1 ch complémentaire 2 pers, salle de bains et wc particuliers. Salon de jardin. Dans un ancien corps de ferme du 18e s. cette chambre est spacieuse. A proximité de St Pierre Sur Dives et des jardins de Canon.

Prix : 1 pers. 26 € 2 pers. 32 € 3 pers. 43 €
Ouvert : Juin à septembre

31	31	6	10	6	6	3	4	4	4

J-Marie et Françoise FACHE - Carrefour de la route Ouville - 14270 PERCY-EN-AUGE - Tél. : 02 31 20 08 75

PERIERS-EN-AUGE
C.M. 231 Pli 19

3 ch. Dans l'habitation : 2 ch 2 pers, salle d'eau et wc particuliers. Dans une annexe, 1 ch 2 pers, salle d'eau et wc particuliers. Possibilité lit d'appoint 1 pers. Cuisine à disposition. Salon de jardin. A 5 minutes de Cabourg, Guy et Mireille vous accueillent dans leur propriété très calme, agrémentée d'une piscine. Langue parlée : anglais.

Prix : 1 pers. 30 € 2 pers. 40 € 3 pers. 46 €
Ouvert : Toute l'année.

3	3	SP	3	3	3	1	2	2	1

Guy et Mireille DELOCHE - Chemin des Eaux - 14160 PERIERS-EN-AUGE - Tél. : 02 31 91 56 67 ou 06 86 96 87 60

Normandie — Calvados

PERIERS-EN-AUGE Les Collines de la Mer (TH) *C.M. 231 Pli 30-31*

2 ch. Dans l'habitation, à l'étage : 1 ch 2 pers, 1 ch 3 pers, salle de bains et wc particuliers. Salon de jardin. Monsieur Lachèvre vous propose deux chambres confortables et pleines de charme dans l'arrière pays de Cabourg à 5 minutes des plages. Table d'hôtes aux saveurs du Pays d'Auge sur réservation. Langue parlée : anglais.

Prix : 1 pers. 45 € 2 pers. 49 € 3 pers. 65 € repas 19 €
Ouvert : Toute l'année.

🐕	≈	⛵	🎣	🏇	🎯	🎾	🏊	🚶	🍽	🚆	⛴
	3	3	3	1	1	3	0,2	1	SP	2	3	2

Christelle et Denis LACHEVRE - Les Collines de la Mer - 14160 PERIERS-EN-AUGE - Tél. : 02 31 28 99 51 ou 06 07 13 82 06 - Fax : 02 31 28 99 51

PERIERS-SUR-LE-DAN Le Clos Fleuri du Dan *C.M. 54 Pli 16*

2 ch. Dans l'habitation, à l'étage : 1 ch 2 pers, salle de bains et wc particuliers, 1 ch 3 pers, salle d'eau et wc particuliers. Salon de jardin. Dans un village, entre Caen et la mer, ces chambres vous offrent confort et calme. La véranda vous fera apprécier un jardin particulièrement soigné et fleuri.

Prix : 1 pers. 30 € 2 pers. 40 € 3 pers. 50 €
Ouvert : Toute l'année.

🐕	≈	⛵	🎣	🏇	🎯	🎾	🚶	🍽	🚆	⛴
	7	8	8	2	4	3	8	3	10	3

Carmen MARIE - 11 rue du Bout Perdu - 14112 PERIERS-SUR-LE-DAN - Tél. : 02 31 44 11 52

PERTHEVILLE-NERS Le Chêne Sec *C.M. 55 Pli 12*

3 ch. Dans l'habitation de la ferme, au r-d-c : 1 ch 2 pers, salle d'eau et wc particuliers. A l'étage : 2 ch 3 et 4 pers, salles d'eau et wc particuliers. Non loin de Falaise, berceau de Guillaume le Conquérant, Michel vous accueille dans sa ferme de caractère du XVè siècle. Les chambres sont spacieuses et le décor authentique.

Prix : 1 pers. 30 € 2 pers. 44 € 3 pers. 50 €
Ouvert : Mars à octobre.

🐕	≈	⛵	🏇	🎯	🎾	🚶	🍽	🚆	⛴
45	7	7	7	7	7	3	8	20	7

Michel PLASSAIS - Le Chêne Sec - 14700 PERTHEVILLE-NERS - Tél. : 02 31 90 17 55

PETIVILLE Ferme de la Rivière *C.M. 54 Pli 16*

2 ch. Dans l'habitation d'une ancienne ferme, à l'étage, 2 ch 2 pers, salles d'eau et wc particuliers. Entrée indépendante. Salon de jardin. A proximité de Cabourg, ce site bénéficie d'une vue sur le marais de la Dives et la campagne du Pays d'Auge. Langue parlée : anglais.

Prix : 1 pers. 26 € 2 pers. 35 €
Ouvert : Toute l'année.

🐕	≈	⛵	🎣	🏇	🎯	🎾	🏊	🚶	🍽	🚆	⛴
5	6	5	4	4	5	3	3	1,5	18	5

François et Hélène LEPERLIER - Ferme de la Rivière - 14390 PETIVILLE - Tél. : 02 31 91 88 15 ou 06 07 01 25 20 - Fax : 02 31 91 88 15

PIERREFITTE-EN-AUGE *C.M. 54 Pli 17*

1 ch. Dans l'habitation de la ferme, au r-d-c : 1 ch 2 pers, salle d'eau et wc particuliers. Entrée indépendante. Au cœur de la ferme et des vergers, cette chambre est confortable et simple. Les sentiers de randonnées à proximité vous permettront de découvrir la campagne augeronne.

Prix : 1 pers. 24 € 2 pers. 30 € 3 pers. 35 €
Ouvert : Pâques à Toussaint.

🐕	≈	⛵	🎣	🏇	🎯	🎾	🏊	🚶	🍽	🚆	⛴
20	3	15	9	9	3	3	3	2	7	7

Patrick et M-Cécile LEBEHOT - Rue Froide - 14130 PIERREFITTE-EN-AUGE - Tél. : 02 31 65 25 79 ou 06 08 42 08 40 - Fax : 02 31 65 25 79

LE PIN Ferme de la Pomme *C.M. 231 Pli 32*

2 ch. Dans l'habitation, au r-d-c : 1 ch 2 pers, salle d'eau et wc particuliers, poss lit d'appoint 120 cm. Accès indépandant. A l'étage, 1 ch 2 pers et 1 ch complémentaire 2 pers, salle d'eau et wc particuliers. Salon de jardin. Dans cette ancienne ferme 17e restaurée, découvrez ces chambres harmonieusement décorées. Au petit déjeuner, vous savourerez gâteaux et confitures maison au coin du feu l'hiver. A proximité de Lisieux et Pont l'Evêque. Possibilité pique-nique.

Prix : 1 pers. 30 € 2 pers. 40 € 3 pers. 50 €
Ouvert : Toute l'année.

🐕	≈	⛵	🎣	🏇	🎯	🎾	🏊	🚶	🍽	🚆	⛴
26	12	12	4	12	2,5	6	SP	2,5	12	7

Jocelyne SYLLA - Ferme de la Pomme - 14590 LE PIN - Tél. : 02 31 61 96 09 ou 06 09 13 38 88 - Fax : 02 31 61 96 09 - http://csylla.multimania.com/gite

Calvados

Normandie

LE PIN Les Jardins de la Hunière
C.M. 231 Pli 32

||| 1 ch. Dans l'habitation, à l'étage : 1 ch 2 pers, salle de bains et wc particuliers, lit bébé. Salon de détente. Salon de jardin. Au milieu des fleurs et de la verdure, cette jolie maison à colombages abrite une chambre douillette et très confortable, salle de bains spacieuse. Ici, le repos et la tranquillité sont assurés !

Prix : 1 pers. 40 € 2 pers. 44 €
Ouvert : Toute l'année.

🐕	≈	⛵	🛶	🐎	🎣	🎾	⛳	🚶	🍴	🚂	✈
	26	14	10	2	14	14	2	14	1	5	10	3

Geneviève CARDINNE - Les Jardins de la Hunière - 14590 LE PIN - Tél. : 02 31 63 97 83 - Fax : 02 31 63 97 83

PONT-D'OUILLY Arclais
(TH) *C.M. 55 Pli 11*

||| 3 ch. Dans l'habitation, à l'étage : 2 ch 2 pers, 1 ch 2 pers avec 1 ch complémentaire 2 pers, salles d'eau et wc particuliers. Salle de détente. Véranda. Salon de jardin. Cette maison est située sur une colline de Suisse Normande (vue panoramique), à proximité de la station verte de Pont d'Ouilly, où vous pourrez pratiquer le canoë-kayak et la randonnée sur les GR. Delta-plane à 1 km.

Prix : 1 pers. 30 € 2 pers. 35 € 3 pers. 45 € repas 13 €
Ouvert : Avril à octobre

🐕	≈	⛵	🛶	🐎	🎣	🎾	⛳	🚶	🍴	🚂	✈
	50	15	1	4	4	4	1	4	20	4

Claudine LEBATARD - Arclais - 14690 PONT-D'OUILLY - Tél. : 02 31 69 81 65 - Fax : 02 31 69 81 65

PONT-L'EVEQUE
C.M. 54 Pli 17

| 3 ch. Dans l'habitation, au 1er étage : 1 ch 2 pers, salle de bains et wc particuliers. Au 2e étage : 2 ch 2 pers avec 1 ch complémentaire 1 pers, salle de bains commune. Dans un parc soigné, vous découvrirez tout le charme des grandes demeures du Pays d'Auge. A 2 minutes du centre ville de Pont l'Evêque.

Prix : 1 pers. 23 € 2 pers. 30 € 3 pers. 38 €
Ouvert : Pâques à Toussaint

🐕	≈	⛵	🛶	🐎	🎣	🎾	⛳	🚶	🍴	🚂	✈
	10	2	12	1	2	2	2	2	1	2	1

Bernadette HELIN - 16 av. de la Liberation - 14130 PONT-L'EVEQUE - Tél. : 02 31 64 01 88

RANVILLE
C.M. 54 Pli 16

| 3 ch. Dans l'habitation, au 1er étage : 2 ch 2 pers, salle d'eau et wc communs (1 épi). Au 2e étage : 1 ch 2 pers avec 1 ch complémentaire 2 pers, salle d'eau et wc particuliers (2 épis). Salon de jardin. Cette maison est située entre Caen et la mer. Ce lieu est chargé d'histoire puisqu'à 2 pas d'ici s'est déroulée une des phases les plus importantes de la Bataille de Normandie : la prise du Pont de Pegasus.

Prix : 1 pers. 20/23 € 2 pers. 28/32 € 3 pers. 35/38 €
Ouvert : Toute l'année

🐕	≈	⛵	🛶	🐎	🎣	🎾	⛳	🚶	🍴	🚂	✈
	8	8	3	8	5	5	5	SP	0,6	12	0,5

Marcel et Andrée CALBRIS - 8 Chemin du Heaume - 14860 RANVILLE - Tél. : 02 31 78 78 53

REVIERS
C.M. 231 Pli 17/18

|| 2 ch. Dans l'habitation de la ferme, à l'étage : 1 ch 4 pers, salle de bains et wc particuliers, 1 ch 2 pers, salle d'eau et wc particuliers. Possibilité lit supplémentaire. Salon de jardin. Dans une ferme typique de la région, chambres simples, confortables, spacieuses et au calme. Possibilité pique-nique. Tennis gratuit à 200 m et visite de la ferme possible.

Prix : 1 pers. 30 € 2 pers. 40 € 3 pers. 49 €
Ouvert : Toute l'année

🐕	≈	⛵	🛶	🐎	🎣	🎾	⛳	🚶	🍴	🚂	✈
	3	3	3	4	0,2	SP	SP	2	15	2

Laurence FRAS-JULIEN - 6 rue des Moulins - 14470 REVIERS - Tél. : 02 31 37 85 62 - Fax : 02 31 37 46 28 -
E-mail : laurence.fras@libertysurf.fr

REVIERS La Malposte
C.M. 231 Pli 17/18

||| 3 ch. Dans une dépendance, au 1er étage : 2 ch 2 pers, salle d'eau et wc particuliers. Au 2e étage : 1 ch 2 pers avec 1 ch complémentaire 2 pers, salle d'eau et wc particuliers. Salle de détente. TV dans les ch. Cuisine à disposition. Salon de jardin. Situé dans un village à l'architecture préservée, cet ancien moulin a été rénové et vous accueille... au bord de l'eau ! Langues parlées : anglais, italien.

Prix : 1 pers. 37 € 2 pers. 49 € 3 pers. 66 €
Ouvert : Toute l'année.

🐕	≈	⛵	🛶	🐎	🎣	🎾	⛳	🚶	🍴	🚂	✈
	2,5	2,5	2,5	15	SP	SP	SP	3	18	2,5

J-Michel et Patricia BLANLOT - La Malposte - 15 rue des Moulins - 14470 REVIERS - Tél. : 02 31 37 51 29 - Fax : 02 31 37 51 29

Normandie — Calvados

REVIERS
C.M. 231 Pli 17/18

2 ch. Dans la maison d'habitation, à l'étage : 2 ch 3 pers, salles d'eau et wc particuliers, poss lit supplémentaire. Salon de détente avec TV. Entrée indépendante. Coin cuisine à disposition. Salon de jardin. Cette belle demeure de caractère datant du XVIIIè siècle vous accueille au calme, dans 2 chambres aux meubles de style et à la décoration raffinée Langue parlée : anglais.

Prix : 1 pers. **32** € 2 pers. **41** € 3 pers. **58** €
Ouvert : Toute l'année

3	3	3	3	15	15	0,3	1,5	3	15	3

Michel et Nicole VANDON - Le Clos St Bernard - 36 rue de l'église - 14470 REVIERS - Tél. : 02 31 37 87 82 -
E-mail : nicole.vandon@free.fr

LA RIVIERE-SAINT-SAUVEUR
C.M. 231 Pli 20

2 ch. Dans la maison d'habitation, à l'étage : 1 ch 2 pers, 1 ch 3 pers, salle d'eau et wc communs. Salon de jardin. L'accueil très chaleureux de Mme Delange vous fera d'autant mieux apprécier votre séjour dans cette belle région d'Honfleur.

Prix : 1 pers. **23** € 2 pers. **27** € 3 pers. **34** €
Ouvert : Toute l'année

3	8	3	8	1	1	3	SP	15	0,1

Lysianne DELANGE - 15 route de Rouen - 14600 LA RIVIERE-SAINT-SAUVEUR - Tél. : 02 31 98 70 42

LA RIVIERE-SAINT-SAUVEUR
C.M. 231 Pli 20

4 ch. Dans la maison d'habitation, à l'étage : 1 ch 2 pers, salle de bains particulière (2 épis), 1 ch 2 pers, salle d'eau et wc particuliers (1 épi). Dans une annexe au 2ᵉ étage : 2 ch 2 et 4 pers, salle de bains et wc particuliers (2 épis). Salon de jardin. Le jardin abrité est un endroit privilégié de détente. Ces chambres seront votre point de départ pour découvrir Honfleur, le pont de Normandie.

Prix : 1 pers. **30** € 2 pers. **35/38** € 3 pers. **46** €
Ouvert : Toute l'année

3	8	3	8	1	1	3	0,5	15	2

Agnès DENIS - 28 rue Saint Clair - 14600 LA RIVIERE-SAINT-SAUVEUR - Tél. : 02 31 89 38 05

LA RIVIERE-SAINT-SAUVEUR Honnaville
C.M. 231 Pli 20

2 ch. Dans l'habitation, au r-d-c : 1 ch 2 pers, salle de bains et wc particuliers. A l'étage : 1 ch 3 pers, salle d'eau et wc particuliers. Salon de jardin. A deux pas de Honfleur, vous savourerez le charme de cette chaumière et le confort des chambres au calme.

Prix : 1 pers. **30** € 2 pers. **38** € 3 pers. **53** €
Ouvert : Toute l'année

4	3	3	3	1	15	3

Marie-Rose ALLEAUME - Honnaville - 14600 LA RIVIERE-SAINT-SAUVEUR - Tél. : 02 31 89 05 81

ROBEHOMME Le Hom
C.M. 54 Pli 16

1 ch. Dans l'habitation, à l'étage : 1 ch 2 pers avec 1 ch complémentaire 1 pers, salle de bains et wc particuliers. Au cœur des marais de la Dives, cette maison de caractère du XVIè siècle, avec sa chambre personnalisée, vous assure calme et tranquilité. Parc avec terrasse et salon de jardin.

Prix : 1 pers. **27** € 2 pers. **38** € 3 pers. **49** €
Ouvert : Toute l'année

10	10	10	10	10	4	SP	5	10	4

Jacques et Annick MARIE - Le Hôm - 14860 ROBEHOMME-BAVENT - Tél. : 02 31 78 01 74

ROBEHOMME Hameau de Bricqueville
C.M. 54 Pli 16

3 ch. Dans l'habitation, à l'étage : 2 ch 2 pers, salle de bains particulière avec wc, 1 ch 2 pers, salle d'eau et wc particuliers. Salon de jardin. Au cœur du Marais, cette maison récente bénéficie d'une terrasse plein sud donnant sur le jardin soigné et fleuri. Aux alentours beaucoup de possibilités de promenades à pied ou en vélo.

Prix : 1 pers. **27** € 2 pers. **34/37** €
Ouvert : Toute l'année

8	10	8	8	10	1	6	18	3

Monique KONCEWIECZ - Hameau de Bricqueville - 9 rue Vitrée - 14860 ROBEHOMME/BAVENT - Tél. : 02 31 78 84 90

Calvados
Normandie

ROTS La Renaudière
C.M. 231 Pli 17/18

2 ch. Dans la maison d'habitation, à l'étage : 2 ch 3 pers, salles d'eau et wc particuliers. Lit bébé. Coin salon avec TV. Salon de jardin. Maison restaurée en pierres, avec une décoration de bon goût. Salle à manger avec cheminée. Vaste jardin d'agrément.

Prix : 1 pers. 27 € 2 pers. 37 € 3 pers. 46 €
Ouvert : Toute l'année

14	14	7	7	11	9	7	7	10	0,1

Marie Catherine THOMINE - 5 rue de l'église - 14980 ROTS - Tél. : 02 31 26 64 59

ROULLOURS Le Gage
C.M. 59 Pli 10

2 ch. Dans l'habitation, au 2e étage : 2 ch 2 pers, salle d'eau et wc particuliers T.V. Cuisine à disposition. Ces chambres confortables bénéficient d'un cadre très agréable : aire de pique-nique, terrain de jeux, location VTT, salle de détente sont à votre disposition.

Prix : 1 pers. 37 € 2 pers. 43 €
Ouvert : Toute l'année

50	5	3	4	5	5	3	2	1	0,5	3	1

Marcelle MARIE - Route de Tinchebray - Le Gage - 14500 ROULLOURS - Tél. : 02 31 68 17 40 - Fax : 02 31 68 17 40

RUMESNIL L'Islet
C.M. 231 Pli 31

4 ch. Dans l'habitation, à l'étage : 3 ch 2 pers, salle d'eau commune (1 épi). Dans un bâtiment annexe au r-d-c : 1 ch 2 pers, salle d'eau et wc particuliers (2 épis). Entrée indépendante. Cuisine à disposition. Salon de jardin. Le cadre champêtre de la ferme de l'Islet vous incitera à sillonner les nombreux sentiers de randonnées de la campagne augeronne.

Prix : 1 pers. 30/38 € 2 pers. 34/41 € 3 pers. 43/50 €
Ouvert : Toute l'année

17	16	7	7	3	5	SP	SP	3	16	3

Suzanne LESUFFLEUR - Ferme l'Islet - 14340 RUMESNIL - Tél. : 02 31 63 01 08

RYES Ferme du Clos Neuf
C.M. 231 Pli 17

4 ch. A la ferme, dans un bâtiment annexe, à l'étage : 3 ch 2 pers, 1 ch 3 pers, salle d'eau et wc particuliers. Salle de détente. Salon de jardin. Parquet d'origine, armoire normande sont le décor de ces chambres. Au petit déjeuner, André et Madeleine sauront vous parler de la région riche en découvertes.

Prix : 1 pers. 26 € 2 pers. 31 € 3 pers. 39 €
Ouvert : Toute l'année

4	4	7	7	10	1	4	1,5	7	4

André et Madeleine SEBIRE - Ferme du Clos Neuf - 14400 RYES - Tél. : 02 31 22 32 34

RYES La Gloriette
C.M. 231 Pli 17

2 ch. Dans l'habitation, au 2e étage : 1 ch 2 pers, salle d'eau et wc particuliers, 1 ch 3 pers salle d'eau et wc particuliers. Poss. lit supplémentaire. Salon de jardin. Dans une maison bourgeoise, deux chambres personnalisées et de bon goût, au calme, situées à 3 km de la célèbre plage du Débarquement d'Arromanches-Langues parlées : anglais, espagnol.

Prix : 1 pers. 36 € 2 pers. 34/39 € 3 pers. 44/49 €
Ouvert : Toute l'année

2	2	6	1	8	2	SP	SP	6	6

Dominique et Nathalie FRANCOIS - 9 route d'Asnelles - 14400 RYES - Tél. : 02 31 22 42 12 ou 06 14 85 65 84 -
E-mail : arromanches-accueil@free.fr - www.arromanches-accueil.free.fr

---

SECQUEVILLE-EN-BESSIN
C.M. 231 Pli 17

3 ch. Dans l'habitation, à l'étage : 1 ch 2 pers, salle d'eau et wc particuliers, 1 ch 2 pers avec 1 ch complémentaire 1 pers, salle d'eau et wc particuliers, 1 ch 2 pers avec 1 ch complémentaire 2 pers, salle de bain et wc particuliers. Salon de jardin. Dans un vieux corps de ferme, belles chambres restaurées avec goût, qui invitent au repos. Accueil chaleureux.

Prix : 1 pers. 28 € 2 pers. 43 € 3 pers. 55 €
Ouvert : Toute l'année

15	15	15	6	20	1	SP	2	15	3,5

Vincent et Annick LE RENARD - rue des Lavoirs - 14740 SECQUEVILLE-EN-BESSIN - Tél. : 02 31 80 39 42

Normandie

Calvados

SOMMERVIEU Ferme de L'Eglise
C.M. 54 Pli 15

4 ch. Dans l'habitation de la ferme, à l'étage : 2 ch 2 et 3 pers, salle d'eau et wc particuliers. Dans un bâtiment annexe, à l'étage : 2 ch 4 pers, salle d'eau et wc particuliers. Cuisine et salle à disposition. Ping-pong. Prêt vélos. Salon de jardin. Dans une ferme typique du XVIIè siècle en activité, vous serez accueillis dans une ambiance familiale et champêtre.

Prix : 1 pers. 21 € 2 pers. 30/32 € 3 pers. 40/41 €
Ouvert : Toute l'année

≈	⛵	⛷	🏇	🏊	🎾	⛳	🚶	✕	🚉	⛴
6	6	4	4	13	4	8	6	0,2	4	4

J-Michel et Françoise SCHMIT - Ferme de l'Eglise - 14400 SOMMERVIEU - Tél. : 02 31 92 55 17 ou 06 03 33 68 67 - Fax : 02 31 92 55 17

ST-AUBIN-LEBIZAY Cour L'Epée
C.M. 231 Pli 31

3 ch. Dans l'habitation, à l'étage : 2 ch 2 et 3 pers, salles de bains et wc particuliers (4 épis). Dans un bâtiment annexe, au r-d-c : 1 ch 2 pers, avec coin salon, salle d'eau et wc particuliers (3 épis). Salon de jardin. L'ambiance raffinée des chambres est à l'image de cette demeure de caractère entourée d'un magnifique jardin et bénéficiant d'une très belle vue. Langue parlée : anglais.

Prix : 1 pers. 46/54 € 2 pers. 54/61 € 3 pers. 73 €
Ouvert : Toute l'année

≈	⛵	⛷	🏇	🏊	🎾	⛳	🚶	✕	🚉	⛴
15	15	15	5	15	15	SP	5	25	5	

M-Claire et Andre TESNIERE - Cour l'Epée - 14340 ST-AUBIN-LEBIZAY - Tél. : 02 31 65 13 45 - Fax : 02 31 65 13 45 -
E-mail : aj.tesniere@wanadoo.fr

ST-AUBIN-SUR-MER La Grange Ferronnière
C.M. 54 Pli 16

2 ch. Dans l'habitation, à l'étage : 2 ch 2 et 3 pers, salle de bains commune. Entrée indépendante. Salon de jardin. Ancienne auberge du XVIIè siècle réinstallée dans la grange du forgeron. L'ambiance intérieur y est chaleureuse : boiseries, pavés anciens, cheminée, toiles pré-impressionnistes. A proximité de la mer et des plages du Débarquement. Stages artistiques. Langue parlée : anglais.

Prix : 1 pers. 26/29 € 2 pers. 32/35 € 3 pers. 41 €
Ouvert : Toute l'année

≈	⛵	⛷	🏇	🏊	🎾	⛳	🚶	✕	🚉	⛴
0,2	0,2	5	0,2	15	0,2	0,2	2	0,2	18	0,1

Nicole LEHODEY - 39 rue du Maréchal Foch - La Grange Ferronnière - 14750 ST-AUBIN-SUR-MER - Tél. : 02 31 97 27 32 -
www.capinfo.fr/lehodey

ST-AUBIN-SUR-MER
C.M. 231 Pli 18

1 ch. Dans l'habitation, au 1er étage : 1 ch 2 pers et 1 ch complémentaire 1 pers, salle de bains et wc particuliers. Poss. lit supplémentaire. Lit bébé. Salon avec TV. Salon de jardin. A deux pas de la plage, et au cœur d'un jardin très soigné, les propriétaires de cette agréable maison vous réserveront un accueil très chaleureux. Cures marines : 4 km. Thalassothérapie : 12 km. Vélos à disposition.

Prix : 1 pers. 32 € 2 pers. 41 € 3 pers. 50 €
Ouvert : Toute l'année

≈	⛵	⛷	🏇	🏊	🎾	⛳	🚶	✕	🚉	⛴
0,3	0,5	5	0,5	18	2	0,5	0,2	18	0,5	

Bernard et Annick DUTOT - 14 rue Emile Després - 14750 ST-AUBIN-SUR-MER - Tél. : 02 31 96 51 31 ou 06 66 60 08 33 -
Fax : 02 31 96 51 31

ST-CHARLES-DE-PERCY Le Château
C.M. 231 Pli 28

3 ch. Dans le château, à l'étage : 2 chambres 2 et 3 pers, salle d'eau et wc particuliers, 1 chambre 2 pers et 1 complémentaire 2 pers, salle d'eau et wc particuliers. Salon de détente. Salon de jardin. Aux Marches de la Bretagne, ce château 18è siècle en schiste et granit rappelle la Toscane, il propose 3 chambres spacieuses aux parquets remarquables. Le salon de détente à disposition des hôtes invite au repos. Parc arboré. Langues parlées : anglais, allemand.

Prix : 1 pers. 40 € 2 pers. 49/52 € 3 pers. 64 €
Ouvert : De Pâques à Toussaint

≈	⛵	⛷	🏇	🏊	🎾	⛳	🚶	✕	🚉	⛴
45	50	14	4	10	15	4	15	3	4	14	4

Jacques DESORMEAU - Le Château - 14350 ST-CHARLES-DE-PERCY - Tél. : 02 31 66 91 03 -
E-mail : jacques.desormeau@wanadoo.fr - http ://perso.wanadoo.fr/chateau-saint-charles/

ST-COME-DE-FRESNE La Poterie
C.M. 54 Pli 15

1 ch. Dans un bâtiment mitoyen à l'habitation du propriétaire, au r-d-c : 1 ch 3 pers, salle de bains et wc particuliers. Possibilité lit supplémentaire. TV. Cuisine à disposition. Salon de jardin. Très spacieuse et décorée avec goût, cette chambre vous garantit le repos. Sur place, découvrez l'art pratiqué par la propriétaire des lieux : stage et cours de poterie. Langue parlée : anglais.

Prix : 1 pers. 34 € 2 pers. 37 € 3 pers. 46 €
Ouvert : Toute l'année

≈	⛵	⛷	🏇	🏊	🎾	⛳	🚶	✕	🚉	⛴
1	1	12	10	15	2	1	0,2	12	2	

J-Paul et Catherine LE PETIT - 5 route de Bayeux - La Poterie - 14960 ST-COME-DE-FRESNE - Tél. : 02 31 92 95 78 -
Fax : 02 31 51 89 69

Calvados

Normandie

ST-COME-DE-FRESNE
C.M. 54 Pli 15

1 ch. — Dans un bâtiment mitoyen à l'habitation du propriétaire, au r-d-c : 1 ch 2 pers, salle d'eau et wc particuliers. Cuisine à disposition. Possibilité lits complémentaires. Salon de jardin. Tout proche de la célèbre plage d'Arromanches, cette maison contemporaine offre une chambre très agréable.

Prix : 1 pers. **29** € 2 pers. **35** € 3 pers. **44** €
Ouvert : Toute l'année.

🐕	≈	⛵	🐬	🏃	🏌	🎾	🚶	🍴	🚲	🚉
	1	1	12	10	15	2	1	0,3	12	2

Viviane DAMECOUR - 7 route de Bayeux - 14960 ST-COME-DE-FRESNE - Tél. : 02 31 21 87 57

ST-CRESPIN Ferme de la Thillaye
(TH) *C.M. 231*

2 ch. — Dans l'habitation, au r.d.c. : 1 ch. 3 pers., salle d'eau et wc particuliers. Une 2ᵉ ch. 2 pers., mitoyenne à une location, salle d'eau et wc particuliers. Entrées indépendantes. Salon de jardin. Dans un beau secteur du Pays d'Auge : 2 chambres entourées d'un jardin fleuri où est aménagé un parcours santé bien agréable.

Prix : 1 pers. **32** € 2 pers. **43** € 3 pers. **53** € repas **14** €
Ouvert : Toute l'année.

🐕	≈	⛵	🐬	🏃	🏌	🎾	🚶	🍴	🚲	🚉
	28	28	12	4	4	1,5	3	6	3	

William et Ginette GRUCHY - ferme de la Thillaye - 14270 ST-CRESPIN - Tél. : 02 31 63 46 26 - Fax : 02 31 63 16 04 -
E-mail : GRUCHY-william@wanadoo.fr

ST-DENIS-MAISONCELLES La Valette
C.M. 54 Pli 14

1 ch. — Dans l'habitation de la ferme, à l'étage : 1 ch 2 pers, avec 1 ch complémentaire 2 pers, salle d'eau et wc particuliers. Salon de jardin. Dans une ferme d'élevage laitier, Alain et Odile vous parleront de leur métier. Saut à l'élastique à proximité.

Prix : 1 pers. **21** € 2 pers. **35** € 3 pers. **43** €
Ouvert : Toute l'année.

🐕	≈	⛵	🐬	🏃	🏌	🎾	🚶	🍴	🚲	🚉
	35	20	3	25	8	SP	5	25	4	

Alain et Odile GRAVEY - La Valette - 14350 ST-DENIS-MAISONCELLES - Tél. : 02 31 68 74 31

ST-DESIR-DE-LISIEUX La Cour St-Thomas
C.M. 54 Pli 17/18

3 ch. — Dans l'habitation, au r-d-c : 1 ch 2 pers avec 1 ch complémentaire 2 pers, entrées indépendantes, salle d'eau et wc particuliers. A l'étage : 2 ch 2 pers, salle d'eau ou salle de bains et wc particuliers, poss. lits supplémentaires. Salon de TV avec cheminée. Cuisine à disposition. Dans un cadre calme et reposant, dans un jardin fleuri, ces chambres harmonieuses et raffinées vous raviront. « Anabelle », l'ânesse caline fera la joie de vos enfants. Accessibilité handicapés.

Prix : 1 pers. **41** € 2 pers. **46/49** € 3 pers. **64** €
Ouvert : Toute l'année.

🐕	≈	⛵	🐬	🏃	🏌	🎾	🚶	🍴	🚲	🚉
	32	32	5	15	15	4	1	2	3	4	3

Brigitte BESNEHARD - La Cour St-Thomas - 14100 ST-DESIR-DE-LISIEUX - Tél. : 02 31 62 87 46 ou 06 82 99 12 37 - Fax : 02 31 62 87 46

ST-ETIENNE-LA-THILLAYE
C.M. 231 Pli 19/20

2 ch. — Dans l'habitation, au 1ᵉʳ étage : 2 ch 2 pers, salle de bains et wc particuliers, avec 1 ch complémentaire 2 pers et 1 lit d'appoint 1 pers. Cuisine à disposition. Entourée d'un grand jardin dans un cadre campagnard, cette ancienne maison normande vous assure calme et confort propices à un réel repos.

Prix : 1 pers. **32** € 2 pers. **38/41** € 3 pers. **52** €
Ouvert : Toute l'année.

🐕	≈	⛵	🐬	🏃	🏌	🎾	🚶	🍴	🚲	🚉
	9	7	9	7	7	3	7	4	7	7

Pierre et Simone CHAMPION - Chemin de la Barberie - 14950 ST-ETIENNE-LA-THILLAYE - Tél. : 02 31 65 21 97 - Fax : 02 31 65 18 31

ST-ETIENNE-LA-THILLAYE Classy
C.M. 231 Pli 19/20

3 ch. — Dans l'habitation, au 2ᵉ étage, 2 chambres 3 pers, 1 chambre 2 pers, salles d'eau particulières. Cette habitation traditionnelle en briques vous accueille dans des chambres simples et confortables. A proximité, Beaumont en Auge, charmant village sauvegardé.

Prix : 1 pers. **30** € 2 pers. **37** € 3 pers. **44** €
Ouvert : Toute l'année.

🐕	≈	⛵	🐬	🏃	🎾	🚶	🍴	🚲	🚉
	10	10	10	5	10	10	4	4	4

Philippe et Thérèse FORTIER - Classy - 14950 ST-ETIENNE-LA-THILLAYE - Tél. : 02 31 65 21 28

Normandie   Calvados

ST-ETIENNE-LA-THILLAYE Le Friche St-Vincent   *C.M. 231 Pli 19/20*

4 ch. Dans l'habitation, à l'étage : 4 ch 2 et 3 pers, salle d'eau et wc particuliers. Salon de jardin. Cette habitation récente de style régional allie parfaitement calme et confort. L'espace du jardin est également très appréciable.

Prix : 1 pers. **32** € 2 pers. **40** € 3 pers. **46** €
Ouvert : Toute l'année

8	3	8	3	4	4	3	3	5	4	3	3

Guy et Monique BARATTE - le Friche St-Vincent - 14950 ST-ETIENNE-LA-THILLAYE - Tél. : 02 31 65 22 04 - Fax : 02 31 65 10 16

ST-ETIENNE-LA-THILLAYE Le Lieu d'Aubin   *C.M. 231 Pli 19/20*

1 ch. Dans l'habitation, à l'étage : 1 ch 2 pers, salle de bains et wc particuliers. Petit salon en mezzanine. Salon de jardin. Aménagée dans une demeure typique du Pays d'Auge, cette chambre douillette et son salon est un havre de paix. Langues parlées : anglais, allemand.

Prix : 1 pers. **30** € 2 pers. **38** €
Ouvert : Toute l'année

9	7	3	1	5	SP	3	7	7

Bernadette ZANGS - Le Lieu d'Aubin - 14950 ST-ETIENNE-LA-THILLAYE - Tél. : 02 31 65 22 54

ST-GATIEN-DES-BOIS Ancienne Cidrerie   *C.M. 231 Pli 19/20*

3 ch. Dans l'habitation de la ferme, au 1er étage : 1 ch 3 pers, salle d'eau et wc particuliers (2 épis). Au 2e étage : 2 ch 2 pers, poss. lits d'appoint, lavabo, salle de bains et wc communs (1 épi). Entrée indépendante. Salon de jardin. Proche de Honfleur et du Pont de Normandie, ces chambres sont idéales pour trouver le calme et le repos. La propriété est dans un parc entouré de prairies.

Prix : 1 pers. **29** € 2 pers. **34/37** € 3 pers. **46/49** €
Ouvert : Pâques à Toussaint

10	5	5	1	5	8	2	2	8	2

Renée RUFIN - Ancienne Cidrerie - 14130 ST-GATIEN-DES-BOIS - Tél. : 02 31 98 85 62

ST-GERMAIN-DE-LIVET   *C.M. 54 Pli 17/18*

3 ch. Dans l'habitation, à l'étage : 2 ch 3 pers, 1 ch 2 pers, salles d'eau et wc particuliers. Salon de jardin. Chambres situées à flanc de colline d'une superbe vallée du Pays d'Auge et à deux pas du Château.

Prix : 1 pers. **35** € 2 pers. **43** € 3 pers. **52** €
Ouvert : Toute l'année

40	7	7	7	0,5	SP	3	7	3

Astrid MARLET - Route du Château - 14100 ST-GERMAIN-DE-LIVET - Tél. : 02 31 31 18 24

ST-GERMAIN-DE-TALLEVENDE La Petite Fosse   (TH)   *C.M. 59 Pli 9*

2 ch. Dans l'habitation de la ferme, à l'étage : 2 ch 2 et 3 pers, salle d'eau et wc particuliers. Cette ferme typique du Bocage est un lieu privilégié d'accueil des touristes. Le dîner pris à la Ferme-Auberge vous fera apprécier la gastronomie normande.

Prix : 1 pers. **20** € 2 pers. **28** € 3 pers. **34** € repas **13** €
Ouvert : Toute l'année

60	11	1	10	10	10	SP	SP	2	3	2

Michel et Anne-Marie LETOURNEUR - La Petite Fosse - 14500 ST-GERMAIN-DE-TALLEVENDE - Tél. : 02 31 67 22 44

ST-GERMAIN-DU-PERT Ferme de la Riviere   *C.M. 54 Pli 13*

3 ch. Dans l'habitation de la ferme, à l'étage : 2 ch 2 pers, salle d'eau et wc particuliers, 1 ch 3 pers avec 1 ch complémentaire 2 pers, salle de bains et wc particuliers. Ces chambres « PANDA » sont aménagées dans une belle ferme fortifiée du XVIe siècle avec vue sur les marais. Les amoureux de la nature apprécieront le sentier de découverte. Proche des Plages du Débarquement.

Prix : 1 pers. **30** € 2 pers. **43** € 3 pers. **59** €
Ouvert : Pâques à Toussaint

7	7	25	11	25	7	2	SP	7	15	2

Paulette MARIE - Ferme de la Rivière - 14230 ST-GERMAIN-DU-PERT - Tél. : 02 31 22 72 92 - Fax : 02 31 22 01 63

Calvados
Normandie

ST-GERMAIN-LE-VASSON La Broquette
C.M. 54 Pli 16

2 ch. — Dans une dépendance d'une ancienne ferme à l'étage : 2 ch 4 pers dont 2 pers en mezzanine, salle d'eau et wc particuliers. Entrée indépendante. Salon de jardin. Billard américain. Ping-pong. Prêt vélos. Indépendance et décoration soignée caractérisent ces chambres aménagées dans un corps de bâtiment en pierres de pays. Agréables promenades à pied sur place. Ferme-auberge : 2,5 km. Langue parlée : anglais.

Prix : 1 pers. 23 € 2 pers. 30 € 3 pers. 38 €
Ouvert : Toute l'année

40	14	2	14	7	4	0,5	3	25	2

Bruno et M-France GIARD - La Broquette - 14190 ST-GERMAIN-LE-VASSON - Tél. : 02 31 90 51 75 - E-mail : giard@club-internet.fr - http://perso.clubinternet.fr/giard

---

ST-JEAN-LE-BLANC
C.M. 59 Pli 10

1 ch. — Dans la maison d'habitation, à l'étage : 1 ch 2 pers, salle de bains et wc particuliers, avec 1 ch complémentaire 1 pers et lit bébé. Entrée indépendante. Salon de détente. Cuisine à disposition. Salon de jardin. Cette maison de bourg propose une chambre simple et confortable. Pour les promeneurs, de nombreux sentiers de randonnée mènent au cœur de la campagne.

Prix : 1 pers. 23 € 2 pers. 30 € 3 pers. 38 €
Ouvert : Toute l'année

60	15	17	15	15	3	2	2	10	22	0,1

J-Jacques et Jacqueline DELANGLE - Le Bourg - 14770 ST-JEAN-LE-BLANC - Tél. : 02 31 69 42 79 ou 02 31 69 60 43

ST-LAURENT-DU-MONT La Vignerie
C.M. 55 Pli 13

5 ch. — Dans un bâtiment indépendant de l'habitation, au r-d-c : 2 ch 2 et 4 pers, salle de bains et wc particuliers. A l'étage : 3 ch 3 pers, salle de bains et wc particuliers. Entrée indépendante. Salon commun avec cheminée et TV. Salon de jardin. Dans ce pressoir restauré, au cœur d'un ensemble de bâtiments augerons du XVIIe siècle, les chambres sont spacieuses. Prêt de vélos et VTT. Langue parlée : anglais.

Prix : 1 pers. 30 € 2 pers. 37 € 3 pers. 46 €
Ouvert : Toute l'année

25	25	15	2	20	3	SP	2,5	15	3

Marie-France HUET - La Vignerie - 14340 ST-LAURENT-DU-MONT - Tél. : 02 31 63 08 65 - Fax : 02 31 63 08 65 - E-mail : mfhuet@club-internet.fr

---

ST-LAURENT-SUR-MER Ferme les Vignets
C.M. 54 Pli 14

3 ch. — Dans l'habitation de la ferme, à l'étage 2 ch 2 pers, 1 ch 3 pers, salle d'eau et wc communs. TV dans les ch. Après vous être reposés dans ces chambres, vous découvrirez une région historique (les Plages du Débarquement), touristique (littoral du Bessin).

Prix : 1 pers. 23 € 2 pers. 27 € 3 pers. 37 €
Ouvert : Toute l'année

1	3	20	6	3	3	2	0,5	20	3

Daniel et Véronique DERMILLY - Ferme Les Vignets - 14710 ST-LAURENT-SUR-MER - Tél. : 02 31 22 42 47

ST-LOUET-SUR-SEULLES Manoir de la Rivière
C.M. 231 Pli 29

4 ch. — Dans un bâtiment annexe, à l'étage : 4 chambres (2, 3 ou 4 pers), salles de bains et wc particuliers. Salon avec cheminée. Parc arboré avec salon de jardin. Sur un parc de 15 hectares où coule la Seulles, le Manoir de la Rivière vous propose des chambres au décor raffiné, réalisées avec les souvenirs de la famille. Promenades dans le parc. Langues parlées : anglais, allemand.

Prix : 1 pers. 53/69 € 2 pers. 69/84 € 3 pers. 99 € repas 23 €
Ouvert : Toute l'année

30	30	3	1,5	22	30	3	SP	3	22	3

Aurélien HOUDRET - Manoir de la Rivière - 14310 ST-LOUET-SUR-SEULLES - Tél. : 02 31 77 96 30 - Fax : 02 31 77 96 30 - E-mail : manoir-de-la-rivière@wanadoo.fr

---

ST-LOUP-HORS Manoir des Doyens
C.M. 54 Pli 14

3 ch. — Dans l'habitation, à l'étage : 3 ch 2 et 3 pers, salle de bains ou salle d'eau et wc particuliers. Chambres spacieuses et confortables dans cette ancienne ferme typique du Bessin. Bonne adresse pour visiter Bayeux ou les plages du Débarquement. Langues parlées : anglais, allemand, russe.

Prix : 1 pers. 30 € 2 pers. 46 € 3 pers. 61 €
Ouvert : Toute l'année

10	10	1	0,5	10	1	1	8	1	1,5	1

Michaël et Rosemary CHILCOTT - Manoir des Doyens - 14400 ST-LOUP-HORS - Tél. : 02 31 22 39 09 - Fax : 02 31 21 97 84 - E-mail : chilcott@mail.cpod.fr

Normandie — Calvados

ST-LOUP-HORS
C.M. 54 Pli 14

1 ch. — Dans l'habitation, à l'étage : 1 ch 3 pers, salle d'eau et wc particuliers. En mezzanine, 2 lits 1 pers, coin salon avec canapé, fauteuils, TV. Salon de jardin. Cette maison contemporaine bénéficie d'une véranda où il fait bon prendre le petit-déjeuner. Le centre ville de Bayeux est à 500 m.

Prix : 1 pers. **26** € 2 pers. **32** € 3 pers. **44** €
Ouvert : Toute l'année

10	10	1,5	2	10	1		8	0,5	1,5	0,5

Simone et Roland JEANNETTE - Chemin des Marettes - 14400 ST-LOUP-HORS - Tél. : 02 31 92 24 68

ST-MANVIEU-BOCAGE La Mare
C.M. 59 Pli 9

1 ch. — Dans l'habitation, au r-d-c : 1 ch 3/4 pers, salle d'eau et wc particuliers. Salle de détente. Dans cette maison typique du Bocage Virois, Mr et Mme LEBOUCHER vous feront partager les richesses de leur région. A 1 km le lac de la Dathée.

Prix : 1 pers. **24** € 2 pers. **34** € 3 pers. **43** €
Ouvert : Toute l'année

50	1	6	4	1	1	1	1	1	7	2

Gérard et Janine LEBOUCHER - La Mare - 14380 ST-MANVIEU-BOCAGE - Tél. : 02 31 66 01 62

ST-MARTIN-AUX-CHARTRAINS Le Mesnil
C.M. 231

3 ch. — Dans l'habitation, au 1er étage : 3 ch 2 pers, salles de bains et wc particuliers. Dans une agréable maison bourgeoise, trois grandes chambres de bon standing décorées avec goût, à 10 minutes de Deauville. Langue parlée : anglais.

Prix : 1 pers. **53** € 2 pers. **61** €
Ouvert : Toute l'année.

8	8	8	8	8	5	0,5	1	8	2

Françoise et J.François HOM - Manoir Le Mesnil - 14130 ST-MARTIN-AUX-CHARTRAINS - Tél. : 02 31 64 71 01 ou 06 87 64 49 38 - Fax : 02 31 64 70 46 - E-mail : mmm.hom@voila.fr

ST-MARTIN-DE-BLAGNY La Coquerie
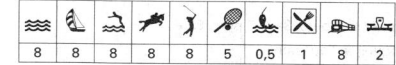
C.M. 54 Pli 14

2 ch. — Dans l'habitation de la ferme, au 1er étage : 1 ch 4 pers, au 2e étage 1 grande ch mansardée 4 pers, salles d'eau et wc particuliers. Salon de jardin. Ces chambres traditionnelles et spacieuses vous feront apprécier la vie à la campagne. Mme Pasquet vous fera déguster les produits de la ferme à la table d'hôtes. Prêt vélos.

Prix : 1 pers. **25** € 2 pers. **32** € 3 pers. **40** € repas **12** €
Ouvert : Toute l'année

19	19	20	9	20	5	5	2	20	6

Alain et Geneviève PASQUET - La Coquerie - 14710 ST-MARTIN-DE-BLAGNY - Tél. : 02 31 22 50 89 - Fax : 02 31 22 50 89

ST-MARTIN-DES-BESACES Le Puits
(TH) *C.M. 231 Pli 28*

4 ch. — Dans l'habitation, au 1er étage : quatre chambres de 1, 2, 3 et 4 pers, toutes avec salles d'eau et wc particuliers. Possibilité de petite restauration sur place. Salon de jardin. Table d'hôtes sur réservation. Quatre chambres d'hôtes, au charme britannique, dans la maison d'habitation entourée d'un jardin « à l'anglaise » et d'un petit camping familial. Langues parlées : anglais, allemand.

Prix : 1 pers. **27** € 2 pers. **45** € 3 pers. **61** € repas **18** €
Ouvert : De février à novembre

50	50	15	15	5	1	25	1	

Marie-Louise ASHWORTH - La Groudière - 14350 ST-MARTIN-DES-BESACES - Tél. : 02 31 67 80 02 - Fax : 02 31 67 80 02

ST-MARTIN-DES-ENTREES
C.M. 54 Pli 15

3 ch. — Dans l'habitation, au r-d-c : 1 ch 3 pers, salle d'eau et wc particuliers. A l'étage : 2 ch 3 pers, salle d'eau et wc particuliers. Entrée indépendante. A 5 minutes du centre historique de Bayeux, ces chambres bénéficient d'aménagements appréciables comme l'espace pique-nique. Plages du Débarquement à proximité.

Prix : 1 pers. **32** € 2 pers. **38** € 3 pers. **47** €
Ouvert : Toute l'année

8	8	2	2	8	0,5	4	8	1	1

Pierre et Muriel LAUMONNIER - 9, route de Caen - 14400 ST-MARTIN-DES-ENTREES - Tél. : 02 31 92 76 31 ou 06 70 30 08 44

Calvados
Normandie

ST-PAUL-DU-VERNAY La Ferme du Bois (TH)
C.M. 231 Pli 28/29

1 ch. Dans un bâtiment annexe, à l'étage : 1 ch 2 pers avec 1 ch complémentaire 2 pers, salle d'eau et wc particuliers. Entrée indépendante. Salon de jardin. Aménagée dans une des ailes de cette ferme typique du Bessin, cette chambre au décor harmonieux ouvre sur la cour carrée où il fait bon se reposer.

Prix : 1 pers. **30** € 2 pers. **40** € 3 pers. **53** € repas **15** €
Ouvert : Pâques à Toussaint

🐕	≈	⛵	🐎	🏊	🎾	🚶	🏌	✕	🚲	⛴
18	20	12	6	30	18	5	8	SP	6	12	3

Pierrette LANDAIS - La ferme du bois - 14490 ST-PAUL-DU-VERNAY - Tél. : 02 31 21 42 01

ST-PAUL-DU-VERNAY Le Hameau Mougard (TH)
C.M. 231 Pli 28-29

2 ch. Dans l'habitation, à l'étage : 1 ch 2 pers, salle de bain et wc particuliers (3 épis), 1 ch 2 pers et 1 complémentaire 1 pers, salle d'eau particulière, wc au r-d-c, lit bébé (2 épis). Salon de détente. Salon de jardin. A proximité de Bayeux, cette jolie maison en pierres bénéficie d'un environnement soigné et fleuri. Un accueil chaleureux vous est réservé, autour du repas en table d'hôtes.

Prix : 1 pers. **30** € 2 pers. **37/40** € 3 pers. **49** € repas **13** €
Ouvert : Toute l'année.

🐕	≈	⛵	🐎	🏊	🎾	🚶	🏌	✕	🚲	⛴
16	18	7	6	30	18	6	8	2	6	7	6

Serge et Janine ROZOY - Les Centaures - Quartier Le Bas Mougard - 14490 ST-PAUL-DU-VERNAY - Tél. : 02 31 51 07 34

ST-PHILBERT-DES-CHAMPS Le Lieu Matthieu
C.M. 231 Pli 32

1 ch. Dans la maison d'habitation, à l'étage : 1 ch 3 pers, possibilité lit supplémentaire 1 pers en mezzanine, salle de bains et wc particuliers. Salon de jardin. Vélos. C'est une chambre familiale, spacieuse dans une maison normande. A proximité de Pont l'Evêque et de Deauville.

Prix : 1 pers. **27** € 2 pers. **34** € 3 pers. **52** €
Ouvert : Pâques à Toussaint

🐕	≈	⛵	🐎	🏊	🎾	🚶	✕	🚲	⛴
25	11	4	11	4	SP	4	11	4

Michel et Marie-Jo CAPLAIN - Le Lieu Matthieu - 14130 ST-PHILBERT-DES-CHAMPS - Tél. : 02 31 64 70 23 - Fax : 02 31 64 22 00

ST-PIERRE-AZIF Ferme du Lieu Bourg
C.M. 231 Pli 19

2 ch. Dans l'habitation du propriétaire, à l'étage : 1 ch 2 pers, salle d'eau et wc particuliers, 1 ch 2 pers (avec 1 lit enfant), salle d'eau et wc particuliers. La décoration raffinée de ces chambres alliant tentures murales et poutres peintes donne une ambiance très chaleureuse. Ici, l'authenticité est garantie. Langue parlée : anglais.

Prix : 1 pers. **38** € 2 pers. **46** € 3 pers. **57** €
Ouvert : Toute l'année.

🐕	≈	⛵	🐎	🏊	🎾	🚶	🏌	✕	🚲	⛴
7	10	2	2	15	10	7	7	0,3	3,5	15	3,5

Monique GAUTIER - Ferme du Lieu Bourg - Chemin de la Haute Rue - 14950 ST-PIERRE-AZIF - Tél. : 02 31 39 64 90

ST-PIERRE-DU-FRESNE Launay (TH)
C.M. 54 Pli 14/15

1 ch. Dans l'habitation de la ferme, à l'étage : 1 ch 2 pers avec 1 ch complémentaire 2 pers, salle d'eau et wc particuliers. Salon de détente avec cheminée. Cette jolie demeure en pierres typique du Bocage Normand, offre une belle chambre familiale au décor soigné et située dans un environnement calme et fleuri. Nombreux sentiers et zoo de Jurques à proximité. 10 % réduction à compter de la 3e nuit.

Prix : 1 pers. **28** € 2 pers. **34** € 3 pers. **41** € repas **13** €
Ouvert : Toute l'année.

🐕	≈	⛵	🏊	🎾	🚶	✕	🚲	⛴
50	50	9	9	1	1	30	1,5

Jean-Claude LEBOUVIER - Launay - 14260 ST-PIERRE-DU-FRESNE - Tél. : 02 31 77 81 59

ST-PIERRE-DU-MONT Hameau Lefèvre (TH)
C.M. 54 Pli 4

3 ch. Dans la maison d'habitation, à l'étage : 2 ch 2 pers, salles d'eau et wc particuliers (3 épis). R-d-c : 1 ch 4 pers lit bébé, salle d'eau et wc particuliers (2 épis). Salon de jardin. Propriété disposant d'un grand jardin bien exposé à quelques pas de la mer et du sentier du littoral. Langues parlées : anglais, allemand.

Prix : 1 pers. **30** € 2 pers. **38** € 3 pers. **46** € repas **14** €
Ouvert : Toute l'année.

🐕	≈	⛵	🐎	🏊	🎾	🚶	✕	🚲	⛴
0,3	4	10	12	4	0,3	4	25	4

Kaï et Isabelle WEIDNER - Hameau Lefèvre - 14450 ST-PIERRE-DU-MONT - Tél. : 02 31 22 96 22 - Fax : 02 31 22 96 22

Normandie — Calvados

ST-PIERRE-SUR-DIVES Château des Roches *C.M. 231*

⫲⫲⫲ 2 ch. Dans le Château, à l'étage : 2 chambres 2 pers, salles de bains et wc particuliers. Salon à disposition. Salon de jardin. Dans un Château du XIXe siècle dont la décoration d'époque est consacrée aux anges (plafonds, escalier, cheminée en pierre sculptée) entouré d'un parc d'1 ha, deux chambres spacieuses et personnalisées. A deux pas de l'Abbaye et des Halles de St Pierre sur Dives. Langue parlée : anglais.

Prix : 1 pers. **53/61** € 2 pers. **61/69** €
Ouvert : Toute l'année.

🐕	≋	⛵	🐎	🏇	⛳	🎾	🏊	🚶	✕	🚲	⛴
	35	35	0,1	4	1	20	0,1	1	SP	0,2	0,5	SP

Philippe et Nathalie SAGARY - Château des Roches - 37 rue du Bosq - 14170 ST-PIERRE-SUR-DIVES - Tél. : 02 31 20 60 80 - Fax : 02 31 20 60 80 - www.chateaudesroches.com

ST-REMY-SUR-ORNE *C.M. 55 Pli 11*

⫲⫲ 2 ch. Dans la maison d'habitation située dans le bourg, au 1er étage : 2 ch 2 pers, salle d'eau et wc particuliers. Au cœur de la Suisse Normande, pays de la randonnée et des activités de plein air, chambres simples et accueillantes.

Prix : 1 pers. **23** € 2 pers. **32** €
Ouvert : Juin à septembre

🐕	≋	⛵	🐎	🏇	⛳	🎾	🏊	🚶	✕	🚲	⛴
	50	4	4	4	4	2	2	2	30	0,3

Guy LEHERICEY - Rue du Sous-Lieau - 14570 ST-REMY-SUR-ORNE - Tél. : 02 31 69 71 39 - Fax : 02 31 69 71 39

ST-REMY-SUR-ORNE La Vallée *C.M. 55 Pli 11*

⫲⫲⫲ 2 ch. Dans l'habitation de la ferme, à l'étage : 2 ch 2 pers, salle d'eau et wc particuliers, avec 1 ch complémentaire 2 pers. Cuisine à disposition. Salon de jardin. Cette maison en pierres de pays aux abords fleuris abrite deux chambres de bon confort. Très belle vue sur la Suisse Normande.

Prix : 1 pers. **24** € 2 pers. **34** € 3 pers. **41** €
Ouvert : Toute l'année

🐕	⛵	🐎	🏇	⛳	🎾	🏊	🚶	✕	🚲	⛴
	7	4	3	3	3	1	SP	0,5	30	3

Michel et Christine DUMONT - La Vallée - 14570 ST-REMY-SUR-ORNE - Tél. : 02 31 69 78 64 - Fax : 02 31 69 37 84

ST-VIGOR-LE-GRAND Le Hameau Caugy *C.M. 231 Pli 16/17*

⫲⫲⫲ 1 ch. Dans l'habitation, au r-d-c : 1 ch 4 pers, salle d'eau et wc particuliers. Possibilité lit enfant. TV. Entrée indépendante. Salon de jardin. Dans une demeure superbe, cette chambre sera votre pied à terre pour partir à la découverte de la vieille ville de Bayeux et de sa célèbre Tapisserie.

Prix : 1 pers. **27** € 2 pers. **34** € 3 pers. **38** €
Ouvert : Toute l'année

🐕	≋	⛵	🐎	🏇	⛳	🎾	🏊	🚶	✕	🚲	⛴
	8	8	1,5	5	10	2	10	8	1	2	2

Jacky et Lucienne SUZANNE - Le Hameau Caugy - 14400 ST-VIGOR-LE-GRAND - Tél. : 02 31 92 09 39 - Fax : 02 31 92 02 39

ST-VIGOR-LE-GRAND Les Hauts Vents *C.M. 231 Pli 16/17*

⫲⫲⫲ 2 ch. Dans une habitation de construction récente, à l'étage : 2 ch 2 pers, salles d'eau et wc particuliers. Possibilité lit d'appoint. Salon de jardin. Entre Bayeux et Arromanches, ces chambres au confort remarquable, au calme et dans un environnement fleuri sont idéalement situées pour des loisirs culturels ou balnéaires.

Prix : 1 pers. **27** € 2 pers. **34** € 3 pers. **43** €
Ouvert : Toute l'année

🐕	≋	⛵	🐎	🏇	⛳	🎾	🏊	🚶	✕	🚲	⛴
	9	10	1	5	10	2	8	1	3	1

Louis et Yvette DENAGE - Les Hauts Vents - 32 route d'Arromanches - 14400 ST-VIGOR-LE-GRAND - Tél. : 02 31 92 29 08

STE-CROIX-SUR-MER *C.M. 231 Pli 17/18*

⫲ 2 ch. Dans une maison de construction récente, au r-d-c : 2 ch 2 pers, salle de bains et wc communs. Terrasse et salon de jardin. Au calme, dans un petit bourg typique, ces chambres sont à 2 pas de Courseulles : plage, marché au poisson et nombreux restaurants.

Prix : 1 pers. **23** € 2 pers. **30** €
Ouvert : Toute l'année

🐕	≋	⛵	🐎	🏇	⛳	🎾	🏊	🚶	✕	🚲	⛴
	4	4	4	4	20	18	4	0,2	4	20	4

J-Pierre et Hélène REGNIER - Chemin des Ecrottes - 14480 STE-CROIX-SUR-MER - Tél. : 02 31 22 80 16

Calvados
Normandie

STE-HONORINE-DES-PERTES La Flambardière
C.M. 54 Pli 14/15

2 ch. Dans l'habitation, à l'étage : 1 ch 2 pers avec 1 ch complémentaire 2 pers, petit salon, poss. lit supplémentaire 1 pers, 1 ch 4 pers, salles d'eau et wc particuliers. Entrée indépendante. Salon de jardin. Salle de ping-pong. La décoration originale et colorée de ces chambres crée une atmosphère gaie et reposante. A proximité, un chemin mène aux falaises surplombant la mer et les plages du Débarquement.

Prix : 1 pers. **28 €** 2 pers. **36 €** 3 pers. **46/50 €**
Ouvert : Toute l'année

0,5	4	13	2	4	2	10	0,2	0,8	14	0,5

Patrick et Guylène BROGGI - Le Grand Hameau - La Flambardière - 14520 STE-HONORINE-DES-PERTES - Tél. : 02 31 22 87 81 - Fax : 02 31 22 87 69 - E-mail : gp.broggi@wanadoo.fr

STE-HONORINE-DU-FAY Les Mesnils
C.M. 54 Pli 15

3 ch. Dans l'habitation, à l'étage : 3 ch 2 et 3 pers, salle de bains ou salle d'eau particulière. Entrée indépendante. Salon de jardin. Cette grande maison au jardin soigné vous réserve un accueil particulièrement chaleureux. A 5 mn de la forêt de Grimbosq, aménagée pour des promenades à pied ou à vélo.

Prix : 1 pers. **23 €** 2 pers. **30/34 €** 3 pers. **38 €**
Ouvert : Toute l'année

30	8	3	5	15	0,3	2	5	3	18	0,5

Marie-Louise MARIE - Route des Ecoles - Les Mesnils - 14210 STE-HONORINE-DU-FAY - Tél. : 02 31 80 45 81

STE-MARGUERITE-DES-LOGES Le Moulin
C.M. 231 Pli 32

3 ch. Dans une demeure normande proche de l'habitation. R-d-c : 1 ch 2 pers, salle de bains et wc particuliers (3 épis). A l'étage : 2 ch 2 et 3 pers avec une chambre complémentaire 2 pers, salle d'eau et wc particuliers (2 épis). Coin cuisine. Salon de détente. Terrasse à colombages sur l'eau. Salon de jardin. Dans un écrin de verdure où serpente une rivière, le Moulin (ensemble de 3 maisons à colombages) vous accueille dans des chambres douillettes et décorées avec goût, dans une ambiance chaleureuse. Pêcheurs bienvenus (Touques à proximité).

Prix : 1 pers. **34 €** 2 pers. **41/45 €** 3 pers. **53 €**
Ouvert : Toute l'année

40	40	13	1	3	4	1	3	18	3	

Monique LEMESLE - Le Moulin - 14140 STE-MARGUERITE-DES-LOGES - Tél. : 02 31 63 13 14 -
E-mail : monique.lemesle@libertysurf.fr

STE-MARIE-LAUMONT Le Picard
C.M. 59 Pli 9

1 ch. Dans l'habitation, à l'étage : 1 ch 3 pers, salle d'eau et wc particuliers. Entrée indépendante. Coin repas. Salon de jardin. Cette propriété typique du Bocage Virois entourée de verdure, dans un cadre champêtre abrite une chambre confortable au décor rustique. Parking. Langue parlée : anglais.

Prix : 1 pers. **23 €** 2 pers. **33 €** 3 pers. **40 €**
Ouvert : Pâques à Toussaint

60	20	10	5	3	20	5	2	0,5	4	10	3

Marc et Nelly GUILLAUMIN - le Picard - 14350 STE-MARIE-LAUMONT - Tél. : 02 31 68 43 21 - E-mail : marcguillaumin@laposte.net

SUBLES
C.M. 54 Pli 14

2 ch. Dans l'habitation, proche d'une route à grande circulation, à l'étage : 1 ch 2 pers avec 1 canapé-lit 2 pers, salle d'eau et wc particuliers. Avec entrée indépendante : 1 ch 2 pers, 1 canapé-lit 2 pers, salle d'eau et wc particuliers et coin cuisine, terrasse plein sud. Cet hébergement est idéalement situé pour visiter Bayeux et sa région. (plages du Débarquement à proximité). Chambres spacieuses et indépendantes.

Prix : 1 pers. **28 €** 2 pers. **32/35 €** 3 pers. **40/43 €**
Ouvert : Toute l'année

15	15	5	5	15	5	1	5	SP	5	5

J-Pierre et Christiane GOUBOT - 42 rue Desmant - 14400 SUBLES - Tél. : 02 31 92 57 81

SULLY
C.M. 54 Pli 14

1 ch. Dans l'habitation, à l'étage, 1 ch 3 pers, salle de bains et wc particuliers avec 1 ch complémentaire 2 pers. A la campagne, dans une maison traditionnelle, tranquilité et repos assurés. A proximité de Bayeux et Port en Bessin, spécialisé dans la pêche à la coquille St Jacques.

Prix : 1 pers. **30 €** 2 pers. **38 €** 3 pers. **49 €**
Ouvert : Pâques à Toussaint

7	12	5	3	7	5	7	5	7	5	

Marcel et Jacqueline BOISRAMEY - La Grande Rue - 14400 SULLY - Tél. : 02 31 92 26 59

Normandie
Calvados

SURRAIN Le Hamel
C.M. 231 Pli 16

1 ch. Dans l'habitation, à l'étage : 1 ch 2 pers, salle de bains et wc particuliers. Dans une ferme biologique d'élevage traditionnel où vous pourrez observer plusieurs types d'animaux (vaches, porcs, chevaux, volailles). Langue parlée : anglais.

Prix : 1 pers. **27** € 2 pers. **30** €
Ouvert : Toute l'année

🐕	≈	⛵	✈	🏇	🏊	🎾	🍴	🚂
	5	10	15	2	10	5	5	15	5

Franck LEBOULANGER - Le Hamel - 14710 SURRAIN - Tél. : 02 31 22 49 01

SURVILLE Le Prieuré Boutefol
C.M. 231 Pli 19/20

4 ch. Dans l'habitation, à l'étage : 1 ch 3 pers, salle de bains et wc particuliers. Dans une dépendance, à l'étage : 2 ch 2 pers, salles de bains et wc particuliers, 1 suite de 2 ch (5 pers), salle de bains (et douche) et wc particuliers. Salle de détente. Salons de jardin. Dans un superbe domaine typique du Pays d'Auge, Bernard et Laetitia vous accueillent dans leurs chambres des quatre saisons. Langue parlée : anglais.

Prix : 1 pers. **50** € 2 pers. **55/80** € 3 pers. **93** €
Ouvert : Toute l'année

🐕	≈	⛵	✈	🏇	🏊	🎾	🍴	👥	🍽	🚂
	12	2	12	1	1	1,5	1	1	SP	1	1

Bernard et Laetitia COLIN - Le Prieuré Boutefol - Route de Rouen - 14130 SURVILLE - Tél. : 02 31 64 39 70

TESSEL La Londe
(TH)
C.M. 54 Pli 15

3 ch. Dans l'habitation de la ferme, à l'étage 3 ch 2 pers, salle de bains commune. Salon de jardin. Dans cette ferme d'élevage laitier, vous pourrez dormir et dîner à la table d'hôte. Le jardin au calme est également un lieu privilégié de détente.

Prix : 1 pers. **23** € 2 pers. **31** € 3 pers. **40** € repas **14** €
Ouvert : Toute l'année

🐕	≈	⛵	✈	🏇	🎾	🍴	🚂
	30	30	10	3	3	3	17	3

Paul et Eliane AMEY - La Londe - 14250 TESSEL - Tél. : 02 31 80 81 12 ou 06 80 68 40 13 - Fax : 02 31 80 81 57 -
E-mail : paul.amey@wanadoo.fr

THAON La Fermette
C.M. 54 Pli 15

3 ch. Dans l'habitation, à l'étage : 3 ch 2 pers et 3 pers, possibilité lit enfant, salles d'eau particulières. Entrée indépendante. La Fermette est une maison ancienne située au cœur du bourg de Thaon. Par petits chemins boisés, vous accéderez à la vieille Eglise, chef d'œuvre de l'art Roman. Caen : 12 km.

Prix : 1 pers. **23** € 2 pers. **30** € 3 pers. **38** €
Ouvert : Pâques à Toussaint

🐕	≈	⛵	✈	🏇	🏊	🎾	👥	🍴	🚂	🛏
	9	9	9	9	SP	SP	SP	15	0,1

J-Claude et Catherine SEVER - 4 Grande Rue - 14610 THAON - Tél. : 02 31 80 00 05

TILLY-SUR-SEULLES Hameau Saint-Pierre
(TH)
C.M. 54 Pli 15

4 ch. Dans l'habitation de la ferme, située dans un hameau, au 1er étage : 2 ch 2 pers, 1 ch 3 pers, salles d'eau et wc particuliers. 2e étage : 1 ch 4 pers, salle d'eau et wc particuliers. Cuisine à disposition. Dans cette maison traditionnelle du Bessin, Nelly et Michel vous accueillent dans un cadre rustique. La maîtresse de maison est intarissable sur les recettes de son terroir.

Prix : 1 pers. **29** € 2 pers. **35** € 3 pers. **45** € repas **14** €
Ouvert : Toute l'année

🐕	≈	⛵	✈	🏇	🏊	🎾	👥	🍴	🚂
	20	20	12	8	1	1	4	1	12	1

Michel et Nelly BARATTE - Route d'audrieu - 14250 TILLY-SUR-SEULLES - Tél. : 02 31 80 82 10 - Fax : 02 31 80 82 10

TORTISAMBERT La Boursaie
C.M. 55 Pli 13

2 ch. Dans une annexe de l'habitation, au r-d-c : 2 ch 2 et 3 pers, salle d'eau et wc particuliers. Cuisine à disposition. Salon de jardin. Chambres situées dans une belle maison à colombages du XVIe siècle, ancienne ferme cidricole restaurée avec goût et caractère. Cadre charmant, fleuri et calme, site avec vue exceptionnelle. Langues parlées : anglais, allemand.

Prix : 1 pers. **35** € 2 pers. **45** € 3 pers. **60** €
Ouvert : Toute l'année

🐕	≈	✈	🏇	≈	🎾	🍴	👥	🍽	🚂	🛏
	40	15	2	15	6	5	2	0,5	5	20	5

Peter et Anja DAVIES - La Boursaie - 14140 TORTISAMBERT - Tél. : 02 31 63 14 20 - Fax : 02 31 63 14 28 - E-mail : laboursaie@mail.org

Calvados — Normandie

TOUR-EN-BESSIN — La Vignette (TH) — C.M. 54 Pli 14/15

4 ch. Dans l'habitation, au r-d-c : 1 ch 2 pers, salle d'eau et wc particuliers. Au 1er étage : 1 ch 4 pers, salle d'eau et wc particuliers. Au 2è étage : 2 ch 2 et 4 pers, salle d'eau et wc part. Poss. lits d'appoint 1 pers. Lit bébé. TV dans chaque chambre. Salle de détente salon de jardin. TH sur réservation. Ancienne « maison de Maître », restaurée dans un corps de ferme où vous découvrirez l'architecture typique de la région, 4 chambres agréablement décorées. Accueil des chevaux. Langue parlée : anglais.

Prix : 1 pers. 40 € ◦ 2 pers. 40 € ◦ 3 pers. 55 € ◦ repas 20 €
Ouvert : Toute l'année

🐕	≈	⛵	🏊	🏇	🎾	🚴	🚶	❌	🚂	⛷
	5	6	10	6	5	1	4	6	1,5	

Bertrand et Catherine GIRARD - Route de Crouay - La Vignette - 14400 TOUR-EN-BESSIN - Tél. : 02 31 21 52 83 - Fax : 02 31 21 52 83 -
E-mail : relais.vignette@wanadoo.fr - http : //perso.wanadoo.fr/Relais.Vignette/

TOURNIERES — Ferme de Marcelet (TH) — C.M. 54 Pli 14

4 ch. Dans une habitation du XIIe siècle, à la ferme, au r-d-c : 1 ch 3 pers, salle d'eau et wc particuliers. A l'étage : 3 ch 2 et 4 pers, salles d'eau et wc particuliers. Lit d'appoint, lit bébé. Salle de détente avec TV. Salons de jardin. Ces chambres confortables et d'un style chaleureux vous permettront d'apprécier un environnement calme et la gastronomie normande à la table d'hôtes.

Prix : 1 pers. 27 € ◦ 2 pers. 35 € ◦ 3 pers. 44 € ◦ repas 15 €
Ouvert : Pâques à Toussaint

🐕	≈	⛵	🏊	🏇	🎣	🚴	🚶	❌	🚂	⛷
	17	17	19	12	19	4	10	SP	4	9	4

Pierre et Solange ISIDOR - Ferme de Marcelet - 14330 TOURNIERES - Tél. : 02 31 22 90 86 ou 06 86 10 43 82 - Fax : 02 31 22 90 86

TOURVILLE-SUR-ODON — C.M. 231 Pli 29

1 ch. Dans l'habitation, à l'étage : 1 ch 2 pers, salle d'eau et wc particuliers. Salon à disposition. Possibilité couchage supplémentaire, salon de jardin. Cette belle maison contemporaine bénéficie d'un jardin très soigné et d'une terrasse plein sud où il fait bon se prélasser. La chambre et son espace salon offrent la garantie d'un calme parfait. Randonnées fléchées sur place.

Prix : 1 pers. 27 € ◦ 2 pers. 38 € ◦ pers. sup. 9 €
Ouvert : Pâques à la Toussaint.

🐕	≈	⛵	🏊	🏇	🎣	🚴	🚶	❌	🚂	⛷
	20	20	12	3	12	15	1	20	2	3	12	1

Roger et Simone GUILLOU - 1 route de Baron - 14210 TOURVILLE-SUR-ODON - Tél. : 02 31 08 14 16

TRACY-SUR-MER — La Rosière (TH) — C.M. 54 Pli 15

4 ch. Dans l'habitation d'une ferme, au r-d-c, 2 ch 3 et 4 pers, salle de bains ou salle d'eau et wc particuliers, cuisine dans chaque ch., entrée indépendante pour 1 ch.. A l'étage, 2 ch 2 et 4 pers, salles d'eau et wc particuliers. Possibilité lit d'appoint et lit bébé. Vous recevrez un accueil chaleureux dans cette ferme d'élevage et vous pourrez aussi profiter de la proximité de la mer. Plages du Débarquement. Langue parlée : anglais.

Prix : 1 pers. 26 € ◦ 2 pers. 34 € ◦ 3 pers. 43 € ◦ repas 13 €
Ouvert : Toute l'année

🐕	≈	⛵	🏊	🏇	🎣	🚴	🚶	❌	🚂
	2	2	6	2	2	2	SP	6	2

Roland et Brigitte ETIENNE - La Rosière - 14117 TRACY-SUR-MER - Tél. : 02 31 22 33 88 - Fax : 02 31 22 33 88 -
E-mail : roland.etienne3@wanadoo.fr

TROISMONTS — C.M. 231 Pli 29

2 ch. Dans une annexe de l'habitation, à l'étage : 2 ch 3 pers, salles d'eau et wc particuliers. TV. Coin cuisine. Entrées indépendantes. M. et Mme MORE vous accueillent dans des chambres aménagées avec goût. A proximité de la forêt de Grimbosq et de la Suisse Normande. Langue parlée : anglais.

Prix : 1 pers. 30 € ◦ 2 pers. 35 € ◦ 3 pers. 44 €
Ouvert : Toute l'année

🐕	≈	⛵	🏊	🏇	🎣	🚴	🚶	❌	🚂	⛷
	30	30	7	7	7	18	7	SP	2	19	0,5

Elisabeth et Bernard MORE - route de l'église - 14210 TROISMONTS - Tél. : 02 31 79 78 97

LE TRONQUAY — Montirly — C.M. 231 Pli 16/17

3 ch. Dans l'habitation, à l'étage : 3 ch 2 pers, salles d'eau et wc particuliers. (possibilité lit d'appoint et lit bébé). Salon de jardin. Dans une maison récemment restaurée, des chambres de bon confort, personnalisées. Mme Debieu vous aidera à découvrir sa région. Pêche en étang privé.

Prix : 1 pers. 24 € ◦ 2 pers. 34 €
Ouvert : Toute l'année

🐕	≈	🏊	🏇	🎣	🚴	❌	🚂	⛷
	20	10	10	15	7	SP	3	10	3

Denise DEBIEU - Hameau de Montirly - 14490 LE TRONQUAY - Tél. : 02 31 92 34 48

Normandie — Calvados

TRUTTEMER-LE-GRAND La Tostinière
C.M. 59 Pli 9/10

1 ch. Dans l'habitation de la ferme, au 1er étage : 1 ch 2 pers avec 1 ch complémentaire 2 pers, au 2e étage : salle de bains et wc particuliers. Entrée indépendante. Salon de jardin. Dans cette ferme traditionnelle du Bocage, Mr et Mme Faudet vous feront partager l'amour de leur région. Belles promenades à proximité.

Prix : 1 pers. 22 € 2 pers. 26 €
Ouvert : Toute l'année

🐕	≋	⛵	🐎	🏇	🎾	🏊	👫	✗	🚂	🔌
	10	10	15	20	10	10	0,5	1	5	10	5

Julien et Denise FAUDET - La Tostinière - 14500 TRUTTEMER-LE-GRAND - Tél. : 02 31 68 22 16

VASOUY-SUR-HONFLEUR Le Haut Butin
C.M. 55 Pli 3

3 ch. Dans l'habitation, au r-d-c : 2 ch 2 pers, salle d'eau et wc particuliers. Entrée indépendante. A l'étage : 1 ch 3 pers, salle d'eau et wc particuliers. Salon de jardin. Cette très belle chaumière restaurée vous accueille dans un site plein de charme. A 5 minutes, vous pourrez flâner autour du Vieux Bassin d'Honfleur.

Prix : 1 pers. 27 € 2 pers. 35 € 3 pers. 46 €
Ouvert : Toute l'année

🐕	≋	⛵	🐎	🏇	🎾	👫	✗	🚂	🔌
	2	2	2	2	9	2	1	0,5	16	2

Didier et Christiane PERQUIS - Chemin des Bruyères - Côte de Grâce - 14600 VASOUY-SUR-HONFLEUR - Tél. : 02 31 89 38 28

VASSY La Calbrasserie
C.M. 59 Pli 10

2 ch. Dans l'habitation de la ferme, au r-d-c : 1 ch spacieuse 2 pers avec cheminée, salle d'eau et wc particuliers, avec 1 ch compl. 2 pers. Entrée indépendante (3 épis). A l'étage : 1 ch 3 pers, salle d'eau particulière, wc au r-d-c, avec 1 ch compl. 1 pers (2 épis). Cuisine à disposition. Salon de jardin. Michel et Evelyne seront heureux de vous accueillir et de vous faire découvrir leur ferme et leur métier d'éleveur laitier. Panier pique-nique. Prêt vélos.

Prix : 1 pers. 20/21 € 2 pers. 30/32 € 3 pers. 38/40 €
Ouvert : Toute l'année

🐕	≋	⛵	🐎	🏇	🎾	👫	✗	🚂	🔌
60	1	15	18	18	1	2	1	2	18	2

Michel et Evelyne DE SAINT LEGER - La Calbrasserie - 14410 VASSY - Tél. : 02 31 68 51 53 - E-mail : Calbrasserie@hotmail.com

---

VAUX-SUR-AURE Le Grand Fumichon
C.M. 231 Pli 17

4 ch. Dans un bâtiment indépendant de l'habitation de la ferme, à l'étage : 2 ch 3 pers, possibilité lit supplémentaire, 1 ch 2 pers, salles d'eau et wc particuliers. Dans l'habitation (maison neuve), au r-d-c : 1 ch 2 pers, salle d'eau et wc particuliers. Entrée indépendante. Cuisine à disposition. Ferme typique du Bessin. Cour carrée, bâtiments imposants du XVIIe s. L'avancée du pressoir en activité, inscrite à l'inventaire départemental est particulièrement remarquable. Vente de cidre et de calvados.

Prix : 1 pers. 30 € 2 pers. 34 € 3 pers. 43 €
Ouvert : Toute l'année

🐕	≋	⛵	🐎	🏇	🎾	👫	✗	🚂	🔌
	3	5	3	3	7	4	2	3	4	3

Joseph et Agnès DUYCK - Le Grand Fumichon - 14400 VAUX-SUR-AURE - Tél. : 02 31 21 78 51 - Fax : 02 31 21 78 51 - E-mail : duyckja@wanadoo.fr

---

VAUX-SUR-AURE
C.M. 231 Pli 17

3 ch. Dans la maison d'habitation de la ferme, à l'étage : 1 ch 4 pers, salle de bains et wc particuliers, 2 ch 2 et 3 pers, salle d'eau et wc particuliers. Salle de détente avec TV. Cuisine extérieure à disposition. Entrée indépendante. Salon de jardin. A proximité des plages du Débarquement, cet hébergement vous propose des chambres dans un environnement typiquement rural.

Prix : 1 pers. 30 € 2 pers. 34 € 3 pers. 43 €
Ouvert : Toute l'année

🐕	≋	⛵	🐎	🏇	🎾	👫	✗	🚂	🔌
3	12	5	5	7	5	3	3	6,5	3

Bernard et Simone JORET - Route de Longues sur Mer - 14400 VAUX-SUR-AURE - Tél. : 02 31 21 78 66

VAUX-SUR-AURE Le Lieu Aubin
(TH) *C.M. 231 Pli 17*

3 ch. A la ferme, dans un bâtiment indépendant à l'étage : 2 ch 2 pers, 1 ch 4 pers, salle d'eau et wc particuliers dont 1 ch avec entrée indépendante. Salon et coin cuisine. Table d'hôtes (sauf juillet et août) sur réservation. Cette propriété du Bessin vous assure le confort et le calme. Possibilité de randonnées accompagnées autour de Bayeux. Tennis privé. Plages du Débarquement. Langues parlées : anglais, allemand.

Prix : 1 pers. 30 € 2 pers. 34 € 3 pers. 43 € repas 11 €
Ouvert : Toute l'année

🐕	≋	⛵	🐎	🏇	🎾	👫	✗	🚂	🔌
5	10	5	8	5	SP	SP	5	6	5

Marie-Christine TEILLANT - Le Lieu Aubin - 14400 VAUX-SUR-AURE - Tél. : 02 31 92 53 56 ou 06 89 14 00 59 - E-mail : cote.campagne@wanadoo.fr

Calvados   *Normandie*

VAUX-SUR-AURE Hameau du Quesnay
C.M. 231 Pli 17

1 ch. Dans l'habitation, au r-d-c : 1 ch 2 pers, salle de bains et wc particuliers. Salon de jardin. Dans ce petit village où coule l'Aure, vous profiterez pleinement de l'intimité de cette chambre et de l'espace extérieur.

Prix : 1 pers. **30** € 2 pers. **34** €
Ouvert : Toute l'année

🐕	≈	⛵	🏊	🎾	🎾	🚶	✕	🏛	🚂
5	3	3	5	3	2	3	1,5		

Louis et Thérèse ROULLAND - Hameau du Quesnay - 14400 VAUX-SUR-AURE - Tél. : 02 31 92 11 26

VAUX-SUR-AURE Le Hutrel
C.M. 231 Pli 17

3 ch. Dans l'habitation, à l'étage : 1 ch 2 pers, salle de bains et wc particuliers. Dans un bâtiment proche de l'habitation des propriétaires, au r.d.c. : 1 ch. 2 pers. avec 1 ch. complémentaire 2 pers. (3 épis), s. d'eau et wc privés - à l'étage : 1 ch. 2 pers avec 1 ch. complémentaire 2 pers., avec s. d'eau particulière avec wc. Cuisine à disposition. Ces chambres, dans un ancien presbytère du 18è siècle, sont situées dans un hameau agréable à 3 km de la mer. Langue parlée : anglais.

Prix : 1 pers. **30** € 2 pers. **34/40** € 3 pers. **53** €
Ouvert : Toute l'année

🐕	≈	⛵	🏊	🎾	🎾	🚶	✕	🏛	🚂
3	6	3	3	7	3	7	SP	3	3

Jacques et Josiane DANJOU - Le Hutrel - 14400 VAUX-SUR-AURE - Tél. : 02 31 92 13 51 ou 06 86 20 57 71 - Fax : 02 31 92 13 51 -
E-mail : jdanjou@net-up.com

VAUX-SUR-SEULLES La Ferme du Clos Mayas
C.M. 54 Pli 15

2 ch. Dans l'habitation, au r-d-c : 2 ch 2 pers, salle d'eau et wc particuliers. Entrée indépendante. Salon de jardin. Le Clos Mayas est un ancien corps de ferme typique du XVIIe siècle situé dans un environnement très calme. Salle de billard et badminton sur place. A proximité de Bayeux et des Plages du Débarquement.

Prix : 1 pers. **34** € 2 pers. **41** €
Ouvert : Pâques à Toussaint

🐕	≈	⛵	🏊	🎾	🎾	🚶	✕	🏛	🚂
9	9	6	3	15	6	2	6	7	6

Micheline ALTENWEG - La ferme du Clos Mayas - 14400 VAUX-SUR-SEULLES - Tél. : 02 31 51 08 79 - Fax : 02 31 22 51 87

VENDEUVRE Le Bois de Tilly
C.M. 55 Pli 12

2 ch. Dans l'habitation de la ferme, à l'étage : 1 chambre 3 pers avec 1 ch complémentaire 3 pers, 1 chambre 3 pers, salles d'eau et wc particuliers. TV dans les chambres. Salle de détente. Salon de jardin. Une grande demeure du XVIIIè siècle typique et des chambres confortables et calmes à quelques pas du célèbre château-musée de Vendeuvre. Centre de loisirs à 4 km.

Prix : 1 pers. **30** € 2 pers. **38** € 3 pers. **46** €
Ouvert : Toute l'année

🐕	≈	⛵	🏊	🎾	🎾	🚶	✕	🏛	🚂
45	8	4	35	18	8	2	0,5	8	8	8

Jean et Annick VANHOUTTE - Le Bois de Tilly - 14170 VENDEUVRE - Tél. : 02 31 40 91 87 - Fax : 02 31 90 58 13

VERSAINVILLE Le Dernier Sou
C.M. 54 Pli 12

3 ch. Dans une maison de construction récente, au r-d-c : 1 ch 2 pers, salle de bains et wc particuliers. A l'étage : 2 ch 3 et 4 pers, avec 1 ch complémentaire 2 pers, salle d'eau et wc particuliers. Salon de détente avec TV. Spacieuses et très confortables, ces chambres seront le point de départ pour découvrir par exemple, Falaise et les richesses de la Suisse Normande.

Prix : 1 pers. **24** € 2 pers. **34** € 3 pers. **41** €
Ouvert : Toute l'année

🐕	≈	⛵	🏊	🎾	🎾	🚶	✕	🏛	🚂
50	3	3	18	15	3	2	1	35	3

Paulette RALU - Le Dernier Sou - 14700 VERSAINVILLE - Tél. : 02 31 90 27 82

VIENNE-EN-BESSIN Ferme des Chataigniers
C.M. 54 Pli 15

3 ch. A la ferme, dans un bâtiment indépendant à l'étage : 3 ch 2 et 3 pers, salle d'eau et wc particuliers. Entrée indépendante. Cuisine à disposition. Salon de jardin. Dans un corps de ferme traditionnel du Bessin, les chambres sont spacieuses. Une grande salle d'accueil et de détente est à votre disposition. Langue parlée : anglais.

Prix : 1 pers. **28** € 2 pers. **35** € 3 pers. **43** €
Ouvert : Toute l'année

🐕	≈	⛵	🏊	🎾	🎾	🚶	✕	🏛	🚂
6	6	6	4	13	4	1	SP	5	6	6

Fabienne FORTIN - La Ferme des Chataigniers - 14400 VIENNE-EN-BESSIN - Tél. : 02 31 92 54 70

Normandie — Calvados

VIENNE-EN-BESSIN Bellerive

2 ch. Dans l'habitation, à l'étage : 2 grandes chambres 2 pers, salles d'eau et wc particuliers. Jardin avec salon de jardin. Dans une belle demeure du XVIIIè siècle, deux grandes chambres confortables, situées à 10 minutes des plages du Débarquement (et de la ville d'Art et d'Histoire de Bayeux). Italien parlé. Langues parlées : anglais, espagnol.

Prix : 1 pers. 32 € 2 pers. 43 €
Ouvert : Toute l'année.

9	9	10	16	9	SP	6	6	6

Frederic MARIE - Bellerive - 14400 VIENNE-EN-BESSIN - Tél. : 02 31 92 41 39

VIERVILLE-SUR-MER Hameau de Vacqueville
C.M. 54 Pli 4

2 ch. Dans l'habitation de la ferme, à l'étage : 1 ch 3 pers, salle de bains et wc particuliers avec 1 ch complémentaire 2 pers, 1 ch 3 pers, salle d'eau et wc particuliers avec 1 ch complémentaire 2 pers. T.V. Salle de détente. Salon de jardin. Possibilité pique-nique. Dans une ferme bien au calme, deux grandes chambres aménagées avec goût sur la commune du site historique d'Omaha-Beach.

Prix : 1 pers. 32 € 2 pers. 40 € 3 pers. 55 €
Ouvert : Toute l'année

2	2	18	7	12	2	1	SP	2	18	2

Elisabeth D'HEROUVILLE - Hameau de Vacqueville - 14710 VIERVILLE-SUR-MER - Tél. : 02 31 22 13 88 ou 06 15 47 58 65 - Fax : 02 31 51 82 24 - E-mail : elisabeth.dherouville@libertysurf.fr

VIEUX Le Bosquet
C.M. 54 Pli 15

2 ch. Dans la maison d'habitation, à l'étage : 1 ch 2 pers, salle de bains et wc particuliers, 1 ch 4 pers, salle d'eau dans la ch. Accueil agréable, chambres confortables dans un village à proximité de Caen. Jardins archéologiques de l'époque romaine à visiter.

Prix : 1 pers. 21 € 2 pers. 29 € 3 pers. 38 €
Ouvert : Toute l'année

30	12	3	3	SP	SP	1	12	1

Claude et M-Josèphe LAMOTTE - 3, rue Duc de Guillaume - Le Bosquet - 14930 VIEUX - Tél. : 02 31 26 91 30

VIEUX-PONT-EN-AUGE La Baronnie
C.M. 55 Pli 13

2 ch. Dans l'habitation, à l'étage : 1 ch 3 pers et 1 ch 2/4 pers, salle d'eau et wc particuliers. Salle d'accueil avec coin cuisine. Salon de jardin. La famille Lescoualch vous accueille à la Baronnie, vaste propriété typique du Pays d'Auge datant du XVIIIè siècle. Chambres décorées avec beaucoup de goût. Langue parlée : anglais.

Prix : 1 pers. 27 € 2 pers. 34 € 3 pers. 41 €
Ouvert : Toute l'année

35	35	7	6	7	4	4	SP	4	7	4

Patrice et Elisabeth LESCOUALCH - La Baronnie - 14140 VIEUX-PONT-EN-AUGE - Tél. : 02 31 20 55 72

VILLERS-SUR-MER Les Champs Rabat
C.M. 55 Pli 3

4 ch. Dans l'habitation de la ferme, au r-d-c : 1 ch 4 pers, salle de bains et wc particuliers. Au 1er étage : 3 ch 3 pers, salle de bains ou salle d'eau et wc particuliers. Cuisine à disposition et TV. Salon de jardin. C'est dans une grande demeure que Nicolas et Stéphanie vous accueillent avec gentillesse. Entre mer et campagne, vous profiterez de loisirs diversifiés. (location vélos et VTT). Langue parlée : anglais.

Prix : 1 pers. 38 € 2 pers. 46 € 3 pers. 53 €
Ouvert : Toute l'année

1,5	2	2	1	7	1,5	0,6	0,2	2	0,8	2

Nicolas et Stéphanie SIMAR - Les Champs Rabat - Route de Beaumont - 14640 VILLERS-SUR-MER - Tél. : 02 31 87 10 47 - Fax : 02 31 87 10 47

VILLERS-SUR-MER
C.M. 231 Pli 19

1 ch. Dans la maison d'habitation, au r-d-c : 1 ch 3 pers, salle d'eau et wc particuliers. Accès indépendant. Salon de jardin. Location de vélos. Cette maison à colombages du 17è siècle vous propose une chambre agréable donnant directement sur le jardin d'agrément. Ne manquez pas de visiter l'arrière pays. Langues parlées : anglais, italien.

Prix : 1 pers. 41 € 2 pers. 47 € 3 pers. 59 €
Ouvert : Toute l'année

1	1	5	2	6	0,7	0,7	0,6	0,4	0,6

Ghislaine HARCOURT - 93 bis av Brigade Piron - 14640 VILLERS-SUR-MER - Tél. : 02 31 87 22 89

Calvados
Normandie

VILLY-BOCAGE Le Manoir du Cèdre
C.M. 231 Pli 29

3 ch. Dans l'habitation, au 2e étage : 2 ch 2 pers, salle de bains ou salle d'eau et wc particuliers, 1 ch 2 pers, salle d'eau et wc particuliers, avec 1 ch complémentaire 1 pers. Possibilité couchage supplémentaire. Salon de jardin. Le Manoir du Cèdre est un très belle demeure aux vastes pièces claires et lumineuses. Orientale, Retro ou Romantique, les chambres proposées allient une harmonie dans la décoration et un très bon confort. La campagne environnante invite au repos et à la détente.

Prix : 1 pers. **35 €** 2 pers. **58 €** 3 pers. **69 €** pers. sup. **12 €**
Ouvert : Juin à septembre.

30	30	2	5	25	30	2	7	0,5	2	25	2

Bahram et Josette MOGHTADER - Le Manoir du cèdre - Maizerais - 14310 VILLY-BOCAGE - Tél. : 02 31 77 81 19

VILLY-LEZ-FALAISE La Croix
C.M. 55 Pli 12

2 ch. Dans l'habitation de la ferme, à l'étage : 2 ch 2 pers, avec 1 ch complémentaire 2 pers, salle d'eau et wc particuliers. Salon de jardin. Dans un cadre arboré et fleuri, vous gouterez aux charmes de cette belle ferme typique de la région de Falaise. Le château de Falaise est à visiter absolument. Calme assuré.

Prix : 1 pers. **26 €** 2 pers. **35 €** 3 pers. **43 €**
Ouvert : Toute l'année.

45	4	4	15	SP	4	2	3	35	4

Gilbert et Alice THOMAS - La Croix - 14700 VILLY-LEZ-FALAISE - Tél. : 02 31 90 19 98

VIRE La Blanquière
C.M. 59 Pli 9

3 ch. Dans l'habitation de la ferme, à l'étage : 1 ch 2 pers, salle de bains particulière, 2 ch 2 pers, salle d'eau et wc particuliers. Entrée indépendante. Cuisine à disposition. Salle de détente avec TV. Dans une grande maison en granit où vous admirerez la cheminée dans la salle à manger, cette étape vous permettra d'aller découvrir le magnifique Bocage Virois. Saut à l'élastique à 12 km.

Prix : 1 pers. **23 €** 2 pers. **29 €**
Ouvert : Toute l'année.

55	6	13	14	4	5	4	3	5	4

Bernard et Solange PRUNIER - La Blanquière - 14500 VIRE - Tél. : 02 31 68 02 95 - E-mail : bernard-solange.prunier@wanadoo.fr

---

VIRE Manoir du Pont des Vaux
C.M. 231 Pli 28

5 ch. Dans l'habitation, à l'étage : 3 chambres 2 pers, salle d'eau et wc particuliers, 2 chambres 3 pers, salle d'eau et wc particuliers. Salle de détente. Salon de jardin. Martine et Patrick vous accueillent dans leur Manoir restauré du 18ès à deux pas de Vire. Hâvre de paix et calme, vous apprécierez son parc arboré et verdoyant entouré de forêt et bordé d'une rivière. Saut à l'élastique et lac de la Dathée à proximité. 40 mn de Granville et du Mont St Michel. Langue parlée : anglais.

Prix : 1 pers. **32 €** 2 pers. **38 €** 3 pers. **46 €**
Ouvert : Toute l'année.

50	50	1	10	5	1	5	3	0,5	2	0,5

Patrick et Martine JAUNATRE - Manoir du Pont des Vaux - 14500 VIRE - Tél. : 02 31 66 14 93 - Fax : 02 31 66 14 92 -
E-mail : Le-Manoir-du-Pont-des-Vaux@wanadoo.fr

VOUILLY Le Château
C.M. 54 Pli 13

5 ch. A la ferme. Dans l'habitation, à l'étage : 2 ch 2 pers, 1 ch 3 pers, salles de bains et wc part., 2 suites 4 pers, salles de bains et wc part. Entrée indépendante. Salon à disposition Salon de jardin. C-B acceptées. James et Marie-José Hamel vous accueilleront dans leur château du XVIIIe siècle entouré de douves. Chambres spacieuses et confortables avec vue sur un parc paysager. Pêche en étang privé et coin pique-nique.

Prix : 1 pers. **47/55 €** 2 pers. **54/62 €** 3 pers. **77 €**
Ouvert : Mars à novembre.

8	10	28	28	28	8	SP	10	8	9	8

James et Marie-José HAMEL - Le Château - 14230 VOUILLY - Tél. : 02 31 22 08 59 - Fax : 02 31 22 90 58

Normandie

Eure

GITES DE FRANCE - Service Réservation
9, rue de la Petite Cité - B.P. 882
27008 EVREUX Cedex
Tél. 02 32 39 53 38 - Fax 02 32 33 78 13
E.mail : gites@eure.chambagri.fr

3615 Gites de France
0,2 €/min

ACQUIGNY
C.M. 55 Pli 17

5 ch. M. et Mme Heullant vous accueillent dans leur propriété calme située à 2 pas des jardins du château d'Acquigny. 4 ch. de 2 pers. situées en étage et 1 ch. au r.d.c. Chaque chambre est équipée de sanitaires privatifs. 4 ch. avec du couchage pour 2 pers. dont 1 chambre (2 lits 1 pers.), 1 ch. (1 lit 1 pers.). Possibilité lit bébé. Vous apprécierez la kitchenette, la cheminée, le séjour avec billard russe à disposition des hôtes. Parking fermé.

Prix : 1 pers. **32/34** € 2 pers. **37/43** €
Ouvert : Toute l'année.

90	SP	0,5	0,2	5	12	5	SP	12	SP

Claude et Michèle HEULLANT - La Roseraie - Quartier Saint-Mauxe - 27400 ACQUIGNY - Tél. : 02 32 50 20 10 - Fax : 02 32 50 20 10

ACQUIGNY
C.M. 55 Pli 17

E.C. 1 ch. A l'étage, vaste suite familiale composée d'une chambre (1 lit 2 pers.) et d'une grande pièce-verrière donnant sur le jardin, avec coin-salon (1 lit 2 pes.). Salle d'eau et wc privatifs. Séjour avec cheminée où vous serez servis les petits-déjeuners. Grande terrasse couverte, ping-pong. Idéalement situés entre vallée d'Eure et vallée de l'Iton, vous serez accueillis chaleureusement par Barnadette et Jean-Claude dans cette maison récente avec un grand jardin arboré. Langue parlée : anglais.

Prix : 1 pers. **31** € 2 pers. **37** € 3 pers. **45** € pers. sup. **7** €
Ouvert : Toute l'année.

90	0,3	15	1	2	10	5	SP	17	1,5

Bernadette et J.Claude NATIER - 39 ter, rue d'Evreux - 27400 ACQUIGNY - Tél. : 02 32 50 23 57 ou 06 76 24 66 51

AIZIER
(TH) *C.M. 55 Pli 5*

4 ch. M. et Mme Laurent vous accueillent dans cette belle maison en briques du XIXe siècle située près de leur chaumière, en bordure de Seine. 2 chambres au 1er étage (1 lit 2 pers. 1 lit 1 pers.) dans petite chambre séparée, escalier avec siège électrique, pour les personnes à mobilité réduite. 2 chambres au 2e étage (1 lit 2 pers. 1 lit 1 pers.). Sanitaires privés. Vous apprécierez le séjour et le salon réservé aux hôtes ainsi que le parc de 3 ha. Vous ne serez pas insensible au défilé permanent des bateaux qui passeront sous vos fenêtres. Hébergement situé sur la route des chaumières.

Prix : 1 pers. **39** € 2 pers. **45/54** € 3 pers. **54** € pers. sup. **9** € repas **14** €
Ouvert : Toute l'année.

20	SP	15	3	10	15	SP	40	5	

M.Thérèse et Yves LAURENT - Route de vieux port - 27500 AIZIER - Tél. : 02 32 57 26 68 - Fax : 02 32 57 42 25

AMECOURT
C.M. 55 Pli 7

1 ch. Mme Portier vous accueille dans sa charmante propriété au cœur d'un très joli petit village. Cette ancienne forge du château a été restaurée avec beaucoup de goût tout en conservant son caractère. Vous apprécierez la chaleur des lieux et de l'accueil de la propriétaire, devant la cheminée du salon tout comme dans la suite plus indépendante. Agréable jardin. La suite aménagée dans une annexe de la maison, tout proche, comporte : coin-salon, 2 lits 1 pers., salle de bains et wc privatifs. Possibilité lit enfant et lit bébé. Langue parlée : anglais.

Prix : 1 pers. **38** € 2 pers. **46** €
Ouvert : Toute l'année.

80	5	20	10	15	15	10	14	6	

Maryse PORTIER - 5 rue du Buisson de Bleu - 27140 AMECOURT - Tél. : 02 32 27 28 95 ou 06 07 17 02 25

AMFREVILLE-LA-CAMPAGNE
C.M. 55 Pli 16

2 ch. Mme Berthelin vous accueille dans sa maison récente de style normand située dans un grand jardin. 2 ch. au 1er étage avec accès indépendant. 1 ch. (1 lit de 2 pers.), 1 ch. (1 lit 2 pers. 1 lit 1 pers.), salle d'eau privée et communicante pour chaque chambre, wc communs, kitchenette à disposition des hôtes. Salon avec cheminée commun avec la propriétaire. Grand balcon couvert à l'étage, salon de jardin. Proximité de la vallée de l'oison qui offre des possibilités illimitées de randonnées. Langue parlée : anglais.

Prix : 1 pers. **28** € 2 pers. **33** € 3 pers. **43** €
Ouvert : Toute l'année.

80	20	20	0,5	5	8	5	4	12	SP

Marie-Therese BERTHELIN - Rue des Perelles - 27370 AMFREVILLE-LA-CAMPAGNE - Tél. : 02 32 35 70 81

Eure
Normandie

LES ANDELYS
C.M. 55 Pli 17

||| 2 ch.

Christophe et sa famille vous accueillent dans une ancienne maison en briques rénovée. 1 ch. au r.d.c. (1 lit 160) et 1 chambre aménagée dans un ancien pigeonnier (1 lit 160, 1 lit 1 pers.). Salle d'eau et wc privés. Chambres confortables aménagées avec goût dans un site privilégié, à 500 m. de Château Gaillard. Calme, terrasse, jardin et salon réservé aux hôtes. Location de vélos, GR2 sur place. Langues parlées : anglais, allemand.

Prix : 1 pers. **41** € 2 pers. **46** € 3 pers. **61** €
Ouvert : Toute l'année.

100	SP	20	2	5	10	1	SP	12	1

Christophe HAMOT - Route de Cléry - La Haye Gaillard - 27700 LES ANDELYS - Tél. : 02 32 51 66 23 - Fax : 02 32 51 66 23 -
E-mail : hamot.christophe@wanadoo.fr

LES ANDELYS Les Burons
C.M. 55 Pli 17

||| 2 ch.

Geneviève et Georges vous accueillent dans leur grande maison contemporaine avec son beau jardin soigné et vous proposent, au 1er étage, 2 ch. avec s. d'eau et wc privatifs (non attenant pour l'une d'elle) : 1 ch. (1 lit 140) et 1 ch. familiale (1 lit 2 pers. dans 1 ch. et 2 lits 1 pers. dans l'autre). Vaste séjour avec cheminée et salon privatif. Vous apprécierez le calme et la proximité des sites remarquables tels que château Gaillard et Giverny. Langue parlée : anglais.

Prix : 1 pers. **32/37** € 2 pers. **43/46** € 3 pers. **58/61** € pers. sup. **12** €
Ouvert : Toute l'année sauf Noël et jour de l'An.

100	20	3	15	13	4	15	15	SP	

Geneviève et Georges LELIEVRE - Les Burons - 27700 LES ANDELYS - Tél. : 02 32 54 10 51

ANGERVILLE-LA-CAMPAGNE
C.M. 55 Pli 16

|| 2 ch.

M. et Mme Groult vous accueillent dans leur maison récente située dans un village à proximité immédiate d'Evreux. 1 chambre classée 2 épis, (1 lit 2 pers.) avec douche privative et 1 chambre classée 1 épi (1 lit 2 pers.) avec salle d'eau commune, wc communs au 2 chambres. Vous apprécierez le grand jardin clos, la terrasse et la véranda à disposition pour les pique-niques, la salle de séjour avec TV et vous savourerez cette ambiance familiale.

Prix : 1 pers. **27** € 2 pers. **34** €
Ouvert : Toute l'année.

100	5	40	3	5	10	3	2	4	0,8

Nicole et Henri GROULT - 1 rue des Pommiers - 27930 ANGERVILLE-LA-CAMPAGNE - Tél. : 02 32 23 04 88 ou 06 73 10 42 58

APPEVILLE-ANNEBAULT Les Chauffourniers
(TH) *C.M. 55 Pli 5*

||| 3 ch.

M. et Mme Closson-Maze vous accueillent dans une ancienne ferme normande du XVIIIe siècle entièrement rénovée. 2 ch. 2 pers. (1 lit 160 ou 2 lits jumeaux) et 1 suite familiale (2 lits 2 pers.) dans 2 chambres séparées. Sanitaires attenants à chaque chambre. Vous serez charmés par la salle à manger avec sa superbe cheminée et la présence chaleureuse de vos hôtes. Chambres équipées pour l'accueil de bébés. Très beau jardin avec vue dominant la vallée de la Risle. Proximité de la forêt domaniale de Monfort. Parking. Escapade : VTT ou canoë en vallée de Risle. Langues parlées : anglais, espagnol.

Prix : 1 pers. **37/40** € 2 pers. **42/45** € 3 pers. **55** € pers. sup. **17** € repas **18** €
Ouvert : D'avril à septembre, l'hiver sur réservation.

40	3	13	3	10	30	13	2	45	3

Yves et Françoise CLOSSON MAZE - Les Aubépines - Aux Chauffourniers - 27290 APPEVILLE-ANNEBAULT - Tél. : 02 32 56 14 25 - Fax : 02 32 56 14 25

BARNEVILLE-SUR-SEINE
C.M. 55 Pli 5

||| 3 ch.

M. et Mme Billy vous accueillent dans 1 maison normande à colombages située à proximité de leur habitation et de la Seine. 1 ch. au r.d.c. avec 1 lit de 2 pers. et 2 ch. à l'étage avec 1 lit de 2 pers. et 1 lit 1 pers. chacune. Salle d'eau et wc privés pour chaque chambre. Vous apprécierez le jardin verdoyant, ainsi que le confort de la salle d'accueil avec le coin cuisine à dispo. La vue sur la Seine de la piste d'envol parapente/delta plane, à 200 m vous laissera un souvenir impérissable. Commune du Parc Naturel Régional des Boucles de la Seine Normande. Langues parlées : anglais, espagnol.

Prix : 1 pers. **28** € 2 pers. **34/36** € 3 pers. **44** € pers. sup. **5** €
Ouvert : Toute l'année.

60	12	1	5	12	12	SP	30	1

Arnaud et Françoise BILLY - La Ferronnerie - 27310 BARNEVILLE-SUR-SEINE - Tél. : 02 32 56 08 87 - Fax : 02 32 56 08 87

LES BAUX-DE-BRETEUIL La Bourgannière
(TH) *C.M. 55 Pli 15*

||| 2 ch.

Mme Noël vous accueille dans sa charmante maison située dans 1 cadre champêtre. 1 ch. au r-d-c (1 lit 2 pers.) avec s.d.b. privés et attenants, 1 ch. familiale à l'étage (2 lits 1 pers.) dans 1 ch. (1 lit 1 pers. dans 1 autre chambre), s. d'eau et wc privés. Vous apprécierez le salon à dispo. des hôtes, le salon de jardin, le parking, ainsi que la forêt toute proche. La vie à la ferme n'aura plus de secret pour vous après votre séjour chez Mme Noël.

Prix : 1 pers. **30** € 2 pers. **38** € 3 pers. **52** € repas **14** €
Ouvert : Toute l'année.

100	7	1	30	7	SP	20	9

Marie NOEL - La Bourganière - 27160 LES BAUX-DE-BRETEUIL - Tél. : 02 32 30 68 18 - Fax : 02 32 30 19 93

Normandie

Eure

LE BEC-HELLOUIN
C.M. 55 Pli 15

3 ch. Sylvie vous accueille au cœur du village du Bec Hellouin, à deux pas de l'Abbaye, dans le cadre d'une authentique maison normande. A l'étage, 2 chambres pour 2 pers (1 lit 2 pers.) et 1 chambre pour 4 (1 lit 2 pers. 2 lits 1 pers. en mezzanine). Sanitaires privatifs. Etape raffinée pour les amoureux de la pierre et des maisons à pans de bois. Langue parlée : anglais.

Prix : 1 pers. 46 € 2 pers. 52 € 3 pers. 67 € pers. sup. 9 €
Ouvert : Toute l'année.

45	SP	5	5	1	25	20	SP	20	SP

Sylvie CARON - Place Guillaume le Conquérant - 27800 LE BEC-HELLOUIN - Tél. : 02 32 46 19 30 - Fax : 02 32 46 19 30

BERVILLE-EN-ROUMOIS Angoville
(TH) *C.M. 55 Pli 5*

2 ch. Un petit coup de barre, besoin de se changer les idées, venez vous ressourcer à la campagne, nous vous accueillerons dans notre maison de maître, 2 ch. au 2ᵉ étage : 1 ch. (1 lit 2 pers), 1 ch. (1 lit 2 pers. 1 lit 1 pers), salle d'eau et wc privés communicants à chaque chambre. Possibilité lit supplémentaire, lit bébé. Salle de séjour à disposition des hôtes. Si vous le souhaitez, nous vous ferons découvrir notre ferme avec son atelier de bovins label rouge et ses différentes cultures dans le lin. A proximité, les rives de la Seine aux multiples facettes vous raviront. Langue parlée : anglais.

Prix : 1 pers. 29 € 2 pers. 36 € 3 pers. 44 € repas 13 €
Ouvert : Toute l'année.

50	15	17	4	2	15	15	3	3	2

J.M. et Martine CAILLOUEL - Angoville - 27520 BERVILLE-EN-ROUMOIS - Tél. : 02 35 87 97 72 ou 06 75 97 13 66 - Fax : 02 35 87 97 72

BEUZEVILLE
C.M. 55 Pli 4

2 ch. M. et Mme Bultey vous accueillent dans leur jolie maison à pans de bois située dans un hameau. 2 ch. au rez de chaussée (1 lit 2 pers.), (possibilité lit supplémentaire). Salle d'eau ou s.d.b. et wc privés et attenants. Vous apprécierez la salle de séjour, le jardin, ainsi que les animaux de la ferme. La proximité de la côte normande est un atout majeur de cet hébergement. Langues parlées : anglais, espagnol.

Prix : 1 pers. 30 € 2 pers. 36 € 3 pers. 44 €
Ouvert : Toute l'année.

13	18	15	0,8	13	10	1	1

Philippe et Régine BULTEY - 835 rue des Coutances - Les Coutances - 27210 BEUZEVILLE - Tél. : 02 32 57 75 54

BOSC-BENARD-COMMIN Les Noés
C.M. 55 Pli 5

3 ch. M. et Mme Auvard vous accueillent dans leur maison normande située à proximité d'un verger planté de pommiers. R.d.c. : 2 ch. (1 lit 2 pers. chacune). Etage : 1 ch. (1 lit 1 pers. 1 lit 2 pers.). S. d'eau ou s.d.b. et wc privés chacune. Vous apprécierez le séjour/coin-cuisine réservé aux hôtes, la proximité du Parc Naturel Régional des boucles de la Seine Normande. La ferme est toute proche et les vaches laitières paissent dans les herbages voisins, voici la Normandie telle que vous la rêvez.

Prix : 1 pers. 28 € 2 pers. 36 € 3 pers. 44 €
Ouvert : Toute l'année.

60	15	25	6	3	20	12	2	30	2

Jacques AUVARD - 27520 BOSC-BENARD-COMMIN - Tél. : 02 32 56 26 24

BOSC-RENOULT-EN-OUCHE La Graverie
C.M. 55 Pli 15

2 ch. M. et Mme Masse vous accueillent dans leur ancienne ferme située dans un hameau. 2 ch. à l'étage (1 lit 2 pers. et 1 lit 1 pers.) avec salle d'eau et wc attenants et privatifs. Vous apprécierez la campagne environnante et pourrez flâner dans Bernay, petite ville située à 20 km et d'une richesse architecturale incontestable. Langue parlée : anglais.

Prix : 1 pers. 27 € 2 pers. 34 € 3 pers. 43 €
Ouvert : Toute l'année.

75	2	18	2	18	4	20	2	15	4

Claude et Yvette MASSE - La Graverie - 27330 BOSC-RENOULT-EN-OUCHE - Tél. : 02 32 44 43 44

BOSC-ROGER-EN-ROUMOIS
(TH) *C.M. 55 Pli 6*

3 ch. Nicole et Pierre Fontaine vous accueillent dans leur belle maison située sur un verger. Au r.d.c. 1 ch. 2 épis (1 lit 2 pers.), salle d'eau et wc privés. Possibilité de réserver 1 suite (1 lit 2 pers.) avec lavabo. A l'étage : 2 ch. 3 épis (1 lit 2 pers. 1 lit 1 pers.), sanitaires privés. Possibilité de réserver 1 suite 1 pers. Véranda, salon, cheminée. Possibilité d'accueillir des chevaux. La visite de châteaux tels que Harcourt et le Champ de Bataille comblera les amateurs de jardins et d'architecture. Langue parlée : anglais.

Prix : 1 pers. 26/27 € 2 pers. 32/35 € 3 pers. 43 € repas 15 €
Ouvert : Toute l'année.

60	8	8	2	3	10	8	3	8	3

Nicole et Pierre FONTAINE - La Queue-Bourguignon - 1034 chemin du Bas Boscherville - 27670 BOSC-ROGER-EN-ROUMOIS - Tél. : 02 35 87 75 16 - Fax : 02 35 87 75 16

Eure
Normandie

BOSROBERT
(TH) C.M. 55 Pli 15

E.C. 2 ch. — Martine et Marie-Bernard vous réserveront un accueil chaleureux dans leur ancienne maison à pans de bois dont le jardin est traversé par le ruisseau du Bec. 2 ch. de plain-pied : 1 lit 2 pers. pour l'une et 1 lit 2 pers. et 1 lit 1 pers. dans l'autre. Sanitaires privés. Vous apprécierez le charme de cette maison et de son jardin. Pêche possible sur place (privé en étang ou cours d'eau 1ère catégorie avec permis). Langue parlée : anglais.

Prix : 1 pers. 30 € 2 pers. 38 € 3 pers. 46 € repas 14 €
Ouvert : Toute l'année.

🐕	⛱	🏊	🎣	🎾	🏇	🏹	🚶	🚉	🛒
	45	SP	5	5	4	10	15	SP	20	3

Martine et M.B. LECOQ - 4 route du Moulin du Parc - « Les Prés du Moulin du Parc » - 27800 BOSROBERT - Tél. : 02 32 44 87 03

BOURG-BEAUDOUIN
C.M. 55 Pli 7

▮▮▮ 3 ch. — Bénédicte et Jean-Luc sont de jeunes agriculteurs qui ont progressivement restauré leur corps de ferme où un magnifique pigeonnier trône. Dans leur grande maison de maître traditionnelle, ils ont aménagé 3 chambres au 2ᵉ étage, 2 ch. (1 lit 2 pers.), 1 ch. (1 lit 2 pers. 1 lit 1 pers.). Sanitaires privés et décoration personnalisée pour chaque chambre. Vous apprécierez le salon avec cheminée, le coin-cuisine à disposition des hôtes, le grand calme à 2 Km de la RN14. Nombreux châteaux à proximité. Langue parlée : anglais.

Prix : 1 pers. 29 € 2 pers. 36 € 3 pers. 49 €
Ouvert : Toute l'année.

🐕	⛱	🏊	🎣	🎾	🏇	🏹	🚶	🚉	🛒
	50	4	20	4	15	24	12	2	20	5

Bénédicte et J.Luc DELAVOYE - 46 rue du Coq - Ferme du Coquetot - 27380 BOURG-BEAUDOUIN - Tél. : 02 32 49 09 91 ou 06 16 09 05 00 - Fax : 02 32 49 09 91

BOURGTHEROULDE
C.M. 55 Pli 6

▮▮▮ 5 ch. — Bernadette du Plouy a aménagé avec passion 1 élégant château du XVIIIᵉ où vous pourrez choisir entre 5 ch. de caractère. Parc normand en cours de restauration. 3 ch. au 1ᵉʳ étage 1 ch. (1 lit 2 pers. 1 lit 1 pers.), 2 ch. (1 lit 2 pers.). 2 ch. au 2ᵉ étage 1 ch. (2 lits 1 pers.) et 1 ch. (3 lits 1 pers.) sanitaires privés pour chaque ch. Vous trouverez calme et sérénité dans cette propriété. Produits fermiers. Proximité de nombreuses abbayes. Parc Naturel Régional des boucles de la Seine Normande, 10 km. Parcours de santé. Langue parlée : anglais.

Prix : 1 pers. 38 € 2 pers. 46 € 3 pers. 53 €
Ouvert : Toute l'année.

🐕	⛱	🏊	🎣	🎾	🏇	🏹	🚶	🚉	🛒
	70	12	15	3	3	10	12	1	8	2

Bernadette DU PLOUY - Château de Boscherville - 27520 BOURTHEROULDE - Tél. : 02 35 87 62 12 ou 02 35 87 61 41 - Fax : 02 35 87 62 12

BOURGTHEROULDE-INFREVILLE
C.M. 55 Pli 6

▮▮▮ 2 ch. — M. et Mme Costil vous accueillent dans leur ravissante chaumière du XVIIᵉ siècle située dans un beau jardin fleuri. 2 ch. à l'étage, avec accès indépendant. 1 ch. (1 lit 2 pers.), 1 ch. (1 lit 160, 1 lit 120). Sanitaires privés pour chaque chambre tout confort. Vous apprécierez le calme, le séjour et sa cheminée monumentale. Nombreuses abbayes, parcs et jardins de grande qualité aux alentours.

Prix : 1 pers. 38/42 € 2 pers. 43/47 € 3 pers. 57 € pers. sup. 10 €
Ouvert : Toute l'année sauf fêtes de fin d'année.

🐕	⛱	🏊	🎣	🎾	🏇	🏹	🚶	🚉	🛒
	70	12	15	0,2	10	12	0,5	12	1,5

Annick et Michel COSTIL - 141 rue de Grainville - La Clé des Champs - Infreville - 27520 BOURTHEROULDE-INFREVILLE - Tél. : 02 35 78 88 50 - Fax : 02 35 77 57 56

BOURNAINVILLE-FAVEROLLES Faverolles
C.M. 55 Pli 14

▮▮▮ 1 ch. — M. et Mme Syrin vous accueillent dans leur maison à pans de bois. R.d.c. 1 ch. (1 lit 2 pers. 1 lit 1 pers). Accès indépendant et wc privés. Vous apprécierez les promenades à pied et à vélos dans les environs.

Prix : 1 pers. 30 € 2 pers. 35 € 3 pers. 46 €
Ouvert : Toute l'année.

🐕	⛱	🏊	🎣	🎾	🏇	🏹	🚶	🚉	🛒
	40	6	20	6	6	6	8	6	6

Michel et Marie SYRIN - 3, route de Thiberville - Hameau de Faverolles - 27230 BOURNAINVILLE-FAVEROLLES - Tél. : 02 32 45 19 83

BOURNEVILLE
C.M. 55 Pli 5

▮▮▮ 2 ch. — M. et Mme Brown vous accueillent dans leur grange située à la sortie du village. 2 ch. (1 lit 2 pers. ou 2 lits 1 pers.) aménagées de plain-pied avec accès indépendant. Salle d'eau et wc privés. Vous apprécierez le grand salon avec cheminée où sera servi le petit déjeuner, grand terrain avec terrasse et salon de jardin. Claude et James ont restauré avec passion cette ancienne grange en briques et ont créé un jardin d'inspiration anglaise. Commune faisant partie du Parc Naturel Régional des boucles de la Seine Normande. Langue parlée : anglais.

Prix : 1 pers. 33 € 2 pers. 38 €
Ouvert : De mars à novembre.

🐕	⛱	🏊	🎣	🎾	🏇	🏹	🚶	🚉	🛒
	44	10	10	10	3	25	10	5	40	0,2

Claude et James BROWN - Route d'Aizier - « La Grange » - 27500 BOURNEVILLE - Tél. : 02 32 57 11 43

Normandie

Eure

BOURTH
C.M. 60 Pli 5

▮▮▮ 1 ch.   Sylvie Tavernier vous accueille dans sa grande maison située au cœur du village, la chambre familiale est aménagée dans le jardin, dans une petite maison indépendante comprenant salon avec cheminée, kitchenette et sanitaires au r.d.c. (1 lit 2 pers. 2 lits 1 pers.) à l'étage. Vous apprécierez l'ambiance chaleureuse de la maison d'hôtes nichée dans le jardin de cottage planté d'essences peu communes. Sylvie est passionnée de chats, elle en élève de toute sorte, du poil rêche au persan soyeux et elle vous fera découvrir avec plaisir son univers. Prix 4 pers. : 58 €. Langue parlée : anglais.

Prix : 1 pers. 32 € 2 pers. 40 € 3 pers. 49 €
Ouvert : Toute l'année.

100	0,2	0,2	0,5	3	3	8	10	SP

Sylvie TAVERNIER - 2 rue de Chandai - 27580 BOURTH - Tél. : 02 32 32 70 87 - Fax : 02 32 32 70 87

BRAY
C.M. 231 Pli 34

E.C. 1 ch.   Nathalie, Philippe et leurs enfants vous proposent une chambre familiale dans leur maison du XIX° siècle en briques rouges. La chambre est aménagée au rez-de-chaussée (1 lit 2 pers.), et 1 chambre attenante (1 lit 1 pers. 1 lit bébé). Salle d'eau et wc privatifs, séjour et salon à disposition. Les propriétaires sont exploitants agricoles et vous feront découvrir une ferme d'élevage. Nombreuses balades à proximité et pêche possible en étang (4000 m) dans le village.

Prix : 1 pers. 29 € 2 pers. 37 € 3 pers. 49 €
Ouvert : Toute l'année.

60	SP	6	7	3	10	7	7	12	7

Philippe et Nathalie DUBUISSON - 6, rue des Ecoles - 27170 BRAY - Tél. : 02 32 35 03 33 - Fax : 02 32 29 93 91

BRETEUIL-SUR-ITON
C.M. 55 Pli 16

▮▮▮ 1 ch.   Dans le bourg de Breteuil, dans le Pays d'Avre et d'Iton, se cache une délicieuse maison bourgeoise avec un très beau jardin fleuri. Rolande et Pierre ont aménagé dans leur grande maison XVIII° siècle, 1 jolie chambre à l'étage (1 lit 2 pers. 2 lits 1 pers.), s. d'eau et wc privatifs. Possibilité lit bébé. Vous apprécierez le jardin ombragé ainsi que le parking fermé.

Prix : 1 pers. 32 € 2 pers. 40 € 3 pers. 48 € pers. sup. 8 €
Ouvert : Toute l'année.

100	0,5	1	12	12	1	1	11	SP

Pierre et Rolande MIEUSET - 79 rue Jacques Girard - « La Rotonde » - 27160 BRETEUIL-SUR-ITON - Tél. : 02 32 29 70 47

BREUILPONT
C.M. 55 Pli 17

▮▮▮ 1 ch.   Anne, Jean-François et leurs enfants vous accueillent dans leur jolie propriété construite en pierre de pays. Dans le village, vous apprécierez néanmoins le grand jardin dont une partie, en terrasses, donne sur une zone boisée. Un accueil chaleureux vous est réservé, notamment aux enfants qui sont les bienvenus. La chambre est aménagée à l'étage d'un petit bâtiment annexe : la suite se compose d'une ch. (1 lit 2 pers.), et d'une pièce avec coin-salon et un convertible pour 1 ou 2 enfants. S. d'eau avec wc privative. Petite terrasse privative attenante. Tarif enfant : 8 €. Langue parlée : anglais.

Prix : 1 pers. 31 € 2 pers. 41 €
Ouvert : Toute l'année.

110	1	1	0,5	4	6	7	SP	4	SP

**Anne et J.François AUBRON - 6, rue des Cotes - Le Noyer - 27640 BREUILPONT - Tél. : 02 32 36 46 34 - Fax : 02 32 36 46 34 -
E-mail : Jean-François.aubron@wanadoo.fr**

BREUX-SUR-AVRE La Troudière
C.M. 60 Pli 6

▮▮▮ 2 ch.   Dans cette ferme typique du Pays d'Avre et d'Iton, Bruno et Marie-Christine ont aménagé 2 chambres de plain-pied dans leur maison située au cœur du village. 1 ch. (1 lit 2 pers.), 1 ch. (2 lits 1 pers.) poss. lit bébé, salle d'eau et wc attenants. Vous apprécierez le salon avec cheminée mis à votre disposition, ainsi que le jardin et le parking. Nous accueillons une basse-cour insolite dont le maître de maison est très fier. Escapade Randonnée sportive au Pays d'Avre et d'Iton.

Prix : 1 pers. 29 € 2 pers. 35 €
Ouvert : Toute l'année.

100	3	25	2	3	15	14	2	10	10

M. Christine et Bruno LEROY - La Troudière - 27570 BREUX-SUR-AVRE - Tél. : 02 32 32 50 79 - Fax : 02 32 32 33 23

BRIONNE
(TH)   *C.M. 55 Pli 15*

▮▮▮ 5 ch.   M. et Mme Baker vous accueillent dans leur charmante maison située dans le bourg. 5 ch. au 1er étage : 1 ch. (1 lit 2 pers. et 1 lit 1 pers.), 3 ch. (1 lit 2 pers.), 1 ch. (2 lits 1 pers.). Sanitaires privés pour chaque chambre. Salle de séjour, jardin traversé par un ruisseau, parking, grande terrasse. Table d'hôtes 19 € vin compris. Langue parlée : anglais.

Prix : 1 pers. 38 € 2 pers. 45/48 € 3 pers. 56 € repas 19 €
Ouvert : De février à novembre.

50	0,5	0,5	0,5	7	15	15	1	16	SP

**Pete et Hazel BAKER - 14, Bl de la Republique - « Le Coeur de Lion » - 27800 BRIONNE - Tél. : 02 32 43 40 35 - Fax : 02 32 46 95 31 -
E-mail : cœurdelion27800@aol.com**

Eure
Normandie

CAMPIGNY Le Clos Mahiet
C.M. 55 Pli 4/5

3 ch. M. et Mme Vauquelin vous accueillent dans leur charmante maison à pans de bois. 1 ch. (2 lits 1 pers.) au r.d.c. 2 ch. (2 lits 1 pers.) situées à l'étage. S. d'eau et wc privés pour chaque chambre, possibilité (1 lit 1 pers. supplémentaire). Très beau jardin arboré, salle de séjour avec cheminée. Poss. d'accueillir des cavaliers. Propriété très calme. Salon de jardin, parking. Randonnées pédestres et circuits VTT sur place. Accueil équestre (herbage et boxes). Table d'hôtes sur réservation sauf dimanche. Randonnées équestres escapades.

Prix : 1 pers. 30 € 2 pers. 37 € pers. sup. 14 €
Ouvert : Toute l'année.

30	3	8	6	5	37	5	SP	25	6

Régine VAUQUELIN - Le Clos Mahiet - 27500 CAMPIGNY - Tél. : 02 32 41 13 20

CAPELLE-LES-GRANDS Le Val Perrier
(TH) C.M. 55 Pli 14

2 ch. Pierre et Micheline vous accueillent dans leur maison fleurie à la campagne. 1 ch. à l'étage (1 lit 2 pers. 1 lit 1 pers.) avec accès indépendant. 1 chambre familiale à proximité (1 lit 2 pers.) au r.d.c. et (1 lit 2 pers. 1 lit 1 pers.) en mezzanine. Chaque chambre possède salle d'eau, wc, kitchenette et salons privés. Terrasse, pergola. Salon d'accueil avec documentation régionale. Location de vélo, musée de la vie rurale. Table d'hôtes avec pain cuit sur place au feu de bois. Ping-pong. Tarif 5 pers. : 71 €. Langue parlée : anglais.

Prix : 1 pers. 29 € 2 pers. 37 € 3 pers. 47 € pers. sup. 12 € repas 15 €
Ouvert : Toute l'année.

55	5	10	3	10	5	10		6	

Pierre et Micheline BEAUDRY - « le Val Perrier » - 27270 CAPELLE-LES-GRANDS - Tél. : 02 32 44 76 33 - Fax : 02 32 43 03 15

CHAMBORD
(TH) C.M. 55 Pli 15

3 ch. Mme Samain vous accueille dans sa maison de maître située dans un parc boisé où vous trouverez calme et repos. 3 ch. aménagées au 1er étage : (1 lit 2 pers. 1 lit 1 pers.), salle d'eau et wc privés pour chaque chambre. Vous apprécierez la table d'hôtes servie dans le séjour-salon avec cheminée. Parc aménagé avec de nombreux jeux d'enfants. Location de VTT.

Prix : 1 pers. 27 € 2 pers. 38 € 3 pers. 47 € repas 14 €
Ouvert : Toute l'année.

60	SP	25	3	12	12	1		15	4

Véronique SAMAIN - La Hugoire - 27250 CHAMBORD - Tél. : 02 33 34 82 55 - Fax : 02 33 34 82 55 - E-mail : la-hugoire@wanadoo.fr

CINTRAY La Tournevraye
(TH) C.M. 60 Pli 6

E.C. 2 ch. Mme Ferrando vous accueille dans sa grande maison de maître située dans un cadre campagnard près d'une ferme. 1 ch. aménagée au 1er étage (1 lit 2 pers.), salle de bains privée attenante, wc communs, et 1 ch. familiale au second (1 lit 2 pers. dans 1 ch. et 2 ch. avec couchage pour 1 pers.). Sanitaires attenants et privés. Vous apprécierez le grand salon, la cheminée et la salle à manger où vous seront servis les repas. Verneuil-sur-Avre est toute proche et la Tour Grise veille sur la campagne environnante. Langues parlées : anglais, italien.

Prix : 1 pers. 30 € 2 pers. 38 € 3 pers. 52 € pers. sup. 14 € repas 12 €
Ouvert : Toute l'année.

100	5	50	2	6	10	5	3	10	3

Berthe FERRANDO - La Tournevray - 27160 CINTRAY - Tél. : 02 32 29 83 63 ou 02 32 32 60 15

CONDE-SUR-ITON
(TH) C.M. 55 Pli 16

2 ch. Liliane Chaplain vous accueille dans sa maison typique du Pays d'Avre et d'Iton, et vous propose, au 1er étage, 2 chambres avec accès extérieur : 1 suite avec 2 ch. communicantes (1 lit 2 pers. 2 lits 1 pers.) et 1 ch. 3 pers. (1 lit 2 pers. 1 lit 1 pers.). Salon, salle à manger avec cheminée et recettes normandes au menu de la table d'hôtes. Grande propriété soignée et fleurie. Langue parlée : anglais.

Prix : 1 pers. 30 € 2 pers. 38 € 3 pers. 47/50 € pers. sup. 6 € repas 15 €
Ouvert : Toute l'année sauf fêtes de fin d'année.

100	0,5	3	3	12	3	1		10	5

Liliane CHAPLAIN - 10, rue du Chemin Perré - « Le Clos de l'Iton » - 27160 CONDE-SUR-ITON - Tél. : 02 32 34 21 62 - Fax : 02 32 34 21 62

CONDE-SUR-RISLE
(TH) C.M. 55 Pli 5

4 ch. Claude et Corinne vous accueillent dans 1 très bel ensemble en colombages du 19e entièrement restauré. 1 ch. au r.d.c. (1 lit 2 pers. 1 lit 1 pers.) avec accès indépendant, et 1 ch. accessible aux pers. handicapées (1 lit 2 pers.). Au 1er ét., 1 ch. avec accès indépendant (1 lit 2 pers.) et 1 suite familiale (1 lit 2 pers. 2 lits 1 pers. dans la 2e chambre). S. d'eau privative pour chaque chambre. Salle à manger, salon à disposition des hôtes. Table d'hôtes sur réservation avec dégustation de spécialités normandes. Etang, rivière et forêt à proximité. Jeux sur la propriété : ping-pong, terrain de boules.

Prix : 1 pers. 41 € 2 pers. 46 € 3 pers. 58 € pers. sup. 15 € repas 18 €
Ouvert : Toute l'année.

40	0,3	12	0,3	12	40	10	SP	25	10

Corinne et Claude EYPERT - La Vallée - Le Village - 27290 CONDE-SUR-RISLE - Tél. : 02 32 56 46 71

Normandie

Eure

CONTEVILLE Le Clos Potier
C.M. 55 Pli 4

5 ch. M. et Mme Anfrey vous accueillent dans leur maison normande meublée à l'ancienne située à la campagne. 2 ch. (1 lit 2 pers.) au r.d.c. A l'étage : 1 ch. double, sanitaires privés, 2 ch. (1 lit 2 pers.) dans une annexe proche de la maison, avec sanitaires privés. Salle de séjour avec TV, jardin et pressoir à cidre du XVII°. Vous serez conquis par l'ambiance, la chaleur des meubles anciens, ainsi qu'à la belle saison, de la profusion des fleurs. Produits fermiers. Langue parlée : anglais.

Prix : 1 pers. **45 €** 2 pers. **50 €**
Ouvert : Toute l'année.

19	3	10	4	4	30	4	0,5	13	1,5

Pierre et Odile ANFREY - Le Clos Potier - 27210 CONTEVILLE - Tél. : 02 32 57 60 79 ou 06 88 37 43 35 - Fax : 02 32 57 60 79

CONTEVILLE
C.M. 55 Pli 4

2 ch. M. et Mme Hebert vous accueillent dans leur maison de style normand située sur la place du village. Les 2 ch. sont aménagées au 2° étage. 1 lit 2 pers. dans chaque chaqye. Sanitaires privés. Jardin avec salon de jardin et parking privé. Entre les Ponts de Normandie et de Tancarville, vous serez à pied d'œuvre pour visiter la Côte Normande.

Prix : 1 pers. **38 €** 2 pers. **43 €**
Ouvert : Du 1er mai au 1er septembre, vacances de la Toussaint.

30	SP	8	14	6	30	14	10	30	SP

Arlette et Michel HEBERT - Cidex 6A - 27210 CONTEVILLE - Tél. : 02 32 56 21 14

CONTEVILLE
C.M. 55 Pli 4

4 ch. Laurence Rouich vous accueille dans une maison normande aux portes de Honfleur. 1 ch. de plain-pied avec accès extérieur (1 lit 2 pers.), salle d'eau et wc privés, et 3 ch. aménagées dans une dépendance normande, 2 ch. (1 lit 2 pers. 1 pers.). A l'étage, chambre familiale (1 lit 2 pers. 1 lit 1 pers.) coin-enfants (2 lits 1 pers.) sanitaires privés. Vous apprécierez le calme de la maison, le séjour avec la cheminée où vous sera servi le petit-déjeuner avec pâtisseries et confitures maisons. Parking privé.

Prix : 1 pers. **38 €** 2 pers. **43 €** pers. sup. **9 €**
Ouvert : Toute l'année.

20	1	20	10	4	30	10	1	30	SP

Laurence ROUICH - Route d'Honfleur - 27210 CONTEVILLE - Tél. : 02 32 56 09 71 ou 06 88 35 98 17

CONTEVILLE

2 ch. Ancien marin pêcheur, Marceau vous fera partager sa passion des bateaux (musée privé sur place). Accueil chaleureux dans cette maison contemporaine de caractère local. Les 2 chambres sont aménagées au 1er étage, 1 ch. (1 lit 2 pers.), 1 ch. (2 lits 1 pers.). Sanitaires attenants à chaque chambre. Salon, salle à manger avec cheminée. Salon de jardin et vélos à disposition des hôtes.

Prix : 1 pers. **29 €** 2 pers. **35 €**
Ouvert : Toute l'année.

14	SP	14	14	4	30	14	1	30	SP

Léone et Marceau VILLEY - Le Bourg - 27210 CONTEVILLE - Tél. : 02 32 56 44 20 - Fax : 02 32 56 44 20

LA CROIX-SAINT-LEUFROY La Boissaye
C.M. 55 Pli 17

5 ch. M. et Mme Sénécal vous accueillent dans leur manoir du 15° siècle. 2 ch. au r.d.c. (1 lit 2 pers) et 3 ch. à l'étage (1 lit 2 pers. dans 1 ch. et 2 lits 1 pers. dans les 2 autres). Salle d'eau et wc privés pour chaque chambre. Vous apprécierez la très belle salle avec cheminée, kitchenette et TV. Belle mare avec oiseaux d'ornements. Repas sur réservation, Salle de jeux.

Prix : 1 pers. **32 €** 2 pers. **41 €** 3 pers. **54 €** repas **16 €**
Ouvert : Toute l'année.

100	SP	22	3	10	8	8	0,5	1	3

Clothilde et Gérard SENECAL - Hameau de la Boissaye - 27490 LA CROIX-SAINT-LEUFROY - Tél. : 02 32 67 70 85 - Fax : 02 32 67 03 18

DANGU
C.M. 55 Pli 18

2 ch. Mme de Saint Père vous accueille dans sa maison de caractère située dans un site protégé. 1 ch. (1 lit 2 pers.) avec s.d.b. privée et attenante, 1 ch. 2 pers. avec salle d'eau privée et communicante. Vous apprécierez le salon avec cheminée, la terrasse, le jardin bordé par l'Epte. Circuits à thèmes proposés par Nicole qui a confectionné toutes sorte d'itinéraires. Langue parlée : anglais.

Prix : 1 pers. **34 €** 2 pers. **48/52 €** repas **14/20 €**
Ouvert : Du 1er mars au 15 décembre.

150	SP	10	7	15	15	10	15	7	3

Nicole DE SAINT PERE - 4, rue du Gué - « Les Ombelles » - 27720 DANGU - Tél. : 02 32 55 04 95 - Fax : 02 32 55 59 87 -
E-mail : vextour@aol.com

Eure — Normandie

ECAQUELON Le Hannoy (TH)
C.M. 55 Pli 5

1 ch. **Le Bec Hellouin 10 km.** J.P et M. Thérèse Picard vous accueillent dans leur charmante maison à colombages du XVIIIᵉ siècle, située en lisière de la forêt de Monfort/Risle. Jolie chambre au r.d.c. avec accès indépendant (1 lit 2 pers. 1 lit d'appoint 1 pers.) pour adulte ou enfant + 4 ans en mezzanine. Salle d'eau et wc privatifs. Lit bébé disponible. Calme et repos assurés. Nombreux itinéraires touristiques et culturels. Forêt toute proche et randonnée pédestres, cyclos...inépuisables. Table d'hôtes sur réservation, sauf dimanche,mais possibilité de brunch à partir de 10h30 le dimanche matin. Bibliothèque à disposition des hôtes, parking. Langues parlées : anglais, allemand.

Prix : 1 pers. **30** € 2 pers. **35** € 3 pers. **40** € repas **15** €
Ouvert : Toute l'année.

| | 50 | 5 | 3 | 20 | 10 | SP | 13 | 5 |

J.P. et M.Thérèse PICARD - Chambres d'hôtes du Hannoy - 27290 ECAQUELON - Tél. : 02 32 42 62 15 -
E-mail : jipesmat.picard@wanadoo.fr

EMANVILLE Saint-Léger
C.M. 55 Pli 16

4 ch. M. et Mme Fraucourt vous accueillent dans leur maison située en pleine campagne. 4 ch. de 2 pers. aménagées à l'étage (3 lits 2 pers., 2 lits 1 pers.), salle d'eau et wc privés pour chaque chambre. Vous apprécierez la salle de séjour, le salon avec TV, le beau jardin ainsi que la gentillesse des maîtres de maison.

Prix : 1 pers. **27/29** € 2 pers. **32/35** €
Ouvert : Toute l'année.

| | 65 | 14 | 25 | 7 | 14 | 9 | 7 | 5 | 19 | 7 |

Michel et Josiane FRAUCOURT - « Saint Léger » - 27190 EMANVILLE - Tél. : 02 32 35 44 32

EPEGARD
C.M. 55 Pli 16

5 ch. M. et Mme Lucas vous accueillent dans leur grande maison normande du XVIIᵉ rénovée. Au r.d.c., 1 ch. (1 lit 2 pers. 1 lit 1 pers.) accessibles aux personnes handicapées, 1 ch. (2 lits 1 pers.). A l'étage : 1 ch. (1 lit 2 pers. 1 lit 1 pers.), 1 ch. (1 lit 2 pers.) ces 4 chambres sont classées 3 épis, 1 ch. (2 lits 1 pers.) classée 2 épis. Salle d'eau et wc privatifs. Vous apprécierez le séjour avec cuisine réservé aux hôtes, le grand jardin arboré, ainsi que la discrétion de votre hôtesse. Langue parlée : anglais.

Prix : 1 pers. **29** € 2 pers. **35** € 3 pers. **43** €
Ouvert : Toute l'année.

| | 80 | 20 | 30 | 5 | 0,5 | 2 | 5 | 1 | 30 | 5 |

Maurice et Edith LUCAS - 8, rue de l'Eglise - « La Paysanne » - 27110 EPEGARD - Tél. : 02 32 35 08 95 - Fax : 02 32 35 08 95

EPEGARD
C.M. 55 Pli 16

4 ch. M. et Mme Lothon vous accueillent dans une maison normande réservée aux hôtes. 1 ch. au r.d.c. accessible aux pers. handicapées (1 lit 2 pers.) et 3 ch. à l'étage : 2 ch. (1 lit 2 pers.), 1 ch. double (1 lit 2 pers. 1 lit 1 pers.), s. d'eau et wc privés à chaque chambre. Grande pièce de jour avec coin-cuisine à disposition des hôtes. En entrant sous les 2 maronniers centenaires, vous trouverez un cadre paisible et ombragé. Proximité du Château du Champ de Bataille et de la vallée de l'Oison.

Prix : 1 pers. **26** € 2 pers. **30** € 3 pers. **38** €
Ouvert : Toute l'année.

| | 80 | 2 | 30 | 5 | 0,5 | 1 | 5 | 1 | 30 | 5 |

Jean-Claude et Ilona LOTHON - 10 rue du Champ de Bataille - Ferme du Gonthier - 27110 EPEGARD - Tél. : 02 32 35 11 51 -
Fax : 02 32 34 82 65

EPINAY Les Gastines
C.M. 55 Pli 15

E.C. 3 ch. **Château de Beaumesnil 5 km.** Etape incontournable pour ce joli site de caractère. Valérie et Eric ont restauré magnifiquement cette longère à pans de bois dans laquelle sont aménagées 3 ch. avec s.d.b. : 1 ch. (1 lit 2 pers.) et 2 ch. familiales : 1 ch. (1 lit 2 pers.), 1 ch. (2 lits 1 pers). Les copieux petits-déjeuners seront servis dans la salle à manger, la véranda ou sur la terrasse. Le jardin et la piscine chauffée et protégée, parachèvent un ensemble propice à la détente. Prêt de VTT. Week-end « détente » (piscine, sauna, VTT) avec demi ou pension complète. 4 pers. : 76 €. Langue parlée : anglais.

Prix : 1 pers. **46** € 2 pers. **55** € 3 pers. **69** € repas **15** €
Ouvert : Toute l'année.

| | 55 | 3 | 16 | 3 | 5 | 30 | SP | 5 | 15 | 3 |

Eric et Valérie EMIEL - Le Clos des Gastines - 27330 EPINAY - Tél. : 02 32 46 26 34 - Fax : 02 32 43 57 89 -
E-mail : emiel.e@club-internet.fr

EPINAY La Sbirée (TH)
C.M. 55 Pli 15

2 ch. Chantal et Claude vous accueillent dans leur belle maison normande dans un cadre arboré et fleuri. Le poney, l'âne et la chèvre vous souhaiteront la bienvenue. Chaque chambre aménagée à l'étage à un accès indépendant. 1 ch. 2 épis (1 lit 2 pers.) et 1 ch. 3 épis (1 lit 2 pers. 1 lit 1 pers.).Salle de bains et wc privés. Vous apprécierez le petit-déjeuner servi devant la cheminée ou dehors, sous la pagode, tout près du bassin avec le doux murmure des jets d'eau. Possibilité de randonnée à Quad et initiation dans un bois aménagé. Location de vélos. Repas sur réservation Langue parlée : anglais.

Prix : 1 pers. **32** € 2 pers. **38/41** € 3 pers. **52** € repas **15** €
Ouvert : Toute l'année.

| | 65 | 6 | 20 | 2 | 11 | 30 | 11 | SP | 11 | 9 |

Chantal et Claude BINTEIN - Le Paradis - 27330 EPINAY - Tél. : 02 32 44 30 87 ou 06 88 80 26 53 - Fax : 02 32 44 30 87

Normandie

Eure

EPREVILLE-EN-ROUMOIS La Grouarderie (TH) — C.M. 55 Pli 5

2 ch. Mme Lemasson vous accueille dans sa gande maison normande. Beau jardin paysager et calme. 2 ch. à l'étage (1 lit 2 pers.), (1 lit 2 pers. 1 lit 1 pers.) avec sanitaires privés. Vous apprécierez le grand séjour avec cheminée et goûterez aux plaisirs de la table d'hôtes. Ping-pong, badminton. Escapade L'âne randonn'Eure, accueil équin. Entre Paris et la mer, sur la route des estuaires, Danièle vous a tout organisé pour votre confort.

Prix : 1 pers. 38/44 € 2 pers. 44/49 € 3 pers. 53 € repas 17 €
Ouvert : Toute l'année.

	50	10	10	0,8	6	16	25	10	30	6

Danièle LEMASSON - « La Grouarderie » - 27310 EPREVILLE-EN-ROUMOIS - Tél. : 02 32 56 19 55 - Fax : 02 32 56 19 55 -
E-mail : slemasson@normandnet.fr - http ://perso.normandnet.fr/slemasson

ETREVILLE-EN-ROUMOIS Les Besnards — C.M. 55 Pli 5

2 ch. Mme Dagorn vous accueille dans sa maison à pans de bois située en pleine campagne. 2 chambres au rez-de-chaussée : (1 lit 2 pers. 2 lits 1 pers.). Salle d'eau ou salle de bains particulière. Vous apprécierez la salle de séjour, le salon avec cheminée et TV à disposition des hôtes, le jardin. Hebergement situé à 30 minutes de la côte normande au cœur du Parc Naturel Régional des boucles de la Seine normande. Possibilité pique-nique et barbecue. Langue parlée : allemand.

Prix : 1 pers. 30 € 2 pers. 38 €
Ouvert : Toute l'année.

	35	8	8	12	4	45	12	2,5	12	1,5

Denise DAGORN - Les Besnards - 27350 ETREVILLE-EN-ROUMOIS - Tél. : 02 32 57 45 74

FARCEAUX La Londe — C.M. 55 Pli 8

1 ch. M. et Mme Deleu vous accueillent dans leur maison datant du XVIIIe siècle. 1 ch. au r.d.c. (1 lit 2 pers.), 1 lit d'enfant à la demande, salle d'eau et wc privés communicants. Vous apprécierez cette propriété typique du Vexin normand, avec son grand jardin, la salle de séjour. Langue parlée : anglais.

Prix : 1 pers. 32 € 2 pers. 37 €
Ouvert : Toute l'année.

	100	6	5	10	18	5	8	18	5

Henri et Yvette DELEU - 2, rue Randon-de-Pomery - « La Londe » - 27150 FARCEAUX - Tél. : 02 32 69 42 15

FATOUVILLE-GRESTAIN — C.M. 55 Pli 4

5 ch. Insolite et exceptionnel, Jean-François et Anne vous accueillent dans un ancien phare, construit par l'état en 1850 pour guider la navigation en baie de Seine. 2 ch. aménagées au r.d.c. : 1 ch. (1 lit 2 pers.), 3 ch. à l'étage : 2 ch. (1 lit 2 pers.), 1 ch. (1 lit 2 pers. 1 lit 1 pers.). Chaque chambre est équipée de sanitaires privatifs. Environnement exceptionnel dominé par ce phare culminant à 34 mètres de hauteur. Langues parlées : espagnol, anglais.

Prix : 1 pers. 35 € 2 pers. 40 € 3 pers. 50 €
Ouvert : Toute l'année sauf février, pendant les vacances scolaires (zone B).

	6	20	6	6	10	20	6	SP	35	2

Anne et J.F. DURAND - Le Phare - 27210 FATOUVILLE-GRESTAIN - Tél. : 02 32 57 66 56

LA FERRIERE-SUR-RISLE — C.M. 55 Pli 5

2 ch. M. et Mme Guillou vous accueillent dans leur maison du XIXe siècle située sur la place du village près de la très belle halle classée. 1 ch. (1 lit 2 pers.) au 1er ét. s.d.b. et wc privés, 1 ch. familiale au 2e étage 1 lit 2 pers.) dans 1 ch. et 1 lit 1 pers dans 1 ch. attenante. Salle d'eau et wc privé. Petit déjeuner servi dans la salle à manger ou sous la véranda. Vaste jardin fleuri à disposition des hôtes. Parc 120 Km. Langues parlées : anglais, allemand.

Prix : 1 pers. 44 € 2 pers. 48 € 3 pers. 64 €
Ouvert : Toute l'année.

	65	SP	5	0,5	12	22	SP	SP	13	SP

Annie-Claude GUILLOU - 7, route de Pont Audemer - « Roselion » - 27760 LA FERRIERE-SUR-RISLE - Tél. : 02 32 30 10 85 - Fax : 02 32 30 66 14

FERRIERES-SAINT-HILAIRE — C.M. 55 Pli 15

4 ch. Mme Drouin vous accueille dans sa maison située en lisière de forêt dans un très beau jardin. A l'étage : 3 ch. (2 épis). 2 ch. (1 lit 2 pers.) avec s. d'eau privée pour une et s.d.b. pour l'autre, 1 ch. 3 pers. (1 lit 2 pers. 1 lit 1 pers.) avec s. d'eau privée, wc communs aux 3 chambres. 1 ch. au r.d.c. (3 épis) (2 lits 1 pers.) s.d.b. et wc privés. Nombreux châteaux et manoirs à proximité et vallée de la Risle toute proche.

Prix : 1 pers. 32/34 € 2 pers. 38/47 € 3 pers. 53 €
Ouvert : Toute l'année.

	50	SP	15	6	0,5	30	SP	6	6	6

Madeleine DROUIN - « La Fosse Nardière » - 27270 FERRIERES-SAINT-HILAIRE - Tél. : 02 32 43 26 67

Eure — Normandie

FIQUEFLEUR-EQUAINVILLE
C.M. 55 Pli 4

2 ch. — M. et Mme Delanney vous accueillent dans leur maison située à deux pas du Pont de Normandie et de Honfleur. 1 chambre au r.d.c. classée 2 épis (1 lit 2 pers.) avec s.d.b. et wc privés et 1 chambre à l'étage (1 lit 2 pers.) avec 1 suite 1 pers. salle d'eau et wc attenants, classée 3 épis. Vous apprécierez la salle de séjour, le salon avec cheminée où vous sera servi le petit déjeuner avec confitures et pâtisseries maison.

Prix : 1 pers. 23/25 € 2 pers. 27/29 € 3 pers. 37 € pers. sup. 8 €
Ouvert : Toute l'année.

🐕	⛱	🚣	🎣	🎾	🏌	🏃	🏊	👥	🚲	🚂
	7	2	7	7	7	22	7	SP	14	4

J.F et Régine DELANNEY - La côte des Mares - D180 - 27210 FIQUEFLEUR-EQUAINVILLE - Tél. : 02 32 57 66 46

FLEURY-LA-FORET
C.M. 55 Pli 8

2 ch. — Pierre et Kristina ont aménagé 2 ch. dans l'aile droite de leur château du XVIIᵉ. 1 ch. de caractère à l'étage, dont le lit, situé dans 1 alcôve peut accueillir 2 pers. s.d.b. et wc attenants. Coin-salon avec TV dans la ch. Une suite pour 4 pers. au 2ᵉ étage, 2 chambres distribuées par un couloir privatif (1 lit 2 pers. 1 lit 1 pers., 2 lits 1 pers.), salle de bains et wc privés. Vous apprécierez le parc planté de tilleuls datant de la révolution et tout particulièrement la cuisine du château où vous sera servi le petit déjeuner. Visite jumelée du château et de l'abbaye de Mortemer sur demande, box pour chevaux.

Prix : 1 pers. 53 € 2 pers. 61 € 3 pers. 91 € pers. sup. 14 €
Ouvert : Toute l'année.

🐕	⛱	🚣	🎣	🎾	🏌	🏃	🏊	👥	🚲	🚂
	90	6	40	6	1	40	SP	15	6	

Pierre et Kristina CAFFIN - Chateau de Fleury-la-Forêt - 27480 FLEURY-LA-FORET - Tél. : 02 32 49 63 91 ou 06 16 41 64 94 -
Fax : 02 32 49 71 67

FONTAINE-SOUS-JOUY L'Aulnaie
C.M. 55 Pli 17

2 ch. — Eliane & Michel n'ont pas ménagé leur peine pour transformer cette ferme normande et cette prairie en 1 véritable jardin. Dans l'ancienne grange de pierres, 2 très belles ch. se sont fondues dans les volumes existants pour le plaisir des yeux et le confort des hôtes. L'enthousiasme des propriétaires est sans limite pour le jardin et vous le partagerez obligatoirement. 2 chambres pouvant accueillir 3 pers. (1 lit 2 pers. 1 lit 1 pers.), dans 1 chambre (2 lits 1 pers. 1 lit 1 pers.) situé dans une petite chambre attenante. Salle de bains et wc privatifs et grand salon avec cheminée à disposition des hôtes. Langue parlée : anglais.

Prix : 1 pers. 36 € 2 pers. 44 € 3 pers. 56 € pers. sup. 18 €
Ouvert : Toute l'année.

🐕	⛱	🚣	🎣	🎾	🏌	🏃	🏊	👥	🚲	🚂
	90	SP	30	10	10	20	10	SP	18	1

Eliane et Michel PHILIPPE - 29, rue de l'Aulnaie - 27120 FONTAINE-SOUS-JOUY - Tél. : 02 32 36 89 05 - Fax : 02 32 36 89 05 -
E-mail : emi.philippe@worldonline.fr - http : //perso.worldondline.fr/chambre-fontaine

FONTAINE-SOUS-JOUY Le Prieuré   (TH)
C.M. 55 Pli 17

1 ch. — Dans cet ancien presbytère du XVIIᵉ, au pied de l'église dont les cloches rythment encore la vie du village, Jacqueline et Jean Louis ont aménagé au 1ᵉʳ étage une seule chambre avec un petit salon attenant et une salle d'eau ouvrant généreusement sur le jardin. A la table d'hôtes, vous pourrez déguster les spécialités de la maison. Jardin boisé, traversé par l'Eure. Les animaux sont acceptés s'ils restent courtois avec la basse-cour, le chat et le chien de la maison. Langues parlées : anglais, espagnol.

Prix : 1 pers. 43 € 2 pers. 49 € repas 14 €
Ouvert : Toute l'année.

🐕	⛱	🚣	🎣	🎾	🏌	🏃	🏊	👥	🚲	🚂
	90	SP	30	10	10	15	10	20	18	3

Jacqueline DE TORRES - 3 rue du Prieuré - 27120 FONTAINE-SOUS-JOUY - Tél. : 02 32 26 21 63 - Fax : 02 32 26 21 63

FOULBEC
C.M. 55 Pli 4

2 ch. — A proximité de Honfleur et du Pont de Normandie, vous apprécierez l'accueil que Mr et Mme Derouet vous réserveront dans ce moulin entièrement restauré. A l'étage, 1 ch. (1 lit 2 pers.) avec sanitaires privatifs et 1 ch. familiale (1 lit 2 pers. 2 lits 1 pers.) avec sanitaires privés. Situation exceptionnelle dans le parc Naturel Régional des Boucles de la Seine Normande, à proximité du Marais Vernier.

Prix : 1 pers. 43/47 € 2 pers. 47/52 € 3 pers. 64 € pers. sup. 12 €
Ouvert : Toute l'année.

🐕	⛱	🚣	🎣	🎾	🏌	🏃	🏊	👥	🚲	🚂
	15	5	10	10	12	30	10	SP	40	4,5

Rolande et Raymond DEROUET - Route de Saint Maclou - Le Moulin de Foulbec - 27210 FOULBEC - Tél. : 02 32 56 55 25 -
Fax : 02 32 56 55 25

FOURGES
C.M. 55 Pli 18

3 ch. — Mme Stekelorum vous accueille dans sa maison en pierres de Vernon, située dans le village. Au r.d.c., 1 ch. (2 lits 1 pers., soit 1 lit 180) et 2 chambres à l'étage d'une construction indépendante (1 lit 2 pers.) (1 lit 2 pers. 1 lit 1 pers.). Salle d'eau et wc privés. Salle de séjour, parking avec sortie indépendante. Proximité de Giverny, Musée Claude Monet et Musée Américain qui ont largement inspiré Josette, jardinière dans l'âme qui a aménagé 2 jardins fleuris à votre disposition.

Prix : 1 pers. 32/40 € 2 pers. 40/49 € 3 pers. 64 €
Ouvert : Toute l'année sauf du 1ᵉʳ novembre au 28 février 2002.

🐕	⛱	🚣	🎣	🎾	🏌	🏃	🏊	👥	🚲	🚂
	130	SP	30	4	6	9	14	SP	15	SP

Paul et Josette STEKELORUM - 24 rue du Moulin - 27630 FOURGES - Tél. : 02 32 52 12 51 - Fax : 02 32 52 13 81

Normandie **Eure**

FOURMETOT L'Aufragère la Croisée (TH) *C.M. 55 Pli 5*

5 ch. M. et Mme Dussartre vous accueillent dans leur maison bourgeoise à colombages située dans la verdure en pleine campagne. 2 ch. (1 lit 2 pers.) au 1er étage, 3 ch. au 2e étage, 1 ch. (3 lits 1 pers.), 1 ch. (1 lit 2 pers), 1 ch. (1 lit 2 pers. 2 lits 1 pers.) s.d.b. et wc privés attenant à chaque chambre. Vous apprécierez le caractère particulier de chaque chambre que ce soit la Thaïlandaise, la mexicaine ou l'Indienne, le confort est présent. Salle de séjour avec cheminée. Langue parlée : anglais.

Prix : 1 pers. 46 € 2 pers. 61 € 3 pers. 76 € pers. sup. 15 € repas 23 €

Ouvert : Toute l'année.

45	4	6	6	1	40	6	2	40	1

Régis et Nicky DUSSARTRE - La Croisée - L'Aufragère - 27500 FOURMETOT - Tél. : 02 32 56 91 92 - Fax : 02 32 57 75 34 - E-mail : retn@laufragere.com - www.laufragere.com

GIVERNY *C.M. 55 Pli 18*

3 ch. Mme Boscher vous accueille dans 1 ancienne pension de famille au cœur de Giverny, où a séjourné Monet. 3 ch. aménagées à l'étage avec accès indépendant, 1 ch. (1 lit 2 pers.), 1 ch. (2 lits 1 pers.) avec canapé convertible pour une 3e pers. Une 3e chambre pour 3 pers. (1 lit 2 pers. 1 convertible) avec coin-salon, TV satellite aménagé dans 1 ancien atelier d'artiste. Sanitaires privés. Vous apprécierez le petit déjeuner servi dans la salle de séjour, ou en été, dans le grand jardin. VTT à disposition. Parking fermé. Langue parlée : anglais.

Prix : 1 pers. 39/53 € 2 pers. 46/62 € 3 pers. 64/79 €

Ouvert : Toute l'année.

110	SP	25	4	15	10	4	SP	4	SP

Marie-Claire BOSCHER - 1, rue du Colombier - Le Bon Maréchal - 27620 GIVERNY - Tél. : 02 32 51 39 70 - Fax : 02 32 51 39 70

GIVERNY *C.M. 55 Pli 18*

5 ch. M. et Mme Brunet vous accueillent dans leur manoir dominant les bois et les vergers sur les hauteurs de Giverny. 2 chambres au r.d.c., dont 1 accessible à tous et 3 ch. à l'étage avec salle de bains et wc privés, dans 3 ch. lits jumeaux dans 2 ch. Vous apprécierez le salon avec billard ainsi que la table du petit déjeuner. Décoration et prestation de grande qualité. Giverny, berceau de l'impressionnisme n'est qu'à 2 km. Tarif dégressif selon la durée du séjour, les prix indiqués donnent la fourchette des prix. Langues parlées : anglais, espagnol.

Prix : 1 pers. 76/137 € 2 pers. 84/145 €

Ouvert : D'avril à novembre, l'hiver sur réservation.

130	2	25	3	15	15	3	SP	4	2

M.L et Didier BRUNET - La Réserve - 27620 GIVERNY - Tél. : 02 32 21 99 09 - Fax : 02 32 21 99 09 - www.giverny.org/hôtels/brunet

GIVERNY (TH) *C.M. 55 Pli 18*

E.C. 4 ch. Patricia et Alain vous accueillent au cœur du village de Claude Monet. Les 4 chambres avec s. d'eau et wc privatifs, sont aménagées au 1er étage de la maison. 2 ch. (2 lits 1 pers.), 1 ch. (1 lit 2 pers.), 1 ch. (1 lit 1 pers. 1 lit 2 pers.). Agréable jardin et terrasses. Vous pourrez partager la passion des maîtres de maison pour la peinture et découvrir les différents jardins et musées de Giverny. Atelier de peinture disponible sur place, selon la période.

Prix : 1 pers. 38 € 2 pers. 46 € 3 pers. 61 € repas 14 €

Ouvert : Toute l'année.

120	0,5	15	4	10	15	3	SP	4	SP

Patricia et Alain DODIN ET CORNUEJOLS - 65, rue Claude Monet - Les Agapanthes - 27620 GIVERNY - Tél. : 02 32 21 01 59 - Fax : 02 32 21 01 59 - E-mail : agapanthes@normandnet.fr

GIVERNY A *C.M. 55 Pli 18*

1 ch. Danielle et Claude vous accueillent dans leur maison située au cœur du célèbre village de Giverny. Flâneries dans le grand jardin, promenades dans le village plein de charme et de couleurs, visites des musées et jardins impressionnistes, ou circuits touristiques que vous conseillera Danielle, ce séjour vous séduira. Les hôtes anglophones pourront échanger longuement avec la propriétaire qui a vécu 30 ans en Australie. A l'étage de la maison, 1 grande chambre pour 1 à 3 personnes, avec coin-salon, s. d'eau et wc privatifs. Accès indépendant par une salle à manger réservée aux hôtes. Langue parlée : anglais.

Prix : 1 pers. 53 € 2 pers. 61 € 3 pers. 76 € pers. sup. 15 €

Ouvert : D'avril à fin octobre, l'hiver sur réservation.

120	0,5	25	4	10	15	4	SP	4	SP

Claude et Danielle FOUCHE - 5 rue de la Dime - Le clos fleuri - 27620 GIVERNY - Tél. : 02 32 21 36 51 - Fax : 02 32 21 36 51 - E-mail : danielle-claude-fouche@wanadoo.fr - giverny.org

GIVERVILLE Le Val (TH) *C.M. 55 Pli 15*

E.C. 2 ch. Au cœur d'un paysage de bocage typique de la région, Dominique et Alain vous réservent un accueil chaleureux dans une jolie maison de maître du 19e. 2 chambres aménagées au 2e étage : 1 chambre (1 lit 2 pers.), 1 chambre (1 lit 2 pers. 1 lit 1 pers.). Salle d'eau et wc privatifs. Salon de lecture privatif. Salle à manger et salon au rez-de-chaussée. Langue parlée : anglais.

Prix : 1 pers. 34 € 2 pers. 38 € 3 pers. 49 € repas 15 €

Ouvert : Toute l'année.

45	12	12	7	5	30	5	7	15	12	5

Dominique et Alain VASSEUR - Le Val - 27560 GIVERVILLE - Tél. : 02 32 45 76 67 - Fax : 02 32 44 01 85

Eure
Normandie

GRAINVILLE
   C.M. 55 Pli 7

▮▮▮ 3 ch. **Les Andelys 12 km. Lyons-la-Forêt 10 km.** M. et Mme Ammeux vous accueillent dans leur grande maison de briques située dans une belle cour de ferme fleurie, au cœur du village. 3 ch. à l'étage avec lavabo : 1 ch. (1 lit 1 pers.). 2 ch. (2 lits 1 pers.), salle d'eau et wc privés pour 1 chambre classée 2 épis. Les 2 autres chambres qui partagent les sanitaires sont classées 1 épi. Vous apprécierez la salle de séjour, le salon avec TV. Possibilité de pique-nique et barbecue. Nombreux itinéraires touristiques et culturels. Produits fermiers. Langue parlée : anglais.

Prix : 1 pers. 20/24 € 2 pers. 30/37 €
Ouvert : Toute l'année.

65	3	25	3	6	10	12	25	2	

Philippe et Therese AMMEUX - 2, rue Grand-Mare - « Le Village » - 27380 GRAINVILLE - Tél. : 02 32 49 09 53

LA HAYE-AUBREE
C.M. 55 Pli 5

▮▮▮ 1 ch. M. et Mme Verhaeghe vous accueillent dans leur très belle maison à pans de bois surplombant une petite vallée. 1 chambre familiale à l'étage avec accès indépendant (1 lit 150 pers. 1 lit 1 pers.) dans 1 chambre (2 lits 1 pers.) dans la seconde. Salle d'eau et wc privés. Très beau jardin fleuri et ombragé, salon de jardin. Forêt de Brotonne et GR23 à 300 m. Nombreuses abbayes à proximité. Tarif 4 pers : 59 € et 5 pers : 72 €. Commune du Parc Naturel Régional des boucles de la Seine normande.

Prix : 1 pers. 30 € 2 pers. 35 € 3 pers. 46 € pers. sup. 13 €
Ouvert : Toute l'année.

40	15	15	5	10	12	15	SP	25	1

Hubert et Françoise VERHAEGHE - Rue du Bois - 27350 LA HAYE-AUBREE - Tél. : 02 32 57 31 09 - Fax : 02 32 57 31 09

LA HAYE-DU-THEIL
C.M. 55 Pli 16

▮▮▮ 2 ch. M. et Mme Demaegdt vous accueillent dans leur belle maison située sur une exploitation agricole. 2 ch. aménagées à l'étage : 1 chambre 4 pers. (2 lits 2 pers.) et 1 chambre 3 pers. (1 lit 2 pers. 1 lit 1 pers.), s.d'eau et wc privés pour chaque ch. Vous apprécierez la salle de séjour, le salon avec TV à disposition des hôtes, le jardin. Tennis dans la propriété. Canards et oies sont présents sur la ferme et l'élevage et la transformation de ces palmipèdes n'auront plus de secrets pour vous. Langue parlée : allemand.

Prix : 1 pers. 30 € 2 pers. 38 € 3 pers. 47 € pers. sup. 6 €
Ouvert : Toute l'année.

60	15	SP	1	10	13	0,5	12		1

Luc DEMAEGDT - Domaine de la Coudraye - 27370 LA HAYE-DU-THEIL - Tél. : 02 32 35 52 07 - Fax : 02 32 35 17 21

LA HAYE-SAINT-SYLVESTRE
(TH) *C.M. 231 Pli 33*

E.C. 1 ch. Dans ce petit village du Pays d'Ouche, découvrez une étape reposante. L'accueil chaleureux qui vous sera réservé vous incitera sans doute à découvrir les charmes de cette région un peu secrète. 1 chambre de plain-pied avec accès indépendant. Coin-salon, cuisine et salle à manger-salon à disposition des hôtes. Salle d'eau et wc privés. Matériel complet pour bébé (lit, réhausseur, chauffe biberon...). Langue parlée : anglais.

Prix : 1 pers. 34 € 2 pers. 38 € 3 pers. 49 € repas 15 €
Ouvert : Toute l'année.

80	25	7	7	50	18	SP	26	7	

Véronique et Philippe BAROUX-DERAY - Le Bourg - 27330 LA HAYE-SAINT-SYLVESTRE - Tél. : 02 32 44 84 23 -
E-mail : veronique.baroux@wanadoo.fr

HEUDREVILLE-SUR-EURE
C.M. 55 Pli 17

▮▮▮ 2 ch. Mme Bourgeois vous accueille dans sa très belle propriété au cœur du village. 2 ch. à l'étage : 1 ch. (2 lits 1 pers.) avec s.d.b. et wc privés. 1 suite 5 pers. : 1 lit 2 pers. dans une chambre et 3 lits 1 pers. dans la seconde, 1 lit bébé. S.d.b. et wc privés. Salon avec TV, cheminée où vous goûterez aux plaisirs du petit déjeuner confectionné par Mme Bourgeois. Très grand jardin. Tarifs 4 pers : 69 € et 5 pers : 76 €. Langue parlée : anglais.

Prix : 1 pers. 37/38 € 2 pers. 40/44 € 3 pers. 55 € pers. sup. 14 €
Ouvert : Toute l'année.

95	1	20	3	9	15	9	10	12	SP

Janine BOURGEOIS - 4 rue de l'Ancienne Poste - 27400 HEUDREVILLE-SUR-EURE - Tél. : 02 32 50 20 69 - Fax : 02 32 50 20 69

HEUDREVILLE-SUR-EURE La Londe
C.M. 55 Pli 17

▮▮▮ 2 ch. Madeleine et Bernard vous accueillent dans leur grande maison de pierres de Pays, au cœur de la vallée de l'Eure. Ils vous proposent 2 chambres : l'une au r.d.c. avec accès indépendant, 1 lit 2 pers., l'autre à l'étage est une suite composée d'une pièce avec salon et 1 lit 1 pers. et une chambre avec 1 lit 2 pers. Salles d'eau et wc privatifs et attenants. Vous apprécierez le grand et confortable séjour avec cheminée et profiterez du vaste jardin d'où vous pourrez accéder aux berges de l'Eure. Langue parlée : anglais.

Prix : 1 pers. 32/36 € 2 pers. 40/44 € 3 pers. 58 €
Ouvert : Toute l'année.

95	SP	20	3	9	15	9	2	15	SP

Madeleine et Bernard GOSSENT - 4, Sente de l'abreuvoir - « La Londe » - 27400 HEUDREVILLE-SUR-EURE - Tél. : 02 32 40 36 89 ou 06 89 38 36 59

Normandie — Eure

JUIGNETTES (TH) C.M. 55 Pli 15

3 ch. **Center Park 20 km.** M. et Mme Vaudron vous accueillent dans leur ferme. Les 3 chambres sont aménagées à l'étage avec vue sur les vergers environnants : 1 ch. (1 lit 2 pers. 1 lit 1 pers.), 1 ch. (1 lit 2 pers.), 1 ch. (3 lits 1 pers.). Salle d'eau et wc privés pour chaque chambre. Grand jardin et pêche sur la propriété. Table d'hôtes régionale avec de la cuisine du terroir. Produits fermiers sur place. Un cheval de selle est mis gracieusement à la disposition des hôtes.

Prix : 1 pers. **29** € 2 pers. **34** € 3 pers. **43** € repas **12** €
Ouvert : Toute l'année.

70	SP	4	19	7	20	5		

M.C et Pierre VAUDRON - 27250 JUIGNETTES - Tél. : 02 33 34 91 84

JUMELLES C.M. 55 Pli 17

5 ch. M. et Mme Poitrineau ont aménagé 5 ch. confortables dans une ancienne bergerie. 2 ch. au r.d.c. (2 lits 1 pers. ou 1 lit 2 pers.) et 3 ch. à l'étage, 2 ch. avec 1 lit 2 pers. et 1 lit 1 pers., et 1 ch. avec 2 lits 1 pers. S. d'eau et wc privés pour chaque ch. Vous goûterez au plaisir d'un petit déjeuner gourmand dans la salle qui vous est réservée.

Prix : 1 pers. **32** € 2 pers. **40/43** € 3 pers. **50/53** €
Ouvert : Toute l'année.

115	15	45	4	10	15	4	10	4

Daniel POITRINEAU - La Huguenoterie - 27220 JUMELLES - Tél. : 02 32 37 50 06 - Fax : 02 32 37 83 36 -
E-mail : jpoitrineau@hotmail.com - www.chez.com/huguenoterie

LA LANDE-SAINT-LEGER C.M. 55 Pli 4

1 ch. M. et Mme Fortier vous accueillent dans leur maison à colombages de construction récente. La ch. familiale aménagée à l'étage, 1 lit 2 pers. dans 1 ch. et 2 lits 1 pers. dans la seconde. Sanitaires privatifs. Salon réservé aux hôtes en mezzanine. Véranda et terrain de 6000 m² où les moutons se plaisent à gambader à la grande joie des petits et des moins jeunes. Proximité de la côte normande et du Pont de Normandie. Prix 4 personnes : 52 €. Langues parlées : anglais, espagnol.

Prix : 1 pers. **29** € 2 pers. **34** € 3 pers. **43** €
Ouvert : Toute l'année.

25	15	12	5	0,5	20	15	10	16	5

Thérèse et Francis FORTIER - 27210 LA LANDE-SAINT-LEGER - Tél. : 02 32 57 15 92

LERY C.M. 55 Pli 7

2 ch. **Château Gaillard aux Andelys 20 km. Giverny 35 km.** Bernard et Catherine Oisel vous accueillent dans leur maison en pierres de pays, dans un grand jardin ombragé et calme. Parking privé clos. 2 chambres au rez-de-chaussée avec accès extérieur (1 lit 160 ou 2 lits jumeaux), sanitaires attenants et privatifs. Grand séjour avec cheminée où vous sera servi le petit-déjeuner gourmand. Situation exceptionnelle par la proximité de la base de loisirs nautiques de Léry-Poses (téleski, plage, golf...) possibilité baby-sitting. Langues parlées : anglais, espagnol.

Prix : 1 pers. **32** € 2 pers. **39** € pers. sup. **16** €
Ouvert : Toute l'année.

100	0,5	2	2	1	2	1	1	2	SP

Catherine et Bernard OISEL - 43, ter rue de Verdun - 27690 LERY - Tél. : 02 32 59 45 66 - E-mail : oiselalery@aol.com

LIEUREY C.M. 55 Pli 14

2 ch. Corine et Valery vous accueillent dans leur maison normande, au cœur du Pays Risle-Estuaire. Vous trouverez calme et repas dans les jardins, parmi les animaux qui s'ébattent là. Les chambres sont aménagées à l'étage, accès par un escalier extérieur. 1 chambre (1 lit 2 pers. 1 lit 1 pers.), 1 chambre (1 lit 2 pers. 3 lits 1 pers.). Sanitaires privatifs. Randonnées pédestres, VTT et équestres (sur réservation). Escapades : Randonnée ou VTT en vallée de Risle. Langue parlée : anglais.

Prix : 1 pers. **35** € 2 pers. **42** € 3 pers. **54** € pers. sup. **12** €
Ouvert : Toute l'année.

30	4	14	1	4	25	7	SP	18	1

Corine et Valéry ANGEVIN-CANTAYRE - Les Hauts Vents - 27560 LIEUREY - Tél. : 02 32 57 99 27 ou 06 19 43 25 21 -
E-mail : corine.angevin@libertysurf.fr

LIVET-SUR-AUTHOU C.M. 55 Pli 15

E.C. 3 ch. Restauré avec passion par Yvette et Francis, le Moulin Ponchereux est une étape privilégiée en Pays de Risle. Cette grande bâtisse vous réservera un accueil authentique. 2 ch. aménagées au r.d.c. (1 lit 2 pers. dans chaque ch.) et 1 ch. à l'étage (1 lit 2 pers. et 1 lit 1 pers.). Sanitaires privatifs et accès indépendant aux chambres. Passionnés de moulins, Yvette et Francis vous proposeront également des stages de peinture (huile, aquarelle) et surtout une vraie détente. Langue parlée : anglais.

Prix : 1 pers. **37** € 2 pers. **43** € 3 pers. **52** €
Ouvert : Toute l'année.

45	4	5	4	5	20	15	SP	20	5

Yvette et Francis MASCART - Rue de la Vallée - Le Moulin Ponchereux - 27800 LIVET-SUR-AUTHOU - Tél. : 02 32 43 11 95

Eure
Normandie

LONGCHAMPS
C.M. 55 Pli 8

4 ch. M. et Mme Thibert vous accueillent dans une maison restaurée située près de leur habitation. 1 ch. au r.d.c, (1 lit 2 pers. 1 lit 1 pers.), 3 ch. à l'étage, 1 ch. (1 lit 2 pers. 1 lit 1 pers.), 1 ch. (1 lit 2 pers.), 1 ch. (1 lit 1 pers.). Salle d'eau et wc privés pour chaque chambre. Salle de détente, kitchenette réservé aux hôtes, jardin fleuri.

Prix : 1 pers. **25/28** € 2 pers. **34** € 3 pers. **46** €
Ouvert : Toute l'année.

| 80 | 3 | 3 | 3 | 8 | 16 | 6 |

Reine THIBERT - Route Principale - 27150 LONGCHAMPS - Tél. : 02 32 55 54 39 - Fax : 02 32 27 59 60

LORLEAU Hameau Saint-Crespin
C.M. 55 Pli 8

2 ch. M. et Mme Paris vous accueillent dans leur ferme au cœur de la forêt de Lyons. Les 2 ch. sont aménagées à l'étage d'un bâtiment annexe. 1 ch. familiale (1 lit 2 pers. 2 lits 1 pers.) et 1 suite de 2 ch. (1 lit 2 pers. par chambre). Salle d'eau et wc privés. Petit déjeuner servi dans un grand séjour avec cheminée, kitchenette. Location de vélos sur place. Le passage du troupeau laitier est toujours apprécié des enfants et les détails techniques sont fournis par les hôtes. Escapade Promenons-nous dans les Bois. Langue parlée : anglais.

Prix : 1 pers. **29** € 2 pers. **40/41** € 3 pers. **53/58** € pers. sup. **3/8** €
Ouvert : Toute l'année.

| 80 | 2 | 20 | 2 | 2 | 30 | 4 | SP | 30 | 5 |

M.C et J.M PARIS - 3, rue Saint Crespin - Hameau Saint Crespin - 27480 LORLEAU - Tél. : 02 32 49 62 22

LORLEAU Saint-Crespin
C.M. 55 Pli 8

2 ch. Jeanine et Marcel vous proposent 2 chambres qu'ils ont aménagé dans un bâtiment annexe de leur maison, sur leur grande propriété. 1 ch. au rez-de-chaussée (1 lit 2 pers.) avec salle de bains et wc attenants et 1 ch. à l'étage, accessible par un escalier de meunier extérieur (1 lit 2 pers. 1 lit 1 pers.) avec salle d'eau et wc attenants. Les petits déjeuners seront servis dans leur maison bourgeoise où le séjour avec cheminée est à votre disposition. Grand jardin joliment entretenu avec un séquoia centenaire. Initiation à l'art floral. Langue parlée : anglais.

Prix : 1 pers. **30** € 2 pers. **40** € 3 pers. **50** €
Ouvert : Toute l'année.

| 80 | 2 | 20 | 2 | 2 | 30 | 4 | SP | 30 | 5 |

Jeanine et Marcel LECOMTE - 9, Hameau Saint Crespin - Rue Saint Crespin - 27480 LORLEAU - Tél. : 02 32 48 13 37

MAINNEVILLE
C.M. 55 Pli 8

5 ch. M. et Mme Marc vous accueillent dans leur corps de ferme situé dans un cadre verdoyant. 5 ch. avec s. d'eau et wc privés. 2 ch. avec du couchage pour 2 pers. et 3 ch. pouvant accueillir 3 pers. Coin-cuisine pour 2 ch. situées dans une annexe. Vous apprécierez le calme du grand parc, le parking privé ainsi que les circuits pédestres et cyclistes. Vous serez charmé par la discrétion de votre hôtesse. Langue parlée : anglais.

Prix : 1 pers. **32** € 2 pers. **37** € 3 pers. **47** €
Ouvert : Toute l'année.

| 80 | 6 | 20 | 10 | 10 | 10 | 5 | 15 | 15 |

J.C et Jeannine MARC - « Ferme Sainte Geneviève » - 27150 MAINNEVILLE - Tél. : 02 32 55 51 26 - Fax : 02 32 55 82 27

MANTHELON Le Nuisement
C.M. 55 Pli 16

4 ch. M. et Mme Garnier vous accueillent dans leur belle ferme normande. 1 ch. au r.d.c. et 3 ch. à l'ét. 2 ch. (1 lit 2 pers.), bain balnéo, wc privés, 2 ch. (1 lit 2 pers.) avec douche massante, wc privés. Possibilité 3e pers. dans une petite ch. attenante. Vous apprécierez le grand salon avec cheminée, la cuisine à votre disposition. La salle de séjour où le petit déjeuner vous sera servi. Le choix des confitures vous laissera très certainement rêveur. TV à la demande, salle de billard, musculation, vélos. Foie gras, rillettes, confit de canard sur place. Circuit randonnées pédestres sur la commune.

Prix : 1 pers. **35/38** € 2 pers. **40/43** € 3 pers. **47/50** €
Ouvert : Toute l'année.

| 100 | 6 | 10 | 8 | 2 | 20 | 8 | 8 | 8 | 6 |

Daniel GARNIER - Le Nuisement - 27240 MANTHELON - Tél. : 02 32 30 96 90 -  www.normandy-tourism.org

---

MARTAGNY
C.M. 55 Pli 8

3 ch. M. et Mme Laine vous accueillent sur une ferme, dans une maison restaurée à proximité de leur habitation. 1 ch. au r.d.c. (1 lit 1 pers. 1 lit 2 pers.), 2 ch. à l'étage (1 lit 2 pers. 1 lit 1 pers.), 1 ch. (2 lits 2 pers.). Salle d'eau et wc communicants. Salle de détente, kitchenette, jardin fleuri. Proximité de Lyons-la-Forêt. Prix 4 personnes : 61 €.

Prix : 1 pers. **30** € 2 pers. **38** € 3 pers. **46** € pers. sup. **15** €
Ouvert : Toute l'année.

| 100 | 6 | 10 | 4 | 15 | 10 | SP | 18 | 4 |

M.F et Jacques LAINE - 21, rue de la Chasse - « La Rouge Mare » - 27150 MARTAGNY - Tél. : 02 32 55 57 22 - Fax : 02 32 55 14 01

Normandie — Eure

MARTAINVILLE Le Mesnil
C.M. 55 Pli 4

2 ch. Mr & Mme Bouteiller vous accueillent chaleureusement dans leur authentique maison normande où les voisins les plus proches : ânes, moutons et basse-cour, se reposent à l'ombre des pommiers. Au r.d.c. : 1 ch. (1 lit 2 pers et 1 lit 1 pers.), salle de bains et wc privés. Sortie indépendante sur le jardin. 1 ch. (1 lit 2 pers.) et salle d'eau et wc particulier. Madame Bouteiller est intarissable et infatigable quant il s'agit de son jardin. Quant à Monsieur, c'est un passionné d'histoire. Table d'hôtes sur réservation, excepté le dimanche. Langue parlée : anglais.

Prix : 1 pers. 32 € 2 pers. 37 € 3 pers. 46 €
Ouvert : Toute l'année.

25	15	18	5	3	25	15	30	5

Odette et Jacques BOUTEILLER - « Le Mesnil » - 27210 MARTAINVILLE-EN-LIEUVIN - Tél. : 02 32 57 82 23

MESNIL-VERCLIVES
C.M. 55 Pli 7/8

1 ch. M. et Mme Marc vous accueillent dans leur grande maison aménagée à proximité de la ferme. La chambre est située à l'étage avec accès indépendant (1 lit 2 pers.), s.d.b. et wc privés et attenants. Salle de séjour, salon de jardin.

Prix : 1 pers. 29 € 2 pers. 35 €
Ouvert : Toute l'année.

80	15	15	SP	8	25	12	3	25	8

Guy et Simone MARC - 1 rue du Mesnil - 27440 LE MESNIL-VERCLIVES - Tél. : 02 32 69 41 86 - Fax : 02 32 69 41 86

MISEREY
C.M. 55 Pli 17

4 ch. La famille Bertout vous accueille dans sa grande maison de pierre de pays. Les 4 ch. sont aménagées à l'étage de l'ancienne grange. 1 ch. (2 lits 1 pers.), 1 ch. (1 lit de 2 pers.), 1 ch. (3 lits 1 pers.) et 1 suite familiale (1 lit 2 pers. 3 lits 1 pers). Poss. lit bébé. S. d'eau/wc privatifs. Vous apprécierez la salle de séjour avec TV. Cheminée à dispo. des hôtes. Jardin fleuri. A la table d'hôtes, vous découvrirez la cuisine de la région réalisée avec des produits de la ferme. Quant au petit déjeuner, vous serez étonnés de goûter les confitures confectionnées par Viviane avec des mélanges de fruits insolites. Langue parlée : anglais.

Prix : 1 pers. 30 € 2 pers. 41 € 3 pers. 49/53 € pers. sup. 11 € repas 13 €
Ouvert : Toute l'année.

120	8	10	5	10	10	10	5

D.Y et V. GAEC BERTOUT - 1 rue du stade - La Passée d'Août - 27930 MISEREY - Tél. : 02 32 67 06 24 - Fax : 02 32 34 97 95 - E-mail : passeedaout@wanadoo.fr - www.ifrance.com/passeedaout

LA NEUVILLE-DU-BOSC
C.M. 55 Pli 15

3 ch. M. et Mme Wilkie vous accueillent dans leur maison bourgeoise située dans le village. 2 ch. au 2e étage (1 lit 2 pers. 1 lit d'appoint 1 pers. (2 lits 1 pers.), 1 ch. au 1er étage (1 lit 2 pers.). Salle d'eau et wc attenants et privatifs. Vous apprécierez la salle à manger ainsi que le salon situés au r.d.c. Grand jardin à disposition des hôtes, parking fermé. Nombreux sites touristiques à proximité, château et golf du Champ de Bataille à 4 Km. Langues parlées : anglais, espagnol.

Prix : 1 pers. 40 € 2 pers. 44 € pers. sup. 15 € repas 17 €
Ouvert : Toute l'année.

70	4	7	7	5	4	8	1	20	4

Nicole et Bernard WILKIE - 47, route du Bec Hellouin - 27890 LA NEUVILLE-DU-BOSC - Tél. : 02 32 46 53 40 - Fax : 02 32 46 53 40

NOJEON-EN-VEXIN
C.M. 55 Pli 8

5 ch. M. et Mme Deleu vous accueillent dans leur ferme située dans un petit village. 4 ch. sont aménagées dans un bâtiment annexe. 1 ch. 3 épis, au r.d.c. (1 lit 2 pers.) avec sanitaires privés. A l'étage, 1 ch. 2 épis (1 lit 2 pers.) avec sanitaires privés, 2 ch. 1 épi avec sanitaires communs : 1 ch. (1 lit 2 pers.). 1 ch. (1 lit 2 pers. 1 lit 1 pers.). 1 ch. (2 épis) à l'étage de leur maison, (1 lit 2 pers. et 2 lits 1 pers.) salle d'eau et wc privés. Base ULM 12 km. Salle de détente, jardin.

Prix : 1 pers. 23/30 € 2 pers. 27/35 € 3 pers. 38/43 € pers. sup. 10 €
Ouvert : Toute l'année.

90	6	7	12	18	7	4	16	5

Jules et Marie Louise DELEU - 27150 NOJEON-EN-VEXIN - Tél. : 02 32 55 71 03 - Fax : 02 32 55 71 03

NORMANVILLE
C.M. 55 Pli 16

E.C. 3 ch. Huguette et Jo vous proposent 3 ch. spacieuses de grand confort. R.d.c. : 1 ch. (1 lit 160), grande s.d.b. attenante. A l'étage : 1 ch. très vaste et originale, aménagée en partie dans 1 des tourelles (1 lit 160, 1 lit 1 pers.), douche et baignoire balnéo. 1 ch. (1 lit 160), salle d'eau. WC indépendants par chambre ainsi que TV et bar. Vaste salon avec cheminée. C'est sur les coteaux crayeux de la vallée de l'Iton, nichée dans la verdure à l'orée du bois, que vous découvrirez cette belle demeure moderne. Garage, VTT. Langue parlée : anglais.

Prix : 1 pers. 53/76 € 2 pers. 66/88 € 3 pers. 100 €
Ouvert : Toute l'année.

100	SP	25	0,5	5	5	5	SP	5	4

Huguette et Jo CRIAUD-MIOTES - 118, route de la Vallée - 27930 NORMANVILLE - Tél. : 02 32 33 02 01 ou 06 80 99 28 38 - E-mail : jolevertgalant@aol.com

Eure
Normandie

NOTRE-DAME-DE-L'ILE Pressagny-Le-Val
(TH) — C.M. 55 Pli 17

4 ch. Giverny 12 km. Les Andelys 10 km. Nanou et Jean-Luc vous accueillent dans 1 ancienne ferme de caractère en pierres de Pays. 3 ch. aménagées à l'ét. de la maison, avec accès indépendant et une chambre dans l'ancien colombier. 2 ch. (2 lits 1 pers.), 2 ch. (1 lit 2 pers.). S. d'eau et wc privés. Salon d'accueil avec bibliothèque réservé aux hôtes qui peuvent également profiter du séjour avec cheminée. Petits-déjeuners et tables d'hôtes servis dans le séjour. Site remarquable dominant la vallée de la Seine, dans un vallon, encaissé entre les forêts de Vernon et des Andelys. Langues parlées : anglais, espagnol.

Prix : 1 pers. 36 € 2 pers. 43 € pers. sup. 8 € repas 17 €
Ouvert : Toute l'année.

120	8	4	4	10	10	10	SP	10	4

Anne et Jean-Luc DAUCHY- DESWARTE - 14, rue de Mezières - Pressagny-le-Val - 27940 NOTRE-DAME-DE-L'ILE -
Tél. : 02 32 52 64 01 - Fax : 02 32 77 47 30 - E-mail : jeanluc.deswarte@free.fr - www.multimania.com/auchampdurenard

PLASNES
(TH) — C.M. 55 Pli 15

E.C. 3 ch. Annie et Denis ont aménagé dans leur grande demeure du 19e mêlant la brique et le bois, 3 chambres confortables. 2 ch. dont 1 familiale sont aménagées au 1er étage : 1 ch. (1 lit 2 pers.), 1 ch. (2 lits 2 pers. 1 lit 1 pers.). 1 chambre familiale au second étage (1 lit 2 pers. 1 lit 1 pers.), sanitaires privatifs pour chaque chambre. Grand jardin ouvert aux hôtes. Langues parlées : anglais, allemand.

Prix : 1 pers. 35 € 2 pers. 43 € 3 pers. 53 € pers. sup. 15 € repas 17 €
Ouvert : Toute l'année.

45	10	10	6	8	25	6	1	6	6

Annie et Denis HARDY - 17, rue du Bas Gruchet - 27300 PLASNE - Tél. : 02 32 45 87 16 ou 06 17 87 46 13

PONT-SAINT-PIERRE Le Cardonnet
(TH) — C.M. 55 Pli 7

4 ch. Les 4 ch. sont aménagées dans 1 bâtiment annexe de la ferme situé en bord de forêt. 1 ch. au r.d.c. : accessible à tous (1 lit 2 pers. 1 lit 1 pers.). 3 ch. à l'ét. : 1 suite familiale (2 lits 2 pers. dont 1 lit 160 de relaxation et 4 lits 90). Sanitaires privatifs et attenants (2 salles d'eau, 2 salles de bains avec baignoire balnéo). Grand séjour avec cheminée. Eliane et Emmanuel vous accueillent toute l'année : calme et détente. Hébergement cheval possible. À proximité de Rouen, de la vallée de la Seine, de Lyons-la-Forêt et des parcours de pêche. Langues parlées : anglais, espagnol.

Prix : 1 pers. 33 € 2 pers. 37/42 € 3 pers. 46/51 € pers. sup. 10 € repas 13 €
Ouvert : Toute l'année.

100	5	25	5	SP	25	5	SP	5	5

Emmanuel et Eliane BOQUET THIBERT - Le Cardonnet - 27380 PONT-SAINT-PIERRE - Tél. : 02 35 79 88 91 - Fax : 02 32 55 97 92 -
E-mail : emmanuel.eliane@voonoo.net - http ://ticketvert.com

LES PREAUX Prieuré des Fontaines
(TH) — C.M. 55 Pli 4

5 ch. M. et Mme Decarsin vous accueillent dans leur maison restaurée dont les origines remonteraient à l'abbaye des Préaux. 1 ch. (1 lit 1 pers. 1 lit 2 pers.) au r.d.c. avec s.d.b/wc privés. 4 ch. à l'ét. : 1 ch. (1 lit 2 pers.), 1 ch. (1 lit 2 pers. 1 lit 1 pers.), 1 ch. (2 lits jumeaux), 1 ch. familiale (1 lit 2 pers. 2 lits 1 pers. dans petite ch. attenante). Salle de bains, wc privés. Tél. dans chaque chambre. Vous apprécierez le salon à disposition des hôtes, le grand jardin, la piscine sur place couverte et chauffée. Tarifs été et morte saison. Langues parlées : anglais, espagnol.

Prix : 1 pers. 53 € 2 pers. 59/69 € 3 pers. 73/82 € pers. sup. 18 € repas 24 €
Ouvert : Toute l'année.

25	5	5	5	3	15	SP	SP	23	5

Jacques et M.Hélène DECARSIN - Route de Lisieux - « Prieuré des Fontaines » - 27500 LES-PREAUX - Tél. : 02 32 56 07 78 -
Fax : 02 32 57 45 83 - E-mail : jacques.decarsin@wanadoo.fr - www.prieure-des-fontaines.fr

PUCHAY
C.M. 55 Pli 8

2 ch. M. et Mme Deceuninck vous accueillent dans leur maison située dans le village. 2 ch. à l'étage : 1 ch. de 4 pers. (1 lit 2 pers. 2 lits 1 pers.) avec s. d'eau et wc privés et coin-salon, TV. 1 chambre de 2 pers. avec salle d'eau et wc privés. Vous apprécierez le salon, la cheminée ainsi que le jardin. 4 bicyclettes à louer. Langue parlée : anglais.

Prix : 1 pers. 34 € 2 pers. 43 € 3 pers. 58 € pers. sup. 15 €
Ouvert : Toute l'année.

100	28	8	2	26	8	5	20	SP

Norbert et Madeleine DECEUNINCK - 14, rue du Gosse - 27150 PUCHAY - Tél. : 02 32 55 73 55

REUILLY
C.M. 55 Pli 17

3 ch. Mr et Mme Trévisani vous accueillent dans leur joli manoir rénové avec goût où vous retrouverez l'ambiance paisible d'autrefois. 2 ch. au r.d.c. avec accès direct sur la cour. 1 suite spacieuse à l'ét. : 1 ch. (1 lit 2 pers.), 1 ch. familiale (2 lits 1 pers.) au r.d.c., (2 lits 1 pers.) en mezzanine et 1 suite constituée de 2 ch. (1 lit 2 pers. 2 lits 1 pers.). Le jardin aux multiples senteurs séduira les amants de la nature. Langues parlées : anglais, espagnol.

Prix : 1 pers. 34/41 € 2 pers. 41/49 € 3 pers. 49 € pers. sup. 8 €
Ouvert : Toute l'année.

100	5	25	SP	3	10	10	SP	10	5

J.P et Amaia TREVISANI - 19, rue de l'Eglise - « Clair Matin » - 27930 REUILLY - Tél. : 02 32 34 71 47 - Fax : 02 32 34 97 64

Normandie — Eure

ROSAY-SUR-LIEURE
C.M. 55 Pli 7

1 ch. Caroline et Stéphane vous accueillent dans leur grande maison d'architecte surplombant la vallée de la Lieure. Cette chambre est idéale pour une famille avec son entrée indépendante et le parking couvert : 1 lit 2 pers. au r.d.c., 2 lits 1 pers. à l'étage. Salle de bains et wc privatifs et attenants. Les petits déjeuners sont servis dans le grand salon d'où la vue sur la vallée est exceptionnelle. Nombreux sites à visiter, proximité de la forêt de Lyons, randonnées pédestres et équestres. Langues parlées : anglais, allemand.

Prix : 1 pers. 38 € 2 pers. 46 € 3 pers. 61 € pers. sup. 15 €
Ouvert : Toute l'année.

	80	0,3	20	0,3	3	20	4	0,2	30	4

Caroline et Stéphane LANGANAY - 12, Côte du Château - « Le Clos du Moulin » - 27790 ROSAY-SUR-LIEURE - Tél. : 02 32 49 85 38 -
E-mail : famille.langanay@wanadoo.fr - http://perso.wanadoo.fr/serge.ollivier/gite.htm

ROUGEMONTIERS

E.C. 1 ch. Madame Masselin vous accueille dans une ancienne ferme située dans le village. Chambre familiale avec accès indépendant aménagée à l'étage de la maison. 1 lits 2 pers. dans la chambre des parents et 2 lits 1 pers. dans la chambre des enfants. Sanitaires privés. Kitchenette à disposition des hôtes.

Prix : 1 pers. 23 € 2 pers. 30 €
Ouvert : Toute l'année.

	35	10	17	3	12	50	10	40	SP	

Odette MASSELIN - 27350 ROUGEMONTIERS - Tél. : 02 32 57 32 54

LE SACQ Le Clairet
C.M. 55 Pli 16

E.C. 2 ch. 2 chambres à l'étage : 1 ch. (1 lit 2 pers.), 1 ch. idéale pour une famille, se compose de 2 pièces contiguës (1 lit 160, 2 lits 1 pers.). Sanitaires privatifs et attenants (s. d'eau et s.d.b.). Vous pourrez profiter du vaste et chaleureux séjour avec cheminée où vous seront servis les petits déjeuners, ainsi que du grand jardin arboré. Vélos à dispo. C'est dans un charmant hameau situé sur un plateau boisé à deux pas des reliefs de la jeune vallée de l'Iton, que vous accueille Annie, dans sa maison pleine de caractère. Langues parlées : anglais, espagnol.

Prix : 1 pers. 32 € 2 pers. 40 € 3 pers. 50 € pers. sup. 9 €
Ouvert : Toure l'année.

	105	5	5	5	3	15	50	15	SP	15	5

Annie KUHN - 9, rue du Vallot - Le Clairet - 27240 LE SACQ - Tél. : 02 32 34 47 02 ou 06 84 88 10 90

ST-AUBIN-DE-SCELLON
(TH) *C.M. 55 Pli 14*

E.C. 4 ch. Dans cette ancienne rubannerie, 4 chambres d'hôtes ont été aménagées dans la maison principale. Pour un séjour aux portes du Pays d'Auge, Mme François saura vous réserver un accueil chaleureux et si vous le souhaitez, vous mitonner quelques spécialités locales. 4 chambres aménagées au 1er étage de cette belle maison de Maître typique de la région. 3 ch. pour 3 pers. avec 1 ch. (1 lit 160 + 1 lit 1 pers.) et 2 ch. (3 lits 1 pers.) et 1 ch. (1 lit 2 pers.). S. d'eau et wc attenants à chaque ch. Salon et salle à manger situés au rez-de-chaussée. Langue parlée : anglais.

Prix : 1 pers. 50 € 2 pers. 54 € 3 pers. 69 € repas 19 €
Ouvert : Toute l'année.

	42	20	4	17	25	17	SP	17	4

Marie Hélène FRANCOIS - La Charterie - 27230 ST-AUBIN-DE-SCELLON - Tél. : 02 32 45 46 52

ST-AUBIN-LE-GUICHARD
C.M. 55 Pli 15

3 ch. Michel et Mauricette vous réservent 1 accueil chaleureux dans cette demeure du XVIe. Les ch. de caractère sont à l'étage : 1 ch. familiale comprenant 1 ch. (1 lit 2 pers.), (1 lit 1 pers.) dans 1 petite ch. attenante, 2 ch. (1 lit 2 pers.) sanitaires privés et attenants. Le petit-déjeuner vous sera servi dans le salon avec cheminée et salle à manger des propriétaires. Vous apprécierez le confort des chambres, leurs volumes, ainsi que la vue sur le trés beau pigeonnier du XVIe sicèle. Environnement calme, au cœur du Pays d'Ouche. Vente de cidre sur place.

Prix : 1 pers. 42 € 2 pers. 49 € 3 pers. 65 €
Ouvert : Toute l'année.

	60	9	9	2	3	25	15	SP	15	2

Michel et Mauricette PARENT - Manoir du Val - 27410 ST-AUBIN-LE-GUICHARD - Tél. : 02 32 44 41 04 - Fax : 02 32 45 36 50

ST-CLAIR-D'ARCEY
(TH) *C.M. 55 Pli 15*

3 ch. Antoine Gouffier et Henri Rodriguez vous accueillent dans leur gentilomière du XVIIIe siècle, où chaque fenêtre offre une perspective différente sur le parc. Au 1er étage, désservi par un superbe couloir, 3 ch. claires et spacieuses : 2 ch. (1 lit 2 pers. 1 lit 1 pers.) et 1 ch. (1 lit 2 pers.). Sanitaires et wc privés pour chaque ch. Salon de jardin à dispo. Table d'hôtes sur réservation. Grand parc de 5 ha aux lignes sobres et classiques. Chiens acceptés en laisse dans le parc où paons et canards de collection se promènent à proximité de l'atelier de sculpture d'henri. Langue parlée : anglais.

Prix : 1 pers. 41/47 € 2 pers. 47/53 € 3 pers. 56/63 € repas 15 €
Ouvert : Toute l'année sauf du 1er décembre au 15 février.

	60	6	20	7	4	25	7	SP	7	7

Antoine GOUFFIER - Domaine du Plessis - 27300 ST-CLAIR-D'ARCEY - Tél. : 02 32 46 60 00 ou 06 13 31 56 57 - Fax : 02 32 46 60 00 -
E-mail : rodriguez.henri@wanadoo.fr - http://perso.wanadoo.fr/henri.rodriguez

Eure   *Normandie*

ST-CYR-LA-CAMPAGNE   *C.M. 55 Pli 6/16*

4 ch. Laure Debarre vous accueille dans les chambres communales installées au 1er et 2e étage de la mairie, maison de briques et rénovation contemporaine. Couchage pour 2 pers. salle de bains et wc privés et téléphone dans chaque chambre. Possibilité 2 lits supplémentaires à la demande. TV dans la salle commune. 4 garages fermés à la disposition des hôtes. Hébergement aménagé au cœur de la verdoyante vallée de l'Oison, nombreux GR. Langue parlée : anglais.

Prix : 1 pers. **29** € 2 pers. **34** € 3 pers. **41** €
Ouvert : Toute l'année.

75	5	20	0,5	10	15	7	SP	8	4

MAIRIE /Melle DEBARRE Laure - Mairie Saint Cyr-la-Campagne - 27370 ST-CYR-LA-CAMPAGNE - Tél. : 02 35 81 90 98 - Fax : 02 35 87 80 86

ST-DENIS-LE-FERMENT   *C.M. 55 Pli 8*

4 ch. M. et Mme Bourillon vous accueillent dans leur propriété boisée et fleurie dans la vallée de Levrière. 4 ch. spacieuses à l'étage, 3 ch. (1 lit 2 pers.), 1 ch. (1 lit 2 pers., 1 lit 1 pers.). Salle d'eau, wc privés pour chaque chambre, salon particulier et coin-cuisine réservés aux hôtes, séjour avec cheminée, parking.

Prix : 1 pers. **30** € 2 pers. **34** € 3 pers. **47** € pers. sup. **13** €
Ouvert : Toute l'année.

100	1	12	6	2	18	6	0,5	6	0,5

Gérard et M-Jose BOURILLON-VLIEGHE - 29, rue de Saint Paer - 27140 ST-DENIS-LE-FERMENT - Tél. : 02 32 55 27 86

ST-DENIS-LE-FERMENT   *C.M. 55 Pli 8*

2 ch. Madeleine Rousseau vous accueille dans sa propriété normande. 1 ch. aménagée dans l'ancien fournil, 1 lit 2 pers., salle d'eau et wc privés, coin-kitchenette. Une chambre à l'étage de sa maison 3 pers. (1 lit 2 pers. 1 lit 1 pers.), salle d'eau et wc privés. Séjour, salon avec cheminée et beau jardin avec parking fermé. Vous gouterez au repos bien mérité après une longue promenade dans la campagne environnante. Langue parlée : anglais.

Prix : 1 pers. **35/38** € 2 pers. **43/46** € 3 pers. **57** €
Ouvert : Toute l'année.

100	1	8	6	2	15	6	0,5	6	0,5

Madeleine ROUSSEAU - 8, rue des Gruchets - 27140 ST-DENIS-LE-FERMENT - Tél. : 02 32 55 14 45 - Fax : 02 32 55 14 45

ST-DIDIER-DES-BOIS Le Vieux Logis   *C.M. 55 Pli 16*

3 ch. Mme Auzoux vous accueille dans une belle propriété du XVIIe entourée d'un jardin au cœur du village. 3 chambres aménagées dans un très beau bâtiment avec salle de séjour, salon, cheminée, 1 ch. (1 lit 2 pers.) au r.d.c. et 2 ch. (1 lit 2 pers. 1 lit 1 pers.) à l'étage, sanitaires privatifs.

Prix : 1 pers. **37** € 2 pers. **41** € 3 pers. **53** €
Ouvert : Toute l'année.

80	10	10	0,8	10	25	10	SP	15	1

Annick AUZOUX - 1, Place de l'Eglise - « Le Vieux Logis » - 27370 ST-DIDIER-DES-BOIS - Tél. : 02 32 50 60 93 ou 06 70 10 35 76 - Fax : 02 32 25 41 83

ST-ELOI-DE-FOURQUES   *C.M. 55 Pli 15*

2 ch. M. et Mme Noël-Windsor vous accueillent dans leur manoir XVIe siècle, ancien pavillon de chasse d'Henri IV situé dans un beau parc de 10 ha. 2 ch. de caractère aménagées à l'étage : 1 ch. (1 lit 2 pers. 2 lits 1 pers.) avec petit salon et 1 ch. (1 lit 2 pers. 1 lit 1 pers.). Sanitaires privés et attenants. Petit-déjeuner servi face à la cheminée. Parc avec des allées ombragées et perspectives sur le plan d'eau. Location VTT sur place, possibilité d'accueillir des cavaliers l'été, produits du terroir. Escapades : pêche ou canoë en vallée de Risle. Langue parlée : anglais.

Prix : 1 pers. **38/53** € 2 pers. **42/58** € 3 pers. **58/74** € pers. sup. **16** €
Ouvert : Toute l'année.

60	SP	10	2	8	8	10	SP	35	2

Béatrice et Patrice NOEL WINDSOR - Manoir d'Hermos - 27800 ST-ELOI-DE-FOURQUES - Tél. : 02 32 35 51 32 - Fax : 02 32 35 51 32 - E-mail : manoirhermos@lemel.fr - http://members.aol.com/hermos1/hermosfr.htm

ST-ETIENNE-L'ALLIER   *C.M. 55 Pli 4/5*

2 ch. Mme Harou vous accueille dans sa maison de maître en briques datant de 1870, située dans un parc arboré. 2 chambres aménagées à l'étage : 1 ch. familiale (1 lit 2 pers.) au 1er étage et 1 chambre enfants (2 lits 1 pers.) au 2e. 1 ch. (1 lit 2 pers.) au 1er étage. Sanitaires privés. Vous apprécierez le salon et le très beau jardin où vous goûterez un repos mérité, au calme après l'agitation de la côte normande. Escapade : Randonnez les mains dans les poches. Langue parlée : anglais.

Prix : 1 pers. **37** € 2 pers. **42** € 3 pers. **55** € pers. sup. **13** €
Ouvert : Toute l'année.

40	10	12	4	5	25	4	SP	23	2

Annie HAROU - Le Bois Carré - 27450 ST-ETIENNE-L'ALLIER - Tél. : 02 32 42 84 21

Normandie — Eure

ST-GEORGES-DU-VIEVRE La Pommeraie
C.M. 55 Pli 15

3 ch. Marie et Patrick vous accueillent dans leur belle propriété du 19ᵉ de style Anglo-normand. 1 chambre aménagée à l'étage d'1 petite maison normande entièrement rénovée (1 lit 2 pers.) avec sanitaires privatifs et 2 ch. au r.d.c. d'1 seconde maison avec accès privé (1 lit de 2 pers. 2 lits 1 pers. dans la seconde). Sanitaires privatifs. Salle à manger et salon commun. Vous apprécierez le calme de cette propriété. Accueil et pension de chevaux. Baby-siting possible sur demande. Lit enfant avec supplément de 8 €. Escapade : randonnées équestres.

Prix : 1 pers. 35 € 2 pers. 42 €
Ouvert : Toute l'année.

40	6	6	0,5	SP	20	0,5	0,5	20	SP

Marie et Patrick BELACEL - La Pommeraie - Route de Giverville - 27450 ST-GEORGES-DU-VIEVRE - Tél. : 02 32 42 53 92 ou 06 83 64 08 52 - E-mail : marie.belacel@wanadoo.fr

ST-GERMAIN-LA-CAMPAGNE Le Grand Bus
C.M. 55 Pli 14

4 ch. M. et Mme de Préaumont vous accueillent dans leur maison bourgeoise XVIIIᵉ siècle située dans un beau parc boisé. 2 ch. au 1ᵉʳ étage. (1 ch. (1 lit 2 pers) communicante (1 ch. (1 lit 2 pers.), 1 ch. (1 lit 2 pers.), au second étage : 1 ch. (2 lits 1 pers), 1 suite (1 lit 2 pers. 2 lits 1 pers.) dans une chambre attenante. Sanitaires privés pour les 4 chambres. Salle de jeux et billard français. Location de vélos à 10 km. GR 26 à 1,5 Km. Petits animaux acceptés. Langue parlée : anglais.

Prix : 1 pers. 40 € 2 pers. 46 € 3 pers. 56 € pers. sup. 9 €
Ouvert : Toute l'année.

55	6	35	1	3	40	16	1,5	16	6

Bruno et Laurence DE PREAUMONT - « Le Grand Bus » - 27230 ST-GERMAIN-LA-CAMPAGNE - Tél. : 02 32 44 71 14 - Fax : 02 32 46 45 81 - E-mail : bruno.laurence.depreaumont@libertysurf.fr

ST-GERMAIN-SUR-AVRE
C.M. 60 Pli 7

1 ch. Olivier et José vous accueillent dans leur ancienne chaumière du XVᵉ siècle située au cœur de la vallée de l'Avre dans un grand jardin ombragé. Petite maison indépendante aménagée en duplex. Salon avec cheminée, et kitchenette réservés aux hôtes au r.d.c. A l'étage : 1 ch. (1 lit 2 pers), avec salle de bains et wc privatifs, TV. Parking privé. Au cœur de la vallée de l'Avre, situé entre les étangs et les bois, vous découvrirez cet ancien four à pain aménagé dans un jardin ombragé. Vous apprécierez le grand salon barbecue d'été ainsi que l'atelier de poterie. Circuits vélos et pédestres à proximité. VTT à disposition. Langue parlée : anglais.

Prix : 1 pers. 38 € 2 pers. 43 €
Ouvert : Toute l'année.

120	0,5	9	0,5	5	0,5	4	2

Olivier DEMORY - La Rançonnière - 20 rue de Monthulé - 27320 ST-GERMAIN-SUR-AVRE - Tél. : 02 32 60 10 10

ST-GREGOIRE-DU-VIEVRE La Bretonnière
C.M. 55 Pli 15

1 ch. M. et Mme Séjourne vous accueillent dans leur maison à colombages du début XIXᵉ située dans un site classé, très calme à proximité du château de Launay. La chambre est aménagée au 1ᵉʳ étage, 1 lit 2 pers., 1 lit d'enfant. Douche et wc privés. Vous apprécierez la salle à manger et le coin salon, ainsi que le calme de la campagne environnante. Camping sur la propriété.

Prix : 1 pers. 31 € 2 pers. 36 € 3 pers. 43 €
Ouvert : Toute l'année.

45	6	6	1	8	30	1	SP	25	1

Ghislaine SEJOURNE - La Bretonnière - 27450 ST-GREGOIRE-DU-VIEVRE - Tél. : 02 32 42 82 67

ST-MACLOU La Brière
C.M. 55 Pli 4

2 ch. Dans une maison à colombages située sur une ferme, vous serez accueillis par M. et Mme Aube. 1 chambre avec accès indépendant, située au r.d.c. (1 lit 2 pers.) possibilité lit bébé. Salle d'eau et wc privés. 1 chambre à l'étage avec accès indépendant (1 lit 2 pers.) possibilité lit supplémentaire, salle d'eau privé et wc communs.

Prix : 1 pers. 29 € 2 pers. 32 €
Ouvert : Toute l'année.

18	3	7	3	2	30	8	2	30	1,5

Gilbert et Blandine AUBE - « La Briere » - 27210 ST-MACLOU - Tél. : 02 32 56 63 35 - Fax : 02 32 56 95 62

ST-MACLOU Hameau Le Mont
C.M. 55 Pli 4

3 ch. Jean et Monique vous accueillent dans 1 chaumière du XVIIᵉ. 1 ch. au 1ᵉʳ ét. (1 lit 160) sanitaires privés. Dans 1 petite chaumière située à proximité immédiate, 1 ch. au r.d.c. (1 lit 180 ou 2 lits jumeaux) et 1 ch. à l'ét. avec accès par un escalier extérieur (1 lit 180 ou 2 lits 1 pers. 1 lit 1 pers.) sanitaires privés, salon avec cheminée, séjour. Vaste jardin avec tennis en briques pillées. La chaumière se situe dans un très bel environnement paysagé vallonné. Langues parlées : anglais, hollandais.

Prix : 1 pers. 43 € 2 pers. 54 € 3 pers. 69 €
Ouvert : Toute l'année.

15	5	5	SP	4	15	10	SP	20	5

Monique et Jean BAUMANN - Le Pressoir du Mont - Hameau Le Mont - 27210 ST-MACLOU - Tél. : 02 32 41 42 55 ou 06 73 57 65 83 - Fax : 02 32 41 42 55 - www.location-honfleur.com

Eure
Normandie

ST-OUEN-DES-CHAMPS Le Vivier
C.M. 55 Pli 4

|||| 3 ch.

Mme Blondel vous accueille dans sa maison normande située en zone protégée. 3 chambres aménagées à l'étage, 2 chambres classées 3 épis (1 lit 2 pers.), sanitaires attenants et privés et 1 chambre (1 lit 2 pers.) avec douche, lavabo dans la chambre et wc non communicants classée 2 épis. Petit salon à l'étage réservé aux hôtes. Salle de séjour au r.d.c. Nombreux accès à La Grande Mare et à la réserve du Marais Vernier.

Prix : 1 pers. 27 € 2 pers. 30 €
Ouvert : Toute l'année.

30	10	15	10	8	45	10	3	10	4

Alice BLONDEL - La Vallee - « Le Vivier » - 27680 ST-OUEN-DES-CHAMPS - Tél. : 02 32 42 17 25

ST-PIERRE-DES-FLEURS
C.M. 55 Pli 6

||| 2 ch.

Mme Bonvoisin vous accueille dans sa très belle maison de caractère normand située dans un parc ombragé. 1 ch. au r.d.c. (1 lit 2 pers., 1 lit 1 pers.) s.d.b. et wc attenant et 1 ch. à l'étage (1 lit 2 pers.). S.d.b. et wc communs avec la propriétaire. Salon et salle de séjour à disposition des hôtes. Proximité de la vallée de l'Oison. Calme et repos assurés. Possibilité stage de tapissier.

Prix : 1 pers. 27/30 € 2 pers. 32/35 € 3 pers. 44 €
Ouvert : Toute l'année.

70	0,2	20	0,2	10	7	3	2	7	0,3

Françoise BONVOISIN - 35 rue de la Mare Saint Pierre - 27370 ST-PIERRE-DES-FLEURS - Tél. : 02 35 87 81 91

ST-PIERRE-DU-VAL
C.M. 55 Pli 4

|||| 2 ch.

Pont de Normandie 4 km. M. et Mme Lebas vous accueillent dans leur maison située à la campagne. 2 ch. (1 lit 2 pers.) aménagées à l'étage, 1 chambre avec s.d.b. et wc particulier. 1 ch. avec salle d'eau et wc privés. Salon, grand jardin à disposition, location de vélos sur place. Vous apprécierez le calme de la campagne ainsi que la proximité de la Côte Normande. Langue parlée : anglais.

Prix : 1 pers. 24 € 2 pers. 32 € pers. sup. 9 €
Ouvert : Toute l'année.

20	1	15	15	6	25	10	2	15	4

William et Françoise LEBAS - « La Charrière Bardel » - 27210 ST-PIERRE-DU-VAL - Tél. : 02 32 57 68 80

ST-PIERRE-DU-VAUVRAY
C.M. 55 Pli 17

E.C. 2 ch.

Giverny 30 km. Ying vous accueille dans cette grande demeure de charme de style Ile de France 18ᵉ qui vous séduira par sa splendide vue panoramique sur la vallée de la Seine et ses méandres. 1 grande chambre au 1ᵉʳ étage (1 lit 160) avec salle de bain et wc séparés. 1 ch. au second étage, en mansarde (2 lits 1 pers.). Salle de bains et wc privés. Vous pourrez apprécier le petit déjeuner servi dans la salle à manger ou le salon avec cheminée. Très beau parc de 4,5 ha avec promenade. Chasse sur 50 ha de bois privés possible pendant la période d'ouverture de la chasse. Langues parlées : chinois, anglais.

Prix : 1 pers. 43/46 € 2 pers. 49/53 €
Ouvert : Toute l'année.

100	5	5	3	5		SP	4	5	

Ying MENIL - 3, R.N.15 - Domaine de la Houlette - 27430 ST-PIERRE-DU-VAUVRAY - Tél. : 02 32 61 27 19 - Fax : 02 32 59 10 66 -
E-mail : ying.menil@wanadoo.fr

ST-QUENTIN-DES-ILES
C.M. 55 Pli 15

|||| 3 ch.

Albert et Thérèse vous accueillent dans ce havre de paix au cœur d'un paysage typique de la Normandie. Longère en colombages du XVIIᵉ siècle où sont installées 3 ch. au 1ᵉʳ étage. 1 ch. familiale et 1 ch. avec accès indépendant. (4 lits de 2 pers.). Salle d'eau et wc privatifs. Séjour au rez-de-chaussée avec cheminée, salle à manger commune avec les propriétaires. Prix 4 personnes : 62 €.

Prix : 1 pers. 33 € 2 pers. 38 € 3 pers. 58 €
Ouvert : Toute l'année.

55	4	20	1,5	1,5	25	5	SP	5	5

Albert et Thérèse LEBRUN - La Ferme de la Grondière - 27270 ST-QUENTIN-DES-ILES - Tél. : 02 32 43 10 61 ou 06 14 19 17 09

ST-SIMEON Le Coquerel
(TH) *C.M. 55 Pli 4*

E.C. 5 ch.

Une étape de charme dans cette grande batisse en colombages nichée au cœur d'un Pays riche de légendes locales. 2 ch. au rez-de-chaussée, 1 ch. (2 lits 1 pers.), et 1 ch. (1 lit 2 pers. 1 lit 1 pers.), 3 ch. à l'étage : 2 ch. (1 lit 2 pers. 2 lits 1 pers.) et 1 ch. (1 lit 2 pers.). Sanitaires privatifs et attenants. Séjour avec cheminée à disposition des hôtes. Langues parlées : anglais, allemand.

Prix : 1 pers. 38/45 € 2 pers. 43/53 € 3 pers. 53/64 €
pers. sup. 11 € repas 19 €
Ouvert : Toute l'année.

35	15	15	5	4	40	10	SP	25	5

J. Michel et J.Marc MOREAU ET DRUMEL - Le Coquerel - 27560 ST-SIMEON - Tél. : 02 32 56 56 08 - Fax : 02 32 56 56 08 -
E-mail : moreau-drumel@wanadoo.fr - http : //perso.wanadoo.fr/chambreshôtes/

Normandie — Eure

ST-VICTOR-D'EPINE
C.M. 55 Pli 15

1 ch. — La chaumière normande d'origine était trop petite, et trés astucieusement, une extension a été réalisée pour accueillir au 1er étage, une chambre totalement indépendante. (1 lit 2 pers.), salle d'eau et wc privés. Le petit-déjeuner sera pris, selon le temps, dehors ou dans une pièce largement vitrée où vous profiterez totalement du jardin. Sur la propriété : les ânes, les moutons, les oies, les canards, les chiens et les chats préfèrent l'exclusivité et ne souhaitent pas de visiteurs à 4 pattes. Langue parlée : anglais.

Prix : 1 pers. 32 € 2 pers. 38 €
Ouvert : Toute l'année.

55	9	9	9	1	30	3	SP	2,5

Jacques CANSSE - Le Clos St-François - La Minardière - 27800 ST-VICTOR-D'EPINE - Tél. : 02 32 45 98 90 - Fax : 02 32 46 43 09

ST-VIGOR — Le Moulin de la Cote
C.M. 55 Pli 17

E.C. 2 ch. — Sylvie et Jean-François vous accueillent dans leur grande propriété au cœur de la vallée de l'Eure. Dans ce beau moulin à eau du XVIe restauré par les propriétaires eux mêmes, ont été aménagées pour vous 2 ch. Vous pourrez profiter d'un petit-déjeuner au bord de l'eau ou au coin du feu dans la grande salle de séjour. Point de départ idéal pour de belles balades. Une chambre en demi-étage, répartie sur 2 niveaux (escalier à pas alternés) pour 4 pers. et 1 lit 1 pers. L'autre chambre se situe au 1er étage (1 lit 2 pers. et 1 lit 1 pers.). Salles de bains et wc privatifs attenants.

Prix : 1 pers. 34 € 2 pers. 41 € 3 pers. 55 €
Ouvert : Toute l'année.

90	SP	30	10	10	18	10	0,5	14	1,5

Sylvie et J.François ISTRE - 8 route de Jouy - Le Moulin de la Cote - 27930 ST-VIGOR - Tél. : 02 32 34 66 88 - Fax : 02 32 24 11 16

STE-OPPORTUNE-LA-MARE — La Vallée
C.M. 55 Pli 4/5

2 ch. — M. et Mme Blondel vous feront découvrir le site exceptionnel du Marais Vernier (étang 70 ha, GR). Les 2 chambres sont aménagées à l'étage de leur maison à colombages : 1 ch. (1 lit 2 pers. 1 lit 1 pers.), 1 ch. (1 lit 2 pers.). Salle d'eau et wc privés pour chaque chambre. Salon, séjour avec cheminée. Vous serez conquis par la vue exceptionnelle sur La Grande Mare. VTT sur place. Tarif dégressif à partir de 2 nuits (35 € au lieu de 38 €/pers.).

Prix : 1 pers. 32 € 2 pers. 38 € 3 pers. 46 € repas 37 €
Ouvert : Toute l'année.

30	8	7	7	30	7	SP	10	2

Etienne et Jacqueline BLONDEL - Quai de la Forge - « La Vallée » - 27680 STE-OPPORTUNE-LA-MARE - Tél. : 02 32 42 12 52

STE-OPPORTUNE-LA-MARE
C.M. 55 Pli 4/5

1 ch. — Marie-Louise Guilliet vous accueille dans sa grande maison normande située à 2 km du Marais Vernier, site privilégié du département faisant partie du Parc Naturel Régional des boucles de la Seine Normande. La ch. est au 2e étage : 2 lits 1 pers. ou 1 lit 180. Salle d'eau et wc privatifs. Vous apprécierez le salon avec cheminée où le petit déjeuner vous sera servi. Nombreux itinéraires touristiques et culturels à proximité.

Prix : 1 pers. 29 € 2 pers. 32 €
Ouvert : Toute l'année.

30	8	10	2	4	30	8	3	10	10

Marie-Louise GUILLIET - Chemin de la Buquetterie - 27680 STE-OPPORTUNE-LA-MARE - Tél. : 02 32 42 14 52 - Fax : 02 32 42 14 52

LE THEILLEMENT — Hameau Le Roumois
C.M. 55 Pli 5

2 ch. — M. et Mme Lamy vous accueillent dans leur très grande maison située dans un grand parc. Au 1er étage : 1 ch. familiale pour 4 pers. composée de 2 chambres attenantes et 1 chambre (1 lit 2 pers.) au 2e étage. Sanitaires attenants et privés pour les 2 chambres. Lit bébé. Vous apprécierez le salon, la cheminée, TV, balançoire, salon de jardin. Tarif 4 pers. : 67 €.

Prix : 1 pers. 32 € 2 pers. 40 € 3 pers. 64 €
Ouvert : Toute l'année.

50	15	15	2	6	15	8	6	4	8

Christiane LAMY - 27520 LE THEILLEMENT - Tél. : 02 35 87 61 43 - Fax : 02 35 87 46 06

THEVRAY
C.M. 55 Pli 15

2 ch. — Soyez les bienvenus au Prélude : maison à colombages milieu 19e restaurée. Jardin calme, arboré et fleuri. Les 2 chambres sont au r.d.c. 1 ch. (1 lit 2 pers.) avec salle de bains et wc privés. 1 ch. (3 lits 1 pers.), salle d'eau et wc privés. Le salon avec cheminée est à votre disposition. Le soir, Ludovic vous servira ses spécialités normandes. Table d'hôtes sur réservation. Location de VTT sur place, balades sur le plateau ou dans la vallée de la Risle. Séjour découverte à VTT : escapades à la petite semaine. Langues parlées : anglais, allemand.

Prix : 1 pers. 30 € 2 pers. 38 € 3 pers. 47 € repas 14 €
Ouvert : De début avril à fin septembre.

80	6	12	5	5	28	18	2,5	18	5

Ludovic BRAS - Le Prélude - Les Beautiers - 27330 THEVRAY - Tél. : 02 32 45 08 99 - Fax : 02 32 45 08 99

Eure
Normandie

THIBERVILLE
C.M. 55 Pli 14

||| 2 ch. Martine et Michel Thuelin ont aménagé pour vous 2 ch. à l'étage d'une belle maison bourgeoise du 19ᵉ. 1 ch. familiale (1 lit 2 pers.), 1 chambre (1 lit 2 pers. 1 lit 1 pers.), lit bébé à la demande et 1 ch. (1 lit 2 pers.). Sanitaires attenants et privatifs. Salle à manger avec cheminée, salon de jardin à disposition des hôtes. Le grand parc de 5000 m², la proximité du bourg en font une étape privilégiée aux portes du Pays d'Auge. Langue parlée : anglais.

Prix : 1 pers. **36 €** 2 pers. **42 €** 3 pers. **53/59 €** pers. sup. **11 €**
Ouvert : Toute l'année.

40	2	20	0,5	9	20	10	10	SP

Martine et Michel THUELIN - 28 rue de Lisieux - 27230 THIBERVILLE - Tél. : 02 32 46 29 49

LE TORPT
C.M. 55 Pli 4

|| 2 ch. Une grande maison à pans de bois où Gérard et Alice vous accueillent pour une étape chaleureuse. Les 2 ch. sont aménagées à l'étage (1 lit 2 pers. dans chaque chambre), sanitaires privés mais non attenants. 2 lits d'enfants à disposition des hôtes. Vous apprécierez le grand séjour et le salon avec sa cheminée monumentale. Langue parlée : anglais.

Prix : 1 pers. **30 €** 2 pers. **37 €**
Ouvert : Toute l'année.

18	SP	14	4	4	25	14	SP	16	4

Alice et Gérard MANNECHET - Domaine des Lions - Chemin des Hetres - 27210 LE TORPT - Tél. : 02 32 42 33 23

TOUFFREVILLE
C.M. 55 Pli 7

||| 1 ch. M. et Mme Herman vous accueillent dans leur maison de grande qualité. La chambre est aménagée à l'étage (1 lit 2 pers. 1 lit 1 pers.) avec salle d'eau particulière, possibilité 1 pers. supplémentaire dans une petite chambre. Vous apprécierez la terrasse avec le jardin paysagé traversé par la rivière, la salle de séjour avec TV, le parking.

Prix : 1 pers. **30 €** 2 pers. **38 €** 3 pers. **50 €**
Ouvert : Toute l'année.

95	4	20	8	0,2	SP	8	1	30	1,5

Daniel et Thérèse HERMAN - 27440 TOUFFREVILLE - Tél. : 02 32 49 17 37

TOURNEDOS-SUR-SEINE
C.M. 55 Pli 7

||| 3 ch. Nelly et Michel vous accueillent dans leur propriété du bord de Seine où ils ont aménagé 3 ch. dans une ancienne étable à proximité de leur maison. Au r.d.c. : séjour avec cuisine, 1 ch. (2 lits 1 pers.) avec salle d'eau et wc. Etage, 2 ch. (1 lit 2 pers.) avec salle de bains et wc privés. Très belle vue sur la Seine depuis une des chambres. Vélos sur place à louer. 2 gîtes ruraux sur la propriété. A 3 km de la base de loisirs nautiques de Poses.

Prix : 1 pers. **35/46 €** 2 pers. **38/46 €** pers. sup. **11 €**
Ouvert : Toute l'année.

90	SP	1	4	4	5	1	SP	3	8

Nelly et Michel TELLIER - 2 ruelle des Marronniers - 27100 TOURNEDOS-SUR-SEINE - Tél. : 02 32 61 08 15 ou 06 16 66 74 11 - Fax : 02 32 61 12 96 - E-mail : nelly.tellier@wanadoo.fr - www.gite-in-normandie.com

---

TOURVILLE-SUR-PONT-AUDEMER Le Cottage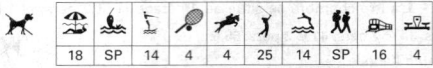
C.M. 55 Pli 4

|| 3 ch. Au cœur d'une petite vallée, Germain Hermenier vous réserve un accueil chaleureux dans une grande maison à colombages de la fin du XVIIIᵉ siècle. 3 ch. sont aménagées à l'étage de la maison. 2 ch. (1 lit 2 pers.) et 1 ch. triple (1 lit de 2 pers. 1 pers.), 2 ch. ont des sanitaires attenants et privatifs et 1 ch. possède des sanitaires privés mais non communicants. Vous apprécierez la salle de séjour, le salon avec cheminée au r.d.c. et pourrez profiter du tennis et plan d'eau dans la propriété.

Prix : 1 pers. **27/34 €** 2 pers. **34/40 €** 3 pers. **52 €**
Ouvert : Toute l'année.

30	SP	6	SP	2	25	6	SP	33	5

Germain HERMENIER - route de Selles - 27500 TOURVILLE-SUR-PONT-AUDEMER - Tél. : 02 32 42 88 97 ou 06 22 13 23 25

LE TREMBLAY-OMONVILLE
C.M. 55 Pli 16

E.C. 2 ch. Vous apprécierez l'ambiance chaleureuse du grand séjour avec cheminée ainsi que le jardin très agréable. 2 chambres sont aménagées à l'étage d'une annexe à proximité immédiate de la maison. Pièce d'accueil au r.d.c. avec TV et kitchenette. 2 ch. (1 lit 2 pers.), salle d'eau ou salle de bains et wc privatifs. Salon de jardin à disposition ainsi que 2 vélos. Dans le village, Nicole et Jean ont installé il y a quelques années, cette grande maison de bâti traditionnel, à colombages. Langues parlées : belge, hollandais.

Prix : 1 pers. **30 €** 2 pers. **40 €**
Ouvert : Toute l'année.

80	35	3	8	6	3	SP	20	3

Nicole et Jean DESCAMPS - 2, rue du Château - 27110 LE TREMBLAY-OMONVILLE - Tél. : 02 32 34 87 84 ou 06 23 06 08 76 - Fax : 02 32 45 39 45

Normandie
Eure

TRICQUEVILLE *C.M. 55 Pli 4*

2 ch. M. et Mme Jaouen vous accueillent dans leur maison de maître située au milieu des champs et à la limite d'un plateau dominant un ruisseau. Les chambres sont aménagées à l'étage : 1 ch. (1 lit 2 pers.) avec s.d.b. et wc privés, 1 ch. (1 lit 2 pers. 1 lit 1 pers.) avec douche et wc privés. Trés belle vue sur la vallée. Salon avec piano et bibliothèque. GR224. Cidre et Calvados produits sur la ferme. Langues parlées : allemand, anglais.

Prix : 1 pers. 36 € 2 pers. 39 € 3 pers. 46 € repas 14 €
Ouvert : Toute l'année.

20	SP	4	6	6	18	6	SP	5	6

Philippe et Florence JAOUEN - Ferme du Ponctey - 27500 TRICQUEVILLE - Tél. : 02 32 42 10 37 - Fax : 02 32 57 54 53 -
E-mail : ponctey@rurintel.fr.eu.org - http://worldserver2.oleane.com/ponctey/

TRICQUEVILLE *C.M. 55 Pli 4*

2 ch. M. et Mme Lepleux vous accueille dans leur charmant pressoir XVIIIᵉ siècle situé dans 1 cadre verdoyant, fleuri, entouré de pommiers. Propriété calme et reposante. Les 2 ch. sont aménagées à l'étage (1 lit 2 pers.) dans chaque chambre, salle d'eau et wc attenants et privés. Vous apprécierez le petit déjeuner servi dans la grande salle de séjour. Coin-bibliothèque et cheminée. Parking. Langue parlée : anglais.

Prix : 1 pers. 38/40 € 2 pers. 45/46 €
Ouvert : Toute l'année.

20	10	20	10	6	25	10	SP	5	10

Gaston et Michèle LEPLEUX - « La Clé des Champs » - 27500 TRICQUEVILLE - Tél. : 02 32 41 37 99 - E-mail : redmoon45@aol.com

LE TRONQUAY *C.M. 55 Pli 8*

1 ch. M. et Mme Monnier vous accueillent dans un authentique bâtiment du XIXᵉ siècle en colombages et toît de chaume. La chambre aménagée est de plain-pied (1 lit 2 pers. 1 lit 1 pers.), salle d'eau et wc privés. Coin- kitchenette réservé aux hôtes, salle à manger dans le jardin d'hiver des propriétaires, très beau jardin. Langue parlée : anglais.

Prix : 1 pers. 32 € 2 pers. 38 € 3 pers. 46 €
Ouvert : Toute l'année.

60	3	20	0,5	5	20	3	0,5	30	3

Colette et Gérard MONNIER - 1, rue des Angles - La Grand Fray - 27480 LE TRONQUAY - Tél. : 02 32 49 53 38 - Fax : 02 32 49 53 38 -
E-mail : monnierg@waika9.com

TROUVILLE-LA-HAULE *C.M. 231 Pli 21*

E.C. 2 ch. Sur la route des chaumières, au cœur d'un petit bourg, Peggy et François vous réservent un accueil chaleureux. La maison principale est un ancien bâtiment public du XIXᵉ et les chambres sont aménagées en annexe : 2 ch. avec accès indépendant aménagées en duplex, salon privé et sanitaires indépendants au rez-de-chaussée, 1 lit 2 pers. à l'étage, lavabo dans chaque chambre. Petit déjeuner copieux servi dans la maison des propriétaires, séjour et salon à disposition. Langues parlées : allemand, anglais.

Prix : 1 pers. 35 € 2 pers. 38 € pers. sup. 11 €
Ouvert : Toute l'année.

30	10	15	SP	8	35	12	SP	37	SP

François et Peggy VINCENT - le bourg - 27680 TROUVILLE-LA-HAULE - Tél. : 02 32 42 60 98

VERNON Le Val d'Aconville *C.M. 55 Pli 18*

3 ch. Sophie de Grave vous accueille dans une maison en pierre de Vernon située dans une propriété de 3 ha. dans un environnement privilégié. 3 ch. au 1ᵉʳ étage : 1 ch. (1 lit 2 pers.). 1 ch. (2 lits 1 pers.), 1 ch. 4 pers. (1 lit 2 pers. 2 lits 1 pers.) dans une petite chambre attenante, s. d'eau et wc privés, lit bébé. Carrière pour chevaux dans la propriété. Vous apprécierez le salon avec la trés belle cheminée, ainsi que le séjour à disposition des hôtes.

Prix : 1 pers. 33/38 € 2 pers. 40/44 € 3 pers. 67 € pers. sup. 14 €
Ouvert : Toute l'année.

100	SP	2	2	5	13	2	SP	3	2

Sophie DE GRAVE - 7, rue du Val-d'Aconville - Le Val - 27200 VERNON - Tél. : 02 32 21 98 06 ou 06 15 10 25 68

VIEUX-PORT *C.M. 55 Pli 5*

1 ch. Christelle et Frédéric vous réservent un accueil sympathique dans leur chaumière typique de cette route des chaumières. Au cœur d'un petit village classé en bord de Seine. La ch. familiale est aménagée à l'étage avec un accès extérieur. 1 ch. (1 lit 2 pers.), 1 ch. attenante (1 lit 1 pers.). Chaumière typique, avec plafond bas d'origine pour la chambre. Salle d'eau et wc privés. Salon et séjour avec cheminée où vous sera servi le petit déjeuner. Jardin clos. Langue parlée : anglais.

Prix : 1 pers. 34 € 2 pers. 38 € 3 pers. 49 €
Ouvert : Toute l'année.

45	18	18	5	20	45	15	SP	40	6

Christelle et Frédéric EGRET & CARDON - 13 chemin de l'Enfer du Roy - 27680 VIEUX-PORT - Tél. : 02 32 56 06 78 -
E-mail : cardonfrederic@hotmail.com

Manche
Normandie

GITES DE FRANCE - Informations
Maison du Département - Rond-Point de la Liberté
50008 SAINT-LO Cedex
Tél. 02 33 05 98 70 - Fax 02 33 56 07 03
E-mail : manchetourisme@cg50.fr - http://www.manchetourisme.com

3615 Gîtes de France
0,2 €/min

ACQUEVILLE Hameau Voisin
C.M. 54 Pli 1

1 ch. **Cherbourg 10 km. Cure marine 8 km.** Dans 1 corps de ferme du XVIIe siècle, au 1er étage avec entrée indépendante, 1 chambre (1 lit 2 pers. 1 lit 1 pers.), salle d'eau (dans la chambre) et wc privés. Séjour/coin-cuisine réservé aux hôtes au rez-de-chaussée. Chauffage électrique. Centre de découverte scientifique (astronomie, planétarium) « Ludiver » 4 km.

Prix : 1 pers. 27 € 2 pers. 30 € 3 pers. 46 €
Ouvert : Toute l'année.

8	8	5	8	10	1	10	5	10	2

Henri JEAN - Hameau Voisin - 50440 ACQUEVILLE - Tél. : 02 33 52 76 47

ACQUEVILLE La Belangerie
C.M. 54 Pli 1

2 ch. **Cherbourg 10 km. Cure marine 8 km. Planétarium de Ludives 3 km.** Dans un manoir du XVIe siècle, à l'étage, 1 chambre (1 lit 2 pers., 2 lits 1 pers.) avec s.d.b. privée et 1 chambre (1 lit 2 pers.) avec s. d'eau et wc privés. Gîte d'étape sur place. Prix 4 pers. : 59 €.

Prix : 1 pers. 27 € 2 pers. 36 € 3 pers. 49 € pers. sup. 11 €
repas 14 €
Ouvert : Toute l'année.

8	10	9	11	14	1	10	1	14	11

Daniel GEOFFROY - La Belangerie - 50440 ACQUEVILLE - Tél. : 02 33 94 59 49 - Fax : 02 33 94 59 49 - www.labelangerie.com

---

ACQUEVILLE
C.M. 54 Pli 1

1 ch. **Dunes de Biville 5 km. Cherbourg 18 km.** Dans une maison récente en pierres, située dans un petit hameau à la campagne et agrémentée d'un jardin fleuri, 1 ch. (1 lit 2 pers.) au rez-de-chaussée avec une belle salle de bains et wc privés. Accès : D22, carrefour « Les Pelles » direction Vasteville puis 1ere à gauche.

Prix : 1 pers. 24 € 2 pers. 32 €
Ouvert : Toute l'année.

9	18	9	11	9	1	14	3		

Janine VOISIN - Village de la Hougue - 50440 ACQUEVILLE - Tél. : 02 33 52 80 58

AGON-COUTAINVILLE
C.M. 54 Pli 12

1 ch. **Coutances et sa Cathédrale 12 km. Regnéville-sur-Mer 10 km.** Au 1er étage, 1 ch. romantique (1 lit 2 pers.), avec possibilité d'une ch. complémentaire (1 lit 2 pers.), belle salle de bains (baignoire jacuzzi) et wc privés sur le palier. Grand séjour et adorable véranda aménagée en salon d'hiver à dispo. des hôtes. Tarif 4 pers. : 72 €. Accès : dir. Le Passous, magasin « Point P » à gauche puis chemin privé à gauche. Dans un environnement préservé, aux portes de la station balnéaire, Anne-Marie a su créer dans cette maison récente un intérieur chaleureux, avec de beaux meubles de style, une décoration inspirée par son talent en art floral.

Prix : 1 pers. 43 € 2 pers. 51 € 3 pers. 64 €
Ouvert : Toute l'année.

0,8	0,8	0,5	12	3	2	0,5	12	1	

Anne-Marie LEBEL - Rue Eugène Fontaine - 50230 AGON-COUTAINVILLE - Tél. : 02 33 46 52 64 ou 06 16 85 53 59

AGON-COUTAINVILLE Charriere du Commerce
C.M. 54 Pli 12

1 ch. **Coutances et sa cathédrale 12 km. Regnéville-sur-mer 10 km.** Vous apprécierez le calme de cette propriété entourée de verdure et située aux portes de la station balnéaire. Dans le prolongement de la maison de plain pied, 1 chambre au r.d.c. (1 lit 2 pers.), salle d'eau et wc privés. Entrée indépendante. Petit jardin avec salon de jardin. Court de tennis privé. En saison, « réveil musculaire » sur la plage offert aux touristes. 10 % de réduction du 1er octobre au 1er mai. Restaurants à 800 m.

Prix : 1 pers. 38 € 2 pers. 43 €
Ouvert : Toute l'année.

0,8	1	0,3	12	1	0,2	SP	1	0,9	

Anne-Marie LESAULNIER - 28, charrière du Commerce - 50230 AGON-COUTAINVILLE - Tél. : 02 33 47 34 80

AMFREVILLE La Percillerie
C.M. 54

1 ch. **Plages du Débarquement 15 km. Ste-Mère Eglise 8 km.** Au 1er étage : 1 chambre spacieuse (1 lit 2 pers.), salle de bains et wc privés sur le palier. Les petits-déjeuners sont servis dans le séjour à la décoration normande, cheminée. Chauffage central. Réduction de 10 % à partir de la 2e nuit. Accès : du bourg, direction Gourbesville, suivre fléchage. Cette belle maison du XIXe siècle est une invitation au repos et à la découverte des richesses naturelles, architecturales et historique de la presqu'île, au cœur du Parc Naturel Régional des Marais du Cotentin et du Bessin. Sur le site du parachutage des alliés en 1944. Langue parlée : anglais.

Prix : 1 pers. 30 € 2 pers. 38 € pers. sup. 8 €
Ouvert : Toute l'année.

15	15	6	13	20	1	6	2	13	8

Roger et Colette DELAROCQUE - La Percillerie - 12, rue de la Pesquerie - 50480 AMFREVILLE - Tél. : 02 33 41 07 55 ou 06 09 43 14 49

Normandie — Manche

ANCTEVILLE La Foulerie
C.M. 54 Pli 12

3 ch. Dans un manoir, au sein d'une ferme équestre en activité : 1 ch. 4 pers. au 1er étage et 2 ch. de 3 pers. au 2e étage, salles d'eau et wc privés. Chauffage central. Tennis, promenade à cheval sur place. Produits fermiers et crêperie sur place. Restaurant 4 km. Randonneurs équestres acceptés. VTT, practice de golf, piscine d'eau, coin-pique-nique. Prix 4 pers. 60 €. Possibilité de louer 1 gîte d'étape (19 pers.) sur place. Langues parlées : anglais, allemand.

Prix : 1 pers. 23 € 2 pers. 38 € 3 pers. 45 € pers. sup. 15 €
Ouvert : Toute l'année.

10	12	SP	10	10	SP	SP		8

Michel et Sylvie ENOUF - La Foulerie - 50200 ANCTEVILLE - Tél. : 02 33 45 27 64 - Fax : 02 33 45 73 69 -
E-mail : manoir.foulerie@libertysurf.fr - http ://manoirdelafoulerie.com

ANCTOVILLE-SUR-BOSCQ Beaufougeray
C.M. 59 Pli 7

2 ch. Granville 7 km. Baie du Mont 25 km. A la campagne et au calme, dans une maison récente, 1 chambre 2 pers. et 1 chambre 3 pers. sont aménagées à l'étage, avec salles d'eau et wc privés. Entrée indépendante. Restaurants à 4 km.

Prix : 1 pers. 27 € 2 pers. 30 € 3 pers. 38 € pers. sup. 8 €
Ouvert : Toute l'année.

6	7	5	4	6	2	4	2	5	3

Yves et Brigitte RENAULT - 13, Beaufougeray - 50400 ANCTOVILLE-SUR-BOSCQ - Tél. : 02 33 51 64 88

ANGOVILLE-AU-PLAIN Ferme de la Guidonnerie
C.M. 54 Pli 13

E.C. 3 ch. Carentan 6 km. Plages du Débarquement 9 km. Fabienne et Maurice éleveurs de bovins, vous invitent dans leur maison de garde du XIXe siècle, indépendante de leur habitation principale. A l'étage, 2 ch. (3 pers.), salles de bains et wc privés. Dans le prolongement de la maison principale, un 1 ch. en duplex avec coin-cuisine (1 lit 2 pers.), 1 lit 1 pers. en mezzanine), salle d'eau, wc privés. Au coin du feu, venez appréciez notre cuisine normande et un petit déjeuner au saveur de votre enfance (confitures « maison », lait de ferme). Langue parlée : anglais.

Prix : 1 pers. 28 € 2 pers. 32 € 3 pers. 38 € pers. sup. 6 € repas 14 €
Ouvert : De Pâques à la Toussaint.

9	9	9	6	15	6	6	5	6	6

Fabienne LEONARD - La Guidonnerie - 50480 ANGOVILLE-AU-PLAIN - Tél. : 02 33 42 33 51

ANGOVILLE-AU-PLAIN Ferme d'Alain
C.M. 54 Pli 13

2 ch. Dans le Parc Régional des Marais et à proximité des plages du débarquement, maison ancienne. A l'étage, 1 chambre 3 pers., 1 chambre 2 pers. salles d'eau et wc privés. Chauffage central. Restaurant 3 km. Accès : RN13. D913 direction Uta Beach, Ste-Marie du Mont C201. Supplément de 5 € pour les animaux. 5 % de réduction à partir de 4 jours (sauf juillet et août et les week-end). Prix 4 pers. : 50 €.

Prix : 1 pers. 30 € 2 pers. 35/38 € 3 pers. 44 €
Ouvert : Toute l'année.

9	9	4	2	20	6	6	3	6	6

Jeanne FLAMBARD - Ferme d'Alain - 12, rue de l'Eglise - 50480 ANGOVILLE-AU-PLAIN - Tél. : 02 33 42 11 30

ANNEVILLE-EN-SAIRE La Pareillerie
C.M. 54 Pli 3

1 ch. Port de Barfleur 3 km. Ile de Tatihou 6 km (festival de musique en 8). Cette ancienne ferme rénovée est située dans un petit hameau en direction de la mer. Par sa décoration et son mobilier de style anglais, Madame Bray a su créer une ambiance romantique et chaleureuse propice à la détente, visiblement appréciée par les animaux domestiques de la maison. Au 1er étage, 1 chambre (1 lit 2 pers.) avec salle de bains privée attenante et wc dans le couloir. Bibliothèque et coin-salon à disposition des hôtes. Langue parlée : anglais.

Prix : 1 pers. 34 € 2 pers. 42 €
Ouvert : Toute l'année.

2	3	19	3	2	19	3

Alix BRAY - Souvroc - La Pareillerie - 50760 ANNEVILLE-EN-SAIRE - Tél. : 02 33 54 70 58 - Fax : 02 33 54 70 58

ANNOVILLE Village Hebert
C.M. 54 Pli 12

1 ch. Coutances 15 km. Baie de Regnéville 6 km. Havre de la Vanlée 2 km. Dans une ancienne cuisine de ferme du XIXe siècle, 1 ch. familiale (1 lit 2 pers. 2 lits 1 pers.) au rez-de-chaussée, avec salle d'eau et wc privés. Entrée indépendante. Accès : sur la D20. Auberge à 2 km. Patinoire à 15 km. Prix 4 pers. : 49 €.

Prix : 2 pers. 30 € 3 pers. 40 € pers. sup. 8 €
Ouvert : Toute l'année.

1,5	3	3	15	6	2	3	0,5	15	1

Michel et Nicole HEBERT - Village Hébert - Tourneville - 50660 ANNOVILLE - Tél. : 02 33 47 64 90

Manche   *Normandie*

ARDEVON La Rive
C.M. 59 Pli 7

5 ch. Mont St-Michel 3 km. 2 chambres au rez-de-chaussée et 3 chambres à l'étage (11 pers.), avec salle d'eau et wc chaque chambre. Chauffage électrique. 4 chambres sont avec vue sur le Mont-Saint-Michel. Restaurant 0,3 km.

Prix : 1 pers. 23 € 2 pers. 33 € 3 pers. 41 € pers. sup. 8 €
Ouvert : Toute l'année.

🐕	≈	⛵	🏇	🏊	🎾	🚲	🚉
	30	3	20	SP	8	2	

Louise AUDIENNE - La Rive - 50170 ARDEVON - Tél. : 02 33 60 23 56

ARGOUGES

1 ch. St-James 7 km. Mont St-Michel 20 km. Baie du Mont St-Michel 15 km. Dans une maison traditionnelle en pierre, 1 chambre (1 lit 2 pers.) à l'étage avec annexe (1 lit 1 pers.). Salle de bains et wc privés. Entrée indépendante. Artisanat à découvrir aux environs d'Argouges. Accès : à St-James D12 direction Antrain-Rennes. Restaurants à 6 km.

Prix : 1 pers. 27 € 2 pers. 50 € 3 pers. 58 € pers. sup. 5 €
Ouvert : De Pâques à la Toussaint.

🐕	≈	⛵	🏇	🏊	🎾	🚲	🚉
	40	40	6	25	25	6	7	10	6

Germaine BILLOIS - Le bourg - 50240 ARGOUGES - Tél. : 02 33 48 32 54

AUCEY-LA-PLAINE La Provostière
C.M. 59 Pli 8

2 ch. Pontorson 5 km. Mont St-Michel 15 km. Avranches 20 km. Maryvonne et René vous reçoivent dans leur exploitation laitière qu'ils vous proposent de découvrir (possibilité de participer à la traite des vaches,...). 1 chambre (1 lit 2 pers.) à l'étage avec salle d'eau et wc privés. Entrée indépendante, 1 chambre (1 lit 2 pers.) avec salle d'eau et wc à l'usage exclusif des hôtes. Reptilarium à 10 km. Restaurants 5 km. Langue parlée : anglais.

Prix : 1 pers. 24 € 2 pers. 30 € pers. sup. 8 €
Ouvert : Toute l'année.

🐕	≈	⛵	🏇	🏊	🎾	🚲	🚉
	40	30	10	20	3	3	SP	5	5

Maryvonne FEUVRIER - La Provostière - 50170 AUCEY-LA-PLAINE - Tél. : 02 33 60 33 67 - Fax : 02 33 60 37 00

AUCEY-LA-PLAINE La Jouvenelle
C.M. 59 Pli 7

4 ch. Mont Saint-Michel 12 km. Au 1er étage : 1 chambre (1 lit 160), 2 chambres de 3 pers, 1 chambre familiale (1 lit 2 pers, 2 lits 1 pers). Salles d'eau et wc privés. Grand séjour avec cheminée et kitchenette réservés aux hôtes. Entrée indépendante. Chauffage central. Prix 4 pers. : 61 €. Pers. supplémentaire : gratuit. Réduction de 20 % pour les familles avec enfants. Dans un petit village de la baie du Mont St-Michel, Pierre et Janine vous accueillent dans leur maison en pierres qu'ils viennent de restaurer. Vous pourrez y découvrir un élevage peu ordinaire d'escargots, animaux à cornes certes mais réputés pour leur activité très paisible.

Prix : 1 pers. 30 € 2 pers. 38 € 3 pers. 53 €
Ouvert : Toute l'année.

🐕	≈	⛵	🏇	🏊	🎾	🚲	🚉
	40	40	10	20	3	3	10	5	5

Pierre et Janine DESCAMPS - La Rue - 50170 AUCEY-LA-PLAINE - Tél. : 02 33 48 60 01

AUMEVILLE-LESTRE Le Clos Bon Oeil

2 ch. Barfleur 16 km. Ile de Tatihou 8 km (festival de musique en août). Dans une maison récente à la campagne, entre mer et bocage du Val de Saire, 2 chambres (1 lit 2 pers. chacune) à l'étage avec salle d'eau et wc à l'usage exclusif des hôtes. Chauffage central. Salon, terrasse et coin-cuisine à la disposition des hôtes. Centre équestre 2 km. Accès par la RN13 puis la D14. A proximité des plages du débarquement. Restaurants à 4 km. Bienvenue aux randonneurs pédestres et cyclistes (GR 223, nombreux circuits PR). Langue parlée : anglais.

Prix : 1 pers. 26 € 2 pers. 29 € pers. sup. 11 €
Ouvert : Toute l'année.

🐕	≈	⛵	🏇	🏊	🎾	🚲	🚉
1,5	4	2	10	4	SP	4	SP	12	SP

Marie-Françoise GOSSELIN - Le Clos Bon Oeil - 6, rue des Marettes - 50630 AUMEVILLE-LESTRE - Tél. : 02 33 54 17 73 ou 06 21 33 29 87

BACILLY Le Grand Moulin Le Comte
C.M. 59 Pli 8

5 ch. Baie du Mont St-Michel 3 km. Avranches 10 km. Granville 25 km. Dans une ancienne ferme restaurée du XVIIIe siècle, 5 chambres (15 pers.). A l'étage : 3 ch. (dont 1 avec annexe 4 pers.). R.d.c. : 2 ch. (1 familiale et l'autre 2 pers. avec coin-cuisine) avec entrées indépendantes. Salles d'eau ou salles de bains et wc privés. Salon à la disposition des hôtes. Au r.d.c. : grande salle chaleureuse avec coin-feu à l'ancienne. Prix 4 pers. : 44 à 55 €. Restaurant à 3 km. Du bourg, D231 direction Genêts. A 1 km du bourg de Bacilly, tourner à droite dans « voie sans issue ». Langues parlées : anglais, allemand.

Prix : 1 pers. 23 € 2 pers. 32 € 3 pers. 38/52 € pers. sup. 9 €
Ouvert : Toute l'année.

🐕	≈	⛵	🏇	🏊	🎾	🚲	🚉
	10	12	2	10	25	0,5	1	SP	10	1,5

Alan et Gwen HARVEY - Le Grand Moulin le Comte - 50530 BACILLY - Tél. : 02 33 70 92 08 ou 06 83 38 33 80 -
E-mail : claudineantras@aol.com - www.multimania :com/legrandmoulin/

Normandie — Manche

BACILLY Le Vivier
C.M. 59 Pli 8

3 ch. **Baie du Mont Saint-Michel 3 km.** 2 chambres d'hôtes situées à l'étage. Salle d'eau à l'usage exclusif des hôtes. 1 chambre au rez-de-chaussée (entrée indépendante) avec salle d'eau et wc privés et kitchenette. Chauffage central. Restaurant 1 km.

Prix : 1 pers. 17/20 € 2 pers. 21/30 € 3 pers. 26 € pers. sup. 4 €
Ouvert : Toute l'année.

🐕	≈	⛵	🐎	🤸	🎾	👨‍👩‍👧	🎣	🏇	🚆	🚉
	10	12	3	8	25	2	1	SP	10	1

Suzanne et Raymond RENAULT - Le Vivier Manoir - 50530 BACILLY - Tél. : 02 33 70 85 02

BACILLY La Croix Saint-Gatien
C.M. 59 Pli 7/8

2 ch. **Traversée de la baie du Mont St-Michel à Genêts 3 km. Avranches 9 km.** Dans une maison du XVIIe siècle, 2 chambres à l'étage (dont 1 avec annexe 3 pers.), salle d'eau et wc privés. Entrée indépendante. Accès : D31 route de Marcey-les-Grèves.

Prix : 1 pers. 27 € 2 pers. 33 € 3 pers. 46 €
Ouvert : Toute l'année.

🐕	≈	⛵	🐎	🤸	🎾	👨‍👩‍👧	🎣	🏇	🚆	🚉
	9	12	2	10	25	0,5	2	SP	9	0,5

Yvette et Alphonse YVON - La Croix St-Gratien - 50530 BACILLY - Tél. : 02 33 70 85 15

BARNEVILLE-CARTERET La Tourelle
C.M. 54 Pli 1

3 ch. **Briquebec 15 km. Valognes 25 km.** Passionné d'histoire locale, M. Lebourgeois vous accueille dans sa maison du XVIe siècle, située dans le bourg de Barneville. 2 ch. au 1er étage dont 1 avec annexe (3 pers.), 1 ch. au 2e étage avec annexe (4 pers.). Salle de bains ou salle d'eau et wc privés. Salle de séjour à l'usage exclusif des hôtes. Entrées indépendantes. Restaurant sur place. Garage pour vélos et motos. Au centre du bourg, côté gauche de l'église. Poss. séjours randonnée/découverte pour groupes de 6 à 9 pers. proposés par le propriétaire, hors juillet et août. Prix 4 pers. : 60 €.

Prix : 1 pers. 34 € 2 pers. 38/42 € 3 pers. 50 €
Ouvert : Toute l'année.

🐕	≈	⛵	🐎	🤸	🎾	👨‍👩‍👧	🎣	🏇	🚆	🚉
	2	3	2	16	2	1	2	SP	28	SP

Gérard LEBOURGEOIS - 5, rue du Pic Mallet - 50270 BARNEVILLE-CARTERET - Tél. : 02 33 04 90 22 ou 06 82 98 95 06

BARNEVILLE-CARTERET La Roche Biard
C.M. 54 Pli 1

3 ch. **Plages du Débarquement 30 km.** Avec une vue sur la mer et les îles anglo-normandes, M. et Mme Simon seront heureux de vous accueillir dans leur maison moderne, en haut du Cap de Carteret. 3 ch. à l'étage (chacune 1 lit 2 pers.) avec salle de bains ou salle d'eau et wc privés. Salle de séjour avec TV à l'usage exclusif des hôtes. Site de parapente à 600 m. Restaurants à 800 m. Réduction de 10 % à partir de 3 nuits du 1er novembre 2001 au 1er mars 2002. Accès : à 800 m du bourg de Carteret, direction du Phare. Langue parlée : anglais.

Prix : 1 pers. 35 € 2 pers. 40 € pers. sup. 15 €
Ouvert : Toute l'année.

🐕	≈	⛵	🐎	🎾	👨‍👩‍👧	🎣	🏇	🚆
	0,5	0,5	3	2	0,5	0,5	27	0,8

Augustine et Pierre SIMON - 18, avenue de la Roche Biard - 50270 BARNEVILLE-CARTERET - Tél. : 02 33 04 28 41 -
E-mail : villabelhorizon@multimania.com - www.multimania.com/villabelhorizon

LA BARRE-DE-SEMILLY La Cosnetière

2 ch. **Forêt de Cerisy et Saint-Lô 5 km.** Dans un cadre champêtre, 2 chambres à l'étage avec salles d'eau privées, 2 wc communs aux 2 chambres. Entrée indépendante. Accès : D11, puis D550 direction Saint-Pierre-de-Semilly.

Prix : 1 pers. 26 € 2 pers. 30 € pers. sup. 9 €
Ouvert : Toute l'année.

🐕	🐎	🤸	🎾	🏇	🚆	🚉
	5	5	2	SP	5	2

Pierre et Antonia LAHAYE - La Cosnetière - 50810 LA BARRE-DE-SEMILLY - Tél. : 02 33 57 38 06

BAUBIGNY La Hurette
C.M. 54 Pli 1

1 ch. **Site classé dunes d'Hatainville sur place. Barneville-Carteret 7 km.** Dans le prolongement de la maison avec entrée indépendante, 1 chambre au 1er étage (1 lit 2 pers. 1 lit 1 pers.). Salle d'eau et wc privés. Salon à disposition. Possibilité de pique-nique. Remarquablement située dans le site classé des dunes d'Hatainville, face aux îles anglo-normandes, cette ancienne ferme, entièrement restaurée vous offre des conditions paisibles de séjour et de découverte de la nature... à pieds en bicyclette et pourquoi pas en carriole à cheval avec les prop.?

Prix : 1 pers. 33 € 2 pers. 38 € 3 pers. 52 € pers. sup. 12 €
Ouvert : Toute l'année.

🐕	≈	⛵	🐎	🤸	🎾	👨‍👩‍👧	🎣	🏇	🚆	🚉
	0,8	7	7	10	9	1	4	SP	30	4

Rolande et Georges LECONTE - La Hurette - 50270 BAUBIGNY - Tél. : 02 33 04 33 15

Manche — *Normandie*

BAUBIGNY La Vallée
C.M. 54 Pli 1

3 ch.

Barneville-Carteret 5 km. Moulin à vent de Fierville-les-Mines 12 km. Dans la maison des propriétaires, au r.d.c., 1 ch. avec annexe (2 lits 2 pers.), s. d'eau et wc privés. Dans un bâtiment en pierre indépendant comportant également 1 gîte rural avec terrain privatif clos, 2 ch. (1 lit 2 pers. ou 2 lits 1 pers.) au 1er étage avec s. d'eau et wc privés. Séjour/coin-cuisine à l'usage exclusif des hôtes des 3 ch. Chauffage électrique. A la campagne, Marie et Roger seront heureux de vous accueillir dans leur ancienne ferme dans un cadre de verdure et de fleurs, face aux îles anglo-normandes. Randonneurs équestres acceptés. VTC sur place, promenades en carriole. Prix 4 pers. : 53 €, lit d'appoint : 11 €. Restaurants 5 km.

Prix : 1 pers. **27** € 2 pers. **31** € 3 pers. **50** € pers. sup. **11** €
Ouvert : Toute l'année.

🐕	≋	⛵	🏇	🏌	🚴	🎾	👥	🚲	🍽
	2	5	5	12	7	7	2	SP	28	5

Roger et Marie LECONTE - La Vallée - 50270 BAUBIGNY - Tél. : 02 33 53 83 75

BAUPTE Manoir du Fresne

2 ch.

Dans un manoir du XVIe siècle avec tour donnant sur le jardin paysager et accédant aux chambres. 1 chambre 2 pers. au 1er étage, et 1 chambre familiale 4 pers. au 2e étage. Salles d'eau et wc privés. Poss. de pique-niquer sur place. 55 €/4 pers. Salle de jeux avec ping-pong, baby-foot et coin-cuisine à disposition des hôtes.

Prix : 1 pers. **29** € 2 pers. **36/29** € 3 pers. **45/51** €
Ouvert : Toute l'année.

🐕	≋	⛵	🏇	🏌	🚴	🎾	👥	🚲	🍽
	25	10	5	10	15	0,5	5	10	10	0,5

Daniel et Madeleine VASCHE - Manoir du Fresne - 50500 BAUPTE - Tél. : 02 33 42 03 29 ou 06 83 40 85 03

BEAUCHAMPS La Gaieté
C.M. 59 Pli 8

5 ch.

Baie du Mont St-Michel 20 km. Mont St-Michel 40 km. Ducey 25 km. Dans une maison bourgeoise située à proximité du bourg. A l'étage, 5 chambres avec salles d'eau ou salle de bains et wc privés. Salon à la disposition des hôtes. Chauffage central. Restaurant et tennis à proximité. Accès : sur D 924, à la sortie du bourg, direction Granville. Sur place : terrain de pétanque. Langue parlée : anglais. Réduction de 10 % sur séjour d'une semaine (sauf 15/07 au 15/08). Langue parlée : anglais.

Prix : 1 pers. **28** € 2 pers. **33** € pers. sup. **9** €
Ouvert : Toute l'année.

🐕	≋	⛵	🏇	🏌	🚴	🎾	👥	🚲	🍽
	16	16	10	10	18	SP	SP	SP	10	5

Josephine MOREL - La Gaieté - 2, rue St-Georges - 50320 BEAUCHAMPS - Tél. : 02 33 61 30 42

BEAUVOIR Polder St-Joseph
C.M. 59 Pli 7

4 ch.

Mont Saint-Michel 5 km. Face au Mont St-Michel, cette ferme de culture maraîchère est remarquablement située au cœur des polders et vous offre la possibilité de savourer la vue sur le Mont dès votre réveil. R.d.c. : 1 ch. (3 pers.), kitchenette, s. d'eau et wc privés, entrée indép. Etage : 2 ch. (3 pers.), 1 ch. avec annexe (1 lit 2 pers., 2 lits 1 pers.), s. d'eau et wc privés attenants. Grand séjour avec coin-cuisine, réservé aux hôtes au 1er étage. Lit d'appoint sup. : 10 €. Prix 4 pers. : 60 €. Vue sur le Mont depuis toutes les chambres. GR34 à proximité.

Prix : 1 pers. **30** € 2 pers. **40** € 3 pers. **50** € pers. sup. **10** €
Ouvert : Toute l'année.

🐕	≋	⛵	🏇	🏌	🚴	🎾	👥	🚲	🍽
	30	30	4	15	25	SP	2	SP	7	1,5

Michel et M-Brigitte FAGUAIS - Polder St-Joseph - 50170 BEAUVOIR - Tél. : 02 33 60 09 04 ou 06 84 17 10 38 - Fax : 02 33 48 62 25 - E-mail : mbfaguais@wanadoo.fr - www.chez.com/fermesaintjoseph

BEAUVOIR La Bourdatière (TH)

4 ch.

Mont St-Michel 3 km. Au cœur d'un petit village à l'orée de la Baie du Mont St-Michel, Monique et Gilbert vous accueilleront pour une halte ou un séjour et vous montreront comment découvrir le Mont par des chemins de traverse, à la façon des pèlerins ainsi que la convivialité d'un bon repas traditionnel pris à la table d'hôtes (sur réservation). Accès indépendant des chambres par une salle réservée aux hôtes. Au r.d.c. : 1 ch. (1 lit 2 pers., 2 lits 1 pers.) avec salon, salle d'eau et wc privés. A l'étage, 3 ch. avec s. d'eau ou s.d.b. et wc privés chacune. Parking, cour fermée. Prix 4 pers. : 53 €. Repas enfant à partir de 5 €.

Prix : 1 pers. **26/27** € 2 pers. **32/38** € 3 pers. **40/46** € pers. sup. **8** € repas **14** €
Ouvert : Toute l'année.

🐕	≋	⛵	🏇	🏌	🚴	🎾	👥	🚲	🍽
	30	30	2	15	25	0,1	0,1	0,5	7	0,5

Gilbert et Monique HENNECART - La Bourdatière - 8, rue Maurice Desfeux - 50170 BEAUVOIR - Tél. : 02 33 68 11 17 - Fax : 02 33 68 11 17

BENOITVILLE La Cuvette
C.M. 54 Pli 1

2 ch.

Marie-Thérèse et François vous accueillent dans leur maison à la campagne et au calme. A l'étage : 1 ch. (1 lit 2 pers., 1 lit 1 pers.) et 1 ch. (1 lit 2 pers.), salles d'eau et wc privés. Chauffage électrique. Restaurants à 1 km et 3 km. Randonneurs équestres acceptés. Accès par D331. Equipement complet pour bébé à dispo.

Prix : 1 pers. **18** € 2 pers. **24** € 3 pers. **27** € pers. sup. **6** €
Ouvert : Toute l'année.

🐕	≋	⛵	🏇	🏌	🚴	🎾	👥	🚲	🍽
	5	5	2,8	2,8	20	1	2,8	6	18	2,8

François et M-Thérèse LEBOISSELIER - n°5, La Cuvette - 50340 BENOITVILLE - Tél. : 02 33 52 41 36

Normandie — Manche

BENOITVILLE La Tostellerie
C.M. 54 Pli 1

2 ch. — Denise et Désiré vous accueillent dans leur maison à la campagne, calme et reposante. A l'étage : 1 ch. (1 lit 2 pers.) avec salle de bains privée, 1 ch. (1 lit 2 pers.) 1 lit 1 pers.) avec salle d'eau privée. 1 wc à l'usage exclusif des hôtes au r.d.c. Chauffage central. Accès par la D331.

Prix : 1 pers. **20** € 2 pers. **29** € 3 pers. **35** €
Ouvert : Toute l'année.

6	5	2	2	2	SP	20		

Désiré et Denise LECOUTOUR - La Tostellerie - 50340 BENOITVILLE - Tél. : 02 33 52 45 82

BENOITVILLE Hameau Le Terrier
C.M. 54 Pli 1

2 ch. — Chambres d'hôtes (5 pers.), à l'étage avec salles d'eau privées et 1 wc commun aux 2 chambres. Chauffage électrique. Randonneurs équestres acceptés. Les propriétaires ont aménagé un joli plan d'eau entouré de verdure et de fleurs variées.

Prix : 1 pers. **17** € 2 pers. **23** € 3 pers. **27** € pers. sup. **8** €
Ouvert : Toute l'année.

6	8	2	2	16	SP	2	SP	18

André LETERRIER - Hameau le Terrier - 50340 BENOITVILLE - Tél. : 02 33 52 93 01

BERIGNY Saint-Quentin
C.M. 54 Pli 14

2 ch. — **Forêt de Cerisy 2 km.** 2 chambres d'hôtes aménagées à l'étage (dont 1 avec annexe) avec salles d'eau et wc privés. Rivière 1 km. Restaurant 4 km. Supplément pour animaux : 3 €. Accès par la D972.

Prix : 1 pers. **23** € 2 pers. **30** € 3 pers. **38** € pers. sup. **8** €

30	30	4	12	30	1	12	SP	12

Didier et Madeleine BRICHE - St-Quentin - 50810 BERIGNY - Tél. : 02 33 57 87 22

LA BESLIERE Le Manoir
C.M. 59 Pli 8

4 ch. — **Villedieu les Poêles 14 km. Granville (casino, thalasso.) 14 km.** Dans une ancienne ferme, au calme et entourée de verdure, 1 ch. au r.d.c. (1 lit 2 pers.) avec coin-cuisine. A l'étage : 2 ch. (1 lit 2 pers.) et 1 ch. (1 lit 2 pers., 1 lit 1 pers.), salles d'eau et wc privés. Entrée indépendante. Restaurant 1 km. Possibilité de louer 1 gîte rural mitoyen à la maison des propriétaires.

Prix : 1 pers. **29** € 2 pers. **35** € 3 pers. **46** € pers. sup. **11** €
Ouvert : Toute l'année.

10	10	6	10	10	1	4	SP	12	1

Michel et Marguerite BENSET - Le Manoir - 50320 LA BESLIERE - Tél. : 02 33 61 32 23

BESNEVILLE Hôtel Danois
C.M. 54 Pli 12

1 ch. — **Portbail 7 km. Plages du Débarquement 25 km. Mont de Besneville 2 km.** L'accès à la ferme se fait par une avenue de peupliers et de cyprès, vous y trouverez le calme et le repos. 1 chambre (2 x 2 pers.) est aménagée à l'étage, avec annexe. Salle d'eau et wc privés. Entrée indépendante. Canoë-kayak à 7 km. Accès : D15 puis D127 du bourg, direction le Mont de Besneville. Restaurants à 7 km. 53 €/4 pers.

Prix : 1 pers. **23** € 2 pers. **30** € 3 pers. **41** € pers. sup. **9** €
Ouvert : Toute l'année.

7	7	7	20	10	3	7	SP	20	1,8

Michel et Liliane LAMY - Hôtel Danois - 50390 BESNEVILLE - Tél. : 02 33 41 62 63

BESNEVILLE Le Pré du Moulin
C.M. 54 Pli 12

1 ch. — Maison récente au milieu d'un grand jardin boisé où coule une rivière. Maryvonne et Guy vous offrent des conditions paisibles de séjour, dans une ambiance familiale. 1 ch. (2 pers.), r.d.c. avec s. d'eau particulière et wc à l'usage exclusif des hôtes. Chauffage central. Forêts avec sentiers pédestres 4 km. Accès : D15, puis D127 direction Neuville-en-Beaumont.

Prix : 1 pers. **26** € 2 pers. **32** € pers. sup. **11** €
Ouvert : Pendant les vacances scolaires.

7	7	7	20	15	3	7	3	20	1

Guy et Maryvonne LEPREVOST - 3, route de la Croix Blondel - 50390 BESNEVILLE - Tél. : 02 33 41 63 82

BESNEVILLE La Bretonnerie
(TH) — *C.M. 54 Pli 12*

2 ch. — **Plages du Débarquement 40 km.** Michèle et Marcel vous accueillent dans leur maison du XVIIe siècle. A l'étage : 1 ch. (1 lit 2 pers.) et 1 ch. avec petite annexe (1 lit 2 pers., 1 lit 1 pers.), 2 salles d'eau à l'usage exclusif des hôtes et 1 wc commun aux 2 ch. Chauffage électrique. Canoë-kayak, location de vélos. Repas enfant 8 €. Accès : église de Besneville, direction Bricquebec 1ère route à droite.

Prix : 1 pers. **23** € 2 pers. **32** € pers. sup. **9** € repas **13** €
Ouvert : Toute l'année.

8	7	7	20	10	3	8	SP	20	0,5

Marcel et Michele LEROSSIGNOL - La Bretonnerie - 50390 BESNEVILLE - Tél. : 02 33 41 66 24

Manche

Normandie

BLAINVILLE-SUR-MER
C.M. 54 Pli 12

||| 4 ch. **Agon-Coutainville (station balnéaire) 1,5 km. Coutances 12 km.** Jacqueline et Robert vous reçoivent dans leur maison de famille en pierre et granit datant du XVII°, dans un ancien village de pêcheurs. A l'étage : 1 ch. (1 lit 2 pers. 1 lit 1 pers.), 2 ch. (1 lit 2 pers.), s. d'eau et wc privés. 1 ch. (1 lit 2 pers.), s.d.b. et wc privés. Grand jardin et séjour à l'usage exclusif des hôtes. Cuisine d'été. Ping-pong, bicyclettes et terrain de volley à disposition.

Prix : 1 pers. 29 € ◊ 2 pers. 35 € ◊ 3 pers. 43 € ◊ pers. sup. 8 €
Ouvert : Toute l'année sauf du 1er janvier au 15 mars.

🐕	≈	⛵	🏇	🏊	🎾	🎾	🎿	🚂	⛳
1	2	2	12	SP	2	2	1	12	0,5

Robert et Jacqueline SEBIRE - 11, rue du Vieux Lavoir - Village Grouchy - 50560 BLAINVILLE-SUR-MER - Tél. : 02 33 47 20 31 - Fax : 02 33 47 20 31

BOLLEVILLE La Croute
(TH) *C.M. 54 Pli 2*

|| 4 ch. **Portbail 7 km.** A la ferme, 2 chambres (1 lit 2 pers.) au rez-de-chaussée. 1 chambre (1 lit 2 pers., 2 lits 1 pers. superposés) et 1 chambre avec annexe (2 x 2 pers.). Salles d'eau et wc privés. Ch. élect. Entrée indépendante. Cuisine aménagée. Séjour avec cheminée à disposition. Table d'hôtes sur réservation. 49/55 € : 4 pers. Repas enfant jusqu'à 10 ans : 8 €. Accès : D903 direction Barneville - 5 km sortie La Haye du Puits.

Prix : 1 pers. 28 € ◊ 2 pers. 34 € ◊ 3 pers. 41/46 € ◊ pers. sup. 8 € ◊ repas 13 €
Ouvert : Toute l'année.

🐕	≈	⛵	🏇	🏊	🎾	🎾	🎿	🚂	⛳
5	7	7	30	15	10	5	5	25	5

Roland et Bernadette ROPTIN - La Croute - 50250 BOLLEVILLE - Tél. : 02 33 46 00 58

BOUCEY Martigny

|| 2 ch. **Mont Saint-Michel 10 km. Pontorson 3 km.** Madeleine et Henri vous accueillent dans cette ancienne ferme restaurée. A l'étage, 1 ch. (1 lit 2 pers.) avec salle de bains et wc privés dans le couloir et 1 ch. (1 lit 2 pers. 1 lit 1 pers.) avec salle d'eau et wc privés communicants avec la ch. Possibilité d'une annexe complémentaire (2 pers.). 61 €/4 pers. si utilisation de la chambre complémentaire. Accès : de Pontorson, D112 direction Vessey.

Prix : 1 pers. 24 € ◊ 2 pers. 30/33 € ◊ 3 pers. 43/45 € ◊ pers. sup. 11 €
Ouvert : Toute l'année.

🐕	≈	⛵	🏇	🏊	🎾	🎾	🎿	🚂	⛳
40	25	6	20	25	4	2,5	12	3	3

Madeleine ETIENVRE - Martigny - 50170 BOUCEY - Tél. : 02 33 60 10 12

BOUTTEVILLE Hameau des Prés

|| 1 ch. **Ste-Mère-Eglise 6 km.** Liliane et Raymond Soret vous accueillent dans leur maison située en pleine campagne, où vous trouverez calme et repos. 1 ch. (1 lit 2 pers.), au r.d.c. avec une annexe (1 lit 2 pers.). Salle de bains et wc privés. Entrée indépendante. Coin-cuisine à disposition des hôtes. A proximité des plages du Débarquement. Prix 4 pers. : 56 €.

Prix : 1 pers. 30 € ◊ 2 pers. 35 € ◊ 3 pers. 46 € ◊ pers. sup. 11 €
Ouvert : Toute l'année.

🐕	≈	⛵	🏇	🎾	🎾	🚂	⛳
6	10	10	10	6	6	10	6

Raymond et Liliane SORET - Hameau des Prés - 50480 BOUTTEVILLE - Tél. : 02 33 42 25 36 ou 06 09 10 07 44 - Fax : 02 33 42 25 36

BRECEY
C.M. 59 Pli 9

|| 2 ch. **Villedieu-les-Poêles et Baie du Mont Saint-Michel 18 km.** A l'étage, 1 ch. avec 1 annexe communicante (1 lit 2 pers. 2 lits 1 pers.), salle d'eau et wc privés situés dans le couloir. 1 ch. (1 lit 2 pers.), salle d'eau et wc privés attenants. Le petit déjeuner copieux est servi dans le séjour des propriétaires. Lit d'appoint : 5 €. Tarif 4 pers. : 49 €. Parking à proximité. Restaurants dans le bourg. Dans un petit lotissement résidentiel, Denise et Louis vous ouvrent les portes de leur grand pavillon agrémenté d'une terrasse et d'un jardin fleuri. Accès : sortie du bourg, dir. La Chaise Baudoin.

Prix : 1 pers. 23 € ◊ 2 pers. 31/39 € ◊ 3 pers. 43 € ◊ pers. sup. 5 €
Ouvert : Toute l'année.

🐕	≈	⛵	🏇	🏊	🎾	🎾	🚂	⛳
30	30	1	1	1	1	1	18	0,3

Louis et Denise LE CHAPELAIN - 18, rue des Lavandières - 50370 BRECEY - Tél. : 02 33 48 02 78

BRECEY Le Bois
C.M. 59 Pli 8

||| 3 ch. **Avranches 15 km. Mont St-Michel 35 km. Musées de Villedieu 15 km.** Au r.d.c. : 1 ch. (2 lits 1 pers.), salle d'eau et wc privés. Chauffage central. Equipement bébé complet. Restaurant 0,8 km. VTT. Accès : D999 sortie de Brécey dir. Villedieu-les-Poeles. Paulette et Emile habitent une maison centenaire en pierre de la région, entourée d'un grand jardin fleuri et bordé de vergers intensifs. Une cuisine est à la disposition des hôtes dans un bâtiment à proximité de la maison.

Prix : 1 pers. 24 € ◊ 2 pers. 29/32 € ◊ 3 pers. 42 € ◊ pers. sup. 8 €
Ouvert : Toute l'année.

🐕	≈	⛵	🏇	🏊	🎾	🎾	🎿	🚂	⛳
30	35	1	1	35	1,5	0,8	1	16	0,8

Emile et Paulette PACILLY - Les Bois - route départementale 999 - 50370 BRECEY - Tél. : 02 33 48 71 39 ou 06 81 01 24 73 - Fax : 02 33 48 65 17

Normandie — Manche

BREHAL
C.M. 59 Pli 7

E.C. 1 ch. **Granville 10 km, port de plaisance, thalassothérapie.** A la campagne et à proximité des plages de sable fin, cette grande maison en pierre du XIXe siècle fut autrefois un relais de poste et vous invite au repos. Evelyne et Jacques ont su créer une ambiance chaleureuse et authentique. Au dessus d'un beau séjour/salon avec cheminée entièrement réservé aux hôtes, vous profiterez de la mezzanine avec billard. 1 ch. (1 lit 2 pers) s.d.b. et wc privés en face reliée dans le couloir. Poss. ch. complémentaire 3 pers. Salon de jardin, ping-pong. Cuisine d'été à dispo. Restaurants 1 km.

Prix : 1 pers. **27** € 2 pers. **33** €
Ouvert : De Pâques à la Toussaint, autres périodes sur réservation.

4,5	5	5	8	5	5	5	0,1	10	1

Jacques et Evelyne BLOQUET - 11 Le Mesnil, route d'Hudimesnil - 50290 BREHAL - Tél. : 02 33 61 38 33

BREHAL Le Charonnet
C.M. 59 Pli 7

1 ch. **Granville (thalassothérapie, casino, départ Chausey et Jersey) 10 km.** Dans cette maison récente située dans un petit village à 1 km du bourg, vous trouverez un confort douillet et une ambiance feutrée propices à la détente. A l'étage : 1 ch. (1 lit 2 pers., 1 lit 1 pers.) avec poss. d'1 ch. complémentaire (1 lit 2 pers.), salle d'eau et wc privés. Séjour à la disposition des hôtes. 63 €/4 pers. Restaurants 1 km. 1 nuit gratuite pour 1 semaine. Propositions d'itinéraires de sentiers pédestres et circuits VTT. Initiation à la pêche à pied et découverte myticulture.

Prix : 1 pers. **26** € 2 pers. **34/52** € 3 pers. **41/50** € pers. sup. **9** €
Ouvert : Toute l'année.

3	3	3	8	3,5	1	3	1	10	1

Yvette et Michel FAUVEL - Le Charonnet - 50290 BREHAL - Tél. : 02 33 50 57 63

BREHAL Le Mesnil
C.M. 59 Pli 7

4 ch. **Granville 10 km. Baie du Mont St-Michel 20 km.** Au milieu des fleurs et de la verdure, Fernande et Georges vous accueillent dans leur maison, entourée d'un jardin arboré à 1 km du bourg. Possibilité petit déjeuner sous la véranda, dans une ambiance propice à la détente. A l'étage : 3 ch. (1 lit 2 pers. chacune) et 1 ch. (1 lit 2 pers., 1 lit 1 pers.) avec salles d'eau et wc privés. Restaurant à 1 km. Possibilité lit supplémentaire.

Prix : 1 pers. **26** € 2 pers. **32/35** € 3 pers. **40** € pers. sup. **8** €
Ouvert : Toute l'année.

4,5	4,5	0,3	10	4,5	1	4	0,2	8	1

Georges et Fernande LEMARECHAL - Le Mesnil - 50290 BREHAL - Tél. : 02 33 51 57 05 - www.multimania.com/lemarechal

BREVANDS La Capitainerie
C.M. 54 Pli 13

2 ch. **Port de plaisance 5 km. Plages du Débarquement 25 km.** Au milieu du parc régional des Marais du Cotentin et du Bessin, en bordure de la Baie des Veys, Jacqueline vous accueille dans sa maison de caractère. 2 ch. à l'étage (6 pers.), s. d'eau et s.d.b. privées. Chauffage central. Parc Naturel Régional des Marais. A proximité des plages du Débarquement. Prix 4 pers. : 56 €. Restaurants entre 3 et 5 km.

Prix : 1 pers. **23** € 2 pers. **37** € 3 pers. **47** € pers. sup. **9** €
Ouvert : Toute l'année.

3	5	5	5	15	5	5	SP	5	5

Jacqueline FERON - La Capitainerie - 50500 BREVANDS - Tél. : 02 33 42 33 09

BRICQUEBEC La Planche Es Vaches
C.M. 54 Pli 2

2 ch. **Plages du Débarquement 30 km. Ste-Mère-Eglise 30 km. Cherbourg 24 km.** Venez séjourner au calme, dans cette ancienne ferme nichée au cœur de la campagne. 1er ét. : 1 ch. (1 lit 2 pers. 1 lit 1 pers.), salle d'eau et wc privés. 2e ét. : 1 ch. familiale (1 lit 2 pers. 2 lits 1 pers.), salle d'eau et wc privés. Entrée indépendante. Terrasse. Possibilité pique-nique sur place (barbecue). Restaurant 1,5 km. Réduction 5 % si plus de 4 nuits et 10 % si plus de 8 nuits en dehors de juillet, août et septembre. 4 pers. : 55 €.

Prix : 1 pers. **26** € 2 pers. **32/36** € 3 pers. **44** € pers. sup. **12** €
Ouvert : Toute l'année.

14	16	6	13	5	SP	1,5	0,5	13	5

Jacky et Anne-Marie SAID - La Planche es Vaches - 50260 BRICQUEBEC - Tél. : 02 33 52 77 62

BRICQUEBEC
C.M. 54 Pli 2

3 ch. **Centre de Bricquebec 2 mn à pied.** Dans un lotissement, Mme Geneviève Dugue vous propose : 1 ch. 3 pers. et 1 ch. 4 pers. à l'étage avec salles d'eau et wc privés et 1 ch. 2 pers. au r.d.c. (mobilier breton) avec salle de bains privée. Chauffage électrique. Salon avec TV, véranda à disposition des hôtes. Jardin fleuri. 58 €/4 pers. Restaurant à 100 m.

Prix : 1 pers. **24/27** € 2 pers. **33/38** € 3 pers. **49** €
Ouvert : Toute l'année.

15	15	6	20	17	4	0,5	1	13	0,2

Geneviève DUGUE - 5, résidence les Garennes - 50260 BRICQUEBEC - Tél. : 02 33 04 06 41

Manche — *Normandie*

BRICQUEBEC
C.M. 54 Pli 2

4 ch. Dans une maison bourgeoise entourée d'un parc de 1 ha. 1er étage : 1 ch. (1 lit 2 pers.) + 1 ch. (2 lits 1 pers.) avec 1 s. d'eau commune aux 2 ch. (classées 1 épi) et 1 ch. (1 lit 2 pers.) avec s.d.b. privée. 2e étage : 1 ch. avec annexe (2 x 2 pers.) avec s. d'eau et wc à l'usage exclusif des hôtes. Salon à disposition, TV. Ch. central. Canoë Kayak : 10 km. 4 pers. : 55 € avec l'annexe. Terrain de boules, tennis et atelier d'art sur place dans la propriété. Restaurant à proximité.

Prix : 1 pers. 24 € 2 pers. 33 € 3 pers. 44 €
Ouvert : De Pâques à la Toussaint.

🐕	≈	⛵	🏃	🏊	🎾	🚶	🚐	⛴
14	14	6	13	17	1	SP	0,5	13	0,5

Renée FOLLIOT - 28, rue Pierre Marie - 50260 BRICQUEBEC - Tél. : 02 33 52 20 56

BRICQUEBEC — Le Haut de Bailly
C.M. 54 Pli 2

2 ch. Plages du Débarquement 40 km. Ste-Mère-Eglise 30 km. Cherbourg 21 km. A l'extrémité du bourg, dans sa maison de caractère, prolongée d'une grande cour fermée et d'un parc, Thérèse vous recevra avec plaisir. 2 chambres spacieuses au 1ère étage, avec salles de bains et wc privés. 1ère ch. (1 lit 2 pers., 1 lit 1 pers.), 2e ch. (1 lit 2 pers.). Lit supplémentaire 9 €. Chauffage central. Restaurant sur place.

Prix : 1 pers. 28 € 2 pers. 36/39 € 3 pers. 48 € pers. sup. 9 €
Ouvert : Toute l'année.

🐕	≈	⛵	🏃	🏊	🎾	🚶	🚐	⛴
15	15	6	12	17	1	1,5	2	12	SP

Thérèse LETERRIER - 40, rue Pierre Marie - 50260 BRICQUEBEC - Tél. : 02 33 52 21 87 - Fax : 02 33 52 21 87

BRICQUEBEC
C.M. 54 Pli 2

3 ch. Plages du Débarquement 25 km. Valognes 13 km. Cherbourg 24 km. 1 chambre 2 pers. au rez-de-chaussée salle de bains et wc privés et 1 chambre à l'étage avec annexe (2 x 2 pers.), douche, wc privés. Dans une maisonnette indépendante : 1 chambre 2 pers. avec kitchenette, salle d'eau et wc privés. Salon à la disposition des hôtes. Prix 4 pers. : 55 €. Commerces et restaurants à proximité. Au centre d'une petite ville, face au château médiéval du XIe siècle, ancienne ferme restaurée entourée d'un vaste jardin. Cour fermée la nuit.

Prix : 1 pers. 24 € 2 pers. 33 € 3 pers. 44 € pers. sup. 11 €
Ouvert : Toute l'année.

🐕	≈	⛵	🏃	🏊	🎾	🚶	🚐	⛴
15	16	6	13	17	2	0,8	2	13	SP

Denise MESNIL - La Butte - 14, rue de Bricqueville - 50260 BRICQUEBEC - Tél. : 02 33 52 33 13 - Fax : 02 33 52 33 13

BRICQUEBOSCQ — Le Haut de Bricqueboscq
C.M. 54 Pli 1

1 ch. Cherbourg 18 km. A la campagne, 1 chambre 2 pers. avec salle d'eau et wc privés. Entrée indépendante. Chauffage électrique. Accès : D222 direction Rauville-la-Bigot. Restaurant 6 km.

Prix : 1 pers. 22 € 2 pers. 28 € pers. sup. 5 €
Ouvert : Toute l'année.

🐕	≈	⛵	🏃	🏊	🎾	🚶	🚐	⛴
15	15	8	8	1	2	18	6

Jean ESCOLIVET - 14, le Haut de Bricqueboscq - 50340 BRICQUEBOSCQ - Tél. : 02 33 04 46 17

BRICQUEBOSCQ — Hameau Brande
C.M. 54 Pli 1

3 ch. Geneviève et Alexandre vous accueillent dans une maison récente, au bout d'un petit chemin bordé de sapins. Maison au calme entourée de verdure et de fleurs, près d'un petit plan d'eau. A l'étage, 1 ch. avec annexe (2x2 pers.), 1 ch. avec annexe (3 pers., 1 lit enfant), 1 ch. (2 pers.). Salles d'eau et wc privés. Chauffage central. Prix 4 pers. : 35 €. Possibilité de pique-nique dans le jardin. Restaurants 6 km. Pers. supplémentaire : gratuit.

Prix : 1 pers. 18 € 2 pers. 24/26 € 3 pers. 29 €
Ouvert : Toute l'année.

🐕	≈	⛵	🏃	🏊	🎾	🚶	🚐	⛴
15	15	8	9	1	2	15	1

Alexandre et Geneviève ORANGE - Hameau Brande - 50340 BRICQUEBOSCQ - Tél. : 02 33 04 40 60

BRICQUEBOSCQ — La Pistollerie
C.M. 54 Pli 1

2 ch. Cherbourg 13 km. Valognes (musée du cidre, hôtels particuliers) 20 km. Ferme de caractère. 1 ch. (1 lit 2 pers.), 1 ch. (2 lits 1 pers.) au rez-de-chaussée avec salles d'eau et wc privés. Entrée indépendante. Chauffage électrique. Rivière, pêche sur place. Restaurant 2 km. Table de ping-pong sur place. Accès : D56 direction Couville. 1 nuit gratuite au delà de 5 jours. Cuisine aménagée dans une ancienne dépendance à dispo. des hôtes.

Prix : 1 pers. 28 € 2 pers. 36 € pers. sup. 10 €
Ouvert : Toute l'année.

🐕	≈	⛵	🏃	🏊	🎾	🚶	🚐	⛴
9	12	8	8	13	SP	2	SP	15	2

J-Marie et Monique VILLOT - La Pistollerie - 50340 BRICQUEBOSCQ - Tél. : 02 33 04 40 81 - Fax : 02 33 04 40 81 - www.chez.com/pistollerie

Normandie — Manche

BRICQUEVILLE-SUR-MER
C.M. 59 Pli 7

2 ch. Granville 12 km. A proximité du Havre de la Vanlée (site classé) et des sentiers de rando (GR 223), cette maison ancienne a été entièrement restaurée avec dans le prolongement de l'habitation principale, au 1er étage avec entrée indépendante, 1 ch. (1 lit 2 pers.) et sa ch. complémentaire (2 lits 1 pers. superposés). Salles d'eau et wc privés. Chambres non fumeur. Les petits déjeuners sont servis dans le séjour coin-cuisine avec sa cheminée réservée aux hôtes. Terrasse privée avec salon de jardin. Garage à dispo. Tarif 4 pers. : 61 €. Langue parlée : anglais.

Prix : 1 pers. 27 € 2 pers. 35 € 3 pers. 49 € pers. sup. 8 €
Ouvert : Toute l'année.

🐕	≈	⛵	🏇	🎣	🏹	🏊	🎾	🚶	🚉	🚗
	1,5	3	3	12	3	1,5	3	0,5	12	2

Gilbert et Yvette COSTENTIN - 6 Chemin Sévalle - 50290 BRIQUEVILLE-SUR-MER - Tél. : 02 33 51 12 25

BRICQUEVILLE-SUR-MER Village Marie
C.M. 59 Pli 7

2 ch. Granville et thalassothérapie 10 km. Régneville-sur-Mer 10 km. A 2 km de Bréhal, 2 chambres d'hôtes (6 pers.) situées à l'étage. Une salle d'eau et un wc à l'usage exclusif des hôtes. Chauffage central. Restaurant 500 m. 35 €/4 pers.

Prix : 1 pers. 20 € 2 pers. 24 € 3 pers. 30 € pers. sup. 6 €
Ouvert : Toute l'année.

🐕	≈	⛵	🏇	🎣	🏹	🏊	🎾	🚶	🚉	🚗
	4	4	4	10	4	6	4	5	10	2

André BOIS - Village Maire - 8, chemin de la Moignerie - 50290 BRICQUEVILLE-SUR-MER - Tél. : 02 33 61 63 22 ou 02 33 51 17 80

BRICQUEVILLE-SUR-MER La Fourchette
C.M. 59 Pli 7

1 ch. Granville et thalassothérapie 12 km. Baie du Mont St-Michel 35 km. 1 chambre (1 lit 2 pers., 1 lit 1 pers.) à l'étage avec salle de bains et wc privés. Poss. 1 chambre annexe (1 lit 2 pers.). 4 pers. : 54 €. 5 pers. : 61 €. Chauffage central. Restaurant 2 km. Accès : D971 entre Bréhal et Muneville-sur-Mer. La Fourchette. Départ pour les îles Chausey et Jersey. 1 semaine, 1 nuit offerte.

Prix : 1 pers. 23 € 2 pers. 31 € 3 pers. 38 €
Ouvert : Toute l'année.

🐕	≈	⛵	🏇	🎣	🏹	🏊	🎾	🚶	🚉	🚗
	4	6	6	12	6	6	7	5	12	2

Lucien MAHE - 1, route du Mont Rabec - La Fourchette - 50290 BRICQUEVILLE-SUR-MER - Tél. : 02 33 51 71 79

BRICQUEVILLE-SUR-MER Les Hauts Vents
C.M. 59 Pli 7

2 ch. Thalassothérapie 12 km. Baie du Mont St-Michel 35 km. Dans un bâtiment indépendant et à l'étage : 1 ch. (1 lit 2 pers.) avec salle d'eau et wc privés, 1 ch. (1 lit 2 pers., 1 lit 1 pers.) avec salle de bains et wc privés. Chauffage électrique. Entrée indépendante. Produits fermiers sur place. Restaurant 2 km. Camping à la ferme sur place. Départ pour les îles Chausey et Jersey. 1 € de réduction à partir de 3 nuits pour un séjour d'une semaine (en juillet, août et septembre).

Prix : 1 pers. 20 € 2 pers. 26 € 3 pers. 31 € pers. sup. 5 €
Ouvert : Toute l'année.

🐕	≈	⛵	🏇	🎣	🏹	🏊	🎾	🚶	🚉	🚗
	4	7	7	10	6	7	2	10	1	

Jean SANSON - 29, les Hauts Vents - 50290 BRICQUEVILLE-SUR-MER - Tél. : 02 33 61 66 38

BROUAINS La Terterie
C.M. 59 Pli 9

2 ch. Sourdeval 4 km. Marylène et Christian vous accueillent dans leur ancienne ferme restaurée, au cœur de la vallée de la Sée. 2 chambres 2 pers. à l'étage avec salles d'eau et wc privés. Entrée indépendante. Randonneurs équestres acceptés. Parcours VTT.

Prix : 1 pers. 23 € 2 pers. 26 €
Ouvert : Toute l'année.

🐕	≈	⛵	🏇	🎣	🏹	🏊	🎾	🚶	🚉	🚗
	50	10	1	15	10	SP	6	SP	15	4

Christian et Marylène DUBOIS - 2, la Terterie - 50150 BROUAINS - Tél. : 02 33 69 49 74

CAMPROND La Chapelle
C.M. 54 Pli 12

3 ch. Coutances 7 km. Plages du Débarquement 45 km. Dans le coutançais, à mi-chemin du Mont Saint-Michel et des plages du débarquement, Annick et son mari vous accueillent dans un cadre moderne et verdoyant. A l'étage : 1 ch. 2 pers., 1 ch. 3 pers., 2 pers. + convertible avec terrasse. Salles d'eau et wc privés. Chauffage central. Vélos et billard sur place. Restaurant à 50 m. Réduction de 10 % pour séjour supérieur à 5 nuits.

Prix : 1 pers. 27 € 2 pers. 32/35 € 3 pers. 40 € pers. sup. 9 €
Ouvert : De Pâques à la Toussaint.

🐕	≈	⛵	🏇	🎣	🏹	🏊	🎾	🚶	🚉	🚗
	20	20	7	7	20	4	0,1	7	7	0,5

Annick LEBRUN - La Chapelle - 50210 CAMPROND-BELVAL - Tél. : 02 33 45 13 90 - Fax : 02 33 45 71 40 -
E-mail : michel.lebrun2@free.fr

Manche   *Normandie*

CANVILLE-LA-ROCQUE   *C.M. 54 Pli 11/12*

2 ch. **Portbail 4 km. Carteret 10 km.** M. et Mme Frugier vous accueillent dans leur maison de caractère, ancienne ferme qu'ils ont entièrement restaurée et décorée en déployant leurs talents artistiques. Au r.d.c. : 1 ch. en duplex (4 pers.). A l'étage : 1 ch. (2 pers.). Salles d'eau et wc privés. Un parc est à la disposition des hôtes. Possibilité garage. Prix 4 pers. : 53 €. Accompagnement à Carteret pour le bâteau vers les îles anglo-normandes.

Prix : 1 pers. 30 € 2 pers. 38 € 3 pers. 46 € pers. sup. 8 €
Ouvert : Toute l'année.

4	4	4	27	4	SP	27	4

Gisèle FRUGIER - 50580 CANVILLE-LA-ROCQUE - Tél. : 02 33 53 03 06

CARANTILLY Haras de la Jourdanière

2 ch. **Saint-Lô 12 km.** Nelly et Bruno Delabarre éleveurs de chevaux, vous accueillent dans leur propriété au milieu des prairies. 2 chambres (1 lit 2 pers.) à l'étage avec salles de bains et wc privés. Entrée indépendante. Boxes pour chevaux. 1 nuit gratuite au-delà de 5 jours sauf juillet et août. Restaurants à 4 km. Accès : sur la D972, axe Saint-Lô-Coutances.

Prix : 1 pers. 29 € 2 pers. 32 € pers. sup. 8 €
Ouvert : Toute l'année.

25	12	12	15	3	1,5	2	12	1,5

Bruno et Nelly DELABARRE - 2, Haras de la Jourdanière - 50270 CARANTILLY - Tél. : 02 33 55 60 03 ou 06 80 40 06 80 -
E-mail : nelly.delabarre@wanadoo.fr

CATTEVILLE Le Haul   (TH)   *C.M. 54 Pli 2*

5 ch. **St-Sauveur-le-Vicomte 6 km. Plages du Débarquement 30 km.** Odile et Gérard éleveurs de chevaux de selle, vous accueillent dans leur domaine du Haul. 4 ch. à l'étage (10 pers.) dont 1 ch. 2 épis, s. d'eau et wc privés. Séjour et salon à l'usage exclusif des hôtes. Entrée indépendante. Dans une ancienne boulangerie, 1 ch. (3 pers.) à l'étage avec s. d'eau, wc privés. Séjour/coin-cuisine au r.d.c. Sur place : salle de jeux, VTT, circuit privé réservé aux hôtes pour promenades, chasse à la journée, hutte d'observation sur le marais. Randonneurs équestres acceptés (6 boxes). Canoë-kayak, escalade 6 km. Langue parlée : anglais.

Prix : 1 pers. 27 € 2 pers. 33/46 € 3 pers. 47/55 € pers. sup. 9 € repas 14 €
Ouvert : Toute l'année.

10	10	10	20	20	SP	6	SP	20	6

Gérard et Odile LANGLOIS - Le Haul - 50390 CATTEVILLE - Tél. : 02 33 41 64 69 - Fax : 02 33 41 64 69 - E-mail : lehaul@free.fr

CAVIGNY La Vimonderie   *C.M. 54 Pli 13*

3 ch. **Saint-Lô 11 km. Carentan, St-Côme-du-Mont 18 km. Bayeux 40 km.** A la campagne, dans une ancienne ferme rénovée, Sigrid Hamilton a aménagé à l'étage : 2 chambres (de 2 pers.) et 1 ch. individuelle avec salle d'eau et wc privés. La décoration douce et romantique à l'anglaise vous invitera au repos. Supplément animaux 2 €. Restaurants 2 km. 20 % de réduction pour un séjour de plus de 3 jours (jours de fête exclus). Langues parlées : anglais, allemand, espagnol.

Prix : 1 pers. 27 € 2 pers. 32/34 € pers. sup. 9 €
Ouvert : Toute l'année.

30	30	3	7	20	2	1	SP	10	2

Sigrid HAMILTON - La Vimonderie - 50620 CAVIGNY - Tél. : 02 33 56 01 13

CEAUX Le Mée Provost   *C.M. 59 Pli 8*

5 ch. **Mont St-Michel 12 km et 1 km de la baie. Val-St-Père 3 km.** Venez savourer les petits déjeuners à base des produits de cette ferme du XVIII° et très fleurie. 1 ch. à l'étage avec annexe (2 x 2 pers.). 1 ch. familiale (1 lit 160) classée 2 épis au r.d.c. avec entrée indépendante. Dans un bâtiment indépendant, 3 ch. (6 pers.) à l'étage. Salles d'eau et wc privés. Séjour et cuisine à disposition des hôtes. Chauffage central. 4 pers. : 52 €. Accès par Pontaubault, D313.

Prix : 1 pers. 25 € 2 pers. 36 € 3 pers. 46 €
Ouvert : Toute l'année.

25	25	7	10	0,8	1	SP	10	7

Henri et Agnès DELAUNAY - Le Mée Provost - 50220 CEAUX - Tél. : 02 33 60 49 03

CEAUX Le Pommeray   *C.M. 59 Pli 8*

5 ch. **Mont St-Michel 12 km. Baie du Mont St-Michel 2 km. Val-St-Père 7 km.** Dans une maison récente, entourée d'un jardin fleuri. R.d.c. : 1 ch. familiale (1 lit 2 pers., 2 lits 1 pers. superposés). 2° étage : 3 ch. (6 pers. chacune) et 1 chambre familiale (1 lit 2 pers. 2 lits 1 pers. superposés). Salles d'eau et wc privés. Séjours et cuisine réservés aux hôtes. Chauffage électrique. 49 €/4 pers. Restaurants à 1 km. Accès : sur la D43 direction Mont Saint-Michel.

Prix : 1 pers. 26 € 2 pers. 34 € 3 pers. 43 € pers. sup. 8 €
Ouvert : Du 15 février au 15 novembre.

25	30	6	10	1	2	1	10	2

Marie et Fernand MOREL - Route du Mont St-Michel - 11, le Pommeray - 50220 CEAUX - Tél. : 02 33 70 92 40

Normandie — **Manche**

CEAUX Les Forges
C.M. 59 Pli 8

2 ch. **Mont Saint-Michel 11 km.** Près de la baie, dans une maison de caractère du XVIIIe siècle entourée d'un jardin-parc, Janine et Jean seront heureux de vous accueillir et de vous donner tous les renseignements sur le Mont et la Baie. 2 ch. au r.d.c. (1 lit 2 pers. chacune) avec chacune entrée indépendante, s. d'eau et wc privés. Bibliothèque. Restaurant 200 m.

Prix : 1 pers. 27 € 2 pers. 33 €
Ouvert : De Pâques au 30 septembre.

25	31	3	10	1	SP	10

Jean et Janine **PERRIER** - Les Forges - route du Mont St-Michel - 50220 CEAUX - Tél. : 02 33 70 90 54

CEAUX
C.M. 59 Pli 8

1 ch. **Mont St-Michel 12 km et baie 2 km. Avranches 11 km. Val-St-Père 5 km.** Au rez-de-chaussée d'une maison récente, 1 chambre avec annexe (2 lits 2 pers.), salle d'eau spacieuse et wc privés. Entrée indépendante. A la campagne et à proximité du petit village typique de la baie du Mont Saint-Michel. Jardin fleuri. Terrasse à disposition. Prix 4 pers. : 49 €. Restaurant à 500 m.

Prix : 1 pers. 26 € 2 pers. 32 € 3 pers. 41 €
Ouvert : Toute l'année.

25	30	6	11	1	0,5	1	11	0,1

Juliette **HALLAIS** - 4, rue des Mangeas - 50220 CEAUX - Tél. : 02 33 60 80 30 ou 06 87 29 64 63

CERENCES

2 ch. Dans une maison récente, située dans le bourg. A l'étage : 1 ch. (1 lit 2 pers.) avec salle de bains et wc privés. 1 ch. (1 lit 2 pers.) avec salle d'eau et wc privés. Chauffage électrique. Petits animaux admis.

Prix : 1 pers. 21 € 2 pers. 26 €
Ouvert : Toute l'année.

12	12	10	14	12	0,1	14

Bernard **BRIENS** - 26, rue du Vieux Manoir - 50510 CERENCES - Tél. : 02 33 51 92 56

CHAMPEAUX La Hoguelle
C.M. 59 Pli 7

2 ch. **Granville 14 km. Villedieu 35 km. Val-St-Père 20 km.** Vous serez les bienvenus dans cette belle demeure de la fin du XIXe siècle entourée d'un parc, sur le parcours d'un sentier de grande randonnée. 1er étage : 1 ch. avec annexe (2 lits 2 pers., 1 lit 1 pers.), s. d'eau et wc privés, balcon. 2e étage : 1 ch. (1 lit 2 pers. 1 lit 1 pers.), balcon, s. d'eau et wc privés. Entrée indépendante. Restaurant à proximité. Dans le cadre unique de la Baie du Mont Saint-Michel. Possibilité de sorties VTT ou pédestres accompagnées. Site de parapente et delta-plane à 500 m. Des chambres, vue sur la mer. Bicyclettes sur place. St-Malo et Dinan à 1 h de route. Langues parlées : anglais, italien.

Prix : 1 pers. 43 € 2 pers. 50/56 € 3 pers. 63/69 € pers. sup. 16 €
Ouvert : Toute l'année.

2,5	3	2,5	14	18	1	1	0,5	14	2

Daniel et Jacqueline **FOURREY** - La Hoguelle - 50530 CHAMPEAUX - Tél. : 02 33 61 90 99 - Fax : 02 33 61 90 99

LES CHAMPS-DE-LOSQUES Les Rondchamps
(TH)
C.M. 54 Pli 13

4 ch. **Train touristique 15 km. Plages du Débarquement 25 km.** Irène et Georges sont heureux de vous accueillir dans leur ferme située dans le parc naturel des marais du Cotentin. 4 chambres avec salles d'eau privées. Petite cuisine à disposition des hôtes. Chauffage central. La table d'hôtes à base de produits du terroir vous sera servie, sur réservation, dans une ambiance familiale. Etang, détente, pédalos 8 km. Hippodrome 10 km. Langue parlée : anglais.

Prix : 1 pers. 25/27 € 2 pers. 32/34 € 3 pers. 40/42 € pers. sup. 9 € repas 14 €
Ouvert : Toute l'année.

26	15	3	6	7	2	3	SP	15

Georges et Irène **VOISIN** - Les Rondchamps - 50620 LES CHAMPS-DE-LOSQUES - Tél. : 02 33 56 21 40

LA CHAPELLE-EN-JUGER La Mietterie
C.M. 54 Pli 13

1 ch. **Saint-Lô 10 km.** Au 1er étage, 1 suite (1 ch. principale et 2 ch. complémentaires) avec salle de bains spacieuse et wc privés. Petits déjeuners copieux servis dans le séjour avec cheminée ou dans une superbe « orangerie » aménagée en jardin d'hiver. Salon avec bibliothèque. Terrasse, salon de jardin. Possibilité boxes pour chevaux avec supplément. Prix 4 pers. : 79 €. Entouré d'un vaste plan d'eau, cet ancien manoir du 16e siècle, est idéalement situé au cœur de la Manche et à la porte du Parc naturel régional des marais du Cotentin et du Bessin. L'intérieur à la décoration raffinée et chaleureuse est à l'image de l'accueil qui vous sera réservé.

Prix : 1 pers. 49 € 2 pers. 53/64 € 3 pers. 69 € pers. sup. 8 €
Ouvert : Toute l'année.

30	30	8	10	6	1	10	6

Xavier **DELISLE** - La Mietterie - 50570 LA CHAPELLE-EN-JUGER - Tél. : 02 33 56 20 71

Manche
Normandie

LES CHERIS La Panouviere
C.M. 59 Pli 8

E.C. 2 ch. Mont St-Michel 22 km. La Mazure (centre loisirs), lac de Vezins 7 km. A la campagne, parmi les collines environnantes, dans un pavillon récent agrémenté d'un joli jardin arboré, 2 chambres à l'étage (1 lit 2 pers.), salles d'eau et wc privés. Supplément animaux 1 €.

Prix : 1 pers. 28 € 2 pers. 35 € pers. sup. 11 €
Ouvert : Toute l'année.

30	7	7	12	40	3	3	0,8	

Jean-Jacques et Véronique DESPAS - La Panouvière - 50220 LES CHERIS - Tél. : 02 33 58 23 79

COIGNY Château de Coigny
C.M. 54 Pli 12

|||| 2 ch. A l'étage : 2 ch. (4 pers.) dont 1 avec baldaquin avec salles de bains et wc privés. Les petits déjeuners sont servis dans une superbe salle moyennageuse avec une cheminée Renaissance italienne, classée monument historique. Chauffage électrique. Entrée indépendante. Restaurants 2 ou 12 km. Hors-saison sur réservation. Petit château du début du XVIIe qui fut le berceau des ducs de Coigny, maréchaux de France sous Louis XIV et Louis XV.

Prix : 1 pers. 77 € 2 pers. 84 € pers. sup. 15 €
Ouvert : De Pâques à la Toussaint.

15	20	5	12	12	SP	12	2	

Odette IONCKHEERE - Château de Coigny - 50250 COIGNY - Tél. : 02 33 42 10 79 - Fax : 02 33 42 10 79

COURTILS La Guintre
C.M. 59 Pli 8

|| 5 ch. Mont St-Michel 8 km. 2 chambres (2 et 3 pers.) au rez-de-chaussée (dont 1 access. aux pers. handicapées) et 3 chambres à l'étage (2 pers.). Salles d'eau et wc privés. Une salle à manger avec coin-cuisine est à l'usage exclusif des hôtes. Entrée indépendante. Vue sur la baie. GR223 sur place. Langues parlées : anglais, allemand.

Prix : 1 pers. 25 € 2 pers. 31 € 3 pers. 40 € pers. sup. 8 €
Ouvert : Toute l'année.

30	30	10	14	7	9	SP	14	3

Sylvie et Damien LEMOINE - 82, route du Mont St-Michel - 50220 COURTILS - Tél. : 02 33 60 06 02 - Fax : 02 33 60 66 92

COUTANCES Manoir de L'Ecoulanderie
C.M. 54 Pli 12

||| 1 ch. Coutances ville d'Art et d'Histoire. Granville 20 km. Au 2e étage, 1 ch. spacieuse (1 lit 2 pers.) avec poss. 1 petite ch. complémentaire (2 lit 1 pers.). S.d.b. et wc privés. Ch. « non fumeur ». Lit d'appoint enfant : 9 €. Tarif 4 pers : 109 €. Possibilité garage. L'intérieur chaleureux a été décoré avec tout le talent et l'inspiration d'une famille qui aime les voyages. Belle propriété du 18e, située au calme, aux abords de Coutances, « Ville d'Art et d'Histoire » avec ses attraits culturels et loisirs. La vue panoramique sur la Cathédrale et les Eglises est saisissante, le parc en terrasse avec ses petits bassins, une invitation à la contemplation et à la détente. Langue parlée : anglais.

Prix : 1 pers. 58 € 2 pers. 69 € 3 pers. 89 €
Ouvert : Toute l'année.

12	12	3	0,4	12	0,4	SP	3	1

Béatrice de PONFILLY - Manoir de l'Ecoulanderie - 50200 COUTANCES - Tél. : 02 33 45 05 05

COUVILLE La Neuvillerie
C.M. 54 Pli 1

||| 2 ch. Cherboug 10 km. Cure Marine 10 km. Plages du Débarquement 35 km. A l'étage, 1 chambre « les glycines » (1 lit 2 pers.), salle de bains (baignoire et douche) et wc privés. 1 chambre « Astérix en Cotentin » (2 lits 1 pers.), salle d'eau et wc privés. Cuisine réservée aux hôtes. Possibilité de louer un gîte rural sur la propriété. Equipement « bébé » complet à disposition. Restaurants 1 km. Geneviève et Maurice vous ouvrent les portes de leur maison, nouvellement aménagée dans une ancienne dépendance en pierres du pays. Confortable et chaleureuse vous y goûterez pleinement les plaisirs de la détente à la campagne.

Prix : 1 pers. 32 € 2 pers. 40 € pers. sup. 9 €
Ouvert : Toute l'année.

12	12	4	12	10	3	10	2	

Geneviève et Maurice MAUROUARD - 10, la Neuvillerie - 50690 COUVILLE - Tél. : 02 33 52 00 34 - Fax : 02 33 52 00 34

CRASVILLE Ferme de Carnanville
C.M. 54 Pli 2

| 2 ch. Dans un manoir du XVIIe siècle, sur une ferme en activité. A l'étage : 1 ch. (1 lit 2 pers., 1 lit 1 pers.) et 1 ch. avec annexe (3 pers.), 1 salle de bains à l'usage exclusif des hôtes. Restaurant 5 km.

Prix : 1 pers. 20 € 2 pers. 28 € 3 pers. 40 € pers. sup. 9 €
Ouvert : De Pâques à la Toussaint.

2	7	5	12	7	2	5	2	12

M-Josephe et René COUPPEY - 1, ferme de Carnanville - 50630 CRASVILLE - Tél. : 02 33 54 13 45 - Fax : 02 33 54 13 45

Normandie — Manche

LA CROIX-AVRANCHIN Mouraine
C.M. 59 Pli 8

3 ch. **Baie du Mont Saint-Michel 9 km. Mont Saint-Michel 15 km.** Ancienne ferme restaurée. A l'étage, 1 ch. (2 pers.) classée 2 épis avec salle d'eau privée et wc communs. 2 ch. (2 ou 3 pers.) avec entrée indépendante, salle de bains et wc privés. Chauffage électrique. Table d'hôtes selon possibilités. Langue parlée : anglais.

Prix : 1 pers. 30 € 2 pers. 36 € pers. sup. 12 € repas 13 €
Ouvert : Toute l'année.

🐕	≋	⛵	🐎	🏇	🏊	🎾	🚶	🏛	⛽
	40	30	5	18	40	5	5	SP	9	2

Evelyne MESLIN - Mouraine - 50240 LA CROIX-AVRANCHIN - Tél. : 02 33 48 35 69 - Fax : 02 33 48 35 69 -
E-mail : bnb@nooplanet.com - www.nooplanet.com.

CROLLON Le Haut de la Lande
C.M. 59 Pli 8

4 ch. **Mont St-Michel 16 km. Baie du Mont St-Michel 3 km. Val-St-Père 9 km.** Cette maison en pierres datant du XVIII° a été entièrement rénovée. Dans le prolongement de la maison, avec entrée indép. Etage : 1 ch. familiale (2 x 2 pers.), 1 ch. (3 pers.) et 2 ch. (2 pers.), chacune avec salle d'eau ou de bains et wc privés attenants. Séjour réservé aux hôtes. Salon de jardin. Tarif 4 pers. : 49 €. Restaurants 4 km.

Prix : 1 pers. 27 € 2 pers. 33/36 € 3 pers. 43 € pers. sup. 8 €
Ouvert : Toute l'année.

🐕	≋	⛵	🐎	🏇	🏊	🎾	🚶	🏛	⛽
	25	15	8	13	30	4	13	8	

Patricia et Noël BOUVIER - Le Haut de la Lande - 50220 CROLLON - Tél. : 02 33 70 90 03 - Fax : 02 33 70 90 03 -
E-mail : noel@crollon.com - www.crollon.com

DANGY Les Gouleries
C.M. 54 Pli 13

3 ch. Bienvenue chez Pierre et Dominique dans une maison datant de 1930. 3 chambres à l'étage (1 lit 2 pers. chacune), salles d'eau privées et 2 wc réservés aux hôtes. Salon/coin-bibliothèque à disposition. Entrée indépendante. Produits fermiers sur place. Accès : du bourg, D38 puis 2° route à droite. Visite de l'élevage. Langue parlée : anglais.

Prix : 1 pers. 27 € 2 pers. 30 € repas 13 €
Ouvert : Toute l'année.

🐕	≋	⛵	🐎	🏇	🏊	🎾	🚶	🏛	⛽
	28	28	14	14	3	5	5	17	3

Pierre et Dominique BEAUFILS-BARRAQUET - Les Gouleries - 50750 DANGY - Tél. : 02 33 56 01 71 - Fax : 02 33 56 01 71 -
E-mail : dominique.barraquet@wanadoo.fr - http://perso.wanadoo.fr/ferme.gouleries/

DRAGEY La Verguigne
C.M. 59 Pli 7

1 ch. **Avranches 11 km.** Dans une maison récente à la campagne, à l'étage, 1 chambre avec annexe (4 pers.). Salle d'eau et wc privés sur le palier. Chauffage central. Vue sur le Mont St-Michel. 4 pers. : 58 €. Pers. sup. (enfant) : 8 €. Joli jardin paysager. Salon de jardin à disposition. Langue parlée : anglais.

Prix : 2 pers. 32 € 3 pers. 44 € pers. sup. 8 €
Ouvert : Toute l'année.

🐕	≋	⛵	🐎	🎾	🏛	⛽
	6	3	11	1	11	3

Gérard PETIT - La Verguigne - 50530 DRAGEY - Tél. : 02 33 48 86 99

DRAGEY Le Clos St-Jean
C.M. 59 Pli 7

1 ch. **Granville 15 km.** Au r.d.c avec entrée indépendante, 1 ch très lumineuse (1 lit 2 places), salle d'eau et WC privés. Les petits déjeuners copieux sont servis dans la salle à manger, des propriétaires, dont les larges baies ouvrent sur la mer. Lit d'appoint : 12 €. Traversée de la baie du Mont St Michel à partir de Genêts à 2 km. Avec une superbe vue dégagée sur la baie du Mont St Michel et Tombelaine, cette maison de construction récente à la campagne et dans la tradition locale, avec ses murs en shiste, est une invitation à la détente et à la contemplation. Langue parlée : anglais.

Prix : 1 pers. 46 € 2 pers. 53 € pers. sup. 12 €
Ouvert : Toute l'année.

🐕	≋	⛵	🐎	🎾	🚶	🏛	⛽
	1,5	8	2	12	1	1	12	1

Virginie MAUSSION - 8 route des Cognets - Le Clos St-Jean - 50530 DRAGEY - Tél. : 02 33 48 78 09 - Fax : 02 33 68 27 87 -
E-mail : maussion.virginie@wanadoo.fr

DRAGEY L'Eglise
C.M. 59 Pli 7

2 ch. **Avranches 15 km. Mont St-Michel 25 km.** Dans le Baie du Mont Saint-Michel, cette maison du XVII° siècle entourée d'herbages vous offre, 1 ch. (1 lit 160, 1 lit 1 pers.) et 1 ch. (2 lits 1 pers.) avec salles de bains et wc privés. Entrée indépendante. Possibilité accueil chevaux. Accès : D911, après Genêts suivre Dragey l'Eglise. Langue parlée : anglais.

Prix : 1 pers. 47 € 2 pers. 55 € 3 pers. 67 € pers. sup. 12 €
Ouvert : Toute l'année.

🐕	≋	⛵	🐎	🏇	🏊	🎾	🚶	🏛	⛽
	1,5	7	3	12	18	0,5	0,5	12	1,5

Olinier et Florence BRASME - Belleville - 50530 DRAGEY - Tél. : 02 33 48 93 96 - Fax : 02 33 48 59 75 - E-mail : belleville@9online.fr

Manche
Normandie

DRAGEY Tissey
C.M. 59 Pli 7

1 ch. **Baie du Mont St-Michel 3 km.** Dans le village, 1 chambre de 2 pers., au rez-de-chaussée, avec douche et wc particuliers dans le couloir. Chauffage central. Accès : D911 puis 1 km sur D35.

Prix : 2 pers. **27 €** pers. sup. **9 €**
Ouvert : De Pâques à la Toussaint et vacances scolaires.

5	18	10	12	12	3	3	2	12

Rolande CACQUEVEL - Tissey - 50530 DRAGEY - Tél. : 02 33 48 83 03

FLAMANVILLE Hameau Cavelier
C.M. 54 Pli 1

2 ch. **Les Pieux 5 km.** A la ferme, près de la mer et à 150 m du GR223, dans une maison récente, 1 chambre à l'étage avec annexe non communicante (2x2 pers.). Salle d'eau et wc privés. 1 chambre (1 lit 2 pers.) avec douche et lavabo. Possibilité hébergement chevaux. Restaurant à proximité. Activités estivales. 4 pers. : 67 €.

Prix : 1 pers. **29 €** 2 pers. **33 €** pers. sup. **11 €**
Ouvert : Toute l'année.

1	2	5	5	2	5	SP	20	2

Nicole TRAVERS - Hameau Cavelier - 50340 FLAMANVILLE - Tél. : 02 33 52 42 83

FLOTTEMANVILLE-HAGUE Hameau Dumoncel
C.M. 54 Pli 1

2 ch. **Centre de loisirs scientifique (astronomie) 3 km.** Vous apprécierez le calme de cette maison récente agrémentée d'un joli jardin fleuri avec sa petite rivière et son plan d'eau (pédalo). 2 chambres d'hôtes (1 lit 2 pers.), situées au rez-de-chaussée. Salles d'eau privées et 1 wc réservé aux 2 chambres. Chauffage électrique. Produits fermiers sur place. Restaurant 7 km. Accès par la D64 ou la D22.

Prix : 1 pers. **27 €** 2 pers. **32 €** pers. sup. **8 €**
Ouvert : Toute l'année.

7	12	10	5	12	SP	6	SP	10	2

Clément et Madeleine DESQUESNES - Hameau Dumoncel - 1, rue Majeste - 50690 FLOTTEMANVILLE-HAGUE - Tél. : 02 33 94 79 88

FRESVILLE Manoir de Grainville
C.M. 54 Pli 2

3 ch. Dans le Parc Régional des Marais du Cotentin et du Bessin, vous serez accueillis par Bernard et Rolande dans une grande demeure du XVIIIe siècle. 3 ch. d'hôtes (8 pers.). Salles de bains ou salle d'eau et wc privés. Chauffage central. Accès : de Sainte-Mère-Eglise, dir. Valognes N13. Sortir de la nationale, prendre D269, 500 m à droite après le village de Fresville. Langues parlées : anglais, espagnol.

Prix : 1 pers. **33 €** 2 pers. **46 €** pers. sup. **11 €**
Ouvert : Toute l'année.

8	9	6	12	8	SP	6	SP	12

Bernard et Rolande BRECY - Manoir de Grainville - 50310 FRESVILLE - Tél. : 02 33 41 10 49 - Fax : 02 33 21 59 23 -
E-mail : b.brecy@wanadoo.fr - http://perso.wanadoo.fr/grainville/

GATTEVILLE-LE-PHARE Village Rauville
C.M. 54 Pli 3

1 ch. **Barfleur 3 km.** Dans une ferme de caractère, entrée indépendante, 1 chambre d'hôtes avec annexe (3 pers.) est aménagée à l'étage. Salle d'eau et wc privés. Salon à disposition des hôtes. Location de vélos à 2 km. 4 pers. : 7,01 €. Accès par la D901 puis la D116.

Prix : 1 pers. **27 €** 2 pers. **30 €** 3 pers. **40 €**
Ouvert : Toute l'année.

2	4	12	20	20	4	SP	25	0,1

Octave LESCELLIERRE - Village Rauville - 50760 GATTEVILLE-LE-PHARE - Tél. : 02 33 54 03 15

GATTEVILLE-PHARE La Maison de Fourmi
C.M. 54 Pli 3

3 ch. **Barfleur 4 km. Cherbourg 20 km. Ile de Tatihou 15 km.** Accès au 1er étage par un bel escalier de granit : 1 ch. « Savane » (1 lit 2 pers.), salle d'eau et wc privés dans le couloir, 1 suite de 2 chambres « Indochine » (2 lits 2 pers.), salle d'eau spacieuse et wc privés attenants. R.d.c., entrée indép., 1 ch. « Océane » (2 pers.), véranda ouvrant sur le jardin. S. d'eau et wc privés. Vélos, ping-pong à dispo. 4 pers. : 84 €. Dans un petit hameau typique du Val de Saire, cette belle maison de caractère, entièrement restaurée, vous offrira des conditions paisibles de séjour, dans un décor chaleureux à la fois inspiré de la tradition locale et de voyages lointains. Accueil cavaliers : boxes et paddock avec supplément.

Prix : 1 pers. **44/53 €** 2 pers. **58/61 €** 3 pers. **76 €** pers. sup. **15 €**
Ouvert : Toute l'année.

2	4	12	20	4	2	20	2

Raymonde ROULLAND - La Maison de Fourmi - Village Rauville - 50760 GATTEVILLE-PHARE - Tél. : 02 33 43 78 74 ou 06 71 43 85 02 -
E-mail : raymonde.roulland@free.fr - http://raymonde.roulland.free.fr

Normandie — Manche

GATTEVILLE-PHARE Hameau de Quenanville
C.M. 54 Pli 3

2 ch. **Barfleur 1 km.** Vous trouverez le calme dans cette maison en pierres datant du XVIIIe entourée de verdure. R.d.c. : 1 ch. (1 lit 2 pers.), salle d'eau et wc privés, 1 suite avec salon (1 lit 2 pers.) avec douche et wc privés, donnant directement sur la terrasse et le jardin. Entrées indépendantes. Parking privé pour les hôtes. Réduction de 10 % pour séjour supérieur à 5 jours. Accès par la D901 axe Barfleur/Saint-Pierre-Eglise.

Prix : 1 pers. **38/44** € 2 pers. **44/53** € pers. sup. **12** €
Ouvert : Du 1er avril à fin octobre.

1	1	8	25	15	5	1	1	25	1

Daniel LE TERRIER - Hameau de Quénanville - 50760 GATTEVILLE-PHARE - Tél. : 02 33 23 10 19 ou 06 72 41 37 10

GAVRAY Ferme Amiot
C.M. 59 Pli 8

1 ch. **Villedieu-les-Poêles** (cité du cuivre, fonderies de cloches...) 15 km. Yvette et Michel vous accueillent dans leur ancienne ferme, avec basse cour traditionnelle, canards sur la mare. 1 chambre de 3 pers. à l'étage, avec douche et lavabo. Chauffage central. Rivière 2 km. Produits fermiers sur place. Restaurant 2 km. Centre équestre 8 km.

Prix : 1 pers. **17** € 2 pers. **29/30** € 3 pers. **33** €
Ouvert : Toute l'année.

16	17	7	15	1	2	2	17	2

Michel et Yvette ALLIX - Ferme Amiot - Rue St-André - 50450 GAVRAY - Tél. : 02 33 61 41 45

GENETS Le Moulin
C.M. 59 Pli 7

4 ch. **Maison de la baie 300 m. Avranches 9 km.** Moulin à eau situé dans le bourg. 4 chambres 8 pers. (3 doubles, 1 avec lits jumeaux), au 2e étage. Salles d'eau et wc privés. Salon à l'usage exclusif des hôtes. Entrée indépendante. Crêperie sur place. Langue parlée : anglais.

Prix : 1 pers. **27** € 2 pers. **33** € pers. sup. **8** €
Ouvert : Toute l'année.

5	9	2	9	0,2	SP	9	0,3

Louis DANIEL - Le Moulin - 50530 GENETS - Tél. : 02 33 70 83 78 - Fax : 02 33 70 83 78

GENETS
C.M. 59 Pli 7

3 ch. **Baie du Mont Saint-Michel 50 m.** Dans le bourg, 3 ch. d'hôtes. A l'étage : 1 ch. (1 lit 2 pers.), 1 ch. avec annexe (1 lit 2 pers., 1 lits 1 pers.), 1 ch. avec annexe (1 lit 2 pers., 2 lits 1 pers. superposés), salles d'eau ou salle de bains et wc privés. Chauffage central. Salon avec cheminée et piano à queue à la disposition des hôtes. Restaurant dans le bourg. Départ des traversées pédestres au Mont-Saint-Michel. Accès : bourg de Genêts.

Prix : 1 pers. **43** € 2 pers. **46** € 3 pers. **61** € pers. sup. **15** €
Ouvert : Toute l'année.

5	10	1	10	20	1	0,2	SP	10

Jacques LACOLLEY - Les Cèdres - rue de l'Ortillon - 50530 GENETS - Tél. : 02 33 70 86 45

GLATIGNY
C.M. 54 Pli 11

2 ch. **Embarquement pour les îles de Chausey et Jersey 10 km.** Dans une ferme de caractère, à l'étage : 1 ch. avec annexe (2 x 2 pers.), 1 ch. (1 lit 2 pers., 1 lit 1 pers.), salles d'eau et wc privés. Chauffage central. Coin-cuisine (été) à l'usage exclusif des hôtes. Randonneurs équestres acceptés. 4 pers. : 49 €. Restaurants 2 km. Plages du Débarquement 25 km.

Prix : 1 pers. **30** € 2 pers. **35/38** € 3 pers. **43** € pers. sup. **8** €
Ouvert : Toute l'année.

3	10	8	25	20	1	1	1	25	7

Mauricette DUVERNOIS - Le Manoir - 50250 GLATIGNY - Tél. : 02 33 07 08 33 - Fax : 02 33 47 96 80

GOURBESVILLE Les Surelles

2 ch. **Sainte-Mère-Eglise 8 km.** Hélène et Pierre vous accueillent dans leur ancienne ferme. A la retraite, ils ont gardé quelques chevaux et 2 ânes. 2 chambres à l'étage avec salles d'eau et wc privés. Séjour et coin-cuisine à l'usage exclusif des hôtes. Entrée indépendante. Accès : dans le bourg, D126 direction Amfreville sur Sainte-Mère, 1ère route à gauche.

Prix : 1 pers. **27** € 2 pers. **32** €
Ouvert : Toute l'année.

16	16	6	15	15	3	8	3	15	7

Pierre et Hélène LEVAVASSEUR - Les Surelles - 50480 GOURBESVILLE - Tél. : 02 33 41 99 54

GOUVETS La Maison Seule
C.M. 59 Pli 13

3 ch. **Tessy-sur-Vire 5 km.** Sue et Timothy, britanniques, vous accueillent dans leur ferme et vous proposent : 1 ch. au 1er étage (1 lit 2 pers., 1 lit 1 pers.) et 2 ch. au 2e étage (3 lits 1 pers.). Salles de bains et wc privés. Salon à la disposition des hôtes. Randonneurs équestres acceptés. Langue parlée : anglais.

Prix : 1 pers. **26** € 2 pers. **29** € 3 pers. **38** € pers. sup. **8** €
Ouvert : Toute l'année.

40	40	10	15	25	5	5	SP	20	5

Timothy et Sue ROSE - La Maison Seule - 50420 GOUVETS - Tél. : 02 33 55 27 28

Manche
Normandie

GRAIGNES Domaine du Mémorial
C.M. 54 Pli 13

||| 5 ch.

Carentan 12 km. Plages du Débarquement 21 km. Dans le Parc Naturel des Marais du Cotentin et du Bessin, vous séjournerez au sein d'un élevage de trotteurs, dans une demeure restaurée. 1er ét. : 2 ch. (1 lit 2 pers.), s. d'eau ou s.d.b. et wc privés attenants. 2 ch. (1 lit 2 pers. ou 2 lits 1 pers.), s.d.b. ou s. d'eau et wc privés dans le couloir. Poss. annexe (2 pers.). 4 pers. 67 €. Restaurants 5 km. Amateurs d'insolite, d'indépendance vous apprécierez la ch. aménagée dans 1 des boxes du bâtiment proche de la maison (1 lit 2 pers.) classée 2 épis. Petits déj. copieux servis dans belle salle à manger rustique avec cheminée propice à la détente. 1 nuit gratuite au delà de 5 j. hors juill./août.

Prix : 1 pers. 33/36 € 2 pers. 36/43 € 3 pers. 55 € pers. sup. 15 €
Ouvert : Toute l'année.

🐕	〰️	⛵	🏇	🏊	🎾	👥	🏕️	🚆
25	12	16	0,8	12	2	12	SP	12	0,8

Denise et Marcel DELAUNAY - 3, place de la Libération - Domaine du Mémorial - 50620 GRAIGNES - Tél. : 02 33 56 80 58 - Fax : 02 33 56 80 58

GRANVILLE Village Mallouet
C.M. 59 Pli 7

|| 1 ch.

Départ pour les îles de Chausey et Jersey, thalasso., casino 4 km. 1 ch. d'hôtes aménagée à l'étage d'une maison en pierres. 1 ch. (2 lits 2 pers.), salle d'eau et wc privés. Accès : entre la D971 et la D973 direction Avranches. 4 pers. 43 €. Restaurants 5 km.

Prix : 1 pers. 24 € 2 pers. 30/35 € 3 pers. 38 €
Ouvert : Toute l'année.

🐕	〰️	⛵	🏇	🏊	🎾	👥	🏕️	🚆
2	4	5	2	5	3	SP	3	2,5

Jean-Claude LAISNE - Village Mallouet - 50400 GRANVILLE - Tél. : 02 33 50 26 41

GREVILLE-HAGUE Fief de Gruchy
C.M. 54 Pli 1

| 4 ch.

Cherbourg 15 km. Une longue allée ombragée vous conduira à cette ferme en activité qui a gardé toute l'authenticité et le charme d'autrefois. A l'étage de la maison principale, de caractère, 4 chambres (chacune avec 1 lit 2 pers.), salles d'eau et wc privés attenants. Chauffage central. Salle de séjour à l'usage exclusif des hôtes.

Prix : 1 pers. 27 € 2 pers. 32 € pers. sup. 9 €
Ouvert : Toute l'année.

🐕	〰️	⛵	🏇	🏊	🎾	👥	🏕️	🚆
3	8	8	15	3	SP	15	3

Jacques AGNES - Fief de Gruchy - 50440 GREVILLE-HAGUE - Tél. : 02 33 52 60 78

GREVILLE-HAGUE Hameau aux Fèvres
C.M. 54 Pli 1

|| 1 ch.

Cherbourg 12 km. Thérèse et Adrien vous ouvrent leur maison en pierres située dans un joli petit hameau typique, dans le site exceptionnel de l'Anse de Landemer. A l'étage, 1 chambre (1 lit 2 pers.) avec une annexe complémentaire (2 lits 1 pers.), salle de bains et wc privés. Possibilité de louer un gîte d'étape aménagé dans une ancienne dépendance sur la propriété. Restaurants 1 km. Sur le GR 223. 4 pers. : 56 €.

Prix : 1 pers. 27 € 2 pers. 35 € 3 pers. 46 € pers. sup. 8 €
Ouvert : Toute l'année.

🐕	〰️	⛵	🏇	🏊	🎾	👥	🏕️	🚆
1	2	2,5	5	12	0,5	2,5	1	12	2

Adrien DUMONCEL - Hameau aux Fèvres - 50440 GREVILLE-HAGUE - Tél. : 02 33 52 75 80

GREVILLE-HAGUE Hameau Gruchy
C.M. 54 Pli 1

|| 2 ch.

Maison Prévert à Omonville La Petite 5 km. Cherbourg 15 km. Vue sur mer à l'horizon. Au 1er étage, 2 ch. spacieuses (1 de 2 pers. et 1 de 4 pers.), salles d'eau et wc privés. Espace détente situé au même niveau réservé aux hôtes. Tarif 4 pers. : 46 €. A l'entrée d'un petit hameau typique de la Hague où vous pouvez visiter la « maison natale du peintre Jean-François Millet », Guy et Catherine et leurs enfants vous accueilleront avec simplicité et chaleur dans leur maison neuve spécialement aménagée pour vous recevoir.

Prix : 1 pers. 26 € 2 pers. 30 € 3 pers. 41 €
Ouvert : Toute l'année.

🐕	〰️	⛵	🏇	🏊	🎾	👥	🏕️	🚆
4	3	3	5	3	SP	15	1

Guy et Catherine GIRAULT - Hameau Gruchy - 50440 GREVILLE-HAGUE - Tél. : 02 33 01 07 22 ou 06 74 54 16 12

HAUTEVILLE-SUR-MER
(TH)

E.C. 3 ch.

Granville 20 km, musée et embarquement pour les Iles Chausey... Jolie maison contemporaine située à l'entrée de la station, au calme et à proximité d'un petit bois de bouleau et des sentiers de randonnée. Commerces et tous loisirs à proximité. La table d'hôtes vous permettra aussi de goûter à des plats d'inspiration italienne, le propriétaire étant 1 spécialiste de pâtes qu'il confectionne lui-même. A l'étage, 3 ch. 2 pers (2 ch sont dot avec des lits 160 cm dont 1 est électrique). Salles d'eau et WC privés. Vous apprécierez les connaissances professionnelles du propriétaire en matière de « remise en forme et relaxation ». Salon de jardin. Accès : à l'entrée de Hauteville-plage dir. centre équestre. Langues parlées : italien, espagnol.

Prix : 1 pers. 33 € 2 pers. 43 € repas 14 €
Ouvert : Toute l'année.

🐕	〰️	⛵	🏇	🏊	🎾	👥	🏕️	🚆
0,3	0,3	0,1	20	0,3	0,5	SP	15	0,1

Cosimo GIGANTI - 14 rue du Mail - 50590 HAUTEVILLE-SUR-MER - Tél. : 02 33 46 08 63 ou 06 16 70 60 90

Normandie   Manche

HERQUEVILLE L'Eglise   *C.M. 54 Pli 1*

1 ch. 1 chambre (3 pers.) à l'étage avec salle de bains particulière. Chauffage central.

Prix : 1 pers. **22** € 2 pers. **29/30** € 3 pers. **35** €
Ouvert : Toute l'année.

	2	25	20	25	5	SP	25

Albert LENEPVEU - 21, rue de l'Eglise - 50440 HERQUEVILLE - Tél. : 02 33 52 75 61

HEUGUEUVILLE-SUR-SIENNE Mouley de Haut   *C.M. 54 Pli 12*

2 ch. **Coutances 6 km.** Dans une ferme du XVIe siècle en pierres de la région, José et Isabelle vous accueillent sur leur exploitation. A l'étage : 1 chambre 3 pers. avec salle de bains et wc privés. 1 chambre 2 pers. avec salle d'eau et wc privés. Table d'hôtes sur réservation. Langue parlée : anglais.

Prix : 1 pers. **27** € 2 pers. **31** € 3 pers. **38** € pers. sup. **7** €
repas **13** €
Ouvert : Toute l'année.

	6	6	6	4	6	2	3	1	6	3

Isabelle LEGALLAIS - 19, route de la Belle Croix - Le Clos des Entes - 50200 HEUGUEUVILLE-SUR-SIENNE - Tél. : 02 33 07 13 67

HEUGUEVILLE-SUR-SIENNE Le Manoir de Bas   *C.M. 54 Pli 12*

2 ch. **Coutances et sa cathédrale 5 km. Agon-Coutainville 6 km.** Au 1er étage avec entrée indépendante, 2 ch. (1 lit 2 pers. 2 lits 1 pers.), salles de bains et wc privés. Un séjour avec cheminée et coin-salon est réservé aux hôtes. Accès : sur l'axe Pont-de-la-Roque/Barneville (D650). Avec sa vue sur la Baie de Sienne, son parc et ses roseraies, cette maison de caractère, meublée de style, est une invitation à la détente et à la contemplation de la nature. Station balnéaire avec golf, casino 6 km. Restaurants 1 km.

Prix : 1 pers. **43** € 2 pers. **53** € pers. sup. **15** €
Ouvert : Toute l'année.

	8	8	8	5	8	1	8	1	5	5

Albane DE MONTZEY - Le Manoir de Bas - 50200 HEUGUEVILLE-SUR-SIENNE - Tél. : 02 33 46 67 25

HOCQUIGNY   *C.M. 59*

1 ch. **Baie du Mont St-Michel 20 km. Abbaye de la Lucerne d'Outremer 7 km.** Au 1er étage : 1 chambre (1 lit 2 pers.), salle de bains et wc privés. Possibilité d'une annexe (1 lit 2 pers.) au même étage. Prix 4 pers. : **46** €. Location possible d'un meublé de tourisme (4 pers.) aménagé dans le prolongement de la maison des propriétaires. Grand jardin fleuri et paysager. Salon de jardin. 1 nuit gratuite pour 5 nuits payantes. Restaurant à 3 km. Ancien presbytère de la fin du XVIIIe siècle, entièrement rénové, dans un petit village paisible fort bien situé pour la découverte des nombreux attraits touristiques : Villedieu-les-Poêles (cité du cuivre, fonderie de cloches, musée de la dentelle à 18 km. Granville (thalasso., casino) 10 km.

Prix : 1 pers. **23** € 2 pers. **30/38** € 3 pers. **41** €
Ouvert : Toute l'année.

	10	10	10	10	15	1	3	1	3	2

Louis et Bernadette FERDINAND - Le bourg - 50320 HOCQUIGNY - Tél. : 02 33 51 32 42

HOUESVILLE Village de la Pierre   *C.M. 54 Pli 3*

3 ch. **Sainte-Mère-Eglise 6 km.** Dans une maison restaurée, 1 chambre (2 pers.) au rez-de-chaussée avec salle de bains et wc privés, véranda aménagée en cuisine à disposition. A l'étage, 1 chambre avec annexe (2 X 2 pers.), salle d'eau et wc privés, cuisine. Entrées indépendantes. Chauffage central. Promenade en bateau dans les marais à 3 km. Tarif 4 pers. : **53** €. Vélos et salons de jardin à disposition. Bibliothèque. Parc ombragé. Langue parlée : anglais.

Prix : 1 pers. **27** € 2 pers. **32** € 3 pers. **46** € pers. sup. **8** €
Ouvert : Toute l'année.

	8	10	7	4	6	SP	7	6

Gilbert MOUCHEL - 4, village de la Pierre - 50480 HOUESVILLE - Tél. : 02 33 42 38 12 - Fax : 02 33 42 38 12

HUISNES-SUR-MER Le Moulin de la Butte   *C.M. 59 Pli 8*

5 ch. **Mont St-Michel 7 km. Baie du Mont, sur place. Avranches 17 km.** Au r.d.c, 2 ch dont 1 accessible handicapés (2 lits 1 pers) et au 1er étage, 3 ch (1 lit 2 pers), salles d'eau et WC privés. Les petits déjeuners sont servis dans le séjour coin-cuisine réservé aux hôtes. Possibilité en saison de promenades en carriole attelée. Réduction de 10 % sur séjour en basse saison. Face au Mont, grande maison idéalement située sur un flan de colline de ce petit village typique de la Baie : toutes les chambres, très claires et spacieuses, sont orientées vers le Mont et Tombelaine que vous pourrez admirer dès le réveil. Langue parlée : anglais.

Prix : 1 pers. **26** € 2 pers. **35** € pers. sup. **8** €
Ouvert : Toute l'année.

	30	6	17	3	SP	7	8

Béatrice RABASTE - 11 rue du Moulin de la Butte - 50120 HUISNES-SUR-MER - Tél. : 02 33 58 52 62 - Fax : 02 33 58 52 62

Manche
Normandie

HUISNES-SUR-MER Le Rivage
C.M. 59 Pli 7/8

3 ch. **Mont Saint-Michel 5 km.** En bordure des grèves, vous pourrez goûter aux joies d'un petit déjeuner pris sur la terrasse, vue sur le Mt-Saint-Michel et les polders. Dans une maison récente en pierres entourée d'un jardin fleuri. R.d.c. : 1 ch. (1 lit 2 pers.), s.d.b. et wc privés dans le couloir. Etage : 1 ch. 2 pers., 1 ch. 3 pers. avec douches et wc privés. Séjour à la disposition des hôtes. GR223 à proximité. Accès par le D75.

Prix : 1 pers. **21 €** 2 pers. **29 €** 3 pers. **36 €** pers. sup. **8 €**
Ouvert : De Pâques à mi-novembre.

6	17	2,5	1	10	10

Colette et Paul LUME - Le Rivage - 12, rue du Rivage - 50170 HUISNES-SUR-MER - Tél. : 02 33 60 13 17

ISIGNY-LE-BUAT Naftel

3 ch. **Avranches 20 km. Mt St-Michel 30 km. Base de loisirs la Mazure 5 km.** Au calme, dans une maison restaurée entourée d'un grand jardin fleuri, 3 chambres (1 lit 2 pers. ou 2 lits 1 pers.) à l'étage avec salles d'eau et wc privés. Une salle de séjour avec coin-salon et cheminée est à l'usage exclusif des hôtes. Entrée indépendante. Accès : D47, puis C201. Restaurants 3 km.

Prix : 1 pers. **30 €** 2 pers. **33 €** pers. sup. **11 €**
Ouvert : Toute l'année.

40	5	3	20	3	3	SP	20	3

Marguerite FORESTIER - Le Bourg de Naftel - 50540 ISIGNY-LE-BUAT - Tél. : 02 33 48 00 68

ISIGNY-LE-BUAT La Chesnellière
C.M. 59 Pli 8

2 ch. **Avranches 20 km. Mont St-Michel 30 km. Base de loisirs de Mazure 3 km.** Dans le prolongement de la maison avec entrée indépendante, 1 chambre avec annexe (1 lit 2 pers. 1 lit 1 pers.), salle d'eau et wc privés. Une grande cuisine est à la disposition des hôtes. Au 1er étage de la maison des propriétaires, 1 chambre (1 lit 2 pers.), salle de bains privée et wc dans le couloir. Cette maison typique de la région entièrement rénovée est située au sein d'une exploitation agricole.

Prix : 1 pers. **25 €** 2 pers. **30 €** 3 pers. **42 €** pers. sup. **6 €**
Ouvert : Toute l'année.

40	3	22	3	3	3	22	3

Christine PREAUX - La Chesnellière - 50540 ISIGNY-LE-BUAT - Tél. : 02 33 48 01 19 - Fax : 02 33 48 18 91

ISIGNY-LE-BUAT Le Grand Chemin
C.M. 59 Pli 8

3 ch. **Avranches 15 km. Mont St-Michel 33 km. Val-St-Père et Barenton 15 km.** 3 chambres (7 pers.) dans une maison récente, avec son jardin et son potager. A l'étage : 1 ch. 2 pers. et 1 ch. 3 pers. avec salles d'eau et wc privés, 1 ch. 2 pers. avec salle d'eau et wc privés à côté. Chauffage central. Cuisine, véranda à la disposition des hôtes. Restaurant à 300 m. Lac 5 km. Supplément pour animaux : 3 €. Equipement bébé complet à disposition.

Prix : 1 pers. **27 €** 2 pers. **31/36 €** 3 pers. **42 €**
Ouvert : Toute l'année.

40	6	5	16	40	3	0,1	SP	18	0,5

Gisèle et Noël HEURTAUT - Le Grand Chemin - 50540 ISIGNY-LE-BUAT - Tél. : 02 33 60 40 14

JUILLEY La Lande Martel
C.M. 59 Pli 8

3 ch. **Mont Saint-Michel 18 km. Avranches 10 km.** A l'étage : 2 ch. (1 lit 2 pers. chacune) et 1 ch. (2 lits 1 pers.) avec salles d'eau et wc privés. Entrée indépendante. Salle de séjour/coin-cuisine à l'usage exclusif des hôtes. Vente de produits du terroir sur place. Restaurants 5 km. Réduction toute l'année à partir de 5 nuits.

Prix : 1 pers. **26 €** 2 pers. **35 €** pers. sup. **10 €**
Ouvert : Toute l'année.

30	35	2	10	3	5	10	10

Bernard COCMAN - 17, la Lande Martel - 50220 JUILLEY - Tél. : 02 33 60 65 48 - Fax : 02 33 58 29 73 - E-mail : cocman@ifrance.com

---

JUILLEY Les Blotteries
C.M. 59 Pli 8

E.C. 3 ch. **Mont St Michel 17 km.** Dans la maison d'habitation entièrement restaurée, 1 ch spacieuse au 1er étage : « La Calville » (1 lit 2 pers + 1 lit 1 pers). Salle de bains et WC privés. Dans 1 bâtiment indépendant à l'entrée de la propriété, au r.d.c, 1 ch familiale : « La Boulangerie » (4 pers), salle d'eau et WC privés. Dans 1 autre dépendance, 1 ch « Les Ecuries » (2 pers), salle d'eau et WC privés. Petits déjeuners copieux servis dans la salle à manger des propriétaires avec cheminée. Jolie propriété de la fin du 18e siècle, située à proximité de la route Avranches-Fougères, au carrefour de la Normandie et de la Bretagne. 4 pers : 84 €.

Prix : 1 pers. **46 €** 2 pers. **53 €** 3 pers. **69 €**
Ouvert : Toute l'année.

20	10	5	12	13	6	6	10	10	5

Jean-Malo TIZON - Les Blotteries - 50220 JUILLEY - Tél. : 02 33 60 84 95 - Fax : 02 33 60 84 95 - E-mail : bb@les-blotteries.com - www.les-blotteries.com

Normandie — Manche

JUILLEY Saintré
C.M. 59 Pli 8

2 ch. Mont Saint-Michel 16 km. Avranches 12 km. Maison en pierres entièrement rénovée, située dans un petit hameau à la campagne. Au 1er étage, 2 chambres (1 lit 2 pers. chacune), salles d'eau et wc privés attenants. Petite pièce détente réservée aux hôtes au rez-de-chaussée. Lit d'appoint supp. 12 €. Chauffage central. Salon de jardin. Parking.

Prix : 1 pers. 27 € ◆ 2 pers. 33 € ◆ pers. sup. 12 €
Ouvert : Juillet, août, vacances scolaires et week-end.

🐕	〰️	⛵	🏇	🏊	🎣	🎾	🚶	🚌	⛳
	20	10	5	12	13	5	6	10	10	5

Jean-Louis et Noëlle FARDIN - Saintré - 50220 JUILLEY - Tél. : 02 33 60 04 08 ou 06 68 92 59 48 - Fax : 02 99 89 11 54 -
www.iFrance.com/saintre

JUILLEY Ferme du Grand Rouet
C.M. 59 Pli 8

4 ch. Saint-James 6 km. Mont Saint-Michel 18 km. Avranches 12 km. Isabelle et Christian vous accueillent dans leur ferme et vous proposent au 1er étage : 1 chambre. 2e étage : 3 chambres dont 1 familiale. Salles d'eau et wc privés. Coin-cuisine réservé aux hôtes. Entrée indépendante. Vue sur plan d'eau et jardin d'agrément. Ferme-auberge à 3 km. Réduction de 10 % sur réservation de plus de 4 nuits sauf en août. 4 pers. : 53 €. Accès par la D998 puis D566, direction Saint-Senier-de-Beuvron. Langue parlée : anglais.

Prix : 1 pers. 29 € ◆ 2 pers. 36/38 € ◆ 3 pers. 45 € ◆ pers. sup. 9 €
Ouvert : Toute l'année.

🐕	〰️	⛵	🏇	🏊	🎣	🎾	🚶	🚌	⛳
	20	6	13	12	3	4	6	13	6

Christian et Isabelle FARDIN - Ferme du Grand Rouet - 50220 JUILLEY - Tél. : 02 33 60 65 25 - Fax : 02 33 60 02 70 -
E-mail : C.fardin@wanadoo.fr - http ://perso.wanadoo.fr/christian.fardin

JUILLEY Le Rocher

2 ch. Mont Saint-Michel 16 km. Avranches 12 km. Venez profiter du calme de la campagne dans une maison récente, agrémentée d'un jardin fleuri. Depuis les chambres situées au 1er étage, vous pourrez apprécier la vue sur le Mont et Tombelaine : 2 chambres (1 lit 2 pers. 2 lits 1 pers.) avec 1 douche, 1 cabinet de toilette et 1 wc à l'usage exclusif des hôtes. Accès coin-salon avec cheminée à disposition. Vue sur le Mont Saint-Michel et Tombelaine. Accès par la D998 puis D566 direction Crollon ou D107 dir. Crollon. Restaurants à 1 km.

Prix : 1 pers. 23 € ◆ 2 pers. 32 € ◆ pers. sup. 10 €
Ouvert : Toute l'année.

🐕	〰️	⛵	🏇	🏊	🎣	🎾	🚶	🚌	⛳
	20	10	8	12	13	6	7	10	13	1

André et Colette ORVAIN - 7, route du Rocher - 50220 JUILLEY - Tél. : 02 33 60 65 18

JUVIGNY-LE-TERTRE Le Logis
(TH) *C.M. 59 Pli 9*

3 ch. Mortain 7 km. Moulin de la Sée 6 km. Musée de Ger 15 km. Marylène vous accueille dans sa ferme du XVIIe siècle. 2 ch. aménagées dans un ancien pigeonnier : r.d.c. : 1 ch. 2 pers., s. d'eau et wc privés. A l'ét. : 1 ch. familiale avec s. d'eau et wc privés. Séjour/coin-cuisine. Entrées indép. 1 ch. familiale à l'étage de la maison du prop. avec s. d'eau et wc privés. Table d'hôtes sur réservation. Escalade 7 km. Marylène vous fera découvrir ses confitures maison et les produits du terroir. Vélos à disposition. 4 pers. : 53 €. Réduction de 1 € pour séjour de plus de 4 nuits. Repas enfants : 8 €. Langue parlée : anglais.

Prix : 1 pers. 30 € ◆ 2 pers. 37 € ◆ 3 pers. 45 € ◆ pers. sup. 8 € ◆ repas 12 €
Ouvert : Toute l'année.

🐕	〰️	⛵	🏇	🏊	🎣	🎾	🚶	🚌	⛳
35	20	6	7	20	1	2	3	28	2

Marylène FILLATRE - Le Logis - 50520 JUVIGNY-LE-TERTRE - Tél. : 02 33 59 38 20 - Fax : 02 33 59 38 20 -
E-mail : FILLATRE.CLAUDE@wanadoo.fr

LAMBERVILLE Le Château
C.M. 54 Pli 14

3 ch. Saint-Lô 17 km. Elisabeth et François de Brunville vous accueillent dans la propriété de leurs ancêtres. A l'ét. : 3 ch. spacieuses (dont 2 avec grands lits) avec salles d'eau et wc privés, vue sur le parc et l'étang. Séjour avec cheminée et cuisine à l'usage exclusif des hôtes. Entrée indépendante. Chasse à la journée, étang sur place. Equipement bébé, vélos à disposition. Entre le Mont-Saint-Michel et les plages du débarquement. Pêche et promenade en barque : sur place. Canoë-Kayak 12 km.

Prix : 1 pers. 41 € ◆ 2 pers. 49 € ◆ pers. sup. 13 €
Ouvert : Du 1er mars au 30 novembre.

🐕	〰️	⛵	🏇	🏊	🎣	🎾	🚶	🚌	⛳
45	45	15	17	40	SP	7	SP	17	9

Elisabeth et François DE BRUNVILLE - Le Château - 50160 LAMBERVILLE - Tél. : 02 33 56 15 70 ou 06 80 40 96 02 -
Fax : 02 33 56 35 26

LESSAY La Montagne

2 ch. Coutances 20 km. Christian et Michelle vous accueillent dans leur maison située en bordure des marais. A l'étage : 1 chambre (1 lit 2 pers.) et 1 chambre (1 lit 2 pers. 1 lit 1 pers.), salle d'eau et wc à l'usage exclusif des hôtes. Poss. 1 chambre annexe (2 pers.) non communicante. Lit bébé à disposition. Accès : D138. 4 pers. : 64 € si utilisation de l'annexe. Restaurants 8 km. Langue parlée : anglais.

Prix : 1 pers. 27 € ◆ 2 pers. 32/36 € ◆ 3 pers. 40 € ◆ pers. sup. 12 €
Ouvert : Toute l'année.

🐕	〰️	⛵	🏇	🏊	🎣	🎾	🚶	🚌	⛳
	7	20	20	SP	2	SP	20	2

Christian et Michelle THOMAS - La Montagne - 50430 LESSAY - Tél. : 02 33 46 37 76 - Fax : 02 33 46 37 76 -
E-mail : cm.thomas@libertysurf.fr - http ://perso.libertysurf.fr/chambre_hôte_thomas

Manche — Normandie

LESSAY
C.M. 59 Pli 12

3 ch. A proximité du bourg, dans une maison récente, 2 chambres à l'étage (1 lit 2 pers.) avec salles d'eau et wc privés dont 1 avec annexe non communiquante (1 lit 2 pers.). Kitchenette à l'usage exclusif des hôtes. Centre ville à 300 m (restaurants). 4 pers. : 61 €.

Prix : 1 pers. **29 €** 2 pers. **35/38 €** 3 pers. **56 €** pers. sup. **12 €**
Ouvert : Toute l'année.

🐕	≈	⛵	🐬	🎾	🚲	🚂
	8	25	20	0,3	20	0,3

Daniele BOULLAND - 15, rue Gaslonde - 50430 LESSAY - Tél. : 02 33 46 04 84 ou 06 89 06 05 08

LIEUSAINT
C.M. 54 Pli 12

5 ch. Valognes 5 km. Plages du Débarquement 25 km. Venez séjourner dans une demeure chargée d'histoire régionale. 5 ch. (15 pers.) à l'étage, dont 1 familiale et 1 avec annexe. Salle d'eau et wc particuliers pour chaque chambre. Entrée indépendante. Ch. élect. Cuisine aménagée, salle de séjour avec cheminée réservées aux hôtes. Bicyclette et jeux sur place. Restaurants 5 km. 4 pers. : 55 €. Accès : D2, direction Saint-Sauveur le Vicomte.

Prix : 1 pers. **31 €** 2 pers. **36 €** 3 pers. **46 €**
Ouvert : Toute l'année.

🐕	≈	⛵	🐎	⛳	🏊	👥	🎾	🚂	🚲
	16	16	15	5	16	0,3	5	2	5	5

André et Ghislaine MOUCHEL - Le Haut Pitois - 50700 LIEUSAINT - Tél. : 02 33 40 19 92

LINGREVILLE Blanchepré

3 ch. Granville 15 km. Toute blanche au milieu d'un jardin paysagé la maison récente de Christine et Thierry se distingue par son style. Au r.d.c. donnant sur le jardin, 1 ch. (1 lit 2 pers.) avec une annexe (2 lits 1 pers.). A l'étage : 2 ch. personnalisées (1 lit 2 pers.). S.d.b. ou s. d'eau et wc privés. Cuisine à la disposition des hôtes. 4 pers. : 50 €. Espace jeux et équipement bébé. Restaurants 3 km. Accès : D20 puis D220 vers la plage de Lingreville. Langues parlées : anglais, allemand.

Prix : 1 pers. **30 €** 2 pers. **30 €** 3 pers. **42 €** pers. sup. **10 €**
Ouvert : Toute l'année.

🐕	≈	⛵	🐎	⛳	🏊	👥	🎾	🚂	🚲
	1,5	3	3	15	10	6	3	1	15	3

Christine et Thierry GAUTIER - Blanchepré, Village Hue - 7, rue des Chouers - 50660 LINGREVILLE - Tél. : 02 33 07 91 24 ou 06 82 75 49 89 - E-mail : blanchepre@chez.com - www.chez.com/blanchepré

LINGREVILLE Village Beaumont
C.M. 54 Pli 12

2 ch. Bréhal 5 km. A l'étage d'une maison restaurée : 1 chambre avec annexe (4 pers.), salle de bains et wc privés et 1 chambre (3 pers.), salle d'eau et wc privés. 4 pers. : 53 €. Vente de produits fermiers et soirées à thème en saison à proximité. Grand salon à disposition des hôtes.

Prix : 2 pers. **32 €** 3 pers. **44/46 €**
Ouvert : Toute l'année.

🐕	≈	⛵	🐎	⛳	🏊	👥	🎾	🚂	🚲
	4	5	15	10	10	3	5	4	10	1,5

Marie LEHALLAIS - 3, rue de Beaumont - 50660 LINGREVILLE - Tél. : 02 33 47 53 41

LINGREVILLE La Guerinière
C.M. 54 Pli 12

2 ch. Granville 15 km. Dans une maison récente en granit. R.d.c. : 1 chambre (1 lit 2 pers.), salle de bains et wc privés. A l'étage : 1 chambre (1 lit 2 pers.) avec poss. d'une annexe (2 pers.), salle d'eau et wc privés. Chauffage central. Restaurant 1 km. Entrée indépendante.

Prix : 1 pers. **25/26 €** 2 pers. **28/29 €** pers. sup. **8 €**
Ouvert : De Pâques à la Toussaint.

🐕	≈	⛵	🐎	⛳	🏊	👥	🎾	🚂	🚲
	2	4	3	12	10	5	2	1	5	2

Marcelle FRANCOIS - La Guerinière - 9, route des Long Bois - 50660 LINGREVILLE - Tél. : 02 33 47 54 72

LOLIF Les Fontaines

C.M. 59 Pli 8

2 ch. Avranches 5 km. Dans la vallée de la Braize, Solange et Louis vous attendent dans leur ferme laitière. 2 chambres d'hôtes (5 pers.) sont aménagées à l'étage, avec salles d'eau et wc privés. Entrée indépendante. Cuisine à l'usage exclusif des hôtes.

Prix : 1 pers. **24 €** 2 pers. **30 €** 3 pers. **38 €** pers. sup. **8 €**
Ouvert : Toute l'année.

🐕	≈	🐎	🎾	👥	🚂	🚲
	10	5	5	2	SP	5	2

Solange LEFEUVRE - 1, les Fontaines - 50530 LOLIF - Tél. : 02 33 58 05 40 ou 06 84 77 21 18

Normandie   Manche

LOLIF   C.M. 59 Pli 8

2 ch. Avranches 7 km. Baie du Mont Saint-Michel 7 km. Granville 22 km. Au 2e étage, 2 chambres (chacune avec 1 lit 2 pers. 1 lit 1 pers.), salles d'eau et wc privés attenants. Possibilité d'une petite chambre complémentaire (1 lit 1 pers.). Avec belle vue dégagée sur une campagne vallonnée, cette maison en pierres et granit, entièrement rénovée, est bien située pour la découverte des nombreux sites touristiques alentours. 4 pers. : 47 €.

Prix : 1 pers. 24 € 2 pers. 32/37 € 3 pers. 40/43 € pers. sup. 4 €
Ouvert : Toute l'année.

8	22	8	7	2	2	7	5

Marie-Noëlle et Antoine YGER - 2, la Mazure - 50530 LOLIF - Tél. : 02 33 58 61 36 - Fax : 02 33 58 61 36

LOLIF La Gaspaillere   C.M. 59 Pli 8

1 ch. Avranches 4 km. Entre le Mont Saint-Michel et Granville, Michelle et Daniel vous recevront dans leur ferme laitière et d'élevage. 1 ch. à l'étage, avec annexe (1 lit 2 pers., 2 lits 1 pers.), s. d'eau et wc privés. Salle de séjour avec coin-salon à la disposition des hôtes. Entrée indépendante. Chauffage central. Restaurants 4 km. 49 €/4 pers.

Prix : 1 pers. 23 € 2 pers. 26/38 € 3 pers. 38/46 €
Ouvert : Toute l'année.

10	10	5	4	5	2	SP	4	4

Michelle LECOMPAGNON - La Gaspaillere - 50530 LOLIF - Tél. : 02 33 58 04 49

LOLIF La Turgotière   C.M. 59 Pli 8

3 ch. Avranches 7 km. Dans un cadre de calme et de verdure, Thérèse et Michel vous accueillent dans leur maison de construction récente. 2 ch. de 2 pers. au rez-de-chaussée et 1 ch. avec une annexe (2 + 2 pers.) à l'étage. Salles d'eau et wc privés. Chauffage central. Restaurant 6 km. 4 pers. 50 €. Remise de 10 % à partir de la 2e nuit.

Prix : 1 pers. 25 € 2 pers. 30 € 3 pers. 40 € pers. sup. 8 €
Ouvert : Toute l'année.

10	25	10	6	2	3	3	6	4

Thérèse et Michel LERIVRAY - 1, la Turgotière - 50530 LOLIF - Tél. : 02 33 58 04 38

LONGUEVILLE Le Halot   C.M. 59 Pli 7

2 ch. Granville 4 km. Dans une maison récente, 2 chambres d'hôtes (1 lit 2 pers. chacune), aménagées à l'étage avec salles d'eau et wc privés. Bowling à 2 km. Les chambres harmonieusement décorées dans des tons très doux et le confort douillet vous apporteront la détente espérée... Restaurant 1 km. Réduction de 10 F sur le prix 2 pers. à partir de la 3e nuit.

Prix : 1 pers. 27 € 2 pers. 32 € pers. sup. 8 €
Ouvert : Toute l'année.

2	5	2	3	1	1	2	SP	3	2

Dominique MARIE - 172, chemin du Halot - 50290 LONGUEVILLE - Tél. : 02 33 50 26 85 - Fax : 02 33 51 73 10

LONGUEVILLE Château de Longueville   C.M. 59 Pli 7

3 ch. Granville (thalasso., casino...) 4 km. Mont Saint-Michel 60 km. Au 1er étage : 1 ch. (2 lits 1 pers.), 1 suite (ch. + salon : 1 lit 2 pers. 1 lit 1 pers.). Au 2e étage : 1 grande suite (2 ch. + salon : 1 lit 2 pers. 2 lits 1 pers.). Belles salles de bains spacieuses dont 1 avec jacuzzi, hammam et hydro-massage, wc privés. Chambres non fumeur. Accès : D971, axe Granville-Coutances. Restaurant 4 km. (suite du 2e étage : 122 €.) Cette demeure authentique du XVIIIe siècle, avec parc et plans d'eau vous offre un cadre prestigieux pour la détente. La décoration intérieure à la fois raffinée et gaie, les équipements de confort moderne favoriseront votre bien-être. Villedieu-les-Poêles : cité du cuivre, fonderie de cloches.

Prix : 1 pers. 76 € 2 pers. 76/99 € 3 pers. 91 € pers. sup. 15 €
Ouvert : Toute l'année.

2	4	2	4	2	SP	2	2	4	2

Ludovic et Sandrine BOUCHART - Le Château de Longueville - 50290 LONGUEVILLE - Tél. : 02 33 50 66 60

LE LOREUR La Mazardière   C.M. 59 Pli 8

2 ch. Bréhal 7 km. A la ferme et au calme. 1 ch. (1 lit 2 pers. 1 lit 1 pers.), 1 ch. (1 lit 2 pers. + 2 lits 1 pers. en annexe), 2 salles d'eau et 1 wc à l'usage exclusif des hôtes. Tarif 4 pers. : 40 €. Lit d'appoint : 8 €.

Prix : 1 pers. 23 € 2 pers. 27 € 3 pers. 33 € pers. sup. 8 €
Ouvert : Toute l'année.

12	12	10	18	2	3	1	12	5

Jean AUVRAY - La Mazardière - 50510 LE LOREUR - Tél. : 02 33 61 30 02

LA LUCERNE-D'OUTREMER Le Clos Saint-Gilles

1 ch. Avranches 13 km. Abbaye de la Lucerne 2 km. Val St-Père 10 km. Dans une maison récente, 1 chambre à l'étage avec salle de bains et wc privés avec 1 chambre complémentaire non communicante. 4 pers. : 56 €. Sentiers de randonnées en forêt à proximité. Auberge à 300 m. Accès : à la sortie du bourg, direction Saint-Ursin.

Prix : 1 pers. 26 € 2 pers. 33 € 3 pers. 52 €
Ouvert : Toute l'année.

10	12	12	13	13	0,5	0,2	7	3

Marcel et Bernadette GAZENGEL - 1, rue du Parc - 50320 LA LUCERNE-D'OUTREMER - Tél. : 02 33 61 50 06 - Fax : 02 33 51 60 13

Manche
Normandie

MACEY La Pommeraie
C.M. 59 Pli 8

🍴🍴 4 ch. **Mont Saint-Michel 18 km. Avranches 15 km.** Venez séjournez au calme de la campagne, dans une maison récente entourée d'un jardin arboré. R.d.c. : 2 ch. (1 lit 2 pers.), salle de bains ou salle d'eau et wc privés. A l'étage : 1 ch. (1 lit 2 pers.), 1 ch. (2 lits 1 pers.), salles de bains et wc privés. Séjour réservé aux hôtes. Accès : RN175, puis suivre fléchage « La Pommeraie ». Restaurants 3 km.

Prix : 1 pers. **26 €** 2 pers. **35/38 €** pers. sup. **9 €**
Ouvert : De Pâques à la Toussaint.

🐕	≈	⛵	🏇	🏊	🎣	🏸	🎾	🚶	🚉
	30	25	10	16	18	SP	10	SP	9	9

Sonia LETERTRE - Village Demanche - La Pommeraie - 50170 MACEY - Tél. : 02 33 60 16 50 - Fax : 02 33 60 16 50

MACEY Les Chaliers
C.M. 54 Pli 8

🍴 1 ch. **Mont Saint-Michel 10 km. Baie du Mont St-Michel 5 km.** 1 chambre de 2 pers. à l'étage avec salle de bains à l'usage exclusif des hôtes. Chauffage central. Randonneurs équestres acceptés. Chevaux sur place. Accès : carrefour D80/D200. Restaurants 1.5 km.

Prix : 1 pers. **24 €** 2 pers. **35 €** pers. sup. **9 €**
Ouvert : Toute l'année.

🐕	≈	⛵	🏇	🏊	🎣	🏸	🎾	🚶	🚉
	30	10	4	15	15	6	5	6	6

Augustine DUGUEPEROUX - 5, les Chaliers - 50170 MACEY - Tél. : 02 33 60 01 27

MARCEY-LES-GREVES Le Château
C.M. 59 Pli 8

🍴🍴 3 ch. Grande maison reconstruite dans les années 60 sur un ancien château du XVII° siècle, entourée d'un parc. A l'étage : 1 ch. (1 lit 2 pers.), salle d'eau et wc privés, 1 ch. (1 lit 2 pers.), salle d'eau privée, 1 ch. (2 lits 1 pers.), salle d'eau privée, 1 wc commun aux 2 chambres. Cuisine à l'usage exclusif des hôtes.

Prix : 1 pers. **27/30 €** 2 pers. **33/37 €** pers. sup. **8 €**
Ouvert : Toute l'année.

🐕	≈	⛵	🏇	🏊	🎾	🚶	🚉
	18	16	5	3	3	2	3

Eugène et Huguette TURGOT - Le Château - 50300 MARCEY-LES-GREVES - Tél. : 02 33 58 08 65

MARCHESIEUX Les Fontaines
C.M. 54 Pli 12

🍴 3 ch. **Plages du Débarquement 25 km.** 3 chambres d'hôtes aménagées dans une ancienne ferme restaurée. 1 chambre 2 pers. au rez-de-chaussée avec salle d'eau privée, 2 chambres à l'étage. (1 de 3 et 1 de 4 pers.) 1 salle d'eau et wc à l'usage exclusif des hôtes. Entrée indépendante. Cuisine, salle à manger à disposition des hôtes. Chauffage central. Restaurant, parc de loisirs 3 km. 4 pers. 36 €. Accès : D900 puis D94 à 2 km du bourg, direction le Mesnil. Langue parlée : anglais.
CV

Prix : 1 pers. **15 €** 2 pers. **27 €** 3 pers. **32 €**
Ouvert : Toute l'année.

🐕	≈	🏇	🏊	🎣	🏸	🎾	🚶	🚉
	20	5	20	3	2	3	SP	15	6

Michel et Anne LAISNEY - 2, les Fontaines - 50190 MARCHESIEUX - Tél. : 02 33 46 57 92

MARIGNY Saint-Léger
C.M. 54 Pli 13

🍴🍴🍴 2 ch. Micheline et Jean sont heureux de vous accueillir dans leur maison de caractère, située au cœur de la Manche. Les amateurs de promenades à pied apprécieront les petits chemins ombragés et plein de charme qui partent directement du jardin, lui-même très fleuri et idéal pour se détendre avec son salon de jardin et barbecue. Au r.d.c., 1 chambre (1 lit 2 pers.) accessible aux personnes handicapées avec aide. A l'étage, 1 chambre (1 lit 2 pers. et 1 lit convertible). Salles d'eau et wc privés. Pers. supp. : 8 €. Restaurant 5 km.
CV

Prix : 1 pers. **29 €** 2 pers. **35 €** pers. sup. **8 €**
Ouvert : Toute l'année.

🐕	≈	⛵	🏇	🏊	🎣	🏸	🎾	🚶	🚉
	25	25	13	10	15	2	2	SP	10	2

Jean et Micheline LEPOITTEVIN - St-Léger - Route de Coutances - 50750 QUIBOU - Tél. : 02 33 57 18 41 ou 06 18 93 47 95 - Fax : 02 33 57 18 41

MARIGNY L'Epinette
C.M. 54 Pli 13

🍴🍴🍴 1 ch. **Saint-Lô 13 km.** Simone et Jacques vous accueillent dans leur grande maison. 1 chambre spacieuse 2 pers. à l'étage avec chambre complémentaire 2 pers. non communicante. Salle de bains et wc privés. Accès : D29, direction Carentan. Prix 4 pers. : 58 €.

Prix : 1 pers. **27 €** 2 pers. **33 €** 3 pers. **49 €** pers. sup. **8 €**
Ouvert : Toute l'année.

🐕	≈	⛵	🏇	🏊	🎣	🏸	🎾	🚶	🚉
	25	25	12	12	SP	SP	SP	12	SP

Jacques et Simone DUPONT - L'Epinette - 20, route de Carentan - 50570 MARIGNY - Tél. : 02 33 55 17 91

MARIGNY Le Val Moulin
C.M. 54 Pli 13

🍴🍴 2 ch. A l'étage : 1 ch. avec annexe (2 x 2 pers.), salle de bains et wc privés. Dans un bâtiment indépendant, 1 ch. à l'étage avec salle d'eau et wc privés, 1 salle de séjour/coin-cuisine. Chauffage électrique. Bicyclettes, pêche, chasse sur place. Produits fermiers sur place. Restaurant 2 km.
CV

Prix : 1 pers. **20/23 €** 2 pers. **30/33 €** 3 pers. **38 €** pers. sup. **8 €**
Ouvert : Toute l'année.

🐕	≈	⛵	🏇	🏊	🎣	🏸	🎾	🚶	🚉
	25	25	13	15	25	0,5	1	SP	11	1

Jean et Annick HULMER - 2, le Val Moulin - 50570 MARIGNY - Tél. : 02 33 55 19 63 - Fax : 02 33 55 19 63

Normandie — Manche

LE MESNIL-AUBERT — Ferme de la Peurie
C.M. 54 Pli 12

4 ch. **Gavray 4 km.** Bienvenue à la campagne, dans un environnement reposant, Rémy et Antoinette vous accueillent dans leur ferme restaurée. A l'étage : 2 ch. (1 lit 2 pers.), 1 ch. (2 lits 1 pers.), s. d'eau et wc privés. 1 ch. très spacieuse (1 lit 2 pers. à baldaquin + 1 lit 1 pers. en mezzanine), s. d'eau (douche hydro-massage) et wc. Salle de séjour à l'usage exclusif des hôtes. Accès : à 800 m de la D7 Coutances (dir. Coutances - Villedieu-les-Poêles).

Prix : 1 pers. 28/39 € — 2 pers. 31/43 € — pers. sup. 9 €
Ouvert : Toute l'année.

🐕	≋	⛵	🐎	🤸	🏊	🎾	🚶	🏛	🚂
	12	12	5	12	12	SP	5	SP	10	2

Antoinette DAVENEL - Ferme de la Peurie - 4, rue du Calvaire - 50510 LE MESNIL-AUBERT - Tél. : 02 33 51 96 31

LE MESNIL-GILBERT — La Motte
(TH) *C.M. 59 Pli 9*

5 ch. **Mortain 14 km. Ger 15 km. Villedieu-les-Poêles 25 km.** Bienvenue à la ferme de la Motte où Anne et Agnès vous accueillent. Venez vivre un séjour reposant et convivial. Paysage vallonné, idéal pour toutes randonnées. 1er ét. : 2 ch. avec s. d'eau et wc privés et 1 ch. avec douche, wc au r.d.c. (8 pers.). 2e ét. : 2 ch. 3 pers. avec s. d'eau et wc privés. Séjour/coin-cuisine à l'usage exclusif des hôtes. Entrée indép. A mi-chemin du Mont Saint-Michel et de la Suisse Normande. Réduction 10 % pour séjour de + de 4 jours. Terrain de boules, ping-pong. Four à pain. Table d'hôtes sur réservation. 4 pers. : 50 €. Repas enfant : 7 €. Accès : sur la D911 entre Brecey et Sourdeval. Langue parlée : anglais.

Prix : 1 pers. 26/27 € — 2 pers. 30/35 € — 3 pers. 43 € — pers. sup. 8 € — repas 12 €
Ouvert : Toute l'année.

🐕	≋	⛵	🐎	🤸	🏊	🎾	🚶	🏛	🚂
	45	50	8	8	18	0,3	8	2	25	4

Anne et Agnès LEMARCHANT - La Motte - 15, route du Moulin - 50670 LE MESNIL-GILBERT - Tél. : 02 33 59 83 09 - Fax : 02 33 69 45 46 - E-mail : lemarchant@wanadoo.fr

---

LE MESNIL-ROGUES — La Pinotière
C.M. 59 Pli 8

4 ch. **Granville 15 km.** 4 chambres (3 de 2 pers. 1 de 3 pers.) à l'étage avec salle de bains ou salle d'eau et wc privés. Entrée indépendante. Séjour et cuisine à l'usage exclusif des hôtes. Ping-pong, salle de billard. Réduction de 10 % à partir de 7 nuits. Sur la D7, prendre le Mesnil-Rogues et suivre fléchage. Vous recherchez le calme, vous aimez les randonnées à travers les chemins boisés et les vallons, vous voulez découvrir la vie de la campagne avec des chèvres : Etiennette vous invite à passer un agréable séjour dans sa petite ferme au milieu des animaux où vous pourrez déguster son fromage. Langue parlée : anglais.

Prix : 1 pers. 26 € — 2 pers. 30 € — 3 pers. 38 € — pers. sup. 8 €
Ouvert : Toute l'année.

🐕	≋	⛵	🐎	🤸	🏊	🎾	🚶	🏛	🚂
	15	15	10	12	15	SP	5	SP	5	5

Etiennette LEGALLAIS - La Pinotière - 50450 LE MESNIL-ROGUES - Tél. : 02 33 61 38 98.

LE MESNIL-VILLEMAN — L'Orail
C.M. 59 Pli 8

1 ch. **Granville 20 km. Villedieu-les-Poêles 10 km.** R.d.c. avec entrée indépendante : 1 chambre (1 lit 2 pers. 1 lit gigogne pour 1 ou 2 enfants), salle d'eau et wc. Petit séjour avec cheminée et coin-cuisine réservés aux hôtes. Garage et vélos à disposition. Chauffage électrique. Dans un cadre reposant avec un grand jardin fleuri, à proximité de la forêt de Gavray. Restaurants 5 km. Colette et Jean vous accueillent dans leur maison en pierres, ancienne ferme entièrement restaurée. Ils vous raconteront avec plaisir une page de son histoire familiale mais aussi celle de l'agriculture locale au siècle dernier. 6e nuit gratuite pour une location de plusieurs jours.

Prix : 1 pers. 27 € — 2 pers. 32 € — pers. sup. 11 €
Ouvert : Toute l'année.

🐕	≋	⛵	🐎	🤸	🏊	🎾	🚶	🏛	🚂
	20	20	4	20	20	5	2	10	5

Jean et Colette FAUCON - l'Orail - 50450 LE MESNIL-VILLEMAN - Tél. : 02 33 61 75 96

LA MEURDRAQUIERE — La Grenterie
C.M. 59 Pli 8

3 ch. Venez apprécier le bocage normand à quelque minutes de la mer. Delphine et Bruno vous accueille dans leur ferme du 17e siècle, pour un séjour convivial et vous proposent 3 ch spacieuses à l'étage : La mille fleurs (2 lits 1 pers), la capucine (baldaquin 160), wc, lavabos, douche privés. La cosmos (1 lit 2 pers + 1 lit 1 pers), possibilité de lit supp : 11 €, salle d'eau et WC privés. Cuisine et séjour avec cheminée à disposition de vos hôtes. Entrée indépendante. Réduction de 10 % au delà de 5 jours (hors vacances scolaires). Restaurants 2 km. Langue parlée : anglais.

Prix : 1 pers. 35 € — 2 pers. 40/43 € — 3 pers. 56 € — pers. sup. 11 €
Ouvert : Toute l'année.

🐕	≋	⛵	🐎	🤸	🏊	🎾	🚶	🏛	🚂
	14	15	9	15	10	9	0,5	SP	6	3

Bruno et Delphine VASTEL - La Grenterie - 10, route de St-Martin - 50510 LA MEURDRAQUIERE - Tél. : 02 33 90 26 45 ou 06 81 47 51 78 - Fax : 02 33 90 45 85

LA MEURDRAQUIERE — La Pouperie
C.M. 59 Pli 8

1 ch. **Granville 15 km** : musées, thalassothérapie, casino. Marie-José et Albert vous ouvrent les portes de leur maison typique de XIXe siècle. Vous y apprécierez le confort d'une chambre spacieuse aménagée à l'étage (2 pers.) avec salle de bains (douche balnéo) et wc privés. Accès par le D35.

Prix : 1 pers. 30 € — 2 pers. 35 € — pers. sup. 8 €
Ouvert : Toute l'année.

🐕	≋	⛵	🐎	🤸	🏊	🎾	🚶	🏛	🚂
	15	15	10	15	2	SP	6	6

Marie-José et Albert VASTEL - 4, la Pouperie - 50510 LA MEURDRAQUIERE - Tél. : 02 33 61 31 44

Manche

Normandie

LA MEURDRAQUIERE Ferme de la Butte
C.M. 59 Pli 8

3 ch. **Bréhal 9 km. Granville ou Villedieu 15 km.** 1 chambre 2 pers. accessible aux pers. handicapées, au r.d.c. et 2 chambres à l'étage : 1 ch. 2 pers. 1 ch. 3 pers. Salles d'eau et wc privés. Salle de séjour cuisine à l'usage exclusif des hôtes. Entrée indépendante. Coin-cuisine en mezzanine. Vente de produits cidricoles sur place, visite du verger, de la cave et dégustation gratuite. Circuit de la « Route du Cidre ». Réduction de 5 % à partir de 5 nuits. Restaurants 2 km. Zoo de Champrépus 8 km.

Prix : 1 pers. 27 € 2 pers. 32/36 € 3 pers. 40 € pers. sup. 8 €
Ouvert : Toute l'année.

15	20	9	15	15	SP	2	SP	6	5

Roland et M-Thérèse VENISSE - Ferme de la Butte - 14 rue St-Martin - 50510 LA MEURDRAQUIERE - Tél. : 02 33 61 31 52 ou 06 84 19 78 93 - Fax : 02 33 61 17 64

MONTBRAY Le Siquet
C.M. 59 Pli 9

2 ch. 1 chambre (1 lit 2 pers., 1 lit 1 pers.) au r.d.c. avec entrée indépendante, salle d'eau et wc privés. 1er étage : 1 chambre (1 lit 2 pers.) avec annexe non communicante située au 2e étage (2 lits 1 pers.), salle d'eau privée. 4 pers. 38 €. Supplément animaux 4 €. Restaurants entre 3 et 10 km. Atelier du cuivre, fonderie de cloches, maison de l'étain, musée du meuble Normand à Villedieu les Poêles.

Prix : 1 pers. 21 € 2 pers. 27 € 3 pers. 31/33 € pers. sup. 4 €
Ouvert : Toute l'année.

30	30	7	10	2	7	SP	12	2	

Aime VIOLET - Le Siquet - 50410 MONTBRAY - Tél. : 02 33 61 97 28

MONTCHATON Le Quesnot
C.M. 54 Pli 12

3 ch. **Coutances 6 km.** Au 1er étage d'un bâtiment indépendant comprenant également un séjour où vous pourrez savourer vos petits déjeuners et vous détendre. 3 ch. (1 lit 2 pers.), s. d'eau et wc privés attenants. Jolie propriété en pierres agrémentée d'un grand jardin paysager, à proximité d'un village traditionnel de la région. Depuis sa petite église perchée sur la colline, vous apprécierez les couleurs et les courbes douces de la campagne environnante. Accès, du Pont de la Roque, D72, à l'entrée du bourg. Canoë-kayak 0,5 km. Restaurants 1 km.

Prix : 1 pers. 35 € 2 pers. 40 €
Ouvert : De Pâques à la Toussaint.

4	6	6	6	1	4	SP	6	3	

Jacques et Ginette GERMANICUS - Le Quesnot - 3, rue du Mont César - 50660 MONTCHATON - Tél. : 02 33 45 05 88

MONTFARVILLE Le Manoir
C.M. 54 Pli 3

3 ch. **Barfleur 800 m.** Venez à la rencontre de l'histoire du cotentin, dans un manoir du XVIe siècle restauré, face à la mer et situé sur une motte féodale, faites comme jadis les Ducs de Normandie étape à Montfarville. Au r.d.c. : 1 ch. avec annexe (2 + 1 pers.), salle d'eau et wc privés. A l'étage : 1 ch. (1 lit 2 pers.), salle d'eau et wc privés. Chauffage central. Entrée indépendante.

Prix : 1 pers. 40 € 2 pers. 50/55 € 3 pers. 65 €
Ouvert : Toute l'année.

0,3	0,8	8	25	25	0,8	0,3	29	0,8	

Claudette GABROY - Le Manoir - 50760 MONTFARVILLE - Tél. : 02 33 23 14 21

MONTGARDON Le Mont Scolan
C.M. 54 Pli 12

4 ch. **La Haye-du-Puits 3 km.** Entre mer et campagne, Yves et Nicole vous accueillent dans leur ferme en activité. 2 ch. (4 pers.) à l'étage avec s. d'eau et wc privés. Séjour à disposition des hôtes. Entrée indépendante. Dans un batiment indépendant, 2 ch. (6 pers.) au r.d.c. dont 1 avec 2 lits en mezzanine, s. d'eau et wc privés. Table d'hôtes sur réservation. Repas enfant : 7 €. Supplément pour animal : 3 €. Salle de jeux, babyfoot, billard.

Prix : 1 pers. 29 € 2 pers. 35 € pers. sup. 11 € repas 13 €
Ouvert : Toute l'année.

6	14	2	25	11	3	2	29	2	

Yves et Nicole SEGUINEAU - Le Mont Scolan - 50250 MONTGARDON - Tél. : 02 33 46 11 27

MONTHUCHON Village de L'Eglise
C.M. 54

2 ch. **Coutances, ville d'art et d'histoire 4 km.** L'escalier de pierres vous conduira au 1er étage à 1 ch. spacieuse (1 lit 2 pers. 1 lit 1 pers.), s.d.b. et wc privés attenants. 1 ch. 2 épis (1 lit 2 pers. 1 lit bébé), s. d'eau et wc privés sur le palier. Séjour et salon à disposition des hôtes. Restaurant à proximité immédiate. Salon de jardin. Accès : sur la D971, entre Coutances et Saint-Sauveur-Lendelin. Claudine et Roger vous ouvrent les portes de ce manoir du XVIIe siècle, situé aux pieds de la petite église du village et qui fut autrefois utilisé comme presbytère. La décoration intérieure charmera les amateurs de meubles anciens et objets anciens ainsi que les nostalgiques du passé.

Prix : 1 pers. 27/30 € 2 pers. 35/38 € 3 pers. 46 € pers. sup. 11 €
Ouvert : Toute l'année.

10	10	4	6	10	5	SP	5	2	

Claudine SALIORD - Le Village de l'Eglise - 50200 MONTHUCHON - Tél. : 02 33 07 91 95

Normandie — Manche

MONTMARTIN-EN-GRAIGNES Village Monceaux
C.M. 54 Pli 13

2 ch. **Plages et musées du Débarquement 15 km.** Dans une maison récente, 2 chambres (4 pers.), entrée indépendante, situées à l'étage. Salle d'eau et wc à l'usage exclusif des hôtes. Chauffage central. Produits fermiers sur place. Accès : N174. Possibilité de pique-nique. Restaurants à 1 km. Camping rural sur la propriété. Réduction de 1 €/ch./nuit pour séjour de plus de 3 nuits (sauf juillet et août).

Prix : 1 pers. **26 €** 2 pers. **33 €** pers. sup. **5 €**
Ouvert : De Pâques à la Toussaint.

15	7	14	8	4	8	1	7	2

Louis DUVAL - Village Monceaux - RN174 - 50620 MONTMARTIN-EN-GRAIGNES - Tél. : 02 33 56 84 87

MONTVIRON Le Manoir de la Croix
C.M. 59 Pli 8

4 ch. **Granville (casino, thalasso., départ pour Chausey, etc...) 16 km.** Patrice Wagner a aménagé 2 suites au 1er étage, « Rebecca » et « Marie-Louise » avec son lit à baldaquins (1 lit 2 pers. 1 lit 1 pers.), terrasses privées, et 2 ch. romantiques au 2e étage, « Eugénie » et « Pauline » (1 lit 2 pers.). Salles de bains et wc privés. Chambres non fumeur. La situation exceptionnelle dans la Baie du Mont Saint-Michel, fait de ce manoir du XIXe siècle l'étape idéale pour apprécier à la fois les plaisirs de la mer et la visite des sites remarquables de la région. Accès : D973, entre Granville et Avranches. Langue parlée : anglais.

Prix : 1 pers. **43/46 €** 2 pers. **49/65 €** 3 pers. **79 €** pers. sup. **12 €**
Ouvert : Toute l'année.

10	13	10	7	10	1,5	2	1	8	3,5

Patrice WAGNER - Le Manoir de la Croix - Le Gros Chêne - 50530 MONTVIRON - Tél. : 02 33 60 68 30 - Fax : 02 33 60 69 21

MONTVIRON La Turinière
C.M. 59 Pli 8

2 ch. **Thalassothérapie 20 km.** Sur la route du Mont St-Michel, entre campagne et mer, il y a le calme, la douceur de vivre que vous offrent Jacqueline et Emile, dans un environnement verdoyant et fleuri. 2 chambres (1 de 2 pers., 1 de 3 pers., avec salles de bains et wc privés, chauffage, réfrigérateur). Possibilité de pique-nique sur place et repas froid dans la salle à manger ou au jardin. Possibilité d'assister à la traite des vaches. Réduction de 10 % à partir de la 3e nuit. 1 plat régional offert (en famille le soir) pour tout séjour de 7 jours.

Prix : 1 pers. **26 €** 2 pers. **30/33 €** 3 pers. **40 €** pers. sup. **11 €**
Ouvert : Toute l'année.

10	13	7	10	20	1	2	SP	10	2

Emile et Jacqueline LEROY - La Turinière - 50530 MONTVIRON - Tél. : 02 33 48 88 37 - Fax : 02 33 48 88 37

MONTVIRON La Butterie
C.M. 59 Pli 8

2 ch. **Mont Saint-Michel 30 km. Avranches 10 km. Abbaye de la Lucerne 5 km.** Dans une maison récente, à la campagne, 2 chambres très claires (4 pers.) avec salles d'eau privées, wc communs aux chambres, dont 1 avec terrasse et entrée indépendante. Possibilité de pique-nique (barbecue). Sur la D41 entre Avranches et Granville. Granville : casino, thalassothérapie, départ pour les Iles anglo-normandes et Chausey, Maison Christian Dior à 20 km. Restaurants 3 km.

Prix : 1 pers. **27 €** 2 pers. **30 €** pers. sup. **9 €**
Ouvert : Toute l'année.

10	10	10	10	10	5	2	1	10	5

Yvette BARTHELEMY - La Butterie - 50530 MONTVIRON - Tél. : 02 33 48 59 86

MORSALINES Les Masses
C.M. 54 Pli 2

3 ch. **Saint-Vaast-la-Hougue 6 km. Plages du Débarquement 10 km.** Michèle et Maurice, appréciant la musique classique, la pêche en rivière, la généalogie, vous accueillent dans une ancienne ferme rénovée, agrémentée d'un grand jardin fleuri. 1 ch. (1 grand lit 2 pers.) au r.d.c., salle de bains et wc privés, 2 ch. à l'étage (1 de 2 pers. et 1 de 4 pers.) avec s. d'eau et wc privés. Poss. accueil chevaux et tous randonneurs. Tarif 4 pers. : 55 €. Ile de Tatihou : festival de musique en août à 6 km. Langue parlée : allemand.

Prix : 1 pers. **34 €** 2 pers. **37 €** 3 pers. **46 €** pers. sup. **9 €**
Ouvert : Toute l'année.

2	6	7	15	10	6	1,5	15	4

Maurice et Michele BERGER - 8, hameau les Masses - 50630 MORSALINES - Tél. : 02 33 54 21 50 - Fax : 02 33 54 21 50 -
E-mail : berger.michele@wanadoo.fr

MOYON La Noette
C.M. 54 Pli 13

2 ch. **Saint-Lo (ville du cheval remparts) 15 km.** A l'étage, 1 ch. (1 lit 2 pers. à baldaquin) et 1 ch. (1 lit 2 pers.), salles d'eau et wc privés attenants à chaque chambre. Possibilité d'une chambre complémentaire pour enfants (2 lits 1 pers.), située au même étage. Les petits-déjeuners copieux sont servis dans le séjour avec cheminée. 4 pers. **65 €** (prix 3 et 4 pers. sont appliqués pour l'utilisation de l'annexe). Carolyn et Richard, britanniques, ont rénové une maison traditionnelle de la vallée de la Vire, avec un grand jardin fleuri et authentique avec ses pommiers. La décoration intérieure, romantique et chaleureuse, est propice à la détente. Restaurants à 2 km. Langue parlée : anglais.

Prix : 1 pers. **30 €** 2 pers. **38 €** 3 pers. **61 €**
Ouvert : Toute l'année.

40	40	15	15	3	2,5	3	15	2,5

Carolyn et Richard SEYMOUR - La Noette - 50860 MOYON - Tél. : 02 33 55 88 19 - Fax : 02 33 55 88 19 -
E-mail : carolynseymour@aol.com

Manche — Normandie

MUNEVILLE-SUR-MER
C.M. 54 Pli 12

2 ch. — **Thalassothérapie 15 km.** Simone et Michel vous accueillent dans leur ancienne ferme. R.d.c. : 1 ch. (1 lit 2 pers.), s. d'eau et wc privés. Etage : 1 ch. (1 lit 2 pers., 2 lits enfants) avec possibilité d'une annexe non communicante (1 lit 2 pers.). Salle de bains et wc privés. Chauffage électrique. Restaurant à 4 km. 4 pers. : 43 €.

Prix : 1 pers. 21 € 2 pers. 27 € 3 pers. 38 € pers. sup. 6 €
Ouvert : Toute l'année.

🐕	≈	⛵	🐎	🏊	🏄	🎾	🚶	🚲	🚉
	7	7	7	15	5	4	7	4	15

Michel et Simone ADAM - La Rousselière - 29, route des Chouaires - 50290 MUNEVILLE-SUR-MER - Tél. : 02 33 61 66 12

MUNEVILLE-SUR-MER
C.M. 54 Pli 12

2 ch. — **Granville 15 km.** Thérèse et François vous reçoivent dans leur maison à la campagne. A l'étage : 1 ch. (1 lit 2 pers., 1 lit 1 pers.) et 1 ch. avec annexe (3 + 1 pers.), salles d'eau et wc privés. Coin-cuisine à la disposition des hôtes. Chauffage central. Restaurants 4 km. 4 pers. : 35 €.

Prix : 1 pers. 20 € 2 pers. 25 € 3 pers. 30 € pers. sup. 4 €
Ouvert : Toute l'année.

🐕	≈	⛵	🐎	🏊	🏄	🎾	🚶	🚲	🚉
	7	7	10	15	10	5	7	1	15	4

François et Thérèse LEVERRAND - 1, chemin le Manoir - 50290 MUNEVILLE-SUR-MER - Tél. : 02 33 51 73 71

NEGREVILLE La Vignonnerie
C.M. 54 Pli 2

2 ch. — **Valognes 8 km. Plages du Débarquement 30 km.** Au centre du Cotentin, dans une ancienne ferme du XVIIIe siècle, 2 chambres (1 de 2 pers. et 1 de 3 pers.) à l'étage, avec salles d'eau et wc privés. Salle de séjour et cuisine à la disposition des hôtes. Entrée indépendante. Restaurant à 800 m. 5 % de réduction sur séjour de plus de 3 nuits.

Prix : 1 pers. 27 € 2 pers. 30/33 € 3 pers. 43 € pers. sup. 8 €
Ouvert : Toute l'année.

🐕	≈	⛵	🐎	🏊	🏄	🎾	🚶	🚲	🚉
	20	4	8	20	0,5	SP	8	3

Jules et Cécile ROSE - La Vignonnerie - 50260 NEGREVILLE - Tél. : 02 33 40 02 58

NEGREVILLE Le Pont

2 ch. — **Valognes 6 km.** Anne-Marie et Jean vous accueillent dans leur maison en pierre qu'ils viennent de restaurer. A l'étage : 1 ch. (1 lit 2 pers.), salle d'eau et wc privés, 1 ch. avec annexe (1 lit 2 pers. 3 lits 1 pers.), salle de bains et wc privés à côté, dans le couloir. Entrée indépendante. Réduction de 10 % au dessus de 4 nuits. 4 pers. 59 €. 5 pers. 71 €. Restaurants 3 km.

Prix : 1 pers. 27 € 2 pers. 34 € 3 pers. 46 € pers. sup. 11 €
Ouvert : De juin à septembre et week-end.

🐕	≈	⛵	🐎	🏊	🏄	🎾	🚶	🚲	🚉
	20	20	15	6	20	SP	6	6	5	0,5

Jean et Anne-Marie TYPHAIGNE - Le Pont - 50260 NEGREVILLE - Tél. : 02 33 40 07 26 ou 02 33 40 34 25

NICORPS La Moinerie

2 ch. — **Coutances ville d'arts et d'histoire (cathédrale) 6 km.** Solange et Gilbert vous recevront en pleine campagne, dans une maison typique du Coutançais, 1 chambre 3 pers. avec annexe 2 pers. et 1 chambre 3 pers. Salles d'eau et wc privés. Accès : D27, tout droit, 4e route à gauche après le café. 4 pers. : 53 €. 5 pers. : 61 €. Réduction 10 % pour séjour de + de 2 nuits sauf en juillet/août. Restaurant à 2 km.

Prix : 1 pers. 24 € 2 pers. 33/36 € 3 pers. 40/43 € pers. sup. 8 €
Ouvert : Toute l'année.

🐕	≈	⛵	🐎	🏊	🏄	🎾	🚶	🚲	🚉
	12	15	6	6	15	4	6	SP	6	6

Solange CALIPEL - La Moinerie - 50200 NICORPS - Tél. : 02 33 45 20 87

ORVAL Le Bourg de L'Eglise
C.M. 54 Pli 12

4 ch. — **Coutances 4 km.** Dans un ancien corps de ferme, au 2e étage de l'habitation du prop. : 1 ch. (1 lit 2 pers.), s. d'eau et wc privés attenants, 1 ch. (2 lits 2 pers.), s.d.b. et wc privés sur le palier. Dans le prolongement de la maison, au 1er étage avec entrée indép. : 1 ch. (1 lit 2 pers. 1 lit 1 pers.), s. d'eau, wc privés et 1 ch. (1 lit 2 pers.), s.d.b. privée. Grand séjour et cuisine à l'usage exclusif des hôtes. 4 pers. : 50 €. Restaurants à 5 km. Accès par D971 et D437. Langue parlée : anglais.

Prix : 1 pers. 30/33 € 2 pers. 33/38 € 3 pers. 46/49 € pers. sup. 8 €
Ouvert : De mi-juin à mi-septembre.

🐕	≈	⛵	🐎	🏊	🏄	🎾	🚶	🚲	🚉
	9	9	2	5	9	0,2	0,2	SP	5	5

Catherine SIMON - Le bourg de l'Eglise - 8 rue du Pois de Senteur - 50660 ORVAL - Tél. : 02 33 45 59 29

PARIGNY La Croix du Bois
C.M. 59 Pli 8

1 ch. — **St-Hilaire-du-Harcouët 4 km. Base de loisirs 7 km. Mt St-Michel 40 km.** 1 chambre (1 lit 2 pers., 1 convertible 2 pers.) à l'étage avec salle d'eau et wc privés, entrée indépendante. Coin-cuisine réservé aux hôtes. Escalade à 10 km. Restaurants 4 km.

Prix : 1 pers. 24 € 2 pers. 29 € pers. sup. 4 €
Ouvert : Du 1er juillet au 31 août.

🐕	≈	⛵	🐎	🏊	🏄	🎾	🚶	🚲	🚉
	35	10	6	25	4	4	4	25	2

Nicole VAUDOUR - La Croix du Bois - 50600 PARIGNY - Tél. : 02 33 49 24 60 ou 06 87 83 46 69 - Fax : 02 33 49 69 06

Normandie

Manche

PERCY Les Berzellieres
C.M. 59 Pli 8

2 ch. Abbaye d'Hambye 3 km. Villedieu-les-Poêles 9 km. 2 chambres (6 pers.) situées à l'étage avec entrée indépendante. Salle d'eau à l'usage exclusif des hôtes. Chauffage électrique. Rivière, restaurant 3 km. Randonneurs équestres acceptés. Ouvert toute l'année.

Prix : 1 pers. **17 €** 2 pers. **27/29 €** 3 pers. **33 €** pers. sup. **7 €**
Ouvert : Toute l'année.

30	30	10	9	30	2	3	SP	12	3

Jeanne et Camille ANDRE - Les Berzellieres - 50410 PERCY - Tél. : 02 33 61 23 75

PICAUVILLE Village de Bernaville
C.M. 54 Pli 2

2 ch. Sainte-Mère-Eglise 6 km. A l'étage : 2 ch. (1 lit 2 pers.) avec salles d'eau privées et 1 wc réservé aux hôtes. Séjour et coin-salon à disposition. Possibilité lit bébé. Cette ancienne ferme entourée d'un jardin fleuri est idéalement située au cœur du Parc Naturel Régional des Marais du Cotentin et du Bessin et de la Presqu'Ile, à proximité des Plages du Débarquement.

Prix : 1 pers. **27 €** 2 pers. **33 €**
Ouvert : Toute l'année.

13	19	2	19	2	SP	19	2		

Colette MARTIN - Village de Bernaville - 50360 PICAUVILLE - Tél. : 02 33 41 51 92 ou 06 75 67 78 61

PICAUVILLE Le Port Filiolet
C.M. 54 Pli 2

2 ch. Paulette vous accueille dans sa maison récente, au calme, dans un petit hameau au cœur du Parc Naturel Régional des Marais du Cotentin et du Bessin. A l'ét. : 1 ch. (1 lit 2 pers.), s.d.b. et wc privés, 1 ch. familiale (1 lit 2 pers., 2 lits 1 pers.), s. d'eau et wc privés. Salle à manger/coin-cuisine à la disposition des hôtes. Vélos sur place. Accès : sortie de Chef-du-Pont, en dir. de Pont-l'Abbé/Picauville (D67) tourner à droite. Terrasse, salon de jardin, barbecue à disposition. Supplément pour animaux : 3 €. 4 pers. : 59 €. Restaurants entre 1 et 7 km.

Prix : 1 pers. **28 €** 2 pers. **36 €** 3 pers. **45 €** pers. sup. **12 €**
Ouvert : Toute l'année.

13	16	1	16	19	SP	3	SP	13	1

Paulette RABET - Le Port Filiolet - 50360 PICAUVILLE - Tél. : 02 33 21 51 21 - Fax : 02 33 21 51 21

POILLEY-SUR-LE-HOMME Le Logis

3 ch. Mont Saint-Michel 17 km. Avranches 9 km. Le Val-St-Père 6 km. Dans une demeure de caractère, entourée d'un parc et d'un jardin potager, 2 chambres spacieuses au 1er étage (1 lit 160 cm dans chaque) et 1 chambre au 2e étage (1 lit 2 pers.). Salon à disposition. Salles de bains et wc privés. Chauffage central. Accès : A84 sortie 33. Dans le bourg, en face de l'église. Pêche à pied aux grandes marées. Restaurant à 1 km. Langues parlées : anglais, allemand.

Prix : 1 pers. **46 €** 2 pers. **50 €** pers. sup. **15 €**
Ouvert : Toute l'année.

25	25	3	8	30	1	1	SP	8	1

François et Martine LAMBERT - Le Logis - 50220 POILLEY-SUR-LE-HOMME - Tél. : 02 33 58 35 90 ou 06 62 63 35 90 - Fax : 02 33 58 35 90 - E-mail : francois.lambert2@libertysurf.fr

---

PONT-HEBERT La Crespiniere
C.M. 54 Pli 13

2 ch. Haras de Saint-Lo 9 km. Plages du Débarquement 25 km. Jacqueline et Marcel vous réservent un accueil familial au calme, dans leur ferme située dans la Vallée de la Vire. 2 ch. (4 pers.). Chambres aménagées à l'étage avec cabinet de toilette et wc privés pour chaque ch. (ch. pouvant communiquer). 1 douche commune aux 2 ch. Chauffage électrique. Animaux admis : 3 € suppl. Hippodrome 10 km. Sentiers pédestres balisés. Dans le Parc Régional des Marais du Cotentin et du Bessin. Chemin de halage aménagé en bordure de la « Vire » pour toutes randonnées. Cathédrale de Coutances 25 km. Abbatiale de Cerisy-la-Forêt 7 km. Langue parlée : anglais.

Prix : 1 pers. **27/28 €** 2 pers. **40 €**
Ouvert : De Pâques à la Toussaint.

25	25	8	8	10	SP	2	SP	8	1

Marcel et Jacqueline CHAPON - La Crespinière - 50880 PONT-HEBERT - Tél. : 02 33 56 41 61 - Fax : 02 33 56 83 16

PONTAUBAULT Cromel
C.M. 59 Pli 8

2 ch. Avranches 4 km. Mont Saint-Michel 15 km. Dans une fermette restaurée, 2 chambres d'hôtes (6 pers.) sont aménagées à l'étage, dont une avec annexe. Salles d'eau et wc privés. Entrée indépendante. Canoë-kayak 5 km. 4 pers. 54 €.

Prix : 1 pers. **25 €** 2 pers. **32 €** 3 pers. **44/48 €** pers. sup. **9 €**
Ouvert : Toute l'année.

20	20	3	4	30	1	4	SP	8	2

André et Myriam DENOT - Cromel - 5, route de la Quintine - 50220 ST-QUENTIN-SUR-LE-HOMME - Tél. : 02 33 58 70 74

Manche   *Normandie*

PONTS-SOUS-AVRANCHES Maudon   C.M. 59 Pli 8

2 ch. **Mt St-Michel 22 km. Avranches 7 km. Val St-père 7 km. Villedieu 18 km.** A la campagne, 1 chambre au 2e étage (1 lit 2 pers., 2 lits 1 pers.) avec salle d'eau et wc privés. Au 1er étage avec entrée indépendante, 1 chambre (2 lits 2 pers.) avec salle d'eau et wc au r.d.c. Restaurant 2 km. 4 pers. : 55 €.

Prix : 1 pers. **23** € 2 pers. **37** € 3 pers. **46** € pers. sup. **9** €
Ouvert : Toute l'année.

🐕	≈≈≈	⛵	🐎	🎣	🏊	🎾	🚶	🏪	🚉
	24	28	10	3	1	3	12	2	0,4

Lucienne JOUBIN - Maudon - 50300 PONTS-SOUS-AVRANCHES - Tél. : 02 33 58 50 00

PORTBAIL   C.M. 54 Pli 1

2 ch. **Embarquement pour les Iles Anglo-Normandes 5 km.** Au 2e étage : 1 ch. (1 lit 160), 1 ch. (2 lits 1 pers.), salles d'eau et wc privés. Possibilité 1 ch. complémentaire au même étage (1 lit 1 pers. + convertible). Restaurants et loisirs à proximité. Accès : à l'entrée du bourg, prendre route à droite avant l'église. Dans cette grande maison au cœur de la bourgade, Mme Poletaeff a su donner une athmosphère qui lui ressemble, conviviale et artiste. Amatrice de fleurs et d'animaux, vous pourrez profiter du jardin et de la basse cour. Langue parlée : russe.

Prix : 1 pers. **31** € 2 pers. **38** € 3 pers. **61** € pers. sup. **8** €
Ouvert : Toute l'année.

🐕	≈≈≈	⛵	🐎	🎣	🏊	🎾	🚶	🏪	🚉
1	1	1	25	5	8	1	0,5	30	0,5

Hélène POLETAEFF - 15, rue Robert Asselin - 50580 PORTBAIL - Tél. : 02 33 53 48 15 - Fax : 02 33 53 48 15 - E-mail : poletaeff@free.fr

PORTBAIL Les Courlis   C.M. 54 Pli 1

4 ch. **Barneville-Carteret 8 km. Départ Jersey et Guernesey 1 km.** Dans une maison de ville du début du XXe siècle. R.d.c. : 1 ch. (1 lit 2 pers., 1 lit 1 pers.), s. d'eau, wc privés. Etage : 1 ch. (1 lit 2 pers.), 1 ch. (1 lit 2 pers. 1 lits 1 pers.), s. d'eau et wc privés chacune, 1 ch. (1 lit 2 pers., 1 lit 1 pers.), s.d.b. et wc privés non attenants. Lit bébé à disposition. Loc. possible d'un meublé indépendant sur la propriété. Les petits déjeuners sont servis dans la véranda, avec une magnifique vue sur le Havre. Restaurants 200 m. Enfant 8 €. Langue parlée : anglais.

Prix : 1 pers. **33/38** € 2 pers. **38/46** € 3 pers. **46/53** €
pers. sup. **8** €
Ouvert : Toute l'année.

🐕	≈≈≈	⛵	🐎	🎣	🏊	🎾	🚶	🏪	🚉
1	1	1,5	25	5	8	1	0,5	30	0,2

Jean-Marc GAULTIER - Les Courlis - 27, rue Lechevalier - 50580 PORTBAIL - Tél. : 02 33 04 14 42 - Fax : 02 33 04 14 42

PORTBAIL Hameau de Gouey   C.M. 54 Pli 1

E.C. 3 ch. **Embarquement pour les Iles Anglo-normandes 5 km.** Au r.d.c. : 1 ch. (2 lits 1 pes.), salle d'eau et wc privés. 1er Etage : 2 ch. mansardées (1 lit 2 pers. ou 1 lit 2 pers. 1 lit 1 pers.), salles d'eau et wc privés. Séjour avec cheminée à disposition des hôtes. Loisirs et restaurants à proximité. Accès : à l'entrée du bourg, prendre la route à droite avant l'église. Dans une belle longère en pierre entièrement restaurée, vous pourrez profiter d'un environnement très calme tout en bénéficiant de la proximité du bourg et de la plage.

Prix : 1 pers. **31** € 2 pers. **38** € 3 pers. **46** €
Ouvert : Toute l'année.

🐕	≈≈≈	⛵	🐎	🎣	🏊	🎾	🚶	🏪	🚉
1	1	1	25	5	8	1	0,5	30	0,5

Bernadette VASSELIN - Le Hameau de Gouey - Rue Gilles Poërier - 50580 PORTBAIL - Tél. : 02 33 04 80 27

PRECEY « Sous les Haies »

2 ch. **Mont-Saint-Michel 15 km. Avranches 12 km. Le Val-St-Père 4 km.** Bienvenue à la campagne chez Viviane et Jean-Pierre qui vous réserve un accueil chaleureux dans leur récente maison, entourée d'un jardin, avec parking. 1 chambre (1 lit 2 pers.) au r.d.c. avec salle de bains et wc privés. A l'étage, 1 chambre familiale (2 lits 2 pers.) avec salle de bains et wc privés. Lit d'appoint : 8 €. 4 pers. : **44** €. Restaurants à 1 km.

Prix : 1 pers. **24** € 2 pers. **30** € 3 pers. **38** € pers. sup. **8** €
Ouvert : De Pâques à la Toussaint.

🐕	≈≈≈	⛵	🐎	🎣	🏊	🎾	🚶	🏪	🚉
	25	20	1	11	12	8	8	5	11	3

J-Pierre et Viviane BIGREL - « Sous les Haies » - 21 route des Lauriers - 50220 PRECEY - Tél. : 02 33 48 15 76

PRECEY Bas Glatigny   C.M. 59 Pli 8

3 ch. **Baie du Mont Saint-Michel 5 km. Mont Saint-Michel 15 km.** Dans une maison récente avec jardin d'agrément, 1 ch. (1 lit 2 pers.), 1 ch. (1 lit 2 pers., 1 lit 1 pers.) et 1 ch. familiale (2 lits 2 pers.), salles d'eau ou salle de bains et wc privés. Chauffage électrique. Prix 4 pers. : **46** €.

Prix : 1 pers. **30** € 2 pers. **32/35** € 3 pers. **40** € pers. sup. **8** €
Ouvert : Toute l'année.

🐕	≈≈≈	🐎	🏊	🎾	🚶	🏪	🚉
	30	11	11	8	5	11	1

Daniel et Christine BARON - Le Bas Glatigny - 14, route des Montils - 50220 PRECEY - Tél. : 02 33 70 93 21

Normandie — Manche

PRECORBIN Le Manoir
C.M. 54 Pli 14

2 ch. — Saint-Lô 11 km. Dans un cadre de verdure et de fleurs, illuminé le soir, vous trouverez les chambres meublées en style normand. 2 chambres avec annexes (8 pers.), à l'étage, salle d'eau et salle de bains à l'usage exclusif des hôtes. Chauffage central. Restaurant 4 km.

Prix : 1 pers. 21 € 2 pers. 27 € 3 pers. 33 € pers. sup. 6 €
Ouvert : Toute l'année.

11	11	11	1	11

Octove FERET - Le Manoir - 50810 PRECORBIN - Tél. : 02 33 56 16 81

QUETTREVILLE-SUR-SIENNE « La Lande »
C.M. 54 Pli 12

2 ch. — Coutances (ville d'art et d'histoire) 8 km. Granville 20 km. Dans une maison typique du Coutançais, Françoise et Jean-Pierre, vous accueillent au milieu d'un élevage de trotteurs et d'animaux, et vous proposent : 2 ch. (1 lit 2 pers.) au r.d.c. avec salles d'eau et wc privés. Entrée indépendante. Ch. élect. Petite cuisine aménagée dans une ancienne laiterie indép. à la dispo. des hôtes. Sur la D971 axe Coutances-Granville. Rivière 200 m. Plan d'eau avec cygnes sur place. Restaurants à 1 km. Baie de Régneville 6 km. Abbaye de Lucerne d'Outremer 25 km. Musées et embarquement pour les Iles Chausey et Anglo-Normandes à Granville.

Prix : 1 pers. 27 € 2 pers. 32 € pers. sup. 9 €
Ouvert : Toute l'année.

6	6	6	6	12	0,2	1	1	6	1

Françoise MARTIN - « La Lande » - 50660 QUETTREVILLE-SUR-SIENNE - Tél. : 02 33 07 48 29 ou 06 76 58 60 57

RAUVILLE-LA-PLACE La Cour
C.M. 54 Pli 2

3 ch. — Valognes 14 km. Forêt de Saint-Sauveur-le-Vicomte 5 km. Mme Tardif vous ouvre les portes de son manoir entièrement restauré, dont les origines remontent au XIVe et qui fut remanié au XVIe. Nostalgiques du passé, vous aimerez les plafonds normands, les sols en terre cuite, les escaliers en pierre dont un dans la tour desservant la chambre avec un lit 2 pers. 2 autres chambres, très spacieuses, l'une avec 2 lits 2 pers. L'autre avec 1 lit 2 pers. et 2 lits enfants superposés. Salles d'eau et wc privés dotés de tout confort. Les petits déjeuners sont servis dans une vaste salle avec cheminée monumentale. Grand salon réservé aux hôtes. Entrée indépendante. 4 pers. : 59 €. 5e nuit gratuite hors juillet/août.

Prix : 1 pers. 30/35 € 2 pers. 35/40 € 3 pers. 52 €
Ouvert : Toute l'année.

16	16	14	14	20	3	0,5	14	3

Monique TARDIF - La Cour - 50390 RAUVILLE-LA-PLACE - Tél. : 02 33 41 65 07

RAVENOVILLE Le Grand Clos
C.M. 54 Pli 3

2 ch. — Bienvenue au Grand Clos, dans une ferme au milieu des marais et à proximité de la mer. 2 chambres d'hôtes (4 pers.). Chambres à l'étage, avec 2 salles d'eau et 2 wc à l'usage exclusif des hôtes. Possibilité d'une chambre complémentaire 2 pers. Chauffage central. Restaurant 1 km. Tarif 4 pers. : 48 €.

Prix : 1 pers. 24 € 2 pers. 30 € 3 pers. 40 €
Ouvert : Toute l'année.

1	7	7	20	7	12	2	SP	20	2

Pierre et M-Jeanne AUBRIL - Le Grand Clos - 50480 RAVENOVILLE - Tél. : 02 33 41 35 20

REGNEVILLE-SUR-MER
C.M. 54 Pli 12

4 ch. — Bâtiment attenant au musée de Regnéville comportant 4 chambres (2 de 2 pers. et 2 de 3 pers.) à l'étage, chacune avec salle de bains et wc privés, TV. Chauffage central. Terrasse dans l'enceinte du musée. Calme et verdure, tous loisirs en saison d'été. Restaurants et tous commerces à 2 km.

Prix : 1 pers. 27 € 2 pers. 34 € 3 pers. 38 € pers. sup. 8 €
Ouvert : Toute l'année.

2	2	2	10	20	5	2	1	10	2

MUSEE DE REGNEVILLE - Les Fours à Chaux du Rey B.P.1 - 50590 REGNEVILLE-SUR-MER - Tél. : 02 33 46 82 18 - Fax : 02 33 46 03 74 - E-mail : musee.regneville@wanadoo.fr

---

REVILLE Manoir de Cabourg
C.M. 54 Pli 3

3 ch. — St-Vaast-la-Hougue 4 km. Valognes (musée) 22 km. Dans un manoir du XVe siècle, entre mer et campagne, à l'étage : 1 ch. (1 lit 2 pers.), 1 ch. (2 lits 1 pers.), petites salles d'eau et wc privés (classées 2 épis). 1 grande ch. (1 lit 2 pers.), salle d'eau et wc privés (classée 3 épis). Chauffage électrique. Boxes pour chevaux. Restaurant 1 km. Ile de Tatihou : musée maritime, festival de musiques internationales en août à 4 km.

Prix : 1 pers. 30/35 € 2 pers. 35/40 € pers. sup. 9 €
Ouvert : Toute l'année.

0,2	4	0,2	22	20	0,2	4	SP	22	1

Marie MARIE - Manoir de Cabourg - 50760 REVILLE - Tél. : 02 33 54 48 42 - Fax : 02 33 54 48 42 - http://saint.vaast-reville.com

Manche *Normandie*

REVILLE Jonville
C.M. 54 Pli 3

1 ch. **Saint-Vaast-la-Hougue 4 km. Plages du Débarquement 20 km.** Vous serez les bienvenus dans la maison de Yvonne et Emile Lemonnier, à proximité de la plage de Jonville. 1 chambre (2 pers.) à l'étage avec salle d'eau et wc privés. Restaurant à 1,5 km.

Prix : 1 pers. **25** € 2 pers. **28** € pers. sup. **6** €
Ouvert : Toute l'année.

0,1	4	0,5	22	4	0,1	22	SP

Emile et Yvonne LEMONNIER - Jonville - 50760 REVILLE - Tél. : 02 33 54 50 84

REVILLE Jonville
C.M. 54 Pli 3

1 ch. **Saint-Vaast-la-Hougue 4 km.** Dans le cadre d'une ferme légumière du Val de Saire, 1 chambre à l'étage avec annexe (2 x 2 pers.). Salle de bains et wc privés. Chauffage central.

Prix : 1 pers. **23** € 2 pers. **27** € 3 pers. **35** € pers. sup. **8** €
Ouvert : Toute l'année.

0,1	4	0,5	22	4	SP	22	0,5

René FOUACE - 3, Jonville - 50760 REVILLE - Tél. : 02 33 54 48 75 ou 06 07 84 10 87 - Fax : 02 33 54 48 75

REVILLE Ferme de Maltot
(TH) *C.M. 54 Pli 3*

4 ch. **Barfleur, St-Vaast-la-Hougue 7 km. Ile de Tatihou 6 km.** Au r.d.c. : 1 ch. (2 grands lits 1 pers.), accessible aux pers. handicapées, s. d'eau et wc privés. 1er étage : 2 ch. (1 lit 2 pers.), 1 ch. (1 lit 160 à baldaquin), s. d'eau ou s.d.b. et wc privés attenants. La table d'hôtes est servie dans un grand séjour avec une belle cheminée en granit. Repas enfant : 8 €. Vélos à dispo. Belle dépendance en pierres dâtant du XVIIIe siècle entièrement restaurée, à 400 m de la plage et au cœur du Val de Saire, connu pour le caractère de son habitant, la diversité et la qualité de ses cultures maraîchères. Sophie y a aménagée pour votre séjour 4 chambres d'hôtes spacieuses et claires. Langue parlée : anglais.

Prix : 1 pers. **44** € 2 pers. **49** € pers. sup. **13** € repas **15** €
Ouvert : Toute l'année.

0,4	5	2	20	30	3	5	SP	20	3

Sophie DUBOST - La Ferme de Maltot - 50760 REVILLE - Tél. : 02 33 43 38 32 ou 06 82 83 82 15 - Fax : 02 33 43 38 87 -
E-mail : ferme.maltot@wanadoo.fr - http ://ferme.maltot.free.fr

LA ROCHELLE-NORMANDE La Belangerie
C.M. 59 Pli 8

3 ch. **Villedieu-les-Poêles 20 km. Abbaye de la Lucerne d'Outremer 5 km.** Dans une ferme laitière, la maison de caractère abrite 3 ch. d'hôtes, aux meubles rustiques, avec entrée indépendante. Ch. 1 : 1 lit 2 pers., poss. ch. complémentaire non communiquante 2 pers. + 2 lits enfants. Ch. 2 : 1 lit 2 pers.,. Ch. 3 : 1 lit 2 pers. et 2 lits 1 pers. salle d'eau et wc privés. Petits déjeuner améliorés. Espace jeux (portique, ping-pong). Lingerie à disposition. 4 pers. : 56 €. 10 % de remise sur séjour de plus de 3 jours, sauf en août. Restaurants 3 km. Auberge du terroir, forêt à 3 km. Granville 20 km. Baie du Mont St-Michel 12 km. Langue parlée : anglais.

Prix : 1 pers. **30** € 2 pers. **38/41** € 3 pers. **47/50** €
pers. sup. **9/12** €
Ouvert : Toute l'année.

10	13	5	12	25	10	3	SP	10	3,5

Jean et Marie-Jo MESENGE - La Belangerie - 50530 LA ROCHELLE-NORMANDE - Tél. : 02 33 60 90 40 -
E-mail : mj.mesange@wanadoo.fr

RONTHON La Bretonnière
C.M. 59 Pli 8

2 ch. **Avranches 12 km.** Entièrement au r.d.c, 1 ch (2 lits 1 pers) et 1 ch (1 lit 2 pers), l'une avec salle de bains et WC privés dans le couloir, l'autre avec salle de bains et WC privés communicants. Possibilité d'une ch complémentaire (1 lit 2 pers). Lit bébé à dispo. Terrasse avec salon de jardin, au calme et propice à la détente. Prix 4 pers. : 61 €. Avec sa vue dégagée sur le Mont Saint Michel et Tombelaine, cette grande maison neuve à la campagne vous invite à la contemplation de ce site exceptionnel dont les couleurs varient au gré du temps. Langue parlée : anglais.

Prix : 1 pers. **30** € 2 pers. **38** € 3 pers. **53** €
Ouvert : Toute l'année.

3	18	3	12	20	0,2	3	SP	12	3

Emile et Mireille DESVAUX - 70 route de la mer - « La Bretonnière » - 50530 RONTHON - Tél. : 02 33 58 74 35 ou 06 73 33 43 43

LE ROZEL Le Château
C.M. 54 Pli 1

1 ch. **Barneville-Carteret 15 km.** Le Château était à l'origine la propriété de Bertrand du Rozel, compagnon de Guillaume le Conquérant. Il a subi une extension importante au XVIIIe siècle : la diversité de son architecture lui confère austérité et charme. 1 suite de 2 ch. (3 pers.) avec salle d'eau et wc privés. Vue panoramique depuis les tours sur la mer et les îles anglo-normandes. Boxes pour chevaux. Accès D904 puis D117 Le Rozel. Langue parlée : anglais.

Prix : 1 pers. **61** € 2 pers. **76** € 3 pers. **107** €
Ouvert : Toute l'année.

1,5	3	3	3	15	15	3	SP	28	3

Josiane GRANDCHAMP - Le Château - 50340 LE ROZEL - Tél. : 02 33 52 95 08 - Fax : 02 33 52 95 08

Normandie — Manche

LE ROZEL — Village de Sillery
C.M. 54 Pli 1

3 ch. **Les Pieux 4 km.** A deux pas d'une plage de sable fin, 3 chambres (6 pers.) à l'étage avec 1 salle de bains et 2 wc communs aux 3 chambres. Salle de séjour avec coin-cuisine à l'usage exclusif des hôtes. Entrée indépendante. Terrasse avec vue sur la mer. Restaurants à 800 m. GR223 (sentiers des douaniers) à proximité.

Prix : 1 pers. 25 € 2 pers. 31 € pers. sup. 6 €
Ouvert : De Pâques à la Toussaint.

0,8	10	5	4	20	0,8	5	SP	26	0,5

Hubert BIGOT - Village de Sillery - 50340 LE ROZEL - Tél. : 02 33 52 59 85

SARTILLY
C.M. 59 Pli 8

1 ch. **Abbaye de La Lucerne et Auberge du terroir 6 km.** Au r.d.c. : entrée indépendante, 1 ch. (1 lit 2 pers.), salle d'eau et wc privés. Séjour/coin-cuisine entièrement réservé aux hôtes. Les petits déjeuners sont servis dans une belle véranda ensoleillée, dans la maison des propriétaires. Accès : sur l'axe Granville-Avranches, suivre fléchage. Dans un petit quartier à la limite du bourg, cette grande maison neuve est agrémentée d'un jardin.

Prix : 1 pers. 31 € 2 pers. 38 € pers. sup. 9 €
Ouvert : Toute l'année.

11	11	8	9	12	3	0,5	11	0,5	

J-Claude et Annick LEHOUX - Rue du Petit Pré - 50530 SARTILLY - Tél. : 02 33 48 80 20 ou 06 71 19 14 10

SARTILLY — Brequigny
C.M. 59 Pli 7/8

2 ch. **Granville 12 km. Baie du Mont St-Michel 10 km. Mont St-Michel 30 km.** Vous serez séduits par cette belle maison récente située à la campagne et au grand jardin fleuri. Les chambres situées au 1er étage sont spacieuses et à l'ambiance douce. 2 ch. (1 lit 2 pers.) avec chacune la poss. d'une chambre complémentaire (1 lit 2 pers.), salle d'eau et wc privés, cuisine à dispo des hôtes située en rez-de-chaussée. 4 pers. : 59 €. D973 à la sortie du bourg, direction Granville, route à droite.

Prix : 1 pers. 27 € 2 pers. 35 € 3 pers. 47 €
Ouvert : Toute l'année.

7	7	10	10	12	7	3	12	12	3

A-Marie et Claude FOURRE - Brequigny - 50530 SARTILLY - Tél. : 02 33 48 82 07 ou 06 89 47 87 51

SARTILLY — La Fosse
C.M. 59 Pli 7/8

3 ch. **Baie du Mont Saint-Michel, Granville 10 km. Avranches 12 km.** Dans sa maison en pierre de pays, entourée d'un grand terrain paysager, Annick vous accueille dans ses 3 ch. d'hôtes. 1 ch. avec annexe (2 + 1 pers.), s.d.b., wc privés. Dans un bâtiment indépendant, 2 ch. à l'étage, 1 avec s.d.e. et wc privés, l'autre avec s. d'eau et wc privés située au r.d.c. Avranches et Granville 10 km. Restaurant 2 km. Découverte de la pêche à pied (marée). Langue parlée : anglais.

Prix : 1 pers. 23 € 2 pers. 30 € 3 pers. 38 € pers. sup. 8 €
Ouvert : Toute l'année.

7	7	3	10	10	2	7	3	10	2

Annick GUIADEUR - La Fosse - 50530 SARTILLY - Tél. : 02 33 48 25 89 ou 06 73 34 54 20

SERVON — Ferme du Manoir
C.M. 59 Pli 7

5 ch. **Mont Saint-Michel 10 km.** A l'étage, 2 ch (2 épis), avec accès par escalier extérieur : 1 lit 2 pers, ou 2 lits 1 pers, salles de bain et WC privés. 3 nouvelles ch, claires et spacieuses ont été aménagées dans 1 ancien grenier à foin, dans le prolongement de la maison d'habitation : chacune de 3 pers, avec possibilité d'un lit d'appoint suppl (3 épis), salles d'eau et WC privés. Séjour réservé aux hôtes. Entrées indépendantes. Lit d'appoint suppl : 9 €. Restaurants 500 m. 10 % de réduction à partir de la 4e nuit et suivantes. Vue sur le Mont Saint-Michel qui varie quotidiennement, cette ferme du XVIIIe siècle vous permettra d'apprécier le calme de la campagne. 4 pers. 61 €. Langue parlée : anglais.

Prix : 1 pers. 29/32 € 2 pers. 35/43 € 3 pers. 52 €
Ouvert : Toute l'année.

25	40	9	12	20	0,5	0,5	4	9	3

Annick et Valérie GEDOUIN - Ferme du Manoir - 21, rte de la Pierre du Tertre - 50170 SERVON - Tél. : 02 33 60 03 44 - Fax : 02 33 60 17 79

SERVON
C.M. 59 Pli 7

4 ch. **Mont Saint-Michel 10 km. Val St Père 7 km. Avranches 10 km.** Fabienne et Patrick ont aménagé dans une ancienne auberge, qui prolongeait leur habitation principale en pierre, 4 chambres spacieuses et claires propices à la détente. Au 1er étage : 1 chambre familiale (2 x 2 pers.) et 1 chambre (1 lit 2 pers. 1 lit 1 pers.). Au 2e étage : 2 chambres (1 lit 2 pers.). Salles d'eau et wc privés. Les petits déjeuners sont servis dans le séjour avec coin-cuisine et salon réservé aux hôtes. Possibilité de pique-nique dans le jardin. Restaurant à 1 km. 4 pers : 53 €.

Prix : 1 pers. 29 € 2 pers. 35/40 € 3 pers. 46 € pers. sup. 8 €
Ouvert : Toute l'année.

25	5	12	30	0,5	1	4	10	10	

Fabienne et Patrick BAUBIGNY - 30, rue du Pont Morin - 50170 SERVON - Tél. : 02 33 60 34 14 ou 06 82 14 55 71

Manche
Normandie

C.M. 59 Pli 8

SERVON

| 3 ch. | Mont Saint-Michel 9 km. Baie du Mont St Michel 7 km. Val St Père 9 km. Dans une ancienne ferme du début XIXᵉ vous trouverez le calme. 3 ch. (2 de 3 et 1 de 2 pers.) aménagées à l'étage avec 2 salles d'eau et wc à l'usage exclusif des hôtes. Séjour avec cheminée. Chauffage central. Restaurant à 100 m. Accès par N175 ou D107, 50 m après l'église. |

Prix : 1 pers. 25 € 2 pers. 31/34 € 3 pers. 40 € pers. sup. 9 €
Ouvert : Toute l'année.

25	40	3	12	30	0,5	0,1	3,5	10	10

Marie-Thérèse LESENECHAL - Le Bourg - 6, rue du Pont Morin - 50170 SERVON - Tél. : 02 33 48 92 13

SIOUVILLE-HAGUE La Petite Siouville
C.M. 54 Pli 1

| 2 ch. | 2 chambres d'hôtes (4 pers.) situées à l'étage avec douches et wc privés. Salle de séjour et coin-cuisine à la disposition des hôtes. Entrée indépendante. Plages, cures marines 2 km. Restaurants 2 km. |

Prix : 1 pers. 18 € 2 pers. 24 €
Ouvert : Toute l'année.

2	3	6	6	20	3	2	SP	20	1,5

Pierre et Solange GOGIBU - La Petite Siouville - 50340 SIOUVILLE-HAGUE - Tél. : 02 33 52 45 15

SOURDEVAL Les Vallées Durand
C.M. 59 Pli 9

| 1 ch. | Mont Saint-Michel 50 km. Eco-musée de la Sée 8 km. Le calme de la campagne à proximité de la ville, Rolande et Henri vous accueillent dans leur maison récente. 1 chambre d'hôtes avec annexe (2 x 2 pers.) est aménagée à l'étage, avec salle d'eau et wc privés. Pétanque à 1,5 km. Escalade à 10 m. Saut à l'élastique à 30 m. Cascades de Mortain 9 km. GR 22, plusieurs circuits pédestres-VTT (ancienne voie SNCF) : départ sur place ou aux alentours (documentation randonnées à consulter sur place). Accès de Sourdeval, direction Brécey, puis 600 m à gauche. 4 pers : 50 €. Musée de la poterie et du Granit à 8 km. Féeriques de Montgothier à 25 km. |

Prix : 1 pers. 24 € 2 pers. 30 € 3 pers. 41 €
Ouvert : Toute l'année.

50	8	1,5	10	8	1	1,5	SP	12	1,5

Rolande et Henri JOUAULT - Les Vallées Durand - 50150 SOURDEVAL - Tél. : 02 33 59 95 33

ST-ANDRE-DE-BOHON
C.M. 54 Pli 13

| 2 ch. | Parc de loisirs (étang, pédalos, poneys...) 10 km. Dans une maison typique de la région, au centre du Parc Régional des Marais du Cotentin et du Bessin, 2 chambres (5 personnes) à l'étage avec une salle d'eau et wc à l'usage exclusif des hôtes. Chauffage central. Chasse sur place. Plages du Débarquement à 26 km. |

Prix : 1 pers. 25 € 2 pers. 28/31 € 3 pers. 34 € pers. sup. 7 €
Ouvert : Toute l'année.

25	25	10	10	10	SP	10	SP	10	5

Daniel et Françoise YVETOT - 7, le Boscq - 50500 ST-ANDRE-DE-BOHON - Tél. : 02 33 42 27 59

ST-AUBIN-DE-TERREGATTE Ferme de la Patrais
C.M. 59 Pli 8

| 4 ch. | Ducey 5 km. Mont Saint-Michel 20 km. A la ferme, au r.d.c., 1 chambre accessible aux personnes handicapées (1 lit 2 pers., 2 lits 1 pers.). 1 ch. (1 lit 2 pers.). A l'étage, 1 ch. (1 lit 2 pers., 2 lits 1 pers.) et 1 ch. en duplex sur coin-salon (1 lit 2 pers., 2 lits 1 pers. superposés). Salles d'eau et wc privés. Entrées indépendantes. Dans un petit bâtiment indép., un séjour/coin-cuisine et 1 salle de jeux sont à la disposition des hôtes. Tables d'hôtes sur réservation. Lit d'appoint supp. : 9 €. Remise de 10 % à partir du séjour de 4 nuits. Poss. location d'un gîte mitoyen au ch. d'hôtes. 4 pers. : 53 €. Repas enfant : 8 €. Langue parlée : anglais. |

Prix : 1 pers. 26 € 2 pers. 35 € 3 pers. 44 € pers. sup. 9 € repas 13 €
Ouvert : Toute l'année.

4	6	9	15	3	1	SP	18	5

J-Pierre et Hélène CARNET - 3, Ferme de la Patrais - 50240 ST-AUBIN-DE-TERREGATTE - Tél. : 02 33 48 43 13 - Fax : 02 33 48 59 03

ST-AUBIN-DES-PREAUX Le Hamel

| 3 ch. | Granville 7 km. Baie du Mont St-Michel 10 km. Val-St-Père 5 km. Dans une ancienne ferme, grande maison en pierre, jardin planté, endroit très calme. A l'étage : 3 chambres dont 2 avec 1 lit 2 pers., 1 chambre familiale avec 1 lit 2 pers. et 2 lits 1 pers. sanitaires privés, coin-cuisine à disposition des hôtes. Entrée indépendante. Tarif 4 pers. : 52 €. Lit d'appoint : 8 €. 5ᵉ nuit gratuite du 1ᵉʳ octobre au 15 mars. Abbaye de la Lucerne d'Outremer 5 km. Musée de la Seconde Guerre Mondiale au Val-St-Père. Départ pour les îles Anglo-Normandes et thalasso. à Granville. |

Prix : 1 pers. 29 € 2 pers. 35/40 € 3 pers. 44/47 € pers. sup. 8 €
Ouvert : Toute l'année.

5	7	5	7	3	4	3	SP	8	4

Edith THOMAS - Le Hamel - 50380 ST-AUBIN-DES-PREAUX - Tél. : 02 33 51 42 65 ou 06 14 25 38 22

Normandie — Manche

ST-CYR-DU-BAILLEUL *C.M. 59 Pli 9*

3 ch. **Mont St-Michel 60 km. Escalade à la Fosse Arthour 8 km.** Vous serez accueillis dans 1 maison en pierre au cœur d'un petit village du Mortainais. A l'ét., 1 ch. (1 lit 2 pers. et annexe séparée 2 lits 1 pers.), 1 ch. 2 épis (1 lit 2 pers.). Chacune s. d'eau et wc privés. Dans ancienne étable à colombages 1 ch. (1 lit 2 pers. et annexe séparée 2 lits 1 pers.). S.d.b. et wc privés. Séjour/coin-cuisine réservé aux hôtes. Matériel bébé, jeux et VTT pour enfants. Loc. VTT. Dans cette région unique de fabrication du « Poiré », admirez la beauté du bocage et ses poiriers géants en floraison dès la mi-avril. 6 % de réduction séjour et VTT gratuits à partir de 3 nuits. Supp. chien 4 €. 4 pers. : 48/50 €. Enfant - 14 ans : 8 €.

Prix : 1 pers. **22** € 2 pers. **28/30** € 3 pers. **39/41** € pers. sup. **6** €
Ouvert : Toute l'année.

🐕	≈	⛵	🏇	🏊	🎣	🎾	🚵	🚆	⛳
50	7	14	30	8	5	SP	30		0,5

Jean et Antoinette HARDY - Le Bourg - 50720 ST-CYR-DU-BAILLEUL - Tél. : 02 33 59 43 89 - Fax : 02 33 59 29 85

ST-EBREMOND-DE-BONFOSSE La Rhétorerie *C.M. 54 Pli 3*

2 ch. **Saint-Lô : ferme-musée du Bois Jugan, haras, remparts à 5 km.** Marie-Thérèse et Roger Osmond sont heureux de vous accueillir dans leur demeure ancienne située près d'une vallée boisée bordant une rivière. 2 ch. (4 pers.) situées à l'étage avec entrée indépendante. S. d'eau dans chaque chambre. wc privé. Possibilité d'une ch. complémentaire 2 pers. Séjour/coin-cuisine à l'usage exclusif des hôtes. Chauffage central. Restaurant 1 km. Accès par la D38 direction Canisy. Chemin de halage aménagé le long de la « Vire » pour la randonnée ou la pratique du VTT.

Prix : 1 pers. **29** € 2 pers. **35** € pers. sup. **8** €
Ouvert : Toute l'année.

🐕	≈	⛵	🏇	🏊	🎣	🎾	🚵	🚆	⛳
30	40	4	4	18	1	2	1	3	3

Roger et M-Thérèse OSMOND - La Rhétorerie - 50750 ST-EBREMOND-DE-BONFOSSE - Tél. : 02 33 56 62 98

ST-GEORGES-DE-MONTCOCQ La Dainerie *C.M. 54 Pli 13*

3 ch. A la porte du Parc Naturel Régional des Marais, Thérèse et Pierre vous accueillent dans leur maison récente, à la décoration chaleureuse avec beau mobilier normand. 2 ch. 3 pers. à l'étage avec tél. 1 ch. 2 pers. au r.d.c. Salles de bains ou salle d'eau et wc privés, micro-ondes, réfrigérateur. Vélos à disposition des hôtes. Restaurant 2 km. Equipement complet pour bébé. Le petit-déjeuner copieux est au goût du terroir, à base de produits régionaux. Sur RN174 direction Cherbourg. 1 nuit gratuite au delà de 5 nuits en basse-saison. Saint-Lô « ville du Cheval », remparts à 4 km.

Prix : 1 pers. **27** € 2 pers. **35/38** € 3 pers. **43/46** € pers. sup. **9** €
Ouvert : Toute l'année.

🐕	≈	⛵	🏇	🏊	🎣	🎾	🚵	🚆	⛳
32	35	2	5	15	5	2	SP	4	2

Thérèse et Pierre DROUET - La Dainerie - 122, avenue du Cotentin - 50000 ST-GEORGES-DE-MONTCOCQ - Tél. : 02 33 72 22 80

ST-GERMAIN-D'ELLE Ferme du Gros-Mesnil (TH) *C.M. 54 Pli 14*

1 ch. **Caumont-l'Eventé 7 km. Saint-Lô 16 km.** Au sein du Bocage Normand, Anne et Bruno vous accueillent dans leur ferme. 1 chambre avec annexe (2 x 2 pers.) aménagée à l'étage, salle de bains et wc privés. Chauffage électrique. Canoë-kayak 17 km. Forêt 12 km. Baby-foot, visite de la ferme. Tarif 4 pers. : 53 €. Table d'hôtes sur réservation. Repas enfant (- 12 ans) : 7 €. Langue parlée : anglais.

Prix : 1 pers. **29** € 2 pers. **32/35** € 3 pers. **43** € pers. sup. **11** € repas **13** €
Ouvert : De Pâques à la Toussaint.

🐕	≈	⛵	🏇	🏊	🎣	🎾	🚵	🚆	⛳
40	35	5	17	2	15	SP	17	3	

Anne et Bruno BOUSSION - Ferme du Gros Mesnil - 50810 ST-GERMAIN-D'ELLE - Tél. : 02 33 05 38 70 - Fax : 02 33 05 38 70

ST-GERMAIN-LE-GAILLARD Le Hameau du Val *C.M. 54 Pli 1*

1 ch. **Cure marine 8 km. Barneville-Carteret 12 km.** Au 1er étage : 1 ch. (1 lit 2 pers.), salle d'eau et wc privés sur le palier. Possibilité d'une chambre complémentaire (2 pers.), située au même étage. Chauffage central. Gare 47 €. Ferme auberge à 1,5 km. Départ pour les îles anglo-normandes à 17 km. Accès : du bourg, direction Grosville puis 1ère à droite. A la campagne et à proximité de la côte, cette maison récente est agrémentée d'un grand jardin paysager et d'une terrasse vous invitant à la détente et à la contemplation de la nature dès le petit-déjeuner.

Prix : 1 pers. **18** € 2 pers. **27/32** € 3 pers. **43** € pers. sup. **6** €
Ouvert : Toute l'année.

🐕	≈	⛵	🏇	🏊	🎣	🎾	🚵	🚆	⛳
7	7	4	4	20	4	20	4		4

Gabrielle SCELLE - 6 hameau du Val - 50340 ST-GERMAIN-LE-GAILLARD - Tél. : 02 33 52 95 73 ou 06 03 49 50 66

ST-HILAIRE-PETITVILLE Ferme de Marigny *C.M. 54 Pli 13*

2 ch. **Ste-Marie du Mont, Utah-Beach 15 km. Plages du Débarquement 15 km.** Régine et Daniel vous accueillent à la ferme pour un séjour près des plages du débarquement. Etage : 1 ch. (1 lit 2 pers.), 1 ch. (1 lit 2 pers., 1 lit 1 pers.), 2 salles d'eau et 2 wc à l'usage exclusif des hôtes. Poss. 1 ch. suppl. 2 pers. Chauffage central et chauffage électrique. Coin-cuisine à disposition. Chasse à proximité. Restaurant 2 km. Terrain pétanque, poss. barbecue. 4 pers. : 50 €.

Prix : 1 pers. **26** € 2 pers. **29** € 3 pers. **35/40** € pers. sup. **8** €
Ouvert : Toute l'année.

🐕	≈	⛵	🏇	🏊	🎣	🎾	🚵	🚆	⛳
15	15	7	2	2	SP	2	2		

Daniel PICQUENOT - Ferme de Marigny - 50500 ST-HILAIRE-PETITVILLE - Tél. : 02 33 42 04 40

Manche   Normandie

ST-JAMES La Croisette   C.M. 59 Pli 8

2 ch. **Mont Saint-Michel 21 km. Base de loisirs « La Mazure » 12 km.** 2 chambres aménagées à l'étage. Douche commune aux 2 ch. Entrée indépendante. Chauffage électrique. D998 direction Avranches.

Prix : 1 pers. **20 €** 2 pers. **24 €** pers. sup. **8 €**
Ouvert : Toute l'année.

🐕	≈	⛵	🐎	🏊	🎾	🚶	🚐	🚲
30	13	2	20	4	2	2	20	2

Jacqueline GAUTIER - La Croisette - 50240 ST-JAMES - Tél. : 02 33 48 32 44

ST-JAMES La Gautraie   C.M. 59 Pli 8

4 ch. **Mont Saint-Michel 21 km.** A l'étage, 2 ch. familiales dont 1 avec coin-cuisine et 2 ch. (1 lit 2 pers.), salle de bains ou salle d'eau et wc privés. Chauffage central. Ping-pong, portique. Restaurant 2 km. 4 pers. : 53 €. Repas enfant (jusqu'à 12 ans : 8 €. 5 % de réduction à partir de la 3ᵉ nuit. Equipement bébé complet à disposition. Dans un écrin de verdure, à la ferme, vous ferez une halte ou un séjour agrémenté d'un dîner devant la cheminée, dans un décor de meubles régionaux et d'objets du terroir. Par la A84, sortie Saint-James n°32 puis D12 1 km après le supermarché U. Langue parlée : anglais.

Prix : 1 pers. **28 €** 2 pers. **36/41 €** 3 pers. **46 €** pers. sup. **8 €** repas **14 €**
Ouvert : Toute l'année.

🐕	≈	⛵	🐎	🏊	🎾	🚶	🚐	🚲
35	1	20	4	2	1	14	1	

François et Catherine TIFFAINE - La Gautraie - 50240 ST-JAMES - Tél. : 02 33 48 31 86 - Fax : 02 33 48 58 17

ST-JAMES La Dierge   C.M. 59 Pli 7

4 ch. **Mont Saint-Michel 21 km.** 3 chambres 2 pers. 1 chambre twin, à l'étage avec salles d'eau et wc privés. Salle de séjour à l'usage exclusif des hôtes. Entrée indépendante. Centre équestre, sentiers sportifs sur place.

Prix : 1 pers. **24 €** 2 pers. **29 €** pers. sup. **6 €**
Ouvert : Toute l'année.

🐕	🐎	🎭	🏊	🎾	🚶	🚐	🚲
	SP	0,5	0,5	0,5	SP	15	0,1

François et Simone AMELINE - La Dierge - 50240 ST-JAMES - Tél. : 02 33 48 32 43 - Fax : 02 33 68 31 56

ST-JEAN-DE-LA-HAIZE Les Bouillons

1 ch. **Avranches 1,5 km.** A la campagne, Madeleine et Roger vous accueillent dans leur maison récente avec vue sur Avranches. A l'étage : 1 chambre avec annexe (1 lit 2 pers. 2 lits 1 pers.), salle d'eau et wc privés. Entrée indépendante. Coin-cuisine à disposition des hôtes. Accès : du bourg D458 1ᵉʳᵉ route à gauche. Restaurants 1,5 km. Tarif 4 pers. : 46 €.

Prix : 1 pers. **23 €** 2 pers. **27/30 €** 3 pers. **38 €** pers. sup. **8 €**
Ouvert : Toute l'année.

🐕	≈	⛵	🐎	🏊	🎾	🚶	🚐	🚲
8	10	6	2	1	1	2	1,5	1

Roger et Madeleine LEBLAY - Les Bouillons - 50300 ST-JEAN-DE-LA-HAIZE - Tél. : 02 33 48 73 61

ST-JEAN-DE-LA-HAIZE Les Rosières   C.M. 59 Pli 8

5 ch. **Avranches 5 km. Villedieu les Poêles 20 km. Granville 20 km.** Marie-Joseph et Bernard vous accueillent dans leur maison en pierres, à la ferme. A l'étage, 3 chambres avec 1 salle d'eau et wc à l'usage exclusif des hôtes (classées 1 épi) et 2 chambres familiales (dont 1 avec entrée indépendante) avec salles d'eau et wc privés (classées 2 épis). Coin-cuisine réservé aux hôtes. Chauffage électrique. Restaurant 4 km. Tarif 4 pers. : 46 €.

Prix : 1 pers. **23/27 €** 2 pers. **27/32 €** 3 pers. **38 €** pers. sup. **8 €**
Ouvert : Toute l'année.

🐕	≈	⛵	🐎	🏊	🎾	🚶	🚐	🚲
10	4	4	1	4	SP	4		

Bernard et M-Josephe AUBEUT - Les Rosières - 50300 ST-JEAN-DE-LA-HAIZE - Tél. : 02 33 58 23 85

ST-JEAN-DES-CHAMPS La Vaudonnière   C.M. 59 Pli 7

2 ch. **Granville 10 km.** Thérèse et Michel vous accueillent dans leur maison où vous trouverez calme et détente. 2 chambres d'hôtes aménagées à l'étage (4 pers.). Salle d'eau et wc dans les chambres. Chauffage central. Restaurants 3 km.

Prix : 1 pers. **30 €** 2 pers. **35 €** pers. sup. **9 €**
Ouvert : De Pâques à la Toussaint.

🐕	≈	⛵	🐎	🏊	🎾	🚶	🚐	🚲
12	10	3	10	12	1	1	SP	4	2

Michel COULOMBIER - La Vaudonniere - 50320 ST-JEAN-DES-CHAMPS - Tél. : 02 33 50 37 77

Normandie / Manche

ST-JEAN-DU-CORAIL Chenilly
C.M. 54 Pli 9

2 ch. **Fosse Arthour (escalade) 12 km. Mont Saint-Michel 60 km. Mortain 6 km.** M. Suvigny a restauré l'ancienne étable en pierres dans le prolongement de sa maison. A l'étage : 1 ch. (1 lit 2 pers.), 1 ch.(2 lits 1 pers), salles d'eau et wc privés. Séjour réservé aux hôtes avec TV. Entrée indépendante. Chauffage central. Production et vente de produits cidricoles sur place (salle d'accueil avec dégustation). Dans le Parc Régional Normandie-Maine. Réduction de 2 €/chambre à partir de la 3ᵉ nuit. Accès par la D907 axe Mortain-Barenton.

Prix : 1 pers. 29 € 2 pers. 33 €
Ouvert : Toute l'année.

60	25	8	6	0,5	6	SP	30		

Armand SUVIGNY - Chenilly - 50140 ST-JEAN-DU-CORAIL - Tél. : 02 33 59 08 05 - Fax : 02 33 59 08 05

ST-JEAN-LE-THOMAS
C.M. 59 Pli 7

E.C. 1 ch. **Granville 15 km. Avranches 15 km. Mont Saint-Michel 35 km.** Au 1ᵉʳ étage : 1 ch. (1 lit 2 pers.) avec possibilité d'une chambre complémentaire non communicante (1 lit 2 pers.). S.d.b. et wc privés sur le palier. Avec sa vue sur le Mont Saint-Michel et sur toute la Baie, cette maison récente vous invite à la détente et à la contemplation, tout en étant à proximité des commerces de la petite station. Vous apprécierez les petits déjeuners copieux servis sur la terrasse du jardin. 4 pers. : 61 €. Les prix 3 et 4 pers. sont applicables pour l'utilisation de l'annexe. 5 % de réduction sur le prix 2 pers. à partir de 3 nuits consécutives. Traversées de la Baie guidées à 4 km.

Prix : 1 pers. 27 € 2 pers. 32 € 3 pers. 53 € pers. sup. 8 €
Ouvert : Toute l'année.

1	0,5	0,5	15	18	0,5	1	SP	15	0,7

Eliane et André CLERAULT - 26, avenue Maréchal Leclerc - 50530 ST-JEAN-LE-THOMAS - Tél. : 02 33 48 99 39 ou 06 07 84 17 73

ST-JEAN-LE-THOMAS
C.M. 59 Pli 7

1 ch. **Granville, Avranches 15 km. Traversées de la Baie du Mont 5 km.** Nicole a aménagé au 2ᵉ étage 1 chambre mansardée (1 lit 2 pers. 1 lit 1 enfant), salle d'eau et wc privés sur le palier. Les petits-déjeuners copieux sont servis dans la salle à manger qui a conservé toute son authenticité. Maison en pierres datant du XVIᵉ siècle située au cœur de la petite station, dans une petite ruelle très pittoresque qui grimpe vers les collines boisées. Possibilité de louer un gîte rural (5 pers.), mitoyen à l'habitation de la propriétaire. En bordure de la Baie du Mont-Saint-Michel.

Prix : 1 pers. 30 € 2 pers. 36 € pers. sup. 8 €
Ouvert : Toute l'année.

0,3	10	0,3	17	20	1	0,1	0,3	17	SP

Nicole BONNOT - 6, chemin du Vieux Château - 50530 ST-JEAN-LE-THOMAS - Tél. : 02 33 48 88 04

ST-JEAN-LE-THOMAS Les Bleuets
C.M. 54 Pli 7

1 ch. **Mont Saint-Michel 35 km. Granville et Avranches 15 km.** Colette vous accueille dans une petite maison indépendante de son habitation principale, située au milieu du bourg, à 500 m de la plage et de la baie du Mont-Saint-Michel. Au r.d.c. : 1 cuisine. 1 chambre (1 lit 2 pers) avec salle d'eau et WC privés. Restaurants à 500 m. Réduc. 10 F/pers. à partir de la 2ᵉ nuit. Traversées guidées de la Baie à 4 km.

Prix : 1 pers. 30 € 2 pers. 36 € pers. sup. 9 €
Ouvert : Toute l'année.

0,1	15	SP	15	18	1	SP	15	0,8	

Colette BERINGUIER - 18, boulevard Stanislas - Les Bleuets - 50530 ST-JEAN-LE-THOMAS - Tél. : 02 33 48 19 13

ST-LEGER Les Landes
C.M. 59 Pli 7

4 ch. **Granville 10 km. Villedieu les Poêles 18 km.** 1ᵉʳ étage : 1 ch. (1 lit 2 pers. 1 lit 1 pers.), s.d.b. et wc privés. Dans un bâtiment indépendant, au r.d.c. : 1 ch. 2 pers., salle d'eau et wc privés (accessible aux pers. hand.). 1ᵉʳ étage : 1 ch. (1 lit 2 pers.), s.d.b. et wc privés dans le couloir. 1 ch. spacieuse (2 lits 2 pers.), s.d.b. et wc privés. Poss. 1 ch. complémentaire (1 lit 2 pers.) au même étage. Entrées indépendantes. Petite cuisine aménagée au r.d.c. à l'usage exclusif des hôtes des 4 ch. Jacqueline et Michel vous accueillent dans leur demeure de caractère avec son grand jardin arboré et fleuri. Grand séjour à disposition avec billard français. 4 pers. 52/67 €. Restaurant à 5 km. Langue parlée : anglais.

Prix : 1 pers. 26 € 2 pers. 33 € 3 pers. 43/52 € pers. sup. 12 €
Ouvert : Toute l'année.

7	12	5	10	15	1	4	1	12	3

Jacqueline MICONNET - Le clos Serena Les Landes - 50320 ST-LEGER - Tél. : 02 33 90 63 46 - Fax : 02 33 90 63 46 -
E-mail : jac.serena@wanadoo.fr - www.France-bonjour.com/serena

ST-LO Le Gros Chêne
C.M. 59 Pli 8

2 ch. **St-Lô, ville du cheval, remparts 1 km.** Au 1ᵉʳ étage : 1 grande suite (2 ch. 2x2 pers.), s. d'eau et wc privés. 1 suite (2 ch. 2x2 pers.), s.d.b. et wc privés. Très beau salon à disposition des hôtes. Petits déjeuners copieux servis dans le grand séjour ouvert sur la nature. Chambres non fumeurs. Tarif 4 pers. : 91/107 €. Accès : à la sortie de St-Lô, direction Isigny/Mer. Belle maison contemporaine située sur les hauteurs de la ville avec vue sur le parc arboré et la campagne toute proche, avec ses champs de pommiers. L'intérieur particulièrement spacieux et lumineux est propice à la détente. Langues parlées : anglais, hollandais.

Prix : 1 pers. 52/61 € 2 pers. 61/69 € 3 pers. 84/91 € pers. sup. 15 €
Ouvert : Toute l'année.

30	3	2	30	0,5	3	2	3	2	

Kenza KHEIRFIH - 188, rue des Costils - 50000 ST-LO - Tél. : 02 33 06 02 89

Manche — Normandie

ST-MARTIN-DES-CHAMPS La Bourdonniere

3 ch. **Avranches 2 km. Le Mont Saint-Michel 20 km.** Vous serez accueillis dans une maison entièrement restaurée et meublée de style normand, avec jardin fleuri. A l'étage : 2 chambres (1 lit 2 pers.) et 1 chambre (1 lit 2 pers. 1 lit 1 pers.) avec salles d'eau et wc privés.

Prix : 1 pers. 29 € 2 pers. 33 € 3 pers. 44 € pers. sup. 9 €
Ouvert : Toute l'année.

	≋	⛵	🐎	🏊	🎾	👥	🚌	🚂
20	25	4	2	30	4	2	2	4	2

Raymond et Elisabeth TRUBLET - La Bourdonniere - 50300 ST-MARTIN-DES-CHAMPS - Tél. : 02 33 48 88 53

ST-MICHEL-DES-LOUPS (TH) C.M. 59 Pli 7

5 ch. **Granville 11 km. Mont Saint-Michel 40 km.** Dans un bâtiment indépendant, 4 chambres : 3 de 2 pers. et 1 ch. de 4 pers. avec salles d'eau et wc privés. Dans la maison du propriétaire, 1 chambre avec 1 petite ch. complémentaire (2 + 1 pers.) avec salle de bains privée. Chauffage électrique. Coin-cuisine pour 2 chambres. 4 pers. : 50 €. Animaux acceptés avec supplément de 1 €. Repas enfant (-7 ans) : 8 €.

Prix : 1 pers. 27 € 2 pers. 35/36 € 3 pers. 43 € pers. sup. 8 € repas 12 €
Ouvert : Toute l'année.

	≋	⛵	🐎	🏊	🎾	👥	🚌	🚂
2	2	4	10	15	1,5	SP	11	2

Bernard et Claudine PAGES - Langoterie - 50740 ST-MICHEL-DES-LOUPS - Tél. : 02 33 61 93 26

ST-NICOLAS-DE-PIERREPONT

2 ch. **Ste mère Eglise 25 km. Plages du débarquement 30 km.** Dans le Cotentin, à quelques kilomètres des plages de sable fin, Jay et Richard vous accueillent dans leur ancienne ferme. 1 ch. (1 lit 2 pers.) à l'étage, salle d'eau et wc privés. 1 ch. (1 lit 2 pers., 1 lit 1 pers.), salle de bains et wc privés. Lit d'appoint possible pour les 2 ch. Ch. central. Salon de jardin, p-pong, vélos, portique. Restaurant 5 km. Chambres « Panda ». Poss. de louer 2 gîtes ruraux mitoyens à la maison des propriétaires. Langues parlées : anglais, allemand.

Prix : 1 pers. 18 € 2 pers. 25 € 3 pers. 42 € pers. sup. 7 €
Ouvert : Toute l'année.

	≋	⛵	🐎	🏊	🎾	👥	🚌	🚂
7	10	10	25	11	11	5	SP	25	5

Richard et Jay CLAY - La Ferme de l'Eglise - 50250 ST-NICOLAS-DE-PIERREPONT - Tél. : 02 33 45 53 40 - Fax : 02 33 45 53 40 -
E-mail : theclays@wanadoo.fr - http ://perso.wanadoo.fr/normandie-cottages-bed-and-breakfast

ST-OVIN La Coifferie C.M. 59 Pli 8

3 ch. **Avranches 9 km.** Dans une maison récente, 3 chambres (8 pers.) aménagées à l'étage dont 1 familiale. Salles d'eau et wc privés. Chauffage électrique. Découverte de la région en voiture à cheval sur réservation (pour groupes). Restaurant 1 km. Tarif 4 pers. :46 €.

Prix : 1 pers. 23/24 € 2 pers. 27/30 € 3 pers. 38 € pers. sup. 8 €
Ouvert : Toute l'année.

	≋	⛵	🐎	🏊	🎾	👥	🚌	🚂
20	28	3	9	35	0,5	1	0,5	10	1

Philippe et Raymonde RESTOUT - La Coifferie - 50400 ST-OVIN - Tél. : 02 33 60 53 22

ST-PAIR-SUR-MER La Maréchallerie C.M. 59 Pli 7

4 ch. **Granville et thalassothérapie 5 km.** Dans une grande maison restaurée, 4 chambres dont 1 familiale, aménagées à l'étage avec salles d'eau et wc privés. Chauffage électrique. Salle de jeux (billard, baby-foot, ping-pong, flipper) à dispo. Accès sur la D973. Granville : départ pour les îles anglo-normandes et les îles Chausey. 49 €/4 pers. Restaurant 4 km. Possibilité location gîtes ruraux à proximité.

Prix : 1 pers. 29 € 2 pers. 32/40 € 3 pers. 46 € pers. sup. 12 €
Ouvert : Toute l'année.

	≋	⛵	🐎	🏊	🎾	👥	🚌	🚂
4	5	7	5	10	6	4	SP	6	1,5

Claudine CARUHEL - La Maréchallerie - D973 - 50380 ST-PAIR-SUR-MER - Tél. : 02 33 51 65 37 - Fax : 02 33 51 65 37

ST-PAIR-SUR-MER La Hogue Marine C.M. 59 Pli 7

2 ch. **Granville 5 km.** Au cœur de la station, dans une maison bourgeoise du XIXe siècle, entourée d'un parc floral boisé, 1 ch. « la Granvillaise » (1 lit 160) au r.d.c. avec salle d'eau et wc privés. Possibilité d'1 ch complémentaire « La Gracieuse »(2 lits 1 pers), 1 ch. « la Cancalaise » à l'étage avec salle de bains et wc privés. Entrée indépendante. P-pong, jeu de boules. Equipement complet bébé à disposition. Chambres non fumeur. Restaurants 300 m. 88 €/4 pers. Possibilité location d'un meublé de tourisme indépendant sur la même propriété. Langue parlée : anglais.

Prix : 1 pers. 38 € 2 pers. 51 € 3 pers. 74 € pers. sup. 14 €
Ouvert : Du 1er avril 30 septembre, autres périodes sur réservation.

	≋	⛵	🐎	🏊	🎾	👥	🚌	🚂
0,3	5	7	6	8	3	0,3	0,5	6	0,5

Nicole ELIE - 152, rue de la Hogue - 50380 ST-PAIR-SUR-MER - Tél. : 02 33 50 58 42 ou 02 33 50 64 92 - Fax : 02 33 50 64 92 -
E-mail : elie.nicole@wanadoo.fr

Normandie / Manche

ST-PATRICE-DE-CLAIDS — Manoir de la Guerrie

1 ch. Dans un cadre calme et silencieux, Sylvia et Richard vous accueillent dans leur manoir du XVIe avec son escalier « à vis » en granit. Les petits déjeuners sont servis dans une salle avec grande cheminée. 1 ch. à l'étage avec 1 ch. complémentaire non communicante (1 lit 2 pers. à baldaquin, 2 lits 1 pers.), s.d.b. et wc privés. Séjour à dispo. des hôtes. Entrée indép. Ping-pong, bicyclettes. 92 €/4 pers. Randonneurs équestres acceptés. Restaurant 6 km. Langue parlée : anglais.

Prix : 1 pers. **34** € 2 pers. **46** € 3 pers. **69** € pers. sup. **8** €
Ouvert : De Pâques à la Toussaint.

20	25	18	22	10	2	4	SP	22	6

Richard et Sylvia SENIOR - Manoir de la Guerrie - 50190 ST-PATRICE-DE-CLAIDS - Tél. : 02 33 47 74 37 - Fax : 02 33 47 74 97

ST-PLANCHERS — La Channiere

2 ch. Granville 7 km (départ îles anglo-normandes et îles Chausey). A l'étage, 1 chambre (1 lit 2 pers. 1 lit 1 pers.) avec entrée indépendante et 1 chambre avec annexe (1 lit 2 pers. 2 lits 1 pers.). Salles d'eau et wc privés. Thalassothérapie et bowling à 7 km. 4 pers. **47** €. Accès : sur la D924 Granville-Villedieu les Poêles.

Prix : 1 pers. **27** € 2 pers. **30/33** € 3 pers. **40** € pers. sup. **9** €
Ouvert : Toute l'année.

7	7	7	8	3	SP	5	5

Guy et Jeannette LEBUFFE - La Channière - 50400 ST-PLANCHERS - Tél. : 02 33 50 43 75

ST-PLANCHERS — La Vallée
C.M. 59 Pli 7

2 ch. Avranches 25 km. Baie du Mont Saint Michel 20 km. Dans une maison récente, entouré d'un grand jardin, ombragé et fleuri. A l'étage, 1 ch. (1 lit 2 pers.), salle d'eau et wc privés intégrés à la chambre. 1 ch. (1 lit 2 pers. 1 lit 1 pers.). Cabinet de toilette intégré + salles de bains et wc privés sur le palier. Chauffage électrique. Restaurant 4 km. Langue parlée : anglais.

Prix : 1 pers. **29** € 2 pers. **33** € 3 pers. **40** € pers. sup. **8** €
Ouvert : Vacances scolaires et week-ends.

8	8	8	6	9	5	1	SP	8	1

Rémi SILANDE - La Vallée - route de St-Jean-des-Champs - 50400 ST-PLANCHERS - Tél. : 02 33 61 33 90 -
E-mail : remi.silande@wanadoo.fr

ST-PLANCHERS — Les Perrières
C.M. 59 Pli 7

3 ch. Granville 7 km, thalasso. Baie du Mont Saint-Michel 15 km. A la campagne et à proximité de la mer, Yvette et Louis vous accueillent dans une maison récente, 3 chambres d'hôtes (8 pers.) sont aménagées à l'étage, avec salles d'eau et wc privés. Véranda avec TV à la disposition des hôtes. Thalassothérapie 7 km. Réduction de 10 % pour séjour supérieur à 3 nuits, hors juillet et août. Restaurant 4 km.

Prix : 1 pers. **29** € 2 pers. **32/40** € 3 pers. **44** € pers. sup. **12** €
Ouvert : Toute l'année.

7	7	7	4	6	3	7	7	4

Louis et Yvette BENSET - Les Perrieres - 50400 ST-PLANCHERS - Tél. : 02 33 61 32 64

ST-QUENTIN-SUR-LE-HOMME
C.M. 59 Pli 8

4 ch. Mont Saint-Michel 15 km. Avranches 5 km. Dans une maison d'une trentaine d'années, entourée d'un jardin fleuri et ombragé, laissez vous gagner par la sécurité de la campagne. A l'étage 1 ch. familiale (2 lits 2 pers), 1 ch. (2 pers. 1 lit 1 pers.), 2 ch. (1 lit 2 pers.), chacune avec sanitaires privés. Cuisine à la disposition des hôtes avec véranda donnant côté jardin. Accès par le bourg. Sur place vente de produits fermiers. 4 pers. : **53** €. Restaurant 500 m.

Prix : 1 pers. **27** € 2 pers. **32/37** € 3 pers. **46** € pers. sup. **9** €
Ouvert : Toute l'année.

25	25	5	5	3	4	3	10	0,5

J-Louis et Lucette BOUTELOUP - 12, les Vallées - 50220 ST-QUENTIN-SUR-LE-HOMME - Tél. : 02 33 60 61 51 - Fax : 02 33 60 61 51

ST-ROMPHAIRE — Le Mariage
C.M. 54 Pli 13

2 ch. Renée et René vous accueillent dans leur maison à la campagne. A l'étage : 1 ch. (1 lit 2 pers.), 1 ch. familiale (2 x 2 pers.) avec salles d'eau et wc privés. Salon à disposition des hôtes. Chauffage central. Restaurant 1 km. Canoë-kayak 5 km. Tarif 4 pers. : **46** €. 1 nuit gratuite au delà de 5 jours, hors juillet et août.

Prix : 1 pers. **24** € 2 pers. **30/33** € 3 pers. **40** € pers. sup. **11** €
Ouvert : Toute l'année.

40	10	10	10	5	1,5	SP	10	1

Renée LETELLIER - 29, rue du Mariage - 50750 ST-ROMPHAIRE - Tél. : 02 33 55 80 06

Manche

Normandie

ST-SAUVEUR-LE-VICOMTE La Percemaillerie
C.M. 54 Pli 2

3 ch. **Portbail 14 km.** 3 chambres d'hôtes (6 pers.) sont aménagées à l'étage, avec salles d'eau et wc privés. Salle de séjour à l'usage exclusif des hôtes. Entrée indépendante. Accès sur la D900, axe La Haye-du-Puits/St-Sauveur-le-Vicomte. Canoë-kayak, sentier sportif à 500 m. Forêt à 2 km. Elevage canin sur la propriété (8 chiennes retrievers), poss. d'initiation au dressage.

Prix : 1 pers. 24 € 2 pers. 29 €
Ouvert : De Pâques à la Toussaint.

🐕	≈	⛵	🐎	🚶	🏊	🎾	👥	🏕	🚲
11	11	11	16	18	0,5	0,8	0,5	16	0,5

André et Marcelle BLONDEL - La Percemaillerie - 50390 ST-SAUVEUR-LE-VICOMTE - Tél. : 02 33 21 19 69 - Fax : 02 33 21 19 69

ST-SENIER-SOUS-AVRANCHES Le Champ du Genet
C.M. 59 Pli 8

2 ch. **Mont Saint-Michel 25 km. Avranches 5 km. Val Saint-Père 7 km.** Dans une demeure de caractère entourée d'un parc, 2ᵉ étage : 1 ch. (1 lit 2 pers. 1 lit 1 pers.), 1 ch. familiale (1 lit 2 pers. 2 lits 1 pers.) avec salles de bains et wc privés. Sur place : possibilité de randonner à cheval vers le bocage ou le Mont Saint-Michel. A proximité du GR22. Tarif 4 pers. : 47 €.
Accès : à 5 km d'Avranches direction Mortain (D5). Langue parlée : anglais.

Prix : 2 pers. 31/36 € 3 pers. 39/44 € pers. sup. 8 €
Ouvert : Toute l'année.

🐕	≈	⛵	🐎	🚶	🏊	🎾	👥	🏕	🚲
20	20	SP	5	25	SP	2	SP	5	5

Annette JOUVIN - Le Champ du Genet - route de Mortain - 50300 ST-SENIER-SOUS-AVRANCHES - Tél. : 02 33 60 52 67 ou 06 07 74 07 04 - Fax : 02 33 60 52 67 - E-mail : A-JOUVIN@wanadoo.fr

ST-SYMPHORIEN-LE-VALOIS
C.M. 54 Pli 2

2 ch. **Barneville-Carteret 18 km. Plages du débarquement 40 km.** Geneviève et Joseph vous accueillent dans leur maison récente agrémentée d'un jardin. 1 chambre à l'étage avec annexe (2 x 2 pers.). Salle d'eau et wc privés. 1 chambre au rez-de-chaussée avec salle de bains et wc privés. Accès : D903. Tarif 4 pers. : 47 €. Restaurants à 500 m. Supplément pour animal : 1 €.

Prix : 1 pers. 23 € 2 pers. 29 € 3 pers. 38 € pers. sup. 8 €
Ouvert : Toute l'année.

🐕	≈	⛵	🐎	🚶	🏊	🎾	👥	🏕	🚲
12	12	15	25	20	10	0,5	3	25	0,5

Joseph et Geneviève BELLEE - 29, avenue Côte des Iles - 50250 ST-SYMPHORIEN-LE-VALOIS - Tél. : 02 33 46 11 13

ST-SYMPHORIEN-LE-VALOIS Ferme de la Valoiserie
C.M. 54 Pli 12

2 ch. **La Haye-du-Puits 1,5 km. Plages du Débarquement 40 km.** Solange et Maurice vous accueillent dans une ancienne ferme, 2 chambres (1 lit 2 pers. + convertible) à l'étage, avec salle d'eau ou salle de bains et wc privés. Salle de séjour avec coin-cuisine à l'usage exclusif des hôtes. Restaurant 1 km.

Prix : 1 pers. 24 € 2 pers. 27 € pers. sup. 4 €
Ouvert : Toute l'année.

🐕	≈	⛵	🐎	🚶	🏊	🎾	👥	🏕	🚲
15	15	15	30	15	15	1,5	2	30	1,5

Solange AGNES - 4, rue de la Valoiserie - 50250 ST-SYMPHORIEN-LE-VALOIS - Tél. : 02 33 45 77 70

ST-VIGOR-DES-MONTS L'Orgerie
(TH) *C.M. 59 Pli 9*

1 ch. **Vire 15 km. Villedieu les Poêles 25 km.** Dans une maison de caractère nichée dans une campagne verdoyante. 1 petite ch. avec annexe (1 lit 2 pers. 2 lits 1 pers.) à l'étage avec salle d'eau privée, wc privés non attenants. Chauffage central. Canoë-kayak 3 km. Accès : D52-D374 à 3 km de Pont-Farcy direction Vire. A droite au lieu dit « Drôme ». Cuisine végétarienne sur demande. 4 chiens vivent sur place. 4 pers : 46 €. Langue parlée : anglais.

Prix : 1 pers. 23 € 2 pers. 30 € 3 pers. 38 € pers. sup. 50 € repas 12 €
Ouvert : Toute l'année.

🐕	≈	⛵	🐎	🚶	🏊	🎾	👥	🏕	🚲
15	46	10	10	15	0,1	3	3	15	3

Jacqueline GOUDE - L'Orgerie - 50420 ST-VIGOR-DES-MONTS - Tél. : 02 31 68 85 58

STE-GENEVIEVE Hameau Le Roy
C.M. 54

1 ch. **St-Vaast-la-Hougue, Ile de Tatihou 10 km. Barfleur 2 km.** Dans une maison en pierres typique du Val de Saire, Annick vous propose 1 ch. au 1ᵉʳ étage avec possibilité d'une ch. annexe 4 pers. (1 lit 2 pers. 2 lits 1 pers.), s. d'eau et wc privés. Les petits-déjeuners copieux vous seront servis dans le séjour à la décoration normande, avec sa cheminée en granit. Accès : de Barfleur, D25 direction Valcanville 4ᵉ route à droite. 4 pers :61 €.

Prix : 1 pers. 30 € 2 pers. 36 € 3 pers. 52 € pers. sup. 9 €
Ouvert : Toute l'année.

🐕	≈	⛵	🐎	🚶	🏊	🎾	👥	🏕	🚲
3	3	8	20	17	3	3	27	2	

Annick MAUVIOT - 4, hameau le Roy - 50760 STE-GENEVIEVE - Tél. : 02 33 54 30 51 - Fax : 02 33 54 30 51

Normandie — Manche

STE-GENEVIEVE Manoir de la Fevrerie
C.M. 54 Pli 3

3 ch. **Barfleur 3 km. Cherbourg, Cité de la mer 25 km. Ile de Tatihou 10 km.** Marie-France sera ravie de vous accueillir dans sa ferme-manoir natale des 16e et 17e siècles. Les ch. desservies par un escalier de pierre, ont été décorées dans un style romantique : 1 ch. (1 lit 2 pers.), 2 ch. (2 lits 1 pers.) avec s.d.b. ou s. d'eau et wc privés. Les petits déjeuners sont servis dans une salle ornée d'une cheminée monumentale en granit. Possibilité accueil de chevaux.

Prix : 1 pers. **42/53** € 2 pers. **46/58** €
Ouvert : Toute l'année.

3	3	5	20	17	2	3	SP	20	3

Marie-France CAILLET - Manoir de la Fevrerie - 4, route d'Arville - 50760 STE-GENEVIEVE - Tél. : 02 33 54 33 53 ou 06 80 85 89 01 - Fax : 02 33 22 12 50

STE-MARIE-DU-MONT Ferme Saint-Martin

1 ch. **Sainte-Mère-Eglise 6 km. Plages du Débarquement 5 km.** Catherine et Henri Milet vous accueillent dans une ferme de caractère en activité, 1 chambre à l'étage avec chambre complémentaire (2 x 2 pers.). Salle d'eau et wc privés. Séjour + salon et cuisine réservés aux hôtes. Entrée indépendante. Jardin. Randonneurs équestres acceptés. Accès : sur D70 à 2 km du bourg, direction Sainte-Mère-Eglise. 4 pers.59 €. Restaurant 2 km.

Prix : 1 pers. **27** € 2 pers. **35** € 3 pers. **49** € pers. sup. **9** €
Ouvert : Toute l'année.

5	12	5	12	12	5	2	2	12	2

Henri et Catherine MILET - Ferme St-Martin - 50480 STE-MARIE-DU-MONT - Tél. : 02 33 71 58 93

STE-MARIE-DU-MONT Haras de Franqueville
C.M. 54 Pli 3

E.C. 3 ch. **Carentan « Porte du Cotentin » 10 km.** Au 1er étage, 2 ch spacieuses et lumineuses (2 pers) et au 2e étage, 1 grande ch mansardée (3 pers). Salles de bains et wc privés attenants. Grand séjour avec cheminée à disposition des hôtes. Marie-Françoise et Alain, éleveur de chevaux de sport, ont restauré avec beaucoup de cœur cet ancien haras du 19e siècle, dans une région chargée d'histoire qu'ils ont choisie pour la beauté de ses sites. Idéal pour accueil cavaliers. Boxes avec supplément. Langues parlées : anglais, espagnol.

Prix : 1 pers. **39** € 2 pers. **46** € 3 pers. **58** €
Ouvert : Toute l'année.

4	4	10	4	SP	10	1,5	

Marie-Françoise et Alain MARECHAL - Haras de Franqueville - 50480 SAINTE-MARIE-DU-MONT - Tél. : 02 33 42 40 30

STE-MARIE-DU-MONT La Bedelle
C.M. 54 Pli 3

2 ch. Nathalie et Bertrand Leconte vous accueillent dans une ferme de caractère en pleine nature. R.d.c. : 1 ch. (1 lit 2 pers.). l'étage : 1 ch. (1 lit 2 pers., 1 lit 1 pers.). Salles d'eau et wc privés. Chauffage central. Chambres « Panda ». Restaurant 3 km. Randonneurs équestres acceptés. Canoë-kayak 15 km. Langues parlées : anglais, espagnol.

Prix : 1 pers. **26** € 2 pers. **32/36** € 3 pers. **39** €
Ouvert : Toute l'année.

3	15	3	15	15	10	2	1	15	3

Bertrand et Nathalie LECONTE - La Bedelle - 50480 STE-MARIE-DU-MONT - Tél. : 02 33 71 52 99

STE-MARIE-DU-MONT La Rivière
C.M. 54 Pli 3

1 ch. **Carentan 14 km. Réserve naturelle 3 km. Plages du Débarquement 3 km.** Véronique et Olivier Gailledrat vous accueillent dans leur ferme, dans une maison de caractère, à la campagne, 1 ch. à l'étage avec 1 ch. complémentaire (1 lit 2 pers. 2 lits 1 pers.). S. d'eau et wc privés. Chauffage central. Restaurant 4 km. Tarif 4 pers :61 €. Canoë 14 km. Restaurant 1 km. Réduction de 3 € sur le prix 2 pers. à partir de la 2e nuit.

Prix : 1 pers. **26** € 2 pers. **30/33** € 3 pers. **49** € pers. sup. **9** €
Ouvert : Toute l'année.

3	10	0,6	10	15	SP	4	SP	10	4

Véronique et Olivier GAILLEDRAT - La Rivière - 50480 STE-MARIE-DU-MONT - Tél. : 02 33 71 54 46 - Fax : 02 33 71 54 46

STE-MERE-EGLISE La Fière
C.M. 54 Pli 3

2 ch. Dans une maison de caractère, entourée d'un parc et au cœur du Parc Régional des Marais, Michèle et Albert vous accueilleront en toute simplicité. A l'étage, 1 ch. avec annexe (3 et 2 pers.), douche et wc privés. 1 chambre (3 pers.) avec salle d'eau et wc privés. Ch. élect. Poss. pique-nique dans le parc. Tarif 4 pers. : 61 €.

Prix : 1 pers. **27/29** € 2 pers. **30/34** € 3 pers. **42/58** €
Ouvert : Toute l'année.

10	16	10	16	15	SP	3	SP	13

Albert et Michele BLANCHET - La Fière - route de Pont l'Abbé - 50480 STE-MERE-EGLISE - Tél. : 02 33 41 32 66

Manche
Normandie

STE-MERE-EGLISE
C.M. 54 Pli 3

4 ch. Dans l'enceinte du Musée de la Ferme, cette maison de caractère des XVIIe et XVIIIe siècles sera une étape idéale pour qui apprécie la campagne, visite du Musée gratuite pour les hôtes. 4 ch. d'hôtes (8 pers.). Entrée indépendante. Les chambres sont situées à l'étage avec salles de bains et wc privés. Tarif 4 pers : 50 €. Chauffage central. Fermé en décembre. Restaurant 2 km. Canoë-kayak 17 km.

Prix : 1 pers. 30 € 2 pers. 36 € 3 pers. 40 € pers. sup. 9 €

🐕	≈	⛵	🐎	🏊	🎿	🎾	⛳	🚉	🚲
	10	13	10	13	10	3	1	SP	17	1

MUSEE DE LA FERME Mme LEMARINEL Anne - 1, chemin de Beauvais - 50480 STE-MERE-EGLISE - Tél. : 02 33 95 40 20 ou 02 33 95 40 22 - Fax : 02 33 95 40 24

STE-MERE-EGLISE Village Beauvais
C.M. 54 Pli 3

2 ch. Au cœur d'une cité historique, Marie et Emile vous accueillent dans leur ferme de caractère. A l'étage : 2 ch. (1 lit 2 pers., 1 lit 1 pers.) avec salle de bains ou salle d'eau et wc privés. Séjour avec cheminée réservé aux hôtes. Poss. de pique-nique. Barbecue. Equipement bébé à disposition. Chauffage électrique. Restaurant 1 km. Accès : à la gendarmerie, tourner à droite puis 400 m.

Prix : 1 pers. 30 € 2 pers. 35/38 € 3 pers. 47 € pers. sup. 9/12 €
Ouvert : Toute l'année.

🐕	≈	⛵	🐎	🏊	🎿	🎾	⛳	🚉	🚲
	10	13	10	13	10	3	1	2	13

Emile et Marie VIEL - 3, chemin de Beauvais - 50480 STE-MERE-EGLISE - Tél. : 02 33 41 41 71 ou 06 83 21 89 09 - Fax : 02 33 41 41 71 - www.members.xoom.com/gite-viel

---

STE-MERE-EGLISE Ferme Riou
C.M. 54 Pli 3

3 ch. Sainte-Mère-Eglise 1,5 km. Plages du Débarquement 10 km. Madeleine et Victor vous accueillent dans leur ferme entourée d'herbages où paissent bovins et chevaux. 2 ch. (5 pers.) aménagées au r.d.c., avec s. d'eau et wc privés. Entrées indépendantes. Dans l'habitation principale, 1 ch. (2 pers.) à l'étage avec s. d'eau et wc privés. Poss. pique-nique. Supplément animaux 1 €. Restaurants à 1,5 km.

Prix : 1 pers. 27 € 2 pers. 35/38 € 3 pers. 47 € pers. sup. 10 €
Ouvert : Toute l'année.

🐕	≈	⛵	🐎	🏊	🎿	🎾	⛳	🚉	🚲
	10	10	10	15	10	5	1,5	SP	15	1,5

Victor et Madeleine DESTRES - 1, Ferme Riou - 50480 STE-MERE-EGLISE - Tél. : 02 33 41 63 40

STE-MERE-EGLISE Ferme-Manoir « La Fiere »
C.M. 54 Pli 2/3

2 ch. Plages du débarquement 15 km. Dans le parc naturel des marais du Cotentin, en plein site de la bataille de 44, soyez les bienvenus au manoir de la Fière. Dans un bâtiment indépendant, au rez-de-chaussée : 1 ch. (2 pers.) avec coin-cuisine, 1 ch. (3 lits 1 pers.) avec mezzanine. Salles d'eau et wc privés. Entrées indépendantes. Chasse sur place. Accès : route de Picauville D15. Canoë-kayak 10 km. Langue parlée : anglais.

Prix : 1 pers. 28 € 2 pers. 33 € 3 pers. 42 € pers. sup. 8 €
Ouvert : Toute l'année.

🐕	≈	⛵	🐎	🏊	🎿	🎾	⛳	🚉	🚲
	10	16	3	16	12	SP	3	SP	18	3

Chantal et Yves POISSON - Ferme-manoir « La Fière » - Face mémorial Parachutistes - 50480 STE-MERE-EGLISE - Tél. : 02 33 41 31 77

STE-PIENCE Manoir de la Porte
C.M. 59 Pli 8

2 ch. Mont St-Michel 30 km. Villedieu-les-Poëles 10 km. Granville 25 km. Entre le Mont St-Michel, le Cotentin et les plages du débarquement, Annick vous reçoit dans le salon au vénérable feu de bois. En haut d'un escalier de pierre à l'étage : 2 ch. romantiques et confortables plongent sur le parc arboré et le plan d'eau où se reflète le ciel du pays de la Baie. 2e étage : 2 ch. 3 pers. Salle de bains et wc privés. Au sein du bocage normand, l'ancien prieuré du XVIe siècle accueille des hôtes du monde entier. Réduction 10 % à partir du 6e jour (hors vacances scolaires) Cuisine,séjour à disposition des hôtes. Restaurants 2 km. Abbaye de la Lucerne d'Outremer 10 km. Langue parlée : anglais.

Prix : 1 pers. 43 € 2 pers. 49/58 € 3 pers. 65 € pers. sup. 16 €
Ouvert : Toute l'année.

🐕	≈	⛵	🐎	🏊	🎿	🎾	⛳	🚉	🚲
	15	25	10	10	25	3	2,5	SP	10	2

Annick LAGADEC - Manoir de la Porte - 50870 STE-PIENCE - Tél. : 02 33 68 13 61 ou 06 63 60 41 96 - Fax : 02 33 68 29 54 -
E-mail : manoir.de.la.porte@wanadoo.fr - www.manoir-de-la-porte.com

---

SUBLIGNY La Grande Coquerie
C.M. 59 Pli 8

2 ch. Mont Saint-Michel 25 km. Chambres de charme dans un cadre agréable et reposant, dans le prolongement d'une maison de caractère au sein d'un élevage de chevaux de sport. A l'étage : 1 ch. (1 lit 2 pers., 1 lit 1 pers.), salles d'eau et wc privés. Entrée indépendante. Petit déjeuner servi dans la salle à manger des propriétaires à la décoration rustique et chaleureuse. Cheminée en granit monumentale. Réduction de 5 % au delà de la 3e nuit, hors vacances scolaires. Possibilité location d'un meublé aménagé dans une des dépendances. Ping-pong. Accès : D39 direction Le Luot puis D573 la Mouche.

Prix : 1 pers. 33 € 2 pers. 41 €
Ouvert : Toute l'année.

🐕	≈	⛵	🐎	🏊	🎿	🎾	⛳	🚉	🚲
	15	20	10	10	20	1	2	1	10

Raphael et Annick DULIN - La Grande Coquerie - 50870 SUBLIGNY - Tél. : 02 33 61 50 23 ou 06 81 21 62 53 - Fax : 02 33 61 18 24 -
E-mail : annickdulin@coquerie.com - www.coquerie.com

Normandie — **Manche**

SURVILLE La Huberdiere
C.M. 54 Pli 11

2 ch. **Portbail 8 km (embarquement pour les Iles anglo-normandes).** Entre mer et campagne, Eric et Corinne seront heureux de vous accueillir dans leur maison bourgeoise. À l'étage : 1 ch. spacieuse et chaleureuse avec annexe (2 x 2 pers.) avec au r.d.c. s. d'eau et wc, salle à manger et cuisine à l'usage exclusif des hôtes. 1 ch. à l'esprit « mauresque » (1 lit 2 pers.) au r.d.c. avec terrasse donnant sur le parc, s. d'eau et wc privés. Parc arboré et fleuri. 4 pers. : 75 €. Vélos à disposition. Langue parlée : anglais.

Prix : 1 pers. **40/50** € 2 pers. **45/65** € 3 pers. **70** € pers. sup. **15** €
Ouvert : Toute l'année.

🐕	≈	⛵	🐬	🏃	🏊	🎾	👥	🚂	🅿
	1	8	8	25	12	2	2	45	8

Corinne et Eric BONNIFET - La Huberdière - 50250 SURVILLE - Tél. : 02 33 07 97 24 ou 06 72 40 88 04 - E-mail : eric.bonnifet@free.fr - http://lahuberdiere.free.fr

TAMERVILLE Manoir de Bellauney
C.M. 54 Pli 2

3 ch. **Valognes le « Petit Versailles Normand » 4 km.** Ouvrant sur le parc, chaque chambre vous racontera une époque de l'histoire de ce manoir : la « Normande » au r.d.c., la « Louis XV » et la « Médiévale » à l'étage, chacune de 2 pers., salles d'eau ou de bains et wc privés. Entrée indépendante. Séjour à la disposition des hôtes. Ping-pong. Parc animalier 3 km. Plages du Débarquement 15 km. Non loin de la mer et bien située pour visiter les sites touristiques du Cotentin, cette ancienne demeure seigneuriale des XV et XVIe siècles a conservé son authenticité. Accès : D902 vers Quettehou. Après le carrefour indiquant Tamerville, 1ere entrée à gauche. Langue parlée : anglais.

Prix : 1 pers. **34/42** € 2 pers. **42/54** € pers. sup. **15** €
Ouvert : Du 15 mars au 15 novembre.

🐕	≈	⛵	🐬	🏃	🏊	🎾	👥	🚂	🅿
	12	15	7	4	15	1	4	0,5	4	0,5

Jacques et Christiane ALLIX-DESFAUTEAUX - Manoir de Bellauney - 50700 TAMERVILLE - Tél. : 02 33 40 10 62

TANIS Village de Brée
C.M. 59 Pli 7

3 ch. **Mont Saint-Michel 7 km.** Dans une maison récente, 3 chambres (6 pers.), à l'étage avec salle d'eau et wc à l'usage exclusif des hôtes. Chauffage électrique. Restaurant 200 m.

Prix : 1 pers. **23** € 2 pers. **27** €
Ouvert : De Pâques à la Toussaint.

🐕	≈	🐬	🏊	🎣	👥	🚂	🅿
	30	6	16	6	16	SP	5	5

Guy DESGRANGES - Village de Brée - 50170 TANIS - Tél. : 02 33 48 18 26

TANIS La Sansonnière
C.M. 59 Pli 7

2 ch. **Mont Saint-Michel 7 km.** 2 chambres d'hôtes (6 pers.) situées à l'étage, avec 1 salle d'eau et 1 wc à l'usage exclusif des hôtes. Chauffage électrique. Restaurant à 200 m.

Prix : 1 pers. **21** € 2 pers. **27** € 3 pers. **33** € pers. sup. **6** €
Ouvert : Toute l'année.

🐕	≈	🐬	🏊	🎣	👥	🚂	🅿
	30	4	16	7	16	SP	5	5

Louise GAVARD - La Sansonnière Brée - 50170 TANIS - Tél. : 02 33 60 03 66

LE TEILLEUL La Gortière
(TH) 🐑 C.M. 59 Pli 9

2 ch. **Bagnoles-de-l'Orne 35 km. Mont-Saint-Michel 45 km.** A 20 km de Domfront, 2 chambres à l'étage, dont 1 avec annexe (3 + 2 pers.). Salle d'eau ou salle de bains privées. WC communs aux 2 chambres. Goûters et collations à la ferme du 1er juillet au 30 septembre. Escalade, VTT 10 km, canoë-kayak 15 km. 1 nuit offerte au-delà de 4 nuits sauf en juillet-août. 4 pers. : 52 €.

Prix : 1 pers. **22** € 2 pers. **30** € 3 pers. **37/49** € pers. sup. **8** € repas **8** €
Ouvert : Toute l'année.

🐕	≈	🏊	🎾	👥	🚂	🅿
	45	15	SP	3	SP	40	3

Marie-Ange ROUSSEAU - La Gortière - 50640 LE TEILLEUL - Tél. : 02 33 59 43 29 - Fax : 02 33 59 43 29

TESSY-SUR-VIRE La Poterie
🐑 C.M. 54 Pli 13

3 ch. Marie-Thérèse et Roger vous accueillent et vous proposent les produits de la ferme. 3 chambres d'hôtes (6 pers.) situées à l'étage avec salles d'eau et wc privés. Séjour avec un coin-cuisine réservé aux hôtes. Chauffage électrique. Accès : D13 à 4 km de Tessy-sur-Vire, direction Bréhal. Réduction : 1 pers. : 25 €. 2 pers. : 33 € pour séjour de plus d'une nuit.

Prix : 1 pers. **30** € 2 pers. **38** €
Ouvert : Toute l'année.

🐕	≈	🐬	🏊	🎣	👥	🚂
	40	17	20	3	3	SP	17

Roger et M-Thérèse DESVAGES - La Poterie - 50420 TESSY-SUR-VIRE - Tél. : 02 33 56 31 76

Manche — Normandie

TOURLAVILLE Manoir Saint-Jean
C.M. 54 Pli 2

3 ch. **Centre de loisirs de Collignon 4 km. Musées Valognes 20 km.** A deux pas du château des Ravalet, dans un site protégé, cette propriété de famille, entourée de sentiers ombragés, est située à égale distance de la pointe de Barfleur et du Cap de la Hague. Vue panoramique sur Cherbourg et sa rade. 3 ch. (6 pers.) avec s. d'eau ou s.d.b., wc privés. Accès : passer devant le château des Ravalet et suivre indications Hameau St Jean. Gare maritime 5 km. Restaurants 3 km. GR223 à proximité. Cherbourg, musées 6 km.

Prix : 1 pers. 33/38 € 2 pers. 40/45 € pers. sup. 12 €
Ouvert : Toute l'année.

🐕	〰️	⛵	🎣	🐎	⛳	🏊	🎾	👥	🚲	🚉
	4	4	3	4	2	1	4	SP	6	2

Honoré et Simone GUERARD - Manoir St-Jean, par le Château des Ravalet - 50110 TOURLAVILLE - Tél. : 02 33 22 00 86

TOURVILLE-SUR-SIENNE Le Haut Manoir
C.M. 54 Pli 12

3 ch. **Coutances : cathédrale, Jardin des Plantes 3,5 km.** Dans une ferme de caractère en activité, à l'étage 1 ch. 3 pers. avec salle de bains et wc privés, 1 ch. 2 pers., douche et wc privés, 1 ch. 2 pers., douche (wc sur palier). Entrée indépendante. Chauffage central. Restaurant 3 km. Randonneurs équestres acceptés. Accès : à 3 km du bourg, D44 direction Coutances. Restaurants 3 km. Réductions 10 et 15 % pour séjours à partir de 4 et 8 nuits.

Prix : 1 pers. 27 € 2 pers. 32/35 € 3 pers. 43 €
Ouvert : Toute l'année.

🐕	〰️	⛵	🎣	🐎	⛳	🏊	🎾	👥	🚲	🚉
	6	6	6	3	6	1	3	3	4	3

Vincent CARBONNEL - Le Haut Manoir - 50200 TOURVILLE-SUR-SIENNE - Tél. : 02 33 45 00 32 - Fax : 02 33 45 00 32

TOURVILLE-SUR-SIENNE
C.M. 54 Pli 12

3 ch. **Coutances « ville d'art et d'histoire » 8 km.** Entre mer et campagne. Dans un bâtiment comprenant 2 gîtes et entouré d'un jardin, 2 ch. 2 pers. (entrées indépendantes) en r.d.c. dont 1 avec coin-cuisine, s.d.b. et wc privés. Dans l'habitation principale, 1 ch. 2 pers. à l'étage avec s. d'eau et wc privés. Accueil privilégié des enfants. Restaurant 4 km. Animaux admis avec supplément de 15 F/jour. Accès : D44 puis D68 dans le bourg de Tourville.

Prix : 1 pers. 31 € 2 pers. 41 € pers. sup. 11 €
Ouvert : Toute l'année.

🐕	〰️	⛵	🎣	🐎	⛳	🏊	🎾	👥	🚲	🚉
	3	3	6	3	1	1	SP	8	0,5	

Marie-Madeleine SANSON - 28, rue au Bon - 50200 TOURVILLE-SUR-SIENNE - Tél. : 02 33 47 18 08 ou 06 08 89 87 87 - Fax : 02 33 47 18 08 - E-mail : info@gite-sanson.com - www.gite-sanson.com

TREAUVILLE Le Val de la Cour
C.M. 54 Pli 1

2 ch. **Cherbourg 20 km. Siouville 3 km.** Au r.d.c d'un petit bâtiment indépendant en pierre, en face de la maison des propriétaires, 2 ch lumineuses (1 lit 2 pers), salle d'eau et wc privés attenants. Les petits pains et gâteaux « maison » du petit déjeuner servi dans la belle véranda ensoleillée sont un délice. Réduction de 10 % pour séjour de plus de 5 nuits consécutives. Vous serez vous aussi médusés par l'activité étonnante et amusante des canards sur le plan d'eau du jardin. Salon de jardin à dispo. A proximité de la « Côte des Iles », dans un petit hameau niché au cœur d'une belle campagne vallonnée et boisée. Langues parlées : anglais, espagnol.

Prix : 1 pers. 30 € 2 pers. 38 €
Ouvert : Toute l'année.

🐕	〰️	⛵	🎣	🐎	⛳	🏊	🎾	👥	🚲	🚉
	2,5	3	5	5	22	3	2,5	20	3	

Josiane TOLEDANO - 5 Val de la Cour - 50340 TREAUVILLE - Tél. : 02 33 04 60 10

LA TRINITE Le Col Vert
C.M. 59 Pli 8

3 ch. **Mont Saint-Michel 35 km.** Yvette, Roger et Nicolas vous accueillent dans un cadre verdoyant et arboré. Le petit déjeuner peut être savouré sous la véranda attenante à leur maison en pierre. A l'étage, accès par une entrée indép., 1 ch. avec annexe (2 x 2 pers.). Dans une dépendance, au r.d.c., 2 ch. (1 lit 2 pers.). S. d'eau et wc privés. Séjour/coin-cuisine à l'usage exclusif des hôtes. Lit d'appoint suppl : 8 €. Supplément animaux : 1 €. Tarif 4 pers. : 56 €. Restaurant 1 km. Cité du cuivre et karting 5 km. Zoo 7 km.

Prix : 1 pers. 26 € 2 pers. 32 € 3 pers. 48 € pers. sup. 8 €
Ouvert : Toute l'année.

🐕	〰️	⛵	🎣	🐎	⛳	🏊	🎾	👥	🚲	🚉
	25	25	17	6	0,5	1	1	5	5	

Roger et Yvette DULIN - Le Col Vert - La Chapelliere - 50800 LA TRINITE - Tél. : 02 33 51 25 29

URVILLE-NACQUEVILLE Eudal
C.M. 54 Pli 1

2 ch. **Cherbourg 12 km. Maison « Prévert » 10 km.** Au calme, profitez d'une région authentique. 2 chambres avec salon commun au 1er étage de notre maison contemporaine : « la Marine » (1 lit 2 pers.), « la Normande » (1 lit 2 pers. 1 lit 1 pers.), salles d'eau, wc et cuisine privés. Chauffage électrique. Vol à voile à 8 km. Accès : D45 puis D22 sur 2 km. Observatoire/Planétarium 8 km. Maison natale de J.F. Millet 5 km.

Prix : 1 pers. 28 € 2 pers. 37/42 € 3 pers. 50 € pers. sup. 11 €
Ouvert : Toute l'année.

🐕	〰️	⛵	🎣	🐎	⛳	🏊	🎾	👥	🚲	🚉
	2	2	2	10	17	2	SP	15	2	

Eliane THOMAS - Eudal de Bas - 1, rue Escelles - 50460 URVILLE-NACQUEVILLE - Tél. : 02 33 03 58 16 - Fax : 02 33 03 58 16

Normandie / Manche

URVILLE-NACQUEVILLE La Blanche Maison
C.M. 54 Pli 1

1 ch. **Cherbourg 10 km.** La mer à la campagne. Isabelle et Mickaël ont aménagé 1 ch dans une des dépendances de cette ancienne ferme, au cadre verdoyant avec vue sur la mer. Vous accèderez à la ch par le petit escalier en pierre dans le jardin où les amateurs de botanique trouveront abondance et variété de plantes. La ch disose d'une salle d'eau et WC privés et d'une cuisine. Lit d'appoint suppl : 8 €. Proximité du GR 223. Planche à voile, speed-sail à 500 m. Langue parlée : anglais.

Prix : 1 pers. **29** € 2 pers. **35** € pers. sup. **8** €
Ouvert : Toute l'année.

≈	🐚	⛵	🏊	🎣	🎾	🚶	🚲	🏇
0,5	10	0,5	10	0,2	SP	12	0,5	

Mickael et Isabelle POTEL - La Blanche Maison - 874, rue St-Laurent - 50460 URVILLE-NACQUEVILLE - Tél. : 02 33 03 48 79 -
E-mail : blanchemaison@infonie.fr

LE VAL-SAINT-PERE
C.M. 59 Pli 8

5 ch. **Mont Saint-Michel 20 km. Villedieu-les-Poêles et Granville 25 km.** A proximité de la Baie du Mont St Michel, dans une maison en pierre, au 1er étage 3 ch avec salles d'eau et WC privés. Au 2e étage 2 ch avec salles d'eu et WC privés. Restaurant à 2 km. Mont St Michel 20 km. Situation géographique idéale pour passer un bon séjour en Normandie. 4 pers : 52 €. Randonneurs pédestres et équestres acceptés.

Prix : 1 pers. **30** € 2 pers. **38/41** € 3 pers. **41/54** €
Ouvert : Toute l'année.

≈	🐚	⛵	🏊	🎣	🎾	🚶	🚲	🏇
15	25	2	5	1	5	0,5	5	5

Roger et Renée BOURGUENOLLE - 4, la Basse Guette - 50300 LE VAL-SAINT-PERE - Tél. : 02 33 58 24 35

LE VAL-SAINT-PERE La Maraicherie
C.M. 59 Pli 8

3 ch. **Mont Saint-Michel 20 km. Val St Père 2 km.** En bordure de la Baie du Mont St Michel, Simone et René vous acueillent dans leur ferme du XVIIIe siècle. Dans un bâtiment indépendant 1 ch au r.d.c et 2 à l'étage (salles d'eau et WC privés). Cuisine à l'usage exclusif des hôtes. Accès RN 175 sortie la Croix Verte ou Cromel. Restaurant 3 km.

Prix : 1 pers. **30** € 2 pers. **38** € pers. sup. **10** €
Ouvert : Toute l'année.

≈	🐚	⛵	🏊	🎣	🎾	🚶	🚲	🏇
20	25	0,5	5	0,5	5	SP	4	5

René et Simone DESGRANGES - La Maraicherie - 50300 LE VAL-ST-PERE - Tél. : 02 33 58 10 87

LE VAL-SAINT-PERE La Croix Verte
C.M. 59 Pli 8

4 ch. **Mont Saint-Michel 20 km. Avranches 1 km. Val St Père 2 km.** Simone et Michel vous accueillent dans leur maison en pierre avec vue sur le Mont St-Michel. Côté cour : 1 ch avec annexe (2 x 2 pers.), salle d'eau et wc privés. A l'étage : 1 ch avec annexe (2 x 2 pers.), s. d'eau et wc privés. Côté jardin au r.d.c : 2 ch. (1 lit 160 + convertible), salle d'eau et wc privés. Entrées indépendantes. Séjour/coin cuisine à la disposition des hôtes. Tarif 4 pers. : 57 €, lit d'appoint suppl. 10 €. Restaurants 3 km.

Prix : 1 pers. **30** € 2 pers. **33/38** € 3 pers. **45** € pers. sup. **10** €
Ouvert : Toute l'année.

≈	🐚	⛵	🏊	🎣	🎾	🚶	🚲	🏇
15	2	2	1	2	1	1	2	3

Simone et Michel JUGUET - 16, la Croix Verte - 50300 LE VAL-ST-PERE - Tél. : 02 33 58 33 06

LE VAL-SAINT-PERE Le Gué de L'Epine
C.M. 59 Pli 8

1 ch. **Mont Saint-Michel 20 km. Avranches 5 km. Site classé sur place.** Au rez-de-chaussée, avec entrée indépendante : 1 suite de 2 chambres (3 lits 1 pers.) et petit salon (convertible). Salle de bains spacieuse et wc privés. Vélos à disposition. GR223 aux pieds du jardin. Accès : N175, sortie « la Croix Verte », D456 aux grèves 100 m à gauche. Idéalement située face au mont Saint-Michel et directement en bordure de la Baie, cette maison récente avec sa terrasse est une invitation à la détente et à la sérénité, dans la contemplation de ce site d'exception et de ses couchers de soleil remarquables. Langue parlée : anglais.

Prix : 1 pers. **35** € 2 pers. **40** € 3 pers. **55** € pers. sup. **14** €
Ouvert : Toute l'année.

≈	🐚	⛵	🏊	🎣	🎾	🚶	🚲	🏇
16	0,5	5	SP	5	SP	5	8	

Micheline NOTANI - 34, route du Gué de l'Epine - 50300 LE VAL-ST-PERE - Tél. : 02 33 48 30 54 - www.chez.com/guedelepine

LE VAST La Dannevillerie
C.M. 54 Pli 2

3 ch. **Saint-Vaast-la-Hougue 7 km. Ile de Tatihou 7 km. Quinéville 15 km.** Au cœur du Val de Saire, venez caresser la petite ânesse « Titou », dans cette ancienne ferme située en pleine nature. 2 ch. (6 pers.) à l'étage et 1 ch. avec petite annexe (1 lit 2 pers., 2 lits 1 pers. superp.) au r.d.c. Salles d'eau et wc privés. Entrées indépendantes. Séjour/coin-repas à disposition des hôtes. Chauffage électrique. Restaurants 2 km. Accès : D26 à 2 km du village, direction Quettehou, sur le GR223. Tarif 4 pers. : 58 €. Langue parlée : anglais.

Prix : 1 pers. **29** € 2 pers. **35/40** € 3 pers. **43/49** €
Ouvert : Toute l'année.

≈	🐚	⛵	🏊	🎣	🎾	🚶	🚲	🏇
6	7	7	17	15	2	4	SP	17	2

Benoit et Françoise PASSENAUD - La Dannevillerie - route de Quettehou - 50630 LE VAST - Tél. : 02 33 44 50 45 -
Fax : 02 33 44 50 45 - E-mail : CH.HOTES.PASSENAUD@wanadoo.fr

Manche

Normandie

VASTEVILLE La Grande Maison

||| 2 ch. **Dunes 1,5 km. Vol à voile et jardin de Vauville 5 km. Cherbourg 15 km.** Mireille, Marc et leur fils vous ouvrent leur grande et confortable maison du début du siècle, au milieu d'un parc où vous pourrez pique-niquer et vous détendre au bord de l'étang. 2ᵉ ét. : 2 ch. 2 pers. dont 1 avec conv., salles d'eau et wc privés. Salon à disposition. 1 nuit offerte pour 7 nuits réservées. Venez découvrir à pied ou à vélo le pays des Haguards : la Hague, où les arbres s'arc-bouttent sous le vent qui blanchit la mer. Accès : D123 direction les Dunes-Toutfresville. Langues parlées : anglais, allemand.

Prix : 2 pers. 33/35 € pers. sup. 8 €
Ouvert : Toute l'année.

	≈≈≈	⛵	🐎	🤸	⛳	🎾	🚴	🚂
5	10	7	10	15	4	9	1	15	1

Mireille TOHIER - La Grande Maison - 34, Toutfresville - 50440 VASTEVILLE - Tél. : 02 33 04 52 23 - Fax : 02 33 04 52 23 -
E-mail : mimavito@wanadoo.fr

VASTEVILLE Le Manoir

C.M. 54 Pli 1

|| 2 ch. **Dunes 1 km. Cherbourg 15 km. Ludiver : observatoire, planétarium 8 km.** Venez vivre dans notre manoir du XVIᵉ siècle abrité au milieu de bois de hêtres et chataîgniers. vous y trouverez calme et repos dans une nature verdoyante. A l'étage : 2 ch. (1 lit 2 pers. chacune), salles d'eau et wc privés. Entrée indépendante. Site calme et reposant. Restaurant 4 km. Sentiers pédestres.

Prix : 1 pers. 26 € 2 pers. 33 € pers. sup. 9 €
Ouvert : Toute l'année.

	≈≈≈	⛵	🐎	🤸	⛳	🎾	🚴	🚂
5	10	7	12	15	4	5	1	14	2

Hubert et Marie-Hélène DAMOURETTE - 3, le Manoir - 50440 VASTEVILLE - Tél. : 02 33 52 76 08 - Fax : 02 33 93 59 88

VAUDRIMESNIL La Rochelle

C.M. 54 Pli 2

||| 3 ch. **Coutances, ville d'art et d'histoire 10 km. St-Martin d'Aubigny 5 km.** Olga et Alain vous accueillent dans leur ancienne ferme au calme, au cœur de la Manche. Les petits déjeuners pris dans la veranda vous feront découvrir la nature verdoyante, son parc, petit bois et fleurs de saisons. Près de l'étang un pigeonnier datant du Moyan-Age, ping-pong et billard suivi ainsi qu'un terrain de boules. Etage : 2 ch. 2 et 3 pers. Salles d'eau et WC privés. Chauffage central. Entrées indépendantes. Accès par la D971 direction Periers. A proximité du Parc Naturel Régional des Marais du Cotentin et du Bessin. Plages du Débarquement 30 km.

Prix : 1 pers. 30 € 2 pers. 36 € 3 pers. 47 € pers. sup. 11 €
Ouvert : Toute l'année.

	≈≈≈	⛵	🐎	🤸	⛳	🎾	🚴	🚂
15	15	13	12	9	1	3	1	12	3

Alain et Olga BERTHOU - La Rochelle - 12, route de Coutances - 50490 VAUDRIMESNIL - Tél. : 02 33 46 74 95

VENGEONS Le Val

C.M. 59 Pli 9

||| 3 ch. **Château de Chaulin 3 km. Moulin de la Sée, Brouins.** Jeanne et Raymond vous accueillent dans leur ferme. 2 ch. 4 pers. (1 épi) à l'étage. 1 salle d'eau à l'usage exclusif des hôtes. 1 chambre familiale avec salle d'eau et wc privés. Entrées indépendantes. Salle de séjour avec coin-cuisine à l'usage exclusif des hôtes. Produits fermiers sur place. Lac 5 km. Randonneurs équestres acceptés. Location vélos sur place et circuits VTT à proximité. Restaurant 3 km. Sentiers pédestres : GR de pays. Goûters à la ferme. Accès : par la D977 direction Vire ou D577 direction Sourdeval. Chambres d'hôtes situées près d'une ancienne voie ferrée aménagée en sentier de randonnées (à pied ou à vélo). Langue parlée : anglais.

Prix : 1 pers. 23 € 2 pers. 30 € pers. 40 € pers. sup. 11 €
Ouvert : Toute l'année.

	≈≈≈	⛵	🐎	🤸	⛳	🎾	🚴	🚂
50	5	15	10	5	5	SP	10	3

Raymond et Jeanne DESDOITS - Le Val - 50150 VENGEONS - Tél. : 02 33 59 64 16 - Fax : 02 33 69 36 99

VER La Vimondiere

|| 1 ch. **Gavray 3 km. Villedieu les Poêles 15 km. Granville 18 km.** Evelyne et Patricia vous accueillent dans leur maison récente. 1 chambre (1 lit 2 pers.) à l'étage avec salle de bains et wc privés.

Prix : 1 pers. 26 € 2 pers. 30 € pers. sup. 8 €
Ouvert : Toute l'année.

	≈≈≈	⛵	🐎	🤸	⛳	🎾	🚴	🚂
15	15	6	15	15	1	1	2	15	2

Evelyne PIMOR - La Vimondière - 50450 VER - Tél. : 02 33 61 71 08

VERGONCEY Ferme de L'Etang Bouceel

(TH) C.M. 59 Pli 8

|||| 4 ch. **Mont Saint-Michel 18 km.** 4 chambres d'hôtes (12 pers.) aménagées à l'étage avec salle de bains ou salle d'eau, et wc particuliers. Chauffage électrique. Séjour avec cheminée. Jeux pour enfants. Ping-pong, billard, piano, babyfoot. Repas enfant (jusqu'à 12 ans) : 8 €, 4 pers : 53 €. Chemins pédestres, découverte de la ferme. Accès : A84 sortie 32, de la Croix-Avranchin prendre la D40 sur 2 km puis la D308. La ferme de l'Etang, au milieu des bois et de la verdure avec sa grande maison de granit recouverte de vignes vierge, vous accueillera pour un séjour au calme. Bois et étangs sur place. Langues parlées : anglais, allemand.

Prix : 1 pers. 33 € 2 pers. 38/41 € 3 pers. 47 € pers. sup. 8 € repas 14 €
Ouvert : Toute l'année.

	≈≈≈	⛵	🐎	🤸	⛳	🎾	🚴	🚂
35	15	5	16	15	3	5	SP	10	6

Jean-Paul et Brigitte GAVARD - Ferme de l'Etang Bouceel - 50240 VERGONCEY - Tél. : 02 33 48 34 68 - Fax : 02 33 48 48 53 -
E-mail : jpgavard@club-internet.fr

Normandie / Manche

VERGONCEY Château de Boucéel
C.M. 59 Pli 8

4 ch. **Mont Saint-Michel 16 km. Granville 37 km.** M. et Mme Régis de Roquefeuil vous ouvrent le domaine de Boucéel qui remonte au XIIe siècle. Le château actuel (I.S.M.H.) construit en 1763 est décoré avec raffinement, meublé avec style et orné des portraits des ancêtres de la famille. R.d.c. : 1 suite (3 pers.), s.d.b. et wc privés. A l'étage : 1 suite (3 pers), salle d'eau et WC privés. 2 ch (2 pers chacune),s.d.b spacieuse et WC privés. Chambres « non fumeur ». Salon, bibliothèque, billard. Entrée indépendante. Parc à l'anglaise, étangs et chapelle. Langues parlées : anglais, espagnol.

Prix : 1 pers. **105/135 €** 2 pers. **115/145 €** 3 pers. **135/145 €** pers. sup. **20 €**
Ouvert : Toute l'année.

≈	⛵	🏇	🎣	🏊	🎾	🚶	🛏	⛷
28	38	15	16	38	2	6	SP	38	6

Régis DE ROQUEFEUIL - Château de Bouceel - 50240 VERGONCEY - Tél. : 02 33 48 34 61 - Fax : 02 33 48 16 26 -
E-mail : chateaudebouceel@wanadoo.fr - www.chateaudebouceel.com

VESSEY La Senellée
(TH) C.M. 59 Pli 8

E.C. 5 ch. **Mont Saint-Michel 14 km.** 5 chambres (10 pers.) avec salles d'eau et wc privés. 4 chambres à l'étage (dont 1 plus petite individuelle) et 1 au rez-de-chaussée. Entrée indépendante. Salle de séjour/coin-cuisine à l'usage exclusif des hôtes. Chauffage électrique.

Prix : 1 pers. **24 €** 2 pers. **30 €** 3 pers. **40 €** repas **12 €**
Ouvert : Toute l'année.

≈	🏇	🎣	🏊	🎾	🚶	🛏	⛷
40	8	23	30	5	2	5	0,8

Thérèse CHARTOIS - La Senellée - 50170 VESSEY - Tél. : 02 33 60 11 51 - Fax : 02 33 60 11 51

VESSEY La Butte
(TH) C.M. 59 Pli 8

4 ch. **Mont Saint-Michel 14 km. Château de Fougères 28 km.** Si vous aimez les chevaux, les promenades au bord de l'eau, vous séjournerez à la « Ferme de la Butte » en Baie du Mont Saint-Michel. Rachel et François ont aménagés 3 ch. (1 lit 2 pers.) et 1 ch. (2 lits 1 pers.) à l'ét. avec s. d'eau et wc privés, dans un bâtiment indép. à prox. de l'habitation principale. Séjour avec cuisinette, cheminée à l'usage exclusif des hôtes. Les petits-déjeuners et les repas du soir sont servis dans la salle à manger des propriétaires. Table d'hôtes sur réservation. Repas enfants de moins de 12 ans : 7 €. Accès : D40 jusqu'à Montanel. A l'église, direction la Butte 1 km.

Prix : 1 pers. **27 €** 2 pers. **35 €** pers. sup. **8 €** repas **13 €**
Ouvert : Toute l'année.

≈	⛵	🏇	🎣	🏊	🎾	🚶	🛏	⛷
35	20	10	25	25	1	1	SP	8	10

François TRINCOT - La Butte - 50170 VESSEY - Tél. : 02 33 60 20 32 - Fax : 02 33 58 48 84

LES VEYS Haras du Vieux Château
(TH)

5 ch. **Isigny-sur-Mer 5 km.** Myriam et Denis vous proposent de séjourner en pleine quiétude dans un cadre exceptionnel : leur Haras, demeure du XVIe siècle avec tourelle et vestiges de douves. Charme d'antan et confort d'aujourd'hui agrémenteront votre séjour. Un salon est à l'usage exclusif des hôtes. Entrée indépendante. Vous pourrez savourer le dîner familial normand (sur réservation). Table d'hôtes ouverte de Pâques à la Toussaint (sur réservation). Accès : à l'église, direction Brévands.

Prix : 1 pers. **47 €** 2 pers. **50 €** repas **18 €**
Ouvert : Toute l'année.

≈	⛵	🏇	🎣	🏊	🎾	🚶	🛏	⛷
4	8	13	8	30	1	4	1	8	4

Denis et Myriam AVENEL - Haras du Vieux Château - 50500 LES VEYS - Tél. : 02 33 71 00 38 - Fax : 02 33 71 63 38 -
E-mail : Denis.AVENEL@wanadoo.fr

VIDECOSVILLE Manoir Saint-Laurent
C.M. 54 Pli 2

3 ch. **Valognes 10 km. Quettehou 5 km.** Dans une maison de caractère, 2 chambres (1 lit 2 pers.), 1 chambre (1 lit 2 pers. 1 lit 1 pers.) sont aménagées à l'étage, avec salles d'eau et wc privés. Restaurant 5 km. Saint-Vaast-la-Hougue, Ile de Tatihou 8 km.

Prix : 1 pers. **27 €** 2 pers. **36/38 €** 3 pers. **48 €** pers. sup. **10 €**
Ouvert : Toute l'année.

≈	⛵	🏇	🎣	🎾	🚶	🛏	⛷
6	8	4	10	5	5	10	5

Annick LEVAILLANT - Manoir Saint-Laurent - 50630 VIDECOSVILLE - Tél. : 02 33 54 17 58

VILLEBAUDON La Vaucelle

2 ch. **Villedieu-les-Poêles 15 km. Abbaye de Hambye 7 km. Saint-Lô 18 km.** Une longue allée de marronniers vous menera jusqu'à la ferme. 2 chambres avec chacune 1 chambre annexe (2 x 2 pers.) aux 1er et 2e étages. Salles d'eau et wc privés. Restaurants 1 km. Accès : D13 direction Bréhal. 6 pers. : 54.8 €. Langue parlée : anglais.

Prix : 1 pers. **27 €** 2 pers. **33 €** 3 pers. **46 €** pers. sup. **8 €**
Ouvert : Toute l'année.

≈	🏇	🎣	🎾	🚶	🛏	⛷
30	7	18	7	SP	15	1

Christian et Liliane JAMARD - La Vaucelle - 50410 VILLEBAUDON - Tél. : 02 33 61 18 61 ou 06 82 48 52 80

Manche   *Normandie*

VILLEDIEU-LES-POELES Fontaine Minérale   C.M. 59 Pli 8

3 ch. **Mont Saint-Michel 35 km.** Dans une maison récente entourée d'un jardin, 3 chambres d'hôtes (7 pers.) à l'étage. Une salle d'eau par chambre, 3 wc. Chauffage central. Restaurant 1 km. Forêt 10 km. Accès : D924 sortie N37 sur A84, direction Granville. Poss. de pique-niquer. Cité du cuivre. Restaurants 500 m.

Prix : 1 pers. 30 € - 2 pers. 35/36 € - 3 pers. 41 € - pers. sup. 8 €
Ouvert : Toute l'année.

🐕	〰	⛵	🐎	🏊	⛳	🎾	🚶	🚲	🚉
	30	30	10	0,5	35	0,8	1	0,3	1	0,5

Jean et Nicole COTTAIS - 1, Fontaine Minérale - route de Granville - 50800 VILLEDIEU-LES-POELES - Tél. : 02 33 61 06 00

VILLEDIEU-LES-POELES Bellevue   C.M. 59 Pli 8

3 ch. **Villedieu-les-Poêles, « Cité du cuivre » 2 km.** Eliane et Daniel vous accueillent dans leur maison récente. 3 chambres d'hôtes (6 pers.) situées à l'étage. 1 salle d'eau et wc communs aux 3 chambres. Chauffage central. Restaurant 1,5 km. Accès : N175 direction Avranches, puis D33 direction Saint-Pois-Mortain.

Prix : 1 pers. 20 € - 2 pers. 27 € - 3 pers. 33 € - pers. sup. 8 €
Ouvert : Vacances scolaires, week-end.

🐕	〰	⛵	🐎	🎾	🚶	🚲	🚉
	30	30	1,5	2	SP	0,8	1,5

Daniel et Eliane MARY - Bellevue - Saultchevreuil - 50800 VILLEDIEU-LES-POELES - Tél. : 02 33 51 20 12

VILLIERS-FOSSARD Le Suppey   C.M. 54 Pli 13

2 ch. **Saint-Lô, ville du cheval 5 km. Plages du Débarquement 25 km.** A l'étage : 2 chambres (1 lit 2 pers. chacune) avec salle d'eau ou salle de bains et wc privés. Séjour à disposition des hôtes. Boxes pour chevaux. Cette ancienne ferme rénovée offre des conditions paisibles de séjour, dans un environnement de verdure. Restaurants 6 km. Accès : D6 direction Isigny-sur-Mer, 4 km, à gauche C7, direction Villiers-Fossard 1 km. Langue parlée : anglais.

Prix : 1 pers. 24 € - 2 pers. 30 € - pers. sup. 6 €
Ouvert : Toute l'année.

🐕	〰	⛵	🐎	🏊	⛳	🎾	🚶	🚲	🚉
	30	30	6	6	30	6	1	0,5	6	6

Nancy et Jean BUISSON - 6, le Suppey - 50680 VILLIERS-FOSSARD - Tél. : 02 33 57 30 23

VILLIERS-FOSSARD Le Repas   C.M. 54 Pli 13

1 ch. **Saint-Lô 6 km.** A la campagne, dans une maison restaurée, 1 chambre d'hôtes avec annexe (3 + 3 pers.) est aménagée à l'étage. Salle d'eau et wc privés. Séjour à disposition. Bel intérieur chaleureux et raffiné (meubles normands). Accès par la D 6, direction Isigny-sur-Mer, 4 km. Tarif 4 pers. : 61 €. Beau jardin paysager et fleuri avec plan d'eau. Salle de jeux, ping-pong. Restaurants 6 km. Possibilité de louer 1 gîte rural mitoyen à la maison des propriétaires.

Prix : 1 pers. 26 € - 2 pers. 33 € - 3 pers. 46 €
Ouvert : Toute l'année.

🐕	〰	⛵	🐎	🏊	⛳	🎾	🚶	🚲	🚉
	30	30	6	6	25	6	1	1,5	6	3,5

Louis et Julienne LEMOINE - 9, le Repas - 50680 VILLIERS-FOSSARD - Tél. : 02 33 57 41 81 ou 06 17 11 26 15 - Fax : 02 33 57 41 81

VIREY La Jaunais   C.M. 59 Pli 8/9

2 ch. **Mont Saint-Michel 35 km. Saint-Hilaire-du-Harcouët 4 km.** Vous serez accueillis dans une maison récente et confortable, en pleine campagne. 2 chambres à l'étage avec meubles régionaux : 1 ch. (2 pers.), salle d'eau et wc privés, 1 ch. avec annexe (3 pers. + 2 pers.), salle de bains et wc privés. Centre de loisirs la Mazure à 3 km. Tarif 4 pers. : 69 €. Vélos à disposition et possibilité d'accueillir des cavaliers. A 300 m de la N176. Langue parlée : anglais.

Prix : 2 pers. 33/43 € - 3 pers. 53 € - pers. sup. 15 €
Ouvert : Toute l'année.

🐕	🐎	🎾	🚶	🚉
	3	3	3	SP	4

Brigitte ERMENEUX - La Jaunais - 50600 VIREY - Tél. : 02 33 49 14 75 ou 06 81 77 75 96

LE VRETOT Manoir du Val Jouet   C.M. 54 Pli 1

1 ch. Joli petit manoir datant du XVIe siècle avec sa tour ronde et son parc. 1 chambre avec annexe (4 pers.), située à l'étage, avec salle de bains et wc particuliers. Salle de séjour avec coin-salon. Cuisine à disposition. Chauffage central. Restaurant 3 km. 4 pers. : 65 €. Réduction de 10 % à partir de la 3e nuit en basse saison.

Prix : 1 pers. 30 € - 2 pers. 38 € - 3 pers. 53 €
Ouvert : Toute l'année.

🐕	〰	⛵	🐎	🏊	⛳	🎾	🚶	🚲	🚉
	8	8	1	20	8	0,5	6	2	20	2

J-Louis et Claudine DAVENET - Manoir du Val Jouet - 50260 LE VRETOT - Tél. : 02 33 52 24 42

YVETOT-BOCAGE Fenard   C.M. 54 Pli 2

1 ch. **Valognes 5 km.** Dans une maison de caractère, à l'étage, 1 chambre avec annexe (1 lit 2 pers. 2 lits 1 pers.), salle d'eau et wc privés. Tarif 4 pers. : 58 €. Langue parlée : anglais.

Prix : 1 pers. 26 € - 2 pers. 33 € - 3 pers. 46 € - pers. sup. 10 €
Ouvert : Pendant les vacances scolaires et les week-ends.

🐕	〰	⛵	🐎	🏊	⛳	🎾	🚶	🚲	🚉
	14	14	5	20	3	2	SP	5	5

Marie-Catherine BUHOT - Fenard - 50700 YVETOT-BOCAGE - Tél. : 02 33 40 15 17 - Fax : 02 33 21 19 84

Normandie

Manche

YVETOT-BOCAGE La Cointerie
C.M. 54 Pli 2

2 ch. **Plages du Débarquement 30 km.** 1 chambre 2 pers. et 1 ch. familiale 4 pers. à l'étage, avec salles d'eau et wc privés. Séjour à la disposition des hôtes. Entrée indépendante. Chauffage électrique. 4 pers : 41 €. Restaurant 2 km. Randonneurs équestres acceptés. Accès : D902 à 2 km de Valognes, direction Bricquebec, 1ère route à gauche après l'échangeur. Restaurants 1 km.

Prix : 1 pers. **21** € 2 pers. **26** € 3 pers. **33** €
Ouvert : Toute l'année.

🌊	⛵	🐎	🏌	🎾	🚶	🏰	🏖
25	18	9	3	17	0,5	2	SP	3	2

Michel et Geneviève AUBRIL - La Cointerie - 50700 YVETOT-BOCAGE - Tél. : 02 33 40 13 29

YVETOT-BOCAGE Fenard
C.M. 54 Pli 2

3 ch. **Valognes dit « le Petit Versailles Normand » 5 km.** A la campagne, 2 ch. (3 pers.) et 1 ch. familiale 4 pers. aménagées à l'étage. Une salle de bains et un wc particuliers à chaque chambre. Chauffage central. Salon à dispo. Restaurant et crêperie à 1,5 km. Accès : D902 à 5 km de Valognes, direction Bricquebec, à gauche. Randonneurs équestres acceptés. 4 pers. : 59 €.

Prix : 1 pers. **27** € 2 pers. **33** € 3 pers. **43** € pers. sup. **10** €
Ouvert : Toute l'année.

🌊	⛵	🐎	🏌	🎾	🚶	🏰	🏖
14	14	9	6	20	2	5	11	4	5

Elisabeth BAUDRY - Fenard - route de Bricquebec - 50700 YVETOT-BOCAGE - Tél. : 02 33 40 19 81 - Fax : 02 33 21 19 84

YVETOT-BOCAGE Le Haut Billy
C.M. 54 Pli 2

2 ch. **Plages du Débarquement 30 km.** Dans une ancienne ferme, 1 chambre (1 lit 2 pers.) au 1er étage avec salle d'eau privée, 1 chambre (1 lit 2 pers.) au 2e étage avec salle d'eau dans la chambre. wc communs aux 2 ch. Coin-cuisine à la disposition des hôtes. Crêperie à 2 km. Lit d'appoint enfant : 8 €. Accès : bourg de Yvetot-Bocage, direction Morville.

Prix : 1 pers. **23** € 2 pers. **27** € pers. sup. **8** €
Ouvert : Toute l'année.

🌊	⛵	🐎	🏌	🎾	🚶	🏰	🏖
18	18	3	3	3	SP	4	4

Léon et Lucienne DUBOST - Le Haut Billy - route de Morville - 50700 YVETOT-BOCAGE - Tél. : 02 33 40 06 74

YVETOT-BOCAGE La Girotterie
C.M. 54 Pli 2

2 ch. Dans une maison récente, située au milieu d'un jardin paysager, 2 chambres (4 pers.) à l'étage avec salles d'eau et wc privés. Possibilité d'une chambre complémentaire pour enfants. Coin-cuisine. Chauffage central. Restaurant 3 km. Randonneurs équestres acceptés. Accès : D902 à 4 km de Valognes, direction Bricquebec, à droite.

Prix : 1 pers. **20** € 2 pers. **27** € pers. sup. **8** €
Ouvert : Toute l'année.

🌊	⛵	🐎	🏌	🎾	🚶	🏰	🏖
20	18	10	4	12	1	2	SP	4	4

Josiane TARDIF - La Girotterie - 6, route de Bricquebec - 50700 YVETOT-BOCAGE - Tél. : 02 33 40 16 51

Orne

GITES DE FRANCE - Service Réservation
C.D.T. - 88, rue Saint-Blaise - B.P. 50 - 61002 ALENÇON Cedex
Tél. 02 33 28 07 00 ou 02 33 28 88 71 - Fax 02 33 29 01 01
E.mail : orne.tourisme@wanadoo.fr

3615 Gîtes de France
0,2 €/min

L'AIGLE Le Buat
C.M. 231 Pli 45

1 ch. **L'Aigle 1,5 km.** 1e étage : 1 chambre avec TV (1 lit 2 pers., 1 lit 1 pers., possibilité lit bébé), salle d'eau et wc privatifs. Chauffage électrique. Entrée indépendante. Salon de jardin à disposition. En Pays d'Ouche, Michel et Annie Soret vous proposent une halte reposante dans cette spacieuse et confortable chambre, qu'ils ont aménagée pour vous. Langue parlée : anglais.

Prix : 1 pers. **30** € 2 pers. **36** € 3 pers. **44** € pers. sup. **11** €
Ouvert : Toute l'année.

🚶	🏊	🎾	🏊	🌲	🐎	👥	🏰	🌊	🚂	🏖
SP	6	1,5	1,5	4	15	12	90	20	90	2	2

Annie et Michel SORET - 52 Le Buat - 61300 ST-OUEN-SUR-ITON - Tél. : 02 33 24 25 91

ALENCON-VALFRAMBERT Haras de Bois Beulant
C.M. 231 Pli 43

2 ch. **Alençon 3 km.** Manoir normand dans parc de 6 hectares. Au 1e ét.,une suite avec 1 ch. (1 lit 2 pers.), 1 ch. (2 lits 1 pers. superp.), salle d'eau, wc privés. 2e étage : 1 suite avec 2 ch. (2 lits 2 pers.), salle d'eau, wc privés. Séjour. Chauffage central et électrique. Boxes chevaux : 7,5 €. A deux pas de la forêt d'Ecouves, ce beau manoir normand situé sur une propriété de 6 ha, propose 2 vastes suites qui vous sont réservées. L'accueil chaleureux des propriétaires et la beauté du site feront de votre séjour une étape privilégiée dans la région d'Alençon. Langues parlées : anglais, italien.

Prix : 1 pers. **30/38** € 2 pers. **41/246** € 3 pers. **61** € pers. sup. **15** €
Ouvert : Du 2 janvier au 24 décembre.

🐕	🚶	🌊	🎾	🏊	🌲	🐎	🏰	🏌	🌊	🚂	🏖
	SP	7	2	3	3	0,3	25	42	5	110	3	3

Marianne FRESCO - Haras du bois Beulant - 61250 VALFRAMBERT - Tél. : 02 33 28 62 33 ou 06 16 40 30 82

Orne   *Normandie*

ALMENECHES Le Mesnil   C.M. 60 Pli 3

1 ch. **Haras du Pin 6 km.** Maison ancienne restaurée. 1 chambre de plain-pied (1 lit 2 pers., 1 lit 1 pers. d'appoint). Salle d'eau et wc privés. Séjour avec coin-cuisine réservé aux hôtes. Chauffage central. Jardin, salon de jardin. Dans une région vouée à l'élevage des chevaux de course, Nicole Pasquet vous accueille dans sa jolie maison de pays et vous conseillera pour aller visiter les alentours. En qualité d'éleveur, son mari, Henri, pourra vous parler de trotteurs et de courses.

Prix : 1 pers. 38 € 2 pers. 38 € 3 pers. 46 € pers. sup. 8 €
Ouvert : Toute l'année.

1	0,5	1	12	10	4	55	50	12	80	5	1

Henri et Nicole PASQUET - Le Mesnil - 61570 ALMENECHES - Tél. : 02 33 35 33 79

ARGENTAN Mauvaisville   C.M. 231 Pli 43

4 ch. **Argentan 2 km.** Région des haras. Dans une ancienne demeure restaurée datant de 1774. R.d.c : wc, 1 ch. (1 lit 2 pers.), salle d'eau et kitchenette privées. Etage : 1 ch. (1 lit 2 pers.), salla d'eau et kitchenette privées. 2 ch. (1 lit 2 pers., 2 lits 1 pers.), salle d'eau et wc communs (1 épis). Chauf. central. Salle de séjour. Grand parc et verger. Venez découvrir le pays des haras et la ville d'Argentan. M. et Mme Huet des Aunay vous accueillent à Mauvaisville dans leur belle maison du « Val de Baize ». Volley-ball et ping-pong sur place. Langue parlée : anglais.

Prix : 1 pers. 26 € 2 pers. 37 € 3 pers. 41 € pers. sup. 5 €
Ouvert : Toute l'année.

SP	SP	2	2	2	4	2	35	20	75	2	2

Nicole et Michel HUET DES AUNAY - Le Val de Baize - 18 rue de Mauvaiville - 61200 ARGENTAN - Tél. : 02 33 67 27 11 - Fax : 02 33 35 39 16

ARGENTAN Sarceaux-La Gravelle   C.M. 231 Pli 43

4 ch. **Argentan 2.5 km.** Région des haras. R.d.c. : 1 ch. (1 lit 2 pers.), salle d'eau, wc, kitchenette, cheminée et TV réservés à la chambre. Etage : 1 ch. (1 lit 2 pers.), salle de bains et wc privés, 1 ch. (1 lit 2 pers.), salle de bains et wc privés, 1 ch. (1 lit 2 pers.), salle d'eau et wc privés. Chauffage central. Séjour avec coin-cuisine réservé aux 3 chambres. Aux portes d'Argentan, M. Mme Sineux ont aménagé de confortables chambres et vous invitent à découvrir leur grande maison de pays avec son porche, son jardin et les multiples facettes de cette terre vouée à la grande culture et aux haras et à profiter de leur circuit VTC sur 2 jours ou +. Langue parlée : anglais.

Prix : 1 pers. 30 € 2 pers. 38 € 3 pers. 41 €
Ouvert : Toute l'année.

2	SP	2	2	2	2	2	40	40	80	2	2

Claude et Odile SINEUX - La Gravelle - 61200 SARCEAUX - Tél. : 02 33 67 04 47 - Fax : 02 33 67 04 47

ARGENTAN-OCCAGNES Le Mesnil   C.M. 231 Pli 31

3 ch. **Argentan 5 km.** Dans la région des Haras. A la ferme. Dans une dépendance : 2 ch. (1 lit 2 pers., poss. lit d'appoint) avec salle d'eau, wc et mini-kitchenette privés. Dans la maison des propriétaires, au 1ᵉʳ étage : 1 ch. (1 lit 2 pers., poss. lit d'appoint), salle de bains, wc et télévision privés. Chauffage électrique et central. Terrain et parking. M. et Mme Laignel vous accueillent à la ferme dans de confortables chambres. Ils proposeront aux amateurs de V.T.C. un forfait circuit de 2 jours ou plus. Site idéal pour partir à la découverte de la Suisse Normande.

Prix : 1 pers. 24/26 € 2 pers. 35/37 € 3 pers. 41 € pers. sup. 5 €
Ouvert : Toute l'année.

2	2	5	5	7	5	5	50	30	60	5	5

Rémy LAIGNEL - Le Mesnil - 61200 OCCAGNES - Tél. : 02 33 67 11 12

ARGENTAN-UROU-ET-CRENNES Château de Crennes

1 ch. **Argentan 4 km.** Région des Haras. 1ᵉ étage : 1 ch. (1 lit 2 pers.), salle de bains et wc privatifs contigus à la chambre. Chauffage central. Au cœur du Pays des Haras et à proximité d'Argentan, Monsieur et Madame Lebouteiller vous accueillent dans leur joli château qui ne manque pas de caractère. Langue parlée : anglais.

Prix : 1 pers. 34 € 2 pers. 49 €
Ouvert : Toute l'année.

2	3	4	4	1	2	4	12	75	4

Michel LE BOUTEILLER - Château de Crennes - 61200 UROU-ET-CRENNES - Tél. : 02 33 36 22 11

AUBRY-EN-EXMES Sainte-Eugénie   (TH)   C.M. 231 Pli 31

4 ch. **Argentan 10 km.** Région des Haras. 3 ch. avec entrée indép. 1ᵉʳ ét. : 2 ch. (1 lit 2 pers.), 1 ch. (1 lit 2 pers., 1 lit 1 pers.), 1 ch. (1 lit 2 pers., 2 lits 1 pers.), s.d'eau et wc privés par chambre. Chauff. central et électr. Séjour réservé aux hôtes, petite cuisine (2,5 €/jour). Location vélos et boxes sur place. Table d'hôtes sur réservation jeudi et samedi. En lisière de forêt, grande maison bourgeoise située à l'extrémité d'un corps de ferme avec parc et petit ruisseau sur l'arrière. M. et Mme Maurice vous accueillent en toute convivialité et vous proposent des forfaits circuit V.T.C. sur 2 jours ou plus. Langue parlée : anglais.

Prix : 1 pers. 27 € 2 pers. 37 € 3 pers. 44 € pers. sup. 8 € repas 14 €
Ouvert : Toute l'année.

SP	4	4	10	0,3	0,3	6	50	50	70	10	4

Pierre MAURICE - La Grande Ferme - Ste-Eugénie - 61160 AUBRY-EN-EXMES - Tél. : 02 33 36 82 36 - Fax : 02 33 36 99 52 -
E-mail : GHIS.P.MAURICE@wanadoo.fr

Normandie
Orne

AVOINE
C.M. 231 Pli 43

3 ch. **Argentan 10 km.** Région des Plaines. Dans la maison du propriétaire au 2e étage : 1 ch. (1 lit 2 pers., 1 lit 1 pers.), 1 ch. (2 lits 2 pers.), salle d'eau privée pour chaque chambre, wc commun. Dans une dépendance : 1e étage : 1 ch. (1 lit 2 pers.), salle d'eau et wc privés, coin-repas et kitchenette réservés à la chambre. Chauffage central. Dans la région des haras, terre d'élévage de prédilection, accueil à la ferme chez Madame Maupiler. Dans les alentours, visitez Argentan, le Pays d'Auge, la Suisse Normande et bien sûr les châteaux d'O et de Sassy.

Prix : 1 pers. **18 €** 2 pers. **27 €** 3 pers. **40 €** pers. sup. **14 €**
Ouvert : Du 01/05 au 01/10.

1	SP	SP	12	12	12	30	35	35	60	12	3

Nicole MAUPILER - Le Bourg - 61150 AVOINE - Tél. : 02 33 35 24 94

BAGNOLES-DE-L'ORNE Villa Yvonne (TH)
C.M. 231 Pli 41

5 ch. **Bagnoles de l'Orne 1 km.** 3 chambres (1 lit 2 pers.), 1 chambre (1 lit 1 pers.), 1 chambre (2 lits 1 pers.), wc et lavabo pour chaque chambre, 2 douches réservées aux hôtes. Séjour. Chauffage central. Dans la station thermale de Bagnoles de l'Orne, le charme de cette villa restaurée par les propriétaires. Très nombreuses activités aux alentours immédiats. Langue parlée : anglais.

Prix : 1 pers. **27 €** 2 pers. **35 €** pers. sup. **12 €** repas **14 €**
1/2 pens. **34 €** pens. **38 €**
Ouvert : Toute l'année.

2	2	2	2	2	1	5	1,5	2	90	0,5	0,5

Daniel BOURGE - Villa Yvonne - 42 rue Sergentière de Javains - 61140 BAGNOLES-DE-L'ORNE - Tél. : 02 33 38 44 02

BANVOU Le Pont (TH)
C.M. 231 Pli 41

3 ch. **Flers 12 km.** Dans les dépendances de la maison des propriétaires. 1e étage : 1 ch. (1 lit 2 pers., 1 lit 1 pers., poss. lit bébé), salle de bains, wc privés, 1 ch. (2 lits 1 pers.), salle de bains, wc privés, 1 ch. (2 lits 1 pers.), douche et wc privés. Chauffage électrique. Séjour avec TV et cheminée. Box pour chevaux. Dans un vieux bâtiment restauré, le caractère et le confort d'un gîte-chambre d'hôtes d'où vous pourrez partir à la découverte de la Suisse Normande, de la forêt d'Andaine et de Bagnoles-de-l'Orne, ou bien encore du Bocage alentour.

Prix : 1 pers. **30 €** 2 pers. **44 €** 3 pers. **53 €** pers. sup. **11 €**
repas **13 €**
Ouvert : Du 01/03 au 01/10.

SP	2	2	12	18	12	2	18	18	80	12	1

Brigitte et Didier JEUSSET - Le Pont - La vieille Maison - 61450 BANVOU - Tél. : 02 33 96 44 02 - Fax : 02 33 96 44 02

BELLEME Bellevue
C.M. 231 Pli 45

1 ch. **Bellême 1 km.** Au 1e étage d'une maison moderne située au fond d'un terrain fleuri avec pelouse. 1 ch. (1 lit 2 pers. 1 lit 1 pers., possibilité lit bébé), salle d'eau et wc privés. Salle de séjour. Chauffage électrique. Aux portes de Bellême, jolie ville du Perche, à découvrir. Promenade en calèche à 1 km. Accueil convivial de Madame Cocq et un superbe golf à « deux pas » ...

Prix : 1 pers. **28 €** 2 pers. **36 €** 3 pers. **42 €**
Ouvert : Toute l'année.

1	2	1	1	3	5	20	100	0,5	120	20	1

Simone COCQ - Route du Mans - Bellevue - 61130 BELLEME - Tél. : 02 33 73 14 67 ou 06 85 44 54 06

BOECE Le Grand Parc (TH)
C.M. 231 Pli 44

1 ch. **Mortagne-au-perche 8 km.** Ancien fournil indépendant restauré dans le style local. R.d.c. : séjour (convertible 2 pers.) réservé aux hôtes, salle d'eau et wc privatifs. Etage : 1 chambre (2 lits 1 pers.). Chauffage central. Salon des propriétaires à disposition avec cheminée. Jardin, salon de jardin. L'accueil chez l'habitant tout en gardant une certaine indépendance, quelle bonne idée pour profiter du « Perche » et en savourer les richesses. « Le Grand Parc » est aussi une étape pratique pour le voyageur entre Paris et la Bretagne. Langue parlée : anglais.

Prix : 1 pers. **27 €** 2 pers. **34 €** pers. sup. **9 €** repas **13 €**
Ouvert : Toute l'année.

SP	1	SP	8	8	10	8	60	20	80	30	5

Geneviève et Jean LEDEME - Le grand parc - 61560 BOECE - Tél. : 02 33 25 14 67

BOISSY-MAUGIS La Cochonnière
C.M. 231 Pli 45

1 ch. **Rémalard 5 km.** A l'étage : 1 ch. (2 lits 1 pers.), salle d'eau et wc privatifs. Chauffage central. Madame Koning vous accueille dans cette maison de pays restaurée, dans le Perche, une région aux multiples attraits. Langues parlées : hollandais, anglais.

Prix : 1 pers. **18 €** 2 pers. **37 €**
Ouvert : Du 01/04 au 31/12.

0,5	2	5	5	0,5	6	6	15	15	2

Jantina KONING - La Cochonnière - 61110 BOISSY-MAUGIS - Tél. : 02 33 73 70 10

Orne — Normandie

BONNEFOI Haras de la Pichonnière
C.M. 231 Pli 45

2 ch. **L'Aigle 12 km.** Maison indépendante réservée aux hôtes. R.d.c. : séjour (cheminée), cuisine. Etage : 1 ch. (1 lit 2 pers., lit d'appoint), salle de bains et wc privatifs, 1 ch. (2 lits 1 pers.), salle de bains privée, wc privés au r.d.c. Possibilité 1 ch. d'appoint (2 lits 1 pers.). Possibilité lit bébé. Chauffage central. Jardin. Boxes. Centre d'entraînement de trotteurs, « La Pichonnière » a appartenu à Jean Gabin. Un hippodrome des alentours porte son nom. C'est aussi un domaine campagnard à l'orée de la forêt de Moulins-Bonmoulins, aux confins du Perche, du Pays d'Ouche et de la région des grands haras ornais.

Prix : 1 pers. 31 € ◊ 2 pers. 39 € ◊ 3 pers. 44 € pers. sup. 10 €
Ouvert : Toute l'année.

SP	9	6	12	SP	1	9	100	40	100	12	4

S.C.E.A. DE LA PICHONNIERE - Benoist et Irène LEVESQUE - Haras de la Pichonnière - 61270 BONNEFOI - Tél. : 02 33 34 33 06 - Fax : 02 33 24 44 40

BRIOUZE
C.M. 231 Pli 42

1 ch. **Briouze 1.8 km.** Dans les dépendances de la maison des propriétaires. R.d.c. : 1 ch. (2 lits 1 pers.), salle d'eau et wc privatifs. Chauffage électrique. Possibilité garage. Ping-pong sur place. Dans la région du Houlme, à proximité de la Suisse Normande et de la station thermale de Bagnoles-de-l'Orne, Monsieur et Madame Pierrot vous accueillent dans leur propriété fleurie et paysagère.

Prix : 1 pers. 26 € ◊ 2 pers. 50 €
Ouvert : Toute l'année sauf août.

0,5	1,5	1,8	12	12	6	1,5	20	16	80	1,8	1,8

Jean-Claude PIERROT - La Basse Louvière - Route de Bellou - 61220 BRIOUZE - Tél. : 02 33 66 07 98

BURE
C.M. 231 Pli 44

2 ch. **Mortagne-au-perche 12 km.** Dans une maison percheronne, à l'étage, 1 ch. (1 lit 2 pers.), 1 ch. (1 lit 2 pers., 1 lit 1 pers.) avec salle d'eau et wc privatifs pour chaque chambre. Poss. lits supplémentaires et lit bébé. Chauffage central. Séjour (cheminée) et salon avec TV à disposition des hôtes. Jardin, jeux pour enfants. Tarif dégressif à partir de la 2e nuit pour 2 pers. : 34 €. Une étape idéale sur la route du Mont St-Michel, aux confins du Perche et du Pays Mêlois que Marthe vous propose de découvrir. Langue parlée : anglais.

Prix : 1 pers. 30 € ◊ 2 pers. 38 € ◊ 3 pers. 46 € pers. sup. 9 €
repas 12 €
Ouvert : Toute l'année.

4	SP	4	10	5	5	4	70	30	80	25	4

Marthe RICHOMME - Le Bourg - 61170 BURE - Tél. : 02 33 25 93 39

CETON L'Atre
C.M. 60 Pli 15

3 ch. **Le Theil 10 km.** A l'étage de la maison des propriétaires : 1 suite (3 lits 1 pers., lit bébé), salle d'eau et wc privés. Dans les dépendances, à l'étage : 1 ch. (2 lits 1 pers.), salle d'eau et wc privés, 1 suite (1 lit 1 pers., 1 lit 2 pers., 1 lit bébé), salle de bains balnéo et wc privés. Salle de séjour réservée aux 2 chambres. Chauffage central. Au cœur du Parc Naturel Régional du Perche, Madame Pinoche vous accueille dans sa jolie maison de caractère et vous propose de découvrir les richesses du patrimoine et de la campagne, mais aussi les secrets et les saveurs de sa table d'hôtes végétarienne. Produits biologiques du jardin. Langue parlée : anglais.

Prix : 1 pers. 39 € ◊ 2 pers. 43/50 € ◊ 3 pers. 53/64 € pers. sup. 9 €
repas 16 €
Ouvert : Toute l'année.

SP	SP	1	1	20	7	1	12	150	7	1	

Thérèse PINOCHE - L'Aitre - 61260 CETON - Tél. : 02 37 29 78 02

CHAMBOIS Le Château
C.M. 231 Pli 31

5 ch. **Trun 7 km.** Dans un château style Empire. 1e ét. : 1 ch. (1 lit 2 pers.), salle d'eau, wc privés, 1 ch. (1 lit 2 pers.), salle d'eau, wc privés, 1 ch. (1 lit 1 pers., 1 lit 2 pers.), salle de bains, wc privés. 2e ét. : 1 ch. (1 lit 2 pers.), salle d'eau, wc privés, 1 ch. (1 lit 2 pers., 1 lit 1 pers.), salle de bains, wc privés. Chauffage central. A proximité du célèbre Haras du Pin et non loin du Pays d'Auge réputé pour ses paysages et sa gastronomie, Madame Clapeau vous accueille dans sa très belle et confortable demeure au pied du Donjon de Chambois. Langue parlée : anglais.

Prix : 1 pers. 39 € ◊ 2 pers. 45 € pers. sup. 11 €
Ouvert : Toute l'année.

0,5	0,5	0,5	12	6	6	45	40	9	7		

Micheline CLAPEAU - Le Château - 4 rue des Polonais - 61160 CHAMBOIS - Tél. : 02 33 36 71 34 - E-mail : chambois@clapeau.com - www.clapeau.com

CHAMBOIS
C.M. 231 Pli 31

4 ch. **Haras du Pin 6 km.** Maison ancienne rénovée. R.d.c. : 1 ch.(2 lits 1 pers.), salle d'eau et wc privés. Etage : 1 ch. (1 lit 2 pers., 160), salle d'eau et wc privés., 1 ch. (1 lit 2 pers.), salle de bains et wc privés, 1 ch. 1 épi (1 lit 2 pers.), salle d'eau et wc privés. Séjour avec cheminée, TV. Chauffage central. Jardin, salon de jardin. Garage. Haut lieu historique (donjon médiéval, proximité du Mémorial de Montormel,...), Chambois est aux confins de la Plaine d'Argentan et du Pays D'Auge. Vos Hôtes, en enfants du pays, sauront vous en parler et vous faire partager leur passion pour les « belles cylindrées »... Langue parlée : anglais.

Prix : 1 pers. 27 € ◊ 2 pers. 35 € ◊ 3 pers. 46 € pers. sup. 11 €
Ouvert : Toute l'année.

SP	SP	SP	12	4	5	5	60	40	70	12	SP

Jean-Paul GONDOUIN - 1 rue Paul Buquet - 61160 CHAMBOIS - Tél. : 02 33 35 77 25

Normandie / Orne

LE CHAMP-DE-LA-PIERRE Le Pommerel (TH) C.M. 231 Pli 42

4 ch. **Carrouges 8 km.** Propriété campagnarde restaurée. Dans la maison des propriétaires, à l'étage : 2 ch. (1 lit 2 pers.), salle de bains/wc privatifs à chaque ch. Dans les dépendances, à l'étage : 1 ch. (1 lit 2 pers.), 1 ch. (2 lits 1 pers.), s.d'eau/wc privés par ch. Salon réservé aux hôtes. Chauff. central et électr. Jardin. Une petite route de campagne n'a d'autre issue que cette ancienne ferme restaurée. Maryvonne et Bernard Montcharmont vous y accueillent et vous aideront à savourer ce « bocage bas-normand » qui les a séduits. Forêts, vieilles pierres et traditions. Langue parlée : anglais.

Prix : 1 pers. 28 € 2 pers. 35 € repas 10/13 € 1/2 pens. 33 € pens. 37 €
Ouvert : Du 15/02 au 15/11.

SP	1,5	7	15	10	15	15	20	20	90	25	7

Maryvonne et Bernard MONTCHARMONT - Le Pommerel - 61320 LE CHAMP-DE-LA-PIERRE - Tél. : 02 33 27 56 71

LES CHAMPEAUX Verneuillet C.M. 231 Pli 31

2 ch. **Vimoutiers 10 km.** Dans une « Ferme Equestre ». 2ᵉ étage : 1 chambre (1 lit 2 pers., 2 lits 1 pers.), salle d'eau et wc privés, 1 chambre (1 lit 2 pers., 2 lits 1 pers.), salle d'eau et wc privés. Séjour (cheminée). Chauffage central. Jardin et salon de jardin. Chevaux et poneys vous attendent « au Petit Cob » pour découvrir le Pays d'Auge par les sentiers de randonnée. Il existe aussi aux alentours des parcours VTT. Ce terroir est riche d'Histoire grâce notamment aux femmes de jadis : Charlotte Corday et Marie Harel, « créatrice du camembert ».

Prix : 1 pers. 30 € 2 pers. 38 € pers. sup. 12 €
Ouvert : Toute l'année.

SP	7	7	30	2	SP	7	68	45	60	23	10

Pierre PERDRIEL - Verneillet - Le Petit Cob - 61120 LES CHAMPEAUX-EN-AUGE - Tél. : 02 33 39 06 38 - Fax : 02 33 39 06 38

CHANDAI La Ferme du Bourg A (TH) C.M. 231 Pli 45

2 ch. **L'Aigle 7 km.** A la ferme. 1 ch. (1 lit 2 pers.) et 1 ch. (1 lit 2 pers., 1 lit 1 pers.), accès indépendant, salle d'eau et wc privés pour chaque chambre. Chauffage central et électrique. Jardin avec terrasse. Séjour. Possibilité TV. En pays d'Ouche, à proximité de la RN26, le sens de l'accueil, les petits déjeuners sur la terrasse du jardin à la belle saison, le charme et la patine des meubles anciens et une flânerie au marché de L'Aigle vous feront apprécier cette maison pour une nuit ou un séjour. Langue parlée : anglais.

Prix : 1 pers. 30 € 2 pers. 38 € 3 pers. 46 € repas 9/14 € 1/2 pens. 40 €
Ouvert : Toute l'année.

1	0,1	7	7	0,5	7	20	8	7	SP	

Gilles LE TASSEC - 53 Route de Paris - 61300 CHANDAI - Tél. : 02 33 24 15 53 - Fax : 02 33 24 15 53

CHANDAI Les Masselins-La Gamardière

2 ch. **L'Aigle 7 km.** Maison ancienne rénovée. Etage : 1 chambre (1 lit 2 pers.), salle d'eau et wc privatifs, 1 chambre (1 lit 2 pers.) avec baignoire et lavabo, wc privatifs, poss. 1 chambre d'appoint (2 lits 1 pers., poss. lit bébé). Chauffage central. Séjour (TV, cheminée). Jardin et salon de jardin. Parcours de pêche sur place. Le pays d'Ouche réserve bien des surprises à qui sait l'apprécier. Renée et Jacques Gamard vous y accueillent dans leur confortable maison et vous conseilleront dans vos recherches : cheminées de Saint-Ouen-sur-Iton, marché de L'Aigle, monuments remarquables, etc...

Prix : 1 pers. 30 € 2 pers. 43 € pers. sup. 8 €
Ouvert : Toute l'année.

4	2	8	8	10	7	15	90	7	0,5

Renée et Jacques GAMARD - Route de chaise-Dieu - Les Masselins-La Gamardière - 61300 CHANDAI - Tél. : 02 33 24 65 16

LA CHAPELLE-PRES-SEES Les Tertres (TH) C.M. 231 Pli 43

5 ch. **Sées 5 km.** A la ferme. R.d.c. : 1 ch. (2 lits 1 pers.), salle d'eau et wc privés. Etage : 1 ch. (1 lit 2 pers.), salle d'eau et wc privés, 1 ch. (1 lit 2 pers), salle d'eau et wc privés, 1 ch. (1 lit 2 pers.), s. de bains, wc privés, 1 ch. (1 lit 2 pers., convertible), s. d'eau et wc privés. Salon réservé aux hôtes. Chauffage central. Jardin. 1/2 pension à partir de 42 €. A proximité de la Forêt d'Ecouves, la ferme des Tertres vous propose de confortables chambres mais aussi de partir à la découverte de la nature avec chevaux et poneys. A quelques km, la cathédrale de Sées, bien connue des cruciverbistes, dresse ses flèches au dessus d'une charmante cité. Langue parlée : anglais.

Prix : 1 pers. 30 € 2 pers. 37 € 3 pers. 44 € pers. sup. 8 € repas 12 € 1/2 pens. 42 €
Ouvert : Toute l'année.

SP	10	5	20	SP	SP	18	50	15	100	5	5

Odile et Jean-Claude BESNIARD - Les Tertres - 61500 LA CHAPELLE-PRES-SEES - Tél. : 02 33 27 74 67 ou 06 88 08 94 47 - Fax : 02 33 27 74 67

COLOMBIERS Le Crocq C.M. 231 Pli 43

1 ch. Manoir datant de 1770. Etage : 1 chambre (1 lit 2 pers., 1 lit 1 pers.) avec salle d'eau et wc privatifs. Séjour. Chauffage central. Jardin, salon de jardin. Aux portes d'Alençon, le charme d'un manoir du XVIIIᵉ siècle, qui a conservé sa chapelle et son pigeonnier et l'accueil familial des propriétaires pour découvrir la vie à la campagne et les richesses du pays d'Alençon et de la proche forêt d'Ecouves. Langue parlée : anglais.

Prix : 1 pers. 30 € 2 pers. 43 €
Ouvert : D'avril à octobre.

SP	4	2	3	4	5	20	50	8	120	5	5

Claude et Annie DUCREUX-ROLLO - Le Crocq - 61250 COLOMBIERS - Tél. : 02 33 26 70 91

Orne   Normandie

CONDE-SUR-SARTHE Le Moulin
C.M. 231 Pli 43

1 ch. **Alençon 5 km.** 1ᵉ étage : 1 ch. (1 lit 2 pers.), salle de bains privative, wc communs. Chauffage central. Salle de séjour à la disposition des hôtes. Jardin. Aux portes d'Alençon, non loin des Alpes Mancelles, en direction du Mont Saint-Michel, la propriétaire vous accueille dans sa chambre d'hôtes.

Prix : 1 pers. 24 € 2 pers. 29 € 3 pers. 40 €
Ouvert : Toute l'année.

10	SP	3	3	10	4	24	42	5	120	6	3

BOURGINE - Le Moulin - 53 rue des Apes Mancelles - 61250 CONDE-SUR-SARTHE - Tél. : 02 33 27 70 35

CONDE-SUR-SARTHE Le Clos des Roses

3 ch. **Alençon 3 km.** Dans une maison rénovée, en rez-de-jardin avec accès indépendant : 1 ch. (1 lit 2 pers., 1 lit 1 pers., poss. lit bébé), salle d'eau et wc privés. 1ᵉ étage : 1 ch. (1 lit 2 pers., 1 lit 1 pers., 1 lit bébé), salle d'eau et wc privés. 1 ch. 2 épis (1 lit 2 pers.), salle de bains et wc privés. Chauffage central. Salle de séjour, véranda. Aux portes des Alpes Mancelles, dominant la Sarthe, c'est un jardin où il fait bon flâner : une collection de rosiers, la gloriette, les fers forgés et la fontaine invitent au repos. Les amateurs de décoration apprécieront le mobilier et le caractère des chambres.

Prix : 1 pers. 27 € 2 pers. 38 € 3 pers. 49 € pers. sup. 11 €
Ouvert : Toute l'année.

SP	SP	SP	1	10	4	24	42	5	120	5	1

Simone et Pierre PELLEGRINI - Le clos des roses - 10 rue de la jardinière - 61250 CONDE-SUR-SARTHE - Tél. : 02 33 27 70 68

LA COULONCHE Sombreval
C.M. 231 Pli 41

2 ch. **Bagnoles de l'Orne 8 km.** Maison indépendante restaurée. R.d.c. : séjour (cheminée, TV couleur)/coin-cuisine. Etage : 1 chambre (1 lit 2 pers., 1 lit 1 pers.), salle d'eau et wc privés, 1 chambre (1 lit 2 pers., 1 lit 1 pers., 1 lit bébé), salle d'eau et wc privés. Chauffage central. Jardin, VTT et paddock pour chevaux. A l'orée de la vaste forêt d'Andaines et non loin de la station thermale de Bagnoles de l'Orne, Iréna Derouet vous accueille dans ces deux chambres qui allient confort, tradition et campagne. Langues parlées : anglais, russe.

Prix : 1 pers. 34 € 2 pers. 40 € 3 pers. 49 € pers. sup. 9 €
Ouvert : Toute l'année.

SP	4	4	8	SP	8	4	8	8	70	8	4

Irena KOVACEVIC-DEROUET - Sombreval - 61220 LA COULONCHE - Tél. : 02 33 66 18 80 - Fax : 02 33 66 18 80

COURGEON Ferme de L'Hôtel Neveu
C.M. 231 Pli 45

3 ch. **Mortagne 8 km.** Dns le Parc Naturel Régional du Perche. R.d.c. : grnde salle (cheminée), TV réservée aux hôtes. Et. : (mansarde) 1 ch. (1 lit 2 pers., 2 lits 1 pers., 1 lit bébé), s. d'eau et wc privatifs., 1 ch. (1 lit 2 pers., 1 lit 1 pers.), s. d'eau et wc privatifs. R.d.c. : 1 ch. (2 lits 1 pers.), s. d'eau et wc privatifs. Chauf. élect. et central. Ping-pong, jeux pour enfants. L'Hôtel Neveu est une ferme typiquement percheronne dans laquelle M. Mme Simoen ont aménagé de confortables chambres. Venez y déguster les produits laitiers fabriqués sur place et découvrir cette région du Perche aux multiples facettes. Langue parlée : anglais.

Prix : 1 pers. 29 € 2 pers. 37/40 € 3 pers. 44 € pers. sup. 8 €
repas 13 €
Ouvert : Toute l'année.

SP	6	4	8	4	4	4	100	15	120	25	4

Marie-Claire et Gilbert SIMOEN - Ferme de l'Hôtel Neveu - 61400 COURGEON - Tél. : 02 33 25 10 67 - Fax : 02 33 83 39 57

CROISILLES Le Parc au Chien
C.M. 231 Pli 32/44

2 ch. **Gacé 5 km.** Région des Haras. Rez-de-chaussée : 1 ch. (1 lit 2 pers., 2 lits d'appoint 1 pers.), salle de bains et wc privatifs. A l'étage : 1 ch. (1 lit 2 pers., 1 lit 1 pers.), salle d'eau avec wc privatifs. Chauffage central. Salle de séjour. Dans la région des haras et à proximité du Pays d'Auge, venez découvrir l'accueil à la ferme chez M. et Mme Hervé.

Prix : 1 pers. 18 € 2 pers. 32 € 3 pers. 38 € pers. sup. 5 €
Ouvert : Toute l'année.

5	12	5	5	10	12	12	70	5	80	24	5

J-Noël et Christine HERVE - Le Parc au chien - 61230 CROISILLES - Tél. : 02 33 35 54 12

CROUTTES Le Haut Bourg
C.M. 231 Pli 31

2 ch. **Vimoutiers 5 km.** Au cœur du Pays d'Auge. A flanc de côteau. 1 ch. (1 lit 2 pers.), salle d'eau et wc privés, 1 ch. (2 lits 1 pers.), salle d'eau et wc privés, prise TV par chambre. Séjour (cheminée) commun avec les propriétaires. Chauffage électrique. Centre d'artisanat sur place. Arrêtez-vous au Haut-Bourg de Crouttes, petit village pittoresque du Pays d'Auge, dans ces chambres hors du commun, ou même venez y séjourner et découvrir les secrets et les techniques de l'artisanat d'art.

Prix : 1 pers. 30 € 2 pers. 37 € 3 pers. 46 € pers. sup. 8 €
Ouvert : Toute l'année.

SP	3	3	3	1	1	3	65	30	7

LES CHAMBRES DE LA CAVEE - M. Christian SUREAU - Le haut Bourg - 61120 CROUTTES - Tél. : 02 33 39 22 16

Normandie / Orne

CRULAI La Bourdinière
C.M. 231 Pli 45

2 ch. Maison de maître restaurée. R.d.c. : séjour reservé aux hôtes. Etage : 1 chambre avec TV couleur (1 lit 2 personnes), salle de bains et wc privés, 1 chambre avec TV couleur (1 lit 2 pers., 2 lits 1 pers.), salle de bains et wc privés. Chauffage central. Jardin, salon de jardin. Garage. Des parquets de bois blond, de jolis meubles de famille et une déco personnalisée confèrent un certain charme à cette grande maison. Après un solide petit déjeuner « maison », vous pourrez aller à la découverte des richesses du Pays d'Ouche.

Prix : 1 pers. 34 € ◆ 2 pers. 42 € ◆ 3 pers. 50 € ◆ pers. sup. 12 €
Ouvert : Toute l'année.

1	8	8	8	6	6	8	10	90	8	1

Cécile TALPE - La Bourdinière - 61300 CRULAI - Tél. : 02 33 24 70 91 ou 06 14 44 88 70 - Fax : 02 33 24 70 91

DANCE Le Mesnil
C.M. 60 Pli 15

2 ch. Nocé 10 km. R.d.c. : 2 chambres (1 lit 2 pers., 2 lits 1 pers., possibilité lit bébé), salle d'eau et wc communs aux deux chambres. Kitchenette réservée aux hôtes. Chauffage central. Location VTT, ping-pong sur place, téléphone. Un pays de manoirs, de forêts et de chevaux réputés, à moins de deux heures de Paris où M. et Mme Gouault vous accueillent en toute convivialité. Venez découvrir la région du Perche. Langue parlée : anglais.

Prix : 1 pers. 26 € ◆ 2 pers. 30 € ◆ 3 pers. 35 €
Ouvert : Toute l'année.

0,5	3	3	3	0,5	7	3	20	3	3	

Philippe GOUAULT - Le Mesnil - 61340 DANCE - Tél. : 02 33 83 06 45

DOMFRONT La Demeure d'Olwenn
C.M. 231 Pli 41

3 ch. Au cœur de la cité médiévale de Domfront. A l'étage : 1 ch. (1 lit 2 pers., 1 lit 1 pers.), 1 ch. (1 lit 2 pers.), 1 ch. (1 lit 2 pers.) avec, en mezzanine mansardée, (2 lits 1 pers.). Salle d'eau, wc, poss. TV dans chaque chambre. Chauf. central. Séjour et salon (cheminée) à disposition des hôtes. Grand jardin donnant sur les remparts. Sylvia Tailhandier vous accueille dans cette vieille maison pleine de charme et de surprises et saura vous faire découvrir le Pays de Lancelot du Lac. Langues parlées : anglais, italien.

Prix : 1 pers. 46 € ◆ 2 pers. 46 € ◆ 3 pers. 57 € ◆ pers. sup. 11 €
Ouvert : Toute l'année sauf octobre.

SP	1	1	19	2,5	19	19	19	80	16	SP

Sylvia TAILHANDIER - La demeure d'Olwenn - 1 rue de Godras - 61700 DOMFRONT - Tél. : 02 33 37 10 03 - Fax : 02 33 37 10 03 - E-mail : sylviatchd@aol.com

DURCET Les Poulardières
C.M. 231 Pli 29/41

3 ch. Flers 11 km. 1er étage : 2 ch. (1 lit 2 pers. par chambre, 2 lits d'appoint), douches privatives, 1 ch. (1 lit 2 pers., 1 lit 1 pers.), salle d'eau privative. WC réservés aux 3 chambres. Chauffage central. Salle de séjour. Possibilité de cuisiner. Dans le bocage, une halte reposante à la ferme. De là, partez à la découverte de la Suisse Normande, région naturelle au reliefs mouvementés, « torrents », prairies et forêts verdoyantes. A 10 km, croisières en bâteau sur le grand lac intérieur de Rabodanges.

Prix : 1 pers. 24 € ◆ 2 pers. 29 € ◆ 3 pers. 37 €
Ouvert : Toute l'année.

10	10	1	11	8	5	10	15	7	70	7

Thérèse TOUTAIN - Les Poulardières - 61100 DURCET - Tél. : 02 33 66 20 12 ou 06 19 86 93 87

ECOUCHE
C.M. 231 Pli 42

2 ch. Argentan 9 km. Maison de bourg. A l'étage : 1 chambre (2 lits 2 pers., 1 lit 1 pers., poss. 1 lit bébé), salle de bains et wc privatifs, 1 chambre (1 lit 2 pers., 1 lit 1 pers.), salle d'eau et wc privatifs. Balcon sur jardin. Coin-salon avec cheminée, poss. TV couleur. Chauffage central. Possibilité coin-cuisine. M. et Mme Boulier vous accueillent toute l'année pour vos vacances, week-end, étapes randonneurs (GR 36), route du Mont Saint Michel...

Prix : 1 pers. 29/30 € ◆ 2 pers. 30/38 € ◆ 3 pers. 46 € ◆ pers. sup. 15 €
Ouvert : Toute l'année.

SP	SP	SP	9	SP	7	9	22	22	60	SP

Pierre et Denise BOULIER - 14 rue du Général Warabiot - 61150 ECOUCHE - Tél. : 02 33 35 13 58 - E-mail : boulier.pierre@libertysurf.fr

FAVEROLLES Le Mont Rôti
(TH) *C.M. 231 Pli 42*

3 ch. Bagnoles de l'Orne 15 km. Entre Bocage et Suisse Normande. Sur une exploitation agricole. A l'étage : 1 ch. (1 lit 2 pers, 1 lit 1 pers), 1 suite (1 lit 2 pers.), salle d'eau et wc privés, 1 ch. avec accès indépendant (1 lit 2 pers.) avec salle d'eau et wc privés. Chauffage central. Véranda réservée aux hôtes. Le Mont Rôti est une ferme en pleine campagne bocagère. Bernard et Sylviane Fortin vous y accueillent dans de coquettes chambres mansardées. Nombreux sites à découvrir aux alentours. 1/2 pension : 56 Euros/2 pers. Langue parlée : anglais.

Prix : 1 pers. 26 € ◆ 2 pers. 32 € ◆ 3 pers. 41 € ◆ pers. sup. 9 € ◆ repas 12 € ◆ 1/2 pens. 56 €
Ouvert : Toute l'année.

SP	3	13	13	13	10	13	18	13	100	8	8

Sylviane et Bernard FORTIN - Le Mont Roti - 61600 FAVEROLLES - Tél. : 02 33 37 34 72 - Fax : 02 33 37 34 72

Orne
Normandie

LA FERRIERE-AU-DOYEN La Grimonnière
(TH) — C.M. 231 Pli 44/45

2 ch. **L'Aigle 15 km. Abbaye de la Trappe 6 km.** Région des Haras. A la ferme. A l'étage : 1 ch. (1 lit 2 pers.), salle d'eau et wc privés. Au rez-de-chaussée : 1 ch. (2 lits 2 pers., possibilité lit bébé.), salle de bains, wc et kitchenette privés. Chauffage central. Salon avec cheminée, bibliothèque. Table d'hôtes sur réservation. Dans leur maison du Pays d'Ouche, entourée de forêts et de cultures, Jean et Françoise passionnés de Botanique, vous accueilleront à la ferme et sauront vous faire goûter les plaisirs de la nature et du patrimoine environnant dont l'abbaye de la Trappe et de leur jardin.

Prix : 1 pers. 24 € ◊ 2 pers. 30 € ◊ 3 pers. 37 € ◊ pers. sup. 8 € ◊ repas 11 €
Ouvert : Toute l'année.

SP	6	5	15	SP	5	6	60	45	100	15	5

Françoise et Jean GOUFFAULT - La Grimonnière - 61380 LA FERRIERE-AU-DOYEN - Tél. : 02 33 34 57 37 - Fax : 02 33 24 69 97

LA FERTE-MACE La Péleras
A — C.M. 60 Pli 1

5 ch. Maison normande à colombages. Etage : 1 ch. (3 lits 1 pers.), s.de bains, wc privés, 1 ch. (1 lit 2 pers., 1 lit 1 pers.), s.de bains, wc privés, 1 ch. (2 lits 1 pers.), s.de bains, wc privés, 1 ch. (1 lit 2 pers., 1 lit 1 pers.), s.de bains, wc privés, 1 ch. (1 lit 2 pers., 2 lits 1 pers.), s.de bains, wc privés. Séjour. Chauffage central. Jardin, terrasse. A proximité de Bagnoles de l'Orne, Christine Volclair et son mari vous accueillent dans leur grande maison qu'ils ont bâtie dans la tradition normande et décorée de meubles anciens. Depuis les chambres, la vue s'étend sur le lac, les prairies et la petite ville de La Ferté-Macé. Langue parlée : anglais.

Prix : 1 pers. 38 € ◊ 2 pers. 46 € ◊ 3 pers. 61 € ◊ pers. sup. 15 €
Ouvert : Toute l'année.

SP	SP	SP	2	1,5	SP	5	SP	80	11	SP

Christine VOLCLAIR - La Péleras - 61600 LA FERTE-MACE - Tél. : 02 33 37 28 23 - Fax : 02 33 38 78 83

LA FORET-AUVRAY Le Pont
C.M. 231 Pli 30

3 ch. **Briouze 15 km.** R.d.c. : 1 ch. (1 lit 2 pers., 1 lit enfant), salle d'eau et wc privatifs, 1 ch. (1 lit 2 pers., possibilité 1 lit 1 pers.), salle de bains et wc privatifs, 1 ch. (1 lit 2 pers., 1 lit 1 pers., 1 lit bébé), salle d'eau et wc privatifs. Salon, séjour avec cheminée. Chauffage central. Jardin. Dans ce petit vallon de Suisse Normande, Julie et Philippe Guyard vous ouvrent les portes de cette ancienne orangerie du XIXè siècle et vous accueillent dans leurs confortables chambres d'hôtes. La « déco », les volumes et le cadre naturel devraient vous séduire. Langues parlées : anglais, espagnol.

Prix : 1 pers. 30 € ◊ 2 pers. 38 € ◊ 3 pers. 53 € ◊ pers. sup. 15 €
Ouvert : Toute l'année.

SP	SP	7	7	SP	7	7	40	15	60	15	17

Philippe GUYARD - L'orangerie - 61210 LA FORET-AUVRAY - Tél. : 02 33 64 29 48 ou 06 08 26 80 20 -
E-mail : phguyard@club-internet.fr

GEMAGES Le Moulin
(TH) — C.M. 60 Pli 15

3 ch. **Bellême 12 km.** Dans les anciens greniers à foin d'un moulin, 3 chambres d'hôtes indépendantes et personnalisées, en rez-de-jardin : 1 ch. (1 lit 2 pers., 1 lit 1 pers.) salle d'eau et wc privés, 1 ch. (1 lit 2 pers., 1 lit 1 pers.) salle d'eau et wc privés, 1 ch. (1 lit 2 pers., 1 lit 1 pers.) salle de bains et wc privés. Chauffage élect. Jardin (rivière et étangs non clos). Au creux d'une vallée verdoyante du Parc naturel régional du Perche se trouve le « Moulin de Gemages » qui attend de vous recevoir avec son bief, son vannage, sa roue, sa rivière. Tout a été mis en place pour vous permettre une halte, le temps de vivre autre chose. Langues parlées : italien, anglais.

Prix : 1 pers. 40/50 € ◊ 2 pers. 50/60 € ◊ 3 pers. 60/70 € ◊ repas 20 €
Ouvert : Toute l'année.

1,2	SP	5	10	0,5	1	15	120	12	15	1,2

Anna IANNACCONE - Le Moulin de Gémages - 61130 GEMAGES - Tél. : 02 33 25 15 72 - Fax : 02 33 25 18 85 -
E-mail : annieriv.iann@wanadoo.fr

LES GENETTES La Vieillerie
(TH) — C.M. 231 Pli 45

2 ch. **L'Aigle 14 km.** Maison ancienne restaurée de plain-pied : 1 chambre (2 lits 2 pers., 1 lit 1 pers.), 1 chambre (3 lits 1 pers.), salle d'eau, wc et coin-cuisine privatifs. Séjour (cheminée). Chauffage électrique. Jardin, salon de jardin, terrasse, un box pour cheval. C'est tout le charme de la campagne aux confins de trois régions naturelles (le Perche, le Pays d'Ouche et la Région des Haras) qu' Anne et Luc vous proposent de découvrir depuis leur confortable maison de pays : des villages pittoresques, des forêts, des chevaux, des traditions... Langue parlée : anglais.

Prix : 1 pers. 27 € ◊ 2 pers. 32 € ◊ 3 pers. 40 € ◊ repas 14 €
Ouvert : Toute l'année.

SP	3	7	14	SP	3	3	30	100	14	3

Luc et Anne THOURET-LARUELLE - La Vieillerie - L'issue cavalière - 61270 LES GENETTES - Tél. : 02 33 34 03 98 ou 06 84 69 51 22 -
Fax : 02 33 34 03 98

GINAI La Douitée
C.M. 231 Pli 44

1 ch. **Gacé 10 km.** Région des Haras. Rez-de-chaussée : 1 chambre (1 lit 2 pers., possibilité 1 lit 1 pers. supplémentaire), salle d'eau et wc privatifs. Chauffage central. A proximité du célèbre Haras du Pin (4 km), et non loin du Pays d'Auge, réputé pour ses paysages et sa gastronomie, M. et Mme Doffagne vous accueillent en toute convivialité dans une chambre d'hôtes confortable.

Prix : 1 pers. 34 € ◊ 2 pers. 39 € ◊ pers. sup. 10 €
Ouvert : Toute l'année.

3	10	3	20	3	15	10	60	8	60	20	3

Guy et Annick DOFFAGNE - La Douitée - 61310 GINAI - Tél. : 02 33 39 95 51

Normandie — Orne

HABLOVILLE Bissey — A (TH) — C.M. 231 Pli 30

2 ch.

Argentan 14 km. Rabodanges 8 km. Dans une maison ancienne restaurée, 2 chambres (2 lits 1 pers./ch.) avec salle de bains et wc communs aux deux chambres (poss. lit bébé). Séjour avec TV et poêle Godin à disposition des hôtes. Chauffage central. Jardin, salon de jardin. Aux portes de la Suisse Normande, ambiance cottage chez Shirley O'Toole qui croque à l'aquarelle les paysages des environs, les fleurs des champs, les animaux familiers et les petits bonheurs de la vie à la campagne. A voir : l'église d'Habloville et les ruelles d'Ecouché. Langue parlée : anglais.

Prix : 1 pers. 23 € 2 pers. 30 € pers. sup. 8 € repas 12 €
Ouvert : Du 01/03 au 31/10.

6	6	5	14	15	14	8	33,5	35	70	14	6

Shirley O'TOOLE - Bissey - 61210 HABLOVILLE - Tél. : 02 33 67 68 03 - Fax : 02 33 67 68 03

LA HAUTE-CHAPELLE La Fontaine des Etoiles — C.M. 231

3 ch.

Domfront 1 km. Ancien presbytère bâti en 1730 et restauré en 1999. R.d.c. : séjour (TV, cheminée) réservé aux hôtes, possibilité cuisine. 1er étage : 1 ch. (1 lit 2 pers.), salle de bains et wc privés, 1 ch. 2 épis (1 lit 2 pers.), salle d'eau et wc privés, 1 suite à 2 chambres (5 lits 1 pers.), salle d'eau et wc privés. Chauffage central. Jardin. Des partis pris de déco et la discrétion toute britannique de la propriétaire confèrent à cette maison un charme particulier. Aux alentours, il fera bon flâner dans les ruelles de Domfront, arpenter les chemins de randonnée et courir les nombreux antiquaires. Langue parlée : anglais.

Prix : 1 pers. 30 € 2 pers. 46 € 3 pers. 61 € pers. sup. 15 €
Ouvert : Toute l'année.

SP	2	SP	30	5	15	10	15	15	60	22	3

Jill ARMSTRONG - Le Bourg - La fontaine des étoiles - 61700 LA HAUTE-CHAPELLE - Tél. : 02 33 38 37 16 - Fax : 02 33 38 03 95 -
E-mail : fontetoil@AOL.com

HEUGON Le Bois Pinel — (TH) — C.M. 231 Pli 32

1 ch.

Gacé 10 km. Dans une ancienne ferme rénovée. Etage : 1 chambre (2 lits 1 pers., 1 canapé-lit 2 pers.), salle d'eau et wc privatifs. Possibilité 1 chambre supplémentaire (1 lit 2 pers.). Chauffage électrique. Séjour avec cheminée insert, TV couleur. Jardin avec grande mare non close, garage. Aux confins du Pays d'Auge et du Pays d'Ouche, deux terroirs riches de traditions, d'histoire et de gastronomie, Marie-Madeleine et Jean Duval vous accueillent en toute sympathie. Les bourgs pittoresques, les petites églises « égarées » dans la campagne, que de choses à découvrir !

Prix : 1 pers. 30 € 2 pers. 35 € 3 pers. 44 € pers. sup. 9 € repas 14 €
Ouvert : Toute l'année.

SP	4	5	22	14	5	14	65	14	65	22	5

Marie-Madeleine et Jean DUVAL - Le bois Pinel - 61470 HEUGON - Tél. : 02 33 35 15 30

JUVIGNY-SOUS-ANDAINE La Chevairie — A (TH) — C.M. 231 Pli 41

3 ch.

Bagnoles de l'Orne 6 km. 1er étage : 2 chambres (1 lit 2 pers.), 1 chambre (1 lit 2 pers., 1 lit 1 pers.) avec salle d'eau et wc réservés à chacune d'entre elles. Séjour. Chauffage électrique. Ferme auberge sur place. En lisière de forêt d'Andaine, non loin de la Tour de Bonvouloir, venez goûter aux délices de la gastronomie locale et découvrir les charmes du Bocage. Chasse aux canards sur les étangs de la propriété.

Prix : 2 pers. 34 € 3 pers. 46 € pers. sup. 15 € repas 15 €
1/2 pens. 35 €
Ouvert : Toute l'année.

1	6	1	6	1	6	6	6	80	25	3

Rosaria MONSALLIER - La Chevairie - 61140 JUVIGNY-SOUS-ANDAINE - Tél. : 02 33 38 20 86 ou 02 33 38 27 74 - Fax : 02 33 37 72 40

LA LACELLE Les Communes — (TH) — C.M. 231 Pli 42

2 ch.

Alençon 20 km. Proximité des Alpes Mancelles. 1er étage : 1 ch. (1 lit 2 pers., 1 lit enfant), salle d'eau privée, 1 ch. (2 pers.), salle d'eau privée, wc communs aux 2 chambres. Chauffage central. Salle de séjour. En pleine campagne, venez goûter au calme de cette belle maison de pays et apprécier la convivialité de l'accueil de M. et Mme Cavey. A voir aux alentours, le château de Carrouges, la forêt d'Ecouves. Langue parlée : anglais.

Prix : 1 pers. 26 € 2 pers. 30 € 3 pers. 37 € repas 11 €
1/2 pens. 52 €
Ouvert : Toute l'année.

5	20	6	6	5	20	20	25	25	100	20	6

Jean-Luc CAVEY - Les communes - 61320 LA LACELLE - Tél. : 02 33 27 38 01 ou 06 12 03 32 83 - Fax : 02 33 27 38 01 -
E-mail : JLCAVEY@Netup.com

LARRE La Raiterie — C.M. 231 Pli 43

1 ch.

Alençon 8 km. Dans une maison de pays rénovée. R.d.c. : 1 chambre avec TV (1 lit 2 pers., 1 lit d'appoint 1 pers.), salle de bains et wc privatifs. Chauffage électrique et bois. Séjour avec cheminée (insert) commun aux hôtes et aux propriétaires. Non loin d'Alençon, Madame Loison vous accueille à « La Raiterie », petit hameau dans la campagne. Halte reposante bien desservie (N12 à 1 km) et nombreuses curiosités aux alentours dont les forêts de Bourse et d'Ecouves, faites-y étape ou restez-y quelques jours.

Prix : 1 pers. 24 € 2 pers. 34 € 3 pers. 38 €
Ouvert : Toute l'année.

5	5	8	8	5	10	15	45	8	120	8	5

Simone LOISON - La Raiterie - 61250 LARRE - Tél. : 06 80 70 92 37 ou 02 33 31 06 58

Orne — Normandie

LONGNY-AU-PERCHE
(TH) — C.M. 60 Pli 5

3 ch.

Mortagne-au-perche 18 km. Dans les dépendances, ancienne orangerie avec accès indépendant. R.d.c. : vaste séjour (cheminée) réservé aux hôtes. Etage : 1 ch. (1 lit 2 pers., 1 lit 1 pers. 120 cm) salle d'eau et wc privés, 1 ch. (1 lit 2 pers.) salle d'eau et wc privés, 1 ch. (1 lit 2 pers.) s. de bains et wc privés. Chauffage électrique. Jardin. Table d'hôtes sur réservation uniquement. Longny-au-Perche est une petite cité typique du Perche, région de forêts, de manoirs et de chevaux, classée Parc naturel régional. Edith, Marc et leurs enfants vous proposent de confortables chambres aux couleurs des fleurs de champs. Pour les gourmands, Marc officie aux fourneaux. Langues parlées : anglais, allemand.

Prix : 1 pers. 29 € 2 pers. 39 € 3 pers. 49 € pers. sup. 10 € repas 12 €
Ouvert : Toute l'année.

0,5	SP	1	SP	2	7	2	110	34	130	28	0,8

Edith et Marc DESAILLY - 9 rue des Prés - 61290 LONGNY-AU-PERCHE - Tél. : 02 33 25 11 78 - E-mail : Desailly@net-up.com

LONLAY-L'ABBAYE
C.M. 231 Pli 40/41

1 ch.

Domfront 7 km. Région de Bocage. 1ᵉ étage : 1 suite avec 1 chambre (1 lit 2 pers.) et 1 chambre (1 lit 2 pers. 130), salle d'eau et wc privatifs à la suite. Possibilité 1 lit pliant enfant. Chauffage central. M. et Mme Lagranderie vous accueillent chaleureusement dans leur agréable demeure d'où vous pourrez aller visiter la ville médiévale de Domfront, la région de Mantilly, célèbre pour son poiré, ou bien encore, gagner le Mont St-Michel (70 km).

Prix : 1 pers. 30 € 2 pers. 37 € 3 pers. 61 € pers. sup. 11 €
Ouvert : Toute l'année.

SP	SP	SP	17	10	5	5	28	28	80	17	SP

André LAGRANDERIE - Route de Rouelle - 61700 LONLAY-L'ABBAYE - Tél. : 02 33 38 08 71

LUCE — Les Pâquerets
C.M. 231 Pli 41

2 ch.

Domfront 6 km. Bocage domfrontais. A la ferme. A l'étage de la maison des propriétaires, 1 chambre (1 lit 2 pers.), salle d'eau et wc privatifs, 1 chambre (2 lits 1 pers.), salle d'eau et wc privatifs. Chauffage central. Séjour avec cheminée à disposition des hôtes. Deux jolies chambres chez de sympathiques agriculteurs qui vous proposent de goûter aux joies de la campagne et aux saveurs du Bocage Domfrontais.

Prix : 1 pers. 26 € 2 pers. 30 €
Ouvert : Toute l'année.

3	4	3	18	3	10	15	8	18	90	25	6

Gérard DUMESNIL - Les Paquerets - 61330 LUCE - Tél. : 02 33 30 13 87

MAISON-MAUGIS — Domaine de L'Emière
C.M. 60 Pli 5

3 ch.

Mortagne-au-perche 18 km. Bellême 23 km. Dans une maison du XVIIᵉ siècle, étage : 1 ch. (2 lits 1 pers.), salle de bains avec wc priv., 1 ch. (1 lit 2 pers.), salle d'eau et wc priv. Séjour (cheminée). Dans les dépendances avec accès indép. R.d.c. : salon. Etage : 1 ch. (1 lit 2 pers. en 150 cm), s. d'eau et wc priv. Chauf. central et élect. Grand parc, terrasse avec petite pièce d'eau non close. Le Domaine de l'Emière est un site d'exception. Edith et Jean-Louis Grandjean vous y font partager leurs passions : la nature, les collections d'arbustes, de fleurs et de légumes, les animaux (le coq gaulois, les quarters horses...), la Musique et bien sûr Le Perche. Langues parlées : anglais, italien.

Prix : 1 pers. 75/90 € 2 pers. 85/100 € pers. sup. 15 €
Ouvert : Toute l'année.

SP	8	8	10	SP	8	10	150	20	180	18	10

Edith et Jean-Louis GRANDJEAN - Domaine de l'Emière - 61110 MAISON-MAUGIS - Tél. : 02 33 73 74 19 - Fax : 02 33 73 69 80

MARCHEMAISONS — Boisaubert
(TH) — C.M. 231 Pli 44

4 ch.

Mêle-sur-Marthe 3 km. Dans les dépendances de la maison des propriétaires, de plain-pied. 2 chambres (1 lit 2 pers.), 1 chambre (1 lit 2 pers., 1 lit 1 pers.), 1 chambre (2 lits 1 pers.), salle d'eau et wc pour chaque chambre. Séjour (cheminée). Chauffage central. Jardin avec 2 mares non closes. Possibilité de boxes pour chevaux. En arc de cercle, les dépendances de Boisaubert sont assez insolites. C'est une étape idéale aux portes du Parc naturel régional Normandie Maine. Amis des chevaux et des chiens, les propriétaires sont aussi des gourmets et sauront vous faire partager leurs passions. Langue parlée : italien.

Prix : 1 pers. 38 € 2 pers. 43 € pers. sup. 15 € repas 15 €
Ouvert : Du 01/02 au 15/10.

1	3	3	18	1	1	3	60	18	100	18	3

S.C.I. BOISAUBERT - M. Antonio GIULIVO - Boisaubert - 61170 MARCHEMAISONS - Tél. : 02 33 31 91 29 - Fax : 02 33 31 91 31

MARDILLY — Haras du Val Fouqué
C.M. 231 Pli 32

1 ch.

Gacé 5 km. Maisonnette indépendante. 1 suite avec 1 ch. (1 lit 2 pers.) et 1 ch. (2 lits 1 pers. superposés), salle d'eau et wc privatifs. Chauffage central et électrique. Boxes sur place. C'est au creux d'un vallon du Pays d'Auge que se cache Le Val Fouqué, haras de chevaux de sport. Aux environs, Gacé, cité de la Dame aux Camélias, Camembert, charmant village connu pour le fromage qui porte son nom, ou encore les producteurs cidricoles, attendent votre visite. Langues parlées : anglais, suédois.

Prix : 1 pers. 23 € 2 pers. 38 € 3 pers. 46 € pers. sup. 8 €
Ouvert : Toute l'année.

SP	1	5	5	15	2	15	15	70	35	5

Marica et Tom BIAUDET - Haras du Val Fouque - 61230 MARDILLY - Tél. : 02 33 35 59 12 - Fax : 02 33 36 55 74 - E-mail : tombiaudet@aol.com

Normandie — Orne

LE MELE-SUR-SARTHE
C.M. 231 Pli 44

3 ch. Région du Pays Mêlois, manoir de style normand. 1er ét. : 1 ch. (1 lit 2 pers., 2 lits 1 pers.), s.d.b. et wc privés. 2e ét. : 1 suite (2 lits 2 pers., 1 lit 1 pers.), s. d'eau et wc privés. Dans les dépendances : 1 suite (1 lit 2 pers., 1 lit 160), s. d'eau et wc privés. Chauffage central. Séjour et jardin à la disposition des hôtes. Supplément lit bébé (5,5 €). Tout le charme d'une belle maison normande dans un bourg campagnard. Une étape idéale aux marches du Perche et aux contreforts du Maine. M. et Mme Thonnerieux vous y invitent à découvrir le Pays Mêlois.

Prix : 1 pers. 21 € — 2 pers. 46 € — 3 pers. 67 €
Ouvert : Toute l'année.

5	1	1	12	5	4	0,8	60	25	110	20	SP

Odile et Pierre THONNERIEUX - 20 avenue de Falkenstein - 61170 LE MELE-SUR-SARTHE - Tél. : 02 33 27 49 17 - Fax : 02 33 28 05 44

MONTCHEVREL La Chapelle
C.M. 231 Pli 44

1 ch. Sées 15 km. Maison ancienne de style local restaurée. Etage : 1 suite comprenant 2 ch. (2 lits 2 pers., 1 lit 1 pers.), salle de bains et wc privatifs. Chauffage électrique. Salle de séjour et coin-cuisine réservés aux hôtes. Artisanat (céramique, émaux) sur place. Dans une ferme percheronne, à proximité de Sées, Monsieur et Madame Grignaux vous proposent le calme et le confort de leur chambre d'hôtes, depuis laquelle vous pourrez découvrir la région. Langue parlée : anglais.

Prix : 1 pers. 20 € — 2 pers. 28 € — 3 pers. 35 € — pers. sup. 8 €
Ouvert : Toute l'année.

SP	2	3,5	17	3	6	7	60	30	100	20	7

Monique et Lucien GRIGNAUX - La Chapelle - 61170 MONTCHEVREL - Tél. : 02 33 27 68 10

MORTAGNE-AU-PERCHE L'Archangerie
C.M. 231 Pli 45

1 ch. Mortagne-au-perche 1 km. A l'étage : 1 suite avec 1 ch. (1 lit 2 pers., TV couleur) et 1 ch. (1 lit 2 pers., 1 lit 1 pers.), salle de bains et wc privatifs. Chauffage central au gaz. Jardin avec salon de jardin. Marché le samedi matin. Aux portes de Mortagne-au-Perche, jolie cité percheronne aux multiples richesses architecturales, historiques et gastronomiques, Madame Desjouis vous accueille en toute convivialité.

Prix : 1 pers. 28 € — 2 pers. 44 € — 3 pers. 50 € — pers. sup. 12 €
Ouvert : Toute l'année.

SP	SP	SP	1	10	8	10	90	12	150	40	SP

Geneviève DESJOUIS - 24 rue du Moulin à vent - 61400 MORTAGNE-AU-PERCHE - Tél. : 02 33 25 12 64

MORTREE Hameau du Château d'O
C.M. 231 Pli 43

1 ch. Maisonnette indépendante. Etage : séjour réservé aux hôtes (banquette 1 pers. avec lit gigogne), salle d'eau et wc privatifs. 2e étage : mansarde (2 lits 1 pers.). Chauffage électrique. A deux pas du château d'O, Marie-Hélène Augé a restauré avec soin ce petit bâtiment de pierre blanche. Au cœur du département, Mortrée est une étape idéale pour aller visiter les châteaux de Sassy, Médavy, le Bourg-Saint-Léonard et le célèbre Haras du Pin. Langues parlées : anglais, espagnol.

Prix : 1 pers. 34 € — 2 pers. 43 € — 3 pers. 53 € — pers. sup. 11 €
Ouvert : Toute l'année.

0,2	0,2	0,5	13	10	7	13	43,5	10	80	5	1

Marie-Hélène AUGE - Hameau du Château d'O - 61570 MORTREE - Tél. : 02 33 67 13 42 - Fax : 02 33 67 13 42

MOULICENT La Grande Noë
C.M. 231 Pli 45

3 ch. Longuy-au-perche 6 km. Région du Perche. Dans un château percheron des XVe, XVIIIe, XIXe siècles. Etage : 1 ch. (2 lits 1 pers), 1 ch. (1 lit 2 pers,1 lit 1 pers.), 1 ch. (1 lit 2 pers.), salle de bains et wc privatifs pour chaque chambre. Chauffage central. Grand parc, ping-pong, bicyclettes, boxes pour chevaux et attelage sur place. En pleine campagne, au calme, M. et Mme de Longcamp vous accueilleni dans une ambiance familiale. Langues parlées : anglais, espagnol.

Prix : 1 pers. 85/95 € — 2 pers. 92/105 € — pers. sup. 15 €
Ouvert : Du 1er mars au 30 novembre.

2	5	8	2	12	5	7	25	110	25	5

Pascale et Jacques DE LONGCAMP - La Grande Noë - 61290 MOULICENT - Tél. : 02 33 73 63 30 - Fax : 02 33 83 62 92 -
E-mail : grandenoe@wanadoo.fr

NEUILLY-SUR-EURE Les Hautes Bruyères
C.M. 231 Pli 46

4 ch. Longuy-au-perche 16 km. A l'étage : 1 ch. (3 lits 1 pers.), 1 ch. (1 lit 2 pers. 160, 1 lit bébé), 1 ch. (1 lit 2 pers. 160), 1 ch. (3 lits 1 pers.), wc privés/chambre. Poss. 2 lits supplémentaires. Chauffage central. Vaste séjour avec cheminée. Jardin. Poss. chasse au gros gibier sur le domaine. « Bel Air » est un territoire de chasse réputé dans le Perche et la décoration de ce rendez-vous évoque bien la qualité du gros gibier. Sans être chasseur, on appréciera, depuis les chambres, les vues sur la campagne, le confort de la maison et le sympathique accueil.

Prix : 1 pers. 34 € — 2 pers. 38 € — 3 pers. 53 €
Ouvert : Toute l'année.

SP	SP	1	8	SP	1	1	10	10	10	1

Monique et André DI GIOVANNI - Les Hautes Bruyères - 61290 NEUILLY-SUR-EURE - Tél. : 02 33 73 92 23

Orne   *Normandie*

NEUVILLE-PRES-SEES Le Haut Montrond
C.M. 231 Pli 44

5 ch. **Sées 12 km.** Dans une maison ancienne restaurée. Etage : 1 ch. (1 lit 2 pers.), 1 ch. (1 lit 2 pers., 2 lits 1 pers.), 1 ch. (1 lit 2 pers.), 1 ch. (1 lit 2 pers., 2 lits 1 pers.), 1 ch. (1 lit 2 pers.), salle d'eau et wc privés par chambre. Chauffage électrique. Vaste séjour avec coin-salon (TV). Boxes pour chevaux. Le Haut Montrond est un petit hameau à quelques kilomètres de Sées dont on visitera la cathédrale. David Schneider vous fera partager sa passion pour l'attelage qu'il pratique avec une paire de sympathiques percherons. Langue parlée : anglais.

Prix : 1 pers. 30 € 2 pers. 40 € 3 pers. 49 € pers. sup. 9 €
Ouvert : Toute l'année.

	SP	SP	12	30	16	12	17	60	6	100	10	8

David et Véronique SCHNEIDER - Le Lion du Haut Montrond - 61500 NEUVILLE-PRES-SEES - Tél. : 02 33 35 41 58 -
Fax : 02 33 35 41 58

NONANT-LE-PIN Le Plessis
C.M. 60 Pli 3

2 ch. A l'étage d'une maison de maître. 1 chambre (1 lit 2 pers., 1 lit 1 pers. d'appoint), salle d'eau et wc privés. 1 chambre (1 lit 2 pers., 1 lit 1 pers. d'appoint), salle de bains et wc privés. Chauffage central. Séjour. Jardin avec pièces d'eau non closes. Coté étang : une façade néo-normande. Coté jardin : une façade classique. Marie-Claire Ruault a entrepris la restauration de cette grande maison et de son pigeonnier. Le Plessis est aussi un petit haras de trotteurs dans une région résolument tournée vers l'élevage du cheval.

Prix : 1 pers. 30 € 2 pers. 37 € 3 pers. 46 € repas 12 €
Ouvert : Toute l'année.

	SP	SP	1	10	8	15	32	60	1	70	7	1

Marie-Claire RUAULT - Le Plessis - 61240 NONANT-LE-PIN - Tél. : 02 33 35 59 02 ou 06 76 67 02 96

PERROU L'Ermitage
C.M. 231 Pli 41

2 ch. Maison contemporaine. Chambres de plain-pied. 1 chambre (1 lit 2 pers., 1 lit 1 pers.), salle d'eau et wc privés, 1 chambre (1 lit 2 pers.), salle de bains et wc privés. Séjour réservé aux hôtes avec coin cuisine. Chauffage central et électrique. Jardin, salon de jardin. A proximité de Bagnoles de L'Orne et de la Forêt d'Andaines, Marie-Claude et Michel Vincent vous proposent de venir partager leur passion pour le jardinage et les fleurs. Ils seront aussi de bon conseil pour découvrir les richesses de leur pays de Bocage. Langue parlée : anglais.

Prix : 1 pers. 30 € 2 pers. 38 € 3 pers. 53 €
Ouvert : Toute l'année.

	SP	3	0,8	12	SP	12	17	12	12	70	25	7

Michel VINCENT - L'Ermitage - 61700 PERROU - Tél. : 02 33 38 13 66 - Fax : 02 33 38 13 66 - E-mail : Michel.VINCENT@wanadoo.fr

PREAUX-DU-PERCHE La Carrière du Poëlé
C.M. 60 Pli 15

2 ch. **Nogent le Rotrou 12 km.** 1er étage : 1 ch. (2 lits 1 pers.), 1 ch. (3 lits 1 pers.), salle de bains et wc communs aux 2 chambres. Chauffage électrique. Salle de séjour. A moins d'une heure trente de Paris, l'accueil chaleureux de M. Mme Bouthry qui vous proposent des séjours campagnards dans cette belle région qui est le Perche. Ils sauront vous la faire découvrir et aimer.

Prix : 1 pers. 26 € 2 pers. 30 € 3 pers. 35 €
Ouvert : Toute l'année.

	1	12	12	10	20	15	150	12	11

Anne-Marie et Roland BOUTHRY - La carrière du Poële - 61340 PREAUX-DU-PERCHE - Tél. : 02 33 83 00 21

REMALARD Domaine de Launay
C.M. 231 Pli 45

4 ch. **Rémalard 3 km.** Dans les dépendances : 1 suite 6 pers., salle d'eau, 2 wc, séjour, coin-cuisine privés, 1 suite 4 pers., salle d'eau, wc, séjour, coin-cuisine privés, 1 suite 4 pers., salle d'eau, wc privés, 1 ch. (1 lit 2 pers.), salon, salle d'eau et wc privés. Séjour (TV). Chauf. central. Jardin, salon de jardin, étang non enclos et bois. 4 boxes. Ancienne ferme percheronne du XVIè siècle, le Domaine de Launay s'étend sur 15 hectares de bois et de prairies. Les confortables « suites » invitent au repos (2 possèdent une cheminée) mais John et Toos Bakker, grands amateurs de golf, vous feront partager leur passion... Langues parlées : hollandais, anglais.

Prix : 1 pers. 99 € 2 pers. 130 € repas 23 €
Ouvert : Du 01/03 au 30/10.

	SP	20	4	4	SP	20	20	110	20	150	10	4

S.A.R.L. DOMAINE DE LAUNAY - John BAKKER - Launay - 61110 REMALARD - Tél. : 02 33 83 61 33 - Fax : 02 33 73 66 18 -
E-mail : Domainedelaunay@wanadoo.fr

LES ROTOURS Lac de Rabodanges
C.M. 231 Pli 30

5 ch. **Putanges 5 km.** Au cœur de la Suisse Normande. 1er étage : 2 ch. (1 lit 2 pers., 1 lit bébé), 1 ch. (2 lits 1 pers.). 2e étage : 2 ch. (1 lit 2 pers.), 1 ch. (2 lits 1 pers.), salle d'eau et wc privés pour chaque chambre. Possibilité lits d'appoint. Chauffage central et électrique. Salle de séjour. Repas sur réservation. Dominant le lac de Rabodanges, la maison de Madame d'Angelo vous permet de venir découvrir la région. Possibilité ski nautique et croisières sur le lac tout proche.

Prix : 1 pers. 25 € 2 pers. 30 € 3 pers. 37 € pers. sup. 6 €
repas 11 €
Ouvert : Toute l'année.

	0,5	SP	SP	16	SP	2	SP	30	20	70	8	5

Michèle D'ANGELO - Lac de Rabodanges - 61210 LES ROTOURS - Tél. : 02 33 35 76 38

Normandie — Orne

LE SAP Les Roches
C.M. 231 Pli 32

2 ch. **Gacé 15 km.** Pays d'Auge. 1er étage : 1 chambre (1 lit 2 pers., 1 lit 1 pers.), salle d'eau et wc privés, 1 chambre (1 lit 2 pers.), salle de bains et wc privés. Chauffage central, salle de séjour, jardin. C'est dans cette belle maison de ferme du XVIIe siècle située en pleine campagne que M. et Mme Bourgault vous accueillent en toute convivialité. Proximité des régions renommées du Perche et du Pays d'Auge.

Prix : 1 pers. 24 € 2 pers. 40 € 3 pers. 28 €
Ouvert : Toute l'année.

| | SP | 6 | 2 | 16 | 5 | 16 | 16 | 70 | 30 | SP | |

Gérard BOURGAULT - Les Roches - 61470 LE SAP - Tél. : 02 33 39 47 39

LE SAP-ANDRE Le Val aux Clercs
C.M. 231 Pli 32

2 ch. **Gacé 8 km ;** Dans un manoir normand du XIIIe siècle. Etage : 1 chambre (1 lit 2 pers.), salle d'eau et wc privés. Dans les dépendances, maisonnette composée avec au rez-de-chaussée, séjour (prise TV) avec coin-cuisine, salle de bains et wc privés. A l'étage : 1 chambre mansardée (4 lits 1 pers.). Chauffage central et électrique. Jardin. Aux confins du Pays d'Auge et du Pays d'Ouche, le Val aux Clercs est une belle propriété typique en pleine campagne. Marie-Ange et Benoist Baijot se feront un plaisir de vous faire découvrir leurs talents de peintre animalier et de maréchal-ferrand.

Prix : 1 pers. 53/76 € 2 pers. 53/76 € 3 pers. 76 € pers. sup. 23 € repas 19 €
Ouvert : Du 1er mars au 30 novembre.

| | SP | 8 | 8 | 8 | SP | SP | 8 | 70 | 60 | 75 | 20 | 8 |

Marie-Ange et Benoist BAIJOT - Haras du Val aux Clercs - 61230 LE SAP-ANDRE - Tél. : 02 33 35 74 76 - Fax : 02 33 35 74 76 -
E-mail : Baijotbenoist@aol.com

ST-AGNAN-SUR-SARTHE Le Val Besnard
C.M. 231 Pli 44

1 ch. **Moulins-la-marche 10 km.** Maison ancienne restaurée. R.d.c. : 1 chambre (1 lit 2 pers.), salle de bains et wc privatifs. Salon et séjour (cheminée, TV). Jardin, salon de jardin, piscine de plein air chauffée. Prairie pour cheval. Chauffage central. La région des Monts d'Amain peut réserver bien des surprises à qui veut la découvrir. La variété des paysages, les demeures de caractère et les petits villages pittoresques ne manquent pas de saveur. Aux beaux jours, on appréciera la piscine en plein air. Langue parlée : anglais.

Prix : 1 pers. 38 € 2 pers. 44 €
Ouvert : Toute l'année.

| | SP | 1 | 5 | SP | SP | 22 | 12 | 68 | 30 | 100 | 24 | 5 |

Bernard LECUYER - Le Val Besnard - cédex 2024 - 61170 SAINT-AGNAN-SUR-SARTHE - Tél. : 02 33 84 85 24 ou 06 85 47 20 97 -
E-mail : bernardlecuyer@minitel.net

ST-ANDRE-DE-MESSEI Les Refours
C.M. 231 Pli 41

3 ch. **Flers 6 km.** Région de Bocage. 3 ch. d'hôtes situées dans la ferme des propriétaires. R.d.c. : 1 ch. 3 épis (1 lit 2 pers., 1 lit bébé), 1 ch. (1 lit 2 pers., 1 lit 1 pers). Etage : 1 chambre (1 lit 2 pers.), salle d'eau et wc privatifs pour chaque chambre. Poss. lits bébés. (Bagnoles-de-l'Orne : 17 km) et la Suisse Normande, une halte reposante à la ferme, idéale pour de courts séjours. Possibilité de visiter les installations de la ferme. Langue parlée : anglais.

Prix : 1 pers. 27 € 2 pers. 34 € 3 pers. 43 € pers. sup. 9 €
Ouvert : Toute l'année.

| | SP | 5 | 2 | 6 | 3 | 3 | 5 | 17 | 5 | 75 | 6 | 2 |

Anne-Marie et Serge DENIS - Les Refours - 61440 ST-ANDRE-DE-MESSEI - Tél. : 02 33 96 72 32 - Fax : 02 33 96 72 32

ST-AUBIN-D'APPENAI Le Gué Falot
C.M. 231 Pli 44

3 ch. **Le Mêle-sur-Sarthe 5 km.** Région du Pays Mêlois. Dans une maison de style local restaurée. R.d.c. : 1 ch. (2 lits 1 pers.), 1 ch. (1 lit 2 pers. 1 lit 1 pers.), salle d'eau et wc privés pour chaque chambre. Etage : 1 ch. (4 lits 1 pers.), salle d'eau et wc privés. Chauffage central. Salle de jeux, bibliothèque à disposition. A deux pas de la forêt de Bourse, Mme Flochlay vous propose de confortables chambres dans la maison qu'elle a restaurée. Venez y découvrir la vie de la ferme où l'exploitation agricole est certifiée en Agriculture Biologique. 1/2 pens. : 33.5 €/pers., poss. pension. Langues parlées : anglais, allemand.

Prix : 1 pers. 24 € 2 pers. 37 € 3 pers. 50 € pers. sup. 14 € repas 15 €
Ouvert : Du 01/02 au 30/11.

| | SP | SP | 5 | 18 | 1 | 1 | 5 | 20 | 120 | 15 | 5 |

Marie-Annick FLOCHLAY - Le Gue Falot - 61170 ST-AUBIN-D'APPENAI - Tél. : 02 33 28 68 12 - Fax : 02 33 28 68 12

ST-BOMER-LES-FORGES La Roculière
C.M. 231 Pli 41

4 ch. **Domfront 10 km.** Bocage Domfrontais. 1er ét. : 3 ch. (1 lit 2 pers.), salle d'eau et wc privés/ch., 1 ch. (2 lits 1 pers.), salle de bains et wc privés. Possibilité lit bébé. Chauffage central, ancien four à pain aménagé en cuisine à disposition des hôtes. Chemin botanique. Table d'hôtes sur réservation (sauf le dimanche soir). Entre Domfront et Flers, M. et Mme Roussel vous accueillent dans cette ferme aux chambres confortables et conviviales. Venez y découvrir les charmes de la campagne. Mont St Michel 80 km. Langue parlée : anglais.

Prix : 1 pers. 30 € 2 pers. 37 € 3 pers. 47 € repas 15 €
Ouvert : Du 5/01 au 20/12.

| | SP | SP | 3 | 10 | 10 | 3 | 10 | 25 | 25 | 80 | 3 | 6 |

Pierre ROUSSEL - La Roculière - 61700 ST-BOMER-LES-FORGES - Tél. : 02 33 37 60 60 - Fax : 02 33 37 60 60

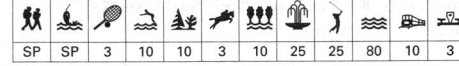

Orne   Normandie

ST-BOMER-LES-FORGES La Nocherie   *C.M. 231 Pli 41*

2 ch. **Domfront 7.5 km.** Bocage Domfrontais. Dans les dépendances du manoir de la Nocherie (XVI° siècle). 1ᵉʳ étage : 1 ch. (1 lit 2 pers., 1 lit 1 pers.), salle d'eau et wc privés, 1 ch. (1 lit 2 pers.), salle d'eau et wc privés. Chauffage électrique. M. et Mme Mottier vous accueillent dans un environnement exceptionnel, havre de paix où vous pourrez apprécier la Normandie au travers de ses paysages (possibilité de pêche sur place). Langue parlée : anglais.

Prix : 2 pers. **32 €** 3 pers. **40 €** pers. sup. **3 €**
Ouvert : Toute l'année.

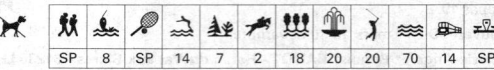

SP	SP	6	15	7	6	20	15	15	80	25	6

E.U.R.L. MANOIR DE LA NOCHERIE - M. Patrice MOTTIER - La Nocherie - 61700 ST-BOMER-LES-FORGES - Tél. : 02 33 37 60 36 - Fax : 02 33 38 16 08

ST-BOMER-LES-FORGES Le Presbytère   *C.M. 231*

1 ch. **Domfront 5 km.** Dans un ancien presbytère du milieu XIX°. R.d.c. : séjour réservé aux hôtes. 1ᵉʳ étage : 1 chambre (2 lits 1 personne) avec salle d'eau et wc privés. Possibilité 1 chambre d'appoint (2 lits 1 pers.) et lit bébé. Chauffage central. Terrain. Belle demeure au pied de l'église, cet ancien presbytère est devenu une accueillante « maison d'hôtes ». A quelques kilomètres, il faudra découvrir le site de « La Fosse Arthour » et arpenter les ruelles de la cité médiévale de Domfront.

Prix : 1 pers. **28 €** 2 pers. **35 €** 3 pers. **48 €** pers. sup. **13 €**
Ouvert : Toute l'année.

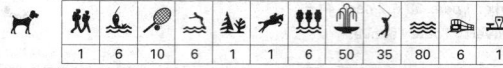

SP	8	SP	14	7	2	18	20	20	70	14	SP

Julia et Graham HOWARD - Le Bourg - Le Presbytère - 61700 ST-BOMER-LES-FORGES - Tél. : 02 33 37 20 25

ST-CHRISTOPHE-LE-JAJOLET Les Marais   *C.M. 231 Pli 43*

1 ch. **Argentan 9 km.** Région des Plaines. Dans la maison des propriétaires, à l'étage : 1 chambre (1 lit 2 pers., 1 lit bébé), salle d'eau et wc privatifs. Possibilité 1 chambre supplémentaire (1 lit 2 pers.). Séjour, coin-cuisine réservé aux hôtes en été. Chauffage central. Madame Jean vous ouvre les portes d'une agréable demeure située à proximité du château et du haras de Sassy (2 km).

Prix : 1 pers. **30 €** 2 pers. **34 €**
Ouvert : Toute l'année.

1	16	10	6	1	1	6	50	35	80	6	1

Marie-Madeleine JEAN - Les Marais - 61570 ST-CHRISTOPHE-LE-JAJOLET - Tél. : 02 33 36 51 28

ST-DENIS-DE-VILLENETTE La Prémoudière   *C.M. 231 Pli 41*

5 ch. **Domfront 10 km.** Maison ancienne restaurée. R.d.c. : séjour (cheminée, TV), coin-salon, 1 ch. (1 lit 2 pers.), s.d.b., wc privés. 1 ch. (1 lit 2 pers.), salle d'eau et coin-cuisine privés. Et. : 1 ch. (1 lit 2 pers., 1 lit bébé), s.d'eau, wc privés, 1 ch. (1 lit 2 pers., 2 lits 1 pers.), s.d'eau, wc privés. 2ᵉ ét. : 1 ch. (1 lit 2 pers., 1 lit 1 pers.), s.d'eau, wc privés. Ch. élect. Forêts et bocage, calme et confort, cheminée et poutres, pommiers et poiriers, voici des chambres qui ont su allier tradition et modernité. Marie et Pascal seront heureux de vous y accueillir et de vous faire découvrir, sinon déguster, leurs productions fermières. Langue parlée : anglais.

Prix : 1 pers. **28 €** 2 pers. **36 €** 3 pers. **43 €** pers. sup. **8 €** repas **14 €**
Ouvert : Toute l'année.

6	15	6	10	6	15	20	15	15	76	30	5

Marie et Pascal BRUNET - La Premoudière - 61330 ST-DENIS-DE-VILLENETTE - Tél. : 02 33 37 23 27 - Fax : 02 33 37 23 27

ST-DENIS-SUR-HUISNE La Lotière (TH)   *C.M. 231 Pli 45*

2 ch. **Mortagne-au-perche 6 km.** Maison percheronne restaurée. 1ᵉʳ étage : 1 suite avec 2 chambres (4 lits 1 personne), salle d'eau et wc privés, 1 ch. (2 lits 1 pers.), salle d'eau et wc privatifs. Séjour et coin TV. Chauffage central. Jardin et propriété campagnarde de 8 hectares. Au cœur du Perche, en pleine campagne entre les deux jolies cités de caractère de Bellême et de Mortagne, Margaret et Marc vous ouvrent les portes de la maison de pays qu'ils ont récemment restaurée et où peut-être la maîtresse de maison vous fera découvrir ses talents d'artiste-peintre. Langue parlée : anglais.

Prix : 1 pers. **27/30 €** 2 pers. **39/44 €** 3 pers. **63 €** repas **18 €**
Ouvert : Du 01/01 au 30/11.

SP	0,3	3	6	10	7	5	14	30	6

Margaret SAMSON - La Lotière - 61400 ST-DENIS-SUR-HUISNE - Tél. : 02 33 83 30 83 - Fax : 02 33 83 30 83

ST-EVROULT-DE-MONTFORT La Gaspardière (TH)   *C.M. 231 Pli 32*

3 ch. **Gacé 4 km.** Région des Haras. Dans la maison des propriétaires, au r.d.c. : 1 ch. (1 lit 2 pers., 2 lits 1 pers., 1 lit bébé), salle de bains, wc et coin-cuisine privés. Au 2ᵉ ét. : 2 ch. (1 lit 2 pers., 2 lits 1 pers. par ch.), douches privatives, wc communs aux 2 chambres. Séjour. Chauffage central et électrique. Petit déjeuner anglais. Non loin de la pittoresque cité de Gacé, Deborah et Jonathan Joseph vous accueilleront chaleureusement dans leur demeure. Langues parlées : anglais, espagnol.

Prix : 1 pers. **30 €** 2 pers. **43 €** 3 pers. **50 €** repas **17 €**
Ouvert : Toute l'année.

SP	SP	2	2	SP	SP	5	8	85	25	2

Deborah et Jonathan JOSEPH - La Gaspardière - 61230 ST-EVROULT-DE-MONTFORT - Tél. : 02 33 35 50 99 - Fax : 02 33 35 50 99

Normandie — Orne

ST-GERMAIN-DE-LA-COUDRE — Le Haut-Buat
C.M. 60 Pli 14-15

2 ch. **Bellême 12 km.** Dans une maison ancienne restaurée, 2 chambres de plain-pied (1 lit 2 pers. 160), entrée indépendante, salle de bains et wc privatifs. Séjour (cheminée). Chauffage central. Jardin et salon de jardin. Possibilité de chambres annexes. Hébergement agréé « Gîtes Panda ». Dans le Parc naturel régional du Perche, entre Bellême et La Ferté-Bernard, cette ancienne ferme a été primée pour sa restauration (fournil, grange dîmière). Belle vue sur la campagne environnante dans un cadre naturel. Langues parlées : anglais, allemand.

Prix : 1 pers. 46 € 2 pers. 55 €
Ouvert : Toute l'année.

SP	SP	2	10	2	3	10	120	10	150	10	2

Isabelle et Laurent THIEBLIN - Le Haut Buat - 61130 ST-GERMAIN-DE-LA-COUDRE - Tél. : 02 33 83 36 00 -
E-mail : thieblinisabelle@aol.com - http://haut.buat.free.fr

ST-HILAIRE-DE-BRIOUZE — La Grande Bêche
C.M. 231 Pli 42

3 ch. **La Ferté Macé 16 km.** A la ferme. A l'étage : 3 chambres (1 lit 2 pers.) dont une avec entrée indépendante, salle d'eau avec wc privatifs pour chaque chambre (possibilité de couchages d'appoint). Séjour réservé aux hôtes (cheminée, TV couleur). Chauffage central. Petit étang non clos à 500 m. Entre la forêt d'Andaine et Suisse Normande, s'étend Le Houlme, campagne verte et paisible. A « La Grande Bêche », Florence et Denis vous proposent de découvrir ce beau pays et la vie de la ferme tout en vous reposant et en prenant un grand bol d'air. Langue parlée : anglais.

Prix : 1 pers. 28 € 2 pers. 35 € 3 pers. 43 € pers. sup. 9 € repas 15 €
Ouvert : Toute l'année.

SP	SP	5	25	20	7	16	21	21	90	5	5

Denis SAUQUET - La Grande Bêche - 61220 ST-HILAIRE-DE-BRIOUZE - Tél. : 02 33 66 02 17 ou 06 03 74 33 30 - Fax : 02 33 66 02 17

ST-JOUIN-DE-BLAVOU — Les Coudereaux
C.M. 231 Pli 44

1 ch. **Mortagne-au-perche 10 km.** Région du Perche. Entrée indépendante. 1er étage : 1 suite comprenant salon (covertible 2 pers, TV), kitchenette (possibilité cuisson, four, frigo), 1 chambre (1 lit 2 pers., 1 lit enfant), salle d'eau avec wc privatifs. Chauff. central. Salon jardin, barbecue. Non loin des vieilles cités de Bellême et de Mortagne-au-Perche, M. Mme Baudouin ont aménagé une confortable suite dans leur vieille maison restaurée. Etape idéale pour des séjours campagnards.

Prix : 1 pers. 30 € 2 pers. 38 € 3 pers. 47 € pers. sup. 8 €
Ouvert : Toute l'année.

5	0,2	3	10	13	2	4	110	13	120	35	10

Odile et Bernard BAUDOUIN - Les Coudereaux - 61360 ST-JOUIN-DE-BLAVOU - Tél. : 02 33 25 93 79

ST-MARTIN-DU-VIEUX-BELLEME — La Ridellière
C.M. 231 Pli 45

2 ch. **Bellême 1,5 km.** Maison récente. 1er étage : 1 ch. (1 lit 2 pers.), salle d'eau « balnéo », wc et TV couleur réservés à la chambre. Maisonnette avec accès indépendant : 1 ch. (1 lit 2 pers., convertible 2 pers.), salle d'eau avec wc privatifs, kitchennette et TV couleur. Possibilité 2 lits d'appoint. Chauffage central. Jardin, salon de jardin. A l'orée de la forêt de Bellême, au cœur du Parc naturel régional du Perche, « La Ridellière » est un lieu de séjour calme et confortable. Les propriétaires sauront vous faire découvrir les richesses de leur beau pays et vous en faire apprécier les saveurs.

Prix : 1 pers. 38 € 2 pers. 41 € 3 pers. 46 €
Ouvert : Toute l'année.

0,5	2	1,5	1,5	SP	1,5	2	90	1,5	140	24	1

Thérèse et Roger BELLANGER - La Ridellière - 61130 ST-MARTIN-DU-VIEUX-BELLEME - Tél. : 02 33 73 00 12 ou 06 08 46 37 66 - Fax : 02 33 73 00 12

ST-MAURICE-LES-CHARENCEY — La Butte
C.M. 231 Pli 45

5 ch. **L'Aigle 17 km.** Maison ancienne restaurée réservée aux hôtes. R.d.c. : séjour avec coin-cuisine (congélateur, micro-ondes), 3 chambres avec salle d'eau et wc privatifs (2 lits 2 pers., 3 lits 1 pers.). Etage : 2 suites avec salle d'eau et wc privatifs (1 lit 2 pers., 6 lits 1 pers.). Chauffage central. Terrain. Aux environs, on découvrira les ruines du château du Duc de Saint-Simon à la Ferté-Vidame, les souvenirs des émigrants vers le Canada à Tourouvre, les futaies de Réno-Valdieu, les saveurs du boudin de Mortagne... Langues parlées : anglais, espagnol.

Prix : 1 pers. 31 € 2 pers. 39 € 3 pers. 50 € pers. sup. 11 €
Ouvert : Toute l'année.

0,2	0,2	0,8	17	2	20	15	90	35	100	17	0,2

Thierry DUMONT - La Butte - 61190 ST-MAURICE-LES-CHARENCEY - Tél. : 02 33 83 08 06 ou 06 09 10 86 62 -
E-mail : dumont@gitedelabutte.com

ST-OUEN-SUR-ITON — La Sablonnière
C.M. 231 Pli 45

1 ch. **L'Aigle 6 km.** Au rez-de-chaussée, avec entrée indépendante : 1 chambre (1 lit 2 pers., possibilité 1 lit bébé), salle d'eau et wc privatifs. Chauffage électrique. Vélos sur place. Table d'hôtes sur réservation. Forfait 3 nuits 84 Euros pour 2 pers. Saint-Ouen-sur-Iton, charmant village réputé pour ses cheminées hélicoïdales, se situe aux portes de L'Aigle. Jeanne et Bernard Bedou vous y accueillent et sauront vous faire découvrir les charmes et les secrets du pays d'Ouche. Marché de l'Aigle le mardi matin.

Prix : 1 pers. 29 € 2 pers. 34 € 3 pers. 38 € repas 11 €
Ouvert : Du 01/06 au 31/10.

SP	0,5	0,5	6	10	6	10	20	100	6	6

Jeanne et Bernard BEDOU - 27 rue de la Sablonnière - 61300 ST-OUEN-SUR-ITON - Tél. : 02 33 34 39 08 ou 01 30 57 02 89

Orne — Normandie

ST-PHILBERT-SUR-ORNE La Vallée
C.M. 231 Pli 30

1 ch. **Putanges-Pont-Ecrepin 20 km.** Maison de pays restaurée. 2ᵉ étage : 1 suite avec séjour (TV couleur, chaîne hifi), 2 chambres (1 lit 2 pers., 2 lits 1 pers.), salle d'eau et wc réservés à la suite. Chauffage central. Jardin, salon de jardin. Restaurant à 200 mètres. Au creux d'un vallon, proche du site des « Roches d'Oëtre », Laurie vous propose de venir goûter aux charmes de la Suisse Normande et de découvrir son jardin. Son mari est un passionné de pêche et pourra guider l'amateur de truites et de carnassiers dans les rivières et les lacs des alentours. Langue parlée : anglais.

Prix : 1 pers. 27 € 2 pers. 38 € 3 pers. 50 € pers. sup. 11 €
Ouvert : Du 01/03 au 30/09.

SP	SP	2	19	1	8	2	40	14	65	22	2

Laurie MORAM - La Vallée - 61430 ST-PHILBERT-SUR-ORNE - Tél. : 02 33 65 52 05 - E-mail : lauriemoram@aol.com

ST-PIERRE-DU-REGARD La Bristière
C.M. 231 Pli 29

1 ch. **Athis de l'Orne 8 km.** Maisonnette indépendante. 1ᵉʳ étage : salon (TV couleur), kitchenette, salle de bains et wc. 2ᵉ étage : 1 ch. (1 lit 2 pers., 1 lit 1 pers., poss. 1 lit 1 pers.). Location semaine possible. Chauffage électrique et central. Sur la route de la mer et de Caen, M. et Mme Toussaint vous accueillent dans cette chambre confortable qu'ils ont aménagée. A proximité : Suisse Normande, Ville de Flers. Langue parlée : anglais.

Prix : 1 pers. 30 € 2 pers. 38 € 3 pers. 46 €
Ouvert : De Pâques à Septembre.

SP	3	0,3	3	15	10	15	40	7	7	2

Michelle TOUSSAINT - La Bristière - 61790 ST-PIERRE-DU-REGARD - Tél. : 02 31 69 11 04

ST-SYMPHORIEN-DES-BRUYERES La Fransonnière
C.M. 231 Pli 33

2 ch. **L'Aigle 7 km.** Au cœur du pays d'Ouche. Dans une ferme restaurée. A l'étage : 1 chambre (1 lit 2 pers., poss. lit bébé), salle d'eau et wc privatifs, 1 chambre (2 lits 1 pers.) avec kitchenette, salle d'eau et wc privatifs. Entrée indépendante. Chauffage électrique. Agréable propriété située à 7 km de L'Aigle dont le marché hebdomadaire (mardi matin) est à ne pas manquer. Langues parlées : anglais, italien.

Prix : 1 pers. 27 € 2 pers. 35 € pers. sup. 9 €
Ouvert : Du 01/05 au 30/09.

7	7	7	7	1	7	7	80	7	7	7

Michèle et Guy RAFFI - La Fransonnière - 61300 ST-SYMPHORIEN-DES-BRUYERES - Tél. : 02 33 24 04 58 - Fax : 02 33 24 04 58 - E-mail : michele.raffi@wanadoo.fr

STE-GAUBURGE-SAINTE-COLOMBE La Bussière
(TH) *C.M. 231 Pli 44*

2 ch. **L'Aigle 15 km.** Région des Haras. Dans un manoir de style normand. 2ᵉ étage : 1 suite avec 1 ch. (2 lits 1 pers.) et 1 ch. (1 lit 2 pers., poss. 1 lit bébé), salle d'eau et wc privatifs, 1 ch. (2 lits 1 pers.) avec salle de bains et wc privatifs. Chauffage central. Box pour chevaux. M. Mme Le Brethon vous reçoivent dans leur manoir et vous permettent de profiter d'un cadre très agréable et du confort intérieur des chambres qu'ils ont restaurées avec goût. Langues parlées : anglais, allemand.

Prix : 1 pers. 38 € 2 pers. 50 € 3 pers. 67 € pers. sup. 9 € repas 22 €
Ouvert : Du 1ᵉʳ mars au 30 novembre.

3	6	1,5	16	3	5	8	20	90	1	1

Nathalie et Antoine LE BRETHON - La Bussière - 61370 STE-GAUBURGE-STE-COLOMBE - Tél. : 02 33 34 05 23 ou 06 16 14 12 52 - Fax : 02 33 34 71 47

STE-OPPORTUNE Les Parcs
C.M. 231 Pli 41-42

2 ch. **Briouze 6 km.** Maison contemporaine. Etage : 1 chambre (2 lits 1 pers., poss. 1 lit d'appoint), salle d'eau et wc privatifs, 1 chambre (1 lit 2 pers., poss. 1 lit d'appoint), salle d'eau et wc privatifs. Chauffage central, jardin. Production de calvados sur place. Aux portes de la « Suisse Normande », Yvette Toutain a aménagé deux confortables chambres dans sa nouvelle maison qu'elle a voulue dans le style local. Elle saura vous accueillir et vous aider à découvrir les facettes du Bocage et du Houlme. Sur la route du Mont Saint-Michel (90 km).

Prix : 1 pers. 27 € 2 pers. 30 € 3 pers. 38 € pers. sup. 8 €
Ouvert : Toute l'année.

SP	2	2	12	20	5	20	15	6	100	6	6

Yvette TOUTAIN - Les Parcs - 61100 STE-OPPORTUNE - Tél. : 02 33 66 27 78

SURVIE Manoir de Sainte-Croix
 (TH) *C.M. 231 Pli 31/32*

2 ch. **Vimoutiers 10 km.** Dans un authentique manoir augeron du XVIᵉ siècle. 1 chambre de plain-pied avec entrée indépendante (1 lit 2 personnes, possibilité 1 lit bébé), salle de bains et wc privés. Etage : 1 chambre (1 lit 2 personnes) salle d'eau et wc privés. Poss. 1 chambre d'appoint (2 lits 1 pers) Salon (cheminée). Chauffage central. Jardin, salon de jardin. Pour découvrir le Pays d'Auge et son histoire, en savourer les produits cidricoles et goûter aux charmes d'une belle demeure dans la même famille depuis l'origine. Le Manoir de Sainte-Croix est une étape à ne pas manquer où vous accueillent Béatrice et Jacques des Courières. Langue parlée : anglais.

Prix : 1 pers. 55 € 2 pers. 60 € 3 pers. 80 € pers. sup. 20 € repas 22 €
Ouvert : Du 01/03 au 31/10.

1	1	10	10	1	10	10	80	75	75	22	10

Béatrice et Jacques DES COURIERES - Manoir de Ste-Coix - 61310 SURVIE - Tél. : 02 33 35 61 09 - Fax : 02 33 34 29 35 - E-mail : sainte-croix2@wanadoo.fr

Normandie / Orne

SURVIE Les Gains (TH) — C.M. H8 Pli 44

3 ch. **Vimoutiers 10 km.** Entre la région des Haras et du Pays d'Auge. Dans une aile de la maison des propriétaires. 1er étage : 1 chambre (1 lit 2 pers.), salle de bains et wc privés, 1 chambre (2 lits 1 pers.), salle d'eau et wc privés, 1 chambre (1 lit 2 pers., 1 lit 1 pers.), salle d'eau et wc privés. Chauffage électrique. Séjour réservé aux hôtes. A proximité des sites de la Bataille de Normandie, l'accueil à la ferme. Aux alentours, le Haras du Pin, les collines du Pays d'Auge et le charmant village de Camembert vous attendent. Langue parlée : anglais.

Prix : 1 pers. 35 € 2 pers. 46/50 € 3 pers. 58 € pers. sup. 12 €
repas 20 €
Ouvert : Du 01/03 au 30/11.

	SP	10	10	20	5	10	70	80	20	10

Diana et Christopher WORDSWORTH - Les Gains - 61310 SURVIE - Tél. : 02 33 36 05 56 - Fax : 02 33 35 03 65 -
E-mail : christopher.wordsworth@libertysurf.fr

TINCHEBRAY Les Genêtets — C.M. 231 Pli 28

2 ch. **Tinchebray 1 km.** En sortie de village (direction Vire). Au 1er étage d'une vieille maison de pays restaurée : 1 chambre (1 lit 2 pers.), 1 chambre (2 lits 1 pers.), salle d'eau et wc réservés à chaque chambre. Possibilité 1 chambre supplémentaire (1 lit 2 pers.), séjour. Chauffage central, jardin et terrasse. Aux confins de l'Orne, de la Manche et du Calvados, Roger et Claude Vardon vous proposent de venir découvrir Tinchebray et le Bocage alentour. Vente de produits cidricoles sur place. Elevage de cerfs à 1 km.

Prix : 1 pers. 26 € 2 pers. 32 €
Ouvert : Toute l'année.

	1	2	3	15	45	18	3	40	45	70	15	2

Claude et Roger VARDON - Les Genetets - Route de Vire - 61800 TINCHEBRAY - Tél. : 02 33 66 61 23

TOUROUVRE La Chauvelière — C.M. 231 Pli 45

2 ch. **Tourouvre 0.5 km.** Région du Perche. Rez-de-chaussée avec pour chacune entrée indépendante : 1 chambre (1 lit 2 pers., 1 lit 1 pers., possibilité lit bébé) avec cheminée, salle d'eau et wc privatifs. Chauffage central et électrique. Jardin, salon de jardin. « La Chauvelière » était la maison de Jean Rivard qui, en 1673, émigra au Canada. Elle a gardé cet indéfinissable charme des maisons de pays percheronnes chargées d'Histoire. Langues parlées : anglais, espagnol.

Prix : 1 pers. 35 € 2 pers. 44 € 3 pers. 49 €
Ouvert : Toute l'année.

	SP	1	1	10	SP	5	5	100	25	25	0,5

Véronique GERARDIN - La Chauvelière - 61190 TOUROUVRE - Tél. : 02 33 25 15 32 - Fax : 02 33 25 15 32 - E-mail : Jrivard61@aol.com

TOUROUVRE La Fonte — C.M. 231 Pli 45

5 ch. **Tourouvre 3 km.** R.d.c. : 1 ch.(1 lit 2 pers.) s. de bains wc privés. Et. : 2 ch. (1 lit 2 pers.), s. d'eau, wc privés, 1 ch. (1 lit 2 pers.), s. de bains, wc privés, 1 suite (1 clic-clac, 1 lit 2 pers.), s. d'eau et wc privés. Poss. 1 ch. d'appoint (2 lits 1 pers), TV et magnétoscope dans chaque chambre. Ch. électr./ central. Salon, séjour. Jardin, étang 2,7 ha Cet ancien moulin niché dans la verdure est un havre de paix au cœur du Perche. Les amateurs de pêche taquineront la truite dans l'étang de la propriété et les enfants apprécieront les jeux mis à leur disposition. Belle région alentour. Langue parlée : anglais.

Prix : 1 pers. 32/64 € 2 pers. 37/69 € 3 pers. 73 € pers. sup. 5 €
Ouvert : Toute l'année.

	SP	SP	4	10	SP	6	SP	100	4	90	23	4

Daniel MONDAIN - Le Moulin de la Fonte - 61190 TOUROUVRE - Tél. : 02 33 25 28 53 ou 02 33 83 08 30 - Fax : 02 33 25 23 33 -
E-mail : mondaind@aol.com - www.Moulin-de-la-Fonte.com

TREMONT La Folèterie (TH) — C.M. 231 Pli 44

1 ch. **Sées 9 km.** Proximité du Perche. Dans une maison de pays, avec une entrée indépendante, 1 chambre (1 lit 2 pers.) avec salon (clic-clac 2 pers.), salle de bains et wc privatifs. Chauffage central. Séjour et jardin d'agrément à disposition des hôtes. Une grande chambre très personnalisée dans une ambiance très familiale. Non loin de Sées (cathédrale gothique). Pays de Courtomer à découvrir à pied et à vélo.

Prix : 1 pers. 31 € 2 pers. 39 € 3 pers. 43 € pers. sup. 8 €
repas 13 €
Ouvert : Toute l'année.

	SP	10	10	25	15	10	15	40	25	10	10

Lorette et Yves LEDEMAY - La Foleterie - 61390 TREMONT - Tél. : 02 33 28 72 15 - Fax : 02 33 31 74 69 -
E-mail : yl.ledemay@wanadoo.fr

VILLEBADIN Champobert — C.M. 231 Pli 43

1 ch. **Argentan 12 km.** Région des Haras. Dans le château des propriétaires. 1er étage : 1 chambre (1 lit 2 pers.), possibilité 1 chambre supplémentaire (1 lit 2 pers.), salle de bains et wc privés. Chauffage central. Parc arboré avec pièce d'eau. Visite approfondie du chateau de Champobert offerte. Venez découvrir le cadre raffiné, les meubles d'époque et le calme absolu de cette belle demeure. Langues parlées : anglais, allemand.

Prix : 1 pers. 35 € 2 pers. 38 € 3 pers. 69 €
Ouvert : Toute l'année.

	3	SP	3	13	3	10	20	50	10	70	14	13

Jean-Charles DU MESNIL DU BUISSON - Champobert - 61310 VILLEBADIN - Tél. : 02 33 39 93 61 - Fax : 02 33 39 04 61

Orne   *Normandie*

VILLEBADIN Champaubert   C.M. 231 Pli 31-43

2 ch. **Exmes 5 km.** A la ferme. Dépendances du XVIIIᵉ d'une maison de maître. Etage : 1 chambre (1 lit 2 pers.), salle d'eau et wc privatifs, 1 chambre (3 lits 1 pers.), salle d'eau et wc privatifs. Chauffage électrique. Séjour. Jardin avec douves et pièce d'eau non closes, salon de jardin. Les origines de la propriété sont certainement très anciennes et Dominique Saillard saura vous en parler. Des chambres pour les amateurs de vieilles maisons, de parquets et de boiseries. Nous sommes aussi au pays du cheval avec le tout proche Haras National du Pin.

Prix : 1 pers. 33 € 2 pers. 39 € 3 pers. 44 €
Ouvert : Du 01/04 au 15/11.

SP	SP	5	15	4	10	45	50	20	80	15	5

GAEC SAILLARD - M. Dominique SAILLARD - Champaubert - 61310 VILLEBADIN - Tél. : 02 33 67 18 41 - Fax : 02 33 35 46 58

VINGT-HANAPS Les Chauvières   C.M. 231 Pli 43

1 ch. **Alençon 12 km.** Rez-de-chaussée : 1 chambre (1 lit 2 pers., poss. 1 lit 1 pers. et lit bébé), salle d'eau, wc et kitchenette privatifs. Terrasse. Chauffage central. Location VTT, boxes et pré pour chevaux sur place. A l'orée d'une grande et belle forêt domaniale, toute la convivialité d'une grande maison de style normand. Etape idéale pour de courts séjours. Venez y découvrir les charmes de la campagne et visitez aux alentours châteaux, musées et vieilles cités.

Prix : 1 pers. 27 € 2 pers. 40 € 3 pers. 46 €
Ouvert : Toute l'année.

0,1	4	2,5	20	0,1	SP	25	50	15	100	12	4

Claude IVALDI - Les Chauvières - 61250 VINGT-HANAPS - Tél. : 02 33 28 82 92 ou 06 08 64 79 72

Seine-Maritime

GITES DE FRANCE - Service Réservation
Imm. Chambre d'Agriculture - Chemin de la Bretèque - B.P. 59
76232 BOIS-GUILLAUME Cedex
Tél. 02 35 60 73 34 - Fax 02 35 61 69 20
E-mail : gites.76@wanadoo.fr - http://www.gites-normandie-76.com

3615 Gîtes de France
0,2 €/min

ANCEAUMEVILLE   C.M. 52 Pli 14

3 ch. **Montville 4 km.** Au centre du village, Ginette et Roger Alexandre vous accueillent à la ferme dans une maison normande entourée d'un jardin. Entrée indépendante. Au r.d.c. : 1 ch. 3 pers. (1 lit 2 pers., 1 lit 1 pers.). A l'ét. : 1 ch. 2 pers. (1 lit 2 pers.) et 1 ch. 3 pers. (1 lit 2 pers., 1 lit 1 pers.). Salle de bains et wc privés pour chaque chambre. Séjour, salon, TV. Table d'hôtes en semaine sur réservation. Restaurant à 3 km.

Prix : 1 pers. 30 € 2 pers. 37 € 3 pers. 50 € pers. sup. 9 €
repas 15 €
Ouvert : Toute l'année.

40	4	4	4	6	6	SP	4	4

Roger et Ginette ALEXANDRE - 95 route de Sierville - 76710 ANCEAUMEVILLE - Tél. : 02 35 32 50 22 - Fax : 02 35 32 50 22

ANCOURTEVILLE-SUR-HERICOURT Hameau Petites Cours   C.M. 52 Pli 13

2 ch. **Doudeville 8 km.** Près de la vallée de la Durdent, René et Bernadette Gallais vous accueillent dans leur maison récente entourée d'un jardin clos fleuri. Au 1er ét. : 1 ch. familiale (1 lit 2 pers., 1 lit 140 cm.), s. d'eau et wc privatifs non communicants, 1 ch. (1 lit 2 pers.), salle d'eau et wc privatifs. Séjour (cheminée, TV). Salon de jardin, barbecue, portique. Gîte rural indépendant à proximité. Yvetot à 12 km. Tarif 4 pers. : 59 €. Restaurant à 3 km.

Prix : 1 pers. 28 € 2 pers. 31 € 3 pers. 46 € pers. sup. 13 €
Ouvert : Toute l'année.

23	7	10	7	30	3	12	3

René et Bernadette GALLAIS - Hameau Petites Cours - 76560 ANCOURTEVILLE-SUR-HERICOURT - Tél. : 02 35 56 41 84

ANGERVILLE-BAILLEUL Ferme de L'Etang   C.M. 52 Pli 12

4 ch. **Fécamp 10 km.** A la ferme, près de la mer, Gilberte et Jacques Madiot vous accueillent dans leur grande maison de caractère à colombages. Au rez-de-chaussée : 1 ch. 3 pers., s. d'eau et wc privatifs. Etage : 1 ch. 2 pers. avec s. d'eau et wc privatifs, 1 ch. 2 pers. avec s. d'eau et wc privatifs, 1 ch. 5 pers. avec s.d.b. et wc privatifs. Entrée indépendante. A disposition salon à l'étage et très grande salle de séjour avec vieille cheminée. Equipement bébé. Vente de produits fermiers sur commande. Table d'hôtes sur réservation avec produits de la ferme. Restaurant à 8 km.

Prix : 1 pers. 43 € 2 pers. 46/52 € 3 pers. 69/78 € pers. sup. 19 €
repas 16/22 €
Ouvert : Toute l'année.

10	5	SP	5	1	10	20	SP	SP	7	5

Jacques et Gilberte MADIOT - Ferme de l'Etang - 76110 ANGERVILLE-BAILLEUL - Tél. : 02 35 27 74 89 - Fax : 02 35 27 74 89

Normandie — Seine-Maritime

ANGERVILLE-LA-MARTEL — Les Hates
C.M. 52 Pli 12

3 ch. **Fécamp 8 km.** Au milieu d'un grand jardin paysager, Michèle et Gilbert Ledoult vous accueillent dans leur grande maison au calme de la nature. R.d.c. : 1 ch. (1 lit 2 pers.), s.d.b., wc privés. Dans une structure indép. à 20 m. : 1 ch. (1 lit 2 pers.), s. d'eau, wc privés, coin-cuisine, 1 ch. (2 lits 1 pers.), s. d'eau, wc privés, coin-cuisine. Poss. lits supplémentaires. Tarif 4 pers. : 61 €. Terrain de pétanque et parking privés. A 8 km de Fécamp, station balnéaire animée, capitale des Terres-Neuvas au XIXᵉ siècle. Restaurant à 1 km.

Prix : 2 pers. 38 € 3 pers. 46 € pers. sup. 15 € repas 16 €
Ouvert : Toute l'année.

6	9	12	3	2	9	25	SP	9	3

Gilbert et Michèle LEDOULT - Les Hates n°229 - Miquetot - 76540 ANGERVILLE-LA-MARTEL - Tél. : 02 35 29 80 82

ANNEVILLE-AMBOURVILLE — Ferme des Templiers
C.M. 52 Pli 14

4 ch. **Duclair 3 km.** Au sein du Parc Naturel Régional de Brotonne, dans une belle maison de caractère en pierres calcaires avec accès indépendant, Gérard Callewaert et son épouse vous proposent 4 ch. au 1ᵉʳ étage d'une salle de réception (100 pers. de capacité) : 3 ch. (1 lit 2 pers.) avec s. d'eau privée chacune, 1 ch. (1 lit 2 pers.), lavabo, s. d'eau privée sur le palier. 2 wc communs aux 4 ch. Lit bébé. Restaurant à Duclair à 3 km.

Prix : 1 pers. 24 € 2 pers. 34 € 3 pers. 43 €
Ouvert : Toute l'année.

55	12	2	2	4	10	SP	20	4

Gérard CALLEWAERT - Ferme des Templiers - 76480 ANNEVILLE-AMBOURVILLE - Tél. : 02 35 37 58 34 - Fax : 02 35 37 37 49

ARGUEIL — Ferme du Claireval
C.M. 52 Pli 15

3 ch. **Forges-les-Eaux 10 km.** Au cœur du Pays de Bray, dans un cadre préservé, au calme, Brigitte Goïk vous accueille dans son corps de ferme rénové. Entrée indépendante et accès direct aux chambres. A l'étage : 3 chambres (1 lit 2 pers.) dont 1 ch. avec salle de bains, s. d'eau et wc, 1 ch. avec salle de bains et wc, 1 ch. avec s. d'eau et wc. Coin-lecture au calme. Salon de jardin. Restaurant à 9 km.

Prix : 1 pers. 38 € 2 pers. 46 € pers. sup. 8 €
Ouvert : Toute l'année.

49	9	3	9	7	25	11	0,5

Brigitte GOIK - Ferme du Claireval - CD41 - 76780 ARGUEIL - Tél. : 02 35 09 00 72

AUBERVILLE-LA-MANUEL — Au Repos Cauchois
C.M. 52 Pli 12

5 ch. **Veulettes-sur-Mer 2 km.** Au calme d'un petit village du littoral cauchois, Evelyne et Daniel vous proposent 5 ch. avec sanitaires privatifs pour chacune dans leur grande maison en briques entourée de son jardin, autrefois cour-masure traditionnelle. R.d.c. : séjour/salon avec cheminée et TV, 1 ch. (2 lits 1 pers.), s. d'eau/wc communic. A l'ét. : 1 ch. (4 lits 1 pers.), s. d'eau/wc communic., 1 ch. (1 lit 2 pers.) s. d'eau/wc communic., 1 ch. 2 épis (1 lit 2 pers.), s. d'eau/wc non communic., 1 ch. (3 lits 1 pers.), s. d'eau/wc communic. VTT, pétanque, tir à l'arc, baby-foot. TH sur réservation. Restaurant à 2 km.

Prix : 1 pers. 34 € 2 pers. 43 € pers. sup. 15 € repas 18 €
Ouvert : Toute l'année.

2	8	8	2	SP	12	40	2	SP	12	8

Evelyne GUILLOT - rue de Yaume - 76450 AUBERVILLE-LA-MANUEL - Tél. : 02 35 57 24 17 - Fax : 02 35 57 24 17

AUTIGNY — Le Village
C.M. 52 Pli 13

5 ch. **Veules-les-Roses 10 km.** A 16 km de Saint-Valéry-en-Caux, Yvette et René Heluin vous reçoivent dans une maison traditionnelle en briques et silex à proximité de leur maison XIXè siècle au milieu d'un jardin paysager. R.d.c. : 1 ch. (1 lit 2 pers.), s. d'eau/wc privés, 1 ch. (2 lits 1 pers.), s. d'eau/wc privés. A l'ét. : 1 ch. (1 lit 2 pers.), 1 ch. (2 lits 2 pers.), 1 lit 2 pers.), 1 ch. (1 lit 2 pers., 2 lits 1 pers.), s. d'eau et wc privés pour chacune. Lit et chaise bébé. Cuisine et coin-salon avec cheminée Godin à disposition des hôtes. Herbage pour chevaux sur place. Portique et ping-pong. Restaurant à 2,5 km. Langue parlée : anglais.

Prix : 1 pers. 27 € 2 pers. 35 € 3 pers. 47 € pers. sup. 12 €
Ouvert : Toute l'année.

10	16	10	SP	8	25	10	25	2,5

René et Yvette HELUIN - Centre du Bourg - Le Village - 76740 AUTIGNY - Tél. : 02 35 97 42 55

AUZOUVILLE-AUBERBOSC — Le Vert Bocage
C.M. 52 Pli 12

1 ch. **Fauville-en-Caux 3 km.** Yvette Lévesque et son époux vous accueillent dans un corps de ferme traditionnel en briques et silex avec poutres intérieures, à l'étage totalement indépendant avec accès extérieur. Salle d'eau et wc privés. Séjour avec TV des propriétaires à disposition, salon avec bibliothèque. Coin-cuisine. Salon de jardin. Tennis privé. Terrain de pétanque à 200 m. Produits fermiers sur place. Restaurant à Fauville-en-Caux à 3 km. Langue parlée : anglais.

Prix : 2 pers. 35 € 3 pers. 44 €
Ouvert : Toute l'année.

20	3	20	13	SP	13	13	20	13	13

Yvette LEVESQUE - Le Vert Bocage - 76640 AUZOUVILLE-AUBERBOSC - Tél. : 02 35 96 72 37 - Fax : 02 35 96 72 37

Seine-Maritime

Normandie

AUZOUVILLE-SUR-RY La Gentilhommière
C.M. 52 Pli 15

2 ch. **Rouen 18 km.** A 3 km de Ry, Ginette et Paul Cousin vous invitent à partager, dans leur maison de caractère du XVIIᵉ siècle, les plaisirs de la campagne. A l'étage : 1 ch. (1 lit 2 pers.), salle de bains et wc séparés privés, 1 ch. (1 lit 2 pers., 1 lit 1 pers.) avec salle d'eau et wc séparés privés. Séjour, salon, TV, cuisine à disposition. Salon de jardin. -10 % dès 3 nuits. Restaurant à 3 km.

Prix : 1 pers. 26 € 2 pers. 34 € 3 pers. 46 €
Ouvert : Toute l'année.

| 60 | 10 | 8 | 1 | 8 | 20 | SP | 16 | SP |

Paul et Ginette COUSIN - Gentilhommière - 76116 AUZOUVILLE-SUR-RY - Tél. : 02 35 23 40 74 - E-mail : ginette.cousin@wanadoo.fr - http ://perso.wanadoo.fr/gentilhommiere

AUZOUVILLE-SUR-SAANE
C.M. 52 Pli 14

1 ch. **Dieppe 22 km.** Rémye et Daniel Mortier vous accueillent dans une maison de caractère en briques et silex comprenant 1 chambre familiale (2 ch. 1 lit 2 pers. chacune), salle d'eau et wc privatifs, entrée indépendante. Salle de séjour, salon, TV à disposition. Aire de jeux. Possibilité de pêche sur place. Restaurant à 50 m. Langue parlée : anglais.

Prix : 1 pers. 27 € 2 pers. 30 €
Ouvert : Toute l'année.

| 17 | 4 | SP | 4 | 14 | 22 | SP | 13 | 0,5 |

Daniel et Rémye MORTIER - 76730 AUZOUVILLE-SUR-SAANE - Tél. : 02 35 83 74 43

BACQUEVILLE-EN-CAUX Le Tilleul
C.M. 52 Pli 14

2 ch. **Dieppe 18 km.** Au calme, dans un cadre verdoyant, Denis et Anne-Marie Lemarchand vous accueillent, à la ferme du Tilleul, dans leur maison traditionnelle en briques. 2 grandes ch. à l'ét. : 1 ch. (1 lit 2 pers., 1 lit 1 pers.) et 1 ch. (1 lit 2 pers., 2 lits 1 pers.), salle de bains et wc particuliers à chacune. Possibilité de lit bébé et de lits supplémentaires. Coin salon de jardin. Restaurant à Bacqueville-en-Caux à 3 km. Langue parlée : anglais.

Prix : 1 pers. 30 € 2 pers. 34 € 3 pers. 41 € pers. sup. 15 €
Ouvert : Toute l'année.

| 12 | 12 | 4 | 3 | 5 | 5 | 10 | 15 | 3 |

Denis et Anne-Marie LEMARCHAND - 1 le Tilleul - 76730 BACQUEVILLE-EN-CAUX - Tél. : 02 35 83 20 14 - Fax : 02 35 83 60 20 - E-mail : gaec-des-toits-rouges@wanadoo.fr

BARDOUVILLE Le Val Sarah
  C.M. 55 Pli 6

3 ch. **Duclair et La Bouille 6 km.** Maison indépendante située à proximité de la Seine, sur la rive gauche. Dans une agréable propriété paysagère, Jean et Micheline Lefebvre vous proposent au r.d.c. : 2 chambres 2 pers., 1 chambre 3 pers., salles d'eau et wc privés. Cuisine équipée (lave-linge et lave-vaisselle) à disposition. Séjour, salon avec cheminée, TV. Jardin clos, salon de jardin. Jeux pour enfants. Tennis, ping-pong, pétanque. Location de salle pour banquets et réceptions 150 couverts + parking 90 voitures. Restaurant à La Bouille à 6 km.

Prix : 1 pers. 30 € 2 pers. 33 € 3 pers. 43 €
Ouvert : Toute l'année.

| 50 | 10 | SP | 5 | 20 | SP | 25 | 6 |

Jean et Micheline LEFEBVRE - Beaulieu - Le Val Sarah - 76480 BARDOUVILLE - Tél. : 02 35 37 08 07 - Fax : 02 35 37 11 33

BAZINVAL
C.M. 52 Pli 6

1 ch. **Le Tréport 22 km.** A 9 km de Blangy-sur-Bresle, Corinne et Marc Langlois vous accueillent dans leur maison traditionnelle, restaurée en 1986, au cœur de la Haute Vallée de la Bresle. Au rez-de-chaussée : 1 ch. (1 lit 2 pers., 1 lit 1 pers.), douche et wc privés non communicants. Forêt sur place. Voiture indispensable. Restaurant à 5 km. Langue parlée : anglais.

Prix : 1 pers. 26 € 2 pers. 35 € 3 pers. 40 €
Ouvert : Toute l'année.

| 22 | 15 | 5 | SP | 8 | 6 | SP | 5 | 5 |

Corinne et Marc LANGLOIS - 52 Grande Rue - 76340 BAZINVAL - Tél. : 02 32 97 04 89 ou 02 35 93 51 54

BEAUMONT-LE-HARENG La Cour Cormont
(TH) C.M. 52 Pli 15

1 ch. **Saint-Saëns 6 km.** A 20 mn de Rouen et 3 km de la forêt d'Eawy, Marie-Claude et Rémy Lemonnier vous reçoivent au milieu d'un site remarquable, dans leur authentique chaumière, au grand calme. R.d.c. : 1 ch. (1 lit 2 pers., 1 lit 1 pers.) avec salle d'eau et wc privés. Cuisine et séjour privatifs. Entrée indépendante. Table d'hôtes sur réservation. Restaurant à 6 km. Langue parlée : anglais.

Prix : 1 pers. 41 € 2 pers. 46 € 3 pers. 53 € repas 15 €
Ouvert : Toute l'année.

| 35 | 15 | 6 | 4 | 6 | 6 | SP | 27 | 6 |

Rémy et Marie-Claude LEMONNIER - La Cour Cormont - 76850 BEAUMONT-LE-HARENG - Tél. : 02 35 33 31 74 - Fax : 02 35 33 11 53 - E-mail : rmc.lemonnier@wanadoo.fr

Normandie — Seine-Maritime

BEAUTOT Le Grand Verdret (TH) *C.M. 52 Pli 14*

2 ch. **Totes 5 km.** Près de la mer, du Pays de Caux, du Pays de Bray et du Parc Naturel de Brotonne, Claudine et Joël Lemoine vous accueillent à la ferme, dans leur belle maison en briques, silex et colombages. Au r.d.c. : grand séjour, salon, pièce d'accueil réservés aux hôtes avec entrée indépendante, TV, magnétoscope, bibliothèque. A l'ét. : 1 ch. (1 lit 2 pers., 1 lit 1 pers.), s. d'eau/wc communicants, 1 ch. (2 lits 1 pers.), s. d'eau/wc communicants. Lit bébé sur demande. Table d'hôtes sur réservation la semaine. Animaux sur place. Restaurant à 6 km. Langue parlée : anglais.

Prix : 1 pers. **24 €** 2 pers. **34 €** 3 pers. **40 €** pers. sup. **8 €** repas **12 €**
Ouvert : Toute l'année.

34	12	10	4	7	15	5	5	

Joel LEMOINE - Hameau le Grand Verderet - 76890 BEAUTOT - Tél. : 02 35 33 21 17 - Fax : 02 35 33 21 17

BEC-DE-MORTAGNE La Vallée *C.M. 52 Pli 12*

3 ch. **Fécamp 9 km** A 20 mn d'Etretat, Arlette et Jean-Pierre Morel vous reçoivent dans leur belle propriété où vous apprécierez un grand jardin fleuri près d'une rivière, au centre du village. Grande maison à colombages. A l'étage : 2 ch. (1 lit 2 pers. chacune), 1 ch. (1 lit 2 pers., 1 lit 1 pers.), poss. d'1 lit supplémentaire. Salle d'eau et wc privés à chaque chambre. Salon de jardin. Petits animaux acceptés sur autorisation préalable du propriétaire. Restaurant à 2 km.

Prix : 2 pers. **38 €** 3 pers. **49 €** pers. sup. **12 €**
Ouvert : De Pâques à la Toussaint.

10	9	6	9	9	18	SP	12	9

J-Pierre et Arlette MOREL - La Vallée - 1 rue de la Chenaie - 76110 BEC-DE-MORTAGNE - Tél. : 02 35 28 00 81

BERTRIMONT Le Colombier (TH) *C.M. 52 Pli 14*

2 ch. **Dieppe 30 km.** Dans un ancien corps de ferme où l'on refait le cidre, Marie-Louise Duval vous propose 2 chambres dont une suite de confort 4 épis dans un colombier aménagé : séjour avec chem. et convert. 2 pers. au r.d.c. et une grande ch. avec s. d'eau et wc séparés à l'étage. Jardin privatif non clos. L'autre ch., classée 3 épis, sous le toit des propriétaires (1 lit 2 pers.), s. d'eau et wc privés. Poss. 1 pers. supplémentaire. Salon de jardin. Labels Chambres de Charme et Gîte au Jardin. Restaurant à 4 km.

Prix : 1 pers. **31/40 €** 2 pers. **42/56 €** pers. sup. **11 €** repas **16 €**
Ouvert : Toute l'année.

30	8	34	8	SP	12	30	34	SP	20	5

Marie-Louise DUVAL - Le Colombier - 76890 BERTRIMONT - Tél. : 02 32 80 14 24 - Fax : 02 32 80 14 24 - www.le-colombier.net

BERVILLE-EN-CAUX (TH) 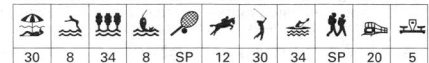 *C.M. 52 Pli 13*

4 ch. **Saint-Valéry-en-Caux, Veules-les-roses 20 km.** Gd séjour-salon avec TV et cheminée, coin-cuisine à dispo. le midi, 1 ch. (2 lits 1 pers.), wc. A l'ét. : 1 ch. (1 lit 2 pers., 2 lits 1 pers. superposés), 1 ch. (1 lit 2 pers.), 1 ch. familiale (1 ch. 1 lit 1 pers., 1 lit 2 pers.), 1 ch. (1 lit 2 pers.), chacune avec s. d'eau/wc indép. communicants. Th composée de volailles et lapins de la ferme. J-Pierre et M-Odile vous accueillent dans leur ferme avicole au calme d'un petit village du pays de Caux. Maison de maître en briques dans la cour de ferme non close. Matériel bébé. Pêche possible sur place (mare non protégée). Restaurant à 4 km.

Prix : 1 pers. **30 €** 2 pers. **40 €** 3 pers. **52 €** pers. sup. **12 €** repas **14 €**
Ouvert : Toute l'année.

20	12	20	SP	1	10	32	20	2	7	0,5

J-Pierre et M-Odile VANDECANDELAERE - Ferme Pillet - 76560 BERVILLE-EN-CAUX - Tél. : 02 35 96 17 36

BIVILLE-SUR-MER Le Clos Mélise *C.M. 52 Pli 5*

2 ch. **Dieppe et Le Tréport 15 km.** Sur le GR21, à 3 km des plages, Marie-José KLAES vous propose 2 chambres de charme dans sa maison de briques au cœur du village. Au r.d.c. : 1 ch. (1 lit 2 pers.), salle d'eau et wc privatifs. Accès indépendant. A l'étage : 1 petite ch. (1 lit 2 pers.), s. d'eau et wc privatifs communicants. Séjour/salon avec cheminée et bibliothèque à disposition. Jardin clos fleuri. Salon de jardin. Restaurant à 300 mètres. Langue parlée : anglais.

Prix : 1 pers. **35 €** 2 pers. **38 €** 3 pers. **49 €** pers. sup. **11 €**
Ouvert : Toute l'année.

3	2,5	3	0,5	7	17	3	1	15	3

Marie-José KLAES - Le Clos Mélise - 14 rue de l'Eglise - 76630 BIVILLE-SUR-MER - Tél. : 02 35 83 14 71

BLACQUEVILLE Le Neuf Bosc *C.M. 52 Pli 13*

1 ch. **Barentin 5 km.** Accédant aux plus beaux sites de la Vallée de Seine par de jolies routes boisées, cette ancienne ferme restaurée est entourée de bâtiments trad. : 1 ch. familiale aménagée dans une aile de la maison avec accès indép., 1 ch. de style anglais (1 lit 2 pers.), s. d'eau/wc séparés et l'autre à l'ét., reliée par un escalier cloisonné (2 lits 1 pers.), coin-toilette. Séjour, salon avec chaîne-hifi et bibliothèque, s. de jardin, barbecue, abri couvert. L'ancienne cour renferme une collection d'arbres d'essences rares et de rosiers anciens et anglais (petit jardin clos délimité devant la maison). Mare aux canards. Restaurant à 2 km. Langue parlée : anglais.

Prix : 1 pers. **38 €** 2 pers. **42 €** 3 pers. **60 €** pers. sup. **10 €**
Ouvert : Toute l'année.

36	5	20	8	0,5	8	20	8	4	5	2

J-Robert et Isabelle LEFEBVRE / LHERMITTE - Le Neuf Bosc - Route de Freville - 76190 BLACQUEVILLE - Tél. : 02 35 91 77 60 - Fax : 02 35 91 77 60 - E-mail : lhermitte-lefebvre@libertysurf.fr

Seine-Maritime

Normandie

BOOS Le Faulx (TH) *C.M. 55 Pli 6*

2 ch. **Rouen 10 km.** Au calme, à la campagne, Maryline Dubuc vous reçoit dans une belle chaumière de caractère entourée d'un jardin clos : 1 ch. (1 lit 2 pers.) avec lavabo, s. d'eau et wc privés et 1 grande ch. (1 lit 2 pers. à baldaquin et 1 lit 1 pers.) avec s.d.b. et wc privés. Lit bébé et lit d'appoint sur demande. Séjour à disposition avec cheminée et TV. Prix dégressifs. Salon de jardin. Baby-sitting. Table d'hôtes sur réservation d'octobre à avril. Langues parlées : anglais, allemand.

Prix : 1 pers. 29 € 2 pers. 37 € 3 pers. 44 € pers. sup. 9 € repas 13 €
Ouvert : Toute l'année.

	60	5	15	5	2	2	10	SP	10	1

Maryline DUBUC - 1098 rue de l'Ancienne Poste - Le Faulx - 76520 BOOS - Tél. : 02 35 80 76 51

BOOS Hameau de Franquevillette (TH) *C.M. 55 Pli 6*

2 ch. **Rouen 12 km.** Au r.d.c. : séjour-salon, 1 ch. (1 lit 2 pers.), grande salle d'eau/wc communicants. A l'ét. : 1 ch. (1 lit 2 pers.), wc et s. d'eau séparés. S. de jardin et barbecue à disposition, chaises de lecture. A proximité de la N14 et facile d'accès également grâce à l'aéroport, Mr et Mme Lefebvre vous accueillent dans leur maison récente (jardin clos, parking). A la fois près de Rouen et d'une région verdoyante et vallonnée. Patinoire et châteaux de Vascoeuil et Martainville à proximité. Tables d'hôtes sur réservation.

Prix : 1 pers. 29/34 € 2 pers. 34/40 € repas 13 €
Ouvert : Toute l'année.

	72	5	10	5	0,5	2	16	12	SP	12	SP

Michel LEFEBVRE - 105 rue de l'Anneau - Hameau de Franquevillette - 76520 BOOS - Tél. : 02 35 80 33 10 - Fax : 02 35 79 95 18 -
E-mail : gite_rouenboos@mail.com - www.giterouenboos.fr.st

LE BOURG-DUN La Pommeraie *C.M. 52 Pli 3*

2 ch. **Saint-Valéry-en-Caux 15 km.** A 3 km de la mer, dans un village cauchois de caractère, au cœur d'une jolie vallée, Mr et Mme Brault vous accueillent dans leur maison de maître centenaire, (d'un jardin paysage). Au r.d.c. : salon, cheminée, bibliothèque, hifi, s. à manger. A l'ét. : 1 ch. jaune (1 lit 2 pers. ou 2 lits 1 pers.), 1 ch. rose (1 lit 2 pers. ou 2 lits 1 pers. + 1 lit enfant 80 cm.). Prise TV dans chaque chambre. Salles de bains et wc privés pour chacune. V.M.C. Lit et chaise bébé à disposition. Salon fumeur. S. de jardin, V.T.T., ping-pong. Labels Chambres de Charme et Gîte au Jardin. Restaurant à 500 m. Langues parlées : anglais, espagnol.

Prix : 1 pers. 45 € 2 pers. 55 € pers. sup. 10 €
Ouvert : Du 1er mars au 15 novembre.

	3	15	21	SP	SP	12	16	21	SP	16	0,5

J-Pierre et Monique BRAULT - La Pommeraie - 30 route D'Englesqueville - 76740 LE BOURG-DUN - Tél. : 02 35 83 58 92 ou 06 70 48 68 69 - Fax : 02 35 04 21 23 - E-mail : brault_jean_pierre@hotmail.com

BRACHY Hameau Gourel   *C.M. 52 Pli 14*

1 ch. **Dieppe 16 km. Varengeville-sur-mer 10 km.** Dans une belle maison normande du XVIIè siècle en briques et colombages, au centre d'un clos masure de 7 ha., Eric Lheureux vous propose en r.d.c. 1 ch. 2 pers. avec s. d'eau et wc privés. Salon avec TV à la disposition des hôtes. Bibliothèque. Tennis privé sur place (tenue obligatoire). Parc floral des Moutiers, ses valleuses, son cimetière marin. Restaurant à 5 km.

Prix : 2 pers. 32 €
Ouvert : Toute l'année.

	10	10	2	10	SP	6	16	SP	16	2

Eric LHEUREUX - Hameau Gourel - 76730 BRACHY - Tél. : 02 35 83 01 98

BRACQUEMONT *C.M. 52 Pli 4*

2 ch. **Dieppe 5 km.** Tout près de Dieppe et de la plage familiale de Puys, au pied du chemin de randonnée GR21, Evelyne et Jacques vous proposent 2 chambres d'hôtes à l'étage de leur maison récente entourée d'un grand jardin clos. L'étage entier vous est réservé : 1 ch. (1 lit 2 pers.) et 1 ch. (2 lits 1 pers.), s. d'eau/wc attenants pour chacune, palier avec coin-salon. R.d.c. : séjour familial avec TV. Salon de jardin, barbecue et jeu de pétanque à disposition. Vélos à louer sur place (véloroute du littoral). Restaurant à 3 km. Langue parlée : anglais.

Prix : 1 pers. 36 € 2 pers. 39 €
Ouvert : Toute l'année.

	2	5	10	2	1	0,5	10	10	SP	5	3

Jacques et Evelyne BRICHET - 38 rue de Belleville - 76370 BRACQUEMONT - Tél. : 06 03 27 12 11 ou 02 35 83 85 75

BRETTEVILLE-DU-GRAND-CAUX Ferme du Beau Soleil *C.M. 52 Pli 12*

2 ch. **Fécamp 10 km.** A la ferme. A 10 km de Fécamp, Béatrice et Alain Blondel vous accueillent dans leur grande maison en briques du XIXe siècle dans un cadre de verdure. A l'étage : 2 ch. (1 lit 2 pers. chacune) avec s.d.b. et wc communs. Possibilité 1 lit supplémentaire. Salon, TV, séjour, jardin et aire de jeux à disposition. Restaurant à 5 km.

Prix : 1 pers. 19 € 2 pers. 24 € 3 pers. 35 € pers. sup. 10 €
Ouvert : Toute l'année.

	10	5	10	5	10	15	5	5	2,5

Alain et Béatrice BLONDEL - Ferme du beau soleil - Route de Mentheville - 76110 BRETTEVILLE-DU-GRAND-CAUX -
Tél. : 02 35 29 17 31

Normandie — Seine-Maritime

BRETTEVILLE-DU-GRAND-CAUX Le Village
C.M. 52 Pli 12

4 ch. **Fécamp 12 km.** Brigitte et J-M Kerdal vous reçoivent dans leur maison du XVIIIè s. indép. 4 ch. à l'étage : 1 ch. familiale (2 ch. 1 lit 2 pers. chacune), s. d'eau et wc communs aux 2, 1 ch. (1 lit 2 pers.), s. d'eau et wc privés, 1 ch. (1 lit 2 pers.), s. d'eau et wc privés, 1 ch. (1 lit 2 pers.), 1 lit 110, 1 lit bébé), s. d'eau communicante, wc sur le palier. R.d.c. : séjour, cheminée, coin-cuisine, TV. Jardin à disposition. Terrasse, parking. Restaurant à Goderville à 3 km.

Prix : 1 pers. 30 € 2 pers. 34 € 3 pers. 49 € pers. sup. 15 €
Ouvert : Toute l'année sauf mois de mars.

10	3	10	SP	17	17	17	6	3

J.-Marie et Brigitte KERDAL - Le Village - 76110 BRETTEVILLE-DU-GRAND-CAUX - Tél. : 02 35 27 74 96

BRETTEVILLE-DU-GRAND-CAUX (TH)
C.M. 52 Pli 12

1 ch. **Fécamp 10 km.** Dans une cour de ferme avec des animaux, (moutons, poneys, poules et lapins), Aline et Jean-Paul FOUACHE vous réservent un accueil chaleureux et vous proposent 1 ch. familiale (2 ch. 1 lit 2 pers. chacune) avec s. d'eau et wc priv. non communic., lit d'app. enfant & lit bébé à dispo., chambre A base des produits du jardin et basse cour. Aire de jeux pour enfants sur place. Tarif 3/4 pers. : 58 €. A 12 km de Fécamp avec accès très facile. Restaurant à 800 m.

Prix : 1 pers. 28 € 2 pers. 32 € 3 pers. 58 € repas 14 €
Ouvert : Toute l'année.

14	1,5	29	11	1,5	16	18	7,5	5	1,5

Aline et Jean-Paul FOUACHE - 339 route de Fécamp - 76110 BRETTEVILLE-DU-GRAND-CAUX - Tél. : 02 35 27 76 00

BUTOT-VENESVILLE Hameau de Vaudreville
C.M. 52 Pli 12

4 ch. **Les Petites Dalles 5 km.** A 5 km de la plage des Petites Dalles, Mr et Mme Moser vous accueillent dans leur propriété de caractère (18è s.) au milieu d'un parc aménagé et fleuri. Dans une maison du 19è s. indép., à 10 m. de celle des hôtes, 3 ch. à l'ét. avec accès priv. : 1 ch. 2 épis (1 lit 2 pers.), s. d'eau/wc privés, 1 ch. 2 épis (1 lit 2 pers.), s. d'eau/wc privés non communicants. 1 ch. 3 épis (2 lits 1 pers.), s. d'eau, wc privés. Dans la maison des propriétaires avec accès indépendant, à l'ét. : 1 ch. 3 épis (1 lit 2 pers., 1 lit 1 pers.), s.d.b. et wc privés. Restaurants à Saint-Martin-aux-Buneaux à 4 km. Langues parlées : allemand, anglais.

Prix : 1 pers. 27 € 2 pers. 34/38 € 3 pers. 53 € pers. sup. 12 €
Ouvert : Toute l'année.

5	8	8	5	2	8	30	SP	29	4

Marc et Marie-France MOSER - 1 Sente du Gîte - Hameau de Vaudreville - 76450 BUTOT-VENESVILLE - Tél. : 02 35 97 52 86

CANEHAN Les Terres du Thil (TH)
C.M. 52 Pli 5

5 ch. **Le Tréport 10 km.** Marie-Claire et William vous accueillent au bord de l'Yères dans leur propriété d'un hectare paysagé, avec étang de pêche privé. Au r.d.c. : 1 ch. familiale (1 ch. 1 lit 2 pers.) et 1 ch. (1 lit 2 pers., 1 lit d'appoint 1 pers.), s.d.b. de standing, wc indép. Accès extérieur par le jardin et vue sur l'étang, terrasse. 1er ét. : 4 ch. (1 lit 2 pers.). Vue dégagée sur la vallée : étang et rivière. S. de jardin, barbecue, parking clos, chaises. Tables d'hôtes sur réservation. Au calme et dans un environnement préservé à proximité des plages (Criel, Le Tréport) et de la forêt d'Eu. Langue parlée : anglais.

Prix : 1 pers. 37 € 2 pers. 40 € pers. sup. 15 € repas 17 €
Ouvert : Toute l'année.

4	10	12	SP	10	5	25	10	1	10	5

Marie-Claire BLANGEZ - rue de la Laiterie - 76260 CANEHAN - Tél. : 02 35 86 72 56

CANOUVILLE
C.M. 52 Pli 12

5 ch. **Fécamp 25 km.** Dans une grande propriété de caractère au milieu d'un jardin paysager, Monique et Jean Doury vous proposent 5 chambres. 1er étage : 2 ch. (1 lit 2 pers., 1 lit 1 pers. chacune), 1 ch. (1 lit 2 pers., 2 lits 1 pers.), salles d'eau et wc privatifs pour chacune. Au 2e étage : 1 ch. (1 lit 2 pers., 1 lit 1 pers.), 1 ch. (1 lit 2 pers.), s. d'eau et wc privés chacune. Salle de séjour à disposition. Restaurants à Cany-Barville à 5 km.

Prix : 1 pers. 34 € 2 pers. 41/46 € 3 pers. 53 € pers. sup. 12 €
Ouvert : Toute l'année.

4	4	4	4	5	30	4	15	5

Jean et Monique DOURY - 24, rue du Bas - 76450 CANOUVILLE - Tél. : 02 35 97 50 41

CAUDEBEC-EN-CAUX Les Poules Vertes
C.M. 52 Pli 13

4 ch. **Le Havre 50 km. Rouen 35 km.** A 3 km de Saint-Wandrille, dans sa maison ancienne avec verger et jardin fleuri, sur la route des abbayes, à 500 m. de la Seine et des commerces, Christiane Villamaux vous propose, au r.d.c. : 1 ch. (1 lit 2 pers.). A l'étage : 1 ch. (1 lit 2 pers., 1 lit 1 pers.), 1 ch. (1 lit 2 pers.), 1 ch. (1 lit 2 pers., 2 lits 1 pers.), s. d'eau et wc privés pour chacune. Salon de jardin à disposition. Petit-déjeuners à la table familiale. Séjour avec réfrigérateur et micro-ondes. Ligne autocar Rouen/Caudebec/Le Havre. Réduction pour séjour longue durée (plus d'un mois). Restaurants à 500 m. Langue parlée : anglais.

Prix : 1 pers. 39 € 2 pers. 45 € 3 pers. 57 € pers. sup. 12 €
Ouvert : Toute l'année.

40	4	SP	SP	1,5	2	20	SP	SP	10	SP

Hubert et Christine VILLAMAUX - 68 rue de la République - n°1 Cavée Saint-Léger - 76490 CAUDEBEC-EN-CAUX -
Tél. : 02 35 96 10 15 - Fax : 02 35 96 75 25 - E-mail : christiane.villamaux@libertysurf.fr - http ://villamaux.ifrance.com

Seine-Maritime — Normandie

CAUVILLE-SUR-MER
C.M. 52 Pli 11

1 ch. **Etretat 12 km.** A 12 km du Havre et à 3 km de la plage, Arlette et Max vous accueillent à la campagne dans leur ferme d'élevage. Au 1er étage de leur maison : 1 ch. (1 lit 2 pers.) avec salle d'eau et wc privatifs. Possibilité de lit supplémentaire. Séjour et TV des propriétaires sont à votre disposition. Lit bébé en toile. Vente de produits fermiers sur place. Restaurant à 3 km.

Prix : 1 pers. 24 € - 2 pers. 30 € - 3 pers. 40 € - pers. sup. 8 €
Ouvert : Toute l'année.

3	6	3	1	10	6	SP	12	6		

Max LEBIGRE - 6 rue Rimbertot - 76930 CAUVILLE-SUR-MER - Tél. : 02 35 20 27 81

CAUVILLE-SUR-MER La Plaine Saint-Jouin
(TH) *C.M. 52*

2 ch. **Honfleur 23 km. Etretat 11 km.** A 3 km de la mer par une jolie valleuse typique du Pays de Caux, Nicole Ropers vous propose 2 ch. familiales dans sa maison ancienne entourée d'un grand jardin fleuri, au calme. 1er étage : 1 ch. familiale (2 ch. 1 lit 2 pers. chacune), lit bébé, s. de bains et wc privatifs non communicants. 2e ét. : 1 ch. familiale (1 ch. 1 lit 2 pers., 1 ch. 2 lits 1 pers.), s. de bains et wc privatifs non communicants. Séjour et salon avec TV et cheminée à disposition. Table d'hôtes sur réservation. Honfleur à 23 km. Restaurant à 3 km. Langue parlée : anglais.

Prix : 1 pers. 33 € - 2 pers. 37 € - 3 pers. 55 € - pers. sup. 18 € - repas 18 €
Ouvert : Toute l'année.

4	9	16	5	8	8	11	49	4	18	3

Nicole ROPERS - 15 rue de la Plaine St-Jouin - 76930 CAUVILLE-SUR-MER - Tél. : 02 35 20 38 64

LA CHAPELLE-SUR-DUN La Hosannière
(TH) *C.M. 52 Pli 3*

3 ch. **Veules-les-Roses 3 km.** Tan et Martine vous accueillent dans leur longère du XVIe s. Au r.d.c. : séjour/salon avec cheminée, salle des petits-déjeuners avec cheminée, sauna à disposition (8 €/personne), 1 ch. (2 lits 1 pers.), s. d'eau/wc privatifs communicants. A l'ét. : salon confortable, 1 ch. (2 lits 1 pers.) et 1 ch. (4 lits 1 pers.), s.d.b./wc communicants. Possibilité lits enfants. Hospitalité chaleureuse, confort naturel du lin et table d'hôtes raffinée (cuisine végétarienne sur demande). Prêt de vélos. Initiation golf et techniques de respiration énergétique. Label Gîte au Jardin. Restaurants à 3 km. Langue parlée : anglais.

Prix : 1 pers. 47 € - 2 pers. 55/59 € - 3 pers. 70 € - pers. sup. 15 € - repas 17 €
Ouvert : Toute l'année.

3,5	11	23	3,5	3,5	3	23	23	3	11	SP

Tan et Martine DO PHAT-LATOUR - La Hosannière - Chemin du Simplon - 76740 LA CHAPELLE-SUR-DUN - Tél. : 02 35 97 44 59 - Fax : 02 35 97 43 87 - E-mail : lahosanniere@fnac.net

---

LA CHAPELLE-SUR-DUN Chalet du Bel Event
C.M. 52 Pli 3

5 ch. **Veules-les-Roses 3 km, Dieppe 20 km.** entre mer et campagne, Daniel et Virginie vous accueillent dans une maison de caractère balnéaire milieu 19e s. dans le cadre reposant d'un parc boisé. Maison de briques à proximité de la maison des propriétaires. R.d.c. : entrée, séjour, salons, piano. Au 1er étage : 2 ch. (1 lit 2 pers.). Au 2e ét. : 3 ch. (1 lit 2 pers.), s. d'eau ou s.d.b. et wc attenants dans chaque chambre. Tennis dans le parc. Petit restaurant haut en couleurs à 200 mètres. Langue parlée : anglais.

Prix : 1 pers. 46 € - 2 pers. 46/53 € - pers. sup. 12 €
Ouvert : Toute l'année.

2,5	12	25	3,5	SP	15	15	25	3	25	0,5

Daniel et Virginie WESTHEAD - Châlet du Bel Event - Chemin de Bel Event - 76740 LA CHAPELLE-SUR-DUN - Tél. : 02 35 57 08 44 - E-mail : dwesthead@yahoo.com - www.chaletdubelevent.com

---

CLERES Le Tôt
C.M. 52 Pli 14

2 ch. **Rouen 17 km.** Dans la vallée de la Clérette, belle propriété de style 1900 entourée d'un parc arboré de 3 ha. (arbres centenaires), ruisseau et petite île. Maison indépendante de caractère. R.d.c. : 1 ch. (1 lit 2 pers.) avec entrée indép. possible. S.d.b./s. d'eau avec wc privatives communicants. A l'ét. : 1 ch. (2 lits 1 pers.), lavabo, s. d'eau/wc privatifs communicants. S. à manger, salon avec cheminée (feu sur demande) et bibliothèque. Salon de jardin, balançoires, vélos et poneys. Parking et garage fermés. Lit bébé à disposition. Restaurant à 500 m. Langues parlées : anglais, allemand, espagnol.

Prix : 2 pers. 38/43 € - pers. sup. 15 €
Ouvert : Toute l'année.

40	3	0,5	3	5	5	SP	3	3	

Véronique DEGONSE - Le Tot - 76690 CLERES - Tél. : 02 35 33 34 38 - Fax : 02 35 33 89 84 - E-mail : DEGONSE.Eric@wanadoo.fr

---

CLIPONVILLE Rucquemare
C.M. 52 Pli 13

4 ch. **Yvetot 10 km.** A la ferme, Béatrice et J-Pierre vous accueillent dans leur grande maison normande du XVIIe typique du Pays de Caux avec pigeonnier, belle cour plantée. 4 ch. personnalisées avec s. d'eau et wc privés. A l'ét. : ch. bleue (1 lit 1 pers., 1 lit 2 pers.), ch. rose (3 lits 1 pers.). Au r.d.c.: ch. saumon (1 lit 2 pers., 1 lit 1 pers.), ch. jaune (2 pers.). Lit enfant. Séjour avec cheminée, cuisine réservée aux hôtes, tél. téléséjour. Au calme. Salon de jardin, ping-pong, badminton et VTT à dispo. Jardin fleuri, animaux pour enfants, parking et logement indép. Réduction à partir de 2 nuits sauf en Juillet et Aout. Restaurant à 4 km. Langue parlée : anglais.

Prix : 1 pers. 29 € - 2 pers. 37 € - 3 pers. 47 € - pers. sup. 11 €
Ouvert : Toute l'année.

25	5	SP	SP	5	7	30	7	10	5	

J-Pierre et Béatrice LEVEQUE - Hameau de Rucquemare - 76640 CLIPONVILLE - Tél. : 02 35 96 72 21 - Fax : 02 35 96 72 21

Normandie — Seine-Maritime

CLIPONVILLE Le Village C.M. 52 Pli 13

2 ch. **Yvetot 10 km.** Au cœur du Pays de Caux, entre Seine et mer, Françoise Miailhe vous reçoit dans sa maison entourée d'un vaste jardin clos fleuri dont la décoration dégage une impression de sérénité. R.d.c. : 1 chambre familiale (1 ch. 1 lit 2 pers.) et (1 ch. 2 lits 1 pers.), lavabos, s.d.b. et wc communs aux 2 chambres. A l'ét. : 1 ch. (1 lit 2 pers.), s. d'eau et wc séparés. Possibilité lit d'appoint. Grand séjour avec TV. Salon de jardin, portique, bac à sable, terrain de pétanque, barbecue. Table d'hôtes sur réservation. Restaurant à 5 km. Langue parlée : anglais.

Prix : 1 pers. 29 € 2 pers. 34 € 3 pers. 50 € pers. sup. 11 € repas 11 €
Ouvert : Toute l'année.

21	5	14	5	5	4	30	14	5	10	5

Françoise MIAILHE - Le Bourg - 76640 CLIPONVILLE - Tél. : 02 35 96 76 86 - Fax : 02 35 96 76 86

CRASVILLE-LA-ROCQUEFORT C.M. 52 Pli 13

2 ch. **Veules-les-Roses 11 km.** Au calme d'un charmant village du littoral cauchois, à 11 km de la petite station de Veules-les-Roses qui mérite votre visite, François et Jana vous accueillent en amis autour d'une table d'hôtes chaleureuse. Séjour/salon avec TV. A l'étage : 2 ch. (1 lit 2 pers.) chacune avec salle d'eau et wc communicants. Lit bébé possible. Maison de maître aux briques roses entourée d'un jardin clos, au pied de l'église du village. Salon de jardin, jeux et barbecue à disposition. Table d'hôtes sur réservation. Restaurant à 1 km. Langue parlée : roumain.

Prix : 1 pers. 35 € 2 pers. 40 € repas 15 €
Ouvert : Toute l'année.

11	18	21	12	6	8	28	21	SP	16	1

François et Jana HENNETIER - rue de l'Eglise - 76740 CRASVILLE-LA-ROCQUEFORT - Tél. : 02 35 97 63 31

CRIQUEBEUF-EN-CAUX Le Bout de la Ville A C.M. 52 Pli 12

2 ch. **Fécamp 5 km.** Dans leur grande maison en briques et silex entourée d'un grand jardin, vous apprécierez le cadre champêtre et le confort des chambres d'Odile et Michel Basille. A l'étage : 1 chambre (2 lits 1 pers.), 1 chambre (2 lits 2 pers.). Salles d'eau et wc privatifs. Séjour à disposition. Equipement bébé à disposition. Ferme auberge sur place.

Prix : 1 pers. 31 € 2 pers. 38 € 3 pers. 51 € pers. sup. 13 €
Ouvert : Toute l'année.

5	5	5	2	5	15	1	5	5

Michel et Odile BASILLE - 190 Le Bout de la Ville - 76111 CRIQUEBEUF-EN-CAUX - Tél. : 02 35 28 01 32 - Fax : 02 35 28 01 32

CRIQUEBEUF-EN-CAUX C.M. 52 Pli 12

2 ch. **Fécamp 5 km.** Au pied de l'église d'un petit village paisible, le long de la mer, à l'écart des axes routiers, Serge et Nicole vous accueillent dans leur maison normande entièrement restaurée entourée d'un jardin clos planté de 2500 m². Entrée indépendante. Au 1er ét. : 1 ch. jaune (1 lit 2 pers.) avec coin-salon, s. d'eau/wc privatifs. 1 ch. familiale rose de 5 pers. (1 ch. 1 lit 2 pers.) et (1 ch. 1 lit 2 pers., 1 lit 120 cm.) avec coin-salon, s. d'eau et wc privatifs. Equipement bébé (lits, table à langer, chaise, jouets). Possibilité lits supplémentaires. Ferme Auberge à 800 mètres.

Prix : 1 pers. 32 € 2 pers. 40 € 3 pers. 53 € pers. sup. 13 €
Ouvert : Toute l'année.

2	6	2	2	5	15	0,5	5	2

Serge et Nicole BELLANGER - 38 rue de l'Eglise - 76111 CRIQUEBEUF-EN-CAUX - Tél. : 02 35 29 18 76

CRIQUEBEUF-EN-CAUX A C.M. 52 Pli 12

5 ch. **Fécamp 5 km, Etretat 14 km.** Véronique et Thierry sont à votre entière disposition pour vous offrir ch. et TH dans leur grande maison en briques et silex, de style balnéaire avec son parc arboré et fleuri. R.d.c. : entrée, s. à manger, salon avec billard, jeux de société, TV et magnétoscope. 1er ét. : 1 grande ch. (1 lit 2 pers.), 1 ch. familiale (1 ch. 1 lit 2 pers.) et (1 ch. 2 lits 1 pers.), s.d.b. et wc non communicants. 1 ch. familiale (1 ch. 1 lit 2 pers.) et (1 ch. 2 lits 1 pers.), s. d'eau et wc, 1 ch. (1 lit 2 pers.), 1 ch. familiale (1 ch. 1 lit 2 pers.) et (1 ch. 1 lit 1 pers.), chacune avec sanitaires privatifs attenants. Restaurant à 2 km.

Prix : 1 pers. 37 € 2 pers. 43 € 3 pers. 69 € pers. sup. 12 € repas 15 €
Ouvert : Toute l'année.

2	5	26	2	0,5	7	14	26	SP	5	2

Véronique et Thierry BAUDRY - 52 rue de l'Eglise - 76111 CRIQUEBEUF-EN-CAUX - Tél. : 02 35 28 70 15

CRIQUETOT-L'ESNEVAL Le Prêche C.M. 52 Pli 11

3 ch. **Etretat 9 km.** Au calme, sur la route d'Etretat et à proximité du centre du bourg de Criquetot avec restaurant, Thierry et Isabelle vous accueillent dans leur grande maison XIXe s. entourée de son parc paysager. Séjour réservé aux hôtes. Au 1er ét. : 2 ch. (1 lit 2 pers.), dont l'une classée 2 épis avec s. d'eau non cloisonnée dans la chambre et wc privatifs non communicants, L'autre 3 épis avec s.d.b. et wc privatifs communicants. Au 2e ét. : 1 ch. familiale (2 ch. 1 lit 2 pers. chacune), s. d'eau et wc privatifs. Découverte de la Côte d'Albâtre (GR21-211). Train touristique véloraíl à 5 km.

Prix : 1 pers. 30 € 2 pers. 35/40 € 3 pers. 52 € pers. sup. 12 €
Ouvert : Toute l'année.

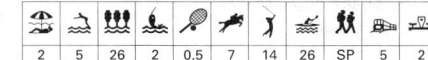

9	9	36	9	9	9	36	1	10	0,5

Thierry et Isabelle REAL - 33 route d'Etretat - Le Preche - 76280 CRIQUETOT-L'ESNEVAL - Tél. : 02 35 27 47 84

Seine-Maritime — Normandie

CRIQUETOT-L'ESNEVAL
C.M. 52 Pli 11

2 ch. — **Etretat 9 km.** Au calme, dans un cadre superbe, Geneviève et Daniel Paumelle vous reçoivent dans leur maison. 2 chambres de plain-pied avec accès indépendant sur jardin par des portes-fenêtres (1 lit 2 pers., 1 clic-clac 2 pers.) avec salles d'eau et wc particuliers. Restaurant à Criquetot-l'Esneval à 1,5 km.

Prix : 2 pers. 37 € 3 pers. 49 € pers. sup. 13 €
Ouvert : De mars à novembre.

6	9	6	4	4	9	1	12	1	

Daniel et Geneviève PAUMELLE - 30 Route de Gonneville - 76280 CRIQUETOT-L'ESNEVAL - Tél. : 02 35 27 28 47

CUVERVILLE-SUR-YERES La Petite Prairie
C.M. 52 Pli 5

2 ch. — **Le Tréport 12 km.** Au calme d'une vallée préservée qui vous conduit tout droit à la mer, propriété arborée au charme anglais, bordée d'une rivière. Séjour, salon avec cheminée, 1 ch. (1 lit 2 pers.), s.d.b., wc privatifs communicants. Possibilité de lit d'appoint : 12 €. 1 ch. familiale (2 ch. 1 lit 2 pers. chacune), wc séparés, s. d'eau et wc privatifs communicants. Tarif 4 pers. : 70 €. Parc clos avec terrasse et salon de jardin. Pêche sur place (panier repas sur demande), canoë-kayak à proximité. Location de vélos. Table d'hôtes sur réservation. Restaurant à 2 km.

Prix : 1 pers. 37 € 2 pers. 40 € 3 pers. 67 € repas 17 €
Ouvert : Toute l'année.

12	12	SP	10	9	33	9	1	15	3

Pierre BEUZEBOC - 10 rue de l'Abreuvoir - 76260 CUVERVILLE-SUR-YERES - Tél. : 02 35 50 74 98 ou 06 78 29 68 60

DAMPIERRE-EN-BRAY Le Pont de Dampierre

2 ch. — **Gournay-en-Bray 7 km. Forges-les-Eaux 15 km.** Au calme du Pays de Bray et à 800 m. de la route Paris-Dieppe, dans une grande maison traditionnelle en briques entourée de son jardin clos avec grande pelouse et jeux d'enfants, vous disposez de 2 chambres avec salles d'eau privatives non communicantes et wc communs soit, à l'étage : 1 ch. (1 lit 2 pers.) avec poss. lit bébé pliant (table à langer dans s. d'eau). 1 ch. (1 lit 2 pers. et 1 lit 1 pers.). S. de jardin, ping-pong, vélos. Restaurant à 8 km. Langue parlée : anglais.

Prix : 1 pers. 27 € 2 pers. 35 € 3 pers. 43 €
Ouvert : Toute l'année.

65	7	1	7	2	15	56	SP	8	7

Elisabeth et Jean PARESY - 17 rue Principale - 76220 DAMPIERRE-EN-BRAY - Tél. : 02 35 90 66 73

DAUBEUF-SERVILLE La Marnière

C.M. 52 Pli 12

4 ch. — **Fécamp 10 km, Etretat 20 km.** Dans la vallée de Ganzeville, Anne vous accueille dans sa gde maison de briques et silex, au calme, avec vous propose 4 ch. dont 2 familiales avec sanitaires priv. pour chaque. A l'ét. : 1 ch. familiale (1 ch. 1 lit 2 pers., lit enfant) et 1 ch. (2 lits 1 pers.), s. d'eau/wc communic., 1 ch. (1 lit 2 pers., lit bébé), s.d.b./wc non communic. 1 ch. (1 lit 1 pers.), s. d'eau/wc communic, 1 ch. familiale (1 ch. 1 lit 2 pers.) et (1 ch. 1 lit 1 pers.), s. d'eau/wc communic. Séjour salon familial avec TV, billard, piano et bibliothèque. Salon de jardin, parking fermé. Table d'hôtes sur réservation. Langues parlées : anglais, espagnol.

Prix : 1 pers. 35 € 2 pers. 40 € 3 pers. 58 € pers. sup. 12 € repas 15 €
Ouvert : Toute l'année.

11	10	10	10	5	20	25	11	5	10	10

Anne LEDUC - 2 rue de la Vallée - 76110 DAUBEUF-SERVILLE - Tél. : 02 35 29 38 80 - E-mail : aald@wanadoo.fr - http://aald.multimania.com

DIEPPE Villa Florida
C.M. 52 Pli 4

3 ch. — A deux pas de la mer dans un environnement privilégié sur le golf de Dieppe-Pourville, belle maison d'architecte contemporaine, de charme (agréables volumes baignés de lumière). R.d.c. : séjour/salon, cheminée. A l'étage : 1 ch. (2 lits 1 pers.), s. d'eau, wc. 1 ch. (2 lits 1 pers.), s.d.b., wc. 1 ch. (1 lit 2 pers., 1 lit 1 pers. en mezz.), s. d'eau, wc. Les chambres ont toutes une terrasse avec vue sur le golf. Dieppe, ville historique, le château-musée, les églises, la cité de la mer, le port de plaisance. Label Chambres de Charme. Restaurant à 500 m. Langue parlée : anglais.

Prix : 2 pers. 54/58 € 3 pers. 69 € pers. sup. 15 €
Ouvert : Toute l'année.

2	1	7	2	4	SP	3	2	1	

Danièle NOEL - 24 Chemin du golf - 76200 DIEPPE - Tél. : 02 35 84 40 37 - Fax : 02 35 84 32 51 - E-mail : villa-florida@wanadoo.fr - http://dieppefloridagolf.free.fr

DOUDEVILLE Hameau de Vautuit
C.M. 52 Pli 13

2 ch. — **Veules-les-Roses 17 km.** Dans leur maison normande à colombages du XVIIIe s., au milieu d'un jardin paysager, Marie-Françoise et Gérard Laurent vous accueillent au calme. R.d.c. : 1 ch. (1 lit 2 pers., 1 lit 1 pers.), s.d.b. et wc privés. A l'étage : 1 chambre familiale (1 ch. 1 lit 2 pers.) et (1 ch. 3 lits 1 pers.), s.d.b. et wc particuliers. Séjour. Salon de jardin. Parking privé. Restaurant à Doudeville à 4 km. Langue parlée : anglais.

Prix : 1 pers. 27 € 2 pers. 38 € 3 pers. 46 € pers. sup. 15 €
Ouvert : Toute l'année.

17	17	12	4	9	25	SP	12	4

Gérard et M-Françoise LAURENT - Hameau de Vautuit - 76560 DOUDEVILLE - Tél. : 02 35 96 61 61 ou 02 35 96 52 40 - Fax : 02 35 95 84 31

Normandie — Seine-Maritime

DOUDEVILLE Hameau de Seltot *C.M. 52 Pli 13*

2 ch. **Veules-les-Roses 15 km.** Dans sa maison normande, au calme, dans un joli hameau, Evelyne Lefel vous reçoit en ami. A l'étage : 1 ch. (1 lit 2 pers.), 1 ch. familiale 5 pers. (1 ch. 1 lit 2 pers.) et (1 ch. 3 lits 1 pers.) et vous salle de bains et wc communs. Salle de séjour à la disposition des hôtes, salon, TV, bibliothèque. Possibilité de cuisine sur place. Possibilité de lits supplémentaires. Restaurant à Doudeville à 1 km.

Prix : 1 pers. 21 € 2 pers. 30 € 3 pers. 38 € pers. sup. 8 €
Ouvert : Toute l'année.

15	20	12	1	15	SP	2	1		

Evelyne LEFEL - HAMEAU DE SELTOT - 76560 DOUDEVILLE - Tél. : 02 35 96 43 12

DUCLAIR La Mustad *C.M. 52 Pli 13*

2 ch. **Rouen 20 km.** Geneviève Brouilliez vous propose ses chambres dans un pavillon indépendant d'une propriété de caractère, au milieu d'un parc boisé : site exceptionnellement calme. A l'étage : 1 ch. (1 lit 2 pers.), 1 ch. (2 lits 1 pers.) et possibilité lits supplémentaires - salles d'eau privatives et wc au rez-de-chaussée. Salle de séjour et bibliothèque réservées aux hôtes. Restaurants à 200 m.

Prix : 1 pers. 30 € 2 pers. 35 € 3 pers. 53 € pers. sup. 18 €
Ouvert : Toute l'année.

70	8	0,5	1	2	5	SP	22	0,5	

Geneviève BROUILLIEZ - La Mustad - 161 rue du Parc - 76480 DUCLAIR - Tél. : 02 35 37 12 72 - Fax : 02 35 37 12 72 -
E-mail : lamustad@libertysurf.fr

DUCLAIR *C.M. 52 Pli 14*

3 ch. **Rouen 18 km.** 3 ch. dans une propriété de 1930 en bordure de Seine, sur un chemin de grande randonnée, sur la route des abbayes. A l'étage : 1 ch. (1 lit 2 pers., 1 lit 1 pers.), s.d.b. et wc privés, 1 ch. (1 lit 2 pers.), s. d'eau et wc privés, 1 ch. familiale (1 ch. 1 lit 2 pers., 1 ch. 1 lit 1 pers.), s.d.b. privées et wc communs. Vue panoramique sur la Seine. Terrasse plein sud avec s. de jardin. Parking dans une cour fermée. Base de loisirs à 8 km. Restaurants à 500 m. Se rendre place de l'Hôtel de Ville, au coin d'une boulangerie, route de Maromme, à 150 m. 1ère à droite direction groupe scolaire Malraux, puis suivre balisage.

Prix : 1 pers. 34 € 2 pers. 46 € 3 pers. 53 € pers. sup. 8 €
Ouvert : Toute l'année.

80	10	8	1	1	8	8	SP	20	1

Bernard et Renée LEMERCIER - 282 Chemin du Panorama - Le Catel - 76480 DUCLAIR - Tél. : 02 35 37 68 84 ou 06 70 57 87 28

DUCLAIR Les Tamayas *C.M. 52 Pli 13*

3 ch. Mr et Mme Noncle vous accueillent dans leur maison de maître du 19e s. au milieu d'un parc boisé. R.d.c. : entrée indép., grande ch. Pommiers (1 lit 2 pers., 1 lit 1 pers.), s. d'eau, wc, cuisine privés. A l'étage : grande ch. Nympheas (1 lit 2 pers., 1 lit 1 pers.), grande s.d.b., douche et wc privés, 1 ch. Armada (1 lit 2 pers., 1 lit 1 pers.), s. d'eau/wc privés. Possibilité lit supplémentaire. Baby-sitting. Séjour à disposition. A proximité d'une route, avec une très belle vue sur la Seine, dans un environnement très agréable et verdoyant. Restaurant à 300 mètres. Langue parlée : anglais.

Prix : 1 pers. 38 € 2 pers. 41/46 € 3 pers. 56 € pers. sup. 11 €
Ouvert : Toute l'année.

70	8	5	1	1	2	5	SP	22	SP

Elisabeth NONCLE - 61 rue Clarin Mustad - 76480 DUCLAIR - Tél. : 02 35 37 12 93 ou 06 10 75 92 27 - E-mail : noncle@wanadoo.fr -
http : //perso.wanadoo.fr/chambreshôtes.noncle

ECRAINVILLE La Forge Vimbert *C.M. 52 Pli 12*

5 ch. **Etretat 10 km.** Dans un cadre verdoyant et calme, Vincent et M-Pierre vous accueillent dans une maison indép. R.d.c. : 1 ch. access. aux personnes handicapées (1 lit 2 pers., 1 lit 1 pers.), s. d'eau + wc privés, salle (1 lit 2 pers.), kitchenette, coin-séjour, s. de bains, wc privés (supplément 15 €). A l'étage : 1 ch. (1 lit 2 pers., 1 lit 1 pers.), S. d'eau privée, wc communs, 1 ch. (1 lit 2 pers.), s. d'eau privée, wc communs, 1 ch. familiale (1 ch. 1 lit 2 pers.) et (1 ch. 2 lits 1 pers.), s. d'eau et wc privés. Forfait à partir de 2 nuits (32 €/nuit pour 2 pers.). Langue parlée : anglais.

Prix : 1 pers. 27 € 2 pers. 34 € 3 pers. 41 € pers. sup. 7 €
Ouvert : Du 1er mars au 30 novembre.

12	5	12	1	2	5	12	5	12	4

Vincent MALO - La Forge Vimbert - 265 route de Fongueusemare - 76110 ECRAINVILLE - Tél. : 02 35 27 17 97 -
E-mail : vincent.malo@libertysurf.fr

ECTOT-L'AUBER *C.M. 52 Pli 14*

3 ch. **Yerville 3 km.** Dans un corps de ferme de caractère entouré de hêtres avec colombier, grange et charretterie, Jean-pierre et Bénédicte ont aménagé 3 chambres de charme à la décoration soignée avec salles d'eau et wc privatifs cloisonnés. Ils mettent à votre disposition un coin-cuisine, un barbecue, un salon de jardin, une table de ping-pong et de billard. La propriété du 18e siècle est située au centre de nombreux sites touristiques dont beaucoup de parcs et jardins que vos hôtes connaissent bien. Table d'hôtes sur réservation. Restaurant à 3 km. Langue parlée : anglais.

Prix : 1 pers. 41 € 2 pers. 47 € repas 18 €
Ouvert : Toute l'année.

27	10	32	6	2	5	25	32	SP	10	3

J-Pierre et Bénédicte VIN - Le Village - 76760 ECTOT-L'AUBER - Tél. : 02 35 96 84 14 ou 06 20 43 20 55 - Fax : 02 35 96 81 32 -
E-mail : jp.vin@free.fr - www.agri76.fr/hetraie

Seine-Maritime — *Normandie*

ENVERMEU — Le Petit Clos de Torqueville
C.M. 52 Pli 5

1 ch.

Dieppe 12 km. Dans une jolie et riante vallée près de la mer, Andrée Villers vous propose 1 chambre dans un village animé. Au r.d.c. : 1 ch. 3 épis (3 lits 1 pers.) avec grande s. d'eau/wc privés. Salon, TV à disposition. Jardin avec terrasse et salon de jardin, parking privé. Nombreux chemins de randonnée à proximité. Restaurant à 100 m. Langue parlée : anglais.

Prix : 2 pers. 43 € 3 pers. 58 €
Ouvert : Toute l'année.

12	10	12	3	3	13	SP	12	1	

Andrée VILLERS - 636 rue de Torqueville - 76630 ENVERMEU - Tél. : 02 35 04 48 13

EPOUVILLE — Le Moulin d'Epouville
C.M. 52 Pli 11

3 ch.

Le Havre 7 km. A proximité du centre ville, dans un joli parc boisé de 5000 m² traversé par 2 bras de rivière, le Moulin d'Epouville vous propose 3 chambres avec chacune 1 lit 2 pers. dont une avec s. de bains et wc privatifs communicants et les 2 autres avec s. d'eau et wc privatifs communicants. Salon, TV. Possibilité de pratiquer la pêche en rivière dans le parc. Langue parlée : anglais.

Prix : 1 pers. 51 € 2 pers. 55 € pers. sup. 11 €
Ouvert : Toute l'année.

10	3	SP	1	3	9	2	12	SP

Martine LEBOURGEOIS - 28 rue Aristide Briand - 76133 EPOUVILLE - Tél. : 02 35 30 84 46 - Fax : 02 35 30 99 64 -
E-mail : ml.lemoulin@wanadoo.fr - www.lemoulindepouville.com

ESLETTES — La Gourmandine
(TH)

3 ch.

Barentin 5 km. A 10 mn de Rouen, J-Claude et Edith vous accueillent dans leur gde maison en briques, située au centre du village, entourée d'un jardin fleuri. 1ᵉʳ ét. : 1 ch. (1 lit 2 pers.), salle d'eau et wc privés. 2ᵉ ét. : 1 ch. (1 lit 2 pers.) sous combles, salle d'eau et wc privés, 1 ch. familiale (1 ch. 2 lits 2 pers.) et (1 ch. 2 lits 1 pers.), salle d'eau et wc privés. Séjour, salon à disposition avec TV et bibliothèque. Equipement bébé. Possibilité baby-sitter. Golf, randonnées pédestres organisées par Edith et Jean-Claude. Piscine à 2 km – Musées - Parc zoologique – vélos - Parc de loisirs - Centre équestre. Chambre familiale : 84 €. Tarif 4 pers. 58 €.

Prix : 1 pers. 27 € 2 pers. 34 € 3 pers. 46 € pers. sup. 12 € repas 15 €
Ouvert : Du 4 janvier au 31 décembre.

41	1,5	1,5	1,5	1,5	3	5	1	1	

Jean-Claude MARNE - La Gourmandine - 69 rue des Lilas - 76710 ESLETTES - Tél. : 02 35 33 14 75

EU — Manoir de Beaumont
C.M. 52 Pli 5

3 ch.

Le Tréport 5 km. Dans le manoir, au r.d.c. : séjour/salon avec cheminée et meubles anciens. A l'ét. : 1 ch. (1 lit 2 pers., 2 lit 1 pers.) avec s. de bains, douche, wc communicants. A l'ét. du relais : 1 ch. (1 lit 2 pers.), s. d'eau et wc communicants, 1 ch. familiale (1 ch. 1 lit 2 pers., 1 lit 90) et (1 ch. 2 lits superposés), kitchenette, s. d'eau/wc communicants. TV dans les 3 ch. A l'orée de la forêt d'Eu, Catherine et Jean-Marie vous reçoivent dans leur manoir anglo-normand et leur relais de chasse 18ᵉ s. entourés d'un parc très calme surplombant la vallée. Label Chambres de Charme. Vélos à disposition. Langue parlée : anglais.

Prix : 1 pers. 32 € 2 pers. 45 € 3 pers. 55 € pers. sup. 11 €
Ouvert : Toute l'année.

4	5	7	2	4	37	SP	3	2

Jean-Marie DEMARQUET - Manoir de Beaumont - 76260 EU - Tél. : 02 35 50 91 91 ou 06 72 80 01 04 - E-mail : CD@fnac.net - www.chez.com/demarquet

EU — Ferme du Viaduc
C.M. 52 Pli 5

2 ch.

Le Tréport 3 km. Entre la mer et la forêt, chez René et Edith DEVILLEPOIX, vous trouverez calme et dépaysement avec accès à un grand jardin de vivaces adossé à une ferme. Maison ancienne avec accès indépendant des chambres : ch. 1 (1 lit 2 pers.), ch. 2 (1 lit 2 pers. + 1 lit 1 pers.), kitchenette, salle de bains et wc privatifs pour chaque ch. Petit déjeuner au jardin avec confitures maison à volonté. Chemin de randonnée du Petit Caux sur place. Ferme de Beaumont à proximité (animaux d'ornement). Nombreux restaurants à proximité (Tréport et Eu).

Prix : 1 pers. 34 € 2 pers. 40 € 3 pers. 49 € pers. sup. 11 €
Ouvert : Toute l'année.

3	3	5	3	1	1	40	8	SP	1,5	1

René DEVILLEPOIX - Ferme du Viaduc - 54 rue des Canadiens - 76260 EU - Tél. : 02 35 86 09 69

FLAMANVILLE
C.M. 52 Pli 13

4 ch.

Yvetot 7 km. A moins de 30 mn de la mer, au calme, dans une maison du XVIIᵉ siècle, Béatrice et Yves Quevilly-Baret vous proposent au 1ᵉʳ étage : 1 ch. (1 lit 2 pers., 1 lit 1 pers.), s.d.b. et wc privés non communicants. 2ᵉ étage : 1 ch. (1 lit 2 pers.), s. d'eau et wc privés. 2 ch. (1 lit 2 pers.), lavabo chacune, s. d'eau et wc communs. Séjour, salon (TV). Possibilité de cuisine. Restaurant à 1 km.

Prix : 1 pers. 30 € 2 pers. 37 € 3 pers. 46 €
Ouvert : Toute l'année.

28	6	15	0,5	4	15	5	7	6

Yves et Béatrice QUEVILLY-BARET - Le Bourg - Rue Verte - 76970 FLAMANVILLE - Tél. : 02 35 96 81 27

Normandie — Seine-Maritime

FLAMETS-FRETILS — La Dranvillaise
(TH) — *C.M. 52 Pli 15*

3 ch. **Forges-les-Eaux 17 km, Dieppe 40 km.** Au cœur du Pays de Bray, pour quelques jours ou seulement une nuit, venez vous reposer dans notre ferme restaurée, vous y apprécierez le calme et la chaleur des maisons normandes. Séjour-salon à disposition et 3 chambres pour vous accueillir : ch. familiale rose (1 ch. 1 lit 2 pers.) et (1 ch. 1 lit 1 pers.) dans une dépendance, lit bébé, s. d'eau /wc privatifs. Ch. verte (1 lit 2 pers.), salle d'eau et wc privatifs. Ch. jaune (2 lits 1 pers., 1 lit 2 pers.), salle d'eau et wc privatifs. Entrée privative. Restaurant à 10 km. Langue parlée : anglais.

Prix : 1 pers. 22 € 2 pers. 39 € 3 pers. 46 € pers. sup. 13 € repas 15 €
Ouvert : Toute l'année.

40	10	17	15	10	8	25	10	2	12	10

Claudie PETIT - Dranville - Route de la Chapelle - 76270 FLAMETS-FRETILS - Tél. : 06 81 73 70 80

FONTAINE-LA-MALLET — La Claire Fontaine
C.M. 52 Pli 11

4 ch. **Pont de Normandie 15 km, Le Havre-Ferries 10 km.** A 5 km de la mer et au centre de l'axe Etretat-Honfleur avec accès au véloroute du littoral, Yvan vous conseille et vous accueille dans le calme de sa maison et de son jardin fleuri. R.d.c. : 1 ch. (1 lit 2 pers.), 1 ch. (2 lits 1 pers.). A l'étage : 1 ch. (1 lit 2 pers., 1 lit 1 pers.), 1 ch. (1 lit 2 pers.), s. d'eau et wc chacune. Entrée indép. Abri vélos. Jardin aménagé et fleuri (primé au concours des jardins fleuris). Restaurant à 1 km. Langue parlée : anglais.

Prix : 1 pers. 27 € 2 pers. 35 € 3 pers. 49 €
Ouvert : Toute l'année.

5	2	2	2	18	2	2	SP	10	SP

Yvan SALMON - 39 rue des Prunus - 76290 FONTAINE-LA-MALLET - Tél. : 02 35 55 95 40

FONTAINE-SOUS-PREAUX — Ferme de la Houssaye
C.M. 52 Pli 14

4 ch. **Rouen 10 km.** En bordure de forêt, Anne-Marie et Virgile Petit vous accueillent dans leur ferme. Dans l'habitation principale, à l'étage : 1 ch. (1 lit 2 pers.), s.d.b. et wc privés. Dans la grange restaurée, au r.d.c. : 1 ch. (2 lits 1 pers.). A l'étage : 1 ch. (1 lit 2 pers.), 1 ch. (1 lit 2 pers., 1 lit 1 pers.), s. d'eau et wc privés. Séjour avec coin-cuisine et salon TV. Logement de chevaux possible. Lit et nécessaire bébé. Prix dégressifs + de 3 nuits. Restaurant à 2,5 km.

Prix : 1 pers. 25 € 2 pers. 31 € 3 pers. 40 € pers. sup. 10 €
Ouvert : Toute l'année.

50	7	20	3	6	5	1	4	5

Anne-Marie PETIT - Ferme de la Houssaye - 76160 FONTAINE-SOUS-PREAUX - Tél. : 02 35 34 70 64 - Fax : 02 35 34 70 64 -
E-mail : anne-marie.petit1@libertysurf.fr

FOUCART — Ferme des Peupliers
C.M. 52 Pli 12

4 ch. **Fécamp 25 km.** A la ferme, Marie-Anne et Moïse Lemercier vous reçoivent dans leur maison avec intérieur normand et vous proposent, au r.d.c. : 1 ch. (2 lits 1 pers., 1 lit 2 pers.), 1 ch. (1 lit 2 pers. 1 lit 1 pers.), s. d'eau/wc privatifs communicants pour chacune, 1 ch. (1 lit 2 pers.), s. d'eau/wc privatifs non communicants. A l'ét. : 1 ch. (1 lit 2 pers., 1 lit 1 pers.), s. d'eau et wc privatifs communicants, cuisine. Entrée indép. Cuisine et TV à disposition. Poutres et cheminée XVIIIe s. Espace vert, s. de jardin. Prix dégressifs dès 3 nuits. Restaurant à 1 km.

Prix : 1 pers. 23 € 2 pers. 30 € 3 pers. 38 € pers. sup. 9 €
Ouvert : Toute l'année.

25	5	1	8	15	SP	1	4

Moïse et Marie-Anne LEMERCIER - Ferme des Peupliers - Route de Fauville-en-Caux - 76640 FOUCART - Tél. : 02 35 31 17 72 -
Fax : 02 35 31 17 72

FRESQUIENNES
C.M. 52 Pli 6

2 ch. **Rouen 10 mn, Barentin et Montville 5 km.** En pleine campagne, dans un cadre champêtre fleuri où vous apprécierez le calme, Elisabeth & Didier vous proposent 2 chambres d'hôtes avec entrée indép. R.d.c. : séjour (baies vitrées ouvrant sur les prés), cuisine privée, lave-linge. A l'étage : 1 ch. (1 lit 2 pers., 1 lit 1 pers.), 1 ch. (1 lit 2 pers., 2 lits 1 pers.) avec chacune prise TV, s. d'eau/wc attenants. Lit enfant. Jardin clos. Restaurant et ferme-auberge à 5 km.

Prix : 1 pers. 28 € 2 pers. 38 € 3 pers. 50 € pers. sup. 10 €
Ouvert : Toute l'année.

40	5	5	5	2	3	10	SP	3	5

Elisabeth et Didier MONTIER - 220 Chemin de la Benardière - 76570 FRESQUIENNES - Tél. : 02 35 32 11 41

GODERVILLE
C.M. 52 Pli 12

5 ch. **Etretat 15 km.** Dans une maison normande du 16e s., 2 ch. dont 1 ch. 5 pers. (2 lits 2 pers., 1 lit 1 pers.) et 1 ch. 3 pers. (1 lit 2 pers., 1 lit 1 pers.), salles d'eau et wc privés. Dans un bâtiment rénové mitoyen au gîte : 2 ch. 2 pers. (1 lit 2 pers.) et 1 ch. 3 pers. (1 lit 2 pers., 1 lit 1 pers.), salles d'eau et wc privés pour chaque chambre. Ferme entourée de nombreux animaux. Restaurant à 300 m. Langue parlée : anglais.

Prix : 1 pers. 26 € 2 pers. 33 € 3 pers. 40 € pers. sup. 8 €
Ouvert : Toute l'année.

12	0,5	12	0,5	12	15	SP	7	SP

J-Louis et Françoise CHEDRU - 41 rue Jean Prevost - 76110 GODERVILLE - Tél. : 02 35 27 70 29 - Fax : 02 35 27 70 29

Seine-Maritime
Normandie

GODERVILLE Le Bocage
C.M. 52 Pli 12

2 ch. **Etretat et Fécamp 15 km.** A la ferme et au calme, Florence et Philippe vous accueillent dans leur maison familiale en briques où vous attendent 2 chambres de bon confort à la décoration chaleureuse. R.d.c. : séjour/salon avec cheminée et TV, 2 chambres (1 lit 2 pers.) avec s. d'eau/wc intégrés et TV chacune, dont une avec accès extérieur uniquement. Salon de jardin à disposition dans le beau jardin de la maison. Animaux de la ferme sur place (visite des lieux possible). Restaurant à 1 km.

Prix : 1 pers. 35 € 2 pers. 43 € 3 pers. 48 € repas 15 €
Ouvert : Toute l'année.

15	1	30	15	1	1	15	30	7	5	1

Philippe BELLET - Hameau le Bocage - 76110 GODERVILLE - Tél. : 02 35 27 73 19 - Fax : 02 35 27 15 63 - E-mail : pbellet@terre-net.fr - www.multimania.com/fermebellet

---

GRUCHET-SAINT-SIMEON Le Val Fleury
C.M. 52 Pli 14

2 ch. **Dieppe 20 km.** A 9 km de la mer, dans leur belle demeure de 1885 face à un grand jardin fleuri, Geneviève et Bernard Fleury vous proposent au 1er étage : une chambre de charme spacieuse (1 lit 2 pers., 1 lit 1 pers.) avec TV et sanitaires privatifs attenants et au 2e étage, sous de belles poutres : une vaste ch. (1 lit 2 pers.) avec s. d'eau et wc privatifs communicants. Endroit idéal pour vos week-end et séjours détente. Table d'hôtes sur réservation (cuisine familiale). Parking privé dans la propriété. Restaurant à 2 km.

Prix : 2 pers. 49 € 3 pers. 56 € repas 15 €
Ouvert : Toute l'année.

9	12	24	10	1	14	20	24	1	20	1

Geneviève et Bernard FLEURY - 262 rue du Val Lubin - 76810 GRUCHET-SAINT-SIMEON - Tél. : 02 35 83 88 98

GUERVILLE Ferme de la Haye
C.M. 52 Pli 5/6

1 ch. **Le Tréport 18 km.** Dominique et Jean Mairesse vous accueillent au r.d.c. d'une maison traditionnelle du XIXe siècle au milieu d'un bois où vous apprécierez la nature et le calme : 1 suite composée d'un coin-salon et d'une ch. familiale (1 lit 2 pers.) et (1 ch. 2 lits 1 pers.) avec s. d'eau et wc particuliers. Entrée indépendante. Chauffage central. Dîner (sur réservation) auprès d'une grande cheminée avec feu de bois. Restaurant à 7 km. Langues parlées : anglais, espagnol.

Prix : 1 pers. 27 € 2 pers. 37 € 3 pers. 46 € pers. sup. 9 € repas 13 €
Ouvert : Toute l'année.

18	18	6	6	2	9	30	6	SP	7	6

Jean et Dominique MAIRESSE - Ferme de la Haye - 76340 GUERVILLE - Tél. : 03 22 26 14 26

HARFLEUR
C.M. 52 Pli 11

3 ch. **Le Havre 6 km.** Pascal, artiste peintre, et Cécile Dechenaud vous ouvrent les portes de leur belle maison en pierres de taille du XVIIIe s., en plein cœur d'une petite ville. 1er ét. : 1 ch. (1 lit 2 pers.), s.d.b. et wc privatifs. 2e ét. : 1 ch. (1 lit 2 pers.), 1 ch. (1 lit 2 pers., 1 lit 1 pers.), s.d.b. et wc privatifs pour chacune. Possibilité d'équipement bébé (lit et chaise). Table d'hôtes sur réservation. Atelier de peinture et de sculpture sur place. Jardin clos (arbres fruitiers). Langue parlée : anglais.

Prix : 1 pers. 34 € 2 pers. 43 € 3 pers. 55 € pers. sup. 12 € repas 11 €
Ouvert : Toute l'année.

8	5	SP	1	4	12	SP	7	SP

Pascal DECHENAUD - 34 rue de la République - 76700 HARFLEUR - Tél. : 02 35 47 73 68 - Fax : 02 35 49 57 68

HAUDRICOURT Ferme de la Mare du Bois
C.M. 52 Pli 16

3 ch. **Aumale 6 km.** Stéphane et Florence Nuttens vous accueillent dans une grande maison de maître. 1er ét. : 3 ch. (1 lit 2 pers. chacune), s. d'eau et wc privés chacune. Location de salle (50 couverts) + camping à la ferme + gîte d'étape + possibilité de repas à la ferme sur place. Tarifs revus si plusieurs nuits en période hors saison. Petits chiens avec accord préalable du propriétaire.

Prix : 1 pers. 35 € 2 pers. 35 €
Ouvert : Toute l'année.

54	6	6	6	SP	SP	6	6

Stephane et Florence NUTTENS - Ferme de la Mare du Bois - route de Neufchâtel-Aumale - 76390 HAUDRICOURT - Tél. : 02 35 94 44 56 - Fax : 02 35 93 38 52 - E-mail : la.mare.du.bois@libertysurf.fr - www.LAMAREDUBOIS.com

---

HOUDETOT
C.M. 52 Pli 3

2 ch. **Saint-Valéry-en-Caux 12 km.** Dans une maison à colombages au milieu d'un bel espace vert, à 7 km de la mer. Au 1er ét. : 2 ch. (1 lit 2 pers., 1 lit 1 pers.) avec s. d'eau et wc particuliers. Entrée indépendante. Coin-cuisine. Salle de séjour à disposition des hôtes. Logement des chevaux sur place. Salon de jardin. Restaurant à Fontaine-le-Dun à 5 km. Langue parlée : anglais.

Prix : 1 pers. 28 € 2 pers. 36 € 3 pers. 46 €
Ouvert : Toute l'année.

7	12	6	7	5	25	SP	12	3

J-François et Cath. BOCQUET - 76740 HOUDETOT - Tél. : 02 35 97 08 73 - Fax : 02 35 57 19 21 -
E-mail : chambresbocquet@libertysurf.fr - www.chez.com/chambresbocquet

Normandie — Seine-Maritime

HOUDETOT La Ferme des Etocs
C.M. 52 Pli 13

4 ch. **Veules-les-Roses 7 km.** Au calme, Mr et Mme Delavigne vous proposent 4 ch. : 1 ch. familiale (2 ch. 1 lit 2 pers. chacune), s.d.b., wc privés non communicants, 1 ch. (1 lit 2 pers., 2 lits 1 pers.), s. d'eau, wc privés non communicants, 1 ch (2 lits 1 pers.), s. d'eau, wc privés non communicants, 1 ch. (1 lit 2 pers., 1 lit 1 pers.), s. d'eau, wc privés communicants. Vous pourrez profiter de plage de Veules-les-Roses, ou paysages cauchois ou encore rendre visite aux animaux de la Ferme des Etocs. Jardin avec jeux pour enfants et salons de jardin. Restaurant à 2 km. Langue parlée : anglais.

Prix : 1 pers. 27 € 2 pers. 34 € 3 pers. 43 € pers. sup. 10 €
Ouvert : Toute l'année.

7	12	12	7	7	5	25	SP	25	3

Michel DELAVIGNE - Ferme des Etocs - 76740 HOUDETOT - Tél. : 02 35 97 10 87 - Fax : 02 35 57 20 83 -
E-mail : michel.delavigne@wanadoo.fr

INGOUVILLE-SUR-MER
C.M. 52 Pli 13

2 ch. **Saint-Valéry-en-Caux 3 km.** Mer et campagne : tel est le thème de la décoration des deux chambres d'hôtes que vous proposent Nathalie et Christian, à la ferme et tout près de la plage. A l'étage de leur maison : 1 ch. (1 lit 2 pers.) et 1 ch. (1 lit 2 pers., 1 lit 120 cm.), chacune avec s. d'eau et wc privatifs communicants. Equipement bébé sur demande. Tarif 4 pers. : 53 €. Salon de jardin à disposition. Animaux sur place : veaux, vaches, moutons, chèvres, cheval et poules. Restaurant gastronomique dans la commune et grand choix de restauration dans la station animée de Saint-Valéry-en-Caux à 3 km. Langue parlée : anglais.

Prix : 1 pers. 27 € 2 pers. 36 € 3 pers. 46 € pers. sup. 11 €
Ouvert : Toute l'année.

3,5	3	10	13	3	10	30	10	SP	3	3

Christian et Nathalie OUIN - 49 Grande rue - 76460 INGOUVILLE-SUR-MER - Tél. : 02 35 57 26 45 ou 06 12 15 22 46 -
Fax : 02 35 57 26 45

ISNEAUVILLE La Muette
(TH) *C.M. 52 Pli 14*

4 ch. **Rouen 8 km.** A proximité immédiate de la forêt verte, Jacques et Danielle Auffret vous accueillent dans leur charmante propriété normande entièrement restaurée avec parc paysager de 8500 m². Dans un pressoir normand du XVIII° s., à proximité de la maison des propriétaires, accès indépendant, 4 ch. avec s. d'eau et wc privatifs à chacune (prise TV). 1 ch. (1 lit 2 pers., 1 lit 1 pers. dans 1 petite ch. contiguë), 1 ch. (1 lit 2 pers., 1 lit 1 pers. en mezz.), 1 ch. (1 lit 2 pers., 1 lit 1 pers.), 1 ch. (1 lit 2 pers., 1 lit 1 pers.). R.d.c. : séjour/salon avec cheminée. Labels Ch. de Charme et Gîte au Jardin. TH sur réservation 2 fois par semaine. Langue parlée : anglais.

Prix : 1 pers. 45 € 2 pers. 55 € 3 pers. 67/70 € repas 23 €
Ouvert : Fermé du 23/12 au 1/2.

5	1,5	4	3	8	2

Jacques et Danielle AUFFRET - 1057 rue des Bosquets - La Muette - 76230 ISNEAUVILLE - Tél. : 02 35 60 57 69 ou 06 86 78 43 91 -
Fax : 02 35 61 56 64 - E-mail : JDFTM.AUFFRET@wanadoo.fr - http ://lamuette.free.fr

JUMIEGES Le Relais de L'Abbaye
C.M. 52 Pli 13

4 ch. **Duclair 12 km.** A 25 km de Rouen, Brigitte et Patrick Chatel vous accueillent dans une belle maison normande de caractère. R.d.c. : 1 ch. (2 lits 1 pers.), lavabo, wc, douche privée dans le couloir, 1 ch. (1 lit 2 pers.), lavabo, wc, douche. 1 ch. (1 lit 2 pers.), s. d'eau et wc privés, 1 ch. (1 lit 2 pers., 1 lit 1 pers.), lavabo, wc, douche privée sur le palier. Entrée indépendante. Superbe jardin avec terrasse. Situé derrière l'abbaye, à l'orée d'un parc boisé. Le dépaysement est assuré et le calme garanti. Nombreux documents touristiques sur place. Possibilité de réservation de 6 mini-gites. Ferme-auberge et restaurant à 1 km.

Prix : 1 pers. 32 € 2 pers. 37 € 3 pers. 46 €
Ouvert : Toute l'année.

60	15	3	3	3	3	SP	25	1

Patrick et Brigitte CHATEL - 798 rue du Quesney - Le Relais de l'Abbaye - 76480 JUMIEGES - Tél. : 02 35 37 24 98 -
Fax : 02 35 37 24 98

JUMIEGES La Mare au Coq
C.M. 55 Pli 5

3 ch. **Duclair 12 km.** Belle charetterie restaurée, à colombages, face à l'Abbaye de Jumièges, proche du centre, au calme : 1 ch. (1 lit 2 pers.), 1 ch. (1 lit 2 pers., 1 lit 1 pers.), 1 ch. (1 lit 2 pers.) avec accès indépendant. Salle d'eau privée et wc pour chacune. Terrasse à disposition. Base de plein air avec nombreuses activités à 3 km. Sur la route des Abbayes normandes, au pied de l'Abbaye de Jumièges et sur la route des fruits. Langue parlée : anglais.

Prix : 2 pers. 36 € 3 pers. 48 €
Ouvert : Toute l'année.

60	15	3	3	3	3	SP	25	0,5

Sophie DOUILLET - Route du Mesnil - La Mare au coq - 76480 JUMIEGES - Tél. : 02 35 37 43 57 - Fax : 02 35 37 51 87

JUMIEGES Le Conihout
C.M. 52 Pli 13

2 ch. **Duclair 12 km.** A 25 km de Rouen, Jocelyne et Hubert Grandsire vous accueillent dans une maison récente à colombages en bord de Seine. Au 1er étage : 1 chambre (1 lit 2 pers.), 1 chambre (1 lit 2 pers., 1 lit 1 pers.), salle d'eau et wc privés à chacune. TV dans chaque chambre. Séjour. Jardin, salon de jardin sur terrasse. Restaurant à 3 km.

Prix : 1 pers. 27 € 2 pers. 34 € 3 pers. 38 €
Ouvert : Toute l'année.

60	15	3	3	3	SP	25	4

Hubert et Jocelyne GRANDSIRE - 1449 Le Conihout - 76480 JUMIEGES - Tél. : 02 35 37 33 79

Seine-Maritime — Normandie

LES LANDES-VIEILLES-ET-NEUVES Château des Landes
C.M. 52 Pli 16

5 ch. **Aumale 12 km.** Mme et Mr Simon vous reçoivent dans leur château du XIXè (parc d'1 ha. :arbres séculaires) à 200 m de la Basse Forêt d'Eu, à 5 km de la N29 Rouen/Amiens. 5 très grandes ch. 1er ét. : 1 ch. rose (1 lit 2 pers.), 1 suite : 1 ch. (1 lit 2 pers.) et 1 salon (2 lits 1 pers.). 2e ét. : 1 ch. (1 lit 2 pers.), 1 ch. (1 lit 2 pers., 1 lit 1 pers.), 1 ch. (3 lits 1 pers.). Salles d'eau et wc privés chacune. Suite 4 pers. de grand confort : 100 €. Salle à manger, séjour, salon/bibliothèque à dispo. Véranda pour petit-déjeuners. Lit enfant gratuit. Label Chambres de Charme. Langue parlée : anglais.

Prix : 1 pers. 41/47 € 2 pers. 47/56 € 3 pers. 73 € pers. sup. 17 €
Ouvert : Toute l'année.

42	12	14	12	12	30	SP	12	12	

Jacqueline et Gérard SIMON-LEMETTRE - Château des Landes - 76390 LES LANDES-VIEILLES-ET-NEUVES - Tél. : 02 35 94 03 79 - Fax : 02 35 94 03 79 - E-mail : jgsimon@chateaudeslandes.com - www.chateaudeslandes.com

LES LOGES Ferme du Jardinet
C.M. 52 Pli 11

2 ch. **Etretat 6 km.** Dans une maison de caractère traditionnelle, Béatrice et Laurent Vasse vous proposent à l'étage : 1 ch. (1 lit 2 pers.), s. d'eau et wc privés, 1 ch. familiale (1 ch. 2 lits 1 pers.) et (1 ch. 1 lit 2 pers.) avec s. d'eau et wc privés. Jardin arboré pour la détente. Abonnement tennis couvert et plein air. Logement de chevaux. Tarif 4 personnes : 57 €. Restaurant à 3 km.

Prix : 1 pers. 30 € 2 pers. 35 € 3 pers. 46 € pers. sup. 11 €
Ouvert : Toute l'année.

6	8	6	SP	6	6	SP	12	SP

Laurent et Béatrice VASSE - Ferme du Jardinet - 76790 LES LOGES - Tél. : 02 35 27 04 07

LONGUEIL Cavée des Longs Champs
C.M. 52 Pli 4

3 ch. **Dieppe 12 km.** A 3 km de la mer, près de Dieppe et de Varengeville, vous serez accueillis chaleureusement dans cette grande maison normande. Un chemin de randonnée longe la rivière jusqu'à la mer. A l'étage : 3 ch. (1 lit 2 pers.), 2 ch. (2 lits 1 pers.) avec s. d'eau et wc privatifs communicants et accès extérieur direct dont l'une sans communication intérieure. Grand séjour/salon avec TV à disposition. Possibilité lit pliant, chaise haute bébé et baby-sitting. Restaurant à 3 km. Langue parlée : anglais.

Prix : 1 pers. 31 € 2 pers. 43 € 3 pers. 54 € pers. sup. 11 €
Ouvert : Toute l'année.

3	12	18	5	SP	7	12	SP	12	6

Jocelyne DEBUF - Cavée des Longs Champs - 76860 LONGUEIL - Tél. : 02 35 04 50 27

LA MAILLERAYE-SUR-SEINE La Renardière
C.M. 52 Pli 13

3 ch. **Caudebec-en-Caux 7 km.** Dans le Parc des Boucles de la Seine Normande, vous serez accueillis dans une maison à colombages entourée d'un jardin d'agrément fleuri de 1000 m², au sein d'une propriété de 4 ha avec piscine privée (10*5 m) en bordure de forêt. A l'étage : 2 ch. avec chacune 2 lits jumeaux (90 cm) transformables en un seul lit de 2 pers. + 1 lit 1 pers. dans l'une d'elle. S. d'eau et wc privés pour chaque chambre. Au r.d.c. : salon avec cheminée à disposition. Dans un local annexe à prox. de la maison : 1 gde ch. avec 3 lits dont 2 transformables en un seul de 2 pers., s. d'eau, wc privés, espace cuisine et détente au r.d.c. Possibilité lits d'appoint. Langue parlée : anglais.

Prix : 1 pers. 30 € 2 pers. 40/43 € 3 pers. 53 € pers. sup. 11 €
Ouvert : Toute l'année.

50	SP	7	7	1	7	7	SP	20	1

Michel LEFRANCOIS - La Renardière - route de Brotonne - 76940 LA MAILLERAYE-SUR-SEINE - Tél. : 02 35 37 13 25 - Fax : 02 35 37 02 69

MANEGLISE Le Domaine de Branmaze
(TH) *C.M. 52 Pli 11*

2 ch. **Etretat 15 km.** Sur 2 ha., au cœur des champs, Carole et Yann Latourte vous accueillent dans leur ancien corps de ferme du XVIIIè s. planté d'arbres fruitiers et vous proposent à l'étage : 1 ch. 3 pers. (1 lit 2 pers., 1 lit 1 pers.) et 1 ch. familiale (1 ch. 1 lit 2 pers.) et (1 ch. 2 lits 1 pers.), s. d'eau et wc particuliers pour chaque chambre. Tarif 4 pers. : 70 €. A disposition des hôtes : salle à manger, salon, aire de jeux. Parking privé clos. Le Havre à 15 mn. A131 à 8 km. Accès : Etretat/Honfleur à 20 mn (A29) A prox. : GR21 et GR2. Table d'hôtes fermée le dimanche. Restaurant à 6 km.

Prix : 1 pers. 30 € 2 pers. 40 € 3 pers. 55 € pers. sup. 15 € repas 15 €
Ouvert : Toute l'année.

15	6	1,5	10	15	SP	10	1

Carole et Yann LATOURTE - 5 allée des Moniales - 76133 MANEGLISE - Tél. : 02 35 30 17 65 - E-mail : y.latourte@infonie.fr - http: perso.infonie.fr/y.latourte

MANEHOUVILLE Calnon
C.M. 52 Pli 14

2 ch. **Dieppe 8 km.** M.-Thérèse et Henri vous accueillent à la ferme dans leur maison de maître milieu XIXè s. A l'étage : 1 ch. avec cheminée (1 lit 2 pers., 1 lit 1 pers.), s. d'eau privée, 1 ch. avec cheminée (1 lit 2 pers., 1 lit 1 pers.) et 2 petites chambres communicantes (1 lit 2 pers., 1 clic-clac 2 pers.), s. d'eau privée, wc communs. Lit bébé. Salle de séjour, salon, cuisine à disposition. Jardin, salon de jardin et barbecue, parking. -10 % à partir de la 2e nuit. Restaurant à 4 km.

Prix : 1 pers. 24 € 2 pers. 32 € 3 pers. 40 € pers. sup. 9 €
Ouvert : Toute l'année.

8	8	8	6	6	6	8	3

Henri et M-Thérèse DURAME - Calnon - 76590 MANEHOUVILLE - Tél. : 02 35 85 41 41

Normandie — Seine-Maritime

MANIQUERVILLE
C.M. 52 Pli 2

2 ch. **Fécamp 7 km.** A 11 km d'Etretat. 2 chambres d'hôtes 2 et 4 pers. aménagées à l'étage d'une maison du XVIIè s. dans un clos masure : 1 ch. (2 lits 2 pers.), s. d'eau et wc privés non communicants, 1 ch. (1 lit 2 pers.), s. d'eau et wc privatifs. Coin-salon avec TV. Petit coin-cuisine sur jardin à disposition. Sur place : musée agricole et ferme de découverte. Restaurant à 2 km.

Prix : 1 pers. **26 €** 2 pers. **34 €** 3 pers. **43 €** pers. sup. **8 €**
Ouvert : Toute l'année.

5	7	7	2	7	10	10	10	1,5

P-Etienne et Fabienne DECHERF - 76400 MANIQUERVILLE - Tél. : 02 35 28 69 25 - Fax : 02 35 10 73 40 -
E-mail : ferme.musee@wanadoo.fr

MANNEVILLE-LA-GOUPIL Hameau d'Ecosse
(TH) *C.M. 52 Pli 12*

2 ch. **Etretat 15 km.** Dans une maison de maître de caractère du XVIIIè siècle, à 15 km du Pont de Normandie, Nicole et Hubert Loisel vous ouvrent leurs très belles chambres spacieuses. A l'étage : 1 ch. (2 lits 1 pers.), s. d'eau et wc privés, 1 ch. (1 lit 2 pers.), s. d'eau et wc privés. Possibilité lit d'appoint. Enfant supplémentaire : 8 €. TH sur réservation avec produits de la ferme, cidre inclus. Restaurant à 1 km. Langue parlée : anglais.

Prix : 2 pers. **45 €** 3 pers. **54 €** repas **20 €**
Ouvert : Toute l'année.

15	5	15	5	15	15	4	5	4

Hubert et Nicole LOISEL - Hameau d'Ecosse - 76110 MANNEVILLE-LA-GOUPIL - Tél. : 02 35 27 77 21 - Fax : 02 35 27 77 21

MELLEVILLE La Marette
C.M. 52 Pli 5

3 ch. **Le Tréport 13 km.** Maison 1900 entourée de jardins, à l'orée de la forêt d'Eu. A l'ét. : 2 ch. familiales dont l'1 (2 ch. 1 lit 2 pers. chacune), poss. d'ajouter 1 lit d'appoint dans une ch., s.d.b./wc séparés et privés. L'autre (2 ch. 1 lit 2 pers. chacune), lavabo/wc privés, s. d'eau commune, poss. d'ajouter 1 lit d'appoint dans une ch. 1 ch. (1 lit 2 pers.) avec lavabo et wc privés, salle d'eau commune. Possibilité un lit d'appoint : 15 €. Séjour, salle de jeux, salons de jardin et cuisine à disposition pendant l'été. Tarif suite 4 pers. 61 €/86 €. Restaurant à 7 km. Langues parlées : allemand, anglais.

Prix : 2 pers. **31/43 €** 3 pers. **61/86 €** pers. sup. **15 €**
Ouvert : Toute l'année.

14	12	7	4	7	14	SP	7	7

Etienne et Nelly GARCONNET - La Marette - 76260 MELLEVILLE - Tél. : 02 35 50 81 65 - Fax : 02 35 50 81 65

MESNIL-ESNARD Le Clos Bourgeot
C.M. 52 Pli 14

2 ch. **Rouen 6 km.** En bordure de forêt, entouré de 3 ha de prairies et au bout d'un chemin privé, Nathalie et Claude Trevet, passionnés de chevaux, vous accueillent dans leur maison du XIXe s. entièrement rénovée et très calme. R.d.c. avec accès indépendant : séjour à disposition des hôtes, TV. A l'étage : 2 ch. (1 lit 2 pers., 1 lit 1 pers.) avec s.d.b. et wc privés pour chaque ch. Equipement et lit bébé dans 1 chambre. Baby-sitting. Salon de jardin et barbecue à disposition (possibilité de pique-nique). Restaurant à 1 km.

Prix : 1 pers. **28 €** 2 pers. **34 €** pers. sup. **9 €**
Ouvert : Toute l'année.

60	2	10	10	1	1	10	SP	1

Nathalie TREVET - Chemin du Val aux Daims - Le Clos Bourgeot - 76240 MESNIL-ESNARD - Tél. : 02 35 79 83 83 - Fax : 02 35 79 83 83

MEULERS
(TH) *C.M. 52 Pli 4/5*

2 ch. **Dieppe 12 km.** Dans leur maison contemporaine avec véranda (vue sur la forêt) donnant sur le jardin, Maryse et Jean-Marie vous réservent 2 chambres à l'étage : 1 ch. (1 lit 2 pers., 1 lit bébé) avec lavabo, 1 ch. familiale (1 lit 2 pers., 1 lit 1 pers., 1 lit bébé) avec lavabo et 1 mezzanine (2 lits 1 pers. supplémentaires). Salle d'eau commune aux chambres. Tarif 4 pers. : 49 €. Restaurant à 4 km. Langues parlées : anglais, allemand.

Prix : 1 pers. **26 €** 2 pers. **31 €** 3 pers. **40 €** pers. sup. **9 €** repas **13 €**
Ouvert : Toute l'année.

12	8	8	8	2	8	SP	2	4

Maryse DUBOIS - 1071 route de Dieppe - 76510 MEULERS - Tél. : 02 35 83 45 70

MONTREUIL-EN-CAUX
 C.M. 52 Pli 14

2 ch. **Auffay 6 km.** A 30 km de Dieppe, dans un ancien four à pain avec grande cour : 1 ch. (1 lit 2 pers.), 1 ch. (1 lit 2 pers., 2 lits 1 pers.) avec salle d'eau privée pour chacune et wc communs. TV dans chaque chambre. Jardin et aire de jeux. Parking dans cour fermée. Restaurants à Auffay, Saint-Saëns, Tôtes, Bosc le Hard. Langue parlée : anglais.

Prix : 1 pers. **27 €** 2 pers. **32 €** 3 pers. **43 €** pers. sup. **9 €**
Ouvert : Toute l'année.

30	25	8	3	8	8	1	6	6

Didier et Maryline LAMPERIER - CD 96 - Le Bourg - 76850 MONTREUIL-EN-CAUX - Tél. : 02 35 32 63 47 -
E-mail : didier.LAMPERIER@wanadoo.fr

Seine-Maritime
Normandie

MORGNY-LA-POMMERAYE La Pommeraye (TH) C.M. 52 Pli 15

4 ch.
Rouen 15 km. Maurice et Josiane Piron vous accueillent dans leur château de 1870, entièrement rénovée avec jardin. Au 2ᵉ étage : 2 ch. (1 lit 2 pers. chacune) avec douche et wc privés, 1 ch. (2 lits 1 pers.), 1 ch. (1 lit 2 pers. et 2 lits 1 pers.) avec salles d'eau et wc privés. Lit bébé. Téléphone dans les chambres. Langue parlée : hollandais.

Prix : 1 pers. 24 € 2 pers. 29 € 3 pers. 41 € pers. sup. 12 € repas 12 €
Ouvert : Toute l'année.

🐕	⛱	🏊	🏊	🎾	🎣	🐎	🚶	🚂	🚆
50	15	10	10	10	10	SP	15	3	

Maurice et Josiane PIRON - La Pommeraye - 651 rue de la Pommeraye - 76750 MORGNY-LA-POMMERAYE - Tél. : 02 35 34 70 07 - Fax : 02 32 80 91 60

MOTTEVILLE L'Orangerie (TH) C.M. 52 Pli 13

5 ch.
Yvetot 6 km. Face au parc de l'ancien château de Motteville, Patrice Depinay vous reçoit à l'orangerie XVIIIè s. R.d.c. : 1 ch. (1 lit 2 pers., 1 lit 1 pers.). 1ᵉʳ ét. : 1 ch. (2 lits 1 pers.), 3 ch. (1 lit 2 pers.) dont 1 ch. en alcôve (lit de 130 cm.) et 1 ch. avec baldaquin. Salles d'eau ou salles de bains et wc privés selon les chambres. Equipement bébé. Séjour avec cheminée et TV. A disposition : 2 vélos et 1 tandem. Table d'hôtes sur réservation. Restaurant à 250 m.

Prix : 1 pers. 23 € 2 pers. 38/46 € pers. sup. 23 € repas 14 €
Ouvert : Toute l'année.

🐕	⛱	🏊	🏊	🎾	🎣	🐎	🚶	🚂	🚆
	28	6	12	6	6	28	8	0,5	1

Patrice DEPINAY - L'orangerie - Rue Alexis Ricordel - 76970 MOTTEVILLE - Tél. : 02 35 95 61 68 ou 02 35 92 41 89

NESLE-NORMANDEUSE C.M. 52 Pli 6

4 ch.
Le Tréport 25 km. Jacqueline Dujardin vous accueille dans sa propriété du XVIIIè s., à 3 km de la forêt d'Eu. Dans une annexe de la maison, de plain pied : 4 ch. dont s.d.b., wc privés et TV. 2 ch. (1 lit 2 pers.), 2 ch. (1 lit 2 pers., 1 lit 1 pers.). Jardin et chaises longues à disposition des hôtes. Petit-déjeuners servis dans la maison du propriétaire. Possibilité de pêche en étang (7,6 € par pers. et par jour). Restaurant à Blangy-sur-Bresle à 4 km.

Prix : 1 pers. 38 € 2 pers. 46 € 3 pers. 64 € pers. sup. 15 €
Ouvert : Toute l'année.

🐕	⛱	🏊	🎾	🚶	🚂
	28	30	3	4	3	4	4

Jacqueline DUJARDIN - 7 route de Campneuseville - 76340 NESLE-NORMANDEUSE - Tél. : 02 35 93 54 96

NEUFCHATEL-EN-BRAY Le Val Boury C.M. 52 Pli 15

4 ch.
Dieppe 25 km. A 2 pas du centre ville et au calme de la campagne, ancien cellier 17ᵉ siècle au pied d'une vallée et d'un chemin pédestre. 3 ch. (1 lit 2 pers.) avec s. d'eau et wc privatifs, 1 suite d'une ch. (3 lits 2 pers.) avec s. d'eau avec wc privatifs, lit bébé, poss. lit d'appoint. Baby-sitting. Jardin avec salon, barbecue, parc de jeux. Petit-déjeuner servi dans une vieille demeure typiquement Brayonne. Hébergement en gîte rural sur place. Restaurant à 500 mètres. Langues parlées : anglais, allemand.

Prix : 1 pers. 37 € 2 pers. 40 € 3 pers. 50 € pers. sup. 14 €
Ouvert : Toute l'année.

🐕	⛱	🏊	🏊	🎾	🎣	🐎	🚶	🚂	🚆
30	0,5	0,5	10	0,5	15	10	15	SP	1	SP

Xavier et Valérie LEFRANCOIS - Le Val Boury - 76270 NEUFCHATEL-EN-BRAY - Tél. : 02 35 93 26 95 - Fax : 02 32 97 12 30 - E-mail : xavier.lefrancois@wanadoo.fr - www.cellier-val-boury.com

NEVILLE Les Mésanges C.M. 52 Pli 13

1 ch.
Saint-Valéry-en-Caux 4 km. Au calme, dans une maison de construction récente à l'intérieur très chaleureux et au jardin très agréable, Armelle Patenotre vous propose une chambre d'hôtes spacieuse à l'étage (1 lit 2 pers.) avec salle d'eau et wc privés. TV et salon de jardin à disposition. Coin-cuisine au sous-sol à disposition au-delà de 2 nuits. Auberge à proximité. Langue parlée : anglais.

Prix : 1 pers. 27 € 2 pers. 38 €
Ouvert : Toute l'année.

🐕	⛱	🏊	🏊	🎾	🎣	🐎	🚶	🚆
	4	4	7	4	5	6	7	SP	SP

Armelle PATENOTRE - Les Mésanges - 33 Grande Rue - 76460 NEVILLE - Tél. : 02 35 97 94 48

OMONVILLE Les Ecureuils C.M. 52 Pli 14

4 ch.
Dieppe 15 km. Varengeville 10 km. Dans leur ferme en activité située entre le château et l'église, Mr et Mme Lemarchand vous invitent à passer un agréable séjour au calme, dans une maison du 17ᵉ siècle blottie dans un cadre verdoyant. Intérieur à colombages, cheminée. A l'ét. : 4 ch. dont 2 ch. (1 lit 2 pers.), 1 ch. (1 lit 2 pers., 1 lit 1 pers.), 1 ch. (1 lit 2 pers. + 1 lit 1 pers.), s. d'eau et wc privés. Lit et jeux pour enfants. Jardin à disposition des hôtes. Possibilité de cuisine. Chasse marée à 6 km. Connaissance des jardins floraux. Restaurant à 3 km.

Prix : 1 pers. 28 € 2 pers. 34/35 € 3 pers. 45 € pers. sup. 10 €
Ouvert : Toute l'année.

🐕	⛱	🏊	🏊	🎾	🎣	🐎	🚶	🚂	🚆
	15	15	15	3	8	8	8	12	3	8	3

Jérome et Nicole LEMARCHAND - Les Ecureuils - 542 rue Jacob Bontemps - 76730 OMONVILLE - Tél. : 02 35 83 21 69 - Fax : 02 35 83 21 69

Normandie — Seine-Maritime

OUAINVILLE Hameau de Bardeville — C.M. 52 Pli 13

3 ch. **Saint-Valéry 12 km, Fécamp 18 km.** A proximité de la côte et de plusieurs plages bordées des hautes falaises caractéristiques du Pays de Caux, Liliane a réussi une décoration feutrée et une atmosphère reposante, au calme de son jardin paysager avec piscine, dans un cadre champêtre. Maison de charme en briques et silex. Plain-pied : séjour-salon avec cheminée cauchoise, 1 ch. familiale (1 ch.1 lit 2 pers., 1 lit 1 pers.) et (1 ch. 2 lits 1 pers.), s.d.b./wc communs et accès indépendant. 2 ch. dont 1 accessible handicapés (1 lit 2 pers.), s. d'eau spatieuses et wc privatifs. Equipement bébé. Restaurant à 1 km. Langues parlées : anglais, hollandais.

Prix : 1 pers. 61 € 2 pers. 61 € 3 pers. 114 € pers. sup. 23 € repas 27 €
Ouvert : Toute l'année.

7	SP	2	2	2	3	37	2	1	20	1

Liliane DETOLLENAERE - Hameau de Bardeville - 76450 OUAINVILLE - Tél. : 02 35 97 86 88 - Fax : 02 35 97 86 88 - E-mail : maisondebardeville@wanadoo.fr - www.maisondebardeville.com

OUAINVILLE — C.M. 52 Pli 13

1 ch. **Cany-Barville 3 km.** Astrid et Bruno Lefrançois vous attendent dans leur belle maison restaurée en briques, entourée d'un agréable jardin fleuri. Au rez-de-chaussée : 1 chambre (1 lit 2 pers.), salle de bains et wc privés. Télévision. Equipement bébé. Salon de jardin. Base nautique à 3 km. Restaurant le plus proche à 3 km.

Prix : 1 pers. 27 € 2 pers. 38 € pers. sup. 11 €
Ouvert : Toute l'année.

9	3	3,5	3	3	9	25	1	12	3

Bruno et Astrid LEFRANCOIS - 76450 OUAINVILLE - Tél. : 02 35 97 33 15

OUAINVILLE La Varègue — C.M. 52 Pli 12

1 ch. **Fécamp 17 km.** Près de la mer et de la jolie vallée de la Durdent, Annie et Robert Vézier vous proposent 1 ch. (2 lits 1 pers.) de plain-pied avec s. d'eau et wc privatifs communicants dans leur maison en briques et silex entourée d'un jardin clos. Possibilité lit d'appoint pour enfant : 10 €. Salon de jardin et TV à disposition. Abri 2 roues. Baby-sitting possible. Restaurant à Cany-Barville à 3,5 km.

Prix : 1 pers. 28 € 2 pers. 34 € pers. sup. 10 €
Ouvert : Toute l'année.

7	3	4	4	3	4	34	4	3,5	15	3,5

A-Marie et Robert VEZIER - La Varegue - 76450 OUAINVILLE - Tél. : 02 35 97 05 53 - Fax : 02 35 97 05 53

OUVILLE-L'ABBAYE Le Prieuré — C.M. 52 Pli 13

5 ch. **Yerville 4 km.** Dans une grande maison, sur 2 hectares de pâture. A l'étage : 1 ch. (1 lit 2 pers., 2 lits 1 pers.), s.d.b. et wc privés, 4 ch. (1 lit 2 pers. 1 lit 1 pers. chacune), s. d'eau et wc privés, 2 ch. (1 lit 2 pers., lavabo chacune), s.d.b. et wc communs au 1/2 étage inférieur. Salle de séjour, salon, TV. Possibilité de cuisine sur place. Le week-end, possibilité de location des chambres + salle pour 40 personnes (+ 152,45 €). Restaurant à Yerville à 4 km. Langue parlée : anglais.

Prix : 1 pers. 24 € 2 pers. 33 € 3 pers. 39 € pers. sup. 5 €
Ouvert : Toute l'année.

22	12	20	4	10	30	2	10	4

Marianne et Vincent QUEVILLY - Le Prieure - 76760 OUVILLE-L'ABBAYE - Tél. : 02 35 95 32 66

PALUEL Conteville — C.M. 52

5 ch. **Saint-Valéry-en-Caux 7 km.** Près de Saint-Valéry-en-Caux : station classée, casino et animations tionnelle, à l'étage : 2 ch. 2 épis (2 lits 1 pers.), s.d.b., wc et TV chacune. 2 ch. 1 épi (1 lit 2 pers.), 1 ch. 1 épi (1 lit 1 pers.), s. d'eau et wc communs. Séjour, salon, TV, livres, jeux de société à disposition. Jardin, salon de jardin. Restaurant à 2 km.

Prix : 1 pers. 24 € 2 pers. 32/35 € pers. sup. 8 €
Ouvert : Toute l'année.

2	7	2	SP	7	2	SP	7	7

Marie-Claire LIARD - Hameau de Conteville - F. Cassette / 2025 rte St-Val. - 76450 PALUEL - Tél. : 02 35 57 11 83 ou 02 35 57 20 20

PALUEL Hameau de Conteville — C.M. 52 Pli 3

5 ch. **Saint-Valéry-en-Caux 7 km.** Dans un ancien pavillon de chasse, style XVIIIe, à 1,5 km de la mer, Danielle et Gil Carneiro ont aménagé 5 chambres. Au 2e ét. 3 ch. 1 épi : 1 ch. (4 lits 1 pers.), 1 ch. (2 lits 1 pers.), 1 ch. (1 lit 1 pers.), s. d'eau et wc communs. Au 1er ét. 2 ch. 2 épis : (1 lit 2 pers.), s.d.b. et wc privés communicants. TV dans chaque chambre. Poss. d'hébergement de chevaux. Grand parc de verdure, salon de jardin. Restaurant 1,5 km. Langues parlées : anglais, portugais.

Prix : 1 pers. 24/30 € 2 pers. 37/43 € 3 pers. 44 € pers. sup. 8 €
Ouvert : Toute l'année.

2	5	2	SP	7	30	7	7

Danielle et Gil CARNEIRO - Hameau de Conteville - Le Manoir de Conteville - 76450 PALUEL - Tél. : 02 35 97 19 24 - E-mail : manoirdecontevil@aol.com

Seine-Maritime — Normandie

POMMEREVAL Les Essarts
C.M. 52 Pli 15

5 ch. **Saint-Saëns 9 km.** Catherine Lerat vous reçoit dans une maison annexe à la sienne, au calme, en pleine campagne. 2 ch. Val y Got et Eawy (1 lit 2 pers.), 1 ch. Jacinthe (1 lit 2 pers., 1 lit 1 pers.), 1 ch. De Pomm (2 lits 1 pers.), 1 ch. Limousin (5 lits 1 pers.), s.d.b. et wc privés pour chacune des chambres. Tarif 5 pers. : 61 €. R.d.c. : salle avec salon-cuisine. Possibilité de logement de chevaux sur place. Label Cheval. Restaurant à 8 km. Langues parlées : anglais, espagnol.

Prix : 2 pers. **34/38** € 3 pers. **46** € pers. sup. **12** €
Ouvert : Toute l'année.

🐕	⛱	🏊	🚣	🎾	🐎	🚶	⛳	🚂	🛒
30	10	10	SP	SP	10	2	25	9	

Catherine LERAT - Centre Equestre - Les Essarts - 76680 POMMEREVAL - Tél. : 02 35 93 09 05

PONTS-ET-MARAIS
C.M. 52 Pli 5

3 ch. **Eu 3 km.** Tout près de la mer et avec une très belle vue sur la vallée de la Bresle, Christian et Christiane Lepan vous proposent 3 chambres confortables, à la décoration gaie, dans leur grande maison entourée d'un jardin clos bien fleuri. Au r.d.c. : séjour/salon, cheminée, véranda. Salon de jardin et barbecue. 1 ch. bleue (1 lit 2 pers.), s. d'eau et wc communicants. Etage : 1 ch. rose (1 lit 2 pers.) avec wc privés séparés, 1 ch. verte (1 lit 2 pers., 1 lit 1 pers., 1 lit d'appoint), s. d'eau et wc communicants. Coin-cuisine à disposition. Restaurant à 3 km.

Prix : 1 pers. **39** € 2 pers. **39** € 3 pers. **47** € pers. sup. **9** €
Ouvert : Toute l'année.

🐕	⛱	🏊	🚣	🎾	🐎	🚶	⛳	🚂	🛒
5	5	3	3	1	3	30	10	SP	3	3

Christian LEPAN - Chemin de Jérusalem - 76260 PONTS-ET-MARAIS - Tél. : 02 35 86 50 67 - Fax : 03 22 30 35 65

POURVILLE-SUR-MER Les Hauts de Pourville
C.M. 52 Pli 4

3 ch. **Dieppe 2 km.** Colette Marchand vous reçoit dans sa maison moderne située en haut de la falaise avec vue imprenable sur les falaises de Varengeville et la vallée. Patio avec chaises longues. Possibilité de pique-nique. Piscine couverte chauffée. 3 chambres avec salles d'eau, wc séparés et communs. Salon avec cheminée. Parking. Auberge à proximité. Langue parlée : espagnol.

Prix : 2 pers. **40/43** €
Ouvert : Toute l'année.

🐕	⛱	🏊	🚣	🎾	🐎	🚶	🚂	🛒
0,5	SP	1	1	5	1	SP	3	3

Colette MARCHAND - Les Hauts de Pourville - 76550 POURVILLE-SUR-MER - Tél. : 02 35 84 14 29

PREAUX La Boissière
C.M. 52 Pli 15

4 ch. **Rouen 10 km.** Estelle Alexandre vous ouvre sa grange restaurée de style normand dans un endroit calme. Au r.d.c. : 1 ch. (1 lit 2 pers.), s. d'eau et wc privés, 1 ch. familiale (1 ch. 1 lit 2 pers.) et (1 ch. 2 lits 1 pers.), s. d'eau et wc privés. A l'ét. : 1 ch. (1 lit 2 pers.), 2 lits 1 pers.), s. d'eau et wc privés pour chacune. Possibilité de cuisine. Jardin. Salle-salon privés à disposition. Tarif 4 pers : 49 €. Restaurant à 4 km.

Prix : 1 pers. **24** € 2 pers. **30/34** € 3 pers. **40** € pers. sup. **9** €
Ouvert : Toute l'année.

🐕	⛱	🏊	🎾	🐎	🚶	🚂	🛒
50	10	SP	9	SP	10	SP	

Estelle ALEXANDRE - 298 rue du Stade - 76160 PREAUX - Tél. : 02 35 59 06 26 - Fax : 02 35 59 06 26 - E-mail : estelle.alex@infonie.fr

PRETOT-VICQUEMARE
C.M. 52 Pli 13

1 ch. **Veules-les-Roses 16 km.** Marie-Thérèse et Jean-Pierre Maupas vous accueillent dans leur maison des XVIII et XIXᵉ siècles rénovée avec un jardin clos. Ils vous offrent un appartement familial mansardé : (1 ch. 1 lit 2 pers.) et (1 ch. 2 lits 1 pers.), s.d.b. et wc privés. Séjour, salon et TV à disposition. Poss. lit enfant. Tarif 4 pers. : 47 €. Restaurant à 3 km. Langue parlée : anglais.

Prix : 1 pers. **29** € 2 pers. **34** € 3 pers. **40** € pers. sup. **7** €
Ouvert : Toute l'année.

🐕	⛱	🏊	🚣	🐎	🚶	🚂	🛒
16	15	15	15	SP	15	4	

J-Pierre et M-Thérèse MAUPAS - 4 Route de Boudeville - 76560 PRETOT-VICQUEMARE - Tél. : 02 35 96 08 72

QUIBERVILLE-SUR-MER Les Vergers
C.M. 52 Pli 4

3 ch. **Dieppe 15 km.** M-France et Christian Auclert vous accueillent dans leur château, grand confort et calme. 1ᵉʳ ét. : 1 ch. (1 lit 2 pers.), s.d.b./wc privés. 2ᵉ ét. : 1 ch. (3 lits 1 pers.), s. de bains/wc privés, 1 ch. familiale : 1 ch. (1 lit 2 pers.) et 1 ch. (2 lits 1 pers.), s. de bains/wc privés. Jardin paysager. Tarif 4 pers. : 78 €. Restaurant à Quiberville-sur-Mer à 1 km et Dieppe à 15 km. Langue parlée : anglais.

Prix : 1 pers. **40** € 2 pers. **55** € 3 pers. **64** € pers. sup. **14** €
Ouvert : Toute l'année.

🐕	⛱	🏊	🚣	🎾	🐎	🚶	⛳	🚶	🚂	🛒
1	15	1	1	1	12	10	1		15	8

Christian et M-France AUCLERT - Rue des Vergers - 76860 QUIBERVILLE-SUR-MER - Tél. : 02 35 83 16 10 - Fax : 02 35 83 36 46 - E-mail : chauclert@aol.com

Normandie — Seine-Maritime

LA REMUEE Hameau d'Alençon   (TH)   C.M. 52 Pli 12

2 ch.

Etretat 25 km, Honfleur 15 km. Marie-Christine et sa famille vous invitent à la détente au calme de leur cour masure pleine de charme. Belle maison XVII° s. récemment rénovée : séjour, salon avec cheminée et TV au r.d.c. 2° étage : 1 ch. 2 épis (1 lit 2 pers.), salle d'eau non cloisonnée, wc non communicants, 1 ch. 3 épis (1 lit 2 pers.), salle d'eau et wc communicants. Accueil de chevaux. Sortie A29 à 3 km. Sur la route des abbayes et sur l'axe Etretat-Honfleur par le pont de Normandie. Restaurant à 3 km.

Prix : 1 pers. 30/37 € 2 pers. 37/43 € 3 pers. 53 € repas 18 €
Ouvert : Toute l'année.

🐕	⛱	🏊	🎣	🎾	🐎	⛳	👥	🚲	🚂
25	3	8	SP	5	20	18	1	10	2

Marie-Christine LEMARCHAND - 6 rue des Narcisses - Hameau d'Alençon - 76430 LA-REMUEE - Tél. : 02 35 55 72 88 ou 06 87 83 27 88 - Fax : 02 35 55 72 88 - E-mail : lemarchand.justine@voila.fr - www.chambres-normandy.fr.st

REUVILLE   C.M. 52 Pli 13

1 ch.

Doudeville 6 km. Dans un corps de ferme normand, Aline vous invite dans une maison traditionnelle à l'intérieur à colombages, au calme. A l'étage : une chambre familiale (1 ch. 1 lit 2 pers.) avec possibilité de (1 ch. 2 lits 1 pers. supplémentaires). Salle d'eau et wc privés. Salle de séjour, salon, cheminée, TV à disposition. Restaurant à 500 m.

Prix : 1 pers. 27 € 2 pers. 35 € 3 pers. 43 € pers. sup. 8 €
Ouvert : Toute l'année.

🐕	⛱	🏊	🎣	🎾	🐎	⛳	👥	🚲	🚂
15	7	7	0,5	10	6	5	6	1	

Aline LAINE - 76560 REUVILLE - Tél. : 02 35 95 24 01

ROUEN   C.M. 52 Pli 14

3 ch.

Philippe Aunay vous fera découvrir toutes les facettes de Rouen. Il vous reçoit dans sa maison (XVe/XVII°) appartenant à la famille depuis le XIX° siècle, entièrement meublée avec de nombreuses collections d'objets et meubles normands. 1er étage : 1 ch. (1 lit 2 pers.), s. de bains et wc privés. 3° étage : 1 ch. (2 lits 1 pers.), s. de bains et wc privés. 3° étage : 1 ch. familiale (1 ch. 1 lit 2 pers.) et (1 ch. 1 lit 1 pers.), s. de bains et wc privés. Poss. cuisine pour 2 ch. Salle de séjour avec coin-salon. Au centre historique de Rouen, à 150 m. de la Cathédrale et du Gros Horloge. Langues parlées : allemand, anglais.

Prix : 1 pers. 35 € 2 pers. 50 € pers. sup. 25 €
Ouvert : Toute l'année.

🐕	⛱	🏊	🎣	🎾	🐎	⛳	👥	🚲	🚂
60	1	25	3	11	5	11	1		SP

Philippe AUNAY - 45 rue aux Ours - 76000 ROUEN - Tél. : 02 35 70 99 68

ROUVILLE Ferme du Château   (TH)   C.M. 52 Pli 12

3 ch.

Bolbec 6 km, Honfleur 30 mn. Dans leur maison de caractère époque Henri IV avec jardin fleuri, en dehors du village, M-Madeleine et J-Claude vous proposent, à l'ét. : 1 ch. familiale (2 ch. 1 lit 2 pers. chacune), 1 ch. familiale (1 ch. 1 lit 2 pers.) et (1 ch. 1 lit 1 pers.), 1 ch. familiale (1 ch. 1 lit 1 pers.) et (1 ch. 1 lit 2 pers.), s. d'eau et wc privés séparés pour chaque ch. Equipement bébé complet. Séjour, TV, salon de jardin et barbecue à disposition. Tarif 4 pers. : 62 €. Tarifs dégressifs si + d'une nuit. Tarifs V.R.P. ou déplacement 24 €/chambre/pers. Restaurants à Fauville et Bolbec à 6 km.

Prix : 1 pers. 34 € 2 pers. 38 € 3 pers. 58 € repas 13 €
Ouvert : Toute l'année.

🐕	⛱	🏊	🎣	🎾	🐎	⛳	👥	🚲	🚂
18	5	18	5	6	20	SP	10	2	

J-Cl. et M-Madeleine HERVIEUX - Ferme du Château - 76210 ROUVILLE - Tél. : 02 35 31 13 98 - Fax : 02 35 39 00 77 - E-mail : hervieux@libertysurf.fr - www.chez.com/giteschambres

SAANE-SAINT-JUST   C.M. 52 Pli 14

5 ch.

Dieppe 25 km. Dans un bâtiment restauré en briques et silex, intérieur à colombages et mitoyen à 2 gîtes ruraux, Denise vous garantit confort et convivialité. Jardin, aire de jeux. Grande salle/salon, prise TV, bibliothèque, possibilité de cuisine, cheminée. A l'ét. : 2 ch. (1 lit 2 pers.), s. de bains et wc privés. 2 ch. (1 lit 2 pers., 2 lits 14 pers.), s.d.b., wc privés, 1 ch. (1 lit 2 pers.), s. d'eau et wc privés. Possibilité de louer tout l'ensemble. Equipement bébé sur place. Point phone. Restaurant à Saint-Laurent-en-Caux à 3 km.

Prix : 1 pers. 23 € 2 pers. 29 € 3 pers. 40 € pers. sup. 11 €
Ouvert : Toute l'année.

🐕	⛱	🏊	🎣	🎾	🐎	⛳	👥	🚲	🚂
20	8	8	8	12	25	SP	25	3	

Denise FAUVEL - Route de la Mer - 76730 SAANE-SAINT-JUST - Tél. : 02 35 83 24 37 - Fax : 02 35 83 24 37 - www.fauvel.fr.st

SAINNEVILLE-SUR-SEINE Ferme Drumare

3 ch.

Etretat 15 km. Christine et Bruno vous accueillent à la ferme, dans une maison familiale du XVI° s. où vous séjournerez dans un environnement calme, reposant et verdoyant. Ils vous proposent, à l'étage avec accès indépendant, 1 ch. (1 lit 2 pers.), s.d.b et wc privatifs, 1 ch. (1 lit 2 pers., 1 lit 1 pers.) et 1 ch. (2 lits 2 pers.) avec s. d'eau privatives chacune. TV et prise tél. dans chaque chambre. Kitchenette, équipement bébé. Salon de jardin, barbecue et jeux d'enfants à disposition. Restaurant et ferme auberge à 7 km. A 15 mn. de Honfleur, 20 mn. d'Etretat et 10 mn. du Havre.

Prix : 1 pers. 34 € 2 pers. 41 € 3 pers. 50 € pers. sup. 9 €
Ouvert : Toute l'année.

🐕	⛱	🏊	🎣	🎾	🐎	⛳	👥	🚲	🚂
15	6	1	6	12	SP	7	1		

Bruno et Christine DERREY - Ferme Drumare - route de Montivilliers - CD39 - 76430 SAINNEVILLE-SUR-SEINE - Tél. : 02 35 20 59 29 ou 06 07 70 01 01 - Fax : 02 35 30 68 59 - E-mail : derrey.christine@libertysurf.fr

Seine-Maritime *Normandie*

SASSETOT-LE-MAUCONDUIT Hameau Le Hêtre *C.M. 52 Pli 12*

2 ch. **Cany-Barville 6 km.** A la campagne, à 3 minutes de la plage, vous serez accueillis dans une jolie maison normande. La ferme aux canards vous propose 2 chambres avec TV. 1 ch. au r.d.c avec accès indépendant (2 lits 1 pers.), s. d'eau, wc privatifs communicants. A l'étage : 1 ch. (1 lit 2 pers.), s. d'eau, wc privatifs communicants. Lit enfant et possibilité lits supplémentaires. A disposition : salon avec cheminée, tennis privé réservé aux vacanciers. Table d'hôtes sur réservation.

Prix : 1 pers. 30/35 € 2 pers. 36/40 € pers. sup. 12 € repas 22 €
Ouvert : Toute l'année.

5	6	10	5	SP	6	23	10	SP	8	2

Yannick et Sylvie BOURDET - HAMEAU LE HETRE - 76540 SASSETOT-LE-MAUCONDUIT - Tél. : 02 35 28 91 44 ou 06 20 13 95 75

SASSETOT-LE-MAUCONDUIT Hameau de Criquemanville *C.M. 52 Pli 12*

4 ch. **Cany-Barville 6 km.** Danièle et Michel Soudry vous accueillent dans leur très belle maison normande du XVIIIè s. A l'ét. : 2 ch. (1 lit 2 pers.) dont une de caractère, 1 ch. (1 lit 2 pers., 1 lit 1 pers.), 1 ch. avec balcon (1 lit 2 pers., 2 lits 1 pers.), s. d'eau et wc pour chacune. A disposition : kitchenette, séjour avec TV, salon de jardin, garage. Tarif 4 pers : 52 €. Restaurants à Sassetot-le-Mauconduit et Cany-Barville (2 et 6 km).

Prix : 1 pers. 31 € 2 pers. 36 € 3 pers. 42 € pers. sup. 10 €
Ouvert : Toute l'année.

3	6	6	2	2	10	SP	10	2

Michel et Danièle SOUDRY - Hameau de Criquemanville - 76540 SASSETOT-LE-MAUCONDUIT - Tél. : 02 35 27 45 64

SASSETOT-LE-MAUCONDUIT Hameau d'Anneville

5 ch. **Fécamp 15 km.** Dans un corps de ferme, au calme d'un hameau facile d'accès. 2 ch. au 1er ét. de la maison avec s. d'eau/wc privatifs pour chaque ch. : 1 ch. (1 lit 2 pers., 1 lit 1 pers.), 1 ch. familiale (2 petites ch. avec 2 lits jumeaux chacune). 3 ch. dans une petite maison indépendante de la maison des propriétaires (2 lits jumeaux 1 pers.), s. d'eau/wc privatifs pour chacune. R.d.c. : cuisine réservée aux chambres d'hôtes. Kiosque vitré à disposition pour votre détente. Eric et Maryse Morel peuvent aussi vous proposer 2 gîtes ruraux de 10 et 12 personnes. Petits animaux acceptés en laisse. Restaurant à 2,5 km.

Prix : 1 pers. 27 € 2 pers. 35/45 € 3 pers. 45 € pers. sup. 10 €
Ouvert : Toute l'année.

5	8	10	10	2	2	35	10	2	20	2,5

Eric et Maryse MOREL - La Ferme d'Anneville - Hameau d'Anneville BP 5 - 76540 SASSETOT-LE-MAUCONDUIT - Tél. : 02 35 27 43 08 - Fax : 02 35 27 02 92

SAUCHAY-LE-HAUT *C.M. 52 Pli 4*

1 ch. **Dieppe 12 km.** Monsieur Dini vous accueille au Manoir de Sauchay (XVIIIè s.), dans le cadre de son parc entouré de bois, non loin de la mer. A l'ét. : 1 ch. familiale avec sanitaires privatifs (1 ch. 1 lit 160 cm.) et (1 ch. 1 lit 140 cm.) séparées par une s.d.b. spacieuse avec baignoire jacuzzi et 2 vasques, wc. Salon de jardin. Restaurant à 6 km. Langues parlées : italien, anglais.

Prix : 1 pers. 30 € 2 pers. 46 € 3 pers. 76 € pers. sup. 30 €
Ouvert : De février à décembre.

6	6	8	6	2	12	12	7

Césare et David DINI - Manoir de Sauchay-le-Haut - 76630 ENVERMEU - Tél. : 02 35 85 74 15 - Fax : 02 35 85 06 35 - E-mail : david.dini@caramail.com - www.lemanoirdesauchay.com

SAUSSEUZEMARE-EN-CAUX La Mare du Montier *C.M. 52 Pli 12*

3 ch. **Fécamp 8 km.** Entre Etretat et Fécamp, dans une maison normande du XVIIIè s. située au calme, en campagne, 3 ch. joliment décorées à l'ét. (2 pers. uniquement) accès indépendant : 1 lit 2 pers., s. d'eau et wc privés attenants pour chaque ch. Vous apprécierez le grand séjour avec cheminée et gouterez aux plaisirs d'une table raffinée élaborée avec les produits du jardin. Table d'hôtes sur réservation. Tarif 1/2 pension : 70/75 € pour 2 personnes.

Prix : 1 pers. 35 € 2 pers. 40/45 € repas 20 € 1/2 pens. 70/75 €
Ouvert : Toute l'année.

10	2	10	2	10	10	SP	8	3

Josette COISY - La Mare du Montier - D72 - 76110 SAUSSEUZEMARE - Tél. : 02 35 27 93 55 - Fax : 02 35 27 93 55 - E-mail : nicole.coisy@wanadoo.fr

SENNEVILLE-SUR-FECAMP Val de la Mer *C.M. 52 Pli 12*

3 ch. **Fécamp 3,5 km.** Dans leur maison de style normand et de caractère, Mireille et André Lethuillier vous accueillent et mettent à votre disposition, au r.d.c. : 1 ch. (2 lits 1 pers.), salle de bains et wc privés. Etage : 1 ch. (1 lit 2 pers., 1 lit 1 pers.), s. d'eau et wc privés, 1 ch. (1 lit 2 pers.), salle de bains et wc privés. Restaurant à Fécamp à 3,5 km.

Prix : 1 pers. 39 € 2 pers. 50 € 3 pers. 61 €
Ouvert : Toute l'année sauf août.

1	3,5	3,5	3,5	3	18	SP	3,5	3,5

André et Mireille LETHUILLIER - Val de la Mer - 76400 SENNEVILLE-SUR-FECAMP - Tél. : 02 35 28 41 93

Normandie — Seine-Maritime

SEPT-MEULES La Motte
C.M. 52 Pli 5

4 ch. **Le Tréport 13 km.** Dans un corps de ferme du 17e s. avec un colombier original, bordant une rivière, Marie-Claude Tailleux vous propose 4 ch. à l'étage de sa maison en briques couverte de vigne vierge : 2 ch. 1 épi (1 lit 2 pers.), lavabo, wc et douche communs, 2 ch. 2 épis (1 lit 2 pers.), s. d'eau/wc privatifs communicants. Salle avec coin-cuisine, salon de jardin et barbecue à disposition. Possibilité logement pour chevaux. Mare non close. Label Pêche. Restaurant à 5 km. Langue parlée : anglais.

Prix : 1 pers. 26/30 € 2 pers. 30/37 € 3 pers. 44 € pers. sup. 9 €
Ouvert : Toute l'année.

12	10	12	SP	13	12	30	12	SP	13	SP

Marie-Claude TAILLEUX-DEVY - FERME DE LA MOTTE - 76260 SEPT-MEULES - Tél. : 02 35 50 81 31 - Fax : 02 35 50 81 31

SOMMERY Ferme de Bray
C.M. 52

5 ch. **Forges-les-Eaux 10 km.** Liliane et Patrice Perrier vous reçoivent dans leur belle et grande demeure de charme en briques (XVI/XVIIè s.) entourée d'un parc floral, cadre champêtre (nombreuses animations proposées sur place). A l'étage : 1 ch. (1 lit 2 pers.), 3 ch. (1 lit 2 pers., 1 lit 1 pers. chacune), 1 ch. (2 lits 2 pers.), s.d.b. et wc privés. Séjour. Visite de la ferme. (moulin, pressoir, colombier, laiterie). Etangs de pêche. Location de salle et cuisine pour 100 pers. Tarif 4 pers. : 58 €. Lit enfant : 8 €. Forges-les-Eaux à 7 km. Restaurant à 800 m.

Prix : 1 pers. 34 € 2 pers. 41 € 3 pers. 49 € pers. sup. 9 €
Ouvert : Toute l'année.

40	7	SP	2	7	15	SP	3	2

Patrice et Liliane PERRIER - Ferme de Bray - 76440 SOMMERY - Tél. : 02 35 90 57 27 - E-mail : ferme.de.bray@wanadoo.fr - http://ferme.de.bray.free.fr

SOTTEVILLE-SUR-MER Le Bout du Haut
C.M. 989 Pli 5

3 ch. **Saint-Valéry-en-Caux 10 km.** A 800 m. de la mer, Denise et François Lefebvre, agriculteurs, vous accueillent dans une maison de construction récente (1980) et de style traditionnel à proximité de la leur (ancienne maison de tisserands), au calme, dans un jardin fleuri. 1er ét. : 2 ch. (1 lit 2 pers.), 1 ch. (1 lit 2 pers., 1 lit 1 pers.) avec salles d'eau et wc privés. Séjour, salon et TV à disposition. Parking. Possibilité logement chevaux. Veules-les-Roses à 2,5 km et Dieppe à 20 km. Restaurant à 400 m. Langue parlée : anglais.

Prix : 1 pers. 35 € 2 pers. 35 € 3 pers. 47 € pers. sup. 12 € repas 14 €
Ouvert : Toute l'année.

1	9	1	0,5	3	15	SP	10	0,5

François et Denise LEFEBVRE - Rue du Bout du haut - 76740 SOTTEVILLE-SUR-MER - Tél. : 02 35 97 61 05 - Fax : 02 35 97 61 05

ST-ANDRE-SUR-CAILLY Le Varat
C.M. 52 Pli 14

1 ch. **Rouen 15 km.** Jacqueline et Jean Boutry vous invitent dans un cadre champêtre et calme, à l'ambiance familiale. Maison traditionnelle en lisière de bois comprenant 1 chambre (1 lit 2 pers., 1 lit 1 pers.), bibliothèque dans un petit salon particulier. Salle d'eau et wc privés. Possibilité cuisine. Lit et chaise bébé. Parc zoologique de Clères à 11 km. Parc d'attraction du Bocasse à 12 km. Restaurant à 6 km.

Prix : 1 pers. 28 € 2 pers. 36 € 3 pers. 43 € pers. sup. 8 €
Ouvert : Toute l'année.

50	10	10	1	3	15	10	SP	15	6

Jean et Jacqueline BOUTRY - Le Varat - 76690 SAINT-ANDRE-SUR-CAILLY - Tél. : 02 35 34 71 28 - Fax : 02 35 34 71 28

ST-ARNOULT
C.M. 52 Pli 12

2 ch. **Caudebec-en-Caux 5 km.** Dans une maison du XIXe s., à l'étage : 1 ch. (1 lit 2 pers.), 1 canapé 2 pers., s. d'eau et wc privés, 1 ch. (1 lit 2 pers.), 1 canapé 2 pers., s. d'eau privée et wc communs. Séjour. Jardin d'agrément et aire de jeux. Equipement bébé. Logement de chevaux. Fax à disposition. Téléphone avec compteur. Ferme auberge sur place sur réservation. Menus de 14 à 24 €. Table d'hôtes exclusivement du lundi au vendredi midi / ferme auberge le week-end). Cartes de crédit acceptées. Soirée étape VRP : 43 €/pers. Soirée : jeux de société. Possibilité location vélos et VTT. Accueil camping-cars. Langue parlée : anglais.

Prix : 1 pers. 33 € 2 pers. 37 € 3 pers. 50 € pers. sup. 13 € repas 14/24 €
Ouvert : Toute l'année.

30	5	5	2	3	20	SP	15	5

Lucien et Chantal LEFRANCOIS - Route de la Bergerie - 76490 SAINT-ARNOULT - Tél. : 02 35 56 75 84 - Fax : 02 35 56 75 84 - E-mail : ferme-auberge-la-Bergerie@wanadoo.fr

ST-AUBIN-LE-CAUF La Châtellenie
C.M. 52 Pli 4

5 ch. **Dieppe 10 km.** Au calme d'une belle vallée, dans un château du 18e siècle offrant une salle de réception et entouré d'un grand parc avec rivière, Agnès Bosselin vous propose 3 ch. (1 lit 2 pers.) dont une au r.d.c., 1 ch. (3 lits 1 pers.) et 1 ch. (2 lits 1 pers.) avec s. d'eau et wc attenants. Salons détente au r.d.c. et à l'étage. Pêche en rivière et en étang sur place, ping-pong, pétanque, local fermé pour vélos, salon de jardin et tonnelle. Label Chambres de Charme. Restaurant à 3 km.

Prix : 1 pers. 45 € 2 pers. 49/60 € 3 pers. 70 € pers. sup. 16 €
Ouvert : Du 15 mars au 1er novembre.

12	4	SP	SP	10	3	12	4	SP	11	0,5

Agnès BOSSELIN - La Chatellenie - 76510 SAINT-AUBIN-LE-CAUF - Tél. : 02 35 85 88 69 - Fax : 02 35 85 84 21 - E-mail : lachatellenie@wanadoo.fr - www.planete-b.fr/la-chatellenie

Seine-Maritime — *Normandie*

ST-AUBIN-ROUTOT Chemin de la Cure
C.M. 52 Pli 12

3 ch. **Le Havre 17 km.** Maison normande à colombages comprenant au r.d.c. : séjour, 1 ch. (1 lit 2 pers., 1 lit 1 pers.), s. d'eau et wc privés, possibilité cuisine. A l'ét. : 2 ch. dont 1 ch. (1 lit 2 pers., 1 lit 130 cm.), s. d'eau et wc privés et 1 ch. familiale (1 ch. 1 lit 2 pers.) et (1 ch. 1 lit 2 pers.), douche avec lavabo privative communicante, wc privatifs, lavabo sur le palier. Tarif 4 pers. : 56 €. Jardin fleuri, jeux d'enfants, ping-pong, barbecue. Possibilité cuisine dans un chalet indépendant. Restaurant à Saint-Romain-de-Colbosc à 3 km.

Prix : 1 pers. **26** € 2 pers. **32** € 3 pers. **44** € pers. sup. **12** €
Ouvert : Toute l'année.

🐕	⛱	🏊	🎾	🐎	🎣	⛷	🚲	🚂
18	3	3	3	10	20	SP	17	3

Jean et Jeanine THIREL - La Cour Normande - 76430 SAINT-AUBIN-ROUTOT - Tél. : 02 35 20 04 89 - Fax : 02 35 20 04 89

ST-AUBIN-SUR-MER Ramouville
C.M. 231 Pli 10

5 ch. **Dieppe 18 km.** Mr et Mme Genty vous accueillent dans leur maison. 2 ch. (accès ind.) : 1 ch. au r.d.c. (1 lit 2 pers., 1 lit 1 pers.), s. d'eau + wc privés, 1 ch. à l'ét. (1 lit 2 pers.), s.d.b. + wc privés. Dans 1 annexe 1 ch. au r.d.c. avec accès ind. (1 lit 2 pers., 2 lits 1 pers.). Et. : 1 ch. (2 lits 1 pers.), 1 ch. (3 lits 1 pers.), s. d'eau + wc privés pour chacune. Coin-cuisine/détente au r.d.c. avec TV. Logement de chevaux sur place. Dans un val, beau corps de ferme restauré. Four à pain 18e s. Varengeville et Veules-les-Roses à 6 km. Stage garniture de siège sur demande. Restaurant à 1,5 km.

Prix : 1 pers. **32** € 2 pers. **41** € 3 pers. **54** € pers. sup. **13** €
Ouvert : Toute l'année.

🐕	⛱	🏊	🎾	🐎	🎣	⛷	🚲	🚂	
1	14	27	1	0,5	6	18	27	SP	18	3,5

Gisèle GENTY - Ramouville - Route de Quiberville - 76740 SAINT-AUBIN-SUR-MER - Tél. : 02 35 83 47 05

ST-AUBIN-SUR-SCIE Rouxmesnil-Le-Haut
C.M. 52 Pli 4

5 ch. **Dieppe 3 km.** Dans une maison de caractère du XVIIe s. en briques roses et silex taillés, indép. de la demeure des propriétaires, il vous est proposé, à l'ét. : 1 ch. (1 lit 2 pers., 2 lits 1 pers.), 2 ch. (1 lit 2 pers., 1 lit 1 pers.), 2 ch. (1 lit 2 pers.). s. d'eau et wc privés pour chacune. Lit suppl. enfant : 12,20 €. Moins de 3 ans : gratuit. Séjour à disposition des hôtes en r.d.c. Possibilité d'utiliser la cuisine. Jardin aménagé, portique, ping-pong. Point-phone à pièces. Situé dans une région très touristique : Dieppe, port de voile et Varengeville-sur-Mer. Restaurant à 500 m. et ferme auberge d'Eawy à 20 km. Langue parlée : anglais.

Prix : 1 pers. **28** € 2 pers. **39** € 3 pers. **47** € pers. sup. **12** €
Ouvert : Toute l'année.

🐕	⛱	🏊	🎾	🐎	🎣	🚲	🚂
3	1	3	0,5	0,5	3	1	3	0,5

Gérard et Viviane LULAGUE - route de Paris D915 - Rouxmesnil le Haut - 76550 SAINT-AUBIN-SUR-SCIE - Tél. : 02 35 84 14 89 ou 06 67 36 40 92 - Fax : 02 35 84 59 11

ST-CLAIR-SUR-LES-MONTS Hameau de Taillanville
(TH) C.M. 52 Pli 13

1 ch. **Yvetot 2 km.** Dans une petite vallée classée dominant la Vallée de la Seine, Mr et Mme Anquetil et leurs 4 enfants vous proposent 1 ch. familiale (2 ch. 1 lit 2 pers. chacune) avec s.d.b. et douche/wc privatifs communicants à l'ét. de leur maison récente, s. de jeux/bibliothèque pour les enfants. 2e entrée indep. : séjour/salon avec TV, billard et cheminée à disposition. Salon de jardin, portique, bac à sable. Chevaux sur place. Table d'hôtes sur réservation. Tarif 4 pers. : 53 €. Restaurant à 1 km. Langue parlée : anglais.

Prix : 2 pers. **38** € 3 pers. **49** € repas **14** €
Ouvert : Toute l'année.

🐕	⛱	🏊	🎾	🐎	🎣	⛷	🚲	🚂
27	2	21	2	1	27	25	2	2

Florence ANQUETIL - Hameau de Taillanville - 76190 ST-CLAIR-SUR-LES-MONTS - Tél. : 02 35 56 81 10

ST-EUSTACHE-LA-FORET La Petite Rue
C.M. 52 Pli 12

4 ch. **Bolbec 4 km.** Ancienne loge rénovée à proximité de la maison de la prop. : 1 ch. (1 lit 2 pers.), 1 ch. (1 lit 2 pers.), 1 ch. accessible handicapés (1 lit 2 pers., 1 lit 1 pers.). A l'ét. : 1 ch. (2 lits 1 pers.), s. d'eau + wc privés à chacune. Salle-salon, cuisine équipée, TV. A la campagne, dans un clos masure et un vaste jardin paysager avec mare où nagent les cygnes noirs. A disposition : s. de jardin, barbecue. Situé à 15 mn d'Etretat et Fécamp, 10 mn de Notre-Dame-de-Gravenchon et 6 mn de l'abbaye de Gruchet-le-Valasse. Très calme. A proximité d'un chemin de randonnée. Parc d'attraction à 5 mn. Piscine à vagues couverte à 11 km.

Prix : 1 pers. **36** € 2 pers. **46** € 3 pers. **66** € pers. sup. **10** €
Ouvert : Toute l'année.

🐕	⛱	🏊	🎾	🐎	🎣	⛷	🚲	🚂
20	11	SP	11	1	20	22	10	4

Agnès SAILLARD - 65 A La Petite Rue - 76210 SAINT-EUSTACHE-LA-FORET - Tél. : 02 35 38 34 36 - Fax : 02 35 38 33 67

ST-JACQUES-SUR-DARNETAL Les Jonquets
C.M. 52 Pli 15

2 ch. **Rouen 10 km.** Odile et Denis, passionnés de chevaux, vous accueillent dans leurs ch. d'hôtes situées dans un bâtiment entièrement restauré. Au r.d.c. : séjour avec chem., coin-cuisine, TV, jeux, 1 ch. (1 lit 2 pers., 1 lit 1 pers.), s. d'eau et wc privés accessibles handicapés. A l'étage : 1 ch. familiale (1 ch. 1 lit 2 pers.) et (1 ch. 2 lits 1 pers.) avec s. d'eau et wc privés. Tarif 4 pers. : 50 €. Cadre de verdure avec plan d'eau, au calme et à proximité de sentiers de randonnée. Label Cheval. Restaurants à proximité. Possibilité de lit et chaise bébé. Salon de jardin. Accueil des chevaux. Langue parlée : anglais.

Prix : 1 pers. **35** € 2 pers. **40** € 3 pers. **45** € pers. sup. **5** €
Ouvert : Toute l'année.

🐕	⛱	🏊	🎾	🐎	🎣	⛷	🚲	🚂
60	4	SP	2	10	12	SP	10	2

DOUCET Denis et BRIQUET Odile - 1074 rue des Jonquets - 76160 SAINT-JACQUES-SUR-DARNETAL - Tél. : 02 35 23 56 79 ou 06 11 75 35 82 - Fax : 02 35 23 60 32 - E-mail : odile.briquet@worldonline.fr - www.jonquets.com

Normandie — Seine-Maritime

ST-JEAN-DU-CARDONNAY — La Ferme du Vivier
C.M. 52 Pli 14

5 ch. **Rouen 7 km.** A 7 km de Rouen, maison normande du XVIIe s. à la ferme (ancienne propriété du Prince de Polignac), M-Cécile et J-Claude vous accueillent en amis. Au r.d.c., avec accès indép. : 1 ch. (2 lits 1 pers.), 1 ch. (1 lit 2 pers.), s. d'eau et wc privés chacune dont 1 ch. accessible aux personnes handicapées avec aide. A l'ét. : (1 lit 2 pers., 2 lits 1 pers.), 1 ch. (1 lit 2 pers., 1 lit 1 pers.), 1 ch. (1 lit 2 pers.), s. d'eau ou s.d.b. et wc privés. Lit suppl. Enfants : 14 €. Séjour, salon, TV, kitchenette, lave-linge. Jardin et s. de jardin. Restaurant à 4,5 km et Jumièges à 15 km.

Prix : 1 pers. **28 €** 2 pers. **36 €** 3 pers. **53 €** pers. sup. **14 €**
Ouvert : Toute l'année.

	45	4	15	1	5	15	1	4	4

J-Claude et M-Cécile LAMBERT - 88 route de Duclair - 76150 SAINT-JEAN-DU-CARDONNAY - Tél. : 02 35 33 80 42 - E-mail : chambre-dhôtes.lambert@libertysurf.fr

ST-JOUIN-BRUNEVAL — Manoir de Guetteville
C.M. 52 Pli 11

4 ch. **Etretat 9 km.** Soyez les bienvenus au manoir de Guetteville, construit en silex au 17e siècle ! Fabienne et Serge vous y proposent 4 ch. au 2e étage avec accès indépendant : 3 ch. (1 lit 2 pers.), 1 ch. (1 lit 2 pers., 1 lit 1 pers.), chacune avec salle d'eau/wc attenants. Coin-salon à l'étage avec TV et jeux. Profitez de la visite d'Etretat pour vous reposer à l'ombre des arbres fruitiers, au calme du grand jardin entourant le manoir. La valleuse de Bruneval peut être un but de promenade à pied. Restaurant à 3 km. Langue parlée : anglais.

Prix : 1 pers. **34 €** 2 pers. **41 €** 3 pers. **53 €**
Ouvert : Toute l'année.

	3	15	2	3	5	SP	12	2

Fabienne et Serge PREVOST - rue legros - Hameau de Guetteville - 76280 SAINT-JOUIN-BRUNEVAL - Tél. : 02 35 29 44 19 ou 02 32 96 96 43 - E-mail : haroldprevost@aol.com - www.planete-b.fr/prevost

ST-LAURENT-EN-CAUX — Hameau de Caltot
C.M. 52 Pli 13

3 ch. **Veules-les-Roses 15 km.** Anne-Marie et Arthur Mayeu offrent 3 chambres d'hôtes dans une grande maison de construction récente avec terrasse. Au r.d.c. : 1 ch. (1 lit 2 pers.), s. de bains et wc particuliers. A l'ét. : 1 ch. (2 lits 1 pers.) s. d'eau et wc privés, 1 ch. (1 lit 2 pers.), s. de bains et wc privés. Séjour. Salon de jardin, chaises longues. Restaurant à Saint-Laurent-en-Caux à 1 km.

Prix : 1 pers. **24 €** 2 pers. **36/38 €**
Ouvert : Toute l'année.

	15	15	15	1	25	25	SP	25	1

Arthur et Anne-Marie MAYEU - Hameau de Caltot - 76560 SAINT-LAURENT-EN-CAUX - Tél. : 02 35 96 65 26 ou 06 83 72 96 61

ST-LUCIEN
(TH) *C.M. 52 Pli 5*

4 ch. **Forges-les-Eaux 15 km.** Près de la station thermale de Forges-les-Eaux avec son casino, au cœur du Pays de Bray, Jeanette et Keith Mills vous accueillent dans leur maison brayonne entièrement rénovée. R.d.c. : entrée indép., salon privé, bibliothèque. A l'ét. : 1 ch. (2 lits 1 pers.), 2 ch. (1 lit 2 pers.), 1 ch. (1 lit 2 pers., 1 lit 1 pers.), lavabo et douche chacune, 2 wc communs. A disposition : TV, jardin, salon de jardin, barbecue et terrain de pétanque. Equipement bébé. A 25 km de Gournay, 30 km de Rouen et à 120 km de Paris. Restaurant à 6 km. Langue parlée : anglais.

Prix : 1 pers. **26 €** 2 pers. **34 €** 3 pers. **43 €** pers. sup. **9 €** repas **14 €**
Ouvert : Toute l'année.

	60	12	20	5	8	30	SP	18	6

Keith et Jeanette MILLS - Arguiel - 76780 SAINT-LUCIEN - Tél. : 02 35 90 51 95 - E-mail : 4.OISEAUX@wanadoo.fr

ST-MACLOU-DE-FOLLEVILLE — La Pierre
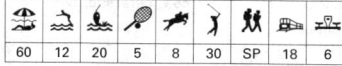
C.M. 52 Pli 14

2 ch. **Auffay 5 km.** Maison typique du Pays de Caux, à colombages, située dans un corps de ferme et disposant de 2 chambres : 1 chambre (1 lit 2 pers.), 1 chambre (2 lits 1 pers.). Salle d'eau et wc communs aux 2 chambres. Restaurant à 5 km.

Prix : 1 pers. **26 €** 2 pers. **26 €**
Ouvert : Toute l'année.

	35	16	20	5	5	20	5	10	5

Gervais VANDECANDELAERE - La Pierre - 76890 SAINT-MACLOU-DE-FOLLEVILLE - Tél. : 02 35 32 67 34

ST-MARTIN-AUX-BUNEAUX
C.M. 52 Pli 12

2 ch. **Veulettes-sur-Mer 4 km.** Dans une maison de ferme du XVIIe siècle. Prairie aux alentours, paisible et calme à la campagne, située sur la Côte d'Albâtre, à 2 km de la mer. Entièrement au rez-de-chaussée avec entrée indépendante : 1 ch. (1 lit 2 pers.), salle de bains et wc privés, 1 ch. (1 lit 2 pers.), salle d'eau et wc privés. Possibilité lit d'appoint 1 pers. et lit bébé. Séjour, TV. Restaurant à 2 km.

Prix : 1 pers. **30 €** 2 pers. **38 €** 3 pers. **49 €**
Ouvert : Toute l'année.

	2	10	2	1	35	4	10	0,5

Bernadette BENARD - Ferme du Seigneur - 76450 SAINT-MARTIN-AUX-BUNEAUX - Tél. : 02 35 97 54 48

Seine-Maritime — Normandie

ST-MARTIN-AUX-BUNEAUX
C.M. 52 Pli 12

2 ch. **Cany-Barville 10 km.** Dans ce village côtier, chaumière rénovée à proximité de la maison des propriétaires, à 800 mètres de la mer par un chemin piétonnier. R.d.c. : salon avec TV, coin-repas. A l'ét. : 2 ch. avec s. d'eau/wc privatifs communicants dont l'une (2 lits 1 pers.) et l'autre (1 lit 2 pers.). Jardin privatif au calme, plein sud, avec 2 salons de jardin, liseuses, ping-pong, badminton et barbecue à disposition. Pique-nique possible. Location de vélos sur place. Plage familiale des Petites Dalles. Base nautique de Caniel à 7 km : luge d'été, ski nautique, canoë. Langue parlée : anglais.

Prix : 1 pers. **30 €** 2 pers. **40 €**
Ouvert : Toute l'année.

1	6	6	6	2	7	35	6	0,5	35	2

Pierre BAZIN - 8 impasse des Falaises - 76450 SAINT-MARTIN-AUX-BUNEAUX - Tél. : 02 35 97 54 40

ST-MARTIN-DE-BOSCHERVILLE
C.M. 52 Pli 14

2 ch. **Rouen 10 km.** Au cœur de la partie touristique de la vallée de la Seine, Christine Paloumé vous accueille chaleureusement dans sa maison de pierres blanches et vous propose 2 chambres familiales avec sanitaires privatifs communicants. 1er ét. : 1 ch. familiale (1 ch. 1 lit 2 pers.) et (1 ch. 1 lit 1 convertible 2 pers.), s. d'eau, wc. 2éme ét. : 1 ch. familiale (1 ch. 1 lit 130 cm.) et (1 ch. 2 lits 1 pers.), s.d.b., wc. Salon de jardin à disposition. Restaurant à 1 km. Langue parlée : anglais.

Prix : 1 pers. **34 €** 2 pers. **37/40 €** 3 pers. **50 €** pers. sup. **14 €**
Ouvert : Toute l'année.

60	10	12	4	3	12	SP	10	1

Christine PALOUME - 229 route de Duclaire - 76840 SAINT-MARTIN-DE-BOSCHERVILLE - Tél. : 02 35 32 60 43

ST-MARTIN-DE-BOSCHERVILLE Le Brécy
C.M. 52 Pli 6

1 ch. **Rouen 10 km.** Le Brécy est situé entre Seine et Forêt, près de l'abbaye, en pleine campagne à 10 mn. de Rouen. Cette vraie maison de famille et de vacances d'antan propose une suite composée d'une très jolie chambre (2 lits 1 pers.) et d'un séjour (coin-cuisine) s'ouvrant sur le jardin. Vous apprécierez le copieux petit-déjeuner servi dans la salle à manger XVIIIe. Entrée indépendante. Parking privé. Possibilité de lits enfant : 23 €. Décoration raffinée. Prestation de qualité. Label Chambres de Charme. Restaurant à 1 km. Langues parlées : anglais, allemand.

Prix : 1 pers. **57 €** 2 pers. **64 €**
Ouvert : Toute l'année.

60	5	15	15	1	15	15	SP	10	1

Jérome et Patricia LANQUEST - Le Brecy - 72 route du Brecy - 76840 SAINT-MARTIN-DE-BOSCHERVILLE - Tél. : 02 35 32 69 92 - Fax : 02 35 32 00 30

ST-MARTIN-DE-BOSCHERVILLE
C.M. 52 Pli 14

5 ch. **Rouen 9 km.** Grande maison de construction récente située à 9 km de Rouen sur la route des abbayes normandes. R.d.c. bas : 2 ch. (1 lit 2 pers. 1 lit 1 pers.), s.d.b. privées et wc communs. R.d.c. haut : 2 ch. (1 lit 2 pers. 1 lit 1 pers.), s.d.b. et wc privés. A l'ét. : 1 ch. (1 lit 2 pers. 1 lit 1 pers.), s. d'eau privée et wc communs. Vue sur la campagne. Restaurant à Saint-Martin-de-Boscherville (1 km) et à Duclair (9 km). Langue parlée : anglais.

Prix : 1 pers. **30 €** 2 pers. **34 €** 3 pers. **46 €** pers. sup. **12 €**
Ouvert : Toute l'année.

60	10	12	4	3	12	SP	9	1

Jean et Marie LIANDIER - 178 route de Duclair - 76840 SAINT-MARTIN-DE-BOSCHERVILLE - Tél. : 02 35 32 03 11

ST-MARTIN-DU-BEC
C.M. 52 Pli 11

2 ch. **Etretat 10 km.** Claude et Béatrice Leroux vous reçoivent dans leur maison de construction récente entourée d'un jardin d'agrément et vous ouvrent leurs chambres. A l'ét. : 1 ch. familiale (1 ch. 1 lit 2 pers.) et (1 ch. 1 lit 2 pers.) avec lavabo, s. d'eau et wc privatifs, 1 ch. (1 lit 2 pers.), s. d'eau et wc privés. Possibilité lit supplémentaire. Séjour, salon, TV, bibliothèque, salon de jardin à disposition. Restaurant à Gonneville-la-Mallet à 3 km.

Prix : 1 pers. **28 €** 2 pers. **34 €** 3 pers. **44 €** pers. sup. **11 €**
Ouvert : Toute l'année.

6	7	3	2	10	10	SP	2	2

Claude et Béatrice LEROUX - 8 route de la Marguerite - 76133 SAINT-MARTIN-DU-BEC - Tél. : 02 35 20 26 20

ST-MARTIN-DU-VIVIER
C.M. 55 Pli 7

1 ch. **Rouen 6 km.** A la limite de la campagne, maison confortable dans un parc boisé avec jardin de charme fleuri. 1 ch. familiale (1 ch. 1 lit 2 pers.) et (1 ch. 2 lits 1 pers.) séparée par une salle d'eau et wc privés. Possibilité lits supplémentaires. Petit-déjeuners bio sur demande. Restaurants à 300 m. et à 1 km. Langue parlée : anglais.

Prix : 1 pers. **35 €** 2 pers. **46 €** 3 pers. **59 €**
Ouvert : Toute l'année.

60	3	17	1	7	7	SP	6	1

KOPP-WELBY - Impasse du Beau Mesnil - D443 - 76160 SAINT-MARTIN-DU-VIVIER - Tél. : 02 35 61 82 70

Normandie — Seine-Maritime

ST-NICOLAS-D'ALIERMONT (TH) *C.M. 52 Pli 5*

2 ch. **Dieppe 13 km.** Alain vous accueille dans sa maison récente, entourée d'un beau jardin fleuri, au calme, au centre d'un bourg offrant tous les services. Au r.d.c. : séjour/salon avec cheminée. A l'ét. : 1 ch. 2 épis (1 lit 2 pers., 1 lit 1 pers., 1 lit bébé), s. de bains, wc privatifs, 1 ch. 3 épis (1 lit 2 pers., 1 lit 120 cm., 1 lit bébé) avec s. d'eau/wc indép. communicants. A votre disposition : terrasse, salon de jardin, ping-pong, abri voiture. Prix 4 nuits en mi-saison 1 pers. : 91 €. Près de la mer et de la station de Dieppe.

Prix : 1 pers. 27 € 2 pers. 34 € 3 pers. 43 € pers. sup. 9 € repas 12 €
Ouvert : Toute l'année.

🐕	⛱	🏊	💦	⚓	🎾	🏇	🏃	🏊	🏛	🚆
15	6	7	6	1	3	14	7	13	SP	

Alain BOUTEILLER - rue de l'Eglise - 76510 SAINT-NICOLAS-D'ALIERMONT - **Tél. : 02 35 85 81 14**

ST-NICOLAS-DE-BLIQUETUIT Port Caudebec *C.M. 52 Pli 13*

3 ch. **Saint-Wandrille 7 km.** A la campagne, au calme, avec belle vue et accès direct à la Seine à 500 m., coquette gentilhommière récente indépendante située à proximité de la maison des propriétaires. R.d.c. : 1 ch. (2 lits 1 pers.). 1 ch. (1 lit 2 pers.), 1 ch. (2 lits 1 pers.). Sanitaires privés pour chaque chambre. Cuisine, séjour avec cheminée (insert) à disposition. Jardin fleuri clos, ping-pong, baby-foot. Sur la route des chaumières et des abbayes et à proximité de la forêt de Brotonne. Location de vélos à proximité. Animaux acceptés sous réserve de l'accord préalable des propriétaires. Restaurant à Caudebec-en-Caux à 1 km.

Prix : 1 pers. 29 € 2 pers. 38 €
Ouvert : Toute l'année.

🐕	⛱	🏊	💦	⚓	🎾	🏇	🏃	🏊	🏛	🚆
45	6	10	10	5	5	10	10	SP	11	6

Monique FERME - Route des Chaumières - Port Caudebec - 76940 SAINT-NICOLAS-DE-BLIQUETUIT - **Tél. : 02 35 96 34 81**

ST-PAER La Ville des Champs *C.M. 55 Pli 6*

2 ch. **Duclair 4 km. Barentin 9 km.** Dans le Parc Naturel Régional des Boucles de la Seine Normande, Michèle et Jean-Pierre vous aideront à découvrir leur pays : vallée de la Seine (ses abbayes et ses ponts), pays de Caux, Côte d'Albâtre, Rouen. Vous logerez au 2e étage d'une ancienne ferme : 2 ch. dont 1 ch. (1 lit 2 pers.), 1 ch. (2 lits 1 pers.) avec s. d'eau et wc privatifs pour chacune. Possibilité lit supplémentaire. Exposition sud. Cadre paisible et reposant, pelouses fleuries et ombragées, espace pique-nique. Parking. Restaurant à 5 km. Langue parlée : anglais.

Prix : 1 pers. 29/31 € 2 pers. 37 € pers. sup. 11 €
Ouvert : Toute l'année.

🐕	⛱	🏊	💦	⚓	🎾	🏇	🏃	🏊	🏛	🚆
40	9	12	4	5	10	12	12	SP	9	1

J-Pierre et Michèle DUCHET - 1036 Ville des Champs - 76480 SAINT-PAER - **Tél. : 02 35 37 28 68** - E-mail : jpmduchet@wanadoo.fr

ST-PIERRE-DE-MANNEVILLE Les Etangs *C.M. 55 Pli 6*

4 ch. **Rouen 18 km.** Evelyne et Jean vous accueillent dans leur demeure de caractère à colombages dans un cadre agréable et calme. A l'ét. : 1 ch. (1 lit 2 pers.), avec s.d.b./wc privés, 2 ch. (1 lit 120 cm.), 1 ch. (2 lits 1 pers.), s. d'eau/wc privés. Séjour avec cheminée, bibliothèque. Jardin, terrasse, salon de jardin. Tarif 5 pers. : 76 €. Equipement bébé sur demande. SP : visite de l'exploitation et robot de traite (2 €/pers.), goûter à la ferme, location de salle (50 pers.), cuisine avec étuve, parking 17 voitures. Dans le Parc Régional de Brotonne, sur la route des abbayes. Chemin de randonnée GR2. Langue parlée : anglais.

Prix : 1 pers. 24 € 2 pers. 32 € 3 pers. 46 € pers. sup. 15 €
Ouvert : Toute l'année.

🐕	⛱	🏊	💦	🎾	🏇	🏃	🏊	🏛	🚆
60	10	10	2	3	20	SP	15	6	

Jean et Evelyne BERNARD - 78 rue de Bas - 76113 SAINT-PIERRE-DE-MANNEVILLE - **Tél. : 02 35 32 07 13** - Fax : 02 35 32 07 13

ST-PIERRE-DE-VARENGEVILLE Domaine de Candos (TH) *C.M. 52 Pli 14*

2 ch. **Rouen 15 km.** Amateurs de randonnées équestres et pédestres ou attirés par le calme et la campagne, soyez les bienvenus chez Mr et Mme Dutouquet. Ils vous accueillent dans leur grande maison de briques, près de la Vallée de la Seine et à proximité de Rouen. Au r.d.c. : séjour familial. Au 2e ét. : 1 ch. familiale (1 ch. 1 lit 2 pers.) et (1 ch. 2 lits superposés, 1 lit tiroir). 1 ch. (1 lit 2 pers.), s. d'eau et wc privés pour chacune. Vaste jardin non clos. Equitation tout âge sur place. Logement chevaux. Table d'hôtes sur réservation uniquement. Restaurant à 5 km. Langue parlée : anglais.

Prix : 1 pers. 29 € 2 pers. 35 € 3 pers. 43 € pers. sup. 9 € repas 11 €
Ouvert : Toute l'année.

🐕	⛱	🏊	💦	⚓	🎾	🏇	🏃	🏊	🏛	🚆
55	8	15	4	SP	12	8	SP	15	1	

Françoise DUTOUQUET - 1638 route de Candos - Domaine de Candos - 76480 SAINT-PIERRE-DE-VARENGEVILLE - **Tél. : 02 35 37 57 58 ou 06 71 72 64 95** - E-mail : domaine.candos@libertysurf.fr

ST-RIQUIER-EN-RIVIERE (TH) *C.M. 52 Pli 6*

2 ch. **Blangy-sur-Bresle 8 km.** Dans la vallée de l'Yères, en bordure de la forêt d'Eu, Andrée Jouhandeaux vous reçoit dans son ancienne ferme à colombages. Les ch. s'ouvrent de plain-pied sur un théâtre de verdure : 1 ch. familiale (1 ch. 1 lit 2 pers., 1 lit 1 pers., 1 lit enf.) et (1 ch. 1 lit 2 pers.), s. d'eau et wc privés, 1 ch. (1 lit 2 pers., 1 lit 1 pers., 1 lit enf.), s.d.b./wc séparés. Petit-déjeuner et repas pris dans le vaste séjour devant la cheminée ou sur la terrasse ensoleillée. Vacances et longs séjours. Possibilité demi-pension. Séances de yoga et relaxation sur demande. Randonnées pédestres et à vélo. Accueil de cavaliers et chevaux. Langue parlée : allemand.

Prix : 1 pers. 34 € 2 pers. 40 € pers. sup. 9 € repas 14 €
Ouvert : Toute l'année.

🐕	⛱	🏊	💦	⚓	🎾	🏇	🏃	🏊	🏛	🚆
23	15	8	0,5	0,5	1	40	SP	8	5	

Andrée JOUHANDEAUX - 1 impasse du Mont Roti - 76340 SAINT-RIQUIER-EN-RIVIERE - **Tél. : 02 35 94 46 10**

Seine-Maritime
Normandie

ST-SAENS
C.M. 52 Pli 15

2 ch. **Neufchâtel-en-Bray 13 km.** Huguette et Rémy Lemasle vous reçoivent dans leur belle maison du XVIIe s., traditionnelle au centre du bourg. A l'ét. avec accès indép. : 1 ch. (1 lit 2 pers., 1 lit 1 pers.), 1 ch. (2 lits 2 pers.), douche et lavabo privatifs pour chacune, wc communs. A disposition : séjour, salon, TV, kitchenette, four micro-ondes. Tarif 4 pers : 51 €. Restaurant au centre ville. Langue parlée : anglais.

Prix : 1 pers. **29 €** 2 pers. **37 €** 3 pers. **49 €** pers. sup. **12 €**
Ouvert : Toute l'année.

🐕	⛱	🚣	🏊	🎾	🎣	🐎	🚶	🏊	👥	🚂	⛳
	38	15	2	1		1	2		1	13	SP

Rémy et Huguette LEMASLE - 27 rue des Tanneurs - 76680 SAINT-SAENS - Tél. : 02 35 34 52 21

ST-SAENS Le Logis d'Eawy
C.M. 52 Pli 15

4 ch. **Rouen 30 km, Dieppe 35 km.** Au cœur d'une agréable bourgade du Pays de Bray, à l'orée de la forêt d'Eawy, F. Benkovski vous accueille dans une charmante demeure de caractère, au calme. R.d.c. : 1 ch. accessible personnes handicapées (1 lit 2 pers. ou 2 lits 1 pers.), entrée indép. 1er ét. : 1 ch. familiale (1 ch. 1 lit 2 pers. ou 2 lits 1 pers.) et (1 ch. 2 lits 1 pers.), 1 ch. (1 lit 2 pers.). 2e ét. : 1 ch. familiale (1 ch. 1 lit 2 pers.) et (1 ch. 2 lits 1 pers.). Salle d'eau et wc privatifs à chaque chambre. Cour intérieure et jardin privé. Nombreuses possibilités de promenades à la découverte d'un riche patrimoine naturel et culturel. Langues parlées : anglais, allemand.

Prix : 1 pers. **43/46 €** 2 pers. **49/53 €** 3 pers. **64/69 €** pers. sup. **15 €**
Ouvert : Toute l'année.

🐕	⛱	🚣	👥	🎾	🎣	🐎	🚶	🏊	⛷	👥	🚂	⛳
	35	15	30	SP	0,5	0,5	1		1	1	7	SP

Françoise BENKOVSKY - 1 rue du 31 Août 1944 - 76680 SAINT-SAENS - Tél. : 06 19 15 52 04 - Fax : 02 35 34 60 29 -
E-mail : bernard.benkovsky@freesbee.fr - www.lelogisdeawy.com

ST-SAIRE La Ferme
C.M. 52 Pli 15

3 ch. **Neufchâtel-en-Bray 5 km.** Au centre du village, dans leur maison à pans de bois, Denise et Patrick ont aménagé 3 ch. avec sanitaires privatifs. 1er ét. : 1 ch. (3 lits 1 pers.), s. d'eau/wc, 1 ch. (1 lit 2 pers., 1 lit 1 pers.), s.d.b./wc. 2e ét. : 1 ch. familiale (1 ch. 1 lit 2 pers.) et (1 ch. 2 lits 1 pers.), s.d.b./wc. Lit et chaise bébé. Salon avec cheminée, TV et bibliothèque à dispo. A proximité de futurs équipements (Avenue Verte, Cité du Cheval) et au cœur du Pays de Bray, vous découvrirez le foie gras produit à la ferme. Restaurant à 7 km. Langue parlée : anglais.

Prix : 1 pers. **34 €** 2 pers. **40 €** 3 pers. **50 €** pers. sup. **14 €**
Ouvert : De février à décembre.

🐕	⛱	🚣	👥	🎾	🎣	🐎	🚶	🏊	⛷	👥	🚂	⛳
	35	7	30	2	7	4	15		30	SP	10	7

Denise et Patrick FOURNIER - La Ferme - 51 Impasse du Bourg - 76270 SAINT-SAIRE - Tél. : 02 35 93 77 57 ou 06 89 09 98 64 -
Fax : 02 35 94 47 34

ST-SAUVEUR-D'EMALLEVILLE Grand Blesimare
C.M. 52 Pli 12

1 ch. **Etretat 15 km. Fécamp 17 km.** Maison normande indépendante à colombages entourée d'un grand jardin. Johanna et Jacques Klein vous garantissent calme et détente. A l'ét. : 1 ch. (1 lit 2 pers.), possibilité de lit supplémentaire 1 pers. dans 1 autre chambre. Salle d'eau privative. Séjour, salon, TV à disposition. Salon de jardin. Hollandais parlé. Restaurant à Goderville à 6 km. Langues parlées : anglais, allemand.

Prix : 1 pers. **24 €** 2 pers. **46 €**
Ouvert : Toute l'année.

🐕	⛱	🚣	🎾	🎣	🐎	🚶	👥	🚂	⛳
	13	6	14	2	12	13	SP	8	1

Johanna et Jacques KLEIN - route d'Angerville - Grand Blesimare - 76110 SAINT-SAUVEUR-D'EMALLEVILLE - Tél. : 02 35 55 79 13

ST-VAAST-D'EQUIQUEVILLE
C.M. 52 Pli 15

2 ch. **Dieppe 17 km.** Dans une jolie vallée, Denise et René vous accueillent dans leur maison normande récente entourée d'un jardin clos et fleuri. 2 ch. avec accès extérieur indépendant. R.d.c. : séjour/salon avec poêle à bois et TV, 1 ch. (1 lit 2 pers.), s. d'eau/wc privatifs communicants. A l'ét. : 1 ch. (2 lits 1 pers. dont 1 lit 110 cm.), s. d'eau/wc privatifs communicants. Extérieur direct en plus. Terrasse, salon de jardin, barbecue. Produits fermiers et faits maison proposés au petit-déjeuner. Commerces sur place. Restaurant à 6 km.

Prix : 1 pers. **27 €** 2 pers. **34 €** 3 pers. **46 €** pers. sup. **12 €**
Ouvert : Toute l'année.

🐕	⛱	🚣	👥	🎾	🎣	🐎	🚶	🏊	⛷	👥	🚂	⛳
	17	12	12	0,5	SP	10	20		12	17	SP	

René et Denise FRETEL - 141 route de Neufchâtel - 76510 SAINT-VAAST-D'EQUIQUEVILLE - Tél. : 02 35 83 44 41 ou 06 03 65 47 67

ST-VALERY-EN-CAUX Hameau d'Ectot
C.M. 52 Pli 3

3 ch. **Saint-Valéry-en-Caux 2 km.** A la sortie de la station balnéaire de Saint-Valéry-en-Caux, Annie vous accueille, entre mer et campagne, au calme du hameau d'Ectot. A l'étage de sa maison (ancienne bâtisse agricole en briques entièrement rénovée en 1997), Annie vous propose 3 chambres en duplex (2 ch. (1 lit 2 pers.), 1 ch. (1 lit 2 pers., 1 lit 1 pers.), s. d'eau/wc dans chaque ch. R.d.c. : grand séjour/salon familial où est servi le petit-déjeuner. Grand jardin avec parking. Restaurant à 800 m. Langues parlées : anglais, espagnol.

Prix : 1 pers. **31 €** 2 pers. **42 €** 3 pers. **51 €**
Ouvert : Toute l'année.

🐕	⛱	🚣	👥	🎾	🎣	🐎	👥	🚂	⛳
	2	2	20	2	15	27	SP	2	2

Annie PORCHER - Hameau d'Ectot - 76460 SAINT-VALERY-EN-CAUX - Tél. : 02 35 97 88 05 - **E-mail :** ima.thomas@wanadoo.fr

Normandie — Seine-Maritime

ST-WANDRILLE-RANCON — Manoir d'Abbeville
C.M. 52 Pli 13

1 ch. — **Caudebec-en-Caux 5 km.** Dans sa demeure confortable, au calme, exposée sud avec vue sur la campagne, en bordure de forêt domaniale, Antoinette Sautreuil vous reçoit. A l'ét. : 1 ch. (1 lit 2 pers., convertible pour 2 enfants de 3 à 12 ans.), s. d'eau et wc privatifs. Séjour, salon. Jardin, salon de jardin. Logement de chevaux sur place. Réduction tarif dès la 2e nuit. Restaurant à Saint-Wandrille-Rançon à 2 km.

Prix : 1 pers. 27 € 2 pers. 37 €
Ouvert : Toute l'année.

🐕	⛱ 45	🏊 3	⛵ 2	🎾 2	🐎 6	🎣 15	🚴 1	🏛 15	🚉 5

Antoinette SAUTREUIL - Manoir d'Abbeville - 76490 SAINT-WANDRILLE-RANCON - Tél. : 02 35 96 20 89

STE-MARGUERITE-SUR-FAUVILLE
C.M. 52 Pli 13

2 ch. — **Fauville-en-Caux 2 km.** Philippe et Brigitte Lepicard vous reçoivent dans un beau corps de ferme normand. Leur maison en briques, calme et spacieuse, comporte : 1 ch. (1 lit 2 pers., 1 lit 1 pers.), salle de bains et wc privés pour chacune. Lit bébé. Restaurants à Fauville-en-Caux à 2 km.

Prix : 1 pers. 27/30 € 2 pers. 35/38 € 3 pers. 46 € pers. sup. 11 €
Ouvert : Toute l'année.

🐕	⛱ 15	🏊 2	⛵ 10	🎾 2	🐎 12	🎣 30	🚴 5	🏛 10	🚉 2

Philippe et Brigitte LEPICARD - 76640 SAINTE-MARGUERITE-SUR-FAUVILLE - Tél. : 02 35 96 75 01 - Fax : 02 35 56 67 69

THIETREVILLE — Hameau de la Forge
C.M. 52 Pli 12

2 ch. — **Fécamp 12 km. Etretat 30 km.** Au calme, Nathalie et Didier Tiennot vous accueillent dans leur maison de maître entourée d'un beau jardin arboré et vous proposent : 1 ch. (1 lit 2 pers.), 1 ch. (2 lits 1 pers.) avec salles d'eau et wc privatifs. Salon avec TV. Jardin à disposition. Restaurant à Valmont à 2 km. Langue parlée : anglais.

Prix : 1 pers. 32 € 2 pers. 38 €
Ouvert : D'avril à octobre.

🐕	⛱ 10	🏊 10	⛵ 5	🎾 2	🐎 5	🎣 25	🚴 SP	🏛 12	🚉 3

Nathalie TIENNOT - 11 rue de la Forge - 76540 THIETREVILLE - Tél. : 02 35 29 63 31 - Fax : 02 35 29 28 38

LE TILLEUL — L'Hermitage
C.M. 52 Pli 11

2 ch. — **Etretat 3 km.** A l'entrée de la valleuse d'Antifer (site protégé par le conservatoire du littoral), au calme, Martial Haudrechy vous reçoit dans sa grande maison en briques et vous propose au r.d.c. : 2 ch. (1 lit 2 pers., lavabo), salle d'eau avec wc privatifs non communicants communs aux 2 chambres. Séjour/salon avec cheminée à disposition. Petit jardin clos privé et jardin de la famille. Lit bébé à disposition gratuitement. Restaurant à 800 m.

Prix : 1 pers. 30 € 2 pers. 34 € pers. sup. 8 €
Ouvert : Toute l'année.

🐕	⛱ 3	🏊 15	⛵ 2	🎾 1	🐎 0,5	🎣 3	🚴 SP	🏛 18	🚉 1

Martial HAUDRECHY - L'Hermitage - 76790 LE TILLEUL - Tél. : 02 35 29 25 59

LE TILLEUL
C.M. 52 Pli 11

4 ch. — **Etretat 3 km.** Françoise et Alain Delahais vous accueillent dans une maison indépendante restaurée avec jardin et salon de jardin. Etretat à 3 km. 4 chambres d'hôtes de plain-pied avec accès extérieur : 1 chambre 2 pers., 1 chambre 4 pers., 2 chambres familiales de 4 et 6 pers. Salle d'eau et wc privés chacune. Restaurant dans la même commune.

Prix : 1 pers. 30 € 2 pers. 36 € 3 pers. 47 € pers. sup. 11 €
Ouvert : Toute l'année.

🐕	⛱ 3	🏊 12	⛵ 3	🎾 SP	🐎 1	🎣 3	🚴 SP	🏛 20	🚉 SP

Alain et Françoise DELAHAIS - Place du Général de Gaulle - 76790 LE TILLEUL - Tél. : 02 35 27 16 37

LE TILLEUL — Hameau de Bonneveille

3 ch. — **Etretat 3 km.** Vous apprécierez le calme du jardin pour le repos ou le barbecue, si proche d'Etretat et de ses belles falaises. Vous pourrez vous rendre à la plage à pied par le chemin de randonnée et remonter en calèche. 2 ch. (1 lit 2 pers.) et 1 ch. (2 lits 1 pers.) vous sont proposées à l'étage de la maison des propriétaires, chacune avec s. d'eau et wc privatifs communicants. Parking privé fermé. Restaurant à 500 m.

Prix : 1 pers. 32 € 2 pers. 37 € pers. sup. 9 €
Ouvert : Toute l'année sauf décembre et janvier.

🐕	⛱ 3	🏊 20	👥 40	⛵ 3	🎾 3	🐎 1,5	🎣 3	🚴 40	🏊 0,5	🏛 25	🚉 0,5

J-Pierre et Sylviane LACHEVRE - 934 route du Havre - Hameau de Bonneveille - 76790 LE TILLEUL - Tél. : 02 35 29 81 61

TOCQUEVILLE-LES-MURS — Le Rome
(TH) *C.M. 52 Pli 12*

2 ch. — **Fécamp 15 km.** Entre Seine et mer, à 25 km d'Etretat, dans les communs d'un château des XVIIe et XVIIIe siècles, au calme et au milieu de la verdure, Christine et Antoine Daubeuf vous ouvrent leurs chambres. Accès indépendant. A l'ét. : 1 ch. (1 lit 2 pers., 1 lit 1 pers.), 1 ch. (1 lit 2 pers., 2 lits 1 pers. superposés), s. d'eau et wc privatifs pour chacune. Equipement bébé sur demande. Possibilité baby-sitting. Salon de jardin. Table d'hôtes sur réservation. Tarif 1/2 pension : 63 €/2 pers. Restaurant à 7 km. Langue parlée : anglais.

Prix : 1 pers. 31 € 2 pers. 37 € 3 pers. 47/49 € repas 13 € 1/2 pens. 63 €
Ouvert : Toute l'année.

🐕	⛱ 15	🏊 7	⛵ 5	🎾 7	🐎 SP	🎣 25	🚴 SP	🏛 10	🚉 7

Antoine et Christine DAUBEUF - Ferme du Rome - 76110 TOCQUEVILLE-LES-MURS - Tél. : 02 35 27 70 84

Seine-Maritime   Normandie

LE TORP-MESNIL Hameau des Heudières
C.M. 52 Pli 13

2 ch. **Yerville 7 km.** Dans leur grande bâtisse en briques, Christian et Bernadette Varin vous accueillent dans leur ferme d'élevage bovin, dans un paysage verdoyant. Vous aurez plaisir à séjourner dans 1 ch. (1 lit 2 pers., 2 lits 1 pers., lavabo) et 1 ch. (1 lit 2 pers., lavabo + lit bébé), salle d'eau et wc communs. Salle de séjour avec TV à disposition. Restaurant le plus proche à Saint-Laurent-en-Caux à 4 km.

Prix : 1 pers. 24 € ◆ 2 pers. 37 € ◆ 3 pers. 44 € ◆ pers. sup. 8 €
Ouvert : Mars à novembre.

12	7	3	7	10	10	SP	10	4

Christian Bernadette VARIN - Hameau des Heudieres - 76560 LE TORP-MESNIL - Tél. : 02 35 96 83 14

TOUFFREVILLE-SUR-EU La Demeure de Litteville
C.M. 52 Pli 5 (TH)

2 ch. **Criel-sur-Mer 4 km.** Vous serez reçus en amis dans cette vieille demeure du XIXᵉ siècle restaurée avec jardin et salon de jardin. Au r.d.c. : 1 ch. (1 lit 2 pers.). A l'ét. : 1 ch. (1 lit 2 pers., 1 lit 1 pers.), salle d'eau et wc particuliers pour chacune. Location de VTT. Jeux d'enfants à l'extérieur. Table d'hôtes sur réservation le week-end, vacances scolaires et longs séjours. Restaurants à Criel-sur-Mer à 4 km. Langue parlée : anglais.

Prix : 1 pers. 30 € ◆ 2 pers. 40 € ◆ 3 pers. 47 € ◆ repas 14 €
Ouvert : Toute l'année.

4	4	2	4	5	20	SP	10	4

Francine LEFEBVRE - La Demeure de Litteville - 76910 TOUFFREVILLE-SUR-EU - Tél. : 02 35 50 93 04

TOURVILLE-LES-IFS Ferme d'Ygneauville
C.M. 52 Pli 12

1 ch. **Fécamp 5 km. Etretat 13 km.** A la ferme, au calme, dans un clos masure de 5000 m² planté de pommiers, Denise et Hubert Decultot vous accueillent dans leur grande maison époque XVIIIè siècle. A l'étage : 1 ch. (1 lit 2 pers., 1 lit 1 pers.), salle d'eau avec wc particuliers. Possibilité de lit supplémentaire. Pelouse, jardin fleuri. Ferme auberge à 7 km.

Prix : 1 pers. 34 € ◆ 2 pers. 38 € ◆ 3 pers. 53 € ◆ pers. sup. 15 €
Ouvert : Toute l'année.

5	5	5	5	5	13	SP	5	5

Hubert et Denise DECULTOT - Ferme d'Ygneauville - 675 rue aux Chars - 76400 TOURVILLE-LES-IFS - Tél. : 02 35 29 17 61

TOURVILLE-SUR-ARQUES
C.M. 52 Pli 4

3 ch. **Dieppe 8 km.** Dans sa belle demeure traditionnelle, au milieu d'un grand jardin paysagé avec pièce d'eau et salon de jardin, Francine vous propose 1 ch. (1 lit 2 pers.), 1 ch. familiale (2 ch. 1 lit 2 pers. chacune et 1 lit enfant), 1 ch. (1 lit 2 pers.) avec coin-cuisine, TV et accès indépendant. Salle d'eau particulière et wc pour chaque chambre. Parking fermé. Pêche en étang et en rivière à proximité. Tarif 4 pers. : 61 €. Langue parlée : anglais.

Prix : 1 pers. 30/38 € ◆ 2 pers. 38/46 € ◆ 3 pers. 56 €
Ouvert : Toute l'année.

8	6	6	6	4	8	SP	8	2

Francine LAMIRAND - 54 route des Coteaux - 76550 TOURVILLE-SUR-ARQUES - Tél. : 02 35 04 10 63

LE TRAIT
C.M. 52 Pli 5

2 ch. **Yvetot 20 km, Jumièges 6 km.** Félix Vaissaire et son épouse vous accueillent dans leur belle demeure de style récent sur 1 ha. de jardin arboré. Accès indépendant. 2 ch. de plain-pied en rez-de-jardin de la maison du propriétaire : 1 ch. (1 lit 2 pers.), 1 ch. (2 lits 2 pers.), salles d'eau et wc privés. Salle à manger avec TV réservée aux hôtes. Lits enfant et bébé à disposition. Tarif 4 pers. : 61 €. Salon de jardin. Restaurant à 2 km. Langue parlée : anglais.

Prix : 1 pers. 29 € ◆ 2 pers. 34 € ◆ 3 pers. 58 € ◆ pers. sup. 11 €
Ouvert : Toute l'année.

60	3	10	3	1	10	10	SP	15	1

Félix VAISSAIRE - 1204 rue Galliéni - 76580 LE TRAIT - Tél. : 02 35 37 22 57 - Fax : 02.35.37.22.57

LE TREPORT Prieuré Sainte-Croix
C.M. 52 Pli 5

5 ch. **Le Tréport 2 km.** Demeure de caractère dans l'ancienne ferme du château d'Eu. R.d.c. : 1 suite composée d'une ch. (1 lit 2 pers.) et d'un séjour privé (convertible 2 enfants), s. de bains, wc. Kitchenette privative. Jardin privatif clos. A l'ét. : 3 ch. (1 lit 2 pers.), 1 ch. (2 lits 1 pers.), s. d'eau et wc privés pour chacune. Possibilité de jumelage de 2 ch. séparation par une double porte). Séjour. Jardin clos, salon de jardin, parking dans la cour. Restaurant à 2 km. Langue parlée : anglais.

Prix : 2 pers. 42/54 € ◆ pers. sup. 12 €
Ouvert : Toute l'année.

3	3	2	1	2	30	SP	2	1

Romain et Nicole CARTON - Prieuré Sainte-Croix - 76470 LE TREPORT - Tél. : 02 35 86 14 77

LES TROIS-PIERRES Manoir de Froiderue
C.M. 52 Pli 12

2 ch. **Le Havre 20 km.** A 4 km de Saint-Romain-de-Colbosc (restaurant), Mr et Mme Paumelle vous accueillent dans leur manoir fin XVIᵉ, style normand avec jardin d'agrément, salon de jardin, bac à sable. A l'ét. : 3 ch. (1 lit 2 pers., 1 lit 1 pers.), 1 ch. (1 lit 2 pers., 2 lits 1 pers.), s.d.b. et wc privatifs pour chacune. Séjour avec TV, salon, bibliothèque à disposition. Etretat, Le Havre, Honfleur à 20 mn. Autoroute A29 à 4 km.

Prix : 1 pers. 34 € ◆ 2 pers. 43 € ◆ 3 pers. 55 € ◆ pers. sup. 17 €
Ouvert : Toute l'année.

20	4	20	3	10	20	SP	10	4

Auguste et Jacqueline PAUMELLE - Manoir de Froiderue - 76430 LES TROIS-PIERRES - Tél. : 02 35 20 03 74

Normandie — Seine-Maritime

TURRETOT Ecuquetot
C.M. 52 Pli 11

3 ch. **Etretat 10 km.** Cécile et Jean Lhommet vous accueillent dans leur maison normande avec entrée indépendante donnant sur un jardin d'agrément avec salon de jardin. Intérieur à colombages, cheminée du XVIIè s. A l'étage : 1 ch. (1 lit 2 pers., 1 lit 1 pers.), 2 ch. (1 lit 2 pers.), toutes avec s. d'eau et wc privés non communicants. Poss. coin-repas et salon privés au même étage. Tarif dégressif à partir de 2 jours. A 10 km d'Etretat sans la ferme Saint-Simon et 18 km du Pont de Normandie. A 1 km de la voie express le Havre/Fécamp. Restaurant à 5 km.

Prix : 1 pers. **28** € 2 pers. **37** € 3 pers. **50** € pers. sup. **11** €
Ouvert : Toute l'année.

10	12	7	1	8	10	SP	3	1

Jean et Cécile LHOMMET - Ecuquetot - 76280 TURRETOT - **Tél. : 02 35 20 20 76**

TURRETOT Les Quatre Brouettes
(TH) *C.M. 52 Pli 1*

4 ch. **Etretat 10 km.** A 20 mn du Pont de Normandie, dans une maison tradit. normande. Entrée indép. R.d.c. : 1 suite coquelicot (1 lit 2 pers.), séjour/kitchenette, conv. 2 pers., TV. A l'ét. : (accès indép.) 1 ch. camélia (1 lit 2 pers., 1 lit 1 pers.), 1 ch. pervenche (1 lit 2 pers., 1 lit bébé). Salon, TV, coin-cuisine pour les 2 ch. avec entrée commune à la maison des propriétaires. A l'ét. : 1 ch. myosotis (1 lit 2 pers., 1 lit 1 pers.), s. d'eau, lavabo et wc privés. Jardin d'agrément aux floraisons multicolores. Salon de jardin. Prêt de vélos sur place. Table d'hôtes sur réservation. GR21 et circuit vélos.

Prix : 1 pers. **28** € 2 pers. **35/40** € pers. sup. **10** € repas **16** €
Ouvert : Toute l'année.

7	10	7	1	10	10	SP	4	1

Alain et Claudine RAS - Les Quatre Brouettes - 76280 TURRETOT - **Tél. : 02 35 20 23 73 - Fax : 02 35 20 23 73**

VAL-DE-SAANE Les Carrières
C.M. 52 Pli 14

2 ch. **Yvetot 20 km.** Dans une maison de style normand surplombant un charmant bourg. En rez-de-chaussée avec accès indépendant : 1 ch. (1 lit 2 pers.), 1 ch. (1 lit 2 pers., 1 lit 1 pers.) avec chacune s. d'eau privative et wc communs. Salon commun avec TV à disposition. Possibilité de location d'une grande salle équipée pour 35 personnes. Restaurant à 1 km.

Prix : 1 pers. **21** € 2 pers. **27** € pers. sup. **11** €
Ouvert : Toute l'année.

30	1	1	1	10	30	SP	17	0,5

Catherine et Philippe HEURTEVENT - La Carrière - 76890 VAL-DE-SAANE - **Tél. : 02 35 34 36 39 ou 02 35 32 42 37** - Fax : 02 35 32 06 26 - E-mail : lescarrieres76@aol.com

VALMONT Le Clos du Vivier
C.M. 52 Pli 12

2 ch. **Fécamp 11 km. Etretat 30 km.** Mr et Mme Cachera vous accueillent dans leur chaumière normande. Une atmosphère conviviale et chaleureuse dans un cadre naturel aux sources d'une rivière entourée de bois. 1 ch. (1 lit 2 pers. ou 2 lits 1 pers.) et 1 ch. familiale (1 ch. 1 lit 2 pers. ou 2 lits 1 pers.) et (1 ch. 1 lit 2 pers., 1 lit 1 pers.), s.d.b./wc privatifs pour chacune. Entrée indépendante. Label Chambres de Charme. Restaurant à Valmont à 1 km. Langues parlées : anglais, espagnol.

Prix : 2 pers. **80** € 3 pers. **96** € pers. sup. **15** €
Ouvert : Toute l'année.

8	10	8	1	1	3	30	SP	10	1

CACHERA Dominique et GREVERIE François - Le Clos du Vivier - 4 et 6 Chemin du Vivier - 76540 VALMONT - **Tél. : 02 35 29 90 95** - Fax : 02 35 27 44 49 - E-mail : le.clos.du.vivier@wanadoo.fr -www-le-clos-du-vivier.com

VATIERVILLE Relais du Paon
(TH) *C.M. 52 Pli 16*

4 ch. **Neufchâtel-en-Bray 10 km.** Josette Meunier vous reçoit dans sa maison traditionnelle à colombages au Relais du Paon. Rez-de-chaussée : 4 chambres avec chacune 1 lit 2 pers., salle d'eau et wc privatifs. Salon à disposition. Table d'hôtes sur réservation. Restaurant à 2,5 km. Langue parlée : anglais.

Prix : 1 pers. **31** € 2 pers. **39** € repas **10** €
Ouvert : De mars à décembre.

35	10	SP	10	10	10	35	10

Josette MEUNIER - route départementale 36 - Relais du Paon - 76270 VATIERVILLE - **Tél. : 02 35 94 02 19**

VATTETOT-SUR-MER Ferme de la Châtaigneraie
C.M. 52 Pli 11

2 ch. **Etretat 6 km.** A proximité de la mer et des falaises, dans un îlot de calme et de verdure, Monique et Yves Edouard vous accueillent chaleureusement dans leur grande maison de ferme. A l'étage : 1 ch. (1 lit 2 pers.) et 1 ch. avec s. d'eau et wc séparés privés, 1 ch. familiale avec entrée indépendante (1 ch. 1 lit 2 pers.) et (1 ch. 1 lit 135 cm.), s.d.b. et wc privatifs. A votre disposition: salon, cheminée, bibliothèque. Jardin arboré avec salon de jardin et barbecue. Chemin de randonnée dont GR21 menant à Etretat par les falaises. Auberge sur place. Langues parlées : anglais, allemand.

Prix : 1 pers. **32** € 2 pers. **39** € 3 pers. **67** € pers. sup. **11** €
Ouvert : Toute l'année.

2	12	2	1	6	6	SP	12	3

Yves et Monique EDOUARD - Ferme de la Chataigneraie - 76111 VATTETOT-SUR-MER - **Tél. : 02 35 27 31 42 - Fax : 02 35 27 31 42**

Seine-Maritime — Normandie

VATTEVILLE-LA-RUE Le Plessis (TH)

2 ch. — **Yvetot 20 km.** Au cœur du Parc de Brotonne, entre forêt Domaniale et Seine, sur la route des Chaumières et de la réserve ornithologique du Marais Vernier, Aline, artiste peintre adhérent au Circuit des Impressionnistes, vous accueille au Manoir du Plessis. 1er ét. : 1 ch. (1 lit 2 pers., 1 lit 1 pers.). 2e ét. : 1 ch. (1 lit 2 pers.). S. d'eau/wc privés pour chaque ch. Salon, TV, tennis de table, billard. Atelier de peinture et poss. de stage. Boxe chevaux. Dans cadre forestier et campagnard, résidence idéale pour découvrir une superbe région réputée pour ses activités culturelles et de loisirs. Table d'hôtes raffinée avec option Monet en supplément. Langues parlées : anglais, allemand.

Prix : 1 pers. 42 € 2 pers. 48 € 3 pers. 59 € pers. sup. 15 € repas 17 €
Ouvert : Toute l'année.

45	7	10	5	1	1	10	7	SP	20	7

Aline LAURENT - Manoir du Plessis - 1175 Route de Caudebec-en-Caux - 76940 VATTEVILLE-LA-RUE - Tél. : 02 35 95 79 79 - Fax : 02 35 95 79 77 - E-mail : aplvatteville@free.fr

VATTEVILLE-LA-RUE L'Angle

1 ch. — **Caudebec-en-Caux 5 km.** Jacqueline Sautreuil vous accueille, au calme, dans sa belle chaumière avec jardin clos, intérieur normand agréable avec cheminée du XVe siècle : 1 chambre familiale (1 ch. 1 lit 2 pers.) et (1 ch. 1 lit 1 pers.), salle de bains et wc privés. Séjour-salon, TV, bibliothèque, coin-cuisine à disposition des hôtes. Salon de jardin. A proximité de la forêt de Brotonne, Vallée de Seine, route des abbayes. En pleine campagne et au calme. Base de loisirs de Mesnil-sous-Jumièges à proximité. Restaurants à Caudebec-en-Caux. Langue parlée : anglais.

Prix : 1 pers. 35 € 2 pers. 38 € 3 pers. 46 €
Ouvert : Toute l'année.

45	4	5	1	2	SP	35	8

Jacqueline SAUTREUIL - rue du Gros Chêne - Hameau de l'Angle - 76940 VATTEVILLE-LA-RUE - Tél. : 02 35 96 31 72

LA VAUPALIERE Le Haut de L'Ouraille
C.M. 52 Pli 14

1 ch. — **Duclair 10 km.** Vous êtes reçus par Françoise et Bernard Taupin dans une demeure de caractère du XVIe s., dans un parc. Convient pour séjour bucolique. Entre Rouen et Barentin, à proximité de la Route des Abbayes. Entrée indépendante. A l'ét. : 1 ch. familiale de 4 pers. dont 1 ch. à lits jumeaux avec douche et wc privés. Prix de la ch. familiale : 58 €. Restaurant à 3 km.

Prix : 1 pers. 21 € 2 pers. 34 € 3 pers. 58 €
Ouvert : Toute l'année.

50	10	10	10	5	15	SP	12	4

Bernard et Françoise TAUPIN - 778 Domaine de l'Ouraille - 76150 LA VAUPALIERE - Tél. : 02 35 33 81 34

VERGETOT
C.M. 52 Pli 11

2 ch. — **Etretat 10 km.** Au calme, Nicole et Michel vous accueillent dans leur maison récente traditionnelle au milieu d'un grand jardin d'agrément, salon de jardin à disposition. A proximité d'Etretat et à 20 mn. du Pont de Normandie. 1 ch. (1 lit 2 pers.), 1 ch. (1 lit 2 pers., 1 lit supplémentaire), salle de bains dans chaque chambre et wc communs. Restaurant à 1 km.

Prix : 1 pers. 25 € 2 pers. 29 € 3 pers. 40 €
Ouvert : Toute l'année.

10	7	10	10	10	10	SP	10	3

Nicole et Michel GRENIER - Route de l'Orme - 76280 VERGETOT - Tél. : 02 35 27 26 72

VEULES-LES-ROSES La Maudière (TH)
C.M. 52 Pli 3

2 ch. — **Dieppe 25 km.** A 1 km de la plage, Maud Le Roux vous accueille dans sa maison de caractère avec parc paysager dans le centre de la station balnéaire de Veules. 1er ét. : 1 ch. familiale (1 ch. 1 lit 2 pers.) et (1 ch. 2 lits 1 pers) avec wc, lavabo et s.d.b. privée. 2e ét. : 1 ch. familiale (1 ch. 1 lit 2 pers.) et (1 ch. 2 lits 1 pers) avec salle d'eau et wc privés. TV, salon, séjour à disposition. Label Chambres de Charme. Cabine de plage à disposition. Tarif 4 pers. : 91/107 €. Table d'hôtes sur réservation. Saint-Valéry-en-Caux à 8 km. Restaurant à 500 m.

Prix : 1 pers. 53/69 € 2 pers. 53/69 € 3 pers. 91/107 € repas 38 €
Ouvert : Toute l'année.

1	7	12	0,5	0,5	1,5	25	SP	25	SP

Maud LE ROUX - La Maudière - 23 rue du Docteur Girard - 76980 VEULES-LES-ROSES - Tél. : 02 35 97 62 10

LA VIEUX-RUE La Clé des Champs
C.M. 52 Pli 15

3 ch. — **Darnétal 8 km.** A 12 km de Rouen, en pleine campagne, au calme, Roselyne et Jean-Hugues Fleutry vous recevront dans une belle maison normande. Entrée indépendante. A l'ét. : 1 ch. familiale (1 ch. 1 lit 2 pers.) et (1 ch. 2 lits 1 pers.) avec s. d'eau et wc privés, 1 ch. (1 lit 2 pers.) avec s. d'eau privée et wc indépendants, 1 ch. (1 lit 2 pers.) avec s. d'eau et wc privés. Dans un cadre champêtre, vous profiterez pleinement du jardin, balançoire, toboggan, bac à sable, salon de jardin, barbecue. Tarifs dégressifs à partir de 3 nuits. Restaurant à 4 km.

Prix : 1 pers. 30 € 2 pers. 38 € 3 pers. 46 € pers. sup. 8 €
Ouvert : Toute l'année.

50	7	8	1	5	12	SP	4	2

Roselyne FLEUTRY - La Clé des Champs - 257 rue du 8 Mai 1945 - 76160 LA VIEUX-RUE - Tél. : 02 35 59 92 71

Normandie — Seine-Maritime

VILLAINVILLE
C.M. 52 Pli 11

2 ch. **Etretat 6 km.** A la ferme, pour vous accueillir : 2 chambres d'hôtes dans une maison entièrement rénovée. 1 chambre (1 lit 2 pers.), 1 chambre (1 lit 2 pers., 1 lit 1 pers.). Lavabo et douche particuliers à chaque chambre, wc communs. Possibilité lit bébé. Jardin, salon de jardin. Visite de la ferme. Restaurant à 4 km.

Prix : 1 pers. **26** € 2 pers. **31** € 3 pers. **39** € pers. sup. **8** €
Ouvert : Toute l'année.

6	10	6	5	6	6	2	10	4

Roland et Maryvonne LACHEVRE - 76280 VILLAINVILLE - Tél. : 02 35 27 25 23

VILLAINVILLE Le Manoir
C.M. 52 Pli 11

2 ch. **Etretat 5 km.** Tout près d'Etretat, venez profiter du charme de la campagne cauchoise. Le Manoir vous propose 2 chambres (1 lit 2 pers. chacune), salle d'eau et wc privatifs communicants. Possibilité 2 personnes supplémentaires. Lit enfant et lit bébé à disposition. Restaurant à 2 km.

Prix : 1 pers. **38** € 2 pers. **43** € 3 pers. **55** € pers. sup. **12** €
Ouvert : Toute l'année.

5	10	35	5	1	6	5	35	SP	12	2

Raymond et Michèle BASILLE - rue du Manoir - 76280 VILLAINVILLE - Tél. : 02 35 27 22 98

VILLEQUIER-LE-HAUT La Mare à Bâche
C.M. 52 Pli 13

2 ch. **Caudebec-en-Caux 6 km.** A 6 km de Caudebec-en-Caux et de Notre-Dame-de-Gravenchon, dans un cadre de verdure et au calme, Janine et Vincent Andrieu vous accueillent dans une maison ancienne rénovée. A l'ét. : 1 ch. (3 lits 1 pers.), s. d'eau privée, (1 lit 2 pers.), s. d'eau privée. Wc communs. Lit d'appoint enfant : 5 €. Séjour avec TV. Salon de jardin. Restaurant à 3 km. Langues parlées : anglais, espagnol.

Prix : 1 pers. **29** € 2 pers. **39** € 3 pers. **49** € pers. sup. **9** €
Ouvert : Toute l'année.

40	6	10	6	5	20	SP	18	6

Vincent et Janine ANDRIEU - La Mare a Bache - 76490 VILLEQUIER-LE-HAUT - Tél. : 02 35 56 82 60 - Fax : 02 35 96 17 08 -
E-mail : vincent.andrieu@wanadoo.fr

VILLERS-ECALLES Les Florimanes
C.M. 52 Pli 14

3 ch. **Rouen 20 km.** Dans la campagne, au calme, à 15 mn de Rouen, 30 mn de Saint-Valéry-en-Caux et du Pont de Normandie, vous serez accueillis dans un authentique manoir du XVIIe s. situé au milieu d'un parc paysagé de 1,5 ha. Entrée protégée. Entrée indép. Séjour, salon musique et bibliothèque. Au 1er ét. : 3 ch. spacieuses (non fumeur) avec chacune s. d'eau privatives et wc indép. 2 ch. (1 lit 2 pers.), 1 lit 1 pers.), 1 ch. (1 lit 2 pers.). Marie-Claire, aquarelliste reconnue donne des cours et des stages d'encadrement et de papier reliure. Label Chambres de Charme et Gîte au Jardin. Restaurant à 2 km. Langue parlée : anglais.

Prix : 1 pers. **52/55** € 2 pers. **59/63** € 3 pers. **78** €
Ouvert : Toute l'année.

35	3	10	3	1	8	10	SP	3	1

Marie-Claire LEREVERT - Les Florimanes - 850 rue gadeau de Kerville - 76360 VILLERS-ECALLES - Tél. : 02 35 91 98 59 -
Fax : 02 35 91 98 59

YVETOT
C.M. 52 Pli 13

2 ch. **Rouen 30 km.** Anne-Marie et Laurent Vauquelin vous reçoivent en dehors du centre ville, dans leur maison normande restaurée figurant dans Patrimoine de Seine-Maritime. Espace fleuri et clos, salon de jardin, parking fermé. R.d.c. (entrée indép.) : 1 ch. (1 lit 2 pers.), salle d'eau privée et wc. Espace détente attenant avec four à micro-ondes. A l'ét. : 1 ch. (1 lit 2 pers.), salle d'eau et wc privés. Poss. lit supplémentaire. Restaurants sur place. A proximité du site classé du Val de Cesne. Langue parlée : anglais.

Prix : 1 pers. **29** € 2 pers. **38** €
Ouvert : Toute l'année.

27	0,5	7	0,5	0,5	10	SP	1	SP

Laurent et Anne-Marie VAUQUELIN - 110 rue de l'Etang - 76190 YVETOT - Tél. : 02 35 95 33 71

YVILLE-SUR-SEINE

1 ch. **Rouen 25 km.** Au cœur de la Vallée de la Seine, Dominique et Frédéric vous ouvrent leur maison tranquille au milieu des vergers. Découvrez les charmes du Parc Naturel Régional de Brotonne, des boucles de la Seine et de ses abbayes. 1 chambre avec 3 lits 1 pers. dont 1 lit médicalisé. Salle d'eau et wc privatifs accessibles aux personnes à mobilité réduite. Possibilité de lit enfant. Terrasse, salon de jardin, verger, jeux d'enfants et prêt de vélos. Karting 8 km. Langue parlée : anglais.

Prix : 1 pers. **27** € 2 pers. **35** € 3 pers. **43** €
Ouvert : Toute l'année sur réservation.

40	8	3	2	5	SP	5	5	SP	25	5

Frédéric et Dominique LAGORCE-TOURNOUX - 501 rue du Port - 76530 YVILLE-SUR-SEINE - Tél. : 02 35 37 85 34

PAYS-DE-LA-LOIRE

Pour réserver, écrire ou téléphoner :

44 - LOIRE-ATLANTIQUE
GÎTES DE FRANCE - Service Réservation
1, allée Baco - B.P. 93218
44032 NANTES Cedex 1
Tél. : 02 51 72 95 65 - Fax : 02 40 35 17 05
E-mail : gites-de-france-44@wanadoo.fr

49 - MAINE-ET-LOIRE
GÎTES DE FRANCE
Place Kennedy - B.P. 2147
49021 ANGERS Cedex 02
Tél. : 02 41 23 51 42 - Fax : 02 41 88 36 77
www.gites-de-france-anjou.com

53 - MAYENNE
GÎTES DE FRANCE - Service Réservation
84, avenue Robert-Buron - B.P. 2254
53022 LAVAL Cedex 9
Tél. : 02 43 53 58 78 - Fax : 02 43 53 58 79

72 - SARTHE
GÎTES DE FRANCE
78, avenue du Général-Leclerc
72000 LE MANS
Tél. : 02 43 23 84 61 - Fax : 02 43 23 84 63
E-mail : gites-de-france-72@wanadoo.fr

85 - VENDÉE
GÎTES DE FRANCE - Service Réservation
124, boulevard Aristide-Briand - B.P. 735
85018 LA ROCHE-SUR-YON Cedex
Tél. : 02 51 37 87 87 - Fax : 02 51 62 15 19
E-mail : gites-de-france-vendee@wanadoo.fr
www.gites-de-france-vendee.com

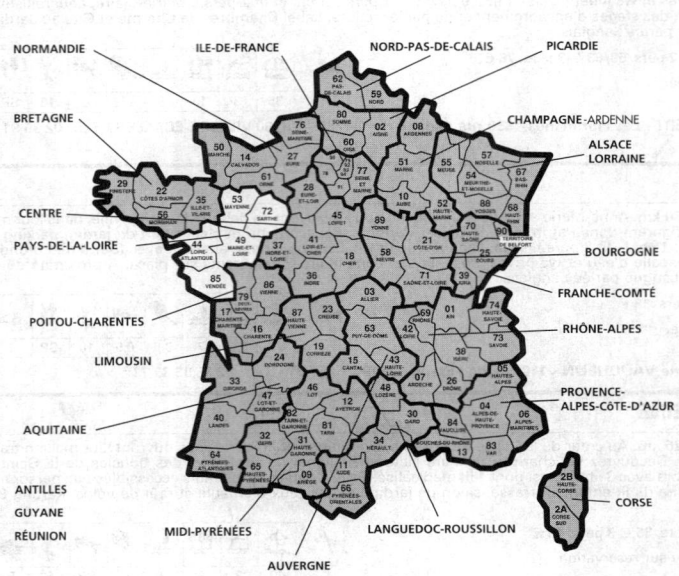

Pays de Loire

Loire-Atlantique

GITES DE FRANCE
Service Réservation
1, allée Baco - B.P. 93218
44032 NANTES Cedex 1
Tél. 02 51 72 95 65 - Fax 02 40 35 17 05
E-mail : gites-de-france-44@wanadoo./fr

3615 Gîtes de France
0,2 €/min

ABBARETZ La Jahotière — C.M. 63 Pli 17

4 ch. Dans une propriété de 100 ha avec étang, ruines du deuxième haut fourneau français, réserve de chasse : 4 ch. avec salles de bains et wc privés. 2 salons (lecture et TV). Terrain clos avec salon de jardin à disposition. Nantes : 40 km. La Baule : 60 km. Langues parlées : anglais, espagnol.

Prix : 2 pers. 56 € 3 pers. 69 € pers. sup. 12 €
Ouvert : Toute l'année.

60	3	3	3	3	40	SP	3		

Jean-François NODINOT - La Jahotière - 44170 ABBARETZ - Tél. : 02 40 55 23 34 ou 06 81 78 92 30

ARTHON-EN-RETZ — C.M. 67 Pli 2

4 ch. **Pornic 10 km. Noirmoutier 50 km.** Dans le calme de la campagne, à proximité de la mer : 4 ch. d'hôtes dont une accessible aux pers. handicapées. Salle d'eau et wc privés. Chauffage électrique. Salle de petit déjeuner avec coin cuisine. Entrée indépendante. Jardin avec jeux d'enfants, barbecue, salon de jardin. Parking privé. Accès facile.

Prix : 1 pers. 29 € 2 pers. 34 € 3 pers. 39 € pers. sup. 5 €
Ouvert : Toute l'année.

7	7	7	7	10	1	9	10	SP	12	0,7

Marie Claire MALARD - Route de Chauvé - 44320 ARTHON-EN-RETZ - Tél. : 02 40 64 85 81

ASSERAC Pen Bé (TH) — C.M. 63 Pli 14

3 ch. Dans le calme de la Baie de Pen-Bé, dans une demeure donnant directement sur la mer, dans un cadre agréable et reposant : 3 ch. avec sanitaires privés (non attenants) + salon de 30 m² avec terrasse vous attendent au 1er étage (dont une chambre avec sanitaires au rez-de-chaussée). TV privée. Salon de jardin. Tables d'hôtes (produits de la mer) sf mercredi. Parking fermé. Nantes à 1 heure de route, La Baule à 15 mn, le Parc de la Brière à 20 mn.

Prix : 1 pers. 36 € 2 pers. 43 € 3 pers. 53 € pers. sup. 8 €
repas 16 €
Ouvert : Toute l'année.

SP	SP	SP	SP	20	4	10	20	1	5

Annick LE GAL - Pen Bé - 44410 ASSERAC - Tél. : 02 40 01 74 78 - Fax : 02 40 01 73 78

ASSERAC Pen Bé — C.M. 67 Pli 14

3 ch. Dans le super site de la baie de Pen Bé, avec vue sur la mer, tout en étant en retrait de la route, 3 chambres à l'étage avec salles d'eau privées non attenantes. Salle à manger à l'étage pour petit déjeuner. Parc de Brière et La Turballe à 20 mn.

Prix : 1 pers. 38 € 2 pers. 44 € 3 pers. 55 € pers. sup. 11 €
Ouvert : Toute l'année (sauf fêtes de fin d'année).

SP	SP	SP	SP	14	12	14	18	1	24	6

Maryvonne BODIGUEL - Pen Bé - 44410 ASSERAC - Tél. : 02 40 01 71 18

ASSERAC Pen Bé (TH)

3 ch. Bienvenue en presqu'île de Pen Bé. La villa de la Baie des Dames avec une vue imprenable sur la mer vous accueille avec 3 chambres à l'étage (2 et 3 pers.) TV privée, salles d'eau et wc personnels. Au r.d.c. salon/jeux/ bibliothèque. Terrasse fleurie avec salon de jardin, grand jardin clos, échanges agréables autour d'une table d'hôtes. Guérande cité médiévale.

Prix : 1 pers. 46 € 2 pers. 50 € 3 pers. 66 € pers. sup. 15 €
repas 18 €
Ouvert : De Pâques à la Toussaint.

SP	SP	SP	20	6	12	20	SP	20	6

Christine JOSSO - Pen Bé - La Baie des Dames - 44410 ASSERAC - Tél. : 02 40 01 72 45

ASSERAC — C.M. 63 Pli 14

3 ch. Dans un manoir du début du XVIIIe siècle, entre la Parc de Brière et les marais salants, 3 chambres d'hôtes pour 2 pers. avec chacune salle d'eau, wc privés. Accès au grand salon avec cheminée. Parc d'agrément, terrasse avec salon de jardin, barbecue, parking privé et fermé.

Prix : 2 pers. 54/60 € 3 pers. 72/78 € pers. sup. 18 €
Ouvert : Toute l'année.

6	6	16	6	6	8	10	6	25	SP

Marie PHILIPPE-PAUVERT - 15 rue du Calvaire - 44410 ASSERAC - Tél. : 02 51 10 28 68 - E-mail : le.marquisat@caramail.com

Loire-Atlantique
Pays de Loire

BASSE-GOULAINE
C.M. 67 Pli 3

2 ch. Dans cette belle demeure ancienne, berceau de la tradition culinaire nantaise, votre séjour alliera charme et raffinement. Etape incontournable dans la découverte de Nantes et de son vignoble. 2 chambres spacieuses (dont une en dupleix) avec douche et WC privatifs, TV. Accès direct dans le parc. Langue parlée : anglais.

Prix : 1 pers. **56/60** € 2 pers. **64/68** €
Ouvert : D'avril à fin octobre, le reste de l'année sur réservation.

🐕	≈	⛱	🏊	🚣	🎾	🏇	🏃	🍴	🚲	🚂
	50	50	50	1	2	0,5	8	SP	15	1

Bernard METRO - 195 rue du Grignon - 44115 BASSE-GOULAINE - Tél. : 02 40 54 91 30

BESNE Les Pierres Blanches
C.M. 230 Pli 53

2 ch. Dans un parc boisé de 15 000 m², en bordure de la GRANDE BRIERE, 2 chambres totalement indépendantes au rez-de-chaussée de la maison des propriétaires. Chaque chambre bénéficie de sanitaires privés, TV et sèche-cheveux. Coin salon/séjour avec kitchenette réservé aux hôtes. Accès direct sur terrasse. Barbecue.

Prix : 1 pers. **37/39** € 2 pers. **40/43** € 3 pers. **55** € pers. sup. **12** €
Ouvert : Toute l'année.

🐕	≈	⛱	🏊	🚣	🎾	🏇	🏃	🍴	🚲	🚂
	20	10	10	3	10	5	12	10	SP	9	5

Anthony et Denise DEBRAY - Les Pierres Blanches - 44160 BESNE - Tél. : 02 40 01 32 51 ou 06 80 84 40 05 - Fax : 02 40 01 32 51 - E-mail : Tonydebr@AOL.com

---

BESNE Les Pierres Blanches
C.M. 63 Pli 15

2 ch. Dans le calme de la campagne, proche de la mer et de la Brière. Entrée totalement indépendante. 2 chambres d'hôtes agréables (dont une à l'étage) avec sanitaires privés à chaque chambre ; salon, kitchenette réservés aux hôtes. Pontchateau : 10 km.

Prix : 1 pers. **37** € 2 pers. **40** €
Ouvert : Toute l'année.

🐕	≈	⛱	🏊	🚣	🎾	🏇	🏃	🍴	🚲	🚂
	20	10	10	3	10	4	12	10	SP	10	4

Marie-Christine PENOT - Les Pierres Blanches - 44160 BESNE - Tél. : 02 40 01 39 24 ou 06 13 72 90 95

BESNE

1 ch. A proximité du bourg, au rez-de-chaussée de la maison des propriétaires, 1 chambre d'hôtes pour 2 pers. salle d'eau et wc privés. Entrée indépendante. Salon de jardin, cadre agréable, calme et ombragé. Forêt, parc 9 km.

Prix : 1 pers. **33** € 2 pers. **38** € pers. sup. **12** €
Ouvert : Toute l'année.

🐕	≈	⛱	🏊	🚣	🎾	🏇	🏃	🍴	🚲	🚂
	18	18	5	SP	5	SP	5	10	SP	5	SP

Bernadette BEHERAN - 8 chemin du Stade - 44160 BESNE - Tél. : 02 40 01 36 01 ou 06 88 15 44 46

LE BIGNON La Cour de L'Epinay

E.C. 5 ch. 5 chambres de caractère dans les dépendances du chateau, chacune avec salle de bains (ou salle d'eau) individuelle. Salon réservé aux hôtes. Gîte de séjour également sur place. La Cour de l'Epinay à 15 minutes du centre ville de Nantes, dans une propriété de charme du 19e siècle. Arbres centenaires, rivière calme et détente assurée. Langue parlée : anglais.

Prix : 1 pers. **38/45** € 2 pers. **54/60** € 3 pers. **61/67** €
Ouvert : Toute l'année.

🐕	≈	⛱	🏊	🚣	🎾	🏇	🏃	🍴	🚲	🚂
	40	10	10	SP	6	3	4	20	SP	12	3

Martin et Caroline DURAND - La Cour de l'Epinay - 44140 LE BIGNON - Tél. : 02 40 78 15 19 ou 06 21 30 36 89 - Fax : 02 40 78 15 19

BLAIN Le Gravier
C.M. 63 Pli 16

3 ch. A proximité du canal de Nantes à Brest, du Château de la Groulais et d'un sentier pédestre : 3 chambres (2 et 3 pers.) à l'étage avec salle d'eau et wc privés. Cuisine à disposition. Entrée indépendante. Salon de jardin. Restauration possible en bordure du Canal. Forêt du Gâvre : 5 km. Gare : 18 km. Ouvert toute l'année.

Prix : 1 pers. **29** € 2 pers. **35/39** €
Ouvert : Toute l'année.

🐕	≈	⛱	🏊	🚣	🎾	🏇	🏃	🍴	🚲	🚂
	40	40	7	0,2	1	1	5	18	0,2	18	0,8

Mme HECAUD - Le Gravier - 44130 BLAIN - Tél. : 02 40 79 10 25

BLAIN La Mercerais
C.M. 63 Pli 16

2 ch. En pleine campagne Yvonne et Marcel vous recevront en amis dans leur maison accueillante et chaleureuse, lieu de calme et de tranquillité. 2 chambres à l'étage joliment décorées pour 2 ou 3 pers. avec salle d'eau et wc privés. Au r.d.c. 1 chambre (2 épis) avec salle de bains. Ces chambres s'ouvrent sur un très beau parc fleuri et ombragé. Salon de jardin, barbecue, possibilité de pique-niquer. 1er prix fleurissement départemental 1989, 2e prix chambres d'hôtes 1991, 1er prix communal 1993. De Blain, prendre la direction Nozay N 171 (CM 63 pli 16).

Prix : 1 pers. **33** € 2 pers. **41** € 3 pers. **53** € pers. sup. **12** €
Ouvert : Toute l'année.

🐕	≈	⛱	🏊	🚣	🎾	🏇	🏃	🍴	🚲	🚂
	40	40	10	SP	2	2,5	8	15	3	10	35	2

M PINEAU Marcel - La Mercerais - 44130 BLAIN - Tél. : 02 40 79 04 30 ou 06 87 90 66 81

Pays de Loire — **Loire-Atlantique**

BOUAYE Herbauges
C.M. 67 Pli 3

1 ch. Au cœur du lac de Grand Lieu, dans une propriété fin 19°, au milieu d'un parc boisé de 5 ha avec plan d'eau, proche d'une petite gare, nous avons aménagé 1 chambre 2 à 4 pers. dans la maison du propriétaire, avec entrée indépendante. Salle d'eau, WC indép., cuisine privée, TV, téléphone, téléséjour, sur place gracieusement salon de jardin, barbecue, pêche. Jeux de plein air, vélos, ping-pong. A disposition : lave-linge, sèche-linge, congélateur. A proximité la Planète Sauvage, le lac, etc... Langue parlée : anglais.

Prix : 1 pers. **46 €** 2 pers. **53 €** pers. sup. **8 €**
Ouvert : Toute l'année.

36	36	36	SP	18	1,5	2,5	30	SP	0,5	1,5

Armelle GIRARDEAU - Herbauges - 44830 BOUAYE - Tél. : 02 51 70 55 65 ou 06 03 66 41 41 -
E-mail : jean-philippe.girardeau@wanadoo.fr

BOUAYE

2 ch. A Bouaye, une longère campagnarde très agréable à 15 km de Nantes et 35 km de la mer, près du lac de Grand Lieu, des sentiers pédestres, la rivière l'Acheneau. Le logis vous propose 2 chambres de 2 pers. avec salle d'eau privée et wc communs, tout près des restaurants pour goûter aux spécialités nantaises.

Prix : 2 pers. **40 €**
Ouvert : Toute l'année.

35	35	35	1,5	1,5	6	1,5	6	30	1	0,5	SP

Maryvonne SIDNEY - 11 rue de la Gare - Le Logis - 44830 BOUAYE - Tél. : 02 40 65 48 28

BOURGNEUF-EN-RETZ Le Puy Charrier
C.M. 67 Pli 2

4 ch. Face au marais breton, nous vous offrons 4 ch. au rdc avec entrée indépendante de la maison du propriétaire. Nous privilégions l'accueil familial avec 2 ch. de 5 et 6 pers., sanitaires incorporés et coin cuisine privé au choix pour 4 Euros/jour. 2 ch. 2 pers. avec lit d'appoint, salle d'eau privée, wc communs, coin cuisine 4 Euros/jour. (congélateur, lave-linge). Salon de jardin, terrain de jeux, locations de vélos. Gare (l'été), restaurants : 2 km. Pornic : 15 km. Visite découverte du marais, de ses activités, de ses oiseaux sur demande.

Prix : 1 pers. **26 €** 2 pers. **31 €** 3 pers. **37 €** pers. sup. **6 €**
Ouvert : 1 Chambre ouverte toute l'année. 3 chambres ouvertes du 1/4 au 31/10.

4	5	10	2	15	2	2	15	0,5	12	2

Hubert BONFILS - Les Rivières aux Guérins - 18 Rue du Puy Charrier - 44580 BOURGNEUF-EN-RETZ - Tél. : 02 40 21 40 79 -
Fax : 02 40 21 40 79 - E-mail : DanielMauduit@aol.com

BOURGNEUF-SAINT-CYR-EN-RETZ Le Moulin de L'Arzelier
C.M. 67 Pli 2

1 ch. Chambre d'hôtes 4 à 5 pers. aménagée à côté de la maison du propriétaire, sur un coteau avec un point de vue insaisissable sur le Marais Breton. Salle d'eau et wc privés. Restaurant à 3 km. Ouvert d'Avril à Septembre.

Prix : 1 pers. **29 €** 2 pers. **32 €** 3 pers. **39 €** pers. sup. **7 €**
Ouvert : Début Avril à fin Septembre.

4	10	10	3	11	2	5	18	1,5	14	3

Henri-Marcel BRETAGNE - Le Moulin de l'Arzelier - 44580 SAINT-CYR-EN-RETZ/BOURGNEUF - Tél. : 02 40 21 44 95

BOUVRON Manory de Cavalais
C.M. 63 Pli 16

2 ch. 2 chambres à l'étage, dont une dans la tour, chacune avec bains et wc privés. TV dans chaque chambre. Entrée indépendante. Ouvert toute l'année. Petit déjeuner copieux. Jardin clôturé et arboré. Canal de NANTES à BREST. BLAIN (musée des Arts et Traditions, château). Forêt du Gavre. Golf 18 trous, restaurants à SAVENAY : 4 km. Dans ce petit manoir du XVII° siècle, vous trouverez des chambres de grand confort, meublées Louis XV, avec lits de 140 à baldaquin. poss.lit suppl. Salle cathédrale à disposition des hôtes, communiquant avec la salle à manger au rez-de-chaussée. Téléphone Téléséjour au salon.

Prix : 2 pers. **70/90 €** pers. sup. **15 €**
Ouvert : Toute l'année.

30	4	30	4	4	4	4	SP	4	4

Evelyne HERBURT - Manoir de Gavalais - 44130 BOUVRON - Tél. : 02 40 56 22 32 - www.web-de-loire.com/C/44-591052.htm

LE CELLIER La Petite Funerie
C.M. 63 Pli 17/18

1 ch. A mi-chemin entre Nantes et Ancenis, les bords de Loire vous offriront de magnifiques panoramas et sites classés ainsi que de nombreux circuits à découvrir à pied ou en VTT. Vous serez accueillis chaleureusement dans cette propriété d'une chambre indépendante de 20 m² avec salle d'eau et wc privés ainsi que TV et kitchenette, une grande baie vitrée. Jardin de 2800 m², salon de jardin. Parking intérieur. Langue parlée : anglais.

Prix : 1 pers. **30 €** 2 pers. **35 €** 3 pers. **46 €**
Ouvert : Toute l'année.

70	15	15	3	15	3	6	10	SP	15	3

Michel et Arlette MALHERBE - La Petite Funerie - 44850 LE CELLIER - Tél. : 02 40 25 44 71 ou 06 81 44 85 60 -
E-mail : malherbemichel@aol.com

Loire-Atlantique
Pays de Loire

LA CHAPELLE-BASSE-MER Le Bois Fillaud (TH) — C.M. 67 Pli 4

2 ch. A mi-chemin entre Ancenis et Nantes (rive sud) et à 15 mn de la Beaujoire découvrez les sites variés du Val de Loire et le charme du Vignoble Nantais, dans un cadre agréable. Il vous est proposé 2 ch. d'hôtes rénovées (dont une suite familiale) dans les dépendances d'une maison de la fin du 18e. Chac. possède une entrée indép. La 1ere (vaste 3 ou 4 pers.). Coin salon, possibilité évent. d'utiliser la kitchenette, salon jardin. La 2e est une suite 2 à 4 pers., terrasse, cuisine indép., accès extérieur, chacune avec TV, sanitaires privés. La table d'hôtes vous permettra d'apprécier les spécialités locales. Activités nombr. & variées. Langue parlée : anglais.

Prix : 1 pers. **36 €** 2 pers. **40 €** 3 pers. **50/53 €** pers. sup. **10/15 €** repas **18 €**
Ouvert : Toute l'année.

70	2,5	2,5	0,5	4	1,5	6	6	SP	20	1,5

Yvonnick et Martine LECOMTE - 27 le Bois Fillaud - 44450 LA CHAPELLE-BASSE-MER - Tél. : 02 40 33 30 74 -
E-mail : YLECOMTE@AOL.com

LA CHAPELLE-DES-MARAIS

2 ch. Nelly et Jean Claude vous proposent 2 chambres à l'étage de leur maison, de 2 et 4 pers. avec sanitaires privés attenants pour l'une et non attenants pour l'autre. La proximité du bourg, de la Brière facilitera vos déplacements.

Prix : 1 pers. **29/38 €** 2 pers. **38/43 €** 3 pers. **52 €** pers. sup. **9 €**
Ouvert : Toute l'année.

16	5	1	1	10	1	6	6	0,5	12	0,5

Jean-Claude HALGAND - 17 rue des Trélonnées - 44410 LA CHAPELLE-DES-MARAIS - Tél. : 02 40 53 21 38

LA CHAPELLE-SUR-ERDRE La Gandonnière — C.M. 63 Pli 17

3 ch. Aux portes de Nantes, dans un site classé dont la beauté fût reconnue par François 1er et bien d'autres ensuite, La Gandonnière, demeure du XVIIIe siècle vous offre le calme de ses jardins en terrasses donnant sur le plan d'eau. Ses 3 chambres de caractère avec vue sur l'Erdre, dont une suite double sont restaurées et disposent chacune de sanitaires. 1er étage : 1 ch. (1 lit 2 pers. + 1 lit enfant). 2e étage : 1 ch. (2 lits 1 pers.) - 1 suite (1 lit 2 pers. - 2 lits 1 pers.). Restaurant à 1.500 m.

Prix : 1 pers. **57 €** 2 pers. **62 €** 3 pers. **92 €** pers. sup. **15 €**
Ouvert : Du 1er mai au 30 septembre et sur réserv. le reste de l'année.

50	50	0,1	0,1	5	1,5	1,5	5	0,1	12	1,5

Françoise GIRARD - La Gandonnière - 44240 LA CHAPELLE-SUR-ERDRE - Tél. : 02 40 72 53 45 - Fax : 02 40 72 53 45 -
http ://www.web-de-loire.com/C/44H891433.htm

CHATEAU-THEBAUD La Pennissière — C.M. 67 Pli 4

3 ch. Au cœur du Muscadet Mr Mme Bousseau vous accueillent en amis dans leur propriété viticole. A l'étage 3 ch., toutes personnalisées, décorées avec goût, meubles anciens avec vue imprenable sur les vignes (très calme et reposant). Salle bains et wc privés. Entrée indép. avec grande pièce chaleureuse par ses pierres apparentes et mezzanine possibilité lit suppl. Cette grande pièce vous est réservée dans laquelle, séduit par son côté de charme, vous vous laisserez aller à vos souvenirs. Cheminée et coin salon sont tout près pour accueillir votre repos. TV. Repas à la demande. Ouvert toute l'année. Pêche sur étang privé à 400 m.

Prix : 1 pers. **32 €** 2 pers. **38 €** pers. sup. **11 €**
Ouvert : Toute l'année.

0,4	1	6	1,5	5	1	15	2	

Gérard et Annick BOUSSEAU - La Pénissière - 44690 CHATEAUTHEBAUD - Tél. : 02 40 06 51 22 - Fax : 02 40 06 51 22

CHATEAU-THEBAUD Brairon — C.M. 67 Pli 4

2 ch. A 13 km au sud de Nantes, une ancienne maison de maître dans le vignoble. Accès facile par la RN137. 2 ch. à l'étage, chacune pour 3 pers., avec salle d'eau et wc privés, jardin fermé. Tarif dégressif. Ouvert toute l'année, tranquillité assurée. Gratuité pour les enfants jusqu'à 3 ans.

Prix : 1 pers. **30 €** 2 pers. **35 €** 3 pers. **40 €** pers. sup. **8 €**
Ouvert : Toute l'année.

60	60	5	3	8	3	3	13	4

Valentine BARJOLLE - Brairon - 44690 CHATEAUTHEBAUD - Tél. : 02 40 03 81 35

CHATEAU-THEBAUD Le Petit Douet (TH) — C.M. 67 Pli 4

3 ch. AU DOMAINE VITICOLE : 3 ch. d'hôtes au r.d.c. de notre maison. Salle d'eau et wc privés pour chacune d'elle. La 1ere est meublée de 2 lits de 90 cm. La 2e d'1 lit de 160 cm + 90 cm. La 3e d'1 lit de 140 cm. Salon commun aux 3 ch. avec cheminée. Jardin ombragé réservé à nos hôtes. Visite de cave. Table d'hôtes le soir sur réservation (sf dim. et jrs fériés). Convivialement le repas est pris en commun à notre table.

Prix : 1 pers. **36 €** 2 pers. **38/49 €** 3 pers. **49 €** repas **18 €**
Ouvert : Février à fin octobre.

60	60	3	1	6	1,5	5	SP	15	1,5	

Thérèse MECHINEAU - Le Petit Douet - 44690 CHATEAUTHEBAUD - Tél. : 02 40 06 53 59 - Fax : 02 40 06 57 42

Pays de Loire — **Loire-Atlantique**

CHAUVE La Caillerie (TH) — C.M. 67 Pli 2

4 ch. Au sud de la Loire, à 12 km de Pornic et des plages de la Côte de Jade, nous vous offrons le calme et le cadre champêtre de notre demeure au cœur du Pays de Retz. À votre disposition toute l'année 4 chambres de 2 à 4 pers. au rez-de-chaussée, avec pour chacune, sanitaires privatifs complets, TV et entrée indépendante. Grand Jardin ombragé, portique. Parking privé. Table d'hôte sur réservation (si disponibilité). Langues parlées : anglais, espagnol.

Prix : 2 pers. 43/48 € 3 pers. 58 € pers. sup. 10 € repas 17 €
Ouvert : Toute l'année.

🐕	〰️	⛱️	🎣	🏊	🎾	🐎	⛳	🚶	🚲	🚆
	12	10	12	4	12	3	12	12	0,2	25	3,5

Colette LESUEUR - La Caillerie - 44320 CHAUVE - Tél. : 02 40 21 16 18 ou 06 60 84 77 97 - Fax : 02 40 21 16 18 -
E-mail : lesueurcolette@yahoo.fr

CHEMERE Prince Neuf — C.M. 67 Pli 2

4 ch. A l'orée de la forêt de Princé, nous vous accueillons dans notre demeure du XIXᵉ siècle, ancien relais de chasse. Du parc vous gagnerez directement la forêt de Princé pour de longues promenades. 4 chambres d'hôtes pour 2 pers. à l'étage. Salle d'eau et wc privés pour chaque chambre. Chauffage central. Terrain attenant. Pornic : 18 km. Ouvertes toute l'année.

Prix : 1 pers. 38 € 2 pers. 43 €
Ouvert : Toute l'année.

🐕	〰️	⛱️	🎣	🏊	🎾	🐎	⛳	🚶	🚲	🚆
	15	15	15	18	SP	18	18	SP	12	4	

Hubert HARDY - Prince Neuf - 44680 CHEMERE - Tél. : 02 40 21 30 35 - Fax : 02 40 21 30 35

LA CHEVALLERAIS La Baluère (TH) — C.M. 63 Pli 16

2 ch. Dans une campagne préservée et au calme, une longère restaurée en pierres de pays. Pour votre repos 2 grandes chambres confortables avec chacune salle d'eau et wc privés, entrée indépendante, salon/séjour cuisine, lave-linge, coin pergola avec salon de jardin, barbecue, terrain de boules sous les vieux chênes et parking spacieux. Tables d'hôtes sur réservation. Canal de Nantes à Brest : 2 km, forêt domaniale du Gâvre : 10 km, Nantes : 35 km.

Prix : 1 pers. 35 € 2 pers. 44 € 3 pers. 53 € repas 15 €
Ouvert : Toute l'année.

🐕	〰️	⛱️	🎣	🏊	🎾	🐎	⛳	🚶	🚲	🚆
	55	30	30	3	7	1	4	25	1	25	1

Dominique et Roselyne MONGAZON - La Baluère - 44810 LA CHEVALLERAIS - Tél. : 02 40 79 80 37 ou 06 80 05 59 93

LA CHEVROLIERE — C.M. 67 Pli 3

4 ch. En campagne, au rez-de-chaussée, 4 ch. avec sanitaires particuliers, entrée indépendante pour chaque chambre. 2 ch. avec kitchenette. Salon, salle à manger avec cuisine et TV réservées aux hôtes. Terrasse, pelouse, salon de jardin pour chaque chambre. Restaurant 2 km. Nantes, gare, aéroport : 10 km. A proximité : Lac de Grand Lieu. Zone de loisirs. Planète sauvage. Puy du Fou.

Prix : 1 pers. 29 € 2 pers. 38 € 3 pers. 46 € pers. sup. 9 €
Ouvert : Toute l'année.

🐕	〰️	⛱️	🎣	🏊	🎾	🐎	⛳	🚶	🚲	🚆
	35	35	10	10	4	4	35	5	10	4	

Joseph et Danielle CHEVALIER - 26 Thubert - 44118 LA CHEVROLIERE - Tél. : 02 40 31 31 26

CORSEPT — C.M. 67 Pli 1/2

1 ch. A 10 mn de la mer et de St Brévin les Pins, 2 chambres contiguës pour 3 ou 4 pers. Salle de bains et wc privés. Entrée indépendante. Grand jardin ombragé avec salon. Ouvert toute l'année.

Prix : 1 pers. 29 € 2 pers. 38 € 3 pers. 46 € pers. sup. 8 €
Ouvert : Toute l'année.

🐕	〰️	⛱️	🎣	🏊	🎾	🐎	⛳	🚶	🚲	🚆
	8	8	8	2,5	8	2,5	8	SP	2,5		

Christiane FOUCHER - 4 Rue de la Maison Verte - 44560 CORSEPT - Tél. : 02 40 39 64 89 ou 06 87 88 14 19

LE CROISIC — C.M. 63 Pli 13/14

2 ch. Dans maison particulière avec vue sur la mer, 2 ch. d'hôtes à l'étage dont 1 suite comprenant 1 ch. 2 pers. (lit 140) + 1 ch. avec lits jumeaux), possibilité de lit suppl. salle de bains, wc privés. et 1 ch. 2 pers. (lit 140), salle d'eau et wc privés. Salon avec TV et bar. Jardin clos avec salon. Océarium marin, location de vélos et tir à l'arc à 2 km. La Baule : 11 km. St Nazaire : 25 km.

Prix : 1 pers. 53 € 2 pers. 57 € 3 pers. 110 € pers. sup. 24 €
Ouvert : Toute l'année.

🐕	〰️	⛱️	🎣	🏊	🎾	🐎	⛳	🚶	🚲	🚆
	0,2	0,2	2	0,5	10	1	2	0,8	0,5	1	1,5

Raymonde PLUCHE - 43 Rue de la Ville d'Ys - 44490 LE-CROISIC - Tél. : 02 40 23 12 30 - Fax : 02 40 15 74 32 -
E-mail : raymondepluche@aol.com

Loire-Atlantique

Pays de Loire

LE CROISIC
C.M. 63 Pli 13/14

||| 2 ch. La tour des goelands demeure du XVIe siècle, ayant appartenu à cinq générations de nobles marchands, puis de marins pêcheurs, a su garder toute son âme. Découvrez l'un des tous premiers ports bretons producteurs de crustacés, mais aussi la ville historique au prestigieux passé. Nathalie De Roincé est heureuse de vous recevoir. A disposition ch. toutes avec salle de bains et wc privés, TV, téléphone. Possibilité d'une suite de 5/6 pers. Envie de s'évader nous vous proposons le week-end amoureux comprenant : dîner aux chandelles, repas de fête, champagne. Table d'hôte sur réservation hors saison. A bientôt ! Langue parlée : anglais.

Prix : 1 pers. **64/69 €** 2 pers. **69/74 €** 3 pers. **83 €** pers. sup. **14 €**
Ouvert : Toute l'année.

🐕	≈	⛱	🚶	🏊	🚣	🎾	🐎	🏹	🚶‍♂️	🚆	🛬
	0,5	0,5	0,1	0,1	10	1	0,7	1	1	SP	

Nathalie DE ROINCE - 16 Grande Rue - 44490 LE-CROISIC - Tél. : 02 40 23 10 74 ou 06 08 92 03 21 - Fax : 02 40 62 94 98

LE CROISIC
C.M. 63 Pli 13/14

|| 1 ch. A 25 m. du port de pêche, 2 chambres à l'étage pour famille de 2 à 4 pers. Salon avec TV, Réfrigérateur. Salle d'eau, WC indépendants privés. Chauffage. Petit jardin avec salon et barbecue. La Baule : 11 km - St Nazaire : 25 km. Gare TGV : 800 m.

Prix : 1 pers. **42 €** 2 pers. **46 €** 3 pers. **60 €** pers. sup. **9 €**
Ouvert : Toute l'année.

🐕	≈	⛱	🚶	🏊	🚣	🎾	🐎	🏹	🚶‍♂️	🚆	🛬
	0,8	0,8	1	0,1	10	1	2	2	2	0,8	0,2

Roger YOUINOU - 10 Rue de la Chaudronnerie - 44490 LE-CROISIC - Tél. : 02 40 23 12 00 ou 06 87 29 11 30 - Fax : 02 40 23 12 00

CROSSAC La Cossonnais
C.M. 63 Pli 15

||| 3 ch. Sur la D 33, 3 chambres d'hôtes 2/3 pers. (dont une avec entrée indépendante et une à 2 épis) à l'étage de la maison du propriétaire. Sanitaires privés à chaque chambre. Téléphone, TV, salon avec cheminée. Jardin attenant calme. Parc. Terrasse, salon de jardin. Ouvert toute l'année.

Prix : 1 pers. **35 €** 2 pers. **40 €** 3 pers. **50 €** pers. sup. **10 €**
Ouvert : Toute l'année.

🐕	≈	⛱	🚶	🏊	🚣	🎾	🐎	🏹	🚶‍♂️	🚆	🛬
	25	25	6	6	6	6	2	6	2	6	2

Yvette HOUIS - La Cossonnais - 44160 CROSSAC - Tél. : 02 40 01 05 21 ou 06 81 43 11 62

DERVAL (TH)
C.M. 63 Pli 6/7

|| 2 ch. Dans le centre bourg, grande maison bourgeoise comprenant 2 ch. d'hôtes de 2 pers. et 3 pers. avec lavabo/douche dans chaque chambre, à l'étage de la maison du propriétaire. WC communs. Salon à la disposition des hôtes. Parc arboré et clos de murs. Ouvert toute l'année. Chateaubriant : 25 km - Nantes et Rennes : 50 km.

Prix : 1 pers. **25 €** 2 pers. **33 €** 3 pers. **40 €** pers. sup. **8 €** repas **13 €**
Ouvert : Toute l'année.

🐕	≈	⛱	🚶	🏊	🚣	🎾	🐎	🏹	🚶‍♂️	🚆	🛬
	75	30	3	12	SP	30	SP	25	SP		

Annie HABAY - 1 Rue de Nantes - 44590 DERVAL - Tél. : 02 40 07 72 97

DONGES La Lande
C.M. 63 Pli 15

|| 3 ch. Manoir du XVIIe siècle. Dans un grand parc arboré et fleuri, 3 chambres de style. Salle d'eau ou salle de bains privées à chaque chambre, 2 wc communs près des chambres. Cuisine indép. réservée aux hôtes. Salle à manger, salon (bibliothèque, jeux). Parking et propriété entièrement clos à proximité du parc de Brière. Accords spéciaux avec le golf de Savenay. Ouvert toute l'année. Vélos disponibles sur place. Langue parlée : anglais.

Prix : 1 pers. **35/46 €** 2 pers. **43/46 €** 3 pers. **58 €**
Ouvert : Toute l'année.

🐕	≈	⛱	🚶	🏊	🚣	🎾	🐎	🏹	🚶‍♂️	🚆	🛬
	13	13	3	1,5	1,5	15	0,5	15		1	

Irène PINAULT - La Closerie des Tilleuls - La Lande - 44480 DONGES - Tél. : 02 40 91 07 82 ou 02 40 01 31 60

DONGES La Sencie (TH)

||| 1 ch. Longère du début du siècle, rénovée et située en campagne, proche de l'axe routier Nantes/La Baule, près du Parc Régional de Brière et à quelques minutes des plages. Une chambre de style médiéval avec salle d'eau et wc privés. Tables d'hôtes sur réservation. A disposition : parc boisé de 3500 m² avec salon de jardin, barbecue, table de ping-pong, Transats. Langues parlées : anglais, espagnol.

Prix : 1 pers. **34 €** 2 pers. **39 €** repas **13 €**
Ouvert : De Mai à Septembre.

🐕	≈	⛱	🚶	🏊	🚣	🎾	🐎	🏹	🚶‍♂️	🚆	🛬
	15	15	18	4	3,5	4	10	1,5	5	3,5	

Franck et Muriel JUDIC - La Sencie - 44480 DONGES - Tél. : 02 40 45 36 15 - Fax : 02 40 45 36 15 - E-mail : franck.judic1@worldonline

Pays de Loire — **Loire-Atlantique**

FAY-DE-BRETAGNE Le Pâtureau
C.M. 63 Pli 16

3 ch. Repos et calme assurés au Patureau. 3 chambres d'hôtes 2 à 4 pers. à l'étage de la maison du propriétaire avec suite ou mezzanine. Sanitaires privés à chaque chambre. Coin détente et TV communs. Grand jardin ombragé (1 ha).

Prix : 1 pers. **46** € 2 pers. **46** € 3 pers. **53** €
Ouvert : Toute l'année.

40	40	10	5	5	3	14	5	14	3

Robert MOULLEC - Le Patureau - 44130 FAY-DE-BRETAGNE - Tél. : 02 40 79 92 29

FRESNAY-EN-RETZ
C.M. 67 Pli 2

2 ch. Dans la dépendance d'un ancien corps de ferme, à proximité de la mer, Bénédicte vous propose 2 chambres d'hôtes (une en r.d.c. 3 épis, l'autre à l'étage EC) chacune avec salle de bains et wc privés. Cuisine à usage exclusif des hôtes. Vous disposerez d'un salon de jardin et d'un barbecue, terrain clos. A 6 km, zone de loisirs. Pêche et le canoë kayak. Machecoul : 6 km - Pornic : 20 km - Nombreuses activités. Langue parlée : anglais.

Prix : 1 pers. **31** € 2 pers. **37** € pers. sup. **12** €
Ouvert : Toute l'année.

12	15	6	6	6	5	20	SP	6	6

Bénédicte PIGNARD - 5 La Bretonnière - 44580 FRESNAY-EN-RETZ - Tél. : 02 40 21 49 60 ou 06 20 36 69 68 -
E-mail : gpignard@infonie.fr

FROSSAY La Chevalerais
C.M. 67 Pli 2

2 ch. A proximité de la ferme 2 ch. d'hôtes de 2 pers. avec salle d'eau et wc communs dans un cadre agréable. Jardin clos, salon. Situé dans une belle région de Bocage, près du GR du Pays de Retz, du canal de la Martinière aménagé pour la détente, pique-nique. Pêche, activités nautiques au Migron 2 km. Paimboeuf 8 km, St Brévin 20 km.

Prix : 1 pers. **31** € 2 pers. **35** €
Ouvert : Toute l'année.

20	20	2	2	20	1,5	10	20	1	20	2

Gaston et Bernadette LUCAS - Le Verger - La Chevallerais - 44320 FROSSAY - Tél. : 02 40 39 71 03

FROSSAY Château de la Rousselière
C.M. 67 Pli 2

3 ch. 3 chambres au chateau du 18ᵉ, dans un parc très agréable en Pays de Retz, à 3 km du Canal de la Martinière. Chambres spacieuses avec salle de bains et WC privés. Entrée indépendante. Salon et salle à manger réservés aux hôtes. Billard. Piscine dans la propriété. Chevaux acceptés. Forêt : 10 km. Pornic : 20 km. St Brévin : 18 km. Langue parlée : anglais.

Prix : 2 pers. **70** € pers. sup. **16** €
Ouvert : De Mai à Septembre.

20	20	3	3	18	2	1	10	20	3	25	10

Catherine SCHERER - Château de la Rousselière - 44320 FROSSAY - Tél. : 02 40 39 79 59 - Fax : 02 40 39 77 78 -
E-mail : larouss@club-internet.fr

LA GRIGONNAIS-PROCHE-BLAIN L'Etriche
C.M. 63 Pli 16

2 ch. Dans une ancienne ferme rénovée au milieu d'un grand parc fleuri et boisé de chênes séculaires, 2 ch. d'hôtes dans une petite maison à proximité de celle des propriétaires : au r.d.c, une ch. 4 pers. avec mezzanine et coin cuisine (avec suppl.), une autre ch. 2 pers. + lit supplémentaire. Salle d'eau et wc privés à chaque chambre. Barbecue, salons de jrdin. Portique, table de ping-pong, location de vélos. Table d'hôtes sur demande. Parking clos. Anglais parlé couramment. 1ᵉʳ prix de fleurissement départemental en 1995. Blain : 4 km. Forêt domaniale du Gâvre : 5 km. Canal de Nantes à Brest : 5 km. Langue parlée : anglais.

Prix : 1 pers. **34** € 2 pers. **40** € 3 pers. **50** € pers. sup. **10** €
repas **14** €
Ouvert : Toute l'année.

40	12	20	SP	4	4	3	20	2	35	2,5

Jocelyne ESLAN - L'Etriché - 44170 LA GRIGONNAIS - Tél. : 02 40 79 04 99 ou 02 40 45 66 81

GUEMENE-PENFAO
C.M. 63 Pli 16

1 ch. A la sortie du bourg, dans une maison indépendante, 1 chambre de 2 pers. à l'étage avec possibilité d'une pers. supplémentaire. Salle bains, WC indépendants privés. Chauffage électrique. Jardin clos avec parking privé. Terrasse avec salon de jardin, balançoires. Ouvert de mi-juin à mi-septembre. Langues parlées : anglais, espagnol.

Prix : 1 pers. **24** € 2 pers. **30** € 3 pers. **40** €
Ouvert : De mi-juin à mi-septembre.

15	1	1	0,5	1	0,5	20	1

Annick LAFEUILLADE - 13 route de Nozay - 44290 GUEMENE-PENFAO - Tél. : 02 40 66 59 01 ou 02 40 51 00 17

Loire-Atlantique

Pays de Loire

GUENROUET Melneuf
C.M. 63 Pli 15/16

ŧŧŧ 2 ch. Au Pays D'ACCUEIL des 3 Rivières, à 200 m. de la rivière l'Isac, maison ancienne rénovée sur grand jardin paysagé. 2 chambres indépendantes à l'étage de la maison du propriétaire (dont 1 suite familiale 3/4 pers.). Salle de bains et wc privés. TV dans les 2 chambres. Au r.d.c. séjour/salon indépendant avec cheminée, billard, bibliothèque. TV. Supplément pour cuisine : 10 F/jour. Véranda. Terrasse sur piscine couverte, barbecue, jeu de boules. Pêche en étang possible à 6 km. Ouvert de 30 juin au 1er septembre.

Prix : 1 pers. **41** € 2 pers. **49** € 3 pers. **64** € pers. sup. **15** €
Ouvert : Du 30 juin au 1er septembre.

🐕	≋	⛱	⚓	🏊	🎾	🎣	🚶	👫	🚂	⛳
	40	5	5	6	SP	5	12	16	SP	22	5

Jean-Claude CHEMIN - Melneuf - Notre Dame de Grâce - 44530 GUENROUET - Tél. : 02 40 87 62 16 - Fax : 02 40 87 62 16

GUERANDE
C.M. 63 Pli 14

ŧŧŧ 2 ch. Dans un village typique, au cœur des marais salants, avec entrée indépendante, au 2e étage d'une maison de caractère, 2 chambres d'hôtes avec salle d'eau et wc privés pour 4 à 5 pers. A 2 km des plages, au centre de la presqu'île, nombreux sites à visiter. Ouvert de Mars à Novembre.

Prix : 1 pers. **40** € 2 pers. **46** € 3 pers. **55** €
Ouvert : De Mars à Novembre.

🐕	≋	⛱	⚓	🏊	🎾	🎣	🚶	👫	🚂	⛳
	2	2	2	2	3	2	2	10	0,5	2	2

Cécile GUILBAUD - 11 Rue François Thuard - Saillé - 44350 GUERANDE - Tél. : 02 40 42 35 58 - Fax : 02 40 42 35 58

HERBIGNAC
C.M. 63 Pli 14

ŧŧŧ 2 ch. Dans village du Parc Régional de Brière, maison ancienne rénovée, 2 chambres à l'étage, chacune avec téléviseur, sèche cheveux et sanitaires privés. Réfrigérateur commun. Chauffage central. Bibliothèque. Jeux de société, pétanque, initiation au golf sur cibles, jeux pour enfants (portique). Parking privé dans parc de 5000 m². Petits déjeuners servis dans la véranda ou sous la tonnelle. St Lyphard : 1 km. La Baule : 19 km. Langue parlée : anglais.

Prix : 1 pers. **39** € 2 pers. **43** € 3 pers. **57** € pers. sup. **14** €
Ouvert : Toute l'année.

🐕	≋	⛱	⚓	🏊	🎾	🎣	🚶	👫	🚂	⛳
	13	1	13	1	10	1,5	4	12	SP	20	1

Christine LAGRE - 15 Impasse de Caillaudin - Marlais - La Roselière - 44410 HERBIGNAC - Tél. : 02 40 91 33 05

HERBIGNAC Coetcaret
C.M. 63 Pli 14

ŧŧŧ 3 ch. Entre l'Océan et le Parc Régional de Brière, petit château du XIXe dans un grand domaine boisé, environnement exceptionnel. 3 ch. calmes et confortables avec sanitaires complets privatifs, dont 1 ch. pour 3 pers. avec lit d'enf. moins de 12 ans. Chauffage. Tennis de table. Salon de jardin. Sentier de découverte faune et flore dans le domaine. M. et Mme de la Monneraye connaissent bien les richesses de la Brière et de la Côte et se feront un plaisir de vous conseiller pour vos promenades. Téléphone Téléséjour. Langues parlées : anglais, espagnol.

Prix : 2 pers. **85/95** € pers. sup. **23** €
Ouvert : Toute l'année.

🐕	≋	⛱	⚓	🏊	🎾	🎣	🚶	👫	🚂	⛳
	14	14	2	2	12	4	SP	12	SP	12	3

Cécile DE LA MONNERAYE - Château de Coëtcaret - 44410 HERBIGNAC - Tél. : 02 40 91 41 20 - Fax : 02 40 91 37 46 -
E-mail : coetcaret@multimania.com - welcome.to/coetcaret

HERBIGNAC
C.M. 63 Pli 14

ŧŧŧ 2 ch. Dans un village de la Brière des terres, à l'étage d'une longère, une suite familiale de 2 chambres pour 4 pers. et une chambre pour 2 pers. Salle d'eau et toilette privées pour chaque chambre. Matériel de bébé à disposition (lit - chaise - baignoire - matelas à langer...). Jardin avec salon, balançoires, table de ping-pong, VTT sur place. Parking clos. NANTES 60 km. LA BAULE 19 km. GOLF DU MORHIBAN - VANNES 55 km. SITE NATUREL DES MARAIS SALANTS 17 km. Parc naturel de Brière sur place. Ouvert toute l'année. Nombreuses auberges réputées à proximité. Langue parlée : anglais.

Prix : 1 pers. **36** € 2 pers. **46** € 3 pers. **61** € pers. sup. **14** €
Ouvert : Toute l'année.

🐕	≋	⛱	⚓	🏊	🎾	🎣	🚶	👫	🚂	⛳
	13	1,5	13	1	10	1,5	6	13	SP	19	1,5

Henri et Josiane FRESNE - 12 Rue Jean de Rieux - 44410 HERBIGNAC - Tél. : 02 40 91 40 83 ou 06 71 35 54 90 - Fax : 02 40 91 40 83 -
E-mail : j.h.fresne@wanadoo.fr - http : //www.pays-blanc.com/noe-marlais

LE LANDREAU Le Relais de la Rinière
C.M. 67 Pli 4

ŧŧŧ 3 ch. Au cœur du vignoble, découvrez les sites variés du Pays de Loire. Nous vous accueillons dans une maison de charme avec un grand jardin fleuri, jeux pour enfants. 3 chambres avec sanitaires privés. Possibilité de pique-niquer dans le jardin. Les randonneurs équestres sont les bienvenus. Langue parlée : anglais.

Prix : 1 pers. **36** € 2 pers. **40** € pers. sup. **11** €
Ouvert : Toute l'année.

🐕	≋	⛱	⚓	🏊	🎾	🎣	🚶	👫	🚂	⛳
	60	60	15	4	6	6	6	3	25	3

Françoise LEBARILLIER - Le Relais de la Rinière - 44430 LE-LANDREAU - Tél. : 02 40 06 41 44 - Fax : 02 51 13 10 52 -
E-mail : lariniere@chez.com - http : //www.chez.com/lariniere

Pays de Loire — **Loire-Atlantique**

LEGE Richetonne
C.M. 67 Pli 13

🏠🏠🏠 2 ch. — Vous trouverez confort et tranquillité dans cette demeure de caractère du XVIII° siècle, située à proximité de la ville. 2 chambres (1 au r.d.c. 2 pers. - 1 autre comprenant 2 pièces pour 2 à 4 pers.) salle de bains et wc privés dans chaque chambre. Entrée indép. pour la chambre du r.d.c. Séjour avec bibli. et cheminée à disposition. Table d'hôte certains jours. Maison non fumeur. Coin cuis. l'été. Parc 1 ha, vue sur la campagne. Terrasse, vélos. Chiens acceptés sur demande. Restaurant à 300 m. Ouvert toute l'année. Langues parlées : anglais, espagnol.

Prix : 1 pers. 46 € 2 pers. 49 € 3 pers. 78 € pers. sup. 5 €
Ouvert : Toute l'année.

🐕	≈	⛱	🎣	🏊	🐬	🎾	🐎	🚶	🚴	🚉
	39	39	1	1	1	1	8	1	22	1

Gérard et Christine DESBROSSES - La Mozardière - Richebonne - 44650 LEGE - Tél. : 02 40 04 98 51 - Fax : 02 40 26 31 61 - E-mail : christine@lamozardiere.com

LE LOROUX-BOTTEREAU La Roche
(TH) *C.M. 67 Pli 4*

🏠🏠🏠 3 ch. — Dans un cadre fleuri, Marie Christine et Marc vous accueillent dans leur maison. De la véranda panoramique, vous découvrirez leur vignoble. Ces vignerons vous feront apprécier leur vin et les produits régionaux. 3 chambres (2 et 4 pers. salle d'eau et wc privés. TV. Grand jardin et terrasse avec chaises longues et salon. Visite de cave. Tables d'hôtes le soir sur réservation sauf le dimanche.

Prix : 1 pers. 36 € 2 pers. 40 € 3 pers. 50 € pers. sup. 10 € repas 18 €
Ouvert : Toute l'année.

🐕	≈	⛱	🎣	🏊	🐬	🎾	🐎	🚶	🚴	🚉
	70	70	5	5	3	3	15	SP	18	3

Marie Christine PINEAU - La Roche - 44430 LE-LOROUX-BOTTEREAU - Tél. : 02 40 03 74 69 ou 06 10 94 24 50 - Fax : 02 40 33 89 96

MARSAC-SUR-DON La Mérais

🏠🏠🏠 3 ch. — Dans une longère entièrement rénovée par nos soins : 2 chambres à l'étage (2 et 3 pers.) sanitaires privés pour chacune et entrée indépendante - 1 chambre au rez-de-chaussée et mezzanine (4 pers.) avec son entrée indépendante. Grande salle avec coins salon et cuisine, ainsi que terrasse et salons de jardin réservés aux hôtes. Langue parlée : anglais.

Prix : 1 pers. 31 € 2 pers. 40 € 3 pers. 46 € pers. sup. 10 €
Ouvert : Toute l'année.

🐕	≈	⛱	🎣	🏊	🐬	🎾	🐎	🚶	🚴	🚉
	60	5	5	1	5	5	20	3	30	1

Patrick EISELE - La Mérais - 44170 MARSAC-SUR-DON - Tél. : 02 40 87 53 29

MESQUER
C.M. 63 Pli 14

🏠🏠🏠 5 ch. — Maison de caractère très calme avec vue sur les marais. Mobilier ancien, exposition de peintures, œuvres de la maitresse de maison, cheminée. 5 ch. à l'ét., dont 2 indépendants. 1 ch. 4 pers, 2 ch. 3 pers. 2 ch. 2 pers. Salle d'eau et wc privés à chaque chambre. Mezzanine avec TV. Terrasse, verger, pelouse (1300 m²). Parking dans la propriété. Local clos pour vélos et planches à voile. Restaurants proches. Guérande : 10 km. La Baule : 15 km. Brière : 15 km. Ouvert toute l'année.

Prix : 1 pers. 40 € 2 pers. 46 € 3 pers. 60 € pers. sup. 14 €
Ouvert : Toute l'année.

🐕	≈	⛱	🎣	🏊	🐬	🎾	🐎	🚶	🚴	🚉
	0,4	0,4	0,4	0,4	8	3	5	14	0,4	14	1,3

Liliane LEDUC - 249 Rue des Caps Horniers - « Clos de Botelo » Kercabellec - 44420 MESQUER - Tél. : 02 40 42 50 20 ou 06 22 61 11 06

MISSILLAC La Couillardais
C.M. 63 Pli 15

🏠🏠 2 ch. — Dans leur maison, Christine et Jean-Claude vous accueillent. Deux chambres de 3 et 4 pers. avec entrée indép. dans bâtiment annexe, proche de la voie rapide. Salle de bains et wc privés à chaque chambre. Parking entouré. A 300 mètres : Château de la Bretesche, d'une rare beauté, dans la forêt. Dans ce cadre golf.

Prix : 1 pers. 33 € 2 pers. 40 € 3 pers. 52 € pers. sup. 18 €
Ouvert : Du 1er mars au 30 octobre.

🐕	≈	⛱	🎣	🏊	🐬	🎾	🐎	🚶	🚴	🚉
	30	30	30	0,3	7	2	3	0,3	9	1,3

Christine SEVELLEC - La Couillardais - 44780 MISSILLAC - Tél. : 02 40 66 95 93 ou 06 65 10 53 31

MISSILLAC Morican
(TH) *C.M. 63 Pli 15*

🏠🏠🏠 5 ch. — « Morican « est la dernière propriété du Parc Naturel Régional de Brière au Nord-Est. Longère des propriétaires pour petit déjeuner et table d'hôtes. « Logis des hôtes » : salon. 5 chambres : Cavalière, Océane (douche. wc), Royale, Nuptiale, Campagnarde (bains, wc). Table d'hôtes sur réservation. Anglais et Espagnol parlés. Meneur diplomé pour initiation ou promenade en calèche. Elevage de chevaux, box, pré. Golf de la Bretesche (tarif réduit) à 5 mn. La Baule à 30 mn. Langues parlées : anglais, espagnol.

Prix : 1 pers. 32/37 € 2 pers. 40/44 € 3 pers. 53 € repas 21 €
Ouvert : Toute l'année.

🐕	≈	⛱	🎣	🏊	🐬	🎾	🐎	🚶	🚴	🚉
	30	12	12	SP	12	6	10	6	6	15

Olivier COJEAN - Morican - 44780 MISSILLAC - Tél. : 02 40 88 38 82 - Fax : 02 40 88 38 82 - E-mail : cojean.morican@wanadoo.fr

Loire-Atlantique — Pays de Loire

MONNIERES Château Plessis-Brezot
C.M. 67 Pli 4

5 ch. Au cœur du vignoble Nantais, découvrez les charmes et la tranquillité d'une demeure du XVIIe siècle. Visite de caves et dégustation. 5 chambres rénovées avec mobilier d'époque et sanitaires privés. Piscine couverte dans la propriété. Week-end avec votre cheval. Production de Muscadet Sèvre et Maine sur lie. Nombreuses promenades et visites. Proximité immédiate de nombreux restaurants. Langue parlée : anglais.

Prix : 2 pers. **74/104 €** pers. sup. **16 €**
Ouvert : Du 1er avril au 31 octobre, le reste de l'année sur demande.

🐕	〰️	⛱️	🏊	🎾	🎣	🏃	🚶	🚃	🚲
0,3	0,3		SP	0,8	8	25	SP	2	5

Annick et Didier CALONNE - Château Plessis Brezot - 44690 MONNIERES - **Tél. : 02 40 54 63 24** - **Fax : 02 40 54 66 07** - **E-mail : a.calonne@online.fr**

LES MOUTIERS
C.M. 67 Pli 1

1 ch. Près du centre du village, dans une petite rue tranquille, vous trouverez notre chambre d'hôtes (1 lit de 140 et 1 lit de 90, 1 lit d'appoint) avec salle d'eau et wc privés. L'entrée indépendante par un escalier extérieur lui apporte une note d'intimité. Terrain attenant avec salon de jardin, barbecue, bac à sable, parking. Gare SNCF de Mai à Septembre : 0.4 km. Restaurant : 0.3 km. Pornic : 12 km. Forêt : 12 km.

Prix : 1 pers. **27 €** 2 pers. **32 €** 3 pers. **38 €** pers. sup. **6 €**
Ouvert : Toute l'année.

🐕	〰️	⛱️	🏊	🚣	🎾	🎣	🏃	🚶	🚃	🚲
0,3	0,3	0,3	0,3		12	0,3	1	12	SP	0,2

Janine FERRE - 1 Rue Ste Thérèse - 44760 LES-MOUTIERS-EN-RETZ - **Tél. : 02 40 82 72 19**

NORT-SUR-ERDRE
C.M. 63 Pli 17

E.C. 2 ch. A la lisière du bourg, cette ancienne maison de Maître (XIXe) pleine de charme, offre une belle vue sur la vallée de l'Erdre et permet l'accès direct à la rivière. L'éclairage intérieur Moyen-Oriental ne vous laissera pas indifférent. 2 suites (4 pers.) literie 160x200, chacune avec salle de bains, wc, téléphone, TV et mini bar. Nombreux restaurants. Salon, piano réservés aux hôtes. Jardin clos avec salon. Parking privé. Langue parlée : anglais.

Prix : 1 pers. **40 €** 2 pers. **46 €** 3 pers. **61 €** pers. sup. **12 €**
Ouvert : Toute l'année.

🐕	〰️	⛱️	🏊	🚣	🎾	🎣	🏃	🚶	🚃	🚲
85	0,4	0,8	0,4	16	1	2	20	3	25	0,8

Bernard FOURAGE - 1 route d'Issé - Le Marais - 44390 NORT-SUR-ERDRE - **Tél. : 02 40 72 21 03** - **Fax : 02 40 72 21 03**

NOZAY Grand Jouan
C.M. 63 Pli 17

4 ch. Dans une ancienne école d'agriculture située entre Nantes et Rennes, Pierre et Monique vous proposent 4 chambres d'hôtes de 2 et 3 pers. avec sanitaires privés à chaque chambre. Coin salon avec TV, salle à manger réservés aux hôtes. Salle de jeux réservée aux hôtes. Parc ombragé avec portique, boxes pour chevaux. Plans d'eau, mini-golf. Crèperie. Restaurants 2.5 km. Ouvert toute l'année.

Prix : 1 pers. **31 €** 2 pers. **39 €** 3 pers. **47 €** pers. sup. **8 €**
Ouvert : Toute l'année.

🐕	〰️	⛱️	🏊	🎾	🎣	🏃	🚶	🚃	🚲
70	70	1	1	2,5	2,5	10	1	25	2,5

Pierre et Monique MARZELIERE - Grand Jouan - 44170 NOZAY - **Tél. : 02 40 79 45 85 ou 06 80 84 18 63** - **Fax : 02 40 79 45 85**

PIERRIC La Bignonnais
(TH) *C.M. 63 Pli 6*

2 ch. Dans un petit hameau, fermette rénovée, très pittoresque, comprenant 2 chambres de 2 et 3 personnes, équipées chacune de wc et salle de bains. Salon à la disposition des hôtes. Jardin avec une très belle vue sur la vallée de la Chère. Ouvert toute l'année. A 50 km de Nantes et Rennes. Langue parlée : anglais.

Prix : 1 pers. **29 €** 2 pers. **37 €** 3 pers. **48 €** pers. sup. **11 €** repas **15 €**
Ouvert : Toute l'année.

🐕	〰️	⛱️	🏊	🎾	🎣	🏃	🚶	🚃	🚲
75	25	10	1	10	2	9	0,5	17	5

Monica HOUGH - La Bignonnais - 44290 PIERRIC - **Tél. : 02 40 07 91 78** - **Fax : 02 40 07 91 78** - **E-mail : donmonhough@yahoo.co.uk**

LA PLAINE-SUR-MER
C.M. 67 Pli 1

4 ch. Nicole et Claude vous accueillent dans leur maison au mobilier du Pays de Retz. 4 ch. de 2 pers. à l'étage avec coin lavabo. 2 wc, une salle de bains et une salle d'eau sont à partager et réservés aux hôtes. Salon commun, TV. Le jardin clos est reposant et ombragé, vous pourrez y pique-niquer. Parking. Abris vélo ou moto. Sur réservation d'octobre à Mai. Restaurant à 2 km. Pornic, thalasso, gare de Mai à Septembre, port de pêche et de plaisance à 6 km. Langue parlée : anglais.

Prix : 1 pers. **30 €** 2 pers. **35 €** 3 pers. **40 €**
Ouvert : Sur réservation d'octobre à mai.

🐕	〰️	⛱️	🏊	🚣	🎾	🎣	🏃	🚶	🚃	🚲
1	1	3	1	6	0,5	6	6	SP	15	SP

Nicole FOUCHER - 15 Rue de la Libération - 44770 LA-PLAINE-SUR-MER - **Tél. : 02 40 21 53 32** - **Fax : 02 40 21 53 32**

Pays de Loire **Loire-Atlantique**

LA PLAINE-SUR-MER
C.M. 67 Pli 1

2 ch. A l'étage 2 chambres pour 2 pers. (dont une spacieuse avec possibilité d'une personne supplémentaire), chacune avec salle d'eau, wc privés. Séjour avec cheminée à disposition. Jardin clos (1 500 m²) planté de peupliers, avec salon de jardin. Parking dans la propriété. Pornic 10 km. Préfailles. Possibilité de baptême ULM, de cours ou promenade par moniteur diplômé. Pour nos amis étrangers, possibilité de conversation française. Langue parlée : anglais.

Prix : 2 pers. 38 € 3 pers. 47 € pers. sup. 9 €
Ouvert : Mai à Septembre (éventuellement Octobre).

0,2	0,7	2,4	0,2	9	2,7	9	9	0,7	10	2,7

Michèle et Raymond BALAN-GUIGUE - 29 Boulevard de la Prée - 44770 LA-PLAINE-SUR-MER - Tél. : 02 40 21 52 12

PONT-SAINT-MARTIN Le Château du Plessis
(TH) *C.M. 67 Pli 3*

3 ch. 3 chambres d'hôtes au château. Tarifs dégressifs à partir de 2 nuits. Le Plessis situé au calme à 11 km au sud de Nantes, à 5 km de l'aéroport (sans en subir les nuisances) tire son caractère de la fière Bretagne, son charme de la douce Loire. Le château, Monument Historique demeure du XIVᵉ et du XVᵉ saura vous conquérir par ses ch. et ses salles de bains. Sa cuisine exquise, par ses bons vins et surtout par ses jardins et roseraies parfumées. Vélos V.T.T. Jeux pour enfants. 1/2 pension : 83,8/91.5 €. Tarif spécial « Nuit de noces » avec champagne : 152.2 €. Enfants moins 12 ans : 1/2 tarif. Langue parlée : anglais.

Prix : 1 pers. 70/95 € 2 pers. 95/140 € 3 pers. 155/170 €
pers. sup. 25/30 € repas 25/70 € 1/2 pens. 90/105 €
Ouvert : Toute l'année.

30	10	10	1	7	2	4	15	0,5	11	0,5

Josiane BELORDE - Château du Plessis - 44860 PONT-SAINT-MARTIN - Tél. : 02 40 26 81 72 - Fax : 02 40 32 76 67 - E-mail : josiane.belorde@wanadoo.fr - http : //www.web.de.loire.com/e/44.290883htm

PONTCHATEAU
C.M. 63 Pli 15

2 ch. Dans une grande maison moderne à l'architecture harmonieuse, 2 chambres d'hôtes confortables de 2 et 4 pers. Salle de bains privée et wc communs. TV. Terrasse et salon de jardin. Entourée d'un petit parc boisé, elle est près du Parc Naturel de la Brière. A voir les marais salants, Guérande, Le Croisic, Piriac. Anglais et Espagnol parlés. Langues parlées : espagnol, anglais.

Prix : 1 pers. 30 € 2 pers. 39 € 3 pers. 54 € pers. sup. 14 €
Ouvert : Toute l'année.

25	25	13	2	2	2	8	0,8	0,5

Jean BOITELLE - 11 Rue du Vélodrome - 44160 PONTCHATEAU - Tél. : 02 40 01 60 24 - Fax : 02 40 01 60 24

PORNIC Le Jardin de Retz
C.M. 67 Pli 1

3 ch. Soirée, séjour, détente dans un cadre verdoyant d'un hectare et parc botanique. 3 ch. d'hôtes 2 pers. avec entrée indépendante. Salle d'eau privée à chaque chambre. Grand et petit jardins de repos. Parking clos. Thalasso : 1 km. Nombreux loisirs à proximité.

Prix : 1 pers. 45/55 € 2 pers. 50/55 €
Ouvert : Toute l'année.

0,1	0,1	0,1	0,1	1	0,1	5	0,5	25	0,1

Michelle et Jean BLONDEAU-RAEDERSTOERFFER - Avenue du Général de Gaulle - « Le Jardin de Retz » - 44210 PORNIC - Tél. : 02 40 82 02 29 ou 02 40 82 22 69 - Fax : 02 40 82 02 29

PORNIC
C.M. 67 Pli 1

3 ch. Dans le centre de Pornic, proche de la thalasso : villa fin de siècle. En étage : 1 chambre basse avec lit de 120. 2 chambres avec TV privée (lit de 140). Sanitaires privés à chaque chambre. Jardin clos. Taxe de séjour. Train 400 m. Thalassothérapie : 400 m.

Prix : 1 pers. 35/42 € 2 pers. 41/50 €
Ouvert : Toute l'année.

0,5	0,5	0,5	0,5	1	1,5	2	0,5	50	0,5

Chantal GUENON - 55 Rue de la Source - Villa Delphine - 44210 PORNIC - Tél. : 02 40 82 67 79 ou 06 62 36 67 79 - Fax : 02 40 82 67 79 - E-mail : VILLA-DELPHINE2@wanadoo.fr

PORNIC La Bourinardière
C.M. 67 Pli 1

2 ch. Avec vue exceptionnelle sur l'océan et l'île de Noirmoutier, Chris et Jack-Alain vous accueilleront dans une charmante maison blanche aux volets bleus. Dominant le jardin et la piscine, les 2 chambres de 2 personnes possèdent des sanitaires privés, ainsi qu'un balcon ou terrasse, avec entrées indépendantes. Accès direct à la mer par sentier côtier. Thalasso : 4 km.

Prix : 2 pers. 55 €
Ouvert : De Mai à Septembre. Les week-end en Mai.

SP	SP	SP	SP	SP	2	6	7	SP	4	2

Chris et Jack-Alain GUIHO - Les Courlis 42, Rue René Guy - Cadou - La Boutinardière - 44210 PORNIC - Tél. : 02 40 82 95 60 ou 02 40 63 40 12

Loire-Atlantique — Pays de Loire

PORNIC Plage du Portmain
C.M. 67 Pli 1

4 ch. Au détour d'une petite route de campagne, vous arrivez à Cupidon sur la plage du Portmain, au cœur de la côte sauvage. Votre chambre ?... Une île lambrissée, calme, claire, joliment décorée avec une belle vue sur l'océan. Vos petits déjeuners copieux sont servis sur la terrasse, face à la mer ou dans le séjour devant la cheminée. La piscine chauffée. Jardin, la terrasse, la plage, les promenades sur le sentier côtier, la pêche dans les rochers, les vélos VTT et VTC à votre disposition agrémenteront vos journées. Parking dans la propriété.

Prix : 1 pers. **37/45** € 2 pers. **42/50** € 3 pers. **60** €
Ouvert : Toute l'année.

🐕	≈	⛱	🍽	🚣	🎾	🐎	🚴	👥	🚌	🚂
SP	SP	SP	SP	SP	3	5	3	SP	6	2

Françoise GAGNOT et Gérard CATU - Cupidon - Plage de Portmain - 44210 PORNIC - Tél. : 02 51 74 19 61 - Fax : 02 51 74 19 20 -
E-mail : gagnot-catu@club-internet.fr

PORNICHET
C.M. 63 Pli 14

2 ch. En campagne et à proximité de la mer, chambres indépendantes de l'habitation principale. Au r.d.c : 1 ch. pour 3 pers. avec sanitaires privés. A l'étage : 2 pièces pour 2 et 3 pers. par chambre, possibilité de lit suppl. WC et salle de bains privés. Chauffage central. TV. Mis à disposition : four micro-ondes, réfrigérateur, barbecue. Jardin clos. Salon de jardin. Coin détente. Parking privé. Site touristique (Baie de la Baule, Parc Régional de Brière). Thalassothérapie. Gare (TGV) : 3 km. Location de vélos : 6 km. Patinoire : 5 km. Canoë kayaks : 3 km. Taxe de séjour. Ouvert toute l'année.

Prix : 1 pers. **39** € 2 pers. **49** € 3 pers. **60** € pers. sup. **12** €
Ouvert : Toute l'année.

🐕	≈	⛱	🍽	🚣	🎾	🐎	🚴	👥	🚌	🚂
3	3	3	3	3	2	2	5	0,5	3	2

Myriam et Christian LEPARC - 80 Route de Mahuit - 44380 PORNICHET - Tél. : 02 40 61 41 63 - Fax : 02 40 61 41 63 -
E-mail : leparc.ch@wanadoo.fr

PORT-SAINT-PERE Tartifume
C.M. 67 Pli 2/3

3 ch. Dans un cadre agréable reposant et fleuri, parc ombragé, plan d'eau et coin pique-nique, 3 ch. d'hôtes à l'étage de la maison du propriétaire avec douche particulière à chaque chambre. Salle de repos, lecture, jeux divers. Jeux d'extérieur, boules, portique. Chevaux sur terrain attenant. Planète sauvage tout proche. Centres culturels et de loisirs. Tarif dégressif à partir de la 3e nuit. Ouvert toute l'année.

Prix : 1 pers. **24** € 2 pers. **35** € 3 pers. **41** € pers. sup. **8** €
Ouvert : Toute l'année.

🐕	≈	⛱	🍽	🚣	🎾	🐎	🚴	👥	🚌	🚂
20	20	5	1	10	6	12	2	6	1,5	

Marie MORISSON - Tartifume - 44710 PORT-SAINT-PERE - Tél. : 02 40 31 51 61

PORT-SAINT-PERE La Petite Pelletanche
C.M. 67 Pli 2/3

3 ch. Dans la cour de la ferme reprise par les enfants et dominant l'Acheneau, 3 chambres aménagées dans la maison familiale et indépendante. Chaque ch. avec salle d'eau et wc. Salle commune avec cheminée et coin cuisine. Salons de jardin et barbecue. Canoës sur la rivière à 8 km. Planète Sauvage à 4 km. Lac de Grand Lieu à 16 km. Les petits déjeuners sont servis dans la maison des hôtes : miel du Pays de Retz, confitures, jus de fruits, brioche ou viennoiserie et pain de campagne. Ouvert toute l'année.

Prix : 1 pers. **30** € 2 pers. **37** € 3 pers. **46** € pers. sup. **10** €
Ouvert : Toute l'année.

🐕	≈	⛱	🍽	🚣	🎾	🐎	🚴	👥	🚌
25	25	7	0,3	15	10	SP	6	3	

Louis et Simone CHAUVET - La Petite Pelletanche - 44710 PORT-SAINT-PERE - Tél. : 02 40 31 52 44 - Fax : 02 40 31 52 44

RIAILLE La Meilleraie
 (TH)
C.M. 63 Pli 18

3 ch. Nous sommes heureux de vous accueillir dans notre maison de caractère près de l'étang de la Provostière (pêche, promenade, observatoire...) et proche de l'Abbaye de Meilleraye. Ce « pays » entre Ancenis et Chateaubriant couvert de forêts et d'étangs est propice à la randonnée, le repos, la découverte... 3 ch. avec sanitaires privés et TV. Piscine, pelouse, salon de jardin, barbecue, coin pique-nique, table d'hôtes sur réservation. On ne fume pas à l'intérieur. Petit déjeuner et repas pris sur terrasse ou dans la grande salle avec coin feu. A 25 km de la sortie de l'autoroute A11 et de la gare SNCF d'Ancenis.

Prix : 1 pers. **35** € 2 pers. **40** € 3 pers. **47** € repas **14** €
Ouvert : Du 1er avril au 1er novembre.

🐕	⛱	🍽	🚣	🎾	🐎	🚴	👥	🚌	🚂
9	9	0,5	SP	4,5	1	37	SP	25	4,5

J Paul et Madeleine HAREL - La Meilleraie - 44440 RIAILLE - Tél. : 02 40 97 89 52 ou 06 83 57 95 07 - Fax : 02 40 97 89 52 -
E-mail : mjp.harel@free.fr

RIAILLE St-Louis
(TH)
C.M. 63 Pli 18

1 ch. Dans la Haute Vallée de l'Erdre, en bordure d'un sentier de randonnée, 1 chambre d'hôte à la ferme au r.d.c. avec entrée indépendante. Salle d'eau, wc, privés, chauffage. Petit déjeuner près de la cheminée. Parking privé. Salon de jardin. On ne fume pas à l'intérieur. Sur réservation Bernadette vous accueillera à sa table d'hôtes. Selon ses disponibilités professionnelles, vous fera partager sur sa ferme sa passion pour les animaux et la nature. Location de vélos. Rivière 0.8 km. Forêt 5 km. Restaurant 3 km. A 20 km de la sorite de l'autoroute A 11.

Prix : 1 pers. **31** € 2 pers. **39** € repas **14** €
Ouvert : Toute l'année.

🐕	⛱	🍽	🚣	🎾	🐎	🚴	👥	🚌	🚂
12	12	1	10	3	15	SP	20	3	

Bernadette, Stéphane MARCHAND - Cidex 491 - St-Louis - 44440 RIAILLE - Tél. : 02 40 97 84 64 ou 06 83 43 97 60

Pays de Loire — Loire-Atlantique

ROUGE Le Petit Rigné
C.M. 63 Pli 7

1 ch. Dans une ancienne ferme rénovée accueillant des chevaux, 1 chambre de 2 personnes au r.d.c. avec TV dans la chambre. Salle d'eau et WC indépendants privés. Chauffage central. Etang dans la propriété. Lieu calme et reposant. Terrain attenant avec salon de jardin sur terrasse. Boxes pour chevaux. Swin golf : 1.8 km. Chateaubriant : 9 km.

Prix : 1 pers. 35 € 2 pers. 40 €
Ouvert : Toute l'année.

30	25	1	9	1	3	1	1

François GUIHENEUC - Le Petit Rigné - 44660 ROUGE - Tél. : 02 40 28 85 31 ou 06 80 08 10 85 - Fax : 02 40 28 85 31

SOUDAN La Boissière
C.M. 63 Pli 8

4 ch. Au cœur de la nature, dans une région riche en patrimoine historique et paysager, Les Marches de Bretagne vous accueillent dans un hameau typique en pierre de schiste, du 17ᵉ s. Pour des nuits de silence et de repos, dans une longère indép. avec salon (TV, cheminée, bibliothèque...) : 2 ch. au r.d.c. avec terrasses privées, 2 ch. à l'étage avec mezzanines. (sanitaires privés à ch. chambre). Pour les gourmets : nos plats, à chaque fois renouvelés, à déguster dans une ambiance intime et chaleureuse. Kitchenette à disposition. Enfin, pour la détente : piscine privée, découverte de la faune et de la flore, soirées consacrées à l'astronomie. Langue parlée : anglais.

Prix : 1 pers. 33 € 2 pers. 43/51 € 3 pers. 57 € pers. sup. 13 € repas 13 €
Ouvert : Toute l'année.

110	16	16	9	SP	13	14	24	1	13	6

Jacqueline NICOL - La Boissière - 44110 SOUDAN - Tél. : 02 40 28 60 00 ou 06 87 44 75 51 - Fax : 02 40 28 60 00 - E-mail : les-marches-de-bretagne@wanadoo.fr - http ://www.lesmarchesdebretagne.com

ST-FIACRE-SUR-MAINE
C.M. 67 Pli 4

1 ch. Au cœur du vignoble nantais, 1 chambre d'hôtes pour 3 pers. (1 lit 140 + 1 lit 90) dans la demeure du XVIIIᵉ des propriétaires. Salle d'eau et wc privés. TV privée. Chauffage. Portes-fenêtres donnant sur la terrasse. Salon de jardin. Grand jardin clos avec une belle vue sur la campagne environnante. Très calme.

Prix : 1 pers. 31 € 2 pers. 39 € 3 pers. 46 € pers. sup. 5 €
Ouvert : Toute l'année.

0,5	0,5	6	0,3	6	0,5	15	SP

Christiane GAUDIN - 14 Rue Sophie Trébuchet - 44690 SAINT-FIACRE-SUR-MAINE - Tél. : 02 40 54 81 30

ST-GILDAS-DES-BOIS La Ferme Ecole
C.M. 63 Pli 15

1 ch. En retrait de la D 773, une suite familiale de 2 chambres à l'étage (dont 1 chambre avec lavabo). 1 salle de bains. 1 wc. Salon de jardin et terrasse. Près de la Brière. A 30 km de la mer. Ouvert toute l'année.

Prix : 1 pers. 25 € 2 pers. 32 € 3 pers. 40 € pers. sup. 8 €
Ouvert : Toute l'année.

30	7	7	7	7	4	6	10	4	2

Gisèle MORICET - La Ferme Ecole - 44530 SAINT-GILDAS-DES-BOIS - Tél. : 02 40 66 90 27

ST-GILDAS-DES-BOIS La Ferme Ecole
C.M. 63 Pli 15

1 ch. Dans le calme de la campagne, à proximité de la ferme, 1 petite chambre de 2 pers. dans la maison du propriétaire, avec sanitaires privés. Entrée indépendante. Terrain entièrement clos avec salon de jardin (jeux en bois), terrain de pétanque. Ouvert toute l'année.

Prix : 1 pers. 24 € 2 pers. 30 €
Ouvert : Toute l'année.

30	7	7	7	7	4	6	10	4	7	2

Jacqueline MORICET - La Ferme Ecole - 44530 SAINT-GILDAS-DES-BOIS - Tél. : 02 40 88 19 04 - Fax : 02 40 88 19 04

ST-LUMINE-DE-CLISSON Le Tremblay
C.M. 67 Pli 4

2 ch. Dans une maison solaire, au pays du vignoble nantais, à 20 mn. de Nantes-Sud, en campagne : 2 ch. de 2 et 3 pers. à l'étage, gaies et confortables, avec douche, lavabo et wc privés à chaque ch. Entrée indépendante s'ouvrant sur un grand jardin fleuri calme et reposant (1ᵉʳ prix départemental gîtes fleuris 97). A proximité : Clisson. Langue parlée : anglais.

Prix : 1 pers. 26 € 2 pers. 33 € 3 pers. 40 € repas 10/13 €
Ouvert : Toute l'année.

60	60	9	0,2	SP	5	11	5	25	5

Jacqueline BOSSIS - Le Tremblay - 44190 SAINT-LUMINE-DE-CLISSON - Tél. : 02 40 54 71 11

Loire-Atlantique   *Pays de Loire*

ST-LYPHARD   C.M. 63 Pli 14

4 ch. Au pays des 500 chaumières, dans le Parc de Brière. Une grande maison avec 4 ch. d'hôtes. A l'étage : 2 ch. 2 pers. et 1 ch. 3 pers. Au r.d.c : 1 ch. 2 pers., coin cuisine. Salle d'eau et wc privés. Chauf. TV, bibliothèque, jeux de société. Réfrigérateur dans chaque chambre. Parking privé. Grand jardin ombragé et fleuri. Salon de jardin, transats. Barbecue. Promenade en barque sur le marais. Nombreux circuits de randonnées. Taxe de séjour incluse. Exposition de fleurs séchées sur place. Forêt : 15 km. La Baule, marais salants : 15 km. Guérande : 12 km. Le Croisic, St Nazaire : 20 km.

Prix : 1 pers. 30/35 € ◊ 2 pers. 35/40 € ◊ 3 pers. 46 €
Ouvert : Toute l'année.

15	0,6	0,8	0,8	10	0,8	2	11	0,5	15	0,5	

Anny HULCOQ - Le Pavillon de la Brière - 23 Rue des Aubépines - 44410 SAINT-LYPHARD - Tél. : 02 40 91 44 71 -
E-mail : anny.hulcoq@infonie.fr

ST-MALO-DE-GUERSAC   (TH)   C.M. 63 Pli 15

4 ch. Chaumière ancienne dans une île au cœur du marais de la Brière. 4 ch. « prestige » : « l'Ecossaise » (25 m²) 1 lit 140, salle d'eau, wc - « La Verte » (20 m²) 2 lits 90, salle d'eau, wc - « La Bleue » (25 m²) 1 lit 90, 1 lit 90, salle d'eau, WC - « La Rose » (22 m²) 1 lit de 160, 1 lit 90, salle d'eau, wc. Salle à manger rustique, cheminée. Chauf. central. Parking privé. Jardin clos. Entrée indépendante. Parc animalier : 3 km. Circuit découverte à pied (GR), promenade en chaland et vélo. Table d'hôtes sur réservation. Ouvert du 1er Avril au 1er Octobre.

Prix : 1 pers. 38 € ◊ 2 pers. 47 € ◊ 3 pers. 54 € ◊ repas 19 €
Ouvert : Du 1er avril au 1er octobre.

14	14	22	1	2	25	25	SP	14	2		

Alain COLLARD - 25 Errand - « Ty Gween » - 44550 SAINT-MALO-DE-GUERSAC - Tél. : 02 40 91 15 04

ST-MARS-DU-DESERT Longrais   C.M. 63 Pli 17

3 ch. A 15 mn de Nantes, dans le calme de la campagne à 10 mn de la Beaujoire, une demeure de caractère du XVIIIe offrant 3 ch. indép. avec s. d'eau et wc privatifs. Au r.d.c, 1 ch. de 32 m² (3 pers. avec lit 160), une autre ch. (3 pers.). A l'étage, 1 ch. (2 pers.) avec mobilier ancien. Prise TV satellite. Cuisine à disposition. Salon de jardin, parking privé fermé. Nous vous recevons dans un cadre reposant avec jardin paysagé clos et salon de plein air. A proximité : promenades sur l'Erdre (rivière classée) et sur la Loire. GARE à 17 km, restaurants à 4 km. Possibilité lit suppl. Conditions pour séjours et hors saison. Carte Michelin n°63. Pli 17.

Prix : 1 pers. 35/43 € ◊ 2 pers. 42/50 € ◊ 3 pers. 56/60 € ◊ pers. sup. 11 €
Ouvert : Toute l'année.

65	23	8	5,5	5,5	4	5	9	1	17	4	

Dominique MORISSEAU - Longrais - 44850 SAINT-MARS-DU-DESERT - Tél. : 02 40 77 48 25 ou 06 80 62 95 63 -
www.web-de-loire.com/C/44_891152.htm

ST-MICHEL-CHEF-CHEF La Hervière   C.M. 67 Pli 1

1 ch. Dans le calme de la campagne, à proximité de la mer : 1 chambre 3 à 4 pers. Salle d'eau et wc privés. Entrée indépendante. Possibilité de location de vélo. Restaurant, crêperie : 3.5 km. Gare de ST NAZAIRE : 25 km. Gare de PORNIC (de MAI à SEPTEMBRE) : 8 km. THARON : 5 km. Ouvert toute l'année.

Prix : 1 pers. 29 € ◊ 2 pers. 33 € ◊ 3 pers. 40 € ◊ pers. sup. 8 €
Ouvert : Toute l'année.

3	3	3	0,5	8	3	3	3	3	13	8	

Yvon FERRE - La Hervière - 44730 SAINT-MICHEL-CHEF-CHEF - Tél. : 02 40 27 97 84

ST-MOLF Kervenel   C.M. 63 Pli 14

3 ch. A 3 km de la mer, calme et campagne. 3 ch. d'hôtes à l'étage. Entrée indép. S. d'eau et wc privés pour chaque ch. Poss. lit suppl. pour enf. Salon avec TV et bibliothèque. Salon de jardin, parking privé. Loc. de vélos. A moins de 10 km : activ. culturelles diverses. La Baule : 10 km, 2 centres de thalasso. Parc Naturel de Brière : 12 km, promenades. Barques et calèches, chasse. Circuits de découvertes en Presqu'île. Guérande, cité médiévale : 5 km. La Turballe (port de pêche) : 5 km. Ouvert du 1er Avril au 1er Octobre. Langue parlée : anglais.

Prix : 1 pers. 46 € ◊ 2 pers. 54 € ◊ 3 pers. 81 € ◊ pers. sup. 18 €
Ouvert : Du 1er Avril au 1er Octobre.

3	3	5	5	12	5	3	10	5	12	3	

Jeannine BRASSELET - Kervenel - 44350 SAINT-MOLF - Tél. : 02 40 42 50 38 ou 06 17 73 31 75 - Fax : 02 40 42 50 55 -
E-mail : ybrasselet@AOL.COM

ST-MOLF Kerhue   C.M. 63 Pli 14

1 ch. Dans le calme de la campagne à 4.5 km de la mer, maison récente entourée d'un jardin paysagé clos (2e prix « Campagne Propre et Fleurie » 1997). Au rez-de-chaussée, 1 chambre d'hôtes agréable pour 2 pers. (possibilité de lit suppl.). Salle de bains attenante, wc privés dans le hall. Parking clos. A 10 km de la Brière (chaumières typiques). Visite de Guérande. Le Croisic, La Turballe à voir port de pêche. La Baule à 12 km : 2 centres de thalasso. Ouvert du 1er avril au 15 septembre.

Prix : 1 pers. 38 € ◊ 2 pers. 43 € ◊ 3 pers. 53 €
Ouvert : Du 1er Avril au 15 septembre.

4,5	4,5	4	4	14	0,5	6	14	0,5	14	0,5	

Jacqueline ANGER - Kerhué - 44350 SAINT-MOLF - Tél. : 02 40 62 51 67

Pays de Loire — **Loire-Atlantique**

ST-PERE-EN-RETZ — La Petite Lande

1 ch. A 3.5 km de la plage de St Brévin l'Océan, dans le calme de la campagne, 1 ch. d'hôtes pour 3 pers. au r.d.c avec entrée indépendante (gîte 3/4 pers. à l'étage). Salle d'eau et wc privés, coin cuisine privé (avec suppl.), prise TV. Jardin clos attenant avec salon de jardin, barbecue, portique communs avec le gîte. Abri vélo fermé. Pornic, Thalasso : 12 km. St Nazaire (TGV) : 12 km.

Prix : 1 pers. 36 € 2 pers. 38 € 3 pers. 53 €
Ouvert : Toute l'année.

3,5	3,5	3,5	3,5	4	4	3,5	12	SP	53	4

Henri BORDE - La Petite Lande - 44320 SAINT-PERE-EN-RETZ - Tél. : 02 40 27 27 09 - Fax : 02 40 27 27 09

STE-PAZANNE — Les Petites Remberges

C.M. 67 Pli 2

2 ch. Calme et tranquillité en pleine campagne. 2 ch. d'hôtes de 4 pers. avec possibilité d'un lit d'appoint. Douche, wc privés à la chambre. Grande cour ombragée, nombreux animaux de basse cour. Jeux pour enfants, ping-pong. Remise 5 % à partir de 3 nuitées. Planète sauvage à 1.5 km.

Prix : 1 pers. 26 € 2 pers. 32 € 3 pers. 38 € pers. sup. 6 €
Ouvert : Du 15 juin au 15 septembre.

20	20	3	3	13	3	13	30	SP	3	3

René BATARD - Les Petites Rembergères - 44680 SAINTE-PAZANNE - Tél. : 02 40 02 44 24

STE-REINE-DE-BRETAGNE

C.M. 63 Pli 15

1 ch. Dans le Parc Régional de Brière, à côté du Calvaire de Pontchateau, à 20 mn de la mer et 200 m. d'un restaurant. Au rez-de-chaussée de notre maison par une entrée indép. nous vous proposons une suite familiale pouvant accueillir 4 pers. (lit de bébé à disposition). Salle d'eau privée et WC indép. TV. Jardin calme attenant avec salon.

Prix : 1 pers. 33 € 2 pers. 40 € 3 pers. 50 € pers. sup. 10 €
Ouvert : Toute l'année.

25	10	20	2	10	2	10	10	2	10	10

Yvon et Marie-France SALLIOT - 33 La Tennière - 44160 SAINTE-REINE-DE-BRETAGNE - Tél. : 02 40 01 13 92 ou 06 87 13 35 13

STE-REINE-DE-BRETAGNE

3 ch. Françoise et Michel vous accueilleront dans leur maison du début du 20e siècle entièrement rénovée sur un terrain de 3800 m². Point de départ idéal pour vos excursions dans le PARC DE BRIERE, vers la côte d'Amour, Guérande, La Roche Bernard et le Pays des 3 Rivières. Les 3 chambres situées au 1er étage sont claires, spacieuses et équipées de sanitaires. Anglais parlé. Langue parlée : anglais.

Prix : 1 pers. 41/49 € 2 pers. 45/53 € 3 pers. 61 € pers. sup. 8 €
Ouvert : Toute l'année.

25	10	20	2	8	2	10	8	1	8	5

Françoise et Michel PINTUREAU - 27 rue René Guy Cadou - La Thorelle - 44160 SAINTE-REINE-DE-BRETAGNE - Tél. : 02 40 01 03 50 ou 06 03 52 33 02 - Fax : 02 40 01 03 50

SUCE-SUR-ERDRE

C.M. 63 Pli 17

2 ch. Cette demeure de caractère, d'époque 19e (anciennement dépendances du chateau de la gamotrie) est située au bord de l'Erdre (rivière classée) entourée d'un parc aux arbres centenaires et entièrement rénovée. Au r.d.c. son grand salon avec corniches et moulures sera mis à votre disposition pour le petit déjeuner, piano. A l'étage : 2 ch. de style. Louis XV et Louis Philippe avec salle de bains et wc privés. TV. Cuisine commune. Piscine couverte et chauffée de Mai à Septembre. Salon de jardin, barbecue, port privé, parking. Possibilité de location bateau, canoë kayak. Restaurants proches. Langues parlées : anglais, espagnol.

Prix : 1 pers. 41/57 € 2 pers. 46/61 € pers. sup. 12 €
Ouvert : Toute l'année.

2	SP	SP	SP	7	6	12	2	20	5

Marie-Claude COURANT - 179 Rue de la Gamotrie - 44240 SUCE-SUR-ERDRE - Tél. : 02 40 77 99 61 ou 06 12 61 25 78 - Fax : 02 40 77 99 61

SUCE-SUR-ERDRE

2 ch. A 100 m. d'une des plus belles rivières de France, vous profiterez de nombreuses activités nautiques tout en bénéficiant de la proximité Nantaise. Dans cette propriété alliant modernisme et tradition, vous trouverez 2 grandes chambres (2 et 3 pers.), salon en rez-de-jardin avec terrasse privative. Des week-ends thématiques y sont régulièrement organisés. Passionnés de la maison et du jardin. Langue parlée : anglais.

Prix : 1 pers. 34/38 € 2 pers. 46 € 3 pers. 61 € pers. sup. 12 €
Ouvert : Toute l'année.

70	70	0,1	0,1	4	5	3	5	0,1	16	1,5

Patricia DEGREZ - 2 chemin de la Dolette - 44240 SUCE-SUR-ERDRE - Tél. : 02 40 77 96 25 ou 02 40 67 84 81 -
E-mail : patricia.degrez@francetelecom.com

Loire-Atlantique *Pays de Loire*

LE TEMPLE-DE-BRETAGNE (TH) *C.M. 63 Pli 16*

3 ch. **Nantes 20 km. La Baule 50 km.** A la sortie du village, dans une ancienne écurie rénovée, 3 chambres d'hôtes 3 pers. spacieuses avec salle d'eau et wc privés. Salle à manger avec télévision et coin cuisine à disposition. Entrée indépendante. Table d'hôtes sur réservation (crêpes ou autres). Cour attenante, verger et potager. Langue parlée : anglais.

Prix : 1 pers. 35 € 2 pers. 43 € 3 pers. 52 € pers. sup. 9 €
repas 12 €
Ouvert : Toute l'année.

🐕	〰	⛱	🎣	🏊	🎾	🏇	🚶	⛵	🚲	⛷
	40	40	40	11	8	5	10	1	10	SP

Marguerite DE SARIAC - 52 Rue Georges Bonnet - La Mariaudais - 44360 LE-TEMPLE-DE-BRETAGNE - Tél. : 02 40 57 09 38 ou 06 10 71 50 50 - E-mail : margotds@hotmail.com

LA TURBALLE *C.M. 63 Pli 14*

1 ch. Claudie et Michel vous accueillent du 1er avril au 30 octobre dans le calme de leur propriété. Une chambre d'hôtes au r.d.c. pour 2 pers. avec TV, salle de bains et wc privés. Parking dans la propriété. Terrain attenant et clos. Port de pêche et de plaisance, commerces, restaurants, crêperies et plages à 1.8 km. Marais salants 2 km. Parc de la grande Brière à 15 km. Pas de possibilité de cuisine. Taxe de séjour incluse.

Prix : 1 pers. 35 € 2 pers. 40 €
Ouvert : Du 1er avril au 30 octobre.

🐕	〰	⛱	🎣	🏊	🎾	🏇	🚶	⛵	🚲	⛷
	1,8	1,8	1,8	10	1,5	2	7	0,5	10	1,8

Claudie et Michel GUIMARD - Les 4 Routes - 12 Chemin du Provenelle - 44420 LA TURBALLE - Tél. : 02 40 23 44 26 -
Fax : 02 40 23 44 16

LA TURBALLE *C.M. 63 Pli 14*

2 ch. Au calme et retiré de la plage, 2 ch. d'hôtes de 2 et 3 pers., au r.d.c. de la maison du propriétaire, avec entrée indépendante. Salle de bains et wc privés. TV dans chaque chambre. Réfrigérateur, coin repas équipé micro-ondes. Terrasse, salon de jardin, pelouse, parking clos. Taxe de séjour incluse. Guérande : 7 km. Téléphone Téléséjour. Ouvert toute l'année.

Prix : 1 pers. 37 € 2 pers. 40 € 3 pers. 55 €
Ouvert : Toute l'année.

🐕	〰	⛱	🎣	🏊	🎾	🏇	🚶	⛵	🚲	⛷
	1,8	1,8	1,8	12	1,5	3	10	2	13	1,5

Elisabeth DROUET - 11 Allée des Peupliers - « Fresanely » - 44420 LA TURBALLE - Tél. : 02 40 62 87 49 - Fax : 02 40 11 72 62

VARADES Le Grand Paty *C.M. 63 Pli 19*

4 ch. Dans un petit château rénové entouré d'un grand parc : 4 ch. d'hôtes. de 2, 3 et 5 pers. Salles d'eau et wc privés pour chaque chambre. Salon. Parking. Ouvert toute l'année. VARADES : 2.5 km. ANCENIS : 8 km. NANTES : 50 km . ANGERS : 45 km.

Prix : 1 pers. 28/31 € 2 pers. 37/44 € 3 pers. 55 € pers. sup. 11 €
Ouvert : Toute l'année.

🐕	〰	⛱	🎣	🏊	🎾	🏇	🚶	⛵	🚲	⛷
	100	40	40	5	10	3	10	25	4	5	3

Jacques ROY - Le Grand Patis - 44370 VARADES - Tél. : 02 40 83 42 28

VIGNEUX-DE-BRETAGNE La Favrie du Buron *C.M. 63 Pli 16*

1 ch. A 20 km au nord de Nantes, sur jardin boisé et fleuri, dans un lieu calme et reposant, 1 chambre 3 pers. au rez-de-chaussée. Salle d'eau et wc privés. Cuisine équipée (réfrigérateur, plaques électriques, micro-ondes. TV. Entrée indépendante. Chauffage. Terrasse sur jardin avec salon. Parking. Ouvert toute l'année. Langue parlée : anglais.

Prix : 1 pers. 35 € 2 pers. 41 € 3 pers. 49 € pers. sup. 8 €
Ouvert : Toute l'année.

🐕	〰	⛱	🎣	🏊	🎾	🏇	🚶	⛵	🚲	⛷
	45	20	20	3	12	3	3	0,5	SP	10	3

Alain et Annick CHAUVIERE - 8 La Favrie du Buron - 44360 VIGNEUX-DE-BRETAGNE - Tél. : 02 40 57 14 46 - Fax : 02 40 57 14 46

Maine-et-Loire

GITES DE FRANCE
Place Kennedy - B.P. 2147 - 49021 ANGERS Cedex 02
Tél. 02 41 23 51 23 - Fax 02 41 23 51 26
http://www.gites-de-france-anjou.com

AMBILLOU-CHATEAU *C.M. 64 Pli 11*

2 ch. Ancienne exploitation agricole. 2 chambres aménagées dans cette maison située dans le bourg. 1 ch. 4 pers. à l'étage avec salle de bains et wc privés. 1 ch. 2 pers. au rez-de-chaussée avec salle d'eau et wc. Chauffage central. Possibilité de faire la cuisine. Cour, salon de jardin. Pharmacie sur place. Village troglodytique à 3 km. A proximité d'Angers ou de Saumur. Situé sur la D761. 4 pers : 46 €.

Prix : 1 pers. 26 € 2 pers. 35 € 3 pers. 40 €

🐕	🏊	🎾	🚶	🏇	⛵	🚲	⛷
	10	SP	5	4	10	10	30	SP

Marcel et Josette CHOUTEAU - 22, route de Doue la Fontaine - 49700 AMBILLOU-CHATEAU - Tél. : 02 41 59 30 78

Pays de Loire — Maine-et-Loire

ANDARD Le Grand Talon
C.M. 64 Pli 11

▮▮▮ 3 ch.

A proximité d'Angers et à 12 km du parc des expos. Cette élégante demeure du XVIIIe siècle couverte de vigne vierge met à votre disposition des chambres joliment décorées. 1 ch. (1 lit 2 pers.), salle de bains, wc. 1 ch. (1 lit 130, 1 lit 1 pers.), salle de bains, wc. 1 ch. (2 lits 2 pers.), salle de bains, wc. Vous pourrez pique-niquer dans le parc ou profiter d'un moment de détente dans la belle cour carrée. Jardin à l'arrière de la maison. Chaises longues, parasol. Accès : d'Angers, prendre N147. Faire 12 km. 1er rond point, prendre à gauche « Le Plessis Grammoire » (20 m). 1ère à droite.

Prix : 1 pers. 38 € 2 pers. 49/57 € pers. sup. 11 €

8	2	3	20	2

Annie GUERVILLY - Le Grand Talon - 3, route des Chapelles - RN147 - 49800 ANDARD - Tél. : 02 41 80 42 85 - Fax : 02 41 80 42 85

ANDARD La Pocherie (TH)
C.M. 64 Pli 11

▮▮ 2 ch.

2 ch. personnalisées de grand confort possédant chacune wc et s. d'eau séparés. Cuisine et salons communs. Mobilier ancien. Bibliothèque, jeux de société. Salon de jardin, garage. 1 ch. au r.d.c. pour 2 pers. et 1 à l'étage pour 3 pers. Poss. lit suppl. et lit bébé. A 5 mn d'Angers. « Parc Expo », près du Plessis-Grammoire. Table d'hôtes sur réservation. Marie-Madeleine vous accueille dans une longère angevine. Propriété horticole et ferme fruitière. Accès : à 5 mn d'Angers « Parc des Expos » prendre Plessis Grammoire puis demander le carrefour des 2 Croix.

Prix : 1 pers. 35 € 2 pers. 43 € 3 pers. 53 € pers. sup. 11 € repas 18 €
Ouvert : Toute l'année.

5	1,5	10	8	5	6	1,5

M-Madeleine BOUTREUX - La Pocherie - Ferme Fruitière la Pocherie - 49800 ANDARD - Tél. : 02 41 76 72 25 - Fax : 02 41 76 28 67

ANDARD Château de Rezeau (TH)
C.M. 64 Pli 11

▮▮▮ 4 ch.

Proximité d'Angers. Dans le cadre d'une demeure du XVIe s. donnant sur 1 cour d'honneur ombragée par des séquoias centenaires, Catherine et Christian vous accueillent et vous proposent à l'étage : ch. « Lavande » (1 lit 2 pers.), ch. « Sable » (2 lits 1 pers.), s.d.b. et wc privés à chaque chambre. Ch. « Granny » et ch. « Jonquille » (1 lit 2 pers. chacune), douche et wc privés à chaque chambre. Dans le parc arboré et fleuri, salon de jardin à disposition. Les petits déjeuners et la table d'hôtes sont servis dans un salon avec poutre et cheminée. Accès : d'Angers, prendre RN147, direction Saumur/Beaufort en Vallée. Au 2e rond-point, prendre à gauche, suivre « Château de Rezeau ».

Prix : 1 pers. 46 € 2 pers. 50 € pers. sup. 10 € repas 20 €
Ouvert : Toute l'année.

7	5	2	5	1,5

BEZIAU Christian et Catherine - Château de Rezeau - 49800 ANDARD - Tél. : 02 41 74 09 21 - Fax : 02 41 74 09 21

AUVERSE Domaine de la Bregellerie
C.M. 64 Pli 13

▮▮▮ 5 ch.

Angers 55 km. R.d.c : ch « La Vigne », 1 lit 140. A l'étage : ch. « la Loire », 1 lit 140. Ch. « La Forêt », 1 lit 140, 1 lit 90. Ch. « Les Champs », 1 lit 140. Ch. « L'Etang », 1 lit 140. Sanitaires privatifs à chaque ch. Petits animaux acceptés. Séjour/salon réservé aux hôtes avec billard, TV. Toute l'année, Isabelle et Alain vous accueillent dans 5 ch d'hôtes à thème (La Loire, La Forêt, La Vigne, Les Champs, L'étang). Etang, pêche. proche de la Loire et de ses merveilleux château, le domaine ravira les amoureux de calme et de nature. Tarif dégressif à partir de la 3e nuit. Langues parlées : anglais, espagnol.

Prix : 1 pers. 46/61 € 2 pers. 53/69 €
Ouvert : Toute l'année.

SP	4	SP	SP	7	4

Isabelle SOHN - Domaine de la Bregellerie - 49490 AUVERSE - Tél. : 02 41 82 11 69 - Fax : 02 41 82 11 87 -
E-mail : isabelle.sohn@wanadoo.fr - http://www.multimania.com/nambreg/

BAUNE La Fontaine
C.M. 64 Pli 11

▮ 3 ch.

Dans le calme de la campagne, Yvette vous accueille dans 3 chambres d'hôtes au rez-de-chaussée avec accès indépendant. Salle d'eau et wc privés. Coin-cuisine, TV. Jardin attenant avec salon de jardin. Barbecue, portique. Abri vélos fermé. Promenades en forêt.

Prix : 1 pers. 26 € 2 pers. 30 € 3 pers. 38 € pers. sup. 9 €

6	3	6	1	6	5	1	2,5

Yvette RABOUIN - La Fontaine - Baune - 49140 BAUNE - Tél. : 02 41 45 10 66

BEAUFORT-EN-VALLEE Relais de Beaufort (TH)
C.M. 64 Pli 12

▮▮▮ 3 ch.

Dans le cadre d'une belle propriété bourgeoise du XVIIIe, ancien relais de poste. 1er étage : 2 ch. (1 lit 150 x 200), sanitaires privatifs à chaque chambre. 1 ch. (2 lits 100 x 200). Salon avec TV. Terrasse, parc de 1 ha. Table d'hôtes sur réservation. Tarifs spéciaux hors saison. Accès : d'Angers prendre N147 (Angers/Saumur). Sortir à Beaufort-en-Vallée. Langues parlées : anglais, espagnol.

Prix : 1 pers. 58 € 2 pers. 64 € pers. sup. 11 € repas 18 €
Ouvert : Toute l'année sauf du 25 janvier au 12 février.

SP	SP	3	25	SP

Arnauld KINDT - 16, avenue du Général Leclerc - Relais de Beaufort - 49250 BEAUFORT-EN-VALLEE - Tél. : 02 41 57 26 72 - Fax : 02 41 57 26 72

Maine-et-Loire

Pays de Loire

BEAUFORT-EN-VALLEE

C.M. 64 Pli 12

‖‖‖ 2 ch. **Angers 25 km.** Aux abords de l'Authion et de ses affluents, une escale reposant dans le calme de la vallée. Dans un habitat typique du XIXème siècle, une ancienne ferme rénovée vous accueille. Vous y trouverez une suite avec accès direct et indépendant sur un parc paysagé de 5000 m² avec une piscine privée et un parking sous un hangar. Ch 1 : 1 lit 140. Ch 2 : 1 lmit 130. Salle d'eau avec douche, wc. Langue parlée : anglais.

Prix : 2 pers. **43/47 €** pers. sup. **12 €**

🐕	🏊	🎾	🚶	🏃	🌲	⛴
SP	1	0,3	SP	5	1,5	

Alain CARRE - 71, route de l'Izenelle - 49250 BEAUFORT-EN-VALLEE - Tél. : 02 41 80 21 98

BEAULIEU-SUR-LAYON

C.M. 63 Pli 20

‖‖‖ 4 ch. Dans une maison ancienne au centre du village, June et Marc vous accueillent avec 4 ch. à l'ét. (s. d'eau et wc privés). Ch. « Blair » : 1 lit 2 pers. Ch. « Alyth » : 1 lit 2 pers. Lit enfant. Ch. « Glamis » : 1 lit 130, 1 lit 1 pers. Ch. « Meigle » : 2 lits 1 pers. Salon pour petits déjeuners réservé aux hôtes. Restaurant à prox., dégustation vins du Layon dans le village. Golf à 28 km. Parking privé et fermé. Accès : d'Angers N160 puis D55 (Beaulieu-sur-Layon). Langue parlée : anglais.

Prix : 1 pers. **29 €** 2 pers. **37 €** pers. sup. **11 €**

🐕	🏊	🎾	🚶	🏃	🌲	🚜	⛴
7	5	1	SP	3	1	25	SP

June FRIESS - 35, rue Saint-Vincent - 49750 BEAULIEU-SUR-LAYON - Tél. : 02 41 78 60 82 - Fax : 02 41 78 60 82

BECON-LES-GRANITS

C.M. 63 Pli 19

‖‖‖ 2 ch. Entre Angers (à 15 minutes) et Rennes, « sur la voie de la liberté », Marie-Jeanne et René vous accueillent dans leur maison près du « Musée du granit ». 2 chambres d'hôtes à l'étage donnant sur la cour. Ch. « Rose » (1 lit 2 pers. 1 lit 1 pers.). Ch. 2 (1 lit 2 pers. lit bébé à disposition). Salle d'eau et wc privés à chaque chambre. Parking. Salon de jardin. Contacter Mme Robert aux heures repas. Jardin arboré. Accès : venant d'Angers prendre l'autoroute A11 vers Nantes, sortie n°18 Candé-Châteaubriand D963.

Prix : 1 pers. **31 €** 2 pers. **41 €** pers. sup. **12 €**
Ouvert : Toute l'année.

🐕	🏊	🎾	🚶	🏃	🚜	⛴
6	SP	4	SP	1	20	SP

Marie-Jeanne ROBERT - Stella Maris - 32, rue de Cande - 49370 BECON-LES-GRANITS - Tél. : 02 41 77 90 38

BLAISON-GOHIER Le Tertre-Ruau

C.M. 64 Pli 11

‖‖ 2 ch. Sur le parcours du sentier de randonnées de Blaison-Gohier, village de charme où Marie-Chantal et Daniel vous accueillent dans leur fermette du XVIII°. A l'étage : 1 ch. (1 lit 2 pers. 1 lit 1 pers.), 1 ch. mansardée avec accès extérieur et entrée indépendante (1 lit 2 pers.). Salle de bains, wc privés dans chaque chambre. Séjour, cheminée, mezzanine (coin-détente). Vous pourrez profiter du calme et du jardin paysager. Accès : à Blaison, tourner à l'angle de la salle polyvalente « Sébastien Chauveau », puis prendre à droite. Langue parlée : anglais.

Prix : 1 pers. **35 €** 2 pers. **40 €** 3 pers. **50 €**
Ouvert : D'avril à novembre.

🐕	🏊	🎾	🚶	🏃	🌲	🚜	⛴
7	SP	SP	SP	7	SP	25	SP

M. COLLET - Le Tertre Ruault - 49320 BLAISON-GOHIER - Tél. : 02 41 57 10 45

BLAISON-GOHIER Le Clos de la Touche

C.M. 64 Pli 11

E.C. 2 ch. **Golf 18 trous (navette gratuite) 7 km.** R.d.c. : « La Chapelle » : 1 lit 160 cm. TV. Accès indépendant. A l'étage : « Le Loft » : 1 lit 2 pers. 1 lit 1 pers. Sanitaires privatifs à chaque chambre. Tarif dégressif à partir de la 2° nuit. Jacqueline et Claude vous souhaitent la bienvenue dans leur fermette du XVIII°, joliment restaurée, au cœur d'un hameau calme et sympathique. Organisation de randonnées à pied et à vélos sur place. Langues parlées : anglais, allemand, italien.

Prix : 1 pers. **53 €** 2 pers. **59 €** pers. sup. **15 €**
Ouvert : D'avril à octobre

🐕	🎾	🚶	⛴
5	1,5	SP	7

Claude et Jacqueline BLANCHARD - Le Clos de la Touche - 49320 BLAISON-GOHIER - Tél. : 02 41 57 10 52 - Fax : 02 41 57 11 57 - E-mail : info@anjou-center-bike.center.com - www.anjou-bike-center.com

BOCE Les Rues

(TH)

C.M. 64 Pli 12

‖‖‖ 3 ch. **Forêt de Chandelais.** Dans un bâtiment annexe, r.d.c. : ch. « Alouette » : 2 lits 90 x 200. Ch. Familiale « Rossignol » 1 lit 160 x 200. En mezzanine : 2 lits 1 pers. Ch. « Mésange » (accès escalier extérieur) 1 lit 160 x 200. Sanitaires privatifs à chaque chambre. Salle d'accueil avec kitchenette. Jardin paysager clos. Barbecue. Vélos. Jannick, Jean-Pierre et Claire vous accueillent au « Chant d'oiseau » dans leur maison restaurée de style local, proche de la forêt de Chandelais et vous propose 3 ch. Accès : à Baugé, prendre direction Saumur et à 3 km tourner à gauche direction Bocé.

Prix : 1 pers. **37 €** 2 pers. **43 €** 3 pers. **53 €** pers. sup. **10 €**
repas **16 €**
Ouvert : Toute l'année.

🐕	🏊	🎾	🚶	🏃	⛴
5	0,5	2	2	2	5

Jannick et J.Pierre GALLET - Les Rues - 49150 BOCE - Tél. : 02 41 82 73 14 - Fax : 02 41 82 73 14

Pays de Loire — **Maine-et-Loire**

BOUZILLE
C.M. 63 Pli 18

1 ch. Au 1er étage : 1 chambre (1 lit 2 pers. 1 lit 1 pers.), salon TV. 1 chambre dépendante (1 lit 2 pers.), salle d'eau et wc à l'usage exclusif des hôtes. Chauffage central. Jardin paysager avec salon pour pique-nique ou détente. Parking fermé. Pharmacie à 300 m. Accès : d'Angers, prendre N23 ou A11. Sortir à Ancenis et prendre D751 + petits déjeuners copieux.

Prix : 1 pers. 27 € 2 pers. 34 € 3 pers. 43 € pers. sup. 11 €

🐕	🏊	🎾	🏊‍♂️	🚶	🏇	🌲
	8	SP	3	2	8	SP

Françoise GAUDIN - Bouzille - 14, rue des Aires - 49530 LIRE - Tél. : 02 40 98 13 08 - Fax : 02 40 98 12 32

BRION Villeneuve
(TH)   C.M. 64 Pli 12

5 ch. Anne et Jean-Marc vous accueillent dans un cadre de verdure et de calme et vous proposent : 5 ch. d'hôtes dont 2 avec mezzanine (chacune pour 4 pers.), dont 1 avec 1 cuisinette. 1 ch. de 3 pers. 1 ch. à l'étage pour 2 pers, 1 ch au r.d.c avec 1 lit 140. Sanitaires privatifs et TV dans chaque ch. Salle de détente avec billard, ping-pong. Piscine privée, parc de 1,6 ha. Ancien pressoir restauré avec point de vue et cave. Accès : d'Angers, prendre Angers/Saumur (N147). A Beaufort en Vallée, direction Brion (D7). Gîte Panda.

Prix : 2 pers. 46/53 € pers. sup. 13 € repas 18 €

🐕	🏊	🎾	🏊‍♂️	🚶	🏇	🌲	🚲	⛵
	4	5	SP	2	4	30	4	

J-Marc et Anne LE FOULGOCQ - Logis du Pressoir - Villeneuve - 49250 BRION - Tél. : 02 41 57 27 33 - Fax : 02 41 57 27 33 - E-mail : lepressoir@wanadoo.fr - http ://www.lepressoir.fr.st

BRION La Chouannière
(TH)   C.M. 61 Pli 12

3 ch. Au cœur de l'ancien domaine du château, Patrcia et Gilles ont aménagé 3 ch dans les annexes de leur maison du 16e. Situé en lisière de forêt, ce site classé Panda vous séduira par son calme et sa verdure. Ch Cannelle, 1 lit 160, 1 lit 120. Salle d'eau, wc privatif. Ch Muscade : 1 lit 120, 1 lit90. Salle d'eau, wc privatif. TV dans chaque ch. Jardin paysagé d'1 ha. Salon de jardin. Vélos à disposition. Accès :'Angers, prendre Angers/Saumu (N147). A Beaufort en vallée, direction Brion (D7), puis direction Jumelles.

Prix : 2 pers. 44/69 € 3 pers. 61 € pers. sup. 13 € repas 18 €

Ouvert : Toute l'année.

🐕	🏊	🎾	🏊‍♂️	🚶	🏇	🌲
	6	6	6	SP	7	6

Patricia et Gilles PATRICE - Domaine des Hayes - La Chouannière - 49250 BRION - Tél. : 02 41 80 21 74

BROC Les Roberderies
(TH)   C.M. 64 Pli 3

1 ch. Angers 65 km. Tours 50 km. 1 ch en r.d.c : 1 lit 140, 1 lit 90. Sanitaires privatifs à la ch. Salon et cheminée, bibliothèque,jeux à disposition. Grand parc arboré avec plan d'eau. TH sur réservation. Entre Val de Loire et Vallée du Loir, dans le calme de la campagne, Bruno et Jamila vous accueillent dans leur maison (XVIIIème) restaurée et vous proposent 1 ch. Langues parlées : anglais, espagnol.

Prix : 2 pers. 43 € pers. sup. 13 € repas 29 €

Ouvert : Toute l'année.

🐕	🏊	🎾	🏊‍♂️	🚶	🏇	🌲
	8	8	2	SP	7	8

Bruno et Jamila POUSSIN - Les Roberderies - 49490 BROC - Tél. : 02 41 82 38 42 ou 06 81 83 56 12

CHALLAIN-LA-POTHERIE Logis des Aulnays
   C.M. 63 Pli 19

5 ch. M. et Mme Sart vous reçoivent au calme en pleine campagne dans une ancienne ferme confortablement rénovée en maison d'hôtes de charme, ouvert sur la nature. Chambres chacune avec s.d.b. et wc privés, 3 ch. avec lits 2 pers., 1 ch. (2 lits 1 pers.), 1 ch. (1 lit 2 pers. 2 lits 1 pers.). Salon bibliothèque avec cheminée, salon TV, grande salle commune. Grand jardin, piscine privée, grand étang, ping-pong, vélos, piscine intérieure chauffée toute l'année à 300 m dans un autre bâtiment (gîte de séjour). Accès : Angers-Condé D963, Condé direction Challain la Poterie. A 7 km direction Chapelle Glain, route à gauche.

Prix : 2 pers. 44/53 € pers. sup. 12 € repas 16 €

🐕	🏊	🎾	🏇	🌲
	SP	SP	3	1

M. et Mme SART - Logis des Aulnays - 49440 CHALLAIN-LA-POTHERIE - Tél. : 02 41 94 18 09 - Fax : 02 41 94 17 49 - E-mail : jacques.sart@wanadoo.fr - www.aulnays.fr

CHAMPTOCEAUX
C.M. 63 Pli 18

2 ch. A proximité d'un site classé avec promenade dominant la Loire, en sortant du bourg, vous trouverez à l'étage de notre maison, 1 ch. (1 lit 130), lavabo. 1 ch. (1 lit 130, 1 lit 100), lavabo. Salle de bains et wc réservés aux hôtes. Parking dans la propriété. Grand jardin paysager, salon de jardin. Si séjour de + de 2 nuits, réduction de 3 €/jour. Jeux de société, bibliothèque. Lieux historiques entre Angers et Nantes. Langues parlées : anglais, allemand, italien.

Prix : 2 pers. 37 € 3 pers. 43 €

🐕	🏊	🎾	🏊‍♂️	🚶	🏇	⛵	🌲	🚲
	0,3	0,3	1,5	1	3	1	8	SP

Mme L'HOSTE - 15, rue Jean V - 49270 CHAMPTOCEAUX - Tél. : 02 40 83 55 60

Maine-et-Loire
Pays de Loire

CHANZEAUX (TH) — C.M. 63 Pli 20

3 ch. Traversé par l'Hydrôme, rivière alimentant le bief du moulin, « Chapitre » s'impose dans un cadre où règne calme et douceur angevine. Rose et Didier vous proposent, à l'étage, 2 ch. avec salle d'eau et wc. « Chaume » 3 épis : 1 lit 2 pers. + 1 ch. dépendante : 1 lit 2 pers. Ch. « A l'Iris » : 1 lit 2 pers. 2 épis. Table d'hôtes sur résa. 2 gîtes ruraux sur le site. Parc de 6 ha. Ch. Bonnezeaux (3 épis NN) : 2 lits 100 sanitaires privatifs. Kitchenette commune aux 2 ch. (Chaume et Iris)

Prix : 1 pers. 33 € | 2 pers. 47 € | 3 pers. 61 € | pers. sup. 8 € | repas 14 €

Ouvert : Toute l'année.

🐕	⛵	🎾	🏊	🚴	🏇	🌲	🏕	⛳
8	1	SP	SP	5	32	4		

Didier et Rose LELIEVRE - Moulin du Chapitre - 49750 CHANZEAUX - Tél. : 02 41 74 01 42 - Fax : 02 41 74 01 42

CHARCE-SAINT-ELLIER La Pichonnière — C.M. 64 Pli 11

4 ch. 20 km au Sud d'Angers (15 mn). Brissac 3 km. Jean-Claude et Martine vous accueillent à la ferme de la Pichonnière dans un corps de bâtiments de caractère. 4 ch personnalisées : 1 ch « Mesanges »,3 épis (30 m²), lit 160x200. Coin salon. Accès direct au jardin. Au 1er étage : entrée indépendante. Ch « Garenne » (1 lit 2 pers), lavabo-douche, wc privatifs. Ch « Ecureuil » (1 lit 2 pers). Ch « Hérisson » (2 lits 1 pers), doucheivatifs à chaque ch, 1 wc commun à 2 ch. Chauffage électrique. Nombreux conseil sur visites et promenades. Petits déjeuners dans la salle à manger du propriétaire. Accès : Angers-Poitiers. A Brissac, au rond point, prendre la D761. Langue parlée : anglais.

Prix : 2 pers. 38/46 €

Ouvert : Toute l'année, l'hiver sur réservation.

🐕	⛵	🎾	🏊	🚴	🏇	🌲	🏕	⛳
3	3	3	3	7	3	20	3	

M. et Mme COLIBET-MARTIN - La Pichonnière - 49320 CHARCE-SAINT-ELLIER - Tél. : 02 41 91 29 37 - Fax : 02 41 91 96 85 -
E-mail : gite-brissac@wanadoo.fr

CHAZE-SUR-ARGOS La Chaufournaie (TH) — C.M. 63 Pli 19

5 ch. Sur la route D770 entre Vern d'Anjou et Candé, dans le calme de la campagne, vous recevrez un accueil chaleureux dans chaque chambre, vous pourrez faire thé et café. Au 1er étage : 2 ch. (1 lit 2 pers.). 2 ch. (2 lits 1 pers.). 1 ch. (1 lit 2 pers. 1 lit 1 pers.). Salle d'eau et wc privatifs à chaque chambre. Salon commun avec les propriétaires, TV, cheminée. Salle de jeux. Grande table de « snooker ». Bibliothèque. Chauffage électrique. Salon de jardin, pétanque. Accès : prendre A11, sortir à Bécon les Granits. Prendre D961 jusqu'à Vern d'Anjou. 3 km route Candé. Table d'hôtes en été, sur réservation. Langue parlée : anglais.

Prix : 1 pers. 30 € | 2 pers. 35 € | 3 pers. 47 € | pers. sup. 12 € | repas 18 €

Ouvert : Toute l'année.

🐕	⛵	🎾	🏊	🚴	🏇	🌲	🏕	⛳
3	3	3	3	14	30	15	14	3

Susan SCARBORO - La Chaufournaie - 49500 CHAZE-SUR-ARGOS - Tél. : 02 41 61 49 05 - Fax : 02 41 61 49 05 -
E-mail : peter.susan@libertysurf.fr

CHEMELLIER Maunit (TH) — C.M. 64 Pli 11

3 ch. 3 chambres d'hôtes aménagées dans une maison de style local. Rez-de-chaussée : 1 ch. (3 lits 1 pers.), salle d'eau, wc séparés. 1er étage : ch. Jaune (1 lit 2 pers.), salle d'eau et wc séparés. Ch. Verte (1 lit 2 pers.), salle d'eau, wc. Chauffage électrique. Séjour avec cheminée, TV couleur, billard. Vélos réservés aux hôtes. Ping-pong, portique. Jeux de société. Table d'hôtes sur réservation. Baignade 2 km. Accès : en arrivant d'Angers direction Niort-Poitiers, Brissac, Les Alleuds, Chemelier D90. Faire 3 km. Maunit. Gauche.

Prix : 1 pers. 34 € | 2 pers. 41 € | 3 pers. 53 € | repas 18 €

🐕	⛵	🎾	🏊	🚴	🏇	🌲	🏕	⛳
6	2	1	4	4	2	8	25	2

Eliette EDON - Maunit - 49320 CHEMELLIER - Tél. : 02 41 45 59 50 - Fax : 02 41 45 01 44 - E-mail : daniel.edon@wanadoo.fr

---

CHEMELLIER La Gaignardière — C.M. 64 Pli 11

3 ch. Angers 25 km. Ch « Romantique » et « Clair de Lune » environ 30 m², avec 1 lit 140 ou 160 et un grand coin salon. Ch « Alizé », 1 lit 140 et sa suite « Parfum d'Orient », 3 lits 90. Sanitaires privatifs à chaque ch. Salle de loisirs (70 m²), aire de détente. Vous serez séduits par le charme du décor de ces ch spacieuses et confortables. Chantal vous accueille au cœur de l'Aubance dans un site troglodytique, avec ses caves, ses fours à fouasses. Chantal vous propose 3 ch d'hôtes dont une double aménagées dans une maison en tuffeau typique de la région. 4 pers : 79 €. Langue parlée : anglais.

Prix : 2 pers. 58 € | pers. sup. 15 €

Ouvert : Toute l'année.

🐕	⛵	🏊	🏇	🏕
7	2	SP	8	0,5

Chantal ARCHAUX - La Gaignardière - 49320 CHEMELLIER - Tél. : 02 41 45 52 75 - Fax : 02 41 45 52 75 -
E-mail : chantal.archaux@libertysurf.fr - http://perso.libertysurf.fr/archaux

---

CHIGNE Le Grand Clairay — C.M. 64 Pli 3

3 ch. Le Lude 7 km. Nicole et Christian vous accueillent en pleine campagne dans 3 ch. d'hôtes de caractère avec piscine. Les chambres sont situées dans un bâtiment annexe avec salle à manger, salon et petite cuisine. R.d.c. : 1 ch. (1 lit 2 pers. 1 lit 1 pers.). 1er étage : 1 ch. (2 lits 2 pers.), 1 ch. (1 lit 2 per.), coin-salon. Chacune avec s. d'eau et wc. Poss. lit enfant ou bébé. Dans le Baugeois, proche de la vallée du Loir. Tarif dégressif à partir du 2e jour. Portique, salon de jardin, barbecue. Vélos à disposition sur plusieurs circuits proposés. Zoo à 18 km. Etang sur place pour la pêche. Accès : Noyant, Le Lude direction Chigné sur la D79.

Prix : 1 pers. 35 € | 2 pers. 43 € | 3 pers. 51 €

Ouvert : Toute l'année.

🐕	🎾	🏊	🚴	🏇	🌲	⛳
7	SP	SP	2	20	2,7	

Christian GRIPPON - Le Grand Clairay - 49490 CHIGNE - Tél. : 02 41 82 10 30 ou 06 83 30 48 38 - Fax : 02 41 82 10 30 -
http://grandclairay.free.fr

Pays de Loire — Maine-et-Loire

CHOLET La Coupelle
C.M. 67 Pli 5

1 ch. Aux portes de Cholet, Marie-Thérèse et Joseph vous accueillent dans leur maison en pleine campagne et vous proposent à l'étage 1 chambre familiale, ch1 : 1 lit 2 pers. Ch : dépendante (2 lits 1 pers.). Salle d'eau, wc privatifs à la chambre. Accès : axe Angers/les Sables. Chemin vicinal dit vieille route May/Evre. A proximité du Puy du Fou.

Prix : 1 pers. 32 € 2 pers. 36 € pers. sup. 13 €
Ouvert : Toute l'année.

2	2	3	2

Joseph MASSON - La Coupelle - Route du May sur Evre - 49300 CHOLET - Tél. : 02 41 65 13 84

CONTIGNE La Ruchelière

3 ch. 3 ch. équipées en lit 160x200. Dans leur ancien presbytère du 17°, Carole et Olivier vous accueillent avec raffinement pour une étape ou un séjour hors du temps dans la quiétude du Haut Anjou. Grand salon avec cheminée, piano, bibliothèque. 2galement ping-pong et vélo. Poss. lit supplémentaire. 2 golfs à moins de 15 km. Langues parlées : anglais, espagnol, russe.

Prix : 2 pers. 59/91 €
Ouvert : Toute l'année.

3	SP	4,5	SP	SP

Olivier et Carole RUCHE - 6, place J. Ledoyen - 49330 CONTIGNE - Tél. : 02 41 32 74 86 - Fax : 02 41 32 74 86 -
E-mail : webmaster@anjou_bnb.com - www.anjou_bnb.com

CORNE
C.M. 64 Pli 11

3 ch. Dans une fermette, 3 chambres dont 2 au rez-de-chaussée et 1 à l'étage, équipées de salle d'eau individuelle et wc à l'usage exclusif des hôtes. A votre disposition : salle de séjour avec TV, jardin. Possibilité de cuisiner. Atmosphère calme et familiale. Langue parlée : anglais.

Prix : 1 pers. 24 € 2 pers. 27 € pers. sup. 11 €

10	2	2	0,5	2	10	18	0,5	18	2

Monique DESLANDES - La Loge - Route du Point du Jour - 49630 CORNE - Tél. : 02 41 45 01 53

CORNE Les Genets
C.M. 64 Pli 11

3 ch. 3 chambres d'hôtes aménagées dans une maison paysanne du XVIII° siècle de tout confort, sur une propriété d'un hectare, au calme. Chambre Matisse (1 lit 2 pers.), salle d'eau, wc. Chambre Monet (1 lit 2 pers.), salle d'eau, wc. Chambre Lurçat (2 lits 1 pers.), salle d'eau, wc. Poss. lit supplémentaire dans chaque chambre. Jardin, terrasse, salon de jardin. Prix réduit pour séjour prolongé. Accès : Angers-Saumur (N147). A Corné, D82, direction Bauné. Langues parlées : anglais, allemand.

Prix : 1 pers. 32 € 2 pers. 43 € pers. sup. 12 €
Ouvert : Toute l'année.

15	2	4	2	2	15	2

Michel et Nadeige BRIAND - Les Genets 63 - Route de Baune - 49630 CORNE - Tél. : 02 41 45 05 21 - Fax : 02 41 45 05 21

CORON La Guinebaudière

C.M. 67 Pli 6

1 ch. Sur une ancienne exploitation agricole, Marie-Thérèse et Francis vous accueillent dans leur maison. 1 chambre (1 lit 2 pers. 1 lit 120), salle d'eau, wc. Jardin, salon de jardin, plan d'eau. Accès : route Cholet/Saumur. A Coron prendre direction Saint-Paul des Bois. Suivre panneaux.

Prix : 2 pers. 35 € pers. sup. 11 € repas 12 €
Ouvert : Toute l'année.

10	1	SP	1	7	1

Francis GRELLIER - La Guinebaudiere - 49690 CORON - Tél. : 02 41 55 83 05

COUTURES Fredelin
C.M. 64 Pli 11

2 ch. 2 chambres situées à l'étage d'une maison traditionnelle, près du vignoble et d'anciens moulins à vent. Sur la route des châteaux de la Loire. 1 ch. 18 m² (1 lit 2 pers. 1 lit 1 pers.), lavabo. 1 ch. 15 m² (1 lit 2 pers.). Lave-mains. Salle de bains, wc communs aux 2 chambres. Chauffage central. Salon de jardin. parking. Garage.

Prix : 1 pers. 26 € 2 pers. 31 € pers. sup. 9 €
Ouvert : Toute l'année.

7	1	7	SP	4	1	1

Thérèse et Marcel ARNAULT - Fredelin - Moulin de Fredelin - 49320 COUTURES - Tél. : 02 41 91 21 26

Maine-et-Loire

Pays de Loire

CUNAULT
(TH)   *C.M. 64 Pli 12*

3 ch. **Saumur 12 km. Eglise de Cunault 100 m. Angers 35 km.** Marie-Noëlle vous propose 1 suite troglodytique (accès par escalier dans le jardin de la maison). 1 ch. (1 lit 2 pers.), s. d'eau, wc, pièce attenante, coin-repas, banquette, terrasse privée. Dans sa maison, entrées indép. : 1 ch. (1 lit 2 pers.), 1 ch. escalier extérieur (1 lit 2 pers.), ch. indép. (2 lits 1 pers.), sanitaires privés à chaque chambre. Marie-Noëlle vous accueille sur les bords de la Loire dans 1 ancienne maison de bateliers, milieu XIXe. TH sur réservation. Salle à manger réservée aux hôtes. Accès : d'Angers, prendre rte touristique Angers-Saumur D952. Aux Rosiers-sur-Loire, passer le pont puis à Gennes, prendre dir. Cunault D751.

Prix : 1 pers. 40/50 € 2 pers. 45/55 € pers. sup. 15 € repas 15 €

🐕	🏊	🎾	🍴	🏇	🚂	⛵
3	3	SP	SP	2	15	3

Marie-Noëlle VOLEAU - 28, rue de Beauregard - Les Bateliers - 49350 CHENEHUTTE-TREVES-CUNAULT - Tél. : 02 41 67 94 49 ou 06 78 27 94 07 - Fax : 02 41 67 94 49 - E-mail : m.voleau1@libertysurf.fr - http://perso.libertysurf.fr/bateliers/

DENEE
C.M. 63 Pli 20

E.C. 1 ch. **Angers 20 km.** Dans une très belle propriété XVIIIe avec vue sur la vallée de la Loire, suite au 1er étage décorée avec raffinement (1 lit 160), salle de bains et wc. Entourée d'un vaste parc près d'un hameau classé, sur la route touristique de la Corniche angevine. Accès : d'Angers, prendre D751 (Corniche Angevine). Après Denée, à droite « Mantelon ». Langue parlée : anglais.

Prix : 2 pers. 69 €
Ouvert : Toute l'année.

🐕	🏊	🎾	🍴	🏇	🚂	⛵
	2,5	SP	SP	2,5	20	2,5

Anne DE PERTHUIS - Château de Mantelon - 49190 DENEE - Tél. : 02 41 78 79 37 - Fax : 02 41 78 72 01 - E-mail : anne.deperthuis@worldonline.fr

DENEE La Noue

4 ch. **Angers 18 km.** Ch Verte : 2 lits 90. Ch Framboise : 1 lit 160. Ch Bleue : 1 lit 160. Ch Jaune : 2 lits 90. Sanitaires privatifs à chaque ch. Dans la salle de petits déjeuners ou dans le salon devant la cheminée ou encore dans le jardin, on vous y fait déguster les vins de la propriété ausi bien que les confitures maison. Aux portes d'Angers, Olivier et Catherine, viticulteurs, ont restauré dans les dépendances du domaine clos (XVIème) 4 ch spacieuses s'ouvrant sur un jardin romantique XIXème (inscrit à l'inventaire des Monuments Historiques).

Prix : 2 pers. 61 € pers. sup. 15 €
Ouvert : Toute l'année.

🐕	🏊	🎾	🍴	🏇	⛵
5	0,5	1	0,5	6	

Olivier et catherine DE CENIVAL - La Noue - 49190 DENEE - Tél. : 02 41 78 79 80 - Fax : 02 41 68 05 61 - E-mail : odecenival@aol.com

DENEZE-SOUS-DOUE Rousse
(TH)   *C.M. 64 Pli 12*

2 ch. **Angers 40 km. Saumur 12 km.** A l'étage : 1 lit 160. Salle d'eau, wc. Suite : 2 lits 140, 1 lit 90. Salle de bain, wc. TV. Madgda et Philippe vous accueille dans une ch cathédrale donnant sur l'étang, les champs et la forêt ou dans une suite pouvant recevoir 5 pers comprenant une ch de 46 m² avec cheminée et un petit salon. La maison est du 16ème mais le confort du 21e. Langues parlées : anglais, espagnol.

Prix : 2 pers. 43/52 € pers. sup. 15 € repas 15 €
Ouvert : Toute l'année.

🐕	🏊	🎾	🍴	🏇	⛵
7	7	SP	SP	7	7

Maria Magdalena ROBIN - Rousse - 49490 DENEZE-SOUS-DOUE - Tél. : 02 41 59 83 52 - Fax : 02 41 59 83 52 - E-mail : philippe.coste6@wanadoo.fr - http://perso.wanadoo.fr/chambre.d-hôtes/

DOUE-LA-FONTAINE Les Roses Roses
(TH)   *C.M. 64 Pli 12*

3 ch. **Angers 40 km. Saumur 15 km.** 3 ch à l'étage. Ch Verte : 1 lit 160. Grande salle de bain, wc. Ch Le Pavillon : 1 lit 140, 1 lit 90. Lavabo, douche, wc. Ch Rose : 2 lits 90. Salle d'eau, wc. Parking dans la cour fermée. Françoise vous accueille dans sa maison (ancienne exploitation viticole) à côté du jardin des Roses et proche du zoo de Doué.

Prix : 2 pers. 45 € pers. sup. 15 € repas 14 €
Ouvert : Toute l'année.

🐕	🏊	🎾	⛵
0,5	0,5	0,5	

Françoise DOUET - 34 rue de Soulanges - Les Roses Roses - 49700 DOUE-LA-FONTAINE - Tél. : 02 41 59 21 43 ou 06 71 63 02 03 - E-mail : douet.françoise@wanadoo.fr

DRAIN
(TH)   *C.M. 63 Pli 18*

5 ch. **Loire 5 km. Musée Joachim du Bellay à Liré 7 km.** Vous recevrez 1 accueil chaleureux dans cette gentilhommière du XIXe dont vous apprécierez les belles cheminée et les vieilles poutres ainsi que le parc de 6 ha. avec son étang et sa chapelle. Ch rustiques décorées avec soin, chacune avec s.d.b. (s. d'eau pour 1), wc. 4 ch. (1 lits 160), 1 ch. (2 lits 1 pers.). S. avec piano, billards français et américains. 1 6è ch en cours d'agrément. Vélos, ping-pong, petit terrain d'entrainement de golf. Salons de jardin, kiosque ou bord de l'étang. Tables d'hôtes sur réservation uniquement. Nombreux restaurants entre 4 et 12 km. Dégustation de vins dans le village. Prix réduits à partir de 3 nuits. Langue parlée : anglais.

Prix : 1 pers. 60/70 € 2 pers. 70/80 € repas 25 €
Ouvert : Toute l'année.

🐕	🏊	🎾	🍴	🏇	🚂	⛵
8	8	SP	SP	8,5	12	4,5

Brigitte et Gérard MIGON - Le Mesangeau - 49530 DRAIN - Tél. : 02 40 98 21 57 - Fax : 02 40 98 28 62 - E-mail : le.mesangeau@wanadoo.fr - http://www.anjou-et-loire.com/mesangeau

Pays de Loire   **Maine-et-Loire**

DURTAL Château de Gouis   *C.M. 64 Pli 2*

5 ch. Château du XIXe au calme dans un parc ombragé et fleuri. Au 1er étage : 3 ch. raffinées. Ch. « Louis XV » (1 lit 2 pers.), ch. « Louis XVI » (2 lits 1 pers.), ch. « beige » (1 lit 2 pers.). 2e étage : ch. « bleue » (1 lit 2 pers.), ch. dépendante (1 lit 2 pers.), ch. « fushia » (1 lit 2 pers.), ch. dépendante (1 lit 2 pers.). Sanitaires privatifs à chaque chambre. Parking dans le parc clos. Accès : venant d'Angers, Durtal N23, aux feux prendre à droite sur 100 m. Venant du Mans, La Flèche, Bazouges/Loir, Durtal. Contourner le rond point, 1ère allée à gauche.

Prix : 2 pers. 53/69 € pers. sup. 23 €

🐕	🏊	🎾	🎣	🚶	🐎	🌲	🚗	⛪
0,5	1	SP	SP	10	SP	3	36	1

Monique LINOSSIER - Château de Gouis - 49430 DURTAL - Tél. : 02 41 76 03 40 - Fax : 02 41 76 03 40

DURTAL Le Chaudron   (TH)   *C.M. 64 Pli 1*

4 ch. **Pêche au bord du Loir à 100 m.** R.d.c : 1 ch 2 pers, 1 lit 180 ou 2 lits 90. Salle d'eau et wc privés attenants ayant un accès indépendant. A l'étage : 1 ch de 2 pers : 1 lit 180 avec salle d'eau et wc privés attenants. 1 suite avec 1 lit 140, 3 lits 90. Salle d'eau et wc attenants. 1 ch 2 pers avec 2 lits 90. Salle d'eau et wc privés. Terrasse avec salon de jardin. Entrée indépendante. Aux portes d'une région riche de nature et d'histoire, la maison qui vous accueille est une belle demeure angevine du XVème siècle. Langue parlée : anglais.

Prix : 1 pers. 43 € 2 pers. 47 € pers. sup. 15 € repas 17 €
Ouvert : Toute l'année.

🐕	🏊	🎾	🎣	🚶	🐎	⛪
0,5	0,5	0,5	0,5	6	0,5	

Rogine DORE - 103 rue St Pierre - Le Chaudron - 49430 DURTAL - Tél. : 02 41 76 39 09 - Fax : 02 41 76 39 09

ECUILLE Malvoisine   (TH)   *C.M. 63 Pli 20*

2 ch. A proximité du château de famille, au milieu d'un parc privé de 50 ha., 2 ch. d'hôtes dans une ferme joliment restaurée. Grand calme et superbe vue sur une campagne très préservée. R.d.c. : (entrée indep.) 2 lits 1 pers. salle d'eau, wc. Etage mansardé : 2 lits 1 pers. (90 x 200), 1 lit 1 pers. salle de bains, wc. Aux environs : châteaux, golf, tourisme fluvial, baignade, pêche. Accès : à 18 km au nord d'Angers direction Sablé/Sarthe. Rester sur la D768 entre Feneu et Champigné (1 km après le carrefour qui mène à Ecuillé). Langue parlée : anglais.

Prix : 2 pers. 53 € pers. sup. 14 € repas 23 €
Ouvert : Toute l'année.

🐕	🏊	🎾	🎣	🚶	🐎	🚗	⛪
10	2	2	2	10	18	5	

Patrice DE LA BASTILLE - Malvoisine - 49460 ECUILLE - Tél. : 02 41 93 34 44 ou 06 88 90 15 76 - Fax : 02 41 93 34 44 - E-mail : bastille-pr@wanadoo.fr - www.malvoisine-bastille.com

FAYE-D'ANJOU Le Logis de la Brunetière

3 ch. Isabelle et François vous accueillent au logis de la Brunetière, propriété de 1489 et vous proposent 3 chambres d'hôtes. R.d.c. : « Aubance » (1 lit 2 pers.). A l'étage : « Layon » (1 lit 2 pers.), « Lys » (1 lit 2 pers.). Sanitaires privatifs à chaque chambre, wc séparés. Salle de détente avec coin-cuisine. Egalement sur le site, 1 gîte rural. A 500 m du centre bourg. Accès : Angers-Mozé N160. Traverser Mozé, prendre D124 en direction de Faye d'Anjou. 1ère à gauche après le garage. En haut de la côte à droite, à 300 m du bourg. Langue parlée : anglais.

Prix : 1 pers. 43 € 2 pers. 46 € pers. sup. 12 €

🐕	🏊	🎾	🎣	🚶	🐎	⛪
4	0,5	3	SP	8	4	

François et Isabelle BILLEROT - « le Logis de la Brunetière » - 49380 FAYE-D'ANJOU - Tél. : 02 41 54 16 24 - Fax : 02 41 54 16 24

FENEU Le Clos du Rocher   *C.M. 63 Pli 20*

2 ch. Dans une jolie maison contemporaine située au milieu d'un parc arboré de 2 ha. Au rez-de-chaussée : 1 chambre « Provençale » (2 lits 1 pers.), salle d'eau, wc privatifs. 1 chambre « Azalée » (1 lit 2 pers.), salle d'eau, wc. Salon, piano, TV, piscine privée. Accès : au nord-ouest d'Angers direction Sablé. A Feneu prendre « Grez Neuville » D191 sur 2,5 km, suivre route des Biggotières.

Prix : 2 pers. 50/60 €

🐕	🏊	🎾	🎣	🚶	🌲	🚗	⛪
2	0,5	0,5	3	0,5	14	2	

Bernard PAUVERT - Village des Bigottières - Route D191 Le Clos du Rocher - 49460 FENEU - Tél. : 02 41 32 05 37 - Fax : 02 41 32 05 37

FONTEVRAUD-L'ABBAYE   *C.M. 64 Pli 12*

2 ch. Maison ancienne dans un grand jardin clos, ombragé, utilisable pour parking et le pique-nique. 2 chambres d'hôtes au 1er étage. 1 ch. (1 lit 2 pers.), salle d'eau et wc, 1 ch. (1 lit 2 pers.) + 1 ch. dépendante (2 lits 1 pers.), salle de bains, wc. Chauffage électrique. Balançoires. Salon de jardin. Médecin et pharmacie sur place. Centre du bourg 1,1 km. Sur réservation du 1er octobre au 1er mai.

Prix : 1 pers. 33/38 € 2 pers. 37/41 € 3 pers. 51 € pers. sup. 10 €

🐕	🏊	🎾	🎣	🚶	🌲	🚗	⛪
15	2	2	SP	15	5	SP	

Michel et Lucette COURANT - 140, avenue des Roches - 49590 FONTEVRAUD-L'ABBAYE - Tél. : 02 41 38 11 99

Maine-et-Loire

Pays de Loire

FORGES La Fosse

5 ch. **Doué-la-Fontaine 4 km. Cadre troglodytique.** Dans un cadre troglodyte et artistique, à proximité de Doué la Fontaine, et de Saumur, Carole et Michel vous proposent des Chambres d'hôtes : 2 ch. dont 1 familiale et 3 ch. au bord de la piscine. Sanitaires privatifs à chaque chambre. Salle à manger, salon détente face à la piscine chauffée. Cuisine o disposition. Exosition verrerie d'art. Spécialiste vins de Loire. Langue parlée : anglais.

Prix : 1 pers. 40 € ◊ 2 pers. 44/58 € ◊ pers. sup. 37 € ◊ repas 20 €
Ouvert : Toute l'année.

4	4	4

Michel et Carole TRIBONDEAU-BERREHAR - La Fosse - 49700 FORGES - Tél. : 02 41 50 90 09 ou 06 85 65 58 10 -
E-mail : info@chambrehôte.com - www.chambrehôte.com

GENNES Le Haut Joreau
C.M. 64 Pli 12

2 ch. Annick et Jean-Louis vous accueillent dans une propriété de 12 ha. Site privilégié et très calme, bordé par une forêt communale de 200 ha. Maison du XIXᵉ siècle. Chambres de charme au 1ᵉʳ étage (30 m² chacune), sanitaires privatifs. Salle à manger, salon. Jardin privatifs. Ping-pong. TV dans chaque ch. Poss. lit suppl. Accueil de cavaliers. Golf à 18 km. Restaurants à prox. Une étape idéale pour découvrir les richesses de l'Anjou. Accès : à Gennes direction Doué-la-Fontaine au 1ᵉʳ rond point prendre à gauche (le long de Super U), 1ᵉʳ chemin après maison à gauche. Langues parlées : anglais, espagnol.

Prix : 1 pers. 49 € ◊ 2 pers. 61 € ◊ 3 pers. 76 € ◊ pers. sup. 15 €
Ouvert : Toute l'année.

1	1	SP	3	15	1

Annick BOISSET - Le Haut Joreau - 49350 GENNES - Tél. : 02 41 38 02 58 - E-mail : joreau@fr.st - www.joreau.fr.st

GENNES
C.M. 64 Pli 12

2 ch. Jacques et Denise vous accueillent dans leur maison contemporaine et vous proposent au 1ᵉʳ étage : Ch. marine : (1 lit 2 pers. 1 lit 1 pers.), sanitaires privés. Ch. anjou : (1 lit 2 pers. 1 lit 120, 1 lit 1 pers.), petite s. d'eau et wc. Dans la chambre et bibliothéque. Parc paysager et ombragé (3000 m²). Terrasse, parking privé clos. Choix de restaurants à proximité. Salon de jardin. Tonnelle, petits déjeuners copieux. Pique-nique accepté dans le jardin. Accès : Angers D952 direction Rosiers-sur-Loire, à droite direction Gennes puis suivre panneaux. Langues parlées : anglais, allemand.

Prix : 1 pers. 32 € ◊ 2 pers. 40 € ◊ pers. sup. 12 €
Ouvert : Toute l'année.

1	0,5	1	SP	1	8	3	1

Jacques et Denise PAJOT - 13, rue des Fiefs Vaslin - 49350 GENNES - Tél. : 02 41 51 93 59

GREZ-NEUVILLE
C.M. 63 Pli 20

4 ch. Au milieu d'1 parc arboré longeant la Mayenne, maison de maître du XVIIIᵉ siècle dans un site classé. 4 ch stylisées toutes avec s.d.b et wc privés. 1 ch (1 lit 2 pers.), 1 ch (1 lit 2 pers.), 1 ch (2 lits 1 pers.). 1 ch. 2 lits 1 pers. Salon, TV réservés aux hôtes. Terrasse, salons de jardin. Tennis. Golf. Pêche. Port de plaisance. Master Card et Visa acceptées. Possibilité table d'hôtes boissons non comprises. Location de bateaux sans permis. Musées, châteaux aux environs. Accès : Angers-Laval (N162). Prendre à droite D291, direction Grez Neuville et suivre panneaux.

Prix : 1 pers. 48 € ◊ 2 pers. 61/74 € ◊ pers. sup. 15 €

4	2	SP	SP	4	0,1	7	20	4

Auguste BAHUAUD - La Croix d'Etain - 2, rue de l'Ecluse - 49220 GREZ-NEUVILLE - Tél. : 02 41 95 68 49 - Fax : 02 41 18 02 72 -
E-mail : croix.etain@anjou-et-loire.com - www.anjou-et-loire.com/croix

GREZILLE
C.M. 67 Pli 7

3 ch. **Saumur 20 km.** Marie-Hélène vous propose 3 ch. d'hôtes dans une maison du XVIIIᵉ, au cœur d'un hameau. Dans un bâtiment annexe et indépendant, 1 ch. « Pivoine » (1 lit 2 pers.). En mezzanine : (2 lits 1 pers.), s.d.b., wc. Dans la maison au r.d.c. : ch. « Tournesol » (1 lit 2 pers. 1 lit 1 pers.), s. d'eau, wc. A l'étage : ch. « Coquelicot » (1 lit 2 pers. 1 lit 1 pers.), s. d'eau, wc. Table d'hôtes sur réservation. Jardin, salon de jardin. Région troglodytique. Chapelle du XVᵉ. Accès : venant d'Angers direction Niort-Poitiers. A Saulgé l'Hôpital tourner à gauche en direction de Grézillé et suivre les panneaux jusqu'à la propriété (6 panneaux). Langues parlées : anglais, espagnol.

Prix : 2 pers. 55 € ◊ pers. sup. 15 € ◊ repas 23 €

10	2	SP	20	2

Marie-Hélène de ROCQUIGNY - La Cotinière - Le Clos d'Aligny - 49320 GREZILLE - Tél. : 02 41 59 72 21 ou 06 88 28 99 28 -
Fax : 02 41 59 72 21 - E-mail : la.cotiniere@anjou-et-loire.com - www.anjou-et-loire.com/cotiniere

L'HOTELLERIE-DE-FLEE
C.M. 63 Pli 9

2 ch. Chambres d'hôtes aménagées au 1ᵉʳ étage d'une maison indépendante. 1 chambre (1 lit 130), 1 chambre (1 lit 2 pers. 1 lit 100), lavabo dans chaque. Salle de bains et wc réservés aux chambres. Salle de séjour à disposition. Chauffage central. Espace vert. Etang, bois sur place. Terrasse et salon de jardin. Axe Angers-Craon-La Guerche-Rennes (D863). Craon 5 mn. Route des châteaux. Centre équestre et golf 3 trous à Segré. Domaine de la Couère et Parc St Blaise à 5 km. Route des Château. Circuits pédestres entre pierres et pommes.

Prix : 1 pers. 23 € ◊ 2 pers. 29 € ◊ pers. sup. 12 €

6	6	SP	6	6	20	SP	1,5

Jean et Marie-Louise BOUCAULT - Le Bois Robert - L'Hôtellerie de Flée - 49500 SEGRE - Tél. : 02 41 61 61 88

Pays de Loire   **Maine-et-Loire**

JARZE Le Point du Jour   *C.M. 64 Pli 2*

3 ch. Véronique et Vincent, agriculteurs biologiques et producteurs de viande bovine, seront ravis de vous accueillir à l'étage de leur maison « le point du jour », ils vous proposent 3 ch. très paisibles, style ancien. Confort assuré. Ch. « Saumon » (1 lit 2 pers. 1 lit 1 pers.). Ch. « à rayures » (1 lit 2 pers.). Ch. « Verte » (2 lits 1 pers.). S. d'eau et wc privés à chaque ch. Cuisinette réservée aux hôtes. Prix dégressif à partir de 3 nuits. Chambres avec accès indépendant. Possibilité lit supplémentaire + lit bébé. Barbecue. Salon de jardin. Accès : direction Angers-Tours D766, puis dans Jarzé direction D59. Langue parlée : anglais.

Prix : 1 pers. 30 € 2 pers. 38 € 3 pers. 50 € pers. sup. 12 €
Ouvert : Toute l'année.

10	1	5	12	5	2	30	1

Vincent et Véronique PAPIAU - Le Point du Jour - 49140 JARZE - Tél. : 02 41 95 46 04 - Fax : 02 41 95 46 04

LEZIGNE Brouard *C.M. 64 Pli 1*

1 ch. **A 1 km du Loir et à 20 min du Parc des Expositions.** 1 ch : 1 lit 140, 1 lit 90, 1 lit enfant 80. Salle d'eau, wc. Kitchenette. Dans un logis de maître du 16èmè et dans un environnement paisible, au bord du GR35, Pascale vous propse 1 ch d'hôtes avec accès indépendant.

Prix : 1 pers. 38 € 2 pers. 43 € 3 pers. 47 € repas 15 €
Ouvert : Toute l'année.

SP	1	1	SP	8	7

Pascale TOUCHET - Brouard - 49430 LEZIGNE - Tél. : 02 41 76 21 46

LE LION-D'ANGERS Le Petit Carqueron *C.M. 63 Pli 20*

4 ch. Martine Carcaillet vous reçoit dans une vieille ferme angevine datant du XVIII°. 2 ch. (lit 2 pers.), douches et lavabos. 2 ch. (2 lits 1 pers.), douches et lavabos. 2 wc communs. Chauffage électrique. Salon. Jardin. Vélos, ping-pong sur place. Table d'hôtes sur réservation. Agréable campagne aux alentours. Mini-golf 3 km. La douceur angevine nous a donné envie de faire une piscine très appréciée durant tout l'été. Langue parlée : anglais.

Prix : 1 pers. 26 € 2 pers. 34 € pers. sup. 12 € repas 18 €

3	3	2	SP	3	2

Patrick CARCAILLET - Le Petit Carqueron - 49220 LE-LION-D'ANGERS - Tél. : 02 41 95 62 65

LE LION-D'ANGERS Les Travailleres *C.M. 63 Pli 20*

3 ch. Dans le calme de la campagne, à 20 mn d'Angers, fermette rénovée. 1er ét. : 1 ch. (1 lit 2 pers.), s. d'eau, wc. 1 ch. (1 lit 2 pers.), s.d.b., wc + ch. dépendante (2 lits 1 pers.). R.d.c. : 1 ch. (1 lit 2 pers.), s'eau/wc + 1 ch. dépendante (2 lits 1 pers.). Chauffage central. Séjour, cheminée. Biblio. Jardin reposant et ombragé. Terrain attenant non clos. Cour. Salon de jardin. Barbecue. Vélos. Terrasse pour pique-nique. Tranquillité assurée. Entrées indépendantes. Jeux de société. Accès : axe Angers/Rennes D863. Au rond-point de la N162 et de la D863 faire 3 km en dirction de Segré puis tourner en suivant les panneaux. Langue parlée : anglais.

Prix : 1 pers. 26 € 2 pers. 34/36 € 3 pers. 48 € pers. sup. 12 €
Ouvert : Toute l'année.

5	2	2	5	31	5

François et Jocelyne VIVIER - Les Travailleres - 49220 LE-LION-D'ANGERS - Tél. : 02 41 61 33 56 ou 06 77 86 24 33

LONGUE-JUMELLES Le Logis de Beauregard *C.M. 64 Pli 12*

1 ch. 1 ch avec entrée indépendante : 1 lit 140. Salle d'eau, wc. Salon de jardin. Sur la route des Châteaux, entre Angers et Tours, au milieu de forêts et prairies, le Logis de Beauregard (XVIèmè, classé aux Monuments Historiques) entouré de douves, vous accueille dans 1 ch de charme, ancien four à pain, donnant sur un jardin moyenâgeux. Langue parlée : anglais.

Prix : 2 pers. 46 €
Ouvert : Toute l'année.

7	7	SP	7	6

Annie BARCELO - Le Logis de Beauregard - 49160 LONGUE-JUMELLES - Tél. : 02 41 50 54 06

LOURESSE-ROCHEMENIER *C.M. 64 Pli 11*

1 ch. Dans le cadre d'une ferme du XVI° siècle située dans le village troglodytique de Rochemenier, 1 ch. 2 pers. au rez-de-chaussée avec entrée indépendante. Salle de bains et wc particuliers. Canapé. Chauffage central. Médecin et pharmacie à 5 km. Centre du bourg (commerces) à 1,5 km. Recommandé par le guide du Routard. Accès : Angers direction Doué-la-Fontaine sur la Nationale, à Louresse prendre la dernière route à gauche en direction du village troglodytique de Rochemenier puis suivre les panneaux.

Prix : 1 pers. 23 € 2 pers. 33 € pers. sup. 8 €

5	5	5	10	10	15	1,5

Philippe JUIN - 16, rue du Musée - 49700 LOURESSE-ROCHEMENIER - Tél. : 02 41 59 36 07

Maine-et-Loire
Pays de Loire

MARTIGNE-BRIAND
C.M. 67 Pli 7

2 ch. Chambres d'hôtes aménagées à l'étage d'une exploitation viticole. 1 chambre 2 pers. et 1 chambre 3 pers. Salle d'eau commune aux 2 ch. et lavabo par chambre. WC communs. Lit enfant. Chauffage électrique. Jardin, salon de jardin. Possibilité pique-nique. Abri vélos ou motos. A partir de 3 nuits, tarifs dégressifs. Au calme. Restaurant 1 km. Accès : Saumur direction Doué-la-Fontaine/Angers, à 2 km direction Martigné-Briand, 1ère à droite puis suivre les panneaux.

Prix : 1 pers. **25** € 2 pers. **29** € pers. sup. **9** €

	🏊	🎾	🚶	🚴
	0,5	1	1	10	SP

Jean et Yvonne MATIGNON - 15, rue du 8 mai - 49540 MARTIGNE-BRIAND - Tél. : 02 41 59 88 45

MARTIGNE-BRIAND Domaine de L'Etang
C.M. 64 Pli 11

4 ch. Chambres d'hôtes dans un bâtiment annexe au 1er étage. 1 chambre « Bleue » (1 lit 2 pers. 1 lit 1 pers.), salle de bains, wc. 1 chambre « Verte » (2 lits 1 pers.), salle de bains, wc. 1 chambre « Rouge » (1 lit 2 pers. et 1 lit 1 pers.), salle d'eau, wc. 1 chambre « Jaune » (1 lit 2 pers.), salle d'eau, wc. Chaise bébé. Chauffage central. Tennis privé. Baby-foot. Salon de jardin. Jardin d'hiver. Salon détente. Nombreuses randonnées possibles. Cheval au pré : 3 €. Parc 2 ha. Accès : D761 direction Brissac-Poitiers. Suivre D748 direction Martigné-Briand, à Montigné-Briand prendre direction Thouacé (D125) sur la droite. Langue parlée : anglais.

Prix : 1 pers. **39/46** € 2 pers. **54** € 3 pers. **61** €
Ouvert : Toute l'année.

	🏊	🎾	🚶	🏇	⛺	🚲
3	SP	SP	5	SP	40	3

Gilles TENAILLON - Domaine de l'étang - 49540 MARTIGNE-BRIAND - Tél. : 02 41 59 92 31 - Fax : 02 41 59 92 30 - E-mail : domaine.etang@ifrance.com - www.domaine-etang.com

MAULEVRIER Château de la Frogerie

2 ch. Cholet 15 km. Angers 65 km. Ch Jaune : 1 lit 140, salon détente + ch dépendante (1 lit 90). Ch Verte : 1 lit 140 + 1 ch dépendante (1 lit 90). Sanitaires privatifs mais non communicants. Parc, pêche, location de vélos et karts, ping-pong, sports nautiques... Un excellent endroit de vie privée et de distraction. Edifié au XIVe siècle sur une base médiévale et sur une coline, le Château de la Frogerie offre une superbe vue sur le paysage vallonné de la Vendée. En pleine nature, le château est situé au cœur d'un parc planté d'arbres séculaires et singuliers et entouré par une douve. Langues parlées : anglais, allemand, hollandais.

Prix : 1 pers. **53** € 2 pers. **65** € pers. sup. **19** €
Ouvert : Toute l'année.

	🏊	🎾	🚶	🏇
	SP	4	SP	4	4

Claire et Frédéric ALDERLIESTE - Château de la Frogerie - 49360 MAULEVRIER - Tél. : 02 41 62 55 20 - Fax : 02 41 62 55 20 - E-mail : alderlieste@wanadoo.fr

LE MAY-SUR-EVRE Le Petit Cazeau
C.M. 67 Pli 5

3 ch. A 20 mn du Puy-du-Fou, dans un ancien corps de ferme, vous sont proposées 3 ch. disposant chacune de s. d'eau, wc. L'ensemble est personnalisé. « l'Africaine » (1 lit 2 pers.), dans laquelle l'exotisme est assuré. « la Romantique » (1 lit 2 pers.) vous fera voir la vie en rose, quant à « la Provençale » (2 lits jumeaux) par ses couleurs elle vous mettra du soleil au cœur. Dans le jardin, très fleuri en été, un salon est à votre disposition pour vous reposer et admirer la campagne. Chauffage central. Accès : Cholet, direction Beaupréau, après Saint-Léger-sous-Cholet, avant le May/Evre, prendre à droite puis suivre les panneaux. Langues parlées : anglais, espagnol.

Prix : 1 pers. **38** € 2 pers. **44** € pers. sup. **12** €
Ouvert : Toute l'année.

	🏊	🎾	🚶	🏇	⛵	⛺	🚲
7	3	1	SP	10	10	1	7	3

Mme DAVOUST - Le Petit Cazeau - 49122 LE-MAY-SUR-EVRE - Tél. : 02 41 63 16 88 - Fax : 02 41 63 16 88

MAZE
C.M. 64 Pli 11

2 ch. Saumur 25 km. Château de Montgeoffroy 2,5 km. Bords de Loire 7 km. Au cœur de la vallée de l'Authion, la douceur angevine, notre maison vous invite à faire l'école buissonnière. Dans 1 habitat typique du XVIIe dans le calme de notre campagne, vous trouverez 2 ch. indépendantes avec accès direct sur le jardin. Ch. « Galerne » (1 lit 2 pers. 1 lit 1 pers.). Ch. « Soulaire » (1 lit 2 pers. 1 lit 1 pers.). Sanitaires priés à chaque ch. Séjour, terrasse. A disposition : salon de jardin, ping-pong, jeux d'extérieur, vélos (sur réservation), TV, bibliothèque. Tarifs dégressifs à partir de 3 nuits. Accès : sur l'axe Angers-Saumur (N147) à 24 km d'Angers, entrer dans Mazé, direction Bauné (D74), faire 5 km et suivre les panneaux. Langue parlée : anglais.

Prix : 1 pers. **36/39** € 2 pers. **43/48** € 3 pers. **52/57** € pers. sup. **10** € repas **16** €
Ouvert : Toute l'année.

	🏊	🎾	🚶	🏇	⛵	⛺	🚲
7	5	5	SP	3	5	3	25	2,5

Mireille et Michel METIVIER - Le Haut Pouillé - La Buissonnière - 49630 MAZE - Tél. : 02 41 45 13 72 - Fax : 02 41 45 19 02 - E-mail : labuissonniere@mageos.com - www.labuissonniere.fr.st

Pays de Loire **Maine-et-Loire**

MONTJEAN-SUR-LOIRE Les Cèdres   C.M. 63 Pli 19

3 ch. **Loire sur place.** Danielle et Bernard cous accueillent dans leur maison familiale, demeure ancienne d'un joli village sur la Loire. Chambres personnalisées avec sanitaires privatifs. 1er étage : « Mozart » (1 lit 160), « Bartok » (1 lit 2 pers.), salon de détente à disposition. 2e étage : « Mahler » (1 lit 160). Petits déjeuners dans la salle à manger du Rez-de-chaussée. Salon de musique et salon de jardin à disposition. Jardin d'un ha. Circuits pédestres balisés, promenade en bateau (vieux gréements). Été : expo de sculptures géantes dans le village, festival du chanvre. Langue parlée : anglais.

Prix : 2 pers. 55/58 € pers. sup. 16 €
Ouvert : De Pâques à la Toussaint.

SP	SP	SP	SP	3	SP

Danielle WITTEVERT - 17, rue du Prieuré - « Les Cèdres » - 49570 MONTJEAN-SUR-LOIRE - Tél. : 02 41 39 39 25 ou 06 62 17 39 25 - Fax : 02 41 39 64 36 - E-mail : les.cedres@wanadoo.fr

MONTREUIL-BELLAY   C.M. 64 Pli 12

3 ch. Monique et Jacques Guézenec vous accueillent dans une maison de caractère du XVIIe siècle, très calme. R.d.c. : 1 ch. (1 lit 2 pers. 1 lit 1 pers.), s. d'eau, wc. A l'étage : 1 ch. (1 lit 2 pers. 2 lits 1 pers.), s.d.b., wc. 1 ch. (1 lit 2 pers. 1 lit 1 pers.), s. d'eau, wc. Séjour réservé aux hôtes. Chauffage électrique. Bourg 500 m. Pharmacie sur place. Accès : en venant de Saumur, direction Poitiers-Niort (N147), puis suivre fléchage « Chapelle Petit Augustin Soie Vivante ». Langue parlée : anglais.

Prix : 1 pers. 40 € 2 pers. 55 € 3 pers. 70 € pers. sup. 10 €

1	1	1	1	16	1	5	SP

Jacques GUEZENEC - Place des Augustins - 49260 MONTREUIL-BELLAY - Tél. : 02 41 52 33 88 - Fax : 02 41 52 33 88 -
E-mail : moniqueguezenecbb@minitel.net

MONTREUIL-BELLAY   C.M. 64 Pli 12

3 ch. Au cœur d'une cité médiévale au 1er étage d'une maison du XIXe. Ch. 1 (1 lit 2 pers. 1 lit 1 pers.), s. d'eau. Ch. 2 (1 lit 2 pers.), s. d'eau. Ch. 3 (1 lit 2 pers. 2 lits 80), s. d'eau. WC communs aux 3 ch. Salle à manger réservée aux hôtes. Entrée indépendante. Chauffage électrique. Chaise bébé. Poss. lit suppl. Vélos. Jeux enfants. Parking privé. Jardin commun aux propriétaires face au château. Restaurant et pharmacie sur place. Canoë-kayak sur place. Accès : au centre de Montreuil-Bellay, face au château. Langue parlée : anglais.

Prix : 2 pers. 38 € pers. sup. 12 €

SP	SP	SP	1	4	6	0,5	5	16	SP

Paule GRIVAULT - 108, rue du Château - 49260 MONTREUIL-BELLAY - Tél. : 02 41 52 38 69

MONTREUIL-BELLAY Le Pigeon Blanc   (TH)   C.M. 64 Pli 12

3 ch. **Proche du centre de Montreuil-Bellay et à proximité de Saumur.** Janine vous accueille au « Pigeon Blanc » et vous propose : ch. « Rose » (1 lit 2 pers.), s. d'eau, wc non communicants, ch. « Verte » (1 lit 2 pers.), ch. « Bleue » (1 lit 2 pers.), s.d.b., wc réservés aux 2 chambres. Terrasse ensoleillée pour petits déjeuners et table d'hôtes. Parking privé. Grand terrain boisé et fleuri. Accès : axe Saumur-Poitiers. Entrer dans Montreuil-Bellay. Direction Saumur-le-Coudray (N147), rue à droite entre station Shell et la boulangerie. Langue parlée : anglais.

Prix : 1 pers. 35 € 2 pers. 39 € repas 18 €
Ouvert : Toute l'année.

Janine BOIREAU - 309, rue de la Salle - « Le Pigeon Blanc » - 49260 MONTREUIL-BELLAY - Tél. : 02 41 52 35 25 ou 06 89 92 32 42 -
www.saumur-tourisme.net/pigeonblanc/

MONTREUIL-JUIGNE   C.M. 63 Pli 20

4 ch. Dans une grande maison de famille, Suzanne et Jean-Louis vous accueillent dans 4 chambres avec entrée indépendante. 1er étage : ch. Jacques (1 lit 2 pers. 1 lit 1 pers.), s. d'eau, wc. Ch. Bernard (2 lits 1 pers.), s. d'eau, wc. Ch. Geneviève (1 lit 2 pers., 1 lit 1 pers.), s. d'eau, wc. Ch. Antoinette (3 lits 1 pers.), s.d.b., wc. Mezzanine pour petits-déjeuners et TV. Salon. Terrasse. Terrain. Salon de jardin. Restaurant 2 km. Bus 50 m. Accès : direction Paris, sortie Centre Commercial Saint-Serge, prendre direction Avillé. Au 2e rond point, suivre Cantenay-Epinard puis prendre 3e route à gauche direction Montreuil-Juigné.

Prix : 1 pers. 27 € 2 pers. 40 € pers. sup. 12 €

2	1,5	SP	3	2	7	1,5

Jean-Louis HUEZ - Le Plateau - Rue Espéranto - 49460 MONTREUIL-JUIGNE - Tél. : 02 41 42 32 35

MONTREUIL-SUR-LOIR   (TH)   C.M. 64 Pli 1

4 ch. Au 1er étage du château avec vue panoramique sur la Vallée du Loir et la forêt de Boudre. Ch. de l'évêque (1 lit 2 pers.). Ch. de l'alcôve (1 lit 2 pers. 1 lit 100), ch. aux ballons (2 lits 1 pers.), ch. du baldaquin (1 lit 2 pers.), sanitaires privatifs à chaque ch. R.d.c. : salle à manger, salon. Terrasse surplombant le Loir. Jardin et grand parc boisé le long de la rivière. Bourg 200 m. Canoë sur place. 5 golfs dans un rayon de 30 km. Accès : Angers N23, direction Seiches/Loir, au 2e feu prendre à gauche, dans le village de Montreuil sur la droite ou A11, sortie Seiches/Loir, 5 km de Seiches par D74.

Prix : 1 pers. 57 € 2 pers. 61/65 € pers. sup. 15/30 € repas 23 €
Ouvert : Du 15 mars au 15 novembre.

5	5	SP	SP	SP	SP	5

Jacques BAILLIOU - Château de Montreuil - Montreuil sur Loir - 49140 SEICHES-SUR-LOIR - Tél. : 02 41 76 21 03 -
E-mail : chateau.montreuil@anjou-et-loire.com

Maine-et-Loire
Pays de Loire

MONTREUIL-SUR-MAINE
C.M. 63 Pli 20

||| 2 ch. **Haras de l'Isle-Briand 6 km.** Dans leur demeure familiale du XIX° siècle au milieu d'un parc de 9 ha., Aude et Vincent vous proposent au 1er étage : ch. « Verte » (1 lit 160), s.d.b., wc. Ch. « Bleue » (1 lit 2 pers. à baldaquin), salle d'eau, wc. Salon réservé aux hôtes avec piano, bibliothèque. ping-pong et vélos à disposition. Tourisme fluvial et châteaux. Accès : en bordure du Lion d'Angers, direction Louvaines. 1er carrefour Saint-Martin-du-Bois à droite. Puis suivre les panneaux. Langue parlée : anglais.

Prix : 1 pers. **52** € 2 pers. **59** € pers. sup. **11** €
Ouvert : Du 15 mars au 1er novembre.

🐕	⛱	🎾	🐟	🏇	🚗	⛺
	6	6	2	8	26	6

Aude et Vincent GOLDIE - La Chouannière - 49220 MONTREUIL-SUR-MAINE - Tél. : 02 41 95 65 57 - Fax : 02 41 95 37 21

MOULIHERNE *La Verrie*
C.M. 64 Pli 13

||| 3 ch. **Angers 60 km. Saumur 30 km.** 3 ch avec salle de bain et wc privatifs (2 ch 3 pers et 1 ch 2 pers). Grand séjour. vous recevrez un accueil chaleureux dans ce splendide corps de ferme du XVII° en plein cœur de la forêt domaniale de Monnaie : la nature à l'état pur, l'idéal pour vous ressourcer dans le calme absolu. Vous profiterez du très grand séjour avec sa cheminée, ses poutres et colombages d'époque. De votre terrasse réservée, vous aurez accès au parc avec son cèdre majestueux près des points d'eau. Langue parlée : anglais.

Prix : 2 pers. **46** € pers. sup. **15** €
Ouvert : Toute l'année.

🐕	🎾	⛱	🍴	🏇	🚗
	4	4	SP	7	4

Marguerite DELVAL - La Verrie - 49390 MOULIHERNE - Tél. : 02 41 67 09 27 - E-mail : bernard.delval@libertysurf.fr

MOZE-SUR-LOUET *Les Roches*
C.M. 63 Pli 20

||| 3 ch. A l'étage, 2 chambres spacieuses pour 3 pers. avec chacune sanitaires privés. Ch. Verte (1 lit 160, 1 lit 1 pers.), salle de bains, wc. Ch. Blanche (1 lit 160, 1 lit 1 pers.), salle d'eau, wc. Dans une dépendance, r.d.c. : kitchenette, coin-séjour, mezzanine : 2 lits 1 pers., salle d'eau, wc. Salon de jardin. Bourg 1,5 km. Sur la D751. Aux portes d'Angers, au cœur du vignoble, dans un hameau paisible, Philippe et Anita vous feront découvrir la douceur angevine dans leur maison restaurée au XVIII° siècle avec poutres et pierres apparentes, surplombant la rivière. Langues parlées : anglais, allemand.

Prix : 1 pers. **38** € 2 pers. **45/50** € pers. sup. **14** €

🐕	⛱	🎾	🍴	🏇	🌲	🚗
	6	1,5	SP	SP	10	8	10	12	1,5

Philippe CATROUILLET - Les Roches - 49610 MOZE-SUR-LOUET - Tél. : 02 41 78 84 29

MURS-ERIGNE *Le Jau*
(TH)
C.M. 63 Pli 20

||| 3 ch. Sur la route des châteaux et des vignobles, belle maison romantique dans son cadre de verdure. 3 chambres calmes et confortables avec vue sur le parc. Toutes avec s.d.b.et wc privatifs, TV dans 2 ch. Grande cuisine chaleureuse. Séjour, cheminée et TV. Repas du soir sur réservation. Terrasse. Salon de jardin. Barbecue. En hors saison, sur réservation. Forfait week-end. Françoise Terrière aime sa région, et se propose de vous la faire découvrir. Elle vous recevra avec simplicité et très amicalement. Baignade à 500 m. Accès : Angers direction Cholet N160, puis les ponts de Cé, Murs-Erigné (route de Chalonnes).

Prix : 1 pers. **37/57** € 2 pers. **40/60** € 3 pers. **65/75** €
pers. sup. **15** € repas **23** €
Ouvert : Toute l'année (sur réservation de la Toussaint à Pâques).

🐕	⛱	🎾	🍴	🏇	🚗
	8	0,5	SP	8	8

Françoise TERRIERE - Le Jau - 49610 MURS-ERIGNE - Tél. : 02 41 57 70 13 ou 06 83 26 38 80 - E-mail : le.jau@anjou-et-loire - www.anjou-et-loire.com/jau

NEUILLE *Château Le Goupillon*
C.M. 64 Pli 12

||| 3 ch. Château dans un parc de 4 ha., végétation luxuriante, confort, silence. 3 chambres personnalisées. Mobilier ancien. 1 ch. (1 lit 2 pers. 1 lit 1 pers. + 1 ch. dépendante 2 lits 1 pers.), salle de bains et wc. 1 ch. (1 lit 2 pers. 1 lit 80), salle de bains et wc. 1 ch. (1 lit à baldaquin), salle d'eau et wc. Salon avec poutres, cheminée. Ch. central. Salon de jardin. Une étape hors du temps, idéale pour découvrir le vignoble saumurois et visiter les châteaux de la Loire. Chambres d'hôtes Panda. Accès : de Saumur N147 dir. Paris. Après rond-point de la « Ronde » D767 pendant 2 km, puis à gauche. D129 dir. Neuillé. A 2 km route de Fontaine-Suzon.

Prix : 2 pers. **55/76** € pers. sup. **15** €
Ouvert : Toute l'année, l'hiver sur réservation.

🐕	⛱	🎾	🍴	🏇	🌲	🚗
	7	10	1,5	SP	6	0,5	1,5

Monique CALOT - Château le Goupillon - Neuillé - 49680 VIVY - Tél. : 02 41 52 51 89 - Fax : 02 41 52 51 89

NOYANT *Galmer*
C.M. 64 Pli 13

||| 3 ch. Entre Anjou et Touraine, M. Courault vous accueille dans le calme de la campagne. 1 chambre (dans maison d'habitation) 1 lit 2 pers. salle de bains, wc privatifs. 1 chambre (dans bâtiment annexe). A l'étage : 1 lit 160, salle de bains, wc privatifs. 1 ch. (2 lits 1 pers.), s. d'eau, wc. Possibilité lit enfant. Cuisine. Salon réservé aux hôtes. Chauffage électrique. Accès : à Noyant, prendre direction Bourgueil.

Prix : 1 pers. **30** € 2 pers. **38** € pers. sup. **8** €

🐕	⛱	🎾	🍴	🏇	👥	🌲	🚗
	3	3	7	15	15	7	3

Guy COURAULT - Galmer - 49490 NOYANT - Tél. : 02 41 89 50 17

Pays de Loire — Maine-et-Loire

NOYANT-LA-GRAVOYERE La Prévoté

1 ch. Carl et Ruth vous accueillent à la Prévotaie, ferme biologique et vous proposent : 1 chambre « Capucine » (1 lit 2 pers.), salle d'eau, wc. Vous apprécierez le calme en vous relaxant et en découvrant le parc de St Blaise. Accès : Angers/Rennes. Direction Pouancé. Juste après Noyant-la-Gravoyère, direction la Mine Bleue. Après la Gatelière, à 500 m tout droit.

Prix : 1 pers. 37 € 2 pers. 41 € pers. sup. 9 €

5	10	SP	SP	10	3

Ruth et Carl SHEARD - La Prévoté - 49520 NOYANT-LA-GRAVOYERE - Tél. : 02 41 61 57 76 - E-mail : shear@onetelnet.fr - www.okdac.com/b&b

LA POMMERAYE Les Préaux

C.M. 63 Pli 19

1 ch. Angers 33 km. Ch : 1 lit 140. Salle d'eau, wc. Jardin avec salon de jardin. Blandine humeau vous accueille dans un cadre de verdure en pleine campagne et vous propose une ch d'hôtes dans sa maison avec entrée indépendante. Calme assuré, le silence n'est troublé que par le chant des oiseaux. Langue parlée : anglais.

Prix : 2 pers. 41 €
Ouvert : Toute l'année.

4	4	3	SP	4	3

Blandine HUMEAU - Les Préaux - Les Préaux - 49620 LA-POMMERAYE - Tél. : 02 41 39 03 14 - E-mail : blandine.humeau@wanadoo.fr

PONTIGNE

C.M. 64 Pli 2

4 ch. Dans une maison avec vue sur la vallée du Couasnon et la forêt de Chandelais. Nous vous recevrons au calme, dans 4 ch. à la ferme en agriculture biologique. A l'ét. : 1 ch. (2 lits 1 pers.), 1 ch. (1 lit 2 pers.), 2 ch. (2 lits 1 pers.), 1 ch. (1 lit 2 pers.) 1 lit enfant), chacune avec s. d'eau/wc. Salle de séjour, coin-cuisine. Pétanque, ping-pong, grande cour. Chauffage central. Salon de jardin, balançoires, barbecue. Randonnées, pêche en étang sur la ferme. Eglise avec clocher vrillé, dolmen, apothicairerie, château du roi René XV. Vraie croix d'Anjou. Table d'hôtes sur réservation. Promenades à pied, à dos d'âne pour les enfants, sur la ferme.

Prix : 1 pers. 34 € 2 pers. 38 € repas 14 €
Ouvert : Toute l'année.

3,7	3,7	SP	SP	4	6	35	3,7

Laéticia et Hugo PORCHER et M-Ange/yannick SALLE - Les Hautes Roches - 49150 PONTIGNE - Tél. : 02 41 89 19 63 - Fax : 02 41 89 19 63

LA POSSONNIERE La Rousselière

C.M. 63 Pli 20

5 ch. Dans sa demeure familiale du XVIIIe, Jeanne vous accueille. 5 ch. spacieuses vue sur parc. 1er ét. : 3 ch. avec s.d.b. ayant fenêtres sur jardin et wc, 2 avec s. d'eau/wc. Mini-bar. TV. Chauffage central. Salon. Billard. Salle à manger avec cheminée. TV. Véranda-marquise. Parc 4 ha., clos de murs, piscine privée, portique, ping-pong, pétanque, salon de jardin. Chapelle XVIIe. Parking privé. Table d'hôtes sur réservation. Semaine facturée 6 nuits, la 7e offerte. Accès : à Angers, direction Nantes N23. A Saint-Georges-sur-Loire, direction Chalonnes-sur-Loire. A 3,5 km (avant la voie ferrée) à gauche vers la Possonnière, puis à gauche sur 1,5 km.

Prix : 2 pers. 48/66 € 3 pers. 63/81 € pers. sup. 15 € repas 23/14 €

5	SP	SP	5	20	5

Jeanne CHARPENTIER - La Rousselière - 49170 LA-POSSONNIERE - Tél. : 02 41 39 13 21 - Fax : 02 41 39 13 21 - E-mail : larousseliere@unimedia.fr - unimedia.fr/homepage/larousseliere

POUANCE La Saulnerie

C.M. 63 Pli 18

4 ch. Mine Bleue. Aux confins de l'Anjou et de la Bretagne, Marie-Jo et Yannick vous accueillent dans le « Pigeonnier », face au château-fort. R.d.c. : hall d'accueil avec kitchenette. Salle de vie et salle de détente. 1 ch. (1 lit 2 pers. 1 lit 1 pers. accessible). Etage : 2 ch. (1 lit 2 pers.), 1 ch. familiale (suite) (4 lits 1 pers.). Sanitaires privatifs à chaque chambre. TV. A la Saulnerie, également notre demeure, une piscine couverte. « La Charmille » (gîte rurall 4 pers.) « Le grenier à sel » (gîte de séjour 20 pers.). Accès : axe Angers-Rennes et Laval/Saint-Nazaire. De Pouancé, direction Châteaubriant à 800 m du centre médiéval, à gauche.

Prix : 1 pers. 31 € 2 pers. 41 € pers. sup. 13 €
Ouvert : Toute l'année.

1,5	0,8	SP	13	2	2	5

Yannick et Marie-Jo BROUSSE - La Saulnerie - Le Pigeonnier - 49420 POUANCE - Tél. : 02 41 92 62 66 - Fax : 02 41 92 62 66 - E-mail : brousse.gite@wanadoo.fr

LE PUY-NOTRE-DAME Château la Paleine

C.M. 64 Pli 12

5 ch. Poitiers 1 h. Saumur 20 mn. Angers 40 mn. Montreuil-Bellay 5 mn. Au pied d'un village de charme, avec vue sur le coteau viticole, Caroline et Philippe vous accueillent dans leur demeure du XIXe siècle, siège d'une ancienne exploitation viticole. Au 2e étage : ch1 « Collégiale » : 1 lit 140, salle d'eau, wc privatifs. Ch2 « Raimbault » pour les familles : 1 lit 140. Ch indépendante : 2 lits 90. Salle de bain, wc. Dans l'ancien chai : 3 ch. au 1er étage. Ch « Pressoir » : 1 lit 140 et 1 lit 90. Salle d'eau, wc privé. Ch « Cerisaie » : 1 lit 180. Salle d'eau, wc privé. Ch « Noyer » : 1 lit 180. Salle d'eau, wc privé. A disposition : cuisine équipée. Langues parlées : anglais, espagnol.

Prix : 1 pers. 38 € 2 pers. 42 € 3 pers. 53 € pers. sup. 11 €
Ouvert : Toute l'année.

8	1	6	SP	0,2

Philippe et Caroline WADOUX - 10, place Jules Raimbault - Château la Paleine - 49260 LE-PUY-NOTRE-DAME - Tél. : 02 41 38 28 25 - E-mail : p.wadou@libertysurf.fr - www.france-bonjour.com/chateau-la-paleine

Maine-et-Loire

Pays de Loire

LE PUY-NOTRE-DAME Château la Tour Grise
C.M. 67 Pli 8

2 ch. **Saumur 22 km.** Ch. « Cabernet » : 1 lit 160 cm. 3 lits 1 pers. en mezzanine. Ch. « Chenin » : 1 lit 2 pers. 1 lit 1 pers. Sanitaires privatifs à chaque chambre. Cuisine à disposition. Salle détente. Ouvert toute l'année. Sur la route touristique du vignoble, dans un village de charme, Philippe et Françoise, vignerons, vous accueillent dans leur manoir (XVe et XVIIe). Philippe et Françoise vous proposent 2 ch. familiales. Entrées indépendantes. Vignoble cultivé en biodynamie. Langues parlées : anglais, allemand.

Prix : 1 pers. **41 €** 2 pers. **47 €** 3 pers. **59 €** pers. sup. **12 €**
Ouvert : Toute l'année.

7	0,5	2	SP	4	SP

Philippe et Françoise GOURDON - Château la Tour Grise - 49260 LE-PUY-NOTRE-DAME - Tél. : 02 41 38 82 42 - Fax : 02 41 52 39 96 -
E-mail : philippe.gourdon@latougrise.com

RABLAY-SUR-LAYON La Girardière
C.M. 67 Pli 7

3 ch. Dans le calme de la campagne angevine au milieu des vignes du Layon, vous pourrez vous baigner dans la piscine et Eliette vous proposera de multiples activités. Pour votre hébergement, vous aurez le choix entre 3 ch. confortables avec s. d'eau et wc chacune. Dans l'une d'elles, une petite cuisine permet de faire ses repas. Vélos prêtés. Parking privé. Visite des châteaux de la vallée de la Loire, des célèbres tapisseries d'Angers ou du Puy-du-Fou. Dégustation des célèbres vins du Layon chez des viticulteurs sélectionnés. Tarifs réduits pour séjours prolongés.

Prix : 1 pers. **30/35 €** 2 pers. **38/44 €** pers. sup. **15 €**

1	SP	4	1	4	26	1

Eliette PHELIX - La Girardière - 49750 RABLAY-SUR-LAYON - Tél. : 02 41 78 65 51

RABLAY-SUR-LAYON
C.M. 67 Pli 7

4 ch. Bienvenue au domaine des Quarres, dans un cadre reposant, dans le vignoble, jardin et vignes, nous vous accueillons dans une maison vigneronne fin XIXe et mettons à votre disposition 4 ch. Au 1er étage : 2 ch. avec 1 lit 2 pers., 1 ch. « famille » : 1 lit 2 pers. 1 lit 1 pers. Sanitaires privatifs chacune. 1 chambre (2 lits 90). Dégustation des vins de notre propriété, Anjou, Coteaux du Layon.

Prix : 1 pers. **36 €** 2 pers. **40 €** pers. sup. **11 €**
Ouvert : Avril à mi-septembre.

10	7	SP	SP	7	27	SP

Luc et Sylvaine ARENOU-BIDET - 66, Grande Rue - 49750 RABLAY-SUR-LAYON - Tél. : 02 41 78 60 69 - Fax : 02 41 78 62 58

LES RAIRIES La Lande Martin

1 ch. Régine et Xavier vous accueillent dans leur propriété de caractère à l'orée de la forêt de Chambiers et vous proposent une chambre d'hôtes près de leur piscine neuve de renommée de verdure et de calme. 1 chambre (1 lit 2 pers.), TV, sanitaires privatifs et communicants à la chambre. Randonnées pédestres au départ de la propriété. Accès : à Durtal prendre direction Baugé (D18), faire environ 2 km, aux Terres Cuites Alluin tourner à droite, lieu-dit « Les Hardouinières », faire 1 km, dernière maison avant la forêt.

Prix : 1 pers. **38 €** 2 pers. **43 €**

SP	SP	SP	3

Xavier et Régine ROY - Les Hardouinières - « La Lande Martin » - 49430 LES RAIRIES - Tél. : 02 41 76 09 79

ROCHEFORT-SUR-LOIRE
C.M. 63 Pli 20

2 ch. Sur la route de la corniche angevine, nous vous accueillons dans 1 cadre de verdure situé au bord du Louet (bras de la Loire) où vous apprécierez calme, accueil et convivialité. A l'étage, 2 ch. spacieuses, tout confort, donnant sur la rivière, avec sanitaires privatifs. 1 ch. (1 lit 1 pers. 1 lit 2 pers.), 1 ch. (2 lits 1 pers.). Poss. lit suppl., séjour, salon, TV, salon de jardin, barbecue, parking, garage, pétanque. Langue parlée : allemand.

Prix : 1 pers. **35 €** 2 pers. **41 €** 3 pers. **55 €** pers. sup. **14 €**

0,5	1	0,5	0,5	10	0,5	4	SP

Georges et Marthe BLANVILLAIN - Le Patureau - 49190 ROCHEFORT-SUR-LOIRE - Tél. : 02 41 78 73 26 ou 06 70 45 61 69

ROCHEFORT-SUR-LOIRE Moulin Géant
C.M. 63 Pli 20

3 ch. Dans un moulin : 3 ch. mansardées, sanitaires privatifs à chaque chambre et accès indépendant. Ch. 1 : 1 lit 160 cm. Ch. 2 : 2 lits 1 pers. Ch. 1 lit 160 cm. Séjour-cuisine. Terrasses, salle de jardin. Parking privé. Activités nautiques 4 km. A 20 km d'Angers, découvrez cet ancien moulin, rénové en pierre du pays, en hauteur des vignes, au bord du GR3, accroché à un site rocheux de caractère surplombant la vallée de la Loire et le village. Vous y apprécierez une vue panoramique et la grande tranquillité. Langues parlées : anglais, allemand.

Prix : 1 pers. **34 €** 2 pers. **46 €**
Ouvert : Toute l'année.

1	1	1	SP	8	4	0,3

Elke BUHSE - Moulin Géant - 49190 ROCHEFORT-SUR-LOIRE - Tél. : 02 41 78 84 93 ou 06 16 06 94 03 - Fax : 02 41 30 42 82 -
E-mail : elke.buhse@infonie.fr

Pays de Loire

Maine-et-Loire

LES ROSIERS-SUR-LOIRE
C.M. 64 Pli 12

2 ch. A l'étage avec accès indépendant. 1 ch. (1 lit 2 pers.), salle d'eau et wc privés. 1 ch. (1 lit 2 pers.) vue sur jardin, salle d'eau et wc privés. Réservation recommandée. Médecin, pharmacie. Aire de pique-nique à l'Ile de Loire. A proximité : loisirs, commerces, restaurants.

Prix : 1 pers. 32 € 2 pers. 35 €
Ouvert : Du 1er avril au 1er octobre

SP	SP	SP	SP	3,5	4	SP

Marie-Thérèse SAULEAU - 28, rue Nationale - 49350 LES-ROSIERS-SUR-LOIRE - Tél. : 02 41 51 80 54

SAUMUR Ile du Saule
C.M. 64 Pli 12

3 ch. Christiane vous accueille dans 3 chambres d'hôtes à l'Ile-du-Saule, en pleine verdure. 1 ch. (1 lit 2 pers.), s. d'eau/wc et 1 chambre dépendante (2 lits 1 pers.). 1 ch. (2 lits 1 pers.), s. d'eau/wc. 1 ch. (1 lit 2 pers.), s. d'eau/wc. Chauffage central. Parking. Salon de jardin. Jardin. Langues parlées : anglais, allemand.

Prix : 1 pers. 30 € 2 pers. 39 € 3 pers. 50 € pers. sup. 12 €
Ouvert : Toute l'année.

5	5	5	5	5	5	8

Mme KEMPCZYNSKI - Ile du Saule - 49400 SAUMUR - Tél. : 02 41 51 38 71

SAVENNIERES
C.M. 63 Pli 20

1 ch. **Loire 3 km.** Dans un village (église du XIe), entouré de vignobles, et sur la route touristique du vignoble, Evelyne vous propose dans un bâtiment annexe face à sa maison du XIXe. 1 chambre avec 1 lit 2 pers. Salle d'eau, wc privatifs à la chambre. TV. Taxe de séjour en supplément : 1 euro par pers et par nuit. Accès : d'Angers prendre D111 Bouchemaine ou direction Nantes par RN23, sortie à Saint-Jean de Linières puis D106.

Prix : 1 pers. 35 € 2 pers. 40 €
Ouvert : Toute l'année.

3	3	3	SP	2	SP

Evelyne MARCHESI - Lorcival - Place du Mail - 49170 SAVENNIERES - Tél. : 02 41 72 28 10 - Fax : 02 41 72 28 10

SAVENNIERES (TH)
C.M. 63 Pli 20

1 ch. **Angers 15 km.** R.d.c : suite familiale avec entrée indépendante, 2 ch à 2 lits 90 avec sanitaires privés attenants. Garage privé. Taxe de séjour en sus. Au cœur de Savennières, Joëlle et Claude vous accueillent dans leur sympathique longère angevine de 1810. Véranda. Patiot couvert. Jardin fleuri. Langues parlées : anglais, allemand, hollandais.

Prix : 2 pers. 46 € 3 pers. 69 € repas 18 €

12	SP	SP	SP	3	2

Joëlle et Claude PERRAULT - 1 rue de la Pierre de Coulaine - 49170 SAVENNIERES - Tél. : 02 41 77 95 67 - Fax : 02 41 77 95 67 - E-mail : j.perrault@infonie.fr

SEGRE-SAINT-AUBIN-DU-PAVOIL Saint Aubin du Pavoil (TH)
C.M. 63 Pli 19

4 ch. **La Mine Bleue.** A l'étage : 1 chambre avec 1 lit de 180 x 200. Salle d'eau, wc. 1 chambre avec 2 lits de 90 x 180. S.d.b., wc. 1 chambre avec 2 lits de 90 x 200. Salle d'eau, wc. 1 chambre avec 2 lits de 100 x 180 + canapé. Salle de bains, wc. Parking privé. TV dans chaque chambre, point-phone. Parc bocagé. Accès direct à la rivière, barque à disposition. Location de vélo sur place. A 3 km du centre ville, le charme d'un village, l'authenticité d'une vieille grange, l'histoire d'un presbytère du XVIIe, la simplicité d'un accueil. Janette Kronneberg vous propose 4 chambres personnalisées. Langue parlée : anglais.

Prix : 1 pers. 43 € 2 pers. 55 € pers. sup. 12 € repas 20 €
Ouvert : Toute l'année.

3	3	SP	3	2

Janette KRONNEBERG - La Grange du Plessis - Place de l'Eglise - 49500 SEGRE - Tél. : 02 41 92 85 03 - Fax : 02 41 92 85 03

SEICHES-SUR-LOIR Domaine de Bré (TH)

3 ch. Au cœur d'une forêt domaniale de 400 ha., Brigitte et Eric vous accueillent dans leur belle demeure de 1850, lieu de calme et de détente traversé par une rivière canalisée. 3 chambres très confortables et personnalisées avec sanitaires privatifs. Activités de randonnées, VTT, pêche, canoë et baignade sur place. Patrimoine touristique, culturel et gastronomique à proximité. Aéroport de Marcé et sortie d'autoroute à 8 km. Gare TGV à 25 km. Trajet possible en taxi anglais. Accès : autoroute A11, sortie 12 Seiches/Loir direction Matheflon direction Hippodrome. 2 km après vous serez les bienvenus à « Bré ». Langues parlées : anglais, allemand, hollandais.

Prix : 1 pers. 50 € 2 pers. 60 € pers. sup. 15 € repas 20 €
Ouvert : Hors saison sur réservation.

5	5	SP	SP	6

Brigitte et Eric DONON - Domaine de Bré - 49333 SEICHES-SUR-LOIR - Tél. : 02 41 76 18 61 - E-mail : dononbre@aol.com - www.domaine_de_bre.fr.fm

Maine-et-Loire
Pays de Loire

ST-GEORGES-DES-SEPT-VOIES Le Sale Village
C.M. 64 Pli 11

3 ch. Au rez-de-chaussée : 1 chambre (1 lit 180), salle de bains et wc privés. Au 1er étage : 1 ch. 1 lit 2 pers., salle d'eau et wc privés. TV, jardin et salon de jardin communs aux propriétaires.

Prix : 2 pers. **41** € 3 pers. **53** € pers. sup. **15** €

3	3	2	1	9	3	SP	16	3

Marcelle PAUMIER - Le Sale Village - 49350 ST-GEORGES-DES-SEPT-VOIES - Tél. : 02 41 57 91 83

ST-GEORGES-DES-SEPT-VOIES La Gauvenière

3 ch. Jocelyne et Philippe vous accueillent à la Gauvenière et vous proposent 3 chambres dans un bâtiment annexe. Rez-de-chaussée : chambre « Tilleul » (1 lit 2 pers.). A l'étage : chambre « Cèdre » (2 lits 1 pers.), chambre « Abbyzzia » (1 lit 2 pers. 1 lit 1 pers.). Sanitaires privatifs à chaque chambre. Salle d'accueil au rez-de-chaussée. Table d'hôtes biologique. Sauna à infra-rouge (8 € la séance).Gîte de séjour (20 pers.) sur place. Piscine privée couverte et chauffée toute l'année. Accès : sur l'axe Angers-Saumur (D751), entre Coutures et Gennes, suivre panneaux « La Gauvenière ».

Prix : 1 pers. **34** € 2 pers. **40** € pers. sup. **13** € repas **16** €

3	2	0,5	5	4

Philippe et Jocelyne VOLLET - La Gauvenière - 49350 ST-GEORGES-DES-SEPT-VOIES - Tél. : 02 41 57 91 51 - Fax : 02 41 57 91 51

ST-GEORGES-SUR-LOIRE Prieuré de L'Epinay
C.M. 63 Pli 20

3 ch. Bernard et Geneviève vous accueilleront dans le prieuré de Jean Racine fondé au XIIIe. 3 très grandes suites situées dans les dépendances du prieuré. Chacune possède salon, chambre, sanitaires privatifs. Salon commun dans la chapelle. TV. Bibliothèque régionale. Location de vélos sur place. Parc clos de 1 ha., avec piscine privée. Endroit calme d'où vous pourrez partir à la découverte d'Augers (15 mn), des coteaux du Layon (5 mn) et de ses vignobles. Langue parlée : anglais.

Prix : 1 pers. **55** € 2 pers. **65** € pers. sup. **37** € repas **25** €
Ouvert : Du 1er mai au 30 septembre

3	7	15	18	3

Bernard et Geneviève GAULTIER - Prieuré de l'Epinay - 49170 ST-GEORGES-SUR-LOIRE - Tél. : 02 41 39 14 44 - Fax : 02 41 39 14 44

ST-HILAIRE-SAINT-FLORENT La Closeraie
C.M. 64 Pli 12

1 ch. Saumur (Ecole Nationale Equitation) à 3 mn. Dans une longère 1 chambre à l'étage avec accès indépendant : 1 lit 2 pers. Salle d'eau, wc privatifs. Terrasse privée avec salon de jardin. A disposition : jeux, livres, table de ping-pong, barbecue, VTT. Sur la route des châteaux de la Loire, en plein Saumurois, Martine et Jean-Pierre vous accueillent à la Closeraie dans leur longère du XIXe dans un parc entièrement clos boisé et paysagé d'1 ha.

Prix : 1 pers. **35** € 2 pers. **43** € 3 pers. **53** €

5	2	0,5	2	3

Jean-Pierre ROY - La Closeraie - 99, route du Poitrineau - 49400 SAUMUR-ST-HILAIRE-ST-FLORENT - Tél. : 02 41 59 56 00 - Fax : 02 41 59 56 00 - E-mail : jproy99@aol.com

ST-JUST-SUR-DIVE Les Gastines
C.M. 64 Pli 12

5 ch. Saumur 10 km. Friederike vous accueille dans sa propriété de caractère sur les rives du Thouet au cœur du Sancerrois. 5 chambres très spacieuses et confortables, toutes pourvues de salles de bains et wc. Possibilité lit supplémentaire et lit bébé. Piscine privée chauffée. Vélos à disposition. Langues parlées : anglais, allemand.

Prix : 1 pers. **40/53** € 2 pers. **45/58** € pers. sup. **14** € repas **20** €

SP	10	SP	SP	10	8

Friederike HAGEDORN - Les Gastines - 49260 ST-JUST-SUR-DIVE - Tél. : 02 41 67 39 39 - Fax : 02 41 67 19 79

ST-LEGER-SOUS-CHOLET
C.M. 67 Pli 5

2 ch. Maison calme de plein-pied à la limite du bourg. « L'Aube » : 1 lit 140, 1 lit 90 à la demande. TV couleur. Salle de bain, wc. « Le Crépuscule » : 1 lit 140. Salle de bain, wc. Terrasse. Salon de jardin. Barbecue. Possibilité d'un lit supplémentaire. Planche à voile 10 km. Possibilité de pique-nique sur la terrasse.

Prix : 2 pers. **38/41** € pers. sup. **15** €

7	3	1	8	10	7	0,8

GODREAU - 2, rue de la Ferronnière - 49280 ST-LEGER-SOUS-CHOLET - Tél. : 02 41 56 27 10

Pays de Loire
Maine-et-Loire

ST-MARTIN-DU-FOUILLOUX Le Petit Paris
C.M. 63 Pli 20

2 ch. Didier et Nelly Ribot vous proposent 2 chambres à l'étage dans leur maison. Mezzanine réservée aux hôtes. Jardin clos (5000 m²). Jeux d'enfants. Ch 1 : 1 lit 2 pers. Ch2 : 1 lit 2 pers. Salle d'eau, wc communs aux 2 chambres. Taxes de séjour en supplément : 0,75 € par pers/nuit.

Prix : 1 pers. 28 € 2 pers. 35 € pers. sup. 12 €
Ouvert : Toute l'année.

10	3	4	6	4

Nelly RIBOT - Fontclar - Le Petit Paris - 49170 ST-MARTIN-DU-FOUILLOUX - Tél. : 02 41 39 55 18

ST-MARTIN-DU-FOUILLOUX La Rabinelaie
C.M. 63 Pli 20

3 ch. Ch Bleue : 1 lit 140 + 2 lits 90 en mezzanine. Ch Verte : 1 lit 140 + 2 lits 90 en mezzanine. Sanitaires privatifs et communicants à chaque ch. TV dans chaque ch. Salon d'hiver. A l'étage : 1 ch avec 1 lit 160, 1 lit 90. Espace détente avec coin-cuisine. TV. Terrain clos (800 m²). th sur réservation. Dominique vous accueille dans sa maison et vous propose 2 ch au r.d.c et 1 ch à l'étage.

Prix : 1 pers. 34/42 € 2 pers. 38/46 € pers. sup. 12 € repas 13 €
Ouvert : Toute l'année.

10	2	12	2	8	8

Dominique DUCHENE - La Rabinelaie - 49170 SAINT-MARTIN-DE-FOUILLOUX - Tél. : 02 41 39 72 61

ST-MATHURIN-SUR-LOIRE La Bouquetterie
C.M. 64 Pli 11

6 ch. Dans une maison de caractère du XIXᵉ s. au bord de la Loire : 6 ch. dont 4 au 1ᵉʳ étage dans 1 jolie dépendance du XVIIIᵉ. 5 ch. pour 2/3 pers. et 1 ch. familiale pour 4 pers. (suite avec kitchenette). Chambres spacieuses. Mobilier ancien. Salle d'eau/wc particuliers. Séjour. Salon d'été avec kitchenette réservé aux hôtes jardin. Parc. Salon de jardin. Cour. Tarif dégressif à partir de 3 nuits. Location de vélos et canoës 5 km. Nombreuses randonnées, week-end insolites et dîners spectacle. Langue parlée : anglais.

Prix : 1 pers. 38/44 € 2 pers. 51/59 € 3 pers. 67/74 € pers. sup. 11 € repas 22 €
Ouvert : Toute l'année, l'hiver sur réservation.

1	1	SP	SP	6	8	4	1

Claudine PINIER - La Bouquetterie - 118, rue du Roi René - 49250 ST-MATHURIN-SUR-LOIRE - Tél. : 02 41 57 02 00 - Fax : 02 41 57 31 90 - E-mail : cpinier@aol.com - www.anjou-et-loire.com/bouquetterie

ST-MATHURIN-SUR-LOIRE
C.M. 64 Pli 11

3 ch. Saumur 25 km. Angers 20 km. Au r.d.c : ch. « Bleue » : 1 lit 2 pers., salle d'eau, wc privatifs. A l'étage : ch. « Verte » : 1 lit 2 pers., salle d'eau, wc privatifs et communiquants à la ch. Ch. « Blanche » : 1 lit 2 pers., 1 lit 100, salle d'eau, wc privatifs et communiquants. Jardin de 3000 m². A 150 de la Loire, Marie et Gérard vous accueillent et vous proposent 3 ch. d'hôtes avec salle à manger réservée aux hôtes.

Prix : 1 pers. 35 € 2 pers. 43 € pers. sup. 12 €

1	1	0,2	3	1	20	1

Marie et Gérard BRIOLON - 4, Grande Rue - Les Muriers - 49250 ST-MATHURIN-SUR-LOIRE - Tél. : 02 41 57 04 15

ST-REMY-LA-VARENNE Marigné
C.M. 64 Pli 11

2 ch. Bords de Loire 3 km. Entre Angers et Saumur à 3 km de la Loire, un accueil chaleureux vous sera réservé. A l'étage : ch. « Tournesol (1 lit 2 pers.), salle d'eau, wc. Ch. « Marguerite » (1 lit 2 pers. 1 lit 1 pers.), salle d'eau, wc. Salle à manger réservée aux hôtes. Jardin, calme et détente assuré.x Accès : d'Angers D952 (Angers/Saumur par route touristique). A Saint-Mathurin traverser le pont, direction Saint-Rémy-la-Varenne (D55), puis D21. Suivre panneaux.

Prix : 1 pers. 40 € 2 pers. 46 € pers. sup. 16 €
Ouvert : Toute l'année.

4	4	3	SP	5	3

Marc PARAIN - Marigné - 49250 ST-REMY-LA-VARENNE - Tél. : 02 41 45 67 50 - Fax : 02 41 45 67 50

ST-SAUVEUR-DE-FLEE
C.M. 63 Pli 9

1 ch. Dans un jardin à l'anglaise, 1 chambre d'hôtes (2 lits 1 pers.) aménagée à l'étage avec salle de bains privée. Wc au 1ᵉʳ étage réservés aux hôtes. Bibliothèque. Chauffage central. Jeux de société et d'enfants. Vélos. Possibilité de dîner sur demande. Pharmacie 10 km. Portugais également parlé. Langues parlées : anglais, allemand, espagnol.

Prix : 1 pers. 30 € 2 pers. 46 € pers. sup. 14 € repas 19 €

10	11	10	1	1	12	7

Marie-Alice DE VITTON - Le Domaine de Teilleul - 49500 ST-SAUVEUR-DE-FLEE - Tél. : 02 41 61 38 84 - E-mail : domainevitton@wanadoo.fr

Maine-et-Loire

Pays de Loire

ST-SAUVEUR-DE-FLEE Château du Teilleul
C.M. 63 Pli 19

3 ch. Ch. « Jaune » : 2 lits 1 pers. Ch. « Bleue » 1 lit 140. Ch. dépendante « Rose » 1 lit 110 cm. Sanitaires privatifs à chaque chambre. Vous serez accueillis en amis chez Brigitte et Emmanuel de Vitton dans une charmante demeure harmonieuse avec façade principalement du XVIIIe 3 chambres au 1er étage. Parc de 3 ha. Etang privé.

Prix : 2 pers. 61/91 € pers. sup. 15 €
Ouvert : De juillet à septembre.

🐕	🏊	🎾	🚶	🏇	⛵
10	SP	SP	2	5	

Brigitte DE VITTON - Château du Teilleul - 49500 ST-SAUVEUR-DE-FLEE - Tél. : 02 41 61 39 55 ou 06 80 74 28 97 - Fax : 02 41 61 37 61

ST-SYLVAIN-D'ANJOU La Béchalière
(TH) — C.M. 64 Pli 11

4 ch. Martine et Thierry sont heureux de vous accueillir dans une ferme restaurée en chambres d'hôtes et maison d'habitation. 4 chambres au 1er étage, chacune avec salle d'eau et wc particuliers. 2 chambres (1 lit 2 pers.), 1 chambre (2 lits 1 pers.), 1 chambre familiale (1 lit 2 pers. 1 lit 120). Jardin, terrasse. Table d'hôtes sur réservation. Langue parlée : anglais.

Prix : 1 pers. 28 € 2 pers. 34 € repas 16 €

🐕	🏊	🎾	🚶	🏇	⛵	🚣
	5	1	4	SP	5	4	1

M. et Mme POITEVIN-SAINTONGE - La Béchalière - 49480 ST-SYLVAIN-D'ANJOU - Tél. : 02 41 76 72 22 - Fax : 02 41 76 72 22 -
E-mail : la.bechaliere@wanadoo.fr

STE-MELAINE-SUR-AUBANCE Le Logis de L'Appartenance
(TH) — C.M. 64 Pli 11

1 ch. Angers 14 km. 1 coquette ch indépendant : 1 lit 140. Sanitaires privatifs et communicants. Jardin, salon de jardin, barbecue. TH sur réservation. Béatrice et pascal vous accueille au bord de l'Aubance au Logis de l'Appartenance, 16è et 17è. Vous pourrez goûter auxjoies des découvertes de la campagne viticole à 15 min d'Angers. Possibilité de promenade en barque sur l'Aubance. Langues parlées : anglais, italien.

Prix : 2 pers. 41 € repas 14 €
Ouvert : Toute l'année.

🐕	🏊	🎾	🚶	🏇
	SP	2	4	2

Béatrice et Pascal PRUDHOMME - 11 chemin de l'Appartenance - Le Logis de l'Appartenance - 49610 SAINTE-MELAINE-SUR-AUBANCE - Tél. : 02 41 45 27 44 - E-mail : pascal.prudhomme.yver@wanadoo.fr

TURQUANT La Treille
C.M. 64 Pli 13

2 ch. Angers 65 km. Saumur 9 km. A l'étage : ch Paille : 1 lit 140. Salle d'eau, wc privatifs à la ch. Ch familiale : 1 lit 140, 2 lits 80 superposés. Salle de bain, wc au r.d.c. Tarif dégressif à partir de la 2e nuit. Possibilité lit bébé. Petits déjeuners soignés. Charlotte vous accueille dans sa maison au cœur d'un village de vignerons dans un cadre pittoresque et vous propose 2 ch. Langue parlée : anglais.

Prix : 1 pers. 31/33 € 2 pers. 38/41 € pers. sup. 11 €
Ouvert : Toute l'année.

🐕	🏊	🎾	🚶	🏇	🚣
	9	2	SP	2	9	2

Charlotte NOURI - 5 ruelle du Ponceau - La Treille - 49730 TURQUANT - Tél. : 02 41 38 16 11

VALANJOU L'Anjubauderie
(TH) — C.M. 67 Pli 6

2 ch. Entre vignes et moulins, en limite de pays Saumurois, Sylvie et Alain vous accueillent en famille et vous proposent les produits de leur exploitation agricole convertie à l'agriculture biologique à leur table. 2 chambres très spacieuses, mobilier rustique avec sanitaires privés, à l'étage, salle de séjour avec grande cheminée. Accès : à Thouarcé, prendre tout droit direction Valanjou, faire 6 km, à gauche à la pancarte.

Prix : 1 pers. 32 € 2 pers. 38 € 3 pers. 46 € repas 15 €
Ouvert : Toute l'année.

🐕	🏊	🎾	🚶	🏇	🚣
	6	4	4	SP	6	4

Sylvie FRADIN-RABOUIN - L'Anjubauderie - 49670 VALANJOU - Tél. : 02 41 54 27 72

VARENNES-SUR-LOIRE Les Marronniers
C.M. 64 Pli 13

5 ch. Dans une maison du XIXe, vue panoramique sur la Loire, 5 chambres d'hôtes 3 ch. au 1er étage et 2 ch. au 2e étage : 1 ch. (1 lit 2 pers. 2 lits 1 pers.), 2 ch. (1 lit 2 pers.), 1 ch. (3 lits 1 pers.), 1 ch. (1 lit 1 pers. 1 lit 2 pers.). Salle d'eau et wc dans chaque chambre. Jardin paysager. Calme, détente. Gare à Saumur 10 km. Médecin et pharmacien 1 km.

Prix : 2 pers. 41 € 3 pers. 53 € pers. sup. 14 €

🐕	🏊	🎾	🚶	🏇	⛵	🚣
	8	1	SP	SP	8	2	10	1

France BODINEAU - Les Marronniers - 49730 VARENNES-SUR-LOIRE - Tél. : 02 41 38 10 73

Pays de Loire — Maine-et-Loire

VARENNES-SUR-LOIRE *C.M. 64 Pli 13*

3 ch. Rez-de-chaussée : salle à manger. Cuisine réservée aux hôtes. 1 ch. (1 lit 2 pers.) A l'étage : 1 ch. (1 lit 2 pers.). 1 ch. (1 lit 2 pers. et 1 lit 1 pers.), salle d'eau, wc privatifs à chaque chambre. 3 chambres d'hôtes dans un bâtiment annexe attenant à la maison des propriétaires. Jardin. Salon de jardin. Loire 200 m.

Prix : 1 pers. 35 € 2 pers. 40 € 3 pers. 50 €
Ouvert : Toute l'année.

10	1,5	10	15	15	1,5	

Gérard DENOZI - 18, rue du Bas Chavigny - 49730 VARENNES-SUR-LOIRE - Tél. : 02 41 38 18 06

VAUCHRETIEN Le Moulin de Clabeau *C.M. 64 Pli 11*

3 ch. **Angers 16 km.** A l'étage : ch Agathe familiale : 1 lit 140, 2 lits 90. Ch Jeanne : 1 lit 160. Ch Valentine : 1 lit 160. Sanitaires privatifs à chaque ch. Salon détente avec coin-cuisine. Dans un cadre de verdure en bordure de l'Aubance, à proximité de Brissac Quincé, Nelly et François vous accueillent dans leur maison, ancien moulin à eau et vous proposent 3 ch d'hôtes. 4 pers : 79 €.

Prix : 2 pers. 47 €
Ouvert : Toute l'année.

3	3	SP	SP	7	3

François et Nelly DAVIAU - Le Moulin de Clabeau - 49320 VAUCHRETIEN - Tél. : 02 41 91 22 09

LE VIEIL-BAUGE Les Sansonnières *C.M. 64 Pli 12*

2 ch. Agriculteurs retraités, nous vous accueillons dans notre maison à 1 km du village au clocher tors. Mobilier ancien et lits en alcôve font le charme de ces 2 ch. à l'étage. Brebis, poules et lapins feront la joie des enfants. WC et salles d'eau réservés aux hôtes. Chauffage central. Prix dégressif pour séjours.

Prix : 1 pers. 27 € 2 pers. 30 € 3 pers. 36 €
Ouvert : Toute l'année

2	2	2	7	7	4	1

Raymond DUPERRAY - Les Sansonnières - Le Vieil Bauge - 49150 BAUGE - Tél. : 02 41 89 72 98

LE VIEIL-BAUGE La Guitoisière (TH) *C.M. 64 Pli 12*

3 ch. Dans un bâtiment annexe, dans une ferme du XIIIe siècle. 1er étage : chambre Echigné (1 lit 2 pers.), salle d'eau et wc. Chambre Sensé (2 lits 1 pers.), salle d'eau et wc. Chambre Montivert (1 lit 2 pers.), salle d'eau et wc. Chauffage. Salon avec cheminée. Bibliothèque. Salle à manger. Terrasse. Salon de jardin. Jeux d'enfants. Table d'hôtes sur réservation. Grand jardin paysager. Produits de la ferme.

Prix : 1 pers. 35 € 2 pers. 40 € pers. sup. 12 € repas 14 €

6	3	3	5	8	3	25	SP	35	5

Chantal REVEAU - La Guitoisière - 49150 LE-VIEIL-BAUGE - Tél. : 02 41 89 25 59 - Fax : 02 41 89 06 04

LE VIEIL-BAUGE Poëllier (TH) *C.M. 64 Pli 2*

3 ch. **Baugé 6 km.** Un site en tuffeau du XVIe, le calme et l'authenticité d'une campagne préservée, Marie-Françoise Jourdrin vous propose 3 ch. de caractère. Forêt de Baugé, clocher, Fors. A l'étage : ch. « Concerto » : 1 lit 2 pers. 2 lits 1 pers. Ch. « Sonate » au r.d.c. : 2 lits 1 pers. Ch. « Prélude » avec accès par l'extérieur à l'étage : 1 lit 2 pers., 1 lit 1 pers. Sanitaires privés à chacune. Salon, TV, cuisinette réservée aux hôtes. 2 vélos à disposition. Sur le site Gîte de séjour. Table d'hôtes sur réservation. Langues parlées : anglais, italien.

Prix : 1 pers. 35/46 € 2 pers. 43/55 € pers. sup. 15 € repas 18 €
Ouvert : Toute l'année

6	6	5	SP	6	6	6

LE LOGIS DE POELLIER - Poëllier - 49150 LE-VIEIL-BAUGE - Tél. : 02 41 89 20 56 - Fax : 02 41 89 20 56 -
E-mail : Le.Logis.de.Poellier@wanadoo.fr - http://www.poellier.free.fr

LE VIEIL-BAUGE Landifer   (TH) *C.M. 64 Pli 12*

5 ch. **Forêt Chandelais 2 km. Zoo La Flèche 15 km.** 1er étage : « Chandelais » 1 lit 2 pers. « Les Prats » 1 lit 2 pers. « Romantique » 1 lit 2 pers. 1 lit 1 pers. « Antillaise » 1 lit 2 pers. + chambre dépendante 2 lits 1 pers. « Fleur de Lampaul » 1 lit 2 pers. Sanitaires d'eau, wc privatifs à chaque chambre. Terrasse, salon de jardin, pétanque, barbecue. Tarif dégressif à partir de 3 nuits. Christiane et Jean-Claude vous proposent 5 chambres d'hôtes dans leur maison au milieu d'un parc de 6000 m². Salle à manger avec cheminée.

Prix : 1 pers. 40 € 2 pers. 46 € 3 pers. 58 € pers. sup. 17 €
repas 15 €
Ouvert : Toute l'année.

2	2	1	SP	2	SP	2

J.Claude et Christiane LEGENDRE - Landifer - 49150 LE-VIEIL-BAUGE - Tél. : 02 41 82 85 72

Mayenne

Pays de Loire

GITES DE FRANCE - Service Réservation
84, avenue Robert Buron - B.P. 2254 - 53022 LAVAL Cedex 9
Tél. 02 43 53 58 78 - Fax 02 43 53 58 79
E-mail : gites53@libertysur/./fr

ANDOUILLE Tivoli
C.M. 232 Pli 7

2 ch. En campagne, dans un petit hameau à 1,5 km du bourg d'Andouillé, 2 ch d'hôtes à l'étage de la maison des propriétaires, entrée indépendante (1 ch : 1 lit 140 et 2 lits 90 et 1 ch : 1 lit 140 et lit enfant). Chacune est équipée de salle d'eau et wc privés et d'un coin-cuisine. Situées sur le GR de pays des Marches de Bretagne, près de la vallée de l'Ernée. Pelouse. Garage pour accessoires de pêche, vélo, salon de jardin, parking. Week-end détente.

Prix : 1 pers. 24 € 2 pers. 34 € 3 pers. 43 € pers. sup. 11 €
Ouvert : Toute l'année.

0,5	15	SP	2	14	0,5	2	10	2	2	13	1,5

Louis ROCTON - Tivoli - 53240 ANDOUILLE - Tél. : 02 43 69 70 55

ARGENTRE Le Tertre
C.M. 232 Pli 7

2 ch. 2 chambres d'hôtes situées dans la maison des propriétaires. Rez-de-chaussée : grand séjour à disposition des hôtes. A l'étage : 2 chambres avec chacune salle d'eau et WC privés. 1 chambre (1 lit 2 pers.). 1 chambre (1 lit 2 pers + 1 lit 1 pers). Chambres d'hôtes situées dans une ferme, fleurie, avec un plan d'eau et possibilité de pêche sur place.

Prix : 1 pers. 26 € 2 pers. 32 € 3 pers. 40 €
Ouvert : Toute l'année.

3,5	10	3	3,5	11	SP	3,5	15	5	3,5	11	3,5

Bernard et Monique BOUGLE - le Tertre - 53210 ARGENTRE - Tél. : 02 43 37 33 16

ATHEE Le Bas St-Sulpice
C.M. 232 Pli 18

2 ch. 2 chambres d'hôtes aménagées dans la vaste maison du propriétaire, située en pleine campagne. 1 chambre au rdc (1 lit 2 personnes), salle de bains et WC privés. 1 chambre à l'étage (1 lit 2 personnes, 1 lit d'appoint de 90), salle d'eau et WC attenants. Séjour avec cheminée à disposition des hôtes.

Prix : 1 pers. 27 € 2 pers. 34 € pers. sup. 11 €
Ouvert : Toute l'année

5	3	3	25	25	1	10	25	3	25	3	

Daniel GERAULT - Le Bas St Sulpice - 53400 ATHEE - Tél. : 02 43 06 19 85

BAIS
C.M. 60 Pli 2

E.C. 1 ch. Chambre aménagée dans maison contemporaine située à proximité du centre d'un village calme et fleuri, à l'intersection des D20 et D35. Salle d'eau et wc privés, terrasse attenante, salle de séjour, salon. Restaurant à proximité. Forfait séjour possible. Langue parlée : anglais.

Prix : 1 pers. 26 € 2 pers. 35 € 3 pers. 44 € pers. sup. 9 €
Ouvert : Toute l'année à partir de janvier 2002.

13	2	0,2	30	30	1	8	2	5	2	12	2

Danielle MONNIER - 14 résidence des Petits Champs - 53160 BAIS - Tél. : 02 43 37 90 59 - Fax : 02 43 37 90 59

LA BAZOUGE-DE-CHEMERE Le Rocher

1 ch. Françoise et Hervé seront heureux de vous accueillir dans leur maison de maître à la Bazouge de Chémeré entre Ste Suzanne et Saulges à la jonction du Pays des Coëvrons et du Maine Angevin. Nous vous proposons 1 ch en suite (1 lit 140 et 1 lit 90) avec grande salle de bains et WC privés. Un terrain clos de 2 ha joliment boisé et des vélos sont à votre disposition. Langue parlée : anglais.

Prix : 1 pers. 34 € 2 pers. 43 € pers. sup. 11 €

5	7	SP	7	23	SP	5	10	4	23	4

Hervé et Françoise BOUCHET - le Rocher - 53170 LA-BAZOUGE-DE-CHEMERE - Tél. : 02 43 91 79 06

BELGEARD Le Closeau de Brive
C.M. 60 Pli 11

3 ch. 3 chambres d'hôtes aménagées à l'étage de la maison du propriétaire. 1 ch 2 pers. avec salle de bains et WC, 1 ch 2 pers. avec douche et WC, 1 ch 1 pers. avec douche et WC. Grande salle à manger rustique avec cheminée, TV couleur. Pelouse ombragée, calme, salon de jardin. Restaurant à 2 km.

Prix : 1 pers. 26 € 2 pers. 32/35 € 3 pers. 41 €
Ouvert : Toute l'année.

10	4	6	10	30	6	15	3	12	6	30	6

Pierre LELIEVRE - closeau de Brive - Ancien Bourg - 53440 BELGEARD - Tél. : 02 43 04 14 11

Pays de Loire — **Mayenne**

BREE La Noë Ronde *C.M. 232 Pli 8*

2 ch. 2 chambres à l'étage avec terrasse donnant sur jardin, entrée indép, salle d'eau et WC privés par ch. La maison de tradition régionale est entourée d'une pelouse ombragée et d'un parc. Planté de différentes espèces d'arbres et fleuri, attenant aux vergers, il est à la disposition des hôtes. Vous y apprécierez le calme de la campagne. Nous aurons le plaisir de vous faire déguster les produits du domaine : cidre, pommeau et fine du Maine, noix, noisettes, pommé. Tarif dégressif à partir de la 2ᵉ nuit : 1 pers 29 €, 2 pers 32 €. Langue parlée : anglais.

Prix : 1 pers. 30 € 2 pers. 35 € 3 pers. 46 €
Ouvert : Toute l'année.

10	10	SP	10	20	0,2	10	1	15	0,2	2	0,2

Yves FORET - La Noé Ronde - 53150 BREE - Tél. : 02 43 90 05 63 ou 02 43 90 05 16 - Fax : 02 43 90 02 46 - http://clement.forêt.free.fr

CHANGE La Verrerie *C.M. 63 Pli 10*

4 ch. Maison de caractère dans un havre de verdure, à proximité de Laval. Cette bâtisse, entièrement aménagée pour vous recevoir, abrite 4 chambres d'hôtes avec sanitaires privés, toutes personnalisées, spacieuses et de très bon confort. Séjour, salon, coin-cuisine réservés aux hôtes. Accueil convivial, propice à la détente et au bien-être.

Prix : 1 pers. 27 € 2 pers. 35 € 3 pers. 46 € pers. sup. 8 €
Ouvert : Toute l'année.

15	10	5	10	8	8	10	8	8	10	5

Odile GUYON - la Verrerie - 53810 CHANGE-LES-LAVAL - Tél. : 02 43 56 10 50 - Fax : 02 43 56 10 50

CHATEAU-GONTIER-BAZOUGES La Coudre *C.M. 232 Pli 19*

3 ch. 3 chambres d'hôtes aménagées dans une maison de ferme entièrement restaurée. 2 ch (1 lit 2 pers, 1 lit 1 pers chacune), 1 ch (2 lits 1 pers). Salle d'eau et WC privés à chacune. Chauffage électrique, TV dans chaque chambre. Kitchenette. Jardin d'agrément, portique, salon de jardin, barbecue à disposition. Plan d'eau privé à 200 m, terrain de boules. Restaurants à 1 km. Mini-golf, refuge animalier, hyppodrome.

Prix : 1 pers. 24 € 2 pers. 34 € 3 pers. 43 € pers. sup. 9 €
Ouvert : Toute l'année.

6	4	SP	10	30	SP	3	15	4	1	30	1

André DUPRE - la Coudre - 53200 CHATEAU-GONTIER - Tél. : 02 43 70 36 03

CHEMAZE *C.M. 232 Pli 19*

1 ch. 1 chambre d'hôtes aménagée à l'étage de la maison des propriétaires, dans un village calme. Entrée indépendante. Salle d'eau et WC privés. Coin-cuisine. Pelouse attenante avec salon de jardin, barbecue, garage. Parc paysager 50 m, petit plan d'eau. Restaurant sur place.

Prix : 1 pers. 23 € 2 pers. 29 €
Ouvert : Toute l'année.

7	7	SP	15	37	7	7	30	5	7	40	5

Etienne MORILLON - 1 rue des Quatre Vents - 53200 CHEMAZE - Tél. : 02 43 70 33 71

COMMER La Chevrie *C.M. 232 Pli 7*

2 ch. Cité Gallo-romaine de Jublains à 12 km, **Mayenne à 7 km**. 2 chambres d'hôtes à l'étage d'un bâtiment mitoyen à l'habitation. 1 ch (1 lit 2 pers), 1 ch (2 lits 1 pers et 1 convertible). Salle d'eau, WC, TV dans chaque chambre. Grand séjour avec cheminée, coin-cuisine. Salon de jardin, portique. Annie et Gérard Guidault vous accueillent dans leur propriété située à proximité de la N162 Laval-Mayenne. Ils vous feront découvrir leur exploitation (agriculture biologique et élevage) et la vallée de la Mayenne qui se trouve à 800 m. Langues parlées : anglais, portugais.

Prix : 1 pers. 24 € 2 pers. 30/34 € 3 pers. 43 € pers. sup. 9 €

20	3	1	20	20	1	20	4	2	2	22	3

Gérard GUIDAULT - la Chevrie - 53470 COMMER - Tél. : 02 43 00 44 30

COUPTRAIN *C.M. 64 Pli 1/2*

2 ch. Entre Mont des Avaloirs et Vallée de la Mayenne, Mireille et Georges vous accueillent dans leur maison du XVIIIᵉ. Entrée indép, les 2 chambres décorées avec soin de meubles anciens, disposent chacune de salle d'eau et WC. Ch Marine : 2/3 pers, ch Tulipe : suite 2/4 pers. Salon pour les hôtes : cheminée, bibliothèque, TV, kitchenette. Jardin fleuri. Parking. Mireille vous proposera de multiples activités : ping-pong, randonnées (GR 22), VTT, pêche, tennis sur place. Patrimoine touristique, culturel et gastronomique à proximité. Découverte de la route du poiré et visite aux producteurs. Equipements pour cavaliers, randonneurs et pêcheurs. Langues parlées : anglais, espagnol.

Prix : 1 pers. 30/34 € 2 pers. 40/43 € 3 pers. 56/59 € pers. sup. 14 €
Ouvert : Toute l'année

20	7	SP	3	15	SP	15	2	2	SP	15	SP

Georges MERTEN - 34 rue de la Magdeleine - 53250 COUPTRAIN - Tél. : 02 43 03 84 94 ou 06 83 56 75 94 - Fax : 02 43 03 84 94 - E-mail : dormir@couptrain.com - http://www.couptrain.com

Mayenne
Pays de Loire

CRAON Le David
C.M. 232 Pli 18

5 ch. 2 chambres à l'étage (1 lit 2 pers, 2 lits 1 pers, 1 lit enfant), dans la maison des prop, avec salle d'eau et WC privés, TV. Dans un bâtiment voisin : 2 ch à l'étage (3 lits 2 pers, 1 lit 1 pers), chacune avec salle d'eau et WC. 1 ch au RdC (1 lit 2 pers, 1 lit 1 pers), salle d'eau et WC indépendants. Salle à disposition. Table d'hôtes. Plan d'eau de 5000 m² avec pêche.

Prix : 1 pers. 29 € 2 pers. 37 € 3 pers. 46 € pers. sup. 15 € repas 15 €
Ouvert : Toute l'année.

3	3	1	3	2	SP	2	20	1	3	30	2

René et Marie Claude GANDON - le David - 53800 BOUCHAMPS-LES-CRAON - Tél. : 02 43 06 21 36 - Fax : 02 43 06 21 36

ERNEE La Gasselinais
C.M. 59 Pli 19

3 ch. Catherine, Florent et leurs enfants vous accueillent dans leur ferme rénovée dans la vallée de l'Ernée. Ferme découverte, nous vous ferons découvrir la vie à la ferme et les nombreux animaux et goûter à nos produits bio (jus de pommes, confiture, lait...). 3 ch avec s. d'eau/WC privés. 1 ch avec coin-cuisine et mezzanine pour une famille. Séjour (cheminée) et coin-cuisine. Tarifs dégressifs à partir de la 3e nuit. Sur place : rivière à truites et promenades dans le bois. Espaces jeux. Langue parlée : anglais.

Prix : 1 pers. 25 € 2 pers. 33 € 3 pers. 41 € pers. sup. 8 €
Ouvert : Toute l'année.

2	2	SP	20	25	SP	23	10	9	2	25	2

Florent et Catherine GENDRON - la Gasselinais - 53500 ERNEE - Tél. : 02 43 05 70 80 ou 02 43 05 69 61 - Fax : 02 43 05 70 80 -
E-mail : famillegendron@wanadoo.fr - www.bienvenuealaferme.net

---

ERNEE-MEGAUDAIS La Rouaudière
C.M. 59 Pli 19

3 ch. 15 mn de Fougères et 4 km d'Ernée au hameau de Mégaudais sur la RN12. Thérèse et Maurice et leur fils Damien vous accueillent dans leur maison sur une exploitation. Un jardin propice à la détente, foisonnant de plantes vivaces auxquelles se mêlent rosiers et arbustes est à votre disposition. Salon de jardin, terrasse. 3 ch de 2/3 pers avec salon, salle d'eau/bains et WC. Séjour avec cheminée. Entrée indépendante. Supplément de 3 € pour les animaux. Choix de restaurants à proximité dont un gastronomique à 5 mn. Langue parlée : anglais.

Prix : 1 pers. 28 € 2 pers. 43 € pers. sup. 12 €
Ouvert : Du 1er avril au 1er novembre. Sur résa du 1er novembre au 31 mars.

18	5	SP	30	30	10	18	15	15	5	35	5

Maurice TRIHAN - la Rouaudière - 53500 ERNEE/MEGAUDAIS - Tél. : 02 43 05 13 57 - Fax : 02 43 05 71 15

GESVRES La Tasse
C.M. 60 Pli 12

2 ch. 2 chambres d'hôtes situées dans l'habitation des propriétaires à 6 km de la RN12. 1 ch 2 pers, 1 ch 3 pers, salle d'eau et WC chacune. Vente de produits fermiers biologiques. Elevage d'ânes et de chèvres. Petit déj. à base de produits biologiques. Salon de jardin. Location d'ânes pour randonnées. Langue parlée : anglais.

Prix : 1 pers. 27 € 2 pers. 34/37 € pers. sup. 9 €
Ouvert : Toute l'année.

35	6	SP	12	25	3	10	3	5	6	25	1

Daniele COMMOY LENOIR - la Tasse - 53370 GESVRES - Tél. : 02 43 03 01 59 - Fax : 02 43 03 01 10 - E-mail : www.BOURRICOT.com (site ferme de La Tasse)

GORRON Le Grappay - Brécé
C.M. 59 Pli 19

3 ch. Vous serez accueillis avec simplicité dans cette maison en pierre. Toujours les bienvenus, vous trouverez calme et repos dans 3 chambres aménagées à l'étage. 1 lavabo par chambre, salle de bains et WC communs. Salon avec cheminée et kitchenette à disposition. Verdure, pelouse, jardin d'agrément, pique-nique, barbecue couvert.

Prix : 1 pers. 29 € 2 pers. 32 € pers. sup. 12 €
Ouvert : Toute l'année.

35	2	2	35	37	2	17	15	2	2	50	2

Gisèle LEBULLENGER - Grappay - 53120 BRECE-GORRON - Tél. : 02 43 08 63 65

GORRON Le Bailleul
C.M. 59 Pli 19

2 ch. A proximité de Gorron sur la D33, direction Fougères, 2 chambres d'hôtes aménagées à l'étage de notre habitation, 1 ch (1 lit 140, 1 lit 90) avec salle d'eau et WC, 1 ch en suite (4 pers) avec salle de bains et WC. Entrée indépendante. Salon avec cheminée et TV à disposition des hôtes. Ferme auberge à 600 m.

Prix : 1 pers. 25 € 2 pers. 32 € 3 pers. 45 €
Ouvert : Toute l'année.

35	1	SP	35	50	1	12	14	8	1	50	1

Annick LEFEUVRE - les Bailleuls - 53120 HERCE-GORRON - Tél. : 02 43 08 43 45

Pays de Loire **Mayenne**

GORRON Maison-Neuve des 4 Epines
C.M. 59 Pli 20

3 ch. **Gorron à 1 km.** 3 chambres d'hôtes au 1er étage de l'habitation des propriétaires, dans le nord de la Mayenne, en plein cœur du bocage Mayennais. 3 ch avec salle de bains et WC privés chacune. Entrée indépendante. Salle d'accueil, salon avec cheminée, salle à manger à la disposition des hôtes pour les moments de détente. Salon de jardin.

Prix : 1 pers. **23** € 2 pers. **30** € 3 pers. **46** €
Ouvert : Toute l'année.

35	1	1	1	35	1	15	30	1	1	50	1

Gilbert LEDEME - la maison neuve des 4 épines - Gorron - 53120 GORRON - Tél. : 02 43 08 63 93 ou 06 07 65 29 63

L'HUISSERIE
C.M. 63 Pli 10

3 ch. Venez découvrir ce site fort agréable sur les bords de la rivière la Mayenne. Vous vous promènerez sur le chemin de halage à pied ou à vélo, visiterez l'abbaye du Port du Salut et trouverez des paysages calmes et reposants. Tout cela près de nos chambres d'hôtes en rez de chaussée avec chacune sanitaires privés. Salle de détente avec TV et magnétoscope. Cuisine aménagée pour nos hôtes. Langue parlée : anglais.

Prix : 1 pers. **30** € 2 pers. **38** € 3 pers. **46** € pers. sup. **8** €
Ouvert : Toute l'année.

15	10	SP	6	15	SP	4	5	5	4	10	3

Jérome et Mie Claire GRANGE - route d'Entrammes - la Véronnière - 53970 L'HUISSERIE - Tél. : 02 43 98 02 96

LAIGNE La Grande-Forterie
C.M. 232 Pli 19

2 ch. 2 chambres d'hôtes aménagées au 1er étage de la maison de caractère du propriétaire. 1 chambre 2 pers. et 1 chambre 3 pers. avec salles d'eau particulières. Chauffage central. A mi-chemin entre Château-Gontier et Craon, dans le pays de la Mayenne Angevine.

Prix : 1 pers. **24** € 2 pers. **34** € 3 pers. **43** €
Ouvert : Toute l'année.

10	10	10	30	35	4	10	8	10	1	30	1

Annette FLECHAIS - la Grande Forterie - 53200 LAIGNE - Tél. : 02 43 70 00 12

LIGNIERES-ORGERES Les Vallées
C.M. 60 Pli 2

2 ch. 2 chambres d'hôtes situées dans une ferme du XIVe siècle, au cœur du Parc Normandie Maine à 4 km du bourg. 1 ch (1 lit 2 pers, 1 lit 1 pers), salle d'eau, WC privés. 1 ch (1 lit 2 pers) et une suite fermée (1 lit 1 pers), SdB/WC privés. Salon avec cheminée du XIVe commun aux 2 ch. Table d'hôtes dans la salle restaurée du XVIIIe. Cadre de repos exceptionnel où la nature est encore sauvage. Le GR 22 passe au nord, bifurquez à l'Hermitage St Patrice du désert, 61 lieu dit le NOE PANIER. Le parc des biches et des cerfs entoure la ferme. Langue parlée : anglais.

Prix : 1 pers. **38** € 2 pers. **43** € pers. sup. **13/17** € repas **14/20** €
Ouvert : Toute l'année. sauf en janvier.

15	15	SP	SP	20	2	15	SP	10	6	33	4

Philippe GRAVY - les Vallées - 53140 LIGNIERES-ORGERES - Tél. : 02 43 03 16 47 - Fax : 02 43 03 16 47 -
E-mail : philippe.gravy-la.closerie.des.vallées@wanadoo.fr

LOIRON La Charbonnerie
C.M. 232 Pli 6

2 ch. 2 chambres d'hôtes près de l'habitation du propriétaire. 1 ch (1 lit 160) avec salle d'eau et WC. 1 ch de charme (1 lit 180, 1 lit 1 pers), avec salle de bains, douche et WC. Kitchenette, salle à manger et salon de jardin à disposition. Table d'hôtes sur réservation. A proximité de l'autoroute A81, sortie la Gravelle (9 km) RN157 et à 4,5 km du village. Françoise et Lionel vous accueillent dans leur ferme, située dans un cadre calme et reviedant. Langue parlée : anglais.

Prix : 1 pers. **32** € 2 pers. **37/41** € 3 pers. **50** € pers. sup. **9** € repas **14** €
Ouvert : Toute l'année (du 1/11 au 30/3 sur réservation).

10	11	10	10	13	3	10	7	13	4,5	12	4,5

Lionel RABOURG - la Charbonnerie - 53320 LOIRON - Tél. : 02 43 02 44 74

MENIL Les Boisards
C.M. 232 Pli 19

3 ch. Kate et Alec vous accueillent dans le calme de leur ferme, dans le sud de la Mayenne. 1 ch en RdC (1 lit 2 pers), salle de bains/WC privés. 2 ch (1 épis) à l'étage (3 lits 1 pers. chacune) avec salle d'eau et WC chacune. Entrée indépendante. Table d'hôtes et produits de la ferme. Plan d'eau, grand jardin. Langue parlée : anglais.

Prix : 1 pers. **26** € 2 pers. **37** € 3 pers. **46** € pers. sup. **9** € repas **13** €
Ouvert : Toute l'année.

5	5	SP	7	20	3	7	5	3	7	35	7

Alec MAY - les Boisards - 53200 MENIL - Tél. : 02 43 70 27 38

Mayenne
Pays de Loire

MENIL Vallombry
(TH) — C.M. 232 Pli 19

3 ch. Christine Guilmineau vous ouvrira les portes de sa maison en bois de style Louisiane surplombant la rivière la Mayenne. Les chambres, neuves, sont décorées avec de beaux meubles anciens, et toutes avec sanitaires privés. Vous aurez votre kitchenette et salon de TV bien à vous. De plus, vous n'aurez qu'un pas à faire pour taquiner le poisson. A 5 km de Château Gontier, au cœur du charmant village touristique de Ménil. A 30 mn des premiers châteaux de la Loire. Tarif séjour, nous consulter. Langues parlées : anglais, espagnol.

Prix : 1 pers. 30/35 € 2 pers. 45 € 3 pers. 50 € pers. sup. 16 €
repas 12 €
Ouvert : Toute l'année.

🐕	⛱	🏊	👥	🎾	🏇	⛵	🌲	🐎	🎾	🚴	🎿
5	5	SP	20	20	SP	0,3	20	3	SP	35	SP

Christine GUILMINEAU - Vallombry - 53200 MENIL - Tél. : 02 43 70 05 47

MESLAY-DU-MAINE La Croix-Verte
(TH) — C.M. 63 Pli 10

2 ch. 2 ch. d'hôtes dans une maison, dans le bourg de Meslay-du-Maine (habitation d'agriculteurs retraités). 1 ch avec s.d.b. privée (1 lit 2 pers. poss. lit enfant). 1 ch avec lavabo et douche privés (2 lits 2 pers. 1 conv. 2 pers.), WC communs aux 2 ch. Cuisine aménagée réservée aux hôtes. Entrée indépendante. Cour fermée. Coin-salon, cheminée, TV. Complexe sportif. Station verte de vacances. Animaux admis sur demande. 1/2 tarif enfant - 12 ans.

Prix : 1 pers. 21 € 2 pers. 27 € 3 pers. 35 € pers. sup. 8 €
repas 8 €
Ouvert : Toute l'année.

🐕	⛱	🏊	👥	🎾	🏇	⛵	🌲	🐎	🎾	🚴	🎿
6	1	SP	15	24	1	6	12	10	2	20	1

René et Lucienne LEPAGE - la Croix verte - 53170 MESLAY-DU-MAINE - Tél. : 02 43 98 72 64

MESLAY-DU-MAINE La Chevraie
C.M. 232 Pli 19/20

1 ch. 1 chambre d'hôtes aménagée au rez-de-chaussée de la maison des propriétaires, agriculteurs. Salle d'eau et WC privés. Coin-cuisine à disposition. Entrée indépendante. Situé à 1,5 km du bourg.

Prix : 1 pers. 24 € 2 pers. 32 €

🐕	⛱	🏊	👥	🎾	🏇	⛵	🌲	🐎	🎾	🚴	🎿
5	1	SP	15	24	1	5	12	10	1,5	25	2

André LECLERC - le Chevraie - 53170 MESLAY-DU-MAINE - Tél. : 02 43 98 40 23

MEZANGERS Le Cruchet
C.M. 60 Pli 11

1 ch. Marie-Thérèse et Léopold vous accueillent dans leur gentilhommière des XVᵉ et XVIᵉ siècles. 1 chambre d'hôtes aménagée dans l'habitation avec sanitaires privés et entrée indépendante. Salon de jardin à disposition. Restaurants à proximité. Langue parlée : anglais.

Prix : 1 pers. 30 € 2 pers. 38 € 3 pers. 49 € pers. sup. 11 €
Ouvert : Toute l'année.

🐕	⛱	🏊	👥	🎾	🏇	⛵	🌲	🐎	🎾	🚴	🎿
1	5	1	20	36	1	1	1	2	1	5	SP

Leopold NAY - le Cruchet - 53600 MEZANGERS - Tél. : 02 43 90 65 55 - E-mail : bandb.lecruchet@wanadoo.fr

MONTAUDIN Le Petit Domaine
(TH) — C.M. 59 Pli 19

2 ch. **Pays du Bocage Mayennais, 5 km de route d'Ernée St-Hilaire-du-Harcouet.** 2 chambres d'hôtes aménagées à l'étage de la maison des propriétaires. 1 ch (1 lit 2 pers, 1 lit 1 pers). 1 ch (1 lit 2 pers). Sanitaires privés pour chaque chambre. Table d'hôtes sur réservation. Salon, véranda, jardin à la disposition des hôtes.

Prix : 1 pers. 23 € 2 pers. 31 € 3 pers. 43 € pers. sup. 11 €
repas 12 €
Ouvert : Toute l'année.

🐕	⛱	🏊	👥	🎾	🏇	⛵	🌲	🐎	🎾	🚴	🎿
12	12	3	15	35	2,5	12	15	7	12	40	2,5

Solange LUCAS - le petit Domaine - 53220 MONTAUDIN - Tél. : 02 43 05 32 83

MONTSURS
(TH) — C.M. 232 Pli 7/8

3 ch. Bernard et Annick seront heureux de vous accueillir dans cette superbe maison du XIXè siècle où 3 chambres sont à votre disposition, chacune avec WC et salle de bains ou salle d'eau. La chambre royale vous séduira plus particulièrement. Et le petit déjeuner gastronomique ne vous laissera pas sur votre faim.

Prix : 1 pers. 30 € 2 pers. 38/46 € pers. sup. 14 € repas 13 €

🐕	⛱	🏊	👥	🎾	🏇	⛵	🌲	🐎	🎾	🚴	🎿
SP	10	SP	20	20	20	10		10	10	SP	

Bernard VALLEE - 13 avenue de la Libération - 53150 MONTSURS - Tél. : 02 43 37 33 01 - Fax : 02 43 37 43 05

Pays de Loire — **Mayenne**

PONTMAIN — Le Point du Jour
C.M. 59 Pli 19

2 ch. Mont-Saint-Michel à 40 km, Laval à 50 km, Fougères à 15 km. Maison située à la sortie du bourg de Pontmain sur le C4 direction Landivy. A l'étage de notre maison, 1 ch (1 lit 2 pers), 1 ch (1 lit 2 pers, 1 lit 1 pers) et 1 ch annexe (1 lit 1 pers). Salle d'eau et wc privés pour chacune. Salle à manger, salon avec cheminée, jardin d'agrément avec salon de jardin. Pontmain, lieu de pèlerinage aux confins de la Bretagne, de la Normandie et du Maine. Chambres dans la maison du propriétaire, au calme, en bordure de bois, rivière, sentiers pédestres. Auberge sur place.

Prix : 1 pers. 20 € 2 pers. 28 € pers. sup. 9 €
Ouvert : Toute l'année.

15	20	0,5	15	15	0,5	10	15	0,5	15	0,5	

Henri MERIENNE - le Point du Jour - 11 rue de Mausson - 53220 PONTMAIN - Tél. : 02 43 05 00 83

RUILLE-FROID-FONDS — Logis de Villeprouvé (TH)
C.M. 232 Pli 19

4 ch. Dans cette maison de caractère du XVIIè, les chambres sont grandes et confortables avec un mobilier rustique : lits à baldaquin, tommettes, cheminées de tuffeau, colombages. 2 ch 2 pers, 1 ch 3 pers, 1 ch 4 pers, SdB et wc privés pour chacune. Séjour à disposition. Jardin. Plan d'eau aménagé. Table d'hôtes à base des produits de la ferme. - 10 % sur les chambres 2 personnes à partir du 3 ème jour (sur la totalité du séjour). Langue parlée : anglais.

Prix : 1 pers. 32 € 2 pers. 38 € 3 pers. 47 € pers. sup. 9 € repas 12 €
Ouvert : Toute l'année.

9	9	SP	23	25	SP	9	SP	1	9	25	10

Christophe DAVENEL - Villeprouvé - 53170 RUILLE-FROID-FONDS - Tél. : 02 43 07 71 62 ou 06 89 81 50 13 - Fax : 02 43 07 71 62

LA SELLE-CRAONNAISE — La Fresnaie
C.M. 232 Pli 18

2 ch. 2 chambres d'hôtes très confortables près de l'habitation des propriétaires. 1 ch 3 pers et 1 ch 2 pers. Salle d'eau et WC privés + TV couleur pour chacune. A 4 km de la base de loisirs de la Rincerie. Pour une étape, vous détendre ou connaître la région, nous serons heureux de vous accueillir. Vélos à disposition. A proximité de la RN 171 (Laval-St Nazaire).

Prix : 1 pers. 27 € 2 pers. 34 € 3 pers. 43 €
Ouvert : Toute l'année.

4	10	4	30	40	1,5	4	4	10	1,5	35	1,5

Joseph et Josette BALLE - la Fresnaie - 53800 LA-SELLE-CRAONNAISE - Tél. : 02 43 06 19 10 - Fax : 02 43 06 07 13

SOUCE — Le Perron (TH)
C.M. 60 Pli 1

3 ch. Ambrières à 10 km. Dans l'habitation à l'architecture personnalisée, 3 ch avec s. d'eau, ouvertes sur la vallée de la Varenne (rivière à truites). 1 ch au RdC et 2 ch à l'étage avec accès indép. Salon d'accueil/détente avec cheminée fermée. TV canal satellite, et chaîne hi-fi, grandes baies vitrées. Salle à manger avec cheminée. Vallée magnifique et promenade agréable dans la propriété, le long de la rivière. Table d'hôtes sur réservation, cuisine au feu de bois dans la cheminée (rotissoire ou grill). 1/2 pension : 260 €/semaine/1 pers. 380 /semaine pour 2 pers.

Prix : 1 pers. 32 € 2 pers. 38 € pers. sup. 11 € repas 15/18 €
Ouvert : Toute l'année.

35	12	SP	20	20	SP	12	15	20	12	50	5

Jean QUIERCELIN - le Perron - 53300 SOUCE - Tél. : 02 43 04 91 38 - Fax : 02 43 04 91 38 - E-mail : jean.quiercelin@wanadoo.fr

ST-DENIS-D'ANJOU — Le Logis du Ray
C.M. 64 Pli 1

3 ch. Au 1er étage d'une demeure ancienne (1830) avec meubles d'époque. 3 ch douche et WC privés, dont 1 avec lit à baldaquin. Lit enfant suppl : 23 €. Prêt Vélo, VTT. Jardin à l'Anglaise. Box pour chevaux. Garage privé. Promenades en attelage sur place par meneur diplômé. 2 restaurants à 800 m. Tarif dégressif : 3-4 nuits -10 %, 5-7 nuits -15 %. Ecole d'attelage, stages de loisirs tous niveaux avec passage de galop d'attelage et MATE. Taxe de séjour du 1er juin au 31 août. Langue parlée : anglais.

Prix : 1 pers. 50/57 € 2 pers. 58/65 € 3 pers. 90 € pers. sup. 25 €
Ouvert : Toute l'année.

6	9	SP	12	1	9	12	9	0,8	9	0,8	

Martine LEFEBVRE - le Ray - 53290 ST-DENIS-D'ANJOU - Tél. : 02 43 70 64 10 - Fax : 02 43 70 65 53

ST-GERMAIN-LE-FOUILLOUX — L'Hommeau - Fleurs des Champs (TH)
C.M. 232 Pli 7

3 ch. Thérèse et Jean-Claude vous proposent un séjour calme et reposant dans leur ferme en plein bocage mayennais, à 10 km de Laval, Ville d'Art et d'Histoire. Nos 2 chambres double avec balcon et 1 plus grande pouvant accueillir 4 pers ont été entièrement rénovées avec TV et salles de bains privées. Elles sont personnalisées sur le thème des fleurs des champs. De copieux petits déjeuners vous seront servis dans la lumineuse salle de séjour, ou à l'extérieur l'été. Possibilité de table d'hôtes pour le dîner. Les animaux, les fleurs, le plan d'eau, le calme et le confort vont vous faire apprécier cette halte authentique.

Prix : 1 pers. 33 € 2 pers. 40 € pers. sup. 10 € repas 13 €
Ouvert : Toute l'année.

8	10	SP	15	10	4	10	15	8	8	10	3

Thérèse GEHANNIN - l'Hommeau - Fleurs des Champs - 53240 ST-GERMAIN-LE-FOUILLOUX - Tél. : 02 43 01 18 41 -
Fax : 02 43 37 68 11 - E-mail : fleurs.des.champs.online.fr

Mayenne

Pays de Loire

ST-JEAN-SUR-ERVE Clos de Launay

C.M. 232 Pli 8

4 ch. 4 chambres aménagées à l'étage d'une maison rénovée. Chacune est équipée de salle d'eau ou de bains et WC privés. Prise TV. 2 ch (1 lit 2 pers), 2 ch (2 lits 1 pers). Tarif enfant 8 € la nuit. Maison située dans le village, à proximité de la N157. Pierre et Aline vous accueillent chaleureusement dans un cadre de verdure. Rivière et plan d'eau bordent la propriété. Entre Ste-Suzanne, cité médiévale et Saulges (grottes préhistoriques).

Prix : 1 pers. 38 € 2 pers. 43 € pers. sup. 12 €
Ouvert : Du 1er avril au 15 décembre.

🐕	⛱	🏊	👥	⛳	🏇	🏊	⛵	🌲	🚵	🎾	🚴	🚉
	20	9	SP	7	30	SP	20	SP	11	SP	30	SP

Pierre BIGOT - le clos du Launay - 53270 ST-JEAN-SUR-ERVE - Tél. : 02 43 90 26 19 ou 06 03 20 05 87

ST-MARS-DU-DESERT L'Oisonnière

(TH) 🐑
C.M. 60 Pli 12

2 ch. Dans le calme de la campagne mayennaise, Claude et Jacqueline vous accueillent dans leur ferme. 2 ch au RdC, entrée indépendante, chacune 1 lit 2 pers et 1 lit 1 pers, s.d'eau et WC privés. 1 ch accessible pers hand. Petit déjeuner et repas du soir vous seront servis dans une grande véranda au milieu d'un cadre fleuri et verdoyant, ambiance familiale. Tarif dégressif à partir de la 4e nuit. Langue parlée : anglais.

Prix : 1 pers. 23 € 2 pers. 32 € 3 pers. 41 € pers. sup. 10 € repas 12 €
Ouvert : Toute l'année.

🐕	⛱	🏊	👥	⛳	🏇	🏊	⛵	🌲	🚵	🎾	🚴	🚉
	15	13	10	10	10	10	15	10	15	10	19	5

Jacqueline RAGOT - l'Oisonnière - 53700 ST-MARS-DU-DESERT - Tél. : 02 43 03 26 70 - Fax : 02 43 03 26 70

ST-MARS-SUR-LA-FUTAIE Ausse

C.M. 59 Pli 19

5 ch. A 40 km du Mont-St-Michel, sur plus de 100 km de sentiers pédestres, de cicuits VTT/cyclos et de lieux de pêche, 5 ch toutes avec s. d'eau et WC privés (2 ch RdC, 3 à l'étage) dans une maison restaurée de pays de bocage préservé, verdoyant et fleuri : venez y partager votre intérêt pour les fleurs et les jardins environnants. Kitchenette, barbecue, salon de jardin, entrée indépendante. Restaurant et épicerie au village à 1 km. Documentation fournie et aide à la découverte. Langue parlée : anglais.

Prix : 1 pers. 25 € 2 pers. 32/34 € 3 pers. 41 € pers. sup. 9 €
Ouvert : Toute l'année, sur réservation en hors saison.

🐕	⛱	🏊	👥	⛳	🏇	🏊	⛵	🌲	🚵	🎾	🚴	🚉
	10	20	SP	40	40		25	10	10	5	20	

Jeannyvonne PINOT - Ausse - 53220 ST-MARS-SUR-LA-FUTAIE - Tél. : 02 43 05 01 55

ST-MARTIN-DE-CONNEE Le Plessis

(TH)
C.M. 232 Pli 9

2 ch. Dans une bâtisse indépendante, 2 chambres à l'étage avec bain et WC privés. Une avec 1 lit double, l'autre avec 2 lits de 90 et 1 lit enfant, donnant sur une grande terrasse. En bas : séjour avec cheminée et une salle d'eau. En bordure du Parc Normandie-Maine, au cœur du bocage mayennais, cette fermette restaurée avec charme et naturel vous offrira son calme et son confort, la douceur de ses chambres, la curiosité d'un jardin japonais et une table d'hôtes où vous goûterez à des produits choisis. Langues parlées : anglais, japonais.

Prix : 1 pers. 41/49 € 2 pers. 46/53 € pers. sup. 18 € repas 20 €
Ouvert : Toute l'année

🐕	⛱	🏊	👥	⛳	🏇	🏊	⛵	🌲	🚵	🎾	🚴	🚉
	8	20	SP	10	25	0,5	10	10	10	3	10	3

Hisako OE - le Plessis - 53160 ST-MARTIN-DE-CONNEE - Tél. : 02 43 37 41 74 - Fax : 02 43 37 43 20 - E-mail : atsuko@leplessis.net

Sarthe

GITES DE FRANCE
78, avenue du Général Leclerc
72000 LE MANS
Tél. 02 43 23 84 61 - Fax 02 43 23 84 63

3615 Gîtes de France
0,2 €/min

AILLIERES-BEAUVOIR La Locherie

(TH) 🐑
C.M. 60 Pli 4

2 ch. Marie-Rose et Moïse vous accueillent dans une belle demeure du XVIe s. située sur leur exploitation agricole. 1 ch. d'hôtes de 3 pers. (1 lit 2 pers. 1 lit 1 pers.) avec s. d'eau privée. 1 ch. d'hôtes de 4 pers. communiquant avec une petite chambre d'enfants située dans une tour (1 lit 2 pers. 2 lits 1 pers.) avec s.d.b. privée attenante. WC privés. Salon avec TV. Chauffage central. Piscine sur place. Balades en forêt de Perseigne (800 m). Table d'hôtes sur réservation.

Prix : 2 pers. 41/46 € pers. sup. 12 € repas 15 €
Ouvert : Toute l'année sauf entre Noël et le 1er janvier.

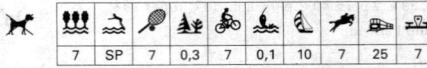

🐕	🏊	🚣	🎾	🚵	🚴	🏊	⛵	🏇	🚗	🚉
	7	SP	7	0,3	7	0,1	10		25	7

Moïse LORIEUX - La Locherie - 72600 AILLIERES-BEAUVOIR - Tél. : 02 43 97 76 03

Pays de Loire — Sarthe

ASNIERES-SUR-VEGRE La Tuffière
(TH) C.M. 64 Pli 2

3 ch. Maison située au bord de la Vègre. 3 chambres 3 et 4 pers. avec salle d'eau et wc privés (1 lit 2 pers. 1 lit 1 pers.), (1 lit 2 pers. 1 lit 1 pers.), (1 lit 2 pers. 2 lits 1 pers.), situées à l'étage. Chauffage électrique. Sur place : pêche-canoë, barque. Taxe de séjour. Table d'hôtes sur réservation.

Prix : 1 pers. **28 €** 2 pers. **34/38 €** 3 pers. **40/45 €** pers. sup. **9 €** repas **14 €**
Ouvert : Toute l'année.

🐕	👥	≈	🎾	🌲	🚴	🏊	⛵	🐎	🚂	⛴
	0,1	12	5	0,1	0,1			18	13	3

Mauricette et Yves DAVID - La Tuffière - 72430 ASNIERES-SUR-VEGRE - Tél. : 02 43 95 12 16 - Fax : 02 43 92 43 05 - www.tuffiere.com

AUBIGNE-RACAN Le Gravier
(TH)

4 ch. 4 ch. à l'étage avec sanitaires privés : 3 ch. de 2 pers. (dont 1 en lits jumeaux 110), 1 ch. de 3 pers. Grande salle à manger avec billard français et coin-salon près de la cheminée. Salon de lecture avec piano, salon télévision/vidéo. Etang sur place pour promenade et pêche. Poss. de panier pique-nique le midi sur réservation. Ancien relais de poste en pleine nature à proximité des bords du Loir. Langues parlées : anglais, espagnol.

Prix : 2 pers. **38 €** repas **12 €**
Ouvert : Toute l'année.

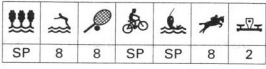

🐕	👥	≈	🎾	🌲	🚴	🏊	🐎	⛴
	SP	8	8	SP	SP		8	2

Mme GUIDOIN - Le Relais du Gravier - 72800 AUBIGNE-RACAN - Tél. : 02 43 46 20 61

BALLON
(TH) C.M. 60 Pli 13

2 ch. Thérèse et Bernard vous accueillent dans leur maison. 2 chambres d'hôtes aménagées à l'étage. Pour une famille : 1 chambre (1 lit 2 pers.) et 1 chambre (2 lits 1 pers.) avec salle d'eau attenante. 1 chambre familiale (2 lits 2 pers., 2 lits 1 pers.) avec salle d'eau privée. WC communs. Lit bébé : 3 €. Salle de séjour, salon à disposition. Jardin. Aire de jeux. Barbecue. Parking. Possibilité pique-nique. Repas végétariens sur demande. Dîner enfant moins de 10 ans : 7 €. VTT. randonnée. Sites historiques à 500 m. Restaurant à 1 km. Table d'hôtes uniquement sur réservation.

Prix : 1 pers. **23 €** 2 pers. **39 €** 3 pers. **54 €** pers. sup. **19 €** repas **13 €**
Ouvert : Toute l'année.

🐕	🎾	🌲	🚴	🏊	🐎	🚂	⛴
	11	0,1	10	1	7	11	0,1

Bernard BEQUIN - 4 rue de l'Ouest - 72290 BALLON - Tél. : 02 43 27 30 66 - Fax : 02 43 27 26 36

BAZOUGES-SUR-LE-LOIR La Maison Neuve
(TH) C.M. 64 Pli 2

4 ch. Marie et Jean vous recevront dans leur propriété chaleureuse et reposante, au bord d'un plan d'eau, dans un site paysager. Vous pourrez disposer d'1 ch. avec 1 lit 2 pers., d'1 ch. avec 1 lit 2 pers., 1 lit 1 pers. et kitchenette, d'1 ch. avec 1 lit 2 pers. avec kitchenette. A l'ét. : 1 ch. (2 lits 1 pers.), escalier extérieur. Toutes avec s. d'eau et wc privés. Table d'hôtes sur réservation.

Prix : 1 pers. **38 €** 2 pers. **43/46 €** 3 pers. **58 €** pers. sup. **12 €** repas **14 €**
Ouvert : Toute l'année.

🐕	👥	≈	🎾	🌲	🚴	🏊	⛵	🐎	🚂	⛴
	10	10	1,5	1	SP	1	10	5	25	2,5

Marie et Jean VIEILLEROBE - La Maison Neuve - Chemin de la Galopière - 72200 BAZOUGES-SUR-LE-LOIR - Tél. : 02 43 45 30 08 - Fax : 02 43 45 30 08 - www.CHEZ.COM/BandB

BOULOIRE La Jonquière
C.M. 64 Pli 5

5 ch. Danielle vous accueille dans sa grande maison située au milieu des bois. 5 chambres d'hôtes aménagées à l'étage. 3 chambres de 2 personnes avec salle d'eau et wc privés. 1 chambre (1 lit 2 pers.) et 1 chambre (2 lits 1 pers.), salle de bains et wc communs à ces 2 chambres (1 épi NN). Possibilité de lit bébé. Sur place : étang, barque, vélos. Parc animalier et mini-golf à 8 km. Tir à l'arc à 2 km. Base ULM à 7 km. Restaurant à 4 km. Entre Bouloire et Saint-Calais N157, route de Maisoncelles.

Prix : 1 pers. **29/33 €** 2 pers. **33/40 €** pers. sup. **11 €**
Ouvert : Toute l'année.

🐕	👥	≈	🎾	🌲	🚴	🏊	⛵	🐎	🚂	⛴
	0,1	11	4	0,1	0,1	0,1	11	20	34	4

Danielle GAUCHER - La Jonquière - 72440 BOULOIRE - Tél. : 02 43 35 43 34 - Fax : 02 43 35 97 12

BRAINS-SUR-GEE La Sablière
(TH) C.M. 60 Pli 12

3 ch. Proche du Mans, dans la campagne calme et verdoyante, je cultive « saveurs et odeurs » pour 1 cuisine simple et savoureuse dans un décor de meubles patinés et d'objets choisis avec passion. R.d.c. : 1 ch. 2 pers. (1 lit 2 pers.), s. d'eau et wc privés. A l'ét. : 2 ch. et 3 pers. (2 lits 2 pers. 1 lit 1 pers.), s. d'eau, wc privés. Salon avec TV commun aux hôtes. Chauffage électrique. A proximité de la RN 157 (accès facile vers la Bretagne).

Prix : 1 pers. **32 €** 2 pers. **38 €** 3 pers. **46 €** pers. sup. **11 €** repas **7/12 €**
Ouvert : Toute l'année.

	👥	≈	🎾	🌲	🚴	🏊	⛵	🐎	🚂	⛴
	12	15	3	20	0,1	15	20	20	17	3

BRIAND - La Sablière - 72550 BRAINS-SUR-GEE - Tél. : 02 43 88 75 19 - Fax : 02 43 88 75 19

Sarthe
Pays de Loire

CERANS-FOULLETOURTE Le Moulin Neuf
C.M. 64 Pli 3

2 ch. Ancien moulin restauré datant du XVIe s., sur les bords du Fessard, affluent de la Sarthe. Situé entre Cérans-Foulletourte et La Suze, à 3 km de la RN23 et 4 km de la D23. 2 chambres d'hôtes 2 et 3 pers. situées à l'étage avec salle d'eau et wc privés (1 lit 2 pers., 3 lits 1 pers.). Ch. électrique. Terrasse avec salon de jardin privée pour les hôtes. Parc ombragé. Possibilité petit déjeuner à l'extérieur. Chemins de randonnée à proximité. Langue parlée : anglais.

Prix : 1 pers. 30 € ◇ 2 pers. 38 € ◇ 3 pers. 46 € ◇ pers. sup. 11 €
Ouvert : Toute l'année sauf du 5 au 25 août 2002.

🐕	👥	🏊	🎾	🌲	🚴	🏇	⛵	🎣	🏛	🚂
	14	3	3	0,1	14	5	6		3	

Stéphan ROUAN - Le Moulin Neuf - 72330 CERANS-FOULLETOURTE - Tél. 02 43 87 24 13

CHAMPAGNE
(TH)

E.C. 2 ch. **Le Mans 13 km. Centre aquatique de Montfort-le-Gesnois 5 km.** Au calme et en bordure de rivière (possibilité pêche, promenade en barque) proche du centre du Mans, à 4 km de la sortie A28 n°6 Le Mans-centre. Nous vous accueillons dans 2 ch. d'hôtes avec salle d'eau/wc privés, 1 à 4 pers. (1 lit 2 pers.+ 1 canapé lit 2 pers.) accessible aux handicapés, 1 à l'ét. 1 lit 2 pers., 1 banquette 2 pers. et 1 pour 1 pers. Chauffage central, parking, garage. Table d'hôtes sur réservation.

Prix : 1 pers. 32 € ◇ 2 pers. 39 € ◇ 3 pers. 46 € ◇ pers. sup. 10 € ◇ repas 12 €
Ouvert : Toute l'année

🐕	🏊	🎾	🌲	🚴	🏇	🚂	🎣
	5	2	4	13	10	2	2

Henri et Hélène GLOT - 6, rue des anciennes filatures - 72470 CHAMPAGNE - Tél. 02 43 89 56 45 ou 06 88 58 65 34 - Fax : 02 43 89 56 45

CHAMPFLEUR La Garencière
(TH)
C.M. 60 Pli 13

5 ch. Dans un cadre de verdure et dans une ferme typique du XIXe s., M. et Mme Langlais vous accueillent en pleine campagne. 5 chambres d'hôtes de 2, 3 ou 4 pers. avec salle d'eau et wc privés. Salon avec TV à disposition des hôtes. Chauffage central. A la table d'hôtes, véritables spécialités de la ferme et du terroir. Piscine couverte chauffée sur place. Langue parlée : anglais.

Prix : 1 pers. 33 € ◇ 2 pers. 42/45 € ◇ pers. sup. 11 € ◇ repas 18 €
Ouvert : Toute l'année.

🐕	🏊	🎾	🌲	🚴	🏇	🚂
	SP	1	1	2	1	6

Christine et Denis LANGLAIS - La Garencière - 72610 CHAMPFLEUR - Tél. 02 33 31 75 84

CHANGE Le Roncheray
(TH)
C.M. 60 Pli 13

3 ch. **Le Mans 12 km.** Dans un bâtiment indép. R.d.c. : 1 ch. 2 pers. avec sanitaires privés (acc. hand.). A l'ét. : 2 ch. 3 pers. avec s.d.b. et wc privés. Chauff. élect. Terrasse. Salle commune à disposition avec coin-salon (tv satellite). Sur place, centre de remise en forme supervisé par un kinésithérapeute (séjour détente). Table d'hôtes sur réservation (produits fermiers). Situé au cœur de la campagne Sarthoise, le Roncheray vous offre un cadre de détente, en bordure de forêt, au milieu de 5 ha. de verdure, au croisement de chemins de randonnée (GR 36). A 3 km de la sortie des autoroutes A11 et A28. Accueil possible à la gare du Mans.

Prix : 1 pers. 32/38 € ◇ 2 pers. 43 € ◇ pers. sup. 12 € ◇ repas 15/18 €
Ouvert : Toute l'année.

🐕	👥	🏊	🎾	🌲	🚴	🏇	🎣	🚂
	7	8	4	0,1	2	3	0,1	4

Françoise DUBOIS - Le Roncheray - 72560 CHANGE - Tél. 02 43 40 12 00 - Fax : 02 43 40 18 34 - E-mail : dubois.fr72@6sens.com

CHANGE
C.M. 60 Pli 13

2 ch. **Le Mans 3 km. Circuit des 24 heures 6 km.** Proche du circuit des 24 h du Mans, notre propriété de 5000 m² est entièrement close, arborée avec grande piscine, terrain de boules. En bordure des Bois de l'Epau, au calme. 1 grande ch. avec coin-salon, TV, (1 lit 2 pers. 1 lit 1 pers.), s.d.b. et wc privés attenants. Pour une famille : 2 ch. attenantes (2 lits 2 pers.), s. d'eau et wc dans le couloir. Vous apprécierez le contact, une ambiance détendue, nous aussi. A proximité du Mans, sortie le Mans-Est, autoroute A11. Conditions particulières pour déplacements professionnels et longs séjours et manifestations sportives. Langue parlée : anglais.

Prix : 1 pers. 35/42 € ◇ 2 pers. 42/48 € ◇ 3 pers. 60 €

🐕	👥	🏊	🎾	🌲	🚴	🏇
	10	5	3	0,5	3	8	2,5

Daniel DUVAL - 17 route de la Californie - 72560 CHANGE - Tél. 02 43 40 46 99 - Fax : 02 43 40 46 99 - E-mail : mmeduval@free.fr - http://24heures.free.fr

CHANTENAY-VILLEDIEU Chauvet
(TH)
C.M. 64 Pli 2

3 ch. Marylise et Jean-Noël vous accueillent avec simplicité dans leur exploitation pour vous faire découvrir le domaine de l'élevage : la truie et sa suite label Porcs Sarthois et les volailles de Loué. R.d.c. : 1 ch. (1 lit 2 pers.). S.d.b./wc attenante et privée. A l'ét. : 2 ch. (1 lit 2 pers.) avec s.d.b. et wc privés. Séjour, salon avec TV à dispo. Possibilité lit et accessoires bébé. Chauffage central. Salon de jardin. Tables d'hôtes en famille le soir sur réservation. Mini-golf à 2 km. Taxe de séjour. Repas enfant : 8 €. Langue parlée : anglais.

Prix : 1 pers. 30 € ◇ 2 pers. 40 € ◇ pers. sup. 12 € ◇ repas 15 €
Ouvert : Toute l'année.

🐕	👥	🏊	🎾	🌲	🚴	🏇	⛵	🎣	🚂
	2	2	2	35	9	2	10	17	17	2

Marylise VOVARD - Chauvet - 72430 CHANTENAY-VILLEDIEU - Tél. 02 43 95 77 57 - Fax : 02 43 92 54 88 - E-mail : marylise.vovard@wanadoo.fr - http://perso.wanadoo.fr/chauvet.hotes

Pays de Loire — **Sarthe**

LA CHARTRE-SUR-LE-LOIR *C.M. 64 Pli 4*

3 ch. — 3 ch. d'hôtes chez un vigneron : 1 ch. (1 lit 2 pers.) avec salle d'eau et wc privés, 1 ch. (2 lits 1 pers.) avec salle d'eau et wc privés, 1 suite (4 lits 1 pers.) avec salle d'eau et wc privés. TV dans chaque chambre. Petit déjeuner servi dans une salle de séjour ou en terrasse. Dégustation de vin sur place. Canoë-kayak. Randonnée pédestre. Pour la découverte du vignoble en vallée du Loir « Jasnières et coteaux du Loir ». Enfants - 12 ans : 8 €. Langue parlée : anglais.

Prix : 2 pers. 43 € pers. sup. 12 €
Ouvert : Toute l'année.

🐕	🛏️	🏊	🎾	🌲	🚴	🎣	⛵	🏇	🎯	🚂
	5	7	2	8	3	0,3	5	3	18	0,5

M. et Mme GIGOU - 4 rue des Caves - 72340 LA-CHARTRE-SUR-LE-LOIR - Tél. : 02 43 44 48 72 - Fax : 02 43 44 42 15

CHATEAU-DU-LOIR *C.M. 64 Pli 4*

3 ch. — Monsieur et Madame Le Goff vous accueillent dans leur vieille demeure, située en arrière de la place principale, centre ville. 3 chambres de 2 pers. aménagées à l'étage, avec salle d'eau et wc privés. Parking et nombreux restaurants à proximité. Réduction pour séjour. Langue parlée : anglais.

Prix : 1 pers. 35 € 2 pers. 43 €
Ouvert : Toute l'année sauf d'octobre à fin mars.

🐕	🛏️	🏊	🎾	🌲	🚴	🎣	⛵	🏇	🎯	🚂
	6	1	1	6	0,5	4	6	4	1	0,1

Dianne LE GOFF - 22 rue de l'Hôtel de Ville - 72500 CHATEAU-DU-LOIR - Tél. : 02 43 44 03 38

CHEMIRE-LE-GAUDIN Théval *C.M. 64 Pli 2*

4 ch. — Vous aimez le calme et la nature au bord de l'eau, la convivialité et le confort. Marie et Alain vous attendent dans leur propriété, largement ouverte sur la rivière « La Sarthe ». 4 chambres de 2 à 3 pers., spacieuses et confortables (literies soignées). Ch. central. Avec wc et s.d.b. privés. Taxe de séjour. Les bords de Sarthe, les îles, la douve offrent toutes poss. de pêche, promenade (pédestre ou en barque). A défaut, autour d'un repas copieux à la TH, amoureusement préparé par la maîtresse de maison, chacun peut aussi faire une sieste sous les platanes centenaires ou une partie de pétanque. Langue parlée : anglais.

Prix : 1 pers. 40 € 2 pers. 45/50 € 3 pers. 60 € pers. sup. 20 € repas 20 €
Ouvert : Toute l'année.

🐕	🛏️	🏊	🎾	🌲	🚴	🎣	⛵	🏇	🎯	🚂
	18	5	5	30	0,1	0,1	18	5	5	2

Anne-Marie FORNELL - Théval - 72210 CHEMIRE-LE-GAUDIN - Tél. : 02 43 88 14 92 - E-mail : ATHEVAL@aol.com

CLERMONT-CREANS *C.M. 64 Pli 2*

6 ch. — Dans un château du XVe siècle avec parc et jardin à la Française. 6 chambres 2 pers., toutes avec salle d'eau et wc privés. Calme et repos dans un cadre superbe. Langue parlée : anglais.

Prix : 2 pers. 60 €
Ouvert : Toute l'année.

🐕	🛏️	🏊	🎾	🌲	🚴	🎣	⛵	🏇	🎯	🚂
	5	5	1	SP	5	2	5	3	30	1

Danièle et François HALLIER - Château d'Oyre - 72200 CLERMONT-CREANS - Tél. : 02 43 48 00 48 - Fax : 02 43 48 00 41

CORMES La Ferté Bernard  *C.M. 60 Pli 15*

3 ch. — La Ferté Bernard 7 km. Le Mans 40 km. Au calme de la campagne, à l'étage d'un manoir : 1 ch. 2 pers., sanitaires/wc séparés privés, 1 ch. 2/4 pers. avec 2 lits, salon avec cheminée, sanitaires, wc séparés et privés. 1 ch. 2 ou 4 pers. avec 2 lits, salon avec cheminée, salle de bains, wc séparés et privés. Toutes avec ch. central, radiateurs sèche-serviette et TV. Parc, promenade sur étang pêche. Odette et Désiré seront heureux de vous accueillir dans leur ancien manoir de Planchette du XIIIe siècle, restauré avec passion par eux-même. La Ferté Bernard, dir. St-Calais, après 300 m à gauche prendre Courgenard. Jeux d'enfants. Supplément de 8 € pour la chambre jaune.

Prix : 1 pers. 39 € 2 pers. 46/54 € 3 pers. 69 € pers. sup. 16 €
Ouvert : Toute l'année.

🐕	🛏️	🏊	🎾	🌲	🚴	🎣	⛵	🏇	🎯	🚂
	7	4	3	10	SP	SP	7	4	7	3

Odette et Désiré CHERRIER - Planchettes - 72400 CORMES - Tél. : 02 43 93 24 75 ou 06 80 33 97 61 - Fax : 02 43 93 24 75

COULAINES Le Monet *C.M. 60 Pli 13*

4 ch. — Circuit des 24 h du Mans 8 km. Mr et Mme Bordeau vous accueillent dans leur propriété au milieu d'un parc boisé, située en pleine campagne. 4 chambres d'hôtes de 2 personnes aménagées dans une maison indépendante, proche des propriétaires. 2 chambres de plain-pied (1 lit 2 pers.), s. d'eau et wc privés. 2 chambres à l'étage (2 lits 1 pers.), s. d'eau et wc privés. Chauffage central. Séjour, salon et coin-cuisine à disposition. Parking. Abri couvert. Restaurant 3 km. Golf à 3 km. Possibilité pique-nique dans le parc. Circuit des 24 Heures à 8 km.

Prix : 1 pers. 32 € 2 pers. 42 €
Ouvert : Toute l'année.

🐕	🎾	🎣	⛵	🎯	🚂
	1	1	3	25	4	1

Lucette BORDEAU - Le Monet - 72190 COULAINES - Tél. : 02 43 82 25 50

Sarthe

Pays de Loire

COURCIVAL Les Bois
C.M. 60 Pli 14

1 ch. Michèle et Claude vous accueillent sur leur exploitation agricole. 1 chambre d'hôtes 4 pers. (1 lit 2 pers. et 1 canapé-lit 2 pers.) indépendante de la maison des propriétaires, de plain-pied, avec salle d'eau et wc privés. Chauffage électrique. Jardin, terrasse et salon de jardin privés pour les hôtes. Jeux à disposition. Possibilité lit bébé : 5 €.

Prix : 1 pers. 29 € 2 pers. 34 € 3 pers. 43 € pers. sup. 9 €
Ouvert : Toute l'année.

🐕	👥	🏊	🎾	🌲	🏊‍♂️	🏇	🏛️	🚲
	15	15	15	15	2	15	40	8

Claude RENAULT - Les Bois - 72110 COURCIVAL - Tél. : 02 43 29 32 63 - Fax : 02 43 29 75 19

DISSAY-SOUS-COURCILLON Le Moulin du Prieuré
C.M. 64 Pli 4

3 ch. Château du Loir 5 km. Dans un ancien moulin à eau du XVIIIᵉ s. au cœur du village. 2 ch. de 3 pers. aménagées en r.d.c., 1 ch. familiale à l'étage, avec sanitaires privés dans chacune. Facilités enfants. Jardin clos. Stationnement fermé. Bibliothèque anglais/français. Taxe de séjour. Petit déjeuner servi dans la salle du moulin. Panier pique-nique.

Prix : 1 pers. 31 € 2 pers. 43 € pers. sup. 16 €
Ouvert : Toute l'année.

🐕	👥	🏊	🎾	🌲	🚲	🏊‍♂️	🏇	🏛️	🚲
	5	5	SP	7	SP	SP	2,5	5	SP

M-Claire et Martin BRETONNEAU - 3 rue de la Gare - Le Moulin du Prieuré - 72500 DISSAY-SOUS-COURCILLON - Tél. : 02 43 44 59 79

FRESNAY-SUR-SARTHE
C.M. 60 Pli 13

2 ch. Le Mans 40 km. Sillé-le-Guillaume 15 km. 1 chambre (1 lit 160) et 1 chambre (2 lits jumeaux), toutes deux avec salle de bains ou d'eau et wc privés. Chauffage central. Parc aux arbres centenaires, piscine dans la propriété et table d'hôtes sur réservation. Fresnay-sur-Sarthe, petite cité de caractère aux portes des Alpes Mancelles. 2 chambres d'hôtes spacieuses aménagées dans les dépendances d'une maison bourgeoise du XIXᵉ siècle.

Prix : 1 pers. 40 € 2 pers. 50 € pers. sup. 12 € repas 15 €
Ouvert : Toute l'année.

🐕	👥	🏊	🎾	🌲	🏊‍♂️	🏇	🏛️	🚲
	0,1	SP	0,5	10	15	15	8	0,3

Mme LECLERCQ - 43 avenue Victor-Hugo - 72130 FRESNAY-SUR-SARTHE - Tél. : 02 43 97 22 19 - Fax : 02 43 97 17 24 -
E-mail : Leclerqtherese@aol.com - http ://fresnay.bnb.free.fr

GUECELARD
C.M. 64 Pli 3

6 ch. Au bord de la Sarthe, venez vous détendre dans 1 site calme et verdoyant. 4 ch. d'hôtes (2 pers.) avec sanitaires privés dans le château et 2 ch. familiales 2 épis (3 pers. et 4 pers.) dans la ferme annexe avec sanitaires privés. Sur place, Practise Par, le golf à la portée de tous, 2 courts de tennis, promenade le long de la rivière. Sur place : pêche en rivière 2ᵉ catégorie. Nous adaptons un tarif préférentiel suivant et le nombre de nuitées. Table d'hôtes sur réservation.

Prix : 1 pers. 47 € 2 pers. 55 € 3 pers. 61 € pers. sup. 11 € repas 18 €

🐕	👥	🏊	🎾	🌲	🏊‍♂️	🏇	🏛️	🚲
	8	5	SP	10	SP	8	5	15	1

Catherine BABAULT - Route de la Suze - Château de Mondan - 72230 GUECELARD - Tél. : 02 43 87 92 16 - Fax : 02 43 77 13 85 -
E-mail : chateau.mondan@wanadoo.fr - http ://perso.wanadoo.fr/chateau.mondan

JUPILLES La Garenne
C.M. 64 Pli 4

2 ch. Sur une exploitation agricole. A proximité de la forêt de Bercé. 2 chambres d'hôtes de 2 et 3 pers., aménagées à l'étage, avec salle d'eau et wc privés (2 lits 2 pers., 1 lit 1 pers.). Chauffage central. Terrain. Supplément pour animaux : 1,5 €. Taxe de séjour.

Prix : 2 pers. 34 € 3 pers. 47 € pers. sup. 8/11 € repas 13 €
Ouvert : Toute l'année.

🐕	👥	🏊	🎾	🌲	🚲	🏊‍♂️	🏇	🏛️	🚲
	5	12	5	0,5	0,4	5	12	12	0,4

M. et Mme LANGEVIN - La Garenne - 72500 JUPILLES - Tél. : 02 43 44 11 41

LAVARDIN Le Champ de la Butte
C.M. 60 Pli 12

1 ch. Le Mans 12 km. Les Alpes Mancelles 20 km. L'abbaye de Solesmes 25 km. En plein champ sur les hauteurs, Jenny vous accueille dans sa grande maison tout en roussard d'une architecture particulière pour trouver luxe, calme, beauté du paysage à la proximité du Mans. 1 ch. de 30 m² (2 lits 1 pers.), salle d'eau et wc privés. Langue parlée : anglais.

Prix : 2 pers. 46 € pers. sup. 15 €
Ouvert : Du 1ᵉʳ avril au 20 septembre.

🐕	🏊	🎾	🌲	🚲	🛶	🏛️	🚲
	15	8	3	0,1	15	15	5

Jenny GANDON - Le Champ de la Butte - Route des Mezières - 72240 LAVARDIN - Tél. : 02 43 27 71 22

Pays de Loire — **Sarthe**

LAVENAY Le Patis du Vergas (TH) — C.M. 64 Pli 5

5 ch. Monique et Jacques vous accueillent dans leur propriété de 2,5 ha, dans un cadre de verdure, au bord d'un étang très poissonneux de 1,2 ha, bordée par une rivière de 1ère cat. 5 ch. d'hôtes dans un bâtiment annexe (entrée indép. pour chacune). 3 ch. 2 pers. (3 lits 2 pers.), 2 ch. 3 pers. (2 lits 2 pers. 2 lits 1 pers.). Chacune avec s. d'eau et wc privés. S. de détente avec TV, bibliothèque, kitchenette, billard et baby-foot. Sauna (payant). Repas et petits déjeuners servis dans la véranda. Terrains de volley, croquet et boules. Ping-pong. Barque. Barbecue, pêche gratuite. Poss. pique-nique. 10 % sur séjour à partir de 2 jours.

Prix : 2 pers. **43 €** 3 pers. **52 €** repas **14 €**
Ouvert : Du 15 mars au 1er novembre, le reste sur réservation.

SP	8	8	8	SP	SP	15	18	23	1

Monique et Jacques DEAGE - Le Patis du Vergas - 72310 LAVENAY - Tél. : 02 43 35 38 18 - Fax : 02 43 35 38 18

LOUE — C.M. 60 Pli 12

4 ch. Brûlon 10 km. Le Mans 30 km. Ses 4 ch. sont toutes équipées de douche ou baignoire et wc et le nécessaire pour se faire un thé ou un café. Les ch. sont spacieuses et ils ont pris soins de les meubler en accord avec le style de la maison. Chauffage central. Un copieux petit déjeuner continental ou, sur demande, un « typical English Breakfast » vous sera servi à la grande table de la salle à manger. Petit déjeuner également servi sur la terrasse. Supplément 8 € pour le petit déjeuner anglais. Enfant gratuit - de 10 ans. Suzanne et Gary Pledger, un couple anglais, tombés amoureux du village de Loué, souhaitent vous y accueillir dans la plus ancienne maison de la commune.

Prix : 2 pers. **53 €** 3 pers. **61 €** pers. sup. **8 €**
Ouvert : Toute l'année.

7	0,2	0,2	8	SP	0,1	7	12	30	SP

Suzanne et Gary PLEDGER - 2 rue de la Libération - 72540 LOUE - Tél. : 02 43 88 07 83

LOUPLANDE L'Oierie 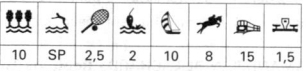 — C.M. 60 Pli 3

2 ch. Armelle, Gilles et leurs enfants seront heureux de vous recevoir sur leur exploitation agricole (volailles de Loué et vaches laitières). A l'étage, 2 chambres d'hôtes de 3 pers. avec chacune : 1 lit 2 pers., 1 lit 1 pers.), salle d'eau et wc privés. Salon de jardin. Portique. Table d'hôtes sur réservation 10 € pour les enfants - de 12 ans. Piscine privée accessible aux hôtes. A 5 km de la sortie n°9 de l'Autoroute A 11. Taxe de séjour. Langue parlée : anglais.

Prix : 1 pers. **32 €** 2 pers. **40 €** pers. sup. **12 €** repas **10/14 €**
Ouvert : Toute l'année.

10	SP	2,5	2	10	8	15	1,5

Armelle et Gilles HERVE - L'Oierie - 72210 LOUPLANDE - Tél. : 02 43 88 11 22 - Fax : 02 43 88 11 22

LUCEAU Le Moulin Calme (TH) — C.M. 64 Pli 4

3 ch. Tours 40 km. Le Lude 15 km. Le Mans 40 km. 3 ch. d'hôtes entièrement rénovées avec chacune s.d.b. et wc indépendants ou suite familiale pour 2 à 4 pers. avec s.d.b. et wc indépendants. Literie et linge neufs. Vue sur l'étang. Chauffage central. Petits déjeuners servis dans la Véranda ou terrasse devant l'étang. Parking fermé. Table d'hôtes sur réservation. Baignade, pédalo, vélos sur place et gratuitement. Michel vous accueille chaleureusement dans son moulin calme que bordent 2 étangs poissonneux. Situation dans le site de la Vallée du Loir à 5 mn du Château du Loir. Pour forfait séjours, week-ends, semaine, nous consulter.

Prix : 1 pers. **43/50 €** 2 pers. **50/58 €** 3 pers. **70/84 €** pers. sup. **23 €** repas **15 €**
Ouvert : De mars à fin novembre ou sur réservation décembre, janvier, février.

10	5	5	2	3	SP	10	5	5	2

Michel SUEUR - Le Moulin Calme - Gascheau - 72500 LUCEAU - Tél. : 02 43 46 39 75 - Fax : 02 43 46 49 96

LUCHE-PRINGE Bourg de Pringe — C.M. 64 Pli 3

2 ch. Sur route touristique de la Vallée du Loir (D13), à l'entrée du bourg de Pringé, proche des sentiers pédestres dans la forêt de Gallerande. Les prop. vous accueillent dans leur fermette. 2 ch. 2 pers. (1 lit 2 pers.) dans bâtiment contigu avec accès indépendant, de plain-pied (1 lit 2 pers. chacune), s. d'eau/wc privés. Chauffage électrique. Cour, jardin, salon de jardin. Possibilité pique-nique. Restaurant 2 km. Taxe de séjour.

Prix : 1 pers. **32 €** 2 pers. **37 €** pers. sup. **15 €**
Ouvert : Toute l'année.

2	11	2	1	2	2	9	9	40	2

M. et Mme LAILLER - 2 rue de Gallerande - 72800 LUCHE-PRINGE - Tél. : 02 43 45 41 21

LE LUDE — C.M. 64 Pli 3

3 ch. En centre-ville. Dans une maison ancienne proche du château. A l'étage : 2 chambres de 2 pers. avec salle de bains et wc privés. 1 chambre de 2 pers. avec salle d'eau et wc privés. Chauffage central. Jardin.

Prix : 2 pers. **46 €**
Ouvert : Du 1er avril au 30 septembre.

12	0,8	0,8	0,3	0,1	0,5	12	3	21	0,1

M. et Mme PEAN - 5 Grande Rue - 72800 LE-LUDE - Tél. : 02 43 94 63 36

Sarthe
Pays de Loire

LE LUDE Les 14 Boisselées (TH)
C.M. 64 Pli 3

1 ch. Madame et Monsieur Brazilier vous accueillent près du Lude dans leur maison située sur un grand terrain paysager et boisé, avec salon de jardin. Sur D305. route de château du Loir, 1 chambre d'hôtes (1 lit 2 pers.) avec salle d'eau et wc privés. Chauffage électrique. Sentier de grande randonnée (GR36) à 300 m. Taxe de séjour. Langues parlées : anglais, allemand.

Prix : 2 pers. 40 € repas 19 €
Ouvert : Toute l'année.

15	2	1,8	15	0,5	15	1,8	10	2

Jean-Louis et Eliane BRAZILIER - Route de Château du Loir - Les 14 Boisselées - 72800 LE-LUDE - Tél. : 02 43 94 90 65

MANSIGNE Les Petites Landes
C.M. 64 Pli 3

2 ch. Sur une exploitation agricole à vocation herbagère, Christine et Francis vous recevront avec plaisir et vous feront découvrir leur élevage. Un chemin de randonnée au départ de la ferme vous mènera soit à la base de loisirs, soit aux menhirs. Pour vous accueillir, 2 ch. 4 et 5 pers. avec s. d'eau et wc privés. Loc. vélos sur place, adhérent vélo bleu, vélo vert. TV noir et blanc. Possibilité lit supplémentaire. Salon de jardin. RN 23 à 5 km. Langue parlée : anglais.

Prix : 2 pers. 40 € 3 pers. 52 € pers. sup. 12 €
Ouvert : Toute l'année.

4	4	4	4	4	4	4	35	4

Christine et Francis BERNAUD - Les Petites Landes - 72510 MANSIGNE - Tél. : 02 43 46 16 96 - Fax : 02 43 46 16 96

MANSIGNE La Maridaumière
C.M. 64 Pli 3

4 ch. Entre Requeil et Mansigné sur la D77, à la « Maridaumière », vous retrouverez tous les plaisirs des grandes maisons de famille, et des vacances à la campagne. Les décors fleuris, les vieux meubles qui sentent bon la cire, l'odeur de la brioche chaude et des confitures maison. Tout cela dans un grand parc fleuri et en pleine campagne. Les 4 ch. à l'étage vous accueilleront avec tout le confort moderne. Salle de bains et wc privés. Salon avec TV et bibliothèque. La proximité du lac vous offrira toutes les possibilités nautiques. Brunch à 11 h sur réservation : 12 €/pers. Langue parlée : anglais.

Prix : 1 pers. 38 € 2 pers. 43/58 € 3 pers. 50/66 € pers. sup. 9 €
Ouvert : Toute l'année sauf du 1/10 au 31/03 sur réservation uniquement.

3	3	3	15	3	3	5	12	3

Marie-Dominique HAMANDJIAN-BLANCHARD - Route de Tulièvre - La Maridaumière - 72510 MANSIGNE - Tél. : 02 43 46 58 52 - Fax : 02 43 46 58 52

MAREIL-SUR-LOIR Manoir de Sémur
C.M. 64 Pli 2

2 ch. Ancien manoir du XIVe siècle, au bord de l'eau, dans un parc. Au rez-de-chaussée : 1 suite comprenant 2 ch. 2 pers. (2 lits à baldaquin) avec s. d'eau ou s.d.b. privée, wc privés à chaque ch. (2 wc). Meubles anciens. Salon de jardin. Table de ping-pong. Garage couvert. Atelier de peintures et aquarelles sur place. Vélos sur place. Possibilité tv, petit salon à disposition. Repas prévenir 24 heures à l'avance. Possibilité de venir vous prendre au TGV/Paris 55 mn. Langue parlée : anglais.

Prix : 2 pers. 56 € pers. sup. 18 €
Ouvert : Toute l'année.

7	5	0,5	0,5	0,1	1	7	7	33	1

Josy PARTIMBENE - Manoir de Sémur - 72200 MAREIL-SUR-LOIR - Tél. : 02 43 45 46 84 - Fax : 02 43 45 46 84

MARIGNE-LAILLE La Fardelière

E.C. 4 ch. Le Mans 13 km. Tours 40 km. 1er étage : 3 ch. lit 2 pers. (sdb, wc et tv privatifs), et 1 ch. 2 lits 1 pers. avec salle d'eau. Au rdc son vaste séjour-salon-bibliothèque (billard français, tv-magnétoscope, piano) vous permettra de prendre le petit déjeuner de plain-pied avec la nature (terrasse ombragée). A la sortie de l'autoroute (2 heures de Paris), 15 km du circuit des 24 Heures du Mans et 1 heure des Châteaux de la Loire, la Fardelière vous accueillera.

Prix : 1 pers. 27/38 € 2 pers. 46/61 € pers. sup. 8 €
Ouvert : Toute l'année sur réservation.

1	1	SP	SP	8	8	8

Mr et Mme HERLIN - La Fardeliere - 72220 MARIGNE-LAILLE - Tél. : 02 43 42 64 74 - Fax : 02 43 42 64 75

MONCE-EN-BELIN Le Petit Pont (TH)
C.M. 64 Pli 3

5 ch. A proximité du Mans, dans une ferme pratiquant l'élevage bovin, 1 ch. d'hôtes 2 pers. (1 lit 2 pers.) avec salle d'eau et wc privés, située dans la maison des propriétaires (3 épis NN). 4 ch. d'hôtes 2 pers. (3 lits 2 pers.) avec salle d'eau et wc privés (2 épis NN). Salle de séjour. Salon avec TV à disposition des hôtes. Garage. Terrain. Jardin. Parking. Restaurant à 1 km. Logement de chevaux sur place.

Prix : 1 pers. 32 € 2 pers. 40 € pers. sup. 13 € repas 13/16 €
Ouvert : Toute l'année.

10	2	0,5	0,8	15	0,3

Bernard BROU - Le Petit Pont - 72230 MONCE-EN-BELIN - Tél. : 02 43 42 03 32

Pays de Loire

Sarthe

MONCE-EN-BELIN Les Grandes Luères
C.M. 64 Pli 3

3 ch. **Le Mans 10 km. Circuit de 24 heures 6 km.** M. et Mme Hautreux vous accueillent dans un site calme et verdoyant. 3 chambres d'hôtes : 1 ch. (1 lit 2 pers.), 1 ch. (2 lits 1 pers.) avec salle de bains et wc privés et 1 ch. (1 lit 2 pers.)

Prix : 2 pers. 39 €
Ouvert : Toute l'année.

3	3	0,5	5	2	0,2

Marcel HAUTREUX - Les Grandes Luères - 72230 MONCE-EN-BELIN - Tél. : 02 43 42 03 37 - Fax : 02 43 42 03 37

MONCE-EN-BELIN La Gourdinière

E.C. 2 ch. **Le Mans 10 km. Tours 50 km.** 2 Ch. d'hôtes au 2ᵉ étage avec chacune salle de bains privatives aménagées dans les tours. Dans une très belle demeure, à 5 mn du circuit des 24 Heures, Monsieur et Madame Monnoyer vous accueillent.

Prix : 2 pers. 80 €
Ouvert : Toute l'année

8	2	12	0,1	0,3	0,1	5	2

Pierre MONNOYER - La Gourdinière - 72230 MONCE-EN-BELIN - Tél. : 02 43 42 59 72

MONHOUDOU Château de Monhoudou
(TH) *C.M. 60 Pli 14*

5 ch. Dans un château du XVIIIᵉ s., au centre d'un parc à l'anglaise de 20 ha. 5 chambres d'hôtes de 2 pers. avec salle d'eau ou salle de bains et wc privés. 2 salons et bibliothèque à disposition. Chevaux, bicyclettes et tandem sur place. Sur réservation, dîner aux chandelles avec les propriétaires. Langue parlée : anglais.

Prix : 2 pers. 75/100 € 3 pers. 114 € pers. sup. 15 € repas 37 €
1/2 pens. 74/86 €
Ouvert : Toute l'année.

10	3	10	0,1	0,1	20	0,1	40	3

Michel DE MONHOUDOU - Château de Monhoudou - 72260 MONHOUDOU - Tél. : 02 43 97 40 05 - Fax : 02 43 33 11 58

MONTFORT-LE-GESNOIS
(TH) *C.M. 60 Pli 14*

1 ch. **Situé entre la Ferté-Bernard et le Mans 16 km.** 1 ch. familiale de 3 ou 4 pers. comprenant 2 ch. communicantes avec s. d'eau et wc privés. Entrée indépendante, parc boisé et clos, longeant la rivière. Stationnement des véhicules dans la cour en toute sécurité. Karting et moto-cross à 1 km et centre aquatique. Table d'hôtes sur réservation. Maison de caractère, située au bord de l'Huisne, au pied d'un joli pont romain.

Prix : 1 pers. 35 € 2 pers. 42 € pers. sup. 15 € repas 16/18 €
Ouvert : Toute l'année.

7	1	0,7	6	SP	7	3	0,1

Chantal PARIS - 26 rue de l'Eglise - 72450 MONTFORT-LE-GESNOIS - Tél. : 02 43 76 13 46

NEUVILLE-SUR-SARTHE Le Presbytère
C.M. 60 Pli 13

2 ch. Bernadette sera heureuse de vous accueillir dans ses vieux murs, hâvre de calme, d'espace et de liberté. A l'étage de sa demeure (presbytère du XVIIIᵉ s.) : 2 chambres 2 pers. (dont 1 avec 2 lits jumeaux) avec TV. Salle de bains et wc communs. Salon à disposition des hôtes. Chauffage central. Grand jardin clos paysager. Sortie Le Mans Nord-Direction Alençon.

Prix : 2 pers. 30 €
Ouvert : Toute l'année.

4	0,1	0,1	2	0,1

Bernadette MONNE - Le Presbytère - Au Bourg - 72190 NEUVILLE-SUR-SARTHE - Tél. : 02 43 25 37 59

NOTRE-DAME-DU-PE La Reboursière
(TH) *C.M. 64 Pli 2*

E.C. 3 ch. Entrée et salon avec cheminée et TV réservés aux hôtes. 3 ch. (2 et 3 pers.) dont 1 au r.d.c. Chacune avec salle d'eau et wc séparés privés. Chauffage central. TH sur réservation. Piscine chauffée en saison. Poss. de survoler la vallée du Loir et de la Sarthe en montgolfière, départ sur place. Entre Angers et Le Mans, au sud-est de Sablé, vous profiterez du confort et du calme dans notre longère blottie dans un écrin verdoyant avec vue sur la vallée.

Prix : 1 pers. 52 € 2 pers. 58 € 3 pers. 74 € pers. sup. 16 €
repas 17 €
Ouvert : Toute l'année.

8	SP	6	1	8	10	8	6

M. et Mme CHAPPUY - La Reboursière - 72300 NOTRE-DAME-DU-PE - Tél. : 02 43 92 92 41 - Fax : 02 43 92 92 41 -
E-mail : gilles.chappuy@wanadoo.fr - http://site.voila.fr/lareboursiere

OISSEAU-LE-PETIT
C.M. 60 Pli 13

4 ch. Si vous aimez le contact, une ambiance conviviale, des petits déjeuners copieux, venez chez Marie-Odile et Jean. Pour votre repos, 4 chambres d'hôtes indépendantes de 2 personnes avec salle d'eau et wc privés (possibilité lit suppl.). Dans un cadre fleuri, préau, verdure, vieilles pierres... Télévision dans 1 chambre + salon tv. Option accès piscine privée, couverte et chauffée du 15/03 au 15/11.

Prix : 1 pers. 33/37 € 2 pers. 42/46 € pers. sup. 14 €
Ouvert : Toute l'année.

SP	10	10	10	10	10

Jean PERCHERON - 17 rue la Fontaine - 72610 OISSEAU-LE-PETIT - Tél. : 02 33 26 80 09 - Fax : 02 33 26 82 62

Sarthe

Pays de Loire

OIZE Château de Montaupin
C.M. 64 Pli 3

E.C. 4 ch. Laurent et Marie vous accueillent dans leur propriété de caractère, au calme, à la sortie d'un petit village. 4 ch. au 1er ét. : 3 ch. familiales (5, 4 et 4 pers.), 1 ch. 3 pers., toutes avec salle de bains/wc privés. Poss. lit bébé. Chauffage central. Salon TV. Piscine privée et chauffée 6 x12 m. Terrain de boules. Table d'hôtes sur réservation. Tarif enfant : 10 €. RN 23 à 3 km.

Prix : 1 pers. 39/43 € 2 pers. 49/58 € 3 pers. 61/70 € pers. sup. 13 € repas 19 €
Ouvert : Toute l'année.

7,5	SP	3	15	7,5	7,5	4	23	0,3

Mlle DAVID/SENECHAL - Montaupin - 72330 OIZE - Tél. : 02 43 87 81 70 - Fax : 02 43 87 26 25

PARIGNE-L'EVEQUE Ferme d'Yvrelle
C.M. 64 Pli 4

4 ch. Martine et Jean-Louis vous proposent à la ferme d'Yvrelle 4 ch. indép., de plain-pied. 2 ch. avec chacune (1 lit 2 pers., 1 lit 1 pers.), 1 ch. (2 lits 1 pers.), 1 ch. (1 lit 2 pers., 2 lits 1 pers.) avec s. d'eau/wc privés. 2 pour pers. hand. Terrasse, salon de jardin, TV. Table de p-pong et c-cuisine. Jeux enfants, terrain de boules, terrain de loisirs (swin-golf). Au milieu des champs et prés, vous apprécierez le calme environnant et les sentiers de petite randonnée ainsi que le GR36. Table d'hôtes avec les produits de la ferme (agriculture biologique). Sur D304, entre Parigné-l'Evêque et Le Grand-Lucé. Remise pour séjour d'1 semaine. Langues parlées : anglais, allemand.

Prix : 1 pers. 31 € 2 pers. 41 € 3 pers. 50 € pers. sup. 9 € repas 16 €
Ouvert : Toute l'année.

5	10	2,5	0,1	2	20	5	12	2,5

Martine ROUSSEAU - Ferme d'Yvrelle - 72250 PARIGNE-L'EVEQUE - Tél. : 02 43 75 22 21 - Fax : 02 43 75 22 21

PIRMIL Logis de Verdelle

E.C. 1 ch. Le Mans et Sablé 20 km. Nous vous accueillons dans notre maison, 1 chambre (1 lit 2 pers.) avec salle de bain privative. Possibilité 1 lit supplémentaire pour 1 pers. A mi-chemin entre le Mans et Sablé sur Sarthe (à 4 km de Noyen sur Sarthe). Si vous aimez le calme, la verdure.

Prix : 1 pers. 31 € 2 pers. 40 € 3 pers. 54 €
Ouvert : Toute l'année

10	5	1	12	4	4

Micheline et Jean CORNUEL - Le logis de Verdelle - 72430 PIRMIL - Tél. : 02 43 95 98 55

PONTVALLAIN
C.M. 64 Pli 3

3 ch. Dans une maison bourgeoise du XVIIe s., 3 chambres d'hôtes aménagées dans 2 bâtiments annexes avec accès et jardin indépendant. 1 ch. 4 pers. avec cheminée ancienne, coin-cuisine et salon (1 lit 2 pers., 2 lits 1 pers., TV), s. d'eau et wc privés. Poss. lit bébé. 1 ch. 2 pers. avec s. d'eau et wc privés. 1 ch. 3 pers. (3 lits 1 pers., TV) avec s. d'eau et wc privés. Grand terrain aménagé. Location VTT sur place. Ping-pong. Barbecue. Piscine (11 m x 5 m) dans la propriété. Salle à manger dans la maison principale. Petits déjeuners soignés. Langue parlée : anglais.

Prix : 2 pers. 48/60 € 3 pers. 71/79 € pers. sup. 19 €
Ouvert : Toute l'année.

4,5	SP	0,1	0,1	0,1	4,5	4,5	6	0,1

Guy VIEILLET - Place Jean Graffin - 72510 PONTVALLAIN - Tél. : 02 43 46 36 70

ROUEZ-EN-CHAMPAGNE L'Abbaye de Champagne
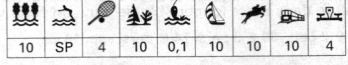
C.M. 60 Pli 12

3 ch. Marie-Annick et Pierre vous accueillent dans leur ancienne abbaye du XIIe s. 3 chambres d'hôtes du XVIIIe aménagées pour 2 pers. avec salle de bains et wc privés. Chauffage électrique. Gîte de séjour, pêche sur 2 étangs, chasse à la journée ou au week-end, pédalos, piscine. Taxe de séjour. Stages artistiques.

Prix : 2 pers. 46/64 € pers. sup. 12 € repas 14/23 €
Ouvert : Toute l'année.

10	SP	4	10	0,1	10	10	4	

M-Annick et Pierre LUZU - L'Abbaye de Champagne - 72140 ROUEZ-EN-CHAMPAGNE - Tél. : 02 43 20 15 74 - Fax : 02 43 20 74 61

SILLE-LE-GUILLAUME La Groie

C.M. 60 Pli 12

2 ch. Thérèse accueille ses hôtes dans 2 ch. aménagées à l'étage de sa ferme restaurée, à proximité du village. 1 ch. 3 pers. (1 lit 2 pers. 1 lit 1 pers.), 1 ch. 4 pers. (1 lit 2 pers. 2 lits 1 pers.). Salle d'eau et wc communs. Séjour avec TV à la disposition des hôtes. Chauffage central. Logement pour chevaux et chevaux sur place.

Prix : 2 pers. 30 € 3 pers. 38 € pers. sup. 8 €
Ouvert : Toute l'année.

1	1	0,5	1	0,1	1	1

Thérèse LEFEVRE - La Groie - 72140 SILLE-LE-GUILLAUME - Tél. : 02 43 20 11 91

Pays de Loire — Sarthe

SILLE-LE-PHILIPPE — Château de Chanteloup
C.M. 60 Pli 14

5 ch. — 5 ch. aménagées dans un bâtiment ancien, jouxtant le château de Chanteloup. Ch. avec salle d'eau/wc privés, pour 2, 3 ou 4 pers. Ces ch. bénéficient en outre de tous les aménagements d'un castel-camping, installé dans le parc du château (piscine, tennis, salon de billard, pêche, canotage). Langue parlée : anglais.

Prix : 1 pers. 61 € · 2 pers. 69 € · 3 pers. 76 €
Ouvert : Du 1er mai au 30 septembre.

♦♦♦	≋	SP	♣	⛵	🚴	🏇	🏛	🅿
12	SP	SP	SP	12	4	18	1	

Michel SOUFFRONT - Château de Chanteloup - 72460 SILLE-LE-PHILIPPE - Tél. : 02 43 27 51 07 ou 02 43 81 72 56

SOLESMES — Le Fresne (TH)
C.M. 64 Pli 2

3 ch. — Ils mettent à votre dispo. 3 ch. indép. et de plain-pied aménagées dans un bâtiment attenant à la maison d'habitation. 1 ch. poss. 4 pers. (1 lit 2 pers. 2 lits 1 pers.) avec s.d.b. et wc privés, 1 ch. 2 pers. (2 lits 1 pers.) avec s. d'eau et wc privés. 1 ch. 4 pers. avec mezzanine (1 lit 2 pers. 2 lits 1 pers.) avec s. d'eau et wc privés. Marie-Armelle et Pascal vous accueillent proche de Solesmes, au cœur de la vallée de la Sarthe. Ch. élect. Suppl. pour animaux : 5 €/nuit. Table d'hôtes sur réservation. Prix dégressif à partir de 4 jours. Taxe de séjour. Langues parlées : anglais, espagnol.

Prix : 1 pers. 33 € · 2 pers. 42 € · 3 pers. 53 € · pers. sup. 11 € · repas 19 €
Ouvert : Toute l'année.

♦♦♦	≋	♣	🌲	🚴	⛵	🏇	🏛	🅿
15	6	3	15	6	0,2	25	5	7	3

M-Armelle et Pascal LELIEVRE - Le Fresne - 72300 SOLESMES - Tél. : 02 43 95 92 55 - Fax : 02 43 95 92 55

SOULIGNE-FLACE — La Bertellière
C.M. 60 Pli 3

2 ch. — Le Mans 15 km. Vous aimez la nature, le calme, la convivialité. A 15 km du Mans (sortie A11 Le Mans sud 8 km, Le Mans ouest 14 km). Nous serons heureux de vous recevoir dans notre fermette. Vous serez dans un grand jardin 4000 m² en pleine campagne. 2 ch. avec s.d.b., wc privés, accès extérieur indépendant. Conditions part. pour déplacement pro. et longs séjours. Vous pourrez vous détendre dans une grande pièce commune avec verrière et mezzanine. Pour nous rejoindre, à la sortie de Souligné (dir. Vallon) prendre à droite (dir. Coulans D88, faire 500 m, prendre à gauche (dir. Brains S/ Gée VC8) et faire 1500 m.

Prix : 1 pers. 34 € · 2 pers. 40 € · pers. sup. 8 €
Ouvert : Toute l'année.

♦♦♦	≋	♣	🌲	🚴	⛵	🏇	🏛	🅿
15	10	6	15	15	4	10	3		

M. et Mme PORTEHAULT - La Bertellière - 72210 SOULIGNE-FLACE - Tél. : 02 43 88 13 12 - E-mail : la.bertelliere@wanadoo.fr - http://perso.wanadoo.fr/labertelliere/

ST-COSME-EN-VAIRAIS — Les Hautes Grouas
C.M. 60 Pli 14

3 ch. — Dans une ancienne ferme en pleine nature avec sous-bois. A l'étage d'un bâtiment indépendant contigu à l'habitation principale : 3 chambres d'hôtes de 2 pers. avec salle d'eau et wc privatifs. Au rez-de-chaussée : salle de 80 m² réservée aux hôtes avec TV et bibliothèque. Chauffage central. Terrasse. Salons de jardin. Possibilité herbage et logement pour chevaux. 5e nuit gratuite. Restaurant à 2 km. A 20 mn de l'Autoroute Océane (sortie La Ferté-Bernard).

Prix : 2 pers. 40 €
Ouvert : Toute l'année.

♦♦♦	≋	♣	🌲	🚴	⛵	🏇	🏛	🅿
12	12	1	15	2	3	12	12	17	2

Evelyne COUPE - Les Hautes Grouas - 72580 ST-COSME-EN-VAIRAIS - Tél. : 02 43 33 90 40

ST-COSME-EN-VAIRAIS — Les Trois Jours (TH)

E.C. 6 ch. — Le Mans 40 km. Alençon 30 km. Geneviève et Barrie vous attendent pour une halte au calme dans leurs 6 ch. d'hôtes. Toutes les chambres ont une sdb privative et tv. Pour vous détendre, terrasse avec salon de jardin. Golf, restaurants à proximité. English spoken. Possibilité herbage et logement pour chevaux. A 3 km de Perche, au milieu d'un parc arboré, tout près de la forêt de Bellême. Langue parlée : anglais.

Prix : 1 pers. 34 € · 2 pers. 38/42 € · pers. sup. 12 €
Ouvert : Toute l'année

≋	♣	🌲	🚴	⛵	🏇	🏛	🅿
12	1	15	SP	0,3	12	18	1

M. et Mme KERSHAW - Les trois jours - 72110 SAINT-COSME-EN-VAIRAIS - Tél. : 02 43 97 55 59 -
E-mail : genbar.kershaw@wanadoo.fr

ST-GERMAIN-SUR-SARTHE — Les Ruettes
C.M. 60 Pli 13

3 ch. — Le Mans 40 km. Sillé-le-Guillaume 15 km. Pierre et Chantal vous accueilleront dans un cadre calme, verdoyant et fleuri à la campagne sur leur ferme. Vous pourrez découvrir le jardin de vivaces et les animaux. Des ch. sont situées à l'ét. de la maison des propriétaires avec un accès indépendant : 1 ch. 2 pers. (s.d.b./wc privés) et une suite familiale composée d'1 ch. 2 pers., 1 ch. à lits jumeaux (s.d.b./wc privés). Nécessaire pour bébé. Marché. N138 Le Mans Alençon. A la Hutte, prendre direction Fresnay sur Sarthe, les Alpes Mancelles D310. Nous nous situons à 2 km de la RN138.

Prix : 1 pers. 30 € · 2 pers. 39 € · 3 pers. 46 € · pers. sup. 11 €
Ouvert : Toute l'année.

♦♦♦	≋	♣	🌲	🚴	⛵	🏇	🏛	🅿
2,5	4	1	15	0,5	15	15	2	4

Chantal et Pierre GOIDEAU - Les Ruettes - 72130 ST-GERMAIN-SUR-SARTHE - Tél. : 02 43 97 50 87 -
E-mail : chantalpierregoideau@yahoo.fr - http://goideau.free.fr

Sarthe
Pays de Loire

ST-JEAN-D'ASSE Domaine du Sablon (TH)

2 ch. Le Mans 15 km. Alençon 35 km. Ancienne ferme rénovée avec goût dans le respect des traditions sur 4 ha de bocage bordés par la Sarthe. Four à chanvre. Ecuries. Grange. Prix à convenir pour familles/groupes ou séjour. 2 ch. : décor romantique : salle d'eau/wc privés, 20 m² pour l'une, 42 m² pour l'autre avec terrasse privée. Salle à manger commune avec cheminée, grd salon, petit salon près d'un authentique four à pain,TV et jeux. Parking. Box à chevaux. Terrasse plein sud, salon de jardin.Barque.TH sur réservation. Langue parlée : anglais.

Prix : 1 pers. **34/46 €** 2 pers. **40/50 €** 3 pers. **58/69 €**
Ouvert : Toute l'année.

🐕	🏊	🎾	🌲	🚴	⛵	🎣	🚂
8	10	SP	SP	SP	SP	SP	4

Marite et Daniel GALTIER - Domaine du Sablon - 72380 SAINT-JEAN-D'ASSE - Tél. : 02 43 27 80 97 - Fax : 02 43 27 86 60

ST-JEAN-DE-LA-MOTTE La Vivantière (TH) *C.M. 64 Pli 2*

4 ch. Saint-Jean-de-la-Motte 3 km. La Flèche 15 km. 3 suites et 1 chambre : suite « Le Printemps » avec salle de bains et wc, chambre « l'Eté » avec salle d'eau et wc, suite « l'Automne » avec salle de bains et wc, suite « l'Hiver » avec salle d'eau et wc. Château construit au XVII° siècle, restauré sous Napoléon III entouré d'arbres centenaires, vous ouvre ses portes pour goûter au calme de ses chambres et apprécier sa table d'hôtes avec les produits issus de la propriété : miel, fromage de chèvre, volailles, etc... Langues parlées : anglais, polonais.

Prix : 1 pers. **27 €** 2 pers. **53 €** repas **27 €**
Ouvert : Toute l'année.

🐕	🏊	🎾	🌲	🚴	⛵	🎣	🚂
3	3	3	3	3	5	30	3

Margaret ALLENET - Château de la Vivantière - 72510 ST-JEAN-DE-LA-MOTTE - Tél. : 02 43 45 29 15 - Fax : 02 43 45 29 15 -
E-mail : oallenet@aol.com - http ://members.aol.com/vivantière/chateau.html ?

ST-LEONARD-DES-BOIS Le Moulin de L'Inthe *C.M. 60 Pli 12*

5 ch. Au cœur des Alpes Mancelles, sur les bords de la Sarthe, le Moulin de l'Inthe vous propose 3 chambres d'hôtes 2 pers., 1 chambre 3 pers et 1 ch. 4 pers. avec salle de bains et wc privés. Salons avec TV. Location possible VTT. Héli-surface. Langue parlée : anglais.

Prix : 1 pers. **44 €** 2 pers. **58 €** 3 pers. **73 €** pers. sup. **19 €**
Ouvert : Toute l'année, fermée du 1ᵉʳ janvier au 30 mars.

🐕	♨	🏊	🎾	🌲	🚴	⛵	🎣	🚂
25	12	0,2	0,1	0,2	SP	25	0,2	18	0,2

Claude ROLLINI - Le Moulin de l'Inthe - 72590 ST-LEONARD-DES-BOIS - Tél. : 02 43 33 79 22

ST-SYMPHORIEN Manoir Le Mont Porcher (TH) *C.M. 60 Pli 12*

4 ch. Le Manoir du Mont Porcher est situé sur un vaste promontoire, à l'orée de la forêt de Charnie, à proximité d'une motte féodale, attestant des origines médiévales de cette demeure chargée d'histoire. Sa restauration exemplaire a permis d'y aménager 4 chambres de grand confort, tout en préservant l'authenticité des lieux. Une chapelle consacrée, ainsi que le salon bibliothèque ouvrant sur un jardin à la française sont à la disposition exclusive des hôtes. Un accueil chaleureux y est assuré par les jeunes propriétaires. Restaurant à 2,5 km. Dîner aux chandelles sur réservation. Langues parlées : anglais, allemand.

Prix : 1 pers. **80 €** 2 pers. **90 €** pers. sup. **30 €** repas **40 €**
Ouvert : Du 1ᵉʳ mai au 30 septembre.

🐕	♨	🏊	🎾	🌲	🚴	⛵	🎣	🚂
15	5	2	0,1	2	5	15	2	10	2

Chantal et Benoît MEYER-DE LA BRETONNIERE - Manoir Le Mont Porcher - 72240 ST-SYMPHORIEN - Tél. : 02 43 20 75 61

THOIRE-SUR-DINAN Le Saut du Loup (TH) 🍇 *C.M. 64 Pli 4*

3 ch. A mi-chemin entre Le Mans et Tours et à 10 km de Château du Loir, Claudine et Jacques vous accueillent à la lisière de la forêt de Bercé (5500 ha), région Vallée du Loir. 3 ch. d'hôtes à l'ét. : 1 ch. (1 lit 2 pers.), 1 ch. (3 lits 1 pers.), 2 ch. communicantes (4 lits 1 pers.). S. d'eau ou bains, wc, prise TV dans chaque ch. Ch. élect. Au r.d.c. : biblio., salle de billard, réfrigérateur, prise TV, terrasse avec salon de jardin, terrain de boules, grand jardin. Table d'hôtes sur réservation avec repas à la table familiale. Sur place : ferme laitière, circuits pédestres, VTT en forêt de Bercé. Taxe de séjour gratuite.

Prix : 1 pers. **35 €** 2 pers. **43 €** 3 pers. **61 €** repas **14 €**
Ouvert : Toute l'année.

🐕	♨	🏊	🎾	🌲	🚴	⛵	🎣	🚂
5	9	3	0,1	3	5	5	5	9	3

Claudine et Jacques CISSE - Le Saut du Loup - 72500 THOIRE-SUR-DINAN - Tél. : 02 43 79 12 36

VANCE Le Cornillau

3 ch. A l'entrée du bourg, en venant du Grand Lucé, sur la D34, Marie-Françoise et ses chats vous accueillent chaleureusement dans un site calme. R.d.c. : 1 ch. 2 pers. avec douche et lavabo, wc dans le couloir. A l'étage : 2 ch. séparées, wc et salle d'eau communs sur le palier. Jardin et stationnement clos.

Prix : 1 pers. **26 €** 2 pers. **30 €** pers. sup. **11 €**
Ouvert : Toute l'année sur réservation.

🐕	♨	🏊	🎾	🌲	🚴	⛵	🎣
22	9	9	15	0,5	22	0,3

Marie-Françoise BUISSON - Le Cornillau - 25 rue Virginie Vaslin - 72310 VANCE - Tél. : 02 43 35 37 99

Pays de Loire — Sarthe

VILLAINES-LA-GONAIS La Gadellière
C.M. 60 Pli 14

2 ch. A l'étage d'une ancienne ferme, accès par l'escalier assez raide, 2 ch. d'hôtes (2 lits 2 pers. et lit d'enfant jusqu'à 3 ans), possibilité de lits d'appoint, clic-clac, avec chacune s. d'eau privée attenante, wc communs, chauffage central. En bordure du Perche, paysage vallonné, randonnées pédestres et VTT, pêche dans l'Huisne (2ᵉ Cat.) à 300 m. Restaurant à 2,5 km. Suppl. pour 1 lit enfant : 8 €. 10 % de réduction à partir de 2 nuits consécutives ou 2 ch. pour la même famille.

Prix : 1 pers. **30 €** 2 pers. **38 €** pers. sup. **15 €**
Ouvert : Toute l'année.

	10	10	2,5	13	0,3	10	10	10	2,5

Bernard et Eliane DORISON - La Gadellière - 72400 VILLAINES-LA-GONAIS - Tél. : 02 43 93 21 07

VILLAINES-LA-GONAIS Tréfoux
C.M. 60 Pli 14

2 ch. La Ferté-Bernard 4 km. Dans 1 cadre calme, fleuri et verdoyant, Chantal et Jean-Luc, venus du Gers, vous accueillent dans leur ferme typique du Perche Sarthois, spécialisés dans la production de foie gras. 1ᵉʳ ét. de leur maison entièrement restaurée : 1 ch. (2 pers.), s.d.b. et wc privés. Poss. pour 1 famille de disposer d'1 ch. (2 pers.) en partageant s.d.b. et wc. A 7 km de la sortie n°5 de l'autoroute Océane A11.

Prix : 1 pers. **39 €** 2 pers. **43 €**
Ouvert : Toute l'année.

	4	4	4	15	4	2	4	0,5	4	4

Chantal et Jean-Luc OUARNIER - Ferme de Tréfoux - 72400 VILLAINES-LA-GONAIS - Tél. : 02 43 93 26 52 - Fax : 02 43 71 43 99

VOLNAY Le Grand Gruet
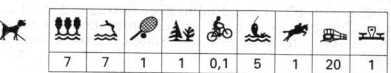
C.M. 64 Pli 4

2 ch. Parigné-l'Evêque 8 km. Sur un ancien domaine, situé sur 1 hauteur, entouré de bocages et forêts, au calme, maison de maître du XVIIᵉ s. avec ses dépendances. Anne vous accueille dans 1 espace arboré et fleuri. « Le Logis de Gessy » comporte au r.d.c. 1 suite avec kitchenette, ch. (1 lit 2 pers.), salon (2 lits 1 pers.), s. d'eau/wc privés. A l'étage : pour une famille de 3 ou 4 pers., 2 chambres, s. d'eau/wc privés. Prix 4 pers. : 69/76 €. Prix dégressif à partir du 2ᵉ jour.

Ouvert : Toute l'année.

	7	7	1	1	0,1	5	1	20	1

Mme EVENO-SOURNIA - Le Grand Gruet - 72440 VOLNAY - Tél. : 02 43 35 68 65

YVRE-LE-POLIN La Cure
C.M. 64 Pli 3

2 ch. Le Lude 22 km. Le Mans 23 km. Dans une jolie maison restaurée avec beaucoup de goût, Mme Grude vous accueille et vous propose : 1 ch. 2 pers. avec salle de bains et wc privés, poss. couchage suppl. dans le clic-clac, 1 ch. 3 pers. avec salle de bains et wc privés. Salle commune de 40 m² avec salon, TV et cheminée. Terrasse avec salon de jardin, parking voiture fermé.

Prix : 1 pers. **35 €** 2 pers. **43 €** pers. sup. **14 €**
Ouvert : Toute l'année.

	9	8	0,5	3	4	9	9	5	23	0,5

Josiane GRUDE - La Cure - 72330 YVRE-LE-POLIN - Tél. : 02 43 87 25 27 ou 06 68 88 94 21

YVRE-LE-POLIN La Noirie
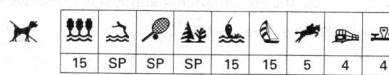
C.M. 64 Pli 3

2 ch. Le Mans 15 km. Au cœur d'un domaine forestier, 2 chambres (1 lit 2 pers.) avec douche et wc privés. Possibilité lit supplémentaire. Salon avec TV. Chiens admis en chenil. Piscine, tennis, VTT sur place. Restaurant à 4 km.

Prix : 2 pers. **46 €** pers. sup. **11 €**
Ouvert : Toute l'année.

	15	SP	SP	SP	15	15	5	4	4

M. LARDY - La Noirie - 72330 YVRE-LE-POLIN - Tél. : 02 43 42 48 96 ou 02 43 42 02 17

Vendée

Pays de Loire

GITES DE FRANCE - Service Réservation
124, boulevard Aristide-Briand - B.P. 735
85018 LA ROCHE-SUR-YON Cedex
Tél. 02 51 37 87 87 - Fax 02 51 62 15 19
E.mail : gites-de-france-vendee@wanadoo.fr - http://www.gites-de-france-vendee.com/85

3615 Gîtes de France
0,2 €/min

L'AIGUILLON-SUR-VIE Bacqueville
C.M. 67 Pli 12

2 ch. St-Gilles-Croix-de-Vie 10 km. **Armonia (balnéothérapie) 35 km.** Entre mer et terre, 2 chambres rénovées en 1993 aménagées dans une petite maison du XII° siècle restaurée, situées sur une ferme, à proximité du logement du propriétaire. Chambres de 2 pers. avec salle d'eau et wc privés. TV sur demande. Petite cuisine équipée commune aux 2 ch. Lave-linge. Table et fer à repasser. Terrasse couverte, salon de jardin, barbecue. Lit bébé à la demande. Chauffage électrique. Portique. Gîte à proximité. Lac du Jaunay à 3 km. Etang privé, rivière, randonnées sur place. Location des chambres sur réservation hors saison estivale. Langue parlée : anglais.

Prix : 1 pers. 32 € 2 pers. 43 €
Ouvert : Toute l'année.

🐕	〰	👥	⛱	🏊	🎣	🚶	🎾	🐎	⛳	🚉	🛒
	5	5	SP	10	SP	SP	3	2	2	10	3

Alexandre BRIANCEAU - Bacqueville - 85220 L'AIGUILLON-SUR-VIE - Tél. : 02 51 22 98 57 - Fax : 02 51 22 98 57

L'AIGUILLON-SUR-VIE St-Georges
C.M. 67 Pli 12

1 ch. St-Gilles-Croix-de-Vie 11 km. 1 chambre d'hôtes aménagée dans la maison du propriétaire (maison récente datant de 1975), située en pleine campagne. Sanitaires privés (salle de bains/wc) dans le couloir. Petit coin-salon à disposition. Jardin à disposition avec vue sur la campagne (espace ombragé, parking, salon de jardin). Restaurants à 3 et 5 km. Centre de découverte du Marais Breton Vendéen Le Daviaud à 30 km.

Prix : 1 pers. 31 € 2 pers. 37 €
Ouvert : Toute l'année.

🐕	〰	👥	⛱	🏊	🎣	🚶	🎾	🐎	⛳	🚉	🛒
	11	5	8	11	5	SP	1	4	4	11	1

Prosper et Thérèse CHAILLOU - St-Georges - 85220 L'AIGUILLON-SUR-VIE - Tél. : 02 51 22 81 21

L'AIGUILLON-SUR-VIE Bel Air
(TH) — *C.M. 67 Pli 12*

2 ch. St-Gilles-Croix-de-Vie 10 km. A 10 mn de l'océan et dans le calme de la campagne, Ghislaine et René vous accueillent dans leurs 2 ch., à la ferme (élevage bovins et canards), aménagée dans la maison du propriétaire (maison récente construite en 83). 1 ch. double avec entrée indép. (1 lit 2 pers., 2 lits 1 pers.), sanitaires privés. 1 ch. avec 1 lit 2 pers., salle d'eau, wc privés. Jardin aménagé (salon de jardin). Table d'hôtes sur réservation. Petits-déjeuner et table d'hôtes servis dans la véranda. Piste cyclable à proximité. Centre de découverte du Marais Breton Vendéen Le Daviaud 15 km.

Prix : 1 pers. 34 € 2 pers. 40 € 3 pers. 53 € pers. sup. 14 € repas 14 €
Ouvert : Toute l'année.

🐕	〰	👥	⛱	🏊	🎣	🚶	🎾	🐎	⛳	🚉	🛒
	13	5	8	13	5	1	2,5	2	2	13	1,5

Ghislaine RABILLE - Bel Air - 85220 L'AIGUILLON-SUR-VIE - Tél. : 02 51 22 82 79 ou 06 86 41 52 82 - Fax : 02 51 22 82 79

AIZENAY La Groulière
(TH) — *C.M. 67 Pli 13*

E.C. 1 ch. La Roche-sur-Yon 19 km. Le Logis de la Chabotterie 26 km. Dans leur maison traditionnelle du Bocage Vendéen, à proximité d'une ferme en activité, Philippe et Christine vous proposent une halte à « La Groulière ». Vous serez accueillis dans 1 chambre double aménagée en 2000 pour 4 pers. (2 lits 1 pers., 2 lits 1 pers.), sanitaires privés (douche et wc). Entrée indépendante. Jardin, salon de jardin à dispo., parking. Une salle d'accueil « vinothèque » est à votre disposition. Vous pourrez y consulter des documents oenologiques et gastronomiques. Philippe vous fera déguster des crus régionaux. Table d'hôtes sur réservation.

Prix : 1 pers. 30 € 2 pers. 38 € 3 pers. 47 € pers. sup. 9 € repas 14 €
Ouvert : Toute l'année.

🐕	〰	👥	⛱	🏊	🎣	🚶	🎾	🐎	⛳	🚉	🛒
	27	12	12	3	3	0,5	3	10	20	18	3

Philippe UZUREAU - La Groulière - 85190 AIZENAY - Tél. : 02 51 94 74 12 - Fax : 02 51 94 74 12 - E-mail : ph.uzureau@wanadoo.fr

ANGLES Moricq
C.M. 71 Pli 11

4 ch. Luçon 18 km. St-Vincent-sur-Jard (maison de Clémenceau) 10 km. A l'entrée du Marais-Poitevin, à 8 km de La Tranche-sur-Mer, Chantal et Roger vous accueillent dans leurs 4 ch. d'hôtes à prox. de leur habitation (ferme en activité). 3 ch. aménagées en 95 dans les dépendances d'une ancienne ferme : 2 ch. (1 lit 2 pers.), 1 ch. (1 lit 2 pers. 1 lit 1 pers.), 1 ch. aménagée en 98 à l'ét. d'1 maison ancienne (1 lit 2 pers. 1 lit 120). Poss. lit d'appoint. Sanitaires privés (s. d'eau/wc). Prise TV dans chaque ch. Salon de jardin privé, terrasse, préau, espace vert aménagé. Salle commune avec coin-cuisine équipé (bibliothèque, jeux de société). Animaux admis sous réserve. Accès : suivre Tour de Moricq.

Prix : 1 pers. 35 € 2 pers. 37/40 € 3 pers. 47/50 €
Ouvert : Toute l'année.

🐕	〰	👥	⛱	🏊	🎣	🚶	🎾	🐎	⛳	🚉	🛒
	8	8	10	25	SP	SP	1	5	20	25	1

Roger et Chantal GUIET - 4 route du Port - Moricq - 85750 ANGLES - Tél. : 02 51 97 56 20 - Fax : 02 51 28 98 25 -
E-mail : roger.guiet@freesbee.fr

Pays de Loire **Vendée**

BEAUVOIR-SUR-MER
C.M. 67 Pli 1

1 ch. **Challans 15 km. Le Passage du Gois 6 km.** A la porte des îles de Noirmoutier et d'Yeu, 1 chambre 2 pers. (poss. 2 lits d'appoints), à l'étage d'une maison contemporaine située dans un ensemble, à 1 km du bourg de Beauvoir s/mer. Salle d'eau et wc privés, salon à disposition, bibliothèque, TV. Espace fleuri (salon de jardin). Ambiance familiale. Randonnées pédestres de découverte du Marais à 1 km. Restaurants à 1 km. Michel, guide touristique, vous conseille sur votre séjour. Parking à l'intérieur de la propriété. 1er prix cantonal des Maisons Fleuries.

Prix : 1 pers. 40 € 2 pers. 46 €
Ouvert : Toute l'année.

6	12	3	1	3	1	1	2	15	15	1

Michel et M-Claude DAVIAUD - 2 Hameau les Aubiers - 85230 BEAUVOIR-SUR-MER - Tél. : 02 51 49 82 28 -
E-mail : mdaviaud@free.fr

BELLEVILLE-SUR-VIE
C.M. 67 Pli 13

2 ch. **La Roche-sur-Yon 10 km. Le Logis de la Charbotterie 10 km.** Chantal et Denis seront heureux de vous accueillir à la ferme dans leur maison située dans le Bocage Vendéen. 2 ch. rénovées en 1987, aménagées en r.d.c d'une maison datant de 1979, le propriétaire à l'étage. 1 ch. (2 lits 2 pers.) avec lavabo, douche et wc et 1 ch. (1 lit 2 pers.) avec salle de bains et wc. Prise TV dans chaque chambre. Coin-cuisine à dispo. Jardin, aire de jeux, parking. Assistante maternelle agréée pouvant garder vos petits pendant vos sorties longues ou tardives. Restaurant à 2 km. Territoire de la Vendée militaire. Puy du Fou à 45 km. Karting à 1 km.

Prix : 1 pers. 29 € 2 pers. 34 € 3 pers. 43 € pers. sup. 9 €
Ouvert : Toute l'année.

40	5	25	5	5	SP	2	25	2	2

Denis et Chantal BOURCIER - Le Vivier - Route du Poiré sur Vie - 85170 BELLEVILLE-SUR-VIE - Tél. : 02 51 31 83 25

LE BERNARD O'Brière
C.M. 67 Pli 13

1 ch. **Les Sables-d'Olonne 25 km. St-Vincent-sur-Jard 8 km.** A proximité de la mer et des plages, dans un beau presbytère (XIIe et XIXe siècles) rénové en 1990, situé dans un petit bourg (le Carnac Vendéen) chez des passionnés de golf, 1 chambre d'hôtes au r.d.c pour 2 pers. (1 lit 160) avec sanitaires particuliers (salle de bains/wc). Parking dans propriété. Grand jardin clos avec mobilier à disposition. Grange avec coin-cuisine. Nombreuses promenades. Site géologique et préhistorique réputé. La maison de Clémenceau à St-Vincent-sur-Jard. Langues parlées : anglais, allemand.

Prix : 2 pers. 39 €
Ouvert : Toute l'année.

6	6	20	10	2	2	15	18	30	SP

Jacques et F-Xavière BRIEN - O'Brière - Place de l'Eglise - 85560 LE-BERNARD - Tél. : 02 51 90 30 05

BOIS-DE-CENE
(TH) C.M. 67 Pli 2

2 ch. **Challans 9 km. Ile de Noirmoutier 20 km.** A l'entrée du village, 2 chambres d'hôtes de plain-pied, rénovées en 1994, aménagées dans la maison du propriétaire datant de 1992. 2 ch. de 3 pers. avec salle d'eau et wc privés dans chaque ch. Prise TV. Entrée indépendant. Lit bébé + baignoire + chaise haute + matelas à langer sur demande (6,10 €). Terrasse et salon de jardin particuliers à chaque ch. Terrain ombragé et fleuri. Le propriétaire vous propose des randonnées à la découverte de la faune et la flore des marais. Logis de la Chabotterie à 35 km. Table d'hôtes fermée le dimanche.

Prix : 1 pers. 38 € 2 pers. 40 € 3 pers. 50 € repas 13 €
Ouvert : Toute l'année.

12	18	10	SP	SP	0,5	5	30	10	0,1

Hubert et M-Thérèse LEBEAU - Les Albizzias - 15 route de Challans - 85710 BOIS-DE-CENE - Tél. : 02 51 68 24 68

LA BOISSIERE-DE-MONTAIGU
C.M. 67 Pli 4

2 ch. **Montaigu 10 km. Le Puy-du-Fou 25 km.** 2 chambres d'hôtes aménagées à l'étage d'une grande maison ancienne située dans un bourg, près de l'église. 1 ch. 4 pers. (2 lits 2 pers. avec salle d'eau et wc privés. 1 ch. 2 pers. avec salle de bains et wc privés. Séjour/salon à disposition avec réfrigérateur. Jardin, salon de jardin, parking.

Prix : 1 pers. 27 € 2 pers. 34 € 3 pers. 49 € pers. sup. 9 €
Ouvert : Toute l'année.

75	75	4	10	1,5	0,5	1	4	30	10	SP

Charles et Anne BAUDON - 16 rue de la Poste - 85600 LA-BOISSIERE-DE-MONTAIGU - Tél. : 02 51 41 68 06

LA BOISSIERE-DES-LANDES Le Logis de la Lande
C.M. 67 Pli 13

E.C. 2 ch. **Les Sables-d'Olonne 20 km. La Roche-sur-Yon 15 km.** 2 chambres d'hôtes aménagées dans un ancien Logis vendéen. 1 ch. 2 pers. en r.d.c. avec entrée indépendant (salle d'eau et wc privés). 1 ch. double 4 pers. à l'étage avec salle de bains et wc. Salon avec TV à disposition. Parking dans la propriété. Etang privé avec possibilité de pêche. Salon de jardin à disposition. 1 gîte rural sur place. Ouverture de 3 nouvelles chambres au printemps 2002.

Prix : 1 pers. 34 € 2 pers. 50 € 3 pers. 64 € pers. sup. 14 €
Ouvert : Toute l'année.

15	3	5	5	SP	SP	5	2	3	15	5

J-Marie et M-Claude STIMPFLING - 1 impasse St-Meleuc - 85430 AUBIGNY - Tél. : 02 28 15 52 49 ou 02 51 06 20 55

Vendée   *Pays de Loire*

BOUILLE-COURDAULT La Tuilerie
C.M. 71 Pli 1

||| 2 ch. **Fontenay-le-Comte 15 km. L'abbaye St-Pierre de Maillezais 7 km.** A la sortie d'un petit village au bord du Marais Poitevin, Nicole et Stéphane vous accueillent dans leur propriété : 2 ch. d'hôtes rénovées en 1993 aménagées à l'étage de leur maison avec entrée indépendante. Salle d'eau + wc particuliers à chaque chambre. Ch. 1 (1 lit 2 pers.), ch. 2 (1 lit 2 pers. 1 lit 120), lit 1 pers. d'appoint, lit bébé si besoin. Grande pièce d'accueil commune avec cheminée à disposition. Grand jardin avec salon, ping-pong, sentiers pédestres, circuit vélo, pêche, baignade (lac 9 km). Cloître 6 km, Coulon 8 km, La Rochelle 60 km, Puy du Fou 70 km, Futuroscope 80 km.

Prix : 1 pers. 27 € 2 pers. 37 € 3 pers. 49 €
Ouvert : De mai à août.

60	9	9	6	0,5	1	6	2	15	6

Stéphane et Nicole GUILLON - La Tuilerie - Bouillé Courdault - 85420 MAILLEZAIS - Tél. : 02 51 52 46 93 - Fax : 02 51 50 40 76

BOUILLE-COURDAULT

||| 2 ch. **Fontenay-le-Comte 10 km. Le Puy-du-Fou 70 km. La Rochelle 60 km.** A l'entrée d'un petit village, Marie-Yolande et Eric sont heureux de vous accueillir. 2 chambres d'hôtes aménagées à l'étage d'une maison ancienne restaurée en 97 (bâtiment annexe au logement du propriétaire) située dans le Marais-Poitevin. Accès indépendant : 1 ch. 3 lits 1 pers. possibilité de rajouter 1 lit d'appoint et 1 ch. 1 lit 2 pers. et 1 lit 1 pers. Sanitaires (douche/wc) privés à chaque chambre. R.d.c. : salle commune avec coin-cuisine à disposition. Sentier pédestre, circuit vélo, jardin (salon de jardin) parking privé, barque à disposition. Abbaye de Maillezais à 6 km. Coulon 8 km, Futuroscope 80 km.

Prix : 1 pers. 30 € 2 pers. 37 € 3 pers. 46 €
Ouvert : Toute l'année.

60	9	9	15	2	2	6	0,5	50	15	4

Eric et Marie-Yolande PIFFETEAU - 10 rue du Plessis - 85420 BOUILLE-COURDAULT - Tél. : 02 51 52 41 79

BOUIN
C.M. 67 Pli 2

||| 1 ch. **Challans 18 km. Ile de Noirmoutier 15 km.** 1 chambre d'hôtes 4 pers. aménagées en 1998 à l'étage de la maison du propriétaire située en bordure de marais. 1 ch. double (1 lit 2 pers.) (2 lits 1 pers) avec salle d'eau/wc privés, possibilité lit bébé. Jardin, salon de jardin à disposition. Restaurant à 2 mn.

Prix : 1 pers. 33 € 2 pers. 40 € 3 pers. 49 € pers. sup. 9 €
Ouvert : De Pâques à fin octobre.

2	15	30	8	SP	SP	0,2	3	18	18	0,2

Bernadette BECHET - Boulevard des Catherinettes - 85230 BOUIN - Tél. : 02 51 68 79 68

LE BOUPERE Manoir de la Baussonnière
C.M. 67 Pli 15

||| 5 ch. **Les Herbiers 12 km. Le Puy-du-Fou 12 km.** Dans le bocage vendéen, 5 chambres d'hôtes aménagées en 1998 à l'étage d'un manoir du 16e s. 4 ch. 2 pers. avec 1 lit 2 pers. pour chacune et 1 ch. 3 pers. avec 1 lit 2 pers. et 1 lit 120. Sanitaires privés à chaque ch. (douche, wc). Petite cuisine et salons à disposition (TV). Terrain aménagé avec salons de jardin. Grand parking privé. Restaurant 3 km.

Prix : 1 pers. 37 € 2 pers. 43 € 3 pers. 57 €
Ouvert : Toute l'année.

65	2	2	3	2	2	2	3	35	6	3

Pierre et Yvette SOULARD - Manoir de la Baussonnière - 85510 LE-BOUPERE - Tél. : 02 51 91 91 48

CEZAIS La Cressonnière
C.M. 67 Pli 16

||| 1 ch. **Fontenay-le-Comte 15 km. Le Puy-du-Fou 40 km. Pescalis 30 km.** Joli petit château du XVIe siècle que les propriétaires ont aménagé avec goût et raffinement : salon avec poutres, cheminée, tableaux, armure, tapisseries, meubles anciens, chambres avec lits à baldaquins. Vélos, jeux de croquet, espace vert, cour intérieure aménagé et douve sèche aménagé en jardin. 1 suite de 2 ch. rénovée en 1990 (2 lits 2 pers.) bains + wc privés. Vouvant (village médiéval) à 3 km, massif forestier de Mervent à 6 km, La Rochelle, La Tranche/mer 60 km, sentiers pédestres et cavaliers sur place. Restaurant gastronomique à 3 km. Ferme-Auberge à 8 km. Futuroscope 100 km. Langue parlée : anglais.

Prix : 1 pers. 53 € 2 pers. 61 € 3 pers. 84 €
Ouvert : Du 1er avril au 1er novembre.

60	3	8	5	4	SP	4	4	15	4

J-Pierre et Françoise DELHOUME - Résidence Parc St-Hilaire - 6 rue St-Hilaire - 86000 POITIERS - Tél. : 05 49 41 42 78 ou 02 51 00 88 38

CHAILLE-LES-MARAIS Le Nieul
C.M. 71 Pli 11

||| 2 ch. **Luçon 15 km. Le Puy-du-Fou 80 km. La Rochelle 30 km.** Chez des agriculteurs à la retraite, 2 chambres aménagées en 1987, dans une ferme exploitée par leurs enfants. 1 ch. 2 pers. et 1 ch. 4 pers. avec salles d'eau et wc particuliers. Salle commune avec cuisine aménagée réservée aux hôtes. Salon de jardin. Parking. Restaurant à 500 m.

Prix : 1 pers. 30 € 2 pers. 35 € 3 pers. 46 €
Ouvert : Toute l'année.

25	25	9	12	1	1	1	10	15	1

Jeanne MASSONNEAU - Le Nieul - 85450 CHAILLE-LES-MARAIS - Tél. : 02 51 56 71 66

Pays de Loire

Vendée

CHAILLE-LES-MARAIS Le Sableau
C.M. 71 Pli 11

5 ch. **Luçon 20 km. La Rochelle 25 km.** Dans le Marais Poitevin, entre La Rochelle et les plages vendéennes, une ancienne ferme s'est transformée pour vous, la famille Pizon met à votre disposition 5 ch. d'hôtes rénovées en 1990, en bordure de la RN 137. Maison en retrait de 150 m sur une propriété d'1 ha. 60. R.d.c. : 1 ch. double 4 pers. avec salle d'eau et wc privés. Étage : 1 ch. 3 pers. 2 ch. 2 pers. avec s. d'eau et wc privés dans la ch. 1 ch. 4 pers. avec s.d.b. + wc privés. Séjour, salon (TV), salon de jardin, piscine privée (ouverte du 01/05 au 15/10) à disp. Restaurants à 200 m. Location VTT. Tél. dans salle commune. Cuisine à disp. Poss. l-linge. Langues parlées : anglais, espagnol.

Prix : 1 pers. 28/32 € 2 pers. 31/36 € 3 pers. 40/44 € pers. sup. 9 €

Ouvert : Toute l'année.

30	0,5	25	SP	1	SP	5	20	20	20	5

Jean-Claude PIZON - Le Paradis - Le Sableau - 85450 CHAILLE-LES-MARAIS - Tél. : 02 51 56 72 15 - Fax : 02 51 56 73 39

LA CHAIZE-LE-VICOMTE
C.M. 67 Pli 14

5 ch. **La Roche-sur-Yon 9 km. Le Puy-du-Fou 45 km.** 5 ch. d'hôtes aménagées en 95 dans une maison de maître du début du siècle située au centre d'un petit bourg. 3 ch. au 1er étage avec sanitaires privés (1 lit 2 pers., bains, wc)(2 lits 2 pers., bains, wc)(1 lit 2 pers., douche, wc). 2 ch. au 2e étage avec sanitaires privés (1 lit 2 pers., 2 lits 1 pers., douche, wc)(1 lit 2 pers., 1 lit 1 pers., bains, wc, salon). R.d.c. : petite cuisine, salon, salle de billard. Parc de 5000 m² avec salon de jardin. Piscine privée. Vélos à disposition.

Prix : 1 pers. 37 € 2 pers. 42 € 3 pers. 54 € pers. sup. 13 €

Ouvert : Du 15 juin au 15 septembre.

40	10	20	SP	15	0,2	0,2	3	18	15	0,2

Laurent FAGOT - Demeure du Marillet - 59 rue des Frères Payraudeau - 85310 LA-CHAIZE-LE-VICOMTE - Tél. : 02 51 40 11 62 ou 06 87 08 15 73 - Fax : 02 51 40 11 62

CHALLANS
C.M. 67 Pli 12

1 ch. **Challans 2 km.** Léa Briton vous accueillera dans sa maison neuve datant de 1992 construite à l'ancienne, dans un cadre agréable : 1 chambre d'hôtes 3 personnes. Entrée indépendante, salle d'eau et wc particuliers, coin-cuisine à la disposition des hôtes. Maison située à proximité de l'hippodrome, restaurant à 500 m. TV. Salon de jardin et frigidaire. Accès : à Challans, prendre direction St Gilles Croix de Vie/St Hilaire de Riez. Le centre de découverte du Marais Breton Vendéen Le Daviaud à 15 km.

Prix : 1 pers. 35 € 2 pers. 38 € 3 pers. 46 €

Ouvert : Toute l'année.

8	8	15	2	3	1	2	5	12	2

Léa BRITON - 35 route de Soullans - La Craie des Noues - 85300 CHALLANS - Tél. : 02 51 68 03 71

CHAMBRETAUD Le Puy Simbert
C.M. 67 Pli 15

2 ch. **Les Herbiers 5 km. Le Puy-du-Fou 8 km.** 2 chambres d'hôtes à l'étage, rénovées en 1988, aménagées dans une dépendance de la ferme, entrée indépendante. 2 ch. de 3 personnes avec 1 lit 2 pers. et 1 lit 120. Salle d'eau et wc privés à chaque chambre. Salle commune à disposition avec possibilité de cuisine. Restaurants à 2 et 5 km.

Prix : 1 pers. 34 € 2 pers. 39 € 3 pers. 48 €

Ouvert : Du 15 mai au 15 septembre.

80	15	15	5	10	5	5	15	20	20	6

J-Louis et Jacqueline CHARRIER - Le Puy Simbert - 85500 CHAMBRETAUD - Tél. : 02 51 91 23 90 - Fax : 02 51 64 89 15

CHAMBRETAUD Puycrotier
C.M. 67 Pli 15

2 ch. **Les Herbiers 10 km. Le Puy-du-Fou 2 km.** Aurore et Laurent vous accueillent dans leurs 2 chambres d'hôtes aménagées en 1998 dans leur maison d'habitation au cœur de leur ferme. 1 ch. à l'étage pour 2 pers. avec salle de bains/wc. 1 ch. au r.d.c. pour 3 pers. avec salle d'eau/wc. Les deux chambres ont une entrée indépendante. Vous pourrez vous balader à pied dans la ferme. Terrain aménagé avec salon de jardin et portique pour les enfants. Table d'hôtes sur réservation sauf le dimanche soir. Possibilité de réserver les billets du Puy du Fou. Langue parlée : anglais.

Prix : 1 pers. 32 € 2 pers. 40 € 3 pers. 50 € repas 15 €

Ouvert : Toute l'année.

80	15	15	4	7	3	6	15	25	23	2

Laurent et Aurore BARON - Puycrotier - 85500 CHAMBRETAUD - Tél. : 02 51 91 50 08

LA CHAPELLE-ACHARD Le Plessis Jousselin
C.M. 67 Pli 13

4 ch. **Les Sables-d'Olonne 12 km. St-Vincent-sur-Jard 25 km.** A la campagne, à proximité de la mer, Maïté et Dominique vous proposent 4 chambres d'hôtes de 2 pers. aménagées dans une maison de ferme rénovée en 1994 : 2 chambres en rez-de-chaussée et 2 chambres à l'étage, sanitaires privés à chaque chambre (douche, wc), entrée indépendante. Salle commune avec coin-cuisine équipé, TV, lave-linge, terrasse avec salon de jardin. Animaux acceptés sous réserve. La maison de Clémenceau à St-Vincent-sur-Jard.

Prix : 1 pers. 31 € 2 pers. 37 €

Ouvert : Toute l'année.

12	8	8	15	8	0,5	2	8	10	2	2

Dominique et Maïté CHIFFOLEAU - Le Plessis Jousselin - 85150 LA-CHAPELLE-ACHARD - Tél. : 02 51 05 91 08

Vendée

Pays de Loire

LE CHATEAU-D'OLONNE
C.M. 67 Pli 12

E.C. 2 ch. **Les Sables-d'Olonne 5 km.** Mer et campagne. Dans une propriété boisée de 1 ha., un site accueillant et reposant, 2 chambres d'hôtes 3 pers., aménagées à l'étage d'une maison contemporaine, mitoyennes à 2 autres chambres privées, avec entrée indépendante. Chaque chambre dispose d'un lit 2 pers. et d'un lit 1 pers. et de sanitaires (douche, wc). Piscine (6x12) à disposition avec espace couvert + annexe : salons de jardin, bains de soleil, barbecue, réfrigérateur, micro-ondes, évier. Jeux de plein air : badminton, ping-pong. Parking. Sur demande avec suppl. : poss. de jouer sur court de tennis en terre battue et baby-sitting. Langue parlée : anglais.

Prix : 1 pers. 50 € - 2 pers. 58 € - 3 pers. 69 €
Ouvert : Toute l'année.

5	5	5	SP	5	SP	2	8	3	7	2

Josette HEITZ - Les Landes de Beauséjour - 48 rue des Parcs - 85180 LE-CHATEAU-D'OLONNE - Tél. : 02 51 21 36 84 - Fax : 02 51 21 36 84

LE CHATEAU-D'OLONNE La Châtaigneraie
C.M. 67 Pli 12

▮▮▮ 3 ch. **Les Sables-d'Olonne 5 km. St-Vincent-sur-Jard 20 km.** A proximité des Sables d'Olonne, dans le calme de la campagne, 3 chambres d'hôtes aménagées à l'étage de la maison du propriétaire, sur une ferme. Entrée indépendante. 1 ch. 4 pers. (1 lit 2 pers., 2 lits 1 pers. superp.), 1 ch. 2 pers. (1 lit 2 pers.), 1 ch. 3 pers. (1 lit 2 pers., 1 lit 120). Sanitaires particuliers à chaque chambre (salle d'eau, wc). Possibilité lit d'appoint et lit bébé. Salle commune avec coin-cuisine à disposition. Terrain aménagé (salon de jardin). Accès par la D 32 à 3 km du bourg. La maison de Clémenceau à St-Vincent-sur-Jard.

Prix : 1 pers. 32 € - 2 pers. 40 € - 3 pers. 50 € - pers. sup. 10 €
Ouvert : Du 1er février au 15 novembre.

5	5	15	7	15	3	3	3	5	7	4

Didier et Martine BOULINEAU - La Châtaigneraie - 85180 LE-CHATEAU-D'OLONNE - Tél. : 02 51 96 47 52

LE CHATEAU-D'OLONNE
C.M. 67 Pli 12

▮▮▮ 1 ch. **Les Sables-d'Olonne 0,3 km. Le Puy-du-Fou 70 km.** A 1 km de la plage des Sables d'olonne, Mme Sevin-Martin vous accueille dans sa maison récente située dans un ensemble. 1 chambre double 3 pers. : 1 lit 160 et 1 lit 80 avec salle de bains (balnéo) et wc privés. Cuisine du propriétaire à disposition pour repas simples. Propriété close de 900 m² avec jardin d'agrément, grande terrasse, salons de jardin. Parking.

Prix : 1 pers. 40 € - 2 pers. 43 € - 3 pers. 53 €
Ouvert : Toute l'année.

1	1	1	2	1	1	1	4	5	0,5	0,5

Jacqueline SEVIN-MARTIN - 20 bis rue Georges Bizet - 85180 LE-CHATEAU-D'OLONNE - Tél. : 02 51 32 00 26

CHATEAUNEUF Les Boulinières
C.M. 67 Pli 2

▮▮▮ 4 ch. **Challans 8 km. Beauvoir-sur-Mer 10 km.** 4 ch. rénovées en 73 et 88 aménagées dans la maison du propriétaire, à la ferme, dont une à l'étage. Salle d'eau et wc particuliers dans chaque chambre. 1 ch. 4 pers. + enfant, 1 ch. 3 pers., 1 ch. 2 pers. 1 ch. double avec entrée indépendante (2 lits 2 pers.) avec salle de bains/wc. Salle de séjour, jardin, parking, aire de jeux, abri couvert. Etang, pêche à 200 m, moulin à vent en activité à 800 m. Vélos sur place, randonnées pédestres. Ferme équestre à 2 km. 3 gîtes ruraux à proximité. Le centre de découverte du Marais Breton Vendéen Le Daviaud à 8 km.

Prix : 1 pers. 35 € - 2 pers. 39 € - 3 pers. 48 € - pers. sup. 9 € - repas 13 €
Ouvert : Toute l'année.

15	18	10	0,2	0,2	0,2	5	20	10	0,2

Bernard et Martine BOCQUIER - Les Boulinières - 85710 CHATEAUNEUF - Tél. : 02 51 49 30 81

CHATEAUNEUF Le Bois Marin
C.M. 67 Pli 2

▮▮ 3 ch. **St-Jean-de-Monts 20 km. Ile de Noirmoutier 20 km.** En bordure du Marais Breton et à la campagne, Robert et Mimi, vous accueillent dans leur ferme avec 3 chambres de 2 pers. rénovées en 1992, aménagées dans une maison neuve en annexe de leur maison. Chaque chambre comprend 1 douche et 1 lavabo. Wc sont communs aux 3 ch. Kitchenette commune à dispo. des hôtes. Coin-détente, salon de jardin et barbecue. Possibilité de louer des vélos sur place et de faire de la randonnée pédestre. Il y a 3 gîtes ruraux et 1 camping à la ferme (6 emplacements) à proximité. Langue parlée : anglais.

Prix : 1 pers. 29 € - 2 pers. 32 €
Ouvert : Toute l'année.

15	18	18	9	SP	SP	2	1	18	13	2

Marylène RELET - Le Bois Marin - 85710 CHATEAUNEUF - Tél. : 02 51 68 19 74 - Fax : 02 51 68 19 74

CHATEAUNEUF La Taillebaudière

C.M. 67 Pli 2

▮▮▮ 1 ch. **Challans 11 km.** Située dans un cadre calme et verdoyant, 1 ch. 3 pers. aménagée dans une ancienne ferme vendéenne restaurée en 95 et proche de l'habitation du prop., cette chambre, indép. par son accès, s'ouvre sur un environnement de qualité offrant un espace de détente privatif aménagé avec terrasse et salon de jardin. Sanitaires privés (salle d'eau, wc). Coin-salon, TV. Petits-déjeuners et dîners vous seront servis l'été sous la tonnelle et l'hiver au coin de la cheminée. Table d'hôtes sur réservation. Gîte rural à prox. 1er prix au Concours Communal 96 et 98 Le Paysage de votre Commune. Ecomusée de la Vendée La Bourrine du Bois Juquaud à St Hilaire de Riez. Langues parlées : anglais, espagnol.

Prix : 1 pers. 35 € - 2 pers. 40 € - 3 pers. 50 € - repas 13 €
Ouvert : Toute l'année.

18	18	1,5	11	1,5	1,5	1,5	18	11	1,5

Patrick et Véronique TABLEAU - La Taillebaudière - 85710 CHATEAUNEUF - Tél. : 02 51 68 76 17

Pays de Loire **Vendée**

CHATEAUNEUF Les Vieilles Ventes
C.M. 67 Pli 2

2 ch. **Challans 8 km. Ile de Noirmoutier 25 km.** 2 chambres d'hôtes aménagées en 98 dans d'anciens bâtiments en annexe de la maison du propriétaire sur une ferme en activité. 1 ch. 2 pers. et 1 ch. 3 pers. Salle d'eau et wc privés à chaque chambre. Jardin, salon de jardin. Salon du propriétaire à disposition. Lave-linge à disposition. 2 gîtes ruraux et camping à la ferme sur place. Jeux en communs : tennis, football, boules, billard, ping-pong, vélos à disposition. Abri couvert. Randonnées pédestres, promenades en barque. Vélos à disposition. Table d'hôtes sur réservation. Ferme de séjour.

Prix : 1 pers. 36 € 2 pers. 43 € 3 pers. 49 € repas 15 €
Ouvert : Toute l'année.

20	20	3	8	1	SP	SP	5	18	8	1

Christian et Arlette MICHAUD - Les Vieilles Ventes - 85710 CHATEAUNEUF - Tél. : 02 51 49 30 94 - Fax : 02 51 49 30 94 -
E-mail : christianmichaud85@hotmail.com

LES CHATELLIERS-CHATEAUMUR Le Bas Chatellier
C.M. 67 Pli 16

4 ch. **Les Herbiers 14 km. Le Puy-du-Fou 7 km.** Romain et Pierrette vous accueillent dans leurs 4 chambres d'hôtes aménagées dans une ancienne ferme restaurée datant de la fin du XVIII° siècle, située dans le Haut Bocage. 2 ch. de 3 pers. aménagées en 1980 dans la maison du propriétaire avec entrée indépendante (salle d'eau, wc privés). 2 autres chambres aménagées en 2001 dans un bâtiment annexe. 1 ch. 3 pers. (salle d'eau/wc), 1 ch. double 4 pers. avec salon (salle de bains/wc). Jardin paysagé, salon de jardin. Circuits sur les hauteurs vallonnées.

Prix : 1 pers. 31 € 2 pers. 40 € 3 pers. 51 € pers. sup. 11 €
Ouvert : Toute l'année.

80	80	9	12	2	6	9	20	9	6

Romain et Pierrette BETTOLI - Le Bas Chatellier - 85700 LES-CHATELLIERS-CHATEAUMUR - Tél. : 02 51 57 23 86 -
E-mail : romain.bettoli@wanadoo.fr

CHAUCHE La Boutarlière
C.M. 67 Pli 14

2 ch. **La Roche-sur-Yon 20 km. Le Puy-du-Fou 25 km.** 2 chambres doubles 4 pers. aménagées à l'étage situées dans un hameau à proximité d'une ferme. 1 ch. avec entrée par le logement du propriétaire (2 lits 2 pers.). 1 ch. avec entrée par salle commune (1 lit 2 pers., 2 lits 1 pers.). Sanitaires privés à chaque chambre (salle d'eau/wc). Salle commune avec coin-cuisine à disposition. Salon de jardin.

Prix : 1 pers. 27 € 2 pers. 35 € 3 pers. 50 € pers. sup. 11 €
Ouvert : Toute l'année.

60	SP	10	6	SP	SP	6	20	40	25	6

J-Claude et Paulette BELIN - La Boutarlière - Chauché - 85140 LES-ESSARTS - Tél. : 02 51 42 61 55 ou 06 77 28 60 08 -
Fax : 02 51 42 64 98

CHAUCHE
C.M. 67 Pli 14

E.C. 2 ch. **Montaigu 20 km. Le Puy-du-Fou 28 km.** 2 chambres d'hôtes aménagées en 1999 à l'étage de la maison du propriétaire, situées à la sortie du bourg. 1 ch. 2 pers. et 1 ch. 3 pers. avec sanitaires privés (salle d'eau/wc). Entrée indépendante. Salon TV et coin-cuisine à disposition (jeux de société et bibliothèque). Vaste jardin aménagé avec petit étang, salon de jardin et barbecue. VTT à disposition. Parking dans la propriété. Langue parlée : anglais.

Prix : 1 pers. 30 € 2 pers. 38 € 3 pers. 49 €
Ouvert : Toute l'année.

55	SP	13	7	SP	SP	7	3	30	14	0,5

Ellen WRIGHT - 9 rue de la Mothe - 85140 CHAUCHE - Tél. : 02 51 41 86 97 ou 06 87 07 88 94 - E-mail : malcolm.wright@wanadoo.fr

CHAVAGNES-EN-PAILLERS La Déderie
C.M. 67 Pli 14

4 ch. **Montaigu 10 km. Le Puy-du-Fou 30 km.** 4 chambres d'hôtes aménagées en 2001 dans une maison de maître de 1750. 1 ch. double 4 pers. avec 2 sanitaires (salle d'eau/wc), 1 ch. 2 pers. et 1 ch. 3 pers. (salle d'eau/wc privés), 1 ch. 3 pers. avec salle de bains (baignoire, douche) et wc. Séjour et Salon avec TV à la disp. des hôtes. Jardin aménagé clos où vous trouverez calme et repos. Garage, parking. Restaurant 500 m. Château de la Chabotterie 14 km. Château Gilles de Rais 20 km. Commerces 500 m. Possibilité de réservation des billets pour le Puy du Fou.

Prix : 1 pers. 33/40 € 2 pers. 39/46 € 3 pers. 52/62 € pers. sup. 13/16 € repas 16 €
Ouvert : Toute l'année.

65	3	6	5	SP	SP	2	5	35	12	0,5

Marie GAUVIN - La Déderie - 85250 CHAVAGNES-EN-PAILLERS - Tél. : 02 51 42 22 59 - Fax : 02 51 42 22 59 -
E-mail : mariegauvin@wanadoo.fr

CHAVAGNES-EN-PAILLERS Benaston
C.M. 67 Pli 14

4 ch. **Montaigu 10 km. Le Puy-du-Fou 30 km.** Au cœur du Bocage Vendéen, dans un cadre calme et verdoyant, Guiguite et Pierre vous accueillent dans leurs 4 chambres d'hôtes aménagées à l'étage de leur maison. Entrée commune. 2 ch. avec salle d'eau + wc privés et TV (1 lit 2 pers. 2 lits 1 pers. gigognes) 1 ch. double salle d'eau + wc privés non communiquants (1 lit 2 pers. 1 lit 1 pers.). 1 ch. indépendante (1 lit 2 pers.), TV, salle d'eau et wc particuliers. Salle d'accueil à disposition. Possibilité de cuisine. Salon de jardin. Téléphone commun avec le propriétaire.

Prix : 1 pers. 27 € 2 pers. 35 € 3 pers. 43 € pers. sup. 11 €
Ouvert : Toute l'année.

65	4	15	13	2	4	2	2	40	12	2

Pierre et Guiguitte DAVID - Bénaston - 85250 CHAVAGNES-EN-PAILLERS - Tél. : 02 51 42 22 63 ou 06 87 98 62 45

Vendée

Pays de Loire

COEX Le Latoi

C.M. 67 Pli 12

5 ch. **St-Gilles-Croix-de-Vie 13 km. Challans 25 km. Le Puy-du-Fou 70 km.** A 10 mn de l'océan, dans un cadre reposant et fleuri : 5 chambres d'hôtes rénovées en 1987, aménagées dans une ferme vendéenne datant de 1880. R.d.c. : 1 ch. 2 pers. Etage : 1 ch. 2 pers. 3 ch. 3 pers. avec salle d'eau privée pour chaque ch. Grand confort, salle commune aux hôtes avec équipement pour cuisine (1 frigo à disposition pour chaque chambre), TV. Sur place : étang, pêche, tennis et piscine (ouverte du 01/06 au 15/09). Camping 50 empl. sur place. Loisirs de proximité : vélorail, centre équestre, golf, lac à 3 km, jardin des olfacties, moulin à vent. Animaux admis avec supplément. Table d'hôtes sur demande.

Prix : 1 pers. 34 € 2 pers. 42 € 3 pers. 51 € repas 17 €
Ouvert : Toute l'année.

12	12	2	SP	SP	SP	SP	3	3	15	2

M. et Mme CRAPPE-LEMEY - Ferme du Latoi - 85220 COEX - Tél. : 02 51 54 67 30 - Fax : 02 51 60 02 14 -
E-mail : camping@ferme-du-latoi.fr

CUGAND La Bérangeraie

C.M. 67 Pli 4

2 ch. **Clisson 4 km. Le Puy-du-Fou 30 km. Nantes 40 km.** Annick et Marc vous accueillent dans leurs 2 chambres d'hôtes aménagées en 1999 dans les dépendances d'une ancienne ferme vendéenne datant du XVIIIe. 1 ch. 2 pers. en r.d.c. avec salle de bains et 3 pers. à l'étage. Sanitaires privés à chaque chambre (douche, wc). Salle commune avec coin-cuisine réservé aux hôtes. Entrée indépendante par salle commune. Terrain de 5 ha, terrasse, salon de jardin à disposition. Parking dans la cour. Animaux acceptés sous réserve. Restaurants à 2 et 4 km. Vignoble Nantais et Clisson 4 km. Table d'hôtes sur réservation. 10 % de réduction à partir de 4 nuits. Week-end à thème organisé en avril et septembre. Langue parlée : anglais.

Prix : 1 pers. 30 € 2 pers. 37 € 3 pers. 46 € repas 14 €
Ouvert : Toute l'année.

60	10	10	4	2	SP	2	1	40	4	2

Annick BROUX - La Bérangeraie - 85610 CUGAND - Tél. : 02 51 43 62 02 - E-mail : annick.broux@wanadoo.fr

DOIX Logis de Chalusseau

C.M. 71 Pli 1

3 ch. **Fontenay-le-Comte 9 km. L'Abbaye St-Pierre de Maillezais 6 km.** A proximité du marais, au calme, le Logis de Chalusseau (XVIIe siècle) vous propose 3 chambres d'hôtes. Au 1er étage 2 chambres de caractères : 1 ch. 3 pers. avec salle de bains et wc privés, 1 ch. 2 pers. avec salle d'eau et wc privés. 1 suite 4 pers. avec entrée indépendante sur 2 étages (1 lit 2 pers., 2 lits 1 pers.), 2 salles d'eau/wc et salon privés. Séjour, salon et cuisine indépendants à disposition des hôtes. Salons de jardin.

Prix : 1 pers. 31/41 € 2 pers. 41/47 € 3 pers. 51/57 €
pers. sup. 10 €
Ouvert : Du 1er avril au 15 novembre.

40	15	15	9	6	1,5	6	9	30	9	1

Marie-Thérèse BAUDRY - Logis de Chalusseau - 111 rue de Chalusseau - 85200 DOIX - Tél. : 02 51 51 81 12 - Fax : 02 51 51 81 12 -
E-mail : chaluss@wanadoo.fr

DOIX

C.M. 71 Pli 1

4 ch. **Fontenay-le-Comte 10 km. L'abbaye St-Pierre de Maillezais 5 km.** 4 chambres d'hôtes aménagées à l'étage d'une grande maison traditionnelle située à prox. du bourg sur une ferme en activité : 2 ch. avec sanitaires privés dans la ch. (s. d'eau, wc) : 1 ch. (1 lit 2 pers. et 1 grande ch. (1 lit 2 pers., 2 lits 1 pers.). 2 ch. avec sanitaires privés non attenants à la ch. au r.d.c. (s. d'eau, wc). 1 ch. (1 lit 2 pers.) 1 ch. (2 lits 1 pers. 1 lit enf. à disp.), wc commun sur le palier. Séjour/salon du propr. à disposition. Coin-cuisine. Jardin clos (salon de jardin, jeux pour enfants). Animaux acceptés avec supplément.

Prix : 1 pers. 22/26 € 2 pers. 30/34 € 3 pers. 42/46 €
pers. sup. 12 €
Ouvert : Toute l'année.

40	12	12	9	6	1,5	6	9	30	9	1

Jacqueline BIRE - Le Pâtis - 20 rue de Chalusseau - 85200 DOIX - Tél. : 02 51 51 86 04 - Fax : 02 51 51 81 05

LES EPESSES La Trainelière

C.M. 67 Pli 15

5 ch. **Les Herbiers 10 km. Le Puy-du-Fou 1 km.** 5 chambres d'hôtes aménagées en 1999 dans un ancien corps de ferme restauré, situé en pleine campagne. 4 chambres en rez-de-chaussée avec entrées indépendantes (2 ch. 2 pers. et 2 ch. 3 pers.). 1 ch. 3 pers avec poss. couchage d'appoint à l'étage. Salle d'eau et wc privés à chaque chambre. Terrasse, salon de jardin à disposition. Table d'hôtes sur réservation. Plan d'eau sécurisé, potager. Possibilité séjour avec circuit touristique organisé (sur demande). Langue parlée : anglais.

Prix : 2 pers. 49 € 3 pers. 64 € repas 15 €
Ouvert : Toute l'année.

80	4	16	4	4	SP	4	10	25	25	4

J-François et Soizic YOU - La Trainelière - 85590 LES-EPESSES - Tél. : 02 51 57 41 20 - Fax : 02 51 57 41 20 -
E-mail : syou@net-up.com

LES EPESSES Le Petit Bignon

C.M. 67 Pli 15

3 ch. **Les Herbiers 10 km. Le Puy-du-Fou 1 km.** 3 chambres d'hôtes avec entrées indépendantes aménagées en 2000 dans une ancienne grange restaurée. 2 ch. 2 pers. et 1 ch. 3 pers. avec sanitaires privés (douche, wc) et antenne TV. Salon du propriétaire à disposition. Terrasse et salon de jardin pour chaque ch. Halte calme et reposante, au cœur du Haut Bocage Vendéen, idéale pour aller à la découverte du patrimoine local. Langues parlées : anglais, allemand.

Prix : 2 pers. 50 € 3 pers. 65 €
Ouvert : Toute l'année.

80	4	16	4	4	SP	4	10	25	25	4

Brigitte BRIDONNEAU - Le Petit Bignon - 85590 LES-EPESSES - Tél. : 02 51 57 45 57 - Fax : 02 51 57 45 57

Pays de Loire — **Vendée**

LA FAUTE-SUR-MER (TH) — *C.M. 67 Pli 11*

4 ch. **Luçon 25 km. La Rochelle 45 km.** Situées dans un cadre de verdure à 300 m de l'océan (plage de 8 km de sable fin faisant face à l'Ile de Ré), jardin clos ombragé et fleuri : 4 chambres d'hôtes 2 et 3 pers. aménagées de plain-pied avec entrée indép. avec salle d'eau et wc privés. Salon de jardin et terrasse indépendants. A disposition : kitchenettes, TV, l-linge, vélos. Pêche en mer, en rivière et cirduits pédestres sur place. Pains, brioches, confitures maison. Table d'hôtes avec les produits de la mer. 1 locatif sur place.

Prix : 1 pers. **31/39 €** 2 pers. **39/46 €** 3 pers. **46/59 €** repas **15 €**
Ouvert : Du 15 février au 15 novembre.

🐕	≈	⛱	🏖	⛱	🚣	🎾	🚴	🏊	🏨	🚉
	0,3	0,3	0,6	20	SP	SP	0,3	1	30	20	0,6

André et Madeleine HERVE - L'Estérel - 12 bis rue des Oeillets - 85460 LA-FAUTE-SUR-MER - Tél. : **02 51 97 02 14** - Fax : **02 51 97 02 14**

FEOLE-LA-REORTHE (TH) — *C.M. 67 Pli 15*

4 ch. **Chantonnay 10 km. Le Puy-du-Fou 40 km. Océan 45 mn.** Dans un relais de poste du XVᵉ siècle, 4 chambres d'hôtes 2 pers. personnalisées, à l'étage avec salle d'eau et wc particuliers pour chaque chambre. R.d.c. : cuisine, grand séjour avec cheminée monumentale, TV à disposition des hôtes. Restaurant 4 km. Maison située dans un bourg en bordure de la RN 137. Table d'hôtes sur réservation. Parking privé dans cour intérieure. Logis situé à 7 km autoroute A 83 Nantes/Niort (sortie Ste-Hermine). Possibilité randonnées pédestres accompagnées du propriétaire. Marais Poitevin 35 mn.

Prix : 1 pers. **26 €** 2 pers. **35 €** repas **11 €**
Ouvert : Toute l'année.

🐕	≈	⛱	🏖	⛱	🚣	🎾	🚴	🏊	🏨	🚉
40	2	8	4	3	0,5	2	14	10	4

Geneviève ROUAULT - 36 rue Georges Clémenceau - 85210 FEOLE-LA-REORTHE - Tél. : **02 51 27 83 33** - Fax : **02 51 27 82 27**

LA FLOCELLIERE La Réorthelière — *C.M. 67 Pli 15*

2 ch. **Les Herbiers 12 km. Le Puy-du-Fou 10 km. Cholet 30 km.** Au cœur du Haut Bocage, Monique et Ernest vous accueillent dans leurs chambres d'hôtes à la ferme, de la Réorthelière. 2 chambres rénovées en 1989, avec entrée indépendante, aménagées dans leur maison. 1 ch. 2 pers. (avec TV), 1 ch. 4 pers. Salle d'eau et wc particuliers pour chaque chambre. Possibilité lit d'appoint. Salle commune avec coin-cuisine à la disposition des hôtes (TV). Restaurants à 3 km. Tarifs dégressifs pour un séjour de plus de 3 jours.

Prix : 1 pers. **26 €** 2 pers. **37 €** 3 pers. **47 €** pers. sup. **9 €**
Ouvert : Du 1ᵉʳ juin au 15 septembre.

🐕	≈	⛱	🏖	⛱	🚣	🎾	🚴	🏊	🏨	🚉
80	3	7	7	SP	4	2	7	7	2

Monique PREAU - La Réorthelière - 85730 LA-FLOCELLIERE - Tél. : **02 51 57 24 31** - Fax : **02 51 57 80 47**

LA GARNACHE Le Marais Blanc — *C.M. 67 Pli 12*

1 ch. **Challans 6 km. Le Puy-du-Fou 100 km.** En campagne, 1 chambre d'hôtes rénovée en 1984, aménagée dans une ferme datant de 1961. 1 ch. double (1 lit 2 pers. 2 lits 120) avec salle de bains et wc privés à la chambre. Possibilité de cuisine, jardin ombragé et fleuri, salon de jardin, étang pêche sur place. Restaurant à 6 km. Route D58 de Challans à Bois de Cené.

Prix : 1 pers. **25 €** 2 pers. **31 €** 3 pers. **41 €** pers. sup. **11 €**
Ouvert : Toute l'année.

🐕	≈	⛱	🏖	⛱	🚣	🎾	🚴	🏊	🏨	🚉
20	SP	6	SP	6	2	20	6	6

Denise MENUET - Le Marais Blanc - 85710 LA-GARNACHE - Tél. : **02 51 68 19 00**

LE GUE-DE-VELLUIRE (TH) CB — *C.M. 71 Pli 11*

5 ch. **Fontenay-le-Comte 15 km. La Rochelle 35 km.** 5 chambres d'hôtes aménagées dans une maison de caractère située dans un petit bourg calme, en bordure de la rivière Vendée. Ch. 1 (1 lit 2 pers. 1 lit 1 pers., s. d'eau, wc). Ch. 2 (2 lits 2 pers., s. d'eau, wc). Ch. 3 (2 lits 2 pers., s.d.b., wc). Ch. 4 (1 lits 2 pers., 1 lit 1 pers., s.d.b., wc). Ch. 5 (1 lit 2 pers. 1 lit 1 pers., s.d.b., wc). Salon réservé aux hôtes avec bibliothèque et TV. Parc et petit jardin de curé à disposition (salons de jardin, barbecue), terrasse en bordure de la Rivière La Vendée. Découverte du Marais Poitevin. Table d'hôtes sur réservation (fermée le samedi). Langue parlée : anglais.

Prix : 1 pers. **44 €** 2 pers. **50 €** 3 pers. **61 €** pers. sup. **11 €** repas **19 €**
Ouvert : De février à novembre.

🐕	≈	⛱	🏖	⛱	🚣	🎾	🚴	🏊	🏨	🚉
25	25	5	10	SP	SP	10	30	30	35	SP

Thierry et Martine BERTIN - le Logis d'Elpenor - 5 rue de la Rivière - 85770 LE-GUE-DE-VELLUIRE - Tél. : **02 51 52 59 10** - Fax : **02 51 52 57 21**

L'HERBERGEMENT La Riblauderie — *C.M. 67 Pli 4*

E.C. 2 ch. **Montaigu 6 km. Le Logis de la Charbotterie 7 km. Le Puy-du-Fou 30 km.** 2 chambres d'hôtes aménagées en 1999 dans une maison ancienne située en pleine campagne, à 20 mn de Nantes. Entrée indépendante. 2 chambres 3 pers. avec sanitaires privés (douche, wc), possibilité lits d'appoint, cheminée, coin salon dans les chambres. Salon de jardin à disposition. Restaurants à Montaigu.

Prix : 1 pers. **29 €** 2 pers. **34 €** 3 pers. **44 €**
Ouvert : Toute l'année.

🐕	≈	⛱	🏖	⛱	🚣	🎾	🚴	🏊	🏨	🚉
55	10	29	6	10	3,5	3,5	2	55	3,5	3,5

Christian et Isabelle BROCHARD - La Riblauderie - 85260 L'HERBERGEMENT - Tél. : **02 51 42 88 79** ou **06 86 40 27 48**

Vendée — Pays de Loire

LES HERBIERS La Palarderie
(TH) C.M. 67 Pli 15

2 ch. — **Les Herbiers 5 km. Le Puy-du-Fou 15 km.** Dans le calme de la campagne, 2 chambres d'hôtes à la ferme rénovées en 1992, aménagées à l'étage de la maison du propriétaire datant de 1976. Salle d'eau et wc privés pour chaque chambre. Ch. 1 (1 lit 2 pers. 1 lit 1 pers.), ch. 2 (1 lit 2 pers. 1 lit 1 pers.). Entrée indépendante. Salon de jardin à disposition. Découverte de la ferme. Petits-déjeuners avec lait de la ferme, brioches et confitures maison. Table d'hôtes (sur réservation) avec les produits de la ferme. Restaurant à 3 km.

Prix : 1 pers. 34 € ◦ 2 pers. 41 € ◦ 3 pers. 50 € ◦ repas 15 €
Ouvert : Toute l'année.

🐕	〰	⛱	⛱	🏊	🚣	👥	🎾	🐎	🚲	🚉
	80	7	7	5	7	SP	5	5	25	25	5

J-Paul et Micheline SORIN - La Palarderie - 85500 LES-HERBIERS - Tél. : 02 51 91 08 76 - Fax : 02 51 66 92 95 -
E-mail : jpsorin@terre-net.fr

LES HERBIERS La Cossonière
C.M. 67 Pli 15

4 ch. — **Les Herbiers 3 km. Le Puy-du-Fou 6 km.** Au Pays d'Herbauges, l'Abri des Alouettes vous accueille en famille au cœur de son exploitation agricole (culture biologique) : 4 ch. 3 pers. aménagées en 1992, à l'étage de la maison datant de 1966 du propr. 2 ch. (1 lit 2 pers. 1 lit 1 pers.), 2 ch. (1 lit 120 1 lit 90). Entrée indép., salle d'eau et wc particuliers à chaque ch., coin-cuisine aménagé. Salon avec TV, bibliothèque, tél. en commun avec le propriétaire, jeux de plein air, poss. de visite de la ferme. Moulin des Justices à 3 km. Mont des Alouettes à 6 km. Abbaye de la Graineitère à 7 km. Tarif dégressif à partir de la 3ᵉ nuitée.

Prix : 1 pers. 33 € ◦ 2 pers. 40 € ◦ 3 pers. 50 €
Ouvert : Toute l'année.

🐕	〰	⛱	⛱	🏊	🚣	👥	🎾	🐎	🚲	🚉
	80	3	12	3	3	3	16	25	3	

Marie-Jeanne PINEAU - La Cossonière - L'Abri des Alouettes - 85500 LES-HERBIERS - Tél. : 02 51 67 11 42 - Fax : 02 51 66 90 27

LES HERBIERS Chevrion
C.M. 67 Pli 15

2 ch. — **Les Herbiers 2 km. Le Puy-du-Fou 12 km.** En pleine campagne, dans une maison de ferme ancienne meublée dans le style régional, 2 ch. de 3 pers. de 30 m² avec salle d'eau et wc privés. Entrées indép. 1 ch. à l'étage avec coin-salon, tonnelle en terrasse. 1 ch. au r.d.c. avec salon particulier attenant. Poss. lit d'appoint. TV, réfrigérateur et micro-ondes à disposition. Salons de jardin, portique et jeux de boules. Visite de la ferme. Nous vous proposons au petit-déjeuner nos produits maison (lait, confitures, brioche cuite dans notre four à pain).

Prix : 2 pers. 42 € ◦ 3 pers. 55 €
Ouvert : Toute l'année.

🐕	〰	⛱	⛱	🏊	🚣	👥	🎾	🐎	🚲	🚉
	70	6	6	3	5	SP	3	25	25	2

Jeannine BONNEAU - Chevrion - 85500 LES-HERBIERS - Tél. : 02 51 67 19 75 - Fax : 02 51 67 19 75

LES HERBIERS
C.M. 67 Pli 15

3 ch. — **Les Herbiers 0 km. Le Puy-du-Fou 6 km.** A 5 mn du Puy-du-Fou dans le cadre agréable de leur maison de caractère, Joël, Odile et les enfants vous accueilleront avec chaleur et convivialité dans 3 ch. d'hôtes spacieuses : 1 lit 2 pers. avec salle de bains et wc particuliers à chacune d'elles. Possibilité lits d'appoint. A disposition : jardin d'agrément, salon de jardin, ping-pong, toboggan, salle de billard, piscine commune avec le propriétaire (ouverte du 01/06 au 30/08). Langues parlées : anglais, espagnol.

Prix : 2 pers. 40/50 €
Ouvert : Du 1ᵉʳ juin au 30 août.

🐕	〰	⛱	⛱	🏊	🚣	👥	🎾	🐎	🚲	🚉
	70	15	4	SP	5	2	2	2	25	SP

Joël MARCHAIS - 57 rue Monseigneur Massé - 85500 LES-HERBIERS - Tél. : 02 51 64 95 10 ou 06 10 26 27 75 -
E-mail : joel.marchais@wanadoo.fr - http://perso.worldonline.fr/famille-marchais/

LES HERBIERS La Métairie du Bourg
C.M. 67 Pli 15

3 ch. — **Les Herbiers 5 km. Le Puy-du-Fou 5 km.** Aux portes du Puy du Fou, en pleine campagne, Jeanine, Bernard et leurs enfant vous accueillent dans leur ferme familiale. 3 chambres aménagées en 95 et 97 sont à votre disposition : 1 ch. jaune (2 lits 2 pers.), 1 ch. bleue et rose (1 lit 2 pers. 1 lit 1 pers.) et 1 ch. double (2 lits 2 pers.) avec salle d'eau et wc privés par chaque chambre. Petit-déjeuner gourmand, copieux. Entrée indépendante. Jardin aménagé (salon de jardin). Cuisine d'été à disposition. Garderie pour chiens. Possibilité de réservations de billets pour le Puy du Fou.

Prix : 2 pers. 38/46 € ◦ pers. sup. 15 €
Ouvert : Toute l'année.

🐕	〰	⛱	⛱	🏊	🚣	👥	🎾	🐎	🚲	🚉
	80	5	14	5	5	5	15	25	5	

Bernard et Janine RETAILLEAU - La Métairie du Bourg - 85500 LES-HERBIERS - Tél. : 02 51 67 23 97

ILE-D'YEU St-Sauveur

3 ch. — **Challans 52 km. Port-Joinville 2,5 km.** Embarquez-vous pour l'Ile d'Yeu et faites escale chez Pierre & Monique : 3 charmantes chambres d'hôtes de 4 pers. aménagées début 94, à prox. de la maison du propriétaire, dans un joli petit village classé de l'intérieur de l'île, avec entrée indép. Chaque ch. comprend au r.d.c. 1 lit de 2 pers. et 1 salle d'eau (douche et wc) et en mezz. 2 lits 1 pers. Cour fermée et fleurie avec 1 salon de jardin par chambre. Garage commun pour ranger les vélos. Gare maritime 2,5 km.

Prix : 1 pers. 30 € ◦ 2 pers. 49 € ◦ 3 pers. 69 € ◦ pers. sup. 14 €
Ouvert : Toute l'année.

🐕	⛱	👥	🎾	🐎	🚉
	2,5	2,5	2	2	2	SP

Pierre et Monique CADOU - 10 Ker Guérin - St-Sauveur - 85350 ILE-D'YEU - Tél. : 02 51 58 55 13

Pays de Loire — Vendée

ILE-D'YEU Port Joinville

2 ch.

Port-Joinville 1 km. Le Puy-du-Fou 80 km. Dans un cadre fleuri et calme, Mme Fradet-Chalot vous propose 2 chambres rénovées en 1994 aménagées dans une maison datant de 1962 près de la Citadelle avec entrée indép. pour chaque ch. R.d.c. : 1 suite de 2 ch. pour 3 pers. (1 lit 2 pers. 1 lit 1 pers.) et 1 ch. 4 pers (1 lit 2 pers. en r.d.c. et 2 lits 1 pers. en mezzanine), douche et wc privés chacune. Terrasse avec salon de jardin. Gare maritime à 1 km. Restaurant à 800 m.

Prix : 1 pers. 46 € 2 pers. 53/61 € 3 pers. 73/81 € pers. sup. 20 €
Ouvert : Du 1er avril au 30 septembre.

0,8	0,8	50	0,8	SP	3	3	0,3

Annie FRADET CHALOT - 23 rue de la Pierre Levée - 85350 ILE-D'YEU - Tél. : 02 51 58 70 20

ILE-D'YEU Pointe des Corbeaux

C.M. 67 Pli 11

4 ch.

Challons 80 km. Port-Joinville 8 km. 4 chambres d'hôtes 2 pers. aménagées en 1994 dans une propriété de 1000 m², situées dans un site naturel protégé à 100 m des plages, à la pointe de l'île. 3 chambres aménagées dans une maison récente datant de 1984, sanitaires particuliers à chaque chambre (douche et wc pour 2 ch., baignoire et wc pour 1 ch.). 1 chambre en annexe avec douche et wc. Salle commune avec TV, magnétoscope, salon avec cheminée à disposition des hôtes, point-phone en commun. Jardin clos aménagé dans un cadre calme et agréable. Vue exceptionnelle sur l'océan. Gare maritime à 8 km. Tarifs hors saison : de 54 à 92 €/nuit pour 2 pers.

Prix : 2 pers. 83/120 € repas 21 €
Ouvert : D'avril à septembre.

SP	SP	SP	SP	4	6	3

Moïsette DUPONT - Pointe des Corbeaux - Villa Monaco - 85350 ILE-D'YEU - Tél. : 02 51 58 76 56 - Fax : 02 51 58 52 98

ILE-D'YEU

C.M. 67 Pli 11

2 ch.

Port-Joinville 1,5 km. A mi-chemin entre port et plage et proche du Bois de la Citadelle, Lysiane et Claude vous accueillent dans leur petite maison de pêcheur : 2 chambres 2 pers. typiquement islaises avec entrées indépendant Sanitaires privés à chaque chambre (salle d'eau, wc). Lit bébé sur demande. Jardin paysagé clos (salon de jardin). Gare maritime 1,5 km. Possibilité de faire livrer des plateaux de fruits de mer à déguster sur terrasse privée.

Prix : 2 pers. 49/57 €
Ouvert : Toute l'année.

0,8	0,8	0,8	SP	1	1	1

Claude et Lysiane GROISARD - Le Cabanon du Pêcheur - 49 rue St-Hilaire - 85350 ILE-D'YEU - Tél. : 02 51 58 42 30 - www.yeuloc.com

ILE-D'YEU

C.M. 67 Pli 11

2 ch.

Port-Joinville 0,2 km. A 50 m de la plage, Eric et Hélène vous accueillent dans leur maison islaise. 2 chambres d'hôtes aménagées en 1999 : 1 ch. 2 pers. à l'étage, 1 ch. 3 pers. en r.d.c. Sanitaires privés (salle d'eau/wc). TV dans chaque ch. Entrée indépendante. Terrasse privé (relax), jardin, salon de jardin. Laverie, réfrigérateur à disposition. Location de vélo sur place. Accès direct à la plage.

Prix : 2 pers. 55/69 € 3 pers. 80 €
Ouvert : Toute l'année.

SP	SP	SP	SP	1	1,5	0,2

Eric et Hélène GROISARD - 11 rue Pierre Henry - Port Joinville - 85350 ILE-D'YEU - Tél. : 02 51 58 55 24 - Fax : 02 51 58 44 08 - E-mail : eric.groisard@wanadoo.fr

LES LANDES-GENUSSON

C.M. 67 Pli 5

2 ch.

Les Herbiers 12 km. Le Puy-du-Fou 15 km. A proximité du célèbre parcours du Puy-du-Fou, dans un cadre calme et naturel de 1 ha., Huguette & Michel vous accueillent avec convivialité et quiétude dans leur maison spacieuse de caractère, située à l'entrée du bourg. 2 ch. spacieuses et confortables 3 pers. aménagées en 1998 à l'étage, sanitaires privatifs particuliers pour chaque ch. sur le palier. Le matin, installez-vous à votre table et appréciez votre petit déjeuner à base de nos produits du terroir faits maison. Jardin d'agrément, salle d'accueil (frigo, micro-ondes), salon de jardin, pique-nique, jeux de plein air, parking fermé dans la cour. Tiffauges, cité médiévale à 6 km. Langues parlées : anglais, allemand.

Prix : 2 pers. 43 € pers. sup. 13 €
Ouvert : Toute l'année.

80	0,5	15	12	0,5	SP	0,5	6	20	6	0,5

Michel et Huguette BAILLY - Le Colombier - 38 rue du Général de Gaulle - 85130 LES-LANDES-GENUSSON - Tél. : 02 51 61 60 06 ou 06 80 81 81 31 - E-mail : michel_bailly@libertysurf.fr

LANDEVIEILLE La Jarrie

C.M. 67 Pli 12

4 ch.

St-Gilles-Croix-de-Vie 15 km. Les Sables-d'Olonne 20 km. Savourer la quiétude de la campagne à seulement 10 minutes de l'Océan. Dans leur ferme rénovée, datant du début du siècle, Marie-Thérèse et Jacky proposent 4 chambres. Au r.d.c. : 2 ch. 2 pers. (1 lit 2 pers.). A l'étage : 1 ch. 2 pers. et 1 ch. 3 pers. avec salle d'eau et wc privés à chaque chambre. Entrée indépendante. Salle commune avec équipement cuisine et lave-linge. Salons de jardin, abri vélos. Circuits pédestre et cyclotouristique à proximité. Lac, forêt et excursions diverses.

Prix : 1 pers. 30 € 2 pers. 40 € 3 pers. 50 €
Ouvert : Du 1er avril au 1er novembre.

10	10	5	15	5	5	10	10	20	4

Jacky et M-Thérèse ROBIN - La Jarrie - 85220 LANDEVIEILLE - Tél. : 02 51 22 90 92 - Fax : 02 51 22 90 92

Vendée — Pays de Loire

LIEZ
C.M. 71 Pli 1

5 ch. **Fontenay-le-Comte 15 km. L'abbaye St-Pierre de Maillezais 3 km.** 5 chambres d'hôtes rénovées en 1983 aménagées au rez-de-chaussée d'une grande demeure du XIIIe siècle dans le Marais Poitevin. 2 ch. 3 pers. et 1 ch. 2 pers. avec salles d'eau et wc particuliers et 2 ch. de 2 pers. avec s. d'eau particulières et wc commun. Salle à manger indépendante. Jardin, tables de jardin, barque à disposition. Cette ancienne métairie fut, il y a quelques siècles, la maison secondaire de l'évêque de l'Abbaye de Maillezais.

Prix : 1 pers. 32 € 2 pers. 35 € 3 pers. 43 € repas 15 €
Ouvert : Toute l'année.

🐕	≈	👫	⛱	🏊	👥	🎾	🐟	🚂	⛽
45	10	10	15	SP	3	3		20	3

Renée FATOU - 1 chemin de Fosse - 85420 LIEZ - Tél. : 02 51 00 77 74

LUCON
C.M. 71 Pli 11

4 ch. **Marais-Poitevin 20 km. La Rochelle 50 km.** En centre ville, une oasis de calme dans un parc arboré clos d'un hectare (terrasse, salon de jardin). 4 chambres aménagées en 95 à l'étage d'un logis du XVIIIe siècle situé dans la ville de Luçon, à proximité de l'Évêché. 3 chambres 2 pers. avec sanitaires particuliers (salle d'eau, wc). 1 suite avec 1 lit 2 pers. et 1 lit 1 pers avec salle de bains, wc. 1 salon/bibliothèque à disposition.

Prix : 1 pers. 34 € 2 pers. 43/53 € 3 pers. 61 €
Ouvert : Du 10 janvier au 15 décembre.

🐕	≈	👫	⛱	🏊	👥	🎾	🐟	🚂	⛽
20	2	2	1	2	5	1	5	25	1	SP

Henri et Elisabeth LUGAND - 1 rue des Chanoines - 85400 LUCON - Tél. : 02 51 56 34 97 ou 02 51 56 08 97

LES LUCS-SUR-BOULOGNE — Le Chef du Pont
C.M. 67 Pli 13

2 ch. **La Roche-sur-Yon 22 km. Le Logis de la Chabotterie 8 km.** Dans un ancien logis vendéen du XVIe siècle rénové en 1975, aménagé avec goût et raffinement, nous vous proposons 2 grandes ch. de caractère avec poutres apparentes et cheminées de granit. Meubles anciens vendéens. R.d.c. : ch. vendéenne (1x140), s. d'eau, wc privés. Etage : 1 suite de 2 ch. (2x100)(1x150)(1x90), s. d'eau, wc privés. Salle à manger attenante. Salon de bibliothèque à dispo. Salon de jardin, terrasse couverte. Propriété de 3000 m² bordant la rivière La Boulogne face à un parc départemental boisé de 16 ha. et au Mémorial de Vendée. Rest. à 200 m. Nous vous ferons découvrir les différents sites historiques et touristiques de notre région.

Prix : 1 pers. 34 € 2 pers. 41 € pers. sup. 11 €
Ouvert : Toute l'année.

🐕	≈	👫	⛱	🏊	👥	🎾	🐟	🚂	⛽
45	SP	24	9	SP	SP	SP	30	8	1

Hubert et Josiane PERROCHEAU - Le Chef du Pont - 85170 LES-LUCS-SUR-BOULOGNE - Tél. : 02 51 31 22 42 ou 06 83 99 73 81 - Fax : 02 51 31 22 42

LES LUCS-SUR-BOULOGNE — Le Petit Luc
C.M. 67 Pli 13

2 ch. **La Roche-sur-Yon 20 km. Le Logis de la Chabotterie 9 km. Nantes 42 km.** 2 grandes chambres d'hôtes aménagées à l'étage d'une maison ancienne rénovée en 1998, située à la sortie d'un petit bourg. 1 ch. 2 pers. (1 lit 160) avec salle d'eau/wc inclus. 1 ch. 2 pers. (1 lit 140) avec salle de bains/wc privés (lit bébé jusqu'à 3 ans). Jardin, salon de jardin à disposition. Table d'hôtes sur réservation (sauf le dimanche).

Prix : 1 pers. 34 € 2 pers. 37 € repas 14 €
Ouvert : Toute l'année.

🐕	≈	👫	⛱	🏊	👥	🎾	🐟	🚂	⛽
45	45	0,5	9	SP	SP	0,5	10	30	8	0,5

Marie-Françoise MADELON - 10 rue des Martyrs - Le Petit Luc - 85170 LES-LUCS-SUR-BOULOGNE - Tél. : 02 51 46 52 75 ou 06 68 45 51 04 - E-mail : enciel@post.club-internet.fr - http://perso.club-internet.fr/enciel

---

MACHE — La Fraternité
C.M. 67 Pli 13

2 ch. **Challans 15 km. St-Gilles-Croix-de-Vie 25 km.** 2 chambres 2 pers. aménagées à l'ancienne en 1997 dans le grenier de la maison du propriétaire, sur une ferme (élevage de moutons et de faisans reproducteurs). Sanitaires privés à chaque chambre : douche/wc/lavabo pour l'une, baignoire/douche/wc/lavabo pour l'autre. Possibilité lit d'appoint supplémentaire ou lit bébé. Jardin avec salon de jardin. Réfrigérateur et barbecue à disposition. Espace jeux et pêche pour enfants sur place. Accès D 948 - D 94, direction Commequiers (à 1 km du carrefour), à 5 km au nord du bourg de Maché. Langue parlée : anglais.

Prix : 1 pers. 34 € 2 pers. 38 €
Ouvert : Du 15 juin au 15 septembre (du 1er avril au 15 juin sur réservation).

🐕	≈	👫	⛱	🏊	👥	🎾	🐟	🚂	⛽
25	5	5	5	5	5	15	15	15	5

Ian et Janet PIKE - La Fraternité - 85190 MACHE - Tél. : 02 51 55 42 58 ou 06 65 38 20 86 - Fax : 02 51 60 16 01 - E-mail : ian.pike@libertysurf.fr

---

MAILLEZAIS — La Genête
C.M. 71 Pli 1

4 ch. **Fontenay-le-Comte 15 km. L'abbaye St-Pierre de Maillezais 3 km.** Près de la Vieille Autize, Yvette et Paul vous accueillent dans un corps de ferme rénové à l'ancienne en 1990 avec leurs 4 chambres d'hôtes : 1 ch. 4 pers. à l'étage (s.d.b., wc). R.d.c. : 2 ch. 3 pers. 1 ch. 4 pers., salle d'eau et wc particuliers à chaque ch. Entrées indép., coin-salon (cheminée), coin-cuisine, séjour, jardin, tables de jardin à disposition. Marais Poitevin, promenades en barque sur place. Cloître de Nieul sur l'Autize à 10 km. La Rochelle à 40 km. Lac de Xanton avec plage aménagée à 18 km.

Prix : 1 pers. 35 € 2 pers. 38 € 3 pers. 47 € pers. sup. 10 €
Ouvert : Toute l'année.

🐕	≈	👫	⛱	🏊	👥	🎾	🐟	🚂	⛽
50	18	18	7	SP	3	3		25	3

Paul QUILLET - La Genête - 85420 MAILLEZAIS - Tél. : 02 51 00 71 17 - Fax : 02 51 00 71 17

Pays de Loire — Vendée

MAILLEZAIS
C.M. 71 Pli 1

5 ch. **Fontenay-le-Comte 13 km. La Rochelle 48 km.** Au cœur d'un village maraîchin, à deux pas de son abbaye, Liliane Bonnet vous accueille dans sa « maison de maître » du XIXe siècle et vous propose 5 chambres d'hôtes rénovées en 1991, tout confort. R.d.c. : 1 ch. 2 pers avec accès direct sur parc. 1er étage : 3 ch. 2 pers. 2e étage : 1 ch. 3 pers. Salle d'eau et wc particuliers à chaque chambre. 1 chambre avec salle de bains. Tennis privé sur place. Salon avec bibliothèque et TV à disposition. Barque dans la conche. 3 vélos. Parking et coin-pêche privés. Langues parlées : anglais, espagnol.

Prix : 1 pers. **53 €** 2 pers. **58/61 €** 3 pers. **69 €**
Ouvert : Toute l'année.

48	8	8	15	SP	SP	7	25	SP	

Liliane BONNET - 69 rue de l'Abbaye - 85420 MAILLEZAIS - Tél. : 02 51 87 23 00 - Fax : 02 51 00 72 44 -
E-mail : liliane.bonnet@wanadoo.fr

MAILLEZAIS
C.M. 71 Pli 1

2 ch. **Fontenay-le-Comte 12 km. L'abbaye St-Pierre de Maillezais 0,5 km.** Le « Relais des Pictons » sera heureux de vous accueillir dans 2 chambres rénovées en 1990 et 1992 aménagées dans une maison du Marais Poitevin datant de la fin du XIXe siècle située dans le bourg de Maillezais. Salle d'eau et wc privés à chaque chambre. R.d.c. : 1 ch. 2 pers. A l'étage : 1 ch. 3 pers. Entrée indépendante. Parking dans la cour, salon de jardin. Bibliothèque avec documents et cartes sur le marais. Promenade en barque à 300 m, découverte du marais. Restaurants sur place. Vélos à disposition.

Prix : 1 pers. **28 €** 2 pers. **33 €** 3 pers. **41 €**
Ouvert : Toute l'année.

50	1	12	8	SP	SP	6	25	20	

Geneviève MOUGARD - 27 rue du Champ de Foire - 85420 MAILLEZAIS - Tél. : 02 51 87 21 95

MAILLEZAIS Le Censif
C.M. 71 Pli 1

3 ch. **Fontenay-le-Comte 12 km. L'abbaye St-Pierre de Maillezais 2 km.** L'accueil, le calme du Marais Poitevin dans une vieille ferme authentique du 17e siècle, rénovée en 96, vous la découvrirez chez Jeannette et Gaby. 3 chambres grand confort meublées à l'ancienne : 1 ch. 2 pers., 1 ch. 3 pers., 1 ch. 3 pers. sur mezz. Entrée indép. S.d.b., wc, lits d'appoint. Salle commune avec coin-cuisine, salon (TV). Préau, terrasse, jardin (barbecue, portique enfant). Ferme en activité à prox. Découverte du marais en barque, à vélo. Restaurants à 2 km. La Rochelle 40 km. Le Puy du Fou 60 km. Le Futuroscope 100 km.

Prix : 1 pers. **30 €** 2 pers. **32/38 €** 3 pers. **40/47 €** pers. sup. **9 €**
Ouvert : Toute l'année.

45	15	15	5	SP	1	2	5	25	2

Gabriel ROBIN - Le Censif - 85420 MAILLEZAIS - Tél. : 02 51 00 71 50 - Fax : 02 51 00 71 50

MARTINET Montmarin
C.M. 67 Pli 13

4 ch. **Les Sables-d'Olonne 20 km. Le Logis de la Charbotterie 30 km.** Un sourire, un coin de vert près de la mer, c'est à la ferme de Montmarin. Françoise et Martial vous proposent 4 ch. d'hôtes rénovées en 1993, situées en pleine campagne sur une ferme en activité (élevage de bovins). Ces chambres sont aménagées à l'étage de leur maison chaleureuse datant du début du XIXe siècle. Salle commune et coin-cuisine avec lave-linge à disposition des hôtes. 1 ch. 3 pers., 1 ch. 4 pers. et 2 ch. de 2 pers. avec salle d'eau et wc privés. Table d'hôtes sur réservation (fermée le dimanche). Etang sur place, salon de jardin, parking, animaux acceptés. Accès D 978 - D 55 A.

Prix : 1 pers. **31 €** 2 pers. **37 €** 3 pers. **46 €** pers. sup. **9 €** repas **13 €**
Ouvert : D'avril au 1er novembre.

20	20	SP	10	SP	4	4	15	5	4

Martial et Françoise FORTINEAU - Montmarin - 85150 MARTINET - Tél. : 02 51 34 62 88 - Fax : 02 51 34 65 52

MARTINET Le Taillis
C.M. 67 Pli 13

2 ch. **Les Sables-d'Olonne 25 km. Le lac du Jaunay 10 km.** A 20 mn de l'océan et au cœur de la campagne verdoyante, Ghislaine et François vous accueillent dans leurs 2 chambres d'hôtes rénovées en 1982, aménagées dans leur maison datant de 1972 sur 1 exploit. d'arboriculture. Entrée indépendante. Ch. 1 (1 lit 2 pers.) avec salle de bains privée, poss. lit BB sur demande. Ch. 2 (2 lits 1 pers.) avec lavabo et douche. Poss. lit d'appoint 1 pers. WC privés à chaque chambre. Salon de jardin, ping-pong, étang privé sur place. Table d'hôtes sur réservation.

Prix : 1 pers. **27 €** 2 pers. **32 €** repas **12 €**
Ouvert : Toute l'année.

20	10	15	12	SP	2	7	10	6	2

Ghislaine BOUGAULT - Le Taillis - Rte St-Georges de Pointindoux - 85150 MARTINET - Tél. : 02 51 34 62 05

LE MAZEAU
C.M. 71 Pli 1

3 ch. **Fontenay-le-Comte 20 km. L'abbaye St-Pierre de Maillezais 7 km.** 3 chambres d'hôtes aménagées en 96 à l'étage d'une maison traditionnelle située dans le petit bourg du Mazeau au cœur de la Venise Verte : 1 ch. avec 2 lits 1 pers. (salle de bains et wc particuliers), 1 ch. avec 1 lit 2 pers. (salle de bains et wc particuliers), 1 ch. avec 1 lit 2 pers. (salle d'eau et wc particuliers). Entrée privative. Au r.d.c., salle commune, coin-salon, coin-cuisine à disposition. Jardin clos. Abri véhicule. Restaurant à 150 m. Promenades en barque, randonnées pédestres à proximité. La Rochelle 50 km. Puy du Fou 75 km. Futuroscope 85 km.

Prix : 1 pers. **32 €** 2 pers. **37 €** 3 pers. **49 €**
Ouvert : Toute l'année.

50	12	25	15	SP	SP	0,3	5	20	20	SP

Chantal FRERE - 12 rue du Port - 85420 LE-MAZEAU - Tél. : 02 51 52 95 49

Vendée

Pays de Loire

MONSIREIGNE La Baudonnière
C.M. 67 Pli 15

4 ch. Chantonnay 20 km. Le Puy-du-Fou 20 km. Lac de Rochereau 3 km. 4 ch. d'hôtes rénovées en 1993, à la ferme avec jardin dans une maison bourgeoise du XVI° s., très tranquille au cœur du Bocage Vendéen. Entrée indép. Au r.d.c. : ch. 1 (1 lit 2 pers. 1 lit 1 pers., salle d'eau et wc privés), ch. 2 (1 lit 2 pers. 2 lits 1 pers., salle de bains et wc privés coin-cuisine). Salle à manger/salon (TV et cheminée à dispo. des hôtes). A l'étage : ch. 3 (1 lit 2 pers. 1 lit 1 pers., salle d'eau et wc privés), ch. 4 (1 lit 2 pers. 2 lits 1 pers., salle d'eau et wc privés + coin-cuisine). Tous commerces à 1 km. Grande surface 11 km. Restaurants à 2, 3 et 4 km. Langue parlée : anglais.

Prix : 1 pers. **34** € 2 pers. **38/42** € 3 pers. **51/54** € pers. sup. **12** €
Ouvert : Toute l'année.

🐕	☂	🏖	⛵	🏊	🎾	🎣	🚴	🚂	🛒
	60	5	5	2	SP	SP	1	6	30	12	12

John COLLINSON - La Baudonnière - 85110 MONSIREIGNE - Tél. : 02 51 66 43 79 - Fax : 02 51 66 43 79 - E-mail : wjsjfrance@aol.com

MOUCHAMPS
C.M. 67 Pli 15

1 ch. Les Herbiers 12 km. Le Puy-du-Fou 18 km. 1 chambre d'hôtes rénovée en 1988 aménagée dans une maison de caractère datant de 1870 située à l'entrée du bourg. 1 chambre 2 personnes avec salle de bains et wc privés. Possibilité d'un lit 1 pers. supplémentaire sur demande. Cuisine (bar). Jardin, terrain, produits fermiers sur place.

Prix : 1 pers. **31** € 2 pers. **39** €
Ouvert : Toute l'année.

🐕	☂	🏖	⛵	🏊	🎾	🎣	🚴	🚂	🛒
	80	70	8	10	10	SP	20	30	12	0,5

Renée TESSIER - 1 rue du Breuil - 85640 MOUCHAMPS - Tél. : 02 51 66 23 61

MOUILLERON-LE-CAPTIF Ambois
C.M. 67 Pli 13

2 ch. Les Sables-d'Olonne 35 km. Le Puy-du-Fou 60 km. 2 chambres 2 pers. situées sur une ferme dans un hameau à proximité de La Roche s/Yon, aménagées en 95 dans un bâtiment annexe proche du logement du propriétaire. Entrée indépendante. Dans chaque ch. : lit 2 pers., sanitaires (douche/wc) privés, prise TV, kitchnette. Possibilité lit d'appoint. Salon de jardin à disposition. Petit camping (20 pers.) sur place. Piscine hors-sol (diam. 6,30 m) commune à disposition.

Prix : 1 pers. **26** € 2 pers. **37** €
Ouvert : Du 15 juin au 15 septembre.

🐕	☂	🏖	⛵	🏊	🎾	🎣	🚴	🚂	🛒
	36	5	5	4	5	SP	2	2	20	4	3

Marie-Luce BARREAU - Ambois - 85000 MOUILLERON-LE-CAPTIF - Tél. : 02 51 37 29 15 - Fax : 02 51 37 29 15

MOUZEUIL-ST-MARTIN La Verronnerie
C.M. 71 Pli 11

3 ch. Fontenay-le-Comte 15 km. L'abbaye St-Pierre de Maillezais 20 km. Dans le calme de la campagne, Jocelyne vous accueille dans sa maison datant de 1902 située sur une ferme céréalière avec 3 chambres d'hôtes aménagées à l'étage de sa maison. 1 ch. double rénovée en 1979 avec salle d'eau & wc privés (1 lit 2 pers.)(2 lits 1 pers.), 2 ch. rénovées en 1995 avec s. d'eau & wc privés (1 lit 2 pers. 1 lit 1 pers.). Entrée indépendante. Salle commune avec TV et coin-cuisine réservé aux hôtes. Salon de jardin à disposition. Animaux sous réserve. La Rochelle, Niort à 40 km.

Prix : 1 pers. **24/28** € 2 pers. **28/31** € 3 pers. **39/45** € pers. sup. **8** €
Ouvert : Toute l'année.

🐕	☂	🏖	⛵	🏊	🎾	🎣	🚴	🚂	🛒
	30	10	15	10	5	2	2	10	15	2

Jocelyne DIBOT - La Véronnerie - 85370 MOUZEUIL-ST-MARTIN - Tél. : 02 51 28 71 98 ou 06 14 58 65 37 - Fax : 02 51 28 71 98 - E-mail : dibot.jocelyne@terre-net.fr

NIEUL-LE-DOLENT Les Sorinières
C.M. 67 Pli 13

4 ch. Les Sables-d'Olonne 20 km. Le Puy-du-Fou 75 km. Dans une ambiance simple et familiale, à 15 mn des Sables d'Olonne, Françoise et Patrick vous feront découvrir la Vendée : 4 chambres à la ferme, rénovées en 1997, aménagées dans la maison de caractère (1920) du propriétaire, située en pleine campagne, avec entrée indépendante. 1 ch. double 4 pers., 2 ch. de 2 pers. et 1 ch. 3 pers. Sanitaires privés (douche, wc) à chaque chambre. Salle aménagée, salon avec TV, coin-cuisine à disp. Camping à la ferme et 2 gîtes ruraux sur place. Piscine privée commune à disposition (ouverte du 01/06 au 30/09). Restaurant à 2 km.

Prix : 1 pers. **30** € 2 pers. **39** € 3 pers. **48** € pers. sup. **10** €
Ouvert : Toute l'année.

🐕	☂	🏖	⛵	🏊	🎾	🎣	🚴	🚂	🛒
	20	20	8	SP	3	2	5	20	17	2

Patrick et Françoise BOURON - Les Sorinières - 85430 NIEUL-LE-DOLENT - Tél. : 02 51 07 91 58 ou 02 51 07 93 46 - Fax : 02 51 07 94 78 - E-mail : bouronp@club-internet.fr

NIEUL-SUR-L'AUTIZE
C.M. 71 Pli 1

4 ch. Fontenay-le-Comte 10 km. Le Cloître de Nieul-sur-l'Autize 0 km. Aux portes du Marais Poitevin, face à l'Abbaye Royale, le Rosier Sauvage, maison de caractère du XVIII°, vous propose 4 chambres confortables au décor personnalisé : 2 ch. 2 pers. et 2 ch. 3 pers. avec sanitaires privés (douche, wc). Salon réservé aux hôtes (bibliothèque, TV, cheminée). Jardin avec salon de jardin à disposition. Petits-déjeuners servis dans une ancienne écurie superbement restaurée. Restaurants à proximité. Langue parlée : anglais.

Prix : 1 pers. **32/35** € 2 pers. **41/44** € 3 pers. **50/53** €
Ouvert : D'avril à octobre.

🐕	☂	🏖	⛵	🏊	🎾	🎣	🚴	🚂	🛒
	60	10	10	11	15	SP	SP	11	60	25	SP

Christine CHASTAIN-POUPIN - Le Rosier Sauvage - 1 rue de l'Abbaye - 85240 NIEUL-SUR-L'AUTIZE - Tél. : 02 51 52 49 39 - Fax : 02 51 52 49 46

Pays de Loire — Vendée

NOIRMOUTIER
C.M. 67 Pli 1

5 ch. Challans 40 km. 5 chambres d'hôtes rénovées en 1988 aménagées dans une maison datant de 1900, située près du vieux château et du port. 4 ch. de 2 pers. aménagées au 1er étage avec balcon, salle d'eau et wc particuliers. Entrée indép. Au r.d.c. : 1 ch. de 2 pers. avec salle de bains et wc particuliers. Séjour, salon (cheminée), jardinet, terrasse, salon de jardin. Accès à l'île par le pont ou par le passage du Gois à marée basse, parking public à 50 m, face au château (gratuit), restaurant, crêperie à proximité.

Prix : 1 pers. **38 €** 2 pers. **44 €**
Ouvert : D'avril au 15 septembre.

1	1	1	1	1	1	30	40	SP

Mauricette BARANGER - 8 rue de la Mougendrie - 85330 NOIRMOUTIER-EN-L'ILE - Tél. : 02 51 39 12 59 - Fax : 02 51 39 12 59

L'OIE Champ Blanc
C.M. 67 Pli 15

2 ch. Chantonnay 9 km. Le Puy-du-Fou 30 km. Au cœur du Bocage Vendéen, dans le calme et le repos de la pleine campagne, nous vous réservons le meilleur accueil. Dans notre maison de style 1930, sur une exploitation en activité (céréales, élevage de porcs) : 2 chambres 1 lit 2 pers. avec salle d'eau et wc privés. Kitchenette, frigidaire, coin-détente et prise TV à disposition. Entrée indépendante. Espace vert aménagé avec salon de jardin. Sentier pédestre et pêche à 2,5 km. Accès par la RN 137. Réduction de 10 % pour séjour de + de 3 nuits.

Prix : 2 pers. **34 €**
Ouvert : Toute l'année.

70	3	15	10	2,5	SP	2	10	10	2

Louis et Gisèle REVEILLER - Champ Blanc - 85140 L'OIE - Tél. : 02 51 40 22 72 - Fax : 02 51 40 24 04

L'ORBRIE Logis du Ranquinet
C.M. 71 Pli 1

1 ch. Fontenay-le-Comte 3 km. Le Cloître de Nieul-sur-l'Autize 7 km. 1 suite comprenant 1 ch. 2 pers. (2 lits 1 pers.) et 1 ch. 1 pers. (1 lit 1 pers.) aménagée dans un logis des XVIIe et XVIIIe siècles avec TV. Salle de bains et wc particuliers. Terrain aménagé avec salon de jardin. A proximité de la forêt de Mervent, Vouvant, village médiéval 10 km. Marais-Poitevin 15 km. Lac de Xanton avec plage aménagée 8 km. Puy-du-Fou 40 km.

Prix : 1 pers. **38 €** 2 pers. **46 €** 3 pers. **76 €**
Ouvert : Toute l'année.

50	8	8	3	8	3	3	3	3

Jacques et Anne-Marie REIGNER - Logis du Ranquinet - 8 imp. de la Fosse aux Loups - 85200 L'ORBRIE - Tél. : 02 51 69 29 27 -
E-mail : leranquinetchambresdhot@minitel.net

LES PINEAUX-ST-OUEN
C.M. 67 Pli 14

1 ch. Luçon 18 km. Le Puy-du-Fou 40 km. 1 chambre 2 pers. aménagée en 1996 dans une maison bourgeoise du début du siècle : 1 lit 2 pers avec sanitaires particuliers (salle d'eau, wc). Salle de séjour du propriétaire à disposition. Terrain aménagé avec salon de jardin. Table d'hôtes sur demande. Possibilité promenades à cheval. Piscine mobile (diam. 6 m) ouverte de juin à septembre.

Prix : 1 pers. **32 €** 2 pers. **35 €** repas **14 €**
Ouvert : Toute l'année.

40	8	18	8	8	SP	8	12	18	5

Nicole GROLLEAU - 21 rue de l'Océan - 85320 LES-PINEAUX-ST-OUEN - Tél. : 02 51 30 55 04 ou 06 09 49 52 26

LE POIRE-SUR-VIE La Millière
C.M. 67 Pli 13

2 ch. La Roche-sur-Yon 18 km. Le Logis de la Charbotterie 18 km. 2 chambres d'hôtes 3 pers. aménagées en 1999 à l'étage d'une maison ancienne, situées sur une ferme en activité. Entrée indépendante. Sanitaires (douche, wc) privés à chaque chambre. A disposition en rez-de-chaussée : une salle commune avec coin-cuisine et TV. Terrain avec salon de jardin. Restaurant à 3 km.

Prix : 1 pers. **33 €** 2 pers. **42 €** 3 pers. **50 €**
Ouvert : Toute l'année.

35	2	15	4	2	1	4	5	25	20	3

Marie-Antoinette CHAUVIN - La Millière - 85170 LE-POIRE-SUR-VIE - Tél. : 02 51 31 61 33 - Fax : 02 51 31 61 33 -
E-mail : chauvinma@aol.com

REAUMUR La Pillaudière
C.M. 67 Pli 16

3 ch. Les Herbiers 25 km. Le Puy-du-Fou 25 km. Marais-Poitevin 60 km. Au calme de la campagne du Haut Bocage Vendéen, nous vous accueillons dans notre maison de style 1900 : 3 ch. d'hôtes créées en 1990 aménagées à l'étage : 1 ch. 2 pers. (1 lit 2 pers.), 1 ch. 3 pers. (1 lit 2 pers. 1 lit 1 pers.), 1 ch. 3 pers. poss. lits d'appoint), s.e. et wc privés attenants à chaque ch. Poss. de lit 1 pers. suppl. à chaque ch. Salon de jardin à disposition. Parc pour voitures. Animaux acceptés sous réserve. Réservation sur demande de places pour le Puy du Fou. Vouvant-Mervent (cités médiévales) à 25 km, Futuroscope à 100 km.

Prix : 1 pers. **33 €** 2 pers. **36 €** 3 pers. **48 €** repas **13 €**
Ouvert : Toute l'année.

80	7	7	7	2	SP	8	8	50	5	2

Alphonse et Augusta SACHOT - La Pillaudière - 85700 REAUMUR - Tél. : 02 51 65 88 69

Vendée

Pays de Loire

REAUMUR Le Prieuré
C.M. 67 Pli 16

E.C. 1 ch. **Les Herbiers 25 km. Le Puy-du-Fou 23 km.** 1 chambre d'hôtes 2 pers. aménagée dans un Logis du 18ᵉ siècle (ancien prieuré) au sein d'une propriété de 5 ha. située dans un petit bourg. Entrée indép. Sanitaires privés (douche, wc). Parc paysagé, piscine privée commune sur place (ouverte du 01/07 au 31/08). Salon de jardin à disposition. Poss. pêche dans étang privé à 500 m sur demande. Petits commerces dans le bourg. 1 gîte rural sur place. Langue parlée : anglais.

Prix : 1 pers. 46 € 2 pers. 46 €
Ouvert : Du 1ᵉʳ juillet au 31 août.

🐕	≋	💧	⛱	⚓	🏊	🎾	🏇	🎿	🚂	⛵
80	SP	15	SP	0,5	SP	6	7	45	20	4

GARRET Stéphane & M-Charlotte - Le Prieuré - 85700 REAUMUR - Tél. : 04 92 27 02 92 ou 06 11 61 03 52

SOULLANS
C.M. 67 Pli 12

E.C. 2 ch. **Challans 3 km. Ile de Noirmoutier 25 km.** 2 chambres d'hôtes située dans une propriété close et boisée de 4400 m². Entrées indépendantes. 1 ch. double 4 pers. avec sanitaires privés (douche/wc, 1 lavabo dans chaque chambre). 1 ch. 3 pers. avec sanitaires privés (douche/wc). Jardin à disposition, terrasse privée, salon de jardin. Restaurant 2 km. Langue parlée : anglais.

Prix : 2 pers. 38 € 3 pers. 46 € pers. sup. 8 €
Ouvert : Toute l'année.

🐕	≋	💧	⛱	⚓	🏊	🎾	🏇	🎿	🚂	⛵
15	15	18	3	3	SP	3	10	15	3	3

Annie BLANCHARD - 16 allée de la Vérie - 85300 SOULLANS - Tél. : 02 51 93 14 30

ST-ANDRE-TREIZE-VOIES
C.M. 67 Pli 4

2 ch. **Montaigu 10 km. Le Logis de la Charbotterie 6 km.** 2 chambres d'hôtes aménagées en 1989 dans une maison ancienne datant de 1850 entourée d'un jardin fleuri, située dans un petit bourg du Bocage. A l'étage : 1 ch. 5 pers avec salle d'eau et wc. Au r.d.c. : 1 ch. 3 pers. avec salle d'eau et wc, coin-cuisine, entrée indépendante. Cour intérieure, jardin. Parking privé. Chaise et lit bébé à disposition.

Prix : 1 pers. 30 € 2 pers. 34 € 3 pers. 43 €
Ouvert : Toute l'année.

🐕	≋	💧	⛱	⚓	🏊	🎾	🏇	🎿	🚂	⛵
45	10	4	10	4	SP	10	45	4	SP	

Annie MOREAU - 1 rue du Lion d'Or - 85260 ST-ANDRE-TREIZE-VOIES - Tél. : 02 51 42 41 48

ST-CHRISTOPHE-DU-LIGNERON L'Hubertière
 (TH)
C.M. 67 Pli 12

4 ch. **Challans 15 km. Le Puy-du-Fou 70 km.** A 20 mn de l'océan, Gérard et Michelle vous accueillent. Au cœur du Bocage Vendéen, ils souhaitent vous faire partager le calme et l'espace. Un bâti de 200 ans inspire détente et convivialité. Sur cette ferme en activité 5 chambres. Dans une ancienne bergerie 1 ch. de 2 pers. et coin-cuisine à disposition. Dans la maison du propriétaire 2 ch. de 3 pers. et 1 ch. double de 5 pers. Chaque chambre est équipée de sanitaires privés. TV à disposition.

Prix : 1 pers. 34 € 2 pers. 42 € 3 pers. 52 € pers. sup. 11 € repas 15 €
Ouvert : Du 15 mars au 15 novembre.

🐕	≋	💧	⛱	⚓	🏊	🎾	🏇	🎿	🚂	⛵
20	5	15	7	7	0,5	7	7	15	7	

Gérard et Michelle LOIZEAU - L'Hubertière - 85670 ST-CHRISTOPHE-DU-LIGNERON - Tél. : 02 51 35 06 41 - Fax : 02 51 49 87 43 - E-mail : michelle.loizeau@terre-net.fr

ST-CHRISTOPHE-DU-LIGNERON La Vergne Neuve
C.M. 67 Pli 12

4 ch. **Challans 9 km. St-Gilles-Croix-de-Vie 15 km.** A proximité de la mer, dans le calme de la campagne, Marylène et Charles vous accueillent dans 4 chambres d'hôtes rénovées en 1990 aménagées dans leur maison datant de 1880, sur une ferme en activité, avec meubles anciens, chambres avec poutres et pierres apparentes. 3 ch. de 3 pers. et 1 ch. de 3 pers. avec salle d'eau et wc particuliers pour chaque chambre. Possibilité lit supplémentaire. Salle commune avec cuisine réservée aux hôtes. Jardin aménagé, salon de jardin. Etang de pêche très poissonneux sur place.

Prix : 1 pers. 35 € 2 pers. 39 € 3 pers. 48 €
Ouvert : Toute l'année.

🐕	≋	💧	⛱	⚓	🏊	🎾	🏇	🎿	🚂	⛵
18	5	5	SP	4	1	15	10	4		

Marylène BOURMAUD - La Vergne Neuve - 85670 ST-CHRISTOPHE-DU-LIGNERON - Tél. : 02 51 93 32 52 - Fax : 02 51 93 17 08

ST-CHRISTOPHE-DU-LIGNERON La Marière
C.M. 67 Pli 12

E.C. 4 ch. **Challans 12 km. St-Gilles-Croix-de-Vie 20 km.** Ancienne maison de ferme rénovée en 1999 comprenant le logement du propriétaire et 4 chambres d'hôtes à l'étage. 3 ch. 2 pers. et 1 ch. 3 pers. Sanitaires privés à chaque chambre (salle d'eau/wc). Salon avec TV à disposition, cuisine. Jardin, salon de jardin. Camping 6 emplacements sur place. Langue parlée : anglais.

Prix : 1 pers. 35 € 2 pers. 38 € 3 pers. 43 €
Ouvert : Toute l'année.

🐕	≋	💧	⛱	⚓	🏊	🎾	🏇	🎿	🚂	⛵
20	4	4	6	SP	6	4	4	15	12	4

Gérard et M-Christine TAVET & MEUNIER - La Marière - 85670 ST-CHRISTOPHE-DU-LIGNERON - Tél. : 02 51 35 28 67

Pays de Loire   Vendée

ST-CHRISTOPHE-DU-LIGNERON Le Grand Fileau   C.M. 67 Pli 12

2 ch. **Challans 8 km. Apremont (cité médiévale) 3 km.** Pour un sourire à la campagne, faites une halte chez Emmanuelle et Roger. Ils ont choisi la proximité de la côte et le calme de l'intérieur pour vous accueillir dans leurs 2 chambres d'hôtes aménagées en 99 à l'étage de leur maison. Entrée indépendante. 1 ch. 2 pers. et 1 ch. double 4 pers. (1 lit 2 pers., 2 lits 1 pers.). S. d'eau et wc privés à chaque ch. Salle d'accueil commune (TV, coin-cuisine), lave-linge à disposition. Salon de jardin sous tonnelle, barbecue. Sur place : petit camping, basse-cour, biquettes naines. Langue parlée : anglais.

Prix : 1 pers. 30 € 2 pers. 38 € 3 pers. 46 € pers. sup. 10 €
Ouvert : Toute l'année.

12	4	4	8	3	5	8	5	10	8	3

Emmanuelle BAUDRY - Le Grand Fileau - 85670 ST-CHRISTOPHE-DU-LIGNERON - Tél. : 02 51 35 36 13 - Fax : 02 51 35 36 13 -
E-mail : grandfileau@infonie.fr

ST-CYR-EN-TALMONDAIS La Maison Neuve   C.M. 71 Pli 11

4 ch. **Luçon 15 km. St-Vincent-sur-Jard (maison de Clémenceau) 18 km.** Dans un cadre calme et agréable, Gérard et Marie-Renée vous accueillent toute l'année dans 4 chambres d'hôtes aménagées dans une maison de ferme restaurée, située en bordure de marais, dans un site préservé, à quelques km de la plage de la Tranche-sur-Mer. 1 ch. de 3 pers. en r.d.c. avec entrée indépendante et sanitaires privés (douche + wc), prise TV dans chaque chambre. Salle d'accueil (TV). Espace extérieur arboré, jeux pour enfants. Ferme en activité. Accès D 949 à 2,5 km du bourg. Trophée départemental du Tourisme 1999.

Prix : 1 pers. 34 € 2 pers. 39/42 € 3 pers. 47 € repas 13 €
Ouvert : Toute l'année.

12	12	8	16	3	SP	2,5	25	16	2,5

Gérard et Marie-Renée MASSON - La Maison Neuve - 85540 ST-CYR-EN-TALMONDAIS - Tél. : 02 51 30 80 13 - Fax : 02 51 30 89 47 -
E-mail : massong@85.cernet.fr

ST-DENIS-DU-PAYRE Garanjou   C.M. 71 Pli 11

2 ch. **Luçon 10 km. La Rochelle 40 km.** Garanjou, une ferme d'élevage traditionnel, ayant obtenu les labels Nature, accueil simple et authentique : 2 chambres d'hôtes aménagées en 1980 dans la maison du propriétaire datant du XVIII° s., située en pleine campagne dans le marais vendéen. 1 ch. 3 pers. avec douche privée et 1 ch. 2 pers. wc s.d.b. dans le couloir commune au 2 ch., wc communs. Séjour à disp., jardin, aire de jeux, parking, pré. Restaurant à 3 km. Salon de jardin, barbecue, cuisine à disposition. La chambre 3 pers. atteint le classement 2 épis. Observatoire sur place. Réserve ornithologique à 2 km.

Prix : 1 pers. 23 € 2 pers. 29 € 3 pers. 35 €
Ouvert : Toute l'année.

12	13	10	10	SP	SP	8	12	35	10	8

Geneviève DE LEPINAY - Garanjou - 85580 ST-DENIS-DU-PAYRE - Tél. : 02 51 27 23 31 - Fax : 02 51 27 23 31

ST-DENIS-LA-CHEVASSE Le Moulin des Jouineaux   C.M. 67 Pli 14

2 ch. **La Roche-sur-Yon 20 km. Le Puy-du-Fou 48 km. Littoral 45 km.** A proximité de La Roche-sur-Yon et en campagne, Louisette et Gilles vous accueillent dans une ancienne maison de ferme entièrement rénovée en 1981. 1 chambre double 4 pers. aménagée au 1er étage avec salle de bains et wc privés. 1 chambre 2 pers. aménagée au r.d.c. avec salle d'eau et wc privés. Entrée indépendante. Salle d'accueil, bibliothèque. Espace vert aménagé clos avec petit étang (salon de jardin, jeux pour enfants). Table d'hôtes sur réservation. Propriété de 3000 m². 1 gîte rural aménagé dans un moulin à vent à proximité. Le Logis de la Chabotterie 12 km. Chambre double 4 pers. : 60 €.

Prix : 1 pers. 30 € 2 pers. 34 € 3 pers. 42 € repas 12 €
Ouvert : Toute l'année.

45	6	20	10	2	2	15	40	5	2

Gilles et Louisette CHARRIER - Le Moulin des Jouineaux - 85170 ST-DENIS-LA-CHEVASSE - Tél. : 02 51 41 31 23

ST-FLORENT-DES-BOIS Le Plessis Tesselin   C.M. 67 Pli 14

3 ch. **La Roche-sur-Yon 10 km. Le Puy-du-Fou 50 km.** A proximité de La Roche sur Yon et en campagne : 3 chambres d'hôtes rénovées en 1993 aménagées à l'étage de la maison du propriétaire, à proximité d'un camping 6 emplacements. 3 ch. 2 pers. (salle d'eau et wc particuliers), poss. lit 90 suppl. Petit coin-salon avec TV à dispo. Prise TV et téléphone dans chaque ch. Séjour commun avec le propriétaire. Salon de jardin à disposition. Plan d'eau de 2 ha. avec poss. de pêche sur place, aire de jeux. Accès D 746. Table d'hôtes sur réservation.

Prix : 1 pers. 30 € 2 pers. 36 € repas 13 €
Ouvert : Toute l'année.

35	35	SP	10	SP	2,5	4	6	10	2,5

J-Pierre et M-Alice ROUX - Le Plessis Tesselin - 85310 ST-FLORENT-DES-BOIS - Tél. : 02 51 31 91 12 ou 02 51 46 72 22 -
Fax : 02 51 46 72 22

ST-FLORENT-DES-BOIS La Veillonnière   C.M. 67 Pli 14

2 ch. **La Roche-sur-Yon 12 km. Marais-Poitevin 60 km.** Pascale, Jean-Bernard et leurs enfants seront heureux de vous accueillir sur leur ferme laitière : 2 chambres 3 pers. aménagées en 95 dans une grange mitoyenne à leur logement. Dans chaque ch. : 1 lit 2 pers., 1 lit 1 pers. Sanitaires privés (douche/wc). Possibilité de lit supplémentaire. Salle d'accueil commune avec coin-cuisine réservé aux hôtes. Salon de jardin et table de ping-pong à disposition. Piscine (ouverte du 15/06 au 15/10) cloturée commune avec le propriétaire.

Prix : 1 pers. 30 € 2 pers. 34/39 € 3 pers. 46 €
Ouvert : Toute l'année.

35	35	5	SP	10	SP	2,5	10	8	12	2,5

EARL MARTINEAU - Pascale & J-Bernard MARTINEAU - La Veillonnière - 85310 ST-FLORENT-DES-BOIS - Tél. : 02 51 31 92 68 -
Fax : 02 51 46 71 12

Vendée

Pays de Loire

ST-GERMAIN-DE-PRINCAY
C.M. 67 Pli 15

1 ch. **Chantonnay 4 km. Le Puy-du-Fou 20 km.** Dans le calme de la campagne, dans un cadre agréable, Germain vous accueille dans une chambre d'hôtes rénovée en 1988, aménagée à l'étage de sa maison. 1 ch. 2 pers. avec salle de bains et wc particuliers. Posssibilité de lit supplémentaire. Salon avec TV à la disposition des hôtes. Garage. Produits fermiers sur place. Restaurant à 200 m. Pour les réservations, appelez aux heures des repas ou laisser un message sur le répondeur.

Prix : 2 pers. 30 €
Ouvert : Toute l'année.

60	60	5	0,4	SP	5	5

Germain MERLET - 12 rue Edouard Majou - 85110 ST-GERMAIN-DE-PRINCAY - Tél. : 02 51 40 47 18 ou 06 71 07 22 47

ST-GERVAIS Le Pas de L'Ile
C.M. 67 Pli 2

3 ch. **Challans 12 km. Ile de Noirmoutier 12 km.** En bordure du Marais Breton Vendéen, à la porte des Iles, Marie-Thérèse et Henri vous accueillent avec 3 chambres de 3 pers. rénovées en 82 et 88, aménagées dans une maison ancienne située en pleine campagne. Salle d'eau et wc particuliers pour chaque ch. Meubles anciens régionaux. Salle de séjour avec coin-cuisine à disposition. Prise TV. Entrée indépendante. Espace vert aménagé. Plan d'eau, promenade en barque, vélos sur place. Sentiers de randonnée. Produits fermiers.

Prix : 1 pers. 35 € 2 pers. 40 € 3 pers. 50 €
Ouvert : De Pâques à la Toussaint.

6	12	3	SP	SP	3	4	10	15	3

Henri et M-Thérèse PITAUD - Le Pas de l'Ile - 85230 ST-GERVAIS - Tél. : 02 51 68 78 51 - Fax : 02 51 68 42 01

ST-GILLES-CROIX-DE-VIE
C.M. 67 Pli 12

2 ch. **St-Gilles-Croix-de-Vie 0 km.** 2 chambres d'hôtes aménagées en 97 dans une maison contemporaine située près du centre ville. Entrée indépendante. 1 ch. double 4 pers. avec mezzanine et sanitaires privés (douche, wc). 1 ch. 2 pers. avec sanitaires privés non attenants (douche, wc). Jardin clos et salon de jardin à disposition. Piscine privée (ouverte du 01/06 au 30/09). Centre de découverte du Marais Breton Vendéen Le Daviaud à 30 km.

Prix : 2 pers. 50 € 3 pers. 61 € pers. sup. 12 €
Ouvert : Toute l'année.

0,7	0,7	SP	1	1	0,5	8	8	1	SP

Françoise BONGIBAULT - 31 rue Torterue - 85800 ST-GILLES-CROIX-DE-VIE - Tél. : 02 51 55 73 60 - Fax : 02 28 10 05 78

ST-HILAIRE-DE-LOULAY La Négrie
C.M. 67 Pli 4

2 ch. **Montaigu 7 km. Le Puy-du-Fou 40 km. Nantes 25 km. Clisson 12 km.** 2 chambres doubles aménagées à l'étage de la maison du propriétaire, sur une ferme en activité. 1 chambre 4 pers. avec entrée indépendante (2 lits 2 pers) 2 salles d'eau et 2 wc. TV. Réfrigérateur, 2 plaques électriques et micro-ondes à disposition. 1 chambre 3 pers. (1 lit 2 pers., 1 lit 120), salle d'eau/wc. Possibilité lit d'appoint. Jardin, salon de jardin. Restaurants 3 et 4 km. Découverte de la ferme avec les propriétaires. Etang privé à 100 m, possibilité de pêche. Promenade en calèche à 2 km. St-Jean-de-Monts 60 km, Cholet, La Roche/yon, 30 km.

Prix : 1 pers. 30 € 2 pers. 35 € 3 pers. 66 € pers. sup. 11 €
Ouvert : Toute l'année.

60	10	20	7	0,1	SP	4	15	30	6	4

Michel et M-Thérèse JAUNET - La Négrie - 85600 ST-HILAIRE-DE-LOULAY - Tél. : 02 51 94 04 96

ST-HILAIRE-DE-RIEZ
C.M. 67 Pli 12

1 ch. **St-Gilles-Croix-de-Vie 3 km.** A deux pas de la plage et de la forêt, Sylvie et Pierre vous accueillent dans leur chambre double 4 pers. : ch. 1 (1 lit 2 pers.), ch. 2 (2 lits 1 pers.) aménagées à l'étage d'une maison récente (1982) avec entrée indépendante. Salle d'eau et wc particuliers. Télévision, table de ping-pong, salon de jardin, réfrigérateur à disposition des hôtes. Terrain clos permettant de garantir la sécurité des véhicules. Le centre de découverte du Marais Breton Vendéen Le Daviaud à 40 km. Langue parlée : anglais.

Prix : 1 pers. 37 € 2 pers. 48 € 3 pers. 59 € pers. sup. 13 €
Ouvert : Toute l'année.

0,8	0,8	5	3	0,8	SP	0,5	7	15	1	0,2

Sylvie MILCENDEAU - 109 rue de la Touche - 85270 ST-HILAIRE-DE-RIEZ - Tél. : 02 51 54 37 21

ST-HILAIRE-DE-RIEZ
C.M. 67 Pli 12

2 ch. **St-Gilles-Croix-de-Vie 1 km. Le Puy-du-Fou 85 km.** 2 chambres d'hôtes aménagées dans une maison contemporaine sur une prop. close de 6800 m² à 1 km du petit port de pêche de St-Gilles-Croix-de-Vie. 1 ch. 2 pers. (1 lit 2 pers.) et 1 ch. 4 pers. (2 lits 2 pers.) avec salle de bains et wc particuliers à chaque chambre. Frigo. Entrée indép. Parc aménagé. Terrasse, salon de jardin et barbecue à disposition. Possibilité accès cuisine commune aux 2 ch. (l-linge). Parkings, garages. Restaurant à 500 m. Embarcadère pour l'Ile d'Yeu 1 km. Possibilité de remise hors saison.

Prix : 1 pers. 38 € 2 pers. 46 € 3 pers. 55 € pers. sup. 12 €
Ouvert : Toute l'année. Fermé du 1er au 16 octobre.

1,5	1,5	1,5	1,5	1	0,8	7	7	1	0,3

Antoinette CLERJOU - 34 rue du Marais Doux - Villa la Roseraie - 85270 ST-HILAIRE-DE-RIEZ - Tél. : 02 51 55 45 61 - Fax : 02 51 55 45 61

Pays de Loire   **Vendée**

ST-HILAIRE-DE-RIEZ   C.M. 67

E.C. 2 ch. **St-Gilles-Croix-de-Vie 200 m. L'île d'Yeu 1 heure.** 2 chambres aménagées dans une maison contemporaine située dans un ensemble à 200 m de la plage. 1 chambre avec 1 lit 160 au R.d.c. 1 chambre avec 1 lit 2 pers. et 1 lit 1 pers. à l'étage. Salle d'eau et wc privés pour chaque chambre. Entrée indépendante. Jardin, terrasse, salon de jardin, transats. Restaurants à 500 m. Ecole de voile à 400 m. Langues parlées : anglais, allemand.

Prix : 1 pers. **46** € 2 pers. **52** € 3 pers. **65** €
Ouvert : Toute l'année.

0,2	0,2	1	2	SP	1	4	10	1,5	1

Bernard et Agnès CECILLON - 42 D rue du Jet d'eau - 85270 ST-HILAIRE-DE-RIEZ - Tél. : 02 51 26 97 66 ou 06 77 66 88 46 - Fax : 02 51 54 71 70 - E-mail : agnesbandb@wanadoo.fr

ST-HILAIRE-LE-VOUHIS Le Bois Touzeau   C.M. 67 Pli 15

2 ch. **Chantonnay 7 km. Le Puy-du-Fou 27 km.** 1 chambre double aménagée dans une maison récente (1980) située en pleine campagne près de notre ferme : 1 lit 2 pers., 2 lits 1 pers. avec douche et lavabo privés dans la chambre. 1 chambre avec 1 lit 2 pers. (poss. lit enfant), salle de bains privée dans couloir. WC communs aux 2 chambres. Salon du propriétaire à disposition. Terrasse avec salon de jardin. Coin-cuisine, frigo, barbecue disponible dans le garage ouvert sur terrain et pelouse. Possibilité prêt vélos, rivière à 100 mètres. Sortie A83-7 km.

Prix : 1 pers. **23** € 2 pers. **32** €
Ouvert : Toute l'année.

60	10	10	10	0,2	0,2	2	10	10	2

Maurice et Jeannine PICARD - Le Bois Touzeau - 85480 ST-HILAIRE-LE-VOUHIS - Tél. : 02 51 46 83 90 - Fax : 02 51 46 80 44

ST-JEAN-DE-MONTS   C.M. 67 Pli 11

3 ch. **St-Gilles-Croix-de-Vie 8 km. Ile de Noirmoutier 15 km. Océan 3 km.** Dans une maison traditionnelle du Marais, rénovée en 1997, située en bordure de la route D38, reliant St Jean de Monts à St Gilles Croix de Vie, 3 ch. d'hôtes avec décoration personnalisée et mobilier ancien. Entrée de chaque chambre indépendante avec vue sur le Marais. 1 ch. (1 lit 2 pers., 1 lit 130) accessible aux personnes handicapées. 1 ch. 2 pers. (1 lit 2 pers.), 1 ch. 2 pers. (2 lits 1 pers. transformable en 180 sur demande). Sanitaires privés à chaque chambre (douche, wc, vasque intégrée). Jardin clos (salon de jardin). Parking privé. Restaurants à proximité.

Prix : 1 pers. **38/41** € 2 pers. **38/41** € 3 pers. **46/50** €
Ouvert : Du 25 mars au 6 octobre.

3	3	20	8	3	8	11	4	10	8	1

Isabelle BERNARD - La Bourrine - 184 avenue d'Orouet - 85160 ST-JEAN-DE-MONTS - Tél. : 02 51 59 55 31

ST-JULIEN-DES-LANDES Les Suries   (TH)   C.M. 67 Pli 12

3 ch. **Les Sables-d'Olonne 20 km. Le Puy-du-Fou 80 km.** A quelques minutes de l'océan, à la campagne dans un environnement boisé, Monique et Alain vous accueillent sur leur ferme. 2 chambres aménagées en 98 : 1 ch. 2 pers. (1 lit 2 pers.) et 1 ch. 3 pers. (1 lit 2 pers. 1 lit 1 pers.) et 1 ch. double 4 pers. (2 lits 2 pers.) aménagée en 97 dans une grange restaurée. Entrées indép. Sanitaires privés (douche, wc). Ant. TV. Table d'hôtes sur réservation. 1 gîte rural sur place. Possibilité de pêche dans étang.

Prix : 1 pers. **31** € 2 pers. **39** € 3 pers. **47** € pers. sup. **8** € repas **13** €
Ouvert : Toute l'année.

15	5	15	15	SP	SP	2	5	20	5	2

Alain et Monique GROSSIN - Les Suries - 85150 ST-JULIEN-DES-LANDES - Tél. : 02 51 46 64 02 ou 06 86 67 35 20 - Fax : 02 51 46 64 02 - E-mail : monique-et-alain.grossin@wanadoo.fr

ST-MALO-DU-BOIS Les Montys   (TH)   C.M. 65 Pli 5

5 ch. **Les Herbiers 16 km. Le Puy-du-Fou 7 km.** Les 5 chambres des Montys, en pleine campagne, au centre d'une région touristique, riche en curiosités où Régina et André vous réserveront un accueil authentique et une bonne convivialité, ont été aménagées en 1992 à l'étage de leur maison datant de 1860. Salle d'eau et wc particuliers à chaque ch. 2 entrées indép. 1 ch. 4 pers., 2 ch. 2 pers., 2 ch. 3 pers., 2 ch. 2 pers. Salon (TV), coin-cuisine. R.d.c. : salle commune, coin-cuisine, cheminée à l'ancienne, TV, lave-linge. Table d'hôtes sur réservation tous les jours sauf dimanche, lundi et mardi. Bordure de la Sèvre Nantaise 2 km. Musée de la Machine de Guerre à Tiffauges 20 km.

Prix : 1 pers. **27** € 2 pers. **37** € 3 pers. **47** € pers. sup. **8** € repas **14** €
Ouvert : Toute l'année.

90	90	8	SP	SP	2	4	15	15	2

André et Régina FRUCHET - Les Montys - 85590 ST-MALO-DU-BOIS - Tél. : 02 51 92 34 12 - Fax : 02 51 64 62 45

ST-MARTIN-DES-FONTAINES Garreau   (TH)   C.M. 67 Pli 15

E.C. 1 ch. **Fontenay-le-Comte 12 km. L'abbaye St-Pierre de Maillezais 20 km.** En sud Vendée, proche du Marais-Poitevin, Roselyne et Jean vous accueillent sur leur ferme en activité : 1 chambre d'hôtes 2 pers. aménagée en 98 dans un ensemble : 2 lits (90 x 200), salle d'eau, wc privés, kitchnette à disposition. TV. Entrée indépendante. Terrasse couverte avec salon de jardin et barbecue. Petit-déjeuner servi chez le propriétaire à 60 m : en traversant le parc. Terrasse de lecture. Pêche dans étang, location de pêche aménagé, VTT, Ping-pong. Sur place : 2 gîtes ruraux. 45 €/nuit pour 2 pers. à partir de 2 nuits. Site Internet : www.vendee.com/garreau/

Prix : 1 pers. **38** € 2 pers. **48** € repas **19** €
Ouvert : Toute l'année.

45	10	10	2	SP	SP	2	12	50	15	2

Jean et Roselyne PORCHER - Garreau - 85570 ST-MARTIN-DES-FONTAINES - Tél. : 02 51 00 12 62 - Fax : 02 51 87 79 74 - E-mail : r-porcher@club-internet.fr

Vendée
Pays de Loire

ST-MARTIN-DES-NOYERS La Gerbaudière
C.M. 67 Pli 14

1 ch. **La Roche-sur-Yon 19 km. Le Puy-du-Fou 25 km. Château de la Grève 2 km.** Dans le calme de la campagne 1 chambre d'hôtes rénovées en 1984, aménagée dans une maison de caractère de 1825 située dans un parc. 1 ch. double dans le logement du propriétaire (1 lit 2 pers. 2 lits 1 pers.) avec salle de bains et wc particuliers. Salle de jeux, ping-pong, jardin et parc à la disposition des hôtes. Restaurant à 4 km. Accès par la D 31 entre La Chaize-le-Vicomte et St-Hilaire-le-Vouhis. Langue parlée : anglais.

Prix : 1 pers. 46 € 2 pers. 46 € 3 pers. 69 € pers. sup. 23 €
Ouvert : Toute l'année.

🐕	〰️	⛱️	☂️	🚣	🤾	🎾	🦘	🎯	🚂	🚴
	40	SP	20	12	4	5	15	4	4	

Jacqueline ROCHEREAU - La Gerbaudière - 85140 ST-MARTIN-DES-NOYERS - Tél. : 02 51 07 82 15

ST-MARTIN-DES-TILLEULS Les Gâts
C.M. 67 Pli 5

E.C. 2 ch. **Les Herbiers 15 km. Le Puy-du-Fou 15 km.** 2 chambres d'hôtes aménagées en 1998 dans un Logis du XVIIe siècle situé à 300 m d'un petit bourg du bocage vendéen. Propriété close de 1 ha. dans parc arboré (2 étangs sur place). 1 ch. 2 pers. en rez-de-chaussée et 1 grande ch. 2 pers. avec coin-salon et divan 1 pers. à l'étage. Salle d'eau et wc à chaque chambre. Salon à disposition des hôtes. Parking dans la propriété. Salon de jardin à disposition. Canoë, escalade à 2 km. Nombreuses randonnées possibles. Château de Tiffauges à 8 km. Langues parlées : anglais, espagnol.

Prix : 1 pers. 31/39 € 2 pers. 37/45 € pers. sup. 11 €
Ouvert : Toute l'année.

🐕	〰️	⛱️	☂️	🚣	🤾	🎾	🦘	🎯	🚂	🚴
	80	15	15	7	2	2	1	2	15	1

Bertrand BODIN et Antoine BRESSE - Les Gâts - 85130 ST-MARTIN-DES-TILLEULS - Tél. : 02 51 65 60 06 - Fax : 02 51 65 63 93 -
E-mail : bertrand.bodin85@wanadoo.fr

ST-MATHURIN Les Echos
C.M. 67 Pli 12

1 ch. **Les Sables-d'Olonne 8 km. Le Puy-du-Fou 80 km.** A 10 mn des Sables d'Olonne, dans le calme de la campagne vendéenne, Paulette et Albert vous accueillent dans leur maison datant de 1975, à la sortie du bourg : 1 ch. double 4 pers. (1x140)(1x140) en plain-pied avec salle de bains et wc particuliers réservés à la ch. (possibilité d'1 lit 1 pers. supplémentaire). Entrée indép., séjour, jardin, aire de jeux. Logement meublé en sous-sol. Restaurant et commerces à 500 m.

Prix : 1 pers. 28 € 2 pers. 38 € 3 pers. 50 € pers. sup. 8 €
Ouvert : Toute l'année.

🐕	〰️	⛱️	☂️	🚣	🤾	🎾	🦘	🎯	🚂	🚴
	8	8	0,8	6	0,8	SP	SP	5	6	0,5

Paulette BOUARD - 32 rue du Stade - Les Echos - 85150 ST-MATHURIN - Tél. : 02 51 22 73 17 ou 06 86 71 49 24

ST-MATHURIN Château de la Millière
C.M. 67 Pli 12

5 ch. **Les Sables-d'Olonne 8 km. Le Logis de la Chabotterie 50 km.** 5 chambres aménagées dans une vieille et élégante demeure du XIXe siècle. 4 ch. de 2 pers. (salle de bains et wc privés à chaque ch.). 1 suite de 2 ch. pour 4 pers. (salle de bains et wc privés). En commun : bibliothèque, billard, TV, téléphone et piscine (ouverte du 01/05 au 30/09). Terrasse (salon de jardin), étang (pêche), vélos, barbecue, baby-foot, ping-pong. Restaurant à proximité. De nombreuses promenades sont à faire dans le parc vallonné de 20 ha., sillonné d'allées cavalières. 2 gîte ruraux à proximité. Langue parlée : anglais.

Prix : 1 pers. 87 € 2 pers. 95 € 3 pers. 110 € pers. sup. 15 €
Ouvert : Du 1er mai au 30 septembre.

🐕	〰️	⛱️	☂️	🚣	🤾	🎾	🦘	🎯	🚂	🚴
	10	10	SP	SP	1	8	3	10	1	

Claude et Danielle HUNEAULT - Château de la Millière - 85150 ST-MATHURIN - Tél. : 02 51 22 73 29 - Fax : 02 51 22 73 29

ST-MATHURIN Le Puy Babin
C.M. 67 Pli 12

4 ch. **Les Sables-d'Olonne 8 km. Le Puy-du-Fou 80 km.** Près de l'océan et au cœur de la nature, nous vous offrons 4 ch. d'hôtes rénovées en 1993, situées sur une ferme en activité. R.d.c. : 1 ch. 3 pers. accès par salle commune, 2 ch. 4 pers. accès indép. Etage : 1 ch. double 4 pers.accès indép. Sanitaires particuliers (douche, wc) à chaque ch. Table d'hôtes sur réservation. Salle commune, coin-cuisine à dispo.. Sur place : 1 gîte, 1 camping 25 empl. Loisirs sur site : ping-pong, billard, étang privé (pêche), location VTT, promenade en canoës, tir à l'arc, piscine (6x15), exposition d'outils anciens agricoles. Ambiance simple, familiale à la ferme.

Prix : 1 pers. 27 € 2 pers. 34 € 3 pers. 40 € pers. sup. 6 €
repas 13 €
Ouvert : Toute l'année.

🐕	〰️	⛱️	☂️	🚣	🤾	🎾	🦘	🎯	🚂	🚴
	8	8	15	SP	SP	2	10	5	11	2

P-Henry et Nathalie VINCENT - Le Puy Babin - 85150 ST-MATHURIN - Tél. : 02 51 22 74 11

ST-MICHEL-EN-L'HERM Basse Brenée
C.M. 67 Pli 11

3 ch. **Luçon 15 km. La Rochelle 45 km.** Marie-Noëlle et Michel vous accueillent dans leur ferme du marais datant du XVIIIe siècle. Là, vous bénéficierez du calme de la campagne pour un repos de qualité à 8 km de l'océan : 3 chambres avec sanitaires privés (salle d'eau, wc). 2 ch. aménagées à l'étage : 1 ch. (1 lit 2 pers.), 1 ch. double (1 lit 2 pers. et 1 lit 2 pers. 1 lit 1 pers.), 1 en r.d.c. totalement indépendante avec cuisine (1 lit 2 pers.), canapé. Salle commune avec coin-cuisine équipé. Salle de jeux commune avec le petit camping situé à prox. Restaurants à 3 km.

Prix : 1 pers. 27/34 € 2 pers. 32/38 € 3 pers. 41/47 €
pers. sup. 9 €
Ouvert : Toute l'année.

🐕	〰️	⛱️	☂️	🚣	🤾	🎾	🦘	🎯	🚂	🚴
	8	2	7	15	2	SP	3	7	35	15	3

Michel et M-Noëlle ARDOUIN - Basse Brenée - 85580 ST-MICHEL-EN-L'HERM - Tél. : 02 51 30 24 09 - Fax : 02 51 30 24 09 -
E-mail : michel.ardouin@free.fr

Pays de Loire — Vendée

ST-MICHEL-LE-CLOUCQ Bel Air
C.M. 71 Pli 1

3 ch. Fontenay-le-Comte 5 km. Marais-Poitevin 15 km. Entre Marais-Poitevin et massif forestier de Mervent/Vouvant, nous vous proposons 3 ch. d'hôtes de caractère restaurées en 1992 dans une maison de ferme datant de 1850. Entrée indép. Sanitaires privés pour chacune (douche, lavabo, wc) : ch. 1 (1 lit 2 pers.), ch. 2 (1 lit 2 pers.), ch. 3 (2 lits 1 pers.). Salle commune à disposition, salon de jardin. A côté d'un gîte rural. Toutes possibilités de loisirs à proximité. Tarifs dégressifs pour séjour. Dans un petit bourg, à 1 km du massif forestier. Ferme-Auberge à 200 m.

Prix : 1 pers. 33 € 2 pers. 40 € 3 pers. 50 €
Ouvert : Toute l'année.

60	5	5	5	3	1	5	30	5		

J-Christian et M-Jo BOURDIN - Bel Air - 78 rue de la Mairie - 85200 ST-MICHEL-LE-CLOUCQ - Tél. : 02 51 69 24 24 ou 06 82 71 95 40 - Fax : 02 51 69 24 24

ST-MICHEL-MONT-MERCURE La Bonnelière
C.M. 67 Pli 15

2 ch. Les Herbiers 10 km. Le Puy-du-Fou 8 km. Dans le calme de la campagne, à prox. d'un château du XVIe siècle, 2 ch. aménagées en 1988 et 1997 dans une ferme d'élevage du Haut Bocage Vendéen. Entrées indép. 1 ch. double 4 pers. avec mezzanine (2 lits 2 pers.), 1 ch. double 6 pers. avec mezzanine (3 lits 2 pers.). Sanitaires particuliers (douche, wc), kitchenette, TV pour chaque chambre. 2 gîtes 5 pers. sur place. Réservation Puy du Fou sur demande.

Prix : 1 pers. 32 € 2 pers. 40 € 3 pers. 47 € pers. sup. 9 €
Ouvert : Toute l'année.

75	4	11	10	4	4	10	4	10	4

Gaston et Françoise RETAILLEAU - La Bonnelière - 85700 ST-MICHEL-MONT-MERCURE - Tél. : 02 51 57 21 90 - Fax : 02 51 57 21 90

ST-MICHEL-MONT-MERCURE L'Orbrie
C.M. 67 Pli 15

2 ch. Les Herbiers 9 km. Le Puy-du-Fou 8 km. 2 chambres d'hôtes aménagées en 97 dans une maison ancienne, situées sur une ferme d'élevage proche du bourg de St Michel-Mont-Mercure, point culminant de la Vendée. 1 ch. double 5 pers. (r.d.c. et étage), avec entrée indépendante. 1 ch. 3 pers. à l'étage avec entrée indép. pour salle commune. Sanitaires privés (douche, wc). TV dans chaque chambre. Jardin avec salon de jardin. Salle commune avec coin-kitchnette à disposition.

Prix : 1 pers. 29 € 2 pers. 38 € 3 pers. 51 € pers. sup. 11 €
Ouvert : Toute l'année.

75	SP	20	7	SP	SP	1,5	7	30	10	0,5

Yvon et Marie-France BABARIT - L'Orbrie - 85700 ST-MICHEL-MONT-MERCURE - Tél. : 02 51 57 70 69

ST-PAUL-EN-PAREDS La Gelletière

C.M. 67 Pli 15

5 ch. Les Herbiers 6 km. Le Puy-du-Fou 15 km. Ancienne grange rénovée en 1999 comprenant le logement du propriétaire, 1 gîte rural et 5 chambres d'hôtes située sur une ferme en activité. Entrée indépendante pour chaque ch. R.d.c. : 1 ch. 2 pers. et 1 ch. 3 pers.. A l'étage : 3 ch. 3 pers. Sanitaires privés à chaque chambre (salle d'eau, wc). Salle commune avec coin-cuisine à disposition. Piscine privée sur place (ouverte de juin à octobre). Coin pique-nique ombragé privé en bordure de rivière. Restaurant 3 km.

Prix : 1 pers. 30 € 2 pers. 41 € 3 pers. 53 €
Ouvert : De mai à septembre.

70	10	10	SP	SP	SP	2	8	30	30	8

Charly MERLET - La Gelletière - 85500 ST-PAUL-EN-PAREDS - Tél. : 02 51 92 00 43 ou 02 51 92 00 25 - Fax : 02 51 92 00 43

ST-PIERRE-LE-VIEUX Les Bas
C.M. 71 Pli 1

3 ch. Fontenay-le-Comte 12 km. L'abbaye St-Pierre de Maillezais 3 km. Calme, repos, découverte d'une exploitation agricole au cœur du Marais Poitevin : 3 chambres d'hôtes avec salle d'eau et wc particuliers. 2 ch. 3 pers. et 1 ch. 2 pers. Entrée indépendante. Salle avec coin-cuisine. Petits-déjeuners avec produits maison. Restaurants à 3 km. Sentiers pédestres à partir de la ferme. Promenades en barque sur place. Camping 6 emplacements sur le siège de la ferme. Site Internet : www.ferme-ecluzeaux.com

Prix : 1 pers. 27 € 2 pers. 38 € 3 pers. 49 €
Ouvert : Toute l'année.

50	15	15	10	SP	SP	3	10	22	3

Chrystèle PEPIN - Les Bas - 85420 ST-PIERRE-LE-VIEUX - Tél. : 02 51 00 76 14 - Fax : 02 51 00 76 14 -
E-mail : pepin.eric.christelle@wanadoo.fr

ST-PIERRE-LE-VIEUX Le Peux
(TH) *C.M. 71 Pli 1*

2 ch. Fontenay-le-Comte 8 km. L'abbaye St-Pierre de Maillezais 3 km. Dans l'ancienne ferme du Peux, 2 chambres d'hôtes aménagées en 1993 dans une maison traditionnelle datant du début du siècle à l'entrée du marais mouillé. Entrée indépendante. 1 ch. (1 lit 2 pers.) au rez-de-chaussée avec salle d'eau et wc privés. 1 ch. double (1 lit 2 pers., 2 lits 1 pers.) à l'étage avec salle d'eau et wc privés. Salon de jardin, véranda sur jardin et kitchenette à disposition. Vélos, barque, vue sur le marais. Table d'hôtes sur demande. Cartes et circuits à disposition. La Rochelle 50 km.

Prix : 1 pers. 23 € 2 pers. 31 € 3 pers. 39 € pers. sup. 8 € repas 11 €
Ouvert : Toute l'année.

50	10	10	0,3	SP	2	10	25	10	2

Marie-Agnès ROBUCHON - Le Peux - 85420 ST-PIERRE-LE-VIEUX - Tél. : 02 51 00 78 44

Vendée

Pays de Loire

ST-VINCENT-SUR-JARD

C.M. 67 Pli 11

3 ch. **Les Sables-d'Olonne 20 km. St-Vincent-sur-Jard 1,5 km.** 3 chambres d'hôtes aménagées en 98 dans une maison contemporaine tout en r.d.c. située sur une petite commune du littoral vendéen, dans une propriété de 3500 m². 3 chambres 2 pers. avec sanitaires privés (1 ch. avec salle de bains/wc et 2 ch. avec salle d'eau/wc). Possibilité lit d'appoint. Prise TV dans chaque chambre. Salon avec TV, kitchenette. Parc aménagé avec salon de jardin, parking ombragé. Restaurant à 300 m. La maison de Clémenceau à St-Vincent-sur-Jard.

Prix : 1 pers. 35/38 € 2 pers. 40/44 € pers. sup. 10 €
Ouvert : Du 15 novembre au 30 septembre.

🐕	≈	⛱	👥	⛵	🎣	🏊	🎾	🐎	🚲	⛳
1,5	1,5	3	2	1,5	SP	1	0,5	12	20	0,5

Bernadette FIROME - Les Chabosselières - 24 route de Jard - 85520 ST-VINCENT-SUR-JARD - Tél. : 02 51 33 43 32

STE-CECILE La Grande Métairie

C.M. 67 Pli 15

E.C. 4 ch. **Les Herbiers 20 km. Le Puy-du-Fou 30 km.** 4 chambres d'hôtes aménagées en 2000 dans une partie de grange, situées sur une ferme en activité à 500 m du bourg, proche de l'habitation du propriétaire. 2 ch. 2 pers. en rez-de-chaussée avec entrée indépendante. 2 ch. 2 pers. à l'étage avec entrée par salle de séjour. Sanitaires privés à chaque chambre (douche, wc). Séjour avec TV à disposition. Salon de jardin à disposition.

Prix : 1 pers. 30 € 2 pers. 37 € 3 pers. 46 €
Ouvert : Toute l'année.

🐕	≈	⛱	👥	⛵	🎣	🏊	🎾	🐎	🚲	⛳
60	10	15	10	0,2	SP	0,5	10	10	0,5

Serge et Nelly BOUDEAU - La Grande Métairie - 85110 STE-CECILE - Tél. : 02 51 40 25 36 ou 06 83 39 93 64

STE-CECILE Moulin Pont Pajaud

C.M. 67 Pli 15

2 ch. **Chantonnay 10 km. Le Puy-du-Fou 30 km.** 2 chambres d'hôtes aménagées dans un moulin à eau restauré (époque 17e siècle). 2 ch. à l'étage (2 et 3 pers.). Sanitaires particuliers (douche, wc) et antenne TV dans chaque ch. Au r.d.c. : une salle d'accueil avec kitchenette. Prairie et espace pique-nique au bord du ruisseau. Pêche sur place. Possibilité de voir le moulin en marche avec production de farine. Restaurant/commerce à 2 km.

Prix : 1 pers. 31 € 2 pers. 37 € 3 pers. 48 €
Ouvert : Du 1er juin au 30 septembre.

🐕	≈	⛱	👥	⛵	🎣	🏊	🎾	🐎	🚲	⛳
60	10	15	10	SP	SP	1	10	10	1

Claude et Geneviève NAULEAU - Moulin Pont Pajaud - 85110 STE-CECILE - Tél. : 02 51 40 28 26 ou 06 81 90 27 12 - Fax : 02 51 40 28 26

STE-FLAIVE-DES-LOUPS L'Ozaire

C.M. 67 Pli 13

2 ch. **La Roche-sur-Yon 18 km. Le Puy-du-Fou 75 km.** A proximité des plages vendéennes, dans une ambiance familiale, Serge et Eliane vous proposent 2 chambres d'hôtes de 2 pers. (1 lit 2 pers. pour chacune), à la ferme, rénovées en 1992, aménagées dans une maison contemporaine datant de 1978 (possibilité 1 lit 1 pers. supplémentaire). Salle d'eau + wc particuliers à chaque chambre. Grand espace vert à disposition, balançoires, pêche dans étang à 500 m. Salon de jardin. Réfrigérateur à disposition.

Prix : 1 pers. 29 € 2 pers. 32 €
Ouvert : Toute l'année.

🐕	≈	⛱	👥	⛵	🎣	🏊	🎾	🐎	🚲	⛳
18	18	12	15	0,5	3	3	12	14	5	5

Eliane JOUBERT - L'Ozaire - 85150 STE-FLAIVE-DES-LOUPS - Tél. : 02 51 05 68 98

STE-HERMINE La Barre

(TH)

C.M. 67 Pli 15

3 ch. **Luçon 15 km. Le Puy-du-Fou 45 km.** Elisabeth vous accueille dans une maison de pays du XVIe siècle située à l'entrée du Logis de la Barre, à prox. du bourg de St-Juire-Champgillon, village typique du Bocage Vendéen. 3 ch. rénovées en 1993 de 2 pers. avec sanitaires particuliers (s. d'eau, wc). 1 ch. en r.d.c. avec kitchenette. 2 chambres à l'étage. Salon à dispo. (TV, bibliothèque, jeux de société). Espace extérieur avec salon de jardin, ping-pong, VTT et circuits sur place. Table d'hôtes sur réservation. Tarif dégressif à partir de 3 nuits.

Prix : 1 pers. 26 € 2 pers. 32 € repas 11 €
Ouvert : Toute l'année.

🐕	≈	⛱	👥	⛵	🎣	🏊	🎾	🐎	🚲	⛳
40	15	15	4	3	4	4	10	15	4

Marie-Elisabeth CAREIL - La Barre - Route de St-Juire Champgillon - 85210 STE-HERMINE - Tél. : 02 51 27 85 18

TALMONT-ST-HILAIRE Les Touillères

(TH)

C.M. 67 Pli 13

4 ch. **Les Sables-d'Olonne 16 km. St-Vincent-sur-Jard 8 km.** 1 ch. 2 pers. (1 lit 2 pers.), 1 ch. 3 pers. (1 lit 2 pers. 1 lit 1 pers.), à l'ét. et 1 ch. 4 pers. au r.d.c. (1 lit 2 pers. 2 lits 1 pers. superp.). 1 ch. indép. 4 pers. aménagée dans une partie de la grange (1 lit 2 pers. 2 lits 1 pers. superp.). Salle d'eau et wc particuliers à chaque ch. 1 lit bébé à disposition. Espace vert avec salon de jardin. Dans le calme de la campagne, à proximité de la mer, Annie et Gilles vous accueillent à la ferme, dans leur maison ancienne rénovée en 1991. 2 gîtes ruraux sur place. Restaurant à 3 km. Accès par la D 949 (Talmont/Luçon), à droite à 1,5 km de Talmont. Table d'hôtes sauf le dimanche soir sur résa.

Prix : 1 pers. 30 € 2 pers. 35 € 3 pers. 42 € pers. sup. 8 € repas 13 €
Ouvert : Toute l'année.

🐕	≈	⛱	👥	⛵	🎣	🏊	🎾	🐎	🚲	⛳
6	6	4	10	SP	4	10	8	16	4

Gilles et Annie PAPON - Les Touillères - 85440 TALMONT-ST-HILAIRE - Tél. : 02 51 90 24 02

Pays de Loire **Vendée**

TALMONT-ST-HILAIRE La Pinière
C.M. 67 Pli 13

4 ch. **Les Sables-d'Olonne 12 km. St-Vincent-sur-Jard 15 km.** 4 chambres d'hôtes aménagées dans des anciens bâtiments de ferme rénovés, en 92 sur une exploitation agricole de 70 ha., environnement vallonné et boisé. 2 ch. de 2 pers. et 2 ch. de 3 pers. Salle d'eau et wc privés, entrée indépendante pour chaque chambre. Salle commune avec cheminée. Gîte d'étape et de séjour à vocation équestre sur place. Organisation de week-end chasse au lapin sur réservation d'octobre à janvier. Possibilité de pêche sur place. La maison de Clémenceau à St-Vincent-sur-Jard.

Prix : 1 pers. 32 € 2 pers. 40 € 3 pers. 54 €
Ouvert : Toute l'année.

🐕	≈	🏖	🚣	🎣	🏇	🎾	✈	🚴	🏕	🛏
	3	3	2	2	1	5	3	3	12	3

Bertrand CARAYOL - La Pinière - 85440 TALMONT-ST-HILAIRE - Tél. : 02 51 22 25 66 ou 06 70 30 55 16

TRIAIZE La Muloterie
C.M. 71 Pli 11

1 ch. **Luçon 7 km. La Rochelle 35 km.** A quelques minutes de la mer, dans le calme de la campagne, Colette et Dominique vous accueillent à la ferme dans une chambre d'hôtes pour 3 pers. (1 lit 2 pers. 1 lit 1 pers.). Elle est située en annexe, à prox. de leur maison dans un cadre verdoyant et agréablement fleuri. Salle d'eau et wc privés. Salon de jardin et frigo à disposition. Entrée indép. Parking privé. Commerce et restaurant à 1 km. Site ornithologique exceptionnel. Possibilité d'hébergement pour chevaux.

Prix : 1 pers. 37 € 2 pers. 37 € 3 pers. 44 €
Ouvert : Toute l'année.

🐕	≈	🏖	🚣	🎣	🏇	🎾	✈	🚴	🏕	🛏
	13	13	8	8	0,5	0,2	1	15	40	8

Dominique et Colette PEPIN - La Muloterie - 85580 TRIAIZE - Tél. : 02 51 56 05 96 ou 06 13 03 36 89

VAIRE Le Traîne Bois
C.M. 67 Pli 12

1 ch. **Les Sables-d'Olonne 12 km. Le Puy-du-Fou 50 km.** Près des Sables d'Olonne, à 7 km de la mer, à proximité d'un petit bourg rural, Monique et Jean-Claude vous accueillent dans leur maison contemporaine et mettent à votre disposition une chambre aménagée en 95 avec 1 lit 2 pers., salle d'eau et wc privés. Parc ombragé (salon de jardin). Possibilité hébergement chevaux. Chemins à proximité pour balades équestres, pédestres et VTT.

Prix : 2 pers. 39 €
Ouvert : Toute l'année.

🐕	≈	🏖	🚣	🎣	🏇	🎾	✈	🚴	🏕	🛏
	7	7	2	8	2	SP	SP	7	8	12	SP

J-Claude et Monique GRELIER - Le Traîne Bois - 27 rue Rabelais - 85150 VAIRE - Tél. : 02 51 33 76 15 - Fax : 02 51 33 76 15

VELLUIRE Le Petit Nizeau
C.M. 71 Pli 11

2 ch. **Fontenay-le-Comte 10 km. L'abbaye St-Pierre de Maillezais 12 km.** Dans le Parc Régional du Marais-Poitevin et à 1/2 h. de La Rochelle, nous avons aménagé en 95, 2 chambres alliant confort, charme et tranquilité dans les dépendances de notre propriété, une maison de maître du XIX° siècle avec parc de 1,4 ha. Chaque ch. peut recevoir 2 pers. (1 lit 160 x 200) avec salle d'eau et wc particuliers. Les chambres sont de plain-pied et donnent sur le jardin (salon de jardin mis à votre disposition). Derrière une des grilles de la propriété, vous disposez d'un parking avec accès direct et indépendant à votre chambre. Pers. suppl. enfant : 10 €. La Rochelle 40 km.

Prix : 1 pers. 40 € 2 pers. 44 €
Ouvert : Du 1er avril au 15 novembre.

🐕	🏖	🚣	🎣	🏇	🎾	✈	🚴	🏕	🛏
	40	45	10	1	1	2	10	40	1

Michel et Chantal NODET - Le Petit Nizeau - 85770 VELLUIRE - Tél. : 02 51 52 39 57 - Fax : 02 51 52 37 95 - E-mail : chantal.nodet@wanadoo.fr

VELLUIRE Massigny
C.M. 71 Pli 11

2 ch. **Fontenay-le-Comte 8 km. L'abbaye St-Pierre de Maillezais 12 km.** 2 chambres d'hôtes 2 pers. aménagées en 97 dans une propriété de 5000 m² entièrement close en bordure de la rivière La Vendée, à 10 mn de la ville Renaissance Fontenay-le-Comte aux portes du Marais Poitevin. Les chambres sont aménagées dans un bâtiment annexe. Sanitaires privés (douche, wc). Salle commune avec coin-détente. Jardin avec piscine privée à disposition (salon de jardin), ouverture piscine : avril à octobre. Parking privé. La Rochelle 40 km. Langue parlée : anglais.

Prix : 1 pers. 38 € 2 pers. 43 €
Ouvert : De mars à novembre.

🐕	≈	🏖	🚣	🎣	🏇	🎾	✈	🚴	🏕	🛏
	40	16	16	SP	SP	SP	3	3	40	45	3

Jean-Claude & Marie-Françoise NEAU - Massigny - 85770 VELLUIRE - Tél. : 02 51 52 30 32 - Fax : 02 51 52 30 32

LA VERRIE Rochard
C.M. 67 Pli 5

2 ch. **Les Herbiers 15 km. Le Puy-du-Fou 12 km.** 2 grandes chambres aménagées en 96 dans une maison de caractère du début du XIX° siècle de style italien en bordure de la Sèvre Nantaise. Entrée indép. 1 ch. 2 pers. et 1 ch. 3 pers. Les ch. sont équipées de sanitaires privés : l'une d'1 douche et wc, l'autre d'1 s.d.b. et wc indép. Propriété close de 5000 m², terrain paysagé, terrasse, salon de jardin. Randonnée en bordure de Sèvre. Circuit VTT à prox.. Base de canoë à 4 kms. Accès direct à la Sèvre Nantaise. Tarif dégressif au-delà de 2 nuitées. Table d'hôtes sur réservation. Langues parlées : espagnol, anglais.

Prix : 1 pers. 30 € 2 pers. 38/46 € 3 pers. 49/56 € repas 12 €
Ouvert : Du 1er avril au 15 septembre et sur réservation.

🐕	≈	🏖	🚣	🎣	🏇	🎾	✈	🚴	🏕	🛏
	80	8	15	4	SP	SP	4	4	15	15	4

Denise MENARD - La Cendrosière - Rochard - 85130 LA-VERRIE - Tél. : 02 51 65 10 85

PICARDIE

Pour réserver, écrire ou téléphoner :

02 - AISNE
C.D.T. AISNE - Service Réservation
24-28, avenue Charles-de-Gaulle
02007 LAON Cedex
Tél. : 03 23 27 76 80 - Fax : 03 23 27 76 88
E-mail : stephanie.chamaux@aisne.com
www.aisne.com

60 - OISE
GÎTES DE FRANCE - Service Réservation
B.P. 80872
60008 BEAUVAIS Cedex
Tél. : 03 44 06 25 85 - Fax : 03 44 06 25 80
E-mail : gites.oise@wanadoo.fr

80 - SOMME
GÎTES DE FRANCE
C.D.T. - 21, rue Ernest-Cauvin
80000 AMIENS
Tél. : 03 22 71 22 71 - Fax : 03 22 71 22 69
E-mail : accueil@somme-tourisme.com
www.somme-tourisme.com

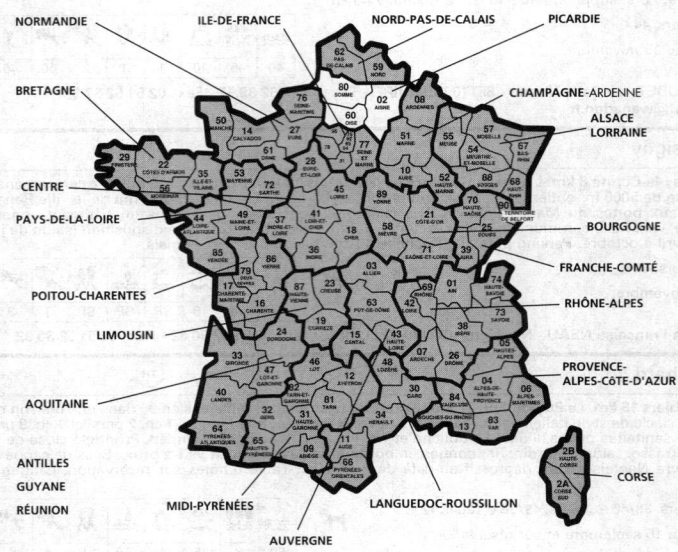

Picardie — Aisne

C.D.T. AISNE - Service Réservation
24-28, avenue Charles-de-Gaulle - 02007 LAON Cedex
Tél. 03 23 27 76 80 - Fax 03 23 27 76 88
E-mail : stephanie.chamaux@aisne.com - http://www.aisne.com

AMBLENY Le Domaine de Montaigu (TH) — C.M. 56 Pli 4

5 ch. **Compiègne 25 km. Soissons 10 km. Reims 70 km. Paris 100 km.** Situé entre Soissons et Compiègne, Accès par la RN31, 5 chambres spacieuses de style avec salles d'eau, wc privatif : Louis XV (2), Louis XVI (1), Régence (1)-Hôtel Georges V-, 1950 (originale en miroir). Grand salon de repos et 2 salles à manger (rustique et Louis XVI) avec cheminées. Terrasse ombragée, parc, havre de calme et de charme. Parking. Très belle propriété de caractère du 19ᵉ s. Entourée d'un grand espace boisé et d'un très beau parc, le domaine de Montaigu vous propose 5 chambres d'hôtes de style avec mobilier ancien dans un cadre verdoyant, calme et sympathique. Table d'hôtes boissons comprises. Langue parlée : anglais.

Prix : 1 pers. 59 € 2 pers. 69 € 3 pers. 89 € pers. sup. 23 € repas 20 €
Ouvert : Toute l'année.

8	8	2	10	25	35	35	SP	10	1

DE REYER Philippe et POUPART Christian - 16 rue de Montaigu - Hameau du Soulier - 02290 AMBLENY - Tél. : 03 23 74 06 62 - Fax : 03 23 74 06 62 - E-mail : Dereyer@aol.com - www.multimania.com/domainemontaigu

---

BEAUTOR — C.M. 56 Pli 4

2 ch. A l'entrée du village, maison traditionnelle comportant 2 ch. d'hôtes avec salle d'eau et wc privés. 1 ch. (3 lits 1 pers.). 1 ch. (1 lit 2 pers. 1 lit 1 pers.), salle de séjour et jardin. Possibilité lit bébé. Petit déjeuner de qualité adapté au goût du voyageur. Parking et garage. Reims et Lille à 1 h. Néerlandais également parlé. Entre Saint-Quentin et Laon, accès facile par la RN44 et l'autoroute A26, sortie 12. Tourisme et activités : ville médiévale de Laon. Saint-Quentin et sa Réserve Naturelle du Marais d'Isle, base nautique de la Frette avec plage à 5 km. Forêt domaniale de Saint-Gobain à proximité. Langues parlées : anglais, allemand, espagnol.

Prix : 1 pers. 25 € 2 pers. 35 € pers. sup. 12 €
Ouvert : Toute l'année.

2	8	2	2	25	7	2	0,5

Elizabeth et Gerlof MARKS - 46, rue de Saint-Quentin - 02800 BEAUTOR - Tél. : 03 23 56 28 13 - Fax : 03 23 56 28 13 - E-mail : emarksfr@aol.com

---

BERRIEUX Ferme du Jardin Monsieur (TH) — C.M. 56 Pli 6

3 ch. **Laon 20 km. Reims 35 km.** A l'étage : 1 ch. (1 lit 2 pers et 1 lit 1 pers.), 1 ch. familiale 5 pers. (1 lit 2 pers., 3 lits 1 pers., poss. de 1 lit simple supp.), 1 ch. (1 lit de 2 pers.) avec coin-salon. S. d'eau et wc privés par chambre. Salon avec TV, s. à manger, jardin avec salon de jardin et barbecue. Cour fermée pour parking. Pour enf. - 10 ans : 12,20 €. 5 pers. 76,22 €. 3 ch. spacieuses et confortables aménagées dans une ancienne étable à la ferme, situées dans 1 petit village entre Laon et Reims. Proche du chemin des Dames, d'une base nautique avec plage. Table d'hôtes (boissons comprises) sur réservation. Forêt à proximité.

Prix : 1 pers. 29 € 2 pers. 38 € pers. sup. 15 € repas 14 €
Ouvert : Du 15 janvier au 15 décembre.

15	0,5	15	10	15	15	SP	4	4

Gilles PAYEN - Ferme du Jardin Monsieur - 12, rue de la Fontaine - 02820 BERRIEUX - Tél. : 03 23 22 42 41 - Fax : 03 23 22 42 41

BONY Ferme du Vieux Puits — C.M. 53 Pli 13/14

3 ch. 3 ch. spacieuses et très confortables, au-dessus de la ferme-auberge, toutes équipées avec sanitaires privés, sèche-cheveux, TV par satellite. 2 ch. (1 lit 2 pers. 1 lit 1 pers. chacune), 1 ch. (2 lits jumeaux). Salon et coin-cuisine à disposition avec accès indépendant. Salon de jardin et terrasse. Piscine chauffée sur place, ouverte du 1ᵉʳ mai au 30 sept. 5 VTT et ping-pong mis gracieusement à votre disposition sur place. Terrain de volley-ball, mini basket-ball.

Prix : 1 pers. 35 € 2 pers. 50 € 3 pers. 67 € pers. sup. 14 €
repas 16 € 1/2 pens. 46 € pens. 59 €
Ouvert : Toute l'année.

SP	10	6	SP	15	SP	15	2

Philippe GYSELINCK - Ferme du Vieux Puits - 5 bis, rue de l'Abbaye - 02420 BONY - Tél. : 03 23 66 22 33 - Fax : 03 23 66 25 27

BRAYE-EN-LAONNOIS (TH) — C.M. 56 Pli 5

4 ch. **Laon 20 km.** 4 chambres spacieuses avec chacune salle d'eau et wc privatifs. Possibilité d'une cuisinière à disposition. 2 chambre avec 1 lit double, 1 chambre 3 pers (lit double et lit simple), 1 chambre 4 pers.(lit double et 2 lits simples). Lit enfant gratuit sur demande. Grande salle commune avec cheminée. Parking clos. Dans 1 ancienne ferme Picarde entourée de verdure, endroit calme, 4 chambres spacieuses, dans le village, avec cour et jardin privés, vous attendent pour découvrir l'Aisne et le Laonnois. Petit déjeuner copieux. Circuit historique du chemin des Dames et Caverne du Dragon.

Prix : 1 pers. 30 € 2 pers. 38 € 3 pers. 53 € pers. sup. 9 €
repas 14 €
Ouvert : Toute l'année.

6	6	20	6	6	6	20	10

David KAZMAREK - 2, rue de l'Eglise - 02000 BRAYE-EN-LAONNOIS - Tél. : 03 23 25 68 55

Aisne

Picardie

BRUYERES-SUR-FERE Val Chrétien
C.M. 56 Pli 14

||| 5 ch. **Reims 50 km. Eurodisney 80 km. Roissy 90 km. Paris 110 km.** Dans des vestiges abbatiaux, 3 ch. (2 lits 1 pers.), 1 ch. (1 lit 2 pers.), avec salle d'eau et wc privés pour chaque chambre. 1 ch. spacieuse (1 lit 2 pers.) avec s.d.b., wc privés. Salon avec cheminée, 2 salles à manger avec TV. Tables d'hôtes : produits du terroir et spécialités japonaises sur réservation. Fére-en-Tardenois à 7 km et Château-Thierry à 15 km, circuits touristiques et historiques à proximité. Cadre paisible et pittoresque. Langues parlées : anglais, espagnol, japonais.

Prix : 1 pers. 40 € ● 2 pers. 50/59 € ● pers. sup. 25 € ● repas 20 €
Ouvert : Toute l'année.

SP	7	SP	15	15	SP	SP	7	6

Jean et Nariko SION - Val Chrétien - 02130 BRUYERES-SUR-FERE - Tél. : 03 23 71 66 71 - Fax : 03 23 71 66 71 -
E-mail : val.chretien@wanadoo.fr

BURELLES
C.M. 53 Pli 16

||| 3 ch. **Reims 75 km.** 3 chambres doubles (2 lits 2 pers. 2 lits 1 pers.) avec s. d'eau et wc priv. Salle de séjour avec TV. Situées au centre du village, au cœur de la Thiérache et des églises fortifiées. Auberge à 200 m. Forêt domaniale du Val Saint-Pierre à 1500 m. Reims à 75 km, Valencienne, Charleville-Mézières. Lit suppl. (jusqu'à 10 ans) enfant : 10,67 €, adulte : 15,24 €.

Prix : 1 pers. 29 € ● 2 pers. 40 € ● 3 pers. 16 € ● pers. sup. 11/16 €
Ouvert : Toute l'année.

6	7	20	15	6	5	5

Georges LOUVET - 4, rue de la Fontaine - 02140 BURELLES - Tél. : 03 23 90 03 03 - Fax : 03 23 90 03 03

BUSSIARES
C.M. 56 Pli 14

|| 4 ch. **Chateau-Thierry 13 km. Eurodisney 50 km. Paris et Reims 70 km.** 4 chambres d'hôtes situées dans l'ancienne grange du moulin, avec salle d'eau et wc privatifs. 2 ch. doubles (lit de 2 pers.), 2 ch. triples (1 lit 2 pers., 1 lit 1 pers.). Cuisine, barbecue, salon de jardin à disposition. Table d'hôtes (boissons comprises) sur réservation. « La grange du moulin » située à proximité de la route touristique du champagne, et de la vallée du Clignon.

Prix : 1 pers. 22 € ● 2 pers. 35 € ● 3 pers. 47 € ● repas 14 €
Ouvert : Du 1er janvier au 30 novembre.

13	16	0,5	13	13	0,5	13	13

Chantal BLOT - 15, rue du Moulin - 02810 BUSSIARES - Tél. : 03 23 70 92 60

CESSIERES
C.M. 56 Pli 4

||| 2 ch. **Laon 10 km. Reims 50 km. Coucy-le-Château 18 km.** A la lisière de la forêt de St Gobain, dans un charmant petit village situé à 20 km de l'autoroute A26 sorties Courbes ou Laon, 2 chambres d'hôtes avec TV et winsalon, bureau avec biblio, idéal pour familles 4 personnes ou 2 couples d'amis. Salle d'eau et wc privés (communs aux 2 chambres) entrée indépendante. Jardin avec salon à disposition.cour fermée avec parking. A 1h30 de Paris et Lille, à proximité de Laon, dans un village typique, maison de style local, agréablement aménagée avec un jardin calme et joliment fleuri.

Prix : 1 pers. 34 € ● 2 pers. 38 € ● pers. sup. 18 €
Ouvert : Toute l'année.

10	100	20	10	20	15	SP	10	10

Jacqueline DRU - 7, ruelle Buet - 02230 CESSIERES - Tél. : 03 23 24 19 07 - Fax : 03 23 24 19 07

CHAOURSE

C.M. 53 Pli 16

||| 2 ch. **Frontière belge 30 km. Reims 50 km. Disneyland Paris 175 km.** 2 chambres d'hôtes 3 personnes (1 lit 2 pers. 1 lit 1 pers.) avec salle d'eau et wc privatifs situés au 1er étage de l'habitation des propriétaires. Coin-cuisine à disposition. Cour fermée avec parking. Table d'hôtes le soir sur réservation (sauf le dimanche). A proximité du circuit des églises fortifiées de Thiérache et de la vallée de la Serre. Circuit de randonnées dans le village.

Prix : 1 pers. 28 € ● 2 pers. 40 € ● 3 pers. 50 € ● pers. sup. 12 € ● repas 16 €
Ouvert : Toute l'année.

1	15	20	20	SP	35	1

Annie et Jean BRUCELLE - 26, rue du Château - 02340 CHAOURSE - Tél. : 03 23 21 30 87 - Fax : 03 23 21 20 78

LA CHAPELLE-MONTHODON Hameau de Chezy
C.M. 56 Pli 15

||| 5 ch. 4 ch. doubles (1 lit 2 pers.) avec s.d.b. et wc privés. 1 ch. familiale (1 lit 2 pers. 2 lits 1 pers.) avec s.d.b. et wc privés. Séjour agréable à la disposition des hôtes. Poss. réunions et séminaires. Accès indépendant. Parking assuré à la ferme. Salle de jeux, TV. Boissons non comprises dans le prix repas. Dégustation Champagne : 1 coupe offerte à l'apéritif. Endroit calme et reposant, avec vue sur les coteaux champenois. Possibilité location VTT sur place. Golf, tir à l'arc 2 km. Mini-golf 5 km.

Prix : 1 pers. 35 € ● 2 pers. 43 € ● 3 pers. 61 € ● pers. sup. 9 € ● repas 13 €
Ouvert : Toute l'année sauf janvier et février.

5	5	5	2	2	5	5

Christian DOUARD - Hameau de Chézy - 02330 LA CHAPELLE-MONTHODON - Tél. : 03 23 82 47 66 - Fax : 03 23 82 72 96

Picardie **Aisne**

LE CHARMEL
C.M. 56 Pli 15

¶¶¶ 4 ch. 2 chambres (1 lit 2 pers. chacune), 1 chambre (2 lits 1 pers.) 1 ch triple pour adultes avec salle d'eau et wc privatifs. Téléphone dans chaque chambre. TV. Jardin d'agrément de 5000 m², avec salon de jardin.alocation VTT sur place. Chambres dans un petit village, à proximité de la vallée de la Marne. Sortie A4 à 16 km. Restauration à proximité. Cuisine à disposition. Parking privé et clos.

Prix : 1 pers. 38 € 2 pers. 43/46 € 3 pers. 74 € pers. sup. 14/23 €
Ouvert : Toute l'année.

SP	3	12	16	3		

Gaston ASSAILLY - 6, route du Moulin - 02850 LE CHARMEL - **Tél.** : 03 23 70 31 27 - **Fax** : 03 23 70 15 08

CHERET Le Clos Cheret
C.M. 56 Pli 5

¶¶¶ 5 ch. 5 ch. d'hôtes dans 1 vendangeoir du XVIIIᵉ, exposé plein sud, entouré d'1 grand parc. 2 ch. 2 épis (1 lit 2 pers. 2 lits jumeaux), lavabo chacune, s. d'eau et wc communs aux 2 ch. Poss. lit bébé. 1 ch. 3 pers.plus 2 pers avec s.d.b. et wc privés. 1 ch. 2 pers. avec s. d'eau et wc privés. 1 ch. (2 lits jumeaux), s. d'eau et wc privés en r.d.c. Séjour, salon,biblio. Parking. Table d'hôtes familiale sur réservation (vin compris). Pas de table d'hôtes le dimanche soir. Ping-pong.

Prix : 1 pers. 30/38 € 2 pers. 34/46 € pers. sup. 15 € repas 15 €
Ouvert : Du 15/03 au 15/10 et du 15/10 au 15/03 sur resa (sans TH).

8	8	8	8	7	8	SP	7	2

Monique SIMONNOT - Le Clos - 02860 CHERET - **Tél.** : 03 23 24 80 64

CHIGNY
C.M. 53 Pli 15

¶¶ 5 ch. 5 ch. d'hôtes dans une maison de caractère du XVIIIᵉ, de style Thiérachien, sur la place du village. 1 ch. 3 pers. avec s. d'eau et wc privés. 1 ch. 2 pers. avec s.d.b. et wc privés. 1 ch. 2 pers., 1 ch. 3 pers. et 1 ch. 1 pers. avec s.d.b. et wc communs. Coin-toilette dans chaque ch. Séjour à dispo. 2 ch. 3 épis. Jardin avec pelouse dans endroit calme, parking clos. Table d'hôtes le soir uniquement, boissons comprises. Rivière 500 m. Axe Vert (Vallée de l'Oise), idéal pour le cyclisme. Visite des églises fortifiées. Visite du Château de Guise et du Familistère Godin-Vallée des cerfs.

Prix : 1 pers. 29 € 2 pers. 38/41 € 3 pers. 52 € pers. sup. 12 € repas 14 €
Ouvert : Toute l'année.

12	2	0,5	12	15	10	12	SP	2

Françoise PIETTE - 6/7, place des Marronniers - 02120 CHIGNY - **Tél.** : 03 23 60 22 04

CONNIGIS
C.M. 56 Pli 15

¶¶¶ 5 ch. Dans la ferme de l'ancien château du village, accueil familial chez un viticulteur. 5 ch. d'hôtes spacieuses : 4 ch. (2 pers. 2 ch. 3 pers.), ttes avec s.d.b. et wc privés. 1 ch.(1 lit 2 pers.) située dans une tour avec salon, s.d.b. et wc privés. Salle de billard français à dispo. Grand parc boisé. Table d'hôtes sur réserv., boisson comprises (champagne en apéritif). Sur place, vous trouverez : loc. vélos, circuits pédestres (GR 14, GRP), pêche 1ᵉʳᵉ catégorie, vente de produits régionaux. Du 1ᵉʳ octobre au 31 mars, 3,05 € suppl. par ch. pour le chauffage. Sur la route touristique du Champagne, à 50 mn d'Eurodisney.

Prix : 1 pers. 30/37 € 2 pers. 37/46 € 3 pers. 52 € pers. sup. 15/18 € repas 14 €
Ouvert : Toute l'année.

3	10	SP	10	15	15	10

Pierre et Jeanine LECLERE - Ferme du Château - 02330 CONNIGIS - **Tél.** : 03 23 71 90 51 - **Fax** : 03 23 71 48 57

COUCY-LE-CHATEAU-AUFFRIQUE
C.M. 56 Pli 4

E.C. 3 ch. **Soissons 19 km. Laon 30 km.** Au 1ᵉʳ étage : 1 chambre avec 1 lit 2 pers. et 2 lits 1 pers. Salle d'eau et wc privés. 2 chambres avec 1 lit 2 pers. salle d'eau et wc privés. 3 chambres d'hôtes dans une maison construite sur un rempart du XIIIᵉ, d'un ancien village médiéval dans le massif forestier de Saint-Gobain. Visites des monuments historiques. GR12A, promenades aménagées, pêche dans l'étang communal.

Prix : 1 pers. 26 € 2 pers. 37 € pers. sup. 8 €
Ouvert : Toute l'année.

SP	4	SP	13	30	20	30	SP	10	SP

Michèle LEFEVRE-TRANCHART - 3 rue Traversière - Carrefour Gommeron - 02380 COUCY-LE-CHATEAU-AUFFRIQUE - **Tél.** : 03 23 52 76 64 ou 03 23 52 69 70 - **Fax** : 03 23 52 69 79

COURTEMONT-VARENNES
C.M. 56 Pli 15

¶¶ 2 ch. **Reims 50 km. Epernay 35 km. Eurodisney 80 km.** Rez-de-chaussée : 2 chambres doubles avec sanitaires privatifs. Coin-cuisine. Entrée indépendante. Pêche dans l'étang communal. Endroit calme et reposant. Parking assuré dans la cour. Restaurant, crêperie, auberge à 4 km. Table d'hôte le soir sur réservation et selon les disponibilités des propriétaires (boissons comprises). Les chambres sont situées dans un village des bords de Marne sur la route touristique du Champagne. Sortie A4 Château Thierry 14 km. Langues parlées : anglais, allemand.

Prix : 1 pers. 24 € 2 pers. 30 € pers. sup. 8 € repas 13 €
Ouvert : Toute l'année.

4	4	SP	13	13	10	2

Michel et Sylvie ADAM - 3, rue Vinot - 02850 COURTEMONT-VARENNES - **Tél.** : 03 23 70 92 20 - **Fax** : 03 23 70 26 69

Aisne
Picardie

CUIRY-HOUSSE
C.M. 56 Pli 4

4 ch. Soissons 16 km. Reims 48 km. Paris 100 km. 3 ch. (1 lit 2 pers.). Sanitaires et wc privatifs.TV. 1 chambre familiale (1 lit 2 pers. 2 lits 1 pers.). sanitaires et wc privatifs, TV. Grande pièce commune. Table d'hôte sur réservation le soir. Garage couvert. Grand parc. Terrasse.Cuisine d'été. 4 ch. dans une vaste maison de 1874 entièrement rénovée dans un cadre de calme et de verdure. 25 km de l'autoroute Paris-Strasbourg et Calais-Lyon-Paris-Lille. A 1 heure de Disneyland. Visite des caves de Champagne-Reims. Chemin des Dames. Parc nautique de l'Ailette. Vélo sur place.

Prix : 2 pers. 46 € pers. sup. 15 € repas 15 €
Ouvert : Toute l'année.

8	15	8	15	20	15	8	SP	19	6

Jean-Louis MASSUE - 6, rue de Soissons - 02220 CUIRY-HOUSSE - Tél. : 03 23 55 01 06 ou 06 08 84 37 87 - Fax : 03 23 55 01 06 - http://perso.wanadoo.fr/Cuiry-house

EPARCY
C.M. 53 Pli 16

5 ch. 5 chambres d'hôtes dans une grande maison de maître avec un parc boisé allant jusqu'aux berges du Thon. 3 ch. 2 pers. dont 1 avec (2 lits 1 pers.) avec salle d'eau privative et wc communs. Poss. lit d'appoint et/ou lit enfant supplémentaire. Cadre reposant, calme assuré. Toutes facilités à Hirson 5 km. Table d'hôtes sur réservation.T.H.forfait 2 adultes-1 enfant 32 €. La Belgique 15 km, au cœur de la Thiérarche, Eparcy, petit village typique à mi-chemin entre Paris et Bruxelles. Possibilité de pêche en rivière dans la propriété. Golf 18 trous à 3 km au domaine du Tilleul. 2 chambres 2 pers. avec cabinet de toilette et WC privés.

Prix : 1 pers. 24 € 2 pers. 35/38 € pers. sup. 12 € repas 12 €
Ouvert : Toute l'année.

5	5	SP	5	3	35	SP	5	5

Nathalie POINTIER - 7, route de Landouzy - 02500 EPARCY - Tél. : 03 23 98 46 17

L'EPINE-AUX-BOIS Les Patrus
C.M. 56 Pli 14

5 ch. Eurodisney 45 km. En Brie-Champenoise, 5 chambres en pleine nature, dans une grande ferme des XVIIe et XVIIIe s. (vaste cour fermée, écuries). Ch. spacieuses, confortables et calmes avec pour chacune : salle de bains/wc ou salle d'eau/wc. Salon de lecture, musique. Table d'hôtes sur réservation. Environnement de belle campagne, prairies, étangs, bois, promenades pédestres. Entre la Ferté-sous-Jouarre et Montmirail. Paris 1 heure. Sur place : Galerie des fables Jean de la Fontaine ouverte d'avril à octobre sauf le mardi.

Prix : 2 pers. 65/80 € pers. sup. 21 € repas 28 €
Ouvert : Toute l'année.

3	15	SP	20	18

Marc et Mary-Ann ROYOL - Domaine des Patrus - La Haute Epine - 02540 L'EPINE-AUX-BOIS - Tél. : 03 23 69 85 85 - Fax : 03 23 69 98 49 - E-mail : contact@domainedespatrus.com

ETOUVELLES
C.M. 56 Pli 5

5 ch. Laon 2 km. Chemin des dames 10 km. Reims 50 km. Laon à 2 km. Reims à 50 km. 5 ch spacieuses aménagées par thème au r-d-c, entrée indépendante. Sanitaires privatifs. Dans une maison de caractère. 1 ch. avec 2 lits simples. 1 ch. avec baldaquin 2 places et lit baldaquin 2 pers. 1 ch. avec lit 2 pers. avec cheminée. 2 ch. avec 1 lit 2 pers. avec coin salon avec possibilité de couchage supplémentaire. Environnement très agréable, grand parc avec étang, rivière et jeux pour les enfants. Parking. Grande salle de jeux à disposition (billard, flipper, babyfoot, fléchette). Table d'hôtes sur réservation. Repas : boissons non comprises.

Prix : 1 pers. 42/48 € 2 pers. 46/52 € pers. sup. 15 € repas 16 €
Ouvert : Toute l'année.

2	2	SP	3	17	8	17	SP	3	2

Isabelle TRICHET - 24, route de Paris - 02000 ETOUVELLES - Tél. : 03 23 20 15 72 - www.multimania.com/aubonaccueil/

FERE-EN-TARDENOIS
C.M. 56 Pli 15

4 ch. Château-Thierry 25 km. Reims 50 km. 4 ch. d'hôtes dans une belle propriété, avec un étang et un parc de 5 ha., à 300 m du centre du bourg. 2 ch. (1 lit 2 pers.), 1 ch. (2 lits 1 pers.), 1 ch. (3 lits 1 pers.) avec sanitaires et wc privatifs (3 avec s. d'eau), 1 avec s.d.b). Salon (cheminée). Jardin fleuri, terrain clos. Lit enfant suppl. : 11 €. Possibilité de repas (boissons non comprises). Piscine accessible de juin à septembre. 1h15 de Paris par A4. A 3/4 heure d'Eurodisney. Langues parlées : anglais, espagnol.

Prix : 1 pers. 30 € 2 pers. 41 € 3 pers. 56 € pers. sup. 15 € repas 14 €
Ouvert : Toute l'année sauf janvier.

2	1	SP	SP	15	2	2	SP	1	SP

Martine DESRUELLE - 13, rue du Château - 02130 FERE-EN-TARDENOIS - Tél. : 03 23 82 30 39

FERE-EN-TARDENOIS Clairbois
C.M. 56 Pli 15

4 ch. Paris 90 km. Eurodisney 75 km. Reims 45 km. Epernay 45 km. 3 chambres situées sur une propriété de 7 hectares. Etang (4 hectares) et tennis sur la propriété. 3 chambres avec salle de bains et wc privatifs. 1 chambre (1 lit 2 pers.), 1 chambre familiale, 1 chambre (1 lit 2 pers.), 1 chambre (2 lits 1 pers.). Séjour, salon à disposition. Sur réservation possibilité de repas à partir de 4/5 pers. 16 €/pers. Dans un environnement très agréable, 3 chambres très confortables avec sanitaires privatifs. Route touristique du Champagne à proximité, château de Fere-en-Tardenois. Possibilité promenade autour de l'étang ou promenade en barque. Langue parlée : anglais.

Prix : 1 pers. 40/46 € 2 pers. 46/55 € 3 pers. 69/77 € pers. sup. 23 €
Ouvert : Toute l'année.

SP	3	SP	23	23	SP	3	1

François CHAUVIN - Clairbois - 02130 FERE-EN-TARDENOIS - Tél. : 03 23 82 21 72 - Fax : 03 23 82 62 84 - www.clairbois.fr.mm

Picardie — Aisne

GRUGIES
C.M. 53 Pli 14

2 ch. Ville médiévale de Laon 45 km. Saint-Quentin 5 km. Suite de 4 pers. : 2 ch. (2 lits double) de part et d'autre d'un salon avec TV. S. d'eau commune (wc dans la s. d'eau). Hébergement idéal pour 2 couples d'amis ou une famille, situé à l'étage de la maison des prop., accès indépendant. Poss. lit bébé, terrasse ombragée et arborée, salon de jardin, barbecue à dispo. Mise à dispo. VTT. Abri vélos, parking assuré. 4 pers. : 77 €. A 6 km du centre ville de St-Quentin, maison joliment fleurie dans un village verdoyant. Accès par l'A 26 (2 km) sortie n° 11. S-Quentin 5 km : musées, basilique, pastels Quentin de la Tour, réserve naturelle, ville Médiévale de Laon à 45 km, Reims et ses caves de Champagne à 80 km.

Prix : 1 pers. 36 € 2 pers. 43 €
Ouvert : Toute l'année.

4	SP	3	8	SP	5	2

Charles et Marie-Jeanne THUMEREL - 30 bis, rue de Flandres - 02680 GRUGIES - Tél. : 03 23 62 21 15

LARGNY-SUR-AUTOMNE
C.M. 56 Pli 3

2 ch. 2 ch. d'hôtes aménagées à la ferme, à proximité de la forêt domaniale de Retz. 1 chambre 2 épis avec cabinet de toilette et sanitaires privatifs. 1 suite comprenant 2 ch., salon, salle de bains et wc, 2 épis. Cuisine à disposition des hôtes. Parking. Forêt sur place. Tir à l'arc 2 km. Aéroport 50 km.

Prix : 1 pers. 36 € 2 pers. 40 € 3 pers. 76 € pers. sup. 15 €
Ouvert : De mars à octobre.

2	4	4	SP

Suzanne DOBBELS - Rue du Paty - 02600 LARGNY-SUR-AUTOMNE - Tél. : 03 23 96 06 97

LIESSE-NOTRE-DAME
C.M. 56 Pli 5

2 ch. Laon 15 km. Reims 45 km. Paris 165 km. Situées au centre d'un bourg, 2 chambres d'hôtes à l'étage, chacune avec cabinet de toilette et wc. Salle d'eau commune. 1 ch. (1 lit 2 pers.), 1 familiale : 1 ch. (1 lit 2 pers.), 1 ch. (2 lits 1 pers.) non communicantes. Salon avec TV, terrasse, parking, jardin clos. Abris vélos. Table d'hôtes le soir sur réservation. Maison traditionnelle au centre de Liesse Notre Dame, haut lieu de pèlerinage.

Prix : 1 pers. 26 € 2 pers. 36 € pers. sup. 15 € repas 13 €
Ouvert : Toute l'année.

SP	2	9	30	30	30	SP	15	SP

Louis et Simone CHERDO - 7, Chaussée des Prêtres - 02350 LIESSE-NOTRE-DAME - Tél. : 03 23 22 28 44

MONDREPUIS L'Arbre Vert
C.M. 53 Pli 16

5 ch. Chimay, sa bière trappiste 25 km. Champ de course de la Capelle 10 km. 5 ch. d'hôtes situées dans une demeure de caractère du XIX° siècle de style thiérachien. 1 ch. triple avec s.d.b. et wc privés (1 lit 2 pers. 2 lits 1 pers.), 1 ch. familiale avec s.d.b. et wc privés (1 lit 2 pers. 2 lits 1 pers.), 3 ch. doubles avec salle d'eau et wc privés (3 lits 2 pers.), salon, salle à manger. Cour fermée, parking, garage. Au cœur de la Thiérache, à proximité du circuit des églises fortifiées, proche de la Belgique. 5 chambres d'hôtes tout confort. 4 personnes :67 €.

Prix : 1 pers. 30 € 2 pers. 43 € 3 pers. 55 € pers. sup. 12 € repas 15 €
Ouvert : Toute l'année.

5	9	4	15	22	22	5	4	4

Réjane DUGAUQUIER - L'Arbre Vert, - 70 route de Fourmies - 02500 MONDREPUIS - Tél. : 03 23 58 14 25

MONS-EN-LAONNOIS
C.M. 56 Pli 5

E.C. 3 ch. Laon 6 km. Reims 45 km. Paris 135 km. Dans un ancien vendangeoir rénové, 3 chambres d'hôtes, chacune avec salle d'eau et wc attenants. Salon/salle à manger lambrissés avec grande cheminée pour les petits-déjeuners et les soirées. Terrasse, Jardin. 2 chambres avec 1 grand lit. 1 chambre avec 2 lits simples. Possibilité d'1 lit supplémentaire et/ou d'un berceau. 4 pers. 76/80 €. Ancien vendangeoir dans un environnement préservé, calme et remarquable : parc romantique de plus de 20 ha. avec bois, étangs poissonneux,...vue sur l'église du village et sur Laon. Langue parlée : anglais.

Prix : 1 pers. 45/50 € 2 pers. 53/58 € 3 pers. 69/75 € pers. sup. 12 €
Ouvert : Du 1/04 au 15/11 et le reste de l'année sur réservation.

1	7	SP	SP	18	12	12	SP	2	0,2

Françoise WOILLEZ - 2, rue St-Martin - 02000 MONS-EN-LANNOIS - Tél. : 03 23 24 18 58 - Fax : 03 23 24 44 52 -
E-mail : gitemons@aol.com - www.gitenfrance.com

MONT-SAINT-MARTIN
C.M. 56 Pli 5

4 ch. Situées sur une ferme de caractère, 4 chambres d'hôtes spacieuses. Chambre rose avec lit double et sanitaires privés mais extérieurs à la chambre. Au 2° : 3 ch. pouvant former une suite idéale (2 ch. lits 2 pers. et 1 ch. 2 lits 1 pers.), sanitaires communs (cabinet de toilette dans chaque chambre). Salons avec cheminée et TV. Vue imprenable sur la région, à l'écart du village de Mont-Saint-Martin. Stratégiquement bien positionné entre Reims, Soissons, Laon et Château-Thierry.Possibilité Table d'hôtes sur réservation. Grand jardin avec salon à disposition. Cour fermée avec parking. Calme et repos assurés. VTT sur place.

Prix : 1 pers. 30/34 € 2 pers. 38/46 € pers. sup. 18 € repas 15 €
Ouvert : Toute l'année.

4	4	15	15	15	5	5

J-Paul et Valérie FERRY - Ferme de Ressons - 02220 MONT-SAINT-MARTIN - Tél. : 03 23 74 71 00 - Fax : 03 23 74 28 88

Aisne
Picardie

MONT-SAINT-PERE
C.M. 56 Pli 14

2 ch. Viticulteurs sur la route du Champagne dans un petit village typique au cœur de la Vallée de la Marne. 2 ch. d'hôtes avec lit double chacune, sanitaires et wc privatifs. 1 salle commune, chauffage central. Accès indépendant terrasse, jardin, parking. Fermeture du 15 décembre au 15 février. Dégustation et vente sur place de notre production. Découverte et explications sur le Champagne et sa région. Château-thierry à 9 km : caves des grandes maisons de Champagne, piscine, gare SNCF. Reims, Epernay. A 100 km de Paris par A4, à 3/4 h d'Eurodisney. Randonnées en forêt ou en bord de Marne. Langue parlée : anglais.

Prix : 1 pers. 35 € 2 pers. 40 €
Ouvert : Toute l'année sauf du 15 décembre au 15 février.

8	SP	10	14	SP	10	SP	

Emmanuel COMYN - 7 bis, rue Fontaine Sainte-Foy - 02400 MONT-SAINT-PERE - Tél. : 03 23 70 28 79 - Fax : 03 23 70 36 44

MONTAIGU
C.M. 56 Pli 5/6

2 ch. Laon 18 km. Reims 40 km. Parc nautique 20 km (avec plage). Belle maison contemporaine, spacieuse. 2 ch. mitoyennes avec s.d.b./wc privés, idéales pour familles ou couples plus 2 ch avec s.d.b/wc privés (lits doubles). Dans l'habitation du propr. 1 ch. (lit double), 1 ch. (1 lit double et 1 simple) avec couloir indép. Séjour (cheminée, TV), jardin fleuri, grande terrasse. Parking privé. Table d'hôtes sur réserv. uniquement. Accès A26 ou RN44, dir. Maureguy-Montaigu. Situées à la sortie du village dir. Saint-Erme, entre Reims et Laon, ville médiévale. Reims et ses caves de champagne. Propr. producteurs d'asperges. Prix pers. suppl. : 12,20 €, 3 pers. : 45,73 € pour chambre triple uniquement.

Prix : 1 pers. 34 € 2 pers. 38 € 3 pers. 53 € pers. sup. 14 € repas 14 €
Ouvert : Du 1er juillet au 31 mars.

1	0,8	8	20	20	20	0,3	2	SP	

Josette et Daniel IMMERY - Rue des Charretiers - 02820 MONTAIGU - Tél. : 03 23 22 77 61 - Fax : 03 23 22 62 18

MONTIGNY-LES-CONDE Château des Bordes
C.M. 56 Pli 15

E.C. 2 ch. Château-Thierry 20 km. Reims 50 km. Eurodisney 60 km. 2 chambres de charme dans une propriété fin XIIIe s. Mobilier d'époque. 1 chambre 1 pers, une salle de bains commune. Salon avec cheminée et salle à manger avec boiseries. Repas 15 € boissons non comprises. A 1 h de Paris, dans un environnement agréable et de pleine nature, belle bâtisse (avec écuries sur place) dans un domaine de 6 ha. Possibilité avec le propriétaire de navette à la gare de Château-Thierry.

Prix : 1 pers. 46 € 2 pers. 61 € repas 15 €
Ouvert : Toute l'année.

7	SP	SP	20	20	20	20	1	20	6

Michèle BLANCHE - Château des Bordes Picheny - 02330 MONTIGNY-LES-CONDE - Tél. : 03 23 82 14 88

NANTEUIL-LA-FOSSE
C.M. 56 Pli 4

2 ch. Dans une vallée, environnement boisé et champêtre, site préservé, très calme, belle demeure de caractère : 1 ch. familiale spacieuse aménagée à l'étage de la tour comprenant 1 ch. (1 lit 2 pers., poss. 2 lits 1 pers., lit bébé), 1 ch. (1 lit 1 pers.), salle d'eau et wc privés. Parking assuré. Découverte des sites du « Chemin des Dames », circuit « Forteresse Naturelle », « Caverne du Dragon ». Proximité du Parc Nautique de l'Ailette avec baignade et aire de jeux. Sentier de grande randonnée (GR 12). Langue parlée : anglais.

Prix : 1 pers. 26 € 2 pers. 46 € pers. sup. 12 €
Ouvert : Toute l'année.

1	10	10	10	25	25	SP	12	10

Marie-Catherine et Jacques CORNU-LANGY - La Quincy - 02880 NANTEUIL-LA-FOSSE - Tél. : 03 23 54 67 76 - Fax : 03 23 54 72 63

NOUVION-ET-CATILLON Catillon du Temple
C.M. 53 Pli 14

3 ch. Laon et Saint-Quentin 25 km. Maison de construction récente (1970), sur 1 site historique, « Commanderie Templière », dans 1 environnement verdoyant et boisé, vous offrent calme absolu.1 ch. familiale de 2 à 4 pers. (1 ch. 1 lit 2 pers. 2 lits 1 pers.), séjour/coin-cuisine, 1 ch. 2 pers. Sanitaires privés chacune, wc privés. 1 ch. 2 pers.avec sanitaires privés/wc communs. Salon, TV, biblio. Jardin spacieux avec salon de jardin. Parking assuré. Accès : par l'autoroute A26 à 4 km, sortie n°12.

Prix : 1 pers. 27/30 € 2 pers. 35/38 € 3 pers. 44/55 € pers. sup. 15 €
Ouvert : Toute l'année.

2	SP	25	25	SP	17	2

José-Marie CARETTE - La Commanderie - Catillon du Temple - 02270 NOUVION-ET-CATILLON - Tél. : 03 23 56 51 28 ou 06 82 33 22 64 - Fax : 03 23 56 50 14

ORGEVAL
C.M. 56 Pli 5

E.C. 1 ch. Reims 40 km. Laon 11 km. 1 chambre d'hôtes de charme dans un vendangeoir du XVIIIe avec jardin fleuri en terrasse. La chambre comprend 1 lit 2 personnes avec possibilité de lit supplémentaire,1 salle de bain avec wc privatif, très indépendant. Parking assuré dans la cour fermée de la propriété. Etape de goût pour amoureux du charme, de la nature et des fleurs. Promenades dans le village et dans les environs immédiats. Chemin des Dames à 9 km, parc nautique de l'Ailette et golf à 6 km et 8 km. Nombreuses promenades pédestres dans un cadre vert, particulièrement champêtre et calme. Tables d'hôtes le week-end sur réservation. Boissons comprises. Langues parlées : anglais, espagnol.

Prix : 1 pers. 53 € 2 pers. 61 € pers. sup. 13 € repas 23 €
Ouvert : Du 1er mars au 30 novembre.

10	4	13	8	6	6	SP	11	4

Bernard VINCON - 13, Grande Rue - 02860 ORGEVAL - Tél. : 03 23 24 79 01 - E-mail : bernard.vincon@voila.fr

Picardie — Aisne

ORIGNY-EN-THIERACHE (TH) C.M. 53 Pli 39

E.C. 5 ch. Dans 1 maison de caractère, 1 ch. (2 lits 1 pers.), 3 ch. (1 lit 2 pers.), 1 ch. (2 lits 1 pers.) avec 1 suite comprenant 1 salon pouvant héberger 2 pers sup. Toutes les chambres aux tons pastels (qui invitent au repos et au calme) sont équipées de sanitaires privés, TV satélite. Entrée indépendante, cour fermée, parking, salon de jardin, terrasse près d'1 plan d'eau. Vue sur le bocage Thiérachien où ont été aménagés un verger et 2 petits étangs. 2 boxes pour accueillir des chevaux de randonnée. Petits déjeuners avec pains et brioches « maison » cuits au feu de bois proche de l'randonnées de la vallée de l'Oise et du thon, pêche, canoé. Langue parlée : anglais.

Prix : 2 pers. 38/46 € pers. sup. 8 € repas 15 €
Ouvert : Toute l'année.

6	6	SP	15	5	5	6	SP	5	SP	

Jacques TUPIGNY - 9 bis, rue de la Maladrerie - 02550 ORIGNY-EN-THIERACHE - Tél. : 03 23 98 13 47 - Fax : 03 23 68 71 83 ou SR : 03 23 27 76 80

PAISSY (TH) C.M. 56 Pli 5

2 ch. 2 ch. avec meubles anciens, 1 ch. 2 pers. (30 m²), salle de bains et wc privés, balcon. 1 ch. 2 pers., salle d'eau et wc privés. Salon avec cheminée, jardin, billard, ping-pong, boules, jeux de sociétés et vélos à disposition. Terrain arboré. Possibilité de table d'hôtes. L'été vous apprécierez le plan d'eau à 5 km, l'Abbaye de Vauclair à 4 km, la Caverne du Dragon à 3 km, la campagne, la forêt. L'hiver, le confort d'un feu de cheminée. A 23 km de Laon, proche de Soissons et Reims.

Prix : 2 pers. 35/40 € pers. sup. 12 € repas 14 €
Ouvert : Toute l'année.

5	11	5	22	6	5	5	20	5

Pierrette VERNIMONT-ROSSI - 6, rue de Neuville - 02160 PAISSY - Tél. : 03 23 24 43 96 - Fax : 03 23 24 43 96

PARFONDEVAL C.M. 53 Pli 17

2 ch. Belgique 30 km. Laon (bus) 1 km. 2 ch. avec accès extérieur indép. : 1 ch. (1 lit 2 pers. 1 lit 1 pers.), s. d'eau et wc privés. 1 ch. familiale comprenant : 1 ch. (1 lit 2 pers.), 1 ch. (2 lits 1 pers.), salle de bains et wc privés. Cuisine extérieure aménagée avec supplément de 3 €/jour. Pour les animaux, consulter le propriétaire. Propice au repos et à la détente. Poss. visite d'une cidrerie. Dans un village typique de Thiérache avec son église fortifiée (circuit des églises fortifiées). Abbaye et musée de la vie rurale à Saint-Michel, 25 km. Goûter à la ferme. Musée du monde agricole présenté par le propriétaire.

Prix : 1 pers. 30 € 2 pers. 38 € 3 pers. 55 € pers. sup. 12 €
Ouvert : Toute l'année sur réservation.

5	15	20	20	SP	5

Françoise et Lucien CHRETIEN - 1, rue du Chêne - 02360 PARFONDEVAL - Tél. : 03 23 97 61 59 - Fax : 03 23 97 10 85

RESSONS-LE-LONG Ferme de la Montagne C.M. 56 Pli 3

5 ch. Paris 95 km. Soissons 15 km. Compiègne 25 km. 5 chambres spacieuses (2 à 3 pers.), salle d'eau et wc privés, dont 1 au rez-de-chaussée. 3 ch. 3 épis, 2 ch. EC (1 lit 2 pers. 1 lit 1 pers.), 1 ch. (2 lits jumeaux 1 lits 1 pers.), 1 ch. (1 lit 2 pers.), 1 ch. (2 lits jumeaux). Grand jardin, tennis, sentiers. Restaurant dans le village, à 500 m. La ferme de la montagne du XIVᵉ siècle, dépendance de l'abbaye royale Notre-Dame de Soissons, inscrite aux monuments historiques, dominant la vallée de l'Aisne. Langues parlées : anglais, allemand.

Prix : 1 pers. 35 € 2 pers. 46 € 3 pers. 60 € pers. sup. 15 €
Ouvert : Toute l'année sauf janvier et février.

SP	4	10	25	40	40	SP	15	3

Patrick FERTE - Ferme de la Montagne - 02290 RESSONS-LE-LONG - Tél. : 03 23 74 23 71 - Fax : 03 23 74 24 82

REUILLY-SAUVIGNY (TH) C.M. 56 Pli 15

3 ch. Ce couple américain vous invite à partager le calme de leur ancienne ferme champenoise, restaurée avec charme, entourée par la verdure et les vignobles de la vallée de la Marne. 3 ch. de caractère, avec vue sur cour privée et forêt. 2 ch. (1 lit 2 pers.), 1 ch. (2 lits 1 pers.). Salle d'eau privée. Salon avec cheminée, bibliothèque, TV à disposition. Dîner convivial avec Mérédith et Bill (sur réservation). Grande véranda à double vitrage adjacent à une piscine jacuzzi intérieur à 30° durant toute l'année (repos assuré). Route touristique du Champagne à proximité. Restaurant gourmet à proximité. Possibilité forfaits. Langue parlée : anglais.

Prix : 1 pers. 55 € 2 pers. 65 € pers. sup. 15 € repas 15/25 €
Ouvert : Toute l'année.

6	3	SP	SP	10	SP	6	6	

Bill et Mérédith GRAHAM-SYKES - Rue des Vaches - 02850 REUILLY-SAUVIGNY - Tél. : 03 23 70 68 62 ou 06 13 24 46 16 - Fax : 03 23 70 68 63 - E-mail : bg@mail.dotcom.fr - www.marneweb.com/bnb

ROGECOURT Mont Rouge (TH) C.M. 56 Pli 4

E.C. 5 ch. 5 ch. spacieuses avec salle d'eau et wc privatifs. Pièce de détente commune à dispo : avec TV, billard. Salon. Bibliothèque. Salle de réception. Terrasse. Parking et garages. Produits fermiers (pommes, mirabelles, fruits rouges, vins, rhubarbe). Parking. Vestiaires. Toilettes. Table d'hôtes le soir sur réservation. 1/2 pension possible. * ch. dans une belle demeure de caractère du XVIIᵉ siècle, entourée d'un parc de 8 ha. clôturé. Coucy le Château, Abbaye de Vauclair, chemin des Dames, parc nautique de l'Ailette. Langues parlées : anglais, italien.

Prix : 1 pers. 41/44 € 2 pers. 49/53 € 3 pers. 58/69 €
pers. sup. 14 € repas 16 €
Ouvert : Toute l'année.

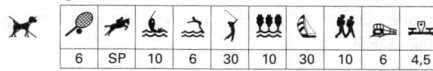

6	SP	10	6	30	10	30	10	6	4,5

Laurent et Christian DESWATTINES - Le Mont Rouge - RN44 - 02800 ROGECOURT - Tél. : 03 23 56 32 31 - Fax : 03 23 56 32 31

Aisne
Picardie

SILLY-LA-POTERIE

E.C. 2 ch. **La Ferté-Milon 3 km. Villers-Cotterets 15 km. Soissons 30 km.** La maison près de la forêt, datant de 1810. Endroit calme et reposant. Jardin paysagé. 2 ch, familiale ou suite avec 1 salle de bain spacieuse, idéales pour 2 couples d'amis ou femille avec enfants, dans maison des propriétaires, accès indépandant, lit bébé possible. Parking. Gratuit pour enfants de 0 à 5 ans. Moitié prix de 5 à 10 ans. Panier pique-nique 9 €. Région riche en histoire et en culture : la Ferté-Milan avec Jean de la Fontaine et Jean Racine, Villiers-Cotterêts avec Alexandre Dumas. Paradis des randonneurs avec la forêt et le GR11 aux portes de la maison. Le port aux perches, à quelques mètres,organise des minis-croisières sur l'Ourcq. Langues parlées : anglais, allemand.

Prix : 1 pers. 40 € 2 pers. 46 € 3 pers. 61 € pers. sup. 15 €
repas 18 €

Ouvert : Toute l'année.

Patrick STAUDER - 2, rue Louis Toulot - 02460 SILLY-LA-POTERIE - Tél. : 03 23 96 80 16 ou 06 87 67 35 87 -
E-mail : mbps@wanadoo.fr

3	9	SP	15	35	40	55	SP	3	3

SORBAIS

6 ch. **Champ de course de la Capelle 7 km. Bruxelles 100 km. Paris 180 km.** A l'étage : 1 ch. (1 lit 2 pers. 1 lit 1 pers.), 1 ch. (1 lit 2 pers. 1 lit 1 pers. 1 lit bébé), 1 ch. (3 lits 1 pers.), s. d'eau et wc privés chacube. R.d.c. : 1 ch. (1 lit 2 pes. 1 lit 1 pers.), s. d'eau et wc en cours de classement. Coin-détente avec cheminée, TV, salon. Canoë-kayak et rivière sur place. Cadre calme et verdoyant. TH le soir uniquement. Repas enfant jusque 10 ans : 8 €. VTT sur place. Circuit des églises fortifiées de Thiérache. Axe vert (axe de randonnée dans le village). Parking fermé. Mur d'escalade 1 km. GR122. Matériel bébé.

Prix : 1 pers. 30 € 2 pers. 43 € 3 pers. 53 € pers. sup. 11 €
repas 12/18 €

Ouvert : Toute l'année.

Blandine DOUNIAUX - 10, rue du Gué - 02580 SORBAIS - Tél. : 03 23 97 49 83 - Fax : 03 23 97 39 42

8	SP	20	SP	16

ST-MICHEL

E.C. 4 ch. **Visite du vieux Chimay et son beffroi 25 km. Belgique 10 km.** Chambres spacieuses et agréables dont une communicante (3 chambres avec lit de 2 pers. et 1 ch. avec 1 lit 2 pers. et 1 lit 1 pers.). Possibilité lit suppl. Salle de bains et wc privatifs. Coin-kitchenette avec TV. Salon de jardin, barbecue. Ping-pong. Accès indépandant. Parking. Grand terrain boisé. Cours d'eau. Entre Paris et Bruxelle. Au cœur des vestiges de l'Abbaye de St-Michel-en-Thiérache et de sa forêt. Belle maison de maître du XIX° s. dans un cadre verdoyant où court une rivière. Accès RN43. Tout près d'Hirson.

Prix : 1 pers. 28 € 2 pers. 39 € 3 pers. 66 € pers. sup. 11 €

Ouvert : Toute l'année.

Martine et Thierry GUILLAUME - 18, rue Jean Charton - « le Petit Château » - 02830 ST-MICHEL - Tél. : 03 23 58 45 56

1	5	SP	15	12	10	20	2	4	0,5

STE-CROIX La Besace

5 ch. Dans une ancienne fermette d'un village, 3 ch. (1 lit 2 pers.), 1 ch. (2 lits 1 pers.) avec s. d'eau et wc privés par chambre, 1 ch. (1 lit 2 pers. 2 lits 1 pers. superp.), s. d'eau et wc privés. Séjour, salon (TV et cheminée) à disposition. Jardin. Poss. table d'hôtes, boissons non comprises. Rivière, restaurant, forêt domaniale de Vauclair 3 km. Logement chevaux sur place. Aire de jeux, parking, ping-pong, volley-ball.

Prix : 1 pers. 34 € 2 pers. 40 € pers. sup. 13 € repas 15 €

Ouvert : De début mars à fin septembre, hors saison sur réservation.

Jean LECAT - La Besace - 21, rue Haute - 02820 STE-CROIX - Tél. : 03 23 22 48 74 - Fax : 03 23 22 48 74

3	18	6	6	6

TARTIERS

4 ch. Chambres : 2 ch. 1 lit 2 pers., salle d'eau et wc privés. 1 ch. 1 lit 2 pers., s.d.b. et wc privés. 1 suite (1 ch. 1 lit 2 pers. 1 ch. 2 lits 1 pers.) avec s. d'eau et wc privés. Coin-cuisine, bibliothèque. TV à dispo. Tarif préférentiel pour 2 nuitées consécutives/2 pers. 75 €. 1 ch. familiale 75 €/4 pers.,135 €/4 pers./2 nuits consécutives. Dans un village typique du Soissonnais à flanc de colline, une maison avec jardin et barbecue, réservé aux hôtes. Portique et jeux. Baby-sitting sur demarde. Langues parlées : allemand, anglais.

Prix : 1 pers. 32 € 2 pers. 42 € 3 pers. 62 € pers. sup. 15 €

Ouvert : Toute l'année.

Astrid et Philippe LASSALE - 4, rue de la Joliette - 02290 TARTIERS - Tél. : 03 23 55 18 69 - Fax : 03 23 55 19 30 -
E-mail : astride1@club-internet.fr

8	11	20	SP	11	8

TAVAUX

2 ch. **Ville médiévale de Laon 30 km.** 1 chambre triple (1 lit 2 pers. 1 lit 1 pers.) avec salle de bains et wc privés. 1 chambre familiale sur 2 chambres (1 lit 2 pers. 2 lits 1 pers.) avec salle d'eau et wc privés attenants extérieurs. Salon avec cheminée, coin-cuisine, jardin et parking non clos. A proximité du circuit des églises fortifiées de Thiérache. Sur place possibilité de stage : tissage, poterie, yoga. Produits fermiers : nectar de rhubarbe. Chutney (sauce épicée de rhubarbe), jus et coulis de framboises, sorbets.

Prix : 1 pers. 28 € 2 pers. 38 € 3 pers. 50 € pers. sup. 12 €

Ouvert : Toute l'année.

SP	10	25	SP	10	10

Michel et Françoise VANHYFTE - 1, rue des Aubrevilles - 02250 TAVAUX - Tél. : 03 23 20 72 62 - Fax : 03 23 20 66 37

Picardie   **Aisne**

TORCY-EN-VALOIS   *C.M. 56 Pli 14*

4 ch. — **Eurodisney 50 km. Reims et Paris 70 km.** 4 ch. d'hôtes dans une maison en pierre située dans un corps de ferme de style local. 1 ch. (1 lit 2 pers. 2 lits 1 pers. superp.), 2 ch. (2 lits 1 pers.) et 1 ch. (1 lit 2 pers.). Salles d'eau privatives mais wc communs aux chambres. Séjour. Poss. boxes pour chevaux sur place. Lit suppl. enfants : 9 €. Parking dans la cour. 44 €/4 pers.

Prix : 1 pers. 20 € 2 pers. 34 € 3 pers. 37 €
Ouvert : Toute l'année.

SP	8	1	11	8	SP	11	11

Jacques et Nelly PASCARD - 50, rue du Château - 02810 TORCY-EN-VALOIS - Tél. : 03 23 70 60 09 - Fax : 03 23 70 63 01

VEZILLY Le Chartil   *C.M. 56 Pli 15*

2 ch. — **Reims 35 km. Epernay 30 km. Eurodisney 80 km.** Dans un petit village du Tardenois, maison de style local, agrémentée d'un grand jardin. R.d.c. : petit salon avec TV et documentation touristique. Etage : 1 ch. 3 pers., 1 ch. 2 pers. avec 1 suite 2 pers., sanitaires et wc privatifs. Equipement bébé. Possibilité auberge sur place. VTT sur place. Proximité de la vallée de la Marne. Région champenoise. Nombreuses visites de monuments à faire. Randonnée : circuits balisés de l'Omois sur place. Gratuit pour les enfants de - 5 ans.

Prix : 1 pers. 38 € 2 pers. 46 €
Ouvert : Toute l'année sauf janvier.

2	4	2	12	SP	12	10

Jean-Marie NOEL - 6, route de Fismes - Le Chartil - 02130 VEZILLY - Tél. : 03 23 69 24 11 - Fax : 03 23 69 24 11

VILLERS-AGRON-AIGUIZY Ferme du Château   *C.M. 56 Pli 15*

4 ch. — Dans un village typique du tardenois, à la limite de la Picardie et de la Champagne. 4 chambres d'hôtes, avec s. d'eau et wc privés, aménagées dans un très beau manoir du XV° siècle, sur une ferme. Cadre paisible et parc verdoyant, donnant sur le parcours de golf. Enfant jusqu'à 4 ans : 13 €. 2 ch. 3 épis NN et 2 ch. 4 épis NN. Table d'hôtes hors week-end sur réservation, forfait boissons incluses (1 flûte de champagne, entrée, plat, fromage, dessert, vin, café ou tisane). Langues parlées : allemand, anglais.

Prix : 1 pers. 53/70 € 2 pers. 57/70 € 3 pers. 95 € pers. sup. 24 €
repas 30 €
Ouvert : Toute l'année.

SP	SP

Xavier et Christine FERRY - Ferme du Château - 02130 VILLERS-AGRON-AIGUIZY - Tél. : 03 23 71 60 67 - Fax : 03 23 69 36 54 -
E-mail : xavferry@club-internet.fr

Oise

GITES DE FRANCE - Service Réservation
B.P. 80822 - 60008 BEAUVAIS Cedex
Tél. 03 44 06 25 85 - Fax 03 44 06 25 80
E.mail : gites.oise@wanadoo.fr

ANSERVILLE   A

6 ch. — 6 chambres d'hôtes aménagées dans une ferme située dans un village. 3 ch. (2 pers.), 2 ch. (2 lits 1 pers.), 1 ch. (1 pers.). Salles d'eau et wc privés. Téléphone dans les chambres. Salle de séjour. Salon avec TV à disposition. Jardin. Abri couvert. Terrain. Parking. Restaurant 500 m.

Prix : 1 pers. 39 € 2 pers. 42 € 3 pers. 55 € repas 13 €
1/2 pens. 55 €

7	3	20	5	3	8	8

Jean et Marie-Louise COUBRICHE - 4 Grande Rue - 60540 ANSERVILLE - Tél. : 03 44 08 38 90

ANSERVILLE

2 ch. — 1 suite composée d'une chambre à alcôve (1 lit 2 pers.), salon, salle de bains et wc privés, 2 ch. (1 lit 2 pers. chacune), salle d'eau et wc privés. Ferme-auberge et restaurant dans le village. Elisabeth Husch vous accueillera dans son château des XVII° et XVIII° siècles. Grand parc. Tarif dégressif à partir de la 2° nuit. Le château est inscrit à l'inventaire des monuments historique.

Prix : 1 pers. 84 € 2 pers. 100 € repas 32 €
Ouvert : Toute l'année.

12	12	5	8	8

Elisabeth HUBSCH - Château - 60540 ANSERVILLE - Tél. : 03 44 08 42 13

ANTHEUIL-PORTES

2 ch. — 2 chambres d'hôtes à l'étage. 1 chambre (1 lit 2 pers. 2 lits 1 pers.) et 1 chambre (1 lit 2 pers.). Salle d'eau et wc particuliers.

Prix : 1 pers. 24 € 2 pers. 35 € 3 pers. 50 € pers. sup. 6 €
repas 14 €

12	SP	12	12	6	12	8

Pierre DALONGEVILLE - 127 rue de Genlis - 60162 ANTHEUIL-PORTES - Tél. : 03 44 42 56 91

Oise
Picardie

APREMONT (TH)

||| 1 ch. 1 chambre d'hôtes 2 pers. (1 lit 2 pers.) aménagée au 1er étage avec salle d'eau et wc particuliers. Cadre de verdure, allée très calme, salon de jardin. Table d'hôtes le soir sur demande. 2 restaurants dans le village dont 1 gastronomique. Villes attrayantes proches avec musées (Chantilly, Senlis). Aéroport Roissy 30 mn.

Prix : 1 pers. 32 € 2 pers. 40 € repas 15 €

8	SP	SP	8	SP	8	8

Jean et Mamina OISEL - 6 allée de la Chênaie - 60300 APREMONT - Tél. : 03 44 25 07 54 - Fax : 03 44 25 63 13

APREMONT

||| 1 ch. 1 chambre (1 lit 2 pers.) au rez-de-chaussée, avec salle de bains et wc privés. Accès indépendant sur le jardin. Restaurant dans le village. Bernard et Anne-Marie Lemoigne vous accueilleront dans ce charmant village situé entre Senlis et Chantilly. Equitation et vue sur jeu de polo face au jardin.

Prix : 1 pers. 42 € 2 pers. 49 € 3 pers. 61 €
Ouvert : Toute l'année.

8	SP	SP	8	SP	8	8

Bernard et A-Marie LE MOIGNE - 4 allée de la Chênaie - 60300 APREMONT - Tél. : 03 44 25 07 67

ATTICHY   A

||| 5 ch. 5 chambres aménagées au rez-de-chaussée (1 lit 2 pers. chacune), salle d'eau et wc particuliers. Salon réservé aux hôtes.

Prix : 1 pers. 32 € 2 pers. 38 € 3 pers. 46 €
Ouvert : Toute l'année.

SP	SP	SP	SP	SP	15	SP

M. FENARD COMMUNE D'ATTICHY - 13 rue Tondu de Metz - 60350 ATTICHY - Tél. : 03 44 42 15 37 - Fax : 03 44 42 15 37

AUGER-ST-VINCENT

E.C. 3 ch. Chambres aménagées dans le prolongement de la maison des propriétaires -sur une ferme- piscine à disposition. Vente de produits fermiers sur place. 3 grandes chambres (2 lits 1 pers.+ convertible 1 pers.- 1 lit 2 pers.- 1 lit 2 pers.+ convertible 2 pers.) salle d'eau et wc particuliers.

Prix : 1 pers. 32 € 2 pers. 41 € 3 pers. 50 € repas 13 €

6	7	10	6	3	SP	6	6

Françoise MOMMELE - 8, rue Raguet - 60800 AUGER-ST-VINCENT - Tél. : 03 44 59 03 61 - Fax : 03 44 59 28 68

AUTEUIL St-Quentin d'Auteuil

| 2 ch. 2 chambres d'hôtes aménagées au rez-de-chaussée d'une ancienne ferme avec (2 lits 2 pers.), salle d'eau et wc particuliers. Séjour avec cheminée. Restaurant à 7 km.

Prix : 1 pers. 28 € 2 pers. 33 €
Ouvert : Toute l'année.

14	7	14	0,8	2	11	7

Gérard et M-Paule GRUMEL - St-Quentin d'Auteuil - 15 route de Beauvais - 60390 AUTEUIL - Tél. : 03 44 81 13 32

BEAUVAIS

| 3 ch. 3 ch. d'hôtes 2 pers., aménagées dans une maison de caractère située dans un quartier très calme de la ville. 1 ch. avec salle d'eau privée. 2 ch. avec salle d'eau et wc communs aux hôtes. Salle de séjour, salon avec TV à la disposition des hôtes. Jardin, abri couvert. Garage couvert et fermé. Patinoire 1 km. Voile 2 km. Restaurant 500 m.

Prix : 1 pers. 23 € 2 pers. 31/35 € 3 pers. 38 €
Ouvert : Toute l'année.

SP	SP	10	2	SP	2	SP

Françoise HEYNSSENS - 45 rue du Faubourg St-Jacques - 60000 BEAUVAIS - Tél. : 03 44 02 12 85

BELLOY   (TH)

E.C. 3 ch. Compiègne 25 km. Chambres aménagées dans un batiment annexe d'une ancienne ferme. 1 chambre au rez-de-chaussée (1 lit 2 pers.) salle d'eau/wc, 2 chambres à l'étage (1 lit 2 pers. + 1 lit 1 pers.- 1 lit 2 pers.) salle d'eau/wc particuliers.

Prix : 1 pers. 33 € 2 pers. 42 € 3 pers. 53 € repas 13 €
Ouvert : Toute l'année.

12	12	2	15	5

Stéphanie TOMAS - 7, rue de Méry la Bataille - 60490 BELLOY - Tél. : 03 44 85 29 60

Picardie **Oise**

BERNEUIL-SUR-AISNE Rochefort

4 ch. **Pierrefonds 7 km.** Chambres aménagées dans une ancienne chapelle du manoir de Rochefort (XVIIe et XVIIIe siècles) dominant le village de Berneuil sur Aisne. 4 chambres en rez-de-chaussée, 3 chambres avec 1 lit 2 pers. avec salle d'eau/wc- 1 chambre avec 1 lit 2 pers. avec salle de bains/wc- réfrigérateur à disposition. Langue parlée : anglais.

Prix : 1 pers. **61** € 2 pers. **69** €
Ouvert : Toute l'année.

4	4	12	8	SP	16	SP

Estelle ABADIE - Rochefort - 60350 BERNEUIL-SUR-AISNE - Tél. : 03 44 85 81 78 ou 06 87 08 90 63

BONNEUIL-LES-EAUX (TH)

E.C. 5 ch. **Amiens 26 km. Beauvais 30 km.** 5 chambres : 1 chambre au r.d.c. (1 lit 2 pers.), salle d'eau/wc particuliers. 4 chambres à l'étage (2 lits 2 pers. 4 lits 1 pers.), salle d'eau/wc particuliers. Vous serez accueillis chaleureusement dans cette charmante maison au cœur d'un village picard. Langue parlée : anglais.

Prix : 1 pers. **30** € 2 pers. **42** € 3 pers. **54** € pers. sup. **12** €
repas **14** € 1/2 pens. **43** € pens. **57** €
Ouvert : Toute l'année.

5	SP	5	10	2

Catherine DAIX - 16 rue de la Ville - 60120 BONNEUIL-LES-EAUX - Tél. : 03 44 80 56 07 ou 06 10 10 31 81

BONVILLERS Le Presbytère

2 ch. 2 chambres aménagées dans les bâtiments annexes d'un ancien presbytère. 1 ch. au r.d.c. (1 lit 2 pers. + kitchenette), s. d'eau et wc privés. 1 ch. (2 lits 1 pers.) avec salon, kitchenette, s. d'eau et wc privés. Séjour (TV, billard). Chantier archéologique à 4 km.

Prix : 1 pers. **30** € 2 pers. **45** € 3 pers. **57** € pers. sup. **12** €
Ouvert : Toute l'année.

5	5	5	5

LOUREIRO - Le Presbytère - 60120 BONVILLERS - Tél. : 03 44 51 91 54

BOUBIERS

4 ch. **Gisors 11 km. Cergy-Pontoise 30 km.** Chambres aménagées dans un village typique du Vexin français. 4 chambres aménagées aux 1er et 2e étages d'un bâtiment communal. 2 lits 1 pers. dans 1 chambre et 1 lit 2 pers. dans 2 chambres, kitchenette. 1 chambre familiale (1 lit 2 pers. 1 convertible 2 pers.), salle de bains et wc particuliers, kitchenette. Salle d'eau et wc privés.

Prix : 1 pers. **24** € 2 pers. **35** € 3 pers. **49** €
Ouvert : Toute l'année.

6	6	6	SP	6	6

LETHIAIS - Commune de Boubiers - Mairie - 60240 BOUBIERS - Tél. : 03 44 49 30 00

BOULOGNE-LA-GRASSE

2 ch. 2 chambres (1 lit 2 pers. 2 lits 1 pers.), au 1er étage d'un bâtiment communal. Salles d'eau et wc privés. Kitchenette à disposition. Charmant village vallonné et boisé.

Prix : 1 pers. **26** € 2 pers. **30** €
Ouvert : Toute l'année.

22	11	25	SP	25	22	9

Mme WATTINCOURT - COMMUNE DE BOULOGNE-LA-GRASSE - Mairie - 60490 BOULOGNE-LA-GRASSE - Tél. : 03 44 85 04 36 ou 06 88 27 43 60

BUICOURT

2 ch. **Gerberoy (cité médiévale) 3 km.** 2 chambres dans une maison ancienne rénovée (1 lit 2 pers. 2 lits 1 pers.). Salle de bains et wc particuliers. Salle de séjour avec cheminée. Restaurant 3 km.

Prix : 1 pers. **30** € 2 pers. **40** €

13	6	SP

VERHOEVEN - 3 rue de la Mare - 60380 BUICOURT - Tél. : 03 44 82 31 15

CAMBRONNE-LES-RIBECOURT (TH)

4 ch. 2 ch. à l'étage (1 lit 2 pers. chacune), salle d'eau et wc privés. 2 chambres au rez-de-chaussée (2 lits 1 pers. 1 lit 2 pers.), salle de bains et wc privés. Pauline Brunger, d'origine anglaise vous accueillera dans sa propriété au bord du Canal de l'Oise. Vous pourrez vous promener en forêt de Compiègne, toute proche. Repas boissons non comprises. Langue parlée : anglais.

Prix : 1 pers. **30** € 2 pers. **45** € repas **14** €
Ouvert : Toute l'année.

12	12	12	6	12	12	12	SP

Pauline BRUNGER - 492 rue de Bellerive - 60170 CAMBRONNE-LES-RIBECOURT - Tél. : 03 44 75 02 13 - Fax : 03 44 76 10 34 - E-mail : bellerive@minitel.net

Oise

Picardie

CHANTILLY

1 ch. Parc Astérix 30 mn. 1 chambre d'hôtes aménagée dans un bâtiment annexe (2 lits 1 pers.), kitchenette et salle d'eau/wc, formant un studio indépendant dans le jardin des propriétaires avec terrasse couverte. Parking. Château et grandes écuries de Chantilly à proximité. Aéroport Roissy/Charles-de-Gaulle à 35 mn. Paris en train à 25 mn. Langue parlée : anglais.

Prix : 1 pers. 46 € 2 pers. 63 € 3 pers. 78 €
Ouvert : Toute l'année.

	🐕	🏊	🎾	🏇	🦌	🏊	🌲	🚂	✈
		SP	SP	SP	SP	SP	SP	SP	SP

Sylviane LOKMER - 30 C, rue Victor Hugo - 60500 CHANTILLY - Tél. : 03 44 57 63 91 - Fax : 03 44 57 63 91 -
E-mail : miro.lokmer@wanadoo.fr

CHAUMONT-EN-VEXIN

CB

2 ch. 2 chambres dans une maison située dans un bourg (1 lit 2 pers.) dans une chambre, (2 lits 1 pers.) dans l'autre. Lit bébé. Salle d'eau et wc particuliers. Parking privé. Restaurant dans le village.

Prix : 1 pers. 25 € 2 pers. 35 € 3 pers. 50 € pers. sup. 5 €
Ouvert : Toute l'année.

	🐕	🏊	🎾
		SP	SP	SP

Claude CANCHON - 21 rue de Noailles - 60240 CHAUMONT-EN-VEXIN - Tél. : 03 44 49 32 51

CHELLES

2 ch. Compiègne 20 km. Pierrefonds (Ville impériale, château) 5 km. 2 chambres d'hôtes aménagées dans un bâtiment mitoyen à l'habitation des propriétaires. 1 ch. (2 lits 1 pers.) et 1 ch. (1 lit 2 pers.), salles d'eau et wc particuliers. Kitchenette commune avec TV. Entrée indépendante et parking dans la propriété. 2 restaurants dans le village.

Prix : 1 pers. 30 € 2 pers. 37 €
Ouvert : Toute l'année.

	🐕	🏊	🎾	🏇	🦌	🏊	🌲	🚂	✈
		10	5	20	10	10	SP	20	5

Roland GRAS - 9 rue du Priez - 60350 CHELLES - Tél. : 03 44 42 85 30

COYE-LA-FORET

4 ch. Belle propriété en forêt à proximité de Chantilly. 5 ch. : 1 ch. (1 lit 2 pers.), s.d.b./wc, 1 ch. (1 lit 2 pers.), s.d.b./wc, 1 ch. 1 lit 2 pers.), s. d'eau/wc, 1 ch. (1 lit 2 pers.), s. d'eau/wc et accès au parc. Poss. de TV. 1 ch. accessible aux personnes handicapées (1 lit 2 pers.), s. d'eau/wc privés.

Prix : 1 pers. 43 € 2 pers. 61 € 3 pers. 74 €
Ouvert : Toute l'année.

	🐕	🏊	🎾	🏇	🦌	🌲	🚂	✈
		5	SP	10	SP	SP	1	SP

Sylvain OUAKI - Route de Lamorlaye - BP 21 - 60580 COYE-LA-FORET - Tél. : 03 44 58 70 27 - Fax : 03 44 58 91 08

CRESSONSACQ

1 ch. 1 chambre (2 lits 1 pers.) aménagée au 1er étage d'un bâtiment annexe. Cuisine à l'usage exclusif des hôtes. Salle d'eau et wc particuliers. Gîte rural au même étage. Terrasse. TV.

Prix : 1 pers. 29 € 2 pers. 35 €

	🐕	🏊	🎾	🏇	🦌
		22	7	22	22

Charles et Chantal ALEXANDRE - 2 rue du Bois - 60190 CRESSONSACQ - Tél. : 03 44 51 72 99

CROUTOY

A

5 ch. Compiègne 18 km. 5 chambres d'hôtes aménagées au 1er étage d'une pittoresque maison de pays. 3 chambres (1 lit 2 pers.), salle d'eau et wc particuliers. 2 chambres (2 lits 1 pers.), salle d'eau et wc particuliers. Salle commune.

Prix : 1 pers. 29 € 2 pers. 37 € 3 pers. 44 € pers. sup. 8 €

	🐕	🏊	🎾	🏇	🦌	🌲	🍴	🚂	✈
		3	3	3	SP	3	18	3

COMMUNE DE CROUTOY - Mme GRUMELART Paulette - 60350 CROUTOY - Tél. : 03 44 42 92 11

DELINCOURT

2 ch. 2 chambres d'hôtes aménagées dans une maison de caractère située dans un village. 2 chambres 2 pers. avec salle d'eau commune. Jardin. Terrain. Rivière 500 m. Produits fermiers 500 m. Restaurant 7 km.

Prix : 1 pers. 15 € 2 pers. 23 €
Ouvert : Toute l'année.

	🐕	🏊	🎾	🏇	🦌	🚂	✈
		5	5	5	1	5	5

LE MAIRE - Mairie de Delincourt - 60240 DELINCOURT - Tél. : 03 44 49 03 58

Picardie **Oise**

ELINCOURT-STE-MARGUERITE (TH)

2 ch. **Compiègne 20 km.** 1 chambre aménagée avec charme au premier étage de la maison des propriétaires, ancienne fermette, grand jardin à disposition. 1 chambre familiale (1 lit 2 pers. 2 lits 1 pers.), salle d'eau et wc particuliers. Possibilité de lit bébé. 1 chambre dans un bâtiment annexe (1 lit 2 pers.), salle d'eau et wc particuliers.

Prix : 1 pers. **32** € 2 pers. **38** € 3 pers. **53** € pers. sup. **8** € repas **14** € 1/2 pens. **40** €

Ouvert : Du 1er avril au 1er novembre 2001.

20	3

Jacqueline MARION - 5 rue des Fontaines - 60157 ELINCOURT-STE-MARGUERITE - Tél. : 03 44 96 01 80

ESPAUBOURG (TH)

E.C. 3 ch. **Beauvais 25 km.** Chambres aménagées dans la maison du propriétaire, jardin et terrasse à disposition dans un charmant village du Pays de Bray. 3 chambres, 1 chambre au rez-de-chaussée accessible aux personnes handicapées (1 lit 2 pers.) avec télévision et salle d'eau/wc, 2 chambres à l'étage (1 lit 2 pers. + 1 convertible 1 pers.- 1 lit 2 pers.+ 1 convertible 1 pers.).

Prix : 1 pers. **34** € 2 pers. **44** € pers. sup. **14** € repas **15** €

Ouvert : Toute l'année.

20	3	5	8	20	5

Anne-Marie et Claude TIREL - 26, rue des Clos - 60650 ESPAUBOURG - Tél. : 03 44 81 57 50 ou 06 75 10 23 53 - Fax : 03 44 81 97 57 - E-mail : TIRELAM@AOL.com

ESQUENNOY (TH)

6 ch. 6 chambres d'hôtes situées dans un village, (1 lit 2 pers.), (1 lit 2 pers.), (1 lit 2 pers.), (3 lits 1 pers.), (3 lits 1 pers.), (1 lit 2 pers. + kitchenette). 4 salles d'eau et wc privés. 2 salles de bains et wc privés. Salle de séjour à disposition. Possibilité TV. Jardin. Abri couvert. Produits fermiers 500 m. Voiture indispensable. Réduction à partir de la 2e nuit. Enfant -10 ans : -50 %.

Prix : 1 pers. **30** € 2 pers. **43** € 3 pers. **55** € pers. sup. **12** € repas **13** € 1/2 pens. **41** € pens. **53** €

5	SP	5	5	5

Françoise RIVIERE - 37 Grande Rue - 60120 ESQUENNOY - Tél. : 03 44 80 64 01 ou 03 44 07 13 41

FAY-LES-ETANGS (TH)

E.C. 2 ch. 2 chambres aménagées dans un bâtiment mitoyen à la maison des propriétaires, beau jardin fleuri. 2 chambres : 1 chambre à l'étage (1 lit 2 pers.) salle d'eau et wc particuliers. 1 chambre au rez-de-chaussée 1 lit 1 pers. salle d'eau et wc particuliers.

Prix : 1 pers. **38** € 2 pers. **46** € pers. sup. **10** € repas **18** € 1/2 pens. **30** € pens. **38** €

Ouvert : Toute l'année.

5	2	5	SP	2	15	2

Phillipe VERMEIRE - 3, rue du Chêne Noir - Le Clos - 60240 FAY-LES-ETANGS - Tél. : 03 44 49 92 38 - Fax : 03 44 49 92 38

FAY-LES-ETANGS (TH)

3 ch. **Gisors 5 km. Beauvais 30 km.** 3 chambres aménagées à l'étage. 1 chambre (2 lits 1 pers). Salle d'eau. 2 chambres (2 lits 4 pers.). Salle de bains. WC commun aux hôtes. Salon avec cheminée, bibliothèque, salle de jeux, parking privé. Possibilité de plateau-repas. Belle demeure au milieu d'un parc de 4 ha.

Prix : 1 pers. **38** € 2 pers. **46** € repas **14** €

Ouvert : Toute l'année.

5	2	5	SP	2	15	5

Michel DE BUEIL - Château - 60240 FAY-LES-ETANGS - Tél. : 03 44 49 06 52 - Fax : 03 44 49 64 69

FEUQUIERES (TH)

4 ch. **Gerberoy (cité médiévale) 12 km.** 4 chambres (3 lits 2 pers.) + chambre familiale (1 lit 2 pers. 2 lits 1 pers.), salle d'eau/wc particuliers. Chambres d'hôtes aménagées au 1er étage d'une grande maison entourée d'un parc.

Prix : 1 pers. **40** € 2 pers. **55** € 3 pers. **71** € pers. sup. **14** € repas **30** € 1/2 pens. **55** €

Ouvert : Toute l'année.

6	SP	6	8	SP

Bérangère ROGER - 3 avenue Henri Demont - 60390 FEUQUIERES - Tél. : 03 44 13 02 52

FLAVACOURT

3 ch. **Gisors 6 km. Beauvais 20 km.** Chambres aménagées dans un ancien bâtiment de la ferme rénovée. 3 chambres : 1 ch. au r.d.c. (1 lit 2 pers. 1 lit 1 pers.), 2 ch. à l'étage (1 lit 2 pers. dans chaque). Séjour avec kitchenette à disposition. Salle d'eau et wc paticuliers.

Prix : 1 pers. **35** € 2 pers. **38** € 3 pers. **49** €

Ouvert : Toute l'année.

13	2	13	5	6	2

Pascal VANHESTE - Ferme de la Folie - 60590 FLAVACOURT - Tél. : 03 44 84 80 28

Oise

Picardie

FONTAINE-CHAALIS La Bultée

⁞⁞⁞ 5 ch.   **Parc Asterix 7 km. Mer de sable 5 km. Roissy 25 km.** 5 chambres aménagées dans un bâtiment annexe, dans une ferme typique du Valois. 4 chambres à l'étage (1 lit 2 pers. 6 lits 1 pers.), salle d'eau et wc particuliers. 1 chambre au rez-de-chaussée (2 lits 1 pers.) avec salle d'eau et wc particuliers. TV. Séjour avec cheminée. Restaurant 2 km.

Prix : 1 pers. **35** € 2 pers. **50** € pers. sup. **15** €

8	7	2

Annie ANCEL - La Bultée - 60300 FONTAINE-CHAALIS - Tél. : 03 44 54 20 63 - Fax : 03 44 54 08 28

FOUQUENIES

(TH)

E.C. 1 ch.   1 chambre familiale (2 chambres communiquantes, 1 lit 2 pers., 1 lit 1 pers.), salle de bains/wc particuliers. Tarif dégressif à partir de la 2éme nuit. Chambre aménagée dans une propriété familiale depuis 1448 en bordure de rivière. Langue parlée : anglais.

Prix : 1 pers. **39** € 2 pers. **42/54** € 3 pers. **57** € repas **16** €
Ouvert : Toute l'année.

5	SP	SP	SP	5	1

Claire et Michel DUBERT - Moulin des Huguenots - 60000 FOUQUENIES - Tél. : 03 44 79 02 15

FRESNE-LEGUILLON

⁞ 1 ch.   1 chambre d'hôtes aménagée dans une maison de caractère située dans un village (1 lit 2 pers. + 2 lits 1 pers.). Salle d'eau commune. Salle de séjour, salon avec cheminée à la disposition des hôtes. Jardin, cour. Rivière 500 m. Produits fermiers 500 m.

Prix : 1 pers. **26** € 2 pers. **32** €
Ouvert : Toute l'année.

8	8	3	8	8

François et M-Claire BOUCHARD - 3 rue de Beauvais - 60240 FRESNE-LEGUILLON - Tél. : 03 44 49 04 40

FRESNEAUX-MONTCHEVREUIL Lormeteau

⁞ 1 ch.   1 ch. au r.d.c. (1 lit 1 pers.) avec salle d'eau, wc privés et kitchenette. Séjour avec cheminée.

Prix : 1 pers. **25** € 2 pers. **38** €

9	9	9	9	9	9

Francis et Sabine REBOURS - Lormeteau - 59 rue de la Patte d'Oie - 60240 FRESNEAUX-MONTCHEVREUIL - Tél. : 03 44 84 45 99

FRESNOY-EN-THELLE

E.C. 2 ch.   **Senlis 25 km.** Chambres aménagées au 1er étage de la maison des propriétaires avec accès indépendant. 2 chambres (1 lit 2 pers.- 1 lit 1 pers.) salle d'eau et wc particuliers. Petit salon commun aux 2 chambres.

Prix : 1 pers. **38** € 2 pers. **46** € pers. sup. **12** €
Ouvert : Toute l'année.

10	2	3

Elise et Marc LAMOUREUX - 41, rue de Lamberval - Ferme de Lamberval - 60530 FRESNOY-EN-THELLE - Tél. : 03 44 26 17 33 ou 06 16 27 61 35 - Fax : 03 44 26 21 62 - E-mail : marc.lamoureux@free.fr

HANNACHES Bellefontaine

(TH)

⁞⁞⁞ 3 ch.   **Beauvais 25 km. Gerberoy (cité médiévale) 2 km.** 3 chambres dont 1 avec mezzanine (1 lit 2 pers. 2 lits 1 pers.), 1 ch. en r.d.c. (1 lit 2 pers. 1 lit 1 pers.). 1 ch. (1 lit 2 pers.) aménagées dans un bâtiment annexe d'une ancienne ferme. Mr Bruandet, sculpteur, récupère d'anciens outils agricoles pour en faire des œuvres pleines d'humour et de couleurs. Poss. de stages arts plastiques. Langues parlées : anglais, allemand.

Prix : 1 pers. **34** € 2 pers. **41** € 3 pers. **49** € pers. sup. **7** € repas **14** €
Ouvert : Toute l'année.

7	7	20	7	10	7	3

Pascal BRUANDET - 13 Bellefontaine - Bellefontaine - 60650 HANNACHES - Tél. : 03 44 82 46 63 - Fax : 03 44 82 46 63 - E-mail : bruandet@club-internet.fr

HAUTE-EPINE

⁞ 2 ch.   2 chambres aménagées dans les bâtiments d'une ancienne ferme. 1 chambre (1 lit 2 pers., l'autre 2 lits 1 pers.). Salle d'eau et wc communs aux hôtes. Location de vélos et gîte d'étape sur place. Restaurant dans le village.

Prix : 1 pers. **20** € 2 pers. **30** € 3 pers. **50** €

12	5	2

Francis et Martine GRAVELLE - 60690 LA NEUVILLE-SUR-OUDEUIL - Tél. : 03 44 46 23 90 ou 03 44 46 25 87

Picardie — Oise

JAUX

2 ch. Chambres aménagées dans une partie annexe des propriétaires. Jardin avec petit bassin. 2 chambres (1 lit 2 pers. 2 lits 1 pers.). 1 salle de bains. 1 salle d'eau. WC commun aux hôtes. Cheminée dans chaque chambre.

Prix : 1 pers. 30 € 2 pers. 50 €

5	5

Françoise GAXOTTE - 363, route du Champs du Mont Varanval - 60880 JAUX - Tél. : 03 44 83 22 41 - Fax : 03 44 83 22 41

LATTAINVILLE

2 ch. 2 chambres d'hôtes dont 1 à l'étage, aménagées dans une maison de caractère. 1 ch. 2 pers. 1 ch. 3 pers. Salle d'eau commune aux 2 chambres. Possibilité cuisine. Jardin. Parking. Produits fermiers 500 m. Restaurant 8 km.

Prix : 1 pers. 23 € 2 pers. 30 € 3 pers. 34 €
Ouvert : Toute l'année.

8	8	9	6	6

Mr MACHIN - COMMUNE DE LATTAINVILLE - Mairie - 60240 LATTAINVILLE - Tél. : 03 44 49 91 27 - Fax : 03 44 49 96 87

LAVERRIERE A (TH)

4 ch. 4 chambres d'hôtes aménagées au 1er étage d'un bâtiment annexe (4 lits 2 pers. 1 lit 1 pers.) avec salle d'eau et wc particuliers. Prix repas boissons non comprises. TV dans chaque chambre.

Prix : 1 pers. 34 € 2 pers. 41 € 3 pers. 55 € pers. sup. 8 €
repas 20 € 1/2 pens. 45 €

5	SP	5	5	5

SWIERZ - 1 rue St-Pierre - 60210 LAVERRIERE - Tél. : 03 44 46 73 62

LAVILLETERTRE

4 ch. 2 ch. au r.d.c. (2 lits 1 pers. 1 lit 2 pers.), 1 ch. à l'étage (1 lit 2 pers.) avec salle d'eau et wc particuliers. 1 chambre en entresol (1 lit 2 pers.) avec salle d'eau et wc particuliers. Kitchenette à disposition. Chambres aménagées dans le prolongement de la maison des propriétaires avec accès indépendant. Restaurant 3 km. - 10 % à partir de la 2e nuit. Langues parlées : anglais, allemand.

Prix : 1 pers. 29 € 2 pers. 37 € 3 pers. 44 €

5	SP	5	3	8	SP

Erika TRIGALLEZ - 9, rue Houssemagne - 60240 LAVILLETERTRE - Tél. : 03 44 49 26 83

LIANCOURT-ST-PIERRE La Pointe (TH)

2 ch. Cergy-Pontoise 30 km. Gisors 10 km. Chaumont-en-Vexin 5 km. 2 belles chambres d'hôtes aménagées au 2e étage d'une grande maison ancienne. 1 ch. (1 lit 2 pers.) et 1 ch. (1 lit 160. 1 lit 1 pers.), avec salle de bains et wc particuliers. Aile des années 30 avec bibliothèque, salon de lecture, piano, cheminée. Table d'hôtes sur demande. Calme et détente dans un jardin paysager, terrasse, parking privé. Box et prés pour chevaux. Paris à 60 km.

Prix : 1 pers. 50 € 2 pers. 50 € 3 pers. 60 € pers. sup. 10 €
repas 25 €
Ouvert : Toute l'année.

5	5	5	5	8	8	5	5

Fiona et Luc GALLOT - La Pointe - 10 rue du Donjon - 60240 LIANCOURT-ST-PIERRE - Tél. : 03 44 49 32 08

MACHEMONT

E.C. 4 ch. Compiègne 10 km. Aménagées dans une demeure du XIXe siècle, avec un parc d'un demi hectare. Petit déjeuner composé de produits régionaux servi dans la veranda. 4 chambres, 2 chambres au 1er étage dont 1 chambre familiale (1 lit 2 pers. et 2 lits 1 pers.) 1 lit 2 pers. salle d'eau/wc particuliers. 2 chambres au 2e étage (1 lit 2 pers.- 2 lits 1 pers.) salle d'eau/wc particuliers.

Prix : 1 pers. 50 € 2 pers. 55/70 € 3 pers. 75/85 € pers. sup. 5 €
Ouvert : Toute l'année.

5	5	10	10	SP	10	5

Phillipe GUEGAN - 3, rue du Cavan - 60150 MACHEMONT - Tél. : 03 44 76 28 96 - Fax : 03 44 76 28 96

MAISONCELLE-ST-PIERRE

2 ch. 1 chambre d'hôtes (2 lits 1 pers.) avec salle d'eau et wc particuliers, aménagée dans un bâtiment annexe. 1 chambre dans la maison du propriétaire (1 lit 1 pers. 1 lit 2 pers.), salle de bains/wc particulière.

Prix : 1 pers. 29 € 2 pers. 37 € 3 pers. 46 €
Ouvert : Toute l'année.

10	10	10	10	15	10	10

Jean-Louis VERGNAUD - 40 rue de l'Eglise - 60112 MAISONCELLE-ST-PIERRE - Tél. : 03 44 81 70 56

Oise

Picardie

MELLO

▮▮▮ 1 ch. **Chantilly 13 km.** 1 chambre (1 lit 2 pers.), salle de bains/wc. Salon attenant à la chambre. Propriétaire d'un magasin d'antiquité, Christelle Goffaux vous fera partager sa passion dans cette maison pleine de charme.

Prix : 1 pers. **43 €** 2 pers. **49 €**
Ouvert : Toute l'année.

🐕	🏊	🎾	⛳	🐎	⛺	🚂	🚗
	6	6	13	13	SP	6	SP

Christelle GOFFAUX - 1 Grande Rue - 60600 MELLO - Tél. : 03 44 26 17 17

MONTREUIL-SUR-BRECHE (TH)

▮▮▮ 4 ch. 4 chambres d'hôtes aménagées dans un bâtiment annexe. 1 chambre (1 lit 2 pers.) au rez-de-chaussée : accès facilité pour les personnes handicapées accompagnées. 3 chambres à l'étage (4 lits 1 pers. 1 lit 2 pers. + 1 convertible). Salles d'eau et wc privés. Kitchenette. Salon à disposition. TV dans les chambres. Barbecue. Dans une authentique grange à colombages de 1849, entièrement restaurée à l'ancienne, Annie Fremeaux, vous accueillera et pourra vous servir sur réservation une cuisine conviviale à base de produits du terroir. Tarifs dégressif (- 30 %) à partir de la 2ᵉ nuit.

Prix : 1 pers. **29 €** 2 pers. **35 €** 3 pers. **43 €** pers. sup. **8 €** repas **12 €**
Ouvert : Toute l'année.

🐕	🎾	🏊	🚂	🚗
	2	15	10	2

Annie FREMAUX - La Ferme des 3 Bouleaux - 154 rue de Clermont - 60480 MONTREUIL-SUR-BRECHE - Tél. : 03 44 80 44 85 - Fax : 03 44 80 08 52

NEUILLY-EN-THELLE (TH)

▮▮ 4 ch. 4 chambres aménagées au 1ᵉʳ étage de la maison des propriétaires, 2 ch. (1 lit 2 pers.), 2 ch. (1 lit 2 pers. 1 lit 1 pers.), salle d'eau/wc particuliers.

Prix : 1 pers. **30 €** 2 pers. **41 €** 3 pers. **51 €** repas **15 €**
Ouvert : Toute l'année.

🐕	🏊	🎾	⛳	🐎	🚂	🚗
	8	SP	20	SP	10	10	SP

Jean-François FAVIER - 16 Hameau de Belle - 60530 NEUILLY-EN-THELLE - Tél. : 03 44 26 71 12 - Fax : 03 44 74 91 29

ONS-EN-BRAY

▮▮ 3 ch. **Beauvais 13 km.** 3 chambres aménagées au 1ᵉʳ étage de la maison des propriétaires dans un charmant village, où vous serez accueillis chaleureusement par Agnès et Bernard Villette. 3 chambres (3 lits 2 pers.), salle d'eau/wc particuliers. Kitchenette à disposition. Possibilité de lit d'enfants.

Prix : 1 pers. **30 €** 2 pers. **36 €**
Ouvert : Toute l'année.

🐕	🏊	🎾	⛳	🐎	⛺	🌲
	13	SP	SP	SP	SP	10

Bernard et Agnès VILLETTE - 150 place Doffoy Vasseur - 60650 ONS-EN-BRAY - Tél. : 03 44 81 80 67 - Fax : 03 44 81 80 68

ORROUY (TH)

▮▮▮ 4 ch. 4 chambres aménagées dans une ferme : 1 ch. avec accès facilité pour les personnes handicapées accompagnées (1 lit 2 pers.), salle d'eau et bains/wc. 3 chambres à l'étage (3 lits 2 pers. 1 lit 1 pers.), TV. Salle d'eau/wc particuliers. Possibilité de repas végétarien. Boisson non comprise.

Prix : 1 pers. **38 €** 2 pers. **45 €** 3 pers. **52 €** pers. sup. **95 €** repas **13 €**
Ouvert : Toute l'année.

🐕	🏊	🎾	⛳	🐎	🚂	🚗
	13	7	10	SP	7	7

Daniel et Germaine GAGE - 64 rue de la Forêt - 60129 ORROUY - Tél. : 03 44 88 60 41 - Fax : 03 44 88 92 09

PARNES

▮▮▮ 1 ch. Chambre familiale aménagée au 1ᵉʳ étage d'une maison au XVIIᵉ siècle dans un village typique du Vexin. Jardin d'agrément au bord d'un petit ruisseau. 1 chambre familiale, 1 lit 2 pers. avec chambre d'enfants 2 lits 1 pers. salle de bains/wc. Langues parlées : anglais, espagnol.

Prix : 1 pers. **76 €** 2 pers. **91 €** 3 pers. **105 €** pers. sup. **15 €**
Ouvert : Toute l'année.

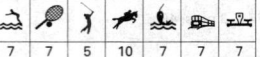

🐕	🏊	🎾	⛳	🐎	🚂	🚗
	7	7	5	10	7	7

MISAK - 3, rue Arsène Sarazin - 60240 PARNES - Tél. : 03 44 49 26 25

Picardie — Oise

PLAILLY

5 ch. 3 ch. (1 lit 2 pers. chacune dont une avec 1 lit 1 pers.). 2 ch. communicantes (1 lit 2 pers. 2 lits 1 pers.). Salle à manger avec boiseries et cheminée d'époque. Grand parc. Bibliothèque. Jeux, salon de jardin. Salle d'eau/wc particuliers. TV dans chaque chambre. Dans cette charmante maison bourgeoise du XIX°, proche du parc Astérix, Evelyne et patrice vous accueilleront et vous proposeront 5 chambres dont 1 suite, superbement aménagées.

Prix : 1 pers. **40** € 2 pers. **50** € 3 pers. **60** € pers. sup. **10** €
Ouvert : Toute l'année.

	10	SP	10	SP	SP	SP	10	SP

Evelyne et Patrice GUERIN - 19 rue du Docteur Laporte - 60128 PLAILLY - Tél. : 03 44 54 72 77 - Fax : 03 44 54 39 75 -
E-mail : gercom@wanadoo.fr

PONTPOINT

1 ch. 1 chambre aménagée au rez-de-chaussée d'un bâtiment annexe (1 lit 2 pers.), salle d'eau et wc particuliers. Séjour réservé aux hôtes avec coin-jardin indépendant. Lit supplémentaire possible. Chambres aménagées dans une ancienne grange entièrement rénovée et indépendante de la maison des propriétaires. Entrée, jardin et parking privatif.

Prix : 1 pers. **38** € 2 pers. **46** €
Ouvert : Toute l'année.

	8	SP	10	SP	SP	14	SP	2	2

Roger LE FLOCHMOAN - 50 rue du Gaudin - 60700 PONTPOINT - Tél. : 03 44 70 03 98 - Fax : 03 44 70 03 98

PUITS-LA-VALLEE (TH)

3 ch. Dans une belle maison bourgeoise, avec vue sur son parc et sa faisanderie, 3 ch. d'hôtes (1 lit 2 pers.), coin-salon avec convertible dans 2 chambres. Salle de bains et wc particuliers. TV sur demande. Grand séjour. Poss. table d'hôtes boissons non comprises. Table d'hôtes sur réservation. Visite possible de la faisanderie.

Prix : 2 pers. **42/70** € 3 pers. **58** € pers. sup. **8** € repas **16** €
Ouvert : Toute l'année.

	25	5	10	25	5

Catherine et Philippe DUMETZ - 8 rue du Château - 60480 PUITS-LA-VALLEE - Tél. : 03 44 80 70 29 - Fax : 03 44 80 55 52

REILLY

2 ch. Parc de loisirs 8 km. Giverny 30 km. 2 chambres d'hôtes (1 lit 2 pers. 2 lits 1 pers.) avec salle d'eau et wc particuliers aménagées au 1er étage d'un gîte rural avec accès extérieur indépendant. Cuisine à disposition. Salon de jardin et jardin commun au gîte.

Prix : 1 pers. **40** € 2 pers. **45** €
Ouvert : Toute l'année.

	4	4	4	5	SP	6	4

Mme GARACOTCHE - COMMUNE DE REILLY - Mairie - 60240 REILLY - Tél. : 03 44 49 17 80

REILLY

2 ch. Cergy-Pontoise 30 km. Chaumont-en-Vexin 4 km. Giverny 30 km. 2 chambres d'hôtes aménagées au 1er étage d'une extension reliée à la maison des propriétaires. 1 ch. (1 lit 2 pers.), 1 ch. (1 lit 1 pers.) salle d'eau et wc particuliers. Beau jardin d'hiver au r.d.c. (superbe vue à travers grandes baies vitrées). Cuisine avec bar aménagé. Grand jardin clos privatif, terrasse avec salon de jardin. Paris 60 km. Gisors 5 km Langues parlées : anglais, allemand.

Prix : 1 pers. **45** € 2 pers. **52** €
Ouvert : Toute l'année.

	4	2	4	4	SP	SP	4	4

Christiane JOURNEE - 2 Le Bois Hedouin - 60240 REILLY - Tél. : 03 44 49 03 34 - Fax : 03 44 49 03 34 -
E-mail : chjourne@club-internet.fr

REILLY (TH)

4 ch. Au cœur d'un village médiéval, classé « village que j'aime », Hilary et David, vous accueilleront chaleureusement dans un château du XIX°, entouré d'un parc de 12 ha. Décoration raffinée. 3 ch. (1 lit 2 pers.) avec salle de bains/wc. 1 suite (1 lit 2 pers. 2 lits 1 pers.) avec salle de bains/wc. Salon TV, chasse. Supplément pour animal : 4,57 €/nuit. Langues parlées : anglais, allemand.

Prix : 1 pers. **49** € 2 pers. **59/75** € 3 pers. **67** € pers. sup. **7** €
repas **18** €
Ouvert : Toute l'année.

	4	SP	4	SP	SP	5	5

David et Hilary GAUTHIER ET PEARSON - Château - 60240 REILLY - Tél. : 03 44 49 03 05 - Fax : 03 44 49 39 89

Oise   *Picardie*

SAVIGNIES

||| 4 ch.   4 ch. d'hôtes dans un bâtiment de la ferme : 3 ch. à l'étage (1 lit 2 pers. + lit enfant dans l'une, 1 lit 2 pers. + 1 lit 1 pers. dans les 2 autres), s. d'eau et wc particuliers. 1 ch. au r.d.c. (1 lit 2 pers.), s. d'eau et wc particuliers. Repas boissons comprises. Possibilité lit enfant. Tarif dégressif à partir de la 3e nuit. Langue parlée : anglais.

Prix : 1 pers. **30** € ◊ 2 pers. **38** € ◊ 3 pers. **39** € ◊ pers. sup. **9** €
repas **13** € ◊ 1/2 pens. **32** €

Ouvert : Toute l'année.

Annick et J-Claude LETURQUE - 14 rue du Four Jean Legros - 60650 SAVIGNIES - Tél. : 03 44 82 18 49 - Fax : 03 44 82 53 70 -
E-mail : ferme.Colombier@wanadoo.fr

SP	SP	3	10	SP	10	10

SENLIS

|| 2 ch.   **Parc Astérix 15 km. Disneyland 45 km.** 2 ch. d'hôtes aménagées au 1er étage de la maison des propriétaires (2 lits 1 pers. 1 lit 2 pers.), salle d'eau et wc particuliers. TV. Jardin, terrasse et véranda. A proximité d'un parc écologique avec plan d'eau et observation ornithologique. - 10 % à partir de la 2e nuit. Langues parlées : anglais, allemand.

Prix : 1 pers. **38** € ◊ 2 pers. **46** €

Ouvert : Toute l'année.

Andrée FRANQUE - Hameau de l'Ermitage - 19 rue Renoir - 60300 SENLIS - Tél. : 03 44 53 25 37 - Fax : 03 44 53 25 37

SP	SP	3	8	SP	10	10	SP

SERIFONTAINE

|| 5 ch.   5 chambres d'hôtes dont 4 à l'étage, aménagées dans un bâtiment annexe de la ferme. 3 ch. (1 lit 2 pers.), 2 ch. (2 lits 1 pers.), salle d'eau et wc particuliers. Séjour, cheminée et kitchenette à la disposition des hôtes.

Prix : 1 pers. **30** € ◊ 2 pers. **35** €

Ouvert : Toute l'année.

Claude et M-Annick BORGOO - 29 rue A. Barbier - 60590 SERIFONTAINE - Tél. : 03 44 84 80 26 - Fax : 03 44 84 90 90

15	SP	15	6	8	SP

ST-ARNOULT

||| 1 ch.   1 chambre d'hôtes 2 pers. aménagée à l'étage d'un ancien prieuré Cistercien construit à la fin du XVe s, restauré de manière authentique, avec salle d'eau et wc particuliers. Langues parlées : anglais, allemand, espagnol.

Prix : 1 pers. **66** € ◊ 2 pers. **69** € ◊ 3 pers. **85** €

Nelly ALGLAVE - Route de Sarens - 60220 ST-ARNOULT - Tél. : 03 44 46 07 34

10	2	10	11	8

ST-CREPIN-IBOUVILLERS Haillancourt

||| 5 ch.   **Paris 50 km.** Très belles chambres aménagées dans le prolongement de la maison des propriètaires. Vous y apprécierez particulièrement les petits déjeuners servis sous la véranda, la piscine couverte chauffée, le hammam et les VTT à disposition. TV dans les chambres. 3 ch. à l'étage (1 lit 2 pers.). 2 ch. au rez-de-chaussée (2 lits 1 pers.). Salle de bains et wc particuliers. Langue parlée : anglais.

Prix : 1 pers. **58** € ◊ 2 pers. **65** € ◊ repas **18** €

Ouvert : Toute l'année.

Marianne ROUSSEL GALL - 31, rue Gaston Hebert - 60149 ST-CREPIN-IBOUVILLERS - Tél. : 03 44 08 82 21

SP	5	2	5	5	3

ST-JEAN-AUX-BOIS

||| 3 ch.   2 ch. d'hôtes (1 lit 2 pers. 2 lits 1 pers.) + 1 ch. familiale composée de 2 ch. communicantes (1 lit 2 pers. 2 lits 1 pers.), aménagées dans un bâtiment annexe dans une charmante propriété en forêt de Compiègne. S. d'eau et wc particuliers pour les 2 ch. simples, s. d'eau commune pour la ch. familiale. Poss. lits jumeaux.

Prix : 1 pers. **45** € ◊ 2 pers. **54** € ◊ 3 pers. **69** €

Ouvert : Toute l'année.

Soizick LANGEVIN - 2 rue Parquet - 60350 ST-JEAN-AUX-BOIS - Tél. : 03 44 42 84 48

10	6	10	10	SP	10	6

ST-LEGER-EN-BRAY Domaine du Colombier

||| 3 ch.   3 ch. d'hôtes au 1er étage d'une grange rénovée en salle (4 lits 1 pers. 1 lit 2 pers.). Salles d'eau et wc particuliers. Parking dans la propriété de 4 ha. avec étang, colombier, rivière. Petits déjeuners servis au r.d.c. devant la cheminée. Dégustation de produits du terroir, panier pique-nique. Visite de Beauvais et du pays de Bray.

Prix : 1 pers. **41** € ◊ 2 pers. **60** € ◊ 3 pers. **80** €

Ouvert : Toute l'année.

8	3	12	12	SP	1	8	3

Aude MENARD - D981 - Domaine du Colombier - 60155 ST-LEGER-EN-BRAY - Tél. : 03 44 47 67 17 - Fax : 03 44 47 72 63 -
E-mail : ducolomb@club-internet.fr - www.cci.oise.fr/domaine

Picardie — Oise

ST-MAUR

1 ch. Conservatoire de la vie agricole de l'Oise 12 km. Beauvais 22 km. 1 chambre d'hôtes aménagée au 1er étage de la maison des propriétaires. 1 ch. (1 lit 2 pers. 1 lit bébé) avec salle d'eau et wc particuliers, accès indépendant. Parking dans la propriété. Possibilité de cuisiner. Marseille-en-Beauvaisis 5 km. Grandvilliers 6 km. Tarif week-end : 1 pers. : 39,64 €. 2 pers. : 48,78 €.

Prix : 1 pers. 25 € 2 pers. 29 €
Ouvert : Toute l'année.

6	6	6	5	6	5

Luc SMESSAERT - 38 rue de Feuquières - 60210 ST-MAUR - Tél. : 03 44 46 35 20

ST-PIERRE-ES-CHAMPS

1 ch. St-Germer-de-Ay 5 km. Charmante chambre aménagée dans un bâtiment annexe dans un village du Pays de Bray. 1 chambre (1 lit 2 pers.). Salle d'eau/wc particuliers. Terrasse. Possibilité de lit d'enfants.

Prix : 1 pers. 35 € 2 pers. 40 € pers. sup. 8 €
Ouvert : Toute l'année.

10	5

Alain LESUEUR - 4 rue Sainte-Hélène - 60850 ST-PIERRE-ES-CHAMPS - Tél. : 03 44 82 37 27

ST-QUENTIN-DES-PRES (TH)

5 ch. Forges-les-Eaux (Casino et jeux) 15 km. Beauvais 30 km. 5 ch. d'hôtes aménagées dans une ancienne ferme. 2 ch. (1 lit 2 pers. chacune), 1 ch. (1 lit 2 pers. 1 lit 1 pers.), 2 ch. (2 lits 1 pers.), 1 ch. (3 lits 1 pers.). Salles d'eau et wc particuliers. Parking et accès indépendants dans la propriété. Salle de détente avec TV et poss. TV dans les chambres. Tarif dégressif à partir de la 3e nuit. Visite de Gerberoy (village médiéval) 8 km. Gournay-en-Bray 4 km. Tarifs dégressifs dés la 2e nuit. Langues parlées : anglais, allemand.

Prix : 1 pers. 38 € 2 pers. 46 € 3 pers. 54 € repas 16 €
1/2 pens. 39 € pens. 52 €
Ouvert : Toute l'année.

4	4	15	6	4	7	4	4

Dominique SIMON - 1 rue des Cressonnières - 60380 ST-QUENTIN-DES-PRES - Tél. : 03 44 82 41 18

STE-GENEVIEVE (TH)

1 ch. Chambre aménagé dans un bâtiment annexe. 1 chambre en mezzanine avec 1 lit 2 pers. et salon avec cheminée au rez-de-chaussee. Salle d'eau/wc, TV, réfrigérateur à disposition.

Prix : 1 pers. 38 € 2 pers. 43 € repas 12 €
Ouvert : Toute l'année.

20	SP	20	SP

JACQUET - 18, rue de l'Eventail - 60730 STE-GENEVIEVE - Tél. : 03 44 08 85 24 ou 06 62 83 36 78

THIERS-SUR-THEVE

4 ch. Chantilly 10 km. Senlis 6 km. Ch. aménagées dans un ancien relais de chasse du XIXe s. en bordure de la forêt de Chantilly. 4 ch. dont 2 communiquantes (2 lits 2 pers.), 2 ch. (1 lit 2 pers.), 1 ch. (1 lit 2 pers. 1 lit 1 pers.), salle d'eau ou bain/wc particuliers. TV dans chaque chambre. Salon avec cheminée et bibliothèque.

Prix : 1 pers. 43 € 2 pers. 54 € 3 pers. 65 € pers. sup. 12 €
Ouvert : Toute l'année.

6	6	10	6	6	2	SP	6

Sophie TREVAUX - 2 rue Mortefontaine - 60520 THIERS-SUR-THEVE - Tél. : 03 44 54 98 43 - Fax : 03 44 54 14 38

TRIE-CHATEAU

2 ch. 2 chambres d'hôtes aménagées au 1er étage d'une maison située dans un village. 2 chambres communicantes (1 lit 2 pers. et 2 lits 1 pers.) ne pouvant être louées séparément. Salle d'eau et wc privés. Salle de séjour à disposition. Jardin, parking. Rivière 500 m. Produits fermiers, restaurant 500 m. Le lundi : accueil impératif avant 19h00.

Prix : 1 pers. 32 € 2 pers. 42 € 3 pers. 58 €
Ouvert : Toute l'année.

5	5	0,5	0,5	3	SP

Marc et Laure THIBAUDAT - 52 rue Nationale - 60590 TRIE-CHATEAU - Tél. : 03 44 49 72 17

TRIE-LA-VILLE Ferme des 4 Vents (TH)

5 ch. 3 chambres dont 2 à l'étage et 1 en rez-de-chaussée, aménagées dans un bâtiment de ferme, (1 lit 2 pers.), (1 lit 2 pers.), (2 lits 1 pers.). Salle d'eau/wc particuliers. Séjour avec TV. 2 chambres au 1er étage dans un autre bâtiment annexe (3 lits 1 pers. 1 lit 2 pers.), salle d'eau et wc particuliers.

Prix : 1 pers. 34 € 2 pers. 37 € 3 pers. 55 € repas 14 €
Ouvert : Toute l'année.

5	5	5	5	5	5

Monique PIHAN - Ferme des 4 Vents - 14 rue des Hirondelles - 60240 TRIE-LA-VILLE - Tél. : 03 44 49 74 41 - Fax : 03 44 49 62 07

Oise *Picardie*

TRUMILLY

2 ch. 2 chambres d'hôtes aménagées au 1er étage de la maison des propriétaires (1 lit 2 pers. chacune), salle de bains et wc communs aux hôtes. TV et téléphone dans les chambres. Langue parlée : anglais.

Prix : 1 pers. **30** € 2 pers. **40** € 3 pers. **45** €

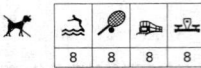

8	8	8	8

Karen GRIOT - 10 rue de Beaurain - 60800 TRUMILLY - Tél. : 03 44 59 13 60

VIGNEMONT   (TH)   C.M. 237 Pli 7

2 ch. 1 chambre (1 lit 2 pers.) au rez-de-chaussée avec salle de bains et wc privés. 1 chambre (1 lit 2 pers.) à l'étage avec salle d'eau et wc privés. Salle de séjour. Possibilité lit enfant et lit bébé. Belle propriété dans un grand parc. Table d'hôtes le soir sur réservation.

Prix : 1 pers. **26** € 2 pers. **36** € repas **13** € 1/2 pens. **31** €

12	5	12	5	5

Michel et Rosine BOITEL - 118 rue Grand Martin - 60162 VIGNEMONT - Tél. : 03 44 42 51 89

VILLERS-SUR-COUDUN   (TH)

1 ch. **Compiègne 9 km.** Grande chambre aménagée avec harmonie, aménagée dans un bâtiment annexe. Jardin arboré. 1 grande chambre 1 lit 2 pers. en rez-de-chaussée avec mezzanine (1 lit 2 pers.) salle d'eau/wc.

Prix : 1 pers. **44** € 2 pers. **54** € 3 pers. **63** € pers. sup. **9** € repas **15** €

Ouvert : Toute l'année.

9	SP	9	SP	3	SP	9	3

Michèle et Christian TROUILLET - La Michelière - 1 rue de la Nacelle - 60150 VILLERS-SUR-COUDUN - Tél. : 03 44 76 57 20

Somme

GITES DE FRANCE
C.D.T. - 21, rue Ernest-Cauvin - 80000 AMIENS
Tél. 03 22 71 22 71 - Fax 03 22 71 22 69
E-mail : accueil@somme-tourisme.com - www.somme-tourisme.com

AILLY-SUR-NOYE Berny-Sur-Noye   (TH)   C.M. 236 Pli 34

3 ch. **Ailly-sur-Noye 1,5 km. Amiens 20 km.** Dans le village, près de l'église, 3 ch. indép. dans un ancien bâtiment agricole rénové à côté de l'habitation des propriétaires. 1 ch. (1 lit 2 pers. 1 lit 1 pers.), 1 ch. (3 lits 1 pers. poss. 2 lits 1 pers. en mezzanine), 1 ch. (2 lits 1 pers. 2 lits 1 pers. en mezzanine), chacune avec s. d'eau et wc. Poss. lit supplémentaire. Accès par escalier extérieur en bois, terrasse couverte. Parking. Petit-déjeuner dans salle de séjour réservée aux hôtes avec tv. Poss. cuisine. Sentiers de randonnées, circuits balisés, son et lumière d'Ailly-sur-Noye fin août-début sept. Réduction 25 % à partir de la 3e nuit. TH sur réservation.

Prix : 1 pers. **32** € 2 pers. **44** € pers. sup. **16** € repas **16** €

Ouvert : Toute l'année.

1	12	SP	5	SP	SP	1,5	1,5

Marc MONSIGNY - 3 rue de l'Eglise - Berny - 80250 AILLY-SUR-NOYE - Tél. : 03 22 41 07 31 ou 06 10 81 23 78 -
E-mail : chevalnoir@ifrance.com

ARGOULES   (TH)   C.M. 236 Pli 12

4 ch. Au r.d.c. d'un bâtiment jouxtant l'habitation des propriétaires, 1 ch. 2 épis (1 lit 2 pers.), s.d.b. et wc privés. 1er ét. (accès direct) : 1 ch. 2 épis (1 lit 2 pers.) dans l'habitation avec s. d'eau, wc privés non attenants à la ch. (poss. lit suppl.). 1 ch. 3 épis au r.d.c. dans dépendances avec poss. utilisation en studio (2 lits 1 pers. 1 convert. 2 pers.). Coin-cuisine, cheminée, s.d.b. et wc privés. 1 ch. 3 épis (1 lit 2 pers.), poss. studio, s. d'eau, wc, salon et coin-cuisine. Animaux admis (4 €). Poss. cuisine. TH sur demande. Parking, jardin, bicyclettes. Piscine découverte privée. Restaurant 1 km. Etang privé (pêche). Abbaye et jardins de Valloires. Langue parlée : anglais.

Prix : 1 pers. **28/31** € 2 pers. **39/43** € 3 pers. **55** € pers. sup. **13** € repas **16** €

Ouvert : Toute l'année.

20	10	SP	SP	15	15	10	10	20	6

Jacques BAYART - 23, Grande Rue - 80120 ARGOULES - Tél. : 03 22 23 91 23 - Fax : 03 22 29 29 62

Picardie **Somme**

ARGOULES Valloires
C.M. 236 Pli 12

3 ch. **Jardins et Abbaye de Valloires sur place.** A l'étage d'une maison organisée autour d'un patio central (3 ch. et 1 suite toutes avec coin salon. 1 ch. (1 lit 2 pes.), s.d.b./wc indép. 1 ch. (2 lits jumeaux 1 pers.), s.d.b./wc indép.1 ch.(1 lit 160 au r.d.c.+ 2 lits 1 pers. en mezzanine), s.d.b./wc. 1 suite de 2 ch. (lit électrique 2 pers., et 2 lits 1 pers.), s.d.b./wc indép. Poss. petits-déjeuners. Parking fermé dans propriété. Garage fermé sur demande. Poss. hébergement chevaux en box ou en pâture, travail en carrière... VTC à dispo., promenades dans le parc. Poss. pêche étang ou rivière. Face à l'Abbaye de Valloires, au cœur d'un parc de 15 ha., comprenant bois, peupleraie, prairies... Langue parlée : anglais.

Prix : 1 pers. 60 € 2 pers. 74 € 3 pers. 86 € pers. sup. 14 €
Ouvert : Toute l'année.

25	10	20	SP	SP	7	SP	5	20	5

Michelle HARFAUX - La Vallée Saint-Pierre - Chemin des Moines-Valloires - 80120 ARGOULES - Tél. : 03 22 29 86 41 - Fax : 03 22 29 86 48 - E-mail : michele@vallee-st-pierre.com - www.vallee-st-pierre.com

ARRY
C.M. 236 Pli 12

2 ch. 2 chambres d'hôtes à l'étage de la maison des propriétaires. 1 chambre (1 lit 2 pers. 1 lit bébé). 1 chambre (1 lit 1 pers. 1 lit 2 pers. Poss. lit suppl.). Salle d'eau et wc communs au rez-de-chaussée. Salle de séjour à la disposition des hôtes. Restaurant 4 km. Parc ornithologique du Marquenterre. Enfant gratuit jusqu'à 3 ans. Réduction à partir de la 4e nuit. A proximité de la RN1 et sur le CD938 (Rue-Crécy), la maison est située dans le village, à l'écart de la route principale.

Prix : 1 pers. 23 € 2 pers. 28 € 3 pers. 32 €
Ouvert : Toute l'année.

12	4	15	10	4	10	12	4	4

Robert LENNE - 2 rue de l'Eglise - 80120 ARRY - Tél. : 03 22 25 02 33

ASSAINVILLERS (TH)
C.M. 236 Pli 35

2 ch. Au 1er étage d'une maison bourgeoise, 1 ch. (1 lit 2 pers.), salle d'eau et wc privés. 1 suite de 2 ch. avec chacune (1 lit 2 pers.), salle d'eau et wc privés à la suite. Salle de repassage. Salon avec TV et bibliothèque. Terrasse, jardin, salon de jardin. Restaurant 4 km. Table d'hôtes sur demande. Boissons comprises dans le prix repas. Langues parlées : anglais, italien, grec.

Prix : 1 pers. 24 € 2 pers. 32 € repas 12 €
Ouvert : Toute l'année.

4	4	4	4	SP	20	4	4

Colette ZOGAS - 2 rue du Calvaire - 80500 ASSAINVILLERS - Tél. : 03 22 78 20 76

AULT Hautebut (TH)
C.M. 236 Pli 12

1 ch. **Ault 4 km. Cayeux 9 km.** 1 ch. d'hôtes (1 lit 2 pers. 1 lit 1 pers. poss. lit d'appoint 1 pers.), à l'étage de l'habitation des propriétaires, avec s.d.b. et wc privés, TV dans la ch. Grand jardin, salon de jardin. Petit train touristique de la Baie de Somme. Table d'hôtes sur réservation. Animaux sous réserve. A l'écart de la D940 (Saint-Valery-sur-Somme/Ault), dans le hâble d'Ault (très calme). Langues parlées : anglais, italien.

Prix : 1 pers. 38 € 2 pers. 46 € 3 pers. 56 € pers. sup. 11 € repas 15 €
Ouvert : Toute l'année.

2	12	8	SP	6	4	SP	12	4

Mme ZUCCHERI - Hautebut - La Catouillette - 80460 AULT - Tél. : 03 22 60 51 02 - Fax : 03 22 60 51 25 - E-mail : augustozuccheri@aol.com

BAVELINCOURT
C.M. 236 Pli 24

1 ch. dans une grande maison bourgeoise au r.d.c., avec accès direct à la cour : 1 ch. 1 lit 2 pers., 2 lits jumeaux, salle de bain et wc privés. Salle à manger, tv, parc. Terrain, parking. Aire de jeux à la disposition des hôtes. Restaurant 5 km. Proximité du circuit du Souvenir. Gratuit pour les enfants jusque 5 ans. Réduction à partir de la 4e nuit. Langue parlée : anglais.

Prix : 1 pers. 25 € 2 pers. 50 € 3 pers. 55 €
Ouvert : Du 1er avril au 30 novembre.

12	6	2	6	SP	8	12	7

Noel VALENGIN - 15, grande rue Les Aulnaies - 80260 BAVELINCOURT - Tél. : 03 22 40 51 51

BEAUCOURT-EN-SANTERRE
C.M. 236 Pli 35

2 ch. **Moreuil 7 km.** 2 chambres d'hôtes (1 lit 2 pers. chacune), 1 avec s.d.b. et wc privés et une avec s. d'eau et wc privés aménagées à l'étage d'une maison en briques. Dans le village situé à proximité de la D934 (Amiens-Roye) séjour à disposition des hôtes. Parking fermé dans la propriété. Jardin, salon de jardin. Table d'hôtes uniquement sur demande.

Prix : 1 pers. 34 € 2 pers. 43 €
Ouvert : Du 3 janvier au 12 décembre.

18	10	5	10	10	10	10

Colette et Jean-Marc ROISIN - 18 Grande Rue - 80110 BEAUCOURT-EN-SANTERRE - Tél. : 03 22 94 35 63 - Fax : 03 22 94 35 63

1249

Somme
Picardie

BEAUQUESNE
C.M. 236 Pli 24

3 ch. **Village médiéval de Lucheux 12 km. Vallée de l'Authie 6 km.** A l'ét. de l'habitation de la prop., 1 suite de 2 ch. non communicantes (1 lit 2 pers. 2 lits 1 pers.), s.d.b. privée à la suite. 1 ch. (1 lit 2 pers.), 1 ch. (1 lit 2 pers. 1 lit 1 pers.), chacune avec douche et lavabo. WC communs. Coin-cuisine. Bibliothèque. Séjour et santé au r.d.c. Poss. lits enfants. Parking clos, jardin avec salon. Près de l'église, dans une grande maison bourgeoise. Doullens, sa citadelle et la salle du commandement unique.

Prix : 1 pers. 23 € 2 pers. 33 € pers. sup. 11 €
Ouvert : Toute l'année.

15	10	SP	SP	22	25	9	

Francine EVRARD - Place Lucien Allart - 80600 BEAUQUESNE - Tél. : 03 22 32 85 44

BEHEN
(TH) *C.M. 52 Pli 6*

6 ch. **Baie de Somme, Saint-Valery-sur-Somme 19 km. Abbeville 10 km.** A proximité de la D928, dans la région du Vimeu Vert, le château de Béhen construit aux XVIII° et XIX° siècles est une demeure familiale, dans un parc de 5 ha. 4 ch. et 2 suites, chacune avec prise tv, téléphone, s.d.b wc privés. Salon, salle de réception du XVIII°. Equitation et VTT sur place. GR125 en limite de la propriété. Possibilité de table d'hôtes. Ping pong, possibilité hébergement chevaux. Langue parlée : anglais.

Prix : 1 pers. 74/104 € 2 pers. 84/114 € 3 pers. 99/134 € pers. sup. 20 € repas 16 €
Ouvert : Toute l'année.

20	SP	12	SP	12	SP	10	10

Famille CUVELIER - Château de Béhen - 8 rue du Château - 80870 BEHEN - Tél. : 03 22 31 58 30 - Fax : 03 22 31 58 39 -
E-mail : norbert-andre@cuvelier.com - www.cuvelier.com

BEHEN Les Alleux
(TH) *C.M. 236 Pli 22*

2 ch. **Côte Picarde et baie de Somme 25 km. Abbeville 12 km. Blangy 15 km.** Dans les communs attenants, 1 suite familiale 4 pers. Studio (1 lit 2 pers.), coin-cuisine. S.d.b. ou s. d'eau et wc privés dans chaque ch. Poss. lit enfant. Poss. babysitting. Réduction à partir de la 2° nuitée. Repas enfant 10 €. Tarif 4 pers. 90 €. D928 à moins d'1 km. Dans la région du Vimeu vert, château XVIIe/XVIII°, au milieu d'un grand parc. Restaurant 12 km. Poss. promenades poneys, vélos. Table d'hôtes en commun le soir uniquement, sur réservation. Langues parlées : anglais, espagnol.

Prix : 1 pers. 40 € 2 pers. 50 € pers. sup. 15 € repas 20 €
Ouvert : Toute l'année.

25	12	8	10	12	12

René-François DE FONTANGES - Château des Alleux - 80870 BEHEN - Tél. : 03 22 31 64 88 - Fax : 03 22 31 64 88

BELLANCOURT
C.M. 236 Pli 22

2 ch. **Baie de Somme 20 km. Abbeville 5 km.** A l'entrée du village situé à l'écart de la N1 (Amiens/Abbeville), 2 chambres d'hôtes 1 ch. (1 lit 2 pers.), frigo, micro ondes, TV, salle d'eau et wc privés et 1 ch. (1 lit 2 pers. 1 lit 1 pers.), TV, s. d'eau et wc privés aménagées à l'étage d'une maison de construction récente. Poss. lit d'appoint et lit bébé. Tarif 4 pers. : 64 €. Parking dans la propriété. Terrasse, salon de jardin. Location de vélo. Autoroute A16 sortie n°22 à proximité. Langues parlées : anglais, allemand.

Prix : 1 pers. 34 € 2 pers. 43 € 3 pers. 53 € pers. sup. 11 €
Ouvert : Toute l'année.

20	8	5	3	SP	SP	8	5	5

Mme MARTIN-LAMBERT - 3 rue de Pont-Rémy - 80132 BELLANCOURT - Tél. : 03 22 31 72 63 - Fax : 03 22 19 07 19

BELLOY-SUR-SOMME
C.M. 236 Pli 23

3 ch. **Amiens (cathédrale, hortillonnages) 16 km.** A la sortie du village, sur la route principale, 3 ch. d'hôtes sont aménagées à l'ét. : 1 ch. (1 lit 160, salle d'eau/wc indép.), 1 ch. (1 lit 2 pers.), s.d.b./wc indép.), 1 suite 2 pers. (salon), 1 ch. (1 lit 2 pers.), salle d'eau/wc indép. Séjour/salon à usage des hôtes (billard). Jardin clos avec terrasse, salon de jardin, transats, parking fermé. Animaux admis sous réserve. Langues parlées : anglais, espagnol.

Prix : 1 pers. 41 € 2 pers. 49 € pers. sup. 13 €
Ouvert : Toute l'année.

20	20	20	SP	SP	2	2

WILBERT - 29, rue Ch. de Gaulle - 80310 BELLOY-SUR-SOMME - Tél. : 03 22 51 41 05 - Fax : 03 22 51 25 14

BERNAY-EN-PONTHIEU La Bucaille
C.M. 236 Pli 11

4 ch. **Forêt domaniale de Crécy-en-Ponthieu 1 km.** Dans une exploitation agricole, 4 ch.d'hôtes chacune avec 1 lit 2 pers. et 2 lits en mezzanine sont aménagées à l'ét. d'un bâtiment en briques et pierres blanches, à proximité de l'habitation des propriétaires : 2 ch. équipées d'une s.d.b./wc, 2 ch. ont une salle d'eau/wc. Séjour/salon avec cuisine et sanitaire au r.d.c. à disposition des hôtes. Au lieu-dit « La Bucaille » proche de la sortie de l'autoroute A16. Terrasse, salon de jardin, barbecue. Poss. utilisation en gîte de séjour. Langue parlée : anglais.

Prix : 1 pers. 52 € 2 pers. 52 € 3 pers. 67 €
Ouvert : Toute l'année.

15	1	21	10	6	6	1	9	6	6

SARL BELLEVUE - Julie CHUFFART - 121, rue de Bellevue - La Bucaille - 80120 BERNAY-EN-PONTHIEU - Tél. : 03 22 29 92 55 -
Fax : 03 22 29 44 68 - E-mail : julie.chuffart@ferme-bellevue.fr - www.ferme.bellevue.fr

Picardie — Somme

BETHENCOURT-SUR-MER (TH)   *C.M. 236*

2 ch. **Ault 5 km.** 1 ch. 2 épis (1 lit 2 pers. 1 lit 1 pers.) avec salle de bains et wc privés + 1 ch. 1 épi (1 lit 2 pers.), salle de bains commune, Salon réservé aux hôtes (accès indépendant possible). Poss. lit suppl., lit enfant, lit bébé. Jardin, salon de jardin, parking privé. Table d'hôtes sur réservation. Au cœur du village, dans la rue principale, à l'étage de la maison de la propriétaire.

Prix : 1 pers. **31/39 €** 2 pers. **36/43 €** 3 pers. **51/58 €** pers. sup. **16 €** repas **15 €**
Ouvert : Toute l'année.

4	8	3	6	3	3	8	5	4	

Emmanuelle DE RAMECOURT - Rue des Canaux - 80130 BETHENCOURT-SUR-MER - Tél. : 03 22 30 70 64 ou 06 81 59 67 17 - Fax : 03 22 30 70 64

BOISMONT Moulin de Bretel   *C.M. 236 Pli 22*

3 ch. 3 chambres d'hôtes aménagées au 1er étage de l'habitation des propriétaires avec accès indépendant. 1 ch. (1 lit 2 pers. 1 lit 1 pers.), 1 ch. (2 lits 1 pers. ou 1 lit 180), salle d'eau et wc privés pour chacune. 1 ch. (1 lit 2 pers.), salle de bains et wc privés. Salle pour petit déjeuner réservée aux hôtes. Salon de jardin. Chambres situées hors du village, en direction de Mons-Boubert. Taxe de séjour. Restaurant 5 km.

Prix : 1 pers. **28 €** 2 pers. **35 €** 3 pers. **46 €**
Ouvert : Du 1er mars au 30 novembre.

5	14	5	5	5	5	5	SP	9	10	5

Daniel LENNE - Moulin de Bretel - 80230 BOISMONT - Tél. : 03 22 31 44 54 - Fax : 03 22 31 15 14

BOUVAINCOURT-SUR-BRESLE

1 ch. 1 ch. d'hôtes avec accès indépendant à l'étage de la maison des propriétaires (1 lit 2 pers.) avec coin-salon, salle de bains et wc privés. Poss. lit d'appoint. Plan d'eau et sports nautiques dans le village. Restaurant 7 km. Dans la vallée de la Bresle, à l'orée de la forêt d'Eu et des plans d'eau, sur une exploitation agricole à prox. du village. Près de la D1015.

Prix : 1 pers. **31 €** 2 pers. **46 €** 3 pers. **61 €**
Ouvert : Toute l'année.

8	1	8	SP	3	SP	SP	6	6

Mme DELEERSNYDER - 3 bis, rue Georges Pillot - 80220 BOUVAINCOURT/BRESLE - Tél. : 03 22 30 96 24 - Fax : 03 22 30 96 24

BOVES   *C.M. 236 Pli 24*

1 ch. **Amiens (cathédrale, hortillonages...) 15 km.** Grande ch. d'hôtes dans les dépendances d'une grande propriété de 5800 m² : 1 lit 2 pers, 1 lit d'appoint 1 pers, salle d'eau/wc privés. Grande baie vitrée donnant sur un jardin paysager, étang. Salon de jardin. Parking fermé (portail éléctrique), abri couvert. Restaurant dans le village (sauf dimanche soir). Dans un village, en bordure de la D935 (Amiens-Montdidier). Langue parlée : anglais.

Prix : 1 pers. **50 €** 2 pers. **60 €** pers. sup. **12 €**
Ouvert : D'avril à octobre inclus.

2	9	5	2	SP	2	8	3	3

DELCAMBRE - 3, rue des déportés - La Bergerie - 80440 BOVES - Tél. : 03 22 09 30 75 - Fax : 03 22 09 30 75

BUSSY-LES-POIX (TH)   *C.M. 236*

4 ch. **Poix-de-Picardie 6 km.** 1 ch. 2 épis (1 lit 2 pers.), s. d'eau et wc privés, aménagée au r.d.c. d'une ancienne ferme picarde restaurée. Salon bibliothèque à la disposition des hôtes. 3 ch. 3 épis à l'étage : 1 ch. (1 lit 160, 1 lit 1 pers.), 1 ch. (2 lits 1 pers.), 1 ch. (1 lit 2 pers. 1 lit 1 pers.), toutes avec s. d'eau et wc privés. Jardin, salon de jardin. Table d'hôtes sur réservation. Poss. lit appoint, beau jardin d'agrément. Animaux admis sous réserve. Parking dans la propriété. Dans le village, non loin de la N29 (Amiens-Rouen). En venant de l'A16 sortie n°18 dir Poix. En venant de Poix, prendre dir. Croixrault puis Bussy-lès-Poix. Langue parlée : anglais.

Prix : 1 pers. **35 €** 2 pers. **40 €** 3 pers. **46 €** repas **13 €**
Ouvert : Toute l'année.

SP	6	6	10	6	SP	28	6	6

Françoise GUERIN - 1 rue de l'Eglise - 80290 BUSSY-LES-POIX - Tél. : 03 22 90 06 73

CANDAS   *C.M. 236 Pli 24*

1 ch. Dans un cadre verdoyant, 1 suite de 2 chambres d'hôtes à l'étage : 1 ch. (1 lit 2 pers.), 1 ch. (3 lits 1 pers.), avec salle de bains et wc privés. Salle de séjour à la disposition des hôtes. Jardin d'agrément. Parking. Balançoire. Barbecue. Restaurant 2 km. Possibilité lit enfant et lit d'appoint. Réduction à partir de la 3e nuitée. A 8 km de la RN16 (Doullens-Amiens) et à 3 km de la CD925 (Doullens-Abbeville), sur la D31.

Prix : 1 pers. **23 €** 2 pers. **31 €** 3 pers. **40 €** pers. sup. **13 €**
Ouvert : Toute l'année.

SP	9	9	SP	27	SP

Lysiane VAST - 103 rue de la Gare - 80750 CANDAS - Tél. : 03 22 32 03 25

Somme — *Picardie*

CAOURS
C.M. 236 Pli 22

5 ch. **Abbaye de Saint-Riquier 4 km.** Face à l'habitation des propriétaires, dans bâtiment rénové. 5 ch. au r.d.c. avec accès direct au jardin donnant sur une rivière. 3 ch. (1 lit 2 pers. 1 lit 1 pers. chacune), 1 ch. (1 lit 2 pers. 2 lits 1 pers.), s.d.b. ou s. d'eau et wc privés et 1 ch. (1 lit 2 pers.), salle de bains et wc privés. Kitchenette dans une chambre (8 €/nuitée si utilisation du studio). Séjour/coin-cuisine à la disposition des hôtes. Animaux admis (3 €/nuit). Location VTT sur place et hébergement chevaux sur place. Croquet, tennis de table, basket, piscine couverte privée à disposition. Restaurant et tennis dans le village. Langues parlées : anglais, allemand.

Prix : 1 pers. 39 € 2 pers. 54 € 3 pers. 69 € pers. sup. 15 €
Ouvert : Toute l'année.

	🐕	≋	🌳	🏊	🎾	🏃	🏇	🚌	🚉
	20	18	SP	SP	5	SP	SP	12	5	4

Marc et Hélène DE LAMARLIERE - 2 rue de la Ferme - La Rivièrette - 80132 CAOURS - Tél. : 03 22 24 77 49 - Fax : 03 22 24 76 97 -
E-mail : DE.LAMARLIERE@wanadoo.fr

CARREPUIS
C.M. 236 Pli 35

4 ch. **Roye 2 km.** A l'étage du Manoir : 1 ch. (1 lit 2 pers.), s.d.b., wc et 1 ch. (1 lit 2 pers.), s. d'eau avec douche à jets et wc. utilisation en suite (coin-salon avec convertible et s. d'eau avec douche à jets et wc) et à l'étage d'une dépendance mitoyenne à 3 gîtes ruraux. 1 ch. (1 lit 2 pers.), 1 ch. (2 lits 2 pers. dont 1 en mezz.), chacune avec s. d'eau et wc. Petits déjeuners dans maison des propriétaires. Parc arboré, fleuri 25000 m² avec tennis, terrain de pétanque, aire de jeux enfants, salons de jardin, barbecues, garages fermés. Chevaux et poneys, randonnées équestres, escrime, tir. TH sur réservation. Traif 4 pers. : 71 €. Langues parlées : anglais, italien.

Prix : 1 pers. 40 € 2 pers. 46 € 3 pers. 55 € pers. sup. 13 €
Ouvert : Toute l'année.

	🐕	≋	🌳	🏊	🎾	🏃	🏇	🚌	🚉
	20	1	2	SP	SP	4	13	2

France MATHIEU - Le Manoir Roses de Picardie - 16 Grande Rue - 80700 CARREPUIS - Tél. : 03 22 87 84 84 - Fax : 03 22 87 83 83

CAYEUX-SUR-MER La Molliere
C.M. 236 Pli 21

2 ch. **Parc du Marquenterre 30 km.** Dans une maison entourée d'un grand jardin fleuri clos, 1 ch. à l'étage (1 lit 2 pers. 1 lit 1 pers.), s. d'eau et wc privés. Dans une dépendance, avec accès direct dans le jardin, 1 ch. familiale avec au r.d.c. (1 lit 2 pers.), s. d'eau et wc privés et en mezzanine (2 lits 1 pers.). Taxe de séjour en supplément. Abri couvert pour vélos et motos, parking. Sur la côte Picarde, au hameau de la Mollière jouxtant la station balnéaire de Cayeux-sur-Mer, sur la D3 (Saint-Valery-sur-Somme/Cayeux). Plage et dunes à 1 km. Baie de Somme. Saint-Valery sur Somme. La Maison de l'Oiseau à proximité. Restaurant dans la station. Tarif 4 pers. : 70 €. Langues parlées : anglais, allemand.

Prix : 1 pers. 36 € 2 pers. 43 € 3 pers. 58 €
Ouvert : Toute l'année.

	🐕	≋	🌳	🏊	🎾	🏃	🏇	🚉
		SP	SP	12	3	3	SP	12	3

Eliane VAHE-PETIT - La Picardière - La Mollière - 465 rue Douville Maillefeu - 80410 CAYEUX-SUR-MER - Tél. : 03 22 26 63 93 -
Fax : 03 22 26 63 93

CAYEUX-SUR-MER
C.M. 236 Pli 21

4 ch. **Parc du Marquenterre 30 km. Maison de l'oiseau 5 km.** A l'étage d'une maison de construction récente avec accès indépendant. 4 chambres avec salles d'eau privées. wc communs. 3 chambres (1 lit 2 pers.). 1 chambre (2 lits 2 pers.). Séjour commun au rez-de-chaussée. Taxe de séjour en supplément. Tarif 4 pers. : 55 €. Sur la Côte Picarde, dans la station balnéaire de Cayeux sur mer. Plage à proximité immédiate. Baie de Somme. Saint-Valéry sur Somme. Restaurant dans la station. Parking. Langue parlée : anglais.

Prix : 1 pers. 31 € 2 pers. 38 € 3 pers. 49 €
Ouvert : De Pâques au 11 novembre.

	🐕	≋	🌳	🏊	🎾	🏃	🏇	🚌	🚉
		SP	SP	12	SP	SP	SP	12	15	SP

Thierry CREPIN - 8 bis, route des Canadiens - 80410 CAYEUX-SUR-MER - Tél. : 03 22 26 75 09

CAYEUX-SUR-MER-BRIGHTON Brighton
C.M. 236 Pli 21

3 ch. **Maison de l'oiseau à Lanchères 5 km.** Dans une grande maison, au 2ᵉ ét. avec ascenseur. 1 suite de 2 ch. : la ch. jaune (balcon : vue sur la mer et le phare), la ch. empire, chacune avec 1 lit 2 pers., s.d.b./wc, et 2 ch. communicantes avec vues sur le jardin et cheminées en service : la ch. bleue (1 lit 2 pers.), 1 lit 1 pers., tél., prise tv, balcon...) communicante avec 1 ch (1 lit 2 pers.), s.d.b./wc. Dans les dépendances de la propriété : 1 ch. avec poss. d'utilisation en studio avec au r.d.c. : séjour/salon convertible, coin cuisine, wc indép. et un coin nuit (1 lit 2 pers.), s.d.b. ouverte à l'ét., tél. et prise tv. Salle des petits déjeuners au r.d.c. de la maison des propriétaires. Langue parlée : anglais.

Prix : 1 pers. 58 € 2 pers. 58 €
Ouvert : Toute l'année.

	🐕	≋	🌳	🎾	🏇	🚌	🚉
		2	SP	2	2	20	15	2

Guillaume SANSON - 270, avenue Parmentier - Brighton - 80410 CAYEUX-SUR-MER - Tél. : 03 22 26 30 71 ou 06 08 92 70 42 -
Fax : 03 22 26 99 97

Picardie **Somme**

CHAUSSOY-EPAGNY Hainneville (TH) *C.M. 236 Pli 34*

2 ch. Spectacle son et lumière 2 km (du 15/08 au 15/09 vendredi et samedi). Au r.d.c. 1 suite de 90 m² comprenant vaste séjour avec cheminée, TV, cuisine aménagée et chambre (2 lits 1 pers.), salle d'eau et wc privés. A l'étage 1 suite de 2 ch. chacune avec (1 lit 2 pers.), salle d'eau et wc privés. Poss. lit appoint ou enfant dans chaque chambre. Table d'hôtes sur réservation. Location de vélos sur place. Tarif 4 pers. : 72 €. A l'entrée du hameau de Hainneville situé à 1,8 km d'Ailly-sur-Noye, au cœur d'un parc paysager de 3,5 ha traversé par la rivière La Noye, dans une maison de style normand attenante à l'habitation des propriétaires. Salons de jardins et terrasses à disposition dans le parc. Langue parlée : anglais.

Prix : 1 pers. **48** € 2 pers. **56** € 3 pers. **64** € pers. sup. **8** €
repas **15/30** €
Ouvert : Toute l'année.

🐕	≈	🌲	⛵	🏊	🎾	🏃	🎯	🏛	🚂
	60	17	1	17	1	SP	20	2	2

Christiane PORCHER - Le Moulin à Papier - Hainneville - 80250 CHAUSSOY-EPAGNY - Tél. : 03 22 41 06 55 - Fax : 03 22 41 10 92 -
E-mail : christiane-porcher@yahoo.fr - www.multimania.com/hôtes/

CITERNES Yonville

3 ch. 3 chambres d'hôtes (2 ch. 1 lit 2 pers., 1 ch. 2 lits 1 pers.) aménagées au 1er étage d'une maison de maître entourée d'un parc de 15 ha., chacune avec salle de bains et wc privés. Possibilité d'appoint 1 pers. Kitchenette fermée, coin-détente et salon d'été à disposition des hôtes. Ouvert toute l'année. Tarif 4 pers. : 99 €. Oisemont 5 km, prieuré d'Airaines et château de Rambures à 10 km. A proximité de la D936 (Amiens-Le Tréport), au hameau de Yonville et à 1,5 km du village. Réduction à partir de la 3e nuit. Langues parlées : anglais, allemand.

Prix : 1 pers. **49** € 2 pers. **53** €
Ouvert : Toute l'année.

🐕	≈	🌲	⛵	🏊	🎾	🏃	🎯	🏛	🚂
	35	15	19	10	4	SP	SP	19	20	5

Philippe DES FORTS - Hameau de Yonville - 5 rue de Yonville - 80490 CITERNES - Tél. : 03 22 28 61 16 - Fax : 03 22 28 61 16

COCQUEREL *C.M. 236*

4 ch. Abbeville 10 km. 4 ch. d'hôtes avec salle d'eau et wc privés ont été aménagées dans un ancien bâtiment en brique à usage agricole, près de la maison des propriétaires. R.d.c. : 1 ch. (1 lit 2 pers.), 1 ch. (1 lit 1 pers.). A l'étage : 1 ch. (2 lits 1 pers.), 1 ch. (1 lit 2 pers.) avec coin-cuisine. Pièce et coin-cuisine au r.d.c. à la disposition des hôtes. Cour fleurie et gravillonnée, salon de jardin, parking autour de la propriété. Ouvert toute l'année. A la sortie du village, sur la vallée de la Somme en direction d'Ailly-le-Haut-Clocher. Animaux admis sous réserve. Possibilité lit d'appoint. Réduction à partir de la 2e nuitée.

Prix : 1 pers. **29** € 2 pers. **37** € 3 pers. **46** €
Ouvert : Toute l'année.

🐕	≈	🌲	⛵	🏊	🎾	🏃	🎯	🏛	🚂
	27	20	10	SP	10	3	SP	12	7	4

Maurice CREPIN - 2 rue de Francières - 80510 COCQUEREL - Tél. : 03 22 31 82 00 - Fax : 03 22 31 82 00

COURCELLES-AU-BOIS (TH) *C.M. 236 Pli 25*

E.C. 3 ch. Albert 15 km. Dans le village, dans un bâtiment en briques situé face à l'habitation des propriétaires, 3 ch. chacune avec salle d'eau et wc privés. R.d.c. : 1 ch. familiale (2 lits 2 pers.). A l'étage : 1 ch. (1 lit 2 pers.), 1 ch. (2 lits 1 pers.). Salle des petits déjeuners au r.d.c. avec coin-cuisine aménagée à disposition des hôtes. Table d'hôtes sur réservation. Elevage de biches à côté de la propriété, visible des chambres (visite possible sur demande).

Prix : 1 pers. **34** € 2 pers. **38** € 3 pers. **46** € pers. sup. **8** €
repas **10** €
Ouvert : Toute l'année.

🐕	≈	🌲	⛵	🏊	🎾	🏃	🎯	🏛	🚂
				15	10	10		15	4	

Martial TRAMBLAY-TISON - 1 rue de Mailly - 80560 COURCELLES-AU-BOIS - Tél. : 03 22 76 48 09 ou 06 09 84 13 10

CRECY-EN-PONTHIEU *C.M. 236 Pli 12*

2 ch. A l'étage d'une maison annexe à celle des propriétaires. 2 chambres : 1 chambre (1 lit 2 pers.), et 1 chambre (2 lits 1 pers.) chacune avec s. d'eau et wc privés. Salle commune au rez-de-chaussée, TV. Parking privé. Restaurant sur place. Au centre du village situé à l'orée de la forêt domaniale de Crécy, site de la célèbre bataille. Abbaye de Saint-Riquier et de Valloires.

Prix : 1 pers. **39** € 2 pers. **43** € pers. sup. **8** €
Ouvert : Toute l'année.

🐕	≈	🌲	⛵	🏊	🎾	🏃	🎯	🏛	🚂
	20	SP	20	10	SP	20	20	SP		

Marie-Paule GREVET - 9 rue des Ecoles - 80150 CRECY-EN-PONTHIEU - Tél. : 03 22 23 54 45

LE CROTOY *C.M. 236 Pli 21*

4 ch. Baie de Somme, Saint-Valery-sur-Somme 5 km. Marquenterre 10 km. Dans une villa des années 30 entièrement rénovée, au 1er ét. : 2 ch. (1 lit 2 pers. chacune), salle d'eau/wc indép et 1 ch. (1 lit 2 pers., 1 lit 1 pers.) salle d'eau/wc indép.Au 2e ét. : 1 suite avec 1 ch. (1 lit 2 pers.),salon, s.d.b./wc indép. Poss. lit bébé. Séjour au r.d.c à disposition des hôtes. Possibilité location VTT. Restaurant dans la station. Au cœur du Crotoy, à 100 m de la mer. Prix taxe de séjour incluse. Langue parlée : anglais.

Prix : 1 pers. **44** € 2 pers. **55/66** € 3 pers. **63** € pers. sup. **13** €
Ouvert : Toute l'année.

🐕	≈	🌲	⛵	🏊	🎾	🏃	🎯	🏛	🚂
	SP	20	SP	SP	SP	SP	20	8	SP

Isabelle DEWASTE - 14 rue du Phare - Villa Marine - 80550 LE CROTOY - Tél. : 03 22 27 84 56 - Fax : 03 22 27 84 56 -
E-mail : villamarine@wanadoo.fr - www.villamarine.com

Somme — *Picardie*

CURLU
C.M. 236 Pli 25

6 ch. — 6 ch. d'hôtes dans un bâtiment attenant à l'habitation principale. R.d.c. : 1 ch. (1 lit 2 pers. + 1 lit 1 pers.), 1 ch. (2 lits 110), s. d'eau et wc privés pour chacune. A l'ét. : 1 ch. (1 lit 2 pers. 2 lits 1 pers.), s.d.b. et wc privés. 2 ch. (1 lit 2 pers. chacune), 1 ch. (2 lits 1 pers.), s. d'eau et wc privés chacune. TH sur réservation. Tarif 4 pers. : 74 €. Séjour. Location de vélos. Restaurants 5 et 10 km. Dans la vallée de la Haute-Somme, à proximité de la D938 Albert-Péronne. Gare TGV à 17 km (prise en charge poss.). Sortie autoroute Albert-Péronne n°13.1 à 3 km. Accès à un étang privé (pêche au coup, carpe). Langue parlée : anglais.

Prix : 1 pers. 30 € 2 pers. 41 € 3 pers. 58 € repas 13/16 €
Ouvert : Toute l'année.

10	SP	10	10	SP	10	10	

Gérard PLAQUET - Le Pré Fleuri - 11 rue de Maurepas - 80360 CURLU - Tél. : 03 22 84 16 16 - Fax : 03 22 83 14 67 -
E-mail : leprefleuri@yahoo.fr

DIGEON
C.M. 236 Pli 32

3 ch. — 3 chambres d'hôtes aménagées dans le château de Digeon où les propriétaires exploitent une pépinière. 1 ch. (1 lit 2 pers.) avec 1 lit 2 pers., salle d'eau attenante. au 2ᵉ étage : 1 ch. (1 lit 1 pers. 1 lit 2 pers.). 1 ch. (2 lits 1 pers.). S.d.b., s. d'eau et wc communs aux 2 ch. Séjour au r.d.c. Parc paysager (visites). Poss. lits enfants. Restaurant sur place. Visite gratuite du jardin floral pour les hôtes. Langues parlées : anglais, hollandais.

Prix : 1 pers. 28/30 € 2 pers. 38/43 € 3 pers. 50 €
Ouvert : Toute l'année sauf du 24 décembre au 1ᵉʳ janvier.

45	15	3	5	15	3	SP	3	3

Bruno GOISQUE - Château de Digeon - 7 route du Coq Gaulois - 80290 DIGEON - Tél. : 03 22 38 07 12 - Fax : 03 22 38 07 12

DOULLENS Freschevillers
C.M. 236 Pli 24

3 ch. — 3 ch. d'hôtes situées au 1ᵉʳ étage de l'habitation, en bordure de route, sur une exploitation agricole. 2 ch. communicantes (1 lit 2 pers. chacune), 1 douche dans une chambre, 1 chambre (1 lit 120. 1 lit 2 pers.). Salle d'eau et wc communs aux 3 chambres. Lavabo dans chaque chambre. Possibilité table d'hôtes sur réservation. Possibilité lit d'appoint. Réduction à partir de la 3ᵉ nuit. Restaurant 3 km. Langue parlée : anglais.

Prix : 1 pers. 22 € 2 pers. 32 € 3 pers. 41 € pers. sup. 12 €
repas 12/15 € 1/2 pens. 30 €
Ouvert : Toute l'année.

55	10	3	SP	7	5	3	30	2

DE MUYT-HILAIRE - Route d'Albert - Freschevillers - 80600 DOULLENS - Tél. : 03 22 77 15 56

DURY
C.M. 236 Pli 24

4 ch. — Amiens 5 km (cathédrale, hortillonages). 4 ch. aménagées dans une propriété de caractère : 1 ch. au r.d.c. avec 2 lits 1 pers., s. d'eau et wc privés. Etage : 1 suite de 2 ch. communicantes (1 lit 2 pers. 2 lits 1 pers.), séparées par la s.d.b. et wc privés. 2 ch. avec chacune s.d.b. et wc privés. 1 ch. (1 lit 2 pers.), 1 ch. (1 lit 2 pers. 1 lit 1 pers.). Poss. lit enf. Salle de séjour, salon, TV, à dispo. Parking fermé. Restaurant gastronomique dans le village. Possibilité de promenades en calèche sur place. Tarif 4 pers. : 89 €. Langue parlée : anglais.

Prix : 1 pers. 42 € 2 pers. 52 € 3 pers. 64 € pers. sup. 14 €
Ouvert : Toute l'année.

1	3	SP	SP	SP	4	6	2

Alain et Maryse SAGUEZ - 2 rue Grimaux - 80480 DURY - Tél. : 03 22 95 29 52 - Fax : 03 22 95 29 52 -
E-mail : alainsaguez@libertysurf.fr.htm/ - http : //perso.libertysurf.fr/saguez/duryhtm/

ESTREBOEUF
C.M. 236

4 ch. — Baie de Somme 3 km. 4 ch. d'hôtes aménagées à l'étage de la maison des propriétaires. 3 ch. (1 lit 2 pers. chacune), 1 ch. (1 lit 2 pers. 1 lit 1 pers.), toutes avec salle d'eau et wc privés. Séjour/coin-salon réservé aux hôtes. Parking fermé, jardin arboré et fleuri et salon de jardin à disposition. Petit plan d'eau au bout du jardin, poss. pêche. Taxe de séjour. Poss. lit d'appoint. Dans le village, à 2,5 km de la Baie de Somme, restaurants à Saint-Valery. Gratuit pour les enfants jusqu'à 3 ans. Vélos (gratuits) à disposition et barbecue. Pêche au coup. Langue parlée : anglais.

Prix : 1 pers. 36 € 2 pers. 43 € 3 pers. 58 € pers. sup. 16 €
Ouvert : Toute l'année.

3	2	11	SP	10	3	SP	20	7	3

Marie-Christine HOUART - 15 route de Gamaches - « Ch'vrai paradis » - 80230 ESTREBOEUF - Tél. : 03 22 26 80 61 ou 06 08 98 06 29

ESTREES-LES-CRECY
C.M. 236 Pli 12

1 ch. — Auxi-le-Château 14 km. Vallée de l'Authie 5 km. En bordure de la D938, 1 chambre d'hôtes, côté cour à l'étage de la maison des propriétaires, (1 lit 2 pers. 1 lit 1 pers.), salle d'eau et wc privés. Poss. chambre enfants indépendante (2 lits 1 pers.). R.d.c. : séjour et salon communs avec cheminée. Poss. lit bébé et lit d'appoint. Ping-pong, terrain de pétanque. Tarif 4 pers. : 61 €. Proche de la forêt domaniale de Crécy. Site de la bataille de Crécy-en-Ponthieu. Restaurant 2 km. Gratuit jusqu'à 3 ans. Hébergement chevaux. Table d'hôtes sur réservation. 275 €/semaine en 1/2 pension. Langues parlées : anglais, espagnol.

Prix : 1 pers. 37 € 2 pers. 46 € 3 pers. 55 € pers. sup. 10 €
repas 16 €
Ouvert : Toute l'année.

20	3	5	3	20	2	

Régis DE SAINTE-COLOMBE DE BOISSONNADE - 2 rue Nationale - 80150 ESTREES-LES-CRECY - Tél. : 03 22 23 61 88

Picardie **Somme**

L'ETOILE
C.M. 236 Pli 23

3 ch. Au cœur de la vallée de la Somme dans le village. 3 ch. dans une ancienne maison picarde entièrement rénovée. R.d.c. : 1 ch. (1 lit 2 pers.), salle d'eau, wc privés, 1 ch. (1 lit 2 pers. 2 lits superp. enfants), s.d.b. et wc privés. Etage : 1 ch. (1 lit 2 pers. 1 lit 1 pers.), s.d.b., wc privés. TV. Véranda. Parking dans cour fermée. Parc de 13000 m² avec étang et court de tennis à disposition des hôtes. Proximité de la RN1 (Amiens-Abbeville) et A16 (sortie Flixecourt), Poss. TH sur réservation. Langue parlée : anglais.

Prix : 1 pers. **40** € 2 pers. **48** € pers. sup. **15** €
Ouvert : Toute l'année.

≈	⛺	🚤	🎣	🎾	🏃	🎿	🏛	🚉
40	25	25	SP	10	SP	SP	25	5	5

Laurent MERCHAT - 10 rue Saint-Martin - 80830 L'ETOILE - Tél. : 03 22 51 02 84

FAVIERES
C.M. 236 Pli 22

5 ch. Baie de Somme, Le Crotoy 5 km. Marquenterre 10 km. Dans le village, à proximité de la D940 (Le Crotoy-Rue), 5 ch. aménagées dans une ancienne forge située à côté de l'habitation des propriétaires. R.d.c. : 1 ch. (1 lit 2 pers. 1 lit 1 pers.), salle d'eau/wc. A l'étage : 2 ch. (1 lit 2 pers. chacune), salle d'eau/wc. Salle des petits déjeuners à r.d.c. à usage des hôtes. Parking devant les chambres. Abri pour vélos. Restaurant gastronomique à 500 m. Parc Ornithologique du Marquenterre à proximité. Taxe de séjour en sus. Dans un autre bâtiment : 2 ch. : 1 (2 lits 1 pers. et 1 (1 lit 2 pers.), chacune avec s.d.b./wc indép.

Prix : 1 pers. **44** € 2 pers. **54** € 3 pers. **61** € pers. sup. **8** €
Ouvert : Toute l'année sauf janvier.

≈	⛺	🚤	🎣	🎾	🏃	🎿	🏛	🚉
5	10	15	5	1,5	5	SP	15	6	6

M. BERTHET - La Vieille Forge - 930 rue des Forges - 80120 FAVIERES - Tél. : 03 22 27 75 58

FAVIERES
C.M. 236 Pli 22

4 ch. Dans un village situé près de la D940, entre le Crotoy et Rue, dans une aile de construction récente contiguë à la maison d'habitation. 4 ch. d'hôtes au r.d.c., toutes avec accès extérieur, salle d'eau et wc privés : 3 ch. (1 lit 2 pers. chacune) et 1 ch. (2 lits 1 pers.). Salle commune aux hôtes. Parking fermé devant les chambres. Barbecue à disposition. Restaurant gastronomique dans le village. Station du Crotoy 4 km. Petits animaux admis uniquement. Garage pour vélos. Taxe de séjour. Enfant : 5 € jusqu'à 6 ans, 9 € de 6 à 15 ans.

Prix : 1 pers. **36** € 2 pers. **46** €
Ouvert : Toute l'année.

≈	⛺	🚤	🎣	🎾	🏃	🎿	🏛	🚉
4	10	10	4	1	4	SP	10	6	6

Mme DELAUNAY - 773 rue de Romaine - 80120 FAVIERES - Tél. : 03 22 27 21 07 - Fax : 03 22 27 21 07

FAY
(TH) 🐾
C.M. 235 Pli 25

3 ch. Dans le village, à proximité de la RN29 (Amiens/St-Quentin) et de la sortie autoroute A1, sur 1 exploit. agricole. 3 ch. 2 pers. à l'étage d'une maison construite après la guerre 39-45. 1 ch. (2 lits 1 pers.) avec s. d'eau et wc privés, 1 ch. (1 lit 2 pers.) avec s. d'eau privée et wc indép., 1 ch. (1 lit 2 pers.) avec s.d.b. privée et wc indép. Table d'hôtes uniquement sur réservation. Poss. lit enfant. Salon avec coin-bibliothèque et TV. Parking fermé, garage, jardin, salon de jardin, portique. Restaurant 12 km. Circuit du souvenir, historial de Péronne à 12 km, basilique et musée des Abris à Albert (20 km). Langue parlée : anglais.

Prix : 2 pers. **39** € repas **13** €
Ouvert : Toute l'année.

🎣	🏃	🎿	🏛	🚉
5	20	5	2	12

Bruno ETEVE - 12 Grande Rue - 80200 FAY - Tél. : 03 22 85 20 53 - Fax : 03 22 85 91 94

FEUQUIERES-EN-VIMEU
C.M. 236 Pli 21

1 ch. Saint-Valery-sur-Somme 16 km. Mers-les-Bains 22 km. Dans le village, à l'étage d'une maison neuve entourée d'un très grand jardin aménagé clos, une suite de 80 m² de 2 chambres (1 ch. : 1 lit 2 pers. 1 ch. : 2 lits 1 pers.), salle de bains, wc, séjour (1 lit 1 pers. 1 lit d'appoint et coin-salon). En option, poss. kitchenette (micro ondes) : supp. 8 €/nuit. Poss. lit enfant. Enfant de moins de 2 ans gratuit. Tarif 4 pers. : 92 €. Parking fermé, possibilité garage, salon de jardin. Restaurant à 3 km. Musée des industries du Vimeu à Friville-Escarbotin à 6 km.

Prix : 1 pers. **38** € 2 pers. **55** € 3 pers. **74** € pers. sup. **15** €
Ouvert : Toute l'année.

≈	⛺	🚤	🎣	🎾	🏃	🎿	🏛	🚉
15	12	6	15	6	1	20	20	SP

Elisabeth LECAT - 8 rue Général Sarrail - Les Tilleuls - 80210 FEUQUIERES-EN-VIMEU - Tél. : 03 22 30 15 94 ou 06 10 99 43 51 - E-mail : elisabeth.lecat@wanadoo.fr - http://perso.wanadoo.fr/thierry.lecat

FOREST-L'ABBAYE
C.M. 236

1 ch. 1 ch. d'hôtes (1 lit 2 pers.) avec salle de bains et wc privés, a été aménagée à l'étage. 1 ch. pour 2 enfants (1 lit 2 pers.) située face à la chambre d'hôtes est proposée en option. Parking dans la propriété (fermé la nuit), poss. abri voiture. Jardin clos, salon de jardin à la disposition des hôtes. Possibilité lit d'appoint. Tarif 4 pers. : 71 €. Restaurant 4 km. Au centre du village fleuri, à l'orée de la forêt de Crécy, dans une maison à colombages entourée par un jardin. 4e nuit gratuite du 01/10 au 01/03 sauf w-end de Noël et jour de l'an.

Prix : 1 pers. **40** € 2 pers. **46** € 3 pers. **61** € pers. sup. **15** €
Ouvert : Toute l'année.

≈	⛺	🚤	🎣	🎾	🏃	🎿	🏛	🚉
15	SP	12	10	15	12	SP	12	12	4

VEZILIER - 103 Grande Rue - 80150 FOREST-L'ABBAYE - Tél. : 03 22 23 28 17 ou 06 87 87 14 05

Somme
Picardie

FOREST-MONTIERS *C.M. 236 Pli 12*

4 ch. La ferme de Mottelette est isolée, à 2 km de Rue. A l'étage de l'habitation avec accès indépendant : 2 ch. 3 épis : 1 ch. (1 lit 2 pers.), 1 ch. (1 lit 2 pers.), chacune avec s. d'eau, wc privés et TV. 2 ch. 2 épis : 1 ch. (1 lit 2 pers.), s. d'eau et wc privés et 1 ch. (1 lit 2 pers.), s. d'eau privée et wc dans le couloir. Poss. lit supp. Salon de jardin et jeux d'enfants à disposition. Salle à disposition avec coin-cuisine pour le soir. Réduction après 3 nuits. Tarif 4 pers. : 67 €.

Prix : 1 pers. **38/44** € 2 pers. **43/49** € 3 pers. **61** € pers. sup. **12** €
Ouvert : Toute l'année.

🐕	≈	🌲	🏊	🚣	🎾	🏇	🎿	🚂	🚌
10	2	8	2	4	2	SP	10	2	2

Yves MANIER - Ferme de la Mottelette - 80120 FOREST-MONTIERS - Tél. : 03 22 28 32 33 - Fax : 03 22 28 34 97

FOREST-MONTIERS *C.M. 236 Pli 12*

5 ch. Parc du Marquenterre 12 km. 5 ch. chacune avec s. d'eau/wc privés aux 1er et 2e ét. d'une grande maison bourgeoise. Au 1er ét. : 3 ch. dont 2 côté jardin (2 ch. avec 1 lit 2 pers. 1 lit 1 pers. et 1 ch. avec 1 lit 2 pers.). Poss. lit d'appoint 1 pers. Au 2e ét. : 2 ch. mansardées chacune avec 1 lit 2 pers. Séjour/salon, TV, cuisine à disp. le soir, jardin, barbecue, loc. vélos, terrain de jeux. Parking. A 1 km de la sortie n°24 de l'A16 (côte picarde). En bordure de la RN1 (Paris/Amiens/Boulogne), dans l'arrière pays de la côte Picarde, à l'orée de la forêt domaniale de Crécy. Baie de Somme, le Crotoy. Langues parlées : anglais, allemand.

Prix : 1 pers. **40** € 2 pers. **43** € 3 pers. **58** €
Ouvert : Toute l'année.

🐕	≈	🌲	🏊	🚣	🎾	🏇	🎿	🚂	🚌
10	SP	18	5	6	6	SP	8	6	6

Hubert et Chantal LANDRIEUX - 30 route Nationale - 80120 FOREST-MONTIERS - Tél. : 03 22 28 31 57 - Fax : 03 22 28 31 57

FOREST-MONTIERS *C.M. 236*

3 ch. 1 ch. et 2 suites de 2 ch. ont été aménagées dans une élégante bâtisse, parc boisé. R.d.c. : 1 suite de 2 ch. communicantes (2 lits 2 pers.) avec s. d'eau/wc privés à la suite. A l'ét. : 1 grande ch. (1 lit 2 pers.) avec s.d.b./wc privés et 1 suite de 2 ch. desservies par un couloir (2 lits 2 pers.) avec s. d'eau/wc privés à la suite. Poss. lits d'appoint et bébé. Jeux enfants. Salle et salon, piano, bibliothèque, TV. Parking fermé, jardin, barbecue, hébergement chevaux. En retrait de la N1, à proximité de la forêt domaniale de Crécy, non loin de la baie de Somme et de la baie d'Authie. Piscine dans la propriété. A 500 m de la sortie « Marquenterre » de l'A16 (Paris-Calais). Langues parlées : anglais, allemand.

Prix : 2 pers. **43** € 3 pers. **58** € pers. sup. **16** €
Ouvert : Toute l'année.

🐕	≈	🌲	🏊	🚣	🎾	🏇	🎿	🚂	🚌
10	SP	SP	5	6	5	SP	8	5	5

Norbert M. JEAN - 18 rue du Haut - Chateau Gaillard RN 1 - 80120 FOREST-MONTIERS - Tél. : 03 22 23 97 33 ou 06 11 63 51 95 - Fax : 03 22 23 97 33

FOSSEMANANT La Boissellerie (TH) *C.M. 236 Pli 23*

1 ch. Amiens 15 km. 1 suite de 2 chambres d'hôtes aménagées au 1er étage d'une maison de construction récente, située à l'écart du village et surplombant la vallée de la Selle. 1 ch. (1 lit 2 pers.) + 1 ch. annexe (1 lit 1 pers.), salle de bains et wc. Salon, TV, bibliothèque. Table d'hôtes sur réservation. Tarif 4 pers. : 64 €. Langues parlées : allemand, grec.

Prix : 1 pers. **35** € 2 pers. **40** € 3 pers. **60** € repas **15** €
Ouvert : Toute l'année.

🐕	🌲	🏊	🚣	🎾	🏇	🚂	🚌
SP	1	1	2	SP	10	13	8

Gabriel et M-José DESSAIVRE - La Boissellerie - Chemin des Proies - 80160 FOSSEMANANT - Tél. : 03 22 42 71 54 - Fax : 03 22 42 05 19

FRESNES-MAZANCOURT (TH) *C.M. 236 Pli 26*

5 ch. Péronne (historial de la grande guerre) 6 km. Dans le village, près de l'église, une maison dessinée par un architecte avec 5 ch. : 1 ch. familiale (1 lit 2 pers., 2 lits 1 pers.) et 2 ch. (2 lits 1 pers. ou lit 180 cm), chacune avec s.d.b./wc, 1 ch. (1 lit 2 pers.), s. d'eau/wc, communicante avec 1 ch. (2 lits 1 pers.), s.d.b./wc. Grand séjour à disposition des hôtes. 1/2 pension (sur la base d'1 ch. double). Table d'hôtes. Réduction à partir de la 3e nuit. Organisation de stages de gastronomie et d'initiation à la cuisine régionale. Gare TGV et accès autoroutier à 6 km. Langue parlée : anglais.

Prix : 1 pers. **40** € 2 pers. **46** € 3 pers. **60** € pers. sup. **8** € repas **16/21** € 1/2 pens. **41** €
Ouvert : Toute l'année.

🏊	🚣	🎾	🚂	🚌
10	10	10	5	10

Martine WARLOP - 1 rue Genermont - 80320 FRESNES-MAZANCOURT - Tél. : 03 22 85 49 49 - Fax : 03 22 85 49 59

FRISE (TH) 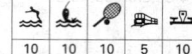 *C.M. 236 Pli 25*

3 ch. 3 ch. d'hôtes aménagées au rez-de-chaussée avec terrasse et vue sur les étangs. 2 chambres (1 lit 2 pers. ou 2 lits 1 pers.), 1 chambre (1 lit 2 pers. 1 lit 1 pers.), salle d'eau et wc privés pour chaque chambre. Salon avec TV et bibliothèque, cheminée feu de bois, salle à manger. Poss. lit supplémentaire. Poss. table d'hôtes sur réservation. Dans la Vallée de la Haute Somme, à proximité de la N29 et de la sortie A1. Sur une exploitation agricole en bordure de la Somme et non loin des étangs. 3 hectares d'étangs réservés aux hôtes pour la pêche. Ablaincourt-Pressoir 12 km (TGV). Langue parlée : anglais.

Prix : 1 pers. **34** € 2 pers. **43** € 3 pers. **60** € pers. sup. **15** € repas **17** €
Ouvert : Toute l'année.

🐕	🏊	🚣	🎾	🏇	🎿	🚂	🚌
10	SP	10	10	40	12	7	

Annick LEPINE-RANDJIA - La Ferme de l'Ecluse - 1 rue Mony - 80340 FRISE - Tél. : 03 22 84 59 70 - Fax : 03 22 83 17 56

Picardie **Somme**

FRISE
C.M. 236

2 ch. **Vallée de la Somme, Bray-sur-Somme 9 km.** Dans le village, sur une exploitation agricole, 2 ch. d'hôtes aménagées dans un ancien corps de ferme face à l'habitation des propriétaires, chacune avec 1 lit 2 pers., s. d'eau et wc indép. Salle des petits-déjeuners à côté des 2 ch. (accès extérieur). Cour fermée. Salon de jardin. Abri couvert pour voiture sur demande. Poss. lit enfant et lit appoint. Animaux admis sous réserve.

Prix : 1 pers. **31** € 2 pers. **39** € 3 pers. **46** € pers. sup. **8** €
Ouvert : Toute l'année.

10	SP	10	10	40	12	7	

Thérèse et Jean-Paul FOURNIER - 17 rue de l'Eglise - Ferme de l'éona - 80340 FRISE - Tél. : 03 22 84 02 90 - Fax : 03 22 84 02 90

GINCHY
C.M. 236 Pli 25

4 ch. 1 ch. 2 épis au r.d.c. avec s. d'eau et wc (1 lit 2 pers.), 3 ch. d'hôtes 3 épis avec s. d'eau et wc particuliers, situées au 1er étage de l'habitation familiale. 1 ch. (2 lits 2 pers.), 1 ch. (1 lit 2 pers. 1 lit 1 pers.), possibilité 1 lit enfant, 1 ch. (2 lits 1 pers.). Coin-salon avec kitchenette et TV, bibliothèque. Poss. lit suppl. Restauration à 7 km. Musée de Longueval. Réduction à partir de la 4e nuitée hors juillet-août. Gratuit enfant - de 4 ans. Tarif 4 pers. : 63 €. Langue parlée : anglais.

Prix : 1 pers. **30** € 2 pers. **40** € 3 pers. **50** €
Ouvert : De mai à mi-novembre.

1	15	6	8	3	SP	15	2

Roger SAMAIN - 1 Grande Rue - 80360 GINCHY - Tél. : 03 22 85 02 24 - Fax : 03 22 85 11 60

GRANDCOURT
C.M. 236 Pli 25

5 ch. 5 ch. à l'étage de l'habitation des propriétaires avec accès indép. : 1 ch. (1 lit 2 pers.) communicante avec 1 ch. (1 pers.). 1 ch. (1 lit 2 pers. 1 lit 1 pers.). 2 ch. (2 lits 1 pers.). 1 ch. (1 lit 2 pers.). S. d'eau et wc privés pour chaque ch. Poss. lit enfant. Séjour à la disposition des hôtes. Jardin, aire de jeux, parking. Point Phone.. Nombreux cimetières et monuments français, britanniques et allemands (bataille de la Somme en 1916). Restaurant 5 km. Réduction au delà de 7 nuits. Langue parlée : anglais.

Prix : 1 pers. **31** € 2 pers. **42** € 3 pers. **54** €
Ouvert : Du 15 mars au 31 octobre.

10	5	5	5	1	30	9	9

Louis et Claudine BELLENGEZ - 9 rue de Beaucourt - 80300 GRANDCOURT - Tél. : 03 22 76 65 06 - Fax : 03 22 76 60 24

HENENCOURT
(TH) *C.M. 236 Pli 25*

2 ch. **Albert (basilique, musée des Abris) 5 km.** Dans l'aile d'un ancien corps de ferme attenant à l'habitation principale 2 ch. d'hôtes aménagées au rez-de-jardin, chacune avec salle d'eau/wc : 1 ch. (1 lit 2 pers.), 1 ch. 2 pers. 1 lit 110. Cuisine/salle à manger indépendante réservée aux hôtes. Parking dans une cour fermée avec pelouse, salon de jardin, barbecue. Salle d'exposition d'art contemporain sur place. Béatrice (peinture, sculpture) et Maurice (photo, vidéo) y ont également leurs ateliers d'artistes. Langues parlées : anglais, espagnol.

Prix : 1 pers. **28** € 2 pers. **38** € 3 pers. **48** € pers. sup. **10** € repas **15** €
Ouvert : Toute l'année.

1	5	5	5	9	15	5	5

**Maurice CATTIAUX - L'alysse 2, rue Michel Vion - 80300 HENENCOURT - Tél. : 03 22 75 03 88 -
E-mail : maurice.cattiaux@wanadoo.fr - http://perso.wanadoo.fr/alysse/chambres**

LOEUILLY
C.M. 236 Pli 23

2 ch. 2 ch. avec s.d.b. particulière au 2e ét. climatisé d'un bâtiment de caractère (ancien prieuré), poss. ch. pour 2 enf., salle commune à dispo. des hôtes poss. de cuisine, jardin, billard. 1 ch. (1 lit 2 pers.), 1 ch. (1 lit 2 pers. 1 lit 1 pers.). Cheminée feu de bois. Rivière. Base de loisirs. Circuits de randonnées balisés « coulée verte » sur 28 km. Restaurant 5 km. Dans la vallée de la Selle, à proximité du D 210 (Amiens-Beauvais). Réduction à partir de la 3e nuit. Location de vélo : 3 € (sur réservation). Langue parlée : anglais.

Prix : 1 pers. **30** € 2 pers. **35** € 3 pers. **40** €
Ouvert : Toute l'année.

1	15	SP	4	4	SP	14	4

Bernard RICHOUX - 36 route de Conty - 80160 LOEUILLY - Tél. : 03 22 38 15 19 - Fax : 03 22 38 15 19

MACHIEL Hameau Rossignol
C.M. 236 Pli 12

2 ch. **Site de la bataille de Crécy 3 km.** A proximité de la forêt de Crécy, 2 ch. dans la maison du propriétaire entourée d'un grand jardin clos et fleuri. Au r.d.c. : 1 ch. (1 lit 2 pers., 1 lit 1 pers., s.d.b./wc indép. A l'ét. : 1 ch. (1 lit 2 pers., 1 lit 1 pers., s.d.b./wc indép.Poss. lit d'appoint et lit enfant. Séjour à usage des hôtes (cheminée, feu de bois), salon de jardin, parking. Ancienne ferme (fin XVIIIe) entièrement restaurée. Poss. hébergement chevaux (box ou pâture : 8 €).TH sur réservation. Animaux admis sous réserve. Sentier de randonnée à proximité.

Prix : 1 pers. **40** € 2 pers. **47/53** € 3 pers. **56/62** € pers. sup. **9** €
Ouvert : Toute l'année.

15	3	2	10	22	3	15	15	9

Jean Pierre LAVAL - La Maison de Petit Rossignol - Hameau Rossignol - 80150 MACHIEL - Tél. : 03 22 23 64 47 - Fax : 03 22 23 64 47

Somme
Picardie

MACHY
(TH) *C.M. 236 Pli 12*

||| 2 ch. **Site de la Bataille de Crécy 7 km. Forêt de Crécy à proximité.** A l'entrée du village (direction Crécy-en-Ponthieu/Rue), 2 ch. 1 suite de 2 ch. dans la maison des propriétaires entourée d'un grand jardin clos fleuri. R.d.c. : 1 ch. (1 lit 2 pers.) avec petite entrée, s.d.b., wc. Au r.d.c. 1 suite de 2 ch. (2 lits 2 pers., s. d'eau/wc indép.). Lits d'appoints. A l'ét. : 1 ch. (3 lits 1 pers.), s. d'eau, wc. Tarif 4 pers. : 77 €. Séjour à usage des hôtes avec cheminée. Jardin clos de 1 ha., salon de jardin, parking. Accueil de chevaux possible en pâture (1 ha.). Réduction à partir de la 3ᵉ nuitée. Table d'hôtes sur demande. Langue parlée : anglais.

Prix : 2 pers. 45 € 3 pers. 59 € repas 14 €
Ouvert : Toute l'année.

🐕	≈	🌲	🏊	🎣	🎾	🏌	🏠	⛳
14	SP	14	2	10	22	SP	12	13	6

M. et Mme PETIT - 141 route départementale 938 - 80150 MACHY - Tél. : 03 22 29 98 92

MAILLY-MAILLET La Fabrique
C.M. 236 Pli 25

E.C. 4 ch. **Parc Terre Neuvien. Site de la Bataille de la Somme.** 4 chambres d'hôtes sont aménagées au 2ᵉ étage de l'habitation des propriétaires, exploitants agricoles : chacune avec 1 lit 2 pers., s. d'eau/wc privatifs pour 2 ch. et wc commun pour les 2 autres ch. A 2 km de Mailly-Maillet, en bordure de la D919 (Amiens-Arras) à la ferme des P'tits Loups. Site de la Bataille de la Somme, parc Terre-Neuvien à proximité. Restaurants à Acheux 7 km et Authuille 8 km. Gîtes d'enfants pendant les vacances scolaires. Langue parlée : anglais.

Prix : 1 pers. 26 € 2 pers. 40 €
Ouvert : Toute l'année.

🐕	≈	🌲	🏊	🎣	🎾	🏌	🏠
	12	9	6	12	12	12

M. et Mme DELCOUR - Ferme des P'tits Loups - La Fabrique - 80560 MAILLY-MAILLET - Tél. : 03 22 76 25 24 ou 06 10 82 74 27 - Fax : 03 22 76 21 72

MARCELCAVE
C.M. 236 Pli 24

|| 3 ch. **Abbatiale de Corbie 10 km.** 1 ch. 3 épis au 1ᵉʳ ét. de la maison d'habitation du propriétaire. 1 lit 2 pers. avec lavabo, douche et wc. Et 2 ch. 2 épis (1 ch. 2 lits 1 pers. lavabo/wc) et (1 ch. 1 lit 2 pers. avec lavabo. Wc et douche attenant aux 2 ch. dans le couloir. Véranda, TV à la dispo. des hôtes. Jardin avec animaux d'agrément. Salle de jeux (ping-pong, baby-foot). Restaurant et tennis dans le village. Gararge fermé. Poss. lit bébé. A proximité de la N29 (Amiens/Saint-Quentin) et de la D934 (Amiens-Roye), non loin de la vallée de la Somme. Gare TGV 20 km. Langue parlée : anglais.

Prix : 1 pers. 34 € 2 pers. 37 €
Ouvert : Toute l'année.

🐕	🌲	🏊	🎣	🎾	🏌	🏠
	2	10	7	10	SP	SP	SP

Jean BOUCHE - 1 rue de l'Abbaye - 80800 MARCELCAVE - Tél. : 03 22 42 35 91

LE MAZIS
C.M. 236 Pli 22

|| 4 ch. **Château de Rambures 12 km.** Au 1ᵉʳ étage : 1 chambre (1 lit 2 pers.) avec salle d'eau et wc privés. Au 2ᵉ étage : 3 chambres (1 lit 2 pers., 1 lit 1 pers. salle d'eau dans chacune), wc communs. Salon à disposition des hôtes. Accès kitchenette possible. Jardin, barbecue et parking. Rivière 5 km. Restaurant 12 km. Animaux admis sous réserve. Poss. lit enfant. Dans la vallée du Liger, à 10 km d'Hornoy-le-Bourg. Terrain de boules. Centre de pêche à 5 km. Réduction à partir de la 3ᵉ nuitée. Langue parlée : hollandais.

Prix : 1 pers. 25/28 € 2 pers. 39/42 € 3 pers. 55 € pers. sup. 16/18 €
Ouvert : Toute l'année.

🐕	≈	🌲	🏊	🎣	🎾	🏌	🏠	⛳
30	5	10	5	15	5	SP	12	4

Dorette ONDER DE LINDEN - Rue d'Inval - 80430 LE MAZIS - Tél. : 03 22 25 90 88 - Fax : 03 22 25 76 04

MESNIL-BRUNTEL
(TH) *C.M. 236 Pli 26*

|| 1 ch. **Historial de Péronne 4 km.** A proximité de la RN29 et non loin de la sortie d'autoroute A1, 1 suite de 2 ch. au 1ᵉʳ étage de l'habitation principale, sur une ancienne exploit. agricole. 1 chambre 2 pers. 1 chambre annexe 2 pers. (possibilité 2 lits enfants et lit bébé), salle de bains et wc communs à ces 2 chambres. Séjour, cheminée feu de bois, TV. Jardin d'agrément avec bassin. Tarif enfants. Réduction long séjour. Table d'hôtes sur réservation.

Prix : 1 pers. 31 € 2 pers. 40 € repas 15 €
Ouvert : Toute l'année.

🐕	🏊	🎣	🎾	🏌	🏠
	4	4	4	6	12	4

Francine ENNUYER - 1 rue du Jeu de Paume - 80200 MESNIL-BRUNTEL - Tél. : 03 22 84 17 43

MONTAUBAN-DE-PICARDIE Bois Bernafay
C.M. 236 Pli 25

||| 3 ch. **Historial de la Grande Guerre 12 km. Albert, son musée des Abris 10 km** Au cœur du Bois Bernafay, à 1 km du village de Montauban-de-Picardie, 3 ch. aménagées dans l'ancienne gare ferroviaire. R.d.c. : 1 ch. (2 lits 1 pers.), s.d.b., wc indép. A l'étage : 1 ch. (1 lit 2 pers.), s. d'eau avec wc privés face à la ch., 2 ch. communicantes (1 lit 2 pers. 3 lits 1 pers.), s. d'eau et wc. Salle de séjour et coin-cuisine à dispo. Salon de jardin. Verdure et calme assurés. Au centre de la zone de combat de la bataille de la Somme. Tarif 4 pers. : 63 €. Langue parlée : anglais.

Prix : 1 pers. 31 € 2 pers. 38 € 3 pers. 50 € pers. sup. 12 €
Ouvert : De février à novembre.

🐕	≈	🌲	🏊	🎣	🎾	🏌	🏠	⛳
	10	5	10	10	SP	40	10	10

M. et Mme MATTE - 55-57 Grande Rue - Bois Bernafay - 80300 MONTAUBAN-DE-PICARDIE - Tél. : 03 22 85 02 47 - Fax : 03 22 85 02 47 - E-mail : bernafaywood@aol.com

Picardie **Somme**

NAOURS (TH) *C.M. 236 Pli 24*

E.C. 4 ch. **Amiens et Parc archéologique de Samara 12 km.** 4 ch. aménagées dans un bâtiment annexe à l'habitation des propriétaires dans une ferme picarde entièrement restaurée. 1 ch. (1 lit 2 pers.), 1 ch. (2 lits 1 pers.), s. d'eau et wc indépendants. 1 ch. (1 lit 160), s.d.b. et wc indépendants. 1 ch. familiale avec mezzanine (2 lits 2 pers.), s.d.b., wc indép. Coin-cuisine aménagé. 5 € pour les enfants de 8 - 8 ans. Salle de séjour, salle TV et de lecture à dispo. Petits déjeuners servis dans le séjour « Picard » des propriétaires. Mini-golf et restaurant dans le village. Table d'hôtes sur réservation. Grottes de Naours (visites souterrains, refuges) sur place. Tarif 4 pers. : 61 €. Langue parlée : anglais.

Prix : 1 pers. 31 € 2 pers. 39 € 3 pers. 46 € repas 15 €
Ouvert : Toute l'année.

15	5	SP	15	5		

Gérard et Stéphanie SOIRANT - 10 rue du Cul de Sac - GAEC du Plouy - 80260 NAOURS - Tél. : 03 22 93 72 62 - Fax : 03 22 93 08 85

NAOURS (TH) *C.M. 236 Pli 24*

2 ch. **Samara, parc archéologique 12 km.** Dans un bâtiment annexe à l'habitation des propriétaires, au r.d.c., 1 ch. (1 lit 2 pers.) avec s. d'eau/wc privés. A l'ét. avec accès indép. : 1 ch. (1 lit 2 pers. 2 lits 1 pers.), s.d.b./wc privés, coin-cuisine. Poss. utilisation en studio. Dans l'habitation des propriétaires, 1 ch. (1 lit 2 pers.) avec s. d'eau et wc privés. Salle de séjour à disposition. Animaux sous réserve. Tarif 4 pers. : 44 €. Dans le village, à 3 km de la RN 25. Grottes de Naours, visite des souterrains-refuges. Mini-golf et restaurant dans le village. TH sur réservation. Réduc. au delà de 3 nuits.

Prix : 1 pers. 26 € 2 pers. 32 € 3 pers. 38 € repas 11 €
Ouvert : Toute l'année.

4	18	4	SP	SP	SP	18	4

Monique JONCKHEERE - 13 rue d'Amiens - 80260 NAOURS - Tél. : 03 22 93 71 73

NOYELLES-SUR-MER *C.M. 236 Pli 22*

4 ch. **Baie de Somme, Saint-Valery-sur-Somme 5 km. Marquenterre.** A l'entrée du village (en venant d'Abbeville), à proximité de la Mairie, dans un bâtiment indépendant en briques situé à l'entrée de la propriété, 4 ch. en r.d.c. chacune avec s. d'eau/wc indép : 2 ch. chacune avec 1 lit 160 et 1 lit pers, 1 ch. (1 lit 160) et 1 ch. (2 lits 1 pers.) avec entrée commune à ces 2 ch. Petit déjeuner dans la maison des propriétaires. Petit déjeuner dans la maison des propriétaires. Parking dans la propriété. Petit train de la Baie de Somme. Taxe de séjour incluse dans le tarif. Langue parlée : anglais.

Prix : 1 pers. 45 € 2 pers. 50 € 3 pers. 60 €
Ouvert : Toute l'année.

5	8	13	5	5	12	SP	5	1	SP

M. et Mme DE LA SERRE - 9 rue du Général de Gaulle - 80860 NOYELLES-SUR-MER - Tél. : 03 22 23 61 25 -
www.lacristemarine.com

NOYELLES-SUR-MER (TH) *C.M. 236 Pli 22*

5 ch. **Baie de Somme - St Valéry sur Somme 6 km.** Dans le centre du village, 5 ch. toutes avec salle d'eau/wc indép. dans un bâtiment regroupant l'habitation de la propriétaire et une épicerie. Au r.d.c. à côté de la salle des petits-déjeuners, 1 ch. (1 lit 2 pers.). A l'ét. : 1 ch. (1 lit 2 pers.) communicante avec 1 ch. (1 lit 120), 1 ch. (1 lit 2 pers.) et 1 lit 1 pers. (1 lit 120). 2 ch. chacune (1 lit 2 pers.). Séjour/salle des petits déjeuners à disposition des hôtes. TH sur réservation. Les prix comprennent la taxe de séjour. Langue parlée : anglais.

Prix : 1 pers. 34 € 2 pers. 39 € 3 pers. 47 € repas 14 €
Ouvert : Toute l'année.

8	14	13	1	8	SP	SP

Françoise PALAISY - 24, rue du Mchl Foch - 80860 NOYELLES-SUR-MER - Tél. : 03 22 23 49 34 - Fax : 03 22 23 45 65 -
E-mail : palaisyf@aol.com

OCHANCOURT Ferme du Bois d'Hantecourt *C.M. 236*

4 ch. **Baie de Somme 10 km.** 4 ch. d'hôtes aménagées à l'étage d'une ferme picarde, bâtiment rénové attenant à l'habitation des propriétaires, avec accès indépendant. 2 ch. (1 lit 2 pers. chacune), s. d'eau et wc privés, 1 ch. (2 lits 1 pers.) avec salle de bains et wc privés, 1 ch. (3 lits 1 pers.) avec salle d'eau et wc privés. Parking fermé, salon de jardin, barbecue à disposition des hôtes. Réduc. à partir de la 4ᵉ nuit. Gratuit pour les enfants de moins de 5 ans. Langue parlée : anglais.

Prix : 1 pers. 31 € 2 pers. 46 € 3 pers. 61 € pers. sup. 15 €
Ouvert : Toute l'année.

10	20	5	15	5	SP	10	17	4

M. WYNANDS - EARL DU BOIS D'HANTECOURT - Ferme du Bois d'Hantecourt - 13 rue de Paris - 80210 OCHANCOURT -
Tél. : 03 22 30 25 53 - Fax : 03 22 30 25 53 - E-mail : ewynands@momont.com

OCHANCOURT *C.M. 236 Pli 21*

3 ch. **Saint-Valery-sur-Somme 10 km.** A 10 km de la Baie de Somme, dans la maison des propriétaires 3 chambres chacune avec salle d'eau et wc privés avec accès indépendant. 1 chambre (1 lit 2 pers.) en r.d.c. avec accès direct sur la terrasse (salon de jardin) et 2 ch. à l'étage : 1 ch. (2 lits 1 pers.) et 1 ch. (1 lit 2 pers.) communicante avec 1 pièce (2 lits 1 pers.). Tarif 4 pers. : 77 €. Petit déjeuner dans le séjour des propriétaires. Garage fermé. Jardin clos, salon de jardin et barbecue. Restaurant à 5 km. Langue parlée : anglais.

Prix : 1 pers. 38 € 2 pers. 46 € 3 pers. 61 € pers. sup. 15 €
Ouvert : Toute l'année.

10	20	10	10	10	SP	SP	10	5	5

Jacques HUGOT - 38 rue de Paris - 80210 OCHANCOURT - Tél. : 03 22 30 24 98 - E-mail : mp.hugot@wanadoo.fr

Somme
Picardie

OMIECOURT C.M. 236

4 ch. **Péronne (historial grande guerre) 15 km. Roye cité gastronomique 13 km** Dans le village, 4 ch. à l'étage du château avec vue sur parc de 16 ha. 2 ch. (1 lit 2 pers.), chacune avec s.d.b. et wc privés. 1 suite de 2 ch. : 1 ch. (1 lit 2 pers.), s. d'eau et 1 ch. (2 lits 1 pers.), s.d.b., wc communs. Salle à manger au r.d.c. à dispo. des hôtes. Parking dans la propriété. Parc, jardin, salon de jardin. Réduction à partir de la 2ᵉ nuit. 81 €/4 pers. (suite). Table d'hôtes le soir uniquement sur réservation. Jeux pour enfants (ping-pong, baby-foot, jeux de société.) Langue parlée : anglais.

Prix : 1 pers. **43 €** 2 pers. **50 €** 3 pers. **66 €** pers. sup. **11 €** repas **20 €**

Ouvert : Du 2 janvier au 23 décembre. Fermé pour les vacances de noël.

13	10	3	13	15	6	3

Dominique DE THEZY - Route de Chaulnes - Château d'Omiécourt - 80320 OMIECOURT - **Tél. : 03 22 83 01 75** - Fax : 03 22 83 09 56 - E-mail : thezy@terre-net.fr - www.isasite.net/chateau-omiecourt

ONEUX C.M. 236 Pli 22

3 ch. A l'écart des D941 (Frévent-Abbeville) et D925 (Arras-Abbeville), M. et Mme Hecquet exploitent une ferme à la sortie du village en direction de Gapennes. 3 ch. d'hôtes aménagées à l'ét. de l'habitation : 1 ch. (1 lit 2 pers.) : salle d'eau/wc privés, 2 ch., chacune avec 1 lit 2 pers. et salle d'eau/wc commun aux 2 ch. S.d.b. à disposition des hôtes. Poss. lit d'appoint. Séjour, salon avec tv et cuisine équipée à disposition des hôtes. Parking fermé. Centre culturel de l'abbaye de Saint-Riquier, forêt de Crécy. Restauration à Saint-Riquier.

Prix : 1 pers. **32/35 €** 2 pers. **35/38 €**

Ouvert : toute l'année.

20	12	10	7	10	10	1

Jean HECQUET - 15, rue des Moulins - 80135 ONEUX - **Tél. : 03 22 28 80 62**

PLACHY-BUYON Buyon C.M. 236 Pli 23

2 ch. **Amiens 7 km.** 2 ch. d'hôtes aménagées dans une ancienne ferme typiquement picarde restaurée, avec accès indép. R.d.c. : 1 ch. (2 lits 1 pers.). A l'étage : 1 ch. (1 lit 160 + convertible 2 pers.). Salle d'eau, wc et coin-cuisine dans chaque chambre. Poss. lit enf. Séjour à la disposition des hôtes. Jardin. Bicyclettes. Restaurant 1 km. Garage dans la propriété. Au hameau de Buyon, accès par la RN1 et la RD210 à proximité de la vallée de la Selle.

Prix : 1 pers. **29 €** 2 pers. **37/42 €** pers. sup. **15 €**

Ouvert : Du 1ᵉʳ avril au 30 novembre.

5	10	3	1	6	8	6

Jacqueline PILLON - L'Herbe de Grace - Hameau de Buyon - 80160 PLACHY-BUYON - **Tél. : 03 22 42 12 22** - Fax : 03 22 42 04 42

PORT-LE-GRAND C.M. 236 Pli 22

4 ch. Dans une maison bourgeoise du XIXᵉ en briques. 1ᵉʳ étage : 1 ch. (2 lits 1 pers.), s.d.b. et wc privés. 2ᵉ étage : 1 suite de 2 ch. (chacune avec 2 lits 1 pers.), s.d.b. et wc privés. 1 ch. (1 lit 160), s.d.b. et wc privés. Poss. lit enfant. Dans dépendances, accès direct au jardin, 1 suite de 2 ch. (2 lits 1 pers. chacune), s. d'eau et wc indép. Piscine familiale. Au milieu d'un beau jardin anglais et parc boisé. Restaurant 5 km. Gratuit pour les enfants jusqu'à 2 ans. Petits animaux acceptés. Réduction 10 % à partir de la 4ᵉ nuit. Accès par sortie « Abbeville Nord » A16 direction Saint-Valery/Somme. 1re sortie « Baie de Somme, Saint-Valery-sur-Somme ». Langues parlées : anglais, allemand.

Prix : 1 pers. **46 €** 2 pers. **61 €** 3 pers. **77 €** pers. sup. **17 €**

Ouvert : De mars à mi-novembre.

10	SP	5	5	10	SP	5	9	9

Jacques et Myriam MAILLARD - Bois de Bonance - 80132 PORT-LE-GRAND - **Tél. : 03 22 24 11 97** - Fax : 03 22 31 72 01 - E-mail : maillard.chambrehôte@bonance.com

QUEND Monchaux les Quend C.M. 236 Pli 11

3 ch. **Quend-Plage 2 km. Fort-Mahon 4 km.** En pleine campagne, 3 ch. à l'étage d'un ancien corps de ferme, entrée indép. mitoyen à l'habitation des propriétaires et à proximité de 3 meublés saisonniers, dans une propriété (30 ha), chacune 1 lit 2 pers., s.d.b., wc privés. Poss. lits suppl. et lit enfant. Salle commune réservée aux hôtes avec cheminée feu de bois et coin-détente. Piscine et tennis privés, salon de jardin. Parking fermé, étangs privés, chasse et pêche dans la propriété. Hébergement chevaux. Réduction possible pour longue durée et hors saison.

Prix : 1 pers. **53/60 €** 2 pers. **60/67 €** 3 pers. **74/82 €** pers. sup. **8 €**

Ouvert : Toute l'année.

2	15	SP	SP	2	SP	SP	2	7	7

Mona et Dominique LIBERT - 36 route de Froise Monchaux - Ferme du Château de la Motte - 80120 QUEND - **Tél. : 03 22 23 94 48** - Fax : 03 22 23 97 57 - E-mail : dominique.libert@ifrance.com

QUERRIEU C.M. 236

2 ch. **Amiens 13 km.** Dans le bourg, au r.d.c. de l'habitation des propriétaires, 2 ch. (1 lit 2 pers. chacune) avec s. d'eau et wc. Accès direct à l'extérieur pour 1 chambre. Séjour et salon à disposition des hôtes. Propriété avec cour intérieure (parking fermé), jardin avec tonnelle, terrasse, salons de jardin. Possibilité lit d'appoint.

Prix : 1 pers. **46 €** 2 pers. **46 €** pers. sup. **18 €**

Ouvert : Toute l'année.

10	9	1	13	7

Daniel WUATTIER - 5 rue du Four des Champs - 80115 QUERRIEU - **Tél. : 03 22 40 13 57** - Fax : 03 22 40 13 57 - E-mail : sepserv@aol.com

Picardie **Somme**

QUIVIERES Guizancourt C.M. 236 Pli 26

2 ch. **Terrain d'aviation, parachutisme 8 km. Estrées-Mons.** Studio au r.d.c. d'une grande maison bourgeoise, comprenant 1 ch. (1 lit 2 pers.), coin-séjour (2 lits 1 pers.), TV, cheminée feu de bois, convertible, coin-cuisine, s.d.b. et wc particuliers. 1er étage : 1 ch. (1 lit 2 pers.), s.d'eau, wc privés. Jardin. Restaurant 11 km. Poss. lit enf. et lit appoint. Bibliothèque. Véranda avec ping-pong et baby-foot pour le studio. Séjour à la semaine possible dans le studio. TH sur réservation. Tarif 4 pers. : 73 €. Langue parlée : anglais.

Prix : 1 pers. **28** € 2 pers. **41** € 3 pers. **57** € repas **11/14** €
Ouvert : Toute l'année.

	10	5	10	4	6	11	11

Gérard DODEUIL - 10 rue d'Athies - Guizancourt - 80400 QUIVIERES - Tél. : 03 22 88 93 52 - Fax : 03 22 88 09 11 -
E-mail : stephane.dodeuil@wanadoo.fr

RUE Lannoy C.M. 236 Pli 12

3 ch. A l'écart de la D32, la « Fermette du Marais » est située plein sud, à proximité d'un bois. 3 ch. d'hôtes en rez-de-chaussée dans un bâtiment attenant à l'habitation des prop. avec chacune accès direct sur une terrasse privée. 1 ch. (1 lit 2 pers.). 1 lit 1 pers. (1 lit d'appoint tiroir). 1 ch. (1 lit 2 pers.). 1 ch. (1 lit 2 pers.) 1 lit d'appoint tiroir) et kitchenette. Salles d'eau et wc privés. Parking privé. TV et téléphone avec ligne directe dans chaque chambre. Barbecue. Etang. Bibliothèque. Restaurant 2 km. Taxe de séjour. Loc. vélos sur place. A16, sortie n°24 à 4,5 km dir. Rue. Tarif 4 pers. : 75/80 €. Langue parlée : anglais.

Prix : 1 pers. **46/48** € 2 pers. **58/61** € 3 pers. **65/70** €
Ouvert : Toute l'année.

	7	4	7	0,5	6	2	2	9	1,5	1,5

Brigitte BOUVET - Fermette du Marais - 360 route d'Abbeville Lannoy - 80120 RUE - Tél. : 03 22 25 06 95 - Fax : 03 22 25 89 45 -
E-mail : fermette.du.marais@wanadoo.fr

RUE Le Thurel (TH) C.M. 236 Pli 12

4 ch. **Baie de Somme 12 km. Marquenterre 6 km.** A l'écart de la D938 (à 2 km de Rue), 3 ch. et 1 suite sont aménagées à l'étage d'une gentilhommière du début XIXe, entourée d'un parc de 2,5 ha. 3 ch. chacune avec 1 lit 2 pers., salle d'eau et wc privés. 1 suite de 2 ch. familiale (1 lit 2 pers. 2 lits 1 pers.), salle de bains commune. Séjour avec cheminée feu de bois et salle à manger à disposition des hôtes. Etang de 15 ares : pêche privée. Parking fermé et couvert. Hébergement équestre et canin : 4 écuries et 3 chenils. Location de VTT. Tarif 4 pers. : 115 €. Taxe de séjour. Italien également parlé. Langues parlées : hollandais, anglais, allemand.

Prix : 1 pers. **66** € 2 pers. **73** € 3 pers. **96** € pers. sup. **23** €
repas **25** €
Ouvert : Toute l'année.

	12	10	10	3	1	5	2	10	1,5	1,5

Claudine et Patrick VAN BREE - Le Thurel - 80120 RUE - Tél. : 03 22 25 04 44 - Fax : 03 22 25 79 67 -
E-mail : lethurel.relais@libertysurf.fr - www.lethurel.fr

ST-BLIMONT Ebalet C.M. 236

5 ch. **Saint-Valery-sur-Somme 8 km.** Au hameau Ebalet, dans un cadre campagnard, 5 ch. d'hôtes dont 1 access. pers. hand., chacune avec s. d'eau et wc privés ont été aménagées dans une aile de l'habitation des propriétaires, avec accès indépendant : 2 ch. (1 lit 2 pers.) au r.d.c., 3 ch. dont 2 (1 lit 2 pers.), 1 (1 lit 2 pers. et 1 lit 1 pers.) à l'étage. Salle petit-déjeuner réservée aux hôtes. Jardin de 2000 m², salon de jardin, parking dans la propriété. Poss. location de vélo.

Prix : 1 pers. **37** € 2 pers. **43** € 3 pers. **56** €
Ouvert : Toute l'année.

	9	15	5	10	5	SP	17	15	5

Gilles THIEBAULT - 12 hameau Ebalet - 80960 ST-BLIMONT - Tél. : 03 22 30 61 41 ou 06 82 22 87 24

ST-FUSCIEN C.M. 236 Pli 24

2 ch. Au village, dans un espace boisé, 1 suite de 2 ch. non communicantes (2 lits 2 pers.) avec s.d.b. commune, à l'étage de la maison des prop. A l'étage d'un bâtiment annexe à la maison des prop. 1 ch. (1 lit 2 pers.) avec salon (2 lits 1 pers.), s.d.b. et wc privés. TV. Parc de 5400 m². Garage. Tarif 4 pers. : 74 €. Au sud d'Amiens (5 km) sur la D7 (Amiens-Ailly/Noye 12 km), région verdoyante du sud amiénois. Vallée de la Noye à proximité, promenades, pêche. Amiens (cathédrale et hortillonnages). Restauration à 2 km. Parking fermé, barbecue à disposition. Langues parlées : anglais, allemand.

Prix : 1 pers. **35** € 2 pers. **43** € 3 pers. **60** €
Ouvert : Toute l'année.

	10	5	5	5	5	SP	12	4	2

Jean-Marie GOUILLY - 1 ruelle de Rumigny - 80680 ST-FUSCIEN - Tél. : 03 22 09 59 20 ou 06 62 24 75 86 - E-mail : stfu@art.of.com -
www.art-of.com/pagespro/gouilly

ST-RIQUIER C.M. 236 Pli 22

2 ch. **Abbeville 8 km.** A l'étage, 1 chambre (2 lits jumeaux 1 pers., 1 lit 1 pers.). 1 chambre (1 lit 2 pers. 1 convert.). Salle d'eau et wc privés pour chaque chambre. Séjour et salon avec cheminée communs au rez-de-chaussée. TV à disposition. Poss. Garage fermé ou parking dans une cour fermée. Tarif 4 pers. : 58 €. Non loin du centre du bourg, dans un cadre boisé et tranquille à proximité de la D925 (Abbeville-Arras). Restaurant sur place. Abbaye et centre culturel. Forêt et site de la bataille de Crécy.

Prix : 1 pers. **32** € 2 pers. **38** € 3 pers. **50** €
Ouvert : Toute l'année.

	20	15	8	5	8	SP	SP	10	8	SP

Andrée NAJA - 18 rue Habingue - La Peupleraie - 80135 ST-RIQUIER - Tél. : 03 22 28 87 18

Somme   *Picardie*

ST-RIQUIER La Source   C.M. 236

2 ch. 2 ch. d'hôtes au 1er étage d'une grande maison (gîte en rez-de-jardin). 1 ch. (1 lit 160 ou poss. 2 lits 80) avec s.d.b. et wc privés (accès à la s.d.b. par un escalier raide), poss. utilisation en suite avec petit salon adjoint à cette ch. (convertible 2 pers.). 1 ch. (1 lit 2 pers.) avec s.d.b. et wc privés. Poss. lit d'appoint enf. Lit bébé sur demande. Salon de jardin et terrasse à disposition des hôtes. Poss. parking privé fermé dans le jardin. Restauration à St-Riquier. Non loin du centre du bourg, dans un quartier calme et verdoyant, à proximité de la D925 (Abbeville-Arras). Tarif 4 pers. : 65 €.

Prix : 1 pers. 35 € 2 pers. 41/46 € 3 pers. 55 € pers. sup. 12 €
Ouvert : Toute l'année sauf vacances de Noël.

20	10	8	5	8	SP	SP	15	8	SP

Jean DERODE - La Source - 5 rue Habingue - 80135 ST-RIQUIER - Tél. : 03 22 28 82 79 - Fax : 03 22 28 82 79

ST-VALERY-SUR-SOMME   C.M. 236 Pli 21

2 ch. 2 chambres d'hôtes aménagées dans une maison neuve située dans un cadre verdoyant, non loin du centre de Saint-Valéry-sur-Somme. 1 chambre au rez-de-chaussée (2 lits 1 pers.) avec salle d'eau et wc privés. 1 chambre à l'étage (1 lit 2 pers.) avec salle d'eau et wc privés. Salon. Parking, jardin. Restaurants dans la station. Accès indépendant aux chambres. Cité médiévale de Saint-Valery-sur-Somme, petit port de pêche, petit train touristique de la Baie de Somme. Taxe de séjour.

Prix : 1 pers. 45 € 2 pers. 55 €
Ouvert : Toute l'année.

SP	15	11	SP	5	SP	SP	15	5	SP

A. DE CIAN - 300 rue Jules Gaffe - 80230 ST-VALERY-SUR-SOMME - Tél. : 03 22 60 48 87

ST-VALERY-SUR-SOMME

2 ch. Dans la ville haute, 2 ch. d'hôtes (1 lit 2 pers., 2 lits 1 pers.) chacune avec s.d.b., vous sont proposées à l'étage d'une maison datant de la fin du XVIIIe siècle, dans laquelle Degas a séjourné et peint 2 toiles. Charmant jardin en terrasses de 1000 m² avec vue sur la ville haute et la baie de Somme. Petit-déjeuner dans la salle à manger ou dans le jardin. Salon de jardin. Restaurants dans la station. Taxe de séjour. Langues parlées : espagnol, anglais.

Prix : 1 pers. 69 € 2 pers. 70 € 3 pers. 84 € pers. sup. 15 €
Ouvert : Toute l'année.

SP	15	12	2	5	1	SP	15	5	SP

Mme DE LA METTRIE - 5 place du Maréchal Joffre - 80230 ST-VALERY-SUR-SOMME - Tél. : 03 22 60 80 70

ST-VALERY-SUR-SOMME   C.M. 236

4 ch. 2 ch. d'hôtes dans une aile de l'habitation des prop. Au r.d.c., 1 ch. (1 lit 2 pers.), s.d.b. et wc, porte-fenêtre donnant accès sur le jardin, petite terrasse. A l'étage, 1 ch. mansardée (2 lits 1 pers.), s. d'eau et wc. Autre aile de l'hab., r.d.c. : 1 ch. (1 lit 2 pers.), s.d.b./wc. A l'ét. : 1 suite/2 ch. (1 lit 2 pers., 2 lits 1 pers.), s. d'eau et wc. Salle petits déjeuners réservée aux hôtes avec terrasse et vue sur le jardin. Accès indép. Poss. Lit bébé et lit d'appoint. Jardin, salon de jardin. Restaurants dans la station. Beau point de vue sur la Baie de Somme de la porte Guillaume. Tarif 4 pers. 92 €. Taxe de séjour incluse dans le prix.

Prix : 1 pers. 43 € 2 pers. 49/54 € pers. sup. 23 €
Ouvert : Toute l'année.

SP	15	10	SP	5	SP	SP	15	6	SP

M. et Mme SERVANT - 117 rue au Feurre - 80230 ST-VALERY-SUR-SOMME - Tél. : 03 22 60 97 56

ST-VALERY-SUR-SOMME   C.M. 236 Pli 21

4 ch. Baie de Somme sur place. Marquenterre 20 km. Dans 1 grande propriété, sur le quai face à la baie de Somme, 1 suite de 2 ch. au 1er ét. : 1 ch. (1 lit 2 pers.), salon (1 clic-clac 2 pers.), s.d.b., wc. Au 2e ét. 1 suite de 2 ch. (1 lit 2 pers., 2 lits 1 pers.), s.d.b., wc. Dans une maisonnette : 2 ch. dont 1 avec cheminée feu de bois, chacune avec 1 lit 2 pers., coin-salon, s.d.b./wc. Petits déjeuners (spécialités maison) dans l'habitation des propriétaires ou en terrasse (vue sur le jardin). Jardin d'hiver (cuisine et salle à manger/salon à dispo. Parking dans la propriété. Poss. randonnée en baie de Somme en kayak à proximité. Tarif 4 pers. : 107 €. Taxe de séjour en sus. Langue parlée : anglais.

Prix : 1 pers. 54 € 2 pers. 60 € 3 pers. 88 € pers. sup. 23 €
Ouvert : Toute l'année, sauf janvier.

SP	15	10	SP	5	SP	SP	15	6	SP

Michèle et J-Pierre DOUCHET - La Gribane - 297 quai Jeanne d'Arc - 80230 ST-VALERY-SUR-SOMME - Tél. : 03 22 60 97 55

TALMAS Val de Maison   (TH)   C.M. 236 Pli 24

4 ch. Grottes de Naours 8 km. 2 suites dans une maison particulière, dans un hameau. R.d.c. : 1 suite de 2 ch. séparées par 1 salle d'eau privée (1 ch. 2 lits 1 pers. 1 ch. 1 lit 2 pers.), lavabo chacune, wc indépendants privés à la suite. Etage : 1 suite de 2 ch. non communicantes (1 ch. 1 lit 2 pers. 1 ch. 1 lit 1 pers. 1 lit d'appoint 1 pers.), lavabo chacune, salle de bains et wc communs. Salle de séjour à la disposition des hôtes. Table d'hôtes sur réservation. Restaurant 3 km. Vélos à disposition. Possibilité garage. Grand jardin et terrasse à disposition. Réduction pour long séjour. Tarif 4 pers. : 57 €. Langues parlées : anglais, allemand, espagnol.

Prix : 1 pers. 25 € 2 pers. 32 € 3 pers. 49 € repas 12 €
Ouvert : Toute l'année.

20	12	12	8	8	15	20	7

Jean-Pierre LEBOUCHER - Val de Maison - 7 route du Rosel - 80260 TALMAS - Tél. : 03 22 93 34 25

Picardie **Somme**

TULLY Le Gui-Nel
C.M. 236 Pli 21

2 ch. — Dans un petit village calme situé à proximité du GR arrière-pays littoral, 2 ch. d'hôtes au décor soigné ont été aménagées dans les dépendances de la propriété. 2 ch. (1 lit 2 pers. chacune), poss. lit bébé ou lit d'appoint, salle d'eau et wc privés. Petit-déjeuner copieux dans la salle à manger des prop. ou dans le jardin d'hiver. Table d'hôtes sur réservation. Poss. visite de l'élevage des poneys Welsh. Parking privé. Service de réservation de restaurants sur demande. Restaurant 2 km. Enfant -6 ans : 9 €. Langue parlée : anglais.

Prix : 1 pers. 42 € - 2 pers. 46 € - pers. sup. 17 €
Ouvert : Toute l'année.

6	10	2	8	1	2	SP	25	2	2

STEVENS - Le Gui-Nel - 2 rue Achille Pruvost - 80130 TULLY - Tél. : 03 22 26 41 13 ou 03 22 30 72 57 - Fax : 03 22 30 28 31 - E-mail : guinel@wanadoo.fr

VARENNES
C.M. 236 Pli 24

1 ch. — Albert 10 km. Parc Terre Neuvien 13 km. Vallée de l'Authie 10 km. A 2 km de la D938 (Doullens/Albert), dans le village, 1 suite de 2 chambres au r.d.c. accès indép. : (1 lit 2 pers. 1 lit 1 pers. clic-clac) communicante avec un séjour privé. Salle de bains et wc indépendants à l'usage exclusif des hôtes. TV. Parking fermé. Poss. lit supplémentaire. Coin-cuisine à dispo. Réduction à partir de la 4ᵉ nuit et long séjour. Non loin de la zone de combat de la première Guerre Mondiale.

Prix : 1 pers. 24 € - 2 pers. 35 € - pers. sup. 15 €
Ouvert : Toute l'année.

10	10	5	2	15	10	2

Claude OMIEL - 1 rue du Bois - 80560 VARENNES - Tél. : 03 22 76 43 77

VAUCHELLES-LES-QUESNOY
C.M. 236 Pli 22

3 ch. — R.d.c. : 1 ch. 3 épis (1 lit 2 pers.) avec grande s.d.b. (baignoire balnéo), cabine douche et wc privés. A l'ét. : 1 ch. 3 épis (1 lit 2 pers.) communicante à 1 petite ch. (1 lit 1 pers.), s.d.b. et wc privés. 1 ch. 2 épis (2 lits 1 pers.) communicante à 1 ch. (2 lits 1 pers.), s. d'eau et wc privés. Séjour et salon communs au r.d.c. TV à dispo. Jardin. Barbecue. Cour fermée pour voiture. Au centre du village, non loin de la RN1 (Amiens-Abbeville) et de la sortie d'autoroute A16, à 3 km d'Abbeville. Collégiale de Saint-Wulfran. Château de Bagatelle. Restaurant à Abbeville 3 km et dans le village. Tarif 4 pers. : 72 €.

Prix : 1 pers. 38 € - 2 pers. 44 €
Ouvert : Toute l'année sauf Noël.

15	8	3	3	3	3	8	4	3

Joanna CREPELLE - 121 place de l'Eglise - 80132 VAUCHELLES-LES-QUESNOY - Tél. : 03 22 24 18 17 - Fax : 03 22 24 18 17 - E-mail : joanna-crepelle@yahoo.fr

VAUX-MARQUENNEVILLE Le Relais du Colombier (TH)
C.M. 236

E.C. 1 ch. — Château de Rambures 10 km. Dans une maison de caractère du XVIIIᵉ et XIXᵉ, à l'étage 1 suite de 2 ch. avec petite entrée : 1 ch. (1 lit 2 pers.), douche et lavabo et 1 petite ch. (1 lit 1 pers.), wc sur le palier. Séjour commun. Cour et parking fermés. Jardin à la disposition des hôtes, salon de jardin. Réduc. à partir de la 3ᵉ nuit. TH sur résa. Tarif 4 pers. : 61 €. Langues parlées : anglais, italien.

Prix : 1 pers. 34 € - 2 pers. 46 € - 3 pers. 54 € - pers. sup. 8 € - repas 14 €
Ouvert : Toute l'année.

30	20	16	15	5	4	SP	20	20	4

PERROT - 16 rue Principale - Le Relais du Colombier - 80140 VAUX-MARQUENNEVILLE - Tél. : 03 22 25 12 53 - E-mail : jac.perrot@libertysurf.fr

VECQUEMONT Vecquemont
C.M. 236 Pli 24

3 ch. — Amiens les Hortillonage, la cathédrale 10 km. 3 ch. à l'ét. de la maison des propriétaires, construction récente, chacune avec salle d'eau/wc privés : 2 ch. avec 1 lit 2 pers. et 1 ch. avec 2 lits 1 pers. (Salle des petits-déjeuners avec coin cuisine à disposition des hôtes. Parking dans la propriété. Terrasse, jardin, salon de jardin. Accès direct aux ch. et à la salle commune par couloir indépendant. Tennis dans le village, terrain de boules et aire de jeux à proximité.

Prix : 1 pers. 34 € - 2 pers. 40 €
Ouvert : Toute l'année.

30	5	1	12	SP	1	10	2	5

HEBDA - 5, allée des Aubépines - 80800 VECQUEMEONT - Tél. : 03 22 48 29 54

LA VICOGNE Le Rosel
C.M. 236 Pli 24

4 ch. — Grottes de Naours 5 km. Doullens 8 km. Amiens 18 km. Dans une ferme picarde, 4 ch. d'hôtes à l'étage. 1 ch. (1 lit 2 pers. 1 lit 1 pers.), s. d'eau et wc privés. 1 ch. (1 lit 2 pers. 1 lit d'appoint 1 pers.), 1 ch. (1 lit 2 pers.), coin-cuisine, avec douche s. d'eau/wc. Poss. 1 ch. communicante (1 lit 1 pers.), s. d'eau/wc privés. Poss. lit suppl. Salon avec TV à disposition des hôtes à l'étage. Tarif 4 pers. : 60 €. Jardin, portique, parking, cour fleurie. Hébergement chevaux sur place. A 500 m de la N25 (Amiens-Doullens), au hameau du Rosel, prendre D125. Restaurant 5 km. Réduct. à partir de la 3ᵉ nuit.

Prix : 1 pers. 25 € - 2 pers. 34 € - 3 pers. 46 €
Ouvert : Toute l'année.

18	10	10	5	20	19	4

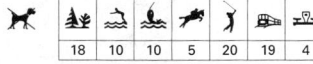

Jean et Francine LAMBERTYN - Le Rosel - La Vicogne - 80260 VILLERS-BOCAGE - Tél. : 03 22 93 71 20 - Fax : 03 22 93 71 20

Somme
Picardie

VIGNACOURT
(TH) C.M. 236 Pli 23

4 ch. **Picquigny 6 km. Samara, grottes de Naours 6 km.** A l'étage de l'habitation des propriétaires, 1 ch. 3 épis avec entrée indépendante, 1 lit 2 pers., salle d'eau et wc privés, 3 ch. 2 épis (1 ch. 1 lit 2 pers. salle d'eau privée, wc communs, 1 ch. 3 lits 1 pers. et 1 ch. 1 lit 2 pers., chacune avec salle d'eau et wc privés). Séjour, salon communs. Cour. Possibilité lit supplémentaire. TV, bibliothèque à disposition. TH sur réservation. Restauration à 6 km. Au centre d'un bourg à proximité de la Vallée de la Somme. Enfant 10 € moins de 10 ans. Langues parlées : anglais, allemand.

Prix : 1 pers. **28/34** € 2 pers. **34/40** € 3 pers. **46** € pers. sup. **13** € repas **13** €

Ouvert : Toute l'année.

50	40	20	6	6	6	20	15	SP

Pascal DENIS - 176 rue Thuillier Buridard - 80650 VIGNACOURT - Tél. : 03 22 52 86 44 - Fax : 03 22 39 05 32

VIRONCHAUX Mezoutre
(TH) C.M. 236 Pli 12

4 ch. **Abbaye de Valloires 6 km.** A côté de l'habitation des propriétaires, dans un bâtiment en briques et pierres, 4 ch. chacune avec 1 lit 2 pers., salle d'eau/wc privés (2 ch. ont un accès privé au jardin). Séjour/salle des petits-déjeuners avec coin cuisine à disposition des hôtes. Mezzanine avec coin tv. Grande cour commune fermée avec mare et colverts, terrasse, jardin. A proximité de la D12, entre Crécy-en-Ponthieu et Nampont-St-Martin, ferme picarde qui fut autrefois la ferme de l'abbaye de Valloires. Langue parlée : anglais.

Prix : 1 pers. **38** € 2 pers. **45** € repas **18** €

Ouvert : Toute l'année.

21	5	21	4	12	2	SP	10	14	8

POUPART - Ferme de Mezoutre - 80150 VIRONCHAUX - Tél. : 03 22 23 52 33 ou 06 22 10 40 85 - Fax : 03 22 29 22 14 - E-mail : ppoupart@wanadoo.fr

VRON Les Callenges
(TH) C.M. 236 Pli 12

E.C. 4 ch. **Abbaye et Jardins de Valloires 5 km. Marquenterre 16 km.** 4 ch. dans une grande maison de construction récente. R.d.c. : 2 ch. chacune avec 1 lit 2 pers., salle d'eau (douche balnéo), wc. 1er ét. : 1 ch. (1 lit 2 pers.), 1 ch. (1 lit 2 pers. 1 lit 1 pers. 1 lit enfant), s.d.b. et cabinet de toilette (wc, lavabo, bidet) communs au 2 ch. (non attenants). Séjour à disposition des hôtes. Terrasses, salon de jardin. Petit déjeuner picard. Parking dans la propriété. A l'écart de la N1, sortie autoroute A16 n°24, à l'entrée du village, au lieu-dit les Callenges.

Prix : 1 pers. **43** € 2 pers. **58/68** € 3 pers. **81** € pers. sup. **23** € repas **22** €

Ouvert : Du 5 janvier au 20 décembre.

16	SP	17	11	16	2	4	10	10

Emmanuel LAMIDEL - 129 route de Vironchaux - La Bâtelière - Les Callenges - 80120 VRON - Tél. : 03 22 29 97 51

WARGNIES
C.M. 236 Pli 23

1 ch. **Grottes de Naours 2 km. Samara 10 km.** 1 chambre d'hôtes (2 lits 1 pers.), salle de bains et wc particuliers. Bibliothèque à la disposition des hôtes. Parc. Restaurant 2 km. Calme assuré. A proximité de la N25 et de la D933.

Prix : 1 pers. **23** € 2 pers. **32** €

Ouvert : Toute l'année.

20	4	15	3	10

Claude DE FRANCQUEVILLE - 29 rue Principale - 80670 WARGNIES - Tél. : 03 22 93 71 75 - Fax : 03 22 93 71 75

POITOU-CHARENTES

Pour réserver, écrire ou téléphoner :

16 - CHARENTE
GÎTES DE FRANCE - LOISIRS ACCUEIL
Place Bouillaud
16021 ANGOULÊME Cedex
Tél. : 05 45 69 48 64 - Fax : 05 45 69 48 60
www.gitescharente.com

17 - CHARENTE-MARITIME

GÎTES DE FRANCE - Service Réservation
1, perspective de l'Océan
Les Minimes - B.P. 32
17002 LA ROCHELLE Cedex 01
Tél. : 05 46 50 63 63 - Fax : 05 46 50 54 46
www.gites-de-france.fr

79 - DEUX-SÈVRES
GÎTES DE FRANCE
15, rue Thiers - B.P. 8524
79025 NIORT Cedex 09
Tél. : 05 49 24 00 42 - Fax : 05 49 77 15 94

86 - VIENNE

GÎTES DE FRANCE - Service Réservation
Futuroscope Destination - B.P. 3030
86130 JAUNAY-CLAN
Tél. : 05 49 49 59 12 - Fax : 05 49 49 59 17

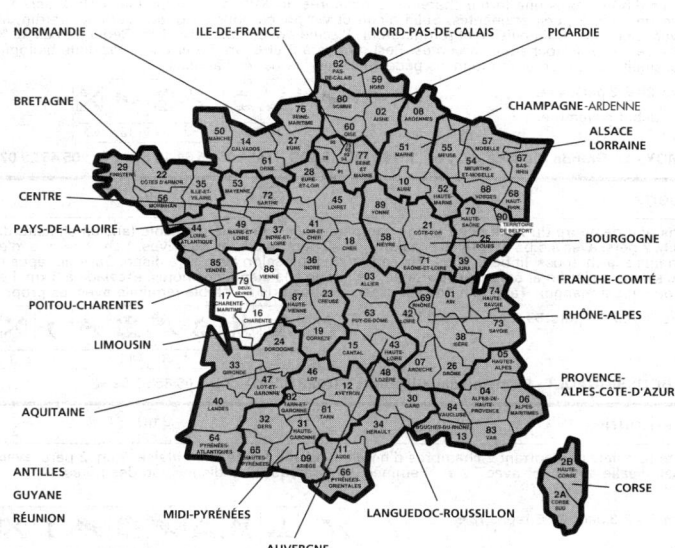

Charente

Poitou-Charentes

GITES DE FRANCE - LOISIRS ACCUEIL
Place Bouillaud - 16021 ANGOULEME Cedex
Tél. 05 45 69 48 64 - Fax 05 45 69 48 60
http://www.gitescharente.com

AIGNES-ET-PUYPEROUX Chez Jambon
C.M. 72 Pli 13

3 ch. 2 chambres 2 pers. et 1 chambre 3 pers. avec salle d'eau et wc privés. Salon avec cheminée, grande terrasse fleurie et ombragée. Entrée indép., séjour, TV à dispo. Pétanque, ping-pong, vélo et balade sur place. A quelques km du Périgord, dans une maison récente à flanc de colline au sein d'un hameau.

Prix : 1 pers. 30 € 2 pers. 37 € 3 pers. 43 €
Ouvert : Toute l'année.

SP	3	4	4	15	4	4	4

Mireille LE ROY - Chez Jambon - 16190 AIGNES-ET-PUYPEROUX - Tél. : 05 45 60 20 32

AUGE
C.M. 72 Pli 2/3

1 ch. Dans un village du vignoble de Cognac, ancienne ferme charentaise du XVIIIᵉ avec jardin clos, arboré et fleuri : 1 grande chambre 3 pers. d'accès indépendant avec salle d'eau et wc privés. Petit salon avec cheminée, mezzanine. Terrasse. Possibilité lit bébé. Galerie d'art dans l'enceinte de la propriété. Langues parlées : anglais, allemand.

Prix : 1 pers. 30 € 2 pers. 46 € 3 pers. 53 € repas 14/20 €
Ouvert : Toute l'année.

7	SP	10	3	10	7	20	25	10

Catherine et Patrick SCHEURER - Le Bourg - 16170 AUGE - Tél. : 05 45 21 63 28 - Fax : 05 45 21 63 28

BERNEUIL Chez Marquis
C.M. 75 Pli 13

5 ch. Nichée dans les collines du sud Charente à 14 km de Barbezieux, cette ferme avicole met 5 ch. à dispo. avec s. de bains et wc privés. 1 ch. 3 pers., 1 ch. 4 pers., 2 ch. 2 pers., 1 ch. 1 pers. Salle de lecture avec TV à la disposition. Lave-linge. Sèche-linge. Salle de jeux (tennis de table, baby-foot et billard gratuits). Loc. VTT. Jardin. Abri couvert. Terrain. Produits fermiers. Repas fermiers à la table familiale.

Prix : 1 pers. 26 € 2 pers. 34 € 3 pers. 39 € repas 13 €
1/2 pens. 160 €
Ouvert : Toute l'année.

7	SP	14	7	7	7	14

Pierre et Denise ARSICAUD - Chez Marquis - 16480 BERNEUIL - Tél. : 05 45 78 59 52

BIOUSSAC
C.M. 72 Pli 4

3 ch. 2 chambres d'hôtes dans une ferme charentaise restaurée du XVIᵉ, à la campagne. 1 ch. 2 pers. + 1 structure familiale composée de 2 ch. 2 pers. attenantes. Salle d'eau et wc privés pour chaque ensemble. Jardin, abri couvert. Salle de séjour avec cheminée. Coin-cuisine et réfrigérateur. Piscine privée non surveillée. Réduction de 10 % pour les séjours de plus d'une semaine. Eurochèques acceptés. Restaurants à 3 et 6 km. Forêt 6 km. Produits biologiques de la ferme sur place. Possibilité de canoë et randonnées pédestres. Langue parlée : anglais.

Prix : 1 pers. 30 € 2 pers. 38 € 3 pers. 48 €
Ouvert : De fin mars au début novembre.

1	SP	7	3	15	3

J-Louis et Christine MOY - La Grande Métairie d'Oyer - 16700 BIOUSSAC - Tél. : 05 45 31 15 67 - Fax : 05 45 29 07 28

BIRAC Les Gilleberts
C.M. 72 Pli 13

4 ch. 4 ch. dans une demeure du XVIIᵉ s. en pleine campagne sur 1 propriété viticole (ancien château du XVIIᵉ) à 3 km de la RN10. 2 ch. 2 pers. avec s.d.b., wc privés et salon. 1 ch. 3 pers., 1 ch. 2 pers., s.d.b. et wc privés. 1 ch. 2 pers., s. d'eau et wc privés mais non attenants à la ch. (poss. lit bébé 35 F). Ch. central. Séjour, salon avec TV à dispo. Salle de repos avec cheminée. Jeux. Parc avec salons de jardin et barbecue, portique, pétanque à la dispo. des hôtes, escalade à 3 km. Petits déj. et dîners sur terrasse ou salle à manger. Table d'hôtes sur réserv., repas pris à la table familiale avec les propr.

Prix : 1 pers. 37 € 2 pers. 39/43 € 3 pers. 59 € pers. sup. 16 €
repas 16 €
Ouvert : Toute l'année.

3	0,8	3	3	15	7	8	3	3

Raymond et Yolande BOUSSIQUAULT - Domaine des Gilleberts - 16120 BIRAC - Tél. : 05 45 97 02 96

BIRAC Les Petites-Bouries
C.M. 72 Pli 13

2 ch. 1 structure familiale comportant 2 chambres d'hôtes dans une ferme charentaise. 2 ch. 2 pers. avec salle de bains et wc privés. Salon/salle à manger avec TV et cheminée, bibliothèque à la disposition des hôtes.

Prix : 1 pers. 27 € 2 pers. 34 € 3 pers. 38 € repas 12 €
Ouvert : Toute l'année.

6	1	6	6	15	7	28	6	4	4

Claude BOISSEAU - Les Petites Bouries - 16120 BIRAC - Tél. : 05 45 97 00 92

Poitou-Charentes **Charente**

BOUTIERS-SAINT-TROJAN
C.M. 72 Pli 12

2 ch. **Cognac 3 km. Fleuve Charente 300 m.** 3 ch. (2 pers. et 3 pers.) avec salle d'eau et wc privés dans l'aile la maison du propriétaire.Entrée indépendante.Salle à manger, bibliothèque, télévision, lave-linge à la disposition des hôtes. Terrasse en bord de piscine, jardin, salon de jardin. Piscine privée non surveillée, partagée avec le propriétaire. A 3 km de Cognac la célèbre Cité des Eaux de Vie (Festival du film policier en Avril, Festival Blues Passion fin juillet). A 300 m du fleuve Charente (possibilité de croisières). Entrée gratuite pour visiter une grande maison de Cognac offerte par le propriétaire.

Prix : 1 pers. 40 € 2 pers. 43/44 € 3 pers. 55 €
Ouvert : Toute l'année.

🐕	🏊	👥	🎾	⛱	🏇	🚂	🅿
0,3	0,1	SP	0,5	6	3	4	3

Jean-Pierre SUPERVIA - 383 route de Corbières - 16100 BOUTIERS-SAINT-TROJAN - Tél. : 05 45 32 63 75 ou 06 07 03 02 51 - Fax : 05 45 32 63 75 - E-mail : supervia.jean-pierre@wanadoo.fr - http ://perso.wanadoo/jean-pierre.supervia

CHADURIE Logis de Puy-Fort-Haut
C.M. 72 Pli 13

5 ch. 4 ch. d'hôtes à l'étage d'un logis charentais avec piscine privée. 2 ch. 2/3 pers. avec s. d'eau et wc privés. 1 structure familiale composée d'1 ch. 2 pers. et d'1 ch. 1 pers. avec s. d'eau et wc privés. Salon et TV à la disposition des hôtes. Jardin, terrasse, bicyclettes, balançoire, ping-pong et volley-ball. Table d'hôtes en juillet et aout uniquement et sur réservation uniquement. Animations en saison sur place.

Prix : 1 pers. 35 € 2 pers. 40 € 3 pers. 50 € repas 15/20 €
Ouvert : Toute l'année.

🐕	🏊	👥	🎾	⛱	🏇	❌	🚂	🅿
5	SP	SP	2	10	22	3	20	8

Marie-Claude BERGERO - Le Logis de Puy Fort-Haut - 16250 CHADURIE - Tél. : 05 45 24 80 74

CHADURIE Les Vergers du Faure
C.M. 72 Pli 13

1 ch. 1 chambre 2 pers. avec salle d'eau et wc privés. Poss. lit bébé. Salon/salle à manger, cheminée, TV et biblio. à disposition. Jardin avec portique, table de ping-pong. Dans une maison de maître d'une ferme datant de la fin du XIXᵉ siècle, entourée de vignes, de vergers et d'étangs dans une région vallonée, riche d'églises romanes.

Prix : 1 pers. 30 € 2 pers. 38 € 3 pers. 53 €
Ouvert : Du 15 janvier au 15 décembre.

🐕	🏊	👥	🎾	⛱	🏇	🚂	🅿
SP	SP	SP	3	20	3	10	10

Marie-Thérèse RAGUENAUD - Les Vergers du Faure - 16250 CHADURIE - Tél. : 05 45 24 80 06

CHAMPNIERS La Templerie
C.M. 72 Pli 13/14

5 ch. 3 ch. 3 pers. avec s.d.b. et wc privés, 1 ch. 2 pers. access. aux pers. hand. avec s. d'eau et wc privés, 1 structure familiale de 2 ch. 2 pers. (1 lit 2 pers. 2 lits 1 pers.) avec s.d.b. et wc privés. Salle à manger, salon, cuisine, cheminée, biblio., salle de jeux, TV à dispo. Vaste jardin arboré, piscine privée non surveillée. Accès à une laverie (lavage et repassage). Aux portes d'Angoulême (salon de la BD, festival de musique métisse, circuit des remparts), sur une propriété viticole située au cœur d'un village charentais. Langues parlées : anglais, espagnol.

Prix : 1 pers. 35 € 2 pers. 40 € 3 pers. 49 €
Ouvert : Toute l'année.

🐕	🏊	👥	🎾	⛱	🏇	❌	🚂	🅿
3,4	0,5	SP	2,7	6,4	10	8	3	8	4

Claudine et Jean RICHON - La Templerie - Denat - 16430 CHAMPNIERS - Tél. : 05 45 68 73 89 ou 05 45 68 49 00 - Fax : 05 45 68 91 18

CHENON Les Cajets
C.M. 72 Pli 4

3 ch. 2 chambres 2 personnes et 1 ensemble familial(2 ch. 2 pers.) avec salle d'eau et wc privés. Salle à manger, salon avec TV et cheminée à disposition des hôtes. Jardin avec salon. Mise à disposition d'une barque sur la Charente. Dans une authentique ferme céréalière restaurée avec beaucoup de goût,à proximité de la Charente. Langues parlées : anglais, allemand.

Prix : 1 pers. 38 € 2 pers. 41 € repas 12 €
Ouvert : Toute l'année

🐕	🏊	👥	🎾	⛱	🏇	🚂	🅿
SP	5	12	3	11	1	12	4

Pierre NADAUD - Les Cajets - 16460 CHENON - Tél. : 05 45 93 94 24 - Fax : 05 45 69 25 80

CHILLAC Touvent
C.M. 75

2 ch. 2 chambres aménagées à l'étage d'une ferme charentaise : 1 ch. 3 pers., 1 ch. 4 pers. avec salle d'eau et wc privés. Salle à manger avec cheminée, salle de jeux à la disposition des hôtes.

Prix : 1 pers. 23 € 2 pers. 30 € 3 pers. 38 € repas 11 €
Ouvert : Toute l'année.

🐕	🏊	🎾	⛱	🚂	🅿
5	14	5	5	14	5

Jean-Claude DOMINIQUE - Touvent - 16480 CHILLAC - Tél. : 05 45 98 72 25

Charente
Poitou-Charentes

CHIRAC Le Porchet (TH) C.M. 72 Pli 5

2 ch. — Dans une maison neuve avec bois attenant située dans un hameau, 2 ch. dont 1 de plain-pied, avec s. d'eau privée et 1 wc pour 2 ch. 1 ch. 2 pers. et 1 lit enfant. 1 ch. 4 pers. Salon/salle à manger, cheminée, TV, lave-linge et coin-cuisine (micro-ondes, gazinière, réfrig.) à disposition des hôtes. Barbecue, salon de jardin sur terrasse, table de pique-nique sur espace boisé. Etangs aménagés 7 km. Table d'hôtes sur réservation. Langue parlée : anglais.

Prix : 1 pers. **26** € 2 pers. **30/35** € 3 pers. **45** € repas **12** €
Ouvert : Toute l'année.

🐕	🏊	👥	🚣	🎾	⛱	🐎	🚂
	3	3	3,5	3,5	7	12	3,5

Lucette MENUET - Le Porchet - 16150 CHIRAC - Tél. : 05 45 89 06 35 ou 06 03 98 84 06

CONDEON Le Bois de Maure (TH) C.M. 75 Pli 2

4 ch. — Dans une maison ancienne restaurée. 4 chambres 2 pers. en rez-de-chaussée, avec salle d'eau et wc privés, chauffage central. Entrée indépendante. Jardin clos. Aire de pique-nique. Repas gastronomique à la table familiale spécialités de canard gras à la ferme.

Prix : 1 pers. **24** € 2 pers. **31** € 3 pers. **38** € repas **11** €
Ouvert : Toute l'année.

🐕	🏊	🚣	🎾	⛱	🐎
	SP	10	3	8	8

Guy et Jacqueline TESTARD - Bois de Maure - 16360 CONDEON - Tél. : 05 45 78 53 15

CONFOLENS C.M. 72 Pli 5

5 ch. — 5 ch. d'hôtes dans une maison de style dans un parc en centre ville. 5 chambres 2 pers. dont 1 avec possibilité d'ajouter 1 lit enfant avec salle d'eau et wc privés. Possibilité TV dans les chambres, salon, bibliothèque à la disposition des hôtes. Piscine privée non surveillée.

Prix : 1 pers. **38** € 2 pers. **46** €
Ouvert : Toute l'année.

🐕	🏊	👥	🚣	🎾	🐎	✗	🚂
	SP	SP	SP	SP	2	0,3	SP

Daniel et Nadine VALEYRE ET LORIETTE - 9, rue du Pont de l'Ecuyer - 16500 CONFOLENS - Tél. : 05 45 85 32 06

CONFOLENS Mas Félix C.M. 72 Pli 5

2 ch. — 1 structure familiale composée de 2 chambres aménagées dans une maison neuve. 1 ch. 2 pers. et 1 ch. 3 pers. avec 1 salle de bains et wc privés. Salon/salle à manger avec cheminée à la disposition des hôtes.

Prix : 1 pers. **27** € 2 pers. **34** € 3 pers. **41** €
Ouvert : Toute l'année.

🐕	🏊	🚣	🎾	🚂	🅿
	0,7	1,5	1	20	0,6

BARRY - Mas Félix - 16500 CONFOLENS - Tél. : 05 45 84 26 14

EDON Les Blanquets (TH) C.M. 72 Pli 14

2 ch. — Structure familiale composée de 2 ch. (1 lits 2 pers. 2 lits 1 pers.), s.d.b. et wc privés à l'ensemble. Séjour (cheminée, TV à dispo.). Jardin, parc et bois. Aux portes du Périgord, entre Angoulême et Brantôme, maison traditionnelle charentaise sur le GR36. 1/2 pens. à partir de 3 jours. Repas à la table familiale. Ouverture sur réservation hors saison.

Prix : 1 pers. **29** € 2 pers. **32** € 3 pers. **38** € repas **11** €
Ouvert : Du 1er avril au 30 septembre.

🐕	🏊	👥	🚣	⛱	🚂
	0,2	SP	5	0,2	15	25

Juliette et Bernard MONCEYRON - Les Blanquets - 16320 EDON - Tél. : 05 45 64 15 16

GUIZENGEARD Relais de Buissonnet C.M. 75 Pli 2

6 ch. — Angoulême et Bordeaux 50 km. 6 ch. 2 pers. avec s. d'eau et wc privés, grand salon avec cheminée monumentale à disposition des hôtes. Parking dans la propriété. Parc animalier et étangs de pêche sur place. Au cœur de la Saintonge, les parcs permettent d'observer cerfs, sangliers, daims, chevreuils et mouflons sauvages. Aux beaux jours, visite du parc en 4 x 4 par groupe de 6 à 8 personnes (minimum 4 personnes).

Prix : 1 pers. **30** € 2 pers. **43** € 3 pers. **64** €
Ouvert : Toute l'année sur réservation.

🐕	🏊	👥	🚣	🎾	⛱	🐎	🚂	🅿
	SP	SP	7	7	10	10	40	28	10

Xavier BENOIT DU REY - Relais de Buissonnet - 16480 GUIZENGEARD - Tél. : 05 45 98 99 31 - Fax : 05 45 98 49 95 -
E-mail : info@buissonnet.com - www.buissonnet.com

HIESSE L'Age-Vieille A C.M. 72 Pli 5

2 ch. — 2 chambres d'hôtes dans une ferme avec élevage de cervidés. 2 chambres 2 pers. avec salle d'eau et wc privés. Salon, salle à manger. Portique pour enfants, ferme de découverte (parc animalier et matériel anciens). Langue parlée : anglais.

Prix : 1 pers. **27** € 2 pers. **30** € repas **12** €
Ouvert : Du 1er mai au 30 aout.

🐕	🏊	👥	🚣	🎾	🚂
	3	SP	10	10	10

Jean-Claude LE BORGNE - l'Age Vieille - 16490 HIESSE - Tél. : 05 45 89 65 45

Poitou-Charentes — **Charente**

HIESSE La Maison des Roses
C.M. 72 Pli 5

3 ch. — 3 chambres d'hôtes aménagées dans une ancienne ferme limousine, située dans un hameau. 2 ch. 3 pers., 1 ch. 2 pers. avec salle d'eau et wc privés. Salle à manger, salon avec cheminée. Lave-linge à la disposition des hôtes. Terrasse, jardin comportant plus de 400 rosiers. Langue parlée : anglais.

Prix : 1 pers. 28 € 2 pers. 34 € 3 pers. 41 €
Ouvert : Toute l'année.

1	10	4	10	9

WALTON - Les Caillaux - 16490 HIESSE - Tél. : 05 45 89 62 97 - E-mail : d_walton@libertysurf.fr

JARNAC
C.M. 72 Pli 12

1 ch. — Cognac 10 km. Angoulême 25 km. 1 chambre 2/3 pers., salle d'eau et wc privés. Terrasse avec salon de jardin. Jardin avec piscine privée partagée avec le propriétaire. -10 % de remise à partir de la 4e nuit. Dans la cité de Jarnac,ville natale de F. Mitterand, dans un cadre de verdure au milieu des jardins, Martine et Ariel vous accueillent dans leur demeure « Océane » (piscine, palmiers, arbres fruitiers, tranquillité). Ariel vous propose aussi des croisières fluviales à bord de son bateau.Canoé à 300 m. Langue parlée : anglais.

Prix : 1 pers. 38 € 2 pers. 40 € 3 pers. 43 € repas 15 €
Ouvert : Toute l'année.

0,3	0,3	SP	0,8	0,4	10	6	0,2

Ariel et Martine PELLUCHON - 7 bis, place Charles de Gaulle - 16200 JARNAC - Tél. : 05 45 82 09 35

JARNAC
C.M. 72 Pli 12

5 ch. — Cognac 15 km,Angoulême 25 km, vallée de la Charente, vignoble du cognac. 5 chambres 2 personnes avec salle d'eau ou salle de bains et wc privés. Possibilité lit bébé. Salon de billard à disposition des hôtes. Tennis et piscine privés sur place. Possibilité de promenade fluviale à 1 km. Au cœur de Jagnac, cité natale de François Mitterand, Brigitte vous accueille dans son château du XIXe siècle au sein d'un parc de 2.5 ha en bordure de la Charente. Dans le château, collection de peinture privée.

Prix : 1 pers. 60/90 € 2 pers. 73/113 €
Ouvert : Toute l'année.

SP	SP	SP	SP	13	6	1	1,5	1

Brigitte CARIOU - 56 rue des Chabannes - 16200 JARNAC - Tél. : 05 45 83 38 64 ou 06 03 51 52 31 - Fax : 05 45 83 38 38

LACHAISE
C.M. 72 Pli 12

2 ch. — 2 chambres d'hôtes à l'étage d'une maison charentaise rénovée avec salle d'eau et wc privés. 1 ch. 2 pers., 1 ch. 3 pers., lit enfant sur demande. Salon, cheminée, TV à disposition des hôtes. Jardin, portique, bicyclettes. Table d'hôtes sur réservation. Langue parlée : anglais.

Prix : 1 pers. 29 € 2 pers. 38 € 3 pers. 44 € repas 15 €
Ouvert : Toute l'année.

5	6	6	7

Jean et Jeanne-Marie FROUIN - Chez Massias - 16300 LACHAISE - Tél. : 05 45 78 09 16 - Fax : 05 45 78 59 50

LESIGNAC-DURAND La Redortiere
C.M. 72 Pli 15

5 ch. — 3 chambres 2 pers. avec salle de bains et wc privés, 2 structures familiales (3 et 4 pers.) avec salle de bains et wc privés. Ouvert toute l'année. Au cœur d'un parc de 17 ha., château du XIXe dominant le lac de Mas Chaban. Langue parlée : anglais.

Prix : 1 pers. 39 € 2 pers. 46/57 € 3 pers. 57 € repas 15/21 €
Ouvert : Toute l'année.

SP	SP	8	3	10	10	12	3

Marie-Paule MICHAUD - Château de la Redortière - 16310 LESIGNAC-DURAND - Tél. : 05 45 65 07 62 - Fax : 05 45 65 31 79

LESSAC Le Pit
C.M. 72 Pli 5

3 ch. — 2 ch. d'hôtes : 1 ch. 2 pers. 1 ch. 4 pers., dans les dépendances d'une ferme avec salle d'eau et wc privés. Salon/salle à manger, cheminée, lave-linge, sèche-linge et cuisine à disposition. TV. Jardin, plan d'eau, portique, tennis privé à 500 m. Elevage de cervidés, d'autruches, de lamas et de Wallabys. Langue parlée : anglais.

Prix : 1 pers. 29 € 2 pers. 40 € 3 pers. 58 € repas 15 €
Ouvert : Toute l'année.

SP	SP	4,5	0,5	1	5

Hélène EVERITT - Le Pit - D168 - 16500 LESSAC - Tél. : 05 45 84 27 65 - Fax : 05 45 85 41 34 - E-mail : Everitt16@AOL.com

LIGNIERES-SONNEVILLE
C.M. 72 Pli 12

4 ch. — Dans un logis charentais des années 1850, 4 chambres meublées à l'ancienne : 1 ch. 3 pers. 2 ch. 2 pers. et 1 ch. 4 pers. avec salle d'eau et wc privés. Salle à manger, salon lecture avec TV-vidéo, jeux et cuisine aménagée avec coin-repas à la disposition des hôtes. Terrasse, parc, portique pour enfants, bicyclettes,promenade en calèches. Table d'hôtes sur réservation. Dans les dépendances, exposition de calèches et de vieux outils agricoles. Visite d'une distellerie d'avant 1870. Accès gratuit au tennis municipal.

Prix : 1 pers. 31 € 2 pers. 38 € 3 pers. 46 € repas 12 €
Ouvert : Toute l'année.

1,5	SP	12	1,5	10	20	2	12	1,5

Roland MATIGNON - Les Collinauds - 16130 LIGNIERES-SONNEVILLE - Tél. : 05 45 80 51 23 - Fax : 05 45 80 51 23

Charente
Poitou-Charentes

LOUZAC-SAINT-ANDRE Chez les Rois *C.M. 72 Pli 11*

🏠🏠🏠 3 ch. 3 chambres d'hôtes dans une maison charentaise rénovée dans un petit village. 1 ch. 2 pers. (2 épis) avec salle de bains et wc communs, 1 ch. 3 pers. avec salle d'eau et wc privés. 1 ch. 2 pers. avec salle d'eau et wc privés. Salon avec cheminée et TV à la disposition des hôtes. Portique.

Prix : 1 pers. 23/29 € 2 pers. 29/35 € 3 pers. 41 €
Ouvert : Du 1er avril au 31 octobre.

5	SP	7	1	4	12	7	2

Geneviève DESRENTES - Chez les Rois - 16100 LOUZAC-SAINT-ANDRE - Tél. : 05 45 82 16 04

LOUZAC-SAINT-ANDRE Demeure du Chapître *C.M. 72 Pli 11*

🏠🏠🏠 3 ch. **Cognac 6 km. Saintes 20 km** Dans l'ancienne étable aménagée à votre attention, 2 ch. 2 pers. et un ensemble familial (2 ch. 2 pers.) avec s.d.b. et wc privés. Accès indép. R.d.c : vaste salon/salle à manger avec TV, 2e salon avec cheminée, cuisine, accès laverie (lavage et repassage). Possibilité lit enfant. Jardin avec salon, parking dans cour fermée, jeux divers, loc. vélo. A proximité de Cognac, la célèbre cité des eaux de vie, vous êtes chaleureusement accueillis dans une demeure charentaise confortable, ouverte sur jardin fleuri, bercé de chants d'oiseaux. Vous serez notamment encouragés à découvrir les richesses de ce beau pays. Langue parlée : anglais.

Prix : 1 pers. 31 € 2 pers. 37 € 3 pers. 48 €
Ouvert : Toute l'année.

3	0,2	6	0,5	2	12	6	6

Lucette JOUSSAUME - Demeure du chapître - 16100 LOUZAC-SAINT-ANDRE - Tél. : 05 45 82 90 34 - Fax : 05 45 82 45 74

LUXE Les Vignauds *C.M. 72 Pli 3*

🏠🏠🏠 4 ch. 3 ch. 2 pers. et 1 ch. 3 pers., s.d.b. et wc privés dans ferme restaurée. Séjour, salon, TV, bibliothèque. Portique, billard anglais, baby-foot, réfrigérateur et lave-linge à disposition des hôtes. Parking. Tennis de table, piscine privée non surveillée. Terrasse, cuisine pour pique-nique et repas de midi. Jardin d'agrément. VTT à la disposition des hôtes. Ouvert toute l'année. Pétanque. Pêche en étang et rivière à 1 km. 1/2 pension pour 1 couple : 66 €. A partir du 4e jours tarifs réduits entre 15 septembre et 15 juin.

Prix : 1 pers. 38 € 2 pers. 46 € 3 pers. 53 € repas 13 €
Ouvert : Toute l'année.

0,5	SP	SP	20	2	6	1	1

Christian et Lucette RICHARD - Luxe-Bourg - 16230 LUXE - Tél. : 05 45 39 01 47 - Fax : 05 45 39 01 47

MAGNAC-SUR-TOUVRE Le Clos-Saint-Georges *C.M. 72 Pli 14*

🏠🏠🏠 2 ch. **Angoulême 9 km. La Rochefoucauld 20 km.** 1 chambre 2 pers. avec salle de bains et wc privés, 1 chambre 2 pers. avec salle d'eau et wc privés mais non communicants. Salon, salle à manger, salon avec cheminée à disposition des hôtes. Billard français. Jardin avec piscine privée, commune avec le propriétaire. 3 bicyclettes. Parking privé sur la propriété vue panoramique sur la campagne charentaise. Aux portes d'Angoulême, direction la Dordogne, ancienne ferme rénovée avec piscine privée et vue panoramique sur la forêt de Bois Blanc et sur les champs. Canoë à 6 km. Langues parlées : anglais, espagnol, allemand.

Prix : 1 pers. 38 € 2 pers. 43 €
Ouvert : Toute l'année.

3	SP	SP	3	12	5	8	9	10	3

Nadine JACQUEMIN - rue de Bel Air - Le Clos Saint-Georges - 16600 MAGNAC-SUR-TOUVRE - Tél. : 05 45 68 54 33

MAGNAC-SUR-TOUVRE Château de Maumont *C.M. 72 Pli 14*

🏠🏠🏠 4 ch. **Angoulême à 5 km. Sources de la Touvre 2 km.** Dans un parc de 2 ha, 4 chambres ont été aménagées dans ce château du 16e s. 3 ch. 2 pers. (dont une avec lit enfant) avec s. de bains et wc privés, 1 ch. 2 pers. avec s. d'eau et wc privés. Salle à manger, salon avec cheminée, bibliothèque, TV, téléphone à disposition des hôtes. Terrasse, parc avec tour du 14e s., salon de jardin. Parking sur la propriété. Chateaubriand écrivit son roman « René » dans ce château. Langue parlée : anglais.

Prix : 1 pers. 76 € 2 pers. 91 € repas 29 €
Ouvert : Toute l'année.

SP	5	5	5	5	5	5

Claudine JOLY - Château de Maumont - 16600 MAGNAC-SUR-TOUVRE - Tél. : 05 45 90 81 10

MANSLE La Fontaine des Arts *C.M. 72 Pli 3*

🏠🏠🏠 3 ch. **Festival de la BD, Musique Métisse à Angoulême 20 km. Cognac 50 km.** Marie-France et Gérard ont aménagé 3 chambres d'hôtes spacieuses et confortables :Fanny, ch. 2 pers.(s.d'eau, wc privés), Cottage et Manon, 2 ch. 3 pers.(s.d.b.avec jaccuzi et wc privés). Séjour/salon TV, magnetoscope, biblio., jeux société. Kitchinette avec l.linge, sèche-linge. Pêche, prêt de VTT, piscine privée, ping-pong. Jardin clos avec portique. Après un petit-déjeuner gourmand, vous pourrez découvrir cette magnifique région au travers de circuits que Marie-France a soigneusement préparé ou vous reposer au bord de la piscine chauffée au milieu d'une cour paysagère avec terrasse et fontaine. - 10 % à partir de 7 nuits. Gratuit jusqu'à 2 ans. Langue parlée : anglais.

Prix : 1 pers. 42/48 € 2 pers. 50/56 € 3 pers. 70/73 €
Ouvert : Toute l'année.

SP	1	SP	1	17	25	0,5	18	0,3

Marie-France PAGANO - 13 rue du Temple - La Fontaine des Arts - 16230 MANSLE - Tél. : 05 45 69 13 56 ou 06 12 52 39 86 - Fax : 05 45 69 13 56 - E-mail : gerard.pagano@wanadoo.fr

Poitou-Charentes **Charente**

MESNAC Le Château

C.M. 72 Pli 12

3 ch. **Cognac 12 km. Saintes 23 km.** 2 chambres 2 pers. avec salle d'eau et wc privés, et un ensemble familial comportant 2 chambres 2 pers., avec salle d'eau et wc privés non communicants. Salle à manger, salon (TV), salle de remise en forme à disposition des hôtes. Vaste jardin paysager avec piscine privée. Parking privé sur la propriété. Initiation à la dégustation de différents cognacs. Cuisine gastronomique à la ferme auberge, issue des produits de la ferme. Au cœur du vignoble de Cognac, dans un château du XVIIIe, en bordure de la rivière « L'Antenne ». Canoé à 10 km. Langues parlées : anglais, allemand.

Prix : 1 pers. **46/61** € 2 pers. **54/69** € 3 pers. **76** € repas **16** €
Ouvert : Toute l'année.

🐕	🏊	👫	🎾	🏖	🏇	⛳	🚲	🚂
	SP	SP	SP	4	4	12	12	4

Christel et Christoph CHURLAUD MOINARDEAU - Place de l'Eglise - 16370 MESNAC - Tél. : 05 45 83 26 61 - Fax : 05 45 83 17 70

MOSNAC Le Maine-Barraud

(TH) *C.M. 72 Pli 13*

1 ch. **Angoulême 13 km. Cognac 27 km.** 1 chambre spacieuse (2 lits 1 pers.) comportant : cheminée, coin-salon, bibliothèque et TV. Salle d'eau et wc privés attenants. Salle à manger, salon avec cheminée à disposition des hôtes, TV. Terrasse, vaste jardin paysager, salon de jardin. Repas à partir des fruits et légumes du jardin. Parking privé sur la propriété. Maison de maître de style charentais du XIXe s. dans le vignoble du Cognac à 800 m de la Charente. Langue parlée : anglais.

Prix : 1 pers. **46** € 2 pers. **53** € repas **18** €
Ouvert : Du 1er avril au 1er novembre.

🐕	🏊	👫	🎾	🏖	🏇	⛳	🚲	🚂
	0,8	0,8	4	4	4	5	25	4	4

Marinette FOY - Le Maine Barraud - 16120 MOSNAC - Tél. : 05 45 62 51 06

MOULIDARS Chez Quillet

(TH) *C.M. 72 Pli 13*

3 ch. **Angoulême 18 km. Jarnac 13 km. Cognac 24 km.** 3 ch. 2 pers. (1 lit 2 pers.) avec s. d'eau et wc privés. Salon, salle à manger avec TV, vidéo, hi-fi et cheminée à disposition des hôtes. Terrasse, jardin. Parking sur la propriété. Entre Angouleme et Jarnac, dans un petit hameau à 3 km de la Charente, 3 ch. dans une maison saintongeaise dans le vignoble de cognac. Langue parlée : anglais.

Prix : 1 pers. **47** € 2 pers. **50** € pers. sup. **16** € repas **18** €
Ouvert : Toute l'année.

🐕	🏊	👫	🎾	🏖	🏇	⛳	🚲
	3	6	6	6	3	6	18	6

Jenny et Derek FORDHAM - Les Tilleuls - Chez Quillet - 16290 MOULIDARS - Tél. : 05 45 21 59 00

MOULIDARS Malvieille

(TH) *C.M. 72 Pli 13*

2 ch. **Angoulême 17 km. Jarnac 12 km. Cognac 23 km.** 1 ch. 2 pers. avec s. d'eau et wc privés, 1 ch. 3 pers. avec s.d.b. et wc privés. Salon et salle à manger avec cheminée et coin-cuisine à disposition des hôtes. Jardin, parking sur la propriété. Entre Angoulême et Jarnac, dans un petit village situé à 4 km de la Charente, sur une exploitation viticole. Langues parlées : anglais, espagnol.

Prix : 1 pers. **30** € 2 pers. **34** € 3 pers. **43** € repas **11** €
Ouvert : Toute l'année (sur réservation hors saison).

🐕	🏊	👫	🎾	🏖	🏇	⛳	🚲	🚂
	4	SP	10	3	4	15	20	10	3

Jean-Bernard MAURIN - Malvieille « le prunier » - 16290 MOULIDARS - Tél. : 05 45 96 40 38 - Fax : 05 45 90 09 85

MOUTARDON Braillicq

(TH) *C.M. 72 Pli 4*

2 ch. 1 structure familiale composée de 2 chambres 2 pers. avec salle de bains et wc privés à l'ensemble. Salon avec cheminée, TV à disposition des hôtes. Lave-linge. Promenades sur place et découverte du patrimoine. Ancienne ferme charentaise dans un hameau à proximité d'une petite rivière. Table d'hôtes sur reservation.

Prix : 1 pers. **25** € 2 pers. **38** € 3 pers. **46** € repas **12** €
Ouvert : Du 15 mars au 31 octobre.

🐕	🏊	🎾	🏖	🚲	🚂
	6	12	6	8	12	12

Françoise LEPROUX - Braillicq - 16700 MOUTARDON - Tél. : 05 45 31 91 97

ORGEDEUIL

C.M. 72 Pli 15

2 ch. Dans une maison limousine au cœur d'un petit bourg rural, 1 structure familiale composée de 2 ch. 2 pers. avec salle d'eau (sèche-cheveux) et wc privés. Petit séjour à la disposition des hôtes. Possibilité de lavage de linge. Jardin avec pelouse, salon de jardin. Sur les premières pentes du Limousin, dans la vallée de la Tardoire, à quelques kilomètres de la Rochefoucauld et de son château, lieu chaque été d'un son et lumières. Langue parlée : anglais.

Prix : 1 pers. **28** € 2 pers. **31/37** € 3 pers. **46** €
Ouvert : Du 1er mai à la Toussaint.

🐕	🏊	👫	🎾	🏇	🚲	🚂
	2	2,5	2,5	7	15	2,5

Michael HUGHES - Le Bourg - 16220 ORGEDEUIL - Tél. : 05 45 70 80 26

Charente
Poitou-Charentes

PARZAC La Combe Roussie - Mouchedune
C.M. 72 Pli 4

1 ch. Au rez-de-chaussée : 1 grande ch. avec 2 lit 1 pers., salle de bains, wc privés et TV. Salon, bibliothèque (livres en 4 langues), salle à manger, lave-linge et jardin à disposition des hôtes. Entre Confolens et la Rochefoucauld, un couple d'anglais a aménagé une fermette limousine dans un hameau rural au bord de la Sonnette. Restaurants à 2 km. Langues parlées : anglais, italien.

Prix : 1 pers. **30** € 2 pers. **43** €
Ouvert : De Juin à Octobre.

5	SP	2	2	25	25	25	4	10	2

Sylvia WOLSTENCROFT - La Combe Roussie - Mouchedune - 16450 PARZAC - Tél. : 05 45 85 74 95 - Fax : 05 45 85 70 62 -
E-mail : syljim.charente@wanadoo.fr

PASSIRAC Le Chatelard (TH)
C.M. 75 Pli 3

4 ch. Dans un château du XIXᵉ entouré d'un vaste parc de 120 ha. avec étang. 4 ch. 2 pers. dont 1 avec 1 lit enfant, avec s.d.b. privée et 1 wc pour 2 ch. Salon, salle à manger, cheminée, bibliothèque, TV, lave-linge à disposition des hôtes. 4 bicyclettes. Langues parlées : espagnol, anglais, allemand.

Prix : 1 pers. **35** € 2 pers. **43** € 3 pers. **50** € repas **11** €
Ouvert : Toute l'année.

SP	12	2	2	12	12

Béatrice DE CASTELBAJAC - Le Chatelard - 16480 PASSIRAC - Tél. : 05 45 98 71 03

PERIGNAC La Fenêtre (TH)
C.M. 72 Pli 13

4 ch. 4 chambres d'hôtes dans une ferme rénovée, isolée. 2 ch. 2 pers., 1 ch. 3 pers. et 1 ch. 4 pers. avec salles d'eau communes. Salle de séjour, TV, cheminée, salle de jeux, bibliothèque, lave-linge à la disposition des hôtes. Parking. Jeux pour enfants sur place. Etang sur l'exploitation, promenades en calèche, poneys pour promenade, pêche. Calme assuré. Repas à la table familiale à partir de produits fermiers, le soir uniquement. - 10 % sur la chambre d'hôtes pour séjour à la semaine. 1/2 pension pour un couple : 54.8 €. Repas 6.10 €. pour enfant de - 8 ans.

Prix : 1 pers. **27** € 2 pers. **30** € 3 pers. **43** € repas **12** €
Ouvert : Toute l'année.

SP	SP	5

Constant et Marie RENAULT - La Fenière - 16250 PERIGNAC-DE-BLANZAC - Tél. : 05 45 24 81 25 - Fax : 05 45 24 81 25

REPARSAC Domaine de la Vennerie
C.M. 72 Pli 12

4 ch. Cognac 7 km. 1 chambre 2 pers. avec salle d'eau et wc privés, 1 structure familiale formée de 2 ch. (1 ch. 2 pers. 1 ch. 1 pers.) avec s.d.b. et wc privés non communiquants, 1 ch. 2 pers. avec s.d.b. et wc privés. Séjour avec cheminée, cuisine équipée et TV à dispo. Parc, visite du chai et de la distillerie, dégustation. Poss. pêche sur étang privé. 4 chambres d'hôtes dans un logis charentais sur une exploitation viticole. Langue parlée : anglais.

Prix : 1 pers. **24/41** € 2 pers. **35/45** € 3 pers. **59** €
Ouvert : Toute l'année.

0,7	7	3	8	8	8	7	7

Roger BRIDIER - Domaine de la Vennerie - 16200 REPARSAC - Tél. : 05 45 80 97 00

ROULLET Romainville (TH)
C.M. 72 Pli 13

5 ch. 4 ch. d'hôtes dans un logis charentais à 2 km du village. 1 ch. 2 pers., 1 ch. 3 pers. avec s. d'eau et wc privés. 1 stucture familiale 3 pers., s.d.b. et wc privés à l'ensemble. Salon, cheminée, TV, l-linge, biblio. Grande terrasse avec panorama. Barbecue et salle à manger d'été, jardin ombragé. Gratuit enfant - 2 ans. Table d'hôtes sur réservation. Piscine privée non surveillée, bicyclettes. Langues parlées : anglais, italien.

Prix : 1 pers. **40** € 2 pers. **49** € 3 pers. **58** € repas **20** €
Ouvert : Du 15 avril au 15 octobre

3	SP	2	12	12	1	12

Francine QUILLET - Romainville - 16440 ROULLET - Tél. : 05 45 66 32 56 - Fax : 05 45 66 32 56

SALLES-D'ANGLES Le Chiron (TH)
C.M. 72 Pli 12

5 ch. Cognac 10 km, célèbre pour ses eaux de vie. 5 ch. d'hôtes dans une maison bourgeoise de la fin du XIXᵉ, dans un hameau. 2 ch. 2 pers. avec salle d'eau et wc privés. 2 ch. 3 pers. avec salle d'eau et wc privés.1 ch. 2 pers. avec s.d'eau et wc privés non communiquants. Salle de séjour, salon avec cheminée, TV. Parking, VTT. Réduction 10 % à partir de 3 nuits ou +. Week-end distillation du 15 novembre au 15 mars.

Prix : 1 pers. **28** € 2 pers. **37/40** € 3 pers. **50** € repas **13** €
Ouvert : Toute l'année.

0,5	SP	10	3	5	15	10	4

Jacky et Micheline CHAINIER - Le Chiron - 16130 SALLES-D'ANGLES - Tél. : 05 45 83 72 79 - Fax : 05 45 83 64 80

Poitou-Charentes **Charente**

SALLES-DE-VILLEFAGNAN
C.M. 72 Pli 3

3 ch. A 35 km au nord d'Angoulême. 2 chambres 2 pers. avec salle de bains et wc privés, 1 ensemble familial (1 lit 2 pers. 2 lits 1 pers.) avec salle de bains et wc privés. Salon/salle à manger, biblio. et lave-linge à disposition. Piscine privée non surveillée, terrasse, jardin. Exposition de peinture sur place. A proximité de la RN10, dans une ancienne ferme restaurée au cœur d'un petit village de la vallée de la Charente.

Prix : 1 pers. 29 € 2 pers. 37 € 3 pers. 47 € repas 12 €
Ouvert : Toute l'année.

| 8 | 8 | SP | 5 | 10 | 9 | 10 | 10 |

Pierre et Suzanne BRIGGS POTTER - La Cochere - 16700 SALLES-DE-VILLEFAGNAN - Tél. : 05 45 30 34 60

SEGONZAC
C.M. 72 Pli 11

1 ch. Cognac(visite de chais) 12 km, Jarnac (musée Mittérrand),vignoble 1 ensemble familial(2 ch. 2 pers) avec salle d'eau et wc privés.Possibilité lit enfant. Salon, salle à manger, avec TV et cheminée, bibliothèque à disposition des hôtes. Jardin ombragé avec jeux pour enfants. Au cœur du village de Segonzac, capitale de la « Grande Champagne », 1er cru de Cognac, 2 chambres ont été amenagées à l'étage d'une maison bordant une place ombragée. Langues parlées : anglais, espagnol.

Prix : 1 pers. 32 € 2 pers. 37 € repas 12 €
Ouvert : Toute l'année.

| 7 | SP | 7 | 0,5 | 2 | 7 | 7 | SP |

Janine PAINTURAUD - 2 place du Jardin Public - 16130 SEGONZAC - Tél. : 05 45 83 42 77 - Fax : 05 45 83 40 24

SEGONZAC Chez Bilhouet
C.M. 72 Pli 11

5 ch. 5 chambres dans une ferme viticole, au cœur du vignoble de Cognac. 1 ch. 4 pers. et 1 ch.3 pers avec salle de bains et wc privés. 3 ch. 2 pers. avec salle d'eau et wc privés. Cuisine. Garage, terrain, jardin, salle de jeux. Visite de la distillerie sur place. Forêt 2 km. Vente de pineau et cognac sur place.

Prix : 1 pers. 34 € 2 pers. 40 € 3 pers. 49 €
Ouvert : Toute l'année.

| 8 | SP | SP | 8 | 1 | 10 | 0,8 | 10 |

Serge MARCADIER - Chez Bilhouet - 16130 SEGONZAC - Tél. : 05 45 83 43 50 ou 06 07 83 81 28 - Fax : 05 45 83 43 50

SEGONZAC Le Pible
C.M. 72 Pli 11

4 ch. 2 chambres 2 personnes et 2 chambres 3 personnes avec salle d'eau privée et wc communs. Vaste salle à manger avec coin salon, cheminée, television, bibliothèque, telephone et cuisine à disposition des hôtes. Babifoot. Jardin avec salon. Au cœur de la « Grande Champagne », 1er cru de Cognac, dans une maison restaureée en pierres apparentes, la famille BARBOT MARCADIER vous accueille sur l'exploitation viticole. Visite de la distillerie et des chais, dégustation des produits du terroir. Langues parlées : anglais, espagnol.

Prix : 1 pers. 32 € 2 pers. 38 € 3 pers. 44 €
Ouvert : Toute l'année.

| 9 | SP | 9 | 1 | 0,5 | 10 | 2 | 9 |

Dany et Alain BARBOT - Le Pible - 16130 SEGONZAC - Tél. : 05 45 83 41 18 - Fax : 05 45 83 43 21

SOYAUX Montboulard
C.M. 72 Pli 14

5 ch. 4 ch. 2 pers. avec s. d'eau et wc privés, 1 ch. 4 pers. avec s. d'eau et wc privés. Salon à disposition des hôtes. Parking, parc. Coin pique-nique avec barbecue à disposition. Piscine privée non surveillée (commune aux 5 gîtes). Parcours VTT. Sentiers de randonnées. Aux portes d'Angoulême, dans un logis du XVe restauré au milieu des bois.

Prix : 1 pers. 43/53 € 2 pers. 49/61 € 3 pers. 59 €
Ouvert : Toute l'année.

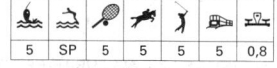

| 5 | SP | 5 | 5 | 5 | 0,8 |

Arnaud GARSIGNIES - Logis de Montboulard - 16800 SOYAUX - Tél. : 05 45 92 07 35 - Fax : 05 45 92 07 35

ST-ADJUTORY La Grenouille
C.M. 72 Pli 14/15

2 ch. Dans une ancienne grange limousine à l'orée d'un bois, 2 chambres : 1 ch. 2 pers. avec s. d'eau, wc privés, TV couleur. 1 ch. 3 pers. avec s. d'eau et wc privés. Salon, salle à manger avec kitchenette. Laverie. Jardin, terrasse privative avec salon de jardin et barbecue, piscine privée non surveillée, portique, abonnement au tennis. A l'orée d'un bois, dans une ferme, lieu d'un élevage de chevaux sur les premières pentes du Limousin. Possibilité accueil de chevaux. Langues parlées : anglais, allemand, italien.

Prix : 1 pers. 31 € 2 pers. 46 € 3 pers. 61 €
Ouvert : Toute l'année.

| 1 | SP | 5 | 20 | 15 | 12 | 1 | 10 | 10 |

Sylviane CASPER - La Grenouille - 16310 ST-ADJUTORY - Tél. : 05 45 62 00 34

Charente
Poitou-Charentes

ST-GENIS-D'HIERSAC Grosbot « Les Nègres de Soie » — C.M. 72 Pli 13

5 ch. Angoulême 15 km. Cognac 35 km. 5 ch. 2 pers. avec s.d.b. et wc privés. Salon, salle à manger avec cheminée. Jardin avec terrasse. Exposition permanente de peintures. Piscine sur place, commune avec les propriétaires. Au cœur d'un hameau charentais, dominant la vallée de la Charente, 5 ch. sont aménagées dans une ancienne ferme du 18e s. entièrement rénovée. Canoë à 5 km. Location VTT sur place. Langue parlée : anglais.

Prix : 1 pers. 40 € 2 pers. 48 €
Ouvert : Toute l'année.

🐕	🏊	🚶	🎾	⛱	🐎	🎿	🚂	⛵
3	0,5	SP	1	4	5	25	15	2

Françoise et Pascal BAUDOT - Grosbot - 16570 ST-GENIS-D'HIERSAC - Tél. : 05 45 21 07 20 ou 06 72 02 38 92 - Fax : 05 45 21 92 02

ST-MAURICE-DES-LIONS Lesterie (TH) — C.M. 72 Pli 5

4 ch. 4 ch. d'hôtes à l'étage d'une villa du XIXe, au sein d'un parc. 2 ch. 2 pers. avec s. d'eau privée et wc communs. 2 ch. (2 pers.), s.d.b. et wc privés. Salle à manger, salon (TV), bibliothèque à dispo. des hôtes. Etang privé. Table d'hôtes sur réservation. Tarif enfant 10 € (-15 ans). Langue parlée : anglais.

Prix : 1 pers. 23 € 2 pers. 31/40 € repas 14 €
Ouvert : Toute l'année.

🐕	🏊	🚶	🎾	⛱	🐎	⛵
	SP	6	2	12	4	2

HOARE - Lesterie - 16500 ST-MAURICE-DES-LIONS - Tél. : 05 45 84 18 33 - Fax : 05 45 84 18 33

ST-MEME-LES-CARRIERES Le Cul d'Anon (TH) — C.M. 72 Pli 12

3 ch. Cognac 15 km. Jarnac 5 km. Chambres aménagées dans une maison neuve de plain-pied. 3 ch. 2 pers. avec s. d'eau et wc privés. salle à manger/salon à disposition des hôtes. Jardin, terrasse. Table d'hôtes sur réservation. Au pied du vignoble de Cognac, dans le cru de « Grande Champagne ». Lit d'appoint 7,5 €. Langue parlée : anglais.

Prix : 1 pers. 30 € 2 pers. 37 € repas 11 €
Ouvert : Toute l'année.

🐕	🏊	🚶	🎾	⛱	🐎	🎿	⛵
3	SP	5	5	10	15	5	1,5

Richard et Brigitte ALEXANDRE - Le Cul d'Anon - 16720 ST-MEME-LES-CARRIERES - Tél. : 05 45 32 04 50 - Fax : 05 45 32 04 50 - E-mail : Richard-Alexandre@wanadoo.fr - www.geocities.com/culdanon

---

ST-PALAIS-DU-NE Le Moulin-De-Breuil (TH) — C.M. 72 Pli 12

3 ch. Angoulême 26 km. Cognac 18 km. 2 chambres 2 pers. avec salle de bains et wc privés, un ensemble familial composé de 2 chambres 2 pers. avec salles d'eau privées et wc privés mais non communicants. Salle à manger, salon, cheminée, bibliothèque et TV à disposition des hôtes. Lave-linge, fer à repasser. Jeux de société. Jardin, ping-pong. Parking privé. Lit bébé gratuit jusqu'à 2ans. Au cœur du vignoble du Cognac, en bordure de la rivière « Le Né », dans une ancienne ferme charentaise restaurée. Ouvert du 1er avril au 31 octobre.

Prix : 1 pers. 35 € 2 pers. 40 € 3 pers. 50 € repas 15 €
Ouvert : Du 1er avril au 31 octobre.

🐕	🏊	🚶	🎾	⛱	🐎	🎿	🚂	⛵
SP	SP	2	2	18	12	18	20	2

Nicole JACQUES - Le Moulin du Breuil - 16300 ST-PALAIS-DU-NE - Tél. : 05 45 78 72 95 ou 06 81 21 24 26 - Fax : 05 45 79 07 41

ST-PALAIS-SUR-LE-NE (TH) — C.M. 72 Pli 12

4 ch. 1 ch. 2 pers. (lits jumeaux) avec douche et wc privés, 1 ch. 2 pers. (lits jumeaux) avec bains et wc privés. 1 ensemble familial composé de 2 ch. 2 pers. Salon, TV, cheminée, bibliothèque et lave-linge à disposition des hôtes. Jardin d'agrément avec piscine privée non surveillée avec SPA, portique, barbecue. Table d'hôtes sur réservation. Au cœur du vignoble de Cognac dans un logis charentais de 1835.

Prix : 1 pers. 55 € 2 pers. 60 € repas 30 €
Ouvert : Toute l'année.

🐕	🏊	🚶	🎾	⛱	🐎	⛵
1	SP	3	13	22	20	3

Geneviève FEITO - Le Bourg - 16300 ST-PALAIS-SUR-LE-NE - Tél. : 05 45 78 71 64 - Fax : 05 45 78 71 64

ST-PREUIL Domaine de Puyrouyer — C.M. 72 Pli 12

3 ch. Jarnac et Vallée de la Charente 10 km. Cognac (Blues Passion) 15 km. Pascaline a aménagé pour vous 3 ch. dans une maison du 18e s. sur un domaine viticole de 40 ha. 1 ch. 2 pers., 1 ch. 3 pers. et un ensemble familial 5 pers. avec salle de bains et wc privés. Salon. Terrasse, jardin, salon de jardin. Calme, proximité de bois, pature pour les chevaux, départ randonnées, nombreux abbayes, châteaux, moulins. Au cœur d'un domaine viticole de 40 ha. en appellation « Grande Champagne ». Langue parlée : anglais.

Prix : 1 pers. 46 € 2 pers. 54 € 3 pers. 61 €
Ouvert : Toute l'année

🐕	🏊	🚶	🎾	⛱	🐎	🚂	⛵
10	SP	10	5	12	12	10	5

Pascaline BRISSET - Domaine de Puyrouyer - 16130 ST-PREUIL - Tél. : 05 45 83 41 93 - Fax : 05 45 83 42 26 - E-mail : cognac.brisset@free.fr

Poitou-Charentes **Charente**

ST-PROJET Logis de L'Age Baston (TH) C.M. 72 Pli 14

4 ch. **La Rochefoucault 2 km.** 1 chambre 2 pers. avec salle de bains et wc privés et 1 chambre 3 pers. avec salle d'eau et wc privés, 2 ch. 2 pers., salle d'eau et wc privés. Salon, salle à manger, TV, cheminée, bibliothèque et lave-linge à disposition des hôtes. Parc, terrasse et bois. Dans un logis des XVII°, XVIII° et XIX° siècles, sur une propriété de 9 ha. dominant la vallée de la Tardoire, La Rochefoucauld, cité célèbre par son château. Langue parlée : anglais.

Prix : 1 pers. **46** € 2 pers. **55** € 3 pers. **70** € repas **21** €
Ouvert : Toute l'année.

0,5	2,5	2,5	25	4	18	2	2

John WADDINGTON - Logis de l'Age Baston - 16110 ST-PROJET - Tél. : 05 45 63 53 07 - Fax : 05 45 63 09 03 -
E-mail : Lagebaston@aol.com

SUAUX L'Age (TH) C.M. 72 Pli 15

4 ch. 4 ch. d'hôtes dans l'annexe de la maison du propr. 1 ch. 2 pers. avec s. d'eau et wc privés, 1 ch. 4 pers. avec s. d'eau et wc privés avec accès cuisine, salon. 1 ch. 2 pers. avec s.d.b. et wc privés, 1 ch. 2 pers. avec s. d'eau et wc privés, accès salon. L-linge à dispo. des hôtes. Jardin, terrasse. Piscine privée non surveillée (commune aux 3 gîtes). Sur la route du Limousin, à 15 km du plan d'eau de Lavaud, vaste retenue aménagée pour la baignade et les activités nautiques. Langues parlées : anglais, allemand.

Prix : 1 pers. **34** € 2 pers. **41** € 3 pers. **50** € repas **13** €
Ouvert : Toute l'année.

7	SP	SP	8	15	15	3,5	3,5

DUJONCQUOY - l'Age - 16260 SUAUX - Tél. : 05 45 71 19 36 - Fax : 05 45 71 19 36

SUAUX Brassac C.M. 72 Pli 15

3 ch. Une structure familiale composée de 2 ch. et 1 ch. dans un logis du XVIII°. 1 chambre avec salle d'eau et wc privés et 1 ensemble familial composé de 2 ch. avec salle de bains et wc privés. Salle à manger (cheminée), bibliothèque et TV à dispo. des hôtes. Portique et bicyclettes. Parc (arbres séculaires), très belle vue.

Prix : 1 pers. **30** € 2 pers. **41** € 3 pers. **52** €
Ouvert : Toute l'année.

10	7	7	7	7

Paule SAUZET - Brassac - 16260 SUAUX - Tél. : 05 45 71 12 61

TROIS-PALIS La Breuillerie C.M. 72 Pli 13

2 ch. **A 500 m de la Charente.** Aux portes d'Angoulême, dans un logis charentais des XVII° et XIX° siècles. 1 ch. 3 pers. avec salle de bains et wc privés, 1 structure familiale composée de 2 ch. (1 ch. 3 pers., 1 ch. 2 pers.), salle d'eau et wc privés. TV dans les chambres. Garage, parking, parc et bicyclettes. Langues parlées : anglais, espagnol.

Prix : 1 pers. **35** € 2 pers. **40** € 3 pers. **46** €
Ouvert : Toute l'année.

0,5	9	9	9	9	1	9	2

Christiane BOUCHARD - La Breuillerie - 16730 TROIS-PALIS - Tél. : 05 45 91 05 37

TUSSON (TH) C.M. 72 Pli 3

2 ch. 1 ensemble familial composé de 2 chambres d'hôtes, dans une maison charentaise meublée à l'ancienne, au cœur d'un village protégé. 2 ch. 3 pers. avec salle d'eau et wc privés. Salle à manger, salon avec cheminée et TV. Lave-linge à la disposition des hôtes. Terrasse.

Prix : 1 pers. **30** € 2 pers. **38** € 3 pers. **46** € repas **11** €
Ouvert : Toute l'année.

6	15	7	15	10	15	6,5

GAUDIN - Place de la Mairie - 16140 TUSSON - Tél. : 05 45 31 72 16 ou 06 84 59 38 46

VALENCE C.M. 72 Pli 4

2 ch. 1 structure familiale composée de 2 ch. 2 pers. avec salle de bains et wc privés à l'ensemble, dans une maison charentaise dans un bourg rural. Accès indépendant. Salon/salle à manger. Chauffage central. Cuisine, lave-linge à la disposition des hôtes. Jardin fleuri clos avec salon de jardin, tables de pique-nique, barbecue. Garage. 1/2 tarif pour enfant - 12 ans.

Prix : 1 pers. **26** € 2 pers. **31** € 3 pers. **39** €
Ouvert : Toute l'année.

0,2	10	5	8	0,3	20

Denise BRIMAUD - Le Bourg - 16460 VALENCE - Tél. : 05 45 39 27 10

VARS Logis du Portal C.M. 72 Pli 13

4 ch. **Angoulême 17 km. Cognac 37 km.** 1 ch. 2 pers. et 1 ch. 1 pers. avec s. d'eau et wc privés, 1 chambre 2 pers. (+ lit enfant) avec s.d.b. et wc privés, 1 ensemble familial comportant 2 chambres 2 pers. avec s. d'eau et wc privés. Salle à manger/salon avec coin-cuisine à disposition des hôtes. Cheminée. Terrasse, jardin « à la française », piscine privée non surveillée. Parking privé sur la propriété. Sur les bords de la Charente, à 16 km au nord d'Angoulême, logis du XVIIè siècle se découvrant derrière un portail d'entrée flanqué de 2 pigeonniers. Chambres meublées en mobilier d'époque.

Prix : 1 pers. **43/49** € 2 pers. **61** € 3 pers. **76** €
Ouvert : Toute l'année.

SP	SP	SP	3	0,5	15	16	16	1

Liliane BERTHOMME - Le Logis du Portal - 16330 VARS - Tél. : 05 45 20 38 19

Charente

Poitou-Charentes

VERRIERES La Chambre
C.M. 72 Pli 12

5 ch. 5 chambres d'hôtes sur une exploitation viticole au cœur du vignoble de Cognac. 2 ch. 3 pers., 2 ch. 2 pers. et 1 ch. 5 pers. avec salle d'eau et wc privés. Salon avec TV. Pièce aménagée avec coin-repas pour les hôtes. Vente de produits fermiers (pineau, cognac et vins de pays charentais). Possibilité lit enfant. Langue parlée : anglais.

Prix : 1 pers. 27 € 2 pers. 35 € 3 pers. 44 €
Ouvert : Toute l'année.

2	4	4	4	8	18	5	15	7

Henri et Monique GEFFARD - La Chambre - 16130 VERRIERES - Tél. : 05 45 83 02 74 - Fax : 05 45 83 01 82

VILLEFAGNAN La Cantinoliere
C.M. 72 Pli 3

2 ch. Futuroscope 80 km. Marais Poitevin 70 km. Angoulême 45 km. Ensemble familial composé de 2 chambres : 1 chambre 3 pers., 1 chambre 3 pers. et 1 enfant avec salle d'eau et wc privés à l'ensemble. Salon, salle à manger, TV à dispo. dans les chambres. Terrasse sur jardin. Parc et portique. Dans un logis du XIXe entouré d'une enceinte du 15e s. Langue parlée : anglais.

Prix : 1 pers. 33 € 2 pers. 40 € 3 pers. 55 € repas 12 €
Ouvert : Toute l'année.

1	10	0,5	1	0,5	10	0,1	

Jeanne MAILLOCHAUD - La Cantinolière - 16240 VILLEFAGNAN - Tél. : 05 45 31 60 81

VILLEFAGNAN Le Logis des Tours
C.M. 72 Pli 3

5 ch. Angoulême 40 km. Cognac 50 km. Futuroscope 90 km. 2 ch. 2 pers. avec s.d.b. et wc privés. 1 ch. 3 pers. avec s.d.b. et wc privés. 1 ensemble familial (1 ch. 2 pers. 1 ch. 3 pers.) avec s.d.b. et wc privés à l'ensemble. Salon, bibliothèque, TV satellite, cheminée à disposition des hôtes. Terrasse, parking, parc d'un hectare avec arbres centenaires. Dans une ambiance conviviale, situé dans un cadre de verdure et couleurs, le « Logis des Tours », derrière un portail flanqué de 2 tours du 15e s. repos, découverte des richesses régionales. Accompagnement pour visites guidées des environs (payant). Week-ends organisés pour ameliorer son anglais. Langue parlée : anglais.

Prix : 1 pers. 43 € 2 pers. 58 € 3 pers. 73 € repas 18 €
Ouvert : Toute l'année.

1	0,5	9	1	1	0,5	40	9	SP

Chantal DUVIVIER - Le Logis des Tours - 16240 VILLEFAGNAN - Tél. : 05 45 31 74 25

VINDELLE Grattelots
C.M. 72 Pli 13

3 ch. Ensemble familial pour 4 pers. comportant 2 ch. 2 pers. et 1 ch. 2 pers. avec salle d'eau et wc privés, dans maison neuve entourée d'un parc. Salon, salle à manger, coin-cuisine à disposition des hôtes. Parc boisé, portique. Garage. Tarif réduit pour enfant - de 13 ans. A 6 km d'Angoulême, sur un coteau dominant la Charente. Langue parlée : anglais.

Prix : 1 pers. 30 € 2 pers. 38 € 3 pers. 61 €
Ouvert : Toute l'année.

0,5	SP	6	SP	4	9	1	6	5

Edouard-François BAZECK - Grattelots - Cidex 314 - 16430 VINDELLE - Tél. : 05 45 21 42 13

VITRAC-SAINT-VINCENT
C.M. 72 Pli 15

4 ch. 4 ch. d'hôtes dans maison de style en village pittoresque au bord du Rivaillon, entre la Rochefoucauld et le barrage de Lavaud. 2 ch. 3 pers. avec s. d'eau et wc privés. 2 ch. 2 pers. avec s. d'eau et wc privés. Salon, salle à manger avec poêle à la disposition des hôtes. Plan d'eau de Lavaud (plages, sports nautiques) 15 km. Table d'hôtes sur réservation. Langues parlées : anglais, allemand.

Prix : 1 pers. 32 € 2 pers. 35 € 3 pers. 48 € repas 13 €
Ouvert : Toute l'année.

SP	SP	5	1	15	4	10	0,5	5

Vivian et Thérésia GRIBBLE - La Lainerie - 16310 VITRAC-SAINT-VINCENT - Tél. : 05 45 39 50 98 - E-mail : gribble01@aol.com

Charente-Maritime

GITES DE FRANCE - Service Réservation
1, perspective de l'Océan - Les minimes - B.P. 32
17002 LA ROCHELLE Cedex 01
Tél. 05 46 50 63 63 - Fax 05 46 50 54 46
http://www.gites-de-france.fr

3615 Gîtes de France
0,2 €/min

AIGREFEUILLE
C.M. 71 Pli 13

2 ch. Au cœur du village, 2 ch aménagées à l'étage d'une maison charentaise du XIXe siècle. Ch 1 (1 lit 2 pers, 1 lit enfant en 80, 1 lit bébé + équipement complet), salle de bains et wc privés. Ch 2 (1 lit 2 pers en 160), salle d'eau et wc privés. Séjour et salon communs avec TV, bibliothèque. Parking sous auvent. Grand jardin ombragé avec terrasse. Proximité de Chatelaillon, station balnéaire avec sa plage, son casino et son front de mer. Aigrefeuille gros bourg animé avec tous commerces, restaurants et lac de pêche pour les amateurs. Accès rapide Rochefort, La Rochelle et Marais Poitevin. Langues parlées : anglais, espagnol.

Prix : 1 pers. 38 € 2 pers. 45 € pers. sup. 12 €
Ouvert : Toute l'année.

15	0,5	1	1	10	20	15	SP

Claire et Guy MARY - 19 bis, rue de l'Aunis - 17290 AIGREFEUILLE - Tél. : 05 46 68 81 46 - E-mail : MARY.GUY@wanadoo.fr

Poitou-Charentes **Charente-Maritime**

AIGREFEUILLE
C.M. 71 Pli 13

3 ch. Dans un bourg de campagne, 3 ch aménagées à l'étage de la maison de caractère des propriétaires. Ch 1 (2 lits 1 pers), salle d'eau et wc privés. Ch 2 (1 lit 160), salle de bains/wc. Ch 3 (1 lit 2 pers) avec coin salon attenant (1 lit 1 pers) salle d'eau/wc. Salon réservé aux hôtes avec TV, bibliothèque. Grand jardin clos arboré de 2 500 m² avec 2 salons de jardin, transats, vélos. Parking privé. La Rochelle, ville d'Art et d'Histoire à 20 mn célèbre pour son vieux port, son aquarium, son port de plaisance. Au sud, Rochefort à 18 km où vous visiterez la Maison de Pierre Loti... Langue parlée : anglais.

Prix : 1 pers. **40** € 2 pers. **44** € pers. sup. **13** €
Ouvert : Du 1ᵉʳ avril au 31 octobre.

15	1	1,5	1	4	20	20	0,5

Claude et Claudine JARROSSAY - 13, rue de la Rivière - 17290 AIGREFEUILLE - Tél. : 05 46 35 97 84 - Fax : 05 46 01 98 04

ANTEZANT-LA-CHAPELLE Les Moulins
C.M. 71 Pli 3

2 ch. 1 ch et 1 ch familiale à l'étage d'une maison de caractère. Ch 1 (2 lits 1 pers), salle d'eau/wc privés. Ch familiale (1 ch, 2 lits 1 pers ; 1 ch. 1 lit 2 pers), salle de bains et wc privés. Lit bébé disponible. Séjour, salon, bibliothèque, TV, cheminée. Grand parc clos ombragé avec rivière. Table d'hôte sur réservation. A 7 km, Saint Jean d'Angély : ville historique. Eglise romane d'Aulnay à 9 km. Château de Dampierre sur Boutonne à 12 km. Proximité de Saintes, Cognac, Marais Poitevin et La Rochelle.

Prix : 1 pers. **34** € 2 pers. **43** € 3 pers. **61** € pers. sup. **11/14** € repas **15** €
Ouvert : Toute l'année sauf vac. de Noël.

50	7	SP	SP	7	30	7	7

Marie-Claude et Pierre FALLELOUR - 10 rue de Maurençon - Les Moulins - 17400 ANTEZANT-LA-CHAPELLE - Tél. : 05 46 59 94 52 ou 06 11 11 03 35 - Fax : 05 46 59 94 52

ANTEZANT-LA-CHAPELLE Les Hermitants
C.M. 71 Pli 3

2 ch. Ch aménagées au 1ᵉʳ étage de la maison du propriétaire. 2 ch. Ch 1 familiale avec salle d'eau et wc privés (2 ch 1 lit 2 pers chacune). Ch 2 avec salle d'eau et wc privés (1 lit 2 pers,1 lit 1 pers). Possibilité 1 lit d'appoint. Séjour/salon, TV. Cour et coin pelouse, meubles de jardin, balançoire. Table d'hôte sur réservation. A 7 km, St jean d'Angély : ville historique. Eglise romane d'Aulnay à 9 km. Château de Dampierre sur Boutonne à 12 km. Proximité de Saintes, Cognac, Marais Poitevin et La Rochelle.

Prix : 1 pers. **27/29** € 2 pers. **34/37** € 3 pers. **44/47** € pers. sup. **8/9** € repas **13** €
Ouvert : Toute l'année.

50	7	1	SP	5	30	7	7

Martine et J.Marie DUFOUR - 10, allée Joseph de Bonne Gens - Les Hermitants - 17400 ANTEZANT-LA-CHAPELLE - Tél. : 05 46 59 97 50 - Fax : 05 46 59 97 50

ARCHINGEAY
C.M. 71 Pli 3

3 ch. Dans le Val de Saintonge, à 22 km de Saint Jean d'Angély. Dans le village, 3 ch de grand confort. Ch1 (1 lit 2 pers) access. 1 pers handicapée, aménagée à r.d.c d'1 partie de la maison des propriétaires avec s.d.b, douche et wc privés. A l'étage, 2 ch avec s.d.b et wc privés. Ch 2 (1 lit 2 pers). Ch 3, suite pour 3 pers (1 lit 2 pers, 1 lit 1 pers) avec coin salon. A votre disposition séjour/salon avec cheminée. Grand jardin fleuri, terrasse, parking. TH sur réservation. Marie-Thérèse et Jean-Pierre sont heureux de vous faire découvrir les richesses de leur région. Circuit des églises romanes. Accès rapide à St Savinien, Rochefort, Saintes. Langue parlée : anglais.

Prix : 1 pers. **38** € 2 pers. **44/49** € pers. sup. **12** € repas **15** €
Ouvert : Toute l'année.

35	3	3	3	5	7	7	3

M-Thérèse et J-Pierre JACQUES - 16 rue des Sablières - 17380 ARCHINGEAY - Tél. : 05 46 97 85 70 ou 06 73 39 79 70 - Fax : 05 46 97 61 89 - E-mail : jpmt.jacques@wanadoo.fr

ARTHENAC La Barde Fagnouse
C.M. 71 Pli 6

2 ch. Sur une exploitation viticole, située au cœur de l'appellation « Cognac », 2 ch de grand confort (1 lit 2 pers) chacune avec salle d'eau/wc privés sont aménagées à l'étage de la maison des propriétaires. A disposition, séjour, salon, TV et bibliothèque. Jardin d'agrément avec meubles de jardin. Table d'hôtes sur réservation. Sur leur propriété à Arthenac située dans un cru réputé Petite Champagne, Dominique et Nicole auront à cœur de vous faire découvrir leur distillerie où sont élaborées 4 variétés de Pineau et la transformation en Cognac à l'aide de l'alambic « à repasse ». Chais à visiter et dégustation ! Langue parlée : anglais.

Prix : 1 pers. **38** € 2 pers. **45** € repas **15** €
Ouvert : Toute l'année.

60	5	8	15	5	10	25	15	5

Dominique et Nicole CHAINIER - La Barde Fagnouse - 17520 ARTHENAC - Tél. : 05 46 49 12 85 - Fax : 05 46 49 18 91

AUMAGNE Le Treuil
C.M. 71 Pli 4

3 ch. Eliane et Maurice vous accueillent dans leur propriété. A l'étage : ch 1 familiale avec salle de bains et wc privés (1 ch, 1 lit 2 pers ; 1 ch 1 lit 2 pers, 1 lit 1 pers). Ch 2 familiale avec salle d'eau et wc privés (1 ch, 1 lit 2 pers ; 1 ch 2 lits 1 pers). Ch 3 avec salle d'eau et wc privés (1 lit 2 pers). Séjour/salon, TV. Grand jardin clos ombragé, salon de jardin. Table d'hôte sur réservation. Détente et repos assurés dans un cadre champêtre où vous serez accueillis chaleureusement. A 12 km, découvrez Saint Jean d'Angély : ville médiévale. Nombreuses églises romanes à visiter. Cognac à 25 km ...

Prix : 1 pers. **31/39** € 2 pers. **37/43** € 3 pers. **49** € pers. sup. **10** € repas **15** €
Ouvert : De Pâques à novembre.

70	5	5	SP	12	25	10	1

Eliane DESCHAMPS - 7, rue du Pigeonnier - Le Treuil - 17770 AUMAGNE - Tél. : 05 46 58 23 80 - Fax : 05 46 58 23 91

Charente-Maritime

Poitou-Charentes

BALLON
C.M. 71 Pli 13

2 ch. Chambres indépendantes, aménagées dans une partie de la maison du propriétaire. 2 chambres au r.d.c avec salle d'eau et wc privés (1 lit 2 pers), possibilité lit d'appoint et lit bébé. Véranda réservée aux hôtes avec bibliothèque, TV et coin cuisine. Cour, jardin, terrasse couverte, meubles de jardin et barbecue. Ballon, petit village charentais est situé à 10 km de Chatelaillon, bien connu pour son casino, son front de mer et sa plage. A visiter également La Rochelle à 25 km au nord : ville d'Art et d'Histoire et Rochefort au sud : maison de Pierre Loti, bassins de plaisance, la Corderie Royale... Langue parlée : anglais.

Prix : 1 pers. 30 € 2 pers. 34 € pers. sup. 5 €
Ouvert : Toute l'année.

12	9	4	1,5	8	35	10	1,5

Yves BEGAUD - 22, rue de Chize - 17290 BALLON - Tél. : 05 46 55 30 38 - Fax : 05 46 55 34 85 - E-mail : yves.begaud@wanadoo.fr

BARZAN La Providence
C.M. 71 Pli 16

1 ch. Ch avec entrée indépendante dans une maison de plain pied mitoyenne à une location. Ch (1 lit 2 pers, 1 lit 1 pers) avec salle d'eau privative et wc privatifs attenants. TV couleurs dans la chambre. Terrasse, jardin privatif fleuri, meubles de jardin avec petit abri, garage. Restaurant à 500 m. Barzan sur les bords de la Gironde est une petite région agréable où vous découvrirez les paysages de falaises et les coteaux vallonées de l'arrière Pays. A visiter, la petite église romane de Talmont perchée à flanc de falaise, le port de Mortagne, Royan : ville de congrès et ses plages.

Prix : 2 pers. 31 € 3 pers. 39 €
Ouvert : Toute l'année.

10	2	10	4	10	20	20	4

Paule SEGUIN - 92 route de la Providence - 17120 BARZAN - Tél. : 05 46 90 49 23

BERNAY-SAINT-MARTIN Breuilles
C.M. 71 Pli 3

3 ch. Dans une ancienne ferme joliment restaurée située dans un hameau, 3 ch avec salles d'eau et wc privés chacune. Au r.d.c d'un bâtiment annexe : accès indépendant. Ch 1 Les Tournesols (1 lit 2 pers). Ch 2 Les Iris (2 lits 1 pers). Dans une autre ch, accès indépendant, ch 3 familiale Le Chai (2 lits 1 pers en r.d.c, 1 lit 2 pers en mezzanine). A votre disposition, séjour/salon avec cheminée, bibliothèque. Jardin avec salon et jeux. Prêt de vélos. TH sur réservation sauf dimanche et lundi. Catherine et Laurent auront à cœur de vous faire découvrir les richesses et les curiosités de la Saintonge et du Marais Poitevin. Langue parlée : anglais.

Prix : 1 pers. 35 € 2 pers. 41 € 3 pers. 52 € pers. sup. 7/11 € repas 14 €
Ouvert : Du 15 avril au 15 octobre.

45	10	6	2	10	10	10	2

DUMAS Laurent et LANDRE Catherine - 5, rue de l'école - Breuilles - 17330 BERNAY-SAINT-MARTIN - Tél. : 05 46 33 88 21 ou 05 46 33 92 50

BOISREDON La Chapelle
C.M. 71 Pli 7

5 ch. En pleine campagne, ch aménagées dans une maison de construction récente mitoyenne à celle des propriétaires. 5 ch de 3 pers. indépendantes (1 lit 2 pers, 1 lit 1 pers) avec salle d'eau et wc privés. Séjour commun avec TV. Ch avec accès direct sur un vaste jardin clos, parking, jeux d'enfants. Restaurant à 1 km. Proximité des bords de Gironde. Baignade, pêche et activités nautiques au lac de Montendre à 15 minutes. Promenades en forêt de pins.

Prix : 1 pers. 29 € 2 pers. 37 € 3 pers. 49 €
Ouvert : Toute l'année.

50	7	8	15	7	15	55	1

Josette BRUNET - La Chapelle - 17150 BOISREDON - Tél. : 05 46 49 34 05

BREUILLET Ferme de L'Ortuge
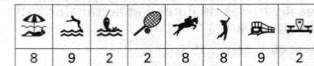
C.M. 71 Pli 15

4 ch. 1 ch au 1er étage de la maison du propriétaire (1 lit 2 pers), salle d'eau/wc privée. Au r.d.c d'une maison attenante. Ch 2 (1 lit 2 pers), salle d'eau/wc privée. Ch 3 (1 lit 2 pers), salle de bains et wc privés. Ch 4 (2 lits 1 pers), possibilité 2 lits appoints, salle d'eau, wc privés non communiquant. Séjour/salon, téléphone. Grande cour, salons de jardin. Table d'hôte sur réservation sauf le dimanche. A 12 km, vous découvrirez le zoo de La Palmyre, 1er zoo européen et le forêt de la Coubre au nord de la Presqu'île d'Arvert. Proximité des bords de Gironde avec Meschers et Talmont où vous serez émerveillés par sa petite église romane.

Prix : 1 pers. 28 € 2 pers. 37 € pers. sup. 10 € repas 14 €
Ouvert : Toute l'année sauf janvier.

8	9	2	2	8	9	2

Micheline et Claude BESSON - 25, route de l'Ortuge - Ferme de l'Ortuge - 17920 BREUILLET - Tél. : 05 46 22 73 52 - Fax : 05 46 22 73 52

BRIE-SOUS-ARCHIAC
C.M. 71 Pli 6

2 ch. Sur une exploitaton viticole, 2 ch confortables avec salle d'eau/ wc privés chacune, aménagées à l'étage d'un bâtiment situé à proximité de la maison des propriétaires. Ch 1 (1 lit 2 pers). Ch 2 (2 lits 1 pers). A disposition, salle de dégustation/détente. Jardin, parking. Sur l'exploitation, Jean se fera un plaisir de vous faire visiter ses chais et sa distillerie : production de pineau, cognac et vin de Pays. Visite de Cognac à 25 km célèbre pour ses chais et son festival du film policier (chaque fin Mars). Langue parlée : anglais.

Prix : 1 pers. 34 € 2 pers. 38 €
Ouvert : Toute l'année.

70	6	5	15	3	15	25	15	6

Pascale et Jean VALLADE - 37 route des Charmilles - 17520 BRIE-SOUS-ARCHIAC - Tél. : 05 46 70 08 84 ou 06 70 44 88 75 - Fax : 05 46 70 08 84

Poitou-Charentes — Charente-Maritime

CELLES Le Moulin Neuf
C.M. 71 Pli 5

4 ch. Dans un ancien moulin à eau datant de 1850, 4 ch avec accès indépendant aménagées à l'étage. Ch 2 et ch 3 avec lavabo (1 lit 2 pers). Ch 1 et ch 4 avec lavabo (2 lits 1 pers). 2 salles d'eau et 2 wc communs. Possibilité lit d'appoint. Séjour réservé aux hôtes. TV. Grand jardin clos fleuri en bordure de rivière, terrasse. Parking. Coin pique-nique et barbecue. Situé dans un cadre très agréable de la Vallée du Né, le Moulin Neuf est un lieu propice au repos et à la détente. A 10 km de Cognac, vous visiterez les célèbres chais et distilleries et dégusterez le Cognac et pourquoi pas le Pineau qui font la renommée de cette région ! Langues parlées : anglais, espagnol.

Prix : 1 pers. 30 € 2 pers. 37 € pers. sup. 10 €
Ouvert : Toute l'année.

60	15	SP	25	6	5	20	15	6

Jean-Claude VINET - 62 route du Moulin Neuf - 17520 CELLES - Tél. : 05 46 49 63 61 - Fax : 05 46 49 60 51 -
E-mail : moulinvinet@free.fr

CHADENAC Chez les Geais
C.M. 71 Pli 5

2 ch. A l'étage d'une ancienne demeure charentaise rénovée située sur une exploitation viticole, 1 ch confortable (1 lit 2 pers), salle de bains et wc privés (non communiquants) et 1 suite familiale avec petit salon, salle d'eau et wc privés (1 ch, 1 lit 2 pers et 1 ch 2 lits 1 pers). A votre disposition. séjour/salon, TV, biblio. Piscine, ping-pong, parking. Table d'hôte sur réservation. Dans une ambiance conviviale, Brigitte et Jean-Philippe seront heureux de vous accueillir et de vous faire partager leur passion pour la vigne, le pineau et les truffes. Langue parlée : anglais.

Prix : 1 pers. 38 € 2 pers. 43 € 3 pers. 56 € pers. sup. 14 € repas 15 €
Ouvert : Toute l'année.

35	SP	3	0,5	10	30	10	5

Brigitte et J-Pierre MONTAUT - Chez les Geais - 17800 CHADENAC - Tél. : 05 46 91 33 59 - Fax : 05 46 91 33 59 -
E-mail : JEAN-PHILIPPE.MONTAUT@wanadoo.fr

CHAMOUILLAC La Coussaie
C.M. 71 Pli 7

2 ch. Maison rénovée, sur une exploitation viticole située à proximité du logement du propriétaire. Etage : 2 ch avec salle de bains et wc privés chacune. Ch 1 (1 lit 2 pers). Ch 2 (1 lit 2 pers, 1 lit 1 pers). TV dans chaque chambre. Séjour avec kitchenette, salon (bibliothèque et TV réservés aux hôtes). Jardin clos, abri voiture. Aire de jeux attenante. Visite gratuite des chais et de la distillerie. Langues parlées : anglais, allemand.

Prix : 1 pers. 30 € 2 pers. 40 € 3 pers. 50 € pers. sup. 11 €
Ouvert : Toute l'année.

60	6	2	6	2	2	7	7	6

Nicole et Robert DAVIAUD - Domaine de la Coussaie - La Coussaie - 17130 CHAMOUILLAC - Tél. : 05 46 49 23 73 -
Fax : 05 46 49 41 01

CHAMPAGNE Les Grands Ajeots
C.M. 71 Pli 14

5 ch. Dans une ancienne ferme superbement restaurée située dans un parc de 2 ha calme et boisé, 5 ch à l'étage (dont 1 familiale) avec salle d'eau, wc privés. Ch 1 (1 lit 2 pers). Ch 2 et ch 3 (2 lits 1 pers). Ch 4 (1 lit 2 pers en 160, 1 lit 1 pers). Ch 5 suite de 2 ch (2 lits 2 pers). Vastes séjours et salons avec cheminées, bibliothèque, TV. Table d'hôte sur réservation. Vous apprécierez le charme de ces chambres d'hôtes et la qualité de leur environnement. Champagne, petit village situé entre Aunis et Saintonge est le point de départ idéal pour de nombreuses excursions. Langues parlées : italien, espagnol.

Prix : 1 pers. 31 € 2 pers. 42/46 € 3 pers. 61 € pers. sup. 16 € repas 17 €
Ouvert : Du 1er avril au 30 septembre.

25	3	5	3	SP	30	17	3

Jacques LAURENT - L'enclos des Grands Ajeots - Les Grands Ajeots - 17620 CHAMPAGNE - Tél. : 05 46 97 04 97 - Fax : 05 46 97 04 97

CHATELAILLON-PLAGE
C.M. 71 Pli 13

3 ch. Dans une propriété récente, 3 chambres avec accès indépendant aménagées en annexe, dans une maisonnette de construction récente (1 lit 2 pers), salle d'eau et wc privés chacune. Possibilité lit bébé. A votre disposition, véranda, coin détente, TV. Possibilité petit coin cuisine. Jardin arboré et fleuri avec piscine, barbecue, parking privé. Chatelaillon-plage, station balnéaire que vous apprécierez pour sa plage, son centre de thalassothérapie à 600 m, son casino et son front de mer... La rochelle, ville d'Art et d'Histoire, célèbre pour son vieux port. Rochefort avec le chantier de l'Hermione, la maison de Pierre Loti.

Prix : 1 pers. 37 € 2 pers. 41 € 3 pers. 52 €
Ouvert : Toute l'année.

1	SP	1	0,5	10	10	1	1

Marie-Armelle SUZANNE - 37, Bld Georges Clémenceau - 17340 CHATELAILLON-PLAGE - Tél. : 05 46 56 17 64 - Fax : 05 46 56 30 11

CHERAC Chez Piché
C.M. 71 Pli 5

3 ch. Dans la vallée de la Charente, 3 ch de grand confort avec sanitaires privés aménagées dans une maison indépendante située sur une exploitation agricole et viticole. Ch Sauvignon et Merlot (1 lit 2 pers). ch Ugni Blanc (1 lit 2 pers, 1 lit 1 pers). Possibilité 1 lit d'appoint. A disposition : séjour, TV. Salon de jardin, jeux d'enfants. Martine et Jean-Claude vous accueillent avec beaucoup de chaleur et de gentillesse pour une halte ou un séjour calme et reposant. Sur place : visite des chais. Vin de Pays charentais, Pineau, Cognac. Restaurants à 2 km. Cognac 12 km. Langue parlée : anglais.

Prix : 1 pers. 37 € 2 pers. 40/42 € 3 pers. 52 € pers. sup. 10 €
Ouvert : Toute l'année.

45	10	0,4	2	5	15	12	2

Jean-Claude CHARBONNEAU - Chez Piche - 17610 CHERAC - Tél. : 05 46 96 30 84 - Fax : 05 46 96 30 84

Charente-Maritime

Poitou-Charentes

CHERVETTES
C.M. 71 Pli 3

2 ch. Dans un petit village à 35 mn de La Rochelle, Valérie et Nicolas vous accueillent dans un maison charentaise du XIX°. A l'étage avec salle de bains et wc privés à chaque ch. Les Bleuets suite familiale de 2 ch : 1 ch (1 lit 2 pers) et 1 ch (2 lits 1 pers). Le Chai (1 lit 160, 1 lit 120). A votre disposition : séjour, TV, bibliothèque. Grand jardin avec piscine, salon de jardin. Table d'hôte sur réservation. Accès rapide à Rochefort, Marais Poitevin, l'île de Ré et l'île d'Oléron. Langues parlées : anglais, espagnol.

Prix : 1 pers. **41** € 2 pers. **46** € 3 pers. **60** € pers. sup. **11/14** €
repas **17** €

Ouvert : Toute l'année.

30	SP	10	1	10	30	8	8

Valérie GODEBOUT - 20 rue Aunis et saintonge - 17380 CHERVETTES - Tél. : 05 46 35 92 21 ou 06 07 96 68 73 **- Fax :** 05 46 35 92 21 -
E-mail : godebout@club-internet.fr - www.les-grands-vents.com

LA CLOTTE Le Grand Moulin
C.M. 75 Pli 3

2 ch. 1 ch. douillette (1 lit 2 pers.) au 1er étage d'un ancien moulin à eau du XVIIe superbement restauré. 1 ch. très spacieuse et de grand standing au-dessus du moulin (1 lit 2 pers.). S. d'eau et wc privés chacune. A diposition : salon, TV, cheminée. Vaste parc arboré et pêche en rivière sur la propriété, vélos et barque disponibles. Table d'hôtes sur réservation. L'été, repas au bord de l'eau. Le Grand Moulin de La Clotte a fait l'objet d'un reportage dans la revue « Art et Décoration ». Campagne boisée, vins bordelais (30 mn de Saint-Emilion, propriétaire dans le milieu du vin). Accueil chaleureux. Etape pleine de charme à recommander aux intimes. Langue parlée : anglais.

Prix : 1 pers. **57** € 2 pers. **63/95** € repas **21** €

Ouvert : Toute l'année.

90	7	SP	7	7	30	8	0,5

Henriette GABART - Le Grand Moulin - 17360 LA CLOTTE - Tél. : 05 46 04 02 40 **- Fax :** 05 57 25 99 40

COLOMBIERS Bel Air
C.M. 71 Pli 5

2 ch. A la ferme, ch avec accès indépendant aménagée au r.d.c de la maison des propriétaires (1 lit 2 pers, 1 lit 1 pers), salle de bains et wc privés. (ch et sanitaires accessibles pour 1 à 2 pers handicapées) et 1 ch familiale à l'étage (1 ch, 1 lit 2 pers ; 1 ch, 2 lits 1 pers), salle d'eau et wc privés. A disposition, séjour/salon avec cheminée, TV. Cuisine équipée et coin repas. Jardin, parking. Vélos. Table d'hôte sur réservation. Dans une ambiance chaleureuse et familiale, Agnès et Hubert seront heureux de vous accueillir et de vous faire découvrir les richesses de la Saintonge Romane.

Prix : 1 pers. **29/30** € 2 pers. **34/35** € 3 pers. **46/47** €
pers. sup. **12** € repas **13** €

Ouvert : Toute l'année.

35	8	0,5	4	2	15	8	3

Agnès et Hubert METAYER - 20, rue de Bel Air - 17460 COLOMBIERS - Tél. : 05 46 91 25 17 ou 06 81 31 68 44 **- Fax :** 05 46 91 25 17 -
E-mail : chambre-dhôtes-metayer@wanadoo.fr

CRAM-CHABAN Cram
C.M. 71 Pli 2

2 ch. Aménagées à l'étage de la maison des propriétaires, avec entrée indépendante, 2 ch (1 lit 2 pers) chacune. Ch 1 avec s.d.b et wc privés au r.d.c. Possibilité lit appoint 1 pers. Ch 2 avec superbe salle d'eau et wc privés. A votre disposition, séjour/salon : cheminée. Grand jardin fleuri et arboré, terrasse couverte, meubles de jardin, barbecue. Parking. Découverte du Marais Poitevin. Promenades en barques dans la Venise Verte. Proximité de la forêt de Benon. Accès rapide à La Rochelle : ville d'Art et d'Histoire célèbre pour son vieux Port, son port de plaisance, l'aquarium, ses rues aux arcades animées, ses spécialités de fruits de mer.

Prix : 2 pers. **34** € pers. sup. **9** €

Ouvert : Toute l'année.

35	5	0,5	5	5	35	5	5

Roselyne HERAUD - 1, rue des Vignes - Cram - 17170 CRAM-CHABAN - Tél. : 05 46 51 81 68 **- Fax :** 05 46 51 80 34

CRAM-CHABAN Cram
C.M. 71 Pli 2

3 ch. Aux portes du Marais Poitevin, 3 ch d'hôtes à la ferme aménagées à l'étage de la maison des propriétaires, à la sortie du village (accès bas par un escalier un peu raide). Ch 1 et 2 (1 lit 2 pers). Ch 3 (2 lits 1 pers), salle de bains et wc communs aux 3 chambres. A votre disposition : séjour/salon avec TV et cheminée. Cour fleurie et jardin ombragé, salon de jardin. Jeux d'enfants. Découverte du Marais Poitevin. Promenades en barques dans la « Venise Verte ». Proximité de la forêt de Benon. Accès rapide à La Rochelle : ville d'Art et d'Histoire célèbre pour son vieux Port, son port de plaisance, l'aquarium...

Prix : 1 pers. **24/30** € 2 pers. **30** € pers. sup. **9** €

Ouvert : Toute l'année.

35	5	0,5	5	5	35	5	5

Lucette JOUBERT - 7, rue du Soleil Levant - Cram - 17170 CRAM-CHABAN - Tél. : 05 46 51 80 24 **- Fax :** 05 46 51 83 96

LA CROIX-COMTESSE La Lignate
C.M. 71 Pli 3

4 ch. Ch dans bâtiments de caractère indépendant. Ch 1 r.d.c (1 lit 2 pers, 1 lit 1 pers) s.d.b et wc privés, interphone, TV, cheminée. A l'étage 3 ch (interphone ch 2). Ch 2 (1 lit 2 pers, 2 lits 1 pers), s.d.b et wc privés. Ch 3 (2 lits 2 pers), salle d'eau et wc privés. Ch 4 (1 lit 2 pers), salle d'eau et wc privés. Séjour, cheminée, salon. Parc non clos. Table d'hôte sur réservation. Croix Comtesse est situé dans le Val de Boutonne, près de la Boutonne où vous pourrez pêcher et vous promener en barques... St Jean d'Angely : ville fleurie à visiter, églises romanes... Marais Poitevin à 25 km.

Prix : 1 pers. **28/33** € 2 pers. **32/37** € 3 pers. **45** € pers. sup. **9** €
repas **14** €

Ouvert : Toute l'année.

50	3	3	3	7	30	12	3

Francis BOUTIN - Les Tilleuls - La Lignate - 17330 CROIX-COMTESSE - Tél. : 05 46 24 69 96

Poitou-Charentes — Charente-Maritime

DOMPIERRE-SUR-MER Chagnolet
C.M. 71 Pli 12

4 ch. Chambres au 1er étage d'une maison indépendante, dans le village. 4 ch avec wc communs. Ch 1 (1 l t 2 pers), salle d'eau privée sur palier. Ch 2 (1 lit 2 pers, 1 lit 1 pers, salle d'eau privée en r.d.c. Ch 3 et Ch 4 avec salle d'eau privée. Ch 3 (1 lit 2 pers). Ch 4 (2 lits 1 pers). Séjour, cuisine à disposition des hôtes. Grande cour et pelouse, barbecue, aire de jeux. La Rochelle : ville d'art et d'histoire que vous visiterez pour son vieux port, ses rues aux arcades animées, son aquarium, ses restaurants aux spécialités de fruits de mer...

Prix : 1 pers. 27 € 2 pers. 34 € 3 pers. 43 €
Ouvert : Toute l'année.

4	4	1	4	7	7	4	2

Michel PERREIN - 13, grande rue - Chagnolet - 17139 DOMPIERRE-SUR-MER - Tél. : 05 46 44 65 98

DOMPIERRE-SUR-MER Margorie
C.M. 71 Pli 12

4 ch. A la campagne, chambres aménagées dans des dépendances. 4 ch avec réfrigérateur, salle d'eau et wc privés chacune. 1 ch familiale de 4 pers, en r.d.c (1 ch : 1 lit 2 pers, 1 ch : 2 lits 1 pers, 1 lit enfant). 3 chambres (1 lit 2 pers et 1 lit d'appoint en mezzanine). Cuisine à disposition avec lave-linge. Barbecue, portique. Vous trouverez dans cette ferme le calme assuré. Proximité du canal La Rochelle Marans : site classé. La Rochelle et son Vieux Port, l'aquarium.

Prix : 1 pers. 30 € 2 pers. 40 € 3 pers. 53 € pers. sup. 17 €
Ouvert : Toute l'année.

8	8	SP	1	4	8	8	1

Marie-Josephe RENARD - Margorie - 17139 DOMPIERRE-SUR-MER - Tél. : 05 46 35 33 41 - Fax : 05 46 35 33 41

ECHILLAIS
(TH) *C.M. 71 Pli 14*

2 ch. 2 ch aménagées à l'étage de la maison du propriétaire. Ch 1 et ch 2 (1 lit 2 pers), avec salle d'eau privée et wc commun. Séjour/salon commun avec cheminée et TV. Jardin arboré, salon de jardin, parking. Table d'hôte sur réservation. A 7 km au sud de Rochefort où vous visiterez la Maison de Pierre Loti, la Corderie Royale, les bords de la Charente. A voir l'ancien pont transbordeur de Martrou (XIXe siècle). Accès rapide pour Royan, l'Ile d'Oléron et La Rochelle.

Prix : 1 pers. 28 € 2 pers. 34 € pers. sup. 11 € repas 14 €
Ouvert : Toute l'année.

15	7	1	7	1	2	40	7	0,5

Daniele COURAUD - 5, rue du Champ Simon - Les Hibicus - 17620 ECHILLAIS - Tél. : 05 46 83 11 60

ECHILLAIS
(TH) *C.M. 71 Pli 14*

4 ch. Dans un environnement calme et reposant, 4 ch confortables aménagées dans une maison de construction récente située à proximité de la maison des propriétaires. Ch 1 et ch 3 (1 lit 2 pers). Ch 2 (2 lits 1 pers). Ch 4 (1 lit 2 pers, 1 lit 1 pers). Salle d'eau et wc privés à chaque chambre. A votre disposition, séjour, salon, TV, bibliothèque. Jardin. Table d'hôte sur réservation. A 7 km au sud de Rochefort où vous visiterez la Maison de Pierre Loti, la Corderie Royale, les bords de la Charente. A voir l'ancien pont transbordeur de Martrou (XIXe siècle). Accès rapide pour Royan, l'Ile d'Oléron et La Rochelle.

Prix : 1 pers. 30 € 2 pers. 38 € 3 pers. 49 € pers. sup. 11 € repas 14 €
Ouvert : Toute l'année.

15	7	1	7	1	2	40	7	0,5

Danièle et Sylvie COURAUD - 5, rue du Champ Simon - Les hibiscus - 17620 ECHILLAIS - Tél. : 05 46 83 11 60

ECOYEUX Chez Quiment
(TH) *C.M. 71 Pli 4*

4 ch. Dans le Val de Saintonge, à 13 km de Saintes, ville romane. 4 ch aménagées dans une ancienne ferme charentaise rénovée. Etage : ch 1 (1 lit 2 pers,1 lit 1 pers, 1 lit enfant), s.d.b, wc privés. Ch 2 (1 lit 2 pers), ch 3 (2 lits 1 pers), salle d'eau, wc privés chacune. R.d.c : ch 4 accessible 1 pers handicapée (1 lit 2 pers, 1 lit 1 pers), s.d.b/ douche, wc privés. A disposition, séjour/salon (TV bibliothèque). Cour, jardin, ping-pong. Table d'hôtes sur réservation, fermée le dimanche. Location de vélos sur réservation. Séjours à thèmes : cuisine traditionnelle au Pineau et au Cognac !

Prix : 1 pers. 28/34 € 2 pers. 34/40 € 3 pers. 49 € repas 15 €
Ouvert : Toute l'année (l'hiver sur réservation).

50	6	15	2	15	10	15	2

Marie-Andrée et Henri FORGET - Quiment (Quimand) - 17770 ECOYEUX - Tél. : 05 46 95 92 55 - Fax : 05 46 95 92 55 -
E-mail : maforget@libertysurf.fr

LES ESSARDS Le Pinier
(TH) *C.M. 71 Pli 4*

4 ch. 4 ch confortables personnalisées aménagées dans une superbe demeure. Ch 1 suite de 2 ch avec salon, s.d.b et wc privés (1 ch,1 lit 2 pers, 1 ch 2 lits 1 pers). Ch 2, 3 et 4 aménagées dans une ancienne étable joliment restaurée (1 lit 2 pers), salle d'eau et wc privés chacune. A disposition séjour, TV, salle de jeux, coin-cuisine, lave-linge, point phone. Jardin. Table d'hôtes sur réservation. Sentiers VTT. Saintes : vestiges gallo-romains, arènes, thermes à visiter, bords de Charente... Langue parlée : anglais.

Prix : 1 pers. 30 € 2 pers. 42 € 3 pers. 61 € pers. sup. 8 € repas 13 €
Ouvert : Du 01/07 au 31/08 et week-ends en mai, juin et septembre.

30	10	10	5	7	10	10	4

Francine JAMIN - 10, Le Pinier - 17250 LES ESSARDS - Tél. : 05 46 93 91 43 - Fax : 05 46 93 93 64

Charente-Maritime
Poitou-Charentes

FOURAS
C.M. 71 Pli 13

5 ch. Dans une propriété calme de la Presqu'île de Fouras, à 150 mètres de l'océan. 5 ch d'hôtes en rez-de-jardin avec entrées indépendantes. 3 ch (1 lit 2 pers) et 2 ch (2 lits 1 pers), avec salle d'eau et wc privatifs. Séjour. Vaste jardin arboré, kiosque-gloriette, salon de verdure, parking clos privé. Entre La Rochelle et Royan, face à l'Ile d'Aix et au Fort Boyard, le Clos des Courtineurs se trouve au centre de vos itinéraires vers les îles de Ré, d'Oléron, Rochefort, Cognac et la Saintonge Romane. Langue parlée : anglais.

Prix : 1 pers. 40 € 2 pers. 46/50 €
Ouvert : De mai à septembre.

🐕	⛱	🏊	🚿	🎾	🐎	🎿	🚂	🚲
SP	18	SP	SP	1		6	14	SP

Pierrette LEFEBVRE - 4 ter, rue des Courtineurs BP47 - 17450 FOURAS - Tél. : 05 46 84 02 87 - Fax : 05 46 84 02 87 - E-mail : pierrette.lefebvre@wanadoo.fr

GENOUILLE La Mitière
C.M. 71 Pli 3

3 ch. Ch au 1er étage d'une maison charentaise avec accès indépendant. Ch 1 et ch 2 (1 lit 2 pers, 1 lit 1 pers), salle d'eau privée chacune et wc commun. Ch 3 familiale (1 ch, 1 lit 2 pers et 1 ch, 1 lit 2 pers, 1 lit 1 pers), salle d'eau et wc privés. Cuisine aménagée, séjour, cheminée, TV, biblio. Cour/coin pelouse, barbecue, meubles de jardin, jeux enfants. Calme et repos assuré. Location de vélos. Petits restaurants à proximité. Genouillé, charmant petit village situé dans la campagne à proximité de La Rochelle et de Rochefort. A 20 mn des plages de Châtelaillon et de Fouras. A Genouillé : église romane classée.

Prix : 2 pers. 35/44 € pers. sup. 8 €
Ouvert : Du 1er avril au 15 novembre.

🐕	⛱	🏊	🚿	🎾	🐎	🎿	🚂	🚲
25	2	2	2	10	6	6	2	

Claudette et Régis BONNET - La Mitière - 17430 GENOUILLE - Tél. : 05 46 27 71 81

GENOUILLE La Boisselée
C.M. 71 Pli 3

2 ch. Dans un hameau, 2 ch avec accès indépendant aménagées à l'étage d'une ancienne maison charentaise rénovée. 1 ch (1 lit 2 pers), 1 ch (1 lit 2 pers). Salle d'eau et wc privés à chaque chambre. A votre disposition : séjour avec coin cuisine. Petit jardin avec mobilier de jardin et barbecue. Genouillé, charmant petit village de campagne situé à proximité de La Rochelle ville d'Art et d'Histoire célèbre pour son vieux port et de Rochefort réputée pour ses thermes et son passé maritime où vous visiterez entre autre le chantier de l'Hermione et la maison de Pierre Loti.

Prix : 1 pers. 29 € 2 pers. 35 €
Ouvert : Toute l'année.

🐕	⛱	🏊	🚿	🎾	🐎	🎿	🚂	🚲
25	5	3	5	10	20	10	6	

Chantal RAILLET - 3 rue du Fer à Cheval - La Boisselée - 17430 GENOUILLE - Tél. : 05 46 27 88 65

LE GUA
C.M. 71 Pli 14

3 ch. Au cœur du village, 3 ch aménagées à l'étage de la maison des propriétaires. Ch 1 (1 lit 2 pers), salle de bains privée et wc communs avec ch 3. Ch 2 (1 lit 2 pers), cabine de douche et wc privés. Ch 3 avec cabine de douche (2 lits 2 pers), wc communs avec ch 1. A disposition : séjour, salon avec TV, jardin. Le Gua est situé à proximité de l'embouchure de la Seudre. Bassin de Marennes-oléron réputé pour ses huitres. Musée de la poche de Royan (1944-45) au Gua. Royan : ville de congrès est à 15 km, vous apprécierez ses plages au sable fin, son port de plaisance. Proximité de la forêt de La Coubre et du zoo de La Palmyre. Langue parlée : allemand.

Prix : 1 pers. 27 € 2 pers. 34/43 € 3 pers. 43 € pers. sup. 11 €
Ouvert : Toute l'année.

🐕	⛱	🏊	🚿	🎾	🐎	🎿	🚂	🚲
15	6	3	0,5	10	15	6	SP	

Liliane DESGRIS - 11, rue Saint-Laurent - 17680 LE GUA - Tél. : 05 46 22 86 44 ou 06 72 63 21 11 - Fax : 05 46 22 86 44

JARNAC-CHAMPAGNE La Feuillarde des Tonneaux
C.M. 71 Pli 5

3 ch. Ch d'hôtes dans maison de maître de style charentais. A l'étage, ch 1 (1 lit 2 pers) s. d'eau, wc, frigo. A l'ét. dans une aile, ch 2 (2 lits 1 pers), s. d'eau, wc, frigo. Ch 3 (1 lit 2 pers), s.d.b/ douche séparée, wc, frigo. 1 vélo appart. Séjour, salon (TV/biblio). Billard français. Point-phone Téléséjours. Parc, salon de jardin, ping-pong, location VTT, pétanque. Table d'hôte sur réservation. Sur la propriété viticole, pos. de visiter la distillerie et les chais. Vente de Pineau et Cognac, de produits fermiers : truffes, noix, noisettes. Restaurant à 1 km. Eglises romanes à visiter. Jonzac, ville thermale à 14 km. Proximité de Cognac.

Prix : 1 pers. 48 € 2 pers. 64 € pers. sup. 9 € repas 24 €
Ouvert : De mars à octobre : autres périodes sur réservation.

🐕	⛱	🏊	🚿	🎾	🐎	🎿	🚂	🚲
50	10	8	14	1	12	25	14	

Charles et Violette LASSALLE - 14, rue des Tonneaux - Domaine des Tonneaux - 17520 JARNAC-CHAMPAGNE - Tél. : 05 46 49 50 99 - Fax : 05 46 49 57 33 - E-mail : lassalle@t3a.com - www.t3a.com/lassalle

LANDRAIS Les Granges
C.M. 71 Pli 3

5 ch. Dans un petit hameau, 5 ch à l'étage avec salle d'eau et wc privés. Ch 1 (1 lit 2 pers). Ch 2 (2 lits 1 pers). Ch 3 (1 lit 2 pers). Ch 4 (1 lit 2 pers). Ch 5 (1 lit 2 pers, 2 lits 1 pers). Possibilité 1 lit supplémentaire dans ch 5. Salle de séjour, cheminée. Cour et coin pelouse privés non clos, meubles de jardin et portique. Table d'hôte sur réservation. Landrais près de Surgères où vous visiterez l'église romane et le château d'Hélène de Fonséque, inspiratrice de Ronsard. La Rochelle ville historique avec son vieux port, ses restaurants aux spécialités de fruits de mer, son aquarium.

Prix : 1 pers. 26 € 2 pers. 33 € 3 pers. 42 € pers. sup. 8 € repas 12 €
Ouvert : Du 1er février au 30 novembre.

🐕	⛱	🏊	🚿	🎾	🐎	🎿	🚂	🚲
20	10	2	2	12	10	10	2	

Monique et François CAILLON - 1, rue Pré trenai - Les Granges - 17290 LANDRAIS - Tél. : 05 46 27 73 81 - Fax : 05 46 27 87 13

Poitou-Charentes — **Charente-Maritime**

LUCHAT La Métairie (TH) C.M. 71 Pli 5

3 ch. Dans une ancienne maison charentaise rénovée, contigüe à la maison des propriétaires, 3 ch personnalisées, confortables avec salle d'eau/wc privés chacune. Au r.d.c, ch 1 accessible 2 pers handicapées (2 lits 1 pers). A l'étage ch 2 (1 lit 2 pers, 1 lit 1 pers). Ch 3 (3 lits 1 pers). A disposition, séjour avec cheminée, salle détente, TV, bibliothèque. Jardin d'agrément. Parking. Table d'hôte sur réservation. Au cours de votre séjour, dans un cadre reposant, venez découvrir Saintes, ville d'Art et d'Histoire, Royan, ses plages et sa côte. A pied ou à vélo, venez aussi parcourir la Saintonge aux paysages vallonnés et verdoyants. Langue parlée : anglais.

Prix : 1 pers. 30 € 2 pers. 40 € 3 pers. 50 € pers. sup. 11 € repas 13 €
Ouvert : De mars à novembre (autres périodes sur réservation).

26	4	8	4	4	12	10	4	

Martine TRENTESAUX - 17, rue de la Métairie - 17600 LUCHAT - Tél. : 05 46 92 07 73 ou 06 83 58 25 55

MARANS Bel Air de Vendome C.M. 71 Pli 12

1 ch. A la ferme, ch familiale (1 ch :1 lit 2 pers et 1 ch : 2 lits 1 pers) avec accès indépendant, aménagée à l'étage de la maison des propriétaires. Salle d'eau et wc privés. Séjour et salon commun avec cheminée et TV. Cour et jardin clos, salon de jardin, portique. Marans situé en limite du Marais Poitevin délimite la Charente Maritime et la Vendée. Pêche sur la Sèvre Niortaise et possibilité de promenade en barques. Proximité de La Rochelle : ville d'Art et d'Histoire à visiter !

Prix : 1 pers. 32 € 2 pers. 37 € 3 pers. 50 € pers. sup. 14 €
Ouvert : Toute l'année.

30	5	4	5	12	20	25	4

Micheline et Jacques RUAU - Bel air de Vendome - 17230 MARANS - Tél. : 05 46 01 14 01 - Fax : 05 46 35 11 09

MARANS La Grande Bastille C.M. 71 Pli 12

2 ch. Ch situées sur une exploitation agricole isolée. 2 ch en r.d.c. Ch 1 (2 lits 1 pers, 1 lit 2 pers), salle d'eau et wc privés. Ch 2 (2 lits 1 pers, 1 lit 2 pers), salle d'eau et wc privés. Séjour, salon avec cheminée. Cuisine indépendante à disposition des hôtes. Pelouse non close, cour, meubles de jardin. Marans situé en limite du marais poitevin délimite la Charente Martime et la Vendée. Pêche sur la Sèvre Niortaise et possibilité de promenade en barques. Proximité de La Rochelle : ville d'Art et d'Histoire à visiter !

Prix : 1 pers. 30 € 2 pers. 38 € 3 pers. 49 € pers. sup. 12 €
Ouvert : Toute l'année.

30	8	1	8	10	24	25	4

Bernard ROCHETEAU - La grande Bastille - 17230 MARANS - Tél. : 05 46 01 14 51

MARANS La Manoire (TH) C.M. 71 Pli 12

4 ch. Dans un cadre de verdure, dans la zone maritime du Marais Poitevin, 4 ch confortables avec accès indépendant, aménagées au r.d.c d'une ancienne ferme. Salle d'eau et wc privés à chaque ch. L'Exotique (1 lit 2 pers), La Rose (2 lits 2 pers). La Campagnarde (1 lit 1 pers, 1 lit 2 pers). La Myosotis (2 lits 2 pers). A votre disposition : séjour et salon, cheminée, TV. Jardin ombragé avec salon. Abri voiture. TH sur réserv. (Lundi-mercredi-vendredi-dimanche). Dans une ambiance conviviale, Marie Geneviève et Claude auront à cœur de vous faire découvrir les richesses de leur environnement (proposition sorties). Calme, détente et repos assurés.

Prix : 1 pers. 37 € 2 pers. 43 € 3 pers. 56 € pers. sup. 13 € repas 17 €
Ouvert : Du 1er avril au 31 octobre.

30	6	SP	6	6	20	30	2,5

Claude BARRERIE - la Manoire - Le Marais Sauvage - 17230 MARANS - Tél. : 05 46 01 17 04 - Fax : 05 46 01 17 04 - www.marcireau.fr/marans/manoire.htm

MARENNES La Ménardière C.M. 71 Pli 14

2 ch. A 3 km de Marennes, capitale de l'huitre et près de l'Ile d'Oléron, chs aménagées dans une maison de caractère rénovée (style ancien). 2 ch à l'étage. Ch 1 (1 lit 2 pers), salle d'eau et wc privés. Ch 2 (1 lit 2 pers), salle de bains et wc privés. Séjour/salon avec TV. Véranda. Pelouse close, meubles de jardin, barbecue, portique et balançoires. Proximité de la forêt domaniale de La Coubre, du zoo de La Palmyre (un des plus grand d'Europe). A visiter : Brouage, ville fortifiée par Vauban. Lagunes avec oiseaux à proximité. Bassin ostréicole de Marennes/Oléron avec dégustation d'huitres. Musées. Château de La Gataudière. Pistes cyclables.

Prix : 2 pers. 43/50 €
Ouvert : Toute l'année sauf en octobre.

3	5	3	1	20	20	3	

Jacqueline et Jean FERCHAUD - 11 rue des Lilas - La Menardière - 17320 MARENNES - Tél. : 05 46 85 41 77

MESCHERS Biscaye C.M. 71 Pli 15

5 ch. 5 ch aménagées dans maison rénovée. A l'étage, ch 1 (1 lit 1 pers, 1 lit 2 pers), s. d'eau privée, wc commun. Ch 2 (2 lits 1 pers), s.d.b. et wc privés. Ch 3 (1 lit 2 pers), salle d'eau et wc privés. Ch 4 (3 lits 1 pers) avec salle d'eau privée et wc commun. En r.d.c, ch 5 (1 lit 1 pers, 1 lit 2 pers), salle d'eau et wc privés. Vaste séjour/salon réservé aux hôtes. Terrasse couverte. Piscine. Location de vélos. Environnement spacieux de 1000 m², salon de jardin avec barbecue. Meschers, petite station balnéaire et petit port de pêche sur l'estuaire de la Gironde.

Prix : 2 pers. 42 € 3 pers. 50 € pers. sup. 8 €
Ouvert : Toute l'année.

5	SP	5	20	5	8	15	15	3

Christian et M-Laurence MOYA - La Biscaye - 17132 MESCHERS-SUR-GIRONDE - Tél. : 05 46 02 60 96 ou 06 85 48 23 39 - Fax : 05 46 02 60 96 - E-mail : CHRISTIAN.MOYA@wanadoo.fr

Charente-Maritime　　　　　　　　　　　　　　　　　　　　*Poitou-Charentes*

MESCHERS　(TH)　*C.M. 71 Pli 15*

4 ch. Dans une maison récente, 4 ch avec salle d'eau et wc privés chacune. A l'étage ch 1 et ch 2 avec grand balcon commun (1 lit 2 pers, lit. 180, possibilité 2 lits 90). Ch 2 (1 lit 2 pers, lit. 160, possibilité 2 lits 80). Ch 3 (1 lit 2 pers). En r.d.c, ch 4 avec terrasse privée (1 lit 2 pers lit. 180, possibilité 2 lits 1 pers.). Possibilité lit appoint 1 pers. Séjour, salon, TV, bibliothèque. Table d'hôte sur réservation. Parking privé ombragé, véranda, terrasse, vaste jardin fleuri. Environnement calme et reposant. 5 plages et criques. Petit port de pêche à Meschers. Les grottes avec leur histoire. Les bords de Gironde et la petite église de Talmont.

Prix : 1 pers. **33 €** 2 pers. **41 €** pers. sup. **15 €** repas **14 €**
Ouvert : Toute l'année.

🐕	⛱	🏊	🚴	🎾	🏃	🏇	🚉	🚗
	2,5	10	2,5	0,8	3	15	10	3

Mauricette et Pierre REDEUILH - 202, route de Royan - 17132 MESCHERS-SUR-GIRONDE - Tél. : 05 46 02 72 72 - Fax : 05 46 02 60 70

MIGRON　Logis des Bessons　　　　　　　　　　　　*C.M. 71 Pli 4*

3 ch. Sur une exploitation viticole 3 ch aménagées dans un ancien logis charentais. Ch 1 (2 épis) (1 lit 2 pers), salle d'eau privée, wc communs. Ch 2 et ch 3 (3 épis) avec salle d'eau et wc privés. Ch 2 (1 lit 2 pers), Ch 3 (1 lit 2 pers). A votre disposition : séjour, salon, TV, bibliothèque. Parc, ping-pong, loc. de vélos. Piscine sur propriété. Etang de pêche privé sur place. Ecomusée du Cognac sur place à visiter. Chèvres, anes, moutons, shetlands sur la propriété. Proximité de Cognac et de Saintes. Nombreuses églises romanes à visiter. Langues parlées : anglais, espagnol.

Prix : 1 pers. **34 €** 2 pers. **41 €** 3 pers. **52 €** pers. sup. **12 €**
Ouvert : Toute l'année.

🐕	⛱	🏊	🏌	🎾	🏃	🏇	🚉	🚗
60	SP	SP	4	1	10	12	5	1

Ginette TESSERON - Logis des Bessons - 17770 MIGRON - Tél. : 05 46 94 91 16 - Fax : 05 46 94 98 22

MIRAMBEAU　Le Parc Casamène　(TH)　*C.M. 71 Pli 6*

3 ch. 3 ch d'hôtes spacieuses et de très grand confort aménagées avec goût et raffinement dans un ravissant château du XIXᵉ siècle. S. de bains, wc privés à chaque ch. Au r.d.c « Les Tilleuls » (1 lit 2 pers). A l'ét. « Le Cèdre » (2 lits 1 pers). « Le Thuya » (1 lit 2 pers). A disposition : séjour, salon, TV, bibliothèque. Parc boisé de 4 ha aménagé pour la promenade. Table d'hôte sur réservation. La chaleur de l'accueil ainsi que le charme des lieux vous apporteront détente et repos. Au cœur de la Haute-Saintonge, riche en églises romanes, c'est un point de départ idéal pour visiter les vignobles. Langues parlées : anglais, italien.

Prix : 1 pers. **70/80 €** 2 pers. **75/85 €** repas **35 €**
Ouvert : Toute l'année (de novembre à mars uniquement sur réservation).

🐕	⛱	🏊	🏌	🎾	🏃	🏇	🚉	🚗
40	0,2	10	16	0,3	12	50	14	SP

René VENTOLA - 95, Avenue de la République - Le Parc Casamene - 17150 MIRAMBEAU - Tél. : 05 46 49 74 38 - Fax : 05 46 49 74 38 - www.homestead.com/mirambeau/

MONTPELLIER-DE-MEDILLAN　(TH)　*C.M. 71 Pli 5*

3 ch. Dans un hameau, 3 ch confortables. 2 ch (1 lit 2 pers) chacune et 1 ch (3 lits 1 pers) avec sanitaires privés, aménagées dans un bâtiment situé à proximité de la maison des propriétaires (1774). Accès indépendant et de plain-pied. A disposition : séjour/salon. Jardin d'agrément arboré et salle à manger d'été et cheminée pour grillades. Parking. TH sur réservation. Entre l'estuaire de la Gironde et de la Charente, aux sources de la Seudre, sur le GR 360, vous découvrirez le bassin ostréicole et ses huîtres de claires, Saintes riche en vestiges gallo-romains, la campagne et ses fameuses églises romanes et le vignoble spécialisé dans le Pineau. Langues parlées : anglais, espagnol.

Prix : 1 pers. **35 €** 2 pers. **40 €** 3 pers. **55 €** pers. sup. **12 €** repas **16 €**
Ouvert : De Pâques à la Toussaint (autres périodes sur réservation).

🐕	⛱	🏊	🏌	🎾	🏃	🏇	🚉	🚗
15	5	0,5	8	15	25	22	3	

Claude et Marie-Jeanne HUBIN - 17 rue de la Sauvette - 17260 MONTPELLIER-DE-MEDILLAN - Tél. : 05 46 90 92 70 - Fax : 05 46 90 92 70 - E-mail : hubin@t3a.com

MONTROY　Les Ormeaux　　　　　　　　　　　　　　*C.M. 71 Pli 12*

2 ch. 2 ch d'hôtes aménagées dans une grande propriété. 1 ch familiale aménagé à l'étage de la maison du propriétaire (1 ch avec 1 lit 2 pers et 1 ch avec 2 lits 1 pers), s. d'eau et wc privés. 1 ch avec entrée privative (1 lit 2 pers) s. d'eau/wc privés, avec possibilité kitchenette attenante privée à la ch (2 €/pers). A votre disposition, séjour/salon avec cheminée et TV. Grand jardin arboré, cour, meubles de jardin. Gîte rural sur la propriété. Montroy est situé à 15 km de La Rochelle, ville d'Art et d'Histoire que vous visiterez pour la ville elle-même, pour son vieux port et ses tours, pour son aquarium, ses musées...

Prix : 1 pers. **35 €** 2 pers. **41 €** 3 pers. **58 €** pers. sup. **12 €**
Ouvert : Toute l'année.

🐕	⛱	🏊	🏌	🎾	🏃	🏇	🚉	🚗
12	8	12	1	8	15	13	2	

Roger CAQUINEAU - 15, les Ormeaux - 17220 MONTROY - Tél. : 05 46 55 06 04

MORNAC-SUR-SEUDRE　　　　　　　　　　　　　　*C.M. 71 Pli 15*

2 ch. Dans un des plus beaux villages de France, 2 ch confortables aménagées à l'étage d'une ancienne maison charentaise rénovée. Ch 1 (1 lit 2 pers), s.d.b et wc privés. Ch 2 pour une famille, des amis. 1 ch (1 lit 2 pers) 1 ch (2 lits 1 pers), salle de bains, wc privés. A disposition : séjour, salon avec cheminée, TV, téléphone. Jardin avec terrasse. Mornac-sur-Seudre à visiter pour son église fortifiée, ses vieilles halles, ses ruelles pittoresques, son port ostréicole, son artisanat d'art... Langue parlée : anglais.

Prix : 1 pers. **29 €** 2 pers. **37 €** 3 pers. **53 €** pers. sup. **11 €**
Ouvert : Du 1ᵉʳ avril au 1ᵉʳ novembre.

🐕	⛱	🏊	🏌	🎾	🏃	🏇	🚉	🚗
	10	12	1	2	12	12	10	SP

Brigitte PICHON - 17, rue des Basses Amarres - 17113 MORNAC-SUR-SEUDRE - Tél. : 05 46 22 63 29 - Fax : 05 46 22 63 29

Poitou-Charentes — **Charente-Maritime**

NERE Le Chiron (TH) — C.M. 71 Pli 3

3 ch. Dans un hameau, 3 ch confortables (1 lit 2 pers) avec salle d'eau et wc privés, aménagées à l'étage de la maison des propriétaires. A disposition : séjour/salon. Jardin d'agrément avec un petit étang. Salon de jardin. Parking privé. Table d'hôtes sur réservation. Jacqueline et Christian auront à cœur de vous faire apprécier la gastronomie régionale et les richesses de leur environnement. A visiter l'église romane d'Aulnay de Saintonge du XIIe siècle, le zoorama de Chizé, le château de Dampierre-sur-Boutonne à 12 km. Circuits de randonnée.

Prix : 1 pers. 30 € 2 pers. 37 € repas 14 €
Ouvert : Toute l'année.

80	8	12	5	6	45	20	5

Jacqueline GUIBERTEAU - Le Chiron - 17510 NERE - Tél. : 05 46 33 01 33

NIEUL-LE-VIROUIL Les Brandes — C.M. 71 Pli 6

2 ch. Ch avec salles d'eau et wc privés aménagées dans un logis charentais du XVIIIe siècle. En r.d.c, ch 1 avec terrasse (1 lit 2 pers, 1 lit 1 pers). A l'étage, ch 2 familiale (1 ch, 2 lits 1 pers et 1 ch 1 lit 120, 1 lit 1 pers 1 lit bébé). Séjour. Salon, TV, bibliothèque, téléphone. Kitchenette à disposition. Parc ombragé avec bassin et salon de jardin. Propriété située dans une impasse au milieu des champs, à 15 mn de la station thermale de Jonzac, base de loisirs avec baignade en lac géothermique. A découvrir les bords de Gironde, Cognac et les vins de Bordeaux. Sortie 37 autoroute A10 Mirambeau. Langues parlées : anglais, espagnol.

Prix : 1 pers. 29 € 2 pers. 45 € 3 pers. 59 € pers. sup. 14 €
Ouvert : Toute l'année : l'hiver sur réservation.

45	4	14	8	4	2	40	8	4

Françoise et Cécile NEESER-DELAERE - 79 Les Brandes - 17150 NIEUL-LE-VIROUIL - Tél. : 05 46 48 30 25

ORIGNOLLES La Font Betou (TH) — C.M. 71 Pli 7

2 ch. En pleine campagne, 2 ch confortables aménagées sur 2 niveaux dans un bâtiment annexe à la maison des propriétaires. Ch 1 (1 lit 2 pers, 1 lit 1 pers). Ch 2 (2 lits 1 pers), salle d'eau et wc privés à chaque ch. A disposition : séjour et salon avec cheminée. Vaste jardin fleuri avec piscine, bassin et petite cascade. TH sur réservation. Laure et Gordon se feront un plaisir de vous accueillir pour un séjour calme et reposant et seront heureux de vous faire découvrir les richesses du sud de la Charente-Maritime. Langues parlées : anglais, italien.

Prix : 1 pers. 45 € 2 pers. 55 € 3 pers. 70 € pers. sup. 15 €
repas 23 €
Ouvert : Toute l'année sauf en janvier.

80	SP	10	5	1	3	15	15	3

Laure TARROU - La Font Betou - 17210 ORIGNOLLES - Tél. : 05 46 04 02 52 - Fax : 05 46 04 02 52 - E-mail : tarrou@la-font-betou.com - www.la-font-betou.com

PLASSAY (TH) — C.M. 71 Pli 4

2 ch. Dans le village, au chevet de l'église, 2 ch aménagées à l'étage d'une maison saintongeaise. Ch 1 (1 lit 2 pers), salle d'eau et wc privés (non communiquants). Ch 2 familiale (1 ch, 1 lit 2 pers en 160, 1 ch 2 lits 1 pers), salle d'eau et wc privés. Séjour/salon, TV. Petit jardin et parking clos, meubles de jardin. Table d'hôte sur réservation. Plassay est situé à 10 km de Saintes que vous visiterez pour ses églises romanes, ses vestiges gallo-romains : arènes, théâtre, thermes... Bords de Charente. Le château de La Roche Courbon à 5 km. Visites des chais et distilleries de Cognac. Nombreuses églises romanes à visiter.

Prix : 1 pers. 31 € 2 pers. 40 € 3 pers. 54 € pers. sup. 8 €
repas 13 €
Ouvert : Toute l'année.

35	8	5	8	10	10	10	4

Yves RATAUD - 4, rue Saintonge - 17250 PLASSAY - Tél. : 05 46 93 90 60

PLASSAY La Jacquetterie (TH) — C.M. 71 Pli 4

3 ch. Ch dans maison de caractère indépendante. Ch 1 r.d.c (1 lit 2 pers, 1 lit 1 pers), salle d'eau/wc privés. Au 1er étage ch 2 (1 lit 2 pers + 1 lit d'enfant), salle d'eau et wc privés. Au 2e étage ch 3 familiale (1 ch, 2 lits 1 pers ; 1 ch, 2 lits 1 pers). Séjour/salon, TV. Jardin d'agrément, jeux d'enfants. Table d'hôte sur réservation. Saintes : ville culturelle où l'art roman est présent : visite des vestiges gallo-romains, de l'arc de triomphe, des églises. Allez découvrir les bords de Charente où vous pourrez y pêcher ou flâner le long de ses rives. Le château de la Roche Courbon à visiter à 5 km. Langue parlée : allemand.

Prix : 2 pers. 43/44 € 3 pers. 55/58 € repas 15 €
Ouvert : Toute l'année.

35	9	4	4	4	10	10	4

Michelle et Jacques LOURADOUR - 14, rue de Saintonge - La Jacquetterie - 17250 PLASSAY - Tél. : 05 46 93 91 88

PONT-L'ABBE-D'ARNOULT — C.M. 71 Pli 14

3 ch. Ch organisées autour d'un patio dans la maison meublée saintongeais des propriétaires et entourée d'un vaste jardin arboré non clos de 5 000 m². En r.d.c, ch 1 et ch 2 (1 lit 2 pers), salle de bains privée chacune, wc communs. Ch 3 familiale (1 ch, 1 lit 1 pers, 1 lit 2 pers ; 1 ch 2 lits 1 pers), salle de bains et wc privés. Séjour à dispos. Terrasse, salon de jardin. Vélos. Très bons restaurants à 400 m. Entre Rochefort et Saintes Pont l'Abbé d'Arnoult traversée par une rivière poissonneuse est un lieu privilégié pour des vacances. Saintes à visiter pour ses vestiges, Rochefort pour la Corderie Royale et le Château de la Roche-Courbon à 8 km.

Prix : 1 pers. 29 € 2 pers. 34/37 € 3 pers. 47 € pers. sup. 8/11 €
Ouvert : Toute l'année.

30	SP	SP	7	SP	10	23	23	SP

Marie-Michèle FLEURY - 9, chemin du Jard - 17250 PONT-L'ABBE-D'ARNOULT - Tél. : 05 46 97 01 03 ou 06 03 42 22 42 -
Fax : 05 46 97 01 03 - E-mail : le.jard@online.fr - www.le.jard.online.fr

Charente-Maritime   *Poitou-Charentes*

PREGUILLAC   (TH)   C.M. 71 Pli 5

3 ch. Chs dans maison indépendante. A l'étage ch 1 (1 lit 2 pers), ch 2 (2 lits de 120), ch 3 (1 lit 1 pers) avec salle d'eau et WC communs. Salle d'eau et wc supplémentaires au r.d.c Salle de séjour, coin salon, TV, cheminée, bibliothèque. Petite cour, pelouse et jardin. Table d'hôte sur réservation. Saintes : ville aux églises romanes à visiter, aux vestiges gallo-romains innombrables : arènes, thermes, arc de triomphe, théâtre...où vous irez flâner sur les bords de la Charente. A découvrir : le château de la Roche Courbon et ses jardins. Saint Savinien avec ses maisons « dans l'eau »!...

Prix : 1 pers. **23 €** 2 pers. **31 €** 3 pers. **38 €** pers. sup. **8 €**
repas **11 €**

Ouvert : Toute l'année.

🏖	🏊	👤	🎾	✈	🎿	🚂	⚓
30	10	1	SP	8	10	10	4

Louisette GEORGEON - 9, rue Sainte Eulalie - 17460 PREGUILLAC - Tél. : 05 46 93 62 62

PREGUILLAC   C.M. 71 Pli 5

2 ch. Dans une superbe maison saintongeaise, ch. 1 (3 épis) spacieuse et confortable (1 lit 2 pers, 1 lit 1 pers) avec salle d'eau et wc privés aménagés au r-d-c (accès indépendant). A l'étage : ch. 2 (2 lits 1 pers), salle d'eau/wc privés non communiquants (2 épis). Ch avec sanitaires privés en cours de classement. A disposition, salon, cheminée, TV, bibliothèque. Jardin d'agrément, vélos. Plan d'eau (pêche) à 1 km. Proximité de Saintes, ville d'Art et d'Histoire aux nombreuses églises romanes et aux vestiges gallo-romains. Accès rapide vers Royan, station balnéaire, sa côte de beauté, sa plage. Langue parlée : anglais.

Prix : 1 pers. **34/38 €** 2 pers. **38/44 €** 3 pers. **56 €**

Ouvert : Toute l'année.

🏖	🏊	👤	🎾	✈	🎿	🚂	⚓
30	10	1	1	8	10	10	2

Valérie et Sophie JACAZZI - 6 Chemin du Pied Bois - 17460 PREGUILLAC - Tél. : 05 46 74 77 39 ou 06 63 78 88 79

PUYRAVAULT Le Clos de la Garenne   (§)   (TH)   C.M. 71 Pli 2

3 ch. Dans logis XVIIe siècle de caractère, « Tilleul & Belle Epoque », suite familiale (4/6 pers salle d'eau, wc) et l'Aunisienne » ch (2/3 pers s.d.b., wc). Dans pavillon indépendant, « Cottage », suite familiale (5 pers, salle d'eau, wc) accessible pers handicapées. (literies 160, 120 et 90). Salon-bibliothèque, jeux, billard, coin cuisine, TV, équipement bébé. Parc de 4 ha avec animaux. Jeux d'extérieur, ping-pong, volley. Accès au tennis municipal. Table d'hôte sur réservation. A 20 mn de La Rochelle, Rochefort et du marais Poitevin, découvrez l'harmonie et le calme d'une demeure historique. Langues : italien & allemand (compris). Langues parlées : anglais, espagnol.

Prix : 1 pers. **55 €** 2 pers. **60 €** 3 pers. **80/95 €** pers. sup. **20 €**
repas **23 €**

Ouvert : Toute l'année.

🏖	🏊	👤	🎾	✈	🎿	🚂	⚓
25	5	5	0,5	2	20	5	5

Brigitte et Patrick FRANCOIS - 9, rue de la Garenne - Le Clos de la Garenne - 17700 PUYRAVAULT - Tél. : 05 46 35 47 71 ou 06 80 62 84 56 - Fax : 05 46 35 47 91 - E-mail : info@closdelagarenne.com - www.closdelagarenne.com

PUYROLLAND Pont Robert   C.M. 71 Pli 3

1 ch. A l'étage d'un logis du XIXe, la « chambre au baldaquin » (1 lit 2 pers en 160 x 200) et la « chambre Gauguin » (1 lit 2 pers) composent une élégante suite familiale avec salle d'eau/wc privés. A votre disposition, séjour/salon avec cheminée, bibliothèque. Parc ombragé, parking. Location de VTT. Au cœur des Vals de Saintonge, Marie-Anne, Luc et Benoît auront le plaisir de vous accueillir dans une demeure de charme au calme exceptionnel. Proximité de Surgères où vous visiterez son chateau et son église. Rochefort et la Corderie Royale, la maison de Pierre Loti,... Langues parlées : anglais, allemand.

Prix : 1 pers. **53 €** 2 pers. **58 €** 3 pers. **81 €** pers. sup. **4 €**

Ouvert : Toute l'année.

🏖	🏊	👤	🎾	✈	🎿	🚂	⚓
40	8	8	8	6	35	12	6

Marie-Anne GUILLOTON-MOQUAY - Pont Robert - 17380 PUYROLLAND - Tél. : 05 46 59 74 50 - Fax : 05 46 59 79 35

RIVEDOUX La Champenoise   C.M. 71 Pli 12

1 ch. Chambre (1 lit 2 pers) avec salle d'eau/wc aménagée au rez-de-chaussée de la maison du propriétaire avec entrée indépendante ouvrant sur cour fleurie. TV privée à la chambre. Véranda chauffée et kiosque avec salon de jardin. Suzanne et Michel vous accueilleront à La Champenoise et auront à cœur de vous faire découvrir les richesses de leur île. Petits restaurants à proximité, dans le bourg de Rivedoux. Balades sympathiques à bicyclette dont l'Ile de Ré se prête tout à fait. Thalassothérapie Neptune à 1,5 km.

Prix : 1 pers. **45 €** 2 pers. **49 €**

Ouvert : Toute l'année.

🏖	🏊	👤	🎾	✈	🎿	🚂	⚓
0,4	10	0,4	0,1	4	15	15	0,3

Suzanne et Michel CERUTTI - 195 rue des Caillauds - Villa La Champenoise - 17940 RIVEDOUX - Tél. : 05 46 09 89 10 ou 06 86 77 17 75 - Fax : 05 46 09 89 10

ROCHEFORT Ferme de Béligon   C.M. 71 Pli 13

3 ch. Ch dans une ancienne ferme restaurée, située sur une propriété de 5 ha de prairie boisée. A l'étage ch 1 et ch 2 avec salle de bains/douche séparée et wc privés chacune. Ch 1 (1 lit 2 pers). Ch 2 (1 lit 2 pers, 1 lit 1 pers). Ch 3 (1 lit 2 pers, 1 lit 1 pers), salle de bains,wc privés. Poss. lit bébé. Salon commun, TV, téléphone, bibliothèque. Poss. de cuisiner. Salon de jardin, grande cour, parking privé. Aux portes de Rochefort où vous visiterez pour sa Corderie Royale, la Maison de Pierre Loti. Thermes à Rochefort. Prox. de Brouage, l'Ile d'Oléron, l'Ile Aix, les plages de Fouras. 30 mn de La Rochelle, de Royan. Langue parlée : anglais.

Prix : 1 pers. **29 €** 2 pers. **40 €** 3 pers. **55 €** pers. sup. **15 €**

Ouvert : Toute l'année.

🏖	🏊	👤	🎾	✈	🎿	🚂	⚓
12	2	1	2	4	10	1,5	1

Andrée et Antoine CAPELLE - route de Breuil-Magne-D116 - Ferme de Béligon - 17300 ROCHEFORT - Tél. : 05 46 82 04 29

Poitou-Charentes — **Charente-Maritime**

SABLONCEAUX Toulon
C.M. 71 Pli 15

🏠🏠🏠 2 ch.

Dans maison de construction récente. A l'étage, 1 ch. familiale avec terrasse : 1 ch. (1 lit 2 pers.) et 1 ch. (2 lits 1 pers.), s. d'eau et wc privés. R.d.c. : 1 ch. avec terrasse (2 lits 90 convertibles en 180), s.d.b. et wc privés. Séjour/salon avec cheminée, TV coul. Frigo à disposition des hôtes. Vaste jardin d'agrément clos, salon de jardin, terrasse, barbecue. Sabloncéaux est situé entre Saintes et Royan et permet d'allier les joies de la plage et les plaisirs des visites de sites prestigieux pour les amateurs d'Art roman. Saintes, ville aux vestiges gallo-romains traversée par la Charente. Langues parlées : espagnol, anglais.

Prix : 1 pers. 31 € 2 pers. 40 € 3 pers. 50 € pers. sup. 11 €
Ouvert : Toute l'année.

🐕	⛱️	🚣	🏊	🎾	🎣	🏇	🏰	🚉
13	3	3	3	3	3	15	3	3

Hélène PAPINEAU - 54, rue de Toulon - Toulon - 17600 SABLONCEAUX - Tél. : 05 46 02 36 29 - Fax : 05 46 02 36 29 -
E-mail : pierhelen.paps@wanadoo.fr

SABLONCEAUX Saint-André
C.M. 71 Pli 15

🏠🏠 2 ch.

Dans un hameau, 2 ch avec accès indépendant aménagées ds la maison saintongeaise des propriétaires. En rez-de-chaussée ch 1 (1 lit 2 pers, 1 lit 1 pers), salle d'eau/wc privés. A l'étage ch 2 (1 lit 2 pers, 1 lit 1 pers) dits appoint 1 pers. A disposition : séjour et salon communs avec TV et cheminées. Jardin clos, terrasse, salon de jardin, barbecue. Sabloncéaux, situé entre Saintes et Royan permet d'allier les joies de la plage et les plaisirs des visites de sites prestigieux pour les amateurs d'Art Roman : Saintes, ville aux vestiges gallo-romains, traversée par la Charente. Langue parlée : anglais.

Prix : 1 pers. 27 € 2 pers. 35 € 3 pers. 44 € pers. sup. 9 €
Ouvert : Toute l'année.

🐕	⛱️	🚣	🏊	🎾	🎣	🏇	🏰	🚉
16	6	6	0,5	14	20	6	6	

Elyane DOISY - 8, rue du Bois Chevalet - Saint André - 17600 SABLONCEAUX - Tél. : 05 46 94 74 54

SAINTES Narcejac - Le Bois des Faux
C.M. 71 Pli 4

🏠🏠🏠 3 ch.

En pleine nature, 3 ch aménagées dans une maison dominant la Charente. Au r.d.c, ch du Bois (1 lit 2 pers), salle d'eau et wc privés. A l'étage, ch de la Cascade et ch du Fleuve (1 lit 2 pers, chacune), salle d'eau et wc privés. A disposition : séjour, salon, TV, bibliothèque, cheminée. Parking clos, terrasse, piscine, parc ombragé permettant d'accéder à la Charente. Très grand calme et vue superbe ! Saintes baignée par la Charente, ville d'Art et d'Histoire aux nombreuses églises romanes, riche de vestiges gallo-romains saura vous séduire et vous retenir... Langue parlée : anglais.

Prix : 1 pers. 41 € 2 pers. 46 €
Ouvert : Toute l'année.

🐕	⛱️	🚣	🏊	🎾	🎣	🏇	🏰	🚉
35	SP	SP	2	3	10	5	5	

Nicole et daniel BOULET - 23 rue du Champverdier - Narcejac - 17100 SAINTES - Tél. : 05 46 92 25 77 ou 06 87 71 05 71

SALLES-SUR-MER
C.M. 71 Pli 13

🏠🏠 2 ch.

2 chambres avec accès indépendant, aménagées à l'étage de la maison des propriétaires. Ch 1 (1 lit 2 pers). Ch 2 (2 lits 80), salle d'eau et wc privés chacune. Possibilité lit bébé. Terrasse privée. A votre disposition : petit salon avec TV, véranda, jardin d'agrément, parking. Proximité de Chatelaillon-Plage célèbre pour son casino et ses charmantes maisons sur front de mer. Accès direct pour La Rochelle : ville d'Art et d'Histoire où vous visiterez le Vieux Port, l'aquarium, la plage. Langue parlée : anglais.

Prix : 2 pers. 41/46 € pers. sup. 5 €
Ouvert : Toute l'année.

🐕	⛱️	🚣	🏊	🎾	🎣	🏇	🏰	🚉
4	5	4	4	4	17	12	0,5	

Claude MICHELUZZI - 6 rue de l'Heronière - 17220 SALLES-SUR-MER - Tél. : 05 46 56 05 04 ou 06 63 58 07 17 - Fax : 05 46 29 64 52

SEMOUSSAC Pavageau
(TH) *C.M. 71 Pli 6*

🏠 1 ch.

Dans un site calme, au milieu des vignes, ch aménagée au 1er étage de la maison du propriétaire (1 lit 2 pers, 1 lit bébé à disposition), salle d'eau et wc privés. Séjour, salon avec cheminée, bibliothèque. Table d'hôte sur réservation. Semoussac est situé à proximité des bords de Gironde, à 7 km de la sortie 37 de l'autoroute A 10. L'arrière pays aux coteaux de vignobles vallonnés, forêts et marais vous enchanteront. Proximité du département de Gironde : route des vins à déguster ! Langues parlées : anglais, espagnol.

Prix : 1 pers. 28 € 2 pers. 38 € repas 14 €
Ouvert : Toute l'année.

🐕	⛱️	🚣	🏊	🎾	🎣	🏇	🏰	🚉
38	7	8	20	7	12	45	20	7

Renée LAROCHE - Pavageau - 17150 SEMOUSSAC - Tél. : 05 46 86 02 37 - Fax : 05 46 86 02 37 - E-mail : claude.jarrassier@wanadoo.fr

SEMOUSSAC Pavageau
(TH) *C.M. 71 Pli 6*

🏠 1 ch.

Ch familiale aménagée au 1er étage de la maison des propriétaires. 1 ch (1 lit 2 pers), 1 ch (3 lits 1 pers). Salle de bains et wc privés. Séjour et salon commun avec cheminée, bibliothèque et TV. Jardin, jeux d'enfants. Table d'hôte sur réservation. Claude et Christiane vous accueilleront chaleureusement dans leur grande maison charentaise située au milieu des vignes. Proximité de Mirambeau (sortie n° 37 autoroute A 10). Visites de distilleries et chais à Cognac, proximité de la Gironde, route des vins et circuit des églises romanes. Langues parlées : anglais, espagnol.

Prix : 1 pers. 28 € 2 pers. 38 € 3 pers. 50 € pers. sup. 12 € repas 14 €
Ouvert : Toute l'année.

🐕	⛱️	🚣	🏊	🎾	🎣	🏇	🏰	🚉
38	7	8	20	7	12	45	20	7

Christine et Claude JARRASSIER - Pavageau - 17150 SEMOUSSAC - Tél. : 05 46 86 02 37 - Fax : 05 46 86 02 37 -
E-mail : claude.jarrassier@wanadoo.fr

Charente-Maritime   *Poitou-Charentes*

SEMUSSAC La Valade   C.M. 71 Pli 15

1 ch. Ch avec accès indépendant, aménagée dans une maison de construction récente. 1 ch en r.d.c (1 lit 2 pers), salle d'eau et wc privés. Possibilité 1 lit enfant (3 ans). Réfrigérateur à disposition des hôtes. Grand jardin clos arboré avec pelouse, meubles de jardin, portique, bac à sable. Parking ombragé. Royan : ville de congrès à visiter, son port de plaisance et ses plages de sable fin. Les bords de Gironde à proximité. Allez visiter le port de pêche de Mortagne sur Gironde et la petite église romane de Talmont à flanc de falaise. Zoo de la Palmyre. Langues parlées : anglais, italien.

Prix : 1 pers. **32** € 2 pers. **35** € pers. sup. **5** €
Ouvert : De Paques à fin octobre.

6	6	6	1,5	2,5	15	9		1,5

Micheline et Guy MAZZA - La Valade - 17120 SEMUSSAC - Tél. : 05 46 05 18 37

SEMUSSAC Fontenille   (TH)   C.M. 71 Pli 15

5 ch. Ch avec salle d'eau et wc privés chacune aménagées dans une maison entièrement rénovée mitoyenne à celle des propriétaires. Au r.d.c, ch 1 (1 lit 2 pers). A l'étage 4 chambres. Ch 2, ch 3, ch 4 (1 lit 2 pers, 1 lit 1 pers). Ch 5 (3 lits 1 pers). Séjour/salon commun. Frigo à disposition des hôtes. Jardin clos commun, salon de jardin. Table d'hôte sur réservation. Royan ville de congrès et balnéaire, St Georges de Didonne. Proximité des bords de Gironde où vous visiterez l'église romane de Talmont perchée sur la falaise... Le port de Mortagne-sur-Gironde. Le moulin du Fa : vestiges gallo-romains à prox. de Talmont. Meschers et ses grottes.

Prix : 1 pers. **24** € 2 pers. **34** € 3 pers. **42** € pers. sup. **8** €
repas **11** €
Ouvert : Toute l'année.

5	5	2	20	2	10	20	10	2

Pierre REAUD - Fontenille - 17120 SEMUSSAC - Tél. : 05 46 05 57 69

SEMUSSAC La Champagne   C.M. 71 Pli 15

4 ch. Ch indépendantes avec salle d'eau et wc privés dans une partie de la maison des propriétaires. A l'étage ch 1 et ch 2 (1 lit 1 pers, 1 lit 2 pers). En r.d.c, ch 3 (1 lit 2 pers), ch 4 (1 lit 2 pers, 2 lits 1 pers). Sanitaires non attenants ch 1, 2, 4. A disposition : cuisine, lave-linge, séjour, salle de jeux (ping-pong, baby-foot), cour, barbecue, salon de jardin, portique, terrain de boules. Royan à 12 km à visiter pour ses plages, les bords de Gironde avec Talmont (son église).

Prix : 2 pers. **32/35** € 3 pers. **43** € pers. sup. **8** €
Ouvert : Toute l'année.

8	4	3	3	3	12	12		3

Jacqueline et Guy LEBEAUD - La Champagne - 17120 SEMUSSAC - Tél. : 05 46 90 86 42 - Fax : 05 46 90 86 42

SEMUSSAC La Valade   C.M. 71 Pli 15

2 ch. Ch dans une maison indépendante rénovée. A l'étage ch 1 et ch 2 (1 lit 2 pers, 1 lit 1 pers), salle d'eau et wc privés. Cuisine (lave-vaisselle, micro-ondes), séjour, coin salon avec TV à disposition des hôtes sur même niveau. Environnement pelouse et cour non close, salon de jardin, barbecue, boulodrome, portique, toboggan, ping-pong. Royan : ville de congrès à visiter : son port de plaisance, ses plages de sable fin. Les bords de Gironde à proximité. Allez voir la petite église romane de Talmont perchée à flanc de falaise et le port de Mortagne-sur-Gironde.

Prix : 1 pers. **24** € 2 pers. **31** € 3 pers. **38** € pers. sup. **8** €
Ouvert : Toute l'année.

6	7	6	1	3	18	9		1

Loïc VIGUIAUD - 44 rue du Silo - La Valade - 17120 SEMUSSAC - Tél. : 05 46 09 11 94 ou 06 70 55 58 35 - Fax : 05 46 06 91 14

SONNAC Le Goulet   (TH)   C.M. 71 Pli 4

3 ch. Dans une ancienne ferme joliment restaurée, dans un hameau calme et verdoyant, 3 ch. de plain-pied spacieuses et confortables avec s.d.b., wc et terrasse privés. 1 ch. familiale de 2 ch. (1 lit 2 pers., 2 lits 1 pers.), 1 ch. (1 lit 2 pers.), 1 lit 1 pers.), 1 ch. (1 lit 2 pers.). A disposition : salon, bibliothèque. Grand jardin arboré avec piscine en bordure de rivière. TH sur réservation. Restaurant à 1 km. Au cœur du vignoble de Cognac dans une ambiance conviviale, Frédérique et Bernard vous feront partager les richesses du Pays : Cognac, Jarnac, Saintes, les joyaux de l'Art Roman et les villages charentais. Langues parlées : anglais, allemand.

Prix : 1 pers. **34** € 2 pers. **47** € 3 pers. **60** € pers. sup. **14** €
repas **17** €
Ouvert : Toute d'année.

70	SP	2	0,5	1	1,5	19	19	0,5

Frédérique THILL-TOUSSAINT - Le Clos du Plantis - Le Goulet - Sonnac - 17160 MATHA - Tél. : 05 46 25 07 91 ou 06 81 99 07 98 - Fax : 05 46 25 07 91 - E-mail : auplantis@wanadoo.fr

SOUBRAN Les Simons   C.M. 71 Pli 6

3 ch. Maison indép. située dans un hameau. Etage : ch 1 (1 lit 2 pers), ch 2 (2 lits 1 pers), ch 3 (1 lit 2 pers, 1 lit 1 pers), s. d'eau privée chacune, wc communs. Lit BB/chaise hte. Séjour/coin-salon. Kitchenette à dispo. des hôtes. L-linge dispo. Une prise TV par ch. Cour, petit jardin clos, meubles de jardin, portique, barbecue, bac à sable. Restaurant à 1 km. Prox. des bords de Gironde. Montendre (lac de baignade, activités nautiques et pêche) à 11 km. Pêche en étang à 1,5 km avec découverte de la faune et de la flore. Jonzac station thermale et son lac de baignade géo-thermique à 11 km. Dégustation de pineau à proximité.

Prix : 1 pers. **28/29** € 2 pers. **37/38** € 3 pers. **49** € pers. sup. **12** €
Ouvert : Toute l'année.

45	6	1,5	11	3	5	35	11	1

Evelyne et Bernard LOUIS-JOSEPH - 10, Les Simons - 17150 SOUBRAN - Tél. : 05 46 49 25 79 ou 06 80 08 89 67 - Fax : 05 46 49 25 79

Poitou-Charentes — Charente-Maritime

ST-CHRISTOPHE Le Château
C.M. 71 Pli 12

1 ch. Dans une belle demeure du XVIIIe siècle au milieu d'un parc arboré et fleuri traversé par une petite rivière, vous disposerez d'une suite grand confort avec : entrée, vestibule, salon et chambre meublés d'époque et moderne. Salle de bains privée et wc privé attenant. Ch 2 pers (literie 160 x 200). Petit déjeûner personnalisé servi dans le salon (TV et bibliothèque). Vestibule ouvrant sur terrasse avec mobilier de jardin. Halte de prestige et confortable à proximité de La Rochelle (ville d'Art et d'Histoire), des îles lumineuses de Ré, Oléron et Aix, ainsi que du prestigieux Marais Poitevin. Langue parlée : anglais.

Prix : 2 pers. 91 €
Ouvert : Toute l'année.

🐕	⛱	🏊	🎣	🎾	🐎	🚴	🚂	🛣
	17	2	2	1	12	21	17	2

Jean-Pierre MASSIGNAC - 6, route de la Mazurie - Le Château - 17220 ST-CHRISTOPHE - Tél. : 05 46 35 51 76 ou 06 70 54 53 93

ST-CHRISTOPHE
(TH) *C.M. 71 Pli 12*

2 ch. Au cœur du village dans une maison charentaise rénovée datant de 1716, 2 ch au confort raffiné avec salle d'eau et wc privés, aménagées à l'étage. Ch 1 (1 lit 2 pers, 1 lit 1 pers). Ch 2, suite familiale de 2 ch séparées (1 ch, 1 lit 2 pers et 1 ch 2 lits 1 pers). A votre disposition : séjour/salon avec cheminée, TV, bibliothèque. Jardin clos avec préau. Parking privé. TH sur réservation. A 15 mn de La Rochelle ville d'Art et d'Histoire, de Rochefort, des îles de Ré, Aix, Oléron, vous goûterez les charmes d'un petit village de l'Aunis, aux portes du Marais Poitevin. Langues parlées : anglais, espagnol.

Prix : 1 pers. 43 € 2 pers. 46 € 3 pers. 59/73 € pers. sup. 14 € repas 17 €
Ouvert : Toute l'année.

🐕	⛱	🏊	🎣	🎾	🐎	🚴	🚂	🛣
	14	3	0,5	1	12	21	17	3

Marie DUFOURD - 17, route de Marans - 17220 ST-CHRISTOPHE - Tél. : 05 46 35 60 08

ST-CREPIN Azay
C.M. 71 Pli 3

3 ch. 3 ch à l'étage d'une maison charentaise indépendante. Ch 1 (1 lit 2 pers, 1 lit enfant), ch 2 (2 lits 1 pers), ch 3 (1 lit 2 pers), salle d'eau et wc privés à chaque ch. Possibilité lit appoint. Salle de détente, bibliothèque. Cuisine à disposition des hôtes. Jardin agrément, pelouse/cour privée non close, meubles de jardin, barbecue. Vélos à disposition. St Crépin dans le Val de Boutonne entre Surgères et Tonnay Boutonne. Proximité de Rochefort où vous visiterez la Corderie Royale, la maison de Pierre Loti... Saint Jean d'Angély : ville médiévale. Proximité de l'océan.

Prix : 1 pers. 29 € 2 pers. 32 € pers. sup. 11 €
Ouvert : Toute l'année.

🐕	⛱	🏊	🎣	🎾	🐎	🚴	🚂	🛣
	25	5	3	5	15	12	12	5

Ghislaine et Gaston BONNOUVRIER - 1, rue du centenaire - Azay - 17380 ST-CREPIN - Tél. : 05 46 33 23 85

ST-DENIS-DU-PIN La Fayolle
C.M. 71 Pli 5

1 ch. Dans une superbe propriété, 1 ch spacieuse et confortable aménagée à l'étage d'un logis charentais du XVIe siècle (1 lit 2 pers, 1 lit 1 pers). Salle d'eau/wc privés. A votre disposition, salon avec cheminée, TV et bibliothèque. Parc ombragé et parking. Vos hôtes auront à cœur de vous faire découvrir leur région Vals de Saintonge où il fait bon vivre. La Fayolle, lieu historique puisque c'est à La Fayolle que se retirèrent les moines bénédictins jusqu'en 1600. Le hameau aurait été en 1305 le théâtre de l'entrevue au cours de laquelle Philipe le Bel et le futur pape Clément V décidèrent la perte des templiers. Langue parlée : anglais.

Prix : 1 pers. 35 € 2 pers. 41 € 3 pers. 53 € pers. sup. 11 €
Ouvert : De Pâques à fin septembre.

🐕	⛱	🏊	🎣	🎾	🐎	🚴	🚂	🛣
	50	5	3	5	2	25	5	5

Hervé DENECHAUD - 6, rue du Château d'eau - La Fayolle - 17400 ST-DENIS-DU-PIN - Tél. : 05 46 32 67 95

ST-FORT-SUR-GIRONDE
C.M. 71 Pli 6

3 ch. Dans une maison bourgeoise située au cœur du village, 3 ch à l'ét., confortables et harmonieusement décorées. S. d'eau et wc privés à chaque ch. Ch Monseigneur avec de superbes boiseries (1 lit 2 pers). Ch rose (2 lits 1 pers). Ch Bleue familiale 1 ch (1 lit 2 pers) et 1 ch (2 lits 1 pers). A disposition, séjour, salon, TV et biblio, coin-cuisine, équipement bébé. Terrasse couverte, jardin d'agrément, salon. Parking clos. Michèle et Giselher seront heureux de vous faire découvrir les curiosités des bords de Gironde et les richesses de la Saintonge Romane. Langues parlées : anglais, allemand.

Prix : 1 pers. 30/37 € 2 pers. 38/44 € pers. sup. 12 €
Ouvert : Du 1er juin au 30 septembre.

🐕	⛱	🏊	🎣♨	🎾	🐎	🚴	🚂	🛣
	25	12	4	25	SP	15	25	24	SP

Michèle SCHONBECK - 17, rue Maurice Chastang - 17240 ST-FORT-SUR-GIRONDE - Tél. : 05 46 49 95 63 ou 06 19 16 83 55 - Fax : 05 46 49 95 63

ST-GEORGES-D'OLERON
C.M. 71 Pli 13

3 ch. Chs aménagées dans une maison indépendante de construction récente. A l'étage, 3 chambres avec salle d'eau et wc privés non attenants. Ch 1 : ensemble de 2 ch (1 ch, 1 lit 2 pers et 1 ch, 2 lits 1 pers). Ch 2 (1 lit 2 pers, 1 lit 1 pers). Ch 3 avec balcon (1 lit 2 pers). Frigo à disposition des hôtes. Pelouse fleurie, meubles de jardin, portique. Parking. L'Ile d'Oléron avec ses grandes plages de sable fin, la forêt de Saint Trojan au Sud, le phare de Chassiron au nord. Allez visiter le petit port de pêche de La Cotinière et sa criée !

Prix : 1 pers. 30 € 2 pers. 35 € 3 pers. 44 € pers. sup. 9 €
Ouvert : Toute l'année.

🐕	⛱	🏊	🎣	🎾	🐎	🚴	🚂	🛣
	3	3	3	0,4	4	7	50	0,4

Charles TRICHARD - 150, rue du Cellier - 17190 ST-GEORGES-D'OLERON - Tél. : 05 46 76 58 92

Charente-Maritime

Poitou-Charentes

ST-GEORGES-DES-AGOUTS Font Moure

C.M. 71 Pli 6

4 ch. Dans un cadre champêtre, 3 ch de grand confort avec salle de bains et wc privés, aménagées chacune pour 2 pers à l'étage d'une ravissante demeure du XIXe siècle et une suite familiale de 2 ch (1 ch 1 avec 1 lit 160 et 1 ch avec 1 lit 1 pers), salle de bains et wc privés. A disposition, salon, TV, bibliothèque, vidéothèque, vaste terrasse et piscine. Parking. Prêt de vélos. Table d'hôtes sur réservation. Ici, tout est propice au farniente mais aussi aux promenades découvertes dans la Saintonge Romane et aux dégustations dans les chateaux du Bordelais et du Cognac : à vous de choisir ! Accueil chaleureux et convivial. Langues parlées : anglais, italien.

Prix : 1 pers. **50 €** 2 pers. **58/66 €** 3 pers. **76 €** pers. sup. **13 €**
repas **21 €**

Ouvert : De mars à novembre (autres périodes sur réservation).

40	SP	4	25	4	4	25	25	7

Dinah et Claude TEULET - Font Moure - 17150 ST-GEORGES-DES-AGOUTS - Tél. : 05 46 86 04 41 - Fax : 05 46 49 67 18 -
E-mail : cteulet@aol.com - www.fontmoure.com

ST-GEORGES-DES-COTEAUX

C.M. 71 Pli 4

4 ch. Chs dans maison charentaise du XVIIIe rénovée. 4 ch avec salle d'eau/wc privés. A l'étage, « Moulinsart » (3 lits 1 pers). « Agatha Christie » (1 lit 2 pers, 1 lit 1 pers) « Pearl Buck » (1 lit 2 pers). Au r.d.c « Picardie » (1 lit 2 pers). Grand salon avec cheminée, mezzanine séjour/cuisine réservée aux hôtes. Billard français, TV, biblio. Parking privé. Grand jardin, pelouse arborée, terrasse, barbecue, meubles de jardin, portique, ping-pong, bac à sable. 1 restaurant dans village. St Georges des Coteaux en Saintonge romane proche de la Charente, de Saintes, vieille ville avec ses vestiges gallo-romains, ses églises romanes. Langues parlées : anglais, espagnol.

Prix : 1 pers. **35 €** 2 pers. **43 €** 3 pers. **56 €** pers. sup. **14 €**

Ouvert : Du 1er avril au 15 novembre.

30	6	6	SP	3	6	6	SP

Anne et Dominique TROUVE - 5, rue de l'église - 17810 ST-GEORGES-DES-COTEAUX - Tél. : 05 46 92 96 66 - Fax : 05 46 92 96 66

ST-GREGOIRE-D'ARDENNES Le Crut

C.M. 71 Pli 6

1 ch. Dans un petit village, 1 ch pour 3 pers aménagée à l'étage de la maison des propriétaires (1 lit 2 pers, 1 lit 1 pers en 120), salle d'eau privative, WC communs non attenants. A disposition, séjour, petit salon réservé aux hôtes, TV, bibliothèque, salon de jardin, parking. Dans une ambiance familiale, Annie et Michel seront heureux de vous accueillir et de vous faire découvrir les richesses de la Haute Saintonge « Haute en couleurs ». Restaurant à 3 km. Langues parlées : anglais, espagnol.

Prix : 1 pers. **30 €** 2 pers. **35 €** 3 pers. **46 €**

Ouvert : Du 1er mars au 30 novembre.

40	10	0,5	10	2	10	30	10	6

Annie et Michel CHARRUAUD - Le Crut - 17240 ST-GREGOIRE-D'ARDENNES - Tél. : 05 46 70 49 32

ST-HILAIRE-DU-BOIS Les Robins

C.M. 71 Pli 6

4 ch. Ch dans maison de caractère, indép. à 5 mn des thermes de Jonzac. A l'ét. 4 ch avec s. d'eau et wc privés. Ch 1 et ch 3 (1 lit 2 pers). Ch 2 familiale (1 ch, 1 lit 2 pers et 1 ch, 2 lits 1 pers). Ch 4 (1 lit 2 pers, 1 lit 1 pers). Kitchenette + prise TV dans ch 1 et ch 2. Séjour/kitchenette, lave-linge. Coin salon, biblio. Cour, vaste jardin arboré, piscine privé. Restaurant à 2 km. Possibilité de baignade en lac géo-thermique à Jonzac : station thermale. Route des vins, Pineau, Cognac à déguster. Circuits touristiques dans un rayon de 40 km: Saintes, Cognac, Blaye, Royan. Langue parlée : anglais.

Prix : 1 pers. **31 €** 2 pers. **41 €** pers. sup. **15 €**

Ouvert : D'avril à septembre.

40	SP	4	4	4	4	18	4	4

René GUILBAUD - Les Robins prox D2 - Royan/Jonzac - 17500 ST-HILAIRE-DU-BOIS - Tél. : 05 46 48 22 37 - Fax : 05 46 48 29 14

ST-JULIEN-DE-L'ESCAP

C.M. 71 Pli 4

3 ch. Ch sur grande cour intérieure dans maison indépendante dans un village. A l'étage 3 ch. Ch 1 (1 lit 2 pers, 1 lit 1 pers), cabine douche. WC privés attenants. Ch 2 (1 lit 2 pers, 1 lit 1 pers), salle d'eau. WC privés attenants. Ch 3 (2 lits 1 pers), salle d'eau. Wc privés attenants. Lit 1 pers ds pte chambre attenante. Séjour, coin salon. Coin cuisine à disposition. Pelouse, salon de jardin, barbecue. Table d'hôte sur réservation. Saint-Jean-d'Angély à 2 km: centre aquatique Atlantys (sauna, hamam, toboggan). Proximité de Saintes, Cognac, Marais Poitevin. Eglises romanes dont celle d'Aulnay de Saintonge à ne pas manquer.

Prix : 1 pers. **26/29 €** 2 pers. **32/38 €** 3 pers. **40/46 €**
repas **13/14 €**

Ouvert : Toute l'année.

45	3	SP	SP	5	25	1,5	SP

Bernadette COMPAIN - 117, Grande rue - (face salon de coiffure) - 17400 ST-JULIEN-DE-L'ESCAP - Tél. : 05 46 59 06 63 -
Fax : 05 46 59 06 63

ST-JUST-LUZAC Château de Feusse

C.M. 71 Pli 14

2 ch. 2 ch d'hôtes situées au 1er étage d'un château du XVIIe siècle donnant sur un parc arboré. Ch 1 (2 lits 1 pers). Ch 2 (1 lit 2 pers). Salle de bains et wc privés à chaque chambre. A disposition : séjour, TV et bibliothèque. Meubles de jardin. Piscine sur la propriété. Gîte rural sur la propriété. Marennes : capitale de l'Huître et à proximité de l'Ile d'Oléron que vous apprécierez pour ses plages de sable fin. Visite de Brouage : ancienne ville fortifiée. Rochefort : la Corderie Royale, la maison de Pierre Loti, visite du château de La Gataudière. Langue parlée : anglais.

Prix : 1 pers. **50 €** 2 pers. **60 €** 3 pers. **75 €**

Ouvert : Du 1er mai au 30 septembre.

5	SP	1	1	1	25	18	1

Nicole MEUNIER - Château de Feusse - 17320 ST-JUST-LUZAC - Tél. : 05 46 85 16 55 ou 01 43 50 52 22 - Fax : 05 46 85 16 55

Poitou-Charentes — Charente-Maritime

ST-LAURENT-DE-LA-BARRIERE La Davière (TH) — C.M. 71 Pli 3

3 ch.

3 ch avec entrée indépendte aménagées dans la maison des propriétaires. En r.d.c 1 ch (1 lit 160), salle de bains et wc privés et prise TV. A l'étage, 1 ch familiale de 2 ch (2 lits 2 pers) et 1 ch (1 lit 2 pers), salles d'eau privées et wc communs. Possibilité lit appoint et bébé dans toutes les ch. A votre disposition, salon, TV, grand jardin fleuri et arboré. Salon de jardin, barbecue, location de vélos. TH sur réservation. A 30 mn de La Rochelle, des plages de Fouras et Chatelaillon, St Laurent de la Barrière vous permettra de rayonner sur tout le nord du département : St Jean d'Angély, le Marais Poitevin, Saintes : ville d'Art et d'Histoire !

Prix : 1 pers. 30 € 2 pers. 36 € pers. sup. 10/19 € repas 13 €
Ouvert : Toute l'année.

30	8	5	8	25	12	12	8	

Monique et Michel GRELLIER - La Davière - 17380 ST-LAURENT-DE-LA-BARRIERE - Tél. : 05 46 68 91 91

ST-PIERRE-D'OLERON Le Clos - la Menounière — C.M. 71 Pli 13

5 ch.

5 ch (salle d'eau et wc privés) aménagées dans un bâtiment indépendant sur exploitation viticole. Ch 1 et ch 2 (1 lit 2 pers, 1 lit 1 pers en mezzanine). Ch 3 (2 lits 1 pers, 1 lit 1 pers en mezzanine). Possibilité lit appoint 1 pers dans chaque ch. Ch 4 et 5 (1 lit 2 pers) Séjour/salon. TV. Possibilité cuisine. Jardin commun non clos, portique, salon de jardin, ping-pong. Ch 5 accessible 2 pers handicapées. L'Ile d'Oléron avec ses plages, le port de La Cotinière et sa criée, les parcs à huitres, le marais aux oiseaux. Randonnées en vélos avec découverte des exploitations agricoles et ostréicoles. Langues parlées : anglais, espagnol.

Prix : 1 pers. 35 € 2 pers. 43 € 3 pers. 52 € pers. sup. 9 €
Ouvert : Toute l'année.

0,5	4	0,5	0,5	4	8	40	3	

Micheline DENIEAU - 20 rue de la légère - Le Clos - La Menounière - 17310 ST-PIERRE-D'OLERON - Tél. : 05 46 47 14 34 - Fax : 05 46 36 03 15 - E-mail : denieau.jean-pierre@wanadoo.fr - http ://perso.wanadoo.fr/denieau-gites

ST-SAVINIEN Forgette (TH) — C.M. 71 Pli 4

3 ch.

3 ch dans maison indépendante attenante à celle du propriétaire face à la Charente. A l'étage, 1 ch familiale (1 ch, 1 lit 2 pers ; 1 ch, 3 lits 1 pers), s.d.b et wc privés. Ch 2 (1 lit 2 pers, 1 lit 1 pers), salle d'eau et wc privés. Au r.d.c, ch 3 (1 lit 2 pers), s.d.b et wc privés. Séjour. Jardin/pelouse non clos, portique, meubles de jardin, location de vélos. Table d'hôte sur réservation. Cuisine équipée et coin repas à disposition. A 2 kms, base de loisirs, tennis, piscine, barque, pédalos et petits bateaux. La rivière la Charente vous charmera avec ses maisons « dans l'eau ». Organisation de circuits autos, vélos et pédestres.

Prix : 1 pers. 32 € 2 pers. 38 € 3 pers. 63 € pers. sup. 11 € repas 13 €
Ouvert : Toute l'année.

35	2	SP	2	3	20	2	2

Jeannine et Gilbert LOIZEAU - Forgette - 17350 ST-SAVINIEN - Tél. : 05 46 90 21 20 ou 06 08 32 20 29 - Fax : 05 46 90 21 20 - E-mail : gloizeau@wanadoo.fr

ST-SAVINIEN Le Pontreau (TH) — C.M. 71 Pli 4

2 ch.

Dans un hameau, 2 ch personnalisées et confortables avec s.d.b et wc privés aménagées à l'étage de la maison des propriétaires. Ch La Campagne (1 lit 2 pers, 1 lit 1 pers possibilité 1 lit 1 pers en sup). Ch L'Océan (1 lit 2 pers). A disposition, séjour. Salon réservé aux hôtes avec bibliothèque et TV. Jardin d'agrément. Parking. Location de VTC. TH sur réservation. Au Fil de l'eau, à bicyclette ou à pied, vous découvrirez les charmes des bords du Val de Charente. A Saint Savinien, maisons plongeant leurs vieilles pierres dans les ondes du fleuve... Repos et calme assurés à l'Eolienne où vos hôtes vous feront découvrir leur artisanat sur bois. Langues parlées : anglais, italien.

Prix : 1 pers. 30 € 2 pers. 41 € 3 pers. 51 € pers. sup. 10 € repas 15 €
Ouvert : Toute l'année.

35	3	3	3	15	20	3	3

Cécile et Georges TORSELLO - L'éolienne - Le Pontreau - 17350 ST-SAVINIEN - Tél. : 05 46 91 79 49 ou 06 17 21 54 87 - Fax : 05 46 91 79 49 - E-mail : eolienne.torsello@wanadoo.fr - http ://perso.wanadoo-fr/eolienne-torsello

ST-SORNIN La Caussolière (TH) — C.M. 71 Pli 14

4 ch.

Dans une maison de caractère superbement restaurée, 4 ch de grand confort chaleureusement personnalisées avec s.d.b et wc privés. Au r.d.c ch 1 (1 lit 2 pers). Ch 2 et 3 dans une ancienne grange rénovée (1 lit 2 pers 1 lit 1 pers). A l'étage de la maison des hôtes, 1 ch (1 lit 160 x 200), s.e./wc privés. A disposition, salon, TV, bibliothèque. Vaste jardin d'agrément avec piscine. Parking privé. Vélos pour découvrir le Marais. Table d'hôtes sur réservation. Saint-Sornin joli petit village situé à proximité de Marennes capitale de l'huitre de claire et de Brouage. Calme et détente assurés. Accès rapide aux plages de Royan et d'Oléron. Langues parlées : anglais, espagnol.

Prix : 1 pers. 45 € 2 pers. 50/60 € 3 pers. 75 € pers. sup. 15 € repas 23 €
Ouvert : Toute l'année.

20	SP	1	2	0,2	1	20	10	6

Anne-Marie PINEL-PESCHARDIERE - 10 rue du Petit Moulin - La Caussolière - 17600 ST-SORNIN - Tél. : 05 46 85 44 62 - Fax : 05 46 85 44 62 - E-mail : caussoliere@wanadoo.fr - www.caussoliere.com

Charente-Maritime   *Poitou-Charentes*

ST-SULPICE-DE-ROYAN   A (TH)   C.M. 71 Pli 15

6 ch. Ch dans maison indépendante mitoyenne à une ferme-auberge. 6 ch avec salle d'eau/wc privée. En r.d.c 3 ch (1 lit 2 pers) dont 1 ch accessible personne handicapée. A l'étage, 3 ch. Ch 4 et ch 5 (1 lit 2 pers). Ch 6 (1 lit 1 pers, 1 lit 2 pers). Salon, cheminée, TV. Pelouse arborée, terrasse, salon de jardin. Possibilité de repas en ferme-auberge sur place. Royan : plage de sable fin, port de plaisance. La forêt de la Coubre au nord et zoo de La Palmyre. Au sud, les bords de Gironde avec Talmont et sa petite église romane perchée à flanc de falaise.

Prix : 2 pers. 38/46 € 3 pers. 53 € pers. sup. 9 € repas 13 €

Ouvert : De mars à octobre.

5	5	5	0,5	10	10	5	0,2	

M. FORGET Claude FERME-AUBERGE LEYLANDY - Chemin de la ferme - 17200 ST-SULPICE-DE-ROYAN - Tél. : 05 46 23 05 99 - Fax : 05 46 23 09 81

ST-THOMAS-DE-CONAC Les Caves   (TH)   C.M. 71 Pli 6

1 ch. A l'étage d'une très jolie maison de caractère saintongeais, une suite familiale composée de 2 ch. 1 ch (1 lit 2 pers), 1 ch (1 lit 2 pers, 1 lit 1 pers) avec salle d'eau/wc privés. A disposition, séjour/salon de vos hôtes avec cheminée insert, TV et bibliothèque. Vastes espaces verts ombragés et verger sur propriété de 3 500 m^2. Table d'hôte sur réservation. Hazel et Ronald seront heureux de vous accueillir au cœur du Pays du Pineau et du Cognac, à proximité de l'estuaire de la Gironde et des plages de Meschers et Royan. A visiter, la citadelle de Blaye, Port Maubert, Vitrezay, Talmont et son église romane ! Langue parlée : anglais.

Prix : 1 pers. 30 € 2 pers. 41 € 3 pers. 53 € pers. sup. 12 € repas 13 €

Ouvert : Toute l'année (de novembre à mars uniquement sur réservation).

37	10	5	23	0,3	0,3	45	23	0,3

Hazel et Ronald WEST - Les Caves - 17150 ST-THOMAS-DE-CONAC - Tél. : 05 46 04 00 80 - Fax : 05 46 04 00 80

ST-XANDRE Trente Vents   C.M. 71 Pli 12

3 ch. Chambres dans maison indépendante isolée. Ch 1 à l'étage (2 lits 1 pers), salle d'eau et wc privés. Ch 2 (1 lit 2 pers, 1 lit 1 pers en mezzanine), salle de bains et wc privés. Ch 3 familiale à l'étage (1 lit 2 pers,1 lit 1 pers), salle d'eau et wc privés. Séjour avec mezzanine, salon/coin lecture, TV. Frigo, micro-ondes. Pelouse close, terrasse. Barbecue, portique commun. Saint Xandre est situé à proximité de La Rochelle : ville d'art et d'histoire que vous visiterez pour son vieux port, ses rues aux arcades animées, ses restaurants aux spécialités de fruits de mer, son marché... Langues parlées : anglais, allemand.

Prix : 1 pers. 32 € 2 pers. 40 € 3 pers. 59 €

Ouvert : Toute l'année.

9	4	3	1	12	5		1

Annie AUTRUSSEAU - 1, rue de la Grace par hasard - Trente vents - 17138 ST-XANDRE - Tél. : 05 46 37 22 10

STE-MARIE-DE-RE La Noue   C.M. 71 Pli 12

4 ch. A 500 m des plages, 4 chambres aménagées dans un ensemble de style rétais clos de murs. 4 ch triples (1 ch, 1 lit 2 pers + pte chambre : 1 lit 1 pers) avec salle d'eau/wc privés. Accès indépendant et de plain-pied. A votre disposition : véranda/coin cuisine, barbecue, jardin, piscine, ping-pong. Proximité d'1 route passagère l'été. L'île de Ré que vous emprunterez par son pont à l'architecture remarquable est un lieu privilégié pour passer ses vacances ! Petits villages aux rues étroites, maisons blanches aux volets verts et patios intérieurs. Jolies plages de sable fin... Langues parlées : anglais, espagnol.

Prix : 1 pers. 46 € 2 pers. 52 € 3 pers. 67 €

Ouvert : Du 1er avril au 31 octobre.

0,5	SP	0,5	1	3	15	15	2

Maryse et J-Pierre RIBIERAS - 1, Chemin des Turpines - 17740 STE-MARIE-DE-RE - Tél. : 05 46 30 09 15 - E-mail : Ribieras@mac.com - http://perso.wanadoo.fr/jean-pierre.ribieras/

STE-MARIE-DE-RE   C.M. 71 Pli 12

2 ch. Dans une propriété de charme de style rétais avec vue sur la mer, 2 chambres confortables aux couleurs océanes avec salle d'eau et wc privés chacune. Accès indépendant et de plain-pied. Ch 1 (1 lit 2 pers). Ch 2 (1 lit 2 pers). A votre disposition, jardin d'agrément avec piscine, salon d'été. Parking. Talassothérapie à 500 m. Ré « La Blanche » vous enchantera par ses plages de sable fin, ses rues étroites fleuries de roses trémières, ses petites maisons blanches aux volets verts, son pont à l'architecture remarquable....

Prix : 1 pers. 50/60 € 2 pers. 60/70 €

Ouvert : Toute l'année.

0,3	SP	0,3	2	3	15	15	1,5

Marie POMMIER - 6 rue des Fautreaux - La Trémière - 17740 STE-MARIE-DE-RE - Tél. : 05 46 30 02 92 - Fax : 05 46 30 02 92

STE-SOULLE Usseau   C.M. 71 Pli 12

3 ch. Chambres aménagées dans une ancienne grange rénovée à proximité de la maison des propriétaires. A l'étage 3 chambres avec salle d'eau et wc privés chacune. Ch 1 et ch 2 (1 lit 2 pers). Ch 3 (2 lits 1 pers). Possibilité lit d'apoint ou bébé. Salon réservé aux hôtes : TV, téléphone. Parking. Parc ombragé avec piscine, ping-pong, jeux d'enfants. Vélos à disposition. Accès au tennis municipal gratuit. La Rochelle : ville d'Art et d'Histoire à 5 mn par accès rapide. Découvrez le vieux port et ses tours, l'aquarium, l'hôtel de Ville... L'île de Ré que vous visiterez et où vous irez farnienter sur ses plages de sable fin... Langue parlée : anglais.

Prix : 1 pers. 41 € 2 pers. 46 € pers. sup. 12 €

Ouvert : Toute l'année.

15	SP	2	0,5	2	10	10	2

Monique et Pierre GILBERT - 2, route de la Rochelle - Usseau - 17220 STE-SOULLE - Tél. : 05 46 37 50 32 - Fax : 05 46 37 26 11 - E-mail : P-GILBERT@wanadoo.fr

Poitou-Charentes **Charente-Maritime**

TALMONT Le Portail du Bas
C.M. 71 Pli 15

2 ch. 2 ch avec salle d'eau et wc privés chacune en rez-de-chaussée d'une construction annexe à la maison du propriétaire, à 200 m de l'estuaire de la Gironde. Ch 1 (2 lits 1 pers, 1 lit 2 pers). Ch 2 avec petit préau (1 lit 1 pers, 1 lit 2 pers). Salle de séjour/salon commun avec TV. Jardin non clos, salon de jardin. Talmont, petit village typique charentais des bords de Gironde dont vous découvrirez la petite église romane perchée à flanc de falaise. Curiosités : les grottes Régulus et Matata à 6 km, la pêche au carrelet, les plages de Meschers, St Georges de Didonne et de Royan... Langues parlées : anglais, espagnol.

Prix : 1 pers. **27 €** 2 pers. **35 €** 3 pers. **44 €** pers. sup. **11 €**
Ouvert : Toute l'année.

5	1	1	5	7	25	20	5

Jacques et Jeannette BRANCHEREAU - Le Portail du Bas - 17120 TALMONT - Tél. : 05 46 90 44 74

THAIRE-D'AUNIS
C.M. 71 Pli 13

2 ch. 2 ch avec entrée indépendante à l'étage de la maison des propriétaires. Ch 1 (1 lit 2 pers), salle d'eau et wc privés. Ch 2 familiale (1 ch 1 lit 2 pers et 1 ch, 2 lits 1 pers), s.d.b + salle d'eau et 2 wc. Séjour, coin cuisine collectif. Jardin paysagé à l'anglaise contournant la maison recouverte de vigne vierge. Salons de jardin, salle de jeux. Thairé d'Aunis, charmant village charentais près de Chatelaillon et de La Rochelle : ville d'Art et d'Histoire : l'aquarium, le vieux port, les rues aux arcades animées. Rochefort à visiter pour la Corderie Royale, la maison de P. Loti. Restaurant très apprécié à 100 m.

Prix : 1 pers. **37 €** 2 pers. **43 €** 3 pers. **67 €** pers. sup. **12 €**
Ouvert : Toute l'année.

7	7	3	0,2	8	30	7	SP

Pierre FONTENAY - 2, rue de Dirac - 17290 THAIRE-D'AUNIS - Tél. : 05 46 56 17 29

THAIRE-D'AUNIS
C.M. 71 Pli 13

3 ch. Chs (accès indépendant) aménagées à l'étage d'un pavillon traditionnel. Ch 1 (1 lit 2 pers), ch 2 (1 lit 2 pers, 1 lit 1 pers), ch 3 (1 lit 2 pers, 2 lits 1 pers), salle d'eau et wc privés chacune. Séjour dans véranda, coin salon, TV, tél, bibliothèque. Cuisine disponible au lave-linge (2.5 €). Jardin paysagé, jeux enfants, terrasse, salon de jardin, balancelle. Balançoires. Restaurant à 400 m. Thairé d'Aunis est situé entre La Rochelle et Rochefort, à 7 km de Chatelaillon où vous apprécierez sa plage. La Rochelle : ville d'Art et d'Histoire : son vieux port, l'aquarium...

Prix : 1 pers. **27 €** 2 pers. **30/35 €** 3 pers. **40 €** pers. sup. **4 €**
Ouvert : Toute l'année.

7	7	5	0,1	8	30	7	0,5

Jacques et Geneviève FOUGERIT - 16, rue Jasse Perdrix - 17290 THAIRE-D'AUNIS - Tél. : 05 46 56 17 25 - Fax : 05 46 55 74 31 - E-mail : g-j.fougerit@wanadoo.fr - http : //perso.wanadoo.fr/chambres-hôtes-charente-maritime

THAIRE-D'AUNIS
C.M. 71 Pli 13

3 ch. Chs à l'étage d'une maison de caractère. Ch 1 (1 lit 2 pers). Ch 2 (2 lits 1 pers), avec salle d'eau et wc privés. Ch 3 familiale (1 ch : 1 lit 2 pers, ch : 2 lits 1 pers), avec wc à l'étage et salle de bains privée au r.d.c. Cuisine à disposition exclusive des hôtes, séjour, salle de détente avec TV, bibliothèque et ping-pong. Cour/coin pelouse, jardin clos non attenant, meubles de jardin, barbecue. Mortagne, petit village charentais à 2 km de Thairé d'Aunis. Plage de Châtelaillon à 5 km.

Prix : 1 pers. **30 €** 2 pers. **34 €** 3 pers. **47 €** pers. sup. **8 €**
Ouvert : Toute l'année (sauf du 24/12 au 01/01).

6	6	4	2	8	30	6	2

Anne-Marie JOURNADE - 4, rue de la Chapelle - Mortagne - 17290 THAIRE-D'AUNIS - Tél. : 05 46 56 17 23

THAIRE-D'AUNIS
C.M. 71 Pli 13

3 ch. 3 ch (entrée indépendante) dans une maison charentaise de caractère du XVIIIe siècle, indépendante. A l'étage, ch 1 (1 lit 2 pers). ch 2 (1 lit 2 pers), salle d'eau et wc privés chacune. Ch 3 en r.d.c (1 lit 2 pers, 1 lit 1 pers), salle d'eau et wc privés. Séjour, coin cuisine collectif. Jardin paysagé à l'anglaise contournant la maison. Salons de jardin, parking clos. Calme assuré. Restaurant à 100 m très apprécié. Dans un rayon de 17 km : La Rochelle, ville d'Art et d'Histoire, l'Ile de Ré. Rochefort : la Corderie Royale. Fouras et l'Ile d'Aix. Thairé, petit bourg charmant à 7 km de Chatelaillon-Plage. Langue parlée : anglais.

Prix : 1 pers. **38 €** 2 pers. **43/46 €** 3 pers. **61 €**
Ouvert : D'avril à fin septembre.

7	7	3	0,2	8	30	7	SP

Brigitte FONTENAY-MANIEN - 2, rue de Dirac - 17290 THAIRE-D'AUNIS - Tél. : 05 46 56 24 21

TRIZAY Le Chizé
C.M. 71 Pli 14

5 ch. 5 ch de grand confort (accès indépendant) dans une ancienne ferme rénovée sur propriété de 4 ha. En r.d.c 2 ch familiales avec mezzanine (1 lit 2 pers, 2 lits 1 pers), s. d'eau et wc privés. A l'étage, 3 ch (1 lit 160x200), s.d.b. et wc privés. Possibilité lit appoint. Salon (TV, biblio, cheminée), cuisine coin repas réservé aux hôtes. TH (sauf WE) sur réservation. Environnement calme et champêtre, promenades en attelage, logement de chevaux. Circuits de randonnées à pied et en vélos (loc.). Près de Rochefort, sur le GR 360 ds le triangle Royan/ La Rochelle /Saintes. Base de loisirs à 500 m (restaurants, plage surveillée, pédalos). Langue parlée : anglais.

Prix : 1 pers. **43 €** 2 pers. **49 €** 3 pers. **60 €** pers. sup. **11 €** repas **18 €**
Ouvert : Du 1er avril au 15 novembre.

25	7	1	0,8	2	5	30	13	2

Elisabeth et Roland LOPEZ - Le Chize - 17250 TRIZAY - Tél. : 05 46 82 09 56 - Fax : 05 46 82 16 67 - E-mail : lechize@wanadoo.fr - http ://perso.wanadoo.fr/lechize/

Charente-Maritime

Poitou-Charentes

$$$$$

TUGERAS-SAINT-MAURICE Chez Duret
C.M. 71 Pli 7

2 ch. Ch. spacieuses et décorées avec goût, aménagées à l'étage d'un logis du XIX° siècle situé sur une ancienne propriété viticole. 1 ch avec salle d'eau et wc privés (1 lit 2 pers, 1 lit 1 pers) et 1 ch avec salle de bains et wc privés (3 lits 1 pers). A disposition : séjour, salon, bibliothèque. Parc, meubles de jardin, parking. Au cœur de la Haute Saintonge, « Haute en couleurs », vous redécouvrirez le charme de la vie à la campagne. Proximité des vignobles du Bordelais et du Cognac. A Jonzac, prendre direction Montendre par la D19. Passer Villexavier. Faire 3 km environ et vous apercevrez le logis sur la gauche.

Prix : 1 pers. **50 €** 2 pers. **64 €** pers. sup. **16 €**
Ouvert : De Pâques à La Toussaint (hors saison sur réservation).

🐕	⛱	🏊	🎣	🎾	🏸	🦌	🎿	🚂	⛵
70	8	8	8	8	8	8	8	8	8

Bruno SOLER - Chez Duret Beaudricourt - 17130 TUGERAS-SAINT-MAURICE - Tél. : 05 46 49 30 11 ou 06 82 38 14 32 - Fax : 05 46 49 30 11

VANDRE
C.M. 71 Pli 3

1 ch. Ch indépendante aménagée à l'étage d'un bâtiment mitoyen à la maison du propriétaire. 1 chambre familiale (1 ch, 1 lit 2 pers, 1 ch 2 lits 1 pers), avec salle d'eau et wc privés. Possibilité d'1 lit d'appoint et 1 lit bébé. Séjour, possibilité cuisine, coin détente, TV, bibliothèque. Cour, jardin, salon de jardin, barbecue, portique, ping-pong. Vandré, Station Verte de Vacances, charmant petit village animé. Allez visiter le musée « Vandré il y a 100 ans ». A 6 km, Surgères avec son église et son chateau, patrie d'Hélène de Fonsèque inspiratrice de Ronsard. La Rochelle à 35 km: ville d'Art et d'Histoire célèbre pour son vieux port.

Prix : 2 pers. **35 €**
Ouvert : D'avril à octobre.

🐕	⛱	🏊	🎣	🎾	🏸	🦌	🎿	🚂	⛵
23	SP	SP	SP	15	6	6		SP	

Alice et André BOUTTEAUD - 13, rue de la Boulangerie - 17700 VANDRE - Tél. : 05 46 68 88 64

VARAIZE
C.M. 71 Pli 4

2 ch. Marta et Claude vous accueillent pour un séjour convivial et reposant dans 2 ch de grand confort sur leur ferme (agriculture biologique). Entrée indépendante. Ch 1 (1 lit 2 pers, 1 divan-lit), salle de bains et wc privés. Ch 2 (2 lits 1 pers, 1 divan-lit), salle d'eau, wc privés. Séjour, bibliothèque à disposition des hôtes. Cour, jardin, terrasse, piscine privée. Jeux enfants, ping-pong. Vente de produits biologiques. Varaize est situé dans le Val de Boutonne à proximité de Saint Jean d'Angély et de Saintes. La Ferme de Claude et Marta se situe à l'extrémité du village. Les champs touchent à la ferme. Tranquillité assurée. Langues parlées : anglais, tchèque.

Prix : 1 pers. **30/34 €** 2 pers. **40/43 €** pers. sup. **10 €**
Ouvert : Toute l'année sur réservation.

🐕	⛱	🏊	🎣	🎾	🏸	🦌	🎿	🚂	⛵
65	SP	5	14	0,6	0,5	30		8	0,5

MICHENEAU Claude et LINKA Marta - 21, rue de Beauvais - 17400 VARAIZE - Tél. : 05 46 26 37 20 - Fax : 05 46 26 39 70 - www.frenchconnections.co.uk/accom

VARAIZE
C.M. 71 Pli 4

2 ch. 2 ch familiales aménagées au 1er étage de la maison du propriétaire dans village. Ch 1 (1 ch, 1 lit 2 pers ; 1 ch, 2 lits 1 pers). Ch 2 (1 ch, 1 lit 2 pers et 1 ch, 1 lit 1 pers). S.d.b et wc privés à chaque chambre. Séjour, salon, cheminée, biblio., TV. Cour et pelouse close, barbecue, salon de jardin, balançoire, ping-pong, vélos à disposition. Varaize, petit village de campagne calme et agréable, s'enorgueillit de sa belle église romane du XIe siècle : sa porte sud et son clocher carré. Aux alentours, dans le Val de Boutonne, St Jean d'Angély et son marché. Cognac, Rochefort, le Marais Poitevin, Saintes, ses vestiges et ses arènes.

Prix : 1 pers. **26 €** 2 pers. **35 €** 3 pers. **44 €** pers. sup. **9 €**
Ouvert : Toute l'année.

🐕	⛱	🏊	🎣	🎾	🏸	🦌	🎿	🚂	⛵
65	8	5	14	0,6	0,5	30		8	0,5

Paul MICHENEAU - 19, rue de Beauvais - 17400 VARAIZE - Tél. : 05 46 26 30 16

VILLEDOUX Le Seuil
C.M. 71 Pli 12

3 ch. Chs dans une maison indépendante, située en campagne. 2 ch en r.d.c avec salle d'eau et wc privés. Ch 1 et ch 2 (1 lit 2 pers). Possibilité 1 lit d'appoint pers/ch. Ch 3 à l'étage (1 lit 2 pers, 2 lits 1 pers), cabine douche et wc privés. Séjour, téléphone, véranda, poss. cuisine, lave-linge (3 €). Grande pelouse, cour commune, barbecue, salon de jardin. Parking. Exploitation agricole avec vaches laitières et calme assuré. Villedoux situé à proximité de Charron, réputé pour ses moules. La Rochelle, ville d'Art et d'Histoire où vous visiterez son vieux port, son aquarium, ses rues aux arcades animées, le port des Minimes, la plage.

Prix : 1 pers. **34 €** 2 pers. **39 €** 3 pers. **50 €** pers. sup. **11 €**
Ouvert : Toute l'année.

🐕	⛱	🏊	🎣	🎾	🏸	🦌	🎿	🚂	⛵
12	6	6	2	2	6	8		2	

Annette et Louis BABIN - Le Seuil - 17230 VILLEDOUX - Tél. : 05 46 68 52 21

Poitou-Charentes

Charente-Maritime

VILLEDOUX

C.M. 71 Pli 12

3 ch. Dans un village, 3 ch dans une maison indépendante, de construction récente. A l'étage, 2 ch avec salle d'eau, wc privés et TV. Ch 1 (1 lit 2 pers). Ch 2 (2 lits 1 pers). En r.d.c, ch 3 (1 lit 2 pers), salle d'eau, wc privé, TV, kitch. (3 €), entrée indépendante. Véranda, coin salon. Cour et petit parc, parking, terrain de jeux, portique, jeux, barbecue. Villedoux située à 11 km de La Rochelle que vous visiterez pour son histoire et son Vieux Port, en bordure du Marais Poitevin : canaux, promenades en barques. Proximité de la baie de l'Aiguillon, de l'Ile de Ré.

Prix : 1 pers. **29 €** 2 pers. **35 €** pers. sup. **8 €**
Ouvert : Toute l'année.

8	4	2	SP	SP	6	12	0,1	

Bernadette et Bernard ROUX - 3 impasse des 3 pigeons - 17230 VILLEDOUX - Tél. : 05 46 68 51 66

VILLEMORIN Saint Coutant Le Petit

C.M. 71 Pli 3

1 ch. En pleine campagne, une suite confortable avec salle d'eau et wc privés aménagée sur 2 niveaux dans une partie de la maison de la propriétaire (1 lit 2 pers). Possibilité lit d'appoint. A disposition, séjour/salon. TV, bibliothèque, cheminée. Grand jardin ombragé avec salon de jardin. Parking privé. Vous goûterez au calme et à la douceur de vivre dans cette ancienne ferme fortifiée entourée de douves avec poss. de pêche toute l'année. A visiter la superbe église d'Aulnay de Saintonge, joyau de l'Art Roman du XII° siècle et halte des pèlerins sur le chemin de Saint Jacques de Compostelle. Langue parlée : anglais.

Prix : 1 pers. **32 €** 2 pers. **40 €** 3 pers. **50 €** pers. sup. **12 €**
Ouvert : Toute l'année.

80	3	SP	3	10	40	19	3	

Sylvie GACOUGNOLLE - Le Logis - Saint Coutant Le Petit - 17470 VILLEMORIN - Tél. : 05 46 26 37 09

YVES La Cabane des Fresnes

C.M. 71 Pli 13

6 ch. 6 ch dans ferme isolée dans les marais de Rochefort. A l'étage, ch 1 (1 lit 2 pers), ch 2 (1 lit 2 pers, 2 lits 1 pers), lavabo/cab. douche privée, wc com. Au r.d.c, ch 3 et ch 4 (accès extérieur)(1 lit 2 pers), salle d'eau privée, wc com. Ch 5 et ch 6 (1 lit 2 pers), salle d'eau et wc privés. Grand séjour/salon, bibliothèque. Coin cuisine disponible. Coin jeux pour enfants avec piscine (3,80 m x 6,50 m). Camping sur place. Plage à Châtelaillon et Fouras. A 15 km de La Rochelle et de Rochefort. Réserve d'oiseaux à proximité. Club de voile à 7 km. Langue parlée : anglais.

Prix : 1 pers. **24 €** 2 pers. **34 €** 3 pers. **41 €** pers. sup. **8 €**
Ouvert : Toute l'année.

7	7	7	8	3	30	9	8

Delphine et Dominique NADEAU - La Cabane des Fresnes - 17340 YVES - Tél. : 05 46 56 41 31 -
E-mail : dominique.nadeau@wanadoo.fr

YVES Le Marouillet

C.M. 71 Pli 13

3 ch. 3 ch avec entrée indépendante dans une maison isolée dans les marais de Rochefort. Au r.d.c, ch 1 (1 lit 2 pers), salle d'eau et wc privés. A l'étage, ch 2 et ch 3 (1 lit 2 pers), salle d'eau et wc privés. Ch 3 avec salon. TV dispo. dans chaque ch sur demande. Séjour commun avec propriétaire. Frigo à disposition. Petit étang à proximité. Jardin arboré, salon de jardin, barbecue, portique. Yves situé entre La Rochelle et Rochefort, à proximité de Chatelaillon que vous visiterez pour sa plage, son casino. A Rochefort, la Corderie Royale, son port de plaisance. La Rochelle, ville d'Art et d'Histoire et son vieux port. Langues parlées : anglais et espagnol.

Prix : 1 pers. **30/34 €** 2 pers. **38/41 €** pers. sup. **11 €**
Ouvert : De Pâques à la Toussaint.

7	7	SP	7	10	30	7	7

Marie-Noëlle/Patrick GOUSSEAU - La Platière - Le Marouillet - 17340 YVES - Tél. : 05 46 56 44 00 ou 06 15 50 87 17 -
Fax : 05 46 56 44 00

Deux-Sèvres

GITES DE FRANCE - Service Réservation
15, rue Thiers - B.P. 8524 - 79025 NIORT Cedex 09
Tél. 05 49 24 00 42 - Fax 05 49 77 15 94

ADILLY La Coussaie

C.M. 68 Pli 11

1 ch. 1 grande chambre, de plain pied, en pierres apparentes de 35 m² (1 lit 2 pers., 1 lit 1 pers.) avec accès terrasse dans une fermette restaurée. Environnement calme et boisé en pays de Gâtine. Salle d'eau, wc, coin-cuisine (12 m²) avec frigo indépendant. Chauffage central fuel + cheminée (insert). TV. 3 VTT à disposition. Randonnées pédestres, nombreux festivals à Parthenay (10 minutes), Pougne-Hérisson (Nombril du Monde).

Prix : 1 pers. **34 €** 2 pers. **37 €** 3 pers. **46 €** repas **14 €**
Ouvert : Toute l'année.

SP	10	10	10	10	18	9	SP	60	10	2

Jean-Pierre PACAULT - La Coussaie - 79200 ADILLY - Tél. : 05 49 70 00 47 ou 05 49 70 08 55 - Fax : 05 49 70 08 55

Deux-Sèvres   *Poitou-Charentes*

AMAILLOUX   C.M. 67 Pli 17

2 ch. **Parthenay 13 km. Puy-du-Fou, Marais-Poitevin 60 km. Thouars 40 km.** 2 grandes chambres mansardées pour une même famille ou amis, situées à l'étage d'une ancienne maison restaurée (2 lits 2 pers., 2 lits 1 pers., 1 lit bébé, possibilité lits d'appoint), salle de bains et wc communs aux 2 chambres, salon sur mezzanine (coin repas avec frigo) à disposition, salon de jardin pour pique-nique avec possibilité de barbecue. Randonnées et location de vélos sur place. Futuroscope 60 km, Châteaux de la Loire 80 km. PESCALIS, Centre International Nature et Pêche à Moncoutant 20 km.

Prix : 1 pers. **24 €** 2 pers. **30 €** 3 pers. **41 €** pers. sup. **9 €**
Ouvert : Toute l'année.

5	12	0,5	5	5	12	SP	60	15	12

Michelle et Gilles VERGER - 12 rue du Bas Château - 79350 AMAILLOUX - Tél. : 05 49 95 59 38 -
http://www.district-parthenay.fr/Tourisme/Hebergement/chambrehote/Verger/Verger.htm

ARCAIS   C.M. 71 Pli 2

3 ch. **Niort 22 km. La Rochelle 44 km. Futuroscope 100 km.** 3 ch. familiale dans une maison maraîchine, entrée indép. en extérieur dans bâtiment indép. R.d.c. : 1 ch. en extérieur (1 clic-clac) + mezz. (1 lit 2 pers.), salle d'eau et wc, coin-cuisine, prise TV. A l'étage : 2 ch. familiale, ch. 1 (1 lit 2 pers.) + mezz. (1 lit 120, 1 lit 80), prise TV, ch.2 (2 lits 120) + mezz. (1 lit 2 pers., 1 lit bébé, prise TV). Salle d'eau et wc privés dans chaque chambre, séjour-coin cuisine, cour intérieure privée, terrasse et barbecue, location de barques, Canoës et vélos s/place. Restaurant à 800 m. Marais Poitevin sur place. Tarifs dégressifs à partir de 3 nuits. Langue parlée : anglais.

Prix : 1 pers. **31 €** 2 pers. **40 €** 3 pers. **51 €** pers. sup. **11 €**
Ouvert : Toute l'année.

SP	4	0,5	25	25	15	4	SP	100	13	SP

Jean-Michel DESCHAMPS - Chemin du Charret - 79210 ARCAIS - Tél. : 05 49 35 43 34 ou 06 80 02 72 08 - Fax : 05 49 35 43 35 -
E-mail : info@veniseverteloisirs.com - http://www.veniseverteloisirs.fr

ARCAIS Venelle du Charron   C.M. 71 Pli 2

3 ch. **Niort 22 km. La Rochelle 44 km.** 3 chambres dans une maison assez récente, située dans un village maraîchin, petit jardin, salon de jardin. 2 ch. 2 pers. (2 lits 2 pers.), salle de bains et salle d'eau, wc privés pour chaque ch., 1 ch. 3 pers. (1 lit 2 pers., 1 lit 1 pers.), salle de bains et wc attenants. Salon (TV) et petite cuisine à disposition des hôtes. Restaurant à 100 m. Marais-Poitevin sur place.

Prix : 1 pers. **30 €** 2 pers. **34 €** 3 pers. **44 €** pers. sup. **9 €**
Ouvert : Toute l'année.

SP	12	0,3	25	25	15	4	SP	90	13	SP

Jean LEYSSENE - Venelle du Charron - 79210 ARCAIS - Tél. : 05 49 35 40 06

ARCAIS Les Bourdettes   (TH)   C.M. 71 Pli 2

3 ch. **Niort 25 km. La Rochelle et l'Ile de Ré 50 km. Puy-du-Fou 90 km.** 3 ch. (dont 1 suite) à l'étage d'1 typique maison maraîchine, dans le Marais-Poitevin, en bordure de Sèvre Niortaise. 2 ch. 2 pers. (1 lit 2 pers.), salle d'eau/wc privée, s.d.b./wc privée, poss. lit d'appoint. 1 suite (2 pers., 2 lits 1 pers.), salle d'eau et wc privés. Grande terrasse couverte, vue sur le Marais et la Sèvre Niortaise. Salon en rez-de-chaussée à disposition (TV, cheminée). Jardin clos, parking intérieur. Marais-Poitevin sur place. Futuroscope 90 km. Circuits pédestres et cyclo sur place.

Prix : 1 pers. **35/43 €** 2 pers. **40/46 €** pers. sup. **11 €** repas **15 €**
Ouvert : Toute l'année.

SP	1	2,5	25	25	15	3	SP	90	25	1,5

Jean-Claude PEAN - 14 chemin de la Foulée - Les Bourdettes - 79210 ARCAIS - Tél. : 05 49 35 88 95

ARCAIS   C.M. 71 Pli 2

4 ch. 4 chambres de style dans 1 maison maraîchine et son annexe, dans village à 50 m du port. 3 ch. à l'étage (2 à 5 pers., lits doubles ou simples), salle d'eau ou salle de bains avec wc privés, TV. Dans l'annexe en r.d.c., 1 ch. indépendante, accessible aux pers. à mobilité réduite. Kitchenettes, jardin au bord de l'eau, barques et canoës à disposition. Piscine privée couverte chauffée et solarium. Parking. Nombreux circuits pédestres, nautiques et à vélos. Location de vélos sur place. Marais Poitevin sur place. Futuroscope 1 h 15 mn. Puy du Fou 1 h 30 mn. La Rochelle-Ile de Ré 35 mn. Langue parlée : anglais.

Prix : 1 pers. **43 €** 2 pers. **50 €** pers. sup. **11/16 €**
Ouvert : Toute l'année.

SP	SP	0,3	25	25	15	4	SP	80	20	0,1

Elisabeth PLAT CHAMBRES D'HOTES DU CANAL - 10 rue de l'Ouche - 79210 ARCAIS - Tél. : 05 49 35 42 59 - Fax : 05 49 35 01 34 -
E-mail : chambres.dhotes@wanadoo.fr - http://www.chambre-dhote.com

ARCAIS   C.M. 71 Pli 1

E.C. 2 ch. **Niort 25 km. Futuroscope 90 km.** 2 chambres à l'étage d'une maison maraîchine de caractère, située dans un petit village typique du marais Poitevin. Entrée indépendante ouvrant sur une terrasse ensoleillée avec salon de jardin individuel. Grand jardin. Chambre 1 (1 lit 2 pers.), salle d'eau, chambre 2 (1 lit 2 pers., 1 lit 1 pers.), salle de bains, wc communs aux 2 chambres. Espace détente (TV). Marais poitevin sur place (promenades en barques, randonnées pédestres et cyclistes,...). La Rochelle 45 mn, Ile de Ré 1 heure.

Prix : 1 pers. **39 €** 2 pers. **39 €** 3 pers. **53 €**
Ouvert : Toute l'année.

0,3	2,5	0,5	25	25	15	5	SP	90	25	0,2

Michel et Martine VARENGUIN - 21, rue de la mairie - 79210 ARCAIS - Tél. : 05 49 26 14 22 - Fax : 05 49 26 14 22

Poitou-Charentes — **Deux-Sèvres**

AVON La Cure (TH) — C.M. 68 Pli 12

🛏🛏🛏 1 ch. **Marais-Poitevin 50 km. Futuroscope 40 km. Bougon 5 km.** Suite indépendante, meubles anciens, cadre authentique, dans une cure du XVIIIᵉ s., au bord d'un petit village de quelques maisons, paysage de bocage. 1 chambre (2 lits 120), salon/mezzanine (lit 1 pers.), avec TV, chaîne hi-fi, magnétoscope, frigo-bar, salle de bains (douche et baignoire), wc, hall et pièce d'accueil avec 1 convertible 140 chacun. Jeux d'intérieur et d'extérieur, vélos, ping-pong. Chemin VTT sur place. A10 sortie 31 à 8 km. Grand jardin clos d'1 ha. Prix spécial enfant. Langue parlée : allemand.

Prix : 1 pers. 28 € 2 pers. 38 € 3 pers. 50 € pers. sup. 12 € repas 12 €
Ouvert : Toute l'année.

🐕	🏊	🚣	🎾	⛱	🌲	🐎	🚶	⛪	🚂	🍽
	5	5	12	12	10	12	SP	40	5	5

Gérard et Françoise FREMAUX - La Cure - 79800 AVON - Tél. : 05 49 76 39 92 - Fax : 05 49 76 39 92

BEAULIEU-SOUS-PARTHENAY La Ferolière — C.M. 67 Pli 17

🛏🛏🛏 2 ch. **Marais-Poitevin, Futuroscope 50 km. La rochelle 100 km. Niort 40 km.** En Gâtine poitevine, pays bocager, 2 grandes chambres de 40 m² (r.d.c. et étage), dans 1 logis poitevin, retiré auprès d'1 rivière bordée de grands arbres. (2 lits 2 pers., 4 lits 1 pers.), salon (TV), salle d'eau et cuisinette intérieure dans chaque chambre. Entrée indépendante. Lectures, musiques, vidéos régionales. Jardin, étang, prairie. Sentiers « découverte nature » sur place. Ferme céréalière et forestière (Agriculture biologique) de 45 ha, à disposition pour la rencontre avec la nature, le silence et la culture paysanne. Gîtes et Camping sur place.

Prix : 1 pers. 26 € 2 pers. 37 € 3 pers. 45 € pers. sup. 8 €
Ouvert : Toute l'année sauf du 1ᵉʳ au 16 septembre.

🐕	🏊	🚣	🎾	⛱	🌲	🐎	🚶	⛪	🚂	🍽
SP	5	3	5	10	4	15	SP	50	20	5

Guy et Marie-Claude FERJOU - La Ferolière - 79420 BEAULIEU-SOUS-PARTHENAY - Tél. : 05 49 70 64 63 - Fax : 05 49 70 64 63 - www.district-parthenay.fr/Tourisme/Hebergement/chambrehote/La%20Feroliere/Chambre%20d'hote.htm

BEAULIEU-SOUS-PARTHENAY Les Ouches — C.M. 67 Pli 17

🛏🛏🛏 3 ch. **Parthenay 10 km. Marais-Poitevin 50 km. Futuroscope 45 km.** 3 chambres aménagées dans une ferme rénovée au milieu de la campagne Gatinaise. 2 chambres en r.d.c. avec entrée indépendante, ch. 1 (2 lits 2 pers.), kitchenette, ch. 2 (1 lit 2 pers.). Etage : ch. 1. (1 lit 2 pers., 2 lits d'appoint). Salle d'eau et wc privés à chaque chambre. Calme et repos assurés. Randonnées et découverte de la vie à la campagne sur place.

Prix : 1 pers. 32 € 2 pers. 38 € 3 pers. 51 € pers. sup. 12 €
Ouvert : Toute l'année.

🐕	🏊	🚣	🎾	⛱	🌲	🐎	🚶	⛪	🚂	🍽
	1	10	3	10	10	SP	45	18	3	

Jean-François CASTIN - Les Ouches - 79420 BEAULIEU-SOUS-PARTHENAY - Tél. : 05 49 70 22 05 - Fax : 05 49 70 22 05

BEAUVOIR-SUR-NIORT La Guilloterie — C.M. 71 Pli 2

🛏 5 ch. **Marais-Poitevin 20 km. St-Jean d'Angely 25 km. La Rochelle 40 km.** 5 chambres aménagées dans 1 grande maison de caractère, située dans 1 hameau. Cour, parc ombragé, piscine et jeux d'enfants. 1 chambre 2 pers. (1 lit 2 pers.), 1 chambre 3 pers. (1 lit 2 pers., 1 lit 1 pers.), salle de bains et wc communs. 2 chambres 2 pers. (2 lits 2 pers.), 1 chambre 3 pers. (3 lits 1 pers.), salle d'eau et wc communs. Niort 17 km. Futuroscope 80 km. A10 sortie 33, 7 km. Eglise romane du XII siècle dans le village. Commerces et restaurants sur place. Langue parlée : anglais.

Prix : 1 pers. 23 € 2 pers. 30 € 3 pers. 43 € pers. sup. 9 €
Ouvert : Toute l'année.

🐕	🏊	🚣	🎾	⛱	🌲	🐎	🚶	⛪	🚂	🍽
	8	2	3	15	2	80	17	1		

Marie-Claire RICHARD-LEPINAT - La Guilloterie - Le Cormenier - 79360 BEAUVOIR-SUR-NIORT - Tél. : 05 49 09 70 42

BOUILLE-LORETZ Chantemerle — C.M. 67 Pli 8

🛏🛏🛏 2 ch. **Thouars 12 km. Montreuil-Belley 12 km. Saumur 25 km. Puy du Fou 55 km.** Grande maison située dans un parc clos, fleuri et ombragé par des arbres centenaires. A l'étage : 2 ch. 3 pers. avec salle d'eau et wc privés (poss. lit suppl.) entrée indépendante, séjour avec cheminée. Garage. salon de jardin pour pique-nique, balançoires. Prairie avec plan d'eau. Produits du terroir, chemins de randonnées sur place, restaurant à 5 mn.

Prix : 1 pers. 24 € 2 pers. 34 € 3 pers. 43 €
Ouvert : Toute l'année.

🐕	🏊	🚣	🎾	⛱	🌲	🐎	🚶	⛪	🚂	🍽
	1	15	2	1	1	12	SP	15	2	

Jeanne et Maurice DOUBLET - Chantemerle - 79290 BOUILLE-LORETZ - Tél. : 05 49 67 05 48

BRESSUIRE La Léonière de Terves — C.M. 67 Pli 16

🛏🛏🛏 4 ch. **Secondigny 25 km. Cholet et Parthenay 35 km. Puy-du-Fou 40 km.** 4 chambres aménagées dans une grande maison de caractère à proximité de l'exploitation agricole, 1 chambre au rez-de-chaussée (2 lits 2 pers.), salle d'eau et wc privés. 2 chambres au 1ᵉʳ étage avec chacune (1 lit 2 pers., 1 lit 1 pers.), salle d'eau et wc privés. 1 chambre studio au 2ᵉ étage (1 lit 2 pers., 1 lit 1 pers.), salle d'eau et wc privés. Réfrigérateur et kitchenette dans chaque chambre. Salon à disposition avec TV. Grand jardin, salon de jardin. Etang privé pour pêche et promenades en barque. Restaurant à 2 km. Bressuire 2 km. Futuroscope 80 km.

Prix : 1 pers. 23 € 2 pers. 30 € 3 pers. 38 € pers. sup. 8 €
Ouvert : Toute l'année sauf Noël et Jour de l'An.

🐕	🏊	🚣	🎾	⛱	🌲	🐎	🚶	⛪	🚂	🍽
	2	2	3	30	25	2	SP	80	2	2

Français BISLEAU - La Léonière de Terves - 79300 BRESSUIRE - Tél. : 05 49 65 19 21

Deux-Sèvres   *Poitou-Charentes*

BRIOUX-SUR-BOUTONNE   C.M. 72 Pli 2

2 ch. **Niort 30 km. Tumulus de Bougon 25 km. Melle 10 km. Futuroscope 70 km.** 2 chambres d'hôtes de plain-pied, accès indépendant sur terrasse, dans maison récente à proximité du village. Grand jardin fleuri (2 lits 2 pers., 1 lit enfant d'appoint), salle d'eau et wc privés. Vélos et ping-pong. Zoo de Chizé 15 km. La Rochelle 80 km. A10 sortie 33 à 23 km.

Prix : 1 pers. 27 € 2 pers. 30 € pers. sup. 8 €
Ouvert : Toute l'année.

	0,4	1	0,4	17	17	14	10	SP	70	30	1

Claude et M-France MIGNET - 25 avenue de la Gare - 79170 BRIOUX-SUR-BOUTONNE - Tél. : 05 49 07 54 32

CERIZAY La Gondromière   C.M. 67 Pli 16

2 ch. **Puy-du-Fou 25 km. Futuroscope 90 km. Marais-Poitevin 65 km.** 2 chambres aménagées dans 1 ancienne fermette restaurée, 1 chambre au rez-de-chaussée (1 lit 2 pers.), entrée indépendante, salle d'eau privée (wc), kitchenette, 1 chambre à l'étage (1 lit 2 pers., 2 lits 1 pers.), salle de bains, wc privés, terrasse, grand jardin fleuri. Piscine privée. Possibilité de vol en montgolfière sur place.

Prix : 1 pers. 35 € 2 pers. 43 € 3 pers. 55 € pers. sup. 12 €
Ouvert : Toute l'année.

	2	SP	1	15	15	1	90	15	1

Damien MERCERON - La Gondromière - 79140 CERIZAY - Tél. : 05 49 80 10 45 - E-mail : damien.merceron@wanadoo.fr

CHAMPDENIERS La Grolerie   C.M. 71 Pli 1

4 ch. **Parthenay 22 km. Marais-Poitevin 17 km. Puy-du-Fou, La Rochelle 80 km.** 4 chambres aménagées dans 1 ancienne ferme restaurée : 2 chambres au rez-de-chaussée (2 lits 2 pers., 2 lits 90), salle d'eau et wc privés à chaque chambre, 2 chambres à l'étage (2 lits 140, 1 lit 130, 1 lit 90), salle d'eau et wc privés, grand séjour salon (cheminée), jardin 1 ha, mare, jeux, garage. Rivière souterraine 1,5 km. Escalade 3 km. Niort 18 km. Langue parlée : anglais.

Prix : 1 pers. 29 € 2 pers. 37 € 3 pers. 48 € pers. sup. 13 € repas 14 €
Ouvert : Toute l'année.

	0,5	14	2	5	5	5	SP	80	20	1,5

Xavier et Corinne MASSON - La Grolerie - 79220 CHAMPDENIERS - Tél. : 05 49 25 66 11 ou 06 60 57 35 70 - http://www.la-grolerie.com

LA CHAPELLE-BERTRAND L'Ageon   C.M. 68 Pli 12

1 ch. **St-Maixent-l'Ecole 25 km. Marais-Poitevin 50 km. Futuroscope 40 km.** 1 chambre d'hôtes 3 pers. à l'étage d'1 maison restaurée typique de Gâtine, entrée indépendante, grand jardin fleuri. (1 lit 2 pers., 1 lit 1 pers., TV), salle d'eau et wc privés attenants. 2 vélos, ping-pong, jeux traditionnels en bois, randonnées pédestres sur place. Parthenay (gare routière) à 6 km. Mouton-Village-Vasles 15 km.

Prix : 1 pers. 28 € 2 pers. 34 € 3 pers. 43 €
Ouvert : Toute l'année.

	6	7	0,5	6	6	7	SP	40	45	6

Françis et Jeannine RENAUDEAU - L'Ageon - 79200 LA-CHAPELLE-BERTRAND - Tél. : 05 49 94 66 59

CHEF-BOUTONNE Logis de Lussais   C.M. 72 Pli 3

1 ch. **Melle 15 km. Bougon 30 km. Marais-Poitevin 55 km. Cognac 60 km.** 1 chambre à l'étage d'une grande maison de maître à 1 km de Chef Boutonne, charmant village riche en art roman (1 lit 2 pers., 2 lits enfants), salle de bains (wc) attenants. Grand jardin arboré clos. Piscine commune (3 logements de vacances). Vélos sur place. Zoo de Chizé 25 km. Futuroscope 75 km. Langues parlées : anglais, hollandais.

Prix : 1 pers. 25 € 2 pers. 35 € pers. sup. 10 € repas 12 €
Ouvert : Toute l'année.

	1	SP	5	25	25	5	0,2	75	30	1

Hans et Léonie GEURTZ - Logis de Lussais - 79110 CHEF-BOUTONNE - Tél. : 05 49 29 88 93 - Fax : 05 49 29 69 42 - E-mail : Logis-de-Lussais@worldonline.nl

CHENAY   C.M. 68 Pli 12

3 ch. **Lezay, Bougon 8 km. Niort, Poitiers 40 km. Marais-Poitevin 45 km.** 3 chambres aménagées dans la maison des propriétaires, à 200 m du bourg. Au r.d.c, 1 ch. (1 lit 2 pers.), salle d'eau et wc privés. A l'étage, 1 ch. fam. (1 lit 2 pers., 2 lits 1 pers.), 1 ch. (1 lit 2 pers., 1 lit bébé), salle d'eau et wc privés pour chacune. Garage. Terrasse, jardin. St-Maixent l'Ecole (gare SNCF) 20 km. Futuroscope 45 km. Melle (églises romanes) 10 km. A10, sortie 31.

Prix : 1 pers. 28 € 2 pers. 30 € pers. sup. 8 € repas 10 €
1/2 pens. 51 €
Ouvert : Toute l'année.

	2	7	7	15	15	10	SP	45	20	3

Jean et Madeleine NAU - Chenay - 79120 LEZAY - Tél. : 05 49 07 31 28

Poitou-Charentes **Deux-Sèvres**

CHERVEUX Château de Cherveux
(TH)   C.M. 68 Pli 11

2 ch. Niort 15 km. St-Maixent-l'Ecole 15 km. Marais-Poitevin 20 km. 2 chambres aménagées au-dessus de la salle de garde située dans la cour intérieure du château, forteresse du XVe siècle. 1 grande chambre (1 lit 2 pers., 1 lit d'appoint), salle de bains et wc privés. 1 chambre (1 lit 2 pers.), salle d'eau et wc privés, salle à manger/salon (cheminée), jardin. 7 boxes à louer. Puy du Fou 1 h 15 mn. A83 sortie 10 à 3 km.

Prix : 1 pers. 34/38 € 2 pers. 41/54 € 3 pers. 61 € pers. sup. 14 € repas 15 €
Ouvert : Toute l'année.

	SP	11	3	3	3	10	0,5	SP	70	15	SP

François et M-Thérèse REDIEN - Château de Cherveux - 79410 CHERVEUX - Tél. : 05 49 75 06 55 - Fax : 05 49 75 06 55 -
E-mail : Fredien@minitel.net

CHIZE
C.M. 71 Pli 3

2 ch. Beauvoir-sur-Niort 12 km. Marais-Poitevin 25 km. Zoorama 3 km. 2 chambres à l'étage d'une maison de pays située dans le bourg, en bordure de Boutonne, à 3 km de la forêt domaniale de Chizé. Petit jardin, terrasse, barbecue. (2 lits 2 pers., TV), salle d'eau et wc privés dans chaque chambre. Pêche en rivière sur place.

Prix : 1 pers. 30 € 2 pers. 37 € 3 pers. 44 € pers. sup. 11 €
Ouvert : Toute l'année.

	SP	12	0,5	30	30	3	1	3	105	12	SP

Huguette BONNEAU - 20 rue des Ponts de Boutonne - 79170 CHIZE - Tél. : 05 49 76 77 03

CIRIERES Le Château
C.M. 67 Pli 16

3 ch. Puy-du-Fou 25 km. Marais-Poitevin 50 km. La Rochelle 100 km. Au cœur du bocage Bressuirais, 3 chambres d'hôtes à l'étage du château du 19e siècle, entouré d'un parc de 18 ha, prairies, étang, rivière. 2 ch. 2 pers. (2 lits 2 pers.), 1 ch. 3 pers. (1 lit 2 pers., 1 lit 1 pers.), salle de bains et wc privés dans chaque chambre. Billard - vélos sur place - pêche sur l'étang et randonnées. Pique-nique possible dans le parc. Bressuire 10 km. Ferme auberge 300 m et 12 km. Restaurant 300 m.

Prix : 1 pers. 47 € 2 pers. 55 € 3 pers. 70 € pers. sup. 17 €
Ouvert : Du 1er mai au 30 septembre.

	SP	4	0,5	15	15	8	SP	80	30	4

J-Marie et M-Claude DUGAST - 18 rue Ste-Radegonde - Château de Cirières - 79140 CIRIERES - Tél. : 05 49 80 53 08

COMBRAND Logis de la Girardière
C.M. 72 Pli 2

3 ch. Puy-du-Fou 25 km. Cholet 33 km. Pescalis 17 km. Bressuire 17 km. 3 chambres aménagées à l'étage d'1 logis début du XVIIIe siècle avec parc, étang privé 300 m, ch. 1 (1 lit 2 pers.), ch. 2 (2 lits 1 pers.), 1 suite (1 ch. : 1 lit 2 pers. + 1 ch. : 2 lits superposés), salle de bains et wc privés dans chaque chambre. Salon. Téléphone Service téléséjour (carte FranceTélécom). Restaurants à 4 km, Cerizay 6 km. Langue parlée : anglais.

Prix : 1 pers. 32/37 € 2 pers. 37/41 €
Ouvert : Toute l'année.

0,3	4	4	20	20	2	SP	90	4

Christine MOREL - Logis de la Girardière - 79140 COMBRAND - Tél. : 05 49 81 04 58 - Fax : 05 49 81 04 58 -
E-mail : morelchr@wanadoo.fr

COULON Les Iris
C.M. 71 Pli 2

2 ch. Niort 10 km. La Rochelle 50 km. Rochefort, Ile de Ré 60 km. 2 chambres spacieuses, à la décoration chaleureuse et raffinée, au 2e étage d'une demeure de caractère du 19e siècle. Vous apprécierez le confort, la convivialité et le calme des lieux, son jardin à l'anglaise, fleuri et ombragé. Petits déjeuners gourmands et variés servis en terrasse à la belle saison. Marais-Poitevin sur place. Ch. 1 (1 lit 2 pers., possibilité lit bébé), ch. 2 (1 lit 2 pers., 1 lit 1 pers., possibilité lit supplémentaire), salle d'eau et wc privés et séparés dans chaque chambre. Salon-bibliothèque. Maison non fumeur. Langues parlées : anglais, allemand.

Prix : 1 pers. 40 € 2 pers. 47 € 3 pers. 60 € pers. sup. 8/13 €

	SP	6	1	30	30	25	8	SP	80	10	1

Christine et Daniel AUBRET - La grange - Les Iris - 79510 COULON - Tél. : 05 49 35 56 47 ou 06 14 51 16 37 - http://site.voila.fr/lesiris

COULON Le Grand Coin
C.M. 71 Pli 2

2 ch. Niort 10 km. La Rochelle 45 km. 2 chambres indépendantes de la maison maraichine des propriétaires située au cœur du Marais-Poitevin. Terrasse couverte et grand jardin ouvrant sur le Marais. Piscine des propriétaires à disposition. 1 chambre (1 lit 2 pers.), 1 chambre (1 lit 2 pers., 1 canapé clic-clac 2 pers.), salle d'eau et wc privés, parking privé clos. Pêche en rivière et randonnées sur place. Marais-Poitevin sur place. Tarif réduit à partir de 2 nuits. Langue parlée : anglais.

Prix : 2 pers. 42/45 € pers. sup. 10 €
Ouvert : Du 16 mars au 14 novembre.

	SP	SP	2,5	40	40	15	SP	90	10	SP

Catherine BEAUSSE-DAMOUR - Le Grand Coin - 79510 COULON - Tél. : 05 49 35 99 25 ou 06 86 05 29 33 - Fax : 05 49 73 14 30 -
http://coulon.hebergement.free.fr

Deux-Sèvres — *Poitou-Charentes*

COULON
C.M. 71 Pli 2

3 ch. — **Niort 10 km.** 3 chambres aménagées au r.d.c. d'une maison très fleurie dans le Marais-Poitevin, à 200 m du village en bordure de Sèvre, (3 lits 2 pers.) salle d'eau et wc privés, grande véranda donnant sur la Sèvre pour le petit déjeuner et la faculté de prendre ses repas, avec barbecue disponible, coin-détente, « produit de qualité », parking privé. Possibilité de randonnées et de pêche sur place. Restaurants à proximité. Marais-Poitevin sur place. Langue parlée : italien.

Prix : 2 pers. 41 €
Ouvert : Toute l'année.

SP	5	0,5	30	60	25	15	SP	90	10	SP

Rémy DELRIEU - 17 rue Elise Lucas - 79510 COULON - Tél. : 05 49 35 90 39 ou 06 17 11 54 35

COULON La Rigole
C.M. 71 Pli 2

4 ch. — **Niort 12 km. La Rochelle 52 km.** 4 chambres d'hôtes aménagées à l'étage d'une maison maraîchine en bordure de rivière au cœur du Marais-Poitevin. 1 chambre 3 pers. (1 lit 2 pers., 1 lit 1 pers.), salle d'eau et wc privés, 3 chambres 2 pers. (2 lits 2 pers., 2 lits 1 pers.), coin-détente sur mezzanine, jardin. Possibilité de randonnées sur place.

Prix : 1 pers. 32 € 2 pers. 40 € 3 pers. 47 €
Ouvert : Du 1er avril au 31 décembre.

SP	7	2	30	60	25	15	SP	90	12	SP

Sergine FABIEN - 180 route des Bords de Sèvre - La Rigole BP 1 - 79510 COULON - Tél. : 05 49 35 97 90

COULON La Prée
C.M. 71 Pli 2

E.C. 3 ch. — **La Rochelle 50 km. Puy-du-Fou 70 km. Futuroscope 80 km.** 3 chambres indépendantes de la maison des propriétaires, jardin clos avec piscine privée, dans le Marais-Poitevin à 800 m du bourg de Coulon. 1 chambre familiale comprenant 1 chambre 2 pers. (1 lit 2 pers.) + 1 chambre (2 lits jumeaux), 1 chambre 2 pers. (1 lit 2 pers.), 1 chambre 3 pers. (1 lit 2 pers., 1 lit 1 pers.), salle d'eau et wc privés à chaque chambre. Nombreuses possibilités de randonnées (vélo, pédestre, barque et canoë). A10 sortie 33 à 18 km, A83 sortie 9 à 10 km. Langue parlée : anglais.

Prix : 2 pers. 40 € pers. sup. 11 €
Ouvert : Toute l'année.

0,4	SP	0,5	20	20	25	0,5	SP	90	10	0,5

Christophe et Nathali COMPOSTEL - 5, rue de la Prée - 79510 COULON - Tél. : 05 49 35 90 07 -
http://www.marais-poitevin.com/heberg-ch/lapree/chlapree.html

COULON
C.M. 71 Pli 2

2 ch. — **La Rochelle 50 km. Puy-du-Fou 80 km. Futuroscope 75 km.** 2 grandes chambres à l'étage d'une maison noble du XVe siècle, dans le bourg de Coulon, village maraîchin, cour close de 60 m² avec terrasse, parking voiture. Chambre 1 (1 lit 2 pers., 1 lit 1 pers. 120), salle d'eau et wc privés. Chambre 2 (2 lits 1 pers. 120), salle d'eau et wc privés. Restaurants à proximité. Marais Poitevin sur place.

Prix : 1 pers. 37 € 2 pers. 44 € 3 pers. 50 €
Ouvert : De janvier au 20 août et du 6 septembre au 20 décembre.

0,3	6,5	0,8	30	60	25	15	SP	75	10	SP

Marina FABIEN - 6 impasse du Petit Logis - Fief du Marais - 79510 COULON - Tél. : 05 49 35 92 43

COULONGES-SUR-L'AUTIZE
C.M. 71 Pli 1

5 ch. — **Puy-du-Fou 70 km. Futuroscope 95 km. Marais-Poitevin 20 km.** 5 chambres d'hôtes indépendants aménagées dans un corps de bâtiment attenant à l'habitation du propriétaire dans le centre du village. 2 ch. en r.d.c. (1 lit 2 pers., 2 lits 1 pers.), salle d'eau et wc privés, 3 ch. à l'étage (3 lits 2 pers.), salle d'eau et wc privés, cour et jardin clos. Cuisine, salle de détente (TV). Niort (gare SNCF) 21 km.

Prix : 1 pers. 29 € 2 pers. 32 € 3 pers. 40 €
Ouvert : Toute l'année.

4	0,5	0,5	10	10	20	1	SP	95	21	SP

Paulette ARSIQUAUD - 13 boulevard de Niort - 79160 COULONGES-SUR-L'AUTIZE - Tél. : 05 49 06 25 76

LA CRECHE Moulin de la Papeterie
C.M. 68 Pli 11

3 ch. — **Marais-Poitevin 20 km. La Rochelle 70 km. Futuroscope 70 km.** Thérèse et Pascal vous accueillent dans un moulin du 17e siècle, en bordure de Sèvre Niortaise, ancienne fabrique de papier. La propriété de 8500 m² offre calme et sérénité. 3 Chambres (dont 1 de plain-pied), restaurées à l'ancienne. R.d.c. : ch. 1 (1 lit 2 pers.), s. d'eau et wc privés. Etage : ch. 2 (1 lit 2 pers., 1 lit 1 pers.), s. d'eau et wc privés. Ch. 3 (1 lit 2 pers., 1 lit 1 pers.), salle de bains et wc privés. Commerces à 2 km. Promenades accompagnées en barque (prestation payante). La Crèche 20 km. A10, sortie 32 à 3 km.

Prix : 1 pers. 44 € 2 pers. 52 € pers. sup. 15 €
Ouvert : Toute l'année.

SP	2	2	10	2	10	10	SP	70	12	2

Thérèse DOAN TAN - Moulin de la Papeterie - Ruffigny - 79260 LA CRECHE - Tél. : 05 49 17 16 65 ou 06 15 39 79 55 -
Fax : 05 49 28 97 11 - E-mail : tdoan79@club-internet.fr

Poitou-Charentes — Deux-Sèvres

LA FERRIERE-EN-PARTHENAY La Turbe (TH) C.M. 68 Pli 12

2 ch. Parthenay 15 km. Marais-Poitevin 60 km. Futuroscope 40 km. 2 ch. indép. aménagées dans des anciens bâtiments de ferme restaurés, à prox. de la grande maison des propriétaires (année 1900). Grande cour et jardin clos. 1 ch. 3 épis (1 lit 2 pers., 1 lit 1 pers.), et 1 ch. 2 épis (1 lit 2 pers., 2 lits 1 pers.), salle de bains et wc dans chaque ch. Chien 3 €. Salon de jardin par chambre. Ping-Pong, poneys, VTT et piscine (diam 460) enterrée sur place.

Prix : 1 pers. 30 € 2 pers. 34 € 3 pers. 43 € pers. sup. 9 €
repas 12 €
Ouvert : Du 1er mai au 30 septembre.

🐕	🏊	🚣	🎾	🎭	⛱	🎣	🐎	🏇	⛪	🚌	🚉
2	15	7	15	15	5	3	SP	40	15	1,5	

Jean-Claude et Réjane ROSOLOWSKI - La Turbe - 79390 LA-FERRIERE-EN-PARTHENAY - Tél. : 05 49 63 15 17

FRONTENAY-ROHAN-ROHAN Clairias (TH) C.M. 71 Pli 2

5 ch. Niort 7 km. La Rochelle 60 km. Puy-du-Fou 80 km. Futuroscope 80 km. 5 chambres (2, 3 ou 4 pers.) (5 lits 2 pers., 5 lits 1 pers.) dans une maison ancienne rénovée, avec entrée indépendante dans le Parc Interrégional du Marais Poitevin, pièce de repos privée, cuisine commune aux chambres, salle d'eau et wc privés à chaque chambre, cour fermée (parking). Jardin d'agrément. Table d'Hôtes. A10 sortie 33 12 km.

Prix : 1 pers. 34 € 2 pers. 39 € 3 pers. 51 € repas 8/16 €
Ouvert : Toute l'année.

🐕	🏊	🚣	🎾	🎭	⛱	🎣	🐎	🏇	⛪	🚌	🚉
SP	6	3	4	60	25	6	SP	80	7	4	

J-Pierre et Ghislaine CALMEL - Clairias - 79270 FRONTENAY-ROHAN-ROHAN - Tél. : 05 49 04 58 42

FRONTENAY-ROHAN-ROHAN Faugerit CB C.M. 71 Pli 1

E.C. 3 ch. Niort 12 km. La Rochelle 50 km. Futuroscope 95 km. 3 grandes chambres d'hôtes à l'étage d'un logis du XVe siècle récemment restauré, dans un cadre verdoyant et fleuri à 2 km du bourg de Frontenay. Ch. 1 (1 lit 2 pers., 1 lit 1 pers.), salle de bains et wc privatifs, ch. 2 (1 lit 2 pers., 1 lit 1 pers.), salle de bains et wc privatifs, ch. 3 (1 lit 2 pers.), salle de bains et wc privatifs. Voûte et cheminée constituent le décor quotidien des petits déjeuners servis dans la grande salle à manger. Sentiers de randonnées pédestres et vélo sur place. Marais Poitevin 12 km (loc barque, vélos, sentiers balisés), Ile de Ré 1 h. A10 sortie 33 à 8 km.

Prix : 1 pers. 38 € 2 pers. 46 € 3 pers. 56 €
Ouvert : Toute l'année.

🐕	🏊	🚣	🎾	🎭	⛱	🎣	🐎	🏇	⛪	🚌	🚉
0,5	12	4	40	50	14	12	SP	95	14	2,5	

Frédéric BERTHOME - Chemin du Marais - Faugerit - 79270 FRONTENAY-ROHAN-ROHAN - Tél. : 05 49 77 55 51 - Fax : 05 49 77 55 51

GERMOND-ROUVRE Breilbon (TH) C.M. 71 Pli 1

3 ch. Niort 15 km. La Rochelle 65 km. Futuroscope 80 km. Puy-du-Fou 80 km. 3 ch. d'hôtes vous attendent dans une maison ancienne restaurée, jardin clos, située dans un petit village entre Parthenay et Niort. 2 ch. aménagées dans les dépendances, 1 ch. en r.d.c. (1 lit 2 pers.), 1 ch. à l'étage (1 lit 2 pers., 1 lit 1 pers.) et 1 ch. aménagée à l'étage de la maison des propriétaires, entrée indépendante (1 lit 2 pers.). Salle d'eau et wc privés à chaque chambre. Salon à disposition (cheminée, TV, Téléphone Téléséjour). Poss. lit enfants/bébé & siège bébé. Sentiers pédestres sur place, 5 vélos adultes, ping-pong. Marais Poitevin 20 km, Parthenay 30 km, Bougon 30 km, Pescalis 40 km. Langue parlée : anglais.

Prix : 1 pers. 28 € 2 pers. 34 € 3 pers. 45 € pers. sup. 10 €
repas 12 €
Ouvert : Toute l'année.

🐕	🏊	🚣	🎾	🎭	⛱	🎣	🐎	🏇	⛪	🚌	🚉
2	15	2	10	10	18	10	SP	80	15	8	

Didier et Josette BLANCHARD - 40 Chemin de la Minée - Breilbon - 79220 GERMOND-ROUVRE - Tél. : 05 49 04 05 01

GERMOND-ROUVRE Le Grand Bouchet C.M. 71 Pli 1

2 ch. Niort 15 km. Marais-Poitevin 15 km. Parthenay 30 km. Puy-du-Fou 80 km. 2 chambres d'hôtes indépendantes dont 1 de plain-pied, aménagées dans une ancienne grange, restaurée dans le prolongement de la maison principale. (2 lits 2 pers., 2 lits 1 pers.), salle d'eau et wc privés. Parc clos. Etang privé et terrain de boules. Possibilité garage.

Prix : 1 pers. 27 € 2 pers. 35 € 3 pers. 43 €
Ouvert : Toute l'année.

🐕	🏊	🚣	🎾	🎭	⛱	🎣	🐎	🏇	⛪	🚌	🚉
SP	14	1	7	7	15	7	SP	70	15	1	

Lionel MOUNIER - Le Grand Bouchet - 79220 GERMOND-ROUVRE - Tél. : 05 49 25 86 69

GLENAY Le Château de Biard (TH) C.M. 67 Pli 18

3 ch. Thouars 18 km. Parthenay 25 km. Puy-du-Fou, Marais-Poitevin 60 km. 3 chambres d'hôtes aménagées à l'étage d'1 ancien logis du XVe siècle, situées sur 1 exploitation agricole, grande cour, chambre 1 (2 lits 2 pers.), chambre 2 (2 lits 1 pers.), chambre 3 (1 lit 2 pers.), sanitaires privés. Salon privé. Salle à manger à disposition (réfrigérateur). St-Varent 6 km. Airvault 7 km. Futuroscope 60 km, Châteaux de la Loire 65 km.

Prix : 1 pers. 30 € 2 pers. 37 € 3 pers. 46 € pers. sup. 10 €
repas 12 €
Ouvert : Toute l'année.

🐕	🏊	🎾	🎭	🎣	🐎	⛪
2	7	2	12	6	SP	60

Gilles TEXIER - 20 route du Champ Fleuri - Le Château de Biard - 79330 GLENAY - Tél. : 05 49 67 62 40

Deux-Sèvres

Poitou-Charentes

GOURNAY
C.M. 72 Pli 3

2 ch. **Melle 14 km. Bougon 30 km. Marais-Poitevin 50 km. Futuroscope 75 km.** 2 chambres d'hôtes à l'étage de la maison de maître des propriétaires, près de leur exploitation agricole, 1 suite (1 lit 2 pers., 1 lit 120 cm, 1 lit 90), salle de bains et wc privés, 1 ch. 3 pers. (2 lits 2 pers.) salle de bains et wc privés, possibilité lit bébé. Jardin ombragé, ferme-auberge sur place. Salon télévision à disposition.

Prix : 1 pers. **27 €** 2 pers. **35 €** 3 pers. **46 €** pers. sup. **11 €**
Ouvert : Début mars, fermé mi-septembre début octobre.

5	14	0,2	20	20	1	15	5	75	25	5	

Pierre et Monique BURGAUD - 79110 GOURNAY - Tél. : 05 49 29 31 42 ou 06 80 36 34 12 - Fax : 05 49 29 31 42

LEZAY Le Château
(TH) *C.M. 72 Pli 3*

4 ch. **Marais-Poitevin et Futuroscope 50 km.** En pays d'art roman, sur la route de St-Jacques de Compostelle, Cécile et Vincent vous reçoivent dans 1 demeure de caractère avec à l'étage, 4 ch. spacieuses et confortables. Entrée indép., 2 ch. 3 pers. (2 épis) (1 lit 2 pers., 1 lit 1 pers.), 1 ch. 2 pers. (2 épis) (1 lit 2 pers.), 1 ch. 2 pers. (3 épis) (1 lit 2 pers.), salle d'eau et wc privatifs à chaque ch. Un copieux petit déjeuner est servi au salon. Table d'hôtes sur réservation. Grand jardin, coin-cuisine. Vente de vins et conserves sur place. A partir de 3 nuits, réduction de 5 %. Avec plaisir, nous vous ferons découvrir notre belle région toute l'année. Langue parlée : anglais.

Prix : 1 pers. **26 €** 2 pers. **31 €** 3 pers. **39 €** pers. sup. **8 €** repas **12 €**
Ouvert : Toute l'année.

1	1	1	14	14	8	SP	50	25	1		

Vincent et Cécile BOISSERIE - Le Château - 79120 LEZAY - Tél. : 05 49 29 56 79 - Fax : 05 49 29 56 79 -
E-mail : info@chateau-lezay.com - http : //www.chateau-lezay.com

LOUBLANDE La Voie
C.M. 67 Pli 16

2 ch. **Cholet 14 km. Mauléon 6 km. Puy-du-Fou 20 km.** 2 chambres aménagées à l'étage d'1 ancien moulin avec véranda panoramique (2 lits 2 pers., possibilité lit supplémentaire), salle d'eau et wc réservés aux hôtes. Rivière sur place (pêche, promenade en barque), dans un creux de la vallée très fleurie avec écluse de moulin, petit barrage et cascade. Jardin de collections botaniques étiquetées. Plusieurs coin de pique-nique, coin-enfants. Restaurant 1 km. Parc oriental Maulévrier 7 km. Musée du Vieux Jouet 5 km.

Prix : 1 pers. **25 €** 2 pers. **30 €** 3 pers. **38 €**
Ouvert : Du 1er mai au 30 septembre.

SP	5	1	10	10	7	20	14	5		

Joseph et Irène GIRARD - La Voie - 79700 LOUBLANDE - Tél. : 05 49 81 43 27

MAGNE
C.M. 71 Pli 2

3 ch. **Niort 6 km. La Rochelle 55 km.** Dans charmant bourg du Marais Poitevin à 2 km de Coulon, 3 chambres vous sont proposées dans le cadre raffiné d'1 agréable propriété (1er prix du concours des MAISONS FLEURIES, année 2000), où vous trouverez calme, confort et convivialité. Au rez-de-chaussée, entrée indépendante, 1 grande chambre (1 lit 2 pers.), salle d'eau et wc privés, prise TV. A l'ét., 2 ch. (2 lits 2 pers.), s. d'eau/wc commun pour 1 même famille ou amis. Véranda sur terrasse pour petit déjeuner ouvrant sur jardin d'agrément fleuri et arboré. S. de jardin. Kitchenette (1,5 €/j). Parking privé clos. Activités de loisirs à prox. (pêche, barque, rando). Restaurant 700 m. Langue parlée : anglais.

Prix : 1 pers. **32 €** 2 pers. **39 €** 3 pers. **54 €** pers. sup. **11 €**
Ouvert : Toute l'année.

0,4	0,7	0,7	20	20	35	2	SP	86	8	0,5

Alain et Cécile COUVILLERS - 85 route de Jousson - 79460 MAGNE - Tél. : 05 49 35 28 23 ou 06 73 40 97 80 - Fax : 05 49 35 28 23 -
E-mail : a-couvillers@faxvia.net - www.marais-poitevin.com/heberg-ch/couviller/couvil.html

MARIGNY Le Grand Mauduit
C.M. 71 Pli 2

3 ch. **Beauvoir-sur-Niort 5 km. Niort 17 km. Marais-Poitevin 20 km.** 3 chambres avec entrées indépendantes aménagées dans les dépendances d'un logis du XVe s. en lisière de forêt de Chizé. A l'étage, 1 ch. (1 lit 2 pers.), salle d'eau et wc privés. Au rez-de-chaussée, 1 ch. (1 lit 2 pers.), salle d'eau et wc privés, 1 ch. (1 lit 2 pers., 1 convertible), salle d'eau et wc privés, 1 pièce complémentaire (1 lit 120, 1 lit enf.). Patio fleuri, cheminée, coin-cuisine - Idéal pour séjour. Parc botanique de fleurs sauvages (5 ha) sur place. Visite guidée offerte aux hôtes. Randonnées pédestres sur place. A10 sortie 33 7 km. Forêt de Chizé et GR 36 sur place.

Prix : 2 pers. **47/55 €** pers. sup. **16 €**
Ouvert : Du 1er avril au 1er novembre.

25	20	0,7	20	20	SP	12	SP	75	17	5

Francine GARNAUD - Le Grand Mauduit - Le Vieux Fournil - 79360 MARIGNY - Tél. : 05 49 09 72 20 - Fax : 05 49 09 72 20

MASSAIS Le Moulin Bernard
A *C.M. 67 Pli 7*

4 ch. **Argenton-Château 8 km. Thouars 10 km. Puy-du-Fou 50 km.** 4 chambres (2 chambres (1 lit 2 pers.) et 2 chambres (2 lits 1 pers.)+ chauffeuse pour enfant), à l'étage d'une grange réaménagée dans un cadre exceptionnel sur le bord de l'Argenton - entrées indépendantes - salle d'eau et WC privés à chaque chambre. Pêche, canoë-kayak, baignade, escalade... sur place. Futuroscope 60 km. Langue parlée : anglais.

Prix : 1 pers. **30 €** 2 pers. **35 €** 3 pers. **43 €** pers. sup. **13 €**
Ouvert : Du 1er mars au 15 novembre.

SP	10	1,5	8	SP	6	SP	60	10	SP	

Alain BOIDRON - Le Moulin Bernard - 79150 MASSAIS - Tél. : 05 49 96 84 64 - Fax : 05 49 96 07 61

Poitou-Charentes **Deux-Sèvres**

MAUZE-SUR-LE-MIGNON
C.M. 71 Pli 2

2 ch. Niort 22 km. Marais-Poitevin 9 km. La Rochelle 40 km. 1 suite aménagée à l'étage d'une grande maison du XVIII° siècle. dans le centre du bourg. Grand jardin ombragé, terrasse. 2 chambres (2 lits 2 pers., 2 lits 1 pers. 80 cm). Salle d'eau (wc) commune aux 2 chambres, petit salon privé. Mauzé (gare SNCF) 0,5 km. Futuroscope 100 km. Langue parlée : anglais.

Prix : 1 pers. 40 € 2 pers. 46 € 3 pers. 58 € pers. sup. 12 €
Ouvert : Toute l'année.

	2	0,5	0,5	40	40	20	10	SP	100	0,5	0,5

Gérard et Catherine SCHAMBERT - 82 Grande Rue - 79210 MAUZE-SUR-LE-MIGNON - Tél. : 05 49 26 37 01 - Fax : 05 49 26 70 47

MAUZE-SUR-LE-MIGNON
C.M. 71 Pli 2

1 ch. Niort 22 km. Marais-Poitevin 2 km. La Rochelle 40 km. 1 chambre à l'étage d'1 grande maison du XIX° siècle. ancien prieuré (mobilier ancien), jardin ombragé, piscine privée, au calme près de la place piétonne du bourg. (2 lits 2 pers., TV), salle d'eau et wc privés. Mauzé (gare SNCF) 0,5 km. Italien parlé. Futuroscope et Puy du Fou 100 km. Restaurant et pizzéria 50 m. Langues parlées : anglais, allemand.

Prix : 1 pers. 40 € 2 pers. 43 € 3 pers. 54 € pers. sup. 8 €
Ouvert : L'été et week-end printemps.

	2	SP	0,5	40	40	8	10	SP	100	SP

Hélène et Florence TABOURIER - 22 place des Halles - 79210 MAUZE-SUR-LE-MIGNON - Tél. : 05 49 26 78 09 -
E-mail : jtabourier@aol.com

MAZIERES-EN-GATINE Le Grand Pré
C.M. 68 Pli 11

1 ch. Parthenay 15 km, Niort 25 km, Marais-Poitevin 30 km. 1 chambre 2 pers. (1 lit 2 pers.) indépendante de l'habitation du propriétaire, aménagée en mezzanine, salon privé en r.d.c. avec 1 divan 2 pers., salle d'eau et wc privés. Terrasse et jardin. Restaurant à 500 m. Golf (18 trous) 3 km. Futuroscope 80 km.

Prix : 1 pers. 35 € 2 pers. 40 € pers. sup. 8 €
Ouvert : Toute l'année.

	3	15	0,5	3	3	2	SP	55	17

France-Odile VIDEAU - Le Grand Pré - 79310 MAZIERES-EN-GATINE - Tél. : 05 49 63 21 59

MONCOUTANT Château St-Claude
C.M. 67 Pli 16

2 ch. Bressuire 14 km. Puy-du-Fou 40 km. Niort 50 km. Marais-Poitevin 60 km. 2 chambres d'hôtes aménagées à l'étage d'un château du XIX° siècle, entouré d'un parc, situé dans le bourg. 1 chambre familiale (1 lit 2 pers., 1 lit 2 pers.), salle d'eau (wc), 1 chambre (1 lit 2 pers.), salle d'eau, wc. Cholet 50 km. Futuroscope 80 km. PESCALIS, Centre International de la Pêche 1,5 km.

Prix : 1 pers. 43 € 2 pers. 49 € 3 pers. 61 €
Ouvert : Toute l'année sauf octobre.

	0,8	0,3	0,3	12	1	SP	80	15	SP

Monique DE PUYBAUDET - 6 rue des Roches - Château St-Claude - 79320 MONCOUTANT - Tél. : 05 49 72 62 70

MONCOUTANT La Loge
C.M. 67 Pli 16

3 ch. Puy-du-Fou 50 km. Marais-Poitevin 65 km. Pescalis 5 km. 3 chambres d'hôtes à l'étage d'une ancienne fermette restaurée avec grand jardin de 2000 m². Terrasse (barbecue), piscine des propriétaires à disposition. Chambre 1 (1 lit 2 pers., 1 lit 1 pers., salle de bains et wc privés), chambre 2 (1 lit 2 pers., salle d'eau et wc privés), chambre 3 (1 lit 2 pers., 1 lit d'appoint, salle de bains (wc) privée). Chauffage central. Salon avec cheminée à disposition. Futuroscope 80 km.

Prix : 1 pers. 37 € 2 pers. 41 € 3 pers. 52 € repas 14 €
Ouvert : Toute l'année.

	5	SP	5	6	5	7	5	80	15	5

Janine ROY - La Loge - 79320 MONCOUTANT - Tél. : 05 49 72 73 36 - Fax : 05 49 72 73 24

MOULINS La Chauvelière
C.M. 67 Pli 6

6 ch. Mauléon 4 km. Parc Oriental Maulévrier et Cynodrome 6 km. Puy de Fou 20 km : 6 chambres dont 1 chambre d'enfants, rénovées, aménagées dans la maison du propriétaire, avec salle d'eau et wc privés à chaque chambre. Entrée indépendante. 4 chambres (1 lit 2 pers.), 1 chambre (1 lit 1 pers., 1 lit 2 pers.) + 1 chambre enfant (2 lits 1 pers.). Cour ombragée et fleurie. Etang privé pour pêche. Musée du jouet à Mauléon 4 km. Restaurant sur place. Parc oriental Maulévier et Cynodrome à 6 km.

Prix : 1 pers. 29 € 2 pers. 32 € 3 pers. 40/47 € pers. sup. 9 €
Ouvert : Toute l'année.

	SP	4	SP	7	7	1	7	SP	100	15	0,5

Jeanne NOURISSON - La Chauvelière - 79700 MOULINS - Tél. : 05 49 81 42 38 - Fax : 05 49 81 42 38

Deux-Sèvres

Poitou-Charentes

NANTEUIL La Berlière
C.M. 68 Pli 12

||| 2 ch. **Bougon 16 km. Niort 20 km. Marais-Poitevin 30 km.** 2 grandes chambres aménagées dans une ancienne ferme de caractère au flanc d'1 côteau sauvage, nature, jardins, prairies, forêt. 1 suite (1 lit 2 pers., 1 lit 1 pers.) frigo, entrée privée.1 studio indépendant (1 lit 2 pers.) cuisine.Salle d'eau et wc privés à chaque chambre. Prix en séjour. A10 sortie 31 6 km. St-Maixent l'école 3 km. Langue parlée : anglais.

Prix : 1 pers. **32** € 2 pers. **39** € 3 pers. **50** €
Ouvert : De mars à novembre.

🐕	🏊	🏊‍♂️	🎾	☔	⛺	🏇	🚶	⛪	🚉	🚌
5	5	2	15	15	SP	5	SP	60	3	3

Guy et Monique MEMETEAU - La Berlière - 79400 NANTEUIL - Tél. : 05 49 05 60 71 - Fax : 05 49 05 60 71

NIORT Surimeau
C.M. 71 Pli 1

||| 1 ch. **Niort 4 km. Marais-Poitevin 10 km. La Rochelle 60 km.** 1 chambre pour 2 pers., dans la maison des propriétaires (1 lit 2 pers.), salle de bains privée, wc, salon (TV), grand jardin. Volailles fermières, conserves, produits frais. A10 sortie 32 à 10 km.

Prix : 1 pers. **30** € 2 pers. **37** €
Ouvert : Toute l'année.

🐕	🏊	🏊‍♂️	🎾	☔	⛺	🏇	🚶	⛪	🚉	🚌
0,5	3	6	12	12	10	SP	80	4	SP	

Arlette BOUDREAULT - 27 rue de la Mineraie - 79000 NIORT - Tél. : 05 49 24 51 93

NIORT-SAINT-LIGUAIRE
C.M. 71 Pli 1

||| 3 ch. **Marais-Poitevin 6 km. Puy-du-Fou 70 km.** Au seuil du marais poitevin, la grande demeure bourgeoise domine la Sèvre Niortaise. Vous apprécierez les nuits douces dans les 3 chambres (prises TV et ordinateurs) au mobilier raffiné, agrémentées de spacieuses salles de bains ou d'eau, conçues pour votre bien-être, (2 lits 2 pers., 4 lits 1 pers). Petit déjeuner servi dans la salle à manger ou le jardin. Grand salon, bibliothèque. Piscine privée. Exposition de peintures contemporaines. A10 sortie Niort, A83 sortie 9 (Oulmes). Cette maison sera vôtre, l'espace d'un moment... Le temps de vous abandonner au charme et à la quiétude de l'endroit. La Rochelle 1 h.

Prix : 1 pers. **64** € 2 pers. **64** € 3 pers. **84** €
Ouvert : Toute l'année.

🐕	🏊	🏊‍♂️	🎾	☔	⛺	🏇	🚶	⛪	🚉	🚌
SP	SP	1	25	25	25	7	SP	80	5	3

Lucio et M-Christine RAMBALDINI - 16, Impasse de l'Abbaye - La Magnolière - 79000 NIORT - Tél. : 05 49 35 36 00 - Fax : 05 49 79 14 28 - E-mail : marie-christine.rambaldini@wanadoo.fr

NIORT-SCIECQ
C.M. 71 Pli 1

||| 1 ch. **Marais-Poitevin 10 km. La Rochelle 70 km.** 1 chambre d'hôtes à l'étage d'une maison bourgeoise dominant la vallée de la Sèvre Niortaise, dans un petit village, très calme. (1 lit 2 pers., 1 lit d'appoint), salle de bains et wc privés. Salon à disposition, jardin, piscine sur place. Idéale pour les pêcheurs. Chauffage central au fuel. Possibilité de promenades à pied et vélo. Lit d'appoint : 15 €.

Prix : 1 pers. **31** € 2 pers. **37** €
Ouvert : Toute l'année.

🐕	🏊	🏊‍♂️	🎾	☔	⛺	🏇	🚶	⛪	🚉	🚌
SP	SP	2	20	20	12	SP	80	4	2	

J-Claude et Caroline BARRAUD - 10 rue du Moulin - 79000 NIORT-SCIECQ - Tél. : 05 49 35 51 38

NIORT-SCIECQ
C.M. 71 Pli 1

||| 4 ch. **La Rochelle 70 km.** 4 chambres pour 2 familles, 1 suite à l'étage d'une ancienne et grande ferme restaurée avec cour et jardin fleuri, dans un petit village entouré par la Sèvre Niortaise. ch. 1 (1 lit 2 pers., TV), ch. 2 (1 lit 1 pers. 120 cm), salle de bains et wc. 1 suite dans bâtiment restauré indépendant au r.d.c. (1 lit 2 pers.), mezzanine (2 lits 1 pers.), salle d'eau et wc. Chauffage central fuel. A10 sortie 32 à 18 km. Table d'Hôtes sur réservation.

Prix : 1 pers. **30** € 2 pers. **34** € 3 pers. **53** € pers. sup. **15** € repas **12** €
Ouvert : Toute l'année.

🐕	🏊	🏊‍♂️	🎾	☔	⛺	🏇	🚶	⛪	🚉	🚌
SP	5	3	20	20	6	SP	80	4	3	

Joël et Annie GOULARD - 5 rue des Loges - 79000 NIORT-SCIECQ - Tél. : 05 49 35 69 02

NOIRTERRE Le Petit Cruhé
C.M. 67 Pli 17

| 4 ch. **Bressuire 8 km. Mauléon 25 km. Puy-du-Fou 40 km.** 4 chambres à l'étage d'une ferme rénovée, cadre agréable avec grand jardin, 2 chambres 2 pers. avec salle d'eau privée, et 2 chambres 3 pers. avec salle d'eau attenante, wc communs. Salle de séjour avec TV et coin-cuisine à la disposition des Hôtes. Baby-foot et billard. Abri couvert. Tennis de table. Ferme (volailles, élevage de moutons). Randonnée fleuri autour de la ferme.

Prix : 1 pers. **20/23** € 2 pers. **23/26** € 3 pers. **38** € repas **10** €
Ouvert : Toute l'année.

🐕	🏊	🏊‍♂️	🎾	☔	🏇	🚶	⛪	🚉	🚌
SP	8	3	15	8	SP	70	8	3	

Jeanne FUSEAU - Le Petit Cruhé - 79300 NOIRTERRE - Tél. : 05 49 74 03 60

Poitou-Charentes **Deux-Sèvres**

NUEIL-SUR-ARGENT Montourneau (TH)   *C.M. 67 Pli 6*

4 ch. **Bressuire 10 km. Cerizay et Mauléon 9 km. Puy-du-Fou 23 km.** 4 chambres d'hôtes à l'étage d'une ferme avec entrée indépendante, 1 chambre 2 pers. (2 lits 1 pers.), 1 chambre 3 pers. (1 lit 2 pers., 1 lit 1 pers.), 2 chambres 4 pers. (1 lit 2 pers., 2 lits 1 pers. dans chaque chambre), salle d'eau privée, wc commun, séjour disponible, jardin, étang privé avec possibilité de pêche. PESCALIS Centre de la Pêche à Moncoutant 30 km.

Prix : 1 pers. 23 € 2 pers. 30 € 3 pers. 38 € pers. sup. 8 €
repas 9 €
Ouvert : Toute l'année.

SP	9	7	16	2	SP	80	10

Jean GABARD - Montourneau - 79250 NUEIL-SUR-ARGENT - Tél. : 05 49 81 08 70 - Fax : 05 49 81 14 04

NUEIL-SUR-ARGENT Regueil   *C.M. 67 Pli 6*

2 ch. **Bressuire 15 km. Cholet 30 km. Puy-du-Fou 30 km.** 2 chambres aménagées à l'étage de la maison d'exploitation, située au cœur du bocage avec vue panoramique, entrée indépendante, (2 lits 2 pers.), salle d'eau et wc privés. Ferme Auberge sur place. Ferme en biologie. Château de Tournelay.

Prix : 1 pers. 27 € 2 pers. 30 € 3 pers. 46 € pers. sup. 8 €
Ouvert : Toute l'année sauf du 1er au 15 septembre.

0,2	15	2	15	SP	85	15

Serge et Colette GANNE - Regueil - 79250 NUEIL-SUR-ARGENT - Tél. : 05 49 65 42 56 - Fax : 05 49 65 69 87

PARTHENAY   *C.M. 68 Pli 11-12*

1 ch. **Marais-Poitevin 45 km. Futuroscope 50 km. Puy-du-Fou 60 km.** 1 suite de 2 chambres pour une même famille (2 adultes, 2 enfants) en rez-de-chaussée d'une maison située au cœur du Quartier Médiéval de Parthenay et en bordure du Thouet. (1 lit 2 pers., 2 lits 1 pers. superp.), salle d'eau/wc privée, jardin d'agrément, accès à la rivière, restaurants à 500 m, nombreux festivals. Parking privé dans la propriété. La Rochelle 100 km, Châteaux de la Loire 75 km. Langues parlées : anglais, espagnol.

Prix : 1 pers. 29 € 2 pers. 32 € 3 pers. 43 €
Ouvert : Toute l'année.

SP	2	2	2	2	SP	50	2	SP

Armelle et Alain BOIVIN - 10 rue du Château - 79200 PARTHENAY - Tél. : 05 49 64 19 69 - E-mail : lavillauroyal@district-parthenay.fr

LE PIN Roches Blanches   *C.M. 67 Pli 16*

1 ch. **Puy-du-Fou 25 km. Cholet 30 km. Futuroscope 90 km.** 1 chambre d'hôtes familiale située dans les dépendances d'une grande maison du XIXe siècle, entourée d'un vaste parc boisé (78 ha), prairies, bois, arbres centenaires (cèdres, tulipiers de Virginie), étangs. Grande chambre avec un lit 2 pers. et un coin-séjour avec deux lits 1 pers., kitchenette, sanitaires particuliers, lave-linge. x Langue parlée : anglais.

Prix : 1 pers. 39 € 2 pers. 43 € 3 pers. 56 €
Ouvert : Toute l'année.

SP	5	1,5	14	14	SP	0,5	SP	90	14

Isabelle MOREAU - Roches Blanches - 79140 LE PIN - Tél. : 05 49 81 03 31 - Fax : 05 49 81 03 31

PRAILLES (TH)   *C.M. 68 Pli 11*

3 ch. **Marais-Poitevin 25 km. Futuroscope 45 km. La Rochelle 50 km.** 3 ch. dont 1 suite aménagée au 2e étage d'1 maison poitevine, ch. 1 (2 lits 2 pers.), salle d'eau et wc privés. Sam, Salon à disposition. 2 ch. familiales indép. dans 1 bâtiment annexe, disposant d'1 grand terrain arboré. Pour la 1ere, séjour-cuisine privé en r.d.c., et à l'étage (1 lit 2 pers., 2 lits 1 pers. superposés, lit d'appoint), salle d'eau/wc. Pour la 2e,, cuisine, salon, s. d'eau et wc en r.d.c., à l'étage (1 lit 2 pers., poss. lit d'appoint). A 2 km de la forêt de l'Hermitain dans 1 environnement calme et accueillant. A10 sortie 32 à 8 km. A83 sortie 11 à 8 km. Prix dégressif en fonction de la durée du séjour. Langue parlée : anglais.

Prix : 1 pers. 34 € 2 pers. 38 € 3 pers. 50 € repas 14 €
Ouvert : Toute l'année.

2	8	2	3	3	2	4	SP	45	10	SP

Michel et M-Claude DUVALLON - 79370 PRAILLES - Tél. : 05 49 32 84 43

RIGNE   *C.M. 67 Pli 8*

2 ch. **Marais-Poitevin 90 km. Futuroscope 70 km. Puy-du-Fou 70 km.** A 3 km de Thouars, Maison de maître située dans un hameau paisible et verdoyant. A l'étage, 2 grandes chambres 3 pers. (2 lits 2 pers., 2 lits 1 pers.), salles d'eau privées et wc communs. Salle à manger au rez-de-chaussée (cheminée, TV). Jardin d'agrément et salon de jardin. Région de vignobles. Châteaux de La Loire 30 km.

Prix : 1 pers. 28 € 2 pers. 32 € 3 pers. 40 €
Ouvert : Toute l'année.

5	3	3	20	15	3	SP	70	6	5

Anne-Marie CHATEAU - 44, rue des Matines - 79100 RIGNE - Tél. : 05 49 68 11 75

Deux-Sèvres   *Poitou-Charentes*

SAIVRES   C.M. 68 Pli 11

1 ch. **Parthenay, Marais-Poitevin 30 km. Futuroscope 60 km. Niort 25 km.** 1 suite de plain-pied (soit 2 ch. pour 1 même famille ou amis), aménagée dans une grande maison contemporaine entourée d'1 parc arboré et fleuri. Terrasse privée. Salle de bains et wc privatifs attenants (2 lits 2 pers., 1 lit bébé), coin-bibliothèque et jeux, TV. Salon de jardin. Fauteuil massant. Parking privé, voiture en sécurité. Restaurant à 200 m. St-Maixent L'école 3 km. Bougon 15 km.

Prix : 1 pers. 30 € 2 pers. 37 € 3 pers. 49 € pers. sup. 8 €
Ouvert : Toute l'année.

0,1	4	0,2	10	10	4	SP	60	3	3

Laurence MOTARD - 13 route du Grand Pré - 79400 SAIVRES - Tél. : 05 49 76 00 72

SALLES La Bonnauderie

E.C. 2 ch. **Marais-Poitevin 50 km. Vasles (Mouton Village) 15 km.** 2 chambres d'hôtes, de plain-pied, dans une maison au décor rustique, entourée d'un grand jardin arboré et fleuri, dans un hameau à 500 m du petit village de Salles et 3 km des Tumulus de Bougon. Chambre 1 (1 lit 2 pers.), salle de bains et wc attenants. Chambre 2 (1 lit 2 pers.), salle d'eau (wc) attenante. Sortie A10 à 5 km (St-Maixent l'Ecole). Futuroscope à 30 mn. La Mothe St-Héray 4 km. La Vallée des Singes à Romagné (86) 30 km.

Prix : 1 pers. 27 € 2 pers. 34 € 3 pers. 44 €
Ouvert : Toute l'année.

1	3	3	18	18	6	20	4	50	11	4

Danielle JARDIN - La Bonnauderie - 79800 SALLES - Tél. : 05 49 05 15 76

SAUZE-VAUSSAIS Le Puy d'Anché   C.M. 72 Pli 3

6 ch. **Futuroscope, Marais-Poitevin 70 km. Cognac 60 km. Melle 22 km.** 6 chambres de caractère, aménagées dans un ancien bâtiment restauré, situé à proximité de l'exploitation des propriétaires, 1 chambre en rez-de-chaussée (1 lit 2 pers., possibilité lit d'appoint) + cuisine, 5 chambres à l'étage (5 lits 2 pers., 4 lits 1 pers. possibilité lit d'appoint), salle d'eau et wc, TV privés à chaque chambre. Ruffec 15 km.

Prix : 1 pers. 37 € 2 pers. 42 € 3 pers. 55 €
Ouvert : Toute l'année.

2	0,3	0,3	3	3	4	5	SP	70	12	1

Didier RAGOT - Le Puy d'Anché - 79190 SAUZE-VAUSSAIS - Tél. : 05 49 07 90 69 - Fax : 05 49 07 72 09 -
E-mail : www.mellecom.fr/puyanche

SECONDIGNE-SUR-BELLE Sart   C.M. 72 Pli 2

1 ch. **La Rochelle 70 km. Marais-Poitevin 25 km. Cognac 60 km.** Dans une ferme, rénovée, entourée de verdure et près d'une rivière, tout un ensemble de 65 m², pouvant recevoir 2 à 8 pers. d'un même groupe ou d'une famille. 1 ch. au r.d.c (1 lit 2 pers.), salle d'eau et wc privés, kitchenette (réfrigérateur, micro-ondes, 2 plaques gaz, table), ch. mansardée à l'étage (1 lit 2 pers., 2 lits 1 pers.), 1 ch. (2 lits 1 pers.). Eglises romanes, Futuroscope 90 km, Zoorama de Chizé 10 km. Langues parlées : anglais, allemand.

Prix : 1 pers. 30 € 2 pers. 38 € 3 pers. 51 € pers. sup. 13 €
Ouvert : Toute l'année.

SP	7	4	18	5	7	2	90	30	4

Yolande et Georges ANDRE-PERAUD - Sart - 79170 SECONDIGNE-SUR-BELLE - Tél. : 05 49 07 11 47 ou 06 73 05 12 63 -
Fax : 05 49 07 24 42 - E-mail : andre-peraud@cer79.cernet.fr

ST-AUBIN-DE-BAUBIGNE   C.M. 71 Pli 6

2 ch. **Marais-Poitevin 80 km. Futuroscope 95 km. Puy-du-Fou 15 km.** 2 chambres à l'étage d'une ancienne ferme restaurée à l'entrée du village. Grand jardin arboré et terrassé, salon de jardin pour pique-nique. 1 ch. 2 pers. et 1 ch. 3 pers. (2 lits 2 pers., 1 lit 1 pers.), salle d'eau et wc privés, mezzanine avec bibliothèque, grand salon (cheminée et TV) à disposition. Mauléon (musée du jouet) 3 km. Châteaux de la Loire 60 km. Cholet 20 km. Parc Oriental, Cynodrome 10 km. Aérodrome du bocage 3 km. Pescalis 30 Km. Langue parlée : anglais.

Prix : 1 pers. 31 € 2 pers. 37 € 3 pers. 46 €
Ouvert : Toute l'année.

7	3	3	22	22	3	95	3

Colette LEMERCIER - 123 rue du Calvaire - 79700 ST-AUBIN-DU-BAUBIGNE - Tél. : 05 49 81 81 73

ST-AUBIN-LE-CLOUD La Chagnée   C.M. 67 Pli 17

1 ch. **Marais-Poitevin 50 km. Futuroscope 50 km. Puy-du-Fou 70 km.** 1 chambre d'hôtes d'accès indépendant par escalier extérieur, sur exploitation agricole ovine, jardin et étangs privés pour la pêche dans un site naturel vallonné. (1 lit 2 pers., 1 lit enfant, possibilité lit d'appoint), salle de bains (wc) privée. Ballade découverte de la nature. Vente de produits de la ferme. Parthenay 10 km (festivals des jeux, jazz, musiques traditionnelles). Pougne-Hérisson 4 km (le Nombril du Monde), PESCALIS (centre international Nature et Pêche) 20 km.

Prix : 1 pers. 30 € 2 pers. 34 € 3 pers. 41 € pers. sup. 8 €
Ouvert : D'avril à fin septembre.

SP	1	1	15	15	10	5	50	10	1

Gérard et Marie-Ange BAUDOIN - La Chagnée - 79450 ST-AUBIN-LE-CLOUD - Tél. : 05 49 95 31 44 -
E-mail : BAUDOINGe@district-parthenay.fr

Poitou-Charentes **Deux-Sèvres**

ST-AUBIN-LE-CLOUD La Couture (TH) C.M. 68 Pli 11

2 ch. **Marais-Poitevin 40 km. Futuroscope, Puy-du-Fou 60 km. Parthenay 8 km.** 2 grandes chambres d'hôtes communiquantes pour famille ou amis, aménagées au r.d.c. d'une ferme gâtinaise (élevage canin et ovin), entourée d'une grande propriété. Chambre 1 : 1 lit 2 pers., salle d'eau (wc) privée, chambre 2 : 2 lits 1 pers., salle d'eau, wc attenants. Randonnées pédestres sur place. Pougné Hérisson « le nombril du monde » à 2 km. Site du « rocher branlant 10 km.

Prix : 1 pers. **26 €** 2 pers. **32 €** 3 pers. **53 €** repas **13 €**
Ouvert : Toute l'année.

2	2	2	2	10	10	5	SP	60	11,5	2

Roland et M-Madeleine MOREAU - La Couture - 79450 ST-AUBIN-LE-CLOUD - Tél. : 05 49 95 35 32 - Fax : 05 49 95 35 32

ST-HILAIRE-LA-PALUD Montfaucon C.M. 71 Pli 2

1 ch. **La Rochelle 40 km. Futuroscope 95 km. Niort 25 km.** 1 suite soit 2 ch. (2 lits 2 pers., 2 lits 1 pers.) salle d'eau et wc privés à l'étage d'une maison maraîchine restaurée avec jardin clos dans un village face au petit port - départ de promenades en barque dans le Marais sauvage, environnement très calme, possibilité location de vélos, randonnées pédestres et cyclo. Salon privé avec TV, chaine-hi.fi. Bibliothèque à disposition. Marais Poitevin sur place. Mauzé sur le Mignon 9 km.

Prix : 1 pers. **34 €** 2 pers. **38 €** 3 pers. **49 €**
Ouvert : Toute l'année.

0,5	9	1	2,5	2,5	15	2	SP	95	9	SP

Nicole DUBOIS - Rue de la Venise Verte - Montfaucon - 79210 ST-HILAIRE-LA-PALUD - Tél. : 05 49 35 36 12

ST-HILAIRE-LA-PALUD Vina (TH) C.M. 71 Pli 2

E.C. 4 ch. **La Rochelle 40 km. Ile de Ré 50 km. Futuroscope 100 km.** Vina, ancienne ferme maraîchine, rénovée, du 19e siècle vous attend au cœur de la « Venise Verte ». 4 chambres de 2, 3 ou 4 personnes, salle d'eau et wc privés chacune, sont à disposition des visiteurs. Ils bénéficieront également d'un étang (pêche), d'une piscine, d'une salle de remise en forme avec sauna et spa (avec supplément et sur réservation). Grande salle de détente. Circuits pédestres, nautiques et cyclo sur place. Location de vélos à 400 m. Base de Canoë-kayak 400 m. Langues parlées : anglais, allemand, espagnol.

Prix : 1 pers. **38 €** 2 pers. **45 €** 3 pers. **56 €** pers. sup. **11 €** repas **15 €**
Ouvert : Toute l'année.

SP	SP	2,5	40	40	10	1	SP	100	28	3

Larry BAUER - Ricansalle - Vina - 79210 ST-HILAIRE-LA-PALUD - Tél. : 05 49 73 20 47

ST-HILAIRE-LA-PALUD La Justice C.M. 71 Pli 2

1 ch. **La Rochelle 40 km. Mauzé 9 km. Niort 25 km.** 1 chambre d'hôte à l'étage d'une grande maison (1 lit 2 pers.) salle d'eau et wc communs (lavabo dans la chambre), jardin, située dans un village du Marais-Poitevin (promenades en barque, sentiers pédestres) 1 km. Marais-Poitevin sur place.

Prix : 1 pers. **21 €** 2 pers. **27 €** 3 pers. **41 €**
Ouvert : Toute l'année.

1	9	1	25	25	15	1,5	1	95	9	SP

Huguette PEIGNE - La Justice - 79210 ST-HILAIRE-LA-PALUD - Tél. : 05 49 35 32 57

ST-LOUP-LAMAIRE Château de St-Loup C.M. 67 Pli 18

2 ch. **Airvault 4,5 km. Parthenay 17 km. Thouars 25 km.** 2 chambres, aménagées dans un donjon médiéval, à proximité d'un très beau château d'époque Henri IV. Coin-salon et sanitaires privés à chaque chambre, salle à manger, parc 50 ha. Jardins classés. Orangerie. St-Jouin-de-Marnes 14 km.

Prix : 2 pers. **130/185 €**
Ouvert : Toute l'année.

3	9	3	3	20	13	SP	60	25

Charles-Henri DE BARTILLAT - Château de St-Loup sur Thouet - 79600 ST-LOUP-LAMAIRE - Tél. : 05 49 64 81 73 - Fax : 05 49 64 82 06

ST-MAIXENT-L'ECOLE C.M. 68 Pli 12

2 ch. **La Rochelle, Ile de Ré 90 km. Marais-Poitevin 30 km. Bougon 16 km.** 2 chambres en r.d.c. d'une maison neuve, 1 ch. avec entrée indépendante (1 lit 2 pers., lit d'appoint) salle d'eau privée attenante, 1 ch. (1 lit 2 pers.) salle de bains privée attenante, wc communs. Salon (TV), jardin. Calme et repos. A10 sortie 31 à 10 km. St-Maixent l'Ecole (gare SNCF) 2 km. Niort 22 km. Futuroscope 60 km. Prix en séjour.

Prix : 1 pers. **34 €** 2 pers. **38 €** 3 pers. **52 €**
Ouvert : Toute l'année.

0,5	0,5	0,5	15	15	0,5	SP	60	2	SP

Yvette CLEMENT - 32 rue de la Grange aux Moines - 79400 ST-MAIXENT-L'ECOLE - Tél. : 05 49 05 57 26

ST-MARTIN-DE-BERNEGOUE (TH) C.M. 71 Pli 2

3 ch. **La Rochelle 70 km. Marais-Poitevin 25 km. Chizé 12 km. Niort 15 km.** 3 ch. aménagées dans dépendance de la ferme, attenante à l'habitation principale situées ds un petit village. R.d.c. : 1 ch. accessible aux pers. handicapées (2 lits 1 pers.). Etage : ch. 2 (1 lit 2 pers. baldaquin, 1 lit 1 pers.), ch. 3 familiale (1 lit 2 pers., 2 lits 1 pers.) salle d'eau et wc privés à chaque ch. Séjour/salon (TV, cheminée). Futuroscope 80 km. Langue parlée : anglais.

Prix : 1 pers. **30 €** 2 pers. **38/49 €** 3 pers. **49/59 €** repas **11 €**
Ouvert : Toute l'année.

2	12	2,5	12	12	15	2,5	SP	80	15	2,5

Pierre et Andrée SAIVRES - 285 route de Brûlain - 79230 ST-MARTIN-DE-BERNEGOUE - Tél. : 05 49 26 47 43

Deux-Sèvres
Poitou-Charentes

ST-VARENT Boucœur
C.M. 67 Pli 18

2 ch. — **Thouars 10 km. Parthenay 30 km.** 2 chambres pour une même famille, aménagées à l'étage d'une grande maison (2 lits 2 pers.), entrée indépendante, salle de bains et wc privés communs aux deux chambres, salon (TV).

Prix : 1 pers. **22** € 2 pers. **25** € 3 pers. **46** €
Ouvert : Toute l'année.

🐕	🏊	🏊	🎾	⛱	🌲	🏇	🚶	⛪	🚌	🚂
1	3	3	15	5		SP	65	10	3	

Claudine BOCHE - 8 rue Ste-Croix - Boucœur - 79330 ST-VARENT - Tél. : 05 49 67 55 09

ST-VINCENT-LA-CHATRE
A   *C.M. 72 Pli 3*

3 ch. — **Tumulus de Bougon 30 km. Marais-Poitevin 50 km. Futuroscope 65 km.** 3 chambres au 2e étage d'une maison de Maître avec jardinet clos, sur exploitation agricole (élevage) dans le centre du village à 10 km de Melle. 1 chambre familiale (1 lit 2 pers., 2 lits 1 pers.), salle d'eau et wc privés et 2 chambres 2 pers. (2 lits 2 pers.), salle d'eau et wc privés. Ferme-Auberge sur place. Mines d'Argent à 10 km.

Prix : 1 pers. **30** € 2 pers. **40** € 3 pers. **52** € pers. sup. **11** €
Ouvert : Toute l'année.

🐕	🏊	🏊	🎾	⛱	🌲	🏇	🚶	⛪	🚌	🚂
8	8	0,3	15	15	10	5	SP	65	25	10

Béatrice BOUTIN - Le Bourg - 79500 ST-VINCENT-LA-CHATRE - Tél. : 05 49 29 94 25 - Fax : 05 49 29 94 25 -
E-mail : VIEUXfour@mellecom.fr

STE-GEMME La Butte
(TH)   *C.M. 67 Pli 1*

4 ch. — **St-Varent 4 km. Thouars 10 km. Bressuire 18 km. Puy-du-Fou 60 km.** 4 chambres au rez-de-chaussée d'une maison neuve dans le village, 1 ch. (1 lit 2 pers.), salle d'eau et wc privés attenants, entrée indépendante et petite terrasse, 1 chambre (1 lit 2 pers.), salle de bains et wc privés, 1 chambre (2 lits 1 pers.), salle d'eau et wc privés, 1 chambre (1 lit 2 pers.), salle d'eau et wc privé, salon, séjour TV, grand jardin. Futuroscope 60 km.

Prix : 1 pers. **28** € 2 pers. **34** € repas **12** €
Ouvert : Toute l'année.

🐕	🏊	🏊	🎾	⛱	🌲	🏇	🚶	⛪	🚌	🚂
	SP	4	4	2	4	4	60	10	4	

Marie-Thérèse BODIN - La Butte - 79330 STE-GEMME - Tél. : 05 49 96 42 17

STE-SOLINE Moulin Petit
(TH)   *C.M. 72 Pli 3*

2 ch. — **Marais-Poitevin 50 km. Futuroscope 65 km.** 2 chambres d'hôtes indépendantes au rez-de-chaussée d'une ancienne bergerie, dans un ensemble rural comprenant l'habitation des propriétaires et un ancien moulin. 2 chambres (1 lit 2 pers., possibilité 1 lit 1 pers. supplémentaire chacune), salle d'eau et wc privés. Rivière, jardin, quiétude. Langue parlée : anglais.

Prix : 1 pers. **27** € 2 pers. **31** € 3 pers. **39** € repas **15** €
Ouvert : Toute l'année.

🐕	🏊	🏊	🎾	⛱	🌲	🏇	🚶	⛪	🚌	🚂
	SP	4	4	20	20	10	SP	65	32	4

Arlette RIGAUT - Moulin Petit - 79120 STE-SOLINE - Tél. : 05 49 29 54 47 - Fax : 05 49 29 54 47

STE-VERGE Pompois
(TH)   *C.M. 67 Pli 9*

2 ch. — **Futuroscope et Puy-du-Fou 60 km. Châteaux de la Loire 35 km.** 2 chambres situées dans une maison rénovée avec jardin, terrasse et piscine privée, dans un petit village de la vallée du Thouet, région viticole à 3 km de Thouars. 1 ch. en r.d.c. (1 lit 2 pers., poss. lit suppl.), salle d'eau/wc, kitchenette, 1 ch. à l'étage (1 lit 2 pers.), salle d'eau/wc. TV dans chaque chambre. Salon à dispo. (TV, cheminée). Vélos (caution) à disposition. Randonnées pédestres et cyclo sur place. Site des Grifférus, escalade à 8 km. Château Oiron 15 km.

Prix : 1 pers. **30/34** € 2 pers. **30/34** € pers. sup. **11** € repas **10** €
Ouvert : Toute l'année.

🐕	🏊	🏊	🎾	⛱	🌲	🏇	🚶	⛪	🚌	🚂
0,3	SP	3	10	10	15	8	SP	60	3	3

Rogatien et Marcelle GABORIT - 3 impasse Henri Bodin - Pompois - 79100 STE-VERGE - Tél. : 05 49 66 55 46 - Fax : 05 49 96 17 89

SURIN Bourpaillé
(TH)   *C.M. 71 Pli 1*

E.C. 2 ch. — **Futuroscope et La Rochelle 80 km. Marais-Poitevin 20 km.** 2 chambres pour une même famille, de plain-pied, dans l'ancienne fermette restaurée des propriétaires, entourée d'un grand jardin à 1,5 km du village. Entrée indépendante avec préau pour les chambres. Ch. 1 (1 lit 2 pers., 1 lit 1 pers., 1 bébé), salle de bains et wc privés, Ch. 2 (1 lit 1 pers.), salle d'eau (wc) attenants. Salon à disposition. Champdeniers 6 km, Niort (gare SNCF) 25 km, Parthenay (festivals) 25 km, Plages Vendéennes 80 km. A 83, Sortie Niort-Nord (Echiré) 8 km.

Prix : 1 pers. **29** € 2 pers. **34** € pers. sup. **11** € repas **12** €
Ouvert : Toute l'année.

🐕	🏊	🏊	🎾	⛱	🌲	🏇	🚶	⛪	🚌	🚂
1	15	6	15	15	7	SP	80	25	6	

Hervé et Mathilde PHILIPPART - Bourpaillé - 79220 SURIN - Tél. : 05 49 05 44 60 - E-mail : herve.philippart@free.fr

Poitou-Charentes **Deux-Sèvres**

THOUARS
C.M. 67 Pli 9

2 ch. **Puy-du-Fou et Futuroscope 55 km. Saumur 36 km. Parthenay 40 km.** 2 ch. à l'étage d'1 grande maison de caractère, située dans le centre de Thouars, 1 ch. (1 lit 2 pers.), salle d'eau et wc privés, 1 suite (1 lit 2 pers.), 3 lits 1 pers.), salle d'eau et wc privés. Salle de séjour, détente réservée aux hôtes avec TV, jeux de société et doc. touristique. Jardin d'agrément avec salon de jardin l'été. Parking assuré. Montreuil Bellay 18 km. Châteaux de la Loire 15 km. Langues parlées : allemand, anglais.

Prix : 1 pers. **29** € 2 pers. **34** € 3 pers. **46** €
Ouvert : Toute l'année.

🐕	♨	⛵	🎾	🌲	⛱	⛷	🏇	⛳	🚉
	0,2	0,5	2	15	15	7	SP	55	SP

Michel et Annette HOLSTEIN - 3 avenue Victor Leclerc - 79100 THOUARS - Tél. : 05 49 96 11 70

TILLOU La Rivière
(TH)   C.M. 72 Pli 2

2 ch. **Art roman du Pays Mellois, Futuroscope 80 km. Marais-Poitevin 50 km.** 2 chambres d'hôtes dans une maison locale, restaurée, dans un environnement naturel arboré de 3 ha, en bordure d'une petite rivière, avec piscine privée, tonnelle et salon de jardin. R.d.c. : chambre 1 (1 lit 2 pers, 1 lit 1 pers.), salle de bains/wc privative. Lit Bébé sur demande. Chauffage central au mazout. Mme Turner a une expérience avec les personnes non voyantes et malentendantes. Repas végétarien sur commande. Langue parlée : anglais.

Prix : 1 pers. **31** € 2 pers. **38** € 3 pers. **50** € pers. sup. **12** € repas **13** €
Ouvert : Toute l'année.

🐕	♨	⛵	🎾	🌲	⛱	⛷	🏇	⛳	🚉
	SP	SP	5	25	25	13	2	SP	80	27	10

John et Thelma TURNER - La Rivière - 79110 TILLOU - Tél. : 05 49 29 96 62 - Fax : 05 49 29 87 63 -
E-mail : jtandtht@compuserve.com - www.banbfrance.co.uk/fhome.htm

VALLANS Le Logis d'Antan
(TH)   C.M. 71 Pli 2

5 ch. **La Rochelle, Ile de Ré 50 km. Futuroscope 1 h. Marais-Poitevin 10 km.** En rez-de-jardin : 2 ch. (2 lits 2 pers., 2 lits 1 pers.), canapé, TV, coffre, entrée privée, s. d'eau et wc privatifs. A l'ét. : 1 suite 1 ch. (1 lit 2 pers.), 1 ch. (3 lits 1 pers.), TV, s. d'eau et wc privés, 1 ch. romantique (1 lit 2 pers.), TV, s. d'eau et wc privés, 1 pièce d'accueil (bibliothèque, TV, frigo). 1 suite indép., au fond du parc, avec terrasse, 1 ch. (1 lit 180), 1 ch. (1 lit 2 pers.), s. d'eau et wc. Cuisine sur demande. Petits déjeuners offerts, salon, entrée indép. sur un grand parc clos, fleuri dans un logis de Maître, dans le parc du Marais Poitevin. Coulon (embarcadères 10 km). Langue parlée : anglais.

Prix : 1 pers. **46/53** € 2 pers. **46/53** € pers. sup. **15** € repas **20** €
Ouvert : Toute l'année sur réservation.

🐕	♨	⛵	🎾	🌲	⛱	⛷	🏇	⛳	🚉
	2	10	SP	12	1	SP	70	12	SP

Françis GUILLOT - 140, rue St-Louis - 79270 VALLANS - Tél. : 05 49 04 86 75 - Fax : 05 49 04 86 75 -
E-mail : lelogisdantan@wanadoo.fr - http://perso.wanadoo.fr/lelogisdantan/

LE VANNEAU
C.M. 71 Pli 2

5 ch. **Mauzé-sur-le-Mignon 13 km. La Rochelle 45 km. Futuroscope 80 km.** 5 chambres aménagées dans 1 maison maraîchine sur 1 grande propriété de 5 ha au cœur du Marais-Poitevin en bordure de Conches. 2 ch. 2 pers., 1 ch. 3 pers., 1 ch. 4 pers., 1 ch. 2 pers., possibilité lits d'appoint. WC, douche et lavabo dans chaque chambre. Cuisine à disposition. Grande terrasse couverte, étang privé (pêche), location barque sur place.

Prix : 1 pers. **36** € 2 pers. **42** € 3 pers. **54** € pers. sup. **12** €
Ouvert : Du 1er avril au 30 octobre.

🐕	♨	⛵	🎾	🌲	⛱	⛷	🏇	⛳	🚉
	SP	7	1,5	28	20	7	SP	80	18	2

Philippe et Chantal ROUYER - 29 Ste-Sabine - 79270 LE-VANNEAU - Tél. : 05 49 35 33 95 - www.maraispoitevinchambredhote.com

VASLES La Vallée
(TH)   C.M. 67 Pli 17

2 ch. **Futuroscope 40 km. Mouton Village 7 km. Jardin des Sens 5 km.** 2 Chambres d'hôtes de plain-pied, ch. 1 (1 lit 2 pers., 1 lit 1 pers., salle d'eau/wc), ch. 2 (1 lit 2 pers., 1 lit 1 pers., salle de bains/wc) avec entrée indépendante et... les animaux d'1 ferme bio pour complices ! Moutons, volailles, lapins, chevaux et Pierrot, le cochon fétiche de La Vallée ! Farniente au bord de l'étang ou escapades dans les bois ? Les chemins creux et les haies de Gâtine vous réserveront mille surprises. Notre table aussi. A moins que vous ne préfériez mitonner vous-même les produits de la ferme dans la cuisine mise à votre disposition. Golf des Forges 5 km. Langue parlée : espagnol.

Prix : 1 pers. **27** € 2 pers. **30** € 3 pers. **38** € repas **12** €
Ouvert : Toute l'année.

🐕	♨	⛵	🎾	🌲	⛱	⛷	🏇	⛳	🚉
	10	16	5	10	10	1	15	40	25	1

Marie-Pierre AUVRAY - La Vallée - 79340 VASLES - Tél. : 05 49 69 99 04

VAUSSEROUX Les Touches
(TH)

4 ch. **Futuroscope et Marais-Poitevin 50 km. Mouton-Village 9 km.** 4 ch. dans 1 ferme gâtinaise restaurée sur propriété de 11 ha avec parc, située en pleine campagne bocagère, possibilité découverte des animaux de la ferme. 2 ch. à l'étage (2 lits 2 pers., 2 lits 1 pers.), salle d'eau et wc privatifs à chaque ch. - salon (TV). 1 grande ch. en r.d.c. (1 lit 2 pers., 1 canapé convertible), salle d'eau et wc privés - salon et TV, kitchenette. Ping-pong, VTT, jeu de boules sur place. Festival ornithologique de Ménigoute 10 km. Golf 10 km. Langue parlée : anglais.

Prix : 1 pers. **34** € 2 pers. **40** € 3 pers. **49** € pers. sup. **9** € repas **14** €
Ouvert : Toute l'année.

🐕	♨	⛵	🎾	🌲	⛱	⛷	🏇	⛳	🚉
	9	16	4	15	16	5	16	9	50	19

Ludivine BETIS - La Ferme de la Roseraie - Les Touches - 79420 VAUSSEROUX - Tél. : 05 49 70 05 54 - Fax : 05 49 70 05 54

Deux-Sèvres

Poitou-Charentes

VERNOUX-EN-GATINE La Rémondière (TH) — C.M. 67 Pli 17

||| 4 ch.

Futuroscope 70 km. Marais-Poitevin, Puy-du-Fou 50 km. Pescalis 12 km. 4 ch. indép. aménagées dans 1 ancien fournil entouré de pommiers dans la campagne gâtinaise à proximité de l'exploitation agricole des propriétaires. 1 ch. indépendante familiale à l'étage (2 lits 2 pers.) s. d'eau et wc privés. 3 chambres 2 pers., de plain-pied : 2 chambres (2 lits 2 pers.) et 1 ch. (2 lits 1 pers.), s. d'eau et wc privés. Mezzanine, possiblité couchage et repos. Coin-cuisine. Secondigny 8 km.

Prix : 1 pers. **26** € 2 pers. **34/36** € pers. sup. **11** € repas **13** €
Ouvert : Toute l'année.

0,3	9	2	9	9	10	7	SP	70	45	9

Jean-Louis MAURY - La Rémondière - 79240 VERNOUX-EN-GATINE - Tél. : 05 49 95 85 90 - Fax : 05 49 95 96 07

VERRINES-SOUS-CELLES La Cure (TH) — C.M. 72 Pli 2

||| 2 ch.

Futuroscope 80 km. Marais-Poitevin 30 km. Melle 5 km. Niort 25 km. 2 chambres spacieuses (dont 1 de plain-pied), aménagées dans une grande maison de caractère, située sur l'exploitation agricole (tabac), au cœur d'un village de charme, en bordure de la vallée de la Belle. Au r.d.c. 1 ch. (2 lits 2 pers.), s. d'eau et wc, à l'étage 1 ch. (1 lit 2 pers., 2 lits 1 pers.), salle de bains et wc privés. Salon (TV), bibliothèque. Vélos sur place. Table d'Hôtes sur réservation la veille. Melle 5 km (Mines d'Argent, églises romanes, sentier botanique, Festival musique). Langue parlée : anglais.

Prix : 1 pers. **23/26** € 2 pers. **30/34** € 3 pers. **38/41** € pers. sup. **8** € repas **13** €
Ouvert : Toute l'année.

5	5	1	10	10	5	SP	80	25	4	

Michel BADIN - La Cure - 79370 VERRINES-SOUS-CELLES - Tél. : 05 49 79 72 46 - Fax : 05 49 79 81 96

VILLIERS-EN-PLAINE La Moulinotte de Champbertrand (TH) — C.M. 71 Pli 1

||| 2 ch.

Puy-du-Fou 75 km. Marais-Poitevin 17 km. Niort 18 km. 2 chambres aménagées à l'étage d'1 maison poitevine en bordure d'1 cours d'eau. Jardin clos. 1 chambre (1 lit 2 pers., 1 lit 1 pers., 1 lit supplémentaire), salle de bains et wc privés. 1 chambre (1 lit 2 pers., 1 lit bébé), salle d'eau et wc privés. Salon avec cheminée à disposition. Coulonges sur l'Autize 4,5 km. A83 sortie n°9 à Oulmes.

Prix : 1 pers. **27** € 2 pers. **34** € 3 pers. **46** € pers. sup. **11** € repas **13** €
Ouvert : Toute l'année.

0,2	5	5	15	15	5	SP	100	18	2	

Maryse PLUMEREAU - La Moulinotte de Champbertrand - 79160 VILLIERS-EN-PLAINE - Tél. : 05 49 35 59 24

VOUILLE La Salmondière d'Arthenay — C.M. 71 Pli 2

|| 2 ch.

Futuroscope 70 km. Marais-Poitevin 16 km. Niort 6 km. 2 chambres aménagées dans 1 grande demeure près du château, 1 chambre 3 pers. au rez-de-chaussée (1 lit 2 pers., 1 lit 1 pers.), salle d'eau attenante privée, wc commun. 1 chambre familiale 5 à 7 pers., à l'étage (3 lits 1 pers., 2 lits 2 pers.), salle d'eau privée, wc commun, séjour, salon, parc. Les Ruralies 2 km. Camif 2 km.

Prix : 1 pers. **24** € 2 pers. **39** € 3 pers. **44** € pers. sup. **14** €
Ouvert : Toute l'année.

SP	7	1	12	12	10	5	SP	70	6	2

Geneviève SIMON-BRUNEL - La Salmondière d'Arthenay - 79230 VOUILLE - Tél. : 05 49 75 60 07 ou 06 11 17 79 40

Vienne

GITES DE FRANCE
Service Réservation
Futuroscope Destination - B.P. 3030
86130 JAUNAY-CLAN
Tél. 05 49 49 59 12 - Fax 05 49 49 59 17

3615 Gîtes de France
0,2€/min

ARCHIGNY La Forêt — C.M. 68 Pli 15

|| 2 ch.

2 jolis studio familiaux avec cuisine et entrée indep. au r.d.c. d'une ferme isolée, au calme. Studio bleu (2 épis, 35 m²), (2 lits 1 pers.) coin-salon, TV. En couloir : Kitchenettte, douche, wc. Studio vert (1 épi, 27 m²), (1 lit 180), petite douche/lavabo/wc, coin-salon, TV, cuisinette. Lit d'appoint (enfants). Max : 4 pers./studio. Grand jardin, balançelle, plusieurs salons de jardin, barbecue, toboggan, balançoire, piscine gonflable, vélos pour enfants. Promotion : 5 jrs = 4 jrs payés, tarif longs séjours. A 20 mn en voiture de la Roche Posay, Chauvigny, Futuroscope et Châtellerault. Langues parlées : anglais, hollandais.

Prix : 1 pers. **38/45** € 2 pers. **45/53** €
Ouvert : Toute l'année sur réservation.

1	1	20	1	1	20	SP	30	30	1

Paul BOS - La Forêt - 86210 ARCHIGNY - Tél. : 05 49 85 34 34 - Fax : 05 49 85 37 37 - E-mail : laforest-bos@wanadoo.fr - http ://perso.wanadoo.fr/laforest-bos/

Poitou-Charentes **Vienne**

ARCHIGNY
C.M. 68 Pli 14/15

2 ch. **Futuroscope 30 km. La Roche-Posay (station thermale) 20 km.** 2 chambres à l'étage d'une grande maison, dans le centre du bourg. 1 ch. (1 lit 2 pers.), 1 ch. (1 lit 1 pers., 1 lit 2 pers.), avec salle de bains et wc particuliers à chaque chambre. Entrée indépendante sur grand jardin. Terrasse. Parking dans la cour. Cadre fleuri et calme. Région vallonnée et nombreuses promenades aux alentours. Plan d'eau sur place. Parc de loisirs de St-Cyr à 20 km.

Prix : 1 pers. 27 € 2 pers. 34 € 3 pers. 43 €
Ouvert : Du 15 mars au 15 novembre.

SP	SP	20	10	SP	10	20	SP	10	20	SP

Annette BRIONNE - 32, rue Roger Furge - 86210 ARCHIGNY - Tél. : 05 49 85 32 22

ARCHIGNY Logis de la Talbardière
C.M. 68 Pli 14/15

3 ch. **La Roche-Posay 15 km.** 3 ch. dans une demeure du XVIIe siècle et ses dépendances, dans un cadre calme. R.d.c. et étage, 2 ch. (2 lits 1 pers.), lits jumeaux ou grand lit, lit d'enfant possible lit d'appoint, 1 ch. (3 lits 1 pers.), salle de bains et wc privatifs pour chacune. Séjour à disposition des hôtes. Tarifs dégressifs en fonction de la durée du séjour. Station thermale de la Roche-Posay à 15 km et location de vélos. Vallées verdoyantes. Calme et tranquillité assurés. Langues parlées : anglais, allemand, italien et russe.

Prix : 1 pers. 38 € 2 pers. 46 € 3 pers. 53 €
Ouvert : Toute l'année.

6	6	20	18	6	15	6	20	20	6

Pascale LONHIENNE - La Talbardière - 86210 ARCHIGNY - Tél. : 05 49 85 32 51 - Fax : 05 49 85 69 72 -
E-mail : jacques.lonhienne@interpc.fr - www.interpc.fr/mapage/lonhienne/indexhtm

AVAILLES-LIMOUZINE Logis de la Mothe
C.M. 72 Pli 5

3 ch. **Circuit automobile du Vigeant 6 km.** 3 chambres à l'étage d'une belle maison bourgeoise située dans le village. 1 ch. 3 épis (1 lit 2 pers.), 2 ch. 2 épis (1 lit 2 pers.) chacune avec sanitaires privés et. 2 épis (vocabs 2 lits 1 pers.) avec sanitaires sur le palier. Séjour (cheminée), livres, revues à disposition des hôtes. Jardin ombragé et calme. Meubles de jardin. Garage. Base de loisirs de l'Isle Jourdain à 10 km. Possibilité de pique-nique dans le jardin.

Prix : 1 pers. 27/30 € 2 pers. 35/38 € 3 pers. 43 €
Ouvert : Toute l'année sauf du 1er au 15 octobre.

12	SP	6	SP	SP	82	35	SP

André et Marie-Reine MAY - Logis de la Mothe - 86460 AVAILLES-LIMOUZINE - Tél. : 05 49 48 51 70

AVAILLES-LIMOUZINE Les Ecots
(TH)
C.M. 72 Pli 5

2 ch. **Circuit automobile du Vigeant 7 km.** Prendre la D 100 vers Mauprévoir où Pierre et Line vous accueillent à la ferme. 1 ch. (1 lit 180), 1 ch. (3 lits 90), salle d'eau indépendante pour chaque ch., salon, TV, séjour à disposition des hôtes. Possibilité pique-nique et barbecue. Vélos (adultes et enfants). Enfant - de 5 ans : gratuit. Réduction de 10 % à partir de 3 jours. Table d'hôtes sur résa. Champs de verdure et bois tout autour du bâtiment. Base de loisirs de l'Isle Jourdain à 12 km. Animaux acceptés après accord. Langue parlée : anglais.

Prix : 1 pers. 25 € 2 pers. 31 € 3 pers. 38 € repas 13 €
Ouvert : Toute l'année.

3	3	10	3	3	7	SP	3	30	3

Pierre et Line SALVAUDON - Les Ecots - 86460 AVAILLES-LIMOUZINE - Tél. : 05 49 48 59 17 - Fax : 05 49 48 59 17

AVANTON Martigny
C.M. 68 Pli 13

3 ch. **Poitiers 10 km. Futuroscope 2 km.** Dans les dépendances du château de Martigny, ferme poitevine restaurée : 1 ch. (1 lit 2 pers., 1 lit bébé), 1 ch. (1 lit 2 pers., 1 lit 130). Sanitaires privés pour chaque chambre. Kichenette, grand séjour, TV, cheminée, bibliothèque réservés aux hôtes. 1 ch. famille (2 épis) avec mezz. (1 lit 2 pers., 1 lit 120, 1 lit 1 pers.), TV, douche et wc privés. Petits déjeuners gourmands. Grand jardin clos, terrasses aménagées, parking, piscine (baignade non surveillée). salle de jeux, ping-pong, vélos. Prix dégressifs dès la 2e nuit. Taxe de séjour incluse. Langue parlée : anglais.

Prix : 1 pers. 34/39 € 2 pers. 42/45 € 3 pers. 54/57 €
Ouvert : Toute l'année.

SP	3	11	10	3	3	12	SP	2	11	3

Annie ARRONDEAU - Ferme du Château - Martigny - 86170 AVANTON - Tél. : 05 49 51 04 57 - Fax : 05 49 51 04 57 -
E-mail : annie.arrondeau@libertysurf.fr - www.lafermeduchateau.fr ou SR : 05 49 49 59 11

AVANTON Martigny
C.M. 68 Pli 13

3 ch. **Poitiers 10 km. Futuroscope 2 km.** Aménagées dans maison indépendante dans un jardin arboré clos de 2200 m^2 avec accès, 2 chambres-studios : 1 ch. (1 lit 2 pers., 1 lit bébé), 1 ch. (1 lit 2 pers., 1 lit 130). Dans maison principale, 1 ch. (1 épi) en demi sous-sol (1 lit 2 pers., 1 lit 1 pers.), toutes avec sanitaires privés et kitchenette. Terrasses, meubles de jardin, barbecue, parking. Ping-pong, babyfoot, jeux, bibliothèque, TV et chaine hifi. Prix dégressifs au delà de 2 nuits. Taxe de séjour. Langues parlées : anglais, espagnol.

Prix : 1 pers. 30 € 2 pers. 38 € 3 pers. 49 €
Ouvert : Toute l'année.

10	5	10	12	3	15	10	2	11	3

Jocelyne FERRAND-MOREAU - 15, route de Preuilly - Martigny - 86170 AVANTON - Tél. : 05 49 54 02 02

Vienne

Poitou-Charentes

AVANTON La Vallée
C.M. 68 Pli 13

2 ch. **Futuroscope 5 km. Poitiers 12 km.** Deux jolies chambres en rez-de-jardin d'une maison récente avec entrée indépendante. Située à 300 m du centre bourg, 2 chambres (1 lit 2 pers.) salle d'eau avec wc pour chacune. Séjour avec TV, livres, musique à la disposition des hôtes. Joli jardin. Terrasse. Mobilier de jardin, relaxe. TV dans chaque chambre. Lit bébé à disposition. Réduction de 10 % pour 3 nuits. Taxe de séjour. Langue parlée : anglais.

Prix : 1 pers. 32 € 2 pers. 40 €
Ouvert : Du 1er février au 20 novembre.

1	1	10	5	6	14	12	1	5	12	7	

Andrée LOUIS-EUGENE - 2 rue de la Vallée - 86170 AVANTON - Tél. : 05 49 51 65 31

AVANTON Martigny
C.M. 68 Pli 13

2 ch. **Futuroscope 2 km. Poitiers 10 km.** Dans une maison récente entourée d'un jardin, 2 ch. en 1/2 sous sol : 1 grande ch. famille (1 lit 2 personnes, 2 lits 1 personne superposés), 1 ch. (1 lit 2 pers.) chacune avec salle d'eau et wc privatifs. Entrée indépendante. Jardin. Mobilier de jardin, ping-pong, balançoire. Taxe de séjour. Parc de loisirs de Saint-Cyr à 12 km.

Prix : 1 pers. 27 € 2 pers. 30 € 3 pers. 38 €
Ouvert : De février à novembre.

4	4	10	10	3	15	12	SP	2	4	4	

Jean-Louis BRARD - 12 rue de la Haute Lande - Martigny - 86170 AVANTON - Tél. : 05 49 51 66 95

BASSES Les Varennes
(TH)
C.M. 68 Pli 3

1 ch. 1 chambre d'hôtes au 1er étage de la maison des propriétaires, sur exploitation agricole comprenant une ferme-auberge, 1 ch. (1 lit 2 pers., 1 lit 1 pers.). Salle de bains non communiquante privative. Petits déjeuners et repas servis à la Ferme Auberge. Grande cour avec parking, jardin ombragé, mobilier de jardin. Parc de loisirs de Moncontour à 20 km. Proximité des châteaux de la Loire et de l'abbaye de Fontevraud. Caves troglodytes et vins de Saumur.

Prix : 1 pers. 27 € 2 pers. 38 € 3 pers. 46 € repas 14 €
Ouvert : Toute l'année.

5	3	20	5	5	15	SP	20	1	5	

Pierre et Etiennette LECOMTE - 9, rue Colette Duval - Les Varennes - 86200 BASSES - Tél. : 05 49 22 45 95 ou 05 49 98 18 52 - Fax : 05 49 98 28 21

BEUXES Moulin Pallu
C.M. 68 Pli 3

3 ch. **Chinon 12 km. Loudun 12 km.** 3 chambres avec mobilier rustique, dans dépendance d'une maison bourgeoise du XIXe siècle. 1 au r.d.c. (1 lit 2 pers., 1 lit 1 pers.), possibilité de lit bébé, 2 ch. à l'étage, 1 ch. (1 lit 2 pers.), 1 ch. (1 lit 1 pers., 1 lit 2 pers.). Salle d'eau et wc privatifs chacune. Bibliothèque à la disposition des hôtes. Proximité des châteaux de la Loire. Visite de Richelieu et abbaye de Fontevraud. Restaurant à 6 km.

Prix : 1 pers. 34 € 2 pers. 40 € 3 pers. 49 €
Ouvert : Toute l'année.

12	8	12	12	3	12	18	1	25	12	1

Danielle LECOMTE - Le Moulin Pallu - 86120 BEUXES - Tél. : 05 49 98 70 55

BONNES Les Barbalières
(TH)
C.M. 68 Pli 14

5 ch. **Chauvigny 2 km. Futuroscope 25 km.** Grande maison bourgeoise indépendante du début du siècle, à proximité de la D 749, dans un joli jardin, comprenant 5 chambres, 1 chambre (1 lit 2 pers.), 1 chambre (2 lits 2 pers.), 3 chambres (1 lit 2 pers., 1 lit 1 pers.), toutes avec salles d'eau et wc privatifs. Salon, TV, téléphone et livres à disposition des hôtes. Parking. Table d'hôtes sur réservation. Au cœur d'une région touristique, à Chauvigny, « Ville d'Art et d'Histoire », visites guidées, festival d'été.

Prix : 1 pers. 34 € 2 pers. 42 € 3 pers. 54 € repas 14 €
Ouvert : Toute l'année.

2	2	12	6	2	12	2		12	15	2

Dannie HERVE - 1 rue des Courlis - Les Barbalières - 86300 BONNES - Tél. : 05 49 46 53 58 - Fax : 05 49 01 86 54

BONNEUIL-MATOURS Les Pierres Blanches
C.M. 68 Pli 14

3 ch. **Poitiers 20 km. Futuroscope 15 km.** Grande maison dans parc arboré et fleuri (200 rosiers) entre forêt et Vienne, 1 ch. (1 lit 2 pers., 1 lit 1 pers.), 1 ch. (1 lit 2 pers.) et 1 ch. (2 épis) (1 lit 2 pers., sanitaires privés, lits d'appoint poss.. terrasses privées, séjour (cheminée, revues) à dispo. Piscine privée non surveillée. salle à manger d'été au bord de la piscine pour pique-nique. Sandwicherie fraîche à emporter. Parking. Animaux acceptés après accord. Langue parlée : anglais.

Prix : 1 pers. 34 € 2 pers. 40/43 € 3 pers. 55 €
Ouvert : Toute l'année.

SP	SP	10	10	SP	SP	10	SP	10	20	1

Nicole GALLAIS-PRADAL - Chemin des Pierres Blanches - 86210 BONNEUIL-MATOURS - Tél. : 05 49 85 24 75 ou SR : 05 49 49 59 11

Poitou-Charentes **Vienne**

BONNEUIL-MATOURS
C.M. 68 Pli 14

1 ch. **Futuroscope 15 km. Chauvigny 15 km.** Au 1er étage d'une maison récente, 1 ensemble familial comprenant 1 ch. (1 lit 2 pers.), 1 grande chambre/salon (2 lits 1 pers. + convertible 2 pers.), salle de bains avec wc privatifs. Lit d'appoint possible. Entrée indépendante. Séjour à disposition des hôtes. Jardin clos. Mobilier de jardin. Parking. A 10 km du parc de loisirs de Saint-Cyr, cité médiévale. A proximité de la forêt. Circuit de la vallée de la Vienne.

Prix : 1 pers. **32** € 2 pers. **38** €
Ouvert : Toute l'année.

🐕	⛱	⛵	🎣	🏊	≈	🏇	🚶	⛳	🚌	🚂
	SP	10	7	SP	SP	10	2	10	16	SP

Annie ROY - 71 rue d'Aquitaine - 86210 BONNEUIL-MATOURS - Tél. : 05 49 85 21 86

BOURNAND La Dorelle
(TH)   *C.M. 68 Pli 3*

4 ch. **Chinon 5 km. Loudun 5 km.** Dans un hameau calme, 4 ch. d'hôtes dans ancienne ferme restaurée, maison indép. des propr. 1 ch. (1 lit 2 pers.) au r-d-c. A l'étage 3 ch., 1 ch. (2 lits 1 pers.) et 2 ch. (1 lit 2 pers.), chacune avec sanitaires privatifs. Salon, cheminée, revues, kitchenette à disposition, jardin, terrasse, barbecue, meubles de jardin. Lit d'appoint. Parking privé. Ferme joliement restaurée en pierre du pays à proximité de l'abbaye de Fontevraud, golf de Roiffé, Saumur. Parc du Futuroscope. Langues parlées : anglais, italien.

Prix : 1 pers. **38** € 2 pers. **46** € repas **17** €
Ouvert : Toute l'année.

🐕	⛱	🎾	⛵	🎣	🏇	🚶	⛳	🚌	🚂
	10	2	10	3	10	20	30	5	

Joseph THOMAS - La Dorelle - 86120 BOURNAND - Tél. : 05 49 98 72 23 - Fax : 05 49 98 62 88 - E-mail : ladorelle@voila.fr - www.ladorelle.com

BRUX
C.M. 72 Pli 4

2 ch. **Vallée des Singes 9 km.** 2 chambres à l'étage d'une grande maison poitevine, 1 chambre (1 lit 2 personnes) et 1 chambre (2 lits 1 personne), salle d'eau et wc privés pour chacune. Séjour à disposition des hôtes. Possibilité pique-nique et réfrigérateur à disposition des hôtes. Jardin ombragé, parking dans la cour. Parc de loisirs de Payré à 15 km (port miniature). Circuit des abbayes et monuments du Haut-Poitou. Restaurants à proximité.

Prix : 1 pers. **30** € 2 pers. **37** €
Ouvert : Toute l'année.

🐕	⛱	⛵	🎾	🎣	🏇	🚶	⛳	🚌	🚂
	10	4	9	15	SP	15	15	4	

Paule GROLLIER - Le Bourg - 86510 BRUX - Tél. : 05 49 59 23 10 - Fax : 05 49 58 18 03

BRUX Chez Saboureau
(TH)   *C.M. 72 Pli 4*

3 ch. **Vallée des Singes 10 mn.** 3 grandes ch. à la ferme au r.d.c. d'une maison ancienne. Entrée indép. 1 ch. (1 lit 2 pers., 2 lits 1 pers.), 1 ch. (1 lit 2 pers., lit d'appoint possible), 1 ch. (2 lits 120), salles d'eau et wc privatifs pour chacune. Séjour réservé aux hôtes, véranda. Jeux pour enfants, ping-pong. Possibilité de pique-nique. Table d'hôtes sur réservation préalable. Les chambres sont situées dans un environnement soigné et ombragé. Parc de loisirs à 15 km (port miniature). Aérodrome ULM à 10 km. Belles églises romanes dans les environs. Ferme auberge à 1 km.

Prix : 1 pers. **31** € 2 pers. **36/38** € 3 pers. **45** € repas **10/13** €
Ouvert : Toute l'année.

🐕	⛱	🎾	🎣	🏇	🚶	⛳	🚌	🚂
12	5	9	15	SP	15	15	5	

Danielle TOULAT - Chez Saboureau - 86510 BRUX - Tél. : 05 49 59 23 04 - Fax : 05 49 53 41 87

CELLE-L'EVESCAULT La Livraie
(TH)   *C.M. 68 Pli 13*

4 ch. **Poitiers 22 km. Marais-Poitevin 50 km. Futuroscope 25 mn.** A la ferme, dans château restauré entouré d'un parc boisé, 1 ch. (1 lit 2 pers.), 1 ch. (1 lit 1 pers., 1 lit 2 pers.), 1 ch. (1 lit 2 pers., 1 lit 120, 1 lit 1 pers.), sanitaires privés pour chaque ch., 1 ensemble famille de 2 ch. (1 lit 2 pers.) avec s. d'eau et wc pour ces 2 ch. + lavabo. Séjour et TV à la disposition des hôtes. Ping-pong. Jeux. Table d'hôtes sur réservation. Région vallonnée. Promenades. Calme assuré dans très beau cadre de verdure avec petite rivière. Animaux à la ferme. Belles chambres avec mobilier ancien.

Prix : 1 pers. **37** € 2 pers. **43/46** € 3 pers. **53/58** € repas **14** €
Ouvert : Du 15 janvier au 1er décembre.

🐕	⛱	🎾	🎣	🏇	🚶	⛳	🚌	🚂
3	3	8	SP	1	35	6	3	

Eva MORIN - Château de la Livraie - 86600 CELLE-L'EVESCAULT - Tél. : 05 49 43 52 59

CHALANDRAY La Vauceau

C.M. 68 Pli 12

2 ch. Sigrid se fera un plaisir de vous accueillir dans ses 2 chambres d'hôtes comprenant chacune (1 lit 2 pers., 1 lit 1 pers), salle d'eau et wc privatifs. 1 convertible dans une chambre. Lit bébé et matériel de puericulture à disposition, séjour avec livres, revues, jeux pour enfants. Table d'hôtes et repas bébé sur réservation le soir. Fermette restaurée avec goût entourée d'un agréable jardin avec mobilier, barbecue et toboggan. Salle de jeux d'été. Prêt gracieux VTT et VTC. Ambiance et accueil chaleureux. Lit d'appoint possible. Langue parlée : allemand.

Prix : 1 pers. **33** € 2 pers. **37** € 3 pers. **48** € repas **14** €
Ouvert : Toute l'année.

🐕	⛱	🎾	⛵	🎣	🏇	🚶	⛳	🚌	🚂
2,5	2	2,5	2	2,5	10	SP	2,5	25	2,5

Sigrid RICART - La Vauceau - 86190 CHALANDRAY - Tél. : 05 49 60 26 30

Vienne

Poitou-Charentes

CHAMPIGNY-LE-SEC

C.M. 68 Pli 3

1 ch. **Poitiers 25 km. Futuroscope 20 mn.** A l'étage d'une maison ancienne dans un bourg tranquille, ensemble familial comprenant 1 chambre (1 lit 2 personnes, 1 lit bébé) avec lavabo, 1 chambre (1 lit 130, 2 lits 1 personne), salle de bains et wc privatifs séparés. Jardin ombragé. Salon de jardin. Balançoires. Chevaux sur place. Parc de loisirs d'Ayron à 10 Km.

Prix : 1 pers. 23 € 2 pers. 30 € 3 pers. 40 €
Ouvert : Toute l'année.

🐕	⛱	🎾	⛵	🐎	🏊	⛳	🚶	⛪	🚆	🛒
10	SP	10	SP	10	20	10	10	25	8	

Michel VAN DEN BERG - 14 route de Vouille - 86170 CHAMPIGNY-LE-SEC - Tél. : 05 49 54 62 49

CHAMPNIERS

C.M. 72 Pli 4

3 ch. **Vallée des Singes 4 km.** Dans bourg tranquille, 3 chambres à l'étage d'une maison ancienne en pierre du pays, 1 ch. (3 épis), (1 lit 2 pers., 2 lits 1 pers.) avec sanitaires privés, 1 ch. (2 épis), (2 lits 110), salle d'eau privée, 1 ch. (2 épis), (1 lit 2 pers.), salle d'eau sur palier et wc communs aux 2 ch. Lit supplémentaire poss. Salon, bibliothèque et piano à disposition. Joli jardin, véranda, table de ping-pong. Parking. Nombreuses églises romanes (St Nicolas de Civray à 9 km), château d'Epanvilliers, parc floral de la Belle. Restaurant à 50 m. Langue parlée : anglais.

Prix : 1 pers. 31/34 € 2 pers. 34/38 € 3 pers. 53 €
Ouvert : Toute l'année.

🐕	⛱	🎾	⛵	🐎	🏊	⛳	🚶	⛪	🚆	🛒
9	2,5	30	14	9	9	SP	60	9		

FAZILLEAU Jean-Louis et Geneviève - Le Bourg - 86400 CHAMPNIERS - Tél. : 05 49 87 19 04 - Fax : 05 49 87 96 94 -
E-mail : jeanlouis.fazilleau@free.fr

CHARRAIS Charrajou

C.M. 68 Pli 3

4 ch. **Poitiers 18 km. Futuroscope 12 km.** A l'étage de leur maison poitevine en pierre, Jean-Yves et Martine vous accueillent dans 4 ch. avec entrée indépendante. 2 ch. (1 lit 2 pers., 1 lit 1 pers.), 1 ch. (3 lits 1 pers.), 1 ch. (1 lit 2 pers.), toutes avec salle d'eau et wc privatifs. Séjour réservé aux hôtes, kitchenette à disposition. Grande cour fermée, parking. Situées au cœur de la route des vins du Haut Poitou. Langue parlée : anglais.

Prix : 1 pers. 32 € 2 pers. 37 € 3 pers. 49 €
Ouvert : Toute l'année.

🐕	⛱	🎾	⛵	🐎	🏊	⛳	🚶	⛪	🚆	🛒
2,5	2,5	12	15	12	20	25	10	12	18	2,5

Jean-Yves et Martine MARTINET - 16 rue des Ormeaux - Charrajou - 86170 CHARRAIS - Tél. : 05 49 51 14 62 - Fax : 05 49 51 14 62

CHARROUX La Planche

C.M. 72 Pli 4

1 ch. A la sortie du bourg de Charroux, joli village, sur la vallée de la Charente, les propriétaires vous proposent 1 ch. au r.d.c. d'une maison récente (1 lit 2 pers.), salle d'eau avec wc privés, séjour avec livres, revues à disposition des hôtes. Terrasse, jardin ombragé et fleuri traversé par un ruisseau habité par des grenouilles et des canards. Vestiges d'une abbaye carolingienne et halles du XVIe s. dans le bourg. Eglises romanes et châteaux dans toute la région. Rivière à 300 m et terrain pour pique-niquer.

Prix : 1 pers. 33 € 2 pers. 36 €
Ouvert : Toute l'année.

🐕	⛱	🎾	⛵	🐎	🏊	⛳	🚶	⛪	🚆	🛒
10	1	18	18	SP	SP	10	25	0,8		

Robert FOURNIER - La Planche - 2 chemin de Gorse - 86250 CHARROUX - Tél. : 05 49 87 57 07 ou 06 77 51 48 77

CHATEAU-GARNIER Toussac-Pellegrin

C.M. 72 Pli 4/5

2 ch. Anne-Marie vous propose 2 ch. au grand calme dans une très agréable maison sur une exploitation agricole. 1 ch. en rez-de-jardin (1 lit 2 pers.), s. d'eau et wc privés, entrée indépendante. terrasse privative. 1 ensemble famille au r.d.c., 1 ch. (1 lit 2 pers.), 1 ch. (2 lits 1 pers.), s. d'eau et wc privatifs. Séjour, revues, livres à disposition. Jardin. Belle région vallonnée propice aux promenades. Circuit du Vigeant à proximité. Circuit des abbayes et églises romanes. Langues parlées : anglais, espagnol.

Prix : 1 pers. 29 € 2 pers. 36 € 3 pers. 49 € repas 10/14 €
Ouvert : Toute l'année.

🐕	⛱	🎾	⛵	🐎	🏊	⛳	🚶	⛪	🚆	🛒
5	5	20	10	5	5	5	5	41	7	

Anne-Marie RESSEGAND - Toussac - 86350 CHATEAU-GARNIER - Tél. : 05 49 87 80 53 - Fax : 05 49 87 64 36

LA CHAUSSEE

C.M. 68 Pli 3

1 ch. A l'étage d'une très belle maison ancienne restaurée à deux pas du Musée de l'Acadie, vous serez accueillis dans un ensemble famille composée d'une chambre (1 lit 160) et d'une chambre (2 lits 1 personne) avec salle de bains et wc indépendants pour l'ensemble. Séjour avec TV, livres et revues à la disposition des hôtes. Grand terrain clos d'un hectare avec son mobilier d'été, piscine (baignade non surveillée), bains de soleil. Table d'hôtes sur réservation. Langue parlée : anglais.

Prix : 1 pers. 38 € 2 pers. 46 € 3 pers. 61 € repas 15 €
Ouvert : Toute l'année sur réservation.

🐕	⛱	🎾	⛵	🐎	🏊	⛳	🚶	⛪	🚆	🛒
SP	88	10	10	16	SP	6	35	5		

Anne MARTNER - Le Bourg - Clos Bougon - 86330 LA-CHAUSSEE - Tél. : 05 49 22 56 72 - Fax : 05 49 22 56 72

Poitou-Charentes
Vienne

CHAUVIGNY
C.M. 68 Pli 15

5 ch. **Futuroscope 20 mn.** Aux portes du Futuroscope, en plein cœur d'une charmante cité médiévale, 5 ch d'hôtes vous accueillent dans une maison de caractère des XII et XVèmes siècles. A l'étage, 4 ch. (1 lit 2 pers.) et 1 ch. (1 lit 2 pers., 1 lit 1 pers.) toutes avec salles d'eau et sanitaires privatifs. Possibilité de lit d'appoint. Parking à 50 m. Chauvigny « Ville d'Art et d'Histoire » : Festival d'été, spectacle de fauconnerie.

Prix : 1 pers. 26 € ⋅ 2 pers. 37 € ⋅ 3 pers. 49 €
Ouvert : Toute l'année.

		15	1	14	25	SP	25	25	SP
1	1	15	1	14	25	SP	25	25	SP

Bernadette BRACHET - 8, Plan St-Pierre - Le Montléon - 86300 CHAUVIGNY - Tél. : 05 49 46 88 96

CHAUVIGNY
C.M. 68 Pli 14/15

5 ch. **Futuroscope 20 mn.** Dans belle demeure du XVIIIè s. 1 ch. (1 lit 1 pers.), 2 ch. (1 lit 2 pers.) dont 1 avec petite chambre contiguë (1 lit 1 pers.), salle de bains ou salle d'eau avec wc privés pour chaque chambre, 1 ch (2 lits 1 pers.). 1 ch 2 épis (1 lit 2 pers), avec sanitaires privés non communicants. Possibilié lits supplémentaires. Salon. Parking. Jardin ombragé avec vue exceptionnelle sur les châteaux. Chauvigny « Ville d'Art et d'Histoire », festival d'été et spectacle de fauconnerie. Langue parlée : anglais.

Prix : 1 pers. 32/40 € ⋅ 2 pers. 40/47 € ⋅ 3 pers. 56 €
Ouvert : De Pâques à la Toussaint, vacances scolaires sur réservation.

SP	SP	25	21	25	14	18	1	25	23	SP

Jacques et Claude DE GIAFFERRI - 8, rue du Berry - La Veaudepierre - 86300 CHAUVIGNY - Tél. : 05 49 46 30 81 ou 05 49 41 41 76 - Fax : 05 49 47 64 12 - E-mail : laveaudepierre@club-internet.fr - http ://www.perso.laveaudepierre.club-internet.fr

CHAUVIGNY La Grand'Métairie
C.M. 68 Pli 15

1 ch. **Chauvigny 7 km.** A proximité de Chauvigny, cité médiévale avec trois châteaux forts, la propriétaire vous propose une chambre au rez-de-chaussée d'une grande maison en pleine campagne (1 lit 2 personnes, 1 lit 1 personne). Séjour avec TV à disposition des hôtes. Jardin. Mobilier de jardin. Région très touristique. Abbaye de Saint-Savin, (fresques classées au patrimoine mondial de l'UNESCO) à 20 km. Spectacle de Fauconnerie à Chauvigny.

Prix : 1 pers. 24 € ⋅ 2 pers. 30 € ⋅ 3 pers. 44 €
Ouvert : Toute l'année.

7	7	7	SP	29	18	7

Geneviève BELLOD - La Grand'Métairie - 86300 CHAUVIGNY - Tél. : 05 49 46 53 37

CHAUVIGNY La Rivière aux Chirets
C.M. 68 Pli 15

3 ch. A l'étage d'une demeure du XVII° siècle, protégée par 2 tours fortifiées, 3 chambres d'hôtes élégamment décorées : 1 ch. (1 lit 160, 1 lit 1 pers.), 1 ch. (1 lit 2 pers., 1 lit 80) et 1 ch. (2 lits 1 pers.), chacune avec sanitaires privatifs. Séjour avec livres et revues à disposition des hôtes, jardin et son mobilier d'été, parking. Vos fenêtres ouvriront soit sur la cour d'honneur, soit sur un petit « jardin de curé ». Le calme de la campagne à 2 pas de Chauvigny, jolie cité médiévale.

Prix : 1 pers. 46 € ⋅ 2 pers. 69/84 € ⋅ 3 pers. 105 €
Ouvert : Toute l'année.

1	1	25	18	7	14	18	SP	25	23	1

Catherine FILIPPI - La Rivière aux Chirets - 86300 CHAUVIGNY - Tél. : 05 49 56 41 40 ou 06 82 23 58 79

CHENECHE Château de Labarom
C.M. 68 Pli 3

3 ch. 5 ch. dans un château du XVIe et XVIIIè s. 1 ch. (2 lits 90) avec salle d'eau et wc privés, 2 ensembles famille comprenant pour l'un 1 ch. (1 lit 150), 1 ch. (2 lits 100), salle de bains et wc privatifs pour ces 2 ch. L'autre 1 ch. (2 lits 110), 1 ch. (2 lits 80) avec salle de bains et wc privés pour ces 2 ch. Salon avec livres. Grand parc, piscine à disposition des hôtes (baignade non surveillée). Peinture sur porcelaine. Portable : 06.83.57.68.14 Langue parlée : anglais.

Prix : 1 pers. 53/61 € ⋅ 2 pers. 61/69 € ⋅ 3 pers. 76/84 €
Ouvert : De Pâques à la Toussaint.

SP	2	18	16	5	18	SP	15	22	4

Eric LE GALLAIS - Château de Labarom - 86380 CHENECHE - Tél. : 05 49 51 24 22 - Fax : 05 49 51 47 38 -
E-mail : chateau.de.labarom@wanadoo.fr ou SR : 05 49 49 59 11

CISSE La Gannerie

C.M. 68 Pli 13

1 ch. **Futuroscope 11 km. Poitiers 15 km.** 1 ensemble famille à l'étage dans une ferme poitevine. Nous vous offrons 1 ch. (1 lit 2 pers., 2 lits 1 pers.) et 1 ch. (1 lit 2 pers., 1 lit 1 pers.), avec possibilité de lit d'appoint. Salle de bains et wc communs sur le palier pour les 2 ch. Entrée indép., séjour avec cheminée à dispo. des hôtes. Cour. Mobilier de jardin. Garage. Abri pour pique-nique.

Prix : 1 pers. 30 € ⋅ 2 pers. 35 € ⋅ 3 pers. 44 €
Ouvert : Toute l'année.

5	1	15	3,5	25	11	15	1

Josianne BROQUERAULT - 8 rue de la Gannerie - 86170 CISSE - Tél. : 05 49 51 35 36

Vienne

Poitou-Charentes

CISSE
C.M. 68 Pli 13

1 ch. Entre Poitiers et le Futuroscope, Cécile vous propose de venir découvrir son ensemble famille composé d'une ch. (1 lit 2 personnes) et d'une ch. (2 lits 1 personne), avec salle d'eau et wc privés. Séjour à disposition des hôtes avec livres et revues. Le jardin et son mobilier sont à votre disposition. Parking. Chambre très joliment aménagée idéale pour un séjour en famille, où de nombreuses balades sont à faire dans la région avec la visite de caves à vins du Haut-Poitou. Langues parlées : anglais, espagnol.

Prix : 1 pers. 35 € 2 pers. 44 € 3 pers. 55 €
Ouvert : Toute l'année.

🐕	⛱	🎾	⛵	🏊	🌊	⛳	🚶	🗼	🚴	🚂
5	1	14	3,5	14	15	SP	5	14	4

Cécile VAN INGHELANDT - 10 route de l'Hic - 86170 CISSE - Tél. : 05 49 50 06 83 - Fax : 05 49 50 06 83 -
E-mail : Cecile.Van-Inghelandt@wanadoo.fr - http ://perso.wanadoo.fr/gites.cvaninghelandt

CIVRAY L'Hermitage
C.M. 72 Pli 4

2 ch. Dans un petit château, au 1er étage, 1 chambre (1 lit 2 personnes), et une chambre (2 lits 1 personne). Salle de bains et wc particuliers pour chacune. Séjour, TV, bibliothèque à disposition des hôtes. Terrasse. Parc. Parking privé. Entrée indépendante. Néerlandais parlé. Piscine sur place (baignade non surveillée). Lit d'appoint. Vallée de la Charente, belles promenades, pêche. Art roman (Eglises, Châteaux). Langues parlées : anglais, allemand.

Prix : 1 pers. 37 € 2 pers. 40 €
Ouvert : Toute l'année.

🐕	⛱	🎾	⛵	🏊	🌊	⛳	🚶	🗼	🚴	🚂
SP	1	10	SP	45	55	SP	2	8	SP

Miki et Victor GOUDSMIT - L'Hermitage - 86400 CIVRAY - Tél. : 05 49 87 17 95 - Fax : 05 49 87 17 95 -
E-mail : miki.goudsmit@fnac.net

COUHE
C.M. 68 Pli 13

2 ch. **La Vallée des Singes 7 km.** Dans le bourg de Couhé à proximité de la N 10, 2 ch. joliment restaurées et aménagées à l'étage d'une maison de caractère, 1 ch. (1 lit 2 pers., 1 lit 130) et 1 ch. (1 lit 160, 1 lit 85), salle d'eau privative pour chaque chambre. Séjour avec cheminée, TV, livres, revues et musique à dispo. des hôtes. Grand jardin, terrasse, mobilier de jardin, parking. Riche patrimoine roman dans toute la région : circuit des abbayes du Haut-Poitou.

Prix : 1 pers. 30 € 2 pers. 36 € 3 pers. 46 €
Ouvert : Toute l'année.

🐕	⛱	🎾	⛵	🏊	🌊	⛳	🚶	🗼	🚴	🚂
12	1	5	1	12	1	12	40	SP

Dominique ESNAULT - 14 avenue de Bordeaux - 86700 COUHE-VERAC - Tél. : 05 49 53 63 10

COULOMBIERS La Verrerie
C.M. 68 Pli 12

2 ch. Poitiers 18 km. Futuroscope 20 mn. Marais-Poitevin 60 mn. Deux ensembles famille de style rustique vous sont proposés : un (2 épis) à l'étage la maison des propriétaires (1 lit 2 pers., 2 lits 1 pers.). Le second (3 épis) dans petit toit poitevin (1 lit 2 pers., 2 lits 1 pers.), micro-ondes, réfrigérateur. Sanitaires privés pour chacun. Livres à dispo. Jardin clos et arboré avec mobilier de jardin et coin pique-nique. Accueil personnalisé et chaleureux (recette maison). Contrée propice à la promenade à bicyclette. Langues parlées : anglais, espagnol.

Prix : 1 pers. 27 € 2 pers. 35/37 € 3 pers. 43/46 €
Ouvert : Toute l'année.

🐕	⛱	🎾	⛵	🏊	🌊	⛳	🚶	🗼	🚴	🚂
5	3	2	5	7	18	5	5	18	5

Lucien et Isabelle PROVOST - La Verrerie - 86600 COULOMBIERS - Tél. : 05 49 43 71 69 - Fax : 05 49 43 71 69 - http ://laverrerie.free.fr ou SR : 05 49 49 59 11

DANGE-SAINT-ROMAIN La Grenouillière
C.M. 68 Pli 4

5 ch. Futuroscope 25 mn. Situé à 900 m de la RN 10, dans ancienne ferme du XIXè s. Au r.d.c. 2 ch., 1 ch. accessible aux handicapés (3 lits 1 pers.) et 1 ch. (1 lit 2 pers.), avec sanitaires privés. A l'étage, 3 ch. avec sanitaires privés : 1 ch. dans maison du propriétaire (1 lit 2 pers.), 2 ch. dans maison annexe, (1 ch. (1 lit 2 pers.), 1 ch. (2 épis), (3 lits 1 pers.). Séjour (cheminée). Parc arboré avec rivière anglaise. Cour fermée, salon de jardin, ping-pong, jeux de plein air. Suggestions de circuits. Châteaux de la Loire. Table d'hôtes sur résa avant midi, pas de TH du 24/12 au 2/01. Langues parlées : anglais, espagnol.

Prix : 1 pers. 28/34 € 2 pers. 42/45 € 3 pers. 45/55 € repas 18 €
Ouvert : Toute l'année.

🐕	⛱	🎾	⛵	🏊	🌊	⛳	🚶	🗼	🚴	🚂
15	1,5	15	3	SP	15	25	25	1,2	SP

Annie et Noël BRAGUIER - La Grenouillière - 17 rue de la Grenouillière - 86220 DANGE-ST-ROMAIN - Tél. : 05 49 86 48 68 -
Fax : 05 49 86 46 56

DIENNE Le Gassouillet
C.M. 68 Pli 14

3 ch. Dans ancienne ferme rénovée en 2000, 3 ch./studio indép. en r.d.c. 1 ch. (1 lit 2 pers., 1 lit 1 pers.), 1 ch. (1 lit 2 pers., 1 lit 1 pers., convert. 2 pers.), 1 ch. (1 lit 2 pers., convert. 2 pers.), chacune avec sanitaires privés, kitchenette, pelouse, salon de jardin et barbecue. Accueil chaleureux. Petit déjeuner spécialités poitevines et confitures maison. Très grand calme, arbres et verdure. Forêt à proximité. Pension Chevaux. Séjour possible pour visites régionales. Proche du Futuroscope, Poitiers, Cité du Livre, circuit du Vigeant, Vallée des singes, etc.... Réduction de 10 % dès la 4e nuit. Langues parlées : anglais, allemand.

Prix : 1 pers. 37/41 € 2 pers. 40/44 € 3 pers. 53/58 €
Ouvert : Toute l'année sur réservation.

🐕	⛱	🎾	⛵	🏊	🌊	⛳	🚶	🗼	🚴	🚂
10	10	25	15	5	25	10	15	15	10

Gilles RAUX - Le Gassouillet - 86410 DIENNE - Tél. : 05 49 42 04 63 - Fax : 05 49 42 08 75 - E-mail : gillesraux@wanadoo.fr ou
SR : 05 49 49 59 11

Poitou-Charentes   **Vienne**

DISSAY Bois de Chaume
C.M. 68 Pli 14

2 ch. **Futuroscope 7 km.** A 300 m de la RN 10, dans un bois et un parc clos d'un ha, coins pique-nique aménagés. Au 1ᵉʳ étage de la maison de M. et R. Fouques : 1 ensemble famille (2 lits 2 pers., 1 lit 1 pers., poss. 2 lits d'appoint), 1 salle de bains et wc privés et 1 salle de bains avec wc non communiquants, 1 ch. (2 lits 1 pers.), salles de bains et wc privés. 3 € de remise pour séjour de plus de 2 jours. Château de Dissay à 1.5 km et 2 restaurants à moins de 500 m. Taxe de séjour incluse. Langue parlée : anglais.

Prix : 1 pers. **30** € 2 pers. **38** € 3 pers. **46** €
Ouvert : Les vacances scolaires et sur réservation.

🐕	⛱	🎾	⛵	🏇	🚣	🎣	🏃	👥	⛪	🚂	🛣
5	2	5	4	SP	5	4	5	4	1,5

Michelle FOUQUES - 80 Le Bois de Chaume - 86130 DISSAY - Tél. : 05 49 52 46 14 ou 06 87 43 79 29

ETABLES
(TH)   *C.M. 68 Pli 3*

3 ch. **Poitiers 18 km. Futuroscope 13 km.** Maison ancienne dans bourg, 2 ch. à l'étage, 1 ch. (1 lit 2 pers.), salle d'eau, wc privés sur le palier, 1 ch. (1 lit 2 pers., 2 lits 1 pers., 1 lit 130), salle de bains et wc privés et un ensemble famille dans annexe (1 lit 2 pers., 2 lits 1 pers.) salle d'eau et wc privé, kitchenette et grand séjour. Séjour avec cheminée. Cour close et fleurie avec salon de jardin. Parc de loisirs de Saint-Cyr à 20 Km. Table d'hôtes sur réservation.

Prix : 1 pers. **34** € 2 pers. **37** € 3 pers. **49/55** € repas **14** €
Ouvert : Du 2 janvier au 20 décembre.

🐕	⛱	🎾	⛵	🏇	🚣	🎣	🏃	👥	⛪	🚂	🛣
3	3	20	10	20	20	12	3	18	3

Claudine COLLAS - 35 rue des Ecoles - 86170 ETABLES - Tél. : 05 49 54 50 31 - Fax : 05 49 54 50 31 ou SR : 05 49 49 59 11

FLEURE
C.M. 68 Pli 14

1 ch. **Futuroscope 23 km. Poitiers 18 km. Chauvigny 14 km.** Dans une maison contemporaine à proximité de la N 147, 1 chambre (1 lit 2 pers., 2 lits 1 pers.), avec sanitaires privés et kitchenette. Séjour et véranda à la disposition des hôtes. Parc, jeux, coin pique-nique, piscine privée. Un âne et des moutons amuseront petits et grands. A Chauvigny : festival d'été, églises, châteaux, spectacle de fauconnerie. Langue parlée : anglais.

Prix : 2 pers. **38** € 3 pers. **46** €
Ouvert : Du 1ᵉʳ avril au 30 septembre.

🐕	⛱	🎾	⛵	🏇	🚣	🏃	👥	⛪	🚂	🛣
SP	SP	18	10	SP	15	18	SP

Guy et Bernadette BERTRAND - Route de Poitiers - 86340 FLEURE - Tél. : 05 49 42 62 00

INGRANDES Lamboiron
C.M. 68 Pli 4

2 ch. **Chatellerault 5 km. La Roche-Posay (station thermale) 15 km.** En pleine campagne, au calme dans une ferme de caratère, 2 ch. (1 lit 2 pers., 1 lit 1 pers.) aménagées dans bâtiment annexe avec entrée indépendante, chacune avec sanitaires privés. Séjour réservé aux hôtes. Petits déjeuners avec les produits de la ferme. Parking, kitchenette. Animaux admis après accord. Cour fermée avec mobilier de jardin, jeu de boules, ping-pong, coin pique-nique abrité.

Prix : 1 pers. **30** € 2 pers. **34** € 3 pers. **43** €
Ouvert : Toute l'année.

🐕	⛱	🎾	⛵	🏇	🚣	🏃	👥	⛪	🚂	🛣
5	5	13	5	15	SP	5	4	4

Sylvette et Serge BLANCHARD - Lamboiron - 86220 INGRANDES - Tél. : 05 49 02 69 01

L'ISLE-JOURDAIN
C.M. 72 Pli 5

2 ch. **Circuit automobile du Vigeant 4 km.** Au 2ᵉ étage de notre maison, nous vous accueillons dans un ensemble famille comprenant 1 ch. (2 lits 1 pers.) et 1 ch. (1 lit 120). Sanitaires privatifs non communiquants, et 1 ch. (1 lit 2 pers., lit enfant) avec sanitaires privatifs non communiquants. Séjour avec livres et revues à disposition des hôtes. Jardin ombragé non attenant où le pique-nique est possible. Le grand frisson est possible dans la commune avec du saut à l'élastique. Nombreuses balades à faire le long de la Vienne.

Prix : 1 pers. **30** € 2 pers. **35** € 3 pers. **46** €
Ouvert : Toute l'année.

🐕	⛱	🎾	⛵	🏇	🚣	🏃	👥	⛪	🚂	🛣
1	1	6	SP	28	SP	6	19	1

Michel DESAGE - 14 place d'Armes - 86150 L'ISLE-JOURDAIN - Tél. : 05 49 84 00 58 ou 06 88 41 84 83 - Fax : 05 49 84 06 32

ITEUIL
C.M. 68 Pli 13

1 ch. **Futuroscope 20 mn. Poitiers 15 mn.** A 3 km de la RN 10, la propriétaire vous propose une chambre avec salle d'eau au rez-de-chaussée d'une maison récente, à 800 m d'un bourg, (1 lit 2 personnes). Terrasse avec mobilier de jardin et jardin à disposition. A 4 km de cette adresse, vous pourrez entendre les chants grégoriens des moines de l'abbaye de Ligugé. Langue parlée : anglais.

Prix : 1 pers. **27** € 2 pers. **34** €
Ouvert : Toute l'année.

🐕	⛱	🎾	⛵	🏇	🚣	🎣	🏃	👥	⛪	🚂	🛣
0,8	0,8	30	1	10	12	1	20	1	0,8

Anne-Marie MELIN - 28, rue des Rocs - 86240 ITEUIL - Tél. : 05 49 55 04 90

Vienne — *Poitou-Charentes*

JARDRES Pressec
C.M. 68 Pli 14

3 ch. — **Chauvigny 2 km.** 3 chambres lumineuses aménagées dans une maison neuve. 1 ch. (1 lit 2 pers.), salle d'eau et wc particuliers, 2 ch. 1 épi : 1 ch. (2 lits 2 pers.), 1 ch. (1 lit 2 pers., 1 lit 1 pers.), salle d'eau et wc communs, lavabo dans chaque chambre. Séjour à disposition des hôtes. Pique-nique possible. Entrée indépendante. Parking clos. Lit d'appoint. Chauvigny « Ville d'Art et d'Histoire », célèbre pour son spectacle de fauconnerie au château des Evèques et pour son festival d'été avec musique et danse.

Prix : 1 pers. 29/33 € 2 pers. 33/37 € 3 pers. 43 €
Ouvert : Toute l'année.

🐕	⛱	🎾	⛵	🐟	🏊	🚶	⛪	🚂	🛒
2	2	8	2,5	15	SP	2,5	18	2	

Jacques et Monique COUSIN - Pressec - 86800 JARDRES - Tél. : 05 49 46 36 16

JAUNAY-CLAN Lioux
C.M. 68 Pli 13

2 ch. — **Poitiers 15 mn. Futuroscope 5 mn.** A la campagne, au centre de la Vienne, nous vous offrons à l'étage d'une maison récente 1 chambre (1 lit 2 personnes, 1 lit 1 personne), salle de bains et wc privés. 1 ensemble famille comprenant 1 chambre (2 lits 1 personne), 1 chambre (1 lit 2 personnes), salle de bains et wc communs à ces deux chambres. Taxe de séjour. Belle vue sur la campagne et grand calme.

Prix : 1 pers. 30 € 2 pers. 35 € 3 pers. 44/53 €
Ouvert : Du 1er février au 20 décembre.

🐕	⛱	🎾	⛵	🐟	🏊	🚶	⛪	🚂	🛒
10	6	10	10	10	SP	7	8	5	

Jacqueline DELION - Lioux - 86130 JAUNAY-CLAN - Tél. : 05 49 52 04 50 - Fax : 05 49 52 68 58 - E-mail : delion@cer86.cernet.fr ou
SR : 05 49 49 59 11

JOUHET La Cadrie
C.M. 68 Pli 15

2 ch. — **St-Savin 9 km. Montmorillon 8 km.** 2 chambres dans une belle maison bourgeoise, 1 chambre (1 lit 2 personnes, 2 lits 1 personne), 1 chambre (1 lit 2 personnes, 1 lit 1 personne), salle d'eau particulière pour chaque chambre. Cour. Prairie, meubles de jardin. Chauffage central. Chats acceptés. A St-Savin : Collégiale, fresques classées au patrimoine mondial UNESCO. Langue parlée : anglais.

Prix : 1 pers. 27 € 2 pers. 33 € 3 pers. 43 €
Ouvert : Toute l'année.

🐕	⛱	🎾	⛵	🐟	🏊	🚶	⛪	🚂	🛒
1	8	12	8	1	20	SP	25	7	7

René RABAN - La Cadrie - 86500 JOUHET - Tél. : 05 49 91 05 50

JOURNET Le Haut Peu
(TH)
C.M. 68 Pli 16

3 ch. — **St-Savin 15 km.** 3 chambres à la ferme dans maison de maître. 1 chambre (1 lit 2 pers.) avec salle d'eau et wc privés, 1 chambre (1 lit 160) avec salle d'eau et wc privés. Dans bâtiment indépendant 1 ensemble famille avec mezzanine (1 lit 2 pers., 2 lits 1 pers., 1 lit 80), cuisine, salle de bains et wc privés. Etang privé à 800 m. Parc ombragé. Pas de Table d'hôtes le dimanche soir. 10 % de réduction pour séjour d'une semaine et pour un couple de - de 28 ans. A St-Savin : collégiale, fresques classées au patrimoine mondial UNESCO. Langues parlées : anglais, espagnol.

Prix : 1 pers. 41 € 2 pers. 44 € 3 pers. 58 € repas 17 €
Ouvert : Du 1er février au 30 novembre.

🐕	⛱	🎾	⛵	🐟	🏊	🚶	⛪	🚂	🛒
10	10	10	SP	20	SP	10	10		

Jacques et Chantal COCHIN - Le Haut Peu - 86290 JOURNET - Tél. : 05 49 91 62 02 - Fax : 05 49 91 59 71

LATHUS Lantigny
C.M. 68 Pli 16

2 ch. — **Montmorillon 15 km.** Monique et Daniel vous proposent de passer un agréable de séjour dans les chambres d'hôtes à l'étage de leur ferme ; 1 chambre (1 lit 2 personnes) et 1 chambre (2 lits 130). Chaque chambre possède une salle d'eau et des wc privatifs. Séjour avec Livres et revues à la disposition des hôtes. Etang sur place (pêche possible). Parc de Loisirs multiactivités de Lathus à 3 km (pêche, voile, baignade et canoë). Langue parlée : anglais.

Prix : 1 pers. 26 € 2 pers. 32/38 €
Ouvert : Toute l'année.

🐕	⛱	🎾	⛵	🐟	🏊	🚶	⛪	🚂	🛒
5	3	3	3	0,1	3	SP	60	3	3

Daniel et Monique CHASSAT - Lantigny - 86390 LATHUS - Tél. : 05 49 91 81 71 - Fax : 05 49 91 81 71

LATILLE
(TH)
C.M. 68 Pli 12/13

5 ch. — Ancien relais des postes datant de 1785, la Demeure vous propose 3 ch. (1 lit 2 pers.), 1 ch. (1 lit 160), et un ensemble famille (1 ch. : 1 lit 2 pers., 1 ch. : 2 lits 1 pers.), sanitaires privés pour chaque chambre. Ping-pong, boules, jeux de plein air, bibliothèque, TV à disposition. Animaux acceptés après accord. Lits supplémentaires possible. La demeure est située au cœur du village de Latillé, à 20 minutes du Futuroscope et de Poitiers, « Ville d'Art et d'Histoire ». Paysages vallonnés de la vallée de l'Auxance. Langues parlées : anglais, italien.

Prix : 1 pers. 39 € 2 pers. 40 € 3 pers. 54 € pers. sup. 11 € repas 11/21 €
Ouvert : De février à mi-novembre.

🐕	⛱	🎾	⛵	🐟	🏊	🚶	⛪	🚂	🛒
4	SP	4	15	SP	25	7	SP	4	25	SP

Yvonne FLAMBEAU - 1 place Robert Gerbier - 86190 LATILLE - Tél. : 05 49 51 54 74 - Fax : 05 49 51 56 32 - E-mail : latille@chez.com - www.chez.com/latille

Poitou-Charentes **Vienne**

LATILLE La Colinière (TH) *C.M. 68 Pli 12/13*

2 ch. **Futuroscope 25 km. Poitiers 20 mn. Puy-du-Fou 1 h15.** Maison poitevine rénovée sur une exploitation agricole ovine au calme, une ch. mansardée (1 lit 2 pers., 2 lits 1 pers.) sanitaires privés. une ch. accessible aux handicapés (1 lit 2 pers., 2 lits 1 pers.) avec sanitaires privés. Poss. lit appoint, séjour à la disposition des hôtes. Terrasse. Coin-cuisine (frigo, micro-ondes). Table d'hôtes sur résa. Marais-Poitevin à 1 heure. Tables d'hôtes sur réservation.

Prix : 1 pers. 30 € 2 pers. 34/37 € 3 pers. 47 € repas 14 €
Ouvert : Toute l'année.

10	5	8	10	8	15	10	1	25	30	5

FERJOUX Jean-Max et Christiane - La Colinière - 86190 LATILLE - Tél. : 05 49 51 99 58 - Fax : 05 49 54 45 53 -
E-mail : ferjoux.jean-max@wanadoo.fr ou SR : 05 49 49 59 11

LAVOUX Les Godiers (TH) *C.M. 68 Pli 14*

2 ch. **Poitiers 13 km. Futuroscope 17 km.** Au milieu d'un parc arboré et calme, maison de caractère sur vaste domaine familial avec château classé. 1 ch. (1 lit 2 pers., 2 lits 1 pers.) dans pavillon à proximité, avec salle de bains et wc privés. 1 ch. dans maison principale (2 lits 1 pers.), TV, s. de bains et wc privatifs. Bibliothèque à disposition des hôtes. Chambres meublées avec goût. Réduction de 10 % à partir de la 2e nuit. Région touristique des vallées de la Vienne et du Clain. Table d'hôtes sur réservation. Langue parlée : anglais.

Prix : 1 pers. 44 € 2 pers. 53 € 3 pers. 63 € repas 21 €
Ouvert : Toute l'année.

20	5	20	3	11	15	15	6	17	15	3

Philippe RABANY - Les Godiers - 86800 LAVOUX - Tél. : 05 49 61 05 18 - Fax : 05 49 61 05 18 - E-mail : p.rabany@liberysurf.fr - http://perso.libertysurf.fr/godiers

LEIGNE-SUR-USSEAU La Costonnerie (TH) *C.M. 68 Pli 4*

2 ch. 1 chambre d'hôtes (1 lit 2 pers.) avec salle de bains et 1 ensemble famille (2 lits 120, 1 lit 2 pers.) avec salle d'eau en maison ancienne, rénovée, mitoyenne à d'autres logements. Salle de jeux. Piscine privée à la disposition des hôtes (baignade non surveillée). Jardin avec mobilier. Parking sur place. En juin, possibilité de séjour avec soin esthétique et sophro. Repas végétariens ou normaux. Langue parlée : anglais.

Prix : 1 pers. 30 € 2 pers. 41 € 3 pers. 53 € repas 11/14 €
Ouvert : De mai à septembre.

SP	4	SP	20	SP	30	12	4

Geneviève BLANDIN - La Costonnerie - 86230 LEIGNE-SUR-USSEAU - Tél. : 05 49 86 09 74 - Fax : 05 49 86 09 74 -
E-mail : Genevieve.Blandin@wanadoo.fr

LOUDUN La Maison Blanche *C.M. 68 Pli 3*

2 ch. **Loudun 5 km.** Deux chambres dans une agréable maison tourangelle sur une exploitation agricole (vaches laitières). Les 2 chambres chacune avec (1 lit 2 pers., 1 lit 1 pers.) disposent de sanitaires privés. Vous apprécierez le calme et le coin pique-nique dans le jardin ombragé, avec sa terrasse et son mobilier. Séjour réservé aux hôtes (livres, revues). Visite de la ferme. La maison facile d'accès (à 1 km de la RN 147 et de la D 147) est bien située pour découvrir les richesses touristiques, les châteaux de la Loire, l'abbaye de Fontevraud, Richelieu...

Prix : 1 pers. 27 € 2 pers. 34 € 3 pers. 43 €
Ouvert : Toute l'année.

5	5	20	5	5	20	5	20	5	5

Pierre et Monique VILLAIN - La Maison Blanche - 86200 LOUDUN - Tél. : 05 49 98 07 88 - Fax : 05 49 22 41 44

LUCHAPT Chez Mairine (TH) *C.M. 72 Pli 6*

3 ch. Dans une agréable ferme poitevine, les propriétaires vous proposent une ch. (2 épis), (1 lit 2 pers.) et 2 ch. : (1 lit 2 pers., 1 lit 1 pers.) et 1 ch. (2 lits 1 pers.), chacune avec salle d'eau et wc privés. Séjour à la disposition des hôtes avec TV, livres, revue et musique. Kitchenette. Elevage de cerfs sur place (visite gratuite). Très belle région vallonnée. Base de loisirs de l'Isle Jourdain à 5 km. Présence d'animaux de la ferme (âne, chevaux, basse cour, moutons...). Langues parlées : anglais, espagnol, allemand, hollandais.

Prix : 1 pers. 30 € 2 pers. 37 € 3 pers. 46 € repas 18 €
Ouvert : Du 1er mars au 31 décembre.

5	5	8	5	2	7	SP	5	23	5

Annemée et Patrick VAN AUBEL - Chez Mairine - 86430 LUCHAPT - Tél. : 05 49 48 89 65 - E-mail : PatrickVanaubel@wanadoo.fr

MARCAY La Cadoue (TH) *C.M. 68 Pli 13*

2 ch. Très joliment aménagée dans la maison du propriétaire, 2 chambres d'hôtes au rez-de-chaussée avec entrée indépendante vous sont proposées avec chacune (1 lit 2 personnes), avec salle de bain et wc privés. Convertible dans chaque chambre. Séjour avec télévision à disposition des hôtes. Jardin avec son mobilier, et parking dans la propriété. Parc de loisirs à 15 km. Environnement propice à la randonnée où de nombreuses balades sont à faire. Langues parlées : anglais, espagnol.

Prix : 1 pers. 34 € 2 pers. 38 € repas 13 €
Ouvert : Toute l'année.

8	8	3	SP	8	SP	15	8	3,5

Gabriel SIMAR - La Cadoue - 86370 MARCAY - Tél. : 05 49 60 96 46 - Fax : 05 49 60 96 46 - E-mail : simar.gabriel@wanadoo.fr ou SR : 05 49 49 59 11

Vienne
Poitou-Charentes

MAZEROLLES Le Logis
C.M. 68 Pli 15

3 ch. **Futuroscope 30 mn.** 3 chambres dans un manoir XVIIIè siècle, à la ferme, 1 chambre (1 lit 2 pers., 1 lit 120) avec salle d'eau privée, 1 chambre (1 lit 120), 1 chambre (3 lits 1 pers.) avec douche et lavabo dans chacune des 2 chambres, 2 wc. Salon, TV, à la disposition des hôtes. Grand jardin au bord d'un petit ruisseau. Plan d'eau privé à proximité. Circuit de la vallée de la Vienne. Location de vélos sur place. 1/2 pension à partir de 3 jours. Langues parlées : anglais, allemand.

Prix : 1 pers. 29 € 2 pers. 43 € 3 pers. 55 € repas 17 €
Ouvert : Toute l'année.

5	2	20	12	SP	20	25	SP	20	3	3

Alain et Martine LAUBUS - Le Logis - 86320 MAZEROLLES - Tél. : 05 49 48 42 49

MIGNE-AUXANCES Moulin des Boisses
C.M. 68 Pli 13

1 ch. **Poitiers et Futuroscope 10 km.** Dans un moulin du XVIIè S. face à la maison des propriétaires, M et Mme Ranc vous accueillent dans un complexe familial composé de 1 ch. (1 lit 2 pers.), 1 ch. (2 lits 1 pers.), salle de bains ou salle d'eau et wc pour chacune. Grande cuisine équipée/salle à manger avec coin-salon et TV. Possibilité lit supplémentaire. Terrasse sur la rivière, meubles de jardin. Etang avec possibilité de pêche (canoë-kayak). Tennis et ping-pong sur place. Table d'hôtes sur réservation. Langues parlées : anglais, espagnol.

Prix : 1 pers. 30 € 2 pers. 46 € 3 pers. 53 € repas 18 €
Ouvert : Toute l'année.

10	SP	10	5	SP	10	SP	10	10	1

Fabien RANC - 38 rue des Boisses - Le Moulin des Boisses - 86440 MIGNE-AUXANCES - Tél. : 05 49 51 45 64 ou SR : 05 49 49 59 11 -
E-mail : fabgege.ranc@infonie.fr

MILLAC Le Peyrat
C.M. 72 Pli 5

5 ch. **Circuit automobile du Vigeant 8 km.** Hilda et Alan ont redonné vie à cette ferme traditionnelle, où ils sont venus s'installer. Ils vous proposent 5 ch. à l'étage 3 ch. (1 lit 2 pers.), 2 ch. (2 lits 1 pers.). Les 2 salles d'eau sont communes aux 5 chambres qui n'ont pas de lavabo. Séjour avec TV, livres et musique à disposition. Lit d'appoint poss. Grand terrain avec meubles de jardin. Vous apprécierez le calme du site, la visite du jardin potager et la cuisine mitonnée. Ambiance écossaise pour cette ferme, où il y a également une petite aire de camping. Belles promenades dans cette région appelée aussi la Petite Suisse. Langue parlée : anglais.

Prix : 1 pers. 26 € 2 pers. 34 € repas 15 €
Ouvert : Toute l'année.

2	2	4	2	35	SP	4	70	2

Hilda JAMIESON - Le Peyrat - « Ecosse » - 86150 MILLAC - Tél. : 05 49 84 50 88 - Fax : 05 49 84 50 88

MIREBEAU
C.M. 68 Pli 3

1 ch. **Poitiers 30 km.** Dans une rue tranquille du bourg, les propriétaires vous proposent un ensemble familial au 1er étage d'une maison ancienne comprenant 2 chambres : 1 chambre (1 lit 2 personnes), 1 chambre (2 lits 1 personne), petite salle d'eau, wc réservés aux chambres, 1 lit d'appoint. Séjour. Petite cour/terrasse. Garage. Circuit de la route des vins du Haut-Poitou. Parc de loisirs de Saint-Cyr à 30 Km.

Prix : 1 pers. 30 € 2 pers. 30 € 3 pers. 40 €
Ouvert : Toute l'année.

15	SP	20	12	2	30	SP	23	28	SP

Marcel PEROUX - 34, rue Hoche - 86110 MIREBEAU - Tél. : 05 49 50 42 14

MIREBEAU
C.M. 68 Pli 3

2 ch. **Poitiers 30 km. Futuroscope 23 km.** Dans maison ancienne dans le bourg, 2 chambres à l'étage donnant sur le jardin 1 ch. (2 lits 1 pers.), 1 ch. (3 lits 1 pers.) avec salle de bains et wc privatifs pour chacune. Lit d'appoint possible. Séjour réservé aux hôtes, entrée indépendante, garage pour la voiture. Cour et jardin, mobilier de jardin. Circuit de la route des vins du Haut Poitou.

Prix : 1 pers. 30 € 2 pers. 37 € 3 pers. 48 €
Ouvert : Toute l'année.

15	SP	20	12	2	30	SP	13	30	SP

Annette JEANNIN - 19 rue Jacquard - 86110 MIREBEAU - Tél. : 05 49 50 54 06

MONTAMISE Ensoulesse
C.M. 68 Pli 14

1 ch. Confortablement aménagée dans les dépendances d'une ancienne abbaye, une chambre en mezzanine au-dessus du séjour qui vous est réservé (1 lit 2 pers.) avec salle d'eau et wc, kitchenette, livres, revues, 2 TV, musique. (Possibilité de couchage pour 2 enfants dans le séjour indépendant, wc). Maisonnette indépendante dans un ensemble joliment restauré comprenant des meubles de style, au milieu d'un cadre de verdure avec un grand jardin fleuri en coteau et une piscine (baignade non surveillée), à proximité de Poitiers et du Futuroscope. Langue parlée : anglais.

Prix : 2 pers. 53 €
Ouvert : Toute l'année.

SP	3	10	10	3	10	10	SP	4	3	3

Jean-Claude JOUBERT - 9 rue de l'Abbaye - Ensoulesse - 86360 MONTAMISE - Tél. : 05 49 52 77 57 - Fax : 05 49 52 77 97

Poitou-Charentes **Vienne**

MONTMORILLON La Loge Monteil
C.M. 68 Pli 15

2 ch. Le charme et le calme de la campagne à deux pas d'une petite ville classée « Art et Histoire »! Dans une maison ancienne restaurée, située dans un hameau tranquille à 2 km de la Cité de l'Ecrit, Nathalie et Daniel vous réservent un accueil convivial dans 2 ch. (1 lit 160, poss. 2 lits séparés) avec sanitaires privés pour chacune. Kitchenette pour une. Grand jardin fleuri, parking couvert et lit d'appoint possible. Dans un rayon de 25 km, abbaye de Saint-Savin, Cité médiévale de Chauvigny, base de loisirs de Lathus. Réduction à partir de la 4e nuit. Langues parlées : anglais, espagnol.

Prix : 1 pers. **28/31** € 2 pers. **35/38** €
Ouvert : Toute l'année.

3	3	20	13	2	17	50	SP	20	2	2

Daniel et Nathalie CAPILLON - La Loge Monteil - 86500 MONTMORILLON - Tél. : 05 49 91 33 11 ou 06 17 23 08 05 -
E-mail : nathaliepatrier@ifrance.com

MOULISMES
C.M. 68 Pli 15

4 ch. Circuit du Val-de-Vienne au Vigeant 25 km. 4 chambres d'hôtes dans ferme située dans cadre agréable proche de la N147. 1 ch. (1 lit 150), avec sanitaires privés non communiquants, 1 ch. (1 lit 2 pers.), 1 ch. (1 lit 150, 1 lit 1 pers.), 1 lit enfant), 1 ch. (1 lit 2 pers., 1 lit 1 pers.) avec salle d'eau et wc privatifs pour chaque chambre. Séjour avec TV à la disposition des hôtes. Produits fermiers sur place. Centre de plein air de Lathus à 10 Km (kayak, équitation). Belle région vallonnée (vallée de la Gartempe). Langue parlée : anglais.

Prix : 1 pers. **24/27** € 2 pers. **29/34** € 3 pers. **41** €
Ouvert : Toute l'année.

10	SP	20	10	SP	10	10	62	10	10

Maggy GAILDRAT - Le Bourg - 86500 MOULISMES - Tél. : 05 49 91 90 66 ou 06 80 62 70 76 - Fax : 05 49 91 90 66 -
E-mail : fermedes3canards@free.fr

MOUTERRE-SILLY
(TH) C.M. 68 Pli 2

3 ch. Futuroscope 40 mn. Bords de la Loire 30 mn. 3 chambres aménagées à l'étage d'une maison ancienne rénovée située sur une exploitation agricole dans hameau à 50 m de l'église. 3 chambres avec accès (1 lit 2 personnes) avec salle d'eau et wc privés. Possibilité lit d'enfant. Séjour à la disposition des hôtes. Calme. Beau panorama. Chauffage central. Entrée indépendante. Plage baignade à 12 km.

Prix : 1 pers. **30** € 2 pers. **35** € repas **12** €
Ouvert : Toute l'année.

5	5	13	5	13	15	13	22	5

Henri et Agnès BREMAUD - Rue St-Maximin - 86200 MOUTERRE-SILLY - Tél. : 05 49 98 09 72 - Fax : 05 49 98 09 72

MOUTERRE-SILLY Silly
(TH) C.M. 68 Pli 2

1 ch. Futuroscope 50 km. A proximité des châteaux de la Loire, à l'étage d'une belle maison du XVIè siècle dans un hameau calme à proximité de Loudun, les propriétaires vous proposent une chambre (3 épis) avec entrée indépendante (1 lit 2 personnes), 1 ch. (1 lit 1 personne) avec salle d'eau et wc privés. Séjour à disposition des hôtes. Cour fermée, terrasse, jardin. Plan d'eau à 10 km (Moncontour). Tourisme familial en roulotte à 5 Km.

Prix : 1 pers. **29** € 2 pers. **37** € 3 pers. **46** € repas **12** €
Ouvert : Toute l'année.

5	5	10	5	5	13	5	10	5	5

Serge POUIT - Rue de la Fontaine - Silly - 86200 MOUTERRE-SILLY - Tél. : 05 49 22 46 41 ou 05 49 98 09 66

NEUVILLE-DE-POITOU La Roseraie
(TH) C.M. 68 Pli 13

5 ch. Poitiers Roman 15 km. 4 ch. aménagées sur 3 niveaux dans belle maison bourgeoise, au milieu d'un parc, 1 ch. au r.d.c. (1 lit 2 pers.), au 1er étage : 2 ch. (1 lit 2 pers.) chacune avec sanitaires privés, au 2e 1 ensemble familial de 2 ch. (1 lit 2 pers., 2 lits 1 pers.), sanitaires privés, 1 ch. famille (5 lits 1 pers.) dans belle dépendance. Lit d'appoint poss. Salon (cheminée) à dispo. Parc, grande terrasse, mobilier de jardin, jeux d'extérieurs, ping-pong. Repas enfants de - de 15 ans : 9 €). Réduction de 10 % (hors vacances scolaires) pour 3 nuits et plus en réservation directe. Piscine chauffée (baignade non surveillée). Langue parlée : anglais.

Prix : 1 pers. **35** € 2 pers. **42** € repas **14** €
Ouvert : Du 4 janvier au 22 décembre.

SP	1	16	9	9	11	15	SP

Christian PRAY - 78 rue Armand Caillard - La Roseraie - 86170 NEUVILLE-DE-POITOU - Tél. : 05 49 54 16 72 - Fax : 05 49 51 69 04 -
E-mail : evelynepray@aol.com ou SR : 05 49 49 59 11

NEUVILLE-DE-POITOU La Galerne
(TH) C.M. 68 Pli 13

5 ch. Poitiers 15 mn. Futuroscope 10 mn. Dans maison contemporaine au cœur d'un parc arboré et fleuri d'1 ha les propriétaires vous proposent 5 ch., chacune avec accès indépendant, 1 ch. (1 lit 2 pers., 2 lits 1 pers.), 1 ch. (1 lit 2 pers., 1 lit 1 pers.) et 3 ch. (1 lit 2 pers.). Salle d'eau et wc privés pour chacune. Possibilité lits d'appoint. Terrasse, meubles de jardin, piscine (non surveillée). Vous découvrirez le charme de la campagne : détente et repos assurés dans un cadre convivial.

Prix : 1 pers. **30** € 2 pers. **38** € 3 pers. **46** € repas **14** €
Ouvert : Toute l'année.

SP	1	16	16	16	16	8	10	1

Yvette PAVY - La Galerne - Chemin de Couture - 86170 NEUVILLE-DE-POITOU - Tél. : 05 49 51 14 07 - Fax : 05 49 54 47 82 ou
SR : 05 49 49 59 11

Vienne

Poitou-Charentes

NIEUIL-L'ESPOIR La Petite Thimote
C.M. 68 Pli 4

ııı 2 ch. **Poitiers 12 km. Futuroscope 25 km.** A 1 km du bourg de Nieuil L'Espoir, deux chambres aménagées dans un parc très agréable, 1 ch. (1 lit 140) avec petit salon contigu (1 lit 80) avec salle de bains et wc privatifs, 1 ch. (1 lit 140) avec salle d'eau et wc privatifs. Grand jardin fleuri et salon de jardin. Pique-nique possible. De nombreuses balades sont à faire dans la région. Proximité du du golf (18 trous) de Mignaloux à 5 minutes et des Bois de St-Pierre avec son parc animalier. Langue parlée : anglais.

Prix : 2 pers. **40/46 €** 3 pers. **55 €**
Ouvert : Toute l'année.

🐕	⛱	🎾	⛵	🏇	🏊	🎿	🏢	🚂	🚗
1	12	25	5	1	25	12	1		

LACROIX Marie-Thérèse et Jacques - La Petite Thimoté - 86340 NIEUIL-L'ESPOIR - Tél. : 05 49 42 06 00 - Fax : 05 49 42 54 66

PAYROUX La Touche
C.M. 72 Pli 4/5

ııı 4 ch. **Abbaye de Charroux 12 km. Civray (église St-Nicolas) 17 km.** Dans une maison avec une partie ancienne et un jardin d'hiver, les propriétaires vous proposent 2 ch. (2 lits 1 pers.) et 1 ch. (1 lit 2 pers., 1 lit 1 pers.) avec sanitaires communs au r-d-c classées 1 épi et 1 ch. (1 lit 2 pers., 1 lit 1 pers.) classée 3 épis avec sanitaires privés à l'étage. Séjour avec revues, télévision et musique à dispo. Piscine sur place (baignade non surveillée).

Prix : 1 pers. **30 €** 2 pers. **38 €** 3 pers. **46 €**
Ouvert : Toute l'année.

🐕	⛱	🎾	⛵	🏇	🏊	🎿	🏢	🚂	🚗
SP	2	25	SP	40	45	2	30	25	7

Jean-Marie DUVIVIER - La Touche - 86350 PAYROUX - Tél. : 05 49 87 82 78 - Fax : 05 49 87 02 72

PERSAC La Porcelaine
C.M. 68 Pli 15

ı 1 ch. **Futuroscope 50 km. Circuit automobile du Val de Vienne 25 km.** Dans une maison récente sur la N147, la propriétaire vous propose au rez-de-chaussée donnant sur le jardin 1 ensemble familial comprenant 1 ch. (1 lit 2 pers.), 1 ch. (2 lits 1 pers., avec lavabo), salle de bains et wc séparé à l'usage exclusif des hôtes. Meubles de jardin. Parking. Entrée indépendante. Lit d'appoint possible. Cité de l'Ecrit et des Métiers du Livres à Montmorillon.

Prix : 1 pers. **30 €** 2 pers. **35 €** 3 pers. **49 €**
Ouvert : Toute l'année.

🐕	⛱	🎾	⛵	🏇	🏊	🎿	🏢	🚂	🚗
10	6	10	6	12	10	50	5	5	

Alice BRETON - La Porcelaine - 86320 PERSAC - Tél. : 05 49 48 33 12

POITIERS Château de Vaumoret
C.M. 68 Pli 14

ııı 3 ch. **Futuroscope 10 mn.** 3 chambres de charme dans l'aile d'un petit château XVIIè siècle, grand calme et verdure. 1 chambre (1 lit 2 pers., 2 lits 80), 2 chambres (2 lits 1 pers.) salle de bains et wc privatifs pour chaque chambre. Cuisine, séjour (TV, chaîne stéréo, livres, revues) réservés aux hôtes. Vélos à disposition. Point de départ touristique dans tout le Haut Poitou roman et les riantes vallées de la Vienne. Richesses artistiques et architecturales de Poitiers et des environs. Langue parlée : anglais.

Prix : 1 pers. **46/56 €** 2 pers. **54/68 €** 3 pers. **78 €**
Ouvert : Toute l'année.

🐕	⛱	🎾	⛵	🏇	🏊	🎿	🏢	🚂	🚗
6	3	16	5	16	9	SP	10	8	3

Daniel et Agnès VAUCAMP - Rue du Breuil Mingot - 86000 POITIERS - Tél. : 05 49 61 32 11 - Fax : 05 49 01 04 54 ou SR : 05 49 49 59 11

POUANT Le Bois Goulu
C.M. 68 Pli 3

ııı 2 ch. **Futuroscope 50 km. Richelieu 5 km.** A l'étage d'une jolie ferme dans un cadre verdoyant et calme, située à l'entrée d'un bourg, les propriétaires vous proposent 1 ch. (1 lit 160), avec salle d'eau et wc privés. 1 ensemble familial comprenant 2 ch. (1 lit 160, 2 lits 80), salle de bains et wc privés. Séjour et kichenette à la disposition des hôtes. Cour fermée. A partir de 2 ans : 9 €. Réduction pour long séjour. Proximité des châteaux de la Loire. Forêts à 10 km.

Prix : 1 pers. **36 €** 2 pers. **43 €** 3 pers. **53 €**
Ouvert : Toute l'année.

🐕	⛱	🎾	⛵	🏇	🏊	🎿	🏢	🚂	🚗
5	5	40	15	SP	25	15	35	5	

Marie-Christine PICARD - Allée du Bois Goulu - 86200 POUANT - Tél. : 05 49 22 52 05 ou SR : 05 49 49 59 11

PRESSAC La Renauderie
C.M. 72 Pli 5

ıı 5 ch. Dans un bâtiment proche des propriétaires, Michelle vous propose 5 ch dont une au r.d.c. : 2 chambres (1 lit 2 personnes), 1 chambre (1 lit 2 personnes, 2 lits superposés), 2 chambres (1 lit 2 personnes, 1 lit 1 personne), salle d'eau et wc privés pour chaque chambre. Séjour réservé aux hôtes, cheminée. Lit d'appoint possible. Vélos à disposition des hôtes. Circuit du Vigeant à 10 km. Festival Folklorique de Confolens à 14 km, base de loisirs d'Availles Limouzine à 8 km et base nautique à 15 km.

Prix : 1 pers. **27 €** 2 pers. **35 €** 3 pers. **43 €**
Ouvert : Toute l'année.

🐕	⛱	🎾	⛵	🏇	🏊	🎿	🏢	🚂	🚗
7	1,5	15	18	SP	15	2	8	30	1

Michelle LEYGNAC - La Renauderie - 86460 PRESSAC - Tél. : 05 49 48 52 92 - Fax : 05 49 48 52 92

Poitou-Charentes — Vienne

PRESSAC L'Epine
C.M. 72 Pli 5

3 ch. — **Circuit automobile du Vigeant 10 km.** Ambiance feutrée toute britannique pour ces 3 chambres que Mary vous proposent à l'étage de la maison où elle s'est installée il y a quelques temps, dans un petit hameau tranquille à l'écart de la route. 1 ch. (1 lit 2 pers.), 1 ch. (1 lit 2 pers., 2 lits 1 pers.) et 1 ch. (2 lits 1 pers.), salle d'eau et wc privatifs pour chacune. Lit d'appoint possible. Salon avec télévision à la disposition des hôtes, terrasse, jardin. Base de loisirs à 2 km. Piscine hors sol (9,10 x 4,60 x 1,20), baignade non surveillée, toboggan, balançoire. Langue parlée : anglais.

Prix : 1 pers. 32 € 2 pers. 40 € 3 pers. 47 € repas 17 €
Ouvert : Toute l'année.

	SP	2	2	12	2	10	35	10	2	50	12

Mary-Christine BRADSHAW - L'Epine - 86460 PRESSAC - Tél. : 05 49 84 97 77 - Fax : 05 49 84 97 77

QUINCAY Château de Masseuil
C.M. 68 Pli 13

1 ch. — **Futuroscope 15 km. Parc de loisirs d'Ayron (pêche, voile...) 10 km.** Dans le cadre magnifique du château de Masseuil, demeure historique située en promontoire sur la rivière l'Auxances, un ensemble familial composé d'une ch. (2 lits 1 pers.) avec salle d'eau et une ch. (1 lit 100) avec cabinet de toilette. Séjour avec livres à disposition. Grand parc avec salon de jardin, ping-pong, VTT. Tennis privée, baignade poss. De nombreuses promenades sont à faire en forêt de Vouillé à 3 km. Langues parlées : anglais, espagnol.

Prix : 1 pers. 46 € 2 pers. 61 € 3 pers. 76 €
Ouvert : Toute l'année.

	SP	SP	10	SP	SP	15	2	10	11	3

Alain GAIL - Château de Masseuil - 86190 QUINCAY - Tél. : 05 49 60 42 15 - Fax : 05 49 60 70 15

QUINCAY Ringère
C.M. 68 Pli 13

2 ch. — **Poitiers 12 km. Futuroscope 10 km.** Dans une maison indépendante, dans un hameau les propriétaires vous proposent 2 chambres agréablement meublées. 1 ch. au r.d.c. (1 lit 150, 1 lit 1 pers.), 1 ch. à l'étage (1 lit 2 pers., 1 lit 120, 1 lit 1 pers.), chacune avec salle de bains et wc privés. Séjour, (TV, livres, revues), jardin, salon de jardin à disposition des hôtes. De belles promenades sont à faire en forêt de Vouillé sur place. Langues parlées : anglais, allemand.

Prix : 1 pers. 35 € 2 pers. 40 € 3 pers. 46 €
Ouvert : Toute l'année.

7	1,5	15	10	0,5	10	15	SP	10	12	1,5

Michel BRISSIAUD - 4 chemin des Soupirs - Ringère - 86190 QUINCAY - Tél. : 05 49 60 47 38 ou 06 80 10 10 41

LES ROCHES-PREMARIE Raboué
C.M. 68 Pli 14

1 ch. — **Poitiers 13 km. Futuroscope 27 km.** Un ensemble familial comprenant 2 chambres confortables dans cadre verdoyant. Calme absolu. 1 chambre (1 lit 2 personnes, 1 convertible 1 personne), 1 chambre (1 lit 160 et 1 convertible), salle d'eau et wc privatifs, Séjour à la disposition des hôtes. Joli jardin avec mobilier, terrasse et pique-nique possible. Abbaye de Nouaillé Maupertuis à 3,5 Km (fêtes médiévales en juin).

Prix : 1 pers. 27 € 2 pers. 39 € 3 pers. 52 €
Ouvert : Toute l'année.

4	3	26	13	3	6	9	4	4	13	2,5

Odette POIRIER - 3 all. de la Métairie du Puits - Raboué - 86340 LES-ROCHES-PREMARIE - Tél. : 05 49 42 52 83

ROUILLE La Grée
C.M. 68 Pli 12

2 ch. — **Marais-Poitevin 20 km. Site gallo-romain de Sanxay 10 km.** 2 chambres d'hôtes meublées avec mobilier ancien régional, dans une maison située dans un hameau très calme. 1 ch. (1 lit 2 pers.), 1 ch. (1 lit 2 pers., 1 lit 100 et 1 lit bébé), avec salle d'eau et wc privés, séjour avec cheminée, jeux et revues à la disposition des hôtes. Terrain et étang privés (pêche, pique-nique). Plan d'eau à 4 km et site préhistorique de Bougon à 15 Km.

Prix : 1 pers. 32 € 2 pers. 37 € 3 pers. 43 € repas 13 €
Ouvert : Toute l'année.

4	4	SP	SP	SP	4	4	4

Guy et Jacqueline GIRAULT - La Grée - 86480 ROUILLE - Tél. : 05 49 53 50 94

SAULGE Les Gats
C.M. 68 Pli 15

1 ch. — Grande maison indépendante avec étage dans la vallée de la Gartempe. Un ensemble famille comprenant 1 ch. (1 lit 2 pers.) et 1 ch. (1 lit 2 pers., 1 lit 1 pers., poss. lit bébé) salle d'eau particulière. Séjour à la disposition des hôtes. Entrée indépendante. Loisirs gratuits sur place (tennis, mini-golf). Lit d'appoint possible. Restaurant à 5 km. Montmorillon « Ville d'Art et d'Histoire » et Cité de l'Ecrit et des Métiers du livres à 5 Km. Centre de plein air de Lathus à 10 Km (canoë kayak, équitation).

Prix : 1 pers. 27 € 2 pers. 34 € 3 pers. 46 €
Ouvert : Toute l'année.

SP	1	35	6	SP	15	SP	50	5	SP

Martin CHARRITON - Les Gats - 86500 SAULGE - Tél. : 05 49 91 05 87

Vienne

Poitou-Charentes

SAULGE Les Gats
C.M. 68 Pli 15

2 ch. **Montmorillon 6 km.** Grande maison de Maître indépendante à la ferme située dans une région verdoyante et pittoresque au bord de la Gartempe. 2 chambres à l'étage (1 lit 2 personnes), possibilité lit d'appoint, salle d'eau et wc particuliers pour chaque chambre. Séjour réservé aux hôtes. Restaurant à 600 m (avant 20 H). Lit d'appoint possible. Mini-golf et tennis gratuits à 1 km. Centre de plein air de Lathus à 10 km. Montmorillon, « Ville d'Art et d'Histoire » et Cité de l'écrit et des métiers du livre. Langues parlées : anglais, espagnol.

Prix : 1 pers. 29 € 2 pers. 37 €
Ouvert : Toute l'année.

SP	1	15	7	SP	12	45	SP	1	5	SP

Philippe DUDOIT - Les Gats - 86500 SAULGE - Tél. : 05 49 91 06 10 - Fax : 05 49 91 06 10 - http://gitesdesgats.ifrance.com

SAVIGNY-L'EVESCAULT Château de la Touche
C.M. 68 Pli 14

3 ch. Au cœur d'un parc de 12 ha, vous serez accueillis dans un château du XVIIe s., dans de grandes chambres climatisées. 1 chambre (1 lit 2 pers.), avec son salon, 1 chambre (1 lit 2 pers.) et 1 chambre (2 lits 1 pers.), toutes avec salle de bains et wc privés. Possibilité de restauration à proximité. Le château de la Touche est situé à 15 km de Poitiers « Ville d'Art et d'Histoire » et à 15 km de Chauvigny, célèbre pour sa cité médiévale, son festival d'été et son spectacle de fauconnerie. Langues parlées : anglais, allemand.

Prix : 1 pers. 60/90 € 2 pers. 90/120 €
Ouvert : Du 1er avril au 31 octobre et vacances scolaires.

15	2	20	1	5	SP	22	15	5	

Michel et Monique TABAU - Château de la Touche - 86800 SAVIGNY-L'EVESCAULT - Tél. : 05 49 01 10 38 - Fax : 05 49 56 47 82 - E-mail : infos@chateaudelatouche.com - www.chateaudelatouche.com ou SR : 05 49 49 59 11

ST-GENEST-D'AMBIERE La Garenne
(TH) *C.M. 68 Pli 4*

4 ch. **Futuroscope 21 km.** Anne vous propose 5 jolies chambres dans belle maison de caractère sur propriété boisée. 2 ensembles famille comprenant 2 ch. (1 lit 2 pers., 2 lits enfant), 2 ch. (1 lit 2 pers.), salle de bains et wc privatifs pour chacune des ch. dont 1 au r.d.c. avec entrée indépendante. Séjour avec cheminée, TV, livres, revues à disposition des hôtes. Situées entre Futuroscope et Châteaux de la Loire. Centre de soins esthétiques et de remise en forme sur place.

Prix : 1 pers. 45 € 2 pers. 48/55 € 3 pers. 61 € repas 25 €
Ouvert : Du 5 janvier au 30 décembre.

15	2	15	10	15	15	SP	21	17	0,8

Anne MICHEAU - La Garenne - 86140 ST-GENEST-D'AMBIERE - Tél. : 05 49 90 71 98 ou 06 11 04 17 95 - Fax : 05 49 90 71 98 - E-mail : amicheau@lagarenne.com - www.lagarenne.com

ST-GEORGES-LES-BX
C.M. 68 Pli 14

3 ch. **Futuroscope 4 km. Poitiers 15 km.** Dans une rue tranquille du bourg, 3 chambres d'hôtes agréables vous accueillent dans une dépendance face à la maison des propriétaires. Au r.d.c. : 1 ch. (1 lit 2 pers., 1 lit 1 pers.), à l'étage, 2 ch. (1 lit 2 pers.) chacune avec sanitaires privatifs. Séjour/coin-cuisine réservé aux hôtes. Petit jardin ombragé et fleuri, préau, mobilier de jardin. Très au calme tout en étant proche du Futuroscope et de Poitiers vous apprécierez le coin-cuisine, le préau ainsi que la grande cour fermée pour le stationnement.

Prix : 1 pers. 28 € 2 pers. 37 € 3 pers. 43 €
Ouvert : Toute l'année.

1,5	SP	7	3	SP	20	7	4	2	SP

Gisèle BOUTET - 4 rue de la Tonnelle - 86130 ST-GEORGES-LES-BX - Tél. : 05 49 52 50 28

ST-MARTIN-L'ARS La Petite Tangue
C.M. 72 Pli 5

2 ch. Dans une jolie région propice aux randonnées, Au r.d.c. d'une ancienne ferme, restaurée dans le style du pays, 2 chambres avec entrée indépendante (1 lit 2 personnes, 1 lit 1 personne), salle de bains et wc privés pour chaque ch.. Séjour à disposition des hôtes, livres, revues. Grand terrain avec meubles de jardin, barbecue, abri pour la voiture. De nombreuses visites possible avec le circuit des abbayes du Haut-Poitou, le circuit automobile du Vigeant (Formule 3, 4x4, karting) à 6 km, saut à l'élastique et ski nautique à l'Isle Jourdain. Langue parlée : anglais.

Prix : 1 pers. 34 € 2 pers. 43 € 3 pers. 50 €
Ouvert : Toute l'année.

7	6	15	12	7	20	SP	7	50	10

Dany LABONNE - La Petite Tangue - 86350 ST-MARTIN-L'ARS - Tél. : 05 49 87 78 96 - Fax : 05 49 87 78 96 - E-mail : tangue@mutlimania.com - www.multimania.com/tangue/

ST-MAURICE-LA-CLOUERE Château de Galmoisin
C.M. 68 Pli 14

2 ch. **Parc de loisirs de Payré 12 km.** Dans le château de Galmoisin du XVIIe siècle, les propriétaires vous proposent 1 ch. classée 3 épis (1 lit 160, 2 lits 1 pers.) avec sanitaires privés et un ensemble famille de 2 ch. classé 2 épis (1 lit 2 pers., 1 lit 120) avec salle de bains et wc pour l'ensemble. Séjour à disposition. Nombreuses promenades dans la région. Musée de l'Ordre de Malte à Gençay 1 km. Langue parlée : anglais.

Prix : 1 pers. 46/61 € 2 pers. 53/69 € 3 pers. 76 €
Ouvert : Du 07 au 31/01, 18 au 24/03, 29/07 au 01/09 et sur réservation.

0,8	1	35	12	1	20	15	13	35	25	0,8

Jean FOURNIER - Château de Galmoisin - 86160 ST-MAURICE-LA-CLOUERE - Tél. : 05 49 59 31 73

Poitou-Charentes — **Vienne**

ST-SAUVANT Pouzeau (TH) — C.M. 68 Pli 12

2 ch. Dans un cadre très agréable, la propriétaire vous propose deux chambres à l'étage avec chacune sanitaires privés. 1 chambre (1 lit 2 personnes), avec salle de bains et wc, et 1 chambre (1 lit 2 personnes, 1 lit 1 personne) avec salle d'eau et wc. Séjour avec TV, livres et revues à disposition. Table d'hôtes sur réservation. De nombreuses promenades sont à faire dans la forêt domaniale de Saint-Sauvant à 4 km, ainsi qu'au port miniature de Payré à 12 km.

Prix : 1 pers. **27 €** 2 pers. **30 €** 3 pers. **41 €** repas **11 €**
Ouvert : Toute l'année.

4	1	12	15	1	12	40	1	12	12	4

Eliane BARREAULT - Pouzeau - 86600 ST-SAUVANT - Tél. : 05 49 59 72 90 - Fax : 05 49 36 05 54

ST-SAVIN Siouvres — C.M. 68 Pli 15

3 ch. Charline et Jacky vous accueillent ds leur ferme poitevine (fin XIIIè s.) restaurée. Calme assuré. 3 ch. dont 2 dans maison indépendante. 2 ch. au r.d.c. 1 ch. (1 lit 2 pers.), 1 ch. (1 lit 2 pers. + clic-clac), 1 ch. à l'étage (2 lits 2 pers.), avec coin-cuisine. Sanitaires privés pour chaque chambre. Lit d'appoint possible. Parking. Barbecue, jeux enfants. Ping-pong. Découvrez à travers notre exploitation le tourisme apicole. Collégiale de St Savin, Centre International d'Art Mural. Futuroscope à 40 mn. Réduction de 10 % pour plus de 5 nuits. Taxe de séjour.

Prix : 1 pers. **32 €** 2 pers. **40 €** 3 pers. **47 €**
Ouvert : Du 1er mars au 1er novembre.

2	2	35	4	2	6	35	SP	45	20	2

Jacky et Charline BARBARIN - Siouvres - 86310 ST-SAVIN - Tél. : 05 49 48 10 19 - Fax : 05 49 48 46 89 -
E-mail : Charline.Barbarin@wanadoo.fr - www.lafermeapicole.fr.st

SURIN Château de Cibioux (TH) — C.M. 72 Pli 4

2 ch. Dans un château du XVe et XVIIe s., dominant un ruisseau, une suite comprenant 1 ch. (1 lit 150), avec salon attenant donnant sur loggia Renaissance (1 divan 1 pers.), 1 ch. (1 lit 160 en alcove) chacune avec salle de bains et wc séparés privatifs, TV dans salon. Grand salon à disposition des hôtes. Parc, grande terrasse. Le propriétaire organise régulièrement des expositions artistiques dans le château. Région riche en patrimoine roman. Restaurant à 400 m. Tarif forfaitaire pour long séjour. Gratuit pour les enfants de - de 12 ans.

Prix : 1 pers. **69 €** 2 pers. **85 €** 3 pers. **100 €** repas **16 €**
Ouvert : Toute l'année.

10	SP	5	10	SP	76	15	8

Jean-Claude CORBIN - Château de Cibioux - 86250 SURIN - Tél. : 05 49 87 04 89 - Fax : 05 49 87 46 30 ou SR : 05 49 49 59 11

LA TRIMOUILLE Toel (TH) — C.M. 68 Pli 16

3 ch. Montmorillon 15 km. L'Ile aux Serpents 3 km. 3 chambres dans une belle maison très bien rénovée, 1 ch. (3 épis), (1 lit 2 pers., 1 lit 1 pers.), avec salle de bains et wc privés, 2 ch. (2 épis), (1 lit 2 pers.), possibilité de lit d'appoint, avec salle d'eau et wc privés pour chacune. Chauffage central. Séjour, bibliothèque, salon de jardin, jeux à la disposition des hôtes. Parc avec poneys. Situées à 2 km de l'itinéraire Paris-Limoges, dans un cadre de verdure exceptionnel. Collégiale de Saint-Savin (fresques) à 20 Km. Foire pittoresque des Hérolles le 29 de chaque mois.

Prix : 1 pers. **30 €** 2 pers. **34/41 €** 3 pers. **50 €** repas **14 €**
Ouvert : Toute l'année sur réservation.

2	15	15	2	15	7	15	76	15	2

Gérard VOUHE - Toel - 86290 LA-TRIMOUILLE - Tél. : 05 49 91 67 59 - Fax : 05 49 91 55 66

USSEAU La Motte  (TH) — C.M. 68 Pli 4

3 ch. Ce château XVe entouré d'un parc aux tilleuls centenaires vous offre une variété de chambres allant de la chambre de caractère époque du château, à la grande suite avec sa cheminée en passant par la chambre familiale, 2 ch. (1 lit 160, 1 lit 120) et 1 ch. (1 lit 160), avec sanitaires et wc privés pour chacune. Piscine et terrain de badminton. Vous pourrez profiter des produits du terroir servis à la table d'hôtes face à la grande cheminée de la salle à manger. Musique, jeux de société et lecture dans le salon élégamment meublé, bibliothèque dans la tour. Vous apprécierez également la visite historique du château. Langue parlée : anglais.

Prix : 1 pers. **47/78 €** 2 pers. **53/84 €** 3 pers. **84/99 €**
repas **11/23 €**
Ouvert : Du 1er février au 1er décembre.

SP	7	20	4	5	7	20	0,5	20	8	8

BARDIN Jean-Marie et Marie-Andrée - Château de la Motte - 86230 USSEAU - Tél. : 05 49 85 88 25 - Fax : 05 49 85 89 85 -
E-mail : j-marie.bardin@wanadoo.fr

VARENNES Manoir de Vilaines — C.M. 68 Pli 13

3 ch. Parc de loisirs de St-Cyr 20 km. Dans une demeure de caractère dominant le vignoble du Haut-Poitou, nous vous proposons au r.d.c. 1 ensemble famille composé d'un salon (1 lit 1 pers. et 1 convert.) et 1 ch. (1 lit 2 pers.), 1 ch. à l'étage, 1 suite 1 ch. (1 lit 2 pers.) avec salon (convert.) et 1 ch. (1 lit 2 pers.), toutes avec sanitaires privés. Au r.d.c., un grand salon est réservé aux hôtes. Salon de jardin et parc paysagé pour la détente. Route des vins du Haut-Poitou, caves mirebalaises. Lit d'appoint possible.

Prix : 1 pers. **32/37 €** 2 pers. **40/43 €** 3 pers. **55 €**
Ouvert : Toute l'année.

20	4	20	16	1	20	SP	20	25	4

Philippe SIMONNET - Vilaines - 86110 VARENNES - Tél. : 05 49 60 73 93 ou SR : 05 49 49 59 11

Vienne

Poitou-Charentes

VELLECHES La Blonnerie
C.M. 68 Pli 4

3 ch. **Futuroscope 30 km.** Au calme dans un environnement boisé, 3 chambres à la ferme : 1 suite comprenant 1 ch. (1 lit 2 pers.) et un salon (2 lits gigognes) avec TV, 1 ch. (1 lit 2 pers., 2 lits gigognes), 1 convert. 2 pers., TV dans la ch., 1 ch. (1 lit 160, 1 lit 1 pers.) coin-salon avec TV. Sanitaires privés chacune. Séjour à dispo. Jeux pour enfants. Terrasse aménagée. Etang de pêche et parc botanique sur place. Chasse en saison. Proximité des châteaux de la Loire.

Prix : 1 pers. 33 € 2 pers. 39 € 3 pers. 48 € repas 14 €
Ouvert : Toute l'année.

| 13 | 7 | 27 | 15 | SP | 13 | 35 | SP | 27 | 13 | 7 |

Marie-France MASSONNET - La Blonnerie - 86230 VELLECHES - Tél. : 05 49 86 41 72 - Fax : 05 49 86 41 72

VENDEUVRE Domaine de la Fuie
C.M. 68 Pli 3

5 ch. **Futuroscope 10 mn. Poitiers 15 mn.** Au calme dans vieille demeure seigneuriale du XVIIe S., au cœur d'1 parc boisé et fleuri, M et Mme Chauzamy vous proposent 1 ch. (2 épis, 1 lit 2 pers., 1 lit 1 pers.), 4 ch. à l'ét. 2 ch. (1 lit 2 pers., 1 lit 1 pers.), 1 ch. (2 épis, 2 lits 2 pers., 1 lit 1 pers.) chacune avec sanitaires privés, 1 ch. (2 épis, 1 lit 2 pers.) s.d.b. privée et wc non communiquants. Mobilier de jardin, piscine couverte (baignade assurée du 15 mai au 30 septembre, non surveillée) à votre disposition. Terrain de boules, ping-pong. Parking privé.

Prix : 1 pers. 34 € 2 pers. 37 € 3 pers. 49 € repas 14 €
Ouvert : Toute l'année.

| SP | 3 | 15 | 1 | 3 | 15 | 4 | 9 | 17 | 4 |

Micheline CHAUZAMY - Bataille - 86380 VENDEUVRE-DU-POITOU - Tél. : 05 49 51 34 95 - Fax : 05 49 54 08 81 - http://lafuie.com ou SR : 05 49 49 59 11

VICQ-SUR-GARTEMPE La Serenne
C.M. 68 Pli 5

3 ch. **La Roche-Posay (station thermale) 9 km.** Dans un hameau typique aux pierres roses, 3 ch. joliment aménagées au r.d.c. de la maison. 1 ch. (2 lits 1 pers.), 1 ch. (1 lit 2 pers., 1 lit 1 pers.), et 1 ch. (1 lit 2 pers.), chacune avec salle d'eau et wc privés. Séjour à la disposition des hôtes avec revues, sauna, vélos. Table d'hôtes sur réservation uniquement, Nourriture Bio. Poss. cours de cuisine végétarienne et conseils en hygiène alimentaire. Organisation de stage visites-rencontres de fermiers producteurs biologiques. Langue parlée : anglais.

Prix : 1 pers. 31 € 2 pers. 40 € 3 pers. 51 € repas 11/15 €
Ouvert : Toute l'année.

| 1 | 9 | 28 | 9 | 1 | 7 | 9 | SP | 18 | 28 | 1 |

SALAÜN Christophe et Véronique - La Serenne - 86260 VICQ-SUR-GARTEMPE - Tél. : 05 49 86 33 15

VIVONNE La Rochette
C.M. 68 Pli 13

2 ch. **Poitiers 15 km. Futuroscope 30 km.** Colette vous reçoit dans sa ferme et propose 1 jolie chambre (1 lit 2 pers.) à l'étage et 1 ensemble famille comprenant 2 ch. (1 lit 2 pers.), 1 ch. (1 lit 2 pers., 1 lit 1 pers.), salle d'eau et wc séparés pour ces chambres. Séjour avec cheminée, livres, revues à la disposition des hôtes. Terrain boisé en bordure de rivière. Langue parlée : anglais.

Prix : 1 pers. 30 € 2 pers. 32 € 3 pers. 42 € repas 11 €
Ouvert : Toute l'année.

| 4 | 4 | SP | 4 | 25 | SP | 30 | 15 | 4 |

Colette VINCENT - Route de Marcay - La Rochette - 86370 VIVONNE - Tél. : 05 49 43 50 17

VIVONNE La Salle
C.M. 68 Pli 13

2 ch. **Poitiers 20 km. Futuroscope 30 km.** A 2 km de la RN 10, au sud de Poitiers, dans un hameau tranquille sur une exploitation agricole, Françoise et Christian vous accueillent pour une nuit ou plus dans 2 ch. avec entrée indépendante : 1 ch. en r.d.c. 2 épis, (1 lit 2 pers., 1 lit 120) et une ch. à l'étage (1 lit 160), chacune avec sanitaires privés. Cour ombragée, salon de jardin, abri couvert pour la voiture. Parc de loisirs à 12 km (port miniature de Payré). Réduction de 5 % à partir de la 2e nuit. Langue parlée : anglais.

Prix : 1 pers. 26 € 2 pers. 29 € 3 pers. 38 € repas 11 €
Ouvert : Toute l'année.

| 6 | 6 | 7 | SP | 6 | 15 | SP | 12 | 6 |

DUBREUIL Christian et Françoise - La Salle - 86370 VIVONNE - Tél. : 05 49 43 49 17 - Fax : 05 49 43 49 17

VOUILLE
C.M. 68 Pli 13

2 ch. **Poitiers 10 mn. Futuroscope 15 mn.** Dans maison ancienne rénovée située au centre du bourg, 2 ensembles familiaux comprenant chacun 2 chambres avec sanitaires privatifs 1 ch. (2 lits 1 pers.), 3 ch. (1 lit 2 pers.), possibilité de lit d'enfant, salon TV. Terrasse, jardin ombragé au bord de la rivière de l'Auxance (barque). Parking privé fermé. Portique et ping-pong. Restauration possible dans le village. Langue parlée : anglais.

Prix : 1 pers. 31 € 2 pers. 38 € 3 pers. 52 €
Ouvert : Toute l'année.

| SP | SP | 4 | 10 | 1 | 20 | 22 | 2 | 4 | 17 | SP |

Thérèse LECANUET - 3 rue de la Grand'Maison - 86190 VOUILLE - Tél. : 05 49 51 96 38 - Fax : 05 49 54 48 15 - www.chambredhôtes.fr.fm ou SR : 05 49 49 59 11

Poitou-Charentes — **Vienne**

VOULON
C.M. 68 Pli 13

3 ch. **Futuroscope 35 km.** Dans un cadre de verdure, au calme, joli moulin restauré. Les propriétaires proposent sur étage réservé aux hôtes, 3 chambres avec chacune 1 lit 2 personnes, salle d'eau et wc particuliers, salle de séjour à la disposition des hôtes. Terrain boisé et pêche en étang sur place. Base nautique à 5 nimutes. Location de VTT sur place. Langues parlées : anglais, allemand, espagnol.

Prix : 2 pers. **46 €**
Ouvert : Du 1er juillet au 31 août.

🐕	⛱	🎾	⛵	🐎	🏊	🚣	🏌	👯	⛪	🚂	🅿
	12	SP	SP	SP	SP	SP	3	2	10		

Janick CUVILLIER - Moulin de Villenon - 86700 VOULON - Tél. : 05 49 42 07 38 - Fax : 05 49 42 88 09

VOUNEUIL-SOUS-BIARD Le Grand Mazais
(TH) *C.M. 68 Pli 13*

4 ch. **Poitiers 4 km. Futuroscope 12 km.** Aux portes de Poitiers, à l'étage d'une belle maison de maître de la fin du XVIIè S., agréablement meublée, 3 chambres de 40 m² chacune (1 lit 160 x 200), avec salle de bains ou salle d'eau et wc privatifs, un ensemble familial de 2 ch. (1 lit 2 pers., 2 lits 1 pers.) avec salle d'eau et wc privatifs. Salon réservé aux hôtes. Menu gastronomique sur réservation, 48 h à l'avance. Terrain arboré de 1,5 ha, piscine (baignade non surveillée). Langue parlée : anglais.

Prix : 1 pers. **58/66 €** 2 pers. **69/76 €** 3 pers. **84 €** repas **38 €**
Ouvert : Toute l'année.

🐕	⛱	🎾	⛵	🐎	🏊	🚣	🏌	👯	⛪	🚂	🅿
	SP	3	2	1	3	6	1	3	4	2	

Jean-Pierre CARCEL - Le Grand Mazais - 86580 VOUNEUIL-SOUS-BIARD - Tél. : 05 49 53 40 31 - Fax : 05 49 43 69 94

VOUNEUIL-SUR-VIENNE
C.M. 68 Pli 4

2 ch. A 12 km au sud de Châtellerault, dans pavillon récent, de plain-pied avec terrasse et jardin de 1500 m², Liliane et Michel vous proposent 1 ch. (1 lit 2 pers.) avec s. d'eau et wc privés, un ensemble famille avec 1 ch. (1 lit 160) et 1 ch. (2 lits 1 pers., convertible) s. d'eau et wc privés + lavabo dans une des ch.. Lits suppl. poss.. Séjour et ping-pong à dispo. Base de loisirs à 6 km. Réserve naturelle à 1 Km. Accueil chaleureux et convivial chez des propriétaires passionnés de théatre et de nature.

Prix : 1 pers. **23 €** 2 pers. **27/32 €** 3 pers. **38 €** pers. sup. **11 €**
Ouvert : Toute l'année.

🐕	⛱	🎾	⛵	🐎	🏊	🚣	🏌	👯	⛪	🚂	🅿
	6	SP	6	15	SP	4	6	SP	6	12	SP

Michel et Liliane GEAIS - 3 rue des Ardentes - 86210 VOUNEUIL-SUR-VIENNE - Tél. : 05 49 85 12 38

VOUNEUIL-SUR-VIENNE La Pocterie
C.M. 68 Pli 4

3 ch. **Futuroscope 16 km.** Dans belle maison de caractère, au r.d.c. : 1 ch. (3 épis), (1 lit 2 pers., 1 lit 1 pers.), s. d'eau et wc privés, et 1 ch. (2 épis), s. d'eau et wc privés non communiquants. A l'étage, 1 grande ch. (3 épis) (1 lit 2 pers., 1 convertible 1 pers.), avec s. d'eau et wc privés. Livres. Grand jardin calme et fleuri. Terrasse. Jolie vue. Réserve naturelle à proximité. Piscine (baignade non surveillée). Prestations raffinées. Parc de loisirs à 11 Km. Réduction hors saison pour plus de 3 nuits. Langue parlée : anglais.

Prix : 1 pers. **34 €** 2 pers. **40/43 €** 3 pers. **55 €**
Ouvert : Toute l'année.

🐕	⛱	🎾	⛵	🐎	🏊	🚣	🏌	👯	⛪	🚂	🅿
	SP	3	11	4	1	3	11	SP	11	13	2

Martine POUSSARD - La Pocterie - 86210 VOUNEUIL-SUR-VIENNE - Tél. : 05 49 85 11 96 ou SR : 05 49 49 59 11

VOUNEUIL-SUR-VIENNE Les Hauts de Chabonnes
C.M. 68 Pli 4

5 ch. Dans hameau Maison de charme rénovée indépendante des propriétaires, 3 chambres au rez-de-chaussée (1 lit 2 pers. et 1 lit 1 pers. chacune), salle de bains et wc privatifs pour chacune. Au 1er étage, 2 chambres 2 épis (1 lit 2 pers. chacune), salles de bains privatives. Salon avec cheminée, TV, livres, revues à la disposition des hôtes. Jardin. Parc de loisirs à 6 km et à 500 m d'une forêt et d'une réserve naturelle floristique et faunistique. Hors saison et + de 3 nuits : réduction de 10 %. Langue parlée : anglais.

Prix : 1 pers. **37 €** 2 pers. **43/46 €** 3 pers. **58 €**
Ouvert : Toute l'année.

🐕	⛱	🎾	⛵	🐎	🏊	🚣	🏌	👯	⛪	🚂	🅿
	6	1	6	2	6	3	6	SP	6	15	1

Florence PENOT - Les Hauts de Chabonne - 86210 VOUNEUIL-SUR-VIENNE - Tél. : 05 49 85 28 25 - Fax : 05 49 85 55 17 ou SR : 05 49 49 59 11

PROVENCE-ALPES-CÔTE-D'AZUR

Pour réserver, écrire ou téléphoner :

04 - ALPES-DE-HAUTE-PROVENCE
GÎTES DE FRANCE - Service Réservation
Rond-Point du 11-Novembre - B.P. 201
04001 DIGNE-LES-BAINS Cedex
Tél. : 04 92 31 30 40 - Fax : 04 92 32 32 63
E-mail : info@gites-de-france-04.fr
www.gites-de-france-04.fr

05 - HAUTES-ALPES
GÎTES DE FRANCE
1, place du Champsaur
05000 GAP
Tél. : 04 92 52 52 92 ou 04 92 52 52 94
Fax : 04 92 52 52 90
E-mail : gdf05@free.fr
www.itea.fr/GDF/5

06 - ALPES-MARITIMES
GÎTES DE FRANCE - Service Réservation
55-57, promenade des Anglais - B.P. 1602
06011 NICE Cedex 1
Tél. : 04 92 15 21 30 - Fax : 04 93 37 48 00
E-mail : gites06@crt-riviera.fr
www.itea.fr/GDF/6

13 - BOUCHES-DU-RHÔNE
GÎTES DE FRANCE - LOISIRS ACCUEIL
Domaine du Vergon
13370 MALLEMORT
Tél. : 04 90 59 49 40 - Fax : 04 90 59 16 75
E-mail : gitesdefrance@visitprovence.com
www.visitprovence.com

83 - VAR
GÎTES DE FRANCE - Service Réservation
Conseil Général du Var
Rond-Point du 4.12.74
B.P. 215
83006 DRAGUIGNAN Cedex
Tél. : 04 94 50 93 93 - Fax : 04 94 50 93 90

84 - VAUCLUSE
GÎTES DE FRANCE
Place Campana - La Balance - B.P. 164
84008 AVIGNON Cedex
Tél. : 04 90 85 45 00 - Fax : 04 90 85 88 49
www.itea.fr/GDF/84

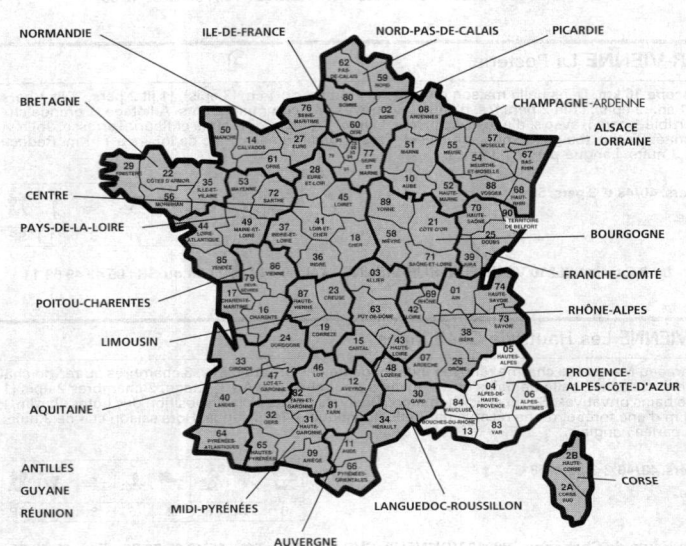

Provence-Alpes-Côte-d'Azur **Alpes-de-Haute-Provence**

GITES DE FRANCE - Service Réservation
Rond-Point du 11 Novembre - B.P. 201
04001 DIGNE-LES-BAINS Cedex
Tél. 04 92 31 30 40 - Fax 04 92 32 32 63
Email : info@gites-de-france04.fr - www.gites-de-france04.fr

ALLEMAGNE-EN-PROVENCE

C.M. 81 Pli 16

2 ch. **Riez 8 km. Manosque 30 km.** A la porte des gorges du Verdon, maison de caractère du XVIe siècle. 1 ch. double 4 pers. et 1 ch. 3 pers. + kitchenette. Salle d'eau particulière. Jardin, tennis de table. 2 gîtes ruraux dans la même maison. Parking privé clos. Tarif 4 pers. 54,90 €. Station thermale de Gréoux-les-Bains, lac d'Esparron-sur-Verdon à 10 km. Lac de Sainte-Croix 14 km. Musée de la Préhistoire à Quinson et Gorges du Verdon à 20 km. Langue parlée : anglais.

Prix : 1 pers. 23/26 € ◊ 2 pers. 34/37 € ◊ 3 pers. 40/46 € ◊ pers. sup. 9 €
Ouvert : Toute l'année.

30	SP	SP	15	8	14	8	30	8

Diane ANGELVIN - Rue des Jardins - 04500 ALLEMAGNE-EN-PROVENCE - Tél. : 04 92 77 42 76

ALLEMAGNE-EN-PROVENCE Domaine de Bertrandy

C.M. 81 Pli 16

5 ch. **Riez 5 km. Moustiers-Ste-Marie et Gorges du Verdon 15 km.** Maison du propriétaire comprenant également 2 gîtes. Entrée de plain-pied par un côté de la maison. 3 ch. (1 lit 2 pers. chacune), salle de bains et wc privés. 1 ch. familiale (1 lit 2 pers. 2 lits 1 pers. en mezzanine) et en enfilade 1 ch. (1 lit 2 pers.), salle d'eau et wc privés. Terrasse, meubles de jardin. Dans les lavandes du Plateau de Valensole. Allemagne-en-Provence 13 km : château. Riez : classé « village et cité de caractère ». Tarifs : 4 pers. environ 78 à environ 88 €, 5 pers. environ 98 à environ 104 €, 6 pers. environ 108 à environ 119 €.

Prix : 1 pers. 32/37 € ◊ 2 pers. 44/49 € ◊ 3 pers. 59/66 €

15	3	SP	13	1	15

Bert et Gerda VERREPT-DE SMET - Domaine de Bertrandy - 04500 ALLEMAGNE-EN-PROVENCE - Tél. : 04 92 77 83 58 - Fax : 04 92 77 83 58

ALLEMAGNE-EN-PROVENCE Pre de Pilet

C.M. 81 Pli 16

2 ch. **Riez 8 km. Gréoux-les-Bains 9 km. Manosque 30 km.** A la porte des Gorges du Verdon, jolie maison de caractère rural et paysan. En bordure de champs, entourée de collines. Jardin ombragé avec salon de jardin. Vue sur le château. 3 ch. attenantes (2 lits 2 pers. 1 lit 1 pers. et 1 lit 2 pers. 1 lit 1 pers.) au 1er étage, avec salle d'eau/wc privatifs. Salon convivial et salle à manger rustique de type provençal. Table d'hôtes sur réservation, cuisine familiale et traditionnelle selon l'inspiration de la cuisinière et les saisons. A proximité du lac d'Esparron et du lac de Sainte-Croix-du-Verdon. Château d'Allemagne-en-Provence. Tarif 4 pers. 54,90 €.

Prix : 1 pers. 29 € ◊ 2 pers. 35 € ◊ 3 pers. 46 € ◊ repas 12 €
Ouvert : Toute l'année.

30	SP	SP	15	8	14	8	30	8

Yvette et Christian SOUBIE - Pré de Pilet - 04500 ALLEMAGNE-EN-PROVENCE - Tél. : 04 92 77 43 19

ANGLES Noyers de L'Alban

Alt. : 960 m

C.M. 81 Pli 18

4 ch. **Saint-André-des-Alpes 7 km. Lac de Castillon 2 km. Castellane 18 km.** Dans le Parc Naturel Régional du Verdon, maison indépendante. 2 ch. 2 pers. comprenant chacune douche, wc et kitchenette, 2 autres ch. 2 pers. dans maison indépendante avec salle d'eau, wc, chauffage électrique. TV. Poss. de séjour prolongé avec cuisine équipée, ensemble ménager, lave-linge, lave-vaisselle. Parking privé. Base nautique, baignade, pêche, deltaplane, parapente, randonnées.

Prix : 1 pers. 31 € ◊ 2 pers. 36/49 € ◊ pers. sup. 15 €
Ouvert : Toute l'année.

2	SP	2	SP	7,5	2	8	7

Georges NEVEU - Angles - 04170 ST-ANDRE-LES-ALPES - Tél. : 04 92 89 03 39

BARCELONNETTE Les Allemands

Alt. : 1350 m

C.M. 81 Pli 8

5 ch. **Parc du Mercantour 20 km.** Ancienne ferme sur une exploitation agricole. 3 chambres 2 pers., 2 chambres 4 pers., toutes avec salle d'eau ou de bains et wc privés. Salle de séjour, salon, bibliothèque à la disposition des hôtes. Produits fermiers. Forêt, luge, Rivière, canoë-kayak, rafting. Prix variables selon saisons. Prix 4 pers. : été 63,70 à 71,20 €, hiver 65,30 à 73,20 €.

Prix : 1 pers. 34/43 € ◊ 2 pers. 41/51 € ◊ 3 pers. 52/62 € ◊ repas 14 €
Ouvert : Toute l'année.

3	SP	4	13	10	3	2	70	3

Claude CUGNET - Les Allemands - 04400 BARCELONNETTE - Tél. : 04 92 81 13 57 - Fax : 04 92 81 11 17 -
E-mail : establoun@wanadoo.fr - perso.wanadoo.fr/establoun

Alpes-de-Haute-Provence
Provence-Alpes-Côte-d'Azur

BARCELONNETTE Le Bosquet
Alt. : 1130 m — C.M. 81 Pli 8

4 ch. **Jausiers 8 km. Pra-Loup 12 km.** Maison indépendante rénovée, au cœur de la ville de Barcelonnette. R.d.c : 1 ch. (1 lit 2 pers.). 1er étage : 2 ch. doubles (1 lit 2 pers. 1 lit 1 pers. chacune), 1 ch. double (1 lit 2 pers. 2 lits 1 pers. superposés). Salle d'eau et wc privatifs pour chaque chambre. Grand séjour/salon avec cheminée. Animaux acceptés après entente préalable avec la propriétaire. A prox. : piscine, forêt, randonnées et Parc National du Mercantour. Barcelonnette : musée, maisons mexicaines, animations. A 2 km, aérodrome, parapente. Plan d'eau à Jausiers. Ski de piste à Pra-Loup, Sauze/Super-Sauze. Sports d'eau vive dans l'Ubaye. Poss. séjour 1 semaine, 7e nuit gratuite.

Prix : 2 pers. **41/45** € 3 pers. **50/53** €
Ouvert : Du 29 décembre au 22 octobre.

1	0,5	1	12	8	1,5	1

Claudine VILLAIN - 2, avenue Watton de Ferry - 04400 BARCELONNETTE - Tél. : 04 92 81 41 28

BAYONS Grange Joly
Alt. : 1104 m — (TH) — C.M. 81 Pli 6

1 ch. **La Motte-du-Caire 15 km. Sisteron 30 km. Gap 41 km. Bayons 2,6 km.** Ancienne petite bastide restaurée du Haut Pays Provençal, dans le massif des Monges. 1 ch. 2 pers. + 1 lit d'appoint avec salle de bains, wc privatifs et 1 lavabo dans la chambre. Chaleureuse salle commune avec cheminée et piano à disposition des hôtes. Produits de fermes et spécialités du pays. Tarif 1/2 pens. pour 2 pers. environ 65 €. Décoration simple et agréable. Accueil convivial et authentique. Tarifs enfants. En plein nature, cadre grandiose. Au cœur des départements entre Ubaye et Durance. Sports aériens et nautiques. Randonnées pédestres, équestres et VTT. Topo-guide du Massif des Monges.

Prix : 1 pers. **29** € 2 pers. **40** € pers. sup. **16** € repas **13** €
Ouvert : De Pâques à la Toussaint.

30	2,6	18	12	18	30	12

Jean-Jacques LEPORATI - Grange-Joly - 04250 BAYONS - Tél. : 04 92 68 34 32 - Fax : 04 92 68 34 32

BEAUVEZER La Clairière
Alt. : 1150 m — C.M. 81 Pli 8

2 ch. **Colmars-les-Alpes 8 km.** Maison indépendante dans un parc clôturé. 2 ch. : la Campagnarde et la Montagnarde, 2 pers. chacune avec salle d'eau et wc communs. Lit bébé. Grande véranda. Colmars-les-Alpes : « Village et Cité de Caractère ». Village fortifié. Aux portes du Parc National du Mercantour : lac d'Allos, mont Pelat, col des Champs.

Prix : 1 pers. **33** € 2 pers. **38** €
Ouvert : Toute l'année.

0,2	0,2	0,2	4	16	8	0,2	0,2

Christiane PONS - La Clairière - 04370 BEAUVEZER - Tél. : 04 92 83 54 80 ou 06 71 41 36 52

CASTELLANE Chasteuil
Alt. : 900 m — (TH) — C.M. 81 Pli 18

4 ch. **Castellane 10 km. Lacs de Castillon et de Chaudanne 15 km.** Nancy et Pascal vous accueillent à Chasteuil, petit hameau calme et pittoresque, traversé par le GR4. Ils ont transformé une ancienne école de village en ch. d'hôtes. 4 ch. attrayantes, confortables, ensoleillées, situées en r.d.c., offrant une belle vue sur les toits du village et au loin la Vallée du Verdon. Toutes avec : entrée indép., salle d'eau/wc privés. 1 ch. avec coin-cuisine (sup. 5 %). Restaurant 4 km. Dans le Parc Naturel Régional du Verdon. Vos hôtes vous invitent à prendre vos repas sur la terrasse couverte au 1er étage : vue spectaculaire et grandiose sur la Vallée du Verdon, montagnes alentour à toute heure repos, calme et tranquillité. Langue parlée : anglais.

Prix : 1 pers. **39** € 2 pers. **48** € 3 pers. **63** € pers. sup. **15** € repas **12** €
Ouvert : De mars à novembre ou sur réservation.

3	3	SP	15	10

Pascal BEGUIN et Nancy HERFIELD - Chasteuil - 04120 CASTELLANE - Tél. : 04 92 83 72 45 - E-mail : gchasteuil@aol.com - members.aol.com/gchasteuil

---

CASTELLANE Mas d'Henri
Alt. : 800 m — (TH) — C.M. 81 Pli 18

4 ch. **Lac de Castillon 4 km.** Maison en pleine campagne au pied du célèbre rocher. Terrain, terrasse, meubles de jardin. 1er étage : 2 ch. 2 pers., chacune avec s. d'eau privative, wc communs, chauffage électrique. 2e étage : 1 ch. 2 pers., 1 ch. 3 pers., chacune avec s. d'eau privative et wc communs. Chauffage électrique. A la porte des Gorges du Verdon. Sports d'eau vive. GR4. Langues parlées : hollandais, allemand, anglais.

Prix : 1 pers. **30** € 2 pers. **40** € 3 pers. **55** € pers. sup. **15** € repas **15** €
Ouvert : Du 1er mars au 1er novembre.

0,5	20	5	1	21	1

Johanna-H. GRAAFF - Quartier d'Angles - Mas d'Henri - 04120 CASTELLANE - Tél. : 04 92 83 73 20 ou 06 80 10 12 07

LE CASTELLARD-MELAN Fontbarlière
Alt. : 1000 m — (TH) — C.M. 81 Pli 6

1 ch. **Thoard 5 km. Digne-les-Bains 30 km.** Ancienne ferme rénovée en campagne. Corinne et Hervé vous accueillent dans leur maison entièrement restaurée. 1 ch. 2 pers. en rez-de-chaussée avec accès indépendant. Salle de bains et wc privés. TV. Terrasse avec meubles de jardin. Petit déjeuner maison servi dans la salle à manger avec plafonds à la française. Table d'hôtes sur réservation. Poss. lit et chaise bébé. Vue exceptionnelle sur les Préalpes et le Massif des Monges. Terrain de 10 ha. Nombreuses randonnées dans la réserve Géologique de Haute-Provence, la forêt de Mélan et la Vallée des Hautes-Duyes... Sur place : ping-pong, jeu de boules. Langues parlées : anglais, allemand.

Prix : 1 pers. **38** € 2 pers. **43** € repas **15** €
Ouvert : Toute l'année.

30	SP	30	5	SP	5

Corinne JULIEN - Fontbarlière - 04380 LE-CASTELLARD-MELAN - Tél. : 04 92 34 81 64 ou 06 13 04 79 14

Provence-Alpes-Côte-d'Azur **Alpes-de-Haute-Provence**

LE CASTELLET
C.M. 81 Pli 16

3 ch. **Oraison 5 km. Plan d'eau des Buissonnades 10 km.** Maison indépendante au pied du plateau de Valensole. Chambres de 2 ou 3 pers., salle d'eau et wc privés. Accès indépendant. Terrasse, solarium. Piscine. Petit local avec réchaud, réfrigérateur, barbecue, vaisselle, lave-linge. Meubles de jardin, jeux de boules. Le Castellet : village calme dans une vallée verdoyante, restaurant, lac de pêche.

Prix : 1 pers. **34** € 2 pers. **43** € 3 pers. **53** € pers. sup. **14** €
Ouvert : Toute l'année.

🐕	🏖	🏊	🚶	🎾	🐎	🚲	⛷
10	0,5	SP	10	8	10	5	

Jean et Catherine CIRAVEGNA - Quartier Combe-Croix - 04700 LE-CASTELLET - Tél. : 04 92 78 74 97

CERESTE
C.M. 81 Pli 14

2 ch. Maison de maître. Salon voûté du XVᵉ en pierres apparentes donnant sur un jardin d'hiver. Ch. « Tournesol » (1 lit 2 pers. 2 lits 1 pers.), s. d'eau, wc et terrasse privés. Ch. « Oliviers » (1 lit 2 pers.), s.d.b. et wc privés. Possibilité lit d'appoint 1 pers., lit et équipement bébé. Cabinet de lecture et bibliothèque réservés aux hôtes. TV. Terrasse ombragée, piscine. Sur place : atelier-galerie, expo de peintures provençales, poss. de stages et de cours de peinture. Restaurants à proximité. Entre Alpes de Hte-Provence et Vaucluse. Une demeure paisible pour séjours de visites, de culture et de détente au carrefour de plusieurs départements touristiques.

Prix : 1 pers. **40** € 2 pers. **55** € pers. sup. **16** €
Ouvert : Toute l'année, d'octobre à avril sur réservation.

🐕	🏖	🏊	🚶	🎾	🐎	🚲	⛷
20	5	0,1	20	5	15	0,1	

Pierre et Danielle RENAUD - Rue de la Poste - Bastide Couleur Luberon - 04280 CERESTE - Tél. : 04 92 79 07 53

CHAMPTERCIER Ubac de Chandourene
Alt. : 700 m
C.M. 81 Pli 04

2 ch. **Digne-les-Bains 3,5 km.** Dans la villa des propriétaires, 2 ch. avec accès séparés. 1 ch. en sous-sol (1 lit 2 pers. 1 lit 1 pers. 1 convertible 2 pers.) avec cuisine, coin-salon, s.d.b./wc et TV. 1 ch. (1 lit 2 pers. 1 convertible 2 pers.) avec accès de plain-pied, terrasse privative et meubles de jardin, kitchenette équipée, s. d'eau/wc et TV. Belle villa avec patio implantée dans un endroit calme avec vue sur les montagnes. Randonnée à proximité. Parc rural dans les environs proches. Digne-les-Bains : ville thermale, golf, plan d'eau (baignade), musées, tous commerces et loisirs. Langue parlée : allemand.

Prix : 1 pers. **35** € 2 pers. **45** € pers. sup. **10** €
Ouvert : Du 1ᵉʳ avril à fin septembre.

🐕	🏊	🚶	🎾	🐎	🚲	⛷
3,5	SP	3,5	3,5	0,1	3,5	2

Henri et M.Claude HARTMANN - UBAC de Chandourene - 04660 CHAMPTERCIER - Tél. : 04 92 32 32 75 - Fax : 04 92 32 32 75

CHATEAUNEUF-VAL-SAINT-DONAT Mas Saint-Joseph
Alt. : 630 m (TH)
C.M. 81

4 ch. **Sisteron 12 km. Les Mées 10 km.** Ancienne ferme du XVIIIᵉ s. entourée de 4 ha. 1 ch. (1 lit 2 pers.), 1 ch. (3 lits 80), 1 ch. double (4 lits 80), 1 ch. double (1 lit 2 pers. 2 lits 80). Chaque chambre possède salle d'eau et wc privatifs. Table d'hôtes en terrasse avec vue sur les collines ou dans l'ancienne grange toute en pierre. Coin-salon et bibliothèque à disposition. Piscine (14 x 5). Ping-pong. Au pied de la Montagne de Lure et de son immense forêt. Nombreuses poss. de rando. pédestres et en vélo. Aide et conseils pour la rando. : indication des plus beaux circuits, prêt de cartes IGN et de topo-guides. Réductions sur séjours semaine en 1/2 pension. Prix 4 pers. 70 €. Langue parlée : anglais.

Prix : 1 pers. **35** € 2 pers. **44** € 3 pers. **57** € pers. sup. **13** € repas **15** €
Ouvert : Toute l'année.

🐕	🏊	🌲	🚶	🎾	🐎	🚲
12	SP	SP	12	6	12	6

Hélène et Olivier LENOIR - Mas Saint-Joseph - 04200 CHATEAUNEUF-VAL-SAINT-DONAT - Tél. : 04 92 62 47 54 - E-mail : lenoir.st.jo@wanadoo.fr

CHATEAUNEUF-VAL-SAINT-DONAT Jas de Peguier
Alt. : 550 m (TH)
C.M. 81 Pli 16

2 ch. **Les Mées 6 km. Sisteron 10 km.** Vieilles bâtisses en pierres du XVIIIᵉ. R.d.c. : 1 ch. bâtie dans la roche (1 lit 160, 1 lit 1 pers.), salle de bains et wc privés. R.d.c. surélevé : 1 ch. (1 lit 160 soit 2x80 et 1 bergère enfant 60x90), s. d'eau et wc séparés inclus. Chauffage électrique. Matériel/jeux bébé et enfant à dispo. Table d'hôtes sur réservation. Terrasse privée. Terrain non clos (2,5 ha. de prairie, verger). Meubles de jardin. Abri couvert, accès à la piscine familiale (à débordement). Coin-cuisine extérieur. Au pied de la Montagne de Lure. Pays de Magnan et Giono au parfum de lavande et au goût d'olives. Villages aux marchés typiques à prox. Langue parlée : anglais.

Prix : 1 pers. **38/49** € 2 pers. **43/53** € 3 pers. **50/59** € repas **14** €
Ouvert : Toute l'année.

🐕	🏊	🚶	🎾	🐎	🚲	⛷
25	SP	12	12	6	12	6

Arnaud et Hélène GINESTIERE DE VILMORIN - Jas de Peguier - 04200 CHATEAUNEUF-VAL-SAINT-DONAT - Tél. : 04 92 62 53 33 ou 06 09 69 20 19 - E-mail : jasdepeguier@oreka.com

CLAMENSANE Les Tilleuls
Alt. : 694 m (TH)
C.M. 81 Pli 6

5 ch. **Sisteron 22 km.** Maison située dans le village comprenant 5 chambres de 2 pers. accessibles par rez-de-chaussée. Entrée indépendante du logement des propriétaires. Très jolies chambres avec décoration provençale, salle d'eau et wc privatifs à chacune. Grande cour, meubles de jardin, balançoires, ping-pong, basket. Dans le Massif des Monges. Clamensane, petit village situé dans une vallée où nature et tranquillité sont préservées. Randonnées, balades à vélo, pêche, vol à voile à la Motte-du-Caire.

Prix : 1 pers. **27** € 2 pers. **32/40** € 3 pers. **43** € pers. sup. **11** € repas **12** €
Ouvert : Toute l'année sauf fêtes de fin d'année.

🐕	🏊	🚶	🎾	🐎	🚲	⛷
1	SP	4	22	4	5	5

Jacqueline BOISSEL - Les Tilleuls - 04250 CLAMENSANE - Tél. : 04 92 68 38 98

Alpes-de-Haute-Provence — Provence-Alpes-Côte-d'Azur

COLMARS-LES-ALPES Les Espeniers   Alt. : 1300 m   (TH)   C.M. 81 Pli 8

2 ch. — **Colmars-les-Alpes 800 m. Allos 8 km.** Ancienne ferme rénovée. Sur place 2 gîtes et le logement des propriétaires. Au 1er étage, 2 chambres d'hôtes : « Les Tours du Lac » et « Le Laupon » chacune avec salle d'eau et wc privatifs. 1 lit 140 et 1 lit 70 dans chaque chambre. Chauffage central. Tarif 1/2 pension (2 pers. minimum). - 10 % sur séjour semaine. Gîte Panda dans le Parc National du Mercantour. Maison dominant Colmars-Les-Alpes, superbe panorama, village fortifié par Vauban, classé « Village et Cité de Caractère ». Prairie, calme assuré en pleine nature. Randonnée à pieds ou à raquettes à neige sur place.

Prix : 1 pers. 46 € 2 pers. 65 € 3 pers. 70 € 1/2 pens. 45 €

Ouvert : Toute l'année.

8	1	SP	7	8	1	15	1

Jean-Paul BARBAROUX - Les Espeniers - 04370 COLMARS-LES-ALPES - Tél. : 04 92 83 44 39 - Fax : 04 92 83 44 39

LA CONDAMINE-CHATELARD Le Villard   Alt. : 1500 m

1 ch. — **Barcelonnette 15 km. Parc du Mercantour et Italie 15 km.** Sur une exploitation agricole, au-dessus de la bergerie, 1 ch. (1 lit 2 pers.) avec salle d'eau et wc privatifs, kitchenette. Terrasse, loggia, salon de jardin, barbecue, garage fermé. TV. Dans la Vallée de l'Ubaye. Atelier de Tannage sur place, production de tisanes, fleurs de montagnes : édelweiss, génépi. Bargerie. Randonnées. Forts militaires 5 km. Plan d'eau à Jausiers. Site calme et sauvage.

Prix : 2 pers. 35 €

Ouvert : Toute l'année.

SP	2	SP	10	5	5

André et Jacqueline GARINO - Le Villard - 04530 LA CONDAMINE-CHATELARD - Tél. : 04 92 84 31 89 - Fax : 04 92 84 34 89 - E-mail : prasimon.garino@wanadoo.fr

CRUIS Le Mas des Grailles   Alt. : 728 m   C.M. 81 Pli 15

5 ch. — **Sisteron et Forcalquier 25 km. Manosque 40 km.** Dans un mas de caractère sur 20 ha. de terrain. 5 ch. chacune avec douche ou bains, wc, lavabo. Cadre superbe, calme, piscine familiale, salle de jeux. Repas à 1 km. Accueil de groupes, stages, séminaires : possibilité livraison de repas sur place. Au pied de la Montagne de Lure. A 1 km d'un petit village de Haute-Provence. A proximité : forêt, sentiers de randonnées, équitation, tennis. Ski et luge à 20 mn. Sur place : jeux de boules, ping-pong, ULM. Langues parlées : anglais, espagnol.

Prix : 1 pers. 22 €

Ouvert : Toute l'année.

1	SP	SP	20	0,2	25	1

Alain COSTES et Monique MICHEL - Le Mas des Grailles - 04230 CRUIS - Tél. : 04 92 77 04 83 - Fax : 04 92 77 04 83

CRUIS Mas de Foulara   Alt. : 728 m   (TH)   C.M. 81 Pli 15

5 ch. — **Montagne de Lure sur place. Forcalquier 20 km.** Mas du XVIIe siècle sur un élevage de chevaux arabes. Entouré de collines et de champs de lavande. Parc ombragé, bassin, terrasses couvertes. Séjour, salon avec cheminée à disposition. 5 chambres avec sanitaires privatifs. Chauffage central. Au pied de la Montagne de Lure, à proximité du GR6. Langue parlée : anglais.

Prix : 1 pers. 38 € 2 pers. 45 € 3 pers. 53 € repas 15 €

Ouvert : Du 1er mars au 30 novembre.

2	SP	20	3	5	20	2

Richard et Odile HARTZ - Le Mas de Foulara - 04230 CRUIS - Tél. : 04 92 77 07 96

DAUPHIN Les Encontres   C.M. 81 Pli 15

3 ch. — **Forcalquier 6 km. Manosque 18 km.** Villa à proximité de l'exploitation agricole. Emilie et Hubert vous accueillent dans un cadre de verdure reposant. 3 ch. 2 pers. avec salle d'eau et wc privatifs. Entrées indépendantes. Parking. Cuisine d'été dans le parc ombragé. Restaurant à 1 km. Dauphin : « Village et Cité de caractère ». Sous le soleil des Alpes de Hte-Provence, Dauphin, belvédère du Luberon, s'ouvre sur un panorama remarquable. Proche de l'Observatoire de Haute-Provence, du Prieuré de Salagon. A proximité : VTT, piste cyclable du Luberon (100 km) entre Dauphin et Cavaillon.

Prix : 2 pers. 35 € 3 pers. 52 € pers. sup. 17 €

Ouvert : Toute l'année.

SP	20	8	10	4	8	18	6

Hubert et Emilie BOUFFIER - Ferme des 4 Reines - Les Encontres - 04300 DAUPHIN - Tél. : 04 92 79 58 04

DAUPHIN Le Moulin des Encontres   C.M. 81 Pli 15

3 ch. — **Manosque 18 km. Forcalquier 6 km.** Ancien moulin restauré. Nous vous proposons un agréable séjour en Hte-Provence au cœur du Luberon. Dans un cadre de verdure calme et ombragé avec piscine, accueil confortable. 1er étage : ch. « Elzéard » 2 à 4 pers., r.d.c. : ch. « Agathe » 2 pers., ch. « Marthe et Anthonin » pour 4 pers. chacune avec salle de bains, wc, coin-cuisine, terrasse, entrée indépendante. Tarif 4 pers. 70 €. Tarif enfant, voir avec la propriétaire. Dans le Parc Naturel Régional du Luberon. Nombreuses activités et excursions à proximité : piste cyclable du Luberon, circuit lavande, Montagne de Lure, Gorges du Verdon.

Prix : 2 pers. 38/43 € 3 pers. 60 €

Ouvert : Toute l'année.

2	20	4	4

Marie-Claude ROCHON-BOUFFIER - Le Moulin des Encontres - 04300 DAUPHIN - Tél. : 04 92 79 53 84

Provence-Alpes-Côte-d'Azur **Alpes-de-Haute-Provence**

DIGNE-LES-BAINS Gaubert   Alt. : 600 m   C.M. 81 Pli 17

4 ch. **Digne-les-Bains 6 km.** Maison du corps de ferme rénovée sur une exploitation agricole. 2 ch. de 2 pers. au rez-de-chaussée et 2 ch. de. 2 pers. au 1er étage. Douche ou bain et wc dans chaque chambre. Grande salle de séjour. Terrasse. Gîtes ruraux et camping à la ferme sur la même exploitation. Dans la réserve géologique de Haute-Provence. Dans un environnement très calme.

Prix : 1 pers. **36 €** 2 pers. **39 €**
Ouvert : Du 1er avril au 30 octobre.

🐕	⛵	🏊	🎾	👥	🏇	⛷	🚲
	0,5	0,5	6	1,5	10	6	6

Jean-Pierre FRISON - Route des Fonts - Gaubert - Les Oliviers - 04000 DIGNE-LES-BAINS - Tél. : 04 92 31 36 04

ENCHASTRAYES Le Villard   Alt. : 1250 m   (TH)   C.M. 81 Pli 8

3 ch. **Barcelonnette 4 km. Le Sauze 6 km.** Chalet de bois en montagne au cœur de la Vallée de l'Ubaye. A l'étage : 2 ch. 2 pers. et 1 ch. 2 pers. + 1 lit sup., dont 2 donnant sur balcon. Chacune dispose d'une salle d'eau/wc privative. A disposition des hôtes : salle de séjour, salon avec bibliothèque et cheminée. Repas le soir uniquement, sur réservation la veille. Activités sportives et culturelles à découvrir. Randonnées pédestre et ski alpin, ski de fond, ski de randonnée, raquettes à neige, sports d'eau vive, pêche, cyclotourisme, vol libre...

Prix : 2 pers. **37/43 €** pers. sup. **12 €** repas **14 €**
Ouvert : Toute l'année.

🐕	⛵	👥	🏊	⛷	🎾	🏇	🚲
	4	SP	7	6	5	4	70	4

Marc et Lyliane VAN ZURK - Le Villard - 04400 ENCHASTRAYES - Tél. : 04 92 81 33 75 - Fax : 04 92 81 13 47 -
E-mail : champ-rond@ifrance.com - www.ifrance.com/champ-rond

ENTREVAUX Le Plan   Alt. : 515 m   C.M. 81 Pli 19

2 ch. **Entrevaux 2 km.** Annie et Pierre vous accueillent dans la maison de la demoiselle Julie, dans un hameau du XVIIe. Décor typique et traditionnel, 2 ch. avec accès indép., salon, véranda avec vue panoramique sur la vallée du Var. S. d'eau et wc privés. TV. Cuisine commune dans petite cave voûtée. 1er étage : 1 ch. 2 pers. 2e étage : 2 lits 1 pers. Mezzanine : 1 lit 1 pers. Petit déj. maison. Animaux admis après accord. Entrevaux, classé « Village et Cité de Caractère ». A l'orée du Mercantour. Village médiéval fortifié par Vauban. Base de loisirs, randonnées GR4. Proche des gorges du Daluis et du Cians. A 1 h. de Digne-les-Bains et de Nice. Cartes Michelin à dispo.

Prix : 1 pers. **38 €** 2 pers. **44 €** 3 pers. **59 €** pers. sup. **11 €**
Ouvert : Du 1er avril au 11 novembre.

🐕	⛵	👥	🏊	🎾	🏇	🚲
	0,5	SP	2	4	2	2	2

Anne-Marie SAISSI - Le Plan - 04320 ENTREVAUX - Tél. : 04 93 05 42 92

ENTREVAUX Le Plan   Alt. : 515 m   C.M. 81 Pli 19

2 ch. **Entrevaux 2,5 km. Parc du Mercantour 20 km.** Mas provençal récent de caractère. Rez-de-jardin : 2 ch. (2 lits 2 pers.), s. d'eau et wc privatifs. 1 lit 1 pers. suppl. dans alcôve modulable attenante aux 2 ch. Chauffage central. TV dans chaque ch. Entrées indépendantes. Parking. De nuit, accès par lanternes infra-rouge à déclenchement auto. Petit-déjeuner sous terrasse couverte exposée plein sud. Jardin, meubles de jardin à dispo. Entrevaux : un des cent plus beaux villages de France, fortifié par Vauban. Classé « Village et Cité de Caractère ». Le meilleur accueil vous sera réservé dans un cadre verdoyant et ensoleillé. Calme et confort. Arrêt du Train des Pignes à 300 m. Langue parlée : anglais.

Prix : 1 pers. **35 €** 2 pers. **45 €** pers. sup. **20 €**
Ouvert : Du 2 janvier au 20 décembre.

🐕	🏊	👥	🏇	🚲
	0,4	SP	30	3	2,5

« LOU MAS » - Le Plan-Ecole - 04320 ENTREVAUX - Tél. : 04 93 05 47 86 - Fax : 04 93 05 47 86

ENTREVAUX Plan de Puget   Alt. : 515 m   C.M. 81 Pli 19

5 ch. **Entrevaux 7 km. Puget-Theniers 2,5 km. Nice 56 km.** Ancienne magnanerie restaurée. 3 ch. couple, 1 ch. couple + 1 enfant, 1 ch. couple + 2 enfants. Toutes avec douche, wc et lavabo. Cuisine réservée. Bibliothèque régionale. Jeux de société. Barbecue. Meubles de jardin. Fromages, œufs, miel sur place. Entrevaux, classé « Village et Cité de Caractère ». Dans une exploitation agricole, vaches, chevaux, basse cour. Equitation à Entrevaux. Langue parlée : allemand.

Prix : 1 pers. **23 €** 2 pers. **35 €** 3 pers. **46 €**
Ouvert : Toute l'année.

🐕	⛵	👥	🏇	🚲
	SP	1	SP	2,5	2,5

Nadia GAYDON - La Sibérie - Plan de Puget - 04320 ENTREVAUX - Tél. : 04 93 05 06 91

ESPARRON-DE-VERDON Le Château      C.M. 81 Pli 15

5 ch. **Riez 19 km. Gréoux-les-Bains 20 km.** Château resté dans la famille depuis le XIIe siècle. Heureuse juxtaposition de 3 grandes époques architecturales, moyen-age, renaissance et XVIIIe siècle. A l'ombre des platanes, face aux prairies, le château domine le lac. 5 suites avec mobilier et cheminée d'époque, antichambre, salle de bains. Cour. Jardin. Animaux admis sous conditions. A proximité des lacs du Verdon, au cœur du Parc Naturel Régional du Verdon. Langue parlée : anglais.

Prix : 2 pers. **107/198 €** pers. sup. **23 €**
Ouvert : De Pâques à la Toussaint.

🐕	⛵	🏊	👥	🏇	🎾	🚲
	0,5	0,5	0,1	0,2	20	0,1

Bernard Cte et Ctesse de CASTELLANE - Château d'Esparron - 04800 ESPARRON-DE-VERDON - Tél. : 04 92 77 12 05

Alpes-de-Haute-Provence

Provence-Alpes-Côte-d'Azur

FAUCON-DE-BARCELONNETTE Les Iscles — Alt. : 1135 m — C.M. 81 Pli 8

||| 2 ch.

Barcelonnette 4 km. Le Sauze 7 km. Dans la vallée de l'Ubaye, maison indépendante récente mais de caractère. 1er étage : 1 chambre 2 pers., 1 chambre 3 pers. 2 salles de bains privées, wc communs. Petit-déjeuner traditionnel. Grand calme à l'orée d'une forêt, dans un joli parc bien fleuri. Aux environs : Parc National du Mercantour, station de ski, piscine, tennis, plan d'eau.

Prix : 1 pers. **37 €** 2 pers. **41 €** 3 pers. **56 €**
Ouvert : Toute l'année.

4	SP	1	1	7	4	60	4

Annie SACKREUTER-BRUNET - Les Iscles - 04400 FAUCON-DE-BARCELONNETTE - Tél. : 04 92 81 31 22

FORCALQUIER Bas Chalus — Alt. : 550 m — A — C.M. 81 Pli 15

|| 6 ch.

Forcalquier 2 km. Manosque 23 km. Au cœur de la Haute-Provence, bâtiment sur une exploitation agricole. 6 ch. de 2 à 4 pers. avec salle d'eau et wc privés. Repas en ferme auberge avec les produits de la ferme. Salle de jeux et de TV. Lave-linge. Sur place : camping à la ferme et gîte ruraux. Piscine réservée aux résidents, tennis de table, location de VTT, VTC et tandem. Découverte des animaux de la ferme : vaches, chèvres, ânes, chevaux, élevage de biches, de daims et de mouflons, volailles. Vente directe des produits de la ferme : lait, yaourts, fromages, terrines et charcuterie. Prix 4 pers. 59,15 à 79,25 €. 1/2 pension sur la base de 2 pers.

Prix : 1 pers. **25/30 €** 2 pers. **42/44 €** 3 pers. **45/61 €** repas **14 €**
1/2 pens. **61/67 €**
Ouvert : Toute l'année.

0,5	25	2	5	2	2

Henri et Mireille GOLETTO - Bas-Chalus - 04300 FORCALQUIER - Tél. : 04 92 75 05 67 - Fax : 04 92 75 39 20 -
E-mail : amis@wanadoo.fr

FORCALQUIER Bas-Chalus — Alt. : 550 m — A — C.M. 81 Pli 15

|| 6 ch.

Forcalquier 2 km. Manosque 23 km. Au cœur de la Hte-Provence, ancien moulin à eau rénové sur une exploitation agricole. 6 ch. avec salle d'eau ou de bains et wc privés. Possibilité de repas en ferme auberge avec les produits de la ferme à 200 m. L-linge. Sur place camping à la ferme et gîtes ruraux. Piscine réservée aux résidents, tennis de table, location de VTT, VTC et tandem. Découverte des animaux de la ferme : vaches, chèvres, ânes, chevaux, élevage de biches, de daims et de mouflons, volailles. Vente directe des produits de la ferme : lait, yaourts, fromages, terrines et charcuterie. Tarif 4 pers. 59,15 à 79,25 €. 1/2 pension sur la base de 2 pers.

Prix : 1 pers. **25/30 €** 2 pers. **42/44 €** 3 pers. **45/61 €** repas **14 €**
1/2 pens. **61/67 €**
Ouvert : Toute l'année.

0,5	2	8	2	2

Catherine GOLETTO - Moulin du Sarret - 04300 FORCALQUIER - Tél. : 04 92 75 05 67 - Fax : 04 92 75 39 20

FORCALQUIER Campagne Le Paradis — Alt. : 550 m — C.M. 81 Pli 15

||| 4 ch.

Forcalquier 700 m. Manosque 23 km. Bâtiment mitoyen au logement des propriétaires. R.d.c. : 2 ch. chacune pour 2 pers. + 2 pers. en mezzanine avec s. d'eau et wc. 2 ch. chacune pour 2 pers. avec s. d'eau et wc. Terrasse, meubles de jardin, barbecue. Parking clôturé. Petit-déjeuner servi dans une salle voûtée (ancienne grange). Réfrigérateur, mico-ondes. Chaise haute à dispo. TV sur demande. Au cœur de la Haute Provence avec vue sur le Luberon. Forcalquier : animation, festivals, concerts, marché provençal. Prix 4 pers. 80 €.

Prix : 1 pers. **40 €** 2 pers. **50 €** 3 pers. **65 €**
Ouvert : Toute l'année.

5	SP	25	6	3	2	15	1

Gilbert POURCIN - Quartier Paradis - 04300 FORCALQUIER - Tél. : 04 92 75 37 33 ou 06 87 69 87 07

FORCALQUIER — Alt. : 550 m

||| 2 ch.

Forcalquier 300 m. Manosque 25 km. Au cœur de la Haute-Provence, maison indépendante. Jardin ombragé, piscine, terrasse, meubles de jardin. 2 ch. en r.d.c., d'une aile adjacente au logement des propriétaires chacune avec 1 lit 2 pers., salle d'eau et wc privatifs. Chauffage électrique. 1 lit d'appoint 1 pers. sur demande. Randonnées, festivals, concerts, animations, marchés. Proche du Parc Naturel Régional du Luberon.

Prix : 2 pers. **43 €** pers. sup. **12 €**
Ouvert : Du 1er juin au 15 septembre.

5	SP	2	6	3	SP	15	1

Danielle DROUIN - Chemin des Oliviers - 04300 FORCALQUIER - Tél. : 04 92 75 01 86 ou 04 76 65 86 80

FORCALQUIER Beaudine — Alt. : 550 m — C.M. 81 Pli 15

||| 5 ch.

Parc du Lubéron 5 km. Colorado Provençal 20 km. Ancienne bergerie au milieu d'un grand parc ombragé. Dominant Forcalquier, la Beaudine offre un superbe panorama et vous accueille dans un cadre calme et paisible. R.d.c. : 3 ch. (1 lit 160), entrées indépendantes. 1er étage : 1 ch. (1 lit 160, 2 lits 1 pers.), 1 ch. (1 lit 160, 1 lit 1 pers.). Belle salle à manger et salon à disposition. TV sur demande. Piscine privée, jeux de boules, meubles de jardin. Au cœur de la Haute-Provence. Sur les traces de Giono. Forcalquier : marché provençal, concerts. A proximité du Parc Naturel du Luberon. Prix 4 pers. 79,25 €. Lit suppl. 15,25 €.

Prix : 1 pers. **41 €** 2 pers. **49 €** 3 pers. **65 €**
Ouvert : Toute l'année.

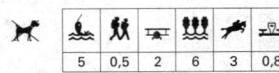

5	0,5	2	6	3	0,8

Marie-Louise PAGLIANO - Bergerie la Beaudine - 04300 FORCALQUIER - Tél. : 04 92 75 01 52

Provence-Alpes-Côte-d'Azur — **Alpes-de-Haute-Provence**

GREOUX-LES-BAINS Les Babaous
C.M. 81 Pli 15

1 ch. **Thermes 500 m. Gréoux-les-Bains 1 km. Manosque 15 km.** Maison de campagne dans un parc ombragé, en bordure du Verdon. R.d.c. : 1 ch. (1 lit 2 pers. 2 lits 1 pers.) avec entrée indépendante, salle d'eau et wc privatifs. Nombreuses excursions vers les lacs et le canyon, le Parc Naturel Régional du Luberon. Manosque : plan d'eau des Vannades, musées, théâtre... A51 8 km. Tarif 4 pers. 72 €.

Prix : 1 pers. **36** € 2 pers. **45** € 3 pers. **59** €
Ouvert : De mars à fin novembre.

6	SP	3	1,5	15	0,8

Hedwige et Maurice RIGNOL - Les Lierres - Chemin du Babaou - 04800 GREOUX-LES-BAINS - Tél. : 04 92 74 23 83

GREOUX-LES-BAINS

C.M. 81 Pli 15

4 ch. **Gréoux-les-Bains 4 km. Lac d'Esperron-de-Verdon et Manosque 15 km.** A proximité des thermes de Gréoux-les-Bains, ancienne bastide rénovée dans un grand parc. 4 ch. dont 1 double. Chacune dispose de sanitaires particuliers, de douches et d'une baignoire pour l'une d'elles. Petits déjeuners très copieux servis au bord de la piscine selon la saison. Cuisine d'été à la disposition des hôtes. Prix ch. double 88,40 €. En direction de Vinon-sur-Verdon : vol à voile. A51 à 12 km. Manosque : ville de Giono, musées, fondation Carzou, théâtre, plan d'eau des Vannades (baignade, pêche). Langue parlée : allemand.

Prix : 1 pers. **35/43** € 2 pers. **50/59** € pers. sup. **12** €
Ouvert : Du 1er avril au 31 octobre.

4	4	4	8	8	20	4

Hubert WANTZEN - Bastide Saint-Donat - Route de Vinon - 04800 GREOUX-LES-BAINS - Tél. : 04 92 78 01 77 - Fax : 04 92 78 12 97 -
E-mail : wantzen@wanadoo.fr

JAUSIERS La Mexicaine
Alt. : 1200 m
C.M. 81 Pli 8

4 ch. **Barcelonnette 8 km. Saint-Paul-sur-Ubaye 14 km.** Maison comprenant 2 gîtes et le logement du propriétaire. 1er étage : salle à manger, salon avec cheminée, TV, Hifi et bibliothèque. 2e étage : « la Méditerranéenne » (1 lit 160 ou 2 lits 80), « la Romantique » (1 lit 2 pers.), « la Montagnarde (1 lit 2 pers. + 1 lit d'appoint 1 pers.). 1 ch. double (1 lit 2 pers. + 2 lits 1 pers.). Chacune avec salle d'eau et wc privés. Dans construction « mexicaine » typique de la Vallée de l'Ubaye. Terrain clos commun, jardin privatif, salon de jardin, barbecue. Dans la Vallée de l'Ubaye, à quelques mètres du plan d'eau de Jausiers, au pied du col de Restefond, plus haute route d'Europe. A prox. du Parc National du Mercantour. Langues parlées : anglais, espagnol.

Prix : 1 pers. **34** € 2 pers. **40/46** €

SP	8	12	0,5	1	0,5

Marie-Hélène ORRU - Les Clos de Guéniers - 04850 JAUSIERS - Tél. : 04 92 84 69 63

LIMANS La Pourcine
Alt. : 508 m
C.M. 81 Pli 15

3 ch. **Forcalquier 10 km.** 3 ch. en r.d.c. et 1er étage du corps de ferme, accès indépendant. R.d.c. : 1 ch. 2 pers. avec salon (1 lit 1 pers. suppl), salle d'eau et wc privatifs. 1er étage : 1 ch. (1 lit 2 pers.), 1 ch. (2 lits 1 pers.), lavabo et douche pour chacune. WC communs sur le palier. Cuisine et salle à manger avec TV et bibliothèque réservées aux hôtes. Ping-pong et baby-foot. Au cœur de la Haute-Provence. Visite de la ferme (chèvres, moutons, porcs, volailles). Promenades aux environs immédiats (collines boisées). Route de la lavande, randonnées dans la Montagne de Lure.

Prix : 1 pers. **30/33** € 2 pers. **35/39** € 3 pers. **51** € pers. sup. **12** €
Ouvert : Du 15 février au 15 décembre.

3	SP	11	5	25	5

Joël CORBON - La Pourcine - 04300 LIMANS - Tél. : 04 92 73 01 54 - Fax : 04 92 73 13 61

MALLEFOUGASSE-AUGES Lou Cant des Auceu
Alt. : 750 m
C.M. 81 Pli 15

1 ch. **Mallefougasse 700 m. Sisteron 21 km.** Bâtisse provençale dans un cadre campagnard. 1 ch. (1 lit 2 pers. 1 lit d'appoint pour enfants de moins de 5 ans). Salle d'eau et wc privés. Chauffage central. Salon en mezzanine avec TV et chaîne hi-fi. Terrasse avec salon de jardin et bains de soleil. Portique enfant et toboggan. Enfant de 5 ans gratuit. Au pied de la Montagne de Lure. En bordure de forêt. Départ de chemins menant jusqu'à la crête et au sommet de Lure (1840 m). Belle vue panoramique sur les Pénitents des Mées et le Plateau de Valensole. Randonnées à pied, à cheval, à VTT. Restaurant au village (700 m).

Prix : 1 pers. **34** € 2 pers. **42** €
Ouvert : Toute l'année.

SP	9	SP	16	21	6	11	6

Jean-Luc et Sylvie MORIN - Lou Cant dei Auceu - La Blache - 04230 MALLEFOUGASSE-AUGES - Tél. : 04 92 77 07 43 -
E-mail : loucant@wanadoo.fr/http://perso.wanadoo.fr/lou-cant/

Alpes-de-Haute-Provence

Provence-Alpes-Côte-d'Azur

MALLEFOUGASSE-AUGES Villevieille — Alt. : 707 m — C.M. 81 Pli 15

2 ch. **Sisteron 21 km.** Belle demeure neuve, en dehors du village, avec très belle vue panoramique sur les Préalpes jusqu'au plateau de Valensole. 2 ch. avec s.d.b. et wc privatifs. Au r.d.c. : « la Venitienne » (1 lit 160 et 1 lit 1 pers.). 1er ét. « Valensole » ch. double (1 lit 2 pers. 2 lits 1 pers.). Terrasse avec salon de jardin. Salon avec TV, hi-fi. L-linge à dispo. Animaux admis après accord. Au pied de la Montagne de Lure. Départ de chemins jusqu'au sommet (1184 m). Sur place : piscine, ping-pong, VTT. Prêt de VTT. Restaurant à 500 m. Sisteron : citadelle, plan d'eau. 4 pers. environ 70 €, moins de 4 ans : gratuit.

Prix : 1 pers. 39 € 2 pers. 40/43 € 3 pers. 61 €
Ouvert : Toute l'année.

SP	9	SP	16	21	6	SP	10	6

Claude et Anne BERTONI - La Blache - La Garrigue - 04230 MALLEFOUGASSE-AUGES - Tél. : 04 92 77 01 42 ou 06 15 97 79 01 -
E-mail : claude-bertoni@wanadoo.fr - www.gite-de-france-04.fr/garrigue/

MANE Font Reynière — Alt. : 500 m — C.M. 81 Pli 15

1 ch. **Mane 1 km. Forcalquier 4 km.** Maison indépendante en campagne. 1 chambre avec entrée indépendante en rez-de-chaussée surélevé (2 lits 80 et 1 lit d'appoint enfant). TV. Salle d'eau et wc privés. Kitchenette avec micro-ondes. Jardinet. Meubles de jardin. Barbecue. Animaux admis après accord du propriétaire. Supplément enfant 10 €. Parc Naturel Régional du Luberon. Proche du Prieuré de Salagon : musée, exposition, jardin botanique. Forcalquier : animations culturelles, marché provençal.

Prix : 1 pers. 34 € 2 pers. 40 €
Ouvert : Toute l'année.

4	6	1	2	4	20	4

Claude et Anne-Marie ESMIOL - Le Plan - 04300 MANE - Tél. : 04 92 75 04 85 - Fax : 04 92 75 22 85

MANOSQUE — C.M. 81 Pli 15

2 ch. **Digne-les-Bains et Aix-en-Provence 50 km.** Maison indépendante au calme dans les oliviers. 2 ch. 2 pers. avec douche, lavabo, wc dans chaque ch. Parking, grande terrasse. TV dans chaque chambre. Au cœur du pays de Giono. Concerts, spectacles divers, activités nautiques... à Manosque. Langues parlées : anglais, italien.

Prix : 1 pers. 38 € 2 pers. 43 € pers. sup. 18 €
Ouvert : Du 1er février au 30 novembre.

2	6	5	1	2	0,5	0,8

France GRUNER - Les Cigales - Montée des Vraies Richesses - 04100 MANOSQUE - Tél. : 04 92 72 11 25 - Fax : 04 92 72 11 25

MANOSQUE — C.M. 81 Pli 15

2 ch. **Aix-en-Provence 80 km. Digne-les-Bains 50 km. Pierrevert 5 km.** Maison indépendante entre Luberon et Verdon. 2 ch. climatisées (1 lit 2 pers. + 1 lit d'appoint 80 et 2 lits 1 pers.). Chaque chambre comprend : 1 cabinet de toilette, lavabo, douche, wc. Décor provençal. Jardin. Parking. En face du centre d'hémodialyse de la clinique de Toutes-Aures.

Prix : 1 pers. 29 € 2 pers. 34/37 € 3 pers. 49 € pers. sup. 15 €
Ouvert : Toute l'année.

3	10	6	3	2	3	2	0,8

André et Josette DOSSETTO - 346, avenue des Savels - 04100 MANOSQUE - Tél. : 04 92 72 07 49 - Fax : 04 92 72 07 49

MANOSQUE Les Quintrands — C.M. 81 Pli 15

2 ch. **Manosque 3 km. Forcalquier 19 km. Gréoux-les-Bains 17 km.** Dans le Val de Durance, maison comprenant au rez-de-chaussée : 2 ch. (1 lit 2 pers. s. d'eau/wc privés, 1 lit 160, 1 lit 1 pers. salle de bains/wc privés). Hall avec canapé, fauteuils et frigo-top. Salon avec cheminée insert, bibliothèque, TV. Entrée indépendante et accès direct à la terrasse et à une cour commune avec meubles de jardin et barbecue. Espace été aménagé. Parking privé. Terrain non clos. Sur une exploitation agricole fruitière et maraîchère (vente de fruits et légumes de saison et de volailles fermières). Manosque : cité de Giono, théâtre Jean le Bleu, fondation Carzou, musées. A proximité du Parc Naturel Régional du Luberon. Langues parlées : anglais, espagnol.

Prix : 1 pers. 35 € 2 pers. 40 € pers. sup. 11 €
Ouvert : Toute l'année.

2	12	2	SP	3	3	0,2

Roland et Martine DEBROISE - Les Quintrands - 04100 MANOSQUE - Tél. : 04 92 72 53 10 - Fax : 04 92 87 60 06

LES MEES Campagne du Barri — C.M. 81 Pli 16

6 ch. Maison de caractère du XVIIIe. 1 gîte rural sur place. 1 ch. 3 pers., s. d'eau et wc privés. 2 ch. 2 pers., s. d'eau et wc privés. 1 ch. double 4 pers. en duplex avec s. d'eau, salle de bains et 2 wc privés. 1 ch. 3 pers. + 1 ch. attenante 1 pers., s. d'eau et wc privés. 1 ch. 2 pers. dans un cabanon indép. avec s. d'eau/wc, terrain et meubles de jardin. Table d'hôtes à base de légumes de la serre et du potager. Dans le Val de Durance. Située à la sortie des Mées en direction de Digne-les-Bains, cette maison bourgeoise entourée de verdure et de fleurs sur 2 ha., a gardé le charme discret du XVIIIe siècle par son mobilier ancien et son salon. Langue parlée : anglais.

Prix : 1 pers. 42 € 2 pers. 50 € 3 pers. 60 € repas 15 €
1/2 pens. 80/135 €
Ouvert : Toute l'année de novembre à mars sur réservation.

25	2	SP	5	16	2	1	8	1

Olga MANCIN - Quartier de la Croix - Campagne du Barri - 04190 LES-MEES - Tél. : 04 92 34 36 93 ou 04 92 74 20 89 -
Fax : 04 92 34 39 06

Provence-Alpes-Côte-d'Azur — **Alpes-de-Haute-Provence**

LES MEES La Bastide Blanche
C.M. 81 Pli 16

2 ch. **Les Meés 5 km. Oraison 5 km.** Agréable bastide de 1894 rénovée avec charme. 2 ch. pour vous accueillir entre les villages pittoresques des Mées et Oraison, dans la vallée de la Durance. R.d.c. : 1 ch. de 3 pers. avec kitchinette (1 lit 160, 1 lit 1 pers.), salle d'eau et wc privatifs. 1 ch. (1 lit 2 pers. + 1 canapé BZ 2 pers.), s.d.b. et wc privatifs. Jardin ombragé à dispo. Parking privé. Dans la vallée de la Durance. Au pied du plateau de Valensole. Poss. de rayonner vers Forcalquier, Sisteron, Digne, Manosque, Moustiers-Ste-Marie et les Gorges du Verdon. Promenades sur les marchés provençaux parfumés au miel et à la lavande. A prox. d'1 restaurant gastronomique. Langues parlées : allemand, anglais.

Prix : 1 pers. **41** € 2 pers. **47** € 3 pers. **53** € pers. sup. **5** €
Ouvert : Toute l'année.

| | 10 | 1 | 10 | 5 | 7 | 5 |

Marie-Hélène MILLET - La Bastide Blanche - Dabisse - 04190 LES-MEES - Tél. : 04 92 34 33 25 ou 06 60 25 20 13

LES MEES La Roberte
C.M. 81 Pli 16

1 ch. **Digne-les-Bains 20 km. Manosque 40 km. Peyruis 2 km. Oraison 14 km.** Dans le Val de Durance, maison de construction récente. 1 ch. avec entrée indépendante (1 lit 2 pers.), salle de bains et wc privatifs. Jardin clos ombragé et fleuri. Parking. Meubles de jardin. Chauffage électrique. Vue sur les Pénitents des Mées et la Montagne de Lure. Promenade aux Mées : baignade, sentiers... Oraison : hippodrome, plan d'eau des Buissonnades. Langue parlée : allemand.

Prix : 1 pers. **35** € 2 pers. **38** € pers. sup. **14** €
Ouvert : Du 15 avril au 15 septembre ou sur réservation.

| | 1 | 2 | 2 | 20 | 1 | 1 |

Jacques VUARANT - La Roberte - 04190 LES-MEES - Tél. : 04 92 34 31 18

LES MEES Les Pourcelles
C.M. 81 Pli 16

1 ch. **Les Mées 6 km. Oraison 6 km.** Maison de construction récente sur une exploitation agricole. Calme et vue sur les oliviers et les collines. 1 ch. (1 lit 2 pers. + 1 lit d'appoint), salle d'eau et wc privatifs. Meubles de jardin, barbecue. Parking privé. Petit déjeuner copieux et varié. 1 gîte rural et 1 camping sur la même propriété. Poss. pique-nique et grillades. Dans le Val de Durance. Entre Oraison et Les Mées, village authentique de 120 habitants. Centre de Dialyse à 20 km.

Prix : 1 pers. **34** € 2 pers. **41** € 3 pers. **50** €
Ouvert : Toute l'année.

| | 8 | SP | 8 | 8 | 8 | 4 | 7 | 4 |

Jean et Eliane GAUTHIER - Hameau les Pourcelles - 04190 LES-MEES - Tél. : 04 92 34 39 72 - Fax : 04 92 34 39 72

LES MEES Le Mas des Oliviers
C.M. 81 Pli 16

4 ch. **Les Mées 2 km.** Danielle et Daniel vous accueillent dans leurs 4 ch. situées dans une aile indépendante. R.d.c. : 1 ch. (1 lit 2 pers. avec terrasse). 1 ch. 3 (3 lits 1 pers.). 1 ch. (2 lits 1 pers.). Sanitaires privatifs dans chaque chambre. A l'étage : 1 ch. (1 lit 2 pers.), s.d.b., wc, solarium. Séjour, salon + cheminée. Terrain de boules. Repas enfant de 4 à 12 ans 6,90 €. Grand terrain boisé (oliviers et essences diverses). Table d'hôtes de septembre à fin juin. En juillet et août mise à dispo de la cuisine d'été avec barbecue sous patio couvert. Vue panoramique sur les Préalpes, le Prieuré de Ganagobie, la Montagne de Lure. Au village, curiosité géologique...

Prix : 1 pers. **34/37** € 2 pers. **40/46** € 3 pers. **53** € repas **14** €
Ouvert : Toute l'année sauf fêtes de fin d'année, décembre à février sur résa.

| | 20 | 1 | SP | 6 | 2 | 2 | 9 | 2 |

Daniel et Danielle VERGER - Les Bourelles - Le Mas des Oliviers - 04190 LES-MEES - Tél. : 04 92 34 36 99 ou 06 09 52 67 11 -
E-mail : d-verger@wanadoo.fr

MEOLANS-REVEL Serre-Legier
Alt. : 1200 m — C.M. 81 Pli 8

1 ch. **Barcelonnette 12 km.** Dans la vallée de l'Ubaye, maison de construction récente, 1 chambre (1 lit 2 pers.) avec salle de bains et wc privatifs. Terrasse pour petit-déjeuner. A proximité du parc du Mercantour. Sports d'eau vive dans l'Ubaye. Langues parlées : anglais, italien.

Prix : 2 pers. **31/34** €
Ouvert : Toute l'année.

| | 3 | 2 | SP | 10 | 15 | 15 | 10 |

Monique BLANC - Lotissement Serre Légier - Rioclar - 04340 MEOLANS-REVEL - Tél. : 04 92 81 92 54

MEOLANS-REVEL Les Méans
Alt. : 900 m — C.M. 81 Pli 8

5 ch. **Barcelonnette 12 km.** Ferme restaurée du XIe s. en hameau de montagne. Grand jardin non clos avec four à pain. 4 ch. avec salle de bains et wc particuliers, dont 2 avec balcon. 1 suite avec salle de bains/wc privés et balcon. Salon, TV, bibliothèque, cheminée. Frigo et lave-linge à dispo. Repas servis dans l'ancienne bergerie voûtée 3 soirs par semaine (mardi, jeudi et samedi). A l'entrée de la Vallée de l'Ubaye. Accès à la rivière l'Ubaye à 2 km. Activités sportives proposées : rafting, escalade, canyoning, pêche sportive. M. Millet est guide de haute montagne. Langues parlées : anglais, espagnol, italien.

Prix : 1 pers. **46** € 2 pers. **54/58** € pers. sup. **16** € repas **20** €
Ouvert : Du 10 mai au 10 octobre sur réservation.

| | 10 | SP | 10 | 10 |

Frédéric et Elisabeth MILLET - Les Means - Méolans - 04340 MEOLANS-REVEL - Tél. : 04 92 81 03 91 - Fax : 04 92 81 03 91 -
E-mail : lesmeans@chez.com - www.chez.com/lesmeans

Alpes-de-Haute-Provence
Provence-Alpes-Côte-d'Azur

MEOLANS-REVEL — Alt. : 1080 m — C.M. 81

2 ch. **Barcelonnette 12 km.** A l'entrée de la Vallée de l'Ubaye. 2 chambres (1 lit 2 pers.), salle d'eau et wc privatifs. Terrasse. Belle salle avec décor montagnard. Jardin. A proximité GR6 et GR56. Pêche, sports d'eau-vive.

Prix : 1 pers. **29** € 2 pers. **32** €
Ouvert : De mai à octobre.

🐕	🏖	🚶	🛶
0,5	SP		12

Janine SANSONE - La Sereta - 04340 MEOLANS-REVEL - Tél. : 04 92 81 93 32 - Fax : 04 92 81 93 32

MEZEL Domaine de Prefaissal — Alt. : 500 m — TH — C.M. 81 Pli 17

3 ch. **Mézel 4 km. Digne-les-Bains 12 km.** Dans une ferme en activité comprenant également 4 gîtes. 3 ch. 2 pers. Douche, lavabo et wc dans chacune. Très belle salle à manger, salon. Dans un domaine de chasse de 340 ha. Piscine, pistes de VTT, jeux de boules. A proximité de Digne-les-Bains (thermes). Réserve Géologique de Haute-Provence. Langues parlées : anglais, espagnol.

Prix : 1 pers. **29** € 2 pers. **36** € pers. sup. **11** € repas **13** €
Ouvert : Toute l'année.

🐕	🏹	🏖	🌲	🏕	🐎	🚲	🛶
3	2	SP	10	5	12	30	10

Georges GIRAUD - Domaine de Prefaissal - Route de Mezel - 04270 MEZEL - Tél. : 04 92 35 52 09 - Fax : 04 92 35 52 09

MIRABEAU Les Lombards — Alt. : 650 m — TH — C.M. 81 Pli 16

1 ch. **Digne-les-Bains 12 km. Saint-Auban 18 km (vol à voile).** Maison du propriétaire comprenant également 1 gîte. En pleine campagne, dans un site exceptionnel baigné de soleil. Entrée indépendante. Rez-de-jardin : 1 ch. (1 lit 2 pers. 2 lits 1 pers. en mezzanine, 1 coin-bureau), salle de bains, wc. Terrasse et jardin avec mobilier. Table d'hôtes sur réservation, cuisine provençale traditionnelle. Au cœur de la Haute-Provence, dans un écrin de verdure, de champs de blés, lavandes et tournesols, à la lisière des forêts de chênes. Site baigné de soleil, calme et détente en pleine nature. Nombreuses balades sur place, à pied, à vélo, à cheval. Vallée des Duyes, col de Fontbelle, Sisteron... Langue parlée : anglais.

Prix : 1 pers. **32** € 2 pers. **40** € 3 pers. **47** € repas **15** €
Ouvert : Toute l'année.

🐕	🏹	🏖	🏕	🛶
7	SP	12	12	5

Hervé et Mireille PERRIN - Le Mas Fleuri - Les Lombards - 04510 MIRABEAU - Tél. : 04 92 34 63 51 ou 06 71 62 38 12 -
E-mail : lemasfleuri@free.fr

MONTFURON Les Bourdins — Alt. : 500 m — TH — C.M. 81 Pli 15

4 ch. **Manosque 9 km. Montfuron 4 km.** Maison de caractère en pleine campagne. 4 ch. au r.d.c. dont 3 avec terrasse privative vitrée et meubles de jardin. 1 ch. 2 pers., 1 ch. 3 pers., 2 ch. 4 pers. Douche ou baignoire et wc dans chacune. Lits 160 pouvant être séparés. Petite cuisine et l-linge (2,30 €) gratuits à partir de 3 nuits. Salle de séjour à dispo avec documentation. Semaine : 266/320 €. Gîte Panda isolé dans le Parc Naturel Régional du Luberon. Pays de Giono, dans un cadre intéressant pour son point de vue et ses découvertes botanique et géologique (source sulfureuse). Environnement calme, nombreuses randonnées sur place.

Prix : 2 pers. **40/47** € pers. sup. **9/13** € repas **15** €
Ouvert : Toute l'année.

🐕	🏖	🌲	🏕	🐎	🚲	🛶
4	SP	9	9	9	9	9

Arlette BLINE - Les Bourdins - 04110 MONTFURON - Tél. : 04 92 87 28 81

MONTLAUX Grand-Champ — Alt. : 550 m — TH — C.M. 81 Pli 15

5 ch. **Sisteron 25 km. Forcalquier 20 km.** Grande bâtisse en pleine campagne, à flanc de la Montagne de Lure. Aire de camping sur la même propriété. 3 ch. à l'étage donnant sur une terrasse couverte et 2 ch. au r.d.c., toutes équipées d'une salle de bains privative. Salon, salle à manger à disposition avec cheminée et bibliothèque. En plein campagne parmi thym, sarriette et lavande sur 4 ha., équipée d'une piscine avec portique, toboggan. Table de ping-pong et terrain de boules. Location de VTT. Langues parlées : allemand, anglais, italien.

Prix : 1 pers. **30** € 2 pers. **40** € 3 pers. **50** € pers. sup. **10** €
repas **14** € 1/2 pens. **34** €
Ouvert : Toute l'année.

🐕	🚶	🛶	⛷	🏕	🐎	🛶
20	16	14	20	2	SP	2

Philippe et Fabienne PATRIER - Grand-Champ - 04230 MONTLAUX - Tél. : 04 92 77 01 10 - Fax : 04 92 77 09 54 -
E-mail : ppatrier@aol.com - www.multimania.com/grangcham

MONTLAUX Le Moulin d'Anaïs — Alt. : 550 m — TH — C.M. 81 Pli 15

5 ch. **Forcalquier 20 km.** Ancien moulin rénové. 2 ch. 2 pers. 2 ch. 3 pers. 1 ch. 4 pers. Chacune avec salle de bains et wc indépendants. Chambres d'hôtes de charme au pied de la Montagne de Lure, blottie parmi les champs de lavande, face au vieux village de Montlaux, à l'ombre des platanes centenaires et au bord du Lauzon. 1/2 pension 2 pers. : 74,90 €.

Prix : 1 pers. **37** € 2 pers. **47** € 3 pers. **62** € repas **15** €
1/2 pens. **53** €
Ouvert : Toute l'année.

🐕	🏹	🏖	🚶	🏕	🛶	🛶
30	6	SP	25	25	5	5

Pierre DESCUBE - Le Moulin d'Anaïs - 04230 MONTLAUX - Tél. : 04 92 77 07 28 - Fax : 04 92 77 07 28

Provence-Alpes-Côte-d'Azur — **Alpes-de-Haute-Provence**

LA MOTTE-DU-CAIRE — Alt. : 704 m — (TH) — C.M. 81 Pli 6

E.C. 5 ch.

Sisteron 20 km. Maison de caractère dans un village de Haute-Provence. 5 ch. d'hôtes avec lavabo/douche ou baignoire individuelle. WC communs. Parking privé, grand jardin, terrasse. Coin-repas, salon. Repas à la forte empreinte régionale. Garage pour motos. Tarifs enfants et groupes. 1/2 pension 2 pers. 59,45 €. Nombreuses activités et loisirs sportifs à proximité : via ferrata et rocher d'escalade, randonnées pédestres, équestres, VTT, en raquettes à neige dans le Massif des Monges. Randonnées aquatiques avec accompagnateur en montagne. Plateforme vélivole (planeurs lancés par treuil) à 500 m.

Prix : 1 pers. 24 € 2 pers. 35 € repas 14 € 1/2 pens. 35 €

Ouvert : Toute l'année.

		SP		20	20	SP
1	1	SP	1	20	20	SP

Marc et Ingrid LINARES - Village - 04250 LA-MOTTE-DU-CAIRE - Tél. : 04 92 68 42 72 - Fax : 04 92 68 42 72 -
E-mail : marc.linares@wanadoo.fr

MOUSTIERS-SAINTE-MARIE Monastère de Ségries Alt. : 631 m — (TH) — C.M. 81 Pli 17

5 ch.

Lac de Sainte-Croix 10 km. Moustiers-Sainte-Marie 6 km. Ancien monastère rénové. Dans un cadre privilégié, choisi au XIXe siècle par des moines, nous vous proposons un séjour au grand calme dans 5 chambres spacieuses avec salles de bains particulières. Table d'hôtes sur réservation : les repas sont pris en compagnie des hôtes et la cuisine a l'accent de la Provence. Dans le Parc Naturel Régional du Verdon. Moustiers, cité des faïenciers, classé « Village et Cité de Caractère ». A proximité du plateau de Valensole. Randonnées au départ de la maison. A partir de la 3e nuitée, -10 % sur le séjour. Langue parlée : anglais.

Prix : 1 pers. 37 € 2 pers. 45 € pers. sup. 8 € repas 14 € 1/2 pens. 36 €

Ouvert : De Pâques à la Toussaint.

10	SP	10	6

Christian et Florence ALLEGRE - Monastère de Ségries - 04360 MOUSTIERS-SAINTE-MARIE - Tél. : 04 92 74 64 32 -
Fax : 04 92 74 64 22

MOUSTIERS-SAINTE-MARIE — Alt. : 631 m — C.M. 81 Pli 17

4 ch.

Gorges du Verdon et lac de Sainte-Croix 4 km. Riez 15 km. Dans le Parc Naturel Régional du Verdon, ancienne maison de village rénovée sur 3 niveaux. 4 ch. au cœur du village typique de Moustiers-Sainte-Marie. Chaque chambre est prévue pour 2 à 4 pers. avec salle d'eau et wc privés. Coin-cuisine. Moustiers-Ste-Marie, un des plus beaux villages de France, classé « Village et Cité de Caractère », réputé pour sa faïence. Tarifs à la semaine : 2 pers. 310/340 €, 3 pers. 390 €, 4 pers. 430 €. 4 pers. 70 €/nuitée. Langues parlées : allemand, anglais.

Prix : 2 pers. 48/53 € 3 pers. 62 €

Ouvert : Du 15 mars au 15 novembre.

4	4	SP	1	4	SP

Nicole ALLIAUME - Rue de la Bourgade - 04360 MOUSTIERS-SAINTE-MARIE - Tél. : 04 92 74 69 93

NIOZELLES Le Relais d'Elle — C.M. 81 Pli 15

5 ch.

Niozelles 1 km. Forcalquier 4 km. Manosque 20 km. Entre Luberon et Montagne de Lure, ancienne ferme de caractère restaurée. 5 ch. spacieuses au décor d'époque style provençale. 3 ch. à mi-étage, 1 ch. au 1er étage, 1 ch. avec entrée indépendante (3 lits 160, 1 lit 2 pers. 5 lits 1 pers.). Salle d'eau ou bains et wc privés. Chauffage central. Salon, bibliothèque à disposition. Possibilité de table d'hôtes. Au cœur de la Haute-Provence et du Pays de Giono. A deux pas de la voie romaine Via Domitia. Nombreuses randonnées à pied, à VTT ou à cheval à proximité. Possibilité accueil chevaux. Autoroute A51 à La Brillanne 3,5 km. Tarif 4 pers. : 76 €. Piscine prévue pour le printemps 2002.

Prix : 1 pers. 31 € 2 pers. 45 € 3 pers. 58/64 €

Ouvert : Toute l'année.

1	SP	2	1	4

Jacques et Catherine PENSA - Le Relais d'Elle - Route de la Brillanne - 04300 NIOZELLES - Tél. : 04 92 75 06 87 - Fax : 04 92 75 06 87 -
www.multimania.com/relaisdelle

NOYERS-SUR-JABRON Le Jas de la Caroline Alt. : 600 m — (TH) — C.M. 81 Pli 4

3 ch.

Sisteron 12 km. Ancienne bergerie du XIe siècle rénovée. 2 ch. (1 lit 2 pers.), salle de bains et wc privés. 1 suite (3 lits 1 pers.), douche, wc, salon/cuisine aménagé dans un ancien four à pain. Terrasse avec meubles de jardin pour chacune. Salon avec bibliothèque et cheminée à disposition. Repas uniquement sur réservation. Animal : 3 €/nuit. Dans la Vallée du Jabron. Randonnées à pied ou à VTT dans la Montagne de Lure. Séjours à thèmes. Suggestions d'itinéraires sur les pas des écrivains du haut-pays provençal : Paul Arène, Jean Giono et Pierre Magnan. Prêts de livres. A Sisteron : nuits de la Citadelle, plan d'eau. Langues parlées : anglais, italien.

Prix : 1 pers. 42/49 € 2 pers. 49/69 € 3 pers. 87 € pers. sup. 16 € repas 19 €

Ouvert : Toute l'année, hors saison sur réservation.

3	SP	16	12	12	0,8

Henri et Monique MOREL - Le Jas de la Caroline - 04200 NOYERS-SUR-JABRON - Tél. : 04 92 62 03 48 - Fax : 04 92 62 03 46

LES OMERGUES Le Moulin de la Viorne — Alt. : 815 m — (TH) — C.M. 81 Pli 4

3 ch.

Sederon 8 km. Ancien moulin du XVIIe siècle restauré en campagne. 1 ch. (1 lit 2 pers.), 1 ch. (1 lit 180, 1 lit 1 pers.), 1 ch. (2 lits 1 pers.). Salle de bains et wc privés. Chauffage central. Terrain, terrasse couverte avec meubles de jardin. Piscine. Salle de billard. Salon avec bibliothèque. Exposition de peinture permanente. Parking privé. Repas sur demande. Dans la Vallée du Jabron, à proximité de la Drôme Provençale en Haute-Baronnies. Langues parlées : anglais, espagnol, italien.

Prix : 1 pers. 49 € 2 pers. 53 € 3 pers. 72 € pers. sup. 14 € repas 21 €

Ouvert : De Pâques à la Toussaint.

SP	SP	8	2	SP	8

Danielle COLONNA-BOUTTERIN - Le Moulin de la Viorne - 04200 LES-OMERGUES - Tél. : 04 92 62 01 65 - Fax : 04 92 62 06 03

PACA

Alpes-de-Haute-Provence
Provence-Alpes-Côte-d'Azur

ORAISON Les Oliviers (TH) — C.M. 81 Pli 16

2 ch. **Forcalquier 16 km. Manosque 19 km. Gorges du Verdon 45 km.** Maison du propriétaire comprenant également 1 gîte. Dans un quartier calme de la périphérie du village. 2 ch. 2 pers. se louant ensemble (1 lit 2 pers. chacune), salle de bains privative non communicante. Jardin, terrasse, meuble de jardin. Kitchenette à disposition. Salon commun avec cheminée et TV. Tarif 4 pers. environ 56 €, repas enfant environ 7 €. Dans le Val de Durance. Oraison, « une ville à la campagne » : nombreuses randonnées, tous loisirs et services, piscine, hippodrome (courses de chevaux et de lévriers), moulin à huile. Plan d'eau des Buissonnades 4 km. Prieuré de Ganagobie et Lurs, classé « Village et cité de caractère » 10 km.

Prix : 1 pers. **29** € 2 pers. **38** € 3 pers. **49** € repas **14** €
Ouvert : Toute l'année.

| 4 | 1 | SP | 4 | 4 | 12 | 0,6 |

Amédée PESALOVO - Les Oliviers - Chemin des Escaranches - 04700 ORAISON - Tél. : 04 92 78 65 89 ou 06 74 41 76 64

ORAISON — C.M. 81 Pli 16

2 ch. **Forcalquier 17 km. Manosque 17 km. Plan d'eau des Buissonnades 3 km.** Dans une maison à caractère provençal, 2 ch. 2 pers. avec s.d.b. et wc privatifs. La ch. « Bleue » dispose d'un balcon. La ch. « Rose » est plus rustique. L'hiver : salon, TV, salle à manger à la disposition des hôtes. Cheminée. L'été : jeux d'enfants, pergola, fontaine, barbecue, jardin, espace vert de 3000 m². Parking, abri couvert pour voitures. Dans le Val de Durance. Sentiers de randonnées balisés au départ du village. Parapente à 2,5 km. Tennis 1 km.

Prix : 1 pers. **29/32** € 2 pers. **38/41** €
Ouvert : Toute l'année.

| 4 | 3 | 1 | 3 | 3 | 1 | 1 |

Louis BONNET - Chemin de Thuve - Route des Buissonades - 04700 ORAISON - Tél. : 04 92 78 62 54

ORAISON — C.M. 81 Pli 16

2 ch. **Manosque et Forcalquier 17 km.** Maison au calme avec jardin arboré et fleuri, dans le Val de Durance. 1 chambre (1 lit 2 pers.), salle d'eau et wc privés, possibilité lit d'enfant. 1 chambre (1 lit 2 pers. 1 lit 1 pers.) avec salle d'eau, wc privés. Une petite salle à disposition des hôtes avec TV, jeux de société.

Prix : 1 pers. **31** € 2 pers. **41** € 3 pers. **53** € pers. sup. **15** €
Ouvert : Toute l'année.

| 5 | 5 | 1 | 1 | 5 | 8 | 0,5 | 0,5 |

Raymonde BONTRON - Rue Terce Rossi - 04700 ORAISON - Tél. : 04 92 78 64 54 - Fax : 04 92 78 64 54

LA PALUD-SUR-VERDON L'Enchastre Alt. : 1160 m (TH) — C.M. 81 Pli 17

5 ch. **La Palud du Verdon 11 km.** Maison de caractère sur domaine agricole (ovins, caprins, poules). Salon avec cheminée. Billard, TV, Bibliothèque, jeux de société. Grande salle à manger. 3 ch. 3 pers., 2 ch. 2 pers. avec salle de bains et wc privatifs. Piscine privée sur place. Au cœur des Gorges du Verdon. Maison isolée au milieu des pâturages, au bord des Gorges du Verdon à 1100 m d'altitude. Randonnée dans la Parc Naturel Régional du Verdon.

Prix : 2 pers. **46** € 3 pers. **61** € repas **15** € 1/2 pens. **38** €
Ouvert : D'avril à novembre.

| SP | SP | 11 | SP | 11 |

Jocelyne COLOMBERO - L'Enchastre - Chateauneuf les Moustiers - 04120 LA-PALUD-SUR-VERDON - Tél. : 04 92 83 76 12

LA PALUD-SUR-VERDON Le Valdenay Alt. : 890 m (TH) — C.M. 81 Pli 17

5 ch. **Lac de Sainte-Croix-du-Verdon 20 km. Gorges du Verdon sur place.** Au cœur des Gorges du Verdon, maison au calme en pleine nature. 5 chambres de 2 à 4 pers. en r.d.c. et 1er étage. Salles d'eau et wc privatifs. A disposition : salon, terrasse. Animaux admis sous conditions. Au départ du circuit panoramique du grand Canyon du Verdon. Nombreuses randonnées : fond des gorges et des plateaux, botanique, entomologie, géologie. A proximité : escalade, canyonisme, sports d'eau vive. Atmosphère conviviale à la table d'hôtes. Langues parlées : anglais, allemand.

Prix : 1 pers. **31** € 2 pers. **43** € 3 pers. **58** € repas **14** € 1/2 pens. **35** €
Ouvert : De Pâques à la Toussaint.

| 7 | SP | 20 | 20 | 1 | 2 |

Jean-Louis DRESCO - Route des Crêtes - La Valdenay - 04120 LA-PALUD-SUR-VERDON - Tél. : 04 92 77 37 92

PEIPIN L'Oustau Dou Pichoun Blu Alt. : 500 m — C.M. 81 Pli 6

2 ch. **Sisteron 7 km.** Maison individuelle dominant le village avec jolie vue sur la vallée. Environnement verdoyant. R.d.c. : 2 ch. 2 pers. pouvant communiquer avec entrée indép. donnant sur une pelouse ombragée et fleurie, chacune avec TV, salle d'eau et wc privés. Parking privé, calme assuré, salon, véranda avec lecture, coin-repas. Micro ondes, réfrigérateur à disposition. Calme assuré. Au pied de la Montagne de Lure. Nombreuses randonnées. Autoroute A51 à 2 km. A proximité de Sisteron : citadelle, plan d'eau, clue de la Durance.

Prix : 1 pers. **35** € 2 pers. **41** € pers. sup. **17** €
Ouvert : Toute l'année, sur réservation de novembre à mars.

| 2 | 8 | 1 | 7 | 0,3 |

Monique MONIER - 4 chemin de Valbelle - Les Granges - 04200 PEIPIN - Tél. : 04 92 62 42 97 - Fax : 04 92 62 42 97 - www.guideweb.com/provence/bb/lou-pichoun/

Provence-Alpes-Côte-d'Azur — **Alpes-de-Haute-Provence**

PIERRERUE Le Jas de Nevières — Alt. : 504 m

4 ch. **Forcalquier 6 km.** Au cœur de la Haute-Provence et du Pays de Giono, entre Luberon et Montagne de Lure, nous vous proposons un séjour de charme et de repos dans cette ancienne ferme en pierres de pays du XVIIe siècle restaurée avec goût. 4 chambres de caractère, décorées à l'ancienne dans les traditions régionales, toutes équipées de s. d'eau avec douche ou baignoire et wc privés. Ancienne bergerie restaurée. Grande piscine familiale, terrasses, terrain, randonnées. Chambres d'hôtes de charme. Accueil de séjours, groupes séminaires. VTT à proximité. Marché provençal à Forcalquier.

Prix : 2 pers. **62 €** pers. sup. **14 €**

Ouvert : Du 1er avril au 31 octobre, sauf sur réservation.

10	SP	11	13	15	SP	15	11	

Philippe et Joëlle DUERMAEL - Le Jas de Nevierès - Route de Saint-Pierre - 04300 PIERRERUE - Tél. : 04 92 75 24 99 - Fax : 04 92 75 03 75 - E-mail : Duermael@wanadoo.fr

PIERREVERT — C.M. 81 Pli 15

3 ch. **Manosque 6 km.** Grande maison provençale entourée de pins. Nous vous proposons 3 jolies chambres spacieuses et confortables avec salle de bains. Une grande terrasse ombragée offre à toute heure repos, calme, tranquillité. A disposition terrasses ombragées et piscine privée. Dans le Pays de Giono. Aux alentours 1 golf 18 trous, centre d'équitation, lieux de baignade en lacs, grandes balades et nombreux restaurants. Langues parlées : anglais, espagnol.

Prix : 1 pers. **31 €** 2 pers. **41 €** pers. sup. **15 €**
Ouvert : Toute l'année.

5	5	15	7	1	SP	1

SUPPLISSON - Ecureuil-Bleu - 7, avenue René Bigand - 04860 PIERREVERT - Tél. : 04 92 72 88 93

PIERREVERT — C.M. 81 Pli 15

E.C. **3 ch.** **Manosque 8 km. Pierrevert 3 km. Plan d'eau des Vannades 10 km.** Maison indépendante située dans une pinède, avec jardin ombragé, terrasse, meubles de jardin. 3 chambres au 1er étage de 1, 2 et 3 pers., dont 2 avec salle d'eau et wc privatifs. Chauffage par air pulsé, lave-linge à disposition. La propriétaire, professeur de sculpture, organise des stages à la demande. Dans le Pays de Giono.

Prix : 1 pers. **27 €** 2 pers. **40 €** 3 pers. **50 €**
Ouvert : Toute l'année.

10	1	10	15	10	1	3	8	1

Pierre et Bernadette MARION - 4, avenue de Valgas - 04860 PIERREVERT - Tél. : 04 92 72 90 61

REILLANNE Montjalade et Vieille Plaine (TH) — C.M. 81 Pli 15

3 ch. **Reillanne 4 km.** Sur la pittoresque route de Carluc, ancienne ferme rénovée. 3 ch. (1 lit 2 pers. chacune). Salle de bains et wc privés. 2 ha. de prairies alentour. Dans le Parc Naturel Régional du Luberon. Belle vue sur Montjustin, Reillanne et la chaîne du Lubéron. Proche de Manosque, Apt, Forcalquier. Piscine et tennis au village.

Prix : 1 pers. **31 €** 2 pers. **43 €** repas **15 €**
Ouvert : Toute l'année.

15	20	5	SP	15	11	4	4

Hélène PETIT - Monjalade et Vieille Plaine - 04110 REILLANNE - Tél. : 04 92 76 59 80 ou 04 92 76 68 03

REILLANNE Le Mas des Collines — C.M. 81 Pli 15

6 ch. **Manosque, Apt et Forcalquier 20 km.** Dans le Parc Naturel Régional du Luberon, ancien mas restauré isolé en pleine campagne. Entre Céreste et Reillanne, entouré de chênes. 4 ch. (1 lit 2 pers., 1 lit 80 en mezzanine), salle d'eau privée, wc indépendants, TV. 2 ch. avec salle d'eau, wc extérieurs communs. Salle à manger/salon voûté de 120 m^2 avec cheminée, musique et coin-TV, bibliothèque, coin-cuisine. Fontaine, piscine, terrain de foot et de boules. Brunch à partir de produits diététiques et bio. Aire de pique-nique, de repos et de jeux de 300 m^2 sur sol pavé, sous les chênes bicentenaires. Piscine ouverte du 1er mai au 15 septembre (18 m de diamètre, 1,10 à 2,10 m de profondeur).

Prix : 1 pers. **52/74 €** 2 pers. **65/84 €** pers. sup. **15/33 €**
Ouvert : Toute l'année.

SP	20	4	SP	20	4

Rose SELLAM - Le Mas des Collines - 04110 REILLANNE - Tél. : 04 92 76 43 53 - Fax : 04 92 76 50 14

REVEST-DU-BION Le Petit Labouret — Alt. : 900 m (TH) — C.M. 81 Pli 14

4 ch. **Revest-du-Bion 2,5 km. Sault 12 km. Manosque 40 km.** A la limite du Vaucluse et des Alpes-de-Haute-Provence, ancienne ferme rénovée. 4 ch. avec 4 entrées indépendantes dont 3 avec mezzanine (2 lits 2 pers. 1 lit 160, 1 lit 180, 7 lits 1 pers.). Chacune avec salle d'eau et wc privés. Salon, cheminée, buanderie à disposition avec congélateur, réfrigérateur, lave-linge, sèche-linge. Repas enfant - de 12 ans : **11 €**. Terrain non clos (plusieurs hectares de bois de chênes, de pins, de châtaigniers, de champs de lavande). Meubles de jardin. Entre le Mont Ventoux et la Montagne de Lure, au milieu d'une nature très préservée. Accueil de chevaux, rando à pied, à VTT et à cheval sur place.

Prix : 1 pers. **42 €** 2 pers. **46 €** 3 pers. **60 €** repas **19 €**
Ouvert : Toute l'année.

SP	SP	2,5	

Jean-Claude et Martine MOUCHENIK - Le Petit Labouret - 04150 REVEST-DU-BION - Tél. : 04 92 77 20 43 ou 06 80 58 16 14 - Fax : 04 92 77 20 44 - E-mail : labouret@petit-labouret.com - www.petitlabouret.com

Alpes-de-Haute-Provence

Provence-Alpes-Côte-d'Azur

LA ROBINE-SUR-GALABRE Les Lauzes du Villard — Alt. : 746 m (TH) — C.M. 81 Pli 7

III 1 ch.

Digne-les-Bains 10 km. Maison des propriétaires de construction récente. R.d.c. : 1 ch. (1 lit 2 pers. avec poss. lit enfant). Salle d'eau et wc privés. Salon avec coin-cuisine. Terrasse couverte privée. Bibliothèque commune (50 ouvrages locaux). Magnifique vue sur le village. A 600 m bibliothèque (50 ouvrages locaux). TV et l-linge communs. Au cœur de la Réserve Géologique. Point-info réserve. Entre montagne et torrent. Calme assuré. Randonnées pédestres sur place. VTT à disposition. Le Propriétaire, guide de pays vous raconte la Haute-Provence et vous fait visiter son rucher, son épouse vous fait goûter la cuisine provençale.

Prix : 1 pers. 30 € 2 pers. 40 € 3 pers. 50 € pers. sup. 10 €
repas 15 € 1/2 pens. 65 €
Ouvert : Toute l'année.

🐕	⛱	🌲	🍴	♨	🏇	🚂	⛷
SP		10	12	8	10	10	

Jacques COLLIEUX - Les Lauzes du Villard - 04000 LA-ROBINE-SUR-GALABRE - Tél. : 04 92 31 52 82

ROUMOULES Le Vieux Castel — Alt. : 610 m — C.M. 81 Pli 16

II 5 ch.

Riez 3 km. Moustiers-Sainte-Marie 12 km. Bâtisse de caractère du XVIIᵉ siècle, située dans le Parc Naturel Régional du Verdon, en bordure de la D952 et du village de Roumoules. 5 ch. de 2 à 4 pers. avec salle de bains et wc privés situées au 2ᵉ étage. Petit-déjeuner servi dans la grande salle voûtée. Terrasse ombragée. Salon de jardin. Parking non clos. Restaurant à proximité. Le GR4 passe au pied de la maison. Jean-Paul vous conseillera de randonnées et Marie vous fera découvrir la calligraphie latine. Aux alentours : Gorges du Verdon et de Trévans. Lacs de Sainte-Croix et d'Esparron. Plateau de Valensole. Musée de la préhistoire à Quinson...

Prix : 1 pers. 34 € 2 pers. 39/44 € pers. sup. 18 €
Ouvert : Toute l'année.

🐕	⛱	🌲	🍴	♨	🏇	🚂	⛷
10	SP		8	15	10	35	SP

Jean-Paul et Marie MASINA - Le Vieux-Castel - 04500 ROUMOULES - Tél. : 04 92 77 75 42 - Fax : 04 92 77 75 42

SELONNET Surville — Alt. : 1000 m (TH) — C.M. 81 Pli 7

I 5 ch.

Gap, Digne-les-Bains et Barcelonnette 45 km. Ancienne ferme rénovée. 1 ch. (1 lit 1 pers.), douche, wc, lavabo. 1 ch. (1 lit 2 pers.), douches, wc, lavabos, 1 ch. (2 lits 2 pers.), douche,wc, lavabo. 2 ch. (1 lit 2 pers. 2 lits 1 pers.), douche, wc, lavabo communs. Terrasse, solarium. Parking. Table d'hôtes selon périodes. Dans la Vallée de la Blanche. Vol à voile 6 km. Ski 6 km.

Prix : 1 pers. 24 € 2 pers. 37 € pers. sup. 11 € 1/2 pens. 34 €
Ouvert : Du 26 décembre au 15 novembre.

🐕	⛱	🌲	🍴	⛷	🏇	🚂	⛷
15	SP	SP	5	5	5	45	5

Dominique STORDEUR - Surville - 04140 SELONNET - Tél. : 04 92 35 15 15 - Fax : 04 92 35 15 15

SEYNE-LES-ALPES Ferme des Clots — Alt. : 1200 m (TH) — C.M. 81 Pli 7

II 6 ch.

Seyne-les-Alpes 3 km. Lac de Serre-Ponçon 20 km. Ferme de caractère en montagne. 2 ch. en mezz. avec s. d'eau et wc. Au r.d.c. : 1 ch. avec s. d'eau privée, 2 ch. avec salles d'eau et wc communs, 1 ch. indép. 3 pers. avec s. d'eau et wc privés. Table d'hôtes, cuisine soignée. Seyne-les-Alpes : classé « Village et Cité de caractère ». Citadelle Vauban, grande tour du Moyen-Age, musées. Nombreuses activités sportives, plate forme vélivole (planeurs lancés par treuil). Lac de Serre-Ponçon (baignade, sports nautiques...).

Prix : 1 pers. 24 € 2 pers. 37 € 3 pers. 56 € repas 15 €
Ouvert : Toute l'année sur réservation.

🐕	⛱	🌲	🍴	♨	🏇	🚂	⛷
1	SP	3	20	2	3	50	3

Lydia et Michèle DE DEA-CICORELLI - Ferme des Clots - Bas Chardavon - 04140 SEYNE-LES-ALPES - Tél. : 04 92 35 23 13

SIGONCE Les Clots — (TH) — C.M. 81 Pli 15

II 3 ch.

Forcalquier 9 km. Ganagobie et Lurs 5 km. Dans un hameau privé de caractère. Ch. « Giono » 2 pers., s. d'eau et entrée privée. Dans un petit mazet indépendant sous les grands arbres, ch. du « Potager » 2 pers. et dans un autre petit mazet ch. de la « Source » 2/3 pers. avec kitchenette. Cadre de calme et de verdure. Cuisine de qualité, jardin bio, pain maison. Plan d'eau sur place pêche à la demande. Entre Montagne de Lure et Luberon. Ornithologie sur place. Langue parlée : anglais.

Prix : 1 pers. 30 € 2 pers. 43 € 3 pers. 56 € repas 14 €
Ouvert : Toute l'année.

🐕	⛱	🌲	🍴	♨	🏇	🚂	⛷
	10		10	10	9	9	

J-Claude et Nathalie GENIN - Chante l'Oiseau - 04300 SIGONCE - Tél. : 04 92 75 24 35 - Fax : 04 92 75 24 35

SIMIANE-LA-ROTONDE Chaloux — Alt. : 600 m (TH) — C.M. 81 Pli 14

II 2 ch.

Simiane-la-Rotonde 5 km. Banon 15 km. Demeure du XVIIIᵉ siècle rénovée. 2 chambres d'hôtes situées dans la maison du propriétaire qui abrite également un gîte d'étape. 1 ch. (1 lit 2 pers. + 1 convertible), salle de bains et wc privatifs. 1 ch. (2 lits 1 pers. + 1 convertible), salle de bains et wc privatifs. Chauffage central. Tarifs 1/2 pension et pension sur la base de 2 pers. Simiane-la-Rotonde « Village et Cité de Caractère ». A proximité des GR4 et 6, tours de Lure et du Luberon. A proximité des Gorges d'Oppedette et du Colorado provençal.

Prix : 1 pers. 43 € 2 pers. 49 € 3 pers. 56 € repas 12 €
1/2 pens. 72 € pens. 95 €
Ouvert : De mars à fin décembre.

🐕	⛱	🌲	🍴	♨	🏇	🚂	⛷
4	SP	10	20	10	10	4	

Gilles RIDER - Chaloux - 04150 SIMIANE-LA-ROTONDE - Tél. : 04 92 75 99 13

Provence-Alpes-Côte-d'Azur **Alpes-de-Haute-Provence**

SIMIANE-LA-ROTONDE Les Granges de Saint-Pierre Alt. : 665 m — C.M. 81 Pli 14

3 ch. **Pays d'Apt 20 km. Colorado Provençal 10 km.** Anciennes granges du XIVe siècle rénovées, avec parc ombragé, piscine, terrasse couverte. A disposition très belle salle avec cuisine, salon, cheminée, garage, buanderie. 3 ch. avec sanitaires privatifs. TV, chauffage central. Séjour de 5 nuits et plus : 1 pers. 41 € et 2 pers. 47 €. Dans le Parc Naturel Régional du Lubéron. Expositions, artisans, festival de musique à Simiane-la-Rotonde.. Proche des GR4 et 9. Langues parlées : anglais, italien.

Prix : 1 pers. 44 € 2 pers. 54 € pers. sup. 13 €
Ouvert : Toute l'année, l'hiver sur réservation.

5	SP	10	30	0,2	

Jean et Josiane TAMBURINI - Les Granges de Saint-Pierre - 04150 SIMIANE-LA-ROTONDE - Tél. : 04 92 75 93 81 - Fax : 04 92 75 93 81

ST-ETIENNE-LES-ORGUES Campagne des Vignaus Alt. : 700 m (TH) C.M. 81 Pli 15

3 ch. **Saint-Etienne-les-Orgues 1 km. Forcalquier 17 km.** Au pied de la Montagne de Lure, ancien corps de ferme rénové. 2 ch. 2 pers. avec douche, lavabo et wc. 1 ch. 2 pers. + 1 lit d'appoint avec douche, lavabo et wc. Gîte rural mitoyen sur la même propriété. Randonnées pédestres, équestres et VTT. Piscine et tennis au village. Nombreuses activités à proximité. Langue parlée : anglais.

Prix : 2 pers. 35 € 1/2 pens. 30 €
Ouvert : Toute l'année.

5	SP	15	17	6	1	40	1

Chantal FAVRE - Campagne des Vignaus - 04230 ST-ETIENNE-LES-ORGUES - Tél. : 04 92 73 02 43

ST-ETIENNE-LES-ORGUES Le Château Alt. : 700 m (TH) C.M. 81 Pli 15

4 ch. **Forcalquier 15 km.** Ancien château du XVe siècle situé dans le village. Chambres spacieuses équipées chacune de lavabo, wc et douche ou baignoire. Salons, salle de billard, salle de lecture, salle vidéo, ping-pong. Jardin verdoyant aux senteurs multiples. Fontaine, terrasse ombragée. Entre Montagne de Lure et Luberon. Piscine du village (100 m) gratuite pour les hôtes. Randonnées dans la Montagne de Lure.

Prix : 1 pers. 41 € 2 pers. 45 € pers. sup. 8 € repas 15 €
1/2 pens. 37 €
Ouvert : Toute l'année.

1	30	SP	6	0,1	5

Eric et Aurélia BOUILLOT - Place Pasteur - Le Château - 04230 ST-ETIENNE-LES-ORGUES - Tél. : 04 92 73 00 03 -
E-mail : tollioub@aol.com - http://perso.club-internet.fr/orgues

ST-ETIENNE-LES-ORGUES Alt. : 700 m (TH) C.M. 81 Pli 15

2 ch. **Forcalquier 17 km.** Maison en pierre rénovée située dans le village. Ruelle typiquement provençale et très calme. Grande terrasse de 30 m^2 et pour l'hiver grande pièce avec cheminée et coin-cuisine à disposition. 1 ch. 2 pers. au 1er étage avec s. d'eau, lavabo et wc. 1 ch. 4 pers. au 2e étage : 22 m^2 avec mezzanine, s. d'eau, lavabo et wc. TV dans chaque chambre. Entre Montagne de Lure et Luberon. Nombreuses randonnées dans la Montagne de Lure, promenades VTT organisées, ski de fond, équitation, canyoning. Astronomie à proximité. Forfait du samedi au samedi. Langues parlées : anglais, espagnol, italien.

Prix : 1 pers. 31 € 2 pers. 37 € pers. sup. 11 € repas 16 €
1/2 pens. 29 € pens. 38 €
Ouvert : Toute l'année.

1	5	0,5	22	0,1

Sylvie MATHIEU - Rue de la Paix - 04230 ST-ETIENNE-LES-ORGUES - Tél. : 04 92 73 18 75

ST-GENIEZ Domaine des Rayes Alt. : 1100 m (TH) C.M. 81 Pli 6

5 ch. **Saint-Geniez 3,5 km. Sisteron 18 km.** Ancienne bergerie rénovée située en pleine nature. 4 ch. 2 pers., 1 ch. 4 pers. Salle de bains et wc privatifs. Terrasse privative et meubles de jardin. Egalement des gîtes ruraux sur le domaine. Piscine sur place. Au cœur de la Réserve Géologique de Haute-Provence. Vue imprenable sur la Vallée de la Durance et la Chapelle de Dromon où repose sa crypte. A proximité du Col de Fontbelle, du Défilé de la Pierre Ecrite. Sisteron : plan d'eau, citadelle, clue de la Durance et rocher de la Beaume. Tarif dégressif à partir de 2 nuits. Langues parlées : anglais, italien.

Prix : 2 pers. 49/58 € repas 15 €
Ouvert : Toute l'année.

SP	SP	3,5	SP	18	18

Bruno et Micheline MASURE - Domaine des Rayes - 04200 ST-GENIEZ - Tél. : 04 92 61 22 76 - Fax : 04 92 61 06 44

ST-JULIEN-D'ASSE La Louvière C.M. 81 Pli 16

2 ch. **Valensole 15 km. Saint-Julien-d'Asse 5 km.** A proximité du plateau de Valensole et de ses lavandes dans la maison du propriétaire de construction récente, 2 chambres avec chacune son entrée indépendante. Terrasse, meubles de jardin. R.d.c. : 1 ch. (1 lit 2 pers.), 1 ch. (1 lit 2 pers. 2 lits 1 pers. superposés). Salle d'eau et wc privatifs à chaque chambre. Face au petit village de Brunet. Oraison, plan d'eau des Buissonnades. Nombreuses randonnées sur place.

Prix : 1 pers. 30 € 2 pers. 40 € 3 pers. 52 € pers. sup. 11 €
Ouvert : Du 1er mars au 30 octobre.

15	5	15	SP	15	15	15	20	8

Louis TOURET - La Louvière - 04270 ST-JULIEN-D'ASSE - Tél. : 04 92 74 84 47

Alpes-de-Haute-Provence
Provence-Alpes-Côte-d'Azur

ST-MARTIN-DE-BROMES Les Chaberts
C.M. 81 Pli 16

1 ch. Gréoux-les-Bains 9 km. Moustiers-Sainte-Marie 30 km. Ferme rénovée. 1 gîte rural et le logement des propriétaires sur place. 1 ch. mansardée à l'étage avec terrasse privative (1 lit 2 pers.), salle d'eau, wc, coin-cuisine équipé avec réfrigérateur, micro-ondes, cafetière électrique. Terrain non clos. Parking. Environnement calme de vergers d'amandiers, d'oliviers, de champs de lavande. A 400 du GR4. Possibilité de stages de poterie avec formules découverte et perfectionnement. Forfait curiste 21 jours hoars-saison : 533,55 €. Séjour : 1 pers. 35 €, 2 pers. 42 €. Taxe de séjour comprise.

Prix : 1 pers. **38 €** 2 pers. **45 €**
Ouvert : De février à novembre.

SP	30	10	9	

André et Joëlle LE METER - Les Chaberts - 04800 ST-MARTIN-DE-BROMES - Tél. : 04 92 78 16 41

ST-MARTIN-LES-EAUX Domaine d'Aurouze Alt. : 563 m
C.M. 81 Pli 15

3 ch. Manosque 10 km. Avignon 75 km. Au cœur du Luberon, 3 ch. de grand standing dans une bastide du XVIIe siècle. S.d.b., wc et TV privatifs. Salle à manger de caractère. Piscine, ping-pong, volley-ball, pétanque, équipement fitness. VTT en option. Terrasse avec vue panoramique sur Forcalquier et la chaîne des Alpes. Un havre de paix en pleine campagne. Forfait du samedi au samedi. Chambre d'hôtes de charme. A la table d'hôtes, savoureuses spécialités provençales et petit-déjeuner gourmand servi en buffet. A proximité du Luberon : villages médiévaux, sites archéologiques, abbayes romanes, châteaux. Aéroport de Marseille-Provence à 70 km. Langues parlées : allemand, anglais, espagnol.

Prix : 1 pers. **65 €** 2 pers. **80 €** repas **15 €** 1/2 pens. **55 €**
Ouvert : Du 15 mai au 15 septembre sur réservation.

5	15	12	8	SP	10	8

Jacques et Viviane NOEL-SCHREIBER - Domaine d'Aurouze - 04300 ST-MARTIN-LES-EAUX - Tél. : 04 92 87 66 51 ou 04 92 87 56 35 - E-mail : aurouze@karatel.fr

ST-MICHEL-L'OBSERVATOIRE Le Farnet Alt. : 576 m

4 ch. Saint-Michel-l'Observatoire 3 km. Ancienne bergerie en pierres rénovée. Le grand domaine du Farnet vous accueille sur 2 ha. de terres boisées, dans un environnement calme et reposant. 4 ch. (3 lits 160, 4 lits 1 pers. superposés). Entrée indépendante. A la demande, équipement bébé fourni. Salle d'eau ou de bains particulières. Chauffage central. Accès à la piscine familiale. Terrasse, salon de jardin. Pas de repas le dimanche soir. A proximité du Parc Naturel Régional du Luberon. Proche du Colorado provençal. Location de VTT. Ping-pong, baby-foot, pétanque. Tarif 1/2 pension pour 2 pers. : vacances 460 €, hors vacances 430 €. 4 pers. 73 €.

Prix : 1 pers. **39 €** 2 pers. **45 €** 3 pers. **59 €** pers. sup. **11 €** repas **14 €**
Ouvert : Du 15 avril au 15 octobre.

22	SP	SP	15	7	SP	3

Pascal et Cathy DEPOISSON - Le Farnet - 04870 ST-MICHEL-L'OBSERVATOIRE - Tél. : 04 92 76 65 52 - www.guideweb.com/provence/bb/farnet/

ST-PAUL-SUR-UBAYE La Posada Alt. : 1470 m
C.M. 81 Pli 8

5 ch. Saint-Paul-sur-Ubaye 1 km. Barcelonnette 26 km. Dans la Haute Vallée de l'Ubaye, ancienne ferme de montagne entièrement rénovée. Grand terrain. Portique pour enfants. 1er étage : 2 ch. (1 lit 2 pers. + 2 lits superposés), 3 ch. (1 lit 2 pers.). Chacune avec salle d'eau et wc privatifs. R.d.c. : grande salle voûtée pour les petits déjeuners et salle d'activités avec TV. Décor mexicain. Tarif 4 pers. environ 64 €. Nombreuses rando. sur place : GR5, 6, 56, Tour de l'Ubaye et plusieurs PR. Hiver : foyer de ski de fond 1 km, rando. à ski et raquettes, ski alpin à Vars ou Ste-Anne-la-Condamine 10 km. Eté : rando. à pied, VTT et pêche sur place, tennis au village. Sur la route des grandes Alpes et des grands cols. Langue parlée : espagnol.

Prix : 2 pers. **43 €** 3 pers. **53 €**
Ouvert : Toute l'année.

17	SP	10	17	1

Brigitte SIGNORET - La Posada - Pont de l'Estrech - 04530 ST-PAUL-SUR-UBAYE - Tél. : 04 92 84 37 07 - Fax : 04 92 84 37 07

ST-VINCENT-LES-FORTS La Haute Combe Alt. : 1300 m
C.M. 81 Pli 7

5 ch. Seyne-les-Alpes 17 km. Barcelonnette 35 km. Vieille ferme rénovée avec goût. Seul, en couple ou en famille, la Haute-Combe vous accueille dans un cadre très convivial. 5 ch. avec s. d'eau privatives dont 4 ch. de 2 pers. (1 lit 2 pers. ou 2 lits 1 pers.) et 1 ch. (1 lit 2 pers. 2 lits 1 pers.). A disposition : sauna (6 €), coin-cheminée, bibliothèque de plus de mille livres. A la jonction des Vallées de la Blanche et de l'Ubaye. En pleine nature, un cadre exceptionnel pour savourer le calme, entre lac de Serre-Ponçon et montagne de Dormillouse. Pour vous dépenser, entre parapente, activités d'eau vive, ski alpin, ski de fond, randonnées. Langues parlées : anglais, espagnol.

Prix : 1 pers. **33 €** 2 pers. **47 €** 3 pers. **67 €** 1/2 pens. **35/45 €**
Ouvert : Toute l'année sur réservation.

5	SP	0,5	5

Colin MICHEL - La Haute Combe - 04340 ST-VINCENT-LES-FORTS - Tél. : 04 92 85 51 20

ST-VINCENT-SUR-JABRON Alt. : 630 m
C.M. 81 Pli 5

3 ch. Noyers-sur-Jabron 7 km. Sisteron 19 km. Maison située dans le village. 3 ch. en r.d.c. Accès indépendant par l'extérieur, chacune avec meubles de jardin. 1 ch. 3 pers. et 2 ch. 2 pers. Toutes avec salle d'eau et wc privatifs. Grande cour et petit parc en bordure de rivière, parking privé. Chauffage central. Dans la Vallée du Jabron. Sur place, musée du casque, vallée du Jabron : tranquillité, nature préservée, dominée par la Montagne de Lure. Balades à vélo. Services de cars journaliers vers Sisteron : citadelle, clue de la Durance, Rocher de la Beaume. Langue parlée : espagnol.

Prix : 1 pers. **24 €** 2 pers. **31 €** 3 pers. **43 €** pers. sup. **12 €** repas **12 €** 1/2 pens. **35 €**
Ouvert : Du 1er février au 30 novembre.

1	19	0,1	12	15

Jean et Gabrielle VALLS - 04200 ST-VINCENT-SUR-JABRON - Tél. : 04 92 62 08 25

Provence-Alpes-Côte-d'Azur   **Alpes-de-Haute-Provence**

ST-VINCENT-SUR-JABRON — La Maison de ma Cousine — Alt. : 630 m

5 ch. **Sisteron 18 km. Noyers-sur-Jabron 7 km.** Dans la vallée verdoyante et protégée du Jabron, maison indépendante, à la sortie du village, avec jardin, pelouse, piscine. 5 ch. au 1er étage dont 2 avec terrasse, salle d'eau et wc privatifs (2 lits 160, 3 lits 1 pers. 2 lits 2 pers.). R.d.c. : grand salon à disposition avec TV, bibliothèque. Table d'hôtes sur réservation. Au pied du versant nord de la Montagne de Lure : nombreuses randonnées. Belles églises romanes. A Sisteron : plan d'eau, musées, citadelle, clue de la Durance, rocher de la Baume.

Prix : 1 pers. 49 € 2 pers. 53 € pers. sup. 14 € repas 15 €
1/2 pens. 64 €

Ouvert : Toute l'année sauf juillet et août.

🐕	🏖	🏊	👥	🎿	🚴	🏛	🚂
19	2	SP	10	8	SP	18	15

Andrée ARNAUD - Le Village - 04200 ST-VINCENT-SUR-JABRON - Tél. : 04 92 62 06 94

STE-CROIX-DU-VERDON — Alt. : 650 m — *C.M. 81 Pli 16*

4 ch. **Moustiers-Ste-Marie 13 km. Gorges du Verdon 17 km.** Maison de village sur 3 niveaux. R.d.c. : 1 ch. (1 lit 2 pers.). 1er étage : 1 ch. double (1 lit 2 pers. 2 lits 1 pers. superposés). 2e étage accès de plein pied : 2 ch. (1 lit 2 pers. chacune). Toutes avec s. d'eau et wc privatifs. Salon commun avec TV. Chauffage électrique. Terrasse dominant le lac, vue panoramique superbe. Prix 4 pers. environ de 69 à 75 €. Dans le Parc Naturel Régional du Verdon. Lac de Ste-Croix à 500 m : baignade, pêche, base nautique, promenades organisées par le propriétaire qui loue des bateaux électriques. Moustiers-Ste-Marie : cité de la faïence, un des plus beaux villages de France. Quinson : musée de la préhistoire à 15 km. Langue parlée : anglais.

Prix : 2 pers. 38/44 € 3 pers. 64/70 €
Ouvert : Toute l'année.

🐕	🏖	🏊	👥	🚂
0,5	0,5	SP	0,5	0,1

Bernard et Anne DECAUX - Chambres d'hôtes du Petit Port - 04500 STE-CROIX-DU-VERDON - Tél. : 04 92 77 77 23 ou 06 84 93 25 51 - E-mail : bdx@chez.com - www.chez.com/lepetitport

THOARD Les Bourres — Alt. : 765 m — *C.M. 81 Pli 6*

2 ch. **Thoard 2 km. Digne-les-Bains 22 km. Sisteron 40 km.** Chambres au 1er étage d'une vaste maison campagnarde. Salle d'eau et wc communs. 2 ch. (1 lit 2 pers. 2 lits 1 pers. superposés), 1 ch. (2 lits 1 pers.). Salon, TV à disposition. Dans la vallée des Duyes. Départ de nombreux circuits pédestres et touristiques. Col de Fontbelle, vallée des Hautes-Duyes. Artisanat sur place (tournage, menuiserie, jouets...). Point-info de la Réserve Géologique, conseils touristiques et petites randonnées accompagnées. Digne-les-Bains : thermes, golf, plan d'eau, musées... Sisteron : citadelle, rocher de la Baume... Pique-nique et micro-ondes possibles.

Prix : 1 pers. 23 € pers. sup. 23 €
Ouvert : Toute l'année.

🐕	🎣	🏊	👥	🎿	🚂	🚴
22	5	3	22	22	22	2

Claude VERCHOT - Les Bourres - 04380 THOARD - Tél. : 04 92 34 63 92 - Fax : 04 92 34 63 92 - E-mail : vertbois.formation@wanadoo.fr

THORAME-BASSE — Alt. : 1150 m — *C.M. 81 Pli 18*

1 ch. **Colmars-les-Alpes 15 km. Allos 23 km. Lac des Sagnes 2 km.** Maison de village comprenant 4 gîtes et 2 chambres d'hôtes. 1 ch. 2 pers. + 1 lit d'appoint. Salle d'eau et wc privatifs. Kitchenette. Ski de fond à la Colle-Saint-Michel. Nombreuses randonnées : lac d'Allos, Parc National du Mercantour. Colmars-les-Alpes : « Village et Cité de Caractère », citadelle Vauban, cascade de la Lance. Marchés provençaux à 16 km.

Prix : 1 pers. 31 € 2 pers. 38 € 3 pers. 56 €
Ouvert : Toute l'année.

🐕	🏊	🚣	👥	🎿	🚴	🚂
2	SP	1	23	1	15	12	50	12

Jacques et Georges POUGNET - 04170 THORAME-BASSE - Tél. : 04 92 83 92 53

VALAVOIRE Le Serre — Alt. : 1000 m — (TH) — *C.M. 81 Pli 6*

3 ch. **Sisteron (citadelle) 25 km. La Motte du Caire 10 km.** Grande maison de la fin du XVIIIe siècle amoureusement restaurée. Vue exceptionnelle sur le Massif des Monges. 3 ch. de 2 pers. Salles d'eau et wc privés. A disposition : salon, bibliothèque, terrasse ombragée. Animaux admis après accord. Cuisine traditionnelle à la table d'hôtes. Prix 4 pers. 82 €. Au cœur du Massif des Monges. A l'écart de tout, pour les amateurs de la Haute-Provence authentique, de la solitude, des promenades en montagne et des randonnées. Sur place : ping-pong, practice de golf. La Motte-du-Caire : plate forme vélivole (planeurs lancés par treuil). Lac des Monges...

Prix : 1 pers. 40 € 2 pers. 46 € 3 pers. 76 € repas 15 €
Ouvert : Toute l'année.

🐕	🎣	🏊	👥	🐎	🚂	🚴
4	8	25	5	10	25	8

Alain PICHON - Le Serre - 04250 VALAVOIRE - Tél. : 04 92 68 32 75

VALENSOLE Les Marronniers — Alt. : 566 m — (TH) — *C.M. 81 Pli 16*

3 ch. **Gréoux-les-Bains 15 km. Moustiers-Sainte-Marie 30 km.** Nichée dans un repli du plateau de Valensole, belle maison de caractère. 1 ch. (1 lit 2 pers.), 1 ch. (1 lit 110, 1 lit 1 pers.), 1 ch. double (1 lit 2 pers. 1 lit 130, 1 lit 110). Salle d'eau/wc privatives. Grande salle à manger/coin-salon, cheminée, bibliothèque, patio avec fontaine. Terrasse ombragée. Jardin, pré, parking, abri couvert pour voitures. Décor provençal chaud et douillet. Table d'hôtes gourmande, spécialités provençales. Au milieu des collines, des champs de lavande et de céréales. Gréoux-les-Bains : ville thermale. Moustiers-Sainte-Marie : cité de la faïence, porte des Gorges du Verdon, lac de Sainte-Croix. Tarif 4 pers. 57,95 €.

Prix : 1 pers. 34 € 2 pers. 40 € 3 pers. 49 € repas 12 €
1/2 pens. 64 €

Ouvert : Toute l'année.

🐕	🌲	🏊	👥	🐎	🚂
0,5	10	SP	30	2	1	1

Christiane CARAT - Les Marronniers - 04210 VALENSOLE - Tél. : 04 92 74 87 42 - Fax : 04 92 74 95 65

PACA

Alpes-de-Haute-Provence

Provence-Alpes-Côte-d'Azur

VALENSOLE — Alt. : 566 m — C.M. 81 Pli 16

2 ch. Gréoux-les-Bains 15 km. Manosque 20 km. Maison de village à l'entrée de Valensole. 2 ch. dans une villa de construction récente. Belle décoration. 1 lit 2 pers + 1 lit sup. dans chaque ch. Salle de bains et wc communs. Salle à manger et salon très agréables. Sur le Plateau de Valensole. Au milieu des champs de lavande et de céréales. Beau point de vue. Gréoux-les-Bains : ville thermale. Moustiers-Sainte-Marie : cité de la faïence, porte des Gorges du Verdon, lac de Sainte-Croix.

Prix : 1 pers. 25 € 2 pers. 31 € 3 pers. 46 €
Ouvert : Toute l'année.

10	SP	10	30	2	0,1	35	0,1

Jacques et M-Josée FOUILLOUX - Avenue de Provence - Quartier des Ecoles - 04210 VALENSOLE - Tél. : 04 92 74 86 03

VALENSOLE Fontaine-Neuve — Alt. : 566 m — C.M. 81 Pli 16

1 ch. Valensole 4 km. Gréoux-les-Bains 11 km. Moustiers-Sainte-Marie 34 km. Sur le plateau de Valensole, mas provençal situé dans la pinède avec parc ombragé. Terrasse et meubles de jardin, terrain clos. 1 ch. (1 lit 2 pers.), salle d'eau et wc privatifs. Salon et cuisine à disposition. Garage. Animaux admis sous réserve. Au milieu des champs de lavande et de céréales. Gréoux-les-Bains : ville thermale. Moustiers-Sainte-Marie : cité de la faïence, porte des Gorges du Verdon, lac de Sainte-Croix.

Prix : 1 pers. 24 € 2 pers. 31 €
Ouvert : Toute l'année.

10	SP	30	30	5	4	4

Danielle CRUCIANI - Fontaine Neuve - Route de Gréoux les Bains - 04210 VALENSOLE - Tél. : 04 92 74 94 44 ou 04 92 74 98 42

VAUMEILH La Ferme de Valauris — Alt. : 615 m — (TH) — C.M. 81 Pli 6

4 ch. Sisteron 12 km. Vaumeilh 3 km. Ancienne ferme de caractère rénovée. 4 ch. au décor provençal entourées de 12 ha. de prés, landes, bois. R.d.c. : 1 ch. (1 lit 2 pers.), 3 ch. (2 lits 1 pers. jumelés). Chacune avec salle d'eau et wc privés. Chauffage électrique. Belle cour intérieure. Vidéothèque à disposition. Repas servis dans une ancienne bergerie voûtée. Face aux montagnes de Gache et de Lure. Sur place : : stages artistiques, ateliers, rencontres professionnelles. Aérodrome et piste vélivole à 3 km. Sisteron : citadelle, plan d'eau, clue de la Durance, rocher de la Baume. Langues parlées : anglais, italien, espagnol.

Prix : 1 pers. 35 € 2 pers. 46 € 3 pers. 61 € repas 15 €
Ouvert : Du 15 février au 15 décembre.

SP	3	12	7	12	12	12

Claude LE CLEACH - La Ferme de Valauris - 04200 VAUMEILH - Tél. : 04 92 62 13 99 ou 06 15 22 55 72 -
E-mail : vaumeilh@club-internet.fr - www.ferme-de-valauris.com

VENTEROL Le Blanchet — Alt. : 1050 m — (TH) — C.M. 81 Pli 6

5 ch. Lac de Serre-Ponçon 20 km. Tallard 8 km. Gap 15 km. Ferme du XVIIIe s. rénovée, dominant la vallée de la Durance. 5 ch. avec sanitaires complets privés dans chaque ch. 3 ch. avec mezzanine. Salon, bibliothèque. Exploitation agricole : fruits rouges, volailles. Parc ombragé 2 ha. Tarif à la semaine 2 pers. 480,20 € (10 % de réduction). Enfant : 22,85 €. Piscine de 5 x 11 m. Sentiers pédestres balisés, 200 km de pistes forestières réservées aux promeneurs (circulation à moteur interdite). Faune et flore abondante.

Prix : 1 pers. 35 € 2 pers. 46 € pers. sup. 23 € repas 15 €
1/2 pens. 38 € pens. 53 €
Ouvert : Toute l'année.

0,5	5	SP	8	10	SP	20	8

Sonia BOYER - La Méridienne - Le Blanchet - 05130 VENTEROL - Tél. : 04 92 54 18 51 - Fax : 04 92 54 18 51

VILLENEUVE La Maurissime — (TH) — C.M. 81 Pli 15

4 ch. Manosque 15 km. Belle demeure récente hors du village dans une pinède de 1 ha., intérieur raffiné, cuisine savoureuse. Grande terrasse commune avec vue féérique sur Oraison. 4 jolies chambres, chacune avec salle de bains et wc privatifs. Terrasse privée. 1 ch. 3 pers., 2 ch. 2 pers., 1 ch. 4 pers. Salon, cheminée, TV, salle de réunion à disposition. Dans le Val de Durance. Manosque : ville de Giono, fondation Carzou, théâtre Jean le Bleu, plan d'eau des Vannades. A proximité du Parc Naturel Régional du Luberon, du plateau de Valensole, des Prieurés de Salagon et de Ganagobie. Tarifs : 4 pers. 85,35 €, 1/2 pension pour 2 ou 3 pers. Langue parlée : anglais.

Prix : 1 pers. 43 € 2 pers. 50 € 3 pers. 58 € repas 17 €
1/2 pens. 84/108 €
Ouvert : Toute l'année.

22	5	20	8	8	12	15	1

Nicole MOUCHOT - Chemin des Oliviers - La Maurissime - 04180 VILLENEUVE - Tél. : 04 92 78 47 61

VOLONNE — C.M. 81 Pli 16

3 ch. Volonne 2 km. Sisteron 10 km. Digne 30 km. Manosque 40 km. Maison en campagne dans le Val de Durance. 3 ch. 3 pers. dont 2 avec entrées indép. et terrasse au r.d.c., et 1 ch. au 1er étage. Accès par le logement du propriétaire et escalier privatif. Chacune avec douche, lavabo, wc, TV et chauffage électrique privatifs. Meubles de jardin. 1 gîte rural dans la même maison. Environnement calme (oliviers, champs). Volonne : vieux village perché et pittoresque, belle vue sur le Val de Durance. Proche de l'A51, sortie d'Aubignosc. Sisteron : citadelle, plan d'eau, clue de la Durance, rocher de la Baume.

Prix : 1 pers. 35 € 2 pers. 41 € pers. sup. 17 €
Ouvert : Toute l'année, octobre et novembre sur réservation.

2	SP	7	10	7	3	5	2

Monique REVELLI - Quartier Saint-Jean - Villa el Cantara - 04290 VOLONNE - Tél. : 04 92 64 30 38 ou 06 85 22 54 83 -
Fax : 04 92 64 30 38 - E-mail : monique.revelli@infonie.fr - http ://perso.infonie/monique.revelli

Provence-Alpes-Côte-d'Azur **Hautes-Alpes**

GITES DE FRANCE - Service Réservation
1, place du Champsaur
05002 GAP Cedex
Tél. 04 92 52 52 94 ou 04 92 52 52 92
Fax 04 92 52 52 90
Email : gdf05@/ree.fr - www.itea.fr/GDF/5

3615 Gîtes de France
0,2 €/min

AIGUILLES
Alt. : 1475 m   (TH)   *C.M. 77 Pli 19*

2 ch. — Dans village, maison bourgeoise 19ᵉ s. rénovée. Entrée 1ᵉʳ étage par terrasse plein sud, wc, Hifi, TV, salle à manger, salon, cheminée. Au 2ᵉ étage : 1 ch. 2 pers et 1 ch. double (2 à 5 pers) ouvrant sur petit balcon, avec s.d.b. et wc privatifs communicants pour 1 chambre. Chauf. central. Local à ski. Terrain clos à proximité. Abri : Parking privatif. Langues parlées : allemand, espagnol.

Prix : 1 pers. 38 € - 2 pers. 49 € - 3 pers. 66/75 € - pers. sup. 17/26 € - repas 18 €
Ouvert : Tout l'année.

0,5	0,5	15	0,5	5	0,5	30	12	0,5	31	SP

Hélène et Patrick LAUZIERE - Villa Serre Poullin - 05470 AIGUILLES - Tél. : 04 92 46 76 63 - Fax : 04 92 46 87 48 -
E-mail : patrick.lauziere@wanadoo.fr

ANCELLE Les Auches
Alt. : 1300 m   (TH)   *C.M. 77 Pli 16*

4 ch. — Aux portes du Parc National des Ecrins, dans maison récente avec entrée indépendante, au 1ᵉʳ étage de notre habitation : 1 chambre de 3 pers. s.d.b., wc, 1 de 2 pers, s.d.b., wc, 1 de 2 pers, petit balcon et salle d'eau, wc, 1 de 2 pers. (2 épis), salle d'eau, wc sur palier, petit balcon. Séjour, salon, TV, chauffage élect. Pelouse, espace détente. Parking. Terrain de boules. Repas du terroir avec pain cuit au feu de bois. Lac de Serre-Ponçon à 20 km. Randonnées et ski sur place.

Prix : 1 pers. 34/35 € - 2 pers. 42/45 € - 3 pers. 58/59 € - repas 13 € - 1/2 pens. 33/35 €
Ouvert : Toute l'année. Table d'hôtes sur réservation.

0,5	0,5	7	8	1	1	0,5	20	5	0,1	17	1

Jacky et Josiane MEIZEL - L'Edelweiss - Les Auches - 05260 ANCELLE - Tél. : 04 92 50 82 39 ou 06 86 18 91 52 -
E-mail : j-meizel@club-internet.fr - www.chambresdhôte-ancelle.com

---

ARVIEUX Brunissard
Alt. : 1750 m   *C.M. 77 Pli 18*

5 ch. — Le propriétaire et sa famille, vous accueillent dans leur maison d'hôtes comprenant leur logement, 2 gîtes et au 1ᵉʳ ét. 4 chambres de 2 pers, 1 suite de 4 pers, salle de bains, wc, téléséjour. Au 2ᵉ étage : salle de séjour avec cheminée, cuisine, bibliothèque, espace musique, salle de jeux enfts, sauna. terrasse, jardin, terrain clos. Piscine d'été. Balnéo. Langue parlée : anglais.

Prix : 1 pers. 46 € - 2 pers. 55 € - 3 pers. 77 € - pers. sup. 22 €

0,5	1	1	0,3	0,5	1	3	30	20	0,5	25	1

Noël MOREL - Horticulteur « La Girandole » - Brunissard - 05350 ARVIEUX - Tél. : 04 92 46 84 12 - Fax : 04 92 46 86 59 -
E-mail : lagirandole@aol.com

ASPRES-SUR-BUECH Le Chevalet
Alt. : 750 m   A   *C.M. 81 Pli 5*

E.C. 5 ch. — Dans bâtiment de construction récente avec auberge à la ferme, en rez de chaussée par grand hall entrée indépendante de 5 chambres dont 4 avec mezzanine, ayant chacune salle d'eau-wc. Chauffage central. Salon en cours d'aménagement. Terrain. Parking. Restauration sur place, possibilité menus végétariens. Langue parlée : anglais.

Prix : 1 pers. 31 € - 2 pers. 38 € - pers. sup. 12 € - repas 17 € - 1/2 pens. 44/64 € - pens. 53/83 €
Ouvert : Toute l'année.

15	20	5	10	3	8	3	20	0,4	0,5	3	3

Olivier AMBLARD - Le Chevalet - 05140 ASPRES-SUR-BUECH - Tél. : 04 92 58 60 23 - Fax : 04 92 58 60 23

ASPRES-SUR-BUECH
Alt. : 730 m   (TH)   *C.M. 81 Pli 5*

4 ch. — Dans leur ancien relais de poste, Emmanuel et Claudine se font un plaisir de partager avec leur goût pour l'art, la musique, les voyages... En plus du confort des 4 chbres personnalisées (2/3 p., poss. lit suppl, s.d'eau, wc privatifs, lits 2 p. et lits 1 p.), le relais a su conserver son âme et son esprit du 19ᵉ. Poss. parking privé et table d'hôtes spéc. végét. Langues parlées : allemand, anglais.

Prix : 1 pers. 31 € - 2 pers. 40 € - pers. sup. 10 € - repas 16 € - 1/2 pens. 36 € - pens. 52 €
Ouvert : Toute l'année.

15	20	3	6	0,1	SP	3	20	3	0,5	SP	

Claudine et Emmanuel ALBRAND - Relais de Saint Géraud - Route de Grenoble - 05140 ASPRES-SUR-BUECH - Tél. : 04 92 58 76 55

Hautes-Alpes

Provence-Alpes-Côte-d'Azur

BENEVENT-ET-CHARBILLAC Charbillac
Alt. : 1100 m — (TH) — C.M. 77 Pli 16

4 ch. Dans maison du village, au rez-de-chaussée sous voûtes : salle à manger, coin salon avec cheminée. Au 2ᵉ étage mansardé : 4 chambres avec chacune salle d'eau-wc. Cuisine au feu de bois. Chauf. électrique. Terrain clos gazonné, salon de jardin. Plusieurs circuits VTT au départ de la maison. Langues parlées : anglais, espagnol.

Prix : 1 pers. **35 €** 2 pers. **39 €** pers. sup. **20 €** repas **12 €**
1/2 pens. **29/31 €**
Ouvert : Toute l'année.

🐕	⛷	🎿	🏖	☕	🎾	🏇	⛵	♨	🅿	🌲	🚲	🚌
11	11	7	10	5	7	4	7	35	0,5	20		5

Brigitte GOURDOU - Le Cairn - Charbillac - 05500 BENEVENT-ET-CHARBILLAC - Tél. : 04 92 50 54 87 -
E-mail : GITE.LE.CAIRN@wanadoo.Fr - http ://le.cairn.free.fr

BRIANCON Pramorel
Alt. : 1350 m — (TH) — C.M. 77 Pli 18

5 ch. Dans ancien corps de ferme rénové, 5 chambres d'hôtes dans la maison du propriétaire, à proximité d'une aire naturelle de camping. Chambres à l'étage, entrée ind. 1 ch. 5 pers. avec mezzanine (1 lit 2 p. 3 lits 1 p.), 2 ch. 2 p. et 2 ch. 3 p. Salle d'eau-wc dans chacune des ch. Salle à manger commune. Espace détente extérieur, aire de jeux. Langue parlée : anglais.

Prix : 1 pers. **30 €** 2 pers. **60 €** 3 pers. **90 €** pers. sup. **30 €**
repas **14 €** 1/2 pens. **38 €**
Ouvert : Toute l'année.

🐕	⛷	🎿	🏖	☕	🎾	🏇	⛵	♨	🅿	🌲	🚲	🚌
4	2	4	8	4	6	1,5	55	6	0,2			3

Patrick et Clara SCHOCHER - Champ de Blanc - Pramorel - 05100 BRIANCON - Tél. : 04 92 21 07 71 ou 04 92 20 55 56 -
Fax : 04 92 21 07 71

BRIANCON Villar Saint-Pancrace
Alt. : 1250 m — (TH) 🐑 — C.M. 77 Pli 18

5 ch. Dans la maison des propriétaire, entièrement rénovée, proche de la ferme. En r-d-c : salle à manger, à l'étage, 5 chbres dont 2 donnant sur petit balcon (lit 2 pers.) ayant chacune leur s.d'eau-wc. Chauf. central. Salle de détente avec c.salon réservée aux hôtes. Espace ext. avec salon de jardin. Produits de la ferme : viande, saucisse au chou, fromage, miel... Langues parlées : anglais, italien.

Prix : 1 pers. **29/32 €** 2 pers. **39/42 €** 3 pers. **43/46 €**
pers. sup. **4 €** repas **14 €** 1/2 pens. **34/35 €**
Ouvert : Toute l'année.

🐕	⛷	🎿	🏖	☕	🎾	🏇	⛵	♨	🅿	🌲	🚲	🚌
2	0,2	2	2	2	2	0,5	40	5	0,5	2		1,5

Thierry et Nadine MOYA - 38, rue du Mélezin - Villard Saint-Pancrace - 05100 BRIANCON - Tél. : 04 92 20 58 68 ou 06 73 69 90 20 -
E-mail : grec_rch@club-internet.fr

BUISSARD
Alt. : 1250 m — (TH) — C.M. 77 Pli 16

4 ch. Dans ancienne ferme du XVIIIᵉ siècle, rénovée, avec le logement des propriétaires, 1 gîte rural et 4 chambres avec chacune leur salle d'eau, wc. En rez-de-ch. : s. à manger-séjour (90 m²), cheminée, TV, 1 wc. Au 1ᵉʳ étage : 2 ch. de 2 et 4 pers. Au niveau supérieur mansardé : 2 ch de 2 et 3 pers. Chauf. central. Terrain et salon de jardin communs. Parking. Langues parlées : anglais, italien.

Prix : 1 pers. **35 €** 2 pers. **43/49 €** 3 pers. **52 €** pers. sup. **9 €**
repas **13 €**
Ouvert : Toute l'année.

🐕	⛷	🎿	🏖	☕	🎾	🏇	⛵	♨	🅿	🌲	🚲	🚌
6	6	3	5	3	3	3	3	10	1		20	3

Nathalie DUBOIS - Les chemins Verts - 05500 BUISSARD - Tél. : 04 92 50 57 57 - Fax : 04 92 50 75 25

CHABOTTES Les Fangeas
Alt. : 1150 m — (TH) 🐑 — C.M. 77 Pli 16

5 ch. A proximité du Parc National des Ecrins, dans ferme en activité, Catherine et Alain vous proposent 5 ch. d'hôtes rénovées dans une ancienne bergerie. R-d-c : salle à manger, coin salon avec cheminée, TV. 1ᵉʳ étage : 2 ch. 3 pers. donnant sur terrasse. 2ᵉ étage : 3 ch. 2 pers. mansardées. Chaque chambre dispose de salle d'eau et wc privatifs. Chauffage central. Terrain, salon de jardin. Parking. Langue parlée : anglais.

Prix : 1 pers. **32 €** 2 pers. **40 €** 3 pers. **48 €** repas **12 €**
Ouvert : Toute l'année. Table d'hôtes hors saison sur réservation.

🐕	⛷	🎿	🏖	☕	🎾	🏇	⛵	♨	🅿	🌲	🚲	🚌
	5	3	10	3	2	2	2	4	SP	20		2

Catherine et Alain DUSSERRE - La Chabottine - Les Fangeas - 05260 CHABOTTES - Tél. : 04 92 50 72 29

CHABOTTES Les Michauds
Alt. : 1224 m — (TH) 🐑 — C.M. 77 Pli 16

2 ch. Dans ancienne ferme rénovée du XVIIIᵉ siècle, sur le chemin des côtes de Buissard : 2 chambres dont une avec 1 lit 2 pers. (s.d'eau, wc privatifs) et une chambre familiale (2 lits 2 p, 1 lit 2 p.) avec s.d'eau et wc extérieurs à la chbre. Séjour, coin salon, cheminée, TV, coin bibliothèque, terrasse, espace détente clos. Cuis. traditionnelle variée.

Prix : 1 pers. **34 €** 2 pers. **43 €** pers. sup. **14 €** repas **13 €**
1/2 pens. **46 €**
Ouvert : Toute l'année.

🐕	⛷	🎿	🏖	☕	🎾	🏇	⛵	♨	🅿	🌲	🚲	🚌
	4	4	3	10	2,8	4	1	3	12	SP	20	3

Germaine FAUSSEMAGNE - Les Sources - Les Michauds - 05260 CHABOTTES - Tél. : 04 92 50 74 57 ou 06 87 91 58 62

Provence-Alpes-Côte-d'Azur **Hautes-Alpes**

LA CHAPELLE-EN-VALGAUDEMAR   Alt. : 1050 m   *C.M. 77 Pli 16*

4 ch. Dans maison récente, au-dessus de l'épicerie et en dessous d'un gîte rural : au 1er étage, 4 chambres ayant chacune salle d'eau-wc dont 1 ch. pour 1 pers. (1 épi), 1 cuisine commune. En rez-de-ch., salle à manger, Chauf. central. Petit jardin d'agrément clos avec fontaine, salon de jardin. Parking. En face : tennis et aire de jeux communaux. Langues parlées : anglais, italien.

Prix : 1 pers. 31 € 2 pers. 39 € 3 pers. 47 € pers. sup. 8 €
Ouvert : Toute l'année.

	40	SP	25	0,5	SP	8	SP	25	SP	50	SP

J. Claude et Sylvette CATELAN - La Fontaine Fleurie - 05800 LA CHAPELLE-EN-VALGAUDEMAR - Tél. : 04 92 55 27 66

LA CHAPELLE-EN-VALGAUDEMAR   Alt. : 1050 m   A   *C.M. 77 Pli 16*

4 ch. Aux portes du Parc National des Ecrins, dans la maison du propriétaire, (avec auberge-spécialités de la vallée), près de ferme (élev. moutons). Au r.d.c, coin salon. Entrée au 1er étage de 4 ch. (dont 1 par l'extérieur), pour 2 à 3 pers. ayant chacune salle d'eau-wc, Chauff. par le sol. Terrain, salon de jardin. Parking. Langue parlée : anglais.

Prix : 2 pers. 40 € 3 pers. 50 € 1/2 pens. 34 €
Ouvert : De février à la toussaint.

	50	SP	40	SP	SP	8	SP	40	SP	50	SP

Jean-Marie PERIER - Les Aupillous - 05800 LA CHAPELLE-EN-VALGAUDEMARD - Tél. : 04 92 55 20 18

CHATEAU-VILLE-VIEILLE Souliers   Alt. : 1820 m   (TH)   *C.M. 77 Pli 18-19*

5 ch. Au cœur du Parc Régional du Queyras. Accueil à la ferme dans maison ancienne du hameau, sur 2 niveaux : 2 chambres de 2 pers. avec salle d'eau-wc particuliers et 3 chambres de 2 à 3 pers. avec salle d'eau et wc communs. Grand séjour donnant sur 2 terrasses ensoleillées, c.cheminée, bibliothèque, piano, chauf. central. Possibilité de boxes à chevaux. Langues parlées : anglais, italien.

Prix : 1 pers. 29 € 1/2 pens. 32/34 €
Ouvert : Toute l'année, réservation indispensable.

	6	SP	12	20	4	10	4	50	11	SP	30	6

François et Chantal HUMBERT - Les Oules - Souliers - 05350 CHATEAU-VILLE-VIEILLE - Tél. : 04 92 46 76 39 - Fax : 04 92 46 76 39 - www.chez.com/souliers

CHATEAU-VILLE-VIEILLE Montbardon   Alt. : 1400 m   (TH)   *C.M. 77 Pli 18-19*

3 ch. Au cœur du Parc Régional du Queyras, dans une maison du hameau, avec gîte d'étape et de séjour. Petit hameau de 14 habitants. Petites chambres confortables de 2 personnes avec salle d'eau particulière, wc communs. Salle de séjour à la disposition des hôtes, chauf. central. Gde terrasse surplombant la vallée. Cuisine trad., confitures, pâtisseries maison. Vente de produits régionaux. A proximité, possibilité randonnée, ski de fond, raquettes, rafting. Langues parlées : anglais, italien.

Prix : 1 pers. 18 € 2 pers. 37 € 3 pers. 55 € repas 12 € 1/2 pens. 29 € pens. 32/38 €
Ouvert : Toute l'année sauf de mi-septembre à mi-octobre et 15 jours en mai.

	15	SP	15	15	15	3	30	5	SP	16	15

Marc et Claudine LAURANS - Le Cadran Solaire - Montbardon - 05350 CHATEAU-VILLE-VIEILLE - Tél. : 04 92 46 70 78 - Fax : 04 92 46 70 78

CHATEAU-VILLE-VIEILLE Ville Vieille   Alt. : 1400 m   (TH)   *C.M. 77 Pli 19*

3 ch. Au cœur du Parc Régional du Queyras, dans ancienne maison de village. 2 suites familiales avec chacune 2 ch. (1 lit 2 pers, 2 lits 1 pers) et salle d'eau-wc. 2 ch. (2 ou 3 pers) salle d'eau-wc privatifs. 1 ch (2 pers) avec salle d'eau-wc non attenants. 1 salon bibliothèque (600 bandes dessinées...), coin Hi-Fi, TV. Terrain attenant. Local à ski et VTT. Pain et confitures « maison ».

Prix : 2 pers. 37/46 € 3 pers. 57/66 € pers. sup. 19 € 1/2 pens. 31/40 €
Ouvert : Toute l'année.

	5	5	45	10	1	5	SP	45	6	SP	25	SP

Roger ANTOINE - « Le Temps de Vivre » - 05350 CHATEAU-VILLE-VIEILLE - Tél. : 04 92 46 85 43 - E-mail : lecloutas.queyras@wanadoo.fr - www.chez.com/lecloutas

CHATEAUROUX-LES-ALPES Serre Buzard   Alt. : 1350 m   *C.M. 77 Pli 18*

4 ch. Dans ferme traditionnelle rénovée dans hameau dominant la vallée de la Durance. 4 chambres de 2 pers. (lits supp. pr 3 et 4 pers.) avec salle d'eau privative pour chaque chambre. 2 wc communs. Séjour, coin salon avec cheminée, TV, tél. Coin cuisine à disposition. Local à matériel. Nombreuses activités à partir de l'hébergement. Paniers repas en été. Langue parlée : anglais.

Prix : 1 pers. 15/18 € 2 pers. 30/37 € 3 pers. 46/55 € pers. sup. 15/18 €
Ouvert : Toute l'année.

	25	25	14	1,5	5	7	5	14	SP	SP	14	3

Flora MORIN - Hameau de Serre Buzard - 05380 CHATEAUROUX-LES-ALPES - Tél. : 04 92 43 82 24 ou 06 60 46 70 73 - Fax : 04 92 43 82 24 - E-mail : riou.morin@wanadoo.fr - www.chambres-dhotes-de-serre-buzard.ipseo.com

Hautes-Alpes

Provence-Alpes-Côte-d'Azur

CHORGES
Alt. : 850 m — *C.M. 77 Pli 17*

3 ch. La maison récente, en r.d.c. : salon-salle à manger ouvrant sur terrasse couverte. A l'étage mansardé (accès indépendant) : coin détente, TV, wc commun, 2 ch. de 3 pers. dont 3 épis avec wc privatif (1 lit 2 pers. 160 cm, 1 lit 1 p.) s. d'eau particulière, 3ᵉ ch. donnant sur balcon (2 lits 1 p.), s. d'eau. Chauf. élect. Accueil adapté aux cyclotouristes.

Prix : 1 pers. 28/32 € 2 pers. 39/43 € 3 pers. 50/54 € pers. sup. 11 €
Ouvert : Toute l'année.

17	17	6	12	1	5	6	6	25	3	1,5	1

Marc et Thérèse LE TILLY - Chemin de l'Iscle - 05230 CHORGES - Tél. : 04 92 50 32 38

EMBRUN
Alt. : 1090 m — *C.M. 77 Pli 17-18*

5 ch. Dans villa récente, vue panoramique sur chaîne de montagnes. A l'étage : 4 chambres de 2 à 4 pers. avec leur salle d'eau privée, 2 wc. En rez-de-chaussée le séjour-salon avec cheminée ouvrant sur véranda - terrasse. 1 chambre l'été avec salle de bains et wc. Chauf. central. Parking privé. Petit déjeuner « bio ».

Prix : 1 pers. 34/38 € 2 pers. 42/45 € 3 pers. 59/62 € pers. sup. 17 €
Ouvert : Toute l'année sur réservation.

15	15	4	4	4	4	4	8	6	2	2

Raymonde MATHERY - l'Edelweiss - ST Jacques - route de Caleyère - 05200 EMBRUN - Tél. : 04 92 43 39 76 - E-mail : edelweiss-embrun@fr.st - edelweiss-embrun.fr.st

EOURRES Les Damias
Alt. : 1000 m — *C.M. 81 Pli 5*

2 ch. Après route de montagne en pleine nature, exploit. maraîchère bio, dans maison (19ᵉ s) rénovée, entrée en r.d.c. : 2 chbres de 2 et 3 pers. dont une avec mezzanine et c.cuisine, chacune avec leur s.d'eau-wc. Dans maison voisine avec prop., s.à.m. c.salon, cheminée. S.d'activité, piano. Terrain aménagé. Jeux enfants. Cuis. bio, végétarienne ou traditionnelle. Promenade à cheval et randonnée équestre avec accompagnateur diplômé. Langues parlées : anglais, allemand.

Prix : 1 pers. 23 € 2 pers. 38/42 € 3 pers. 42/54 € pers. sup. 12 € repas 9/13 € 1/2 pens. 32/35 € pens. 41/45 €
Ouvert : Toute l'année.

15	SP	7	7	SP	10	0,2	25	7

Françoise YAFFEE - Les Damias - 26560 EOURRES - Tél. : 04 92 65 20 50 - Fax : 04 92 65 20 50 - E-mail : lesdamias@net-up.com

EYGLIERS Gros
Alt. : 1400 m — *C.M. 77 Pli 18*

2 ch. A 1400 m d'altitude, dans maison récente de style local, avec vue panoramique sur le val Guil-Durance. Les propriétaires vous proposent 2 chbres de 2 pers (2 x 1 lit 2 pers). Salle d'eau privative pr chacune et wc commun pr les 2 chbres. Entrée indép. par un coin salon-bibliothèque réservé aux hôtes, réfrigérateur-congélateur commun à disposition. Table d'hôtes avec cuisine bio-végétarienne.

Prix : 1 pers. 38 € 2 pers. 46 € repas 13 € 1/2 pens. 34 €
Ouvert : De juin à septembre.

25	25	8	12	15	8	8	35	12	SP	9	9

Danièle MARTIN-JOLIVET - « La Halte » - Hameau de Gros - 05600 EYGLIERS - Tél. : 04 92 45 20 00 - Fax : 04 92 45 20 00 - E-mail : cadrans@club-internet.fr

FOUILLOUSE Les Grands Chênes
Alt. : 650 m — *C.M. 81 Pli 6*

1 ch. Sur l'exploitation agricole, spécialisé en Arboriculture fruitière, en pleine campagne, avec ferme auberge, en rez-de-jardin, 1 chambre « golden » de 3 pers. (1 lit 2 places + 1 lit 1 place) avec salle d'eau, wc, TV, mini frigo. Salon de terrasse. Chauf. par le sol. Produits de la ferme : fruits et jus de fruits. Langue parlée : anglais.

Prix : 1 pers. 35 € 2 pers. 41 € 3 pers. 53 € 1/2 pens. 33 €
Ouvert : Toute l'année sur réservation.

30	10	15	10	5	5	5	30	2	SP	15	5

Serge AYACHE - Domaine des Grands Chênes - 05130 FOUILLOUSE - Tél. : 04 92 54 00 41

GAP Domaine des Eterlous
Alt. : 900 m — *C.M. 77 Pli 16*

3 ch. A 6 kms d'un golf 18 trous, dans maison récente au pied de la montagne de Charance. 3 chambres de style rustique pour 2 ou 3 pers. 2 ch. avec accès indépendant par terrasse privative, 1 ch. à l'étage. Salle d'eau et wc dans chaque chambre. Gd séjour, cheminée, bibliothèque spéciale montagne. Conseils sportifs. Réfrigérateur à disposition. Langue parlée : anglais.

Prix : 1 pers. 50 € 2 pers. 50 € 3 pers. 63 € pers. sup. 13 €
Ouvert : Toute l'année.

8	6	5	10	5	4	0,2	15	15	1	2	2

Nathalie TOMASI - Domaine des Eterlous - Chemin du Haut Varsie - 05000 GAP - Tél. : 04 92 56 06 00 - Fax : 04 92 56 06 00

Provence-Alpes-Côte-d'Azur **Hautes-Alpes**

GAP Les Eyssagnieres Alt. : 750 m C.M. 77 Pli 16

5 ch. Au milieu d'un grand pré, dans maison du propriétaire avec 2 gîtes. Au rez-de-chaussée la salle à manger. Au 1er étage : 1 chambre avec salle d'eau-wc. Au 2e étage : coin lecture, 4 chambres avec salle d'eau-wc ou salle de bains, wc. TV dans chaque chambre, téléphone commun. Chauffage central. Terrain commun, salon de jardin. Parking. Langue parlée : italien.

Prix : 1 pers. **30/44** € 2 pers. **34/48** € pers. sup. **11** €
Ouvert : Toute l'année, sur réservation en période hors vacances.

13	9	1,5	10	1,5	4	10	6	12	2	4	1,5

Orietta MANENT - Esparceu - 27, route des Eyssagnieres - 05000 GAP - Tél. : 04 92 52 04 81 - E-mail : d.gauthier@worldonline.fr

GAP Alt. : 750 m C.M. 77/81 Pli 16/6

5 ch. A 15 km d'un golf 18 trous, dans demeure du XVIIIe, près du château de Charance et de son lac : en r.d.c salle à manger-salon, cheminée. 1er étage, entrée indépdte, 5 ch. de 2 à 4 pers, ayant leur s.d.e-wc, dont 1 avec balcon, s.d.b, wc. Chauf. central. Sauna, billard. Parc en terrasses, s. de jardin, espace enf, piscine. Cuis. d'été à dispo. Garage possible. Langue parlée : anglais.

Prix : 1 pers. **55/77** € 2 pers. **55/77** € pers. sup. **8/16** €
Ouvert : Toute l'année.

17	14	14	20	5	1,5	3	25	3	SP	5	5

Bruno et Anne DROUILLARD - Route du Lac « Le Parlement » - Quartier de Charance - 05000 GAP - Tél. : 04 92 53 94 20 - E-mail : bruno.drouillard@wanadoo.fr

GUILLESTRE Alt. : 1000 m C.M. 77 Pli 18

1 ch. Dans ancien moulin du XIVe siècle, à la périphérie de Guillestre. Mitoyen d'autres hébergements de tourisme. 1 chambre voûtée avec entrée indépendante en rez-de-chaussée, salle d'eau et wc privatifs (1 lit 2 personnes et lit suppl. pour 1 pers.), TV. Coin cuisine (avec réfrig.) à disposition dans la chambre. Terrasse, terrain avec salon de jardin.

Prix : 1 pers. **37** € 2 pers. **43** € 3 pers. **52** €
Ouvert : Toute l'année.

15	15	0,5	8	0,3	0,5	0,3	20	8	0,5	5	0,5

Antoine et Francine GADENZ - Le Moulin du Martinet - 05600 GUILLESTRE - Tél. : 04 92 45 04 61 - Fax : 04 92 45 04 61

GUILLESTRE Le Plan de Phasy Alt. : 900 m C.M. 77 Pli 18

5 ch. Proche de la source thermale du Plan de Phasy, grande maison (ancien relais de poste), 5 chambres d'hôtes. Chaque chambre personnalisée (2 à 4 pers) avec salle d'eau et wc privatifs. Entrée ind. pour la partie ch. d'hôtes. Salle de lecture, TV. Grand séjour voûté avec cheminée. Terrain aménagé (1 ha) avec verger et jardin. Equipement de jardin. Garage, abri. Langues parlées : anglais, italien.

Prix : 1 pers. **40** € 2 pers. **53** € 3 pers. **61** € pers. sup. **12** €
repas **15** € 1/2 pens. **40** €
Ouvert : Toute l'année.

14	15	1	3	2	1	1	18	5	1	5	0,5

Marie-Jane et Roger JARNIAC - Le Clos de Phasy - Plan de Phasy - 05600 GUILLESTRE - Tél. : 04 92 45 37 53 ou 06 03 54 49 38 - Fax : 04 92 45 37 53

MOLINES-EN-QUEYRAS Le Val d'Azur Alt. : 1750 m C.M. 77 Pli 19

4 ch. A la sortie du village, dans maison de 1723 rénovée, en r.d.c. : 1 salle commune avec cheminée et piano. Au 1er étage : 1 gîte rural. 2 chambres dont 1 double, avec chacune salle d'eau et wc. Au 2e ét., avec le logement des propriét. : 2 autres chambres identiques. Chauf. central. Terrain commun, salon de jardin, balançoire. Parking communal. Nourriture basée sur une production « esprit bio ». Langue parlée : anglais.

Prix : 1 pers. **27** € 1/2 pens. **33/37** €
Ouvert : De Noël à avril et juillet-août.

0,5	SP	35	2	3	0,5	50	1	1	30	0,5	

Didier et Solange PROSPER - TARRAGON - Apiculteurs - Le Val d'Azur - 05350 MOLINES-EN-QUEYRAS - Tél. : 04 92 45 86 15

MOLINES-EN-QUEYRAS Le Coin Alt. : 2000 m C.M. 77 Pli 19

4 ch. Situé au cœur du parc du Queyras, 4 ch. ds une ancienne ferme. Au r-d-c, salle à manger-salon voûtés avec cheminée. Sur 2 niveaux, 3 ch. avec sanitaires privatifs (3 x 2 lits 1 pers.) dt 1 avec balcon privatif. Au dernier étage, ch. double (4 lits 1 pers. dt 2 superp) avec sanitaires privatifs et balcon. Solarium réservé aux hôtes. Cuisine soignée. Langue parlée : italien.

Prix : 1 pers. **38** € 2 pers. **46** € repas **15** € 1/2 pens. **35/38** €

1	1	10	2,5	2,5	1,5	1	40	2,5	0,1	30	0,1

Anne POUGEOL - Le Coin - 05350 MOLINES-EN-QUEYRAS - Tél. : 04 92 45 83 97 - E-mail : la.maison.de.pierre.la.cime@wanadoo.fr - http ://perso.wanadoo.fr/queyras.chambre.hôte/

Hautes-Alpes

Provence-Alpes-Côte-d'Azur

LE MONETIER-LES-BAINS — Les Boussardes
Alt. : 1650 m — (TH) — C.M. 77 Pli 7

4 ch. — Dans maison annexe à celle de la prop., à la ferme. 4 chambres (2 à 3 pers.) dont 1 avec coin cuisine, 3 salle d'eau-wc, 1 salle de bains-wc. Ouvrant sur balcon-terrasse avec salon de jardin : séjour coin-salon, coin cuisine (supplément de 8 €/jour), TV, lave-linge. Table ping pong. Accueil pour cyclotouristes. Langues parlées : anglais, italien.

Prix : 1 pers. 37 € 2 pers. 54 € 3 pers. 70 € pers. sup. 20 € repas 19/38 € 1/2 pens. 42/55 €

Ouvert : Toute l'année.

🐕	🎿	⛷	⛱	🎾	🐎	🏊	♨	🚣	🌲	🏛	🚲
	6	SP	6	SP	6	6	SP	6	SP	20	6

Hélène BOUSSOUAR - Les Boussardes - 05220 LE-MONETIER-LES-BAINS - Tél. : 04 92 24 42 13 - E-mail : kboussouar@wanadoo.fr - www.lafermedesboussardes.fr.st

MONTCLUS-LES-ALPES — Champ du Meunier
Alt. : 800 m — A — C.M. 81 Pli 5

3 ch. — Entourée d'une nature préservée (fin d'accès par chemin) la ferme du XVIIIᵉ siècle restaurée avec respect abrite, 3 chambres mitoyennes, salle d'eau-wc particul. (entrée 1 chambre de plain-pied, 2 chambres par escalier extérieur commun), et la ferme auberge. Coin détente aménagé dans la salle de l'auberge. Chauffage central. Terrasse, salon de jardin. Langue parlée : anglais.

Prix : 1 pers. 27 € 2 pers. 38 € 3 pers. 52 € repas 15/18 € 1/2 pens. 34/43 €

Ouvert : Toute l'année.

🐕	🎿	⛷	⛱	🎾	🐎	🏊	♨	🚣	🌲	🏛	🚲
	40	35	5	5	15	1	5	5	SP	5	5

Didier TAVERNE - Veaujeala - Champ du Meunier - 05700 MONTCLUS - Tél. : 04 92 67 01 91 - www.buech-serrois.com

NEVACHE — Sallé
Alt. : 1600 m — (TH) — C.M. 77 Pli 8

5 ch. — Dans maison de caractère au cœur de la vallée de la Claret. En r.d.c : salle à manger avec coin lecture & musique, TV, cheminée. De plain-pied 2 ch. 3 épis (25 m²) avec mezzanine, coin salon, s.de bains wc, terrasse. A l'étage : 1 ch. double de 18 m² 2 épis (1 lit 2 p., 2 lits 1 p.) s.d.b wc, 2 ch. 1 épi 8 & 9 m² avec chacune (1 lit 2 p) 1 cabine douche, wc communs. Table d'hôte gourmande. Terrasse avec chaises longues. Local à disposition pout VTT, skis, matériel de pêche. Elevage de lama : randonnées accompagnées. Culture de champignons à la ferme. Langues parlées : anglais, allemand.

Prix : 2 pers. 32/50 € repas 19 € 1/2 pens. 46/60 €

Ouvert : Toute l'année.

🐕	🎿	⛷	⛱	🎾	🐎	🏊	♨	🚣	🌲	🏛	🚲
	20	SP	0,2	4	0,5	2	0,2	75	10	0,2	18	SP

Claire PASCALLET - La Joie de Vivre - Salle - 05100 NEVACHE - Tél. : 04 92 21 30 96 ou 06 12 82 83 65 - Fax : 04 92 20 06 41 - E-mail: lajoiedevivre@wanadoo.fr - www.la-joie-vivre.com

LES ORRES — Les Ribes
Alt. : 1450 m — (TH) — C.M. 81 Pli 8

6 ch. — Dans hameau, ex-ferme (1836) rénovée, avec le logement des propriétaires, 5 chambres au 1ᵉʳ étage, de 2 à 4 pers., chacune salle d'eau, wc, balcon. En combles 1 chambre double avec s.d'eau, wc, 1 salle de jeux-biblioth, coin TV, chauf. central. En r-d-c, salle à manger, coin salon avec cheminée, chauf. au sol. Terrain, salon de jardin, ping-pong. Parking. Torrent à truites. Local rangement ski, VTT. Raquettes à neige sur place. Langues parlées : anglais, allemand.

Prix : 1 pers. 20/23 € 2 pers. 40/46 € 3 pers. 60/69 € pers. sup. 20/23 € repas 16 € 1/2 pens. 34/37 €

Ouvert : Toute l'année sur réservation.

🐕	🎿	⛷	⛱	🎾	🐎	🏊	♨	🚣	🌲	🏛	🚲
	3	3	3	4	3	3	2	12	3	SP	14	3

Michel et Claude HURAULT - La Jarbelle - Les Ribes - 05200 LES-ORRES - Tél. : 04 92 44 11 33 - Fax : 04 92 44 11 23 - E-mail : lajarbelle@wanadoo.fr

LA PIARRE
Alt. : 980 m — (TH) — C.M. 81 Pli 5

4 ch. — Dominant le village de La Piarre, dans une ancienne ferme rénovée. Dominique et Bernard vous proposent 4 Chambres d'Hôtes de style régional (2 à 4 pers.), salle d'eau et wc privatifs dans chaque chambre. Piscine et terrasse à disposition. Table d'Hôtes avec cuisine régionale dans une grande salle voutée, coin détente réservé aux hôtes. Garage motos,vélos.

Prix : 1 pers. 29 € 2 pers. 38/43 € 3 pers. 53/58 € repas 14 € 1/2 pens. 33 €

Ouvert : Toute l'année.

🐕	🎿	⛷	⛱	🎾	🐎	🏊	♨	🚣	🌲	🏛	🚲
	40	40	SP	4	10	15	0,3	10	0,5	10	10

Dominique et Bernard GIRAUD - La Calade - Le Chanelou - 05700 LA-PIARRE - Tél. : 04 92 67 08 35 - www.buech-serrois.com

PRUNIERES — Les Vignes
Alt. : 800 m — C.M. 77 Pli 17

4 ch. — Dans maison récente, avec vue sur le lac et la baie St Michel. Au r-d-c : salle à manger, coin séjour réservé aux hôtes avec accès sur jardin, wc. Au 1ᵉʳ étage : 3 chambres avec salle d'eau particulière, wc commun, la 4ᵉ chambre avec coin salon (couchage supp. pour 2 pers.) et salle d'eau-wc privative. Chauf. élect. Terrain, mobilier de jardin. Langue parlée : italien.

Prix : 1 pers. 34/35 € 2 pers. 43/44 € 3 pers. 59 € pers. sup. 3/17 €

Ouvert : Toute l'année.

🐕	🎿	⛷	⛱	🎾	🐎	🏊	♨	🚣	🌲	🏛	🚲
	15	15	0,9	6	5	3	0,9	0,9	6	1	5	5

Chantal DISDIER - Chemin des Vignes - Vière - L'Air du Temps - 05230 PRUNIERES - Tél. : 04 92 50 29 28 ou 06 71 45 84 34 - Fax : 04 92 50 29 28

Provence-Alpes-Côte-d'Azur **Hautes-Alpes**

PRUNIERES Les Vignes Larignier — Alt. : 850 m — C.M. 77 Pli 17

5 ch. Dans parc, avec plan d'eau. De la maison vue sur le lac de Serre-Ponçon et le massif alpin. Véranda, séj. c.salon, chem., cuisine à disposition des hôtes. En rez de jardin (terrasses fleuries) : 3 ch, salle d'eau, wc, TV. Au 2° étage : 2 ch., chacune salle d'eau-wc, TV. Climatisation. Local à ski et matériel pêche. Aire de pique-nique, salon de jardin, ping-pong. Barbecue. Jeu de boules. Lave-linge à diposition. Réfrigérateur dans chaque chambre. Parking.

Prix : 1 pers. **40 €** 2 pers. **44/47 €** pers. sup. **6/12 €**
Ouvert : De fin décembre à début novembre.

12	12	1,2	8	5	3	1,5	1,5	6	5	5	5

Louis VELAY - Les Carlines - Les Vignes Larignier - 05230 PRUNIERES - **Tél. : 04 92 50 63 27** - www.gites.net/car6327/index.htm

RAMBAUD Les Girons — Alt. : 850 m — C.M. 77 Pli 16

5 ch. Dans ferme rénovée dans un cadre calme et agréable, à 5 km de Gap, à l'étage 5 chambres de 2 à 4 pers. avec chacune salle d'eau et wc privatifs. En rez-de-chaussée, sous voûte, la salle à manger et coin salon avec cheminée, TV. Terrain commun.

Prix : 2 pers. **43/46 €** pers. sup. **12 €** repas **14 €**
1/2 pens. **10/11 €**
Ouvert : D'avril à fin octobre.

20	10	6	20	6	6	25	10	2	5	5

Marie-Jeanne ORCIERE - Les Girons - 05000 RAMBAUD - **Tél. : 04 92 51 24 62** - Fax : 04 92 51 24 62

RISOUL Chauvet — Alt. : 1000 m — C.M. 77 Pli 18

5 ch. Chantal vous accueille dans une ancienne ferme avec vue sur la vallée de la Durance et la citadelle de Mont-Dauphin. 5 chambres (dont 1 suite familiale pr 4 pers) décorées avec meubles et objets anciens. S.d'eau-wc ou s.d.b-wc dans chaque chambre. 2 chbres avec terrasse. Salle à manger, salon dans étable avec cheminée, bibliothèque. Espace extérieur aménagé. Langue parlée : anglais.

Prix : 1 pers. **46 €** 2 pers. **66 €** pers. sup. **20 €** 1/2 pens. **50 €**

15	15	5	13	5	5	5	30	5	SP	5

Chantal GADRAT - Chauvet - La Source - 05600 RISOUL - **Tél. : 04 92 45 37 48 ou 06 87 34 68 43** - Fax : 04 92 45 23 58

RISOUL — Alt. : 1100 m — C.M. 77 Pli 18

5 ch. Face au Pelvoux, à Risoul village, 5 chambres d'hôtes dans maison traditionnelle. Chque chbre est équipée d'une salle d'eau-wc ou s.d.b-wc. Salle à manger voûtée, coin salon, bibliothèque. Salle d'activités, sauna à disposition des hôtes. Piscine et jeux d'enfants à proximité. Grande terrasse et espace extérieur aménagé. Table d'hôtes bio-végétarienne. Langue parlée : anglais.

Prix : 2 pers. **48/54 €** 3 pers. **56/64 €** 1/2 pens. **30/43 €**

10	10	0,2	5	2,5	5	5	25	7	3	5	2,5

Philippe MAUREL - L'Eglise - 05600 RISOUL - **Tél. : 04 92 45 28 01**

ROSANS Le Beal Noir — Alt. : 700 m — C.M. 81 Pli 4

6 ch. Au cœur des baronnies, aux portes de la Drôme Provençale, ds bât. annexe à la maison du propriétaire. Entrée en r.d.c. des 6 ch. disposant chacune d'une terrasse, TV, salle d'eau ou s.d.b et wc privatifs. 2 chambres avec salon et mezzanine. Salle à manger donnant sur terrasse, cheminée, tél., coin bibliothèque, solarium, piscine, parking ombragé. Garage moto. Repas à la Table d'Hôte sur la terrasse avec vue sur la vallée et les montagnes ou dans la salle à manger, au coin de la cheminée. Semper Amicis Hora. Langue parlée : anglais.

Prix : 1 pers. **37 €** 2 pers. **42 €** 3 pers. **55 €** pers. sup. **13 €**
repas **14 €**
Ouvert : Toute l'année.

55	55	SP	1,5	1,5	23	23	SP	0,1	23	1,5

Bernadette et Didier PACAUD - « L'Ensoleillée » - Le Beal Noir - 05150 ROSANS - **Tél. : 04 92 66 62 72** - Fax : 04 92 66 62 87 - E-mail : l.ensoleillee@infonie.fr

ROSANS Le Beal Noir — Alt. : 700 m — C.M. 81 Pli 4

3 ch. La famille de Saint-Jean vous accueille dans sa ferme entièrement rénovée. Activités de maraîchage et élevage, produits fermiers. Bâtiment de caractère traditionnel. 1 chbre familiale (4 pers), 2 chbres 2 pers (poss. lits suppl.). Chaque ch. avec salle d'eau et wc privatifs. Séjour et salon réservés aux hôtes (chem. TV, biblio.), salle à manger commune. Cuisine à base de produits fermiers. Terrasse, gd terrain, parking. Langues parlées : portugais, anglais.

Prix : 1 pers. **31/37 €** 2 pers. **38/43 €** 3 pers. **53/58 €** repas **14 €**
Ouvert : Toute l'année.

1,5	40	1,5	25	23	25	25	0,1	23	1,5

Thomas DE SAINT-JEAN - La Conviviance - Le Beal Noir - 05150 ROSANS - **Tél. : 04 92 66 65 42** - E-mail : conviviance@libertysurf.fr

PACA

Hautes-Alpes

Provence-Alpes-Côte-d'Azur

SAVINES-LE-LAC
Alt. : 800 m
C.M. 77-81 Pli 17-7

6 ch.

Dans la maison du propriétaire : 6 chambres sur 3 niveaux : 4 ch. avec salle d'eau-wc, 2 chambres mansardées avec salle de bains. 2 chambres avec wc commun (dont une classée 2 épis). Salle à manger ouvrant sur balcon et terrasse avec vue sur le lac, coin cuisine, TV, hifi. Terrain, chaises longues. Local pour matériel. Port de plaisance à 200 m. Langues parlées : anglais, espagnol.

Prix : 2 pers. 38/59 €
Ouvert : Toute l'année.

🐕	🎿	⛷	🏊	🎾	🏇	💧	♨♨♨	🚉	🌲	⛽	🚗
7	7	SP	3	0,8	3	SP	SP	3	0,1	1	0,3

Alain BELLET - Les Chaumettes - 05160 SAVINES-LE-LAC - Tél. : 04 92 44 27 31 ou 06 87 87 44 15 -
E-mail : information@hautes-alpes.org - www.hautes-alpes.org

SAVINES-LE-LAC
Alt. : 800 m
C.M. 77-81 Pli 17-7

2 ch.

Dans maison de village, deux chambres d'hôtes avec accès indépendant. Chaque chambre dispose : d'un lit 2 pers., d'une salle d'eau-wc (une ch. avec wc indépendant). Une chambre avec porte fenêtre, vue sur le lac de Serre Ponçon. Salle à manger réservée aux hôtes. Espace extérieur à disposition, parking. Port de plaisance à 200 m. Possibilité amarrage bateau, pontons avec prises électriques. Langues parlées : anglais, espagnol.

Prix : 1 pers. 34/49 € 2 pers. 40/59 €
Ouvert : Toute l'année.

🐕	🎿	⛷	🏊	🎾	🏇	💧	♨♨♨	🚉	🌲	⛽	🚗
7	7	SP	2	0,8	3	SP	SP	3	0,1	1	0,3

Marcelle BELLET - Rue des Chaumettes - 05160 SAVINES-LE-LAC - Tél. : 04 92 44 27 31 ou 06 87 87 44 15 -
E-mail : information@hautes-alpes.org - www.hautes-alpes.org

SERRES Les Aumiers
Alt. : 680 m (TH)
C.M. 81 Pli 5

3 ch.

Dans la maison des propriétaires, à l'extérieur du village (station verte de vacances). 3 chambres dont une (3 épis) au 1er étage et 2 en rez-de-chaussée avec chacune salle d'eau et wc, salle à manger séjour, coin cuisine, TV. Chauffage central. Billard. Terrasse couverte. Terrain gazonné. Parking fermé.

Prix : 1 pers. 29 € 2 pers. 37 € 3 pers. 52 € pers. sup. 8 €
repas 14 € 1/2 pens. 43 € pens. 50 €
Ouvert : Toute l'année.

🐕	🎿	⛷	🏊	🎾	🏇	💧	♨♨♨	🚉	🌲	⛽	🚗
40	33	0,3	6	2	SP	0,3	0,1	5	0,1	2	1,8

Claudine et Annick BOUQUET - Au Cheval Blanc - Les Aumiers - 05700 SERRES - Tél. : 04 92 67 11 85 -
E-mail : claudine.bouquet@wanadoo.fr - www.buech-serrois.com

SIGOTTIER Le Moulin du Paroy
Alt. : 650 m
C.M. 81 Pli 5

3 ch.

Dans ancien moulin, bâtiment de caractère entièrement rénové sur domaine de 9 ha. 3 ch. dans bâtiment annexe avec entrée indépendante. 2 ch. avec 1 lit 2 pers. et s.d'eau-wc privative, 1 gde ch. de 45 m² (1 lit 2 pers, 2 lits 1 pers.) avec terrasse et s.d'eau-wc privative. Gd séjour, c-cuisine à disposition. Cuis. d'été, terrasse, jardin, rivière à truite sur place. Langue parlée : italien.

Prix : 1 pers. 45 € 2 pers. 52 € 3 pers. 60 € pers. sup. 8 €
Ouvert : De juin à septembre.

🐕	🎿	⛷	🏊	🎾	🏇	💧	♨♨♨	🚉	🌲	⛽	🚗
35	35	0,2	2	2	13	SP	3	3	SP	1,5	1,2

Pierrette AULONNE - Le Moulin du Paroy - 05700 SIGOTTIER - Tél. : 04 92 67 13 95 - www.buech-serrois.com

ST-ANDRE-D'EMBRUN Pré de Pasques
Alt. : 1140 m
C.M. 77 Pli 18

3 ch.

Dominant le Lac de Serre-Ponçon, face au Parc des Ecrins, dans maison récente proche hameau. A l'étage : 3 ch. avec balcon, dont 1 ch. dble (3 épis) avec s.d.b., wc, et 2 ch. (1 épi), chacune cab. toilette, s.d'eau- wc commune. Equipt bébé, à disposition. En r.d.c. véranda-salle à manger ouvrant sur jardin. Coin-salon avec cheminée, bibliothèque. Equipt ext. Langue parlée : anglais.

Prix : 1 pers. 28/34 € 2 pers. 37/49 € 3 pers. 52/65 €
Ouvert : De mai à septembre.

🐕	🎿	⛷	🏊	🎾	🏇	💧	♨♨♨	🚉	🌲	⛽	🚗
9	9	8,5	17	8,5	5	8,5	15	1	5		

Solange RAGON - Pré de Pasques - 05200 ST-ANDRE-D'EMBRUN - Tél. : 04 92 43 17 26

ST-ANDRE-D'EMBRUN Siguret
Alt. : 950 m (TH)
C.M. 77 Pli 18

2 ch.

Dans maison du hameau, entièrement restaurée, face au Parc des Ecrins. Au 1er étage, salle à manger avec cheminée. Au niveau supérieur : 2 chambres avec chacune leur salle d'eau-wc non attenante. Chauffage électrique et bois. Terrasse. Terrain et chaises longues à disposition. Parking. « Table d'hôtes gourmande ». Langue parlée : anglais.

Prix : 2 pers. 46 € 1/2 pens. 49 €
Ouvert : Toute l'année sur réservation.

🐕	🎿	⛷	🏊	🎾	🏇	💧	♨♨♨	🚉	🌲	⛽	🚗
15	15	1	10	10	8	1	10	12	0,5	10	10

Bernard CORMERY - Siguret - 05200 ST-ANDRE-D'EMBRUN - Tél. : 04 92 43 49 94

Provence-Alpes-Côte-d'Azur **Hautes-Alpes**

ST-CHAFFREY Villard Late — Alt. : 1400 m — C.M. 77 Pli 18

1 ch. Dans village de montagne classé, à proximité des pistes de Serre Chevalier, une chambre d'hôtes dans une maison régionale de caractère. Entrée indépendante par l'arrière de la maison avec petit coin salon réservé aux hôtes : 2 lits 1 pers. Salle d'eau-wc privatif. Parking public à proximité. Langues parlées : anglais, allemand.

Prix : 1 pers. **40** € 2 pers. **46** €

1	1	1	1	3	1	50	1	0,2	6	1

Françoise LEVY - 8, rue du Vieux Moulin - Villard Latte - 05330 ST-CHAFFREY - Tél. : 04 92 24 18 56

ST-ETIENNE-EN-DEVOLUY — Alt. : 1270 m — C.M. 77 Pli 15/16

4 ch. A la ferme, dans maison des propriétaires, avec entrée indépendante, au 1er étage : 4 chambres de 2 à 3 pers ayant chacune salle d'eau-wc privative, chauffage central. Terrain attenant, salle de jardin l'été. Parking privé. Restaurants à proximité. Randonnées pédestres et circuits V.T.T. avec topo-guides. Via ferrata et site d'escalade à 500 mètres.

Prix : 1 pers. **32/35** € 2 pers. **41/46** € 3 pers. **56/61** €
Ouvert : Toute l'année.

5	2,5	5	0,5	1	5	0,3	21	2	2	28	0,1

René et Maryvonne MANEL - Ferme de la Tourtette - Quartier de l'Eglise - 05250 ST-ETIENNE-EN-DEVOLUY - Tél. : 04 92 58 82 01

ST-JACQUES-EN-VALGAUDEMAR Entrepierres — Alt. : 980 m — C.M. 77 Pli 16

4 ch. Avec l'auberge à la ferme, 4 chambres de 2 pers, avec gîte rural. En r-d-c : 1 ch avec salle d'eau-wc. Au 1er étage : la salle à manger. Au niveau supérieur mansardé : 2 ch avec leur salle d'eau-wc (1 lit suppl. 1 pers. dans 1 ch), 4e ch. indépendante dans bât. annexe (salle d'eau-wc privative). Téléséjour. Chauffage central. Terrain ombragé avec fontaine. Golf à 20 km. Nombreuses possibilités de randonnées dans le Parc National des Ecrins.

Prix : 1 pers. **34/36** € 2 pers. **40/43** € 3 pers. **53/56** € repas **14** €
1/2 pens. **31/36** €
Ouvert : Toute l'année.

15	5	3	3	3	7	3	12	15	SP	25	2,5

BARBAN Pierre, J et leurs Enfants - « Les Clarines » - Entrepierres - 05800 ST-JACQUES-EN-VALGAUDEMAR - Tél. : 04 92 55 20 31 - www.valgaudemar.com

---

ST-JEAN-SAINT-NICOLAS Chabottonnes — Alt. : 1200 m — C.M. 77 Pli 16/17

4 ch. Dans ex-ferme, sur 2 niveaux. En r.d.c. : salle à manger coin-cuisine, coin salon, wc, 1 chambre 16 m² (1 lit 2 pers) avec salle d'eau-wc. A l'étage : 3 ch. identiques (2 avec 1 lit 2 pers, 1 avec 2 lits 1 pers) ayant chacune salle d'eau-wc, 1 chambrette 8 m², venant en complt, avec lavabo (2 lits 1 pers. superp.). Terrain, salon de jardin. Parking. Terrain de boules et jeux d'enfants. Possibilité de ranger à l'abri motos, vélos, skis et autres. Langue parlée : anglais.

Prix : 1 pers. **32** € 2 pers. **41** € pers. sup. **10** € repas **11** €
Ouvert : Toute l'année.

5	3	4,5	6	3	3	0,5	10	5	3	22	3

Andre et Claudine DAVIN - « Les Haies Sauvages » - Chabottonnes - 05260 ST-JEAN-SAINT-NICOLAS - Tél. : 04 92 50 41 40

ST-LEGER-LES-MELEZES — Alt. : 1260 m — C.M. 77 Pli 16

5 ch. Au cœur de la Vallée du Champsaur, Véronique et Pascal vous proposent 5 chambres d'hôtes entièrement rénovées. Chambres 2 à 3 pers. avec TV, salle d'eau, wc privatifs. 4 d'entre elles ont un accès direct au jardin. Salle à manger et salon communs. Hammam et bain à remous en prestation complémentaire. Jardin, salon de jardin, jeux d'enfants, parking. En haute saison une séance de bain à remous offerte. Golf à 15 km. Langue parlée : anglais.

Prix : 1 pers. **21/24** € 2 pers. **42/48** € 3 pers. **62/71** €
pers. sup. **83/95** € repas **11** € 1/2 pens. **29/32** €
Ouvert : Toute l'année.

0,5	SP	3	6	0,9	0,5	4	10	3	0,5	25	0,5

Véronique TOLLA - La Coustille - 05260 ST-LEGER-LES-MELEZES - Tél. : 04 92 50 76 74 - E-mail : veronique.t@oreka.com

---

ST-LEGER-LES-MELEZES — Alt. : 1260 m — C.M. 77 Pli 16

2 ch. Au cœur d'une station village, Théo, moniteur de ski et Marielle vous proposent deux chambres d'hôtes avec coin jardin aménagé. 1 chambre (2 lits 1 pers) avec salle d'eau-wc privative, TV et accès direct sur le jardin. A l'étage, 1 chambre 3 pers (1 lit 2 pers, 1 lit 1 pers.), TV, salle d'eau-wc privative. Salle à manger et salon communs. Golf à 10 km. Langue parlée : anglais.

Prix : 1 pers. **30** € 2 pers. **40/42** € 3 pers. **55/56** € pers. sup. **8** €
Ouvert : Toute l'année.

0,2	0,2	5	5	0,5	0,5	1	5	1	0,2	22	0,2

Théo VINCENT - 05260 ST-LEGER-LES-MELEZES - Tél. : 04 92 50 46 50

Hautes-Alpes

Provence-Alpes-Côte-d'Azur

ST-MARTIN-DE-QUEYRIERES Le Serre — Alt. : 1100 m — C.M. 77 Pli 18

1 ch. A 8 km de Briançon, dans maison de village de caractère régional, une chambre d'hôtes voûtée avec entrée indépendante. 2 lits 1 personne ou 1 lit en 180, salle d'eau-wc privatifs. Séjour-salon avec cheminée et TV réservé aux hôtes. Ameublement et décoration de style régional. De la chambre accès direct à la terrasse et au jardinet réservés aux hôtes. Langues parlées : anglais, italien.

Prix : 1 pers. **35** € 2 pers. **43** € 3 pers. **50** €
Ouvert : Toute l'année.

🐕	⛷	🎿	⛱	🎾	🐎	🎣	🏊	🍽	🌲	🏛	🚉
9	10	9	1	9	9	1	10	0,5	9	3	

Philippe et Monique LONG - Le Serre - 05120 ST-MARTIN-DE-QUEYRIERES - Tél. : 04 92 20 18 46 ou 06 73 92 59 51 -
E-mail : Phmlong@aol.com - www.leserre.free.fr

ST-PIERRE-D'ARGENCON La Source — Alt. : 800 m — C.M. 81 Pli 5

5 ch. Dans un parc ombragée, maison restaurée proche d'une source d'eau minérale, comprenant 5 chambres sur 2 niveaux. 3 chambres avec salle d'eau et wc particuliers et 2 ch. avec leur lavabo, 1 salle d'eau et wc communs. En r.d.c : salle de séjour commune, coin cuis., chauff. électr. Terrasse fleurie, salon de jardin, jeux d'enfants. Restaurant à 2 kms. Langues parlées : italien, anglais.

Prix : 1 pers. **25/30** € 2 pers. **28/33** € 3 pers. **35/40** € pers. sup. **7** €
Ouvert : De mai à septembre.

🐕	⛷	🎿	⛱	🎾	🐎	🎣	🏊	🍽	🌲	🏛	🚉
	5	10	7	3	0,3	12	2	SP	7	7	

René et R.France LEAUTIER - La Source - 05140 ST-PIERRE-D'ARGENCON - Tél. : 04 92 58 67 81 ou 04 92 58 62 11 -
Fax : 04 92 58 62 11 - www.buech-serrois.com

ST-VERAN Les Fontettes — Alt. : 2040 m — C.M. 77 Pli 19

2 ch. Dans construction récente en annexe à la maison de la propriétaire, entrée en 1er étage : 2 chambres de 2 pers. dont 1 ouvrant sur balcon, avec chacune salle d'eau-wc, chauf. électr. Dans la maison voisine (style queyrassin) avec 1 gîte rural, salle à manger, coin bibliothèque. Terrain, salon de jardin communs. Parking public.

Prix : 1 pers. **31** € 2 pers. **42** € 3 pers. **56** €
Ouvert : Toute l'année.

🐕	⛷	🎿	⛱	🎾	🐎	🎣	🏊	🍽	🌲	🏛	🚉
0,1	0,1	2	0,5	0,3	1	55	5	1	30	0,2	

Jacqueline TURINA - Les Fontettes - 05350 ST-VERAN - Tél. : 04 92 45 81 77 - Fax : 04 92 45 81 77

STE-COLOMBE Chevalet Le Haut — Alt. : 870 m — C.M. 81 Pli 5

4 ch. Dans la vallée du Buëch, face aux Alpes, le Mas Rome est resté caché dans ses terres depuis le 18e siècle, situé aux confins de la Drôme, des Htes Alpes et Alpes de Hte Provence, accès par route forestière. Entrée indépendante par terrasse des 4 chambres, ayant chacune leur salle d'eau-wc. Chauffage électrique. Salle commune. Terrain à disposition. Plantation 1 ha de lavande autour du mas. Langues parlées : anglais, espagnol.

Prix : 1 pers. **65** € 2 pers. **65** € pers. sup. **23** €
Ouvert : Du 15 mai au 15 octobre.

🐕	⛷	🎿	⛱	🎾	🐎	🎣	🏊	🍽	🌲	🏛	🚉
70	70	20	7	4,5	14	20	23	14	SP	14	4,5

Roger GUTIERREZ - Chevalet le haut le Mas Rome - Orpierre - 05700 SERRES - Tél. : 04 92 66 31 19 - Fax : 04 92 66 31 19

VILLAR-D'ARENE — Alt. : 1650 m — C.M. 77 Pli 7

5 ch. Dans une ancienne ferme rénovée avec espace extérieur aménagé, 5 chambres d'hôtes avec accès indépendant. Chambres de 2 à 4 personnes avec salle d'eau-wc privatifs. Salle à manger dans ancienne écurie, coin salon, poêle, TV, bibliothèque. Coin cuisine à disposition des hôtes. Propriétaire guide de haute montagne. Langues parlées : anglais, italien.

Prix : 1 pers. **36** € 2 pers. **45** € 3 pers. **60** €
Ouvert : Toute l'année.

🐕	⛷	🎿	⛱	🎾	🐎	🎣	🏊	🍽	🌲	🏛	🚉
0,5	0,5	3	2	3	25	0,5	4	0,1	35	0,1	

Xavier et Sylviane CRET - 05480 VILLAR-D'ARENE - Tél. : 04 76 79 91 43 - Fax : 04 76 79 91 43 - E-mail : rochemeane@wanadoo.fr

VILLAR-LOUBIERE — Alt. : 1030 m — C.M. 77 Pli 16

1 ch. Dans une maison du village avec un gîte de séjour (12 pers). 1 chambre (1 lit 2 pers et 1 lit 1 pers.) avec salle d'eau et wc privatifs, chauffage central ou électrique. Salle de séjour, coin salon avec TV à disposition des hôtes. Terrasse. Voiture indispensable. Canoë-kayak. Escalade à 3 km.

Prix : 1 pers. **27** € 2 pers. **40** € 3 pers. **46** € repas **13** €
1/2 pens. **32** €
Ouvert : Du 1er mai au 31 octobre.

🐕	⛷	🎿	⛱	🎾	🐎	🎣	🏊	🍽	🌲	🏛	🚉
12	SP	1	2	SP	3	0,2	15	SP	SP	40	3

Paulette LAUGIER - Le Relais de la Vaurze - 05800 VILLAR-LOUBIERE - Tél. : 04 92 55 23 61 ou 04 92 51 37 97

Provence-Alpes-Côte-d'Azur **Alpes-Maritimes**

GITES DE FRANCE - Service Réservation
55-57, promenade des Anglais - B.P. 1602
06011 NICE Cedex 1
Tél. 04 92 15 21 30 - Fax 04 93 37 48 00
E.mail : gites06@crt-riviera.fr - http://www.itea.fr/GDF/6

3615 Gîtes de France
0,2 €/min

ANDON Canaux
Alt. : 1050 m   (TH)   C.M. 195 Pli 33

3 ch. Maison de hameau sur 4 niveaux. Rez-de-chaussée : salon bibliothèque, salle de jeux. 1er étage (rez-de-chaussée supérieur) : accès terrain, entrée sur grand séjour (TV). 2e étage : 2 ch. (chacune 1 lit 2 pers., 1 lit 1 pers. et salle d'eau, WC particuliers). 3e étage : 1 ch. (1 lit 2 pers., 2 lits 1 pers. et salle d'eau, WC particuliers). Chauf. central. Parking privé. Cheminée. Table d'Hôtes sur réservation. Jardin d'enfants. 4 pers. 67 €. Repas enfant 8 €. Langue parlée : anglais.

Prix : 1 pers. **31** € 2 pers. **42** € 3 pers. **54** € repas **16** €
Ouvert : Toute l'année.

🐕	≈	⛰	♨	🚶	⛷	🎿	🏊	🤿	🎾	⛵	🚴
64	SP	5	SP	15	15	5	20	9	27	64	9

Germaine DAMIANI - 180, place Léon Vitry - Canaux - St-Vallier de Thiey - 06750 ANDON - Tél. : 04 93 09 13 01 ou 06 09 55 49 98 - www.sitalpa.fr

---

ANDON Thorenc
Alt. : 1200 m   C.M. 195 Pli 23

3 ch. 3 chambres d'hôtes. Grande salle de séjour réservée aux hôtes. Chambre n°1 : 2 lits 1 pers. superposés, 1 lit 2 pers. Chambre n°2 : 2 lits superposés 1 pers., et 1 lit 1 pers. Salle de bains, WC privés. Chambre n°3 : 1 lit 2 pers. Salle de bains et WC communs aux chambres 1 et 3. 4 pers. 48 €. Trois chambres d'hôtes dans une ferme du 19e siècle, à 2 km de THORENC, station climatique ensoleillée et jouissant d'un microclimat très doux. Lac agréable, circuits pédestres, golf à 10 km. Station de ski de fond.

Prix : 1 pers. **22** € 2 pers. **29** € 3 pers. **39** €
Ouvert : Toute l'année.

🐕	≈	⛰	♨	🚶	⛷	🎿	🏊	🤿	🎾	⛵	🚴
60	SP	1	SP	17	1	1	10	1	12	50	2

Jean-Dominique VARRONE - Ferme de l'Escaillon - Thorenc - 06750 ANDON - Tél. : 04 93 60 00 57 - Fax : 04 93 60 02 76 - www.sitalpa.fr

---

ANTIBES Le Bosquet
C.M. 195 Pli 35

3 ch. Le Bosquet. 3 ch. d'hôtes dans une bastide provençale XVIIIe siècle. 1er étage : Ch. Bleue (1 lit 2 pers., 1 lit 1 pers.), salle de bains, WC. 2e ét. : Ch. Jaune (1 lit 2 pers., 2 lits 1 pers.), salle d'eau et WC. Ch. Verte (1 lit 2 pers., 1 lit bébé), salle de bains, WC. Salon et TV à dispo. des hôtes. Terrasse, terrain (chênes verts). Jardin. Parking dans jardin. Taxe de séjour incluse dans le tarif. Situé au commencement du Cap d'Antibes, entre les plages d'Antibes et celles de Juan-Les-Pins (5 mn à pied). La Bastide au charme provençal, à accueilli en son temps Guy de Maupassant. Langue parlée : anglais.

Prix : 2 pers. **74/84** € pers. sup. **16/19** €
Ouvert : Toute l'année sauf du 15 novembre au 20 décembre.

🐕	≈	⛰	♨	🚶	⛷	🎿	🏊	🤿	🎾	⛵	🚴
0,2	30	4	10	60	60	0,2	8	3	3	2,5	1

Christian AUSSEL - 14, chemin des Sables - Le Bosquet - 06160 ANTIBES - Tél. : 04 93 67 32 29 ou 04 93 34 06 04 - Fax : 04 93 67 32 29 - E-mail : sylvie.aussel@wanadoo.fr - www.antibes-juanlespins.com

---

ASCROS Balmont-Est
Alt. : 1150 m   A   (TH)   C.M. 195 Pli 14

4 ch. Balmont-Est. 4 chambres d'hôtes en rez-de-terrain d'un batiment annexe à la maison du propriétaire. 2 ch. (chacune 1 lit 2 pers. et 2 lits 1 pers. superposés) et 2 ch. (1 lit 2 pers.) Salle d'eau, WC indépendant privatifs et TV pour chaque chambre. Terrain, parking. Elevage de canards gras. Prix dégressifs pour groupe de 8 pers., ou séjour en 1/2 pension. Forfait séjour en pension complète + cheval : 457.34 €. Possibilité de louer des chevaux avec un plan détaillé sur les pistes de la commune. Enfant de moins de 10 ans 14 €, repas enfant 8 €. Langues parlées : anglais, italien.

Prix : 1 pers. **35** € 2 pers. **42** € repas **16** € 1/2 pens. **39** €
Ouvert : Toute l'année.

🐕	≈	⛰	♨	🚶	⛷	🎿	🏊	🤿	🎾	⛵	🚴
62	SP	17	SP	50	50	17	SP	17	17	17	SP

Huguette JUGLARIS - Balmont-Est - 06260 ASCROS - Tél. : 04 93 05 82 86 ou 06 85 27 48 49 - Fax : 04 93 05 82 86 - www.sitalpa.fr

---

ASPREMONT Terra Avita
Alt. : 530 m   C.M. 195 Pli 36

2 ch. 2 chambres dont une familiale, dans la maison du propriétaire. 1er étage, 1 ch. familiale comprenant : 2 ch.(25 m²) (1 lit 2 pers. et TV dans chacune). 1 salle de bains. WC ind. Terrasse communiquante. Rez-de-jardin : 1 ch. (1 lit 2 pers. TV). Salle d'eau. WC indép. Salon (cheminée) et salle à manger. Terrasse. barbecue. Jardin avec mobilier. Piscine. Table de ping-pong. Petit-déjeuner servi sous la tonnelle de glycines et de roses anciennes (par beau temps). Enfant de moins de 5 ans 8 €. Langues parlées : anglais, italien.

Prix : 1 pers. **54** € 2 pers. **58** €
Ouvert : Toute l'année.

🐕	≈	⛰	♨	🚶	⛷	🎿	🏊	🤿	🎾	⛵	🚴
13	SP	8	SP	60	60	8	20	1	SP	13	5

Michel TEISSEIRE - Terra Avita - 1692, route de Nice - 06790 ASPREMONT - Tél. : 04 93 08 02 66 ou 04 93 82 59 29 - Fax : 04 93 82 43 94 - www.sitalpa.fr

Alpes-Maritimes
Provence-Alpes-Côte-d'Azur

BERRE-LES-ALPES
Alt. : 600 m — C.M. 195 Pli 17

3 ch. — 3 chambres d'hôtes dans une annexe de la maison du propriétaire. Calme garanti. 3 chambres (1 lit 2 pers. chacune) avec sanitaire privatif. 1 meuble-lit supplémentaire par chambre sur demande. Séjour avec cheminée, TV couleur, chaîne stéréo. Terrasse avec table, chaise longue, barbecue. Terrain clos 3500 m². Parking. Entre mer et montagne. Rendez-vous idéal pour les amateurs de nature, de randonnées et de ballades en VTT. Villages médiévaux. Tables d'hôtes sympas et bons restaurants à proximité. Langues parlées : italien, anglais.

Prix : 1 pers. 33 € 2 pers. 45 € pers. sup. 13 €
Ouvert : Toute l'année.

🐕	≋	⛰	♨	⛷	🎿	🚵	🏊	🎾	🦌	🏛	🚉
20	SP	5	SP	30	30	5	9	2	8	4	2

François NOBILE - 288, chemin de Meingarde - Chambres d'Hôtes les Lys - 06390 BERRE-LES-ALPES - Tél. : 04 93 91 81 09 ou 06 03 22 39 34 - Fax : 04 92 12 13 41 - www.crt-riviera.fr

BERRE-LES-ALPES Super-Berre
Alt. : 740 m — TH — C.M. 195 Pli 17

3 ch. — 3 chambres d'hôtes dans une grande villa à 2 km de Berre-les-Alpes : « Lavande » (1 lit 2 pers., 1 lit 1 pers.), « Rose » (1 lit 2 pers., 2 lits 1 pers.), « Chataïgne » (1 lit 2 pers., 1 lit 1 pers. 1 meuble-lit-80 cm). S.de bains, WC, téléphone dans chaque ch. Grand séjour commun (cheminée, bibliothèque, galerie d'art). Jardin (mobilier), piscine. A disposition : VTT, baby foot, jeux de boules, ping-pong. Espace enfants. La villa St-Benoit, ancien studio d'enregistrement est située dans la campagne de Berre les Alpes. Quiétude assurée à seulement 25 km de Nice. Langue parlée : anglais.

Prix : 1 pers. 37 € 2 pers. 54 € pers. sup. 15 € repas 18 € 1/2 pens. 43 €
Ouvert : Toute l'année.

🐕	≋	⛰	♨	⛷	🎿	🚵	🏊	🎾	🦌	🏛	🚉
25	SP	7	SP	35	35	7	11	2	SP	25	2

Alain LEGRAS - Villa St-Benoit - 61 chemin de la roche d'Argent - 06390 BERRE-LES-ALPES - Tél. : 04 93 91 81 07 ou 04 93 91 84 30 - Fax : 04 93 91 85 47 - E-mail : villastbenoit@wanadoo.fr - www.crt-riviera.fr

BRIANCONNET
Alt. : 1050 m — C.M. 195 Pli 3

2 ch. — 2 ch. dans 1 superbe bergerie restaurée du XVIIe. Escalier d'accès extérieur. 1 grande ch. (1 lit 2 pers. et 1 lits 1 pers.) petit coin salon (table et chaises). Salle d'eau, WC indépendant privatifs. 1 chambre (1 lit 2 pers. et 1 fauteuil lit 1 pers.) Salle d'eau, wc indépendants privatifs. Grande pièce voûtée commune aux hôtes avec biblio. TV. Terrain 2 ha. Langues parlées : anglais, italien.

Prix : 2 pers. 39/61 € pers. sup. 16 €
Ouvert : Toute l'année.

🐕	≋	⛰	♨	⛷	🎿	🚵	🏊	🎾	🦌	🏛	🚉
80	SP	1,5	SP	35	35	1,5	8	8	35	17	0,5

Tadeusz BURACZYNSKI - Quartier le Saule - Route départementale 2211 - 06850 BRIANCONNET - Tél. : 04 93 60 42 91 - E-mail : burta@libertysurf.fr - www.sitalpa.fr

LA BRIGUE
Alt. : 800 m — C.M. 195 Pli 9

6 ch. — 6 chambres d'hôtes à côté de la ferme du propriétaire. 5 ch. (1 lit 2 pers.), 1 ch. (2 lits jumeaux) toutes équipées de salle de bains et wc. Lit supplémentaire sur demande. Terrasse. Terrain. Parking. Jardin d'enfants 50 m. Jeux de boules. Ping-pong. Location de TV. Rivière. Chauffage électrique. Location dès mars. Chambres d'hôtes situées sur une commune périphérique du Parc du Mercantour, dans l'arrière-pays Mentonnais, proche de l'Italie. Langues parlées : italien, anglais.

Prix : 1 pers. 31 € 2 pers. 43 € pers. sup. 11 €
Ouvert : Toute l'année sauf du 1er décembre au 1er mars.

🐕	≋	⛰	♨	⛷	🎿	🚵	🏊	🎾	🦌	🏛	🚉
40	SP	SP	SP	16	17	SP	5	1	4	1	0,5

Jean-Louis MOLINARO - Chemin St-Jean - 06430 LA-BRIGUE - Tél. : 04 93 04 65 67 - www.sitalpa.fr

CABRIS
Alt. : 550 m — C.M. 195 Pli 34

5 ch. — 5 chambres d'hôtes dans maison de village. RDC : 1 ch. (1 lit 2 pers.), salle d'eau avec wc. 1er étage : 1 ch. (1 lit 2 pers.), salle de bains avec wc. 1 ch. (2 lits 1 pers.), salle d'eau avec wc. 1 ch. (2 lits 1 pers.), salle d'eau, wc. Balcon attenant avec mobilier. 2e étage : 1 ch. (1 lit 2 pers.), salle de bains, wc. Salle à manger avec vue panoramique. 5 chambres d'hôtes au cœur de Cabris, vieux village provençal perché en nid d'aigle. Pittoresques maisons encerclant les ruines du château féodal du 10e siècle. Vaste panorama sur le lac de Saint-Cassien. Golf à 2 km. Langues parlées : anglais, espagnol.

Prix : 2 pers. 46/52 € pers. sup. 28 €
Ouvert : Toute l'année sauf du 15 octobre au 31 mars.

🐕	≋	⛰	♨	⛷	🎿	🚵	🏊	🎾	🦌	🏛	🚉
22	SP	12	SP	35	37	12	6	SP	5	22	SP

Jocelyne FARAUT - 297, route des Trois Ponts - 06530 CABRIS - Tél. : 04 93 60 52 36 - Fax : 04 93 60 52 36 - www.crt-riviera.fr

CAUSSOLS
Alt. : 1100 m — TH — C.M. 195 Pli 34

5 ch. — 5 Chambres d'Hôtes dans la maison du propriétaire. 2 ch. (1 lit 2 pers. chacune). 1 ch. (1 lit 2 pers. et 1 lit 1 pers.). 1 ch. (2 lits 1 pers. superposés et 1 lit 1 pers.). 1 ch. (3 lits 1 pers.). Chaque chambre avec salle d'eau privative et wc. Séjour, salon, terrain, terrasse, parking. Lit Bébé à disposition. VTT. Rando. équestres/pédestres. Hors Juillet et Août, -10 % accordés sur le prix des chambres (pour 2 nuits minimum). Détente sportive dans la campagne de Bar-sur-Loup. Spéléo et Astronomie sur place. Repas enfant : 7 €. Pique-nique 8 €. 2 adultes + 2 enfants 66 €.

Prix : 1 pers. 31 € 2 pers. 43 € 3 pers. 58 € repas 14 €
Ouvert : Toute l'année.

🐕	≋	⛰	♨	⛷	🎿	🚵	🏊	🎾	🦌	🏛	🚉
41	SP	12	SP	33	21	12	1	12	24	41	9

Françoise et Pierre DORGE - 164, chemin des Chardons - Le Mas des Chardons - 06460 CAUSSOLS - Tél. : 04 93 09 29 93 - Fax : 04 93 09 80 55 - E-mail : pierre.dorge1@libertysurf.fr - http ://perso.libertysurf.fr/dorge

Provence-Alpes-Côte-d'Azur — Alpes-Maritimes

LA COLLE-SUR-LOUP
C.M. 195 Pli 35

4 ch. 1 ch. familiale et 3 ch. dans une belle demeure provençale. 1 ch. familiale composée de 2 ch. communiquantes (1 lit 2 pers. et 2 lits 1 pers.). Ch. Verte : (1 lit 2 pers.), Kitchenette (micro-ondes, plaque de cuisson - 2 feux gaz). Ch. Jaune : (1 lit 2 pers., coin-salon (1 cv. 1 pers.). Ch. Rose (climatisée) : grande pièce mansardée (1 lit 2 pers.), coin cuisine. TV couleurs, réfrigérateur, cafetière électrique et salle d'eau privative avec WC, dans chaque chambre. Grand jardin arboré. Piscine. Parking. Langues parlées : anglais, italien.

Prix : 1 pers. 39/54 € 2 pers. 77/107 € pers. sup. 16/46 €
Ouvert : Toute l'année.

〰	⛰	♨	🚶	⛷	⛸	🏃	🎾	🏊	🚲	🅿
12	20	3	1	40	40	3	20	2	SP	10	2

Jérome GERMONDO - 419, chemin du Mont-Gros - Villa l'Ange Bleu - 06480 LA-COLLE-SUR-LOUP - Tél. : 04 93 32 60 39 ou 06 60 44 32 62 - Fax : 04 93 32 63 24 - E-mail : lange-bleu@wanadoo.fr - www.angebleu.fr.st

LA COLLE-SUR-LOUP
C.M. 195 Pli 35

5 ch. 3 suites et 2 ch. d'hôtes dans 1 bastide rénovée. Suite 1 : rez-de-jardin (1 lit 1 pers., 1 lit 2 pers.), salon, salle d'eau et WC privatifs. Suite 2 : (1 lit 1 pers.), terrasse, salon, s.d.b. et WC privatifs. Suite 3 : (1 lit 1 pers. 1 lit 2 pers.), s.d.b. WC privatifs. 1 ch. : (1 lit 2 pers.), balcon. 1 ch. :(1 lit 2 pers.) Chaque ch. avec salle d'eau et WC privatifs. Salle de séjour, cheminée, TV. Terrasse. Parking. Le début des gorges du Loup. Bastide provençale, en bordure de rivière. Le calme de la Provence tout près de la Côte d'Azur. Langues parlées : italien, anglais.

Prix : 2 pers. 61/92 € pers. sup. 16 €
Ouvert : Toute l'année.

〰	⛰	♨	🚶	⛷	⛸	🏃	🎾	🏊	🚲	🅿
12	20	SP	20	40	40	SP	20	2	2	10	2

Alphonse ROSSO - Parc St-Donat - D6 - Bastide St-Donat - 06480 LA-COLLE-SUR-LOUP - Tél. : 04 93 32 93 41 - Fax : 04 93 32 80 61 - www.crt-riviera.fr

COURMES
Alt. : 550 m — (TH)
C.M. 195 Pli 34

6 ch. 6 ch. en pleine nature. 3 ch. 4 pers. (1 lit 2 pers. 2 lits 1 pers.). 2 ch. 2 pers. (1 lit 2 pers.). 1 ch. 2 pers. (2 lits 1 pers.). Toutes chambres avec s.d.b. et wc privatifs. Salle de séjour pour les hôtes, terrain, parking, jeux d'enfants. (Gratuit pour enfant -2ans). La Cascade est située sur un replat de la montagne de Courmes, dans 1 site de verdure. Poss. équitation à 3 km. Vol libre et parapente à 10 km. Diaporama (faune et flore) organisée par M. Baracco environ le 15.4 et le 15.9 (2 fois/mois - 5,34 €/Pers.). Stage de tissage, à la semaine, sur réservation. Enfant : 13 à 14 € selon saison.

Prix : 2 pers. 43/46 € repas 13 €
Ouvert : Toute l'année.

〰	⛰	♨	🚶	⛷	⛸	🏃	🎾	🏊	🚲	🅿
27	SP	3,5	SP	29	29	3,5	3	12	25	27	10

Patrice BARACCO - 06620 COURMES - Tél. : 04 93 09 65 85 - Fax : 04 93 09 67 07 - E-mail : LacascadeB@wanadoo.fr - www.sitalpa.fr/courmes.htm

COURSEGOULES Le Brec
Alt. : 1080 m
C.M. 195 Pli 35

1 ch. 1 chambre d'hôtes située au rez-de-chaussée supérieur de la maison du propriétaire. (2 lits 1 pers.). Salle d'eau, WC indépendants. 1 lit supplémentaire sur demande. Terrasse, jardin clos. Parking. Très belle vue sur vallée. Grand calme. Télévision couleurs sur demande. Depuis le magnifique Col de Vence dominant la méditerranée, l'on accède à Coursegoules, village perché au pied de la Barre du Cheiron. Départ de chemins de randonnées depuis la chambre d'hôtes. Autres loisirs : parapente, varappe, équitation. Artisanat d'art, ferme pédagogique. Langues parlées : anglais, espagnol.

Prix : 1 pers. 33 € 2 pers. 44 € pers. sup. 15 €
Ouvert : Toute l'année.

〰	⛰	♨	🚶	⛷	⛸	🏃	🎾	🏊	🚲	🅿
25	SP	5	SP	34	26	5	7	11	11	25	0,5

Martine et Guy DURAND - L'Hebergerie - 350, chemin du Brec - 06140 COURSEGOULES - Tél. : 04 93 59 10 53 - www.sitalpa.fr

LA CROIX-SUR-ROUDOULE
Alt. : 850 m — (TH)
C.M. 195 Pli 13

2 ch. Maison d'hôtes de charme sur 4 niveaux. R.d.c. « Auvare » : 1 ch. avec sanitaires privatifs, wc indépendants (1 lit 2 pers 160x190). Terrasse privée. 3ᵉ niveau : 1 ch. familiale « Jargeai » : 2 ch. contiguës avec s.d.b. et wc privatifs (1 lit 2 pers 160x190 et 1 lit 2 pers. 140x190). Table d'hôtes : cuisine familiale, spécialités régionales sur réservation. Communs aux hôtes : grande terrasse panoramique (transats et meuble de jardin) petit jardinet (avec mobilier), salon privatif (bibliothèque, TV) Cheminée. Parking à 100 m. Accueil et décoration soignés. Pittoresque village où le calme règne en maître. Langues parlées : anglais, italien.

Prix : 2 pers. 40/46 € 3 pers. 61 € pers. sup. 19 € repas 16 €
Ouvert : Toute l'année.

〰	⛰	♨	🚶	⛷	⛸	🏃	🎾	🏊	🚲	🅿
75	SP	1	SP	52	52	1	29	9	9	9	9

Daniel et Noelle AILLAUD - Rue de la Petite Fontaine - 06260 LA-CROIX-SUR-ROUDOULE - Tél. : 04 93 05 11 45 ou 04 93 14 69 86 - Fax : 04 93 05 11 45 - www.sitalpa.fr

FONTAN Hameau de Berghe Inférieur
Alt. : 860 m — (TH)
C.M. 195 Pli 8

2 ch. 2 Chambres d'Hôtes au rez-de-chaussée de la maison du propriétaire (maison de village). Salon (14 m²). Chambre « Verte » (10 m², 1 lit 2 personnes). Salle d'eau avec wc. Chambre « Bleue » (11 m², 1 lit 2 personnes), salle d'eau avec wc, balcon. Chauffage central. Terrasse (6 m²). Parking communal. Repas enfant : 8 €. Dans un hameau perché, au milieu d'une châtaigneraie séculaire, Guylaine, Jean-Michel et leurs enfants vous font partager leur passion pour cette belle région. Gîte Panda pour des vacances d'une autre nature. Malle de découverte à disposition. RD42 très sinueuse et étroite sur 5 km. Langues parlées : anglais, italien.

Prix : 1 pers. 26 € 2 pers. 39 € repas 13 €
Ouvert : Toute l'année.

〰	⛰	♨	🚶	⛷	⛸	🏃	🎾	🏊	🚲	🅿
41	SP	6	SP	35	21	5	1	25	5	12	6	5

Jean-Michel et Guilaine DIESNIS - 15, descente de l'Eglise - Hameau de Berghe Inferieur - 06540 FONTAN-PAR-BREIL-SUR-ROYA - Tél. : 04 93 04 54 65 - Fax : 04 93 04 54 65 - E-mail : amate.diesnis@libertysurf.fr - www.sitalpa.fr

Alpes-Maritimes *Provence-Alpes-Côte-d'Azur*

LA GAUDE
C.M. 195 Pli 36

2 ch. 2 chambres d'hôtes au rez-de-jardin de la maison du propriétaire. Entrée indépendante, 1 ch.(1 lit 2 pers., TV coul., magnétoscope). Salle de bains attenante (baignoire, douche et WC). Terrasse avec mobilier. 1 petite ch. (1 lit 2 pers.), salle d'eau attenante (douche et WC). Séjour commun (cheminée, TV coul. et magnétoscope). Bibliothèque. Grand terrain arboré. Vélos à disposition. Piscine-bassin. Tables d'Hôtes. Langues parlées : anglais, espagnol.

Prix : 2 pers. **37/48** € repas **16** € 1/2 pens. **63/74** €
Ouvert : Toute l'année.

10	4	5	SP	48	48	5	10	3	6	12	1

Catherine PARMENTIER - 87, chemin de l'Adret - 06610 LA-GAUDE - Tél. : 04 92 11 01 79 - Fax : 04 92 11 01 79

LA GAUDE Les Nertières
C.M. 195 Pli 35

2 ch. A la campagne, rez-de-jardin, entrée particulière : Chambre familiale pour 5 personnes comprenant 2 ch. (1 pour 2 pers., 1 pour 3 pers.), TV mini-bar. Grande salle de bains, wc indépendants. Salle à manger. Terrasse (salon de jardin), à disposition des hôtes. Parking et Bip électronique. 5 pers. 92 €. Village résidentiel à vocation agricole il y a une trentaine d'années, La Gaude est devenu un lieu recherché pour l'implantation de Centres de Recherches (I.B.M, industries légères, recherches scientifiques...). Entre mer et montagnes, son climat est doux et tempéré. Promenades, escalades.

Prix : 2 pers. **46** € 3 pers. **46** €
Ouvert : Toute l'année.

10	4	5	4	54	54	5	10	6	6	10	0,2

Norbert et Josette LIBRATI - Villa la Norjo - Les Nertieres - 06610 LA-GAUDE - Tél. : 04 93 24 83 95 - Fax : 04 93 24 83 95 - www.crt-riviera.fr

GOLFE-JUAN-VALLAURIS Super Cannes
C.M. 195 Pli 35

5 ch. 5 Chambres d'Hôtes : « Manosque 1 » (1 lit 2 pers.) et « Manosque 2 » (2 lits 1 pers.) pouvant communiquer. « Lérins » (1 lit 2 pers.), « Samarcande » (1 lit 2 pers.), « Porquerolles » (2 lits 1 pers., 1 divan-lit d'enfant). Chaque ch. avec salle de bains, WC, TV, air conditionné. Jardin, Parking. Salle de séjour ouvrant sur une grande terrasse panoramique. Maison provençale dominant Vallauris, cité des potiers et ville d'art, vue sur la baie des Anges, à 3 km de Golfe-Juan et du littoral azuréen, chaque ch. décorée dans le style provençal offre un excellent confort dans le calme des collines. Langues parlées : anglais, italien.

Prix : 2 pers. **100/115** € pers. sup. **16** €
Ouvert : Toute l'année.

3	20	12	5	65	65	3	5	3	3	3	0,8

Mireille DIOT - 138, grand bld de Super Cannes - Mas Samarcande - 06220 GOLFE-JUAN-VALLAURIS - Tél. : 04 93 63 97 73 - Fax : 04 93 63 97 73 - www.stpaulweb.com/samarcande

GRASSE
C.M. 195 Pli 34

2 ch. La Ferme de St-Jean, producteur de l'agriculture biologique, vous propose 2 chambres d'hôtes avec le confort moderne et la simplicité d'un accueil personnalisé : (1 lit 2 pers., salle d'eau et WC attenants). Entrée indépendante et terrasse donnant sur le jardin, pour chaque chambre. (Poss. de lit supplémentaire). Repas enfant : 11 €. Table d'hôtes/reservation le midi ou le soir (repas préparés à partir de produits de la ferme). Salon, salle à manger communs avec chaîne hi-fi. Télévision et insert. Langue parlée : italien.

Prix : 1 pers. **39** € 2 pers. **46** € 3 pers. **61** € pers. sup. **16** € repas **17** €
Ouvert : Toute l'année.

16	10	10	SP	45	45	10	1	2	2	16	3

François OULMONT - 74, chemin de St-Jean - 06130 GRASSE - Tél. : 04 92 42 01 55 ou 06 08 35 38 51 - Fax : 04 92 42 01 55 - E-mail : foulmont@club-internet.fr - http ://fermesaintjean.com

GREOLIERES
Alt. : 800 m
C.M. 195 Pli 34

1 ch. Chambre d'Hôtes pour randonneurs. Maison de village sur 3 niveaux. Rez de chaussée, Accueil des stages sportifs (parapente, descente de clues, randonnées...). 1er étage, séjour à disposition des Hôtes, HiFi, TV. 1 ch. (3 lits 1 pers.), salle d'eau, WC particuliers. Pas d'espace extérieur (maison de village). Chauffage électrique. Parking communal. Table d'Hôtes sur demande. Divers forfaits accompagnateur : randonnée ski, pédestre, cannyoning, raquettes, randonnées à thèmes suivant les saisons. 1 lit d'appoint 1 pers. Langues parlées : anglais, italien.

Prix : 1 pers. **23** € 2 pers. **31** € 3 pers. **45** € repas **13** €
Ouvert : Toute l'année.

27	SP	2	SP	15	9	2	8	SP	25	27	SP

Christian MATHIEU - Grande Rue - Prealpes 06 - 06620 GREOLIERES - Tél. : 04 93 59 98 81 - www.sitalpa.fr

LES MUJOULS
Alt. : 750 m
C.M. 195 Pli 3

6 ch. 6 Chambres d'Hôtes. Bâtiment communal sur 3 niveaux. Chambres Adon & D85, (1 lit 2 pers., 2 lits 1 pers. superposés), Salle de bains, wc. Chambres Charamel, Font Blanche, Esteron et Les Baux : (2 lits 1 pers.), salle de bains, wc. Salle de séjour (cheminée avec insert). Chauffage électrique. Parking.

Prix : 1 pers. **20** € 2 pers. **26** € 3 pers. **34** € pers. sup. **10** €
Ouvert : Toute l'année.

80	SP	2	SP	38	38	2	18	24	30	80	18

MAIRIE DES MUJOULS - Accueil : Mme GERMAIN Germaine - 06910 LES-MUJOULS - Tél. : 04 93 05 86 08 - www.sitalpa.fr

Provence-Alpes-Côte-d'Azur **Alpes-Maritimes**

NICE
C.M. 195 Pli 36

4 ch. Belle maison méditerranéenne comprenant 4 ch. : "Pistou » : (1 lit 2 pers.) Salle de bains avec wc (baignoire et douche). « Capelina » : (1 lit 2 pers.) Salle de bains avec wc. « Cigalou » : (1 lit 1 pers). Salle de bains attenante avec wc. « Bella Vista » : (1 lit 2 pers.) Salle de bains attenante avec wc. Chaque chambre est équipée d'une TV couleurs et de l'air conditionné. Salle de jeux avec billard et baby-foot. Salle de musculation. Grand séjour commun avec TV, cheminée. Sur demande : lit enfant et chaise haute. Parc arboré de 3500 m². Piscine (7mX14 m). Vue mer. Taxe de séjour en sus. Enfant de moins de 6 ans 16 €, repas enfant 8 €. Langue parlée : anglais.

Prix : 1 pers. **77 €** 2 pers. **100/130 €** repas **31 €**
Ouvert : Toute l'année.

	≈	⛰	♨	👥	⛷	🐎	🏊	🎾	🏰	⛵
10	20	6	20	63	63	6	5	0,5	SP	7	5

Michèle GOLLE - 69, Vieux Chemin de Crémat - Raccourci N° 3 - 06200 NICE - Tél. : 04 93 37 94 31 ou 04 92 15 11 25 -
Fax : 04 92 15 11 25 - E-mail : michele.golle@wanadoo.fr - http://perso.wanadoo.fr/michele.golle

NICE Saint-Pierre de Feric
C.M. 195 Pli 36

3 ch. 3 ch. dont 1 familiale dans 1 belle maison italienne : 1ᵉʳ étage : 1 ch. familiale : 1 ch. (1 lit 2 pers.-160) et 1 ch. (2 lits 1 pers.), 1 salle de bains, WC, TV et Canal +), terrasse privative, meubles de jardin. 2ᵉ étage : 2 ch. (1 lit 2 pers. Salle de bains, WC, TV- Canal+, dans chaque). Séjour avec TV vidéo. Petit déj. buffet dans la maison ou sur terrasse. Grand parc fleuri, terrasses ombragées. Nice coté jardin sur collines florentines de Nice. Jolie propriété de pur style italien du début du siècle. Chambres spacieuses, gaies et confortables. Une adresse détente à proximité de la capitale de la French Riviera. Chambre familiale 180 €. Langues parlées : anglais, espagnol.

Prix : 1 pers. **100 €** 2 pers. **100 €**
Ouvert : Toute l'année.

	≈	⛰	♨	👥	⛷	🐎	🏊	🎾	🏰	⛵
2	30	9	30	66	66	3	6	0,5	0,5	2	1

Jacqueline OLIVIER - 61, route St-Pierre de Féric - Le Castel Enchanté - 06000 NICE - Tél. : 04 93 97 02 08 ou 06 20 59 66 53 -
Fax : 04 93 97 13 70 - E-mail : castel.enchante@wanadoo.fr - www.nicetourisme.com

PEILLE
Alt. : 650 m
C.M. 195 Pli 27

5 ch. 5 chambres d'hôtes indépendantes soignées dont 4 avec balcon privatif dans une grande maison de style provençal. Au cœur de la garrigue : Giroflée et Iris (1 lit 2 pers., salle d'eau, wc communs). Verveine, Marguerite et Capucine (1 lit 2 pers., salle d'eau, wc privatifs). Chauff. central. Parking. Jardin de rocailles clos. Petits-déjeuners copieux et personnalisés servis dans salle à manger ou balcon privatif sur terrasse (barbecue). Idéal pour promeneurs amateurs de nature et de calme à 2,5 km du village de Peille. Langues parlées : italien, anglais.

Prix : 2 pers. **43/46 €**
Ouvert : Toute l'année.

	≈	⛰	♨	👥	⛷	🐎	🏊	🎾	🏰	⛵
22	SP	6	SP	40	40	16	10	1	10	7	2,5

Catherine MILLO - 247, route de Peille - Les Lavandes - 06440 PEILLE - Tél. : 04 92 10 86 23 - Fax : 04 92 10 86 23 - www.sitalpa.fr

LE ROURET
C.M. 195 Pli 35

2 ch. 2 ch. avec entrée privée dans la maison du propriétaire. Chambre « Bleue » : (1 lit 2 pers.-140x205 cm) avec salle d'eau, WC indépendant. Au rez-de-jardin, Chambre « Provençale » : (1 lit 2 pers.), salle d'eau, WC. Kitchenette. Salle de séjour avec cheminée. Jardin d'hiver pour les petits-déjeuners. Oliveraie de charme de 2000 m², avec hamacs pour la farniente. Stationnement privé. Fermé en novembre. Langues parlées : anglais, espagnol.

Prix : 2 pers. **55/70 €**
Ouvert : Toute l'année sauf novembre.

	≈	⛰	♨	👥	⛷	🐎	🏊	🎾	🏰	⛵
13	10	4	1	49	45	4	5	3	16	15	2

Annick LE GUAY - 30, route de Roquefort - Les Coquelicots - 06650 LE-ROURET - Tél. : 04 93 77 40 04 - Fax : 04 93 77 40 04 - www.crt-riviera.fr

SOSPEL Vasta Inférieure
C.M. 195 Pli 18

2 ch. 2 chambres d'hôtes au 1ᵉʳ niveau de la maison du propriétaire. Coin salon, bureau, bibliothèque à usage exclusif des Hôtes. 1 ch. (2 lits 1 pers.) TV coul. 1 ch. (1 lit 2 pers.), bureau, TV coul. Salle de bains commune et WC. Salle à manger à disposition des Hôtes, cheminée. Jardin clos avec mobilier, piscine, ping-pong, Parking. Taxe de séjour en sus. Langues parlées : anglais, italien.

Prix : 2 pers. **39/43 €**
Ouvert : Toute l'année.

	≈	⛰	♨	👥	⛷	🐎	🏊	🎾	🏰	⛵
18	SP	3	SP	24	24	3	0,5	3	SP	4	3

Jeannine PETIT - Villa Noëlle - Vasta Inferieure - 06380 SOSPEL - Tél. : 04 93 04 07 08 ou 06 82 63 72 17 - Fax : 04 93 04 07 08 -
E-mail : j.petit@net-up.com - www.crt-riviera.fr

SOSPEL
C.M. 195 Pli 18

3 ch. Dans la maison du propriétaire. 3 chambres (2 pers. chacune) avec salles de bains particulières. WC privatifs communs aux 3 chambres. Séjour. Salle à manger, terrasse et cuisine aménagée à la disposition des hôtes. Piscine. Parking. Important bourg du Haut-Pays Mentonnais, Sospel est nichée dans la verdoyante vallée de la Bévéra. Diverses activités sportives et culturelles. Langues parlées : anglais, italien.

Prix : 2 pers. **42 €**
Ouvert : Du 1ᵉʳ avril au 30 septembre.

	≈	⛰	♨	👥	⛷	🐎	🏊	🎾	🏰	⛵
18	SP	0,3	SP	24	24	0,3	5	2	SP	4	5

René GERMAN - Domaine Ste-Madeleine - Route de Moulinet - 06380 SOSPEL - Tél. : 04 93 04 10 48 - Fax : 04 93 04 18 37 - www.crt-riviera.fr

Alpes-Maritimes
Provence-Alpes-Côte-d'Azur

ST-DALMAS-LE-SELVAGE — Alt. : 1500 m — C.M. 81

1 ch. 1 chambre dans la maison du propriétaire, vue panoramique sur village et montagne (1 lit 2 pers. + 1 lit supplémentaire 2 pers.). Salle d'eau avec wc. Agréable pour séjour familial. Salon et terrasse à disposition des hôtes. Parking à proximité.

Prix : 1 pers. **23** € 2 pers. **39** € 3 pers. **51** € pers. sup. **16** €
Ouvert : Toute l'année.

🐕	〰️	⛰️	🌳	👥	⛷️	🎿	🏔️	🐎	🎾	🏊	🚲	🚉
100	SP		1	SP	15	SP	1	15	SP	15	100	SP

Marie-Madeleine ISSAUTIER - 06660 ST-DALMAS-LE-SELVAGE - Tél. : 04 93 02 41 02 - www.sitalpa.fr

---

ST-ETIENNE-DE-TINEE — Alt. : 1147 m — C.M. 195 Pli 4

1 ch. 1 ch. familiale dans maison neuve en bordure du village. 1ᵉʳ étage : salle à manger-séjour communs. Télévision. Cheminée. Terrasse. 2ᵉ étage : 1 chambre familiale comprenant : 1 ch. (1 lit 2 pers. et TV). 1 ch. (2 lits 1 pers. et TV). S.d.b. commune avec WC. Jardin avec mobilier. Jeu de boules. Chauffage central. Parking. Adresse de détente au cœur d'un village alpin des Alpes-Maritimes.

Prix : 1 pers. **29** € 2 pers. **43** €
Ouvert : Toute l'année sauf octobre et novembre.

🐕	〰️	⛰️	🌳	👥	⛷️	🎿	🏔️	🐎	🎾	🏊	🚲	🚉
85	SP	0,5	SP	7	8	0,5	7	0,5	7	60		SP

Henri BABEL-ROCHELLE - 13, rue Longue - 06660 ST-ETIENNE-DE-TINEE - Tél. : 04 93 02 47 05 ou 06 15 11 38 78 - www.sitalpa.fr

---

ST-MARTIN-D'ENTRAUNES Les Clots — Alt. : 1050 m — C.M. 195 Pli 2

3 ch. Les clots. Maison ancienne rénovée dans un hameau de montagne en bordure du Var, proche du Parc National du Mercantour, et idéale pour la randonnée. Cyclisme trois cols. 3 chambres d'hôtes au 1ᵉʳ étage : 2 (1 lit 2 pers.), 1 (2 lits 1 pers.). Chaque chambre avec salle d'eau et WC privatifs. Terrasse et terrain. Conseils et fiches randonnées. Restaurant traditionnel à 1 km. Taxe de séjour en sus. Langue parlée : anglais.

Prix : 1 pers. **26/29** € 2 pers. **46/49** € pers. sup. **15** €
Ouvert : De juin à septembre inclus.

🐕	〰️	⛰️	🌳	👥	⛷️	🎿	🏔️	🐎	🎾	🏊	🚲	🚉
109	SP	SP	SP	10	10	SP	7	13	13	32		1

Angela PICKUP - Les Clots - 06470 ST-MARTIN-D'ENTRAUNES - Tél. : 04 93 05 58 51 - E-mail : angela.pickup@wanadoo.fr - http ://perso.wanadoo.fr/lesclots

---

ST-MARTIN-VESUBIE Le Boréon — Alt. : 1500 m — C.M. 195 Pli 6

3 ch. Chalet sur trois niveaux. 3 chambres. Rez-de-jardin, hall d'entrée. 1 ch. (1 lit 2 pers.), salle d'eau privée avec WC. 1ᵉʳ étage, 1 ch. (1 lit 2 pers.), salle d'eau privée avec WC. Séjour-salle à manger-salon (cheminée, TV). 2ᵉ étage, 1 ch. (1 lit 2 pers.), salle d'eau privative avec WC. Terrain clos, pelouse, terrasse, barbecue. Une chambre supplémentaire (2 lits simples) peut être mise à disposition. Taxe de séjour en vigueur, renseignements auprès du propriétaire. Adresse de détente et de repos, au Boréon. Air pur et dépaysement garanti !

Prix : 2 pers. **61/92** €
Ouvert : Du 13 mai au 18 septembre.

🐕	〰️	⛰️	🌳	👥	⛷️	🎿	🏔️	🐎	🎾	🏊	🚲	🚉
73	SP	SP	SP	15	SP	SP	SP	8	8	42		8

Paule ROSSI - 1 bis, rue Cluvier - 06000 NICE - Tél. : 04 93 86 57 88 - www.sitalpa.fr

---

ST-PAUL-DE-VENCE — C.M. 195 Pli 35

5 ch. 5 chambres d'hôtes dans un mas provençal indépendant. Chaque chambre avec salle de bains, télévision, téléphone et jardin particuliers. Salle de séjour et salon de TV communs, sur terrasse et pelouse. Piscine, lit bébé (10 €). Petit déjeuner à la française. Parking. Au cœur de la campagne provençale, vous serez acccueillis dans 5 chambres confortables et personnalisées, meublées avec goût. Agréable jardin (4800 m²) avec piscine et nombreuses balades, Fondation Maeght, galeries et artisanat d'art dans les ruelles du village fortifié. Golfs de 5 à 15 km. Langue parlée : anglais.

Prix : 1 pers. **77** € 2 pers. **92** € pers. sup. **23** €
Ouvert : D'avril à octobre inclus.

🐕	〰️	⛰️	🌳	👥	⛷️	🎿	🏔️	🐎	🎾	🏊	🚲	🚉
8	20	20	20	45	45	8	5	0,5	SP	3		3

Jacques MAUBE - Le Mas des Serres - 2000, route des Serres - 06570 ST-PAUL-DE-VENCE - Tél. : 04 93 32 81 10 - Fax : 04 93 32 85 43 - www.stpaulweb.com/mds/

ST-VALLIER-DE-THIEY — Alt. : 724 m — C.M. 195 Pli 33

3 ch. 3 chambres d'hôtes dont 1 familiale avec sanitaires privatifs, aménagées au rez-de-chaussée de la maison des propriétaires dans un écrin de verdure, « 1949 » (2 lits 1 pers.). « 1950 » (1 lit 2 pers.). « 2000 » ch. familiale : 2 ch. contiguës (1 lit 2 pers.) et (2 lit 1 pers. ainsi qu'1 lit d'appoint 1 pers.). Salon (cheminée, bibliothèque,TV). Piscine. Pool-house, jardin, parking. Idéalement située pour randonnées, la Villa Querçus, maison de pierre (début 1900), offre calme et sérénité. Les ch. d'hôtes ont leur entrée indépendante et vue sur le jardin. P.-déjeuners copieusement servis devant la piscine. Langue parlée : anglais.

Prix : 2 pers. **50/105** € pers. sup. **16** €
Ouvert : Du 1ᵉʳ février au 15 novembre.

🐕	〰️	⛰️	🌳	👥	⛷️	🎿	🏔️	🐎	🎾	🏊	🚲	🚉
28	5	1	SP	26,5	26,5	1	2	1	SP	32		0,5

Jean-Michel HENRY - Impasse de Pra Redon - 2, chemin de Blaqueirette - 06460 ST-VALLIER-DE-THIEY - Tél. : 04 92 60 03 84 ou 06 87 51 29 21 - Fax : 04 92 60 03 84 - www.saintvallierdethiey.com

Provence-Alpes-Côte-d'Azur

Alpes-Maritimes

LE TIGNET Val du Tignet
C.M. 195 Pli 33

2 ch. 2 Chambres d'Hôtes dans un mas provençal en pierres, sur une propriété de 1.7 ha. Lilas (17 m², 2 lits 1 pers.). Iris (14 m², 1 lit 2 pers.). dans chaque chambre : TV satellite, Salle de bains avec wc, terrasse privée. Séjour commun chez le propriétaire (48 m², cheminée, Hifi. Piscine, terrasse, terrain, aire de pique-nique, parking. A 10 minutes du Lac de Saint-Cassien, à proximité immédiate de Grasse et du littoral de la Côte d'Azur. Chambres d'Hôtes de Charme. Langue parlée : anglais.

Prix : 2 pers. 77/84 € pers. sup. 23 €
Ouvert : Toute l'année.

26	SP	5	20	62	62	5	15	5	SP	17	5

Andre et Lonia LAPOSTAT - Le Mas de Clairefontaine - 3196, route de Draguignan - 06530 LE-TIGNET - Tél. : 04 93 66 39 69
Fax : 04 93 66 39 69 - E-mail : lapostatan@aol.com - www.masdeclairefontaine.online.fr ou SR : 04 92 15 21 30

LE TIGNET Le Val du Tignet
Alt. : 500 m   *C.M. 195 Pli 34*

1 ch. 1 chambre dans la maison du propriétaire. Rez de chaussée : 1 chambre (26 m²) (1 lit 2 pers. et 1 lit 1 pers.). Espace privatif, attenant dans cour gravillonnée et meubles de jardin. Salle de bains avec WC ind. Séjour-salon et terrasse extérieure dallée, à disposition des Hôtes (meubles de jardin). Terrain arboré. Parking fermé. Portique. Jeu de boule. A 10 minutes du Lac de Saint-Cassien, de Grasse, et à 20 mn de Cannes. Détente dans la campagne de Peymeinade.

Prix : 1 pers. 39 € 2 pers. 49 € pers. sup. 16 €
Ouvert : Toute l'année.

25	SP	4	20	62	62	4	14	0,6	9	16	0,8

Gilberte CASANOVA - 1148, route de Draguignan - Le Val du Tignet - 06530 LE-TIGNET - Tél. : 04 93 66 09 09 - www.sitalpa.fr

TOURRETTES-SUR-LOUP
C.M. 195 Pli 35

4 ch. Belle maison provençale avec 4 ch. d'Hôtes, vue mer, jardin, piscine et Esterel. R-d-c : 1 ch. (1 lit 2 pers.-160 cm), coin salon, s.d.b., WC. 1er niveau : 1 ch (1 lit 2 pers.-180 cm), grande s.d.b. (bains, WC), terrasse privative, coin salon, dressing. 1 ch. (2 lits 1 pers.), salle d'eau, WC. 1 suite (1 lit 2 pers.-160 cm), salon privatif, salle d'eau avec wc). Terrasse privative, vue mer. Toutes les chambres sont équipées de téléviseurs couleurs avec magnétoscope. Vidéothèque. Langues parlées : anglais, espagnol, allemand.

Prix : 1 pers. 75/125 € 2 pers. 75/125 € pers. sup. 20 €
repas 35/45 €
Ouvert : Toute l'année.

17	3	3	SP	40	40	3	8	0,4	SP	15	4

Yolande COHEN-DICHTEL - 907, route de Vence - 06140 TOURRETTES-SUR-LOUP - Tél. : 04 93 59 37 24 ou 06 66 76 53 32 -
Fax : 04 93 59 37 24 - E-mail : yolande6@libertysurf.fr - http://mageos.ifrance.com/la-jeanne

TOURRETTES-SUR-LOUP Les Bergeries
C.M. 195 Pli 35

2 ch. 2 ch. d'hôtes dans la maison du propriétaire. Ch. Tournesol (1 lit 2 pers., salle d'eau, wc). Ch. Violette (2 lits 1 pers., salle d'eau, wc). Chaque ch. joliement décorée, avec TV, réfrigérateur, plateau de courtoisie. Séjour : cheminée, TV, magnétoscope, Hifi. Parking. Piscine. Petits-déj. servis dans la cuisine d'été (à disposition des hôtes), au bord de la piscine. Dans la campagne, face à la montagne, en retrait du village de Tourrettes-sur-Loup, village médiéval de caractère, célèbre pour ses cultures de violettes, lieu de rencontre d'artistes et d'artisans.

Prix : 2 pers. 69 € pers. sup. 13 €
Ouvert : Toute l'année sauf du 1er décembre au 31 janvier.

17	3	3	SP	40	40	3	8	5	SP	17	2

Louis DREVETON - 247, chemin des Vignes - Les Bergeries - 06140 TOURRETTES-SUR-LOUP - Tél. : 04 93 24 30 06 ou
06 13 90 57 40 - Fax : 04 93 24 30 06 - E-mail : lbergeries@aol.com - http://bergeries.online.fr

TOURRETTES-SUR-LOUP Camassade
   C.M. 195 Pli 35

5 ch. 5 chambres d'hôtes indépendantes, soignées et bien décorées, avec TV, dans un mas provençal, vue mer. 2 ch. communiquantes (éventuellement). Pivoine : (2 lits 1 pers.). Capucine et Olive : (1 lit 2 pers-160x200 cm). Papillon : (1 lit 2 pers.). Violette : (2 lits 1 pers.). Salles de bains privatives (bain-douche). Petits déjeuners copieux servis dans un patio vo sur terrasse autour de la piscine. Parking et tennis privés. Jeux de boules sur place. Tourrettes-sur-Loup est un village médiéval de caractère, célèbre pour ses cultures de violettes, lieu de rencontre artistique. Langues parlées : anglais, allemand.

Prix : 1 pers. 69 € 2 pers. 77 € pers. sup. 23 €
Ouvert : Du 1er mars au 30 octobre.

17	3	3	SP	40	40	3	8	SP	SP	15	1,6

Mareka MONTEGNIES - 1673, route des Quenières - 06140 TOURRETTES-SUR-LOUP - Tél. : 04 93 59 25 73 - Fax : 04 93 59 25 78 -
E-mail : macigale@aol.com - http://mascigale.online.fr

TOURRETTES-SUR-LOUP
C.M. 195 Pli 35

2 ch. 2 chambres d'hôtes dans la maison du propriétaire. Belle vue sur mer. 2 chambres (1 lit 2 pers. chacune), salle de bains et WC communs aux 2 chambres. Jolie terrasse, vue mer. Jardin, terrain, parking. Possibilité de randonnées pédestres autour du village. Du village de caractère médiéval, la vue est dégagée jusqu'à la mer. Célèbre pour ses violettes, Tourrettes-sur-Loup est un lieu de rencontre d'artistes et d'artisans.

Prix : 2 pers. 36 €
Ouvert : Toute l'année.

15	SP	3	SP	40	40	5	12	2	5	15	2

Simone MORNET - 655, chemin du Pré Neuf - Quartier Tuff - 06140 TOURRETTES-SUR-LOUP - Tél. : 04 93 59 30 36 -
www.tourrettessurloup.com

PACA

Alpes-Maritimes

Provence-Alpes-Côte-d'Azur

VALDEBLORE
Alt. : 1400 m (TH) *C.M. 195 Pli 6*

5 ch. Maison de montagne. 2 ch. (1 lit 2 pers., s.d.b., wc), 1 ch. (1 lit 2 pers., s. d'eau, wc), 2 ch. (2 lits 1 pers., s. d'eau, wc). Séjour. Salon. TV à disposition des hôtes. Stages de vol libre et de parapente sur la Colmiane. Table d'hôte (sauf samedi et dimanche soir). Via Ferrata : 2 km. En bordure du Parc National du Mercantour. M. Daviller est chef cuisinier, moniteur de ski et accompagnateur de montagne. Brevet d'état (parapente), baptême de parapente sur place. A 2 km du village de Valdeblore, air pur et quiétude des paysages alpins, dans un des plus beaux vallons du Haut-Pays.

Prix : 1 pers. 40 € 2 pers. 40 € repas 14 €
Ouvert : De mi-mai à octobre inclus.

🐕	≈	⛰	👥	🎿	⛷	🏂	🚶	🏊	🎾	🚌	🚉
65	SP	8	SP	1	1	8	2	2	4	45	3

Jean-Jacques DAVILLER - Route de la Colmiane - Le Grand Chalet - 06420 VALDEBLORE - Tél. : 04 93 02 83 50 ou 04 93 58 66 31 - Fax : 04 93 02 83 50 - www.sitalpa.fr

VALLAURIS
C.M. 195 Pli 35

2 ch. 2 ch.. N°1 en rez-de-jardin. Entrée indépendante. Ch. décorée dans le style provençal (1 lit 2 pers., 1 lit 1 pers.). Salle d'eau privative avec WC. Chauffage central. TV couleurs. Petit réfrigérateur. N°2 en rez-de-terrasse. Entrée commune ou indépendante. Chambre décorée dans le style provençal (1 lit 2 pers.). Douche/lavabo privatifs. WC indépendant. Chauffage central. TV couleurs. Petit réfrigérateur. Salon et salle à manger communs. Petits-déjeuners servis en terrasse. Cheminée. Bibliothèque. Jardin entièrement clôturé. Calme assuré. Parking fermé (portail électrique). Langues parlées : anglais, italien.

Prix : 1 pers. 31 € 2 pers. 39/46 € 3 pers. 61 €
Ouvert : Toute l'année.

🐕	≈	⛰	👥	🎿	⛷	🏂	🚶	🏊	🎾	🚌	🚉
3	20	12	20	65	65	3	2	2	3	2	3

Jocelyne NOLI - 338, chemin des Darboussières - Quartier des Issarts - 06220 VALLAURIS - Tél. : 04 93 64 00 17 - www.crt-riviera.fr

VENCE
Alt. : 500 m *C.M. 195 Pli 35*

3 ch. La Colline de Vence, 3 Chambres d'Hôtes avec vue panoramique sur la campagne vençoise et la mer, toutes de décorations différentes, décorées avec goût. Orangers (1 lit king size, salle d'eau et WC, TV satellite, mini bar. Ch. Amandiers (1 lit supp. sur demande). Orangers (1 lit supp. sur demande, cheminée). Mimosas (1 lit supp. en mezzanine). Terrasse, jardin privatifs. Chauffage central, parking privé. Cet authentique mas niçois vieux de 200 ans, avec ses volets vert amande, se trouve au départ de plusieurs chemins de randonnées. P.déj. servis dans les ch. ou en terrasse. A 3 km de St-Paul de Vence, à proximité de tous les loisirs et animations. Langues parlées : anglais, allemand.

Prix : 2 pers. 74/89 € pers. sup. 15 €
Ouvert : Toute l'année.

🐕	≈	⛰	👥	🎿	⛷	🏂	🚶	🏊	🎾	🚌	🚉
12	3	3	SP	40	40	4	8	3	3	12	2

Frederic et Kristin BRONCHARD - 808, chemin des Salles - La Colline de Vence - 06140 VENCE - Tél. : 04 93 24 03 66 ou 06 15 35 53 20 - Fax : 04 93 24 03 66 - E-mail : collinevence@libertysurf.fr - http ://collinevence.online.fr

VENCE
(TH) *C.M. 195 Pli 35*

4 ch. La Bastide aux Oliviers, très belle propriété en pierres de pays dans un parc arboré de 1 Ha. 4 chambres de prestige (1 lit de 2 pers. chacune), dont 1 suite avec salon privé, harmonieusement décorées dans le style provençal (salle de bains, TV couleur, et terrasse ou solarium pour 3 d'entre-elles). Piscine, tennis, et parking privés. Les petits-déjeuners sont copieusement servis sur la terrasse couverte devant la piscine. Magnifique vue sur la plaine du Loup. Gracieusement mis à disposition : VTT, terrain de pétanque, tennis de table, jeux de fléchettes, baby-foot. A 2 km de Saint-Paul-de-Vence. Langues parlées : anglais, allemand.

Prix : 2 pers. 92/168 € pers. sup. 16/23 € repas 28 €
Ouvert : Toute l'année.

🐕	≈	⛰	👥	🎿	⛷	🏂	🚶	🏊	🎾	🚌	🚉
14	3	5	SP	40	40	5	8	SP	SP	13	3

Claude OLLIVIER - 1260, chemin de la Sine - La Bastide aux Oliviers - 06140 VENCE - Tél. : 04 93 24 20 33 ou 06 16 09 85 73 - Fax : 04 93 58 55 78 - E-mail : frenchclaude@aol.com - http ://bastidoliv.virtualave.net

Bouches-du-Rhône

GITES DE FRANCE - LOISIRS ACCUEIL
Domaine du Vergon - 13370 MALLEMORT
Tél. 04 90 59 49 40 - Fax 04 90 59 16 75
http://www.visitprovence.com

3615 Gîtes de France 0,2 €/min

AIX-EN-PROVENCE
(TH) *C.M. 84 Pli 3*

4 ch. R.d.c : 3 ch (1 lit 2 pers), 1 ch (2 lits 1 pers), salle de bains/wc. Lit de bébé disponible. Terrasse privée avec salon de jardin, parking. En hiver, salon à partager avec les hôtes devant la cheminée. Dans la campagne aixoise à 4 km du centre ville, Martine vous accueille dans 4 jolies chambres d'hôtes aux couleurs provençales. Langue parlée : anglais.

Prix : 1 pers. 50 € 2 pers. 55 € repas 20 €
Ouvert : Toute l'année.

🐕	≈	🚶	🎾	👥	🏊	🚌	🚉
1,5	30	1	3	3	2	4	2

Martine ALEXANDRIAN - 670, chemin des loups - Campagne Jeanne - Les Milles - 13290 AIX-EN-PROVENCE - Tél. : 04 42 60 83 10 - Fax : 04 42 20 16 35 - E-mail : martine@campagne-jeanne.com - www.campagne-jeanne.com

Provence-Alpes-Côte-d'Azur — **Bouches-du-Rhône**

ALLEINS
C.M. 84 Pli 2

2 ch.

A l'étage : 1 ch (1 lit 2 pers + 1 lit 1 pers + 1 lit d'enfant) avec coin salon et salle de bain/wc privés, et 1 ch (1 lit 2 pers) avec douche privée et wc indépendant. Terrasse commune et jardin aménagé clos avec cuisine d'été, garage. Deux belles chambres de style provençal dans une maison de village du XVIII siècle, proche du Luberon, des Alpilles et du sentier de grande randonnée GR6. Exposition permanente d'œuvres d'artistes. Langues parlées : italien, anglais.

Prix : 1 pers. **43** € 2 pers. **43/46** € p_sup. **15** €
Ouvert : Toute l'année.

5	35	2	SP	0,2	3	12	0,1

Michelle et Eric KERIMEL DE KERVENO - 89 Place de la République - 13980 ALLEINS - Tél. : 04 90 59 32 54 - Fax : 04 90 59 32 54 -
E-mail : kerimel.akdeka@wanadoo.fr

AURONS
C.M. 84 Pli 2

3 ch.

R.d.c : 1 ch (1 lit 2 pers + 1 lit 1 pers), coin détente avec table et fauteuil, salle d'eau équipée pour un public en fauteuil roulant, wc privés. Lit BB dispo. Et : 1 ch (1 lit 2 pers), salle de bains/wc. Salon à l'extérieur de la chambre. 1 ch 50 m² (1 lit 2 pers), salle de bains/wc, lit sup. Terrasse privée, salon de jardin. Mini bar et micro ondes. Très belle propriété sur un site archéologique, avec un château et sa tour centrale du XII°. Avec sa cave particulière, ce domaine s'étend sur plus de 80 ha de vignes et garrigue. Entrée indépendante attenante au château et donnant sur la cour de la cave. Belle vue sur le Luberon. Abri couvert.

Prix : 1 pers. **46/53** € 2 pers. **53/61** € p_sup. **15** €
Ouvert : Toute l'année.

1	30	5	1	SP	10	9	7

Dominique BRULAT - Château du petit Sonnailler - 13121 AURONS - Tél. : 04 90 59 34 47 - Fax : 04 90 59 32 30 -
E-mail : dbrulat@petit-sonnailler.com - www.petit-sonnailler.com

AURONS
C.M. 84 Pli 2

3 ch.

En r.d.c : 1 ch (2 lits 1 pers), salle de bains/wc, 1 ch (1 lit 2 pers), salle de bains/wc et 1 ch (1 lit 2 pers, 1 lit 1 pers), salle de bains/wc. Terrasse privée avec salon de jardin, parking. Terrain clos, très calme. Petit déjeuner dans une grande véranda avec vue panoramique. Dans le site exceptionnel du village d'Aurons, vieux de 11 siècles, qui s'enroule en spirale autour de la butte médiévale, belle maison de caractère proposant 3 jolies chambres d'hôtes décorées avec goût, avec des meubles anciens de qualité. Entrée indépendante. Langue parlée : anglais.

Prix : 1 pers. **61** € 2 pers. **64/74** € p_sup. **23** €
Ouvert : Toute l'année.

8	35	5	5	SP	9	9	5

Monique BRAUGE - Le Castelas - Vallon des Eoures - 13121 AURONS - Tél. : 04 90 55 60 12 ou 06 08 53 61 29 - Fax : 04 90 55 60 12 -
E-mail : mbrauloy@aol.com - www.lecastelas.com

AURONS
C.M. 84 Pli 2

1 ch.

En r.d.c : 1 ch (1 lit 2 pers), salle de bains/wc, lit de bébé disponible. Terrasse privée avec salon de jardin, abri voiture. Une chambre d'hôtes bien aménagée sur un domaine arboré, au calme. Très belle vue sur la vallée du pays Salonais. Langue parlée : anglais.

Prix : 1 pers. **41** € 2 pers. **49** €
Ouvert : Toute l'année.

5	50	5	7	SP	12	5	5

Annie et Robert DOUMENC - Les Costes - 13121 AURONS - Tél. : 04 90 56 53 90 ou 06 70 76 68 89

LA BARBEN
C.M. 84 Pli 2

4 ch.

2 ch avec entrée indépendante (1 lit 2 pers), un salon privatif avec 1 lit 1 pers et un petit coin cuisine, salle d'eau, WC, lit bébé et lit d'appoint sur demande. A l'étage : 1 ch (1 lit 2 pers). Salle d'eau, wc. 1 ch (2 lits 1 pers), petit couloir, salle de bains, wc à l'extérieur de la chambre. Terrasse commune avec salon de jardin, parking. Sur une propriété de trois hectares, vieux mas provençal rénové dans un cadre champêtre bien ombragé l'été. Espace d'agrément non clôturé rafraichi par une eau de source et bordé de champs de culture biologique. Un gîte rural sur la propriété. Petit déj. bio sous les platanes l'été. Langue parlée : anglais.

Prix : 1 pers. **40/50** € 2 pers. **50/60** € p_sup. **15** €
Ouvert : Toute l'année.

6	50	0,2	1	SP	10	8	3

Catherine/François ARNAUD - 1250 route de la source - Mas de Raiponce, Qu. d'Adane - 13330 LA-BARBEN - Tél. : 04 90 55 31 70 -
Fax : 04 90 55 31 70

BARBENTANE
C.M. 84 Pli 10

1 ch.

Au r.d.c : 1 ch (1 lit 2 pers), salle d'eau/wc. Coin salon attenant. Terrasse commune avec salon de jardin, parking. Chambre d'hôtes aménagée en rez de jardin de la villa des propriétaires. Grand jardin fleuri, au calme.

Prix : 1 pers. **34** € 2 pers. **43** €
Ouvert : Toute l'année.

5	70	7	2,5	2,5	0,3	5	2,5

Fernande et Joseph BOURDIN - Quartier Rechaussier - 13570 BARBENTANE - Tél. : 04 90 95 53 24

Bouches-du-Rhône

Provence-Alpes-Côte-d'Azur

LES BAUX-DE-PROVENCE

C.M. 84 Pli 1

4 ch. R.d.c : 1 ch (1 lit 2 pers), 1 ch (1 lit 2 pers et 2 lits 1 pers), 1 ch (1 lit 2 pers et 1 lit 1 pers), 1 suite (2 lits 2 pers). Toutes les chambres sont équipées de salle de bains/wc et terrasse privative avec mobilier de jardin. Parking. Piscine non clôturée (11x5,5 m). Belles chambres d'hôtes sur un domaine de 3 hectares dans la colline et les pins. Belle vue sur la Chaine des Alpilles et le Château des Baux.

Prix : 1 pers. 49 € 2 pers. 59 € p_sup. 17 €
Ouvert : Toute l'année.

🐕	≈	≋	🏃	🎾	👥	🏹	🚲	🍽
	SP	50	2	1	SP	2	18	1,5

Jacqueline et Claude ROUX - Route de Saint-Rémy - Le mas de L'Esparou - 13520 LES-BAUX-DE-PROVENCE - Tél. : 04 90 54 41 32 - Fax : 04 90 54 41 32

BOULBON

C.M. 83 Pli 10

2 ch. 1 ch (1 lit 2 pers), salle d'eau, WC indépendant. 1 ch (1 lit 2 pers + 1 lit 1 pers), salle de bains/WC. Coin détente avec cheminée, frigidaire et bibliothèque, commun aux 2 chambres. Terrasse avec salon de jardin, parking, jeu de boules. Piscine non clôturée (5x11 m). Magnifiques balades dans la Montagnette (sentiers de randonnée, circuits VTT). Au cœur de la Provence, sur un site classé, à deux pas des Alpilles, une vieille maison provençale vous propose 2 chambres d'hôtes en rez-de-chaussée avec entrée indépendante. Langue parlée : anglais.

Prix : 1 pers. 41 € 2 pers. 49 € p_sup. 15 €
Ouvert : Toute l'année.

🐕	≈	≋	🏃	🎾	👥	🏹	🚲	🍽
	SP	60	3	3	SP	3	10	3

Marie DE BRUNELIS - Route de L'Abbaye de Frigolet - L'Ouliveto - 13150 BOULBON - Tél. : 04 90 43 90 40

CABRIES

C.M. 84 Pli 3

5 ch. A l'ét. : 1 ch (1 lit 2 pers), salle d'eau/wc, 2 ch (1 lit 2 pers), salle de bains/wc, 1 ch (2 lits 1 pers et en mezzanine 1 lit 1 pers), salle de bains/wc, une suite avec entrée indépendante et petit salon, avec 1 lit pour 2 pers et 2 lits 1 pers superposés, salle de bains/wc. Salon cheminée, salon TV, salle à manger à dispo. Cuisine d'été, pool house. Dans une Bastide du 19° et sur un domaine ombragé, vous trouverez de belles chambres d'hôtes aménagées avec goût, mais c'est au calme et à la détente, avant de parcourir la campagne aixoise, le Luberon, la Camargue, les Calanques de Cassis. Piscine non clôturée (5x12 m). Langues parlées : anglais, allemand.

Prix : 1 pers. 46/59 € 2 pers. 61/72 € 3 pers. 85 € p_sup. 12 € repas 20 €
Ouvert : Toute l'année.

🐕	≈	≋	🏃	🎾	👥	🏹	🚲	🍽
	SP	15	2	2	SP	5	10	2

Jean Marc et Christian VINCENT et PERRIER - Route de la cesarde - La Bastide de la Cluée - 13480 CABRIES - Tél. : 04 42 22 59 00 ou 06 13 90 26 50 - Fax : 04 42 22 59 00

CEYRESTE

C.M. 84 Pli 14

2 ch. En rez de chaussée avec terrasse et jardin privé : 1 ch (1 lit 2 pers + 1 lit d'enfant ou bébé), salle de bains/WC, TV. De plain pied avec terrasse particulière : 1 ch (1 lit 2 pers + 1 lit 1 pers en mezzanine), salle d'eau, WC, TV. Deux grandes chambres indépendantes situées aux deux extrémités d'une bastide en pierres, bâtie en espalier. Le tout dans un agréable jardin arboré de 4 000 m², clos par un portail automatique avec parking intérieur. Langues parlées : anglais, italien.

Prix : 1 pers. 49 € 2 pers. 57 € p_sup. 16 €
Ouvert : Du 01/04 au 01/10.

🐕	≈	≋	🏃	🎾	👥	🏹	🚲	🍽
	6	5	2	2	SP	12	3	1,5

Suzanne et J.Jacques CENTINO - Le Sobier des Oiseleurs - Chemin des Lavandes - 13600 CEYRESTE - Tél. : 04 42 83 71 55 ou 06 08 06 85 25 - Fax : 04 42 83 71 55 - E-mail : jcentino@online.fr - www.lamusarde.com

CHATEAURENARD

C.M. 84 Pli 1

3 ch. Chambres d'hôtes à l'étage : 1 ch (2 lits 1 pers) et 2 ch (1 lit 2 pers), salle d'eau, wc. Salon avec bibliothèque et TV mis à disposition des hôtes. Terrasse commune avec salon de jardin, piscine clôturée (12x6 m) avec plages horaires, parking. Tarifs préférentiels d'octobre à mars : 42 €/1 pers., 46 €/2 pers. Deux belles chambres d'hôtes aménagées dans un mas sur une propriété de deux hectares au milieu des terres. Espaces extérieurs agréables et bien ombragés. Langue parlée : anglais.

Prix : 1 pers. 50 € 2 pers. 53 € p_sup. 15 €
Ouvert : Toute l'année.

🐕	≈	≋	🏃	🎾	👥	🏹	🚲	🍽
	SP	60	2	2	SP	6	10	2

Françoise et Patrick BASNEL - Mas des Cactus - 3501 Chemin Roumieux - 13160 CHATEAURENARD - Tél. : 04 90 90 14 65 - Fax : 04 90 90 14 65 - E-mail : patrick.basnel@worldonline.fr

CHATEAURENARD

C.M. 84 Pli 1

3 ch. Chambres à l'étage : 2 ch (1 lit 2 pers). Salle d'eau/wc. 1 ch (1 lit 2 pers). Salle d'eau/wc non attenante à la chambre. Salon mis à disposition des hôtes avec cheminée. Terrasse commune avec salon de jardin, parking. Piscine (5x10 m) avec plages horaires. Jolies chambres d'hôtes aménagées dans un mas ancien, avec un bel espace d'agrément ombragé et clos. Nombreux sites touristiques à proximité. Langues parlées : anglais, allemand.

Prix : 1 pers. 38 € 2 pers. 46 € pers. sup. 15 €
Ouvert : Toute l'année.

🐕	≈	≋	🏃	🎾	👥	🏹	🚲	🍽
	SP	60	5	4	SP	15	6	4

Nathalie et J.Michel CAMBE-ALEX - 51, chemin de la Digue - Mas de la Digue - 13160 CHATEAURENARD - Tél. : 04 90 94 67 56 ou 06 12 09 65 91 - Fax : 04 90 94 67 56

Provence-Alpes-Côte-d'Azur — **Bouches-du-Rhône**

CHATEAURENARD
C.M. 84 Pli 1

2 ch. En r.d.c : 1 ch (1 lit 2 pers/160 cm), salle de bains, wc. Etage : 1 ch (1 lit 2 pers/160 cm), salle d'eau, wc, coin salon, dressing. Terrasse commune avec salon de jardin, jeu de boules, parking. Propriété entièrement close. Belles chambres d'hôtes aménagées dans un mas ancien. Parc de 5000 m² avec espace d'agrément ombragé. Lieu idéal pour un séjour reposant.

Prix : 1 pers. **61** € 2 pers. **69** €
Ouvert : Toute l'année.

🐕	⊃	≋	🐟	🎾	👥	⚓	🚉	🅿️
	SP	60	5	2	2	6	12	3

Nicole GIRARDOT - 648, chemin du Maire - La Crau - 13160 CHATEAURENARD - Tél. : 04 90 94 59 03 - www.cheznicole.fr.fm

CHATEAURENARD
C.M. 84 Pli 1

2 ch. Cette suite est composée d'1 ch (1 lit 2 pers), 1 ch (1 lit 2 pers, 1 lit 1 pers), salon, séjour, salle de bains, wc, bibliothèque, jeux de société. Lit d'enfant disponible gratuitement. Entrée indépendante. Cour, salon de jardin, parking fermé, abri voiture. A la croisée des chemins de Provence, dans un village tranquille, au pied de la pinède, une suite au rez de chaussée de la maison des propriétaires. A proximité : St Rémy de Provence, Les Baux, Arles, le Luberon. Langue parlée : anglais.

Prix : 2 pers. **46** € 3 pers. **58** € p_sup. **12** €
Ouvert : Toute l'année.

🐕	⊃	≋	🐟	🎾	👥	⚓	🚉	🅿️
	0,5	40	0,5	0,5	4	10	8	0,5

Alyne et Gilbert JOUVE - 19 bis Av. du Docteur Perrier - La Trentaine - 13160 CHATEAURENARD - Tél. : 04 90 94 63 23

CHATEAURENARD
C.M. 84 Pli 1

3 ch. R.d.c : 1 ch (1 lit 2 pers). Salle de bain privée et toilettes indépendantes (situées en face de la chambre), salle de bains/wc. Piscine et terrasse privée avec salon de jardin. Table de Ping Pong. Parking. Grande maison avec trois chambres d'hôtes ayant une entrée indépendante. Jardin bien entretenu. Proche d'Avignon et de ses attraits touristiques.

Prix : 1 pers. **43/46** € 2 pers. **53/58** €
Ouvert : Du 01/01 au 12/12.

🐕	⊃	≋	🐟	🎾	👥	⚓	🚉	🅿️
	5	70	1	5	5	5	8	5

Jacqueline SARRAZIN - 1001 chemin des Mas de Raton - 13160 CHATEAURENARD - Tél. : 04 90 94 00 33 - Fax : 04 90 94 00 33

CORNILLON-CONFOUX   A
C.M. 84 Pli 2

1 ch. Entrée totalement indépendante. Très grande chambre d'hôtes. Coin cuisine, mezzanine avec 1 lit pour 2 personnes, et 1 convertible pour 2 personnes situé dans le coin salon. Salle d'eau/WC. Jardin clos avec salon de jardin, parking. Lit de bébé disponible. Très belle maison de caractère, proche de Salon de Provence et de ses attraits touristiques. Langue parlée : anglais.

Prix : 1 pers. **38** € 2 pers. **46** € 3 pers. **53** €
Ouvert : Du 15/03 au 15/11.

🐕	⊃	≋	🐟	🎾	👥	⚓	🚉	🅿️
	1	25	1	2	SP	5	5	2

Catherine et Steven YOUNG - La Bastide de Leydet - 13250 CORNILLON-CONFOUX - Tél. : 04 90 50 41 91 - Fax : 04 90 50 41 91

EGUILLES
C.M. 84 Pli 3

2 ch. Au 1er étage : 1 ch (2 lits 1 pers pouvant être accolés), salle d'eau, wc indépendant. Au 2e étage : 1 suite chambre d'hôtes avec 2 lits 1 pers et 1 lit 2 pers en 160, salle d'eau, wc indépendant. Les deux chambres sont équipées de la climatisation, et ont télévision, terrasse, et jardin clos. Deux garages fermés sont proposés. Belles chambres d'hôtes aménagées au cœur du village, au calme. Un jardin privatif avec auvent abritant cuisine d'été et barbecue, est mis à disposition des hôtes. Une position centrale permet d'atteindre en moins d'une heure le Luberon, les Alpilles, la Camargue, les Calanques... Langues parlées : anglais, allemand.

Prix : 1 pers. **35** € 2 pers. **43/58** € 3 pers. **64** €
Ouvert : Toute l'année.

🐕	⊃	≋	🐟	🎾	👥	⚓	🚉	🅿️
	6	35	1	0,5	0,4	5	6	0,1

Agnès et Jean-Charles MARTHA - 10, Rue de L'Acacia - 13510 EGUILLES - Tél. : 04 42 92 61 26 - Fax : 04 42 92 61 26

EYGALIERES   (TH)
C.M. 84 Pli 1

4 ch. A l'étage : 1 ch (1 lit 1 pers et 1 lit 2 pers), salle d'eau/wc. Deux chambres communiquantes (1 lit 2 pers et 2 lits 1 pers), salles d'eau/wc chacune. En R.d.c 1 ch (1 lit 2 pers en 180), salle de bains et douche/ wc. Salon mis à disposition. Terrasse commune avec salon de jardin, parking. Réduction 10 % en moyenne saison, 25 % en basse saison. Au cœur des Alpilles sur un domaine de six hectares de pré boisé, très beau mas Provençal à proximité de villes d'Art et de Culture. Tranquillité assurée. Elevage de poulains sur place. Piscine non clôturée (9x18 m) de juin à septembre. Langues parlées : italien, anglais.

Prix : 1 pers. **53/72** € 2 pers. **58/76** € 3 pers. **73** € repas **15** €
Ouvert : Toute l'année.

🐕	⊃	≋	🐟	🎾	👥	⚓	🚉	🅿️
	SP	30	0,7	SP	SP	15	10	2

Irène et Andréa PAPPAIANNI - Chemin de Cebe - Mas des Poulains - 13810 EYGALIERES - Tél. : 04 90 90 65 96 ou 06 17 38 86 10 - Fax : 04 90 90 65 96 - E-mail : mas.moulin@worldonline.fr - http ://perso.worldonline.fr/mas-du-moulin

Bouches-du-Rhône *Provence-Alpes-Côte-d'Azur*

EYGALIERES *C.M. 84 Pli 1*

3 ch. 1 ch (1 lit 2 pers + 1 lit 1 pers), 1 ch (1 lit 2 pers) et 1 ch (2 lits 1 pers). Salle d'eau et 2 wc communs aux trois chambres. Terrasse, jardin non clos ombragé avec salon de jardin, parking. Possibilité personne supplémentaire. Villa en campagne comprenant trois chambres d'hôtes. Belles randonnées dans les environs. Site et nuits très calmes.

Prix : 1 pers. **30** € 2 pers. **35** € 3 pers. **49** € p_sup. **14** €
Ouvert : Toute l'année.

🐕	🏊	≈	🎣	🎾	🚶	🏇	⛵	🚲
10	50	0,5	1	SP	11	10		1

Colette CARLEO - Quartier du Mas de la Brune - 13810 EYGALIERES - Tél. : 04 90 95 94 42 - Fax : 04 90 95 94 42

EYGALIERES *C.M. 84 Pli 1*

1 ch. 1 ch (1 lit 2 pers et 2 lits 1 pers en mezzanine) avec coin cuisine, salle d'eau/wc. Entrée indépendante et terrasse privée avec salon de jardin. Télévision dans la chambre. Jardin, barbecue, jeu de boules, parking, lave-linge mis à la disposition des hôtes. Piscine non clôturée (5x10 m). Au milieu des oliviers, au pied des Alpilles, belle maison rénovée. Possibilité de superbes balades pour marcheurs et amateurs de V.T.T. Langues parlées : anglais, espagnol.

Prix : 1 pers. **41** € 2 pers. **50** € 3 pers. **67** €
Ouvert : Toute l'année.

🐕	🏊	≈	🎣	🎾	🚶	🏇	⛵	🚲
SP	50	1	0,7	SP	12	15		0,1

M.Christine et Bernard WIBAUX - Mas de la Machotte - Quartier des Molassis - 13810 EYGALIERES - Tél. : 04 90 95 96 37 -
E-mail : m.c.b.wibaux@wanadoo.fr

EYGALIERES *C.M. 84 Pli 1*

5 ch. 3 ch au 1er étage avec escalier extérieur indépendant : (1 lit 2 pers), salle d'eau/WC privés. 2 ch au r.d.c avec entrée indépendante : (2 lits 1 pers), salle d'eau, wc privés et attenants pour chacune. Séjour réservé aux hôtes à l'étage et coin salon au r.d.c. Lit sup. et lit d'enfant sur demande. Réfrigérateur, congélateur et micro ondes réservés aux hôtes. 5 chambres d'hôtes dans un mas rénové sur une petite exploitation agricole au calme, bénéficiant d'une belle vue sur les Alpilles. Possibilité de belles randonnées. Parking. Jardin non clos et ombragé, avec salon de jardin. Possibilité de pique-nique.

Prix : 1 pers. **35/38** € 2 pers. **42/46** € 3 pers. **54/61** €
Ouvert : Du 15/02 au 15/10.

🐕	🏊	≈	🎣	🎾	🚶	🏇	⛵	🚲
	10	40	3	4	0,5	15	9	1

Danielle et Maurice PERNIX - Quartier du Contras - 13810 EYGALIERES - Tél. : 04 90 95 04 89 ou 06 19 01 28 77 - Fax : 04 90 95 04 89

EYGALIERES *C.M. 84 Pli 1*

1 ch. 1 ch (1 lit 2 pers + 1 lit 1 pers), salle d'eau, wc. Coin cuisine, coin salon, TV, terrasse privée avec salon de jardin, bains de soleil, barbecue, parking, portique, jeu de boules, laverie, repassage. Lit bébé, chaise haute, parc, baignoire à disposition. Piscine commune clôturée (10x4 m) avec plages horaires. Grande chambre au décor provençal, située au pied des Alpilles, sur un terrain de 7500 m², au milieu des pins, des oliviers et de la garrigue. Portail fermé la nuit. Trois gîtes ruraux sur place. Entrée indépendante. Langue parlée : anglais.

Prix : 1 pers. **49** € 2 pers. **53** € 3 pers. **61** €
Ouvert : Toute l'année.

🐕	🏊	≈	🎣	🎾	🚶	🏇	⛵	🚲
SP	60	1	1	SP	10	12		1

Blandine et Alain SOUMILLE - Ch. de Pestelade - La Garrigue des Alpilles - 13810 EYGALIERES - Tél. : 04 90 95 94 89 -
Fax : 04 90 95 94 89

EYGALIERES *C.M. 84 Pli 1*

1 ch. Située au r.d.c avec une entrée indépendante : 1 ch (1 lit 2 pers), salle d'eau/wc. Terrasse privée dans un jardin clos et ombragé, parking. Piscine non clôturée (11 x 3,5 mètres). Jolie chambre d'hôtes au pied des Alpilles et proche de nombreux sites touristiques renommés.

Prix : 1 pers. **38** € 2 pers. **46** €
Ouvert : Toute l'année.

🐕	🏊	≈	🎣	🎾	🚶	🏇	⛵	🚲
SP	40	2	0,5	SP	17	12		0,1

Marie-José et Raymond DIVOL - Avenue des Molassis - La Buissonière - 13810 EYGALIERES - Tél. : 04 90 95 99 94

EYGUIERES *C.M. 83 Pli 10*

2 ch. Chambre d'hôtes en r.d.c avec : 1 ch (1 lit 2 pers), salle d'eau, wc indépendant et 1 ch (1 lit 2 pers), salle d'eau, wc indépendant. TV dans chaque chambre. Réfrigérateur à usage exclusif des hôtes. Terrasse privée avec salon de jardin, jardin commun, parking fermé. Jeu de boules, ping pong. Deux jolies chambres d'hôtes mitoyennes au mas des propriétaires, faciles d'accès, proches du Luberon et des Alpilles. Langue parlée : italien.

Prix : 1 pers. **37** € 2 pers. **43** €
Ouvert : Toute l'année.

🐕	🏊	≈	🎣	🎾	🚶	🏇	⛵	🚲
	0,5	35	4	0,8	1	13	7	0,1

Sylvie et Bruno PAILLET - Mas de la Grande Roubine - 13430 EYGUIERES - Tél. : 04 90 59 83 85 ou 04 90 42 83 41 -
Fax : 04 90 42 90 89

Provence-Alpes-Côte-d'Azur — Bouches-du-Rhône

EYGUIERES
C.M. 83 Pli 10

2 ch. — 1 suite en duplex : 1 lit 2 pers et 2 lits 1 pers avec coin salon, salle de bains privée et wc indépendant. 1 ch : 2 lits 1 pers dans une alcôve et 1 lit 1 pers dans le coin salon, salle de bains, wc indépendant. TV dans les chambres. Jardin clos de vieux murs. Salon de jardin. Piscine non clôturée (4,5 x 10,5 m). Parking. Moins 10 % à partir de la 3e nuit. Belle demeure provençale du 18eme située au cœur du village. Chambres d'hôtes raffinées et spacieuses, décorées avec goût, au calme. Proximité des Alpilles et du Luberon et de leurs attraits touristiques. Langues parlées : anglais, italien.

Prix : 1 pers. 69 € 2 pers. 84 € 3 pers. 99 € p_sup. 15 €
Ouvert : Toute l'année.

SP	30	10	1	1	10	7	0,1

Michelle et Christophe ANGERS - 2 rue du Fossé Meyrol - La Demeure - 13430 EYGUIERES - Tél. : 04 90 57 85 05 - Fax : 04 90 57 85 15 - E-mail : lademeure@aol.com - www.franceweb.org/lademeure

EYGUIERES
C.M. 83 Pli 10

3 ch. — A l'étage : 2 ch (1 lit 2 pers), salle d'eau/wc et 1 ch (1 lit 2 pers et un convertible 1 pers), salle d'eau/wc. Réfrigérateur à usage exclusif des hôtes. Terrasse privée avec salon de jardin, portique, parking. Trois belles chambres d'hôtes rénovées et décorées aux couleurs de la Provence, à proximité des Alpilles et de ses sites touristiques renommés. Langue parlée : italien.

Prix : 1 pers. 39 € 2 pers. 47 € p_sup. 16 €
Ouvert : Toute l'année.

1	30	5	1	1,5	15	8	2

J.François et Anna LIEUTAUD - Quartier du Pin - 13430 EYGUIERES - Tél. : 04 90 59 89 85 ou 06 03 16 19 05 - Fax : 04 90 59 89 85

EYRAGUES
C.M. 84 Pli 1

3 ch. — 1 ch (2 lits 1 pers), 2 ch (1 lit 2 pers). Salle d'eau et wc privés pour chaque chambre. Lit de bébé, réfrigérateur à disposition. Salle de séjour commune avec les propriétaires. Jardin ombragé, salon de jardin, parking. Promotion pour 4 nuits et plus : 40 €/2 personnes. Possibilité de location de vélo (le loueur vient sur place). 3 chambres d'hôtes aménagées dans un très beau mas provençal du XVIIIe. Langues parlées : anglais, italien.

Prix : 1 pers. 40 € 2 pers. 45 € p_sup. 12 €
Ouvert : Du 01/04 au 15/09.

4	50	5	4	10	20	12	2

Christine et Robert POLI - 1671 chemin des près - Le Mas des chats qui dorment - 13630 EYRAGUES - Tél. : 04 90 94 19 71 - Fax : 04 90 94 19 71

EYRAGUES
C.M. 84 Pli 1

2 ch. — A l'étage, 1 suite (escalier extérieur indépendant) : 1 ch (1 lit 2 pers), 1 ch attenante (2 lits 1 pers), lit d'appoint, salle d'eau/wc privatifs, cuisine d'appoint avec plaque chauffante et réfrigérateur. 1 ch (1 lit 2 pers) avec salle de bains et wc privés. Salle de séjour avec cheminée et bibliothèque mis à la disposition des hôtes. Parking. Mas le plus ancien du village, situé sur une exploitation agricole. Cour commune ombragée et fleurie avec salon de jardin.

Prix : 1 pers. 40 € 2 pers. 45/46 € p_sup. 12 €
Ouvert : Toute l'année.

4	40	4	1	5	10	10	1

Louisette MASSEBOEUF - Route des jardins - Mas Saint-Joseph - 13630 EYRAGUES - Tél. : 04 90 94 25 12

FONTVIEILLE
C.M. 83 Pli 10

4 ch. — 2 ch (1 lit 2 pers, 1 lit 1 pers) avec salle de bains/wc. 2 ch (1 lit 2 pers, 2 lits 1 pers) avec salle de bains/wc. Salle de séjour réservée aux hôtes, avec coin cheminée et piano. Possibilité d'utiliser la cuisine et la salle à manger. Terrasse avec salon de jardin, abri voiture, ping pong. A proximité du Moulin de Daudet et de l'Aqueduc Romain, maison avec piscine nichée dans la garrigue, proposant 4 chambres avec chacune une entrée indépendante donnant autour de la terrasse. Accueil de chevaux. Langues parlées : anglais, espagnol.

Prix : 1 pers. 32 € 2 pers. 41 € 3 pers. 50 €
Ouvert : Toute l'année.

SP	40	1	2	SP	8	10	2

Renée HAMIEAU - Route du moulin - La Tanière - Croix de Joussand - 13990 FONTVIEILLE - Tél. : 04 90 54 61 02

FUVEAU
C.M. 84 Pli 3

4 ch. — R.d.c : 2 ch (1 lit 2 pers), 1 ch (2 lits 1 pers), 1 suite comprenant 1 ch (1 lit 2 pers) et 1 ch (1 lit 1 pers), salle d'eau/bain/wc. Chaque chambre possède un coin salon et 2 chambres ont un lit en 160/200. Lit de bébé à disposition. Bibliothèque mise à disposition des hôtes. Terrasse commune avec salon de jardin, parking, piscine clôturée (12 x 6 m). Sur une grande propriété de 9 hectares, quatre belles chambres d'hôtes avec vue sur la Ste Victoire. Possibilité de randonnées pédestres et à VTT. Langue parlée : anglais.

Prix : 1 pers. 44/49 € 2 pers. 49/53 € 3 pers. 64 €
Ouvert : Toute l'année.

SP	40	1	1,5	SP	2	10	2

Francette et Daniel DUBOIS - Chemin des Pradels - Quartier des Longs Cols - 13710 FUVEAU - Tél. : 04 42 68 15 88 ou
06 76 03 68 12 - Fax : 04 42 68 15 88

Bouches-du-Rhône *Provence-Alpes-Côte-d'Azur*

FUVEAU
C.M. 84 Pli 3

1 ch. 1 ch (1 lit 2 pers) avec canapé transformable en lit d'enfant de moins de 12 ans, salle d'eau, wc attenants. Salle de séjour avec cheminée, TV, bibliothèque à disposition. Salle à manger d'été avec réfrigérateur à disposition. Terrasse couverte, salon de jardin, ping pong, jeu de boules. Belle maison bénéficiant d'un grand calme, avec un vaste jardin boisé de pins et de chênes, jouxtant le golf de Château l'Arc. Accès possible à la piscine non clôturée (8.50 x 3.50 m) du propriétaire.

Prix : 1 pers. 38 € 2 pers. 43 €
Ouvert : Toute l'année.

🐕	🏊	〰️	🎣	🎾	👥	🎿	⛵	🚉
5	30	5	3	SP	3	15	3	

Geneviève PIN - 91 Chemin des Pradels - Quartier La Bastide Neuve - 13710 FUVEAU - Tél. : 04 42 58 73 40 - Fax : 04 42 58 73 40

GRANS
C.M. 84 Pli 1/2

3 ch. 1 ch (1 lit 2 pers, 1 lit 1 pers), salle d'eau, wc. 1 ch (1 lit 2 pers + 1 lit 1 pers), salle d'eau, wc. 1 ch (1 lit 2 pers), salle de bains, wc. Salon, cheminée, TV, bibliothèque à dispo. Réfrigérateur commun aux 3 chambres, piscine non clôturée (11x5 m), ping-pong, badges de tennis, jeux de société, parking. Stages de sculpture et de lettres dans le village. Très beau mas provençal avec piscine, situé dans un parc exceptionnel de verdure, en bordure de rivière. Proximité des Baux, du Lubéron, Arles, Aix en Pce. 3 chambres d'ambiance provençale en rez-de-chaussée avec terrasse privée, salon de jardin, entrée indépendante. Langue parlée : anglais.

Prix : 1 pers. 54 € 2 pers. 58/64 € 3 pers. 83 €
Ouvert : Du 15/03 au 05/01.

🐕	🏊	〰️	🎣	🎾	👥	🎿	⛵	🚉
	SP	25	2	0,5	0,5	9	6	1,5

Véronique et J.Pierre RICHARD - Domaine Du Bois Vert, - Quartier Montauban - 13450 GRANS - Tél. : 04 90 55 82 98 - Fax : 04 90 55 82 98 - E-mail : leboisvert@hotmail.com - www.multimania.com/leboisvert

GRANS
C.M. 84 Pli 1/2

3 ch. Aux étages avec entrée indépendante meublées de mobilier ancien régional : 1 suite composée de 2 ch (1 lit 2 pers/2 lits 1 pers) avec salon et salle d'eau/wc. 1 ch (1 lit 2 pers, 1 lit 1 pers), salle d'eau/wc. 1 ch (2 lits 1 pers), salle d'eau/wc. Petits déj. gourmands. Mini bar privatifs. Bibliothèque, billard, VTT, croquet, 2 piscines. Niché dans les collines de Provence, se dresse le Château de Couloubriers, élégante bâtisse aixoise du 18e. Soigneusement préservé dans son parc de 40 ha de pinède et oliveraies, le Château respire la sérénité et la douceur de vivre en Provence. Chambres spacieuses et confortables.

Prix : 1 pers. 84 € 2 pers. 105 € 3 pers. 130/175 €
Ouvert : Du 01/05 au 30/09.

🐕	🏊	〰️	🎣	🎾	👥	🎿	⛵	🚉
	SP	20	3	SP	SP	3	7	3

Evelyne et Jean-Pierre GONIN - Château de Couloubriers - 13450 GRANS - Tél. : 04 90 42 27 29 - Fax : 04 90 42 27 29 - E-mail : couloubriers@libertysurf.fr - www.guideweb.com/provence/chateau/couloubriers

GRANS
C.M. 84 Pli 1/2

3 ch. 1 ch (1 lit 2 pers + 1 lit 1 pers) avec salle de bain/douche privée, wc indépendant. 1 ch (1 lit 2 pers) et 1 ch (1 lit 2 pers + 1 lit 1 pers) avec chacune douche et salle d'eau/wc indépendant. Piscine et solarium à l'étage, directement accessibles des chambres, parking, jardin ombragé et patio communs. Piscine non clôturée (5 x 5,5 mètres). Charme et originalité pour cet ancien moulin à huile du XVIIe, édifié au cœur du vieux village, dans un quartier très calme. A l'étage réservé aux hôtes, un large espace aménagé (coin TV, bibliothèque, frigo, micro ondes) dessert 3 chambres calmes et chaleureuses avec vue sur les jardins.

Prix : 1 pers. 45 € 2 pers. 55 € 3 pers. 70 € p_sup. 15 €
Ouvert : Du 01/04 au 31/10.

🐕	🏊	〰️	🎣	🎾	👥	🎿	⛵	🚉
	SP	25	1	1	1	10	4	0,1

Marie-Jehanne MARTINI - 12 rue des moulins - 13450 GRANS - Tél. : 04 90 55 86 46 - Fax : 04 90 55 86 46

GRAVESON
C.M. 83 Pli 10

2 ch. A l'étage : 1 ch familiale (1 lit 2 pers et 1 lit 1 pers/120 cm), salle de bains, wc indépendant. Lit d'enfant et lit de bébé disponibles. 1 chambre familiale (1 lit 2 pers et 2 lits 1 pers). Salle d'eau. wc. Salon au rez-de-chaussée avec TV câblée 32 chaînes. Salon de jardin. Lave-linge. Parking privé. A 200 m du centre du village, chambre d'hôtes dans un mas de famille provençal et centenaire avec un très beau jardin fleuri entièrement clos, mitoyenne à un gîte rural. Langues parlées : anglais, allemand.

Prix : 1 pers. 40 € 2 pers. 50 € p_sup. 20 €
Ouvert : Toute l'année.

🐕	🏊	〰️	🎣	🎾	👥	🎿	⛵	🚉
	8	60	2	0,5	SP	12	10	0,2

Simone BIGONET - 7 Avenue Auguste Chabaud - 13690 GRAVESON - Tél. : 04 90 95 85 29 ou 06 12 93 41 21 - Fax : 04 90 95 86 51

JOUQUES
C.M. 84 Pli 3

2 ch. R.d.c : 1 ch suite (convertible 2 pers), en mezzanine (2 lits 1 pers). Salle d'eau/wc. Etage : 1 ch (2 lits 1 pers), coin salon avec un convertible pour 2 pers Salle d'eau/wc. Télévision. Terrasse commune avec salon de jardin, parking. Deux suites chambres d'hôtes aménagées avec goût, dans un parc de 7000 m². Espaces d'agréments ombragés et possibilités de promenades. Site tranquille et reposant.

Prix : 2 pers. 61/76 € pers. sup. 15 €
Ouvert : Toute l'année.

🐕	🏊	〰️	🎣	🎾	👥	🎿	⛵	🚉
	SP	60	15	2	SP	30	30	2

Ghislaine et José MERZ - Vallon du Petit Campoumal - Les Amandiers - 13490 JOUQUES - Tél. : 04 42 67 65 09 - Fax : 04 42 67 65 09 - E-mail : jose.merz.@free.fr - http ://amandiers.isuisse.com

Provence-Alpes-Côte-d'Azur — **Bouches-du-Rhône**

JOUQUES
C.M. 84 Pli 3

5 ch. R.d.c : 2 ch (1 lit 2 pers), salle d'eau/wc, 1 ch (3 lits 1 pers), salle d'eau/wc, 1 suite avec 1 lit 2 pers et 2 lits 1 pers, salle d'eau commune. 1 ch (1 lit 2 pers), salle d'eau/wc dans un Mazet indépendant à proximité du mas. Terrasses communes avec salons de jardin, jeu de boules, terrain de volley, parking. Piscine non clôturée (11 x 5,5 m). Au cœur de la Provence, vieille bastide en pierre rénovée. Au calme, sur un domaine de 40 hectares, belles chambres d'hôtes décorées aux couleurs provençales. Tranquilité assurée. Langue parlée : anglais.

Prix : 1 pers. 42 € 2 pers. 55 € 3 pers. 70 € p_sup. 15 €
repas 15 €
Ouvert : Toute l'année.

🐕	🏊	〰️	🐎	🎾	👥	🎯	🚂	🚲
	SP	50	5	3	SP	30	10	3

Magalie et Philippe MARY - Campagne Le Catelan - 13490 JOUQUES - Tél. : 04 42 67 69 43 - Fax : 04 42 67 69 43 -
E-mail : philippe.mary@libertysurf.fr

LAMANON
C.M. 84 Pli 2

1 ch. R.d.c : 1 ch (1 lit 2 pers), salle d'eau/bain/wc. Lit de bébé sur demande. Prise TV. Terrasse avec salon de jardin, espace d'agrément bien aménagé, abri couvert pour voiture. Petits déjeuners gourmands. Sur un terrain de 4000 m², arboré et clos, belle propriété ombragée proche de Salon de Provence et de ses sites touristiques. Découverte de grottes troglodytes à proximité.

Prix : 1 pers. 46 € 2 pers. 61 €
Ouvert : Toute l'année.

🐕	🏊	〰️	🐎	🎾	👥	🎯	🚂	🚲
	5	30	5	0,5	0,5	6	0,5	0,5

Monique et Daniel VAULTIER - Allée du Château - Les Loups - 13113 LAMANON - Tél. : 04 90 59 59 23 ou 06 21 11 30 13 -
Fax : 04 90 59 59 23 - E-mail : lesloups.contact@worldonline.fr - http ://perso.worldonline.fr/les-loups

LAMBESC
C.M. 84 Pli 2

1 ch. Etage réservé aux hôtes : 1 ch (1 lit 2 pers), salle de bains et wc privés, terrasse avec salon de jardin et escalier indépendant. Salle de séjour avec bibliothèque. Possibilité de baignade (non surveillée) dans la piscine non clôturée (6x12 m). Cuisine d'été avec réfrigérateur et barbecue près de la piscine. Ping pong, abri couvert, portique. Maison indépendante dans une pinède odorante de 8000m² entièrement clôturée, au cœur d'une région au patrimoine riche et varié.

Prix : 1 pers. 46 € 2 pers. 61 €
Ouvert : Toute l'année.

🐕	🏊	〰️	🐎	🎾	👥	🎯	🚂	🚲
	SP	40	2,5	0,8	1	7	15	0,5

Michelle et Gilbert VIALLE - 41 Avenue des 4 Termes - 13410 LAMBESC - Tél. : 04 42 57 11 78

LAMBESC
C.M. 84 Pli 2

2 ch. 1 ch (1 lit 2 pers), avec entrée indépendante, salle d'eau et wc privatifs, lit pour bébé et lit d'appoint sur demande, et 1 ch (2 lits 1 pers), salle d'eau, wc indépendant. Séjour à la disposition des hôtes, bibliothèque, T.V, cheminée. Grande terrasse avec salon de jardin, jeu de boules, jardin, parking. Au cœur de la Provence, à deux pas du Lubéron, venez savourer le calme et vous reposer dans deux chambres d'hôtes, situées sur une propriété de 5 hectares avec piscine clôturée (9x4 m). Table d'hôtes sur réservation (sauf le dimanche). Langue parlée : italien.

Prix : 1 pers. 44/49 € 2 pers. 53/56 € p_sup. 15 € repas 15 €
Ouvert : Toute l'année.

🐕	🏊	〰️	🐎	🎾	👥	🎯	🚂	🚲
	SP	50	2,5	0,8	SP	8	20	1

Jacqueline CRUCIANI - 21 route de Rognes - Campagne Gargory - 13410 LAMBESC - Tél. : 04 42 92 91 01

LAMBESC
C.M. 84 Pli 2

2 ch. R.d.c : 1 ch (1 lit 2 pers), salle d'eau/wc, entrée indépendante. 1 ch (2 lits 1 pers), salle de bains, wc indépendant. Terrasse privée avec salon de jardin, bassin d'agrément, parking. Deux jolies chambres d'hôtes situées au milieu des vignes de culture biologique et en bordure d'une forêt de pins. Demeure de caractère en pierres.

Prix : 1 pers. 64/69 € 2 pers. 69/73 €
Ouvert : Toute l'année.

🐕	🏊	〰️	🐎	🎾	👥	🎯	🚂	🚲
	2	40	3	2	SP	9	16	1,5

Roselyne et Giordano FOGLIA - Route de Caire Val - Le Gallatras - 13410 LAMBESC - Tél. : 04 42 92 75 70 ou 06 87 39 43 38 -
Fax : 04 42 92 75 92

MIMET
C.M. 84 Pli 13

2 ch. En rez de chaussée : suite 2 ch (1 ch avec 2 lits 1 pers et 1 ch avec 1 lit 1 pers) avec salle de bains privée/WC. 1 ch 3 épis (1 lit 2 pers) avec salle d'eau privée/WC. Terrasse avec salon de jardin. Parking. A disposition des hôtes salon avec TV/Satellite, cheminée. Accès facile pour personnes handicapées. Elevage de chèvres et poules. Entre montagne Sainte Victoire vers Aix et le massif de l'Etoile vers Marseille, cette bastide provençale offre calme et vue exceptionnelle. En bordure : forêt et collines avec chemins de randonnée balisés. A 3 km: Mimet, les plus haut village des Bouches du Rhône. Langues parlées : anglais, allemand.

Prix : 1 pers. 46 € 2 pers. 61 € 3 pers. 69 € p_sup. 15 €
Ouvert : Toute l'année.

🐕	🏊	〰️	🐎	🎾	👥	🎯	🚂	🚲
	5	12	5	4	SP	8	6	4

Myriam et Alastair BOYD - 348, chemin des Amandiers - 13105 MIMET - Tél. : 04 42 58 85 90 - Fax : 04 42 69 99 18 -
E-mail : boydmimet@aol.com - www.labartavelle.com

Bouches-du-Rhône
Provence-Alpes-Côte-d'Azur

MOLLEGES
C.M. 84 Pli 1

1 ch. En r.d.c : 1 ch (1 lit 2 pers), salle d'eau, wc indépendant. TV dans la chambre. Terrasse avec salon de jardin, parking. Jolie chambre aménagée dans une grande maison, située aux portes des Alpilles. Vous goûterez aux plaisirs du jardin et de la piscine non clôturée (10x5 m).

Prix : 1 pers. 43 € 2 pers. 50 €
Ouvert : Toute l'année.

SP	50	14	3	3	12	7	0,5

Marie-Jeanne VIDAL - 6, Chemin du Moulin à Vent - Quartier Clos de la Font - 13940 MOLLEGES - Tél. : 04 90 95 03 93 ou 06 14 33 82 03

LES PALUDS-DE-NOVES
C.M. 84 Pli 1

3 ch. Etage : 1 ch (1 lit 2 pers/160 cm), salle d'eau/wc. 1 ch (2 lits 1 pers jumelables), salle de bains. wc. Etage : 1 ch (1 lit 2 pers, 2 lits 1 pers.), salle d'eau/wc. Salon avec TV et cheminée. Terrasse commune avec salon de jardin, parking. Ancien mas du 18ᵉ rénové, situé sur une propriété de 2 hectares, au milieu de vergers. Au calme entre les Alpilles et le Luberon. Langues parlées : anglais, espagnol.

Prix : 2 pers. 69/91 € pers. sup. 15 €
Ouvert : Toute l'année.

SP	60	2	0,5	SP	15	19	0,5

Sylviane et Nicolas LASCOMBES et ROUSSEAU - Mas de Jauffret - 13550 LES-PALUDS-DE-NOVES - Tél. : 04 32 61 09 76 - Fax : 04 32 61 09 76

LE PARADOU
C.M. 83 Pli 10

4 ch. 2 ch en r.d.c. (1 lit 2 pers), salle de bains/wc privés. Et : 1 ch (1 lit 2 pers, 2 lits 1 pers) avec terrasse privée, salle de bains et wc privés. 1 ch (1 lit 2 pers) salle d'eau et wc privés. Ouverture l'hiver sur réservation. Dans la vallée des Baux de Provence, belle bastide provençale à l'ancienne, au fond d'un grand jardin ombragé. Point de départ idéal pour de très nombreuses excursions : Les Baux, St Rémy, Avignon, Arles, la Camargue, le Lubéron. Langue parlée : anglais.

Prix : 1 pers. 50/54 € 2 pers. 50/54 € p_sup. 17 €
Ouvert : Toute l'année.

2	40	2	0,5	2	2	15	0,5

Mireille JOLY - Route des tours de Castillon - L'Espelido - 13520 LE-PARADOU - Tél. : 04 90 54 38 55 - Fax : 04 90 54 38 55 - E-mail : lespelido@wanadoo.fr

LE PARADOU
C.M. 83 Pli 10

2 ch. 1 ch (2 lits 1 pers + 1 lit d'appoint possible), 1 ch (1 lit 2 pers). Salle de bains/WC et climatisation dans chaque chambre. Prise TV. Lit de bébé possible. Parking fermé. Réfrigérateur à la disposition exclusive des hôtes. Au pied des Baux de Provence, dans un cadre de verdure, cet agréable mazet décoré aux couleurs de la Provence vous offre un pied à terre de charme pour vos randonnées dans les Alpilles ou vers la Camargue. Au retour le repos est assuré dans les salons du jardin réservés aux hôtes. Langue parlée : anglais.

Prix : 1 pers. 40 € 2 pers. 46/52 € 3 pers. 67 € p_sup. 15 €
Ouvert : Toute l'année.

2	50	2	0,5	SP	2	15	0,5

Annick RICCI - Route de Brunelly - Le Mazet des Alpilles - 13520 LE-PARADOU - Tél. : 04 90 54 45 89 ou 06 12 14 93 00 - Fax : 04 90 54 44 66 - E-mail : ricci@netcourrier.com - http ://alpilles.com

PELISSANNE
C.M. 84 Pli 2

1 ch. Chambre à l'étage : 1 ch (1 lit 2 pers et 1 lit 1 pers), salle d'eau, wc. Terrasse commune avec salon de jardin, parking non privé. Lit de bébé disponible. Jardin aménagé avec goût. Villa provençale proche du centre ville. Sites touristiques à proximité tels que Salon de Provence et le Luberon.

Prix : 1 pers. 38 € 2 pers. 46 € pers. sup. 12 €
Ouvert : Du 01/02 au 30/11.

SP	50	2	0,5	5	15	5	0,2

Dominique et Bernard LADAME - Rue des Passadouires - Parking de la Bibliothèque - 13330 PELISSANNE - Tél. : 04 90 55 37 12 - Fax : 04 90 55 37 12 - E-mail : bernard.ladame@free.fr

PLAN-D'ORGON
C.M. 84 Pli 1

2 ch. A l'étage : 1 ch (1 lit 2 pers à baldaquin), salle de bain, wc. Coin salon avec canapé, prise TV. Au R.d.c : 1 ch (2 lits 2 pers), salle d'eau, wc, coin salon avec canapé, prise TV. Cuisinette. Terrasse avec salon de jardin, barbecue, piscine clôturée (7x4 m), parking. Réduction de 7,5 Euro/nuit hors saison. Très belles chambres aménagées dans un Mas du 19ᵉ en pierres. Nid de verdure tout près des Alpilles et du Lubéron. Grand jardin de 6 500 m². Langues parlées : anglais, italien.

Prix : 1 pers. 50/58 € 2 pers. 58/66 € p_sup. 12 €
Ouvert : Toute l'année.

SP	60	20	2	5	20	2	2

Danielle et Hugues PELLETIER - Le mas d'Hermes - 13750 PLAN-D'ORGON - Tél. : 04 90 73 17 13 ou 06 62 41 32 35 - Fax : 04 90 73 17 13 - E-mail : mashermes@aol.com - http ://members.aol.com/mashermes

Provence-Alpes-Côte-d'Azur — **Bouches-du-Rhône**

PLAN-D'ORGON
C.M. 84 Pli 1

3 ch. R.d.c : 1 ch (1 lit 2 pers), salle d'eau/wc, donnant sur le jardin. A l'étage : une suite avec 1 ch (2 lits 1 pers) et 1 ch (1 lit 2 pers), salle d'eau commune et wc indépendant, salon privé, prise TV. 1 ch indépendante (1 lit 2 pers et 2 lits 1 pers), salle d'eau/wc. Terrasse, salon de jardin, parking. -10 % à partir d'1 semaine basse saison et -5 % moyenne saison. Mas ancien rénové dans la tradition provençale. Belle propriété de 5000 m², ombragée avec un environnement bien aménagé, fleuri et verdoyant, autour d'un platane centenaire. Ambiance chaleureuse et colorée. Situation idéale pour rayonner vers les Alpilles, le Luberon, la Camargue, Avignon, Aix... Langue parlée : anglais.

Prix : 1 pers. 49/53 € 2 pers. 58/61 € 3 pers. 76/84 € p_sup. 15 €
Ouvert : Toute l'année.

SP	60	5	1	SP	15	5	0,5

Magali RODET - 447, route des Ecoles - mas de la Miougrano - 13750 PLAN-D'ORGON - Tél. : 04 90 73 20 01 ou 06 81 04 12 93 - Fax : 04 90 73 20 01 - E-mail : lamiougrano@net-up.com - http ://perso.net-up.com/lamiougrano

LE PUY-SAINTE-REPARADE
C.M. 84 Pli 3

1 ch. 1 ch (1 lit 2 pers), salle d'eau et wc privés. Salon particulier avec TV couleur. Téléphone à disposition des hôtes. Terrasse couverte privée avec meubles de jardin sur espace privatif boisé, ping pong, tennis sur la propriété, promenades en forêt, jogging. 1 chambre d'hôtes avec entrée indépendante, aménagée dans une maison en campagne sur un grand terrain boisé de chênes, à 200 m de la D.13, au calme. Chemin de colline (250 m) pour accès à la maison. Langues parlées : anglais, espagnol.

Prix : 1 pers. 39 € 2 pers. 44 €
Ouvert : Toute l'année.

8	40	8	SP	SP	30	12	6

Pierrette et Louis PAYRI - BP 16 - Hameau de St-Canadet - 13610 LE-PUY-SAINTE-REPARADE - Tél. : 04 42 61 97 55 - Fax : 04 42 61 97 55

PUYLOUBIER

5 ch. 1 ch (1 lit 2 pers), 2 ch (2 lits 1 pers), 1 ch (3 lits 1 pers) avec pour chacune salle d'eau/wc. Une suite de 2 chambres (2 lits 1 pers, et 1 lit 1 pers) avec salle de bains/wc, terrasse privée. Lit de bébé disponible. Salon commun. Terrasse et jardin aménagé commun non clos avec salon de jardin, parking. Piscine non clôturée (8 x 5 mètres). Au cœur de la Sainte-Victoire, dans un site exceptionnel, la maison d'hôtes du Domaine Genty offre 5 chambres d'hôtes confortables et personnalisées dans l'esprit du sud. Beauté et tranquilité assurées au sein d'un domaine de 30 hectares. Possibilité de balades et excursions. Langue parlée : anglais.

Prix : 1 pers. 53 € 2 pers. 69/91 € 3 pers. 84/105 €
Ouvert : Du 01/03 au 03/11.

SP	50	10	4	SP	12	17	3

Gwenaelle et Laurent COULON - Route de St Antonin - Domaine Genty - 13114 PUYLOUBIER - Tél. : 04 42 66 32 44 - Fax : 04 42 66 32 44 - E-mail : domaine-genty@wanadoo.fr - www.guideweb.com/provence/bb/domaine-genty

PUYRICARD
C.M. 84 Pli 3

1 ch. Chambre à l'étage avec : 1 lit pour 2 pers, salle de bains/douche/WC, coin détente avec bibliothèque, lit supplémentaire. Terrasse avec salon de jardin, barbecue, abri couvert. Parking clos. Grande maison en campagne, bien ombragée l'été, au calme. Proche du centre ville d'Aix en Provence et de ses attraits touristiques. Langue parlée : italien.

Prix : 2 pers. 37 €
Ouvert : Toute l'année.

10	30	5	3	SP	15	10	3

Claudine et André MOULLET - 2295 Ch. du Grand St-Jean - 13540 PUYRICARD - Tél. : 04 42 92 15 21 - E-mail : moullet@hotmail.com

RAPHELE-LES-ARLES

C.M. 83 Pli 10

3 ch. R.d.c : salon commun mis à la disposition des hôtes. A l'étage : 1 ch (1 lit 2 pers et 2 lits 1 pers), salle d'eau/wc attenants, 1 ch (1 lit 2 pers et 1 lit 1 pers), salle d'eau/wc attenants, et 1 ch (1 lit 2 pers), salle d'eau/wc attenants. Prise TV dans chaque chambre. Lit de bébé. Terrasse commune ombragée avec salon de jardin, parking. Trois jolies chambres d'hôtes dans un mas provençal rénové. Un lieu de vacances proche des Alpilles, au cœur de sites culturels et touristiques. Table d'hôtes sur réservation (sauf dimanche soir).

Prix : 1 pers. 40 € 2 pers. 50 € 3 pers. 65 € repas 15 €
Ouvert : Toute l'année.

10	40	8	1	SP	12	10	1,3

Noëlle POIRIER FERRAND - Route de Fontvieille - La Ravetière - 13280 RAPHELE-LES-ARLES - Tél. : 04 90 98 04 71 - E-mail : la.ravetiere@infonie.fr - www.absylum.com/laravetiere

ROGNES
C.M. 84 Pli 3

4 ch. A l'étage : 3 ch pour 2 personnes, équipées chacune d'une salle de bains ou salle d'eau, wc. Une suite pour 4/5 personnes avec salle de bains et wc. Salon mis à disposition avec TV, bibliothèque. Espace de musculation, location de vélos, terrasse avec salon de jardin, parking. Piscine non clôturée (7x14 m). Très belles chambres d'hôtes aménagées dans une bastide du 18e, dans un parc arboré et ombragé de 1,5 hectare. Un gîte rural sur la propriété.

Prix : 1 pers. 76 € 2 pers. 84 € 3 pers. 135 € p_sup. 6 €
Ouvert : Toute l'année.

SP	50	4	3,5	SP	15	23	3,5

Annie et Michel MABILEAU - Bastide du Plan - La Chenerarie - 13840 ROGNES - Tél. : 04 42 50 19 01 - Fax : 04 42 50 19 01

Bouches-du-Rhône

Provence-Alpes-Côte-d'Azur

ROGNES
C.M. 84 Pli 3

||| 2 ch. Chambres à l'étage : 1 ch (1 lit 2 pers). Salle d'eau. WC. 1 ch (1 lit 2 pers et 1 lit 1 pers). Salle d'eau/wc. Salon commun. Terrasse commune avec salon de jardin, parking. Aux portes du Luberon dans un ancien moulin du XVIII° siècle, 2 jolies chambres d'hôtes. Petits déjeuners gourmands servis en été sur la terrasse rafraîchie par une source et l'ombre du noyer.

Prix : 1 pers. 46 € 2 pers. 53 € 3 pers. 69 € pers. sup. 15 €
Ouvert : Toute l'année.

6	45	4	1,5	SP	15	20	0,5	

Beatrice et Jean-Marc PARANQUE-LUNA - Le Moulin du Rossignol - 13840 ROGNES - Tél. : 04 42 50 16 29 ou 06 87 11 52 77 -
E-mail : lerossignol@free.fr - http ://luna.free.fr

ROGNES
C.M. 84 Pli 2

||| 1 ch. Chambre avec entrée indépendante : (1 lit 2 pers), salle d'eau/wc, télévision, bibliothèque attenante avec 1 lit 1 pers. Jardin privé avec salon de jardin, parking fermé. A 1,2 km du village de Rognes, situé à mi-chemin entre Aix et le Luberon, dans un cadre très agréable et calme, charmante chambre aux meubles provençaux dans une grande maison au milieu d'un parc boisé et fleuri de 6000 m² clôturés. Langues parlées : anglais, italien.

Prix : 1 pers. 42 € 2 pers. 47 € 3 pers. 58 €
Ouvert : Toute l'année.

7	30	10	3	SP	9	23	1,2	

Marie-Claude et Michel SALINI - 1215 Route des Mauvares - 13840 ROGNES - Tél. : 04 42 50 23 28 - Fax : 04 42 50 23 28

ROGNES
C.M. 84 Pli 3

|| 1 ch. Dans la partie la plus ancienne, 1 chambre à l'étage (1 lit 2 pers + 1 lit 1 pers) avec salle de bains/wc privés. Petit salon avec TV. Terrasse et salon de jardin. Sur une exploitation agricole (cultures biologiques), bastide restaurée avec bassin d'agrément, terrasse ombragée, en pleine campagne. Langue parlée : anglais.

Prix : 1 pers. 46 € 2 pers. 50 € 3 pers. 66 € p_sup. 15 €
Ouvert : Toute l'année.

12	30	5	5	SP	12	20	2	

Isabelle et Philippe REGNAULT - L'Our de Château - 13840 ROGNES - Tél. : 04 42 50 21 15

ROGNES
C.M. 84 Pli 3

|| 1 ch. Si dans notre maison vous venez, notre entrée il faudra partager. Votre chambre à étage est située 1 ch (1 lit 2 pers et 1 lit 1 pers en mezzanine). Salle de bains. WC indépendants. Accompagnatrice diplômée en moyenne montagne je suis pour votre sécurité et vous conseiller. De relaxation et sérénité vous pourrez profiter. Dans une maison du XIII° siècle, les murs en sont chaudement colorés. Apiculteurs nous sommes : de nos produits vous pourrez vous délecter. Notre miellerie de juin à octobre on vous fera connaître. En été le petit déjeuner sur la terrasse ombragée vous prendrez.

Prix : 1 pers. 42 € 2 pers. 47 € 3 pers. 64 € p_sup. 16 €
Ouvert : Toute l'année.

7	40	10	1,5	SP	15	18	3	

Jocelyne et Michel GAYVALLET - Le Grand Saint-Paul - 13840 ROGNES - Tél. : 04 42 50 31 93 ou 06 87 33 59 37 - Fax : 04 42 50 25 78

ROQUEFORT-LA-BEDOULE
C.M. 84 Pli 13/14

||| 1 ch. A l'étage, 1 chambre (1 lit 2 pers), salle de bains et wc privatifs, salon particulier avec bibliothèque et TV. Séjour commun avec les propriétaires, cheminée. Réfrigérateur à disposition. Terrasse et jardin aménagé clos avec salon de jardin, barbecue, parking, abri couvert, possibilité de pique-nique, jeu de boules. Maison provençale avec vue sur la colline, piscine (12,5 x 5,5 m) disponible avec accord du propriétaire, pelouse, sur un terrain de 4000 m² dans une pinède.

Prix : 1 pers. 41 € 2 pers. 50 €
Ouvert : Toute l'année.

SP	8	2	2	SP	20	6	2	

Anne-Marie et Pascal ULIVI - L'Acampadou - Quartier des Nouvelles - 13830 ROQUEFORT-LA-BEDOULE - Tél. : 04 42 73 13 17 -
Fax : 04 42 73 13 17

ROQUEVAIRE
C.M. 84 Pli 14

|| 2 ch. A l'étage : 2 ch (1 lit 2 pers), salle de bain et wc privé. TV dans les chambres. Terrasse privée non close avec salon de jardin, parking. Deux chambres d'hôtes dans une grande maison provençale située en pleine garrigue avec une vue directe sur les collines du Garlaban de Marcel Pagnol. Possibilité de randonnée pédestre sur un domaine de 4 hectares. Langue parlée : espagnol.

Prix : 1 pers. 40 € 2 pers. 46 € p_sup. 14 €
Ouvert : Toute l'année.

6	20	8	1	SP	15	8	0,1	

Monique et Albert GUINDE - Quartier le clos - Le Colombier - 13360 ROQUEVAIRE - Tél. : 04 42 04 12 94 - Fax : 04 42 04 12 94

Provence-Alpes-Côte-d'Azur **Bouches-du-Rhône**

ST-ETIENNE-DU-GRES   *C.M. 83 Pli 10*

5 ch.   R.d.c : 2 ch (1 lit 2 pers), salle d'eau/bains/wc. 1 CH (2 lits 1 pers), salle d'eau/wc, 1 CH (1 lit 1 pers et 1 lit 2 pers), salle de bains/wc et une suite avec 2 lits 2 pers, salle de bains, wc. Salon réservé aux hôtes avec grande cheminée. Terrasse commune avec salon de jardin, jeu de boules, parking. Piscine non clôturée (6x12 m). Très belles chambres d'hôtes avec une décoration raffinée sur un site de deux hectares. Vous trouverez calme et indépendance entre vergers et petit bois. Langue parlée : anglais.

Prix : 1 pers. **52/76** € 2 pers. **59/91** € p_sup. **15** €
Ouvert : Toute l'année.

🐕	🏊	〰️	🎣	🎾	🚶	🎿	🚌	⛴
	SP	55	2	2	SP	15	7	2

Christine et Gisèle DESORT/LAFUENTE - Chemin d'Altaves - mas la Saladelle - 13103 ST-ETIENNE-DU-GRES - Tél. : 04 90 49 13 04 ou 06 09 51 29 82 - Fax : 04 90 49 13 05 - E-mail : maslasaladelle@wanadoo.fr

ST-ETIENNE-DU-GRES   *C.M. 83 Pli 10*

3 ch. 2 ch à l'étage : 1 ch (1 lit 2 pers à baldaquin), salle de bain/wc. 1 ch (2 lits 1 pers), salle de bain/wc. La 3ᵉ ch est totalement équipées de téléphone, TV et video. Lit d'enfant. Terrasses avec salons de jardin, parking. Superbe propriété de 11 hectares dans les Alpilles donnant sur le GR6. 3 chambres d'hôtes et 2 gîtes sur place. Maison du 18ᵉ siècle. Piscine clôturée (11x7 m). Langue parlée : anglais.

Prix : 1 pers. **84** € 2 pers. **99/135** € 3 pers. **145** €
Ouvert : Toute l'année.

🐕	🏊	〰️	🎣	🎾	🚶	🎿	🚌	⛴
	SP	30	5	SP	SP	4	8	2

Carolyn WOOD - Aux Deux Soeurs - Vieux Chemin d'Arles - 13103 ST-ETIENNE-DU-GRES - Tél. : 04 90 49 10 18 - Fax : 04 90 49 10 30 - E-mail : ads.wood.gites@infonie.fr

ST-ETIENNE-DU-GRES   *C.M. 83 Pli 10*

3 ch. R.d.c : Salon commun aux trois chambres. 1 ch (1 lit 1 pers et 1 lit 2 pers). Salle d'eau/WC. A l'étage : 2 ch (1 lit 2 pers). Salle d'eau/wc. Terrasse commune avec salon de jardin, parking. Vélos sur place. Chambres d'hôtes situées dans un Mas Provençal du XVIIIᵉ siècle au pied des Alpilles. Possibilités de randonnées à pied et à VTT. au départ du Mas.

Prix : 1 pers. **46** € 2 pers. **53** € 3 pers. **64** €
Ouvert : Toute l'année.

🐕	🏊	〰️	🎣	🎾	🚶	🎿	🚌	⛴
	8	50	6	1	SP	10	7	1

Claire et Philippe GAUTIER/CALOT - 28, Avenue Notre Dame - Moulin de la Croix - 13103 ST-ETIENNE-DU-GRES - Tél. : 04 90 49 05 78 - Fax : 04 90 49 05 78 - www.alpilles.com

ST-MARC-JAUMEGARDE   *C.M. 84 Pli 3/4*

3 ch. A l'étage : 1 ch (1 lit en 180), salle de bain, et 1 ch communiquante (2 lits 1 pers), salle d'eau. Bureau dans la 1ᵉʳᵉ ch et bibliothèque dans la 2ᵉ. 1 ch indépendant en rez de jardin (1 lit en 160), avec salle de bains et wc privés, TV et bureau. 1 ch indépendante (1 lit 2 pers) avec salle de bain design Ph. Starck et wc privés. Très belle maison située à moins de 5 kms d'Aix, avec vue sur la Sainte Victoire. Jardin très vert et pinède très bien entretenus sur un domaine de 1 hectare totalement clos. Salon de jardin, ping pong, portique. 1 suite : hall d'accueil au rdc avec entrée indépendante. WC. Langue parlée : anglais.

Prix : 2 pers. **69/91** € 3 pers. **105** €
Ouvert : Toute l'année.

🐕	🏊	〰️	🎣	🎾	🚶	🎿	🚌	⛴
	5	35	2	2	SP	20	5	5

Geneviève MELIN - La ferme - Ch. de l'Ermitage - St-Marc-Jaumegarde - 13100 AIX-EN-PROVENCE - Tél. : 04 42 24 92 97 - Fax : 04 42 24 92 79 - E-mail : infos@la-ferme-en-provence.com - www.la-ferme-en-provence.com

ST-MARC-JAUMEGARDE   *C.M. 84 Pli 3/4*

1 ch. Rez de jardin de la maison des propriétaires avec entrée indépendante : salon, 1 ch (1 lit 2 pers), coin bureau, salle de bain/wc, TV dans la chambre, salle à manger ouvrant sur une terrasse avec salon de jardin. Parking. Possibilités de sorties pédestres et à VTT. Charmante chambre d'hôtes située dans le pittoresque hameau des Bonfillons sur les hauteurs de St Marc Jaumegarde : bel environnement avec superbe vue sur la montagne Sainte Victoire. Langues parlées : anglais, allemand.

Prix : 1 pers. **70** € 2 pers. **76** € p_sup. **15** €
Ouvert : Toute l'année.

🐕	🏊	〰️	🎣	🎾	🚶	🎿	🚌	⛴
	5	35	6	2	SP	6	6	6

Martine et Gérard GROSDEMANGE - La Charlotte - Ch. de la Crète - Hameau des Bonfillons - 13100 ST-MARC-JAUMEGARDE - Tél. : 04 42 24 91 63 ou 06 81 22 02 68 - Fax : 04 42 24 91 63 - E-mail : hotelacharlotte@wanadoo.fr

ST-MARTIN-DE-CRAU   (TH)   *C.M. 83 Pli 10*

5 ch. 5 chambres confortables avec chacune 1 lit pour 2 personnes, salle de bains et toilettes privées, proposant un beau mobilier provençal ancien. Salle de billard. TV commune. Jardin non clos avec salon de jardin, ping pong, vélos, piscine non clôturée (15x6 m). Sobre et élégante demeure de la fin du XVIIIᵉ, superbement isolée au cœur de l'immense plaine de Crau, entourée d'arbres centenaires et de prairies. Le domaine agricole de Vergières de 350 ha est limitrophe de la réserve de la Crau, site ornithologique recherché. Le château possède le label Panda. Langues parlées : anglais, espagnol.

Prix : 1 pers. **140** € 2 pers. **150** € p_sup. **46** € repas **53** €
Ouvert : Du 01/01 au 31/10.

🐕	🏊	〰️	🎣	🎾	🚶	🎿	🚌	⛴
	SP	15	50	8	SP	15	20	8

Marie-Andrée et Jean PINCEDE - Domaine de Vergières - 13310 ST-MARTIN-DE-CRAU - Tél. : 04 90 47 05 25 ou 04 90 47 17 16 - Fax : 04 90 47 38 30 - E-mail : vergieres@vergieres.com - www.vergieres.com

PACA

Bouches-du-Rhône

Provence-Alpes-Côte-d'Azur

ST-MITRE-LES-REMPARTS
C.M. 84 Pli 11

▮▮▮ 1 ch. 1 ch (2 lits 1 pers) avec terrasse et entrée indépendante, salle d'eau et wc privés attenants. Kitchenette. Salon de jardin, parking, barbecue. Piscine non clôturée (5x8 m). Possibilité tennis. Tarif dégressif à partir de 4 nuits. Belle villa d'architecture moderne avec jardin et piscine, située dans un quartier très calme.

Prix : 2 pers. 53 €
Ouvert : Du 01/04 au 30/09.

| | SP | 5 | 3 | 0,5 | SP | 20 | 5 | 1 |

Colette et Guy TISSEAUX - 16 bis rue des Rocaledes - 13920 ST-MITRE-LES-REMPARTS - Tél. : 04 42 49 12 81 - Fax : 04 42 49 12 81 - E-mail : Ctisseaux@minitel.net

ST-PIERRE-DE-MEZOARGUES
C.M. 84 Pli 10

▮▮ 2 ch. A l'étage : 1 ch (1 lit 2 pers, 1 lit 1 pers), salle d'eau, wc indépendant, coin détente et 1 ch (2 lits 1 pers), salle d'eau, wc indépendant, coin détente. Lit de bébé disponible. Terrasse avec salon de jardin, barbecue, terrain non clos, parking. Dans un mas provençal du XIX° (belle façade, grands arbres, jardin), deux grandes chambres d'hôtes mitoyennes, situées aux portes de la Camargue, à 20 km d'Arles et d'Avignon et 17 km des Baux de Provence. Un gîte sur place. Langue parlée : anglais.

Prix : 1 pers. 49 € 2 pers. 53 € 3 pers. 69 € p_sup. 15 €
Ouvert : Toute l'année.

| | 7 | 45 | 10 | 10 | 3 | 10 | 7 | 3 |

Josy et Gilbert POURCEL - Mas des Etoiles - St-Pierre-de-Mezoargues - 13150 TARASCON - Tél. : 04 90 43 91 61 - Fax : 04 90 43 98 63

ST-REMY-DE-PROVENCE
C.M. 84 Pli 1

▮▮▮ 3 ch. R.d.c : 1 chambre (2 lits 1 pers jumelables) avec salle d'eau. wc. 1 chambre (2 lits 1 pers jumelables et 1 lit 1 pers) salle d'eau/wc. Etage : 1 chambre (1 lit 2 pers) salle d'eau/wc. Salon avec TV et cheminée. Entrée et terrasse privées avec salon de jardin pour chaque chambre, ping pong, jeu de boules, parking. Maison indépendante, située dans un domaine boisé de pins, avec vue panoramique sur les Alpilles et alentours. Calme assuré. Piscine sur la propriété. Langues parlées : anglais, italien.

Prix : 1 pers. 47 € 2 pers. 58 € 3 pers. 73 €
Ouvert : Toute l'année.

| | SP | 50 | 2 | 2 | SP | 10 | 19 | 2 |

Myriam FEIGE - Mas Clair de Lune - Plateau de la Crau - 13210 ST-REMY-DE-PROVENCE - Tél. : 04 90 92 02 63 ou 06 89 43 65 43

ST-REMY-DE-PROVENCE
C.M. 84 Pli 1

▮▮▮ 4 ch. Etage : 1 ch (1 lit 2 pers) salle d'eau/wc. 1 ch (2 lits 1 pers) salle d'eau/wc. 2 ch (1 lit 2 pers, 1 lit 1 pers) salle d'eau/wc. Séjour/salon avec cheminée et télévision (cablée chaines étrangères). Lit de bébé disponible. Terrasse couverte avec salon de jardin. Barbecue. Parking. Dans un mas ancien entièrement rénové, 4 chambres d'hôtes aux couleurs chaudes, situé en campagne au calme. Langues parlées : anglais, espagnol.

Prix : 1 pers. 50 € 2 pers. 58 € 3 pers. 73 €
Ouvert : Toute l'année.

| | 3 | 70 | 4 | 4 | 2 | 12 | 18 | 3 |

Marie-Odile et Claude DE DIEULEVEULT et XIBERRAS - Le Mas de Manon - Chemin des Lônes - 13210 ST-REMY-DE-PROVENCE - Tél. : 04 32 60 09 86 ou 06 09 44 92 22 - E-mail : masdemanon@libertysurf.fr - www.alpilles.com/mas_manon.htm

ST-REMY-DE-PROVENCE
C.M. 84 Pli 3

▮▮▮ 1 ch. En r.d.c : 1 ch avec 2 lits pour 1 personne, salle de bains/wc. Terrasse avec salon de jardin, parking. Piscine non clôturée (10 x 5 m) avec plages horaires de Mai à Octobre (de 8 h à 20 h). Une chambre d'hôtes aménagée dans un quartier calme, sur un terrain de 8000 m² avec vue sur les Alpilles. Langue parlée : anglais.

Prix : 1 pers. 53 € 2 pers. 61 €
Ouvert : Toute l'année.

| | SP | 60 | 3 | 3 | SP | 10 | 19 | 1,5 |

Elizabeth et Christian HEROU - Avenue Theodore Aubanel - Plateau de la Crau - 13210 ST-REMY-DE-PROVENCE - Tél. : 04 90 92 69 40 - Fax : 04 90 92 58 55 - E-mail : christian.herou@wanadoo.fr - http://perso.wanadoo.fr/christian.herou/

LES STES-MARIES-DE-LA-MER
C.M. 83 Pli 19

▮▮▮ 3 ch. 1 ch (1 lit 2 pers), 1 ch (1 lit 2 pers, 1 lit 1 pers), 1 ch (1 lit 2 pers, 2 lits 1 pers). Salle de bains/wc particuliers pour chaque chambre. Jardin ombragé avec terrasse, parking. Entre marais, chevaux et roseaux au cœur de la Camargue, se cache le petit mazet rustique de Babeth abritant 3 chambres.

Prix : 2 pers. 50 € 3 pers. 59 €
Ouvert : Toute l'année.

| | 4 | 1 | 4 | 35 | 4 |

Babeth ANDRE - Route du Bac - D85 - Mazet du Maréchal Ferrand - 13460 LES-STES-MARIES-DE-LA-MER - Tél. : 04 90 97 84 60 - Fax : 04 90 97 84 60 - E-mail : babeth@showlorenzo.com - www.showlorenzo.com

Provence-Alpes-Côte-d'Azur — **Bouches-du-Rhône**

VAUVENARGUES C.M. 84 Pli 3/4

3 ch. 1 ch (1 lit 2 pers), salle d'eau et wc. 1 ch (1 lit 2 pers), salle d'eau. 1 ch (2 lits 1 pers), salle d'eau. WC à l'étage. Séjour réservé aux hôtes (avec réfrigérateur). Petits déjeuners sur la terrasse, possibilité de pique-nique dans le jardin clos. Salon de jardin, parking, portique. Villa dans la colline, au pied de la Sainte Victoire. Silence complet. Langue parlée : anglais.

Prix : 2 pers. **41/43 €** p_sup. **9 €**
Ouvert : Du 15/02 au 15/11.

13	40	9	0,8	SP	14	0,8	

Jacqueline THERY - La Jacquière - Chemin des Mattes - 13126 VAUVENARGUES - Tél. : 04 42 66 01 79

VAUVENARGUES C.M. 84 Pli 3/4

3 ch. 1 ch (1 lit 2 pers) avec salle de bains et wc indépendant, 1 ch (1 lit 2 pers) avec salle d'eau et wc indépendant, 1 ch (1 lit 2 pers) avec salle d'eau/wc. Terrasse et salon de jardin privés, jardin, tennis sur place, petit étang. Magnifiques chambres dans un pavillon indépendant, sur une très belle propriété au cœur du Massif de la Sainte Victoire. Langues parlées : anglais, espagnol.

Prix : 1 pers. **55 €** 2 pers. **61 €**
Ouvert : Toute l'année.

18	50	18	SP	1	18	18	2,5

Madeleine BOSC - La Dame D'Oc - Claps - 13126 VAUVENARGUES - Tél. : 04 42 66 02 36

VERQUIERES C.M. 84 Pli 1

2 ch. R.d.c. : 1 ch familiale (1 lit 2 pers et 2 lits 1 pers jumelables). Salle d'eau/wc. Etage : 1 ch (2 lits 1 pers jumelables) Salle de bains. wc. Salle de séjour et jardin d'hiver à disposition des hôtes. Grande terrasse ombragée, parking. Mas datant 19e siècle situé sur une propriété de 4 hectares en campagne entre Alpilles et Lubéron.

Prix : 1 pers. **46 €** 2 pers. **58 €** 3 pers. **73 €**
Ouvert : Toute l'année.

SP	60	8	3	8	15	20	2

François et Fred MOGGIA - Route de Saint Rémy - 13670 VERQUIERES - Tél. : 04 90 90 26 29 ou 04 91 90 32 89 - Fax : 04 91 90 82 90 - E-mail : françois.bugeia@free.fr - www.mas-de-fregoli.fr.st

VERQUIERES C.M. 84 Pli 1

4 ch. 3 ch (1 lit 2 pers), 1 ch (2 lits 1 pers) dont 1 en rez-de-jardin. Chaque chambre possède une salle d'eau et des wc privés attenants. Salle de séjour et jardin d'hiver à disposition des hôtes. Grande terrasse ombragée, piscine hors sol (10x4,5 m), parking. Mas datant en partie du 18e siècle, avec une belle façade recouverte de lierre, situé entre Alpilles et Lubéron, au creux des vergers, et d'un jardin plein de fraîcheur, agrémenté d'une piscine.

Prix : 2 pers. **77 €**
Ouvert : Du 05/03 au 31/12.

SP	80	5	2,5	8	14	20	2

René PINET - Mas de Castellan - 13670 VERQUIERES - Tél. : 04 90 95 08 22 - Fax : 04 90 95 44 23 - www.mas-de-castellan.net

VERQUIERES C.M. 84 Pli 1

3 ch. 1 ch (1 lit 2 pers + 2 lits 1 pers en mezzanine), avec salle d'eau et wc indépendant. 2 ch (1 lit 2 pers), avec salle d'eau/wc privés. Salle à manger, salon avec bibliothèque et cheminée à disposition. Piscine clôturée (13x7 m). Parking. Aux portes des Alpilles et du Luberon, une ancienne bergerie, dans un bel environnement, au calme absolu. Grand parc ombragé (2 hectares), petit bois. Langues parlées : allemand, anglais.

Prix : 1 pers. **53/61 €** 2 pers. **61/69 €** 3 pers. **76 €**
Ouvert : Du 01/02 au 31/12.

SP	60	2	4	8	10	14	2

Evelyne et Philippe SAVOURNIN - Bergerie de Castellan - 13670 VERQUIERES - Tél. : 04 90 95 02 07 - Fax : 04 90 95 02 07

VILLENEUVE-CAMARGUE  C.M. 83 Pli 10

1 ch. Joliment aménagée, 1 ch (1 lit 2 pers) avec salle d'eau et wc privés. Coin cuisine. Lit de bébé et lit 1 pers sur demande. Terrasse avec salon de jardin, barbecue, terrain non clos, parking, portique, vélos. Accès direct en bus depuis la gare SNCF d'Arles. Petit studio indépendant, très calme, sur une exploitation camarguaise traditionnelle (élevage de taureaux et chevaux). Table d'hôtes sur réservation. Langues parlées : anglais, allemand.

Prix : 1 pers. **46 €** 2 pers. **49 €** p_sup. **15 €** repas **15 €**
Ouvert : Toute l'année.

20	25	SP	20	SP	50	15	15

Monique et Pierre VADON - Mas St-Germain - Villeneuve Camargue - 13200 ARLES - Tél. : 04 90 97 00 60 - Fax : 04 90 97 01 85 - E-mail : vadon.st-germain@wanadoo.fr

Var

Provence-Alpes-Côte-d'Azur

GITES DE FRANCE - Service Réservation
Conseil Général du Var
Rond Point du 4.12.74 - B.P. 215
83006 DRAGUIGNAN Cedex
Tél. 04 94 50 93 93 - Fax 04 94 50 93 90

3615 Gîtes de France
0,2 €/min

LES ADRETS-DE-L'ESTEREL

4 ch. Au rez de chaussée de la maison du propriétaire, terrain clos, terrasses, quatre chambres d'hôtes. Piscine sur place. 2 chambres avec kichenette, salle d'eau wc, fauteuils, lits 2 places et/ou 1 pl. 2 chambres avec lits 2 pl, fauteuils, salle d'eau ou de bains wc. Chauffage électrique. Equipement bébé.

Prix : 2 pers. 61 € 3 pers. 69 € repas 91 €
Ouvert : De mai à septembre.

🐕	⛱	🎾	🐎	♨	🏊	⚙	🚂	⛵
	15	6	6	15	SP	50	18	6

Virginie BOOS - SCI La Poterie - 83600 LES ADRETS-DE-L'ESTEREL - Tél. : 04 94 40 97 67 ou 06 09 59 18 45

AMPUS

Alt. : 600 m

2 ch. St-Tropez 50 km. Moustiers-Ste-Marie 30 km. Tourtour 7 km. Au cœur de la Provence, bastide provençale sur une oliveraie d'1 ha. Deux chambres avec entrée indépendante. Piscine, pool house, terrasse, salon de jardin. Gorges du Verdon et lac de Ste-Croix 20 km. Au rez-de-chaussée, 1 chambre 2 pers. 12 m², avec 1 lit 2 places, salle d'eau WC, TV, terrasse privative. Au 1er étage, 1 chambre 2 pers. 16 m², avec 1 lit 2 places, salle d'eau, WC indépendant, TV.

Prix : 2 pers. 61 € pers. sup. 16 €
Ouvert : D'avril à octobre inclus.

🐕	⛱	🎾	🐎	♨	🏊	⚙	🚂	⛵
	40	4	12	20	SP	90	20	4

Annie GARCIN - Route de Draguignan - Les Adrechs - 83111 AMPUS - Tél. : 04 94 70 96 41 - Fax : 04 94 70 96 41

LES ARCS-SUR-ARGENS

1 ch. Dans une jolie maison, entre village et forêt, dominant la plaine, terrain clos, terrasse, piscine, une suite de 2 chambres. Proche commodités et du village médiéval à découvrir, Maison des Vins, promenades et randonnées. A l'étage, une suite de 2 chambres avec chacune 1 lit 2 places, salle d'eau WC, coin salon privatif sur mezzanine. Langues parlées : allemand, anglais.

Prix : 1 pers. 39 € 2 pers. 51 € 3 pers. 66 € pers. sup. 16 €
Ouvert : Toute l'année.

🐕	⛱	🎾	🐎	♨	🏊	⚙	🚂	⛵
	22	2	5	3	SP	75	2	1

Christiane MAITRE - 571 A, chemin du Colombier - 83460 LES ARCS - Tél. : 04 94 47 45 60 - Fax : 04 94 47 45 60 - E-mail : pmaitre.arcs@wanadoo.fr ou SR : 04 94 50 93 93

LES ARCS-SUR-ARGENS

3 ch. Martine et Valter vous accueillent dans leur belle maison, en campagne, au calme. Terrain clos de 5000m², terrasses, PISCINE, salon de jardin, transats. Bibliothèque, jeu de boules. En rez-de-jardin 3 chambres avec entrées indépendantes, salle d'eau wc, TV. « Tournesol » et « Papaye » avec chacune 1 lit 2 places, « Amande » avec 1 lit 2 places et 1 lit 1 place. Table d'hôtes. Langues parlées : anglais, allemand.

Prix : 1 pers. 43 € 2 pers. 54 € 3 pers. 65 € repas 16 €

🐕	⛱	🎾	🐎	♨	🏊	⚙	🚂	⛵
	25	5	2	6	SP	75	4	4

Valter TOGNELLI - Lou Nieu -Quartier les Plaines - Route des Nouradons - 83460 LES ARCS-SUR-ARGENS - Tél. : 04 94 85 28 15 - Fax : 04 94 85 28 15 - martine.Tognelli @ wanadoo.fr ou SR : 04 94 50 93 93

BAGNOLS-EN-FORET

2 ch. Fréjus 18 km. St-Raphaël 20 km. Lac de St-Cassien 20 km. 2 chambres d'hôtes avec entrées indépendantes. Terrain clos, salon de jardin, jeux de boules, balançoire, terrasse, parking privé. Cuisine d'été commune pour les 2 chambres. 1 chambre avec 1 lit 2 pl, salle d'eau wc et 1 chambre avec 2 lit 1 pl, salle d'eau wc. Equipement bébé.

Prix : 1 pers. 31 € 2 pers. 34 € 3 pers. 49 € repas 12 €
Ouvert : Toute l'année.

🐕	⛱	🎾	🐎	🏊	⚙	🚂	⛵
	18	2	2	15	80	20	1

Jean-Louis LOMBARD - Route de Fréjus - Villa Jean Martiale - 83600 BAGNOLS-EN-FORET - Tél. : 04 94 40 62 50 ou SR : 04 94 50 93 93

Provence-Alpes-Côte-d'Azur **Var**

BAGNOLS-EN-FORET Font Couverte (TH)

5 ch. Fréjus, St-Raphaël, Lac de St-Cassien 20 km. Grasse 30 km. Dans bastide du 19ᵉ siècle au pied du village provençal, 5 chambres d'hôtes avec jardin 2500 m², terrasse commune avec vue panoramique. Au 1ᵉʳ étage : 1 suite de 2 ch. avec salle d'eau wc, 1 ch. avec salle d'eau, wc. Au 2ᵉ : 1 ch. avec salle d'eau wc. Au 3ᵉ : 2 ch. avec salles d'eau indépendantes. Equipement bébé. Langues parlées : anglais, allemand.

Prix : 1 pers. 42 € 2 pers. 46 € 3 pers. 61 € pers. sup. 16 € repas 14 €
Ouvert : Toute l'année.

🐕	⛱	🎾	🏃	👥	🏊	🚲	🚜
18	1,5	1,5	20	20	100	22	SP

Stéphane et Valérie BEAUMESNIL - D 47 - Font Couverte l'Ensoleillée - 83600 BAGNOLS-EN-FORET - Tél. : 04 98 11 30 44 - Fax : 04 98 11 30 44 - E-mail : valeriebeaumesnile@libertysurf.com ou SR : 04 94 50 93 93

BAGNOLS-EN-FORET

1 ch. 1 chambre d'hôtes indépendante dans la villa du propriétaire dans la forêt à 3 km du village. Confort, calme et tranquillité. Nombreuses activités à proximité. Parking privé et clos, cuisine d'été équipée. Piscine sur place. Terrasse et salon de jardin. Chambre équipée de : 1 lit 2 pl, TV, réfrigérateur, téléphone, salle d'eau attenante et wc.

Prix : 2 pers. 40 €
Ouvert : De mars à octobre inclus.

🐕	⛱	🎾	🏃	👥	🏊	🚲	🚜
17	3	3	15	SP	75	20	3

Anne-Marie ORSAT - Quartier Vauloube - 83600 BAGNOLS-EN-FORET - Tél. : 04 94 40 63 71 ou SR : 04 94 50 93 93

BARGEME Alt. : 1100 m (TH)

5 ch. C'est dans un site médiéval, le plus haut du Var, qu'Annie vous accueille dans sa demeure accrochée à un rocher, d'où elle domine une campagne pittoresque, aux mille parfums. Proche des Gorges du Verdon, et des villages perchés. 5 chambres équipées individuellement de salle d'eau et wc privés, aux décors provençaux. Langues parlées : anglais, italien.

Prix : 1 pers. 43 € 2 pers. 54 € repas 17 €
Ouvert : De mi-mars à mi-novembre.

🐕	⛱	🎾	🏃	👥	🏊	🚲	🚜
80	4	4	4	80	40	4	

Annie NOEL - Les Roses Trémières - Le Village - 83840 BARGEME - Tél. : 04 94 84 20 86 ou SR : 04 94 50 93 93

BARJOLS St-Jaume (TH)

4 ch. Chambres d'environ 20 m², dans un ancien Prieuré du XVIIIᵉ siècle. Propriétaire, agriculteur, culture organique (blé, lavande, vignes). Organisation de séjours découverte, du Dimanche au Samedi « La Provence sauvage en randonnée pédestre ». Piscine sur place ouverte de mai à septembre. 4 chambres d'hôtes situées à l'étage : 3 chambres 2 lits 1 personne salle d'eau, wc, 1 chambre 3 lits 1 personne, salle d'eau, wc. En rez-de-chaussée : salles communes de lecture et ping-pong. Langue parlée : anglais.

Prix : 1 pers. 50 € 2 pers. 67 € 3 pers. 84 € repas 21 €
Ouvert : D'avril à octobre.

🐕	⛱	🎾	🏃	👥	🏊	🚜
65	3,7	3,7	25	SP		3,7

Michel PASSEBOIS - St-Jaume - 83670 BARJOLS - Tél. : 04 94 77 07 88 - Fax : 04 94 77 18 01 - E-mail : s.d.n.saint-jaume@wanadoo.fr - http://perso.wanadoo.fr/sdn.saint-jaume/

BAUDUEN Domaine de Majastre (TH)

6 ch. Gorges du Verdon et lac de Ste-Croix 5 km. Le Domaine de Majastre est une propriété trufficole de 400 ha. Cette demeure a appartenue au dernier Roi de France. Piscine sur place. 6 chambres d'hôtes, au 1ᵉʳ, 1 ch. avec 1 lit 2 pl. + 1 lit 1 pl., salle d'eau wc, 1 ch. 1 lit 2 pl., salle de bains wc, au 2ᵉ, 1 ch. 1 lit 2 pl. + 2 lits 1 pl., 1 ch. 1 lit 2 pl., salle d'eau, wc, 2 ch. 1 lit 2 pl., salle d'eau wc.

Prix : 2 pers. 61 € 3 pers. 76 € pers. sup. 15 € repas 18 €
Ouvert : Toute l'année.

🐕	⛱	🎾	🏃	👥	🏊	🚲	🚜
50	5	2	5	60	30	5	

Philippe DE SANTIS - Domaine de Majastre - 83630 BAUDUEN - Tél. : 04 94 70 05 12 - Fax : 04 94 84 01 88 ou SR : 04 94 50 93 93

LE BEAUSSET C.M. N Pli N

1 ch. Cassis 30 km. Sanary 12 km. Bandol 10 km. Le Castellet 3 km. Chambre de charme provençale avec de grandes baies vitrées. Terrasse privée de 80 m² fleurie. Grande piscine, terrain planté d'oliviers en colline. Accueil sympathique. 1 chambre avec 1 lit de 2 places salle de bains, wc. Langues parlées : anglais, espagnol.

Prix : 2 pers. 55 €
Ouvert : D'avril à octobre.

🐕	⛱	🎾	🏃	🏊	🚲	🚜
9	4	3	SP	35	9	2

Françoise SARRAT - 531.537 chemin de la Pierre - Mouraou - 83330 LE BEAUSSET - Tél. : 04 94 98 73 82 - E-mail : perso.wanadoo.fr/regalides/gites.HTM

Var

Provence-Alpes-Côte-d'Azur

LE BEAUSSET Le Vallon

3 ch. **Hyères et Iles d'Or 35 km. Bandol 10 km.** Bienvenue au Vallon, havre de paix dans la colline, piscine, jardin arboré et fleuri. En rez-de-chaussée 3 chambres de charme 2 lits 1 place modulables, salle d'eau, wc indépendant. 1 chambre avec terrasse privative. buanderie, cuisine d'été. Langue parlée : anglais.

Prix : 1 pers. 53 € 2 pers. 61 € pers. sup. 15 €
Ouvert : Toute l'année.

🐕	⛱	🎾	🏃	♨♨♨	🏊	⌖	🏛	⛵
11	2	2	9	SP	37	11	2	

Elisabeth et Frank GUIBERT DE BRUET - Le Vallon - 1253, chemin de la Baro Nuecho - 83330 LE BEAUSSET - Tél. : 04 94 98 62 97 - ou 06 88 26 81 88 E-mail : le-vallon@club-internet.fr

LE BEAUSSET Les Cancades

4 ch. **Toulon 17 km.** 4 chambres d'hôtes dans la maison du propriétaire sur un terrain de 5000 m² clôturé coin verdure, calme exceptionnel. Cuisine extérieure entièrement équipée, salons de jardin dans parc. Circuit du Castellet. En rez-de-chaussée, 1 chambre avec jardin indépendant salon de jardin 2 lits 1 pl. salle d'eau, wc. Au 1er 1 chambre 2 lits 1 pl. salle de bains, wc. 1 chambre 1 lit 2 pl. salle d'eau, wc. 1 chambre 2 lits 1 pl. salle d'eau, wc.

Prix : 2 pers. 68 € pers. sup. 15 €
Ouvert : Toute l'année.

🐕	⛱	🎾	🏃	♨♨♨	🏊	⌖	🏛	⛵
	10	4	0,5	10	SP	50	17	1

Charlotte et Marceau ZERBIB - Les Cancades - Ch. Fontaine 5 Sous N°1195 - 83330 LE BEAUSSET - Tél. : 04 94 98 76 93 - Fax : 04 94 90 24 63 - charlotte.zerbib@wanadoo.fr ou SR : 04 94 50 93 93

BELGENTIER La Rouvière (TH)

2 ch. **Hyères 18 km.** Dans environnement calme et fleuri, au cœur d'une pinède à 20 mn des plages, villa provençale avec piscine, terrasse couverte, salons de jardin. Iles d'or nombreux circuits GR. Au rez-de-chaussée 1 chambre 2 lits 1 place, salle de bains, wc. Au 1er étage 1 grande chambre 1 lit 2 places, 1 lit 1 place, salle d'eau wc.

Prix : 2 pers. 44/46 € 3 pers. 60 € pers. sup. 13 € repas 15 €
Ouvert : Toute l'année.

🐕	⛱	🎾	🏃	♨♨♨	🏊	⌖	🏛	⛵
	20	2	1		25	17	2	

Daniel BISSUEL - La Rouvière - 83210 BELGENTIER - Tél. : 04 94 48 94 40

BESSE-SUR-ISSOLE (TH)

4 ch. Henri et Ursula vous ouvrent leurs portes pour des vacances de qualité. Cette belle demeure est nichée au centre d'un village pittoresque. Ancienne chapelle des pénitents du XVIIe, entièrement restaurée par ses propriétaires architectes, a su conserver tout son charme. Lac de 4 ha à 200 m. 4 chambres personnalisées avec douche et wc privés. 2 chambres 2 lits 1 places, 1 chambre 3 lits 1 places, 1 chambre 1 lit 1 place et 1 lit 2 places. Grand salon avec cheminée, bibliothèque, piano, cour fleurie avec terrasse, salon de jardin, relax. Langues parlées : anglais, allemand.

Prix : 1 pers. 43 € 2 pers. 62 € 3 pers. 81 € repas 25 €
Ouvert : D'avril à octobre.

🐕	⛱	🎾	🏃	♨♨♨	🏊	⌖	🏛	⛵
	40	0,5	0,8	0,2	5	40	40	0,7

Henri et Ursula THONI - 38 rue Jean Aicard - Maison St-Louis - 83890 BESSE-SUR-ISSOLE - Tél. : 04 94 69 82 23 ou 06 87 13 60 38 - Fax : 04 94 69 82 06 - www.maison-st-louis.ch

BRAS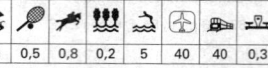

6 ch. En pleine campagne au cœur d'un domaine de 170 ha. 6 chambres d'hôtes rénovées, avec grand confort dans plusieurs batiments d'une ancienne ferme. Accès patio ombragé, salle de repos lecture et vidéo. Grande cuisine séjour. Promenades dans les vignes et collines, calme et nature. 6 chambres 2 personnes, avec salle d'eau ou salle de bains wc. Téléphone et TV. Tarifs pour une personne : 105 € (« 3 petits cochons » et « Les Chênes »), 100 € (« Lune de miel » et « Les Vignes »), 90 € (« Le temps » et « Les Anges »). Langues parlées : anglais, allemand.

Prix : 1 pers. 105 € pers. sup. 8 € repas 25 €

🐕	⛱	🎾	🏃	♨♨♨	🏊	⌖	🏛	⛵
	60	10	20	20	SP	45	45	7

Claude et Martina FUSSLER - SARL Une Campagne en Provence - Le Peyrourier - 83149 BRAS - Tél. : 04 98 05 10 20 - Fax : 04 98 05 10 21 - E-mail : provence4u@hotmail.com - www.provence4u.com ou SR : 04 94 50 93 93

BRAS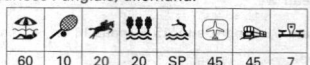

3 ch. **St-Maximin 9 km. Iles d'Or, Porquerolles et Port Cros 65 km.** Maison en campagne verte, sur la Ste Baume, entourée d'oliviers et de chênes. Piscine (7.20x3.30/1.70) et barbecue vous attendent autour de la table d'hôtes (plats régionaux et spécialités familiales). 20 km golf. 50 km verdon. Rez-de-chaussée : 1 suite 1 lit 2 places, salon, salle d'eau, wc acces indépendant (tarif 2 pers : 69 €). À l'étage : 1 chambre 2 lits 1 place salle de bains wc, 1 chambre 1 lit 2 places salle d'eau wc (tarif 2 personnes : 53 € la chambre).

Prix : 2 pers. 69 € pers. sup. 8 € repas 18 €
Ouvert : Toute l'année.

🐕	⛱	🎾	🏃	♨♨♨	🏊	⌖	🏛	⛵
	65	3	15	22	SP	65	60	0,7

Christine IMBERT - Les Restanques - Ancien chemin de Barjols - 83149 BRAS - Tél. : 04 94 69 96 13 ou 06 85 02 86 77 - Fax : 04 94 69 96 13 - E-mail : chistine.imbert@freesbee.fr - www.provenceweb.fr/83/lesrestanques

Provence-Alpes-Côte-d'Azur **Var**

BRAS

2 ch. **Cascades du Tombereau 3 km.** En campagne, calme, très ensoleillé, parking, randonnée à proximité GR99, rivière l'Argens amateur pour la pêche. Ecole nationale d'aikido au village pour stages. 2 chambres d'hôtes avec terrasse, salle d'eau et wc indépendant pour chaque chambre. 1 lit 1 pl et 1 lit 2 pl avec télévision et réfrigérateur pour une chambre et l'autre avec 1 lit 2 pl.

Prix : 1 pers. **34 €** 2 pers. **38 €** 3 pers. **46 €**
Ouvert : Toute l'année.

60	SP	5	SP	60	60	SP	

Lucette HERMITTE - Quartier des Routes - 83149 BRAS - Tél. : 04 94 69 90 80 ou 04 94 69 95 75 - Fax : 04 94 69 95 75

LE BRUSC-SIX-FOURS

1 ch. Dans l'aire toulonnaise, sur le cap Sicié à 400 m de la grande bleue dans un havre de verdure de calme et de fraicheur chez des agriculteurs de Provence, terrasse ombragée salon de jardin, terrain jeux de boules, barbecue, parking, produits de la ferme. 1 chambre 1 lit 160 ou 2 lits 80, salle d'eau wc, chauffage, kitchenette.

Prix : 1 pers. **55 €** 2 pers. **55 €**
Ouvert : Toute l'année.

0,4	1	1,5	0,4	3	25	12	0,5

MERCHEYER et SCHELL - Au Jardin de la Ferme - 688 chemin des Faisses - 83140 LE BRUSC-SIX-FOURS - Tél. : 04 94 34 01 07 - Fax : 04 94 34 09 37 - E-mail : jardin@pacwan.fr - www.provenceweb.fr/83/jardin/

LA CADIERE-D'AZUR

1 ch. Dans un petit hameau surplombant les vignobles. Terrasse ombragée, parking indépendant. Jeux de boules. 1 chambre studio avec kitchenette 1 lit 2 places, salle de bains, wc indépendant.

Prix : 1 pers. **40 €** 2 pers. **45 €**
Ouvert : De Pâques à Toussaint.

6	2	5	6	12	45	6	1

Henri et Eliane MONTEFUSCO - Quartier le Moutin - 638 chemin de l'Argile - 83740 LA CADIERE-D'AZUR - Tél. : 04 94 90 13 88

CALLAS

4 ch. **Draguignan 10 km.** Grande villa provençale au calme, au milieu des pins, jardin ombragé, terrasse, terrain clos, piscine (12,50 x 6 prof. 2,20 m), parking, cuisine d'été, barbecue, chaises longues. A l'étage, 4 suites de 2 chambres (studios de 36 à 44 m²) décoration personnalisée, accès indépendant, literie de qualité (160x200) salle d'eau, wc, réfrigérateur. Entre mer et Gorges du Verdon, à 10 km villages perchés. Langue parlée : anglais.

Prix : 1 pers. **46 €** 2 pers. **50 €** 3 pers. **59 €** pers. sup. **9 €**
Ouvert : Toute l'année.

35	4	5	100	25	4	

Dominique FOEX - Pays Cavier Occidental - Route de Grasse - 83830 CALLAS - Tél. : 04 94 47 86 71 - Fax : 04 94 47 86 71

CAMPS-LA-SOURCE

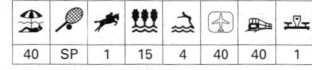

3 ch. Après un bain de soleil au bord de la mer venez vous rafraichir dans la belle demeure des « Roches Dures », au calme, au milieu des pins et romarins, de la lavande. Chambres décorées aux couleurs de la Provence. 2 fois par semaine, Charlotte vous concoctera des repas aux saveurs méditerranéennes. Tennis sur place, terrasse. 3 chambres d'hôtes avec TV. 1 lit 2 places, salle de bains avec wc pour 2 chambres dont 1 en 3 épis. 1 lit 2 places, salle de bains et wc indépendant pour l'autre chambre. Service buanderie. Téléphone téléséjour accessible. Equipement pour accueillir un bébé. Langues parlées : anglais, italien.

Prix : 1 pers. **46 €** 2 pers. **53 €** pers. sup. **15 €** repas **20 €**
Ouvert : Toute l'année.

40	SP	1	15	4	40	40	1

Charlotte LUCIANI - Les Roches Dures - Quartier des Roucassedes - 83170 CAMPS-LA-SOURCE - Tél. : 04 94 80 85 16 - Fax : 04 94 80 85 16 - E-mail : rochesdures@aol.com - http://members.aol.com/rochesdures/lesroches.html -ou SR : 04 94 50 93 93

LE CANNET-DES-MAURES La Grand Pièce

1 ch. **St-Tropez 25 km.** Sur une exploitation agricole de 20 ha, calme, campagne à 10 km du village, terrain, terrasse, salon de jardin pour petit déjeuner, entrée indépendante, piscine, barbecue. Abbaye du Thoronet, Chartreuse de la Verne. Une chambre pour 2 personnes avec 1 lit 2 places, salle de bains WC. TV. Possibilité de contrat pour la semaine.

Prix : 2 pers. **43 €**
Ouvert : D'avril à octobre.

25	10	10	2,5	SP	50	15	10

Jacqueline FRISON-IMBERNON - La Grand Pièce - 83340 LE CANNET-DES-MAURES - Tél. : 04 94 60 01 87 - Fax : 04 94 60 01 87 ou SR : 04 94 50 93 93

Var
Provence-Alpes-Côte-d'Azur

LE CANNET-DES-MAURES

4 ch. Monique vous accueille dans sa bastide en pierre « La Gîthomière » située dans un parc de 3 ha, dominant une vaste plaine de pins parasols et le massif des Maures. Terrasse ombragée de 50 m² avec salon de jardin, piscine en pleine nature, jeu de boule, billard, bibliothèque, salon de 100 m² avec cheminée, TV et musique. 4 chambres dont : 2 chambres de 3 pers. avec salle de bains wc, 1 chambre de 2 pers. avec salle de bains wc, 1 chambre de 2 pers. avec salle d'eau wc. Langue parlée : anglais.

Prix : 1 pers. **53 €** 2 pers. **61 €** 3 pers. **73 €**
Ouvert : De février à décembre inclus.

🐕	⛱	🎾	🏃	♨♨♨	🏊	🌀	⛴
35	5	7	2	SP	60	15	5

Monique FAUVET - Route de St-Tropez - La Gîthomière - 83340 LE CANNET-DES-MAURES - **Tél. : 04 94 60 81 50 ou 06 13 27 94 94** - **Fax : 04 94 60 81 50** - http ://PROVENCE-WEB

LE CANNET-DES-MAURES La Haute Verrerie

2 ch. Bernard et Véronique vous accueillent dans une ancienne verrerie du 19e typiquement provençale, campagne en bordure du Massif des Maures. Salon de jardin, chaises longues, piscine, salon, bibliothèque. V.T.T., ping-pong. Au 1er étage, « Saumon » grande chambre 19 m² 2/3 pers. avec 1 lit 2 places, salle d'eau wc. TV. Au 2e étage, « Jaune » grande chambre mansardée 3/4 pers. avec 1 lit 1 place et 1 lit 2 places, salle d'eau wc, solarium. TV. Equipement pour bébé. Langue parlée : anglais.

Prix : 1 pers. **38 €** 2 pers. **49 €** 3 pers. **59 €** pers. sup. **11 €**
Ouvert : Toute l'année.

🐕	⛱	🎾	🏃	♨♨♨	🏊	🌀	⛴
25	3	4	2	SP	60	15	3

Bernard BRUN - La Haute Verrerie - Route de St-Tropez - 83340 LE CANNET-DES-MAURES - **Tél. : 04 94 47 95 51**

COLLOBRIERES La Bastide de la Cabrière   (TH)

3 ch. Un couple « de paysans » les pieds sur terre et la tête dans les étoiles, vous offre au cœur des Maures, dans maison restaurée, à 600 m route, dans un oasis de verdure au milieu du calme et du silence. Piscine clôturée de salon de jardin, salon, bibliothèque. 3 chambres pour 2 personnes, 1 chambre pour 3 personnes, toutes avec entrée indépendante, salle d'eau ou bains, wc. Langue parlée : anglais.

Prix : 2 pers. **105 €** repas **34 €**
Ouvert : Toute l'année.

🐕	⛱	🎾	🏃	♨♨♨	🏊	🌀	⛴
20	6	SP	SP	30	50		6

Loic DE SALENEUVE - La Bastide de la Cabrière - 83610 COLLOBRIERES - **Tél. : 04 94 48 04 31** - **Fax : 04 94 48 09 90** - E-mail : loic.de.saleneuve@libertysurf.fr - www.provenceweb.fr/83/cabriere ou SR : 04 94 50 93 93

COTIGNAC Domaine de Nestuby   (TH)

4 ch. Nathalie et Jean-François dans une belle bastide du XIX entièrement restaurée située au cœur du vignoble du domaine (45 ha). Vous aimerez l'atmosphère chaleureuse de cette demeure typique au couleur de la Provence. Beaux meubles régionaux et tissus ensoleillés. Une étape pleine de charme. 4 chambres (dont 1 très vaste) avec sanitaires privés. 1 chambre 1 lit 1 place, 1 lit 2 places, 1 chambre 1 lit 2 places, 1 chambre 2 lits 1 place, 1 chambre 2 lits 1 place et 1 lit 2 places. Salon bibliothèque TV et chaine hifi, jardin, salon de jardin, piscine, jeux pour enfants. Langue parlée : anglais.

Prix : 1 pers. **61 €** 2 pers. **61 €** 3 pers. **67 €** pers. sup. **13 €** repas **18 €**
Ouvert : Du 1er mars au 30 octobre.

🐕	⛱	🎾	🏃	♨♨♨	🏊	🌀	⛴
60	5	10	11	10	70	30	5

Nathalie ROUBAUD - Domaine de Nestuby - 83570 COTIGNAC - **Tél. : 04 94 04 60 02 ou 04 94 04 79 22** - **Fax : 04 94 04 79 22** - E-mail : nestuby@wanadoo.fr

CUERS

C.M. N Pli N

1 ch. Toulon 20 km. Hyères 20 km. Maison récente de style provençal sur terrain arboré 2600 m² et clôturé, parking, salon de jardin, piscine sur place. Rez-de-chaussée 1 chambre indépendant avec 1 lit 2 places, salle d'eau, wc. Langues parlées : anglais, italien.

Prix : 1 pers. **38 €** 2 pers. **43 €**
Ouvert : De février à novembre.

🐕	⛱	🎾	🏃	♨♨♨	🏊	🌀	⛴
20	1,5	1	20	20	20	3	1,5

Pierre et Mireille PITZALIS - Chemin des Pradets les Veys - 83390 CUERS - **Tél. : 04 94 48 69 59 ou 06 08 85 86 06** - **Fax : 04 94 48 69 59**

DRAGUIGNAN La Vaugine

1 ch. Plages 30 mn. St-Tropez 45 mn. Venez découvrir la vie au calme du Clos Fonsainte, arboré de fruitiers, oliviers et cyprès, dans une villa décorée de patines provençales. Un accueil chaleureux vous sera réservé par les propriétaires qui se feront un grand plaisir de vous faire découvrir et partager les richesses de leur belle région. Une étape à ne pas manquer. Une chambre en rez-de-jardin, avec sanitaires privés et literie de qualité, possibilité cuisine équipée, accès par terrasse indépendante avec vue imprenable sur le Massif des Maures, petit déjeuner gourmand aux fruits et produits de la propriété. Piscine.

Prix : 1 pers. **49 €** 2 pers. **59 €**
Ouvert : Toute l'année.

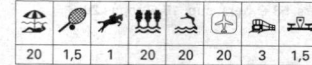

🐕	⛱	🎾	🏃	♨♨♨	🏊	🌀	⛴
30	3	3	0,3	SP	100	4	3

Daniel POUTET - 2557, avenue de la Vaugine - 83300 DRAGUIGNAN - **Tél. : 04 94 68 22 03** - **Fax : 04 94 47 26 38 ou SR : 04 94 50 93 93**

Provence-Alpes-Côte-d'Azur **Var**

EVENOS Mas du Cimai (TH)

3 ch. Sanary 12 km. Bandol 14 km. Ancienne ferme viticole rénovée, située dans un cadre exceptionnel. En rez-de-chaussée 2 chambres donnant sur une terrasse ombragée avec salon de jardin. Vue sur les falaises et les restanques. Randonnées escalade à 800 m.

Prix : 1 pers. **43** € 2 pers. **47** € 3 pers. **60** € repas **17** €
Ouvert : Toute l'année.

🐕	⛱	🎾	🏃	🏊	🌀	🏘	⛴
12	5	4	12	30	12	2,5	

Frédéric CERDAN - Le Mas du Cimai - 83330 EVENOS - Tél. : 04 94 25 28 41 ou 04 94 74 49 56 - Fax : 04 94 90 34 74 -
E-mail : cerdan-frderic@hotmail.com - http://multimania.com/lemas ducimai

FAYENCE Les Suanes Hautes

5 ch. Mas provençal en pierres, rénové en 1995 sur propriété de 2 ha, terrain, terrasse, salon de jardin, billard, parking. En r.d.c. : 1 chambre 1 lit 1 pers., sur mezzanine 1 lit 2 pers., coin-cuisine, salle d'eau, wc. Au 1er : 2 chambres 2 lit 1 pers., salle d'eau wc. Au 2e : 2 chambres 1 lit 2 pers. et 4 lits 1 pers., salle d'eau wc, TVC, coin-cuisine indépendant.

Prix : 1 pers. **37** € 2 pers. **45** € 3 pers. **52** € pers. sup. **8** €
Ouvert : Toute l'année.

🐕	⛱	🎾	🏃	🌳	🏊	🏘	⛴
35	7	7	17	7	70	27	7

Eric HEREMANS - Les Suanes Hautes - 83440 FAYANCE - Tél. : 04 94 76 11 28 ou SR : 04 94 50 93 93

FAYENCE Maison « Les Oliviers » (TH)

1 ch. La « Petite maison », située dans un cadre plein de charme, aux senteurs de Provence avec l'accueil chaleureux de son propriétaire est prête à vous accueillir pour passer une nuit au calme ou de véritables vacances. Piscine sur place. Chambre de style provençale avec 1 lit 2 places, salle d'eau wc accès extérieur. Chauffage électrique.

Prix : 1 pers. **34** € 2 pers. **46** € repas **14** €
Ouvert : Du 1er avril au 30 octobre.

🐕	⛱	🎾	🏃	🏊	🌀	🏘	⛴
30	2	15	10	1,5	70	30	1,5

Michèle LEDOUX - Maison des Oliviers - Quartier La Bernarde - 83440 FAYENCE - Tél. : 04 94 76 04 72 - http ://fayence83.ifrance.com

FAYENCE Villa « Tonton Nini » (TH)

3 ch. Nicole et Pierre sont heureux de vous accueillir dans leur villa en plein nature sur un terrain de 3000 m² bordé de sentiers balisés pour vos randonnées pédestres ou en VTT. Piscine, parking, terrasse, salon de jardin, ping-pong, terrain de pétanque. Un coin cuisine entièrement amenagé et mis a votre disposition ainsi qu'une salle de repos. Trois chambres avec chacune 1 lit 2 pl.

Prix : 1 pers. **41** € 2 pers. **50** € repas **14** €
Ouvert : Toute l'année.

🐕	⛱	🎾	🏃	🏊	🌀	🏘	⛴
30	4	10	12	4	60	30	4

Pierre GUYOT - Villa Tonton Nini - quartier Jaumillot - 83440 FAYENCE - Tél. : 04 94 76 10 77 ou 06 81 79 82 99

FIGANIERES

2 ch. Dans un cadre agréable de verdure dans l'arrière pays varois, « Les Lavandines » vous accueillent dans leurs chambres d'hôtes au rez-de-chaussée de la maison des propriétaires, terrain de 3500 m², terrasse, salon de jardin, séjour TV. Une chambre avec 1 lit 2 places, une chambre avec 2 lits 1 place, chacune une salle d'eau WC. Langues parlées : anglais, italien.

Prix : 2 pers. **43** € pers. sup. **15** €
Ouvert : Toute l'année.

🐕	⛱	🎾	🏃	🏊	🌀	🏘	⛴
25	2	2,5	3,5	2	90	15	2

Marie-Paule PERNOT - Quartier St-Pons - Les Lavandines - 83830 FIGANIERES - Tél. : 04 94 67 91 77 ou 06 07 65 30 25

FIGANIERES (TH)

2 ch. Gorges du Verdon 30 km. Sanary 20 km. Dominique et Jean-Claude vous accueillent dans leur villa à flanc de côteau dominant le village, jardin paysager de 4000 m², calme, charme et confort. Décoration de charme provençal. Terrasse privative avec mobilier de jardin, bibliothèque, jeux. Table d'hôtes. Deux suites de 30 m² avec accès indépendant, chacune 1 chambre avec 1 lit 2 places, salon, salle d'eau WC, réfrigérateur. Langues parlées : anglais, espagnol.

Prix : 1 pers. **40** € 2 pers. **44** € 3 pers. **59** € pers. sup. **15** € repas **16** €
Ouvert : Toute l'année.

🐕	⛱	🎾	🏃	🏊	🌀	🏘	⛴
30	1,5	10	1	1,5	70	21	0,5

Dominique DEFAMIE - Avenue des Marthes - Le Mas des Oliviers - 83830 FIGANIERES - Tél. : 04 94 67 91 74 - Fax : 04 94 67 91 74 -
E-mail : defamie@univ-tln.fr ou SR : 04 94 50 93 93

Var

Provence-Alpes-Côte-d'Azur

FORCALQUEIRET

3 ch. Maison ancienne de 200 ans, dans le village, comprenant 3 chambres d'hôtes. Jardin paysager, barbecue, four à pizza. Face au grand parking communal. 3 chambres d'hôtes : 1 chambre pour 1 pers. salle d'eau wc, 1 chambre pour 2 pers. salle de bains wc, 1 chambre pour 4 pers. salle d'eau wc. Télévision, salon bibliothèque, billard français. Table d'hôtes sur réservation. Langues parlées : anglais, italien.

Prix : 1 pers. **30** € 2 pers. **38** € 3 pers. **53** € repas **18** €
Ouvert : Toute l'année.

35	SP	1	5	3	40	35	SP

Jean-Claude PERNOUD - Arche Accueil - 24 avenue Frédéric Mistral - 83136 FORCALQUEIRET - Tél. : 04 94 69 69 94 ou 04 94 86 66 81 - Fax : 04 94 69 69 90 - E-mail : Arche.Accueil@wanadoo.fr

FREJUS

6 ch. Au cœur d'une exploitation fruitière, bâtisse du XVIII° siècle, 6 chambres d'hôtes dont 2 suites. Salon avec cheminée, terrasse, barbecue et jeu d'enfants. 1 suite avec 3 lits 1 pl, 1 suite avec 4 lits 1 pl et 4 chambres avec 2 lit 1 pl, toutes avec une salle d'eau wc indépendant et TV. Equipement bébé. Langues parlées : anglais, italien.

Prix : 1 pers. **42** € 2 pers. **49** € 3 pers. **65** € pers. sup. **16** € repas **19** €
Ouvert : De Pâques à la Toussaint.

6	6	6	6	6	60	6	6

Jean ARTAUD - Les Vergers de Montourey - 83600 FREJUS - Tél. : 04 94 40 85 76 - Fax : 04 94 40 85 76 - E-mail : arttotof@wanadoo.fr ou SR : 04 94 50 93 93

FREJUS

2 ch. Deux chambres d'hôtes au rez-de-chaussée de la maison du propriétaire. Jardin, parking sur place. Fréjus ville romaine aux nombreux vestiges, arènes, corniches d'or de St-Raphaël. Nombreux circuits de randonnées pédestres. Une ch. avec 1 lit 2 pers., coin-toilette, douche et 1 ch. 1 lit 2 pers., coin-toilette, douche, wc commun.

Prix : 1 pers. **34** € 2 pers. **41** € 3 pers. **47** €
Ouvert : Toute l'année.

1	1	4	4	0,3	SP

Hélène RIVIERE - 282 boulevard Séverin Decuers - 83600 FREJUS - Tél. : 04 94 53 71 33 ou SR : 04 94 50 93 93

LA GARDE-FREINET

1 ch. **St-Tropez 17 km.** Dans la colline, avec vue dominante sur le massif des Maures et le golfe de St Tropez, terrasse, salon de jardin, pisicne (10x4,5), terrain 1 ha. Bibliothèque, jeux de boules. Nombreuses randonnées. Piscine sur place. Chambre indépendant attenante à la maison des propriétaires située sur 1 ha. 1 lit 2 pl, salle d'eau et wc.

Prix : 2 pers. **53** €
Ouvert : Toute l'année.

17	7	SP	60	30	3

Elyane DARGENT - Chemin de la Court - Longo Mai - 83680 LA GARDE-FREINET - Tél. : 04 94 43 68 03 - Fax : 04 94 43 68 03

GINASSERVIS La Rougonne

3 ch. Une vieille bastide du XIV° siècle, accrochée à la colline et dominant la plaine, meublée d'ancien et où chaque objet a une histoire. Là vit le petit monde de la Rougonne, utopiste et passionné, qui aimerait partager avec vous les conversations, les idées, les éclats de rire, la bonne chaire et son enthousiasme pour le pays de Giono. 3 suites avec télévision et sanitaires privés, 2 chambres 1 lit 1 place + 1 lit 2 places, salle d'eau wc et 1 chambre 2 lits 1 place salle d'eau wc, billard, bibliothèque, cheminées, salons. Langue parlée : anglais.

Prix : 1 pers. **66** € 2 pers. **69** € 3 pers. **84** € pers. sup. **15** € repas **20** €
Ouvert : Du 1er mars au 30 décembre.

90	3,5	10	10	3	90	30	3

Jean-Marie PERRIER - La Rougonne - 83560 GINASSERVIS - Tél. : 04 94 80 11 31 ou 06 82 57 18 69

GINASSERVIS La Garonne

2 ch. Dans une ancienne bâtisse du 18e siècle, typiquement provençale, en pleine campagne, 7 ha dont une partie clôturée, terrasse avec salon de jardin. 2 chambres d'hôtes de 30 m². En rez-de-chaussée, 1 chambre 1 lit 2 places + 1 lit d'appoint, salle d'eau, wc, accès sur jardin, au 1er, 1 chambre mansardée (hauteur de 2 m à 1,5 m) de 2 à 4 personnes, 4 lits 1 place, salle d'eau wc, salon commun avec cheminée. Equipement bébé. Langues parlées : anglais, italien.

Prix : 1 pers. **46** € 2 pers. **46** € 3 pers. **61** € pers. sup. **15** €
Ouvert : Toute l'année.

80	4	15	20	4	75	20	11

Sibylle DE MAISONSEUL - La Garonne - Chemin de la Roque - 83560 GINASSERVIS - Tél. : 04 94 80 14 00 - Fax : 04 94 80 19 04 - E-mail : setj@club.internet.fr ou SR : 04 94 50 93 93

Provence-Alpes-Côte-d'Azur — Var

GINASSERVIS Domaine d'Espagne (TH)

3 ch. St-Maximin et Manosque 25 km. Aix-en-Provence 40 km. Dans un domaine agricole, à proximité de 2 gîtes, terrasse avec salon de jardin. Produits fermiers sur place, randonnées pédestres, Gorges du Verdon pour amateurs de rafting. 3 chambres d'hôtes en rez-de-chaussée : 1 lit 2 places, 1 lit 1 place, salle de bains wc dans chacunes. Langue parlée : anglais.

Prix : 1 pers. 42 € 2 pers. 50 € 3 pers. 65 € pers. sup. 17 €
repas 19 €

Ouvert : Du 15 février au 31 décembre.

80	5	13	13	5	80	25	5

Paule GRECH - Domaine Espagne - 83560 GINASSERVIS - Tél. : 04 94 80 11 03 - Fax : 04 94 80 12 07

GRIMAUD

1 ch. Au cœur du golfe de St-Tropez se trouve le joli village de Grimaud, M.C et Jean-Pierre vous le feront apprécier ainsi que le port de Grimaud, plein de poésie et de bons restaurants. A la Chamade, vous trouverez calme, charme et courtoisie. Piscine sur place, parking, chevaux à proximité. Nous vous offrons 1 chambre avec entrée indépendante, salle d'eau wc, jardin ou véranda. Langue parlée : anglais.

Prix : 2 pers. 65 €

Ouvert : Du 15 mai au 15 novembre.

3	2	1,5	3	SP	30	30	1

Jean-Pierre MARTIN - Villa la Chamade - Quartier des Vassaux - 83310 GRIMAUD - Tél. : 04 94 43 27 30 ou 06 71 70 66 61

GRIMAUD La Paressanne

3 ch. Port-Grimaud 2 km. St-Tropez 9 km. Cette très belle demeure avec situation exceptionnelle dans le golfe de St-Tropez entourée de pins et de vignes, bordée d'un ruisseau, au calme, sa piscine a débordement la font surnommer « Le petit paradis » par leurs hôtes. 3 chambres 2 et 3 pers. avec terrasses privées et entrées indépendantes, salle de bains wc et téléviseur. Jeu de boules, parking. Tarif préf. en Basse Saison : 55 €. Langue parlée : anglais.

Prix : 1 pers. 75 € 2 pers. 75 € 3 pers. 90 € pers. sup. 15 €

Ouvert : Toute l'année.

2	1,5	1	SP	30	30	1,5

Catherine BARTH - La Paressanne - Route du Plan de la Tour - 83310 GRIMAUD - Tél. : 04 94 56 83 33 ou 06 80 67 16 36 - Fax : 04 94 56 01 94

GRIMAUD Domaine du Prignon

3 ch. St-Tropez 15 km. A 10 mn de la mer, Christelle et Paul vous accueillent sur le vignoble de 12 ha dans 3 chambres de caractère. En rez-de-jardin avec terrasses privées, entrées indépendantes. Salon de jardin et transats à l'ombre des chênes, réfrigérateur, salon, bibliothèque. 1 chambre 1 lit 2 places salle d'eau, wc, 2 chambres 1 lit 2 places, salle d'eau wc. Equipement bébé. Langues parlées : anglais, espagnol.

Prix : 1 pers. 53 € 2 pers. 59 € pers. sup. 13 €

7	7	3	0,2	10	55	35	4

Paul BERTOLOTTO - Domaine du Prignon - 83310 GRIMAUD - Tél. : 04 94 43 34 84 ou 06 81 67 30 93

GRIMAUD Bastide de L'Avelan

4 ch. St-Tropez 10 km. Blottie à l'ombre des pins parasols, la Bastide de l'Avelan vous offre repos, calme et détente. En rez-de-jardin, entourée de vignes, à 2 mn du bord de la mer, salon de jardin, transats, piscine. Calanques, caps, baies. 4 chambres d'hôtes, dont 3 avec chacune 1 lit 2 places, salle d'eau wc, et 1 chambre avec 2 lits 1 place, salle d'eau wc. Terrasse privée. Prix pour enfant supplémentaire 15 €. Langue parlée : anglais.

Prix : 2 pers. 65 €

Ouvert : Toute l'année.

1,5	1,5	1,5	SP	60	35	2

Patricia HERMANGE - Bastide de l'Avelan - Quartier Robert - 83310 GRIMAUD - Tél. : 04 94 43 25 79 - www.flv.fr

LES ISSAMBRES

1 ch. Dans un cadre agréable, au calme, "La Marmotte » vous propose une chambre d'hôtes avec vue sur mer. Terrain, terrasse couverte, piscine, salon de jardin, bar, salon d'été, transats, bibliothèque. Entrée indépendante, jardin clos pour voiture. A proximité de toute commodité. Plage à 800 m. En rez-de-jardin, une chambre 1 lit 2 places, avec télévision, salle d'eau wc.

Prix : 1 pers. 61 € 2 pers. 69 €

Ouvert : De mai à octobre.

0,8	1,5	SP	75	18	0,8

Andrée LEPINE - 74 impasse de Peneque - Villa Marmotte - 83380 LES ISSAMBRES - Tél. : 04 94 49 42 96 ou SR : 04 94 50 93 93

Var

Provence-Alpes-Côte-d'Azur

LORGUES

5 ch. Teresa et Dino vous accueillent, à 30 mn de la mer, dans leur maison au cœur d'un vaste parc arboré et calme de 2 ha (pinède, grande diversité d'arbres à fleurs et à fruits, arbustes, massifs). Piscine de forme libre et paysagée avec cascade et plongeoir. Terrasse, mobilier de jardin et piscine, jeux d'enfants. Très grand salon avec bar, table d'hôtes. 5 chambres toutes équipées d'une salle d'eau avec wc, et d'une télévision. Langues parlées : italien, espagnol.

Prix : 2 pers. **61 €** 3 pers. **75 €** pers. sup. **14 €** repas **27 €**
Ouvert : Toute l'année.

🐕	⛱	🎾	🏃	♨	🏊	🏭	🚴
35	5	3	5	5	75	8	5

Dino DISCACCIATI - 1614, route de Vidauban - La Matabone - 83510 LORGUES - Tél. : 04 94 67 62 06 - Fax : 04 94 67 62 06 ou SR : 04 94 50 93 93

LORGUES Domaine St-Jean-Baptiste

3 ch. Bâtisse provençale dans un domaine viticole au cadre agréable, vous serez accueillis par des vignerons qui vous feront découvrir l'amour de leur métier. Dégustation de vins à la cave, suggestions de visites et activités pour petits et grands, promenades d'une journée. Une suite de 2 chambres « Festival » avec 3 lits 1 place et 1 lit 2 places, salle de bains WC. Une chambre « Bacchus » avec 1 lit 2 places, salle de bains WC. Une chambre « Vigne » avec 1 lit 1 place et 1 convertible 2 places, salle de bains WC. Langues parlées : anglais, allemand.

Prix : 2 pers. **50 €** pers. sup. **16 €**
Ouvert : De février à décembre inclus.

🐕	⛱	🎾	🏃	♨	🏊	🏭	🚴
35	2	2,5	8	2	85	10	1

Brigitte GRIVET - Domaine St-Jean-Baptiste - 83510 LORGUES - Tél. : 04 94 73 71 11 ou 06 07 42 81 59 - Fax : 04 94 73 26 91

LORGUES

5 ch. **Côte d'Azur 40 km. Gorges du Verdon 45 km. Abbaye de Thoronet 12 km.** 5 chambres d'hôtes dont 3 suites au calme à 4 km de Lorgues. Parc fleuri, parking. PISCINE d'avril à octobre car couverte. Terrasse, salon de jardin privatif, réfrigérateur. Cuisine d'été. TV dans les suites, TV dans le salon commun pour les autres chambres. Table d'hôtes.

Prix : 2 pers. **54 €** 3 pers. **68 €** pers. sup. **14 €** repas **19 €**
Ouvert : Toute l'année.

🐕	⛱	🎾	🏃	♨	🏊	🏭	🚴
40	4	4	20	4	70	16	4

Ghislaine PERIN - 3630, route de St-Antonin - 83510 LORGUES - Tél. : 04 94 73 91 97 - Fax : 04 94 73 91 97 - www.ehol.com

LE LUC-EN-PROVENCE Les Prés d'Audières

2 ch. La Calèche, à 2 km du centre du Luc dans un cadre ancien entouré de vignes et de bois, vous serez accueillis par Daniel et Nadia sur un terrain de 5000 m², calme. Piscine. Terrasse, salon de jardin, ping-pong, jeu de boules. Table d'hôtes. Une suite avec 2 chambres (1 lit 2 places et 1 lit 1 place), salle d'eau, WC. Une chambre studio avec 1 lit 2 places, coin-cuisine, salle d'eau WC. Equipement pour bébé.

Prix : 1 pers. **43 €** 2 pers. **50 €** 3 pers. **59 €**
Ouvert : Toute l'année.

🐕	⛱	🎾	🏃	♨	🏊	🏭	🚴
30	2	2	3	SP	15	15	2

Daniel et Nadia LELOUP - RN7 - Les Prés d'Audière - 83340 LE LUC - Tél. : 04 94 73 47 62 ou 06 88 15 71 87 - Fax : 04 94 73 47 62

LES MAYONS Domaine de la Fouquette

3 ch. **St-Tropez 25 km.** Michèle et Yves vous accueillent sur leur exploitation viticole et dans leur ferme de séjour avec vue panoramique sur la plaine des Maures. A l'étage, 3 chambres d'hôtes dont 2 chambres avec 1 lit 2 places et 1 chambre avec 1 lit 2 places et 1 lit 1 place. Salle d'eau et WC privatifs à chaque chambre. Table d'hôtes à la ferme de séjour. Télévision dans le salon. Equipement pour bébé.

Prix : 1 pers. **43 €** 2 pers. **48 €** 3 pers. **62 €** pers. sup. **15 €**
repas **16 €**

🐕	⛱	🎾	🏃	♨	🏊	🏭	🚴
25	2	10	5	10	30	25	5

Michèle et Yves AQUADRO - Domaine de la Fouquette - 83340 LES MAYONS - Tél. : 04 94 60 00 69 - Fax : 04 94 60 02 91

MOISSAC-BELLEVUE La Commanderie des Templiers   Alt. : 500 m

3 ch. Dans une bâtisse du VI° siècle de 300m², sur un terrain paysagé de 1 ha, ancienne dépendance rénovée dans un parc boisé et ombragé. Au cœur de la campagne varoise, à proximité du Lac et des Gorges du Verdon. Tous sports de plein air. Tranquilité absolue, idéal pour se reposer. 3 chambres d'hôtes avec salle de bains, wc, 1 lit 2 places chacunes, télévision sur demande. Equipement bébé. Langues parlées : allemand, anglais.

Prix : 1 pers. **77 €** 2 pers. **92 €** repas **23 €**
Ouvert : De Pâques à mi-octobre.

🐕	⛱	🎾	🏃	♨	🏊	🏭	🚴
70	5	5	10	5	140	40	5

Patrice LEVY - Chemin la Gineste - Commanderie des Templiers - 83630 MOISSAC-BELLEVUE - Tél. : 04 94 70 51 65 - Fax : 04 94 70 51 65 - E-mail : commanderie.aups@wanadoo.fr

Provence-Alpes-Côte-d'Azur — Var

MONTAUROUX

1 ch. Lac de St-Cassien 1,5 km. 1 suite de 2 chambres pouvant accueillir de 2 à 5 personnes, très bon confort. Terrain de 2500 m², salon de jardin. Accueil chaleureux, petit-déjeuner servi sur la terrasse ou en salle à manger selon le temps. Lac de St-Cassien : possibilité baignade, planche à voile, aviron. 1 chambre avec 1 lit 2 pl, 1 lit 1 pl, 1 lit BB et 1 chambre avec 2 lits 1 pl. Salle de bains, wc. Equipement bébé. Langue parlée : anglais.

Prix : 2 pers. **46 €** pers. sup. **12 €**
Ouvert : Toute l'année.

25	4	2	2	10	35	30	3

Pierre ROBARDET - Chemin de la Fontaine d'Aragon - 83440 MONTAUROUX - Tél. : 04 94 47 71 39 - Fax : 04 94 47 71 39 - E-mail : p.robardet@wanadoo.fr

MONTAUROUX

2 ch. Monique et Serge vous accueillent dans leur maison, au calme avec jardin paysage de 5000 m². Proche du lac de St Cassien, Grasse et St Raphaël. Piscine sur place. En rez de chaussée 1 chambre avec 1 lit 2 pl, salle d'eau wc et 1 chambre 2 lits 1 pl, salle d'eau wc. Chambres climatisées avec entrées indépendantes. Possibilité d'un lit enfant en supplément. Equipement bébé. Langues parlées : anglais, espagnol.

Prix : 1 pers. **38 €** 2 pers. **50 €** pers. sup. **12 €** repas **14 €**
Ouvert : Toute l'année.

25	4	0,5	0,6	SP	45	30	2

Serge et Monique VETREAC - Chemin des Esclapières - 83440 MONTAUROUX - Tél. : 04 94 76 46 55 ou 06 16 51 53 12 - E-mail : rufmuche@aol.com

MONTMEYAN Campagne St-Maurinet Alt. : 500 m

3 ch. Gorges du Verdon 5 km. Lac de Ste-Croix 15 km. Danièle et Vincent, agriculteurs, vous accueillent dans leur vieux mas adossé à la colline, champs de blé, prés, vue panoramique sur les Préalpes, donnant sur un tilleul centenaire, piscine sur place. Musée de la Préhistoire à Quinson, Moustiers-Ste-Marie 25 km. 3 chambres d'hôtes, dont 2 en rez-de-chaussée, une avec 2 lits 1 place salle d'eau wc, terrasse privée, et l'autre avec 1 lit 2 places, salle d'eau wc, au 1er étage, 1 chambre 3 lits 1 place, salle d'eau wc, cuisine d'été. Equipement bébé. Langues parlées : arabe, anglais.

Prix : 1 pers. **46 €** 2 pers. **49 €** 3 pers. **64 €** pers. sup. **15 €**
Ouvert : Toute l'année.

70	1	15	5	SP	90	40	1

Dany et Vincent GONFOND - Campagne St-Maurinet - Route de Quinson - 83670 MONTMEYAN - Tél. : 04 94 80 78 03 - Fax : 04 94 80 78 03

MONTMEYAN La Grande Roquette

2 ch. Gorges du verdon et musée de la Préhistoire 3 km. Dans une bastide du XVIIe siècle, au cœur d'un domaine familial de 240 ha, parking, barbecue. Equipement bébé. 2 chambres d'hôtes, dont une au rez-de-chaussée, 2 lits 1 place, kitchenette, salle d'eau, wc, l'autre à l'étage avec living, cuisine, 2 lits 1 place, wc + mezzanine 2 lits 1 place, salle d'eau, salle commune voûtée du XIIe siècle, bibliothèque, jeux de société. Langue parlée : anglais.

Prix : 1 pers. **47 €** 2 pers. **50 €** 3 pers. **70 €** pers. sup. **15 €**
Ouvert : Toute l'année.

70	3	15	3	3	85	45	3

Pascalette DE FORESTA - Dom de la Roquette - 83670 MONTMEYAN - Tél. : 04 94 80 79 08 ou 01 44 35 64 09 - Fax : 04 94 80 74 44

MONTMEYAN La Ferrage

5 ch. Gorges et Lac du Verdon (Gréoux, Quinson et Ste-Croix) 7 km. Au pied du village, Dany et Louis vous accueillent dans leur belle demeure. Terrasse, petit terrain avec vue magnifique sur les Préalpes. Parking fermé. Musée de la Préhistoire à QUINSON. 5 chambres, dont 2 en rez-de-chaussée, avec entrées indépendantes, salle d'eau, wc. Langue parlée : italien.

Prix : 1 pers. **40 €** 2 pers. **45 €** pers. sup. **15 €**
Ouvert : Toute l'année.

70	0,3	20	7	7	100	70	0,2

Louis et Dany FONTICELLI - La Ferrage - Route de Riez - 83670 MONTMEYAN - Tél. : 04 94 80 72 84 - Fax : 04 94 80 72 84 ou SR : 04 94 50 93 93

LE MUY Château du Rouët

1 ch. Au pied des falaises rouges de l'Estérel, dans une exploitation viticole, bastide du XVIIIe. Parc exceptionnel avec bassin. Golf et randonnées à proximité. A l'étage, une chambre spacieuse (40m²) avec 1 lit 2 places et 2 lits 1 place, salle de bains, WC indépendant, kitchenette séjour, cheminée (bois fourni). Equipement pour bébé. Langue parlée : espagnol.

Prix : 2 pers. **69 €**
Ouvert : Toute l'année.

18	6	5	16	80	20	4

Germaine et Bernard SAVATIER - Château du Rouët - 83490 LE MUY - Tél. : 04 94 99 25 60 ou 04 94 99 21 10 - Fax : 04 94 99 20 42

Var

Provence-Alpes-Côte-d'Azur

NEOULES

5 ch. Jolie maison de style provençal dans un cadre de verdure. Piscine (10x5 m de 0.80 à 2.30 m) pétanque, tennis, vtt, tennis de table. Terrasse privative pour chaque chambre. Terrain de 15 ha, parking. Séjour cheminée, cuisine extérieure, barbecue. Rez-de-chaussée : 5 chambres d'hôtes dont 1 suite de 2 chambres avec 2 lits 2 places, salle de bains wc. 4 chambres avec chacune 1 lit de 2 places, salle d'eau wc.

Prix : 1 pers. 48 € 2 pers. 52 € 3 pers. 64 € pers. sup. 12 € repas 17 €
Ouvert : Toute l'année.

🐕	⛱	🎾	🏃	🎿	🏊	🌬	🏭	⛵
25	2	5	8	SP	28	30	2	

Yves et Edith SET-MARIE - Chemin des Grès - 470 Domaine de la Vidalière - 83136 NEOULES - Tél. : 04 94 72 71 26 ou 06 10 54 45 37 - Fax : 04 94 72 71 26 - E-mail : ysetmarie@net-up.com

NEOULES

2 ch. Vous êtes attendus à la villa Quicho Clau (étape de détente en Provence) sur une propriété au calme à 600 m du village. 2 chambres avec accès et terrasses privatifs. Cuisine d'été. Une chambre 2 pers. avec 1 lit 2 places, salle d'eau WC. Une chambre 2 pers. avec 1 lit 2 places, WC fermé dans salle d'eau. Langues parlées : anglais, espagnol.

Prix : 1 pers. 39 € 2 pers. 46 €
Ouvert : Toute l'année.

🐕	⛱	🎾	🏃	🎿	🏊	🌬	🏭	⛵
22	1	3	10	4	30	25	0,5	

Jacques MASINI - 441, chemin de la Guisette - 83136 NEOULES - Tél. : 04 94 72 73 13 ou 06 87 74 21 08 - http : // bnbnet.com

PIERREFEU Le Clos de Lette

C.M. N Pli N

4 ch. En pleine nature entre le massif des Maures et le vignobles des côtes de Provence, le clos de Lette. Simone et Alain viticulteur issus des plus anciennes familles du terroir vous accueillent dans un havre de paix de 2 ha. 2 chambres 2 lits 1 place et 2 chambres 1 lit 2 place, bains et wc privatifs. Accès extérieur indépendant de plain pied. Vue exeptionnelle. coin cuisine à disposition. Langues parlées : anglais, allemand.

Prix : 1 pers. 46 € 2 pers. 58 € 3 pers. 75 € pers. sup. 17 €
Ouvert : Toute l'année.

🐕	⛱	🎾	🏃	🎿	🏊	🌬	🏭	⛵
15	0,5	6	6	15	15	6	1	

Alain CASAL - SARL Dom Casal du Gré - Le Clos de Lette - 83390 PIERREFEU - Tél. : 04 94 48 21 71 - Fax : 04 94 48 21 71

PIGNANS Les Plaines

1 ch. Dans un site de verdure, calme, au milieu de vignes et oliviers, belle vue sur les Maures, une suite de 2 chambres. Piscine. Chaises longues, transat. Région propice aux découvertes touristiques et culturelles (Abbaye du Thoronet, Chartreuse de la Verne...). Sans vis-à-vis, une suite de 2 chambres au 1er étage, escalier en colimaçon étroit, 1 chambre avec 1 lit 1 place, 1 chambre avec 1 lit 2 paces, salle d'eau, WC indépendant. Salle à manger. TV.

Prix : 1 pers. 24 € 2 pers. 46 € 3 pers. 62 €
Ouvert : Toute l'année.

🐕	⛱	🎾	🏃	🎿	🏊	🌬	🏭	⛵
30	3	15	12	SP	30	5	3	

Monique ROGIER - Les Plaines - 83790 PIGNANS - Tél. : 04 94 48 85 80

PLAN-DE-LA-TOUR Le Clos San Peire

3 ch. Françoise et Gilles vous accueillent dans leur ancienne bergerie restaurée, 3 chambres d'hôtes et 2 gîtes. Terrain commun, terrasse privative, salon de jardin, relax. Piscine sur place. Table d'hôtes à la demande. A l'étage : 1 chambre avec 2 lits 1 place, salle d'eau, wc, 1 chambre avec 1 lit 2 places, salle de bains, wc, 1 chambre avec 1 lit 2 places, salle d'eau wc. Langues parlées : anglais, italien.

Prix : 2 pers. 61 € pers. sup. 13 € repas 22 €
Ouvert : Toute l'année.

🐕	⛱	🎾	🏃	🎿	🏊	🌬	🏭	⛵
8	1	2	2,5	SP	55	35	2	

Gilles CARANTA - La Bergerie - Le Clos San Peire - 83120 PLAN-DE-LA-TOUR - Tél. : 04 94 43 74 74 - Fax : 04 94 43 11 22 - E-mail : labergeriecaranta@wanadoo.fr

PLAN-DE-LA-TOUR Le Petit Magnan

2 ch. Le Petit Magnan vous assure calme et détente dans un cadre privilégié d'un domaine de 3 ha. A proximité du Golfe de St Tropez et des plages, il vous offre 2 chambres de charme décorées avec entrée indépendante, réfrigérateur et terrasse privée. Jeu de boules, tennis de table. Une chambre provençale avec 1 lit 2 pl, Salle de bains et wc. Une chambre contemporaine face à la piscine avec 1 lit 2 pl, salle d'eau et wc. Réfrigérateur commun aux chambres. Tarif préférentiel basse saison. Langue parlée : anglais.

Prix : 2 pers. 63 € pers. sup. 15 €
Ouvert : Toute l'année.

🐕	⛱	🎾	🏃	🏊	🌬	🏭	⛵
8	1,5	8	SP	55	35	2	

Georges PONSELET - Le Petit Magnan - 83120 PLAN-DE-LA-TOUR - Tél. : 04 94 43 72 00 - Fax : 04 94 43 72 00 - E-mail : lepetitmagnan@worldonline.fr - www.lepetitmagnan.fr.st

Provence-Alpes-Côte-d'Azur — Var

PONTEVES — Domaine de St Ferréol

3 ch. Armelle et Guillaume vous accueillent au sein d'un domaine agricole et viticole d'une centaine d'hectares, adossé à la colline. Les chambres se situent dans une aile restaurée du corps de ferme (XVIIIe siècle) et disposent de mobilier ancien rustique ainsi que de jolis tissus provençaux. Kitchenette commune aux chambres. 3 chambres, salon, salle à manger et coin-cuisine. 1 chambre 2 pers., 1 chambre 3 pers., 1 suite pour 4 pers. Sanitaires privés pour chaque chambre. Piscine sur place. Restaurants à 1,6 km et 3 km. Langues parlées : anglais, allemand.

Prix : 2 pers. 58 € pers. sup. 13 €
Ouvert : De mars à fin octobre.

75	3	6	40	SP	80	60	3

Armelle et Guillaume DE JERPHANION - Domaine de St-Ferréol - 83670 PONTEVES - Tél. : 04 94 77 10 42 - Fax : 04 94 77 19 04 -
E-mail : saint-ferreol@wanadoo.fr

POURRIERES — Le Couvent

2 ch. Yvette et Francis, agriculteurs, vous proposent dans leur maison provençale, face à la Ste-Victoire, parc ombragé 8000 m^2, 3 terrasses, salon de jardin, barbecue. Salon avec cheminée, cuisine lave-vaisselle. Randonnées, Ste-Baume, Ste-Victoire, Calanques Cassis, presqu'île de Giens. En 3 épis, 1er étage 1 chambre mansardée 2 personnes avec salle d'eau, wc ouvert sur chambre, en 2 épis le rez-de-chaussée, 1 chambre pour 2 personnes, salle de bains, wc. Langues parlées : italien, anglais.

Prix : 2 pers. 55 € pers. sup. 8 €
Ouvert : Toute l'année.

50	1	4	4	7	35	20	1

Francis et Yvette DRAGON - La Maison des Minimes - Quartier le Couvent - 83910 POURRIERES - Tél. : 04 94 78 40 98 ou
06 76 92 50 32 - Fax : 04 94 78 40 98

PUGET-SUR-ARGENS — Le Mas de Centaure (TH)

2 ch. Au calme, sur un domaine de 5 ha, au milieu des oliviers, pins et chênes, au bord d'un étang et en compagnie des chevaux, le Mas de Centaure, une vieille bâtisse en pierres, vous séduira par son caractère authentique. Ping-pong, jeu de boules, salon de jardin, possibilité de rando VTT et d'accueil chevaux. Au 1er étage accès par escalier extérieur, 1 chambre 1 lit 2 places, salle d'eau et wc. Grande terrasse ombragée, salon de jardin. Une chambre 4 personnes, salle d'eau, wc indépendant, frigidaire. Chemin de terre sur 600 m. Lit bébé sur demande. Langues parlées : anglais, espagnol.

Prix : 1 pers. 41 € 2 pers. 69 € 3 pers. 84 € pers. sup. 15 €
repas 23 €
Ouvert : Toute l'année.

10	3	10	10	10	70	10	3,5

Patrick BRET - Le Mas de Centaure - 83480 PUGET-SUR-ARGENS - Tél. : 04 94 81 58 25 ou 06 80 92 48 81 -
E-mail : bret.family@wanadoo.fr - http ://lemasdecentaure.fr.st/

PUGET-VILLE (TH) — C.M. N Pli N

3 ch. Mer 20 mn. Hyères 30 km. Vous serez accueillis au Mas des Oliviers dans un cadre typiquement provençal au milieu des vignes et des oliviers sur 3 ha au calme. piscine salon de jardin cuisine d'été. Chevaux. Au 1er étage 3 chambres de caractère. 1 chambre avec terrasse, 2 lits 1 place salle de bains wc. 2 chambres 2 lits 1 place, salle d'eau wc. Langues parlées : anglais, italien.

Prix : 1 pers. 49 € 2 pers. 57 € 3 pers. 72 € repas 20 €
Ouvert : Toute l'année.

30	2	2	SP	30	30	2	

Guy LEROY - Chemin les Ferrières - Le Mas des Oliviers - 83390 PUGET-VILLE - Tél. : 04 94 48 30 89 ou 06 16 82 60 32 -
Fax : 04 94 48 30 89

RAMATUELLE — Ferme de L'Audrac

3 ch. St-Tropez 9 km. Ferme rénovée dans propriété viticole et forestière de 30 hectares calme et repos. Chemin de terre. Piscine sur place. 3 chambres d'hôtes, 2 chambres aves 1 lit 2 places, 1 chambre avec 1 lit 2 places + 1 lit 1 place, avec terrasses indépendantes, salle d'eau wc. Langue parlée : anglais.

Prix : 2 pers. 56 € pers. sup. 8 €
Ouvert : Du 1er avril à octobre.

3	3	2	SP	50	35	3

Sylvie BONNAURE GHENO - Ferme de l'Audrac - CD 93 - 83350 RAMATUELLE - Tél. : 04 98 12 91 00 - Fax : 04 98 12 91 01

RAMATUELLE — Plaine de Camarat

5 ch. A 4 km de Ramatuelle, près des plages, Leï Souco est une belle bastide provençale sur 10 ha de vignes, plantée d'oliviers, mimosas, eucalyptus et mûriers. Les chambres spacieuses avec mobilier provençal ont chacune une couleur dominante déclinée dans la décoration. Mr et Mme GIRAUD vous feront découvrir le rosé de provence ou goûter les fruits du jardin. 4 chambres et 1 suite avec terrasses et sanitaires privés. Coffre-fort, réfrigérateur, tennis privé, terrain de pétanque. Restaurants à proximité. Langues parlées : espagnol, anglais.

Prix : 2 pers. 95 € 3 pers. 112 € pers. sup. 16 €
Ouvert : De Pâques à la mi-octobre.

1,8	SP	2	1,8	7	20	40	1

Gustave GIRAUD - Lei Souco - 83350 RAMATUELLE - Tél. : 04 94 79 80 22 ou 06 10 09 73 76 - Fax : 04 94 79 88 27

Var

Provence-Alpes-Côte-d'Azur

ROCBARON

2 ch. Au milieu d'un triangle Brignoles-Toulon-Hyères, jolie maison provençale, terrain boisé 2 ha, calme, belle vue, terrasse, salon de jardin, coin pique-nique, jeu de boules. 2 chambres d'hôtes avec 1 lit 2 places et wc dans salle d'eau. Intérieur élégant, bibliothèque à l'étage. Téléphone du propriétaire accessible, service buanderie, réfrigérateur.

Prix : 1 pers. **42 €** 2 pers. **46 €**
Ouvert : Toute l'année.

30	1,5	5	7	1,5	30	30	1,5

Simone COINDE - Route de Gareoult - D 81 - Les Quinsonnets - Imp. Cigales - 83136 ROCBARON - Tél. : 04 94 04 01 02 - Fax : 04 94 04 01 02

ROCBARON

1 ch. Entre Hyères et Brignoles, arrêtez-vous chez Roger et Pascal qui vous proposeront en toute convivialité de séjourner dans leur propriété avec piscine, salon de jardin. A l'étage, une grande chambre (Roi) 50 m², 1 lit 2 places (1.60 x 2), 1 clic-clac, douche baignoire ouverte sur chambre. WC indépendant. Une suite 1 chambre 1 lit en 150, 1 chambre 1 lit en 120, salle de bains, wc indépandant. Repas sur réservation. Langue parlée : anglais.

Prix : 2 pers. **58 €** 3 pers. **76 €** pers. sup. **18 €** repas **21 €**
Ouvert : Du 1er avril au 30 septembre.

30	3	5	2	SP	30	30	2

Roger TRISTANT - Imp. des Chardonnerets N 142 - La Bastide - 83136 ROCBARON - Tél. : 04 94 04 28 07 ou 06 81 61 97 47 - Fax : 04 94 04 28 07 - E-mail : rairat.pascal@wanadoo.fr

LA ROQUE-ESCLAPON   Alt. : 1000 m

4 ch. Gorges du Verdon 18 km. Isabelle et Jean-Guy vous accueillent sur leur exploitaion agricole, dans l'arrière pays Varois, à 1000 m d'altitude et à deux enjambées du Verdon et ses lacs, au pied du mont Lachens (montagne la plus haute du var). 4 chambres d'hôtes, avec salle d'eau, wc, buanderie commune, salon de jardin, bibliothèque, jeux, abri couvert. Equipement bébé. Langues parlées : italien, anglais.

Prix : 1 pers. **43 €** 2 pers. **46 €** 3 pers. **58 €** pers. sup. **12 €** repas **17 €**
Ouvert : Toute l'année.

80	1	8	0,5	1	80	40	1

Jean-Guy REBUFFEL - Quartier Riphle - 83840 LA ROQUE-ESCLAPON - Tél. : 04 94 76 80 75 - Fax : 04 94 76 80 75 - E-mail : isabellerebuffel@worldonline.fr

ROQUEBRUNE-SUR-ARGENS

3 ch. A proximité des plus belles plages de St-Raphaël à St-Tropez, accueil chaleureux, venez parler d'aviation et de nautisme avec Pierre, et de chansons et Karaoké avec Monique. Parc arboré 8000 m². Dans très belle maison 3 chambres d'hôtes en rez-de-chaussée, entrées et petites terrasses indépendantes, 1 lit 2 places, salle de bains, wc, télévision et réfrigérateur dans chambres, buanderie commune. Tarif hors saison 54 €.

Prix : 2 pers. **59 €**
Ouvert : Toute l'année.

10	1	1	1	SP	80	12	2

Pierre FILIPPI - Verte Campagne le Blavet - 83520 ROQUEBRUNE - Tél. : 04 94 45 42 50 - Fax : 04 94 45 42 20 - E-mail : pierrefilippi@hotmail.com ou SR : 04 94 50 93 93

ROQUEBRUNE-SUR-ARGENS

1 ch. Claudette vous reçoit en toute sympathie parmi les chants des oiseaux et des cigales dans sa maison dominant le Castrum et l'église à proximité de la cité médiévale. Base nautique 1 km. Une chambre au rez de chaussée avec 1 lit 2 pl, salle de bains wc, terrasse. Possibilité service buandérie.

Prix : 1 pers. **38 €** 2 pers. **46 €**
Ouvert : D'avril à fin septembre.

10	1	3	1	70	16	0,5

Claudette PHILIP - 12 La Garduelle - 83520 ROQUEBRUNE-SUR-ARGENS - Tél. : 04 94 45 48 52 ou 06 18 92 98 82

SALERNES La Bastide Rose

3 ch. Au milieu des vignes et des arbres fruitiers, jolie ferme rose où Caroline, hollandaise, vous accueille, terrasse, terrain, salon de jardin, piscine ouverte de Pâques au 15 octobre. 3 chambres d'hôtes très confortables et un gîte de séjour, 3 suites, en rez-de-chaussée 1 suite 2 lits 1 pl.+ 1 lit 2 pl., en 1/2 étage avec balcon, 2 suites avec séjour-kitchenette, 1 chambre 2 lits 1 pl., 1 mezzanine 2 lits 1 pl., salle d'eau ou salle de bains, wc. Equipé bébé. Langues parlées : anglais, allemand.

Prix : 2 pers. **62 €** 3 pers. **76 €** pers. sup. **15 €** repas **20 €**
Ouvert : De Pâques à mi octobre.

40	3	3	3	3	110	35	3

Karel et Caroline HENNY - Haut Gaudran BP 24 - La Bastide Rose - 83690 SALERNES - Tél. : 04 94 70 63 30 - Fax : 04 94 70 77 34 - E-mail : labastiderose@wanadoo.fr - WWW.BASTIDE-ROSE.COM

Provence-Alpes-Côte-d'Azur **Var**

SALERNES

3 ch. Marie-Claire et Yvon vous accueillent dans leur maison, sur 800m² de terrain, terrasse ombragée, tennis de table, piscine (8mx4mx2 m), parking. 1 chambre 3 personnes, accès indépendant, en rdc avec salle d'eau wc, au 1er étage, accès de plain pied, 1 ch. 2 personnes, salle de bains wc, 1 ch. 3 personnes, sdb wc, refrigérateur dans chaque chambre, salon tv satellite, bibliothèque, salle de billard. TH sur réservation. Langue parlée : anglais.

Prix : 1 pers. **46** € 2 pers. **53** € 3 pers. **69** € pers. sup. **15** €
repas **20** €

Ouvert : Toute l'année.

70	1	2	30	5	90	35	1

Marie-Claire BOISARD - Route de Sillans la Cascade - Le Mas des Oliviers - 83690 SALERNES - Tél. : 04 94 70 75 20 - Fax : 04 94 70 75 20 - E-mail : masdesoliviers@libertysurf.fr ou SR : 04 94 50 93 93

SANARY-SUR-MER Villa Lou Gardian

4 ch. A 400 m des plages entre Sanary et Bandol, vaste maison provinçiale du XIXe siècle dans un jardin luxuriant entourée de palmiers et cyprés centenaires, 4 chambres agréablement décorées avec ses tentures lumineuses. Pour vous détendre piscine et tennis. Annie et Bruno vous accueillent dans ce havre de paix pour un séjour de rêve. 3 chambres 2 lits 1 pl. salle d'eau, wc. 1 chambre 1 lit 2 pl. salle de bains, wc. Bibliothèque, toutes climatisées en rez-de-jardin fleuri. Langues parlées : anglais, italien.

Prix : 1 pers. **61** € 2 pers. **69** € 3 pers. **100** € pers. sup. **31** €
repas **28** €

Ouvert : Toute l'année.

0,4	SP	4	SP		35	3,4	0,4

Bruno CASTELLANO - 646 route de Bandol - 83110 SANARY-SUR-MER - Tél. : 04 94 88 05 73 ou 06 10 24 13 57 - Fax : 04 94 88 24 13

LA SEYNE-SUR-MER La Lézardière

3 ch. Norma vous accueille dans sa trés belle maison coloniale. Terrain clos avec salon de jardin. 2 chambres en rez-de-chaussée avec accés indépendants. 1 lit 2 pl. salle de bains. wc indépendant. Au 2e étage 1 chambre 1 lit 2 pl. Literie en 160 salle de bains. wc. Salon avec télévision. Séjour au 1er étage petit déjeuner classique ou à l'anglaise. Langues parlées : anglais, arabe.

Prix : 1 pers. **61** € 2 pers. **69** €

Ouvert : Toute l'année.

0,1	0,1		25	3	0,8

Norma JOUAN - La Lézardière - Allée des Tamaris - 83500 LA SEYNE-SUR-MER - Tél. : 04 94 30 08 89

SILLANS-LA-CASCADE

1 ch. Claude et Véronique vous accueillent dans le calme d'une propriété de 3000m². A 2 km d'un joli village provençal avec sa cascade, son château, sa rivière et sa piscine municipale. 1 chambre avec salle d'eau, wc, terrasse, salon de jardin, propriété clôturée, entrée indépendante.

Prix : 1 pers. **40** € 2 pers. **46** €

70	3	1	2	3	80	35	2

Claude MACIELLO - Vieux Chemin de Fox-Amphoux - 83690 SILLANS-LA-CASCADE - Tél. : 04 94 04 78 40

SILLANS-LA-CASCADE Le Haut Ricoui

4 ch. En pleine campagne, au calme, sur terrain de 30 000m², terrasse, piscine (12mx3 m), chauffage central au sol. 4 chambres d'hôtes, avec salle d'eau, wc, 1 lit en 160x200 sur la mezzanine dans chacunes, télévision à la demande uniquement l'hiver. Langues parlées : anglais, espagnol.

Prix : 2 pers. **61** € pers. sup. **15** €

Ouvert : D'avril à octobre.

50	SP	90	35

Bernard BOUCHET - Le Haut Ricoui - 83690 SILLANS-LA-CASCADE - Tél. : 04 94 04 75 35 ou 06 71 45 58 80 - Fax : 04 94 04 75 35 - E-mail : chezbernard@net-up.com - www.provenceweb.fr/83/bernard

SIX-FOURS-LES-PLAGES

2 ch. A l'entrée du village la famille Bertrand vous accueille dans sa belle maison. 1 chambre 3N 1 lit 2 places salle d'eau, wc. 1 chambre 2N 1 lit 2 places salle de bains, wc avec balcon et terrasse couverte en arcade au 1er étage salon de jardin. Petit déjeuner dans la salle à manger en hiver avec cheminée et en terrasse l'été. Parking privé. Garage à vélos.

Prix : 1 pers. **37** € 2 pers. **43/49** € pers. sup. **13** €

Ouvert : Toute l'année.

0,6	0,4	5	0,6	0,8	29	4	0,3

Michel BERTRAND - 1029 avenue John Kennedy - La Griottière - 83140 SIX-FOURS-LES-PLAGES - Tél. : 04 94 25 92 12 - Fax : 04 94 25 92 12

Var

Provence-Alpes-Côte-d'Azur

SOLLIES-PONT

\|\|\| 2 ch. **Hyères 15 km. Toulon et sa rade 15 km.** Jean-Claude et Maryse vous accueillent dans leur maison de caractère dans un cadre campagnard avec vue sur le mont Coudon et le village perché de Solliès Ville. Terrain de 5000m², parking dans propriété. Iles d'or. Randonnées. 2 chambres 1 lit de 2 places, salle d'eau, wc indépendant. Bibliothèque. Grand salon.

Prix : 1 pers. 46 € 2 pers. 54 € 3 pers. 64 € repas 15 €
Ouvert : Toute l'année.

🐕	⛱	🎾	🏃	🏊	🌬	🚲	🚂
18	5	5	9	18	2	2	

Jean-Claude LALLIER - 801 chemin de la Tour - Villa Arcadie - 83210 SOLLIES-PONT - Tél. : 04 94 13 09 48 - Fax : 04 94 13 09 48

SOLLIES-VILLE

\|\|\| 2 ch. Vous serez séduits par cette étape inoubliable dans un site exeptionnel, vue panoramique sur la mer et les collines boisées, dans une agréable maison provençale. A proximité du GR 51. Piscine sur place. 2 chambres d'hôtes avec sanitaires privatifs dont une avec terrasse. Kitchenette commune aux chambres. Langue parlée : anglais.

Prix : 1 pers. 47/52 € 2 pers. 55/59 €
Ouvert : Toute l'année.

🐕	⛱	🎾	🏃	🏊	🌬	🚲	🚂
12	6	10	30	SP	15	15	4

Georges et Rose ROZE - 652, chemin de la Giraude - Le Mas de Belleroze - 83210 SOLLIES-VILLE - Tél. : 04 94 28 73 97 ou 06 11 83 88 88 - E-mail : roze652@yahoo.fr

ST-AYGULF

\|\| 2 ch. Entre St-Raphaël et Ste-Maxime, à 400 m de la plage, environnement calme, jardin ombragé et fleuri, parking dans propriété, garage à vélos, salon de jardin, jeu de boules. Entrée indépendante dans maison propriétaire, suite de 2 chambres : 1 chambre avec 1 lit 2 places, wc, salle d'eau, terrasse privée, vue mer, 1 chambre 1 lit 2 places, salle de bains, wc, vue colline, chauffage central, réfrigérateur. 1 lit enfant supplémentaire 9 €.

Prix : 1 pers. 47 € 2 pers. 52 €

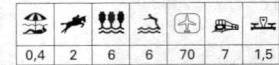

🐕	⛱	🎾	🏃	🏊	🌬	🚲	🚂
0,4	2	6	6	70	7	1,5	

Gilbert MARCHAT - 59 impasse de la Motte - 83370 ST-AYGULF - Tél. : 04 94 81 21 66 ou SR : 04 94 50 93 93

ST-CYR-SUR-MER

\|\|\| 3 ch. 3 chambres d'hôtes dans une bastide indépendante située à la campagne. Accès séparé pour chaque chambre. Terrasses individuelles. 1 suite indépendante de 2 chambres avec 3 lit 1 pl, salle de bains et douche wc. 1 chambre 2 lit 1 pl, salle de bains, wc. 1 chambre 1 lit 2 pl, salle d'eau wc. Réfrigérateur. Tarif dégressif pour séjour. Equipement bébé.

Prix : 1 pers. 49/52 € 2 pers. 49/52 € 3 pers. 71 €
Ouvert : Du 15 mai au 15 septembre.

🐕	⛱	🎾	🏃	🏊	🌬	🚲	🚂
3	2	3	3	35	3	1,5	

Margueritte GRANIER - 1011 chemin du Péras - 83270 ST-CYR-SUR-MER - Tél. : 04 94 26 38 77

ST-MANDRIER

\|\|\| 1 ch. Alexandra et Jean vous accueillent dans leur jolie maison située sur la presqu'île de St-Mandrier. De la terrasse vue panoramique sur la rade de Toulon et le massif des Maures. 20 mn en bâteau de Toulon. Possibilité pêche en mer. 1 chambre 2 personnes 1 lit 2 places salle d'eau. wc. télévision. Terrasse avec salon de jardin privé. Langues parlées : anglais, italien.

Prix : 2 pers. 54 €
Ouvert : Toute l'année.

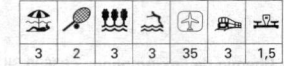

🐕	⛱	🎾	🏊	🌬	🚲	🚂
0,5	1,2	0,5	30	10	0,5	

Jean SEBIRE - 19 Corniche du Soleil - 83430 ST-MANDRIER - Tél. : 04 94 63 63 15 ou SR : 04 94 50 93 93

ST-MAXIMIN

\|\|\| 2 ch. Claudette vous accueille entre les massifs de la Sainte-Baume et de la Sainte-Victoire. Au 1er étage de sa maison en campagne à 3 kms du centre ville, terrain 1800m², piscine sur place, terrasse. 2 chambres de 18 et 20m² pour 2 personnes, 1 ch avec 1 lit 2 pl, 1 ch avec 2 lits 1 pl, salle d'eau, wc, salon commun avec télévision couleur. Climatisation. Possibilité 1 lit enfant en plus. Langues parlées : anglais, allemand.

Prix : 1 pers. 43 € 2 pers. 51 € 3 pers. 66 € pers. sup. 16 €
Ouvert : Toute l'année.

🐕	⛱	🎾	🏃	🏊	🌬	🚲	🚂
50	2	2	40	SP	60	3	3

Claudette DUBOIS - 380 chemin du Claret - A l'Orée du Bois - 83470 ST-MAXIMIN - Tél. : 04 94 59 83 75 - Fax : 04 94 59 83 75

Provence-Alpes-Côte-d'Azur **Var**

ST-MAXIMIN

5 ch. **Aix-en-Provence et Calanques de Cassis 35 km. Gorges du Verdon 45 km.** « Le domaine de Garrade, une étape à l'écart de la foule avec vue sur le massif de la Sainte-Baume : vieux mas, entouré de forêts, restaurée à l'ancienne sur exploitation agricole de plantes aromatiques bio. Piscine sur place. 5 chambres d'hôtes : 1 chambre 3 lits 1 place, 2 chambres 1 lit 2 places, 2 chambres 1 lit 2 places et 1 lit 1 place. Salle d'eau et wc indépendant. Equipement bébé. Service buanderie payant. Langues parlées : anglais, allemand.

Prix : 1 pers. **61** € 2 pers. **69** € 3 pers. **84** € repas **23** €
Ouvert : Toute l'année sauf novembre.

35	5	2	25	SP	55	35	5

Alain VAN'T HOFF - Domaine de Garrade - Route de Bras - 83470 ST-MAXIMIN-LA-STE-BAUME - Tél. : 04 94 59 84 32 - Fax : 04 94 59 83 47 - E-mail : garrade@aol.com - www.provenceweb.fr/83/garrade

ST-RAPHAEL

1 ch. **St-Tropez 30 km. Canne 30 km.** 1 chambre d'hôtes en rez-de-chaussée de la maison des propriétaires. Fauteuils de jardin, parking clos, barbecue. Grand studio de 50 m² en rez-de-jardin avec coin-salon et TV couleur. 1 lit 2 pers., coin-cuisine, 1 chambre avec 2 lits 1 pers., salle d'eau, wc. Idéal pour 4 pers.

Prix : 2 pers. **55** € 3 pers. **75** € pers. sup. **15** €
Ouvert : De septembre à juillet.

1	1	2	1	60	3	1

Bérangère FERRY - 303 avenue Mozart - 83700 ST-RAPHAEL - Tél. : 04 94 82 24 23 - Fax : 04 94 82 24 23 - E-mail : Berangereferry@voila.fr ou SR : 04 94 50 93 93

STE-MAXIME

3 ch. Alice et Fausto vous accueillent dans leur jolie maison en bordure de route, à 800 m de la plage et du centre ville. Terrain, terrasse, piscine sur place. R.d.c. : 1 chambre 1 lit 2 places, salle d'eau avec wc. 1er : 1 suite 1 lit 2 places et 2 lits 1 place, salle de bains avec wc, 1 suite 4 lits 1 place, salle d'eau, wc.

Prix : 2 pers. **55** € 3 pers. **69** € per. sup. **16** €
Ouvert : Toute l'année.

0,8	1	1,5	SP	60	28	1

Fausto PIMENTEL - 67 route du Plan de la Tour - 83120 STE-MAXIME - Tél. : 04 94 49 21 38 - Fax : 04 94 49 21 39

STE-MAXIME Le Bastidon St-Michel

2 ch. Au cœur du Massif des Maures, à 10 mn de l'animation Ste Maxime et des plages du golfe de St Tropez, le Bastidon St Michel vous propose un véritable havre de paix et de ressourcement. Dans le cadre privilégié d'un domaine privé de 4 ha, au calme absolu perpétuant la tradition d'une bastide provençale du 17e siècle entourée d'oliviers, de chênes et de lavandes. 2 chambres d'hôtes de charme, 1 chambre 1 lit 2 places avec salle d'eau et wc indépendant, 1 chambre 1 lit 2 places avec wc dans salle d'eau. Terrasses privatives, piscine jacouzi.

Prix : 2 pers. **61** €
Ouvert : Toute l'année.

11	4	6	15	SP	90	21	4

Bernard NOUVEL - Quartier le Baucas - Le Bastidon St-Michel - 83120 STE-MAXIME - Tél. : 04 94 43 72 95 - Fax : 04 94 43 72 95 ou SR : 04 94 50 93 93

TAVERNES Domaine du Grand Chêne

2 ch. Adelaïde et Jean-François vous accueillent dans leur bastide restaurée avec goût et authenticité, au calme, avec piscine ouverte d 'avril à octobre. 2 chambres au 1er étage : dont une avec 1 lit 2 places + 1 lit 1 place, salle de bains, wc, et l'autre avec 1 lit 2 places, salle de bains, wc. Langues parlées : anglais, espagnol.

Prix : 2 pers. **54** € pers. sup. **15** €

80	3	3	10	SP	85	50	3,5

Adélaïde PERRIN - Domaine du Grand Chêne - 83670 TAVERNES - Tél. : 04 94 72 34 37 - Fax : 04 94 72 34 37 - E-mail : aeroloisirs@wanadoo.fr

TAVERNES

2 ch. Ancien corps de ferme rénové, à l'entrée du village, terrasse donnant sur une cour aménagée et prolongée par une plantation de vignes, salon de jardin. Piscine (10 m x 5 m x 1,90 m). Cabine téléphonique à 50 m. En rez-de-chaussée : 2 chambres côte à côte, 1 chambre 1 lit 2 places, salle d'eau wc, 1 chambre 2 lits 1 place + 1 lit pliant, salle d'eau, entrées indépendantes. Langues parlées : anglais, allemand.

Prix : 1 pers. **38** € 2 pers. **46** € 3 pers. **61** € pers. sup. **15** € repas **15** €
Ouvert : Toute l'année.

70	0,1	4	15	5	70	40	0,1

Gilles BARREME - 1 chemin de Braou - 83670 TAVERNES - Tél. : 04 94 72 31 04 - Fax : 04 94 72 31 04 - E-mail : gilles.barreme@wanadoo.fr ou SR : 04 94 50 93 93

Var

Provence-Alpes-Côte-d'Azur

TOURTOUR
Alt. : 650 m

3 ch. Propriété de 6000 m², au calme, à 300 m du village classé « un des plus beaux villages de France », vue panoramique exceptionnelle. Janine et Claude vous accueillent au « Mas de l'Acacia ». Piscine, terrasse, barbecue, salon de jardin. A proximité du Parc Régional du Verdon, randonnées pédestres et cyclistes, Lac et Gorges du Verdon. 3 chambres avec entrées indépendantes, dont deux de 2 personnes, salle de bains wc, et une de 3 personnes avec salle d'eau wc, salle commune. Langues parlées : allemand, anglais.

Prix : 2 pers. 54 € pers. sup. 16 €
Ouvert : Toute l'année.

| 50 | 0,3 | 8 | 10 | SP | 100 | 25 | 0,3 |

Claude BOUILLARD - Le Mas de l'Acacia - Route d'Aups - 83690 TOURTOUR - Tél. : 04 94 70 53 84 - Fax : 04 94 70 53 84 - www.verdon-tourtour.com

TRANS-EN-PROVENCE

3 ch. Dans un havre de paix, une splendide propriété privée. Parc de 2 ha, lac aménagé, rivière, cascade, cygnes, cuisine d'été, barbecue, terrasse. Abri voiture. Piscine. Trois chambres avec terrasse et accès indépendants : une « bateau » pour 2 pers. avec 1 lit 2 places, salle de bains WC, TV, kitchenette bien équipée. Dans une bâtisse XVIIIᵉ, 2 chambres de 20 m², avec chacune 1 lit 2 places, coin-salon, salle d'eau, WC, TV. Equipement pour bébé. Langues parlées : allemand, italien.

Prix : 2 pers. 64 € pers. sup. 18 €

| 25 | 2 | 2 | SP | SP | 80 | 8 | 1 |

Marie-Camille WAHL - 986, route de La Motte - Saint-Amour - 83720 TRANS-EN-PROVENCE - Tél. : 04 94 70 88 92 - Fax : 04 94 70 88 92

VARAGES La Seignerolle (TH)

2 ch. Lac de Ste-Croix 25 km. 2 chambres d'hôtes, dont 1 suite de 2 chambres, avec terrasse, terrain. Gorges du Verdon. Climat sec et étendues boisées autour de la propriété. Piscine sur place (12,5x5,5x1,2). En rez-de-chaussée : 1 chambre 2 lits 1 place, douche, lavabo, wc sur palier. Au 1ᵉʳ étage : une suite de 2 chambres 2 lits 2 places, salle de bains et wc. salle commune avec cheminée et TV.

Prix : 1 pers. 24 € 2 pers. 38 € repas 15 €

| 70 | 6 | 25 | 6 | 1,8 |

Lucette RAIBAUT - La Seignerole - 83670 VARAGES - Tél. : 04 94 77 85 39 ou SR : 04 94 50 93 93

VARAGES Domaine de la Blaque

1 ch. Entre mer, montagne et lacs, au milieu de la provence verte, un petit paradis de nature, dans une aile de la maison du propriétaire. Ancienne bergerie restaurée avec charme et authenticité, au milieu d'un domaine de 300 ha de forêt et de champs. Grande chambre de 40 m², entrée et terrasse indépendantes, en rez-de-chaussée, 2 lits 1 place, coin-cuisine, salle de bains wc, bureau, TV. Possibilité 1 enfant en plus, salon de jardin, abri voiture, piscine (6 m x 12 m), tennis sur place. Langue parlée : anglais.

Prix : 1 pers. 45 € 2 pers. 55 € 3 pers. 60 €
Ouvert : Toute l'année.

| 60 | SP | 2,5 | SP | 80 | 60 | 2,5 |

Jean-Luc et Caroline PLOUVIER - Domaine de la Blaque - 83670 VARAGES - Tél. : 04 94 77 86 91 - Fax : 04 94 77 86 91 - E-mail : blaque@infonie.fr

LA VERDIERE Campagne la Brune

2 ch. Dans le Parc Régional du Verdon, deux chambres d'hôtes, dans une ancienne maison rénovée, avec vue sur la montagne Ste-Victoire, au calme. Initiation à l'astronomie. 1 chambre « Bergerie », voutée, 2 lits 1 place, salle d'eau, wc, 1 chambre « Grenier », 3 lits 1 place, salle d'eau, wc, kitchenette commune, télévision à la demande, entrée indépendante. Langues parlées : allemand, anglais.

Prix : 1 pers. 38 € 2 pers. 46 € 3 pers. 58 €
Ouvert : D'avril à septembre inclus.

| 80 | 3 | 10 | 30 | 3 | 90 | 30 | 3 |

Gérard ROSSI - Campagne la Brune - 83560 LA VERDIERE - Tél. : 04 94 04 12 70 ou SR : 04 94 50 93 93

VIDAUBAN Domaine de Jale

2 ch. Ste-Maxime 23 km. St-Tropez 30 km. Le Verdon 60 km. Bâtisse provençale du 18ᵉ sur un domaine viticole dans un cadre agréable, en plein Massif des Maures. Calme. Dégustation, visite de la cave. Sentiers de randonnée, plan d'eau sur la propriété. Abbaye du Thoronet 20 km. En 1/2 étage, deux chambres d'hôtes spacieuses (20m²) avec kitchinette séjour, salle de bains, WC indépendant. TV. 1 chambre avec 1 lit 1 place et 1 lit 2 places, 1 chambre avec 1 lit 2 places. Possibilité 1 lit supplémentaire. Langue parlée : anglais.

Prix : 1 pers. 46 € 2 pers. 50 € pers. sup. 7 €
Ouvert : Toute l'année sauf entre Noël et jour de l'An.

| 23 | 8 | 14 | 8 | 100 | 14 | 8 |

Corinne et François SEMINEL - Domaine de Jale - Route de St-Tropez - 83550 VIDAUBAN - Tél. : 04 94 73 51 50 - Fax : 04 94 73 51 50

Provence-Alpes-Côte-d'Azur **Var**

VINS-SUR-CARAMY Château de Vins

5 ch. **Brignoles 7 km.** Vous serez accueillis au Château de Vins du XVIe siècle, ou vous pourrez admirez la cour intérieure, ses loggias, ses terrasses, son pont médiéval. 5 chambres d'hôtes. R.d.c. 1 ch. « Campra » suite de 2 ch. (1 lit 2 pers., 1 lit 1 pers., s.d.b. wc, coin-cuisine aménagée). 1er étage 3 ch. « Faure, Debussy, Berlioz » (1 lit 2 pers., s. d'eau wc). 2e étage 1 ch. « Couperin » suite de 2 ch. (2 lits 1 pers., 1 lit 1 pers., s. d'eau wc). Langue parlée : anglais.

Prix : 1 pers. **46** € 2 pers. **66** €
Ouvert : D'avril à octobre.

60	0,1	10	0,8	7	60	60	0,3	

Jean BONNET - Château de Vins - 83170 VINS-SUR-CARAMY - **Tél. :** 04 94 72 50 40 - **Fax :** 04 94 72 50 88 -
E-mail : chateau.de.vins@free.fr **ou SR :** 04 94 50 93 93

Vaucluse

GITES DE FRANCE
Place Campana - La Balance - B.P. 314
84008 AVIGNON Cedex
Tél. 04 90 85 45 00 - Fax 04 90 85 88 49
http://www.itea.fr/GDF/84

3615 Gîtes de France
0,2 €/min

ALTHEN-DES-PALUDS Le Clos de la Cousin (TH)

3 ch. En campagne, dans un cadre de verdure, vieux mas typique de la région comtadine ; entrée indépendante. 1 ch. au r.d.c. avec s. d'eau et wc privés. 1 ch. au 1er étage avec s. d'eau et wc privés. 1 suite (2 ch.) avec s. d'eau et wc privés. Ch. électrique et cheminée. Réfrigérateur à disposition. TV dans bibliothèque. Salon. Terrasses avec mobilier de jardin. 3000 m² aménagés en coins repos et loisirs. Parking. Table d'hôtes sur réservation. Langues parlées : anglais, italien.

Prix : 1 pers. **43** € 2 pers. **47** € 3 pers. **61/69** € pers. sup. **12** € repas **17** €
Ouvert : Toute l'année.

8	3	4	8	2	8	15	45	17	3

Alain BONTON - 426 chemin de Toutblanc - Le clos de la Cousin - 84210 ALTHEN-DES-PALUDS - **Tél. :** 04 90 62 13 88 - **Fax :** 04 90 62 13 88

ANSOUIS Mas du Grand Lubéron (TH)

5 ch. Ancien mas, dans les vignes, au pied du Village, avec piscine. Belle vue sur le grand Lubéron. 2 ch. au r.d.c. avec TV, s. d'eau et wc privés. 3 ch. au 1er étage avec TV, s. d'eau et wc privés. Ch. électrique. Salle commune. Terrasse. Terrain clos. Parking. Petits animaux admis. Langue parlée : anglais.

Prix : 1 pers. **55** € 2 pers. **60** € 3 pers. **81** € repas **21** €
Ouvert : Du 5 mars au 5 janvier.

SP	8	5	25	8	4	SP	70	1	

Jacqueline CORDIER - La Parine - Mas du Grand Lubéron - 84240 ANSOUIS - **Tél. :** 04 90 09 97 92 - **Fax :** 04 90 09 93 69 -
E-mail : jacqueline.cordier@wanadoo.fr - **http ://**perso.wanadoo.fr/lemas

APT Les Mylanettes

4 ch. Belle maison située en dehors de la ville, au calme, avec vue panoramique. 4 ch. spacieuses avec s.d.b. et wc privés. Grand séjour avec cheminée et TV, loggia, terrasse. Centre ville facilement accessible à pieds comme en voiture. Possibilité lit d'appoint. Langue parlée : anglais.

Prix : 1 pers. **39** € 2 pers. **51** € 3 pers. **58** € pers. sup. **13** €
Ouvert : Toute l'année.

3,7	3,7	5,3	3,7	1

Brigitte HEUZARD LA COUTURE - « Les Mylanettes » - Par la rue des Bassins - 84400 APT - **Tél. :** 04 90 74 67 15 - **Fax :** 04 90 74 47 20

APT Les Vieilles Tourettes

2 ch. Dans une aile d'une très belle ferme forte du XVIIe siècle située au milieu de champs de lavande, en campagne, 1 ch. indépendante au r.d.c. avec s.d.b. et wc privés, 1 ch. indépendante au 1er étage avec s.d.b. et wc privés. Ch. électrique. Salon-salle à manger avec cheminée réservé aux hôtes. Langues parlées : anglais, espagnol.

Prix : 1 pers. **45** € 2 pers. **50** € pers. sup. **15** €
Ouvert : Toute l'année. Fermé en juillet/août.

3	4	4	3	3	SP	45	2

Carole POIRSON - Les Vieilles Tourettes - 84400 APT - **Tél. :** 04 90 04 81 76 - **Fax :** 04 90 04 83 56 - **E-mail :** jpoirson@wanadoo.fr

Vaucluse
Provence-Alpes-Côte-d'Azur

APT

2 ch. Belle maison dans un verger d'oliviers et fruitiers avec piscine (6 x 12) sur place. Vue magnifique sur les Monts de Vaucluse et Ventoux. 1 ch. au 1er étage avec TV, s. d'eau et wc privés. 1 suite au 2e étage avec TV, s.d.b., wc et terrasse fleurie privés. Ch. central au sol. Salle à manger. Cheminée en service. Bibliothèque. Abri voiture. Table d'hôtes sur réservation. Langue parlée : espagnol.

Prix : 2 pers. 53/69 € repas 18 €
Ouvert : Toute l'année.

SP	0,8	4	2	SP	55	0,8	

Louis VINCENS - Chemin St-Vincent - 84400 APT - Tél. : 04 90 04 88 49 - Fax : 04 90 04 88 49 - E-mail : louis.vincens@wanadoo.fr

---

AUBIGNAN

2 ch. Partie ouest de la villa des propriétaires, dans un village, sur terrain clos arboré. 2 ch. au r.d.c. avec s. d'eau et wc privés. Ch. électrique. Salle commune. Salon. Salle à manger. Cheminée en service. Bibliothèque. Téléphone. Terrasse. Parking. Petits animaux acceptés. Langue parlée : anglais.

Prix : 1 pers. 30 € 2 pers. 38 € 3 pers. 56 € pers. sup. 18 € repas 15 €
Ouvert : Toute l'année.

3	1	1	25	1	8	4	25	25	0,2

Gisèle HOSXE - Quartier Bouteille - Route de Carpentras - 84810 AUBIGNAN - Tél. : 04 90 62 69 09

AUBIGNAN L'Espaze

2 ch. Annexe de la ferme des propriétaires, dans les vignes, en campagne. 2 ch. au 1er étage avec s. d'eau et wc privés. Ch. électrique. Salon avec cheminée en service et salle à manger réservés aux hôtes. Jardin, bassin de baignade et barbecue à disposition. Terrain non clos de 2000 m². Parking. Langues parlées : anglais, allemand.

Prix : 1 pers. 35 € 2 pers. 46 € 3 pers. 61 € pers. sup. 15 €
Ouvert : Du 1er mars au 30 novembre.

2	2	2	25	3	10	SP	25	25	2

Fernando ZEPEDA - L'Espaze - 84810 AUBIGNAN - Tél. : 04 90 62 93 09 - Fax : 04 90 62 93 09 - E-mail : zepeda@free.fr

---

AUBIGNAN La Rodde

4 ch. Partie ouest de la ferme des propriétaires avec piscine clôturée (11 x 5) sur place. 4 ch. en annexe au 1er étage avec s. d'eau et wc privés. Ch. électrique. Salle commune. Salle à manger d'été. Terrasse. Jardin non clos. Parking. Langue parlée : anglais.

Prix : 2 pers. 53/64 € pers. sup. 15 € repas 17 €
Ouvert : Toute l'année.

3	2	3	20	2	6	25	2,5

Christine et Jean JAUME - La Rodde - 84810 AUBIGNAN - Tél. : 04 90 60 63 16 ou 06 87 10 87 58 - www.larodde.com

---

AVIGNON-MONTFAVET

4 ch. Mas dans la ceinture verte au sud d'Avignon avec piscine et pool-house sur terrain clos. Les chambres sont aménagées au 1er étage et accessibles par un salon commun réservé. 2 ch. avec TV, s. d'eau et wc privés. 1 ch. avec TV, cuisine, s. d'eau et wc privés. 1 ch. avec TV, cuisine, s.d.b. et wc privés. Ch. central. Cheminée en service. Terrasse. Parking. Jardins. Langues parlées : anglais, italien.

Prix : 1 pers. 50/70 € 2 pers. 60/80 € 3 pers. 90 €
Ouvert : Toute l'année.

SP	2	8	6	1	20	6	2,5

Jean-Michel MOUZAC - 1044 chemin de Sourdaine - 84140 MONTFVAVET - Tél. : 04 90 89 77 81 - Fax : 04 90 89 77 81 - E-mail : clos.st.pierre@libertysurf.fr

---

AVIGNON/ILE-DE-LA-BARTHELASSE La Bastide des Papes

5 ch. Bastide rénovée ayant appartenu à la famille du pape Innocent VI dans les vergers de l'Ile de la Barthelasse sur un domaine de 4 ha.. Piscine privée sur place. 2 ch. avec TV, s.d.b. et wc privés. 3 ch. avec TV, s. d'eau et wc privés. Ch. central. Salle commune avec cheminée en service, bibliothèque, TV. Cuisine à disposition des hôtes. Table d'hôtes certains soirs. Langue parlée : anglais.

Prix : 1 pers. 89 € 2 pers. 99 € 3 pers. 119 € pers. sup. 20 € repas 25 €
Ouvert : Toute l'année.

SP	1	1	15	0,5	SP	6	6

Laurence ROUBY et Alain RHODES - La Bastide des Papes, 352 ch. des poiriers, Ile Barthelasse - 84000 AVIGNON - Tél. : 04 90 86 09 42 - Fax : 04 90 82 38 30

Provence-Alpes-Côte-d'Azur — Vaucluse

LE BARROUX

4 ch.

Maison en campagne. Belle vue, calme. 1 ch. avec kitchenette, s. d'eau et wc privés. 1 ch. en annexe au r.d.c. sur piscine avec coin-cuisine, s. d'eau et wc privés. 1 suite (1 ch., 1 coin-nuit) en annexe au r.d.c. sous terrasse avec cuisine, s. d'eau, wc et terrasse privés. 1 ch./suite au r.d.c. avec coin-cuisine, salon avec convertible 1 pers., s. d'eau et wc privés. Chauffage électrique. Lave-linge commun. Piscine commune à 1 gîte, aux ch. et aux propr.. Salon de jardin. Terrain de 6 ha. arboré et ensoleillé. Confitures maison. Nectar abricot bio.

Prix : 1 pers. 40 € 2 pers. 45/58 € 3 pers. 60 € pers. sup. 15 € repas 17 €

Ouvert : Du 1er avril au 31 octobre.

SP	3,5	3,5	3,5	3,5	SP	20	35	3,5	

Michel CANET - Clairier - « Route de Malaucène » - 84330 LE BARROUX - Tél. : 04 90 65 10 84 - Fax : 04 90 65 17 47

LE BARROUX Mas de la Lause

5 ch.

Beau mas indépendant 1883 rénové, de couleur ocre jaune, avec pelouse d'agrément au milieu de 2 ha. de cerisiers, d'abricotiers et d'oliviers, avec vue sur le château du Barroux. 4 ch. au 1er étage s. d'eau et wc privés. 1 suite familiale avec kitchenette en demi-niveau (3 marches) avec s. d'eau et wc privés. Ch. central. Salle à manger. Parking. Terrasse sous tonnelle ombragée. Terrain et jeu de boule ombragé. Tables d'hôtes (sauf mercredi et dimanche), plats provençaux (légumes et fruits de jardin). Huile d'olive & confitures maison. - 5 % pour séjour de 3 à 5 nuits, - 10 % pour séjour 6 nuits et +. Animaux acceptés avec suppl. : 6 €/nuit. Langues parlées : anglais, allemand.

Prix : 1 pers. 43 € 2 pers. 49/68 € 3 pers. 82 € pers. sup. 15 € repas 15 €

Ouvert : Une semaine avant Pâques jusqu'à la Toussaint.

12	0,5	7	20	5	5	SP	25	20	1

Corine et Christophe LONJON - Mas de la Lause - Qu. Geysset - Rte de Suzette - 84330 LE BARROUX - Tél. : 04 90 62 33 33 - Fax : 04 90 62 36 36 - E-mail : info@provence-gites.com - www.provence-gites.com

LE BARROUX Le Dégoutaud

3 ch.

Mas du XVIe siècle au centre de la propriété de 20 ha. boisés avec piscine (12 x 6) sur place. 2 ch. au r.d.c. avec s. d'eau et wc privés. 1 ch. au r.d.c. accessible aux personnes handicapées avec s. d'eau et wc privés. Ch. central. Salle à manger. Cheminée en service. Terrasse. Terrain non clos. Parking. Table d'hôtes sur réservation certains soirs. Langues parlées : anglais, espagnol.

Prix : 1 pers. 43/46 € 2 pers. 50/53 € 3 pers. 58/61 € repas 17 €

Ouvert : Toute l'année.

SP	6	6	17	8	8	SP	30	40	6

MARIN Pierre et ASTRUC Véronique - Le Degoutaud - Le Barroux - 84340 MALAUCENE - Tél. : 04 90 62 99 29 - Fax : 04 90 62 99 29 - E-mail : le.degoutaud@wanadoo.fr

LE BARROUX Le Petit Jardin

3 ch.

Belle vieille maison de village avec jardin de curé fleuri. Au 1er étage 1 ch. avec s. d'eau, wc privés et terrasse. Au 2e étage 2 ch. dont une suite avec chacune s. d'eau et wc privés. Ch. électrique. Salle commune, cheminée. Petits-déjeuners et diners servis au jardin. Cuisine du marché aux accents provençaux. Langues parlées : anglais, espagnol, portugais.

Prix : 1 pers. 41/46 € 2 pers. 46/50 € 3 pers. 66 € pers. sup. 7 € repas 20 €

Ouvert : Toute l'année.

10	1	7	3	3	SP	25	30	SP

Claude LE ROUX - Place St-Denis - Le Petit Jardin - 84330 LE BARROUX - Tél. : 04 90 62 47 64 - Fax : 04 90 62 47 64 - E-mail : catherine.leroux@free.fr

LE BARROUX Ferme les Belugues

3 ch.

Ferme comtadine du XVIIIe siècle dans les contreforts boisés du Mont-Ventoux avec piscine sur place. 2 ch. en annexe au r.d.c. avec s. d'eau et wc privés. 1 ch. en annexe au r.d.c. avec s.d.b. et wc privés. Ch. électrique. Salle commune avec bibliothèque, TV et téléphone. Grande salle avec piano et coin-cuisine équipé à disposition des hôtes. Terrasse. Grand terrain non clos. 1 seul animal accepté. Réductions : 5 % à partir de 3 nuitées et 10 % à partir de 6 nuitées. Enfant gratuit jusqu'à 3 ans (lit bébé). Langue parlée : anglais.

Prix : 1 pers. 53 € 2 pers. 61 € 3 pers. 76 € pers. sup. 18 €

Ouvert : Du 01/04 au 01/11, autres périodes consulter propriétaire.

SP	2,5	12	40	2	2	SP	20	40	2,5

Nadine et Bernard ROUX - Rte du Paty - Chaudeirolles - Ferme les Belugues - 84330 LE BARROUX - Tél. : 04 90 65 15 16 - Fax : 04 90 65 15 16 - E-mail : ferme.des.belugues@libertysurf.fr

BEAUMES-DE-VENISE La Grange aux Chats

2 ch.

Mas restauré, entouré de vignes, très calme, en campagne, au pied des dentelles de Montmirail. 2 ch. spacieuses avec s. d'eau et wc privés. Ch. électrique. Salle commune avec cheminée en service, bibliothèque, téléphone. Terrasse. Jardin non clos. Parking. Cuisine d'été à disposition des hôtes.

Prix : 1 pers. 53 € 2 pers. 53 € pers. sup. 15 € repas 18 €

Ouvert : Toute l'année.

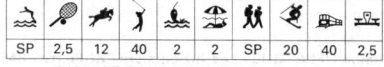

2	2	4	25	5	27	25	2,5

Arlette VAN-COM - Chemin de Granot - La Grange aux Chats - 84190 BEAUMES-DE-VENISE - Tél. : 04 90 65 07 78

Vaucluse
Provence-Alpes-Côte-d'Azur

BEAUMES-DE-VENISE Mas L'Evajade (TH)

2 ch. Ferme indépendante dans les vignes, oliviers et bosquets. 2 chambres au 1er étage avec s. d'eau, wc et terrasse privés. Chambres accessibles également de plain-pied de l'extérieur. Ch. central. Salle commune. Parking. Table d'hôtes à la demande.

Prix : 1 pers. **40** € 2 pers. **53** € 3 pers. **68** € pers. sup. **15** €
repas **21** €
Ouvert : Toute l'année.

	3	3	5	30	3	5	SP	25	30	3

Corinne et Jean-Luc BERNARD - Mas l'Evajade - Hameau de St-Véran - 84190 BEAUMES-DE-VENISE - Tél. : 04 90 62 95 84 ou 06 21 51 16 03 - Fax : 04 90 62 95 84

BEAUMONT-DU-VENTOUX Mont-Serein Alt. : 1400 m

5 ch. Chalet dans une station avec belle vue sur la forêt et le Sommet du Mont-Ventoux. 5 ch. au 1er étage avec s. d'eau, wc et terrasse privés. Ch. central au gaz. Salle commune avec cheminée en service. Terrasse avec entrée indépendante. Terrain non clos. Parking.

Prix : 1 pers. **32** € 2 pers. **46** € 3 pers. **58** €
Ouvert : De Pâques au 30 septembre.

15	15	20	50	20	20	SP	SP	50	0,8

Guy FARAUD - Quartier le Passet - 84340 MALAUCENE - Tél. : 04 90 65 23 10 ou 04 90 60 49 16 - Fax : 04 90 65 23 10 -
E-mail : camping.mt.serein@wanadoo.fr - www.gite-ventoux.com

BEDOIN Les Baux

2 ch. Maison rénovée, dans un hameau, en campagne. 2 chambres avec salle d'eau et wc privés sur le palier.

Prix : 1 pers. **23/35** € 2 pers. **35** € 3 pers. **40** €
Ouvert : Toute l'année.

3	3	3	5

CONSTANT - Les Baux - 84410 BEDOIN - Tél. : 04 90 65 90 13

BEDOIN Les Tournillayres

5 ch. Très bel ensemble de petites maisons indépendantes de caractère, au pied du Mont-Ventoux, en campagne. 4 ch. indépendantes avec TV, cheminée, coin-cuisine, jardin privatif, s. d'eau et wc privés, 1 suite (2 ch.) avec séjour, TV, coin-cuisine, jardin privatif, s. d'eau et wc privés. Ch. électrique. Salle commune. Salle à manger. Bibliothèque. Terrain non clos. Parking. Possibilité lit d'enfant. Langue parlée : anglais.

Prix : 2 pers. **77/99** € pers. sup. **16** €
Ouvert : Du 1er mars au 1er novembre.

1	1	2	30	7	7	SP	15	45	1,5

Marie-Claire RENAUDON - Les Tournillayres - 84410 BEDOIN - Tél. : 04 90 12 80 94 - Fax : 04 90 12 80 94

BOLLENE St-Pierre

2 ch. Mas provençal en pierre sur un ha. de collines arborées, pinède et piscine (12,5 x 6,5) sur place. 2 ch. au r.d.c. dont 1 avec terrasse, avec TV, téléphone, s.d.b. et wc privés. Ch. électrique. Salle commune. Terrasse. Parking fermé.

Prix : 1 pers. **40** € 2 pers. **49** € 3 pers. **58** €
Ouvert : Toute l'année.

SP	2	5	12	20	20	SP	50	1,5

Jean et Nadine DELARQUE - Les Arboursiers - St-Pierre - 84500 BOLLENE - Tél. : 04 90 40 49 61 ou 06 81 56 49 52

BONNIEUX La Peyre St-Marcelin

2 ch. Avec accès indépendant dans un ancien moulin restauré façon mas, ombragé par de grands arbres, isolé dans un cadre naturel exceptionnel, belle vue sur le Lubéron et les Monts de Vaucluse. 1 ch. au r.d.c. avec s.d.b. et wc privés. 1 ch. au 1er étage avec s. d'eau et wc privés. Ch. central. Salle commune avec cheminée en service. Terrasse ombragée. Piscine. Terrain de 3000 m². Parking. Petit déjeuner copieux. Langues parlées : anglais, allemand.

Prix : 1 pers. **66** € 2 pers. **70** €
Ouvert : Du 10 janvier au 20 décembre.

SP	3	6	25	SP	30	1,8

Angi et Gérard PAULUS - La Peyre St-Marcellin - 84480 BONNIEUX - Tél. : 04 90 75 95 89 - Fax : 04 90 75 96 68 -
E-mail : KPAULUS@HOTMAIL.COM

Provence-Alpes-Côte-d'Azur — Vaucluse

BONNIEUX Les Terrasses du Luberon

4 ch. Annexe dans la villa des propriétaires avec piscine commune (9 x 4,5) sur place. 3 ch. au r.d.c. avec s.d.b. et wc privés. 1 ch. au r.d.c. avec s. d'eau et wc privés. Ch. central. Salon non attenant, cuisine et barbecue à disposition. Terrasse privée à chaque chambre avec vue panoramique sur le Mont-Ventoux et la plaine du Calavon donnant sur une terrasse commune. Parking fermé.

Prix : 1 pers. 53 € ■ 2 pers. 61/69 € ■ pers. sup. 15 €
Ouvert : Du 1er avril au 30 novembre.

SP	1	4	30	10	SP	45	0,8

Serge et M.Paule AGNEL - Quartier les Bruyères - « Les Terrasses du Lubéron » - 84480 BONNIEUX - Tél. : 04 90 75 87 40 - Fax : 04 90 75 87 40

BONNIEUX Le Clos du Buis

6 ch. Belle maison de village restaurée avec piscine sur place et jardin clos arboré de 1500 m². Belle vue panoramique sur le Mont-Ventoux et campagne du Lubéron. 1 ch. au r.d.c., accessible aux personnes handicapées, avec s.d.b. et wc privés. 5 ch. dont 1 suite familiale au 1er étage avec s.d.b. et wc privés. Ch. central au gaz. Salle commune. Bibliothèque. TV. Cheminée en service. Véranda. Parking fermé. Table d'hôtes sur demande. Langue parlée : anglais.

Prix : 2 pers. 60/92 € ■ pers. sup. 15 € ■ repas 20 €
Ouvert : Du 1er février au 30 novembre et fêtes de fin d'année.

SP	SP	3	18	15	15	SP	50	SP

MAURIN - Le Clos du Buis - Rue Victor Hugo - 84480 BONNIEUX - Tél. : 04 90 75 88 48 ou 06 08 63 64 76 - Fax : 04 90 75 88 57 - E-mail : le-clos-du-buis@wanadoo.fr - www.luberon-news.fr

BUISSON L'Ecole Buissonnière

3 ch. Belle maison agréablement restaurée, au bord d'une petite route peu passante, en campagne, avec cour close et jardin non clos. 1 ch. au 1er étage avec s. d'eau et wc privés. 1 ch. au 1er étage avec s.d.b. et wc privés. 1 ch. au 1er étage avec mezzanine, s. d'eau, wc et balcon privés. Ch. central et au sol. Salle commune. Cheminée en service. Bibliothèque. TV. Téléphone. Parking. Langues parlées : anglais, allemand.

Prix : 2 pers. 43/49 € ■ 3 pers. 56 € ■ pers. sup. 11 €
Ouvert : De Pâques à Toussaint.

7	1,5	4	25	0,5	4	SP	45	45	7

Monique et John ALEX-PARSONS - L'Ecole Buissonnière - Les Pres - « D 75 » - 84110 BUISSON - Tél. : 04 90 28 95 19 - Fax : 04 90 28 95 19 - E-mail : ecole.buissonniere@wanadoo.fr

BUISSON Mas Grateloup

5 ch. Authentique ferme provençale en U du XVIIIe siècle avec piscine (12 x 5), terrasses, parc de 6 ha. de pinède et arbres centenaires. Très belle vue, beaucoup de charme et reposant. 1 suite et 2 ch. au 1er étage avec entrée, s.d.b. et wc privés. 2 suites au r.d.c. avec s.d.b. et wc privés. Toutes avec accès indépendant. Ch. électrique. Salon avec TV et cheminée en service. Coin-lecture. Salle à manger. Terrain de boules. Poss. location de V.T.T.. Parking. Langue parlée : anglais.

Prix : 1 pers. 53 € ■ 2 pers. 61 € ■ 3 pers. 84 € ■ pers. sup. 15 € ■ repas 23 €
Ouvert : Toute l'année sur réservation.

SP	2	2	20	2	SP	40	50	2

Gérard PORON - Mas Grateloup - 84110 BUISSON - Tél. : 04 90 28 97 34 - Fax : 04 90 28 98 75 - E-mail : masgrateloup@aol.com - www.mas-grateloup.com

BUOUX La Grande Bastide   Alt. : 500 m

4 ch. Belle bastide du XVIIe siècle d'inspiration italienne, au pied du Lubéron dans un domaine de 70 ha., à proximité du village, en campagne. 4 ch. avec s. d'eau et wc privés. Salle commune avec cheminée. Parking. Randonnées (passage du GR9). Restaurant à 500 m. -10 % à partir de 3 nuits, - 20 % à partir d'une semaine de novembre à mars. Langues parlées : anglais, espagnol.

Prix : 1 pers. 53 € ■ 2 pers. 61 € ■ 3 pers. 76 € ■ pers. sup. 15 €
Ouvert : Toute l'année.

8	9	5	SP	8

Jean-Alain CAYLA - La Grande Bastide - 84480 BUOUX - Tél. : 04 90 74 29 10 - Fax : 04 90 74 29 10

BUOUX   Alt. : 500 m

3 ch. En plein cœur des sites naturels et historiques du Lubéron, en campagne. 3 ch. avec s. d'eau privée, wc commun aux chambres. Ch. central. Salle commune avec cheminée et coin-cuisine (à partager avec le gîte d'étape) à la disposition des hôtes. Randonnées pédestres et escalade. Table d'hôtes sur réservation.

Prix : 1 pers. 26 € ■ 2 pers. 34 € ■ 3 pers. 46 € ■ repas 11 €
1/2 pens. 29 €
Ouvert : Du 1er février au 31 décembre.

8	8	6	SP	7

Odile MALBEC - Quartier de la Loube - « La Sparagoule » - 84480 BUOUX - Tél. : 04 90 74 47 82 - Fax : 04 90 74 47 82

Vaucluse

Provence-Alpes-Côte-d'Azur

CABRIERES-D'AVIGNON

5 ch. Maison indépendante à la sortie du village avec cour fermée et piscine sur place. Parking. 5 ch. avec s. d'eau et wc privés. Ch. central. Salle commune. Balcon. Terrasse. Restaurant dans le village. Forêt de cèdres à 500 m.

Prix : 1 pers. **49** € 2 pers. **53/58** € pers. sup. **15** €
Ouvert : Toute l'année sauf juillet et août.

SP	1	1	5	10	0,5	10	SP

Jacquy TRUC - 84220 CABRIERES-D'AVIGNON - Tél. : 04 90 76 97 03 - Fax : 04 90 76 74 67

CABRIERES-D'AVIGNON La Magnanerie

3 ch. Beau mas du XVIIIe siècle entièrement restauré, avec piscine (6 x 12), patio et cours closes, dans les vignes. 1 ch. au r.d.c. avec s. d'eau et wc privés. 1 ch. au 1er étage avec s. d'eau et wc privés. 1 ch. au 1er étage avec s.d.b., wc et terrasse privés. Ch. central. Salle commune. Salon. Salle à manger. Cheminée en service. TV. Téléphone. Terrasse. Parking. Langue parlée : anglais.

Prix : 2 pers. **65/105** € 3 pers. **105** €
Ouvert : De pâques au 31 octobre.

SP	12	10	10	10	2	12	1

Magali FRANTZ - La Magnanerie - 84220 CABRIERES-D'AVIGNON - Tél. : 04 90 76 89 65 - Fax : 04 90 76 82 35

CADENET La Madeleine

3 ch. Belle maison avec piscine (11 x 5,5), au pied du village. 2 ch. au r.d.c. avec TV, s. d'eau, wc, réfrigérateur, plaque chauffante, salon de jardin et terrasse privés. 1 ch. double avec s.d.b., wc, réfrigérateur, plaque chauffante, salon de jardin privés. Ch. électrique. Bibliothèque. Jardin clos ombragé. Terrasse. Cuisine d'été et barbecue. Langue parlée : anglais.

Prix : 1 pers. **44/46** € 2 pers. **49/58** € 3 pers. **69/76** €
Ouvert : Toute l'année.

SP	0,8	2	2	2	3	0,5

Martine et J.Charles GARNAUD - La Madeleine, ch. de Lourmarin - Quartier les Roques - 84160 CADENET - Tél. : 04 90 68 12 95 - Fax : 04 90 68 35 65 - E-mail : MGarnaud@aol.com

CADENET Les Ramades

3 ch. Ferme restaurée dans les champs avec piscine sur place. 2 ch. avec s. d'eau et wc privés. 1 suite (2 ch.) avec s. d'eau et wc privés. Ch. électrique. Cuisine à disposition des hôtes. Terrasse. Terrain non clos de 12 ha. Parking. 2 box à chevaux. Langues parlées : anglais, espagnol.

Prix : 2 pers. **58/61** € 3 pers. **88** € pers. sup. **15** €
Ouvert : Du 1er avril au 15 novembre.

SP	3	2	20	0,5	0,5	SP	50	4

Marie-Pierre MAGDINIER - Les Ramades - 84160 CADENET - Tél. : 04 90 68 34 51 - Fax : 04 90 68 01 38 - E-mail : lesramades@free.fr - http://aux.ramades.free.fr

CADENET La Tuilière

5 ch. Bastide du XVIIIe siècle avec jardins et piscine (12 x 6), sur un domaine de 12 ha. de vignes et de bois à 700 m du village. 1 ch. au r.d.c. avec s. d'eau et wc privés, 3 ch. au 1er étage avec s. d'eau et wc privés et 1 ch. au 1er étage avec s.d.b. et wc privés. Ch. central. Accès extérieur indépendant. Terrasses. Parking. Table d'hôtes sur réservation. Basse saison à partir de 48,78 € pour 2 pers.. Langues parlées : anglais, italien.

Prix : 1 pers. **49** € 2 pers. **61/76** € 3 pers. **75/90** € repas **20** €
Ouvert : Toute l'année.

SP	1	2	20	2	2	SP	58	1

Clotilde et Didier BORGARINO - La Tuilière - 84160 CADENET - Tél. : 04 90 68 24 45 - Fax : 04 90 68 24 45 - E-mail : clo@latuiliere.com - www.latuiliere.com

CAIRANNE Le Moulin Agape

5 ch. Ancien moulin indépendant dans les vignes, en campagne, sur 1 ha. de terrain non clos, piscine (14 x 7) sur place. 2 ch. au r.d.c. avec s. d'eau et wc privés. 1 ch. au 1er étage avec s.d.b. et wc privés. 2 suites de 2 ch. avec s. d'eau et wc privés. Ch. électrique. Salle commune. Salon. Salle à manger. Terrasse. Parking. Table d'hôtes (2 à 3 fois/sem.) sur réservation. Apéritif, vin et café compris dans le prix du repas. Lit enfant - 10 ans : 10,67 €. Langues parlées : anglais, espagnol.

Prix : 1 pers. **38** € 2 pers. **44/50** € 3 pers. **59/66** € pers. sup. **15** € repas **17** €
Ouvert : Toute l'année, sur réservation du 1er novembre au 31 mars.

SP	1,5	0,1	15	0,3	1	40	15	1,5

Denise MOLLA - Le Moulin Agape - 84290 CAIRANNE - Tél. : 04 90 30 77 04 - Fax : 04 90 30 77 04

Provence-Alpes-Côte-d'Azur **Vaucluse**

CAIRANNE L'Oliveraie

5 ch. Dans une annexe implantée dans des oliviers avec piscine clôturée sur place (12 x 5 - ouverte de juin à septembre), 5 ch. au r.d.c. avec salle d'eau, wc et terrasse privés. Ch. électrique. Salle commune avec cheminée et cuisine à disposition. Point-phone. Jardin non clos de 2000 m². Parking. Langue parlée : espagnol.

Prix : 1 pers. 37 € ◊ 2 pers. 45 € ◊ 3 pers. 58 € ◊ pers. sup. 13 €
Ouvert : Toute l'année.

	SP	2	15	1,5	SP	45	15	1,5	

Marie-Paule CHARAVIN - Route de St-Roman - L'Oliveraie - 84290 CAIRANNE - Tél. : 04 90 30 72 85 - Fax : 04 90 30 72 85 ou SR : 04 90 85 45 00

CAIRANNE Domaine Bois de la Cour

4 ch. Mas du XVIII° siècle restauré dans la tradition provençale sur un domaine viticole de 19 ha. avec piscine. 1 grande ch. au r.d.c. avec s.d.b. et wc privés. 2 grandes ch. au 1er étage avec s.d.b. et wc privés. 1 grande ch. au 2e étage avec s.d.b. et wc privés. Ch. électrique. Salon avec cheminée en service, bibliothèque et TV. Terrasse. Parking. Animal accepté avec supplément de 7,62 €. Langue parlée : anglais.

Prix : 1 pers. 69 € ◊ 2 pers. 84 € ◊ pers. sup. 15 € ◊ repas 21 €
Ouvert : Du 1er janvier au 30 novembre.

	SP	6	3	9	3	5	40	2	

Elisabeth PARA - Domaine Bois de la Cour - 84290 CAIRANNE - Tél. : 04 90 30 84 68 - Fax : 04 90 30 84 68

CAMARET-SUR-AIGUES La Rigolle

5 ch. Ferme avec piscine sur place en campagne. 3 ch. avec s. d'eau privée, wc commun aux chambres. 2 ch. avec s. d'eau et wc privés. Ch. électrique. Salle commune. Salon. TV. Terrain non clos. Aire de jeux. Ping-pong. Dégustation de vin. Ferme-auberge.

Prix : 1 pers. 27/28 € ◊ 2 pers. 33/36 € ◊ 3 pers. 48/51 €
Ouvert : Toute l'année.

	SP	0,5	6	3	2	2	SP	6	0,5

Bruno et Laure LEBON - « La Rigolle » - Route de Vaison - 84850 CAMARET-SUR-AIGUES - Tél. : 04 90 37 20 26 - Fax : 04 90 37 20 26

CAROMB La Grange du Pape

4 ch. Partie ouest de la ferme-auberge avec accès indépendant et accessibles par la cour et la terrasse. Vue sur le village et les Dentelles de Montmirail. 4 ch. au 1er étage avec s. d'eau et wc privés. Ch. électrique. Salle à manger avec TV. Cheminée en service. Terrasse. Terrain non clos. Parking. Table d'hôtes en ferme-auberge.

Prix : 1 pers. 32 € ◊ 2 pers. 37 € ◊ pers. sup. 12 € ◊ repas 17 €
1/2 pens. 49 €
Ouvert : Toute l'année sur réservation.

	9	2	9	24	4	4	5	24	30	2

Josette MORARD - « La Grange du Pape » - Route d'Aubignan - 84330 CAROMB - Tél. : 04 90 62 53 89

CARPENTRAS Bastide Ste-Agnès

6 ch. Ancien mas très agréablement restauré avec piscine (8 x 6) sur place. 1 suite (1 ch. au r.d.c., 1 ch. au 1er étage) avec séjour, cuisine équipée, TV, tél., s.d.b., wc, terrasse, jardin et barbecue privés. 1 ch. au r.d.c. avec s. d'eau et wc privés donnant sur le parc. 1 ch. au 1er étage avec s.d.b. et wc privés. 3 ch. au 1er étage avec s. d'eau et wc privés. Salon avec TV, bibliothèque. Séjour. Salle à manger. Cheminée en service. Terrasse. Très beau jardin clos. Parking. Jeu de boules. Tél. et fax (compteur) à disposition des hôtes. Petits déjeuners gourmands. Poss. de pique-nique et barbecue dans la propriété. Nombreux restos aux alentours.

Prix : 1 pers. 62/73 € ◊ 2 pers. 70/108 € ◊ 3 pers. 92/124 €
pers. sup. 20 €
Ouvert : Toute l'année.

	SP	2	9	15	6	6	25	28	2,5

Maryse et Michel PINBOUEN - Bastide Ste-Agnès - Chemin de la Fourtrouse - 84200 CARPENTRAS - Tél. : 04 90 60 03 01 - Fax : 04 90 60 02 53 - E-mail : Pinbouenmichel@aol.com - www.avignon-et-provence.com/sainte-agnes

CARPENTRAS Le Mas des Grillons

3 ch. Mas du début du XIX° siècle dans 2 ha. de truffières. 3 ch. au 1er étage avec s.d.b. et wc privés. Ch. central au gaz. Salle commune. Cheminée en service. Bibliothèque. Téléphone. Terrain non clos. Vélos mis à disposition gracieusement. Jeu de boules. Hamac. Canal à 50 m avec 20 kms de berges pour balades à pied ou à vélo. Aviation et vol à voile à 3 kms. Langues parlées : anglais, espagnol.

Prix : 2 pers. 66 €
Ouvert : Toute l'année.

	2	2	0,2	14	4	10	30	5

Anik SOMDECOSTE - Chemin de l'Hippodrome - Le Mas des Grillons - 84200 CARPENTRAS - Tél. : 04 90 60 61 89 - Fax : 04 90 60 64 09 - www.avignon-et-provence.com

Vaucluse
Provence-Alpes-Côte-d'Azur

CARPENTRAS La Lège

||| 2 ch. Chambres en annexe dans un groupe de maisons appartenant aux propriétaires avec piscine sur place et grand terrain à disposition. 2 ch. au 1er étage avec TV, s.d.b. et wc privés. Ch. central au gaz. Salle commune. Parking.

Prix : 1 pers. 55 € 2 pers. 61 €
Ouvert : Toute l'année.

SP	2	1,5	20	5	15	35	25	1,5

Geneviève BONNET - La Lègue - 1491 chemin des Parpaillons - 84200 CARPENTRAS - Tél. : 04 90 67 16 54

CAUMONT-SUR-DURANCE

|| 3 ch. Villa indépendante à flanc de colline, dans les bois, en campagne, avec terrasse au nord-ouest. 3 ch. dont 1 avec cuisine, au r.d.c. avec s. d'eau et wc privés. Chauffage central. Salle à manger. Cheminée en service. TV sur demande. Terrasse. Circuit jogging. Tarifs spéciaux pour long séjour en hors saison. Forfait installation lit bébé 5 €. Téléphone (compteur de taxes), coin pique-nique, salon de jardin et barbecue à disposition des hôtes. Parking sur terrain privé.

Prix : 1 pers. 35/46 € 2 pers. 38/58 € pers. sup. 14 €
Ouvert : Toute l'année.

8	4	1	4	5	3	40	4	1

Michelle et Bernard LEFEBVRE - 12 chemin des Terres de Magues - 84510 CAUMONT-SUR-DURANCE - Tél. : 04 90 23 07 49

CAVAILLON

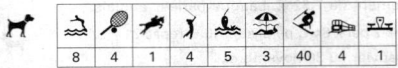

||| 3 ch. Mas restauré dans les champs, en campagne, avec piscine (6 x 12) sur place et terrain clos de 6000 m². 1 ch. au r.d.c. avec douche, s.d.b. et wc privés. 1 suite au 1er étage avec douche, s.d.b. et wc privés. 1 suite au 1er étage avec s. d'eau et wc privés. Ch. électrique. Salle commune. Cheminée en service. Bibliothèque. TV. Point-phone. Terrasse. Parking. Table d'hôtes sur réservation. Langues parlées : anglais, italien.

Prix : 1 pers. 61 € 2 pers. 69 € 3 pers. 90 € repas 18 €
Ouvert : Toute l'année.

SP	2	3	8	4	4	2	4	1

Noël et Danièle MAUREL - « Le Mas du Platane » - 22 quartier des Trente Mouttes - 84300 CAVAILLON - Tél. : 04 90 78 29 99 -
Fax : 04 90 78 35 17 - E-mail : noel.maurel@wanadoo.fr - http ://lemasduplatane.free.fr

CAVAILLON Mas du Souleou

|||| 4 ch. Mas du XIXe siècle agréablement restauré, au calme en campagne, piscine sur place (10 x 5), grande terrasse avec tonnelle ombragée face à la piscine sur terrain non clos. Au 1er étage 1 ch. s.d.b., wc, terrasse privée, entrée indépendante. 1 ch. s. d'eau, wc, entrée indépendante. 2 ch. s. d'eau, wc. Ch. central au fuel. Grand salon réservé aux hôtes, billard, TV, bibliothèque, cheminée. Parking. Vin compris dans le repas. Langue parlée : anglais.

Prix : 1 pers. 57/69 € 2 pers. 70/73 € 3 pers. 88 € pers. sup. 15 €
repas 20 €
Ouvert : Toute l'année sauf février.

SP	3	3	11	1	8	25	3

Nadine LEPAUL - Mas du Souleou - 5 ch. St-Pierre des Essieux - 84300 CAVAILLON - Tél. : 04 90 71 43 22 ou 06 62 39 43 22 -
Fax : 04 90 71 43 22 - www.souleou.com

CHATEAUNEUF-DE-GADAGNE Mas les Ormeaux

|| 2 ch. Mas restauré du XVIIIe siècle, en bordure d'une route, avec piscine (15 x 6) et terrain clôturé, en campagne. 1 ch. au 1er étage avec s.d.b., wc et terrasse privée, classée 3*NN. 1 ch. au 1er étage avec s.d.b. et terrasse privés, wc privé sur le palier. Chauffage électrique. Salle commune. Salle à manger. Salon. Cheminée en service.

Prix : 2 pers. 43/53 € pers. sup. 15 € repas 14 €
Ouvert : Toute l'année.

SP	1	2	6	1	2	2

Henri FAUQUE-GODENAIRE - Mas les Ormeaux - Route de Caumont - 84470 CHATEAUNEUF-DE-GADAGNE - Tél. : 04 90 22 29 13

CHATEAUNEUF-DE-GADAGNE

|| 3 ch. Au 1er étage d'une belle villa de caractère, en campagne, vue magnifique, 3 ch. avec s. d'eau et wc communs aux chambres. Chauffage central. Jardin non clos. Barbecue à disposition. Environnement calme et fleuri.

Prix : 1 pers. 27 € 2 pers. 30 €
Ouvert : Toute l'année.

1	0,8	10	6	0,5	0,2

Colette PABST - 211 chemin de Bompas - 84470 CHATEAUNEUF-DE-GADAGNE - Tél. : 04 90 22 53 02

Provence-Alpes-Côte-d'Azur — **Vaucluse**

CHATEAUNEUF-DU-PAPE Clos Bimard

1 ch. Villa année 30 restaurée entourée de vignes, calme, en campagne. 1 ch. au 1er étage avec s.d.b. et wc privés. Chauffage central. Salle commune. Grande terrasse au sud. Balcon. Lit enfant. Langues parlées : anglais, allemand.

Prix : 1 pers. **37** € 2 pers. **43** € 3 pers. **50** €
Ouvert : Du 1er mars au 30 novembre.

🐕	🏠	🎾	🏃	🎣	⛱	👫	🚴	🚂
3	3	8	0,2	SP		13	3	

Béatrice DEXHEIMER - Clos Bimard - 84230 CHATEAUNEUF-DU-PAPE - Tél. : 04 90 83 73 16 ou 04 90 83 73 43 - Fax : 04 90 83 50 54

CHATEAUNEUF-DU-PAPE La Font du Pape

2 ch. A l'entrée du village, 2 ch. avec salle d'eau et wc privés, terrasse commune aux 2 chambres. Chauffage électrique. Parking fermé privé. Terrain clos protégé par code d'entrée. Langues parlées : anglais, allemand.

Prix : 1 pers. **40** € 2 pers. **43** € 3 pers. **51** € pers. sup. **5** €
Ouvert : Du 1er mars au 30 novembre.

🐕	🏠	🎾	🏃	🎣	⛱	👫	🚴	🚂
0,1	0,5	6	15	1	0,5	0,1	10	0,5

Michel MELCHOR - La Font du Pape - 84230 CHATEAUNEUF-DU-PAPE - Tél. : 04 90 83 73 97 ou 04 90 83 72 50

CHATEAUNEUF-DU-PAPE La Muscardine

2 ch. Belle maison vigneronne restaurée dans le centre du village. 2 ch. au 1er étage, agréablement décorées, avec s.d.b. ou s. d'eau et wc privés. Ch. électrique. Salle à manger avec cheminée provençale en service. Grand jardin clos avec terrasse ombragée d'acacias et de micocouliers. Très calme. Parking fermé. Langue parlée : anglais.

Prix : 1 pers. **56/59** € 2 pers. **63/66** € 3 pers. **70/73** €
Ouvert : Toute l'année.

🐕	🏠	🎾	🏃	🎣	⛱	👫	🚴	🚂
0,3	0,5	5	9	9	SP		50	10	0,3

Maryse et Yvon FOURNERIE - 3 rue du Puits Neuf - La Muscardine - 84230 CHATEAUNEUF-DU-PAPE - Tél. : 04 90 83 53 86 - Fax : 04 90 83 53 86 - E-mail : muscardine@net-up.com - www.guideweb.com/provence/bb/muscardine

CHEVAL-BLANC La Malleposte (TH)

5 ch. Ancien relais de poste du XVIIIe s. en bordure du canal de Carpentras, dans le parc du petit Lubéron. Piscine sur place et grand terrain arboré. 5 ch. avec TV, s. d'eau et wc privés. Ch. central au fuel. Salle à manger. Salon-bibliothèque. Salon cheminée. Salle de billard. Terrasse. Boules. Ping-pong. Langues parlées : anglais, espagnol.

Prix : 1 pers. **70** € 2 pers. **86** € 3 pers. **102** € pers. sup. **16** € repas **26** €
Ouvert : Toute l'année. De novembre à mars sur réservation.

🐕	🏠	🎾	🏃	🎣	⛱	👫	🚴	🚂
SP	6	0,5	10	1	SP		70	35	6

Colette et Thierry HAMEL - La Malleposte - Font Vive - 84460 CHEVAL-BLANC - Tél. : 04 90 72 89 26 - Fax : 04 90 72 88 38 - E-mail : info@malle-poste.com - www.malle-poste.com

CRILLON-LE-BRAVE Moulin d'Antelon (TH)

5 ch. Bastide 1820 (ancien moulin à blé, structure conservée), dominant le parc. Piscine (25 x 12) et ruisseau. 3 ch. en rez-de-cour en annexe avec s. d'eau et wc privés. 2 ch. au 1er étage avec s.d.b. et wc privés. Chauffage central. Parking. Animaux refusés en juillet et août. Plan d'eau et ruisseau. Table d'hôtes sur réservation. Langues parlées : anglais, espagnol.

Prix : 1 pers. **52** € 2 pers. **56/59** € 3 pers. **82** € pers. sup. **23** € repas **21** €
Ouvert : Toute l'année.

🐕	🏠	🎾	🏃	🎣	⛱	👫	🚴	🚂
SP	3,5	3,5	5	3,5	2				

M. Luce et Valérie RICQUART - Moulin d'Antelon - Route de Bedoin - 84410 CRILLON-LE-BRAVE - Tél. : 04 90 62 44 89 - Fax : 04 90 62 44 90 - E-mail : Moulin-dantelon@wanadoo.fr - www.art-vin-table.com

CRILLON-LE-BRAVE Domaine la Condamine (TH)

5 ch. Grand mas indépendant, dans une propriété viticole, avec piscine sur place, en campagne et collines, au pied du Mont-Ventoux. 2 ch. au 1er étage avec s. d'eau et wc privés. 2 ch. au 2e étage avec s. d'eau et wc privés. 1 suite (2 ch.) avec kitchenette, séjour. 2 s. d'eau et 2 wc privés. Ch. électrique. Salon/bibliothèque. TV. Cuisine d'été, barbecue et tonnelle à disposition des hôtes. Terrasse. Terrain non clos. Parking. Langues parlées : anglais, allemand.

Prix : 1 pers. **43/44** € 2 pers. **50/53** € 3 pers. **66/69** € pers. sup. **15** € repas **23** €
Ouvert : Toute l'année.

🐕	🏠	🎾	🏃	🎣	⛱	👫	🚴	🚂
SP	1	4	30	5	5	SP	15	30	4

Marie-Josée EYDOUX - Domaine la Condamine - 84410 CRILLON-LE-BRAVE - Tél. : 04 90 62 47 28 - Fax : 04 90 62 47 28 - E-mail : christellemasclaux@yahoo.com - http ://domainelacondamine.here.de

Vaucluse

Provence-Alpes-Côte-d'Azur

CRILLON-LE-BRAVE La Sidoine (TH)

5 ch. Maison construite à flanc de colline, en campagne, les chambres s'ouvrent sur une terrasse au sud, très belle vue sur le Ventoux, le village et les collines d'ocre. 4 ch. au r.d.c. avec s. d'eau et wc privés. 1 suite au 2ᵉ étage avec s. d'eau et wc privés. Ch. central. Salle à manger. Cuisine. Terrain non clos. Salon de jardin. Parking. Ping-pong. Jeux de boules. Table d'hôtes (pas le dimanche) sur réservation : vin et café compris (produits issus de l'agriculture biologique). Apéritif offert.

Prix : 1 pers. 34 € 2 pers. 44 € 3 pers. 56 € pers. sup. 12 € repas 23 €

Ouvert : Toute l'année.

3	3	3	28	7	7	SP	20	35	3

Josette COUPLAN - Chemin de la Sidoine - La Sidoine - 84410 CRILLON-LE-BRAVE - Tél. : 04 90 12 80 96 - E-mail : sidoine@free.fr - http://sidoine.free.fr

CRILLON-LE-BRAVE Bellevue

2 ch. Maison des propriétaires avec piscine commune sur place. Il y a également une aire naturelle de camping à 100 m. 2 ch. au r.d.c. dont 1 en annexe avec s.d.b. et wc privés. Ch. central. Salle commune. Cheminée en service. Bibliothèque. TV. Frigo à disposition. Point-phone. Jeux de boules. Poss. de pique-niquer. Terrasse. Terrain non clos d'1 ha. situé sur une colline arborée de pins et chênes verts, au milieu des vignes, au pied du Mt-Ventoux.

Prix : 1 pers. 38 € 2 pers. 46 € 3 pers. 54 €

Ouvert : Toute l'année.

SP	1	3	20	0,5	5	SP	15	35	3

Yves MASCLAUX - Bellevue - 84410 CRILLON-LE-BRAVE - Tél. : 04 90 62 42 29 - Fax : 04 90 62 34 55

CRILLON-LE-BRAVE Les Boissières (TH)

2 ch. Annexe de la villa des propriétaires, dans les collines, avec piscine et terrain clos. 2 suites chacune sur 2 niveaux avec s. d'eau, wc privés et accès indépendant. Ch. électrique. Salles communes. Parking. Terrain arboré. Table d'hôtes sur réservation (apéritif et vin compris). Langue parlée : anglais.

Prix : 2 pers. 61 € pers. sup. 16 € repas 21 €

Ouvert : Toute l'année.

SP	0,5	4	35	5	5	SP	18	40	1

Geneviève et François PARADIS - Les Boissières - 84410 CRILLON-LE-BRAVE - Tél. : 04 90 65 68 78 - Fax : 04 90 65 68 78

ENTRAIGUES-SUR-LA-SORGUE Domaine de Tayolle (TH)

2 ch. Belle maison de caractère au milieu d'un parc arboré. 1 ch. au r.d.c. avec s. d'eau et wc privés. 1 suite (2 ch.) au 1ᵉʳ étage avec s. d'eau et wc privés. Ch. central. Salon avec piano. Séjour. Salle commune. Cheminée en service. Salon de jardin. Badminton. Parking. Calme assuré. Table d'hôtes sur réservation.

Prix : 1 pers. 38/46 € 2 pers. 46/55 € 3 pers. 55/66 € pers. sup. 15 € repas 18 €

Ouvert : Toute l'année.

10	4	4	7	4	20	40	10	4

Geneviève ESTEVENIN - Domaine de Tayolle - 84320 ENTRAIGUES-SUR-LA-SORGUE - Tél. : 04 90 23 44 16

ENTRAIGUES-SUR-LA-SORGUE Le Moulin de Souchière (TH)

5 ch. Ancien moulin du XIXᵉ sur terrain arboré bordé par deux cours d'eau, piscine sur place, vue sur le Mont-Ventoux. 1 ch. au 1ᵉʳ étage avec s.d.b. et wc privés. 2 ch. au 1ᵉʳ étage avec s. d'eau et wc privés. 1 ch. au 2ᵉ étage avec s. d'eau et wc privés. 1 ch. au 2ᵉ étage avec s.d.b. et wc privés. Ch. électrique. Salle commune. Cheminée en service. TV. Bibliothèque. Téléphone. Terrasse. Abri couvert. Parking. Langues parlées : espagnol, anglais.

Prix : 1 pers. 55/60 € 2 pers. 70/75 € 3 pers. 90 € repas 22 €

Ouvert : Toute l'année.

SP	3	3	7	SP	15	37	15	2

Anca et Philippe BOURDON - 279 route de St-Albergaty - Le Moulin de Souchières - 84320 ENTRAIGUES-SUR-LA-SORGUE - Tél. : 04 90 48 00 20 - Fax : 04 90 48 00 20 - E-mail : souchieres@infonie.fr

ENTRAIGUES-SUR-LA-SORGUE Mas des Platanes

3 ch. Ferme du XIXᵉ siècle restaurée avec terrain clos. 1 ch. au 1ᵉʳ étage avec s.d.b. et wc privés sur le palier. 1 ch. au 1ᵉʳ étage avec s. d'eau et wc privés. 1 suite au 2ᵉ étage avec s. d'eau et wc privés. Ch. central et électrique. Salle commune avec cheminée en service et TV. Parking. Jardin avec fauteuils et bancs sous les ombrages. Langues parlées : anglais, hollandais.

Prix : 1 pers. 43/46 € 2 pers. 46/50 € 3 pers. 66/70 € pers. sup. 20 €

Ouvert : De Pâques à la Toussaint et vacances hiver.

2	3	2	4	0,5	10	30	3,5	1,5

Jean-Christian COPPIETERS - 19 chemin des Tempines - Le Mas de Platanes - 84320 ENTRAIGUES-SUR-LA-SORGUE - Tél. : 04 90 62 14 39 - Fax : 04 90 62 14 39 - E-mail : jcoppiet@club-internet.fr

Provence-Alpes-Côte-d'Azur **Vaucluse**

ENTRECHAUX Les Tilleuls

1 ch. — Ferme avec cour intérieure et fontaine près d'une rivière, en campagne. Calme. Vue sur le Mont-Ventoux. 1 ch. au 1er étage avec s. d'eau et wc privés. Chauffage électrique. Inter saison coin-cuisine à la disposition des hôtes. Petits animaux acceptés. Parking fermé. Taxe de séjour : 0,17 €/jour/pers..

Prix : 1 pers. **35** € 2 pers. **40** € pers. sup. **12** €
Ouvert : Du 1er mars au 30 novembre.

🐕	🏊	🎾	🏇	⛱️	⛱️	👥	⛷️	🚡
	5	5	3	0,1	0,1		SP	3

Gérard BERNARD - Route de St-Marcellin - 84340 ENTRECHAUX - Tél. : 04 90 36 12 85 ou 04 90 36 29 35

ENTRECHAUX Les Tilleuls

2 ch. — Villa sur une exploitation agricole, en campagne, isolée. Calme. Vue sur le Mont-Ventoux. 1 ch. avec salle d'eau privée, wc commun aux chambres. 1 ch. avec lavabo privé, wc commun aux chambres. Chauffage électrique. Table de jardin, réfrigérateur et gaz à disposition des hôtes. Possibilité de cuisine à l'extérieur. Parking. Petits animaux acceptés. Taxe de séjour : 0,17 €/jour/pers..

Prix : 1 pers. **31** € 2 pers. **37/40** € pers. sup. **12** €
Ouvert : Du 1er mars au 30 novembre.

🐕	🏊	🎾	🏇	⛱️	👥	⛷️	🚡
	5	5	3	1		SP	3

Marcel BERNARD - « Les Tilleuls » - Route de St-Marcellin - 84340 ENTRECHAUX - Tél. : 04 90 36 29 35

ENTRECHAUX L'Escleriade (TH)

4 ch. — Très belle maison avec piscine, en campagne. 2 ch. au r.d.c. avec tél., TV, s.d.b., wc et terrasses privés. 1 ch. au 1er étage avec tél., TV, s.d.b. et wc privés. 1 suite au 1er étage avec tél., TV, s. d'eau, wc et terrasse privés. Chauffage électrique. Salle commune. Bibliothèque. Réfrigérateur à disposition. Parking fermé à code. Jardin clos. Dans cadre exceptionnel, parc ombragé avec coin-pique-nique au bord de la rivière, chambres toutes personnalisées et indépendantes. Jeux de boules. Langues parlées : allemand, anglais.

Prix : 2 pers. **63/70** € 3 pers. **85** € repas **23** €
Ouvert : Du 1er avril au 31 octobre.

🐕	🏊	🎾	🏇	⛱️	⛱️	👥	⛷️	🚡
	SP	1,5	1,5	SP	SP	2	25	30	1

Natacha SUBIAT - L'Escleriade - Route de St-Marcellin - 84340 ENTRECHAUX - Tél. : 04 90 46 01 32 - Fax : 04 90 46 03 71 -
E-mail : lescleriade@wanadoo.fr

FAUCON Les Airs du Temps (TH)

3 ch. — Belle maison bourgeoise restaurée de village avec parc ombragé d'un ha. et cour close. Vue sur le Mont-Ventoux. 1 ch. au 1er étage avec s. d'eau et wc privés. 2 ch. au 1er étage avec s.d.b. et wc privés. Ch. central. Salon/séjour/salle à manger. Cheminée en service. Parking. Terrasse. Poss. lit d'enfant. Le Chef vous propose sa table d'hôtes avec ses spécialités de toutes les cuisines du bassin méditerranéen. Apéritif, vin et café compris dans repas. Circuit cyclotourisme et route des vins à proximité. Langue parlée : anglais.

Prix : 2 pers. **65** € 3 pers. **80** € pers. sup. **15** € repas **28** €
Ouvert : Du 1er avril au 31 octobre.

🐕	🏊	🎾	🏇	⛱️	👥	⛷️	🚡
	8	2	5	5	SP	30	2

Michaël BERRY - Les Airs du Temps - 84110 FAUCON - Tél. : 04 90 46 44 57 - Fax : 04 90 46 44 57 -
E-mail : michaelaberry@hotmail.com - www.guideweb.com/provence/bb/airsdutemps

GIGONDAS Notre-Dame des Pallières (TH)

4 ch. — Ferme ancienne restaurée, dans les vignes et les collines, bel environnement. 3 ch. au 1er étage avec s. d'eau et wc privés. 1 ch. au 2e étage avec s. d'eau et wc privés. Ch. électrique. Salle commune. Salon. Salle à manger. Cheminée en service. Bibliothèque. Terrasse. Terrain non clos de 1000 m². Parking. Langue parlée : anglais.

Prix : 1 pers. **35** € 2 pers. **39** € 3 pers. **55** € repas **13** €
Ouvert : Du 29 mars au 15 octobre.

🐕	🏊	🎾	🏇	⛱️	👥	⛷️	🚡
	8	2	1	5	5	SP	30	15	2

Sylvette GRAS - La Ravigote - Notre Dame des Pallières - 84190 GIGONDAS - Tél. : 04 90 65 87 55 - Fax : 04 90 65 87 55

GORDES Mas Carcarille

5 ch. — Grande maison restaurée, en campagne. 5 ch. au 1er étage avec s. d'eau et wc privés. Salle commune. Cuisine d'été à disposition des hôtes. Terrain non clos. Salon de jardin. Location en hiver sur réservation. Taxe de séjour : 0,84 €.

Prix : 2 pers. **50** € 3 pers. **55** €
Ouvert : Du 1er mars au 3 novembre.

🐕	🏊	🎾	🏇	⛱️	👥	⛷️	🚡
	3	5	5	18	6	0,1	18	2

Chantal BOUSCARLE - Mas Carcarille - 84220 GORDES - Tél. : 04 90 72 08 99

Vaucluse Provence-Alpes-Côte-d'Azur

GORDES Les Imberts

2 ch. En campagne, 2 ch. (accessibles par l'extérieur par balcon) au 1er étage avec s. d'eau et wc privés. Chauffage électrique. Garage fermé commun aux 2 ch.. Terrain clos. Calme. Taxe de séjour en supplément.

Prix : 1 pers. **36** € 2 pers. **40** €
Ouvert : Du 1er avril au 30 septembre.

5	5	3	15	SP	12	0,1

Simone BONNELY - Les Imberts - 84220 GORDES - Tél. : 04 90 76 95 18

GORDES Les Bouilladoires

4 ch. Sur une exploitation agricole, en campagne, 3 ch. avec s. d'eau privée, 3 wc communs aux ch.. 1 ch. avec s. d'eau et wc privés. Chauffage électrique. Salle commune. Cuisine, séjour, salon et bibliothèque à disposition des hôtes. Jardin non clos. Espace vert. Vente de produits fermiers. Jeux d'enfants. Terrain de boules. Bus à 1.5 km. Taxe de séjour en supplément. - 10 % si séjour égal ou supérieur à 4 nuits.

Prix : 1 pers. **34** € 2 pers. **38/43** € 3 pers. **46/55** € pers. sup. **8** €
Ouvert : Toute l'année.

5	5	15	15	SP	15	2

Alain GAUDEMARD - Les Bouilladoires - 84220 GORDES - Tél. : 04 90 72 21 59 ou 04 90 72 41 90

GORDES Villa la Lebre

1 ch. Maison de caractère dans une propriété sur un terrain non clos de 15000 m², en campagne. Très belle vue. 1 ch. (2 lits 1 pers.) avec mezzanine (1 lit 1 pers.), s.d.b. et wc privés. Chauffage central. Terrasse. Jardin non clos. Climatiseur. Voile à 15 kms. Supplément de 12 € pour la 3e pers.. Promenade en montgolfière à 5 kms. Langues parlées : anglais, allemand.

Prix : 1 pers. **43** € 2 pers. **46** € 3 pers. **61** €
Ouvert : Toute l'année.

5	15	6	18	18	SP	18	5

Pierrette LAWRENCE - Villa la Lèbre - Près de St-Pantaléon - 84220 GORDES - Tél. : 04 90 72 20 74 - Fax : 04 90 72 20 74

GORDES Les Martins

4 ch. Ferme de caractère, dans les vignes à la sortie du hameau. 4 ch. avec s. d'eau et wc privés. Chauffage électrique. Salle commune. Terrasses ensoleillées et ombragées. Jardin clos. - 10 % à partir de 6 nuits.

Prix : 1 pers. **40** € 2 pers. **46** € 3 pers. **54** €
Ouvert : Du 15 mars au 15 novembre.

5	5	3	10	5	2

Claude PEYRON - Les Martins - 84220 GORDES - Tél. : 04 90 72 24 15

GORDES La Badelle

5 ch. Construction neuve avec terrasse et auvent agréablement aménagés, auprès d'une ferme ancienne, piscine (5 x 10) sur place. 2 ch. au r.d.c. avec s.d.b. et wc privés. 3 ch. au r.d.c. avec, s. d'eau et wc privés. Ch. électrique. Salle à manger d'été et cuisine ouverte sous une véranda parfaitement agencées à disposition des hôtes. Parking. Terrain d'1 ha. non clos. Langues parlées : anglais, allemand.

Prix : 1 pers. **69** € 2 pers. **74** € 3 pers. **89** € pers. sup. **15** €
Ouvert : Du 1er février au 31 décembre.

SP	7	7	15	15	SP	17	4

Michèle CORTASSE - La Badelle - 84220 GORDES - Tél. : 04 90 72 33 19 - Fax : 04 90 72 48 74 - E-mail : badelle@club-internet.fr

GORDES

3 ch. Villa indépendante, dans un hameau, avec piscine (5 x 10) commune et terrain clos de 3000 m². 3 ch. en annexe au r.d.c. avec s. d'eau, wc et terrasse privés. Ch. électrique. Salle à manger. Cuisine commune aux 3 ch.. Parking. Petits animaux acceptés avec supplément de 7,62 €. Langue parlée : italien.

Prix : 1 pers. **49** € 2 pers. **58** € pers. sup. **15** €
Ouvert : De Pâques à septembre.

SP	15	20	20	SP	40	3

Nicole et Clément MIFSUD - Quartier les Gervais - 84220 GORDES - Tél. : 04 90 72 08 13 ou 06 89 51 80 46 - Fax : 04 90 72 08 13

GORDES Mas de la Beaume

5 ch. Ancien mas à l'entrée du village avec piscine sur place. Très belle vue sur le village (château, église et Lubéron). 3 ch. avec s. d'eau, wc et terrasse privés. 2 suites avec s. d'eau, wc et terrasse privés. Ch. central. Salle commune. Terrasse. Jardin clos de 2500 m². Parking fermé. Langues parlées : anglais, espagnol.

Prix : 2 pers. **95/150** € pers. sup. **18** €
Ouvert : Toute l'année.

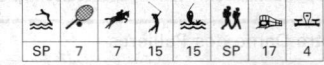

SP	2	10	20	SP	35	0,8

Nadine CAMUS - Mas de la Beaume - 84220 GORDES - Tél. : 04 90 72 02 96 - Fax : 04 90 72 06 89 - E-mail : la.beaume@wanadoo.fr

Provence-Alpes-Côte-d'Azur — Vaucluse

GORDES Les Coucourdons

5 ch. Mas neuf en pierre dans les oliviers avec piscine sur place. Vue panoramique sur le lubéron, Bonnieux et les ocres de Roussillon. 5 ch. avec s. d'eau, wc et terrasse privés. Ch. central au fuel. Salle à manger/véranda. Cuisine d'été et barbecue à disposition des hôtes dans le pool-house. Terrasse et terrain non clos. Parking. Terrain de boules. Tennis de table. De - 10 % à - 20 % pour des séjours de 7 nuits minimum en fonction de la saison. Langue parlée : anglais.

Prix : 1 pers. **60 €** 2 pers. **68/77 €** 3 pers. **85 €** pers. sup. **12 €**
Ouvert : Toute l'année. De novembre à mars sur réservation.

SP	7	6	16	15	SP	36	5

Isabelle DONAT - Près de St-Pantaléon - Mas des Oliviers - 84220 GORDES - Tél. : 04 90 72 43 90 - Fax : 04 90 72 43 90 -
E-mail : mas-des-oliviers@club-internet.fr - www.masdesoliviers.fr.st

GOULT Mas Marican   (TH)

5 ch. Mas de caractère du XVIIIe siècle très bien restauré, en campagne, sur une exploitation agricole, à proximité du hameau de Lumières, sur la route de Lacoste, 1ere à droite route de Ménerbes, calme, très belle vue. 1 ch. au r.d.c. avec s.d.b. et wc privés. 2 ch. au 1er étage avec s.d.b. et wc privés. 2 ch. au 1er étage avec s. d'eau et wc privés. Chauffage central. Salle commune. Terrasse. Cour intérieure. Parking. Tarif demi-pension à partir du 3e soir (pas de repas le dimanche et les jours fériés).

Prix : 1 pers. **37 €** 2 pers. **45 €** 3 pers. **57 €** repas **14 €**
Ouvert : Du 10 février au 31 décembre.

12	2	2	15	15	SP	40	2

Maryline et Claude CHABAUD - Mas Marican - 84220 GOULT - Tél. : 04 90 72 28 09 - Fax : 04 90 72 28 09

GOULT La Borie   (TH)

4 ch. Très belle bastide du XVIIe s. très agréablement restaurée et très bien paysagée. 2 ch. en annexe au r.d.c. avec réfrigérateur, TV, s. d'eau et wc privés. 2 ch. dont 1 en annexe, au 1er étage avec réfrigérateur, TV et s.d.b. et wc privés. Ch. central au fuel. Salle commune avec cheminée en service et bibliothèque. Piscine. Cours de tennis. SPA. Auvent bien aménagé pour les repas. Grand terrain. Table d'hôtes les lundi, mercredi et vendredi.

Prix : 2 pers. **61/91 €** 3 pers. **105 €** repas **21 €**
Ouvert : Toute l'année.

SP	SP	8	25	20	SP	40	1

Dominique et Alfred PAUWELS - La Borie - Chemin de la Verrière - 84220 GOULT - Tél. : 04 90 72 35 84 - Fax : 04 90 72 35 84 -
E-mail : alfred.pauwels@wanadoo.fr - www.la-borie.com

GRAMBOIS Le Jas de Monsieur   Alt. : 500 m

3 ch. Bastide de maîtres du XVIIIe siècle. Lieu de charme au sein du parc régional du sud Luberon sur un domaine de 130 ha.. Parc à disposition des hôtes. 3 ch. au 1er étage avec s.d.b. et wc privés. Chauffage central. Terrasse. Chemins pédestres privés. Langue parlée : anglais.

Prix : 1 pers. **50 €** 2 pers. **53 €** pers. sup. **12 €**
Ouvert : Toute l'année sauf du 15 juillet au 15 août.

1	10	SP	SP	10	1

Monique MAZEL - Le Jas de Monsieur - 84240 GRAMBOIS - Tél. : 04 90 77 92 08

GRILLON Au Vieux Chêne   (TH)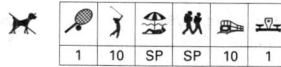

4 ch. Maison des propriétaires, au milieu des champs de lavande. 1 ch. au r.d.c. avec s. d'eau et wc privés. 1 ch. au 1er étage avec s. d'eau et wc privés. 2 ch. au 1er étage avec s.d.b. et wc privés. Ch. électrique. Cuisine à disposition ou repas sur réservation. L'accès aux chambres et au salon-séjour se fait par la terrasse couverte, à l'ouest de la maison. Les petits déjeuners sont servis dans le séjour réservé aux hôtes ou dans la cour terrasse.

Prix : 1 pers. **38 €** 2 pers. **42 €** 3 pers. **56 €** pers. sup. **14 €** repas **16 €**
Ouvert : Du 5 janvier au 30 novembre.

4	1	4	10	3	15	SP	35	1

Yvette HILAIRE - « Au Vieux Chêne » - Ancienne route de Valreas - 84600 GRILLON - Tél. : 04 90 35 24 47 - Fax : 04 90 35 24 47

GRILLON Ferme St-Martin   (TH)

3 ch. Ferme en activité, retirée en campagne (maison non fumeur). Piscine sur place avec pateaugoire. 3 ch. avec salle d'eau, wc et terrasse privés. Chauffage électrique. Cuisine réservée aux chambres avec lave-linge. Jardin non clos privé. Table d'hôtes occasionnelle commune avec les propriétaires. Repas sur proposition de la maîtresse de maison. Cuisine familiale avec produit de la ferme. Petit déjeuner et repas en terrasse en été. Promenades en calèche. Elevage de chevaux de trait. Tarifs dégressifs. Langue parlée : anglais.

Ouvert : Du 1er mars au 31 octobre et vacances de noël.

SP	1	5	0,2	SP	SP	1

Vincent et Sandrine VERNET - Ferme St-Martin - 84600 GRILLON - Tél. : 04 90 35 06 75 - Fax : 04 90 35 06 75 -
E-mail : ferme-saint-martin@wanadoo.fr

Vaucluse — Provence-Alpes-Côte-d'Azur

GRILLON Les Buis d'Augusta

6 ch. Belle maison de village au charme authentique dans un parc ombragé et clos de 2000 m². Piscine (9 x 4,5 au sel). Accueil discret et raffiné. Grande disponibilité des propriétaires. Ch. spacieuses décorées avec beaucoup d'attention. 2 suites (2 ch.) et 4 ch. dont 1 avec mezzanine, s. d'eau et wc privés (séchoir, peignoir de bains). TV dans ch. chambre. Ch. central. Salon avec cheminée. Magazines divers. Grande documentation touristique mise à jour. Grand salon d'été sous la grange de 100 m². Poss. salle de séminaire. Cour. Terrasses. Table d'hôtes 4 fois/sem.. Sauna, ping-pong, vélo. Point-phone. Repas truffes en saison. Cuisine légère. Langues parlées : anglais, espagnol.

Prix : 1 pers. 61/76 € 2 pers. 61/91 € 3 pers. 84/105 € pers. sup. 15 € repas 15/23 €

Ouvert : Toute l'année, novembre et décembre sur réservation.

| | SP | 1 | 4 | 10 | 1 | 4 | 10 | 35 | 0,2 |

Geneviève SPIERS - Avenue du Comtat - Les Buis d'Augusta - 84600 GRILLON - Tél. : 04 90 35 29 18 ou 06 09 89 86 78 - Fax : 04 90 37 41 86 - E-mail : gdspiers@club-internet.fr - www.buisdaugusta.com

ISLE-SUR-LA-SORGUE La Meridienne

5 ch. Partie de la maison du propriétaire (de caractère), piscine sur place, en campagne. 5 ch. au r.d.c. avec s. d'eau, wc et terrasse privés. Chauffage élecctrique. Pièce commune et coin-cuisine réservés aux hôtes. Salle commune. Salle à manger. Parking. Langues parlées : anglais, espagnol.

Prix : 1 pers. 44 € 2 pers. 53/61 € 3 pers. 72 € pers. sup. 11 €

Ouvert : Toute l'année.

| | SP | 3 | 2 | 2 | 2 | 2 | 3 | 5 |

Jérôme TARAYRE - La Méridienne - Chemin de la Lone - 84800 ISLE-SUR-LA-SORGUE - Tél. : 04 90 38 40 26 - Fax : 04 90 38 58 46

ISLE-SUR-LA-SORGUE Domaine de la Fontaine

5 ch. Mas indépendant du XIXᵉ s. restauré avec piscine, sur grand terrain non clos, en campagne. 1 ch. au r.d.c. avec s. d'eau, wc et terrasse privés. 1 ch. au 1ᵉʳ étage avec s. d'eau, wc privés et petit salon. 2 suites avec s. d'eau et wc privés avec une petite ch. attenante. 1 ch. au 2ᵉ étage avec s. d'eau et wc privés. Ch. central au fuel. Salon. Salle à manger. TV sur demande. Téléphone. Terrasse ombragée. Parking. Table d'hôtes 3 fois/sem.. Taxe de séjour : 0,38 €/pers./jour. Langues parlées : anglais, allemand.

Prix : 1 pers. 73/87 € 2 pers. 79/93 € 3 pers. 110/131 € pers. sup. 17 € repas 23 €

Ouvert : Toute l'année.

| | SP | 2 | 2 | 3 | 2 | 1 | 2 | 2 |

Irmy et Dominique SUNDHEIMER - Domaine de la Fontaine - 920 chemin du Bosquet - 84800 ISLE-SUR-LA-SORGUE - Tél. : 04 90 38 01 44 - Fax : 04 90 38 53 42 - E-mail : domainedelafontaine@wanadoo.fr - www.domainedelafontaine.com

ISLE-SUR-LA-SORGUE La Coudoulière

6 ch. Ferme monastique indépendante à la campagne, piscine (6 x 12) sur place. 3 ch. au 1ᵉʳ étage avec s. d'eau et wc privés. 1 ch. au 1ᵉʳ étage avec s.d.b. et wc privés. 2 ch. au 2ᵉ étage avec s.d.b. et wc privés. Ch. électrique. Mini-réfrigérateurs. Salle commune. Salon avec TV. Terrasse arborée. Parking. Petits animaux acceptés. - 10 % de remise d'octobre à mai.

Prix : 1 pers. 61/71 € 2 pers. 69/79 € 3 pers. 85/95 €

Ouvert : Toute l'année sauf novembre.

| | SP | 1,5 | 1,5 | 2 | 1 | 1,5 | 4 | 60 | 2 | 1 |

Régis SOUBRAT - Mas la Coudoulière - 1854 route de Carpentras - 84800 ISLE-SUR-LA-SORGUE - Tél. : 04 90 38 16 35 - Fax : 04 90 38 16 89 - www.isle-sur-sorgue.en-provence.com

ISLE-SUR-LA-SORGUE Le Bosquet

2 ch. Propriété familiale du XVIIIᵉ siècle sur parc arboré avec piscine et terrasse au sud. 2 ch. au 1ᵉʳ étage avec s.d.b. et wc privés. Ch. central et climatisation. Salle commune avec cheminée en service et bibliothèque. Parking. Langue parlée : anglais.

Prix : 1 pers. 65 € 2 pers. 70 €

Ouvert : Toute l'année.

| | SP | 3 | 3 | 4 | 2 | SP | 19 | 2 |

Catherine DAUMAS - Le Bosquet - 84800 ISLE-SUR-LA-SORGUE - Tél. : 04 90 38 28 52 ou 06 08 64 45 98 - Fax : 04 90 38 28 83 - E-mail : lebosquet@wanadoo.fr - www.lebosquetenprovence.com

ISLE-SUR-LA-SORGUE Le Plan de Saumane

3 ch. Le mazet maison typique à la région provençale vous accueillera dans son site verdoyant et reposant. Terrasse couverte face à la pelouse et au bassin d'agrément. Parc arboré et fleuri. Terrain de 4000 m² non clos. 1 ch. au r.d.c. avec s. d'eau et wc privés. 2 ch. au 1ᵉʳ étage avec s.d.b. et wc privés. Ch. électrique. Petits animaux acceptés. Pour les randonneurs et les amoureux de la nature, les environs tout proche offrent de nombreux pôles d'attraction sportifs et culturels. Musée Campredon et brocante à 4 kms. Canoë-kayak, centre équestre... Langues parlées : espagnol, italien.

Prix : 1 pers. 50 € 2 pers. 56 € 3 pers. 78 € pers. sup. 21 € repas 21 €

Ouvert : Toute l'année sauf novembre.

| | 2 | 2 | 2 | 1 | 1 | 2 | 20 | 2 |

Christiane TESSIER - Chemin de la Cornette - Le Plan de Saumane - 84800 ISLE-SUR-LA-SORGUE - Tél. : 04 90 20 29 39 - Fax : 04 90 20 25 71 - E-mail : lemazet@Ad.com - www.lemazet.fr.st

Provence-Alpes-Côte-d'Azur **Vaucluse**

ISLE-SUR-LA-SORGUE Mas St-Damien

4 ch. Mas du XVIIᵉ siècle entouré de 3 ha. parsemés d'amandiers, de cyprès, d'oliviers, avec piscine sur place et grand jardin arboré. 4 ch. au r.d.c. avec s. d'eau et wc privés. Ch. central. Salon. Terrasse. Parking. Langues parlées : anglais, allemand.

Prix : 2 pers. **73/110** € pers. sup. **17** €
Ouvert : Du 15 mars au 15 novembre.

	SP	3	2	4	2	SP	25	3

Hans et Anne-Christine NETZLER - 144 chemin des Madeleines - Mas St-Damien - 84800 ISLE-SUR-LA-SORGUE -
Tél. : 04 90 38 38 42 - Fax : 04 90 38 15 17 - E-mail : netzler@mas-saintdamien.com - www.mas-saintdamien.com

ISLE-SUR-LA-SORGUE St-Antoine

4 ch. Dans une chênaie, propriété en pierre de Gordes avec piscine sur place. 4 ch. spacieuses au r.d.c. avec s.d.b., wc et terrasse privés. Ch. électrique. Petits déjeuners servis sous la tonnelle au bord de la piscine. Grand jardin arboré. Parking. Langues parlées : anglais, espagnol.

Prix : 2 pers. **84/115** €
Ouvert : Du 16 mars au 14 novembre.

	SP	2	2	8	2	SP	30	1

Jacqueline TAUB - 338 chemin des Florides - Le Clos St-Antoine - 84800 ISLE-SUR-LA-SORGUE - Tél. : 04 90 38 90 94 -
Fax : 04 90 38 92 46 - E-mail : jw.taub@wanadoo.fr - www.clos-saint-antoine.com

ISLE-SUR-LA-SORGUE St-Antoine (TH)

2 ch. Maison indépendante au pied des Monts de Vaucluse, près de la fontaine de Vaucluse avec piscine sur place. 2 ch. au 1ᵉʳ étage avec s. d'eau et wc privés. Ch. central au sol. Salle commune avec cheminée en service, bibliothèque, TV et téléphone. Terrasse. Jardin clos de 3000 m² arboré avec ruisseau. Parking. Table d'hôtes sur réservation le soir uniquement.

Prix : 1 pers. **46** € 2 pers. **53** € pers. sup. **15** € repas **18** €
Ouvert : Toute l'année.

	SP	2	2	2	1	0,5	25	0,5

Jean-Pierre DANTIN - 848 chemin de Rigaulte - St-Antoine - 84800 ISLE-SUR-LA-SORGUE - Tél. : 04 90 20 89 64 ou 06 11 83 10 82 -
Fax : 04 90 20 89 64

LACOSTE Relais du Procureur (TH) C.M. 81 Pli 13

6 ch. Très belle demeure de caractère du XVIIᵉ siècle avec piscine, dans le village. 6 ch. (dont 3 climatisées) avec s.d.b. et wc privés, TV, mini-bar et téléphone. Salle commune. Séjour. Terrasse. Equitation sur place. Forêt à 5 kms. Promenades pédestres. Cyclotourisme, chasse. Restaurant au village. Location de voitures possible sur place. Renseignements uniquement par téléphone. Langue parlée : anglais.

Prix : 1 pers. **76/105** € 2 pers. **76/105** € 3 pers. **99/115** € repas **18/24** € 1/2 pens. **56/78** €
Ouvert : Toute l'année, janvier, février et mars sur réservation.

	SP	8	SP	20	15	SP	SP

COURT DE GEBELIN - Relais du Procureur - Rue Basse - 84710 LACOSTE - Tél. : 04 90 75 82 28 - Fax : 04 90 75 86 94 -
E-mail : relaisprocureur@luberon.org - www.luberon.org

LACOSTE Bonne Terre

5 ch. Chambres doubles personnalisées, dans une maison de caractère. Vue panoramique dans site de nature exceptionnelle, à proximité du village. Parc ombragé. Piscine sur place. Grand calme. Confort. 4 ch. avec s. d'eau et wc privés. 1 ch. avec s.d.b. et wc privés. Chauffage électrique. Terrasses. Point-phone. Parking fermé. Chien accepté : 6 €. Langues parlées : anglais, allemand.

Prix : 1 pers. **82/94** € 2 pers. **87/99** € pers. sup. **20** €
Ouvert : Du 1ᵉʳ février au 30 novembre.

	SP	4	25	7

Roland LAMY - « Bonne Terre » - 84710 LACOSTE - Tél. : 04 90 75 85 53 - Fax : 04 90 75 85 53 - E-mail : bonneterre@fr.st -
www.bonneterre.fr.st

LACOSTE Domaine Layaude Basse (TH) C.M. 81 Pli 13

6 ch. Mas familial du XVIIᵉ s. au pied du Lubéron à 800 m du village en campagne. Terrasse, ping-pong, terrain de boules en sous bois. Piscine (11 x 10) sur très belle vue des villages et Mt-Ventoux. 6 ch. avec s. d'eau et wc privés. Décoration ocres du pays. A disposition, grande salle à manger meublée dans la plus pure tradition provençale avec coin-salon. Feux de cheminée en saison. Aire de pique-nique en sous-bois. Parking ombragé. Table d'hôtes 3 soirs par sem.. Cuisine provençale, vin et miel de la propriété, petit déjeuner copieux. Seulement petits chiens acceptés (suppl. 5 €/nuit). Langues parlées : anglais, italien.

Prix : 2 pers. **64/88** € repas **27** €
Ouvert : Du 1ᵉʳ mars au 30 novembre, poss. d'ouverture pour groupes en hiver.

	SP	4	10	20	10	20	4	40	1

Olivier et Lydia MAZEL - Domaine Layaude Basse - Chemin de St-Jean - 84710 LACOSTE - Tél. : 04 90 75 90 06 - Fax : 04 90 75 99 03 -
www.luberon-news-domaine-de-layaude

Vaucluse
Provence-Alpes-Côte-d'Azur

LACOSTE Ferme L'Avellan (TH)

5 ch. Vieille ferme au milieu de 10 ha. vignes, bois, cerisiers en terrasses, dans un vallon très calme, vue sur le Ventoux. 5 ch. dont s. d'eau et wc privés dont 1 avec mezzanine (4 pers.). Salle à manger, bibliothèque, cheminée, tél. Sculptures parsemées dans la nature. Cuisine familiale aux fines herbes, légumes et plantes aromatiques du jardin biologique. Fontaine. Ferme ancienne restaurée avec des matériaux naturels : pierre, chanvre et ocre.

Prix : 2 pers. 46 € pers. sup. 16 € repas 16 €
Ouvert : Toute l'année, fermé du 1er novembre au 20 décembre et janvier.

10	3	1	20	20	10	4	1	

Danièle RAVOIRE - Ferme l'Avellan - 84480 LACOSTE - Tél. : 04 90 75 85 10 - Fax : 04 90 75 89 40

LACOSTE Ferme Cante Grillet

3 ch. Ferme récente en zone agricole, situation dominante, très belle vue sur le Ventoux, les Monts de Vaucluse et les villages du Luberon. Très calme. 3 ch. au 1er étage avec s. d'eau et wc privés. Ch. central au fuel. Salle commune avec cheminée en service. Terrasse. Terrain non clos de 3 ha.. Parking.

Prix : 2 pers. 55 €
Ouvert : Toute l'année.

14	5	7	20	20	SP	45	0,8	

Nicole JAUFFRET - Les Contards - Ferme Cante Grillet - 84480 LACOSTE - Tél. : 04 90 75 84 25

LAGARDE-D'APT Les Esfourniaux   Alt. : 1100 m   (TH)

4 ch. Plus ancienne et la plus haute (1100 m alt.) ferme auberge du Vaucluse, en campagne, située entre bois et lavande. 4 ch. au 1er étage avec s. d'eau et wc commun aux chambres. Chauffage central. Animaux admis dans les dépendances. Nombreux chemins pédestres. Calme et repos assurés.

Prix : 1 pers. 25 € 2 pers. 30 € 3 pers. 45 € pers. sup. 15 € repas 15 € 1/2 pens. 40 € pens. 55 €
Ouvert : De mars à novembre.

10	10	2	40	10	20	SP	40	20	10

CHASSILLAN - Les Esfourniaux - 84400 LAGARDE-D'APT - Tél. : 04 90 75 01 04 ou 04 90 75 07 61

LAGARDE-PAREOL Domaine les Serres   (TH)

5 ch. Grand mas en pierres dans un parc arboré d'un ha. avec piscine sur place, nombreuses terrasses et jardins. 5 ch. spacieuses (dont 4 familiales : 4 pers.) avec s.d.b. et wc privés. Ch. central au gaz. Salle commune avec cheminée en service. Bibliothèque, TV, vidéo et téléphone. Parking. Table d'hôtes 3 fois par semaine. Langues parlées : anglais, allemand, néerlandais.

Prix : 1 pers. 75/135 € 2 pers. 105/135 € 3 pers. 105/135 € pers. sup. 17 € repas 23 €
Ouvert : Toute l'année.

SP	2	6	8	10	10	SP	30	15	10

Loeke et Ton KRIJGER-BEAUMONT - Domaine les Serres - 84290 LAGARDE-PAREOL - Tél. : 04 90 30 76 10 - Fax : 04 90 30 74 31 - E-mail : domaine-les-serres@wanadoo.fr

LAGNES Le Mas du Grand Jonquier   (TH)

6 ch. Très beau mas restauré du 18e s., en pierres apparentes, au milieu de 2 ha de pelouses, cerisiers et pruniers, en campagne, piscine privée. 2 ch. doubles au r.d.c. avec TV, tél., mini-bar, s. d'eau et wc privés. 3 ch. doubles au 1er ét. avec TV, tél., mini-bar, s. d'eau et wc privés. 1 ch. double au 1er ét. avec TV, tél., mini-bar, s. d'eau et wc privés sur le palier. Chauffage central. Salon avec cheminée. Séjour. Salle à manger avec cheminée. Terrasse. Parking. Terrain non clos. Tables d'hôtes (sur réservation) individuelles (cuisine raffinée et gourmande). Copieux petit déjeuner (fromages, yaourts...). Langues parlées : anglais, allemand.

Prix : 1 pers. 78 € 2 pers. 78 € 3 pers. 96 € repas 23 €
Ouvert : Toute l'année.

SP	4	3	5	5	13	SP	13	3	

François et Monique GRECK - Le Mas du Grand Jonquier - 84800 LAGNES - Tél. : 04 90 20 90 13 - Fax : 04 90 20 91 18 - E-mail : masgrandjonquier@wanadoo.fr - www.grandjonquier.com

LAGNES La Pastorale

4 ch. Isle-sur-la-Sorgue 5 mn. Très beau mas en pierres, restauré, en campagne, calme. 2 ch. dont 1 double au 1er étage avec s. d'eau et wc privés. 2 ch. dont 1 double au 1er étage avec s.d.b. et wc privés. Ch. électrique. Salle commune. Salle à manger. Cuisine d'été réservée aux hôtes. Garage fermé. Terrasse. Terrain ombragé non clos. Langues parlées : anglais, allemand.

Prix : 1 pers. 60 € 2 pers. 60 € 3 pers. 75 € pers. sup. 15 €
Ouvert : Toute l'année.

1	1	0,2	1,5	1	1	35	5	1

Elisabeth et Robert NEGREL - La Pastorale - Rte de Fontaine de Vaucluse - 84800 LAGNES - Tél. : 04 90 20 25 18 - Fax : 04 90 20 21 86

Provence-Alpes-Côte-d'Azur **Vaucluse**

LAMOTTE-DU-RHONE Mas Zazezou (TH)

3 ch. Mas restauré du XIXe siècle, isolé dans les champs. 3 ch. avec s. d'eau et wc privés, entrée particulière. Ch. électrique. Salon. Salle à manger. Piscine (12 x 7). Terrain de boules. Billard. Musculation. Jardin de 3000 m^2. Terrasse ombragée pour les repas. Parking privé. Pique-nique non autorisé. Langues parlées : anglais, hollandais.

Prix : 1 pers. 38 € 2 pers. 46 € 3 pers. 61 € pers. sup. 15 € repas 21 €
Ouvert : Du 1er avril au 31 octobre.

	🐕	🏊	🎾	🚴	🎣	⛱	👥	🚂	⛷
	SP	2	5	0,5	12	8	6	2	

Monique et Pierre CARDINAL - Mas Zazezou - Quartier Malatras - 84840 LAMOTTE-DU-RHONE - Tél. : 04 90 40 45 16 - Fax : 04 90 40 45 16

LAMOTTE-DU-RHONE Le Clos des Oliviers

2 ch. Grande villa provençale sur 3 ha. de terrain clos avec piscine sur place, à proximité des gorges de l'Ardèche. 1 ch. familiale (2 ch.) au r.d.c. avec s.d.b. et wc privés. 1 ch. au 1er étage avec s.d.b., wc et terrasse privés. Ch. central. Salle commune avec cheminée en service, bibliothèque et TV à disposition des hôtes. Parking. Ping-pong. Jeux de boules. Petits animaux acceptés.

Prix : 2 pers. 46 € pers. sup. 18 €
Ouvert : Toute l'année.

	🐕	🏊	🎾	🚴	🎣	⛱	👥	🚂	⛷
	SP	2	3	7	2	5	5	35	2

Geneviève FERRIGNO - Le clos des oliviers - 84840 LA MOTTE-DU-RHONE - Tél. : 04 90 30 28 78 ou 06 82 28 73 51

LAPALUD La Bergerie (TH)

1 ch. 1 suite (2 chambres) en campagne, beau cadre, calme, avec s. d'eau et wc privés. Chauffage central. Salon à la disposition des hôtes (cheminée, bibliothèque). Beau jardin. Terrasse ombragée pour les repas. Parking. Cuisine méditerranéenne. Vin compris dans repas. Ornithos bienvenus. Propriété en agriculture biologique. Langues parlées : anglais, italien.

Prix : 1 pers. 30 € 2 pers. 40 € pers. sup. 9 € repas 15 €
Ouvert : Toute l'année.

🐕	🏊	🎾	🚴	🎣	⛱	👥	🚂	⛷
10	3	12	2,5	0,5	20	10	10	3

Gabriel GUET - La Bergerie - Les Iles - 84840 LAPALUD - Tél. : 04 90 40 30 82 - Fax : 04 90 40 24 69 - E-mail : gabriel.guet@wanadoo.fr

LAPALUD

3 ch. Annexe de la villa dans une propriété de 1/4 ha.. 2 ch. au r.d.c. avec s. d'eau et wc privés, 1 ch. au r.d.c. avec mezzanine, s. d'eau et wc privés, kitchenette. Ch. électrique. Séjour/salle à manger. Parking. Terrasse. Coin pique-nique. Prix dégressifs à la semaine. Langues parlées : anglais, allemand.

Prix : 1 pers. 28/30 € 2 pers. 37/40 € 3 pers. 43/49 € pers. sup. 9 €
Ouvert : Toute l'année.

🐕	🏊	🎾	🚴	🎣	⛱	👥	🚂	⛷
6	1	7	20	0,5	20	10	150	10	1

Danièle et Daniel CRELEROT - 401 rue des Vigneaux - 84840 LAPALUD - Tél. : 04 90 40 36 60 ou 06 84 35 20 96

LAURIS Mas de Recaute (TH)

5 ch. Partie annexe d'un gîte d'étape, dans une propriété, en campagne. 5 ch. au r.d.c. avec s. d'eau, wc et terrasse privés. Ch. électrique. Salle commune. Cheminée. Parking. Terrain non clos. 1/2 pens. 3 pers. : 85,37 €, 1/2 pens. 4 pers. : 111,29 €. Remise à partir de 2 nuits consécutives. Table d'hôtes du 01/04 au 31/10, en saison sur réservation. Randonnées équestres, pédestres et V.T.T. sur place. Langue parlée : anglais.

Prix : 1 pers. 38 € 2 pers. 46 € 3 pers. 61 € repas 18 € 1/2 pens. 40 €
Ouvert : Toute l'année.

🐕	🎾	🚴	🎣	⛱	👥	🚂	⛷
	3	SP	3	5	SP	25	3

Didier SIMONOT - Mas de Recaute - 84360 LAURIS - Tél. : 04 90 08 29 58 ou 04 90 08 31 97 - Fax : 04 90 08 41 37

LAURIS La Maison des Sources (TH)

4 ch. Ancien mas agréablement restauré avec terrasses et jardin privé de 3 ha, en campagne. Belle vue sur la vallée de la Durance. 2 ch. au 1er étage avec s. d'eau et wc privés. 1 ch. au 1er étage avec s.d.b. et wc privés. 1 ch. au 1er étage avec s. d'eau, s.d.b. et wc privés (idéale pour 4 pers.). Ch. central. Salle commune. Salon. Salle à manger. TV. Bibliothèque. Cheminée en service. Téléphone. Parking. Ping-pong. Animaux acceptés sur demande. Table d'hôtes occasionnelle.

Prix : 1 pers. 58/61 € 2 pers. 71/73 € 3 pers. 87/93 € pers. sup. 18 € repas 23 €
Ouvert : Toute l'année.

🐕	🏊	🎾	🚴	🎣	⛱	👥	🚂	⛷
4	1	1,5	15	2	5	SP	20	1

Martine COLLART-STICHELBAUT - La Maison des Sources - Chemin des Fraysses - 84360 LAURIS - Tél. : 04 90 08 22 19 ou 06 08 33 06 40 - Fax : 04 90 08 22 19 - E-mail : contact@maison.des.sources.com - www.maison-des-sources.com

Vaucluse

Provence-Alpes-Côte-d'Azur

LAURIS Bastide du Piecaud

5 ch. Bastide du XVIIe siècle avec piscine sur place (12 x 5), cour intérieure et cour extérieure surplombant les collines environnantes. 2 ch. au 1er étage avec s. d'eau et wc privés. 2 ch. au 1er étage avec s.d.b. et wc privés. 1 suite au 1er étage avec s.d.b. et wc privés. Ch. central. Bibliothèque. TV. Terrasse. Terrain non clos de 7 ha.. Parking. Langues parlées : anglais, allemand.

Prix : 1 pers. **61/76** € 2 pers. **61/76** € 3 pers. **89/99** €
pers. sup. **20/23** €

Ouvert : Du 15 mars au 15 novembre et autres périodes sur demande.

SP	2	3	14	3	3	SP	45	2	

FAMILLE SCHLUMBERGER-CHAZELLE - Bastide du Piecaud - Chemin de l'Escudier - 84360 LAURIS - Tél. : 04 90 08 32 27 ou 06 82 86 10 30 - Fax : 04 90 08 32 27

LAURIS Le Rocher de Malan (TH)

4 ch. 4 petites maisons dans une pinède avec piscine (6 x 12) sur place sur un domaine de 1,3 ha.. 4 ch. au r.d.c. avec TV, s. d'eau et wc privés. Ch. électrique. Salle à manger-séjour avec TV, bibliothèque. Terrasses. Parking/place de village reconstituée avec treille, fontaine et boulodrome. Langues parlées : anglais, allemand.

Prix : 1 pers. **45** € 2 pers. **52** € 3 pers. **66** € repas **23** €

Ouvert : Toute l'année.

SP	2	3	25	10	SP	40	2,5	

NOWAK Francine et KEYEUX Bruno - Le Rocher de Malan - Les Jardins du Soleil - 84360 LAURIS - Tél. : 04 90 08 37 27 - Fax : 04 90 08 37 27 - E-mail : bruno.keyeux@wanadoo.fr

LORIOL-DU-COMTAT Le Deves

5 ch. Ferme entièrement rénovée, au sein d'une exploitation agricole de 6 ha. (melons, fraises, courgettes), parc ombragé, piscine (5 x 10) sur place, en campagne. 2 ch. avec s.d.b. et wc privés. 3 ch. avec s. d'eau et wc privés. Ch. central. Cuisine équipée avec cuisinière, micro-ondes, frigidaire, vaisselle, barbecue et salle à manger à disposition. Point-phone. Terrasse avec table pique-nique. Parking. Entrée indépendante. Restaurant à 900 m. Calme, nature et bois alentour. Langue parlée : espagnol.

Prix : 1 pers. **40/43** € 2 pers. **43/47** € 3 pers. **58** €

Ouvert : Toute l'année.

SP	0,3	0,5	2	0,8	5	40	15	3

Josette et Claude GUILLERMIN - Le Dèves - 84870 LORIOL-DU-COMTAT - Tél. : 04 90 65 70 62 ou 06 11 16 18 38 - Fax : 04 90 65 70 62

LOURMARIN Villa St-Louis

5 ch. Au 2e étage d'une belle maison du XVIIIe siècle à l'entrée du village, ancien relais de poste dans un grand jardin ombragé. 1 ch. avec TV, téléphone, s.d.b. et wc privés. 4 ch. avec TV, téléphone, s. d'eau et wc privés. Ch. central. Salon. Bibliothèque. Moutain-bike sur place. Enfant supplémentaire : 7,62 €. Langues parlées : anglais, espagnol.

Prix : 1 pers. **53/69** € 2 pers. **53/69** € pers. sup. **7** €

Ouvert : Toute l'année.

1	0,1	1	20	4	1	SP	30	30

Bernadette LASSALETTE - 35 rue Henri de Savournin - 84160 LOURMARIN - Tél. : 04 90 68 39 18 - Fax : 04 90 68 10 07

LOURMARIN La Lombarde

4 ch. Mas du XVIIe siècle, situé dans une propriété de 6 ha. plantés et boisés, avec piscine, en campagne. 4 ch. (accessibles par l'extérieur) avec hall de dégagement, réfrigérateur, TV, s. d'eau, wc et terrasse privés. Ch. central. Cour commune. Salle à manger. Salle de réception/salon. Bicyclettes, V.T.T., ping-pong, pétanque, volley-ball. Poss. cuisine. Espace barbecue. Langues parlées : anglais, espagnol.

Prix : 2 pers. **60/64** € pers. sup. **18** €

Ouvert : Du 1er mars au 10 novembre.

SP	2	2	15	1	1	SP	0,5

Eva LEBRE - La Lombarde - BP 32 - Puyvert - 84160 LOURMARIN - Tél. : 04 90 08 40 60 - Fax : 04 90 08 40 64 - E-mail : la.lombarde@wanadoo.fr - http://perso.wanadoo.fr/lalombarde

LOURMARIN La Lubéronne

4 ch. « La Lubéronne » est située à 200 mètres du centre du village, avec vue panoramique sur le Luberon, au calme, dans un jardin clos et arboré. 4 ch. dont 1 familiale avec douches ou bains et wc privés. Dès les beaux jours, les petits déjeuners sont servis en terrasse. La piscine (12 x 6 - ouverte mi-mai). Cuisine d'été et barbecue à disposition des hôtes dans le pool-house ainsi que des vélos. Randonnées dans le parc naturel du Lubéron. Festivals d'été. Nombreux restaurants dans le village. Animaux acceptés sur demande. Langues parlées : anglais, espagnol.

Prix : 1 pers. **44/49** € 2 pers. **49/53** € 3 pers. **56/61** €

Ouvert : Toute l'année.

SP	0,4	2	10	4	SP	35	0,3

Loïc et Evelyne LEHIR - La Luberonne - Route de Vaugines - 84160 LOURMARIN - Tél. : 04 90 08 58 63 - E-mail : loic.le-hir@wanadoo.fr - www.guideweb.com/provence

Provence-Alpes-Côte-d'Azur **Vaucluse**

MALAUCENE La Boissiere

4 ch. Maison située dans un très beau cadre, en campagne, piscine sur place. 1 ch. au r.d.c. avec s. salle d'eau, wc, terrasse et coin-cuisine privés. 1 ch. au 1er étage avec s. d'eau et wc privés. 1 ch. au 1er étage avec s.d.b. et wc privés. 1 ch. au 2e étage avec s.d.b. et wc privés. Ch. électrique. Salle commune. Séjour (bibliothèque, piano). Terrasse. Table d'hôtes provençale le mardi uniquement. Promenades et sentiers GR au pied de la maison.

Prix : 1 pers. 44 € 2 pers. 50 € 3 pers. 57 € repas 17 €
Ouvert : Toute l'année.

SP	3	3	25	5	5	SP	20	45	2

Patrick et Anne GAILLARD-DAY - La Boissière - 84340 MALAUCENE - Tél. : 04 90 65 25 33

MALAUCENE Le Château Cremessiere

4 ch. Très belle propriété, dans le village de Malaucène avec terrain arboré et en prairie de 2 ha.. 2 ch. au r.d.c. avec s. d'eau et wc privés. 1 suite (2 ch.) avec terrasse, cuisine, s. d'eau, wc et TV privés. 1 suite au r.d.c. avec terrasse, cuisine, séjour, s.d.b., wc, TV et cheminée privés. Ch. central. Réfrigérateur à disposition. Terrasse ombragée par platane centenaire. Parking. Fauteuils jardin sur pelouse. Garage vélo/moto. Animaux admis sur demande. Poss. pique-nique. Petits déjeuners sur la terrasse à la belle saison. Nombreux restaurants à 5 minutes à pied. Langue parlée : anglais.

Prix : 1 pers. 69/72 € 2 pers. 67/84 € pers. sup. 20 €
Ouvert : Du 1er juin au 30 septembre et sur demande à l'Ascension et Pentecôte.

9	1	3	35	3	3	SP	10	40	0,2

Michel et Elisabeth DALLAPORTA-BONNEL - Le Château Crémessières - 84340 MALAUCENE - Tél. : 04 90 65 11 83

MAUBEC Les Biguieres

1 ch. Dans une ferme au milieu des vignes, 1 ch. avec salle de bains et wc privés. Ch. central. Escalade et randonnées à proximité. Accès indépendant. A l'étage. Vue sur Gordes, les Monts du Vaucluse et le Ventoux. Langue parlée : espagnol.

Prix : 1 pers. 27 € 2 pers. 37 € 3 pers. 47 €
Ouvert : Toute l'année.

9	1	5	10	1	8	1

Max VIALIS - Les Biguières - Route d'Oppède - 84660 MAUBEC - Tél. : 04 90 76 90 62 - Fax : 04 90 76 90 62

MAZAN

5 ch. Ferme indépendante dans les vignobles de Mazan avec piscine sur place, cour commune donnant sur un jardin non clos. 5 ch. au 1er étage avec s. d'eau et wc privés. Ch. électrique. Salle à manger. Parking. Poss. de partager le repas du vigneron et de découvrir la région en charrette. Langue parlée : anglais.

Prix : 1 pers. 35 € 2 pers. 37/46 € 3 pers. 55/58 € pers. sup. 12 € repas 15 €
Ouvert : Toute l'année.

SP	1	0,5	20	0,5	2	SP	30	1,5	

Hervé JACQUET - 722 chemin de Mormoiron - Mas des Tuilières - 84380 MAZAN - Tél. : 04 90 69 77 91 ou 06 03 47 96 11 - Fax : 04 90 69 77 91 - E-mail : H.Jacquet@wanadoo.fr - www.guideweb.com/provence/bb

MAZAN

2 ch. Partie ouest et en annexe de la maison du propriétaire avec piscine sur place (10 x 5). 2 ch. au 1er étage avec s.d.b. et wc privés. Ch. électrique. Terrasse couverte (salle à manger). Terrain non clos. Parking. Animaux acceptés sous réserve. Langues parlées : anglais, espagnol.

Prix : 2 pers. 44 €
Ouvert : Toute l'année.

SP	2	2	20	SP	5	SP	20	32	2

Edmond CONSTANTIN - Quartier du Bigourd - 84380 MAZAN - Tél. : 04 90 69 87 15

MENERBES Les Peirelles

5 ch. Contruction en terrasses, sur le même terrain que la maison des propriétaires avec piscine (6 x 13) sur place. 3 ch. au r.d.c. (de 2 pers.) avec terrasse, s. d'eau et wc privés. 2 ch. au r.d.c. (de 4 pers.) avec terrasse, s.d.b. et wc privés. Ch. électrique. Salle commune à disposition avec cuisine, frigo et micro-ondes. Bibliothèque. Téléphone à cartes. Terrasse commune. Très grand parc non clos d'un ha.. Parking. Garage fermé pour les vélos. Langues parlées : anglais, allemand.

Prix : 1 pers. 69/76 € 2 pers. 72/79 € 3 pers. 88/109 € pers. sup. 16/20 €
Ouvert : Du 1er mars au 31 décembre.

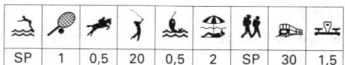

SP	2	SP	15	SP	40	2

Didier et Muriel ANDREIS - Les Peirelles - 84560 MENERBES - Tél. : 04 90 72 23 42 - Fax : 04 90 72 23 56 - E-mail : les-peirelles@worldonline.fr

Vaucluse
Provence-Alpes-Côte-d'Azur

MONIEUX
Alt. : 886 m

2 ch. Vieille bâtisse rénovée en campagne, sur le plateau des abeilles près de Sault, face au Mont-Ventoux. 1 ch. au r.d.c. avec s. d'eau et wc privés. 1 ch. au 1er étage avec s. d'eau et wc privés sur le palier. Ch. électrique. Jardin non clos.

Prix : 1 pers. 27/34 € 2 pers. 34 € pers. sup. 9 €
Ouvert : D'avril à octobre.

9	9	9	14	9	SP	50	9	

Solange PAPILLON - Ferme la Sone - La Gabelle - 84390 MONIEUX - Tél. : 04 90 64 03 79

MONIEUX Le Moulin
Alt. : 600 m

5 ch. Ancien moulin du XVIIIe siècle, situé en campagne. Piscine (14 x 7). Cour fleurie et ombragée. 3 ch. au 2e étage avec s. d'eau privée, 2 wc communs aux 3 ch. 2 ch. au 2e étage avec s. d'eau et wc privés. Ch. électrique. Salle commune. Parking ombragé.

Prix : 1 pers. 30/38 € 2 pers. 38/44 €
Ouvert : Du 1er mars au 30 novembre.

SP	5	8	0,5	SP	1

Michèle PICCA - Le Moulin - 84780 MONIEUX - Tél. : 04 90 64 04 64

MONIEUX
Alt. : 600 m (TH)

5 ch. **Gordes et sommet du Mont-Ventoux 20 km.** Ferme agricole, située entre le Mont-Ventoux et le Luberon, en plein cœur du pays de la lavande (Sault en Provence), à l'entrée des gorges de la Nesque (GR9). 5 ch. au r.d.c. avec s. d'eau et wc privés. Ch. central. Salle commune avec cheminée et TV. Terrasse. Parking. VTT à disposition. Les chambres se situent dans un bâtiment indépendant de l'habitation. Lac de pêche à proximité. Séjours à thème : découverte de la truffe, balades vertes en Provence, circuit découverte des produits du terroir du Pays de Sault. Langues parlées : anglais, italien.

Prix : 1 pers. 50 € 2 pers. 50 € 3 pers. 65 € pers. sup. 15 €
repas 19 € 1/2 pens. 44 €
Ouvert : Toute l'année.

7	7	25	0,2	15	SP	25	60	7

GIARDINI - Gaec le Viguier - 84390 MONIEUX-SAULT - Tél. : 04 90 64 15 52 ou 06 12 43 78 50 - Fax : 04 90 64 15 52 -
E-mail : MATHY010173@.fr

MONTEUX

3 ch. Maison à la sortie du village. 2 ch. avec s. d'eau et wc privés. 1 ch. avec s. d'eau privée, wc sur le palier. Ch. central. Terrasse. Jardin clos. Vous aurez la possibilité de prendre les repas sous les marronniers dans un jardin de plantes vertes ou dans un cabanon à proximité aménagé avec 1 micro-ondes, 2 plaques gaz, réfrigérateur, congélateur, évier. Table et bancs à disposition des hôtes. Barbecue. Jeux d'enfants : ping-pong, balançoire. Cour ombragée (pétanque). Poss. location vélos à Carpentras. Lit suppl. enfant : 6,10 €. Cabine téléphonique à 100 m. Service de cars sur place.

Prix : 1 pers. 24/27 € 2 pers. 29/32 € pers. sup. 6 €
Ouvert : Toute l'année sauf du 15 octobre au 15 novembre.

4	0,8	4	10	3	15	6	35	20	0,3

Ghislaine TELLENE - 3 boulevard du CDT Berthier - Ex. boulevard de la Gare - 84170 MONTEUX - Tél. : 04 90 66 25 63 -
Fax : 04 90 66 25 63

MORMOIRON Lou Mas de Carboussan

5 ch. Villa neuve indépendante à flanc de colline, dans un verger de cerisiers et d'oliviers. 1 ch. au r.d.c. avec terrasse, s.d.b. et wc privés. 2 ch. au r.d.c. avec terrasse, s. d'eau et wc privés. 2 ch. au 1er étage avec s. d'eau et wc privés. Ch. central au gaz. Salle commune avec cheminée en service. Cuisine à disposition des hôtes. Terrasse commune. Terrain arboré. Parking. Langue parlée : italien.

Prix : 1 pers. 38/43 € 2 pers. 46/51 € 3 pers. 61/66 €
pers. sup. 15 €
Ouvert : Toute l'année.

5	1	5	25	2	2	SP	20	40	0,5

Jean-Pierre ESCOFFIER - Mas de Carboussan - 84570 MORMOIRON - Tél. : 04 90 61 93 02 - Fax : 04 90 61 93 03 ou SR : 04 90 85 45 00

LA MOTTE-D'AIGUES La Clef des Champs
(TH)

3 ch. Mas indépendant de caractère en pierres dans les vignes avec piscine sur place. 2 ch. au 1er étage avec TV, s.d.b., wc et terrasse privés. 1 ch. familiale (2 ch. et cuisine) au 1er étage avec TV, s.d.b., wc et terrasse privés. Ch. électrique. Salle commune avec cheminée en service et bibliothèque. Terrain non clos. Etang de la bonde à 800 m. Accès libre à toutes les chambres. Langue parlée : anglais.

Prix : 1 pers. 61 € 2 pers. 75 € 3 pers. 98 € pers. sup. 23 €
repas 20 €
Ouvert : Toute l'année.

SP	3	3	30	1	1	SP	80	3

Géraldine et Laurent DROMENQ - Rte de la tour, ch. du claux - La Clef des Champs - 84240 LA MOTTE-D'AIGUES -
Tél. : 04 90 77 69 80 - Fax : 04 90 77 69 80 - E-mail : maslaclefdeschamps@net-up.com

Provence-Alpes-Côte-d'Azur **Vaucluse**

MURS Les Hauts de Véroncle — Alt. : 500 m (TH)

3 ch. Maison en pierre, en campagne boisée, dans une propriété de 4 hectares., au pied du village et à l'entrée des gorges de la véroncle, très bel environnement. 2 ch. au r.d.c donnant directement sur jardin avec s. d'eau et wc privés, 1 ch. au r.d.c. donnant sur une terrasse ombragée avec salon, s. d'eau et wc privés. Ch. central au gaz. Salle commune. Salle à manger avec cheminée. Terrasse. Terrain non clos (4 ha.). Parking. Lit bébé à disposition. Apéritif, vin et café compris dans le prix du repas. Cuisine raffinée et généreuse. Langues parlées : anglais, italien.

Prix : 1 pers. 40 € 2 pers. 46/48 € 3 pers. 60/62 € repas 20 € 1/2 pens. 43/44 €

Ouvert : Du 20 mars au 5 novembre.

1,5	1,5	5	15	18	SP	25	1,5

Prisca et Didier DELCORSO - « Les Hauts de Veroncle » - 84220 MURS - Tél. : 04 90 72 60 91 - Fax : 04 90 72 62 07 - E-mail : hauts.de.veroncle@wanadoo.fr

---

MURS Les Vergiers — Alt. : 515 m

2 ch. Maison de hameau agréablement restaurée, bel environnement. 1 ch. au 1er étage avec TV, s.d.b. et wc privés. 1 suite en annexe avec balcon, TV, s. d'eau et wc privés. Ch. central au gaz. Salle commune avec cheminée en service. Parking. Poss. d'accompagnement randonnées et V.T.T. Petits déjeuners : confitures maison, miel de notre rucher. Auberge à proximité du hameau. Animauxx acceptés dans la suite uniquement. Promotions : à partir de 2 nuits et plus : 46 € pour 2 pers.. Langue parlée : anglais.

Prix : 1 pers. 46 € 2 pers. 52 € 3 pers. 67 €

Ouvert : Toute l'année.

2	2	8	50	18	SP	50	1,5

Claude et Jeannine POUGET - Les Vergiers - 84220 MURS - Tél. : 04 90 72 60 51 - Fax : 04 90 72 60 51 - E-mail : claude.pouget1@free.fr - www.luberonfrance.com

---

MURS Au Temps Jadis, les Chalottes — Alt. : 550 m

2 ch. Construction neuve dans la propriété, à flanc de collines, très isolée. Très belle vue sur les Monts de Vaucluse. 2 ch. au r.d.c. avec s. d'eau, wc et terrasse privés. Ch. électrique. Salle à manger et cuisine à disposition des hôtes. Terrain (bois) de 2 ha.. Parking. Langues parlées : anglais, allemand.

Prix : 1 pers. 38 € 2 pers. 46 €

Ouvert : Toute l'année.

2	2	19	20	SP	50	1

Françoise ARMAND - Au Temps Jadis - Les Chalottes - 84220 MURS - Tél. : 04 90 72 61 54 - Fax : 04 90 72 61 54 - E-mail : au-temps-jadis@fr.fm - www.au-temps-jadis.fr.fm

---

OPPEDE-LE-VIEUX-VILLAGE Mas du Guillaumet

4 ch. Au pied du Lubéron et du vieux village d'oppède, dans un authentique mas provençal entouré de vignes, 4 chambres dont 3 avec s. d'eau et wc privés et 1 avec s.d.b. et wc privés. Salle commune avec cheminée à disposition. Terrasse avec tonnelle. Jardin ombragé. Bien centré pour visite des sites du Lubéron et des Monts de Vaucluse. Calme et repos assurés.

Prix : 2 pers. 47/55 € 3 pers. 47/55 € pers. sup. 12 €

Ouvert : Du 15 mars au 15 octobre.

5	1,5	1,5	10	9	9	SP	1

Maryse FOURNIER - Mas du Guillaumet - 84580 OPPEDE - Tél. : 04 90 76 82 47

OPPEDE-LE-VIEUX-VILLAGE

3 ch. Dans une ancienne maison située au pied du vieux château d'Oppède, dans le village, 3 ch. au 1er étage avec s. d'eau et wc privés. Ch. électrique. Salle commune. Terrasse. Salle à manger. Vieux village d'Oppède accroché au flanc de la montagne et situé au cœur même du parc national du Lubéron et à la croisée de tous les sentiers de randonnées. Forêt à 100 m. Pistes cyclables à proximité. Langue parlée : anglais.

Prix : 1 pers. 40 € 2 pers. 51 € 3 pers. 61 € pers. sup. 6 €

Ouvert : Toute l'année.

10	2	1	15	10	SP	0,5

Dominique BAL - Le vieux village - 84580 OPPEDE-LE-VIEUX - Tél. : 04 90 76 93 52 ou 06 63 43 75 68 - Fax : 04 90 76 93 52

OPPEDE-LE-VILLAGE Moulin à Vent

3 ch. Ancienne maison de meunier, en campagne, dans champs de cerisiers, vignes, pins, chênes. 2 ch. communicantes avec s.d.b. et 2 wc dont 1 dans couloir. 1 ch. au r.d.c. avec salle de bains et wc privés. Ch. électrique et mazout. Cuisine à disposition des hôtes.

Prix : 1 pers. 27/30 € 2 pers. 41/46 € 3 pers. 52/55 €

Ouvert : Toute l'année et sur réservation de toussaint à pâques.

5	0,8	21	10	10	3

Simone BONNET - Moulin à Vent - Canteperdrix - 84580 OPPEDE - Tél. : 04 90 76 90 60

PACA

Vaucluse

Provence-Alpes-Côte-d'Azur

ORANGE F.a. la Barque aux Romarins A (TH)

6 ch. En campagne, 3 ch. doubles avec s. d'eau et wc privés. 3 ch. avec s. d'eau et wc privés. Ch. électrique. Salle commune avec coin-salon (TV, bibliothèque, jeux de société, baby-foot). Cheminée. Terrain non clos. Ferme-auberge sur place. Pêche avec permis à 2 kms. Voile à 2 kms. Animaux refusés dans les chambres. Langues parlées : anglais, italien.

Prix : 1 pers. 24 € 2 pers. 34 € 3 pers. 42 € repas 13 €
1/2 pens. 37 €
Ouvert : Toute l'année.

5	3	6	10	2	2	6	4

Claude MONNIER - F.A. La Barque aux Romarins - Rte de Roquemaure/Q.B.Feuillet - 84100 ORANGE - Tél. : 04 90 34 55 96 -
Fax : 04 90 34 55 96

PERNES-LES-FONTAINES Hameau les Valayans (TH)

4 ch. Mas restauré, typiquement provençal, en campagne, très calme. 3 ch. au 1er étage avec s. d'eau et wc privés. 1 ch. au 1er étage avec s. d'eau et wc privés sur le palier. Ch. central. Salon. Séjour. Salle à manger. Cheminée en service. Bibliothèque. Terrasse. Terrain clos. Garage. Parking. Table d'hôtes le soir sur réservation sauf samedi et dimanche. Remise pour 3 nuits et plus.

Prix : 1 pers. 38 € 2 pers. 41 € 3 pers. 50 € repas 18 €
Ouvert : Toute l'année sauf du 20 au 30 décembre.

4	4	5	4	0,5	10	10	13	1

Pierre DUREGNE - 1050 chemin de Doche - Clos de Serre - Les Valayans - 84210 PERNES-LES-FONTAINES - Tél. : 04 90 62 00 03 -
Fax : 04 90 62 00 03 - E-mail : pierreduregne@faxvia.net - www.multimania.com/pierreduregne

PERNES-LES-FONTAINES St-Barthelemy

5 ch. Mas provençal du XVIIIe siècle entièrement restauré, en campagne, avec piscine et tennis sur place. 1 ch. avec s.d.b. et wc privés. 4 ch. avec douches et wc privés. Ch. central. Salle commune. Salle à manger. Réfrigérateur. Terrasse. Parc ombragé attenant et clos. Parking fermé. Cabine téléphonique. Vélo gratuit. Ping-pong. Badminton. Langue parlée : anglais.

Prix : 1 pers. 40 € 2 pers. 52 € 3 pers. 71 € pers. sup. 19 €
Ouvert : Toute l'année.

SP	SP	5	10	1	1	SP	20	1,5

Jacqueline MANGEARD - St-Barthélémy - 84210 PERNES-LES-FONTAINES - Tél. : 04 90 66 47 79 - Fax : 04 90 66 47 79 -
E-mail : mangeard.jacqueline@wanadoo.fr - www.itea.fr/84/1089

PERNES-LES-FONTAINES Ferme de Fontblanque

2 ch. Ferme indépendante, en campagne, avec collines, vignes et bois de pins. 2 ch. au r.d.c. (accessibles par l'extérieur) avec s. d'eau et wc privés. Ch. électrique. Salle à manger. Cheminée. Téléphone. Terrasse. Terrain non clos. Parking. Location de V.T.T. à 5 kms.

Prix : 1 pers. 35 € 2 pers. 40 € 3 pers. 50 €
Ouvert : Du 1er avril au 31 octobre.

3	5	4	5	8	SP	5

Janine BLANC - Ferme de Fontblanque - 84210 PERNES-LES-FONTAINES - Tél. : 04 90 61 62 61 ou 06 15 30 45 39

PERNES-LES-FONTAINES Moulin de la Baume

5 ch. Ancien moulin très agréablement restauré, à la sortie du village, avec piscine sur place sur 5000 m² de terrain clos. 2 ch. au 1er étage avec TV, s. d'eau et wc privés. 1 ch. au r.d.c. avec TV, s.d.b., salle de séjour et wc privés. 2 ch. au 1er étage avec TV, s.d.b. et wc privés. Ch. central. Salle commune. Terrasse. Parking. Langues parlées : anglais, hollandais.

Prix : 1 pers. 91/110 € 2 pers. 91/110 € 3 pers. 130 €
pers. sup. 19 €
Ouvert : Du 1er mars au 15 novembre.

SP	1	2	10	4	2	25	15	1

Eddy LECOMPTE - Moulin de la Baume - 182 route d'Avignon - 84210 PERNES-LES-FONTAINES - Tél. : 04 90 66 58 36 -
Fax : 04 90 61 69 42

PERNES-LES-FONTAINES Le Mas Pichony   (TH)

5 ch. Mas de caractère indépendant du XVIIe siècle, dans les vignes avec piscine sur place (10 x 5), terrasse ombragée et terrain non clos. Bel environnement. 4 ch. au 1er ét. avec s. d'eau et wc privés. 1 ch. au 2e ét. avec s.d.b. et wc privés. Ch. central. Salle commune avec cheminée en service, bibliothèque, TV et téléphone. Lit bébé à dispo. gratuitement. Parking. Produits du terroir. Table d'hôtes le soir sur réservation. Langue parlée : italien.

Prix : 1 pers. 69 € 2 pers. 73/84 € 3 pers. 99 € pers. sup. 18 €
repas 24 €
Ouvert : Toute l'année.

SP	3	4	15	6	8	SP	25	28	1,5

Françoise et J-Pierre FAURE-BRAC - Le Mas Pichony - 1454 rte de St-Didier (RD28) - 84210 PERNES-LES-FONTAINES -
Tél. : 04 90 61 56 11 ou 06 20 83 72 35 - Fax : 04 90 61 56 33 - E-mail : mas-pichony@wanadoo.fr -
www.eurobandb.com/gites/pichony_f.htm

Provence-Alpes-Côte-d'Azur **Vaucluse**

PERNES-LES-FONTAINES Domaine de Nesquière (TH)

4 ch. Belle maison de famille du XVIIIe s. dans une grande propriété agricole. 4 ch. agréablement décorées : au 2e étage 2 suites (2 à 4 pers.), douche, wc privés, petit frigo, tisanière, TV. Au 1er étage 1 ch. 2 pers., douche, wc privés, petit frigo, tisanière, TV. 1 ch. 2 pers., s.d.b., wc, coin-cuisine et TV. Salon, bibliothèque et piano à disposition des hôtes. Parking couvert et buanderie. Table d'hôtes sur réservation sauf le mercredi. Chemin de promenade longeant une rivière, calme, détente, espace. Il y a un gîte de séjour dans la propriété. Langue parlée : anglais.

Prix : 1 pers. **46/54** € 2 pers. **51/61** € 3 pers. **76** € pers. sup. **9/14** € repas **22** €
Ouvert : Toute l'année.

6	6	5	15	0,5	8	35	15	4

Isabelle DE MAINTENANT - 5419 route d'Althen - Domaine de la Nesquière - 84210 PERNES-LES-FONTAINES - Tél. : 04 90 62 00 16 - Fax : 04 90 62 02 10 - E-mail : demaintenant.provence@mnet.fr - www.guideweb.com/provence/bb/la-nesquiere

PERNES-LES-FONTAINES Hauterive

3 ch. Maison de village avec jardin clos et piscine (5 x 10) sur place. 1 ch. en annexe avec coin-cuisine, salon, TV, s. d'eau wc privés. 3 ch. avec s. d'eau et wc privés. Ch. central. Salle commune. TV. Terrasse. Langue parlée : italien.

Prix : 1 pers. **61/76** € 2 pers. **69/84** € 3 pers. **99/105** €
Ouvert : Toute l'année.

SP	1	8	10	10	5	40	25	0,5

Mireille COIZY - 473 chemin des Coudoulets - Hauterive - 84210 PERNES-LES-FONTAINES - Tél. : 04 90 61 57 94 -
E-mail : pierre.coisy@wanadoo.fr - http://perso.wanadoo.fr/hauterive

PERTUIS

3 ch. Aix 20 km. La Tour d'Aigues 6 km. La Roque d'Anthéron 18 km. Maison ancienne, dans le village, caractère provençal avec jardin fleuri et ombragé clos donnant sur un cours fleuri. 3 ch. au 1er étage avec s. d'eau privée, wc commun aux ch. Ch. central. Salon. Cheminée. Bibliothèque. Terrasse. Parking facile. Sorties 4 x 4 (programmes au 06.09.31.33.20). Festivals : la Roque d'Anthéron, Aix, la Tour d'Aigues. Langue parlée : anglais.

Prix : 1 pers. **40/46** € 2 pers. **46/52** € pers. sup. **12** €
Ouvert : Toute l'année.

1	1	2	22	2	2	SP	22	SP

Clémence VAN COUYGHEM - La Charmotte - 296 Cours de la République - 84120 PERTUIS - Tél. : 04 90 79 09 79 -
Fax : 04 90 79 09 79

PERTUIS Les Condamines (TH)

2 ch. Partie sud de la ferme des propriétaires, dans les vignes avec piscine sur place. 1 ch. au 1er étage avec coin-cuisine, s. d'eau et wc privés. 1 ch. au 1er étage avec s. d'eau et wc privés, réfrigérateur. Ch. central au fuel. Salle à manger. Grande terrasse fleurie commune aux 2 chambres. Jardin privatif. Parking. Langues parlées : allemand, anglais.

Prix : 1 pers. **45/55** € 2 pers. **50/60** € pers. sup. **11** € repas **17** €
Ouvert : Toute l'année.

SP	2,5	2,5	5	5	SP	24	4

André et Michèle GINDRAT - Les Condamines - 84120 PERTUIS - Tél. : 04 90 79 04 52 - Fax : 04 90 79 04 52

PIOLENC Les Buisses (TH)

5 ch. Au pied du massif d'Uchaux en pleine nature, au calme, venez flâner au bord du plan d'eau poissonneux à l'ombre d'arbres centenaires. Dans un mas XVIIe restauré, 5 ch. indépendantes dont 3 en annexe avec réfrigérateur, s. d'eau et wc privés. Ch. central. Terrasse, tables et chaises de jardin, barbecue au bord de l'étang. Parking fermé et ombragé. Piscine (5 x 10), bains de soleil. Cuisine provençale et généreuse : vin, apéritif et café compris. Parc de loisirs à 5 kms. Escalade à 15 kms. Forêt sur place. Tarif de octobre à mars, 3 jours minimum pour 2 pers. 38 €. Langues parlées : anglais, italien.

Prix : 1 pers. **40** € 2 pers. **48** € 3 pers. **64** € pers. sup. **16** € repas **19** €
Ouvert : Toute l'année.

SP	3	3	8	SP	SP	5	2

Jean LEVEQUE - Les Buisses - Qu. des Paluds - Route Orange-Uchaux - 84420 PIOLENC - Tél. : 04 90 40 62 25 ou 04 90 40 63 75

PUYMERAS Domaine Le Puy du Maupas (TH)

5 ch. Grande maison neuve (non fumeur) attenante à un caveau de dégustation, piscine (16 x 7) sur place, en campagne. 1 ch. au 1er ét. avec s.d.b. et wc privés. 4 ch. au 1er ét. avec s. d'eau et wc privés. Ch. central. Salle commune. Salon. Salle à manger. Cheminée. TV. Terrasse. Parking. Possibilité de téléphoner (compteur). Table d'hôtes du 15/06 au 15/09 sur réservation et/ou sur proposition de la maîtresse de maison. Découverte des produits du terroir servis à table, de nos vins vinifiés à la propriété. Coin-lavage sous la montée d'escalier (vaisselle pique-nique) et avec réfrigérateur (boissons au frais).

Prix : 1 pers. **43** € 2 pers. **48** € 3 pers. **61** € repas **20** €
Ouvert : Du 15 mars au 31 octobre.

SP	2	8	5	5	0,1	35	2

Christian SAUVAYRE - Domaine le Puy du Maupas - Route de Nyons - 84110 PUYMERAS - Tél. : 04 90 46 47 43 - Fax : 04 90 46 48 51 -
www.guideweb.com/provence/chambres_hôtes/maupas

Vaucluse

Provence-Alpes-Côte-d'Azur

PUYMERAS Le Saumalier

2 ch.

Beau mas en pierres perché sur une colline dominant la campagne face au Ventoux. Terrasse donnant sur un terrain arboré d'oliviers et pelouse très reposante. Piscine intérieure avec nage à contre-courant. 1 ch. au 1er étage avec une grande baie vitrée donnant sur le Ventoux, s.d.b. et wc privés. 1 ch. au 2e étage avec s. d'eau et wc privés. Ch. central au sol. Salle commune. Salon. Salle à manger. TV. Téléphone. Parking. Langue parlée : anglais.

Prix : 1 pers. 50/58 € 2 pers. 53/61 € 3 pers. 69/76 € pers. sup. 15 €

Ouvert : Toute l'année sauf fêtes de fin d'année.

	SP	2	10	20	4	6	SP	20	25	2

Michèle et Jean-Luc SAUVAYRE - Le Saumalier - 84110 PUYMERAS - Tél. : 04 90 46 49 61 - Fax : 04 90 46 49 61

PUYMERAS L'Oustau des Oliviers

4 ch.

Maison récente dans les collines située au milieu de notre exploitation viticole, piscine (7 x 14) sur place éloignée des ch. afin de conserver calme et tranquilité. Vente de notre huile d'olive et vin des Côtes du Rhone. 4 ch. au r.d.c. avec s. d'eau et wc privés. Salle commune. Frigidaire, micro-ondes. Salon. Salle à manger. Bibliothèque. Terrasse, salon de jardin. Barbecue. Bassin d'agrément. Terrain de boules. Table de ping-pong. Itinéraires de rand. pédestres fléchés à partir de la maison. Loc. de VTT à 6 kms. Table d'hôtes sauf mardi et samedi soir, sur réserv.. Apéritif, vin et café compris dans le repas. Semaines à thèmes.

Prix : 1 pers. 46 € 2 pers. 52 € 3 pers. 69 € repas 20 €

Ouvert : 1Er avril au 15 octobre, fin mars et fin octobre sur réservation.

	SP	2	7	25	15	15	SP	35	30	5

Marie-Françoise ROUSTAN - L'Oustau des Oliviers - Quartier des Eyssarettes - 84110 PUYMERAS - Tél. : 04 90 46 45 89 - Fax : 04 90 46 40 93 - E-mail : Marie-Francoise.2@wanadoo.fr - www.guideweb.com/provence/bb/oustau-des-oliviers

PUYMERAS Le Jas des Grands Cèdres

2 ch.

Ferme indépendante dans les vignes et les collines au dessus de Vaison la Romaine, près du village de Puymeras. Vue sur le Mont-Ventoux. 2 ch. au 1er étage avec s. d'eau et wc privés. Ch. central. Salle commune. Terrasse. Terrain non clos dans propriété de 10 ha.. Cuisine aux saveurs de Provence.

Prix : 1 pers. 35 € 2 pers. 40 € repas 15 €

Ouvert : Toute l'année.

	7	2	10	25	10	8	SP	40	65	2

Chantal et Marc MEYER - Le Jas des Grands Cèdres - 84110 PUYMERAS - Tél. : 04 90 46 42 29 ou 06 62 82 73 25 - Fax : 04 90 46 53 12

PUYVERT Le Mas de Foncaudette

3 ch.

Mas du XVIe s., prestige d'une commanderie Templier, avec son pigeonnier donné monument historique. Très arboré, vigne, olivier, piscine (5 x 10) sur place. 2 suites : au r.d.c. salon, s. d'eau ou s.d.b. et wc privés, et accès à l'étage par échelle de meunier à 1 ch. avec 2 lits 1 pers.. Dans la maison 1 ch. avec s. d'eau, wc et terrasse privés. Ch. central. Salon, bibliothèque, TV. Cour intérieure. Parking fermé. Animaux acceptés sur demande. Langues parlées : anglais, espagnol.

Prix : 1 pers. 88/104 € 2 pers. 88/104 € 3 pers. 124 €

Ouvert : Toute l'année.

	SP	2	2	18	3	3	SP	50	1

Anny et Loïc JEANPIERRE - Le mas de Foncaudette - La Lombarde - 84160 PUYVERT - Tél. : 04 90 08 42 51 ou 06 15 20 41 54 - Fax : 04 90 08 42 51 - E-mail : foncaudette@yahoo.fr - www.guideweb.com/provence

RASTEAU

4 ch.

A la sortie du village, 3 ch. avec s.d.b. et wc privés. 1 ch. avec s. d'eau et wc privés. Ch. central. Salle commune. Jardin non clos. Parking. Jeux d'enfants. Restaurant à 3 kms.

Prix : 1 pers. 15/18 € 2 pers. 27/30 € 3 pers. 41/46 € pers. sup. 11 €

Ouvert : Toute l'année.

9	0,1	2	2	SP	18	0,1

Yvonne MOURGAND - Route de Cairanne - 84110 RASTEAU - Tél. : 04 90 46 11 12

RICHERENCHES Ferme de la Commanderie

3 ch.

Belle ferme templière du XVIe siècle avec cour intérieure ombragée, jardins, parc de 8 ha., terrasse. Bassin aquatique. En campagne, au pied d'une colline ombragée, 8 ha. de promenade privé. 1 ch. avec s.d.b. et wc privés, coin-cuisine. Salon au r.d.c. 2 ch. au 1er étage avec s.d.e. et wc privés. Ch. central au fuel. Salle commune. Salons. Cheminée en service. Bibliothèque. Téléphone. Parking. Décor soigné, ambiance feutré. Cuisine authentique aux saveurs délicates. Vin et café compris dans repas. Langues parlées : anglais, italien.

Prix : 2 pers. 69/91 € 3 pers. 91/115 € pers. sup. 23 € repas 27 €

Ouvert : Toute l'année.

	7	3	SP	7	1	SP	35	3

J.Marie et Françoise GULIELMO - Ferme de la Commanderie - Domaine Hugues de Bourbouton - 84600 RICHERENCHES - Tél. : 04 90 28 02 29 ou 06 80 94 85 86 - Fax : 04 90 28 04 45 - www.guideprovence.com/bb/commanderie

Provence-Alpes-Côte-d'Azur **Vaucluse**

ROAIX Les Grillons

3 ch. Grande maison en pierres avec verger et jardin fleuri, à proximité du village. 3 ch. indépendantes avec lababo, s.d.b. et wc communs aux chambres. Ch. électrique. Salle à manger. Parking.

Prix : 1 pers. 30 € 2 pers. 35 € pers. sup. 12 €
Ouvert : Toute l'année.

3	3	0,1	2		0,7

Emile BOURDONNAS - Les Grillons - 84110 ROAIX - Tél. : 04 90 46 14 45

ROAIX Les Auzières (TH)

5 ch. Ferme des propriétaires avec piscine sur place (14 x 7), patios, terrasses, cours et grand terrain non clos. 5 ch. au r.d.c. avec TV, s. d'eau et wc privés. Ch. électrique. Salon (bibliothèque et piano). Salle à manger. Cheminée en service. Point-phone. Parking. Ping-pong. Billard. Poss. location de VTT. Réduction pour longs séjours. Table d'hôtes sur réservation uniquement.

Prix : 1 pers. 60 € 2 pers. 69 € pers. sup. 15 € repas 23 €
Ouvert : Du 1er avril au 15 novembre.

SP	8	8	18	5	5	SP	40	18	2,5

Alain CUER - Les Auzières - 84110 ROAIX - Tél. : 04 90 46 15 54 - Fax : 04 90 46 12 75

ROBION L'Escombeau

2 ch. Dans villa en campagne, 1 ch. au r.d.c. avec s. d'eau et wc privés. 1 ch. au 1er étage avec s.d.b. privée sur le palier, wc et terrasse privés. Chauffage. Salle commune. Cour close. Terrain clos de 2600 m². Parking. Circuits pédestres à proximité. Villages touristiques à proximité. Restaurants à 1,5 km. Cafétéria à 3 kms. Langue parlée : espagnol.

Prix : 1 pers. 30 € 2 pers. 38 € 3 pers. 53 €
Ouvert : Toute l'année.

3	3	2	3	3	1	3	1,5

Isabelle et Gabriel LAFFONT - L'Escombeau - Route de Cavaillon - 84440 ROBION - Tél. : 04 90 76 27 99

ROBION Domaine Canfier (TH)

4 ch. Ferme indépendante de caractère avec piscine (11 x 5) sur place, en campagne. 1 ch. au 1er étage avec s. d'eau et wc privés. 1 ch. au 1er étage avec s.d.b. et wc privés. 2 ch. au 2e étage avec s. d'eau et wc privés. Ch. central. Salle commune. Salon. Cheminée en service. Bibliothèque. Piano. TV. Téléphone. Terrasse. Jardin clos. Parking. Table d'hôtes 3 à 4 fois/sem.. Langues parlées : anglais, espagnol.

Prix : 1 pers. 57 € 2 pers. 65/75 € repas 20 € 1/2 pens. 52 €
Ouvert : Toute l'année.

SP	1	5	15	0,3	7	SP	35	5	1

Michel et Catherine CHARVET - Domaine de Canfier - 84440 ROBION - Tél. : 04 90 76 51 54 - Fax : 04 90 76 67 99 -
E-mail : canfier@aol.com

ROBION Le Petit Lubéron

2 ch. Mas mitoyen dans la plaine, pommiers et fruitiers, dans le parc du Luberon, avec piscine et pool-house sur place. 2 ch. au 1er étage avec s. d'eau et wc privés. Ch. central. Salle commune. Jardin clos. Parking fermé. Langue parlée : anglais.

Prix : 1 pers. 56 € 2 pers. 64 €
Ouvert : Toute l'année.

SP	6	1	10	9	5	15	1,5

M-José et Gérard GOUY - Qu. le Vas, chemin des Mulets - Le Petit Luberon - 84440 ROBION - Tél. : 04 90 20 90 44 ou
04 90 20 90 94 - Fax : 04 90 20 90 94 - www.members.aol.com/lepetitluberon

---

ROUSSILLON Poterie de Pierroux

5 ch. Grande maison ocrée rose avec cour intérieure fleurie, en campagne. 5 ch. avec s. d'eau ou s.d.b. et wc privés. Ch. électrique. Salon, TV, bibliothèque. Cuisine d'été équipée à disposition. Bibliographie et cartes I.G.N. locales. Poss. lit enfant. Parking ombragé et fermé la nuit. Jardin non clos. Tables de jardin et chaises longues dans cour intérieure. Calme, nature et bois alentour. Exposition et stages de poteries sur place. Restaurant 1 km. Langues parlées : allemand, anglais.

Prix : 1 pers. 43 € 2 pers. 49/53 € 3 pers. 61 € pers. sup. 15 €
Ouvert : Toute l'année.

7	0,5	5	20	SP	45	2

Claire FRUCHART-CHEMERY - Poterie de Pierroux - 84220 ROUSSILLON - Tél. : 04 90 05 68 81 - Fax : 04 90 05 68 81 - www.pierroux.fr

Vaucluse

Provence-Alpes-Côte-d'Azur

ROUSSILLON Les Passiflores - les Huguets (TH)

▮▮▮ 3 ch. Vieille maison provençale entièrement rénovée, dans un petit hameau typique. 3 ch. au 1er étage avec s. d'eau et wc privés. Ch. électrique. Terrain non clos avec jardin et terrasses ombragés. Beaucoup de fleurs. Un calme et un charme agréables. Table d'hôtes, cuisine provençale. Salle commune. Parking. Taxe de séjour du 01/05 au 30/09.

Prix : 1 pers. 41/46 € 2 pers. 46/50 € pers. sup. 15 € repas 18 €
Ouvert : Toute l'année.

9	3,5	6	20	20	SP	40	3,5

Chantal MADON - Les Passiflores - Les Huguets - 84220 ROUSSILLON - Tél. : 04 90 05 69 61 - Fax : 04 90 05 69 61

ROUSSILLON Villa Elia

▮▮ 2 ch. Elégante maison de maître XVIIIe siècle, restaurée avec beaucoup de soin, située au calme dans le village. 2 ch. personnalisées avec s. d'eau, bains, wc. Espace « bien-être/relaxation » : jacuzzi, balnéo, hammam. Petite terrasse tropézienne, vue panoramique sur Gordes, le Luberon, le haut village. Salon, bibliothèque, cheminée, TV. Langues parlées : anglais, italien.

Prix : 1 pers. 84/91 € 2 pers. 91/99 €
Ouvert : Toute l'année.

10	5	25	SP	45	SP

Françoise GAMBA - Villa Elia - Rue des Bourgades - 84220 ROUSSILLON-EN-PROVENCE - Tél. : 04 90 05 72 89 ou 06 86 50 12 46 - Fax : 04 90 05 72 89 - www.GUIDEWEB.COM/PROVENCE/BB/VILLA-ELIA

ROUSSILLON La Bastide Basse

▮▮▮ 3 ch. Beau mas agréablement restauré, dans les collines sur 6 ha. avec piscine sur place, beau terrain paysagé. 1 suite au 1er étage avec petit salon, 1 ch., s.d.b. et wc privés. 1 ch. au 1er étage avec s.d.b. et wc privés. 1 ch. au 1er étage avec s. d'eau et wc privés. Ch. électrique. Langue parlée : anglais.

Prix : 1 pers. 69/105 € 2 pers. 72/115 € 3 pers. 130 € pers. sup. 15 €
Ouvert : Du 15 mars au 15 octobre.

SP	3	0,5	25	10	SP	35	2

Patricia & Jean-Philippe FRANCIN - La Bastide Basse - 84220 ROUSSILLON - Tél. : 04 90 05 77 76 ou 06 07 96 21 38 - Fax : 04 90 05 77 76 - E-mail : jean-philippe.francin@wanadoo.fr

ROUSSILLON La Bastide des Grand Cyprés

▮▮▮ 5 ch. Bastide du XVIIIe siècle de hameau, dans les cerisiers, très calme au pied du village. Piscine (12 x 6) et jardin arboré clos. 2 ch. au 1er étage avec s. d'eau et wc privés. 3 ch. au 2e étage avec s. d'eau et wc privés. Ch. central. Salon avec cheminée en service, bibliothèque, TV. Terrasse. Parking. V.T.T., ping-pong et boules à disposition. Vols en montgolfière, décollage à proximité de la propriété. Langues parlées : anglais, allemand.

Prix : 2 pers. 84/105 € pers. sup. 23 €
Ouvert : Du 1er mars au 30 novembre, autres périodes sur réservation.

SP	3	3	20	8	SP	40	37	2

Mary-José LAVAL - La Bastide des Grands Cypres - Hameau les Yves - 84220 ROUSSILLON - Tél. : 04 90 05 62 10 ou 06 08 91 01 62 - Fax : 04 90 05 70 41 - E-mail : grands.cypres@wanadoo.fr - www.guideweb.com/provence/bb/grands-cypres

ROUSSILLON Les Gaillanes

▮▮ 2 ch. Maison sur 2,5 ha. en campagne au calme avec vue sur les Monts de Vaucluse. Piscine (6 x 4) sur place. 2 ch. avec TV, s. d'eau, wc et terrasse privés avec accès direct où est servi un copieux petit déjeuner. Falaises et galeries d'ocre privées à proximité avec possibilité de visite en exclusivité (à partir de 2 nuitées). Parking ombragé clos. Barbecue. Réfrigérateur avec possibilité de cuisiner sur place (vaisselle fournie). Petits animaux acceptés. Langues parlées : anglais, allemand.

Prix : 1 pers. 43/46 € 2 pers. 49/53 €
Ouvert : Toute l'année.

SP	2	10	40	10	SP	50	2,5

Georges PISTER - Les Gaillanes (D199) - 84220 ROUSSILLON - Tél. : 04 90 05 75 63

RUSTREL La Forge (TH)

▮▮▮ 4 ch. Grand bâtiment du XIXe siècle classé monument historique (hauts fourneaux), avec piscine (9 x 4) sur place, en campagne, à l'entrée de la forêt du Colorado Provençal. 3 ch. en annexe sur terrasse gazonnée avec s.d.b. et wc privés. 1 suite avec s.d.b. et wc privés. Ch. central au gaz. Salle commune. Cheminée en service. TV. Téléphone. Barbecue. Garage. Parking. Table d'hôtes sur réservation. Langues parlées : anglais, espagnol.

Prix : 1 pers. 74/124 € 2 pers. 79/129 € 3 pers. 120/134 € pers. sup. 21 € repas 28 €
Ouvert : Du 1er mars au 20 novembre et 26 décembre au 10 janvier.

SP	7	10	35	7	7	SP	30	3

Dominique BERGER-CECCALDI - La Forge - Notre Dame des Anges - 84400 RUSTREL - Tél. : 04 90 04 92 22 - Fax : 04 90 04 95 22

Provence-Alpes-Côte-d'Azur **Vaucluse**

RUSTEL Campagne Istrane

🛏 2 ch. Ferme restaurée du XVIIIe siècle en lisière du Colorado Provençal. 2 ch. au 1er étage avec s. d'eau et wc privés. Ch. central au bois. Salle à manger. Terrasse à l'ombre de platanes centenaires donnant sur un jardin avec bassin de source. Environnement naturel, calme et protégé. Terrain non clos. Parking. Petit déjeuner copieux. Réduction pour longs séjours. Langues parlées : anglais, allemand.

Prix : 1 pers. **44** € 2 pers. **49** € 3 pers. **56** €
Ouvert : Toute l'année.

	1	8	8	35	3	SP	40	1

Berrit et Charles VON LOGA - GUIRAUD - Campagne « Istrane » - 84400 RUSTREL - Tél. : 04 90 04 92 86

SABLET Les Catalans (TH)

🛏 5 ch. Maison du propriétaire, piscine sur place, en campagne. 5 ch. au r.d.c. (accès intérieur et extérieur) avec s. d'eau et wc privés. Ch. électrique. Salle commune. Salon. Terrain non clos. La salle à manger est aménagée en véranda. Réfrigérateur à la disposition des hôtes.

Prix : 2 pers. **41** € repas **18** €
Ouvert : Toute l'année.

	SP	1	10	2	1	2

Muriële CASAS - Les Catalans - 84110 SABLET - Tél. : 04 90 46 92 42

SAIGNON La Pyramide   Alt. : 536 m

🛏 4 ch. Belle maison à l'orée du village avec patio, piscine commune sur place, jardin clos aménagé. 1 ch. en rez de jardin avec s.d.b. et wc privés. 2 ch. au r.d.c. avec s.d.b. et wc privés. 1 ch. au 1er étage avec s.d.b. et wc privés. Ch. central. Salle commune. Parking. Langue parlée : anglais.

Prix : 1 pers. **55/59** € 2 pers. **59/64** € 3 pers. **88** € pers. sup. **15** €
Ouvert : Toute l'année.

	SP	2	1	4	SP	55	SP

LA PYRAMIDE - Rue du Jas - 84400 SAIGNON - Tél. : 04 90 04 70 00 - Fax : 04 90 04 78 87

SARRIANS Les Garrigues

🛏 3 ch. Mas du XIXe siècle, près du village, avec 1000 m² de terrain clos arboré. 1 ch. au 1er étage avec s. d'eau et wc privés. 1 ch. au 1er étage avec s.d.b. et wc privés. 1 suite (2 ch.) au 1er étage avec s.d.b. et wc privés. Ch. central. Salle commune avec cheminée en service. TV. Bibliothèque. Cuisine d'été. Barbecue. Parking. Cartes et guides. Restaurant à 1 km. Langues parlées : anglais, espagnol.

Prix : 1 pers. **37** € 2 pers. **44** € pers. sup. **11** €
Ouvert : Du 1er avril au 5 novembre.

	4	1	12	8	2	10	SP	20	25	1

Suzanne CORBAZ - Les Garrigues - 84260 SARRIANS - Tél. : 04 90 65 52 46 - Fax : 04 90 65 52 22

SARRIANS/VACQUEYRAS Le Mas des Grandes Roques (TH)

🛏 5 ch. Au pied des Dentelles de Montmirail, sur la route des vins, très calme, mas restauré typiquement provençal sur 3 ha. arborés, jardin d'agrément. Piscine privée sur place. 2 ch. avec s. d'eau et wc privés. 2 ch. avec s.d.b. et wc privés. 1 suite avec s. d'eau et wc privés. Ch. central. Salle à manger, coin bar. Salon de lecture, TV, point-phone. Terrasse ombragée. Parking. Dîners sur réservation. Langues parlées : anglais, allemand.

Prix : 1 pers. **66/78** € 2 pers. **70/82** € 3 pers. **91** € pers. sup. **17** € repas **20** €
Ouvert : Toute l'année.

	SP	7	5	15	7	7	SP	30	30	2

Sébastien LEJEUNE - Le Mas des Grandes Roques - Route de Vacqueyras - 84260 SARRIANS - Tél. : 04 90 12 39 42 - Fax : 04 90 12 39 56

SAULT Piedmoure   Alt. : 730 m   (TH)

🛏 4 ch. Grand mas indépendant du XVIIe s. dans les bois, dominant la vallée de la Croc, dans les champs de lavande. 3 ch. au 1er étage avec s.d.b., s. d'eau et wc privés. 1 ch. au 1er étage avec s. d'eau et wc privés. Ch. au sol et au fuel. Salle commune. TV. Terrasse. Jardin clos. Animaux admis sous réserve.

Prix : 2 pers. **58/64** € pers. sup. **18** € repas **20** €
Ouvert : Toute l'année.

	3	3	10	SP	25	70	2,5

M-Jeanne et J-Pierre BONNARD - Route de St-Christol - Piedmoure - 84390 SAULT - Tél. : 04 90 64 09 22 - Fax : 04 90 64 09 22 - E-mail : piedmoure@caramail.com

SEGURET Domaine St-Just

🛏 5 ch. Beau mas, sur une colline, en campagne, avec cour intérieure, belle vue. 5 ch. au 2e étage avec s. d'eau et wc privés. Ch. électrique. Salle commune. Salle à manger.

Prix : 1 pers. **30** € 2 pers. **43** € 3 pers. **49/53** € pers. sup. **7** €
Ouvert : Du 1er avril au 15 octobre.

	5	5	10	20	3	10	2

Jacqueline MONTJEAN - Domaine St-Just - Route de Vaison - 84110 SEGURET - Tél. : 04 90 46 11 55

Vaucluse
Provence-Alpes-Côte-d'Azur

SEGURET St-Jean

3 ch. Très belle maison d'inspiration italienne dans un très beau parc avec piscine, très belle vue. 1 suite au r.d.c. avec réfrigérateur, TV, tél,. s. d'eau et wc privés. 1 suite au r.d.c. avec réfrigérateur, TV, tél., s. d'eau, wc et terrasse avec véranda privés. 1 ch. au 1er ét. avec réfrigérateur, TV, tél., s. d'eau et wc privés. Ch. central. Salle commune. Salle à manger/salon. Bibliothèque. Terrasse. Terrain non clos. Parking. Petits animaux admis. Petits déjeuners variés, raffinés et agréablement copieux. Location de V.T.T. à 6 kms. Club escalade à 10 kms. Petits animaux acceptés : 7,62 € par jour. Langues parlées : anglais, espagnol.

Prix : 1 pers. **63/76** € 2 pers. **76/90** € 3 pers. **100/110** € pers. sup. **18** €
Ouvert : Toute l'année.

SP	1	14	4	4	20	2

Gisèle AUGIER - St-Jean - 84110 SEGURET - Tél. : 04 90 46 91 76 - Fax : 04 90 46 83 88

SERIGNAN-DU-COMTAT

2 ch. Villa des propriétaires. 1 ch. au r.d.c. avec s. d'eau et wc privés. 1 ch. au 1er étage avec s. d'eau et wc privés. Ch. central et électrique. Salle commune. Petite cuisine d'été à disposition des hôtes. Terrasse. Jardin clos. Parking. Langues parlées : anglais, espagnol.

Prix : 1 pers. **30** € 2 pers. **35** € 3 pers. **50** €
Ouvert : Du 1er mars au 15 novembre.

7	0,7	7	6	5	SP	7	0,7

Annette GOUBIN - Quartier les Pessades - 84830 SERIGNAN - Tél. : 04 90 70 00 68 - Fax : 04 90 70 07 94 - E-mail : ange.goubin@club-internet.fr

ST-DIDIER Le Mas des Abricotiers (TH)

5 ch. Mas indépendant restauré, à l'entrée du village, avec piscine (12 x 6) sur place, cour fermée et grand terrain planté d'abricotiers. Bel environnement. Vue sur Mont-Ventoux et Dentelles de Montmirail. 3 ch. dont 1 avec mezzanine avec s. d'eau et wc privés. 2 ch. avec s.d.b. et wc privés. Ch. central. Salle à manger avec TV. Cuisine d'été. Parking clos. Table d'hôtes 2 fois par sem.. Langues parlées : anglais, allemand.

Prix : 1 pers. **73/92** € 2 pers. **59/84** € pers. sup. **20** € repas **25** €
Ouvert : Toute l'année.

SP	1	2	10	SP	30	23	0,8

Christine DUBUC - 193 chemin des Terres Mortes - Le Mas des Abricotiers - 84210 ST-DIDIER - Tél. : 04 90 66 19 16 - Fax : 04 90 66 19 22 - E-mail : abricotier@bleu-provence.com - www.bleu-provence.com

ST-MARCELLIN-LES-VAISON Ferme de la Magdelaine

2 ch. Dans une authentique ferme provençale de la fin du XVIIIe, sous le village, au sud avec cour close ombragée et grand terrain. 2 ch. au 1er étage avec s.d.b. et wc privés. Salle commune avec cheminée en service, bibliothèque et TV. Parking privé. Langues parlées : anglais, hollandais.

Prix : 1 pers. **46** € 2 pers. **57** €
Ouvert : De mai à septembre.

2,5	2,5	20	0,5	5	SP	50	2,5

Irène et Alain GONFALONE - Ferme de la Magdelaine - 128 chemin de l'Ousière - 84110 ST-MARCELLIN-LES-VAISON - Tél. : 04 90 36 11 11 - E-mail : alain.gonfalon@wanadoo.fr - http://site.voila.fr/Magdelaine

ST-MARTIN-DE-CASTILLON La Testaniere (TH)

2 ch. Maison de caractère isolée, en campagne. 2 ch. avec s. d'eau et wc privés. Salle commune. Séjour. Forêt, chasse sur place. Restaurant à la ferme. Location sur réservation exclusivement. Arrivée si possible à partir de 18 heures. Langue parlée : allemand.

Prix : 1 pers. **30** € 2 pers. **38/43** € pers. sup. **11** € repas **15** €
Ouvert : Du 1er février au 31 juillet et du 1er septembre au 30 novembre.

8	8	5	3	SP	8

MERAT - La Testanière - 84750 ST-MARTIN-DE-CASTILLON - Tél. : 04 90 75 24 88

ST-MARTIN-DE-CASTILLON Mas d'Aigrevin Alt. : 585 m

2 ch. Partie de la ferme des propriétaires, très isolée sur une colline, face au Luberon, en campagne, très belle vue. Petite terrasse avec petite piscine très agréable et ensoleillée. 2 ch. (avec entrée indépendante) au r.d.c. avec s.d.b. et wc privés. Ch. central. Parking. Terrain non clos. Planche à voile et canoë à 12 kms. Langue parlée : italien.

Prix : 1 pers. **38** € 2 pers. **46** € 3 pers. **56/69** € pers. sup. **11** €
Ouvert : Toute l'année.

SP	6	6	12	SP	2

Vincent et Nine FRAVEGA - Mas d'Aigrevin - 84750 ST-MARTIN-DE-CASTILLON - Tél. : 04 90 75 20 85 - www.ifrance.com/chourmo/aigrevinhtml

Provence-Alpes-Côte-d'Azur **Vaucluse**

ST-PIERRE-DE-VASSOLS La Barjaquière

5 ch. Au pied du Mt-Ventoux, très belle maison du XVIIe qui saura vous séduire par son charme et le raffinement de sa décoration, magnifiée par ses patines à l'ancienne. Salons, terrasses, bistrot provençal, patio, jardin d'hiver, piscine intérieure et extérieure, sauna, salle de remise en forme, un ensemble de lieux différents à goûter selon les saisons. Cadre privilégié de tout un art de vivre retrouvé. 1 ch. avec s.d.b., s. d'eau et wc privés. 1 ch. avec s.d.b. et wc privés. 1 ch. avec s. d'eau (douche à jets) et wc privés. 1 suite avec s.d.b. balnéo et wc privés. 1 suite avec s. d'eau et wc privés. Langues parlées : anglais, allemand.

Prix : 1 pers. 110/170 € 2 pers. 110/170 € 3 pers. 195 € pers. sup. 15 €
Ouvert : Toute l'année sauf du 15/01 au 15/02 et du 20/11 au 10/12.

SP	6	6	30	5	5	SP	20	40	3

Ghislaine ANDRE et Daniel PONCET - La Barjaquière - 84330 ST-PIERRE-DE-VASSOLS - Tél. : 04 90 62 48 00 ou 06 16 33 21 05 - Fax : 04 90 62 48 06 - E-mail : dponcet@club-internet.fr - www.barjaquiere.com

ST-ROMAN-DE-MALEGARDE Le Colombier

4 ch. Partie de la ferme des propriétaires vignerons, située en campagne au milieu des vignes. Très calme. Piscine privée clôturée (10 x 5) des propriétaires à la disposition des locataires. 4 ch. au 1er étage avec s. d'eau et wc privés. Grande salle à disposition des hôtes comprenant plaque de cuisson, frigidaire et TV. Non chauffé. Terrain non clos. Possibilité de randonnée pédestre. Location de V.T.T. sur place.

Prix : 1 pers. 31 € 2 pers. 40 € 3 pers. 46 €
Ouvert : Du 15 avril au 15 octobre.

SP	3	3	20	1	1	1	20	2

Jean-Paul ARNAUD - Le Colombier - 84290 ST-ROMAN-DE-MALEGARDE - Tél. : 04 90 28 92 21

ST-SATURNIN-LES-AVIGNON Le Mas des Amandiers (TH)

4 ch. Maison de village sur grande cour close avec piscine (5 x 10) et pool-house de 25 m². Les chambres sont en annexe. 2 ch. au r.d.c. avec s. d'eau, wc et terrasse privés. 2 ch. au 1er étage avec s. d'eau, wc et terrasse privés. Ch. central et climatisation. Salle à manger avec cheminée en service, bibliothèque et TV. Jardin clos. Parking. Table d'hôtes sur réservation le soir. Poss. de participer à une chasse privée. Langue parlée : anglais.

Prix : 1 pers. 69 € 2 pers. 76 € pers. sup. 15 € repas 23 €
Ouvert : Toute l'année.

SP	0,5	8	5	0,5	10	8	0,2

Nadine et Philippe AUGIER - 102 impasse des Centenaires - Le Mas de l'Amandier - 84450 ST-SATURNIN-LES-AVIGNON - Tél. : 04 90 22 02 77 - E-mail : le.mas.de.l.amandier@wanadoo.fr - www.lemasdelamandier.com

ST-SATURNIN-LES-AVIGNON Les Gendalis (TH)

5 ch. Partie de propriété avec piscine sur place. 5 ch. au r.d.c. avec accès indépendant, s. d'eau et wc privés. Ch. central au gaz et climatisation. Salle commune avec cheminée en service. Terrasse. Jardin clos arboré de 2000 m². Langues parlées : anglais, espagnol.

Prix : 1 pers. 64 € 2 pers. 64 € 3 pers. 79 € repas 23 €
Ouvert : Toute l'année.

SP	1	7	5	4	20	10	1,5

Edith BACULARD - Chemin des Gendalis - 84450 ST-SATURNIN-LES-AVIGNON - Tél. : 04 90 22 07 54 ou 06 13 21 26 33 - Fax : 04 90 22 05 78

ST-TRINIT Les Bayles   Alt. : 850 m   A (TH)

5 ch. Ferme équestre dans laquelle il y a une ferme auberge. Piscine couverte commune. 5 ch. avec s. d'eau et wc privés. Ch. électrique. Salle commune. TV. Cheminée en service. Coin-lecture. Terrain non clos. Location de V.T.T.. Poss. stages équestres. Poss. 1/2 pens. à partir du 3e jour. Langue parlée : anglais.

Prix : 1 pers. 38 € 2 pers. 46 € 3 pers. 59 € pers. sup. 14 € repas 18 € 1/2 pens. 53 € pens. 69 €
Ouvert : Toute l'année sur réservation.

SP	3	SP	SP	20	70	7

Marielle RIVIERRE - Les Bayles - 84390 ST-TRINIT - Tél. : 04 90 75 00 91 - Fax : 04 90 75 00 91 - E-mail : lesbayles@free.fr

LES TAILLADES Mas Chante Ruisseau (TH)

3 ch. Ancien mas sur terrain clos, au pied du Luberon, avec piscine sur place. 1 ch. au 1er étage avec s.d.b. et wc privés. 2 ch. au 1er étage avec s. d'eau et wc privés. Ch. central. 2 salles communes avec cheminée en service. Terrasse. Parking fermé. Grand jardin ombragé. Salle à manger de jardin. Petit bois. Ruisseau. Table d'hôtes à la demande. Petits chiens acceptés. Langues parlées : anglais, italien.

Prix : 1 pers. 56 € 2 pers. 64 € pers. sup. 9/15 € repas 21 € 1/2 pens. 105/130 €
Ouvert : Toute l'année.

SP	4	2	20	1	2	30	4

Viviane VOUSURE - 1207 route de Mourre-Poussin - Mas Chante Ruisseau - 84300 LES TAILLADES - Tél. : 04 90 76 06 78 - Fax : 04 90 76 06 78

Vaucluse — Provence-Alpes-Côte-d'Azur

LE THOR Lou Mas de Mireio A

3 ch. A côté de Isle sur la Sorgue et de ses antiquaires, à un quart d'heure d'Avignon, mas restauré au milieu des vergers ; ferme arboricole et petits ânes gris. 1 ch. au r.d.c. avec s. d'eau et wc privés. 2 ch. au 1er étage avec s.d.b. et wc privés. Chauffage central. Terrain attenant. Tarif dégressif à partir de 2 nuits minimum. Langues parlées : anglais, espagnol.

Prix : 1 pers. **34** € 2 pers. **47** € 3 pers. **58** €
Ouvert : Toute l'année.

🐕	🏊	🎾	🚴	🚶	🎣	👥	🚌
	4	4	1	10	4	10	2

Mireille GRANGIER - Lou Mas de Mireio - Route des Vignères - 84250 LE THOR - Tél. : 04 90 33 83 64

LE THOR Le Mas des Coudelières (TH)

4 ch. Mas de caractère du 19e s. agréablement restauré au milieu d'1 propr. de 3 ha., plantée de cyprès, de lauriers, de lavandes et entourée de vergers de pommiers, à prox. du village. Piscine (6,5 x 10) à débordement avec sa plage et son salon d'été commune à 1 gîte. 4 ch. dont 1 familiale et 1 suite aménagées dans l'esprit provençal avec s.d.b. ou s. d'eau et wc privés. Terrasse ombragée sous les platanes centenaires. Salon avec cheminée et TV réservé aux hôtes. Biblio.. Parking éclairé, terrain boules, ping-pong. Ch. central. Table d'hôtes sur réservation. 2 fois/sem en juillet/août + week-ends prolongés (vin café inclus) sinon sur demande. Langue parlée : anglais.

Prix : 1 pers. **64** € 2 pers. **75/102** € 3 pers. **87/138** € pers. sup. **15** € repas **22** €
Ouvert : Toute l'année.

🐕	🏊	🎾	🚴	🚶	🎣	👥	⛷	🚌
	SP	1	5	10	1	2	40	1,5	1,5

Nadine et Alain MARCHAL - BUSTILLO - Le Domaine des Coudelières - 560 chemin des Coudelières - 84250 LE THOR - Tél. : 04 90 02 12 72 ou 06 62 53 54 62 - Fax : 04 90 02 12 72 - E-mail : domcoudelieres@free.fr - www.guideweb.com/provence/bb

LE THOR Mas des Prés

3 ch. Ancien mas provençal avec piscine sur place, calme, au milieu de 2,5 ha., vue sur le chateau de Thouzon. Charme. 3 ch. (dont 2 avec entrée indépendante) avec grande s. d'eau et wc privés. Ch. central au fuel. Salon avec cheminée en service, bibliothèque et TV. Terrasse. Parking. Tarif sur demande hors saison. Langues parlées : anglais, espagnol.

Prix : 2 pers. **85/90** €
Ouvert : Toute l'année.

🐕	🏊	🎾	🚴	🚶	🎣	👥	⛷	🚌
	SP	3	10	8	1	10	50	18	3

Véronique GAUDIN - 946 chemin de la Treille - Mas des Prés - 84250 LE THOR - Tél. : 04 90 02 14 22 - Fax : 04 90 02 15 44

LE THOR (TH)

4 ch. Isle-sur-la-Sorgue 10 mn. Mas en campagne. 4 ch. au 1er étage avec s. d'eau et wc privés. Ch. central. Salle commune avec TV et bibliothèque. Cheminée en service. Terrasse. Jardin non clos arboré. Terrain de boules. Parking. Apéritif et vin compris dans repas. Langues parlées : anglais, allemand.

Prix : 1 pers. **32/38** € 2 pers. **40/46** € pers. sup. **12** € repas **15** €
Ouvert : Toute l'année.

🐕	🏊	🎾	🚴	🚶	🎣	👥	🚌
	5	3	10	15	2	4	15	4

Albert BALIMANN - La Renouvado - 612 chemin du Trentin - 84250 LE THOR - Tél. : 04 90 33 92 75 - Fax : 04 90 33 92 75

LE THOR Le Moulin de Villon (TH)

4 ch. Ancien mas du XIXe sur cour close dans la plaine du Comtat. 4 ch. au 1er étage avec s. d'eau et wc privés. Ch. central au fuel. Salle commune. Jardin clos de 1500 m². Parking protégé. Langues parlées : anglais, allemand.

Prix : 2 pers. **53** € 3 pers. **72** € pers. sup. **18** € repas **20** €
Ouvert : Toute l'année.

🐕	🏊	🎾	🚴	🚶	🎣	👥	🚌
	10	4	6	10	0,5	3	18	4

Marie CARDINAUX-FLEMING - 1336 chemin du Trentin - Le moulin de Villon - 84250 LE THOR - Tél. : 04 90 33 80 06

LE THOR Mas des Gerbauts

3 ch. Mas dans la campagne verdoyante des sorgues avec piscine sur place. 1 ch. familiale au 1er étage avec s.d.b. et wc privés. 1 ch. au r.d.c. avec s. d'eau et wc privés. 1 ch. avec s.d.b., wc, TV et cuisine privés. Ch. central + électrique. Salle commune. Grand auvent comportant 1 barbecue et 1 cuisine d'été à disposition des hôtes. Jardin clos de 8000 m². Parking. Langue parlée : espagnol.

Prix : 1 pers. **46** € 2 pers. **46/61** € 3 pers. **61/84** €
Ouvert : Toute l'année.

🐕	🏊	🎾	🚴	🚶	🎣	👥	🚌
	SP	3	8	10	2	15	17	3,5

Luc BERNARD - 3541 route de St-Saturnin - Le Mas des Gerbauts - 84250 LE THOR - Tél. : 04 90 33 88 85 ou 06 12 10 32 70

Provence-Alpes-Côte-d'Azur — Vaucluse

UCHAUX La Cabanole

5 ch. Ferme de château dans les vignobles et oliveraies dans une région touristique et culturelle avec piscine (12 x 6) sur place. 1 ch. avec s.d.b. et wc privés. 1 ch. avec s. d'eau, s.d.b. et wc privés. 3 ch. dont 2 familiales (pour 4 pers.) avec s. d'eau et wc privés. Ch. au sol et électrique. Salle commune avec cheminée en service. Salle à manger. Bibliothèque. TV. Téléphone sur demande. Terrain clos. Terrasse. Parking. Langues parlées : anglais, hollandais.

Prix : 1 pers. 69/84 € 2 pers. 79/96 € 3 pers. 105 € pers. sup. 15 € repas 14/21 €

Ouvert : Du 15 mars au 15 novembre.

| | | SP | 4 | 1 | 12 | SP | 40 | 7 | |

Leen et Patrick DEBLAERE - La Cabanole - Beauchamp - 84100 UCHAUX - Tél. : 04 90 30 07 28 - Fax : 04 90 30 08 75 - E-mail : deblaere.cabanole@wanadoo.fr

VACQUEYRAS Domaine L'Ousteau des Lecques

6 ch. Demeure au milieu des vignes, à proximité du hameau, avec piscine couverte sur place (ouverte d'avril à octobre). 6 ch. avec s. d'eau et wc privés. Ch. électrique et central. Salle commune. Séjour. Salon et salle à manger climatisés. TV. L-linge, réfrigérateur et cuisine à disposition des hôtes. Parking. Terrain non clos. Lit bébé 7,62 €. Salon de jardin et barbecue sur terrasse. Lac à 10 kms. Jardin botanique à 50 m. Invitation à la flore provençale. Forêt à 10 kms. Restaurant à 600 m.

Prix : 2 pers. 43/46 € 3 pers. 55/59 €

Ouvert : Du 1er mars au 31 octobre.

| | | SP | 1 | 4 | 20 | 4 | SP | SP | 30 | 15 | 1 |

Claude CHABRAN - Domaine l'Ousteau des Lècques - 84190 VACQUEYRAS - Tél. : 04 90 65 84 51 - Fax : 04 90 65 81 19

VACQUEYRAS Les Ramieres

4 ch. Ferme du XVIIe siècle restaurée avec piscine, à l'entrée du village dans les vignes. 1 ch. au 1er étage avec s. d'eau et wc privés. 3 ch. au 2e étage avec s. d'eau et wc privés. Ch. électrique. Salle commune. Salon. Réfrigérateur. Téléphone (commun). Parking. Terrain non clos. Cour close. Location de V.T.T. à Beaumes de Venise à 6 kms. Poss. de pique-niquer dans le jardin.

Prix : 1 pers. 39 € 2 pers. 43 € 3 pers. 58 € pers. sup. 3 €

Ouvert : Du 1er mai au 30 septembre.

| | | SP | 1 | 8 | 2 | 2 | SP | 0,5 |

Régine BRUEL - Les Ramières - 84190 VACQUEYRAS - Tél. : 04 90 65 89 61

VAISON-LA-ROMAINE

1 ch. Très belle maison de caractère avec cour close et piscine sur place, belle vue sur vignes et Mont-Ventoux. 1 ch. (entrée indépendante) avec s.d.b. et wc privés, petite terrasse couverte privée (réfrigérateur). Ch. central. Poss. lit enfant. Restaurant à 1,5 km. Ski de fond à 25 kms. Réduction pour longs séjours. Langues parlées : anglais, allemand.

Prix : 1 pers. 43 € 2 pers. 50 € 3 pers. 70 €

Ouvert : Toute l'année.

| | | SP | 1 | 4 | 10 | 2 | 3 | SP | 25 | 1,5 |

DELESSE - Quartier le Brusquet - 84110 VAISON-LA-ROMAINE - Tél. : 04 90 36 38 38 - Fax : 04 90 36 38 38

VAISON-LA-ROMAINE La Maison Bleue

2 ch. Jolie petite ferme restaurée, de caractère, « la Maison bleue », en pleine campagne, lieu privilégié, avec piscine (8 x 4) commune à 1 gîte, 2 ch. d'hôtes et aux propriétaires. 1 ch. au r.d.c. avec s. d'eau privée, wc et douche indépendants, petite véranda privée avec coin-cuisine attenant à la chambre. 1 suite à l'étage avec s.d.b. et wc privés. Ch. central. Belles promenades à partir de la maison, lieu calme de charme. Animaux acceptés sur demande. Yoga et shiatsu sur place. Petit déjeuner le plus souvent biologique. Animaux acceptés sur demande. Langue parlée : anglais.

Prix : 1 pers. 41 € 2 pers. 46 € 3 pers. 70 €

Ouvert : Toute l'année.

| | | SP | 3 | 4 | 4 | 4 | 4 | SP | 20 | 27 | 3,5 |

Mireille GERMSER - Chemin de Ste-Croix - 84110 VAISON-LA-ROMAINE - Tél. : 04 90 36 14 81 ou 06 13 62 88 92 - Fax : 04 90 36 14 81

VAISON-LA-ROMAINE

4 ch. Dans la cité médiévale de Vaison la Romaine, maison de caractère du XVIIe siècle restaurée. 1 ch. au 1er étage avec s.d.b., wc et téléphone privés. 2 ch. au 1er étage avec s. d'eau, wc et téléphone privés. 1 ch. au 2e étage avec s. d'eau, wc et téléphone privés. Chauffage. Salle commune. Salon avec cheminée en service. Terrasse présentant une superbe vue sur la ville moderne. Piscine et tennis dans la ville. Mise à disposition de V.T.T. sur place. Langue parlée : anglais.

Prix : 1 pers. 56/66 € 2 pers. 66/73 € 3 pers. 98 €

Ouvert : Toute l'année.

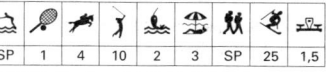

| | | 0,5 | 0,5 | 5 | 5 | 0,5 | 20 | 0,2 |

Aude VERDIER - Rue de l'évêché - Haute Ville - 84110 VAISON-LA-ROMAINE - Tél. : 04 90 36 13 46 - Fax : 04 90 36 32 43 - E-mail : eveche@aol.com - http://eveche.free.fr

Vaucluse
Provence-Alpes-Côte-d'Azur

VAISON-LA-ROMAINE Château de Taulignan

5 ch. 4 suites dans le château de Taulignan, XVᵉ s., en campagne, avec piscine (115 m²), terrasse, parc, arbres centenaires et terrain non clos au milieu de 10 ha. de plantations. Fontaines et bassins anciens. 1 suite au r.d.c. (antichambre, s.d.b., wc privés). 1 suite au 1ᵉʳ ét. (antichambre, s.d.b., wc privés). 1 suite au 2ᵉ ét. (antichambre, s.d.b., wc privés). 2 suites avec s.d.b. et wc privés. Ch. central. Salle commune. TV avec satellite. Réfrigérateur. Cheminées. Bibliothèque. Tél. à cartes. Parking. Animaux admis sous réserve. Site historique et archéologique. Forêt à 200 m. Tarifs dégressifs sur longs séjours et en hiver. Langues parlées : anglais, allemand.

Prix : 1 pers. **53/105 €** 2 pers. **53/105 €** 3 pers. **69/120 €** pers. sup. **15 €**
Ouvert : Toute l'année.

	SP	2	5	30	1	10	1	25	30	1,5

Michel DAILLET - Château de Taulignan - St-Marcellin les Vaison - 84110 VAISON-LA-ROMAINE - Tél. : 04 90 28 71 16 - Fax : 04 90 28 75 04 - E-mail : chateau@pacwan.fr - www.chateaudetaulignan.com

VAISON-LA-ROMAINE La Calade

4 ch. Maison de village avec cour close et terrasse sur les toits accessible en fin de journée. 1 ch. au 1ᵉʳ étage avec s. d'eau et wc privés. 2 ch. au 2ᵉ étage avec s. d'eau et wc privés. 1 ch. au 2ᵉ étage avec s.d.b. et wc privés. Ch. central. Salle commune avec cheminée, bibliothèque. Langues parlées : anglais, italien.

Prix : 1 pers. **60 €** 2 pers. **70 €**
Ouvert : De Pâques au 15 novembre.

3	3	5	30	2	15	SP	25	45	2,5

HAGGAI Charles et TERRISSE Renaud - La Calade - St-Romain en Viennois - 84110 VAISON-LA-ROMAINE - Tél. : 04 90 46 51 79 - Fax : 04 90 46 51 82 - www.avignon-et-provence.com

VAISON-LA-ROMAINE Les Romalex

2 ch. Villa dans propriété close avec piscine, en campagne dans quartier calme. 1 ch. au r.d.c. avec TV, s.d.b., wc et terrasse privés. 1 ch. au r.d.c. avec TV, s. d'eau, wc et terrasse privés. Petit salon commun à disposition des hôtes. Coin-lecture. Parking. A la demande : ping-pong, entretien musculaire, boules de pétanque, raquettes de tennis. Langues parlées : anglais, italien.

Prix : 1 pers. **46 €** 2 pers. **50 €** pers. sup. **18 €**
Ouvert : Toute l'année.

	SP	1	4	25	1	15	10	25	50	1

Christine GARCIN - Chemin des Abeilles - Les Romalex - 84110 VAISON-LA-ROMAINE - Tél. : 04 90 36 34 06 ou 06 70 65 04 89 - Fax : 04 90 36 34 06 - E-mail : les.romalex@free.fr - http://les.romalex.free.fr

VALREAS Domaine les Grands Devers (TH)

4 ch. La maison est au cœur d'un domaine de 69 ha. (vignes, truffes et bois). 4 ch. au 1ᵉʳ étage avec s. d'eau et wc privés. Ch. central au sol. Salle commune. Salle à manger. Cheminée en service. TV. Téléphone. Terrasse. Parking. Terrain non clos. Table d'hôtes 1 jour sur 2. Musée de la truffe à St Paul 3 châteaux. Université du vin à Suze. Ouvert pendant la période des truffes (les propriétaires peuvent emmener les hôtes ramasser les truffes). Langues parlées : anglais, allemand.

Prix : 1 pers. **48 €** 2 pers. **53 €** pers. sup. **10 €** repas **17 €**
Ouvert : Toute l'année sur réservation.

6	6	10	25	6	6	1	6

Paul-Henri BOUCHARD - Domaine des Grands Devers - 84600 VALREAS - Tél. : 04 90 35 15 98 - Fax : 04 90 37 49 56 - E-mail : phbouchard@grandsdevers.com - www.grandsdevers.com

VAUGINES Les Grandes Garrigues

5 ch. Vieux mas provençal en pleine campagne avec piscine (16 x 7). Vue panoramique sur Lubéron, Ste Victoire et les Alpilles. 4 ch. au r.d.c. avec entrée indépendante, TV, s. d'eau, wc et terrasse privés. 1 ch. au r.d.c. avec entrée indépendante, TV, salon, s. d'eau, s.d.b., wc et terrasse privés. Ch. central au fuel. Terrasses. Terrain de 12 ha.. Animaux admis à la demande. Jeu de boules. Départs piste randonnées. Cuisine d'été pour les beaux jours. Langues parlées : anglais, italien.

Prix : 1 pers. **61/84 €** 2 pers. **69/91 €** 3 pers. **99/105 €** pers. sup. **15 €**
Ouvert : Toute l'année.

	SP	3	3	15	5	5	SP	50	3

Paule et Michel MATTEI - Les Grandes Garrigues - Route de Cadenet - 84160 VAUGINES - Tél. : 04 90 77 10 71 ou 06 10 01 31 96

VAUGINES L'Eléphant de Vaugines

5 ch. Villa contemporaine de très belle qualité avec piscine sur place, sur une colline avec plusieurs terrasses arborées et belle vue sur la vallée de la Durance. 3 ch. au r.d.c. avec s. d'eau et wc privés. 1 suite (2 ch.) au r.d.c. avec s.d.b., cuisine et wc privés. 1 ch. au 1ᵉʳ étage avec s. d'eau et wc privés. Ch. électrique. Salle commune avec cheminée en service. TV. Bibliothèque. Terrain non clos d'un ha.. Parking. Garage pour 4 voitures. Tennis de table, pétanque. Petits chiens acceptés. Langues parlées : allemand, anglais.

Prix : 1 pers. **61/76 €** 2 pers. **76/200 €**
Ouvert : Toute l'année.

	SP	2	10	35	10	SP	60	1

Thierry CHOME - L'Eléphant de Vaugines - Les Trailles - 84160 VAUGINES - Tél. : 04 90 77 15 85 ou 02 75 67 37 31 - Fax : 04 90 77 14 13 - www.ibicenter.com

Provence-Alpes-Côte-d'Azur **Vaucluse**

VEDENE La Jelotte

3 ch. Demeure du XVIIIe s. au cœur d'un village, avec cour au sud et jardin clos arboré, piscine (4 x 8) sur place. 1 grande suite (2 ch.) avec s. d'eau et wc privés. 1 grande ch. avec mezzanine, s.d.b. et wc privés. 1 grande ch. avec mezzanine, s. d'eau et wc privés. Ch. central. Salon réservé aux hôtes, bibliothèque, vidéo. Parking fermé. Langue parlée : anglais.

Prix : 1 pers. 75 € 2 pers. 75 € 3 pers. 95/130 €
Ouvert : Toute l'année.

🐕	🏊	🎾	🏇	🎣	⛱	🚶	🚴	🎿
SP	0,2	1,5	1,5	2	30	50	7	0,2

Fabienne LACKER - 62 rue du Pélican - La Jélotte - 84270 VEDENE - Tél. : 04 32 40 93 31 ou 06 03 11 14 24 - Fax : 04 32 40 93 31 -
E-mail : jelotte@hotmail.com - www.jelotte.com

VELLERON

5 ch. Maison située à proximité du village, au calme au bas d'une colline de pins, piscine et cheval sur place. 5 ch. au 1er étage avec s. d'eau privés, 3 wc communs aux ch.. Ch. électrique. Salle commune. Salon (TV, chaîne hi-fi et cheminée en service). Cuisine avec spécialités méditerranéennes et provençales, café et vin compris. Grand jardin ombragé. Terrasse. Kayak à 5 kms. Pistes pédestres à proximité du gîte.

Prix : 1 pers. 39 € 2 pers. 43 €
Ouvert : Du 1er avril au 31 octobre.

🐕	🏊	🎾	🏇	🎣	⛱	🚶	🚴	🎿
SP	1,5	SP	8	1	SP	30	6	2

Salvatore FINA - Chemin des Murets - 84740 VELLERON - Tél. : 04 90 20 01 53 - Fax : 04 90 20 01 53

VELLERON Villa Velleron (TH)

6 ch. Maison de village, ancien moulin à huile, sur cour close avec jardin en terrasse et piscine sur place. 4 ch. au 1er étage avec s.d.b. et wc privés. 2 ch. en annexe (dont 1 avec mezzanine et cheminée) avec s.d.b. et wc privés. Ch. électrique. Salle commune. Salon. Salle à manger. Cheminée en service. Bibliothèque. TV. Téléphone. Parking. Langues parlées : hollandais, anglais.

Prix : 2 pers. 85/105 € repas 26 €
Ouvert : De Pâques au 1er novembre.

🐕	🏊	🎾	🏇	🎣	⛱	🚶	🚴	🎿
SP	1	1	8	1	2	30	6	SP

Simone SANDERS et Wim VISSER - Villa Velleron - 84740 VELLERON - Tél. : 04 90 20 12 31 - Fax : 04 90 20 10 34 -
E-mail : Villa.Velleron@wanadoo.fr

VENASQUE

5 ch. Ferme restaurée entourée de colline avec piscine sur place. 4 ch. avec avec s. d'eau et wc privés. 1 ch. avec s.d.b. et wc privés. Ch. central. Salon avec vidéo, chaine hi-fi, TV. Salle commune. Réfrigérateur, micro-ondes, grill. Jardin non clos ombragé. Barbecue. Parking. Randonnées pédestres sur place (GR 91), sentiers balisés de petites randonnées. Forêt sur place. Restaurant à 3 kms. Langue parlée : espagnol.

Prix : 1 pers. 38 € 2 pers. 42/46 € 3 pers. 55 € pers. sup. 10 €
Ouvert : Toute l'année.

🐕	🏊	🎾	🏇	🎣	⛱	🚶	🚴	🎿
SP	3	4	10	12	12	SP	30	3

Régis BOREL - Quartier du Camp-Long - 84210 VENASQUE - Tél. : 04 90 66 03 56 ou 06 03 16 44 36 - Fax : 04 90 66 60 34 -
E-mail : camplong84@aol.com - http ://members.aol.com/camplong84

VENASQUE La Maison aux Volets Bleus (TH) C.M. 81 Pli 13

4 ch. Maison provençale de caractère, dans le village. Situation exceptionnelle, panoramique. 4 ch. avec s.d.b. et wc privés. Ch. central. Salle commune. Séjour. Salon. Cheminée en service. Jardin fleuri. Terrasse. Tennis, randonnées et chasse sur place. Table d'hôtes le soir les lundi, mercredi et samedi. Boissons en supplément. Langue parlée : anglais.

Prix : 2 pers. 72/88 € 3 pers. 100/108 € pers. sup. 20 €
repas 23 €
Ouvert : Du 15 mars au 3 novembre.

🐕	🏊	🎾	🏇	🎣	⛱	🚶	🚴	🎿
3	SP	2	10	10	10	SP	30	SP

Martine MARET - Le Village - « La Maison aux Volets Bleus » - 84210 VENASQUE - Tél. : 04 90 66 03 04 - Fax : 04 90 66 16 14 -
E-mail : voletbleu@AOL.COM

VENASQUE Maison Provencale

5 ch. Maison provençale, dans le village, face à la poste. 4 ch. avec s. d'eau et wc privés. 1 ch. avec kitchenette, s. d'eau et wc privés. Ch. central au fuel. Salle de séjour, TV et cuisine à la disposition des hôtes. Poss. de cuisiner. Terrasse panoramique fleurie. Jardin clos. Parking. Restaurant à 200 m. Forêt et chasse sur place. Langue parlée : anglais.

Prix : 1 pers. 35/38 € 2 pers. 41/55 € 3 pers. 53/58 €
Ouvert : De février au 31 décembre.

🐕	🏊	🎾	🏇	🎣	⛱	🚶	🚴	🎿
5	SP	5	7	10	7	SP	10	0,1

Gérard et Jany RUEL - « Maison Provencale » - Le Village - 84210 VENASQUE - Tél. : 04 90 66 02 84 - Fax : 04 90 66 61 32 -
E-mail : maisonprovencale@freesurf.fr

Vaucluse
Provence-Alpes-Côte-d'Azur

VENASQUE Les Oliviers

3 ch. Maison de village accessible par la rue ouverte au sud-ouest sur un grand jardin clos arboré surpombant les combes, très belle vue. 1 ch. au 1er étage avec s. d'eau et wc privés. 1 ch. au 1er étage avec s. d'eau et wc privés, terrasse privée surplombant le jardin, vue panoramique sur les Monts de Vaucluse. 1 ch. au 2e étage avec s. d'eau et wc privés. Ch. central au fuel. Salle commune. Salle à manger. Cheminée en service. Terrasse. Garage. Possibilité de parking. Animaux acceptés sous certaines conditions. Langues parlées : anglais, espagnol.

Prix : 1 pers. 38/58 € 2 pers. 46/64 € pers. sup. 18 €
Ouvert : Toute l'année.

🐕	🏊	🎾	🏇	🎣	🏖	🚶	⛷	🏛	🚉
10	1	5	20	15	12	SP	35	35	SP

Bernadette TOURRETTE - La Grande Rue - 84210 VENASQUE - Tél. : 04 90 66 03 71

VENASQUE La Tour du Pinet (TH)

3 ch. Villa indépendante dans les collines avec piscine sur place. 1 suite (1 chambre, 1 alcôve) au r.d.c. avec, s.d.b. et wc privés. 2 ch. au r.d.c. avec s.d.b. et wc privés. Ch. central au fuel. Salle commune. Salle à manger. Cheminée en service. Chambres accessibles également de l'extérieur. Terrasse. Parking. Terrain non clos de 3 ha.. Table d'hôtes en saison sur proposition de l'hôtesse. Langue parlée : anglais.

Prix : 1 pers. 56/75 € 2 pers. 56/75 € 3 pers. 75/105 € repas 18 €
Ouvert : Toute l'année.

🐕	🏊	🎾	🏇	🎣	🏖	🚶	⛷	🏛	🚉
	SP	4	4	12	18	SP	40	40	1,5

Eve et Jean-Claude CHIROUSE - La Tour du Pinet - 84210 VENASQUE - Tél. : 04 90 66 60 80 - Fax : 04 90 66 64 21 - www.venasquebb.com

VENASQUE Le Colombier

4 ch. Maison mitoyenne au pied du village avec piscine sur place, terrasse ombragée avec tonnelle et cour close. 3 ch. au 1er étage avec s. d'eau et wc privés. 1 ch. au 1er étage avec s.d.b. et wc privés. Ch. central. Salle à manger avec cheminée en service et TV. Parking. Barbecue. Langue parlée : anglais.

Prix : 1 pers. 38 € 2 pers. 46 € 3 pers. 61 € pers. sup. 15 €
Ouvert : Toute l'année.

🐕	🏊	🎾	🏇	🏖	🚶	🏛
	SP	3	4	15	SP	30	0,1

Caroline RUEL - Le Colombier - 84210 VENASQUE - Tél. : 04 90 66 63 47 ou 06 82 22 49 08 - Fax : 04 90 66 63 59

VIENS Les Barbiguiers   Alt. : 600 m

2 ch. Annexe de la maison des propriétaires avec terrain clos de 5000 m². 2 ch. au r.d.c. dont 1 avec kitchinette, avec s. d'eau, wc et terrasse privés. Ch. électrique. Parking. Langue parlée : italien.

Prix : 1 pers. 32 € 2 pers. 40/46 € pers. sup. 11 €
Ouvert : Toute l'année.

🐕	🏊	🎾	🏇	🏖	🚶	🏛	🚉
	7	8	7	12	SP	70	1

Janine et Paul MORRICONE - Les Barbiguiers - 84750 VIENS - Tél. : 04 90 75 24 75 - Fax : 04 90 75 24 75 - E-mail : morricone@wanadoo.fr

VILLEDIEU Domaine Pierre Prad (TH)

5 ch. Très belle maison de caractère, en campagne. 4 ch. avec s.d.b. privée, wc commun aux ch.. Salle commune. Séjour. Jardin non clos. Parking. Mini-golf à 8 kms. 1/2 pension enfant : 17,53 €, pension : 23,63 €.

Prix : 1 pers. 26 € 2 pers. 34 € 3 pers. 42 € repas 12 €
1/2 pens. 28 € pens. 36 €
Ouvert : Du 1er mars au 31 octobre.

🐕	🏊	🎾	🏇	🎣	🏖	🏛	🚉
	7	1	3	2	2	25	0,3

Jean-Marie BERTHET - Domaine Pierre Prad - 84110 VILLEDIEU - Tél. : 04 90 28 92 32 ou 04 90 28 94 23

VILLEDIEU

5 ch. Grande maison confortable à caractère provençal, dans le village. 5 ch. avec s. d'eau privée, 2 wc communs aux ch.. Ch. électrique. Séjour. Salon. Cuisine. Terrasse ensoleillée. Parking. Poss. de cuisiner et de faire des stages à thème. Prix spéciaux pour groupes et longs séjours. Mini-golf et restaurant à 7 kms. Lit suppl. enfant : 7,62 €.

Prix : 1 pers. 27 € 2 pers. 37 €
Ouvert : Toute l'année.

🐕	🏊	🎾	🏇	🎣	🏖	🚶	⛷	🏛	🚉
	7	1	6	18	2	2	SP	20	0,1

LA CARDELINE - 84110 VILLEDIEU - Tél. : 04 90 28 92 40 ou 04 90 28 93 43 - Fax : 04 90 28 95 81 - E-mail : la merci@wanadoo.fr - www.lamerci.org

Provence-Alpes-Côte-d'Azur **Vaucluse**

VILLEDIEU L'Olivier

3 ch. Maison de village sur terrain en terrasse. Belle vue sur les côteaux de la Drôme. 1 ch. en annexe au r.d.c. avec s. d'eau et wc privés. 2 ch. au 1er étage avec s. d'eau et wc privés. Ch. central au fuel. Salle commune. TV. Parking. Langues parlées : anglais, espagnol.

Prix : 1 pers. **34/43** € 2 pers. **38/47** € pers. sup. **7** €
Ouvert : À Pâques et de l'Ascension à mi-septembre.

6	SP	1	40	SP	25	SP	

Françoise TERCERIE - Chemin du Moulin - L'Olivier - 84110 VILLEDIEU - Tél. : 04 90 28 95 01 ou 06 99 15 85 00 - Fax : 04 90 28 95 01

VILLELAURE Le Mas Abelha

2 ch. Au pied du Lubéron dans la plaine de Durance, le mas Abelha vous offre 2 ch. indépendantes en r.d.c. avec s. d'eau et wc privés, réfrigérateur. Terrasse fleurie au milieu d'un parc ombragé de 1,5 ha.. Salle à manger. Bibliothèque. Cheminée en service. Parking. Langues parlées : anglais, italien.

Prix : 1 pers. **38** € 2 pers. **46** € 3 pers. **53** €
Ouvert : Toute l'année.

5	5	1	25	0,5	5	SP	30	1

Josiane LEONIDAS - Le Mas Abelha - 84530 VILLELAURE - Tél. : 04 90 09 89 50 ou 04 90 09 95 83

VIOLES La Farigoule

5 ch. Belle ferme du XVIIIe siècle restaurée, au milieu des vignes, sur une cour intérieure. 1 ch. au 1er étage avec s. d'eau et wc privés. 1 ch. au 2e étage avec s. d'eau et wc privés, cuisine et salon. 3 ch. au 2e étage avec s. d'eau et wc privés. Ch. électrique. Salon avec radio, TV, bibliothèque provençale avec cartes et guides de la région. Belle salle voûtée pour petit déjeuner très copieux. Cuisine d'été. Téléphone. Parking. Terrasse. Barbecue. Vélos. Les propriétaires sont libraires. Langues parlées : allemand, espagnol.

Prix : 1 pers. **34/50** € 2 pers. **41/50** € 3 pers. **56/63** € pers. sup. **12** €
Ouvert : Du 1er avril au 31 octobre.

5	5	5	8	2	2	5	10	1,5

Augustine CORNAZ - La Farigoule - Le Plan de Dieu - 84150 VIOLES - Tél. : 04 90 70 91 78 - Fax : 04 90 70 91 78

VIOLES Les Cigales

3 ch. En annexe au 1er étage accessibles par un balcon commun et escalier extérieur donnant sur la cour commune, près du village, 3 ch. au 1er étage avec s. d'eau et wc privés. Ch. électrique. Salle à manger. Parking.

Prix : 1 pers. **30** € 2 pers. **38** € 3 pers. **47** €
Ouvert : Toute l'année.

7	7	5	8	1	1	6	13	0,7

Nathalie THIBAUDAT - Route d'Orange - Les Cigales - 84150 VIOLES - Tél. : 04 90 70 95 16 - Fax : 04 90 70 96 72 -
E-mail : thierry-thibaudat@wanadoo.fr

VIOLES Le Martinet

4 ch. Partie de ferme des propriétaires viticulteurs. 4 ch. au 1er étage avec s. d'eau et wc privés. Chauffage. Salle à manger. Terrasse. Terrain clos de 300 m². Parking. Langue parlée : anglais.

Prix : 1 pers. **30** € 2 pers. **37** € 3 pers. **43** €
Ouvert : Toute l'année.

14	14	7	35	0,5	0,5	7	50	30	3

Damien BURLE - Le Martinet - Route de Vaison - 84150 VIOLES - Tél. : 04 90 70 92 40 - Fax : 04 90 70 94 61

VISAN Château Vert

5 ch. Propriété avec château XVIIIe, les chambres sont aménagées dans la ferme templière donnant sur terrasse et oliveraie, piscine sur place. Belle vue. 2 ch. au r.d.c. avec s. d'eau et wc privés. 3 ch. au 1er étage avec s. d'eau et wc privés. Salle commune avec cheminée en service, bibliothèque et TV à disposition des hôtes. Terrasse. Parc arboré.

Prix : 2 pers. **61/69** €
Ouvert : Toute l'année.

SP	6	9	6	SP	35	6

Christian et Josiane TORTEL - Chateauvert - 84820 VISAN - Tél. : 04 90 41 91 21 - Fax : 04 90 41 94 63

Vaucluse

Provence-Alpes-Côte-d'Azur

VITROLLES-EN-LUBERON Les Valladas   Alt. : 530 m

3 ch. Dans une maison neuve dans un beau terrain non clos de 5000 m² en vallon, 3 ch. au r.d.c. avec s.d.b. et wc privés. Ch. central au sol. Salle commune. Cheminée en service. Bibliothèque. TV dans salon. Terrasse. Parking. Possibilité lit d'enfant.

Prix : 1 pers. **38** € 2 pers. **45** € 3 pers. **52** €
Ouvert : Toute l'année.

🐕	🏊	🎾	🐴	⛳	🚣	🎣	🥾	🚲	🚉
	15	6	7	15	10	10	SP	32	6

René COMTE - Le Valladas - 84240 VITROLLES-EN-LUBERON - **Tél. : 04 90 77 82 71**

VITROLLES-EN-LUBERON Le Tombareau   🏊 (TH)

3 ch. Ancienne bergerie rénovée, pleine de charme, sur un terrain de 3 ha., avec piscine (13 x 6), terrasses ombragées, verdure, chevaux : cadre champêtre. 2 ch. et 1 suite spacieuses et calmes avec chacune s.d.b. et wc privés. Salle commune aux hôtes avec piano, jeux, TV, bibliothèque, frigidaire, solarium. Cheminée. Ch. central. Parking. Langues parlées : anglais, suédois.

Prix : 2 pers. **60** € pers. sup. **15** € repas **20** €
Ouvert : De mi février à mi novembre.

🐕	🏊	🎾	🐴	⛳	🚣	🎣	🥾	🚲	🚉
	SP	7	12	18	10	15	SP	75	7

Pierre BRUZZO - Le Tombareau - 84240 VITROLLES-EN-LUBERON - **Tél. : 04 90 77 84 26** - http ://perso.wanadoo.fr/tombareau

RHÔNE-ALPES

Pour réserver, écrire ou téléphoner :

01 - AIN
GÎTES DE FRANCE
21, place Bernard - B.P. 198
01005 BOURG-EN-BRESSE Cedex
Tél. : 04 74 23 82 69 - Fax : 04 74 22 65 86
E-mail : gites-de-france-ain@wanadoo.fr

07 - ARDÈCHE
GÎTES DE FRANCE - Service Réservation
4, cours du Palais - B.P. 402
07004 PRIVAS Cedex
Tél. : 04 75 64 70 70 - Fax : 04 75 64 75 40
E-mail : gites-de-france-ardeche@wanadoo.fr
www.gitesdefrance-ardeche.com

26 - DRÔME
GÎTES DE FRANCE
95, avenue Georges-Brassens
26500 BOURG-LES-VALENCE
Tél. : 04 75 83 90 20 - Fax : 04 75 82 90 57
Serv. Rés. : 04 75 83 01 70 (*1)

38 - ISÈRE
GÎTES DE FRANCE - Service Réservation
Maison des Agriculteurs
40, avenue Marcelin-Berthelot
B.P. 2641 - 38100 GRENOBLE
Tél. : 04 76 40 79 40 - Fax : 04 76 40 79 99
E-mail : sirt38@wanadoo.fr
www.grenoble-isere.com/gites-france
www.gites-de-france-isere.com

42 - LOIRE
GÎTES DE FRANCE - Service Réservation
43, avenue Albert-Raimond - B.P. 50
42272 SAINT-PRIEST-EN-JAREZ Cedex
Tél. : 04 77 79 18 49 - Fax : 04 77 93 93 66
E-mail : gites.de.france.42@wanadoo.fr
www.gites-de-france-loire.com

69 - RHÔNE
GÎTES DE FRANCE - Service Réservation
1, rue du Général-Plessier
69002 LYON
Tél. : 04 72 77 17 50 - Fax : 04 72 41 66 30
E-mail : gites69.adtr@wanadoo.fr
www.gites-de-france-rhone.com

73 - SAVOIE
GÎTES DE FRANCE - LOISIRS ACCUEIL SAVOIE
24, bd de la Colonne
73024 CHAMBÉRY Cedex
Tél. : 04 79 85 01 09 ou 04 79 33 22 56
Fax : 04 79 85 71 32
E-mail : gites.france.savoie@wanadoo.fr
www.gites-de-france-savoie.com

74 - HAUTE-SAVOIE
GÎTES DE FRANCE - Service Réservation
16, rue Guillaume-Fichet
74000 ANNECY
Tél. : 04 50 10 10 11 - Fax : 04 50 10 10 12
E-mail : resa.gites74@wanadoo.fr

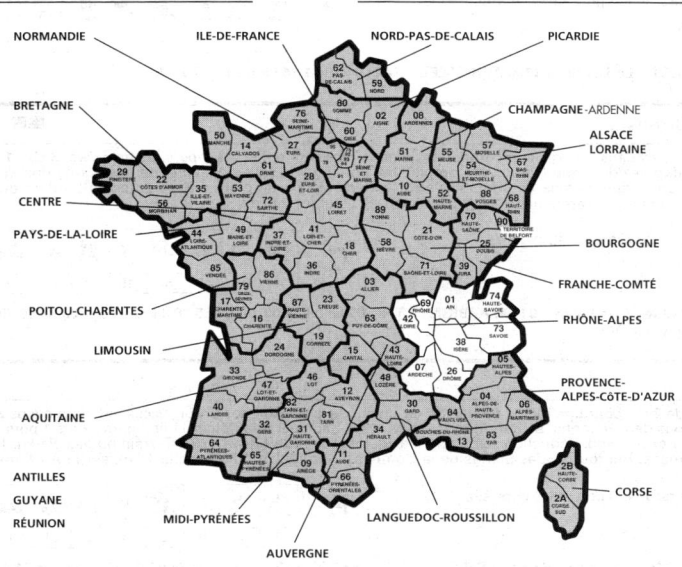

Ain

Rhône-Alpes

GITES DE FRANCE - LOISIRS ACCUEIL
Service Réservation
21, place Bernard - B.P. 198
01005 BOURG-EN-BRESSE Cedex
Tél. 04 74 23 82 69 - Fax 04 74 22 65 86
E-mail : gites-de-france-ain@wanadoo.fr

AMAREINS Le Marquet

C.M. 74 Pli 1

3 ch.

3 chambres d'hôtes dans la villa des propriétaires. 2 ch.1 lit 2 pers./douche, lavabo et 1 ch. 1 lit 2 pers. 2 lits 1 pers./douche, lavabo. 3 wc. Séjour à disposition. Table d'hôtes sur réservation. Impasse et cour privées, tennis de table, pétanque, vélos (circuits à la dem.). Piscine, coin repos. Animal accepté après accord. De nombreuses possibilités de loisirs-détente : Etangs de la Dombes, Parc ornitho. de Villars, Vignobles du Beaujolais, Musée de la vigne, Ars. Langue parlée : anglais.

Prix : 1 pers. **29 €** 2 pers. **39 €** 3 pers. **54 €** pers. sup. **15 €**
repas **15 €**
Ouvert : Toute l'année.

1	SP	1	1	22	4	SP	6	1

Josette ROBIN - Le Marquet - Rue des Vignes - 01090 AMAREINS - Tél. : 04 74 69 30 90

AMBRONAY La Championnière

C.M. 74 Pli 2

1 ch.

1 suite de 2 ch. à louer à une même famille, à l'étage de la maison du propriétaire, accès indép. 1 ch. (1 lit 2 pers.), 1 ch. (1 lit 1 pers.). S.bains/wc. Séjour, cuisine réservés aux hôtes. TV. Espace vert réservé. Parking. Participation enfant moins de 4 ans : **4.6 €**. Restaurant 1,5 km. Maison située dans un hameau du village d'Ambronay, célèbre pour son abbaye et son festival de musique baroque à l'automne.

Prix : 1 pers. **24 €** 2 pers. **40 €** 3 pers. **61 €**
Ouvert : Toute l'année.

4	6	2	3	5	7	SP	40	40	5	4

Raymonde SIBERT - La Championniere - 01500 AMBRONAY - Tél. : 04 74 38 14 10 - E-mail : sibertroc@aol.com

---

ARBIGNIEU Le Lavoir

C.M. 74 Pli 14

1 ch.

1 grande suite au 2e étage de la maison des propriétaires au cœur du village. Accès indépendant, salon, cuisine avec vaisselle, réservés aux hôtes. Suite de 3 chambres à louer à une même famille ou amis, 2 lits 2 pers. 2 lits 1 pers. lit enfant, 2 wc. Terrasse, terrain avec salon de jardin. Possib. séjour et réduction. Terrain de basket, jeu de boules au village. Rte du Bugey, caveaux et vignobles. A prox : réserve naturelle du marais de Lavours, musée d'Izieu. Restaurant 5 km. Langue parlée : anglais.

Prix : 1 pers. **27 €** 2 pers. **35 €** 3 pers. **46 €** pers. sup. **11 €**
Ouvert : Toute l'année.

10	5	1	5	SP	SP	5

Gilberte MAISONNEUVE - Le Lavoir - 01300 ARBIGNIEU - Tél. : 04 79 81 34 59 ou 06 17 75 75 22

ARBIGNY Les Ormes

C.M. 70 Pli 12

5 ch.

5 ch. d'hôtes dans une maison comportant 2 gîtes ruraux. 1 ch. (2 lits 1 pers.), s.bains/wc. 3 ch. (1 lit 2 pers.), s.eau/wc. 1 ch. indép. rez de jardin (sanitaires complets). Salon, biblio., salle de jeux et de loisirs (ping-pong, billard) à dispo. des hôtes. Tarif réduit au-delà de 5 jours. Maison indépendante, en pierres apparentes en bordure du village. Route de la Bresse, cheminées sarrasines. Port fluvial 5 km. Restaurant 2,5 km.

Prix : 1 pers. **27 €** 2 pers. **40 €** 3 pers. **55 €**
Ouvert : Toute l'année.

4	0,5	4	SP	15	SP	22	4,5

Jacques BARDAY - SCI les Fins Palais - 01190 ARBIGNY - Tél. : 03 85 30 69 00 ou 03 85 30 34 72 - Fax : 03 85 30 69 00 -
E-mail : JABARDAY@AOL.COM

BEAUREGARD

C.M. 74 Pli 1

1 ch.

1 suite de 2 ch. pour une même famille au rez de ch. de la maison des propr. Accès ind. Jardin clos 2500 m². Petits déjeuners servis dans véranda, séjour ou terrasse (vue sur Saône et Beaujolais). 1 lit 2 pers., 2 lits 1 pers. Salle d'eau (douche, lavabo, wc) + wc ind. Réduction selon durée du séjour. En retrait de la D933. Terrain boules. Parkg. Trévoux site hist 6 km Ars/Formans. Rte tourist. des Etangs de la Dombes. Lyon 30 km, Villefranche 4 km, sortie A6 4 km.

Prix : 1 pers. **31 €** 2 pers. **37 €** 3 pers. **48 €** pers. sup. **11 €**
Ouvert : Toute l'année.

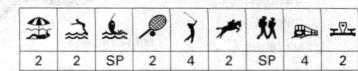

2	2	SP	2	4	2	SP	4	2

Jacques NOUVEAU - 746, rue Hector Berlioz - RN 933 - 01480 BEAUREGARD - Tél. : 04 74 09 82 71 - Fax : 04 74 09 81 54 -
E-mail : nouveau.jacques@free.fr

Rhône-Alpes **Ain**

BELLEYDOUX Gobet
Alt. : 930 m — *C.M. 70 Pli 15*

2 ch. — 2 chambres d'hôtes près de la maison des propriétaires, sur une expl. agricole. 1 ch. 1 lit 2 pers. 1 lit 1 pers. balcon, 1 ch. 3 lits 1 pers., s.d'eau/wc chacune. S.à manger et salon à disposition, cheminée. Balançoire, ping pong, baby foot, volley sur place. Hameau calme, en pleine nature dans le Parc Naturel Régional du Haut Jura. Saint-Claude 18 km, Oyonnax 18 km, capitale du peigne et du plastique. Langue parlée : anglais.

Prix : 1 pers. **30** € 2 pers. **40** € 3 pers. **49** €
Ouvert : De Pâques à la Toussaint.

10	18	2	1	18	10	SP	SP	10	18	2

Jean et Madeleine DURAFFOURG - Gobet - 01130 BELLEYDOUX - Tél. : 04 74 76 49 22 - Fax : 04 74 76 49 22 -
E-mail : la-goguillon@wanadoo.fr

BENY Château Feuillet
C.M. 70 Pli 13

2 ch. — 2 ch. d'hôtes dans le prolongement de la maison des propriétaires, à la campagne à proximité du village. Accès indépendant aux chambres. 1 ch. (1 lit 2 pers.), 1 ch. (2 lits 1 pers.), chacune avec salle d'eau/wc. Séjour et coin salon à disposition des hôtes. Terrasse, jardin et cour (barbecue, abri de jardin). Tarif dégressif pour séjour. Route de la Bresse. Maison de pays en Bresse. Musée du Revermont. Langue parlée : allemand.

Prix : 1 pers. **27** € 2 pers. **32/35** €
Ouvert : Toute l'année.

5	15	SP	4	12	SP	5

Lucien et Brigitte MORAND - Château Feuillet - 01370 BENY - Tél. : 04 74 51 03 49

BOYEUX-SAINT-JEROME
Alt. : 500 m — *C.M. 74 Pli 3*

4 ch. — au 1er étage de la maison des propriétaires (accès indépendt par terrasse) dans un cadre agréable, 4 chambres 2 ou 3 pers., chacune avec salle d'eau. ou 2 suites de 2 chambres avec coin cuisine pour 4 ou 5 pers. Jardin d'agrément avec barbecue et piscine commune aux propr. et aux hôtes. Gîte rural mitoyen. Route tourist. du Bugey : au village, caveau dégustation de vins pétillants, cuivrerie de Cerdon et grottes, sentiers pédestres. Restaurant 6 km.

Prix : 1 pers. **28** € 2 pers. **40** € 3 pers. **47** € pers. sup. **9** €
Ouvert : Toute l'année, sur réservation.

10	SP	10	6	SP	SP	15	15	5

Claude et Roselyne CARUSO - 01640 BOYEUX-SAINT-JEROME - Tél. : 04 74 36 89 95

BRENOD
Alt. : 850 m (TH)

4 ch. — 4 ch. à l'étage de la maison des propriétaires au cœur du village. 2 ch. 2 lits 2 pers., côté village, 1 ch. 2 lits 1 pers. 1 ch. 1 lit 2 pers. 1 lit 1 pers. côté jardin avec belle vue dégagée. Salles d'eau/wc pour chacune. Séjour avec coin salon. Jardin avec bassin, salon de jardin. Maison non fumeur. Poss. lit d'appoint. Table d'hôtes sur réservation, cuisine familiale. Langue parlée : anglais.

Prix : 1 pers. **29** € 2 pers. **34/37** € 3 pers. **50** € pers. sup. **13** € repas **13** €
Ouvert : Toute l'année sauf de fin septembre au 15 décembre.

3	10	3	0,5	0,5	SP	SP	10	10	SP

Sylvie et Francis PEJOT - Le Bourg - 01110 BRENOD - Tél. : 04 74 36 02 63

BRENOD En Suirand
Alt. : 850 m — *C.M. 74 Pli 4*

1 ch. — Dans une maison bioclimatique et solaire, 1 grande chambre d'hôte à l'étage de la maison des propriétaires avec accès indép. 2 lits 1 pers (90 x 200 cm), 1 lit 1 pers. (90 x 200 cm) en mezzanine, 1 lit enfant (80 X 190 cm). Possibilité 2 lits suppl. Coin salon. Salle d'eau/wc privative. Terrasse, jardin du propriét. à dispo. Petits-déj. composés de produits locaux souvent issus de l'agric. biol. Maison située ds un cadre de nature à 300 m du village. Marc est accompagnateur de moyenne montagne. Prox. lac de Nantua 20 km.

Prix : 1 pers. **29** € 2 pers. **37** € 3 pers. **52** € pers. sup. **15** €
Ouvert : Toute l'année.

3	10	3	0,5	0,5	SP	SP	10	20	SP

Suzanne et Marc GENTELET - En Suirand - 01110 BRENOD - Tél. : 04 74 36 05 53

BRENS Le Petit Brens
(TH) — *C.M. 74 Pli 14*

4 ch. — 4 ch. d'hôtes à la ferme, aux 1er et 2e étages de la maison des propriétaires (accès indép. par grande terrasse). 2 ch. (1 lit 2 pers.), 2 ch. (2 lits 1 pers.), salle d'eau/wc chacune. 2 ch climatisées, mansardées. Salon/coin-cuisine pour les hôtes, sous les combles. Table d'hôtes dans une salle à manger rustique. Produits naturels du jardin. Salon de jardin ds espaces spacieux et bien aménagés. Prox. sur les Alpes, les Monts du Bugey, le Rhône. Route des vins et fours du Bugey. Prox. Belley 3 km, Aix-les-Bains. Animal avec supplémt. Langues parlées : anglais, allemand.

Prix : 1 pers. **31** € 2 pers. **37** € 3 pers. **47** € pers. sup. **11** € repas **12** € 1/2 pens. **42** €
Ouvert : Du 20 décembre au 15 novembre.

10	3	2	3	30	6	3	20	35	15	3

Noel et Monique VEYRON - Le Petit Brens - 01300 BRENS - Tél. : 04 79 81 90 95 - Fax : 04 79 81 90 95

Ain
Rhône-Alpes

CEYZERIEU Avrissieu
C.M. 74 Pli 15

2 ch. 2 ch. de caractère situées au cœur d'un petit hameau tranquille. La Forge : 1 suite familiale indép. sur 2 nivx en face de la maison du propr. 1 lit 2 pers. 2 lits 1 pers, salon (poêle à bois). Ouverte l'été uniquement, le Pressoir (pas d'anim.) : 1 ch. indép. sur 2 nivx ds prolong de la maison du propr, salon (cheminée), 1 lit 2 pers. Kitchenettes et salles d'eau/wc privatifs pour chq chambre. Jardin du propriétaire à dispos. ping-pong. Garage. A 3 km du Marais de Lavours.

Prix : 1 pers. **34 €** 2 pers. **42 €** 3 pers. **54 €** pers. sup. **8/16 €**
Ouvert : Printemps, été : le Pressoir. Toute l'année : la Forge.

🐕	⛱	🏊	🎣	🎾	🏇	🐎	🏃	⛷	⛸	🚂	✈
	6	10	2	5	25	3	SP	25	25	5	1

Jacques BOSSO - Avrissieu - 01350 CEYZERIEU - Tél. : 04 79 87 92 56

CHALEINS Le Fournieux
C.M. 74 Pli 1

3 ch. 3 chambres d'hôtes au r.d.c. de bâtiments restaurés, comportant un gîte rural, près d'une exploitation agricole. Chambres (1 lit 2 pers.) avec s. d'eau/wc. 1 ch. 1 lit 2 pers. 1 lit 1 pers. salle d'eau, wc. Poss. lit bébé. Une chambre avec coin-cuisine, prise TV et frigo. Parking, terrasse et cour communs avec le gîte rural. Produits fermiers sur place. Voile sur Saône 5 km. Restaurant 2 km.

Prix : 1 pers. **28/30 €** 2 pers. **33/38 €** 3 pers. **41/46 €**
Ouvert : Toute l'année.

🐕	⛱	🏊	🎣	🎾	🏇	🐎	🏃	🚂	✈
	7	3	1,5	15	1	SP	8	1,5	

Roger et Alice LIMANDAS - Le Fournieux - 01480 CHALEINS - Tél. : 04 74 67 80 16

CHALLEX Mucelle
Alt. : 500 m (TH) *C.M. 74 Pli 5*

2 ch. 2 ch. d'hôtes à la ferme, à l'étage de l'habitation des propriétaires, maison typique de la région. Accès indép. par terrasse. 1 ch. 4 lits 1 pers. salle d'eau/wc. 1 ch. 1 lit 2 pers. 1 lit 1 pers. salle d'eau, wc. Poss. lit bébé. Coin salon, salle à manger et petite cuisine réservés aux hôtes. Table d'hôtes à base de fromages locaux (bleu de Gex, comté), de vin de pays de l'exploit., cuisine famil. Vente de prodts fermiers (vins,pommes). Langues parlées : anglais, allemand.

Prix : 1 pers. **27 €** 2 pers. **37 €** 3 pers. **53 €** pers. sup. **15 €** repas **15 €**
Ouvert : Toute l'année.

🐕	⛱	🏊	🎣	🎾	🏇	🐎	🏃	⛷	⛸	🚂	✈
3,5	19	6	3	4	SP	SP	35	12	3	1,5	

Eliane DALLEMAGNE - 01630 CHALLEX - Tél. : 04 50 56 31 30 - Fax : 04 50 56 31 30

CHAMPAGNE-EN-VALROMEY Muzin
Alt. : 550 m (TH) *C.M. 74 Pli 4*

2 ch. 2 chambres d'hôtes dans une maison ancienne rénovée (hameau calme). 1 ch. (1 lit 2 pers.), douche et lavabo privés, wc à l'étage. 1 ch. (1 lit 2 pers.), salle d'eau/wc. 3 lits supplémentaires possibles. Salon réservé aux hôtes. Séjour à disposition. Petits animaux admis. Réduct. pour les enfants. Terrain. Salon de jardin. Musée rural Lochieu (4 km). Route du Bugey. Fêtes des Fours. Belley 22 km.

Prix : 1 pers. **25 €** 2 pers. **32 €** pers. sup. **10 €** repas **10 €** 1/2 pens. **26 €**
Ouvert : D'avril à novembre.

🐕	⛱	🏊	🎣	🎾	🏇	🏃	⛷	🚂	✈
	18	3	5	3	20	SP	15	18	12	3

Michèle CHARVET - Muzin - 01260 CHAMPAGNE-EN-VALMOREY - Tél. : 04 79 87 64 16

CHANAY Izernore
Alt. : 550 m *C.M. 74 Pli 4*

2 ch. 2 chambres d'hôtes 2 pers. (1 lit 2 pers.) avec accès indépendant, s. de bains et wc privatifs, terrasse et jardin. Au calme, dans un parc de 1 hect. avec un concept original de maison de bois. Restaurant 300 m. Au calme, en bordure du Rhône, à côté des vins de Seyssel, et au pied du Valromey, idéal pour pratiquer les sports de montagne et la pêche. Langue parlée : anglais.

Prix : 1 pers. **32 €** 2 pers. **38 €** pers. sup. **6 €**

🐕	⛱	🏊	🎣	🎾	🏇	🏃	⛷	🚂	✈
	8	10	SP	10	14	3	12	21	8	SP

Karine MIN TUNG et M. BACHELET Yvon - Les Fostes d'Izernore - 01420 CHANAY - Tél. : 04 50 59 54 66 - Fax : 04 50 59 54 66 - macadams.free.fr

CHARNOZ-SUR-AIN
(Ⓢ) (TH) *C.M. 74 Pli 13*

2 ch. 2 chambres à l'étage de la maison des propriétaires située dans le village. 1 ch. 1 lit 2 pers. et 1 ch. 1 lit 2 pers. + 2 lits 1 pers. superposés. Salle de bains, wc indépendant, communs aux hôtes. Bibliothèque. Table d'hôtes sur réservation. Terrain clos, jardin d'agrément. Pérouges, cité médiévale 5 km, Grottes de La Balme 12 km, rivière d'Ain à 200 mètres. Routes touristiques de la Dombes et du Bugey.

Prix : 1 pers. **24 €** 2 pers. **32 €** 3 pers. **40 €** pers. sup. **7 €** repas **11 €**
Ouvert : Toute l'année.

🐕	⛱	🏊	🎣	🎾	🏇	🏃	🚂	✈
	2	10	SP	4	15	8	8	4	4

Gilberte et Daniel PETIT - Rue Général Messimy - 01800 CHARNOZ-SUR-AIN - Tél. : 04 74 61 16 41

Rhône-Alpes   **Ain**

CHATILLON-LA-PALUD Le Mollard   A   *C.M. 74 Pli 3*

🛏️ 1 ch. 1 suite 2 ch. (1 lit 140, 2 lits 90), s.d.b. et wc privés, à l'étage d'une dépendance avec séjour/salon. Accès indép. aux ch. Auberge de campagne sur place et sur réservation. Bâtiments restaurés d'une ancienne ferme dombiste, au cœur de la propriété, proche de l'étang et de la forêt. Calme et repos.

Prix : 1 pers. **46** € 2 pers. **61** € 3 pers. **76** € pers. sup. **16** € repas 15 €

Ouvert : Été, hors saison uniquement le week-end et sur réservation.

🐕	🏊	⛵	🎾	🎣	🏃	🎿	🚂
12	SP	SP	10	SP	SP	5	

DECRE FRERES - Ferme le Mollard - 01320 CHATILLON-LA-PALUD - Tél. : 04 74 35 66 09

CHATILLON-SUR-CHALARONNE   *C.M. 74 Pli 2*

🛏️ 5 ch. 4 ch. 3 épis, 1 ch. 2 épis, avec TV et tél, à l'étage de la maison des propr. Ch. 1 lit 2 pers, 2 lits 1 pers. superp, lits d'appoint et lit bébé. Salle d'eau/wc privatifs. Cuisine équipée réservée aux hôtes. Séjour. Poss. accueil de familles. Terrain clos, parkg, jeux. Pts déj. soignés (galettes, une trentaine de confitures de fruits régionaux). Maison de caractère au cœur de la cité fleurie et historique de la Dombes, au centre de la Route touristique des étangs. Restaurant à 150 m. Langue parlée : anglais.

Prix : 1 pers. **36** € 2 pers. **45** € 3 pers. **61** € pers. sup. **16** €

Ouvert : Toute l'année sauf entre Noël et le Jour de l'An.

🐕	🏊	⛵	🎾	🎣	🏃	🎿	🚂
0,4	0,4	0,3	15	4	SP	25	0,2

Alain et Solange SALMON - 150, place du Champ de Foire - 01400 CHATILLON-SUR-CHALARONNE - Tél. : 04 74 55 06 86 - Fax : 04 74 55 42 56 - E-mail : alsalmon@club-internet.fr

CHAZEY-SUR-AIN L'Hôpital   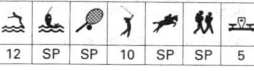   *C.M. 74 Pli 3*

🛏️ 6 ch. 6 ch. indépendtes ds 2 batiments sur une expl. agric. compr. un gîte rural. 2 ch. (1 lit 2 pers.), 1 ch. (2 lits 1 pers.) et 1 ch. (1 lit 2 pers. 1 lit 1 pers.), chacune avec salle d'eau/wc. 2 ch. 2 épis (1 lit 2 pers. ou 2 lits 1 pers.) avec salles d'eau priv, wc commun. Poss lits bébé et d'appoint. Jardin, cour clos. Animal accepté avec supp. Ferme fleurie ds un hameau. Grd séjr, coin-cuisine/coin lecture rés. aux hôtes. Four à bois, barbecue. Pétanque. Pérouges 8 km. Restaurant 1 km.

Prix : 1 pers. **28** € 2 pers. **37** € 3 pers. **46** € pers. sup. **8** €

Ouvert : Toute l'année.

🐕	🏊	⛵	🎾	🎣	🏃	🎿	🚂
10	10	2	1	12	SP	8	1

Pierre et Mireille DEBENEY-TRUCHON - L'Hopital - 01150 CHAZEY-SUR-AIN - Tél. : 04 74 61 95 87 - Fax : 04 74 61 95 87

CHEZERY-FORENS Forens   Alt. : 650 m   *C.M. 74 Pli 5*

🛏️ 1 ch. Chambre d'hôtes indépendante avec cuisine à l'étage de la maison des propriétaires. 1 lit 2 pers. 1 lit 120 cm. 1 divan 1 pers. en appoint. S.d'eau et wc, l-linge. Vue sur la vallée de la Valserine et le Crêt de La Chaz. Séjour des propriétaires à disposition. Terrain avec salon de jardin, ping-pong. Restaurant 1 km.

Prix : 1 pers. **27** € 2 pers. **30** € 3 pers. **37** € pers. sup. **6** €

Ouvert : Toute l'année.

🐕	🏊	⛵	🎾	🎣	🏃	🎿	🚂	⛷️
20	0,5	12	12	SP	12	12	20	1

Nicole BARRAS - Forens - 01410 CHEZERY-FORENS - Tél. : 04 50 56 95 74 - Fax : 04 50 56 97 49

CONDEISSIAT Etang Ratel   *C.M. 74 Pli 2*

E.C. 3 ch. 3 ch. d'hôtes à l'étage de la maison du propriétaire en pleine campagne. Entrée indép./coin-cuisine. 1 ch. (2 lits 1 pers. + 1 lit 1 pers. en annexe avec douche). 1 ch. (2 lits 2 pers., là la demande), douche. 1 ch. (1 lit 2 pers. 1 lit 1 pers. sur demande). Sdbains, wc communs réservés aux ch. Base de loisirs 9 km. Chemin de rando. Circuit des étgs de la Dombes accomp. à la demande ou avec attelage chevaux. Langue parlée : anglais.

Prix : 1 pers. **17** € 2 pers. **23** € 3 pers. **29** € pers. sup. **5** €

Ouvert : Toute l'année.

🐕	🏊	⛵	🎾	🎣	🏃	🎿	🚂
9	15	SP	15	3	8	16	3

Jean BELOUZARD - Etang Ratel - 01400 CONDEISSIAT - Tél. : 04 74 51 44 51

CONTREVOZ Preveyzieu   Alt. : 600 m   *C.M. 74 Pli 14*

🛏️ 1 ch. 1 très belle chambre de caractère en pierre apparente (2 lits 2 pers.) au r.d.c. de la maison des propr., accès indépent. Ch. légèrement voûtée, harmonieusement décorée, salle d'eau, wc privatifs, chauffage central. Coin pelouse, salon de jardin et parking réservé aux hôtes. A proximité : 1 gîte rural. Restaurant 4 km. Chbre située ds un petit hameau calme au cœur du sud Bugey et aux portes des Savoies. Route du Bugey, caveaux et vignobles, fêtes du four.

Prix : 1 pers. **40** € 2 pers. **45** € 3 pers. **60** € pers. sup. **10** €

Ouvert : Toute l'année.

🐕	🏊	⛵	🎾	🎣	🏃	🎿	🚂	⛷️
7	12	7	12	12	4	40	12	4

Daniel et Chantal BERLIOZ - Preveyzieu - 01300 CONTREVOZ - Tél. : 04 79 81 82 50

Ain

Rhône-Alpes

CONTREVOZ Chamonet
Alt. : 600 m   **C.M. 74 Pli 14**

3 ch. — En Bugey, dans un vallon de faune et flore préservée, un chalet au calme, idéal pour week-end et séjour, comportant 3 chambres. 1 ch. 2 pers. (balcon, s.d.b. privée, wc à l'étage), 1 suite de 4 pers. (2 douches privées, wc à l'étage), 1 ch. 1 pers. (douche privée, wc à l'étage). Séjour, cuisine, coin détente enf. Chauf. cent. Jardin ombragé, repos. Sur place, poss. de stages de peinture, modelage, tir à l'arc. A prox. : escalade, vignobles, pêche 1ère catég., lacs, flore de montagne.... Tarif dégressif à la semaine. Restaurant à 3 km. Langues parlées : anglais, allemand.

Prix : 1 pers. **30** € 2 pers. **43/47** € 3 pers. **73** € pers. sup. **12** €

🐕	⛱	🏊	🎣	🎾	🏇	🏃	⛷	🎿	🚻	🚉
	5,5	9	5	9	37	12	SP	38	38	10	2

J-Paul et Marie-Eve JUEN - Chamonet - 01300 CONTREVOZ - Tél. : 04 79 81 85 27 - Fax : 04 79 81 85 27

CORLIER
Alt. : 800 m   (TH)   **C.M. 74 Pli 3**

2 ch. — 2 chambres d'hôtes dans la maison du propriétaire située en bordure du village. 2 chambres (1 lit 2 pers. 2 lits 1 pers. chacune), avec salle d'eau commune. Salle de séjour. Aire de jeux, parking, pré. Randonnées pédestres.

Prix : 1 pers. **21** € 2 pers. **37** € 3 pers. **46** € pers. sup. **14** €
repas **12** € 1/2 pens. **24** €
Ouvert : Toute l'année sur réservation.

🐕	⛱	🏊	🎣	🎾	🏇	🏃	⛷	🎿	🚻
	11	11	11	11	SP	SP	11	10

Mireille JACQUEMET - 01110 CORLIER - Tél. : 04 74 38 57 12

DIVONNE-LES-BAINS Saint-Gix
Alt. : 800 m   **C.M. 74 Pli 4**

1 ch. — Ancienne ferme gessienne rénovée au pied du Jura dans un joli petit hameau au calme. 1 grande chambre au 1er étage comprenant 1 lit 2 pers. et 1 lit 1 pers. grand salon commun au hôtes et au propriétaire avec belle vue, bibliothèque, cheminée, TV. Jardin d'agrément avec pergola (petit déjeuner). Prox. Genève 15 km et Divonnes. Langue parlée : anglais.

Prix : 1 pers. **38** € 2 pers. **44** € 3 pers. **50** €

🐕	⛱	🏊	🎣	🎾	🏇	🏃	⛷	🎿	🚻	🚉
	2	2	2	2	0,5	2	SP	20	20	10	2

Clive et Petronella BAILEY - « La Baronne » - Saint-Gix - 01220 DIVONNES-LES-BAINS - Tél. : 04 50 20 06 49 ou SR : 04 74 23 82 66

DOMMARTIN La Mure
(TH)   **C.M. 70 Pli 12**

2 ch. — 2 chambres d'hôtes au rez-de-chaussée, côté sud, de la maison du propriétaire. 1 ch. (1 lit 2 pers. 1 lit enfant). 1 ch. (2 lits 120 cm). S.bains et wc communs réservés aux chambres. Terrasse, jardin, parking. Table d'hôtes sur réservation. Restaurant 1 km. Bourg en Bresse 27 km. Ferme des Planons (musée de la Bresse) 8 km. En Bresse, découverte d'une région de bocage et d'élevage du célèbre poulet de Bresse, sur la « Route de la Bresse » et les sentiers pédestres.

Prix : 1 pers. **22** € 2 pers. **26** € pers. sup. **22** € repas **11** €
1/2 pens. **33** €
Ouvert : Toute l'année.

🐕	⛱	🏊	🎣	🎾	🏇	🏃	🚻	🚉
	13	13	10	6	10	15	SP	12	1

Pierre et Jeannine CAMUS - La Mure - 01380 DOMMARTIN - Tél. : 03 85 30 42 54

ECHALLON Le Favillon
Alt. : 850 m   (TH)   **C.M. 74 Pli 4**

4 ch. — 4 ch. d'hôtes spacieuses aux 1er et 2e étages de la maison du prop., en bordure de forêt, à prox. du Parc Régional du Haut Jura. 1er étage : 3 ch. (2 lits 2 pers.). 2e étage : 1 ch. (1 lit 2 pers.), s.d.b./wc communs aux chambres à chq étage. Coin salon, TV, biblio, jeux sté. Possibilité séjour. Ambiance conviviale. Act. été-hiver, rando équestre, ski joering. Oyonnax 12 km, proche A40. Langue parlée : anglais.

Prix : 1 pers. **27** € 2 pers. **38** € 3 pers. **49** € pers. sup. **11** €
repas **12** €
Ouvert : Toute l'année.

🐕	⛱	🏊	🎣	🎾	🏇	🏃	⛷	🎿	🚻	🚉
	5	12	3	5	22	SP	SP	5	15	18	3

MAISON EGRAZ - Le Favillon - 01130 ECHALLON - Tél. : 04 74 76 42 58 - Fax : 04 74 76 43 38 - E-mail : thermoflux@wanadoo.fr

GERMAGNAT Le Tillerey
(TH)   **C.M. 74 Pli 3**

3 ch. — Sur rés. 3 chambres à l'ét. de la maison des propr. en bordure d'un joli village du Revermont. 2 ch. 2 lits 1 pers., 1 ch. 1 lit 1 pers. (2 épis) Chacune avec s. de b./wc. Salon réservé aux hôtes. Terrasse, salon de jardin. Terrain, petite rivière. Table d'hôtes (spéc. asiatiques) sur rés. Pts déj. soignés. Week-end à thème Zen. Possibilité SPA. Site calme et verdoyant. Forêts, lacs, cascade. Prox. Jura et route touristique de la Bresse. Langues parlées : anglais, japonais.

Prix : 1 pers. **45** € 2 pers. **45/70** € pers. sup. **15** € repas **15** €
Ouvert : De mars à novembre.

🐕	⛱	🏊	🎣	🎾	🏇	🏃	⛷	🎿	🚻
	15	24	SP	7	25	3	SP	25	5

Mike et Hiroko MOORE - Le Tillerey - 01250 GERMAGNAT - Tél. : 04 74 51 73 70 - Fax : 04 74 51 73 70

Rhône-Alpes **Ain**

GIRON
Alt. : 1000 m (TH) *C.M. 74 Pli 5*

3 ch. Dans une grande maison, au cœur du village, dans le Parc Naturel Régional du Haut Jura, 3 ch. de caractère, au décor raffiné, aménagées à l'étage, avec accès indép. 1 ch. 1 lit 2 pers. (160 cm), 1 ch. 2 lits 1 pers., avec salles de bains privatives (bains à remous), 1 ch. 1 lit 2 pers. salle d'eau (douche massante). WC privatifs indép. dans chaque chambre. Grande bibliothèque, salon/salle à manger avec TV. Grande terrasse en bois avec belle vue étagée, au calme, aménagée pour repas et détente. Jardin fleuri. L'été, table d'hôtes et petits déjeuners servis sur la terrasse. Table d'hôtes le soir, sur réservation. Chambres non fumeur. Langue parlée : anglais.

Prix : 1 pers. **40 €** 2 pers. **46 €** pers. sup. **14 €** repas **16 €**
Ouvert : Toute l'année sauf du 1er octobre au 30 novembre.

12	20	4,5	SP	25	6	SP	SP	17	9

Martine et Pierre BOUVARD - Le Bellevue - 01130 GIRON - Tél. : 04 50 59 89 42

GRAND-ABERGEMENT Les Routes
Alt. : 1085 m (TH) *C.M. 74 Pli 4*

4 ch. Au pays des championnes du monde de biathlon, chez un moniteur de ski de fond, dans une ferme typique isolée, où, au gré des saisons, ski de fond rime avec moutons. 4 ch. aux 1er et 2e étage : 1 ch. (3 lits 1 pers.), 1 ch. (1 lit 2 pers. 1 lit 1 pers.), 1 suite (1 lit 2 pers. 3 lits 1 pers.), 1 ch. (4 lits 1 pers.) s. d'eau/wc pour chacune. Séjour commun (immense cheminée, four à pain). Loc. de skis, patins à glace. Cours de fond, initiation, orientation, raid, biathlon. Langues parlées : anglais, allemand.

Prix : 1 pers. **17/19 €** 2 pers. **34/36 €** 3 pers. **50/52 €** repas **11/12 €** 1/2 pens. **27/30 €**
Ouvert : Toute l'année.

20	20	10	4	10	SP	SP	4	25	6

Claude et Maryse BALLET - Les Routes - 01260 LE-GRAND-ABERGEMENT - Tél. : 04 79 87 65 76 - Fax : 04 79 87 65 76

HOTONNES Les Plans
Alt. : 1100 m (TH) *C.M. 74 Pli 4*

2 ch. 2 chamb. avec accès indép. dans un gîte jouxtant l'habit. des propr. Ancienne ferme rénovée en pleine nature. 1 ch. (2 lits jumeaux 1 pers., 1 lit 1 pers., salle d'eau/wc et 1 ch. 2 lits jumeaux 1 pers., salle d'eau priv. et wc commun. Séjour/coin-cheminée réservé aux hôtes. Terrasse plein sud. Large paysage. Terrain de jeux. GR9, GTJ VTT, sentiers balisés, parcours course d'orientation, artisanat, curiosités naturelles. Repas végétariens sur réserv. Tarifs réduits enft et séjour. Cuisine le plus souvent avec des produits fermiers ou locaux, parfois bio. Langues parlées : anglais, allemand.

Prix : 1 pers. **27 €** 2 pers. **38 €** 3 pers. **55 €** pers. sup. **17 €** repas **14 €**
Ouvert : D'avril à décembre, en hiver accueil possible en gîte.

15	20	10	SP	30	SP	SP	1,5	30	6

Jocelyne BIANCHI-THURAT - Les Pelaz - 01260 LES-PLANS-D'HOTONNES - Tél. : 04 79 87 65 73 - Fax : 04 79 87 65 73 -
E-mail : lespelaz@wanadoo.fr - www.lespelaz.free.fr

JOYEUX Le Blondel
C.M. 74 Pli 12

4 ch. 4 chambres d'hôtes dans le prolongement de la ferme. 1 chambre (1 lit 2 pers.) avec douche, lavabo et wc, 3 chambres (1 lit 2 pers.) avec douche privée et wc commun, lit appoint, enfant ou bébé. Salle commune. Parc, lieu de pétanque, terrasse, salon de jardin. Parking (indépendant de la ferme). Animaux acceptés (3,81 € en supp). Parc des Oiseaux, cinéma à Villars-les-Dombes 8 km. Pérouges (cité médiévale) 13 km. Salle de gym privée 3 km. Route des étangs de la Dombes.

Prix : 1 pers. **24/33 €** 2 pers. **33/40 €** 3 pers. **41/49 €** pers. sup. **6 €**
Ouvert : Toute l'année.

8	8	8	8	10	15	1	8	8	

GAEC DU BLONDEL famille BROCARD - Le Blondel - 01800 JOYEUX - Tél. : 04 74 98 21 62 ou 04 74 98 21 60

MAGNIEU La Châtillonne
C.M. 74 Pli 4

1 ch. Dans un ancien domaine viticole du 19ème, en pleine nature, au calme, 1 ch. à la décoration de grande qualité, aménagée à l'étage de la maison des propriétaires. 1 lit 2 pers., TV, dressing, salle de bain et wc privatifs avec bains à remous et douche. Poss. lit supplém. Séjour et salon avec cheminée à disposition. Grand terrain avec chevaux, belle vue sur le Colombier et les vignes. Belley 2 km, tous commerces. Aix-les-Bains et Chambéry 25 km. Base de loisirs nautiques 15 km. Promenade sur le Rhône. Langues parlées : allemand, anglais.

Prix : 1 pers. **53 €** 2 pers. **61 €** pers. sup. **15 €**
Ouvert : Toute l'année.

4	2	1	2	25	5	20	30	15	2

Laurence et J.Marc SCHMIDT - La Châtillonne - 01300 MAGNIEU - Tél. : 04 79 81 25 51 ou 06 15 65 52 64 - Fax : 04 79 81 25 51 -
E-mail : jmschmidt@netup.com

MALAFRETAZ La Citerne
(TH) *C.M. 70 Pli 12*

3 ch. 3 ch. à l'ét. de la maison des propr. Ferme équestre en plein bocage bressan. 1 ch. (1 lit 2 pers. 2 lits enfants), 1 ch. (4 lits 1 pers.), chacune avec s. d'eau/wc. 1 suite de 2 petites ch. (1 lit 2 pers. 1 lit 120), salle d'eau et wc privés. Salle de séjour au r.d.c. à dispos. Pré, balançoires pour enfants. 2 ch. 3 épis à prox. (5 pers). Bourg TGV 15 km. Sortie autoroute A6 et A40 Bourg Nord. Logemt pour chevx, chevx et poneys dispo. s/place. Promenades en calèche. Stages randonnées.

Prix : 1 pers. **23/37 €** 2 pers. **26/41 €** 3 pers. **43/47 €** repas **10/11 €**
Ouvert : Toute l'année.

2	2	SP	2	15	SP	SP	15	2	

Jean et Josette CRETIN - La Citerne - 01340 MALAFRETAZ - Tél. : 04 74 30 81 19 - Fax : 04 74 30 81 19

Ain
Rhône-Alpes

MALAFRETAZ La Citerne
C.M. 70 Pli 12

2 ch. A proximité de la ferme équestre, 2 chambres au rez de chaussée de la maison des propr. Entrée ind. 1 ch. (1 lit 2 pers.), coin cuisine, 1 ch. (3 lits 1 pers.), chacune avec salle d'eau/wc privés. Terrasse, salon de jardin. Salle de séjour annexe à disposition des hôtes. Pré, balançoires pour enfants. Bourg TGV 15 km. Sortie A6 et A40 Bourg Nord. Activités équestres sur place. A 2 km, base de plein air, Aquatonic.

Prix : 1 pers. 34/37 € 2 pers. 38/41 € 3 pers. 47 € repas 10/11 €
Ouvert : Toute l'année.

2	2	SP	2	15	SP	SP	15	2

Daniel SOULARD - La Citerne - 01340 MALAFRETAZ - Tél. : 04 74 30 81 19 - Fax : 04 74 30 81 19

MARBOZ Les Blancs des Blancs
C.M. 70 Pli 13

1 ch. Belle maison de plain pied au calme, à la campagne. 1 chambre sans cigarette (1 lit 2 pers.), salle de bains/wc + 1 chambre annexe (1 ou 2 pers.). Propriété close de 2600 m² arborée et fleurie avec grande terrasse couverte. Promenades et visites. A 10 mn des autoroutes A39 et A40. Restaurant et ferme auberge à 4,5 km.

Prix : 1 pers. 35 € 2 pers. 44 € 3 pers. 58 €
Ouvert : Du 1er février au 30 novembre.

15	15	4	5	15	12	SP	15

Jacques DESMARAIS et DELOCHE Martine - Les Blancs des Blancs - 01851 MARBOZ - Tél. : 04 74 42 01 32

MESSIMY-SUR-SAONE La Rivière
C.M. 74 Pli 1

2 ch. 2 chambres (accès ind.) aménagées dans une ancienne ferme typique de la région. 1 ch. en r.d.c. (1 lit 140, 1 lit 90), salle d'eau, wc ind. 1 ch. à l'ét. (1 lit 140), salle d'eau, wc ind. Salon de jardin. Parking, abri couvert. Nombreuses poss. de loisirs : étangs de la Dombes, Parc Ornithologique, vignoble du Beaujolais, village du Curé d'Ars... Lyon 40 km.

Prix : 1 pers. 41 € 2 pers. 46 € 3 pers. 56 €
Ouvert : Toute l'année.

10	8	0,3	12	1	0,5	10	0,3

Jérome et Caroline COLRAT - Route d'Ars - La Rivière - 01480 MESSIMY-SUR-SAONE - Tél. : 04 74 67 94 72

MIJOUX Le Boulu
Alt. : 935 m
C.M. 70 Pli 15

5 ch. 5 chambres aux 1er et 2e étage de la maison, en bordure de la Valserine. 2 ch. 2 pers. (1 lit 2 pers. ou 2 lits 1 pers.), 2 ch. 4 pers. (1 lit 2 pers. 2 lits 1 pers.), 1 ch. 3 pers. (1 lit 2 pers., 1 lit 1 pers.) chacune avec sdb/wc privés. Séjour avec cheminée. Petit déjeuner copieux. Séjour possible. Ancienne ferme rénovée par le propriétaire, au pied de la chaîne du Jura (Crêt de la neige) entre les stations de ski alpin Mijoux-La Faucille et Lélex-Crozet. Taxe de séjour en suppl. Langues parlées : anglais, espagnol.

Prix : 2 pers. 50 € 3 pers. 65 € pers. sup. 8 € repas 17 €
1/2 pens. 40 €
Ouvert : De Noël à Pâques et juillet-août.

20	12	SP	4	6	4	SP	SP	4	30	4

Bernard et Claire GROSFILLEY - Le Boulu - 01410 MIJOUX - Tél. : 04 50 41 31 47

MONTCET Les Vignes
C.M. 74 Pli 2

4 ch. Dans une ancienne ferme bressane restaurée, 4 ch. confortables non fumeurs à l'étage, à côté de la maison des propr. (lits jumeaux ou lits doubles). Accès indép. Chambres avec s.d'eau/wc. Séjour, salle TV, vidéo, biblio. à dispo. Cour, parkg. Ping-pong, volley. Table d'hôtes sur réservation, repas enfant - de 4 ans gratuit. Alimentation saine. Ferme rénov. au calme ds un parc paysagé 1ha avec plan d'eau poissonneux, piscine privée, terrain de jeux. Poss. de découverte art roman par propr. Langues parlées : anglais, espagnol.

Prix : 1 pers. 40 € 2 pers. 50 € 3 pers. 58 € repas 18 €
Ouvert : Toute l'année.

SP	SP	12	12	12	SP	12	1,5

J.Louis et Eliane GAYET - Les Vignes - 01310 MONTCET - Tél. : 04 74 24 23 13 - Fax : 04 74 24 23 13 -
E-mail : jean-louis.gayet@libertysurf.fr

LE MONTELLIER Les Augiers
C.M. 74 Pli 2

3 ch. 3 ch. d'hôtes à l'étage de la maison, ferme Dombiste restaurée, à 600 m du village, en pleine campagne. 1 ch. (1 lit 2 pers., lavabo, douche). 1 ch. (2 lits 1 pers., lavabo, douche). WC communs réservés aux hôtes. 1 ch. (1 lit 2 pers. et 2 lits 1 pers., salle d'eau/WC privatifs). Poss. lit d'appoint. Accès indep. Cour et jardin. Parkg. Rando. sur place. Parc ornithologique et gare à Villars-les Dombes 10 km. Route des Etangs. Pérouges 6 km. Restaurants à 4 km.

Prix : 1 pers. 21 € 2 pers. 30 € pers. sup. 9 €
Ouvert : Toute l'année.

10	10	6	10	6	SP	10	10

Andre et Solange MILLOT - Les Augiers - 01800 LE-MONTELLIER - Tél. : 04 78 06 61 71 - Fax : 04 78 06 61 71

Rhône-Alpes — Ain

MONTMERLE-SUR-SAONE (TH) — C.M. 74 Pli 1

1 ch. — 1 chambre d'hôtes aménagée au rez de chaussée de la maison des propriétaires. 1 lit 2 pers., 2 lits 1 pers., poss. lit bébé et lit d'appoint. S.d'eau/wc privés. Ch. central. Séjour, salon à dispo. des hôtes. Table d'hôtes sur réservation. Terrasse avec barbecue, jardin d'agrément. Terrain clos. Flamand. Atelier informatique ludique/éduc. Entre Dombes et Beaujolais : Etangs, caveaux du Beaujolais. Ars, village du St Curé. Langues parlées : anglais, allemand.

Prix : 1 pers. 30 € 2 pers. 40 € 3 pers. 49 € pers. sup. 11 € repas 11 €
Ouvert : Toute l'année.

🐕	☂	🏊	🎾	🏇	🏃	🎿	🚆
2	4	2	3	6	2	2	

Annick et Eric SEMAL - Chemin de Peleu - 01090 MONTMERLE-SUR-SAONE - Tél. : 04 74 66 47 74 - Fax : 04 74 66 47 74

MONTREVEL-EN-BRESSE Cuet — A — C.M. 70 Pli 12

2 ch. — 2 chambres à l'étage de la ferme auberge des propriétaires, ferme bressane en plein bocage. 1 chambre (1 lit 160 cm), 1 chambre (2 lits 90 cm), salle d'eau/wc pour chacune. Coin salon. Poss. repas en ferme-auberge. Base de loisirs de Montrevel (sports nautiques), Route de la Bresse, Ferme du Sougey, cheminées sarrazines. Vignobles du Beaujolais, Mâconnais, vins du Bugey. Mâcon 20 km. Langues parlées : anglais, allemand.

Prix : 1 pers. 38 € 2 pers. 46 € pers. sup. 7 € repas 15/20 €
Ouvert : De mars à décembre.

🐕	☂	🏊	🎾	🏇	🏃	🎿	🚆	⛵
3	3	3	3	3	SP	17	3	

Joel et Silvia BILLET - Ferme-Auberge du Poirier - Cuet - 01340 MONTREVEL-EN-BRESSE - Tél. : 04 74 30 82 97 - Fax : 04 74 30 82 97

MONTREVEL-EN-BRESSE — C.M. 70 Pli 12

2 ch. — 2 chambres indépendantes dans la maison des propriétaires au calme en bordure de village. 1 ch. (1 lit 2 pers.) et salle d'eau/wc. 1 ch. (1 lit 2 pers.) avec balcon et salle d'eau/wc. Salon et salle à manger à la disposition des hôtes. Terrasse couverte et terrain. Mâcon 20 km. A40 10 km. Restaurant 800 m. Base de loisirs (sports nautiques), route de la Bresse, ferme du Sougey, fermes bressanes à visiter, vignobles du Beaujolais et du Maconnais.

Prix : 1 pers. 32 € 2 pers. 38 €
Ouvert : Toute l'année.

🐕	☂	🏊	🎾	🏇	🏃	🎿	🚆	⛵
1	1	1	1	15	1,5	SP	17	1

Robert et Jeanine RAZUREL - 61, route du Sougey - 01340 MONTREVEL-EN-BRESSE - Tél. : 04 74 30 81 29 ou 06 87 54 68 24

NATTAGES Chemillieu — C.M. 74 Pli 4

1 ch. — Dans un chalet au décor chaleureux, 1 suite de 2 ch. pour une même famille au rdc, au calme et à proximité de la Savoie. Entrée indépendante, coin salon réservé aux hôtes, 1 ch. 1 lit 2 pers., 1 ch. 1 lit 1 pers., lit bébé, s.d.b/wc privés. Grand terrain clos. Petits déjeuners servis l'été sur la terrasse avec vue sur la piscine. Chambéry 30 km, Le Bourget 18 km, Aix-les-Bains 30 km. Base ULM à prox. (5 km), aéroclub. Décollage delta, parapente 3 km. Vente de miel par le prop.

Prix : 1 pers. 50 € 2 pers. 58 € 3 pers. 66 €
Ouvert : Toute l'année.

🐕	☂	🏊	🎾	🏇	🏃	🎿	⛷	🚆
SP	SP	3	4	30	12	SP	35	35
								5

Jane et Jan-claude HENRY - Les Terrasses Hautes - Chemilieu - 01300 NATTAGES - Tél. : 04 79 44 40 69 ou SR : 04 74 23 82 66

NEUVILLE-LES-DAMES (TH) — C.M. 74 Pli 2

2 ch. — 2 ch. à l'étage de la maison des propriétaires, à la campagne, à proximité du village et d'un centre équestre. 1 ch. 1 lit 2 pers. salle d'eau/wc, 1 suite de 2 ch. 4 lits 1 pers. salle d'eau/wc. Séjour à disposition des hôtes. A la ferme (élevage bovin et poney). Table d'hôtes sur réservation.

Prix : 1 pers. 26 € 2 pers. 32 € 3 pers. 46 € pers. sup. 15 € repas 14 € 1/2 pens. 30 €
Ouvert : Toute l'année.

🐕	☂	🏊	🎾	🏇	🏃	🎿	🚆	⛵
15	5	0,5	2	6	0,5	17	5	1

Jean et Suzanne LENOIR - Chemin de la Cote - La Poype - 01400 NEUVILLE-LES-DAMES - Tél. : 04 74 55 60 94

NEUVILLE-SUR-AIN Bosseron — C.M. 74 Pli 3

4 ch. — En bordure de la rivière d'Ain, sur un parc de 2 ha, 4 chambres décorées avec soin au 2e ét. d'une maison de caractère, chacune avec s. de b./WC ou s. d'eau/WC. 2 ch. (2 lits 1 pers.), 2 ch. (1 lit 160). 2 grands salons avec cheminée, piano, TV, biblio. Petits déj. copieux servis face à la rivière. Accueil chaleureux. Restaurant 300 m. Sur place : pêche, baignade aménagée, ping-pong, billard, muscul. Accès direct aux tennis minicipaux. GR59, Tour du Revermont. Artisanat local. Sortie A40-A42 Pont d'Ain 6 km. Notions anglais, allemand.

Prix : 1 pers. 42 € 2 pers. 50 €
Ouvert : Toute l'année.

🐕	☂	🏊	🎾	🏇	🏃	🎿	⛷	🚆	⛵
SP	12	SP	0,2	15	2	SP	20	23	6	0,5

Annie RIVOIRE - 325, route de Genève - Bosseron - 01160 NEUVILLE-SUR-AIN - Tél. : 04 74 37 77 06 - Fax : 04 74 37 77 06 - E-mail : arivoire@free.fr

Ain
Rhône-Alpes

ORDONNAZ La Ville d'En Bas — Alt. : 850 m — A — C.M. 74 Pli 4

2 ch. 2 chambres à l'étage d'une ancienne ferme rénovée. 1 chambre 1 lit 2 pers. salle d'eau/wc et 1 chambre 1 lit 2 pers./coin cuisine et salle d'eau/wc. Jardin. Possibilité de prendre ses repas à l'auberge toute proche (pension, 1/2 pension). Possibilité casse-croûte à emporter pour randonnée. GR9 à proximité. Gare SNCF à Tenay 12 km.

Prix : 1 pers. 29/32 € 2 pers. 35/40 € pers. sup. 11 € repas 11 €
Ouvert : Toute l'année.

11	20	11	SP	20	SP	SP	30	12	12

Pierre GRINAND - La Ville d'en Bas - 01510 ORDONNAZ - Tél. : 04 74 40 90 79 ou 04 74 40 90 38 - E-mail : lugrin@infonie.fr

---

ORDONNAZ La Ville d'En Bas — Alt. : 850 m — A — C.M. 74 Pli 4

3 ch. 3 ch. d'hôtes aux 1er et 2e ét. d'un batiment rénové comportant aussi 2 gîtes ruraux, près de l'auberge de campagne des propriétaires. 1 ch. (2 lits 1 pers.) 2 ch. (1 lit 2 pers.), s.d'eau/wc chacune. Poss. lit enfant. Salon réservé aux hôtes. Espace ext. avec salon de jardin. Pension, 1/2 pension, casse-croûte à emporter. Au calme, près du village de montagne. Animations d'été, fête du four. Fruitière au village.

Prix : 1 pers. 29/32 € 2 pers. 35/40 € pers. sup. 11 € repas 11 €
Ouvert : Toute l'année.

15	20	12	SP	20	SP	SP	50	12	12

Bernard GRINAND - La Ville d'en Bas - 01510 ORDONNAZ - Tél. : 04 74 40 90 79

ORDONNAZ Le Charveyron — Alt. : 850 m — A — C.M. 74 Pli 4

3 ch. 3 chambres d'hôtes de plain-pied dans une maison indépendante en bordure du village, comportant également 1 gîte rural. 2 ch. (1 lit 2 pers.), 1 ch. (2 lits 1 pers.), salle d'eau/wc dans chaque chambre. Coin-TV et lecture à la disposition des hôtes. Parking. Terrasse. Pré, logement pour chevaux possible sur place, lac à 11 km. GR 59 à proximité. Gare SNCF à Tenay 10 km.

Prix : 1 pers. 31 € 2 pers. 36 € pers. sup. 8 €
Ouvert : De février à novembre.

11	20	11	1	20	SP	SP	50	10	12

René et Michèle LARACINE - Le Charveyron - 01510 ORDONNAZ - Tél. : 04 74 40 90 20

OYONNAX Massiat — Alt. : 500 m — TH — C.M. 70 Pli 14

E.C. 2 ch. 2 chambres d'hôtes à l'étage d'une ferme équestre. 1 chambre (3 lits 1 pers.). 1 chambre (1 lit 2 pers.), salle de bains et wc communs au rez-de-chaussée. Coin-cuisine ou table d'hôtes le soir. Salle de séjour avec cheminée. Hébergement chevaux sur place, promenades à cheval, poneys, calèches. Location VTT.

Prix : 1 pers. 15 € 2 pers. 25 € 3 pers. 33 € repas 11 €
Ouvert : De mai à septembre.

15	5	5	5	SP	6	3

Paul et Pierre SONTHONNAX - SARL Ferme Equestre de Massiat - Bouvent - 01100 OYONNAX - Tél. : 04 74 73 64 85 ou 04 74 77 44 52 - Fax : 04 74 73 83 72

OZAN Ronfer — C.M. 70 Pli 12

1 ch. 1 chambre d'hôtes très calme au rez-de-chaussée de la maison du propriétaire. Belle demeure en pierre dans un parc ombragé en bordure du village. 1 ch. (2 lits 1 pers.). Salle de bains/wc. Salon. Chauffage central. A40 8 km. A6 et N6 10 km. Mâcon 15 km. Pont de Vaux 4 km, restaurants, port fluvial. A proximité vignobles du Mâconnais et du Beaujolais.

Prix : 1 pers. 40 € 2 pers. 46 €
Ouvert : Toute l'année.

5	14	5	4	8	SP

Marie-Ange COULAS - Ronfer - D933 - 01190 OZAN - Tél. : 03 85 30 32 85

PARVES Hameau de Sorbier — C.M. 74 Pli 4

1 ch. Dans une ancienne ferme bugiste rénovée, au cœur d'un hameau, au calme, 1 ch. 1 lit 2 pers. à l'étage de la maison des prop. avec salle d'eau privative/wc, bibliothèque. Au rdc, salon d'entrée. Poss. lit suppl. 2 pers. dans pièce kitchenette. Salon du propr. avec cheminée. Cour fermée, jardin arboré et fleuri. L'été, les petits-déj. sont pris sur la terrasse. Poss. séjours. L'hôtesse est conteuse et vous pourrez en profiter. Prox. Belley 8 km. Aix-les-Bains 30 km. Falaise d'envol au village pour vol à voiles. Nombreuses randonnées VTT. Lac, baignade et cure de silence... Langue parlée : anglais.

Prix : 1 pers. 34 € 2 pers. 37 € pers. sup. 16 €
Ouvert : Toute l'année.

6	8	6	0,5	8	SP	30	40	20	6

Paulette JOURDAN - Sorbier - 01300 PARVES - Tél. : 04 79 81 52 89

Rhône-Alpes — Ain

LE POIZAT Le Replat Alt. : 900 m
C.M. 74 Pli 4

1 ch. 1 chambre d'hôtes avec accès indépendant par escalier extérieur, à l'étage de la maison du propriétaire. 1 ch. 1 lit 2 pers. poss lit d'appoint 1 pers. Salle d'eau/wc. Chauffage central et électrique. Maison située en pleine nature, dans un hameau en bordure du plateau de Retord (Jura sud). Sentiers pédestres GR 9, forêt à prox. Lac. de Nantua tous sports nautiques à 8 km. Cinémas à Nantua et Bellegarde. Restaurant 2 km. Gratuité enfant de moins de 6 ans.

Prix : 1 pers. 26 € 2 pers. 33 € pers. sup. 7 €
Ouvert : Toute l'année.

8	25	8	2	30	SP	SP	20	15	2

Yves et Jeanine LE PECQ - L'Herbe d'Or - Le Replat - 01130 LE-POIZAT - Tél. : 04 74 75 31 63 - E-mail : yves-lepecq@wanadoo.fr

---

PREVESSIN-MOENS Bretigny
C.M. 70 Pli 16

2 ch. 2 ch. d'hôtes à l'étage de la maison des propriétaires, ancienne ferme rénovée. 1 ch. (1 lit 160 cm), coin salon (divan 2 pers.). 1 ch (1 lit 2 pers.). Salles d'eau/WC privatifs dans chaque chambre. Possibilité de repas. Terrain, ping pong. Environnement campagnard. Restaurant à 1 km. Au pied du massif du Jura, à prox. : Ferney Voltaire (3 km), Genève (5 km) Divonne, liaison facile Crozet-Lélex (ski), La Vattay (ski de fond). Langues parlées : anglais, allemand.

Prix : 1 pers. 32 € 2 pers. 38 € pers. sup. 10 €
Ouvert : Toute l'année.

10	4	2	2	5	3	SP	15	5	5	4

Bernard et Marie-P. COULLET - 1373 rte du Sénateur Fouilloux - Bretigny - 01280 PREVESSIN-MOENS - Tél. : 04 50 41 01 45 - Fax : 04 50 41 01 45

REVONNAS Grillerin (TH)
C.M. 74 Pli 3

2 ch. 2 chambres d'hôtes dans un petit chateau du XVIIIe, grand parc avec arbres bicentenaires. Grande chambre 3 épis en r.d.c. indépendante, piano, TV couleur (1 lit 2 pers.) salle d'eau, wc. Chambre 2 épis à l'étage (1 lit 2 pers.) salle d'eau/wc. Cheminée. Poss. lits suppl. Promenades dans le parc. Calme et repos assur. Gratuit enf.-5 ans. Table d'hôtes sur réservation de préférence. Proche Bresse et Dombes, sites gastronomiques et touristiques. Randonnées. Langue parlée : anglais.

Prix : 1 pers. 38/53 € 2 pers. 46/53 € 3 pers. 46/61 € pers. sup. 9 € repas 15 €
Ouvert : Toute l'année.

8	11	2	3	8	3	SP	25	10	2

H. Bernard ASSIER DE POMPIGNAN - Grillerin - 01250 REVONNAS - Tél. : 04 74 30 02 68

ROMANS La Fontaine
C.M. 74 Pli 2

2 ch. Une chambre aménagée dans un bâtiment abritant l'ancien four à pain, à prox. de la maison des propr. 1 lit 2 pers. 1 lit 1 pers., poss. 1 lit suppl. Kitchenette rés. aux hôtes, s.d'eau/wc. Une 2e ch. (1 lit 2 pers.), s. d'eau/wc. Accès ind. Salon de jardin. Parking. Réduc. selon saison et durée du séj. Rte des étangs de la Dombes. Chatillon/Ch., cité médiévale et fleurie. Produits fermiers à prox. Restaurant 4 km. Langue parlée : anglais.

Prix : 1 pers. 26 € 2 pers. 37 € 3 pers. 51 € pers. sup. 11 €
Ouvert : Toute l'année.

15	4	1	4	14	4	SP	11	4

Claude BACHON - La Fontaine - 01400 ROMANS - Tél. : 04 74 55 71 02

ROMANS La Fontaine
C.M. 74 Pli 2

2 ch. 2 chambres d'hôtes, calmes et confortables, à l'étage de la maison des propr. avec accès ind. 1 ch. (1 lit 2 pers., 1 lit 1 pers., poss. 1 lit enf.). 1 ch. avec kitchenette (1 lit 2 pers., 2 lits 1 pers.). Chacune avec salle d'eau/wc et petit balcon. Coin salon-séjour (coin-cuisine) en r.d.c. réservé aux hôtes. Terrasse, salon de jardin. Tarif réduit à partir de 5 jours. Route des Etangs de la Dombes. Châtillon/Chalaronne 4 km.

Prix : 1 pers. 29/32 € 2 pers. 38/41 € 3 pers. 49/52 € pers. sup. 11 €
Ouvert : Toute l'année.

15	4	1	4	14	4	SP	11	4

Alain et Monique REMENANT - La Fontaine - 01400 ROMANS - Tél. : 04 74 55 65 12

ROMANS Le Grand Janan
C.M. 74 Pli 2

2 ch. 2 ch. d'hôtes. 1 ch. 2 épis indép. au r.d.c. (1 lit 2 pers. 2 lits 1 pers. superposés), salle d'eau/wc. 1 suite de 2 ch. 3 épis pour une même famille, à l'étage, accès par escalier extérieur, 1 lit 2 pers. 1 lit 120 cm. 2 lits 1 pers., meublée en style ancien, salle d'eau/wc. Séjr/salon à dispo. le matin. Terrasse,espaces verts,barbecue. Bassin de pêche. Forêt 1 km. Route des étangs de la Dombes et Chatillon/Chal., cité fleurie à 3 km. A 25 km, le Beaujolais. Restaurant à 1,5 km.

Prix : 1 pers. 25/29 € 2 pers. 32/39 € 3 pers. 39/46 € pers. sup. 9 €
Ouvert : Du 1er avril au 30 septembre.

3	SP	3	5	7	SP	3

Guy et Suzanne MONTRADE - Le Grand Janan - 01400 ROMANS - Tél. : 04 74 55 00 80 - Fax : 04 74 55 13 74

Ain
Rhône-Alpes

SANDRANS Le Château
C.M. 74 Pli 2

3 ch. — 3 ch. dans un bâtiment de ferme restauré en bordure du village, chacune avec s.d'eau/wc. 1 ch. (1 lit 2 pers.), 1 ch. (2 lits 1 pers.) et 1 suite de 2 ch. (2 lits 2 pers. et 1 lit 1 pers.) Accès indépt. Séjour des propr. à dispo. le matin. Table d'hôtes le soir sur réser. sauf dimanche, cuisine familiale. Animaux acceptés après accord. Circuit pédestre. Route tourist. de la Dombes, parc ornitho. à Villars 9 km, Châtillon/Chal. ville fleurie 7 km, Ars/Formans 20 km, Pérouges 25 km.

Prix : 1 pers. 27 € 2 pers. 32 € 3 pers. 41 € repas 12 €
Ouvert : Du 2 janvier au 14 décembre.

🐕	⛱	🏊	🎣	🎾	🏇	🚶	⛷	🚆	🚌
12	7	1	7	8	3		SP	SP	

Dominique et Robert BERTHAUD - Le Château - 01400 SANDRANS - Tél. : 04 74 24 51 35

SERGY
C.M. 70 Pli 16

6 ch. — Le Verger : 2 ch. à l'étage d'une maison neuve indép. comportant 2 gîtes ruraux. La Forge : 4 ch. dans un batiment neuf, téléphone dans les ch. Chambres (lits jumeaux), chacune avec s.d'eau/wc, coin-tisanière. Poss. de lits supp. Salle de séjour à dispo. Terrain, parking. Terrasse aménagée. Au cœur du village, calme, en piémont du Jura Gessien, face à la chaîne des Alpes. Sentiers péd. et forêt à prox. Divonne à 22 km. Gex 14 km. Langues parlées : anglais, allemand.

Prix : 1 pers. 32 € 2 pers. 38 € 3 pers. 42 €
Ouvert : Toute l'année.

🐕	⛱	🏊	🎣	🎾	🏇	🚶	⛷	🎿	🚆	🚌
22	8	3	2	10	7	SP	20	3	25	2,5

Liliane MOINE - Chemin de la Charriere - 01630 SERGY - Tél. : 04 50 42 18 03 - Fax : 04 50 42 11 34

SERMOYER Le Clos du Chatelet
C.M. 70 Pli 12

2 ch. — 2 chambres d'hôtes au 1er étage d'une demeure de caractère de la fin du 18e s. à la croisée de la Bresse et de la Bourgogne. Chacune avec 1 lit 2 pers., salle de b./wc privés. Salon avec cheminée à disposition des hôtes. Parc ombragé et clos. Parking privé. Repas sur réserv. Découverte des techniques de la peinture sur bois. Abbaye de Tournus. Circuit des églises romanes. Réserve Naturelle de la Truchère. Sortie A6 Tournus 12 km, Mâcon 25 km. Langue parlée : anglais.

Prix : 1 pers. 59 € 2 pers. 75 € pers. sup. 23 € repas 19 €
Ouvert : Toute l'année.

🐕	⛱	🏊	🎣	🎾	🏇	🚶	🚆	🚌
10	11	1	9	18	4	SP	11	0,5

Lucienne DURANT-PONT - Le Clos du Chatelet - 01190 SERMOYER - Tél. : 03 85 51 84 37 - Fax : 03 85 51 84 37 -
E-mail : clos.chatelet@infonie.fr

SERVAS Lalleyriat
C.M. 74 Pli 3

5 ch. — Le « Nid à Bibi » vous accueille avec 5 ch. d'hôtes à l'étage d'une ancienne ferme rénovée avec goût. Ch. 2 à 3 pers. avec s.d.b./wc, une ch. avec bain à remous. Biblio. salon, salle à manger. Petit déj. brunch. Calme et repos. Jardin d'agrément, parking clos. Réduc. à partir de 2 nuits. Sur place : 2 tennis (gazon synth.), piscine int. chauffée, nage contre courant, sauna, muscul, p-pong, vélos. A prox : rivière, golf, ski nautique. Langues parlées : allemand, anglais, italien.

Prix : 1 pers. 76/92 € 2 pers. 90/120 € 3 pers. 145 € repas 25/28 €
Ouvert : Toute l'année, sur réservation.

🐕	⛱	🏊	🎣	🎾	🏇	🚶	🚆	🚌
7	SP	3	SP	10	3	SP	7	4

Elsie BIBUS - Le Nid à Bibi - Lalleyriat - 01960 SERVAS - Tél. : 04 74 21 11 47 - Fax : 04 74 21 02 83

SONGIEU
Alt. : 750 m
C.M. 74 Pli 4

2 ch. — 2 grandes chambres d'hôtes à l'étage de la maison des propriétaires comportant également des gîtes ruraux. Chambres 1 lit 2 pers. 1 lit 1 pers. salle d'eau/wc privés. Possibilité lit d'appoint, lit bébé, prise TV. A dispo. : plaque chauffante, jardin des propr. Rest. 4 km. Belley et Nantua 30 km. Bellegarde 28 km. Poss. garde d'enf. Maison Bugiste rénovée au cœur de la typique vallée du Valromey. Nombreuses possibilités de promenades depuis la maison. Produits fermiers. Langue parlée : anglais.

Prix : 1 pers. 25/28 € 2 pers. 29/32 € 3 pers. 35/38 € pers. sup. 6 €
Ouvert : Toute l'année.

🐕	⛱	🏊	🎣	🎾	🏇	🚶	⛷	🎿	🚆
6	9	1	9	15	SP	9	9	20	4

Marcel et Marcelle MARTINOD - Au Village - 01260 SONGIEU - Tél. : 04 79 87 72 06 - E-mail : marcel.martinod@free.fr

---

ST-ANDRE-D'HUIRIAT Bourdonnel
C.M. 74 Pli 2

5 ch. — 5 ch. à l'étage du château dans un parc arboré. 2 ch. 3 épis pour 2 ou 3 pers. 1 ch. 2 épis (2 lits 1 pers.). Salle d'eau/wc privée chacune. 1 ch. 1 épi pour enfants. 2 ch. 1 épi pour l'été (4 lits 1 pers. et 2 lits 1 pers.) Poss. lits bébé. Salon et salle à manger communs. Piscine privée. Parking, cour et terrain clos. Promenades dans le parc. Vonnas 5 km. Bourg en Bresse 27 km. Langues parlées : anglais, allemand.

Prix : 1 pers. 30/36 € 2 pers. 40/46 € pers. sup. 16 € repas 17 €
Ouvert : Toute l'année.

🐕	⛱	🏊	🎣	🎾	🏇	🚶	🚆	🚌
12	SP	6	15	12	SP	7	17	6

Paule BRAC DE LA PERRIERE - Château de Bourdonnel - 01290 ST-ANDRE-D'HUIRIAT - Tél. : 04 74 50 03 40 - Fax : 04 74 50 22 29

Rhône-Alpes **Ain**

ST-ANDRE-SUR-VIEUX-JONC
C.M. 74 Pli 2

2 ch. 2 ch. d'hôtes au 1er ét. d'une aile du château, en pleine nature, entre Bresse et Dombes, dans un beau parc (arbres centenaires) en lisière du golf de la Bresse (18 trous). 1 suite de 2 ch. : 1 ch. (2 lits 1 pers. 1 lit 2 pers.), s.d'eau/wc. 1 ch. (1 lit 2 pers.), s.bains/wc. Étangs de la Dombes. Bresse tourist. Eglises romanes. Nbx monuments hist. sites tourist. Vonnas (gastronomie). Accueil chaleureux ds ce manoir romantique. Langues parlées : anglais, italien.

Prix : 1 pers. 61 € 2 pers. 76 €
Ouvert : Toute l'année (l'hiver sur réservation).

8	8	1	3	SP	15	SP	13	

Genevieve GUIDO-ALHERITIERE - Château de Marmont - 01960 ST-ANDRE-SUR-VIEUX-JONC - Tél. : 04 74 52 79 74

ST-CYR-SUR-MENTHON Les Lévrières
C.M. 70 Pli 12

2 ch. 2 chambres d'hôtes à l'étage de la maison du propriétaire dans un cadre agréable et campagnard. 1 chambre 1 pers. (1 lit 130), 1 chambre 3 pers. (1 lit 180 et 1 lit 90). Salle d'eau, wc indépendant, communs aux hôtes. Salle commune, TV. Terrasse. Salon de jardin, terrain non clos. Musée de la ferme des Planons. Route touristique de la Bresse. Vente de produits fermiers à Replonges (3 km). Beaujolais. Restaurant 4 km.

Prix : 1 pers. 23 € 2 pers. 30 € 3 pers. 38 € pers. sup. 23 €
Ouvert : Toute l'année.

7	10	2	4	4	5	1	4	2

Georges MICHON - Les Levrieres - 01380 ST-CYR-SUR-MENTHON - Tél. : 03 85 36 30 64

ST-DIDIER-D'AUSSIAT Le Village
C.M. 70 Pli 12

3 ch. 3 vastes chambres d'hôtes à l'étage d'une maison du XIXe, ancien presbytère. 2 chambres (1 lit 2 pers. 1 lit 1 pers.), 1 chambre (1 lit 2 pers., 2 lits 1 pers.), salle d'eau/wc privés. Jardin. Terrain de boules à proximité. Bourg en Bresse et Mâcon 23 km. A40 13 et 5 km. Route touristique de la Bresse, fermes typiques avec cheminée sarrazine. Restaurant au village.

Prix : 1 pers. 27 € 2 pers. 30 € 3 pers. 38 € pers. sup. 7 €
Ouvert : Toute l'année.

8	8	7	SP	16	8	SP	

Regis et Anne-Marie TRIPOZ - Le Village - 01340 ST-DIDIER-D'AUSSIAT - Tél. : 04 74 51 11 30

ST-ETIENNE-SUR-REYSSOUZE
(TH) *C.M. 70 Pli 12*

5 ch. 5 ch. d'hôtes non fumeur à l'étage de la maison des propr., typique du bocage bressan, indép. calme et fleurie. Salon de verdure avec pièce d'eau. Accès aux ch. indép. par escalier extérieur. 2 ch., 3 épis, 3 pers. salle d'eau, wc chacune. 3 ch. 2 épis, 2 ou 3 pers., salle d'eau privée, 2 wc communs. Salle de repas au r.d.c à dispo. des hôtes à tte heure du jour. Table d'hôtes diétét. et gourmande (non fumeur), le soir s/réser. Réduct. à partir de 3 nuits.

Prix : 1 pers. 32/38 € 2 pers. 38/44 € 3 pers. 50/58 € pers. sup. 5 € repas 12/18 € 1/2 pens. 58 €
Ouvert : Toute l'année sur réservation.

6	5	2	4	15	17	SP	20	5

Georges et Arlette CHERVET - Le Vert Bocage - 01190 ST-ETIENNE-SUR-REYSSOUZE - Tél. : 03 85 30 97 27 - Fax : 03 85 30 97 27 -
E-mail : levertbocage@oreka.com

ST-GERMAIN-LES-PAROISSES Meyrieu
C.M. 74 Pli 14

1 ch. 1 chambre d'hôtes dans un ancien moulin du XVIIIe, batisse en pierre en pleine nature préservée, en bordure de ruisseau. Une grande chambre 1 lit 2 pers. et 1 lit 1 pers., salle de bains et wc indep. (TV). Accès indépendant par terrasse. Séjour des propriétaires à disposition des hôtes. Piscine privée. Restauration à 4 km. Route du Bugey et sentiers balisés, promenades VTT, fêtes des fours. Langue parlée : anglais.

Prix : 1 pers. 53 € 2 pers. 61 € 3 pers. 69 €
Ouvert : Toute l'année.

4	SP	4	4	6	SP	10

Yvonne BERNE - Moulin de Marchamp - Meyrieu - 01300 ST-GERMAIN-LES-PAROISSES - Tél. : 04 79 81 14 94

ST-JEAN-SUR-REYSSOUZE Montéfanty
C.M. 70 Pli 12

2 ch. Dans une ancienne ferme bressane restaurée, 2 ch. d'hôtes à l'étage de la maison d'habitation des propr. 1 chambre (1 lit 160 cm, 1 lit 90 cm), 1 chambre (1 lit 140 cm, 1 lit 90 cm), chacune avec s.d'eau/wc. Accès ind. Coin détente réservé aux hôtes. Salon, s. à manger (cheminée) des propr. à dispo. des hôtes. Piscine. Parc. Salon de jardin. Base de loisirs 6 km. Route des 3 Moulins. Route de la Bresse. Vignobles du Beaujolais. Sortie A40 16 km, sortie A39 20 km. Langue parlée : anglais.

Prix : 1 pers. 33 € 2 pers. 41 € 3 pers. 52 €
Ouvert : Toute l'année.

6	SP	6	2	25	8	2	25	6

Guy et Jacqueline CLEMENT - Montefanty - 01560 ST-JEAN-SUR-REYSSOUZE - Tél. : 04 74 30 88 43 - Fax : 04 74 25 65 06 -
E-mail : guy.clement1@libertysurf.fr

Ain
Rhône-Alpes

ST-MARTIN-DE-BAVEL La Vellaz
C.M. 74 Pli 4

₦₦₦ 3 ch. — 3 chambres d'hôtes au r.d.c. d'un bâtiment rénové (140 m²), à la ferme. 1 ch. (1 lit 2 pers.), 1 ch. (1 lit 2 pers. et 1 lit 1 pers.) et 1 ch. (3 lits 1 pers.), toutes avec s.d'eau/wc privés. Salon et salle à manger réservés aux hôtes. Cuisine équipée (four micro-ondes, l-linge) à dispo. Vaste cour, parking, verger et pelouse. Aux portes des Savoies, au cœur du Bugey et du Marais de Lavours. 1 ch. access. aux pers. hand. Réduc. pour séjour et groupe. 34 €/pers à partir de 3 nuits. Langues parlées : allemand, anglais.

Prix : 1 pers. 30 € 2 pers. 37 € 3 pers. 47 € pers. sup. 11 €
Ouvert : Toute l'année.

🐕	⛱	🏊	🎣	🎾	🏇	🎿	⛷	👣	⛳
5	4	3	3	3	SP	20	20	3	

Juliette VINCENT - Les Charmettes - La Vellaz - 01510 ST-MARTIN-DE-BAVEL - Tél. : 04 79 87 32 18 - Fax : 04 79 87 34 51

ST-MAURICE-DE-GOURDANS
A
C.M. 74 Pli 13

₦₦ 5 ch. — 5 chambres d'hôtes à l'étage de l'auberge de campagne du propriétaire. Belle maison typique, fleurie avec terrain arboré, dans un village. 3 ch. (1 lit 2 pers.), 2 ch. (1 lit 2 pers. 1 lit 1 pers.), dont 3 ch. 2 épis, douche ou bains privés, et 2 ch. 1 épi avec salle de bains commune. WC communs. Aire de jeux, parking, pré. Auberge ouverte le dimanche et jours fériés midi et soir, juillet et août : vendredi et samedi soir. Loyettes 6.5 km. Langue parlée : anglais.

Prix : 1 pers. 20/24 € 2 pers. 23/27 € 3 pers. 35 € pers. sup. 5 €
Ouvert : Toute l'année.

🐕	⛱	🏊	🎣	🎾	🏇	🎿	⛷	👣	⛳
SP	12	SP	SP	12	SP	SP	SP	10	SP

Pierre MASSON - 01800 ST-MAURICE-DE-GOURDANS - Tél. : 04 74 61 82 44 - Fax : 04 74 61 82 44

ST-SORLIN Collonges
C.M. 74 Pli 3

₦ 1 ch. — 1 ch. d'hôtes spacieuse et indép. dans une maison en pierre. 2 lits 1 pers., 1 lit 120 cm en mezzanine, poss. de lits supp. Salle d'eau/wc. Salon (piano, cheminée) et coin cuisine réservés aux hôtes. Accès direct à la campagne par la terrasse et les vignes. Restaurant et commerces au village. Ecole de canoë à 3 km. Village de roses au bord du Rhône, dominé par son église et les ruines du château. Au printemps, les rosiers mettent en valeur couleurs et senteurs. Langue parlée : anglais.

Prix : 1 pers. 32 € 2 pers. 40 € pers. sup. 10 €
Ouvert : Toute l'année.

🐕	⛱	🏊	🎣	🎾	🏇	🎿	⛷	👣	⛳
10	2	SP	SP	20	10	SP	SP		

Christiane et Philippe BROQUET - 41, Grande rue - 01150 ST-SORLIN - Tél. : 04 74 34 86 00

ST-TRIVIER-DE-COURTES Courbassandre
C.M. 70 Pli 12

₦₦₦ 1 ch. — Dans une ferme rénovée au cœur de la Bresse et aux portes de la Bourgogne, 1 suite de 2 chambres au rdc, avec accès indép. ds le prolongemt de la maison d'habitation des propr. 1 lit 2 pers. et 2 lits 1 pers. Salle d'eau/wc. Chauffage central. Terrasse, salon de jardin. Parc arboré. Mâcon-Bourg 30 km. Plan d'eau, piscine, pêche 10 km. Sports nautiques Aquatonic 15 km. Ferme musée de la Forêt avec cheminée sarrazine, ferme du Domaine de Planon 28 km Abbaye de Tournus 20 km. Vignobles du Beaujolais et Maconnais. Route de la Bresse A6 sortie Tournus 20 km. A39 Sortie Saint Trivier 15 km.

Prix : 1 pers. 32 € 2 pers. 38 € 3 pers. 49 € pers. sup. 11 €
Ouvert : Toute l'année.

🐕	⛱	🏊	🎣	🎾	🏇	🎿	⛷	👣	⛳
15	10	5	2	18	SP	30	2		

Gabrielle VAREON - Courbassandre - 01560 ST-TRIVIER-DE-COURTES - Tél. : 04 74 30 74 17 - Fax : 04 74 30 74 17

ST-TRIVIER-SUR-MOIGNANS Pampra
(TH)
C.M. 74 Pli 1

₦₦₦ 5 ch. — 5 chambres d'hôtes au 1er ét. d'une ancienne ferme rénovée, demeure de charme. 2 ch. 2 pers. (lit 140) avec coin-salon, 1 ch. 4 pers. (1 lit 140, lits superposés 90 cm), 2 ch. 4 pers. avec mezzanine (lits 140 et lits 90). Chacune avec salle d'eau, TV satellite, prise téléphone. Rdc : salle à manger, coins salon bibliothèque, cheminée, billard, piano. Véranda. Piscine, tennis, tennis de table. Table d'hôtes le soir uniquement. Parking. Langues parlées : anglais, espagnol.

Prix : 1 pers. 46 € 2 pers. 58 € 3 pers. 73 € pers. sup. 15 € repas 19 €
Ouvert : Toute l'année.

🐕	⛱	🏊	🎣	🎾	🏇	🎿	⛷	👣	⛳
10	SP	10	SP	10	20	SP	15	2	

Paskale JUILLAC-BERNAND - Domaine de Paspierre - Pampra - 01990 ST-TRIVIER-SUR-MOIGNANS - Tél. : 04 74 55 90 27 - Fax : 04 74 55 90 27 - E-mail : paspierre@free.fr

STE-CROIX La Grange Magnin
C.M. 74 Pli 2

₦ 3 ch. — 3 chambres situées à l'étage de la maison des propr. Entrée ind. 1 ch. 1 lit 2 pers., 1 lit 1 pers. avec kitchenette. 1 ch. 2 lits 1 pers. 1 suite de 2 ch. (1 lit 2 pers., 3 lits 1 pers.). Chacune avec salle d'eau/wc. Coin séjour réservé aux hôtes. Parking. Route des Etangs. Base de loisirs St Paul de Varax 25 km. Pérouges 15 km. Location vélos Joyeux 10 km. Parc des Oiseaux Villars 15 km. Auberge de campagne Pizay.

Prix : 1 pers. 23/27 € 2 pers. 34/40 € 3 pers. 49/53 € pers. sup. 11 €
Ouvert : Toute l'année.

🐕	⛱	🏊	🎣	🎾	🏇	🎿	⛷	👣	⛳
25	15	2	15	11	6	SP	6	6	

Roger et Pierrette BERTRAND - La Grange Magnin - 01120 STE-CROIX - Tél. : 04 78 06 61 46 - Fax : 04 78 06 61 46

Rhône-Alpes **Ain**

TREVOUX
C.M. 74 Pli 1

1 ch. Coquette chambre d'hôtes pour 2 personnes (lits jumeaux), avec kitchenette, salle d'eau et wc indépendants. Entrée indépendante en rez-de-jardin de la maison, au calme, à proximité du centre ville. Salon de jardin dans une petite cour avec pelouse. Garage. Trévoux, capitale de l'ancienne principauté de la Dombes (Parlement, Apothicairerie, Château-fort). Ars sur Formans 7 km. Route de la Dombes et de la Bresse. Langue parlée : anglais.

Prix : 1 pers. **34** € 2 pers. **41** €
Ouvert : Toute l'année.

1	1	1	1,5	8	8	SP	SP

S. SAULNIER FERRAND - 9, rue du Bois - 01600 TREVOUX - Tél. : 04 74 00 19 45 ou 06 80 94 58 59

TREVOUX
C.M. 74 Pli 1

2 ch. 2 chambres d'hôtes au r.d.c. d'un ancien hôtel particulier dans un parc, face à la Saône. Une chambre sur jardin (lits jumeaux), salle de bains, wc réservés aux hôtes. Une chambre au 1er étage, plafond voûté (1 lit 200 cm et 2 lits 1 pers.), salle d'eau/wc privés. Parking dans le jardin. Trévoux Site historique (château fort, apothicairerie...). Routes tourist. de la Dombes et de la Bresse. Région des pierres dorées du Beaujolais. Langues parlées : anglais, espagnol.

Prix : 1 pers. **35** € 2 pers. **45** € pers. sup. **14** €
Ouvert : Toute l'année.

1	1	SP	2	8	8	SP	SP

Alain et Sabine BODET - 26, rue du Palais - Entrée 4 bis rue de la Gare - 01600 TREVOUX - Tél. : 04 74 00 23 74 - Fax : 04 74 00 25 24 - E-mail : alain.bodet@wanadoo.fr

TREVOUX
C.M. 74 Pli 1

1 ch. Entre Beaujolais et Dombes, Dominique et Charles vous recevront dans cette ancienne maison vigneronne, bâtie en 1840. 1 ch. à l'étage, entrée ind., TV couleur (1 lit 2 pers., 1 lit 1 pers.), salle d'eau et wc privés. Grand séjour avec cheminée et coin lecture. Jardin, terrasse, four à pain. Réd. selon durée du séjour. Trévoux, site historique. Restaurants 1,5 km. Routes de la Dombes et de la Bresse. Langue parlée : anglais.

Prix : 1 pers. **41** € 2 pers. **50** € 3 pers. **61** €
Ouvert : Toute l'année.

1,5	0,3	1	1	6,5	8	SP	8	1,5

Charles et Dominique CACLIN - 207, rue des Tireurs d'Or - 01600 TREVOUX - Tél. : 04 74 00 25 17 - Fax : 04 74 00 34 01 - E-mail : cdcaclin@mail.dotcom.fr

VIEU-D'IZENAVE
Alt. : 650 m
C.M. 74 Pli 4

3 ch. 3 chambres d'hôtes à l'étage de la maison du propriétaire, en bordure du hameau, en pleine campagne. 2 ch. (1 lit 2 pers.). 1 ch. (1 lit 2 pers. 1 lit 1 pers.). Lavabo dans chaque chambre, salle de bains et wc communs. Chauffage central. Séjour, cuisine d'été à la disposition des hôtes, salon de jardin. Accueil familial. A Cerdon 12 km : grottes et cuivrerie. Lac, voile 12 km. Forêt, sentiers balisés à prox. Tarif dégressif pour séjour en hors-saison. A40 7 km.

Prix : 1 pers. **20** € 2 pers. **23** € 3 pers. **34** € pers. sup. **12** €
Ouvert : Toute l'année.

12	11	0,5	0,5	30	12	SP	8	15	12

Georges et Jeanine GOYFFON - 01430 VIEU-D'IZENAVE - Tél. : 04 74 76 32 27

VILLARS-LES-DOMBES Les Petits Communaux
C.M. 74 Pli 2

1 ch. 1 suite de 2 ch. à l'étage de la maison du propriétaire, dans un hameau calme, en bordure du village, jardin arboré et terrain clos. Pour une même famille : 1 ch. (2 lits 1 pers.), 1 ch. (1 lit 2 pers. 1 lit 1 pers.), s.d.b. et wc privés. Séjour (TV et bibliothèque) réservé aux hôtes. Accès indép. par escalier ext. Parc ornithologique à 2 km. Circuit découverte des étangs de la Dombes. Cinéma, restaurant 1 km.

Prix : 1 pers. **30** € 2 pers. **38** € 3 pers. **49** €
Ouvert : Toute l'année.

15	1	1	1	3	10	SP	1	1

Maurice et Therese GEORGE - 624, les Petits Communaux - 01330 VILLARS-LES-DOMBES - Tél. : 04 74 98 05 44

VILLARS-LES-DOMBES Etang de Chafaud
C.M. 74 Pli 2

4 ch. Dans la maison du propr. (entrée ind.) : 3 ch. 2 épis, avec lits 2 pers., lavabo et douche dans chaque ch., wc communs. 1 ch. 3 épis (lit 2 pers.) avec s. de b , (douche spacieuse, baignoire et wc). Terrain arboré et clos (3000 m²) assurant l'intimité des hôtes. Terrasse, salon de jardin. Salle de détente avec coin cuisine et cheminée. Langues parlées : allemand, tchèque, polonais, yougoslave, slovaque. Parc ornitho.à 2 km. Route des étangs de la Dombes. Loc. de vélos 9,15 €/jour. Langues parlées : russe, portugais, espagnol.

Prix : 1 pers. **34/40** € 2 pers. **37/43** €
Ouvert : Toute l'année.

15	1	SP	1	3	15	SP	1	1

Daniel et Zdenka BACK - 735, route du Chatelard - Etang de Chafaud - 01330 VILLARS-LES-DOMBES - Tél. : 04 74 98 17 74 - Fax : 04 74 98 17 74

Ain
Rhône-Alpes

VILLEMOTIER Montfollet
C.M. 70 Pli 13

3 ch. 3 ch. à l'étage de la maison des propr., ds une ancienne ferme typique restaurée, entourée d'un parc botanique d'1 ha (plus de 300 variétés : érables, magnolias), piscine, véranda, bassin à carpes koï. 2 ch. avec chacune 1 lit 2 pers.(dont une en 2 épis), 1 ch 3 lits 1 pers. Salles d'eau-wc privatives à chacune. Poss. lits enfants. Entrée indép., gde pièce/salon avec TV satell. Cheminée. Petit déj. copieux. Prox. A39-A40. Routes tourist. et fleuries. Poss tarif réduit séjour long. durée hors saison. Ferme auberge et restaurant à prox. Langues parlées : allemand, anglais.

Prix : 1 pers. **24** € 2 pers. **37** € 3 pers. **48** € pers. sup. **11** €
Ouvert : Toute l'année.

12	SP	0,5	4	17	15	SP	20	3

Jacheet B. et TUFFIN P. - La Recouvrance Montfollet - 01270 VILLEMOTIER - Tél. : 04 74 42 01 18

VILLEREVERSURE Noblens
(TH)
C.M. 74 Pli 3

6 ch. Située au cœur du Revermont, dans une ferme en activité, maison de caractère en pierre datant de 1812 comprenant 6 ch. d'hôtes, toutes avec s.d'eau/wc indépendants. 4 ch. 1 lit 2 pers., 1 ch. 1 lit 2 pers. et 1 lit 1 pers., 1 ch. 1 lit 2 pers. et 2 lits 1 pers. Grand séjour/salon (TV, biblio.) Table d'hôtes le soir (réservation). Terrain ombragé et fleuri pour vos repas au calme. Parking privé. Pétanque, ping-pong. Dégustation et vente de pains, galettes cuits au four.

Prix : 1 pers. **29** € 2 pers. **34** € 3 pers. **43** € pers. sup. **9** €
repas **12** €
Ouvert : Toute l'année.

3	15	SP	1	15	3	SP	30	2	1

Annie et Eric GUILLERMIN - L'Agnoblens - Noblens - 01250 VILLEREVERSURE - Tél. : 04 74 30 60 50

VILLES
Alt. : 540 m   A
C.M. 74

3 ch. 3 ch. à l'étage dans la maison du propr. 2 ch 2 lits 2 pers.(1 en 2 épis) 1 ch 2 lits 1 pers. avec sanitaires privatifs à chaque chambre. TV dans une ch. Poss. lit enfant. Séjour et salon des propr. à dispo. salle TV, biblio, Carnotzet pour soirée. Jeux de boules, pg-pong. Parc de 9000 m² avec belle vue dégagée. Grande maison au pied du Retord dans un beau cadre paysagé. Pré avec chevaux. Plateau du Retord à prox. Randonnée et ski à prox. Bellegarde A40 à 4 km. Langues parlées : allemand, italien.

Prix : 1 pers. **45** € 2 pers. **48** € pers. sup. **15** €
Ouvert : Toute l'année.

7	7	8	6	28	6	SP	15	20	4	4

Myriam et Daniel HENRIOUX - 6, rue de la Promenade - 01200 VILLES - Tél. : 04 50 59 97 29 - Fax : 04 50 59 97 29 -
E-mail : mhenrioux@free.fr

VIRIAT Moulin de Champagne
(TH)
C.M. 70 Pli 13

4 ch. Sur le site d'un ancien moulin rénové. 4 chambres (accès ind.) de plain-pied dans une dépendance : 2 ch. (1 lit 160, 1 lit 90), 1 ch. (3 lits 90), chacunes avec s.de b./wc. 1 ch. (1 lit 140, 1 lit 90 en mezzanine), s.d'eau/wc. Séjour, coin salon (cheminée) à dispos. Terrain, terrasse, salon de jardin. Poss. table d'hôtes midi et soir. Langue parlée : anglais.

Prix : 1 pers. **37** € 2 pers. **46** € 3 pers. **53** € repas **16** €
Ouvert : Toute l'année.

5	1	2	1	5	SP	3	2

Anne-Marie FAMY - Moulin de Champagne - 01440 VIRIAT - Tél. : 04 74 25 16 04

Ardèche

GITES DE FRANCE - Service Réservation
4, cours du Palais - B.P. 402
07004 PRIVAS Cedex
Tél. 04 75 64 70 70 - Fax 04 75 64 75 40
E.mail : gites-de-france-ardeche@wanadoo.fr - www.gitesdefrance-ardeche.com

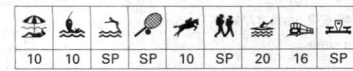
3615 Gîtes de France
0,2 €/min

ALBA-LA-ROMAINE
C.M. 80 Pli 9

4 ch. Ancienne magnanerie, début XIXᵉ, en bordure du village médiéval, la maison a gardé la simplicité de l'architecture locale. 3 ch.d'hôtes au 1ᵉʳ étage : 1 ch avec s.d.b. et wc privés, 2 suites (chacune pour 4 pers.) avec s.d'eau, wc privés. Séjour, cheminée, salon au 2ᵉ étage, jardin arboré, piscine privée, Exposition permanente d'eaux fortes réhaussées. Découvertes des vins du terroir, d'ALBA romaine et médiévale. Promenades pédestres, repos... Marie-Françoise et Maurice espèrent vous faire aimer leur pays natal. Langues parlées : anglais, italien.

Prix : 1 pers. **36/43** € 2 pers. **51/93** € 3 pers. **85/91** € p_sup. **15** €
Ouvert : Toute l'année.

10	10	SP	SP	10	SP	20	16	SP

Maurice et M-Françoise ARLAUD - Le Jeu du Mail - 07400 ALBA - Tél. : 04 75 52 41 59 - Fax : 04 75 52 41 59 -
E-mail : lejeudumail@free.fr - http ://lejeudumail.free.fr

Rhône-Alpes — **Ardèche**

ALBA-LA-ROMAINE Grange au Nègre
C.M. 80 Pli 9

2 ch. Ancienne ferme (pierre de pays) située à 2 km du village médiéval d'Alba la Romaine, village construit au pied du château (ancienne capitale gallo-romaine). 2 ch. spacieuses de 2 à 3 pers. avec sanitaires privés. Pièce voûtée donnant de plain pied sur notre vaste jardin partiellement ombragé (chaises longues, hamacs) pour savourer la douceur du climat provençal. Environnement de vignes et de garrigue. Petit-déjeuner copieux :confitures maison et fruits frais. Jennyfer et Gilles sont disponibles pour vous aider à passer un agréable séjour en Ardèche méridionale. Langues parlées : anglais, allemand.

Prix : 1 pers. **43** € 2 pers. **43** € 3 pers. **55** € p_sup. **12** €
Ouvert : Toute l'année.

12	15	2	2	12	SP	20	20	30	2

Gilles et Jennyfer COLLET-NOTT - La Grange au Nègre - St-Philippe - 07400 ALBA-LA-ROMAINE - Tél. : 04 75 52 44 67 ou 06 82 33 51 98 - E-mail : grangenegre@wanadoo.fr - http ://perso.wanadoo.fr/grangenegre/

ARDOIX Beauvoir
C.M. 76 Pli 10

3 ch. Au calme, prenez le temps de vivre en Ardèche verte, au cœur du vignoble St Joseph. Maison indépendante lieu rêvé pour séjour entre amis, famille. Au r.d.c. 3 ch.spacieuses avec accès indépend. dont 1 ch. accessible pers. à mobilité réduite. Dans une grange restaurée, Hélène et J.Marc vous feront goûter les spécialités ardéchoises, confitures maison, fruits du verger, céréales et légumineuses cuisinées avec les produits du jardin. TH sur réservation. A 30 mn Safari de Peaugres, train touristique du Vivarais, RN86 à 10 mn. Langue parlée : anglais.

Prix : 1 pers. **35** € 2 pers. **40** € 3 pers. **55** € p_sup. **15** € repas **15** €
Ouvert : Toute l'année.

2	2	2	3	5	SP	15	15	3

Helene et J.Marc SEITIER - Beauvoir - 07290 ARDOIX - Tél. : 04 75 34 48 82 ou 06 83 11 05 39

ARLEBOSC La Chaux
C.M. 76 Pli 19

2 ch. De l'ancienne maison de pierres, entièrement restaurée, située dans un hameau rural perché sur une colline, le panorama est varié : villages, vergers en terrasse, vallée du Doux où serpentent rivière et Mastrou (train à vapeur). Françoise et Pierre vous reçoivent dans 2 ch d'h de 2 à 4 pers, avec salle d'eau et wc privés. Salon commun en mezzanine. Le calme et les vastes espaces sont propices à la balade, aux randos pédestres et cyclos. Un sentier conduit à la rivière (pêche, baignade). Restauration régionale proche. Petits déjeuners servis sur la terrasse avec confitures maison, fruits et produits laitiers locaux. Langues parlées : anglais, espagnol.

Prix : 1 pers. **35** € 2 pers. **43** € 3 pers. **56** € p_sup. **14** €
Ouvert :

2	2	12	2	15	SP	25	2

Pierre et Françoise DUVERT - Chantelouve - La Chaux - 07410 ARLEBOSC - Tél. : 04 75 06 78 72

AUBENAS
C.M. 76 Pli 19

4 ch. Dans notre maison, nous vous proposons 2 ch. d'hôtes : 1 ch. avec accès extérieur (1 lit 140, salle d'eau et wc privés), 1 ch. mansardée (1 lit à eau 180), salle d'eau et wc privés non cloisonnés. 2 ch. (2 épis) dans un batiment annexe (1 lit 140, salle d'eau et wc privés/chambre). Salle à manger, salon, salon de jardin, bains de soleil, piscine commune aux gîtes. Nous nous trouvons à 5 mn d'Aubenas, à 300 m de la RN 102 (Aubenas- Montélimar). Baignade et pêche dans l'Ardèche à 600 m. Tout commerces et services médicaux à Aubenas : 5 km.

Prix : 1 pers. **38** € 2 pers. **46/52** € p_sup. **12** € repas **14** €
Ouvert : Toute l'année.

0,6	0,6	SP	3	5	SP	10	10	2

Jacques LOPEZ - Combe Chaude - Quartier de Ville - 07200 AUBENAS - Tél. : 04 75 35 74 77 ou 06 81 91 73 16 - Fax : 04 75 37 49 49

BEAULIEU
C.M. 80 Pli 8

3 ch. 3 ch. d'hôtes au r.d.c. d'une maison de construction neuve à proximité d'un camping, à 1 km du village. Terrain commun. 2 ch avec s.d'eau privées, 1 ch avec s.d'eau privée non communicante et non attenante (classée 1 épi), wc commun aux 3 ch, ch. électr., cuisine à dispo. Les hôtes bénéficient gratuitement de la piscine et du tennis. GR 4 à prox. Langue parlée : anglais.

Prix : 1 pers. **34** € 2 pers. **38** € 3 pers. **43** €
Ouvert : Toute l'année sauf Noël et jour de l'An.

SP	SP	SP	1	SP		

Jacques DELEUZE - les Lebres - 07460 BEAULIEU - Tél. : 04 75 39 03 51 - Fax : 04 75 39 39 25

BEAUMONT La Roche

6 ch. Venez vous ressourcer dans une superbe bastide du XVIe !Dominant la vallée au milieu des châtaigniers, tout un espace naturel s'offre à vous. Loin des foules, près de tout, vous goûtez en toute tranquillité à mille plaisirs ! Charme et confort des chambres ttes avec s.d'eau, wc privés. Grand salon avec cheminée s'ouvrant sur une terrasse et un jardin. Mini piscine(4x3)chauffée couverte...Sauna(suppl.).TH : cuisine méridionale généreuse à base de produits du terroir. Pour un week-end ou les vacances, une maison de charme, un accueil chaleureux et authentique à découvrir...

Prix : 2 pers. **59/72** € pers. sup. **23** € repas **20** €
Ouvert : 1er avril au 31 décembre.

3	3	SP	15	8	SP	30	30	15	45	15

Henri ROUVIERE - La Petite Cour Verte - La Roche - 07110 BEAUMONT - Tél. : 04 75 39 58 88 - Fax : 04 75 39 43 00 -
E-mail : henri.rouviere@wanadoo.fr - www.lapetitecourverte.com

Ardèche

Rhône-Alpes

BERRIAS-CASTELJAU Pazanan
C.M. 80 Pli 8

3 ch. Dans un petit hameau très calme situé à 10 km des Vans et de Ruoms, à proximité des falaises de Casteljau et du bois de Paiolive, 2 ch. spacieuses pour 2 à 3 pers., au rdc de la maison du propriétaire (ancienne ferme en pierre de pays, entièrement rénovée) avec s.d'eau, wc privés, salle à manger avec c.cuisine à dispo., TV, parking privé, garage à vélo, barbecue. Terrasse fleurie où sont servis de copieux petits déjeuners. Très facile d'accès D104 à 400 m (route Aubenas-Alès). Lit d'appoint à disposition.

Prix : 1 pers. 29 € 2 pers. 35 € 3 pers. 41 € p_sup. 6 €
Ouvert : 15/03 Au 15/11.

7	7	5	2	SP	7	7	15	45	5

Danielle HOURS - Le Pazanan - Berrias Casteljau - 07230 LABLACHERE - Tél. : 04 75 39 01 57 - Fax : 04 75 39 01 57

BESSAS Le Château de Bessas
C.M. 80 Pli 8

4 ch. Dans une partie rénovée du Château de Bessas, en Basse Ardèche à deux pas du Pont d'Arc et de la Vallée de la Cèze, quatre belles ch.d'hôtes de caractères différents pour 2 ou 4 pers. avec sanitaires privés. A disposition : salon intérieur, grande terrasse ensoleillée, table de ping-pong, VTT sur demande. Piscine avec hydromassage. Nombreuses activités variées à proximité. Enfant de moins de 5 ans : 8 €. Forfait 7 nuits : 280 €/1 pers. 322 €/2 pers. 434 €/3 pers.

Prix : 1 pers. 40 € 2 pers. 46 € 3 pers. 62 € p_sup. 16 €
Ouvert : 1er mars au 15 novembre.

6	3	SP	4	4	SP	15	10	8	15	5

Brigitte BONNEFIN - et M. THOULOUZE Claude - Le Château - 07150 BESSAS - Tél. : 04 75 38 64 34 ou 06 70 82 16 17 - Fax : 04 75 38 60 90 - E-mail : bandb.au.chateau.de.bessas@wanadoo.fr

BIDON Mas du Pouzat
C.M. 80 Pli 9

2 ch. Sur un domaine de 4 ha, en bordure de la réserve naturelle des Gorges de l'Ardèche, vaste mas traditionnel (XVIIe) totalement indépendant en plein cœur du maquis ardéchois. 2 chambres spacieuses et indépendantes de 2 à 4 pers., wc et salles d'eau privatifs. Nombreux sentiers de randonnées. Ping-pong, jeux de boules. Table d'hôtes sur réservation.

Prix : 1 pers. 38 € 2 pers. 43 € 3 pers. 55 € p_sup. 12 € repas 14 €
Ouvert : Toute l'année.

5	5	16	10	1,2	SP	22	3	4,5	18	7

Cathy et Bruno RAOUX - Route des Gorges de l'Ardeche - Mas du Pouzat - 07700 BIDON - Tél. : 04 75 04 38 59

BOFFRES Lavenant
Alt. : 780 m
C.M. 76 Pli 20

2 ch. Le domaine de Lavenant est situé dans les moyennes montagnes du haut vivarais. Depuis la maison, vue sur la campagne environnante, la vallée du Rhône et les Alpes en arrière plan. Cajolée par la forêt, la maison lumineuse de Bernadette et Robert accueille vos envies de sérénité. 2 belles chambres personnalisées avec sanitaires privatifs vous sont proposées. Table d'hôte le soir sur réservation. Nous vous ferons découvrir les confitures bio de notre atelier. Gr ou Pr pédestre ou VTT au départ de la maison. A Vernoux, commerces, services médicaux, lac, piscine.

Prix : 1 pers. 53 € 2 pers. 61 € 3 pers. 84 € repas 18 €
Ouvert : Avril à octobre.

7	4	10	10	0,8	SP	10

Bernadette et Robert DEMELIN - Lavenant - 07440 BOFFRES - Tél. : 04 75 58 21 82 ou 04 75 58 31 11 - E-mail : robert.demelin@wanadoo.fr - www.demelin.com

BOFFRES Maisonneuve
Alt. : 700 m
C.M. 76 Pli 20

3 ch. Le domaine de Maisonneuve est situé à 3 km du village de Boffres et à 10 km de Vernoux et bénéficie d'un étang pour la pêche ainsi qu'une piscine de 18 m. 3 chambres sont aménagées dans l'ancienne ferme (XVIIIe siècle) entièrement restaurée, chaque chambre dispose d'un sanitaire privé et d'un accès indépendant. Salon voûté, belle salle à manger. Le propriétaire vous propose la table d'hôtes élaborée avec les produits du terroir. Cuisine familiale ou gastronomique. Nombreux chemins de randonnée pédestre ou VTT au départ de la maison. A Vernoux, commerces, services médicaux, lac aménagé, piscine. Langues parlées : anglais, allemand.

Prix : 1 pers. 30 € 2 pers. 52 € 3 pers. 73 € pers. sup. 18 € repas 14 €
Ouvert : 01/04 Au 15/10.

10	SP	SP	10	2	SP	10

Elisabeth DE BOISSIEU - Domaine de Maisonneuve - 07440 BOFFRES - Tél. : 04 75 58 35 97 - E-mail : elie-maisonneuve@wanadoo.fr

BOURG-SAINT-ANDEOL La Sardagne
C.M. 80 Pli 9

2 ch. A 15 mn des Gorges de l'Ardèche, au cœur d'un vaste site panoramique, entre vignes et garrigue, dans une ferme entièrement restaurée en pierre de pays, Jean vous propose 2 chambres familialles de 2 à 4 pers, douche et wc privés à chaque chambre. Salon, salle à manger près de la piscine commune. Le propriétaire dispose aussi de 2 gîtes ruraux de 2/4 pers. Jeux d'enfants, canoë, ping-pong, jeux de boules, basket-ball, volley-ball.

Prix : 1 pers. 38 € 2 pers. 46 € 3 pers. 61 € p_sup. 15 €
Ouvert : Toute l'année.

15	5	SP	3	6	SP	5	10	7	4

Jean LUNA - La Sardagne - 07700 BOURG-SAINT-ANDEOL - Tél. : 04 75 54 83 62 ou 06 68 69 11 42

1448

Rhône-Alpes — Ardèche

BURZET Pratmiral
Alt. : 613 m (TH) *C.M. 76 Pli 18*

3 ch. Au cœur des montagnes cévenoles, trois ch. d'hôtes dans un petit hameau de caractère restauré, ch. pouvant accueillir de 2 à 6 personnes, ttes avec salle d'eau et wc privés. Lit bébé et chaise haute à la demande. Repas en table d'hôtes pris dans notre très jolie salle typiquement ardéchoise ou sur la terrasse, cuisine régionale avec des avec des produits maison. Cascade du Ray Pic à proximité. Hameau dominant la très jolie vallée de la Bourge, vallée très encaissée et connu pour sa pêche à la truite. A mi-chemin entre Aubenas et le plateau Ardèchois. Langue parlée : anglais.

Prix : 1 pers. 35 € 2 pers. 43 € 3 pers. 56 € p_sup. 14 € repas 15 €

Ouvert : Toute l'année sur réservation.

2	2	20	3	10	0,5	30	3	10	40	3

André FICHOT - Pratmiral - 07450 BURZET - Tél. : 04 75 94 47 58

BURZET Lamades
(TH) *C.M. 76 Pli 18*

3 ch. Viviane et Pierre vous accueillent dans un ancien moulinage du 19e isolé dans un magnifique cadre de la vallée de la Bourges, l'accès à la propriété se fait par un pont de pierre surplombant une cascade de 17 m. 3 ch. 2 pers. spacieuses avec coin salon, wc et salle de bains rétro privés. Grande salle à manger, joli salon indépendant pour la lecture ou le repos. Repas en table d'hôte pris sur la terrasse avec les produits locaux. Propriété de 2 ha située dans un environnement protégé, en bordure d'une rivière 1ère catégorie (3 km de pêche privée à votre disposition). Langues parlées : anglais, allemand.

Prix : 2 pers. 60/69 € 3 pers. 79/87 € p_sup. 18/33 € repas 23 €

Ouvert : Pâques à octobre.

SP	SP	2	10	SP	20	10	10	40	2

Viviane et Pierre LIEVENS - Lamades - 07450 BURZET - Tél. : 04 75 94 59 50 - Fax : 04 75 94 59 50 - E-mail : pierre.lievens@free.fr - www.guideweb.com/ardeche/ch-hôte/lamades/

CASTELJAU L'Ensolleiade
C.M. 80 Pli 8

5 ch. Sur une exploitation agricole en bordure des Gorges du Chassezac et du Bois de Paiolive, entre Gorges de l'Ardèche et Cévennes, 5 ch.d'hôtes spacieuses dans un charmant bâtiment annexe à la maison des propriété. Au cœur des vergers et des vignes, au calme. Terrain clos semi-ombragé. Ch. 2/4 pers toutes avec terrasse, s.d'eau,wc privés. TV, salle commune. Cuisine à disposition. Piscine à disposition, barbecue, jeu de boules, jeux d'enfants, table de ping-pong, parking. Tarif haute saison du 8/07 au 25/08.

Prix : 2 pers. 38/46 € 3 pers. 46/53 € p_sup. 7 €

Ouvert : 1er avril au 11 novembre.

0,6	0,6	SP	0,5	3	SP	0,6	0,6	15	3

Jean NEGRE - l'Ensolleiade - 07460 CASTELJAU - Tél. : 04 75 39 01 14 - Fax : 04 75 39 01 14 - www.les-vans.com/ensolleiade

CHALENCON
Alt. : 680 m (TH) *C.M. 76 Pli 20*

3 ch. Aménagées dans une maison faisant partie de l'ancienne enceinte du village fortifié de Chalencon (XIIIe siècle), Philippe et Sylvie vous proposent 1 ch de 2 pers(sanitaires privés non attenant, 2 épis), 2 ch de 2 à 4 pers (sanitaires privés,3 épis), joli salon coquet à disposition, petit déj. et repas servis dans notre salle à manger médiévale entièrement restaurée. Produits de la maison et locaux. Table d'hôtes le soir uniquement sur réservation. Ce type d'habitation était anciennement appelé « Remparts habités », la porte des autrichiens rappelle encore l'entrée du village.

Prix : 1 pers. 34/40 € 2 pers. 38/44 € 3 pers. 56 € p_sup. 12 € repas 15 €

Ouvert : De Pâques à la Toussaint.

7	4	9	1	4	SP	14	SP

Philippe et Sylvie CHOLAT - Porte de Besse - 07240 CHALENCON - Tél. : 04 75 58 15 18 - E-mail : ph.cholat@free.fr - http://portedebesse.free.fr

CHAMPIS Ferme de Leyrisse
Alt. : 600 m (TH) *C.M. 76 Pli 20*

3 ch. Sur un des plus beaux balcons du Rhône, dans une ferme-hameau ardéchoise, la Ferme de Leyrisse vous propose 3 suites avec s.d'eau et wc privés. 1 double ch. dans la maison de maître (2 ch. : 1 lit 2 pers., 2 lits 1 pers.), salle à manger et salon communs avec le propr. 1ère suite dans l'annexe (2 ch. : 1 lit 2 pers., 2 lits 1 pers., coin-cuisine et séjour privés). 2e suite dans l'annexe (2 ch. : 2 lits 2 pers., 2 lits 1 pers., cuisine et séjour privés). Table d'hôtes avec les produits de la ferme. Visite de la ferme (élevages, jardins, diaporama). Langues parlées : anglais, espagnol.

Prix : 1 pers. 30 € 2 pers. 40 € 3 pers. 52 € p_sup. 12 € repas 13 €

Ouvert : Toute l'année sauf réveillons.

4	2	12	4	2	SP	12	10	20	4

Françoise LEFORT - Ferme de Leyrisse - 07440 CHAMPIS - Tél. : 04 75 58 25 88 - Fax : 04 75 58 25 88

CHASSIERS Chalabreges
(TH) *C.M. 80 Pli 8*

5 ch. C'est dans la ferme du XVIIIe siècle entièrement restaurée et en activité que Rémy et Chantal vous accueillent. Les 5 chambres avec s.d'eau, wc privés peuvent recevoir toute l'année de 2 à 4 pers. Le petit-déjeuner est pris sur la terrasse avec vue sur le Tanargue. Table d'hôtes sur réservation ou cuisine d'été à disposition. Pirate le poney attend les enfants et pour les adultes un billard leur est proposé. Nombreux sites à visiter à proximité. Séjour à partir de 3 nuits : 43 € pour 2 pers. Tarif préférentiel pour groupes : nous consulter. Langues parlées : anglais, espagnol.

Prix : 2 pers. 43/48 € 3 pers. 58/63 € p_sup. 15 € repas 14 €

Ouvert : Toute l'année sur réservation.

1	1	20	5	10	SP	35	15	10	5

Jean-Remy VALETTE - Chalabreges - 07110 CHASSIERS - Tél. : 04 75 88 37 79 - Fax : 04 75 88 37 79

Ardèche

Rhône-Alpes

CHAUZON
C.M. 80 Pli 9

5 ch. Dans un petit village de caratère, Chantal, jeune viticultrice, vous accueille dans ses 5 chambres d'hôtes, avec salle d'eau et wc privatifs, aménagées dans une ancienne ferme du XVIII° siècle. 1 suite de 2 ch. accessibles aux pers handicapées pouvant accueilllir 4 pers., 1 ch. de 4 pers. sur 2 niveaux, 2 ch. de 2 pers. et 1 ch. de 3 pers. Langue parlée : anglais.

Prix : 1 pers. **32 €** 2 pers. **40 €** 3 pers. **51 €** p_sup. **11 €**
Ouvert : Toute l'année.

0,8	0,8	22	4	9	SP	1,5	1	27	40	0,1

Chantal MARCEL - Les Clapas - Le Village - 07120 CHAUZON - Tél. : 04 75 39 79 67 ou 04 75 39 72 31 - Fax : 04 75 39 79 67 -
E-mail : les.clapas@free.fr - http://les.clapas.free.fr

CHAUZON
C.M. 80 Pli 9

2 ch. 2 ch.d'hôtes aménagées dans une maison ardéchoise comprenant 5 gîtes, au cœur d'un village, à 800 m de l'Ardèche, dans un espace de 2200 m² avec piscine privative. 1 ch. avec 1 lit 2 pers., salon privatif, (ensemble de 33 m²), s.d'eau, wc privatifs, réfrigérateur + 1 ch. 1 lit 2 pers., terrasse solarium, salon de jardin,barbecue, s.d'eau, wc privatifs, réfrigérateur. Parking, terrain clos. Toutes activités sportives à proximité (escalade au village 280 voies, VTT,...).

Prix : 2 pers. **41 €**
Ouvert : Toute l'année.

0,8	0,8	SP	4	9	SP	1	1	20	40	0,3

Jean BOYER - Place de la Mairie - Le Mas - 07120 CHAUZON - Tél. : 04 75 39 66 15 ou 06 88 95 92 00 - Fax : 04 75 39 66 15 -
E-mail : jeanboyer1@wanadoo.fr - http://perso.wanadoo.fr/gites.le.mas

COLOMBIER-LE-JEUNE Hameau de Chosson
C.M. 76 Pli 20

1 ch. A mi-chemin de Tournon et de Lamastre, aménagée dans une ancienne école de campagne datant de 1892, nous vous proposons une chambre d'hôte pouvant accueillir 4 pers. (1 lit 140, 2 lits 90 sup.), salle de bains privée attenante et wc privé non attenant. Cour fleurie, jeux de boules. Dans le village, services médicaux et commerces à 4 km. Possibilité de restauration au village à 4 km.

Prix : 1 pers. **28 €** 2 pers. **32 €** 3 pers. **45 €** p_sup. **13 €**

12	1	15	4	2	SP	4

Jean-Claude COELO - Hameau de Chosson - 07270 COLOMBIER-LE-JEUNE - Tél. : 04 75 06 26 32

GENESTELLE
Alt. : 540 m (TH) *C.M. 76 Pli 19*

5 ch. Au cœur d'un petit village ardéchois, 5 ch. d'hôtes aménagées au 2° étage d'une maison restaurée, dans un cadre reposant. Salle d'eau et wc privatifs, lit enfant sur demande, ch. électr., grande salle à manger réservée aux hôtes. Petits déjeuners copieux. Table d'Hôtes : spécialités ardéchoises, produits de la ferme. Fin octobre : stages de contes et châtaignes (nous consulter). Antraigues à 5 km, Vals Les Bains à 13 km. Langue parlée : anglais.

Prix : 1 pers. **30 €** 2 pers. **37 €** repas **12 €**
Ouvert : Du 1/03 au 30/11

SP	SP	13	5	40	SP	40	5	5	SP

Gerard et Bernadette MAZOYER - Bise - 07530 GENESTELLE - Tél. : 04 75 38 71 77 ou 04 75 38 74 88

GILHOC-SUR-ORMEZE
(TH) *C.M. 76 Pli 20*

2 ch. Bélines : ancien relais écclésiastique, niché au cœur d'un petit village, rythmé par son clocher où vous accueillent Pascale et famille pour un séjour calme et reposant agrémenté de rand.pédestres. En bâtiment annexe, dans une grange rénovée, 2 ch.d'h : 1 ch(2 lits 2 pers.) et 1 ch(1 lit 2 pers.),s.d'eau et wc privé pour chacune.(lit suppl., lit bébé (sur demande). Bibliothèque, jeux de société, salon de jardin sont à votre disposition. Chiens admis sous réserve. TH au coin du feu ou en terrasse pour partager une cuisine ardéchoise et provençale se conjugant avec simplicité, convivialité et savoir vivre. Séjours à thème(nous consulter)

Prix : 1 pers. **38 €** 2 pers. **38 €** 3 pers. **51 €** p_sup. **11 €**
repas **13 €**
Ouvert : Avril à novembre. autres périodes sur réservation.

11	0,3	24	11	15	SP	44	15	35	33	SP

Pascale HEYRAUD - Les Belines - Le Village - 07270 GILHOC-SUR-ORMEZE - Tél. : 04 75 06 23 29

GLUIRAS Mours
Alt. : 560 m (TH) *C.M. 76 Pli 19*

3 ch. Ancienne maison bourgeoise du XVIII° siècle disposant d'un parc botanique de 3000 m², situé à 15 min de la vallée de l'Eyrieux. La demeure est aménagée avec des meubles traditionnels, de façon artistique, ambiance feutrée. Bibliothèque, TV, salons indépendants. Nombreux espaces de détente dans le parc. 3 ch. de 2 à 3 pers., ttes avec sanitaires privés. Tables d'hôtes sur réservation. Langues parlées : anglais, allemand, hollandais.

Prix : 1 pers. **46 €** 2 pers. **46 €** 3 pers. **61 €** repas **19 €**
Ouvert : Du 01/04 au 31/10.

12	3	17	5	15	SP	25	12	7	30	12

Pieter DE GROOT - Château de Mours - 07190 GLUIRAS - Tél. : 04 75 66 62 32

Rhône-Alpes — **Ardèche**

GRAS St-Vincent (TH) — C.M. 80 Pli 9

2 ch. Au pied de la Dent de Retz, sur le plateau de St Remèze connu pour ses champs de lavande et son vignoble. 1 chambre d'hôte entièrement voutée aménagée avec accès, terrasse, salle d'eau avec privés (1 lit 2 pers, 1 lit 1 pers) dans notre ancienne bastide de caractère 18°. Table d'hôte avec produits du terroir et de notre jardin. Fruits de notre verger. Gorges de l'Ardèche à 13 km, vallée du Rhône à 20 km (Bourg St Andéol).

Prix : 1 pers. 37 € 2 pers. 43 € 3 pers. 55 € p_sup. 12 €
repas 15 €

13	13	3	3	3	SP	13	10	13	30	5

M-Christine PILA - Chez Bacchus - St-Vincent - 07700 GRAS - Tél. : 04 75 04 18 69 - Fax : 04 75 04 18 69

GRAS Mas de Marquet (TH) — C.M. 80 Pli 9

5 ch. A 7 km de St Remèze et de St Montan, à 100 m de la RD 262, Mathilde et Olivier, jeunes agriculteurs ardéchois, vous proposent, dans une maison où la famille est implantée depuis plusieurs siècles, 3 ch. 2 pers., 1 suite (50 m^2) pour 5 pers. et 1 ch.(50 m^2) 4 pers. Toutes avec sanitaires privés. Salle commune, piano, bibliothèque, ping-pong, ch.central. Terrasse couverte. Table d'hôte sur réservation ou cuisine à disposition. Gorges de l'Ardèche à 12 km. Animaux de la ferme (poules, lapins, moutons et vaches)... Langues parlées : anglais, espagnol.

Prix : 1 pers. 30 € 2 pers. 40/45 € 3 pers. 55 € p_sup. 15 €
repas 12 €
Ouvert : Du 1/02 au 1/12.

13	13	2	2	2	SP	17	7	10	28	7

Mathilde GRANIER-CHAUTARD - Mas de Marquet - 07700 GRAS - Tél. : 04 75 04 39 56

GRAS Mas de Dumas (TH) — C.M. 80 Pli 9

2 ch. Ancien relais postal du 17e siècle, de caractère, situé au calme dans la garrigue à 7 km de St Remèze, Manon vous propose 2 chambres d'hôtes de 3 pers. (dont une avec terrasse dans le jardin), ttes avec s.d'eau et wc privés. Petits déjeuners gourmands, table d'hôtes familiale, le soir et sur réservation. A proximité : activités sportives, grottes, etc... Des chambres confortables, rénovées avec soin, dans un mas authentique et chaleureux, dans un « pays » à découvrir absolument. Langue parlée : anglais.

Prix : 1 pers. 32 € 2 pers. 41 € 3 pers. 50 € p_sup. 7 € repas 14 €
Ouvert : Toute l'année.

15	15	3	3	3	SP	15	15	15	25	5

Manon GRAFF - Mas de Dumas - Mas de Gras - 07700 GRAS - Tél. : 04 75 04 31 58 - Fax : 04 75 04 36 10

GRAVIERES La Chargeadoire (TH) — C.M. 80 Pli 8

4 ch. Le Moulin de la Chargeadoire du 18e, se situe à la frontière de la garrigue de la basse Ardèche, pays de l'huile d'olive et des forêts cévenoles (terre des châtaigniers), dans la belle vallée du Chassezac. 4 ch. pour 2 et 3 pers. avec salle d'eau et wc privés, accès indépendant et coin-cuisine commun à 2 chambres. Commerces, activités sportives sur les Vans à 3 km. Table d'hôtes le soir sur réservation. Supplément de 6 €/chambre en juillet et août. Possibilité de location de 2 gîtes ruraux sur place. Langue parlée : allemand.

Prix : 1 pers. 38 € 2 pers. 43 € 3 pers. 52 € p_sup. 9 € repas 15 €
Ouvert : Toute l'année.

0,5	0,5	20	3	1	SP	40	0,5	6	15	3

**Marie-Jo GODARD - Le Moulin de la Chargeadoire - 07140 GRAVIERES - Tél. : 04 75 94 99 96 - Fax : 04 75 94 99 96 -
E-mail : godard.christian@wanadoo.fr - http ://perso.wanadoo.fr/moulin.chargeadoire/**

GROSPIERRES Les Vezias (TH) — C.M. 80 Pli 8

5 ch. Au pays des senteurs provençales et des chants de cigales, au cœur de la garrigue ardéchoise, nous vous accueillons dans notre magnanerie datant du XVIIIe et vous proposons 5 chambres de 2 à 4 pers, ttes avec salle d'eau et wc privés, 1 ch. voutée pour 1 lit 140, coin cuisine privée, salle d'eau et wc privés. Salon et salle à manger voutés, cheminée, salon de lecture. Jeux, cour provençale fleurie, terrasse et solarium. GR4 à proximité, Vallon Pont d'Arc à 10 km. Langues parlées : anglais, espagnol.

Prix : 1 pers. 30 € 2 pers. 43/47 € 3 pers. 53/58 € p_sup. 12 €
repas 14 €

4	4	4	2	5	SP	4	10	13	2	

**GONTARD Laurent et TRAPAND Ariane - Lou Couradou - Les Vezias - 07120 GROSPIERRES - Tél. : 04 75 39 79 97 ou 06 21 16 24 02 -
www.loucouradou.fr.st**

GROSPIERRES Les Monteils — C.M. 80 Pli 8

4 ch. A 7 km des Gorges de l'Ardèche et de Vallon Pont d'Arc, 4 chambres voutées au r.d.c d'une ancienne ferme du XVIIIe. Accès indépend pour chaque chambre avec salle d'eau et wc privés. Espace d'agrément non cloturé avec salon de jardin, transats et barbecue. Coin-cuisine à disposition, salon avec TV, lave-linge. Petits déjeuners copieux, confitures maison. Restaurant à 300 m. Ici, Henriette et Pierre vous feront découvrir l'Ardèche.

Prix : 1 pers. 35 € 2 pers. 40 € 3 pers. 52 € p_sup. 12 €
Ouvert : Toute l'année.

0,7	0,7	20	0,5	2	SP	30	7	6	8	1

Pierre TEYSSIER - Les Monteils - 07120 GROSPIERRES - Tél. : 04 75 39 67 44 ou 04 75 93 94 67

Ardèche

Rhône-Alpes

INTRES La Jallat
Alt. : 600 m — TH — C.M. 76 Pli 19

2 ch. Situé entre St Agrève et Le Cheylard, nous vous accueillons dans notre maison de pierre et de verre, ouverte sur un parc privé arboré et son jardin paysagé. Un patio végétal distribue une salle à manger, une terrasse et un salon spacieux, conçus et décorés avec soin et raffinement. 2 grandes chambres confortables et personnalisées, avec sanitaires et wc privatifs. Potager et cuisine traditionnelle. Vous serez charmés par l'harmonie de cette demeure de caractère. Mézenc et Gerbier à proximité. Langue parlée : anglais.

Prix : 1 pers. 43 € 2 pers. 43 € 3 pers. 57 € pers. sup. 14 € repas 14 €

6	0,1	14	8	11	SP	14	7	

Pauline et J.François BOYER - La Jallat - 07310 INTRES - Tél. : 04 75 30 60 13 - Fax : 04 75 30 60 13 -
E-mail : jfrancois-paulineboyer@wanadoo.fr

ISSANLAS La Garde
Alt. : 1180 m — TH — CB — C.M. 76 Pli 17

5 ch. A 3 km de Coucouron, superbe ferme traditionnelle du plateau entièrement restaurée à l'ancienne, très beau mobilier ancien, superbe salle à manger avec joli coin-salon devant notre cheminée typiquement ardéchoise. 5 ch raffinées aménagées avec sanitaires privatifs. Table d'hôte le soir et sur réserv. avec produits locaux. Grand terrain avec salons de jardin à dispo. Notre ferme est située sur la route des lacs et à 2 km de la nationale reliant Aubenas au Puy en Velay. L'hiver, vous pourrez goûter aux joies du ski de fond ainsi qu'aux ballades en chiens de traîneaux.

Prix : 1 pers. 55 € 2 pers. 55 € pers. sup. 38 € repas 16 €

3	3	3	4	SP	3	17	3	

Marie-Josée LEONIS - La Garde - Ferme Souche - 07660 ISSANLAS - Tél. : 04 66 46 10 69 - Fax : 04 66 46 12 86

JAUJAC Le Monteil
Alt. : 500 m — TH — C.M. 76 Pli 18

4 ch. Au cœur du PNR des Monts d'Ardèche, Catherine et Alain vous accueillent dans leur ferme en pierre restaurée dans un hameau plein sud dominant Jaujac, la vallée du Lignon (coulées basaltiques). Accès par une petite route pittoresque. Les espaces communs (salon,terrasse et prés fleuris, salle de jeux) vous permettront d'apprécier le calme et la détente du lieu. 4 ch dont 2 ch familiales de 2 à 4 pers avec s.d'eau et wc privés, chauff central. TH : produits naturels du jardin, de la ferme et du terroir, découverte de légumes anciens, plantes sauvages et aromatiques (menus curieux). Non fumeur. 1/2 pens. 31E/pers dès 5 jours et 2 pers. Langue parlée : anglais.

Prix : 1 pers. 34 € 2 pers. 41 € 3 pers. 55 € pers. sup. 14 € repas 17 €

Ouvert : Avril au 15 octobre.

3	4	15	4	10	SP	27	3,5	

Catherine et Alain BRUN-MARECHAL - Le Monteil - 07380 JAUJAC - Tél. : 04 75 93 28 56 - Fax : 04 75 93 28 56

JAUJAC Les Roudils
Alt. : 550 m — TH — C.M. 76 Pli 18

3 ch. Havre de paix dominant une large vallée des Hautes Cévennes, au cœur d'une nature sauvegardée. Ferme restaurée comprenant 3 ch. ttes avec salle d'eau et wc privés. 1 ch. 3 pers., 1 suite 5 pers., 1 ch. 2 pers. (terrasse privée plein sud, vue superbe). Table d'hôtes en terrasse ou dans séjour commun : cuisine rustique, produits de l'agriculture bio. L'apiculture : notre métier, notre passion, nous sommes prêts à vous la conter ainsi que vous enseigner nos recettes de cuisine au miel.

Prix : 2 pers. 45 € pers. sup. 16 € repas 17 €

Ouvert : De février à novembre inclus.

4	2	15	4	10	SP	26	10	4

Marie et Gil FLORENCE - Les Roudils - 07380 JAUJAC - Tél. : 04 75 93 21 11 - Fax : 04 75 93 21 11

JOYEUSE
C.M. 80 Pli 8

5 ch. Odette et Francis vous accueillent dans leur ferme au milieu des vignes. Tous deux enfants du pays, très attachés à leur terroir, ils vous parleront de la vigne, du vin, de la soie, de la chataigne, des coutumes et traditions, des recettes locales. 5 ch. dont 4 climatisées avec salle d'eau et wc privés. Copieux petits déj., confitures maison, produits de la ferme. Pique-nique sur place possible. Barbecue. Pelouse et salon de jardin. Réduction 10 % pour les séjours d'une semaine ou plus. Lit bébé à disposition.

Prix : 1 pers. 30 € 2 pers. 38/40 €

Ouvert : Du 01/03 au 30/11.

1	1	22	1	2	SP	40	10	30	SP

Francis POUZACHE - le Freyssinet - 07260 JOYEUSE - Tél. : 04 75 39 41 47 - Fax : 04 75 39 41 47

LABASTIDE-DE-VIRAC Le Mas Rêvé
TH — C.M. 80 Pli 9

4 ch. Marie-Rose et Guido vous invitent à venir redécouvrir la douceur de vivre dans un mas provençale du 17°s, lieu de charme unique en Ardèche de part sa situation dans la réserve naturelle des Gorges de l'Ardèche. Les falaises dominant les Gorges ne sont qu'à 350 m. 4 ch. de grand confort avec sanitaire complet privatifs. Ch. toutes avec entrée indépendante, coin-salon. Salon voûté et bibliothèque régionale. Terrasse et salon de jardin. Le soir, nous serons heureux de vous accueillir à notre table d'hôte afin de vous faire partager notre cuisine ensoleillée par les prdts du terroir. Aux alentours, prestigieux sites de la Provence. Langues parlées : hollandais, anglais.

Prix : 1 pers. 52/59 € 2 pers. 61/76 € pers. sup. 18 € repas 21 €

1,5	1,5	9	6	12	SP	12	1	6	10

Guido et Marie-Rose GOOSSENS - Le Mas Reve - 07150 LABASTIDE-DE-VIRAC - Tél. : 04 75 38 69 13 -
E-mail : masreve@ifrance.com - http ://masreve.ifrance.com

Rhône-Alpes **Ardèche**

LABEAUME La Buissière
C.M. 80 Pli 9

5 ch. En Ardèche méridionale, à proximité de Ruoms et du joli village de Labeaume, à deux pas de la rivière, 5 ch. d'hôtes vous sont proposées (de 2 à 3 pers.), ttes avec salles de bains et wc privés. Piscine du propriétaire à disposition, séjour, coin-salon communs, TV, cuisine d'été à dispo., lave-linge commun, salon de jardin, petits déj. servis sur la terrasse ombragée. Terrain, barbecue, services médicaux et tous commerces à Ruoms : 2 km. Sur place, de nombreuses activités sportives et de loisirs. Langues parlées : espagnol, portugais.

Prix : 1 pers. 29 € ● 2 pers. 38 € ● p_sup. 9 €

0,8	0,8	SP	2	3	SP	2	2	15	2

Nathalie TORRES - La Buissière - 07120 LABEAUME - Tél. : 04 75 93 91 08 ou 06 88 17 97 55

LAGORCE La Rouvière
(TH) *C.M. 80 Pli 9*

4 ch. Près de Vallon Pont d'Arc, à 6 km des Gorges de l'Ardèche, Jessie vous accueille dans sa maison méridionale batie à l'écart d'un vieux village huguenot. Vue sur la garrigue. Calme. 4 ch. de 2 à 4 pers. (2 et 3 épis), sanitaires privatifs dont 1 ch. avec s.de bains et wc privés non attenant et 1 ch. pour 4 pers. à 50 m de la maison avec entrée indép. Repas du soir en table d'hôtes sur réservation. Cuisine du terroir, spécialités, patisseries maison. Petit-déjeuner pris dans le jardin ombragé et fleuri. Nombreuses activités, randonnée pédestre, VTT, tennis, canoë-kayak... Langue parlée : anglais.

Prix : 1 pers. 37 € ● 2 pers. 42/49 € ● 3 pers. 63 € ● p_sup. 14 € ● repas 16 €

Ouvert : Toute l'année.

5	5	3	2	12	SP	5	5	12	SP

Jessie BOUQUET - La Rouvière - 07150 LAGORCE - Tél. : 04 75 37 11 31

LEMPS Château Chavagnac
C.M. 76 Pli 10

5 ch. Sur la route des grands crus, vous découvrirez ce château Directoire dans son parc de 15 ha, sur une propriété agricole de 15 ha. 2 suites avec coin salon, salle de bains et wc privés, 1 ch. avec salle de bains et wc privés. Chambres très confortables, meublées d'époque XIX°. Grande salle à manger et grand salon avec bibliothèque ouvrant sur la terrasse et le parc. Etape idéal au carrefour des plateaux de l'Ardèche et des vignobles de l'Hermitage et du Saint Joseph. L'hiver sur réservation. Nbrx restaurants à 8 km (Tournon). Sortie autoroute Tain l'Hermitage à 15 km. Lit bébé et lit d'appoint à disposition. Langue parlée : anglais.

Prix : 1 pers. 46/61 € ● 2 pers. 53/69 € ● p_sup. 15 €

Ouvert : Du 1 mars au 15 novembre. Sur réservation en hiver.

4	4	8	5	SP	8	10	8

Christian REALE - Château Chavagnac - 07610 LEMPS - Tél. : 04 75 08 33 08 - Fax : 04 75 08 33 08

LEMPS
(TH) *C.M. 76 Pli 10*

3 ch. Au cœur du village de Lemps à proximité de la vallée du Rhône et de la route des vins, nous accueillons nos hôtes dans une vieille demeure en cours de rénovation. 2 chambres familiales de 2 à 4 pers avec salle d'eau et wc privés, 1 ch. de 2 à 3 pers avec s.d'eau et wc privés. Parc de 2 ha. Cadre calme et reposant. Table d'hôtes (cuisine familiale) sur réservation. Les repas sont servis dans la salle à manger de style néo-moyennageux à la table des propriétaires. Langue parlée : anglais.

Prix : 1 pers. 30/32 € ● 2 pers. 37/42 € ● 3 pers. 52/69 € ● p_sup. 12 € ● repas 13 €

Ouvert : 01/04 au 15/10.

10	10	7	7	10	SP	7

Nicole DU TREMOLET - Château de Lemps - 07610 LEMPS - Tél. : 04 74 35 88 52 ou 06 82 99 18 60 -
E-mail : nicole.dutremolet@free.fr

LYAS Ladreyt
Alt. : 500 m (TH) *C.M. 76 Pli 19*

2 ch. Dominant la vallée de Privas, notre maison est située à l'orée d'une pinède, dans un cadre calme et très ensoleillé. 1 ch. pour 2 pers avec salle d'eau et wc privés et 1 ch. de 2 à 4 pers. avec salle d'eau et wc privés. Coin-salon avec TV, jeux, bibliothèque. Terrasse, espace, salon de jardin. Nous sommes à 12 mn de Privas. Piscine du propriétaire à disposition de 10 h à 13 h et de 17 h à 20 h. Langue parlée : anglais.

Prix : 1 pers. 39/45 € ● 2 pers. 45/54 € ● p_sup. 19 € ● repas 16 €

Ouvert : Toute l'année.

6	6	SP	7	15	SP	10	12	40	5

Marithe et Serge DER LOUGHIAN - Hameau de Ladreyt - 07000 LYAS - Tél. : 04 75 64 22 44

MARCOLS-LES-EAUX Salomony
Alt. : 700 m (TH) *C.M. 76 Pli 19*

3 ch. Maison en pierre(18°)située dans la nature du parc naturel des Monts d'Ardèche, au fond de la vallée de la Gluyère, en bord de rivière. 2 ch de 2 et 3 pers avec sanitaires privés. 1 ch.(1 lit 2 pers.), sanitaires privés non attenants (2 épis). Poss. d'1 ch. suppl.de 2 pers.enfants. Séjour, salon, TV, cour intérieure, terrasse, jeux, chaises longues, jeux de boules. Lit bébé à disposition. TH avec légumes et herbes aromatiques du potager biologique, confitures maison. Balade à pied ou à vélo, jolis torrents de montagne pour les amoureux de la pêche, randonnées sur l'histoire,... Langues parlées : anglais, allemand.

Prix : 1 pers. 34/37 € ● 2 pers. 40/43 € ● 3 pers. 58 € ● p_sup. 15 € ● repas 15 €

Ouvert : Toute l'année.

2	0,2	0,5	SP	20	20	1

Hans et Carla VAN DER MEER - Salomony - 07190 MARCOLS-LES-EAUX - Tél. : 04 75 65 61 65 - Fax : 04 75 65 61 58

Ardèche

Rhône-Alpes

MARS La Souche — Alt. : 1000 m (TH) — C.M. 76 Pli 19

4 ch. Superbe ferme traditionnelle entièrement restaurée à l'ancienne où est aménagé 4 chambres d'hôtes, toutes avec salle d'eau et wc privés. grande salle de caractère aménagée en pièce de jeux, salon avec cheminée et coin-TV, salle à manger où nous vous proposons la table d'hôte élaborée par les produits du terroir. Nous sommes à 5 km d'1 très beau golf à 18trous, à 9 km de St Agrève et à 15 km du Cheylard. Ici, vous gouterez au calme de la pleine nature et des grands espaces. Langues parlées : anglais, allemand.

Prix : 1 pers. **43/49 €** 2 pers. **50/56 €** pers. sup. **15 €** repas **17 €**

9	9	9	SP	10	SP	20	20	9

Susanne et Rudolf BUHLER - Gourgouras - La Souche - 07320 MARS - Tél. : 04 75 30 70 81 - E-mail : rudolf.buhler@wanadoo.fr - www.souche.ch

MAUVES Roure Soleil — (TH) — C.M. 76 Pli 10

4 ch. Sur les côteaux de Mauves, au cœur du vignoble St Joseph et en pleine nature, ancienne ferme viticole entièrement restaurée ouvrant sur le Vercors. Monique vous propose 4 ch. d'hôtes pouvant accueillir de 2 à 4 pers (chacunes avec salle d'eau et wc privés). Elle vous fera découvrir sa région et sa cuisine du terroir, sa gentillesse et sa spontanéité font merveille. Classement : 2 ch. 2 épis, 2 ch. 3 épis. Calme et repos au rendez-vous. Sur place, plein de randonnée, GR42 à proximité.

Prix : 1 pers. **40 €** 2 pers. **40 €** 3 pers. **53 €** p_sup. **13 €** repas **13 €**

6	5	5	3	12	SP	60	5	15	4

Monique CONRAD - Roure Soleil - 07300 MAUVES - Tél. : 04 75 07 61 52 ou 06 88 39 32 89

MERCUER Mas de Mazan — C.M. 76 Pli 19

5 ch. Entre le plateau ardéchois et l'Ardèche méridionnale, à 5 mn d'Aubenas et de Vals les Bains, Alain et Michèle vous proposent 5 ch.d'hôtes de 2 à 4 pers., avec s.d'eau et wc privés. Salle à manger commune et coin cuisine à disposition. Idéal pour les amoureux de la randonnées(chemin de petite randonnée sur la propriété). Pêche ou baignade à 5 km. Piscine sur place. Petit déjeuner servi à la grande table ou sous le murier, si le temps le permet. Confiture et patisserie maison.

Prix : 1 pers. **34 €** 2 pers. **40 €** 3 pers. **49 €** p_sup. **12 €**

5	5	SP	3	5	SP	35	15	10	3

Alain et Michele CROZE - Mas de Mazan - 07200 MERCUER - Tél. : 04 75 35 41 88 - Fax : 04 75 35 41 88 - http://perso.wanadoo.fr/masdemazan/

MERCUER La Gibaudelle — (TH) — C.M. 76 Pli 19

3 ch. Rendre un homme heureux, c'est mériter de l'être, chacun dans ce monde l'étant à sa manière. La Gibaudelle vous ouvre sa porte. Au cœur d'une pinède, à 5 mn d'Aubenas, 1 ch. avec mezzanine de 2 à 4 pers. s.d'eau et wc privés, 1 ch de 2 pers. s. d'eau et wc privés, 1 ch. de 2 pers. avec accès indépendant en rdc, baignoire balnéo et wc privés. Piscine privée. Table d'hôtes sur réservation.

Prix : 1 pers. **30/38 €** 2 pers. **43/53 €** 3 pers. **58 €** p_sup. **15 €** repas **15 €**

7	10	SP	5	1	SP	30	7	20	5

Pierre-Max GADIN - La Gibaudelle - Le Juge - 07200 MERCUER - Tél. : 04 75 93 77 75 - Fax : 04 75 93 77 75 - E-mail : pierre-max.gadin@wanadoo.fr - http://perso.wanadoo.fr/gibaudelle

MIRABEL Le Mas des Vignes — C.M. 76 Pli 19

2 ch. Venez retrouver la douceur de vivre dans un mas ardéchois de caractère au cœur des vignes et des vergers où Alice et Robert vous accueilleront en amis. 2 ch. indépendantes aux personnalités différentes avec s.de bains et wc privés. En été, petits-déjeuners servis dans la cour intérieure. Cadre calme et raffiné. Diverses activités sportives et culturelles. Festival du film documentaire de Lussas, en août. Mas situé à 8 km de Mirabel (route de Lussas). Autre téléphone du propriétaire : 00 31 50 31 34 801. Langues parlées : anglais, allemand, hollandais.

Prix : 2 pers. **58 €** 3 pers. **67 €**
Ouvert : 01/06 Au 01/09.

10	0,1	2	3	15	SP	10	3	3

Robert MEERLOO - La Prade - Le mas des Vignes - 07170 MIRABEL - Tél. : 04 75 94 28 54 - Fax : 04 75 94 28 54

MONTPEZAT La Chaussade — Alt. : 560 m — C.M. 76 Pli 18

2 ch. Enclos de 2 ha aménagé, boisé de châtaigniers. Au pied des volcans, à mi-chemin des Cévennes et de la Montagne Ardéchoise, 2 ch. pour 2 à 3 pers. avec salle d'eau et wc indépendant privatifs. Séjour et salon commun avec cheminée, télévision, ch.central, jeux de société. jeux de boules. De nombreuses activités à proximité : VTT, mini Golf, plan d'eau. A 7 km de Neyrac les Bains.

Prix : 1 pers. **27 €** 2 pers. **37 €** 3 pers. **43 €**
Ouvert : Toute l'année.

0,3	0,3	18	0,3	2	SP	8	20	1

Suzette CHANIAC - La Chaussade - 07560 MONTPEZAT-SOUS-BAUZON - Tél. : 04 75 94 55 20

Rhône-Alpes — Ardèche

MONTREAL
C.M. 80 Pli 8

2 ch. 2 ch. d'hôtes au 1er étage d'une belle maison en pierres rénovée. Salle d'eau particulière et wc commun, salle de séjour, réfrigérateur, four micro-onde, cheminée, terrasse, chauffage électrique. Gorges de l'Ardèche à 8 km et Vallon Pont d'Arc à 16 km.

Prix : 1 pers. **30** € 2 pers. **37** € p_sup. **11** €
Ouvert : Toute l'année.

6	1	18	3	3	SP	10	3	3

Roland et Huguette BLACHERE - le Village - 07110 MONTREAL - Tél. : 04 75 39 20 05

MONTREAL
A C.M. 80 Pli 8

5 ch. 4 ch.d'hôtes aménagées dans un bâtiment attenant à la ferme. 1 ch de 2 pers et 3 ch de 3 pers avec salle d'eau et wc communs. 1 suite de 2 ch.(avec accès ext.) pour 4 pers., classée 2 Epis, salle d'eau et wc privés. Salle de séjour à la disposition des hôtes, ch. élec. Parking, aire de jeux. Camping à la ferme, repas pris à la ferme auberge. Lave-linge automatique. Lit bébé à disposition. Vente de produits de la ferme (légumes, fruits, charcuterie). Langue parlée : anglais.

Prix : 1 pers. **27/47** € 2 pers. **32/47** € 3 pers. **38/58** € repas **11** €

SP	SP	18	0,5	2	SP	0,5	10	30	3

Sebastien JAUZION - Les Marronniers - 07110 MONTREAL - Tél. : 04 75 36 82 54 - Fax : 04 75 36 82 54 -
E-mail : lesmarronniers@club-internet.fr - www.sud-ardeche.com/tourism/marronniers

---

MONTSELGUES Le Chastagnier
Alt. : 1000 m (TH) C.M. 80 Pli 7

4 ch. 4 ch.d'hôtes aménagées dans une très belle demeure du XVIIe siècle, chez un éleveur de moutons. Cadre magnifique et très isolé sur 50 ha de terrain privé. 2 ch avec 1 lit 2 pers., 1 ch. avec 2 lits 2 pers. 1 ch. avec 1 lit 1 pers et 1 lit 2 pers., s.de bains et wc privés par chambre. Salon et séjour communs. Table d'hôtes : spécialités régionales. Accès : chemin goudronné et piste en bon état sur 800 m. Etang de pêche. Accueil uniquement sur réservation. Le Chastagnier, terre sauvage de landes à genêts, domaine des moutons, offre à ses hôtes sérénité, authenticité et chaleur sous son toit de lauzes. Langue parlée : anglais.

Prix : 1 pers. **32** € 2 pers. **43** € p_sup. **15** € repas **14** €
Ouvert : Toute l'année.

6	SP	6	6	6	SP	6	10

Françis CHAZALON - Le Chastagnier - 07140 MONTSELGUES - Tél. : 04 75 36 97 00

LES OLLIERES Combe Noire
C.M. 76 Pli 19

2 ch. Notre maison est située au cœur de la vallée de l'Eyrieux (la rte passe en dessous de la maison) et dispose d'un bel ensoleillement. 2 très belles chambres vous sont proposées, toutes deux avec accès indépendants et bénéficiant d'un sanitaire complet privatif. Sur place, vous bénéficierez de la piscine ainsi que de tout l'espace lié à la propriété. Vous pourrez même aller vous détendre au bord de l'Eyrieux qui passe sur la propriété. Petits déjeuners à thèmes et servis avec les produits maison ou régionaux. Buanderie commune avec notre petit gîte rural. Langues parlées : hollandais, anglais.

Prix : 1 pers. **30** € 2 pers. **42** € 3 pers. **50** €
Ouvert : Toute l'année.

0,2	0,2	SP	2	15	SP	3	2

Daniel TEIJGELER - Combe Noire - 07360 LES-OLLIERES - Tél. : 04 75 66 26 14 - Fax : 04 75 66 26 14

LES OLLIERES
(TH) C.M. 76 Pli 19

4 ch. Maison en pierre située au cœur du village des Ollières, dans le bas de la vallée de l'Eyrieux. Nous sommes en bordure de la rivière qui passe au dos de notre maison (1 canoë à disposition). 4 chambres de 2 à 4 pers, chaque chambre dispose de son bloc sanitaire complet. Séjour et coin salon devant la cheminée communs, terrasse et jardin clos bien exposé. Petits déjeuners et ses confitures maison, table d'hôte issue des produits locaux et régionaux. Langue parlée : anglais.

Prix : 1 pers. **30** € 2 pers. **37** € 3 pers. **49** € pers. sup. **12** € repas **13** €
Ouvert : Toute l'année.

SP	SP	15	0,8	10	SP	8	25	35	SP

Muriel BOUTRAN - Le Bas Pranles - 07360 LES-OLLIERES - Tél. : 04 75 66 21 50 - Fax : 04 75 66 23 53

PAILHARES
Alt. : 900 m (TH) C.M. 76 Pli 9

4 ch. Entre le Safari-Parc de Peaugres et Tournon, gare du Mastrou, 4 très belles chambres(dont 1 chambre 2 épis) aménagées avec amour dans une ancienne ferme restaurée. Totale indépendance. Vue imprenable. Cadre reposant. Coin-salon, s.d'eau, wc, réfrigérateur dans chq chambre. Table d'hôtes à base de produits du terroir, cuisine régionale et spécialités alsaciennes. Jacques et Régine vous reçoivent en amis. Nombreuses activités sur place ou à proximité. Prix spéciaux 1/2 pension et enfants. Langues parlées : allemand, anglais.

Prix : 1 pers. **32** € 2 pers. **39** € 3 pers. **50/53** € p_sup. **12** € repas **15** €
Ouvert : Toute l'année.

7	2	8	5	8	SP	5	5

Jacques ANDRY - Col du Marchand - « Petit Marchand » - 07410 PAILHARES - Tél. : 04 75 06 06 80 - Fax : 04 75 06 13 46 -
E-mail : jacques.andry@wanadoo.fr - http ://perso.wanadoo.fr/petit.marchand

Ardèche

Rhône-Alpes

PAYZAC La Giralde
C.M. 80 Pli 8

1 ch. 1 chambre d'hôte aménagée dans une très belle maison ardéchoise. 1 lit 2 pers. avec salle d'eau privative non cloisonnée et wc privatif non communicant, terrasse couverte avec salon. Environnement de vignes et de pinèdes. Lablachère à 5 min, Les Vans à 15 min.

Prix : 1 pers. 27 € 2 pers. 35 €

7	7	2	10	SP	7	7	2	

Nadia BORDON - La Giralde - 07230 PAYZAC - Tél. : 04 75 39 47 57

PLANZOLLES Civade

3 ch. A 6 km de Lablachère et à 15 km des Vans, 3 ch.d'hôtes aménagées au rdc d'1 maison en pierre de pays, au cœur d'1 chataigneraie cévenole. 2 ch. avec salle d'eau et wc privés, 1 ch. de 2 à 3 pers. classée 3 épis, salle d'eau et wc privés, convertible 2 pers. dans la chambre. Sur place, nous disposons aussi de 2 gîtes. Piscine, aires de jeux équipées, terrain commun. Services médicaux à 6 km, grands commerces à 8 km. Langue parlée : anglais.

Prix : 1 pers. 29 € 2 pers. 38 € 3 pers. 47 € p_sup. 14 €
Ouvert : 01/05 Au 30/10.

10	10	SP	1	8	SP	15	10	10	20	6

Bruno LE BRIS - Civade - 07230 PLANZOLLES - Tél. : 04 75 36 59 72

PLATS Ferme de Combemale   Alt. : 500 m
C.M. 76 Pli 10

1 ch. A 3 km du village et à 10 km de Tournon, ancienne ferme restaurée avec piscine du propriétaire à dispo. Très jolie vue sur la vallée du Duzon. Quelques animaux de basse cour font partie intégrante du lieu. 1 ch. 2 à 4 pers (1 lit 2 pers, 2 lits 1 pers sup), salle d'eau, wc et terrasse privés. Repas créoles et ardéchois pris sous la véranda. Pains et patisseries maison. Nombreuses randonnées sur le plateau, promenades à dos d'ânes, petit train du Vivarais (10 km), musées, expos,.... Langue parlée : anglais.

Prix : 2 pers. 38 € 3 pers. 50 € p_sup. 12 € repas 12 €

7	7	SP	3	10	SP	15	30	15	3

GAUBERT-AMY Rachel et MAILLOT René-Marc - Ferme de Combemale - 07300 PLATS - Tél. : 04 75 07 64 84 - Fax : 04 75 07 64 84

PLATS La Croix du Serre   Alt. : 500 m
C.M. 76 Pli 10

1 ch. Sur le plateau du Vivarais, à 2 pas de la vallée du Rhône et de la Route des vins, à 10 km de Tournon, sur le GR42, 1 ch.d'hôtes 2 à 4 pers. aménagée en r.d.c., avec accès indépendant : suite comprenant une chambre (1 lit 2 pers.) et salon (conv.2 pers.), s.d'eau, wc, coin-cuisine, lit enfant. Piscine, terrasse avec salon de jardin, garage. Nbr randonnées au départ de la maison. Langues parlées : anglais, allemand.

Prix : 1 pers. 34 € 2 pers. 38 € 3 pers. 50 € p_sup. 12 €
Ouvert : Toute l'année.

13	2	SP	0,5	10	SP	17	15	0,5	

M. et Mme GAUBERT-AMY - La Croix du Serre - 07300 PLAIS - Tél. : 04 75 07 65 76 - Fax : 04 75 07 65 76 -
E-mail : GAUBERT-AMY.Roland@wanadoo.fr

POURCHERES   Alt. : 650 m
C.M. 76 Pli 19

4 ch. 4 ch. d'hôtes, d'accès indépendant, ouvrant sur le jardin, aménagées dans une vieille maison ardéchoise entourée de verdure. S.d'eau et wc privés, ch. électr.. La Table d'hôte offre les produits du jardin et du cru. Possibilité de menus végétariens sur demande. Table commune ou séparée, au choix. Demi-pension uniquement. Village situé sur les pentes d'un ancien volcan, permet de belles promenades à pied. Lieu propice au silence, au ressourcement, à la détente. On peut s'y intéresser à la psychothérapie, à l'astrologie, au tarot, à la botanique et aux médecines douces. Langues parlées : anglais, allemand.

Prix : 1 pers. 35/45 € 2 pers. 45/55 € p_sup. 12 € repas 18 €
Ouvert : Toute l'année.

8	10	10	SP	10

Marcelle GOETZ - 07000 POURCHERES - Tél. : 04 75 66 81 99 - Fax : 04 75 66 81 99

PRADES La Grange
C.M. 76 Pli 18

2 ch. Ancienne grange typiquement ardéchoise entièrement restaurée à l'ancienne, disposant de 2 belles chambres confortables. 1 ch de 2 pers avec salle d'eau et wc privés, 1 ch de 2 à 3 pers avec salle de bains et wc privés. Salon réservé avec bibliothèque, belle salle à manger entièrement voutée, cour, grand espace en pelouse ombragée par notre bois de chêne. Petits déjeuners très copieux avec nos confitures maison ainsi que des produits naturels. Nous sommes très au calme et idéalement placés, à 2 km de la RN 102 Aubenas-Le Puy, à 6.5 km de Vals les Bains et à 11 km de Neyrac les Bains.

Prix : 1 pers. 49/53 € 2 pers. 53/58 € 3 pers. 67/72 € pers. sup. 14 €
Ouvert : Février à novembre.

3	3	6	3	14	SP	28	2

Bernard et Brigitte FERMENT - Chemin de la Chanareilles - La Grange - 07380 PRADES - Tél. : 04 75 94 18 10

Rhône-Alpes — Ardèche

PRADONS
C.M. 80 Pli 9

5 ch. 5 ch.d'hôtes aménagées dans une ferme entièrement restaurée, située sur une exploitation viticole à 5 km de Ruoms. Séjour réservé aux hôtes, 1 ch. avec 1 lit 2 pers., 2 ch. avec 1 lit 2 pers. et 1 lit 1 pers., 2 ch. avec 1 lit 2 pers., 2 lits 1 pers., toutes avec s.d'eau et wc privatifs. Petits déjeuners servis dans la véranda ou sur la terrasse. Ch.central. Piscine commune : ouverture prévue 01.07.2002. Possibilité d'accueil de groupes avec gîte 7 pers. à proximité. Garage motos, vélos. Vente de vin sur place.

Prix : 1 pers. 32 € 2 pers. 41 € 3 pers. 52 € p_sup. 11 €
Ouvert : Toute l'année.

| 0,5 | 0,5 | 7 | SP | 50 | 2 | 2 | 15 | 50 | 2 |

Françis RANCHIN - Quartier « les Ranchins » - 07120 PRADONS - Tél. : 04 75 93 98 33 ou 06 07 10 07 79 - Fax : 04 75 93 98 33 - E-mail : ranchins@aol.com - http ://members.aol.com/ranchins/

ROCHEMAURE La Violle
C.M. 80 Pli 10

1 ch. Dans une maison de caractère du XVIe s., au cœur du village médiéval, une suite de 2 grandes chambres aménagée à l'étage. Meubles anciens, bibliothèque, terrasse privative avec salon de jardin (vue magnifique sur le château et les montagnes de la Drôme provençale). Salle d'eau, wc, réfrigérateur. Entrée indépendante. Restauration à 300 m. Pour ceux qui aiment l'âme des vieilles pierres... Ambiance peinture, dessin, musique et nature.

Prix : 1 pers. 38 € 2 pers. 46 € 3 pers. 59 € p_sup. 9 €
Ouvert : Toute l'année.

| 2 | 1 | 5 | 0,5 | 2 | SP | 20 | 25 | 25 | 5 | SP |

Francine BELLANGER - Rue de la Violle - 07400 ROCHEMAURE - Tél. : 04 75 49 00 06

ROCHEMAURE Les Videaux
(TH) *C.M. 80 Pli 10*

4 ch. Henriette vous accueille dans un site calme et très ensoleillé. Vous dominerez le magnifique château de Rochemaure (XIIe siècle). RN 86 à 5 mn. 1 ch. en r.d.c. et 3 ch. à l'étage, chacune pour 2 pers., avec salles d'eau et wc privatifs. Appréciez les produits du jardin et de la ferme. Cuisine traditionnelle. Vente de miel, confitures maison. 1/2 pension : nous consulter. Parking privé.

Prix : 1 pers. 35/38 € 2 pers. 41/44 € p_sup. 11 € repas 14 €
Ouvert : Toute l'année.

| 10 | 5 | 10 | 3 | 10 | SP | 25 | 25 | 25 | 15 | 3 |

Henriette COLENSON - Le Chenavari - Quartier les Videaux - 07400 ROCHEMAURE - Tél. : 04 75 49 10 16 ou 06 87 39 32 49 - Fax : 04 75 49 10 16 - E-mail : henriette.COLENSON@wanadoo.fr

ROSIERES Augnac
(TH) *C.M. 80 Pli 8*

2 ch. Notre beau mas ardéchois en Cévennes à 3 km de Rosières, 20 km au sud d'Aubenas, a conservé son âme et son histoire à travers une rénovation qui a su marier pierres, bois et terres cuites, patinés à la cire et soulignés par les chaudes couleurs de la chaux. 2 chambres accueillantes et indépendantes avec sanitaires privés. Vaste salle à manger pour déguster les produits du terroir de notre table d'hôtes, salon douillet avec sa cheminée, près de la terrasse qui domine les 2 hectares de propriété.

Prix : 1 pers. 46 € 2 pers. 53 € pers. sup. 18 € repas 14 €
Ouvert : Toute l'année.

| 3 | 3 | 3 | 5 | SP | 20 | 15 | 30 | 3 |

Philippe ALCALDE - EURL l'Oustalou - Augnac - 07230 ROSIERES - Tél. : 04 75 39 57 05 - Fax : 04 75 39 44 84 - E-mail : loustalou@wanadoo.fr - http ://guideweb.com/ardeche/ch-hôte/oustalou

ROSIERES Chanteperdrix
C.M. 80 Pli 8

1 ch. Située à 2 km du village, dans 1 environnement de pins, de chataigniers et de vigne, 1 ch. de 2 pers.(1 lit 160) avec salle d'eau et wc privés est aménagée dans notre ancienne ferme viticole du 17e. Belle pièce à vivre avec coin-salon, gde terrasse avec salon de jardin, et chaise longue. Notre piscine est à votre disposition ainsi que le reste de la propriété de 4 ha. L'accès à la maison se fait par un chemin de terre carrossé (env 500 m). Le propriétaire peut aussi vous proposer des gîtes de 4 à 6 personnes. Langue parlée : allemand.

Prix : 1 pers. 44 € 2 pers. 52 €

| 1 | 1 | SP | 3 | 3 | SP | 13 | 3 | 16 | 3 |

Michel et Fabienne ARNOULD - Chanteperdrix - 07260 ROSIERES - Tél. : 04 75 39 91 26 ou 06 76 69 41 45 - Fax : 04 75 39 29 66 - E-mail : arnouldmineur@aol.com

ROSIERES
 A *C.M. 80 Pli 8*

6 ch. 6 chambres d'hôtes aménagées dans une ferme typique en activité au milieu des vignes à 1 km du village. Chambres mansardées au 2e étage. 4 ch.pour 2, 3 ou 4 pers. avec s.d'eau privative et wc commun, 1 ch. 2 pers. avec s.d'eau et wc non privatif. 1 ch. non mansardée au 1er étage pour 2 pers. avec terrasse, s. d'eau et wc privatifs. Jardin à disposition, jeux extérieurs pour les enfants. Elevage de sangliers. Gorges de l'Ardèche à 20 km.

Prix : 1 pers. 30/39 € 2 pers. 30/39 € 3 pers. 42/51 € p_sup. 12 € repas 14 €
Ouvert : Pâques à novembre.

| 1 | 1 | 20 | 2 | 1 | SP | 10 | 25 | 1 |

Agnès BARAILLE - les Granges - 07260 ROSIERES - Tél. : 04 75 39 50 38 - Fax : 04 75 39 56 80 - www.aubergeetfermeauberge.com

Ardèche

Rhône-Alpes

SAGNES-ET-GOUDOULET
Alt. : 1230 m — C.M. 76 Pli 18

3 ch. A 9 km de la source de la Loire, 3 ch. d'hôtes aménagées au 1er étage d'une ancienne ferme au toit de lauzes, classée monument historique, au cœur d'un petit village de 50 habitants. 2 ch. avec salle d'eau privative et wc commun, 1 ch. avec salle d'eau et wc privatifs. Restaurant au village, réservation préalable.

Prix : 1 pers. 37 € 2 pers. 37 € p_sup. 11 €
Ouvert : Sur réservation.

SP	SP	35	SP	8	SP	SP	6	SP

Lucienne CHANEAC - Les Grands Sagnes - 07450 SAGNES-ET-GOUDOULET - Tél. : 04 75 38 80 28 - Fax : 04 75 38 80 28

SAGNES-ET-GOUDOULET
Alt. : 1230 m — C.M. 76 Pli 18

4 ch. A 9 km de la source de la Loire, 4 ch. d'hôtes aménagées dans la maison du propriétaire. 2 ch. (1 lit 2 pers.) avec wc commun et salle d'eau privatives, 2 ch. (1 lit 2 pers.) avec wc et salle d'eau privatifs. Lit d'appoint à disposition. Réservation préalable. Restaurant au village.

Prix : 2 pers. 37 € p_sup. 11 €
Ouvert : Sur réservation.

SP	SP	35	SP	8	SP	SP	6	SP

Marie-Therèse CHANEAC - 07450 SAGNES-ET-GOUDOULET - Tél. : 04 75 38 83 03

SAMPZON Les Rochères
C.M. 80 Pli 9

1 ch. Venez découvrir un panorama exceptionnel sur l'Ardèche. Notre chambre comprend : salle d'eau et wc privatifs, bibliothèque, TV couleur, 1 lit 2 pers., 1 lit 1 pers.(1 berceau à disposition). Terrasses, jeux d'enfants, espace pétanque. Nombreux sites et promenades dans les environs. Table d'hôtes sur réservation.

Prix : 2 pers. 47 € 3 pers. 63 € repas 18 €
Ouvert : 01/04 Au 31/10.

2,5	2,5	3	SP	2,5	1	10	5	

Gérard DUPUIS - La Bellovisto - 07120 SAMPZON - Tél. : 04 75 39 65 49 ou 06 13 46 96 48 - Fax : 04 75 39 65 49

LA SOUCHE
Alt. : 575 m — C.M. 76 Pli 18

5 ch. Dans les Hautes Cévennes ardèchoises, au pied du massif du Tanargue, Annie et Dominique vous accueillent dans leur ancienne école écclésiastique située sur les hauteurs du village. 5 chambres de 2 à 4 personnes avec chacune, salles d'eau et wc privés. Salle à manger, coin-salon, TV, jeux de société. Station de loisir de la croix de Beauzon à 13 km (VTT, escalade, randonnée, ski de piste et de fond l'hiver). Au village, baignade aménagée, pêche, petits commerces. Station Thermale de Neyrac les Bains à 15 mn. Langues parlées : anglais, italien.

Prix : 1 pers. 30 € 2 pers. 43 € 3 pers. 55 € p_sup. 12 € repas 13 €
Ouvert : Toute l'année.

0,5	0,5	16	0,5	13	SP	13	13	0,5

Annie et Dominique SCANDOLERA - Quartier de l'Eglise - 07380 LA-SOUCHE - Tél. : 04 75 37 92 53

ST-AGREVE
Alt. : 1050 m — C.M. 76 Pli 9

1 ch. 1 chambre d'hôte située dans une maison ancienne rénovée, à 1 km du village. Chambre en rez-de-chaussée, avec accès indépendant, salle d'eau et wc privatifs, coin-cuisine avec réfrigérateur et cuisinière à disposition, coin-salon, chauffage central, grande cour fermée.

Prix : 1 pers. 30 € 2 pers. 35 € 3 pers. 43 € p_sup. 7 €

5	0,5	10	1,5	4	SP	1,5	15	1

Elie MOULIN - route du Pont - 07320 ST-AGREVE - Tél. : 04 75 30 12 50

ST-ALBAN-AURIOLLES Mas de Chantressac
C.M. 80 Pli 9

3 ch. En pleine nature, au cœur de l'Ardèche Méridionale, pour une nuit ou vos vacances, dans un mas traditionnel entièrement restauré, avec piscine, situé au milieu de 3 ha de bois de chênes, nous vous proposons 3 chambres très soignées, de 2 à 4 pers et disposant de leurs sanitaires privés. Les petits dejeuners aux couleurs d'aquarelles vous seront servis dans notre salon ou à l'extérieur sur les terrasses en rochers, si le temps le permet. Table d'Hôte (sauf juillet et août) sur réservation. Nous disposons aussi d'un gîte 3 épis, 6 personnes. Langue parlée : italien.

Prix : 1 pers. 44/49 € 2 pers. 49/64 € 3 pers. 64/79 € p_sup. 11/15 € repas 17 €

2	2	SP	3	0,8	SP	3	6	25	2

Chantal et Patrick ALTARE - Mas de Chantressac - 07120 ST-ALBAN-AURIOLLES - Tél. : 04 75 39 79 05 ou 06 07 30 95 67 - Fax : 04 75 39 79 05

Rhône-Alpes — Ardèche

ST-ALBAN-AURIOLLES
C.M. 80 Pli 9

4 ch.

Au cœur d'un village provençal, dans une demeure authentique d'inspiration Florentine qui vous charmera par le calme et la lumière de son parc, 3 superbes ch. 2 pers, chacune avec salle d'eau et wc privés, 1 suite de 2 à 4 pers avec salon et TV (170 €/4 pers.), salle de bains et wc privés. Petit déjeuner pris sur la terrasse face au vignoble et au rocher de Sampzon. Salon commun avec le propriétaire, parking dans la propriété, terrain ombragé commun, salon de jardin, bains de soleil.

Prix : 2 pers. **69/105 €** pers. sup. **15 €**
Ouvert : Toute l'année.

1,5	1,5	4	0,5	SP	4	0,5	15	0,5	

TOURRE Guillemette et Michael - Villa St-Patrice - 07120 ST-ALBAN-AURIOLLES - Tél. : **04 75 39 37 78** ou **06 73 50 50 92** -
E-mail : contact@villastpatrice.com - http ://villastpatrice.com

ST-ANDEOL-DE-BERG
(TH) *C.M. 76 Pli 19*

5 ch.

Au cœur de l'Ardèche méridionale, dans un petit village au charme provençal, loin de la foule, Thérèse et Régis vous accueillent dans une ancienne ferme rénovée. 5 chambres avec s.d'eau et wc privés : 3 ch de 2 pers., 1 suite de 4 pers., 1 suite de 5 pers. Frigo, micro-onde, évier, TV, linge, salon, terrasse, salon de jardin et piscine. Terrain clos. Supplément animaux : 2,30 €/jour. Repas servis en terrasse ou dans la magnifique salle voûtée en pierres apparentes. Ambiance chaleureuse dans la convivialité de la cuisine familiale. Langue parlée : anglais.

Prix : 2 pers. **40 €** p_sup. **12 €** repas **14 €**

15	15	SP	0,5	6	SP	15	15	20	30	5

Thérèse et Régis OZIL - Le Methere - 07170 ST-ANDEOL-DE-BERG - Tél. : **04 75 94 70 45** - Fax : **04 75 94 70 45** -
E-mail : lemethere@aol.com - http ://lemethere.com

ST-ANDEOL-DE-FOURCHADES Soulage   Alt. : 1011 m
(TH) *C.M. 76 Pli 18*

5 ch.

Notre maison se situe dans le plus grand calme de la nature reculée en Ardèche, à 10 km du Lac de St Martial. Environnement particulièrement reposant, idéal pour se ressourcer (vue panoramique). 5 ch de 2 pers avec sanitaire et wc privés, ch central, salle commune. La cuisine en TH se veut familliale et conviviale, pris à l'extérieur si le temps le permet. Spécialités de soupe à la chataigne, rillette et paté montagnard,... VTT et rando au départ de la maison. Avec un peu de chance, vous apercevrez des fénêtres, chevreuils, sangliers ou renards.

Prix : 2 pers. **38 €** 3 pers. **46 €** p_sup. **7 €** repas **18 €**
Ouvert : Toute l'année

13	6	6	0,1	10	15

Martine ROCHE - Soulage - 07160 ST-ANDEOL-DE-FOURCHADES - Tél. : **04 75 29 29 54** - Fax : **04 75 29 48 77** -
E-mail : LE.ROC@wanadoo.fr - www.giteroc.com

ST-ANDEOL-DE-FOURCHADES La Calmeraie   Alt. : 900 m
(TH) *C.M. 76 Pli 18*

5 ch.

A 3 km du Lac de St Martial, sur 100 ha en pleine nature, face au Gerbier de Jonc, Nadine et Sébastien vous accueillent à la Calmeraie, ferme traditionnelle du XVII° siècle entièrement restaurée à l'ancienne. Cinq chambres d'hôtes raffinées avec sanitaires et wc privés (dont 1 avec salle de bains tarif 50 €), salon de détente, avec TV et cheminée. Possibilité de stage de peinture sur bois et sur métal. Repas servis sous le tilleul, cuisine du terroir. VTT et randonnée pédestre sur sentiers balisés, ski de fond, ceuillette de champignons.

Prix : 2 pers. **43/50 €** p_sup. **15 €** repas **14 €**
Ouvert : Toute l'année

3	SP	3	15	7	15	3

Sebastien LIABEUF - Longeagne - La Calmeraie - St-Andéol-de-Fourchades - 07310 ST-MARTIAL - Tél. : **04 75 29 19 38** -
Fax : **04 75 29 19 38**

ST-ANDEOL-DE-FOURCHADES Les Hautes Landes   Alt. : 1350 m
(TH) *C.M. 76 Pli 18*

5 ch.

A 1350 m, sur les hautes terres de la montagne ardéchoise, nous sommes ici dans le domaine de la flore alpine avec une forte densité de myrtilles ponctuées d'épilobes, d'arnica, de millepertuis ou de gentiane. Très belle maison traditionnelle en pierre disposant de 5 ch. (2 à 5 pers), accueillantes et chaleureuses, salle d'eau et wc privés à chaque chambre. Petits déjeuners servis avec les confitures maison et les produits locaux. Demeure située dans un cadre exceptionnel sur un versant de la Montagne Ardéchoise exposé au levant.

Prix : 1 pers. **35 €** 2 pers. **40 €** 3 pers. **53 €** p_sup. **14 €** repas **14 €**
Ouvert : Toute l'année

13	7	7	1	SP	3	2	7

Pierre LEONARDI - Les Hautes Landes - St-Andeol-de-Fourchades - 07530 LACHAMP-RAPHAEL - Tél. : **04 75 38 78 02** -
Fax : **04 75 38 78 02** - E-mail : chalet@online.fr - http ://chalet.online.fr

ST-ANDRE-DE-CRUZIERES Les Gallines
(TH) *C.M. 80 Pli 8*

3 ch.

Au Sud de l'Ardèche, au cœur du village, 3 chambres vous sont proposées. Salles d'eau privatives, wc commun à l'étage. Coin lecture, TV, jeux de société... Salle à manger familiale, terrain de détente, relax. Produits de la ferme (volailles, canards gras) et prodts locaux que vous goûterez à notre table d'hôtes. Diverses activités de loisirs à proximité. Baignade, marche, visites de grottes, musées, moulin a huile,... Ramassage de châtaignes, champignons à l'automne... Bienvenue aux Gallines.

Prix : 1 pers. **23 €** 2 pers. **30 €** 3 pers. **40 €** repas **11 €**
Ouvert : Février à novembre + Fêtes de fin d'année.

10	10	4	3	10	SP	20	10	10	30	SP

Josiane RAYROLLES - Le Village - Les Gallines - 07460 ST-ANDRE-DE-CRUZIERES - Tél. : **04 75 36 00 61**

Ardèche

Rhône-Alpes

ST-ANDRE-DE-CRUZIERES La Manaudière   A   C.M. 80 Pli 8

4 ch. — 4 ch. d'hôtes au 2ᵉ étage d'une maison de famille à caractère méridional, entourée de pinèdes, d'oliviers et de garrigues, à 2 km du village. Salle d'eau et wc privatifs, salon commun. Cadre calme, ombragé, grande terrasse ensoleillée, parking privé, grand espace pour les enfants. Auberge : repas préparés avec des produits fermiers. Prix pension et demi pension nous consulter. Langues parlées : anglais, espagnol.

Prix : 1 pers. 37 € 2 pers. 42 € p_sup. 12 € repas 14 €
Ouvert : Toute l'année.

🐕	⛱	🚣	🎾	🏃	🏊	🎿	⛵	🏨	🚜	⚓
	10	10	4	3	10	SP	20	10	30	SP

Jean-Luc MAISTRE - Auberge « la Manaudiere » - 07460 ST-ANDRE-DE-CRUZIERES - Tél. : 04 75 39 34 58 - Fax : 04 75 39 34 58 -
E-mail : auberge.la.manaudiere@wanadoo.fr

ST-ANDRE-DE-CRUZIERES   C.M. 80 Pli 8

4 ch. — Les mûriers : 1 bâtisse provençale située aux confins de l'Ardèche et du Gard, où vous accueillent Elisabeth et Christian. 4 ch. d'hôtes tout confort de 2 ou 3 pers. avec salles d'eau et wc privatifs. Séjour commun avec coin-cuisine à dispo. des hôtes et TV, ch.électr. Possibilité de prendre les petits-déj. en terrasse ombragée et d'ajouter lit d'appoint dans les ch. Barbecue à disposition. Petits déjeuners copieux (confitures maison, plateau de fruits). Plusieurs restaurants à partir de 800 m.

Prix : 1 pers. 36 € 2 pers. 40 € 3 pers. 50 € p_sup. 11 €
Ouvert : Toute l'année.

🐕	⛱	🚣	🎾	🏃	🏊	🎿	⛵	🏨	🚜	⚓
	14	20	10	10	12	SP	15	10	30	1

Christian DUMAS - Pierregras - Les Muriers - 07460 ST-ANDRE-DE-CRUZIERES - Tél. : 04 75 39 02 02 - Fax : 04 75 39 02 02 -
www.sud-ardeche.com/tourism/les-muriers

ST-BARTHELEMY-LE-MEIL Laudie   (TH)   C.M. 76 Pli 19

2 ch. — A 3 km de la vallée de l'Eyrieux, au cœur d'1 ferme ardéchoise surplombant 1 petite rivière à truite, 2 ch.d'hôtes de 2 à 3 pers. avec s.d'eau et wc privés à chq chambre, vous sont proposées. Salle à manger et salon communs avec le propriétaire. Table d'hôte le soir sur réservation. Ventes de produits locaux. Piscine à 1 km, au village ou aire de jeux. Pédalo, piscine au Cheylard à 10 km. A 15 km, la Montagne Ardéchoise : Lacs, Gerbier des Joncs, ski de fond.

Prix : 1 pers. 27 € 2 pers. 34 € 3 pers. 44 € p_sup. 9 € repas 11 €
Ouvert : Toute l'année.

🐕	🚣	🎾	🏃	🏊	🎿	⛵	🏨
	SP	1	1	20	SP	15	11	3	10

Alain CHASSON - Laudie - 07160 ST-BARTHELEMY-LE-MEIL - Tél. : 04 75 29 29 81

ST-CHRISTOL Les Echarlives   Alt. : 600 m   (TH)   C.M. 76 Pli 19

4 ch. — Danye et Bernard vous accueillent dans leur ancien moulinage entièrement restauré et vous proposent 4 ch. d'hôtes de 2 pers, toutes avec salle d'eau et wc privatifs. Vous disposerez d'1 salon de détente ou de musique, vous pourrez prendre les petits déj. et éventuellement goûter la table d'hôte soit dans la cour si le temps le permet ou dans notre salle à manger. Nous disposons aussi d'un gîte rural de 5 personnes. VTT à disposition. Nous sommes situés à 12 km du Cheylard (services médicaux, gds commerces, piscine aménagée), en moyenne montagne, dans un environnement boisé où coulent des rivières classées en 1ᵉʳᵉ catégorie.

Prix : 1 pers. 30 € 2 pers. 40 € pers. sup. 15 € repas 13 €

🐕	⛱	🚣	🎾	🏊	🎿	⚓
	12	SP	12	12	SP	15	10	12

Bernard et Danye JOUANNIGOT - Les Echarlives - 07160 ST-CHRISTOL - Tél. : 04 75 29 00 34 - Fax : 04 75 29 96 39 -
E-mail : lemoulinage@free.fr - www.lemoulinage.fr.st

ST-CIRGUES-DE-PRADES Mas de la Graveyre   C.M. 76 Pli 18

1 ch. — Pour vos vacances, week-end, venez vous ressourcer dans 1 site verdoyant et calme, venez vous ressourcer dans 1 superbe ferme de caractère du XVIᵉ, au milieu du Parc régional des Monts d'Ardèche, tout près de Vals Les Bains. 1 suite de grand confort avec grande chambre 1 lit 2 pers., 1 lit 1 pers. salle d'eau, wc privés, cuisine réservée aux hôtes avec possibilité de petits repas. Vaste salon avec TV et cheminée traditionnelle, terrasse privative et jardin.

Prix : 2 pers. 58 € 3 pers. 73 €

🐕	⛱	🚣	🎾	🏃	🏊	🎿	⛵	🏨
	2,5	2,5	15	1,5	1,5	SP	25	8	8	1,5

Gisèle DALMOLIN - Mas de la Graveyre - 07380 ST-CIRGUES-DE-PRADES - Tél. : 04 75 93 26 64 ou 04 75 94 69 48 -
Fax : 04 75 94 67 11 - E-mail : espanet.assurances@wanadoo.fr

ST-CLEMENT   Alt. : 900 m   (TH)   C.M. 76 Pli 18

3 ch. — 3 ch.d'hôtes dans une ferme isolée, au 1ᵉʳ étage, à 3 km du village. Salle à manger et salon communs, s.d'eau et wc privés attenants à chaque chambre, tél., TV dans le salon commun, ch.électr. Table d'hôte : produits fermiers. Ferme ardéchoise authentique. Brebis. Carrefour de randonnées à proximité du Mont Mézenc. Nombreux animaux de la ferme.

Prix : 1 pers. 27 € 2 pers. 30 € 3 pers. 39 € p_sup. 15 €
repas 15 €

🐕	⛱	🚣	🎾	🏃	🏊	🎿	⚓
	5	5	10	14	20	3	18	10

Marianne MOREAU - ferme la Traverse - 07310 ST-CLEMENT - Tél. : 04 75 30 41 10

Rhône-Alpes — Ardèche

ST-DESIRAT La Désirade — C.M. 76 Pli 10

6 ch. A 45 mn au sud de Lyon, sur la route des vins, dans un petit village ardéchois, La Désirade, très belle demeure bourgeoise du XIXe, bénéficie d'un cadre exceptionnel propice au repos et à la détente. 6 ch.d'hôtes vous sont proposées. 3 ch. (1 lit 2 pers.) s.d'eau et wc privés, 2 ch. (1 lit 2 pers., 1 lit 1 pers.) s.d'eau et wc privés, 1 suite de 2 ch. (2 lits 2 pers., 1 lit 1 pers.), s.de bains et wc privés. Salon. Parc ombragé, parking fermé. RN86 à 5 mn. Vous pourrez déguster notre cuisine régionale à la table d'hôtes (sur réservation). Langue parlée : anglais.

Prix : 1 pers. 30 € 2 pers. 43 € 3 pers. 58 € p_sup. 15 € repas 16 €

Ouvert : Toute l'année.

3	3	3	3	10	SP	7	2	25	15	2

Philippe MEUNIER - La Desirade - 07340 ST-DESIRAT - Tél. : 04 75 34 21 88 - E-mail : contact@desirade-fr.com - www.desirade-fr.com

ST-ETIENNE-DE-LUGDARES Le Cros — Alt. : 1080 m — C.M. 76 Pli 17

1 ch. Au cœur de la montagne ardéchoise, pour une détente totale et une grande convivialité, nous vous proposons 1 chambre très confortable de 2 à 3 pers avec salon, chaine hifi, salle d'eau et wc privés. Séjour et salon devant notre cheminée ardéchoise communs. A la veillée, rené, accompagné de sa guitare, vous fera partager sa passion pour Brassens, Brel... Aux beaux jours, vous pourrez vous détendre sur les pelouses, l'hiver, nous sommes à 15 km de 2 stations de ski familliales (fond et piste). Pêche en rivière 1ere cat en dessous de la maison. Nombreuses rando pédestre ou VTT au départ de la maison. Langues parlées : anglais, allemand.

Prix : 2 pers. 43 € 3 pers. 61 € repas 14 €

10	0,2	27	2	SP	15	2	15	2

René et Francine VANDEN BERGHE-DERECQUE - Le Cros - 07590 ST-ETIENNE-DE-LUGDARES - Tél. : 04 66 46 67 96 - Fax : 04 66 46 67 96 - E-mail : tilleulmas@minitel.net

ST-FORTUNAT Hameau de la Mure — Alt. : 700 m — C.M. 76 Pli 20

5 ch. Perdu dans les vallons et bénéficiant d'une superbe vue panoramique sur le Vercors, la Vallée du Rhône et jusqu'au Ventoux, cet hameau de bergers a gardé le caractère rustre de la nature sauvage. 5 ch. équipées chacune d'1 salle d'eau et wc privés, alliant tous les éléments de confort moderne de la rusticité et à l'élégance, et respectant le caractère originel du site. Possibilité de repas à la TH sur réservation. Par le jeu des saisons marquant de leur empreinte le paysage, ici tout incite au recueillement, à la réflexion et à la méditation. Lit bébé et lit d'appoint à disposition.

Prix : 1 pers. 34 € 2 pers. 44 € p_sup. 11 € repas 13 €

Ouvert : Toute l'année.

12	12	8	8	8	SP	17	16	25	8

Françoise CARETTE - Hameau de la Mure - 07800 ST-FORTUNAT - Tél. : 04 75 41 53 57 - Fax : 04 75 41 53 57 - E-mail : carfr@club-internet.fr - http://perso.club-internet.fr/carfr/index.html

ST-GEORGES-LES-BAINS — C.M. 76 Pli 20

4 ch. Tout proche de Beauchastel, en Vallée du Rhône, à la porte de la Vallée de l'Eyrieux, 4 chambres au r.d.c. de la maison très fleurie des propriétaires. 1 ch.(1 lit 2 pers.), s.de bains et wc privés, 2 ch.(1 lit 2 pers.), 1 ch.(1 lit 2 pers., 2 lits 1 pers.), s.d'eau privative et wc commun. Table d'hôtes conviviale et familiale. Parking privé. Lit bébé à disposition. De cette convivialité, nous vous ferons partager nos passions, l'amour des fleurs et le rêve des vols en montgolfière. Tarif 1/2 pension à partir de la 3e nuit dégressif. Taxe de séjour comprise dans le prix. Chambres non fumeur. Langue parlée : allemand.

Prix : 2 pers. 36 € 3 pers. 46 € p_sup. 10 € repas 13 €

Ouvert : Toute l'année sauf du 24/12 au 2/01.

4	0,5	2	2	3	SP	5	10	2

Marie-Reine et Alain MARTIN - Le Mas Fleuri - Allée Fleurie - 07800 ST-GEORGES-LES-BAINS - Tél. : 04 75 85 33 06 ou 06 60 89 33 06 - Fax : 04 75 85 33 06 - E-mail : marie-reine.martin@wanadoo.fr - www.multimania.com/masfleuri

ST-GERMAIN — C.M. 80 Pli 9

4 ch. 4 ch. d'hôtes dont 1 en r.d.c. et 2 en 1/2 étage, au cœur d'1 village médiéval, situées sur 1 exploitation viticole, très calme. Sanitaires privatifs, kitchenette à dispo., séjour (TV, jeux, lecture), salon de jardin. Nombreuses possibilités touristiques dans les environs. Gorges de l'Ardèche à 25 km. Découverte des vins du terroir, visite guidée cave coopérative. Nombreux sentiers balisés. Réduction -10 % pour séjour d'une semaine et plus.

Prix : 1 pers. 30 € 2 pers. 38 € 3 pers. 49 € p_sup. 11 €

Ouvert : Toute l'année.

3	3	10	3	7	SP	5	10	25	SP

Jean et Jacqueline TARDIEU - Le Village - 07170 ST-GERMAIN - Tél. : 04 75 37 70 60 - Fax : 04 75 37 70 60 - E-mail : jean.tardieu@libertysurf.fr

ST-JACQUES-D'ATTICIEUX Chavanon — Alt. : 500 m — C.M. 76 Pli 10

1 ch. Au pied des contreforts du Massif du Pilat, à deux pas du Parc Naturel Régional, 1 chambre d'hôtes aménagée dans la maison du propriétaire. Chambre avec 2 lits 1 pers., salle de bains et wc privatifs, ch. central, terrain, salon de jardin. Table d'hôtes le soir sur réservation. Langue parlée : anglais.

Prix : 1 pers. 27 € 2 pers. 38 € p_sup. 18 € repas 12 €

Ouvert : Toute l'année sauf du 14.12 au 04.01.

15	3	12	3	5	SP	14	10	3

Jacqueline MARECHAL - Chavanon - 07340 ST-JACQUES-D'ATTICIEUX - Tél. : 04 75 67 12 82

Ardèche

Rhône-Alpes

ST-JEURE-D'AY La Crinière (TH)

C.M. 76 Pli 20

4 ch. En pleine nature, dans 1 ferme entièrement rénovée pleine de charme en bordure de rivière, « La Crinière » vous propose 4 ch. 2 pers. Chaque chambre possède des poutres apparentes, des couleurs chaleureuses et de belles sdb-wc individuelles. Table d'hôtes avec cuisine du terroir, dîners aux flambeaux sur la terrasse en été ou au coin du feu en hiver. Salon, coin détente : musique,TV,jeux de société, bar, terrasse solarium. Lyon 80 Km, Annonay/Sarras 12 km. Promenade, rando à cheval, montgolfière (réserv.sur place). Pension chevaux+halte équestre. Accueil de groupes et de séminaires. Paniers pique-nique sur demande. Langues parlées : anglais, allemand.

Prix : 1 pers. 38 € 2 pers. 46 € 3 pers. 58 € p_sup. 12 € repas 14 €
Ouvert : Toute l'année.

SP	SP	7	2	2	SP	20	12	2

Jocelyne CASTAN - La Crinière - 07290 ST-JEURE-D'AY - Tél. : 04 75 34 58 96 - Fax : 04 75 34 58 96 -
E-mail : dagrain@club-internet.fr - www.rent-a-holiday.com/info/lacriniere

ST-JULIEN-DU-GUA Intres

Alt. : 750 m

C.M. 76 Pli 19

1 ch. Jean-Pierre vous propose l'authenticité d'1 hameau ardéchois et de belles rencontres avec la nature ou avec vous même ! 1 ch.d'hôtes au 1er étage d'1 vieille ferme ardéchoise de granit rose, nichée sur 1 mamelon rocheux, à l'écart du hameau de Intres, à 7 km du village. Salle d'eau et wc privatifs attenants, salon, bibliothèque à disposition,ch.central, piscine privée. Lit d'appoint et lit bébé sur demande. Langue parlée : anglais.

Prix : 1 pers. 50 € 2 pers. 55 € 3 pers. 67 € p_sup. 12 €
Ouvert : Du 1/05 au 15/09.

4	4	SP	7	30	SP	30	40	25	40	7

Jean-Pierre LAMBERT - Hameau de Intres - 07190 ST-JULIEN-DU-GUA - Tél. : 04 75 66 85 04 - Fax : 04 75 66 87 90 -
E-mail : jean-pierre.lambert8@libertysurf.fr

ST-JULIEN-DU-SERRE Le Chambon

C.M. 76 Pli 19

1 ch. Il était une fois, blotti au creux d'une vallée où coule une rivière, un ancien moulinage, à 7 km d'Aubenas (2 km de la RN104). Sur la terrasse, il fait bon se délecter des saveurs ensoleillées des miels doux et confitures maison, de pains et gâteaux parfumés. 1 suite mansardée de 2 ch.(4 pers.), s.d'eau, wc privés. Frigo. Resto à 5 mn. Ranch dans hameau. L'histoire du moulinage, de l'eau et de la soie. Pour pratiquer escalade, canyoning, VTT... Accueil familial et décontracté. Langue parlée : anglais.

Prix : 2 pers. 40 € 3 pers. 56 € p_sup. 17 €
Ouvert : Toute l'année.

SP	SP	7	7	SP	SP	30	7	7	2

Viviane et Jacques VANDAMME-LEFEVRE - Le Chambon - Le Moulinage - 07200 ST-JULIEN-DU-SERRE - Tél. : 04 75 93 05 09

ST-JULIEN-DU-SERRE Mas de Bourlenc (TH)

C.M. 76 Pli 19

5 ch. Aux amateurs d'ambiance provençale, aimant la nature, le bois et les pierres, 5 chambres tout confort avec accès indépendant et vue superbe vous attendent ainsi que le salon détente avec sa belle cheminée. Les produits du jardin bio et fermiers enchanteront vos papilles. Cuisine goûteuse aux plantes aromatiques et cueillette sur réserv. Terrasses ensoleillées ou ombragées avec treille. Thierry, apiculteur, vend son miel et ses confitures maison. Langues parlées : anglais, espagnol.

Prix : 2 pers. 44/49 € 3 pers. 61/64 € p_sup. 15 € repas 23 €
Ouvert : Toute l'année.

1	1	8	2,5	6	SP	30	25	18	40	2

Thierry et Dorothée VENTALON - Mas de Bourlenc - 07200 ST-JULIEN-DU-SERRE - Tél. : 04 75 37 69 95 - Fax : 04 75 37 69 95 -
www.guideweb.com/ardeche/ch-hôte/mas-de-bourlenc

ST-JUST-D'ARDECHE La Melinas (TH)

C.M. 80 Pli 9

3 ch. Isabelle et Marc vous reçoivent dans leur demeure chaleureuse et authentique datant du 12e siècle. Voûtes, vieilles pierres et âtres vous ramèneront à l'époque des templiers. 3 chambres pleines de charmes vous sont proposées : 2 suites de 2 à 4 pers, salles de bains et wc privés, 1 chambre famillliale de 4 pers avec salle d'eau et wc privés. Cour intérieure avec piscine, terrasse et salon d'été, jardin, jeux pour les enfants. Nous nous situons à deux pas des grands sites touristiques de la provence. Grand salon voûté avec sa cheminée traditionnelle, repas pris sur la terrasse ou dans la cuisine entièrement voûtée (sur réserv).

Prix : 1 pers. 53/59 € 2 pers. 59/63 € 3 pers. 75/78 € pers. sup. 15 € repas 18 €

4	1	SP	0,3	2	4	4	10	10	2

Marc et Isabelle VANDENBERGHE-DE PERMENTIER - la Melinas - 07700 ST-JUST-D'ARDECHE - Tél. : 04 75 04 61 36 -
Fax : 04 75 04 61 36 - E-mail : la-melinas@wanadoo.fr - www.la-melinas.com

ST-LAGER-BRESSAC Château de Fontblachère

C.M. 76 Pli 18

4 ch. A 10 km de l'A7, dans 1 environnement protégé, en bordure de forêt, le château de Font Blachère (XVIIe) se situe sur les collines qui bordent la vallée du Rhône. 3 ch.d'hôtes de 2 à 3 pers. et une suite de 4 pers., ttes avec salle d'eau et wc privés, vous sont proposées. Piscine SPA et tennis privés du propr à dispo. dans le gd parc arboré. Salle à manger voûtée, terrasse, salon de jardin. A proximité, vous trouverez un centre équestre,... Plus loin, un golf, une base nautique, un aéroclub... Petits chiens acceptés. Lit bébé à disposition. Langue parlée : anglais.

Prix : 2 pers. 90/120 € 3 pers. 135 € p_sup. 16 €
Ouvert : Du 1er avril au 31 octobre.

15	15	SP	SP	3	SP	6

Bernard LIAUDOIS - Château de Fontblachere - 07210 ST-LAGER-BRESSAC - Tél. : 04 75 65 15 02 ou 06 07 62 74 23 -
Fax : 04 75 65 15 02 - E-mail : bernard.liaudois@wanadoo.fr - www.chateaudefontblachere.com

Rhône-Alpes **Ardèche**

ST-LAURENT-SOUS-COIRON Le Solitary   Alt. : 550 m   (TH)   C.M. 76 Pli 19

5 ch.   5 ch.d'hôtes aménagées dans une ferme en basalte typique du Coiron, à 3 km de Darbres. Accueil chaleureux, au calme, dans un hameau isolé, au milieu des chevaux. 2 ch. 2 pers. avec s.d'eau privatives et wc commun. 1 suite avec 2 ch. 2 pers., s.d'eau et wc privatifs. 1 chambre 2 pers. avec s.d'eau et wc privatifs, coin-cuisine. Salon de détente à dispo. des hôtes. Terrasse ombragée, TH : cuisine familiale, produits de la ferme. 1/2 pension : enfant 24.4 €./adulte 32.01 €. Forfait bébé : 9.15 €... Accord du propriétaire pour les animaux. Ecole d'équitation dans le hameau (réservation impérative au 04 75 94 22 50). Langues parlées : anglais, espagnol.

Prix : 1 pers. 17 € 2 pers. 34 € 3 pers. 46 € p_sup. 15 €
repas 12 €
Ouvert : Toute l'année.

		1	1	3	5	SP	SP	50	30	2	45	7

Daniele CARLEBACH - Le Solitary - 07170 ST-LAURENT-SOUS-COIRON - Tél. : 04 75 94 22 39 - Fax : 04 75 94 22 50

ST-MARTIN-SUR-LAVEZON Le Petit Nice   (TH)   C.M. 76 Pli 20

3 ch.   Maison située au pied du Coiron (montagne volcanique), en bordure d'une petite route, grand terrain aménagé au bord du ruisseau, piscine au jardin. 3 ch.d'h., toutes avec accès indépendant, s.d'eau et wc privés à chq chambre. 1 ch.2 pers., 1 suite 2/4 pers., 1 ch. 2/4 pers. avec TV, kitchenette. Table d'hôte sur réservation, à partir d'ingrédients régionaux et toujours frais, nous vous proposons une nouvelle version de la cuisine ardéchoise. Gorges de l'Ardèche à 30 mn, Privas et Montélimar à 15 mn. Langues parlées : anglais, allemand.

Prix : 1 pers. 32/37 € 2 pers. 37/41 € 3 pers. 44/49 € p_sup. 7 €
repas 17 €
Ouvert : Toute l'année.

		SP	0,5	SP	4	20	SP	30	12	30	12	3

**Daniella et Michael SCHMIDLIN/HEILAND - Le Petit Nice - 07400 ST-MARTIN-SUR-LAVEZON - Tél. : 04 75 52 90 32 -
Fax : 04 75 52 89 05 - E-mail : info@lepetitnice.com - http ://lepetitnice.com**

ST-MAURICE-D'ARDECHE Cornut   C.M. 80 Pli 9

2 ch.   A proximité des Gorges de l'Ardèche, situé dans un environnement de garrigue et à 1 km du village St Maurice (petits commerces), 2 chambres d'hôtes sont aménagées dans la maison du propriétaire, accès indépendant par la terrasse. Chaque chambre dispose d'une salle d'eau et d'un wc privatifs. Pièce à vivre commune, terrain. Le propriétaire dispose aussi d'1 gîte rural. Voguë à 4 km, Ruoms à 8 km. A proximité, site d'escalade de Chauzon, vieux village de Rochecolombe, Voguë, Ruoms, vignoble, baignade, canoë, pêche,...

Prix : 1 pers. 30 € 2 pers. 35 €

		1,8	1,8	12	1	8	SP	4	5	25	4

Marcel MARTIN - Cornut - Les Oliviers - 07200 ST-MAURICE-D'ARDECHE - Tél. : 04 75 87 24 64

ST-MICHEL-DE-CHABRILLANOUX   Alt. : 525 m   C.M. 76 Pli 19

2 ch.   2 ch. d'hôtes aménagées dans une ancienne bergerie au cœur d'un village de 50 habitants. Salle d'eau et wc privatifs attenants, salon indépendant réservé aux hôtes, cheminée, chauffage électrique. Restaurant à 10 mètres. Sur place, vous bénéficierez de la piscine du propriétaire.

Prix : 1 pers. 35 € 2 pers. 43 € 3 pers. 50 € p_sup. 9 €
Ouvert : Toute l'année.

		7	7	SP	SP	7	SP	7

**Alice CHAPUS - Le Village - 07360 ST-MICHEL-DE-CHABRILLANOUX - Tél. : 04 75 66 24 32 - Fax : 04 75 66 24 32 -
E-mail : cchapus@aol.com**

ST-MONTAN La Pacha   (TH)   C.M. 80 Pli 10

4 ch.   Ferme restauré du 18e, typiquement ardéchoise, à proximité d'un village médiéval, avec vue panoramique. A 15 km de l'Autoroute et des Gorges de l'Ardèche. Nos 4 chambres, joliement décorées, vous assureront un séjour agréable et reposant. Terrasse privée avec salon de jardin pour chaque chambre. Piscine privée. Petit-déjeuner servi sous la tonnelle, au chant des cigales durant l'été. Salle commune avec cheminée, petit salon, jeux, pétanque. Restaurant à 5 mn. Langues parlées : anglais, espagnol.

Prix : 2 pers. 55 € p_sup. 14 € repas 19 €
Ouvert : Toute l'année sauf Noël et jour de l'An.

		6	6	SP	3	10	SP	15	3	15	17	3

**Sylvie et Geoffroy CHARLIER - La Pacha - Route de Viviers - 07220 ST-MONTAN - Tél. : 04 75 52 57 41 - Fax : 04 75 52 57 41 -
E-mail : lapacha.lemoure@wanadoo.fr**

ST-PAUL-LE-JEUNE Sauvas   C.M. 80 Pli 8

3 ch.   Dans une maison de caractère rénovée : 3 chambres de 2 à 4 pers avec sanitaires privés. Entrée indépendante. Salon, TV, frigo, coin-cuisine, lit d'appoint à diposition. Terrasse et jardin fleuri ou sont servis les petits déjeuners copieux. Garage à vélo. RD 104 en contre bas de la maison. A proximité : Grotte de la cocalière, Barjac, les Vans, le bois païolive, Vallon Pont d'Arc, Gorges de l'Ardèche. Chiens admis sous réserve. Réservation souhaitée. Langues parlées : anglais, allemand.

Prix : 1 pers. 27/32 € 2 pers. 37/41 € 3 pers. 55 € p_sup. 10 €

		5	5	5	1	1	1	5	1	1

Godeliva LUYPAERTS - Sauvas - 07460 ST-PAUL-LE-JEUNE - Tél. : 04 75 39 80 74 - Fax : 04 75 39 80 74

Ardèche

Rhône-Alpes

ST-PIERREVILLE Chabriol Bas   Alt. : 550 m   *C.M. 76 Pli 19*

6 ch. Le Moulinage Chabriol (18e) remarquablement rénové, respire toujours la sobriété propre à l'esprit de cet ancien moulin-filature de soie. Son caractère industriel est soigneusement conservé. 6 ch. de qualité (s.de bains,wc privés) où règne un équilibre visuel entre belles pierres apparentes, plafonds voûtés, meubles antiques et matériaux contemporains. Gd séjour avec cheminée. Au bord de rivière. Baignade et pêche sur place. Châtaigneraies. Trentaine de randonnées en boucles. Exposit°de la soie (1870-1930). Bons restaurants à prox. Taxe de séjour inclue dans tarifs. Accès : D102 entre St Sauveur et Albon. Langues parlées : anglais, allemand.

Prix : 2 pers. 57 €
Ouvert : Toute l'année sur réservation.

SP	SP	35	4	25	SP	20	15	15	4

Edouard DE LANG - Chabriol Bas - 07190 ST-PIERREVILLE - Tél. : 04 75 66 62 08 - Fax : 04 75 66 65 99 - E-mail : chabriol@infonie.fr - www.chabriol.com

ST-PIERREVILLE Le Pont d'Aleyrac   Alt. : 550 m   (TH)   *C.M. 76 Pli 19*

4 ch. Dans un ancien moulinage, au cœur du parc naturel régional, à 5 mn du village par l'ancienne route des Dragonnades, au bord d'une rivière 1ère catégorie, 3 ch. de 2 à 3 pers avec s.d.b. et wc privés, 1 suite de 4 pers. avec s.d.b. et wc privés. Salle commune, cheminée, terrasses, cour fleurie et jardin paysagé. Table d'hôtes sur résa(sauf le jeudi). Randonnées pédestres ou en VTT. A mi-chemin de la Vallée du Rhône et du Mont Gerbier des Joncs. Anglais et italien parlés. En pleine nature mais tout proche d'un joli village. Confort et calme. Balades, repos, temps de vivre.Riche documentation sur l'Ardèche.Galerie d'expositions temporaires. Langues parlées : anglais, italien.

Prix : 1 pers. 37 € 2 pers. 49 € 3 pers. 64 € p_sup. 15 €
repas 18 €
Ouvert : 29/03 au 12/11.

0,5	SP	30	1,5	15	SP	20	15	15	1

Annie et Bernard MIRABEL - Le Pont d'Aleyrac - 07190 ST-PIERREVILLE - Tél. : 04 75 66 65 25 - Fax : 04 75 66 65 25

ST-REMEZE Les Chabannes   *C.M. 80 Pli 9*

3 ch. 3 ch. d'hôtes en r.d.c. à 500 m du village, aménagées dans un bâtiment attenant à la maison du propriétaire sur une exploitation viticole. Salle d'eau et wc privatifs attenants, TV, pièce de jour réservée aux hôtes, ch. central. Terrasse, terrain. Piscine privée. Gorges de l'Ardèche à 7 km. Grottes et musées à proximité.

Prix : 1 pers. 25 € 2 pers. 34 € 3 pers. 41 € p_sup. 9 €
Ouvert : 1er avril au 1er novembre.

10	10	SP	0,5	10	SP	0,5	6	20	0,5

Marc et Pascale SPIGA - Les Chabannes - 07700 ST-REMEZE - Tél. : 04 75 04 38 73

ST-REMEZE La Martinade   (TH)   *C.M. 80 Pli 9*

4 ch. Sylvette et Gérard, ardéchois, vous accueillent dans une ancienne ferme dans la famille depuis plus de 100 ans et vous proposent 3 chambres pour 2 pers. avec terrasse (possibilité couchage suppl.) et 1 ch. 4 pers. Toutes avec s.d'eau et wc privés. Table d'hôtes le soir sur réservation à partir de 4 pers. (cuisine ardéchoise/régionale). Animaux refusés ch. Langue parlée : anglais.

Prix : 1 pers. 37 € 2 pers. 43 € 3 pers. 52 € p_sup. 15 €
repas 14 €
Ouvert : Toute l'année.

9	9	0,2	0,3	12	SP	10	16	8	20	2

Sylvette MIALON - La Martinade - 07700 ST-REMEZE - Tél. : 04 75 98 89 42 - Fax : 04 75 04 36 30 - E-mail : sylvetlm@aol.com - www.angelfire.com/la/lamartinade/

ST-ROMAIN-DE-LERPS Le Bec   Alt. : 600 m   (TH)   *C.M. 76 Pli 20*

3 ch. Maison ancienne dans un hameau du Haut Pays de Crussol. Nombreux sentiers balisés pour la randonnée à pied ou en VTT. Table d'hôtes : produits régionaux. 2 chambres (2 lits 1 pers. et 1 lit 2 pers., 1 lit 1 pers.) avec salle d'eau privatives et wc commun. 1 chambre indépendante avec salle d'eau et wc privatifs (1 lit 2 pers., 2 lits 1 pers.). A St Romain, point de vue magnifique sur la vallée du Rhone, les Alpes et le massif central, sentiers à thèmes autour de la table d'orientation. Langues parlées : anglais, espagnol.

Prix : 1 pers. 32 € 2 pers. 40 € 3 pers. 52 € pers. sup. 12 €
repas 13 €
Ouvert : Toute l'année.

8	8	12	2	6	SP	12	6	15

Mireille LEVEILLE - Hameau du Bec - 07130 ST-ROMAIN-DE-LERPS - Tél. : 04 75 58 50 10

ST-SAUVEUR-DE-CRUZIERES Le Bourdet   (TH)   *C.M. 80 Pli 8*

5 ch. Aux portes de la Provence (vignes, oliviers), halte de charme et de saveurs dans ce superbe mas de caractère, aux couleurs et à l'ambiance très sud. Vue magnifique sur le village et la campagne environnante. Dans ce lieu où il fait bon vivre, à la décoration soignée et à la cuisine généreuse, Martine et Rocco vous accueillent dans l'1 des 5 chamb. de leur maison. Gd salon/s.à m. avec feu à l'âtre, TV, pétanque, parking. Jardin, détente au bord de la piscine-balnéo ou sur l'une des terrasses ensoleillées. Petits-déjeun.gourmands, confitures maison. Spécialités ardéchoises et méridionales. Sur demande : chiens/chats sages bienvenus. Langue parlée : italien.

Prix : 1 pers. 65 € 2 pers. 110 € p_sup. 38 € repas 38 €
Ouvert : Toute l'année sur réservation.

SP	SP	SP	1,5	4	SP	7	SP	10	30	6

Rocco et Martine D'ADDETTA - Le Bourdet - 07460 ST-SAUVEUR-DE-CRUZIERES - Tél. : 04 75 36 00 21 - Fax : 04 75 36 01 99 - www.guideweb.com/ardeche/ch-hôte/bourdet/

Rhône-Alpes — **Ardèche**

ST-SAUVEUR-DE-CRUZIERES Les Molières
C.M. 80 Pli 8

▌▌▌ 4 ch.

Au pays des Cruzières, au calme, entre vignes et oliviers, mas typique du XVIᵉ siècle, avec piscine intérieure dans la cour, terrasses bénéficiant d'une superbe vue. 4 chambres aux couleurs pastel (sanitaires privatifs). Salle à manger voutée, salle de détente avec TV, billard, bibliothèque, canapés. jeux de boules ombragés. Richard vous préparera 1 cuisine aux saveurs de saison que vous dégusterez autour d'une grande table sous les voutes ou le tilleul. - 10 % à partir de 3 nuitées (hors juillet et août). Langues parlées : anglais, allemand.

Prix : 1 pers. 51 € 2 pers. 55 € p_sup. 16 € repas 19 €
Ouvert : Toute l'année.

8	2,5	SP	2	4	2,5	8	2	15	30	2

Richard REUTHER - Les Molières - Mas des Molières - 07460 ST-SAUVEUR-DE-CRUZIERES - Tél. : 04 75 39 08 75 ou 06 84 25 29 95 - Fax : 04 75 39 08 75

ST-VICTOR Deyras
C.M. 76 Pli 10

▌▌▌ 2 ch.

Au cœur des paysages sauvages et préservés des vallées de la Daronne et du Doux, Catherine et Laurent vous accueillent chaleureusement dans une ancienne ferme vivaroise du XVIIᵉ et vous proposent de découvrir les produits originaux de leur grand potager biologique. 2 agréables ch pr 2 pers (2 lits 1 pers), salle d'eau et wc privés, salle à manger en pierres avec cuisine équipée à disposition, coin-salon, cour fleurie, terrasse ombragée, ch et séjour non fumeurs. Table d'hôtes le soir sur réservation. Petite gare du Train Touristique « Le Mastrou » à 4 km. Langue parlée : anglais.

Prix : 1 pers. 28 € 2 pers. 37 € repas 13 €
Ouvert : Toute l'année.

5	2	5	5	10	4	25	22	4

M. et Mme YANEZ-CARBONELL - Deyras - 07410 ST-VICTOR - Tél. : 04 75 06 11 02 - Fax : 04 75 06 11 02

ST-VINCENT-DE-BARRES Les Faugères
C.M. 76 Pli 20

▌▌ 5 ch.

A 15 km de Privas et de Montélimar, 5 ch. d'hôtes aménagées dans une maison de maître du XVIIᵉ : 4 ch. 3 pers. avec s. d'eau et wc privés et 1 ch. 2 pers. avec s. d'eau et wc privés non attenants. Jardin ombragé de tilleuls. « Il était une Soie », expositions d'artistes locaux. Plan d'eau 15 km. 2 circuits VTT sur place. GR42 + Transbarrésienne. Sur les « chemins de la soie », la magnanerie des Faugères vous fait revivre l'histoire merveilleuse d'une fibre noble et inimitable... Boutique paysanne sur place (produits régionaux). Langue parlée : anglais.

Prix : 1 pers. 32/35 € 2 pers. 40/53 € 3 pers. 56 € p_sup. 12 €
Ouvert : Toute l'année.

6	6	2	2	3	1	7	15	7

Lixiane COSTE - Les Faugeres - 07210 ST-VINCENT-DE-BARRES - Tél. : 04 75 65 93 40 - Fax : 04 75 65 93 40 - E-mail : iletaitunesoie@francecreation.com - www.iletaitunesoie.com

ST-VINCENT-DE-DURFORT Serre de Gruas   Alt. : 800 m
C.M. 76 Pli 19

▌▌▌ 1 ch.

Situé sur un plateau dominant la vallée du Rhône et le Vivarais, dans un hameau ardéchois de caractère très isolé et bénéficiant d'une très belle vue panoramique, site idéal pour les amoureux des gds espaces. 1 ch de 2 pers avec salle d'eau et wc, terrasse. Salon et salle à manger communs. Table d'hôtes sur réservation. Possibilité de randos pédestre ou VTT au départ du hameau, cadre et environnement exceptionnel. Le propr possède aussi un gîte de 12 pers. Langue parlée : anglais.

Prix : 1 pers. 34 € 2 pers. 41 € 3 pers. 46 € repas 12 €
Ouvert : Mars à octobre inclus.

12	6	20	12	SP	16	12	12

Guillemette et Jean ABEL - Serre de Gruas - 07360 ST-VINCENT-DE-DURFORT - Tél. : 04 75 66 25 15

ST-VINCENT-DE-DURFORT Le Viallat   Alt. : 500 m
C.M. 76 Pli 20

▌▌ 5 ch.

A 15 km de Privas et des Ollières, dans 1 lieu retiré du monde, belle maison en pierre de pays aménagée sur 1 propriété de 30 ha et bénéficiant d'1 piscine. 4 ch. 2 à 3 pers avec salle d'eau privées et wc commun, 1 ch de 3 pers avec salle d'eau et wc privés. 2 coin-salon sont à votre dispo., 1 en mezzanine, l'autre contre les rochers, cheminée, salle à manger. Table d'hôte sur réservation. Très belle vue sur les vallées environnantes, terrain, terrasse, chaises longue.

Prix : 1 pers. 38 € 2 pers. 46 € 3 pers. 50 € pers. sup. 12 € repas 12 €

15	5	SP	15	15	SP	15	10	15

Jeanine MOREL - Le Viallat - 07360 ST-VINCENT-DE-DURFORT - Tél. : 04 75 66 23 84 - E-mail : le.viallat@wanadoo.fr - www.bed-and-breakfast-le-viallat.com

TOURNON
C.M. 76 Pli 10

▌ 1 ch.

1 chambre d'hôtes aménagée au rez-de-chaussée de la maison du propriétaire, avec 1 lit 2 pers, possibilité de couchage pour 1 ou 2 enfants, salle de bains et wc privatifs. Possibilité de prendre les petits-déjeuners sur la terrasse ombragée, salon, télévision.

Prix : 2 pers. 40 € p_sup. 17 €

4	4	2	2	8	SP	2

Camille BATIN - 2 rue des Monges - 07300 TOURNON - Tél. : 04 75 08 06 40

Ardèche

Rhône-Alpes

UCEL La Bastide du Pastural

C.M. 76 Pli 19

|||| 2 ch.

Très belle demeure de caractère datant de 1834, bénéficiant d'un cadre très agréable, d'une jolie cour voutée avec sa fontaine et d'une piscine. 1 suite de 2 chambres (1 lit 140, 2 lits 120) avec wc et salle de bains privés, 1 chambre (1 lit 140) avec wc et salle de bains privés. Gde salle à manger avec coin salon, cheminée, TV, jeux. Aubenas (5 km), Vals les Bains (2 km). Base nautique à 4 km. A proximité, de nbrses activités de loisirs, sportives ou culturelles. Langue parlée : anglais.

Prix : 1 pers. **40 €** 2 pers. **49 €** 3 pers. **64 €** p_sup. **12 €** repas **14 €**

Ouvert : Toute l'année.

| 0,3 | 0,3 | SP | 2 | 4 | 5 | SP | 35 | 15 | 15 | 2 |

Geneviève CLUZEL - La Bastide du Pastural - 07200 UCEL - Tél. : 04 75 37 61 81 - Fax : 04 75 94 00 14 - E-mail : g.cluzel@wanadoo.fr - www.bastide-pastural.com

UCEL Le Grand Village

C.M. 76 Pli 19

||| 1 ch.

Maison située dans les anciennes fortifications féodales du Château d'Ucel, XIIe siècle. Danièle et Alain vous proposent une chambre de 2 à 3 personnes avec salle d'eau et wc privés. Petits déjeuner et repas en table d'hôtes pris dans le patio ou dans notre salle à manger. Ucel est idéalement situé sur le département et à 10 min d'Aubenas.

Prix : 2 pers. **49 €** 3 pers. **64 €** p_sup. **9 €** repas **15 €**

Ouvert : Toute l'année.

| 0,5 | 0,5 | 2 | 4 | 5 | SP | 35 | 15 | 15 | 3 |

Daniele et Alain MOTTE - Le Grand Village - 07200 UCEL - Tél. : 04 75 94 00 13 - Fax : 04 75 94 00 13

VAGNAS La Mas d'Alzon

C.M. 80 Pli 9

||| 3 ch.

Nous vous accueillons dans notre ancien prieuré du 17e siècle entièrement restauré tout en lui gardant son caractère et vous proposons.1 ch 2 à 3 pers, salon, TV et mini bar, gde salle de bains et wc privés, 1 ch (accès extérieur indép) de 2 à 3 pers, salle d'eau et wc, canapé, TV, belle terrasse solarium privée, 1 ch de 2 à 3 pers, salon, TV, salle d'eau et WC privés. Notre demeure est entourée d'un jardin clos et vous accèderez à la piscine par une calade provençale. Ensemble plein de charme, meubles anciens (18e et 19e s.). A proximité, un grand nombre de restaurants ainsi que de nombreuses activités culturelles et de loisirs.

Prix : 1 pers. **61/91 €** 2 pers. **61/91 €** 3 pers. **76/105 €** p_sup. **15 €**

| 7 | 7 | SP | 1 | 4 | SP | 7 | 7 | 10 | 4 |

Michèle DEVILLE - Le mas d'Alzon - 07150 VAGNAS - Tél. : 04 75 38 67 33 ou 06 86 20 37 54 - Fax : 04 75 38 67 33

VAGNAS Mas Lassagne

C.M. 80 Pli 9

||| 5 ch.

En Basse Ardèche, à deux pas du Gard, 5 ch d'hôtes aménagées dans notre Mas traditionnel datant du 18e siècle, dans un cadre calme et généreux en soleil. Nos chambres, de 2 à 4 pers, disposent toutes de salle d'eau et wc privatifs. Salle et salon voutés réservés à nos hôtes. GR 4 à proximité desservant les Gorges de l'Ardèche et de la Cèze. Pour les séjours, séjours, piscine privée sur place.

Prix : 1 pers. **30 €** 2 pers. **41 €** 3 pers. **58 €** p_sup. **23 €**

| 5 | 5 | SP | 0,5 | 6 | SP | 5 | 5 | 5 | 0,5 |

Stephane DOLYMPE - Mas de Lassagne - 07150 VAGNAS - Tél. : 04 75 38 65 36

LES VANS

C.M. 80 Pli 8

||| 5 ch.

A proximité du Bois de Païolive venez vous ressourcer dans la garrigue, aux senteurs méridionales. Dans l'ancienne magnanerie d'un mas implanté sur 8000 m² de terrain, arboré d'oliviers, mûriers et fruitiers, 5 belles ch. de caractères différents pour 2 pers., dont une avec coin-nuit enfants, s.d'eau et wc privés. Ch.central. Salon avec TV réservé aux hôtes. Piscine privée du propr.à dispos. Sur réservation, vous pourrez dîner le soir à la table d'hôtes servi sous le tilleul ou au coin de la cheminée pour l'inter saison. Cuisine à base de pdts locaux. Accueil chaleureux et authentique à découvrir. Sur place, un gîte pour 4 pers. 84/95 €/4 pers. Langue parlée : anglais.

Prix : 2 pers. **54/65 €** repas **20 €**

Ouvert : 15/02 Au 11/11.

| 4 | 4 | SP | 2,5 | 10 | SP | 4 | 4 | 2,5 |

Marie-Antoinette THEBAULT - Chemin de la Transhumance - 07140 LES-VANS - Tél. : 04 75 88 52 02 ou 06 21 64 09 39 - Fax : 04 75 88 52 02

VERNON La Croix

C.M. 80 Pli 8

|||| 5 ch.

Superbe maison bourgeoise en pierre de grès, située sur les terrasses viticoles de la Cévenne ardéchoise. 5 chambres d'hôtes spacieuses et raffinées, toutes avec sanitaires privatifs. Au sein de notre demeure vous bénéficierez de notre salle à manger, de nos salons aménagés dans la très belle salle voutée ainsi que de la piscine (commune aux deux gîtes ruraux). L'environnement a été privilégié dans un souci de respect de la tradition du bâti ardéchois.

Prix : 1 pers. **63 €** 2 pers. **69 €** p_sup. **22 €** repas **23 €**

| 3 | 3 | SP | 7 | 10 | SP | 15 | 20 | 30 | 5 |

Catherine GOHIER - EURL Les Cigales - Mas de la Cigale - La Croix - 07260 VERNON - Tél. : 04 75 39 68 69 ou 06 80 05 89 75 - Fax : 04 75 39 68 69 - E-mail : la.cigale@wanadoo.fr - www.guideweb.com/ardeche/ch-hôte/la-cigale

Rhône-Alpes — Ardèche

VERNOUX
Alt. : 500 m — (TH) — C.M. 76 Pli 20

♣♣♣ 2 ch. Anne-Marie bricole et décore sa vieille Rêvanne ardéchoise avec amour. Ses aquarelles envahissent les chambres. Elle vous propose 1 ch. 2 pers. avec s.d'eau/wc privés ainsi qu'1 suite de 2 chambr. 2 à 4 pers. avec coin-salon, cheminée, s.de bains et wc privés. Petits-déj. pris au soleil sous la véranda. Beau jardin d'agrément avec ping-pong, balançoire et boulodrome. Table d'hôtes savoureuse avec les recettes personnalisées d'Anne-Marie. Lac, tennis, piscine à Vernoux. Vallée de l'Eyrieux à 15 mn. Maison située en bordure de la route menant à Vernoux. Langue parlée : anglais.

Prix : 1 pers. 35 € 2 pers. 41 € 3 pers. 56 € p_sup. 15 €
repas 14 €

Ouvert : Toute l'année.

🐕	☂	🏊	⛵	🎾	🏇	🚶		⛷	🎣
3	1	3	3	0,3	SP	20		30	3

Anne-Marie BIGEAT DUSSOL - La Revanne - Quartier de Reviscole - 07240 VERNOUX - Tél. : 04 75 58 16 47

VERNOUX Prieuron
Alt. : 560 m — (TH) — C.M. 76 Pli 20

♣♣♣ 2 ch. Ronny et Yvonne d'origine belge, se sont installés aux portes de Vernoux dans une maison contemporaine de plain pied. Ils vous proposent 2 chamb. d'hôtes avec terrasses privatives : 1 ch.2 pers. avec s.d'eau et wc privés, 1 suite de 2 ch. 2 à 4 pers. avec salle d'eau et wc non attenant (2 épis). Salle à manger, TV, cheminée, grand jardin arboré, salon de jardin. Parking privé. Langues parlées : allemand, anglais.

Prix : 1 pers. 39/43 € 2 pers. 44/49 € 3 pers. 59 € p_sup. 15 €
repas 23 €

Ouvert : Toute l'année. Sur réservation du 1/11 au 28/02.

🐕	☂	🏊	⛵	🎾	🏇	🚶	⛳	🏨	🎣
1	1	1	1	3	SP	25	25	32	2

Ronny et Yvonne CLAES - Prieuron - 07240 VERNOUX - Tél. : 04 75 58 12 20 - Fax : 04 75 58 12 12

VERNOUX Roiseland
Alt. : 585 m — C.M. 76 Pli 20

♣♣♣ 5 ch. Très belle maison de maître datant de 1870 avec parc privé, dans le village, comprenant 5 ch d'hôtes. Salon privatif aux hôtes, cheminée, TV. 1 suite Garnier : 1 lit 2 pers, 2 lits 1 pers, s.d'eau et wc privatifs. 1 ch haute : 1 lit 2 pers, s.de bains, wc. 3 ch : 1 lit 2 pers, 1 lit 2 pers et 1 lit 1 pers, 2 lits 2 pers, s.d'eau et wc privat. Piscine privée. Chambres accessibles par fauteuil élévateur aux personnes handicapées des jambes. Possibilité de louer toute la maison. Exposition permanente de gravures contemporaines et coquines. Juillet : expo peintres ardéchois, faites-vous connaître. CHAMBRES NON FUMEURS.

Prix : 1 pers. 43 € 2 pers. 50 € 3 pers. 67 € p_sup. 14 €

Ouvert : Pâques à Toussaint.

🐕	☂	🏊	⛵	🎾	🏇	🚶	⛳	🏨	🎣
0,6	0,6	SP	0,6	3	SP	70	10	20	SP

Roland ESPOSITO-MASCHIO - 10 rue Boissy d'Anglas - Roiseland - 07240 VERNOUX - Tél. : 04 75 58 19 32

VILLENEUVE-DE-BERG
C.M. 80 Pli 9

♣♣♣ 1 ch. A mi-chemin de Montélimar et d'Aubenas, 1 ch.d'hôtes avec meubles de style, aménagée dans une grande bâtisse du début du XVIII°, au cœur du village. S.d'eau et wc privés. Terrasse et petit jardin fleuri à disposition. Salle de séjour avec cheminée, coin-salon. Auberges et restaurants à proximité.

Prix : 1 pers. 30 € 2 pers. 35 €

Ouvert : Toute l'année.

🐕	☂	🏊	⛵	🎾	🏇	🚶	⛷	⛳	🏨	🎣
15	8	12	1	2	SP	30	20	12	25	SP

Martine VILLARD - Rue Neuve - 07170 VILLENEUVE-DE-BERG - Tél. : 04 75 94 89 72

VILLENEUVE-DE-BERG Le Petit Tournon
C.M. 80 Pli 9

♣♣♣ 5 ch. Dans une magnanerie début 19° entièrement restaurée à 1 km du village, vos hôtes vous proposent 5 belles chambres confortables avec wc et s.d'eau privés. Grande salle voûtée de 150 m² à votre disposition où vous pourrez vous détendre ou prendre le petit déjeuner. Terrasse, parc, bain de soleil et piscine (78m²) en accès libre jusqu'à midi, parking. Nous nous situons sur la route touristique de la vallée de l'Ibie à 22 km de Vallon Pont d'Arc et de la Grotte Chauvet.

Prix : 1 pers. 38 € 2 pers. 44 € 3 pers. 53 € p_sup. 7 €

Ouvert : Toute l'année sauf de novembre à mars.

🐕	☂	🏊	⛵	🎾	🏇	🚶	⛷	⛳	🏨	🎣
15	8	SP	2	3	SP	25	15	15	30	2

Beatrice et Antoine CHAMPIER - Le Petit Tournon - 07170 VILLENEUVE-DE-BERG - Tél. : 04 75 94 74 39

VILLENEUVE-DE-BERG Laudun
A — C.M. 80 Pli 9

♣♣♣ 6 ch. Dans le hameau à 1 km du village entre le plateau du Coiron et Vallée d'Ardèche, Laudun vous accueille, sur une ancienne exploitation agricole dotée de 6 chambres d'hôtes confortables. Parc ombragé avec jeux pour enfants, espace détente. A proximité nombreux sites à découvrir. Notre auberge rurale à 100 m, face à la vallée de l'Ibie, vous propose une cuisine généreuse et respectueuse de notre environnement. Pour les groupes, en arrière saison, séjours à thèmes.

Prix : 1 pers. 37 € 2 pers. 41 € 3 pers. 53 € p_sup. 12 €
repas 14 € pension 12 €

Ouvert : Toute l'année.

🐕	☂	🏊	⛵	🎾	🏇	🚶	⛷	⛳	🏨	🎣
15	8	3	1	2	SP	30	20	12	12	25	1

Nicole LOYRION - Chambres d'Hôtes de Laudun - 07170 VILLENEUVE-DE-BERG - Tél. : 04 75 94 83 03 ou 04 75 94 75 63 -
Fax : 04 75 94 75 63 - E-mail : loyrion@club-internet.fr - http : //auberge-laudun.com

Ardèche

Rhône-Alpes

VILLENEUVE-DE-BERG Le Mas de Fournery

C.M. 80 Pli 9

4 ch. 4 ch. spacieuses avec bains/wc privés, TV, mini-bar. Sur place : vins du terroir, jardin, terrasse couverte, solarium, piscine privée, pétanque, randonnée pédestre et location VTT. Venez vous détendre au Mas de Fournery qui vous offre le calme d'1 séjour dans 1 site isolé sur la hauteur et jouit d'1 vue panoramique sur 1 extraordinaire moutonnement de collines. Sophie et Benoît seront heureux de vous faire profiter de la cour intérieure fleurie, des terrasses ombragées, de la piscine ensoleillée, de la chaleur des vieilles pierres du XVIes. Animaux sur demande (2 €/jr). Accès par chemin de terre sur 3 km.
Langue parlée : anglais.

Prix : 1 pers. 40/46 € 2 pers. 46/60 € 3 pers. 69/81 € p_sup. 10 €
Ouvert : 01/04 Au 15/10.

15	15	SP	3	3	SP	15	15	30	3

RATY Sophie et HENNICO Benoît - Mas de Fournery - Route de St-Andeol-de-Berg - 07170 VILLENEUVE-DE-BERG -
Tél. : 04 75 94 83 73 ou 06 80 75 78 14 - E-mail : ben.hennico@worldonline.fr - www.sud-ardeche.com/tourism/fournery

VION La Cayra

C.M. 76 Pli 10

3 ch. Vieille maison en pierres restaurée avec cour fermée privative fleurie, dans un petit village à 7 km au nord de Tournon. Route des vins et vignobles à proximité. Chemin de fer à vapeur touristique du Vivarais. 2 ch. (1 lit 2 pers.), 1 ch. (1 lit 2 pers., 2 lits suppl.) Toutes avec salle d'eau et wc privatifs. Salon, cheminée, salon de jardin. La Cayra vous accueille dans la bonne humeur et la convivialité. Cuisine familiale à base de produits locaux. Confitures maison.

Prix : 1 pers. 35 € 2 pers. 40 € 3 pers. 53 € p_sup. 14 € repas 14 €
Ouvert : Du 15/01 au 15/12.

6	1,5	7	1,5	10	SP	7	20	10	SP

Lucienne et Michel BESSET - Rue de la Vierge - La Cayra - 07610 VION - Tél. : 04 75 07 20 70 - Fax : 04 75 07 20 70 -
E-mail : la.cayra@wanadoo.fr

Drôme

GITES DE FRANCE
95, avenue Georges-Brassens
26500 BOURG-LES-VALENCE
Tél. 04 75 83 90 20 - Fax 04 75 82 90 57
Serv. Rés. 04 75 83 01 70 (*1)

AIX-EN-DIOIS Les Derbons

C.M. 77 Pli 14

4 ch. Dans une aile indépendante de la maison, mitoyenne à la ferme et face au beau panorama de montagnes du Diois, Sylvie et Denis vous feront découvrir cette région touristique de la hte vallée de la Drôme, et vous feront apprécier leurs produits et leur cuisine. 4 ch. confortables 2 et 3 pers. avec sanitaires privatifs, salle à manger privative, séjour compris.

Prix : 1 pers. 23 € 2 pers. 32 € 3 pers. 38 € pers. sup. 5 € repas 11 €
Ouvert : D'avril à la Toussaint.

8	8	2	SP	2	2	8

Denis et Sylvie CATIER - Les Derbons - 26150 AIX-EN-DIOIS - Tél. : 04 75 21 82 56 ou 04 75 21 81 47

ALBON Le Pré aux Anes

C.M. 77 Pli 2

4 ch. Aux portes de la Drôme des collines dans une ancienne ferme, vous apprécierez le calme et la verdure. La table d'hôtes, moment convivial où Nadine vous fera découvrir ses spécialités. Nos deux ânes (Princesse et Picotin) feront la joie des enfants. 2 ch. 4 pers., salle de bains et wc privatifs, 2 ch. 3 pers. avec mezzanine, salle de bains et wc privatifs. Repas enfant - 10 ans : 6,1 €. Parking. Golf 1 km. Langue parlée : anglais.

Prix : 1 pers. 34 € 2 pers. 37 € 3 pers. 46 € pers. sup. 9 € repas 13 €
Ouvert : Toute l'année.

SP	3	2	1	15	2	6	1

Jacques et Nadine TONDUT - Les Barris - Le Pré aux Anes - 26140 ALBON - Tél. : 04 75 03 11 73 - E-mail : pre.aux.anes@wanadoo.fr - www.lepreauxanes.com

ALLAN

C.M. 81 Pli 1

2 ch. Au cœur de la Drôme provençale, entre vigne et lavande vous partagerez le calme et le confort du mas, construit à partir de 1483, et du jardin. Les ch. entièrement rénovées, spacieuses et confortables, ont leur accès indépendant et disposent de s.d.b. et toilettes séparées et privatives. Vous goûterez la cuisine aux accents provençaux. Golf 5 km. Parking. Du 15/9 au 30/4 remise de 20 % sur tarif. A partir du printemps 2002 : piscine sur place. Proche de la sortie Montélimar sud A7.
Langues parlées : anglais, espagnol.

Prix : 2 pers. 69 € pers. sup. 15 € repas 18 €
Ouvert : Toute l'année.

8	1	SP	1	8	8	1

Alain VUILLEQUEZ - Mas de Rabaste - Route d'Aiguebelle - 26780 ALLAN - Tél. : 04 75 46 60 23 ou 06 80 35 82 14 -
Fax : 04 75 46 60 23 - E-mail : alain@masderabaste.com - www.masderabaste.com

Rhône-Alpes **Drôme**

ARTHEMONAY La Chabotte (TH) C.M. 77 Pli 2

2 ch. Dans la grande maison indépendante du propriétaire, au cœur du Pays de l'Herbasse, dans un site agréable. 1 ch. 2 pers. d'accès indépendant, 1 ch. 3 pers., sanitaires privatifs, séjour privatif. Exposition de peinture, possibilité stage peinture (huile, aquarelle).

Prix : 1 pers. **30 €** 2 pers. **38 €** 3 pers. **46 €** pers. sup. **11 €** repas **14 €**

Ouvert : Toute l'année sauf novembre.

🐕	🏊	🎾	♨	🏇	⛱	🚣
8	2	3	2	10	5	7

Bernadette ROBIN-ARGOUD - La Chabotte - Qu. Montrond - 26260 ARTHEMONAY - Tél. : 04 75 45 62 15 - Fax : 04 75 45 77 95 - E-mail : lachabotte@aol.com

AURIPLES Le Péage d'Auriples (TH) C.M. 77 Pli 12

5 ch. Au cœur des collines verdoyantes et des forêts du pays de Saou, votre hôte vous propose le confort de la grande maison restaurée et le calme de l'environnement, dans ce petit hameau. 3 ch. 2 pers., 1 ch. 4 pers. (2 ch communiquantes), sanitaires privatifs, salle à manger, salons communs, parking. Nombreuses activités s/pl. ou à proximité. Tarif 4 pers. : 77 €. Table d'hôtes sur réservation.

Prix : 1 pers. **34 €** 2 pers. **46 €** 3 pers. **61 €** repas **15 €**

Ouvert : Du 1er mars au 1er décembre.

🐕	🏊	🎾	♨	🏇	🚴	🚣
SP	3	6	SP	2	SP	8	10	3

Yves DUROUX - La Berte Bleue - 26400 AURIPLES - Tél. : 04 75 25 04 25 - Fax : 04 75 25 04 25

LA BATIE-ROLLAND La Joie (TH) C.M. 81 Pli 2

4 ch. Bienvenue à « La Joie » dans cette ferme restaurée avec passion. Vous apprécierez particulièrement le confort et le calme dans un cadre verdoyant.L'une des chambres au Rez-de-jardin est accessible aux handicapés.Le petit déjeuner et le dîner seront servis dans la typique salle voûtée ou dans la cour ombragée l'été. Au programme, bonne humeur,amitié partagée,découvertes en tous genres. -12 ans : **13 €** (entrée des chambres indépendantes). Golf à 5 km. Langues parlées : allemand, anglais.

Prix : 1 pers. **40 €** 2 pers. **52/60 €** 3 pers. **70/88 €** pers. sup. **18 €** repas **19 €**

Ouvert : Toute l'année.

🐕	🏊	🎾	♨	🏇	🚴	🚣
5	1,5	SP	SP	1,5	5	5

Francis et Jackie MONEL - La Joie - 26160 LA BATIE-ROLLAND - Tél. : 04 75 53 81 51 - Fax : 04 75 53 81 51 - E-mail : f.monel@infonie.fr - www.lajoie.fr

LA BAUME-CORNILLANE Les Granges (TH) C.M. 77 Pli 12

2 ch. Au calme au pied du Vercors, ancienne ferme de la fin du XVIIe avec piscine. 2 ch 2 et 3 pers., sanitaires privatifs. Repas en famille. Table d'hôtes sur réservation du jeudi au dimanche. Taxe de séjour : 0.15 € Langues parlées : anglais, italien.

Prix : 1 pers. **37 €** 2 pers. **46 €** 3 pers. **59 €** repas **14 €**

Ouvert : Du 15 mars au 15 novembre.

🐕	🏊	🎾	♨	🏇	⛱	🚣
SP	6	14	SP	2	14	20	6

Isabel CAPUTO - L'Almarielou - Les Granges - 26120 LA-BAUME-CORNILLANE - Tél. : 04 75 60 30 49 - Fax : 04 75 60 01 75

BEAUMONT-LES-VALENCE Chambedeau C.M. 77 Pli 12

1 ch. En pleine campagne, 3 km du village et à 7 de Valence, nuits calmes dans petite bergerie ancienne restaurée. Copieux petits-déjeuners (au jardin, en été). Rez-de-chaussée : 1 ch. 2 pers. terrasse et sanitaires privés. Séjour commun, livres. Pique-nique poss. le soir. Parking. Golf 8 km Langue parlée : anglais.

Prix : 1 pers. **39 €** 2 pers. **45 €**

Ouvert : Toute l'année.

🐕	🏊	🎾	♨	🏇	🚴	⛳	🚣
3	3	3	2	2	3	35	7	3

Lina de CHIVRE-DUMOND - Chambedeau - 26760 BEAUMONT-LES-VALENCE - Tél. : 04 75 59 71 70 - Fax : 04 75 59 75 24 - E-mail : linadechivredumond@minitel.net

LA BEGUDE-DE-MAZENC (TH) C.M. 81 Pli 2

3 ch. Là où nougat et lavande se mêlent, vous découvrirez La Piverdière à 1 km du village. A la douceur du paysage s'ajoute celle du climat favorable au repos et au sommeil. Rien ne manque pour que votre séjour soit réussi : grande maison meublée à l'ancienne, chambres spacieuses dont 1 au r.d.c., terrasses et jardins, piscine avec vue imprenable sur vieux village. Le soir, sur réservation, vous dînerez chez nous et prolongerez ainsi votre journée selon la saison au son des grillons ou rêvassant devant un feu de cheminée. En hors saison, randonneurs et vététistes sont attendus, nous leur réservons un prix : 38 €/jour.

Prix : 2 pers. **53/61 €** pers. sup. **16 €** repas **14 €**

Ouvert : Toute l'année sauf du 01/01 au 15/02.

🐕	🏊	🎾	♨	🏇	🚴	⛳	🚣
SP	0,8	0,8	SP	1	4	15	15	1

Agnès AUMONT - Route de St-Gervais - 26160 LA BEGUDE-DE-MAZENC - Tél. : 04 75 46 26 42 - Fax : 04 75 46 98 07

Drôme
Rhône-Alpes

LA BEGUDE-DE-MAZENC Blache Bouteille
C.M. 81 Pli 2

5 ch.

En Drôme provençale, au cœur de la plaine de la Valdaine, Brigitte et André vous accueillent dans leur ferme restaurée. Etape idéale pour un dépaysement d'un week-end ou des vacances reposantes, la Faventine vous propose : 4 ch 2 pers dont 2 en rdc, 1 ch 3 pers. Table d'hôtes sur réservation. Salle à manger et salon privatifs avec cheminée, jeu de boules et piscine. Repas enfants moins de 12 ans : 10 € Taxe de séjour. Parking. Golf 10 km. Langue parlée : anglais.

Prix : 1 pers. **52** € 2 pers. **57** € 3 pers. **73** € pers. sup. **17** €
repas **20** €
Ouvert : Toute l'année

	🏊	🎾	💐	👥	🏃	⛱	🚲	⛳	🚂	🚇
	SP	4	10	SP	4	15	30	15	15	4

André SORDET - Quartier Blache Bouteille - 26160 LA BEGUDE-DE-MAZENC - Tél. : 04 75 90 15 02 - Fax : 04 75 90 17 26 -
E-mail : la.faventine@wanadoo.fr - www.guideweb.com/provence/bb/faventine

---

BELLECOMBE-TARENDOL Les Garelles   Alt. : 750 m   A
C.M. 81 Pli 3

4 ch.

Au petit hameau, au Col de Soubeyrand, Brigitte et Patrice proposent 4 chambres 2 pers. indépendantes (2 ch. 2 épis, 2 ch. 1 épi), aménagées au 1er étage de la maison av.salle d'eau privative, certaines avec WC privatifs, et à leur auberge les produits du terroir. Gîte d'étape-relais équestre (1 dortoir 10 pers.) Basse-cour sur place. Parking.

Prix : 1 pers. **23** € 2 pers. **37** € 3 pers. **46** € repas **14** €
1/2 pens. **32** €
Ouvert : Du 01/03 au 31/12.

	🏊	🎾	💐	👥	🏃	⛱	🚲	⛳
	SP	20	6	SP	7	3	1,5	

Brigitte PEROTTI - Hameau de Tarendol - 26110 BELLECOMBE-TARENDOL - Tél. : 04 75 27 32 01 - Fax : 04 75 27 32 01

BENIVAY-OLLON Jardin d'Ollon
C.M. 81 Pli 3

E.C. 4 ch.

Dans les Baronnies, en Drôme Provençale Florence et Hervé agriculteurs vous accueillent dans leur mas provençal situé dans une petite vallée, pays des oliviers, tilleuls et abricotiers. 3 ch 2 pers dont une avec terrasse, 1 ch suite 4 pers. Sanitaires privatifs à l'américaine. Salle à manger, coin-salon, TV, cheminée. Terrasse. Table d'hôtes sur réservation. Cuisine méditerranéenne à l'huile d'olive AOC Nyons. Réfrigérateur congélateur à disposition. Vente de produits fermiers. Piscine sur place (18x6). A proximité gîte 2/4 pers. Prix suite 4 pers : **61** €.

Prix : 1 pers. **34** € 2 pers. **37/40** € pers. sup. **12** € repas **14** €
Ouvert : Toute l'année

	🏊	🎾	💐	👥	🏃	⛱	🚲	⛳	🚂	🚇
	SP	12	SP	SP	10	SP	12	10	12	

Hervé et Florence JOLY - Jardin d'Ollon - 26170 BENIVAY-OLLON - Tél. : 04 75 28 22 10 - Fax : 04 75 28 02 85 -
E-mail : Hervé.Joly@wanadoo.fr - http ://site.voila.fr/provencelocations

---

BENIVAY-OLLON   A
C.M. 81 Pli 3

5 ch.

Au cœur des Baronnies, en Drôme Provençale, dans la ferme restaurée en pleine campagne, dominant la vallée de l'Eyguemarse, Simone et Daniel vous accueillent dans 5 ch. indépendantes 3 pers. avec sanitaires privatifs dont 1 extérieur à la ch. et vous font découvrir les produits régionaux à la table d'hôtes. Kitchenette, coin salon. Parking. Aire de jeux. Tarifs enfant. 2 gîtes ruraux peuvent vous être proposés à la location.

Prix : 2 pers. **40** € 3 pers. **47** € repas **14** €
Ouvert : Du 15/03 au 15/11.

	🏊	🎾	💐	👥	🏃	⛱	🚲	⛳	🚂
	10	10	0,3	SP	10	0,3	SP	10	10	10

Daniel et Simone CHARRASSE - 26170 BENIVAY-OLLON - Tél. : 04 75 28 10 02 - Fax : 04 75 28 10 02 -
www.guideweb.com/provence/chambres-hotes/charrasse/index.htlm

---

BONLIEU-SUR-ROUBION Le Sauvetas
C.M. 77 Pli 12

2 ch.

A 4 km du village de Bonlieu, en Drôme provençale, Jacqueline et Bernard vous proposent un agréable lieu de détente à la campagne dans une bastide du XVIIe siècle. Vous pourrez jouir du bar et du salon consacré à l'aviation, de la salle de lecture et de sa bibliothèque ou du terrain de boule. Deux chambres familiales de 4 pers., wc, salle de bains privative. Salle à manger voutée. Parking. Langue parlée : allemand.

Prix : 1 pers. **30** € 2 pers. **41** € pers. sup. **14** € repas **13** €
Ouvert : Toute l'année sauf novembre.

	🏊	💐	👥	🏃	⛱	🚲	⛳	🚂	🚇
	12	1,5	SP	4	12	12	25	12	2,5

Benard GOUFFON - Le Sauvetas - 26160 BONLIEU-SUR-ROUBION - Tél. : 04 75 53 82 66 - Fax : 04 75 53 82 66

BOURDEAUX La Calade
C.M. 77 Pli 13

1 ch.

Belle maison de maître marquée par trois siècles d'histoire au cœur de Bourdeaux. La Calade fait face au Trois Becs et à Couspeau. Calme, ombre et soleil dans la cour et les jardins. Belle chambre spacieuse pour 2 ou 3 pers. avec sanitaires privatifs. Quatre autres en préparation. Parking. Langues parlées : allemand, anglais.

Prix : 1 pers. **46** € 2 pers. **53** € 3 pers. **66** € pers. sup. **12** €
repas **15** €
Ouvert : Toute l'année

	🏊	🎾	💐	👥	🏃	⛱	🚲	⛳	🚂	🚇
	0,2	0,2	0,2	SP	3	0,2	0,2	5	10	23	SP

M-Paule et Oliver PERRIN-SEEGER - La Calade - Rue Droite - 26460 BOURDEAUX - Tél. : 04 75 53 38 51 -
E-mail : lacalade@wanadoo.fr

Rhône-Alpes — Drôme

BOURDEAUX Les Junchas (TH) — C.M. 77 Pli 13

5 ch. Entre Provence et Vercors, dans une partie indépendante de la ferme, avec une magnifique vue sur la vallée du Roubion, Joëlle et Claudio vous accueillent dans 5 ch. 2 pers. avec sanitaires privatifs dont une plain pied. TH dans une grande et lumineuse salle à manger ou sur la terrasse et un salon pour les soirées plus fraîches. Aire naturelle de camping à prox. Langues parlées : anglais, italien.

Prix : 1 pers. 35 € 2 pers. 46 € pers. sup. 12 € repas 15 €
Ouvert : Toute l'année.

2	2	2	SP	5	2	12	25	2

Joëlle et Claudio SAMMARCO - Les Junchas - 26460 BOURDEAUX - Tél. : 04 75 53 38 11 ou 06 68 45 42 43 - Fax : 04 75 53 38 11 -
E-mail : lesjunchas@wanadoo.fr - www.lesjunchas.com

CHABRILLAN La Vaumane (TH) — C.M. 77 Pli 12

4 ch. Entre Vercors et Provence, au cœur de la campagne et face à un paysage superbe, venez savourer le calme et l'authenticité de cette ancienne ferme restaurée, en belles pierres dorées. Vous apprécierez aussi ses 4 chambres de charme tout confort, ses meubles anciens, ses repas servis dans le jardin fleuri ou sous les voûtes de la salle à manger. Table d'hôtes sur réservation. Sanitaires privatifs. Espace piscine. Kitchenette. Parking. Langue parlée : anglais.

Prix : 1 pers. 36 € 2 pers. 48 € pers. sup. 15 € repas 16 €
Ouvert : Du 1er février au 30 novembre.

SP	6	3	SP	6	6	15	15	6

Josette et Jacques ROLLAND - Le Domaine de la Vaumane - 26400 CHABRILLAN - Tél. : 04 75 76 89 46 - Fax : 04 75 76 89 46 -
E-mail : JACQUES.ROLLAND@wanadoo.fr - http ://perso.wanadoo.fr/jjrolland

CHALANCON Les Bayles — Alt. : 800 m — A — C.M. 81 Pli 3

4 ch. Sur les hauteurs de la vallée de l'Oule, nichées sous la montagne l'Eyriot, dans ferme typique, dans petit hameau, Anya et Yves proposent 3 ch. de plein pied avec sanitaires privatifs,1 ch. 3 pers avec mezzanine, 1 ch 2 pers, 1 ch 3 pers. et 1 ch 2 pers. avec 2 lits 1 pl, dans une aile indépendante de leur ferme. Repas servis dans la salle de la petite ferme-auberge (15/20 couverts), viande et légumes bio de la ferme. Week-ends « truffes » de nov à janv. Langue parlée : allemand.

Prix : 1 pers. 38/41 € 2 pers. 43/46 € 3 pers. 56 € repas 17 €
Ouvert : Toute l'année.

5	5	1,5	SP	6	5	20	5	30	5

Yves RAYE - Les Bayles - 26470 CHALANCON - Tél. : 04 75 27 24 38

CHANOS-CURSON Les Champs Ratiers (TH) — C.M. 77 Pli 2

5 ch. A 3 km de l'autoroute A7, au cœur des vergers et des vignobles, dans une ancienne magnerie au caractère inchangé, profitez des deux cours indépendantes, de la piscine et de l'une des chambres meublées et décorées à l'ancienne. Sanitaires privatifs. Table d'hôtes sur réservation. Enfants - 10 ans : 8,5 €. Langues parlées : espagnol, italien.

Prix : 1 pers. 35/40 € 2 pers. 46/50 € 3 pers. 61/66 € pers. sup. 15 € repas 16 €
Ouvert : Toute l'année.

SP	3	8	3	15	8	8

Rose-Marie ROIGE - La Farella - Les Champs Ratiers - 26600 CHANOS-CURSON - Tél. : 04 75 07 35 44 - Fax : 04 75 07 39 90 -
E-mail : accueil@lafarella.com - www.lafarella.com

CHANOS-CURSON (TH) — C.M. 77 Pli 2

1 ch. Notre villa « Belle-Vue » domine la Vallée du Rhône et l'Ardèche et surplombe les vignobles du Crozes-Hermitage : 2 chambres louées en chambre familiale avec un coin cuisine. Les petits-déjeuners sont servis sur la terrasse en bellesaison. Nous sommes à 4 km de la sortie de l'Autoroute de Tain l'Hermitage, entrée du village de Curson à gauche. Golf 10 km.

Prix : 1 pers. 27 € 2 pers. 37 € pers. sup. 13 € repas 15 €
Ouvert : Toute l'année

6	0,5	6	SP	0,5	6	10	6	6

M-Thérèse et Max ANGE - Quartier la Motte - 26600 CHANOS-CURSON - Tél. : 04 75 07 31 74 - Fax : 04 75 07 31 74 -
E-mail : villa.belle-vue@wanadoo.fr - http ://wanadoo.fr/villa.belle-vue.

CHANOS-CURSON Ferme des Denis — C.M. 77 Pli 2

4 ch. Dans les vignobles de Crozes Hermitage, nous vous accueillons dans notre ferme du XVe siècle, rénovée avec cour intérieure fermée. Au rez-de-chaussée, 1 ch accessible aux personnes à mobilité réduite. A l'étage, 3 chambre 2 ou 3 pers sanitaires privatifs. Grande salle de séjour indépendante avec coin cuisine donnant sur piscine. Salle de jeux. Confitures, pain maison cuit au four à bois. Langue parlée : anglais.

Prix : 1 pers. 35 € 2 pers. 45 € pers. sup. 11 €
Ouvert : Toute l'année.

SP	2	6	SP	2	10	SP	12	15	5	5

Jacqueline et Jean-P SAUVAJON - Ferme des Denis - 26600 CHANOS-CURSON - Tél. : 04 75 07 34 11 ou SR : 04 75 83 09 23 -
Fax : 04 75 07 34 46 - E-mail : ferme.des.denis@wanadoo.fr - www.fermedesdenis.fr.st

Drôme
Rhône-Alpes

CHANTEMERLE-LES-BLES Les Sept Semaines (TH) — C.M. 77 Pli 2

1 ch. A 5 minutes de la sortie d'autoroute A7 de Tain l'Hermitage, chambre d'hôtes à Chantemerle les Blés, ouverte toute l'année. Maison drômoise du 19e siècle. Une chambre avec mezzanine, deux lits en 140, une salle de bain avec douche et baignoire, wc privatifs. A 300 m belle chapelle du XIIe s. à visiter. Dans la Drôme des Collines, Isabelle et Alain accueillent leurs hôtes en amis dans une ambiance familiale et décontractée. Vins du terroir, confiture maison et bonne humeur seront au rendez-vous. Demi-pension sur réservation. Langue parlée : anglais.

Prix : 1 pers. 34 € 2 pers. 43 € pers. sup. 12 € repas 12 €

🐕	🏊	🎾	👥	🐎	⛱	🚂
	6	0,3	SP	6	6	0,3

Alain KABBAJ - Les Sept Semaines - 26600 CHANTEMERLE-LES-BLES - Tél. : 04 75 07 45 61

CHANTEMERLE-LES-GRIGNAN Le Parfum Bleu (TH) — C.M. 81 Pli 2

5 ch. Au cœur de la Drôme provençale, entre plaines et collines, vignobles et lavandes du Tricastin, ce mas provençal vous séduira par ses jardins parfumés et ombragés. Guido et Lucie d'origine Belge flamande vous proposent 5 ch confortables 2-3 pers, salle d'eau, wc privatifs, salle à manger, salon privatifs, cheminée, parking fermé. Golf 2 km. TH sur réservation sauf dimanche et lundi. Langues parlées : allemand, anglais.

Prix : 1 pers. 72/81 € 2 pers. 79/88 € 3 pers. 100/110 € repas 25 €
Ouvert : Toute l'année

🐕	🏊	🎾	👥	🐎	⛱
	SP	3	3	0,5	10	15

Guido et Lucie LAMBERTS et RINGOET - Le Parfum Bleu - 26230 CHANTEMERLE-LES-GRIGNAN - Tél. : 04 75 98 54 21 -
Fax : 04 75 98 54 21

CHARPEY Les Marais St-Didier (TH) — C.M. 77 Pli 12

3 ch. En pleine campagne, ferme en activité, ombragée. Entre Valence et Romans au pied du Vercors, en quelques instants de belles randonnées, à pieds, en voiture, etc... 3 ch. 3 épis. 2 pers. au rez-de-chaussée et étage, sanitaires privatifs, séjour et coin salon privatifs, bibliothèque, TV, parking, aire de jeux. Pour votre bien-être lieux réharmonisé avec la géobiologie. Enfant de moins de 10 ans : repas 7 €.

Prix : 1 pers. 29 € 2 pers. 40 € 3 pers. 50 € pers. sup. 10 € repas 13 €
Ouvert : Toute l'année.

🐕	🏊	🎾	👥	🐎	⛱	🚲	🚂
	10	10	6	3	10	7	10	3

Christiane & J-Pierre IMBERT - Les Marais - St-Didier de Charpey - 26300 CHARPEY - Tél. : 04 75 47 03 50 ou 06 68 92 74 16 -
E-mail : imbert.jean-pierre@wanadoo.fr - www.guideweb.com/drome/bb/marais/

CHATEAUDOUBLE Les Peris (TH) — C.M. 77 Pli 12

3 ch. Dans la grande maison traditionnelle de la campagne dauphinoise et dans le calme de ce petit hameau, au pied des montagnes du Massif du Vercors, votre hôte vous accueille, non loin de la ferme. 3 chambres 3 pers. au rez-de-ch. et à l'étage, sanitaires privatifs, salle à manger, salons communs, cheminée, TV, aire de jeux. Vente de produits fermiers. Menus curieux.

Prix : 1 pers. 26 € 2 pers. 36 € 3 pers. 49 € pers. sup. 13 € repas 14 €
Ouvert : Toute l'année.

🐕	🏊	🎾	👥	🐎	⛱	🚂
	5	5	0,1	3	3	0,1	16

Madeleine CABANES - Rte de Combovin - Les Peris - 26120 CHATEAUDOUBLE - Tél. : 04 75 59 80 51 - Fax : 04 75 59 48 78

CHATEAUNEUF-DE-GALAURE

2 ch. Dans une habitation indépendante à proximité de la ferme familiale, Nicole et Pascal ont aménagé 2 chambres de 2 personnes avec salle d'eau privative et wc communs. Séjour commun aux 2 chambres avec clic-clac en mezzanine sur coin cuisine, chauffage central. Lit bébé pliable sur demande.

Prix : 1 pers. 30 € 2 pers. 35 € pers. sup. 12 €
Ouvert : Toute l'année.

🐕	🏊	🎾	👥	🐎	⛱	🚲	🚂	🚆
	3,5	3,5	3,5	SP	5	10	8	12	14	3,5

Nicole et Pascal CHAIX - EARL Les Cèdres - 26330 CHATEAUNEUF-DE-GALAURE - Tél. : 04 75 68 66 77 - Fax : 04 75 68 66 77

CHATEAUNEUF-SUR-ISERE Les Communaux — C.M. 77 Pli 2

5 ch. Venez goûter la quiétude de la campagne, partager des moments conviviaux et vous détendre dans les bains à remous et la cabine à vapeur. Notre bâtisse construite en matériaux naturels abrite 5 ch. avec sanitaires privatifs. 1 ch au rdc accessible pers. hand. (2 lits 1 pers.), 4 ch à l'étage dont 1 avec lit à baldaquin 160 x 200. 3 ch avec mezzanine de 3 à 4 couchages 1 lit 160x200 et 2 lits 1 pers. Elles vous surprendront par leur décoration. Cuisine à disposition pour les séjours. Hamam et Jacuzzi : 15 € par pers. Langue parlée : anglais.

Prix : 1 pers. 37 € 2 pers. 46 € 3 pers. 61 € pers. sup. 15 €
Ouvert : Toute l'année.

🐕	🏊	👥	🐎	⛱	🚂
	6	SP	7	1	6	2,5

Sylvie et Gérard COMBET - Les Communaux - 26300 CHATEAUNEUF-SUR-ISERE - Tél. : 04 75 84 58 88 - Fax : 04 75 84 58 88 -
E-mail : info@naturedeaux.com - www.naturedeaux.com

Rhône-Alpes **Drôme**

CLANSAYES Les Evignols   (TH)   *C.M. 81 Pli 2*

2 ch.   Régine et Jean-Pierre vous recevrront chaleureusement toute l'année dans cette belle maison de caractère siutée entre St Paul Trois Chateaux et Grignan. Dans un parc fleuri et arboré d'un hectare, ils vous offrent 2 chambres au décor raffiné avec climatisation. Le soir, ils vous proposent la table d'hôtes où vous pourrez goûter une cuisine familiale. Préparée avec des produits du terroir aux parfums de Provence. Golf 1,5 km. Repas enfants 3 à 10 ans : 11 €. Piscine et jacuzzi. Langues parlées : anglais, allemand, hollandais.

Prix : 1 pers. **79** € 2 pers. **85/98** € pers. sup. **19** € repas **24** €
Ouvert : Toute l'année

🐕	🏊	🎾	🍴	👥	🏇	🚲	🏠	🚂
SP	5	2	3	2	SP		11	5

Régine et Jean-Pierre HEYVAERT - Les Evignols - 26130 CLANSAYES - Tél. : 04 75 04 79 74 - Fax : 04 75 04 79 74 -
E-mail : lepalmierdrome@aol.com - www.guideweb.com/provence/bb/palmier

CLEON-D'ANDRAN   *C.M. 77 Pli 12*

4 ch.   En Drôme provençale, en pleine nature avec une vue superbe sur les montagnes avoisinnantes, le Mas de l'Ancelle vous propose calme et repos pour WE et vacances. 4 ch agréables avec sanitaires privatifs, salon, grande salle avec billard, piscine, parking. Langue parlée : anglais.

Prix : 1 pers. **49** € 2 pers. **66** € pers. sup. **12** €
Ouvert : Toute l'année

🐕	🏊	🎾	👥	🏇	🍴	🏠	🚂
	SP	2	SP	5	15	15	20	2

Dany et Pascal LARRATTE - Chemin Serre Fournier - Le Mas de l'Ancelle - 26450 CLEON-D'ANDRAN - Tél. : 04 75 90 43 58

COLONZELLE   (TH)   CB   *C.M. 81 Pli 2*

5 ch.   Au cœur du village, dans une bâtisse protégée par de grands murs, vos hôtes vous proposent Violette, Capucine, Pâquerette, Iris et Eglantine, cinq chambres colorées et personnalisées avec salle de bain et wc privatifs. Grand salon avec cheminée. Les repas gourmands servis dans la salle à manger ou sur une terrasse de charme à l'ouest vous séduiront. Jardin arboré et agrémenté d'un potager. Golf 8 km.

Prix : 1 pers. **60** € 2 pers. **70** € repas **23** €
Ouvert : 1er mars au 31 octobre

🐕	🏊	🎾	👥	🏇	⛱	🚲	🏠	🚂
3	0,5	SP	SP	3	SP	0,1	22	1,5

Nicole CONVERCY - La Maison de Soize - 26230 COLONZELLE - Tél. : 04 75 46 58 58 - Fax : 04 75 46 58 58

COLONZELLE Le Moulin de L'Aulière   (TH)   *C.M. 81 Pli 2*

5 ch.   Dans un parc, en bordure de l'Aulière, Marie et Guy vous accueillent dans la bâtisse du 19 ème siècle où sont aménagées 5 ch. 1er étage : 2 ch. 2 pers., 2 ème étage : 2 ch. 2 pers. dont une avec terrasse,1 ch. (3 pers.). Sanitaires privatifs. Coin cuisine, séjour, cheminée, TV. Parking. Pas de TH le vendredi et dimanche soir et en août et novembre. Langue parlée : anglais.

Prix : 1 pers. **40** € 2 pers. **50** € 3 pers. **75** € pers. sup. **20** € repas **20/30** €
Ouvert : Toute l'année.

🐕	🏊	🎾	👥	🏇	⛱	⛷	🚲	🚂	🍴	🏠
4	1	SP	SP	4	10	4	SP	18	30	2

Marie BERAUD - Le Moulin de l'Aulière - 26230 COLONZELLE - Tél. : 04 75 91 10 49 - Fax : 04 75 91 10 49

COMPS Le Buffelas   Alt. : 700 m   (TH)   *C.M. 81 Pli 3*

2 ch.   En pleine nature, entourée par les montagnes verdoyantes, Simone vous accueille dans sa ferme aux pierres apparentes et sa campagne fleurie. 2 ch. 2 pers., au rez-de-ch., avec salle de bains, wc communs, séjour privatif. TV.

Prix : 1 pers. **26** € 2 pers. **35** € 3 pers. **43** € repas **13** €
Ouvert : Toute l'année.

🐕	🏊	🎾	👥	🏇	⛱
1	1	2	SP	5	2

Simone MOURIER - Le Buffelas - 26220 COMPS - Tél. : 04 75 46 33 88

COMPS Le Château   Alt. : 700 m   *C.M. 81 Pli 3*

4 ch.   Dans le cadre majestueux du château du XIIe siècle et dans une aile attenante, mitoyenne à la ferme, vous apprécierez le calme et le site agréable. Marilou et son fils vous proposent 4 ch. confortables 1 et 2 pers., salle d'eau et salle de bains, wc privatifs, salle des petits déjeuners, salon privatif, parking. Tarifs dégressifs en hors saison à partir de 3 nuitées (l'hiver sur réservation).

Prix : 1 pers. **38** € 2 pers. **46/49** € 3 pers. **53** €
Ouvert : Toute l'année.

🐕	🏊	🎾	👥	🏇	⛱	🏠
	6	0,2	4	1	4,5	4	6

Marilou TERROT - Le Château - 26220 COMPS - Tél. : 04 75 46 30 00 - Fax : 04 75 46 30 00

Drôme
Rhône-Alpes

DIVAJEU (TH) — C.M. 77 Pli 12

2 ch. A proximité de la route Valence-Montélimar dans la ferme de RANCHY, nous vous proposons 2 chambres 2 pers. avec lavabo et sanitaires communs. Les produits de la ferme vous seront servis à la table d'hôte, sur réservation. Nous possédons d'autre part 2 gîtes ruraux. Repas enfant -10 ans : 7,5 €.

Prix : 1 pers. **29 €** 2 pers. **33 €** 3 pers. **57 €** repas **14 €**
Ouvert : Toute l'année.

🐕	🏊	🎾	👥	🏃	⛵	🚴	🚉	🛒	🏪	🏤
SP	5	5	SP	7	5	SP	15	10	5	5

Michel LOMBARD - Quartier Ranchy - 26400 DIVAJEU - Tél. : 04 75 25 29 74 ou 06 81 41 99 84 - Fax : 04 75 76 71 42

DIVAJEU Le Clos de Lambres — C.M. 77 Pli 12

3 ch. Dans un cadre calme et verdoyant, proche de la vallée de la Drôme. Jeannette et Jacques vous feront apprécier cette région riche de découvertes. 2 ch. 2 et 3 pers., 1 ch familiale de 4 pers, indépendantes aménagées avec goût. Rez-de-chaussée et étage sanitaires privatifs, salle à manger, salon, cheminée communs au propriétaires. Coin-cuisine à disposition. TV dans les chambres. Parking privé.

Prix : 1 pers. **34 €** 2 pers. **46 €** 3 pers. **61 €** pers. sup. **16 €**
Ouvert : Du 15 février au 1er novembre.

🐕	🏊	🎾	👥	🏃	⛵	🚴	🚉	🛒	🏪	🏤
3	3	3	0,5	3	3	3	15	15	3	3

Jeannette GORCE - Le Clos de Lambres - 26400 DIVAJEU - Tél. : 04 75 76 75 91 - E-mail : closlambre@aol.com - http://members.aol.com/closlambre/index.html

DONZERE (TH) — C.M. 81 Pli 1

2 ch. Au centre d'une région historique, bien située pour étape ou séjour, "Lou Minaï" vous séduira. Françoise vous régalera avec sa cuisine de terroir et de qualité et Georges vous contera sa Provence natale. Dans un jardin méditerranéen, avec son tilleul centenaire, 2 ch de plain pied vous sont proposées. Parking clos.

Prix : 1 pers. **39 €** 2 pers. **45 €** pers. sup. **14 €** repas **17 €**
Ouvert : Du 1er avril au 15 novembre.

🐕	🏊	🎾	👥	🏃	🚴	🛒	🏤
0,8	0,8	1,5	SP	3	SP	14	0,5

René-Georges EYSSERIC - « Lou Minaï » - 18 Haute Bourgade - 26290 DONZERE - Tél. : 04 75 51 66 96 -
E-mail : rene-georges.eysseric@wanadoo.fr - http://perso.wanadoo.fr/lou-minai

ETOILE (TH) — C.M. 77 Pli 12

2 ch. Ancienne ferme du XVIIe siècle rénovée, murs en galets et pierres d'ETOILE. Chambres à l'étage dans la maison du propriétaire. Abords fleuris. Parking et piscine privés. Repas enfants 8 €.

Prix : 1 pers. **19/22 €** 2 pers. **35/38 €** 3 pers. **48 €** pers. sup. **10 €** repas **13 €**
Ouvert : Toute l'année.

🐕	🏊	🎾	👥	🛒	🏤
SP	4	1	4	15	3

François FRAISSE - Clavel - 26800 ETOILE-SUR-RHONE - Tél. : 04 75 60 62 58

ETOILE-SUR-RHONE La Mare (TH) — C.M. 77 Pli 12

6 ch. Dans un cadre champêtre et agréable, proche de la Vallée du Rhône, où vos hôtes, la famille CHAIX vous fera découvrir les attraits de la région. 4 ch. 3 épis au rez-de-ch. accès indépendant, sanitaires privatifs, 2 ch. 2 épis à l'étage, salles d'eau privatives, 1 wc commun aux 2 ch., salle à manger, salon avec TV, cheminée, aire de jeux, vaste espace autour de la ferme. Parc ombragé. Table d'hôte enfant : 6,3 €.

Prix : 1 pers. **27 €** 2 pers. **40 €** pers. sup. **11 €** repas **14 €**
Ouvert : Toute l'année.

🐕	🏊	🎾	👥	🏃	⛵	🚴	🛒	🏤
5	3	4	0,5	6	4	0,5	15	4

SARL Accueil FAMILLE CHAIX - Rte de Montmeyran - Quartier La Mare - 26800 ETOILE - Tél. : 04 75 59 33 79 - Fax : 04 75 59 33 79

EYGALAYES La Forge Sainte-Marie — Alt. : 800 m (TH) — C.M. 81 Pli 4

4 ch. 4 chambres tout confort sur 2 niveaux mitoyennes à l'habitation. Dans un environnement nature de qualité Jacques et Gaby vous accueillent dans leur maison de caractère. C'est le pays de la lumière, de la lavande et du tilleul. Notre salle de relaxation "Lavande" vous offrira le bonheur de la détente et du bien être (bains à remous et sauna). Langue parlée : anglais.

Prix : 1 pers. **38 €** 2 pers. **46 €** 3 pers. **55 €** repas **17 €**
Ouvert : Toute l'année.

🐕	🏊	🎾	👥	🏃	🚴	🛒	🏤
8	3	2	SP	2	SP	10	8

Jacques et Gaby LAURENT - La Forge Sainte-Marie - 26560 EYGALAYES - Tél. : 04 75 28 42 77 - Fax : 04 75 28 42 77 -
E-mail : gaby.laurent@libertysurf.fr - www.guideprovence.com/chambres-hotes/forge-ste-marie/

Rhône-Alpes — Drôme

FERRASSIERES
Alt. : 944 m — (TH) — C.M. 81 Pli 4

5 ch. Demeure du XII°, fortifiée au XV° au confins du Lubéron et des Alpes de Hte-Provence, en Drôme Provençale, au milieu des prairies et des champs de lavande. Les chambres sont confortables (sanitaires privatifs). Séjour et salon dans la tour dont la cheminée constituent le cadre pour les repas (préparés avec les produits de la ferme). Calme et sérénité règnent en permanence et une superbe allée de tilleuls procure fraîcheur et détente. Langues parlées : anglais, italien.

Prix : 1 pers. **61/84** € 2 pers. **69/90** € pers. sup. **27** € repas **21** €
Ouvert : Toute l'année.

8	8	SP	8	8	9	15	30	9

Marguerite BLANC - Château la Gabelle - 26570 FERRASSIERES - Tél. : 04 75 28 80 54 - Fax : 04 75 28 85 56

LA GARDE-ADHEMAR
(TH) — C.M. 81 Pli 1

1 ch. En Drôme Provençale, entre vignes et lavandes au cœur de la garrigue, Michèle et René vous accueilleront en couple ou en famille dans leur ferme et vous feront déguster à leur table les produits du terroir. Une chambre familiale (1 lit 2 pers. 2 lits 1 pers.) avec salle d'eau et wc privatif à proximité. Golf 5 km.

Prix : 1 pers. **30** € 2 pers. **38** € 3 pers. **53** € pers. sup. **12** € repas **16** €
Ouvert : Toute l'année.

3	3	SP	1	3	8	7	3

Michèle et René GIRARD - Quartier La Pessade - 26700 LA GARDE-ADHEMAR

LA GARDE-ADHEMAR
(TH) — C.M. 81 Pli 1

3 ch. Au calme, dans un domaine de 30 ha, parmi les senteurs de truffes et d'abricots, Isabelle et Christian vous accueillent en amis dans un mas en pierre du XVII° au cœur des vergers et des bois. Vous découvrirez une table au parfum Provençal et aux saveurs d'antan. 3 chambres 2 pers. de plain-pied, sanitaires privatifs, salle à manger, séjour, TV. Parking. 3 gîtes ruraux. Langues parlées : anglais, espagnol.

Prix : 1 pers. **34** € 2 pers. **43** € pers. sup. **12** € repas **16** €
Ouvert : Toute l'année.

SP	0,8	SP	6	8	8	1,5

Christian et Isabelle ANDRUEJOL - Gîte du Val des Nymphes - 26700 LA GARDE-ADHEMAR - Tél. : 04 75 04 44 54

GRANGES-GONTARDES Hameau du Billard
C.M. 81 Pli 1

2 ch. Entre Vallée du Rhône et Drôme Provençale, à proximité des châteaux de Grignan, Suze la Rousse et Montélimar, vous séjournerez en couple ou en famille dans la chambre familiale que vous proposent Anne-Marie et sa famille : 2 ch. indépendantes (1 lit 2 pers. et 2 lits 1 pers.) salle de bain-wc indépendants, terrasse privative, piscine. Parking. Langues parlées : anglais, italien.

Prix : 1 pers. **30** € 2 pers. **40** € 3 pers. **54** € pers. sup. **12** €
Ouvert : Toute l'année.

SP	0,5	3	4	2	18	0,5

Anne-Marie VIGNON - Hameau du Billard - 26290 GRANGES-GONTARDES - Tél. : 04 75 98 56 30 ou 06 81 63 67 04 - Fax : 04 75 98 56 30

GRIGNAN Le Grand Cordy
C.M. 81 Pli 2

5 ch. Vignes, lavandes, forêts de chênes entourent la Ferme du Grand Cordy. 5 chambres d'hôtes avec sanitaires privatifs pour vous faire profiter de la vie à la campagne, promenades, rivière, tranquilité dans un cadre rustique et confortable. Golf : 5 km Langues parlées : anglais, espagnol.

Prix : 1 pers. **43** € 2 pers. **43/46** € pers. sup. **11** €
Ouvert : Toute l'année.

3	3	SP	3	3

Béatrice et Dario DUARTE - Ferme le Grand Cordy - 26230 GRIGNAN - Tél. : 04 75 46 91 81 - Fax : 04 75 46 51 88

GRIGNAN L'Autre Maison
(TH) C.M. 81 Pli 2

4 ch. Au cœur de la Drôme provençale « L'Autre Maison » offre l'espace d'une grande maison bourgeoise provençale du XVIII°. A deux pas du château renaissance 4 ch. de charme de 25 à 50 m² très déco (tommettes, badigeon, pigeonnier)la terrasse, le jardin avec sa mare aux nénuphars invitent au dîner provençal. Locatin VTC 9 € la 1/2 journée, 15 € la journée. Visite guidée à vélo si groupe mini 6 pers en 1/2 journée. Dégustation et vente de miel. Produits du terroir. Langue parlée : anglais.

Prix : 1 pers. **53/76** € 2 pers. **53/76** € pers. sup. **15** € repas **14/17** € 1/2 pens. **81/110** €
Ouvert : Du 1/03 à la Toussaint et du 14/12 à la fin vac. scol. d'hiver.

0,2	0,2	0,5	1	2	15	15	25	SP

Christophe MONGE - rue du Grand Faubourg - 26230 GRIGNAN - Tél. : 04 75 46 58 65 - E-mail : infos@lautremaison.com - www.lautremaison.com

Drôme
Rhône-Alpes

HOSTUN Les Bruyères (TH)
C.M. 77 Pli 3

4 ch. Grande maison bourgeoise entourée d'un parc ombragé sur 2 hectares de terrain, Annie et Serge ont le plaisir de vous accueillir dans leur propriété et à leur table, 2 ch 2 pers, 1 ch 3 pers et 1 ch familiale de 4 pers sanitaires privatifs, salle à manger et salon commun, chalet gîte 4 pers, parking, bibliothèque, ouvert toute l'année. Repas enfant jusqu'à 7,5 €. Animaux sur demande. Parking. Golf 20 km. Langue parlée : anglais.

Prix : 1 pers. **43** € 2 pers. **49** € 3 pers. **66** € pers. sup. **15** € repas **15** €

Ouvert : Toute l'année.

SP	1	4	SP	1	4	30	5	20	20	10	1

Annie et Serge NATTIER - Les Bruyères - 26730 HOSTUN - Tél. : 04 75 48 81 94 - Fax : 04 75 48 93 50 -
E-mail : infosbruyeres@net-up.com - http://lesbruyeres.multimania.com

---

LAVAL-D'AIX   Alt. : 500 m
C.M. 77 Pli 14

1 ch. Dans ce petit hameau tranquille, au pied de la montagne du Glandasse, site touristique du haut Diois, André et sa famille vous accueillent à proximité de leur habitation. 1 grande chambre 3 pers. indépendante avec sanitaires privatifs, coin cuisine attenant dans la maison mitoyenne à la ferme.

Prix : 1 pers. **30** € 2 pers. **35** € 3 pers. **40** €

Ouvert : Du 1er mai au 30 septembre.

10	10	0,2	SP	10	28

André JUND - Quartier Duchère - 26150 LAVAL-D'AIX - Tél. : 04 75 21 81 27

LUC-EN-DIOIS Les Grangiers   Alt. : 720 m   (TH)
C.M. 77 Pli 14

5 ch. En pleine nature, face au site du Claps et au cœur de la haute vallée de la Drôme et du Diois, Pierre Emm. et Laurence vous reçoivent dans leur grande maison fleurie sur leur ferme d'élevage caprin. 1 ch. 3 pers., rez-de-ch., 2 épis, sanitaires privatifs. A l'étage, 4 ch. 2 et 3 pers. dont une en 2 épis, salle d'eau, wc, communs, salle à manger dans véranda. Salons privatifs. Langue parlée : allemand.

Prix : 1 pers. **26** € 2 pers. **37/46** € 3 pers. **48/55** €
1/2 pens. **30/34** €

Ouvert : De Pâques à la Toussaint.

5	5	2	SP	8	2	22	SP	4	2	4	4

Pierre-E et Laurence ROBIN - Les Grangiers - 26310 LUC-EN-DIOIS - Tél. : 04 75 21 32 35

MALATAVERNE Le Moulinas   (TH)
C.M. 81 Pli 1

2 ch. Dans une grande ferme de la Vallée du Rhône, Michel et Yvette agriculteurs, vous accueillent aux environs de Montélimar (ferme et animaux). 2 ch 2 pers dans la maison des propriétaires, accès indépendant, sanitaires privatifs. Tarif 2 pers. à partir de 2 nuits : 35 €.

Prix : 1 pers. **30** € 2 pers. **38** € 3 pers. **50** € pers. sup. **12** € repas **14** €

Ouvert : Toute l'année.

SP	4	SP	4	6	6

Michel et Yvette CHABAUD - Le Moulinas - 26780 MALATAVERNE - Tél. : 04 75 90 72 35 - Fax : 04 75 90 75 17

MARIGNAC-EN-DIOIS La Rollanderie   Alt. : 610 m   (TH)
C.M. 77 Pli 13

3 ch. Dans le site calme et campagnard, au pied du massif du Vercors, Renée et Jacky vous accueillent dans l'environnement agréable de leur ferme et vous feront apprécier leur région, leur table et les produits du terroir. 1 ch. 3 pers. indépendantes, sanitaires privatifs, 2 ch. 2 pers., rez-de- ch., sanitaires privatifs, séjour privé ds la maison.

Prix : 1 pers. **26** € 2 pers. **39** € 3 pers. **50** € repas **12** €

Ouvert : De Pâques à la Toussaint.

7	7	7	SP	10	7	20	7	7

Jacky et Renée SEGOND - La Rollandière - L'Hermite - 26150 MARIGNAC-EN-DIOIS - Tél. : 04 75 22 08 51 - Fax : 04 75 22 08 51

MERINDOL-LES-OLIVIERS Le Grand Jardin   (TH)
C.M. 81 Pli 3

5 ch. Dans une ferme vinicole du XVIIIe siècle, en pierres, restaurée, au milieu des vignes et d'un site boisé, avec vue sur le Ventoux, Andrée vous propose 5 ch au calme. 2 ch au rez de ch, 2 ch à l'étage, avec sanitaires privés, pour 1 à 3 pers. 1 autre à l'étage avec douche privée, wc sur pallier pour 2 à 4 pers. Table d'hôtes le soir sur commande, le jeudi, vend, samedi, jour de Pâques et de Pentecôte. Piscine à l'eau salée. Parking.

Prix : 1 pers. **38/41** € 2 pers. **42/45** € pers. sup. **22** € repas **17** €

Ouvert : Des vacances de printemps à fin septembre.

SP	1	SP	8	13

Andrée COULET - Le Grand Jardin - 26170 MERINDOL-LES-OLIVIERS - Tél. : 04 75 28 71 17

Rhône-Alpes — Drôme

MIRABEL-AUX-BARONNIES Les Blaches
C.M. 81 Pli 2/3

4 ch.

Au cœur du pays des Baronnies, entre Mirabel et Nyons, Véronique vous accueillera dans son habitation entourée de vignes et d'oliviers. 2 ch. 2 pers. avec sanitaires privatifs, 1 ch. 3 pers. avec sanitaires privatifs, 1 ch. suite 4 pers. (99 €) avec sanitaires privatifs et kitchenette, séjour, salle à manger, parking. Cuisine d'été, barbecue, salon de jardin. Tonnelles, piscine.

Prix : 1 pers. **38/58** € 2 pers. **53/69** € 3 pers. **61/84** € pers. sup. **11/15** €

Ouvert : Toute l'année sauf janvier.

SP	2,5	10	SP	5	4	27	5	27	27	5

Véronique DUROUGE - L'Ormeraie - Les Blaches - 26110 MIRABEL-AUX-BARONNIES - Tél. : 04 75 27 19 49 ou 06 74 64 63 45 - Fax : 04 75 27 19 49

MIRABEL-ET-BLACONS La Salière
C.M. 77 Pli 12

2 ch.

Tranquillité, petit-déjeuner, piscine chez Marielle, en pleine campagne dans ses deux chambres (1 ch 2 pers. et 1 ch 3 pers.) avec sanitaires privatifs, face à la chaîne des Trois Becs. Parking. Langues parlées : anglais, italien.

Prix : 1 pers. **30** € 2 pers. **38** € 3 pers. **46** € pers. sup. **11** €

Ouvert : Toute l'année.

SP	4	1	SP	4	1	35	1	8	15	8	1

Marielle SENE - La Salière - 26400 MIRABEL-ET-BLACONS - Tél. : 04 75 40 02 87 ou 04 75 40 01 89

MIRABEL-ET-BLACONS La Ferme du Château
(TH) *C.M. 77 Pli 12*

2 ch.

A 5 kilomètres de CREST, vieille ferme Provençale du XVIIe siècle, avec cour intérieure, pigeonnier. Catherine et Matthieu vous accueillent chez eux. Au 1er étage, vos chambres avec sanitaires privatifs, salle à manger et salon communs au rez-de-chaussée. Ils vous proposent cuisine régionale médiévale, bolivienne et créative. Parking privatif. Taxe de séjour : 0.3 €. Langues parlées : allemand, anglais, italien.

Prix : 1 pers. **37** € 2 pers. **43** € pers. sup. **14** € repas **16** €

Ouvert : De mars à novembre.

5	5	0,5	SP	5	0,5	SP	10	10	SP

Catherine et Matthieu CAUSSIN-BELLIER - La Ferme du Château - 26400 MIRABEL-ET-BLACONS - Tél. : 04 75 40 07 80 ou 06 03 50 87 47 - Fax : 04 75 40 07 80 - E-mail : cmjd@wanadoo.fr

MIRIBEL La Charière
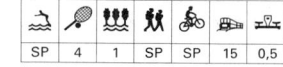 *C.M. 77 Pli 2*

3 ch.

Au cœur de la Drôme des collines, Livia et Jean-Louis vous accueillent dans leur ferme de polyculture sur un site agréable. Ils vous proposent 2 ch. 2 pers. avec terrasse, sanitaires privatifs, salle à manger et salon commun. 1 ch. 3 pers avec terrasse, coin cuisine et sanitaires privatifs. Aire de jeux, parking.

Prix : 1 pers. **32** € 2 pers. **40** € pers. sup. **10** €

Ouvert : Toute l'année.

13	4	1	1	3	10	4

Jean-Louis et Livia VASSY - 26350 MIRIBEL - Tél. : 04 75 71 75 13 - Fax : 04 75 71 71 71

MIRMANDE
C.M. 77 Pli 12

3 ch.

Sur un balcon dominant la vallée du Rhône avec un panorama sur les Monts du Vivarais, proche du village médiéval et perché (classé parmi les plus beaux villages de France) Marinette et Tieno vous accueillent dans la vaste maison confortable, près de l'atelier de sculpture : 3 ch de deux pers. indépendantes avec sanitaires et terrasses privatifs. Salon commun, kitchenette, parking. Langue parlée : anglais.

Prix : 1 pers. **44** € 2 pers. **55** € pers. sup. **22** €

Ouvert : Toute l'année sauf janvier.

SP	4	1	SP	SP	15	0,5

Marinette et Tieno GORIOU - 26270 MIRMANDE - Tél. : 04 75 63 01 15 - Fax : 04 75 63 14 06

MIRMANDE Le Petit Logis
  C.M. 77 Pli 12

3 ch.

mans une maison toute proche de celle du propriétaire au milieu d'un parc verdoyant et calme, avec vue sur le village botanique et médiéval, Maryse et René vous accueillent dans 3 ch. indépendantes accessibles de plain-pied, sanitaires privatifs, possibilité d'une chambrette supplémentaire, petite cuisine à disposition, piscine, parking, aire de jeux. Salle à manger et sallon communs aux propriétaires. 2 ch. 3 épis et 1 ch. 2 épis.

Prix : 1 pers. **34** € 2 pers. **44** € 3 pers. **55** € pers. sup. **11** €

Ouvert : De mars à novembre (mois d'hiver sur réservation).

SP	4	12	SP	SP

Maryse BRUN - La Colline - 26270 MIRMANDE - Tél. : 04 75 63 02 92 - Fax : 04 75 63 02 92 - www.lepetitlogis.com02.com

Drôme

Rhône-Alpes

MOLLANS-SUR-OUVEZE Les Fouzarailles
C.M. 81 Pli 3

4 ch. Au pied du Mont Ventoux et avec vue imprenable dessus, Valérie et Marc vous accueillent dans leur ferme provençale nichée entre bois et vignes dans la vallée du Toulourenc. A proximité, nombreuses distractions de caractère sportif et baignade en « Toulourenc » à 300 m. 3 ch 2 pers, 1 ch 3 pers avec sanitaires privatifs. Aire de jeux. Ping Pong, boulodrome. Terrasse, parking, barbecue et frigo à disposition. Mollans se situe à la porte des Baronnies (Buis 9 km, Vaison 12 km). Langue parlée : anglais.

Prix : 1 pers. 32 € 2 pers. 39 € pers. sup. 11 €
Ouvert : De Pâques à la Toussaint.

🐕	🏊	🎾	👥	🏃	⛱	🚴	🚂	🏪	🏫
1	1	SP	SP	4	SP	10	10	50	3

Valérie et Marc GRENON - Les Fouzarailles - Route de Veaux - 26170 MOLLANS-SUR-OUVEZE - Tél. : 04 75 28 79 05 - Fax : 04 75 28 79 05

MONTBOUCHER-SUR-JABRON Les Echaunes
C.M. 81 Pli 1

2 ch. Grande maison de style régional du 17ᵉ siècle sur l'exploitation agricole (à 300 m de l'A7). Marcel et Chantal vous accueillent dans 2 gîtes ruraux voisins et 2 chambres indépendantes d'accès, au rez-de-ch. pour 2 ou 3 pers., sanitaires privatifs, séjour commun, Parking. Golf à 2 km Langues parlées : anglais, italien.

Prix : 1 pers. 35 € 2 pers. 43 € 3 pers. 55 € pers. sup. 14 €
Ouvert : Toute l'année.

🐕	🏊	🎾	👥	🏃	🚴	🚂
5	1,5	0,6	3	4	5	1

Chantal et Marcel MAZZARA - La Commanderie - Chemin Commanderie - 26740 MONTBOUCHER-SUR-JABRON - Tél. : 04 75 46 08 91 - Fax : 04 75 46 08 91

MONTBRISON-SUR-LEZ Roussoullie
C.M. 81 Pli 2

3 ch. Marie-Noëlle et Rémy, viticulteurs vous accueillent dans leur mas provençal, au milieu des vignobles du Côtes du Rhône, dans 2 gîtes ruraux mitoyens et 3 chambres d'hôtes avec entrée indépendante. 1 ch. 2 pers., au rez-de-ch., sanitaires privatifs, 2 ch. 2 et 3 pers., salle de bains, wc privés, kitchenette aménagée pour les 3 ch., séjour.

Prix : 1 pers. 34/36 € 2 pers. 36/40 € 3 pers. 47 € pers. sup. 7 €
Ouvert : Toute l'année.

🐕	🏊	🎾	👥	🏃	⛱	🚴	🚂
SP	6	2	SP	2	SP	7	7

Rémi et Marie-Noëlle BARJAVEL - Roussoullie - 26770 MONTBRISON-SUR-LEZ - Tél. : 04 75 53 54 04 - Fax : 04 75 53 54 04 - E-mail : barjavel@club-internet.fr - www.domainebarjavel.com

MONTBRUN-LES-BAINS
Alt. : 600 m — (TH) — *C.M. 81 Pli 4*

2 ch. Située au cœur du vieux village dans une ancienne maison religieuse, au seuil d'une très belle église baroque, l'Abbaye est une maison d'hôtes de dimension familiale comprenant 2 ch dont 1 familiale avec sanitaires privatifs. Baignoires dans les salles de bain. A la table, vous découvrirez une cuisine méditerranéenne novatrice parfumée. Tarif dégressif à partir de 3 nuits. Table d'hôtes sur réservation à partir de 4 personnes. Langue parlée : allemand.

Prix : 1 pers. 34 € 2 pers. 38 € pers. sup. 14 € repas 14 €
Ouvert : Toute l'année.

🐕	🏊	🎾	👥	🏃	⛱	⛷	🚴	🚂	🏪	🏫
0,8	1	SP	1	15	40	12	5	10	80	SP

Anne-Marie et Pierre RICHEBE - L'Abbaye - Le Village - 26570 MONTBRUN-LES-BAINS - Tél. : 04 75 28 83 12 ou 06 64 98 87 53 - E-mail : pastour@club-internet.fr

MONTBRUN-LES-BAINS
Alt. : 600 m — *C.M. 81 Pli 4*

3 ch. Sur les hauteurs de Montbrun-les-bains, séduisant village thermal, avec vue sur le Mont ventoux, René vous propose 2 ch. 2 pers., 1 grande ch. 2 pers. avec canapé lit et kitchenette, sanitaires privatifs, salle à manger commune. Salon de jardin ombragé. Parking. Proche du cœur du village.

Prix : 1 pers. 34/38 € 2 pers. 38/46 € pers. sup. 12 €
Ouvert : D'avril à novembre.

🐕	🏊	🎾	👥	🏃	⛱	🚴	🚂
1	1	10	2	2	10	10	0,4

René AIME - Montée du Château - 26570 MONTBRUN-LES-BAINS - Tél. 04 75 28 84 92

MONTFROC Le Château
Alt. : 740 m — (TH) — *C.M. 81 Pli 4*

5 ch. C'est en 1638 que fut achevée la construction du Château de Montfroc, situé aux confins de la Drôme et des Alpes de Haute-Provence. Témoin privilégié de plusieurs siècles d'histoires, ce château a été restauré pour offrir à ses hôtes un cadre ensoleillé et reposant, 4 chambres dont 2 familiales, et 1 suite toutes avec sanitaires privatifs. Golf 70 km. Langue parlée : anglais.

Prix : 2 pers. 55/75 € pers. sup. 15 € repas 18 €
Ouvert : Toute l'année.

🐕	🏊	🎾	👥	🏃	⛱	🚴	🚂	🏪	🏫
10	10	SP	SP	1	28	15	15	28	10

Claire et Paul THIELEMANS - Le Château - 26560 MONTFROC - Tél. : 04 92 62 06 64 - Fax : 04 92 62 06 64

Rhône-Alpes **Drôme**

MONTFROC La Goutaille
Alt. : 1000 m (TH) *C.M. 81 Pli 4*

1 ch. — 1 ch. d'hôtes (2 adultes et 1 enfant) située dans un cadre exceptionnel avec départ de randonnées pédestres et toutes activités de montagne. Animaux admis si compatibles avec autres animaux. Repas enfant - 12 ans : 10 €. Hébergement situé dans la vallée du Jabron entre Sisteron et Séderon.

Prix : 2 pers. 38 € pers. sup. 12 € repas 14 €
Ouvert : Toute l'année.

12	3	SP	3	23	13	18	33

Nicole GORGE - La Goutaille - 26560 MONTFROC - Tél. : 04 92 62 00 23

MONTSEGUR-SUR-LAUZON Le Moulin de Montségur
(TH) *C.M. 81 Pli 2*

5 ch. — Calme et luxe sans ostentation dans cette vaste bâtisse au milieu des feuillages, au bord du Lez. Restaurée et aménagée, elle offre 4 chambres spacieuses et surprenantes et 1 suite, toutes avec sanitaires privatifs. Grande salle à manger et séjour voûté. Pour un séjour de rêve en pleine campagne. Promenades, jeux de boules, pêche. Parking. Plage en bordure de rivière. Golf 7 km. Tarif suite 2 pers. : 99 €. Langues parlées : italien, anglais, allemand.

Prix : 1 pers. 67/82 € 2 pers. 75/90 € pers. sup. 23 € repas 30 €
Ouvert : Toute l'année.

8	1,5	SP	SP	10	SP	6

Sabine BARRUCAND - Le Moulin de Montségur - 26130 MONTSEGUR-SUR-LAUZON - Tél. : 04 75 98 19 67 - Fax : 04 75 98 87 71 - E-mail : sbarrucand@aol.com

MONTVENDRE La Rolière
(TH) *C.M. 77 Pli 12*

2 ch. — Dans un ancien relais de diligence du XVᵉ s, Christophe, ancien cuisinier, vous accueille dans ces deux chambres indépendantes en r.d.c. 1 ch 1 lit 2 pl en mezzanine, salle d'eau et 2 lits 1 pl en r.d.c., salle d'eau et wc. Cour aménagée. Parking. Enfants -12 ans : repas 7 €. Taxe de séjour : 0.15 € par jour/pers Langues parlées : allemand, anglais.

Prix : 1 pers. 31 € 2 pers. 40 € pers. sup. 11 € repas 15 €
Ouvert : Toute l'année.

6	6	2	SP	1	6	13	3

Christophe THORAVAL - La Rolière - 26120 MONTVENDRE - Tél. : 04 75 59 18 45 - E-mail : laroliere@chez.com - www.chez.com/laroliere

MORNANS Le Temple
(TH) *C.M. 77 Pli 13*

3 ch. — Au pied de la forêt de Saou, dans une petite commune, la grande maison familiale a été réaménagée en chambres confortables sur 2 niveaux, indépendants de l'habitation. 1 ch. 3 pers. avec salon, 2 ch. 2 pers, sanitaires privatifs, coin cuisine, salon commun, cheminée, bibliothèque. Table d'hôtes, prise TV, parking. Tarif demi-pension pour 2 pers.

Prix : 1 pers. 38/46 € 2 pers. 46/53 € 3 pers. 58 € pers. sup. 11 € repas 14 € 1/2 pens. 73 €
Ouvert : Toute l'année.

5	5	2	SP	SP	2	6	5	5

Hugues et Dominique ATHENOL - Le Relais du Temple - 26460 MORNANS - Tél. : 04 75 53 35 43 - Fax : 04 75 53 35 43

LA MOTTE-DE-GALAURE Bruthias
(TH) *C.M. 77 Pli 2*

5 ch. — Dans la région vallonnée de la vallée de la Galaure, Monique et Pierre accueillent dans leur grande maison en campagne. 5 ch. indépendantes, en rez-de-ch., 2 et 3 pers., av. salle d'eau privative + 1 salle bains et 2 wc communs, séjour, cheminée, TV. Espace indépendant d'accueil en gîte d'étage-relais équestre en gestion libre ou tables. Parking.

Prix : 1 pers. 23 € 2 pers. 30 € 3 pers. 46 € pers. sup. 15 € repas 11 €
Ouvert : Toute l'année.

4	10	2	SP	14

Monique et Pierre DELHOME - Bruthias - 26240 LA-MOTTE-DE-GALAURE - Tél. : 04 75 68 41 72

LA PENNE-SUR-OUVEZE Mourre Genus
 (TH) *C.M. 81 Pli 3*

3 ch. — Trois grandes chambres familiales avec mezzannine et terrasse ombragée avec vue sur la montagne de Bluye. Salle d'eau et wc privatifs. Coin cuisine à disposition. A la table d'hôtes vous pourrez déguster les produits de la ferme (agneaux, olives, abricots, cerises...) soit dans la salle à manger commune, soit à l'extérieur, suivant le temps et saison. Piscine 7.3 x 3.7 Enfants de 5 à 12 ans : 7,5 €.

Prix : 1 pers. 30 € 2 pers. 42 € pers. sup. 11 € repas 13 €
Ouvert : Toute l'année.

SP	4	SP	7	SP	8	4	40	4

René et Joan BOMPARD - Mourre Genus - 26170 LA PENNE-SUR-OUVEZE - Tél. : 04 75 28 73 96 - Fax : 04 75 28 73 96

Drôme

Rhône-Alpes

LA PENNE-SUR-OUVEZE La Gautière
C.M. 81 Pli 3

1 ch. Dans la grande maison de caractère en pierre de taille (17 et 18ᵉ siècle) en campagne Provençale, avec vue sur la montagne de Bluye, vos hôtes vous proposent une vaste chambre 2 pers. confortable avec salle de bains et wc privatifs, séjour et salon communs aux propriétaires, cheminée, TV, parking. Langues parlées : anglais, espagnol.

Prix : 1 pers. **61 €** 2 pers. **61 €**
Ouvert : Des vacances de février aux vacances de Noël.

0,3	3	1,5	0,5	1	1,5	10	3	3

Micheline-Anna ROCHE - Le Clos de Salomon - La Gautière - 26170 LA-PENNE-SUR-OUVEZE - Tél. : 04 75 28 01 99 - Fax : 04 75 28 01 99

PIEGROS-LA-CLASTRE Le Pigeonnier
C.M. 77 Pli 13

5 ch. Dans la grande maison, sur le promontoire dominant la vallée de la Drôme, avec belle vue sur la tour de Crest. 5 chambres 1 ou 2 pers. équipées de sanitaires privatifs, salle à manger, séjour communs, TV, bibliothèque à disposition, aire de jeux, parking.

Prix : 1 pers. **30 €** 2 pers. **43 €** 3 pers. **58 €**
Ouvert : Du 1ᵉʳ avril au 30 septembre.

4	1,5	0,8	SP	4	0,8	4	4

Maurice et Danielle BOUVAT - Le Pigeonnier - 26400 PIEGROS-LA-CLASTRE - Tél. : 04 75 25 46 00

PORTES-EN-VALDAINE La Fontaine Salée
C.M. 81 Pli 2

1 ch. La Fontaine Salée, calme et verdoyante est entourée de plusieurs hectares de bois et prairies. A mi-chemin entre Montélimar et Dieulefit, vous séjournerez dans une grande maison avec sanitaires privatifs et coin salon réservé aux hôtes. Table d'hôtes sur réservation. Golf 8 km. Langues parlées : anglais, allemand.

Prix : 1 pers. **50 €** 2 pers. **58 €** repas **14 €**
Ouvert : Toute l'année.

SP	3,5	SP	SP	4	2	SP	1,5	15	3,5

Clotilde TAHMAZIAN - La Fontaine Salée - 26160 PORTES-EN-VALDAINE - Tél. : 04 75 46 28 78

RECOUBEAU-JANSAC Jansac
Alt. : 700 m
C.M. 77 Pli 14

5 ch. Dans le hameau de Jansac, face aux montagnes du Diois, et parmi les champs de lavande, Mireille et son fils Philippe vous accueillent chaleureusement dans leur maison en pierres apparentes pour un séjour de calme et de détente. 2 ch. 2 pers. 3 épis, 1 ch 3 pers. 2 épis, 1 ch 2 pers. 1 épi, sanitaires privatifs et communs. Salle à manger du XIè s. Cuisine soignée. Produits de la ferme.

Prix : 1 pers. **24/32 €** 2 pers. **32/41 €** 3 pers. **46 €** repas **13 €**
Ouvert : Toute l'année.

3,5	7	3,5	SP	3,5	3,5	27	3,5

Mireille et Philippe CHAFFOIS-BOURGEAT - Jansac - 26310 RECOUBEAU-JANSAC - Tél. : 04 75 21 30 46 - Fax : 04 75 21 30 46

ROCHE-SAINT-SECRET
C.M. 81 Pli 2

2 ch. Entre Dieulefit, Grignan et Nyons, au cœur des vignes, du lavandin et des truffiers, Anne vous accueille dans son mas tricentenaire. Décor plein de charme où vous goûterez aux délices de la Drôme et au charme du farniente dans la cour intérieure baignée de soleil, ou à l'ombre de la cuisine d'été dans le vaste jardin ou au bord de la piscine, face aux collines. 2 vastes chambres aménagées dans les anciens greniers à foin (4 et 3 pers) équipées de sanitaires neufs et privatifs. Table gourmande et variée toute l'année. Langues parlées : anglais, hollandais.

Prix : 2 pers. **53 €** pers. sup. **6/12 €** repas **14 €**
Ouvert : Toute l'année.

SP	1	0,2	2	15	1	4	35	1

Anne DELCON-RENIERE - Le Mas du Père Jean - Route de Nyons - Le Sous Darut - 26770 ROCHE-SAINT-SECRET - Tél. : 06 71 80 09 20 - Fax : 04 75 53 98 48 - E-mail : info@mas-du-pere-jean.com - www.mas-du-pere-jean.com

LA ROCHE-SUR-GRANE La Magerie
C.M. 77 Pli 12

5 ch. En pleine campagne avec belle vue sur le vieux village, les collines boisées et la chaîne du Vercors, ancienne bergerie restaurée. Gîte d'étape et camping attenants. Table d'hôte commune, ambiance familiale et sportive. 5 ch. av. sanitaires et wc privatifs, salle à manger et séjour communs, parking, aire de jeux, jardin. Voie TGV méditerranée non loin. Nombreuses randonnées pédestres et en VTT à partir du gîte. Calme et authenticité dans région typique et préservée. Réduction long séjour et enfants. Tarif demi-pension 2 pers : 72 €. Langues parlées : allemand, hollandais.

Prix : 1 pers. **32 €** 2 pers. **43 €** pers. sup. **15 €** repas **14 €**
Ouvert : Toute l'année.

SP	6	SP	SP	12	SP	12	12

Roger et Pierrette BOHLER - La Magerie - 26400 LA ROCHE-SUR-GRANE - Tél. : 04 75 62 71 77 - Fax : 04 75 62 71 77 - E-mail : LA.MAGERIE@wanadoo.fr - http ://perso.wanadoo.fr/la.magerie/

Rhône-Alpes — Drôme

ROCHEGUDE (TH) — C.M. 81 Pli 2

¶¶¶ 5 ch.

Au cœur des vignobles, face au château et à la forêt de Rochegude, le Mont Ventoux en toile de fond, Georges et Babette vous feront apprécier le confort de leur mas dans une ambiance détendue. 5 chambres 2 ou 3 pers., sanitaires privatifs, salle à manger, salon TV, lecture pour tous, cheminée. Parking fermé la nuit. Golfs à 15, 25 et 40 km. Langues parlées : allemand, italien.

Prix : 1 pers. **35 €** 2 pers. **43 €** 3 pers. **56 €** pers. sup. **11 €** repas **17 €**

Ouvert : Toute l'année.

🐕	🏊	🎾	🎯	🚶	🎣	🏇	🚴	⛺	🏪
SP	2	4	SP	6		SP	15		2

Georges et Babette LURAULT - Le Mas des Vignes - 26790 ROCHEGUDE - Tél. : 04 75 98 26 60

LA ROCHETTE-DU-BUIS La Honas — Alt. : 830 m (TH) — C.M. 81 Pli 4

¶¶¶ 4 ch.

Cathy et Pascal Ducros vous accueillent dans leur ferme du XVIIe restaurée avec amour, isolée au cœur d'une trentaine d'hectares de lavande, thym, chêne et tilleuls. Située à la croisée des gorges du Toulourenc et de celles de l'Ouvèze, La Honas vous propose un site d'un calme et d'une beauté exceptionnels. 4 ch. dont 1 suite 4 pers. avec sanitaires. Salle à manger, salon. Table d'hôtes tous les soirs sauf le dimanche. Dîner enfants - 12 ans : 9 €. Piscine et très grand jardin. Langues parlées : espagnol, anglais.

Prix : 1 pers. **40 €** 2 pers. **50/58 €** 3 pers. **65 €** pers. sup. **15 €** repas **17 €**

Ouvert : Du 15 mars au 15 novembre.

🐕	🏊	🎾	🎯	🚶	🎣	🏇	⛺	🍴	🏪
	SP	11	5	SP	11	5	5	5	10

Cathy et Pascal DUCROS - La Honas - 26170 LA ROCHETTE-DU-BUIS - Tél. : 04 75 28 55 11 - Fax : 04 75 28 55 11 - E-mail : lahonas@club-internet.fr

---

ROMEYER Les Arnauds — Alt. : 510 m (TH) — C.M. 77 Pli 14

¶¶ 2 ch.

A 4 km de Die, au pied de la réserve naturelle du Vercors, accueil authentique dans une maison traditionnelle tout confort avec jardin et terrasse, 2 ch. et 2 épis. Saveurs suptiles de la nature et convivialités des repas d'hôtes. Ballades détentes et découvertes dans les séjours photos, randonnées naturalistes et préhistoires proposées par Rémi, photographe naturaliste. Garage moto. Agrément Panda Parc du Vercors. Tarif repas enfant - 10 ans : 8 €. Supplément pour animaux. Langue parlée : allemand.

Prix : 1 pers. **23 €** 2 pers. **40 €** 3 pers. **55 €** repas **13 €**

Ouvert : Toute l'année.

🐕	🏊	🎾	🎯	🚶	🎣	🏇	🚴	⛺	🍴	🏪	🏪
	4	4	0,3	SP	4	0,3	20	SP	15	1	4	4

Rémy POZZI - Les Arnauds - 26150 ROMEYER - Tél. : 04 75 22 10 44 - Fax : 04 75 22 10 44 - E-mail : rpozzi@worldonline.fr

---

SAHUNE Lou Bramard (TH) — C.M. 81 Pli 3

¶¶ 2 ch.

Au pied de la montagne, Lou Bramard, cadre riche en flore et faune sauvage. Sur la ferme arboricole, Nicole et René proposent 2 ch. de plain pied (2 pers) avec sanitaires privatifs. Salle à manger et terrasse couverte commune. Tarif enfant. Table d'hôte sur réservation. Repas préparés aux produits de la Ferme et du Terroir Provençal. Parking. Lit enfant sur demande, baignoire et chaise haute.

Prix : 1 pers. **30 €** 2 pers. **38 €** repas **14 €**

Ouvert : Toute l'année.

🐕	🏊	🎾	🎯	🚶	🎣	🏇	🚴	⛺	🍴
	15	12	2,5	SP	2	11	12	15	30	2,5

René et Nicole FELIX - Quartier Bramard - 26510 SAHUNE - Tél. : 04 75 27 41 81 - Fax : 04 75 27 45 38

SALLES-SOUS-BOIS Tushita (TH) — C.M. 81 Pli 2

¶¶ 2 ch.

EN pleine nature, Matthieu et Valérie sont heureux de vous accueillir dans leur ferme, entre les cultures médicinales et aromatiques bio et l'élevage de grands poneys de sport. Vue exceptionnelle. 2 ch. (avec communication possible) de 2 pers., entrées privatives, salle de bain et wc privatifs. Animaux sur demande. Table d'hôtes sur réservation. Langues parlées : anglais, espagnol.

Prix : 2 pers. **46 €** pers. sup. **9 €** repas **16 €**

Ouvert : De Pâques à la Toussaint.

🐕	🏊	🎾	🎯	🚶	🎣
	10	3	0,5	SP	15	15	5

Valérie BOHL - Tushita - Route d'Aleyrac - 26770 SALLES-SOUS-BOIS - Tél. : 04 75 53 55 16 - E-mail : ferme.tushita@free.fr - http://ferme.tushita.free.fr

---

SAUZET Le Sagnac (TH) — C.M. 77 Pli 11

¶¶¶ 3 ch.

Dans une belle ferme traditionnelle, à la campagne, aux portes de la Drôme provençale, Françoise et Jean tiennent à votre disposition 3 ch, pour 2 ou 3 pers. Sanitaires privatifs, entrée indépendante. Idéal pour vous ressourcer ou pour une étape entre Nord et Sud. A 11 km de l'A7 sur la D 105.

Prix : 1 pers. **34 €** 2 pers. **43 €** 3 pers. **56 €** pers. sup. **14 €** repas **13 €**

🐕	🎾	🎯	🚶	🎣	🍴	🏪	🏪
	2	3	SP	10	20	10	2

Jean et Françoise FAUGIER - Le Sagnac - 26740 SAUZET - Tél. : 04 75 46 71 78 ou 06 22 65 70 44

Drôme
Rhône-Alpes

ST-AGNAN-EN-VERCORS Les Liotards — Alt. : 980 m — (TH) — C.M. 77 Pli 14

4 ch. — A flanc de montagne, dans un décor champêtre, au cœur du massif du Vercors et sur le départ de randonnée des hauts plateaux, dans une ferme rénovée pleine de charme, Jean-Louis et Eva vous accueillent dans 4 ch. avec sanitaires privatifs. 1 et 2 épis. Salon avec cheminée commun au propriétaire. Table d'hôte sur réservation au gîte d'étape s/p. Possibilité cuisine le soir.

Prix : 2 pers. 38 € pers. sup. 19 € repas 14 €
Ouvert : Toute l'année sur réservation.

🐕	🏊	🎾	👥	🏃	⛷	🚴	⛳	🍴	🏛
13	6	2	SP	13	2	SP	SP	SP	13	30

Jean-Louis et Eva FARAUD - Rousset en Vercors - Les Liottards - 26420 ST-AGNAN-EN-VERCORS - Tél. : 04 75 48 21 18 -
E-mail : liottards@wanadoo.fr - www.liottards.com

ST-AUBAN-SUR-OUVEZE La Galane — Alt. : 650 m — (TH) — C.M. 81 Pli 4

4 ch. — Dans ferme en pierres avec vue sur le village et la vallée, au milieu des champs de lavande, Jean-Yves et Bruna vous feront apprécier la Drôme Provençale ainsi que leurs produits fermiers. 3 ch. de 2 pers. avec sanitaires privatifs, 1 ch. familiale de 4 pers., salle à manger, TV, salon en mezzanine, buanderie proposée. Pas de repas les mercredis et dimanches soirs. Langue parlée : anglais.

Prix : 1 pers. 30 € 2 pers. 37/40 € 3 pers. 52 € pers. sup. 12 € repas 13 €
Ouvert : Du 1er mars au 15 novembre.

🐕	🏊	🎾	👥	🏃	⛷	⛳
SP	17	1	0,5	1	10	17

Jean-Yves et Bruna ROCHAS-DENUZIERE - La Galane - 26170 ST-AUBAN-SUR-OUVEZE - Tél. : 04 75 28 62 37 - Fax : 04 75 28 63 88 -
E-mail : galane@free.fr

ST-JEAN-EN-ROYANS Les Tourelons — (TH) — C.M. 77 Pli 3

3 ch. — Dans une ancienne ferme du XVIIIe siècle restaurée, au cœur du pays du Royans et au pied du massif du Vercors, route des Cols, Monique vous propose le confort raffiné et le calme de sa grande maison. 3 ch. 2 ou 3 pers., avec salle d'eau ou salle de bains privées, grande salle à manger, salon privatif. Parking.

Prix : 1 pers. 32 € 2 pers. 41 € pers. sup. 14 € repas 14 € 1/2 pens. 34 €
Ouvert : Toute l'année.

🐕	🏊	🎾	👥	🏃	🚴	⛳
0,5	0,5	0,5	1	12	1,5	6

Monique NUBLAT - 37 avenue de la Forêt de Lente - 26190 ST-JEAN-EN-ROYANS - Tél. : 04 75 48 63 96

ST-JEAN-EN-ROYANS — (TH) — C.M. 77 Pli 3

4 ch. — Au cœur du Royans, dans une ferme du XVIIIe siècle, remarquablement restaurée dans un cadre arboré de noyers, Michèle et Fernand vous accueillent, 1er étage : 2 ch. 3 pers., 2e étage : 2 ch. 2 pers., sanitaires privatifs, salle à manger, salon, chauffage central. Table d'hôtes sur réservation. Lit bébé à disposition.

Prix : 1 pers. 32 € 2 pers. 41 € 3 pers. 56 € pers. sup. 14 € repas 14 € 1/2 pens. 34 €
Ouvert : Toute l'année.

🐕	🏊	🎾	👥	🏃	⛷	🚴	⛳	🍴	🏛
SP	2,5	SP	SP	2,5	18	1,5	3	4,5	0,9

Michèle CHABERT - Ferme de Fontepaise - 26190 ST-JEAN-EN-ROYANS - Tél. : 04 75 48 60 65 -
E-mail : michele.chabert@wanadoo.fr - http ://fontepaisse.multimania.com

ST-JULIEN-EN-QUINT Le Moulin du Rivet — Alt. : 530 m — (TH) — C.M. 77 Pli 13

4 ch. — Dans le sud du Parc Naturel Régional du Vercors (à proximité de Die), vous goûterez au charme de cet ancien moulin restauré. Au bord de la rivière avec une superbe vue sur les montagnes d'Ambel et le cirque de Quint. La table d'hôtes : une cuisine originale et inspirée avec des produits du terroir. Wim et Léni vous accueillent dans leurs ch. très agréables et confortables avec salles d'eau privatives. Enfants jusqu'à 2 ans gratuits. Repas enfant - 10 ans : 7 €. Langues parlées : hollandais, allemand, anglais.

Prix : 1 pers. 32 € 2 pers. 42 € 3 pers. 52 € pers. sup. 10 € repas 13 €
Ouvert : Toute l'année.

🐕	🏊	🎾	👥	🏃	⛷	🚴	⛳	🍴	🏛
14	14	SP	SP	10	SP	30	SP	15	13	14	14

Wim et Leni SEMPELS - Le Moulin du Rivet - 26150 ST-JULIEN-EN-QUINT - Tél. : 04 75 21 20 43 - Fax : 04 75 21 20 43 -
E-mail : le.moulin.du.rivet@wanadoo.fr

SUZE-LA-ROUSSE La Poupaille — (TH) — C.M. 81 Pli 2

5 ch. — Dans une grande maison Provençale entourée par les vignobles et les bois du Tricastin, Pierre vous accueille dans un site calme et agréable. 5 chambres 2 pers., au rez-de-ch. et étage, sanitaires privatifs, salle à manger, salon, cheminée. Parking, jardin. Langues parlées : anglais, allemand.

Prix : 1 pers. 35 € 2 pers. 44 € pers. sup. 14 € repas 18 €
Ouvert : Toute l'année.

🐕	🏊	🎾	👥	🏃	🚴	⛳
SP	6	2	SP	13	SP	3

Pierre FOSSOYEUX - La Poupaille - 26790 SUZE-LA-ROUSSE - Tél. : 04 75 04 83 99 - Fax : 04 75 04 83 99

Rhône-Alpes — Drôme

SUZE-LA-ROUSSE Lo Rastelie
C.M. 81 Pli 2

5 ch. — 5 ch. d'hôtes aménagées dans une ancienne bergerie restaurée, située au cœur des côtes du Rhône. 5 ch. 2 pers. avec salle d'eau et wc particuliers. Séjour, cheminée, tv, chauffage central, piscine privée, cour ombragée, terrasse/solarium. Cuisine familiale et provençale. Parking privé. Location de vélos. Repas sur réservation sauf dimanche. Stagiaires Université du Vin : prix exceptionnel 52 €/pers et par jour en demi-pension. Langues parlées : anglais, allemand.

Prix : 1 pers. 34 € 2 pers. 43 € repas 19 € 1/2 pens. 53 € pens. 81 €
Ouvert : Toute l'année sauf janvier.

🐕	🏊	🎾	🍽	🚶	🐎	🚴
	SP	1	1	SP	5	SP

Georges et Eve PREMIER - Rte de Rochegude - Lo Rastelie - 26790 SUZE-LA-ROUSSE - Tél. : 04 75 04 81 70 - Fax : 04 75 98 23 38

TAULIGNAN
C.M. 81 Pli 2

5 ch. — Au cœur du village de Taulignan, vous serez reçus dans cette grande maison, un ancien moulinage entièrement restauré. En RDC vous trouverez également un petit gîte rural pour 4 pers. Les 5 chambres sont spacieuses et reposantes, elles ont toutes des sanitaires privatifs. Langues parlées : anglais, allemand.

Prix : 1 pers. 34 € 2 pers. 41 € 3 pers. 49 € pers. sup. 12 €
Ouvert : Toute l'année.

🐕	🏊	🎾	🍽	🚶	🐎	🚴	🎿	🚲	🅿	🚉
	7	1	1	2	7	1	2	30	0,3

Aline MARQUIS - Place de la République - 26770 TAULIGNAN - Tél. : 04 75 53 51 79 ou 06 89 63 64 80

TRUINAS Les Volets Bleus   Alt. : 650 m
C.M. 77 Pli 12

5 ch. — Ancienne ferme merveilleusement située entre bois et prairies, entre Vercors et Provence. Vues panoramiques sur les Préalpes. Décoration joyeuse Ambiance sereine. Silence, air pur. Cuisine méditerranéenne, produits fermiers, en partie biologiques. Accueil souriant et convivial. 5 ch confortables 2 à 3 pers. avec sanitaires. Salle à manger et séjour indép. Aire de jeux sous chênes, parking. Maison non fumeur. Taxe de séjour : 0,15 €/pers./jour. Langues parlées : anglais, italien, espagnol.

Prix : 1 pers. 44 € 2 pers. 50 € 3 pers. 63 € pers. sup. 12 € repas 19 €
Ouvert : Toute l'année.

🐕	🏊	🎾	🍽	🚶	🐎	🚴	🎿	🚉
	5	5	5	SP	6	5	SP	15	5

Pilar et Carlo FORTUNATO - Les Volets Bleus - 26460 TRUINAS - Tél. : 04 75 53 38 48 - Fax : 04 75 53 49 02 - E-mail : lesvolets@aol.com - www.guideweb.com/provence/chambres_hotes/volets-bleus

TULETTE Domaine Le Plan
C.M. 81 Pli 2

2 ch. — Domaine le Plan se situe au beau milieu des vignes en Drôme Provençale, dans la vallée du Rhône, pays du soleil, lavande, olives, truffes et vin. Cette authentique ferme du XVIII° contourne un platane plus que centenaire. Vignes, arbres fruitiers et jardin avec superbe piscine. Chambres d'hôtes au décor provençal et sanitaires privatifs. Parking dans la propriété. Golf 15 km. Langues parlées : anglais, hollandais.

Prix : 2 pers. 60 € repas 25 €
Ouvert : De Pâques à la Toussaint.

🐕	🏊	🎾	🍽	🚶	🐎	🎿	🚴	🍴	⛳	🅿	🚉
	SP	3	0,3	3	3	25	3	50	25	20	3

Dirk et Hélène VERMEERSCH - DVA SARL - Domaine le Plan - 26790 TULETTE - Tél. : 04 75 98 36 84 - Fax : 04 75 98 60 75 - E-mail : dva@domaine-leplan.com - www.domaine-leplan.com

TULETTE
C.M. 81 Pli 2

4 ch. — LE MAS DES SANTOLINES : dans un mas provençal restauré situé au milieu des vignes, au calme, Roselyne et Claude seront heureux de vous accueillir et de vous faire goûter leur cuisine aux parfums de Provence. apéritif, vin, café compris. 2 ch. 2 pers à l'étage, 2 ch 3 pers au RDC. Sanitaires privatifs, salle à manger, salon, TV. Terrasse. Chauf. élec. Parking, jardin, piscine.

Prix : 1 pers. 46 € 2 pers. 52 € 3 pers. 64 € repas 20 €
Ouvert : Toute l'année.

🐕	🏊	🎾	🍽	🚶	🐎	⛳	🅿	🚉
	SP	2	4	SP	2	15	23	1,7

Claude et Roselyne DUMARQUEZ - Chemin de Visan Nord - Le Mas des Santolines - 26790 TULETTE - Tél. : 04 75 98 30 00 - Fax : 04 75 98 30 01 - www.guideweb.com/provence/bb/santolines

TULETTE
C.M. 81 Pli 2

3 ch. — « LA RAMADE » Dans une maison provençale blottie au milieu des vignes, au calme, vous disposerez de 3 grandes chambres de 2 ou 3 pers. avec sanitaires privatifs. Salle à manger, salon. Chauffage électrique, parking, terrasse ombragée. Piscine à disposition.

Prix : 1 pers. 46 € 2 pers. 52 € 3 pers. 64 €
Ouvert : Toute l'année.

🐕	🏊	🎾	🍽	🚶	🐎	⛳	🅿	🚉
	SP	2	4	SP	2	15	23	1,7

Arnaud MARTINET-DUMARQUEZ - Chemin de Visan Nord - 26790 TULETTE - Tél. : 04 75 98 31 12 - Fax : 04 75 98 31 12

Drôme
Rhône-Alpes

TULETTE La Papeterie
C.M. 81 Pli 2

2 ch. Grande maison indépendante et calme au milieu des vignes, ancienne papeterie où Paul et Jany vous accueillent pour un séjour agréable. 2 ch. 2 pers., avec salle d'eau privative, wc communs, cuisine d'été près piscine, salon commun aux propriétaires. Parking. Tarifs degressifs si 2 nuits et plus.

Prix : 1 pers. 43 € 2 pers. 53 € 3 pers. 67 €
Ouvert : Toute l'année.

SP	1,5	1	SP	3	15	1

Paul et Jany CIBERT - La Papeterie - 26790 TULETTE - Tél. : 04 75 98 35 51 - Fax : 04 75 98 39 52

UPIE Les Cornerets
C.M. 77 Pli 12

3 ch. Dans ancienne magnanerie du 18 ème, accolée au bois de Miéry, Viviane et Gérard vous accueilleront dans 3 chambres situées au 1 er étage, dont une avec solarium, sanitaires privatifs, séjour, salle à manger. Piscine s/pl. (avec traitement au sel) dans un parc paysager de 5000 m². Voie TGV méditerranée non loin.

Prix : 1 pers. 46 € 2 pers. 49/53 € 3 pers. 66 € pers. sup. 12 € repas 18 €
Ouvert : Toute l'année.

SP	4	6	SP	3	6	4	15	4	20	8

Viviane et Gérard LOUVET-DELAUNAY - Les Cornerets - 26120 UPIE - Tél. : 04 75 84 38 95 - Fax : 04 75 84 38 95 -
E-mail : gdelaunay@wanadoo.fr

VALAURIE Le Val Leron
C.M. 81 Pli 1

3 ch. En Drôme provençale, Mick et François vous recevront en amis dans un ancien relais de poste rénové, en pleine campagne, sur une exploitation d'élevage de brebis, production de fromages bio et truffes. 1 ch 2 pers, wc et sanitaires privatifs, 2 ch 4 pers, wc et sanitaires privatifs et possibilité kitchenette. Entrée indépendante : salon, TV, lecture, piano. Piscine. Salon de jardin. Golf 500 m. Repas enfants - 6 ans : 8 €. Langue parlée : anglais.

Prix : 1 pers. 31 € 2 pers. 46 € 3 pers. 58 € pers. sup. 12 € repas 16/20 €
Ouvert : Du 1er février au 1er décembre.

SP	3	SP	SP	7	7	20	2

Mick et François PROTHON - Le Val Leron - 26230 VALAURIE - Tél. : 04 75 98 52 52 - Fax : 04 75 98 52 52

VALDROME Le Serre Alt. : 950 m
C.M. 81 Pli 4

1 ch. FERME TYPIQUE DU HAUT DIOIS DOMINANT LA VALLEE.(Sud-est de Die). Dans un cadre verdoyant et calme, grande chambre indépendante 3 pers.en r.d.c., confort rafiné avec coin repos et sanitaires privatifs. Salon de jardin. Parking. Produits de la ferme : framboises et confitures. Activités diverses à la station de Valdrôme. Repas enfant -12 ans : 8 €. Lit suppl. : 8 €. TH sur réservation. Langue parlée : anglais.

Prix : 1 pers. 39 € 2 pers. 44 € 3 pers. 56 € repas 14 €

25	3	3	SP	3	11	SP	21	3	21

Claude et Véronique RIVIERE - Ferme du Serre - Le Cheylard - 26310 VALDROME - Tél. : 04 75 21 47 65 - Fax : 04 75 21 47 65 -
E-mail : valdrome_riviere@hotmail.com

VASSIEUX-EN-VERCORS Le Château Alt. : 1050 m A
C.M. 77 Pli 13

4 ch. Sur le plateau du Vercors, au cœur du massif, Suzanne et Pierre vous accueillent dans leur grande maison, à la ferme, avec vue sur la chaîne du Grand Veymont où ils ont aménagé 4 ch. 3 pers., av. salle d'eau privée, wc privatifs et communs, séjour. Vue panoramique sur les montagnes. Repas élaborés avec les produits de la ferme (en activité par le fils de la maison). Fermeture mobile. Musée de la Résistance et de la Préhistoire.

Prix : 1 pers. 30 € 2 pers. 39 € 3 pers. 57 € repas 14/15 €
1/2 pens. 30 €

2,5	2	SP	8	SP	SP	5	2

Pierre et Suzanne HOEFFLER - Le Château - Ferme la Châtelaine - 26420 VASSIEUX-EN-VERCORS - Tél. : 04 75 48 27 26 -
Fax : 04 75 48 27 26

VASSIEUX-EN-VERCORS La Mure Alt. : 1050 m
C.M. 77 Pli 13

2 ch. Dans une grande maison en pierres, mitoyenne à l'habitation, au cœur du massif du Vercors, Yves et Marie-France vous proposent 2 ch. d'hôtes et 2 gîtes ruraux (escalier commun) avec vue sur la montagne. 2 ch. 2 pers. salle d'eau et wc communs, salle à manger commune, jeu de boules. Cuisine familiale. Garage fermé pour vélo et moto. Participation des propriétaires aux repas.

Prix : 1 pers. 24 € 2 pers. 33 € repas 13 €
Ouvert : Toute l'année.

8	2	13	SP	8	SP	SP	5	30	2

Yves et Marie-France REVOL - La Mure - 26420 VASSIEUX-EN-VERCORS - Tél. : 04 75 48 28 48 - Fax : 04 75 48 28 48 -
E-mail : mfrevol@caramail.com

Rhône-Alpes

Isère

GITES DE FRANCE - Service Réservation
Maison des Agriculteurs - 40, avenue Marcelin Berthelot - B.P. 2641
38100 GRENOBLE
Tél. 04 76 40 79 40 - Fax 04 76 40 79 99
http://www.gites-de-france-isere.com
E.mail : sirt38@wanadoo.fr

3615 Gîtes de France
0,2 €/min

LES ABRETS La Bruyère — C.M. 74 Pli 14

6 ch. Maison fermière dauphinoise rénovée entourée d'un parc fleuri et arboré où vous pourrez vous détendre dans une ambiance sympathique. Six chambres de 2 pers. dont 2 suites, confort raffiné, salle de bains et wc privés. Entrée indépendante. Piscine. Langue parlée : anglais.

Prix : 1 pers. **54/77** € 2 pers. **69/92** €
Ouvert : Toute l'année sauf 3 semaines en novembre

38	38	SP	10	SP	10	3	5	2

Claude CHAVALLE REVENU - la Bruyère - 38490 LES-ABRETS - Tél. : 04 76 32 01 66 - Fax : 04 76 32 06 66 -
E-mail : carbone38@aol.com

LES ADRETS   Alt. : 750 m   C.M. 77 Pli 6

4 ch. **A 7 km de la station de Prapoutel les 7 Laux : ski de piste et fond.** Maison de caractère, au cœur du village, mettant à votre disposition 4 jolies chambres avec accès indépendant. Chaque chambre de 2 ou 3 pers. dispose d'une salle d'eau wc privés. Vaste séjour-salon avec cheminée, réservé aux hôtes. Belle terrasse plein sud, propice à la détente. Centre aquatique, mur d'escalade.

Prix : 1 pers. **32** € 2 pers. **41** € 3 pers. **53** €
Ouvert : Du 15 décembre au 31 mars et du 30 juin au 30 septembre

7	7	7	7	10	SP	3	6	7

GITES DE FRANCE-SERVICE RESERVATION - 40, av. Marcelin Berthelot - BP 2641 - 38036 GRENOBLE-Cedex-02 -
Tél. : 04 76 40 79 40 - Fax : 04 76 40 79 99 - Tél. prop. : 04 76 71 03 61 -
E-mail : sirt38@wanadoo.fr - www.gites-de-france-isere.com

ALLEMONT Les Crozes   Alt. : 800 m   (TH)   C.M. 77 Pli 6

1 ch. Villa récente dans un petit hameau de l'Oisans surplombant la vallée de l'Eau d'Olle et le barrage du Verney. Colette et Adrien mettent à votre disposition une coquette chambre double (1 lit 2 pers., 2 lits 1 pers.) aménagée à l'étage de leur maison. Cette chambre dispose d'une belle salle de bains particulière sur le palier. Colette vous fera découvrir ses petits plats dauphinois et son goût pour la peinture. Ski Alpin à Vaujany, Musée Hydrelec, sentiers de randonnée, Barrage de Grand Maison, Col de La Croix de Fer, Musée des minéraux au Bourg d'Oisans.

Prix : 1 pers. **28** € 2 pers. **36** € 3 pers. **47** € pers. sup. **14** €
repas **13** €
Ouvert : Toute l'année sauf noël et jour de l'an

12	3	3	12	SP	3	2	6	45

Colette et Adrien GAMOND - les Crozes - 38114 ALLEMONT - Tél. : 04 76 79 81 53

ALLEVARD Freydon   Alt. : 500 m   (TH)   C.M. 77 Pli 6

2 ch. **A 13 km des thermes d'Uriage.** Accueil dans un cadre montagnard calme et reposant, en annexe de la mais. des prop. Dans une ferme rénovée avec 2 gîtes à prox. 2 jolies chambres doubles de 4 pers. avec kitchenette et coin repas, s.d.b. et wc privés. Terrasse fleurie et ombragée. Baby-foot,ping-pong. Lave linge à disposition. Promenades, départ de randonnées, sentier du Fer, Tour du Pays d'Allevard. Réductions sur séjour de plus de 5 nuits. Langues parlées : anglais, allemand.

Prix : 1 pers. **30** € 2 pers. **38** € 3 pers. **46** € pers. sup. **6** €
repas **12** €
Ouvert : Toute l'année.

13	15	5	13	5	1	1	5	12

GITES DE FRANCE-SERVICE RESERVATION - 40, av. Marcelin Berthelot - BP 2641 - 38036 GRENOBLE-Cedex-02 -
Tél. : 04 76 40 79 40 - Fax : 04 76 40 79 99 - Tél. prop. : 04 76 45 06 59 -
E-mail : sirt38@wanadoo.fr - www.gites-de-france-isere.com

L'ALPE-DU-GRAND-SERRE   Alt. : 1400 m   (TH)   C.M. 77 Pli 5

5 ch. Ancienne bergerie au cœur de la station familiale de l'Alpe du Grand Serre. Dans une ambiance bois et montagne, Christine et Roland ont aménagé avec chaleur 5 chambres avec mezzanine, de 2 à 4 pers., S.de bains ou S.d'eau WC part., déco personnalisée. Les solides petits déjeuners sont servis dans l'ancienne salle voûtée, près de la cheminée. A la table d'hôtes, plats montagnards : raclettes, fondues, barbecues l'été. Nombreuses rando. (massif du Taillefer, les lacs Fourchu, Poursollet...) Accueil cavaliers possible.

Prix : 1 pers. **30** € 2 pers. **39** € 3 pers. **52** € pers. sup. **13** €
repas **14** €
Ouvert : Du 15 décembre au 15 octobre

1,2	SP	24	SP	18	SP	1,2	SP	37

GITES DE FRANCE-SERVICE RESERVATION - 40, av. Marcelin Berthelot - BP 2641 - 38036 GRENOBLE-Cedex-02 -
Tél. : 04 76 40 79 40 - Fax : 04 76 40 79 99 - Tél. prop. : 04 76 72 12 05 -
E-mail : sirt38@wanadoo.fr - www.gites-de-france-isere.com

Isère
Rhône-Alpes

ANNOISIN-CHATELANS La Prairie
C.M. 74 Pli 13

4 ch. **Golf à 20 km.** A la maison de la Noisette, vous serez accueillis avec le sourire par Thierry et M.Noëlle dans un cadre confortable et chaleureux. Agréable jardin clos et arboré, avec piscine privée, dans un env. calme et champêtre. Une gde véranda, des poutres et une cheminée, 4 ch. coquettes, s. d'eau WC part. Table familiale et gourmande. Belle région touristique, de Lyon : proximité de la cité médiévale de Crémieu, des grottes de la Balme, du site archéologique de Larina-...Nombreuses activ. de loisirs : randonnées pédestres, VTT, équitation, plans d'eau aménagés... Langue parlée : anglais.

Prix : 1 pers. 35 € ○ 2 pers. 46 € pers. sup. 14 € repas 14 €
Ouvert : Toute l'année.

| | SP | 10 | SP | 5 | 5 | 10 | 30 | 5 |

Marie N. et Thierry JANIN - la maison de la Noisette - la Prairie - 38460 ANNOISIN-CHATELANS - Tél. : 04 74 83 86 09 - Fax : 04 74 83 11 53

APPRIEU La Couchonniere
C.M. 77 Pli 4

2 ch. **3 km du Lac Paladru.** Ancienne grange rénovée en annexe de la maison des propriétaires où Nicole et Gilles mettent à votre disposition pour une halte où un séjour, deux jolies chambres de 2 personnes avec salle d'eau et wc privés. Séjour avec mini-kitchenette, TV, réservé aux hôtes. Balcon, coin-détente ombragé, parking voit.

Prix : 1 pers. 29 € 2 pers. 35 €
Ouvert : Toute l'année.

| | 50 | 50 | 6 | 50 | 6 | SP | 20 | 25 | 6 | 7 | 1 |

Nicole et Gilles RULLIERE - 158 route de Lyon - 38140 APPRIEU - Tél. : 04 76 65 17 56 ou 04 76 86 90 14

ARZAY La Fermes des 3 Sources
C.M. 74 Pli 13

2 ch. **A 4 km, base de loisirs avec golf. Observatoire ornithologique.** Ancienne ferme de caractère restaurée avec 1.ch. dans 1 bat. mitoyen, accès indép. Au 1er : vaste ch. 3 pers., décor campagnard & raffiné, vue sur les collines du Liers. S.d.b, wc. Au r.d.c. salon priv. belle cheminée, kichenette. 2e ch. double de 4 pers. au 1er. s. d'eau, wc part. Grand terrain arboré & fleuri de 7500 m², mare & enclos des animaux de ferme. Jeux d'enf. l.linge à disp. Langues parlées : anglais, italien.

Prix : 1 pers. 38 € 2 pers. 47 € 3 pers. 61 € pers. sup. 14 €
Ouvert : De pâques à toussaint

| | 10 | 4 | 1 | 1 | 4 |

Elisabeth VIRENQUE - la ferme des 3 Sources - 38260 ARZAY - Tél. : 04 74 54 21 55 - Fax : 04 74 54 24 74

AUTRANS Payenat Alt. : 1100 m
C.M. 77 Pli 4

4 ch. En lisière de forêt, avec leurs 40 chiens de traîneau, Bernard & Florence vous accueillent dans 1 maison tout en bois, réservée aux 4 ch. au confort chaleureux, s. d'eau WC part. Au R.D.C, c'est au coin du poêle à bois & à la table familiale que Florence vous fera apprécier les plaisirs d'1 bon repas, après 1 rando. en traîneau, 1 journée de ski ou 1 balade en forêt. Bernard, musher et diplômé de pêche, pourra l'hiver vous initier à la conduite d'attelages ou, l'été aux joies de la Pêche en torrent. Langue parlée : anglais.

Prix : 1 pers. 38 € 2 pers. 47 € 3 pers. 68 € pers. sup. 16 € repas 15 €
Ouvert : Toute l'année.

| | 1,5 | SP | 5 | 17 | SP | 15 | 4 | SP | 2 | 35 | 1 |

GITES DE FRANCE-SERVICE RESERVATION - 40, av. Marcelin Berthelot - BP 2641 - 38036 GRENOBLE-Cedex-02 - Tél. : 04 76 40 79 40 - Fax : 04 76 40 79 99 - Tél. prop. : 04 76 95 36 64 - E-mail : sirt38@wanadoo.fr - www.gites-de-france-isere.com

AUTRANS Alt. : 1050 m
C.M. 77 Pli 4

3 ch. Dans une maison située au pied des piste, au 1er étage, 3 chambres avec lavabo (salle d'eau commune) sont mises à votre disposition. Chauffage central. Poney club, patinoire, centre équestre. Fermé de septembre à novembre.

Prix : 1 pers. 22 € 2 pers. 29 €
Ouvert : De décembre à août.

| | SP | SP | 5 | 32 | SP |

Michel RONIN - le Village - 38880 AUTRANS - Tél. : 04 76 95 31 51

AUTRANS Eybertiere Alt. : 1100 m
C.M. 77 Pli 4

4 ch. Patricia et Denis, agriculteurs, vous recoivent dans leur ferme au confort moderne et mettent à votre disposition 4 jolies chambres avec chacune salle d'eau wc, privés. Petits déjeuners copieux, confitures maison. Patricia vous accueille à sa table d'hôtes et vous propose ses produits fermiers. Joli jardin ombragé et fleuri. La maison, calme et tranquille près de la forêt se situe à 2 km du Centre du village d'Autrans. Agriculteurs : production laitière. Sur réservation.

Prix : 1 pers. 31 € 2 pers. 38 € 3 pers. 48 € repas 13 €
Ouvert : Du 15 décembre au 15 octobre.

| | 4 | SP | 1 | 8 | SP | 8 | SP | 2 | 35 | 2 |

Patricia et Denis CHABERT GUILBERT - la Fayolle - Eybertière - 38880 AUTRANS - Tél. : 04 76 95 31 41

Rhône-Alpes   Isère

AUTRANS Les Gaillards
Alt. : 1050 m — (TH) — C.M. 77 Pli 4

5 ch. Ancienne ferme rénovée où Laurence et Roland vous accueillent et vous proposent 5 ch. de 2/3 pers.à la décoration personnalisée, s.d'eau et WC part. Salle à manger salon (cheminée) aménagée dans l'ancienne étable. Solides petits déjeuners, confitures maison, ambiance conviviale à la table d'hôtes, cuisine du terroir, produits fermiers. Jardin d'agrément, repas l'été sous la tonnelle. Roland, cuisinier de métier, peut vous proposer des stages de cuisine régionale. Langues parlées : anglais, espagnol.

Prix : 1 pers. 35 € 2 pers. 45 € 3 pers. 66 € pers. sup. 21 €
repas 15 €
Ouvert : Du 1er décembre au 30 octobre

1	0,5	2	12	40	SP	10	5	SP	1,5	40	0,5

GITES DE FRANCE-SERVICE RESERVATION - 40, av. Marcelin Berthelot - BP 2641 - 38036 GRENOBLE-Cedex-02 -
Tél. : 04 76 40 79 40 - Fax : 04 76 40 79 99 - Tél. prop. : 04 76 94 79 84 - E-mail : sirt38@wanadoo.fr - www.gites-de-france-isere.com

AVIGNONET Les Marceaux
Alt. : 800 m — (TH) — CB — C.M. 77 Pli 4

3 ch. Lac de Monteynard à 5 km (toutes activités nautiques, peche, bateau...) A 25 km de Grenoble, près du lac de Monteynard, château du XVIIIe, jardin à la française. Dans le pigeonnier & la tour d'entrée, Nathalie & Didier ont aménagé avec goût 2 ch. avec mezzanine pour 4 pers., S.d'eau ou du bains, WC part. Dans les dépendances, 1 ch. double pour 4 pers. avec kichenette, s.d'eau WC part. Au château, vaste s.à.m. où sont pris les repas et les petits déjeuners. Grand parc ombragé de 1 hectare avec piscine. Nombreuses possibilités de randonnées sur place. Langue parlée : anglais.

Prix : 1 pers. 45 € 2 pers. 53/56 € 3 pers. 69/72 € pers. sup. 16 €
repas 21 €
Ouvert : Toute l'année

20	20	SP	20	5	SP	5	10	6	6

GITES DE FRANCE-SERVICE RESERVATION - 40, av. Marcelin Berthelot - BP 2641 - 38036 GRENOBLE-Cedex-02 -
Tél. : 04 76 40 79 40 - Fax : 04 76 40 79 99 - Tél. pro. : 04 76 34 18 94 - E-mail : sirt38@wanadoo.fr - www.gites-de-france-isere.com

LA BALME-LES-GROTTES
(TH) — C.M. 74 Pli 3

1 ch. Grande maison chaleureuse, à 800 m des Grottes où séjourna le célèbre Mandrin. Le 1er étage lambrissé réservé aux hôtes comporte : 1 ch. 2 pers., 1 salon 1 pers. biblio. TV, s. d'eau W.C privés. A la belle saison les repas sont pris sur la terrasse. Idéal pour découvrir les Cités Médiévales de Crémieu et Pérouges, la base de loisirs de la Vallée Bleue. Etape privilégiée aux portes de la Savoie et de l'Ain. Vaste jardin fleuri, propice à la détente. Parking fermé et ombragé. Langue parlée : anglais.

Prix : 1 pers. 34 € 2 pers. 43 € 3 pers. 61 € repas 13 €
Ouvert : En haute saison ou sur réservation

50	25	6	17	10	0,8	7	1	6	10	0,8

Claude et Andrée CALDERARA - chemin des Chaumes - 38390 LA-BALME-LES-GROTTES - Tél. : 04 74 90 63 87 - Fax : 04 74 90 63 87

BEAUREPAIRE La Verne
C.M. 77 Pli 12

2 ch. Aux portes de la Drôme, dans une propriété de 5 ha de prairies et de bois, jolie maison Dauphinoise avec 2 ch. d'hôtes accès indépendant. Chaque ch. est équipée d'1 lit 2 pers. et 1 lit 1 pers. dans chambrette enf., d'une kichenette et d'une salle d'eau WC. Parc arboré de 6000m² avec barbecues, jeux d'enfants et piscine à disposition. Visiter notre atelier céramique et laissez vous inspirer. Tarifs dégressifs selon le nombre de nuités. Langues parlées : allemand, anglais.

Prix : 2 pers. 43 € 3 pers. 55 €
Ouvert : Du 1er avril au 30 octobre

SP	30	5	2	10	25	2

Gabi et Marcel BOSSERT - 2030 route de Jarcieu - la Verne - 38270 BEAUREPAIRE - Tél. : 04 74 84 61 85 -
E-mail : laverne@wanadoo.fr

BESSINS Au Mercier
Alt. : 500 m — CB — C.M. 77 Pli 3

4 ch. Ancienne ferme de caractère en galets, architecture traditionnelle du Pays Antonin. En annexe à la maison principale, 4 belles ch. de 2, 3 et 4 pers. salle d'eau WC part. Chaque chambre, de plain pied est totalement indépendante. S.à.manger salon avec cheminée. Belle propriété avec piscine et grand jardin ombragé, chaises longues, mobilier de jardin. Aux portes de la Drôme et du Vercors, nbreux sites touristiques : village Médiéval de St Antoine l'Abbaye, jardin ferroviaire, forêt de Chambaran, Grottes de Choranche. Langue parlée : anglais.

Prix : 1 pers. 32 € 2 pers. 39 € 3 pers. 51 € pers. sup. 12 €
Ouvert : Toute l'année

30	SP	10	SP	10	13	7

GITES DE FRANCE-SERVICE RESERVATION - 40, av. Marcelin Berthelot - BP 2641 - 38036 GRENOBLE-Cedex-02 -
Tél. : 04 76 40 79 40 - Fax : 04 76 40 79 99 - Tél. prop. : 04 76 64 11 62 - E-mail : sirt38@wanadoo.fr - www.gites-de-france-isere.com

BOSSIEU
(TH) — CB — C.M. 77

3 ch. Ancien cellier de l'Abbaye de Bonnevaux, avec sa tour du XIIe, restauré avec goût. Vaste séjour lumineux, cheminée, ouvrant sur la plaine de la Bièvre et 3 ha de prairies où paissent les chevaux. 3 belles ch. avec sanit. part. Salon bibliothèque, hi-fi, piano à queue. Accueil de cavaliers, boxes et parc attenants, carrière 20X30. Balades dans la forêt proche. Sentiers balisés pédestre, équestre, et VTT. Accès indépendant. Parking. Jardin. Langues parlées : anglais, espagnol.

Prix : 1 pers. 36 € 2 pers. 47 € 3 pers. 61 € pers. sup. 14 €
repas 16 €
Ouvert : Toute l'année sauf Noël

40	40	12	8	SP	2	SP	25	3

GITES DE FRANCE-SERVICE RESERVATION - 40, av. Marcelin Berthelot - BP 2641 - 38036 GRENOBLE-Cedex-02 -
Tél. : 04 76 40 79 40 - Fax : 04 76 40 79 99 - Tél. prop. : 04 76 54 32 85 - E-mail : sirt38@wanadoo.fr - www.gites-de-france-isere.com

Isère
Rhône-Alpes

LE BOURG-D'OISANS Le Vert
Alt. : 720 m (TH) C.M. 77 Pli 6

6 ch. A 14 km de l'Alpe d'huez. Dans leur ancienne grange restaurée par leurs soins, Pauline vous accueille dans un cadre montagnard chaleureux et confortable. Au 1er avec balcon : 2 ch. 2 pers, 1 ch. 3 pers, 1 ch. double 4 pers. Salle d'eau wc privés. Au 2e, 2 ch. 3 pers, sanitaires part. Petits déj. et repas pris dans la salle à manger voûtée. Eric, guide de H. montagne vous conseille et organise séjour pour groupe à ski de fond, en raquettes à neige, et à pied en toutes saisons dans le Parc National des Ecrins. Jardin d'agrément et jeux d'enf. A disposition salle d'animation avec mur d'escalade. Animation soirée, photo montagne en hiver. Langue parlée : anglais.

Prix : 1 pers. 30/33 € 2 pers. 45/52 € 3 pers. 61/69 € pers. sup. 16 € repas 15 €

Ouvert : 15.12 Au 15.05 et du 1er juin au 8 octobre

15	0,5	2	15	SP	5	SP	5	50	2

Pauline DURDAN - les Petites Sources - le Vert - 38520 LE-BOURG-D'OISANS - Tél. : 04 76 80 13 92 - Fax : 04 76 80 13 92 -
E-mail : durdan@club-internet.fr

LE BOURG-D'OISANS La Paute
Alt. : 730 m (TH) C.M. 77 Pli 6

1 ch. A 1,5 km de Bourg d'Oisans & 13 km de l'Alpe d'Huez, dans 1 hameau calme & tranquille, jolie maison contemporaine avec 1 jardin fleuri. Au 1er étage, vous disposerez d'1 gde ch. 2 pers. indépendante, TV, avec kichenette, salle d'eau wc particuliers. A la table d'hôtes cuisine familiale & spécialités montagnardes. Petits déj. copieux, confitures & patisseries maison. Jeu de boules, jeux d'enfants, terrasse et barbecue. Garage et parking. Poss. lit supplémentaire. Lave-linge à disp.

Prix : 1 pers. 33 € 2 pers. 41 € pers. sup. 11 € repas 11 €

Ouvert : Toute l'année.

13	13	1	1	SP	1	SP	1	50	1

Christiane et Robert GUILINI - la Paute - 38520 LE-BOURG-D'OISANS - Tél. : 04 76 79 11 27 - Fax : 04 76 79 12 06

BOUVESSE-QUIRIEU Enieu
(TH) CB C.M. 74 Pli 13

5 ch. Maison bourgeoise du 19e avec son charmant jardin fleuri et ombragé de 1800 m². Au 1er et 2e étage : 4 ch. de 2 ou 3 pers et 1 ch. double pour 5 pers. S. d'eau ou s. de bains wc part. Décor raffiné et personnalisé. Face aux falaises du Bugey. Salon (cheminée), bibliothèque, vidéoth., TV. Gde salle à manger chaleureuse. A voir : Vallée bleue, Morestel, Crémieu, Parc d'attraction de WALIBI. Proximité du département de l'AIN. Langue parlée : anglais.

Prix : 1 pers. 39 € 2 pers. 46/61 € 3 pers. 61/77 € pers. sup. 16 € repas 24 €

Ouvert : Toute l'année

20	4	4	4	6	35	2

GITES DE FRANCE-SERVICE RESERVATION - 40, av. Marcelin Berthelot - BP 2641 - 38036 GRENOBLE-Cedex-02 -
Tél. : 04 76 40 79 40 - Fax : 04 76 40 79 99 - Tél. prop. : 04 76 83 40 73 - E-mail : sirt38@wanadoo.fr - www.gites-de-france-isere.com

CHAMROUSSE
Alt. : 1650 m CB C.M. 77 Pli 5

5 ch. Dans un coin tranquille de la station de ski de Chamrousse, la famille de l'Etape du Fanfoué vous ouvre sa maison et vous accueille dans 5 chambres de 3 pers.à la décoration soignée, salle d'eau WC part. Vaste salon cheminée avec terrasse plein sud. Copieux petits déjeuners montagnards. Cécile et Jean François, moniteurs de ski alpin et de parapente peuvent proposer des cours particuliers, stages, vols bi-place, snowboard ou tout simplement vous conseiller dans la découverte du Massif (lacs, randos, cueillettes de champignons..). Langues parlées : anglais, espagnol.

Prix : 1 pers. 45 € 2 pers. 55 € 3 pers. 70 € pers. sup. 4 €

Ouvert : Toute l'année

0,3	0,4	1,5	0,4	5	SP	1,5	SP	1	0,5	30	0,5

GITES DE FRANCE-SERVICE RESERVATION - 40, av. Marcelin Berthelot - BP 2641 - 38036 GRENOBLE-Cedex-02 -
Tél. : 04 76 40 79 40 - Fax : 04 76 40 79 99 - Tél. prop. : 04 76 89 93 66 - E-mail : sirt38@wanadoo.fr - www.gites-de-france-isere.com

CHAPAREILLAN L'Etraz de Vent
(TH) C.M. 74 Pli 15

3 ch. Jean Marc (moniteur de ski) et Gloria vous accueillent dans leur vaste maison au pied de la chaîne de chartreuse. 4 ch. 2 à 4 pers. au 2e étage, salle d'eau wc particuliers.TV satellite dans chaque chambre. Vidéothèque. Gîte de séjour 20 pers. dans maison annexe indépendante. Gîte studio 3 pers. au rez-de-chaussée et gîte de séjour 20 pers. dans maison annexe. Langues parlées : anglais, allemand, espagnol.

Prix : 1 pers. 28 € 2 pers. 38 € 3 pers. 50 € pers. sup. 13 € repas 19 €

Ouvert : Toute l'année.

25	25	3	20	3	3	1,5	4	0,9

Jean-Marc et Gloria MONGELLAZ - l'Etraz de Vent - 38530 CHAPAREILLAN - Tél. : 04 76 45 25 57 - Fax : 04 76 45 29 03

CHAPAREILLAN Bellecombette
Alt. : 560 m C.M. 74 Pli 15

2 ch. Ravissant chalet Finlandais, en pleine nature, au pied du Granier. Dans une atmosphère particulièrement propice à la détente, vous disposerez, au 1er étage, de 2 ravissantes chambres de 2 ou 3 pers. à la décoration raffinée et au confort douillet. Chaque chambre dispose d'une salle d'eau WC particuliers. Petits déjeuners soignés et copieux. Entre Chambéry et Grenoble, au carrefour des 3 vallées, idéal pour une halte ou pour un séjour. Possibilité d'initiation à la peinture sur bois. Langue parlée : anglais.

Prix : 1 pers. 33 € 2 pers. 43 € 3 pers. 60 € pers. sup. 17 €

Ouvert : Vacances scolaires

15	7	8	5	5	SP	10	5	7	9	5

GITES DE FRANCE-SERVICE RESERVATION - 40, av. Marcelin Berthelot - BP 2641 - 38036 GRENOBLE-Cedex-02 -
Tél. : 04 76 40 79 40 - Fax : 04 76 40 79 99 - Tél. prop. : 04 76 45 59 74 - E-mail : sirt38@wanadoo.fr - www.gites-de-france-isere.com

Rhône-Alpes   **Isère**

CHARETTE La Craz   *C.M. 74 Pli 13*

4 ch.   Au cœur du circuit des Maisons Fortes au Pays des Couleurs, jolie maison de pierres au cœur du hameau. Ambiance chaleureuse et accueillante. Vous disposerez de 3 Ch. de 2 pers. et de 2 Ch. jumellées pour 3/4 pers. Salles d'eau et WC part. Les petits déjeuners et les repas sont pris dans la grande cuisine conviviale ou près de la piscine à la belle saison. Benoit, professeur de théâtre, propose des soirées musicales et anime un petit café-théâtre. Langues parlées : anglais, allemand.

Prix : 1 pers. **28** € 2 pers. **36** € 3 pers. **50** € pers. sup. **13** €
repas **13** €

SP	20	6	SP	20	16	2	2	30	4

Ouvert : Du 5 janvier au 21 décembre

GITES DE FRANCE-SERVICE RESERVATION - 40, av. Marcelin Berthelot - BP 2641 - 38036 GRENOBLE-Cedex-02 -
Tél. : 04 76 40 79 40 - Fax : 04 76 40 79 99 - Tél. prop. : 04 76 83 48 68 - E-mail : sirt38@wanadoo.fr - www.gites-de-france-isere.com

CHARNECLES Bois Vert   *C.M. 77/4 Pli 74/14*

3 ch.   Ancienne dépendance de ferme entièrement rénovée à proximité de la maison des propriétaires. Au RDC : salle à manger, salon (cheminée). A l'étage : 3 belles chambres d'hôtes de 2 personnes comprenant chacune s.d'eau et wc privés. Les petits déjeuners seront pris dans la salle à manger ou dans la cour à l'ombre du tilleul. Vous dégusterez les produits fermiers : jus de fruits, fruits et confitures maison. Langues parlées : espagnol, anglais.

Prix : 1 pers. **35** € 2 pers. **46** € pers. sup. **14** €
Ouvert : Toute l'année.

3	14	SP	13	3	4	3	0,5

GITES DE FRANCE-SERVICE RESERVATION - 40, av. Marcelin Berthelot - BP 2641 - 38036 GRENOBLE-Cedex-02 -
Tél. : 04 76 40 79 40 - Fax : 04 76 40 79 99 - Tél. prop. : 04 76 65 26 46 - E-mail : sirt38@wanadoo.fr - www.gites-de-france-isere.com

CHASSE-SUR-RHONE Hameau de Trembas   *C.M. 74 Pli 11*

4 ch.   A 15 mn de Lyon, et 5 mn de Vienne, Ville Gallo-Romaine, au pied du Parc Régional du Pilat, et du vignoble des Côtes Rôties, Gorneton, maison forte du XVIIe, ses jardins, son étang, ses fontaines et sa cour intérieure vous accueilleront. 1 ch. 4 pers.en duplex, 2 ch. 2 pers, salle de bains et wc privés, accès indépendant et suite de 2 pers. A la table d'hôtes, une cuisine familiale et gourmande vous sera proposée. Sur place piscine et tennis. Langues parlées : anglais, espagnol.

Prix : 1 pers. **77** € 2 pers. **89/115** € pers. sup. **16** € repas **31** €
Ouvert : Toute l'année

SP	10	SP	2	4	4	2

Jacqueline et Jean FLEITOU - domaine de Gorneton - 712 Chemin de Violans - 38670 CHASSE-SUR-RHONE - Tél. : 04 72 24 19 15 -
Fax : 04 78 07 93 62 - E-mail : gorneton@wanadoo.fr

CHATEAU-BERNARD Morinaire   Alt. : 950 m   *C.M. 77 Pli 15*

1 ch.   Maison dauphinoise en lisière de forêt avec au 1er étage, totalement indépendantes, une suite de 2 chambres avec petit bureau, pouvant accueillir 4 personnes, salle d'eau WC particuliers. Au rez de chaussée salle à manger salon au mobilier traditionnel en noyer. Deux grandes terrasses avec mobilier de jardin pour la détente. Superbe vue sur le village et les falaises du Vercors. Poss. restauration à l'auberge de campagne du village à 400 m. Tennis municipaux. Langue parlée : anglais.

Prix : 1 pers. **30** € 2 pers. **38** € 3 pers. **51** € pers. sup. **13** €
Ouvert : Toute l'année

3	8	30	SP	8	0,1	8	12

Lydie NAHMANI - le Cairn - Morinaire - 38650 CHATEAU-BERNARD - Tél. : 04 76 34 13 58

CHEYSSIEU   *C.M. 74 Pli 11*

2 ch.   Grande maison avec joli terrain de 2500 m² en retrait de la D37 et à 12 km de Vienne (Sortie autoroute Vienne Nord et Chanas au Sud). Vous disposerez de 2 vastes ch. de 3 pers. et 2 pers. avec douche et lavabo particuliers. wc communs. Aux portes de l'Ardèche des vignobles des Côtes Rôties.

Prix : 1 pers. **28** € 2 pers. **34** € 3 pers. **43** €
Ouvert : 15 Avril au 31 octobre.

40	40	8	8	0,5	1	8	0,5

Régine MOUSSIER - route des Alpes - 38550 CHEYSSIEU - Tél. : 04 74 84 97 80

CHICHILIANNE Ruthieres   Alt. : 1000 m   *C.M. 77 Pli 14*

4 ch.   Maison fermière trad. dans 1 petit hameau. 4 ch. d'hôtes & 2 gîtes dans un bât.mitoyen. Les ch., grandes & coquettes, au mobilier campagnard anglais, pour 2 à 4 pers. avec chacune un coin-salon et salle d'eau wc privés. Petits déj. et table d'hôtes dans l'ancienne bergerie voutée avec expo. d'aquarelles de peintre régionaux. Grande cheminée, jeux de société, biblio. Petite terrasse. Agriculteurs : élevage bovins. Gîte Panda (agréé par WWF). Langues parlées : italien, anglais.

Prix : 1 pers. **32** € 2 pers. **40** € 3 pers. **52** € pers. sup. **12** €
repas **13** €
Ouvert : Toute l'année.

25	SP	5	25	SP	SP	1	4	3

Jean Luc SAUZE - Ruthières - 38930 CHICHILIANNE - Tél. : 04 76 34 45 98 ou 04 76 34 42 20 - Fax : 04 76 34 45 98

Isère
Rhône-Alpes

CHIRENS La Garangère
Alt. : 528 m — C.M. 77,7 Pli 4,14

1 ch. Dans une petit hameau calme Danièle vous accueille dans sa maison ouverte sur un beau jardin paysager. Vous diposerez d'une chambre-double aménagée à l'étage de sa maison. Cette chambre dispose d'une salle de bains et wc privatifs sur le palier. Danièle vous régalera de ses petits déjeuners servis sur la terrasse qui domine la piscine.

Prix : 1 pers. **31** € 2 pers. **43** € 3 pers. **61** € pers. sup. **16** €
Ouvert : De pâques au 15 octobre

29	32	8	29	4	4	12	4	8	6

Danièle SAFAURE - la Garangère - 38850 CHIRENS - Tél. : 04 76 35 21 03

CHOLONGE
Alt. : 1000 m — C.M. 77 Pli 5

3 ch. Ancienne ferme au cœur du petit village, à 4 km de la route Napoléon & des lacs de Laffrey. Vous disposerez de 3 chambres coquettes, 2 chambres de 2 pers. et 1 chambre 1 pers. Lavabo dans chaque ch., salle d'eau, wc communs aux hôtes. Accueil simple et souriant. Cuisine familiale, spécialités locales. Parking du village, mais possibilité parking fermé pour une halte. Jardin fleuri et ombragé.

Prix : 1 pers. **28** € 2 pers. **35** €
Ouvert : De pâques à toussaint

12	3,5	SP	30	4	0,5	30	7

Thérèse WILGUSKI - la maison du Grand Serre - 38220 CHOLONGE - Tél. : 04 76 83 90 46

COURTENAY Tirieu
(TH) — C.M. 74 Pli 13

1 ch. Maison de caractère aux pierres apparentes, restaurée dans un esprit contemporain avec, au r.d.ch. et accès indépendant : 1 chambre pour 2 pers. au confort et à la décoration soignée, salle d'eau et wc part. Au 1er, vaste séjour où sont pris les petits déjeuners et les repas dans une ambiance familiale, salon avec cheminée. Espace détente dans le jardin. Sites touristiques et historiques nombreux à proximité : grottes, cité médiévale, musées de peinture, site archéologique. Base de loisirs des 3 Lacs et de la Vallée Bleue. Langue parlée : anglais.

Prix : 1 pers. **35** € 2 pers. **42** € 3 pers. **55** € pers. sup. **13** € repas **13** €
Ouvert : Toute l'année

8	2	SP	4	22	5

Benedicte et Olivier VANVERDEGHEM - le Pressoir - 38510 COURTENAY - Tél. : 04 74 80 85 78

LES DEUX-ALPES
Alt. : 1660 m — C.M. 77 Pli 6

6 ch. M. et Mme Giraud vous accueillent dans leur chalet situé à proximité des pistes, comprenant au r.d.c. un gîte rural de 6 pers. et à l'étage 6 chambres d'hôtes de 2 à 4 pers. avec salle d'eau ou de bain et wc privé. Chauf. cent., salon de télévision avec cheminée. En été, grand jardin aménagé à disposition des hôtes. Toutes activités de sport et loisirs sur place, parking privé.

Prix : 1 pers. **29** € 2 pers. **53** € 3 pers. **59** €
Ouvert : Du 1er décembre au 2 mai et du 20 juin au 5 septembre

0,5	0,5	0,5	0,5	7	SP	0,5	3	0,5	75	SP

Raymond GIRAUD - 3 rue de l'Oisans - le Chalet - 38860 LES-DEUX-ALPES - Tél. : 04 76 80 51 85 - Fax : 04 76 80 51 85

FAVERGES-DE-LA-TOUR Le Traversoud
(TH) CB — C.M. 74 Pli 14

3 ch. Golf 9 trous à 3 km. Walibi 6 km. A 6 km de la Tour du Pin,4 km de la RN75. Maison Dauphinoise de caractère avec 3 ch. 2/3 pers., chacune avec s.d'eau WC part., entièrement rénovées au thème de peintres. Entrée indép. Dans une campagne verdoyante entourée de bois, vs vs détendrez dans un gd parc ombragé et dégusterez les pdts du potager et de la basse cour. Jx d'enf., boules, ping-pong, badminton. Circuits balisés. Nombreux sites touristiques. Pays de lacs et de châteaux, aux portes de l'Ain et de la Savoie. Langues parlées : anglais, italien.

Prix : 1 pers. **35** € 2 pers. **42/44** € 3 pers. **57** € pers. sup. **10** € repas **14** €
Ouvert : Toute l'année

35	35	3	14	SP	14	3	6	3

GITES DE FRANCE-SERVICE RESERVATION - 40, av. Marcelin Berthelot - BP 2641 - 38036 GRENOBLE-Cedex-02 -
Tél. : 04 76 40 79 40 - Fax : 04 76 40 79 99 - Tél. prop. : 04 74 83 90 40 - E-mail : sirt38@wanadoo.fr - www.gites-de-france-isere.com

---

LA FERRIERE
Alt. : 1100 m — A CB C.M. 77 Pli 6

2 ch. Un authentique chalet restauré dans un cadre exceptionnel avec une Auberge campagnarde et 2 chambres d'hôtes où un certain art de vivre se savoure. Chambres au 1er, accès indépendants par un balcon et une terrasse. S.d.b. wc part. Spécialités montagnardes, repas aux chandelles. Vivier à truites, torrent à prox. Lacs des 7 Laux (3H de marche). Ambiance chalet Savoyard aux poutres sculptées, fresques et déco réalisées par les prop. et leurs amis, un certain amour de la musique et du bien vivre à déguster sur place. Repas pris à l'auberge. Langue parlée : anglais.

Prix : 1 pers. **45** € 2 pers. **54** € pers. sup. **16** € repas **21** €
Ouvert : Du 15 décembre au 31 octobre

5	1	17	17	SP	SP	17	50	7

GITES DE FRANCE-SERVICE RESERVATION - 40, av. Marcelin Berthelot - BP 2641 - 38036 GRENOBLE-Cedex-02 -
Tél. : 04 76 40 79 40 - Fax : 04 76 40 79 99 - Tél. prop. : 04 76 45 03 10 - E-mail : sirt38@wanadoo.fr - www.gites-de-france-isere.com

Rhône-Alpes   **Isère**

GRESSE-EN-VERCORS La Fruitière   Alt. : 1200 m   TH   C.M. 77 Pli 4

5 ch. Lac de Monteynard à 17 km (pêche, planche à voile, nautisme). Ancienne fruitière rénovée avec goût dans une ambiance montagne, comportant 1 ch. de plain-pied 1 lit 2 pers.1 lit 1 pers., s. d'eau, wc part., kichenette, terrasse. Au 1er : 3 ch. 3 pers. et 1 ch 2 pers., s.d'eau wc part. Vaste séj. cuis. aux larges baies ouvrant sur la nature. Terrasse, terrain, p. déj. servis dans un cadre agréable, conf. maison. A prox. mais. annexe avec 2 gîtes. Terrain, jeux et piscine d'enfants communs. Sauna et lingerie (prest. avec sup.). Ecole de parapente.

Prix : 1 pers. 32 € 2 pers. 37 € 3 pers. 47 € repas 13 €
Ouvert : Du 1er juin au 15 septembre

3	1	3	1	SP	3	SP	3	13	1

Fernand MOURIER - la Fruitière - 38650 GRESSE-EN-VERCORS - Tél. : 04 76 34 32 80 - Fax : 04 76 34 32 80

GRESSE-EN-VERCORS L'Eglise   Alt. : 1200 m   A   C.M. 77 Pli 14

5 ch. Lac de Monteynard à 18 km (pêche, planche à voile, nautisme). Au cœur du vieux village, vieille ferme rénovée avec une petite auberge de montagne. Salle à manger cheminée réservée aux hôtes, coin lecture, vue sur les petites Dolomites. A l'étage : 5 chambres de 2 ou 4 personnes avec salle d'eau et wc particuliers. Votre séjour sera pour nous l'occasion de vous faire goûter notre pain & nos confitures maisons, les légumes de notre jardin & de vous faire partager notre bonne cuisine de montagne. Langue parlée : anglais.

Prix : 1 pers. 35 € 2 pers. 43 € 3 pers. 56 € pers. sup. 13 €
repas 15 €
Ouvert : Toute les vacances scolaires et sur réservations hors vacances

1	SP	1	1	SP	3	SP	1	13	SP

GITES DE FRANCE-SERVICE RESERVATION - 40, av. Marcelin Berthelot - BP 2641 - 38036 GRENOBLE-Cedex-02 -
Tél. : 04 76 40 79 40 - Fax : 04 76 40 79 99 - Tél. prop. : 04 76 34 33 70 - E-mail : sirt38@wanadoo.fr - www.gites-de-france-isere.com

GRESSE-EN-VERCORS La Batie   Alt. : 1180 m   TH   C.M. 77 Pli 14

3 ch. Ancienne ferme du XVIIIe entièrement rénovée, au pied du mont Aiguille, comportant de jolies chambres aménagées dans l'annexe de la maison. A l'étage : 3 Ch. de 2 ou 3 pers. avec, s.d'eau et wc part. Au R.d.c vaste séjour avec un ancien four à pain restauré. Annie vous fera découvrir sa passion pour le tissage artisanal et son petit salon de thé. Bibliothèque sur la faune et la flore du Vercors à disposition. Gîte Panda. Langue parlée : anglais.

Prix : 1 pers. 34 € 2 pers. 43 € 3 pers. 54 € pers. sup. 11 €
repas 14 €
Ouvert : Du 20 décembre au 30 octobre

8	6	7	3	27	SP	4	0,5	7	14	7

GITES DE FRANCE-SERVICE RESERVATION - 40, av. Marcelin Berthelot - BP 2641 - 38036 GRENOBLE-Cedex-02 -
Tél. : 04 76 40 79 40 - Fax : 04 76 40 79 99 - Tél. prop. : 04 76 34 11 08 - E-mail : sirt38@wanadoo.fr - www.gites-de-france-isere.com

LE GUA La Martiniere   Alt. : 950 m   TH   C.M. 77 Pli 4

4 ch. Gîte bébé. Lac de Monteynard à 20 km (peche, planche à voile, nautisme) Seul, en couple, en famille ou en petits groupes, à 30 mn de Grenoble et 15 mn de la RN 75, dans le Parc du Vercors, 3 ch jumelées de 2 à 5 pers., 1 ch 2 pers., dans notre grande maison ensoleillée. Les ch. très spacieuses disp. chacune de s. d'eau et wc. Gde s.à manger au nous partageons les repas (produits du terroir) dans une ambiance conviviale. Salon TV bibliothèque, piano, cheminée. Matériel bébé à disp., Table de ping-pong. Langues parlées : anglais, italien.

Prix : 1 pers. 29 € 2 pers. 39 € 3 pers. 54 € pers. sup. 16 €
repas 14 €
Ouvert : Toute l'année

4	4	SP	0,5	1	12	8

GITES DE FRANCE-SERVICE RESERVATION - 40, av. Marcelin Berthelot - BP 2641 - 38036 GRENOBLE-Cedex-02 -
Tél. : 04 76 40 79 40 - Fax : 04 76 40 79 99 - Tél. prop. : 04 76 72 26 96 - E-mail : sirt38@wanadoo.fr - www.gites-de-france-isere.com

LANS-EN-VERCORS La Chenevarie   Alt. : 1020 m   TH   C.M. 77 Pli 4

5 ch. Dans leur ferme rénovée, Danielle et Bruno vous accueillent dans une ambiance chaleureuse et conviviale. Chambres claires et coquettes de 2 ou 3 pers. cabine douche lav.wc dans chaque ch. (1 ch. 1 épi avec cabine douche et petit lav. wc priv. sur palier). Grande s.a.m avec cheminée où vous apprécierez la cuisine familiale et régionale mijotée par Danielle. Salon TV, jeux, livres. Terrasse, accès piscine été, chaises longues. Terrain de boules. Ping-pong, baby foot. Espace de jeux pour les enf. Parc animalier. Baby-sitting poss.

Prix : 1 pers. 35 € 2 pers. 40 € 3 pers. 55 € pers. sup. 15 €
repas 14 €
Ouvert : Toute l'année

1,5	1,5	SP	0,5	SP	1	1,5	1	24	1,5

Danielle et Bruno EYMARON - la petite ferme des Prés Verts - la Chenevarie - 38250 LANS-EN-VERCORS - Tél. : 04 76 95 40 60 - Fax : 04 76 95 46 69

LANS-EN-VERCORS Les Blancs   Alt. : 1090 m   C.M. 77 Pli 4

2 ch. Au cœur du hameau des Blancs, à 3 km du centre de Lans en Vercors & 4 km de Villard de Lans, nous vous proposons 2 ch. coquettes avec entrées & sanitaires part. Terrasse, jardin. Randonnée & VTT au départ de la maison. Tarif spécifique pour les familles (1 Ch. 4 pers.). De bons conseils pour la découverte de la région, ses activ. & sa gastronomie vous seront donnés. Langues parlées : anglais, espagnol.

Prix : 1 pers. 32 € 2 pers. 40 € 3 pers. 54 €
Ouvert : Toute l'année

7	0,5	4	1	SP	3	1	0,5	3	30	3

Christine et Patrick RABOT - La Renardière - Les Blancs - 38250 LANS-EN-VERCORS - Tél. : 04 76 95 13 76 -
E-mail : patrick.rabot@caramail.com

Isère
Rhône-Alpes

LANS-EN-VERCORS L'Aigle
Alt. : 1020 m — (TH) — C.M. 77 Pli 4

2 ch. Dans un cadre de verdure, jolie maison contemporaine à proximité du village. Deux chambres avec salle d'eau et wc privés. Accès indépend. Ambiance chaleureuse. Cuisine gourmande, petits déj. sportif. Coin cheminée, salon, TV, hifi, salle à manger commune. Joëlle organise également des séjours sportifs et reçoit des clients en gîtes de séjour (15 pers. maxi). Jardin ombragé et fleuri. Terrasse. Chaises longues pour les après-midi de farniente. Langue parlée : anglais.

Prix : 1 pers. 31 € 2 pers. 38 € 3 pers. 46 € repas 13 €
Ouvert : Du 15 décembre au 15 avril et du 1er mai au 15 octobre

4	4	7	1	2	1	1	1	25	1

Joëlle ROUSSET - l'Aigle - 38250 LANS-EN-VERCORS - Tél. : 04 76 95 42 47 - Fax : 04 76 95 66 57 -
E-mail : inouk@planete-vercors.com

LANS-EN-VERCORS Les Francons
Alt. : 1000 m — (TH) — CB — C.M. 77 Pli 4

2 ch. Goutez au calme et au grand air dans une gde mais. avec vue except. sur le plateau et les sommets du Vercors. Une multitude d'activ. pour les sportifs et nbreuses visites touristiques. A votre disp. 2 ch. 3 pers. au conf. douillet, s. d'eau WC part., salon avec piano pour les musiciens. Jeux. Comme dans une grande famille, petits déj. et repas servis dans le séjour ou sur la terrasse ensoleillée. La cuisine est simple, soignée avec les produits de saison. Langue parlée : anglais.

Prix : 1 pers. 32 € 2 pers. 41 € 3 pers. 56 € pers. sup. 13 € repas 13 €
Ouvert : toute l'année sauf 15 jours en Mars et Octobre

5	SP	6	1	SP	2	1	1	25	2

GITES DE FRANCE-SERVICE RESERVATION - 40, av. Marcelin Berthelot - BP 2641 - 38036 GRENOBLE-Cedex-02 -
Tél. : 04 76 40 79 40 - Fax : 04 76 40 79 99 - Tél. prop. : 04 76 95 47 31 - E-mail : sirt38@wanadoo.fr - www.gites-de-france-isere.com

LONGECHENAL
Alt. : 523 m — (TH) — C.M. 74 Pli 13

2 ch. Belle ferme traditionnelle en pisé avec 1 grand terrain clos arboré & fleuri de 2500 m². Au 1er étage, 2 ch. spacieuses au charme campagnard, aménagées pour 3 pers. S.d'eau & wc part. Salon réservé aux hôtes. Les savoureux petits déj. ou les repas en table d'hôtes sont pris suivant les saisons dans la salle à manger aux poutres anciennes, ou à l'abri de l'auvent. Cuisine régionale préparée par Malou avec de délicieux produits du terroir, pendant que Jacques vous fera découvrir sa grange aux 1001 trésors sur les métiers anciens.

Prix : 1 pers. 32 € 2 pers. 41 € 3 pers. 52 € repas 14 €
Ouvert : Toute l'année

60	70	7	15	0,5	1	15	15	0,5

Malou et Jacques DORION - la Gaillardière - 38690 LONGECHENAL - Tél. : 04 76 55 55 82

MALLEVAL
Alt. : 950 m — A — C.M. 77 Pli 4

3 ch. Dans le parc naturel régional du Vercors, auberge de village avec 3 chambres d'hôtes, salle de bains et wc communs. Les repas vous seront proposés dans la petite salle de l'auberge près de la cheminée où sur la terrasse au soleil. Cuisine régionale (ravioles du royans, gratin Dauphinois...). Au calme, dans un environnement préservé. Grande traversée du Vercors et GR9 à proximité, Zone nordique des Coulmes. Langues parlées : anglais, allemand.

Prix : 1 pers. 18 € 2 pers. 35 € repas 12 €
Ouvert : Toute l'année.

SP	0,5	0,1	SP	5	16	16

GITES DE FRANCE-SERVICE RESERVATION - 40, av. Marcelin Berthelot - BP 2641 - 38036 GRENOBLE-Cedex-02 -
Tél. : 04 76 40 79 40 - Fax : 04 76 40 79 99 - Tél. prop. : 04 76 38 54 59 - E-mail : sirt38@wanadoo.fr - www.gites-de-france-isere.com

MARCIEU Les Champs
Alt. : 678 m — CB — C.M. 77 Pli 5

2 ch. En Matheysine, entre Lac et Montagne, Marion vous accueille dans sa maison au cadre champêtre. Dans 1 ambiance chaleureuse, 2 ch. d'hôtes dont 1 familiale (4 pers.), avec s.d'eau/wc, et TV privatifs, vous sont proposées. Vaste séjour ouvrant sur la terrasse où sont servis les petits déjeuners à l'ombre de l'acacia. Jardin arboré & fleuri avec son bassin et sa cascade. Proche de la plage de Savel (Lac de Moneynard) possibilité de pratiquer les activités nautiques (planche à voile...). Départ de diverses randonnées dont une jusqu'au Lac. 2 gîtes mitoyens de 3 et 5 personnes classés 2 épis. Langue parlée : anglais.

Prix : 1 pers. 31 € 2 pers. 39 € 3 pers. 51/54 € pers. sup. 12/15 €
Ouvert : Toute l'année

29	19	7	18	5	18	5	10	42	18

GITES DE FRANCE-SERVICE RESERVATION - 40, av. Marcelin Berthelot - BP 2641 - 38036 GRENOBLE-Cedex-02 -
Tél. : 04 76 40 79 40 - Fax : 04 76 40 79 99 - Tél. prop. : 04 76 30 65 07 - E-mail : sirt38@wanadoo.fr - www.gites-de-france-isere.com

MAUBEC Cesarges
CB — C.M. 74 Pli 13

3 ch. Tennis 3 km, golf 10 km, A 35 km de l'aeroport de St-Exupéry. Au cœur d'un parc aux arbres séculaires, le château de Césarges vous offre le charme d'une étape hors du temps. La délicatesse de l'accueil, le confort des chambres, la douce nostalgie d'une demeuree du XVIe, vous séduiront. Au 1er, trois belles ch. de 2 ou 3 pers., fenêtres ouvrant sur le parc (au soleil levant) avec s. d'eau, WC part. Petits déj. dans la s. à manger près de la cheminée ou à l'ombre du Sully, le tilleul vieux de 4 siècles. Salon, piano. Billard. Nbreuses poss. rest. auberges ou rest. gastronomique. Langues parlées : allemand, italien.

Prix : 1 pers. 44 € 2 pers. 53 € 3 pers. 69 € pers. sup. 16 €
Ouvert : Du 1 avril au 15 novembre

6	8	SP	8	12	6	6

GITES DE FRANCE-SERVICE RESERVATION - 40, av. Marcelin Berthelot - BP 2641 - 38036 GRENOBLE-Cedex-02 -
Tél. : 04 76 40 79 40 - Fax : 04 76 40 79 99 - Tél. prop. : 04 74 95 20 42 - E-mail : sirt38@wanadoo.fr - www.gites-de-france-isere.com

Rhône-Alpes **Isère**

MEAUDRE Les Girauds   Alt. : 1050 m   C.M. 77 Pli 4

2 ch. Au 1er étage d'une grande ferme, dans un Hameau très calme, avec un accueil simple et familial. Au premier étage, vous disposerez de 2 chambres de 2 pers., avec lavabo, salle d'eau et wc communs. Chauffage central. Petits déjeuners avec confitures maison, pris dans la cuisine familiale. Gîte rural 4 pers. mitoyen.

Prix : 1 pers. **28** € 2 pers. **35** €
Ouvert : Toute l'année

1,5	1,2	1,2	SP	0,5	5	32	1

Joseph et Odette COING - les Girauds - 38112 MEAUDRE - Tél. : 04 76 95 21 77

MENS Prefaucon   Alt. : 860 m   (TH)   C.M. 77 Pli 15

5 ch. Vielle ferme restaurée, nichée en pleine nature où le calme et la luminosité du Trièves vous incitent à la détente. 5 Ch. de 2 à 4 pers. avec accès indé. et s.d'eau WC, sont à votre disposition. Dans la simplicité et la convivialité vous savourerez les petits déjeuners et les repas servis dans la vaste salle voûtée à pilier central. Produits essentiellement de la ferme. Petite salle de détente réservée aux hôtes. Jeux d'enfants. Mens, ville au riche passé historique, ses vieux quartiers, la halle et les fontaines. Centre écologique Terre Vivante à prox. Langue parlée : anglais.

Prix : 1 pers. **31** € 2 pers. **40** € 3 pers. **52** € pers. sup. **13** € repas **13** €
Ouvert : Toute l'année

30	30	2,5	8	25	SP	5	15	12	2,5

Sophie et Jean Louis CELLES - ferme de Prefaucon - Prefaucon - 38710 MENS - Tél. : 04 76 34 62 50 - E-mail : sc.jlg@wanadoo.fr

MENS   Alt. : 850 m   (TH)   C.M. 77 Pli 15

3 ch. Au cœur du vieux village, face à la Halle, maison restaurée avec goût, galerie d'Art au r.d.c. Au 1er vous disposerez de 3 charmantes ch. de 2 pers., s.d'eau wc priv. Ambiance chaleureuse & raffinée. Janic vous fera partager sa passion de la peinture & des voitures anciennes & pourra vous proposer une découverte du Trièves en cabriolet décapotable des années 60. Restauration possible dans le village. Langue parlée : anglais.

Prix : 1 pers. **38** € 2 pers. **44** € repas **13** €
Ouvert : Toute l'année.

30	30	0,5	5	0,5	0,5	0,5	0,5	12	SP

Janic GRINBERG - l'Engrangeou - place de la Halle - 38710 MENS - Tél. : 04 76 34 85 63 ou 04 76 34 94 48

MONESTIER-DE-CLERMONT Château de Bardonenche   Alt. : 850 m   (TH)   C.M. 77 Pli 14

5 ch. Dans un des salons d'époque ou dans le parc de ce charmant château du XVI, au coin du feu ou autour d'une bonne table. Cécile et Thierry SCHOEBEL se feront un plaisir de vous accueillir dans leurs 5 chambres d'hôtes. Ils vous feront partager leur passion pour le château et sa région. Vous y dégusterez les produits du terroir. A 35 km de Grenoble cœur du Trièves, au pied du Vercors, à 5 minutes du lac, un nombre varié d'activités et d'excusions vous sont offertes. Langues parlées : anglais, allemand.

Prix : 1 pers. **39/45** € 2 pers. **45/51** € 3 pers. **61/67** €
pers. sup. **16** € repas **17** €
Ouvert : Toute l'année.

13	13	1	20	9	9	20	5	10	1	SP

Cecile et Thierry SCHOEBEL - château de Bardonenche - 38650 MONESTIER-DE-CLERMONT - Tél. : 04 76 34 03 92

MONESTIER-DE-CLERMONT   Alt. : 880 m   (TH)   C.M. 77 Pli 14

5 ch. Manoir du début du siècle dans un grand parc arboré entre Trièves et Vercors. Vous disposerez de 5 vastes chambres d'hôtes à thème d'une capacité de 2 à 5 personnes pour la chambre familiale. Toutes les chambres sont équipées de s. d'eau et wc privatifs. Une chambre accessible à pers. hand. Les repas seront pris dans la salle à manger, cuisine familiale. Parking dans la propriété, jeux d'enfants. A Proximité du lac du Monteynard : planche à voile, croisières. Ski à Gresse en Vercors. Langues parlées : anglais, allemand.

Prix : 1 pers. **45** € 2 pers. **55** € 3 pers. **71** € pers. sup. **16** €
repas **14** €
Ouvert : Toute l'année.

10	10	1	10	9	9	20	5	3	0,5	1

GITES DE FRANCE-SERVICE RESERVATION - 40, av. Marcelin Berthelot - BP 2641 - 38036 GRENOBLE-Cedex-02 - Tél. : 04 76 40 79 40 - Fax : 04 76 40 79 99 - Tél. prop. : 04 76 34 22 54 - E-mail : sirt38@wanadoo.fr - www.gites-de-france-isere.com

MONESTIER-DU-PERCY Le Serre   Alt. : 750 m   (TH)   C.M. 77 Pli 15

6 ch. Au cœur du Trièves, dans un site rural protégé entre Vercors et Devoluy, Catherine vous accueille dans une ancienne ferme rénovée. 2 ch. avec s.d.b wc privés, 2 ch. avec s. d'eau wc priv., 2 ch. 2 épis s. d'eau priv. wc communs. Salon TV bibliothèque. Sur place piscine privée, aire de jeux. A découvrir les richesses du Trièves (Terre Vivante à 5 kms...).

Prix : 1 pers. **25/30** € 2 pers. **30/39** € 3 pers. **38/50** €
pers. sup. **12** € repas **14** €
Ouvert : Toute l'année

35	12	SP	10	30	SP	12	50	SP	10	10

Catherine JUGE - le Serre - Chaucharri - 38930 MONESTIER-DU-PERCY - Tél. : 04 76 34 42 72

Isère

Rhône-Alpes

MONTFERRAT Le Replat
Alt. : 650 m — C.M. 74 Pli 14

2 ch. **A 7 km de Wallibi. Caves de la Grande Chartreuse à Voiron 15 km.** Maison contemporaine surplombant le Lac de Paladru, avec au 1er étage : 1 ch. familiale 4 pers. (ch. 1 lit 140 et ch. 2 lits 90) s. d'eau WC part. et 1 ch 2 pers, s. d'eau WC part. Accès indépendant aux chambres. Les petits déjeuners gourmands sont servis dans le grand séjour familial, près de la cheminée ou, suivant la saison, dans le jardin. Propriété de 1,2 Ha à prox. de la RN 75. Musée archéologique (fuilles Lacustres), voile, circuit VTT, sentiers pédestres. Gîte rural 3 épis mitoyen.

Prix : 1 pers. 32 € 2 pers. 41 € 3 pers. 53 € pers. sup. 13 €
Ouvert : Toute l'année.

35	35	7	3	1	25	3	10	13	1

GITES DE FRANCE-SERVICE RESERVATION - 40, av. Marcelin Berthelot - BP 2641 - 38036 GRENOBLE-Cedex-02 -
Tél. : 04 76 40 79 40 - Fax : 04 76 40 79 99 - Tél. prop. : 04 76 32 45 08 - E-mail : sirt38@wanadoo.fr - www.gites-de-france-isere.com

MORESTEL
C.M. 74

5 ch. Au Pays des Couleurs et dans un parc boisé de 5 hectares, gde maison du 19e restaurée avec goût. Michel vous propose 5 ch. à la décoration personnalisée : 4 ch de 2 pers et 1 ch double (1 lit 2 pers, 2 lits 1 pers) s.d.bains wc part. Gde salle à manger avec cheminée, grand salon (TV, biliothèque, Hi-Fi) et petit salon/s.à.m. où sont pris les petits déj. Cuisine traditionnelle et savoureuse. A voir : Morestel, cité des Peintres : découverte du patrimoine culturel : rte historique Stendhal, musées et expo de peinture, sites médiévaux... Langues parlées : anglais, allemand.

Prix : 1 pers. 32 € 2 pers. 39 € 3 pers. 47/55 € pers. sup. 8 € repas 16 €
Ouvert : Du 1er avril au 15 octobre

	0,5	10	SP	5	0,5	20	0,5	

GITES DE FRANCE-SERVICE RESERVATION - 40, av. Marcelin Berthelot - BP 2641 - 38036 GRENOBLE-Cedex-02 -
Tél. : 04 76 40 79 40 - Fax : 04 76 40 79 99 - Tél. prop. : 04 74 80 59 15 - E-mail : sirt38@wanadoo.fr - www.gites-de-france-isere.com

MORESTEL La Roche
C.M. 74 Pli 13

3 ch. Coquette maison fleurie & ensoleillée dans 1 parc de 4 ha. Vous pourrez savourer le calme de la nature envir. Au 1er : 3 gdes ch. de 2/3 pers. ou mob. ancien, s.d'eau wc part. Coin TV, bibliothèque, cheminée. Vous prendrez les p.déj. ou les repas mijotés par Rolande, à l'ombre de la tonnelle du jardin. Chaises longues & mobilier de jardin. Garage. Jeux & piscine enf. A prox. : Walibi, Vallée Bleue, CREMIEU et MORESTEL, sites archéologiques, sentiers pédestres. Table d'Hôtes SUR RESERVATION. Kichenette à disposition.

Prix : 1 pers. 35 € 2 pers. 44 € 3 pers. 58 € pers. sup. 15 € repas 14 €
Ouvert : Du 1er mars au 1er novembre

	3	20	2	1	3	1	2	15	3

GITES DE FRANCE-SERVICE RESERVATION - 40, av. Marcelin Berthelot - BP 2641 - 38036 GRENOBLE-Cedex-02 -
Tél. : 04 76 40 79 40 - Fax : 04 76 40 79 99 - Tél. prop. : 04 74 92 81 34 - E-mail : sirt38@wanadoo.fr - www.gites-de-france-isere.com

NANTES-EN-RATIER Serbouvet
Alt. : 950 m — C.M. 77 Pli 15

3 ch. **Sauts à l'élastique 5 km. Bureau des guides à 3 km.** Ferme familiale restaurée, à l'écart des routes et du bruit, à prox. d'une ferme en activité. Au 2° : 3 ch. coquettes et ensoleillées de 2 à 3 pers. avec s.d'eau WC part., petit coin salon. Vous dégusterez dans la vaste salle voûtée des recettes du terroir, murçon, tarte de courges, tarte au champignon. Fabienne, passionnée de lecture et de jardinage, Marcel de nature et d'animaux, vous conseilleront dans la découverte de leur Pays. A prox. de la route Napoléon, des Lacs de Laffrey et de Notre Dame de la Salette. Langues parlées : anglais, allemand.

Prix : 1 pers. 33 € 2 pers. 41 € 3 pers. 54 € pers. sup. 13 € repas 14 €
Ouvert : Toute l'année.

22	9	3	3	8	0,3	8	36	3

GITES DE FRANCE-SERVICE RESERVATION - 40, av. Marcelin Berthelot - BP 2641 - 38036 GRENOBLE-Cedex-02 -
Tél. : 04 76 40 79 40 - Fax : 04 76 40 79 99 - Tél. prop. : 04 76 81 21 46 - E-mail : sirt38@wanadoo.fr - www.gites-de-france-isere.com

ORNON
Alt. : 1300 m — C.M. 77 Pli 6

4 ch. Dans ce petit village traditionnel de l'Oisans, entre Ecrins et Taillefer, Michelle vous accueille chaleureusement dans sa maison rustique et confortable. Elle vous propose une cuisine familiale. Vaste séjour avec salle voutée et cheminée. 1 ch. 3 pers. avec salle d'eau et wc privés 2 épis, entrée indép. 3 ch. 2 pers. avec lavabo. Douche et wc communs. Chauffage central. Zone périphérique Parc des Ecrins. Sentiers GR 50. Langue parlée : anglais.

Prix : 1 pers. 30/32 € 2 pers. 38/39 € 3 pers. 52 € repas 12 €
Ouvert : Toute l'année.

5	5	10	18	12	SP	5	SP	7	10

Michelle WEBER - Le Village - 38520 ORNON - Tél. : 04 76 80 43 05

OZ-EN-OISANS L'Enversin
Alt. : 1050 m — A — C.M. 77 Pli 6

5 ch. Dans une grange rénovée indépendante à côté de l'auberge du propriétaire, 5 chambres 2 personnes avec salles d'eau particulières, wc privés. Possibilité de lit 1 pers. suppl.. Chauf. central. Voile, baignade à 10 km, randos, escalade. Liais-avec l'Alpe d'Huez et Oz en Oisans, téléph. de Vaujany proche. accès aux pistes en 8 mn. Repas à l'auberge, cuisine traditionnelle de l'Oisans. Langues parlées : anglais, allemand.

Prix : 1 pers. 25 € 2 pers. 33 € 3 pers. 44 € repas 13 €
Ouvert : Du 1er mai au 15 décembre

3	3	3	7	SP	7	7	10	60	3

Martine et Anne-Marie PASSOUD - l'Enversin d'Oz - 38114 OZ-EN-OISANS - Tél. : 04 76 80 73 18

Rhône-Alpes
Isère

LE PERCY Les Blancs
Alt. : 880 m — (TH) — C.M. 77 Pli 15

3 ch. Sur les chemins de Giono, encore dans les Alpes, avec déjà un peu de Provence dans l'air, les Volets Bleus, ferme restaurée construite en 1753, vous proposent 3 chambres au décor très personnalisé, avec entrée indép., s. de b, wc. Vous pourrez le soir apprécier la cuisine de Nicole avec des recettes souvent du Trièves, parfois du midi ou d'ailleurs, mais toujours composée avec des produits locaux. Jacques vous accueillera en TH dans la grande pièce voûtée, ouvrant sur le jardin & les montagnes. Tarif dégressif dès le 2ᵉ jour.

Prix : 1 pers. 36 € 2 pers. 45 € 3 pers. 58 € pers. sup. 13 €
repas 15 €

Ouvert : De pâques à octobre

| 20 | 10 | 12 | 10 | 25 | SP | 10 | 25 | 3 | 5 | 5 |

Nicole et Jacques REMILLAT - les Volets Bleus - hameau des Blancs - 38930 LE-PERCY - Tél. 04 76 34 43 07

LE PIN Le Pin Plage
Alt. : 500 m — (TH) — C.M. 74 Pli 14

2 ch. Jean et Denise vous accueillent dans leur ferme et vous proposent deux grandes chambres, vue sur le lac de Paladru (400 ha), avec chacune 1 lit 2 pl, 1 lit 1 pl, salle de bains, wc privés. L'une d'entre elles est équipée d'un coin-cuisine. Chauffage. Séjour, cheminée, Bibliothèque. TV. Terrasse plein-sud réservée aux hôtes. Sites d'intérêt culturel.

Prix : 1 pers. 25 € 2 pers. 35 € 3 pers. 44 € repas 11 €

Ouvert : Toute l'année.

| 35 | 35 | 15 | 40 | 0,1 | 2 | 60 | 0,1 | 2 | 16 | 2,5 |

Jean et Denise MEUNIER BEILLARD - 145 chemin de Beluran - 38730 LE-PIN-PLAGE - Tél. 04 76 06 64 00

LE PIN
Alt. : 600 m — (TH) — CB — C.M. 74 Pli 14

3 ch. Maison Dauphinoise nichée dans la verdure à 800 m du Lac de Paladru et au cœur du village. Vous trouverez 3 ch. de 2 et 3 pers. avec s. d'eau wc particuliers. Les petits déjeuners sont pris dans la véranda ouvrant sur un joli jardin. Salle à manger, salon cheminée. Table d'hôte sur réserv. Monique, hôtesse attentive, vous préparera salades composées, poissons, légumes du jardin, tartes..Parking dans la propriété. Langues parlées : anglais, espagnol.

Prix : 1 pers. 32 € 2 pers. 39 € 3 pers. 47 € pers. sup. 11 €
repas 14 €

Ouvert : De février à novembre

| 0,8 | SP | SP | SP | 14 | SP |

GITES DE FRANCE-SERVICE RESERVATION - 40, av. Marcelin Berthelot - BP 2641 - 38036 GRENOBLE-Cedex-02 -
Tél. : 04 76 40 79 40 - Fax : 04 76 40 79 99 - Tél. prop. : 04 76 06 60 86 - E-mail : sirt38@wanadoo.fr - www.gites-de-france-isere.com

LE PIN Le Pin Plage
Alt. : 500 m — (TH) — C.M. 74 Pli 14

5 ch. Ancienne grange en pisé qui surplombe le lac de Paladru. Sur deux niveaux, 5 chambres 2/3 personnes, claires et confortables, salle d'eau WC part., dont 1 access. pers. hand. Vaste séjour lumineux aux baies ouvrant sur le lac, espace enfants (jeux, livres, vidéo...) coin salon avec sa cheminée contemporaine, bibliothèque. Petits déjeuners copieux, repas à la table familiale, cuisine mijotée, tartes et gâteaux maison. La ferme familiale mitoyenne accueille également des hôtes (Gîte rural et Chambres d'hôtes). Parking. Nombreuses activités : baignade, voile, VTT, sentiers pédestres.

Prix : 1 pers. 29 € 2 pers. 39 € 3 pers. 51 € pers. sup. 13 €
repas 13 €

Ouvert : Toute l'année.

| 35 | 35 | 15 | 40 | 0,1 | 2 | 60 | 0,1 | 2 | 16 | 2,5 |

GITES DE FRANCE-SERVICE RESERVATION - 40, av. Marcelin Berthelot - BP 2641 - 38036 GRENOBLE-Cedex-02 -
Tél. : 04 76 40 79 40 - Fax : 04 76 40 79 99 - Tél. prop. : 04 76 06 68 82 - E-mail : sirt38@wanadoo.fr - www.gites-de-france-isere.com

PONTCHARRA
(TH) — CB — C.M. 77 Pli 3

3 ch. Dans le cadre exceptionnel d'un ancien prieuré du XIIᵉ vous bénéficierez de la douceur de vivre du milieu naturel et de la sérénité qu'un tel lieu inspire avec tout le confort que la vie moderne exige. Au 1ᵉʳ, 2 ch. doubles de 3 pers., s. d'eau ou de bains WC.part. 1 ch. 2 pers, s.de bains WC et kichenette part. Table d'hôtes sur reser. dans la vaste salle à manger ouvrant sur la terrasse avec vue panoramique sur la plaine du Grésivaudan et le massif de Chartreuse. Aux portes de la Savoie. Langue parlée : anglais.

Prix : 1 pers. 41 € 2 pers. 50 € 3 pers. 66 € pers. sup. 16 €
repas 15 €

Ouvert : Toutes les vacances scolaires d'hiver et du 1ᵉʳ avril au 30 octobre

| 15 | 15 | SP | 15 | SP | 1 | 15 | 1,5 | 0,5 |

GITES DE FRANCE-SERVICE RESERVATION - 40, av. Marcelin Berthelot - BP 2641 - 38036 GRENOBLE-Cedex-02 -
Tél. : 04 76 40 79 40 - Fax : 04 76 40 79 99 - Tél. prop. : 04 76 97 64 19 - E-mail : sirt38@wanadoo.fr - www.gites-de-france-isere.com

PRESLES Les Fauries
Alt. : 950 m — (TH) — CB — C.M. 77 Pli 3

4 ch. Ancienne ferme aux pierres apparentes, calme et tranquille, dominant à perte de vue les plateaux du Vercors. Au 1ᵉʳ : 4 ch. lumineuses et confort. de 2 ou 3 pers., s. d'eau ou bains WC part. fenêtres ouvrant sur la nature. A l'ombre du tilleul, vous dégusterez au petit déj., les pains de maïs, de châtaignes, de raisins ou de noix, conf. mais. Table d'hôtes familiale, nat. et variée. En lisière de la forêt des Coulmes, Paradis du ski de Fond (70 km de pistes), Randos, escalade sur les célèbres falaises de Presles. Parc Régional Naturel du Vercors. Langues parlées : allemand, hollandais.

Prix : 1 pers. 27 € 2 pers. 36 € 3 pers. 49 € pers. sup. 11 €
repas 14 €

Ouvert : Du 26 décembre à toussaint sauf 5 avril au 13 avril

| 35 | 4 | 18 | 12 | SP | 4 | SP | 10 | 12 | 18 | 12 |

GITES DE FRANCE-SERVICE RESERVATION - 40, av. Marcelin Berthelot - BP 2641 - 38036 GRENOBLE-Cedex-02 -
Tél. : 04 76 40 79 40 - Fax : 04 76 40 79 99 - Tél. prop. : 04 76 36 10 50 - E-mail : sirt38@wanadoo.fr - www.gites-de-france-isere.com

Isère
Rhône-Alpes

LES ROCHES-DE-CONDRIEU Montée de Pré Margot
C.M. 74 Pli 11

3 ch. Jolie maison fleurie, en limite du village, avec, au r.d.c. 2 ch. de 2 et 3 pers. avec s. d'eau et wc privés, et 1 ch. de 3 pers. ouvrant de plain-pied sur une terrasse (s.d.b. et wc privés). Salon, s.à.manger avec cheminée. Grande terrasse avec barbecue où sont pris les petits déjeuners ou les dîners à la belle saison. A proximité du plan d'eau. Port de Plaisance, vue sur les vignobles de Viognier. Garages fermés. Piscine privée, ping-pong et baby foot.

Prix : 1 pers. 38 € 2 pers. 46/49 € 3 pers. 61 € repas 17 €
Ouvert : Toute l'année.

	SP	1	0,5	0,6	0,3

Daniele VILLEMAGNE - 3 montée de Pré Margot - 38370 LES-ROCHES-DE-CONDRIEU - Tél. : 04 74 56 35 56

LA SALLE-EN-BEAUMONT Les Allauves
Alt. : 800 m — *C.M. 77 Pli 15*

3 ch. Près de la route Napoléon, pour une halte ou un séjour, Martine et Abel vous accueillent dans leur grande maison contemporaine et mettent à votre disposition 3 chambres 2 pers. situées au 1er étage. 1 ch. classée 1 épi NN avec douche et lavabo privés, wc communs à l'étage. 2 ch. avec salle d'eau et wc privés. Coin détente et de lecture, salon à disposition, grand jardin, garage, chauf. central.

Prix : 1 pers. 32 € 2 pers. 39 € 3 pers. 55 €
Ouvert : Toute l'année.

	7	50	10

Abel et Martine GRAND - les Allauves - 38350 LA-SALLE-EN-BEAUMONT - Tél. : 04 76 30 42 04 - Fax : 04 76 30 44 54

LE SAPPEY-EN-CHARTREUSE Le Gouillat
Alt. : 1000 m — *C.M. 77 Pli 6*

1 ch. La Souris Verte est une grande maison de Pays en lisière de forêt, entièrement rénovée, très confortable et chaleureuse avec un grand jardin et une belle terrasse. Le dernier étage de la maison réservé à l'accueil, dispose d'une suite de 2 ch. 1 très grande (vue superbe sur le massif de Chamechaude), équipée d'1 lit 2 pers. et d'une seconde équipée de 2 lits 1 pers. Vaste salle de bain avec baignoire balnéo, cabine douche, double lavabo et wc particulier. La Souris Verte est équipée pour recevoir bébé et enf. avec tout le matériel nécessaire. Etape idéale pour découvrir été comme hiver la Chartreuse à pied ou en raquette.

Prix : 1 pers. 40 € 2 pers. 46 € 3 pers. 64 € pers. sup. 18 € repas 16 €
Ouvert : Toute l'année

	SP	SP	8	15	30	SP	15	SP	15	12	SP

Nadine et Roger CARACACHE - la Souris Verte - le Gouillat - 38700 LE-SAPPEY-EN-CHARTREUSE - Tél. : 04 76 88 84 91 - Fax : 04 76 88 84 91 - E-mail : roger.caracache@wanadoo.fr

LE SAPPEY-EN-CHARTREUSE Mollard Giroud
Alt. : 1000 m — *C.M. 77 Pli 6*

5 ch. Ancienne grange de caractère en limite du village face à la forêt, en annexe de la maison des propriétaires. Au 1er et 2e ét., grand séjour chaleureux avec cheminée, 5 ch. de 2,3 et 4 pers., avec salle d'eau/wc ou s.d.b./wc part. Les propriétaires, enfants du Pays, attachés aux traditions rurales, vous feront découvrir leur environnement ainsi que la faune et le flore du Parc Naturel Régional de Chartreuse. Gîte Panda agréé par WWF qui porte aussi la marque Accueil du Parc Naturel de Chartreuse. Langues parlées : anglais, espagnol.

Prix : 1 pers. 33 € 2 pers. 42/47 € 3 pers. 53 € pers. sup. 11 € repas 15 €
Ouvert : Toute l'année.

	SP	SP	8	15	30	SP	15	20	SP	15	12	0,5

GITES DE FRANCE-SERVICE RESERVATION - 40, av. Marcelin Berthelot - BP 2641 - 38036 GRENOBLE-Cedex-02 - Tél. : 04 76 40 79 40 - Fax : 04 76 40 79 99 - Tél. prop. : 04 76 88 83 16 - E-mail : sirt38@wanadoo.fr - www.gites-de-france-isere.com

SECHILIENNE Cotte Fournier
Alt. : 600 m — *C.M. 77 Pli 5*

3 ch. Grenoble 25 km, Vizille 10 km (château)ski Chambrousse, Alpes du Gd Serr Au calme, à l'orée de la forêt, Michèle et J.Louis, vous propos. ds leur ancien. mais. restaurée avec goût : 3 jolies ch. décor. avec soin (entrée indép.) 2 ch. 2/3 pers., 1 ch. mezz. 4 pers. salle d'eau WC part. A disposition des 3 ch. : non attenante, cuis. (bien équipée), salon, grande s.a.m., barbecue, chaîne hi-fi, idéal pour petit groupe. Détente sur la terrasse ou le salon avec vue plongeante sur la vallée. Gîte rural 3 épis, pour 6 pers., mitoyen avec les ch. d'hôtes. Langue parlée : anglais.

Prix : 1 pers. 33 € 2 pers. 41 € 3 pers. 54 € pers. sup. 13 €
Ouvert : Toute l'année

15	15	10	15	11	SP	SP	10	3

Michèle et Jean Louis CHEMIN - Cotte Fournier - au Bout du Chemin - 38220 SECHILIENNE - Tél. : 04 76 72 15 06 - Fax : 04 76 72 15 06

SEYSSINET-PARISET Pariset
Alt. : 700 m — *C.M. 77 Pli 4*

5 ch. A 10 mn de Grenoble dans le Vercors, un lieu plein de charme pour le repos et la détente, un accueil chaleureux, une présence attentionnée. Parc de 1 ha avec piscine chauffée. Maison d'hôtes avec 4 ch. de 2 pers. personnalisées et lumineuses, s.d'eau et WC part. Dans la mais. des propr., au 2e étage, gde ch. 2 pers. avec balcon, s. d'eau WC part. à l'étage. Poss. accueil mini-séminaires, salle de 45 m² (tarifs part. sur dde). Salon avec cheminée, véranda, salon bibliothèque. Langue parlée : anglais.

Prix : 1 pers. 39 € 2 pers. 55 € pers. sup. 17 € repas 14 €
Ouvert : Toute l'année.

	7	7	SP	7	SP	7	16	16	15	5

Jacques et Chantal CHENAL LELIEVRE - rue des Bergers -les Combelles - la tour sans venin - 38170 SEYSSINET-PARISET - Tél. : 04 76 21 93 66 - Fax : 04 76 49 48 70 - E-mail : combelles@compagnet.fr

Rhône-Alpes — Isère

ST-ANTOINE-L'ABBAYE Les Voureys   (TH)   C.M. 77 Pli 3

3 ch. A 2.5 km du village Médiéval de St-Antoine avec son Abbaye du 12ème. Dans leur ferme typique du Pays Antonin, Marie thérèse et Henri mettent à votre disposition 3 jolies chambres campagnardes équipées chacune d'une salle d'eau wc au confort moderne. Les petits déjeuners copieux et variés sont pris dans la vaste cuisine chaleureuse. Pièce de détente à disp., espace ombragé avec salon de jardin. Jardin Ferroviaire de Chatte, Musée du Fromage à St Marcelin. Langue parlée : anglais.

Prix : 1 pers. 30 € 2 pers. 36 € 3 pers. 47 € pers. sup. 11 € repas 14 €

30	20	10	15	SP	SP	10	10	2,5

Ouvert : Toute l'année

M.Thérèse et Henri PHILIBERT - les Voureys - 38160 ST-ANTOINE-L-ABBAYE - Tél. : 04 76 36 41 65

ST-ANTOINE-L'ABBAYE   CB   C.M. 77 Pli 3

5 ch. Belle maison de caractère au cœur du village Médiéval de St Antoine. Grande salle avec four à pain et cheminée. Au 1er : 1 ch de 3 pers, 1 vaste ch de 4 pers, 3 ch de 2 pers, s. d'eau wc particuliers. Chauf. central. Petit jardin clos. Aux portes de la Drôme et aux confins du Vercors. Artisanat local. Jardin ferroviaire. Musée du fromage à St Marcelin. Eglise abbatiale, son Trésor et ses concerts de musiques sacrées.

Prix : 1 pers. 32 € 2 pers. 38 € 3 pers. 53 € pers. sup. 15 €

20	10	12	SP	SP	5	10	SP	

Ouvert : Toute l'année

GITES DE FRANCE-SERVICE RESERVATION - 40, av. Marcelin Berthelot - BP 2641 - 38036 GRENOBLE-Cedex-02 -
Tél. : 04 76 40 79 40 - Fax : 04 76 40 79 99 - Tél. prop. : 04 76 36 41 53 - E-mail : sirt38@wanadoo.fr - www.gites-de-france-isere.com

ST-APPOLINARD La Combe de Mouze   Alt. : 500 m   (TH)   C.M. 77 Pli 3

5 ch. A 7 mn de St-Antoine l'Abbaye (nuits Médiévales en juillet), Jardin... Monique et Henri vous accueillent dans leur ferme. 4 jolies ch. de 2 pers. Vue sur les côteaux du Pays Antonin et les montagnes du Vercors, S. d'eau WC privés. Balcon et terrasse Sud-Ouest. En annexe, ch. duplex 4 pers. séj. cheminée, kich., S. d'eau WC. Idéal pour séjour familial, jardin ombragé et fleuri. A la belle saison, repas sur la terrasse ou dans la vaste S. à manger campagnarde près de la cheminée. Pain cuit au feu de bois, prod. ferm. Ambiance fam. et chal. Expl. noix, élevage et céréales.

Prix : 1 pers. 32 € 2 pers. 38/44 € 3 pers. 59 € pers. sup. 16 € repas 13 €

20	20	10	8	0,2	8	10	7

Ouvert : Toute l'année

Monique et Henri PAIN - la Combe de Mouze - 38160 ST-APPOLINARD - Tél. : 04 76 64 10 52

ST-BAUDILLE-DE-LA-TOUR Torjonas   (TH)   C.M. 77 Pli 13

3 ch. Maison de caractère en pierres apparentes, restaurée avec soin, dans 1 cadre campagnard & reposant comprenant 3 jolies ch. à la décoration personnalisée. Au RDC : Ch1 (2 lits 1 pers.), s.d'eau WC. A l'ét. : Ch2 avec mezzanine (1 lit 2 pers., 2 lits 1 pers.) s.d'eau WC et Ch3 (1 lit 2 pers.) s.d'eau WC. Salon avec cheminée, vaste séjour cuisine aux poutres apparentes. Petits déjeuners et repas copieux. Terrain fleuri et ombragé, propice à la détente. A prox. : CREMIEU, sites archéologiques, grottes de La Balme, VTT, balades en roulottes, escalade. Langues parlées : anglais, espagnol.

Prix : 1 pers. 35 € 2 pers. 45 € 3 pers. 64 € pers. sup. 16/19 € repas 16 €

12	12	SP	4	10	3	10

Ouvert : De février au 15 novembre

GITES DE FRANCE-SERVICE RESERVATION - 40, av. Marcelin Berthelot - BP 2641 - 38036 GRENOBLE-Cedex-02 -
Tél. : 04 76 40 79 40 - Fax : 04 76 40 79 99 - Tél. prop. : 04 74 95 18 23 - E-mail : sirt38@wanadoo.fr - www.gites-de-france-isere.com

ST-CHRISTOPHE-EN-OISANS La Berarde   Alt. : 1720 m   A   CB   C.M. 1 Pli 74

4 ch. Dans ce haut lieu de l'alpinisme, berceau des grandes familles de guides de l'Oisans, Christiane perpétue la tradition en vous accueillant dans 1 vaste chalet où vous savourerez le calme bienfaisant de ce site exceptionnel. 4 jolies ch. au charme montagnard, s. d'eau wc part. Accès indép., terrasse. Repas pris à l'Auberge, salon pièce de détente réservée aux hôtes. Gîte de séjour mitoyen (16 pers.). Parc des Ecrins, randonnées accessibles à tous. Langues parlées : anglais, italien.

Prix : 1 pers. 50 € 2 pers. 62 € repas 15 €

15	20	SP	SP	SP	25	SP

Ouvert : Du 1er avril au 1er octobre

Christiane AMEVET - le champ de Pin - la Berarde - 38520 ST-CHRISTOPHE-EN-OISANS - Tél. : 04 76 79 54 09 - Fax : 04 76 79 54 09 - E-mail : champdepin@Free.fr

ST-CLAIR-DU-RHONE Hameau de Prailles   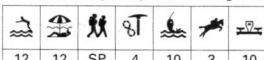   (TH)   C.M. 74 Pli 11

5 ch. Jolie mais. de campagne avec piscine et grand jardin ombragé et fleuri. 1 ch. de 50 m² pour 3 pers. s. d'eau wc. grande terrasse. Ch. 2 au r.d.c. pour 3 pers., s.d'eau wc. Salon TV et kichenette à disp. Dans mais. annexe, 3 ch de 2 ou 3 pers. s.d'eau wc part. Repas sur la terrasse ou dans la salle à manger près d'un bon feu de bois. A 12 km de Vienne. Port de plaisance de Condrieu. Aux portes de la Drôme et du Parc du Pilat. Visites des caves de St Joseph, Côtes Roties et Condrieu.

Prix : 1 pers. 34/37 € 2 pers. 39/46 € 3 pers. 54/61 € pers. sup. 16 € repas 19 €

SP	4	5	1	15	5	3

Ouvert : Toute l'année, table d'hôtes sur réservation

Raymond et Andrée PASQUARELLI - 6 chemin de Prailles - 38370 ST-CLAIR-DU-RHONE - Tél. : 04 74 87 29 15

Isère
Rhône-Alpes

ST-HILAIRE-DE-BRENS
C.M. 74 Pli 13

5 ch. **Crémieu, cité Médiévale à 7 km. Tennis 0.1 km.** Charmante mais. au cœur du village, abritant une petite épicerie-café de campagne. Accueil chaleureux et attentif de vos hôtes qui vous feront découvrir leur maison meublée et décorée avec soin. Jardin clos et fleuri où vous pourrez prof. de la piscine et prendre vos petits-déj. au soleil. Grande table conviviale pour savourer les plats mijotés par Andrée. Au 1er étage : 5 jolies chambres (entrée indépendante) de 2 ou 3 pers. avec s.d'eau wc part. Sites touristiques nombreux dans les env. Table ping-pong.

Prix : 1 pers. **35** € 2 pers. **45** € 3 pers. **58** € pers. sup. **13** €
repas **14** €

Ouvert : Du 1er octobre au 31 août

SP	4	SP	4	5	15	5	

GITES DE FRANCE-SERVICE RESERVATION - 40, av. Marcelin Berthelot - BP 2641 - 38036 GRENOBLE-Cedex-02 -
Tél. : 04 76 40 79 40 - Fax : 04 76 40 79 99 - Tél. prop. : 04 74 92 81 75 - E-mail : sirt38@wanadoo.fr - www.gites-de-france-isere.com

ST-HILAIRE-DU-TOUVET Les Hauts Granets Alt. : 1000 m
C.M. 77 Pli 5

2 ch. Nicole et Michel vous accueillent dans leur maison et mettent à votre disposition 2 ch au r.d.c. ouvrant sur une terrasse individuelle. Chaque chambre est équipée pour 2 pers. avec kitchenette, salle d'eau et wc (lit suppl. enfant sur dem.). L.linge commun aux 2 ch., TV, tables et chaises de jardin. Vue sur la Chaîne de Belledonne. Terrain de sports sur place. Escalade, spéléo. ping-pong, randonnée, tennis. Langues parlées : anglais, espagnol.

Prix : 1 pers. **28** € 2 pers. **35** €

Ouvert : Toute l'année.

1	1	10	0,5	7	SP	10	10	3	25	0,8

Nicole et Michel RAIBON - Les Hauts Granets - 38660 ST-HILAIRE-DU-TOUVET - Tél. : 04 76 08 30 56

ST-HILAIRE-DU-TOUVET Les Gaudes Alt. : 1000 m
C.M. 77 Pli 5

1 ch. Ancienne grange rénovée où Marie-Odile et Yves vous accueillent dans un cadre montagnard, confortable et chaleureux. Ils vous proposent 1 ch. claire, spacieuse, indép. avec une terrasse indiv. et un verger. Equipée d'une kitchnette, elle permet de recevoir 2 à 3 pers. (s.d'eau et wc privés) TV. Salon de jardin. Accessible à pers. en fauteuil et agréée par l'A.P.F. Dans la même mais. 3 gîtes de 5 à 6 pers. avec terrasse et jardin indiv.Randonnée, tennis, vol libre, escalade. Langue parlée : anglais.

Prix : 1 pers. **30** € 2 pers. **37** € 3 pers. **52** €

Ouvert : Toute l'année.

0,3	0,1	13	0,1	10	SP	4	10	SP	12	25	0,1

Yves CHATAIN - 16 chemin du Pal de Fer - 38660 ST-HILAIRE-DU-TOUVET - Tél. : 04 76 08 33 16 - Fax : 04 76 08 33 16

ST-LATTIER Montena
C.M. 77 Pli 3

3 ch. Belle mais. de caract. en pleine nature, entre Vercors et Drôme, avec 15000 m² de jardins, esp. loisirs et piscine. De plain-pied, 3 ch. claires et confort., s. d'eau WC part., 2 ch. 2 et 3 pers. et 1 ch. double 5 pers. Salon, s. à manger conviviale, terrasse abritée pour les soirées d'été. Ambiance chaleureuse et propice à la détente, accueil fam. et petits groupes poss. Nbreux sites tour. : grottes de Choranche, village Médiéval de St Antoine, jardin ferroviaire... Expl. agr. produc céréales, asperges, noix. Mini-ferme avec ses animaux. Produits du jardin. Langue parlée : anglais.

Prix : 1 pers. **32** € 2 pers. **41** € 3 pers. **53** € pers. sup. **12** €
repas **14** €

Ouvert : Toute l'année sauf (vacances scolaires printemps, été et toussaint).

35	25	SP	15	SP	4	7	3

GITES DE FRANCE-SERVICE RESERVATION - 40, av. Marcelin Berthelot - BP 2641 - 38036 GRENOBLE-Cedex-02 -
Tél. : 04 76 40 79 40 - Fax : 04 76 40 79 99 - Tél. prop. : 04 76 64 52 59 - E-mail : sirt38@wanadoo.fr - www.gites-de-france-isere.com

ST-LAURENT-EN-BEAUMONT Les Egats Alt. : 850 m
C.M. 77 Pli 15

2 ch. Près de la route Napoléon, pour une halte ou un séjour, vaste maison avec au 1er : 1 ch. 2/3 pers. et 1 ch. familiale 2/4 pers., s.d'eau et WC priv., Sur 1 ha d'espace vert, fleuri et arboré, camping *** (45 empl.). Belle piscine chauffée avec plage et transats couverte en BS. Petits déj. dans la véranda. Cuisine régionale, accueil sympathique et familial. de jeux et aire de jeux pour enfants.L.linge et S.linge à disp. Point phone. Parking attenant clos. A prox., à découvrir le Petit train de la Mure, Le Bâteau La Mira, Notre Dame de la Salette. Saut à l'élastique. Réduc. suiv.période. Langue parlée : anglais.

Prix : 2 pers. **44** € 3 pers. **58** € pers. sup. **14** € repas **13** €

Ouvert : D'avril à octobre, ou sur réservation.

35	25	SP	9	10	SP	3	15	48	9

Marie Noelle MICHEL - les Egats - 38350 ST-LAURENT-EN-BEAUMONT - Tél. : 04 76 30 40 80 - Fax : 04 76 30 40 80 -
E-mail : info@camping-obiou.com

ST-MARTIN-DE-LA-CLUZE Alt. : 650 m
C.M. 77 Pli 4

5 ch. A 25 km de Grenoble, et 4 km de la RN75 et de la sortie de l'A51, Jacques et Hélène vous accueillent dans leur charmant château du XVIe rénové avec passion. 5 belles ch. de caract. au confort raffiné, s.d.b. wc part. Savoureux petits déj. et repas pris dans la vaste s.à.m aux fenêtres et au plafond à la française, en compagnie de vos hôtes. Pain maison, légumes et fruits rouges du jardin. Dans le calme de la nature vous pourrez profiter du parc fleuri et ombragé, poneys et ânes sont à la disposition des enfants. Parking fermé. Lac de Monteynard, petit train touristique, randonnées. Langues parlées : anglais, allemand.

Prix : 1 pers. **45** € 2 pers. **52** € pers. sup. **15** € repas **17** €

Ouvert : Toute l'année.

20	20	10	20	8	SP	8	12	10	SP

GITES DE FRANCE-SERVICE RESERVATION - 40, av. Marcelin Berthelot - BP 2641 - 38036 GRENOBLE-Cedex-02 -
Tél. : 04 76 40 79 40 - Fax : 04 76 40 79 99 - Tél. prop. : 04 76 72 77 33 - E-mail : sirt38@wanadoo.fr - www.gites-de-france-isere.com

Rhône-Alpes
Isère

ST-MICHEL-LES-PORTES Les Granges Thoranne — Alt.: 830 m — A — C.M. 77 Pli 14

6 ch. Virginie et Denis vous accueillent dans leur auberge campagnarde, ferme du XVIIIe restaurée, entre Trièves et Vercors. Au 1er ét., 6 ch. de 3 à 4 pers. avec mezzanine, poutres apparentes, salle d'eau WC part. Les repas et les petits déj. sont pris à la grande table dans l'ancienne bergerie voûtée, où Denis vous mitonnera ses recettes d'autrefois, salon cheminée. Jardin et terrasse fleurie, jeux d'enfants. Parking ombragé. Accueil bébé. Lingerie à disposition. Réduction à partir de la 2e nuitée. Panier randonneur sur demande. Langue parlée : anglais.

Prix : 1 pers. 41 € 2 pers. 49 € 3 pers. 68 € pers. sup. 20 € repas 14 €

Ouvert : Toute l'année.

12	9	10	12	17	SP	9	9	9	9

Virginie et Denis GOUTOR - auberge du Goutarou - les Granges de Thoranne - 38650 ST-MICHEL-LES-PORTES -
Tél. : 04 76 34 08 28 - Fax : 04 76 34 17 75 - E-mail : auberge.du.goutarou@mageos.com

ST-ONDRAS La Brocardière — TH — C.M. 74 Pli 14

4 ch. Belle demeure Dauphinoise au toit de tuiles écaillés, proche du château de Viriéu. Les 4 belles & gdes ch. au confort raffiné & à la décoration personnalisée, ouvrent sur 1 joli balcon fleuri. Chaque Ch. dispose d'1 coin salon avec convertible 2 pl, S.d.b., WC part. Calme et détente à l'ombre des bouleaux, bercés par le doux murmure du ruisseau & le chant des oiseaux. Parc de 1 ha où, s'ébattent à la tombée du jour, le cheval et l'âne. Soirées au coin de la cheminée, piano, bibliothèque, télescope. Salle de sports à disp. Nbreux Musées et châteaux, proche du Lac de Paladru. Parking et garage voitures. Langue parlée : anglais.

Prix : 1 pers. 58 € 2 pers. 69 € 3 pers. 92 € pers. sup. 16 € repas 19 €

Ouvert : Toute l'année.

40	40	4	9	SP	7	4	5	3	

GITES DE FRANCE-SERVICE RESERVATION - 40, av. Marcelin Berthelot - BP 2641 - 38036 GRENOBLE-Cedex-02 -
Tél. : 04 76 40 79 40 - Fax : 04 76 40 79 99 - Tél. prop. : 04 76 32 01 78 - E-mail : sirt38@wanadoo.fr - www.gites-de-france-isere.com

ST-PAUL-D'IZEAUX Saint Paul — Alt.: 500 m — C.M. 77 Pli 3-4

1 ch. Carole et Florence vous accueillent dans leur ancienne ferme rénovée et vous proposent une jolie chambre double comprenant: 1 lit 2 pers, 1 lit 1 pers (120x190), salle de bains (baignoire-jacuzzi) et wc priv. sur le palier. Vous prendrez votre petit déjeuner en terrasse à la belle saison ou au coin de la cheminée en hiver. Nombreuxn sentiers balisés, Lac de Roybon, Abbaye de St Antoine, Jardin ferroviaire... Langue parlée : anglais.

Prix : 1 pers. 28 € 2 pers. 39 € 3 pers. 51 € pers. sup. 13 €

Ouvert : Vacances scolaires.

50	50	10	39	21	SP	45	39	5	10	3

Carole COQUAND - St Paul - 38140 ST-PAUL-D'IZEAUX - Tél. : 04 76 93 95 77 - E-mail : carole.coquand@wanadoo.fr

ST-PAUL-LES-MONESTIER Domaine de Rivoiranche — Alt.: 780 m — TH — C.M. 77 Pli 4

5 ch. Au cœur d'un Parc de 50 ha aux arbres séculaires, château du VXIe où vous disposerez de 5 vastes chambres de 2/3 personnes, salles d'eau WC particuliers. Les petits déjeuners et les repas sont pris à la table d'hôtes dans la vaste et belle salle à manger. Animations culturelles, théâtre, musique, danse. Petit gîte rural 3 personnes dans maison mitoyenne.

Prix : 2 pers. 40 € repas 14 €

Ouvert : Toute l'année.

8	8	3	8	5	SP	SP	6	3	3

GITES DE FRANCE-SERVICE RESERVATION - 40, av. Marcelin Berthelot - BP 2641 - 38036 GRENOBLE-Cedex-02 -
Tél. : 04 76 40 79 40 - Fax : 04 76 40 79 99 - Tél. prop. : 04 76 34 12 25 - E-mail : sirt38@wanadoo.fr - www.gites-de-france-isere.com

ST-PIERRE-D'ENTREMONT St-Philibert — Alt.: 980 m — TH — C.M. 74-77 Pli 15-5

1 ch. Dans un petit hameau, charmante chambre d'hôtes aménagée dans une maison comprenant le logement des prop. et un gîte en mitoyenneté. Cette chambre double dispose d'un lit 2 pers., 2 lits 1 pers., s.d'eau, wc. Vous prendrez vos repas dans la vaste séjour ou en terrasse selon la saison. En commun : coin salon, bibliothèque, TV, Hi-fi. Jardin ombragé, jeux de boules, parking. Table d'hôtes sur réservation. Prox. pistes de ski, sentiers de randonnée... Langue parlée : anglais.

Prix : 1 pers. 30 € 2 pers. 42 € 3 pers. 59 € pers. sup. 16 € repas 18 €

Ouvert : Toute l'année

1,5	1,5	6	6	SP	6	6	SP	6	31	6

GITES DE FRANCE-SERVICE RESERVATION - 40, av. Marcelin Berthelot - BP 2641 - 38036 GRENOBLE-Cedex-02 -
Tél. : 04 76 40 79 40 - Fax : 04 76 40 79 99 - Tél. prop. : 04 38 86 90 26 - E-mail : sirt38@wanadoo.fr - www.gites-de-france-isere.com

ST-PIERRE-DE-CHARTREUSE Les Egaux — Alt.: 950 m — TH — C.M. 77 Pli 5

2 ch. Musée et monastère de la Grande Chartreuse 5 km, Musée d'art sacré 1 km. Au cœur de la Chartreuse, Nicole et Michel vous attendent à l'Abri dans un cadre reposant. A votre disposition, 2 belles chambres pour 3 pers. au rez-de-chaussée avec salon, TV, salle d'eau et wc privés. Accès indépendant ouvrant sur terrasse et pelouse avec salon de jardin. Frigo dans pièce commune. Chauffage central. A votre gré, promenades en forêts, ski de piste et de fond, circuits raquettes sur place. Nombreuses excursions dans le Parc Naturel Régional de Chartreuse.

Prix : 1 pers. 32 € 2 pers. 41 € 3 pers. 49 € repas 14 €

Ouvert : Toute l'année.

SP	SP	2,5	3	30	SP	5	5	2	25	4

Michel BAFFERT - les Egaux - 38380 ST-PIERRE-DE-CHARTREUSE - Tél. : 04 76 88 60 86 - Fax : 04 76 88 69 22 -
E-mail : nicole.baffert@wanadoo.fr - www.st-pierre-chartreuse.com/hebergement/abri.htm

Isère
Rhône-Alpes

ST-PIERRE-DE-CHARTREUSE La Cartanière   Alt. : 900 m
C.M. 77 Pli 5

2 ch. Vaste maison trad. de montagne au cœur du Parc Naturel Régional de Chartreuse, avec 2 gîtes, le logement des prop., 2 ch. d'hôtes de 2 et 4 pers., balcon, s. d'eau wc privés chacune. Séjour des prop. avec cheminée à disp. des hôtes pour détente paisible ou moments privilégiés de convivialité. Terrain avec salon de jardin. Calme et espace, petits déjeuners traditionnels avec confitures maison. Restauration au village à 1.5 km.

Prix : 1 pers. 28 € 2 pers. 35 € 3 pers. 45 €
Ouvert : Du 15 septembre au 15 août.sur réservation toute l'année.

🐕	⛷	🎿	🚣	⛱	⛺	🎯	🎣	🏊	🐎	🚲	🚆
1,5	5	2	1,5	30	SP	1,5	5	SP	5	30	1,5

Bernard et Nadine CARTANNAZ - la Cartanière - la Coche - 38380 ST-PIERRE-DE-CHARTREUSE - Tél. : 04 76 88 64 26 - Fax : 04 76 88 64 26

ST-PIERRE-DE-CHARTREUSE Pré Montagnat Alt. : 900 m   (TH)
C.M. 77 Pli 5

1 ch. Grande maison contemporaine au cœur du village. Salon et tv réservés aux hôtes. 1 grande chambre confortable (1 lit 2 pl, 1 lit 1 pl), et ensoleillée avec balcon, salle de bains, wc privés. Belle salle à manger avec cheminée où sont servis de copieux petits déjeuners. Lac d'aiguebelette, Cirque de Saint Même.

Prix : 1 pers. 29 € 2 pers. 39 € 3 pers. 46 € repas 14 €
Ouvert : Toute l'année.

🐕	⛷	🚣	⛺	🚆
SP	3	1	25	0,5

Hélène PIRRAUD - Pré Montagnat - 38380 ST-PIERRE-DE-CHARTREUSE - Tél. : 04 76 88 65 44

ST-PRIM Le Pré Margot   (TH)
C.M. 74 Pli 11

6 ch. Entre N86 et N7, vaste demeure contemporaine dans la verdure surplombant le plan d'eau des Roches de Condrieu et son port de plaisance. 6 ch. de 2 et 3 pers. s. d'eau wc priv., TV et clim. indiv. Grande véranda (84 m²) avec cheminée où sont pris les petits déjeuners. Table d'hôte sur réservation. Parking fermé. Vue sur le Mont Pilat et le vignoble des Côtes Rôties. Billard, table de jeux de société. 2 Gîtes Ruraux de 85 m², 3 épis, à prox. Piscine sur place.

Prix : 1 pers. 37 € 2 pers. 42 € 3 pers. 57 € repas 14 €
Ouvert : Toute l'année

🐕	⛷	🎿	🚣	⛱	🎯	🎣	🐎	🚲	🚆
27	27	SP	0,5	0,5	0,4	10	1,2	1,2	

Maurice et Martine BRIOT - chemin de Pré Margot - 38370 ST-PRIM - Tél. : 04 74 56 44 27 - Fax : 04 74 56 30 93 - E-mail : lamargotine@wanadoo.fr

---

ST-SEBASTIEN   Alt. : 850 m   (TH)
C.M. 77 Pli 15

5 ch. Située en pleine nature sur une propriété arborée de 12 Hectares, La Grangette dispose de 5 Chambres d'hôtes équipées de s.d'eau ou s.d.bains et WC privatifs. Grd séjour foyer central, coin salon, terrasse, piscine, lac et torrent à proximité. La Grangette offre à ses visiteurs tout le dépaysement de la pleine nature. Les multiples sources ont favorisée une végétation luxuriante, une faune et une flore sauvage très riches qui donnent ce lieu de vacances confortable et apaisant, un indéniable naturel. Langues parlées : allemand, anglais.

Prix : 2 pers. 45 € 3 pers. 59 € repas 14 €
Ouvert : Toute l'année.

🐕	⛷	🎿	🚣	⛱	🎯	🎣	🏊	🐎	🚲
35	25	SP	8	20	SP	25	5	40	15

GITES DE FRANCE-SERVICE RESERVATION - 40, av. Marcelin Berthelot - BP 2641 - 38036 GRENOBLE-Cedex-02 - Tél. : 04 76 40 79 40 - Fax : 04 76 40 79 99 - Tél. prop. : 04 76 34 90 33 - E-mail : sirt38@wanadoo.fr - www.gites-de-france-isere.com

---

ST-VERAND Les Sables   (TH)
C.M. 77 Pli 3

2 ch. Maison fermière traditionnelle en pisé, à l'écart du village, sur un côteau verdoyant (entre Grenoble et Valence). Vous trouverez 2 chambres spacieuses et coquettes avec s. d'eau wc privés. 1 ch. 2 pers. et 2 grandes ch. jumelées pour 5 pers. Les petits déjeuners et les diners sont pris dans la salle à manger campargnade devant la cheminée soit sur la terrasse à l'ombre des tilleuls. Salon, piano.

Prix : 1 pers. 32 € 2 pers. 39 € 3 pers. 55 € pers. sup. 16 € repas 14 €
Ouvert : D'avril à septembre.

🐕	🚣	⛱	🎯	🎣	🐎	🚲	🚆
	5	15	SP	15	5	5	

Claude LAVOREL - les Sables - 38160 ST-VERAND - Tél. : 04 76 64 09 48 - Fax : 04 76 64 09 48

THEYS Mont Farcy   Alt. : 900 m   A
C.M. 77 Pli 6

2 ch. Florence vous accueille dans l'Auberge attenante à la ferme familiale et met à votre disposition 2 ch. au 1er étage. Chaque ch. permet de recevoir 4 pers. et dispose d'une ch. parents (1 lit 2 pers.) et d'une ch. enf.(2 lits gigognes 1 pers), s.d'eau wc part. Accès indep. balcon ou terrasse. Chauf. Cent. Petits déj. et repas pris à l'Auberge. Spécialités. Langue parlée : anglais.

Prix : 1 pers. 30 € 2 pers. 38 € 3 pers. 49 € repas 13 €
Ouvert : Toute l'année

🐕	⛷	🎿	🚣	⛱	🎯	🎣	🐎	🚲
	10	10	10	5	SP	SP	0,3	3

Florence EYMIN - Mont Farcy - 38570 THEYS - Tél. : 04 76 71 17 07

Rhône-Alpes **Isère**

THEYS Les Bruns — Alt. : 800 m — (TH) — CB — C.M. 77 Pli 6

5 ch. Un petit coin du Québec dans les Alpes. Dans une vaste demeure contemporaine, Anne met à votre disposition 3 ch. 2 pers. de plain-pied et 2 ch. 2 pers. au 1er étage, avec balcon. Salle d'eau et WC particuliers. Salle à manger avec vue panoramique sur les Massifs environnants. Quelques recettes aux saveurs du Québec sont servies. Pour les balades en montagne, panier pique-nique sur demande. A 30 km de Grenoble ou de Chambéry. Langue parlée : anglais.

Prix : 1 pers. 39 € 2 pers. 49/61 € 3 pers. 75 € repas 23 €
Ouvert : 15 Décembre au 15 avril et du 15 juin au 15 octobre

12	12	10	8	SP	0,4	8	2,5	

GITES DE FRANCE-SERVICE RESERVATION - 40, av. Marcelin Berthelot - BP 2641 - 38036 GRENOBLE-Cedex-02 -
Tél. : 04 76 40 79 40 - Fax : 04 76 40 79 99 - Tél. prop. : 04 76 71 17 01 - E-mail : sirt38@wanadoo.fr - www.gites-de-france-isere.com

LE TOUVET — C.M. 77 Pli 5

3 ch. Dans une maison fermière du XVIIIe située au cœur du village, 1 très grande chambre avec séparation 2 à 4 personnes avec salle de bains, wc privé et terrasse couverte. 1 grande chambre 2 pers. et 1 chambre jumelée pour 3 pers. avec salle de bains, wc privé. Joli jardin fleuri et ombragé, patio couvert. Petits déjeuners servis dans la jardinerie. Salon avec vaste cheminée. Parking privé clos et garage. Langues parlées : italien, anglais.

Prix : 1 pers. 47 € 2 pers. 56 € 3 pers. 72 € pers. sup. 16 €
Ouvert : Toute l'année.

10	10	2	10	5	SP	SP	4	SP

Jacqueline FONTRIER - 81 rue de la Charrière - le Pré Carré - 38660 LE-TOUVET - Tél. : 04 76 08 42 30 - Fax : 04 76 08 56 43

LA TRONCHE — C.M. 77 Pli 6

1 ch. Maison contemporaine, accrochée aux flancs de la Bastille, surplombant Grenoble, suite de 2 chambres, salon kichenette, salle de bains, wc privé, occupant le dernier niveau. Très grande terrasse privée couverte ouvrant sur un panorama exceptionnel (chaîne de Belledonne, Obiou, Dévoluy...). A 10 mn du centre culturel de Grenoble (site archéologique de St-Laurent, musée Dauphinois, de peinture, églises Notre Dame et Saint Hugues...) et des commerces du centre ville. Proche de la Chartreuse et de tous les massifs montagneux : Vercors, Trièves... à 15 mn du GR9. Parking privé.

Prix : 1 pers. 46 € 2 pers. 54 € 3 pers. 74 € pers. sup. 20 €
Ouvert : Toute l'année sauf semaine de noël

15	15	2	35	25	SP	5	25	15	2	SP

Jacqueline et Jacques COHEN - le Belvédère - 32 chemin St Jean - 38700 LA-TRONCHE - Tél. : 04 76 44 78 98 -
E-mail : jac.cohen@wanadoo.fr

VALJOUFFREY Le Désert — Alt. : 1300 m — A — C.M. 77 Pli 16

2 ch. Auberge de montagne dans le hameau typique du Désert. Vous disposerez, dans une ambiance montagnarde, de 2 ch. indépendantes de 3 pers. avec salle d'eau et wc particuliers. Chauffage électrique. Parc National des Ecrins. Repas et petits déjeuners pris à l'auberge. Langue parlée : anglais.

Prix : 2 pers. 39 € repas 15 €
Ouvert : Toute l'année.

30	30	20	20	SP	SP	75	17

Marie-Claude HUSTACHE - Le Désert - 38740 VALJOUFFREY - Tél. : 04 76 30 25 12 - Fax : 04 76 30 28 27

VAUJANY Pourchery de Vaujany — Alt. : 1000 m — A — C.M. 77 Pli 6

5 ch. **Liaison avec l'Alpe d'huez par la télécabine de Vaujany à 2.8 km.** Maison typique de l'Oisans avec vue sur la vallée, comprenant une auberge au r.d.c. A l'étage : 2 ch. 2 pers avec s. d'eau wc privés, 1 ch. 2 pers avec douche et lav., wc commun. Au 2e, avec balcon : 2 ch. 3 pers avec douche et lav., wc commun. Ambiance familiale, spécialités de l'Oisans. Jeu de Boules. Repas et petits déjeuners pris à l'auberge.

Prix : 1 pers. 38 € 2 pers. 45 € 3 pers. 57 € repas 12 €
Ouvert : Toute l'année

3	3	10	SP	3	10	3

François THOMAS - Pourchery - 38114 VAUJANY - Tél. : 04 76 80 71 69

VAUJANY Pourchery — Alt. : 1000 m — (TH) — C.M. 77 Pli 6

5 ch. Ancienne ferme rénovée avec goût près du charmant village de Vaujany, point de départ idéal pour les vacances de ski sur le domaine de l'Alpe d'Huez, ou les vacances d'été dans les Alpes. Cinq charmantes chambres de 2 ou 3 pers., salle d'eau WC part. Chaque chambre dispose d'un balcon avec vue panoramique sur la Vallée d'Eau d'Olle. Les repas à la table d'hôtes et les copieux petits déjeuners sont pris dans le confortable séjour voûté, près de la cheminée, ou dans le jardin en été. Deux gîtes 6 personnes au 2e étage. Deux des chambres d'hôtes sont aménagées dans une maisonnette indépendante. Langues parlées : hollandais, anglais.

Prix : 1 pers. 40 € 2 pers. 50 € 3 pers. 69 € pers. sup. 18 €
repas 20 €
Ouvert : Toute l'année

2	2	2	SP	2	4	8	50	2,5

Jan et Mirjam DEKKER - Solneige - Pourchery - 38114 VAUJANY - Tél. : 04 76 79 88 18 - E-mail : solneige@planet.nl

Isère
Rhône-Alpes

VERNIOZ Bois Marquis (TH) — C.M. 74 Pli 12

3 ch. **Plan d'eau & port de plaisance 10 km (Condrieu) 12 km Vienne, ville romai** Maison mitoyenne avec celle des propriétaires, avec au rez de chaussée : séjour avec kichenette, 1 ch. 2 pers. s.d'eau wc privés. Au 1er : 1 ch. de 2 pers. 1 grande ch. de 3 pers avec chacune s.d'eau et wc privés. Leurs fenêtres ouvrent largement sur la nature environnante. Terrain ombragé avec mobilier de jardin.

Prix : 1 pers. 30 € 2 pers. 38 € 3 pers. 49 € pers. sup. 11 € repas 13 €
Ouvert : Toute l'année.

15	10	SP	3	15	3

Chantal FRECHET - le Bois Marquis - 38150 VERNIOZ - Tél. 04 74 84 49 40

VILLARD-BONNOT Le Berlioz (TH) — C.M. 77 Pli 5

3 ch. Manoir du XIIe à 15 mn de Grenoble, au pied de la chaîne de Belledonne. A disposition : 2 belles chambres de 2 pers. et 1 suite de 4 pers., salle d'eau et wc part. Salle à manger avec sa vaste cheminée, salon TV, vidéo, bibliothèque. Table d'Hôtes gourmande, spécialités cuites dans le four à pain. Parc de 1,5 ha propice à la détente dans une ambiance campagnarde. Langues parlées : anglais, italien.

Prix : 1 pers. 65 € 2 pers. 80 € 3 pers. 105 € pers. sup. 25 € repas 30 €
Ouvert : 1er avril au 31 octobre.

10	10	5	15	10	2	5	2	2

Martine et Robert ESSA - domaine du Berlioz - rue du Berlioz - 38190 VILLARD-BONNOT - Tél. 04 76 71 40 00 ou SR : 04 76 40 79 40 - Fax : 04 76 13 05 98 - E-mail : domaineduberlioz@wanadoo.fr

---

VILLARD-DE-LANS Bois Barbu — Alt. : 1235 m (TH) — C.M. 77 Pli 4

3 ch. A 1235 m d'altitude, vue exceptionnelle sur les montagnes Est du Vercors & dominant le village de Corrençon. Dans 1 intérieur chaleureux, 3 coquettes petites ch. avec porte-fenêtres donnant de plain pied sur l'extérieur, chacune possède lavabo/douche/wc particuliers. Vous pouvez partager les repas dans 1 ambiance conviviale & vous détendre auprès d'1 grand feu de bois. Golf à Corrençon.

Prix : 1 pers. 32 € 2 pers. 39 € 3 pers. 49 € repas 14 €
Ouvert : Toute l'année.

3	SP	5	5	SP	5	5	3	5	35	3

Nicole BERTRAND - la Croix du Liorin - Bois Barbu - 38250 VILLARD-DE-LANS - Tél. 04 76 95 82 67 - Fax : 04 76 95 85 75

VILLARD-DE-LANS Les 4 Vents — Alt. : 1100 m (TH) — C.M. 77 Pli 4

5 ch. Dans une ferme du Vercors, au calme et dans un cadre exceptionnel, une famille du terroir vous accueille avec sa chaleur et ses traditions. A la disposition de ses hôtes, 5 ch. ayant chacune lavabo, douche et wc privés. Salle à manger, cheminée, coin salon. Vous pourrez apprécier une cuisine familiale, produits du terroir et du potager. Au petit déjeuner confitures mais. et miel du Vercors. Village à proximité avec son animation et nbr. activ. Jean Paul, moniteur de ski vous conseillera pour vos loisirs nature. Garage. Prix dégressifs selon saison. Langues parlées : anglais, allemand.

Prix : 2 pers. 42 € pers. sup. 13 € repas 14 €
Ouvert : Toute l'année.

7	SP	4	4	SP	4	4	3	6	30	4

Jean-Paul et Sylvie UZEL - les 4 vents - Bois Barbu - 38250 VILLARD-DE-LANS - Tél. 04 76 95 10 68

VILLARD-DE-LANS Bois Barbu — Alt. : 1150 m (TH) — C.M. 77 Pli 4

3 ch. Dans un écrin de verdure, au cœur du Vercors, Agnès & Dominique vous proposent, dans leur ferme traditionnelle, 3 ch. intimes et confortables (s. d'eau et wc particuliers), une table conviviale et régionale dans une atmosphère chaleureuse. Le jardin, la terrasse, le poêle-cheminée ou la bibliothèque seront des lieux privilégiés pour conclure une journée bien remplie. Villard de Lans offre toutes les infrastructures d'une station touristique. Langue parlée : anglais.

Prix : 1 pers. 40 € 2 pers. 46 € 3 pers. 60 € pers. sup. 14 € repas 14 €
Ouvert : Toute l'année.

7	SP	3	7	SP	4	SP	2	5	35	4

Dominique et Agnès BON - Bois Barbu - le Val Sainte Marie - 38250 VILLARD-DE-LANS - Tél. 04 76 95 92 80 - Fax : 04 76 95 92 80

VILLARD-DE-LANS La Balmette — Alt. : 1100 m — C.M. 77 Pli 4

1 ch. Monique et Charles vous accueillent dans leur maison contemporaine. Face à la chaîne du Vercors, 1 chambre indépendante avec salle d'eau et wc particuliers donnant sur un grand jardin où vous vous reposerez après une journée de balades, en montagne, VTT, escalade, spéléo... etc. En hiver, ski de piste, fond et patinoire. A 500 m du village où se trouvent crêperie, pizzerias, restaurants et tous commerces.

Prix : 1 pers. 33 € 2 pers. 41 €
Ouvert : Toute l'année.

2,5	2,5	0,4	2,5	SP	3	SP	4	32	0,5

Monique ROLLAND - la Balmette - 38250 VILLARD-DE-LANS - Tél. 04 76 95 15 22

Rhône-Alpes **Isère**

VILLARD-DE-LANS Alt. : 1050 m (TH) C.M. 77 Pli 4

3 ch. Mais.contemporaine, dans le Parc du Vercors, au cœur d'une station- village très vivante. Privilégiant bois,pierre et enduits rustiques, la décoration intérieure de la Jasse, particulièrement soignée et chaleureuse témoigne d'un attachement profond à la montagne et d'un certain art de vivre. Professionnel de la montagne, Michel enrichira votre découverte du Vercors. Odile et Michel vous proposent 3 ch. douillettes & conf. s.d'eau/wc privés : 1 ch. 3 per. en duplex, 2 ch 2 pers., près du poêle ou du four à pain, vous finirez de vous ressourcer... Cuis. rég. variée. A votre dispo. : terrasse, jardin, parking. Langue parlée : anglais.

Prix : 1 pers. 37 € 2 pers. 44 € 3 pers. 59 € repas 15 €
Ouvert : Toute l'année.

3	3	0,4	5	1	3	10	0,5	3,5	30	0,1

Michel IMBAUD - 222 rue du Lycée Polonais - 38250 VILLARD-DE-LANS - Tél. : 04 76 95 91 63 - E-mail : imbaud.lajasse@wanadoo.fr - http://www.imbaud-lajasse.com

VILLARD-DE-LANS L'Achard Alt. : 1100 m (TH) C.M. 77 Pli 4

1 ch. Maison contemp. à l'ext. de Villard-de-Lans où vous pourrez profiter du calme et de la nature environnante. Au 1er étage : 1 chambre 1 lit 2 pl et 1 chambre d'enfant avec 2 lits 1 pl. Salon où vous pourrez prendre vos petits déjeuners, salle d'eau et wc privés à l'étage. Villard-de-Lans, dans le Parc du Vercors est une station touristique été comme hiver.

Prix : 1 pers. 33 € 2 pers. 40 € repas 14 €
Ouvert : Toute l'année.

2	2	3	2	3	2	2	5	30	3

Eliane et Henri REY - l'Achard - 38250 VILLARD-DE-LANS - Tél. : 04 76 95 59 29

VILLARD-DE-LANS Bois Barbu Alt. : 1200 m (TH) GB C.M. 77 Pli 4

4 ch. Grande & jolie maison accueillante & contemporaine où Brigitte & Lionel vous proposent 4 chambres de 3 pers. dont 2 en rez.de.jardin, s. d'eau/et wc privatifs. Vaste séjour avec balcon ouvrant sur la forêt. Cuisine régionale et traditionnelle à la table d'hôtes dans une ambiance familiale et conviviale. Hiver : ski alpin et nordique (160 km de pistes) raquettes, chiens de traineau, cascade de glace... Loisirs à la carte : centre aquatique, patinoire, casino, cinéma. Eté : golf 18 trous, tennis, équitation... Garderie et club d'enfants. Gîte mitoyen 6 pers. 2 épis.

Prix : 1 pers. 42 € 2 pers. 46 € 3 pers. 61 € pers. sup. 16 € repas 14 €
Ouvert : Toute l'année.

7	0,7	4	7	0,1	6	2	7	35	5

GITES DE FRANCE-SERVICE RESERVATION - 40, av. Marcelin Berthelot - BP 2641 - 38036 GRENOBLE-Cedex-02 -
Tél. : 04 76 40 79 40 - Fax : 04 76 40 79 99 - Tél. prop. : 04 76 95 14 33 - E-mail : sirt38@wanadoo.fr - www.gites-de-france-isere.com

VIZILLE Le Clos C.M. 77 Pli 5

2 ch. A 13 km des Thermes d'Uriage. Demeure dauphinoise du XVIIIe au mobilier ancien. Dans un cadre de verdure, 1 chambre double, 2 chambres jumelées, salles d'eau et wc privés. Accès indépendant. Garage, commerces, restaurants sur place. Grenoble à 15 km. Halte idéale pour visiter le Chateau de Lesdiguières, berceau de la révolution française.

Prix : 1 pers. 33 € 2 pers. 41 € 3 pers. 56 € pers. sup. 16 €
Ouvert : Toute l'année.

15	15	0,2	20	7	1	20	20	1	2	15	0,1

Jeanne et Alain BLANCHON - 93, rue des jardin - le clos - 38220 VIZILLE - Tél. : 04 76 68 12 71 - Fax : 04 76 68 12 71

VOREPPE Chemin Saint-Vincent (TH) GB C.M. 77 Pli 4

5 ch. Aux portes de Grenoble capitale des Alpes, ce château du XVIe conjugue harmonieusement charme et modernité. Les 5 chambres de caractère aux fenêtres à meneaux ouvrent sur le parc aux arbres séculaires. Au bord de la piscine ou sous les ombrages vous apprécierez la tranquilité de ce lieu, berceau de la famille Berlioz. Ambiance conviviale, cuisine et petits déjeuners savoureux sur la terrasse ou près de la monumentale cheminée, à la table familiale. Idéal pour découvrir Grenoble, ville de haute technologie, d'Art et d'Histoire, tout en profitant des montagnes toutes proches. Langue parlée : italien.

Prix : 1 pers. 75 € 2 pers. 91/130 € pers. sup. 30 € repas 24 €
Ouvert : Toute l'année

29	29	SP	SP	3	4	4	2

GITES DE FRANCE-SERVICE RESERVATION - 40, av. Marcelin Berthelot - BP 2641 - 38036 GRENOBLE-Cedex-02 -
Tél. : 04 76 40 79 40 - Fax : 04 76 40 79 99 - Tél. prop. : 04 76 50 67 87 - E-mail : sirt38@wanadoo.fr - www.gites-de-france-isere.com

VOUREY (TH) C.M. 77 Pli 4

1 ch. Sur côteau sud, charmante maison Dauphinoise entourée de fleurs et de verdure. Vue panoramique Vercors Chartreuse. Au 1er : accès indép., 1 suite de 2 ch. 4 pers., coin bureau, s.d'eau WC part. Mezzanine avec billard français. P. déj. pris en terrasse ou dans s.à manger-salon avec cheminée, mobilier rustique. Vous pourrez profiter de lapiscine et vous détendre à l'ombre du superbe mûrier-platane. Espace jeux et petit chalet pour les enf. Accueil convivial.Randonnée sur place. Balades et sites tour. nombreux : Voiron, distillerie de Grande Chartreuse. Grenoble à 20 mn... Parking dans propr. Langue parlée : anglais.

Prix : 1 pers. 32 € 2 pers. 42 € 3 pers. 56 € pers. sup. 14 € repas 16 €
Ouvert : Toute l'année

35	35	SP	35	17	SP	15	50	17	6	8	3

Liliane et Yves MESSELOT - 508 route des Pierres Blanches - 38210 VOUREY - Tél. : 04 76 07 08 96

Loire

Rhône-Alpes

GITES DE FRANCE - Service Réservation
43, avenue Albert Raimond - B.P. 50
42272 SAINT-PRIEST-EN-JAREZ Cedex
Tél. 04 77 79 18 49 - Fax 04 77 93 93 66
E.mail : gites.de.france.42@wanadoo.fr
http://www.gites-de-france-loire.com

3615 Gîtes de France
0,2 €/min

AMBIERLE Les Alliers (TH) *C.M. 73 Pli 7*

E.C. 4 ch. **Lyon 90 km. Clermont-Ferrand 100 km.** Située en pleine campagne de la Côte Roannaise, ferme entièrement restaurée en 2001 avec 4 ch. d'hôtes équipées de leurs sanitaires complets privatifs (1 lit 140)(1 lit 140)(1 lit 140)(5 lits 90). Une salle de séjour vous est réservée, ainsi qu'un salon en mezzanine (TV, lecture, jeux...). Les propriétaires vous invitent à la découverte de leur région, & vous feront partager leur passion pour l'apiculture & l'agriculture : production & transformation du miel (et dégustation au P.déj) & table d'hôtes maison avec les produits de l'exploitation. Idéal pour 1 séjour de repos au grand air.

Prix : 2 pers. **39/54 €** pers. sup. **14/16 €** repas **14 €**
Ouvert : Toute l'année.

🐕	🏊	🎾	🏇	👥	🏊		🎣	🍴
5	2	SP	6	10	10		2	

Yvette et Maurice PACAUD - Les Alliers - La Ferme aux Abeilles - 42820 AMBIERLE - Tél. : 04 77 65 61 80 ou 06 08 07 49 49 -
Fax : 04 77 65 61 80

BARD Sagne L'Allier Alt. : 860 m *C.M. 73 Pli 7*

2 ch. **Montrond-les-Bains 22 km. Chalmazel 30 km.** 2 ch. doubles aménagées dans la maison du propriétaire, ancien bâtiment de ferme restauré (19°), avec entrées indépendantes. Situées en pleine campagne à proximité du Parc Naturel Livradois Forez, elles permettent l'hébergement de 2 familles. 1 ch. (1 lit 140, 2 lits 90), 1 ch. (1 lit 140, 1 lit 90), avec pour chacune leurs sanitaires privatifs. Salle de séjour avec cheminée. Terrain 2000 m², terrasse et salon de jardin pour chaque ch. Très belle vue sur la plaine du Forez, la maison étant située sur un belvédère naturel.

Prix : 1 pers. **23 €** 2 pers. **28/29 €** 3 pers. **38 €**
Ouvert : Toute l'année.

🐕	🏊	🎾	🏇	👥	🏊	🚴	⛷	⛷	🎣	🍴	🚂
1	9	25	SP	9	9	18	25	25	15	9	4

M. Françoise et Dominique DESCHAMPS - Sagne l'Allier - 42600 BARD - Tél. : 04 77 76 26 83

BULLY La Mure Alt. : 650 m *C.M. 73 Pli 7*

E.C. 1 ch. Une grande chambre d'hôtes de 30 m² aménagée au rez-de-chaussée de la maison du propriétaire, avec accès direct sur la cour et le jardin paysager (1 lit 2 pers.). La chambre dispose de son équipement sanitaire complet privatif. Aménagée en 2001, elle offre des prestations de qualité. La maison est située sur les hauteurs du petit village de Dully. Nombreuses possibilités de promenades à pied alentour. A 15 km de Roanne, de nombreux sites agréables à découvrir : La Loire et le plan d'eau de Villerest, le vignoble de la Côte Roannaise, les musées... de multiples possibilités pour lesquelles la propriétaire vous conseillera.

Prix : 1 pers. **28 €** 2 pers. **36 €**
Ouvert : Toute l'année.

🐕	🏊	🎾	🏇	👥	🏊	🚴	👥	🎣	🍴
8	4	10	SP	15	15	8	12	15	4

Jeannine DEGOUTTE - La Mure - 42260 BULLY - Tél. : 04 77 65 23 45 ou SR : 04 77 79 18 49

BURDIGNES Alt. : 900 m A *C.M. 76 Pli 9*

4 ch. **Bourg-Argental 6 km. Safari Parc de Peaugres 18 km.** Dans le Parc Naturel du Pilat, Olivier et Véronique vous accueillent dans leurs 4 ch. d'hôtes situées à l'étage de leur maison, habitation en pierres typique des villages du Parc. 2 ch. avec sanitaires complets privatifs (2 épis), 2 ch. avec sanitaires communs sur le palier (1 épi). Possibilité de repas sur place à la ferme-auberge. Burdignes (60 hab.) est situé à 900 m d'altitude, aux confins de la Loire, l'Ardèche et la Hte-Loire. Idéal pour ceux à la recherche de calme et repos, il offre aussi de multiples possibilités de promenades dans les bois et la campagne environnante. Langue parlée : anglais.

Prix : 1 pers. **29/35 €** 2 pers. **33/39 €** 3 pers. **45/52 €** repas **12 €**
1/2 pens. **28/30 €** pens. **35/39 €**
Ouvert : Toute l'année.

🐕	🏊	🎾	🏇	👥	🏊	🚴	👥	🎣	🍴	🚂
6	6	9	SP	6	9	5	15	32	6	

Olivier et Véronique LE GARS - Le Village - 42220 BURDIGNES - Tél. : 04 77 39 60 81 - Fax : 04 77 39 63 85

CHATELUS La Prébende Alt. : 735 m A *C.M. 73 Pli 18*

1 ch. 1 suite d'une chambre d'hôtes avec coin salon, aménagée dans une ancienne ferme typique des Monts du Lyonnais, à proximité d'un gîte de séjour. (1 lit 140, 1 lit 90). Sanitaire complet privé pour la ch. Terrain 2000 m², terrasse 9 m², salon de jardin, terrain de boules, promenade en poney et VTT sur place, portique, parking réservé. Un « pot d'accueil » personnalisé vous attend à votre arrivée (apéritifs maison...). A l'auberge, sur place, vous apprécierez une cuisine traditionnelle du terroir (13 à 15 €). Résa en ligne Minitel & Internet. Langue parlée : anglais.

Prix : 1 pers. **31 €** 2 pers. **40 €** 3 pers. **55 €**
Ouvert : Toute l'année.

🐕	🏊	🎾	🏇	👥	🏊	🚴	🎣	🍴
1	8	SP	SP	8	SP	8	30	3

Francis MASSET - La Prébende - 42140 CHATELUS - Tél. : 04 77 20 76 12 ou SR : 04 77 79 18 49 - Fax : 04 77 20 74 16 -
E-mail : francis.masset@free.fr - http ://gite-de-chatelus.ifrance.com

Rhône-Alpes **Loire**

CHAVANAY Le Colombier du Triolet (TH) C.M. 76 Pli 10

2 ch. **Lyon 45 km. Vienne 15 km. Sortie A7 (Condrieu) 12 km.** Maison de caractère du XVIIe siècle, dans une propriété de 2,5 ha., 2 ch. d'hôtes (1 lit 2 pers.). Douche, lavabo, wc pour chaque chambre. Salon, cheminée, terrasses, salon de jardin, parking. Panorama sur la vallée du Rhône, par temps clair, vue sur la chaîne des Alpes. Table d'Hôtes sur réservation.

Prix : 1 pers. **37 €** 2 pers. **43 €** pers. sup. **17 €** repas **17 €**
Ouvert : Du 1er avril au 15 novembre.

3	3	SP	6	6	6	6

Josette et Jean FAYOLLE - Le Colombier du Triolet - 42410 CHAVANAY - Tél. : 04 74 87 04 82

CIVENS Les Rivières (TH) C.M. 73 Pli 18

3 ch. **Feurs 2,5 km.** 3 ch. d'hôtes aménagées à l'ét. de la ferme. Sanitaires complets dans chaque ch. : 57 m². (1 lit 140)(1 lit 140, 2 lits superposés)(2 lits 90). Salon avec TV, cheminée. Terrain 300 m², terrasse avec salon de jardin, portique enf. A la table d'hôtes, vous apprécierez les produits de la ferme, du jardin ainsi que les confitures maison (pissenlit-églantine). Endroit très calme.

Prix : 1 pers. **25 €** 2 pers. **33 €** repas **11 €**
Ouvert : Toute l'année.

3	2	8	4	2	3	2

Bernard et Simone PALAIS - Les Rivières - 42110 CIVENS - Tél. : 04 77 26 11 93

COLOMBIER-SOUS-PILAT Vernollon   Alt. : 1063 m   A   C.M. 76 Pli 9

3 ch. **Bourg-Argental 17 km.** 3 ch. d'hôtes dans le Parc du Pilat avec très belle vue panoramique sur les Alpes : 1 ch (1 lit 140, wc-lavabo), 1 ch (2 lits 90, douche lavabo), 1 ch double (1 lit 140, 1 lit 90 d'une, 2 lits 90 et 2 lits superposés dans l'autre, douche, lavabo, wc). Possibilité lits d'appoint. Grande salle commune de l'auberge (80 m²) avec coin salon, bibliothèque. Terrain, terrasse, salon de jardin. Salle de ping pong. Nombreuses randonnées en boucle au départ de la maison. Crêt de la Perdrix (1432 m). Cet hébergement est chambres d'hôtes Panda : mallette pédagogique pour découvrir la faune et la flore locales. Langue parlée : anglais.

Prix : 1 pers. **19/28 €** 2 pers. **26/34 €** 3 pers. **34/49 €** repas **13 €** 1/2 pens. **31/40 €**
Ouvert : Toute l'année.

9	8	3	SP	17	8	13	SP	4	20	25	9

Odile GRANGE - Vernollon - 42220 COLOMBIER-SOUS-PILAT - Tél. : 04 77 51 56 58

COMMELLE-VERNAY Château de Bachelard (TH) C.M. 73 Pli 7

4 ch. **Roanne 4 km.** Dans un parc de verdure de plusieurs ha. avec étang 6 ha., 4 ch. au château de Bachelard (17e), dont 1 suite. (1 lit 160)(1 lit 160)(1 lit 140)(1 lit 140, 4 lits 90), chacune avec sanitaires complets privatifs et espace salon. Vastes pièces de réception, salon avec cheminée, salle à manger avec vue sur la piscine (17x7). A la table d'hôtes, vous pourrez, sur résa, apprécier une cuisine familiale et raffinée à base de produits de saison issus du potager. Site idéal pour les amateurs de chasse et pêche : à la mouche ou aux carnassiers, carpistes... Tir des colverts à la passée et levée d'étang. Langues parlées : anglais, espagnol.

Prix : 1 pers. **81 €** 2 pers. **89 €** repas **20 €**
Ouvert : Toute l'année.

SP	3	3	SP	SP	3	4	2

Daniéla et Hervé NOIRARD - Château de Bachelard - Bachelard - 42120 COMMELLE-VERNAY - Tél. : 04 77 71 93 67 ou 06 80 23 59 21 - Fax : 04 77 72 10 20 - E-mail : bachelard@worldonline.fr - http ://accueil.com/bachelard

---

CORDELLE Les Glycines   Alt. : 530 m   C.M. 73 Pli 7

1 ch. **Roanne 12 km.** 1 ch d'hôtes personnalisée avec douche incorporée, wc sur palier réservés exclusivement à la chambre, dans maison de caractère (XVIII). Décor et ambiance rustique, en pleine nature. Salon TV, gd séjour avec cheminée, salle à manger, bibliothèque. Parc 4000 m², terrasse, salon de jardin. Panorama. Région touristique des Gorges de la Loire et du plan d'eau de Villerest. Petits animaux admis. Grand calme et charme assurés. Convivialité de rigueur ! Tarifs dégressifs « longs séjours », gratuit pour le second enfant. Région du « bien vivre et du bien manger ». Langue parlée : anglais.

Prix : 1 pers. **36 €** 2 pers. **46 €** 3 pers. **61 €**
Ouvert : Toute l'année.

4	0,5	3	SP	SP	4	30	30	5	12	0,5

Maïté et Gérard SCILY - Les Glycines - 42123 CORDELLE - Tél. : 04 77 64 93 45 ou 06 11 07 49 46 - Fax : 04 77 64 97 24

DANCE La Croix   Alt. : 542 m   C.M. 73 Pli 7

3 ch. **Saint-Germain-Laval 10 km.** 3 ch. d'hôtes aménagées : 80 m² à l'étage d'une maison ancienne à proximité d'une petite bourgade. 1 ch. (1 lit 140) et 1 ch. (2 lits 90, poss. lit d'app. 90) avec sanitaires communs (1 épi). 1 ch. (1 lit 140 + 1 canapé 140 + 1 lit bébé) avec sanitaires incorporés (2 épis). Salon de lecture, TV. Cour 500 m², salon de jardin. Canoë à 5 km. Petites auberges à 2 km.

Prix : 1 pers. **23 €** 2 pers. **31 €** 3 pers. **39 €**
Ouvert : Toute l'année sauf du 1er novembre au 1er février.

3	0,3	17	SP	15	10	5	20	15	23	4

Christiane et Antonin BARD - La Croix - 42260 DANCE - Tél. : 04 77 65 24 26

1505

Loire

Rhône-Alpes

EPERCIEUX-SAINT-PAUL Les Barges (TH)

C.M. 73 Pli 18

||| 4 ch.

Hervé et leurs enfants vous accueillent dans leur ancienne ferme rénovée, dans 4 ch. d'hôtes équipées de sanitaires complets privatifs (1 lit 140)(2 lits 90)(2 lits 90)(1 lit 140, 1 lit 90). Séjour privatif et kitchenette à votre dispo., ainsi qu'1 salon TV en mezzanine. Sur place, terrain 500 m² avec pelouse, jeu de boules, salon de jardin à l'ombre du tilleul... Vous pourrez partir à pied jusqu'aux bords de Loire situés à moins d'1 km. A la table d'hôtes, on privilégie la cuisine familiale (produits maison : légumes, confitures...), les recettes locales.

Prix : 1 pers. **29 €** 2 pers. **37 €** 3 pers. **49 €** repas **12 €**
Ouvert : Toute l'année.

1	7	12	SP	7	7	7

Pascale et Hervé GARDON - Les Barges - 42110 EPERCIEUX-SAINT-PAUL - Tél. : 04 77 26 54 40

FEURS La Bussinière (TH)

||| 3 ch.

Eliane & Daniel vous accueillent dans les 3 ch. d'hôtes qu'ils ont aménagées dans la dépendance d'1 ancienne ferme rénovée. Chaque ch. dispose d'1 lit 140 avec pour chaque des sanitaires complets & privatifs. Au Rc, salle de séjour avec espace salon, cheminée, où vous seront servis les P. déj. & les repas de la table d'hôtes (recettes familiales, produits du jardin). La Bussinière est située à 5 min de la sortie autoroute de Feurs (A72), en bordure de la D89 en dir. de Lyon, ce qui fait d'elle une étape idéale dans la traversée de la Loire d'est en ouest et du nord au sud.

Prix : 1 pers. **31 €** 2 pers. **39 €** pers. sup. **13 €** repas **13 €**
Ouvert : Toute l'année.

4	4	SP	4	3	3

Eliane et Daniel PERRIN - Route de Lyon - La Bussinière - 42110 FEURS - Tél. : 04 77 27 06 36 ou SR : 04 77 79 18 49

FOURNEAUX Château de L'Aubépin Alt. : 550 m

C.M. 73 Pli 8

|||| 3 ch.

Dans un château 17° classé monument historique, 3 vastes ch avec vue sur le jardin à la française dessiné par Le Nôtre, chacune avec sanitaires complets privatifs. Ambiance Renaissance Italienne et décoration exceptionnelle dans ces lieux chargés d'histoire où Henri IV séjourna. Salle des Gardes avec cheminée monumentale... Sur place une piscine est à votre disposition, ainsi qu'un étang privé pour la pêche. Le château de l'Aubépin est situé entre Lyon et Roanne, étape privilégiée pour un séjour culturel ou gastronomique. Pour mieux vous accueillir, nous vous remercions de réserver au 06-19-74-20-19. Langues parlées : anglais, espagnol.

Prix : 1 pers. **61/77 €** 2 pers. **92/122 €**

SP	SP	11	SP	SP	11	25	11	3

Laure DE CHOISEUL - Château de l'Aubépin - 42470 FOURNEAUX - Tél. : 06 19 74 20 19 ou 01 46 93 08 08 - Fax : 04 77 62 48 40 -
E-mail : aubepin42@yahoo.fr - www.aubepin.bizland.com

LA GRESLE Le Chalet (TH)

C.M. 73 Pli 8

||| 4 ch.

Lyon 70 km. Autun 75 km. Roanne 22 km. Au cœur d'1 parc de 2.5 ha, ravissante demeure avec 4 ch. équipées de sanitaires complets privatifs (1 lit 140)(1 lit 140)(2 lits 90)(2 lits 90). Situées au 2° ét, toutes disposent d'1 vue sur la campagne environnante. Le parc invite à des promenades bucoliques, idéales après les repas mitonnés par J.Bernard et servis sur la terrasse à l'ombre des cèdres centenaires. Pour les gourmets, repas gastronomiques sur demande. Calme, tranquillité, air pur garantis dans cette région aux confins du Beaujolais, de la Bourgogne et de l'Auvergne. Langues parlées : anglais, italien.

Prix : 2 pers. **58 €** repas **16 €**
Ouvert : Toute l'année.

2	0,3	10	5	5	15	25	12	5

J.Bernard CHAPON - Les 4 Croix - Le Chalet - 42460 LA-GRESLE - Tél. : 04 74 64 47 27 ou SR : 04 77 79 18 49 - Fax : 04 74 64 33 74 -
E-mail : chaponjb@aol.com

GREZIEUX-LE-FROMENTAL Le Thevenon (TH)

C.M. 73 Pli 18

||| 4 ch.

Montrond-les-Bains et Montbrison 7 km. 4 ch. d'hôtes dans maison mitoyenne au logement des propriétaires : 117 m², dans un petit hameau. 2 ch. (2 lits 90), 2 ch. (1 lit 140), poss. lit pliant. Douche-lavabo-wc ds chaque ch. Coin salon, salle à manger avec TV réservée aux hôtes. Kitchenette toute équipée (micro-ondes, L.linge). Terrain 1200 m², terrasse avec salon de jardin, terrain de tennis, ping-pong, volley et pétanque. Table d'Hôtes sur réservation. Langue parlée : anglais.

Prix : 1 pers. **31 €** 2 pers. **39 €** pers. sup. **13 €** repas **13 €**
Ouvert : Toute l'année.

5	SP	14	SP	7	7	30	30	30	6	6

Françoise et J.Marc FARJON - Le Thevenon - Grézieux le Fromental - 42600 MONTBRISON - Tél. : 04 77 76 12 93 -
Fax : 04 77 76 13 51

L'HOPITAL-LE-GRAND Le Clos de la Grange

C.M. 73 Pli 18

||| 1 ch.

1 ch. d'hôtes aménagée dans la maison du propriétaire, ancienne ferme restaurée avec parc clos et piscine : 56 m². Un véritable duplex pour votre disposition : 1 ch double à l'étage (2 lits 90)(1 lit 90), avec bureau et salle de bains, un séjour avec salon et kitchenette au rdc (L.linge, frigo, vaisselle, canapé 130). Robert et Marge seront heureux de vous accueillir pour une étape ou un séjour ; ils sauront vous faire aimer et découvrir leur région, riche d'un fabuleux patrimoine historique, culturel et gastronomique. Langues parlées : espagnol, anglais.

Prix : 1 pers. **29 €** 2 pers. **39 €**
Ouvert : De mai à octobre.

0,1	0,2	SP	SP	10	6	SP

Robert et Marge RODRIGUEZ - Le Clos de la Grange - 42210 L'HOPITAL-LE-GRAND - Tél. : 04 77 76 10 70 - Fax : 04 77 76 10 70

Rhône-Alpes   **Loire**

JAS
Alt. : 530 m   A   *C.M. 73 Pli 18*

3 ch. **Feurs 8 km.** Dans un charmant petit village des Monts du Lyonnais (village fleuri « 3 fleurs »), 3 chambres avec salles d'eau privatives, wc sur le palier (2 lits 90) (3 lits 90) (1 lit 140). A votre disposition, TV dans chaque chambre, terrasse, salon de jardin. Les propriétaires vous offrent le petit-déjeuner dans leur auberge, située juste à côté des chambres.

Prix : 1 pers. 31 € 2 pers. 34 € 1/2 pens. 37 € pens. 43 €

| 3 | 3 | SP | SP | 8 | SP | 8 | SP |

Gabriel MEILLAND - Le Bourg - 42110 JAS - Tél. : 04 77 28 54 08 - Fax : 04 77 28 56 09

JEANSAGNIERE
Alt. : 1050 m   A   *C.M. 73 Pli 17*

4 ch. **Chalmazel 5 km. St-Georges-en-Couzan 9 km.** Dans le bourg d'un petit village du Haut Forez, 4 ch. d'hôtes équipées de sanitaires complets privatifs (1 lit 140) (1 lit 130, 1 lit 90) (1 lit 140, 1 canapé 140). Prise TV dans chaque ch., possibilité lit d'appoint et lit bébé. En semaine et le midi uniquement, petite activité de restaurant sur place. Le petit déj. et les repas sont servis dans une salle à manger avec cheminée, qui vous est réservée. Terrain, terrasse et salon de jardin à votre disposition.

Prix : 1 pers. 22 € 2 pers. 34 € repas 10/13 € 1/2 pens. 28/34 € pens. 34/39 €

Ouvert : Toute l'année.

| 2 | 5 | SP | 5 | 17 | 5 | 9 | 20 | 5 |

Denis FORCHEZ - Au Bourg - 42920 JEANSAGNIERE - Tél. : 04 77 24 81 21

LAY Dorthoray
(TH)   *C.M. 73 Pli 8*

1 ch. 1 chambre de 30 m² aménagée à l'étage de la maison des propriétaires, avec 1 lit 140 et 2 lits 90. Salle d'eau dans la chambre, WC privatif sur le palier. Un salon avec TV est à votre disposition. Si vous le voulez, vous pouvez manger à la table d'hôtes (le soir uniquement), et apprécier une cuisine familiale à base de produits locaux et de la ferme. Un P.déj classique vous est aussi proposé : en plus du pain et du beurre, des confitures maison vous permettront de réaliser de délicieuses tartines pour bien démarrer la journée !... Enfin, la maison est à 3 km de la N7, ce qui en fait une étape idéale entre Roanne et Lyon, en pleine campagne.

Prix : 1 pers. 23 € 2 pers. 31 € pers. sup. 10 € repas 11 € 1/2 pens. 31 €

Ouvert : Toute l'année.

| 3 | 3 | 10 | SP | 3 | 20 | 3 | 3 |

Michel et M.Paule DELOIRE - Dorthoray - Lay - 42470 ST-SYMPHORIEN-DE-LAY - Tél. : 04 77 64 72 98

LEIGNEUX-EN-FOREZ Les Junchuns
Alt. : 520 m   *C.M. 73 Pli 17*

2 ch. **Boen-sur-Lignon 3 km.** Au cœur du vignoble des Côtes du Forez, 2 chambres d'hôtes doubles à l'étage de la maison du propriétaire, viticulteur, (1 lit 140, 1 lit 130)(1 lit 140) avec sanitaires complets privatifs. Terrain 500 m² avec salon de jardin, portique enf., ping-pong.

Prix : 1 pers. 29 € 2 pers. 36 € 3 pers. 51 €

Ouvert : Toute l'année.

| 2 | 2 | 4 | SP | 18 | 3 | 20 | 20 | 20 | 15 | 3 | 3 |

Dominique CHEZE - Les Junchuns - 42130 LEIGNEUX-EN-FOREZ - Tél. : 04 77 24 08 05 - Fax : 04 77 24 08 05

LENTIGNY Domaine de Champfleury

C.M. 73 Pli 7

2 ch. Au pied des Monts de la Madeleine, tout près du vignoble et de Roanne, capitale gastronomique, cette belle maison bourgeoise du XIXᵉ siècle offre 3 chambres de style, toutes avec sanitaires privés : 1 suite de deux chambres communicantes (1 lit 150 dans l'une, 1 lit 120 dans l'autre), et 1 chambre avec lit de 140. Le calme et les ombrages du parc de 2 ha, avec tennis privé, permettent détente et farniente. Tables pique-nique, abri voitures, ping-pong... Golf et plan d'eau à proximité. Langue parlée : allemand.

Prix : 1 pers. 31/46 € 2 pers. 46/54 € pers. sup. 8 €

| 4 | SP | 2 | SP | 4 | 3 | 8 | SP |

Maurice GAUME - Domaine de Champfleury - 42155 LENTIGNY - Tél. : 04 77 63 31 43 ou 06 70 26 32 30 - Fax : 04 77 63 31 43

MACHEZAL La Forest
Alt. : 600 m   *C.M. 73 Pli 8*

2 ch. **Amplpuis 5 km. St-Symphorien-de-Lay 10 km.** 2 chambres d'hôtes (1 lit 140, 2 lits 90)(1 lit 140, 1 lit 90) avec sanitaires incorporés, aménagées à l'étage de la ferme du propriétaire. Pour chacune, kitchenette et entrée indépendantes. Les chambres mettent en valeur l'habitat rural : four à pain (d'agrément) dans l'une, soupente dans l'autre, ce qui leur confère beaucoup de charme et de caractère. La maison est située en pleine campagne, assurant ainsi calme et repos. Terrasse, salon de jardin.

Prix : 1 pers. 23 € 2 pers. 28 € 3 pers. 36 € pers. sup. 8 €

| 10 | 4 | 10 | SP | 5 | 10 | 5 | 5 |

Laurent BISSUEL - La Forest - 42114 MACHEZAL - Tél. : 04 77 62 48 24

Loire
Rhône-Alpes

MACHEZAL
Alt. : 600 m — (TH) — *C.M. 73 Pli 8*

¦¦¦ 2 ch. **Amplpuis 9 km.** 2 chambres d'hôtes aménagées à l'étage d'1 charmante maison en pierre, à proximité du bourg de village. 1 ch. (1 lit 140), 1 ch. (1 lit 140, 2 lits 90), poss. lit d'apppoint sur demande. Sanitaires complets dans chaque chambre. Séjour, salon TV, terrain avec salon de jardin. A la table d'hôtes, vous pourrez goûter à une cuisine familiale à base de produits de qualité. Une étape idéalement bien située entre Lyon et Roanne.

Prix : 1 pers. **25 €** 2 pers. **31 €** 3 pers. **39 €** pers. sup. **8 €** repas **11 €**
Ouvert : Toute l'année.

2	15	SP	9	15	9	4

Raymond BISSUEL - Route de Chirassimont - 42114 MACHEZAL - Tél. : 04 77 62 41 03

MAROLS L'Ecusson
Alt. : 780 m — (TH) — *C.M. 73 Pli 17*

¦¦¦ 4 ch. **St-Bonnet-les-Bains 9 km.** Demeure de caractère, située au cœur du village, offrant 4 ch. d'hôtes personnalisées sur 2 niveaux (2 lits 90)(1 lit 140, 2 lits 90)(2 lits 120)(1 lit 140, 1 lit 90). Douche, wc dans chaque chambre. Coin cuisine, salon, TV. Terrain clos de 250 m² avec cour intérieure, salon de jardin, parking à 10 m. Pittoresque bourg médiéval entouré d'une nature verdoyante permettant excursions variées en Forez, Auvergne et Velay - circuit des « Babets » - Lieu invitant au repos pèlerins et voyageurs. Sur résa en hors saison et le week-end. TH le soir sur résa. Langue parlée : espagnol.

Prix : 1 pers. **37 €** 2 pers. **49 €** 3 pers. **65 €** repas **12/18 €**
Ouvert : De fin mai à fin septembre.

SP	4	5	SP	19	9	9	20	20	40	19	0,2

Josiane FRACHEY - Le Bourg - L'Ecusson - 42560 MAROLS - Tél. : 04 77 76 70 38 ou 04 77 32 64 40

MAROLS L'Olme
Alt. : 806 m — **A** — *C.M. 73 Pli 17*

E.C. 4 ch. Anaïs et Pierre-Marie vous accueillent dans cette ancienne ferme des Monts du Forez entièrement restaurée en 2001, dans 4 ch. équipées de sanitaires complets privés, 1 ch. (1 lit 2 pers. accès pers. hand.), 1 ch. (1 lit 2 pers.), 1 ch. 2 lits 1 pers. accès balcon), 1 ch. (4 lits 1 pers. dont 2 en mezzanine). A disposition : salon de 70 m² avec sa cheminée, sa charpente, son coin-bibliothèque en mezzanine, une tisanerie et la salle à manger dans laquelle sont servis les petits déjeuners. Chambres et salles non fumeurs, terrasse plein sud, parking. Auberge à 300 m. Calme et repos assurés. Langues parlées : anglais, allemand.

Prix : 2 pers. **40/52 €** 3 pers. **65 €**
Ouvert : Toute l'année.

4	3,5	SP	20	9	9	21	20	0,3

Anaïs et Pierre-Marie DUGAS-SAUSSE - L'Olme - 42560 MAROLS - Tél. : 04 77 76 54 25 ou SR : 04 77 79 18 49 - Fax : 04 77 76 58 66 - E-mail : pmdugas@wanadoo.fr

MONTAGNY Parcelly
(TH) — *C.M. 73 Pli 8*

¦¦ 3 ch. 3 ch. d'hôtes dans la maison du propriétaire située en pleine campagne. 1 ch. (1 lit 140, 1 lit 90, coin salon-TV), 1 ch. (2 lits 90) avec leurs sanitaires sur palier réservés aux hôtes. 1 ch (1 lit 140) sanitaires complets. Salon, bibliothèque au Rc. Calme et repos assurés. Terrain 350 m² idéal pour le service du P. Déjeuner, la table d'hôte. Cuisine de qualité à base de produits du terroir, confitures et tartes maison... Promenade en calèche sur demande. Randonnée à pied ou à cheval (logé au pré), fournit carte avec circuit et pique-nique (7 €). Animaux acceptés sous réserve. Réduction à partir de 3 nuits en 1/2 pension. Langues parlées : anglais, espagnol.

Prix : 1 pers. **23/36 €** 2 pers. **28/39 €** pers. sup. **10 €** repas **13 €**
Ouvert : Toute l'année.

3	6	9	SP	8	15	10	3

Denise CAUWE - Parcelly - 42840 MONTAGNY - Tél. : 04 77 66 13 61 ou SR : 04 77 79 18 49 - Fax : 04 77 66 13 61 - E-mail : denise.cauwe@netclic.fr - http ://florent.cauwe.free.fr

MONTROND-LES-BAINS Les Vincents
(TH) — *C.M. 73 Pli 18*

¦¦¦ 2 ch. **St-Galmier 9 km.** 2 chambres d'hôtes dans la maison du propriétaire, avec accès plain-pied. 1 ch. (1 lit 140), 1 ch. (2 lits 90). Douche, lavabo et wc dans chaque ch. Coin-salon avec TV privatif. Terrain clos et terrasse idéalement situés pour un service du P. déj. en plein-air, avec vue sur les Monts du Forez. A table, sur resa en fin de semaine, vous pourrez déguster 1 cuisine familiale à base de produits de la ferme & autres produits locaux délicieusement préparés. Ces 2 ch. sont situées à l'entrée Sud de la ville, station thermale avec son château & son casino. Parking privatif. Calme & repos assurés. Langue parlée : anglais.

Prix : 1 pers. **28 €** 2 pers. **37 €** pers. sup. **13 €** repas **13 €**
Ouvert : Toute l'année.

0,1	1	3	SP	10	10	2	1

Vincent et Isabelle DUGARET - Les Vincents - 42210 MONTROND-LES-BAINS - Tél. : 04 77 94 56 02 ou 04 77 94 63 99

MONTVERDUN Domaine de la Loge
(TH) — *C.M. 73 Pli 7*

E.C. 4 ch. Sur un domaine de bois et prés de 5000 m², ancienne ferme forézienne restaurée en 2000, Juliette et Marc vous accueillent dans leurs 4 ch. d'hôtes équipées de sanitaires complets privatifs (1 lit 140, 2 lits 90 en ch duplex)(1 lit 140, 1 lit 90)(3 lits 90)(1 lit 140). Salle de séjour pour les hôtes, salon de jardin. Les propriétaires, artistes céramistes, ont restauré & décoré cette maison paysanne en utilisant des techniques & matériaux locaux & artisanals (enduits, poutres apparentes, planchers...). Le site de la Loge est remarquable pour sa tranquillité, il ravira ceux à la recherche de calme et de sérénité. Langues parlées : anglais, allemand.

Prix : 2 pers. **39/46 €** 3 pers. **57/61 €** pers. sup. **16 €** repas **14 €**
Ouvert : Toute l'année.

5	9	3,5	SP	9	15	5	30	30	15	9	3,5

Dominique-Juliette THIOLLIER - Domaine de la Loge - 42130 MONTVERDUN - Tél. : 04 77 97 56 96

Rhône-Alpes **Loire**

NEAUX La Combe Franche
C.M. 73 Pli 8

1 ch. 1 chambre d'hôtes au rez de chaussée : 17 m². (1 lit 140) avec salle d'eau particulière, wc sur le palier. Salon avec TV, cheminée. Terrain 2500 m², terrasse, salon de jardin. RN7 à 1,5 km. Dans un cadre de verdure, au calme, Jean-Noël et Dominique vous accueillent dans leur chambre d'hôtes au rez-de-chaussée d'une maison spacieuse. A proximité, de nombreux sentiers de randonnées. Langues parlées : anglais, allemand.

Prix : 1 pers. **23 €** 2 pers. **29 €**
Ouvert : Toute l'année.

5	5	SP	4	4	15	4		

J-Noël et Dominique CIMETIERE - La Combe Franche - 42470 NEAUX - Tél. : 04 77 64 77 00

NEULISE Montée Bellevue
Alt. : 550 m — *C.M. 73 Pli 8*

2 ch. St-Symphorien-de-Lay 9 km. 2 chambres d'hôtes aménagées dans la maison dupropriétaire : 45 m². 1 ch. (2 lits 140) avec salle de bains, 1 ch. (1 lit 140) avec douche. WC sur le palier. Salon-TV, cheminée. jardin 800 m² et terrasse avec vue splendide sur les Monts du Forez -calme et détente, salon de jardin. Proximité des gorges de la Loire et du château de la Roche.

Prix : 1 pers. **25 €** 2 pers. **31/34 €** pers. sup. **11 €**
Ouvert : De mars au 30 octobre.

6	7	11	SP	7	8	7	SP	

Paul LACHAIZE - Montée Bellevue - 42590 NEULISE - Tél. : 04 77 64 62 39

NOAILLY Château de la Motte
C.M. 73 Pli 7

E.C. 6 ch. Roanne 15 km. Lyon 90 km. Vichy 60 km. Anny et Alain vous accueillent au château de la Motte, pour une étape ou un séjour raffiné dans leurs 6 ch. d'hôtes, chacune avec sanitaires complets et privés, pise TV, cheminée et vue sur la piscine ou le parc. 3 ch. (1 lit 2 pers.), 1 ch. (1 lit 2 pers. 2 lits 1 pers.), 1 ch. (1 lit 2 pers. 1 lit 1 pers.), 1 ch. (2 lits 1 pers.). 2 salons sont à votre disposition. La table d'hôtes est servie dans la salle à manger familiale, et fait la part belle aux produits régionaux. Calme et dépaysement assurés dans ce havre de tranquillité, région gastronomique et culturelle réputée. Chambres non fumeurs. Parking. Parc clos de 5 ha. avec forêt, pièce d'eau. Langue parlée : anglais.

Prix : 1 pers. **58/97 €** 2 pers. **66/104 €** 3 pers. **116 €** pers. sup. **13 €** repas **19 €**
Ouvert : Toute l'année.

SP	4	4	SP	SP	SP	20	20	12	6

Anny et Alain FROUMAJOU - Château de la Motte - 42640 NOAILLY - Tél. : 04 77 66 64 60 ou SR : 04 77 79 18 49 -
Fax : 04 77 66 68 10 - E-mail : chateaudelamotte@wanadoo.fr

LA PACAUDIERE Manoir Beausoleil
C.M. 73 Pli 7

2 ch. Dans un très beau manoir du 19° entièrement rénové en 2000, sur 2 ha de parc, 2 ch d'hôtes à l'étage (1 lit 140, 2 lits 90). Chacune dispose de sanitaires complets privés et a fait l'objet d'une décoration soignée et raffinée. De plus, elles offrent toutes les 2 une vue directe sur le parc et le jardin paysagé. Petit animal accepté. Non fumeurs. T.d.'pdéj. servi en terrasse ombragée ou à l'intérieur selon la saison, avec recettes maison et produits de qualité. Le Manoir Beausoleil est 1 étape de qualité idéalement située entre Vichy et Lyon, à 20 km de Roanne, région gastronomique et culturelle réputée : circuit églises romanes de Bourgogne sud. Langue parlée : anglais.

Prix : 1 pers. **45 €** 2 pers. **53 €**

2	0,5	SP	0,5	15	0,5

Roger et Geneviève CHARASSE - Manoir Beausoleil - 42310 LA-PACAUDIERE - Tél. : 04 77 64 36 95 - Fax : 04 77 64 30 12 -
E-mail : rcharasse@aol.com

PANISSIERES Les Puits
Alt. : 740 m — *C.M. 73 Pli 18*

E.C. 4 ch. Dans une très belle ferme des Monts du Lyonnais datée du 16° siècle, entièrement rénovée, 4 ch. d'hôtes avec sanitaires complets et privatifs (1 lit 2 pers., 1 lit 2 pers., 1 lit 2 pers., 1 lit 2 pers.), 1 ch. (1 lit 2 pers., 2 lits 90)(1 lit 130, 2 lits 90)(1 lit 130, 2 lits 90)(3 lits 90), chacune de grand confort et équipée de mobilier de style. Table d'hôtes dans une « salle haute » d'époque, avec charpente en chêne de 1759. Vue superbe sur la campagne environnante : les Montagnes du Matin. Salon TV, vidéothèque, biblio. Vaste cour, parking fermé. Randonnées au départ de la ferme, à pied, à VTT ou à cheval (GR sur place). A égale distance de Lyon, St-Etienne et Roanne. Langues parlées : anglais, espagnol.

Prix : 1 pers. **34 €** 2 pers. **43 €** 3 pers. **61 €** pers. sup. **19 €** repas **13 €**
Ouvert : Toute l'année.

2	12	SP	12	12	1	12	1	

Marc BAVOZAT - Les Puits - La Ferme des Puits - 42360 PANISSIERES - Tél. : 04 77 28 83 19 - Fax : 04 77 28 83 68 -
E-mail : lespuits@aol.com - http://members.aol.com/lespuits

REGNY
C.M. 73 Pli 8

1 ch. St-Symphorien-de-Lay 9 km. 1 ch. d'hôtes aménagée à l'étage d'une maison située au cœur du village, (1 lit 140, 2 lits 90) salle de bains, wc. Chauffage central. Salle de séjour, salon, TV. Patio. Garage. Maison de caractère (XV° siècle) au cœur du village. M. Chevillard est un historien local, conservateur de la Chapelle de Naconne.

Prix : 1 pers. **25 €** 2 pers. **31 €**
Ouvert : Toute l'année.

SP	SP	15	SP	6	15	0,2	SP

Etienne CHEVILLARD - Rue de la Tour et de la Poste - 42630 REGNY - Tél. : 04 77 63 01 52

Loire

Rhône-Alpes

RENAISON La Mayoufière (TH) C.M. 73 Pli 7

4 ch. **St-Haon-le-Chatel 2 km.** 3 ch. d'hôtes à l'étage : 1 ch. avec 1 lit 140 et 1 lit 90 avec douche, lavabo, 1 ch. avec 2 lits 90 avec douche, lavabo. Wc commun à ces 2 ch. sur le palier. 1 ch. avec 1 lit 140 et sanitaires privatifs complets. Salle de séjour avec cheminée, terrain 4000 m², terrasse ombragée, salon de jardin. Repas sur commande. Un repas vous sera offert pour tout séjour d'une semaine.

Prix : 1 pers. 28 € 2 pers. 29 € 3 pers. 39 € pers. sup. 11 €
repas 12 € 1/2 pens. 39 € pens. 50 €

Ouvert : Toute l'année sauf du 15 octobre au 15 novembre.

🐕	🏊	🎾	🎣	🚶	🏊	🚴	⛷	🏌	🚂	🚉
1	1	3	SP	12	15	20	20	12	12	2

Paulette BAYLE - La Mayoufière - 42370 RENAISON - Tél. : 04 77 64 27 58

RENAISON Platelin C.M. 73 Pli 7

2 ch. **St-Haon-le-Chatel 5 km.** Dans une ferme rénovée, plein sud, face à la Côte Roannaise. 2 chambres d'hôtes rez de chaussée, (1 lit 140)(1 lit 140, 2 lits 80), douche, wc, dans chaque chambre. Salon, TV, piano. Terrain de 15000 m² arboré, salon de jardin, piscine, portique et jeux d'enfants. Propriétaire pratique la langue des signes (LSF), entomologiste. Environnement calme.

Prix : 1 pers. 45 € 2 pers. 52 € pers. sup. 8 €

Ouvert : Du 1er mars au 15 décembre.

🐕	🏊	🎾	🎣	🚶	🏊	🚴	⛷	🏌	🚂	🚉
1	1	8	SP	SP	15	15	20	15	12	1

Christine DE BATS - Platelin - 42370 RENAISON - Tél. : 04 77 64 29 12 ou 04 77 62 14 79 - Fax : 04 77 62 14 79 - E-mail : platelin@aol.com

ROCHE-LA-MOLIERE Le Bouchage   Alt. : 680 m   (TH) C.M. 73 Pli 18

1 ch. **St-Etienne 7 km.** Située en pleine campagne, maison datant de 1649, avec parc et piscine. 1 ch. aménagée dans la maison du propriétaire, véritable petit appartement de 50 m² avec salon, chambre, coin-cuisine, sanitaires complets privatifs : 1 lit 140, 1 canapé 160, 1 lit bébé. Brigitte & Jean seront ravis de vous accueillir à la table familiale pour partager avec vous 1 P.déj ou 1 repas à la table d'hôtes (sur résa). Cuisine familiale & de qualité avec produits des fermes voisines & selon la saison, approvisionnement du jardin potager. En été, repas au bord de la piscine.

Prix : 1 pers. 40 € 2 pers. 40 € 3 pers. 55 € pers. sup. 16 €
repas 16 €

Ouvert : Toute l'année sauf pour les vacances de Noël.

🐕	🏊	🎾	🎣	🚶	🏊	⛷	🏌	🚂	🚉
1	1	2	SP	SP	5	20	7	7	1,5

Brigitte et Jean BAUDRY - Le Bouchage - 42230 ROCHE-LA-MOLIERE - Tél. : 04 77 90 05 26 ou SR : 04 77 79 18 49 - Fax : 04 77 50 42 97 - E-mail : b_baudry@club-internet.fr

SALT-EN-DONZY Le Monceau (TH) C.M. 73 Pli 18

2 ch. Dominant la Plaine du Forez & bénéficiant d'1 vue exceptionnelle, cette demeure est située, au calme, dans 1 parc verdoyant de 23 ha. 1 suite (1 lit 140, salon 1 lit 120) et 1 ch. (1 lit 140) avec sanitaires privatifs. Grandes pièces de réceptions avec d'importantes cheminées et plafonds à la française, ouvrant sur 1 vaste terrasse, agréable pour y prendre des repas. En hiver, vous profiterez de l'Orangerie. Dîner aux chandelles. Ce lieu reflète les passions des propriétaires : la nature, les chevaux, la chasse et la convivialité d'une « bonne table ». Langue parlée : anglais.

Prix : 1 pers. 65/80 € 2 pers. 75/90 € pers. sup. 20 € repas 28 €

🐕	🏊	🎾	🎣	🚶	🏊	🏌	🚂	🚉
1,5	2	7	SP	5	20	5	2	

Danièle GIRAUDON - Le Monceau - 42110 SALT-EN-DONZY - Tél. : 04 77 26 09 59 ou SR : 04 77 79 18 49 - Fax : 04 77 27 18 19 - E-mail : dgiraudon@hotmail.com

SEVELINGES Le Grand Chemin   Alt. : 600 m   C.M. 73 Pli 7

1 ch. Une grande chambre d'hôtes de 25 m², à l'étage de la maison des propriétaires, offrant une très belle vue sur la campagne environnante. (1 lit 140, 2 lits 90). Sanitaires complets et privatifs à la chambre. La décoration de la chambre rappelle le mobilier savoyard : table de berger, chevets de fabrication artisanale... ambiance chaleureuse garantie ! Salon TV avec cheminée, terrain avec salon de jardin. Sevelinges est à 30 km du Beaujolais, à proximité du Brionnais, dans la région Roannaise. Si les propriétaires ne proposent pas la table d'hôtes, plusieurs auberges à proximité pour toutes les bourses.

Prix : 1 pers. 31 € 2 pers. 43 € pers. sup. 13 €

Ouvert : De mai à octobre.

🐕	🏊	🎾	🎣	🚶	🏊	⛷	🏌	🚂
15	2	10	SP	2	20	25	2	

Yolande et Michel LIVET - Le Grand Chemin - 42460 SEVELINGES - Tél. : 04 74 89 91 84

ST-ALBAN-LES-EAUX Le Chatard (TH) C.M. 73 Pli 7

2 ch. Dans une maison contemporaine avec piscine, dans le vignoble de la Côte Roannaise, 2 chambres (1 lit 140) avec sanitaires privatifs (douche, lavabo et wc), et séjour privatif : salon, baie vitrée donnant sur la piscine. La terrasse est idéale pour le service des P. déjeuners au bord de la piscine, ou pour le repos, la lecture... La propriétaire vous propose aussi de dîner à la table d'hôtes, sur réservation uniquement. Maison facile d'accès, à 500 m du CD 8 et 20 km de la sortie autoroute A72. Restauration gastronomique à Roanne et dans les environs. Sports aériens à 5 km (baptêmes de l'air...).

Prix : 2 pers. 39 € pers. sup. 16 € repas 13 €

🐕	🏊	🎾	🎣	🚶	🚴	⛷	🏌	🚂	🚉
2	2	4	SP	SP	10	5	25	4	10	2

Nadine CATTEAU - Le Chatard - 42370 ST-ALBAN-LES-EAUX - Tél. : 04 77 65 90 76 - Fax : 04 77 65 90 76

Rhône-Alpes — **Loire**

ST-BONNET-LE-COURREAU Alt. : 1024 m (TH) C.M. 73 Pli 17

4 ch. Au cœur d'1 petit village dominant la Plaine du Forez, avec vue jusqu'aux Alpes, Lucienne et J. François vous accueillent dans leurs 4 ch. d'hôtes : 100 m². 2 grandes ch. (2 lits 90)(1 lit 160, 1 lit enf.) avec sanitaires incorporés (3 épis), 2 ch. (2 lits 90) avec s. d'eau et wc sur palier (1 épi). Poss lit d'appoint. Terrain 1 000 m², terrasse et salon de jardin. Visite de l'exploitation. A table, cuisine familiale et produits du terroir garantis. Demi-pension à la semaine : 46 à 49 € par jour pour un couple.

Prix : 1 pers. **22/26 €** 2 pers. **29/34 €** repas **11/13 €**
1/2 pens. **46/49 €**
Ouvert : Toute l'année.

2	9	8	SP	15	SP	15	18	15	SP

J.François et Lucienne FOURNIER - Le Bourg - 42940 ST-BONNET-LE-COURREAU - Tél. : 04 77 76 80 20

ST-BONNET-LE-COURREAU La Chaize Alt. : 960 m (TH) C.M. 73 Pli 17

2 ch. Janine et Pierre vous accueillent dans leur ferme située dans les Mts du Forez. 2 ch avec sanitaires privatifs, dans une maison indépendante. 1 ch 3 épis (1 lit 140) avec sanitaires incorporés, 1 ch double 2 épis (1 lit 140, 2 lits 90) avec sanitaires sur le palier. Séjour, kitchenette, TV, bibliothèque, jeux d'enfants (ping-pong, baby foot, balançoire). Cour fleurie 400 m² avec gazon. Salon de jardin, barbecue, garage. Visite de l'exploitation. Produits fermiers : foie gras de canard. A proximité de la montagne de Garnier avec sa lande de bruyère, ses jasseries et son estive de moutons. Table d'hôtes sur réservation.

Prix : 1 pers. **25/28 €** 2 pers. **31/34 €** repas **11 €**
Ouvert : De février à fin septembre.

5	9	8	SP	15	SP	12	18	15	1

Janine et Pierre MARCOUX - La Chaize - 42940 ST-BONNET-LE-COURREAU - Tél. : 04 77 76 81 05

ST-CHAMOND Bourdon (TH) C.M. 73 Pli 19

1 ch. Dans 1 très belle maison de charme de 1830, avec parc clos, arbres centenaires, vue sur le Massif du Pilat, 1 suite de 2 ch. à l'ét. Ch. double (2 lits 140), avec s.d.b. privative (12 m²), salon privatif (1 lit 140). La maison est agencée & décorée avec goût & raffinement. Marie vous propose 1 petit-déj. copieux & raffiné, et vous invite à la table d'hôtes sur réserv. Dans les 2 cas, des produits de qualité sont servis, dans le parc ou la salle à manger familiale. Chambre très facile d'accès, à 3 min. de l'autoroute. Charme et convivialité assurés, pour une étape ou un séjour. Langues parlées : anglais, italien.

Prix : 2 pers. **46 €** pers. sup. **19 €** repas **16 €**
Ouvert : Toute l'année.

10	4	2	SP	4	4	15	15	4	4

Marie GARDES - Bourdon - 42400 ST-CHAMOND - Tél. : 04 77 22 23 74

ST-DIDIER-SUR-ROCHEFORT Alt. : 700 m (TH) C.M. 73 Pli 17

4 ch. 3 ch. d'hôtes à l'étage d'une belle maison de village, en pierres, avec jardin privatif aménagé. (2 lits 90)(1 lit 140, 1 lit 140, 1 lit 90). Sanitaires dans chaque ch. Vastes séjours et salons avec meubles anciens et cheminée. Charme et douceur des P. déj. ou dîners gourmands pouvant être servis sous le tilleul dans le jardin clos. La maison, rénamégée et décorée avec goût et raffinement garde le parfum des vielles demeures de famille. Nostalgie et air vivifiant dans ce petit village du Haut-Forez d'où partent de belles balades. Les mélomanes apprécieront les concerts donnés dans les prieurés environnants. Langue parlée : anglais.

Prix : 1 pers. **33/40 €** 2 pers. **39/46 €** pers. sup. **13 €** repas **16 €**
Ouvert : Du 1er juin au 30 septembre.

1	SP	5	SP	25	10	15	27	35	10	SP

Dany TRAPEAU - La Closerie - 42111 ST-DIDIER-SUR-ROCHEFORT - Tél. : 04 77 97 91 26 ou 04 70 97 87 07 - Fax : 04 77 97 91 26

ST-GENEST-MALIFAUX Magnoloux Alt. : 1080 m C.M. 76 Pli 9

2 ch. Sur les hauts plateaux du Pilat (Parc Naturel), dans 1 très belle maison contemporaine avec superbe vue sur la campagne environnante, 2 chambres dont une suite : 1 ch. double avec terrasse (2 lits 100, 1 lit 140), 1 ch. (1 lit 140), les 2 avec leurs sanitaires privatifs attenants. Décoration moderne et raffinée des pièces de vie à votre disposition : séjour et salon. La maison surplombe le village de St-Genest, ses baies et terrasses, le calme du site invitent à la contemplation d'un magnifique panorama. Sur place, pratique de nombreux sports et activités nature, dont la randonnée au départ de la maison.

Prix : 1 pers. **37 €** 2 pers. **42 €**
Ouvert : Du 1er mai au 30 septembre.

1	1	SP	12	2	10	12	12	1

Fernand DUMAS - Magnoloux - 42660 ST-GENEST-MALIFAUX - Tél. : 04 77 39 06 42

ST-GENEST-MALIFAUX Le Troll Alt. : 960 m C.M. 76 Pli 9

3 ch. Dans le Parc Naturel Régional du Pilat, 3 ch. d'hôtes aménagées dans une maison typique du pays à l'entrée du village avec l'entrée indépendante : 90 m². 2 ch. (1 lit 140, 2 lits 90)(1 lit 140, 1 lit 90), douche, lavabo dans chaque ch., wc sur le palier. 1 ch. (1 lit 140) sanitaires incorporés. Salle à manger avec kitchenette. Commerces, auberge, loisirs, pistes balisées, à proximité.

Prix : 1 pers. **29 €** 2 pers. **35 €** 3 pers. **48 €** pers. sup. **12 €**
Ouvert : Toute l'année.

1	1	2	SP	12	1	SP	11	SP

DA SILVA ET MAGAUD - 49, Rue du Forez - Le Troll - 42660 ST-GENEST-MALIFAUX - Tél. : 04 77 39 02 70

Loire — Rhône-Alpes

ST-GEORGES-DE-BAROILLES Les Grandes Côtes (TH) C.M. 73 Pli 18

2 ch. Feurs 15 km. Balbigny 5 km. 2 ch. d'hôtes (1 lit 140, 1 lit 90)(3 lits 90), douche, lavabo et wc dans chacune. Salon, TV, bibliothèque. Terrain 5000 m², terrasse, salon de jardin. Hébergement pour cavaliers. Vue sur viaduc et gorges de la Loire, parc à biches, oiseaux d'ornements. Chevaux et ânes sur place.

Prix : 1 pers. 29 € 2 pers. 39 € 3 pers. 46 € pers. sup. 8 € repas 12 €
Ouvert : De fin avril à fin octobre.

SP	SP	7	SP	5	8	5	5	

Mireille et Jacky PLASSARD - Ferme Etape du Viaduc - Les Grandes Côtes - 42510 ST-GEORGES-DE-BAROILLES - Tél. : 04 77 65 51 79

ST-GEORGES-EN-COUZAN Le Mazet Alt. : 800 m A C.M. 73 Pli 17

6 ch. Dans un écrin de verdure, au cœur des Monts du Forez, Valérie et Camille vous accueillent dans leurs 6 grandes ch. d'hôtes (dont 1 ch. double parents/enfants) situées à l'étage de leur maison, avec dans chacune des sanitaires privatifs complets. Salon TV et salle de séjour réservées aux hôtes. Possibilité de repas sur place, à la ferme-auberge. Site exceptionnel avec une vue imprenable sur les Monts du Forez, que vous apprécierez pour son calme, où vous pourrez découvrir des promenades et le patrimoine historique de cette belle région. Réservation recommandée. Fermé le dimanche soir et le lundi hors période de vacances scolaires.

Prix : 1 pers. 29 € 2 pers. 39 € pers. sup. 14 € repas 10 € 1/2 pens. 29 € pens. 37 €
Ouvert : Toute l'année.

8	2,5	15	SP	15	15	15	2,5	

Camille DECOMBE - Le Mazet - 42990 ST-GEORGES-EN-COUZAN - Tél. : 04 77 24 80 95 ou SR : 04 77 79 18 49

ST-GERMAIN-LESPINASSE C.M. 73 Pli 5

2 ch. Superbe maison fin 19° à l'architecture tout à fait exceptionnelle, avec jardin à la française de 5000 m², avec sanitaires complets privatifs. 1 ch de 25 m² et son immense s.d.b. de 20 m² (1 lit 140), 1 ch de 15 m² avec s. d'eau de 10 m² (1 lit 140), les 2 avec vue superbe sur le jardin. Equipement bébé, ping-pong, salon de jardin, portique à votre disposition. Décoration très raffinée conçue par la maîtresse de maison, mobilier d'époque et prestations de grande qualité. P déj servi dans la salle à manger familiale, avec confitures et pains maisons. Petit salon TV/magnéto. Région de tradition gastronomique et culturelle.

Prix : 1 pers. 46/61 € 2 pers. 54/69 € 3 pers. 84 €
Ouvert : Toute l'année.

0,1	9	SP	12	12	15	20	12	SP

Anne et Hervé DUVAUCHELLE - Les Meneaux - Grande Rue - 42640 ST-GERMAIN-LESPINASSE - Tél. : 04 77 66 30 29 ou 06 16 26 11 16 - Fax : 04 77 66 30 29 - E-mail : HDUVAUCHELLE@wanadoo.fr

ST-HAON-LE-VIEUX Magnerot C.M. 73 Pli 7

3 ch. 3 ch. d'hôtes : 1 ch. (2 lits 90) avec douche, lavabo et wc. 2 ch. (1 lit 140) avec douche et lavabo personnels, wc commun. Salle de séjour. Terrain, salon de jardin. Petits animaux admis. Tarifs dégressifs à compter de 3 nuités (3 à 8%). 1 ch. 3 épis, 2 ch. 2 épis. Chambres chez un viticulteur sur le passage de sentiers balisés. Kitchenette à dispo. Epiceries au village à 400 m avec dépôt de pain, autres commerces à 6 km. Notions de langue des signes (LSF). Vol à voile à 12 km. Langue parlée : allemand.

Prix : 1 pers. 24/30 € 2 pers. 30/35 €
Ouvert : Toute l'année du 15 mars au 15 novembre sauf période des vendanges.

12	SP	10	SP	15	10	15	16	1,5

J.François et Claude PRAS - Magnerot - 42370 ST-HAON-LE-VIEUX - Tél. : 04 77 64 45 56 - Fax : 04 77 62 12 52 - E-mail : jfpras@iname.com - www.la-cote-roannaise.com

ST-HAON-LE-VIEUX Caqueret Alt. : 650 m C.M. 73 Pli 7

2 ch. Au cœur de la Côte Roannaise, dans une maison de Maître du 18° siècle. Au Rc une ch. de 40 m² (2 lits jumeaux 90) avec kitchenette. A l'étage une suite de 2 ch. (2 lits 90, 2 lits 120). Les 2 ch. disposent d'un coin-salon et de sanitaires complets et privatifs. Salon TV-bibliothèque, salon de jardin, piscine. Grand parc arboré. Nombreuses visites culturelles et gastronomiques à proximité, dans la région Roannaise. Langues parlées : anglais, italien.

Prix : 1 pers. 46 € 2 pers. 54 €
Ouvert : Toute l'année.

1	SP	SP	6	12	17	17	1

Jacqueline et Marc PINONCELY - La Marche - Caqueret - 42370 ST-HAON-LE-VIEUX - Tél. : 04 77 64 42 95 - E-mail : info@mjpinoncely.com - www.mjpinoncely.com

ST-JEAN-SAINT-MAURICE L'Echauguette (TH) C.M. 73 Pli 7

6 ch. 4 chambres d'hôtes de caractère : 2 ch. au rez de chaussée (2 lits 90)(1 lit 140), 1 ch. à l'étage (3 lits 90), 1 ch. plain-pied dans une maisonnette indépendante (1 lit 140). Salle de bains et wc incorporés pour chaque ch. Salon. Terrasse avec salon de jardin. La 1ère a une vue sur le lac de Villerest, village Médiéval, la 2e sur le village de St-Jean-St-Maurice et le donjon du château de St-Jean-St-Maurice. La 4e est en surplomb du méandre de la loire, elle offre une vue exceptionnelle, dispose d'une terrasse et d'un balcon. Langues parlées : anglais, allemand, italien.

Prix : 1 pers. 43/53 € 2 pers. 50/60 € 3 pers. 60/70 € pers. sup. 10 € repas 20 €
Ouvert : Toute l'année.

2	1	5	SP	14	6	5	14	0,3

Michèle ALEX - L'Echauguette - Rue Guy de la Mure - 42155 ST-JEAN-SAINT-MAURICE - Tél. : 04 77 63 15 89

Rhône-Alpes — **Loire**

ST-JEAN-SAINT-MAURICE Audenet (TH) C.M. 73 Pli 7

E.C. 5 ch. En surplomb des méandres de la Loire, au cœur d'un vaste site panoramique, dans une ferme entièrement restaurée, 5 chambres d'hôtes de 2 à 3 personnes, avec leurs sanitaires complets privatifs. Salle à manger, salon, billard, mezzanine à votre disposition. Terrain sur place, possibilités de promenades à pied vers la Loire au départ de la maison. Armand et Frédérique se proposent de vous faire découvrir leurs qualités de cuisiniers à la table familiale, avis aux gastronomes ! Le village de St-Jean-St-Maurice est un des plus beaux de la région, il est situé en bordure du vignoble de la Côte Roannaise. Langues parlées : anglais, espagnol.

Prix : 2 pers. 39/49 € pers. sup. 13 € repas 16 €
Ouvert : Toute l'année.

1	3	4	SP	15	3	5	15	3

M. VILLA et Mme CHARLES - Audenet - 42155 ST-JEAN-SAINT-MAURICE - Tél. : 04 77 63 19 63 ou 04 77 72 53 22 -
Fax : 04 77 72 41 84

ST-JULIEN-MOLIN-MOLETTE La Rivoire   Alt. : 580 m   (TH)   C.M. 76 Pli 9

5 ch. Parc animalier de Peaugres 15 km. Annonay 10 km. Bourg-Argental 5 km. Dans le Parc Naturel du Pilat, Denise et Robert vous accueillent dans 1 maison bourgeoise du 18°, avec 1 superbe panorama sur la campagne des environs. 5 ch décorées avec beaucoup d'élégance, avec sanitaires privatifs. 2 ch (1 lit 160), 2 ch (2 lits 90), 1 ch (1 lit 160, 2 lits 90) idéale pour 1 famille. Belles pièces de séjour, 2 salons réservés aux hôtes... Au P.déj ou à la table d'hôtes (servis en terrasse à la belle saison), vous apprécierez une cuisine familiale à base de fruits et légumes du jardin et autres produits du terroir. Langue parlée : anglais.

Prix : 1 pers. 37 € 2 pers. 46 € 3 pers. 57 € repas 14 €
1/2 pens. 37/51 €
Ouvert : Toute l'année sauf janvier.

0,5	5	0,5	SP	5	15	10	35	4

Denise THIOLLIERE - La Rivoire - 42220 ST-JULIEN-MOLIN-MOLETTE - Tél. : 04 77 39 65 44 - Fax : 04 77 39 67 86 -
E-mail : larivoire@chez.com - http ://www.chez.com/larivoire

ST-JULIEN-MOLIN-MOLETTE Castel - Gueret   Alt. : 600 m   (TH)   C.M. 76 Pli 9

5 ch. Lyon 65 km. 5 ch. d'hôtes dont 2 suites dans un château fin 19°, au cœur du Parc Naturel du Pilat, dans un village d'artistes. 2 ch.(1 lit 160), 1 ch.(2 lits 90), 2 suites (1 lit 160, 2 lits 90), toutes de très bon confort, avec sanitaires privatifs, coin-salons (billard), lounge à disposition exclusive des hôtes. Parc 1.8 ha avec arbres centenaires et piscine privée. Château idéal pour le repos, la lecture... Le château est situé à 20 min. de la sortie autoroute de Chanas (A7), vignobles St-Joseph et Côtes-Rôties à proximité. Chambres aux confins de la Loire, de l'Ardèche et de l'Isère. Egalement gîte 4-6 personnes. Langue parlée : anglais.

Prix : 1 pers. 43/54 € 2 pers. 49/77 € 3 pers. 80/107 € repas 19 €
1/2 pens. 43/56 €
Ouvert : Toute l'année.

0,2	0,2	1	SP	SP	3,5	12	13	10	30	0,4

Daniel COULAUD - Drevard - 42220 ST-JULIEN-MOLIN-MOLETTE - Tél. : 04 77 51 56 04 ou SR : 04 77 79 18 49 - Fax : 04 77 51 59 13 -
E-mail : castel.gueret@free.fr - http ://castel.gueret.free.fr/

ST-LAURENT-SUR-ROCHEFORT Dardes   Alt. : 720 m   (TH)   C.M. 73 Pli 17

3 ch. Boen-sur-Lignon 12 km. 3 chambres d'hôtes au cœur des Monts du Forez. 1 ch. double (3 lits 90, 1 lit 140), 1 ch. (1 lit 140) avec sanitaires complets privatifs et kitchenette. 1 ch. (2 lits 90) avec sanitaires complets privatifs. Possibilité lits d'appoint sur demande. Salle de séjour. Kitchenette. Bibliothèque. Terrain 200 m², salon de jardin. Salle d'activité et de détente commune aux gîtes et aux chambres d'hôtes.

Prix : 1 pers. 22/23 € 2 pers. 28/31 € repas 10 €
1/2 pens. 25/28 €
Ouvert : Toute l'année.

6	6	12	SP	12	12	18	11	11

Josette REYNAUD - Dardes - 42130 ST-LAURENT-SUR-ROCHEFORT - Tél. : 04 77 24 51 52

ST-MARCEL-D'URFE Les Gouttes   Alt. : 713 m   (TH)   C.M. 73 Pli 17

5 ch. St-Just-en-Chevalet 10 km. 5 ch. d'hôtes au cœur de la nature et de l'authenticité dans une ancienne ferme aux pierres apparentes : 1 ch. (1 lit 140), 2 ch. (2 lits 90), 2 grandes ch. avec coin salon (1 lit 140 + 1 canapé convertible). Toutes avec douche, lavabo et WC. Salle à manger et salon avec cheminées. Veillées-Contes au coin du feu comme autrefois. Langues parlées : anglais, allemand.

Prix : 1 pers. 34/49 € 2 pers. 42/57 € 3 pers. 65 € repas 17 €
Ouvert : Toute l'année.

3	3	3	SP	10	10	SP	25	3

Anne-Marie HAUCK - « Il fût un Temps... » - Les Gouttes - 42430 ST-MARCEL-D'URFE - Tél. : 04 77 62 52 19 ou 06 86 96 59 67 -
Fax : 04 77 62 52 19 - E-mail : ANNE-MARIE.HAUCK@wanadoo.fr - www.eazyweb.co.uk/ilfut

ST-MARCELLIN-EN-FOREZ   C.M. 73 Pli 18

5 ch. 5 ch. d'hôtes : 150 m². 1 ch. double (1 lit 140)(3 lits 90), 2 ch. (1 lit 140, 1 lit 90), 2 ch. (1 lit 140). Sanitaires pour chaque chambre. Salle à manger, cuisine équipée, salon(possibilité 2 convertibles de 2 pl),magnétoscope et Hi-Fi sur demande pour réunions familiales ou professionnelles. Parc clos 7000 m², parking, salon de jardin, jeux. Week-ends « sympa » sur réservation. Langues parlées : anglais, allemand.

Prix : 1 pers. 31 € 2 pers. 42 € 3 pers. 52 € pers. sup. 13 €
Ouvert : Toute l'année.

4	SP	SP	SP	SP	10	25	4	SP

Roland et Christine MALCLES - 40 Rte de St-Bonnet-le-Château - 42680 ST-MARCELLIN-EN-FOREZ - Tél. : 04 77 52 89 63 ou
SR : 04 77 79 18 49 - Fax : 04 77 52 89 63

Loire

Rhône-Alpes

ST-MARCELLIN-EN-FOREZ Aboën — TH — C.M. 73 Pli 18

E.C. 2 ch. **Montbrison 15 km. St-Bonnet-le-Chateau 15 km.** En pleine campagne, ancienne ferme rénovée en 2000 comprenant 2 chambres d'hôtes équipées de sanitaires complets privatifs (1 lit 140)(2 lits 90). Salle de séjour avec coin salon et four à pain réservée aux hôtes, terrasse à votre disposition. Le P.Déj et la table d'hôtes sont servis dans la salle à manger familiale. Cuisine de qualité avec les produits du potager ou des fermes voisines, les confitures maison... Les propriétaires, passionnés d'équitation, accueillent avec plaisir et avec les équipements adéquats les cavaliers de passage dans la région (itinéraire balisé SP). Langue parlée : anglais.

Prix : 2 pers. 39 € repas 11 €

Ouvert : Toute l'année.

🐕	🏖	🎾	🐎	🏊	🚴	⛷	🎣	⛳
0,2	2	3	SP	12	15	25	6	2

Margot et Claude SILVESTRE - Aboën - 42680 ST-MARCELLIN-EN-FOREZ - Tél. : 04 77 52 93 51 - Fax : 04 77 52 80 52

ST-MARTIN-LESTRA La Ponchonnière — Alt. : 650 m — TH — C.M. 73 Pli 18

E.C. 1 ch. **Lyon 55 km. Feurs 15 km.** Geneviève et Jean-Marc vous accueillent dans leur ferme bicentenaire où ils ont aménagés à l'étage une superbe ch. de 30 m² avec sanitaire complet privatif (1 lit 2 pers. 1 canapé 2 pers.). Chambre refaite à l'ancienne avec des matériaux naturels (enduits à la chaux, peintures bio), quidégage une sérénité remarquable et offr se la campagne environnante. Petit déjeuner et repas à base de produits maison (jardin potager) ou à la carte, menus diététiques, cuisson à la vapeur... Calme et repos assurés dans ce cadre silencieux. Animaux acceptés avec accord préalable, maison non fumeur. Piano à disposition. Langues parlées : anglais, espagnol.

Prix : 1 pers. 39 € 2 pers. 43 € pers. sup. 13 € repas 13 €

Ouvert : Toute l'année.

🐕	🏖	🎾	🐎	🚴
5	8	SP	15	15

Geneviève et J-Marc LOMBARD - La Ponchonnière - 42110 ST-MARTIN-LESTRA - Tél. : 04 74 70 65 26 ou SR : 04 77 79 18 49 - E-mail : jm.lombard@wanadoo.fr

ST-MEDARD-EN-FOREZ — Alt. : 540 m — TH — CB — C.M. 73 Pli 18

5 ch. 5 ch. d'hôtes aménagées ds une agréable maison du XVIII° entièrement restaurée, située au cœur d'un charmant village fleuri 140 m². 2 ch.(1 lit 140), 1 ch.(2 lits 90), 2 ch.(1 lit 160. 1 lit d'appoint).Sanitaires complets pour chaque ch. Grande salle de séjour avec table pour 10 pers. Salon, Tél. Michèle et Jean, artisans torréfacteurs, vous accueilleront avec gentillesse. Ils ont aménagé de belles chambres confortables et calmes. Ils vous serviront un agréable petit déjeuner et pourront vous faire déguster les spécialités du Forez à la table d'hôtes(sur réserv.).

Prix : 1 pers. 31 € 2 pers. 40 € pers. sup. 14 € repas 15 €

Ouvert : Toute l'année.

🐕	🏖	🎾	🐎	🏊	🚴	⛷	🎣	⛳
1	6	6	SP	8	8	12	6	SP

Jean et Michèle GOUILLON - Place de l'Eglise - 42330 ST-MEDARD-EN-FOREZ - Tél. : 04 77 94 04 44 ou SR : 04 77 79 18 49 - Fax : 04 77 94 13 49 - E-mail : info@chambresdhotesloire.com - www.chambresdhotesloire.com

ST-MEDARD-EN-FOREZ Fonfarlan — Alt. : 550 m — A — C.M. 73 Pli 18

E.C. 4 ch. Dans ce havre de tranquillité situé en pleine campagne, 4 ch. avec sanitaires complets privés, chacune en rez-de-chaussée avec accès direct sur le parc arboré de 3600 m². 3 ch. (1 lit 160). 1 ch. (1 lit 2 pers.). Vaste terrasse de 90 m² avec vue sur la campagne, où sont servis les petits déjeuners quand la saison le permet, avec confitures maison et produits locaux. Un site idéal pour le repos et le dépaysement, à proximité d'un charmant village des Monts du Lyonnais, à 25 mn de St-Etienne. Parking dans la propriété. Auberge et commerces au village. Chemin de Saint-Jacques de Compostelle. Langue parlée : anglais.

Prix : 1 pers. 31 € 2 pers. 39 €

Ouvert : Toute l'année.

🐕	🏖	🎾	🐎	🚴	🎣
0,1	1,5	7	SP	7	32

Cédric DUILLON - Fonfarlan - 42330 ST-MEDARD-EN-FOREZ - Tél. : 04 77 94 13 09 ou SR : 04 77 79 18 49

ST-MICHEL-SUR-RHONE L'Ollagnière — TH — C.M. 73 Pli 20

3 ch. **Condrieu 3 km.** Dans le parc du Pilat à 3 km de la RN86 entre Lyon et Valence, 3 ch. dans maison ancienne 115 m² : 2 ch. 2 épis (3 lits 90)(1 lit 140), douche et lavabo incorporés, wc privatif sur palier. 1 ch. 3 épis (2 lits 90, poss. lit enfant) avec sanitaires complets ds la ch. Les propriétaires habitent à 500 m des ch., une cuisine, une salle à manger et un salon (TV) sont donc à votre disposition, avec service du P.déj et de la table d'hôtes SP. Terrasse et cuisine d'été idéales pour un barbecue. Espace vert, salon de jardin, parking. Dégustation de vin à proximité.

Prix : 1 pers. 29 € 2 pers. 37 € 3 pers. 46 € pers. sup. 11 € repas 13/14 €

Ouvert : Toute l'année.

🐕	🏖	🎾	🐎	🏊	🚴	⛷	🎣
2	7	SP	4	4	3		

Georges et Claudette BONNET - L'Ollagnière - 42410 ST-MICHEL-SUR-RHONE - Tél. : 04 74 59 51 01 ou 04 74 56 80 74

ST-NIZIER-DE-FORNAS — Alt. : 980 m — TH — C.M. 76 Pli 7

4 ch. **Bourg médiéval de St-Bonnet, plan d'eau 2 km, musée de la resistance.** Dans les Monts du Forez, aux portes de l'Auvergne, J.Louis et M.Paule vous invitent dans leur maison, une ancienne ferme restaurée en pierre de pays, à 980 m d'altitude. Toutes les ch. disposent de leurs sanitaires complets et privatifs. Un séjour-salon est aussi à votre disposition. A la table d'hôte vous apprécierez une cuisine familiale à base de recettes et de produits régionaux, servie devant la cheminée... ou dans la cour fleurie de la ferme. Cette région particulièrement verte et boisée offre de nombreuses activités. Langue parlée : anglais.

Prix : 1 pers. 30 € 2 pers. 37 € pers. sup. 11 € repas 13 €
1/2 pens. 40 € pens. 46 €

Ouvert : Toute l'année.

🐕	🏖	🎾	🐎	🏊	🚴	⛷	🎣
2	2	3	SP	2	2	16	2

J.Louis et M.Paule CHAMBLAS - L'Etrat - Route d'Estivareilles - 42380 ST-NIZIER-DE-FORNAS - Tél. : 04 77 50 71 19 ou SR : 04 77 79 18 49

Rhône-Alpes — **Loire**

ST-PAUL-EN-JAREZ They — Alt. : 600 m (TH) — C.M. 73 Pli 19

4 ch. **Grand-Croix 15 km.** 4 chambres d'hôtes (1 lit 140)(1 lit 140)(2 lits 140)(1 lit 140, 2 lits 90). Chacune avec sanitaires complets. Salon, cheminée. Terrasse, salon de jardin, cour fermée. Vaches et chevaux, ferme. Cuisine mise à la disposition des hôtes. Très belle vue panoramique.

Prix : 1 pers. **29** € 2 pers. **33** € 3 pers. **45** € repas **12** €
1/2 pens. **39** €

Ouvert : Toute l'année.

🐕	⚓	🎾	🏃	👥	♨	🎿	⛳	🚂	🛣
4	3	4	SP	10	20	20	12	10	3,5

Huguette CHATAIGNON - They - 42740 ST-PAUL-EN-JAREZ - Tél. : 04 77 20 95 63

ST-PIERRE-LA-NOAILLE Château de Marchangy (TH) — C.M. 73 Pli 7

3 ch. 3 ch. d'hôtes dans maison du XVIIIᵉ siècle : 300 m². 2 suites (2 lits 90, 1 lit 160)(2 lits 160) 1 ch. (1 lit 160). Toutes les chambres sont équipées de salle de bains, wc séparés, de TV et Tél ligne directe. Salle de séjour, cheminée, mini-bar. Parc de 2,5 ha avec salons de jardin, piscine, vélos. Petits déj copieux, brunch (supplément). Dîner aux chandelles servi à l'extérieur en saison. Endroit calme, cadre superbe, panorama, circuit des églises Romanes, sur passage de sentiers balisés. Prix enfant : 13 €. Langue parlée : anglais.

Prix : 1 pers. **66/81** € 2 pers. **74/89** € pers. sup. **13/28** €
repas **13/23** €

🐕	⚓	🎾	🏃	👥	♨	🚴	🎣	🚂	🛣
4	4,5	14	SP	SP	SP	20	16	15	4

M.Colette RUFENER - Domaine château de Marchangy - 42190 ST-PIERRE-LA-NOAILLE - Tél. : 04 77 69 96 76 - Fax : 04 77 60 70 37 -
E-mail : marchangy@net-up.com

ST-PRIEST-LA-ROCHE Previeux — Alt. : 510 m (TH) — C.M. 73 Pli 8

3 ch. **St-Symphorien-de-Lay 11 km.** Dans une maison ancienne, sur un site calme et agréable, sont aménagées 3 ch. d'hôtes avec salle d'eau et wc privatifs. 1 ch. rose (1 lit 140), 1 ch. myosotis (1 lit 140, 2 lits 90), 1 ch. lys (1 lit 140, 1 lit 90). Au r-d-c salle à manger, salon bibliothèque, TV à disposition des hôtes, cheminée, terrasse, salon de jardin, aire de jeux, barbecue, garage. Camping sur place. Gorges de la Loire et château de la Roche à proximité. Visite de la ferme, pêche en étang privé, pain et patisseries maison. Vue panoramique des Monts du Forez et de la Madeleine. Langue parlée : anglais.

Prix : 1 pers. **23** € 2 pers. **29** € 3 pers. **40** € repas **11** €

🐕	⚓	🎾	🏃	👥	♨	🚴	⛳	🚂	🛣
SP	1	7	SP	8	10	10	5		

André et Odile ROCHE-MERCIER - Prévieux - 42590 ST-PRIEST-LA-ROCHE - Tél. : 04 77 64 92 12

ST-SYMPHORIEN-DE-LAY Le Marthorey (TH) — C.M. 73 Pli 8

2 ch. 1 suite de 45 m² pouvant accueillir 4 personnes, à l'étage d'une maison ancienne au cœur d'un vieux hameau de paysans-tisseurs ; 1 grande ch (2 lits 90) 1 ch. bureau (canapé 90 et lit d'app 80). Vestibule, salle de bains et wc. Salle à manger, salon, TV, bibliothèque, cheminée au Rc. Terrasse, jardin d'agrément (1000 m²), salon de jardin, parking. Base de loisirs et escalade à 3 km. Table d'Hôtes sur réservation. Langues parlées : anglais, allemand, italien.

Prix : 1 pers. **31** € 2 pers. **42** € 3 pers. **54** € pers. sup. **12** €
repas **16** € 1/2 pens. **42** € pens. **54** €

Ouvert : Toute l'année.

🐕	⚓	🎾	🏃	👥	♨	🚴	⛳	🚂	🛣
1	3	3	SP	3	SP	3	14	3	

Paul et M.Josèphe BRECHIGNAC - Le Marthorey - 42470 ST-SYMPHORIEN-DE-LAY - Tél. : 04 77 64 73 65 - Fax : 04 77 64 73 65 -
E-mail : paulbrechignac@wanadoo.fr

ST-THOMAS-LA-GARDE — C.M. 73 Pli 17

1 ch. **Montbrison 5 km.** Une grande chambre d'hôtes de 30 m², au 1ᵉʳ étage dans un corps de bâtiment d'une vieille maison de caractère (ancien Prieuré du 17ᵉ), au cœur du village, avec entrée indépendante (1 lit 140, 2 lits 90 + 1 lit clos en mezzanine), avec sanitaires complets privatifs. Jardin clos de murs dominant la Plaine du Forez, avec vue sur le prieuré de St-Romain. Promenade et lac sur place.

Prix : 1 pers. **31** € 2 pers. **43** € 3 pers. **55** € pers. sup. **13** €

Ouvert : Toute l'année.

🐕	⚓	🎾	🏃	👥	♨	🚴	⛳	🚂	🛣
SP	6	10	SP	6	5	SP	15	5	5

Dominique et Jacques BELIN - Place de l'Eglise - 42600 ST-THOMAS-LA-GARDE - Tél. : 04 77 58 03 94

ST-VICTOR-SUR-LOIRE Pracoin — Alt. : 580 m — C.M. 76 Pli 8

3 ch. **Firminy et de son patrimoine Le Corbusier 6 km.** Aux portes des Gorges de la Loire, sur une des plus belles communes du département (St-Victor et son bourg médiéval, avec port, plage, plan d'eau), 3 ch. d'hôtes confortables aménagées dans une ancienne grange restaurée, toutes équipées de sanitaires privatifs. A votre disposition, parc clos avec piscine, salon, séjour. Colette vous propose un petit-déjeuner copieux servi dans l'ancienne grange ou au bord de la piscine, selon la saison. Ne proposant pas la table d'hôtes, elle vous conseillera sur les auberges et les restaurants à proximité.

Prix : 1 pers. **36** € 2 pers. **43** € pers. sup. **13** €

Ouvert : Toute l'année.

🐕	⚓	🎾	🏃	👥	♨	🚴	🎿	🚂	🛣
5	5	3	SP	SP	2	5	25	6	6	1

Colette GRIMAND - Pracoin - 42230 ST-VICTOR-SUR-LOIRE - Tél. : 04 77 90 37 95 ou SR : 04 77 79 18 49 -
E-mail : colettegrimand@club-internet.fr

Loire

Rhône-Alpes

STE-FOY-SAINT-SULPICE Les Rugneux
C.M. 73 Pli 18

2 ch. **Boen-sur-Lignon 10 km.** 2 ch. d'hôtes avec sanitaires complets privatifs et kitchenettes : 1 ch. double permettant l'hébergement d'une famille avec ch. parents (1 lit 140) avec vue sur un étang et ch. enfants (2 lits 90). 1 ch en Rc (1 lit 140, 1 lit 90) avec coin-salon. A disposition terrasse aménagée, terrain 1000 m², salon de jardin, pêche en étang privé. Petit déj. particulièrement copieux (confitures maisons fraiches!...) servi à la table familiale ou en terrasse. Sur place, possibilité d'hébergement supplémentaire dans 2 gîtes. Garage sur place.

Prix : 1 pers. 25 € ◆ 2 pers. 34 € ◆ pers. sup. 11 €
Ouvert : Toute l'année.

SP	3	8	SP	10	11	10	3	

René et Marinette BRUEL - Les Rugneux - 42110 STE-FOY-SAINT-SULPICE - **Tél. : 04 77 27 84 97**

STE-FOY-SAINT-SULPICE St-Sulpice
C.M. 73 Pli 18

3 ch. 3 ch. d'hôtes aménagées à l'étage, dans une aile de la ferme familiale, avec accès indépendant. 1 ch. (1 lit 140), 2 ch. (2 lits 90) avec leurs sanitaires privatifs complets. Possibilité lit d'appoint sur demande. Salle de séjour avec kitchenette réservée aux hôtes. A la table d'hôtes (sur réservation) vous apprécierez une cuisine familiale et authentique à base de produits de la ferme et régionaux. Terrasse aménagée, parc arboré. Chambres situées au cœur de la Plaine du Forez, avec 2 sites majeurs à 5 km : la Bastie d'Urfé et Pommiers en Forez.

Prix : 1 pers. 31 € ◆ 2 pers. 36 € ◆ pers. sup. 11 € ◆ repas 12 €
Ouvert : Toute l'année.

9	4	8	SP	12	20	9	4

Lucette et René CLAIR - St-Sulpice - 42110 STE-FOY-SAINT-SULPICE - **Tél. : 04 77 27 81 08**

LA TERRASSE-SUR-DORLAY Le Moulin Payre
Alt. : 500 m
C.M. 76 Pli 9

5 ch. Dans le Parc Naturel du Pilat, Myriam et Pierre vous accueillent dans leurs 5 chambres d'hôtes, dans une ancienne maison de maître sur un parc clos et ombragé avec piscine, étang privé, bordé par une rivière (charme et repos garantis). Toutes les chambres disposent de sanitaires complets et privatifs, et un salon est aussi à votre disposition (lecture, TV...). La maîtresse de maison, fin cordon bleu, vous convie à sa table d'hôtes (sur réservation) pour y déguster une cuisine familiale de qualité. Fort bien située entre St-Etienne et Lyon, en pleine campagne, cette étape ravira tous ceux à la recherche d'un accueil et d'un cadre de qualité.

Prix : 1 pers. 39 € ◆ 2 pers. 48/63 € ◆ pers. sup. 13 € ◆ repas 16 €
Ouvert : Toute l'année.

0,1	0,5	3	SP	SP	8	3	15	30	20	8	1,5

Myriam et Pierre MARQUET - Le Moulin Payre - 42740 LA-TERRASSE-SUR-DORLAY - **Tél. : 04 77 20 91 46**

USSON-EN-FOREZ Fromentier
Alt. : 1000 m
C.M. 76 Pli 7

E.C. 3 ch. **St-Bonnet-le-Château, Ambert et le Puy à 50 km.** Située aux portes de l'Auvergne, aux confins de 3 départements, ferme en pierres rénovée en 2000 : 3 ch. d'hôtes (1 lit 2 pers.)(1 lit 160, 1 lit 1 pers. 2 lits 80)(1 lit 2 pers. 1 lit 130) avec sanitaires complets privatifs. Salon réservé aux hôtes. Le hameau, à 1000 m d'altitude, offre un panorama à 360° sur le Forez, le Velay et l'Auvergne. Pendant que Christine vous préparera une table d'hôtes avec spécialités locales, Jean-Paul, enfant du pays, vous parlera devant la cheminée de sa région, et qui sait, vous indiquera les bons coins à champignons. Prestations et décoration de qualité, ambiance conviviale garantie.

Prix : 2 pers. 39/44 € ◆ pers. sup. 12 € ◆ repas 11 €
Ouvert : Toute l'année.

0,2	3	3	SP	3	3	15	50	30	3

Christiane et J.Paul BALEYDIER - Fromentier - 42550 USSON-EN-FOREZ - **Tél. : 04 77 50 90 50** - **E-mail : baba.family@wanadoo.fr**

USSON-EN-FOREZ Jouanzecq
Alt. : 930 m
C.M. 76 Pli 7

E.C. 5 ch. **Le Puy-en-Velay 50 km. La Chaise Dieu 35 km.** Aux portes de l'Auvergne, très belle ferme en pierres restaurée en 2001 avec 5 ch. d'hôtes équipées de leurs sanitaires complets privés. 1 ch. (2 lits 1 pers.), 1 ch. (1 lit 2 pers. 2 lits 1 pers. avec mezzanine), 1 ch. 1 lit 2 pers.), 1 ch. (1 lit 160), 1 ch. (3 lits 1 pers.). Chaque ch. dispose d'une ambiance et d'une déco personnalisées, bois et pierre. Superbe salle à manger/salon de 80 m² avec plafond à la française et cheminée. Petit déjeuner et table d'hôtes avec produits maison (potager, fromages...). Air vivifiant et repos garantis dans ce hameau facile d'accès et en pleine campagne. Garage sur place. Langue parlée : anglais.

Prix : 2 pers. 39/46 € ◆ 3 pers. 55/58 € ◆ pers. sup. 13 € ◆ repas 13 €
Ouvert : Toute l'année.

2	5	SP	5	5	5	40	45

Pascale TISSEUR - Jouanzecq - 42550 USSON-EN-FOREZ - **Tél. : 04 77 50 90 83 ou SR : 04 77 79 18 49**

LA VALLA-EN-GIER Le Moulin-Du-Bost
Alt. : 850 m
A
C.M. 76 Pli 9

3 ch. Annie et Jacques habitent au cœur du Parc Naturel Régional du Pilat, près d'1 des sites les plus prestigieux du massif : « le Saut du Gier ». 3 ch. avec douche, WC, TV, dont 1 mini studio équipé réfrigérateur, lave-linge et lave-vaisselle, l'une d'elle possède même une grande baignoire (1 lit 140)(2 lits 140)+(1 ch enfant : 1 lit 90) et (1 séjour :2 lits 90). L'intérieur de la maison est soigné et confortable : cheminée, barbecue, véranda. Extérieur fleuri avec salon de jardin. Le soir, la table d'hôtes se garnit de produits frais et de recettes familiales. Menus de 8 à 24 €.

Prix : 1 pers. 36 € ◆ 2 pers. 45 € ◆ 3 pers. 59 € ◆ pers. sup. 14 € ◆ repas 15 €
Ouvert : De Paques à la Toussaint.

SP	15	SP	10	15	15

Annie et Jacques FAURE - Le Moulin du Bost - 42131 LA-VALLA-EN-GIER - **Tél. : 04 77 20 06 72**

Rhône-Alpes
Loire

VENDRANGES Ferme de Montissut (TH) — C.M. 73 Pli 8

3 ch. **Aire de loisirs à St-Symphorien-de-Lay 11 km.** Suzanne et Jean vous accueillent dans leur ferme d'élevage. 3 ch. d'hôtes à l'étage : 2 ch. 3 épis avec sanitaires privés : 1 ch. spacieuse de 30 m² avec vue sur l'étang (1 lit 140, 2 lits 90) et 1 ch. (2 lits 90). 1 ch. (1 lit 140) 2 épis avec wc et lavabo privatifs. Pour les 3 ch., salon de lecture attenant. Poss. lit d'appoint. Salon, TV, bibliothèque, cheminée. Terrasse ombragée, aire de jeux, ping-pong... Garage pour chaque ch. Camping et pêche sur place sur l'étang. Visite de la ferme (primée au concours dép. de l'environnement). Château de la Roche et Gorges de la Loire à proximité. Langue parlée : anglais.

Prix : 1 pers. 26 € 2 pers. 34 € repas 11 € 1/2 pens. 28 €
Ouvert : Toute l'année.

SP	1	6	SP	10	10	10	15	8

Jean et Suzanne DELOIRE - Montissut - 42590 VENDRANGES - Tél. : 04 77 64 90 96

VERRIERES-EN-FOREZ Le Soleillant Alt. : 830 m (TH) — C.M. 73 Pli 17

2 ch. **2 chambres d'hôtes indépendantes dans des bâtiments anciens restaurés de la ferme.** 1 lit 140 avec salle d'eau et wc dans chacune. Coin salon avec TV et cheminée, et cuisine à votre disposition. Terrain de 10000 m², salon de jardin, garage. Visite de la ferme. Exploitation agricole en activité, avec animaux. Vaste panorama, au sud vue sur le village, à l'est vue sur la plaine du Forez, monts du Lyonnais, Pilat, à l'ouest nombreuses forêts. Calme et repos assurés. Guide touristique à la disposition des vacanciers. Retour au naturel avec les produits de la ferme. Abords fleuris toute l'année. Langues parlées : anglais, italien.

Prix : 1 pers. 31/33 € 2 pers. 40/42 € repas 13/17 €
Ouvert : Toute l'année.

SP	10	10	SP	10	SP	10	SP	10	13	13	1

Camille RIVAL - Le Soleillant - 42600 VERRIERES-EN-FOREZ - Tél. : 04 77 76 22 73

VILLEREST — C.M. 73 Pli 7

4 ch. **St-Haon-le-Chatel 18 km. Roanne 6 km.** 4 chambres d'hôtes à l'étage : (1 lit 140, 1 lit 90), lavabo et douche pour chaque chambre, 2 wc sur le palier réservés aux hôtes ainsi que salle de séjour. Terrain 300 m², salon de jardin. Restaurants et commerces sur place.

Prix : 1 pers. 20 € 2 pers. 25 € 3 pers. 33 €
Ouvert : Toute l'année.

1	1	1	SP	6	1	1	6	SP

Charles et Marinette ROCHE - 6, rue du Clos - 42300 VILLEREST - Tél. : 04 77 69 62 08

VIRIGNEUX Moulin-Cave Alt. : 600 m (TH) — C.M. 73 Pli 18

2 ch. **Chazelles-sur-Lyon 10 km (musée du chapeau).** 2 chambres d'hôtes (1 lit 140, 1 lit 90), aménagées à l'étage avec sanitaires communs. Salon, TV, bibliothèque. Terrain, salon de jardin, étang avec barque. Sentier botanique sur place.

Prix : 1 pers. 23 € 2 pers. 29 € 1/2 pens. 25 €
Ouvert : Toute l'année.

SP	SP	4	SP	10	12	12	0,3

Paulette GUBIAN - Moulin Cave - 42140 VIRIGNEUX - Tél. : 04 77 94 44 38

Rhône

GITES DE FRANCE - Service Réservation
1, rue Général Plessier - 69002 LYON
Tél. 04 72 77 17 50 - Fax 04 72 41 66 30
E.mail : gites69.adtr@wanadoo.fr
http://www.gites-de-france-rhone.com

AMPUIS — C.M. 244 Pli 2

4 ch. **Lyon, dans le parc régional du Pilat 35 km.** Mr et Mme Barge, viticulteurs vous accueillent dans leurs 4 ch. situées à l'étage de leur maison, en bordure de la RN 86, au centre du bourg d'Ampuis. Accès indépendant. 2 ch. (1 lit 2 pers.), 2 ch. (2 lits 1 pers.), poss. 1 lit suppl., douche, lavabo, wc dans chaque ch. Ch. central. Très bon confort. A l'extérieur : jardin d'agrément clos avec vue sur le vignoble en terrasse. Garage fermé. Idéal pour une étape sur la route de vos vacances. A 1.5 km de l'autoroute A7-sortie Condrieu- Sud de Lyon. Proximité immédiate de Vienne. Musée Gallo-Romain.

Prix : 1 pers. 38 € 2 pers. 46/54 € pers. sup. 11 €
Ouvert : Toute l'année.

5	5	2	SP	5	5	SP	5	5	SP

Gilles et Marie-Alice BARGE - 8 Bd des Allées - 69420 AMPUIS - Tél. : 04 74 56 13 90 - Fax : 04 74 56 10 75 -
E-mail : gilles.barges@terre-net.fr

Rhône

Rhône-Alpes

AMPUIS Verenay (TH) C.M. 244 Pli 2

3 ch. **Lyon 30 km, dans le parc régional du Pilat.** Mr Gagnor vos accueille dans ses 3 chambres d'hôtes situées dans une maison récente surplombant le Rhône. D'un accès très facile à 1 km. de la sortie d'autoroute la plus proche. 3 ch. (1 lit 2 pers., sanitaires privatifs comportant douche, lavabo, wc). Ch. central, TV, téléphone, poss. table d'hôtes. Accès indépendant. Salle commune réservée aux hôtes, coin-cuisine, poss. salon du prop. A l'extérieur : vaste terrain, terrasse. Idéal pour vos étapes. Découv. du Parc du Pilat et du vignoble Côtes Rôties. Pension et demi-pension à la semaine uniquement.

Prix : 1 pers. 39 € 2 pers. 42 € pers. sup. 16 € repas 19 €
Ouvert : Toute l'année.

🐕	🏊	🎾	🏐	🚴	🥾	🏨	⛵	🚂	⛳
2	3	0,2	SP	20	3	3	1	20	3	1

Marcel GAGNOR - Villa Montplaisir - 9 Ch. de la Viallière -Verenay - 69420 AMPUIS - Tél. : 04 74 56 16 43

AMPUIS (TH) C.M. 244 Pli 2

2 ch. **Lyon 35 km, parc du Pilat.** M-Catherine vous accueille ds ses 2 ch. d'hôtes, aménagées ds une aile de bâtiment mitoyenne à sa maison, cour intérieure, terrasses, petit jardin. Accès indépendant. 1 ch. au r.d.c. : salon avec 1 canapé convert. 2 pers., salle d'eau, wc privatifs/ étage : (1 lit 2 pers.), ch. élect., 1 ch. r.d.c.,(EC) : (1 lit 2 pers., poss. 1 lit 1 pers.), central.Sanit.privés. Salon/séjour communs avec les prop. TH sur réservat.. A 3 km Autoroute du Soleil, 6 km Vienne, une étape idéale sur la route de vos vacances. Vous pourrez découvrir le Parc du Pilat, le célèbre vignoble « Côtes Rôties ». Le meilleur accueil vous sera réservé. Langues parlées : anglais, allemand, grec.

Prix : 1 pers. 35 € 2 pers. 41 € pers. sup. 15 € repas 15 €
Ouvert : Toute l'année.

🐕	🏊	🎾	🏐	🚴	🥾	🏨	⛵	🚂	⛳
5	8	2	SP	SP	5	1	1	SP	8	8	0,5

Marie-Catherine STAVRIDIS - 1 Rue de la Brocarde - 69420 AMPUIS - Tél. : 04 74 56 03 03 ou 06 08 83 30 83 - Fax : 04 74 56 03 03 - E-mail : marie-catherine.stavridis@wanadoo.fr

LES ARDILLATS (TH) C.M. 244 Pli 2

5 ch. **Lyon 60 km, en Beaujolais** M-Thérèse et Alain vous accueillent dans leurs 5 ch. d'hôtes, aménagées ds une maison de caractère comportant aussi 2 gîtes ruraux. R.d.c. : grande pièce de jour, coin-salon (TV), sanitaires. Etage : 5 ch. avec sanitaires privés par ch. (douche, lavabo, wc). 3 ch.(1 lit 2 pers. ds chacune), 1 ch. (2 lits 1 pers.), 1 suite familiale avec 2 ch. (1 gde ch. 1 lit 2 pers (1.60), 1 lit 1 pers., 1 petite ch. séparée 2 lits 1 pers.). Ch. central, bibliothèque. TH sur réservation. Accès indépendant aux chambres. A l'extérieur : cour aménagée, salon de jardin.

Prix : 1 pers. 34 € 2 pers. 39 € pers. sup. 14 € repas 15 €
Ouvert : Toute l'année sauf janvier.

🐕	🏊	🎾	🏐	🚴	🥾	🏨	⛵	🚂
19	19	5	SP	10	5	5	5	19	3

M.Thérèse et Alain BONNOT - Le Bourg - 69430 LES-ARDILLATS - Tél. : 04 74 04 80 20 - Fax : 04 74 04 80 20

ARNAS Château de Longsard (TH) CB C.M. 244 Pli 2

5 ch. Alexandra vous accueille dans 5 chambres d'hôtes de caractère, aménagées dans un château du XVIII°, entouré d'un vaste jardin « à la Française ». A l'étage, toutes les chambres sont meublées avec goût et sont équipées de sanitaires privatifs. 3 ch. (1 lit 2 pers. 1.80 x 2.00 ds chacune), 2 suite avec 1 lit 2 pers. ds chacune, salon privatif. Vaste séjour et salon communs à la disposition des hôtes. Table d'hôtes sur réservation. A l'extérieur, vous pourrez vous promener ds le parc, parking fermé. Ping-pong, badminton, trampoline, balades. Langues parlées : anglais, espagnol.

Prix : 2 pers. 96 € 3 pers. 116 € pers. sup. 15 € repas 32 €
Ouvert : Toute l'année.

🐕	🏊	🎾	🏐	🚴	🥾	🏨	⛵	🚂	⛳
5	SP	1	SP	SP	0,5	SP	SP	20	SP	8	1,5

Alexandra et Olivier DU MESNIL DU BUISSON - Chateau de Longsard - 69400 ARNAS - Tél. : 04 74 65 55 12 - Fax : 04 74 65 03 17 - E-mail : longsard@wanadoo.fr.

AVENAS La Croix du Py   Alt. : 762 m (TH) C.M. 244 Pli 2

3 ch. Au cœur du Ht Beaujolais, tranquillité, dépaysement, nature seront une halte sur votre chemin, Florence et Patrick vous accueillent dans leurs 3 ch. de ce corps d'une ancienne ferme rénovée en pleine nature. 3 ch. sont aménagées, à l'ét., ds une maison indép. mitoy. à la maison des prop. 1 lit 2 pers., 1 lit 1 pers. de chaque ch., s.d.e/wc ds les ch. 1 ch. famille ds la maison des prop. (1 lit 2 pers.), 1 lit 1 pers., lit bébé, poss. lits suppl.), s.d.b/wc privés. Séj./coin-cuisine réservés aux hôtes, four à pains. TH sur réservat.. Gds espaces, s.de jard., jeux d'enf., ping-pong, pétanque, produits du terroir, ch. famille 58 €.

Prix : 1 pers. 30 € 2 pers. 40 € pers. sup. 12 € repas 15 €
Ouvert : Toute l'année.

🐕	🏊	🎾	🏐	🚴	🥾	🏨	⛵	🚂	⛳
	20	15	6	SP	SP	8	6	10	20	3

Florence et Patrick VACHER - la Croix du Py - 69430 AVENAS - Tél. : 04 74 04 76 92 ou 06 19 28 35 25 - Fax : 04 74 04 74 57 - E-mail : p.vacher@free.fr - http ://p.vacher.free.fr

AVENAS   Alt. : 700 m (TH) C.M. 244 Pli 2

E.C. 4 ch. Isabelle et Philippe vous reçoivent ds leur maison d'hôtes, de caractère, située de le petit village d'Avenas. R.d.c. : séjour/salon communs. Et. 1 suite familiale (1 ch. 1 lit 2 pers., 1 ch. 1 lit superp.), sanit. privés de la ch. Et. sup. : 2 ch. (1 ch. 1 lit 2 pers., 1 ch. 1 lit 2 pers., 2 lits 1 pers.), poss. lit bébé, sanit. privés de chacune. Ext. : terrain champêtre, clos. Parking. Site touristique (Notre Dame d'Avenas). A la TH, vous pourrez déguster les spécialités d'Isabelle, découvrir la cuisine Beaujolaise, ds la bonne humeur. Idéal p une étape, un séjour en Haut Beauj., à 2 pas des vignes. Repas enf. 8 €. Langue parlée : anglais.

Prix : 1 pers. 35 € 2 pers. 40 € 3 pers. 55 € pers. sup. 13 € repas 16 €
Ouvert : Toute l'année.

🐕	🏊	🎾	🏐	🚴	🥾	🏨	⛵	🚂
	15	20	5	SP	10	5	6	8	8	15

Philippe et Isabelle TOTARO/VIGNON - Le Bourg - 69430 AVENAS - Tél. : 04 74 69 90 64 - Fax : 04 74 69 90 64 - E-mail : maison avenaudis@aol.com

Rhône-Alpes — Rhône

BAGNOLS Saint-Aigues
C.M. 244 Pli 2

3 ch.

Au cœur du Beaujolais, Jean-Paul, vous accueille dans ses ch. d'hôtes ds une maison de caractère, en pierres dorées. R.d.c. : vaste pièce de jour (50 m^2), cheminée, salon, cuisine équipée, sanitaires. Et. : 3 ch., sanit. privés ds chaque ch. (douche, lavabo, wc). 1 ch. (1 lit 2 pers.), 1 ch. (2 lits 1 pers.), 1 ch. (1 lit 2 pers., 1 lit superposé), ch. central. Vue sur le vignoble, les Monts du lyonnais. Parking, pelouse, salon de jardin. S.pl. visite de cave, vente de vins. Poss. location de la salle de jour (40 pers.). Proximité château de Bagnols. Idéal pour une étape, un séjour en Beaujolais.

Prix : 1 pers. 37 € 2 pers. 41 € pers. sup. 12 €
Ouvert : Toute l'année.

12	15	1	SP	3	1	SP	25	8	1

Jean-Paul GRILLET - Saint-Aigues - 69620 BAGNOLS - Tél. : 04 74 71 62 98 ou 06 84 79 35 00 - Fax : 04 74 71 62 98 - E-mail : jp.grillet@wanadoo.fr

BEAUJEU Morne
C.M. 244 Pli 2

2 ch.

Lyon 60 KM en Beaujolais. Philippe et Marie vous accueillent ds leur maison située en plein cœur du vignoble beaujolais. Ds une aile de bâtiments avec entrée indép. et salle commune réservée aux hôtes. 2 ch. : 1 ch. à l'ét. 3 épis NN, (2 lits 1 pers.), une ch. sanit. privés. Rez-de-chaussée : ch. familiale en duplex, 3 épis NN, (1 lit 2 pers., 2 lits 1 pers., 1 lit 110, 2 lits bébé), sanit. privés. Poss. lit suppl. pour enf. 4 pers. 55 €, 5 pers. 64 €. A l'extérieur : cour commune, jardin avec jeux d'enfants. Restaurant à 500 m. Langues parlées : anglais, espagnol.

Prix : 1 pers. 30 € 2 pers. 35 € 3 pers. 46 €
Ouvert : Toute l'année.

15	15	4	SP	10	1	SP	13	1

Philippe et Marie LAPRUN - Chantemerle En Morne - 69430 BEAUJEU - Tél. : 04 74 04 89 26

BELLEVILLE-SUR-SAONE La Combe
C.M. 244 Pli 2

4 ch.

Lyon 45 km, en Beaujolais Frédérique et Jacky, viticulteurs, vous accueillent dans leurs 4 ch. d'hôtes situées dans une maison ancienne. Accès indép. Et. : 2 ch. (1 lit 2 pers.), 1 ch. (1 lit 2 pers., 1 lit superposé), 1 ch. (2 lits 1 pers.). Lavabo, douche, wc privatifs dans chaque chambre. Petit coin-cuisine réservé aux hôtes, barbecue. Salon et séjour communs. Ch. électrique, TV. Grande cour fermée. Parking. Dégustation et vente de vins à la propriété. Idéal pour une étape sur la route des vacances. A 4 kms. de la sortie d'autoroute « Belleville » (A 6).

Prix : 1 pers. 30 € 2 pers. 40 € 3 pers. 52 € pers. sup. 12 €
Ouvert : Toute l'année.

2	2	SP	15	1	SP	2	2	2

Frédérique et Jacky PIRET - La Combe - 69220 BELLEVILLE-SUR-SAONE - Tél. : 04 74 66 30 13 - Fax : 04 74 66 08 94

BLACE Berne
C.M. 244 Pli 2

4 ch.

Lyon 40 km, en Beaujolais Eric vous accueille ds ses 4 ch. d'hôtes, situées en plein cœur du vignoble, à qq km. de Villefranche. Aménagées dans une aile de bâtiment complètement indépendant. Au r.d.c., vous pourrez profiter de la pièce de jour réservée aux hôtes (avec petit coin-cuisine) qui donne sur la piscine. Toutes les ch. sont équipées de sanit. indép. (douche,lavabo,wc). 2 ch. (1 lit 2 pers., 1 lit 1 pers.), 1 suite de 2 ch. (2 lits 1 pers, 1 lit 2 pers.). A l'ét. : 2 ch. (1 lit 2 pers, 2 lits 1 pers., 1 lit bébé). S.pl. : location VTT, table de ping-pong, randonnées. Langue parlée : anglais.

Prix : 1 pers. 38 € 2 pers. 47 € 3 pers. 61 € pers. sup. 14 €
Ouvert : Toute l'année.

SP	10	0,8	SP	SP	8	0,2	10	1

Eric ENCRENAZ - « Au milieu des vignes » - Berne - 69460 BLACE - Tél. : 04 74 67 59 69 - Fax : 04 74 67 59 69 - E-mail : eric.encrenaz@wanadoo.fr - http ://perso.wanadoo.fr/aumilieudesvignes

BLACE Charpenay
C.M. 244 Pli 2

3 ch.

Sur leur domaine viticole, au cœur du Beaujolais, Patrick et M.Paule BOSSAN, viticulteurs, vous accueillent ds une ancienne maison vigneronne restaurée. 3 ch. d'hôtes de caractère, au rez-de-ch., ouvertes sur les vignes. 2 ch. 2 pers. (1 lit 1.60, pos. lit bébé), 1 ch. familiale (2 lits 1 pers., 1 lit superp., poss. 1 lit d'appoint ou bébé). Sanitaires privés ds chaque ch., salle de détente (TV, jeux, lecture). Petit-déjeuner servi en famille de la salle à manger des prop. ou ds le jardin. Petit camping à la ferme (6 emplacements) sur place. Prix 4 pers. : 70 €. Langue parlée : anglais.

Prix : 1 pers. 32 € 2 pers. 43 € 3 pers. 58 € pers. sup. 12 €
Ouvert : Toute l'année.

8	10	3	SP	4	SP	10	3

M.Paule et Patrick BOSSAN - Route de Salles - Blaceret - 69460 BLACE - Tél. : 04 74 67 56 36 - Fax : 04 74 60 55 23 - E-mail : patrick.bossan@wanadoo.fr - http ://www.gite-prop.com/69/2081

BRIGNAIS Domaine de Cheron
(TH) *C.M. 244 Pli 2*

5 ch.

J-Paul et Sylvie vous accueillent ds le calme et la verdure de leur propriété. 4 ch. d'hôtes, toutes avec sanitaires/wc privés, aménagées dans le corps de ferme à côté de leur demeure. R.d.c. : pièce de jour, salon réservés aux hôtes. 1 ch. (2 lits 1 pers.). Et. : 3 ch. (1 ch. 1 lit 2 pers., 1 ch. 1 pers., 1 ch. 1 lit 2 pers., 1 lit 1 pers., poss. 2 lits supp. pr enf.). En été, 1 ch. suppl. au r.d.c. (1 lit 2 pers., 1 lit 1 pers.), s.d.b/wc privés. Cour/s. de jard., parc arboré, parking fermé. Poss. location de salles équipées. Idéal pr professionnels. Tarifs spéciaux longs séjours. Langues parlées : anglais, espagnol.

Prix : 1 pers. 38/43 € 2 pers. 46/53 € pers. sup. 12 € repas 18 €
Ouvert : Toute l'année.

SP	2	SP	5	1	2	2

Sylvie et Jean-Paul VEYRARD - Au Domaine De Cheron - 33 Route De Soucieu-D25 - 69530 BRIGNAIS - Tél. : 04 72 31 06 62 ou 06 11 86 62 80 - Fax : 04 72 31 90 92 - E-mail : aducheron@wanadoo.fr - http ://www.multimania.com/aducheron

Rhône

Rhône-Alpes

BRULLIOLES Le Pitaval
Alt. : 600 m — C.M. 244 Pli 2

5 ch. En plein cœur des Monts du Lyonnais, dans une ferme de caractère restaurée, Pierre et gérard GAREL, tous deux agriculteurs sur l'exploitation vous accueillent. Les 5 ch. d'hôtes sont aménagées, ds une maison en pierres complètement indépendante. Au r.d.c., cuisine toute équipée à disposit. des hôtes, vaste pièce de jour (50 m²), coin-salon. 1 ch. (2 lits 1 pers., 1 lit superp.), 2 ch. (1 lit 2 pers., 1 lit superp.), 1 ch. (3 lits 1 pers. dont 2 superp.), 1 ch. accessible handicapé (1 lit 2 pers., 1 lit d'appoint 1 pers.). Sanit. privés ds chaque ch.. Poss. groupes en gestion libre. A 500 m, auberge à la ferme.

Prix : 1 pers. **32 €** 2 pers. **40 €** 3 pers. **52 €** pers. sup. **12 €**
Ouvert : Toute l'année.

9	25	3	SP	9	9	0,2	9	3

Gérard et Pierre GAREL - GAEC du Pitaval - La Grange - 69690 BRULLIOLES - Tél. : 04 74 70 53 28 ou 06 07 48 22 77 - Fax : 04 74 70 53 28 - E-mail : gaec.pitaval@wanadoo.fr

BULLY Le Chêne Patouillard
(TH) — C.M. 244 Pli 2

5 ch. Isabelle et Michel vs accueillent ds leurs 5 ch. d'hôtes personnalisées et aménagées avec goût, au pays des Pierres Dorées. Très calme, vue dégagée. Accès aux ch. indép., réparties sur 2 ét. : 3 ch. (1 lit 2 pers., 1 lit 1 pers. chacune), 1 ch. style Renaissance (1 lit 2 pers.), 1 ch. familiale (2 lits 2 pers., 1 lit 1 pers.), s. d'eau/wc indép.dans chacune. Poss. lit suppl.. Ch. central. R.d.c. : grande salle réservée aux hôtes (56 m²) avec coin-détente, cheminée. A l'ext. : terrasse, salon de jardin, parking. Table d'hôtes sur réservation. (Repas enfant 7 €). S.pl. : gîte rural, animaux de la ferme. Langue parlée : anglais.

Prix : 1 pers. **34/39 €** 2 pers. **39/49 €** 3 pers. **56/60 €** repas **13 €**
Ouvert : Toute l'année.

5	35	2	SP	5	0,2	0,5	2	35	5	2

Isabelle et Michel BIRON - Le Chêne Patouillard - 69210 BULLY - Tél. : 04 74 26 89 50 ou 06 62 05 89 50 - Fax : 04 74 26 84 98 - E-mail : chenepatouillard@free.fr - http : //chenepatouillard.free.fr

CENVES Serrières
(TH) — C.M. 244 Pli 2

2 ch. **Lyon 70 km, en Beaujolais.** Dans un cadre campagnard et reposant, Jocelyne et Denis vous accueillent ds leur fermette située à 5 km. de la Roche de SOLUTRE. 2 ch. d'hôtes à l'étage avec accès indép. : 1 ch. (2 lits 1 pers., poss. 1 lit 1 pers.) et 1 ch. (2 lits 1 pers.superp., 1 lit 2 pers.). Pour chacune, salle d'eau et wc privés. Ch. élect. et bois. Au r.d.c. : salle d'hôtes, TV. Doc. touristique. Parking fermé. Jeux d'enf.. TH sur réserv.. Casse-croûte campagnard, dégustation des fromages de chèvres de l'exploitation, coin-cuisine. Route des vins Maconnais, Beaujolais, châteaux, églises romanes, musées, Mâcon, Cluny. Prix 4 pers./52 €. Repas enf./7 €. Langue parlée : anglais.

Prix : 1 pers. **27 €** 2 pers. **37 €** 3 pers. **46 €** repas **7/13 €**
Ouvert : Toute l'année.

15	10	5	SP	15	5	1	15	11	5

Jocelyne PRUNOT - Serrières - La Bruyère - 69840 CENVES - Tél. : 03 85 35 70 72

CERCIE-EN-BEAUJOLAIS Saint-Ennemond
C.M. 244 Pli 2

3 ch. **Lyon 50 km en Beaujolais.** Au hameau de Saint-Ennemond, Marie et Christian vous accueillent dans leurs 3 ch. d'hôtes de très bon confort, aménagées avec goût, sur leur domaine viticole. Accès indépendant. Rez-de-ch. : salle commune avec cheminée. 1 ch. (2 lits 1 pers.). Etage : 2 ch. (1 ch. 1 lit 1.60, 1 lit 1.20) ; 1 ch. (2 lits 1 pers., 1 lit superp. 2 pers., poss.lit bébé). Sanitaires privés de chaque ch. avec douche, lavabo, wc. Proche RN6 et sortie Autoroute A6 Belleville S/Saone. Possibilité de découvrir les différents terroirs beaujolais. Langue parlée : anglais.

Prix : 1 pers. **39 €** 2 pers. **45 €** pers. sup. **16 €**
Ouvert : Toute l'année.

4	4	2	SP	15	SP	SP	4	2

Marie et Christian BEREZIAT - St-Ennemond - 69220 CERCIE-EN-BEAUJOLAIS - Tél. : 04 74 69 67 17 - Fax : 04 74 69 67 29 - E-mail : christian.bereziat@wanadoo.fr

CHAPONOST Le Ronzère
(TH) — C.M. 244 Pli 2

3 ch. **Lyon 10 km.** Jean-Claude vous accueille dans sa maison d'hôtes, une ancienne ferme rénovée de caractère, située à 10 km. du centre de Lyon. Au r.de.ch. : 2 ch. avec 1 lit 1.60 chacune et sanit. privés de chaque ch. avec douche, lavabo, wc. Ch. électrique. Accès indépend.. Et. : 1 ch. (1 lit 1 pers.), sanitaires privés de la ch. avec baignoire, lavabo, wc. Ch. central. Poss. lit bébé. Grand séjour avec coin-salon et coin TV en mezzanine à la disposition des hôtes. Bibliothèque. Tél. (carte France Telecom). Table d'hôtes sur réservation. Grand parc paysager, terrasse, salon de jardin, barbecue. Parking fermé. Idéal pour déplacements prof., étapes tourisme. Langue parlée : italien.

Prix : 1 pers. **40 €** 2 pers. **52 €** repas **14 €**
Ouvert : Toute l'année.

3	2	SP	3	3	2	2

Jean-Claude BRUN - 32 Rue F.Ferroussat - 69630 CHAPONOST - Tél. : 04 78 45 42 03

CHARENTAY Les Combes
C.M. 244 Pli 2

5 ch. Christine et Denis DUTRAIVE, viticulteurs vous accueillent dans leurs 5 ch. de caractère, située ds un bât. mitoyen à leur maison et leur exploitat. viticole. Au r.d.c., vous pourrez profiter d'une vaste pièce de jour (60 m²), réservée aux hôtes, sanit.. Et. : vaste salon/bibliothèque. Les 5 ch. sont équipées de sanit. indép. (douche, lavabo/wc séparés). 3 ch. (1 lit 2 pers. ds chacune), 2 ch. (1 lit 2 pers., 1 lit 1 pers.) ; Vous pourrez vous détendre à la vaste parc dominé par la « tour de la Belle-Mère », profiter de la piscine (s.pl. dés 2001), déguster du vin ds l'une des plus belles caves du Beaujolais.

Prix : 1 pers. **52 €** 2 pers. **58 €** 3 pers. **72 €**
Ouvert : Toute l'année.

SP	5	1,5	SP	5	1	1,5	SP	5	0,8

Christine et Denis DUTRAIVE - « La Tour de la belle-mère » - Les Combes - 69220 CHARENTAY - Tél. : 04 74 66 82 21 - Fax : 04 74 66 82 21

Rhône-Alpes **Rhône**

CHARNAY Les Verdelières (TH) — C.M. 244 Pli 2

2 ch. Au Pays des « Pierres Dorées », dans un petit hameau, en plein cœur des vignes, Béatrice et Claude vous accueillent dans leurs deux chambres d'hôtes, aménagées à l'étage de leur maison, une superbe demeure de caractère, en pierres avec jardin fleuri. 1 ch. (1 lit 2 pers., 1 lit 1.20.), s.d.e/wc privatifs dans la chambre. 1 ch. (1 lit 2 pers.), s.d.b./wc indép. Salon et vaste séjour à la disposition des hôtes. Table d'hôtes sur réservation. Terrain clos, parking. Idéal pour votre étape ou séjour en Beaujolais. Tarif spécial enf.- de 10 ans. Langues parlées : anglais, espagnol.

Prix : 1 pers. 38 € 2 pers. 44 € pers. sup. 12 € repas 18 €
Ouvert : Toute l'année.

10	12	6	SP	8	10	4	0,3	6	12	4	1

Béatrice et Claude MARTIN - Le Clos des Lavandes - Les Verdelières - 69380 CHARNAY - Tél. : 04 78 47 98 68 ou 06 07 74 56 43 -
E-mail : klaudio@libertysurf.fr

CHATILLON-D'AZERGUES Le Suc (TH) — C.M. 244 Pli 2

2 ch. Sylvie et Jean-Philippe vous accueillent dans leur maison restaurée au cœur des Pierres Dorées. Dans une ancienne grange rénovée, mitoyenne à leur habitation ; deux chambres d'hôtes. A l'étage, 1 ch. (1 lit 1.60 x 2.00), cheminée, salle d'eau et wc privés. Au r.d.c., 1 ch. (1 lit 1.60 x 2.00, 1 lit pers.), s.d.e et wc privés. Séjour, salon commun ds leur maison. Cour intérieure, salon de jardin, ping-pong. Ils vous accueilleront à leur table où Sylvie vous préparera de bons petits plats, dans une ambiance chaleureuse et sympathique, idéal pour une étape ou un séjour en Beaujolais. Langue parlée : anglais.

Prix : 1 pers. 35 € 2 pers. 45/49 € pers. sup. 13 € repas 14 €
Ouvert : Toute l'année.

5	20	1	SP	3	1	2	20	6

Sylvie, J.Philippe CHATELET/GINET - Le Suc - 69380 CHATILLON-D'AZERGUES - Tél. : 04 72 54 23 72 - Fax : 04 72 54 23 72

CHENAS Château Lambert (TH) CB — C.M. 244 Pli 2

4 ch. Imaginez-vous sous l'ombre fraîche de la treille, le regard perdu sur ce vignoble, les roses, le potager, ceci, Amis Hôtes, vous ne l'aurez qu'à LAMBERT. Au r.d.c. la suite de la Chapelle : antichambre, bibliothèque (cheminée), 1 ch. 1 lit 2 pers., s. de douche/wc privés. La Grand'suite au bel étage : antichambre-salon (poêle), 1 ch. 1 lit à baldaquin et cheminée. S.d.bains privative avec wc. La chambre de l'Alcôve (1 lit double), s.d.e et wc privés. Vigne, cave, chai du domaine. terrasse, jardin, parking. Table d'hôtes sur demande. Moulin-A-Vent Clos du Château Lambert. Langues parlées : anglais, allemand.

Prix : 2 pers. 75/115 € repas 23 €
Ouvert : Toute l'année.

15	5	5	SP	9	5	18	12	4

Marty FRERIKSEN - Chateau Lambert - 69840 CHENAS - Tél. : 04 74 06 77 74 - E-mail : contact@chateau-lambert.com -
http://www.chateau-lambert.com

CHENELETTE La Nuizière Bas — C.M. 244 Pli 2

1 ch. Lyon 65 km en Beaujolais vert. Juliette et Louis Prothery vous accueillent dans leur ch. d'hôtes, situées ds leur maison, en bordure de la forêt. A l'étage : 1 ch. (1 lit 2 pers., 1 lit 1 pers., 1 lit enfant), salle de bains/wc privatifs non attenants. Ch. central. Très calme. Tout autour des prés et une petite rivière. Sur place : deux gîtes ruraux. Restaurants à 3 et 7 km.

Prix : 2 pers. 34 € 3 pers. 41 €
Ouvert : Toute l'année.

20	3	2	SP	25	3	5	2

Juliette et Louis PROTHERY - La Nuizière du Bas - 69430 CHENELETTE - Tél. : 04 74 03 61 86

CHEVINAY Les Verchères — C.M. 244 Pli 2

2 ch. A mi-hauteur entre la Vallée de la Brévenne et le Col de la Luère, Catherine, Dominique et leurs enfants vous recevront dans leur ferme typique du début du XVIII° siècle, pour votre étape ou séjour dans le Lyonnais. Dans une dépendance, 2 ch. à l'étage, dc chacune (1 lit 2 pers., 1 lit 1 pers., poss. lit 1 pers. supp. et lit bébé) : s.d.e./wc indép.). Poss. accès indépendant. Salle commune de caractère où vous serez servis les petits déjeuners avec coin-salon/coin-cuisine. A l'extérieur : vaste cour commune ombragée, salon de jardin. Le meilleur accueil vous sera réservé. Langue parlée : anglais.

Prix : 1 pers. 32 € 2 pers. 40 € pers. sup. 12 €
Ouvert : Toute l'année.

5	25	SP	5	1	10	25	8	4

Catherine, Dominique ROESCH - Les Verchères - 69210 CHEVINAY - Tél. : 04 37 58 01 51 ou 06 83 01 46 43 - Fax : 04 74 01 56 59 -
E-mail : dominique.roesch3@libertysurf.fr

CHIROUBLES Domaine de la Grosse Pierre CB — C.M. 244 Pli 2

5 ch. Lyon 60 km, en Beaujolais. Véronique et Alain, viticulteurs vous accueillent ds leurs 5 ch. d'hôtes de grand confort aménagées ds leur maison beaujolaise de caractère. Entrée indépendante. Etage : 5 ch. (2 ch. avec 2 lits 1 pers. chacune), 3 ch. avec 1 lit 2 pers. chacune), sanitaires privés ds chaque ch. Poss. lit bébé et enf. R.d.c. : grde salle commune, cheminée, salon réservé aux hôtes. Ch. central. Piscine de la propriété. Terrasse. Grde cour ombragée. Poss. garage. Dégustation et vente de vins à la propriété. Vue imprenable sur le vignoble. Idéal pour une étape ou un séjour en Beaujolais. Langue parlée : anglais.

Prix : 1 pers. 40 € 2 pers. 50 €
Ouvert : Toute l'année sauf décembre et janvier.

SP	18	2,5	SP	10	15	12	SP	18	10	2,5

Véronique et Alain PASSOT - Domaine De La Grosse Pierre - 69115 CHIROUBLES - Tél. : 04 74 69 12 17 - Fax : 04 74 69 13 52 -
E-mail : apassot@terre-net.fr

Rhône
Rhône-Alpes

CLAVEISOLLES
Alt. : 500 m — C.M. 244 Pli 2

2 ch. Les 2 chambres : aménagées dans une maison de caractère, mitoyenne à celle des prop. Dans le village de Claveisolles. R.d.c. : séjour réservé aux hôtes, petit coin-cuisine. Etage : 2 ch. (1 ch. 1 lit 2 pers., 2 lits 1 pers. d'appoint; 1 ch. 1 lit 2 pers.), sanit. indép. ds chaque ch. (douche, lavabo, wc). Les ch. donnent sur un petit balcon avec vue sur le village. Ch. central et électrique. Terrain aménagé non clos, pelouse, portique, parking. Restaurants à proximité. Le meilleur accueil vous sera réservé pour votre étape ou séjour en Beaujolais vert.

Prix : 1 pers. **32** € 2 pers. **38** € pers. sup. **9** €
Ouvert : Toute l'année.

	🏊	🍴	🎾	🚶	🚴	🎣	🏇	🏨	⛷	🚂
	25	25	0,2	SP	6	15	0,2	20	5	SP

Christiane et Noël RAMPON - Le Bourg - 69870 CLAVEISOLLES - Tél. : 04 74 02 02 12 - Fax : 04 74 02 02 12

COISE
Alt. : 690 m — A — CB — C.M. 244 Pli 2

4 ch. **Lyon 45 km en Lyonnais** 4 chambres d'hôtes situées à l'étage d'une maison de village comportant aussi épicerie, café et auberge. 1 ch. (1 lit 2 pers.) avec salle d'eau et wc privés, 2 ch. (1 ch. 2 lits 1 pers., 1 ch. 1 lit 2 pers.) avec salle d'eau privée ds chaque ch., wc communs, 1 ch. (1 lit 2 pers., 1 lit 1 pers.) avec salle d'eau et wc privés. Poss. lits supp., lit bébé à disposition. Poss. pension et demi-pension. Point-phone. 2 chambres disposent d'une TV.

Prix : 1 pers. **27/31** € 2 pers. **30/35** € 3 pers. **46** € pers. sup. **11** € repas **9** €
Ouvert : Toute l'année.

	🏊	🍴	🎾	🚶	🚴	🎣	🏇	🏨	🚂
	4	4	SP	SP	SP	2	4	23	SP

M. Mileto MAIRIE DE COISE - Bourgeon - Le Relais du Petit Coisataire - 69590 Coise - Tél. : 04 78 44 49 90

COLLONGES-AU-MONT-D'OR
C.M. 244 Pli 3

1 ch. A 10 mn du centre de Lyon, en pleine verdure, dans ce village de réputation internationale (P.Bocuse y a son restaurant), Françoise et Martin Raynaud vous accueillent dans leur maison ancienne restaurée avec goût. A l'étage : une chambre spacieuse (1 lit 2 pers.), TV, avec en r.d.c. une salle de bains privée (bains et douche/wc séparé) donnant sur le jardin. Les petits déjeuners sont servis sous la véranda ou dans le jardin, en fonction de la saison. Parking. Idéal pour un déplacement touristique ou professionnel à proximité de Lyon. Le meilleur accueil vous sera réservé. Langue parlée : anglais.

Prix : 1 pers. **73** € 2 pers. **84** €
Ouvert : Toute l'année.

	🏊	🍴	🎾	🚶	🚴	🎣	🏇	🏨	🚂
	2	10	0,5	SP	10	10	10	10	0,5

Françoise et Martin RAYNAUD - 7 rue Georges Clémenceau - « Le Platane » - 69660 COLLONGES-AU-MONT-D'OR - Tél. : 04.78.22.02.58 ou 06.63.14.12.52 - E-mail : martin.raynaud@insa-lyon.fr

CONDRIEU Côte de Chatillon
C.M. 244 Pli 3

2 ch. **Lyon 45 km, dans le parc naturel régional du Pilat.** 2 chambres aménagées ds une villa, avec vue magnifique sur le Rhône. A l'étage : 1 ch. (1 lit 2 pers., 2 lits 1 pers. ds une alcôve fermée), 1 ch. (1 lit 2 pers.) sanitaires privés ds chaque ch.. Salle de séjour/salon, cheminée, TV. Jardin d'agrément, vaste terrasse, salon de jardin, parking, garage. Idéal pour une étape ou un séjour sur la route des vacances. Promenades du Massif du Pilat, vieux villages, cités gallo-romaines, médiévales (Vienne 12 km, Lyon 48 km), vins Condrieu, Côtes-Rôties, Condrieu, St Joseph. Fruits. Le meilleur accueil vous sera réservé.

Prix : 1 pers. **38** € 2 pers. **43** € pers. sup. **18** €
Ouvert : Toute l'année.

	🏊	🍴	🎾	🚶	🚴	🎣	🏇	🏨	⛷	🚂
	3	2	3	SP	3	3	SP	2	3	2

Juliette FONT - Cote Chatillon - 69420 Condrieu - Tél. : 04 74 87 88 27

CONDRIEU Montée de la Caille
(TH) — C.M. 244 Pli 3

2 ch. **Lyon 45 km, dans le parc naturel régional du Pilat.** Dans le Parc Naturel Régional du Pilat, 2 ch. d'hôtes aménagées au r.de terrasse de la maison du prop, avec terrasse et jardin, vue panoramique sur le Rhône. Accès indépendant : 1 ch. (1 lit 2 pers., 2 lits 1 pers., s.d.e. privative de la ch., wc privé non attenant). 1 ch. (1 lit 2 pers., 1 lit bébé, sanit. privatifs attenants spacieux). Salle de séjour avec coin cuisine entièrement équipé réservé aux hôtes. Terrasse, jardin, salon de jardin. Anglais et italien parlés. Table d'hôtes sur réservation, repas enfant : 10 €. Prêt gratuit de plans, guides et cartes. Langues parlées : anglais, italien.

Prix : 1 pers. **30** € 2 pers. **40** € pers. sup. **13** € repas **15** €
Ouvert : Toute l'année.

	🏊	🍴	🎾	🚶	🚴	🎣	🏇	🏨	⛷	🚂
	2	2	2	SP	SP	4	SP	20	2	0,7

Joel et Monique CHOSSON - Montée de la Caille - 69420 CONDRIEU - Tél. : 04 74 59 58 09 ou 06 87 35 68 39 - Fax : 04 74 59 58 09 - E-mail : monique.chosson@free.fr

COURZIEU Les Gouttes
(TH) — C.M. 244 Pli 2

5 ch. **Lyon 28 km, dans le Lyonnais.** M. et Mme Bonnepart vous accueillent ds leurs 5 ch. situées ds un corps de bâtiments mitoyen à leur maison, au r.d.c., avec entrée indépendante. Pour une étape, un week-end ou un séjour, 3 ch. (1 lit 2 pers.), 2 ch. (3 lits 1 pers.), poss. lits suppl. et lit enf. Sanitaires complets dans chaque ch. Salle de séjour, coin-cuisine, coin-salon, TV réservés aux hôtes. Terrasse, terrain, salon de jardin, barbecue. Anglais et italien parlés. Sur place : un gîte rural. Langues parlées : anglais, italien.

Prix : 1 pers. **30** € 2 pers. **40** € 3 pers. **53** € pers. sup. **13** € repas **13** €
Ouvert : Toute l'année.

	🏊	🍴	🎾	🚶	🚴	🎣	🏇	🏨	⛷	🚂
	2	10	3	SP	10	12	7	20	6	3

Madeleine et Georges BONNEPART - Les gouttes - 69690 COURZIEU - Tél. : 04 74 70 80 74 ou 06 83 90 49 97 - Fax : 04.74.70.80.74

Rhône-Alpes   **Rhône**

DAREIZE La Croix   *C.M. 244 Pli 2*

2 ch. La famille Mahieux vous ouvre les portes de « La Linotière » : 2 belles ch., totalement indépend., aménagées à l'ét. Un corps de bâtiment mitoyen à la maison. Chez « l'hirondelle », 1 ch. sur mezzanine (1 lit 2 pers., 1 lit 1 pers;) au dessus d'un gd séjour, cheminée (2 lits 1 pers.), s.d./wc privés, réfrig. poss. canapé convert. Chez « l'hibou », 1 ch. (1 lit 2 pers./poss. lit bébé), séjour (poss. 1 canapé convert.), s.d.e/wc privés, réfrig. Terrasse, vue magnifique, cour intér., parking. Auberge 300 m. Idéal pr découvrir la région. Langue parlée : anglais.

Prix : 1 pers. 38 € 2 pers. 43 € pers. sup. 12 €
Ouvert : Toute l'année.

| | 8 | 20 | 3 | SP | 8 | 12 | 0,5 | 20 | 8 | 5 |

Jean-Wilfried et Claire MAHIEUX - La Linotière - La Croix - 69490 DAREIZE - Tél. : 04 74 05 70 45 - Fax : 04 74 05 70 50 -
E-mail : jclinotiere@wanadoo.fr - http://www.dareize.com

DENICE Pouilly-Le-Chatel   *C.M. 244 Pli 2*

1 ch. En plein beaujolais, à 8 km de Villefranche/Saône, M. et Mme CHEVALIER vous accueillent ds leur ch., maison de caractère (1 lit 2 pers., s. d'eau/wc privés ds la ch.. Petit déjeuner sur la terrasse privative, ds le jardin face aux vignes. Les propriétaires, producteurs de Beaujolais vous ferons déguster leur vin de la cave du domaine. Ils vous réserveront le meilleur accueil et vous prépareront de bons petits plats à la table d'hôtes (sur réservation). Cour intérieure, pelouse, parking. Langues parlées : anglais, espagnol.

Prix : 1 pers. 54 € 2 pers. 61 € repas 20 €
Ouvert : Toute l'année.

| | 8 | 10 | 5 | SP | 5 | SP | 10 | 8 |

SYLVAINE ET BRUNO CHEVALIER - POUILLY-LE-CHATEL - 69640 DENICE - Tél. : 04 74 67 41 01 - Fax : 04.74.67.37.86 -
E-mail : br.chevalier@free.fr

EMERINGES Aux Benons

2 ch. Lyon 70 km, en Beaujolais. Jean-Luc CANARD, viticulteur vous accueille dans ses 2 ch. d'hôtes, de caractère, situées dans sa maison,(accès indépendant). Ch. aménagées à l'ét.. (donnent sur une grande terrasse, réservée aux aôutes, avec vue sur le Beaujolais). 1 ch. (2 lits 1 pers. 90x200, poss. 1 lit suppl.), 1 ch. (1 lit 2 pers.140x200, 1 canapé convertible), poss. lit bébé. Sanitaires privés ds chaque ch.. Sur place, vous disposerez d'une salle commune réservée aux hôtes avec petit coin-cuisine. Le meilleur accueil vous sera réservé. Poss. dégustation et vente de vins à la propriété. Langues parlées : anglais, espagnol.

Prix : 1 pers. 43 € 2 pers. 49 € pers. sup. 12 €
Ouvert : Toute l'année sauf vendanges.

| | 20 | 12 | 4 | SP | SP | 10 | 2 | SP | 15 | 3 |

Jean-Luc CANARD - Les Benons - 69840 EMERINGES - Tél. : 04 74 04 45 11 ou 06 08 49 29 94 - Fax : 04 74 04 45 19 -
E-mail : ec.jlc@wanadoo.fr

EMERINGES La Roche   Alt. : 500 m   *C.M. 244 Pli 2*

1 ch. Serge et Evelyne vous souhaitent la bienvenue dans leur chambre d'hôtes, située dans leur maison, en pierres, en bordure d'une petite rivière dans un coin très calme à 500 m du village d'Emeringes en Beaujolais. A l'ét. : 1 ch. (1 lit 2 pers., poss. lit 1 pers., poss. lit bébé) donnant sur une terrasse et un pré, avec salon de jardin. Poss. accès indépendant. Salle de bains/wc privatifs à la chambre. Ch. central. Evelyne vous propose de dîner à la table d'hôtes (sur réservation). Pièce de jour commune. Cour fermée, poss. garage. Idéal pour une étape ou séjour en Beaujolais. Prix enfant (-de 10 ans) : 7,5 €. Langues parlées : italien, anglais.

Prix : 1 pers. 38 € 2 pers. 43 € pers. sup. 15 € repas 13 €
Ouvert : Toute l'année.

| | 20 | 12 | 4 | SP | 25 | 10 | SP | 1 | 20 | 4 |

Evelyne et Serge TREMBLIER - La Roche - 69840 EMERINGES - Tél. : 04 74 06 77 72 ou 06 19 54 85 52

EVEUX   *C.M. 244 Pli 2*

3 ch. Lyon 25 km en Lyonnais. Mr et Mme Laville vous accueillent ds leurs 3 ch. d'hôtes situées au rez-de-chaussée de leur villa, à proximité immédiate de l'Arbresle. Accès indépendant. 2 ch. 2 épis NN (1 lit 2 pers.ds chacune), salle d'eau privée ds chaque chambre. 1 ch. 1 épi NN (2 lits 1 pers.), lavabo ds la ch., douche privative non attenante, wc commun aux trois chambres. Coin-cuisine, salon avec TV à la disposition des hôtes. A l'extérieur : terrain arboré clos avec pelouse et salon de jardin. Très calme. Idéal pour une étape ou un séjour.

Prix : 1 pers. 34/35 € 2 pers. 38/40 € pers. sup. 11 €
Ouvert : Toute l'année.

| | 3 | 30 | 0,6 | SP | 0,6 | 0,5 | 8 | 30 | 0,5 | 1 |

Marie-Jo et Marcel LAVILLE - 94 Allée des Ecureuils - 69210 EVEUX - Tél. : 04 74 01 17 24

FLEURIE Domaine de Roche Guillon      *C.M. 244 Pli 2*

2 ch. Lyon 60 km en Beaujolais. Valérie et Bruno, viticulteurs vous accueillent dans leurs 2 ch. d'hôtes situées en plein cœur du vignoble beaujolais. Accès indépendant. Etage : 2 ch. (1 lit 2 pers., 1 ch. 1 lit 2 pers., 1 lit 1 pers.), douche, lavabo, wc ds chaque ch.. Séjour, coin-cuisine à disposition des hôtes. Très bon confort. Idéal pour vos étapes, séjour. Cour commune et petit jardin d'agrément avec salon de jardin, jeux d'enfants. A partir de 3 nuits, réduction de 1 €. Langue parlée : anglais.

Prix : 1 pers. 30 € 2 pers. 40 € 3 pers. 50 €
Ouvert : De Pâques à la Toussaint.

| | 10 | 10 | 1 | SP | 6 | 6 | SP | 10 | 1 |

Valérie et Bruno COPERET - Domaine de Roche Guillon - 69820 FLEURIE - Tél. : 04 74 69 85 34 - Fax : 04 74 04 10 83

Rhône

Rhône-Alpes

FLEURIE Les Marrans

C.M. 244 Pli 2

2 ch. **Lyon 60 km en Beaujolais** Liliane et J.Jacques, viticulteurs vous accueillent dans leurs 2 ch. d'hôtes situées en plein cœur du Beaujolais, dans une partie indépendante de leur maison. A l'étage : ils vous proposent un séjour, coin-cuisine et coin-détente qu'ils vous réservent. 2 ch. (1 ch. 1 lit 2 pers., 1 ch. 2 lits 1 pers., poss. lit supplémentaire), sanit. privés dans chaque ch.. Ch. électrique. A l'extérieur : vaste cour fermée, jeux d'enfants communs. Sur place, caveau de dégustation. Sur la route des crus Beaujolais, une étape ou un séjour pendant vos vacances.

Prix : 1 pers. **39 €** 2 pers. **45 €**
Ouvert : Toute l'année.

8	8	1	SP	10	SP		8	2

Liliane et Jean-Jacques MELINAND - Les Marrans - 69820 FLEURIE - Tél. : 04 74 04 13 21 - Fax : 04 74 69 82 45 -
E-mail : melinand.m@wanadoo.fr

GLEIZE Les Bruyères

C.M. 244 Pli 2

3 ch. A l'orée du Beaujolais, Monique Jacquet vous accueille ds sa maison, une demeure du XIX° siècle, située en bordure de la D504, à proximité de Villefranche. 3 ch. d'hôtes ont été aménagées dans une même maison : 1 ch. (1 lit 2 pers.) et 1 ch. (2 lits 1 pers., poss. 1 canapé lit), s.d.bains/wc privatifs, coin-salon ; 1 ch. (1 lit 2 pers.), s.d.bains/wc privés ; 1 ch. (1 lit 2 pers.), s.d.b/wc privés non attenants. Salon, séjour communs. A l'extérieur : jardin paysager, terrasse, salon de jardin. Langues parlées : anglais, allemand.

Prix : 2 pers. **40/60 €**
Ouvert : De Mai à Octobre.

4	6	3	SP	25	2	0,5	SP	6	3	2

Monique JACQUET - A L'orée des vignes - 990 Route des Bruyères - 69400 GLEIZE - Tél. : 04 74 62 91 74 - Fax : 04 78 47 62 15 -
E-mail : jacquet-m@lemel.fr - http ://members.aol.com/taldu/chhôte.htm

GRANDRIS

Alt. : 500 m — (TH) — C.M. 244 Pli 2

2 ch. **Lyon 50 km, en Beaujolais** Dans le village de Grandris, Françoise et Henry vous accueillent dans leurs 2 chambres d'hôtes de bon confort, aménagées dans une ancienne maison : 1 ch. (1 lit 2 pers) et 1 ch. (2 lits 1 pers.), sanitaires complets dans chaque ch.. Poss. 1 ch. suppl. (2 lits 1 pers.). Jardin, terrasse, poss. table d'hôtes (nb. spécialités, renseignez-vous). Poss. panier pique-nique. Idéal en famille ou entre amis, à la découverte du Beaujolais vert, à pieds, en VTT ou avec votre véhicule. Sur place : 2 gîtes ruraux.

Prix : 1 pers. **30 €** 2 pers. **40 €** pers. sup. **10/13 €** repas **14 €**
Ouvert : Toute l'année.

28	14	SP	SP	SP	14	2	10	30	14	SP

Françoise et Henry BIBOS - Route du Goutel - Les godillots - 69870 GRANDRIS - Tél. : 04 74 03 11 35 ou 06 88 35 73 49 -
Fax : 04 74 03 11 35

GRANDRIS Les Chênes au Gathier

Alt. : 600 m — (TH) — C.M. 244 Pli 2

5 ch. **Lyon 55 km, Dans les Monts du Beaujolais** Laurence et Pierre vous accueillent ds leur maison, à 4 km de Grandris, sur la route du Col de la Cambuse, au milieu des sapins. 5 ch. d'hôtes à l'ét. : 3 ch. 3 épis (1 lit 2 pers. ds chacune dont 2 avec lit 1.60), salle d'eau, wc privatifs de chacune, 2 ch. 2 épis (1 lit 2 pers. et 2 lits 1 pers.), s. d'eau ds chacune, wc commun. Grande salle, cheminée. Coin-salon, bibliothèque, coin-repas. A l'extérieur : terrasse avec salon de jard., terrain non clos. Parking. Idéal pour une étape, un week-end ou un séjour au calme. Nb. possibilité de balades sur place. Poss. table d'hôtes sur réservation. Tarif dégressif à partir de 2 nuits. Langues parlées : anglais, allemand.

Prix : 1 pers. **32 €** 2 pers. **37/43 €** pers. sup. **16 €** repas **15 €**
Ouvert : Toute l'année.

16	10	4	SP	10	10	5	10	10	7	4

Laurence PERRIER - Les Chênes - Au Gathier - 69870 GRANDRIS - Tél. : 04 74 60 11 72 - Fax : 04 74 60 11 72

GRANDRIS

(TH) — C.M. 244 Pli 2

2 ch. **LYON 50 KM DANS LES MONTS DU BEAUJOLAIS** Christiane et René, agriculteurs, vous accueillent dans leurs 2 chambres d'hôtes situées sur l'exploitation. Accès indépendant par escaliers extérieurs. 2 ch. (1 ch. 1 lit 2 pers., 1 ch. 1 lit 2 pers., 1 lit 1 pers.). Chaque ch. dispose d'une s.d.e privée avec douche et lavabo, wc commun aux 2 chambres. Chauffage central. Cour fermée avec poss. de stationnement. Les petits-déjeuners sont servis à la table des prop. Vente de produits fermiers sur place. Table d'hôtes. Très calme, en bordure de forêt.

Prix : 1 pers. **27 €** 2 pers. **37 €** pers. sup. **12 €** repas **11 €**
Ouvert : Toute l'année.

15	10	2	SP	10	10	4	8	10	15	2

Christiane et René MAYNARD - Route des Ygaux - 69870 GRANDRIS - Tél. : 04 74 60 10 35

LES HAIES Croix Régis

Alt. : 520 m — (TH) — C.M. 244 Pli 2

3 ch. **Lyon 35 km, parc naturel régional du Pilat, Vienne 12 km.** Ghislaine et Gérard vous accueillent ds leurs 3 ch. d'hôtes à l'ét. de leur villa sur un vaste terrain boisé, au col de la Croix Régis (Parc du Pilat). 1 ch. (2 lits 1 pers.), s.d.e ds la ch. ; 1 ch. (1 lit 2 pers.), s.d.bains privative non attenante, wc commun aux deux ch. ; 1 ch. 4 pers. (2 lits 1 pers., 1 lit superposé), salle d'eau et wc ds la ch. Ch.électr. R.d.c. : séjour commun, cheminée. Terrasse, vue magnifique. Proches des axes de communicat., ces ch. sont une étape idéale sr la route de vos vacances/pour un séjour au vert. TH sur réserv. Sur pl. location VTT, raquettes à neige, sports nature à la carte. -10 % à partir de 3 nuits.

Prix : 1 pers. **34 €** 2 pers. **37/43 €** pers. sup. **14 €** repas **16 €**
Ouvert : Toute l'année.

9	10	15	SP	SP	9	10	10	9	10

Ghislaine COMBA - Hermitane - Croix Régis - 69420 LES-HAIES - Tél. : 04 74 87 82 10 - Fax : 04 74 87 84 76

Rhône-Alpes — Rhône

JARNIOUX Château de Bois Franc — C.M. 244 Pli 2

2 ch. Lyon 35 km, en Beaujolais/Pierres Dorées Deux suites aménagées ds un château Napoléon III avec vue magnifique sur le vignoble. 1 suite 2 épis de 3 ch. : 1 ch. (1 lit 2 pers.), s.d.b., 1 ch. (1 lit 1.20), lavabo, 1 ch. (2 lits 1 pers.), lavabo ; wc et douche communs. 1 suite 3 épis de 2 ch. : 1 ch. (1 lit 2 pers.), 1 lit 1.30), s.d.b. et 1 ch. (2 lits 1 pers.), lavabo ; wc indépendant. Parc ombragé. Vin à la propriété. Anglais et allemand parlés. Langues parlées : anglais, allemand.

Prix : 1 pers. 80 € 2 pers. 80 € 3 pers. 100 € pers. sup. 20 €
Ouvert : Du 15 Mars au 31 Octobre.

8	1	SP	15	4	SP	15	7	7

Robert DOAT - Château de bois franc - 69640 JARNIOUX - Tél. : 04 74 68 20 91 - Fax : 04 74 65 10 03

JULLIE Le Bourdon — C.M. 244 Pli 2

3 ch. Sur les hauteurs de Jullié, surplombant le vignoble, vous pourrez séjourner ds 3 ch. d'hôtes de caractère, aménagées dans un domaine du 17e, comportant une exploit. viticole, un gîte et l'habitation des prop.. 1 ch. au r.d.c., avec accès indép./terrasse privative. (2 lits 1 pers., sanit. privés de la ch.). 2 ch. situées ds une autre partie de la maison. Avec salon privatif (réduite chaque ch. 2 lits 1 pers.), 1 ch. avec sanit. privés, la 2e avec douche et lavabo ds la ch, wc privé attenant. S.pl piscine chauffée. Dégustation et vente de vins à la propriété. Gîte grand confort sur place. Langues parlées : anglais, hollandais.

Prix : 1 pers. 45/60 € 2 pers. 55/75 € 3 pers. 90 € pers. sup. 15 €
Ouvert : Toute l'année sauf vendanges.

SP	8	10	SP	15	5	2	SP	20	50	10	2

Dominique CAPART - Domaine la chapelle de vatre - Le Bourbon - 69840 JULLIE - Tél. : 04 74 04 43 57 ou 06 85 70 22 00 - Fax : 04 74 04 40 27 - E-mail : dominique.capart@libertysurf.fr - http ://perso.libertysurf.fr/domainedevatre

LAMURE-SUR-AZERGUES Château de Pramenoux Alt. : 500 m (TH) — C.M. 244 Pli 2

4 ch. Lyon 50 km, dans les Monts du Beaujolais 4 chambres d'hôtes, dont 1 ch. « Royale » avec lit à baldaquin, aménagées dans un château du 12e siècle, avec immense parc, vaste terrasse avec une vue imprenable. Très calme. Vastes pièces de jour, salon avec cheminée. Etage : 3 chambres (1 lit 2 pers. ds chacune), salle d'eau, wc privés de chaque ch. ; 1 ch. Royale (1 lit 2 pers.), s.d.b, wc privés. TH sur réservation avec dîner aux chandelles et musique classique. Un séjour romantique hors du temps ! Langues parlées : anglais, allemand.

Prix : 2 pers. 100/115 € repas 26 €
Ouvert : Toute l'année.

25	3	SP	25	15	3	15	25	3	3

Emmanuel BAUDOIN - Château de Pramenoux - 69870 LAMURE-SUR-AZERGUES - Tél. : 04 74 03 16 43 - Fax : 04 74 03 16 28 - E-mail : pramenoux@aol.com - chateau-de-pramenoux.com

LANCIE Les Pasquiers (TH) — C.M. 244 Pli 2

4 ch. Lyon 50 km en Beaujolais Accueil de qualité ds une vraie maison de famille : une vaste demeure du Second Empire, située dans un parc avec piscine et tennis au cœur du Beaujolais. Au r.d.c. : 1 ch. avec accès indép. équipée pour pers. à mobilité réduite (1 lit 2 pers., salle d'eau/wc privés). A l'ét. : 3 ch. (1 lit 2 pers., 2 lits 1 pers. privées avec s. d'eau/wc privatifs ds chacune). Salon avec cheminée. Ch. central. Sur place : piscine, tennis, poolhouse, parc ombragé. Table d'hôtes raffinée (cuisine du marché et vins sélectionnés). Idéal pour une étape ou un séjour de prestige ds le Beaujolais. Anglais et allemand parlés. Langues parlées : anglais, allemand.

Prix : 2 pers. 65 € pers. sup. 15 € repas 20 €
Ouvert : Toute l'année.

SP	8	SP	SP	3	1	8	8	1

Laurence et Jacques GANDILHON-ADELE - Les Pasquiers - 69220 LANCIE - Tél. : 04 74 69 86 33 - Fax : 04 74 69 86 57 - E-mail : ganpasq@aol.com

LANCIE La Merlatière (TH) — C.M. 244 Pli 2

1 ch. Lyon 50 km, en Beaujolais Gisele vous accueille dans sa chambre d'hôtes aménagée dans une maison indépendante, mitoyenne à leur maison. De caractère beaujolais. A l'étage : accès dans un salon avec cheminée, réservé à la chambre. 1 chambre (1 lit 2 pers.), salle d'eau et wc privatifs. En mezzanine, 1 ch. (3 lits 1 pers.), sanitaires. Ch. électrique et bois. A l'extérieur : superbe jardin d'agrément aux multiples essences. Sur pl., vous pourrez profiter de la piscine des propriétaires. Idéal pour une étape ou un séjour en Beaujolais. Convient à des familles. Le meilleur accueil vous sera réservé. Table d'hôtes sur demande. Langues parlées : anglais, allemand.

Prix : 2 pers. 53 € pers. sup. 16 € repas 15 €
Ouvert : Du 01/04 au 30/09

SP	10	10	SP	1	10	10	1

Gisèle BERTHIER - La Merlatière - La Florentine - 69220 LANCIE - Tél. : 04 74 04 12 80 - E-mail : gm.berthier@wanadoo.fr

LANCIE Les Trions — C.M. 244 Pli 2

2 ch. Agnès et Marcel, viticulteurs vous accueillent et vous proposent deux ch. d'hôtes aménagées dans une partie de leur maison, avec un accès complètement indépendant et une pièce de jour (coin-cuisine) qui vous sera réservée. Rez-de-ch. surelevé : 1 ch. (1 lit 2 pers.), 1 ch. (2 lit 1 pers., 1 canapé convertible d'appoint pour 2 pers.), s. d'eau et wc ds chaque chambre. Le petit déjeuner vous sera servi ds la pièce de jour réservée à cet effet ou sur la terrasse abritée/vue sur le vignoble Beaujolais ; Très facile d'accès, 8 km sortie d'autoroute Belleville. Idéal pr une étape, un séjour en Beaujolais. Enf. -de 12 ans : 5 €. Langue parlée : anglais.

Prix : 1 pers. 40 € 2 pers. 44 € pers. sup. 5/10 €
Ouvert : Toute l'année.

8	12	0,5	SP	8	8	10	SP	12	8	4

Agnès et Marcel DURAND - Les Trions - 69220 LANCIE - Tél. : 04 74 69 81 32 - Fax : 04 74 69 86 70 - E-mail : cyril.lancie@wanadoo.fr - http ://www.chez.com/chambrebeaujolais

Rhône

Rhône-Alpes

LANTIGNIE Les Vergers
C.M. 244 Pli 2

5 ch. **Lyon 55 km, en Beaujolais** Marie-Claude et Bernard vous accueillent dans un domaine viticole au cœur du Beaujolais, 5 ch. d'hôtes ds maison de caractère avec une vue exceptionnelle sur le vignoble. A l'étage de la maison du prop.. 3 ch. (1 lit 2 pers.), 1 ch. (1 lit 2 pers., 1 canapé convertible), 1 ch. (2 lits 1 pers.), douche, lavabo, wc dans chaque chambre. Chauffage central/électrique. Vaste jardin d'agrément ombragé avec piscine privée. Parking. Dégustation et vente de vins à la propriété. Enfant - 12 ans : 11 €. Langues parlées : anglais, espagnol.

Prix : 1 pers. 33 € ● 2 pers. 42 € ● pers. sup. 16 €
Ouvert : Toute l'année sauf vendanges.

🐕	🏊	👥	🎾	👣	🚴	🐎	🏨	⛵	🚂	🛣
	SP	15	2	SP	8	8	3	SP	30	30	13	3

Bernard et M.Claude NESME - Domaine des Quarante écus - Les Vergers - 69430 LANTIGNIE - Tél. : 04 74 04 85 80 - Fax : 04 74 69 27 79

LANTIGNIE Les Monterniers
C.M. 244 Pli 2

3 ch. **Lyon 60 km, en Beaujolais** Chantal, viticultrice vous accueille ds ses 3 ch. d'hôtes de caractère, situées au cœur du vignoble beaujolais. Accès indépendant. 2 ch. (1 lit 2 pers.), poss. lit enf., 1 ch. (2 lits 1 pers., poss. 1 canapé convert. 2 pers. d'appoint), douche, lavabo, wc ds chaque ch. Ch. électrique. Salon à disposition des hôtes. TH (sur réservation), sauf lundi et mercredi. Vue imprenable sur le vignoble. A l'extérieur : parking, pelouse avec salon de jardin. Sur place : Dégustation et vente à la propriété. Idéal pour votre étape en Beaujolais, sur la route de vos vacances. Table d'hôtes/tarif enfant : 7,62 €.

Prix : 1 pers. 30 € ● 2 pers. 38 € ● pers. sup. 12 € ● repas 14 €
Ouvert : Toute l'année.

🐕	🏊	👥	🎾	👣	🚴	🐎	🏨	⛵	🚂	🛣
	15	30	1,5	SP	8	8	3	SP	30	15	3

Chantal PERRIER - Les Monterniers - 69430 LANTIGNIE - Tél. : 04 74 04 84 60 - Fax : 04 74 04 84 60

LANTIGNIE Le Saule
C.M. 244 Pli 2

2 ch. Belle maison de caractère, Marlyse et Gérard, viticulteurs vous accueillent dans leurs 2 chambres d'hôtes. 1 suite à l'ét. de leur maison : 1 ch. 1 lit 2 pers., 1 lit 1 pers., poss. lit bébé. S.d.e/wc privatifs ds la ch.. Petit salon réservé aux hôtes (TV), canapé convert. (2 pers.). 1 ch. au r.d.c. de leur maison 4 lits 1 pers. dont 2 superposés, s.d.e./wc privés. Entrée indépend., coin-cuisine. S.d.j. Terrasse où vous serez servis les petits déj. en été, jardin ombragé, petite piscine. Visite de la cave, dégustation, vente de vins. Idéal pr votre étape, séjour en Beaujolais. 4 pers. : 61 €. Langue parlée : anglais.

Prix : 1 pers. 31 € ● 2 pers. 42 € ● 3 pers. 54 € ● pers. sup. 13 €
Ouvert : Toute l'année.

🐕	🏊	👥	🎾	👣	🚴	🐎	🏨	⛵	🚂	🛣
	SP	30	1,5	SP	8	8	3	SP	30	15	3

Marlyse et Gérard PERRIER - Le Saule - 69430 LANTIGNIE - Tél. : 04 74 04 88 93 - Fax : 04 74 04 88 93

LANTIGNIE Château des Alouettes
C.M. 244 Pli 2

5 ch. Pénétrez le charme discret d'une ravissante demeure entourée de vignes et séjournez ds l'une des 5 ch. de prestige du Château des Alouettes. Au 1er ét. : 2 ch. (1 ch. 2 lits 1 pers, 1 ch. 1 lit 2 pers.), sanit. privés ds chaque ch. Au 2e ét. : 3 ch. (1 lit 2 pers. ds chacune, sanit. privés). Au rez-de-ch. : séjour, salon, bibliothèque de grand confort. Sur place, piscine au milieu des vignes, salons de jardin, parking : une invitation au bien-être, un accueil de qualité. Initiation à la dégustation et à la découverte des vins de France ds les caves de la propriété.

Prix : 2 pers. 84 €
Ouvert : Toute l'année.

🐕	🏊	👥	🎾	👣	🚴	🐎	🏨	⛵	🚂	🛣
	SP	30	1,5	SP	8	8	3	SP	30	15	4

Martine SIMONET - Château des Alouettes - 69430 LANTIGNIE - Tél. : 04 74 69 24 15 - Fax : 04 74 04 89 87

LANTIGNIE Le Tracot
C.M. 244 Pli 2

3 ch. Mme Morel vous accueille ds ses 3 ch. d'hôtes situées ds une partie indépendante de la maison. 3 ch. à l'étage : 2 ch. 3 épis (1 ch. 2 lits 1 pers., 1 ch. 1 lit 2 pers.), douche, lavabo, wc ds chaque ch.. 1 ch. 2 épis (2 lits 1 pers.), lavabo ds la ch., douche, wc privatifs non attenants. Ch. électr., cour fermée, belle vue sur les vignes. Table d'hôtes sur réservation. Sur place : exploitation viticole avec caveau de dégustation et musée de la vigne. Le meilleur accueil vous sera réservé.

Prix : 1 pers. 24/30 € ● 2 pers. 35/41 € ● pers. sup. 11 € ● repas 14 €
Ouvert : Toute l'année sauf vendanges.

🐕	🏊	👥	🎾	👣	🚴	🐎	🏨	🚂	🛣
	15	15	1	3	8	8	SP	13	3

Jacqueline MOREL - Le Tracot - 69430 LANTIGNIE - Tél. : 04 74 69 25 50

LOIRE-SUR-RHONE
C.M. 244 Pli 3

3 ch. 3 chambres d'hôtes aménagées dans une maison récente, en pierres, de caractère, au centre du bourg de Loire-sur-Rhône et à proximité de la RN86. Au rez-de-chaussée : 3 chambres (1 lit 2 pers. ds chacune, poss. 1 lit bébé, 1 lit enfant), salle de bains/Wc privatifs ds chaque chambre. Séjour/salon commun avec cheminée, TV. Tél. (carte France Telecom). A l'extérieur : terrain clos, petit jardin d'agrément avec salon de jardin, parking fermé, poss. garage. Le meilleur accueil vous sera réservé par Etienne. Proximité autoroute (4 km), très facile d'accès. (Poss. table d'hôtes sur demande). Langues parlées : anglais, allemand.

Prix : 1 pers. 42 € ● 2 pers. 55 € ● pers. sup. 13 €
Ouvert : Toute l'année.

🐕	🏊	👥	🎾	👣	🚴	🐎	🏨	⛵	🚂	🛣
	0,2	15	0,3	SP	8	0,5	0,5	7	15	4	SP

Etienne GIROUD - Le Clos Giroud - 16 Rue Etienne Flachy - 69700 LOIRE-SUR-RHONE - Tél. : 04 72 49 90 94 ou 06 60 81 09 36 - Fax : 04 72 24 09 71 - E-mail : Etienne.giroud@wanadoo.fr

Rhône-Alpes **Rhône**

LUCENAY Les Grands Plantiers
C.M. 244 Pli 2

1 ch. **Lyon 20 km., en Beaujolais** M.Claude et Jacques, viticulteurs vous accueillent ds leur maison de caractère avec piscine, au cœur du Beaujolais. 1 ch., tout confort, accès indépendant, (2 lits 1 pers.), salle d'eau, wc privés, ch. électrique, salle à manger non attenante, avec cheminée réservée aux hôtes. Parc, terrasse, piscine privée, jeu de boules. Idéal pour un week-end, un séjour. Très facile d'accès. Animaux acceptés avec supplément.

Prix : 1 pers. **35 €** 2 pers. **44 €**
Ouvert : Toute l'année.

	SP	1	0,2	SP	2	SP	0,2	2	1

Jacques et M-Claude TORRET - 841 Route d'Anse - Les Grands Plantiers - 69480 LUCENAY - Tél. : 04 74 67 05 42 -
Fax : 04 74 67 05 42

MONTMELAS
Alt. : 600 m   *C.M. 244 Pli 2*

2 ch. **Lyon 35 km, en Beaujolais/Pierres Dorées** Dominant l'un des plus beaux châteaux du Beaujolais, à 9 km de Villefranche, avec une vue imprenable, calme assuré, vous recevrez un accueil de qualité, ds 2 ch. d'hôtes. Au r.d.c., accès indépend. 1 ch. et sa suite (1 lit 2 pers., 2 lits 1 pers.), TV dans la ch., réfrigérateur, micro-ondes. Poss. coin-cuisine. Ch. central. S.d.e/wc privés. 1 ch. à l'ét. : (1 lit 2 pers.), s.de bains/wc privés et TV. Garage fermé. A votre disposit., l'été, le parc, la véranda, l'hiver, le salon (cheminée).Bibliothèque. Valise de pique-nique. « Pour la découverte du Pays Beauj., fin peuple qui entend merveilleusement l'hospitalité ».

Prix : 1 pers. **43 €** 2 pers. **50/54 €** 3 pers. **66 €** pers. sup. **15 €**
Ouvert : Toute l'année.

| | 9 | 9 | 5 | SP | 5 | 9 | 3 | 18 | 9 | 9 | 9 |

Marcelle GRUAT - La Villa verte - Résidence Saint-Bonnet - 69640 MONTMELAS - Tél. : 04 74 67 36 90 ou 06 10 33 58 13 -
Fax : 04 74 67 36 90

MONTROMANT/YZERON Ferme du Thiollet
Alt. : 850 m   *C.M. 244 Pli 2*

4 ch. Au cœur des Monts du Lyonnais, Christine, Marcel et leurs enfants souhaitent à tous la bienvenue dans leurs 4 ch. d'hôtes, de caractère, situées ds leur ferme restaurée, avec accès indépend.. Vous pourrez prendre le petit-déj. ds la s.d'hôtes, petit coin-cuisine à disposition, salon (cheminée). 2 ch., accès direct sur l'extérieur, 1 ch. 1 lit 2 pers. 1 ch. 1 lit 2 pers., 1 lit 1 pers., sanit. privés de chaque ch.. 2 ch. à l'ét.(1 ch. 1 lit 2 pers., 1 ch. 4 lits 1 pers., dont 2 superp., sanit. privés de chaque ch.), ch. central. Pour un WE, des vacances, leurs ch. vous feront rêver et voyager. Nb restaurants.

Prix : 1 pers. **38 €** 2 pers. **43 €** 3 pers. **55 €** pers. sup. **12 €**
Ouvert : Toute l'année.

| | 10 | 0,5 | 1,5 | SP | 15 | 7 | 0,5 | 15 | 8 | 1,5 |

Christine et Marcel RADIX - Ferme du Thiollet - 69610 MONTROMANT - Tél. : 04 78 81 00 93 ou 06 16 49 91 46 - Fax : 04 78 81 00 93 -
E-mail : mc.radix@wanadoo.fr - http ://ferme.thiollet.free.fr

MONTROTTIER Montchanin
Alt. : 700 m   *C.M. 244 Pli 2*

2 ch. Christiane et Henri vous accueillent ds leurs 2 ch. situées ds leur maison (récente), à l'étage. 1 ch. (1 lit 2 pers.), 1 ch. (2 lits 1 pers.), poss. 1 lit suppl., sanitaires privés ds chaque chambre. Poss. petit coin-salon en mezzanine. R.d.c. : séjour/salon avec cheminée commune. Chauf. central. Vaste terrain ombragé, parking, balcon avec salon de jardin. Très calme, à 2 km du village de Montrottier, au cœur des monts du Lyonnais et au départ de nombreuses randonnées. Le meilleur accueil vous sera réservé.

Prix : 1 pers. **32 €** 2 pers. **38 €**
Ouvert : Toute l'année.

| | 20 | 40 | 7 | SP | 7 | 7 | 40 | 20 | 2 |

Christiane et Henri BOURRAT - Montchanin - 69770 MONTROTTIER - Tél. : 04 74 70 13 96

MONTROTTIER Mazieux
Alt. : 700 m   (TH)   *C.M. 244 Pli 2*

E.C. 4 ch. Calme et détente vous attendent ds notre ancienne ferme du XVIe siècle. Le repas du soir, en TH et le petit déjeuner vous seront servis ds l'ancienne écurie (cheminée). A l'ét. : 4 ch. (2 ch. 1 lit 160 x 200 ds chacune ; 1 ch. 2 lits 1 pers. ; 1 ch. 1 lit 160 x 200 et 1 lit 1 pers.). sanitaires complets de chaque ch. (douche, lavabo, wc). Salon de jardin à disposition. Point de départ idéal pour de nombreuses balades. WE confitures pour les gourmands. Séjours « seuls au monde » pour les amoureux. Le meilleur accueil vous sera réservé. S.pl. gîte rural.

Prix : 1 pers. **30 €** 2 pers. **41 €** 3 pers. **52 €** pers. sup. **11 €**
repas **13 €**
Ouvert : Toute l'année.

| | 15 | 35 | SP | 6 | 8 | 15 | 35 | 15 | 4 |

Agnès et Bruno DEROIN - Mazieux - 69770 MONTROTTIER - Tél. : 04 74 70 27 63 - Fax : 04 74 70 27 63

MORANCE Domaine des Tessonnières
C.M. 244 Pli 2

1 ch. **Lyon 20 km.** Michel et Annick, viticulteurs, vous accueillent dans leur chambre d'hôtes, de très bon confort, aménagée dans une maison rénovée, au cœur du Beaujolais avec vue sur le vignoble : (2 lits 1 pers.), douche, lavabo, wc privés dans la chambre, ch. central, balcon, terrain commun attenant, à proximité des axes de communication A6 et RN6. Idéal pour une étape ou un séjour en Beaujolais.

Prix : 1 pers. **32 €** 2 pers. **40 €**
Ouvert : Toute l'année sauf vendanges.

| | 10 | 10 | 2 | SP | 1 | 1 | 3 | SP | 2 | 8 | 1 |

Michel et Annick RAVET - Domaine des Tessonnières - 69480 MORANCE - Tél. : 04 74 67 02 70 - Fax : 04 74 67 02 70

Rhône
Rhône-Alpes

MORANCE Château du Pin
C.M. 244 Pli 2

2 ch. **Lyon 18 km.** La sérénité et la douceur constituent les principaux attraits de cette Maison Forte du XIII°, inscrite ds le superbe paysage beaujolais, dominant la plaine de la Saône. Luxe et convivialité vous seront réservés dans deux suites décorées avec goût. Chaque suite est équipée d'un salon, d'une s.d.b. et wc privatifs. 1 suite (1 lit 2 pers., 1 lit 1 pers. ds le salon). 1 suite (2 lits 1 pers.). Coin-cuisine. Séjours et salons communs et privatifs. TV, tél., bibliothèque. Séduits par cette alchimie de l'authentique, vous vous y reposez côté chambre ou côté jardin, agrémenté par une piscine plein-sud. Ping-pong. Langues parlées : allemand, anglais.

Prix : 2 pers. 130/145 € pers. sup. 12 € repas 20/32 €
Ouvert : Toute l'année.

	SP	10	3	SP	1,5	1	1	3	10	10	2

Jean-François GONINDARD - Château du Pin - 600 chemin de la Ronze - 69480 MORANCE - Tél. : 04 37 46 10 10 ou 06 81 69 78 49 - Fax : 04 37 46 10 11 - E-mail : chateau-du-pin@wanadoo.fr - www.chateaudupin.com

ODENAS La Commune
C.M. 244 Pli 2

1 ch. Sur la route touristique des vins (la D43), Mr et Mme CHABERT, viticulteurs vous accueillent dans leur chambre d'hôtes, située dans une partie complètement indépendante de leur maison récente au milieu du vignoble. Vue superbe. A l'ét. : 1 ch. (1 lit 2 pers.), s.d.e et wc privés. Poss. lit d'appoint 1 pers. Séjour (canapé convert. 2 pers.), TV, lecture, jeux, coin-cuisine. Parking, coin-pelouse, s. de jardin. Petit déj. servi ds le séjour des prop. ou sur le lieu d'héb. Poss. dégustation, vente de crus du Beaujolais : Brouilly-Côte de Brouilly. Restaurants à proximité.

Prix : 1 pers. 32 € 2 pers. 43 € pers. sup. 14 €
Ouvert : Toute l'année sauf vendanges.

9	15	1	SP	15	5	1,5	SP	20	35	9

Laure et Roger CHABERT - La Commune - 69460 ODENAS - Tél. : 04 74 03 43 85 - Fax : 04 74 03 43 85

OUROUX Gros Bois
Alt. : 550 m
C.M. 244 Pli 2

2 ch. **Lyon 70 km.** En Beaujolais vert, 2 chambres d'hôtes aménagées dans une maison de caractère située dans un grand parc, en bordure de forêt : (1 ch. 2 lits 1 pers., 1 ch. 1 lit 2 pers. et 1 lit 1 pers.), salle de bains privative dont l'une avec douche et l'autre avec bains, wc commun aux 2 ch. Poss. lit suppl. Table d'hôtes sur réservation. Terrasse. Ecurie et pré pour chevaux. Circuits (GR76) pédestres et VTT sur place. N'hésitez pas à nous contacter, nous vous aiderons à organiser vos randonnées itinérantes ou en étoile. Très calme. Idéal pour une étape ou un séjour au vert. sur place : gîte de séjour.

Prix : 1 pers. 30 € 2 pers. 38 € 3 pers. 47 € pers. sup. 11 € repas 12 €
Ouvert : Toute l'année.

25	12	2	SP	SP	2	2	10	27	2

J-Robert et Simone MAVET/MARTIN - Gros Bois - 69860 OUROUX - Tél. : 04 74 04 63 96

LE PERREON
C.M. 244 Pli 2

6 ch. **LYON 45 KM, EN BEAUJOLAIS** Au cœur du Beaujolais, près du fameux village de Clochemerle, Fabienne et Eric vous accueillent dans une demeure du XIX°, ds le bourg. Derrière les volets bleus, 6 grandes chambres décorées avec goût, équipées de spacieuses salles de bains (douches ou baignoires). R-D-C : grand salon, séjour réservés aux hôtes. 3 ch. de 2/3 pers. et 3 suites de 4/5 pers., sur 3 étages (ch.non fumeur), téléphone. Ch. central. Table d'hôtes sur réservation. Petit jardin clos. Garage fermé. Ambiance décontractée dans un cadre raffiné pour un séjour sympathique et chaleureux. Prix 4 pers. : 67 €, 5 pers. : 80 €. Langues parlées : anglais, espagnol.

Prix : 1 pers. 35 € 2 pers. 45 € 3 pers. 55 € repas 15/17 €
Ouvert : Toute l'année.

15	15	SP	SP	SP	10	SP	SP	25	15	15	SP

Fabienne DUGNY - Les Volets bleus - Le Bourg - 69460 LE-PERREON - Tél. : 04 74 03 27 65 - Fax : 04 74 03 27 65 - E-mail : fabienne.dugny@free.fr - http://www.eriklorre.com/les_volets_bleus

QUINCIE-EN-BEAUJOLAIS Domaine de Romarand
C.M. 244 Pli 2

3 ch. **Lyon 50 km.** Annie et Jean vous accueillent dans leur maison de caractère avec piscine située au cœur du vignoble Beaujolais. 3 ch. avec accès indépendant : 2 ch. (1 lit 2 pers. chacune), 1 ch. (2 lits 1 pers.), sanitaires privés dans chaque chambre. Poss. 2 lits supplémentaires à la demande. Grande salle commune de caractère réservée aux hôtes (45 m²) coin-salon avec cheminée. Table d'hôtes sur réservation. Ch. central. Parking dans cour fermée. Piscine privée avec jardin d'agrément. Caveau de dégustation sur place. Langue parlée : anglais.

Prix : 1 pers. 42 € 2 pers. 47/51 € 3 pers. 57 € repas 16/19 €
Ouvert : Toute l'année.

SP	3	SP	5	SP	8	3

Annie et Jean BERTHELOT - Domaine de Romarand - 69430 QUINCIE-EN-BEAUJOLAIS - Tél. : 04 74 04 34 49 - Fax : 04 74 04 35 92

QUINCIE-EN-BEAUJOLAIS Font Cure
C.M. 244 Pli 2

2 ch. **Lyon 50 km.** Françoise, vous accueille ds 2 ch. d'hôtes situées ds une partie indép. de sa maison de caractère, isolée en plein cœur du Beaujolais. Cadre très agréable, vue magnifique sur le vignoble. Très calme. R.d.c. : 1 ch. « Vignoble » accès indép.(1 lit 2 pers.), s. d'eau, wc séparé. Salle d'hôtes attenante, entrée indép.(35 m²), cheminée, TV, coin-détente et balcon. Et. : 1 ch. « Cépage » (1 lit 2 pers., 1 lit 1 pers., poss. 1 lit suppl.), s.de bains, wc séparé. Ch. central et élec. ds les s.d.e.. Petit terrain privatif, s. de jard. réservé aux hôtes, parking privé. Dégustat., vente de vin s.pl. Prix enf. -de 10 ans : 11 €. Langue parlée : anglais.

Prix : 1 pers. 34 € 2 pers. 43 € pers. sup. 16 €
Ouvert : Toute l'année.

12	12	3	SP	SP	10	12	SP	10	2,5

Françoise GOUILLON - Domaine de Font-Cure - Saburin - 69430 QUINCIE-EN-BEAUJOLAIS - Tél. : 04 74 04 36 33 - Fax : 04 74 04 36 33

Rhône-Alpes / Rhône

QUINCIE-EN-BEAUJOLAIS Le Champ
C.M. 244 Pli 2

2 ch. — Lyon 50 km. Paulette et J-Michel, vous accueillent dans leurs 2 ch. d'hôtes situées dans une aile de bâtiments mitoyenne à leur maison. 1er ét. : salle commune réservée aux hôtes. Au 2e ét. : 1 ch. 1 épi (2 lits 1 pers.), lavabo, salle d'eau privée non attenante au 1er étage (2 douches, lavabos, wc indépendant) ; 1 ch. 2 épis (3 lits 1 pers.), s. d'eau/wc indép. dans la ch. Ch. central, TV. Produits faits maison. À l'extérieur : grande cour, parking fermé, terrasse, salon de jardin. Jolie vue sur les vignes.

Prix : 1 pers. 25 € 2 pers. 32/40 € 3 pers. 50 €
Ouvert : Toute l'année.

12	12	0,8	SP	5	20	0,8	20	20	12	0,8

J-Michel et Paulette CLAITTE - Le Champ - 69430 QUINCIE-EN-BEAUJOLAIS - Tél. : 04 74 04 33 26

QUINCIE-EN-BEAUJOLAIS Huire
C.M. 244 Pli 2

4 ch. — Lyon 50 km. Dans une combe paisible du Beaujolais, entre vignes et forêts, Jeannine et Gérard Lagneau, viticulteurs, vous accueillent dans leur maison en pierres. 4 ch. d'hôtes de caractère. Accès indépendant. A l'ét., toutes les ch. sont équipées de sanitaires privatifs. 1 suite de 2 ch. (4 lits 1 pers.), 2 ch. 2 épis NN (2 lits 1 pers.), 1 ch. (1 lit 1.50x2.00). Ch. central. Vue magnifique. R.d.c. : séjour réservé aux hôtes, tél.. Table d'hôtes sur demande. Terrain non clos, s. de jard.. Les prop., producteurs de « Regnié » et « Beauj. Villages » auront à cœur de vous faire partager leur savoir, leur goût du terroir. Cave voûtée 16°C. Suite 4 pers. : 90 €.

Prix : 1 pers. 42 € 2 pers. 50 € pers. sup. 19 € repas 19 €
Ouvert : Toute l'année.

10	18	3	SP	10	10	SP	8	18	12	8

JEANNINE ET GERARD LAGNEAU - HUIRE - 69430 QUINCIE-EN-BEAUJOLAIS - Tél. : 04 74 69 20 70 - Fax : 04 74 04 89 44 -
E-mail : gerard.lagneau@mail.com - http ://lagneau.operaction.org

REGNIE-DURETTE Domaine des Bois
C.M. 244 Pli 2

2 ch. — Lyon 50 km. Au calme, au cœur des vignes, à 10 mn. de l'A6, 1 ch. d'hôtes et 1 suite aménag. avec goût ds une maison vigneronne sur une exploi. viticole. 1er ét. : 1 ch. 3 épis NN (4 lits 1 pers.), s. d'eau et wc privés non attenants. 2e ét. : 1 suite de 2 ch. 2 épis NN (4 lits 1 pers., 4 lits 1 pers.), cabinet de toil. avec lavabo de chaque ch.. S.d.e, wc privés. R.d.c. : salle d'accueil réservée aux hôtes. Petit coin-cuisine. tél. Ch. centr. Salon de jardin, parking privé. TH sur réservation. Idéal pour une étape, un séjour Beaujolais. Dégustat. à la prop. Découverte du vignoble, circuits culturels et touristiques personnalisés. S.pl. gîte rural. Langues parlées : anglais, espagnol.

Prix : 1 pers. 34 € 2 pers. 42 € 3 pers. 55 € pers. sup. 15 € repas 13 €
Ouvert : Toute l'année.

8	8	4	SP	SP	3	1	SP	28	15	8	3

M-Hélène et Roger LABRUYERE - Domaine des Bois - 69430 REGNIE-DURETTE - Tél. : 04 74 04 24 09 - Fax : 04 74 69 15 16 -
E-mail : roger.labruyere@wanadoo.fr

REGNIE-DURETTE Les Forchets
C.M. 244 Pli 2

1 ch. — Claudine et Claude Cinquin, viticulteurs vous accueillent dans leur chambre d'hôtes, située au r.d.c. de leur habitation, une maison récente au cœur des vignes. Pièce de jour/cuisine réservée aux hôtes, 1 ch. (2 lits 1 pers., poss. 1 ch. suppl. 1 lit 2 pers.), sanitaires privatifs (douche, lavabo/wc séparé). A l'extérieur : petite terrasse, parking. Idéal pour un séjour ou une étape en Beaujolais. Très facile d'accès. Langue parlée : anglais.

Prix : 2 pers. 43 € pers. sup. 15 €
Ouvert : Toute l'année sauf vendanges.

12	12	1	SP	25	3	1	SP	28	12	12	0,5

Claudine et Claude CINQUIN - Les Forchets - 69430 REGNIE-DURETTE - Tél. : 04 74 69 01 28 ou 06 86 99 15 48 - Fax : 04 74 69 01 28 -
E-mail : CC51regnie@free.frr

SALLES-ARBUISSONNAS Le Breuil
C.M. 244 Pli 2

3 ch. — A l'ombre du cloître de Salles, la famille Patrigeon vous accueille dans leur demeure du milieu du 19e siècle et vous propose 3 ch. d'hôtes de caractère. Sur place, parc, piscine, tennis et bain à remous vous procureront loisirs et détente. 1 ch. au r.d.c. (1 lit 2 pers.). A l'étage : 2 ch. (1 lit 2 pers., 1 suite 2 lits 1 pers. Poss. 1 canapé lit d'appoint dans le salon). Chaque chambre est équipée de salle d'eau et wc privatifs. Idéal pour un séjour à la découverte du Beaujolais et de sa culture. Langues parlées : anglais, italien.

Prix : 2 pers. 70/92 € 3 pers. 107 € pers. sup. 15 €
Ouvert : Toute l'année.

SP	10	SP	SP	0,5	10	3

Famille PATRIGEON - Le Breuil - 69460 SALLES-ARBUISSONNAS - Tél. : 06 87 35 91 18 ou 04 74 60 53 16

LES SAUVAGES Mauvandran
Alt. : 720 m
C.M. 244 Pli 2

1 ch. — Lyon 50 km. Lac des Sapins 12 km. Au Col des Sauvages, dans un cadre verdoyant, Marie-Josephe et Victor vous accueillent dans leur chambre d'hôtes située au rez-de-chaussée de leur maison (1 lit 2 pers., 1 lit 1 pers.), sanitaires privatifs ds la ch., douche, lavabo, wc. Ch. central. Petit réfrigérateur. Vaste terrain. Sentiers pédestres balisés avec jolis points de vue sur ligne de crêtes. Site touristique : Notre Dame de la Roche. Etape idéale sur GR7. Proximité de la RN7. Poss. tarifs dégressifs. 2 restaurants/alimentation à 300 m. Observatoire astronomique à 1 km.

Prix : 1 pers. 26 € 2 pers. 34 €
Ouvert : Toute l'année.

7	12	0,5	SP	12	12	7	7

M.-Josephe et Victor LAURENT - Mauvandran - 69170 LES-SAUVAGES - Tél. : 04 74 89 11 49

Rhône

Rhône-Alpes

SAVIGNY Lanay — Alt.: 600 m — C.M. 244 Pli 2

5 ch. **Lyon 25 km.** Luc et Aimée vous accueillent dans leurs 5 chambres d'hôtes à la ferme, aménagées ds un corps de bât. indép.. 3 ch. (2 lits 1 pers.) et 2 ch. (1 lit 2 pers., 1 lit 1 pers., poss. lits suppl. ds chacune), sanitaires complets et privatifs ds chaque chambre. Pièces de jour réservées aux hôtes avec cheminée. Poss. de cuisiner. Très calme, idéal pour vos étapes, week-ends ou séjours. Poss. de visite de l'exploitation agricole, nombreux animaux sur place : chèvres, ânes, poules. Vente de produits fermiers : vin, fromage.

Prix : 1 pers. 29 € 2 pers. 41 € 3 pers. 49 €
Ouvert : Toute l'année.

🐕	🏊	👥	🎾	🏃	🚴	🏇	⛴	🚉
5	15	SP	SP	3	15	15	3	4

Luc et Aimée DEMAREST - Lanay - 69210 SAVIGNY - Tél. : 04 74 01 13 64 - Fax : 04 74 01 13 64

SOUCIEU-EN-JARREST — A — C.M. 244 Pli 2

1 ch. **Centre de Lyon à 17 km.** Dans un village des coteaux du lyonnais, Geneviève et Patrick vous accueillent dans leur chambre d'hôtes spacieuse (1 lit 2 pers., 1 lit 1 pers., poss. lit enf.), aménagée au rez-de-ch. de leur maison avec accès indépendant. Salle de bains privative (baignoire), wc séparé privatif. Séjour. A l'extérieur : vaste terrain aménagé clos, ombragé, parking. Très facile d'accès. Petits déjeuners biologiques. Poss. plateau-repas sur réservation. Réductions enfants. Idéal randonnées pédestres et VTT.

Prix : 1 pers. 37 € 2 pers. 43 € 3 pers. 55 € pers. sup. 9 € repas 10 €
Ouvert : Toute l'année.

🐕	🏊	👥	🎾	🚴	🏃	🏇	🏠	⛴	🚉
4	10	0,5	SP	SP	1	2	5	5	0,5

Geneviève et Patrick PLACE - 13 rue Micky Barange - 69510 SOUCIEU-EN-JARREST - Tél. : 04 72 31 79 58 -
E-mail : fam.place@oreka.com - http://www.multimania.com/aucoquelicot

SOUCIEU-EN-JARREST — A — C.M. 244 Pli 2

1 ch. A 20 mn de Lyon, A7 sortie Pierre-Bénite 11 km, Joëlle et Patrick CHARTIER vous accueillent dans leur ch. d'hôtes, située au 2e ét. de leur maison, de caractère, en pierres, dans un cadre verdoyant, au cœur du village de Soucieu-en-Jarrest. 1 ch. (1 lit 2 pers., poss. couchage suppl. pour 2 pers. dans un canapé convertible), s.d.e et wc privés ds la ch. Le petit déj. vous sera servi ds le séjour des prop. ou dans le jardin, face à la piscine. Une adresse à retenir pour votre étape ou séjour proche de Lyon. Peut convenir aussi pour un déplacement prof. Le meilleur accueil vous sera réservé. Enfant gratuit jusqu'à 5 ans. Langue parlée : anglais.

Prix : 1 pers. 43 € 2 pers. 49 € 3 pers. 61 € pers. sup. 11 € repas 15 €
Ouvert : Toute l'année.

🐕	🏊	👥	🎾	🚴	🏃	🏇	🏠	⛴	🚉
SP	10	0,3	SP	SP	1	2	10	5	0,3

Joëlle et Patrick CHARTIER - 5 Montée du Perron - 69510 SOUCIEU-EN-JARREST - Tél. : 04 78 05 17 82 ou 04 78 05 10 30 -
Fax : 04 78 05 10 31 - **E-mail :** a-carpediem@wanadoo.fr

ST-DIDIER-AU-MONT-D'OR — C.M. 244 Pli 3

2 ch. Au cœur du village de Saint-Didier dans les Monts d'Or et à 10 mn. des quais de Saône à Lyon, Fabienne et Jean-François vous accueillent dans leur superbe propriété de style provençal, nichée dans la verdure et au calme. 2 chambres avec accès indépendant, au r.d.c. Une chambre côté cour (2 lits 1 pers.), chambre avec vue sur piscine (1 lit 2 pers.). Sanitaires privés ds chaque chambre, TV, téléphone/fax. Les petits déjeuners seront servis au bord de la piscine ou ds le séjour des prop. Parc paysager, clos. Parking fermé. Une étape à ne pas manquer pour découvrir Lyon ou pour l'un de vos déplacements professionnels. Langue parlée : anglais.

Prix : 1 pers. 85 € 2 pers. 95 € 3 pers. 115 € pers. sup. 25 €
Ouvert : Toute l'année.

🐕	🏊	🎾	👥	🏠	🏃	⛴
SP	1	SP	30	10	7	1

Fabienne LURON-HUPPERT - 1 place Leonard Peyrat - 69370 SAINT-DIDIER-AU-MONT-D'OR - Tél. : 04 78 66 16 87 -
Fax : 04 78 66 16 87 - **E-mail :** labastide.sd@voila.fr

ST-DIDIER-AU-MONT-D'OR — C.M. 244 Pli 3

1 ch. « Autrefois... » est une superbe suite de caractère, aménagée dans la maison des propriétaires, toute en pierres, au cœur du petit hameau de St Fortunat, à proximité immédiate du centre historique de Lyon, avec poss. d'accès indépendant. Votre suite comprend une chambre (1 lit 2 pers.), un salon, une salle d'eau et wc séparé. Poss. couchage suppl. pr 1 pers. Un micro-onde et réfrigérateur sont à votre disposition ainsi que la TV. Le petit déj. vous sera servi dans la maison des propriétaires et vous pourrez profiter d'un vaste séjour avec salon. Le meilleur accueil vous sera réservé pour vos déplacements touristiques ou professionnels.

Prix : 1 pers. 84 € 2 pers. 91 € 3 pers. 23 €
Ouvert : Toute l'année.

🐕	🏊	🎾	👥	🏠	🏃	⛴	🚉
9	2	SP	30	12	9	2	

Karine LAURENT - 68 rue Victor Hugo - Hameau de Saint Fortunat - 69370 ST-DIDIER-AU-MONT-D'OR - Tél. : 04 78 35 52 38 ou
06 08 48 69 50 - **Fax :** 04 78 35 52 38 - **E-mail :** contact@Autrefois-saintfortunat.com - www.autrefois-saintfortunat.com

ST-JACQUES-DES-ARRETS — Alt.: 500 m — C.M. 244 Pli 2

1 ch. Dans une campagne paisible, Josette et Roland, agriculteurs vous accueillent dans leur ch. située ds une partie indépendante mitoyenne à leur maison, dans le petit village de St Jacques. Accès indépendant. Et. : séjour/coin-cuisine réservés aux hôtes. Et. supérieur : petite mezzanine (1 lit 1 pers.), 1 ch. (2 lits 1 pers.), s. d'eau/wc indép. Cour fermée. Poss. visite de l'exploitation. Le meilleur accueil vous sera réservé par Josette et Roland qui pourront vous recevoir pour une étape ou un séjour.

Prix : 1 pers. 27 € 2 pers. 37 € 3 pers. 46 €
Ouvert : Toute l'année.

🐕	🏊	👥	🎾	🚴	🏃	🏇	🏠	⛴	🚉
18	8	4	SP	SP	4	2	10	15	9

Josette et Roland SANGOUARD - Le Bourg - 69860 SAINT-JACQUES-DES-ARRETS - Tél. : 04 74 04 63 83

Rhône-Alpes — Rhône

ST-JEAN-D'ARDIERES Beauval
C.M. 244 Pli 2

2 ch. **Lyon 45 km.** Yolande et Georges vous accueillent ds leurs 2 chambres d'hôtes, situées ds une ferme en activité (cheval, vaches, basse-cour...), à 2 kms de la sortie d'autoroute A6. Très facile d'accès. A l'étage, ds leur maison : 1 ch. (1 lit 2 pers., 1 canapé conv., poss. lit bébé), salle d'eau/wc privatifs ds la ch.. 1 ch. (1 lit 2 pers., 1 canapé convert., poss. lit 1 pers, lit bébé.), lavabo ds la ch., sanit. privés non attenants. Tél., ch. central. Prise TV. Séjour commun. Gratuité pr enf.-3ans, réduct. si séjour + de 2 nuits et hors saison (de 11 à 04). Grde cour, s.de jardin. Garage. Dégustat., vente de vins s. pl. de la cave coopérative Bel-Air.

Prix : 1 pers. **28/32 €** 2 pers. **32/35 €** 3 pers. **42/45 €**
Ouvert : Toute l'année.

🐕	🏊	🎾	🏓	🚴	🐎	🏰	⛵	🚂
2	2	2	SP	15	1	2	2	2

Yolande et Georges RAVIER - La Ferme de Beauval - 670 route de Beaujeu - 69220 SAINT-JEAN-D'ARDIERES - Tél. : 04 74 66 16 75 - Fax : 04 74 66 16 75

ST-JEAN-DES-VIGNES Le Piemont
C.M. 244 Pli 2

1 ch. Au milieu des vignes, dans la belle région des pierres dorées, votre chambre d'hôtes est aménagée avec goût, dans une maison de caractère, récente. Au rez-de-chaussée, avec un accès indépendant, elle est équipée de 2 lits 1 pers., poss. 1 pers. suppl., 1 salle d'eau/wc privatifs, un petit coin-cuisine. Ch. central. Petite terrasse privative, ombragée avec belle vue. Parking. A proximité des axes de communication et de Lyon (25 min.), idéale pour un séjour en Beaujolais et à la découverte de Lyon. Le meilleur accueil vous sera réservé par Ceciel, qui est hollandaise. Langues parlées : anglais, allemand, danois.

Prix : 2 pers. **44 €** 3 pers. **59 €**
Ouvert : Toute l'année.

🐕	🏊	🎾	🏓	🚴	🐎	🏊‍	🏰	🏌	⛵	🚂
20	35	2	SP	5	2	0,2	8	35	2	2

Ceciel DROST - Le Piémont - 69380 SAINT-JEAN-DES-VIGNES - Tél. : 04 72 54 63 33

ST-JEAN-LA-BUSSIERE La Fédollière (TH)
C.M. 244 Pli 2

4 ch. **Lac des sapins 1 km.** Pour vos vacances ou week-ends, prenez la Clef des Champs et venez découvrir la campagne au cœur du Beaujolais vert, au travers de nb circuits de randonnées. Brigitte vous accueille dans ses 4 chambres aux couleurs champêtres située ds une maison récente mitoyenne à la sienne. R.d.c : 1 ch. accessible pers. handicapée (1 lit 2 pers.), sanit. privés. Et. : 3 ch. (1 ch. 1 lit 2 pers., 1 lit superp., 1 ch. 2 lits 1 pers., 1 ch. 1 lit 2 pers., 1 lit 1 pers.), sanit. privés de chacune. Séjour/salon réservés aux hôtes, TV, terrasse, s.de jardin, parking. TH sur réservation.

Prix : 1 pers. **29 €** 2 pers. **37 €** pers. sup. **11 €** repas **12 €**
Ouvert : Toute l'année.

🐕	🏊	🎾	🏓	🚴	🐎	🏰	⛵	🚂
4	3	3	SP	1	1	1	4	3

Brigitte VILLAVERDE - La Clef des Champs - La Fedollière - 69550 SAINT-JEAN-LA-BUSSIERE - Tél. : 04 74 89 52 18 ou 06 87 53 16 94

ST-JULIEN-SOUS-MONTMELAS Le Jonchy
C.M. 244 Pli 2

1 ch. En plein cœur du vignoble Beaujolais, à quelques km de Villefranche, votre ch. d'hôtes de caractère est aménagée dans une partie indépendante, une ancienne Orangerie, située à proximité immédiate de la maison des propriétaires. Au r.d.c., accès complètement indépendant, elle comporte 1 lit 2 pers., (1 lit suppl.), 1 s.d.e./wc privatifs. Petit-coin cuisine (réfrigérateur, micro-ondes), espace repas. Ch. central. Elle donne sr un petit espace privatif, ombragé. Le petit déj. sera servi ds la maison des prop.ou ds le jardin. S.p. : 3 gîtes ruraux. Parking. Cuvage avec pressoir ancien. Dégustation/vente de vin s.pl. Langues parlées : anglais, allemand.

Prix : 1 pers. **46 €** 2 pers. **50 €** 3 pers. **61 €**
Ouvert : Toute l'année.

🐕	🏊	🎾	🏓	🚴	🐎	🏊‍	🏰	🏌	⛵	🚂
10	10	3	SP	20	3	3	SP	25	10	3

Carole et Thierry DES GARETS - Le Jonchy - 69640 SAINT-JULIEN-SOUS-MONTMELAS - Tél. : 04 74 67 53 36 - Fax : 04 67 58 93 -
E-mail : thierrydesgarets@wanadoo.fr - http ://perso.wanadoo.fr/gitesvins

ST-LAGER Les Berthaudières
C.M. 244 Pli 2

2 ch. **Lyon 50 km.** Au cœur du Beaujolais, 2 chambres d'hôtes dans une maison de caractère : 1 ch. 3 épis (1 lit 2 pers.), douche, lavabo, wc. ds la ch. ; 1 ch. 2 épis (2 lits 1 pers.), douche, lavabo, wc. Accès indépandant, terrasse avec véranda, terrasses extérieures à la disposition des hôtes, avec salon de jardin, petit coin-cuisine, coin-repas, coin-repos avec TV. Vue panoramique sur le vignoble beaujolais, sur place, vous pourrez profiter de la piscine des prop.. Garage. Au-delà d'une nuit : 35/38 €/2 pers.

Prix : 1 pers. **30/34 €** 2 pers. **38/43 €**
Ouvert : Toute l'année.

🐕	🏊	🎾	🏓	🚴	🐎	🏰	🚂
SP	15	0,5	SP	15	15	SP	6	1

Georges LARGE - Les Berthaudières - 69220 ST-LAGER - Tél. : 04 74 66 80 60

ST-LAURENT-D'OINGT Dalbepierre
C.M. 244 Pli 2

3 ch. **Lyon 35 km.** Nicole et Roger, vous accueillent dans leur maison de caractère, en pierres dorées. 3 ch. situées au 1er ét. : 1 ch. 3 épis NN (1 lit 2 pers., 1 lit suppl.), s. d'eau/wc privatifs, 1 ch. 2 épis NN (1 lit 2 pers., 2 lits 1 pers.), s.d.b./wc privatifs non attenants, 1 ch. 2 épis NN, avec accès indépendant, (2 lits 1 pers., 1 lit 1 pers. supp.), douche, lavabo, wc indép. Salle commune, poss. cuisine. A l'extérieur : cour, pelouse avec jeux d'enfants, parking. Poss. visite de cave s.pl., dégustation et vente de vins. 4 pers. 58 €. Langue parlée : anglais.

Prix : 1 pers. **29/30 €** 2 pers. **37/40 €** 3 pers. **47/50 €**
Ouvert : Toute l'année sauf vendanges.

🐕	🏊	🎾	🏓	🚴	🐎	🏰	⛵	🚂
15	25	5	SP	7	SP	25	5	5

Roger et Nicole GUILLARD - Dalbepierre - 69620 ST-LAURENT-D'OINGT - Tél. : 04 74 71 27 95

Rhône
Rhône-Alpes

ST-LAURENT-D'OINGT Le Nevert du Haut
C.M. 244 Pli 2

1 ch. Votre chambre d'hôtes est aménagée dans la maison des propriétaires, une maison récente en Pierres Dorées, avec une vue superbe sur le vignoble Beaujolais. Très calme. Accès de plain-pied. 1 ch. (1 lit 2 pers.), salle d'eau/wc privés dans la chambre. séjour/salon communs. A l'extérieur : grand jardin fleuri, pelouse, parking. Sur place : gîte rural. Le meilleur accueil vous sera réservé. Poss. dégustation de Beaujolais.

Prix : 1 pers. **30 €** 2 pers. **38 €**
Ouvert : Toute l'année.

15	17	1,5	SP	3	1,5	17	2,5

Yves et Simone DEBILLY - Le Nevert du Haut - 69620 SAINT-LAURENT-D'OINGT - Tél. : 04 74 71 65 76 ou 06 88 11 48 19

ST-LAURENT-D'OINGT Le Gonnet
C.M. 244 Pli 2

1 ch. Michel et Monique Guillard, viticulteurs vous accueillent dans leur chambre d'hôtes située dans leur maison en pierres dorées, de caractère. Poss. accès indépendant, de plain-pied. 1 ch. (1 lit 2 pers.), salle d'eau/wc privatifs dans la ch. Ch. central. Pièces de jour communes. Vous pourrez profiter d'une petite terrasse privative, avec salon de jardin. Cour et terrain communs. Parking. TH sur réservation. Le meilleur accueil vous sera réservé. Sur place : un gîte rural. Nb. possiblités de découvertes : circuits des Pierres Dorées, Beauj. Viticole, Vallée d'Azergues...). Poss. dégustation et vente de vins à la propriété.

Prix : 1 pers. **30 €** 2 pers. **38 €** repas **12 €**
Ouvert : Toute l'année sauf vendanges.

15	25	1	SP	4	1	0,5	15	15	1

Monique et Michel GUILLARD - Le Gonnet - 69620 SAINT-LAURENT-D'OINGT - Tél. : 04 74 71 21 77 ou 06 89 33 65 51 - Fax : 04 74 71 21 77 - E-mail : GUILLARD-M.GITE-DU-GONNET@wanadoo.fr

ST-MARTIN-EN-HAUT Le Pont du Chier
Alt. : 750 m
C.M. 244 Pli 1

3 ch. Lyon 30 km. M. Villard vous accueille dès ses 3 ch. (ancien moulin rénové). R.d.c. : 1 ch. (2 lits 2 pers.), s. d'eau/wc privés, prise tél., accès indép. Ds aile de bât. mitoyenne : 1 suite de 2 ch. idéale pour famille (ch. 2 lits 2 pers. avec s. d'eau et wc privés et 1 ch. 1 lit 2 pers., 1 lits 1 pers., s.d'eau/wc privés non attenants), accès indép., petit coin-repos. Ch. élect.. Plan d'eau privé. Très calme. A partir de 1 pers., tarifs dégressifs dès 4 nuitées.

Prix : 1 pers. **29 €** 2 pers. **40 €** 3 pers. **55 €**
Ouvert : Toute l'année.

15	3	1,5	SP	1,5	15	3	20	1,5

René VILLARD - Le pont du Chier - 69850 SAINT-MARTIN-EN-HAUT - Tél. : 04 78 48 61 38

ST-VERAND Taponas
C.M. 244 Pli 2

4 ch. Lyon 35 km. Danièle et Mike vs accueillent ds leurs 4 ch. d'hôtes avec accès indép. situées ds corps de bât. récent mitoyen à leur maison. 1 ch. (2 lits 1 pers.), salle d'eau/wc privés, 1 ch. (accessible pers. mobilité réduite) (1 lit 2 pers.), salle de bains/wc privés, 1 ch. familiale (1 lit 2 pers.), 1 ch. (1 lit superposé), salle d'eau/wc privés donnant sur terrasse. 1 ch. total. élec. ds une petite maison sur le même terrain, (1 lit 2 pers.), cheminée, coin-salon, s.d.e/wc indép. Ch. élec. Grde salle réservée aux hôtes/coin-détente, TV, magnét. Grd terrain arboré clos, jeux boules, mobilier de jardin, TH sur demande. Enf. 7,5 €. Langues parlées : anglais, espagnol.

Prix : 1 pers. **30 €** 2 pers. **43 €** 3 pers. **53 €** repas **14 €**
Ouvert : Toute l'année.

12	20	2	SP	12	7	5	2	20	1,5

Danièle et Mike RAVILY-ANNING - Fondvieille - Taponas - 69620 SAINT-VERAND - Tél. : 04 74 71 62 64 -
E-mail : Fondvielle@aol.com - http://www.members.aol.com/fondvielle

ST-VERAND Lerieux
A
C.M. 244 Pli 2'

4 ch. Lyon 35 km. 4 ch. situées ds un corps de bât. en pierres dorées, mitoyen à la maison des prop. viticulteurs. Accès indép. à l'étage : 1 ch. (1 lit 2 pers.), 1 ch. (1 lit 2 pers. et 1 lit 1 pers.), salle de bains/wc privatifs dans chacune. 1 ch. (2 lits 1 pers.), 1 ch. (1 lit 2 pers. et 1 lit 1 pers.), coin séparé avec lavabo dans chacune, 1 douche/wc séparé pour chacune du hall. Ch. central.S.à manger commune avec les prop. A l'ext. : terrasse, salon de jard., accès à terrain d'agrément en contre-bas. Parking à proximité immédiate des chambres. S.pl. ferme-auberge. Enfant : 11 €.

Prix : 1 pers. **27/30 €** 2 pers. **38/41 €** pers. sup. **12 €** repas **14 €**
Ouvert : Toute l'année sauf vendanges.

12	20	2	SP	12	7	5	SP	20	2

Bernard et M-Claude BASSET - Lerieux - 69620 SAINT-VERAND - Tél. : 04 74 71 74 82 - Fax : 04 74 71 67 24

ST-VERAND Aucherand
C.M. 244 Pli 2'

5 ch. A St Vérand, en Beaujolais viticole, très belle maison d'hôtes comportant 5 ch. de caractère. 1 ch. au r.d.c. (1 lit 2 pers., s.de bains, wc privés ds la ch., 4 ch. à l'ét. : 1 ch. (1 lit 2 pers., 1 lit 1 pers.), 3 ch. (2 ch. 1 lit 2 pers. 1 ch. 2 lits 1 pers.), s.d'eau et wc privatifs de chacune des ch. Très bon confort. Superbe salle commune, cheminée. Terrasse, TH sur réservation. Salle de jeux (2 billards, ping-pong) ; Vaste parc paysager, des arbres centenaires, tennis, piscine. Le meilleur accueil vous sera réservé par Joëlle (décoratrice) et son mari (antiquaire). Ils auront bcp de plaisir à vous recevoir pr votre étape/séjour en Beaujolais. Langue parlée : anglais.

Prix : 1 pers. **69 €** 2 pers. **84 €** 3 pers. **99 €** pers. sup. **15 €** repas **15 €**
Ouvert : Toute l'année.

SP	20	2	SP	12	7	5	2	20	1,5

Joëlle et Joseph DEGOTTEX - Maison d'hôtes d'aucherand - 69620 SAINT-VERAND - Tél. : 04 74 71 85 92 ou 04 78 30 41 38 -
Fax : 04 74 71 85 92 - E-mail : degottex@aol.com

Rhône-Alpes — **Rhône**

TAPONAS Bois Bettu
C.M. 244 Pli 3

3 ch. **Lyon 50 km.** Brigitte Chambaud vous accueille ds ses 3 chambres d'hôtes, aménagées ds une ancienne ferme du Val de Saône, très calme, entourée de champs, à proximité des crus Beaujolais. Entrée indépendante. 2 chambres peuvent accueillir des familles. Salle d'eau et wc privatifs dans chacune des chambres. Ch. central. Salle commune réservée aux hôtes. Cour, pelouse, salon de jardin, jeux d'enfants. Fermé le dimanche soir sauf pour réservation de plusieurs nuits. A 1 km. sortie village St-Jean d'Ardières, dir. Mâcon. Prix enf. 11 €. Chambres non fumeurs. Langue parlée : anglais.

Prix : 1 pers. 37 € 2 pers. 43 € pers. sup. 11/16 €
Ouvert : Toute l'année.

| 4 | 4 | 4 | SP | 12 | 1 | 2 | 4 | 20 | 4 | 4 |

Brigitte CHAMBAUD - Bois Bettu - 69220 TAPONAS - Tél. : 04 74 66 38 45 - Fax : 04 74 66 22 98

VAUX-EN-BEAUJOLAIS Clochemerle
C.M. 244 Pli 2

2 ch. **Lyon 45 km.** Sur l'exploitation viticole, Dominique et Cyrille vous accueillent ds leur maison de caractère beaujolais, à qql mètres du caveau historique de Clochemerle. 2 ch. avec accès indép., (une avec vue imprenable sur les vignes). 1 ch. (1 lit 2 pers.), 1 ch. familiale (1 lit 2 pers., 2 lits 1 pers.) 1 lit enfant. Poss. lits suppl. ds chaque ch. S.d.eau/wc privés ds chaque chambre. Salon réservé aux hôte à l'étage. Au r.d.c. s. à manger/salon donnant sur terrasse ombragée. s. de jardin, cour fermée, jeux d'enf. de plein air. poss. lit bébé. Grill, auberge au bourg. poss. accueil chevaux, empl. pour camping cars. Langue parlée : anglais.

Prix : 1 pers. 27/30 € 2 pers. 40/43 € 3 pers. 55 € pers. sup. 11 €
Ouvert : Toute l'année.

| 15 | 2 | SP | SP | 15 | SP |

Cyrille et Dominique MINGRET - Clochemerle - 69460 VAUX-EN-BEAUJOLAIS - Tél. : 04 74 03 26 13 - Fax : 04 74 03 26 13

VAUX-EN-BEAUJOLAIS Montrichard
C.M. 244 Pli 2

4 ch. Josette et Francis vous accueillent ds leur maison d'hôtes, à 1.5 km de Vaux-en-Beauj.. 4 ch. d'hôtes de caractère (accès indépend.). Et. : 2 ch. (1 lit 2 pers., douche, lavabo, wc,ds chacune). R.d.c. : 1 ch. (1 lit 2 pers./1 lit 1 pers.), s.d.b. (baignoire avec jacuzzi)/wc séparé. 1 suite familiale (2 ch. communiquantes), 1 ch. 1 lit 2 pers., 1 ch. 2 lits 1 pers. Poss/1 lit suppl., s.d.b./wc privés. En été, les repas vous seront servis à l'ext., sous une tonnelle, vous pourrez profiter s.pl. de la piscine. Parking, TH sur réserv. Le meilleur accueil vous sera réservé ds un cadre superbe au cœur du vignoble. Suite familiale : 76 €.

Prix : 1 pers. 53/76 € 2 pers. 58/84 € 3 pers. 99 € repas 19 €
Ouvert : Du 01/03 au 30/11.

| SP | 20 | SP | 10 | SP | 1 | 20 | 16 | 2 |

Josette et Francis BLETTNER - Les Picorettes - Montrichard - 69460 VAUX-EN-BEAUJOLAIS - Tél. : 04 74 02 14 07 - Fax : 04 74 02 14 21 - E-mail : francis.blettner@picorettes.com - http ://www.picorettes.com

VILLECHENEVE
Alt. : 800 m — *C.M. 244 Pli 2*

2 ch. Isabelle et J.Jacques vous accueillent dans leurs 2 chambres d'hôtes, situées dans leur maison, dans le petit village de Villecheneve, au cœur des Monts du Lyonnais. R.d.c. : salon/s.à. manger réservés aux hôtes avec poêle à bois. Etage : 2 ch. (1 lit 2 pers. ds chacune, TV, sanitaires privés, poss. 1 lit suppl., 1 lit bébé). Ch. central. A la TH vous pourrez déguster les produits de l'exploit. d'Isabelle (à 8 km), foie gras et volailles fermières. Accès à une cour et un petit jardin communs aux prop. et au gîte rural (s.pl.), avec des ânes. Un excellent accueil vous sera réservé. Poss. journée/stage transformation du canard gras. Langue parlée : anglais.

Prix : 1 pers. 32 € 2 pers. 38 € pers. sup. 9 € repas 12/23 €
Ouvert : Toute l'année.

| 16 | 25 | 8 | SP | 8 | 8 | 20 | 30 | 25 | 16 | SP |

Isabelle BIROT - Le Bourg - 69770 VILLECHENEVE - Tél. : 04 74 70 13 88 ou 04 77 28 68 34

VILLIE-MORGON Le Clachet
C.M. 244 Pli 2

5 ch. Agnès et Jean vous ouvrent la porte de leur demeure, où vous retrouverez des sensations de calme et d'espace. Ds une aile de la maison, vaste pièce de jour (coin-cuisine), à l'ét., un salon lumineux et sa bibliothèque réservés aux hôtes. Les ch. sont spacieuses avec de gds lits. 1 ch. (1 lit 180x200), 3 ch. (2 lits 90x200), avec pour 2, coin canapé (convert.). S.d.e et wc ds chaque ch. 1 ch. (1 lit 1.80x2.00),coin canapé (convert.), s.d.b.(douche et baignoire) et wc. Accès très proche de la sortie autoroute Belleville (7 km). Un accueil aimable et chaleureux vous sera réservé.

Prix : 2 pers. 70/80 € 3 pers. 86/96 €
Ouvert : Toute l'année.

| 7 | 12 | 1 | SP | 20 | 10 | 7 | SP | 7 | 1,3 |

Agnès et Jean FOILLARD - Le Clachet - 69910 VILLIE-MORGON - Tél. : 04 74 04 24 97 - Fax : 04 74 69 12 71

VILLIE-MORGON Le Colombier
C.M. 244 Pli 2

2 ch. Bernard et Monique, viticulteurs vous souhaitent la bienvenue dans leurs 2 chambres d'hôtes, situées dans une partie mitoyenne à leur maison (récente). Poss. accès indépendant. R.d.c. : 2 ch. (1 lit 1 pers., poss. 1 canapé convertible 2 pl. ; 1 ch. 2 lits 1 pers., poss. lit bébé). Sanitaires privés de chaque ch. (douche, lavabo, wc séparé). Pièce de jour avec coin-cuisine réservée aux hôtes, terrasse, terrain aménagé privatif, salon de jardin, parking. S.pl. : dégustation et vente de vins. Le meilleur accueil vous sera réservé. En plein cœur des vignes, idéal pour une étape ou séjour en Beaujolais. Prix enfant : 5 €.

Prix : 1 pers. 39 € 2 pers. 44 € pers. sup. 5/10 €
Ouvert : Toute l'année sauf vendanges.

| 10 | 12 | 0,8 | SP | 10 | 15 | 10 | SP | 25 | 10 | 10 | 0,8 |

Bernard et Monique PASSOT - Le Colombier - 69910 VILLIE-MORGON - Tél. : 04 74 69 10 77 - Fax : 04 74 69 13 59 - E-mail : mbpassot@infonie.fr

Rhône

Rhône-Alpes

VOURLES
C.M. 244 Pli 2

2 ch. Ambiance famille nombreuse dans cette ancienne maison de campagne totalement restaurée, imprégnée de son histoire et proche de Lyon, qui comporte 2 ch. d'hôtes. La 1ère se trouve au r.d.c, (1 lit 2 pers.,), salle d'eau privative (douche et lavabo), wc non attenant. La seconde est à l'étage, poss. accès indépendant. (1 lit 2 pers.), s.d.e/wc privatifs. Lors de votre séjour, vous pourrez profiter des pièces communes au r.d.c. (salon, cheminée, séjour) qui donnent sur une vaste terrasse où l'on vous servira les petit-déj. l'été. Idéal pr un déplacement prof., la découverte de Lyon. Le meilleur accueil vous sera réservé. Menu familial 7,5 €. Langue parlée : anglais.

Prix : 1 pers. **40 €** 2 pers. **46 €**
Ouvert : Toute l'année.

2,5	1	SP	1,5	4	10	2	0,5

Véronique MAIRE - 7 ter rue Chevalier - 69390 VOURLES - Tél. : 04 72 31 60 45 - E-mail : familmaire@aol.com

Savoie

GITES DE FRANCE - LOISIRS ACCUEIL SAVOIE
24, bd de la Colonne - 73024 CHAMBERY Cedex
Tél. 04 79 85 01 09 ou 04 79 33 22 56 - Fax 04 79 85 71 32
http://www.itea.fr/GDF/73
E.mail : gites.france.savoie@wanadoo.fr - http://www.gites-de-france-savoie.com

3615 Gîtes de France
0,2 €/min

AIGUEBLANCHE
Alt. : 550 m   (TH)   C.M. 74 Pli 17

6 ch. Pralognan la Vanoise, parc de la Vanoise 35 km, lac d'Annecy 50 km. Maison du XVIIe siècle à l'écart du village, située sur une butte qui domine la vallée de l'Isère. 6 chambres d'hôtes de 2 à 4 lits équipées de salles de bains (WC, bains, lavabo), coin détente, TV, bibliothèque, ch. central, l-linge, sèche-linge, réfrigérateur, four micro-ondes. Parc arboré de 2500 m². Salon de jardin. Remise 10 % à partir de 3 nuits. Spécialités : confiture maison, miel de pays, tartiflette aux trompettes, magret au gamay, légumes du jardin, tartelette aux myrtilles sauvages. Ski Valmorel 11 km. Liaison les 3 Vallées 13 km. Escalade 1 km. Thermes La Léchère. Possibilité location pour groupe en gestion libre. Langue parlée : anglais.

Prix : 1 pers. **30 €** 2 pers. **45/50 €** 3 pers. **60/70 €** pers. sup. **15 €** repas **15 €**

2	12	1	1	1	SP	11	11	SP	5	1,5

Henri CHARLIN - Manoir de Bellecombe - 25 route de St-Oyen - 73260 AIGUEBLANCHE - Tél. : 04 79 24 31 95 - Fax : 04 79 24 31 95 -
E-mail : hcharlin@club-internet.fr - http ://www.ifrance.com/bellecombe ou SR : 04 79 85 01 09

AILLON-LE-JEUNE Chez Curiaz
Alt. : 900 m   (TH)   C.M. 74 Pli 16

3 ch. Chambéry 24 km, Annecy 37 km. Maison typique des Bauges rénovée surplombant le village. 3 ch. d'hôtes. 2e ét. : ch. 1 : 1 lit 2 pers., 1 lit enfant, ch. 2 : 1 lit 2 pers., 1 lit 1 pers., ch. 3 : 1 lit 2 pers., lavabo, bains, WC dans chaque ch., séjour, ch. élect., terrain avec four à pain et meubles de jardin. Petit déjeuner traditionnel servi dans la salle à manger. Spécialités : gratin, diots, crozets, tartiflette, pizza et pain bio maison cuits au feu de bois... Découverte faune/flore. Routes forestières, sentiers vers cols et alpages. Artisanat, fruitière. Massif entre les lacs d'Aix-les-Bains et Annecy. Ski Aillon-le-Jeune. Réduction repas enfant. Langue parlée : anglais.

Prix : 2 pers. **42 €** 3 pers. **55 €** repas **14 €**

13	4	3	3	0,2	3	3	SP	SP	24	0,9

Robert BAULAT - Les Curiaz - 73340 AILLON-LE-JEUNE - Tél. : 04 79 54 61 47

AILLON-LE-JEUNE Les Ginets
Alt. : 1100 m   (TH)   C.M. 74 Pli 16

4 ch. Chambéry 24 km, Annecy 37 km, Aix-les-Bains 37 km. Ancienne ferme traditionnelle du Massif des Bauges, entièrement rénovée. 4 chambres d'hôtes mansardées. 1er ét. : ch. 1 : 1 lit 2 pers., 1 lit 1 pers., balcon, ch. 2, ch. 3, ch. 4 : 1 lit 2 pers., 1 lit 1 pers., douche, WC, lavabo dans chaque chambre, chauffage central, terrain. Petit-déjeuner avec confiture maison, pains biologiques variés... Spécialités : tarte à la tome, fondue savoyarde, civet, pot-au-feu, diots au vin blanc, raclette... Superbe vue sur la vallée et la station d'Aillon le Jeune. Découverte du Parc Naturel Régional des Bauges. Ski Aillon le Jeune 0.5 km, le Margériaz 12 km. Réduction repas enfant.

Prix : 2 pers. **42 €** 3 pers. **55 €** repas **14 €**

16	2	2	2	0,5	2	SP	SP	26	1,5

Bruno GUNTHER - La Grangerie - Les Ginets - 73340 AILLON-LE-JEUNE - Tél. : 04 79 54 64 71 - Fax : 04 79 54 69 19 -
E-mail : lagrangerie@fr.st - http ://www.lagrangerie.fr.st

AILLON-LE-VIEUX Le Mollard
Alt. : 900 m   (TH)   C.M. 74 Pli 16

2 ch. Chambéry 28 km, Annecy 33 km. Maison récente à l'entrée du village, vue dégagée sur le col des Prés. 2 chambres d'hôtes. 1er étage : ch. 1 : 1 lit 2 pers., 2 lits 1 pers., ch. 2 : 1 lit 2 pers. Lavabo, bains et WC communs, séjour à disposition avec TV, revues, chauffage central, terrain avec meubles de jardin et jeux d'enfants. Petit-déjeuner servi dans le séjour familial avec pains, fruits, céréales, oeufs ou fromage... Environnement d'alpages. Nombreuses possibilités sportives et de découvertes entre les lacs d'Aix-les-Bains et d'Annecy. Station de ski Aillon-le-Jeune. Réduction repas enfant. Langue parlée : italien.

Prix : 1 pers. **18/20 €** 2 pers. **29/30 €** 3 pers. **37/40 €** repas **11 €**

10	4	4	10	0,5	4	4	SP	SP	25	2

Louis PETIT BARAT - Le Mollard - 73340 AILLON-LE-VIEUX - Tél. : 04 79 54 60 84

Rhône-Alpes **Savoie**

AIX-LES-BAINS
C.M. 74 Pli 15

1 ch. **Lac du Bourget 3 km, Chambéry 17 km.** Maison récente dans un quartier en périphérie de la ville et à proximité du bois Vidal. 1 chambre d'hôtes. 1er étage : 1 lit 2 pers., 1 lit 1 pers., sanitaires attenants privatifs, chauffage électrique, terrain. Voile, golf 3 km. Thermes Aix-les-Bains. Petit déjeuner servi en salle à manger ou terrasse : confiture et gâteaux maison, yaourt... Possibilité de découvertes des environs d'Aix-les-Bains avec le propriétaire.

Prix : 1 pers. 22 € 2 pers. 32 € 3 pers. 43 €

🐕	⛱	🏖	🎾	🏊	🚣	⛷	🎿	🚴	🚶	🚂	🛬
1,5	3	3	2	2	3		SP	0,5	2,5	2	

Jean BOGEY - 16 allée du Chevreuil - 73100 AIX-LES-BAINS - Tél. : 04 79 35 16 57

ALBENS Pegis
C.M. 74 Pli 15

2 ch. **Lac du Bourget, Aix-les-Bains 11 km, Annecy 22 km.** Maison ancienne rénovée avec vue sur le Semnoz. 2 chambres d'hôtes. 1er ét. : ch. 1 : 1 lit 2 pers., 1 lit 1 pers., lavabo, ch. 2 : 1 lit 2 pers., lavabo. Douche + WC communs, chauffage central, salon de jardin, terrasse, terrain. Séjour au calme. Spécialités : confiture maison... Lieu idéal pour randonner. L'Albanais est situé entre les lacs d'Annecy et du Bourget. Restaurants 2 km. Ski le Revard. Thermes Aix les Bains.

Prix : 2 pers. 30 € 3 pers. 39 €

🐕	⛱	🏖	🎾	🏊	🚣	⛷	🎿	🚴	🚶	🚂	🛬
13	13	13	2	4	13	28	28	SP	SP	13	2

Adrien ANDRE - Pegis - 73410 ALBENS - Tél. : 04 79 54 19 30

ALBENS Les Près Rus
C.M. 74 Pli 15

3 ch. **Lac du Bourget, Aix-les-Bains 11 km, Annecy 22 km.** Maison récente à proximité du bourg comprenant 1 gîte rural et 3 chambres d'hôtes. Rez-de-chaussée ch. 1 : 1 lit 2 pers., 1 lit 1 pers., lavabo, douche, WC, ch. 2 : 1 lit 2 pers., lavabo, douche, WC, chauffage électrique, garage, terrasse, terrain. Petit-déjeuner pris à la table familiale avec pain et confiture maison... Vue sur les montagnes du Semnoz, du Revard et la campagne. A découvrir les grands lacs alpins et le Parc Naturel Régional des Bauges. Ski le Revard. Voile 12 km. Thermes Aix les Bains. Langue parlée : anglais.

Prix : 1 pers. 26/30 € 2 pers. 37/43 € 3 pers. 52 €

🐕	⛱	🏖	🎾	🏊	🚣	⛷	🎿	🚴	🚶	🚂	🛬
11	12	10	1	4	2	25	25	SP	1	1,5	1

Gilbert et Françoise COMBET - Les Prés Rus - 73410 ALBENS - Tél. : 04 79 54 19 01

ALBERTVILLE
C.M. 74 Pli 17

1 ch. **Annecy 46 km, massif du Beaufortain 20 km.** Villa récente sur une colline dominant Albertville. Intérieur personnalisé imaginé pour votre confort, environnement fleuri. 1 ensemble de 2 chambres d'hôtes (40 m^2). 2e ét. : 4 lits 1 pers., TV, lavabo, douche, WC, cuisine à disposition, balcon, chauffage électrique. Belle vue sur les montagnes en exposition sud. Petit-déjeuner varié. Ville située entre Annecy et Chambéry, aux portes de la Tarentaise et du Beaufortain. Cité médiévale de Conflans à 2 km. Restaurants 1 km. Station de ski Crest-Voland. Patinoire 1 km. Langue parlée : allemand.

Prix : 1 pers. 30 € 2 pers. 38/44 € 3 pers. 50/56 €

🐕	⛱	🏖	🎾	🏊	🚣	⛷	🎿	🚴	🚶	🚂	🛬
8	1	10	1	24		20	SP	SP	1	1	

Claire et Pierre PERS - 375 chemin des Molettes - 73200 ALBERTVILLE - Tél. : 04 79 32 12 36

ALBERTVILLE Conflans
C.M. 74 Pli 17

2 ch. **Annecy 46 km, massif du Beaufortain 20 km.** Maison ancienne de caractère située en lisière du village médiéval de Conflans. 2 chambres d'hôtes. R.d.c. : ch. 1 : 4 lits 1 pers., lavabo, douche, WC, ch. 2 : 1 lit 1 pers., 1 lit 2 pers., lavabo, baign., wc. Séjour avec coin détente, micro-onde et réfrigérateur à disposition, intérieur avec mobilier bois, chauffage électrique. Terrain avec vue panoramique. Petit-déjeuner varié servi dans le séjour réservé aux hôtes. A voir : l'église restaurée, la fontaine... Restaurants sur place. Ski Arêches 25 km, Les Saisies 31 km. Escalade 0.5 km. Patinoire 2 km. Langue parlée : anglais.

Prix : 1 pers. 27/30 € 2 pers. 39/43 € 3 pers. 52/56 €

🐕	⛱	🏖	🎾	🏊	🚣	⛷	🎿	🚴	🚶	🚂	🛬
	3	2	5	1	25	25	SP	SP	1	SP	

Marie-Claude HARDY - 21 bis rue G. Perouse - Conflans - 73200 ALBERTVILLE - Tél. : 04 79 32 00 66

ATTIGNAT-ONCIN Gerbezet
Alt. : 600 m (TH) *C.M. 74 Pli 15*

3 ch. **Parc Régional de Chartreuse sur place, lac d'Aiguebelette 8 km.** Maison ancienne rénovée, en bordure d'un petit hameau adossé à la chaîne de l'Epine comprenant 1 gîte et 3 chambres d'hôtes. R.d.c. : ch. 1 : 3 lits 1 pers., 1er ét. ch. 2 : 4 lits 1 pers., ch. 3 : 4 lits 1 pers. Lavabo, douche, WC dans chaque chambre. Séjour avec cheminée, chauffage électrique, pièce familiale avec légumes du potager, apéritifs maison (vin de noix, d'orange). Ski St Pierre de Chartreuse. Voile 8 km. Réduction repas enfant. Langues parlées : anglais, italien.

Prix : 1 pers. 28 € 2 pers. 37 € 3 pers. 46 € pers. sup. 8 €
repas 14 €
Ouvert : Toute l'année.

🐕	⛱	🏖	🎾	🏊	🚣	⛷	🎿	🚴	🚶	🚂	🛬
8	13	8	8	8	27	20	SP	SP	8	2	

Gisèle et Jacques MEUNIER CUAZ PEROLLIN - Gerbezet - 73610 ATTIGNAT-ONCIN - Tél. : 04 79 36 53 40 - Fax : 04 79 36 53 40

Savoie

Rhône-Alpes

AUSSOIS
Alt. : 1490 m — TH — C.M. 77 Pli 8

5 ch. Forts de l'Esseillon 4 km, Parc National de la Vanoise 6 km. Maison mitoyenne dans le village. 5 ch. d'hôtes. 1er ét. : ch. 1 : 1 lit 2 pers., ch. 2 : 3 lits 1 pers., 2e ét. : ch. 3 : 1 lit 2 pers., 1 lit 1 pers., ch. 4 : 3 lits 1 pers. balcon (ch. 1/2/3/4). 3e ét. : ch. 5 : 1 lit 2 pers., 2 lits 1 pers. superp. Lavabo, douche, WC dans chaque ch., coin-détente, cheminée, TV, l-linge, séchoir, terrasse, ch. central. Village aux portes du Parc National de la Vanoise. Spécialités : soupe de légumes, crozets, tartiflette, raclette, légumes du jardin, yaourt et confiture maison, krumbble, mousse au chocolat, tiramisu. Eglise baroque, forts de l'Esseillon. Ski Aussois. Escalade, via ferrata 3 km. Langues parlées : anglais, italien.

Prix : 1 pers. 35 € 2 pers. 43 € 3 pers. 56 € pers. sup. 13 € repas 14 €

Ouvert : Toute l'année.

7	0,5	0,5	7	0,3	0,3	SP	SP	7	0,1	

Claire TANTOLIN - La Roche du Croue - 3 rue de l'Eglise - 73500 AUSSOIS - Tél. : 04 79 20 31 07 - Fax : 04 79 20 48 28 -
E-mail : roche.croue@libertysurf.fr

BARBERAZ
C.M. 74 Pli 15

1 ch. Les Charmettes, maison de Jean-Jacques Rousseau 3 km. Maison récente en pleine campagne avec vue sur la combe de Chambéry. 1 ensemble de 2 chambres d'hôtes. Rez-de-chaussée : 2 lits 2 pers., lavabo, douche, WC pour les 2 chambres. Terrain. Petit-déjeuner servi en terrasse l'été, confiture maison, pain campagnard... Bien situé pour découvrir les 2 parcs naturels régionaux du Massif des Bauges et de Chartreuse. Ski le Granier 17 km, Aillon le Jeune 27 km, le Margériaz 33 km. Fond la Féclaz 21 km, le Désert 24 km. Patinoire, restaurants 2 km. Chambéry 3 km. Voile 13 km. Thermes Challes les Eaux.

Prix : 1 pers. 30 € 2 pers. 37 €

7	13	2	2	2	2	17	21	SP	SP	3,5	2

Monique DESLANDRES - 1370 route de Chanaz - 73000 BARBERAZ - Tél. : 04 79 70 56 40 - Fax : 04 79 70 56 40 ou SR : 04 79 85 01 09

BELLECOMBE-EN-BAUGES Le Villard Derrière
Alt. : 850 m — C.M. 74 Pli 16

3 ch. Annecy 22 km, Aix-les-Bains, lac du Bourget 38 km. Ancienne ferme rénovée en bordure du village, à proximité d'une aire naturelle de camping. 3 chambres d'hôtes. 1er étage : ch. 1 : 1 lit 2 pers., ch. élec., ch. 2 et 3 : 1 lit 2 pers., 1 lit 1 pers., ch. central, sanitaires complets dans chaque chambre, terrain avec salon de jardin et barbecue avec vue sur la vallée du Chéran et le Semnoz. Jeux enfants. Au cœur du Parc Naturel du massif des Bauges, vous pourrez randonner sur le GR 96 ou le tour des Bauges, visiter le pont du Diable (near) ou le lac d'Annecy (15 km). Ski Les Aillons 22 km, le Margériaz 24 km, fond Le Semnoz 15 km. Raquettes, forêts sur place, canyoning 6 km, voile 15 km. Langue parlée : anglais.

Prix : 1 pers. 28 € 2 pers. 34/39 € 3 pers. 46/51 €

8	20	8	8	2	22	15	SP	SP	20	7

Sophie PRICAZ - Villard Derrière - 73340 BELLECOMBE-EN-BAUGES - Tél. : 04 79 63 36 33 ou 04 50 69 16 09

BETTON-BETTONNET Village de L'Eglise
C.M. 74 Pli 16

4 ch. Chambéry 25 km, Albertville 30 km. Maison ancienne rénovée à l'entrée du village, située à 1 h. du tunnel du Fréjus. 4 chambres d'hôtes. 1er ét. : ch. 1 : 1 lit 2 pers., 1 lit 1 pers., 1 lit enfant, ch. 2 : 1 lit 2 pers., 1 lit 1 pers., douche, WC, lavabo dans chaque chambre, ch. 4 : 1 lit 2 pers., 1 lit 1 pers., bains, WC, lavabo. Chauff. central, terrain. Poss. cuisiner. Petit-déjeuner varié servi dans une belle salle voûtée de 40 m², possibilité de la louer pour fêtes et réceptions. Situation idéale pour découvrir les différentes vallées de la Savoie. Restaurant 4 km. Ski le Collet d'Allevard 29 km, St-François Longchamp 40 km. Langue parlée : anglais.

Prix : 1 pers. 27 € 2 pers. 34 € 3 pers. 46 €

7	7	4	4	3	29	20	SP	1	5	4

Bernadette CARLE - Village de l'Eglise - 73390 BETTON-BETTONNET - Tél. : 04 79 44 22 32 - Fax : 04 79 44 22 47 -
E-mail : Bernadette.carle@wanadoo.fr

LA BIOLLE Les Plagnes
C.M. 74 Pli 15

2 ch. Lac du Bourget, Aix-les-Bains 7 km. Annecy 26 km. Maison centenaire rénovée, située à l'entrée du hameau, comprenant 2 chambres d'hôtes et 1 gîte. 1er ét. : ch. 1 (1 lit 2 pers.), douche, wc, lavabo, balcon. 1 ch. (2 lits 1 pers.), douche, wc, lavabo. Cuisine commune aux chambres avec entrée indépendante, cour, jeux d'enfants. Chauffage électrique. Petit-déjeuner servi dans une serre côté jardin, avec produits de la ferme, vente possible. Découverte vie rurale, animaux et nature. L'Albanet est situé entre les lacs du Bourget et d'Annecy. Restaurant 2 km. Ski le Revard. Thermes à Aix-les-bains. Réduction parfois consentie. Taxe de séjour.

Prix : 1 pers. 23 € 2 pers. 32/35 €

10	10	10	2	11	4	23	23	SP	0,5	10	2

Jean et Simone CALLOUD - La Renaudière - Les Plagnes - 73410 LA-BIOLLE - Tél. : 04 79 54 77 18 - Fax : 04 79 54 77 18

LA BIOLLE La Villette
C.M. 74 Pli 15

4 ch. Aix-les-Bains, lac du Bourget 7 km, Annecy 26 km. Maison ancienne typique de l'Albanais, située dans un hameau à proximité d'un bois. 4 chambres d'hôtes. 1er ét. : ch. 1 : 1 lit 2 pers., 1 lit 1 pers., ch. 2 : 1 lit 2 pers., ch. 3 : 1 lit 2 pers., 1 lit 1 pers., ch. 4 avec coin-salon et bal. : 1 lit 2 pers., 1 lit 1 pers., sanitaire complet par ch., ch. cent., coin-cuisine, cour, meubles de jardin, jeux enfants. Petit-déjeuner servi dans la salle à manger ou en terrasse avec confiture, yaourt, miel, fromage... Découverte de la nature, animaux. Ski le Revard. Escalade, delta-plane 8 km. Thermes Aix les Bains. Restaurant 2 km. Lac du Bourget 10 km, lac d'Annecy 25 km. Réduction parfois consentie.

Prix : 1 pers. 28/32 € 2 pers. 36/40 € 3 pers. 43/47 €

11	11	11	3	5	5	25	25	SP	SP	5	2,5

Gilbert et Jeanette GOURY - Sous la Colline - Villette - 73410 LA-BIOLLE - Tél. : 04 79 54 76 79 - Fax : 04 79 54 70 70

Rhône-Alpes **Savoie**

BOURG-SAINT-MAURICE-LES-ARCS Les Eulets Alt. : 850 m — C.M. 74 Pli 18

1 ch. Cols du Petit St-Bernard et de l'Iseran, parc de la Vanoise 47 km. Maison ancienne rénovée en bordure de l'Isère. 1 chambre d'hôtes, 2 gîtes. Rez-de-chaussée : 1 lit 2 pers., bains, WC, lavabo dans la chambre, coin-cuisine avec cheminée, terrain. Restaurants 0.8 km. Petit-déjeuner servi dans la chambre avec confiture et miel de pays. L'été découverte du chalet d'alpage et goûter à la ferme. Région propice aux randonnées et à la découverte de la Haute-Tarentaise. Ski liaison les Arcs par funiculaire. Sur place moniteur de ski et découverte du ski joering. Canoë, rafting 1 km, escalade 8 km. Langue parlée : anglais.

Prix : 1 pers. 35 € 2 pers. 41 €

🐕	⛱	☂	🎾	🏊	⛷	🎣	🚴	🚶	🏠	🍴
8	1	1	1	SP	0,6	4	SP	SP	0,8	0,8

Rolande et Raymond BUTHOD - Les Eulets - Route de Montignon - 73700 BOURG-ST-MAURICE - Tél. : 04 79 07 14 18

BRAMANS Le Planay Alt. : 1650 m (TH) — C.M. 77 Pli 9

5 ch. Eglise baroque 8 km, Parc National de la Vanoise 15 km. Chalet en bois et pierres du pays, couverture de lauzes, situé dans la haute vallée d'Ambin et entouré de mélèzes. 5 ch. d'hôtes. ch. 1 : 2 lits 1 pers., lavabo, ch. 2 : 1 lit 2 pers., lavabo, ch. 3 : 1 lit 2 pers., 2e ét. : ch. 4 : 2 lits 1 pers., ch. 5 : 3 lits 1 pers., lavabo, douche, WC attenants pour ch. 1 et 2, privés pour ch. 3 à 5, balcons. Ch. central, poêle en faïence, terrain. Ski Termignon 16 km, la Norma 17 km. Raquettes s/place. Environ. exceptionnel, vue sur les montagnes. Accès l'hiver en navette + 3 km en raquettes ou au fond. Petit-déjeuner avec miel, confitures maison... Spécialités : diots/polente, lapin/crozets, tarte...

Prix : 1 pers. 34/43 € 2 pers. 46/64 € 3 pers. 80 € pers. sup. 16 €
repas 15 € 1/2 pens. 37/45 € pens. 50/58 €
Ouvert : Toute l'année.

🐕	⛱	☂	🎾	🏊	⛷	🎣	🚴	🚶	🏠	🍴
13	18	9	9	SP	16	SP	SP	18	8	

Florence et François DE GROLEE - Chalet Lavis Trafford - Le Planay - 73500 BRAMANS - Tél. : 04 79 05 06 83 - Fax : 04 79 05 08 83 - E-mail : info@chalet-lavis-trafford.com

LA BRIDOIRE — C.M. 74 Pli 15

4 ch. Lac d'Aiguebelette 3 km, Parc Régional Naturel de la Chartreuse 20 km. Maison récente au centre du village, comprenant 4 chambres d'hôtes et 2 gîtes. 2e étage : ch. 1 : 1 lit 1 pers., 1 lit 2 pers., lavabo, ch. 2, ch. 3, ch. 4 : 1 lit 2 pers., lavabo. Bains et WC communs, chauffage central, séjour à disposition, petit terrain. Proximité du lac d'Aiguebelette. Visites : château d'Avressieux, les grottes des Echelles, la voie Sarde... Proximité de la Chartreuse (Abbaye), artisanat, villages et hameaux pittoresques. Restaurants sur place. Ski Verthemex. Langue parlée : italien.

Prix : 1 pers. 22 € 2 pers. 25 € 3 pers. 37 €

🐕	⛱	☂	🎾	🏊	⛷	🎣	🚴	🚶	🏠	🍴
3	5	0,1	7	0,1	30	21	SP	SP	3	0,1

Luigi DE MARCO - Chef Lieu - 73520 LA-BRIDOIRE - Tél. : 04 76 31 13 47

CHALLES-LES-EAUX (TH) — C.M. 74 Pli 15

1 ch. Chambéry 6 km, parc naturel du massif des Bauges 17 km. A la porte de Chambéry Sud et du Parc Régional des Bauges, station climatique tranquille. Demeure savoyarde avec suite indépendante de 75 m^2 avec 2 ch. au r.d.c. : 2 lits 2 pers., vaste s.d.b., wc séparés, salon avec billard et réfrigérateur-bar, véranda, terrain clos avec piscine. Parking intérieur. Atmosphère authentique et conviviale. Accueil en exclusivité. Petit-déjeuner complet et généreux. Dîner sur réservation. Votre hôte sommelier et œnophile vous propose un repas entre amis avec un vin adapté à chaque met, parmi les meilleures productions de Savoie et à la carte sélection des vins de France.

Prix : 2 pers. 54 € 3 pers. 77 € repas 23 €

🐕	⛱	☂	🎾	🏊	⛷	🎣	🚴	🚶	🏠	🍴
0,1	0,5	SP	0,5	7	0,5	19	19	SP	7	0,3

Jean-François CRUPEL - 145 rue Jean Jaurès - 73190 CHALLES-LES-EAUX - Tél. : 04 79 72 75 76 - Fax : 04 79 72 77 20

CHAMBERY-LE-VIEUX — C.M. 74 Pli 15

3 ch. Chambéry 4 km, Aix-les-Bains, lac du Bourget 15 km. Villa récente en périphérie de Chambéry. 3 chambres d'hôtes décorées avec particularité (accès indépendant aux chambres). 2e étage : ch. 1 : 1 lit 2 pers., ch. 2 : 1 lit 2 pers., ch. 3 : 2 lits 1 pers., lavabo dans chaque chambre, douche et WC communs, chauffage élect., terrasse, terrain. Téléphone sur demande. Petit-déjeuner l'été sur le balcon avec confiture et gâteaux maison... Petit-déjeuner salé sur demande. Proximité du lac du Bourget avec tous les loisirs nautiques. Ski la Féclaz. Patinoire 5 km. Thermes Aix-les-bains. Réduction à partir de 3 nuits.

Prix : 1 pers. 29 € 2 pers. 32 €

🐕	⛱	☂	🎾	🏊	⛷	🎣	🚴	🚶	🏠	🍴
10	7	5	3	5	7	24	24	SP	3	4	1

Michèle et Yves GAUTHIER - 300 rue de Roberty - 73000 CHAMBERY-LE-VIEUX - Tél. : 04 79 69 11 74 - Fax : 04 79 69 11 74

LES CHAPELLES Picolard Alt. : 1200 m — C.M. 74 Pli 18

E.C. 2 ch. Eglise baroque 2 km, Parc National de la Vanoise 10 km. Maison dans un village typique de l'adret de Tarentaise, comprenant 1 gîte et 2 chambres d'hôtes avec meubles anciens. 1er étage. Ch. 1 : 1 lit 2 pers., télévision, douche, W.C., 2 vasques, ch. 2 : 1 lit 2 pers., 1 lit 1 pers., télévision, douche, W.C., 2 vasques. Coin-cuisine à disposition. Chauffage central, terrasse. Petit-déjeuner servi dans la salle à manger : pain au levain, confiture maison, gâteaux maison... Goûter sur demande : pâtisserie maison, glace, compote fruits frais, crêpes... Chambres d'hôtes bébé calin. Ski liaison les Arcs. Raquettes sur place, canoë 8 km, escalade 10 km.

Prix : 1 pers. 31/34 € 2 pers. 41/44 € 3 pers. 55/58 €
Ouvert : Toute l'année.

🐕	⛱	☂	🎾	🏊	⛷	🎣	🚴	🚶	🏠	🍴
8	7	8	7	2	SP	SP	7	2		

Guy JOLY - Picolard - 73700 LES-CHAPELLES - Tél. : 04 79 07 57 13 ou 06 09 55 39 28 - Fax : 04 79 07 57 13

Savoie
Rhône-Alpes

LE CHATELARD Grand Vys
Alt. : 700 m — C.M. 74 Pli 16

1 ch. **Parc régional des Bauges 0 km, base de loisirs de Lescheraines 11 km.** Maison récente en bordure du Chéran et au pied de la Dent de Rossane. Vue sur la montagne. 1er étage : ensemble de 2 chambres mansardées spacieuses à louer ensemble avec mobilier en pin : 2 lits 2 pers., 1 lit 1 pers., 2 lits bébé, douche et WC attenants, vaste salle de séjour avec cheminée, chauffage central, terrain, terrasse avec meubles de jardin. Portique. Jeux de boules. Petit-déjeuner avec confiture maison, gâteaux... Spécialités : potage aux endives ou aux champignons, farçon, fondue, raclette... Ski Aillon-le-Jeune 13 km, le Margériaz 15 km. Base de loisirs 11 km. Réduction repas enfant.

Prix : 1 pers. 35 € 2 pers. 46 € 3 pers. 63 € repas 11 €
Ouvert : Toute l'année.

10	1,5	10	0,1	13	13	SP	SP	21	1	

Anne-Marie et Pascal GIRARD - Grand Vys - Le Plan de Chère - 73630 LE-CHATELARD - Tél. : 04 79 52 19 01 ou 06 72 21 46 10 - Fax : 04 79 52 19 08 - E-mail : girard.pascal@libertysurf.fr

LA COTE-D'AIME Pré Berard
Alt. : 1000 m — C.M. 74 Pli 18

5 ch. **Bourg-St-Maurice 21 km, Courchevel, Pralognan la Vanoise 48 km.** Chalet en bois massif avec belle vue sur la montagne proche du hameau, au Pays du Versant du Soleil. 5 ch. d'hôtes. 1er ét. : ch. 1 : 1 lit 2 pers., r.d.c. : ch. 2 et ch. 3 : 1 lit 2 pers., ch. 4 et ch. 5 : 2 lits 1 pers. Lavabo, douche, WC dans chaque ch. Séjour avec cheminée réservé aux hôtes, jeux, ch. élect., terrasse, terrain, meubles de jardin. Spécialités : gigot, raclette au feu de bois, jambon, diots, pâtisserie et confiture maison, tarte au citron. Possibilité de séjours encadrés par le propriétaire moniteur de ski et accompagnateur. Ski Granier 5 km, Montchavin-la Plagne 20 km. Rafting 5 km. Réduction repas enfant. Langues parlées : allemand, anglais.

Prix : 1 pers. 43 € 2 pers. 52 € repas 17 €

8	18	7	15	5	5	5	SP	SP	5	5

Bernard et Elisabeth HANRARD - Pré Berard - Le Paradou - 73210 LA-COTE-D'AIME - Tél. : 04 79 55 67 79 - E-mail : hanrard@aol.com

COURCHEVEL-SAINT-BON
Alt. : 1850 m — C.M. 74 Pli 18

2 ch. **Pralognan la Vanoise 28 km, Albertville 47 km.** Maison en pierre et bois située en bordure de la station, comprenant 2 chambres d'hôtes et 1 gîte. 1er étage : ch. 1 : 2 lits 1 pers., lavabo, bains, WC. ch. 2 : 2 lits 1 pers., lavabo, douche, WC. Séjour, l'été : petite cuisine et TV à disposition, chauffage central, terrasse avec meubles de jardin et vue sur la montagne. Petit-déjeuner servi dans la cuisine ou en terrasse avec confiture maison... Séjour sportif de découverte ou de détente. Toutes les activités de la montagne pour le plaisir de tous. Restaurant 0.8 km. Golf, parapente 2 km. Thermes Brides les Bains. Langue parlée : anglais.

Prix : 2 pers. 46/56 €

18	4	4	8	4	SP	SP	25	0,8

Christian GINET - Rue des Chenus - Chalet les Ecureuils - 73120 COURCHEVEL - Tél. : 04 79 08 11 08 ou 04 79 33 62 06 - Fax : 04 79 08 25 65 - E-mail : taxis-ecureuil@wanadoo.fr

CREST-VOLAND Chalet Chante Le Vent
Alt. : 1250 m — C.M. 74 Pli 17

4 ch. Chalet situé à l'écart du village, comprenant 2 gîtes, 1 logement et 4 chambres d'hôtes. Belle vue sur la chaîne des Aravis et les Gorges de l'Arly. 1er étage, 3 ch. avec chacune (1 lit 2 pers., lavabo, douche), 1 ch. (1 lit 2 pers., 1 lit 1 pers., lavabo, douche). 2 wc communs pour l'ensemble des chambres, séjour à disposition, chauffage central, terrain. Les chambres sont équipées de superbes têtes de lits en pin. Petit déjeuner varié avec confitures maison, servi dans le séjour ou dans les chambres. A proximité, ski, restaurants, parapente, raquettes. Taxe de séjour.

Prix : 1 pers. 27/32 € 2 pers. 38/45 € 3 pers. 53/58 €
Ouvert : Toute l'année.

7	12	1	6	1,5	0,2	0,2	SP	SP	24

Madeleine JIGUET - Chalet la Tourmente - 73590 CREST-VOLAND - Tél. : 04 79 31 63 06 - Fax : 04 79 31 29 44

ENTREMONT-LE-VIEUX Les Perrets
Alt. : 800 m — C.M. 74 Pli 15

1 ch. **Chambéry 25 km, lac d'Aiguebelette 35 km.** Maison ancienne entièrement rénovée située à l'entrée du village. 1 chambre d'hôte. Rez-de-chaussée : 1 lit 2 pers., 1 lit 1 pers., douche, WC, lavabo privatifs, chauffage central, terrain. Possibilité de cuisiner. Chambre bien située pour découvrir la vallée des Entremonts et le Parc Naturel Régional de Chartreuse. Ski le Granier 3 km, le Désert 5 km. Patinoire 21 km. Prix indicatifs 2001.

Prix : 1 pers. 28 € 2 pers. 40 € 3 pers. 49 €

1	5	0,2	3	5	SP	0,5	21	1

Ginette BOITON - Les Perrets - 73670 ENTREMONT-LE-VIEUX - Tél. : 04 79 26 20 44

LA FECLAZ-LES-DESERTS La Combe
Alt. : 1000 m — C.M. 74 Pli 16

2 ch. Maison caractéristique de l'habitat traditionnel des Bauges, comprenant 2 chambres d'hôtes et 2 gîtes. Rez-de-jardin : ch. 1 : 1 lit 2 pers., salle de bains, WC privatifs, 1er étage : ch. 2 : ensemble de 2 chambres, 2 lits 2 pers., salle de bains, WC privatifs, chauffage central, cheminée, jardin, terrain, garage. Jeux d'enfants, jeux de boules, barbecue, four à pain. Très belle vue sur la vallée de Leysse et la Chaîne des Belledonnes. Petit-déjeuner en terrasse l'été, avec yaourt, confiture, pâtisserie maison, pain varié... Apéritif, boissons de bienvenue. Restaurant 0.6 km. Ski Plainpalais 3 km, la Féclaz 5 km. Thermes Challes les Eaux.

Prix : 1 pers. 34 € 2 pers. 48 € 3 pers. 81 €

15	15	15	5	5	7	3	5	SP	SP	15	5

Jean CROZE - Le Pré Colomb - La Combe - 73230 LES-DESERTS - Tél. : 04 79 25 83 37 - Fax : 04 79 25 83 37 ou SR : 04 79 85 01 09

Rhône-Alpes — Savoie

FLUMET La Cour — Alt. : 1000 m — C.M. 74 Pli 7

2 ch. **Megève 10 km, Beaufort 25 km, St-Gervais, Chamonix 50 km.** Maison dans un village pittoresque au dessus de la rivière de l'Arly. 2 chambres d'hôtes. 1er étage : ch. 1 : 1 lit 2 pers., 2 lits 1 pers., ch. 2 : 1 lit 2 pers. Lavabo, douche, WC dans chaque chambre, chauffage central, terrain. Petit-déjeuner servi dans la cuisine familiale avec confiture maison, fromage, yaourt... En été, fête traditionnelle : foire aux poulains. Restaurant 2.5 km. Ski Flumet 0.3 km liaison domaine « Carte Blanche », Megève 8 km.

Prix : 2 pers. 32 €

	8	2,5	8	0,2	0,3	0,3	SP	SP	22	2,5

Béatrice BURNET MERLIN - La Cour - 73590 FLUMET - Tél. : 04 79 31 72 15

FLUMET La Touvière — Alt. : 1200 m — (TH) — C.M. 74 Pli 7

2 ch. **Massif des Aravis 15 km, Annecy 50 km.** Ancien chalet traditionnel du Val d'Arly, dans un hameau avec une belle vue sur les montagnes. 2 chambres d'hôtes. R.d.c. : ch. 1 : 1 lit 2 pers., douche WC, lavabo, ch. 2 : 1 lit 2 pers., douche, WC, lavabo. Chauffage électrique terrain. Petit-déjeuner servi dans la salle à manger avec confiture maison, miel, 2 sortes de pain. Spécialités : tartiflette, farcement, diot, gâteau de Savoie, tarte... Station de ski Flumet. Raquettes 3 km. Patinoire 10 km. Réduction repas enfant.

Prix : 1 pers. 20 € 2 pers. 34 € repas 14 €

	5	10	5	4	5	3	3	SP	SP	26	5

Marcel et Myriam MARIN CUDRAZ - La Touvière - 73590 FLUMET - Tél. : 04 79 31 70 11

LA GIETTAZ Fontaine Bartoud — Alt. : 1250 m — (TH) — C.M. 74 Pli 7

3 ch. **La Clusaz 12 km, Megève 16 km, Albertville 30 km, Annecy 45 km.** Chalet sur le versant sud du Col des Aravis. 3 ch. d'hôtes. 1er ét. : ch. 1 (2 épis) : 1 lit 2 pers., 1 banquette-lit 2 pers., lavabo, bains, WC, coin-cuisine, ch. 2 (1 épi) : 1 lit 2 pers., lavabo, douche, WC. Au r.d.c. : ch. 3 (2 épis) : 1 lit 2 pers., 1 lit 1 pers., lavabo, douche, WC, coin-cuisine, ch. central, terrain, meubles jardin, jeux enfants. Au pays du reblochon fermier, dans un village au riche patrimoine, découvrez les spécialités savoyardes autour du four-cheminée : feuilleté au reblochon, fondue, raclette, tartiflette, pain. Station de ski la Giettaz. Raquettes sur place. Patinoire 16 km. Prix dégressifs. Langues parlées : anglais, allemand.

Prix : 1 pers. 20/23 € 2 pers. 35/37 € 3 pers. 48/54 € repas 13 € 1/2 pens. 29/32 € pens. 35/37 €
Ouvert : Toute l'année.

	8	12	1,5	3	1	0,5	3	SP	SP	31	1,5

BOUCHEX Marie-Françoise et Bruno - Fontaine Bartoud - 73590 LA-GIETTAZ - Tél. : 04 79 32 92 17 - Fax : 04 79 32 92 17 - http://bruno.bouchex.free.fr

LA GIETTAZ Le Maitan — Alt. : 1300 m — C.M. 74 Pli 7

1 ch. **Col des Aravis 4 km, Megève 18 km.** 1 ensemble de 2 chambres d'hôtes dans un chalet traditionnel situé dans un hameau. Rez-de-chaussée : 1 lit 2 pers., 1 lit 1 pers., lavabo, douche, WC communs aux 2 chambres, séjour à disposition, chauffage central, grand espace vert avec meubles de jardin. Ski la Giettaz. Raquettes 4.5 km. Restaurant 2 km. Petit-déjeuner servi avec confiture maison, pâtisserie... Chalet récent, situé dans un hameau de quelques maisons en versant sud. Superbe vue sur le village et la vallée de l'Arondine. Spécialité locale : le reblochon fromage à pâte crémeuse. Belle architecture du village. Langues parlées : anglais, italien.

Prix : 1 pers. 35 € 2 pers. 61 € 3 pers. 84 €
Ouvert : Hors vacances.

	8	16	3	3	1	1,5	4,5	SP	SP	30	2

Daniel et Nicole BOUCHEX BELLOMIE - La Chaumière - Le Maitan - 73590 LA-GIETTAZ - Tél. : 04 79 32 91 10 - E-mail : nicole.bouchex@wanadoo.fr - http ://perso.wanadoo.fr/chaumiere

LA GIETTAZ Le Biollay — Alt. : 1350 m — C.M. 74 Pli 7

1 ch. **Col des Aravis 2,5 km, église et musée 3 km.** Maison aménagée dans une ferme traditionnelle rénovée, dans un hameau à mi-pente du Col des Aravis. Belle vue sur la vallée de l'Arondine. Chambre d'hôtes au r.d.c. dans un ancien four à pain, 1 clic-clac 2 pers., 2 lits 1 pers., lavabo, douche, WC, chauffage central, terrain avec meubles de jardin, jeux d'enfants. Présence de chèvres, poules, canards, lapins sur une partie de terrain. Petit-déjeuner servi dans la pièce du four à pain en fonction, avec œufs, fruits, miel, pâtisserie maison... Ski la Giettaz. Réductions parfois consenties. Saison 2002 prix 4 pers./jour 87 €. Raquettes 6 km. Langues parlées : anglais, espagnol.

Prix : 2 pers. 53/74 € pers. 60/80 € pers. sup. 7/13 €
Ouvert : Toute l'année.

	9	10	3	10	0,5	3	6	SP	SP	31	3

Laurence et Laurent CLUZEL - Le Biollay d'en Haut - Route du Col des Aravis - 73590 LA-GIETTAZ - Tél. : 04 79 32 93 46 - Fax : 04 79 32 99 28 - E-mail : biollay@free.fr - http ://biollay.free.fr

GRANIER — Alt. : 1250 m — — C.M. 74 Pli 18

1 ch. **Bourg-St-Maurice 25 km, Beaufortain, barrage de Roselend 55 km.** Maison ancienne, au cœur d'un village du Versant du Soleil, comprenant 1 chambre d'hôtes et 1 gîte. R.d.c. : 1 lit 2 pers., lavabo et douche dans la chambre, WC attenants. Chauffage électrique. Exploitation agricole à 2 km. Agriculture de montagne, fruitière et production de beaufort, exposition artisanale, architecture rurale à découvrir au fil des villages. Restaurants 0.2 km. Proximité des grandes stations. Ski Granier 1.5 km, Montchavin-la-Plagne 19 km.

Prix : 1 pers. 15/18 € 2 pers. 31/37 €

	20	9	13	2	1	1	SP	SP	9	0,2

Claude et Lucile DUCOGNON - 73210 GRANIER - Tél. : 04 79 55 63 17

Savoie
Rhône-Alpes

GRANIER
Alt. : 1250 m — C.M. 74 Pli 18

1 ch. **Bourg-St-Maurice, Moutiers 25 km.** Maison de style chalet située en haut du village avec 1 chambre d'hôtes et 1 gîte rural. Chambre au 2e étage : 2 lits 1 pers. jumeaux, lavabo, mini-réfrigérateur, douche et WC privés sur le palier. Bibliothèque, jeux. Chauffage central, terrain avec meubles de jardin. Petit déjeuner composé de produits locaux, confiture et pâtisserie maison, beaufort. Exploitation agricole à 2 km (vaches laitières), fabrication du Beaufort à la coopérative du village. En été visite de l'alpage. Auberge et vente de produits locaux 0.2 km. Ski Granier 1 km, Montchavin-la-Plagne 19 km (réduction sur les forfaits). Sentiers raquettes 1 km, plan d'eau 12 km.

Prix : 1 pers. **19/20** € 2 pers. **34/39** €

🐕	⛱	⚓	🎾	🎣	🏊	⛷	🎿	🚴	🚶	🅿	⛺
12	20	9	13	2	1	1		SP	SP	9	0,2

PELLICIER Jean-Louis et Odette - Crechety 2A - 73210 GRANIER - Tél. : 04 79 55 60 78 - Fax : 04 79 55 60 78

GRANIER
Alt. : 1250 m — C.M. 74 Pli 18

2 ch. **La Plagne 25 km, Val d'Isère 56 km.** Maison récente en bordure du village, large vue sur la vallée. 2 chambres d'hôtes. 2e ét. : ch. 1 : 1 lit 2 pers., 1 lit 1 pers., 1 lit enfant, lavabo, ch. 2 : 1 lit 2 pers., lavabo. Douche et WC communs. Salle à manger, TV, jeux de société, chauffage central, balcon, terrain, meubles de jardin. Petit-déjeuner servi dans le salon à base de produits régionaux. A 2 km : exploitation agricole. Séjour sportif ou au calme. Patrimoine baroque et rural, exposition artisanale, fruitière pour le Beaufort. Restaurants 0.1 km. Ski Granier 1 km, Montchavin-la-Plagne 19 km.

Prix : 1 pers. **21** € 2 pers. **36** € 3 pers. **48** €

🐕	⚓	🎾	🎣	🏊	⛷	🎿	🚴	🚶	🅿	⛺
	20	9	13	2	1	1	SP	SP	9	0,1

Francis et Elise PELLICIER - Lotissement de la Cudraz - 73210 GRANIER - Tél. : 04 79 55 68 42

GRESIN
C.M. 74 Pli 14

E.C. 5 ch. **Lac d'Aiguebelette 17 km, Aix-les-Bains, lac du Bourget 33 km.** Maison mitoyenne ancienne en pleine campagne, dans un petit village. 5 chambres d'hôtes. 1er ét. : ch. 1 et ch. 3 : 2 lits 1 pers., ch. 2 : 1 lit 1 pers., 1 lit 2 pers., ch. 4 et ch. 5 : 1 lit 2 pers. Lavabo dans chaque chambre, douche, WC communs à l'ensemble des chambres. Chauffage électrique, salon à disposition, terrain, meubles de jardin. Spécialité : confiture aux fruits du jardin. Village situé aux portes du Parc de la Chartreuse, idéal pour la randonnée. Restaurants 5 km.

Prix : 1 pers. **21** € 2 pers. **32** €

🐕	⚓	🎾	🎣	🏊	⛷	🎿	🚴	🚶	🅿	⛺
	20	14	5	20	1,5		SP	SP	14	5

Albert CHARBON - 73240 GRESIN - Tél. : 04 76 31 60 40

JARRIER Herouil
Alt. : 1200 m — (TH) — C.M. 77 Pli 7

2 ch. **St-Jean de Maurienne 7 km, col de la Croix de Fer 35 km.** Chalet plein sud dominant la vallée de l'Arc et St-Jean de Maurienne, avec panorama sur les Aiguilles d'Arves. 2 ch. d'hôtes. 1er ét. : ch. 1 et ch. 2 : 1 lit 2 pers., lavabo, douche dans chaque chambre, WC communs attenants. Séjour, cheminée, TV, jeux, chauffage central, grande terrasse avec barbecue, terrain, meubles de jardin. Petit-déjeuner servi avec confiture maison. Spécialités savoyardes, tarte au Beaufort, pintade aux choux, gigot d'agneau, tarte, île flottante, mousse au chocolat. Ski les Bottières liaison Grand-Large-les-Sybelles. Circuits raquettes 5 km. Réduction repas enfant.

Prix : 1 pers. **27** € 2 pers. **38** € 3 pers. **51** € repas **12** €

🐕	⛱	⚓	🎾	🎣	🏊	⛷	🎿	🚴	🚶	🅿	⛺
	7	2	15	6	7	7		SP	SP	7	7

Jeanine et Jacques GOMEZ - Herouil - La Croix St-Bernard - 73300 JARRIER - Tél. : 04 79 59 80 57 - Fax : 04 79 59 80 57

JONGIEUX
🍷 — C.M. 74 Pli 15

3 ch. **Lac du Bourget 12 km, village médiéval de Chanaz 13 km.** Maison à l'entrée du village, sur un plateau dominant la vallée du Rhône. Vue sur la montagne de Charvaz et le vignoble. 3 chambres d'hôtes. R.d.c. ch. 1 : 1 lit 2 pers., terrasse, 1er étage : ch. 2 : 1 lit 2 pers., 1 lit 1 pers., balcon, ch. 3 : 1 lit 2 pers., 1 lit 1 pers., lavabo, douche, WC dans chaque chambre. Superbe pièce de jour avec plafond à caissons. Chauffage central, terrain. Possibilité de cuisiner. Petit-déjeuner traditionnel servi dans la salle réservée aux hôtes. Thermes Aix les Bains. Restaurant 3 km. Escalade 6 km, canoë 8 km, voile 12 km.

Prix : 1 pers. **34/43** € 2 pers. **42/51** € 3 pers. **58/67** €
Ouvert : Toute l'année.

🐕	🏛	⛱	⚓	🎾	🎣	🏊	🚴	🚶	🅿	⛺
	24	7	25	7	7	4	SP	SP	19	0,5

Arlette et Patrice JACQUIN - Jongieux le Haut - 73170 JONGIEUX - Tél. : 04 79 44 00 29 ou 04 79 44 02 35 - Fax : 04 79 44 03 05

MACOT-LA-PLAGNE La Petite Auberge
Alt. : 750 m — C.M. 74 Pli 18

3 ch. **Bourg-St-Maurice 15 km, Parc National de la Vanoise 15 km.** Ancienne ferme rénovée mitoyenne située au centre du village avec vue sur la montagne. 3 chambres d'hôtes. R.d.c. : ch. 1 : 1 lit 2 pers., ch. 2 : 1 lit 2 pers., ch. 3 : 1 lit 2 pers., sanitaire complet par chambre. Chauffage central, terrain avec meubles de jardin. Petit-déjeuner servi dans la salle à manger avec confiture maison, brioche, miel de pays... Pot d'accueil. Belle architecture de village entre Bourg-St-Maurice et Moutiers. Restaurants 0.2 km. Station de ski la Plagne. Piste cyclable 2 km. Parapente 10 km, escalade 15 km.

Prix : 1 pers. **27/30** € 2 pers. **40/41** €

🐕	⛱	⚓	🎾	🎣	🏊	⛷	🎿	🚴	🚶	🅿	⛺
	2	15	1	16	2	16	10	SP	0,5	2	0,2

Simone DALLA COSTA - Petite Auberge - 73210 MACOT - Tél. : 04 79 09 72 04 ou 04 76 97 64 23

Rhône-Alpes **Savoie**

MACOT-LA-PLAGNE Malezan — Alt. : 800 m — C.M. 74 Pli 18

3 ch. **Parc National de la Vanoise, La Plagne 15 km, Moutiers 18 km.** Maison de caractère située en bordure de village, sur la route de la Plagne. 3 chambres d'hôtes, 1 gîte. 1er ét. : ch. 1 : 1 lit 2 pers., lavabo, douche, bains, WC, terrasse, ch. 2 : ensemble de 2 chambres 2 lits 2 pers., 2 lits 1 pers., lavabo, douche, bains, WC communs, ch. 3 : 2 lits 1 pers., lavabo, douche, WC, ch. central. TV dans chaque chambre. Grand terrain à la lisière de la forêt. Petit-déjeuner : pâtisserie, confiture et salade de fruits maison, charcuterie, fromages... Chambres regroupables avec gîte de 4 pers. Restaurant 0.5 km. Ski la Plagne. Piste cyclable, canoë 2 km, parapente 10 km, patinoire, escalade 15 km. Langue parlée : anglais.

Prix : 1 pers. 26/34 € ■ 2 pers. 42/55 € ■ 3 pers. 52/57 €

| 2 | 13 | 0,5 | 15 | 2 | 15 | 10 | 0,5 | 0,5 | 3 | 0,5 |

MEREL Sylvain et Marie-Hélène - Malezan - Route de la Plagne - 73210 MACOT-LA-PLAGNE - Tél. : 04 79 55 69 90 - Fax : 04 79 09 75 80 - http://www.malezan.com

LES MARCHES Le Clos de la Tourne — Alt. : 500 m — C.M. 74 Pli 15

2 ch. **Lac de St-André 3 km, Chambéry 8 km.** Maison en plein cœur du vignoble savoyard, au pied du Mont Granier. 2 chambres d'hôtes légèrement mansardées avec poutres apparentes. Décor campagnard. 1er ét. : ch. 1 : 1 lit 2 pers., lavabo, bains, WC, ch. 2 : 1 lit 2 pers., lavabo, bains, WC, ch. central, coin-salon à disposition, terrasse, grand terrain avec meubles de jardin et barbecue. Splendide vue sur le Granier et le vignoble. Petit-déjeuner servi dans la salle à manger : pâtisserie maison, yaourt, céréales... Ski le Granier. Restaurant sur place. Thermes Challes-les-Eaux. Patinoire 8 km, parapente 15 km. Langue parlée : anglais.

Prix : 1 pers. 43 € ■ 2 pers. 46 €
Ouvert : Toute l'année.

| 7 | 3 | 8 | 5 | 8 | 3 | 15 | 20 | SP | SP | 10 | 2 |

Françoise GAILLARD - Le Clos de la Tourne - Lachat - 73800 LES-MARCHES - Tél. : 04 79 28 05 34 - Fax : 04 79 28 08 49 ou SR : 04 79 85 01 09

MERCURY La Frasse — Alt. : 630 m — C.M. 74 Pli 17

1 ch. **Abbaye de Tamié, Albertville 8 km, Annecy 36 km.** Maison ancienne située dans un hameau proche d'Albertville et de la cité Médiévale de Conflans. 1 ensemble de 2 chambres d'hôtes. ét. : 3 lits 1 pers., 1 lit 2 pers., lavabo, bains, WC, séjour à disposition avec jeux de société, chauffage électrique, balcon avec belle vue sur la Combe de Savoie, terrain avec meubles de jardin et jeux pour enfants. Garage. Spécialités : confitures avec fruits du verger. Restaurants 6 km. Ski Seythenex. Patinoire 7 km. Proximité d'Albertville et du Parc naturel des Bauges.

Prix : 2 pers. 37 € ■ 3 pers. 49 €
Ouvert : Du 1er juillet au 31 août.

| 4 | 4 | 8 | 20 | 10 | SP | SP | 6 | 4 |

Germaine RACT - La Frasse N° 1911/1909 - 73200 MERCURY - Tél. : 04 79 32 24 48

MERCURY Le Thex — Alt. : 600 m — C.M. 74 Pli 17

2 ch. **Abbaye de Tamié, Albertville 8 km, Annecy 36 km.** Maison récente calme et fleurie proche du village. 2 chambres d'hôtes aménagées de façon très chaleureuse. Rez-de-chaussée : ch. 1 : 1 lit 2 pers., TV, douche, lavabo, WC attenants, ch. 2 avec terrasse : 1 lit 2 pers., 1 lit 1 pers., lavabo, bains, WC privatifs, TV, magnétoscope, chauffage central, terrain avec meubles de jardin. Petit-déjeuner servi en terrasse ou salle à manger avec confiture maison, pains artisanaux...A découvrir : l'abbaye de Tamié, Albertville et la cité médiévale de Conflans, le Parc Naturel des Bauges. Belle vue sur le Mont Blanc et le Grand Arc. Ski Seythenex 17 km, Arêches 32 km. Patinoire 5 km. Langues parlées : anglais, italien.

Prix : 1 pers. 35/53 € ■ 2 pers. 44/70 € ■ 3 pers. 88 €

| 0,2 | 5 | 0,2 | 5 | 5 | 17 | 6 | SP | SP | 6 | 0,8 |

Luce CHERUSEL GIBELLO - Le Thex - 323 route de Chevron - 73200 MERCURY - Tél. : 04 79 32 43 84 ou 06 60 54 43 84

MERIBEL-LES-ALLUES Le Raffort — Alt. : 1300 m — (TH) — C.M. 74 Pli 17

6 ch. **Eglise baroque des Allues 4,5 km, lac de Tueda 10 km.** Maison ancienne rénovée avec vue sur la montagne et la vallée du Doron. 6 ch. d'hôtes mansardées dans un décor chaleureux. 1er ét. : ch. 1 : 1 lit 2 pers., ch. 2 : 2 lits 1 pers., balcon, 2e ét. : ch. 3 : 2 lits 1 pers., douche, 4 : 1 lit 2 pers., ch. 5 : 2 lits 1 pers., ch. 6 : 1 lit 2 pers., lavabo, douche, WC dans chaque chambre. Jaccuzzi extérieur. Chauffage électrique, salon avec cheminée, terrasse, jardinet. Spécialités : cailles farcies aux marrons, gâteau mousse aux marrons... Ski liaison Méribel par télécabine. Attention été : prix/jour/pers : 61 €, pour 2 pers. 107 €. Prix pour groupes. Réduction repas enfant. Langue parlée : anglais.

Prix : 1 pers. 61/138 € ■ 2 pers. 107/260 € ■ 3 pers. 145/337 € ■ pers. sup. 38/76 € ■ repas 23 €
Ouvert : Toute l'année.

| 11 | 3 | 3 | 3 | 0,2 | 0,2 | 5 | SP | SP | 14 | 1 |

Bridget DALEY - Chalet Raphaël - Le Raffort - 73550 MERIBEL - Tél. : 04 79 00 45 69 - Fax : 04 79 00 45 69 -
E-mail : lesalpesbd@hotmail.com - http://www.lesalpes.co.uk

MONTCHAVIN-BELLENTRE Le Rocheray — Alt. : 900 m — (TH) — C.M. 74 Pli 18

2 ch. **Massif de la Vanoise, la Gura 20 km, massif du Beaufortain 50 km.** Maison ancienne mitoyenne située à l'entrée du hameau. Belle vue sur le versant de la Plagne. 2 chambres d'hôtes. ch. 1 : 2 lits 1 pers., lit bébé, lavabo, douche dans la chambre, WC privatifs au RC. Séjour, jeux de société, cheminée à disposition, ch. électrique, terrasse avec meubles de jardin. Spécialités savoyardes et légumes du jardin, fruits rouges, pâtisserie et confiture maison. Halte idéale pour prendre le temps de se retrouver et discuter près de la cheminée. Ski Montchavin liaison la Plagne. Rafting 3 km. Raquettes 12 km. Réduction repas enfant.

Prix : 1 pers. 28/30 € ■ 2 pers. 43/44 € ■ repas 15 €

| 12 | 3 | 12 | 3 | 12 | 12 | SP | SP | 4 | 2 |

François METEREAU - Le Rocheray - 73210 BELLENTRE - Tél. : 04 79 07 22 04

Savoie
Rhône-Alpes

MONTSAPEY La Combe   Alt. : 1000 m   A   *C.M. 74 Pli 17*

3 ch. **Plan d'eau de Barouchat 13 km.** Maison neuve comprenant 1 gîte d'étape et une auberge, située à l'entrée du village. 3 chambres d'auberge au 2e étage : ch. 1 : 2 lits 1 pers., ch. 2 : 1 lit 2 pers., 1 lit 1 pers., ch. 3 : 1 lit 2 pers., 2 lits 1 pers., douche, lavabo, WC dans chaque chambre. Salle commune avec TV couleur. Ch. central, terrain avec portique enfant, jeu de boules. Vue exceptionnelle sur la vallée de la Maurienne avec le plan d'eau de St-Alban d'Hurtières et sur les chaînes de la Lauzière et des Hurtières. Langues parlées : anglais, italien.

Prix : 1 pers. **29** €   2 pers. **37** €   3 pers. **45** € pers. sup. **7** €

10	1,5	SP	SP	10	10	

Jérôme et Christine GUILLARD - La Combe - 73220 MONTSAPEY - Tél. : 04 79 36 19 24 - Fax : 04 79 36 19 24 -
E-mail : jguillar@club-internet.fr - http://www.multimania.com/lechaudron73/ ou SR : 04 79 85 01 09

MYANS Lèche   *C.M. 74 Pli 15*

4 ch. **Chambéry 9 km, Albertville 43 km.** Maison récente au cœur de la région viticole. 4 chambres d'hôtes. 1er étage : ch. 1 : 1 lit 2 pers., ch. 2 : 2 lits 1 pers., lavabo, douche, WC, privés dans chaque chambre (3 épis). Ch. 3 : 2 lits 1 pers., lavabo, douche privés dans chaque chambre, WC communs. Chauffage central, cuisine équipée, séjour, cheminée, jeux, terrain clos. Joli jardin arboré, meubles de jardin. Petit-déjeuner servi en terrasse l'été avec grand choix de confitures maison aux fruits du verger... Séjour au calme. Proximité de Chambéry. Restaurant 1 km. Ski la Féclaz. Thermes Challes les Eaux.

Prix : 1 pers. **29/34** €   2 pers. **38/45** €

4	4	8	4	8	0,1	21	21	SP	5	8	4

Hélène et Jean KOZAK - Chemin en Bellier - Lèche - 73800 MYANS - Tél. : 04 79 28 01 93 - Fax : 04 79 28 01 93

NOTRE-DAME-DE-BELLECOMBE   Alt. : 1150 m   *C.M. 74 Pli 7*

1 ch. **Albertville 21 km, Chamonix 45 km.** Ancien chalet rénové en bordure du village. 1 chambre d'hôtes. 1er ét. : 1 lit 2 pers., lavabo, douche, WC, séjour à disposition, chauffage central, terrain avec meubles de jardin. Petit-déjeuner servi dans le séjour familial avec fromage, yaourt, confiture maison... Village traditionnel, proche de Flumet et Megève avec panorama sur les Aravis. Clocher à bulbe. L'été, nombreuses randonnées et promenades entre Savoie et Haute-Savoie. Ski Notre Dame de Bellecombe, liaison « Domaine Carte Blanche ». Parapente 3.5 km. Réduction parfois consentie.

Prix : 1 pers. **26/31** €   2 pers. **34/40** €

3,5	12	0,3	0,5	3	0,3	3	SP	SP	25	0,1

Denise MOLLIER - Chalet l'Outa - 73590 NOTRE-DAME-DE-BELLECOMBE - Tél. : 04 79 31 63 35

NOTRE-DAME-DE-BELLECOMBE   Alt. : 1130 m   (TH)   *C.M. 74 Pli 7*

5 ch. **Megève 10 km, col des Aravis 19 km.** Ancien bâtiment au cœur du village, avec vue sur la montagne depuis la grande terrasse exposée au sud. 5 ch. d'hôtes. 1er étage, ch. 1 : 1 lit 2 pers., 1 lit 1 pers., ch. 2 : idem, ch. 3 : idem, ch. 4 : 1 lit 2 pers., 2 lits 1 pers., lavabo, douche dans chaque chambre, WC communs, ch. 5 : 1 lit 2 pers., lavabo, douche, WC. Grande salle de séjour avec cheminée. Chauffage central, terrain. Petit-déjeuner servi en terrasse l'été. Spécialités savoyardes, cuisine familiale, pâtisserie maison. Pos. 1 fois/sem. sortie accompagnée suivant la saison. Ski N. D. de Bellecombe. Raquettes 0.2 km. Ch. hôte bébé calin. Réduc. parfois consentie. Langue parlée : anglais.

Prix : 1 pers. **32** €   2 pers. **52** €   3 pers. **70** € pers. sup. **23** €
1/2 pens. **49** €
Ouvert : Toute l'année.

3,5	13	0,1	13	0,1	0,2	0,2	SP	SP	25	0,1

Pascal JACQUET - Chalet Beau Séjour - 73590 NOTRE-DAME-DE-BELLECOMBE - Tél. : 04 79 31 61 84 - Fax : 04 79 31 86 10

PEISEY-NANCROIX   Alt. : 1300 m   (TH)   *C.M. 74 Pli 18*

2 ch. **Bourg-St-Maurice, col du Petit St-Bernard, Italie 55 km.** Ancien chalet rénové situé aux portes de la Vanoise. 2 ch. d'hôtes, 1 lgt. 1er ét. : ch. 1 (3 épis) : 1 lit 2 pers., lavabo, douche et WC, ch. 2 suite de 2 ch. communicantes : 4 lits 1 pers., lavabo, baignoire et WC privatifs attenants. Salon particulier, TV, jeux de société, ch. central, balcon avec meubles jardin, terrain clos. Environnement fleuri, agréable. Petit-déjeuner : pain et confiture maison, yaourt... Pain et cuisine au feu de bois : pizza, fricassée de caïon, poulet au beaufort, légumes et fruits du jardin. Ski liaison Plan-Peisey-Vallandry-les Arcs. Escalade 5 km. Promenade accompagnée. Accueil en gare. Réduction possible. Langues parlées : anglais, allemand.

Prix : 1 pers. **26** €   2 pers. **39** €   3 pers. **51** € repas **14** €

5	0,5	5	0,5	0,5	0,5	0,5	0,5	7	0,1

COUTIN Claude et CHENAL Franck - Maison Coutin - 73210 PEISEY-NANCROIX - Tél. : 04 79 07 93 05 ou 06 14 11 65 54 -
Fax : 04 79 04 29 23 - E-mail : CLCOUTIN@AOL.COM - http://www.maison-coutin.fr.st

---

PEISEY-NANCROIX   Alt. : 1350 m   (TH)   *C.M. 74 Pli 18*

3 ch. **Eglise baroque 0,2 km, Parc National de la Vanoise 3 km.** Maison rénovée située au cœur du village typiquement savoyard et comprenant un gîte rural. Vue sur le village. 3 chambres d'hôtes en duplex. 1er étage : ch. 1 : 2 lits 1 pers., balcon, ch. 2 : 2 lits 1 pers., balcon, ch. 3 : 2 lits 1 pers., balcon, TV, coin-réfrigérateur, lavabo, douche, WC dans chaque chambre. Chauffage électrique. Décor rustique avec poutres à l'ancienne. Petit-déjeuner sucré/salé avec confitures et tartes maison. Spécialités : diots/crozets, pot-au-feu, tarte aux poires. Ski liaison Plan-Peisey/les Arcs. Raquettes 3 km. Escalade 3 km, canoë, raft 12 km. Réduction repas enfant. Langues parlées : anglais, hollandais.

Prix : 2 pers. **52/58** € repas **15** €
Ouvert : Toute l'année.

14	0,2	3	1	0,3	3	SP	SP	7	0,1

Elisabeth et Jérôme MITON - Chalet Goustin - Chef Lieu - 73210 PEISEY-NANCROIX - Tél. : 04 79 07 87 20 ou 06 11 27 89 11 -
Fax : 04 79 07 87 20 - E-mail : chalet.goustin@wanadoo.fr - www.a-la-montagne.com

Rhône-Alpes **Savoie**

LA PERRIERE-LA-TANIA Alt. : 700 m C.M. 74 Pli 18

4 ch. Meribel les Allues 18 km, Pralognan la Vanoise 26 km. Maison récente proche des grands domaines skiables : Courchevel, la Plagne, Pralognan. 4 chambres d'hôtes, 3 gîtes. Le propriétaire habite à 150 m. R.d.c. : ch. 1 et ch. 2 : 1 lit 1 pers., 1 lit 2 pers., 1er ét. : ch. 3 : 2 lits 1 pers., 1 lit 2 pers., 2e ét. ch. 4 : 2 lits 1 pers., 1 lit 2 pers. Lavabo, bains, WC par chambre. Séjour, TV, cuisine, terrain. Jeux. Point-phone. Petit-déjeuner avec confiture maison, yaourt... Restaurant 2 km. Ski Méribel par télécabine. Parapente 8 km. Thermes Brides les Bains. Le chalet peut être loué l'hiver à des groupes (20 à 25 personnes). Conseils du propriétaire pour la découverte de la Savoie. Langues parlées : anglais, allemand.

Prix : 1 pers. 30 € 2 pers. 55 € 3 pers. 70 €

2	2	SP	8	SP	2	8	SP	SP	8	2

Guy et Joëlle CARLEVATO - Chalet les Pierrets - 73600 LA-PERRIERE - Tél. : 04 79 55 26 95 - Fax : 04 79 55 26 95

PRALOGNAN-LA-VANOISE Les Granges Alt. : 1430 m C.M. 74 Pli 18

2 ch. Parc National de la Vanoise sur place, Albertville 46 km. Maison récente située dans un hameau avec belle vue sur la montagne. 2 chambres d'hôtes, 1 gîte rural. R.d.c. : ch. 1 : 2 lits 1 pers., lavabo, douche, WC, 1er ét. : ch. 2 : 1 lit 2 pers., 2 lits 1 pers. superposés. Intérieur bois. Salon, lavabo, bains, WC. Séjour, TV, coin-cuisine avec lave-linge. Chauffage élect., terrain, meubles de jardin, jeux d'enfants. Petit-déjeuner servi dans la cuisine commune avec confiture, miel...Séjour dans les grands espaces du Parc de la Vanoise pour découvrir la faune, la flore et l'architecture villageoise. Restaurant 0.5 km. Ski Pralognan. Escalade, patinoire 1 km.

Prix : 1 pers. 31/34 € 2 pers. 43/49 € 3 pers. 57/61 €

14	1	1	1	0,2	1	1	SP	SP	27	1

Jean-Luc BLANC - Route des Granges - La Bourrasque - 73710 PRALOGNAN-LA-VANOISE - Tél. : 04 79 08 70 19

PRALOGNAN-LA-VANOISE Les Granges Alt. : 1430 m C.M. 74 Pli 18

5 ch. Parc de la Vanoise sur place, Courchevel, chemins du Baroque 27 km. Maison rénovée, comprenant 5 ch. d'hôtes, 4 gîtes. R.d.c. : ch. 1 : 1 lit 2 pers., bains, ch. 2 : 1 lit 2 pers., douche, 1er ét. : ch. 3 : 1 lit 2 pers., 1 lit 1 pers., bains, ch. 4 : 1 lit 2 pers., douche, ch. 5 : 2 lits 1 pers., bains. Lavabo et WC par chambre. Séjour, TV, bibliothèque, jeux, vidéothèque. Terrain, meubles jardin, barbecues. Parking et garages fermés. Découvertes ferme voisine et animaux (chevaux, ânes, vaches, chèvres, basse-cour). Randonnées dans le Parc de la Vanoise. Ski Pralognan. Patinoire, parapente, escalade 1 km. Langue parlée : italien.

Prix : 1 pers. 32 € 2 pers. 48/52 € 3 pers. 60/64 €

14	1	0,5	20	0,5	1	0,5	SP	SP	27	1

Hubert BLANC - Route des Granges - Le Roc Blanc - 73710 PRALOGNAN-LA-VANOISE - Tél. : 04 79 08 72 14 - Fax : 04 79 08 74 46 - E-mail : rocblanc@chez.com - http://www.chez.com/rocblanc

PRALOGNAN-LA-VANOISE Les Darbelays Alt. : 1440 m C.M. 74 Pli 18

1 ch. Bourg-St-Maurice, Les Chapieux, Tour du Mont-Blanc 70 km. Chalet récent en bordure du hameau, comprenant 1 chambre d'hôte et 1 gîte. Belle vue, intérieur bois. 2e étage : ch. 1 : 1 lit 2 pers., 2 lits 1 pers., lavabo, douche, wc, chauffage électrique, terrasse, terrain avec meubles de jardin et jeux d'enfants. Possibilité lit et chaise bébé. Spécialité : confiture maison. Séjour contemplatif ou sportif au contact de la nature, de la faune. Proximité du Parc de la Vanoise. Restaurants 0,5 km. Station de ski Pralognan. Escalade, patinoire 0,5 km. Réduction parfois consentie. Taxe de séjour. Langue parlée : anglais.

Prix : 1 pers. 39 € 2 pers. 54 € 3 pers. 69 € repas 15 €

14	0,8	0,3	0,8	0,3	SP	0,5	SP	SP	28

Robert et Chantal FAURE - Rue des 16e Olympiades - Les Darbelays - 73710 PRALOGNAN-LA-VANOISE - Tél. : 04 79 08 72 55

QUEIGE Le Villaret Alt. : 500 m C.M. 74 Pli 17

6 ch. Albertville 7 km. Maison isolée dans une clairière au milieu des bois avec vue sur les montagnes boisées du Beaufortain. 6 ch. d'hôtes avec sanitaires privés. 1er étage : ch. 1 et 2 : 1 lit 2 pers., ch. 3 et 4 : 2 lits 1 pers., balcon. R.d.c. : ch. 5 : 1 lit 2 pers., 1 lit 1 pers. balcon, ch. 6 : 1 lit 2 pers., 2 lits 1 pers. Ch. élect., cheminée, terrasse, terrain. Petit-déjeuner servi sous forme de buffet avec pâtisserie et confiture maison... Spécialités : tarte au beaufort, fondue, raclette, tarte aux myrtilles... Ski Arêches. Nombreuses randonnées et promenades en forêts et alpages. Patinoire 8 km, escalade, parapente 10 km. Réduc. repas enfant. Langues parlées : anglais, allemand.

Prix : 1 pers. 35 € 2 pers. 43 € 3 pers. 50 € pers. sup. 8 € repas 14 €

Ouvert : Toute l'année.

12	2	15	1,5	18	8	SP	SP	7	2

Paul et Clotilde CHANTEPERDRIX - La Grange aux Loups - Le Villaret - 73720 QUEIGE - Tél. : 04 79 38 08 32 - Fax : 04 79 38 08 41 - E-mail : clotilde.chanteperdrix@freesbee.fr - http://www.multimania.com/grangeauxloups ou SR : 04 79 85 01 09

RUFFIEUX Lachat C.M. 74 Pli 5

1 ch. Lac du Bourget 9 km, Aix-les-Bains 22 km, Annecy 32 km. Belle maison en pierres du pays, dans un hameau dominant le peupleraie et le vignoble de Chautagne, la vallée du Rhône et le lac du Bourget. 1 chambre d'hôtes (30 m²). Rez-de-chaussée : 1 lit 2 pers., douche, lavabo, WC dans la chambre, coin-cuisine, chauffage électrique, terrasse, terrain. Calme et tranquillité. Chambre regroupable avec le gîte N° 218 101. Restaurant 3.5 km. Randonnées variées. Proximité du chemin de St Jacques de Compostelle. Abbaye de Hautecombe. Lac du Bourget, voile 9 km, escalade, parapente 12 km. Thermes Aix les Bains. Langue parlée : anglais.

Prix : 1 pers. 28/31 € 2 pers. 40/46 € 3 pers. 50/56 €

22	6	22	3,5	3	30	SP	SP	10	3

Pierre et Solange BALTZ - Lachat - 73310 RUFFIEUX - Tél. : 04 79 54 20 18 - E-mail : baltz.gite@infonie.fr

Savoie
Rhône-Alpes

RUFFIEUX Chessine
C.M. 74 Pli 5

2 ch. **Lac du Bourget 6 km, Aix-les-Bains 22 km, Annecy 32 km.** 2 chambres d'hôtes de caractère dans une maison en pierre (XVIIIe siècle) rénovée avec amour, idéalement située au cœur de la Chautagne entre lac du Bourget et Rhône. Ch. 1 : 24 m² au r.d.c. : salon, mezzanine 1 lit 2 pers., salle de bains, WC, ch. 2 : 28 m² au r.d.c. : salon, mezzanine, 2 lits 1 pers., salle de bains, WC. Ch. élect., terrain clos. Petit-déjeuner dans le patio fleuri avec confiture du jardin, miel, tomme fermière... Pratique des activités nautiques sur le lac du Bourget et découvertes : peupleraie et vignoble de Chautagne. Nombreuses randonnées. Voile 6 km, escalade 10 km. Thermes Aix les Bains. Langues parlées : anglais, allemand.

Prix : 2 pers. 60 €

19	4	19	1	15	3	SP	SP	8	1

Simone et Henry COLLE - Chessine - 73310 RUFFIEUX - Tél. : 04 79 54 52 35 ou 04 78 68 28 61 - Fax : 04 79 54 52 35 -
E-mail : chessine@noealexinfo.com - http://www.chessine.fr.st

---

SEEZ Molliebon
Alt. : 1050 m   C.M. 74 Pli 18

4 ch. **Moutiers 27 km, Albertville/Conflans 51 km.** 4 ch. d'hôtes pour 10 pers.. 1er ét. : ch. 1 : 1 lit 2 pers., ch. 2 : 1 lit 2 pers., ch. 3 : 1 lit 2 pers., ch. 4 : 2 lits 1 pers., 1 lit 2 pers., lavabo, douche, wc privatifs, ch. élect., terrasse, terrain. Accès indép. aux chambres. Accès 100 m. sur chemin de terre. Petit-déjeuner avec confiture maison... Spécialités régionales et bourguignonnes. Maison ancienne rénovée style rustique, surplombant la vallée de l'Isère et située au pied du Col du Petit St-Bernard. Ski liaison la Rosière 3 km, liaison les Arcs 8 km (navette gratuite 0.1 km). Pêche (étang privé) 0.1 km, escal., canoë 10 km. Propr. mycologue. Réduc. à partir de 3 nuits. Langue parlée : anglais.

Prix : 1 pers. 34 € 2 pers. 49 € 3 pers. 34 € repas 17 €
1/2 pens. 47 €

7	7	7	5	3	7	SP	SP	7,5	4,5

Catherine ADIN - Molliebon - 73700 SEEZ - Tél. : 04 79 41 06 33 ou 06 09 02 12 64 - Fax : 04 79 41 06 33

ST-CHRISTOPHE-LA-GROTTE La Grotte
C.M. 74 Pli 15

2 ch. Dans un hameau au départ de la voie Romaine, vieille ferme du XVIIIe siècle avec décoration sur le patrimoine savoyard et meubles peints. 2 chambres d'hôtes au 1er étage : ch. 1 : 2 lits 1 pers. sanitaires privés, ch. 2 : 1 lit 2 pers. à baldaquin, sanitaires privés. Ch. électrique, terrain. Possi. stages peinture sur bois. Boutique artisanale. Prêt VTT. Connaissance de la Savoie, découverte des produits locaux et oenologie. Petit-déjeuner : fromage, confiture maison... Spécialités : pintade à la mondeuse, farçon savoyard, sabayon glacé. Ski St-Pierre de Chartreuse. Spéléo. 0.5 km, voile, canoë 18 km, patinoire 22 km. Réduction enfant. Langue parlée : anglais.

Prix : 1 pers. 49 € 2 pers. 58 € repas 21 €
Ouvert : Toute l'année.

28	18	4	4	10	0,3	19	9	SP	SP	22	4

Astrid AMAYENC - Ferme Bonne de la Grotte - La Grotte - 73360 ST-CHRISTOPHE-LA-GROTTE - Tél. : 04 79 36 59 05 -
Fax : 04 79 36 59 31 - E-mail : fermebonne@wanadoo.fr ou SR : 04 79 85 01 09

ST-FOY-TARENTAISE Bonconseil
Alt. : 1520 m   C.M. 74 Pli 19

5 ch. **Bourg-St-Maurice 12 km, col de l'Iseran, Parc de la Vanoise 40 km.** Chalet contemporain en bordure de la station avec une vue magnifique sur la vallée de l'Isère et les montagnes. 5 ch. d'hôtes. R.d.c : ch. 1 : 1 lit 2 pers., 1er ét. : ch. 2 : 4 lits 1 pers., balcon, ch. 3 : 2 lits 1 pers., ch. 4 : 1 lit 2 pers., balcon-terrasse. 2e ét. : ch. 5 : 1 lit 2 pers., sanitaires privatifs. Séjour avec cheminée et bibliothèque, TV. Sauna, jacuzzi, chauffage central, terrain, garage. Petit-déjeuner varié. Spécialités : cuisses de poulet farcies, gigot à la broche... Ski Ste-Foy 0.3 km, Villaroger liaison les Arcs 10 km, Tignes les Boisses 14 km. Escalade 12 km. Réduction parfois consentie. Cartes bancaires acceptées. Langue parlée : anglais.

Prix : 1 pers. 95/135 € 2 pers. 110/150 € 3 pers. 130/170 €
repas 30 €

14	19	7	16	4,5	0,1	0,1	SP	SP	19	7

Nancy et Jean-Marc TABARDEL FOUQUET - Yellow-Stone Chalet - Bonconseil - 73640 STE-FOY-TARENTAISE - Tél. : 04 79 06 96 06 -
Fax : 04 79 06 96 05 - E-mail : yellowstone@wanadoo.fr - http://www.limelab.com/yellowstone

---

ST-GEORGES-D'HURTIERES Les Justes
Alt. : 600 m   C.M. 74 Pli 16-17

1 ch. **Albertville 32 km, col de la Madeleine 65 km.** Maison ancienne rénovée dans un hameau. 1 chambre d'hôtes très spacieuse. 1er ét. : chambre avec mezzanine : 2 lits 2 pers., lavabo, bains, WC, salon, TV, espace, jeux de société, chauffage central, terrain avec meubles de jardin. Séjour au calme en harmonie avec la douceur du plateau et la proximité de la forêt. Sentiers inter-villages, anciennes mines de fer et de cuivre, éco-musée, parcours sportif. Restaurant 0.2 km. Raquettes 15 km. Possibilité de ski de randonnée.

Prix : 2 pers. 45 €
Ouvert : D'avril à octobre.

6	21	6	6	15	SP	SP	6	0,2

Jean et Yvonne MOUTARD - Les Justes - 73220 ST-GEORGES-D'HURTIERES - Tél. : 04 79 36 16 15

Rhône-Alpes **Savoie**

ST-JEAN-D'ARVES La Chal   Alt. : 1600 m   C.M. 77 Pli 7

2 ch. **Cols de la Croix de Fer et du Glandon 15 km.** Maison récente, au pied des pistes. Belle vue sur la vallée et les Aiguilles d'Arves. 2 chambres d'hôtes. 2ᵉ ét. : ch. 1 et ch. 2 : 1 lit 2 pers., 1 lit 1 pers., balcon dans chambre B, lavabo dans chaque chambre, bains et WC communs. Séjour, jeux enfants, ch. élect., terrain, meubles de jardin. Ferme à 400 m, l'été visite de l'alpage avec traite au chalet. Petit-déjeuner avec confiture maison, miel, lait de la ferme. Spécialités tarte au Beaufort, diots-polenta, crozets au sarrazin. Ski St-Jean d'Arves liaison Grand-Large-Sybelles. Location matériel de ski. Tir à l'arc 0.2 km, escal. 5 km. Réduction repas enfant. Langues parlées : anglais, italien.

Prix : 1 pers. 24 € 2 pers. 34 € 3 pers. 43 € repas 14 €

20	0,2	3	3	SP	3	SP	SP	18	0,1

Yvon et Patricia HUSTACHE - Le Cret de la Grange - La Chal - 73530 ST-JEAN-D'ARVES - Tél. : 04 79 59 71 81 - Fax : 04 79 59 71 81 -
E-mail : yvon.hustache@wanadoo.fr

ST-JEAN-D'ARVEY   Alt. : 500 m   C.M. 74 Pli 15

1 ch. **Parc Régional Naturel du Massif des Bauges 8 km, Chambéry 13 km.** Maison de village très bien restaurée et aménagée, à l'entrée du village, avec vue sur le Mont Granier. 1 chambre d'hôtes avec coin-cuisine : 2 lits 1 pers. gigognes, 2 lits 1 pers. jumeaux, lavabo, douche, WC, séjour privatif avec cheminée et jeux, chauffage central, terrasse, terrain avec jeux d'enfants. A proximité de Chambéry 6 km, et à l'entrée du Parc Naturel Régional des Bauges. Restaurants 0.5 km. Ski la Féclaz. Patinoire 6 km. Thermes Challes les Eaux. Langue parlée : anglais.

Prix : 1 pers. 26 € 2 pers. 39 € 3 pers. 51 € pers. sup. 13 €

6	10	6	0,8	10	10	10	SP	SP	6	0,5

J-Michel et A-Claire BILLIONNET - Le Puisat - 73230 ST-JEAN-D'ARVEY - Tél. : 04 79 28 46 72 - Fax : 04 79 28 49 11 ou
SR : 04 79 85 01 09

ST-NICOLAS-LA-CHAPELLE Ferme du Mont Chavrin   Alt. : 1000 m   C.M. 74 Pli 7

2 ch. **Albertville 21 km, Beaufort 31 km.** Chalet traditionnel du Val d'Arly. 2 chambres d'hôtes. 2ᵉ ét. : ch. 1 : 1 lit 2 pers., 2 lits 1 pers. superp. lavabo, douche, ch. 2 : 1 lit 2 pers., 2 lits 1 pers. superposés, lavabo, douche attenants, balcon. WC communs. Séjour, cheminée, TV, chauffage central, terrasse, terrain avec meubles de jardin. Découverte des travaux de la ferme (traite, foin...). Repas du terroir à base d'aliments naturels, spécialités : reblochonnade, fondue... Nombreuses activités sur la région. Ski St-Nicolas-Flumet liaison domaine « Carte Blanche ». Téléphoner après 20 H. Réduction parfois consentie.

Prix : 1 pers. 26 € 2 pers. 38 € 3 pers. 46 € repas 13 €
1/2 pens. 32 €

3	10	3	5	2	5	6	SP	SP	24	2

Michèle et André JOLY - Ferme du Mont Charvin - Le Passieux - 73590 ST-NICOLAS-LA-CHAPELLE - Tél. : 04 79 31 62 89 ou
04 79 31 69 37

ST-OURS   Alt. : 550 m   C.M. 74 Pli 15

2 ch. **Aix-les-Bains, lac du Bourget 10 km, Annecy 24 km.** Maison typique à l'entrée du village. 2 chambres d'hôtes. 1ᵉʳ étage : ch. 1 : 1 lit 2 pers., ch. 2 : 1 lit 2 pers., 1 lit 1 pers., lavabo, douche, WC, dans chaque chambre, séjour à disposition avec jeux de société, chauffage central, garage, cour avec meubles de jardin. Spécialités de la table : diots-polenta, gratin, tartiflette, fromage blanc, gâteau Petit-déjeuner servi dans le séjour avec confiture, gâteau maison, lait de la ferme, fromage, fruits... Découverte de la ferme. Village situé entre Aix-les-Bains et le Parc Régional Naturel des Bauges. Ski le Revard. Restaurant 3 km. Thermes Aix-les-Bains.

Prix : 1 pers. 28 € 2 pers. 35 € 3 pers. 40 € repas 12 €

10	12	12	5	12	2	18	18	SP	SP	10	2

Denise CLERC - Chef-Lieu - 73410 ST-OURS - Tél. : 04 79 54 91 88

ST-PIERRE-D'ENTREMONT Le Pré du Comte   Alt. : 680 m   C.M. 74 Pli 15

1 ch. **Chambéry 25 km, Gorges du Guiers Vif et Cirque de St-Même 6 km.** Maison récente dominant le village et la vallée du Guiers. 1 chambre d'hôtes mansardée. 2ᵉ étage : 1 lit 2 pers., 1 lit 1 pers., lavabo, bains, WC attenant, chauffage électrique, possibilité de cuisiner, garage, terrain avec meubles de jardin, environnement fleuri. Aux alentours : cirque de St-Même, couvent de la Grande Chartreuse, artisanat, gorges du Guiers Vif, hameaux et villages par les sentiers dans le Parc Naturel de Chartreuse. Restaurants 0.5 km. Station de ski le Planolet. Raquettes 0.5 km. Escalade, parapente 5 km.

Prix : 1 pers. 25 € 2 pers. 34 € 3 pers. 39 €

12	12	0,5	0,5	0,2	8	10	SP	SP	0,5

Aimé JACQUET - Le Pré du Comte - 73670 ST-PIERRE-D'ENTREMONT - Tél. : 04 79 65 81 91 - Fax : 04 79 65 89 50

ST-THIBAUD-DE-COUZ La Praire   C.M. 74 Pli 15

2 ch. **Parc Naturel de Chartreuse sur place, cascades de Couz 2 km.** Sylvie et Michel vous accueillent dans leur maison, un ancien relais de Coche du XVIIᵉ. 2 chambres d'hôtes. 2ᵉ étage. : ch. 1 suite de 2 chambres : 1 lit 2 pers., 2 lits 1 pers., lavabo, douche, WC, 1ᵉʳ étage : ch. 2 (3 épis) : 1 lit 2 pers., lavabo, douche, WC. Chauffage élect., coin détente, pièce de jour avec cheminée, terrasse avec meubles de jardin. Terrain. Petit-déjeuner préparé par Sylvie, servi dans le salon réservé aux hôtes avec confiture maison, yaourt, brioche... Ski le Désert. Thermes Aix-les-Bains. Restaurant 0.3 km. Voile, lac du Bourget 16 km, lac d'Aiguebelette 20 km, Annecy 50 km.

Prix : 1 pers. 27/30 € 2 pers. 37/43 € 3 pers. 46 €
Ouvert : Toute l'année.

22	16	9	6	3	SP	20	20	SP	SP	9	6

Michel et Sylvie LAAGER - La Praire - 73160 ST-THIBAUD-DE-COUZ - Tél. : 04 79 65 74 25

Savoie
Rhône-Alpes

ST-VITAL Les Chavannes
C.M. 74 Pli 16-17

1 ch. **Albertville 15 km, vignobles et château de Miolans 15 km.** Très ancienne maison mitoyenne rénovée dans le village, proche de celle du propriétaire. 1 chambre d'hôtes. 1er ét. : 1 lit 2 pers., 2 lits 1 pers. superposés, lavabo, douche, WC, chauffage électrique, coin-cuisine, balcon, terrain avec mobilier de jardin. Petit-déjeuner varié servi dans la salle de séjour. Séjour au calme, à 10 km d'Albertville. Bonne situation pour découvrir les différentes vallées de la Savoie. Proximité de l'Abbaye de Tamié. Restaurants 2.5 km. Ski Seythenex. Patinoire 7 km.

Prix : 1 pers. **21/24** € 2 pers. **32/36** € 3 pers. **44/49** €

🐕	⛱	🏊	🎾	🎣	⛷	🎿	🚴	🚶	🅿	🚉
3	2	2,5	2	1	18	12	SP	SP	2,5	2,5

Jean COMBAZ - Les Chavannes - 73460 ST-VITAL - Tél. : 04 79 31 41 53

LA THUILE La Guillère
Alt. : 800 m (TH)
C.M. 74 Pli 16

1 ch. **Parc Naturel des Bauges sur place, lac de la Thuile 2,5 km.** Maison contemporaine sur une butte dominant le hameau. Vue sur la campagne. 1 chambre d'hôte légèrement mansardée au 1er étage : 1 lit 2 pers., 2 lits 1 pers., 1 lit d'enfant, lavabo, douche, bains, WC, coin salon, TV, bibliothèque, chauffage électrique, terrasse, terrain. Petit-déjeuner servi dans la salle à manger ou la terrasse, avec confiture et brioche maison. Spécialités savoyardes, légumes du jardin, tartes maison. Ski Aillon le Jeune 19 km. Thermes Challes les Eaux. Canoë 2.5 km, raquettes 3 km, patinoire 15 km. Réduction repas enfant.

Prix : 1 pers. **23** € 2 pers. **32** € 3 pers. **43** € pers. sup. **10** € repas **11** €
Ouvert : Toute l'année.

🐕	⛲	⛱	🏊	🎾	🎣	⛷	🎿	🚴	🚶	🅿	🚉
10	2,5	15	6	15	2,5	19	19	SP	SP	15	8

Louise-Marie CARIN - La Guillère - 73190 LA-THUILE - Tél. : 04 79 84 74 88

TOURNON Les Granges
Alt. : 800 m 📧 (TH)
C.M. 74 Pli 17

1 ch. **Conflans 7 km, col et abbaye de Tamié 10 km.** Maison au milieu des vergers, avec vue sur la campagne, les massifs des Bauges et du Grand Arc. 1 ensemble de 2 chambres d'hôtes au r.d.c., 2 lits 2 pers., lavabo, douche, WC pour les 2 chambres, coin-salon, ch. électrique, terrain de 1000 m². Décoration soignée. Possibilité stage de peinture (huile ou aquarelle), exposition permanente, encadrement. Petit-déjeuner servi dans la salle à manger avec confiture maison, fromage blanc, salade de fruits au miel... Spécialités savoyardes : tartiflette, fondue, raclette, cuisine familiale et variée avec produits du potager, vin de Savoie. Station de ski Seythenex. Réduction repas enfant. Langue parlée : anglais.

Prix : 1 pers. **30** € 2 pers. **40** € repas **14** €
Ouvert : Toute l'année.

🐕	🏊	🎾	🎣	⛷	🎿	🚴	🚶	🅿	🚉
2	2	4	3	19	9	SP	0,5	2	2

Danielle et Bertrand NEUVEUX BENOIT - Le Cenacle - Les Granges - 73460 TOURNON - Tél. : 04 79 31 49 90 - Fax : 04 79 31 49 90 - E-mail : cenacle@chez.com - http://www.chez.com/cenacle

VAL-D'ISERE Le Fornet
Alt. : 1930 m 📧
C.M. 74 Pli 19

1 ch. **Parc de la Vanoise, col de l'Iseran 16 km, Bourg-St-Maurice 31 km.** Maison de pierres et bois dans un petit hameau sur la route du col de l'Iseran, comprenant 1 chambre d'hôtes et 3 logements. 1er étage : 1 lit 2 pers., 1 lit 1 pers., lavabo, bains, WC, chauffage électrique, terrain avec meubles de jardin et jeux d'enfants. Proximité du Parc de la Vanoise et accès à la Maurienne. Village traditionnel avec architecture baroque. Restaurants sur place. Station de ski Val d'Isère (sur l'espace Killy hiver comme été). Réduction parfois consentie.

Prix : 2 pers. **50** € 3 pers. **55** €

🐕	🏊	🎾	🎣	⛷	🎿	🚴	🚶	🅿	🚉
2,5	2,5	3	SP	SP	SP	SP	SP	34	2,5

Jean-Claude BONNEVIE - Le Fornet - Chalet Bazel - 73150 VAL-D'ISERE - Tél. : 04 79 06 12 32 - Fax : 04 79 06 12 32

VENTHON Le Bercail
Alt. : 510 m
C.M. 74 Pli 17

3 ch. **Cité médiévale de Conflans 3 km, massif du Beaufortain 15 km.** Maison avec jardin agréable et belle vue sur les montagnes 3 chambres d'hôtes. 1er ét. : ch. 1 : 1 lit 2 pers., 1 lit enfant, lavabo, bains, WC, balcon, 2e étage : ch. 2 : 1 lit 2 pers., lavabo, douche, WC, balcon. ch. 3 : 2 lits 1 pers., lavabo, douche, WC, balcon. Séjour, jeux société, chauffage central, terrain non clos, meubles de jardin. Petit-déjeuner avec confiture maison, fromage, saucisson, fruits... Proximité d'Albertville, porte du Beaufortain. Nombreux loisirs pour séjour actif, ou séjour paisible au calme. Restaurants 3 km. Ski Arêches, les Saisies. Escalade 3 km. Gratuité pour enfants de moins de 3 ans.

Prix : 1 pers. **23/24** € 2 pers. **34/37** €

🐕	⛱	🏊	🎾	🎣	⛷	🎿	🚴	🚶	🅿	🚉
7	7	0,2	10	3	22	22	SP	0,5	3	3

Michèle CHAUMONTET - Chef Lieu - Le Bercail - 73200 VENTHON - Tél. : 04 79 32 40 33

VEREL-DE-MONTBEL Le Revillet
Alt. : 550 m
C.M. 74 Pli 14-15

1 ch. **Lac d'Aiguebelette 7 km, Chambéry 20 km.** Maison récente à proximité de la maison des propriétaires, comprenant 1 chambre d'hôtes et 1 gîte. 1er étage : 1 lit 2 pers., lavabo, douche, WC, ch. électrique, terrasse, terrain avec meubles de jardin. Petit-déjeuner servi sur la terrasse l'été. Petit village dans la campagne, idéal pour la randonnée, la pêche, les promenades autour du lac... Proximité massif de la Chartreuse. Restaurants 4 km. Ski St-Pierre de Chartreuse. Parapente, escalade, grotte à Mandrin 3 km.

Prix : 1 pers. **27** € 2 pers. **42** €

🐕	⛱	🏊	🎾	🎣	⛷	🎿	🚴	🚶	🅿	🚉
7	6	6	7	3	32	32	SP	SP	6	4

Victor et Odette BERLAND - Le Revillet - 73330 VEREL-DE-MONTBEL - Tél. : 04 76 32 80 46

Rhône-Alpes **Savoie**

VERRENS-ARVEY Barrochins — Alt. : 600 m — C.M. 74 Pli 17

1 ch. **Albertville, abbaye de Tamié 10 km, Annecy, lac d'Annecy 42 km.** Authentique ferme du 18ᵉ siècle rénovée avec belle vue sur la chaîne du Grand Arc. Intérieur harmonieux. 1 chambre d'hôtes au r.d.c. : 1 lit 2 pers., 1 lit 1 pers., lavabo, douche, WC, chauffage central, terrasse, séjour avec coin-cuisine aménagé dans une ancienne écurie. Terrain avec meubles de jardin. Petit-déjeuner avec confiture maison, fruits de saison, oeufs frais à la coque... servi dans le patio ou le séjour. Petit village savoyard typique près d'Albertville et du col de Tamié (Abbaye et du Parc Naturel des Bauges). Restaurant 3 km. Ski Seythenex. Escal. 9 km. Langue parlée : anglais.

Prix : 1 pers. 31 € — 2 pers. 40 € — 3 pers. 49 €

🐕	⛱	🏊	🎾	🏇	🎣	⛷	🚴	🚶	🚉	🛏
3	3	3	3	1	18	7	SP	SP	3	3

Danielle DUPIRE - Barrochins - 73460 VERRENS-ARVEY - Tél. : 04 79 38 51 41

VILLARD-LEGER Le Presbytère — C.M. 74 Pli 16

1 ch. **Chambéry 30 km, Albertville 34 km.** Ancien presbytère rénové, équipé pour accueillir chevaux et cavaliers. 1 chambre d'hôtes. 1ᵉʳ étage : 1 lit 2 pers., lavabo, bains, WC, chauffage central, terrain. Petit-déjeuner traditionnel servi dans la cuisine familiale. Nombreux itinéraires vers la vallée des Huiles, la forêt de St-Hugon. Situé entre Chambéry et Albertville, à l'entrée de la vallée de la Maurienne. Restaurants 6 km. Ski le Collet d'Allevard. Parapente 7 km.

Prix : 1 pers. 20 € — 2 pers. 38 €

🐕	⛱	🏊	🎾	🏇	🎣	⛷	🚴	🚶	🚉	🛏
10	6	6	15	0,5	28	25	SP	SP	11	6

Guy JUIN - Le Presbytère - 73390 VILLARD-LEGER - Tél. : 04 79 36 47 76 - Fax : 04 79 44 20 30

VILLARODIN-BOURGET — Alt. : 1200 m — (TH) — CB — C.M. 77 Pli 8

6 ch. **Parc de la Vanoise sur place, Avrieux 1 km, Via Ferrata 2 km.** Demeure du XVIIᵉ siècle de caractère. 1ᵉʳ ét. : ch. 1 : 1 lit 2 pers., ch. 2 : 1 lit 1 pers., ch. 3 avec salon, TV : 1 lit 2 pers., lavabo, douche, WC. dans chaque ch., ch. 4 suite de 2 ch. avec salon, TV : 1 lit 2 pers., 2 lits 1 pers., 2 lavabos, 2 douches, 2 WC, ch. 5 suite de 2 ch. salon, TV : 1 lit 2 pers., 2 lits 1 pers., 2 lavab., douche, bains, 2 WC. Ch. 6 : 1 lit 1 pers., lavabo, douche, WC. Salle à manger, cheminée, salon. Vidéo, biblio. Mobilier savoyard. Ch. central. Terrain. Cuisine avec légumes du potager. Catherine et Christian moniteurs de ski et accompagnants. Ski la Norma 2.5 km, Aussois 9 km. Langues parlées : anglais, italien.

Prix : 1 pers. 36/60 € — 2 pers. 48/80 € — 3 pers. 82/107 € — pers. sup. 20/30 € — repas 16 €
Ouvert : Toute l'année.

🐕	🏊	🎾	🏇	🎣	⛷	🚴	🚶	🚉	🛏
2,5	2,5	2,5	2	2,5	2,5	SP	SP	3	3

FINAS Catherine et Christian - 88 rue St-Antoine - Che Catrine - 73500 VILLARODIN-BOURGET - Tél. : 04 79 20 49 32 - Fax : 04 79 20 48 67 - E-mail : checatri@club-internet.fr ou SR : 04 79 85 01 09

LE VIVIERS-DU-LAC — C.M. 74 Pli 15

3 ch. **Aix-les-Bains, lac du Bourget 4 km, Chambéry 15 km.** Maison récente sur une colline avec une belle vue sur les falaises du plateau du Revard. 3 chambres d'hôtes. R.d.c. : ch. 1 : 2 lits 1 pers., ch. 2 : 1 lit 2 pers. R.d.c. + 1ᵉʳ ét. : ch. 3 : 1 lit 1 pers., 1 lit 2 pers. Lavabo, douche, WC dans chaque chambre. Chauffage électrique, possibilité de cuisiner, terrain avec meubles de jardin. Spécialités : confitures aux saveurs d'antan. Séjour au calme, découverte de la nature. Restaurants 1 km. Golf 2 km. Station de ski le Revard. Thermes Aix les Bains. Chambre C ouverte du 15 avril au 15 octobre.

Prix : 1 pers. 25/28 € — 2 pers. 34/42 € — 3 pers. 50 €

🐕	⛱	🏊	🎾	🏇	🎣	⛷	🚴	🚶	🚉	🛏
3	3	5	3	3	22	22	SP	SP	5	2

Bernadette MONTAGNOLE - 516 chemin de Boissy - 73420 LE-VIVIERS-DU-LAC - Tél. : 04 79 35 31 26 - Fax : 04 79 35 31 26

LE VIVIERS-DU-LAC — C.M. 74 Pli 15

2 ch. Maison ancienne en bordure du village comprenant 2 chambres d'hôtes mansardées, 1 gîte, 1 lgt. et l'appartement du propriétaire. 2ᵉ étage : chambre 1 (12 m²) : 1 lit 2 pers., lavavo, douche, WC, ch. 2 (11 m²) : 1 lit 2 pers., 1 lit 1 pers., lavabo, douche, WC, ch. central, parc clos 8000 m². Voile 1 km, golf 4 km, escalade 8 km. Thermes Aix-les-Bains. Maison située à proximité du lac du Bourget, avec toutes ses activités nautiques. Petit déjeuner avec confiture, gâteau maison, yaourt, fruits... Possibilité de cuisiner. Le Parc Naturel des Bauges se trouve à 20 km, et vous permet de nombreuses randonnées. Réduction parfois consentie. Langues parlées : anglais, espagnol.

Prix : 1 pers. 40/43 € — 2 pers. 46/49 € — 3 pers. 50/55 €
Ouvert : Toute l'année.

🐕	⛱	🏊	🎾	🏇	🎣	⛷	🚴	🚶	🚉	🛏
4	1	6	3	4	1	SP	1	0,3	0,5	

Etienne DE VALICOURT - 529 route du Lac - Villa les Sources - 73420 LE-VIVIERS-DU-LAC - Tél. : 04 79 54 45 20 - Fax : 04 79 54 45 20

Haute-Savoie

Rhône-Alpes

GITES DE FRANCE - Service Réservation
16, rue Guillaume Fichet
74000 ANNECY
Tél. 04 50 10 10 11 - Fax 04 50 10 10 12
E.mail : resa.gites74@wanadoo.fr

3615 Gîtes de France
0,2 €/min

ABONDANCE Charmy L'Envers   Alt. : 1000 m   (TH)   C.M. 89 Pli 2

4 ch. **Abbaye d'Abondance 2 km. Chatel 12 km.** Au cœur de la vallée d'Abondance, à proximité de sentiers balisés et dans un cadre de montagne reposant, Liliane vous reçoit dans une ferme ancienne typique et vous propose 4 ch. agréables, ainsi que le couvert. 3 ch. (1 lit 2 pers. 2 lits 1 pers.), 1 ch. (1 lit 2 pers. 1 lit 1 pers.). Sanitaires complets privés. Salle à manger, cheminée, petit salon/TV. Local chaussures. Terrain, balcon Sud. Spécialités du Pays servies à table et cuisine traditionnelle. Possibilité de visiter la ferme en activité. Au village, domaine skiable de l'Essert, spécialement aménagé pour l'accueil d'enfants. Centre d'Interprétation du Val d'Abondance (fromage).

Prix : 1 pers. 24 € ● 2 pers. 37 € ● 3 pers. 50 € ● 1/2 pens. 28 €
Ouvert : Toute l'année.

2	2	3	12	2	SP	2	30	2	2	30	2

Liliane BERTHET - Charmy l'Envers - 74360 ABONDANCE - Tél. : 04 50 73 02 79 - Fax : 04 50 73 02 79

ABONDANCE Richebourg   Alt. : 1000 m   (TH)   C.M. 89 Pli 2

4 ch. **Abbaye d'Abondance 2 km. Chatel 12 km.** A 1.000 m d'alt., au cœur de la vallée d'Abondance, vieux chalet entièrement rénové dans un style typiquement savoyard : « Champfleury ». Vous serez logés dans 4 ch. de 2 à 3 pers. (sanitaires privés), aménagées chaleureusement par Nadine. Vous profiterez du salon-détente avec TV. Nadine fera découvrir sa cuisine familiale avec spécialités régionales. Possibilité lits supplémentaires. Ski alpin à Abondance et tout le domaine des « Portes du Soleil ». Pistes de luge, patinoire, piscine à Châtel. Sports d'eau vive dans la Dranse. Découverte des alpages, produits de la ferme, goûters. Réduction enfants. Supplément single 1/2 pension 5 €.

Prix : 1 pers. 23 € ● 2 pers. 38 € ● 3 pers. 50 € ● 1/2 pens. 30 €

3	0,2	30	8	3	0,3	7	30	8	3	30	3

Nadine AVOCAT-MAULAZ - Champfleury Richebourg - 74360 ABONDANCE - Tél. : 04 50 73 03 00 - Fax : 04 50 73 03 00 ou SR : 04 50 10 10 10

ARACHES-LES-CARROZ   Alt. : 800 m   (TH)   C.M. 89 Pli 3

3 ch. **Carroz-d'Araches 8 km. Flaine 25 km.** Ballancy, un petit hameau calme et paisible, Dominique et Joël vous reçoivent dans leur maison à côté de la ferme, face à la chaîne des Aravis. 3 ch. de qualité, chaleureuses. 2 ch. dont 1 avec terrasse (de 2 et 3 pers. salles d'eau privées, wc commun), 1 ch.(2 lits 1 pers domestiques complets privés). Jardin, espace. Repas à base de produits de la ferme, lait, confitures, oeufs, fromage de chèvre, tomme de Savoie. Table d'H. jusqu'au 1er juillet. 1 enfant de - de 4 ans gratuit. Tarifs accordés à partir de 3 nuits. Golf Flaine 18 trous 18 km. Station des Carroz d'Arâches 8 km. Langue parlée : anglais.

Prix : 1 pers. 30 € ● 2 pers. 38/40 € ● 3 pers. 53/55 € ● repas 13 €
Ouvert : Du 27 décembre au 31 octobre.

8	8	15	15	8	SP	8	35	8	15	15	8

Joël et Dominique NAVILLOD et DAVOINE - 1730, hameau de Ballancy - La Frasse - 74300 ARACHES-LES-CARROZ - Tél. : 04 50 90 33 10 - E-mail : ballancy@wanadoo.fr - http://perso.wanadoo.fr/ballancy

ARACHES-LES-CARROZ La Frasse   Alt. : 1000 m   (TH)   C.M. 89 Pli 3

2 ch. **Chamonix et genève 45 km.** Vue panoramique sur le massif des Aravis. A prox. de la station des Carroz d'Arâches (domaine skiable du Grand Massif). Dans beau chalet, Hélène, passionnée d'astronomie, se fait une joie de vous recevoir dans ses chambres d'hôtes douillettes au décor reposant. Elle vous propose 2 suites (de 4 pers. chacune). Sanitaires complets. Un salon réservé aux hôtes donne sur le jardin. A l'étage, Vous profiterez du petit-déjeuner dans le séjour/salon ou en terrasse. Table d'hôtes proposée sur réservation (sauf mardi et vendredi). Annecy à moins d'1 h. Navette gratuite à 500 m. Langue parlée : anglais.

Prix : 1 pers. 38 € ● 2 pers. 50 € ● 3 pers. 81 € ● pers. sup. 11 € ● repas 17 €
Ouvert : Du 1er juillet au 15 septembre et du 20 décembre au 15 avril.

6	6	14	5	5	2	5	35	7	7	14	5

Hélène ESNAULT - Chalet Le Nanty - 600, Route du Pontet La Frasse - 74300 ARACHES-LES-CARROZ - Tél. : 04 50 90 32 76 ou 06 20 79 20 19 - E-mail : lenanty@free.fr - http://lenanty.free.fr

LA BAUME La Goutreuse   Alt. : 900 m   (TH)   C.M. 89 Pli 2

2 ch. **Thonon-les-Bains 20 km. Morzine 15 km.** Fernande et Victor vous accueillent dans leur maison fleurie située à proximité de leur ferme, isolée, dans un cadre de montagne exceptionnel. Ils vous proposent 2 chambres comportant chacune 1 lit 2 pers. et 1 lit 1 pers. (sanitaires communs). Chambres de qualité. Chauffage central. Produits de la ferme. Réduction accordée pour les enfants de - de 8 ans.

Prix : 1 pers. 22 € ● 2 pers. 43 € ● 3 pers. 64 € ● 1/2 pens. 25 € ● pens. 28 €
Ouvert : Toute l'année.

7	7	21	20	6	3	13	20	20	20	20	6

Victor et Fernande VULLIEZ - La Goutreuse - 74430 LA-BAUME - Tél. : 04 50 72 10 33

Rhône-Alpes — **Haute-Savoie**

BELLEVAUX Le Frene — Alt. : 1000 m — (TH) — C.M. 89 Pli 2

4 ch. Lac Léman et Thonon-les-Bains 20 km. Dans un hameau, Daniel et sa famille vous accueillent au sein de leur grand chalet fleuri, à proximité de la ferme. Ils vous proposent 4 chambres dont 1 double avec sanitaires complets. Salle à manger, salon, terrain et mobilier de jardin. Réductions enfants - de 8 ans. Restaurant à 3 Km. Produits fermiers servis à la table d'hôtes.

Prix : 2 pers. 38 € 1/2 pens. 26 € pens. 32 €
Ouvert : Toute l'année.

🐕	⛷	🎿	💦	🛶	🎾	🚣	🐎	⛲	🚂	🏰	🚐	🏕
5	3	5	10	2	1,5	2	20	10	20	20	2	

Daniel CORNIER - Le Frene - 74470 BELLEVAUX - Tél. : 04 50 73 73 95 - Fax : 04 50 73 73 95

BELLEVAUX Le Perry — Alt. : 1000 m — (TH) — C.M. 89 Pli 2

3 ch. Lac Léman et Thonon-les-Bains 20 km. Au cœur du massif du Chablais, nombreux alpages, Marie-Louise et Gérard vous accueillent dans leur ferme très fleurie, isolée, dans un cadre montagneux. Ils vous proposent 3 ch comprenant chacune 1 lit 2 pers. et 2 lits 1 pers., avec sanitaires complets. Chauffage central, salle à manger commune, TV, Balcon, Terrain et mobilier de jardin, bibliothèque. Rives du Lac Léman. Réduction enfants - de 8 ans. Domaines skiables : « la Chèvrerie » relié à la Grande Terche ou Hirmentaz/Habère-Poche.

Prix : 1 pers. 23 € 2 pers. 35 € 3 pers. 46 € 1/2 pens. 38 €
Ouvert : Toute l'année.

🐕	⛷	🎿	💦	🛶	🎾	🚣	🐎	⛲	🚂	🏰	🚐	🏕
5	5	20	10	2	1	2	20	10	2	20	2	

MEYNET Gérard et Marie-Louise - Le Perry - 74470 Bellevaux - Tél. : 04 50 73 72 32

BELLEVAUX La Clusaz — Alt. : 950 m — (TH) — C.M. 89 Pli 2

6 ch. Lac Léman et Thonon-les-Bains 20 km. Geneviève et Francis vous reçoivent dans leur grande ferme fleurie, située dans un hameau, dans un cadre verdoyant. Ils vous proposent 6 ch. avec sanitaires complets. 5 ch. avec 1 lit 2 pers., 1 ch. avec 2 lits 1 pers. Chauffage central, salle à manger et salon réservés aux hôtes, cheminée, TV, lave-linge, coin et mobilier de jardin, jeux. Réduction enfants. Domaine skiable de la Chèvrerie à 3 km relié avec la Grande Terche et domaine d'Hirmentaz relié avec Habère-Poche à 3 km. Piste de fond à proximité. Nombreuses randonnées balisées sur la commune.

Prix : 1/2 pens. 32 € pens. 38 €
Ouvert : Du 20 décembre au 1er octobre.

🐕	⛷	🎿	💦	🛶	🎾	🚣	🐎	⛲	🚂	🏰	🚐	🏕
4	0,1	25	10	4	0,1	4	25	5	25	25	4	

Geneviève et Francis PASQUIER - La Clusaz - 74470 BELLEVAUX - Tél. : 04 50 73 71 92 - Fax : 04 50 73 71 92

BELLEVAUX Champ du Noyer — Alt. : 930 m — (TH) — C.M. 89 Pli 2

4 ch. Lac Léman et Thonon-Les-Bains 20 km. A mi-chemin entre le domaine skiable d'Hirmentaz et celui de la Chèvrerie dans une ancienne ferme proche du village et avec terrain, Murielle vous propose 4 ch. d'hôtes de 2 à 4 pers. (2 ch. familiales) avec sanitaires complets privatifs (communicants ou non). Salle à manger, séjour avec TV. Terrasse. Chauffage central. Réduction enfants - de 8 ans. Nombreuses randonnées au départ de la maison. En été, lac de Vallon, nombreux alpages.

Prix : 2 pers. 31 € repas 12 € 1/2 pens. 28 € pens. 33 €
Ouvert : Toute l'année.

🐕	⛷	🎿	💦	🛶	🎾	🚣	🐎	⛲	🚂	🏰	🚐	🏕
6	6	21	15	3	0,3	1	21	10	6	21	1,5	

Murielle GRIVAZ - Le Champ du Noyer - 74470 BELLEVAUX - Tél. : 04 50 73 71 35

BELLEVAUX Les Mouilles — Alt. : 1126 m — (TH) — C.M. 89 Pli 2

5 ch. Lac Léman et Thonon-les-Bains 20 km. Face aux pistes de ski d'Hirmentaz et dans un hameau, un accueil chaleureux vous est réservé. Emma et Alphonse viennent de réaménager 5 ch. de 2 à 4 pers. avec chacune sanitaire privé complet, au 1er étage de leur maison. Grande salle de séjour, salon, TV, bibliothèque, terrasse aménagée, terrain, ping-pong, pétanque, Lave-linge/sèche-linge. Réduction enfants. Restaurant à 0,1 Km. Organisation de sorties et activités. Lieu très calme, à côté d'une petite chapelle. Belle vue sur les montagnes du Chablais/Faucigny. Réductions enfants.

Prix : 1 pers. 25 € 2 pers. 34 € 3 pers. 41 € repas 13 € 1/2 pens. 29 € pens. 37 €
Ouvert : Toute l'année.

🐕	⛷	🎿	💦	🛶	🎾	🚣	🐎	⛲	🚂	🏰	🚐	🏕
SP	SP	25	15	0,3	0,5	1	25	5	20	22	6	

Alphonse et Emma VOISIN - Les Mouilles - 74470 BELLEVAUX - Tél. : 04 50 73 71 16

BELLEVAUX La Cote — Alt. : 1130 m — (TH) — C.M. 89 Pli 2

3 ch. Lac Léman et Thonon-les-Bains 20 km. Au cœur de la campagne, Alice et Michel vous accueillent dans leur ferme au cadre reposant et mettent à votre disposition 3 chambres avec sanitaires particuliers complets, avec chacune 1 lit 2 pers. et 1 lit 1 pers. Balcons, entrée indépendante, salle à manger avec coin-cuisine à disposition. Produits de la ferme servis à la table d'hôtes. Ski à 1 Km. Nombreuses randonnées balisées sur la commune.

Prix : 1 pers. 26 € 2 pers. 35 € 3 pers. 43 € repas 12 € 1/2 pens. 29 € pens. 35 €
Ouvert : Toute l'année.

🐕	⛷	🎿	💦	🛶	🎾	🚣	🐎	⛲	🚂	🏰	🚐	🏕
1	1	20	9	1,3	0,5	5	20	5	20	20	2	

Alice et Michel BUINOUD - La Cote - 74470 BELLEVAUX - Tél. : 04 50 73 70 66

Haute-Savoie

Rhône-Alpes

BERNEX Le Pied de Trossy   Alt. : 1000 m   C.M. 89 Pli 2

2 ch. **Thermes d'Evian et lac Léman 12 km.** Au pied du massif de la Dent D'Oche, Claudine et Daniel vous accueillent dans un chalet traditionnel. 2 chambres à l'étage, spacieuses, comportant chacune 1 lit 2 pers., bains et wc privés, coin-salon, TV, lecture. Grande salle à manger, terrasse, jardin, jeux d'enfants. Pistes de ski de fond à quelques mètres du chalet. Possibilité lit supplémentaire enfant. A proximité des remontées mécaniques, nombreuses possibilités de promenades et randonnées. Base de loisirs à 3 km. Langues parlées : anglais, allemand.

Prix : 2 pers. 43 €
Ouvert : Toute l'année.

	ski	ski fond	lits	nage	tennis	pêche	équit.	golf	châtx	gare	remontées
	0,4	SP	2	16	0,4	0,2	0,1	14	0,4	14	14	0,4

Claudine et Daniel DUTRUEL - Bas de Trossy - 74500 BERNEX - Tél. : 04 50 73 67 64 - Fax : 04 50 73 63 83 -
E-mail : DANIEL.DUTRUEL@wanadoo.fr

BLOYE Ballentrand   (TH)   C.M. 89 Pli 15

4 ch. **Annecy 15 km. Aix-les-Bains 14 km.** Entre lacs du Bourget et d'Annecy, face au Semnoz, Monique vous reçoit dans sa maison située à côté de la ferme et met à votre disposition 4 ch. d'hôtes agréables. 1 ch. avec 3 lits 1 pers., salle de bains et wc attenants ; 1 ch. avec 1 lit 2 pers. avec salle d'eau particulière et wc attenant ; 2 ch. avec 1 lit 2 pers., sanitaires complets. Chauffage central, séjour, cour, terrain. Restaurant à 0,8 Km. Musées de Rumilly, Marcellaz, Gruffy. Sites de la Chambotte, gorges du Fier, Pont de l'Abîme. Possibilité lit bébé et pers. supplémentaire. Réduction enfants - de 12 ans.

Prix : 1 pers. 23 € 2 pers. 32 € repas 12 €
Ouvert : Toute l'année.

	25	25	15	5	5	3	5	15	10	5	4

Monique CHARVIER - Ballentrand - 74150 BLOYE - Tél. : 04 50 01 36 31

BLUFFY Le Bosson   Alt. : 615 m   C.M. 89 Pli 14

3 ch. **Lac d'Annecy 2,5 km. Château de Menthon-St-Bernard 1 km.** Dominant le lac d'Annecy et le château de Menthon-St-Bernard (propriété des Comtes de Savoie), au pied des Dents de Lanfon, Marie-José et Roland vous réserveront un accueil chaleureux dans leurs 3 ch. en rez-de-jardin, toutes face au lac. Sanitaires privés. A votre disposition, vaste pièce de séjour. Un coin-cuisine commun vous permettra de préparer un pique-nique. Grande terrasse ombragée panoramique propice au repos et à la contemplation. Restaurants 1 km. Plages de Menthon 2,5 km. Golf de Talloires 3 km. Site de parapente de Planfait à 5 mn et la Forclaz 15 mn. Sentier pédestre du Tour du Lac d'Annecy sur place. Lit bébé. Langue parlée : anglais.

Prix : 1 pers. 37 € 2 pers. 46 € 3 pers. 61 €
Ouvert : Toute l'année.

	10	10	2,5	10	2,5	2,5	3	40	3	1	11	2

Marie-José et Roland TILLIER - Chalet Adagio - Le Bosson - 74290 BLUFFY - Tél. : 04 50 02 89 85 - Fax : 04 50 02 89 85 -
E-mail : chadagio@wanadoo.fr ou SR : 04 50 10 10 10

BOUSSY Château de Lupigny   C.M. 89 Pli 14

2 ch. Entre les lacs d'Annecy et Aix-les-Bains, le domaine de Lupigny est situé au cœur de l'Albanais. Bob vous ouvre les portes de sa maison forte aménagée entre le 11e et 14e siècles. 2 chambres de 3 pers., avec plafonds à la française, mobilier « art populaire ». Sanitaires complets et TV. Grand séjour/cheminée, bibliothèque. Cour fermée, parc ombragé. Baignade en rivière à 500 m (le Chéran), Châteaux de Montrottier, Clermont à proximité, gorges du Fier. Base de loisirs de Rumilly à 6 km. Ville médiévale d'Alby sur Chéran à 5 km. Langue parlée : anglais.

Prix : 1 pers. 41 € 2 pers. 49 € 3 pers. 67 €
Ouvert : Toute l'année.

	22	22	5	5	5	5	10	30	22	10	5	5

Robert ROUTEX - Château de Lupigny - 74150 BOUSSY - Tél. : 04 50 01 12 01 ou 06 13 81 31 49

BRISON Vers la Croix   Alt. : 1000 m   (TH)   C.M. 89 Pli 13

5 ch. La maison Mount Abu, idéalement située entre Annecy, Genève et Chamonix, dans magnifique massif comprenant Bargy et Jalourye, au cœur d'1 nature préservée, de montagnes, lacs, alpages et forêts, vue panoramique sur Grand Massif et Portes du Soleil. Chambres familiales de 2 à 4 pers., lavabos, sanitaires communs. Salle à manger, salon, grenier (salle de travail). Atmosphère chaleureuse et créative. Chambres à thèmes décorées par Christian (fresques, poésies, tableaux). La cuisine de Jocelyne vous fera voyager et imaginer l'Inde en saveurs, ou les tartines en couleurs. Vous goûterez également les petits plats mijotés d'ici et d'ailleurs. Langue parlée : anglais.

Prix : 1 pers. 23 € 2 pers. 34 € 1/2 pens. 30 €
Ouvert : Toute l'année.

	7	6	9	7	7	5	3	35	2	3	7	1

Jocelyne GAVIGNET - Mount Abu Vers La Croix - Lieutraz - 74130 BRISON - Tél. : 04 50 96 92 77 - Fax : 04 50 96 95 53 ou
SR : 05 50 10 10 11

CHAINAZ-LES-FRASSES Ravière d'En Haut   Alt. : 540 m   C.M. 89 Pli 15

2 ch. **Annecy 20 km. Aix-les-Bains 15 km.** A proximité du Pont de l'Abîme, aux portes du Parc Nature Régional du Massif des Bauges, France et René vous accueillent dans leur ferme isolée en campagne, dans un cadre agréable et vous proposent 2 ch. (1 ch. avec 1 lit 2 pers. et 1 lit 1 pers., 1 ch. avec 1 lit 2 pers.). Salle de bains et wc communs aux hôtes. Terrain. Réduction enfants pour les repas. Lieu calme. Restaurant à 5 Km.

Prix : 1 pers. 17 € 2 pers. 24 € 3 pers. 32 € repas 11 €
Ouvert : De Pâques à fin septembre.

	15	12	12	5	20	15	15	5	12	5

France et René BOUVIER - Ravière-en-Haut - 74540 CHAINAZ-LES-FRASSES - Tél. : 04 50 52 54 26

Rhône-Alpes — **Haute-Savoie**

CHAMONIX-ARGENTIERE-LE-TOUR Alt. : 1450 m (TH) C.M. 89 Pli 4

5 ch. Au pied du glacier du Tour, face au Mont-Blanc, Caroline et Denis vous accueilleront dans leur chalet traditionnel et auront à cœur de vous faire partager leur amour de la vallée de Chamonix. Ils proposent 4 ch. de 2 pers. et 1 double chambre communicante de 4 idéale pour les familles. Toutes les chambres disposent de balcons Sud. Parking privatif. Au pied du chalet, départ de nombreuses pistes de ski l'hiver et randonnées de tous niveaux l'été. Table d'hôtes à partir de 4 personnes et sur réservation (sauf le dimanche). Tarifs réduits dès 3 nuits. Réductions enfants sur les repas. Langues parlées : anglais, italien.

Prix : 2 pers. **63/70 €** repas **17 €**
Ouvert : Toute l'année. Fermeture en mai et en automne.

	SP	SP	25	10	5	3	4	25	10	SP	1	3

Caroline et Denis PILLOT - Le Gratapia - 24, chemin des Demi-Jours - 74400 LE-TOUR-ARGENTIERE - Tél. : 04 50 54 22 49 -
Fax : 04 50 54 22 49 - E-mail : denis.pillot@libertysurf.fr - http://www.imedserv.com/gratapia ou SR : 04 50 10 10 10

CHAMONIX-MONT-BLANC Alt. : 1150 m C.M. 89 Pli 4

3 ch. **Téléphérique de l'Aiguille du Midi 1,5 km. Mer de Glace 1,5 km.** Pierre et Georgette vous reçoivent dans leur beau chalet situé face à la chaîne du Mont-Blanc, en lisière de forêt sur versant du soleil, dans calme absolu. En rez-de-jardin, ils vous proposent 3 chambres confortables : 2 ch. avec 2 lits 1 pers. et 1 ch. avec 1 lit 2 pers. Bains ou salle d'eau et wc privés. Parking, jardin d'agrément. Entretien quotidien assuré. Petits déjeuners servis dans la grande salle à manger panoramique du 1er étage (cheminée). A 0,5 km des remontées mécaniques du Brévent. Nombreux restaurants au centre ville de Chamonix 900 m. Langues parlées : anglais, allemand.

Prix : 1 pers. **48 €** 2 pers. **58 €**
Ouvert : Toute l'année.

0,5	1,6	20	1,6	1,6	1,8	1,8	20	0,5	1,8	1,8	1,3

Pierre et Georgette GAZAGNES - 46 chemin de la Persévérance - La Girandole - 74400 CHAMONIX-MONT-BLANC -
Tél. : 04 50 53 37 58 - Fax : 04 50 55 81 77

LA CHAPELLE-D'ABONDANCE Sous Le Saix Alt. : 1000 m (TH) C.M. 89 Pli 2

4 ch. **Chatel 2,5 km. Abbaye d'Abondance 6 km.** Dans un cadre vert et montagnard, grand espace, Maryse et Edmond vous accueillent dans leur ferme rénovée, caractéristique de l'architecture de la vallée d'Abondance et vous proposent 4 ch. confortables (2 à 4 pers.) avec sanitaires complets privés. Chauffage central, salle à manger, salon. Produits fermiers servis à la table d'hôtes. Jardin, terrasse. Tennis sur place, pistes de fond sur place, centre équestre à 100 m. Promenades au départ de la maison. Proximité de l'Abbaye d'Abondance, monument classé, cloître gothique avec fresques. Exploitation agricole : vaches laitières de la race d'Abondance.

Prix : 1 pers. **29 €** 2 pers. **35 €** 3 pers. **47 €** 1/2 pens. **29 €**
pens. **35 €**
Ouvert : Toute l'année.

1	SP	35	2,5	SP	0,1	0,1	35	2,5	4	35	1

Maryse et Edmond BENAND - Sous Le Saix - 74360 LA-CHAPELLE-D'ABONDANCE - Tél. : 04 50 81 36 36 - Fax : 04 50 81 36 36

CHATEL La Savoyarde Alt. : 1200 m (TH) C.M. 89 Pli 2

6 ch. **Pas de Morgins (Suisse) 5 km. Abbaye d'Abondance 12 km.** Au cœur de la station de Châtel, site calme et proche de la nature, Françoise et Gilles vous reçoivent d'avril à novembre dans leur grand chalet aménagé sur 3 niveaux, chambres pour hôtes. Françoise vous propose 6 ch. confortables dont 2 avec mezzanine (2 à 4 pers.). Sanitaires privés. Grand séjour au charme savoyard. Balcons, terrasse, jardin. Gilles vous fera déguster sa cuisine régianale et les spécialités savoyardes autour de la grande table familiale. Village de la Vallée d'Abondance, à proximité de la frontière Suisse (Pas de Morgins). Accueil de motards avec garage. Piste de luge 4 saisons (6 km). Langues parlées : anglais, italien.

Prix : 1 pers. **31 €** 2 pers. **46 €** 3 pers. **69 €** repas **14 €**
1/2 pens. **35 €**
Ouvert : Du 20 avril au 15 novembre.

0,2	1	40	0,3	1	1	4	40	0,2	40	36	0,1

Françoise et Gilles CORNU - Route des Frenets - Chalet « La Rose des Neiges » - 74390 CHATEL - Tél. : 04 50 73 23 17 -
Fax : 04 50 73 23 17 - E-mail : fragilles@aol.com - http://cornu.gilles.free.fr ou SR : 04 50 10 10 10

CHATILLON-SUR-CLUSES Alt. : 750 m (TH) C.M. 89 Pli 3

3 ch. **Cluses 8 km. Chartreuse-de-Melan 3 km. Station Grand Massif 9 km.** Au carrefour des grands domaines skiables de Haute-Savoie, Grand-Massif - Portes du Soleil et station familiale de Praz de Lys-Sommand, dans une ancienne ferme de pays, Brigitte vient d'aménager 3 chambres « ambiance bois » de 2 à 4 pers. avec sanitaires complets. Grand séjour, cheminée, billard. Grand terrain sud. 1.600 m² de verger clos. Très belle vue panoramique sur les Aravis. La table d'hôtes vous sera proposée sur réservation. Site de parapente de Mieussy ou Plateau d'Agy 7 Km (beau domaine de ski de fond). Stations de Morillon 9 km, Les Carroz d'Arâches 10 km, Les Gets 15 Km. Langue parlée : anglais.

Prix : 1 pers. **38 €** 2 pers. **46 €** 3 pers. **61 €** repas **14 €**
Ouvert : Toute l'année.

9	7,7	25	10	3	3	5	32	6	3	8	0,1

Brigitte DECAUDIN - Chef-Lieu - 74300 CHATILLON-SUR-CLUSES - Tél. : 04 50 89 43 97 - Fax : 04 50 89 44 04 ou SR : 04 50 10 10 10

CHAVANOD Le Corbier Alt. : 505 m C.M. 89 Pli 14

3 ch. **Annecy et son lac 5 km. Château de Montrottier, Gorges du Fier 3 km.** Aux portes d'Annecy, dans une maison avec terrain en campagne, Marie-Thérèse et René vous accueillent dans leurs 3 chambres d'hôtes agréables avec salles d'eau et wc particuliers. 3 ch. (2 lits 1 pers., 1 lit 2 pers., 1 lit de 160 cm) dont 1 avec kitchenette. Chauffage central, terrain et jardin. Chambres n°2 et n°3 pour une même famille. Village très calme. Gratuité jusqu'à 3 ans, 11 € par enfant de + de 3 ans. Restaurant à 1,5 Km. A proximité des Gorges du Fier et du château de Montrottier. Tarifs en fonction de la chambre.

Prix : 1 pers. **27/30 €** 2 pers. **37/40 €**
Ouvert : Toute l'année.

20	20	6	3	3	3,5	3,5	40	20	3	6	1

René et Marie-Thérèse DEMOTZ - 43 route du Champ de l'Ale - Le Corbier - 74650 CHAVANOD - Tél. : 04 50 69 12 54

Haute-Savoie
Rhône-Alpes

CHAVANOD Champanod
Alt. : 508 m — C.M. 89 Pli 14

3 ch.

Annecy et son lac 5 km. Château de Montrottier, Gorges du Fier 3 km. Au cœur de l'Avant-Pays, dans une grande et agréable bâtisse avec terrain, dans un hameau isolé, Thérèse et Fernand vous offrent 3 chambres d'eau et wc particuliers. 2 ch. au 1er étage, 1 avec 1 lit 2 pers. et 2 lits 1 pers., 1 avec 2 lits 1 pers. Au 2e étage : chambre indépendante (1 lit 2 pers.). Grand confort. Chauffage central, séjour. Jardin. Nouveauté : belle salle d'accueil avec cuisine mise à la disposition de nos hôtes. Restaurant à 1 Km. Tarifs en fonction de la chambre.

Prix : 1 pers. **29 €** 2 pers. **37/38 €** 3 pers. **49 €**
Ouvert : Toute l'année.

20	20	8	5	5	0,5	2,5	35	20	4	8	2,5

Fernand et Thérèse BEAUQUIS - 138 route de Champanod - 74650 CHAVANOD - Tél. : 04 50 69 00 55 ou SR : 04 50 10 10 10

CHAVANOD Le Corbier
Alt. : 536 m — C.M. 89 Pli 14

4 ch.

Annecy et son lac 6 km. Château de Montrottier, Gorges du Fier 2 km. Au gîte Savoisien, ancienne ferme rénovée au centre du village de Corbier, Thérèse et Bernard vous proposent 4 ch. (2x1 lit 140, 1x2 lits 90, 1x1 lit 140/1 lit 90, possibilité lit pliant) équipées de sanitaires privés. Salle à manger, salon de jardin, jeux, terrain. Accès chambres indépendants. Table d'hôtes le soir, sauf samedi et dimanche. Magasins et service de bus 450 m. A voir : les Gorges du Fier, le château de Montrottier, le Semnoz 20 km. Documentation et circuits touristiques personnalisés à votre disposition. Contact Email : Gite_Savoisien@compuserve.com Langues parlées : anglais, italien.

Prix : 1 pers. **37 €** 2 pers. **43 €** p_sup. **20 €** repas **16 €**
Ouvert : Toute l'année.

20	20	6	3	3	3,5	3,5	40	20	3	6	0,5

Bernard BOUVIER - 98 route de Corbier - Gîte Savoisien - 74650 CHAVANOD - Tél. : 04 50 69 02 95 - Fax : 04 50 69 02 95 -
E-mail : gite-savoisien@compuserve.com - http://ourworld.compuserve.com/homepages/Gite-Savois ou SR : 04 50 10 10 10

LES CLEFS
Alt. : 760 m — C.M. 89 Pli 14

3 ch.

Annecy et son lac 22 km. La Clusaz 15 km. Au pied du massif de la Tournette, Marie-Thérèse et Robert vous accueillent dans leurs 3 chambres d'hôtes, situées à l'étage d'un grand chalet. 1 ch. avec 1 lit 2 pers. avec balcon, 1 ch. avec 1 lit 2 pers. et 1 ch. avec 2 lits 1 pers avec balcon. Salles d'eau et wc particuliers. Kitchenette à disposition. Chauffage central, terrasse, jardin. Restaurant à 500 m. Station de la Croix Fry à 13 Km, Thônes à 4 Km avec nouvelle Via Ferrata + parc Aventure. Chambres non-fumeurs. Tarifs selon la haute et basse saison.

Prix : 1 pers. **28/32 €** 2 pers. **32/36 €**
Ouvert : Toute l'année.

13	0,5	21	4	1,5	SP	5	40	13	4	23	4

Robert et M.-Thérèse DONZEL GARGAND - Chemin des Nantets - 74230 LES CLEFS - Tél. : 04 50 02 97 56 - Fax : 04 50 02 97 56 ou SR : 04 50 10 10 10

LA CLUSAZ La Rochette
Alt. : 1280 m — C.M. 89 Pli 14

3 ch.

Annecy et son lac 30 km. Thones 15 km. Face à la chaîne des Aravis, panorama exceptionnel, à 2 km des pistes du massif de Balme, Annie et Désiré vous reçoivent dans leurs 3 chambres d' hôtes confortables situées dans un grand chalet. 2 ch. (1 lit 2 pers.) au 2e étage, mini-studio (1er) (entrée indépendante), avec coin-cuisine, 1 ch. (1 lit 2 pers.). Sanitaires complets. TV couleur, Lave-linge. En été, petits-déjeuners pris en terrasse. Réduction hors vacances. Restaurant à 1 Km. Terrain, terrasse ou balcon-terrasse. Nombreuses randonnées au départ de la maison.

Prix : 1 pers. **30 €** 2 pers. **35/43 €**
Ouvert : Toute l'année.

1,5	1,5	30	3	2	2	2,5	30	1,5	2	30	3

Désiré et Annie THOVEX - Les Groseilliers - La Rochette - 74220 LA-CLUSAZ - Tél. : 04 50 02 63 29 - Fax : 04 50 02 63 29

COMBLOUX Le Bois Roulet
Alt. : 1000 m — C.M. 89 Pli 4

1 ch.

Megève 5 km. St-Gervais-les-Bains 4 km. Sur la route de St-Gervais en direction de Chamonix et Megève. Face à la chaîne des Aravis avec vue imprenable sur la vallée, Marie-Thé vous reçoit dans une chambre d'hôtes située au rdc d'un chalet avec entrée indépendante pouvant accueillir 4 pers. TV. Sanitaires privatifs. Four à pain, confitures maison. Thermes de St-Gervais 7 km, restaurant 1 km. Domaines skiables de Megève-La Princesse et Combloux 2 km. Base de loisirs de Passy 7 km. Langue parlée : anglais.

Prix : 1 pers. **29 €** 2 pers. **37 €** 3 pers. **44 €** p_sup. **8 €**
Ouvert : Toute l'année.

3	8	7	5	3	1	7	7	7	7	7	3

Victor et Marie-Thé BALMAND - 278, Chemin du Bois Roulet - 74920 COMBLOUX - Tél. : 04 50 58 61 69

CONS-SAINTE-COLOMBE
Alt. : 550 m — C.M. 89 Pli 14

1 ch.

Lac d'Annecy 10 km. Albertville 15 km. Patricia, Bernard et leurs 3 garçons viennent d'aménager 1 chambre de 4 personnes indépendante, dans une ancienne maison de village. Sanitaires privés, salon comprenant de nombreux jeux de société, bibliothèque (TV poss.), grand séjour avec cheminée. Balcon, jardinet, jeux d'enfants. Les repas seront pris à la grande table familiale. Matériel bébé à disposition. Station de ski de Seythenex à 13 km, Notre Dame de Bellecombe et stations des Aravis à 30 km. Garde d'enfants possible chez Patricia. Langue parlée : anglais.

Prix : 1 pers. **29 €** 2 pers. **37 €** 3 pers. **49 €** p_sup. **12 €**
1/2 pens. **29 €** pens. **40 €**
Ouvert : Toute l'année.

13	9	10	18	3	2	8	40	10	10	18	2,5

Patricia et Bernard LEBHAR - Route de la Vagère - 74210 CONS-STE-COLOMBE - Tél. : 04 50 32 50 85 - Fax : 04 50 32 50 85 -
E-mail : BLEBHAR@aol.com

Rhône-Alpes **Haute-Savoie**

COPPONEX Chatillon — Alt. : 500 m — (TH) — C.M. 89 Pli 13

2 ch. **Genève 25 km. Annecy et son lac 20 km.** Dans une ancienne ferme de hameau, Andrée vous reçoit et vous propose 2 chambres d'hôtes « jumelles » communicantes (pour une même famille) avec sanitaires privés. 2 ch. avec 1 lit 1 pers. et 1 lit 2 pers. Chauffage central. Terrain et cour. Restaurant à 2 Km. Réduction accordée pour les enfants de - de 8 ans.

Prix : 1 pers. 23 € 2 pers. 32 € 3 pers. 34 € 1/2 pens. 26 € pens. 29 €
Ouvert : Toute l'année.

🐕	⛷	🎿	🎳	🏊	🎾	🎣	🏇	⛲	🚴	🏰	🏨	🚉
	35	35	25	8	8	1	1,5	50	15	10	25	7

Andrée BOUVIER - Chatillon - 74350 COPPONEX - Tél. : 04 50 44 11 86

COPPONEX Chatillon — Alt. : 500 m — C.M. 89 Pli 13

1 ch. **Genève 18 km. Annecy et son lac 20 km.** Au cœur de l'Avant-Pays, entre Genève et Annecy, Maryse et Aimé vous accueillent dans 1 chambre d'hôtes confortable au rez de chaussée (1 lit 2 pers.), salle d'eau et wc. Chauffage central. Terrain, grand séjour. Lit bébé, coin pique-nique abrité. Restaurant à 2 Km.

Prix : 2 pers. 35 €
Ouvert : Du 15 février au 15 novembre.

🐕	⛷	🎿	🎳	🏊	🎾	🎣	🏇	⛲	🚴	🏰	🏨	🚉
	35	15	8	8	8	8	2	50	15	10	15	8

Maryse et Aimé GAL - Chatillon - 74350 COPPONEX - Tél. : 04 50 44 22 70

COPPONEX Chatillon — Alt. : 500 m — C.M. 89 Pli 13

3 ch. **Genève 18 km. Annecy et son lac 20 km.** Au cœur de l'Avant-Pays, entre Genève et Annecy, Suzanne et André vous reçoivent dans une très belle ferme rénovée, de caractère, et vous offrent 3 chambres d'hôtes de 2 pers., 1 avec 1 lit 2 pers., 2 avec 2 lits 1 pers. Salles d'eau et wc particuliers. Grand confort. Chauffage central, terrain, jardin. Salon particulier. Possibilité de bons restaurants à proximité.Fermeture : mi-novembre à début février.

Prix : 1 pers. 46/49 € 2 pers. 52/55 €
Ouvert : Toute l'année. Fermeture mi-novembre à début février.

🐕	⛷	🎿	🎳	🏊	🎾	🎣	🏇	⛲	🚴	🏰	🏨	🚉
	35	15	8	8	8	8	1,5	50	15	10	15	8

André et Suzanne GAL - La Bécassière - Chatillon - 74350 COPPONEX - Tél. : 04 50 44 08 94 - Fax : 04 50 44 08 94

COPPONEX Chatillon — Alt. : 500 m — (TH) — C.M. 89 Pli 13

2 ch. **Genève 18 km. Annecy 20 km.** Au cœur de l'Avant-Pays, entre Genève et Annecy, Marie-Thérèse et Jean-Pierre vous accueillent dans 2 chambres d'hôtes qu'ils viennent d'aménager. Situées dans une partie indépendante de la maison. 1 ch. (2 lits 1 pers.), 1 ch. (1 lit 2 pers.). Salles d'eau et wc privés. Chauffage central. Terrasse avec mobilier de jardin pour chaque chambre. Vue panoramique depuis votre chambre. Proximité grandes villes d'Annecy et Genève, lieux touristiques et culturels, centres de foires et salons. Ville de Cruseilles et base de loisirs 5 km. Sur place, élevage d'autruches à visiter.

Prix : 1 pers. 35 € 2 pers. 44 € 3 pers. 56 € repas 14 €
Ouvert : Toute l'année.

🐕	⛷	🎿	🎳	🏊	🎾	🎣	🏇	⛲	🚴	🏰	🏨	🚉
	35	15	8	8	8	8	1,5	50	15	8	15	8

BOUVIER Marie-Thérèse & Jean-Pierre - Chatillon - 74350 COPPONEX - Tél. : 04 50 44 15 80 - Fax : 04 50 44 15 80

CORDON Les Darbaillets — Alt. : 871 m — C.M. 89 Pli 4

2 ch. **Megève 10 km. Sallanches 6 km.** Dans une grande ferme, à proximité du cœur du village de Cordon, Germaine vous accueille dans sa grande ferme traditionnelle et vous propose 2 chambres d'hôtes comptant chacune 1 lit 1 pers. et 1 lit 2 pers. Lavabo, salle d'eau commune, wc communs. Chauffage central, terrain. Bibliothèque. Téléphone a cartes au camping. Restaurant à 0,2 Km.

Prix : 1 pers. 18 € 2 pers. 29 € 3 pers. 37 €
Ouvert : Toute l'année.

🐕	⛷	🎿	🎳	🏊	🎾	🎣	🏇	⛲	🚴	🏰	🏨	🚉
	1,5	5	6	5	1,5	SP	1,5	10	5	6	4	0,2

Germaine PUGNAT - Lou Terriolets - Les Parchets - 74700 CORDON - Tél. : 04 50 58 07 35 ou 04 50 58 16 96 - Fax : 04 50 91 36 58

LA COTE-D'ARBROZ Les Domengets — Alt. : 1000 m — (TH) — C.M. 89 Pli 3

1 ch. **Morzines 2,5 km. Les Gets 8 km.** A proximité de Morzine et du domaine skiable du Mont-Chéry Nord relié aux Gets, dans un hameau, Odile et Marc-Jean vous accueillent dans leur grand chalet et vous proposent 1 ch. d'hôtes (2 à 4 pers.), salon, salle de bains et wc privés. Balcon-terrasse. Chauffage central. Réduction enfants. Restaurant à 1 Km. Terrain, séjour. Au col de l'Encrenaz, nombreuses randonnées.

Prix : 1 pers. 29 € 2 pers. 58 € 3 pers. 87 € 1/2 pens. 29 €
Ouvert : Toute l'année.

🐕	⛷	🎿	🎳	🏊	🎾	🎣	🏇	⛲	🚴	🏰	🏨	🚉
	3	3	9	3	3	1	3	30	3	4	27	3

Odile MUFFAT - Les Domengets - 74110 COTE-D'ARBROZ - Tél. : 04 50 75 70 47

Haute-Savoie   *Rhône-Alpes*

CUSY La Tropaz
Alt. : 600 m (TH) *C.M. 89 Pli 15*

2 ch.

Annecy 20 km. Aix-les-Bains 15 km. Aux portes du Parc Naturel Régional Massif des Bauges, vue panoramique, entre Annecy et Aix-les-Bains, Philippe, agriculteur bio et Hélène, musicienne, viennent d'aménager dans ancienne bâtisse située en pleine nature 1 ch. confortable pour 3 pers. Au milieu de l'exploitation agricole, production maraîchère bio., petit chalet pour 4 pers. Sanitaires privés. Petits-déjeuners et repas à base de produits maison, servis dans la salle à manger (cheminée) ou sur la grande terrasse Sud propice au repos ! Grande salle de détente sur place, les ânes Mélèze et Java. Cheminées de Fées d'Allèves à proximité. Langues parlées : anglais, allemand.

Prix : 1 pers. **38 €** 2 pers. **38/46 €** 3 pers. **56/64 €** pers. sup. **18 €** repas **18 €**

Ouvert : Toute l'année.

🐕	⛷	🎿	♨	🏊	🎾	⚡	🐎	⛲	🚉	🏰	🏬	🚲
20	20	15	15	15	1	15	15	12	2	12	1	

Philippe MEYRIEUX - Les Jardins du Nant - La Tropaz - 74540 CUSY - Tél. : 04 50 52 52 53 - E-mail : philippe.meyrieux@wanadoo.fr

DEMI-QUARTIER
Alt. : 1100 m *C.M. 89 Pli 4*

2 ch.

Megève 1,5 km. St-Gervais-les-Bains 10 km. En lisière de forêt, entre Megève et Combloux, Gisèle, Guy et leurs 3 enfants vont vous faire partager l'ambiance familiale de leur chalet traditionnel. Au rez-de-jardin, 1 chambre (2 lits 1 pers.), 1 ch. (1 lit 2 pers., 1 lit 1 pers.). Sanitaires privés. Grand séjour avec poêle à bois. A proximité des Pistes de la Princesse. Lave-linge à disposition. Terrasse et jardin (portique). Garage Motos. Station de Megève à 2 km, nombreuses animations et activités. Taxe de séjour comprise. Langue parlée : anglais.

Prix : 1 pers. **27/30 €** 2 pers. **35/40 €** 3 pers. **58 €**

Ouvert : Toute l'année.

🐕	⛷	🎿	♨	🏊	🎾	⚡	🐎	⛲	🚉	🏰	🏬	🚲
0,8	2	10	2	2	0,2	1	10	2	2	10	0,5	

Guy et Gisèle MAILLET-CONTOZ - 684 route du Petit Bois - Le Petit Bois - 74120 DEMI-QUARTIER - Tél. : 04 50 21 48 28 - E-mail : guy.maillet@wanadoo.fr

DOMANCY
Alt. : 750 m *C.M. 89 Pli 4*

1 ch.

Chamonix 20 km. St-Gervais-les-Bains 5 km. Face à la chaîne des Fiz et à la chaîne du Mont-Blanc, Alphonsine et Raymond vous accueillent dans leur grand chalet fleuri, qui compte également 2 gîtes. Ils mettent à votre disposition 1 ch. (2 lits 2 pers.) avec sanitaires particuliers. Chauffage central, terrasse, terrain. TV. A proximité des pistes de ski de St-Gervais-les-Bains. Ville thermale. Très belle vue panoramique.

Prix : 1 pers. **26 €** 2 pers. **38 €** 3 pers. **49 €**

Ouvert : Toute l'année.

🐕	⛷	🎿	♨	🏊	🎾	⚡	🐎	⛲	🚉	🏰	🏬	🚲
2,5	9	4,5	4	4	4	8	5	4	4	4	2,5	

Raymond et Alphonsine PELLOUX - 1487 route de Lardin - La Vorgeon - 74700 DOMANCY - Tél. : 04 50 78 13 90 ou SR : 04 50 10 10 10

DOMANCY
Alt. : 500 m (TH) *C.M. 89 Pli 4*

3 ch.

Chamonix 20 km. St-Gervais-les-Bains 5 km. Face au Mont-Blanc, entourés de la chaîne des Aravis et des Fiz, entre Sallanches et le Fayet, Solange et Régis vous accueillent dans 3 ch. d'accès indép. 1 ch (1 lit 2 pers. 2 lits superposés), 1 ch (1 lit 2 pers.), Bains et wc communs : 1 épi), 1 ch (1 lit 2 pers.), salle d'eau et wc privés, 2 épis). Grand séjour panoramique, salon, terrasse, jardin. Réfrigérateur à disposition. Lacs de Passy 1 km, pistes de ski de St-Gervais 7 km, tous commerces 1 km. Parc thermal du Fayet 3 km. A proximité de la Vallée de Chamonix et des plus hauts sommets et téléphériques. Maison située en bordure de route.

Prix : 1 pers. **24/29 €** 2 pers. **35/40 €** 3 pers. **44/50 €** repas **12 €**

Ouvert : Toute l'année.

🐕	⛷	🎿	♨	🏊	🎾	⚡	🐎	⛲	🚉	🏰	🏬	🚲
7	7	1	3	3	3	0,5	3	20	3	3	3	1

Solange DUCREY - 40 impasse de l'Ile - 74700 DOMANCY - Tél. : 04 50 58 14 16 - Fax : 04 50 91 37 61 - E-mail : solange.ducrey@wanadoo.fr ou SR : 04 50 10 10 10

DOUSSARD
(TH) *C.M. 89 Pli 15*

3 ch.

Lac d'Annecy 2 km. Faverges 5 km. Abbaye de Tamié 10 km. A proximité des rives du Lac d'Annecy, dans une ancienne ferme rénovée de village avec jardin clos, Anna met à votre disposition 3 chambres d'hôtes au 2 ème étage. (Gîte au même niveau). 2 ch. avec 1 lit 2 pers., 1 ch. avec 2 lits 1 pers. Sanitaires privées, wc communs. Salon au r.d.c. réservé à la détente, lecture, TV. Plages à 2 km. Aux portes du Parc Naturel Régional du Massif des Bauges. Table d'hôtes sur demande. Les repas du dimanche soir ne pourront être assurés. Fermeture du 15 novembre au 1er février. Langues parlées : anglais, italien.

Prix : 1 pers. **24 €** 2 pers. **32 €** 3 pers. **40 €** repas **12 €**

Ouvert : Du 1er février au 15 novembre.

🐕	⛷	🎿	♨	🏊	🎾	⚡	🐎	⛲	🚉	🏰	🏬	🚲
12	12	2	20	2	2	13	50	10	2	20	SP	

Anna et Pierre COTTERLAZ-RENNAZ - 30 impasse des Hirondelles - Le Corti - 74210 DOUSSARD - Tél. : 04 50 44 34 76

DROISY La Fruitière
Alt. : 650 m (TH) *C.M. 89 Pli 14*

2 ch.

Seyssel 7 km. Château de Clermont 5 km. Au pied du Mont des Princes, vue panoramique, Claudette vous accueille dans une ancienne fruitière rénovée et vous propose 2 chambres (1 ch. avec 1 lit 2 pers. et 2 lits 1 pers., 1 ch. avec 1 lit 2 pers. et 1 lit 1 pers.). Salle de bains ou douche et wc privés. Chauffage électrique, salon, salle à manger, cheminée. Terrain clos, terrasse. Réduction enfants -8 ans. Restaurant à 2 Km. A 26 km d'Annecy. Tarifs selon la chambre.

Prix : 2 pers. **31/34 €** 3 pers. **45/48 €** repas **12 €**

Ouvert : Toute l'année.

🐕	⛷	🎿	♨	🏊	🎾	⚡	🐎	🚉	🏰	🏬
38	18	7	7	8	7	3	20	7	6	6

Claudette GUILLEN - La Fruitière - 74270 DROISY - Tél. : 04 50 69 40 41

Rhône-Alpes **Haute-Savoie**

ENTREVERNES — Alt. : 800 m — C.M. 89 Pli 15

3 ch. **Lac d'Annecy 5 km. Annecy 17 km.** Aux portes du Parc Naturel Régional du Massif des Bauges, au-dessus du lac d'Annecy, Francia vous accueille dans sa grande maison située au cœur du village et met à votre disposition 3 chambres d'hôtes avec chacune 1 lit 2 pers. Salle d'eau et wc. communs. Salon avec TV, chauffage central. Restaurant à 5 Km. Accès : pour arriver chez Francia, prendre la D 8.

Prix : 1 pers. 21 € 2 pers. 27 € 3 pers. 35 €
Ouvert : Toute l'année.

	30	30	5	17	8	5	8	50	2	5	17	7

Francia MERMAZ - Chef Lieu - 74410 ENTREVERNES - Tél. : 04 50 68 55 83

ESERY — Alt. : 610 m — C.M. 89 Pli 13

4 ch. **Genève 10 km. La Roche-sur-Foron 12 km.** Dans une très belle villa, entre forêt et montagne, près de Genève, Monique et René vous offrent 4 ch. agréables avec salon réservé. 1 ch 3 épis pour 2 pers., sanitaires complets, 1 ch 2 épis pour 3 pers, sde privée, wc communs. 2 ch 1 épi pour 3 et 2 pers, sde et wc communs. Grand jardin clos, terrasse. Ch. central. Jeux enfants/boules, Golf à 800 m. Table d'hôte sur réservation. Restaurant à 500 m. Lac Léman à 10 Km, Annemasse à 6 Km. Tarifs en fonction du classement. Gratuité pour les enfants de - 3 ans, Réductions sur les repas jusqu'à 10 ans.

Prix : 1 pers. 26/29 € 2 pers. 34/40 € 3 pers. 43/46 € repas 13 €

	20	20	10	6	5	1	12	50	10	10	6	3

Monique MABBOUX - 291 chemin de la Thébaïde Esery - 74930 REIGNIER - Tél. : 04 50 36 57 32 ou SR : 04 50 10 10 10

EVIRES Chez Dupont — Alt. : 950 m — C.M. 89 Pli 13

1 ch. **Annecy 25 km. La Roche-sur-Foron 6 km.** Au cœur du massif des Bornes, dans une ancienne ferme restaurée, la famille d'Evelyne vous propose une chambre agréable (1 lit 2 pers.), située au 1er étage. Salle d'eau et wc privatifs attenants. Chauffage élecrique, terrasse avec salon de jardin, jardin. Salle à manger avec cheminée. Calme et confort. Le petit déjeuner sera pris dans la salle à manger (confitures maison). Restaurant à 2,5 km. A 30 km des stations des Aravis et du Plateau des Glières. Base de loisirs de Cruseilles à 10 km.

Prix : 1 pers. 30 € 2 pers. 37 €

	30	2	12	12	2	12	10	60	24	10	5	1

Evelyne CARRIER - Chez Dupont - 74570 EVIRES - Tél. : 04 50 62 03 27

EVIRES — Alt. : 825 m — C.M. 89 Pli 13

2 ch. **Annecy 25 km. La Roche-sur-Foron 6 km.** Au cœur du Plateau des Bornes, non loin de la ville médiévale de la Roche sur Foron, dans une grande maison avec terrain, Hélène vous accueille dans ses 2 chambres d'hôtes. (1 Ch. avec 1 lit 2 pers., 1 lit 1 pers. + balcon-terrasse, 1 ch avec 1 lit 2 pers.). Salle d'eau et wc communs. Chauffage central. Petit réfrigérateur et micro-ondes. Réductions pour enfants. Restaurant à 0,1 Km. Position centrale pour découvrir les sites et curiosités de Haute-Savoie. Ville de Genève 30 km. Lit bébé à disposition.

Prix : 1 pers. 20 € 2 pers. 28 € 3 pers. 41 €
Ouvert : Toute l'année.

	30	22	25	10	13	4	6	60	30	8	10	6

Hélène DUPERTHUY - Chef Lieu - 74570 EVIRES - Tél. : 04 50 62 00 72

EVIRES Le Chaumet — Alt. : 900 m — C.M. 89 Pli 13

1 ch. **Annecy 25 km. La Roche-sur-Foron 6 km.** Dans une grande maison, sur le plateau des Bornes, Madeleine vous accueille chaleureusement et vous offre une chambre d'hôtes 1 lit 2 pers. 1 lit 1 pers.). Balcon, chauffage central, Cour avec salon de jardin. Calme et confort. Salle d'eau et wc. privatifs. Possibilité lit bébé. Restaurant à 2,5 km. Genève à 25 km. Petit-déjeuner maison !

Prix : 1 pers. 23 € 2 pers. 38 € 3 pers. 46 €
Ouvert : Toute l'année.

	30	20	10	10	0,5	10	2	50	30	10	10	0,1

Madeleine CADET - Le Chaumet - 74570 EVIRES - Tél. : 04 50 62 01 48

FERRIERES Les Burnets Ferrières — Alt. : 730 m — C.M. 89 Pli 14

6 ch. **Annecy et son lac 10 km. Pont de la Caille 15 km.** Sur les hauteurs d'Annecy, dans une grande ferme récente, Raymonde et Bernard vous offrent 6 chambres. 2 ch. 1 épi avec chacune 2 lits 1 pers. et 1 lit 1 pers. WC et salle de bains communs. 4 ch. 2 épis au 2è étage : 2 ch. avec 1 lit 2 pers. ; 1 ch. avec 2 lits 1 pers.; 1 ch. avec 3 lits 1 pers. Salles d'eau privées, wc commun. Chauffage central, terrasse. Repas possibles à l'Auberge de Campagne à côté. Terrain. Lit bébé. Tarifs en fonction du classement.

Prix : 1 pers. 21/26 € 2 pers. 24/29 € 3 pers. 35/40 €
Ouvert : Toute l'année.

	30	30	10	10	6	7	6	40	30	10	7	4

Bernard et Raymonde PARIS - Les Burnets - 74370 FERRIERES-PRINGY - Tél. : 04 50 22 24 02 - Fax : 04 50 22 37 23

Haute-Savoie   *Rhône-Alpes*

LES GETS La Massouderie   Alt. : 1250 m   (TH)   *C.M. 89 Pli 3*

3 ch. Morzine 8 km. Samoens 20 km. VIVRE LA MONTAGNE, SE DETENDRE AU CALME. Dans une ancienne ferme restaurée, cette halte montagnarde, avec 3 chambres familiales, vous permet de poser vos valises et partir sur de nouveaux chemins. Aménagement simple. Caractère familial. Aussi organisation de stages. Randos. Toutes activités été-hiver au village. Réductions pour les enfants. Langues parlées : anglais, espagnol.

Prix : 2 pers. 37 € 1/2 pens. 29 €
Ouvert : Toute l'année.

2,5	2,5	4	2,5	4	SP	2,5	30	2	3	24	2,5

Françoise VALIN - Gîte L'Arvi - La Massouderie - 74260 LES-GETS - Tél. : 04 50 79 65 90 - Fax : 04 50 79 65 90

LES GETS L'Envala   Alt. : 1300 m   (TH)   *C.M. 89 Pli 3*

4 ch. Morzine 8 km. Samoens 20 km. Entre Léman et Mont-Blanc, Thérèse et Jean vous accueillent dans un chalet de charme tout en bois, sur le versant soleil au-dessus du village. Vous admirerez notre superbe panorama sur les alpages et les hauts sommets jusqu'en Suisse. L'hiver, nous nous rencontrerons autour d'un bon feu de cheminée et l'été sur la terrasse au milieu des fleurs. Autour de la table d'hôtes, vous dégusterez les nombreuses spécialités que Thérèse vous aura mijotées. Enfin, vous vous reposerez dans un décor chaleureux tout en bois. Plan d'eau au village. Toutes activités. Musée de la Musique Mécanique 1,5 km. Tarifs haute et basse saison. Langues parlées : anglais, allemand.

Prix : 2 pers. 55/90 € 3 pers. 83/135 € 1/2 pens. 43/70 €
Ouvert : Toute l'année.

1,5	1,5	1,5	1,5	1,5	2	35	1,5	1,5	25	1,5

Thérèse GOSSET - L'Envala - Route des Platons - 74260 LES-GETS - Tél. : 04 50 75 89 15 - Fax : 04 50 75 89 15 - E-mail : chalet.lenvala@libertysurf.fr - www.lenvala.com

HABERE-LULLIN Les Macherets   Alt. : 850 m   *C.M. 89 Pli 2*

1 ch. Dans un verger, face aux alpages et dans un cadre reposant, Marie-Françoise et Pierre vous reçoivent dans leur villa et vous proposent 1 chambre + mezzanine pour une famille. Salle d'eau et wc privés (1 lit 2 pers. 2 lits 1 pers.). Chauffage central, bibliothèque, terrasse, terrain. Réduction pour séjours. Gratuité pour enfants de - 3 ans. Restaurants à 1 Km. Station de ski « Les Habères » à 2,5 km.

Prix : 1 pers. 34 € 2 pers. 40 €
Ouvert : Toute l'année.

2,5	3	25	5	1	0,2	2,5	25	10	25	1,5

Pierre et M-Françoise DESBIOLLES - Les Macherets - 74420 HABERE-LULLIN - Tél. : 04 50 39 52 21

HABERE-POCHE Chalet les Contamines   Alt. : 1000 m   *C.M. 89 Pli 2*

5 ch. Thonon-les-Bains 20 km. Genève 30 km. Au cœur de la Vallée Verte, à 1.000 m d'alt., Marguerite met à votre disposition, dans un chalet indépendant situé près d'un torrent et à l'écart d'un petit village de montagne, 5 ch. de 2 à 5 pers. (mezzanines), chacune équipée de douche et lavabo (2 wc dont 1 privatif). Salle à manger avec cheminée, coin cuisine, terrasse, barbecue. Ping-pong, pétanque. Gratuité pour enfants de - de 2ans. Tarif spécial familles. Lit enfant à dispo. Restaurant 1,5 km. Domaine skiable Habère-Poche - Hirmentaz 2 Km. Tarif promotionnel : 1ère sem. de juillet et dernière semaine d'août : - 20 %. Caution demandée pour les animaux.

Prix : 1 pers. 25 € 2 pers. 35 € 3 pers. 49 €
Ouvert : Toute l'année.

2	1,5	20	10	2	0,1	2	20	2	20	23	2

Marguerite SOUCHAUD TAILLANDIER - Chalet les Contamines - Le Vernay - 74420 HABERE-POCHE - Tél. : 04 50 39 51 67 - Fax : 04 50 39 51 69

LES HOUCHES Les Seyttes Taconnaz   Alt. : 1000 m   *C.M. 89 Pli 4*

4 ch. Chamonix 5 km. Aiguille du Midi 5 km. Vue magnifique sur les Aiguilles de Chamonix. Une ancienne ferme d'alpage de 1830. Sa restauration permet de vous tremper dans une ambiance chaleureuse de caractère. Au calme, dans un jardin d'agrément de 2.500 m². 2 ch. au rez de jardin de 2 à 4 pers., dont 1 avec coin montagne. Sanitaires privatifs, entrée indépendante. 2 ch. à l'étage (plain pied) avec chacune 1 lit 2 pers. Meubles anciens. Sanitaires complets privés. Petits-déjeuners soignés et variés, servis l'hiver dans le séjour au coin du feu, l'été sur la terrasse avec vue panoramique. Réductions pour les enfants.

Prix : 1 pers. 34 € 2 pers. 48 € 3 pers. 64 € p_sup. 16 €
Ouvert : Toute l'année.

3,5	0,7	15	6	3,5	2	12	6	5	0,5	0,5

Catherine DELSIRIE - 101 chemin Georgeanne - Chalet les Seyttes - Taconnaz - 74310 LES-HOUCHES - Tél. : 04 50 54 42 70 - Fax : 04 50 54 42 70 - E-mail : j-p.delsirie@wanadoo.fr - http://www.citeweb.net/cdelsirie

LES HOUCHES   Alt. : 1055 m   (TH)   *C.M. 89 Pli 4*

4 ch. Chamonix 6 km. Aiguille du Midi 5 km. Pour un séjour, une halte sur le sentier du Mont-Blanc ou un havre de paix après une course d'alpinisme... Vous rêvez d'un chalet en bois chaleureux, d'un feu de cheminée, d'une chambre douillette, d'une terrasse ensoleillée, d'une table gourmande et conviviale près du poêle qui ronronne, d'un accès direct aux pistes et sentiers de rando... Mijo vous accueille dans son chalet de charme (1830), sur les hauteurs du village. Au calme, en pleine nature mais proche des activités et à deux pas de Chamonix. 4 ch (2 à 4 pers.). Sanitaires complets privés. Langue parlée : anglais.

Prix : 2 pers. 55 € repas 15 € 1/2 pens. 42 €
Ouvert : Toute l'année.

0,1	1,5	18	6	1,5	1,5	15	6	3	2

Marie-Joëlle TURC - La Ferme d'en Haut - 152, Route des Aillouds - 74310 LES-HOUCHES - Tél. : 04 50 54 74 87 - Fax : 04 50 54 74 87 - tvmountain.com/service/index.htm

Rhône-Alpes — **Haute-Savoie**

LULLY Les Parrets
Alt. : 500 m — (TH) — C.M. 89 Pli 12

4 ch.

Thonon-les-Bains 11 km. Col de Cou 13 km. Sciez 8 km. Entre lac Léman (8 km) et montagne (Col de Cou - Vallée Verte), au cœur d'un village, Agnès et Michèle, dans un chalet neuf, viennent d'aménager 4 chambres d'hôtes de 2 pers. avec sanitaires privés et terrasses. Un grand séjour boisé et agréable sera à votre disposition. Vous y trouverez une bibliothèque, TV et jeux de société. Le jardin fleuri sera propice à la détente et au repos. Table d'hôtes sur réservation. Coin-cuisine à disposition. Genève à 25 mn. Proximité du château d'Avully. Plage de sable d'Excenevex 8 km. Stations de ski de la Vallée Verte. Langue parlée : anglais.

Prix : 1 pers. 38 € 2 pers. 46 € pers. sup. 15 € repas 15 €
Ouvert : Toute l'année.

🐕	⛷	🎿	♨	🏊	🎾	🐎	⛲	🚉	🏰	🛒	🛣
13	13	8	11	2	0,1	6	11	13	1	11	0,2

Agnès CHARMOT - Les Parrets - Le Pré d'Emma - 74890 LULLY - Tél. : 04 50 31 75 18 ou SR : 04 50 10 10 10

MANIGOD Proveyroz
Alt. : 1000 m — (TH) — C.M. 89 Pli 14

3 ch.

Annecy et son lac 25 km. Thones 8 km. La Clusaz 12 km. Face au massif de la Tournette, au cœur des Aravis, Josette a aménagé un spacieux chalet dans lequel 3 chambres de 2 ou 3 pers. vous attendent. 1 ch. avec salle d'eau privée et wc commun, 2 ch. pour une même famille avec salle de bains et wc. Grand séjour avec vue superbe, cheminée. Terrain et jardin fleuris. Le chalet domine la vallée de Manigod. Ski au col de la Croix Fry 7 km. Liaison avec La Clusaz. Nombreuses randonnées et activités. Restaurant à 800 m.

Prix : 1 pers. 30 € 2 pers. 40 € 3 pers. 49 € repas 13 €
Ouvert : Toute l'année.

🐕	⛷	🎿	♨	🏊	🎾	🐎	⛲	🚉	🏰	🛒	🛣
7	7	26	7	4	1	6	50	12	7	26	0,8

Josette BARBAUD - Proveyroz - 74230 MANIGOD - Tél. : 04 50 44 95 25 - Fax : 04 50 44 95 25 ou SR : 04 50 10 10 10

MARCELLAZ-ALBANAIS
Alt. : 600 m — C.M. 89 Pli 14

3 ch.

Annecy (lac) 10 km. Aix-les-bains (Thermes) 25 km. Belle vue sur la campagne et le massif du Semnoz. Au cœur d'un grand jardin de 4 500 m², dans chalet indépendant de la maison de Claudie et Jean-Louis, 2 chambres d'hôtes ont été aménagées. Chaque ch. dispose d'1 lit 2 pers et lit d'appoint, s.d'eau et wc privés. 1 ch. d'hôtes d'accès indépendant dans la villa (1 lit 2 pers. s.d'eau et wc). Coin-cuisine-détente à disposition. Ping-pong. Un grand jardin est mis à votre disposition. Restaurant à 8 Km. Langue parlée : anglais.

Prix : 1 pers. 39 € 2 pers. 45 € 3 pers. 55 €
Ouvert : Toute l'année.

🐕	⛷	🎿	♨	🏊	🎾	🐎	⛲	🚉	🏰	🛒	🛣
25	25	12	10	3	5	7	25	25	2	10	3

Claudie et Jean-Louis MARTIN - Chemin de Chaunu - 74150 MARCELLAZ-ALBANAIS - Tél. : 04 50 69 73 04 - Fax : 04 50 69 73 04 - E-mail : claudie.martin5@libertysurf.fr

MARCELLAZ-ALBANAIS Le Faubourg
Alt. : 550 m — (TH) — C.M. 89 Pli 14

4 ch.

Annecy (lac) 10 km. Aix-les-Bains (Thermes) 25 km. Au cœur de l'Albanais, dans une ancienne ferme restaurée, lieu paisible avec bois à proximité, Marie-Jo et Claude vous accueillent dans 4 chambres, 2 ch. 3 épis (1 avec 1 lit 2 pers, 1 avec mezzanine, 1 lit 2 pers et 2 lits 1 pers), douches privées. 2 ch. 1 épi (1 avec 1 lit 2 pers, 1 avec 3 lits 1 pers). 2 salles d'eau et 4 wc communs. Salle de détente, salle à manger. Terrain, jeux. Accueil de réunions, séminaires. Repas enfant jusqu'à 10 ans : 6 Euros. Langues parlées : italien, anglais.

Prix : 1 pers. 23 € 2 pers. 34 € 3 pers. 46 € repas 12 €
Ouvert : Toute l'année.

🐕	⛷	🎿	♨	🏊	🎾	🐎	⛲	🚉	🏰	🛒	🛣
25	25	12	6	4	6	8	30	25	8	6	6

Claude et Marie-Jo MELIS - « La Charramelle » - Le Faubourg - 74150 MARCELLAZ-ALBANAIS - Tél. : 04 50 69 72 19 - Fax : 04 50 69 72 19 - E-mail : charramelle@wanadoo.fr - membres.tripod.fr/charramelle/

MARIN Rimandon
Alt. : 630 m — C.M. 89 Pli 2

1 ch.

Lac Léman 8 km. Thermes d'Evian 10 km. Ds le village de Marin, en haut du coteau surplombant le bassin lémanique et à l'entrée du Pays de Gavot, Solange et Jacques vous reçoivent l'été dans leur villa et vous proposent une ch double, idéale pour familles ou couples d'amis (1 ch avec 1 lit 2 pers., 1 ch avec 2 lits 1 pers). Les petits-déjeuners seront servis ds le jardin ou dans la salle à manger. Bains, wc privés. Kitchenette à disposition. Solange et Jacques se feront une joie de vous donner des conseils sur le patrimoine local et les sites à découvrir. Belle terrasse panoramique. Jardin. Golf d'Evian à 5 km. Nombreux restaurants à proximité.

Prix : 2 pers. 43 € pers. sup. 18 €
Ouvert : Du 15 juin au 15 septembre.

🐕	⛷	🎿	♨	🏊	🎾	🐎	⛲	🚉	🏰	🛒	🛣
12	12	8	8	0,5	2	2	10	2	12	8	6

Solange et Jacques RUFFIER - Rimandon - 74200 MARIN - Tél. : 04 50 73 45 35

MARIN Sous Rimandon
Alt. : 630 m — C.M. 89 Pli 2

2 ch.

Thermes d'Evian 5 km. Lac Léman 4 km. Au cœur du Pays de Gavot, vue panoramique sur le Lac Léman, au-dessus de la ville d'Evian. Dans une ferme (production maraîchère), Elisabeth et ses enfants vous proposent 2 chambres de 3 pers. avec sanitaires privés et balcons. Les petits-déjeuners seront servis sur la terrasse ou dans la salle à manger. Vous pourrez découvrir sur place la basse-cour, la culture des petits fruits. La table d'hôtes à base de produits locaux vous sera proposée sur réservation. Cité de l'Eau d'Amphion 3 km. Golf d'Evian à 5 km. Domaine skiable de Thollon Les Mémises ou Bernex 12 km. Langue parlée : anglais.

Prix : 2 pers. 46 € 3 pers. 64 € pers. sup. 18 € repas 17 €
Ouvert : Toute l'année.

🐕	⛷	🎿	♨	🏊	🎾	🐎	⛲	🚉	🏰	🛒	🛣
12	12	4	3	0,5	2	2	5	12	4	5	2

Elisabeth DI NATALE - Sous Rimandon - 74200 MARIN - Tél. : 04 50 76 21 27

Haute-Savoie
Rhône-Alpes

MEGEVE Les Granges
Alt. : 1203 m — (TH) — *C.M. 89 Pli 4*

2 ch.

Massif du Mont d'Arbois 5 km. St-Gervais-les-Bains 15 km. A l'écart de la belle station de Megève, Bernadette vous reçoit dans sa ferme située sous Rochebrune et vous propose 2 chambres d'hôtes de bon confort et spacieuses, avec salle de bains et wc communs. 1 ch. avec 1 lit 2 pers., 1 ch. avec 1 lit 2 pers. et 2 lits gigognes. Chauffage central, Terrain. Réductions possibles pour les enfants. Restaurant à 2 Km.

Prix : 1 pers. 23 € 2 pers. 46 € 3 pers. 61 € 1/2 pens. 38 €
Ouvert : Toute l'année.

1	3	12	3	3	3	3	10	1	3	12	3

Bernadette et Jean PERINET MARQUET - 1813 Les Granges - 74120 MEGEVE - Tél. : 04 50 21 40 50

MEGEVE
Alt. : 1200 m — *C.M. 89 Pli 4*

1 ch.

Massif du Mont d'Arbois 5 km. St-Gervais-les-Bains 15 km. Au pays du Mont-Blanc, à proximité de sites prestigieux, Claude-Marie et Jean-Claude ont aménagé 1 chambre d'hôtes dans leur chalet (1 lit 2 pers.). Sanitaires complets privés, kitchenette. Chauffage central. A votre disposition, notre salon avec cheminée, bibliothèque, doc. régionale, TV. A l'ext., terrasse sud, « coins détente » ombragés. Accès direct à ski. Nombreuses randonnées au départ du chalet, documentation sur les itinéraires. Parapente à proximité. Anes au pré derrière la maison à la belle saison.

Prix : 1 pers. 37 € 2 pers. 44 €
Ouvert : Toute l'année.

SP	2	15	2	2	2	2	15	0,5	2	15	1,5

Jean-Claude TISSOT - 771 chemin de Lady - Chalet les Oyats - 74120 MEGEVE - Tél. : 04 50 21 11 56 - Fax : 04 50 21 11 56 - E-mail : jean.claude.tissot@freesbee.fr ou SR : 04 50 10 10 10

MIEUSSY
Alt. : 650 m — (TH) — *C.M. 89 Pli 3*

2 ch.

Centre de foires de La Roche-sur-Foron 30 km. Genève 35 mn. Belle vue sur les sommets des Alpes, au cœur de la vallée du Giffre. Dans un site classé, à prox. du village, Marie-Lise et Sylvain restaurent avec passion une demeure au caractère d'exception. Ils vous reçoivent dans 2 chambres de 2 pers., spacieuses et décorées avec goût. Sanitaires privés. Ds grande salle à manger, vous prendrez le temps de savourer Dans la grande salle à manger, vous prendrez le temps de savourer votre petit-déjeuner autour de la cheminée qui pourra servir également de support à la table d'hôtes (sur réservation). Salon à dispo, TV. Chambres non fumeur. A 10 km, domaine skiable de Sommand-Praz de Lys, site de parapente. Langue parlée : anglais.

Prix : 2 pers. 61/69 € repas 17 €
Ouvert : Toute l'année, les weeks-ends.

10	10	14	8	1,2	1	12	50	10	SP	18	0,3

Marie-Lise et Sylvain MAERTCHIK - La Maison des Soeurs - 74440 MIEUSSY - Tél. : 04 50 43 18 71 - Fax : 04 50 43 15 73 - E-mail : mlm@idsa.ch - http ://perso.wanadoo.fr/mieussy/

MINZIER Prévy
Alt. : 535 m — *C.M. 89 Pli 14*

1 ch.

Frangy 7 km. Genève et lac 20 km. Dans une ancienne ferme restaurée, à mi-chemin entre Annecy et Genève, Marie-José et Thierry viennent d'aménager une chambre d'hôtes pour 3 pers. avec salon à disposition, dans une partie indépendante de leur maison. Sanitaires complets privatifs, 1 lit 1 pers., 1 lit 2 pers. Possibilité lit bébé. Accueil enfants de plus de 6 ans. Terrasse, grand jardin. Site International d'Archamps 15 km. Château Renaissance de Clermont à découvrir, ruines du château de Chaumont, Annecy, ville d'Art et d'Histoire et lac 25 km. A Frangy, village viticole, production de La Roussette.

Prix : 1 pers. 32 € 2 pers. 41 € 3 pers. 55 €
Ouvert : Toute l'année.

48	37	25	16	6	0,5	9	40	25	6	22	7

Marie-Jo GIROD - Prevy - 74270 MINZIER - Tél. : 04 50 60 42 25 - Fax : 04 50 60 42 25 ou SR : 04 50 10 10 10

MONTAGNY-LES-LANCHES
Alt. : 680 m — *C.M. 89 Pli 14*

2 ch.

Annecy (lac) 9 km. Aix-les-Bains (thermes) 25 km. Au cœur de l'Albanais, dans une grande maison à l'écart du village, à proximité de la ferme, Hortense vous accueille chaleureusement et vous propose 2 ch. agréables. 1 ch de 2 pers., cabinet de toilette et douche particulière, 1 ch. de 2 pers., cabinet de toilette et douche au rdc. WC commun aux 2 chambres. Chauffage central. Terrain clos, terrasse aménagée. Restaurant à 4 Km. A proximité du Château de Montrottier et des Gorges du Fier.

Prix : 1 pers. 26 € 2 pers. 34 € 3 pers. 43 €
Ouvert : Toute l'année.

20	20	9	4	4	0,7	4	35	20	8	9	4

Hortense COSTER - Route de Lettraz - 74600 MONTAGNY-LES-LANCHES - Tél. : 04 50 46 71 25

NAVES-PARMELAN La Contamine
Alt. : 640 m — *C.M. 89 Pli 14*

2 ch.

Annecy et lac 8 km. Plateau des Glières 20 km. Au pied du Parmelan, à 640 m d'alt., Nicole vous accueille dans son petit village. Les 2 chambres sont équipées pour 2 à 3 pers. avec salle d'eau privée. Possibilité d'ajouter un couchage supplémentaire. Vous prendrez vos petits-déjeuners sur la terrasse en été ou près de la cheminée en hiver. Matériel bébé sur demande. Vous pourrez prendre vos repas dans les petits restaurants avoisinants (300 m et 2 km). Jeux d'enfants, jardin clos. Réduction enfants, gratuité pour enfants de - de 2 ans. A disposition lave et sèche-linge. Poney-club 4 km. Randonnées sur place.

Prix : 1 pers. 27 € 2 pers. 38 € 3 pers. 49 €
Ouvert : Toute l'année.

20	20	8	10	1,5	3	4	50	20	8	10	2,5

Nicole SIMON NESSON - La Contamine - 279 route des Grosses Pierres - 74370 NAVES-PARMELAN - Tél. : 04 50 60 61 16 - Fax : 04 50 60 61 16 ou SR : 04 50 10 10 10

Rhône-Alpes   **Haute-Savoie**

LES OLLIERES   Alt. : 700 m   C.M. 89 Pli 14

2 ch. **Annecy et lac 10 km. Plateau des Glières 15 km.** Vue panoramique sur le Parmelan, dans une grande bâtisse d'époque napoléonienne avec grand jardin et au calme, Martine et Daniel vous invitent dans leurs 2 ch. d'hôtes au 2ᵉ étage, mansardées, agréables. 1 ch. avec 1 lit 2 pers. et 1 lit 1 pers., 1 ch. avec 3 lits 1 pers. Salles d'eau et wc privés. Salon réservé aux hôtes avec TV. Chauffage électrique, jardin avec mobilier, grand terrain. Entrée indépendante. Restaurant à 3 km.

Prix : 1 pers. 30 € 2 pers. 37 € 3 pers. 43 €

| 20 | 15 | 10 | 10 | 5 | 3 | 10 | 50 | 5 | 10 | 3 | 3 |

Martine et Daniel CURZILLAT - Chef Lieu - 74370 Les-Ollières - Tél. : 04 50 60 33 59 ou 06 12 02 14 74 - Fax : 04 50 60 33 59

ONNION Vers Le Saix   Alt. : 900 m   (TH)   C.M. 89 Pli 3

1 ch. **Genève 35 km. La Roche-sur-Foron, Thonon, lac Léman 30 km.** Dans un site champêtre, entouré par les montagnes du Faucigny, Sylvie et Stéphane viennent d'aménager, dans une ancienne ferme savoyarde fleurie, une chambre au décor romantique raffiné pour 2 pers. Lit d'appoint dans alcôve. Bains, wc privés. Vous apprécierez la simplicité d'un accueil familial et le cadre artistique de la demeure. Venez profiter de la cheminée pour le séjour, lieu propice à la détente. Le petit-déjeuner sera pris dans le jardin en été. Randonnées. Domaines skiables des Brasses 5 km, Sommand-Praz de Lys 15 km. Langues parlées : anglais, espagnol.

Prix : 2 pers. 46 € 3 pers. 64 € p_sup. 18 € repas 14 €
Ouvert : Toute l'année.

| 5 | 5 | 30 | 4 | 2 | 1 | 10 | 30 | 15 | 5 | 18 | 4 |

Stéphane et Sylvie DAUBENTON - Vers le Saix - 74490 ONNION - Tél. : 04 50 35 71 78 - Fax : 04 50 35 34 80 - E-mail : daubenton@libertysurf.fr

PLATEAU-D'ASSY   Alt. : 1000 m   C.M. 89 Pli 4

1 ch. **St-Gervais-les-Bains 10 km. Chamonix 20 km.** A proximité du centre de la station climatique, vue panoramique sur le Mont-Blanc, Karine et Vincent vous reçoivent dans leur chalet et ont aménagé 1 suite familiale : 1 ch (2 lits 1 pers.) et 2 petites pièces (salon) avec chacune 1 lit 1 pers. TV, magnétoscope. Salle d'eau et wc privés. Coin-détente autour du poêle à bois, bibliothèque. Entrée indépendante, terrasse et jardin. Coin-cuisine à disposition. Restaurant à 500 m. Vincent est guide de Haute-Montagne et moniteur de ski. Séjours à thèmes possibles. Réduction pour enfants de - de 2 ans. Langues parlées : anglais, espagnol.

Prix : 1 pers. 27 € 2 pers. 38 € 3 pers. 53 € p_sup. 15 €
Ouvert : Toute l'année.

| 6 | 6 | 7 | 9 | 0,5 | 1 | 6 | 9 | 7 | 0,5 | 10 | 0,5 |

Karine et Vincent LEGERE - 220, rue d'Anterne - L'Aiguillette - 74480 PLATEAU-D'ASSY-SUR-PASSY - Tél. : 04 50 93 80 72 - Fax : 04 50 93 80 72 - E-mail : v-legere@infonie.fr - http://perso.infonie.fr/v-legere ou SR : 04 50 10 10 10

LA ROCHE-SUR-FORON   Alt. : 1050 m   C.M. 89 Pli 3

2 ch. **Entre Annecy et Chamonix, proximité de Genève. Au cœur du Pays Rochois,** dans grande ferme restaurée dans la tradition savoyarde, Hélène et Jean-Pierre vous feront partager leur passion pour les merveilleux paysages et curiosités de Haute-Savoie. Dans cadre de tranquillité et de verdure vous attendent 2 ch. très spacieuses, chaleureuses, décorées avec soin. Savoureux petits-déjeuners maison composés selon la saison. 1 ch. de 4 pers. avec mezzanine, 1 ch de 3 pers. Bains, wc, TV privés, accès indépendants. Terrasse et jardin arboré et fleuri. Véranda fleurie en hiver. Billard. Restaurants à proximité. Chevaux dans la propriété. Langues parlées : anglais, italien.

Prix : 1 pers. 54 € 2 pers. 74 € 3 pers. 94 €
Ouvert : Toute l'année.

| 1 | 1 | 30 | 9 | 9 | SP | 9 | 40 | 2 | 9 | 9 | 9 |

Hélène et Jean-Pierre GERARD - 380, Chemin des Echaux - La Ferme d'Hélène - Orange - 74800 LA-ROCHE-SUR-FORON - Tél. : 04 50 03 09 68 - Fax : 04 50 03 09 68 - E-mail : lafermedhelene@free.fr

LA ROCHE-SUR-FORON Le Haut Broys   Alt. : 650 m   C.M. 89 Pli 3

3 ch. **Genève 20 km. Annecy 30 km.** Trois chambres sous les toits (pour 2 personnes et 1 enfant, sanitaires privés), une tisanière équipée (+ TV) et une terrasse à disposition vous permettront de passer un séjour agréable en profitant de multiples activités dans un rayon de 25 km. Langues parlées : anglais, allemand.

Prix : 1 pers. 30 € 2 pers. 40 € 3 pers. 46 €
Ouvert : Toute l'année.

| 8 | 8 | 25 | 3 | 3 | 0,1 | 8 | 35 | 10 | 6 | 3,5 | 2,5 |

Claude CHARMILLOT - 180, rue des 4 Piquets - Le Haut Broys - 74800 LA-ROCHE-SUR-FORON - Tél. : 04 50 25 84 58 ou 06 83 57 97 33

LA ROCHE-SUR-FORON Orange   Alt. : 1100 m   (TH)   C.M. 89 Pli 3

2 ch. **Centre de foires La Roche-sur-Foron 10 km. Genève 25 km.** Au pied des sommets de Sous-Dine et Cou, plateau des Bornes, Claudie et Dominique viennent d'aménager 2 ch. dans ancienne ferme de pays de plus de 4 siècles. 1 ch. familiale avec mezzanine, cheminée (4 pers.) + ch. complémentaire de 2, 1 ch. familiale (2 pers.) + ch. complémentaire de 2. Sanitaires privatifs (non attenants). Accès indép. Grand séjour/salon, cheminée. Site calme ! Lit bébé. Dans le jardin, ancien four à pain qui pourra servir de base à la table d'hôtes (cuisine au feu de bois). Foires et expositions 10 Km. Station de ski familiale d'Orange 1 km.

Prix : 1 pers. 26 € 2 pers. 39 € 3 pers. 51 € repas 14 €
1/2 pens. 30 €
Ouvert : Toute l'année.

| 1 | 1 | 30 | 10 | 10 | SP | 10 | 40 | 1 | 10 | 10 | 10 |

Claudie et Dominique BRESSOUD - Ferme les Clarines - 180, chem. de l'Ecole d'Orange - 74800 LA-ROCHE-SUR-FORON - Tél. : 04 50 25 10 17 - Fax : 04 50 25 10 17

Haute-Savoie — *Rhône-Alpes*

SALES
C.M. 89 Pli 14

3 ch. — **Rumilly 1,5 km. Lacs d'Annecy 15 km et du Bourget 20 km.** « C'est la lune !... » A 15 km d'Annecy, dans une ancienne ferme restaurée. Au cœur de l'Albanais entre Annecy et Aix Les Bains, Elisabeth et Christophe vous proposent 3 grandes chambres réunissant charme et confort. 1 ch de 2 pers, 1 ch familial de 4 pers., 1 ch de 3 pers. Sanitaires complets privés. Lit bébé à dispo. Salle commune avec coin cuis. à dispo, salon. Agréable jardin. Centre équestre à prox. Pêche (Christophe est passionné de pêche à la mouche), VTT, balades. Restaurants à Rumilly. Lac d'Aix les Bains 20 km. Ski au Semnoz 20 km. Base de loisirs 2 km. Jardins Secrets, Château de Clermont. Langue parlée : anglais.

Prix : 1 pers. 38 € - 2 pers. 46 € - 3 pers. 61 € - p_sup. 15 €
Ouvert : Toute l'année.

🐕	⛷	🎿	♨	🚣	🎾	⛳	🏊	⛪	🏰	🚲	🛶
25	25	2	1,5	2	0,5	0,3	20	20	3	1,5	1

Elisabeth et Christophe BASSO-BONDINI-RAMOS - C'est la Lune - Chef-lieu - 74150 SALES - Tél. : 04 50 01 47 31 - Fax : 04 50 01 47 31 - E-mail : selalune@yahoo.fr ou SR : 04 50 10 10 10

SAMOENS Les Moulins
Alt. : 720 m
C.M. 89 Pli 3

4 ch. — **Sixt-Fer-à-Cheval 10 km. Morzine 20 km.** Au pied du Criou, dans anc. bâtisse traditionnelle de montagne, 4 ch. au caractère savoyard aménagées par Liliane. 2 ch. de 3 avec mezz., 1 ch. double familiale de 4, 1 ch. de 2. Sanitaires privés. Un nouvel espace très convivial et savoyard avec coin-cuisine et cheminée est mis à la dispo. des hôtes. TV. Sauna. Beau jardin clos. Ambiance chaleureuse de montagne. Réduction selon saisons et dès 3 nuits. Nouveauté : piscine chauffée avec buses de massage. A 400 m du centre de Samoëns, village d'Art et d'Histoire. Patrie des tailleurs de pierre. Restaurants 1 km. Base de loisirs. Grand Massif à 4 km. Consulter Liliane pour les animaux.

Prix : 1 pers. 61 € - 2 pers. 75 € - 3 pers. 93 €
Ouvert : Toute l'année.

🐕	⛷	🎿	♨	🚣	🎾	⛳	🏊	⛪	🏰	🚲	🛶
4	0,2	2	1	1,5	0,1	1	50	4	0,4	18	0,4

Liliane BELLENGER - Les Moulins - La Maison de Fifine - 74340 SAMOENS - Tél. : 04 50 34 10 29 ou 06 13 27 61 77

SAMOENS Les Sages
Alt. : 720 m — (TH)
C.M. 89 Pli 3

4 ch. — **Sixt-Fer-à-Cheval 10 km. Morzine 20 km.** A l'entrée du village historique de Samoëns, dans une ambiance familiale et équestre, Michèle et Jean-Marc proposent 4 ch. de 2 pers. aménagées dans l'ancienne grange de la ferme. 2 ch. 2 épis avec sanitaires privés et 2 ch. 1 épi avec sanitaires communs. Terrasse, terrain, parking. Accueil de chevaux. Samoëns, village d'Art et d'Histoire. Tous commerces et activités à 1 km. Base de loisirs. Stations du Grand Massif à 4 km. Tarifs en fonction du classement. Langue parlée : anglais.

Prix : 2 pers. 41/46 € - repas 21 €
Ouvert : Toute l'année.

🐕	⛷	🎿	♨	🚣	🎾	⛳	🏊	⛪	🏰	🚲	🛶
4	0,2	1	1	1	0,2	SP	50	4	1	18	0,1

DERUAZ Michèle et SEGUIN Jean-Marc - Ferme équestre des Sages - Les Sages - 74340 SAMOENS - Tél. : 04 50 34 18 74 - www.ferme-équestre-des-sages.fr.st

SCIEZ
C.M. 89 Pli 12

2 ch. — **Plage et port de Sciez 2 km. Yvoire 10 km.** Dans un cadre verdoyant et à proximité des rives du Lac Léman, Anne-Marie et Roland mettent à votre disposition 2 ch. d'hôtes. 1 chambre (2 épis) (1 lit 2 pers.), balcon et sanitaires privés ; 1 chambre 3 épis (1 lit 2 pers.), sanitaires privés, grand salon, balcon. Salle à manger, salon, TV, cheminée. Chauffage électrique. Grand jardin. Thonon à 10 km (thermes), Evian et Genève à 20 km. Nombreux restaurants à 2 et 3 km. Tarifs en fonction du classement.

Prix : 2 pers. 38/46 €
Ouvert : De mai à septembre.

🐕	🚣	🎾	⛳	🏊	⛪	🏰	🚲	🛶
3	10	1	0,3	3	10	30	3	10	1

Roland et Anne-Marie CAMBON - Route de Chavannex - 74140 SCIEZ - Tél. : 04 50 72 65 75

SCIEZ
(TH)
C.M. 89 Pli 12

4 ch. — **Yvoire 7 km. Thonon-les-Bains 10 km. Genève et Evian 20 km.** Aux portes du domaine du Château de Coudrée, à proximité des rives du Lac Léman, Dominique a aménagé 4 chambres de 2 pers. au décor raffiné. Bains et wc privés. Elle nous ouvre les portes de sa maison et met à disposition une belle salle à manger, salon, cheminée, bibliothèque et TV. Le petit-déjeuner sera apprécié dans le jardin paysager ensoleillé. Plage et port de Sciez 1 km. Sur place : sentier pédestre, Parc Aventure, spectacle des Aigles du Léman. Ville thermale de Thonon-les-Bains 10 km, village médiéval d'Yvoire 7 km, Evian et Genève à 20 km. Domaine skiable des Portes du Soleil 30 km. Table d'hôtes sur demande le soir. Langues parlées : anglais, allemand.

Prix : 1 pers. 61 € - 2 pers. 69 € - 3 pers. 84 € - repas 27 €
Ouvert : Toute l'année.

🐕	⛷	🎿	♨	🚣	🎾	⛳	🏊	⛪	🏰	🚲	🛶
30	30	1	10	1		3	10	25	1	10	1

Dominique FERRAGLIA-SEIZ - Route du Moulin de la Glacière - La Cyprière - 74140 SCIEZ - Tél. : 04 50 72 16 80 - Fax : 04 50 72 16 81 - E-mail : la.cypriere.ferraglia@wanadoo.fr ou SR : 04 50 10 10 10

SERRAVAL Col du Marais
Alt. : 843 m
C.M. 89 Pli 15

4 ch. — **Lac d'Annecy 25 km. Thones 7 km.** Entre Val Sulens et Tournette, dans une grande bâtisse de hameau avec vue sur la montagne, Pascale et Rémi vous proposent : 4 ch. d'hôtes au rez-de-chaussée avec salle d'eau privée et lit 2 pers. Grand Séjour/salon à votre disposition ainsi qu'une cuisine équipée, au rez-de-chaussée. Jardin, jeux d'enfants, barbecue. Lave-linge. Lit d'appoint ou bébé à disposition. Restaurant à 0,1 Km et 3 km. Gratuité pour la 3e personne ou enfant dans la même chambre. Langue parlée : anglais.

Prix : 1 pers. 24 € - 2 pers. 32 €
Ouvert : Toute l'année.

🐕	⛷	🎿	♨	🚣	🎾	⛳	🏊	⛪	🏰	🚲	🛶
20	SP	20	7	3	SP	7	60	6	8	25	3,5

Rémi et Pascale BALTAZARD - Col du Marais - 74230 SERRAVAL - Tél. : 04 50 27 50 42

Rhône-Alpes — **Haute-Savoie**

SERVOZ Le Bouchet — Alt. : 816 m — C.M. 89 Pli 4

6 ch. Vous aimez la montagne, ses activités, son calme ? Josiane et Hervé sont heureux de vous accueillir dans une maison d'hôtes, face au Mont-Blanc. Au cœur du village, dans cadre respectueux de la tradition où les espaces sont conviviaux et le vieux bois chaleureux, 6 ch. dont 2 familiales (2/5 pers.), sanitaires privés ou communs (3 épis et EC). Cuisine à disposition. Salons. Grand jardin. Hervé, moniteur de ski et guide de hte-montagne est là pour vous conseiller ou organiser vos activités. Gratuité pour les enfants de moins de 2 ans. Lave-linge/sèche-linge sur demande. Réduction à partir de la 3e nuit. Langue parlée : anglais.

Prix : 2 pers. 45/50 € 3 pers. 59/64 €
Ouvert : Toute l'année.

🐕	⛷	⛷	🏊	🎾	🎣	🏇	⛪	🏰	🚲	🛷
5	5	8	10	0,1	0,1	8	6	10	10	0,8	0,1

Josiane et Hervé ANSELME - Chemin du Rucher - 74310 SERVOZ - Tél. : 04 50 47 22 66 - Fax : 04 50 91 40 66 ou SR : 04 50 10 10 10

SEYNOD-SUR-VIEUGY — C.M. 89 Pli 14

3 ch. Annecy et son lac 5 km. Ski au Semnoz 17 km. Dominant la ville d'Annecy et face au massif du Semnoz, au cœur d'une exploitation agricole, la ferme de Vergloz est un ensemble architectural de l'Avant-Pays savoyard. Nicole et Philippe se font une joie de vous faire découvrir les richesses du patrimoine et de la campagne. Ils viennent d'aménager 4 chambres douillettes avec mezzanines (2 à 4 pers.). Sanitaires privés. Le petit-déjeuner servi dans la salle à manger (cheminée) vous permettra de déguster les produits de la ferme. Le salon panoramique sera propice à la détente. Restaurants à 2 km. Réduction enfants.

Prix : 1 pers. 35 € 2 pers. 46 € 3 pers. 69 € p_sup. 15 €
Ouvert : Toute l'année.

🐕	⛷	⛷	🏊	🎾	🎣	🏇	⛪	🏰	🚲	🛷
17	17	6	4	4	4	3	35	17	5	7	2

Nicole et Philippe MARTEL - 46, route de Vergloz - La Ferme de Vergloz - 74600 SEYNOD-SUR-VIEUGY - Tél. : 04 50 46 71 98 - Fax : 04 50 46 71 98 ou SR : 04 50 10 10 10

ST-FELIX Mercy — (TH) — C.M. 89 Pli 15

3 ch. Annecy (lac) 23 km. Aix-les-Bains (thermes) 20 km. Au pied des Alpes, entre Annecy et Aix-Les Bains, Denyse et Bernard vous invitent avec grand plaisir à partager le charme et le calme d'une ancienne ferme savoyarde. Trois suites luxueuses de 2 personnes avec sanitaires privés. Jardin d'hiver, cheminée, TV câble dans chaque chambre. Parc paysager, terrain de tennis. Lac du Bourget à 20 Km. Observation d'oiseaux à l'étang de Crosagny. Lit d'appoint pour pers. supplémentaire. Table d'hôtes sur réservation. Espace chambres non fumeur. No smoking in the bedrooms. Langues parlées : anglais, japonais.

Prix : 2 pers. 115 € 3 pers. 130 € repas 40 €
Ouvert : Toute l'année.

🐕	⛷	⛷	🏊	🎾	🎣	🏇	⛪	🏰	🚲	🛷
20	20	5	5	SP	1	15	17	10	17	5	1

Bernard et Denyse BETTS - Les Bruyères - Mercy - 74540 ST-FELIX - Tél. : 04 50 60 96 53 - Fax : 04 50 60 94 65

ST-GERVAIS-LES-BAINS — Alt. : 1400 m — (TH) — C.M. 89 Pli 4

E.C. 4 ch. Retrouvez-vous entre amis ou en famille : Face à la splendide chaîne du Mont-Blanc, le chalet de La Belle Marmotte vous accueille toute l'année pour vos séjours dans cadre naturel préservé. Décoré dans style savoyard, ce chalet traditionnel et confortable vous propose 4 ch. spacieuses dont 1 double (2 à 5 pers.), hypoallergénique, s.d'eau privés, 3 wc communs. Au coin du feu, vous profiterez d'un système home cinéma, à moins que vous ne préfériez vous délasser dans baignoire jacuzzi ou sauna Tylarium. Table d'hôtes sur réservation. Vaste terrasse panoramique pour admirer le paysage. A 5 mn à pied des remontées mécaniques. Nombreuses activités. Langues parlées : anglais, espagnol.

Prix : 2 pers. 64/84 € repas 14 €
Ouvert : Toute l'année.

🐕	⛷	⛷	🏊	🎾	🎣	🏇	⛪	🏰	🚲	🛷
0,6	0,6	15	6	6	6	6	6	10	6	10	0,6

Maud et Xavier COURSIER - GIRARD - 451, Route des Communailles - Le Bettex - 74170 ST-GERVAIS-LES-BAINS - Tél. : 04 50 93 14 59 ou 06 71 92 68 04 - Fax : 04 50 93 14 59 - E-mail : xagir@club-internet.fr

ST-JEAN-DE-SIXT — Alt. : 960 m — C.M. 89 Pli 14

4 ch. Annecy (lac) 30 km. La Clusaz 5 km. Le Grand Bornand 5 km. A côté de l'ancienne ferme de Marie-Claude et Arthur, 4 ch. douillettes vous attendent, aménagées dans un beau chalet des Aravis. Ch. de 2 à 3 pers. avec chacune sanitaires privés, TV, terrasse. A l'étage : grand séjour. Ici été, vous pourrez prendre votre petit-déjeuner sur la grande terrasse et profiter du calme et de la vue sur le massif des Aravis. Grand pré devant la maison. Centre du village situé entre La CLusaz et Grand-Bornand 5 km (ski-bus sur place), gare routière. Lit et chaise bébé à disposition. Restauration à 20 m. Maison du Patrimoine, Musée du Pays de Thônes, Via ferrata.

Prix : 1 pers. 34/37 € 2 pers. 43/49 € 3 pers. 58/64 €
Ouvert : Toute l'année.

🐕	⛷	⛷	🏊	🎾	🎣	🏇	⛪	🏰	🚲	🛷
1,5	1,5	30	1,5	SP	SP	3	50	3	15	30	SP

Marie-Claude MISSILLIER - La Passerelle - Chef Lieu - 74450 ST-JEAN-DE-SIXT - Tél. : 04 50 02 24 33 - Fax : 04 50 63 21 36 - E-mail : info@gites-chaletlapasserelle.com - http : //www.gites-chaletlapasserelle.com ou SR : 04 50 10 10 10

ST-JORIOZ — C.M. 89 Pli 14

1 ch. Annecy 10 km. Lac d'Annecy 1,8 km. Dans une belle maison de caractère, avec piscine et jardin paysager de 4 500 m², au calme, près du lac d'Annecy, face à la Tournette et aux Dents de Lanfon, Mady et Jean vous recevront dans une ch. d'hôtes unique, indép. (1 lit 2 pers.), bains et wc privés, bureau-salon confortable, agréablement décoré avec TV. Terrasse privée, salon de jardin. Restaurant à 600 m.

Prix : 1 pers. 45 € 2 pers. 55 €
Ouvert : Du 15 avril au 15 octobre.

🐕	⛷	🏊	🎾	🎣	🏇	⛪	🏰	🚲	🛷
1,8	SP	0,2	1,8	3	40	10	1,8	10	0,6

Jean DE LA CHAPELLE - Impasse des Pommiers - Route de Charafine - 74410 ST-JORIOZ - Tél. : 04 50 68 51 42

Haute-Savoie
Rhône-Alpes

ST-JORIOZ
C.M. 89 Pli 14

1 ch. Vue panoramique sur le bassin annécien (massif des Bornes-Aravis) et le lac d'Annecy. Dans un site très calme, Marie-Loup se fait une joie de vous recevoir dans sa villa très fleurie et vous propose une chambre d'hôtes pour 2 pers., située à l'étage. Salle d'eau et wc privés. Mezzanine avec bibliothèque propice à la détente. Le petit déjeuner sera servi dans la salle à manger coquette (cheminée) ou sur la terrasse ensoleillée. Belle piste cyclable à proximité, menant d'Annecy à Faverges et longeant le lac. Restaurant à 600 m. Nombreux sites naturels et culturels à découvrir dans la région.

Prix : 1 pers. **38 €** 2 pers. **46 €**
Ouvert : Toute l'année.

23	23	1,9	9	1,5	0,3	1,5	40	10	1,9	10	0,8

Marie-Loup LIEVRE - 90, Sous La Chesnaie - 74110 ST-JORIOZ - Tél. : 04 50 68 94 15 ou 06 14 35 08 38

ST-PAUL-EN-CHABLAIS Les Ingels
Alt. : 880 m   (TH)   *C.M. 89 Pli 2*

1 ch. Thonon-les-Bains 8 km. Evian 8 km. Dans un hameau du Pays Gavot, entre lac Léman et montagne, Jeanne vous reçoit dans sa grande ferme et vous propose une chambre d'hôtes indép., avec salon et coin cuisine, TV. Terrain, terrasse, pelouse, barbecue à disposition. 1 lit 2 pers. Salle d'eau et wc. Chauffage électrique. Restaurant à 1,5 Km.

Prix : 1 pers. **21 €** 2 pers. **43 €** 3 pers. **55 €** repas **12 €**
Ouvert : Toute l'année.

3,5	3,5	2	8	1,3	2	3,5	8	3,5	8	8	1,3

Jeanne MICHOUD - Les Ingels - 74500 ST-PAUL-EN-CHABLAIS - Tél. : 04 50 75 36 75

ST-PAUL-EN-CHABLAIS Le Frenay
Alt. : 965 m   *C.M. 89 Pli 2*

6 ch. Thonon-les-Bains 8 km. Evian 8 km. Germaine vous accueille dans sa maison située dans un hameau, au cœur du Pays de Gavot, entre Léman et montagne. Elle vous propose 6 chambres avec salles d'eau et wc particuliers. 5 ch. (1 lit 2 pers.), 1 ch.(1 lit 1 pers.). Chauffage électrique, Salon, salle à manger communs, terrasse aménagée. Equitation. Lac de la Benaz à 800 mètres, ski à Bernex à 2 km.

Prix : 1 pers. **30 €** 2 pers. **34 €** 3 pers. **37/38 €**

	2	0,1	0,8	10	0,1	0,8	SP	10	2	10	10	2

Germaine CHEVALLAY - Le Frenay - 74500 ST-PAUL-EN-CHABLAIS - Tél. : 04 50 73 68 32

TANINGES Avonnex
Alt. : 750 m   *C.M. 89 Pli 3*

3 ch. Les Gets 7 km, Praz-de-Lys 10 km, Chartreuse-de-Melan 3 km. Entre les domaines skiables du Grand Massif et les Portes du Soleil, dans une ancienne ferme située dans un hameau perché de montagne, face aux massifs des Aravis, Buet et Marcelly, vue panoramique, Nicole et Marie-Jeanne viennent d'aménager 3 ch. très spacieuses et douillettes sur 2 niveaux dans l'ancienne grange (2 à 4 pers.). Sanitaires privés. Le petit-déjeuner vous sera servi dans gde s. à manger, coin-salon lecture. Station des Gets 10 km (musée musique mécanique). Morillon 10 km. A visiter : Chartreuse de Mélan (gothique), Samoëns (village d'Art et d'Histoire). Langue parlée : italien.

Prix : 1 pers. **38 €** 2 pers. **46 €** 3 pers. **61 €**
Ouvert : Toute l'année.

7	7	10	10	2	1,5	7	40	15	2	13	1,5

Nicole et M-Jeanne BASTARD - La Grange - Avonnex - 74440 TANINGES - Tél. : 04 50 34 31 36

TANINGES
Alt. : 700 m   (TH)   *C.M. 89 Pli 3*

2 ch. Praz de Lys-Sommand 12 km. Morillon 10 km. Station des Gets 12 km. Entre les domaines skiables du Grand Massif et les Portes du Soleil. Maison bourgeoise (XIXe s.) d'une ancienne chocolaterie située à quelques pas du centre, au pied du Marcelly, vue panoramique. Ardith et Alain viennent d'aménager 2 ch. dont une double (2 à 4 pers.), avec sanitaires privés. Séjour, salon, bibliothèque, TV. Terrasse et jardin à disposition. Le petit-déjeuner vous sera servi dans la gde s. à manger ou dans le jardin. A visiter : Chartreuse de Mélan (gothique), Samoëns (village d'Art et d'Histoire). Langue parlée : anglais.

Prix : 1 pers. **38 €** 2 pers. **47 €** 3 pers. **59 €** p_sup. **17 €**
repas **17 €**
Ouvert : La saison d'hiver.

11	11	9	10	1	1	8	40	15	2	12	0,5

Ardith et Alain DECROUX - Rue des Epinettes - Haute-Ville - 74440 TANINGES - Tél. : 04 50 34 80 10 - E-mail : decroux@sympatico.ca ou SR : 04 50 10 10 10

THONES Pré Varens la Cour
Alt. : 650 m   *C.M. 89 Pli 14*

5 ch. Annecy et son lac 20 km. La clusaz et Le Grand Bornand 10 km. Dans une maison indép. avec terrasse et bordée d'une rivière, Gilbert et Bernadette vous accueillent dans 5 ch. dont 2 3 épis en rez-de-jardin (1 lit 2 pers., coin-cuisine, canapé, sanitaires complets, terrasse). 3 ch. 2 épis au 2e étage : 2 ch. (1 lit 2 pers. chacune), 1 ch. (1 lit 2 pers., 2 lits 1 pers. superposés), salle d'eau privées, wc communs. Salle commune/coin-cuisine. TV, jardin aménagé, jeux d'enfants, barbecue, ping-pong. Réductions hors vacances scolaires pour séjours. Réduction enfants - de 8 ans. Restaurant, gare routière et via ferrata 1,5 Km. Espaces verts, cour. Tarifs en fonction du classement.

Prix : 1 pers. **24 €** 2 pers. **30/40 €** 3 pers. **40/51 €**
Ouvert : Toute l'année.

10	10	18	1,5	1,5	0,5	1,5	50	5	2	20	1,5

Gilbert et Bernadette JOSSERAND - Route de la Clusaz - Pré Varens - 74230 THONES - Tél. : 04 50 02 12 22 - Fax : 04 50 02 12 22 - E-mail : gilbert.josserand@wanadoo.fr - http://perso.wanadoo.fr/gites.aravis ou SR : 04 50 10 10 10

Rhône-Alpes — **Haute-Savoie**

THONES Glapigny / la Closette — Alt. : 1200 m — (TH) — C.M. 89 Pli 14

3 ch. Stations Grand-Bornand et La Clusaz 15 km, Lac d'Annecy 20 km. Havre de paix aux portes des grandes stations de La Clusaz et du Grand Bornand, notre chalet est situé à 1.200 m d'alt. au cœur des alpages du Massif des Aravis, face à la Tournette. Venez goûter au charme douillet des intérieurs montagnard : nous mettons à votre disposition 3 chambres avec salle d'eau et wc privés pour 2/4 pers. Salon, TV, lingerie. Au coin du feu, autour de la grande table de ferme, découvrez en toute convivialité notre cuisine régionale. Au départ de circuits de rando. Vous profiterez de grands espaces où faune et flore sont encore préservées. Chalet non fumeur. Terrasse panoramique. Réductions enfants. Langue parlée : anglais.

Prix : 1 pers. 28 € 2 pers. 41 € 3 pers. 60 € repas 13 €
Ouvert : Toute l'année.

| 15 | 15 | 20 | 15 | 5 | 5 | 5 | 45 | 15 | 5 | 30 | 5 |

Patricia et Rémi TALEB - Chalet les Lupins - Glapigny - La Closette - 74230 THONES - Tél. : 04 50 63 19 96 - Fax : 04 50 69 19 19 ou SR : 04 50 10 10 10

THORENS-GLIERES Sales — Alt. : 700 m — (TH) — C.M. 89 Pli 14

2 ch. Annecy 20 km. La Roche-sur-Foron 15 km. Le Plateau des Glières 8 km. A 40 km de Genève, 60 km de Chamonix - Plateau des Glières à 20 km, randonnées, raquettes, ski nordique, VTT... Pascale, François et leurs enfants proposent 2 chambres à l'étage dans une maison traditionnelle savoyarde, chacune équipée d'un lit 2 pers. avec sanitaires privés. L'ambiance est familiale, jardin, piano. Table d'hôtes à la demande avec spécialités régionales. Possibilité couchage bébé et enfants avec réduction - 8 ans. Langue parlée : anglais.

Prix : 1 pers. 32 € 2 pers. 37 € repas 15 €
Ouvert : Toute l'année.

| 8 | 8 | 20 | 15 | 1,5 | 1,5 | 20 | 50 | 8 | 8 | 9 | 1,5 |

Pascale et François LAVY - Hameau de Sales - 1011, route des Glières - 74570 THORENS-GLIERES - Tél. : 04 50 22 46 03 - Fax : 04 50 22 81 68

THUSY — Alt. : 670 m — (TH) — C.M. 89 Pli 14

2 ch. Annecy, Gorges du Fier et château de Montrottier 15 km. Au cœur d'un hameau agricole, Monique et Bernard vous accueillent dans leur ancienne ferme datant de la fin du XIXe et vous offrent 2 ch. spacieuses avec salle d'eau privative et wc communs. 1 ch. avec 1 lit de 2 pers. et 2 lits 1 pers., 1 ch. avec 1 lit 2 pers. Chauffage central, séjour avec jeux, livres, terrasse. Réduction enfants -8 ans. Château de Clermont (Renaissance) 10 km, 2 musées 10 km.

Prix : 1 pers. 22 € 2 pers. 31 € 3 pers. 40 € repas 12 €
Ouvert : La saison d'été.

| 25 | 25 | 15 | 15 | 6 | 2 | 3 | 10 | 25 | 15 | 15 | 6 |

Bernard et Monique TISSOT - Bornachon D17 - 74150 THUSY - Tél. : 04 50 69 64 06 ou SR : 04 50 10 10 10

USINENS — (TH) — C.M. 89 Pli 14

5 ch. Annecy 35 km. Seyssel 8 km. Château de Clermont 15 km. Chez l'agriculteur, dans un cadre agréable et reposant, Monique et Bernard vous accueillent au sein de leur ferme restaurée et fleurie. 5 ch. d'hôtes : 1 ch. 2 épis avec salle d'eau et wc privés, 1 lit 2 pers., 4 ch. 1 épi, salle de bains et wc communs, de 1 ou 2 pers. Chauffage central, séjour, TV, terrain, jardin, ping-pong. Réduction enfants -8 ans. Restaurant à 3 Km. A découvrir : Château Renaissance de Clermont, barrage de Génissiat sur le Rhône. Tarifs en fonction du classement. Les repas ne sont pas assurés le dimanche.

Prix : 1 pers. 17/25 € 2 pers. 25/30 € repas 11 €
Ouvert : Toute l'année.

| 30 | 16 | 12 | 7 | 7 | 0,5 | 30 | 10 | 12 | 7 |

Bernard et Monique BORNENS - Chef Lieu - 74910 USINENS - Tél. : 04 50 77 90 08 - Fax : 04 50 77 90 08 ou SR : 04 50 10 10 10

USINENS Bovinens — Alt. : 500 m — (TH) — C.M. 89 Pli 14

6 ch. Annecy 35 km. Seyssel 8 km. Château de Clermont 15 km. A proximité du Plateau du Retord, dans un cadre tranquille et isolé, la Baraka vous propose 6 ch. de 2 ou 4 pers. Lavabo et douche dans chaque ch., 2 ch. avec wc privés. Au r.d.c., 1 ch. est équipée pour recevoir 2 pers. en fauteuil. Salon, salle à manger, vaste bibliothèque, TV et vidéo. Salle de détente pouvant accueillir des séminaires. Jardin, terrasse, veranda. La cuisine d'Anne-Marie est savoureuse et variée avec spécialités savoyardes et étrangères. Réduction sur repas enfants. Base de Loisirs de Chêne en Semine 3 km, prox. du Rhône et Jura. Annecy, Aix-les-Bains 35 km. Ski à Menthières, Corbonnot, Retord. Château de Clermont, Fort l'Ecluse. Langue parlée : anglais.

Prix : 1 pers. 24/32 € 2 pers. 37/43 € 3 pers. 48/55 € repas 12 € 1/2 pens. 37/44 €
Ouvert : Toute l'année.

| 25 | 25 | 35 | 12 | 3 | 3 | 20 | 5 | 12 | 10 |

Anne-Marie CAVILLON - La Baraka - Bovinens - 74910 USINENS - Tél. : 04 50 77 99 70 - Fax : 04 50 77 96 50 - E-mail : labaraka@wanadoo.fr

VACHERESSE Les Combes — Alt. : 800 m — C.M. 89 Pli 2

3 ch. Abbaye d'Abondance 7 km. Chatel 19 km. Lac Léman 20 km. A l'entrée de la Vallée d'Abondance. Dans une grande maison rénovée, entre Léman et Châtel, Marguerite vous offre 3 chambres agréables avec lavabo, salles d'eau et wc communs. 2 ch. avec 1 lit 1 pers. et 1 lit 2 pers., 1 ch. avec 1 lit 2 pers. Chauffage central, terrain, terrasse. Pêche dans la Dranse, à proximité. Restaurant à 0,8 Km. En bordure de route.

Prix : 1 pers. 23 € 2 pers. 37 € 3 pers. 46 €
Ouvert : Toute l'année.

| 7 | 7 | 20 | 19 | 0,5 | 0,1 | 19 | 19 | 7 | 19 | 0,5 |

Marguerite PETITJEAN - Chambres d'hôtes - Les Combes - 74360 VACHERESSE - Tél. : 04 50 73 10 70

Haute-Savoie — *Rhône-Alpes*

VALLORCINE Les Plans
Alt. : 1200 m — C.M. 89 Pli 4

5 ch. **Chamonix 16 km. Le Tour et Grands Montets 8 km.** Dans un cadre montagnard préservé, entre Chamonix et Suisse, Catherine et Grisha vous reçoivent dans leur maison de pays en pierres dans laquelle ils viennent d'aménager 5 chambres de charme (2 à 4 pers.) dont une double, avec sanitaires privés. Grand séjour bois et pierres, mobilier savoyard ancien, salon chaleureux (Hifi, TV, magnétoscope). Petit domaine skiable 3 km, fond sur place. Col et réserve naturelle des Aiguilles Rouges 4 km. Grisha est professionnel de la montagne (guide et bi-placeur parapente) et est moniteur de ski comme Catherine. Lit bébé à disposition. Saison d'été. Langues parlées : anglais, italien.

Prix : 1 pers. 53/64 € 2 pers. 64/79 € 3 pers. 96/110 €
p_sup. 15 € repas 19 €
Ouvert : De mai à octobre.

35	19	1,5	0,5	15	30	15	7	1	0,2	

Catherine et Grisha DEPUYDT-KRAVTCHENKO - L'Anatase - Les Plans - 74660 VALLORCINE - Tél. : 04 50 54 64 06 - Fax : 04 50 54 69 41 - E-mail : c.kravtchenko@wanadoo.fr ou SR : 04 50 10 10 10

VAULX Biolley
Alt. : 540 m — C.M. 89 Pli 14

4 ch. **Annecy et son lac 14 km. Les jardins Secrets 3 km. Semnoz 32 km.** Dans une authentique ferme savoyarde du XIXè siècle isolée en campagne, Marie-Christine met à votre disposition 4 ch. douillettes et vous invite à sa table d'hôtes. 1er : sur mezzanine, 3 ch. de 2 à 3 pers. Sanitaires privatifs. 1 ch. de 4 avec entrée indépendante et sanitaires privés. Bibliothèque. Terrain, terrasse. Possibilité lit bébé. Accueil de chevaux en boxes et parcs. Marie-Christine vous propose des séjours de 1 à 3 jours « découverte de l'attelage » dans un environnement splendide. Restaurant à proximité. Réductions accordées pour les enfants. Langues parlées : anglais, espagnol.

Prix : 1 pers. 40 € 2 pers. 46 € 3 pers. 65 € repas 16 €
Ouvert : Toute l'année.

32	32	14	14	3	5	2	40	32	3	14	3

Marie-Christine SKINAZY - La Ferme sur les Bois - Le Biolley - 74150 VAULX - Tél. : 04 50 60 54 50 -
E-mail : annecy.attelage@wanadoo.fr - http://www.annecy-attelage.fr

VERCHAIX
Alt. : 700 m — C.M. 89 Pli 3

1 ch. **Le Grand Massif (domaine skiable) 2 km.** Au cœur de la Vallée du Giffre, à prox. d'un torrent et sur sentier de randonnées, Michèle a aménagé dans son chalet 2 ch. en mezzanine pour une famille, 1 ch. (1 lit 2 pers.), 1 ch. (2 lits 1 pers. gigognes), séparées par wc et petit cabinet. Bains + douche au 1er étage. Séjour, cheminée, balcon ensoleillé. Environnement verdoyant. Ambiance artistique. Atelier de découverte des techniques de peinture. Jardin. Conseils sur découvertes à faire (sentiers, sites naturels, flore...). Réserve naturel de Sixt Fer à Cheval à proximité. Ne pas être allergique aux animaux : labrador et chat heureux de votre présence !

Prix : 1 pers. 29 € 2 pers. 38 € 3 pers. 56 €
Ouvert : Les vacances scolaires et week-end, du vendredi soir au dimanche soir.

2	1	1,2	5	1	SP	1,2	40	5	5	17	1

Michèle BLACHON-VALLET - Chalet Shanti - Chemin Forestier Charrière - 74440 VERCHAIX - Tél. : 04 50 90 60 92 -
Fax : 04 50 90 60 92 - E-mail : michele.blachon@wanadoo.fr - http://gely.fabrice.free.fr/hote/tetihote ou SR : 04 50 10 10 10

LA VERNAZ
Alt. : 800 m — C.M. 89 Pli 2

2 ch. **Lac Léman et Thonon-les-Bains 18 km. Morzine 20 km.** Solange vous recevra dans sa maison aménagée au cœur d'un village situé sur les hauteurs du Chablais, entre lac Léman et Morzine. Elle vous propose 2 chambres, agréables et confortables. Les sanitaires sont communs. (Chambre du Printemps : 1 lit 2 pers. et 1 lit 1 pers. ; Chambre Bleue : 1 lit 2 pers.). Chauffage central. Salle à manger commune, TV, bibliothèque, cour avec mobilier de jardin. Réductions hors vacances. Restaurant à 3 km. Rafting et canoë : 6 km. Ski à St-Jean-d'Aulps 12 km.

Prix : 1 pers. 22 € 2 pers. 25 € 3 pers. 34 €
Ouvert : Toute l'année.

10	10	18	16	16	3	12	16	10	18	16	8

Solange BRELAT - Chef-Lieu - 74200 LA-VERNAZ - Tél. : 04 50 72 10 65

LA VERNAZ
Alt. : 800 m — C.M. 89 Pli 2

5 ch. **Lac Léman et Thonon-les-Bains 18 km. Morzine 20 km.** Janine et Paul vous reçoivent dans une ancienne maison rénovée, entre lac Léman et Morzine. Ils vous offrent 5 chambres confortables avec meubles de style. Bains et wc communs spacieux. 3 ch. avec 1 lit 2 pers. 2 ch. avec 1 lit 2 pers. et 1 lit 1 pers. Grand séjour et salon, cheminée. Cuisine indépendante à disposition. Bibliothèque, terrasse, terrain, balcon. Réduction enfants -8 ans et groupes. Garage motos.

Prix : 1 pers. 23 € 2 pers. 30 € 3 pers. 38 €
Ouvert : Du 01/02 au 01/03, du 01/07 au 15/09 et sur demande.

10	10	16	16	10	3	12	16	10	3	16	8

Janine et Paul MORELLO - Chemin de la Villaz - 74200 LA-VERNAZ - Tél. : 04 50 72 10 41 - Fax : 04 50 72 10 41

VILLARDS-SUR-THONES La Villaz
Alt. : 800 m — C.M. 89 Pli 14

3 ch. **Annecy 25 km. La Clusaz et Le Grand-Bornand 7 km.** Au cœur des Aravis, dans hameau, au calme, idéal pour le repos, Ginette et Yvon vous accueillent dans leur vieux chalet de caractère à côté de la ferme et vous offrent 2 chambres agréables avec balcon-terrasse, au 2ème étage. Salles d'eau privatives et wc commun. (chacune 1 lit 2 pers., 1 lit 1 pers.). Salle à manger et salons communs, cheminée. 1 ch. avec entrée indép. au r.d.c. (1 lit 2 pers., 1 lit 1 pers.), sanitaires privatifs. Cuisine commune à disposition, terrasse. Table d'hôtes en hiver, occasionnelle l'été. Réduction enfants - 8 ans sur repas et gratuité - de 2 ans. Restaurant à 1 Km.

Prix : 1 pers. 26 € 2 pers. 37 € 3 pers. 49 € repas 13 €
Ouvert : Toute l'année.

7	7	20	6	6	0,2	6	60	7	7	25	1

Yvon et Ginette AVRILLON - La Villaz - 74230 VILLARDS-SUR-THONES - Tél. : 04 50 02 04 30 - Fax : 04 50 02 04 30 ou
SR : 04 50 10 10 10

ÎLE DE LA RÉUNION

Pour réserver, écrire ou téléphoner :

974 - REUNION
GÎTES DE FRANCE - Service Réservation
10, place Sarda-Garriga
97400 SAINT-DENIS
Tél. : 00 262 90 78 90
Fax : 00 262 41 84 29

3615 Gîtes de France
0,2 €/min

Réunion

Réunion

GITES DE FRANCE
Service Réservation
10, place Sarda Garriga
97400 SAINT-DENIS
Tél. 00 262 90 78 90 - Fax 00 262 41 84 29

3615 Gîtes de France
0,2 €/min

LES AVIRONS Le Tevelave — Alt. : 900 m (TH)

3 ch. **Les Avirons à 9 km.** 3 chambres d'hôtes de 2 pers. dans la maison du propriétaire avec salle de bain privée, wc communs aux chambres, TV, chauffage, jardin, parking. Nombreuses randonnées pédestres. Repas : 15 €. Spécialité : canard fumé (sur commande).

Prix : 1 pers. **28 €** 2 pers. **28 €** pers. sup. **12 €** repas **15 €**

🐕	👥	≈	⛱
	SP	15	9

GITES DE FRANCE-SERVICE RESERVATION - 10 Place Sarda Garriga - 97400 SAINT-DENIS - Tél. : 02 62 90 78 90 - Fax : 0 262 41 84 29

LES AVIRONS Le Tevelave — Alt. : 700 m (TH)

2 ch. **Les Avirons à 5 km.** 2 chambres de 2 personnes, situées dans le jardin du propriétaire, sanitaires privés, TV, cheminée. Poss. Lit supplémentaire : 9 €, parking. Possibilité repas : 15 €. A 3 km : piscine et tennis.

Prix : 1 pers. **33 €** 2 pers. **36 €** 3 pers. **45 €** repas **15 €**

🐕	🏊	🏊	🎾	👥	🏹	⛵	≈	⛱	🏠	⛱
	2	8	2	3	8	15	8	15	60	3

GITES DE FRANCE-SERVICE RESERVATION - 10 Place Sarda Garriga - 97400 SAINT-DENIS - Tél. : 02 62 90 78 90 - Fax : 0 262 41 84 29 - PROP : 02 62 38 00 39

LES AVIRONS Le Tevelave — Alt. : 650 m (TH)

4 ch. Dans les hauts de l'Ouest, entre littoral et forêt « Le Jasmin de nuit » vous propose dans le charme d'une case créole tradition., 4 ch. de 2 pers., avec sanitaires privés, au décor soigné, sur le thème des différentes ethnies présentes à la Réunion. Confort personnalisé, accueil chaleureux. Vue sur l'océan. Repas à partir de 15 €. Rando. pédestres.

Prix : 1 pers. **33 €** 2 pers. **39 €** 3 pers. **48 €** repas **15 €**

🐕	🏊	🏹	≈	🚤	⛱
	5	9	7	9	15	3

GITES DE FRANCE-SERVICE RESERVATION - 10 Place Sarda Garriga - 97400 SAINT-DENIS - Tél. : 02 62 90 78 90 - Fax : 0 262 41 84 29 - PROP : 02 62 38 07 55

BOIS-DE-NEFLES-SAINT-PAUL — Alt. : 700 m (TH)

2 ch. 2 chambres de 2 personnes attenantes à la maison du propriétaire équipées de wc et salle d'eau, entrée indépendante, salle commune. S.P. : vente de légumes. Ville la plus proche : Saint Paul (20min.) - Saint Denis (1h00) Table d'hôte : 2 carrys : 15,2 €.

Prix : 1 pers. **23 €** 2 pers. **32 €** repas **15 €**

🐕	🏊	⛵	≈	⛱	🚤	⛱
	SP	SP	SP	SP	12	12

Joseph-Inel LAURET - 50 chemin des Barrières - 97411 BOIS-DE-NEFLES-SAINT-PAUL - Tél. : 02 62 44 28 11

LA CHALOUPE — Alt. : 800 m (TH)

3 ch. **St-Leu à 10 km.** 3 chambres 2 pers. dans le prolongement de la maison du propriétaie, sanitaires privés, salle commune, jardin, parking. Visites :Ferme Corail, jardin botanique. TH à partir de 12 €.

Prix : 1 pers. **23 €** 2 pers. **23 €** pers. sup. **8 €** repas **12 €**

🐕	🏊	👥	⛵	≈	⛱	⛱
	SP	SP	10	10	10	10

Julia MAILLOT - 4 chemin des Hortensias - 97416 LA-CHALOUPE - Tél. : 02 62 54 82 92

LA CHALOUPE — Alt. : 950 m (TH)

2 ch. **Piton Maïdo à 20 km.** 3 chambres de 2 personnes dans la maison du propriétaire, s.d.b. et wc privés, parking. Visites : jardin botanique des Colimaçons. TH à partir de 12 €.

Prix : 1 pers. **24 €** 2 pers. **24 €** repas **12 €**

🐕	👥	⛵	≈	⛱	⛱
	SP	10	10	10	1,5

Jean-Ivrin CADET - 20 chemin Payet Emmanuel - 97416 LA-CHALOUPE - Tél. : 02 62 54 85 00

Réunion

CILAOS
Alt. : 1200 m (TH)

3 ch. **St-Louis à 36 km.** 3 chambres de 2 pers. dans la maison du propriétaire en r.d.c., salle de bain commune, wc, salle commune, jardin, parking. Artisanat, forêt, randonnées : Roche Merveilleuse, Cascade du Bras Rouge...

Prix : 1 pers. **23** € 2 pers. **30** € 3 pers. **38** € repas **14** €

SP SP SP 1

Léonard GARDEBIEN - 50, rue de Saint-Louis - 97413 CILAOS - Tél. : 02 62 31 72 15

CILAOS
Alt. : 1200 m (TH) ⊂⊃

5 ch. **St-Louis à 37 km.** 5 ch. avec salles de bain et WC situées au dessus de la maison du propriétaire, TV, salle commune, terrasse. Artisanat, station thermale, VTT. Randonnées : Piton des Neiges, la Roche Merveilleuse, Col du Taïbit... Travellers chèques acceptés.

Prix : 1 pers. **34** € 2 pers. **38** € 3 pers. **55** € repas **15** €

SP SP SP

Luc PAYET - 1, ruelle des Artisans - 97413 CILAOS - Tél. : 02 62 31 77 79

CILAOS
Alt. : 1200 m (TH)

4 ch. **St-Louis à 37 km.** 4 ch. indépendantes de 2 pers. avec s.d.b. privées situées au-dessus de la maison du propriétaire, wc commun, TV, chauffage, jardin, parking. Salon, projection de film sur la Réunion. Rivière, artisanat, station thermale, randonées : Piton des Neiges, le Col du Taïbit.

Prix : 1 pers. **33** € 2 pers. **33** € pers. sup. **12** € repas **15** €

SP SP SP

Carmen IDMONT - 9, rue Sery Victorine - Les Cimes - 97413 CILAOS - Tél. : 02 62 31 72 47

CILAOS
Alt. : 1160 m (TH)

3 ch. **Cilaos à 12 km.** 3 chambres dont de 3 pers. dans la maison du propriétaire, douche/wc dans chaque chambre, TV, salle commune. Parking. Randonnées : Piton des Neiges, Col du Taïbit, Sentier Bras Saint Paul, Reposoir la Chapelle.

Prix : 1 pers. **30** € 2 pers. **34** € 3 pers. **46** € repas **15** €

SP

Hélène PAYET - 13 chemin Terre Fine - Ilet à Cordes - 97413 CILAOS - Tél. : 02 62 35 18 13

CILAOS
Alt. : 1200 m (TH)

5 ch. **Cilaos à 6 km. St-Louis à 42 km.** 5 chambres au dessus de la maison avec s.d.b. privée, wc, salle commune, cheminée, parking. Saint Denis à 200 km. VTT, pelote basque, station thermale, artisanat, randonnées : Piton des Neiges, la Roche Merveilleuse...

Prix : 1 pers. **34** € 2 pers. **34** € pers. sup. **14** € repas **15** €

SP SP SP

GITES DE FRANCE-SERVICE RESERVATION - 10 Place Sarda Garriga - 97400 SAINT-DENIS - Tél. : 02 62 90 78 90 - Fax : 00 262 41 84 29 - PROP : 02 62 25 56 64

CILAOS
Alt. : 1200 m

2 ch. **St-Louis à 37 km.** 2 chambres indépendantes dans le prolongement de la maison du propriétaire, salle d'eau dans chaque chambre, wc commun aux chambres, salle commune, TV, bibliothèque, cheminée. Rivière, forêts, artisanat, randonnées pédestres. Poss. repas le soir. S.P. : diaporama sur les balades à faire à la Réunion.

Prix : 1 pers. **18** € 2 pers. **30** €

SP SP

Doris FLAVIE - Matharum - 97413 CILAOS - Tél. : 02 62 31 71 23

CILAOS Bras Sec
Alt. : 1200 m (TH)

2 ch. 2 ch. 2 personnes, situées dans le prolongement de la maison du propriétaire, s.d.b. et wc privés. Commerces et services dans le village. Loisirs : Station thermale, tennis, artisanat - randoées pédestres : Piton des Neiges, Col du Taïbit, Cap Noir...

Prix : 1 pers. **23** € 2 pers. **23** € repas **11** €

SP SP SP 1

Aurélien NASSIBOU - Route de Bras Sec - 97413 CILAOS - Tél. : 02 62 31 71 77

Réunion

CILAOS
Alt. : 1200 m

2 ch. **St-Louis à 30 km.** 2 chambres de 2 personnes dans la maison du propriétaire avec sanitaires privés, salle commune. Loisirs : sentier Bras St-Paul, reposoir la chapelle, Col du Taïbit...TH à proximité.

☎

Prix : 1 pers. **30** € 2 pers. **34** €

Carole MAILLOT - Ilet à Cordes - 97413 CILAOS - Tél. : 25 62 25 74 57

CILAOS
Alt. : 1200 m

1 ch. **Cilaos à 12 km.** Structure comprenant 1 gîte d'étape 3 épis et 1 ch. 2 pers. classée 1 épi. Loisirs : randonnées pédestres : sentier Bras St-Paul, reposoir la chapelle, Col du Taïbit...

Prix : 1 pers. **34** € 2 pers. **34** €

SP	12

Jean-Marie GRONDIN - 27 chemin Terre Fine - Ilet à Cordes - 97413 CILAOS - Tél. : 02 62 25 38 57

CILAOS (TH)

3 ch. **St-Louis à 37 km.** 3 Chambres (2 lits 1 pers., 1 lit 2 pers., 2 lits 1 pers.) situées dans le prolongement de la maison du propriétaire, sanitaires privés, jardin clos. TV dans salle commune, climatisation, cheminée. Loisirs : artisanat, rivière.

Prix : 1 pers. **31** € 2 pers. **39** € 3 pers. **54** € repas **14** €
Ouvert : Toute l'année.

0,3

Marie-Joelle HOARAU - 11 bis Rue des Platanes - « Le Galabert Jaune » - 97413 CILAOS - Tél. : 02 62 31 88 60 ou SR : 02 62 90 78 90

CILAOS
Alt. : 1600 m (TH)

4 ch. **Cilaos à 800 m.** 4 ch. (2 ch. 2 pers., 1 ch. 1 pers., 1 ch. 3 pers.) situées à proximité de la maison du propriétaire. Sanitaires communs aux ch., jardin clos, cheminée dans salle commune. Loisirs : nombreuses randonnées pédestres, les thermes, visite de la Maison du peuplement.

Prix : 1 pers. **26** € 2 pers. **37** € repas **12** €

SP	0,8

M-Annie GIRONDIN - 22, ch. du Brûlé Marron - 97413 CILAOS - Tél. : 02 62 31 90 95

LES COLIMACONS
Alt. : 600 m

3 ch. **St-Leu à 7 km.** 3 chambres de 2 personnes avec WC et salle d'eau, en dessous de la maison du propriétaire, TV dans salle commune. Visites : Jardin botanique des Mascarins. Poss. repas et location de voitures (voir avec le propriétaire).

Prix : 1 pers. **31** € 2 pers. **31** €

7	SP	7	7	7	10

GITES DE FRANCE-SERVICE RESERVATION - 10 Place Sarda Garriga - 97400 SAINT-DENIS - Tél. : 02 62 90 78 90 -
Fax : 00 262 41 84 29 - PROP : 02 62 54 80 81

ENTRE-DEUX Le Dimitile (TH)

2 ch. 2 chambres de 2 personnes au r.d.c. d'une structure comprenant également un gîte d'étape, avec salle de bain et wc privés dans chaque ch. Initiation au tourisme équestre ou promenade détente, tour de carrière : 3,05 €, mise en selle : 13 €/heure, bras Long : 26 €. TH : 16 €.

Prix : 1 pers. **30** € 2 pers. **35** € repas **16** €

SP	SP	17

Patrice LAVOCAT - 20, rue Cinaire - BP19 - Ranch Kikouyou - 97414 ENTRE-DEUX - Tél. : 02 62 39 60 62 -
E-mail : ranch.kikouyou@wanadoo.fr

ENTRE-DEUX

3 ch. 3 chambres de 2 personnes à l'étage de la maison du propriétaire, s.d.b. et wc privés, jardin clos et parking.

Prix : 1 pers. **39** € 2 pers. **39** €

3	SP	3	15	2	2

GITES DE FRANCE-SERVICE RESERVATION - 10 Place Sarda Garriga - 97400 SAINT-DENIS - Tél. : 02 62 90 78 90 -
Fax : 00 262 41 84 29 - PROP : 02 62 39 66 44

Réunion

ENTRE-DEUX (TH)

3 ch.
St-Pierre à 18 km. 3 ch. indép., reliees entre elles par des coursives ouvertes, avec jardin et terrasses privatifs. Sanitaires privés, jardin clos, téléphone à disposition. TV. Loisirs : rivière à 4 km, forêt à 10 km, artisanat à 1,5 km. TH à partir de 15 €.

Prix : 1 pers. **39 €** 2 pers. **55 €** pers. sup. **15 €** repas **15 €**

1,5	2	SP	3	18	1,5

GITES DE FRANCE-SERVICE RESERVATION - 10 Place Sarda Garriga - 97400 SAINT-DENIS - Tél. : 02 62 90 78 90 - Fax : 0 262 41 84 29 - PROP : 02 62 39 65 43

ENTRE-DEUX Ravine des Citrons   Alt. : 500 m   (TH)

2 ch.
2 Chambres de 2 personnes avec sanitaires privés, situées à proximité de la maison du propriétaire, jardin clos avec piscine privée, téléphone chez le propriétaire. Repas : 14 €. Station VTT. Transports en commun.

Prix : 1 pers. **27 €** 2 pers. **39 €** repas **14 €**

Ouvert : Toute l'année.

12	SP	3	12	3

VIENNE Nicole « Les Durentas » - 35 bis, Rue Defaud - Ravine des Citrons - 97414 ENTRE-DEUX - Tél. : 02 62 39 64 03 ou SR : 02 62 90 78 90 - E-mail : les-durentas@wanadoo.fr

ETANG-SALE

2 ch.
St-Louis à 5 km. 2 ch. 2 personnes dans la maison du propriétaire, en r.d.c., équipées de lavabo, s.d.b. commune, TV, salle commune, jardin et parking, magnifique point de vue de étang Salé à St-Pierre. Réfrigérateur à disposition dans s. à manger, lessive : 4,6 €, gratuite à partir de 4 nuits. Artisanat, tir aux pigeons, jardin d'oiseau, ferme crocodile. Cuisine en sup.

Prix : 1 pers. **24 €** 2 pers. **24 €**

6	6	6	6

Eugène-Richemond SAVIGNY - 3 sentier des Prunes - Ravine Sheunon - 97427 ETANG-SALE - Tél. : 02 62 26 31 09 - Fax : 02 62 26 31 09

ETANG-SALE (TH)

4 ch.
4 ch. 2 pers., dans la maison du propriétaire, située dans la fraîcheur verdoyante d'une pépinière. Décor sur le thème des différentes ethnies présentes à la Réunion. 1 ch. accessible aux handicapés, sanitaires privés. TV dans salle commune. Jardin clos. Ventilateur.

Prix : 1 pers. **40 €** 2 pers. **45 €** repas **16 €**

Ouvert : Toute l'année.

7	7	2

Alain MAHE - 127, rte Ravine Sèche - 97427 ETANG-SALE - Tél. : 02 62 26 52 06 ou SR : 02 62 90 78 90

LE GUILLAUME

2 ch.
St-Paul et St-Gilles-les-bains à 15 km. 2 chambres indépendantes de 2 pers. en dessous de la maison du propriétaire, salle de bains et wc dans chaque chambre, salle commune, jardin, parking. Table d'hôtes à 4 km.

Prix : 1 pers. **23 €** 2 pers. **30 €**

12	15	12	14	11	15	15	10	0,5

Dominique MAGDELEINE - 119 chemin Lebon - 97423 LE-GUILLAUME-SAINT-PAUL - Tél. : 02 62 32 40 34 ou 02 62 32 53 50

LE GUILLAUME   Alt. : 1000 m   (TH)

4 ch.
St-Paul à 15 km. 4 chambres de 2 personnes à proximité de la maison du propriétaire, salle d'eau et wc privés, salle commune, TV, cheminée, jardin, parking. Forêts, randonnées pédestres : Grand Bénard, Cirque de Mafate... Artisanat. Pêche, plongée.

Prix : 1 pers. **24 €** 2 pers. **24 €** repas **15 €**

14	SP	SP	SP	SP	25	25	25	15	3

Magdeleine ROSE - Le Guillaume - Petite France - 97423 ST-PAUL - Tél. : 02 62 32 53 50 ou SR : 02 62 90 78 90

LE GUILLAUME   Alt. : 950 m

3 ch.
St-Paul à 20 km. 3 chambres de 2 personnes au-dessus de la maison du propriétaire, dans cadre verdoyant et tranquille, s.d.b. et wc dans la chambre, parking. Parc de loisirs à proximité. S.P. : aire de jeux, ping-pong et pétanque. Dans la région : randonnées pédestres, super luge à 4 km. Poss. prix dégressifs pour plusieurs jours.

Prix : 1 pers. **38/46 €** 2 pers. **38/46 €**

20	SP	1,2	20	20	20	20	20

Marc-Henri LOUGNON - Route du Maïdo - Petite France - 97423 LE-GUILLAUME-SAINT-PAUL - Tél. : 02 62 32 44 26 - Fax : 02 62 32 44 26

Réunion

PETITE-ILE (TH)

||| 4 ch. 2 ch. de caractère de 3 pers. situées à l'étage de la maison du propriétaire, avec s.d.b. et wc pour chaque chambre, petit salon et terrasse communs aux 2 chambres, coin TV. 2 ch. de 2 et 3 pers. au r.d.c. avec TV. Sanitaires privés, véranda commune, réfrigérateur. Loisirs : visite du jardin du propriétaire, plage de Grand Anse.

Prix : 1 pers. **31/35** € 2 pers. **36/40** € 3 pers. **51/55** € repas **16** €

8	8	5

Yves HOARAU - 2, rue du Piton - 97429 PETITE-ILE - Tél. : 02 62 56 82 26 ou SR : 02 62 90 78 90

PETITE-ILE

||| 2 ch. **St-Pierre à 10 km.** Véremer associe le charme d'une demeure créole à un confort personnalisé. Vue panoramique sur l'océan Indien de la varangue accueillante ouverte sur la piscine. Chacune des 2 ch. au décor marin (s.d.b. et wc privés) vous offre la mer en toile de fond. Entrée indép. A 5 mn de la plage, cascades, équitation, plongée, sentier des épices.

Prix : 1 pers. **31/35** € 2 pers. **36/40** €

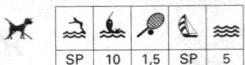

SP	10	1,5	SP	5

Razack OMARJEE - « Veremer » - 40 Chemin Sylvain Vitry - 97429 PETITE-ILE - Tél. : 02 62 31 65 10 - Fax : 02 62 31 65 10 - perso.wanadoo.fr/veremer ou SR : 02 62 90 78 90

PETITE-ILE

|| 3 ch. **St-Pierre à 9 km. Volcan à 25 km. Petite-Ile à 3 km.** Au détour d'un route bordée de cannes à sucre, surplombant la plage de Grand Anse, un jardin plein de calme et de douceur, vous invite à découvrir charme et authenticité. Donnant sur un espace sans fin, les chambres spacieuses et confortables (s.d.b. privées) sont situés au r.d.c de la maison du propriétaire. Entrée indépendante, terrasse.

CV

Prix : 1 pers. **31/34** € 2 pers. **34/37** € 3 pers. **47/52** €

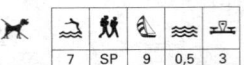

7	SP	9	0,5	3

Françoise HOARAU - 24 chemin Neuf - 97429 PETITE-ILE - Tél. : 02 62 56 76 16 - Fax : 02 62 56 76 16

PITON-SAINT-LEU Alt. : 800 m (TH)

|| 4 ch. **St-Leu à 11 km.** 4 chambres de 2 personnes dans la maison du propriétaire, s.d.b. dans chaque chambre, wc communs, TV dans salle commune, bibliothèque, jardin, parking. Parapente. Visites : jardin botanique des Mascarins, Ferme Corail.

Prix : 1 pers. **23** € 2 pers. **30** € 3 pers. **42** € repas **14** €

11	SP	11	11

Mélanie-Marthe DARTY - N°419 Le Plate - 97424 PITON-SAINT-LEU - Tél. : 02 62 54 01 94

PITON-SAINT-LEU

||| 3 ch. 3 ch. 2 pers. jouxtant la maison du propriétaire (28 m²) (2 ch. : 1 lit double - 1 ch. : lits jumelables). Sanitaires privés, terrasse, salle commune avec petite cuisine. Vue imprenable sur la côte. Loisirs : jardin botanique, Ferme de Corail, spot parapente, surf.

Prix : 1 pers. **41** € 2 pers. **41** €

4	SP	4	4

Claire VION - 22 ter ch. Georges Thénor - Bardzour Grand Fond - 97424 PITON-SAINT-LEU - Tél. : 02 62 34 13 97 - Fax : 02 62 34 27 05 ou SR : 02 62 90 78 90 - E-mail : christian-vion@wanadoo.fr

PITON-SAINT-LEU (TH)

E.C. 2 ch. **St-Denis à 65 km. St-Leu à 8 km.** 2 chambres 2 pers. situées dans le prolongement de la maison du propriétaire dont une avec vue sur la mer. Sanitaires privés, salle commune. Repas à partir de 15 €. Loisirs : visite de jardin, plongée à 8 km.

Prix : 1 pers. **34/38** € 2 pers. **34/38** € repas **15** €

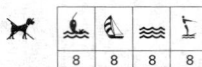

8	8	8	8

Claudine BEGUE - rue A. Lagourgue - 97424 PITON-SAINT-LEU - Tél. : 02 62 34 14 16 - Fax : 02 62 34 08 17 ou SR : 02 62 90 78 90

PLAINE-DES-CAFRES Alt. : 1125 m (TH)

||| 5 ch. 5 ch. dans la maison du propriétaire (3 ch. 2 pers. dont 1 avec 2 lits 1 pers., 1 ch. 4 pers., 1 ch 3 pers.). Sanitaires privés, jardin clos, chauffage, TV dans salle commune. Commerces et services à 5 mn. Loisirs : randonnées pédestres, volcan.

Prix : 1 pers. **37** € 2 pers. **37** € 3 pers. **52** € repas **16** €

SP

Marie-Laure VILCOURT - « Les Grévilleas » - 7 ter PK 20 RN3 - 97418 PLAINE-DES-CAFRES - Tél. : 02 62 59 17 97 - Fax : 02 62 59 17 97 ou SR : 02 62 90 78 90 - E-mail : grevilleas@guetali.fr

Réunion

PLAINE-DES-CAFRES   Alt. : 1390 m   (TH)

▌▌▌ 6 ch.   6 chambres 2 pers. avec vue sur le Piton des Neiges, sanitaires privés, salle commune avec coin salon, TV, cheminée. Loisirs : GR 2 à 2,5 km. Maison du Volcan.

Prix : 1 pers. 35 € 2 pers. 35 € repas 15 €

	SP	SP	1

Clément ALICALAPA TENON - N°62, RN3 24ᵉ km - 97418 PLAINE-DES-CAFRES - Tél. : 02 62 59 10 41

PLAINE-DES-CAFRES   Alt. : 1200 m

E.C. 5 ch.   5 chambres de 2 pers. dans la maison propriétaire, s.d.b. commune aux chambres, sallle commune, jardin. Le Volcan, Grand Bassin, Rivière des Remparts...

Prix : 1 pers. 32 € 2 pers. 32 €

19	19	19	30	1

Jean-Louis LACOUTURE - RN3, le 22ᵉ km - 97418 PLAINE-DES-CAFRES - Tél. : 02 62 59 04 91

PLAINE-DES-CAFRES   Alt. : 1100 m   (TH)

▌ 4 ch.   Le Tampon à 20 km. 4 ch. de 2 pers. dans la maison du propriétaire (à l'étage), s.d.b commune aux chambres, wc, TV, salle commune avec cheminée, jardin, parking. Forêts, équitation - randonnées pédestres : le Volcan, Bélouve, Grand Bassin... Possibilité repas : 15 €.

Prix : 1 pers. 27 € 2 pers. 30 € repas 15 €

19	19	30	1

Anne-Suzanne RIVIERE - 14 RN3 PK 22 - 97418 PLAINE-DES-CAFRES - Tél. : 02 62 27 59 78

PLAINE-DES-CAFRES   Alt. : 1610 m   (TH)

▌▌ 3 ch.   Village du 23ᵉ km à 7 km, Bourg Murat à 2,5 km. 2 chambres de 3 pers. avec sanitaires privés, bibliothèque,TV, jardin. Forêts - tennis - randonnées pédestres : le Volcan, Grand Bassin... Du mois de mai à septembre : il fait parfois 0°. Poss. repas : 15 €.

Prix : 1 pers. 35 € 2 pers. 35 € 3 pers. 50 € repas 15 €

3	7

Chantal GUESDON - 15 Grande Ferme - 97418 PLAINE-DES-CAFRES - Tél. : 02 62 27 59 25

PLAINE-DES-CAFRES   Alt. : 1700 m   (TH)

▌ 2 ch.   Le 23ᵉ km à 8 km. 2 chambres de 2 personnes dans la maisons du propriétaire, s.d.b. commune, wc, salle commune, TV, jardin, parking, chauffage. Le 23 ème km à 8 km (15 mn). S.P. : aire de jeux, forêts, randonnées pédestres.

Prix : 1 pers. 30 € 2 pers. 30 € repas 13 €

SP

Thérèse MUSSARD - N°180 Notre Dame de la Paix - 97418 PLAINE-DES-CAFRES - Tél. : 02 62 27 57 59

PLAINE-DES-CAFRES   Alt. : 1125 m   (TH)

▌▌ 2 ch.   Le Tampon à 5 km. 2 chambres de 2 pers. dans la maison du propriétaire, s.d.b. et wc privés aux chambres, TV dans salle commune, cheminée. St-Denis à 110 km.

Prix : 1 pers. 39 € 2 pers. 39 € 3 pers. 55 € repas 15 €

10	7	20	2,5

GITES DE FRANCE-SERVICE RESERVATION - 10 Place Sarda Garriga - 97400 SAINT-DENIS - Tél. : 02 62 90 78 90 -
Fax : 0 262 41 84 29 - Prop. : 02 62 27 53 84

PLAINE-DES-CAFRES Petite Ferme   Alt. : 1500 m

▌▌▌ 1 ch.   1 chambre de caractère de 2 pers., située dans le prolongement de la maison du propriétaire, s.d.b. et wc privés, chauffage. Loisirs : nombreuses randonnées pédestres : le Volcan, Grand Bassin... Possibilité promenade en mer et pêche au gros, promenade sur la propriété. Poss. lessive.

Prix : 1 pers. 40 € 2 pers. 40 € pers. sup. 15 €

15	5	SP	0,5	25	2

Madeleine ROBERT - CD36, 89 Petite Ferme - Petite Ferme - 97418 PLAINE-DES-CAFRES - Tél. : 02 62 59 20 59 - Fax : 02 62 57 96 71

Réunion

PLAINE-DES-CAFRES   Alt. : 1450 m   A

3 ch. **Le 23ᵉ km à 2 km. Volcan à 30 km.** 5 chambres de 2 personnes avec sanitaires privés, calmes et confortables, situées dans un cadre de verdure, avec cheminée. S.P. : vente de produits fermiers et de conserves à l'ancienne. Balançoire, ping-pong.

Prix : 1 pers. **30/38** € 2 pers. **38** € repas **15** €

👥	🏃	🍽
SP	SP	2

Corinne COMBELLES - PK25 - RN3 - 97418 PLAINE-DES-CAFRES - Tél. : 02 62 59 29 79 - corinne.combelles@wanadoo.fr

PLAINE-DES-CAFRES   Alt. : 1600 m   (TH)

4 ch. **Le 23ᵉ km à 3 km. Volcan à 20 km.** 4 chambres de 2 personnes situées au dessus de la maison du propriétaire, s.d.b. et wc privés dans chaque chambre, possibilité lit supplément. Grand Bassin. Visite de la maison du Volcan. Cuisine au feu de bois.

Prix : 1 pers. **38** € 2 pers. **38** € pers. sup. **13** € repas **17** €

👥	🏃	≈	🍽
SP	1,5	20	3

GITES DE FRANCE-SERVICE RESERVATION - 10 Place Sarda Garriga - 97400 SAINT-DENIS - Tél. : 02 62 90 78 90 - Fax : 0 262 41 84 29

PLAINE-DES-PALMISTES   Alt. : 900 m   (TH)

3 ch. **St-Benoît à 17 km.** 3 chambres indép. 2 pers. dans le prolongement de la maison du propriétaire, s.d.b. commune aux chambres, wc, jardin, parking. Pétanque forêts, randonnées pédestres : Cascade Biberon, forêt de Bébourg, Grand Etang...

Prix : 1 pers. **23** € 2 pers. **27** € pers. sup. **12** € repas **8/15** €

👥
SP

Henriette GRONDIN - 17, rue Dureau - 97431 PLAINE-DES-PALMISTES - Tél. : 02 62 51 33 79

LA POSSESSION Les Acacias   Alt. : 1000 m   (TH)

2 ch. **St-Denis à 30 km.** 2 ch. de 2 personnes dans la maison du propriétaire, wc et douche dans chaque chambre, dont 1 chambre accessible aux handicapés. Vue sur la mer. Parking, cheminée.

Prix : 1 pers. **36** € 2 pers. **36** € repas **16** €

👥	🍽
SP	1

GITES DE FRANCE-SERVICE RESERVATION - 10 Place Sarda Garriga - 97400 SAINT-DENIS - Tél. : 02 62 90 78 90 - Fax : 0 262 41 84 29

LA POSSESSION Chemin Cap Noir   Alt. : 1100 m   (TH)

4 ch. **La Possession à 12 km.** 4 ch. de 2 pers., situées dans le prolongement de la maison du prop. Sanitaires privés, jardin clos, téléphone à disposition, chauffage. Artisanat à 500 m.

Prix : 1 pers. **38** € 2 pers. **38** € 3 pers. **50** € repas **15** €

👥	🍽
SP	1

Raymonde PIGNOLET - 3, allée Pignolet - Chemin Cap Noir - 97419 LA-POSSESSION - Tél. : 02 62 32 00 82 ou SR : 02 62 90 78 90

LA POSSESSION Mont Vert les Bas   (TH)

E.C. 4 ch. 4 ch. 2 pers. avec sanitaires et varangues privatifs. Jardin clos. TV dans salle commune. Poss. lessive chez le propriétaire. La cour Montvert vous offre ses « maisonnettes créoles » où vous apprécierez le calme et la sérénité au cœur de son verger éxotique de 4 ha, avec 1 vue imprenable sur le littoral sud.

Prix : 1 pers. **38** € 2 pers. **42** € 3 pers. **55** € repas **14** €
Ouvert : Toute l'année.

🏊	≈	🍽
7	7	5

Antoine et Bernadette VALATCHY - 18 ter ch. Roland Garros - Mont Vert Les Bas - 97400 ST-PIERRE - Tél. : 02 62 31 21 10 - Fax : 02 62 31 21 01 ou SR : 02 62 90 78 90 - E-mail : courmontvert@wanadoo.fr

RAVINE-DES-CABRIS

2 ch. **St-Pierre à 7 km.** 2 chambres de 2 pers. dans le prolongement de la maison du propriétaire, équipées de lavabo, s.d.b. commune, TV, jardin, parking. Randonnées : le Dimitile, le Volcan... A 100 m du Vieux Domaine à la Ravine des Cabris et à 500 m du jardin Exotica à Pierrefonds.

Prix : 1 pers. **23** € 2 pers. **27** € 3 pers. **30** €

🏊	⛵	≈	🏄	🚤	🍽
7	7	7	7	7	7

Yvette LEBON - 11 chemin Técher Mauricienne - 97432 RAVINE-DES-CABRIS - Tél. : 02 62 49 73 78

Réunion

RIVIERE-SAINT-LOUIS Les Makes Alt. : 900 m (TH)

6 ch. **St-Louis à 12 km.** 3 chambres de 2 personnes au-dessus de la maison du propriétaire, salle de bain commune aux 3 chambres, 3 ch. 2 pers. avec sanitaires privés, situées dans une maison créole à proximité de la maison du propriétaire. S. commune, T.V., bibliothèque, cheminée, jardin, parking. Artisanat. Observatoire astronomique. S.P. : aire de jeux. TH à partir de 15 €.

Prix : 1 pers. 26/34 € 2 pers. 26/34 € pers. sup. 9/12 € repas 15 €

		SP	20	12

Georges LEPERLIER - Les Makes - 41, rue Paul Herman - 97421 LA-RIVIERE - Tél. : 02 62 37 82 17 - Fax : 02 62 38 82 17

RIVIERE-SAINT-LOUIS (TH)

2 ch. **Observatoire astronomique à 8 km.** 2 chambres de 2 personnes, dont une accessible aux handicapés, situées dans la maison du propriétaire, entrée indépendante, varangue, sanitaires privés, salon. Commerces et services à 10 km. Table d'hôte : 12 €. S.P. : terrain de pétanque. Loisirs parc boisé à 2 km.

Prix : 1 pers. 30 € 2 pers. 30 € pers. sup. 11 € repas 12 €

| SP | 13 | 10 |

Jeannick DEBOISVILLIERS - 171 route Hubert Delisle - Bellevue - 97421 RIVIERE-SAINT-LOUIS - Tél. : 02 62 26 73 66

SALAZIE Grand Ilet Alt. : 1100 m (TH)

4 ch. **Salazie à 17 km.** 4 chambres, salle de bain commune, jardin. Forêt, randonnées pédestres : Mafate, Grand Sable... Bras Ste-Suzanne, Roche Ecrite, Piton des Neiges.

Prix : 1 pers. 30 € 2 pers. 33/38 € pers. sup. 12 € repas 16 €

| SP |

Christine BOYER - Grand Ilet - 97433 SALAZIE - Tél. : 02 62 47 70 87

SALAZIE Alt. : 1100 m (TH)

4 ch. **Salazie à 17 km.** 4 chambres de 2 pers. au dessus de la maison du propriétaire, salle de bain commune, wc, jardin, parking. Forêt - randonnées : Roche Ecrite, Cirque de Mafate, Piton d'Anchaing...

Prix : 1 pers. 21 € 2 pers. 27 € 3 pers. 38 € pers. sup. 9 € repas 14 €

| 17 | SP | 30 | 30 |

Jeannine GRONDIN - Rue de l'Elisée - Grand Ilet - 97433 SALAZIE - Tél. : 02 62 47 70 66

SALAZIE Alt. : 1100 m

5 ch. **Salazie à 17 km.** 5 chambres de 2 pers. situées au-dessus de la maison du propriétaire, s.d.b. et wc dans chaque chambre, petit salon, jardin, parking. Forêts, rivière - randonnées pédestres : Mafate, Grand Sable... Chambres chauffées en hiver Possibilité de repas sur le site sur réservation.

Prix : 1 pers. 30 € 2 pers. 33/38 € pers. sup. 12 €

| SP |

GITES DE FRANCE-SERVICE RESERVATION - 10 Place Sarda Garriga - 97400 SAINT-DENIS - Tél. : 02 62 90 78 90 - Fax : 0 262 41 84 29 - PROP : 02 62 47 71 62

SALAZIE Grand Ilet Alt. : 1100 m A

6 ch. **St-André à 30 km.** 3 chambres d'hôtes de 2 pers. dans le prolongement de la maison du propriétaire, s.d.b. et wc communs, 3 chambres à l'étage avec s.d.b. privée, salle commune, TV, cheminée, parking. Artisanat, randonnées : Roche Ecrite, Piton d'Anchaing, Cirque de Mafate...

Prix : 1 pers. 18/30 € 2 pers. 24/38 € pers. sup. 12 € repas 15 €

| SP |

Jeanne-Marie GRONDIN - Rue du Père Jouanno - Grand Ilet - 97433 SALAZIE - Tél. : 02 62 47 70 51 ou SR : 02 62 90 78 90

SALAZIE Alt. : 1100 m (TH)

3 ch. **St-André à 24 km.** 3 ch. 2 pers. (1 ch. dans la maison du propriétaire avec s. d'eau, 2 ch. à côté de la maison du propriétaire avec s.d.b. privée), salle commune. Loisirs : les 3 cascades, Terre plate, Piton d'Anchain... Artisanat à 1 km. Guide péi sur place : visite des cases créoles.

Prix : 1 pers. 34 € 2 pers. 34 € repas 15 €

| SP |

Josiane GRONDIN - Rue du Stade - 97433 Salazie - Tél. : 02 62 47 86 28 ou SR : 02 62 90 78 90

Réunion

SALAZIE — Alt. : 1100 m

4 ch. 4 chambres de 2 personnes, situées au-dessus de la maison du propriétaire, s.d.b et wc dans chaque chambre, petit salon, jardin, parking. Forêts, rivière, randonnées pédestres : Mafate, Grand Sable...

Prix : 1 pers. 30 € 2 pers. 33/38 € pers. sup. 15 €

GITES DE FRANCE-SERVICE RESERVATION - 10 Place Sarda Garriga - 97400 SAINT-DENIS - Tél. : 02 62 90 78 90 - Fax : 0 262 41 84 29 - PROP : 02 62 47 73 59

SALAZIE — Alt. : 800 m

3 ch. St-André à 24 km. 3 CH. 2 pers. Entrée indép. avec sanitaires privées, situées à l'ét. de la maison du propriétaire. Loisirs : les 3 cascades, Terre plate, Cirque de Mafate.

Prix : 1 pers. 38 € 2 pers. 53 € pers. sup. 17 €

Chez Tonton Yves - Ilet à Vidot - Hell-Bourg - 97433 SALAZIE - Tél. : 02 62 47 84 22 ou SR : 02 62 90 78 90

LA SALINE — Alt. : 500 m   A

2 ch. 2 chambres 2 pers. avec s.d.b. privée, situées dans la maison du propriétaire, wc commun aux 2 chambres, salle commune. Loisirs : à 15 km : baignade, piscine, équitation. Repas à partir de 18 €.

Prix : 1 pers. 27 € 2 pers. 32 € pers. sup. 11 € repas 18 €

Arsène HIBON - 15, chemin Hibon - 97422 LA-SALINE - Tél. : 02 62 33 53 20

LA SALINE — Alt. : 500 m

4 ch. St-Paul à 12 km. 4 chambres de 2 personnes avec sanitaires privés pour chaque chambre, salle commune avec cuisine aménagée pour les 4 chambres, bibliothèque, jardin, parking. Plongée, artisanat. Pour la location de voitures, la prise en charge et le retour à l'aéroport, contactez le propriétaire.

Prix : 1 pers. 27 € 2 pers. 32 €

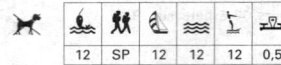

Marcel PELTIER - Chemin Lévèque - 97422 LA-SALINE - Tél. : 02 62 33 51 34 - Fax : 02 62 33 51 34

ST-ANDRE Rivière du Mat les Bas   A   CB

6 ch. Saint-André 6 km, Saint-Denis 25 km. 6 chambres de 2 pers. avec s.d.b. dont 2 situées dans la maison du propriétaire, avec accès indépendant et wc communs aux chambres, et 4 situées dans le prolongement de la maison avec sanitaires privés. salle commune, bibliothèque, jardin, parking. Visites : temples tamoul, usine sucrière de Bois Rouge, Maison de la Vanille, Cité Artisanale de Champ Borne. Randonnées pédestres : Bassin Paix, bassin la Mer. Parc de jeux, batailles coq.

Prix : 1 pers. 28 € 2 pers. 31 € repas 14 €

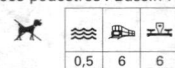

Véronique SAVRIAMA - 1084 CH.80 - Rivière du Mat les Bas - 97440 ST-ANDRE - Tél. : 02 62 46 69 84 ou 02 62 46 20 00 - E-mail : auberge-savriama@wanadoo.fr

ST-ANDRE

2 ch. St-Benoît à 15 km. 2 chambres de 2 pers. dans la maison du propriétaire, salle d'eau et WC communs, salle commune, TV, jardin, parking, Saint Benoit à 15 km (15 mn). Piscine -pêche - rivière - randonnées pédestres : Takamaka, Bassin la paix, Bassin la Mer... S.P. : aire de jeux.

Prix : 1 pers. 25 € 2 pers. 30 € 3 pers. 35 €

Gaston CADET - 96, rue du Stade - 97440 ST-ANDRE - Tél. : 02 62 46 56 37

ST-ANDRE

3 ch. St-André à 3 km, St-Benoît à 15 km, St-Denis à 25 km. Dans la maison du propriétaire 3 chambres à l'étage, - s.d.b. et WC communs aux chambres, salle commune, TV, bibliothèque, jardin, parking, vidéothèque. Rivière - forêt - randonnées pédestres : Takamaka, Bassin la Paix, Bassin la Mer... Maison de la vanille à 3 km, la Coopérative de Vanille à Bras-Panon (7 km). Langue parlée : allemand.

Prix : 1 pers. 25 € 2 pers. 29 €

Georges DEPALMAS - 174 Bras des Chevrettes - 97440 ST-ANDRE - Tél. : 02 62 47 00 07 ou 06 92 77 27 37

Réunion

ST-ANDRE Auberge du Désert A

2 ch. St-André à 2, 5 km. St-Denis à 24 km. 2 chambres de 2 personnes dans le prolongement de la maison du propriétaire, S.d.b. et wc privés dans chaque ch., grand jardin calme, parking, salle commune avec TV. Loisirs : riviere, piscine, tennis, fôret, randonnées pédestres : Takamaka, Bassin la Paix, Bassin la Mer....

Prix : 1 pers. 34 € 2 pers. 34 € repas 14 €

Eric BEDIER - Bras des Chevrettes - 97440 ST-ANDRE - Tél. : 02 62 46 64 43 ou 06 92 85 68 01

ST-ANDRE (TH)

3 ch. St-André à 2 km. Usine sucrière de Bois Rouge à 3 km. 3 chambres de 2 personnes situées à l'étage de la maison du propriétaire, avec coin douche et WC dans chaque chambre, coin salon à l'étage. Table d'hôte : adulte : à partir de 15 € et enfant jusqu'à 12 ans : 7,6 €, spécialités : divers massalé Jardin : avec plantes sendémiques. Rivière St-Jean, cascade, Niagara.

Prix : 1 pers. 30 € 2 pers. 33 € 3 pers. 44 € repas 15 €

2	2	10	3	3	0,3

GITES DE FRANCE-SERVICE RESERVATION - 10 Place Sarda Garriga - 97400 SAINT-DENIS - Tél. : 02 62 90 78 90 - Fax : 0 262 41 84 29 - PROP : 02 62 46 46 07

ST-BENOIT (TH)

3 ch. St-Benoît à 6 km. 3 chambres de 2 pers. dans le prolongement de la maison du propriétaire, 1 ch. avec s. d'eau et wc, 2 ch. avec coin douche, wc communs à 2 ch., salle commune, TV, jardin, parking, vente de fruits en saison. Rivière, artisanat, randonnées : Grand Etang, forêt de Ravenale, Takamaka, Ilet Bethléem... Poss. forfait 1/2 pension suivant durée du séjour. TH à partir de 15 €.

Prix : 1 pers. 38 € 2 pers. 38 € 3 pers. 51 € repas 15 €

SP	SP	5	5

GITES DE FRANCE-SERVICE RESERVATION - 10 Place Sarda Garriga - 97400 SAINT-DENIS - Tél. : 02 62 90 78 90 - Fax : 0 262 41 84 29 - PROP : 02 62 50 90 76

ST-DENIS Le Brûlé Alt. : 800 m

1 ch. St-Denis à 12 km. chambre de 2 pers dans la maison du propriétaire, entrée indépendante, salle d'eau/wc privés dans la chambre. Jardin. Artisanat à 2 km.

Prix : 1 pers. 35 € 2 pers. 43 € pers. sup. 15 €

SP

GITES DE FRANCE-SERVICE RESERVATION - 10 Place Sarda Garriga - 97400 SAINT-DENIS - Tél. : 02 62 90 78 90 - Fax : 0 262 41 84 29 - PROP : 02 62 23 02 32

ST-GILLES-LES-HAUTS A

6 ch. St-Paul et St-Gilles à 8 km. 6 chambres indépendantes de 2 personnes sur 2 niveaux, équipées de salle de bain et wc, salle commune, jardin, parking. Nombreuses randonnées pédestres : Maïdo, les bassins de St-Gilles. Poss. repas sur réservation le matin.

Prix : 1 pers. 27 € 2 pers. 34 €

7	7	7	7	8	8

Gladys GRONDIN - N°63 Rte de N. Dame de Fatima - Bernica - 97435 ST-GILLES-LES-HAUTS - Tél. : 02 62 22 74 15

ST-GILLES-LES-HAUTS (TH)

1 ch. 1 chambre de 2 personnes en dehors de la maison du propriétaire, sanitaires privés, jardin. Randonnées : bassin des Cormorans, bassin des Aigrettes, bassin bleu.

Prix : 1 pers. 41 € 2 pers. 41 € repas 20 €

8	8	8	8

GITES DE FRANCE-SERVICE RESERVATION - 10 Place Sarda Garriga - 97400 SAINT-DENIS - Tél. : 02 62 90 78 90 - Fax : 0 262 41 84 29 - PROP : 02 62 55 69 13

ST-GILLES-LES-HAUTS Eperon

4 ch. Saint-Gilles 5 km. 4 chambres de 2 pers. dans la maison du propriétaire en r.d.c., s.d.b. dans chaque chambre, wc communs, bibliothèque, jardin, parking. Sur place : aire de jeux. Artisanat à 1 km. Visite : village artisanat de l'Eperon.

Prix : 1 pers. 23 € 2 pers. 30 €

5	5	SP	5	5	5	5

Claude PAYET - Eperon - Plateau des 3 Roches - 97435 ST-GILLES-LES-HAUTS - Tél. : 02 62 24 50 08

Réunion

ST-GILLES-LES-HAUTS Villèle (TH)

5 ch. St-Paul à 6 km. St-Gilles à 5 km. 5 ch. 2 pers. avec sanitaires privés, situées au-dessus de la maison des propriétaires, accès indépendant par escaliers extérieurs, salle commune. Repas à 15 €. Téléphone à carte à disposition, « guide pays ». Carte bleue acceptée.

Prix : 1 pers. **23 €** 2 pers. **30 €** repas **15 €**

| | SP | SP | 5 |

Edith et Anthony RAMASSAMY - 100, ch. des Roses - Villèle - 97435 ST-GILLES-LES-HAUTS - Tél. : 02 62 55 55 06 - Fax : 02 62 55 53 97

ST-JOSEPH La Crète   Alt. : 600 m   A

2 ch. St-Joseph à 15 km. 2 chambres de 2 personnes dans la maison du propriétaire en r.d.c., sanitaires privés, salle commune, jardin, parking. Pêche, mer, rivière, forêts, nombreuses randonnées pédestres. S.P. : aire de jeux. Accès : à partir de Vincendo.

Prix : 1 pers. **31 €** 2 pers. **31 €** pers. sup. **12 €** repas **17 €**

| 15 | SP | SP | 16 |

Elvina TURPIN - 31, rue Edouard Turpin - La Crète - 2ᵉ Village - 97490 ST-JOSEPH - Tél. : 02 62 37 27 03 ou 02 62 37 26 44

ST-JOSEPH Bel-Air   Alt. : 650 m   A

6 ch. St-Joseph à 13 km. 6 ch. 2 personnes avec sanitaire privées et salle d'eau. 3 chambres avec vue sur la mer. L'auberge des Salanges est située sur la route des parfums et des épices. St-Denis à 104 km. Groupe 10 à 15 pers. : 27,4 €/pers. en 1/2 pension.

Prix : 1 pers. **38 €** 2 pers. **40 €** pers. sup. **12 €** repas **15 €**

| | SP | 13 | 13 | SP |

GITES DE FRANCE-SERVICE RESERVATION - 10 Place Sarda Garriga - 97400 SAINT-DENIS - Tél. : 02 62 90 78 90 - Fax : 0 262 41 84 29 - PROP : 02 62 37 50 78

ST-JOSEPH

2 ch. St-Joseph à 7 km. 2 chambres dont 1 suite de 4 personnes à proximité de la maison du propriétaire, avec sanitaires privés, jardin clos, parking. Possibilité de cuisiner dans une cuisine collective. Visite d'exploitations agricoles dans la région de St Joseph. Nombreuses randonnées, à 18 km. le jardin des épices et des parfums.

Prix : 1 pers. **37 €** 2 pers. **37 €** 3 pers. **52 €**

| 7 | 7 | 7 | 0,3 |

Nathalie HOAREAU - 205, rue Edmond Albius - Bezaves - 97480 ST-JOSEPH - Tél. : 02 62 37 61 92 - Fax : 02 62 37 61 92

ST-JOSEPH   Alt. : 1100 m   (TH)

E.C. 1 ch. St-Joseph à 14 km. 1 CHAMBRE 2 PERS. à proximité de la maison du propriétaire. Sanitaires privés. TV en option. Rivière, randonnées pédestres.

Prix : 1 pers. **40 €** 2 pers. **40 €** repas **15 €**

| SP | SP | 14 |

Jean-Pierre CHAN SHIT SANG - 151, rte de Grand Coude - 97480 ST-JOSEPH - Tél. : 02 62 56 14 44 ou SR : 02 62 90 78 90

ST-JOSEPH   Alt. : 1200 m   (TH)

2 ch. St-Joseph à 15 km. 2 chambres de 2 personnes à proximité de la maison du propriétaire. Sanitaires privés. Jardin clos. Parking. TV dans chaque chambre. Chauffage.

Prix : 1 pers. **31 €** 2 pers. **39 €** 3 pers. **55 €** repas **12 €**

| 15 | 20 | 7 |

Marie-Claude GRONDIN - 24, Chemin de la Croizure - Grand Coude - « L'Eucalyptus » - 97480 Saint-Joseph - Tél. : 02 62 56 39 48 ou SR : 02 62 90 78 90

ST-JOSEPH Carosse   (TH)

2 ch. St-Joseph à 5 km. St-Pierre à 15 km. 2 ch. 2 pers. (1 lit 2 pers., 2 lits 1 pers.) situées dans le prolongement de la maison du propriétaire. Sanitaires privés. Jardin clos. Salle commune. Loisirs : visite de jardin...

Prix : 1 pers. **39 €** 2 pers. **39 €** repas **12 €**

| 4 | 0,5 |

Nicole SACLEUX - 23, rue E. Hoareau - Carosse - 97480 ST-JOSEPH - Tél. : 02 62 37 53 22 ou SR : 02 62 90 78 90

ST-JOSEPH

3 ch. St-Joseph à 3,5 km. 3 CH. 2 pers., situées au-dessus de la maison des propriétaires. Sanitaires privés, ventilateur, jardin clos, TV dans salle commune, piscine privée. Loisirs : jardin, rivière à 5 km. SP : Jacuzzi, poney.

Prix : 1 pers. 37 € 2 pers. 37 € pers. sup. 12 € repas 13 €

SP	7	10	3,5

David DONZ - 63, rue E. Albius - 97480 ST-JOSEPH - Tél. : 02 62 56 40 47 ou SR : 02 62 90 78 90

ST-LEU Les Colimacons   Alt. : 510 m

4 ch. 4 ch. 2 pers. avec sanitaires privés dont 2 avec vue sur la baie de St-Leu, salle commune, grande terrasse. TH : 15 €. Loisirs : à 7 km. : plongée. A proximité : parapente, jardin botanique des Mascareignes.

Prix : 1 pers. 35/38 € 2 pers. 35/38 € repas 15 €

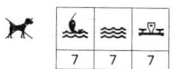

7	7	7	7	7

GITES DE FRANCE-SERVICE RESERVATION - 10 Place Sarda Garriga - 97400 SAINT-DENIS - Tél. : 02 62 90 78 90 - Fax : 0 262 41 84 29 - PROP : 02 62 54 76 70

ST-LEU

2 ch. St-Leu à 7 km. Dans la maison du propriétaire, 2 chambres de 2 personnes avec sanitaires privés, donnant sur mezzanine avec salon et TV. Parking. Possibilité lit sup.17 €. Téléphone avec carte France Télécom. Plongée à 7 km.

Prix : 1 pers. 53 € 2 pers. 53 € pers. sup. 17 €

7	7	7

Albert GROLLIER - 52 Route départementale 12 - Les Colimaçons - 97436 ST-LEU - Tél. : 02 62 24 94 27 - Fax : 02 62 24 94 27 ou SR : 02 62 90 78 90

ST-LOUIS Montplaisir   Alt. : 1000 m

4 ch. St-Louis à 12 km. 4 ch. 2 personnes à côté de la maison du propriétaire dont 1 accessible aux handicapés, sanitaires privés, chauffage, TV, bibliothèque, cheminée, salle commune, parking. Forêts, piste VTT, observatoire astronomique, nombreuses randonnées pédestres.

Prix : 1 pers. 33 € 2 pers. 37 € repas 17 €

SP	13	1

Jean-Luc D'EURVEILHER - 55, rue Montplaisir - Les Makes - 97421 RIVIERE-SAINT-LOUIS - Tél. : 02 62 37 82 77 - Fax : 02 62 37 82 77

ST-LOUIS Bellevue

2 ch. Observatoire astronomique à 8 km. 2 ch. 3 personnes, 1 ch. avec sanitaires privés, 1 ch. avec s. d'eau et wc privés sur le pallier, situées au dessus de la maison du propriétaire dans un très beau jardin, 1 chambre offre une belle vue sur la côte Sud-Ouest, salle commune, véranda à dispo. Possibilite de repas. S.P. : visite de l'exploitation de canne à sucre. Vente de fruits en saison.

Prix : 1 pers. 30 € 2 pers. 30 € 3 pers. 38 € pers. sup. 8 €

SP

Jean-Hugues CAMBONA - 175 A, route hubert de Lisle - Bellevue - 97450 ST-LOUIS - Tél. : 02 62 26 75 86

ST-LOUIS Les Makes   Alt. : 950 m   A

4 ch. St-Louis à 12 km. Dans la maison du propriétaire 4 chambres avec sanitaires privés, entrée indép., salle commune, parking. TH à partir de 15 €.

Prix : 1 pers. 26/34 € 2 pers. 26/34 € 3 pers. 45 € repas 15 €

12	SP	12	1

Jean-Max NATIVEL - 36, rue Montplaisir - Route de la Fenêtre - 97421 RIVIERE-SAINT-LOUIS - Tél. : 02 62 37 85 37 - Fax : 02 62 41 84 29

ST-PAUL   Alt. : 650 m

2 ch. St-Paul à 15 km. 2 chambres de 2 personnes dans la maison du propriétaire, s.d.b. et wc privés, petit salon, jardin, parking. Repas à partir de 15 €. A 15 km : plongée, forêts, rivière. Parapente à 800 m.

Prix : 1 pers. 35 € 2 pers. 35 € 3 pers. 53 € pers. sup. 18 € repas 15 €

15	15	15	0,8

GITES DE FRANCE-SERVICE RESERVATION - 10 Place Sarda Garriga - 97400 SAINT-DENIS - Tél. : 02 62 90 78 90 - Fax : 0 262 41 84 29 - PROP : 02 62 32 45 14

Réunion

ST-PAUL

▐▐▐ 2 ch. **St-Denis à 25 km. St-Paul à 4 km.** Dans un magnifique parc, 2 ch. de prestige mitoyenne (1 ch. 2 pers. : ch. bleue et 1 suite de 4 pers. : ch. tournesol) aménagées dans une demeure créole datant du 18° s., meublée de mobilier d'époque. Varangue indép. La suite Tournesol dispose en plus d'un salon équipé d'un canapé convertible en lit 2 pers. Piscine. Loisisrs : pêche, baignade, plongée.

Prix : 1 pers. **69/103 €** 2 pers. **69/103 €**

🐕	🎯	🏃	≈	⛱
	SP	9	4	4

Philippe TESSIER - Domaine de la Poncetière - 97460 ST-PAUL - Tél. : 02 62 22 57 18 ou 06 92 85 89 36 ou SR : 02 62 90 78 90

ST-PAUL Palmistes   Alt. : 1000 m   (TH)

▐▐▐ 2 ch. **Le Guillaume à 4 km. St-Denis à 40 km.** Situé à l'écart de la maison des prop., le chalet construit en matériaux traditionnels se compose de 2 ch. de 2 et 3 pers., tout confort. Véranda privative. Accès indépendant. Jardin clos. TV dans salle commune. Visite : le jardin d'Eden, Eco musée de géraniums à parfum. Visite du verger et de la ferme.

Prix : 1 pers. **35 €** 2 pers. **45 €** 3 pers. **55 €** repas **15 €**
Ouvert : Toute l'année.

🐕	🎯	🏃	≈	⛱
	SP	5	15	2

DIJOUX Marie-Anne et PAYET Joseph - « L'Alambic des Palmistes » - La Centrale - Ch des Palmistes - 97423 LE-GUILLAUME - Tél. : 02 62 32 86 17 - Fax : 02 62 32 86 17 ou SR : 02 62 90 78 90

ST-PAUL Bois de Nefles   Alt. : 750 m   A

E.C. 4 ch. **St-Paul à 15 km.** 4 chambres de 2 personnes, situées à l'étage d'une ferme auberge. Sanitaires privés, jardin clos, TV dans salle commune.

Prix : 1 pers. **23 €** 2 pers. **32 €** repas **15 €**

🐕	🏊	≈	⛱
	20	20	7

Natacha LAURET - 150 Chemin des Barrières - Bel Air - 97411 BOIS-DE-NEFLES-SAINT-PAUL - Tél. : 02 62 44 28 11 ou SR : 02 62 90 78 90

ST-PHILLIPE Baril les Hauts   (TH)

▐▐▐ 6 ch. **St-Joseph à 15 km.** 6 Chambres de 2 personnes aménagées dans la maison du propriétaire, sanitaires privés, jardin clos, parking. Loisirs : forêt, artisanat à 2 km, rivière à 7 km, jardin botanique, randonnée pédestre.

Prix : 1 pers. **38 €** 2 pers. **43 €** repas **17 €**

🐕	🏊	≈	⛱
	1,7	1,7	2

M-Claude DAMOUR - 56 A, Chemin Paul Hoarau - Baril les Hauts - 97442 ST-PHILIPPE - Tél. : 02 62 37 14 86 ou SR : 02 62 90 78 90 - Fax : 02 62 37 14 86

ST-PIERRE Bassin Plat   A

▐ 3 ch. **St-Pierre à 4 km.** 1 chambre de 4 personnes à l'étage avec s.d.b. et wc privés - 2 chambres de 2 pers. en r.d.c. avec douche et lavabo et wc communs, salle commune, jardin, parking. S.P. : aire de jeux, piscine - mer, pêche, voile à 4 km - randonnées : Volcan... Lit supplémentaire : 12,2 €. Spécialité : soufflé au cœur de chouchou, rouleau au chou de songe...

Prix : 1 pers. **30/35 €** 2 pers. **26/32 €** pers. sup. **12 €** Repas **15 €**

🐕	🏊	⛵	🎿	≈	🚤	⛱
	SP	4	4	4	4	4

Marie-Rita MALET - 52, allée des Aubépines - Bassin Plat - 97410 ST-PIERRE - Tél. : 02 62 25 61 90 - Fax : 02 62 25 54 11

STE-MARIE Plaine des Fougères   Alt. : 1100 m   A 🌿

▐▐▐ 4 ch. 5 chambres d'hôtes de 2 personnes attenantes a la maison du propriétaire équipée de salles de bains et de wc privatifs. Sur place : salle de jeux avec ping-pong, babyfoot, VTT, Tennis. Visite de la Ferme. Dans les Hauts des Sainte Marie, Guylène et Gilbert vous invitent à découvrir la cuisine traditionnelle. Cuisine au feu de bois. 4 chambres confortables et équipées vous permettront de vous détendre dans la fraîcheur des Hauts. Salle de jeux, Loisirs.

Prix : 1 pers. **34 €** 2 pers. **34 €**

🐕	🎾	⛱
	SP	12

GITES DE FRANCE-SERVICE RESERVATION - 10 Place Sarda Garriga - 97400 SAINT-DENIS - Tél. : 02 62 90 78 90 - Fax : 0 262 41 84 29 - PROP : 02 62 53 88 04

Réunion

STE-MARIE

2 ch. 2 chambre de 2 pers. avec sanitaires privés, situées en dessous de la maison du propriétaire, accès indépendant, salle commune, jardin, parking, aéroport à 4.5 km (15 mn). Structure située à 20 minutes de St Denis

Prix : 1 pers. **32** € 2 pers. **32** € 3 pers. **42** €

| | 4,5 | 6,4 | 10 | 6 | 0,6 |

GITES DE FRANCE-SERVICE RESERVATION - 10 Place Sarda Garriga - 97400 SAINT-DENIS - Tél. : 02 62 90 78 90 - Fax : 0 262 41 84 29 - PROP : 02 62 53 81 64

STE-ROSE (TH)

3 ch. **St-Benoît à 18 km.** 2 ch. de 2 pers. (tamarin et baldaquin) dans maison créole du XIXè s., salle d'eau et WC privés, varangue, 1 suite de 4 pers. avec patio à côté de la maison du propriétaire, s.d.b. et WC privés, parking. Arrivée à partir de 15 H, et départ : 10 H. Artisanat. Petit déjeuner créole en sup. Randonnées pédestres. S.P. : Parc de 10000 m² exotique luxuriant.

Prix : 1 pers. **37** € 2 pers. **37** € 3 pers. **41** € repas **15** €

| | SP | SP | SP | SP | SP |

Claude ADAM DE VILLIERS - La Roseraye - RN2 - 97439 STE-ROSE - Tél. : 02 62 47 21 33 ou 02 62 47 39 84

STE-ROSE   A

3 ch. **Ste-Rose à 8 km.** Situé sur la côte vert-bleue, installé face à l'océan, le Joyau des Laves vous propose 3 ch. doubles au r.d.c. de la maison et 1 double à l'ét. avec vue sur l'Anse des Cascades. Sanitaires privés. 1 chambre accessible aux handicapés. Visite de bananeraies possibles. Loisirs : plongée. Volcan en éruption visible depuis l'auberge.

Prix : 1 pers. **27/42** € 2 pers. **30/53** €

| | SP |

GITES DE FRANCE-SERVICE RESERVATION - 10 Place Sarda Garriga - 97400 SAINT-DENIS - Tél. : 02 62 90 78 90 - Fax : 0 262 41 84 29 - PROP : 02 62 47 34 00

STE-SUZANNE   A

5 ch. **St-Denis à 23 km. St-André à 4 km.** 2 chambres de 2 pers. avec accès indépendants, situés dans le prolongement de la maison du propriétaire. 3 chambres indépendants avec s.d.b et wc, jardin, TV.

Prix : 1 pers. **37** € 2 pers. **37** € repas **12** €

  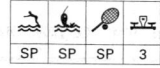
| | SP | SP | SP | 3 |

GITES DE FRANCE-SERVICE RESERVATION - 10 Place Sarda Garriga - 97400 SAINT-DENIS - Tél. : 02 62 90 78 90 - Fax : 0 262 41 84 29

STE-SUZANNE   (TH)

3 ch. **St-Denis à 20 km. Ste-Suzanne à 20 km.** 3 chambres de 2 personnes avec sanitaires privées, situées à l'extérieur de la maison du propriétaire, 2 chambres au r.d.c. et une à l'étage. Terrasse, meubles de jardin, meubles en bois massif.

Prix : 1 pers. **33** € 2 pers. **33** € repas **15** €

| | 3 | 3 | SP | 3 |

GITES DE FRANCE-SERVICE RESERVATION - 10 Place Sarda Garriga - 97400 SAINT-DENIS - Tél. : 02 62 90 78 90 - Fax : 0 262 41 84 29 - PROP : 02 62 52 12 25

St-PAUL La Plaine Bois de Nefles

E.C. 1 ch. **St-Paul 6 km.** 2 ch. 2 pers. avec sanitaires privés. Varangue privative avec vue sur mer et jardin clos. Brasseur d'air. Nichée dans la douceur des premières hauteurs de l'Ouest de l'Ile, cette demeure vous séduit par son calme et son raffinement. De votre intimité subtilement colorée à la piscine et aux varangues où vous seront servis de savoureux petits déjeuner. Langue parlée : anglais.

Prix : 1 pers. **18** € 2 pers. **18** €
Ouvert : Toute l'année.

| | 15 | 6 | 6 | 6 |

Isabelle HOSSEIN - 9, ch. Mon Repos - La Plaine - 97411 BOIS-DE-NEFLES - Tél. : 02 62 44 39 96 - Fax : 02 62 44 39 96

Réunion

TAMPON   Alt. : 740 m   (TH)

2 ch. — 2 chambres de 2 pers. dans la maison du propriétaire, s.d.b. et WC communs réservés aux clients, jardin, parking. le Tampon à 3 km (5 mn) - forêts - randonnées pédestres. Table d'hôte : 100 Frs - spécialité : achard ti-jacques. Pour les clients qui dorment en chambre le tarif repas est de 15 €.

Prix : 1 pers. **27 €** 2 pers. **27 €** repas **15 €**

🐕	🛁	≈	🍽
	3	10	3

Lucot PAYET - 71 chemin du Petit Tampon - 97430 TAMPON - **Tél. : 02 62 27 83 15**

TAMPON   Alt. : 550 m

4 ch. — 4 chambres de 2 pers. à l'étage de la maison du propriétaire, s.d.b. dans chaque chambre, wc commun, salle commune, TV, bibliothèque, jardin, parking. Le Tampon à 5 km (6 mn). Randonnées pédestres : Grand Bassin, Sentier de l'Entre Deux, Volcan... Piscine - équitation - tennis au Tampon.

Prix : 1 pers. **23 €** 2 pers. **30 €** 3 pers. **43 €**

🐕	🛁	🎾	🏇	≈	🏨	🍽
5	5	2	10	10	20	5

Jeanine MONDON - 130 chemin Zazo Dassy - 97430 TAMPON - **Tél. : 02 62 27 45 57** - Fax : 02 62 27 45 57

LE TAMPON   Alt. : 875 m   🏊   (TH)

E.C. 2 ch. — **Tampon à 3 km.** A la campagne, à moins de 10 minutes du centre-ville, dans le prolongement de la maison du propriétaire avec piscine et vue panoramique de St-Pierre à l'Etang-Salé, 2 ch. 2 pers., sanitaires privés, jardin clos, chauffage. Loisirs : randonnées pédestres.

Prix : 1 pers. **34/37 €** 2 pers. **38/43 €** repas **17 €**

🐕	🛁	🎾	🏇	≈	🍽
	11	2	3	11	3,5

Bernard HOARAU - 223, Chemin du Petit Tampon - 97430 LE-TAMPON - **Tél. : 02 62 57 56 95 ou SR : 02 62 90 78 90** -
http://perso.wanadoo.fr/bernard.hoarau

LE TAMPON Pont d'Yves   Alt. : 800 m   (TH)

2 ch. — 2 ch. 2 pers. dans le prolongement de la maison du propriétaire. Sanitaires privés, jardin clos. Tampon à 5 km. Services à 500 m. Repas : 15 €. Loisirs : forêt à 1 km, rivière à 2 km.

Prix : 1 pers. **30 €** 2 pers. **38 €** 3 pers. **50 €** repas **15 €**

🐕	🛁	≈	🍽
	5	12	0,5

Jean-Marie PAYET - 52, ch. Ortaire Lorion - 97430 LE-TAMPON - **Tél. : 02 62 57 19 64 ou SR : 02 62 90 78 90**

INDEX DES RÉGIONS

ALSACE-LORRAINE
- Meurthe-et-Moselle 124
- Meuse 127
- Moselle 132
- Bas-Rhin 137
- Haut-Rhin 156
- Vosges 172

AQUITAINE
- Dordogne 183
- Gironde 200
- Landes 216
- Lot-et-Garonne 227
- Pyrénées-Atlantiques 238

AUVERGNE
- Allier 265
- Cantal 279
- Haute-Loire 290
- Puy-de-Dôme 305

BOURGOGNE
- Côte-d'Or 323
- Nièvre 346
- Saône-et-Loire 357
- Yonne 386

BRETAGNE
- Côtes-d'Armor 397
- Finistère 429
- Ille-et-Vilaine 453
- Morbihan 480

CENTRE
- Cher 507
- Eure-et-Loir 522
- Indre 530
- Indre-et-Loire 542
- Loir-et-Cher 575
- Loiret 594

CHAMPAGNE-ARDENNE
- Ardennes 606
- Aube 611
- Marne 619
- Haute-Marne 629

CORSE
- Corse 637

FRANCHE-COMTE
- Doubs 645
- Jura 653
- Haute-Saône 665
- Territoire-de-Belfort 669

ILE-DE-FRANCE
- Seine-et-Marne 673
- Yvelines 686
- Essonne 690
- Val-d'Oise 694

LANGUEDOC-ROUSSILLON
- Aude 699
- Gard 715
- Hérault 739
- Lozère 753
- Pyrénées-Orientales 766

LIMOUSIN

- Corrèze 774
- Creuse 786
- Haute-Vienne 796

MIDI-PYRENEES

- Ariège 813
- Aveyron 821
- Haute-Garonne 836
- Gers 849
- Lot 865
- Hautes-Pyrénées 893
- Tarn 912
- Tarn-et-Garonne 933

NORD - PAS-DE-CALAIS

- Nord 943
- Pas-de-Calais 953

NORMANDIE

- Calvados 981
- Eure 1033
- Manche 1056
- Orne 1103
- Seine-Maritime 1120

PAYS-DE-LA-LOIRE

- Loire-Atlantique 1153
- Maine-et-Loire 1168
- Mayenne 1188
- Sarthe 1194
- Vendée 1206

PICARDIE

- Aisne 1229
- Oise 1237
- Somme 1248

POITOU-CHARENTES

- Charente 1266
- Charente-Maritime 1276
- Deux-Sèvres 1295
- Vienne 1310

PROVENCE-ALPES-COTE-D'AZUR

- Alpes-de-Hte-Provence 1329
- Hautes-Alpes 1347
- Alpes-Maritimes 1357
- Bouches-du-Rhône 1364
- Var 1378
- Vaucluse 1395

RHONE-ALPES

- Ain 1432
- Ardèche 1446
- Drôme 1468
- Isère 1485
- Loire 1504
- Rhône 1517
- Savoie 1534
- Haute-Savoie 1548

REUNION

- Réunion 1566

Liste des localités par ordre alphabétique

A

AAST ||| **TH**, 238
ABBARETZ |||, 1153
ABJAT-SUR-BANDIAT ||, 183
ABLON |, 981
ABLON ||, 981
ABLON ||, 981
ABLON ||, 981
ABONDANCE || **TH**, 1548
ABONDANCE ||| **TH**, 1548
LES ABRETS ||||, 1485
ACCOUS |||, 238
ACCOUS |||, 239
ACQUEVILLE ||, 1056
ACQUEVILLE || **TH**, 1056
ACQUEVILLE |||, 1056
ACQUIGNY ||, 1033
ACQUIGNY E.C., 1033
ACQUIN-WESTBECOURT ||| **TH**, 953
ACY-ROMANCE |||, 606
ADAMSWILLER ||| **TH**, 137
ADAST |, 893
ADE |, 894
ADE |, 894
ADILLY ||| **TH**, 1295
ADISSAN ||| **TH**, 739
LES ADRETS ||, 1485
LES ADRETS-DE-L'ESTEREL || **TH**, 1378
AFFIEUX-PRES-TREIGNAC |||, 774
AGNAC | **TH**, 227
AGNOS ||| **TH**, 239
AGON-COUTAINVILLE |||, 1056
AGON-COUTAINVILLE |||, 1056
AGONAC | **TH**, 183
AGONGES || **TH**, 265
AGONGES ||| **TH**, 265
AICIRITS ||| **TH**, 239
L'AIGLE |||, 1103
AIGNAY-LE-DUC ||| **TH**, 323
AIGNES-ET-PUYPEROUX |||, 1266
AIGREFEUILLE |||, 1276
AIGREFEUILLE |||, 1277
AIGREMONT || **TH**, 715
AIGUEBLANCHE || **TH**, 1534
AIGUEFONDE || **TH**, 912
AIGUES-VIVES || **TH**, 715
AIGUEZE |||, 715
AIGUILLES || **TH**, 1347
AIGUILLON ||| **TH**, 228
L'AIGUILLON-SUR-VIE ||, 1206
L'AIGUILLON-SUR-VIE |||, 1206
L'AIGUILLON-SUR-VIE ||| **TH**, 1206
AIGURANDE ||| **TH**, 530
AILLIERES-BEAUVOIR ||| **TH**, 1194
AILLON-LE-JEUNE ||| **TH**, 1534
AILLON-LE-JEUNE ||| **TH**, 1534
AILLON-LE-VIEUX |, **TH**, 1534
AILLY-SUR-NOYE || **TH**, 1248
AIMARGUES |||, 716
AINGEVILLE |||, 172
AINHICE-MONGELOS |||, 239
AIRAN |||, 981
AIRE-SUR-L'ADOUR || **TH**, 216
AISY-SOUS-THIL |||, 323
AIX ||| **TH**, 774
AIX-EN-DIOIS || **TH**, 1468
AIX-EN-ISSART ||, 954
AIX-EN-PROVENCE || **TH**, 1364
AIX-LES-BAINS |, 1535
AIX-LES-ORCHIES || **TH**, 943
AIX-LES-ORCHIES |||, 943
AIZENAY E.C. **TH**, 1206
AIZIER || **TH**, 1033
AJAIN |, 786
AJAIN |||, 786
AJAT ||, 183
ALBA-LA-ROMAINE |||, 1446
ALBA-LA-ROMAINE ||, 1447
ALBAS |||, 865
ALBAS ||| **TH**, 866
ALBAS ||, 866
ALBENS |, 1535
ALBENS ||, 1535
ALBERTVILLE ||, 1535
ALBERTVILLE |||, 1535
ALBIERES ||| **TH**, 699
ALBON ||| **TH**, 1468
LES ALDUDES E.C., 239
ALEMBON ||| **TH**, 954
ALENCON-VALFRAMBERT |||, 1103
ALERIA |, 637
ALET-LES-BAINS ||, 699
ALGANS ||| **TH**, 913
ALLAIRE |, 480
ALLAN || **TH**, 1468
ALLEGRE ||| **TH**, 290
ALLEGRE-LES-FUMADES ||, 716
ALLEINS ||, 1365
ALLEMAGNE-EN-PROVENCE ||, 1329
ALLEMAGNE-EN-PROVENCE || **TH**, 1329
ALLEMAGNE-EN-PROVENCE |||, 1329
ALLEMONT || **TH**, 1485
ALLEREY-SUR-SAONE || **TH**, 357
ALLERIOT ||| **TH**, 357
ALLEVARD ||| **TH**, 1485
ALLEYRAS ||| **TH**, 290
ALLEYRAT ||, **A**, 786
ALLOGNY E.C. **TH**, 507
ALLONS ||| **TH**, 228
ALLUY ||, 346
ALLY ||| **TH**, 290
ALMENECHES |||, 1104
L'ALPE-DU-GRAND-SERRE || **TH**, 1485
ALPUECH ||| **TH**, 821
ALTHEN-DES-PALUDS ||| **TH**, 1395
ALTILLAC || **TH**, 774
ALVIGNAC ||| **TH**, 866
ALVIGNAC |||, 866
ALVIGNAC ||, 866
AMAILLOUX ||, 1296
AMANCEY || **TH**, 645
AMANZE ||| **TH A**, 357
AMAREINS || **TH**, 1432
AMARENS E.C., 913
AMBAZAC || **TH**, 796
AMBIALET ||, 913
AMBIERLE E.C. **TH**, 1504
AMBILLOU-CHATEAU ||, 1168
AMBLENY || **TH**, 1229
AMBLETEUSE |||, 954
AMBLEVILLE |, 694
AMBLEVILLE |, 694
AMBLIE ||, 981
AMBOISE ||| , 542
AMBOISE |, 543
AMBOISE ||, 543
AMBOISE ||, 543
AMBON |||, 480
AMBRIERES || **TH**, 619
AMBRONAY ||, 1432
AMBRUGEAT ||| **TH**, 774
AMECOURT ||, 1033
AMETTES || **TH**, 954
AMFREVILLE |||, 982
AMFREVILLE |||, 982
AMFREVILLE |||, 1056
AMFREVILLE-LA-CAMPAGNE ||, 1033
AMILLY |||, 522
AMMERSCHWIHR ||, 156
AMMERSCHWIHR ||, 156
AMMERSCHWIHR |||, 156
AMMERSCHWIHR ||, 156
AMOU || **A**, 216
AMPUIS ||, 1517
AMPUIS || **TH**, 1518

AMPUIS ⵑⵑⵑ TH, 1518
AMPUS ⵑⵑⵑ, 1378
ANAN ⵑⵑⵑ, 836
ANCEAUMEVILLE ⵑⵑⵑ TH, 1120
ANCELLE ⵑⵑⵑ TH, 1347
ANCEMONT ⵑⵑⵑ TH, 127
ANCHE ⵑⵑⵑ, 543
ANCIZAN ⵑⵑⵑ A, 894
LES ANCIZES ⵑⵑⵑ, 305
ANCOURTEVILLE-SUR-HERICOURT ⵑⵑⵑ, 1120
ANCTEVILLE ⵑⵑ, 1057
ANCTOVILLE-SUR-BOSCQ ⵑⵑⵑ, 1057
ANCY-LE-FRANC ⵑⵑⵑ, 386
ANDARD ⵑⵑⵑ, 1169
ANDARD ⵑⵑⵑ TH, 1169
ANDARD ⵑⵑⵑ TH, 1169
ANDELOT-EN-MONTAGNE ⵑⵑ TH A, 653
ANDELOT-LES-SAINT-AMOUR ⵑⵑⵑⵑ A, 653
LES ANDELYS ⵑⵑⵑ, 1034
LES ANDELYS ⵑⵑⵑ, 1034
ANDERNOS ⵑⵑⵑ, 200
ANDERNOS ⵑⵑⵑ, 200
ANDON ⵑ, 1357
ANDON ⵑⵑ TH, 1357
ANDOUILLE ⵑⵑ, 1188
ANDUZE ⵑⵑⵑ, 716
ANDUZE ⵑⵑⵑ A, 716
ANERES ⵑⵑⵑ TH, 894
ANGAIS ⵑⵑ TH, 239
ANGERVILLE-BAILLEUL ⵑⵑⵑ TH, 1120
ANGERVILLE-LA-CAMPAGNE ⵑⵑ, 1034
ANGERVILLE-LA-MARTEL ⵑⵑⵑ TH, 1121
ANGLARDS-DE-SALERS ⵑⵑⵑ TH A, 279
ANGLARS-JUILLAC ⵑⵑ TH, 866
ANGLES ⵑⵑⵑ, 913
ANGLES ⵑⵑⵑ, 1206
ANGLES ⵑⵑ, 1329
LES ANGLES ⵑⵑⵑ, 716
LES ANGLES ⵑⵑⵑ TH, 894
ANGOVILLE-AU-PLAIN ⵑⵑ, 1057
ANGOVILLE-AU-PLAIN E.C. TH, 1057
ANGRESSE ⵑⵑⵑ, 216
ANHAUX ⵑ TH, 240
ANNEBAULT ⵑⵑ, 982
ANNEVILLE-AMBOURVILLE ⵑⵑ, 1121
ANNEVILLE-EN-SAIRE ⵑⵑ, 1057
ANNOISIN-CHATELANS ⵑⵑⵑ TH, 1486
ANNOIX ⵑⵑⵑ, 507
ANNOVILLE ⵑⵑ, 1057
ANOULD ⵑⵑⵑ TH, 172
ANSERVILLE ⵑⵑⵑ TH A, 1237
ANSERVILLE ⵑⵑⵑ TH, 1237
ANSOST ⵑⵑⵑ TH, 894
ANSOUIS ⵑⵑⵑ TH, 1395
ANTEZANT-LA-CHAPELLE ⵑⵑⵑ TH, 1277
ANTEZANT-LA-CHAPELLE ⵑⵑⵑ TH, 1277
ANTHEUIL ⵑⵑⵑ TH, 323
ANTHEUIL-PORTES ⵑⵑⵑ TH, 1237
ANTIBES ⵑⵑⵑ, 1357
ANTIGNAC ⵑⵑⵑ TH, 837
ANTULLY ⵑⵑ, 358

ANZY-LE-DUC ⵑⵑⵑ TH, 358
APACH ⵑⵑ, 132
APCHON ⵑⵑⵑ, 279
APPEVILLE-ANNEBAULT ⵑⵑⵑ TH, 1034
APPRIEU ⵑⵑ, 1486
APPY ⵑⵑ TH, 813
APREMONT ⵑⵑⵑ TH, 1238
APREMONT ⵑⵑⵑ, 1238
APT ⵑⵑⵑ, 1395
APT ⵑⵑⵑ, 1395
APT ⵑⵑⵑ TH, 1396
ARACHES-LES-CARROZ ⵑⵑ TH, 1548
ARACHES-LES-CARROZ ⵑⵑⵑ TH, 1548
ARAGON ⵑⵑⵑⵑ, 699
ARAMITS ⵑⵑⵑ TH, 240
ARAMON ⵑⵑⵑ, 716
ARBIGNIEU ⵑⵑ, 1432
ARBIGNY ⵑⵑⵑ, 1432
ARBIS ⵑⵑⵑⵑ TH, 200
ARC-SOUS-CICON ⵑⵑ TH, 645
ARC-SOUS-MONTENOT ⵑⵑⵑ, 645
ARC-SOUS-MONTENOT ⵑⵑⵑ, 645
ARCAIS ⵑⵑ, 1296
ARCAIS ⵑⵑⵑ, 1296
ARCAIS ⵑⵑⵑ TH, 1296
ARCAIS ⵑⵑⵑ, 1296
ARCAIS E.C., 1296
ARCAMBAL ⵑ, 867
ARCAMBAL ⵑⵑ TH, 867
ARCAY ⵑⵑⵑ, 507
ARCENANT ⵑⵑ TH, 323
ARCHIGNAC ⵑⵑⵑ, 183
ARCHIGNY ⵑⵑ, 1310
ARCHIGNY ⵑⵑ, 1311
ARCHIGNY ⵑⵑⵑ, 1311
ARCHINGEAY ⵑⵑ TH, 1277
ARCIZAC-EZ-ANGLES ⵑⵑⵑ, 895
ARCIZANS-AVANT ⵑⵑ A, 895
ARCIZANS-AVANT ⵑⵑⵑ, 895
ARCONCEY ⵑⵑ TH, 323
LES ARCS-SUR-ARGENS ⵑⵑⵑ, 1378
LES ARCS-SUR-ARGENS ⵑⵑⵑ TH, 1378
ARCY-SUR-CURE E.C., 386
ARDENAIS ⵑⵑⵑ TH, 507
ARDENAIS ⵑⵑⵑⵑ TH, 507
ARDES-SUR-COUZE ⵑⵑ, 306
ARDEVON ⵑⵑ, 1058
LES ARDILLATS ⵑⵑⵑ TH, 1518
ARDOIX ⵑⵑⵑ TH, 1447
ARDRES ⵑⵑⵑ, 954
ARDRES ⵑⵑⵑⵑ, 954
ARFEUILLES ⵑⵑⵑ, 265
ARGANCHY ⵑⵑ TH, 982
ARGELES-SUR-MER ⵑⵑⵑ TH, 766
ARGENCES ⵑⵑⵑ, 982
ARGENCES ⵑⵑ, 982
ARGENCES ⵑⵑⵑ, 982
ARGENCES ⵑⵑ, 983
ARGENTAN ⵑⵑ, 1104
ARGENTAN ⵑⵑⵑ, 1104
ARGENTAN-OCCAGNES ⵑⵑⵑ, 1104
ARGENTAN-UROU-ET-CRENNES ⵑⵑⵑ, 1104

ARGENTAT ⵑⵑⵑ, 774
ARGENTAT ⵑⵑⵑ TH, 774
ARGENTON ⵑⵑ, 228
ARGENTON-SUR-CREUSE ⵑ, 531
ARGENTRE ⵑⵑ, 1188
ARGILLIERS ⵑⵑⵑ, 717
ARGOL ⵑⵑⵑ, 429
ARGOUGES ⵑⵑⵑ, 1058
ARGOULES ⵑⵑ TH, 1248
ARGOULES ⵑⵑⵑ, 1249
ARGUEIL ⵑⵑⵑ, 1121
ARHANSUS ⵑⵑⵑ TH, 240
ARIES-ESPENAN ⵑⵑⵑ TH, 895
ARLAY ⵑⵑⵑ TH, 654
ARLEBOSC ⵑⵑⵑ, 1447
ARNAC ⵑⵑ TH, 279
ARNAC-LA-POSTE ⵑⵑⵑ TH, 796
ARNAC-POMPADOUR ⵑⵑⵑ, 775
ARNAS ⵑⵑⵑ TH, 1518
ARNAY-LE-DUC ⵑ TH, 323
AROZ ⵑⵑ, 665
ARPAILLARGUES-ET-AUREILHAC ⵑⵑⵑⵑ, 717
ARPAJON-SUR-CERE ⵑⵑⵑ TH, 279
ARPHY ⵑⵑⵑ TH, 717
LES ARQUES ⵑⵑⵑ, 867
ARRE ⵑⵑⵑ TH, 717
ARRENS-MARSOUS ⵑⵑⵑ TH, 895
ARRENS-MARSOUS ⵑⵑⵑ, 895
ARRENS-MARSOUS ⵑⵑⵑ, 896
ARRENS-MARSOUS ⵑⵑⵑ, 896
ARROUEDE ⵑⵑ A, 849
ARRY ⵑⵑⵑ TH, 132
ARRY ⵑⵑⵑ, 132
ARRY ⵑⵑⵑ TH, 133
ARRY ⵑ, 1249
ARS-LAQUENEXY ⵑⵑⵑ, 133
ARTANNES-SUR-INDRE ⵑⵑⵑ, 543
ARTHEMONAY ⵑⵑⵑ TH, 1469
ARTHENAC ⵑⵑⵑ TH, 1277
ARTHON-EN-RETZ ⵑⵑⵑ, 1153
ARTIGUES ⵑⵑⵑ, 896
ARTIGUES-PRES-BORDEAUX ⵑⵑⵑ, 200
ARTIX ⵑ, 813
ARUE ⵑⵑ, 216
ARVIEUX ⵑⵑⵑ, 1347
ARZANO ⵑⵑⵑⵑ, 429
ARZAY ⵑⵑⵑ, 1486
ARZENC-DE-RANDON ⵑ TH, 753
ARZENC-DE-RANDON ⵑⵑ TH, 753
ASCAIN ⵑⵑⵑ, 240
ASCAIN ⵑⵑⵑ, 240
ASCAIN ⵑⵑⵑ, 240
ASCO ⵑⵑ TH, 637
ASCROS ⵑⵑⵑ TH A, 1357
ASNIERES-SUR-VEGRE ⵑⵑⵑ TH, 1195
ASPIN-EN-LAVEDAN ⵑⵑⵑ TH A, 896
ASPREMONT ⵑⵑⵑ, 1357
ASPRES-SUR-BUECH ⵑⵑⵑ TH, 1347
ASPRES-SUR-BUECH E.C. A, 1347
ASSAINVILLERS ⵑⵑⵑ TH, 1249
ASSENONCOURT ⵑⵑ TH, 133

ASSERAC ‖‖ **TH**, 1153
ASSERAC ‖‖, 1153
ASSERAC ‖‖‖ **TH**, 1153
ASSERAC ‖‖‖, 1153
ASSIGNY E.C. **TH**, 508
ASSON ‖‖‖, 241
ASTAFFORT ‖‖ **TH**, 228
ATHEE ‖‖‖ **TH**, 324
ATHEE ‖‖ **TH**, 324
ATHEE ‖, 1188
ATHEE-SUR-CHER ‖‖‖, 543
ATHEE-SUR-CHER ‖‖, 544
ATTICHY ‖‖‖ **A**, 1238
ATTIGNAT-ONCIN ‖‖ **TH**, 1535
AUBENAS ‖‖‖ **TH**, 1447
AUBERVILLE-LA-MANUEL ‖‖‖ **TH**, 1121
AUBIGNAN ‖‖ **TH**, 1396
AUBIGNAN ‖‖, 1396
AUBIGNAN ‖‖‖ **TH**, 1396
AUBIGNE-RACAN ‖‖‖ **TH**, 1195
AUBIN-SAINT-VAAST ‖‖, 955
AUBONNE ‖‖ **TH**, 645
AUBRY-EN-EXMES ‖‖ **TH**, 1104
AUBURE ‖, 157
AUCEY-LA-PLAINE ‖‖, 1058
AUCEY-LA-PLAINE ‖‖‖, 1058
AUCH ‖‖, 849
AUCHY-AU-BOIS ‖‖‖ **TH**, 955
AUCUN E.C., 896
AUDEMBERT ‖‖‖, 955
AUDES ‖‖‖ **TH**, 265
AUDINGHEN ‖‖‖, 955
AUDINGHEN ‖‖‖, 955
AUDINGHEN ‖‖, 955
AUDINGHEN ‖‖‖, 956
AUDRESSELLES ‖‖, 956
AUDRIX ‖‖‖, 183
AUDRUICQ ‖‖, 956
AUFFARGIS ‖‖, 686
AUGAN ‖, 481
AUGE ‖‖ **TH**, 1266
AUGER-ST-VINCENT E.C. **TH**, 1238
AUGEROLLES ‖‖‖ **TH**, 306
AUGIREIN ‖‖‖, 813
AUGIREIN E.C. **TH**, 813
AUJAC ‖, 717
AULNOIS-EN-PERTHOIS ‖‖, 128
AULT ‖‖‖ **TH**, 1249
AUMAGNE ‖‖ **TH**, 1277
AUMEVILLE-LESTRE ‖, 1058
AUNAY-SUR-ODON ‖, 983
AURADOU ‖‖‖ **TH**, 228
AURAY ‖‖‖, 481
AURE-SUR-LOIRE ‖‖‖, 291
AURIAC-SUR-VENDINELLE ‖‖, 837
AURIERES ‖‖ **TH**, 306
AURIGNAC ‖‖‖ **TH**, 837
AURIOLLES ‖‖ **TH**, 200
AURIPLES ‖‖‖ **TH**, 1469
AURONS ‖‖‖, 1365
AURONS ‖‖‖, 1365
AURONS ‖‖‖, 1365

AUSSEVIELLE ‖‖, 241
AUSSOIS ‖‖‖ **TH**, 1536
AUTERIVE ‖‖‖ **A**, 837
AUTERIVE ‖‖ **TH**, 837
AUTERIVE ‖‖ **TH**, 837
AUTERRIVE ‖‖ **TH**, 849
AUTEUIL ‖, 1238
AUTHIE ‖‖‖, 983
LES AUTHIEUX-SUR-CALONNE ‖‖‖, 983
AUTIGNAC ‖, 740
AUTIGNAC ‖‖ **TH**, 740
AUTIGNY ‖‖‖, 1121
AUTOIRE ‖, 867
AUTOIRE ‖‖, 867
AUTOIRE ‖‖‖ **TH**, 867
AUTOIRE ‖‖ **TH**, 868
AUTRANS ‖, 1486
AUTRANS ‖‖, 1486
AUTRANS ‖‖‖ **TH**, 1486
AUTRANS ‖‖‖ **TH**, 1487
AUTRECOURT-ET-POURRON ‖‖ **TH**, 606
AUTUN ‖, 358
AUTUN E.C., 358
AUVERS-SUR-OISE ‖‖, 694
AUVERS-SUR-OISE ‖‖, 694
AUVERSE ‖‖, 1169
AUVILLAR ‖‖, 933
AUXELLES-HAUT ‖‖‖, 669
AUXELLES-HAUT E.C. **A**, 669
AUXEY-DURESSES ‖‖‖, 324
AUZANCES-LES-MARS ‖ **TH**, 787
AUZAS ‖‖‖ **A**, 838
AUZAS ‖‖‖ **TH**, 838
AUZAT-SUR-ALLIER ‖‖, 306
AUZITS ‖ **TH**, 822
AUZITS ‖‖ **TH**, 822
AUZON ‖‖ **TH**, 291
AUZOUVILLE-AUBERBOSC ‖‖‖, 1121
AUZOUVILLE-SUR-RY ‖‖‖, 1122
AUZOUVILLE-SUR-SAANE ‖‖, 1122
AVAILLES-LIMOUZINE ‖‖ **TH**, 1311
AVAILLES-LIMOUZINE ‖‖‖, 1311
AVANTON ‖‖‖, 1311
AVANTON ‖‖‖, 1311
AVANTON ‖, 1312
AVANTON ‖‖, 1312
AVARAY ‖‖, 575
AVENAS ‖‖‖ **TH**, 1518
AVENAS E.C. **TH**, 1518
AVENE ‖‖, 740
AVERNES ‖‖, 695
AVIGNON-MONTFAVET ‖‖‖, 1396
AVIGNON/ILE-DE-LA-BARTHELASSE ‖‖‖ **TH**, 1396
AVIGNONET ‖‖‖ **TH**, 1487
AVIGNONET-LAURAGAIS ‖‖, 838
AVIREY-LINGEY ‖‖, 611
LES AVIRONS ‖‖ **TH**, 1566
LES AVIRONS ‖‖ **TH**, 1566
LES AVIRONS ‖‖ **TH**, 1566
AVIZE ‖ **TH**, 619
AVOINE ‖‖, 1105

AVON ‖‖‖ **TH**, 1297
AVRICOURT ‖, 133
AX-LES-THERMES ‖‖‖, 813
AYDAT ‖‖ **TH**, 306
AYDAT ‖‖‖ **TH**, 306
AYDAT ‖‖ **TH**, 307
AYDIUS ‖‖‖ **TH**, 241
AYROS ‖‖, 896
AYZAC-OST ‖‖‖, 897
AZANNES ‖‖‖, 128
AZAS ‖‖‖, 838
AZAY-LE-RIDEAU ‖, 544
AZAY-LE-RIDEAU ‖‖, 544
AZAY-LE-RIDEAU ‖‖‖, 544
AZAY-LE-RIDEAU ‖‖‖, 544
AZAY-LE-RIDEAU E.C., 544
AZAY-SUR-CHER ‖‖‖ **TH**, 544
AZAY-SUR-CHER ‖‖‖, 545
AZAY-SUR-INDRE ‖‖‖, 545
AZAY-SUR-INDRE ‖‖‖, 545
AZE ‖‖‖, 358
AZE ‖‖‖, 358
AZE ‖‖‖, 359
AZE ‖‖‖ **TH**, 575
AZE ‖‖‖ **TH**, 575
AZERAILLES ‖‖, 124
AZERAT ‖‖‖, 184
AZILLE ‖‖, 699
AZINCOURT ‖‖‖, 956

B

BACILLY ‖‖, 1058
BACILLY ‖, 1059
BACILLY ‖‖‖, 1059
BACQUEVILLE-EN-CAUX ‖‖, 1122
BADAILHAC ‖‖‖ **TH**, 279
BADAILHAC ‖‖‖ **TH**, 279
BAGES ‖, 699
BAGES E.C. **TH**, 700
BAGNAC-SUR-CELE ‖‖ **TH**, 868
BAGNOLES-DE-L'ORNE ‖‖ **TH**, 1105
BAGNOLS ‖‖‖, 1519
BAGNOLS-EN-FORET ‖‖ **TH**, 1378
BAGNOLS-EN-FORET ‖‖‖ **TH**, 1379
BAGNOLS-EN-FORET ‖‖‖, 1379
BAGUER-MORVAN ‖‖, 453
BAGUER-MORVAN ‖‖‖ **TH**, 453
BAGUER-MORVAN ‖‖‖, 453
BAGUER-MORVAN E.C., 453
BAGUER-PICAN E.C., 453
BAILLARGUES ‖‖, 740
BAILLE ‖‖, 453
BAILLEAU-L'EVEQUE ‖‖‖ **TH**, 522
BAILLY ‖‖, 687
BAINS ‖‖‖ **TH**, 291
BAINS ‖‖‖, 291
BAINS ‖‖‖ **TH**, 291
BAINS E.C. **TH**, 291
BAINS-SUR-OUST ‖‖‖, 454
BAINS-SUR-OUST ‖‖‖, 454
BAIS ‖‖ **TH**, 454

BAIS E.C., 1188
BAIVES ▮▮▮ **TH**, 943
BAJONNETTE ▮, 849
BALAGUIER-D'OLT ▮▮▮, 822
BALEYSSAGUES ▮▮▮ **TH**, 228
BALLAN-MIRE ▮▮▮ **TH**, 545
BALLAN-MIRE ▮▮▮▮, 545
BALLANCOURT ▮▮▮, 690
BALLEROY ▮▮ **TH**, 983
BALLON ▮▮ **TH**, 1195
BALLON ▮▮, 1278
LA BALME-LES-GROTTES ▮▮▮ **TH**, 1487
BALOGNA ▮▮▮, 637
BAN-DE-LAVELINE ▮▮, 172
BANIZE ▮▮▮ **TH**, 787
BANNALEC ▮▮▮, 429
BANNALEC ▮▮, 429
BANNALEC ▮▮▮ **TH**, 429
BANNALEC E.C., 430
BANNAY ▮▮▮ **TH**, 619
BANNOST-VILLEGAGNON ▮▮▮ **TH**, 673
BANTANGES ▮▮ **TH**, 359
BANTEUX ▮▮▮, 943
BANTEUX ▮▮▮, 943
BANVILLE ▮▮▮, 983
BANVOU ▮▮, 1105
BARBASTE ▮▮ **TH**, 229
BARBAZAN-DEBAT ▮▮ **TH**, 897
LA BARBEN ▮▮, 1365
BARBENTANE ▮▮, 1365
BARBERAZ ▮▮, 1536
LE BARBOUX ▮▮, 645
LE BARBOUX ▮, 646
BARCELONNETTE ▮▮ **TH**, 1329
BARCELONNETTE ▮▮▮, 1330
BARD ▮▮, 1504
BARDOS ▮▮▮ **TH**, 241
BARDOUVILLE ▮▮▮, 1122
BAREGES ▮▮, 897
BAREGES ▮▮, 897
BARGEME ▮▮▮ **TH**, 1379
BARGES ▮▮▮ **TH**, 324
BARJAC ▮▮, 717
BARJAC ▮▮▮, 718
BARJAC ▮▮ **TH**, 718
BARJOLS ▮▮▮ **TH**, 1379
BARNEVILLE-CARTERET ▮▮, 1059
BARNEVILLE-CARTERET ▮▮▮, 1059
BARNEVILLE-SUR-SEINE ▮▮▮, 1034
BARON ▮▮, 359
BAROVILLE ▮▮, 611
BARR ▮▮, 137
BARR ▮▮, 137
BARR ▮▮ **TH**, 138
LA BARRE-DE-SEMILLY ▮▮▮, 1059
BARRE-DES-CEVENNES ▮▮▮ **TH**, 753
LE BARROUX ▮▮ **TH**, 1397
LE BARROUX ▮▮ **TH**, 1397
LE BARROUX ▮▮ **TH**, 1397
LE BARROUX ▮▮ **TH**, 1397
LE BARROUX ▮▮▮, 1397
BARS ▮▮, 849

BARTRES ▮▮▮, 897
BARZAN ▮, 1278
BASLY ▮▮, 984
BASLY ▮▮▮, 984
BASSE-GOULAINE ▮▮▮, 1154
LA BASSE-VAIVRE ▮▮▮ **TH**, 665
BASSES ▮▮ **TH**, 1312
LA BASTIDE-CLAIRENCE ▮▮▮ **TH**, 241
LA BASTIDE-CLAIRENCE ▮▮▮ **TH**, 241
LA BASTIDE-CLAIRENCE ▮▮▮ **TH**, 242
LA BASTIDE-CLAIRENCE ▮▮▮▮ **TH**, 242
LA BASTIDE-L'EVEQUE ▮, 822
LE BASTIT ▮▮▮ **TH**, 868
LA BATIE-ROLLAND ▮▮▮ **TH**, 1469
BAUBIGNY ▮▮▮, 324
BAUBIGNY ▮▮▮, 324
BAUBIGNY ▮▮▮, 324
BAUBIGNY ▮▮, 325
BAUBIGNY ▮▮▮, 325
BAUBIGNY ▮▮, 325
BAUBIGNY ▮▮▮, 1059
BAUBIGNY ▮▮, 1060
BAUD ▮▮▮, 481
BAUDRIERES ▮▮▮, 359
BAUDRIERES ▮▮▮, 359
BAUDUEN ▮▮▮ **TH**, 1379
BAUGY ▮▮, 359
LA BAUME ▮ **TH**, 1548
LA BAUME-CORNILLANE ▮▮▮ **TH**, 1469
BAUME-LES-DAMES ▮▮▮ **A**, 646
BAUME-LES-MESSIEURS ▮ **A**, 654
BAUME-LES-MESSIEURS ▮▮▮ **TH A**, 654
BAUNE ▮, 1169
BAUPTE ▮▮▮, 1060
LES BAUX-DE-BRETEUIL ▮▮▮ **TH**, 1034
LES BAUX-DE-PROVENCE ▮▮, 1366
BAVELINCOURT ▮▮, 1249
BAVENT ▮▮▮, 984
BAY-SUR-AUBE ▮▮▮▮ **TH**, 629
BAYAC ▮▮▮ **TH**, 184
BAYENGHEN-LES-SENINGHEN ▮▮▮, 956
BAYONS ▮▮ **TH**, 1330
BAZENS ▮▮▮, 229
BAZENVILLE ▮▮▮, 984
BAZINGHEN ▮▮, 956
BAZINVAL ▮▮, 1122
LA BAZOCHE-GOUET ▮▮▮ **TH**, 522
BAZOCHES ▮▮▮ **TH A**, 347
BAZOCHES ▮▮▮, 347
BAZOCHES-LES-BRAY ▮▮▮, 673
LA BAZOUGE-DE-CHEMERE ▮▮, 1188
BAZOUGES-SUR-LE-LOIR ▮▮▮ **TH**, 1195
BEAUCAIRE ▮▮, 718
BEAUCAIRE ▮▮▮, 718
BEAUCAMPS-LIGNY ▮▮▮, 944
BEAUCENS ▮▮▮ **TH**, 897
BEAUCHAMPS ▮▮, 1060
BEAUCOURT-EN-SANTERRE ▮▮▮, 1249
BEAUFORT-EN-VALLEE ▮▮▮ **TH**, 1169
BEAUFORT-EN-VALLEE ▮▮▮, 1170
BEAUJEU ▮▮▮, 1519
BEAULIEU ▮▮▮ **TH**, 280

BEAULIEU ▮▮, 1447
BEAULIEU-SOUS-PARTHENAY ▮▮▮, 1297
BEAULIEU-SOUS-PARTHENAY ▮▮▮, 1297
BEAULIEU-SUR-DORDOGNE ▮▮▮, 775
BEAULIEU-SUR-LAYON ▮▮, 1170
BEAUMARCHES ▮▮▮, 850
BEAUMES-DE-VENISE ▮▮ **TH**, 1397
BEAUMES-DE-VENISE ▮▮ **TH**, 1398
BEAUMONT ▮▮ **TH**, 1447
BEAUMONT-DE-LOMAGNE ▮▮▮ **TH**, 933
BEAUMONT-DU-PERIGORD ▮▮, 184
BEAUMONT-DU-VENTOUX ▮▮, 1398
BEAUMONT-EN-AUGE ▮▮, 984
BEAUMONT-EN-AUGE ▮▮, 984
BEAUMONT-EN-VERON ▮▮▮, 545
BEAUMONT-EN-VERON ▮▮, 546
BEAUMONT-EN-VERON ▮▮, 546
BEAUMONT-LA-RONCE ▮, 546
BEAUMONT-LA-RONCE ▮▮, 546
BEAUMONT-LE-HARENG ▮▮▮ **TH**, 1122
BEAUMONT-LES-VALENCE ▮▮▮, 1469
BEAUMONT-PERIGORD-LABOUQUERIE ▮▮
   TH, 184
BEAUNE ▮▮▮ **TH**, 325
BEAUNE ▮▮▮▮, 325
BEAUQUESNE ▮▮, 1250
BEAUREGARD ▮▮, 1432
BEAUREGARD-VENDON ▮▮▮▮, 307
BEAUREPAIRE ▮▮, 1487
BEAUSSAC ▮▮, 184
LE BEAUSSET ▮▮▮, 1379
LE BEAUSSET ▮▮▮, 1380
LE BEAUSSET ▮▮▮, 1380
BEAUTOR ▮▮, 1229
BEAUTOT ▮▮▮ **TH**, 1123
BEAUVAIS ▮, 1238
BEAUVEZER ▮▮, 1330
BEAUVOIR ▮▮ **TH**, 386
BEAUVOIR ▮▮ **TH**, 1060
BEAUVOIR ▮▮▮, 1060
BEAUVOIR-SUR-MER ▮▮▮, 1207
BEAUVOIR-SUR-NIORT ▮, 1297
BEBLENHEIM ▮▮▮, 157
BEBLENHEIM ▮▮▮, 157
BEBLENHEIM ▮▮▮, 157
BEC-DE-MORTAGNE ▮▮▮, 1123
LE BEC-HELLOUIN ▮▮▮, 1035
BECHEREL ▮, 454
BECHEREL E.C., 454
BECON-LES-GRANITS ▮▮, 1170
BEDARIEUX ▮▮ **TH**, 740
BEDDES ▮▮▮ **TH A**, 508
BEDOIN ▮, 1398
BEDOIN ▮▮▮, 1398
BEDOUS ▮, 242
BEGARD ▮▮, 397
LA BEGUDE-DE-MAZENC ▮▮▮ **TH**, 1469
LA BEGUDE-DE-MAZENC ▮▮▮ **TH**, 1470
BEHEN ▮▮▮ **TH**, 1250
BEHEN ▮▮▮ **TH**, 1250
BEHOUST ▮▮▮, 687
BEIRE-LE-CHATEL ▮▮, 325

BEIRE-LE-FORT E.C., 326
BELARGA ¦¦¦ **TH**, 740
BELAYE ¦¦¦ **TH**, 868
BELFORT-DU-QUERCY ¦¦, 868
BELGEARD ¦, 1188
BELGENTIER ¦¦ **TH**, 1380
BELIN-BELIET ¦¦¦, 200
BELLAC ¦¦ **TH**, 796
BELLAC ¦¦ **TH**, 796
BELLANCOURT ¦¦, 1250
BELLE-ET-HOULLEFORT ¦¦ **TH**, 957
BELLE-ILE-EN-MER ¦¦¦, 481
BELLE-ILE-EN-MER ¦¦, 481
BELLEAU ¦¦¦¦ **TH**, 124
BELLECOMBE ¦¦ **A**, 654
BELLECOMBE-EN-BAUGES ¦¦, 1536
BELLECOMBE-TARENDOL ¦ **TH A**, 1470
BELLEFOSSE ¦ **A**, 138
BELLEFOSSE ¦ **A**, 138
BELLEGARDE ¦¦¦ **TH**, 913
BELLEGARDE-ADOULINS ¦¦¦ **TH**, 850
BELLEME ¦¦¦, 1105
BELLENOT-SOUS-POUILLY ¦¦¦ **TH**, 326
BELLEVAUX ¦¦ **TH**, 1549
BELLEVAUX ¦¦ **TH**, 1549
BELLEVAUX ¦¦ **TH**, 1549
BELLEVAUX ¦¦ **TH**, 1549
BELLEVAUX ¦¦ **TH**, 1549
BELLEVAUX ¦¦¦ **TH**, 1549
BELLEVILLE-SUR-LOIRE ¦¦¦, 508
BELLEVILLE-SUR-SAONE ¦¦¦, 1519
BELLEVILLE-SUR-VIE ¦, 1207
BELLEVUE-LA-MONTAGNE ¦¦ **TH**, 292
BELLEYDOUX ¦¦¦, 1433
BELLOY E.C. **TH**, 1238
BELLOY-SUR-SOMME ¦¦¦, 1250
BELMONT, 850
BELMONT-BRETENOUX ¦¦, 868
BELMONTET ¦¦¦, 868
BELMONTET ¦, 869
BELVAL ¦¦¦, 172
BELVAL-SOUS-CHATILLON ¦¦¦ **TH**, 619
BELVEZET ¦¦, 718
BELZ ¦¦, 481
BELZ ¦¦, 482
BELZ ¦, 482
BENAC ¦¦¦ **TH**, 814
BENAYES ¦¦¦, 775
BENEVENT-ET-CHARBILLAC ¦¦¦ **TH**, 1348
BENIVAY-OLLON ¦¦ **TH A**, 1470
BENIVAY-OLLON E.C. **TH**, 1470
BENOITVILLE ¦¦, 1060
BENOITVILLE ¦¦, 1061
BENOITVILLE ¦¦, 1061
BENY ¦¦¦, 1433
BENY-SUR-MER ¦¦¦, 984
BERAT ¦¦¦ **TH**, 838
BERAUT ¦ **TH**, 850
BERAUT ¦¦ **TH**, 850
BERCENAY-EN-OTHE ¦¦ **TH**, 611
BERGHEIM ¦, 157
BERGHEIM ¦¦, 157

BERGHEIM ¦¦, 157
BERGHEIM ¦, 158
BERGHEIM ¦¦, 158
BERGHEIM ¦¦, 158
BERIGNY ¦¦, 1061
BERNAC-DESSUS ¦¦¦ **TH**, 898
BERNADETS-DEBAT ¦¦¦ **TH**, 898
LE BERNARD ¦¦¦, 1207
BERNAY-EN-PONTHIEU ¦¦¦, 1250
BERNAY-SAINT-MARTIN ¦¦¦ **TH**, 1278
BERNE ¦¦¦, 482
BERNESQ ¦¦, 985
BERNEUIL ¦¦¦ **TH**, 1266
BERNEUIL-SUR-AISNE ¦¦¦, 1239
BERNEX ¦¦¦, 1550
BERNIERES-D'AILLY ¦¦¦ **TH**, 985
BERNIERES-SUR-MER ¦¦, 985
BERNIERES-SUR-MER ¦¦, 985
BERNIERES-SUR-MER ¦, 985
BERNON ¦¦¦ **TH**, 611
BERRE-LES-ALPES ¦¦¦, 1358
BERRE-LES-ALPES ¦¦¦ **TH**, 1358
BERRIAS-CASTELJAU ¦¦, 1448
BERRIEUX ¦¦¦ **TH**, 1229
BERRY-BOUY ¦¦¦, 508
BERSAC-SUR-RIVALIER ¦¦¦ **TH**, 796
BERSAC-SUR-RIVALIER ¦¦¦ **TH**, 796
BERSON ¦¦¦, 201
BERSTETT ¦¦, 138
BERTHELMING ¦¦¦, 133
BERTHENAY ¦¦¦ **TH**, 546
BERTHENAY ¦¦¦ **TH**, 546
BERTHENAY ¦¦¦, 547
BERTRIMONT ¦¦¦¦ **TH**, 1123
BERVILLE-EN-CAUX ¦¦¦ **TH**, 1123
BERVILLE-EN-ROUMOIS ¦¦¦ **TH**, 1035
BERVILLE-L'OUDON ¦¦¦, 985
BERVILLE-L'OUDON ¦¦¦, 986
LA BESLIERE ¦¦¦, 1061
BESNE ¦¦, 1154
BESNE ¦¦¦, 1154
BESNE ¦¦¦, 1154
BESNEVILLE ¦¦ **TH**, 1061
BESNEVILLE ¦¦¦, 1061
BESNEVILLE ¦¦¦, 1061
BESSAN ¦¦¦ **TH**, 741
BESSAS ¦¦¦, 1448
BESSAY-SUR-ALLIER ¦¦¦ **TH**, 265
BESSE-SUR-ISSOLE ¦¦¦ **TH**, 1380
BESSEY-LES-CITEAUX E.C. **TH**, 326
BESSINES-SUR-GARTEMPE ¦¦¦ **TH**, 797
BESSINS ¦¦¦, 1487
BESSONCOURT ¦¦, 669
BETBEZER-D'ARMAGNAC ¦ **A**, 216
BETBEZER-D'ARMAGNAC ¦¦¦ **A**, 216
BETETE ¦¦¦¦, 787
BETHENCOURT-SUR-MER ¦ **TH**, 1251
BETPOUEY ¦¦¦ **TH**, 898
BETSCHDORF ¦¦¦¦, 138
BETTON ¦¦, 454
BETTON ¦¦, 455
BETTON-BETTONNET ¦¦, 1536

BEUSSENT ¦¦¦¦, 957
BEUVILLERS ¦¦¦, 986
BEUVRON-EN-AUGE ¦¦, 986
BEUVRON-EN-AUGE ¦¦, 986
BEUVRON-EN-AUGE ¦¦¦, 986
BEUVRON-EN-AUGE ¦¦, 986
BEUXES ¦¦¦, 1312
BEUZEC-CAP-SIZUN ¦ **TH**, 430
BEUZEVILLE ¦¦, 1035
LE BEZ ¦, 913
LE BEZ ¦¦ **TH**, 914
BEZ-ET-ESPARON ¦¦¦ **TH**, 718
BEZIERS ¦¦, 741
BEZIERS ¦¦¦ **TH**, 741
BEZINGHEM ¦¦¦, 957
BIARRITZ ¦¦¦, 242
BIAUDOS ¦¦¦ **TH**, 217
BIAUDOS ¦¦¦ **TH**, 217
BIDACHE ¦¦ **TH**, 242
BIDARRAY ¦¦¦ **TH**, 242
BIDART ¦¦, 243
BIDON ¦¦¦ **TH**, 1448
BIENVILLERS-AU-BOIS ¦¦¦, 957
BIERNE ¦¦¦, 944
BIEUZY-LES-EAUX ¦¦, 482
BIEVILLE-BEUVILLE ¦¦, 987
BIEVILLE-BEUVILLE ¦¦, 987
LA BIGNE ¦¦¦, 987
LE BIGNON E.C., 1154
BILHAC ¦¦¦ **TH**, 775
BILHERES-D'OSSAU ¦¦, 243
BILLE ¦¦ **A**, 455
BILLOM ¦¦¦, 307
LA BIOLLE ¦¦, 1536
LA BIOLLE ¦¦, 1536
BIONVILLE ¦¦ **TH**, 124
BIOULE ¦¦¦, 933
BIOUSSAC ¦¦¦, 1266
BIRAC ¦ **TH**, 1266
BIRAC ¦¦ **TH**, 1266
BIRAN ¦¦, 850
BIRAN ¦, 851
BIRLENBACH ¦ **A**, 138
BISSEY-SOUS-CRUCHAUD ¦¦¦, 360
BISSY-SOUS-UXELLES ¦¦, 360
BISSY-SOUS-UXELLES ¦¦, 360
BIVILLE-SUR-MER ¦¦¦, 1123
BIZANET ¦¦¦, 700
BIZANET E.C., 700
BLACE ¦¦¦, 1519
BLACE ¦¦¦, 1519
BLACQUEVILLE ¦¦¦, 1123
BLAESHEIM ¦¦¦, 139
BLAIN ¦¦, 1154
BLAIN ¦¦¦, 1154
BLAINVILLE-SUR-MER ¦¦¦, 1062
BLAISON-GOHIER ¦¦, 1170
BLAISON-GOHIER E.C., 1170
LE BLANC ¦¦¦, 531
BLANCAFORT ¦¦¦¦, 508
BLANDAS, 719
BLANGERMONT ¦¦ **TH**, 957

BLANGY-LE-CHATEAU ⚜⚜⚜, 987
BLANGY-SUR-TERNOISE ⚜⚜, 957
BLANGY-SUR-TERNOISE ⚜⚜⚜ A, 958
BLANZAC ⚜⚜⚜ A, 797
BLANZAC ⚜⚜⚜ A, 797
BLARINGHEM ⚜⚜⚜ TH A, 944
BLAYE ⚜, 201
BLAYE ⚜⚜, 201
BLAYE ⚜⚜⚜, 201
BLERE ⚜⚜⚜ TH, 547
BLESLE ⚜⚜⚜ TH, 292
BLESLE E.C. TH, 292
BLET ⚜⚜⚜, 508
BLET ⚜⚜⚜ TH, 509
LE BLEYMARD ⚜⚜ TH, 753
LE BLEYMARD ⚜⚜⚜ TH, 753
BLIENSCHWILLER ⚜⚜, 139
BLIENSCHWILLER ⚜⚜, 139
BLIENSCHWILLER E.C., 139
BLIGNY ⚜⚜⚜, 619
BLOND ⚜⚜ TH, 797
BLOND ⚜⚜ TH, 797
BLONVILLE-SUR-MER ⚜, 987
BLONVILLE-SUR-MER ⚜⚜, 987
BLONVILLE-SUR-MER ⚜⚜⚜, 988
BLOYE ⚜⚜ TH, 1550
BLUFFY ⚜⚜⚜, 1550
LE BO ⚜⚜, 988
BOBITAL ⚜⚜⚜, 397
BOCE ⚜⚜⚜ TH, 1170
BOCKANGE ⚜⚜⚜ TH, 133
BOECE ⚜⚜⚜ TH, 1105
BOEIL-BEZING ⚜⚜⚜, 243
BOERSCH ⚜⚜⚜, 139
BOFFRES ⚜⚜⚜ TH, 1448
BOFFRES ⚜⚜⚜ TH, 1448
BOGNY-SUR-MEUSE ⚜⚜ TH A, 606
BOGNY-SUR-MEUSE ⚜⚜⚜ TH, 606
BOIS-BASSET E.C., 455
BOIS-DE-CENE ⚜⚜⚜ TH, 1207
BOIS-DE-NEFLES-SAINT-PAUL ⚜⚜ TH, 1566
BOIS-LE-ROI ⚜⚜ TH, 673
BOIS-LE-ROI ⚜⚜⚜, 673
BOISMONT ⚜⚜, 1251
BOISREDON ⚜⚜, 1278
BOISSET ⚜⚜⚜, 292
BOISSET-ET-GAUJAC ⚜⚜⚜, 719
BOISSEUIL ⚜⚜⚜, 797
BOISSIERE ⚜⚜, 869
LA BOISSIERE ⚜⚜⚜, 988
LA BOISSIERE-DE-MONTAIGU ⚜⚜⚜, 1207
LA BOISSIERE-DES-LANDES E.C., 1207
BOISSY-LE-REPOS ⚜⚜⚜ TH, 620
BOISSY-LES-PERCHE ⚜⚜ TH, 523
BOISSY-MAUGIS ⚜⚜, 1105
BOISSY-SOUS-ST-YON ⚜⚜⚜, 690
BOLLENE ⚜⚜, 1398
BOLLEVILLE ⚜⚜ TH, 1062
BOLLEZEELE ⚜⚜ TH, 944
BON-ENCONTRE ⚜⚜ TH, 229
BONLIEU ⚜⚜⚜ A, 654

BONLIEU-SUR-ROUBION ⚜⚜ TH, 1470
BONNAC-LA-COTE ⚜⚜, 798
BONNAISOD ⚜⚜ TH, 654
BONNEBOSQ ⚜⚜⚜, 988
BONNEFOI ⚜⚜⚜, 1106
BONNEMAIN ⚜⚜⚜, 455
BONNES ⚜⚜⚜ TH, 1312
BONNEUIL-LES-EAUX E.C. TH, 1239
BONNEUIL-MATOURS ⚜⚜⚜, 1312
BONNEUIL-MATOURS ⚜⚜⚜, 1313
BONNEVAL ⚜⚜⚜ TH, 292
BONNEVILLE-LA-LOUVET ⚜⚜, 988
BONNEVILLE-LA-LOUVET ⚜⚜⚜ TH, 988
BONNEVILLE-LA-LOUVET ⚜⚜⚜, 989
BONNEVILLE-SUR-TOUQUES ⚜, 989
BONNIEUX ⚜⚜⚜, 1398
BONNIEUX ⚜⚜⚜, 1399
BONNIEUX ⚜⚜⚜ TH, 1399
BONNINGUES-LES-ARDRES ⚜⚜, 958
BONNINGUES-LES-ARDRES ⚜⚜⚜ TH, 958
BONVILLERS ⚜⚜⚜, 1239
BONY ⚜⚜⚜ A, 1229
BONZEE ⚜⚜, 128
BONZEE ⚜⚜, 128
BOO-SILHEN ⚜⚜⚜ TH, 898
BOOS ⚜⚜ TH, 1124
BOOS ⚜⚜⚜ TH, 1124
BORDERES-LOURON ⚜⚜, 898
BORDERES-LOURON ⚜⚜⚜ TH, 898
BORDERES-SUR-ECHEZ ⚜⚜⚜, 899
BORT-LES-ORGUES ⚜⚜⚜, 775
LE BOSC ⚜, 741
LE BOSC ⚜⚜⚜ TH, 814
BOSC-BENARD-COMMIN ⚜⚜⚜, 1035
BOSC-RENOULT-EN-OUCHE ⚜⚜, 1035
BOSC-ROGER-EN-ROUMOIS ⚜⚜⚜ TH, 1035
BOSDARROS ⚜⚜⚜ TH, 243
BOSDARROS ⚜⚜⚜ TH, 243
BOSROBERT E.C. TH, 1036
BOSSAY-SUR-CLAISE ⚜⚜⚜ TH, 547
BOSSENDORF ⚜⚜, 139
BOSSEVAL ⚜⚜ TH, 606
BOSSIEU ⚜⚜⚜ TH, 1487
BOSSUGAN ⚜⚜⚜ TH, 201
BOTMEUR ⚜⚜⚜, 430
BOUAYE ⚜, 1155
BOUAYE ⚜⚜⚜, 1155
BOUBIERS ⚜⚜, 1239
BOUCEY ⚜⚜, 1062
LE BOUCHET-SAINT-NICOLAS ⚜⚜⚜ A, 292
LE BOUCHET-SAINT-NICOLAS ⚜⚜⚜ A, 293
LE BOUCHET-SAINT-NICOLAS ⚜⚜⚜ TH, 293
BOUDOU ⚜⚜⚜ TH, 933
BOUGES-LE-CHATEAU ⚜⚜⚜ A, 531
BOUGLON ⚜⚜ TH, 229
BOUGY-LES-NEUVILLE ⚜⚜, 594
BOUGY-LES-NEUVILLE ⚜⚜⚜, 594
BOUHANS-LES-MONTBOZON ⚜⚜ TH, 666
BOUILLAND ⚜⚜, 326
BOUILLE-COURDAULT ⚜⚜⚜, 1208
BOUILLE-COURDAULT ⚜⚜⚜, 1208
BOUILLE-LORETZ ⚜⚜⚜, 1297

LA BOUILLIE ⚜⚜, 397
BOUILLY ⚜⚜⚜ TH, 612
BOUIN ⚜⚜⚜, 1208
BOUISSE ⚜⚜⚜ TH, 700
BOULBON ⚜⚜, 1366
BOULLAY-MIVOIE ⚜⚜⚜, 523
LE BOULLAY-THIERRY ⚜⚜⚜, 523
LE BOULLAY-THIERRY ⚜⚜⚜ TH, 523
BOULOC ⚜, 838
BOULOGNE-LA-GRASSE ⚜⚜, 1239
BOULOIRE ⚜⚜⚜, 1195
BOULON ⚜⚜, 989
LE BOUPERE ⚜⚜⚜, 1208
BOURBACH-LE-HAUT ⚜⚜ TH, 158
BOURBOURG ⚜⚜⚜ TH A, 944
BOURDALAT ⚜⚜⚜ TH, 217
BOURDEAUX ⚜⚜⚜ TH, 1470
BOURDEAUX ⚜⚜⚜ TH, 1471
BOURDEILLES ⚜⚜⚜, 184
LA BOURDINIERE-SAINT-LOUP ⚜⚜⚜, 523
BOURG-BEAUDOUIN ⚜⚜⚜, 1036
BOURG-BRUCHE ⚜ A, 140
LE BOURG-D'OISANS ⚜⚜ TH, 1488
LE BOURG-D'OISANS ⚜⚜⚜ TH, 1488
LE BOURG-DE-BIGORRE ⚜⚜⚜ TH, 899
BOURG-DE-VISA ⚜⚜⚜ A, 933
BOURG-DES-COMPTES ⚜⚜⚜ TH, 455
LE BOURG-DUN ⚜⚜⚜, 1124
BOURG-LASTIC ⚜⚜⚜, 307
BOURG-SAINT-ANDEOL ⚜⚜⚜, 1448
BOURG-SAINT-MAURICE-LES-ARCS ⚜⚜, 1537
BOURG-SUR-GIRONDE ⚜⚜, 201
BOURG-SUR-GIRONDE ⚜⚜, 201
BOURGEAUVILLE ⚜⚜⚜, 989
BOURGNEUF-EN-RETZ ⚜⚜, 1155
BOURGNEUF-SAINT-CYR-EN-RETZ ⚜⚜, 1155
BOURGOUGNAGUE ⚜⚜⚜ TH, 229
BOURGTHEROULDE ⚜⚜, 1036
BOURGTHEROULDE-INFREVILLE ⚜⚜⚜, 1036
BOURGUEIL ⚜⚜⚜ TH, 547
BOURGUIGNONS ⚜⚜⚜, 612
BOURGVILAIN ⚜⚜⚜, 360
BOURGVILAIN ⚜⚜⚜, 360
BOURNAINVILLE-FAVEROLLES ⚜⚜⚜, 1036
BOURNAND ⚜⚜⚜ TH, 1313
BOURNAZEL ⚜⚜, 822
BOURNAZEL ⚜⚜⚜, 822
BOURNAZEL ⚜⚜ A, 823
BOURNEVILLE ⚜⚜⚜, 1036
BOURNONCLE-SAINT-PIERRE ⚜⚜⚜ TH, 293
BOURRE ⚜⚜⚜, 575
BOURSAULT ⚜⚜⚜, 620
BOURSAULT ⚜⚜⚜, 620
BOURSEUL ⚜⚜ TH, 397
BOURSIN ⚜⚜⚜, 958
BOURTH ⚜⚜⚜, 1037
BOUSBECQUE E.C. A, 945
BOUSSAC ⚜⚜ TH, 787
BOUSSAC ⚜⚜⚜ TH, 869
LA BOUSSAC ⚜⚜⚜ TH, 455

BOUSSENAC ‖ **A**, 814
BOUSSENOIS ‖‖‖ **TH**, 326
BOUSSY ‖‖, 1550
BOUTENAC ‖‖‖ **TH**, 700
BOUTIERS-SAINT-TROJAN ‖‖‖, 1267
BOUTIGNY-SUR-OPTON ‖‖ **TH**, 523
BOUTTEVILLE ‖‖, 1062
BOUVAINCOURT-SUR-BRESLE ‖‖‖, 1251
BOUVESSE-QUIRIEU ‖‖‖ **TH**, 1488
BOUVRON ‖‖‖‖, 1155
BOUY-LUXEMBOURG ‖‖‖ **TH**, 612
BOUY-SUR-ORVIN ‖‖, 612
BOUZILLE ‖‖, 1171
BOUZY-LA-FORET E.C. **TH**, 594
BOVES ‖‖‖, 1251
BOYEUX-SAINT-JEROME ‖‖, 1433
BOZOULS E.C., 823
BRACHY ‖‖, 1124
BRACON ‖‖ **A**, 655
BRACQUEMONT ‖‖‖, 1124
BRAGELONGNE-BEAUVOIR E.C., 612
BRAIN-SUR-VILAINE E.C. **TH**, 456
BRAINS-SUR-GEE ‖‖ **TH**, 1195
BRAM ‖‖‖ **A**, 701
BRAMANS ‖‖ **TH**, 1537
BRANDERION ‖‖‖, 482
BRANDIVY ‖‖, 482
BRANDON E.C. **TH**, 360
BRANTOME ‖‖‖, 185
BRAS ‖‖‖ **TH**, 1380
BRAS ‖‖‖ **TH**, 1380
BRAS ‖‖, 1381
BRASPARTS ‖‖‖, 430
BRASPARTS ‖‖‖ **TH**, 430
BRASSAC ‖‖‖ **TH**, 934
BRAY E.C., 1037
BRAY-EN-VAL ‖‖‖, 594
BRAYE-EN-LAONNOIS ‖‖‖ **TH**, 1229
BRAYE-SUR-MAULNE ‖‖‖ **TH**, 547
BREAU ‖‖‖ **TH**, 673
BREAU ‖‖‖ **TH**, 719
BRECEY ‖‖, 1062
BRECEY ‖‖, 1062
BRECH ‖‖‖, 483
BRECY E.C., 509
BREE ‖‖, 1189
BREHAL ‖‖, 1063
BREHAL ‖‖‖, 1063
BREHAL E.C., 1063
BREHAN ‖‖ **TH**, 483
BREITENBACH ‖ **A**, 158
BREITENBACH ‖‖, 158
BREMOY ‖‖‖ **TH**, 989
BRENGUES ‖‖, 869
BRENGUES ‖‖, 869
BRENGUES ‖‖‖, 869
BRENNILIS ‖‖ **TH**, 430
BRENOD ‖‖ **TH**, 1433
BRENOD ‖‖‖, 1433
BRENS ‖‖‖ **TH**, 1433
LA BRESSE ‖ **TH**, 172
LA BRESSE ‖‖ **TH**, 173

LA BRESSE ‖‖, 173
LA BRESSE ‖‖ **TH**, 173
BRESSE-SUR-GROSNE ‖‖‖, 360
BRESSE-SUR-GROSNE ‖‖‖, 361
BRESSUIRE ‖‖, 1297
BRETEAU ‖‖‖ **TH**, 595
BRETENOUX ‖‖, 870
BRETEUIL-SUR-ITON ‖‖‖, 1037
BRETONVILLERS ‖‖‖, 646
BRETTEVILLE-DU-GRAND-CAUX ‖, 1124
BRETTEVILLE-DU-GRAND-CAUX ‖‖, 1125
BRETTEVILLE-DU-GRAND-CAUX ‖‖ **TH**, 1125
BRETTEVILLE-SUR-DIVES ‖‖‖, 989
BRETTEVILLE-SUR-LAIZE ‖‖‖‖ **TH**, 990
BRETX ‖‖‖ **TH**, 839
LE BREUIL ‖‖ **TH**, 266
LE BREUIL-EN-AUGE ‖, 990
BREUILAUFA ‖‖, 798
BREUILLET ‖‖ **TH**, 1278
BREUILPONT ‖‖‖, 1037
BREUSCHWICKERSHEIM ‖, 140
BREUSCHWICKERSHEIM ‖‖, 140
BREUX-SUR-AVRE ‖‖‖, 1037
BREVANDS ‖‖, 1063
BREVILLE-LES-MONTS ‖, 990
BREVONNES ‖‖, 612
BREVONNES ‖‖‖ **TH**, 613
BREXENT-ENOCQ ‖‖ **TH**, 958
BREXENT-ENOCQ ‖‖‖, 958
BREZONS ‖‖ **TH**, 280
BRIANCON ‖‖ **TH**, 1348
BRIANCON ‖‖ **TH**, 1348
BRIANCONNET ‖‖, 1358
BRIARE ‖‖ **TH**, 595
BRIARRES-SUR-ESSONNE ‖‖‖, 595
BRIATEXTE ‖‖ **TH**, 914
BRICQUEBEC ‖‖, 1063
BRICQUEBEC ‖‖‖, 1063
BRICQUEBEC ‖‖, 1064
BRICQUEBEC ‖‖‖, 1064
BRICQUEBEC ‖‖‖, 1064
BRICQUEBOSCQ ‖‖, 1064
BRICQUEBOSCQ ‖‖, 1064
BRICQUEBOSCQ ‖‖‖, 1064
BRICQUEVILLE-SUR-MER ‖, 1065
BRICQUEVILLE-SUR-MER ‖‖, 1065
BRICQUEVILLE-SUR-MER ‖‖‖, 1065
BRICQUEVILLE-SUR-MER ‖‖‖, 1065
LA BRIDOIRE ‖, 1537
BRIE-SOUS-ARCHIAC ‖‖, 1278
BRIEC-DE-L'ODET ‖‖‖, 431
BRIENNE-SUR-AISNE ‖‖‖, 607
BRIGNAIS ‖‖‖ **TH**, 1519
LA BRIGUE ‖‖, 1358
BRIMEUX ‖‖‖, 959
BRIMEUX ‖‖‖, 959
BRION ‖‖‖ **TH**, 1171
BRION ‖‖‖ **TH**, 1171
BRIONNE ‖‖ **TH**, 1037
BRIOUX-SUR-BOUTONNE ‖‖, 1298
BRIOUZE ‖‖‖, 1106

BRISON ‖ **TH**, 1550
BROC ‖‖‖ **TH**, 1171
LA BROSSE-MONTCEAUX ‖‖‖ **TH**, 674
BROSSES ‖‖‖ **TH**, 386
BROU ‖‖, 524
BROUAINS ‖‖‖, 1065
BROUILLET ‖‖‖, 620
BROUSSE ‖‖ **TH**, 914
BROUY ‖‖‖ **TH**, 690
BROXEELE ‖‖, 945
BRU ‖‖, 173
LA BRUGUIERE ‖‖‖‖ **TH**, 719
BRULLIOLES ‖‖‖, 1520
BRUNIQUEL ‖, 934
BRUNIQUEL ‖‖ **TH**, 934
BRUNIQUEL ‖‖‖, 934
LE BRUSC-SIX-FOURS ‖‖‖, 1381
BRUX ‖‖, 1313
BRUX ‖‖‖ **TH**, 1313
BRUYERES-SUR-FERE ‖‖‖ **TH**, 1230
BUANES ‖‖‖ **TH**, 217
BUCEELS ‖‖, 990
BUE ‖‖, 509
BUGARACH ‖‖‖ **TH**, 701
BUICOURT ‖‖‖, 1239
BUISSARD ‖‖ **TH**, 1348
BUISSON ‖‖, 1399
BUISSON ‖‖‖ **TH**, 1399
LE BUISSON-DE-CADOUIN ‖‖‖ **TH**, 185
LE BUISSON-DE-CADOUIN ‖‖‖, 185
BUJALEUF ‖‖ **TH**, 798
BULEON ‖‖‖ **TH**, 483
BULGNEVILLE ‖‖‖, 173
BULLECOURT ‖‖‖, 959
BULLY E.C., 1504
BULLY ‖‖ **TH**, 1520
BUNO-BONNEVAUX ‖‖, 690
BUNO-BONNEVAUX ‖‖, 691
BUOUX ‖ **TH**, 1399
BUOUX ‖‖, 1399
BURBACH ‖‖, 140
BURDIGNES ‖‖ **A**, 1504
BURE ‖‖‖ **TH**, 1106
BURELLES ‖‖‖, 1230
BURES-SUR-DIVES ‖‖ **TH**, 990
BURES-SUR-DIVES ‖‖‖, 990
BUREY-LA-COTE ‖‖, 128
BURGNAC ‖‖ **TH**, 798
BURTONCOURT ‖‖‖ **TH**, 134
BURZET ‖‖ **TH**, 1449
BURZET ‖‖‖ **TH**, 1449
BUSSANG ‖‖ **TH**, 173
BUSSIARES ‖‖ **TH**, 1230
LA BUSSIERE ‖‖, 595
BUSSIERE-BOFFY ‖, 798
BUSSIERE-DUNOISE ‖‖‖, 787
BUSSIERE-GALANT ‖ **TH**, 798
BUSSIERE-GALANT E.C., 799
BUSSIERE-SAINT-GEORGES ‖‖‖, 787
BUSSIERES ‖ **TH**, 386
BUSSIERES-POITEVINE ‖ **TH**, 799
BUSSY-LE-GRAND ‖‖‖, 326

BUSSY-LES-POIX ||| **TH**, 1251
BUSSY-ST-MARTIN |||, 674
BUSSY-ST-MARTIN |||, 674
BUSSY-ST-MARTIN |||, 674
BUSWILLER ||, 140
BUTHIERS ||| **TH**, 674
BUTOT-VENESVILLE |||, 1125
BUXIERES-LES-MINES ||| **TH**, 266
BUXY ||| **TH**, 361
BUZET-SUR-BAISE |||| **TH**, 229
BUZY ||| **TH**, 243

C

CABANAC |||, 899
CABANAC-SEGUENVILLE |||| **TH**, 839
CABRERETS |||, 870
CABRIERES-D'AVIGNON |||, 1400
CABRIERES-D'AVIGNON |||, 1400
CABRIES || **TH**, 1366
CABRIS |||, 1358
CADENET |||, 1400
CADENET |||, 1400
CADENET ||| **TH**, 1400
LA CADIERE-D'AZUR |||, 1381
CAGNAC-LES-MINES ||| **TH**, 914
CAHAGNES || **TH**, 991
CAHAGNES |||, 991
CAHAGNES |||, 991
CAHAGNOLLES |||, 991
CAHORS ||| **TH**, 870
CAHUZAC-SUR-ADOUR | **TH**, 851
CAHUZAC-SUR-VERE ||, 914
CAHUZAC-SUR-VERE |||, 914
CAHUZAC-SUR-VERE ||| **TH**, 915
CAHUZAC-SUR-VERE E.C., 915
LE CAILAR |||, 719
CAIRANNE ||| **TH**, 1400
CAIRANNE |||, 1401
CAIRANNE ||| **TH**, 1401
CALES ||| **TH**, 870
CALLAS |||, 1381
CALMONT ||, 823
CALMONT |||, 839
CALORGUEN ||, 397
CALVISSON ||| **TH**, 719
CAMARES ||, 823
CAMARET-SUR-AIGUES ||| **A**, 1401
CAMBIAC ||| **TH**, 839
CAMBON-D'ALBI || **TH**, 915
CAMBOULAZET ||, 823
CAMBOUNES ||| **TH**, 915
CAMBOUNET-SUR-LE-SOR ||| **TH**, 915
CAMBOUNET-SUR-LE-SOR |||| **TH**, 915
CAMBREMER |, 991
CAMBREMER ||, 991
CAMBREMER |||, 991
CAMBREMER |||, 992
CAMBRONNE-LES-RIBECOURT ||| **TH**, 1239
CAMBURAT |||, 870

CAME ||| **TH**, 244
CAME |||, 244
CAME ||| **TH**, 244
CAMELAS ||| **TH**, 766
CAMIERS ||, 959
CAMIERS |||, 959
LES CAMMAZES | **TH**, 916
CAMON |||, 814
CAMORS ||, 483
CAMOU-CIHIGUE |||, 244
CAMOUS ||, 899
CAMPAGNE-LES-BOULONNAIS |||, 959
CAMPAN ||, 899
CAMPAN ||| **TH**, 899
CAMPARAN ||, 900
CAMPEAUX || **TH**, 992
CAMPENEAC ||, 483
CAMPESTRE-ET-LUC ||, 720
CAMPESTRE-ET-LUC ||| **TH A**, 720
CAMPET-LAMOLERE ||| **TH**, 217
CAMPIGNY ||, 1038
CAMPOURIEZ |||, 823
CAMPROND |||, 1065
CAMPS-LA-SOURCE || **TH**, 1381
CANCALE ||, 456
CANCALE ||| **TH**, 456
CANCALE E.C., 456
CANCON |||, 230
CANDAS |||, 1251
CANDE-SUR-BEUVRON |||, 575
CANDES-SAINT-MARTIN ||| **TH**, 547
CANDES-SAINT-MARTIN ||, 548
CANEHAN ||| **TH**, 1125
LE CANNET-DES-MAURES ||, 1381
LE CANNET-DES-MAURES ||, 1382
LE CANNET-DES-MAURES |||, 1382
LA CANOURGUE || **TH A**, 754
LA CANOURGUE ||| **TH**, 754
CANOUVILLE ||, 1125
CANVILLE-LA-ROCQUE |||, 1066
CAOUENNEC-LANVEZEAC ||, 398
CAOUENNEC-LANVEZEAC ||, 398
CAOURS |||, 1252
CAP-FERRET ||, 202
CAPDROT || **TH**, 185
CAPDROT || **TH**, 185
LA CAPELLE-BALAGUIER ||, 824
LA CAPELLE-BLEYS E.C., 824
CAPELLE-LES-GRANDS ||| **TH**, 1038
LA CAPELLE-MASMOLENE ||, 720
CAPESTANG ||| **TH**, 741
CAPIAN ||| **TH**, 202
CAPOULET-JUNAC ||, 814
CAPTIEUX ||| **TH**, 202
CARAMAN |||, 839
CARANTILLY |||, 1066
CARBUCCIA ||, 637
CARDAILLAC |||, 870
CARDET ||||, 720
CARENTON-DU-CHER E.C., 509
CARLUX |||, 185
CARNAC |||, 483

CARNAC |||, 484
CARNAC |||, 484
CARNAC E.C., 484
CARNOET ||, 398
CAROMB || **TH A**, 1401
CARPENTRAS ||, 1401
CARPENTRAS |||, 1401
CARPENTRAS |||, 1402
CARREPUIS |||, 1252
CARTELEGUE |||, 202
CASCASTEL ||||, 701
CASES-DE-PENE |||, 766
CASSAGNES-BEGONHES E.C., 824
CASSANIOUZE |||, 280
CASSEL | **TH**, 945
CASSEL |||, 945
CAST |||, 431
CAST |||, 431
CAST ||| **TH**, 431
CASTA E.C. **TH**, 637
CASTANET ||| **TH**, 916
CASTANET |, 934
CASTANET ||| **TH**, 934
CASTANET-LE-HAUT | **A**, 741
CASTANS || **TH**, 701
CASTANS E.C. **TH**, 701
CASTEIDE-CAMI ||| **TH**, 244
CASTELJAU |||, 1449
CASTELLANE || **TH**, 1330
CASTELLANE ||, 1330
LE CASTELLARD-MELAN ||| **TH**, 1330
LE CASTELLET |||, 1331
CASTELNAU-BARBARENS || **TH A**, 851
CASTELNAU-BARBARENS ||| **TH**, 851
CASTELNAU-BARBARENS ||| **TH**, 851
CASTELNAU-D'ARBIEU |||, 851
CASTELNAU-D'AUZAN ||| **TH**, 852
CASTELNAU-D'ESTRETEFONDS |||, 839
CASTELNAU-DE-GUERS ||| **TH**, 742
CASTELNAU-DE-MANDAILLES |||, 824
CASTELNAU-DE-MEDOC |||, 202
CASTELNAU-DE-MEDOC |||, 202
CASTELNAU-DE-MONTMIRAL ||| **TH**, 916
CASTELNAU-DE-MONTMIRAL |||, 916
CASTELNAU-DE-MONTMIRAL |||, 916
CASTELNAU-DE-MONTMIRAL ||| **TH**, 916
CASTELNAU-DE-MONTMIRAL |||, 917
CASTELNAU-DE-MONTMIRAL |||, 917
CASTELNAU-MAGNOAC ||| **TH**, 900
CASTELNAU-MAGNOAC ||| **TH**, 900
CASTELNAU-MONTRATIER ||| **TH**, 870
CASTELNAU-PEGAYROLS ||, 824
CASTELNAU-PEGAYROLS ||, 824
CASTELNAU-RIVIERE-BASSE |||, 900
CASTELNAU-RIVIERE-BASSE ||| **TH**, 900
CASTELNAU-RIVIERE-BASSE |||| **TH**, 900
CASTELNAU-VALENCE ||| **TH**, 720
CASTELNOU |||, 766
CASTELNOU ||| **TH**, 766
CASTELS ||| **TH**, 186
CASTELSAGRAT || **TH**, 935
CASTELSARRASIN |||, 935

CASTERA-LECTOUROIS ||| **TH**, 852
CASTET |, 244
CASTILLON |||, 992
CASTILLON-DU-GARD |||, 720
CASTILLON-DU-GARD |||, 721
CASTILLON-LA-BATAILLE |||, 203
CASTILLONNES || **TH**, 230
CASTILLY ||, 992
CASTRES |||, 917
CASTRES-SUR-GIRONDE || **TH**, 203
CATHERVIELLE || **TH**, 840
CATTEVILLE ||| **TH**, 1066
CAUBIOS-LOOS || **A**, 245
CAUDAN |||, 484
CAUDEBEC-EN-CAUX |||, 1125
CAUDIES-DE-FENOUILLEDES ||, 767
CAUJAC || **TH**, 840
CAUJAC E.C. **TH**, 840
CAULNES ||, 398
CAUMONT-SUR-DURANCE ||, 1402
CAUROY-LES-HERMONVILLE |||, 620
CAUSSE-ET-DIEGE E.C., 825
CAUSSENS ||| **A**, 852
CAUSSOLS || **TH**, 1358
CAUTERETS |||, 901
CAUTERETS |||, 901
CAUVILLE-SUR-MER ||, 1126
CAUVILLE-SUR-MER || **TH**, 1126
CAUX ||, 742
CAUX-ET-SAUZENS |||, 701
CAVAILLON ||| **TH**, 1402
CAVAILLON |||, 1402
CAVANAC ||, 702
CAVEIRAC ||, 721
CAVIGNY ||, 1066
CAYEUX-SUR-MER ||, 1252
CAYEUX-SUR-MER |||, 1252
CAYEUX-SUR-MER-BRIGHTON ||, 1252
LE CAYLAR-EN-LARZAC || **TH**, 742
CAZALRENOUX || **TH**, 702
CAZATS ||, 203
CAZAUX-VILLECOMTAL ||| **TH**, 852
CAZERES-SUR-ADOUR || **TH**, 217
CAZES-MONDENARD |, 935
CAZES-MONDENARD |||| **TH**, 935
CAZOULS-LES-BEZIERS ||| **TH**, 742
CEAUX |||, 1066
CEAUX |||, 1066
CEAUX |||, 1067
CEAUX |||, 1067
CEAUX-D'ALLEGRE **TH**, 293
LA CELLE-CONDE ||| **TH A**, 509
LA CELLE-DUNOISE ||| **TH**, 788
CELLE-L'EVESCAULT ||| **TH**, 1313
LA CELLE-SAINT-AVANT |||, 548
CELLES || **TH**, 742
CELLES |, 1279
CELLES-SUR-PLAINE E.C. **TH**, 174
CELLETTES |||, 576
LE CELLIER ||, 1155
CELLULE |||, 307
CELY-EN-BIERE ||, 674

CENAC ||| **TH**, 186
CENDRAS ||, 721
CENDRAS || **TH**, 721
CENTRES ||, 825
CENVES || **TH**, 1520
CERANS-FOULLETOURTE |, 1196
CERCIE-EN-BEAUJOLAIS |||, 1520
CERE-LA-RONDE ||, 548
CERENCES |, 1067
CERESTE |||, 1331
CERET |||, 767
CERET |||, 767
CERILLY |, 266
CERILLY ||, 266
CERISIERS | **TH**, 387
CERIZAY |||, 1298
CERNON || **TH A**, 655
CERNY |||, 691
CERVIONE |||, 637
CESCAU ||, 814
CESSIERES |||, 1230
CETON || **TH**, 1106
CEYRESTE |||, 1366
CEYSSAT ||, 307
CEYZERIEU ||, 1434
CEZAIS |||, 1208
CHABOTTES || **TH**, 1348
CHABOTTES ||| **TH**, 1348
CHABRILLAN ||| **TH**, 1471
CHABRIS ||, 531
CHABRIS E.C. **TH**, 531
CHADELEUF ||| **TH**, 308
CHADENAC || **TH**, 1279
CHADURIE ||| **TH**, 1267
CHADURIE |||, 1267
CHAILLE-LES-MARAIS |||, 1208
CHAILLE-LES-MARAIS ||, 1209
CHAILLY-EN-BIERE ||, 675
CHAILLY-EN-GATINAIS |||, 595
CHAINAZ-LES-FRASSES ||, 1550
CHAINGY |||, 595
LA CHAISE-DIEU ||, 293
LA CHAISE-DIEU ||| **TH**, 293
LA CHAIZE-LE-VICOMTE |||, 1209
CHALAIS || **TH**, 531
CHALANCON ||| **A**, 1471
CHALANDRAY ||| **TH**, 1313
LE CHALARD ||| **TH**, 799
CHALEINS ||, 1434
CHALENCON || **TH**, 1449
CHALIERS || **TH**, 280
CHALINDREY ||| **TH**, 629
CHALLAIN-LA-POTHERIE ||| **TH**, 1171
CHALLANS |||, 1209
CHALLES-LES-EAUX ||| **TH**, 1537
CHALLEX || **TH**, 1434
CHALMAISON |||, 675
CHALO-ST-MARS |||, 691
LA CHALOUPE | **TH**, 1566
LA CHALOUPE | **TH**, 1566
CHALUS |||, 799
CHAMBERAT |||, 266

CHAMBERET |||, 775
CHAMBERY-LE-VIEUX |, 1537
CHAMBLANC |, 327
CHAMBOEUF |||, 327
CHAMBOIS ||, 1106
CHAMBOIS |||, 1106
LE CHAMBON || **TH**, 721
CHAMBON-SAINTE-CROIX ||| **TH**, 788
CHAMBON-SUR-CISSE E.C., 576
CHAMBORD || **TH**, 1038
CHAMBORIGAUD ||| **TH**, 721
CHAMBOULIVE |, 776
CHAMBOURG-SUR-INDRE ||| **TH**, 548
CHAMBRAY-LES-TOURS |||| **TH**, 548
CHAMBRETAUD ||, 1209
CHAMBRETAUD ||| **TH**, 1209
CHAMONIX-ARGENTIERE-LE-TOUR ||| **TH**, 1551
CHAMONIX-MONT-BLANC |||, 1551
CHAMOUILLAC |||, 1279
CHAMOUILLEY ||, 630
LE CHAMP-DE-LA-PIERRE || **TH**, 1107
CHAMPAGNAC-DE-BELAIR ||, 186
CHAMPAGNAC-LA-RIVIERE ||| **TH**, 799
CHAMPAGNE E.C. **TH**, 1196
CHAMPAGNE ||| **TH**, 1279
CHAMPAGNE-EN-VALROMEY || **TH**, 1434
CHAMPAGNE-ET-FONTAINE ||| **TH**, 186
CHAMPAGNEY |||| **A**, 666
CHAMPDENIERS ||| **TH**, 1298
CHAMPEAU-EN-MORVAN | **TH**, 327
CHAMPEAUX |||, 1067
LES CHAMPEAUX |||, 1107
CHAMPEIX |||, 308
CHAMPFLEUR || **TH**, 1196
CHAMPIGNELLES ||| **A**, 387
CHAMPIGNEULLE |||, 607
CHAMPIGNY-LE-SEC ||, 1314
CHAMPIGNY-SUR-VEUDE ||| **TH**, 548
CHAMPILLET || **TH**, 532
CHAMPIS || **TH**, 1449
CHAMPLEMY ||, 347
CHAMPNIERS |||, 1267
CHAMPNIERS ||, 1314
CHAMPNIERS-ET-REILHAC || **TH**, 186
CHAMPROND-EN-GATINE || **TH**, 524
CHAMPS ||| **TH**, 308
LES CHAMPS-DE-LOSQUES ||| **TH**, 1067
CHAMPS-SUR-TARENTAINE || **TH**, 280
CHAMPSANGLARD ||||, 788
CHAMPTERCIER |||, 1331
CHAMPTOCEAUX |, 1171
CHAMROUSSE ||, 1488
CHANAC | **TH**, 754
CHANAC || **TH**, 754
CHANAC || **TH A**, 754
CHANAC ||| **TH A**, 754
CHANAC ||| **TH**, 755
CHANAY ||, 1434
CHANCAY ||||, 549
CHANCAY ||||, 549
CHANCEAUX |||, 327

CHANCEAUX ###, 327
CHANCEAUX-SUR-CHOISILLE ##, 549
CHANDAI ### TH A, 1107
CHANDAI ###, 1107
CHANES E.C., 361
CHANES E.C., 361
CHANGE ###, 1189
CHANGE ## TH, 1196
CHANGE ###, 1196
CHANNAY-SUR-LATHAN ##, 549
CHANOS-CURSON ## TH, 1471
CHANOS-CURSON ### TH, 1471
CHANOS-CURSON ###, 1471
CHANTELLE ### TH, 266
CHANTEMERLE-LES-BLES ### TH, 1472
CHANTEMERLE-LES-GRIGNAN ### TH, 1472
CHANTENAY-SAINT-IMBERT ####, 347
CHANTENAY-SAINT-IMBERT E.C., 347
CHANTENAY-VILLEDIEU ###, 1196
CHANTERAC ### TH, 186
CHANTEUGES ### TH, 294
CHANTILLY ###, 1240
CHANZEAUX ### TH, 1172
CHAOURSE ### TH, 1230
CHAPAIZE ##, 361
CHAPAREILLAN ## TH, 1488
CHAPAREILLAN ###, 1488
LA CHAPELAUDE ## TH, 267
LA CHAPELLE-ACHARD ###, 1209
LA CHAPELLE-AUX-BOIS ### TH, 174
LA CHAPELLE-AUX-FILTZMEENS ###, 456
LA CHAPELLE-BASSE-MER ### TH, 1156
LA CHAPELLE-BERTRAND ###, 1298
LA CHAPELLE-D'ABONDANCE ## TH, 1551
LA CHAPELLE-D'ALAGNON ### TH, 280
LA CHAPELLE-D'ANGILLON ###, 509
CHAPELLE-D'HUIN ## A, 646
CHAPELLE-D'HUIN ##, 646
LA CHAPELLE-DE-BRAGNY ## TH, 361
CHAPELLE-DES-BOIS ## TH, 646
CHAPELLE-DES-BOIS ## TH, 647
LA CHAPELLE-DES-MARAIS ##, 1156
LA CHAPELLE-EN-JUGER ###, 1067
LA CHAPELLE-EN-VALGAUDEMAR ## A, 1349
LA CHAPELLE-EN-VALGAUDEMAR ###, 1349
LA CHAPELLE-ENGERBOLD ###, 992
LA CHAPELLE-IGER ### TH, 675
LA CHAPELLE-MONTBRANDEIX ### TH, 799
LA CHAPELLE-MONTBRANDEIX ### TH, 800
LA CHAPELLE-MONTHODON ### TH, 1230
LA CHAPELLE-PRES-SEES ### TH, 1107
LA CHAPELLE-RABLAIS ###, 675
LA CHAPELLE-SAINT-GERAUD # TH, 776
LA CHAPELLE-SAINT-MARTIAL ####, 788
LA CHAPELLE-SOUS-BRANCION ###, 362
LA CHAPELLE-SUR-DUN ### TH, 1126
LA CHAPELLE-SUR-DUN ###, 1126

LA CHAPELLE-SUR-ERDRE ###, 1156
LA CHAPELLE-SUR-LOIRE E.C. TH, 549
LES CHAPELLES E.C., 1537
LES CHAPELLES-BOURBON ####, 675
CHAPET ##, 687
CHAPONOST ### TH, 1520
CHARBONNAT ##, 362
CHARBONNIERES E.C. TH, 362
CHARBONNIERES-LES-VARENNES ### TH, 308
CHARCE-SAINT-ELLIER ###, 1172
CHARDONNAY ###, 362
CHARENCY # A, 655
CHARENCY-VEZIN ### TH, 124
CHARENTAY ###, 1520
CHARENTON-LAUGERE ###, 510
CHARENTONNAY ###, 510
CHARETTE ## TH, 1489
CHAREZIER ## A, 655
CHAREZIER ## A, 655
CHAREZIER ## TH A, 655
CHARGE ##, 549
CHARGE ##, 550
CHARLAS ###, 840
CHARLY ###, 510
LE CHARMEL ###, 1231
CHARMONT-SOUS-BARBUISE ### TH, 613
LES CHARMONTOIS ### TH, 620
CHARNAY ### TH, 1521
CHARNAY-LES-MACON E.C., 362
CHARNAY-LES-MACON E.C. TH, 362
CHARNECLES ###, 1489
CHARNIZAY ### TH, 550
CHARNOZ-SUR-AIN ## TH, 1434
CHARNY ### TH, 387
CHARPEY ## TH, 1472
CHARQUEMONT ####, 647
CHARRAIS ###, 1314
CHARRIN ###, 347
CHARROUX #### A, 267
CHARROUX E.C. TH, 267
CHARROUX ###, 1314
LA CHARTRE-SUR-LE-LOIR ##, 1197
CHARTRETTES ###, 675
CHARTRETTES ###, 676
CHASPINHAC ### TH, 294
CHASPUZAC ### TH, 294
CHASSAGNE-MONTRACHET #, 327
CHASSAGNES ### TH, 294
CHASSE-SUR-RHONE #### TH, 1489
CHASSENEUIL ##, 532
CHASSEY-LE-CAMP ##, 362
CHASSEY-LE-CAMP ##, 363
CHASSIERS ### TH, 1449
CHASSIGNY-SOUS-DUN ###, 363
CHASTEAUX ###, 776
CHATEAU-BERNARD ##, 1489
CHATEAU-CHERVIX ### TH, 800
LE CHATEAU-D'OLONNE ###, 1210
LE CHATEAU-D'OLONNE ###, 1210
LE CHATEAU-D'OLONNE E.C., 1210

CHATEAU-DU-LOIR ###, 1197
CHATEAU-GARNIER ###, 1314
CHATEAU-GONTIER-BAZOUGES ###, 1189
CHATEAU-LA-VALLIERE ### TH, 550
CHATEAU-THEBAUD ###, 1156
CHATEAU-THEBAUD ###, 1156
CHATEAU-THEBAUD ### TH, 1156
CHATEAU-VILLE-VIEILLE ###, 1349
CHATEAU-VILLE-VIEILLE # TH, 1349
CHATEAU-VILLE-VIEILLE ###, 1349
CHATEAUDOUBLE ### TH, 1472
CHATEAUDUN ##, 524
CHATEAUDUN ## TH, 524
CHATEAUNEUF ###, 1210
CHATEAUNEUF ### TH, 1210
CHATEAUNEUF ### TH, 1210
CHATEAUNEUF ### TH, 1211
CHATEAUNEUF-DE-GADAGNE ## TH, 1402
CHATEAUNEUF-DE-GADAGNE ##, 1402
CHATEAUNEUF-DE-GALAURE ##, 1472
CHATEAUNEUF-DU-PAPE ##, 1403
CHATEAUNEUF-DU-PAPE ##, 1403
CHATEAUNEUF-DU-PAPE ##, 1403
CHATEAUNEUF-EN-AUXOIS ###, 328
CHATEAUNEUF-EN-THYMERAIS ### TH, 524
CHATEAUNEUF-EN-THYMERAIS ## TH, 524
CHATEAUNEUF-LA-FORET ###, 800
CHATEAUNEUF-SUR-ISERE ###, 1472
CHATEAUNEUF-VAL-SAINT-DONAT ### TH, 1331
CHATEAUNEUF-VAL-SAINT-DONAT ### TH, 1331
CHATEAURENARD ##, 1366
CHATEAURENARD ##, 1366
CHATEAURENARD ##, 1367
CHATEAURENARD ###, 1367
CHATEAURENARD ###, 1367
CHATEAUROUX-LES-ALPES ##, 1349
CHATEAUVIEUX ###, 576
CHATEL ## TH, 1551
CHATEL-CHEHERY ### TH, 607
CHATEL-DE-NEUVRE ### TH, 267
CHATEL-MONTAGNE ## TH, 267
CHATEL-MONTAGNE ## TH, 267
CHATELAILLON-PLAGE ###, 1279
LE CHATELARD ## TH, 1538
LE CHATELET #### TH, 510
LE CHATELET-EN-BRIE ###, 676
LES CHATELETS ### A, 524
LES CHATELLIERS-CHATEAUMUR ###, 1211
CHATELNEUF # A, 656
CHATELUS ### A, 1504
CHATELUS-MALVALEIX # TH, 788
CHATELUS-MALVALEIX ### TH, 788
CHATENAY ##, 363
CHATENAY ### TH A, 363
CHATENOIS ### A, 656
CHATILLON-D'AZERGUES ### TH, 1521
CHATILLON-LA-BORDE ### TH, 676

1593

CHATILLON-LA-PALUD ||| **A**, 1435
CHATILLON-SUR-CHALARONNE |||, 1435
CHATILLON-SUR-CHER |, 576
CHATILLON-SUR-CLUSES ||| **TH**, 1551
CHATILLON-SUR-INDRE ||, 532
CHATILLON-SUR-INDRE E.C., 532
CHATILLON-SUR-LOIRE |||, 596
CHATILLON-SUR-LOIRE |||, 596
CHATRES ||| **TH**, 676
CHATRES-SUR-CHER ||, 576
CHAUCHAILLES || **TH**, 755
CHAUCHE ||, 1211
CHAUCHE E.C., 1211
CHAUDENAY-LE-CHATEAU ||| **TH**, 328
CHAUDENEY-SUR-MOSELLE | **TH**, 124
CHAUDES-AIGUES ||, **TH**, 281
CHAUDES-AIGUES ||| **TH**, 281
CHAUMARD ||| **TH**, 348
CHAUMEIL ||| **TH**, 776
CHAUMERCENNE |, 666
CHAUMONT-EN-VEXIN ||, 1240
CHAUMONT-SUR-LOIRE |||, 576
CHAUMONT-SUR-THARONNE |||, 577
LA CHAUSSEE ||| **TH**, 1314
CHAUSSOY-EPAGNY ||| **TH**, 1253
CHAUSSY || **TH**, 596
CHAUVE ||| **TH**, 1157
CHAUVIGNE ||| **TH**, 456
CHAUVIGNY |, 1315
CHAUVIGNY |||, 1315
CHAUVIGNY |||, 1315
CHAUVIGNY |||, 1315
CHAUZON ||, 1450
CHAUZON |||, 1450
CHAVAGNES-EN-PAILLERS ||| **TH**, 1211
CHAVAGNES-EN-PAILLERS |||, 1211
CHAVANAT || **A**, 789
CHAVANAY ||| **TH**, 1505
CHAVANOD ||, 1551
CHAVANOD ||, 1552
CHAVANOD ||| **TH**, 1552
CHAVEIGNES ||||, 550
CHAZAY |||, 525
CHAZE-SUR-ARGOS ||| **TH**, 1172
CHAZEY-SUR-AIN |||, 1435
CHECY ||, 596
CHECY |||, 596
CHEDIGNY ||| **TH**, 550
CHEF-BOUTONNE ||| **TH**, 1298
CHEILLE || **TH**, 550
CHEILLE || **TH**, 551
CHEILLE |||, 551
CHEILLE ||| **TH**, 551
CHEILLE |||, 551
CHELERS |, 960
CHELLES |||, 1240
CHEMAZE ||, 1189
CHEMELLIER ||| **TH**, 1172
CHEMELLIER |||, 1172
CHEMERE |||, 1157
CHEMERY-SUR-BAR |, 607
CHEMIN-D'AISEY |, 328

CHEMIRE-LE-GAUDIN ||| **TH**, 1197
CHENAS ||| **TH**, 1521
CHENAY ||| **TH**, 1298
CHENECHE |||, 1315
CHENELETTE ||, 1521
CHENIMENIL || **TH**, 174
CHENOISE ||, 676
CHENON ||| **TH**, 1267
CHENONCEAUX |||, 551
CHENONCEAUX |||, 551
CHENOVES ||, 363
CHERAC |||, 1279
CHERENCE |||, 695
CHERET ||| **TH**, 1231
LES CHERIS E.C., 1068
CHERISY |||, 525
CHERRUEIX |, 457
CHERRUEIX ||, 457
CHERRUEIX ||, 457
CHERRUEIX ||, 457
CHERRUEIX ||, 457
CHERRUEIX ||, 457
CHERRUEIX ||, 457
CHERRUEIX ||| **TH**, 458
CHERRUEIX ||, 458
CHERRUEIX ||, 458
CHERVAL |||, 187
CHERVAL |||, 187
CHERVEIX-CUBAS ||, 187
CHERVETTES ||| **TH**, 1280
CHERVEUX ||| **TH**, 1299
CHESNY |||, 134
CHEVAGNY-LES-CHEVRIERES |||, 363
CHEVAL-BLANC || **TH**, 1403
LA CHEVALLERAIS ||| **TH**, 1157
CHEVANNES E.C. **TH**, 328
CHEVANNES |||, 387
CHEVANNES ||| **TH**, 596
CHEVANNES ||, 691
CHEVANNES ||, 691
CHEVENON ||, 348
CHEVERNY |||, 577
CHEVERNY ||| **TH**, 577
CHEVIGNY ||| **TH**, 656
CHEVILLON-SUR-HUILLARD ||, 597
CHEVILLON-SUR-HUILLARD E.C., 597
CHEVINAY ||, 1521
LA CHEVROLIERE |||, 1157
CHEYLADE ||, 281
CHEYLARD-L'EVEQUE || **TH**, 755
CHEYSSIEU ||, 1489
CHEZAL-BENOIT ||, 510
CHEZE |||, 901
CHEZELLES ||| **TH**, 532
CHEZERY-FORENS ||, 1435
CHICHEBOVILLE |||, 992
CHICHERY |||, 387
CHICHILIANNE ||| **TH**, 1489
CHIGNE ||, 1172
CHIGNY || **TH**, 1231
CHILLAC || **TH**, 1267
CHINON |, 552

CHIRAC | **A**, 755
CHIRAC || **TH**, 1268
CHIRENS ||, 1490
CHIROUBLES |||, 1521
CHIS |||, 901
CHISSEAUX ||| **TH**, 552
CHISSEY-EN-MORVAN |, 364
CHISSEY-SUR-LOUE | **A**, 656
CHITENAY |, 577
CHITENAY ||||, 577
CHITRY-LES-MINES E.C., 348
CHIZE |||, 1299
CHOISY-EN-BRIE |||, 676
CHOLET ||, 1173
CHOLONGE |, 1490
CHOMELIX ||, 294
CHOREY-LES-BEAUNE |||, 328
CHOREY-LES-BEAUNE ||||, 328
CHORGES ||, 1350
CHOUAIN |||, 992
CHOUVIGNY ||| **TH**, 268
CHOUZE-SUR-LOIRE ||, 552
CHOUZE-SUR-LOIRE ||| **TH**, 552
CHOUZE-SUR-LOIRE ||| **TH**, 552
CHOUZELOT ||, 647
CHOUZELOT ||| **TH**, 647
CHUFFILLY-ROCHE |||, 607
CIEUX || **TH**, 800
CIEUX ||| **TH**, 800
CIGOGNE |||, 552
CILAOS | **TH**, 1567
CILAOS |, 1567
CILAOS | **TH**, 1567
CILAOS || **TH**, 1567
CILAOS || **TH**, 1567
CILAOS || **TH**, 1567
CILAOS || **TH**, 1567
CILAOS |, 1568
CILAOS || **TH**, 1568
CILAOS |, 1568
CILAOS || **TH**, 1568
CINDRE || **TH**, 268
CINQ-MARS-LA-PILE |||, 553
CINQ-MARS-LA-PILE |||, 553
CINTEGABELLE ||| **TH**, 840
CINTRAY E.C. **TH**, 1038
CINTRE |, 458
CIREY-SUR-VEZOUZE ||| **TH**, 124
CIREY-SUR-VEZOUZE ||, 125
CIRIERES |||, 1299
CIRON || **TH**, 532
CIRON ||| **A**, 533
CISSE ||, 1315
CISSE ||, 1316
CITERNES |||, 1253
CIVENS ||| **TH**, 1505
CIVRAY ||, 1316
CIVRAY-DE-TOURAINE |||, 553
CIVRAY-DE-TOURAINE ||| **TH**, 553
CIVRAY-DE-TOURAINE E.C., 553
CIVRY-EN-MONTAGNE |||, 329
CLAIRAC ||| **TH**, 230

CLAIRMARAIS ‖‖, 960
CLAMENSANE ‖‖ TH, 1331
CLAMEREY ‖‖‖, 329
CLANSAYES ‖‖‖ TH, 1473
LE CLAON ‖‖‖, 128
CLARBEC ‖‖, 993
CLARBEC ‖‖, 993
CLARENS ‖‖ TH, 901
LE CLAUX ‖‖‖ TH, 281
CLAVEISOLLES ‖‖‖, 1522
CLAVIERES ‖, 281
CLECY ‖‖, 993
CLECY ‖‖‖, 993
CLECY-LE-VEY ‖‖‖, 993
CLECY-LE-VEY ‖‖‖ TH, 993
CLECY-LE-VEY ‖‖‖, 994
CLEDER ‖‖‖, 431
CLEDER ‖‖‖, 431
CLEEBOURG ‖‖‖ TH, 140
LES CLEFS ‖‖, 1552
CLEGUER ‖‖, 484
CLEGUEREC ‖‖, 484
CLEMENSAT ‖‖ TH, 308
CLEMENSAT ‖‖‖, 308
CLEMONT ‖‖‖ TH, 510
CLEON-D'ANDRAN ‖‖‖, 1473
CLERE-DU-BOIS ‖‖‖‖, 533
CLERES ‖‖‖, 1126
CLERGOUX ‖‖‖ TH, 776
CLERMONT ‖‖ TH, 218
CLERMONT ‖‖‖ TH, 218
CLERMONT-CREANS ‖‖‖, 1197
CLERMONT-DESSOUS ‖‖‖, 230
CLERMONT-L'HERAULT ‖‖‖ TH, 742
CLERMONT-L'HERAULT ‖‖‖, 743
CLERMONT-POUYGUILLES ‖‖ TH, 852
CLERVAL E.C., 647
CLINCHAMPS-SUR-ORNE ‖‖‖, 994
CLIPONVILLE ‖‖, 1126
CLIPONVILLE ‖‖‖ TH, 1127
CLOHARS-CARNOET E.C., 432
LA CLOTTE ‖‖‖ TH, 1280
CLOYES ‖‖‖, 525
CLUNY ‖‖‖, 364
CLUNY E.C., 364
LA CLUSAZ ‖‖, 1552
LA CLUSE-ET-MIJOUX ‖‖‖, 647
CLUX ‖‖ TH, 364
COCQUEREL ‖‖‖, 1253
COCUMONT ‖‖‖ TH, 230
COESMES ‖‖‖ TH, 458
COEX ‖‖‖ TH, 1212
COGLES ‖‖‖ TH, 458
COHADE ‖‖‖, 294
COIFFY-LE-HAUT ‖‖ TH, 630
COIGNY ‖‖‖‖, 1068
COIMERES ‖‖ TH, 203
COINGS ‖‖‖, 533
COINGS E.C., 533
COISE ‖‖ A, 1522
LES COLIMACONS ‖‖‖, 1568
COLLAN ‖‖‖ TH, 387

COLLANGES ‖‖‖‖ TH, 309
LA COLLE-SUR-LOUP ‖‖, 1359
LA COLLE-SUR-LOUP ‖‖‖, 1359
LE COLLET-DE-DEZE ‖‖ TH, 755
LE COLLET-DE-DEZE ‖‖ TH, 755
COLLEVILLE-SUR-MER ‖‖, 994
COLLEVILLE-SUR-MER ‖‖, 994
COLLEVILLE-SUR-MER ‖‖‖ TH, 994
COLLINE-BEAUMONT ‖‖, 960
COLLOBRIERES ‖‖‖ TH, 1382
COLLONDON ‖‖ A, 656
COLLONGES-AU-MONT-D'OR ‖‖‖, 1522
COLLONGES-LA-ROUGE ‖‖‖, 776
COLLONGES-LA-ROUGE ‖‖‖, 777
COLLORGUES ‖‖‖, 722
COLMARS-LES-ALPES ‖‖‖ TH, 1332
COLMIER-LE-BAS ‖‖‖ TH, 630
COLOGNAC ‖‖ TH, 722
COLOMBELLES ‖‖, 994
COLOMBIER ‖‖‖ TH, 329
COLOMBIER-LE-JEUNE ‖‖, 1450
COLOMBIER-SOUS-PILAT ‖‖ A, 1505
COLOMBIERES-SUR-ORB ‖, 743
COLOMBIERES-SUR-ORB ‖‖ TH, 743
COLOMBIERS ‖‖‖, 1107
COLOMBIERS ‖‖‖ TH, 1280
COLOMBIES ‖‖‖, 825
COLONNE ‖‖‖ TH A, 656
COLONZELLE ‖‖‖ TH, 1473
COLONZELLE ‖‖‖ TH, 1473
COMBLOUX ‖‖, 1552
COMBRAND ‖‖‖, 1299
COMBRESSOL ‖‖‖ TH, 777
COMBRET ‖‖‖, 825
COMBRONDE ‖‖‖, 309
COMINES ‖‖ TH, 945
COMINES ‖‖‖ TH, 946
COMMANA ‖‖‖, 432
COMMELLE-VERNAY ‖‖‖‖ TH, 1505
COMMER ‖‖, 1189
COMMES ‖‖, 995
COMMES ‖‖‖, 995
COMMES ‖‖‖, 995
COMMES ‖‖‖, 995
COMPEYRE ‖‖‖ A, 825
COMPREIGNAC ‖‖‖ TH, 800
COMPREIGNAC E.C. TH, 801
COMPS ‖ TH, 1473
COMPS ‖‖‖, 1473
CONCHIL-LE-TEMPLE ‖‖‖, 960
CONCORET-EN-BROCELIANDE ‖‖, 485
CONDAMINE ‖‖‖ A, 657
LA CONDAMINE-CHATELARD ‖, 1332
CONDAT ‖‖‖ TH, 281
CONDAT-EN-COMBRAILLE ‖‖, 309
CONDE-SUR-ITON ‖‖‖ TH, 1038
CONDE-SUR-MARNE ‖‖‖ TH, 621
CONDE-SUR-RISLE ‖‖‖ TH, 1038
CONDE-SUR-SARTHE ‖‖, 1108
CONDE-SUR-SARTHE ‖‖‖, 1108
CONDEISSIAT E.C., 1435
CONDEON ‖‖‖ TH, 1268

CONDETTE ‖‖, 960
CONDETTE ‖‖‖ A, 960
CONDOM ‖ TH, 853
CONDRIEU ‖‖ TH, 1522
CONDRIEU ‖‖‖, 1522
CONFOLENS ‖‖‖, 1268
CONFOLENS ‖‖‖, 1268
CONGENIES ‖‖, 722
CONGY ‖‖‖ TH, 621
CONNIGIS ‖‖‖ TH, 1231
CONQUES ‖‖ TH, 825
CONQUES ‖‖‖, 826
CONQUEYRAC ‖, 722
CONS-SAINTE-COLOMBE ‖‖ TH, 1552
CONSENVOYE ‖‖, 129
CONTES ‖‖‖ TH, 960
CONTEVILLE ‖‖, 1039
CONTEVILLE ‖‖‖, 1039
CONTEVILLE ‖‖‖, 1039
CONTEVILLE ‖‖‖, 1039
CONTIGNE ‖‖‖, 1173
CONTRES ‖‖‖‖, 577
CONTREVOZ ‖‖‖, 1435
CONTREVOZ ‖‖‖, 1436
COPPONEX ‖ TH, 1553
COPPONEX ‖‖, 1553
COPPONEX ‖‖‖, 1553
COPPONEX ‖‖‖ TH, 1553
CORBARIEU ‖‖‖, 935
CORBERON ‖‖‖, 329
CORCELLES-LES-MONTS ‖‖‖, 329
CORCIEUX ‖‖, 174
CORDEBUGLE ‖‖‖, 995
CORDELLE ‖‖‖, 1505
CORDES ‖‖‖ A, 917
CORDES ‖‖‖ TH, 917
CORDES ‖‖‖ TH, 917
CORDES ‖‖‖, 918
CORDES E.C., 918
CORDON ‖, 1553
CORLIER ‖ TH, 1436
CORMATIN ‖, 364
CORMERAY ‖‖, 578
CORMERY ‖‖‖ TH, 553
CORMES ‖‖‖, 1197
CORN ‖‖‖, 871
CORN ‖‖‖ TH, 871
CORNE ‖‖, 1173
CORNE ‖‖‖, 1173
CORNILLON-CONFOUX ‖‖ A, 1367
CORON ‖‖ TH, 1173
CORPEAU E.C., 329
CORPOYER-LA-CHAPELLE ‖‖, 330
CORROMBLES ‖‖‖, 330
CORSEPT ‖‖, 1157
CORTAMBERT ‖‖‖ TH, 364
COS ‖‖‖, 815
COS E.C. TH A, 815
COSLEDAA ‖ TH, 245
COSLEDAA ‖‖‖ TH, 245
COSNE-SUR-LOIRE ‖‖‖ TH, 348
LA COTE-D'AIME ‖‖‖ TH, 1538

1595

LA COTE-D'ARBROZ ‖ **TH**, 1553
COTIGNAC ‖‖ **TH**, 1382
COUBON ‖ **TH**, 295
COUCY-LE-CHATEAU-AUFFRIQUE E.C., 1231
COUFFOULEUX E.C. **TH**, 918
COUHE ‖, 1316
COULAINES ‖‖, 1197
COULANDON ‖‖‖ **TH**, 268
COULANGES-LA-VINEUSE ‖‖, 388
COULLONS ‖, 597
COULOMBIERS ‖‖, 1316
COULOMMIERS-LA-TOUR ‖‖, 578
COULON ‖‖, 1299
COULON ‖‖, 1299
COULON ‖‖, 1300
COULON ‖‖, 1300
COULON ‖‖, 1300
COULON E.C., 1300
LA COULONCHE ‖‖, 1108
COULONGES-SUR-L'AUTIZE ‖‖, 1300
COUPIAC ‖‖ **TH**, 826
COUPTRAIN ‖‖, 1189
COUR-CHEVERNY ‖‖, 578
COURBAN ‖ **TH**, 330
COURBEHAYE ‖, 525
COURBIAC ‖‖ **TH**, 230
COURCELLES-AU-BOIS E.C., 1253
COURCELLES-DE-TOURAINE ‖‖ **TH**, 554
COURCELLES-DE-TOURAINE ‖ **TH**, 554
COURCELLES-SAPICOURT ‖‖, 621
COURCHEVEL-SAINT-BON ‖, 1538
COURCIVAL ‖, 1198
COURCY ‖, 621
COURGEON ‖‖ **TH**, 1108
COURLAOUX ‖‖ **TH**, 657
COURMES ‖‖ **TH**, 1359
COURNIOU ‖‖, 743
COURPALAY ‖‖, 677
COURPIAC ‖ **TH**, 203
COURPIERE ‖, 309
COURRY ‖‖ **TH**, 722
LE COURS ‖‖, 485
COURSEGOULES ‖, 1359
COURSEULLES-SUR-MER ‖‖, 995
COURSON ‖ **TH**, 996
COURSON ‖‖ **TH**, 996
COURTEMONT-VARENNES ‖ **TH**, 1231
COURTENAY ‖‖, 597
COURTENAY ‖‖ **TH**, 1490
COURTERON ‖‖ **TH**, 613
COURTIES ‖, 853
COURTILS ‖, 1068
COURTIVRON ‖, 330
COURZIEU ‖‖ **TH**, 1522
COUSSAC-BONNEVAL ‖‖ **TH**, 801
COUSSAC-BONNEVAL ‖‖ **TH**, 801
COUSSAC-BONNEVAL ‖‖ **TH**, 801
COUST ‖, 511
COUST ‖ **TH**, 511
COUTANCES ‖‖, 1068
COUTRAS ‖, 203

COUTRAS ‖‖, 204
LA COUTURE ‖‖, 961
COUTURES ‖, 1173
COUVILLE ‖‖, 1068
LE COUX-ET-BIGAROQUE ‖, 187
LE COUX-ET-BIGAROQUE ‖ **TH**, 187
LE COUX-ET-BIGAROQUE ‖‖, 187
LA COUYERE ‖‖, 459
COUZON ‖‖ **TH**, 268
COYE-LA-FORET ‖, 1240
CRACH ‖, 485
CRACH ‖, 485
CRACH ‖‖, 485
CRACH ‖‖, 485
CRACH ‖‖, 486
CRAM-CHABAN ‖, 1280
CRAM-CHABAN ‖, 1280
CRAMANT ‖, 621
CRAON ‖‖ **TH**, 1190
CRAPONNE-SUR-ARZON ‖‖, 295
CRAPONNE-SUR-ARZON ‖‖ **TH**, 295
CRASVILLE ‖, 1068
CRASVILLE-LA-ROCQUEFORT ‖‖ **TH**, 1127
CRAVANT ‖‖, 597
CRAVANT-LES-COTEAUX ‖, 554
CRAVANT-LES-COTEAUX ‖‖, 554
CRAYSSAC ‖‖, 871
LA CRECHE ‖, 1300
CRECHES-SUR-SAONE E.C., 364
CRECY-EN-PONTHIEU ‖, 1253
CRECY-LA-CHAPELLE ‖, 677
CRECY-LA-CHAPELLE ‖‖, 677
CRECY-LA-CHAPELLE ‖‖ **TH**, 677
CREHEN ‖‖ **TH**, 398
CREHEN ‖‖, 398
CREPON ‖‖, 996
CREQUY ‖, 961
CRESSERONS ‖, 996
CRESSEVEUILLE ‖, 996
CRESSEVEUILLE ‖‖, 996
CRESSONSACQ ‖‖, 1240
CREST-VOLAND ‖, 1538
CREULLY ‖, 996
CREUZIER-LE-VIEUX ‖‖, 268
CREYSSENSAC-ET-PISSOT ‖, 188
CREZANCY-EN-SANCERRE ‖‖, 511
CRICQUEBOEUF ‖‖, 997
CRICQUEVILLE-EN-AUGE ‖, 997
CRICQUEVILLE-EN-BESSIN ‖, 997
CRILLON-LE-BRAVE ‖‖ **TH**, 1403
CRILLON-LE-BRAVE ‖‖ **TH**, 1403
CRILLON-LE-BRAVE ‖‖ **TH**, 1404
CRILLON-LE-BRAVE ‖‖ **TH**, 1404
CRILLON-LE-BRAVE ‖‖ **TH**, 1404
CRIQUEBOEUF-EN-CAUX ‖ **A**, 1127
CRIQUEBOEUF-EN-CAUX ‖‖, 1127
CRIQUEBOEUF-EN-CAUX ‖‖ **TH A**, 1127
CRIQUETOT-L'ESNEVAL ‖‖, 1127
CRIQUETOT-L'ESNEVAL ‖, 1128
CRISENOY ‖, 677
CRISENOY ‖‖, 677

CRISTOT ‖, 997
CROCHTE ‖‖, 946
CROCQ ‖, 789
CROCQ ‖, 789
LE CROISIC ‖‖, 1157
LE CROISIC ‖, 1158
LE CROISIC ‖‖, 1158
CROISILLES ‖, 1108
CROISSANVILLE ‖‖, 997
CROISY ‖‖, 511
LA CROIX-AVRANCHIN ‖‖ **TH**, 1069
LA CROIX-COMTESSE ‖ **TH**, 1280
LA CROIX-EN-TOURAINE ‖‖, 554
LA CROIX-EN-TOURAINE ‖, 554
LA CROIX-EN-TOURAINE ‖, 555
LA CROIX-HELLEAN/JOSSELIN ‖‖, 486
LA CROIX-SAINT-LEUFROY ‖‖ **TH**, 1039
LA CROIX-SUR-ROUDOULE ‖ **TH**, 1359
CROLLON ‖‖, 1069
CRONAT ‖, 365
CROS ‖, 722
CROSEY-LE-PETIT ‖‖ **TH**, 648
CROSSAC ‖, 1158
LE CROTOY ‖‖, 1253
CROUAY ‖, 997
LES CROUTES ‖‖ **TH**, 613
CROUTOY ‖ **A**, 1240
CROUTTES ‖, 1108
CROUY-SUR-COSSON ‖‖ **TH**, 578
CROUY-SUR-COSSON E.C., 578
CROUZILLES ‖‖ **TH**, 555
CROZON ‖, 432
CRUGEY E.C., 330
CRUIS ‖, 1332
CRUIS ‖‖ **TH**, 1332
CRULAI ‖‖, 1109
CRUX-LA-VILLE ‖‖ **TH**, 348
CRUX-LA-VILLE ‖‖ **TH**, 348
CRUZY-LE-CHATEL ‖, 388
CUBLAC ‖‖ **TH**, 777
CUBNEZAIS ‖, 204
CUCQ ‖‖, 961
CUCUGNAN ‖, 702
CUCUGNAN ‖‖, 702
CUERS ‖‖, 1382
CUGAND ‖‖ **TH**, 1212
CUIRY-HOUSSE ‖‖ **TH**, 1232
CULEY-LE-PATRY ‖, 997
CULMONT ‖ **TH**, 630
CULT ‖‖ **TH**, 666
CUMIERES ‖‖, 621
CUNAULT ‖‖ **TH**, 1174
CURBIGNY ‖ **TH**, 365
CUREMONTE ‖‖ **TH A**, 777
CURLU ‖‖ **TH**, 1254
CURTIL-VERGY ‖‖ **TH**, 330
CUSSAC ‖‖ **TH**, 801
CUSY ‖ **TH**, 1554
CUVERVILLE-SUR-YERES ‖‖ **TH**, 1128
CUVRY ‖‖, 134
CUXAC-CABARDES ‖‖ **TH**, 702

CUZION ‖, 533
CYSOING ‖‖, 946

D

DAMAZAN ‖ **TH**, 231
DAMBACH-LA-VILLE ‖, 141
DAMBACH-LA-VILLE ‖‖, 141
DAMGAN ‖, 486
DAMMARIE-LES-LYS ‖‖, 678
DAMPIERRE-EN-BRAY ‖, 1128
DAMPIERRE-LES-CONFLANS ‖ **TH**, 666
DANCE ‖, 1109
DANCE ‖, 1505
DANGE-SAINT-ROMAIN ‖‖ **TH**, 1316
DANGEAU ‖‖ **TH**, 525
DANGU ‖‖ **TH**, 1039
DANGY ‖ **TH**, 1069
DANNEMARIE ‖‖, 687
DANNEMOINE ‖‖, 388
DANNES ‖‖, 961
DANNEVOUX ‖, 129
DANZE ‖‖, 578
DARBONNAY ‖ **TH**, 657
DARBONNAY ‖ **A**, 657
DARCEY ‖, 331
DAREIZE ‖, 1523
DARNIEULLES ‖, 174
DAUBEUF-SERVILLE ‖ **TH**, 1128
DAUPHIN ‖, 1332
DAUPHIN ‖, 1332
DEGAGNAC ‖‖ **TH**, 871
DEGAGNAC ‖‖, 871
DELINCOURT ‖, 1240
DEMI-QUARTIER ‖, 1554
DEMIGNY ‖‖, 365
DENEE ‖‖, 1174
DENEE E.C., 1174
DENEZE-SOUS-DOUE ‖‖ **TH**, 1174
DENEZIERES ‖ **A**, 657
DENICE ‖‖ **TH**, 1523
DERVAL ‖ **TH**, 1158
DESCARTES ‖ **TH**, 555
LES DEUX-ALPES ‖‖, 1490
DEUX-CHAISES ‖‖ **TH**, 268
DEVILLAC ‖‖ **TH**, 231
DIEBOLSHEIM ‖‖, 141
DIEFFENBACH-AU-VAL ‖, 141
DIEFFENBACH-AU-VAL ‖‖, 141
DIENNE ‖, 1316
DIENNES-AUBIGNY ‖‖ **TH**, 349
DIENVILLE ‖, 613
DIEPPE ‖‖, 1128
DIERRE ‖, 555
DIGEON ‖, 1254
DIGNE-LES-BAINS ‖‖, 1333
DIGOIN E.C., 365
DIMBSTHAL ‖ **A**, 141
DINAN ‖‖, 399
DINARD E.C., 459
DINEAULT ‖‖, 432
DINEAULT ‖‖, 432

DINGE E.C. **TH**, 459
DIO-ET-VALQUIERES ‖‖ **TH**, 743
DIOU ‖ **TH**, 269
DIOU ‖‖, 269
DISSAY ‖, 1317
DISSAY-SOUS-COURCILLON ‖, 1198
DIVAJEU ‖ **TH**, 1474
DIVAJEU ‖‖, 1474
DIVONNE-LES-BAINS ‖‖, 1436
DOCELLES ‖, 174
DOGNEN E.C. **TH**, 245
DOIX ‖, 1212
DOIX ‖‖, 1212
DOL-DE-BRETAGNE ‖, 459
DOL-DE-BRETAGNE ‖ **TH**, 459
DOL-DE-BRETAGNE ‖‖, 459
DOL-DE-BRETAGNE ‖, 460
DOL-DE-BRETAGNE ‖‖, 460
DOL-DE-BRETAGNE ‖‖, 460
DOLUS-LE-SEC ‖‖ **TH**, 555
DOMALAIN ‖, 460
DOMANCY ‖, 1554
DOMANCY ‖ **TH**, 1554
DOMAZAN ‖‖ **TH**, 723
DOMFRONT ‖, 1109
DOMMARTIN E.C. **TH**, 648
DOMMARTIN ‖ **TH**, 1436
DOMMARTIN-LES-REMIREMONT ‖, 175
DOMMARTIN-SOUS-AMANCE ‖‖ **TH**, 125
DOMPIERRE-LES-ORMES ‖‖, 365
DOMPIERRE-SUR-MER ‖, 1281
DOMPIERRE-SUR-MER ‖, 1281
DOMPIERRE-SUR-MONTS ‖ **A**, 657
DOMREMY-AUX-BOIS ‖ **TH**, 129
DOMREMY-LA-PUCELLE ‖, 175
DONCHERY ‖‖ **TH**, 607
DONDAS ‖‖, 231
DONGES ‖, 1158
DONGES ‖‖ **TH**, 1158
DONNAZAC ‖‖ **TH**, 918
DONNERY ‖‖, 597
DONNERY ‖ **TH**, 598
LE DONZEIL ‖‖, 789
LE DONZEIL ‖‖, 789
DONZERE ‖‖ **TH**, 1474
DONZY ‖‖ **TH**, 349
DORMELLES ‖‖, 678
DOUADIC ‖‖, 533
DOUADIC ‖‖ **TH**, 534
DOUARNENEZ ‖, 432
DOUARNENEZ ‖, 433
DOUDEVILLE ‖‖, 1128
DOUDEVILLE ‖, 1129
DOUE-LA-FONTAINE ‖‖ **TH**, 1174
LE DOULIEU ‖‖ **TH**, 946
DOULLENS ‖ **TH**, 1254
DOURDAN ‖, 691
DOURGNE ‖‖, 918
DOURGNE ‖‖, 918
DOURLERS ‖‖, 946
DOURNAZAC ‖‖ **TH**, 801
DOUSSARD ‖ **TH**, 1554

DOUVILLE-EN-AUGE ‖‖, 998
DOUZAINS ‖‖ **TH**, 231
DOYET ‖‖ **TH**, 269
DOZULE ‖, 998
DRACHENBRONN ‖ **A**, 142
DRACHENBRONN ‖‖ **A**, 142
DRAGEY ‖, 1069
DRAGEY ‖, 1069
DRAGEY ‖‖, 1069
DRAGEY ‖, 1070
DRAGUIGNAN ‖‖, 1382
DRAIN ‖‖ **TH**, 1174
DROISY ‖ **TH**, 1554
DROYES ‖‖, 630
DROYES ‖‖, 630
DRUYES-LES-BELLES-FONTAINES E.C. **TH**, 388
DUCLAIR ‖, 1129
DUCLAIR ‖‖, 1129
DUCLAIR ‖‖, 1129
DUISANS ‖‖, 961
DUISANS ‖‖, 961
DUN ‖ **TH**, 815
DUN-LES-PLACES E.C. **TH**, 349
DUPPIGHEIM ‖‖ **A**, 142
DURAS ‖‖ **TH**, 231
DURAVEL ‖‖ **A**, 871
DURAVEL ‖‖ **TH**, 871
DURCET ‖, 1109
DURFORT ‖‖, 723
DURFORT E.C. **TH**, 919
DURTAL ‖ **TH**, 1175
DURTAL ‖ **TH**, 1175
DURY ‖‖, 1254

E

EAUX-PUISEAUX ‖‖, 613
EAUZE ‖‖ **TH**, 853
EAUZE ‖‖, 853
EBERSHEIM E.C. **A**, 142
EBREUIL ‖‖ **TH**, 269
EBREUIL E.C. **TH**, 269
ECAQUELON ‖‖ **TH**, 1040
ECHALLON ‖ **TH**, 1436
ECHALOT ‖‖ **TH**, 331
ECHENOZ-LE-SEC ‖ **TH**, 666
ECHILLAIS ‖ **TH**, 1281
ECHILLAIS ‖‖ **TH**, 1281
ECHILLEUSES ‖‖ **TH**, 598
ECHINGHEN ‖‖, 962
ECHOUBOULAINS ‖‖ **A**, 678
ECOMAN ‖ **TH**, 579
LES ECORCES ‖‖, 648
ECOUCHE ‖‖, 1109
ECOYEUX ‖ **TH**, 1281
ECRAINVILLE ‖, 1129
ECRAMMEVILLE ‖‖ **TH**, 998
ECROMAGNY ‖‖ **TH**, 667
ECTOT-L'AUBER ‖‖ **TH**, 1129
ECUELLES E.C., 365

1597

ECUILLE **TH**, 1175
ECUREY-EN-VERDUNOIS, 129
ECUTIGNY **TH**, 331
EDERN, 433
EDON **TH**, 1268
EGLENY, 388
EGLISENEUVE-PRES-BILLOM, 309
EGREVILLE, 678
EGUENIQUE E.C., 670
EGUILLES, 1367
EGUISHEIM, 158
EGUISHEIM, 159
EGUISHEIM, 159
EGUISHEIM, 159
EGUZON-CHANTOME **TH**, 534
EICHHOFFEN **TH**, 142
ELINCOURT-STE-MARGUERITE **TH**, 1241
ELLIANT, 433
ELNE **TH**, 767
ELNE **TH**, 767
ELNE **TH**, 767
ELOYES **TH**, 175
ELSENHEIM, 142
ELVEN, 486
ELVEN, 486
EMANVILLE, 1040
EMBRUN, 1350
EMERINGES, 1523
EMERINGES **TH**, 1523
ENCHASTRAYES **TH**, 1333
ENCHENBERG **A**, 134
ENDOUFIELLE **TH**, 853
ENGAYRAC, 231
ENNORDRES **TH**, 511
ENQUIN-SUR-BAILLONS, 962
ENTRAIGUES-SUR-LA-SORGUE **TH**, 1404
ENTRAIGUES-SUR-LA-SORGUE **TH**, 1404
ENTRAIGUES-SUR-LA-SORGUE, 1404
ENTRAYGUES **A**, 826
ENTRE-DEUX **TH**, 1568
ENTRE-DEUX, 1568
ENTRE-DEUX **TH**, 1569
ENTRE-DEUX **TH**, 1569
ENTRECHAUX, 1405
ENTRECHAUX, 1405
ENTRECHAUX **TH**, 1405
ENTREMONT-LE-VIEUX, 1538
ENTREVAUX, 1333
ENTREVAUX, 1333
ENTREVAUX, 1333
ENTREVERNES, 1555
ENVERMEU, 1130
EOURRES **TH**, 1350
EPARCY **TH**, 1232
EPEGARD, 1040
EPEGARD, 1040
EPEIGNE-LES-BOIS **TH**, 555
EPEIGNE-SUR-DEME, 556
EPERCIEUX-SAINT-PAUL **TH**, 1506

EPERLECQUES, 962
EPERLECQUES **TH**, 962
EPERNAY-SOUS-GEVREY, 331
LES EPESSES **TH**, 1212
LES EPESSES, 1212
EPFIG, 143
EPFIG, 143
EPINAY **TH**, 1040
EPINAY E.C. **TH**, 1040
L'EPINE-AUX-BOIS **TH**, 1232
EPINEUIL-LE-FLEURIEL, 511
EPINEUIL-LE-FLEURIEL, 512
EPINIAC, 460
EPLY **TH A**, 125
EPOISSES, 331
EPONE, 687
EPOUVILLE, 1130
EPPING, 134
EPREVILLE-EN-ROUMOIS **TH**, 1041
EQUEMAUVILLE, 998
EQUEMAUVILLE, 998
ERBREE **TH**, 460
ERBREE **TH**, 461
ERCKARTSWILLER, 143
ERDEVEN, 486
ERNEE, 1190
ERNEE-MEGAUDAIS **TH**, 1190
ERQUY, 399
ERQUY, 399
ERQUY, 399
ERQUY, 399
ERQUY, 399
ERQUY, 400
ESCALA, 901
ESCALLES, 962
ESCALLES, 962
ESCALLES, 963
ESCAMPS **TH**, 872
ESCATALENS **TH**, 935
ESCAUNETS **TH**, 902
ESCHAU, 143
ESCLOTTES, 232
ESCOLIVES-STE-CAMILLE **TH**, 388
ESCOLIVES-STE-CAMILLE, 389
ESCOULOUBRE, 702
ESCOUSSENS **TH**, 919
ESCOVILLE, 998
ESERY **TH**, 1555
ESLETTES **TH**, 1130
ESMOULIERES, 667
ESMOULINS **TH**, 667
ESNOMS-AU-VAL **TH**, 631
ESPAGNAC **TH**, 777
ESPAGNAC, 777
ESPARRON-DE-VERDON, 1333
ESPARROS, 902
ESPAUBOURG E.C. **TH**, 1241
ESPECHEDE **TH**, 245
ESPELETTE, 245
ESPERAUSSES **TH**, 919
ESPERAZA **TH**, 703
ESPINASSE-VOZELLE **TH**, 269

ESPINASSE-VOZELLE **A**, 270
ESPLAS-DE-SEROU E.C. **TH**, 815
ESPOEY, 246
ESPOEY, 246
ESQUELBECQ E.C., 946
ESQUELBECQ, 947
ESQUENNOY **TH**, 1241
ESQUIEZE-SERE, 902
LES ESSARDS **TH**, 1281
ESSAROIS **TH**, 331
ESSE **A**, 461
LES ESTABLES **TH**, 295
LES ESTABLES **TH**, 295
ESTAING **TH**, 826
ESTAIRES **TH**, 947
ESTANG, 853
ESTIALESCQ, 246
ESTISSAC, 614
ESTISSAC **TH**, 614
ESTIVAUX **TH A**, 778
ESTREBOEUF, 1254
ESTREE, 963
ESTREES-LES-CRECY **TH**, 1254
ESVRES-SUR-INDRE **TH**, 556
ETABLES **TH**, 1317
ETABLES-SUR-MER, 400
ETABLES-SUR-MER, 400
ETAIS-LA-SAUVIN **TH**, 389
ETANG-SALE, 1569
ETANG-SALE **TH**, 1569
ETCHEBAR, 246
ETEL, 487
ETEL **TH**, 487
ETERNOZ, 648
ETERVILLE, 998
ETIVAL-LES-RONCHAUX **A**, 658
ETOILE **TH**, 1474
L'ETOILE, 1255
ETOILE-SUR-RHONE **TH**, 1474
ETOUVELLES **TH**, 1232
ETRAY E.C., 648
ETRECHET **TH**, 534
ETREHAM, 999
ETREVILLE-EN-ROUMOIS, 1041
ETRIGNY **TH A**, 366
ETRIGNY **TH A**, 366
ETUEFFONT **TH**, 670
EU, 1130
EU, 1130
EUZET, 723
EVENOS **TH**, 1383
EVEUX, 1523
EVIRES, 1555
EVIRES, 1555
EVIRES, 1555
EVRAN, 400
EVRAN, 400
EYBURIE, 778
EYGALAYES **TH**, 1474
EYGALIERES **TH**, 1367
EYGALIERES, 1368
EYGALIERES, 1368

EYGALIERES ‖‖, 1368
EYGALIERES ‖‖‖, 1368
EYGALIERES ‖‖‖, 1368
EYGLIERS ‖ TH, 1350
EYGUIERES ‖, 1368
EYGUIERES ‖‖, 1369
EYGUIERES ‖‖‖, 1369
EYLIAC ‖ A, 188
EYMET ‖‖, 188
EYMOUTIERS ‖‖, 802
EYMOUTIERS ‖‖ TH, 802
EYNESSE ‖‖‖ TH, 204
EYNESSE ‖‖‖ TH, 204
EYRAGUES ‖‖, 1369
EYRAGUES ‖‖, 1369

F

FABAS E.C., 815
FABREZAN ‖‖‖, 703
FAJAC-EN-VAL ‖‖ TH, 703
FAJOLES ‖‖ TH, 872
FALAISE ‖‖‖ TH, 999
FALAISE ‖‖‖, 999
FALCK ‖‖, 134
LE FALGOUX ‖‖ TH, 282
LE FALGOUX ‖‖‖ TH, 282
FAMILLY ‖‖, 999
FAMPOUX ‖‖, 963
LE FAOUET ‖‖‖, 400
LE FAOUET ‖‖, 401
LE FAOUET ‖‖, 487
FARCEAUX ‖‖‖, 1041
FARGES-EN-SEPTAINE ‖‖‖, 512
FARGUES ‖‖‖ TH, 872
LES FARGUETTES ‖‖ TH, 919
FATOUVILLE-GRESTAIN ‖‖, 1041
FAUCON ‖‖ TH, 1405
FAUCON-DE-BARCELONNETTE ‖‖‖, 1334
FAUGUERNON ‖‖, 999
FAUMONT ‖‖‖, 947
FAUQUEMBERGUES ‖‖‖, 963
LA FAUTE-SUR-MER ‖‖‖ TH, 1213
FAUX ‖‖, 188
FAVERGES-DE-LA-TOUR ‖‖‖ TH, 1490
FAVEROLLES ‖‖‖ TH, 1109
FAVEROLLES-SUR-CHER ‖‖, 579
LA FAVIERE ‖‖ TH, 658
FAVIERES ‖‖‖, 1255
FAVIERES ‖‖‖, 1255
FAY ‖‖‖ TH, 1255
LE FAY ‖‖, 366
FAY-AUX-LOGES ‖‖‖, 598
FAY-DE-BRETAGNE ‖‖‖, 1159
FAY-EN-MONTAGNE ‖‖ TH A, 658
FAY-EN-MONTAGNE ‖‖‖ A, 658
FAY-LES-ETANGS ‖‖ TH, 1241
FAY-LES-ETANGS E.C. TH, 1241
FAY-SUR-LIGNON ‖‖‖ TH, 295
FAYCELLES ‖‖‖, 872
FAYCELLES ‖‖‖ TH, 872

FAYCELLES ‖‖‖, 872
FAYE-D'ANJOU ‖‖‖, 1175
FAYENCE ‖ TH, 1383
FAYENCE ‖‖‖, 1383
FAYENCE ‖‖‖ TH, 1383
FAYS-LA-CHAPELLE E.C. TH, 614
FEAS ‖‖‖ TH, 246
FEAS ‖‖‖, 246
LA FECLAZ-LES-DESERTS ‖‖‖, 1538
FEINGS ‖‖‖, 579
FEINGS ‖‖‖, 579
FEINGS ‖‖‖, 579
FELINES-TERMENES ‖‖ TH, 703
FELLERIES ‖‖‖, 947
FELLERING E.C., 159
FENEU ‖‖‖, 1175
FENEYROLS ‖‖‖ TH, 936
FEOLE-LA-REORTHE ‖‖ TH, 1213
FERE-EN-TARDENOIS ‖‖‖, 1232
FERE-EN-TARDENOIS ‖‖‖, 1232
LA FERMETE ‖‖‖ TH, 349
FEROLLES ‖‖‖ TH, 598
FERRALS-LES-CORBIERES ‖‖‖, 703
FERRASSIERES ‖‖‖ TH, 1475
LA FERRIERE ‖, 401
LA FERRIERE ‖‖‖ A, 1490
LA FERRIERE-AU-DOYEN ‖‖ TH, 1110
LA FERRIERE-EN-PARTHENAY ‖‖ TH, 1301
FERRIERE-LARCON ‖‖ TH, 556
FERRIERE-SUR-BEAULIEU ‖‖ TH, 556
LA FERRIERE-SUR-RISLE ‖‖‖, 1041
FERRIERES ‖‖, 1555
FERRIERES-SAINT-HILAIRE ‖‖‖, 1041
FERRIERES-SUR-SICHON ‖, 270
FERRUSSAC ‖‖ TH, 296
LA FERTE-HAUTERIVE ‖‖‖ TH, 270
LA FERTE-MACE ‖‖‖ A, 1110
LA FERTE-SAINT-CYR ‖‖, 579
LA FERTE-ST-AUBIN ‖‖ TH, 598
LA FERTE-ST-AUBIN ‖‖‖, 598
LA FERTE-VIDAME ‖‖‖, 525
FEUGAROLLES ‖‖ TH, 232
FEUGAROLLES ‖‖, 232
FEUQUIERES ‖‖ TH, 1241
FEUQUIERES-EN-VIMEU ‖‖‖, 1255
FEURS ‖‖‖ TH, 1506
FEYTIAT ‖‖‖, 802
FEYTIAT ‖‖ TH, 802
FIERVILLE-LES-PARCS ‖‖‖, 999
FIGANIERES ‖‖‖, 1383
FIGANIERES ‖‖‖ TH, 1383
FIGARI ‖‖, 638
FIGARI ‖‖‖ TH, 638
FIGARI ‖‖‖ A, 638
FIGARI E.C. TH, 638
FIGAROL ‖‖‖ TH, 840
FIGEAC ‖‖, 872
FILLIEVRES ‖‖‖ TH, 963
FIQUEFLEUR-EQUAINVILLE ‖‖‖, 1042
FIXIN ‖, 332
FLAGEY ‖‖‖ TH, 631
FLAGEY-ECHEZEAUX ‖‖‖, 332

FLAMANVILLE ‖‖‖, 1070
FLAMANVILLE ‖‖, 1130
FLAMETS-FRETILS ‖‖‖ TH, 1131
FLAMMERANS E.C. TH, 332
FLAUGNAC ‖‖‖ TH, 873
FLAUJAGUES ‖‖‖, 204
FLAVACOURT ‖‖‖, 1241
FLAVIGNY-SUR-OZERAIN E.C., 332
FLAVIN ‖‖‖, 826
FLERE-LA-RIVIERE ‖‖‖, 534
FLERE-LA-RIVIERE ‖‖‖, 534
FLERE-LA-RIVIERE ‖‖‖ TH, 534
FLEURAC ‖‖‖, 188
FLEURE ‖‖, 1317
FLEUREY-SUR-OUCHE ‖‖ TH, 332
FLEURIE ‖‖‖, 1523
FLEURIE ‖‖‖, 1524
FLEURIEL ‖‖‖ TH, 270
FLEURY-LA-FORET ‖‖‖, 1042
FLEY ‖‖‖, 366
LA FLOCELLIERE ‖‖‖, 1213
FLORAC ‖‖‖ TH, 756
FLORENTIN-LA-CAPELLE ‖‖‖ TH, 826
FLORESSAS ‖‖‖, 873
FLOTTEMANVILLE-HAGUE ‖‖, 1070
FLUMET ‖, 1539
FLUMET ‖‖‖ TH, 1539
FOECY ‖‖‖ TH, 512
LE FOEIL ‖‖‖, 401
FOISSY-SUR-VANNE ‖‖‖, 389
FONCINE-LE-HAUT ‖ A, 658
FONCINE-LE-HAUT ‖‖‖ TH, 658
FONS ‖‖‖ TH, 873
FONS-SUR-LUSSAN ‖‖ TH, 723
FONTAINE-CHAALIS ‖‖‖, 1242
FONTAINE-LA-MALLET ‖‖, 1131
FONTAINE-LES-CLERVAL E.C. TH, 648
FONTAINE-RAOUL E.C., 580
FONTAINE-SOUS-JOUY ‖‖ TH, 1042
FONTAINE-SOUS-JOUY ‖‖‖, 1042
FONTAINE-SOUS-PREAUX ‖‖, 1131
FONTAINE-SUR-AY ‖‖‖, 622
FONTAINES E.C. TH, 366
FONTAINES ‖‖ TH, 389
FONTAINES-EN-SOLOGNE ‖‖‖, 580
FONTAN ‖ TH, 1359
FONTANES-DU-CAUSSE ‖‖ TH, 873
FONTANS ‖‖‖ A, 756
FONTENAY-LE-MARMION ‖‖, 999
FONTEVRAUD-L'ABBAYE ‖‖‖, 1175
FONTJONCOUSE ‖‖ TH, 703
FONTRAILLES ‖‖‖ TH, 902
FONTRAILLES ‖‖‖ TH, 902
FONTVIEILLE ‖‖, 1369
FORCALQUEIRET ‖‖‖ TH, 1384
FORCALQUIER ‖‖ A, 1334
FORCALQUIER ‖‖‖ A, 1334
FORCALQUIER ‖‖‖, 1334
FORCALQUIER ‖‖‖, 1334
FORCALQUIER ‖‖‖, 1334
FOREST-L'ABBAYE ‖‖‖, 1255
FOREST-MONTIERS ‖‖, 1256

FOREST-MONTIERS ‖, 1256
FOREST-MONTIERS ‖‖, 1256
LA FORET-AUVRAY ‖‖, 1110
LA FORET-FOUESNANT ‖‖, 433
LA FORET-FOUESNANT E.C. **TH**, 433
FORGES ‖‖ **TH**, 778
FORGES ‖‖ **TH**, 1176
FORMENTIN ‖, 1000
FORMIGNY ‖‖ **TH**, 1000
FORMIGNY ‖‖, 1000
FOSSE ‖, 580
FOSSEMANANT ‖‖ **TH**, 1256
FOSSEUX ‖‖, 963
FOUCART ‖, 1131
FOUCHERES ‖‖, 614
FOUCHERES E.C., 614
FOUCHY-NOIRCEUX ‖, 143
FOUGAX-ET-BARRINEUF E.C., 815
FOUGERES-SUR-BIEVRE ‖, 580
FOUILLOUSE ‖ **A**, 1350
FOULBEC ‖‖, 1042
FOULEIX ‖, 188
FOUQUENIES E.C. **TH**, 1242
FOURAS ‖‖, 1282
FOURCES ‖, 854
FOURCES ‖‖, 854
FOURGES ‖‖, 1042
FOURMETOT ‖‖ **TH**, 1043
FOURNEAUX ‖‖‖, 1506
FOURNELS ‖ **TH A**, 756
FOURNES-EN-WEPPES ‖‖, 947
FOURQUEUX ‖ **TH**, 687
FOURS ‖‖, 349
FOURS ‖‖, 349
FOUSSEMAGNE ‖‖, 670
FOUSSEMAGNE ‖‖‖, 670
FOUSSEMAGNE E.C. **TH**, 670
FRAHIER ‖‖ **TH**, 667
FRAISSINET-DE-FOURQUES ‖ **TH**, 756
FRANCHESSE ‖ **TH**, 270
FRANCHEVILLE ‖‖, 332
FRANCON ‖‖ **TH**, 841
FRANCOULES ‖‖, 873
FRANCUEIL ‖‖ **TH**, 556
FRANGY-EN-BRESSE ‖ **TH**, 366
FRANOIS ‖‖, 649
FRANXAULT ‖, 333
FRASNAY-REUGNY ‖‖, 350
LE FRASNOIS ‖ **TH**, 659
LE FRASNOIS ‖‖ **A**, 659
FRAYSSINET-LE-GELAT ‖ **A**, 873
FRAYSSINET-LE-GELAT ‖, 874
FRAYSSINET-LE-GOURDONNAIS ‖‖ **TH**, 874
FREHEL ‖‖, 401
FREHEL ‖, 401
FREHEL ‖, 401
FREHEL ‖ **TH**, 402
FREJUS ‖, 1384
FREJUS ‖‖ **TH**, 1384
LA FRESNAIS ‖‖, 461
FRESNAY-EN-RETZ ‖, 1159

FRESNAY-SUR-SARTHE ‖‖ **TH**, 1198
FRESNE-LEGUILLON ‖, 1242
FRESNEAUX-MONTCHEVREUIL ‖, 1242
FRESNES ‖ **TH**, 333
FRESNES-MAZANCOURT ‖‖ **TH**, 1256
FRESNES-SUR-APANCE ‖‖, 631
FRESNOY-EN-THELLE E.C., 1242
FRESQUIENNES ‖‖, 1131
FRESSE ‖, 667
FRESSE-SUR-MOSELLE ‖ **TH**, 175
FRESSELINES ‖‖ **TH**, 789
FRESVILLE ‖‖, 1070
FRETEVAL E.C., 580
FRIDEFONT ‖‖ **TH**, 282
FRIDEFONT ‖‖ **TH**, 282
FRISE ‖‖ **TH**, 1256
FRISE ‖, 1257
FROHMUHL ‖, 143
FROMENTAL ‖ **TH**, 802
FROMENTAL ‖‖ **TH**, 802
FROMENTAL ‖‖ **TH**, 803
FRONTENAY E.C. **A**, 659
FRONTENAY-ROHAN-ROHAN ‖ **TH**, 1301
FRONTENAY-ROHAN-ROHAN E.C., 1301
FROSSAY ‖, 1159
FROSSAY ‖, 1159
FRUGIERES-LE-PIN ‖‖ **TH**, 296
FULIGNY ‖ **TH**, 614
FUMAY ‖, 608
FURIANI ‖, 638
FUSSY ‖‖, 512
FUVEAU ‖‖, 1369
FUVEAU ‖‖, 1370

G

GABAT ‖‖ **TH**, 247
GACOGNE E.C. **TH**, 350
GAHARD ‖‖ **TH**, 461
GAHARD ‖‖, 461
GAHARD ‖‖, 461
GAILLAC ‖‖, 919
GAILLAC ‖‖ **TH**, 919
GAILLAC ‖‖, 920
GAILLAGOS ‖‖ **TH**, 902
GAILLAN ‖‖, 204
GAILLAN ‖‖, 205
GAJA-LA-SELVE ‖ **TH**, 704
GAJAC-DE-BAZAS ‖‖, 205
GALAN ‖‖ **TH**, 903
GALIAX ‖‖ **TH**, 854
GALIAX ‖‖, 854
GANNAY-SUR-LOIRE E.C., 270
GANS E.C. **TH**, 205
GAP ‖‖, 1350
GAP ‖‖, 1351
GAP ‖‖, 1351
LA GARDE-ADHEMAR ‖‖ **TH**, 1475
LA GARDE-ADHEMAR ‖‖ **TH**, 1475
LA GARDE-FREINET ‖, 1384
GARDERES ‖‖ **TH**, 903

GAREIN ‖, 218
GARINDEIN ‖, 247
GARLAN ‖‖, 433
LA GARNACHE ‖, 1213
GARREVAQUES ‖‖ **TH**, 920
GARRIGUES-SAINTE-EULALIE ‖‖, 723
GATTEVILLE-LE-PHARE ‖‖, 1070
GATTEVILLE-PHARE ‖‖, 1070
GATTEVILLE-PHARE ‖‖, 1071
GATUZIERES ‖‖ **TH**, 756
GATUZIERES ‖‖ **TH**, 756
GAUCHIN-VERLOINGT ‖, 964
LA GAUDE ‖, 1360
LA GAUDE ‖‖ **TH**, 1360
GAUDIES ‖‖ **TH**, 816
GAUGEAC ‖‖ **TH**, 189
GAUJAC ‖‖, 854
LE GAULT-SOIGNY ‖‖ **TH**, 622
GAURE ‖‖, 841
GAVAUDUN ‖‖ **TH**, 232
GAVRAY ‖, 1071
GAZAUPOUY ‖‖ **TH**, 854
GEFOSSE-FONTENAY ‖, 1000
GEFOSSE-FONTENAY ‖‖ **TH**, 1000
GEFOSSE-FONTENAY ‖, 1000
GEFOSSE-FONTENAY ‖ **TH**, 1001
GEHEE ‖‖ **TH**, 535
GEISHOUSE ‖‖, 159
GEISHOUSE ‖‖, 159
GEISPOLSHEIM ‖, 143
GEISWASSER ‖, 159
GEMAGES ‖‖ **TH**, 1110
GENAT E.C. **TH**, 816
GENESTELLE ‖ **TH**, 1450
GENETS ‖, 1071
GENETS ‖‖, 1071
LES GENETTES ‖‖ **TH**, 1110
GENILLE ‖‖, 556
GENILLE ‖, 557
GENILLE ‖‖, 557
GENISSAC ‖‖, 205
GENNES ‖, 1176
GENNES ‖, 1176
GENNEVILLE ‖, 1001
GENNEVILLE ‖, 1001
GENOLHAC ‖‖ **TH**, 723
GENOUILLAC ‖‖ **A**, 789
GENOUILLE ‖, 1282
GENOUILLE ‖, 1282
GENTIOUX ‖‖ **TH**, 790
GENTIOUX-PIGEROLLES ‖‖ **TH A**, 790
GERARDMER ‖‖ **TH**, 175
GERAUDOT ‖, 615
GERBEPAL ‖ **TH**, 175
GERMAGNAT ‖‖ **TH**, 1436
GERMIGNY-DES-PRES ‖‖ **TH**, 599
GERMOND-ROUVRE ‖‖ **TH**, 1301
GERMOND-ROUVRE ‖‖, 1301
GERNELLE ‖ **A**, 608
GERTWILLER ‖, 144
GERUGE ‖‖ **TH**, 659
GESTEL ‖‖, 487

GESVRES ‖, 1190
LES GETS ‖ TH, 1556
LES GETS ‖‖ TH, 1556
GEVEZE ‖, 462
GEVREY-CHAMBERTIN ‖, 333
GEVREY-CHAMBERTIN ‖‖, 333
GEVREY-CHAMBERTIN ‖‖, 333
GEVREY-CHAMBERTIN ‖‖‖, 333
GEVROLLES E.C., 333
GEVRY ‖‖ TH A, 659
GEZ-ARGELES ‖‖ TH, 903
GIAT ‖‖, 310
GIDY ‖, 599
LA GIETTAZ ‖ TH, 1539
LA GIETTAZ ‖‖, 1539
LA GIETTAZ ‖‖‖, 1539
GIEVRES ‖‖, 580
GIGEAN ‖‖ TH, 743
GIGNAC ‖‖ A, 744
GIGNAC ‖‖, 744
GIGNAC ‖‖ TH, 744
GIGONDAS ‖ TH, 1405
GILHOC-SUR-ORMEZE ‖‖ TH, 1450
GILLEY ‖ TH, 649
GILLEY ‖‖ TH, 649
GILLEY ‖‖ TH, 649
GILLY-LES-CITEAUX ‖‖, 334
GIMEL-LES-CASCADES ‖‖, 778
GIMOUILLE ‖‖, 350
GINAI ‖‖, 1110
GINASSERVIS ‖‖, 1384
GINASSERVIS ‖‖ TH, 1384
GINASSERVIS ‖‖ TH, 1385
GINCHY ‖‖, 1257
GINCLA ‖, 704
GINDOU ‖‖ TH, 874
GINESTAS ‖ TH, 704
GIOU-DE-MAMOU ‖‖ TH, 282
GIOU-DE-MAMOU ‖‖ TH, 282
GIRMONT-THAON ‖, 176
GIRON ‖‖ TH, 1437
GIROUSSENS ‖‖ TH, 920
GISSAC ‖‖ TH, 827
GIVERNY ‖‖, 1043
GIVERNY ‖‖ A, 1043
GIVERNY ‖‖, 1043
GIVERNY E.C. TH, 1043
GIVERVILLE E.C. TH, 1043
GIVET ‖‖, 608
GLANGES ‖‖, 803
GLANVILLE ‖, 1001
GLATIGNY ‖‖, 1071
GLEIZE ‖, 1524
GLENAC ‖, 487
GLENAY ‖ TH, 1301
GLUIRAS ‖‖ TH, 1450
GLUX-EN-GLENNE ‖ TH, 350
GODERVILLE ‖, 1131
GODERVILLE ‖‖ TH, 1132
GOLDBACH-ALTENBACH ‖ TH, 160
GOLFE-JUAN-VALLAURIS ‖‖, 1360
GOMENE ‖‖ A, 402

GOMENE ‖‖‖ TH, 402
GOMETZ-LE-CHATEL ‖‖, 692
GOMMENEC'H ‖‖, 402
GONDRECOURT-LE-CHATEAU ‖ TH, 129
GONDRIN ‖ TH, 855
GONNEVILLE-SUR-HONFLEUR ‖, 1001
GONNEVILLE-SUR-HONFLEUR ‖‖, 1001
GONNEVILLE-SUR-HONFLEUR ‖‖, 1002
GONNEVILLE-SUR-MER ‖, 1002
GONNEVILLE-SUR-MER ‖‖, 1002
GONNEVILLE-SUR-MER ‖‖, 1002
LA GONTERIE-BOULOUNEIX ‖‖ TH, 189
GORDES ‖, 1405
GORDES ‖, 1406
GORDES ‖, 1406
GORDES ‖, 1406
GORDES ‖‖, 1406
GORDES ‖‖, 1406
GORDES ‖‖, 1406
GORDES ‖‖‖, 1406
GORDES ‖‖‖, 1407
GORNIES E.C. TH, 744
GORRON ‖, 1190
GORRON ‖‖, 1190
GORRON ‖‖, 1191
GOUDELIN ‖, 402
GOUISE ‖‖ TH, 271
GOULT ‖‖ TH, 1407
GOULT ‖‖ TH, 1407
GOURBERA ‖‖, 218
GOURBESVILLE ‖‖, 1071
GOURDON ‖, 367
GOURDON ‖‖, 874
GOURDON ‖‖ TH, 874
GOURDON ‖‖, 874
GOURDON-MURAT ‖‖, 778
GOURNAY ‖, 1302
GOUVETS ‖, 1071
GOUZON ‖, 790
GRABELS ‖‖, 744
GRAIGNES ‖‖, 1072
GRAINVILLE ‖, 1044
GRAINVILLE-LANGANNERIE ‖‖, 1002
GRAINVILLE-SUR-ODON ‖, 1002
GRAISSESSAC ‖ TH, 744
GRAMAT ‖‖ TH, 875
GRAMAT ‖‖ TH, 875
GRAMAT ‖‖ TH, 875
GRAMAT ‖‖‖ TH, 875
GRAMBOIS ‖‖, 1407
GRAMONT ‖‖ TH, 936
GRAND ‖, 176
GRAND-ABERGEMENT ‖‖ TH, 1437
LE GRAND-BOURG ‖‖ A, 790
GRAND-COMBE-DES-BOIS ‖ TH, 649
GRAND-COMBE-DES-BOIS ‖‖ TH, 649
GRANDCAMP-MAISY ‖, 1002
GRANDCAMP-MAISY ‖, 1003
GRANDCAMP-MAISY ‖‖, 1003
GRANDCHAMP ‖‖, 487
GRANDCHAMP ‖‖‖ TH, 631

GRANDCOURT ‖‖, 1257
LA GRANDE-VERRIERE ‖‖, 367
LES GRANDES-LOGES ‖‖, 622
GRANDFONTAINE ‖, 144
GRANDPRE ‖ TH, 608
GRANDRIEU ‖‖ TH A, 756
GRANDRIS ‖ TH, 1524
GRANDRIS ‖‖ TH, 1524
GRANDRIS ‖‖ TH, 1524
LES GRANDS-CHEZEAUX ‖‖ TH, 803
GRANDVILLERS ‖, 176
GRANGES-GONTARDES ‖, 1475
GRANIER ‖ 1539
GRANIER ‖, 1540
GRANIER ‖, 1540
GRANS ‖, 1370
GRANS ‖‖, 1370
GRANS ‖‖, 1370
GRANVILLE ‖, 1072
GRAS ‖‖ TH, 1451
GRAS ‖‖ TH, 1451
GRAS ‖‖ TH, 1451
GRASSE ‖ TH, 1360
GRAVESON ‖‖, 1370
GRAVIERES ‖ TH, 1451
GRENADE ‖‖, 841
GRENDELBRUCH ‖ TH, 144
GREOLIERES ‖ TH, 1360
GREOUX-LES-BAINS ‖‖, 1335
GREOUX-LES-BAINS ‖‖, 1335
GRESIN E.C., 1540
LA GRESLE ‖‖ TH, 1506
GRESSE-EN-VERCORS ‖‖ TH, 1491
GRESSE-EN-VERCORS ‖‖ A, 1491
GRESSE-EN-VERCORS ‖‖ TH, 1491
GREVILLE-HAGUE ‖, 1072
GREVILLE-HAGUE ‖, 1072
GREVILLE-HAGUE ‖, 1072
GREVILLY ‖, 367
GREVILLY ‖‖, 367
GREZ-NEUVILLE ‖‖, 1176
GREZES ‖‖ TH, 296
GREZET-CAVAGNAN ‖‖ TH, 232
GREZIAN ‖‖ TH, 903
GREZIEUX-LE-FROMENTAL ‖‖ TH, 1506
GREZILLE ‖‖ TH, 1176
GRIESHEIM-PRES-MOLSHEIM ‖‖, 144
GRIGNAN ‖‖, 1475
GRIGNAN ‖‖ TH, 1475
LA GRIGONNAIS-PROCHE-BLAIN ‖‖ TH, 1159
GRILLON ‖ TH, 1407
GRILLON ‖‖ TH, 1407
GRILLON ‖‖ TH, 1408
GRIMAUD ‖‖, 1385
GRIMAUD ‖‖, 1385
GRIMAUD ‖‖, 1385
GRIMAUD ‖‖, 1385
GRISY-SUR-SEINE ‖ TH, 678
GRISY-SUR-SEINE ‖‖ TH, 678
GRIVY-LOISY ‖ A, 608

GROFFLIERS ▮▮▮, 964
GRON ▮▮▮, 512
GROS-REDERCHING ▮▮▮, 135
GROSPIERRES ▮▮▮ TH, 1451
GROSPIERRES ▮▮▮, 1451
LA GROUTTE ▮▮▮ TH, 512
GRUCHET-SAINT-SIMEON ▮▮▮ TH, 1132
GRUGIES ▮▮, 1233
GRUSSE ▮▮ TH, 659
LE GUA ▮▮, 1282
LE GUA ▮▮ TH, 1491
LE GUE-DE-VELLUIRE ▮▮▮ TH, 1213
GUEBERSCHWIHR ▮, 160
GUEBERSCHWIHR ▮▮▮, 160
GUEBERSCHWIHR ▮▮▮, 160
GUEBERSCHWIHR ▮▮▮, 160
GUECELARD ▮▮▮ TH, 1198
GUEGON ▮▮▮, 488
GUEHENNO ▮▮▮, 488
GUEMAR ▮▮, 160
GUEMAR ▮▮, 160
GUEMENE-PENFAO ▮▮, 1159
GUENROUET ▮▮▮, 1160
GUER ▮▮▮ TH, 488
GUER E.C., 488
GUERANDE ▮▮▮, 1160
LA GUERCHE-SUR-L'AUBOIS ▮▮▮, 513
LA GUERCHE-SUR-L'AUBOIS E.C., 513
GUERET ▮▮ TH, 790
GUERIGNY ▮▮▮▮ TH, 350
GUERVILLE ▮▮▮ TH, 1132
GUICHE ▮▮ TH, 247
LA GUICHE ▮▮▮, 367
GUICHEN ▮▮▮▮, 462
GUICLAN E.C., 434
GUIDEL ▮▮, 488
GUIDEL ▮▮▮, 488
GUIDEL ▮▮▮, 489
GUIGNES/YEBLES ▮▮ TH, 679
GUILERS ▮▮, 434
LE GUILLAUME ▮▮, 1569
LE GUILLAUME ▮▮, 1569
LE GUILLAUME ▮▮▮ TH, 1569
GUILLESTRE ▮▮, 1351
GUILLESTRE ▮▮▮ TH, 1351
GUILLIERS ▮▮, 489
GUILLIGOMARC'H ▮, 434
GUIPAVAS ▮▮, 434
GUIPAVAS ▮▮▮, 434
GUIPAVAS ▮▮▮, 434
GUIPRY ▮▮ TH, 462
GUIPRY ▮▮, 462
GUIPY ▮▮▮, 350
GUISSENY ▮▮ TH A, 435
GUISY ▮▮▮, 964
GUIZENGEARD ▮▮▮, 1268
GUJAN-MESTRAS-LA-HUME ▮▮, 205
GUSSAINVILLE ▮▮▮ TH, 129
GUSSIGNIES ▮▮▮, 947
GY ▮▮▮, 667
GY-L'EVEQUE ▮▮▮ TH, 389

H

HABAS ▮▮ TH, 218
HABERE-LULLIN ▮▮, 1556
HABERE-POCHE ▮▮, 1556
HABLOVILLE ▮ TH A, 1111
HADOL ▮ TH, 176
HAGETAUBIN ▮▮, 247
HAGETMAU ▮, 218
HAGETMAU ▮, 219
LES HAIES ▮▮ TH, 1524
HALINGHEN ▮▮, 964
HALLINES ▮▮▮, 964
HALLUIN ▮▮, 948
HALLUIN ▮▮, 948
LE HAM-HOTOT-EN-AUGE ▮▮, 1003
HANNACHES ▮▮▮ TH, 1242
HARDELOT ▮▮, 964
HARDELOT ▮▮, 965
HARDINGHEN ▮▮, 965
HARFLEUR ▮▮ TH, 1132
HARGEVILLE ▮▮, 688
HARMONVILLE ▮▮▮, 176
HASPARREN ▮▮ TH, 247
HASPARREN ▮▮▮ TH, 247
HASPARREN ▮▮, 248
HATRIZE ▮▮▮, 125
HAUDRICOURT ▮▮▮ A, 1132
HAUT-DE-BOSDARROS ▮▮▮ TH, 248
LA HAUTE-CHAPELLE ▮▮▮, 1111
HAUTE-EPINE ▮, 1242
HAUTERIVE ▮▮ TH, 389
HAUTEVILLE ▮▮, 965
HAUTEVILLE-SUR-MER E.C. TH, 1072
HAYBES ▮▮, 608
LA HAYE-AUBREE ▮▮▮, 1044
LA HAYE-DU-THEIL ▮▮▮, 1044
LA HAYE-SAINT-SYLVESTRE E.C. TH, 1044
HAZEBROUCK ▮▮, 948
HEILIGENSTEIN ▮▮, 144
HEILIGENSTEIN ▮, 144
HEILIGENSTEIN ▮, 145
HEILIGENSTEIN ▮, 145
HEILIGENSTEIN ▮, 145
HENANBIHEN ▮▮▮, 402
HENENCOURT ▮▮ TH, 1257
HENGOAT ▮▮▮, 403
HENNEVEUX ▮▮, 965
HENON ▮▮, 403
HENRICHEMONT ▮▮, 513
HENRICHEMONT ▮▮, 513
L'HERBERGEMENT E.C., 1213
HERBEVILLER ▮▮▮ TH, 125
LES HERBIERS ▮▮▮ TH, 1214
LES HERBIERS ▮▮▮, 1214
LES HERBIERS ▮▮▮, 1214
LES HERBIERS ▮▮▮, 1214
LES HERBIERS ▮▮▮, 1214
HERBIGNAC ▮▮▮, 1160
HERBIGNAC ▮▮▮, 1160
HERBIGNAC ▮▮▮, 1160
HERICY ▮▮, 679

HERICY ▮▮, 679
HERLIES ▮▮▮, 948
HERM ▮▮, 219
HERMELINGHEM ▮▮, 965
HERMENT ▮▮▮ TH, 310
HERQUEVILLE ▮▮, 1073
HERRY ▮▮▮, 513
HERVELINGHEN ▮▮▮ TH, 965
HEUDREVILLE-SUR-EURE ▮▮▮, 1044
HEUDREVILLE-SUR-EURE ▮▮▮, 1044
HEUGON ▮▮▮ TH, 1111
HEUGUEVILLE-SUR-SIENNE ▮ TH, 1073
HEUGUEVILLE-SUR-SIENNE ▮▮, 1073
HEULAND ▮▮▮, 1003
HIESSE ▮▮ A, 1268
HIESSE ▮▮, 1269
HIREL ▮▮▮, 462
HIREL E.C., 462
HIREL ▮▮, 463
HOCQUIGNY ▮▮▮, 1073
HOERDT ▮▮, 145
LA HOGUETTE ▮▮, 1003
LE HOHWALD ▮ A, 145
LE HOHWALD E.C. TH, 145
LE HOHWALD-LILSBACH ▮ TH A, 146
HOHWARTH ▮▮ TH, 146
HOHWARTH ▮▮, 146
HOLTZWIHR ▮▮▮, 161
LE HOME-VARAVILLE ▮▮, 1003
HOMMES ▮▮ TH, 557
HONDSCHOOTE ▮▮▮ A, 948
HONFLEUR ▮▮, 1004
L'HOPITAL-LE-GRAND ▮▮▮, 1506
HOSTUN ▮▮ TH, 1476
L'HOTELLERIE-DE-FLEE ▮, 1176
HOTONNES ▮▮ TH, 1437
HOTOT-EN-AUGE ▮▮, 1004
LES HOUCHES ▮▮, 1556
LES HOUCHES ▮▮ TH, 1556
HOUDETOT ▮▮▮, 1132
HOUDETOT ▮▮, 1133
HOUESVILLE ▮▮▮, 1073
LE HOUGA ▮▮ TH, 855
LE HOUGA ▮▮ TH, 855
HOUPLINES ▮▮, 949
HOUSSAY ▮ TH, 581
HOUSSEN ▮▮, 161
HUCQUELIERS ▮▮, 966
HUCQUELIERS ▮▮, 966
HUGIER ▮▮▮, 668
HUISMES ▮▮ TH, 557
HUISMES ▮▮, 557
HUISMES ▮▮, 557
HUISMES ▮▮▮, 558
HUISNES-SUR-MER ▮▮▮, 1073
HUISNES-SUR-MER ▮▮, 1074
HUISSEAU-SUR-MAUVES E.C., 599
L'HUISSERIE ▮▮, 1191
HUMBECOURT ▮▮▮, 631
HUMBLIGNY E.C., 513
HUNAWIHR ▮▮▮, 161
HUNSPACH ▮▮▮, 146

HURES-LA-PARADE ¦¦¦, 757
HURIEL ¦¦¦ **A**, 271
HURIGNY ¦, 367
HURIGNY ¦¦, 367
HURIGNY ¦¦, 368
HURIGNY E.C., 368
HUSSEREN-LES-CHATEAUX ¦¦¦, 161
HUSSEREN-WESSERLING ¦¦¦, 161

I

IDRAC-RESPAILLES ¦¦¦ **TH**, 855
IDS-SAINT-ROCH ¦¦¦ **TH**, 514
LES IFFS ¦¦¦, 463
IFS ¦¦¦, 1004
IGE ¦¦¦, 368
IGNAUX ¦, 816
IGUERANDE ¦¦¦ **TH**, 368
IHOLDY ¦¦¦, 248
L'ILE-BOUCHARD ¦¦ **A**, 558
ILE-D'YEU ¦¦¦, 1214
ILE-D'YEU ¦¦¦, 1215
ILE-D'YEU ¦¦¦ **TH**, 1215
ILE-D'YEU ¦¦¦, 1215
ILE-D'YEU ¦¦¦, 1215
ILE-DE-BATZ ¦¦¦, 435
ILE-DE-GROIX ¦¦¦, 489
ILE-DE-GROIX E.C., 489
ILLIERS-COMBRAY ¦¦¦ **A**, 526
INCOURT ¦¦¦, 966
INGERSHEIM ¦, 161
INGOUVILLE-SUR-MER ¦¦¦, 1133
INGRANDES ¦¦¦ **TH**, 535
INGRANDES ¦¦, 1317
INGRANDES-DE-TOURAINE ¦¦¦ **TH**, 558
INTRES ¦¦¦ **TH**, 1452
INZINZAC-LOCHRIST ¦¦, 489
INZINZAC-LOCHRIST ¦¦¦, 489
IRISSARRY ¦, 248
IRISSARRY ¦¦¦, 248
IRODOUER ¦, 463
IS-SUR-TILLE ¦¦¦ **TH**, 334
ISDES ¦¦ **TH**, 599
ISESTE ¦¦¦, 248
ISIGNY-LE-BUAT ¦¦, 1074
ISIGNY-LE-BUAT ¦¦, 1074
ISIGNY-LE-BUAT ¦¦¦, 1074
ISIGNY-SUR-MER ¦¦¦, 1004
ISLE ¦¦¦, 803
ISLE ¦¦¦ **TH**, 803
L'ISLE-EN-DODON ¦¦ **TH**, 841
L'ISLE-ET-BARDAIS E.C. **TH A**, 271
L'ISLE-JOURDAIN ¦¦¦ **TH**, 855
L'ISLE-JOURDAIN ¦¦¦ **TH**, 856
L'ISLE-JOURDAIN ¦¦, 1317
ISLE-SUR-LA-SORGUE ¦¦ **TH**, 1408
ISLE-SUR-LA-SORGUE ¦¦, 1408
ISLE-SUR-LA-SORGUE ¦¦¦ **TH**, 1408
ISLE-SUR-LA-SORGUE ¦¦¦, 1408
ISLE-SUR-LA-SORGUE ¦¦¦, 1408
ISLE-SUR-LA-SORGUE ¦¦ **TH**, 1409

ISLE-SUR-LA-SORGUE ¦¦¦, 1409
ISLE-SUR-LA-SORGUE ¦¦¦, 1409
ISLES-SUR-SUIPPE ¦¦¦, 622
ISLES-SUR-SUIPPE E.C., 622
ISNEAUVILLE ¦¦¦ **TH**, 1133
ISPOURE ¦¦¦, 249
LES ISSAMBRES ¦¦¦, 1385
ISSANLAS ¦¦¦¦ **TH**, 1452
ISSENHAUSEN ¦¦, 146
ISSEPTS ¦¦ **TH**, 875
ISSEPTS ¦¦¦ **TH**, 875
ISSERPENT ¦¦ **TH**, 271
ISSIRAC ¦¦¦ **TH**, 724
ISSOR ¦ **TH**, 249
ISSOR ¦¦¦ **TH**, 249
ISTURITZ ¦¦¦ **TH**, 249
ITEUIL ¦¦, 1317
ITTERSWILLER ¦, 146
ITTERSWILLER ¦¦, 146
ITTERSWILLER E.C., 147
ITXASSOU ¦¦, 249
IVOY-LE-PRE ¦¦, 514
IVOY-LE-PRE ¦¦¦, 514
IVOY-LE-PRE ¦¦¦¦ **TH**, 514
IZAUT-DE-L'HOTEL ¦¦ **TH**, 841

J

JAIGNES ¦¦¦ **TH**, 679
JALEYRAC ¦¦¦ **TH**, 283
JALEYRAC ¦¦¦ **TH**, 283
JALLERANGE E.C., 650
JALOGNY ¦¦, 368
JARDRES ¦¦, 1318
JARNAC ¦¦ **TH**, 1269
JARNAC ¦¦¦, 1269
JARNAC-CHAMPAGNE ¦¦¦¦ **TH**, 1282
JARNIOUX ¦¦, 1525
JARRIER ¦¦ **TH**, 1540
JARS ¦¦¦, 514
JARS ¦¦¦, 514
JARZE ¦¦¦, 1177
JAS ¦¦ **A**, 1507
JAU-DIGNAC-LOIRAC ¦¦, 205
JAUJAC ¦¦¦ **TH**, 1452
JAUJAC ¦¦¦ **TH**, 1452
JAULNAY ¦¦ **TH**, 558
JAULNY E.C., 125
JAUNAY-CLAN ¦¦, 1318
JAUSIERS ¦¦¦, 1335
JAUX ¦, 1243
JAX ¦¦ **TH**, 296
JEANSAGNIERE ¦¦ **A**, 1507
JEBSHEIM ¦¦, 162
JEGUN ¦¦¦ **TH**, 856
JEGUN ¦¦¦, 856
JENLAIN ¦¦, 949
JENLAIN ¦¦¦, 949
JEUGNY ¦¦¦ **TH**, 615
JOISELLE E.C., 622
JOLIMETZ ¦¦¦ **TH A**, 949

JONGIEUX ¦¦¦, 1540
JOSSELIN ¦¦¦, 490
JOUARRE ¦¦ **TH**, 679
JOUET-SUR-L'AUBOIS ¦¦¦, 515
JOUHET ¦, 1318
JOUILLAT ¦¦, 790
JOUQUES ¦¦, 1370
JOUQUES ¦¦¦ **TH**, 1371
JOURNET ¦¦¦ **TH**, 1318
JOURNIAC ¦¦¦, 189
JOURS-LES-BAIGNEUX ¦¦ **TH**, 334
JOURS-LES-BAIGNEUX ¦¦, 334
JOURSAC ¦¦¦ **TH**, 283
JOUX-LA-VILLE ¦¦¦, 390
JOUY-LE-CHATEL ¦¦ **TH**, 679
JOUY-LE-POTIER ¦¦¦ **TH**, 599
JOYEUSE ¦¦, 1452
JOYEUX ¦¦, 1437
JOZE ¦¦¦, 310
JUAYE-MONDAYE ¦¦ **TH**, 1004
JUAYE-MONDAYE ¦¦, 1004
LE JUCH ¦¦¦, 435
LE JUCH ¦¦¦, 435
JUIGNETTES ¦¦ **TH**, 1045
JUILLAC ¦, 778
JUILLAC ¦¦ **TH**, 856
JUILLAC ¦¦¦ **TH**, 856
JUILLES ¦¦¦ **TH**, 856
JUILLEY ¦¦¦, 1074
JUILLEY E.C., 1074
JUILLEY ¦, 1075
JUILLEY ¦¦¦, 1075
JUILLEY ¦¦¦, 1075
JULIENRUPT-LE-SYNDICAT ¦¦, 176
JULLIANGES ¦¦¦ **A**, 296
JULLIE ¦¦¦, 1525
JUMELLES ¦¦¦, 1045
JUMIEGES ¦¦, 1133
JUMIEGES ¦¦¦, 1133
JUMIEGES ¦¦¦, 1133
JUMILHAC-LE-GRAND ¦¦¦ **TH**, 189
JUNAS ¦¦¦, 724
JUNCALAS ¦¦ **TH**, 903
JUNCALAS ¦¦¦, 903
JUNHAC ¦¦ **TH**, 283
JUNHAC ¦¦¦ **TH**, 283
LES JUNIES ¦¦¦, 876
JUPILLES ¦¦ **TH**, 1198
JUVIGNY E.C., 623
JUVIGNY-LE-TERTRE ¦¦¦ **TH**, 1075
JUVIGNY-SOUS-ANDAINE ¦¦ **TH A**, 1111
JUZET-DE-LUCHON ¦¦¦ **TH**, 841

K

KATZENTHAL ¦¦, 162
KATZENTHAL ¦¦, 162
KATZENTHAL ¦¦¦, 162
KAYSERSBERG ¦, 162
KAYSERSBERG ¦¦¦, 162
KERBORS ¦¦¦ **TH**, 403

KERLAZ ***, 435
KERLAZ ***, 435
KERLAZ ***, 436
KERLAZ ***, 436
KERMARIA-SULARD **, 403
KERNILIS ***, 436
KERPERT **, 403
KINTZHEIM **, 147
KINTZHEIM **, 147
KINTZHEIM **, 147
KLINGENTHAL ***, 147
KUTZENHAUSEN **, 147
KUTZENHAUSEN **, 148

L

LAAS *** TH, 857
LAAS ***, 857
LABAROCHE **, 163
LABAROCHE ***, 163
LABARTHE *** TH, 936
LABASTIDE ** TH, 904
LABASTIDE ** TH, 904
LABASTIDE-DE-VIRAC **** TH, 1452
LABASTIDE-DU-TEMPLE *** TH, 936
LABASTIDE-MURAT ***, 876
LABASTIDE-MURAT ***, 876
LABASTIDE-ROUAIROUX *** TH, 920
LABATUT-RIVIERE *** TH, 904
LABEAUME **, 1453
LABECEDE-LAURAGAIS *** TH, 704
LABENNE ***, 219
LABORDE *** TH, 904
LABORDE *** TH, 904
LABRIHE ***, 857
LABROQUERE *** TH, 842
LAC-DES-ROUGES-TRUITES *A, 660
LACAM-D'OURCET **, 876
LACAPELLE-MARIVAL ***, 876
LACAUNE **, 920
LACAUNE *** TH, 920
LACAZE ** A, 921
LA LACELLE ** TH, 1111
LACEPEDE * TH, 232
LACHAISE *** TH, 1269
LACHAPELLE *** TH, 936
LACHAPELLE-AUZAC ***, 876
LACOSTE ** TH, 1409
LACOSTE ***, 1409
LACOSTE *** TH, 1409
LACOSTE * TH, 1410
LACOSTE **, 1410
LACOURT E.C. TH, 816
LACRES *, 966
LACROIX-BARREZ ***, 827
LACROST ***, 368
LACROUZETTE *** A, 921
LADIGNAC-LE-LONG ** TH, 803
LADIGNAC-LE-LONG *** A, 804
LADINHAC *** TH, 283
LADUZ **, 390

LAFARRE ** TH, 296
LAFARRE **, 297
LAFRANCAISE *** TH, 936
LAFRANCAISE ***, 937
LAFRANCAISE *** TH, 937
LAGARDE-D'APT * TH, 1410
LAGARDE-PAREOL **** TH, 1410
LAGARDIOLLE *** TH, 921
LAGNES *** TH, 1410
LAGNES ***, 1410
LAGORCE ** TH, 1453
LAGRASSE **, 704
LAGRASSE E.C., 704
LAGUEPIE *, 937
LAGUIOLE ***, 827
LAGUIOLE **, 827
LAIGNE **, 1191
LAIGNES ***, 334
LAIN *** TH, 390
LAINSECQ **, 390
LAINSECQ ***, 390
LAIVES **, 369
LAIZY *** TH, 369
LALBENQUE *** TH, 877
LALHEUE **, 369
LALINDE **, 189
LALOBBE *** TH, 609
LAMALOU-LES-BAINS **, 745
LAMANON **, 1371
LAMARCHE-SUR-SAONE ***, 334
LAMARQUE-PONTACQ *** TH, 904
LAMAZERE **, 857
LAMBERVILLE ***, 1075
LAMBESC ***, 1371
LAMBESC *** 1371
LAMBESC ***, 1371
LAMONTELARIE *** TH, 921
LAMONZIE-MONTASTRUC **, 189
LAMOTHE-CASSEL **, 877
LAMOTHE-FENELON *, 877
LAMOTHE-FENELON *** TH, 877
LAMOTTE-DU-RHONE *** TH, 1411
LAMOTTE-DU-RHONE ***, 1411
LAMPAUL-GUIMILIAU ***, 436
LAMURE-SUR-AZERGUES *** TH, 1525
LANCE ***, 581
LANCIE ** TH, 1525
LANCIE *** TH, 1525
LANCIE ***, 1525
LANCIEUX **, 403
LANCIEUX ***, 404
LANDAUL **, 490
LANDAUL **, 490
LA LANDE-SAINT-LEGER **, 1045
LANDEAN **, 463
LANDEAN ***, 463
LANDEBIA **, 404
LANDELLES **, 526
LES LANDES-GENUSSON ***, 1215
LANDES-SUR-AJON **, 1005
LES LANDES-VIEILLES-ET-NEUVES ***, 1134

LANDEVIEILLE ***, 1215
LANDRAIS ** TH, 1282
LE LANDREAU ***, 1160
LANDREVILLE **, 615
LANDREVILLE E.C. TH, 615
LANEUVEVILLE-DERRIERE-FOUG *** TH, 126
LANGEAIS **, 558
LANGEAIS *** TH, 558
LANGEAIS *** TH, 559
LANGOAT ***, 404
LANGOAT ***, 404
LANGOGNE * TH, 757
LANGON **, 581
LANGUENAN **, 404
LANGUIDIC ***, 490
LANHOUARNEAU ***, 436
LANILDULT ***, 436
LANISCAT *, 404
LANLEFF **, 405
LANMODEZ **, 405
LANNE-SOUBIRAN * TH, 857
LANNEDERN E.C., 437
LANNILIS **, 437
LANNILIS ***, 437
LANNILIS ***, 437
LANNION **, 405
LANOUX E.C. TH, 816
LANQUAIS *** TH, 190
LANRIGAN E.C. TH, 463
LANS-EN-VERCORS ** TH, 1491
LANS-EN-VERCORS ***, 1491
LANS-EN-VERCORS *** TH, 1492
LANS-EN-VERCORS *** TH, 1492
LANTA ***, 842
LANTIGNIE ***, 1526
LANTIGNIE *** TH, 1526
LANTIGNIE ***, 1526
LANTIGNIE *** TH, 1526
LANTIGNIE ***, 1526
LANTILLAC **, 490
LANTY ***, 351
LANTY-SUR-AUBE *** TH, 631
LANVOLLON *, 405
LAPALUD ** TH, 1411
LAPALUD **, 1411
LAPAN * A, 515
LAPANOUSE ***, 827
LAPANOUSE-DE-CERNON E.C., 827
LAPEYROUSE-FOSSAT *** TH, 842
LAPLUME **, 233
LAPOUTROIE ** A, 163
LAPOUTROIE **, 163
LAPOUTROIE ***, 163
LAPOUTROIE ***, 163
LAPOUYADE *** TH, 206
LAPTE *** TH, 297
LE LARDERET ** A, 660
LARGNY-SUR-AUTOMNE **, 1233
LARIVIERE ****, 670
LARMOR-BADEN ***, 490
LARMOR-PLAGE ***, 491

LARNOD TH, 650
LAROIN, 249
LARRA TH, 842
LARRAU, 250
LARRAU TH, 250
LARRE, 1111
LARRESSORE, 250
LARROQUE A, 921
LARTIGUE TH, 857
LARTIGUE TH, 858
LARTIGUE, 858
LARUNS TH, 250
LASALLE, 724
LASALLE, 724
LASCLAVERIES TH, 250
LASGRAISSES TH, 921
LASSEUBE TH, 250
LASSEUBE, 251
LASSY TH, 464
LATHUS, 1318
LATILLE TH, 1318
LATILLE TH, 1319
LATOUILLE-LENTILLAC, 877
LATOUR TH, 842
LATOUR-BAS-ELNE, 767
LATTAINVILLE, 1243
LAU-BALAGNAS, 905
LAU-BALAGNAS, 905
LAUBRESSEL, 615
LAUBRESSEL, 615
LAUDUN, 724
LAUJUZAN, 858
LAURAET, 858
LAURAET, 858
LAURE-MINERVOIS TH, 705
LAURIERE, 804
LAURIS TH, 1411
LAURIS TH, 1411
LAURIS, 1412
LAURIS TH, 1412
LAUSSONNE, 297
LE LAUSSOU TH, 233
LAUTENBACH, 164
LAUTREC TH, 922
LAUTREC E.C., 922
LAUZERTE TH, 937
LAVAL-ATGER TH, 757
LAVAL-D'AIX, 1476
LAVAL-DU-TARN TH, 757
LAVAL-EN-BRIE, 680
LAVAL-PRADEL TH A, 724
LAVAL-SAINT-ROMAN A, 725
LAVAL-SAINT-ROMAN, 725
LAVALETTE TH, 842
LAVANGEOT, 660
LAVANS-LES-SAINT-CLAUDE A, 660
LAVANS-LES-SAINT-CLAUDE TH A, 660
LAVANS-LES-SAINT-CLAUDE A, 660
LAVANS-VUILLAFANS A, 650
LAVANS-VUILLAFANS A, 650
LAVARDENS, 858
LAVARDENS A, 859

LAVARDIN, 1198
LAVAU E.C., 390
LAVAUDIEU, 297
LAVAUR, 922
LAVAUR TH, 922
LAVAUR TH, 922
LAVENAY TH, 1199
LAVERRIERE TH A, 1243
LAVIGERIE TH, 284
LAVILLETERTRE, 1243
LAVIT TH, 937
LAVOUX TH, 1319
LAVRET TH, 219
LAY TH, 1507
LAY-LAMIDOU TH, 251
LAY-LAMIDOU TH, 251
LAYRISSE TH, 905
LAZ, 437
LEAUPARTIE, 1005
LEBREIL TH, 877
LECTOURE, 859
LECUMBERRY TH, 251
LEGE, 1161
LEGEVILLE-ET-BONFAYS TH, 177
LEGUEVIN, 843
LEIGNE-SUR-USSEAU TH, 1319
LEIGNEUX-EN-FOREZ, 1507
LEMAINVILLE TH, 126
LEMBACH, 148
LEMERE, 559
LEMPAUT, 922
LEMPAUT TH, 923
LEMPDES-SUR-ALLAGNON, 297
LEMPS TH, 1453
LEMPS, 1453
LENT TH A, 660
LENTIGNY, 1507
LENTILLAC-SAINT-BLAISE E.C., 878
LEOGEATS, 206
LEON, 219
LEPANGES-SUR-VOLOGNE, 177
LEPINE, 966
LEPUIX-GY A, 671
LERAN TH, 816
LERAN TH, 817
LERNE, 559
LERRAIN TH, 177
LERY, 1045
LESCURE TH, 817
LESCURE-D'ALBI TH, 923
LESCURE-D'ALBI E.C., 923
LESIGNAC-DURAND A, 1269
LESMONT E.C. TH, 616
LESPERON, 219
LESSAC TH, 1269
LESSAY, 1075
LESSAY, 1076
LESTARDS, 779
LESTELLE-BETHARRAM, 251
LESTIOU TH, 581
LEUCATE, 705

LES LEVES-ET-THOUMEYRAGUES TH, 206
LEVIGNAC-DE-GUYENNE TH, 233
LEYNES E.C., 369
LEYNES E.C., 369
LEYNHAC, 284
LEZARDRIEUX, 405
LEZARDRIEUX, 405
LEZARDRIEUX, 406
LEZAY TH, 1302
LEZIGNE TH, 1177
LEZINNES, 391
LHOSPITALET, 878
LIANCOURT-ST-PIERRE TH, 1243
LIBOURNE, 206
LIERNOLLES TH, 271
LIESSE-NOTRE-DAME TH, 1233
LIEURAN-LES-BEZIERS, 745
LIEUREY, 1045
LIEUSAINT, 1076
LIEUTADES TH, 284
LIEVIN TH, 966
LIEZ TH, 1216
LIEZEY TH, 177
LIGARDES TH, 859
LIGNIERES-DE-TOURAINE, 559
LIGNIERES-ORGERES TH, 1191
LIGNIERES-SONNEVILLE TH, 1269
LIGNOL, 491
LIGNY-LE-CHATEL TH, 391
LIGRE, 559
LIGRE TH, 559
LIGUEIL TH, 560
LILLERS, 967
LIMANS, 1335
LIMERAY A, 560
LIMOGNE-EN-QUERCY, 878
LIMOGNE-EN-QUERCY, 878
LIMOGNE-EN-QUERCY TH, 878
LINAC, 878
LINDRY TH, 391
LINGEVRES TH, 1005
LINGREVILLE, 1076
LINGREVILLE, 1076
LINGREVILLE, 1076
LINXE, 220
LINY-DEVANT-DUN, 130
LE LION-D'ANGERS TH, 1177
LE LION-D'ANGERS, 1177
LIOUC TH, 725
LIOURDRES, 779
LISIEUX, 1005
LISLE TH, 190
LISSAC TH, 297
LISSAC-ET-MOURET TH, 879
LISSAC-ET-MOURET E.C., 879
LISSE TH, 233
LISTRAC-MEDOC, 206
LIT-ET-MIXE, 220
LIVERNON, 879
LIVET-SUR-AUTHOU E.C., 1045
LIVRON, 251
LIVRY TH, 1005

LIXY ||| **TH**, 391
LIZINES ||| **TH**, 680
LIZINES ||| **TH**, 680
LLO ||| **TH**, 768
LOC-BREVALAIRE ||| **TH**, 437
LOC-EGUINER-SAINT-THEGONNEC ||| **TH**, 438
LOC-EGUINER-SAINT-THEGONNEC E.C. **TH**, 438
LOCHE-SUR-INDROIS ||| **TH**, 560
LOCHES | **TH**, 560
LOCMALO |||, 491
LOCMARIAQUER ||, 491
LOCMARIAQUER |||, 491
LOCOAL-MENDON ||, 491
LOCOAL-MENDON ||| **TH**, 492
LOCOAL-MENDON ||| **TH**, 492
LOCON |||, 967
LOCQUIGNOL |||, 949
LOCQUINGHEN-RETY ||, 967
LOCRONAN |||, 438
LOEUILLY ||, 1257
LES LOGES |||, 1134
LOGRIAN ||||, 725
LOHEAC E.C., 464
LOIRE-SUR-RHONE |||, 1526
LOIRON ||| **TH**, 1191
LOISIA || **A**, 661
LOISON ||, 130
LOISON-SUR-CREQUOISE |||, 967
LOLIF |||, 1076
LOLIF ||, 1077
LOLIF ||, 1077
LOLIF ||, 1077
LOMBARD |||, 650
LOMBERS ||| **TH**, 923
LOMPRET |||, 949
LOMPRET |, 950
LONGCHAMP-SUR-AUJON |||, 616
LONGCHAMPS |||, 1046
LONGCHAUMOIS || **A**, 661
LONGECHENAL || **TH**, 1492
LONGECOURT-EN-PLAINE ||, 335
LONGEVILLE-SUR-LA-LAINES ||| **TH**, 632
LONGNY-AU-PERCHE ||| **TH**, 1112
LONGUE-JUMELLES |||, 1177
LONGUEIL ||, 1134
LONGUES-SUR-MER |||, 1005
LONGUES-SUR-MER |, 1006
LONGUES-SUR-MER ||, 1006
LONGUEVILLE |||, 1006
LONGUEVILLE |||, 1077
LONGUEVILLE |||, 1077
LONGVILLERS ||| **TH**, 1006
LONGVILLERS |||, 1006
LONGVILLIERS |||, 967
LONGVILLIERS |||, 967
LONLAY-L'ABBAYE |||, 1112
LOPERHET E.C., 438
LORCIERES ||| **TH**, 284
LORCY |||, 599
LE LOREUR ||, 1077

LORGUES ||, 1386
LORGUES ||| **TH**, 1386
LORGUES ||| **TH**, 1386
LORIOL-DU-COMTAT |||, 1412
LORLANGES ||| **TH**, 298
LORLEAU |||, 1046
LORLEAU |||, 1046
LOROMONTZEY |||, 126
LE LOROUX-BOTTEREAU ||| **TH**, 1161
LORP ||| **TH**, 817
LOS MASOS |||, 768
LOUANNEC |, 406
LOUANNEC |||, 406
LOUBAJAC ||| **TH**, 905
LOUBLANDE |, 1302
LOUCHY-MONTFAND |||, 271
LOUDUN |, 1319
LOUE |||, 1199
LOUHOSSOA ||| **TH**, 252
LOUPIAC ||| **TH**, 923
LOUPLANDE ||| **TH**, 1199
LOURDES ||| **TH**, 905
LOURES-BAROUSSE ||, 905
LOURESSE-ROCHEMENIER ||, 1177
LOURMARIN ||, 1412
LOURMARIN |, 1412
LOURMARIN ||, 1412
LOURNAND ||, 369
LE LOUROUX |||, 560
LOUROUX-DE-BEAUNE ||| **TH**, 272
LOUSSOUS-DEBAT || **TH**, 859
LOUVIE-JUZON || **TH**, 252
LOUVIERES ||| **TH**, 632
LOUVIGNE-DU-DESERT ||, 464
LOUVIGNY |, 1006
LOUVIGNY |, 1007
LOUZAC-SAINT-ANDRE |||, 1270
LOUZAC-SAINT-ANDRE |||, 1270
LA LOYERE E.C., 370
LUC-EN-DIOIS | **TH**, 1476
LE LUC-EN-PROVENCE ||, 1386
LUCE |||, 1112
LUCEAU ||| **TH**, 1199
LUCENAY ||, 1527
LA LUCERNE-D'OUTREMER ||, 1077
LUCHAPT ||| **TH**, 1319
LUCHAT ||| **TH**, 1283
LUCHE-PRINGE |||, 1199
LUCON |||, 1216
LUCQ-DE-BEARN | **TH**, 252
LUCQ-DE-BEARN ||| **TH**, 252
LES LUCS-SUR-BOULOGNE |||, 1216
LES LUCS-SUR-BOULOGNE ||| **TH**, 1216
LE LUDE |||, 1199
LE LUDE ||| **TH**, 1200
LUDIES ||| **TH**, 817
LUDON-MEDOC ||, 206
LUE ||, 220
LUE |||, 220
LUISANT |||, 526
LULLY ||| **TH**, 1557
LUMBRES ||, 968

LUNAC E.C. **TH**, 828
LUNAS || **A**, 745
LUNAX || **TH**, 843
LUNAY ||, 581
LUNEL ||, 745
LUNEL |||, 745
LUNEL ||| **TH**, 745
LUNERY |||, 515
LUPIAC || **TH**, 859
LUPSTEIN E.C., 148
LURAIS |||, 535
LURCY-LEVIS |||, 272
LURI | **TH**, 638
LURI |, 638
LUSIGNAN-PETIT ||, 233
LUSIGNY |||, 272
LUSIGNY-SUR-BARSE ||| **TH A**, 616
LUSSAC ||, 207
LUSSAN ||| **TH A**, 725
LUSSAN ||| **TH**, 725
LUSSAN ||, 726
LUSSAN |||| **TH**, 726
LUSSAT |||| **TH**, 791
LUSSAULT-SUR-LOIRE E.C., 560
LUXE | **TH**, 1270
LUZILLE | **TH**, 561
LUZILLE || **TH**, 561
LUZY-SUR-MARNE |||, 632
LYAS ||| **TH**, 1453

M

MACEY |, 1078
MACEY ||, 1078
MACHE |||, 1216
MACHEMONT E.C., 1243
MACHEZAL |, 1507
MACHEZAL ||| **TH**, 1508
MACHIEL |||, 1257
MACHY || **TH**, 1258
MACORNAY || **A**, 661
MACOT-LA-PLAGNE |||, 1540
MACOT-LA-PLAGNE |||, 1541
LA MADELEINE-SUR-LOING ||||, 680
MAGESCQ |||, 220
MAGESCQ E.C., 220
MAGESQ E.C., 221
MAGNAC-BOURG || **A**, 804
MAGNAC-LAVAL ||| **TH**, 804
MAGNAC-SUR-TOUVRE |||, 1270
MAGNAC-SUR-TOUVRE ||| **TH**, 1270
MAGNAT-L'ETRANGE ||| **TH**, 791
MAGNE ||, 1302
MAGNIEU |||, 1437
MAGNY-COURS |||, 351
MAGNY-COURS ||| **TH**, 351
MAGNY-LES-JUSSEY |||, 668
MAGNY-LES-VILLERS ||, 335
MAGNY-LES-VILLERS || **TH**, 335
MAGNY-SUR-TILLE |, 335
MAHALON |, 438

MAHALON ‖‖, 438
LA MAILLERAYE-SUR-SEINE ‖‖, 1134
MAILLEZAIS ‖‖, 1216
MAILLEZAIS ‖‖, 1217
MAILLEZAIS ‖‖, 1217
MAILLEZAIS ‖‖, 1217
MAILLY-CHAMPAGNE ‖‖, 623
MAILLY-MAILLET E.C., 1258
MAINBERVILLIERS ‖‖ TH, 680
MAINNEVILLE ‖‖, 1046
MAINSAT ‖‖, 791
MAINVILLIERS ‖‖, 526
MAISON-DIEU ‖, 335
MAISON-MAUGIS ‖‖, 1112
MAISONCELLE-ST-PIERRE ‖‖, 1243
MAISONS ‖, 1007
MAISONS ‖, 1007
MAISONS ‖‖, 1007
MAISONS-EN-CHAMPAGNE ‖, 623
MAISONSGOUTTE ‖‖, 148
MAIZIERES ‖‖ TH, 126
MALAFRETAZ ‖ TH, 1437
MALAFRETAZ ‖‖ TH, 1438
MALANSAC ‖‖, 492
MALATAVERNE ‖‖ TH, 1476
MALAUCENE ‖ TH, 1413
MALAUCENE ‖‖, 1413
LA MALENE ‖, 757
LA MALENE ‖, 757
LA MALENE ‖, 758
MALEVILLE E.C. TH, 828
MALIGNY ‖‖, 335
MALLEFOUGASSE-AUGES ‖‖, 1335
MALLEFOUGASSE-AUGES ‖‖, 1336
MALLEVAL A, 1492
MALTOT ‖, 1007
MALVALETTE ‖‖ TH, 298
MAMETZ ‖‖ TH, 968
MANCEY ‖, 370
MANDAGOUT ‖‖ TH, 726
MANDEVILLE-EN-BESSIN ‖‖, 1007
MANDEVILLE-EN-BESSIN ‖‖, 1008
MANDRES-LA-COTE ‖‖ TH, 632
MANE ‖, 1336
MANEGLISE ‖‖ TH, 1134
MANEHOUVILLE ‖, 1134
MANERBE ‖, 1008
MANERBE ‖‖, 1008
MANIGOD ‖ TH, 1557
MANIQUERVILLE ‖‖, 1135
MANNEVILLE-LA-GOUPIL ‖‖ TH, 1135
MANOSQUE ‖, 1336
MANOSQUE ‖‖, 1336
MANOSQUE ‖‖, 1336
MANSAC ‖‖ TH, 779
MANSIGNE ‖, 1200
MANSIGNE ‖‖, 1200
MANSLE ‖‖, 1270
MANTHELON ‖‖, 1046
MANVIEUX ‖‖, 1008
MANVIEUX ‖‖, 1008
MANVIEUX ‖‖, 1008

MANZAT ‖‖, 310
MARANS ‖, 1283
MARANS ‖, 1283
MARANS ‖‖ TH, 1283
MARAYE-EN-OTHE ‖, 616
MARBOZ ‖, 1438
MARCAY ‖‖ TH, 1319
MARCELCAVE ‖, 1258
MARCELLAZ-ALBANAIS ‖, 1557
MARCELLAZ-ALBANAIS ‖‖ TH, 1557
MARCEY-LES-GREVES ‖, 1078
MARCHASTEL ‖‖ TH, 758
MARCHEMAISONS ‖‖ TH, 1112
LES MARCHES ‖‖, 1541
MARCHESIEUX ‖, 1078
MARCIEU ‖‖ TH, 1492
MARCIGNY ‖, 370
MARCIGNY ‖‖, 370
MARCIGNY ‖‖ TH, 370
MARCIGNY ‖‖, 370
MARCIGNY E.C., 370
MARCIGNY-SOUS-THIL ‖‖, 336
MARCILHAC-SUR-CELE ‖‖ TH, 879
MARCILHAC-SUR-CELE ‖‖, 879
MARCILHAC-SUR-CELE ‖‖ TH, 879
MARCILHAC-SUR-CELE ‖‖ TH, 879
MARCILHAC-SUR-CELE ‖, 880
MARCILHAC-SUR-CELE ‖‖, 880
MARCILLAC-LA-CROISILLE ‖‖, 779
MARCILLAC-SAINT-QUENTIN ‖, 190
MARCILLAC-SAINT-QUENTIN ‖‖, 190
MARCILLE-RAOUL ‖‖ TH, 464
MARCILLY-EN-VILLETTE ‖‖, 600
MARCK ‖, 968
MARCK ‖‖, 968
MARCKOLSHEIM ‖, 148
MARCKOLSHEIM ‖, 148
MARCKOLSHEIM E.C., 148
MARCOLES ‖, 284
MARCOLS-LES-EAUX ‖‖ TH, 1453
MARCONNE ‖, 968
MARDILLY ‖, 1112
MAREAU-AUX-PRES E.C. TH, 600
MAREIL-LE-GUYON ‖, 688
MAREIL-SUR-LOIR ‖‖, 1200
MARENNES ‖‖, 1283
MARESQUEL ‖‖ TH, 968
MAREUGHEOL ‖‖ TH, 310
MAREUIL-SUR-AY ‖‖ TH, 623
MAREUIL-SUR-AY ‖‖ TH, 623
MAREUIL-SUR-CHER A, 581
MAREUIL-SUR-CHER ‖‖ TH, 582
MAREY-LES-FUSSEY E.C., 336
MARGERIE-HANCOURT ‖‖ TH, 623
MARGERIE-HANCOURT ‖‖ TH, 624
MARIGNAC-EN-DIOIS ‖‖ TH, 1476
MARIGNE-LAILLE E.C., 1200
MARIGNY ‖, 1078
MARIGNY ‖‖, 1078
MARIGNY ‖‖, 1078
MARIGNY ‖‖, 1302
MARIGNY-LES-USAGES ‖‖, 600

MARIN ‖, 1557
MARIN ‖, 1557
MARIOL ‖‖ TH, 272
MARLENHEIM ‖, 149
MARLES-SUR-CANCHE ‖‖, 969
MARMANDE ‖, 233
MARMEAUX ‖‖, 391
MAROILLES ‖, 950
MAROILLES ‖‖, 950
LA MAROLLE-EN-SOLOGNE ‖‖ TH, 582
MAROLLES E.C. TH, 582
MAROLLES ‖, 1009
MAROLLES ‖‖, 1009
MAROLLES ‖‖, 1009
MAROLLES ‖‖, 1009
MAROLS ‖‖ TH, 1508
MAROLS E.C. A, 1508
MARQUAY ‖, 190
MARQUAY ‖, 190
MARS ‖‖ TH, 1454
MARS-SUR-ALLIER ‖‖ TH, 351
MARSAC ‖‖ TH, 791
MARSAC-SUR-DON ‖‖, 1161
MARSANNAY-LA-COTE ‖‖, 336
MARSEILLETTE ‖‖, 705
MARTAGNY ‖‖, 1046
MARTAINVILLE ‖‖, 1047
MARTEL ‖‖, 880
MARTEL ‖‖ TH, 880
MARTEL ‖‖ TH, 880
MARTEL E.C., 880
MARTIGNE-BRIAND ‖, 1178
MARTIGNE-BRIAND ‖‖, 1178
MARTIN-PUICH ‖ TH, 969
MARTINET ‖‖, 1217
MARTINET ‖‖ TH, 1217
MARTRAGNY ‖‖, 1009
LES MARTRES-DE-VEYRE ‖‖, 310
MARTRES-TOLOSANE ‖‖ TH, 843
MARVEJOLS ‖ A, 758
MAS-SAINT-CHELY ‖‖ TH, 758
MASLEON ‖‖, 804
MASNIERES ‖‖, 950
MASSAIS ‖ A, 1302
MASSAT ‖ TH, 817
MATEMALE ‖, 768
MATHIEU ‖, 1009
MATIGNON ‖, 406
MATOUGUES ‖‖ TH, 624
MATRINGHEM ‖, 969
MAUBEC ‖‖ TH, 937
MAUBEC ‖, 1413
MAUBEC ‖‖, 1492
MAUBOURGUET ‖‖ TH, 906
MAUBOURGUET E.C. TH, 906
MAUBOURGUET E.C. TH, 906
MAULE ‖, 688
MAULEVRIER ‖‖, 1178
MAUPAS ‖, 860
MAUREILHAN ‖‖ TH, 746
MAUREILLAS-LAS-ILLAS ‖ TH, 768
MAURENS ‖ TH, 860

1607

MAURENS-SCOPONT E.C. **TH**, 923
MAURON-EN-BROCELIANDE ‖‖‖, 492
MAUROUX **TH**, 860
MAUROUX ‖‖‖ **TH**, 860
MAUROUX ‖‖‖ **TH**, 881
MAUROUX ‖‖‖ **TH**, 881
MAURS ‖ **TH**, 284
MAUVES ‖ **TH**, 1454
MAUZE-SUR-LE-MIGNON ‖‖‖, 1303
MAUZE-SUR-LE-MIGNON ‖‖‖, 1303
MAUZENS-ET-MIREMONT ‖, 191
MAUZENS-MIREMONT ‖‖‖, 191
MAUZENS-MIREMONT ‖‖‖ **TH**, 191
MAXEY-SUR-VAISE ‖‖‖ **A**, 130
MAXILLY-SUR-SAONE ‖‖‖ **TH**, 336
LE MAY-SUR-EVRE ‖‖‖, 1178
LE MAYET-DE-MONTAGNE ‖ **TH**, 272
LE MAYET-DE-MONTAGNE ‖‖‖ **TH A**, 272
MAYLIS ‖, 221
MAYLIS ‖‖‖ **TH**, 221
LES MAYONS ‖‖‖ **TH**, 1386
MAYRINHAC-LENTOUR ‖‖, 881
MAYRINHAC-LENTOUR ‖‖‖ **TH**, 881
MAYRINHAC-LENTOUR ‖‖‖ **TH**, 881
MAZAN ‖ **TH**, 1413
MAZAN ‖‖‖, 1413
MAZAYES ‖‖‖ **TH**, 311
MAZE ‖‖‖ **TH**, 1178
LE MAZEAU ‖, 1217
MAZERES ‖ **TH**, 817
MAZEROLLES ‖ **TH**, 1320
LE MAZET-SAINT-VOY ‖ **A**, 298
MAZEYROLLES ‖‖ **TH**, 191
MAZIERES-EN-GATINE ‖‖‖, 1303
MAZILLE ‖, 371
MAZILLE ‖‖ **TH**, 371
MAZILLE ‖‖, 371
MAZILLE ‖‖‖, 371
LE MAZIS ‖‖, 1258
MEAUDRE ‖, 1493
MEAULNE ‖‖‖ **TH A**, 273
MEDAN ‖‖‖, 688
LE MEE ‖‖‖ **TH**, 526
LES MEES ‖‖‖ **TH**, 1336
LES MEES ‖, 1337
LES MEES ‖‖, 1337
LES MEES ‖‖‖, 1337
LES MEES ‖‖‖ **TH**, 1337
MEGEVE ‖ **TH**, 1558
MEGEVE ‖‖‖, 1558
MEHUN-SUR-YEVRE ‖‖‖, 515
MEILLAC ‖, 464
MEILLERS ‖‖ **A**, 273
LE MEIX-TIERCELIN ‖, 624
LE MELE-SUR-SARTHE ‖, 1113
MELESSE ‖, 464
MELESSE ‖, 465
MELIN ‖, 668
MELLECEY ‖, 371
MELLECEY ‖‖‖, 371
MELLECEY E.C. **TH**, 372
MELLEVILLE ‖‖‖, 1135

MELLO ‖‖‖, 1244
MELRAND ‖‖‖ **TH**, 492
MEMMELSHOFFEN ‖‖‖, 149
MEMMELSHOFFEN ‖‖‖, 149
MENEAC ‖‖‖, 492
MENERBES ‖‖‖, 1413
MENESPLET ‖‖‖, 191
MENESTREAU-EN-VILLETTE ‖‖‖, 600
MENESTREAU-EN-VILLETTE ‖‖‖‖, 600
MENETOU-SALON E.C., 515
MENIL ‖ **TH**, 1191
MENIL ‖‖ **TH**, 1192
LE MENIL ‖ **TH**, 177
MENNETOU-SUR-CHER ‖ **A**, 582
MENNEVILLE ‖, 969
MENS ‖‖ **TH**, 1493
MENS ‖‖‖ **TH**, 1493
MEOLANS-REVEL ‖, 1337
MEOLANS-REVEL ‖‖‖ **TH**, 1337
MEOLANS-REVEL ‖, 1338
MER ‖‖‖, 582
MERCENAC ‖ **TH**, 818
MERCENAC ‖‖‖ **TH**, 818
MERCEUIL ‖, 336
MERCEY-SUR-SAONE ‖‖‖, 668
MERCUER ‖‖‖, 1454
MERCUER ‖‖‖ **TH**, 1454
MERCUES ‖‖‖‖ **TH**, 881
MERCUREY E.C., 372
MERCURY ‖, 1541
MERCURY ‖‖, 1541
MERDRIGNAC ‖‖‖, 406
MERIBEL-LES-ALLUES ‖‖‖ **TH**, 1541
MERIEL ‖, 695
MERIGNY ‖, 535
MERINCHAL ‖‖‖, 791
MERINDOL-LES-OLIVIERS ‖‖ **TH**, 1476
MERKWILLER-PECHELBRONN ‖‖, 149
MERKWILLER-PECHELBRONN ‖‖‖, 149
MERKWILLER-PECHELBRONN ‖‖‖, 149
MERLEAC ‖ **TH**, 406
MERLEAC ‖‖‖ **TH**, 407
MERRY-SEC ‖‖‖ **TH**, 391
MERS-SUR-INDRE ‖‖, 535
MERY-CORBON ‖ **TH**, 1010
MERY-SUR-MARNE ‖‖‖, 681
MESCHERS ‖‖, 1283
MESCHERS ‖‖‖ **TH**, 1284
MESLAN ‖‖‖, 493
MESLAY-DU-MAINE ‖‖ **TH**, 1192
MESLAY-DU-MAINE ‖‖, 1192
MESNAC ‖‖‖ **A**, 1271
LE MESNIL-AUBERT ‖‖, 1079
LE MESNIL-BRUNTEL ‖‖ **TH**, 1258
MESNIL-ESNARD ‖‖‖, 1135
LE MESNIL-GILBERT ‖‖ **TH**, 1079
LE MESNIL-ROGUES ‖‖, 1079
LE MESNIL-SUR-BLANGY ‖‖‖, 1010
LE MESNIL-SUR-BLANGY ‖‖, 1010
MESNIL-VERCLIVES ‖‖, 1047
LE MESNIL-VILLEMAN ‖‖‖, 1079
MESPAUL ‖‖‖‖ **TH**, 439

MESQUER ‖‖‖, 1161
MESSANGES ‖, 221
MESSANGES ‖‖‖, 336
MESSAS ‖‖‖ **TH**, 600
MESSIGNY-ET-VANTOUX ‖‖‖, 337
MESSIMY-SUR-SAONE ‖‖, 1438
MESSON ‖‖ **A**, 616
MEUILLEY ‖‖, 337
MEUILLEY ‖‖‖, 337
MEUILLEY ‖‖‖, 337
MEUILLEY E.C., 337
MEULERS ‖ **TH**, 1135
MEULSON ‖‖‖ **TH**, 337
MEUNG-SUR-LOIRE ‖‖‖, 601
LA MEURDRAQUIERE ‖‖‖, 1079
LA MEURDRAQUIERE ‖‖‖, 1079
LA MEURDRAQUIERE ‖‖‖, 1080
MEURSAULT ‖‖‖, 338
MEUSNES ‖‖‖, 582
MEUVAINES ‖‖, 1010
MEUVAINES ‖‖ **TH**, 1010
MEYMAC ‖‖ **TH**, 779
MEYNES ‖‖‖ **TH**, 726
MEYSSAC ‖‖‖, 779
MEZANGERS ‖‖‖, 1192
MEZEL ‖‖ **TH**, 1338
MEZENS ‖‖‖ **TH**, 924
MEZIDON ‖‖, 1010
MEZIERES-EN-BRENNE ‖‖‖, 535
MEZIERES-EN-BRENNE ‖‖‖, 536
MEZY-SUR-SEINE E.C., 688
MIALET ‖‖ **TH A**, 726
MIERS ‖‖, 882
MIERS ‖‖‖, 882
MIERS ‖‖‖, 882
MIEUSSY ‖‖‖ **TH**, 1558
MIGNE-AUXANCES ‖‖ **TH**, 1320
MIGNOVILLARD ‖‖ **TH A**, 661
MIGRON ‖‖‖, 1284
MIJOUX ‖‖‖ **TH**, 1438
MILHAC ‖‖‖ **TH**, 882
MILHAS ‖‖, 843
MILLAC ‖ **TH**, 1320
MILLANCAY ‖, 583
MILLAS ‖, 768
MILLAS ‖‖, 768
MILLAS ‖‖, 769
MILLAU ‖‖, 828
MILLERY ‖, 338
MILLEVACHES ‖‖‖, 779
MILLY-LA-FORET ‖‖‖, 692
MIMBASTE ‖‖‖ **TH**, 221
MIMET ‖, 1371
MIMIZAN ‖, 221
MIMIZAN ‖‖, 222
MINIAC-MORVAN ‖‖‖ **TH**, 465
MINIAC-MORVAN ‖‖‖, 465
MINIAC-MORVAN E.C., 465
MINZIER ‖, 1558
MIOS ‖‖‖, 207
MIRABEAU ‖‖‖ **TH**, 1338
MIRABEL ‖‖‖, 1454

MIRABEL-AUX-BARONNIES ⛪⛪⛪, 1477
MIRABEL-ET-BLACONS ⛪⛪, 1477
MIRABEL-ET-BLACONS ⛪⛪⛪ **TH**, 1477
MIRADOUX ⛪⛪⛪, 860
MIRAMBEAU ⛪⛪⛪⛪ **TH**, 1284
MIRAMONT-DE-GUYENNE ⛪⛪ **TH**, 234
MIRANDE ⛪⛪, 860
MIRANDE ⛪⛪⛪, 861
MIREBEAU ⛪⛪, 1320
MIREBEAU ⛪⛪⛪, 1320
MIREPEISSET ⛪, 705
MIREPEISSET ⛪⛪⛪, 705
MIREVAL ⛪⛪, 746
MIREVAL ⛪⛪⛪, 746
MIRIBEL ⛪⛪⛪, 1477
MIRMANDE ⛪⛪⛪, 1477
MIRMANDE ⛪⛪⛪, 1477
MISEREY ⛪⛪⛪ **TH**, 1047
MISSILLAC ⛪⛪⛪, 1161
MISSILLAC ⛪⛪⛪ **TH**, 1161
MITTELBERGHEIM ⛪⛪, 150
MITTELBERGHEIM ⛪⛪⛪ **TH**, 150
MITTELWIHR ⛪⛪, 164
MITTELWIHR ⛪⛪, 164
MITTELWIHR ⛪⛪, 164
MITTELWIHR ⛪⛪⛪, 164
MITTOIS ⛪⛪⛪, 1010
MOELAN-SUR-MER E.C. **TH**, 439
MOHON ⛪⛪⛪ **TH**, 493
MOIGNY-SUR-ECOLE ⛪⛪⛪, 692
MOIGNY-SUR-ECOLE ⛪⛪⛪ **TH**, 692
MOISSAC-BELLEVUE ⛪⛪⛪ **TH**, 1386
MOISSAC-VALLEE-FRANCAISE ⛪⛪⛪ **TH**, 758
MOISSON ⛪⛪⛪, 688
MOLAS ⛪⛪⛪ **TH**, 843
MOLAY ⛪⛪ **TH**, 392
MOLERE ⛪⛪, 906
MOLEZON ⛪⛪⛪ **TH**, 758
MOLINES-EN-QUEYRAS ⛪⛪ **TH**, 1351
MOLINES-EN-QUEYRAS ⛪⛪ **TH**, 1351
MOLLANS-SUR-OUVEZE ⛪⛪⛪, 1478
MOLLEGES ⛪⛪, 1372
MOLPHEY ⛪⛪⛪, 338
MOLTIFAO ⛪⛪ **TH**, 639
MOMERES ⛪⛪⛪ **A**, 906
LE MONASTIER-SUR-GAZEILLE ⛪⛪⛪, 298
MONBAZILLAC ⛪⛪⛪, 191
MONCAUT ⛪⛪, 234
MONCE-EN-BELIN ⛪⛪⛪ **TH**, 1200
MONCE-EN-BELIN ⛪⛪, 1201
MONCE-EN-BELIN E.C., 1201
MONCEAUX-EN-BESSIN ⛪⛪⛪ **TH**, 1011
MONCEAUX-EN-BESSIN ⛪⛪⛪, 1011
MONCEAUX-SUR-DORDOGNE ⛪⛪⛪, 780
MONCLAR-DE-QUERCY ⛪⛪⛪ **TH**, 938
MONCONTOUR ⛪⛪, 407
MONCONTOUR ⛪⛪⛪, 407
MONCOUTANT ⛪⛪⛪, 1303
MONCOUTANT ⛪⛪⛪ **TH**, 1303
MONDEMENT-MONTGIVROUX ⛪⛪⛪, 624
MONDOUBLEAU ⛪⛪ **TH**, 583

MONDRAINVILLE ⛪⛪⛪, 1011
MONDREPUIS ⛪⛪⛪ **TH**, 1233
MONEIN ⛪⛪⛪ **TH**, 252
MONEIN ⛪⛪⛪, 252
MONEIN ⛪⛪⛪, 253
MONESTIER-DE-CLERMONT ⛪⛪ **TH**, 1493
MONESTIER-DE-CLERMONT ⛪⛪ **TH**, 1493
MONESTIER-DU-PERCY ⛪⛪⛪ **TH**, 1493
MONESTIES E.C., 924
LE MONETIER-LES-BAINS ⛪⛪ **TH**, 1352
MONFERRAN-PLAVES ⛪⛪⛪ **TH**, 861
MONFERRAN-SAVES ⛪⛪⛪ **TH**, 861
MONFLANQUIN ⛪⛪ **TH**, 234
MONHOUDOU ⛪⛪⛪ **TH**, 1201
MONIEUX ⛪⛪, 1414
MONIEUX ⛪⛪, 1414
MONIEUX ⛪⛪⛪ **TH**, 1414
MONISTROL-D'ALLIER ⛪⛪, 298
MONISTROL-SUR-LOIRE ⛪⛪⛪⛪, 298
MONNIERES ⛪⛪⛪, 1162
MONOBLET ⛪⛪⛪, 726
MONS-EN-LAONNOIS E.C., 1233
MONS-LA-TRIVALLE ⛪⛪⛪ **TH**, 746
MONSAGUEL ⛪⛪⛪, 192
MONSEGUR ⛪⛪⛪, 207
MONSEGUR ⛪⛪⛪ **TH**, 253
MONSIREIGNE ⛪⛪⛪, 1218
MONT-DOL ⛪⛪⛪, 465
LE MONT-DOL ⛪⛪⛪, 465
LE MONT-DORE ⛪⛪⛪, 311
LE MONT-DORE ⛪⛪⛪ **TH**, 311
LE MONT-DORE ⛪⛪⛪ **TH**, 311
MONT-ET-MARRE ⛪⛪⛪, 351
MONT-LOUIS ⛪⛪⛪, 769
MONT-PRES-CHAMBORD ⛪⛪⛪⛪, 583
MONT-SAINT-MARTIN ⛪⛪ **TH**, 1233
MONT-SAINT-PERE ⛪⛪⛪, 1234
MONT-SAINT-VINCENT ⛪⛪⛪, 372
MONT-VILLERS ⛪⛪, 130
MONTAGNAC ⛪⛪, 746
MONTAGNAC E.C., 746
MONTAGNAC-SUR-LEDE ⛪⛪⛪ **TH**, 234
MONTAGNY ⛪⛪ **TH**, 1508
MONTAGNY-LES-BEAUNE ⛪⛪, 338
MONTAGNY-LES-BEAUNE ⛪⛪⛪ **TH**, 338
MONTAGNY-LES-LANCHES ⛪⛪, 1558
MONTAGRIER ⛪⛪, 192
MONTAIGU ⛪⛪⛪ **TH**, 1234
MONTAIGUT-EN-COMBRAILLE ⛪⛪⛪, 311
MONTAIGUT-LE-BLANC ⛪⛪⛪, 311
MONTAIGUT-LE-BLANC ⛪⛪, 312
MONTAIGUT-LE-BLANC ⛪⛪⛪, 312
MONTAINVILLE ⛪⛪⛪, 688
MONTAMAT ⛪⛪⛪ **TH**, 861
MONTAMISE ⛪⛪⛪, 1320
MONTANS ⛪⛪⛪ **TH**, 924
MONTAREN ⛪⛪⛪ **TH**, 727
MONTAREN-SAINT-MEDIERS ⛪⛪⛪ **TH**, 727
LE MONTAT ⛪⛪⛪ **TH**, 882
MONTAUBAN ⛪⛪⛪, 938
MONTAUBAN-DE-BRETAGNE ⛪⛪⛪ **TH**, 466
MONTAUBAN-DE-BRETAGNE ⛪⛪⛪ **TH**, 466

MONTAUBAN-DE-PICARDIE ⛪⛪, 1258
MONTAUD ⛪⛪⛪, 747
MONTAUDIN ⛪⛪⛪ **TH**, 1192
MONTAUROUX ⛪⛪⛪ **TH**, 1387
MONTAUROUX ⛪⛪⛪, 1387
MONTAUT ⛪⛪ **TH**, 818
MONTAUT ⛪⛪⛪, 818
MONTBEL ⛪ **TH**, 759
MONTBEL ⛪ **TH**, 818
MONTBERAUD ⛪⛪⛪ **TH**, 843
MONTBERAUD ⛪⛪⛪ **TH**, 844
MONTBOUCHER-SUR-JABRON ⛪⛪⛪, 1478
MONTBRAY ⛪, 1080
MONTBRISON-SUR-LEZ ⛪⛪⛪, 1478
MONTBRUN ⛪⛪ **TH**, 759
MONTBRUN ⛪⛪ **TH**, 759
MONTBRUN ⛪⛪, 882
MONTBRUN-BOCAGE ⛪⛪⛪ **TH**, 844
MONTBRUN-DES-CORBIERES ⛪⛪ **A**, 705
MONTBRUN-DES-CORBIERES ⛪⛪ **TH**, 706
MONTBRUN-LES-BAINS ⛪⛪ **TH**, 1478
MONTBRUN-LES-BAINS ⛪⛪⛪, 1478
MONTCARET ⛪⛪⛪ **TH**, 192
MONTCEAU-ECHARNANT ⛪⛪⛪ **TH**, 338
MONTCEAUX-LES-PROVINS ⛪⛪⛪, 681
MONTCET ⛪⛪⛪ **TH**, 1438
MONTCHATON ⛪⛪⛪, 1080
MONTCHAVIN-BELLENTRE ⛪⛪ **TH**, 1541
MONTCHEVREL ⛪⛪⛪, 1113
MONTCHEVRIER ⛪⛪⛪, 536
MONTCLUS ⛪ **A**, 727
MONTCLUS-LES-ALPES ⛪⛪ **A**, 1352
MONTCRESSON ⛪⛪⛪, 601
MONTCUQ E.C. **TH**, 883
MONTDARDIER ⛪⛪⛪ **TH**, 727
MONTDOUMERC ⛪⛪ **TH**, 883
MONTDURAUSSE ⛪⛪⛪ **TH**, 924
MONTEAUX ⛪⛪⛪, 583
MONTEGUT-PLANTAUREL ⛪⛪⛪, 818
MONTEGUT-PLANTAUREL ⛪⛪⛪ **TH**, 819
MONTEIGNET-L'ANDELOT ⛪⛪⛪ **TH**, 273
LE MONTEIL ⛪⛪ **TH**, 285
MONTEILLE ⛪⛪, 1011
LE MONTELLIER ⛪⛪⛪, 1438
MONTEREAU ⛪⛪ **TH**, 601
MONTERFIL ⛪⛪⛪, 466
MONTESQUIEU-DES-ALBERES ⛪⛪, 769
MONTESQUIEU-DES-ALBERES ⛪⛪⛪, 769
MONTESQUIEU-LAURAGAIS ⛪⛪⛪, 844
MONTESQUIEU-VOLVESTRE ⛪⛪⛪ **TH**, 844
MONTESQUIEU-VOLVESTRE ⛪⛪⛪, 844
MONTESQUIOU ⛪⛪ **TH**, 861
MONTESQUIOU ⛪⛪, 861
MONTESTRUC ⛪⛪⛪, 862
MONTEUX ⛪⛪, 1414
MONTFARVILLE ⛪⛪⛪, 1080
MONTFERRAND-DU-PERIGORD ⛪⛪ **TH**, 192
MONTFERRAND-DU-PERIGORD ⛪⛪⛪ **TH**, 192
MONTFERRAND-DU-PERIGORD ⛪⛪⛪ **TH**, 192
MONTFERRAT ⛪⛪⛪, 1494

MONTFERRER ||| **TH**, 769
MONTFORT-LE-GESNOIS ||| **TH**, 1201
MONTFORT-SUR-BOULZANE ||| **TH**, 706
MONTFROC || **TH**, 1478
MONTFROC |, **TH**, 1479
MONTFURON | **TH**, 1338
MONTGAILLARD ||| **TH**, 907
MONTGAILLARD-DE-SALIES ||| **TH**, 844
MONTGARDON |||, 1080
MONTGIBAUD |||, 780
MONTHELON ||, 372
MONTHELON || **TH**, 624
MONTHELON E.C., 624
MONTHODON ||| **TH**, 561
MONTHOU-SUR-BIEVRE ||, 583
MONTHOU-SUR-BIEVRE |||, 583
MONTHOU-SUR-CHER |||, 584
MONTHUCHON |||, 1080
MONTICELLO || **TH**, 639
MONTIGNY ||| **TH**, 515
MONTIGNY-LES-CONDE E.C. **TH**, 1234
MONTIGNY-SUR-AIN || **TH A**, 661
MONTIGNY-SUR-CANNE || **TH**, 351
MONTIGNY-SUR-LOING ||, 681
MONTILLY ||| **TH**, 273
MONTIPOURET ||, 536
MONTIPOURET E.C., 536
MONTJAUX |, 828
MONTJEAN-SUR-LOIRE |||, 1179
MONTLANDON ||| **TH**, 526
MONTLAUR |, 828
MONTLAUX || **TH**, 1338
MONTLAUX ||| **TH**, 1338
MONTLIARD |||| **TH**, 601
MONTLIVAULT ||| **TH**, 584
MONTLOUIS E.C. **TH**, 516
MONTLOUIS-SUR-LOIRE |||, 561
MONTMACHOUX ||, 681
MONTMARAULT ||| **TH**, 273
MONTMARTIN-EN-GRAIGNES |, 1081
MONTMAUR ||| **TH**, 706
MONTMAURIN || **TH**, 845
MONTMELAS |||, 1527
MONTMERLE-SUR-SAONE ||| **TH**, 1439
MONTMEYAN ||, 1387
MONTMEYAN |||, 1387
MONTMEYAN |||, 1387
MONTMORILLON |||, 1321
MONTOLIEU ||, 706
MONTOLIEU ||, 706
MONTOLIEU ||, 706
MONTOLIVET || **TH**, 681
MONTORY || **TH**, 253
MONTOULIEU ||, 819
MONTPELLIER-DE-MEDILLAN ||| **TH**, 1284
MONTPEYROUX |||, 312
MONTPEYROUX |||, 312
MONTPEYROUX |||, 312
MONTPEZAT |||, 1454
MONTPEZAT-D'AGENAIS E.C. **TH**, 234
MONTPEZAT-DE-QUERCY |, 938

MONTPEZAT-DE-QUERCY ||| **TH**, 938
MONTPEZAT-DE-QUERCY ||| **TH**, 938
MONTPITOL |||, 845
MONTPON-MENESTEROL || **TH**, 193
MONTREAL ||, 862
MONTREAL || **A**, 1455
MONTREAL ||, 1455
MONTREAL-DU-GERS || **TH A**, 862
MONTREDON-LABESSONNIE |||, 924
MONTREDON-LABESSONNIE ||| **TH**, 924
MONTRESOR ||, 561
MONTRESOR |||, 561
MONTREUIL-BELLAY ||, 1179
MONTREUIL-BELLAY || **TH**, 1179
MONTREUIL-BELLAY |||, 1179
MONTREUIL-EN-AUGE ||| **TH**, 1011
MONTREUIL-EN-CAUX ||, 1135
MONTREUIL-JUIGNE |||, 1179
MONTREUIL-SUR-BRECHE ||| **TH**, 1244
MONTREUIL-SUR-LOIR ||| **TH**, 1179
MONTREUIL-SUR-MAINE |||, 1180
MONTREUIL-SUR-MER ||, 969
MONTREUIL-SUR-MER |||, 969
MONTREUIL-SUR-MER |||, 970
MONTREVEL-EN-BRESSE || **A**, 1439
MONTREVEL-EN-BRESSE ||, 1439
MONTRICOUX ||, 938
MONTROC |||, 925
MONTROMANT/YZERON |||, 1527
MONTROND-LES-BAINS ||| **TH**, 1508
MONTROTTIER |||, 1527
MONTROTTIER E.C. **TH**, 1527
MONTROY ||, 1284
MONTS |||, 562
MONTSAPEY || **A**, 1542
MONTSAUCHE E.C. **TH**, 352
MONTSEGUR-SUR-LAUZON |||| **TH**, 1479
MONTSELGUES || **TH**, 1455
MONTSOULT |||, 695
MONTSURS ||| **TH**, 1192
MONTVALEN ||| **TH**, 925
MONTVALENT |||, 883
MONTVENDRE || **TH**, 1479
MONTVERDUN E.C. **TH**, 1508
MONTVIETTE ||| **TH**, 1011
MONTVIETTE || **TH**, 1012
MONTVIETTE ||, 1012
MONTVIRON ||, 1081
MONTVIRON ||, 1081
MONTVIRON |||, 1081
MONTZEVILLE || **TH**, 130
MORANCE |||, 1527
MORANCE || **TH**, 1528
MORANCEZ ||, 527
MORAND |||, 562
MORBECQUE ||, 950
MOREAC |||, 493
MORESTEL || **TH**, 1494
MORESTEL ||| **TH**, 1494
MOREY-SAINT-DENIS |||, 338
MOREY-SAINT-DENIS |||, 339

MORGNY-LA-POMMERAYE | **TH**, 1136
MORLAC |||, 516
MORLAC ||| **TH**, 516
MORLAIX-PLOUJEAN ||||, 439
MORLANNE ||| **TH**, 253
MORLHON |||, 828
MORMOIRON |||, 1414
MORNAC-SUR-SEUDRE |||, 1284
MORNANS || **TH**, 1479
MOROGES ||| **TH**, 372
MOROGES ||| **TH**, 372
MORSALINES ||, 1081
MORTAGNE-AU-PERCHE ||, 1113
MORTEAU ||||, 650
MORTEMART-LE-BUGUE ||, 193
MORTREE |||, 1113
MOSLES |||, 1012
MOSNAC ||| **TH**, 1271
MOSNES |||, 562
MOSNES |||, 562
MOSNES E.C., 562
MOSSET || **TH A**, 769
MOSSET |||, 770
MOSSET ||| **TH**, 770
LA MOTTE |||, 407
LA MOTTE-D'AIGUES ||| **TH**, 1414
LA MOTTE-DE-GALAURE || **TH**, 1479
LA MOTTE-DU-CAIRE E.C. **TH**, 1339
LA MOTTE-TILLY |||, 616
MOTTEVILLE ||| **TH**, 1136
MOUACOURT || **TH**, 126
MOUCHAMPS |||, 1218
MOUDEYRES ||| **TH**, 299
MOUILLERON-LE-CAPTIF ||, 1218
MOULES-ET-BAUCELS || **A**, 747
MOULICENT ||||, 1113
MOULIDARS ||| **TH**, 1271
MOULIDARS ||| **TH**, 1271
MOULIHERME ||, 1180
MOULINS ||, 1303
MOULINS-ENGILBERT |||, 352
MOULISMES ||, 1321
MOULT ||, 1012
MOUSSAC |, 727
MOUSSAC ||, 727
MOUSTIER ||| **TH**, 234
MOUSTIER-VENTADOUR ||| **TH**, 780
MOUSTIERS-SAINTE-MARIE ||, 1339
MOUSTIERS-SAINTE-MARIE ||| **TH**, 1339
MOUTARDON ||| **TH**, 1271
MOUTERRE-SILLY || **TH**, 1321
MOUTERRE-SILLY ||| **TH**, 1321
LES MOUTIERS ||, 1162
MOUX ||| **TH**, 707
MOUZEUIL-ST-MARTIN |||, 1218
MOUZON ||, 609
MOYON ||, 1081
MOZE-SUR-LOUET |||, 1180
MUIDES-SUR-LOIRE |||, 584
LES MUJOULS ||, 1360
MUNCQ-NIEURLET || **TH**, 970
MUNEVILLE-SUR-MER ||, 1082

MUNEVILLE-SUR-MER ↟↟, 1082
MUNTZENHEIM ↟, 164
MUNWILLER ↟↟↟, 165
MUR-DE-BARREZ ↟↟, 829
MUR-DE-BRETAGNE ↟↟, 407
MURAT-SUR-VEBRE ↟↟↟, 925
MUROL ↟↟↟, 312
MUROL ↟, 313
MURS ↟↟ **TH**, 1415
MURS ↟↟, 1415
MURS ↟↟, 1415
MURS-ERIGNE ↟↟↟ **TH**, 1180
MURVIEL-LES-BEZIERS ↟↟↟ **TH**, 747
MURVIEL-LES-BEZIERS ↟↟↟, 747
LE MUY ↟↟↟, 1387
MYANS ↟↟, 1542
MYON ↟↟, 651

N

NADAILLAC-DE-ROUGE ↟↟, 883
NAILHAC ↟↟↟ **A**, 193
NAILLAT ↟↟↟ **TH**, 791
NAILLY ↟↟↟, 392
NAJAC ↟↟, 829
NAJAC ↟↟, 829
NAJAC E.C., 829
NANCAY E.C., 516
NANT ↟↟, 829
NANTES-EN-RATIER ↟↟↟ **TH**, 1494
NANTEUIL ↟↟↟, 1304
NANTEUIL-LA-FOSSE ↟↟↟, 1234
NANTIAT ↟↟, 804
NAOURS ↟↟ **TH**, 1259
NAOURS E.C. **TH**, 1259
NARBONNE ↟↟↟ **TH**, 707
NARBONNE ↟↟↟, 707
NASBINALS ↟↟, 759
NATTAGES ↟↟↟, 1439
NAUSSAC ↟↟↟ **TH A**, 759
NAUSSAC ↟↟↟ **TH**, 759
NAUSSANNES ↟↟↟, 193
NAVACELLES ↟↟↟, 728
NAVES ↟↟↟ **TH**, 780
NAVES-PARMELAN ↟↟↟, 1558
NAZELLES-NEGRON ↟↟↟, 562
NAZELLES-NEGRON ↟↟, 563
NAZELLES-NEGRON ↟↟↟ **TH**, 563
NEAUPHLE-LE-CHATEAU ↟↟↟↟, 689
NEAUX ↟↟, 1509
NEBIAS ↟↟ **TH**, 707
NEBOUZAT ↟↟↟ **TH**, 313
NEGREPELISSE ↟↟↟ **TH**, 939
NEGREVILLE ↟↟↟, 1082
NEGREVILLE ↟↟↟, 1082
NEMPONT-SAINT-FIRMIN ↟↟↟, 970
NEOULES ↟↟↟ **TH**, 1388
NEOULES ↟↟↟, 1388
NERAC ↟↟↟ **TH**, 235
NERE ↟↟ **TH**, 1285
NERIS-LES-BAINS ↟↟↟, 273

NERONDES ↟↟↟, 516
NESLE-NORMANDEUSE ↟↟↟, 1136
NESLES-LA-GILBERDE ↟↟ **TH**, 681
NESLES-LA-VALLEE ↟↟, 695
NESLES-LA-VALLEE ↟↟↟, 695
NESPOULS ↟↟↟ **TH**, 780
NEUBOIS ↟↟↟ **TH**, 150
NEUFCHATEL-EN-BRAY ↟↟↟, 1136
NEUFCHATEL-HARDELOT ↟↟, 970
NEUFCHATEL-HARDELOT ↟↟↟ **TH**, 970
NEUHAEUSEL ↟ **A**, 150
NEUIL-SACHE ↟↟ **TH**, 563
NEUILLE ↟↟↟, 1180
NEUILLE-LE-LIERRE ↟↟↟, 563
NEUILLY-EN-SANCERRE ↟↟ **TH**, 516
NEUILLY-EN-THELLE ↟↟ **TH**, 1244
NEUILLY-SUR-EURE ↟↟↟, 1113
NEULISE ↟, 1509
NEUNG-SUR-BEUVRON ↟↟↟, 584
NEUVIC ↟↟↟ **TH**, 780
NEUVIC ↟↟↟ **TH**, 781
NEUVILLE-DE-POITOU ↟↟↟ **TH**, 1321
NEUVILLE-DE-POITOU ↟↟↟ **TH**, 1321
LA NEUVILLE-DU-BOSC ↟↟↟ **TH**, 1047
NEUVILLE-LES-DAMES ↟↟ **TH**, 1439
NEUVILLE-PRES-SEES ↟↟↟, 1114
NEUVILLE-SOUS-MONTREUIL ↟↟↟, 970
NEUVILLE-SOUS-MONTREUIL ↟↟, 971
NEUVILLE-SOUS-MONTREUIL ↟↟↟, 971
NEUVILLE-SUR-AIN ↟↟↟, 1439
NEUVILLE-SUR-SARTHE ↟, 1201
NEUVY-DEUX-CLOCHERS ↟↟↟, 517
NEUVY-LE-ROI ↟↟↟ **TH**, 563
NEUVY-SUR-BARANGEON ↟↟↟ **TH**, 517
NEVACHE ↟↟ **TH**, 1352
NEVEZ ↟↟, 439
NEVILLE ↟↟↟, 1136
NEVOY ↟↟↟ **TH**, 601
NEVOY ↟↟↟, 601
NEVY-LES-DOLE ↟↟↟ **TH A**, 661
NEXON ↟↟↟ **TH**, 805
NICE ↟↟↟ **TH**, 1361
NICE ↟↟↟↟, 1361
NICORPS ↟↟↟, 1082
NIDERVILLER ↟↟ **A**, 135
NIDERVILLER ↟↟↟ **A**, 135
NIELLES-LES-ARDRES ↟↟↟ **TH**, 971
NIEUIL-L'ESPOIR ↟↟↟, 1322
NIEUL-LE-DOLENT ↟↟↟, 1218
NIEUL-LE-VIROUIL ↟↟↟, 1285
NIEUL-SUR-L'AUTIZE ↟↟↟, 1218
NIMES ↟↟, 728
NIMES ↟↟ **TH**, 728
NIORT ↟↟↟, 1304
NIORT-SAINT-LIGUAIRE ↟↟↟, 1304
NIORT-SCIECQ ↟↟↟, 1304
NIORT-SCIECQ ↟↟↟ **TH**, 1304
NIOZELLES ↟↟ 1339
NISSAN-LEZ-ENSERUNE ↟↟, 747
NISSAN-LEZ-ENSERUNE ↟↟, 747
NISTOS ↟↟ **TH**, 907
NIVILLAC ↟↟↟ **TH**, 493

NIVILLAC ↟↟↟ **TH**, 493
NOAILHAC ↟↟↟ **TH**, 781
NOAILHAC E.C. **TH**, 829
NOAILHAC ↟↟↟, 830
NOAILLAC ↟↟↟ **TH**, 207
NOAILLES ↟↟, 781
NOAILLY E.C. **TH**, 1509
NOGENT-LE-PHAYE ↟↟↟, 527
NOGENT-LE-ROI ↟↟↟, 527
NOGENT-SUR-SEINE ↟↟↟ **TH**, 617
NOGENT-SUR-VERNISSON ↟↟ **TH**, 602
NOHANT-VIC ↟↟↟ **TH**, 536
NOHEDES ↟↟↟ **TH**, 770
NOIRMOUTIER ↟↟↟, 1219
NOIRON-SOUS-GEVREY ↟↟↟ **TH**, 339
NOIRON-SUR-BEZE ↟↟↟, 339
NOIRTERRE ↟ **TH**, 1304
NOISY-SUR-ECOLE ↟↟↟, 682
NOJEON-EN-VEXIN ↟↟↟, 1047
NONANT ↟↟, 1012
NONANT-LE-PIN ↟↟ **TH**, 1114
NORMANVILLE E.C., 1047
NORROY-SUR-VAIR ↟↟↟, 177
NORT-SUR-ERDRE E.C., 1162
NORTLEULINGHEN ↟↟ **TH**, 971
NOTHALTEN ↟↟↟, 150
NOTHALTEN ↟↟↟, 150
NOTHALTEN ↟↟↟, 151
NOTRE-DAME-D'ESTREES ↟↟ **TH**, 1012
NOTRE-DAME-D'ESTREES ↟↟, 1013
NOTRE-DAME-DE-BELLECOMBE ↟↟, 1542
NOTRE-DAME-DE-BELLECOMBE ↟↟ **TH**, 1542
NOTRE-DAME-DE-L'ILE ↟↟↟ **TH**, 1048
NOTRE-DAME-DE-LA-ROUVIERE ↟↟, 728
NOTRE-DAME-DE-LIVAYE ↟↟, 1013
NOTRE-DAME-DE-LONDRES ↟↟, 748
NOTRE-DAME-DU-PE E.C. **TH**, 1201
NOUAN-SUR-LOIRE ↟↟↟, 584
NOUANS-LES-FONTAINES ↟↟↟ **TH**, 563
NOUANS-LES-FONTAINES ↟↟, 564
NOUVION-ET-CATILLON ↟↟, 1234
NOYAL-SUR-VILAINE ↟↟, 466
NOYAL-SUR-VILAINE ↟↟↟, 466
NOYALO ↟↟, 493
NOYALO ↟↟↟, 494
NOYALO E.C., 494
NOYANT ↟↟↟, 1180
NOYANT-D'ALLIER ↟↟↟ **TH**, 274
NOYANT-LA-GRAVOYERE ↟↟, 1181
NOYELLES-SUR-MER ↟↟ **TH**, 1259
NOYELLES-SUR-MER ↟↟, 1259
NOYERS-BOCAGE ↟↟↟, 1013
NOYERS-SUR-JABRON ↟↟↟ **TH**, 1339
NOYERS-SUR-SEREIN ↟↟↟, 392
NOYERS-SUR-SEREIN ↟↟↟, 392
NOZAY ↟↟, 1162
NUBECOURT ↟↟ **TH A**, 130
NUEIL-SUR-ARGENT ↟↟ **TH**, 1305
NUEIL-SUR-ARGENT ↟↟, 1305
NUISEMENT-SUR-COOLE ↟↟↟, 625

NULLY |, 632
NUNCQ-HAUTECOTES |||, 971

O

OBERHASLACH || TH, 151
OBERHERGHEIM |, 165
OBERSCHAEFFOLSHEIM ||, 151
OBJAT |||, 781
OBJAT ||||, 781
OCHANCOURT |||, 1259
OCHANCOURT |||, 1259
ODENAS |||, 1528
OEUILLY |||, 625
OFFRETHUN ||, 971
OGER E.C., 625
OGEU-LES-BAINS |||, 253
OHNHEIM-FEGERSHEIM E.C., 151
L'OIE |||, 1219
OINVILLE-SAINT-LIPHARD |||, 527
OINVILLE-SOUS-AUNEAU |||, 527
OISLY |, 584
OISLY ||, 585
OISSEAU-LE-PETIT |||, 1201
OIZE E.C. TH, 1202
OLARGUES ||, 748
OLBY |, 313
OLBY |||, 313
OLIVESE E.C. TH, 639
LES OLLIERES || TH, 1455
LES OLLIERES ||, 1455
LES OLLIERES |||, 1559
OLLIERGUES ||| TH, 313
OLONZAC ||, 748
OLTINGUE ||| A, 165
LES OMERGUES ||| TH, 1339
OMEX |||| TH, 907
OMIECOURT ||| TH, 1260
OMONVILLE |||, 1136
ONANS ||, 651
ONDRES ||, 222
ONET-LE-CHATEAU |||, 830
ONEUX ||, 1260
ONLAY ||| TH, 352
ONNION || TH, 1559
ONS-EN-BRAY ||, 1244
OPPEDE-LE-VIEUX-VILLAGE ||, 1415
OPPEDE-LE-VIEUX-VILLAGE ||, 1415
OPPEDE-LE-VILLAGE |, 1415
ORADOUR ||, 285
ORADOUR ||| TH, 285
ORADOUR-SUR-GLANE ||, 805
ORAISON || TH, 1340
ORAISON |||, 1340
ORAISON |||, 1340
ORANGE || TH A, 1416
ORBEC |||, 1013
ORBEC |||, 1013
ORBEY || A, 165
ORBEY |||, 165
ORBEY |||, 165
ORBIGNY ||| TH, 564

L'ORBRIE |||, 1219
ORCINES ||||, 313
ORDIZAN |||, 907
ORDONNAZ ||| A, 1440
ORDONNAZ ||| A, 1440
ORDONNAZ ||| A, 1440
ORGEDEUIL |||, 1271
ORGEVAL |||, 689
ORGEVAL E.C. TH, 1234
ORIGNOLLES ||| TH, 1285
ORIGNY-EN-THIERACHE E.C. TH, 1235
ORINCLES ||| TH, 907
ORMEAUX ||| TH, 682
ORMOY-LES-SEXFONTAINES ||| TH, 632
ORNIAC || TH, 883
ORNON | TH, 1494
LES ORRES ||| TH, 1352
ORRIULE ||| TH, 253
ORROUY ||| TH, 1244
ORSCHWILLER |, 151
ORSCHWILLER ||, 151
ORSCHWILLER |||, 152
ORSCHWILLER |||, 152
ORSCHWILLER |||, 152
ORVAL || TH, 517
ORVAL ||, 1082
ORVILLE |||, 536
ORX ||| TH, 222
OSSES ||, 254
OSSES ||| TH, 254
OSSUN-BOURG ||| TH, 907
OSTHEIM ||| A, 166
OTHIS ||||, 682
OTTONVILLE || TH, 135
OTTROTT ||, 152
OTTROTT |, 152
OTTROTT |||, 152
OUAINVILLE ||, 1137
OUAINVILLE ||| TH, 1137
OUAINVILLE |||, 1137
OUCHAMPS ||, 585
OUEILLOUX ||| TH, 908
OUFFIERES ||, 1013
OUGNEY-LA-ROCHE E.C. TH, 651
OUILLY-DU-HOULEY |||, 1014
OUILLY-LE-VICOMTE |||, 1014
OULON || A, 352
OUNANS || TH, 662
OUROUER ||, 352
OUROUER |||, 352
OUROUX || TH, 1528
OUROUX-EN-MORVAN ||| TH, 353
OUSSE-SUZAN ||| TH, 222
OUVEILLAN ||| TH, 707
OUVEILLAN E.C. TH, 707
OUVILLE-L'ABBAYE |, 1137
OUZOUER-SUR-TREZEE E.C. TH, 602
OUZOUS |||, 908
OXELAERE ||, 950
OYONNAX E.C. TH, 1440
OZ-EN-OISANS | A, 1494
OZAN |||, 1440

P

LA PACAUDIERE |||, 1509
PADERN ||, 708
PADIRAC ||| TH, 883
PAGEAS |||, 805
PAGOLLE ||| TH, 254
PAILHARES ||| TH, 1455
PAIMPOL |||, 407
PAIMPOL |||, 408
PAIMPOL |||, 408
PAIMPOL |||, 408
PAIMPONT ||||, 466
PAIMPONT |||, 467
PAIMPONT |||, 467
PAINBLANC |, 339
PAISSY ||| TH, 1235
PALAIRAC ||| TH, 708
PALAMINY ||| TH, 845
PALANTINE ||, 651
PALAZINGES ||| TH, 781
PALEY ||| TH, 682
PALINGES |||, 373
PALINGES |||, 373
PALLADUC ||, 314
LA PALUD-SUR-VERDON ||| TH, 1340
LA PALUD-SUR-VERDON ||| TH, 1340
LES PALUDS-DE-NOVES |||, 1372
PALUEL |, 1137
PALUEL ||, 1137
PANAZOL ||| TH, 805
PANAZOL |||, 805
PANAZOL ||| TH, 805
PANISSIERES E.C. TH, 1509
PANZOULT |||, 564
PANZOULT |||, 564
LE PARADOU ||, 1372
LE PARADOU |||, 1372
PARAY-LE-FRESIL ||| TH, 274
PARAY-SOUS-BRIAILLES ||| TH, 274
PAREMPUYRE ||| TH, 207
PARFONDEVAL ||, 1235
PARIGNE-L'EVEQUE || TH, 1202
PARIGNY ||, 1082
PARIGNY-LES-VAUX E.C. TH A, 353
PARISOT E.C. TH, 925
PARISOT |||, 939
PARMAIN |||, 696
PARNES |||, 1244
PARTHENAY ||, 1305
PARTINELLO || TH, 639
PARVES ||, 1440
PARZAC ||, 1272
PASSIRAC || TH, 1272
PASSY-GRIGNY |||, 625
PATRIMONIO ||, 639
PAU | TH, 254
PAUCOURT ||| TH, 602
PAULHAC ||| TH, 285
PAULHAGUET ||| TH, 299
PAULIN ||| TH, 193
PAULINET |||, 925

PAULINET ▮▮▮ TH, 925
PAULINET E.C. ▮▮▮ TH, 926
PAULMY ▮▮▮ TH, 564
PAYRIGNAC/GOURDON ▮▮▮ TH, 884
PAYROUX ▮▮▮, 1322
PAYZAC ▮▮▮, 193
PAYZAC ▮▮, 1456
PEGUILHAN ▮▮ A, 845
PEILLE ▮▮, 1361
LES PEINTURES ▮ TH, 207
PEIPIN ▮▮▮, 1340
PEISEY-NANCROIX ▮▮ TH, 1542
PEISEY-NANCROIX ▮▮ TH, 1542
PELACOY ▮, 884
PELISSANNE ▮▮, 1372
PELLEVOISIN ▮▮, 537
PENCHARD ▮▮▮, 682
PENIN ▮▮ TH, 972
PENNAUTIER ▮▮▮▮, 708
PENNE ▮▮ TH, 926
PENNE ▮▮▮, 926
LA PENNE-SUR-OUVEZE ▮▮▮ TH, 1479
LA PENNE-SUR-OUVEZE ▮▮▮, 1480
PENNEDEPIE-HONFLEUR ▮▮, 1014
PENNEDEPIE-HONFLEUR ▮▮▮, 1014
PENSOL ▮▮▮ TH, 806
PENSOL ▮▮▮ A, 806
PENVENAN ▮▮, 408
PENVENAN ▮▮▮, 408
PERCY ▮, 1083
LE PERCY ▮▮▮ TH, 1495
PERCY-EN-AUGE ▮▮, 1014
PERGAIN-TAILLAC ▮▮▮, 862
PERIERS-EN-AUGE ▮▮, 1014
PERIERS-EN-AUGE ▮▮▮ TH, 1015
PERIERS-SUR-LE-DAN ▮▮▮, 1015
PERIGNAC ▮ TH, 1272
PERNES-LES-BOULOGNE ▮▮, 972
PERNES-LES-FONTAINES ▮▮ TH, 1416
PERNES-LES-FONTAINES ▮▮, 1416
PERNES-LES-FONTAINES ▮▮▮, 1416
PERNES-LES-FONTAINES ▮▮▮, 1416
PERNES-LES-FONTAINES ▮▮▮ TH, 1416
PERNES-LES-FONTAINES ▮▮▮ TH, 1417
PERNES-LES-FONTAINES ▮▮▮, 1417
PERONNE ▮▮▮, 373
PERONNE E.C., 373
PERPIGNAN ▮▮▮, 770
LE PERREON ▮▮▮ TH, 1528
PERRIER ▮▮▮, 314
LA PERRIERE-LA-TANIA ▮▮▮, 1543
PERROS-GUIREC ▮▮▮ TH, 408
PERROU ▮▮, 1114
PERS ▮▮▮, 285
PERSAC ▮, 1322
PERTHES-EN-GATINAIS ▮▮▮ TH, 682
PERTHEVILLE-NERS ▮▮▮, 1015
PERTUIS ▮▮, 1417
PERTUIS ▮▮ TH, 1417
PESSAC-SUR-DORDOGNE ▮▮▮, 208
PESSANS ▮▮, 651
LE PETIT-FOUGERAY ▮▮ TH, 467

LE PETIT-PRESSIGNY ▮▮▮ TH, 564
LE PETIT-PRESSIGNY ▮▮, 565
PETITE-ILE ▮▮, 1570
PETITE-ILE ▮▮▮ TH, 1570
PETITE-ILE ▮▮▮, 1570
PETITEFONTAINE ▮▮▮, 671
PETIVILLE ▮▮, 1015
PEUMERIT ▮▮▮, 439
PEYRAT-DE-BELLAC ▮▮▮ TH, 806
PEYRAT-LA-NONIERE ▮, 791
PEYRAT-LE-CHATEAU ▮▮ TH, 806
PEYRAT-LE-CHATEAU ▮▮, 806
PEYRAT-LE-CHATEAU ▮▮▮ TH, 806
PEYREFITTE-DU-RAZES ▮▮▮ TH, 708
PEYREHORADE ▮▮▮ TH, 222
PEYRELEAU ▮▮, 830
PEYRELEAU ▮▮▮ TH, 830
PEYRIAC-DE-MER E.C., 708
PEYRIAC-DE-MER ▮▮▮ TH, 709
PEYRILHAC ▮▮▮, 807
PEYRILLES ▮▮▮, 884
PEYRISSAC ▮▮, 782
PEYSSIES ▮▮▮ TH, 845
PEZENES-LES-MINES ▮▮▮ TH, 748
PFAFFENHEIM ▮▮, 166
PFETTISHEIM ▮▮, 153
PIANOTTOLI ▮ TH, 639
PIANOTTOLI ▮ TH, 639
PIANOTTOLI-CALDARELLO ▮▮, 640
LA PIARRE ▮▮▮ TH, 1352
PICAUVILLE ▮▮, 1083
PICAUVILLE ▮▮, 1083
PIEDIGRIGGIO E.C. TH, 640
PIEGROS-LA-CLASTRE ▮, 1480
PIERRECLOS ▮▮, 373
PIERREFEU ▮▮▮, 1388
PIERREFITTE-EN-AUGE ▮▮, 1015
PIERREFITTE-NESTALAS ▮▮▮ TH, 908
PIERREFONTAINE-LES-VARANS ▮ TH, 651
PIERRERUE ▮▮▮, 1341
PIERREVERT ▮▮, 1341
PIERREVERT E.C., 1341
PIERRIC ▮▮ TH, 1162
PIGNAN ▮▮, 748
PIGNANS ▮▮, 1388
PIHEN-LES-GUINES ▮▮, 972
PIHEN-LES-GUINES ▮▮▮, 972
PIMBO ▮▮▮ TH, 222
LE PIN ▮▮▮ TH, 274
LE PIN ▮▮, 1015
LE PIN ▮▮▮, 1016
LE PIN ▮▮▮, 1305
LE PIN ▮▮ TH, 1495
LE PIN ▮▮ TH, 1495
LE PIN ▮▮▮ TH, 1495
PIN-MURELET ▮▮▮ TH, 845
PINAS ▮▮▮, 908
LES PINEAUX-ST-OUEN ▮▮ TH, 1219
PINO ▮▮ TH, 640
PINSAC ▮▮▮, 884
PINTHEVILLE ▮▮, 131
PIOLENC ▮▮ TH, 1417

PIONNAT ▮▮▮, 792
PIONSAT ▮▮ TH, 314
PIRE-SUR-SEICHE ▮▮▮ TH, 467
PIRMIL E.C., 1202
PITON-SAINT-LEU ▮▮▮ TH, 1570
PITON-SAINT-LEU ▮▮▮, 1570
PITON-SAINT-LEU E.C. TH, 1570
PLACHY-BUYON ▮▮▮, 1260
PLAILLY ▮▮▮, 1245
PLAIMPIED-GIVAUDINS ▮▮▮, 517
PLAINE-DES-CAFRES ▮▮▮ TH, 1570
PLAINE-DES-CAFRES ▮▮▮ TH, 1571
PLAINE-DES-CAFRES ▮▮▮ TH, 1571
PLAINE-DES-CAFRES ▮▮ TH, 1571
PLAINE-DES-CAFRES ▮▮▮ TH, 1571
PLAINE-DES-CAFRES ▮▮▮, 1571
PLAINE-DES-CAFRES E.C., 1571
PLAINE-DES-CAFRES ▮▮ A, 1572
PLAINE-DES-CAFRES ▮▮▮ TH, 1572
PLAINE-DES-PALMISTES ▮ TH, 1572
LA PLAINE-SUR-MER ▮, 1162
LA PLAINE-SUR-MER ▮▮, 1163
PLAINFAING ▮▮ TH, 178
PLAN-D'ORGON ▮▮▮, 1372
PLAN-D'ORGON ▮▮▮, 1373
PLAN-DE-LA-TOUR ▮▮▮ TH, 1388
PLAN-DE-LA-TOUR ▮▮▮, 1388
LES PLANCHES-EN-MONTAGNE ▮▮▮ TH, 662
PLANZOLLES ▮▮, 1456
PLASNES E.C. TH, 1048
PLASSAY ▮▮ TH, 1285
PLASSAY ▮▮▮ TH, 1285
PLATEAU-D'ASSY ▮▮, 1559
PLATS ▮▮ TH, 1456
PLATS ▮▮▮, 1456
PLEBOULLE ▮▮, 409
PLEINE-FOUGERES ▮, 467
PLEINE-FOUGERES ▮▮▮, 467
PLEINE-SELVE ▮▮▮, 208
PLELAN-LE-GRAND ▮▮▮, 468
PLELO ▮▮, 409
PLELO ▮▮▮ TH A, 409
PLENEUF-VAL-ANDRE ▮▮, 409
PLENEUF-VAL-ANDRE ▮▮▮, 409
PLENEUF-VAL-ANDRE E.C., 409
PLERIN ▮▮, 410
PLERIN ▮▮▮, 410
PLESLIN-TRIGAVOU ▮▮, 410
PLESLIN-TRIGAVOU ▮▮, 410
PLESLIN-TRIGAVOU ▮▮▮, 410
PLESLIN-TRIGAVOU ▮▮▮ TH, 410
PLESLIN-TRIGAVOU ▮▮▮ TH, 411
PLESLIN-TRIGAVOU ▮▮▮ TH, 411
PLESSALA ▮▮ TH, 411
PLESSALA ▮▮ TH, 411
PLESTAN ▮▮ TH, 411
PLESTIN-LES-GREVES ▮▮▮, 411
PLEUBIAN ▮▮, 412
PLEUDIHEN-SUR-RANCE ▮, 412
PLEUDIHEN-SUR-RANCE ▮▮ TH, 412

PLEUDIHEN-SUR-RANCE ¦¦¦, 412
PLEUDIHEN-SUR-RANCE ¦¦¦, 412
PLEUDIHEN-SUR-RANCE ¦¦¦ **TH**, 412
PLEUDIHEN-SUR-RANCE ¦¦, 413
PLEUDIHEN-SUR-RANCE ¦¦, 413
PLEUDIHEN-SUR-RANCE ¦¦, 413
PLEUGUENEUC ¦¦¦, 468
PLEUGUENEUC E.C., 468
PLEUGUENEUC E.C. **TH**, 468
PLEUMEUR-GAUTIER ¦¦, 413
PLEURTUIT E.C. **TH**, 468
PLEUVEN ¦, 439
PLEUVEN ¦, 440
PLEUVEN ¦, 440
PLEVEN ¦¦, 413
PLEVEN ¦¦¦ **TH**, 413
PLOEMEL ¦¦¦, 494
PLOEMEL ¦¦¦¦, 494
PLOEMEUR ¦¦¦, 494
PLOEREN ¦¦, 494
PLOEREN ¦¦, 495
PLOEUC-SUR-LIE ¦¦¦, 414
PLOEZAL ¦¦¦, 414
PLOGASTEL-SAINT-GERMAIN ¦¦¦, 440
PLOGOFF ¦¦ **TH**, 440
PLOGOFF ¦¦¦ **TH**, 440
PLOGOFF ¦¦¦, 440
PLOGONNEC ¦, 441
PLOMBIERES-LES-DIJON ¦¦¦ **TH**, 339
PLOMEUR ¦¦¦ **TH**, 441
PLOMODIERN ¦¦, 441
PLOMODIERN ¦¦¦, 441
PLOMODIERN ¦¦, 441
PLONEOUR-LANVERN ¦¦¦ **TH**, 441
PLONEOUR-LANVERN ¦¦ **TH**, 442
PLONEVEZ-PORZAY ¦¦, 442
PLONEVEZ-PORZAY ¦¦, 442
PLONEVEZ-PORZAY ¦¦, 442
PLOUAGAT ¦, 414
PLOUARZEL E.C., 442
PLOUAY ¦¦, 495
PLOUBALAY ¦¦, 414
PLOUBAZLANEC ¦¦¦, 414
PLOUBAZLANEC ¦¦¦, 414
PLOUBAZLANEC ¦¦¦, 415
PLOUDANIEL ¦¦¦, 442
PLOUEGAT-MOYSAN ¦¦¦ **TH**, 443
PLOUENAN ¦¦¦, 443
PLOUENAN ¦¦¦, 443
PLOUER-SUR-RANCE ¦¦¦ **TH**, 415
PLOUESCAT ¦¦¦, 443
PLOUEZEC ¦¦, 415
PLOUGAR ¦¦¦, 443
PLOUGASNOU ¦¦¦, 443
PLOUGASNOU ¦¦¦, 444
PLOUGONVELIN ¦¦¦, 444
PLOUGOUMELEN ¦¦¦, 495
PLOUGOUMELEN E.C., 495
PLOUGRESCANT ¦¦¦, 415
PLOUGRESCANT ¦¦¦, 415
PLOUGRESCANT ¦¦, 415
PLOUGUENAST ¦¦¦, 416

PLOUGUENAST ¦¦¦, 416
PLOUGUENAST ¦¦¦, 416
PLOUGUIEL ¦¦, 416
PLOUGUIEL ¦¦, 416
PLOUGUIEL ¦¦¦, 416
PLOUHA ¦, 417
PLOUHA ¦, 417
PLOUHA ¦¦, 417
PLOUHARNEL ¦¦, 495
PLOUHARNEL ¦¦¦, 495
PLOUHARNEL ¦¦, 496
PLOUHARNEL ¦¦, 496
PLOUHINEC ¦¦ **TH**, 444
PLOUHINEC ¦¦¦, 496
PLOUHINEC ¦¦¦, 496
PLOUIDER ¦¦¦ **TH**, 444
PLOUIDER ¦¦¦, 444
PLOUIGNEAU ¦¦¦, 444
PLOUIGNEAU E.C. **TH**, 445
PLOULEC'H ¦¦, 417
PLOULEC'H ¦¦, 417
PLOULEC'H ¦¦, 417
PLOULEC'H ¦¦, 418
PLOULEC'H ¦¦¦, 418
PLOUNEOUR-MENEZ ¦¦¦ **TH**, 445
PLOUNEVEZ-QUINTIN ¦¦¦, 418
PLOURIN-LES-MORLAIX ¦¦¦, 445
PLOUVARA ¦¦, 418
PLOUVIEN ¦¦¦, 445
PLOUZANE ¦¦¦ **TH**, 445
PLOUZANE ¦¦¦, 445
PLOVAN-SUR-MER E.C. **TH**, 446
PLOZEVET ¦¦¦, 446
PLOZEVET ¦¦¦ **TH**, 446
PLUDUNO ¦¦, 418
PLUHERLIN ¦¦ **TH**, 496
PLUMELEC ¦¦, 496
PLUMELIAU ¦, 497
PLUMELIAU ¦¦, 497
PLUMELIAU ¦¦¦, 497
PLUMELIN ¦¦¦, 497
PLUMERGAT ¦¦, 497
PLUMERGAT ¦¦¦, 497
PLUMIEUX ¦¦¦ **TH**, 418
PLURIEN ¦¦, 419
PLURIEN ¦¦¦, 419
PLUVIGNER ¦¦, 498
PLUVIGNER ¦¦¦ **TH**, 498
PLUVIGNER ¦¦¦, 498
PLUVIGNER ¦¦¦, 498
PLUVIGNER ¦¦¦, 498
POCE-SUR-CISSE ¦¦, 565
POCE-SUR-CISSE ¦¦, 565
POCE-SUR-CISSE E.C., 565
POEY-D'OLORON ¦¦¦ **TH**, 254
POIGNY-LA-FORET ¦¦¦, 689
POILLEY-SUR-LE-HOMME ¦¦¦, 1083
POILLY-SUR-THOLON ¦¦, 392
POILLY-SUR-THOLON ¦¦¦ **TH**, 392
LE POINCONNET ¦¦, 537
LE POINCONNET ¦¦¦, 537
LE POIRE-SUR-VIE ¦¦¦, 1219

LE POISLAY ¦¦, 585
POISSON ¦¦¦ **TH**, 373
POISSON ¦¦¦ **TH**, 373
POISSON ¦¦, 374
POITIERS ¦¦¦, 1322
LE POIZAT ¦¦, 1441
POLASTRON ¦¦¦ **TH**, 862
POLIGNAC ¦¦ **TH**, 299
POLIGNAC ¦¦¦ **TH**, 299
POLIGNY ¦¦, 683
POLMINHAC ¦¦, 285
POMAYROLS ¦¦, 830
POMAYROLS ¦¦, 830
POMEROLS ¦¦¦ **TH**, 748
POMMARD E.C., 339
LA POMMERAYE ¦¦, 1181
POMMEREVAL ¦¦, 1138
POMMERIT-JAUDY ¦¦, 419
POMMERIT-LE-VICOMTE ¦¦, 419
POMMERIT-LE-VICOMTE ¦¦¦, 419
POMMEUSE ¦¦¦ **TH**, 683
LE POMPIDOU ¦¦¦ **TH A**, 760
PONLAT-TAILLEBOURG ¦¦¦, 846
PONT-AVEN ¦¦, 446
PONT-AVEN ¦¦, 446
LE PONT-CHRETIEN ¦¦ **TH**, 537
PONT-D'OUILLY ¦¦¦ **TH**, 1016
LE PONT-DE-MONTVERT ¦¦¦ **TH**, 760
LE PONT-DE-MONTVERT ¦¦¦ **TH**, 760
PONT-DE-SALARS ¦¦¦ **TH**, 831
PONT-HEBERT ¦¦, 1083
PONT-L'ABBE ¦¦¦, 446
PONT-L'ABBE-D'ARNOULT ¦¦, 1285
PONT-L'EVEQUE ¦, 1016
PONT-SAINT-ESPRIT ¦¦, 728
PONT-SAINT-ESPRIT ¦¦, 728
PONT-SAINT-MARTIN ¦¦¦ **TH**, 1163
PONT-SAINT-PIERRE ¦¦¦ **TH**, 1048
PONTACQ, 254
PONTAILLER-SUR-SAONE ¦¦¦ **TH**, 340
PONTARION ¦¦, 792
PONTAUBAULT ¦¦¦, 1083
PONTCHARRA ¦¦ **TH**, 1495
PONTCHATEAU ¦¦¦, 1163
PONTEILS-ET-BRESIS ¦¦, 729
PONTEVES ¦¦¦, 1389
PONTGIBAUD ¦¦, 314
PONTGIVART-AUMENANCOURT ¦¦, 625
PONTIACQ-VILLEPINTE ¦¦¦ **TH**, 255
PONTIGNE ¦¦¦ **TH**, 1181
PONTIVY/NEULLIAC ¦¦¦, 498
PONTIVY/NOYAL-PONTIVY ¦¦¦, 499
PONTLEVOY ¦¦¦, 585
PONTMAIN ¦¦, 1193
PONTPOINT ¦¦, 1245
PONTS-ET-MARAIS ¦¦¦, 1138
PONTS-SOUS-AVRANCHES ¦, 1084
PONTVALLAIN ¦¦¦, 1202
PORCHERES ¦¦, 208
PORDIC ¦¦¦, 419
PORDIC ¦¦, 420
PORNIC ¦¦¦, 1163

PORNIC, 1163
PORNIC, 1163
PORNIC, 1164
PORNICHET, 1164
PORT-BLANC, 420
PORT-LE-GRAND, 1260
PORT-SAINT-PERE, 1164
PORT-SAINT-PERE, 1164
PORT-VILLEZ, 689
PORTBAIL, 1084
PORTBAIL, 1084
PORTBAIL E.C., 1084
PORTEL-DES-CORBIERES TH, 709
PORTEL-DES-CORBIERES E.C., 709
PORTES-EN-VALDAINE TH, 1480
PORTICCIOLO, 640
LA POSSESSION TH, 1572
LA POSSESSION TH, 1572
LA POSSESSION E.C. TH, 1572
LA POSSONNIERE TH, 1181
POUANCE, 1181
POUANT, 1322
LE POUGET, 749
POUGY, 617
POUILLENAY, 340
POUILLON, 223
POUILLY-EN-BASSIGNY, 633
POUILLY-SUR-LOIRE TH, 353
POUILLY-SUR-SAONE, 340
POULDERGAT, 447
POULIGNY-NOTRE-DAME A, 537
POULLAN-SUR-MER, 447
POULLAOUEN TH, 447
POUMAROUS TH, 908
POURCHERES TH, 1456
POURRIERES, 1389
POURVILLE-SUR-MER, 1138
POUSSAN TH, 749
POUSTHOMY, 831
POUZOLLES TH, 749
POUZOLS-MINERVOIS TH, 709
POUZOLS-MINERVOIS TH, 709
POUZY-MESANGY TH, 274
PRADES, 1456
PRADES-DE-SALARS A, 831
PRADINES, 884
PRADINES, 884
PRADONS, 1457
PRAILLES TH, 1305
PRALOGNAN-LA-VANOISE, 1543
PRALOGNAN-LA-VANOISE, 1543
PRALOGNAN-LA-VANOISE TH, 1543
PRANGEY, 633
PRAT, 420
PRAT-DE-CEST, 709
PRAT-DE-CEST, 710
PRATS-DE-CARLUX TH, 194
PRATS-DE-MOLLO-LA-PRESTE TH, 770
PRAUTHOY TH, 633
PRAYSSAC, 885
PRE-SAINT-MARTIN, 527

PREAUX, 1138
LES PREAUX TH, 1048
PREAUX-DU-PERCHE, 1114
PRECEY, 1084
PRECEY, 1084
PRECHAC, 208
PRECORBIN, 1085
PREGUILLAC TH, 1286
PREGUILLAC, 1286
PREMEAUX-PRISSEY, 340
LA PRENESSAYE TH, 420
PRESERVILLE TH, 846
PRESILLY TH, 662
PRESLES TH, 1495
PRESSAC, 1322
PRESSAC TH, 1323
PRESSIGNY TH, 633
PRETOT-VICQUEMARE, 1138
PREVENCHERES TH, 760
PREVESSIN-MOENS, 1441
PRINSUEJOLS TH, 760
PROISSANS, 194
PROISSANS, 194
PROISSANS TH, 194
PRONDINES, 314
PROPRIANO TH, 640
PROPRIANO TH, 640
PROPRIANO TH, 640
PROUILLY, 625
PROVENCHERES-SUR-FAVE, 178
PROVINS, 683
PRUGNANES TH, 770
PRUNAY, 626
PRUNAY-SUR-ESSONNE, 692
PRUNIERES, 1352
PRUNIERES, 1353
PRUNIERS TH, 537
PRUNIERS-EN-SOLOGNE, 585
PRUZILLY E.C., 374
PUCHAY, 1048
PUDAUT, 729
PUGET-SUR-ARGENS TH, 1389
PUGET-VILLE TH, 1389
PUIMISSON, 749
PUISEUX-EN-FRANCE TH, 696
PUITS-LA-VALLEE TH, 1245
PUJAUT TH, 729
PUJAUT TH, 729
PUJOLS, 235
PUJOLS-SUR-CIRON, 208
PULIGNY-MONTRACHET E.C., 340
PUY-L'EVEQUE TH, 885
PUY-L'EVEQUE, 885
PUY-L'EVEQUE TH, 885
PUY-L'EVEQUE, 885
PUY-L'EVEQUE, 885
PUY-MALSIGNAT TH, 792
LE PUY-NOTRE-DAME, 1181
LE PUY-NOTRE-DAME, 1182
PUY-SAINTE-REPARADE, 1373
PUYBEGON TH, 926
PUYCALVEL, 926

PUYCALVEL TH, 926
PUYCELCI TH, 927
PUYCELCI TH, 927
PUYCELCI, 927
PUYCELCI TH, 927
PUYCELCI, 927
PUYGOUZON, 927
PUYLAROQUE TH, 939
PUYLAURENS, 928
PUYLOUBIER, 1373
PUYMERAS TH, 1417
PUYMERAS TH, 1418
PUYMERAS, 1418
PUYMERAS TH, 1418
PUYRAVAULT TH, 1286
PUYRICARD, 1373
PUYROLLAND, 1286
PUYVERT, 1418

Q

QUAEDYPRE, 951
QUARANTE TH, 749
LES QUATRE-ROUTES TH, 886
QUEIGE TH, 1543
QUELMES, 972
QUEMENEVEN, 447
QUEMENEVEN, 447
QUEMENEVEN TH, 447
QUEMPER-GUEZENNEC, 420
QUEMPER-GUEZENNEC, 420
QUEND, 1260
QUERRIEN, 448
QUERRIEN, 448
QUERRIEU, 1260
LE QUESNOY, 951
QUESTEMBERT, 499
QUESTRECQUES, 972
QUETTREVILLE-SUR-SIENNE, 1085
LA QUEUE-LEZ-YVELINES, 689
QUEVEN, 499
QUEVERT TH, 421
QUEZAC TH, 760
QUIBERVILLE-SUR-MER, 1138
QUIMPER TH, 448
QUINCAY, 1323
QUINCAY, 1323
QUINCEY, 340
QUINCIE-EN-BEAUJOLAIS TH, 1528
QUINCIE-EN-BEAUJOLAIS, 1528
QUINCIE-EN-BEAUJOLAIS, 1529
QUINCIE-EN-BEAUJOLAIS TH, 1529
QUINCY, 517
QUINSSAINES TH, 274
QUINTIN, 421
QUINTIN, 421
QUINTIN, 421
QUINTIN TH, 421
QUINTIN, 421
QUIVIERES TH, 1261

R

RABASTENS ▮▮▮ **TH**, 928
RABASTENS ▮▮▮ **TH**, 928
RABLAY-SUR-LAYON ▮▮▮, 1182
RABLAY-SUR-LAYON ▮▮▮, 1182
RAHLING ▮▮▮, 135
RAIMBEAUCOURT ▮▮▮, 951
LES RAIRIES ▮▮▮, 1182
RAISSAC-D'AUDE ▮▮, 710
RAMATUELLE ▮▮▮, 1389
RAMATUELLE ▮▮▮, 1389
RAMBAUD ▮ **TH**, 1353
RAMECOURT ▮▮▮, 973
RANRUPT ▮▮▮ **A**, 153
RANVILLE ▮, 1016
RAPHELE-LES-ARLES ▮▮ **TH**, 1373
RASTEAU ▮▮, 1418
RAUVILLE-LA-PLACE ▮▮▮, 1085
RAVEAU ▮▮▮ **TH**, 353
RAVEAU ▮▮▮ **TH**, 353
RAVENOVILLE ▮▮▮, 1085
RAVINE-DES-CABRIS ▮, 1572
RAZAC-DE-SAUSSIGNAC ▮▮▮, 194
RAZINES ▮▮▮ **TH**, 565
RAZINES ▮▮▮, 565
REALMONT ▮▮▮, 928
REALMONT ▮▮▮ **TH**, 928
REAUMUR ▮▮▮ **TH**, 1219
REAUMUR E.C., 1220
REBOURSIN ▮, 538
RECHICOURT-LA-PETITE ▮▮▮ **TH**, 126
RECLINGHEM ▮, 973
RECOUBEAU-JANSAC ▮▮▮ **TH**, 1480
LA REDORTE E.C., 710
REGNAUVILLE ▮▮, 973
REGNEVILLE-SUR-MER ▮▮, 1085
REGNIE-DURETTE ▮▮, 1529
REGNIE-DURETTE ▮▮▮ **TH**, 1529
REGNY ▮▮▮, 1509
REILLANNE ▮▮ **TH**, 1341
REILLANNE ▮▮▮, 1341
REILLY ▮▮, 1245
REILLY ▮▮▮, 1245
REILLY ▮▮▮ **TH**, 1245
REMALARD ▮▮▮ **TH**, 1114
REMIGNY ▮▮▮, 374
REMILLY-WIRQUIN ▮▮ **A**, 973
REMIREMONT ▮▮▮, 178
REMONCOURT ▮▮ **TH**, 178
REMOULINS ▮▮, 729
REMOULINS ▮▮▮, 729
REMPNAT ▮▮▮ **TH**, 807
LA REMUEE ▮▮▮ **TH**, 1139
RENAISON ▮▮ **TH**, 1510
RENAISON ▮▮▮, 1510
RENNES-SUR-LOUE ▮▮ **TH**, 652
RENNES-SUR-LOUE ▮▮▮, 652
RENTIERES ▮▮ **TH**, 314
REPARSAC ▮▮, 1272
RESSONS-LE-LONG ▮▮, 1235
RESTIGNE ▮▮▮, 566

RESTIGNE ▮▮▮ **TH**, 566
RESTIGNE ▮▮, 566
RESTIGNE ▮▮▮ **TH**, 566
RETOURNAC ▮▮▮, 299
REUILLY ▮▮▮, 1048
REUILLY-SAUVIGNY ▮▮▮ **TH**, 1235
REUVILLE ▮▮, 1139
REVEL ▮ **TH**, 846
REVENS ▮▮▮ **TH**, 730
REVEST-DU-BION ▮▮▮ **TH**, 1341
REVIERS ▮▮, 1016
REVIERS ▮▮▮, 1016
REVIERS ▮▮▮, 1017
REVILLE ▮▮, 1085
REVILLE ▮▮, 1086
REVILLE ▮▮, 1086
REVILLE ▮▮▮ **TH**, 1086
REVONNAS ▮▮▮ **TH**, 1441
LE RHEU ▮▮▮, 468
RIAILLE ▮▮ **TH**, 1164
RIAILLE ▮▮▮ **TH**, 1164
RIANS ▮▮▮ **TH**, 517
RIANTEC ▮▮▮, 499
RIBAUTE-LES-TAVERNES ▮▮▮ **TH**, 730
RIBEAUVILLE ▮▮, 166
RIBEAUVILLE ▮▮, 166
RICHEBOURG ▮, 973
RICHEBOURG ▮▮▮, 973
RICHEBOURG ▮▮, 974
RICHELIEU ▮▮▮, 566
RICHELIEU ▮▮▮, 566
RICHERENCHES ▮▮▮ **TH**, 1418
RIEC-SUR-BELON ▮, 448
RIEC-SUR-BELON ▮▮ **TH**, 448
RIEC-SUR-BELON E.C. **TH**, 448
RIEDWIHR ▮▮, 166
RIEUPEYROUX E.C. **TH**, 831
RIEUTORT-DE-RANDON ▮▮▮, 761
RIEUX ▮▮▮, 499
RIGNAC ▮▮▮, 831
RIGNAC ▮▮▮ **TH**, 886
RIGNAC ▮▮▮, 886
RIGNAC ▮▮▮, 886
RIGNAC ▮▮▮, 886
RIGNE ▮▮, 1305
RIGNY-LE-FERRON ▮▮, 617
RIGNY-USSE ▮▮ **TH**, 567
RIGNY-USSE ▮▮▮, 567
RILHAC-LASTOURS ▮▮▮, 807
RILLY-LA-MONTAGNE ▮▮, 626
RILLY-SUR-LOIRE ▮ **TH**, 585
RILLY-SUR-VIENNE ▮▮, 567
RIMBACH-PRES-MASEVAUX ▮, 166
RIMONS ▮▮▮ **TH**, 208
RIMSDORF E.C., 153
RIOLS ▮▮▮ **TH**, 749
LE RIOLS ▮▮▮ **TH**, 928
RION-DES-LANDES ▮, 223
RIONS ▮▮▮, 209
RIQUEWIHR ▮▮, 167
RIQUEWIHR ▮▮▮, 167
RISCLE ▮▮▮ **A**, 862

RISOUL ▮▮▮ **TH**, 1353
RISOUL ▮▮▮ **TH**, 1353
RIVARENNES ▮▮ **TH**, 567
RIVARENNES ▮▮▮, 567
RIVEDOUX ▮▮, 1286
RIVIERE-SAINT-LOUIS ▮ **TH**, 1573
RIVIERE-SAINT-LOUIS ▮▮ **TH**, 1573
LA RIVIERE-SAINT-SAUVEUR ▮, 1017
LA RIVIERE-SAINT-SAUVEUR ▮▮, 1017
LA RIVIERE-SAINT-SAUVEUR ▮▮, 1017
RIVIERE-SUR-TARN ▮▮▮ **TH**, 831
RIVIERE-SUR-TARN ▮▮▮ **TH**, 832
RIXHEIM ▮▮▮, 167
ROAIX ▮▮, 1419
ROAIX ▮▮▮ **TH**, 1419
ROBEHOMME ▮▮▮, 1017
ROBEHOMME ▮▮▮, 1017
LA ROBINE-SUR-GALABRE ▮▮▮ **TH**, 1342
ROBION ▮▮, 1419
ROBION ▮▮▮ **TH**, 1419
ROBION ▮▮▮, 1419
ROCAMADOUR ▮▮▮, 886
ROCAMADOUR ▮▮▮, 886
ROCBARON ▮▮, 1390
ROCBARON ▮▮▮ **TH**, 1390
ROCE ▮▮, 586
LA ROCHE-EN-BRENIL ▮▮▮ **TH**, 341
LA ROCHE-GUYON ▮▮▮ **TH**, 696
ROCHE-LA-MOLIERE ▮▮▮ **TH**, 1510
LA ROCHE-NOIRE ▮▮, 315
ROCHE-SAINT-SECRET ▮▮▮ **TH**, 1480
LA ROCHE-SUR-FORON ▮▮, 1559
LA ROCHE-SUR-FORON ▮▮▮ **TH**, 1559
LA ROCHE-SUR-FORON ▮▮▮, 1559
LA ROCHE-SUR-GRANE ▮▮▮ **TH**, 1480
LA ROCHE-VINEUSE ▮▮▮, 374
ROCHECHOUART E.C. **TH**, 807
ROCHEFORT ▮▮▮, 1286
ROCHEFORT-DU-GARD ▮▮, 730
ROCHEFORT-EN-TERRE ▮▮▮, 499
ROCHEFORT-SUR-LOIRE ▮▮▮, 1182
ROCHEFORT-SUR-LOIRE ▮▮▮, 1182
ROCHEGUDE ▮▮▮ **TH**, 730
ROCHEGUDE ▮▮▮ **TH**, 1481
LA ROCHELLE-NORMANDE ▮▮▮, 1086
ROCHEMAURE ▮▮▮, 1457
ROCHEMAURE ▮▮▮ **TH**, 1457
LA ROCHEPOT ▮▮▮, 341
ROCHES ▮▮▮, 792
LES ROCHES-DE-CONDRIEU ▮▮▮ **TH**, 1496
LES ROCHES-PREMARIE ▮▮▮, 1323
LA ROCHETTE-DU-BUIS ▮▮▮ **TH**, 1481
ROCROI ▮▮▮ **TH**, 609
ROFFIAC ▮▮▮, 286
ROFFIAC ▮▮▮ **TH**, 286
ROGECOURT E.C. **TH**, 1235
ROGNES ▮▮, 1373
ROGNES ▮▮, 1374
ROGNES ▮▮, 1374
ROGNES ▮▮, 1374
ROGNES ▮▮▮, 1374
ROGUES ▮ **TH**, 730

ROGUES ### **A**, 730
ROHRBACH-LES-BITCHE ###, 135
ROMANS ##, 1441
ROMANS ###, 1441
ROMANS ###, 1441
ROMBACH-LE-FRANC ## **A**, 167
ROMENAY ### **TH**, 374
ROMERIES ###, 951
ROMEYER ## **TH**, 1481
ROMILLY-SUR-AIGRE ##, 528
ROMORANTIN #, 586
RONTHON ##, 1086
RONVAUX ### **TH**, 131
LA ROQUE-ESCLAPON ## **TH**, 1390
LA ROQUE-GAGEAC ###, 194
LA ROQUE-SUR-CEZE ###, 731
ROQUEBRUN ### **TH**, 750
ROQUEBRUNE-SUR-ARGENS ###, 1390
ROQUEBRUNE-SUR-ARGENS ###, 1390
ROQUEFORT ##, 235
ROQUEFORT-LA-BEDOULE ###, 1374
ROQUETAILLADE ### **TH**, 710
ROQUEVAIRE ##, 1374
RORSCHWIHR ###, 167
RORSCHWIHR ###, 167
RORSCHWIHR ###, 167
RORSCHWIHR ###, 168
ROSANS ### **TH**, 1353
ROSANS ### **TH**, 1353
ROSAY E.C., 689
ROSAY-SUR-LIEURE ###, 1049
ROSCOFF ###, 449
ROSHEIM #, 153
ROSHEIM #, 153
LA ROSIERE ### **TH**, 668
ROSIERES ## **TH**, 299
ROSIERES ## **A**, 1457
ROSIERES ### **TH**, 1457
ROSIERES ###, 1457
ROSIERS-D'EGLETONS ### **TH**, 782
LES ROSIERS-SUR-LOIRE ##, 1183
ROSNOEN ## **TH**, 449
ROSNOEN ### **A**, 449
ROSPEZ ##, 422
ROSPEZ ##, 422
ROSPORDEN ##, 449
ROSPORDEN ###, 449
ROTALIER ### **TH A**, 662
LES ROTOURS ## **TH**, 1114
ROTS ###, 1018
ROUEN ##, 1139
ROUEZ-EN-CHAMPAGNE ### **A**, 1202
ROUFFIGNAC ###, 195
ROUGE ###, 1165
ROUGEMONT ###, 341
ROUGEMONTIERS E.C., 1049
ROUILLE ## **TH**, 1323
ROULLET ### **TH**, 1272
ROULLOURS ###, 1018
ROUMAGNE ### **TH**, 235
ROUMOULES ##, 1342

LA ROUQUETTE E.C. **TH**, 832
LE ROURET ##, 1361
LE ROUSSET ###, 374
ROUSSILLON ##, 1419
ROUSSILLON ## **TH**, 1420
ROUSSILLON ###, 1420
ROUSSILLON ###, 1420
ROUSSILLON ###, 1420
ROUSSILLON ###, 1420
ROUVILLE ### **TH**, 1139
ROUVRAY ##, 341
ROUVRES-EN-PLAINE #, 341
ROUY ##, 353
ROYAT ###, 315
ROYER ##, 375
ROYER ##, 375
ROYERES ### **TH**, 807
ROYON ###, 974
ROZ-LANDRIEUX ###, 469
ROZ-LANDRIEUX ### **TH**, 469
ROZ-LANDRIEUX ###, 469
ROZ-SUR-COUESNON ###, 469
ROZ-SUR-COUESNON ###, 469
ROZ-SUR-COUESNON ###, 469
LE ROZEL ###, 1086
LE ROZEL #, 1087
LE ROZIER ###, 761
RUCA ##, 422
RUCH ###, 209
RUE ###, 1261
RUE ### **TH**, 1261
RUFFEY-LES-BEAUNE ##, 341
RUFFIAC ###, 500
RUFFIEUX ###, 1543
RUFFIEUX ###, 1544
RUILLE-FROID-FONDS ### **TH**, 1193
RUMESNIL #, 1018
RUSTREL ## **TH**, 1420
RUSTREL ##, 1421
RUYNES-EN-MARGERIDE # **TH**, 286
RYES ##, 1018
RYES ###, 1018

S

SAANE-SAINT-JUST ##, 1139
SAASENHEIM ##, 153
SABLET ### **TH**, 1421
SABLONCEAUX ##, 1287
SABLONCEAUX ###, 1287
SABRES ## **TH**, 223
SABRES ###, 223
SABRES ###, 223
SACHE ###, 567
SACHE ##, 568
SACLAS ###, 692
SACLAS ##, 693
LE SACQ E.C., 1049
SACQUENAY ## **TH**, 342
SACQUENAY ## **TH**, 342

SACY ### **TH**, 393
SAGNES-ET-GOUDOULET ##, 1458
SAGNES-ET-GOUDOULET ##, 1458
SAGY # **TH**, 375
SAGY E.C., 375
SAHUNE ## **TH**, 1481
SAIGNES ##, 286
SAIGNES ### **TH**, 887
SAIGNON ###, 1421
SAILLAC ###, 782
SAILLAGOUSE ###, 771
SAILLY ##, 609
SAINGHIN-EN-MELANTOIS ### **TH**, 951
SAINNEVILLE-SUR-SEINE ###, 1139
SAINS-LES-FRESSIN ###, 974
SAINTES ##, 1287
SAISSAC ## **TH**, 710
SAISSAC ### **TH**, 710
SAISSAC ## **TH**, 711
SAIVRES ##, 1306
SALASC ## **A**, 750
SALAZIE # **TH**, 1573
SALAZIE ## **TH**, 1573
SALAZIE ###, 1573
SALAZIE ### **TH**, 1573
SALAZIE ### **A**, 1573
SALAZIE ##, 1574
SALAZIE ###, 1574
SALERNES ### **TH**, 1390
SALERNES ### **TH**, 1391
SALERS ###, 286
SALERS ###, 286
SALERS ###, 287
SALES ###, 1560
SALIES E.C. **TH**, 929
SALIES-DE-BEARN ##, 255
SALIES-DE-BEARN ### **TH**, 255
SALIES-DE-BEARN ### **TH**, 255
SALIGNAC ## **TH**, 209
SALIGNAC-EYVIGUES ###, 195
SALIGOS ## **TH**, 908
LA SALINE ## **A**, 1574
LA SALINE ##, 1574
SALINS-LES-BAINS ## **A**, 662
SALIVES ### **TH A**, 342
LA SALLE-EN-BEAUMONT ##, 1496
SALLELES-D'AUDE E.C. **TH**, 711
SALLES ###, 235
SALLES ###, 235
SALLES ### **TH**, 929
SALLES E.C., 1306
SALLES-ARBUISSONNAS ###, 1529
SALLES-ARGELES ## **A**, 909
SALLES-ARGELES ### **TH**, 909
SALLES-ARGELES ### **TH**, 909
SALLES-D'ANGLES ## **TH**, 1272
SALLES-DE-VILLEFAGNAN ### **TH**, 1273
SALLES-LA-SOURCE E.C., 832
SALLES-SOUS-BOIS ### **TH**, 1481
SALLES-SUR-MER ###, 1287
SALORNAY-SUR-GUYE ##, 375

SALORNAY-SUR-GUYE ¦¦¦ **TH**, 375
SALORNAY-SUR-GUYE E.C., 376
SALSEIN ¦¦¦ **TH**, 819
SALSES-LE-CHATEAU ¦¦, 771
SALSES-LE-CHATEAU ¦¦, 771
SALSIGNE ¦¦¦ **TH**, 711
SALT-EN-DONZY ¦¦¦¦ **TH**, 1510
SALVAGNAC ¦¦ **TH**, 929
SALVAGNAC ¦¦, 929
SALVAGNAC ¦¦¦ **TH**, 929
LA SALVETAT-PEYRALES ¦ **TH**, 832
LA SALVETAT-PEYRALES ¦¦ **A**, 832
LA SALVETAT-SUR-AGOUT E.C. **TH**, 750
LA SALVETAT-SUR-AGOUT E.C. **TH**, 750
SALVIAC ¦¦, 887
SALVIAC ¦¦¦ **TH**, 887
SAMATAN ¦¦¦ **TH**, 863
SAMAZAN ¦¦¦ **TH**, 236
SAMBIN ¦¦¦ **TH**, 586
SAMER ¦, 974
SAMER ¦¦, 974
SAMOENS ¦¦ **TH**, 1560
SAMOENS ¦¦¦¦, 1560
SAMOUILLAN ¦¦¦ **TH**, 846
SAMPANS ¦¦ **A**, 662
SAMPIGNY ¦¦¦ **TH**, 131
SAMPZON ¦¦¦ **TH**, 1458
SAN-MARTINO-DI-LOTA ¦¦¦¦, 641
SANARY-SUR-MER ¦¦¦ **TH**, 1391
SANCERRE ¦¦¦, 518
SANCERRE ¦¦¦, 518
SANDRANS ¦¦ **TH**, 1442
SANILHAC ¦¦, 731
SANSSAC-L'EGLISE ¦¦ **TH**, 300
SANSSAC-L'EGLISE ¦¦¦ **TH**, 300
SANTEC ¦¦¦, 449
SANTEC ¦¦¦, 450
SANTEC ¦¦¦ **TH**, 450
SANTENAY ¦¦ **TH**, 586
SANTENAY ¦¦¦, 586
SANTENAY ¦¦¦, 586
SANTENAY-EN-BOURGOGNE ¦¦¦, 342
SANTENAY-EN-BOURGOGNE ¦¦¦ **TH**, 342
SANTILLY ¦, 376
SANTILLY ¦¦¦ **TH**, 528
SANTRANGES ¦¦ **A**, 518
SANVENSA E.C. **TH**, 832
SANVENSA ¦¦ **TH**, 833
LE SAP ¦¦¦, 1115
LE SAP-ANDRE ¦¦¦ **TH**, 1115
SAPOGNE-SUR-MARCHE ¦¦¦ **TH**, 609
SAPOIS ¦¦ **TH**, 178
LE SAPPEY-EN-CHARTREUSE ¦¦¦ **TH**, 1496
LE SAPPEY-EN-CHARTREUSE ¦¦¦ **TH**, 1496
SARCY ¦¦¦, 626
SARE ¦¦ **TH**, 255
SARE ¦¦¦, 255
SARE ¦¦, 256
SARE ¦¦¦, 256
SARE ¦¦¦, 256
SARE ¦¦¦ **TH**, 256
SARE ¦¦¦, 256

SARE ¦¦¦, 256
SARE ¦¦¦, 257
SARE ¦¦¦, 257
SARE ¦¦¦, 257
SARE ¦¦¦ **TH**, 257
SARE ¦¦¦, 257
SARGE-SUR-BRAYE ¦¦¦, 587
SARGE-SUR-BRAYE E.C., 587
SARLAT-LA-CANEDA ¦¦, 195
SARLAT-LA-CANEDA ¦¦, 195
SARLAT-LA-CANEDA ¦¦¦, 195
SARRAGACHIES ¦¦¦, 863
SARRAN ¦¦¦ **TH**, 782
SARRANCOLIN ¦¦, 909
SARRANCOLIN ¦¦¦, 909
SARRAZAC ¦¦ **TH**, 195
SARRAZAC ¦¦ **TH**, 887
SARRIANS ¦¦, 1421
SARRIANS/VACQUEYRAS ¦¦¦ **TH**, 1421
SARROGNA ¦ **TH**, 663
SARROUX ¦¦ **TH**, 782
LE SARS ¦¦, 974
SARTILLY ¦¦, 1087
SARTILLY ¦¦, 1087
SARTILLY ¦¦¦, 1087
SARZAY ¦¦ **TH**, 538
SARZAY ¦¦ **TH**, 538
SARZEAU ¦¦, 500
SARZEAU ¦¦¦, 500
SARZEAU ¦¦, 500
SARZEAU ¦¦¦, 500
SARZEAU E.C., 500
SASSETOT-LE-MAUCONDUIT ¦¦, 1140
SASSETOT-LE-MAUCONDUIT ¦¦¦ **TH**, 1140
SASSETOT-LE-MAUCONDUIT ¦¦¦, 1140
SAUBRIGUES ¦, 223
SAUBUSSE-LES-BAINS ¦¦¦, 224
SAUCEDE ¦¦¦ **TH**, 257
SAUCHAY-LE-HAUT ¦¦¦, 1140
SAUGNAC-ET-MURET ¦¦¦, 224
SAUGUES ¦¦¦ **TH**, 300
SAUGUES ¦¦¦ **TH**, 300
SAUGUES ¦¦¦ **TH**, 300
SAULCET ¦¦, 275
SAULCHOY ¦¦¦, 975
SAULGE ¦¦, 1323
SAULGE ¦¦, 1324
SAULIAC-SUR-CELE ¦¦¦ **TH**, 887
SAULIEU ¦¦, 342
SAULNAY ¦¦¦, 538
SAULT ¦¦¦ **TH**, 1421
SAULTY ¦¦, 975
SAULXURES-LES-BULGNEVILLE ¦¦¦, 178
SAULXURES-MOSELOTTE ¦¦, 179
SAULXURES-MOSELOTTE ¦¦, 179
SAULZAIS-LE-POTIER ¦¦¦ **TH**, 518
SAUMUR ¦¦, 1183
SAURAT ¦¦ **TH**, 819
SAURAT E.C. **A**, 819
SAURET-BESSERVE ¦¦¦, 315
SAURIER ¦¦ **TH**, 315
SAUSSAN ¦¦¦, 750

SAUSSEUZEMARE-EN-CAUX ¦¦¦ **TH**, 1140
SAUTERNES ¦¦ **TH**, 209
LES SAUVAGES ¦¦, 1529
SAUVAGNY ¦¦ **TH**, 275
SAUVE ¦¦¦, 731
SAUVE ¦¦¦ **A**, 731
SAUVELADE ¦¦, 258
LA SAUVETAT-SUR-LEDE ¦ **TH**, 236
LA SAUVETAT-SUR-LEDE ¦¦¦ **TH**, 236
SAUVETERRE ¦¦¦ **TH**, 731
SAUVETERRE ¦¦ **TH**, 909
SAUVETERRE-DE-ROUERGUE ¦¦¦ **TH**, 833
SAUVETERRE-LA-LEMANCE ¦ **TH**, 236
SAUVIGNEY-LES-PESMES ¦¦¦, 668
SAUVIGNY-LE-BEUREAL ¦¦¦ **TH**, 393
SAUVIGNY-LES-BOIS ¦¦¦, 354
SAUX ¦¦¦, 887
SAUXILLANGES ¦¦¦, 315
SAUZE-VAUSSAIS ¦¦¦, 1306
SAUZELLES ¦¦¦, 538
SAUZELLES ¦¦¦, 538
SAUZET ¦¦¦ **TH**, 1481
SAVENNES ¦¦¦, 315
SAVENNES ¦¦¦, 792
SAVENNIERES ¦¦¦, 1183
SAVENNIERES ¦¦¦ **TH**, 1183
SAVIGNIES ¦¦¦ **TH**, 1246
SAVIGNY ¦¦¦, 1530
SAVIGNY-EN-SANCERRE E.C., 518
SAVIGNY-EN-VERON ¦¦¦ **TH**, 568
SAVIGNY-L'EVESCAULT ¦¦, 1324
SAVIGNY-LES-BEAUNE ¦¦¦ **TH**, 343
SAVIGNY-SUR-BRAYE ¦¦¦, 587
SAVIGNY-SUR-GROSNE ¦, 376
SAVINES-LE-LAC ¦¦, 1354
SAVINES-LE-LAC ¦¦¦, 1354
SAVONNIERES ¦¦, 568
SAVONNIERES ¦¦¦, 568
SAZE ¦¦ **TH**, 731
SCAER ¦¦¦, 450
SCATA ¦¦, 641
SCHAEFFERSHEIM ¦¦, 153
SCHERWILLER ¦¦ **TH**, 154
SCIEURAC-ET-FLOURES ¦¦ **TH**, 863
SCIEZ ¦¦¦, 1560
SCIEZ ¦¦¦¦ **TH**, 1560
SCRIGNAC ¦¦¦ **TH**, 450
SCY-CHAZELLES ¦¦, 136
SCY-CHAZELLES E.C., 136
SEBOURG ¦¦¦, 952
SECHILIENNE ¦¦¦, 1496
SECONDIGNE-SUR-BELLE ¦¦¦, 1306
SECQUEVILLE-EN-BESSIN ¦¦¦, 1018
SEEBACH ¦¦, 154
SEEBACH ¦¦, 154
SEEBACH ¦¦¦ **TH**, 154
SEEZ ¦¦ **TH**, 1544
SEGONZAC ¦¦¦ **TH**, 1273
SEGONZAC ¦¦, 1273
SEGONZAC ¦¦, 1273
SEGRE-SAINT-AUBIN-DU-PAVOIL ¦¦¦ **TH**, 1183

SEGUR-LES-VILLAS ♦♦, 287
SEGURET ♦♦♦, 1421
SEGURET ♦♦♦♦, 1422
SEICHES-SUR-LOIR ♦♦♦ **TH**, 1183
SEIGNOSSE ♦♦, 224
SEIGNOSSE-BOURG ♦♦♦ **TH**, 224
LA SELLE-CRAONNAISE ♦♦, 1193
LA SELLE-EN-COGLES ♦♦♦, 470
SELLES ♦♦♦, 626
SELLES-SAINT-DENIS ♦♦♦, 587
SELLES-SUR-CHER ♦♦♦, 587
SELONNET ♦ **TH**, 1342
LA SELVE E.C. **TH**, 833
SEMELAY ♦♦♦ **TH**, 354
SEMELAY ♦♦♦, 354
SEMELAY ♦♦♦ **TH**, 354
SEMOUSSAC ♦ **TH**, 1287
SEMOUSSAC ♦ **TH**, 1287
SEMUSSAC ♦♦, 1288
SEMUSSAC ♦♦ **TH**, 1288
SEMUSSAC ♦♦, 1288
SEMUSSAC ♦♦, 1288
SENAILLAC-LAUZES E.C., 887
SENAILLY ♦♦♦, 343
SENE ♦♦, 500
SENEUJOLS ♦♦♦ **TH**, 300
SENLIS ♦♦, 1246
SENNECE-LES-MACON ♦♦, 376
SENNECE-LES-MACON ♦♦♦, 376
SENNEVILLE-SUR-FECAMP ♦♦♦, 1140
SENOUILLAC E.C., 929
SENOZAN ♦♦♦, 376
SENS-BEAUJEU ♦♦♦ **TH**, 518
SEPMES ♦♦♦ **TH**, 568
SEPT-MEULES ♦♦, 1141
SERAUMONT ♦, 179
SERCY ♦♦♦, 377
SERGY ♦♦♦, 1442
SERIFONTAINE ♦♦, 1246
SERIGNAC ♦♦♦ **A**, 939
SERIGNAN-DU-COMTAT ♦♦, 1422
SERIS ♦♦♦ **TH**, 587
SERMAISE ♦♦, 693
SERMENTIZON ♦♦♦, 316
SERMOYER ♦♦♦ **TH**, 1442
SERNHAC ♦♦♦, 732
SERRA-DI-FERRO ♦ **TH**, 641
SERRALONGUE ♦♦♦ **TH**, 771
SERRAVAL ♦♦, 1560
LA SERRE ♦♦ **TH**, 833
SERRES ♦♦ **TH**, 1354
SERRES-CASTET ♦♦♦, 258
SERRES-SUR-ARGET ♦♦♦ **TH**, 819
SERVAS ♦♦♦, 732
SERVAS ♦♦♦♦ **TH**, 1442
SERVILLY ♦♦♦ **TH**, 275
SERVON ♦♦, 1087
SERVON ♦♦♦, 1087
SERVON ♦, 1088
SERVOZ ♦♦♦, 1561
SEUR ♦♦, 588

SEURRE ♦♦♦, 343
SEURRE ♦♦♦, 343
SEVELINGES ♦♦♦, 1510
SEVERAC-LE-CHATEAU ♦♦ **TH**, 833
SEWEN ♦♦ **TH**, 168
SEYCHES ♦♦, 236
SEYNE-LES-ALPES ♦♦ **TH**, 1342
LA SEYNE-SUR-MER ♦♦♦♦, 1391
SEYNOD-SUR-VIEUGY ♦♦♦, 1561
SEYSSINET-PARISET ♦♦ **TH**, 1496
SEZANNE ♦♦, 626
SIDIAILLES ♦♦♦ **TH**, 519
SIEURAC ♦♦♦ **TH**, 930
SIGEAN E.C. **TH**, 711
SIGOLSHEIM ♦, 168
SIGONCE ♦♦ **TH**, 1342
SIGOTTIER ♦♦♦, 1354
SILLANS-LA-CASCADE ♦♦, 1391
SILLANS-LA-CASCADE ♦♦♦, 1391
SILLE-LE-GUILLAUME ♦, 1202
SILLE-LE-PHILIPPE ♦♦♦, 1203
SILLY-LA-POTERIE E.C. **TH**, 1236
SIMIANE-LA-ROTONDE ♦♦ **TH**, 1342
SIMIANE-LA-ROTONDE ♦♦♦, 1343
SIMORRE ♦♦♦ **TH**, 863
SIOUVILLE-HAGUE ♦♦, 1088
SIVIGNON ♦♦♦, 377
SIX-FOURS-LES-PLAGES ♦♦, 1391
SIXT-SUR-AFF E.C., 470
SOINGS-EN-SOLOGNE ♦, 588
SOLESMES ♦♦♦ **TH**, 1203
SOLGNE ♦♦♦, 136
SOLGNE ♦♦♦, 136
SOLIGNAC-SUR-LOIRE ♦♦, 301
SOLIGNY-LES-ETANGS ♦♦♦♦, 617
SOLLACARO ♦♦♦, 641
SOLLIES-PONT ♦♦ **TH**, 1392
SOLLIES-VILLE ♦♦♦, 1392
SOLRE-LE-CHATEAU ♦♦♦, 952
SOLUTRE ♦♦, 377
SOMBRUN ♦♦♦♦ **TH**, 910
SOMMANT ♦♦♦ **TH**, 377
SOMMERVIEU ♦♦, 1019
SOMMERY ♦♦♦, 1141
LA SOMMETTE ♦♦, 652
SOMMIERES ♦♦♦, 732
SOMMIERES ♦♦♦, 732
SONGIEU ♦♦, 1442
SONNAC ♦♦♦ **TH**, 1288
SONNAC-SUR-L'HERS ♦♦, 711
SORBAIS ♦♦♦ **TH**, 1236
SORDE-L'ABBAYE ♦♦, 224
SOREZE ♦♦, 930
SORIGNY ♦♦ **TH**, 568
SORRUS ♦♦♦, 975
SORT-ENCHALOSSE ♦♦ **TH**, 224
SOSPEL ♦♦, 1361
SOSPEL ♦♦, 1361
SOTTA ♦♦♦ **TH**, 641
SOTTEVILLE-SUR-MER ♦♦♦ **TH**, 1141
SOUAL ♦♦ **TH**, 930
SOUBLECAUSE E.C. **TH**, 910

SOUBRAN ♦♦, 1288
SOUCE ♦♦ **TH**, 1193
LA SOUCHE ♦♦♦ **TH**, 1458
SOUCIEU-EN-JARREST ♦♦♦ **A**, 1530
SOUCIEU-EN-JARREST ♦♦♦ **A**, 1530
SOUDAN ♦♦♦ **TH**, 1165
SOUDORGUES ♦♦♦ **TH**, 732
SOUEL ♦♦♦ **TH**, 930
SOUGE ♦♦, 588
SOUILLAC ♦♦♦, 888
SOULATGE ♦♦♦ **TH**, 711
SOULIGNE-FLACE ♦♦♦, 1203
SOULLANS E.C., 1220
SOULOSSE-SOUS-SAINT-ELOPHE ♦♦♦, 179
SOULTZ ♦ **A**, 168
SOULTZ-SOUS-FORETS ♦♦, 154
SOULTZBACH-LES-BAINS ♦♦, 168
SOUPPES-SUR-LOING ♦♦♦ **TH**, 683
SOUPPES-SUR-LOING ♦♦♦, 683
SOURAIDE ♦♦♦, 258
SOURDEVAL ♦♦♦, 1088
SOURS ♦♦♦, 528
SOUSTONS ♦, 225
SOUSTONS ♦♦ **TH**, 225
SOUSTONS ♦♦ **TH**, 225
SOUVIGNE ♦♦♦, 569
SOUVIGNY ♦♦ **TH**, 275
SOUVIGNY-DE-TOURAINE ♦♦♦, 569
SOYAUX ♦♦♦, 1273
SPELUNCATO ♦♦, 641
SPEZET ♦, 450
ST-ADJUTORY ♦♦♦, 1273
ST-AGNAN-EN-VERCORS ♦♦ **TH**, 1482
ST-AGNAN-SUR-SARTHE ♦♦♦, 1115
ST-AGNANT-DE-VERSILLAT E.C., 792
ST-AGREVE ♦, 1458
ST-AIGNAN ♦♦♦, 209
ST-AIGNAN ♦♦, 501
ST-AIGNAN-SUR-CHER ♦♦♦, 588
ST-ALBAN ♦♦, 422
ST-ALBAN-AURIOLLES ♦♦♦ **TH**, 1458
ST-ALBAN-AURIOLLES ♦♦♦, 1459
ST-ALBAN-LES-EAUX ♦♦♦ **TH**, 1510
ST-ALLOUESTRE ♦♦♦, 501
ST-ALLOUESTRE ♦♦♦, 501
ST-AMANCET ♦♦ **TH**, 930
ST-AMANCET ♦♦♦, 930
ST-AMANCET ♦♦♦ **TH**, 931
ST-AMAND-EN-PUISAYE ♦♦♦, 354
ST-AMAND-LONGPRE ♦♦, 588
ST-AMBREUIL ♦♦♦ **TH**, 377
ST-AMBROIX ♦♦♦, 732
ST-AMOUR ♦♦♦ **A**, 663
ST-ANDEOL-DE-BERG ♦♦ **TH**, 1459
ST-ANDEOL-DE-CLERGUEMORT ♦♦♦ **TH**, 761
ST-ANDEOL-DE-FOURCHADES ♦♦ **TH**, 1459
ST-ANDEOL-DE-FOURCHADES ♦♦ **TH**, 1459
ST-ANDEOL-DE-FOURCHADES ♦♦♦ **TH**, 1459

ST-ANDRE, 1574
ST-ANDRE, 1574
ST-ANDRE A, 1574
ST-ANDRE A, 1575
ST-ANDRE TH, 1575
ST-ANDRE-AU-BOIS, 975
ST-ANDRE-D'ALLAS, 196
ST-ANDRE-D'ALLAS, 196
ST-ANDRE-D'EMBRUN, 1354
ST-ANDRE-D'EMBRUN TH, 1354
ST-ANDRE-D'HUIRIAT, 1442
ST-ANDRE-D'OLERARGUES TH, 733
ST-ANDRE-DE-BOHON, 1088
ST-ANDRE-DE-BUEGES TH, 750
ST-ANDRE-DE-CAPCEZE TH, 761
ST-ANDRE-DE-CRUZIERES TH, 1459
ST-ANDRE-DE-CRUZIERES A, 1460
ST-ANDRE-DE-CRUZIERES, 1460
ST-ANDRE-DE-LANCIZE TH, 761
ST-ANDRE-DE-MAJENCOULES TH, 733
ST-ANDRE-DE-MESSEI, 1115
ST-ANDRE-DE-NAJAC TH, 833
ST-ANDRE-DE-VALBORGNE, 733
ST-ANDRE-EN-MORVAN TH A, 354
ST-ANDRE-SUR-CAILLY, 1141
ST-ANDRE-SUR-VIEUX-JONC, 1443
ST-ANDRE-TREIZE-VOIES, 1220
ST-ANTHEME TH, 316
ST-ANTOINE-DE-FICALBA TH, 236
ST-ANTOINE-L'ABBAYE TH, 1497
ST-ANTOINE-L'ABBAYE, 1497
ST-ANTONIN-NOBLE-VAL TH, 939
ST-AOUT TH, 539
ST-APPOLINARD TH, 1497
ST-ARCONS-DE-BARGES TH, 301
ST-ARMOU, 258
ST-ARNOULT TH, 1141
ST-ARNOULT, 1246
ST-ARROMAN TH, 863
ST-ARROMAN TH, 910
ST-AUBAN-SUR-OUVEZE TH, 1482
ST-AUBIN TH, 539
ST-AUBIN, 975
ST-AUBIN-D'APPENAI TH, 1115
ST-AUBIN-D'AUBIGNE, 470
ST-AUBIN-DE-BAUBIGNE, 1306
ST-AUBIN-DE-NABIRAT, 196
ST-AUBIN-DE-SCELLON E.C. TH, 1049
ST-AUBIN-DE-TERREGATTE TH, 1088
ST-AUBIN-DES-LANDES, 470
ST-AUBIN-DES-PREAUX, 1088
ST-AUBIN-LE-CAUF, 1141
ST-AUBIN-LE-CLOUD, 1306
ST-AUBIN-LE-CLOUD TH, 1307
ST-AUBIN-LE-GUICHARD, 1049
ST-AUBIN-LE-MONIAL TH, 275
ST-AUBIN-LEBIZAY, 1019
ST-AUBIN-ROUTOT, 1142
ST-AUBIN-SUR-AIRE TH, 131
ST-AUBIN-SUR-LOIRE TH, 377
ST-AUBIN-SUR-MER, 1019
ST-AUBIN-SUR-MER, 1019

ST-AUBIN-SUR-MER, 1142
ST-AUBIN-SUR-SCIE, 1142
ST-AUVENT TH, 807
ST-AVIT-SENIEUR TH, 196
ST-AYGULF, 1392
ST-BARD TH, 793
ST-BARTHELEMY TH, 501
ST-BARTHELEMY TH, 501
ST-BARTHELEMY-DE-BUSSIERE, 196
ST-BARTHELEMY-LE-MEIL TH, 1460
ST-BAUDEL, 519
ST-BAUDILLE-DE-LA-TOUR TH, 1497
ST-BAULD TH, 569
ST-BEAUZELY E.C., 834
ST-BEAUZIRE TH, 301
ST-BENOIT TH, 1575
ST-BENOIT-DU-SAULT, 539
ST-BENOIT-SUR-LOIRE, 602
ST-BENOIT-SUR-LOIRE TH, 602
ST-BERNARD, 168
ST-BERNARD, 343
ST-BLIMONT, 1261
ST-BOIL, 378
ST-BOMER-LES-FORGES TH, 1115
ST-BOMER-LES-FORGES, 1116
ST-BOMER-LES-FORGES, 1116
ST-BONNET-BRIANCE TH, 808
ST-BONNET-DE-ROCHEFORT TH, 275
ST-BONNET-DE-VIEILLE-VIGNE TH, 378
ST-BONNET-L'ENFANTIER TH, 782
ST-BONNET-L'ENFANTIER TH, 783
ST-BONNET-LE-COURREAU TH, 1511
ST-BONNET-LE-COURREAU TH, 1511
ST-BONNET-PRES-ORCIVAL TH, 316
ST-BONNET-PRES-ORCIVAL, 316
ST-BONNET-TRONCAIS TH, 276
ST-BRANCHS, 569
ST-BRANCHS TH, 569
ST-BRES, 733
ST-BRESSOU TH, 888
ST-BRIAC-SUR-MER, 470
ST-BRIAC-SUR-MER, 470
ST-BRICE TH, 209
ST-BRICE-SUR-VIENNE, 808
ST-BROINGT-LES-FOSSES, 633
ST-BROLADRE, 471
ST-BROLADRE E.C., 471
ST-CADOU-SIZUN E.C., 450
ST-CARADEC TH, 422
ST-CARADEC, 422
ST-CAST-LE-GUILDO, 423
ST-CAST-LE-GUILDO, 423
ST-CAST-LE-GUILDO, 423
ST-CAST-LE-GUILDO, 423
ST-CERNIN, 287
ST-CERNIN-DE-LARCHE TH, 783
ST-CHAFFREY, 1355
ST-CHAMANT TH, 783
ST-CHAMARAND TH, 888
ST-CHAMARAND TH, 888
ST-CHAMOND TH, 1511
ST-CHARLES-DE-PERCY, 1019

ST-CHARTIER, 539
ST-CHARTIER, 539
ST-CHELS, 888
ST-CHRISTOL TH, 1460
ST-CHRISTOL-LES-ALES TH, 733
ST-CHRISTOL-LES-ALES TH, 733
ST-CHRISTOPHE TH, 1289
ST-CHRISTOPHE, 1289
ST-CHRISTOPHE-DU-LIGNERON TH, 1220
ST-CHRISTOPHE-DU-LIGNERON, 1220
ST-CHRISTOPHE-DU-LIGNERON E.C., 1220
ST-CHRISTOPHE-DU-LIGNERON, 1221
ST-CHRISTOPHE-EN-OISANS A, 1497
ST-CHRISTOPHE-LA-GROTTE TH, 1544
ST-CHRISTOPHE-LE-JAJOLET, 1116
ST-CHRISTOPHE-SUR-DOLAIZON TH, 301
ST-CIERS-DE-CANESSE, 210
ST-CIRGUES TH, 301
ST-CIRGUES TH, 301
ST-CIRGUES TH, 888
ST-CIRGUES-DE-PRADES, 1460
ST-CIVRAN TH, 539
ST-CLAIR-D'ARCEY TH, 1049
ST-CLAIR-DU-RHONE TH, 1497
ST-CLAIR-SUR-EPTE TH, 696
ST-CLAIR-SUR-LES-MONTS TH, 1142
ST-CLAR TH, 863
ST-CLAUDE-DE-DIRAY E.C., 588
ST-CLEMENT TH, 287
ST-CLEMENT TH, 1460
ST-CLEMENT-DE-RIVIERE, 751
ST-CLET TH, 423
ST-COME, 834
ST-COME-DE-FRESNE, 1019
ST-COME-DE-FRESNE, 1020
ST-COSME-EN-VAIRAIS, 1203
ST-COSME-EN-VAIRAIS E.C. TH, 1203
ST-COULITZ, 451
ST-COULOMB, 471
ST-COULOMB, 471
ST-COULOMB, 471
ST-CREPIN, 1289
ST-CREPIN-IBOUVILLERS TH, 1246
ST-CRESPIN TH, 1020
ST-CYR A, 663
ST-CYR-DU-BAILLEUL, 1089
ST-CYR-EN-TALMONDAIS TH, 1221
ST-CYR-LA-CAMPAGNE, 1050
ST-CYR-SOUS-DOURDAN, 693
ST-CYR-SUR-MENTHON, 1443
ST-CYR-SUR-MER, 1392
ST-DALMAS-LE-SELVAGE, 1362
ST-DENIS, 712
ST-DENIS, 1575
ST-DENIS-D'ANJOU, 1193
ST-DENIS-DE-VILLENETTE TH, 1116
ST-DENIS-DU-PAYRE, 1221
ST-DENIS-DU-PIN, 1289
ST-DENIS-LA-CHEVASSE TH, 1221

ST-DENIS-LE-FERMENT ¦¦¦, 1050
ST-DENIS-LE-FERMENT ¦¦¦, 1050
ST-DENIS-LES-MARTEL **TH**, 889
ST-DENIS-LES-MARTEL ¦¦¦ **TH**, 889
ST-DENIS-MAISONCELLES ¦¦, 1020
ST-DENIS-SUR-HUISNE ¦¦¦ **TH**, 1116
ST-DENIS-SUR-LOIRE ¦¦¦ **TH**, 589
ST-DENIS-SUR-LOIRE ¦¦¦¦, 589
ST-DESERT E.C., 378
ST-DESIR-DE-LISIEUX ¦¦¦, 1020
ST-DESIRAT ¦¦¦ **TH**, 1461
ST-DIDIER ¦¦¦ **TH**, 1422
ST-DIDIER-AU-MONT-D'OR ¦¦¦, 1530
ST-DIDIER-AU-MONT-D'OR ¦¦¦¦, 1530
ST-DIDIER-D'ALLIER ¦¦¦ **TH**, 302
ST-DIDIER-D'AUSSIAT ¦¦, 1443
ST-DIDIER-DES-BOIS ¦¦¦, 1050
ST-DIDIER-EN-DONJON ¦¦¦ **TH**, 276
ST-DIDIER-EN-VELAY ¦¦¦ **TH**, 302
ST-DIDIER-SUR-ARROUX ¦¦¦, 378
ST-DIDIER-SUR-ROCHEFORT ¦¦¦ **TH**, 1511
ST-DIERY-LE-BAS ¦¦, 316
ST-DIZIER-LEYRENNE ¦¦¦, 793
ST-DIZIER-LEYRENNE ¦¦¦ **TH**, 793
ST-DONAN ¦¦¦ **TH**, 423
ST-DYE-SUR-LOIRE ¦¦, 589
ST-EBREMOND-DE-BONFOSSE ¦¦¦, 1089
ST-ELIPH ¦¦¦, 528
ST-ELIX-LE-CHATEAU ¦¦¦ **TH**, 846
ST-ELOI ¦¦¦ **TH**, 355
ST-ELOI-DE-FOURQUES ¦¦¦, 1050
ST-ELOY-DE-GY ¦¦¦, 519
ST-ELOY-HANVEC ¦¦¦ **TH**, 451
ST-EMILION ¦¦¦, 210
ST-EMILION ¦¦¦, 210
ST-EPAIN ¦¦¦ **TH**, 569
ST-ESTEBEN ¦¦¦, 258
ST-ETIENNE-AU-TEMPLE ¦¦¦ **TH**, 626
ST-ETIENNE-D'ORTHE ¦¦ **TH**, 225
ST-ETIENNE-DE-BAIGORRY ¦¦¦, 258
ST-ETIENNE-DE-BAIGORRY ¦¦¦ **TH**, 259
ST-ETIENNE-DE-BAIGORRY ¦¦¦, 259
ST-ETIENNE-DE-CARLAT ¦¦¦ **TH**, 287
ST-ETIENNE-DE-CHIGNY ¦¦¦, 570
ST-ETIENNE-DE-FURSAC ¦¦¦¦ **TH**, 793
ST-ETIENNE-DE-LUGDARES ¦¦¦ **TH**, 1461
ST-ETIENNE-DE-TINEE ¦¦, 1362
ST-ETIENNE-DE-TULMONT ¦¦, 939
ST-ETIENNE-DE-TULMONT ¦¦¦, 940
ST-ETIENNE-DU-GRES ¦¦, 1375
ST-ETIENNE-DU-GRES ¦¦¦, 1375
ST-ETIENNE-DU-GRES ¦¦¦, 1375
ST-ETIENNE-EN-DEVOLUY ¦¦, 1355
ST-ETIENNE-L'ALLIER ¦¦¦, 1050
ST-ETIENNE-LA-THILLAYE ¦¦, 1020
ST-ETIENNE-LA-THILLAYE ¦¦¦, 1020
ST-ETIENNE-LA-THILLAYE ¦¦¦, 1021
ST-ETIENNE-LA-THILLAYE ¦¦¦, 1021
ST-ETIENNE-LES-ORGUES ¦ **TH**, 1343
ST-ETIENNE-LES-ORGUES ¦¦¦ **TH**, 1343
ST-ETIENNE-LES-ORGUES ¦¦¦ **TH**, 1343

ST-ETIENNE-SUR-REYSSOUZE ¦¦¦ **TH**, 1443
ST-ETIENNE-VALLEE-FRANCAISE ¦¦¦ **TH**, 761
ST-EUSTACHE-LA-FORET ¦¦¦, 1142
ST-EUTROPE-DE-BORN ¦¦¦ **TH**, 237
ST-EUTROPE-DE-BORN ¦¦¦ **TH**, 237
ST-EVROULT-DE-MONTFORT ¦ **TH**, 1116
ST-FARGEAU ¦¦, 393
ST-FARGEAU ¦¦¦ **TH**, 393
ST-FELIX ¦¦¦ **TH**, 1561
ST-FELIX-DE-L'HERAS ¦¦¦ **A**, 751
ST-FELIX-DE-LAURAGAIS ¦¦, 846
ST-FERME ¦¦¦, 210
ST-FIACRE-SUR-MAINE ¦¦¦, 1165
ST-FIRMIN-DES-PRES ¦¦, 589
ST-FLORENT-DES-BOIS ¦¦¦ **TH**, 1221
ST-FLORENT-DES-BOIS ¦¦¦, 1221
ST-FLORIS ¦¦¦, 975
ST-FORGEOT ¦¦¦ **TH**, 378
ST-FORGEOT E.C., 378
ST-FORT-SUR-GIRONDE ¦¦¦, 1289
ST-FORTUNAT ¦¦ **TH**, 1461
ST-FOY-TARENTAISE ¦¦¦ **TH**, 1544
ST-FRAJOU ¦¦¦ **TH**, 847
ST-FREZAL-DE-VENTALON ¦¦¦ **TH**, 762
ST-FREZAL-DE-VENTALON ¦¦¦ **A**, 762
ST-FRICHOUX ¦¦¦ **TH**, 712
ST-FRONT ¦¦¦¦ **TH**, 302
ST-FUSCIEN ¦¦¦, 1261
ST-GATIEN-DES-BOIS ¦, 1021
ST-GAUDENS ¦ **TH**, 847
ST-GAUDENS ¦¦, 847
ST-GAULTIER ¦¦¦ **TH**, 540
ST-GENEST-D'AMBIERE ¦¦¦ **TH**, 1324
ST-GENEST-MALIFAUX ¦¦¦, 1511
ST-GENEST-MALIFAUX ¦¦¦, 1511
ST-GENEYS-PRES-SAINT-PAULIEN ¦¦¦, 302
ST-GENIES ¦¦ **A**, 196
ST-GENIEZ ¦¦ **TH**, 1343
ST-GENIS-D'HIERSAC ¦¦¦, 1274
ST-GEORGES-D'ARMONT ¦¦ **TH**, 652
ST-GEORGES-D'HURTIERES ¦¦¦, 1544
ST-GEORGES-D'OLERON ¦¦¦, 1289
ST-GEORGES-DE-BAROILLES ¦¦ **TH**, 1512
ST-GEORGES-DE-LUZENCON ¦¦ **A**, 834
ST-GEORGES-DE-MONTCOCQ ¦¦¦, 1089
ST-GEORGES-DES-AGOUTS ¦¦¦ **TH**, 1290
ST-GEORGES-DES-COTEAUX ¦¦¦, 1290
ST-GEORGES-DES-SEPT-VOIES ¦¦¦, 1184
ST-GEORGES-DES-SEPT-VOIES ¦¦¦ **TH**, 1184
ST-GEORGES-DU-VIEVRE ¦¦¦, 1051
ST-GEORGES-EN-COUZAN ¦¦¦ **A**, 1512
ST-GEORGES-LES-BAINS ¦¦ **TH**, 1461
ST-GEORGES-LES-BX ¦¦, 1324
ST-GEORGES-SUR-CHER ¦¦¦, 589
ST-GEORGES-SUR-EURE ¦¦, 528
ST-GEORGES-SUR-LA-PREE ¦¦¦, 519
ST-GEORGES-SUR-LOIRE ¦¦¦ **TH**, 1184
ST-GEOURS-DE-MAREMNE ¦, 225
ST-GERAND-LE-PUY ¦¦¦¦ **TH**, 276

ST-GERMAIN ¦¦¦, 617
ST-GERMAIN ¦¦, 1461
ST-GERMAIN-D'ELLE ¦¦ **TH**, 1089
ST-GERMAIN-DE-CALBERTE ¦ **TH A**, 762
ST-GERMAIN-DE-CALBERTE ¦¦¦ **TH**, 762
ST-GERMAIN-DE-CALBERTE E.C. **TH**, 762
ST-GERMAIN-DE-LA-COUDRE ¦¦¦, 1117
ST-GERMAIN-DE-LIVET ¦¦¦, 1021
ST-GERMAIN-DE-PRINCAY ¦¦¦, 1222
ST-GERMAIN-DE-SALLES ¦¦¦ **TH**, 276
ST-GERMAIN-DE-TALLEVENDE ¦ **TH**, 1021
ST-GERMAIN-DES-BOIS ¦¦¦, 519
ST-GERMAIN-DES-CHAMPS ¦¦¦ **TH**, 393
ST-GERMAIN-DU-BEL-AIR ¦¦¦ **TH**, 889
ST-GERMAIN-DU-PERT ¦¦¦, 1021
ST-GERMAIN-DU-PUY ¦¦¦, 519
ST-GERMAIN-LA-CAMPAGNE ¦¦¦, 1051
ST-GERMAIN-LA-RIVIERE ¦¦¦, 210
ST-GERMAIN-LA-VILLE ¦¦¦, 627
ST-GERMAIN-LE-FOUILLOUX ¦¦¦ **TH**, 1193
ST-GERMAIN-LE-GAILLARD ¦¦¦, 1089
ST-GERMAIN-LE-VASSON ¦¦¦, 1022
ST-GERMAIN-LES-PAROISSES ¦¦¦, 1443
ST-GERMAIN-LESPINASSE ¦¦¦, 1512
ST-GERMAIN-SUR-AVRE ¦¦¦, 1051
ST-GERMAIN-SUR-MORIN ¦¦¦ **TH**, 683
ST-GERMAIN-SUR-SARTHE ¦¦, 1203
ST-GERVAIS ¦¦, 210
ST-GERVAIS ¦¦¦, 1222
ST-GERVAIS-D'AUVERGNE ¦¦¦, 316
ST-GERVAIS-D'AUVERGNE ¦¦¦ **TH**, 317
ST-GERVAIS-EN-VALLIERE ¦¦¦ **TH**, 379
ST-GERVAIS-LES-BAINS E.C. **TH**, 1561
ST-GERVAZY ¦¦, 317
ST-GERVAZY ¦¦¦ **A**, 317
ST-GERY ¦¦¦, 889
ST-GILDAS-DE-RHUYS ¦¦¦, 501
ST-GILDAS-DE-RHUYS E.C., 502
ST-GILDAS-DES-BOIS ¦¦, 1165
ST-GILDAS-DES-BOIS ¦¦, 1165
ST-GILLES ¦¦¦, 734
ST-GILLES ¦¦¦, 734
ST-GILLES-CROIX-DE-VIE ¦¦¦, 1222
ST-GILLES-LES-HAUTS ¦ **A**, 1575
ST-GILLES-LES-HAUTS ¦¦ **TH**, 1575
ST-GILLES-LES-HAUTS ¦¦, 1575
ST-GILLES-LES-HAUTS ¦¦ **TH**, 1576
ST-GIRONS ¦¦¦, 820
ST-GLADIE ¦¦¦ **TH**, 259
ST-GRATIEN-SAVIGNY ¦¦¦ **TH**, 355
ST-GRAVE E.C., 502
ST-GREGOIRE-D'ARDENNES ¦¦, 1290
ST-GREGOIRE-DU-VIEVRE ¦¦, 1051
ST-HAON-LE-VIEUX ¦¦¦, 1512
ST-HAON-LE-VIEUX ¦¦¦, 1512
ST-HELEN ¦¦, 424
ST-HILAIRE ¦¦ **TH**, 712
ST-HILAIRE-AU-TEMPLE ¦¦¦, 627
ST-HILAIRE-BONNEVAL ¦¦¦ **TH**, 808
ST-HILAIRE-DE-BRENS ¦¦¦ **TH**, 1498
ST-HILAIRE-DE-BRIOUZE ¦¦¦ **TH**, 1117

ST-HILAIRE-DE-LOULAY ⦀, 1222
ST-HILAIRE-DE-RIEZ ⦀, 1222
ST-HILAIRE-DE-RIEZ ⦀, 1222
ST-HILAIRE-DE-RIEZ E.C., 1223
ST-HILAIRE-DU-BOIS ⦀ TH, 211
ST-HILAIRE-DU-BOIS ⦀, 1290
ST-HILAIRE-DU-TOUVET ⦀, 1498
ST-HILAIRE-DU-TOUVET ⦀, 1498
ST-HILAIRE-EN-MORVAN ⦀, 355
ST-HILAIRE-EN-MORVAN ⦀, 355
ST-HILAIRE-LA-GRAVELLE ⦀ A, 589
ST-HILAIRE-LA-PALUD ⦀, 1307
ST-HILAIRE-LA-PALUD ⦀, 1307
ST-HILAIRE-LA-PALUD E.C. TH, 1307
ST-HILAIRE-LA-PLAINE ⦀, 793
ST-HILAIRE-LA-PLAINE ⦀, 793
ST-HILAIRE-LE-CHATEAU ⦀, 794
ST-HILAIRE-LE-VOUHIS ⦀, 1223
ST-HILAIRE-PETITVILLE ⦀, 1089
ST-HILAIRE-PEYROUX ⦀, 783
ST-HILAIRE-SAINT-FLORENT ⦀, 1184
ST-HIPPOLYTE ⦀, 168
ST-HIPPOLYTE ⦀, 169
ST-HIPPOLYTE ⦀, 169
ST-HIPPOLYTE ⦀ TH, 570
ST-HIPPOLYTE-DU-FORT ⦀, 734
ST-HONORE-LES-BAINS ⦀, 355
ST-HOSTIEN ⦀ TH, 302
ST-IGEST ⦀ TH, 834
ST-IGNAT ⦀, 317
ST-JACQUES-D'ATTICIEUX ⦀ TH, 1461
ST-JACQUES-DES-ARRETS ⦀, 1530
ST-JACQUES-EN-VALGAUDEMAR ⦀ A, 1355
ST-JACQUES-SUR-DARNETAL ⦀, 1142
ST-JAL ⦀, 783
ST-JAMES ⦀, 1090
ST-JAMES ⦀, 1090
ST-JAMES ⦀ TH, 1090
ST-JEAN-AUX-AMOGNES ⦀ TH, 355
ST-JEAN-AUX-BOIS ⦀, 1246
ST-JEAN-BREVELAY ⦀, 502
ST-JEAN-D'ARDIERES ⦀, 1531
ST-JEAN-D'ARVES ⦀ TH, 1545
ST-JEAN-D'ARVEY ⦀, 1545
ST-JEAN-D'ASSE ⦀ TH, 1204
ST-JEAN-DE-BLAIGNAC ⦀ TH, 211
ST-JEAN-DE-BUEGES ⦀, 751
ST-JEAN-DE-DURAS ⦀, 237
ST-JEAN-DE-LA-HAIZE ⦀, 1090
ST-JEAN-DE-LA-HAIZE ⦀, 1090
ST-JEAN-DE-LA-MOTTE ⦀ TH, 1204
ST-JEAN-DE-MARSACQ ⦀ TH, 225
ST-JEAN-DE-MONTS ⦀, 1223
ST-JEAN-DE-SIXT ⦀, 1561
ST-JEAN-DES-CHAMPS ⦀, 1090
ST-JEAN-DES-VIGNES ⦀, 1531
ST-JEAN-DU-CARDONNAY ⦀, 1143
ST-JEAN-DU-CORAIL ⦀, 1091
ST-JEAN-DU-GARD ⦀, 734
ST-JEAN-DU-GARD ⦀ TH, 734
ST-JEAN-EN-ROYANS ⦀ TH, 1482

ST-JEAN-EN-ROYANS ⦀ TH, 1482
ST-JEAN-LA-BUSSIERE ⦀ TH, 1531
ST-JEAN-LE-BLANC ⦀, 1022
ST-JEAN-LE-THOMAS ⦀, 1091
ST-JEAN-LE-THOMAS ⦀, 1091
ST-JEAN-LE-THOMAS E.C., 1091
ST-JEAN-LE-VIEUX ⦀, 259
ST-JEAN-PIED-DE-PORT ⦀, 259
ST-JEAN-PIED-DE-PORT ⦀, 259
ST-JEAN-SAINT-MAURICE ⦀ TH, 1512
ST-JEAN-SAINT-MAURICE E.C., 1513
ST-JEAN-SAINT-NICOLAS ⦀ TH, 1355
ST-JEAN-SUR-ERVE ⦀, 1194
ST-JEAN-SUR-REYSSOUZE ⦀, 1443
ST-JEURE-D'AY ⦀ TH, 1462
ST-JORIOZ ⦀, 1561
ST-JORIOZ ⦀, 1562
ST-JOSEPH ⦀ A, 1576
ST-JOSEPH ⦀ A, 1576
ST-JOSEPH ⦀, 1576
ST-JOSEPH ⦀ TH, 1576
ST-JOSEPH ⦀ TH, 1576
ST-JOSEPH E.C. TH, 1576
ST-JOSEPH ⦀ TH, 1577
ST-JOSSE-SUR-MER ⦀ TH, 976
ST-JOSSE-SUR-MER ⦀, 976
ST-JOSSE-SUR-MER ⦀, 976
ST-JOUAN-DES-GUERETS ⦀ TH, 471
ST-JOUAN-DES-GUERETS ⦀ TH, 472
ST-JOUAN-DES-GUERETS E.C., 472
ST-JOUIN-BRUNEVAL ⦀, 1143
ST-JOUIN-DE-BLAVOU ⦀, 1117
ST-JULIEN ⦀, 343
ST-JULIEN-CHAPTEUIL ⦀ TH, 302
ST-JULIEN-D'ARPAON ⦀ A, 762
ST-JULIEN-D'ASSE ⦀, 1343
ST-JULIEN-DE-CHEDON ⦀, 590
ST-JULIEN-DE-L'ESCAP ⦀ TH, 1290
ST-JULIEN-DE-LA-NEF ⦀ A, 734
ST-JULIEN-DES-LANDES ⦀ TH, 1223
ST-JULIEN-DU-GUA ⦀, 1462
ST-JULIEN-DU-SERRE ⦀, 1462
ST-JULIEN-DU-SERRE ⦀ TH, 1462
ST-JULIEN-EN-QUINT ⦀ TH, 1482
ST-JULIEN-MOLHESABATE ⦀, 303
ST-JULIEN-MOLIN-MOLETTE ⦀ TH, 1513
ST-JULIEN-MOLIN-MOLETTE ⦀ TH, 1513
ST-JULIEN-PRES-BORT ⦀ TH, 783
ST-JULIEN-SOUS-MONTMELAS ⦀, 1531
ST-JUNIEN-LES-COMBES ⦀ TH, 808
ST-JUST ⦀, 287
ST-JUST-D'ARDECHE ⦀ TH, 1462
ST-JUST-ET-VACQUIERES ⦀ TH, 735
ST-JUST-LE-MARTEL ⦀ TH, 808
ST-JUST-LUZAC ⦀, 1290
ST-JUST-SUR-DIVE ⦀ TH, 1184
ST-JUSTIN ⦀, 226
ST-JUVAT ⦀, 424
ST-JUVAT E.C. TH, 424
ST-LAGER ⦀, 1531
ST-LAGER-BRESSAC ⦀, 1462

ST-LARY ⦀, 820
ST-LARY ⦀ TH, 864
ST-LATTIER ⦀ TH, 1498
ST-LAURENT-D'OINGT ⦀, 1531
ST-LAURENT-D'OINGT ⦀, 1532
ST-LAURENT-D'OINGT ⦀ TH, 1532
ST-LAURENT-DE-CERDANS ⦀ TH, 771
ST-LAURENT-DE-LA-BARRIERE ⦀ TH, 1291
ST-LAURENT-DE-NESTE ⦀ TH, 910
ST-LAURENT-DU-MONT ⦀, 1022
ST-LAURENT-EN-BEAUMONT ⦀ TH, 1498
ST-LAURENT-EN-CAUX ⦀, 1143
ST-LAURENT-EN-GRANVAUX ⦀ A, 663
ST-LAURENT-LA-GATINE ⦀, 528
ST-LAURENT-LES-TOURS ⦀, 889
ST-LAURENT-NOUAN ⦀, 590
ST-LAURENT-SOUS-COIRON ⦀ TH, 1463
ST-LAURENT-SUR-GORRE ⦀ TH, 808
ST-LAURENT-SUR-MER ⦀, 1022
ST-LAURENT-SUR-OUST ⦀, 502
ST-LAURENT-SUR-ROCHEFORT ⦀ TH, 1513
ST-LEGER ⦀, 1091
ST-LEGER-EN-BRAY ⦀, 1246
ST-LEGER-LA-MONTAGNE ⦀, 809
ST-LEGER-LA-MONTAGNE E.C., 809
ST-LEGER-LES-MELEZES ⦀, 1355
ST-LEGER-LES-MELEZES ⦀ TH, 1355
ST-LEGER-SOUS-CHOLET ⦀, 1184
ST-LEGER-SUR-DHEUNE E.C. TH, 379
ST-LEON ⦀ A, 847
ST-LEONARD-DE-NOBLAT ⦀, 809
ST-LEONARD-DE-NOBLAT ⦀, 809
ST-LEONARD-DE-NOBLAT ⦀, 809
ST-LEONARD-DES-BOIS ⦀, 1204
ST-LEU ⦀ TH, 1577
ST-LEU ⦀, 1577
ST-LIEUX-LES-LAVAUR ⦀, 931
ST-LO ⦀, 1091
ST-LORMEL ⦀, 424
ST-LORMEL ⦀ TH, 424
ST-LOUET-SUR-SEULLES ⦀ TH, 1022
ST-LOUIS ⦀, 1577
ST-LOUIS ⦀ TH, 1577
ST-LOUIS ⦀ A, 1577
ST-LOUP ⦀ TH, 356
ST-LOUP ⦀ A, 663
ST-LOUP ⦀ TH, 940
ST-LOUP-DE-GONOIS E.C., 602
ST-LOUP-DE-LA-SALLE ⦀, 379
ST-LOUP-DE-LA-SALLE ⦀ TH, 379
ST-LOUP-DE-VARENNES E.C. TH, 379
ST-LOUP-HORS ⦀, 1022
ST-LOUP-HORS ⦀, 1023
ST-LOUP-LAMAIRE ⦀, 1307
ST-LOUP-SUR-AUJON ⦀, 633
ST-LUCIEN ⦀ TH, 1143
ST-LUMINE-DE-CLISSON ⦀ TH, 1165
ST-LUNAIRE ⦀, 472
ST-LUPERCE ⦀, 529
ST-LYPHARD ⦀, 1166

ST-MACLOU ||, 1051
ST-MACLOU |||, 1051
ST-MACLOU-DE-FOLLEVILLE |, 1143
ST-MAGNE-DE-CASTILLON |||, 211
ST-MAGNE-DE-CASTILLON ||, 211
ST-MAIXENT-L'ECOLE ||, 1307
ST-MAIXME ||| TH, 529
ST-MAIXME-HAUTERIVE ||| TH, 529
ST-MALO ||| TH, 472
ST-MALO |||, 472
ST-MALO E.C., 472
ST-MALO ||, 473
ST-MALO ||, 473
ST-MALO ||, 473
ST-MALO ||, 473
ST-MALO-DE-GUERSAC ||| TH, 1166
ST-MALO-DU-BOIS ||| TH, 1223
ST-MAMERT ||| TH, 735
ST-MANDRIER |||, 1392
ST-MANVIEU-BOCAGE ||, 1023
ST-MARC-JAUMEGARDE |||, 1375
ST-MARC-JAUMEGARDE ||||, 1375
ST-MARCAN ||, 473
ST-MARCAN ||, 473
ST-MARCEL ||, 502
ST-MARCEL ||, 502
ST-MARCEL-D'URFE ||| TH, 1513
ST-MARCELLIN-EN-FOREZ |||, 1513
ST-MARCELLIN-EN-FOREZ E.C. TH, 1514
ST-MARCELLIN-LES-VAISON ||, 1422
ST-MARCET ||| TH, 847
ST-MARIENS |||, 211
ST-MARIENS ||, 211
ST-MARS-DU-DESERT |||, 1166
ST-MARS-DU-DESERT || TH, 1194
ST-MARS-SUR-LA-FUTAIE |, 1194
ST-MARTIAL-DE-VALETTE |||, 197
ST-MARTIAL-LE-MONT |||, 794
ST-MARTIAL-LE-MONT || TH, 794
ST-MARTIN-AUX-BUNEAUX |||, 1143
ST-MARTIN-AUX-BUNEAUX |||, 1144
ST-MARTIN-AUX-CHARTRAINS |||, 1023
ST-MARTIN-CANTALES || TH, 288
ST-MARTIN-D'ABBAT |||, 603
ST-MARTIN-D'ABLOIS |||, 627
ST-MARTIN-D'ENTRAUNES ||, 1362
ST-MARTIN-DE-BAVEL |||, 1444
ST-MARTIN-DE-BEAUVILLE ||, 237
ST-MARTIN-DE-BERNEGOUE ||| TH, 1307
ST-MARTIN-DE-BLAGNY || TH, 1023
ST-MARTIN-DE-BOSCHERVILLE ||, 1144
ST-MARTIN-DE-BOSCHERVILLE ||, 1144
ST-MARTIN-DE-BOSCHERVILLE |||, 1144
ST-MARTIN-DE-BOUBAUX || TH, 763
ST-MARTIN-DE-BROMES ||, 1344
ST-MARTIN-DE-CARALP || TH, 820
ST-MARTIN-DE-CASTILLON ||| TH, 1422
ST-MARTIN-DE-CASTILLON ||, 1422
ST-MARTIN-DE-CONNEE ||| TH, 1194
ST-MARTIN-DE-CRAU ||| TH, 1375
ST-MARTIN-DE-HINX ||, 226
ST-MARTIN-DE-HINX E.C. TH, 226

ST-MARTIN-DE-L'ARCON ||| TH, 751
ST-MARTIN-DE-LA-CLUZE ||| TH, 1498
ST-MARTIN-DE-LANSUSCLE ||| TH, 763
ST-MARTIN-DE-LAYE |||, 212
ST-MARTIN-DE-LERM ||| TH, 212
ST-MARTIN-DE-QUEYRIERES ||, 1356
ST-MARTIN-DE-VERS |||, 889
ST-MARTIN-DES-BESACES || TH, 1023
ST-MARTIN-DES-BOIS || TH, 590
ST-MARTIN-DES-BOIS E.C., 590
ST-MARTIN-DES-CHAMPS |||, 451
ST-MARTIN-DES-CHAMPS |||, 1092
ST-MARTIN-DES-ENTREES |||, 1023
ST-MARTIN-DES-FONTAINES E.C. TH, 1223
ST-MARTIN-DES-NOYERS |||, 1224
ST-MARTIN-DES-TILLEULS E.C., 1224
ST-MARTIN-DU-BEC ||, 1144
ST-MARTIN-DU-FOUILLOUX ||, 1185
ST-MARTIN-DU-FOUILLOUX ||| TH, 1185
ST-MARTIN-DU-TARTRE || TH, 379
ST-MARTIN-DU-TERTRE || TH, 696
ST-MARTIN-DU-VIEUX-BELLEME |||, 1117
ST-MARTIN-DU-VIVIER ||, 1144
ST-MARTIN-EN-HAUT |, 1532
ST-MARTIN-L'ARS |||, 1324
ST-MARTIN-LAGUEPIE | TH, 931
ST-MARTIN-LAGUEPIE |||, 931
ST-MARTIN-LALANDE || TH, 712
ST-MARTIN-LALANDE ||| TH, 712
ST-MARTIN-LE-BEAU ||, 570
ST-MARTIN-LE-BEAU |||, 570
ST-MARTIN-LE-PIN ||, 197
ST-MARTIN-LE-REDON || TH, 890
ST-MARTIN-LE-VIEIL ||, 712
ST-MARTIN-LE-VIEIL |||, 713
ST-MARTIN-LE-VIEIL ||, 713
ST-MARTIN-LES-EAUX ||| TH, 1344
ST-MARTIN-LESTRA E.C. TH, 1514
ST-MARTIN-SEPERT ||, 784
ST-MARTIN-SUR-LAVEZON ||| TH, 1463
ST-MARTIN-SUR-OUANNE ||, 393
ST-MARTIN-SUR-OUST ||| TH, 503
ST-MARTIN-TERRESSUS ||| TH, 809
ST-MARTIN-VESUBIE |||, 1362
ST-MARY-LE-PLAIN ||| TH, 288
ST-MATHURIN ||, 1224
ST-MATHURIN || TH, 1224
ST-MATHURIN ||||, 1224
ST-MATHURIN-LEOBAZEL ||| TH, 784
ST-MATHURIN-SUR-LOIRE |||, 1185
ST-MATHURIN-SUR-LOIRE ||, 1185
ST-MAUGAN |, 474
ST-MAUR ||| A, 663
ST-MAUR ||, 864
ST-MAUR |||, 864
ST-MAUR ||, 1247
ST-MAURICE-AUX-FORGES ||| TH, 127
ST-MAURICE-CRILLAT ||| TH A, 663
ST-MAURICE-D'ARDECHE ||, 1463
ST-MAURICE-DE-GOURDANS || A, 1444

ST-MAURICE-DE-LIGNON |||, 303
ST-MAURICE-DES-LIONS || TH, 1274
ST-MAURICE-LA-CLOUERE |||, 1324
ST-MAURICE-LES-CHARENCEY ||, 1117
ST-MAURICE-LES-CHATEAUNEUF |||, 380
ST-MAURICE-LES-GUSSAINVILLE ||| TH, 131
ST-MAURICE-SAINT-GERMAIN || TH, 529
ST-MAURICE-SAINT-GERMAIN |||, 529
ST-MAURICE-SOUS-LES-COTES || TH, 131
ST-MAXIMIN |||, 1392
ST-MAXIMIN ||| TH, 1393
ST-MEARD-DE-GURCON ||| TH, 197
ST-MEARD-DE-GURCON |||, 197
ST-MEDARD ||| TH, 890
ST-MEDARD-EN-FOREZ |||, 1514
ST-MEDARD-EN-FOREZ E.C. A, 1514
ST-MEEN-LE-GRAND ||| TH, 474
ST-MELOIR-DES-ONDES ||, 474
ST-MELOIR-DES-ONDES ||, 474
ST-MELOIR-DES-ONDES |||, 474
ST-MELOIR-DES-ONDES ||, 474
ST-MELOIR-DES-ONDES ||, 475
ST-MELOIR-DES-ONDES ||, 475
ST-MELOIR-DES-ONDES ||, 475
ST-MELOIR-DES-ONDES E.C., 475
ST-MELOIR-DES-ONDES E.C., 475
ST-MELOIR-DES-ONDES E.C., 475
ST-MELOIR-DES-ONDES |, 476
ST-MELOIR-DES-ONDES |, 476
ST-MELOIR-DES-ONDES |||, 476
ST-MEME-LES-CARRIERES ||| TH, 1274
ST-MEZARD ||, 864
ST-MICHEL ||| TH, 260
ST-MICHEL |||, 260
ST-MICHEL || TH, 940
ST-MICHEL E.C., 1236
ST-MICHEL-CHEF-CHEF ||, 1166
ST-MICHEL-DE-CASTELNAU ||| TH, 212
ST-MICHEL-DE-CHABRILLANOUX |||, 1463
ST-MICHEL-DE-FRONSAC |||, 212
ST-MICHEL-DE-LANES |||, 713
ST-MICHEL-DE-RIVIERE || TH, 197
ST-MICHEL-DE-VAX |, 931
ST-MICHEL-DES-LOUPS || TH, 1092
ST-MICHEL-EN-L'HERM |||, 1224
ST-MICHEL-L'OBSERVATOIRE ||| TH, 1344
ST-MICHEL-LE-CLOUCQ |||, 1225
ST-MICHEL-LES-PORTES ||| A, 1499
ST-MICHEL-MONT-MERCURE ||| TH, 1225
ST-MICHEL-MONT-MERCURE |||, 1225
ST-MICHEL-SUR-MEURTHE || TH, 179
ST-MICHEL-SUR-MEURTHE |||, 179
ST-MICHEL-SUR-RHONE || TH, 1514
ST-MITRE-LES-REMPARTS |||, 1376
ST-MOLF ||, 1166
ST-MOLF |||, 1166
ST-MONTAN ||| TH, 1463
ST-MOREIL || TH, 794
ST-NABOR |||, 154

ST-NAUPHARY ¦¦¦, 940
ST-NAZAIRE-DE-LADAREZ ¦¦ TH, 751
ST-NAZAIRE-DES-GARDIES ¦¦¦¦, 735
ST-NECTAIRE ¦¦, 317
ST-NICOLAS-D'ALIERMONT ¦¦¦ TH, 1145
ST-NICOLAS-DE-BLIQUETUIT ¦¦, 1145
ST-NICOLAS-DE-BOURGUEIL ¦¦, 570
ST-NICOLAS-DE-LA-GRAVE ¦¦, 940
ST-NICOLAS-DE-LA-GRAVE ¦¦¦, 940
ST-NICOLAS-DE-PIERREPONT ¦¦¦, 1092
ST-NICOLAS-LA-CHAPELLE ¦¦ TH, 1545
ST-NICOLAS-LES-ARRAS ¦¦, 976
ST-NIZIER-DE-FORNAS ¦¦¦ TH, 1514
ST-ONDRAS ¦¦¦¦ TH, 1499
ST-OUEN-DES-CHAMPS ¦¦¦, 1052
ST-OUEN-EN-BRIE E.C. TH, 684
ST-OUEN-LA-ROUERIE ¦¦¦, 476
ST-OUEN-LES-VIGNES ¦¦¦, 570
ST-OUEN-LES-VIGNES E.C., 571
ST-OUEN-SUR-ITON ¦¦¦ TH, 1117
ST-OURS ¦¦¦ TH, 1545
ST-OVIN ¦¦, 1092
ST-PAER ¦¦¦, 1145
ST-PAIR-SUR-MER ¦¦¦, 1092
ST-PAIR-SUR-MER ¦¦¦, 1092
ST-PALAIS ¦¦¦, 212
ST-PALAIS-DU-NE ¦¦¦ TH, 1274
ST-PALAIS-SUR-LE-NE ¦¦¦ TH, 1274
ST-PANTALEON ¦¦ TH, 890
ST-PANTALEON ¦¦¦ TH, 890
ST-PANTALEON ¦¦¦ TH, 890
ST-PAPOUL ¦, 713
ST-PARDOUX ¦¦¦ TH, 810
ST-PARDOUX-LA-RIVIERE ¦¦¦ TH, 197
ST-PARDOUX-LE-NEUF ¦¦¦ TH, 794
ST-PARDOUX-LES-CARDS ¦¦¦ TH, 794
ST-PATERNE-RACAN ¦¦, 571
ST-PATRICE-DE-CLAIDS ¦¦, 1093
ST-PAUL ¦¦¦, 212
ST-PAUL ¦¦¦ TH, 1577
ST-PAUL ¦¦¦, 1578
ST-PAUL ¦¦¦ TH, 1578
ST-PAUL E.C. A, 1578
St-PAUL E.C., 1579
ST-PAUL-D'IZEAUX ¦¦, 1499
ST-PAUL-D'OUEIL ¦¦¦, 847
ST-PAUL-DE-JARRAT ¦¦¦, 820
ST-PAUL-DE-LOUBRESSAC ¦¦¦, 890
ST-PAUL-DE-VENCE ¦¦¦¦, 1362
ST-PAUL-DU-VERNAY ¦¦ TH, 1024
ST-PAUL-DU-VERNAY ¦¦¦ TH, 1024
ST-PAUL-EN-CHABLAIS ¦¦ TH, 1562
ST-PAUL-EN-CHABLAIS ¦¦¦, 1562
ST-PAUL-EN-JAREZ ¦¦ TH, 1515
ST-PAUL-EN-PAREDS ¦¦¦, 1225
ST-PAUL-LE-JEUNE ¦¦¦, 1463
ST-PAUL-LES-DAX ¦¦, 226
ST-PAUL-LES-MONESTIER ¦¦ TH, 1499
ST-PAUL-SUR-UBAYE ¦¦, 1344
ST-PAULET-DE-CAISSON ¦¦, 735
ST-PAULET-DE-CAISSON ¦¦¦, 735
ST-PE-DE-BIGORRE ¦¦¦ TH, 910

ST-PE-DE-BIGORRE ¦¦¦, 910
ST-PE-DE-BIGORRE ¦¦¦ TH, 911
ST-PE-DE-BIGORRE ¦¦¦, 911
ST-PEE-SUR-NIVELLE ¦ TH, 260
ST-PEE-SUR-NIVELLE ¦¦ TH, 260
ST-PEE-SUR-NIVELLE ¦¦, 260
ST-PERE ¦¦¦, 476
ST-PERE-EN-RETZ ¦¦, 1167
ST-PERE-SOUS-VEZELAY ¦ TH, 394
ST-PHILBERT-DES-CHAMPS ¦¦, 1024
ST-PHILBERT-SUR-ORNE ¦¦¦, 1118
ST-PHILIBERT ¦¦¦, 503
ST-PHILLIPE ¦¦¦ TH, 1578
ST-PIAT ¦¦, 529
ST-PIERRE ¦¦, 154
ST-PIERRE ¦, 155
ST-PIERRE ¦¦¦ A, 664
ST-PIERRE ¦ A, 1578
ST-PIERRE-AZIF ¦¦¦, 1024
ST-PIERRE-BELLEVUE ¦¦¦ TH, 795
ST-PIERRE-BROUCK ¦¦¦¦ TH, 952
ST-PIERRE-D'ARGENCON ¦¦, 1356
ST-PIERRE-D'ENTREMONT ¦¦ TH, 1499
ST-PIERRE-D'ENTREMONT ¦¦, 1545
ST-PIERRE-D'OLERON ¦¦¦, 1291
ST-PIERRE-DE-CHARTREUSE ¦¦¦ TH, 1499
ST-PIERRE-DE-CHARTREUSE ¦¦, 1500
ST-PIERRE-DE-CHARTREUSE ¦¦¦ TH, 1500
ST-PIERRE-DE-FRUGIE ¦¦ TH, 198
ST-PIERRE-DE-LAGES ¦¦¦, 848
ST-PIERRE-DE-MANNEVILLE ¦¦, 1145
ST-PIERRE-DE-MEZOARGUES ¦¦, 1376
ST-PIERRE-DE-PLESGUEN ¦¦¦ TH, 476
ST-PIERRE-DE-PLESGUEN ¦¦, 477
ST-PIERRE-DE-PLESGUEN ¦¦¦ TH, 477
ST-PIERRE-DE-VARENGEVILLE ¦¦ TH, 1145
ST-PIERRE-DE-VASSOLS ¦¦¦¦, 1423
ST-PIERRE-DE-VENACO ¦ TH, 642
ST-PIERRE-DES-FLEURS ¦¦, 1052
ST-PIERRE-DES-TRIPIERS ¦¦¦ A, 763
ST-PIERRE-DES-TRIPIERS ¦¦¦ TH A, 763
ST-PIERRE-DES-TRIPIERS ¦¦¦ TH, 763
ST-PIERRE-DU-FRESNE ¦¦¦ TH, 1024
ST-PIERRE-DU-MONT ¦¦¦ TH, 1024
ST-PIERRE-DU-REGARD ¦¦¦, 1118
ST-PIERRE-DU-VAL ¦¦¦, 1052
ST-PIERRE-DU-VAUVRAY E.C., 1052
ST-PIERRE-EN-VAUX ¦ TH, 344
ST-PIERRE-ES-CHAMPS ¦¦¦, 1247
ST-PIERRE-EYNAC ¦¦¦ TH, 303
ST-PIERRE-EYNAC ¦¦¦ TH, 303
ST-PIERRE-LA-BOURLHONNE ¦¦, 317
ST-PIERRE-LA-NOAILLE ¦¦¦¦ TH, 1515
ST-PIERRE-LE-CHASTEL ¦¦¦ TH, 318
ST-PIERRE-LE-MOUTIER ¦¦, 356
ST-PIERRE-LE-MOUTIER E.C. TH, 356
ST-PIERRE-LE-VIEUX ¦¦ TH, 380
ST-PIERRE-LE-VIEUX ¦¦¦ TH, 380
ST-PIERRE-LE-VIEUX ¦¦¦, 1225
ST-PIERRE-LE-VIEUX ¦¦ TH, 1225
ST-PIERRE-LES-BOIS ¦¦¦ TH, 520

ST-PIERRE-LES-BOIS E.C. TH, 520
ST-PIERRE-LES-ETIEUX ¦¦ TH, 520
ST-PIERRE-QUIBERON ¦¦, 503
ST-PIERRE-ROCHE ¦¦¦ TH, 318
ST-PIERRE-SUR-DIVES ¦¦¦, 1025
ST-PIERRE-TOIRAC ¦¦ TH, 891
ST-PIERREVILLE ¦¦¦, 1464
ST-PIERREVILLE ¦¦¦ TH, 1464
ST-PLAISIR ¦¦¦ A, 276
ST-PLANCHERS ¦, 1093
ST-PLANCHERS ¦¦, 1093
ST-PLANCHERS ¦¦, 1093
ST-POINT ¦¦¦, 380
ST-POL-DE-LEON ¦¦¦, 451
ST-POTAN ¦¦¦ TH, 424
ST-POTAN ¦¦¦ TH, 425
ST-PREST ¦¦¦ TH, 530
ST-PREUIL ¦¦¦, 1274
ST-PRIEST-EN-MURAT ¦¦¦ TH, 276
ST-PRIEST-LA-ROCHE ¦¦¦ TH, 1515
ST-PRIEST-LIGOURE ¦¦ TH, 810
ST-PRIM ¦¦¦ TH, 1500
ST-PRIVAT-DE-VALLONGUE ¦¦¦¦ TH, 763
ST-PRIX ¦¦¦ TH, 380
ST-PRIX ¦¦¦, 696
ST-PROJET ¦¦¦ TH, 1275
ST-PROJET-DE-SALERS ¦¦¦, 288
ST-PUY ¦¦¦ TH, 864
ST-QUAY-PERROS ¦¦¦¦ TH, 425
ST-QUENTIN-DES-ILES ¦¦¦, 1052
ST-QUENTIN-DES-PRES ¦¦¦ TH, 1247
ST-QUENTIN-LA-POTERIE ¦¦¦, 735
ST-QUENTIN-LA-POTERIE ¦¦¦, 735
ST-QUENTIN-SUR-INDROIS ¦¦¦ TH, 571
ST-QUENTIN-SUR-LE-HOMME ¦¦, 1093
ST-RAPHAEL ¦¦, 1393
ST-REGLE ¦¦, 571
ST-REGLE ¦¦¦, 571
ST-REMEZE ¦¦¦, 1464
ST-REMEZE ¦¦¦ TH, 1464
ST-REMY ¦¦¦ TH, 834
ST-REMY-DE-CHARGNAT ¦¦¦¦, 318
ST-REMY-DE-CHAUDES-AIGUES ¦¦, 288
ST-REMY-DE-PROVENCE ¦¦¦, 1376
ST-REMY-DE-PROVENCE ¦¦¦, 1376
ST-REMY-DE-PROVENCE ¦¦¦, 1376
ST-REMY-EN-BOUZEMONT E.C. TH, 627
ST-REMY-LA-VARENNE ¦¦¦, 1185
ST-REMY-SUR-LIDOIRE ¦¦¦, 198
ST-REMY-SUR-ORNE ¦¦, 1025
ST-REMY-SUR-ORNE ¦¦, 1025
ST-RIMAY ¦ TH, 590
ST-RIQUIER ¦¦, 1261
ST-RIQUIER ¦¦¦, 1262
ST-RIQUIER-EN-RIVIERE ¦¦¦ TH, 1145
ST-ROMAIN-DE-LERPS ¦¦ TH, 1464
ST-ROMAIN-SUR-CHER ¦¦, 590
ST-ROMAN-DE-CODIERES E.C., 736
ST-ROMAN-DE-MALEGARDE ¦¦, 1423
ST-ROME-DE-DOLAN ¦, 764
ST-ROME-DE-DOLAN ¦¦, 764
ST-ROME-DE-DOLAN ¦¦¦ TH, 764

1624

ST-ROMPHAIRE ⋮⋮, 1093
ST-SAENS ⋮⋮, 1146
ST-SAENS ⋮⋮⋮, 1146
ST-SAIRE ⋮⋮, 1146
ST-SATUR ⋮⋮⋮, 520
ST-SATUR E.C., 520
ST-SATURNIN ⋮⋮ **TH**, 288
ST-SATURNIN-DE-LENNE ⋮⋮ **TH**, 834
ST-SATURNIN-LES-AVIGNON ⋮⋮⋮ **TH**, 1423
ST-SATURNIN-LES-AVIGNON ⋮⋮⋮ **TH**, 1423
ST-SAUD-LA-COUSSIERE ⋮⋮ **TH**, 198
ST-SAUVANT ⋮⋮ **TH**, 1325
ST-SAUVEUR-D'EMALLEVILLE ⋮⋮⋮, 1146
ST-SAUVEUR-DE-CRUZIERES ⋮⋮⋮⋮ **TH**, 1464
ST-SAUVEUR-DE-CRUZIERES ⋮⋮⋮ **TH**, 1465
ST-SAUVEUR-DE-FLEE ⋮⋮ **TH**, 1185
ST-SAUVEUR-DE-FLEE ⋮⋮⋮, 1186
ST-SAUVEUR-DES-LANDES ⋮⋮⋮ **TH**, 477
ST-SAUVEUR-LE-VICOMTE ⋮⋮, 1094
ST-SAUVEUR-SUR-ECOLE ⋮⋮⋮ **TH**, 684
ST-SAVIN ⋮⋮, 1325
ST-SAVINIEN ⋮⋮⋮ **TH**, 1291
ST-SAVINIEN ⋮⋮⋮ **TH**, 1291
ST-SEBASTIEN ⋮⋮ **TH**, 1500
ST-SEBASTIEN-D'AIGREFEUILLE ⋮⋮⋮⋮ **TH**, 736
ST-SENIER-SOUS-AVRANCHES ⋮⋮, 1094
ST-SERIES ⋮⋮⋮, 751
ST-SERNIN-DU-PLAIN ⋮⋮⋮ **TH**, 380
ST-SERNIN-SUR-RANCE E.C., 835
ST-SERVANT-SUR-OUST ⋮⋮, 503
ST-SEVE ⋮⋮⋮ **TH**, 213
ST-SEVE ⋮⋮⋮⋮ **TH**, 213
ST-SIFFRET ⋮⋮⋮, 736
ST-SIMEON E.C. **TH**, 1052
ST-SIMON ⋮⋮⋮, 891
ST-SIMON ⋮⋮⋮ **TH**, 891
ST-SOLVE ⋮⋮⋮, 784
ST-SORLIN ⋮⋮, 1444
ST-SORNIN ⋮⋮⋮ **TH**, 1291
ST-SOZY ⋮⋮ **TH**, 891
ST-SOZY ⋮⋮⋮, 891
ST-SULIAC ⋮⋮⋮, 477
ST-SULIAC ⋮⋮⋮, 477
ST-SULIAC E.C., 477
ST-SULPICE-DE-ROYAN ⋮⋮⋮ **TH A**, 1292
ST-SULPICE-LE-GUERETOIS ⋮⋮⋮, 795
ST-SULPICE-SUR-CELE ⋮⋮ **TH**, 891
ST-SYLVAIN-D'ANJOU ⋮⋮ **TH**, 1186
ST-SYLVESTRE-GRANDMONT ⋮⋮⋮ **TH**, 810
ST-SYLVESTRE-PRAGOULIN ⋮⋮⋮, 318
ST-SYMPHORIEN ⋮⋮⋮, 213
ST-SYMPHORIEN ⋮⋮⋮ **TH**, 1204
ST-SYMPHORIEN-DE-LAY ⋮⋮⋮ **TH**, 1515
ST-SYMPHORIEN-DES-BRUYERES ⋮⋮, 1118
ST-SYMPHORIEN-LE-VALOIS ⋮⋮, 1094
ST-SYMPHORIEN-LE-VALOIS ⋮⋮⋮, 1094
ST-THEGONNEC ⋮⋮, 451
ST-THEGONNEC ⋮⋮⋮ **TH**, 451

ST-THIBAUD-DE-COUZ ⋮⋮, 1545
ST-THOMAS-DE-CONAC ⋮⋮⋮ **TH**, 1292
ST-THOMAS-LA-GARDE ⋮⋮⋮, 1515
ST-THONAN ⋮⋮⋮, 452
ST-TRICAT ⋮⋮⋮, 976
ST-TRICAT ⋮⋮⋮, 976
ST-TRINIT ⋮⋮ **TH A**, 1423
ST-TRIVIER-DE-COURTES ⋮⋮⋮, 1444
ST-TRIVIER-SUR-MOIGNANS ⋮⋮⋮ **TH**, 1444
ST-UNIAC ⋮⋮ **TH**, 478
ST-URCIZE ⋮, 288
ST-USUGE ⋮⋮⋮ **TH**, 381
ST-VAAST-D'EQUIQUEVILLE ⋮⋮⋮, 1146
ST-VALERY-EN-CAUX ⋮⋮⋮, 1146
ST-VALERY-SUR-SOMME ⋮⋮⋮, 1262
ST-VALERY-SUR-SOMME ⋮⋮⋮, 1262
ST-VALERY-SUR-SOMME ⋮⋮⋮, 1262
ST-VALERY-SUR-SOMME ⋮⋮⋮, 1262
ST-VALLIER-DE-THIEY ⋮⋮, 1362
ST-VARENT ⋮⋮, 1308
ST-VERAN ⋮⋮, 1356
ST-VERAND ⋮⋮⋮ **TH**, 1500
ST-VERAND ⋮⋮ **A**, 1532
ST-VERAND ⋮⋮⋮ **TH**, 1532
ST-VERAND ⋮⋮⋮⋮ **TH**, 1532
ST-VICTOR ⋮⋮ **TH**, 277
ST-VICTOR ⋮⋮⋮ **TH**, 1465
ST-VICTOR-D'EPINE ⋮⋮⋮, 1053
ST-VICTOR-LA-RIVIERE ⋮⋮, 318
ST-VICTOR-MALESCOURS ⋮⋮⋮ **TH**, 303
ST-VICTOR-MONTVIANEIX ⋮⋮⋮ **TH**, 318
ST-VICTOR-SUR-LOIRE ⋮⋮⋮, 1515
ST-VICTURNIEN ⋮⋮⋮ **TH**, 810
ST-VICTURNIEN ⋮⋮⋮ **TH**, 810
ST-VICTURNIEN ⋮⋮⋮, 810
ST-VIGOR E.C., 1053
ST-VIGOR-DES-MONTS ⋮⋮ **TH**, 1094
ST-VIGOR-LE-GRAND ⋮⋮⋮, 1025
ST-VIGOR-LE-GRAND ⋮⋮⋮, 1025
ST-VINCENT ⋮⋮⋮ **TH**, 303
ST-VINCENT-DE-BARRES ⋮⋮, 1465
ST-VINCENT-DE-DURFORT ⋮⋮ **TH**, 1465
ST-VINCENT-DE-DURFORT ⋮⋮⋮ **TH**, 1465
ST-VINCENT-LA-CHATRE ⋮⋮⋮ **A**, 1308
ST-VINCENT-LES-FORTS ⋮⋮ **TH**, 1344
ST-VINCENT-LESPINASSE ⋮⋮⋮ **TH**, 941
ST-VINCENT-SUR-JABRON ⋮ **TH**, 1344
ST-VINCENT-SUR-JABRON ⋮⋮⋮ **TH**, 1345
ST-VINCENT-SUR-JARD ⋮⋮⋮, 1226
ST-VITAL ⋮⋮, 1546
ST-VITTE-SUR-BRIANCE ⋮ **TH**, 811
ST-VIVIEN-DE-MEDOC ⋮⋮, 213
ST-VIVIEN-DE-MEDOC ⋮⋮⋮, 213
ST-WANDRILLE-RANCON ⋮⋮⋮, 1147
ST-XANDRE ⋮⋮⋮, 1292
ST-YAN ⋮⋮, 381
ST-YRIEIX-LA-MONTAGNE ⋮⋮⋮ **TH**, 795
ST-YRIEIX-LA-MONTAGNE ⋮⋮⋮, 795
ST-YRIEIX-LA-PERCHE ⋮⋮ **TH**, 811
ST-YRIEIX-LE-DEJALAT ⋮⋮⋮ **TH**, 784
ST-YRIEIX-SOUS-AIXE ⋮⋮ **TH**, 811

ST-YTHAIRE E.C. **TH**, 381
ST-YVI ⋮⋮⋮, 452
ST-YZANS-DE-MEDOC ⋮⋮⋮ **TH**, 213
ST-YZANS-DE-MEDOC ⋮⋮⋮, 214
STE-ALAUZIE ⋮, 892
STE-CATHERINE-DE-FIERBOIS ⋮⋮⋮, 571
STE-CECILE ⋮⋮⋮ **TH**, 977
STE-CECILE ⋮⋮⋮, 1226
STE-CECILE E.C., 1226
STE-CECILE-CAMIERS ⋮⋮⋮, 977
STE-COLOMBE ⋮⋮⋮, 1356
STE-COLOMBE-DE-PEYRE ⋮⋮⋮ **TH**, 764
STE-CROIX ⋮⋮⋮, 835
STE-CROIX ⋮⋮⋮ **TH**, 1236
STE-CROIX ⋮⋮, 1444
STE-CROIX-DE-QUINTILLARGUES ⋮⋮⋮, 752
STE-CROIX-DU-MONT ⋮⋮, 214
STE-CROIX-DU-MONT ⋮⋮⋮, 214
STE-CROIX-DU-VERDON ⋮⋮, 1345
STE-CROIX-EN-BRESSE ⋮⋮ **A**, 381
STE-CROIX-SUR-MER ⋮, 1025
STE-CROIX-VALLEE-FRANCAISE ⋮⋮ **TH**, 764
STE-CROIX-VOLVESTRE ⋮⋮⋮ **TH**, 820
STE-DODE ⋮⋮⋮ **TH**, 864
STE-ENGRACE ⋮⋮⋮ **TH**, 260
STE-ENIMIE ⋮⋮⋮, 764
STE-ENIMIE ⋮⋮ **TH**, 765
STE-ENIMIE ⋮⋮, 765
STE-EULALIE ⋮ **TH**, 289
STE-EULALIE-DE-CERNON ⋮⋮, 835
STE-EULALIE-DE-CERNON E.C., 835
STE-EUPHRAISE-ET-CLAIRIZET ⋮⋮⋮, 627
STE-FLAIVE-DES-LOUPS ⋮⋮, 1226
STE-FLORENCE E.C., 214
STE-FOY-D'AIGREFEUILLE ⋮⋮⋮, 848
STE-FOY-DE-BELVES ⋮⋮, 198
STE-FOY-SAINT-SULPICE ⋮⋮, 1516
STE-FOY-SAINT-SULPICE ⋮⋮⋮ **TH**, 1516
STE-GAUBURGE-SAINTE-COLOMBE ⋮⋮⋮ **TH**, 1118
STE-GEMME ⋮⋮⋮, 214
STE-GEMME ⋮⋮, 520
STE-GEMME ⋮⋮ **A**, 521
STE-GEMME ⋮⋮, 521
STE-GEMME ⋮⋮ **TH**, 1308
STE-GENEVIEVE ⋮⋮⋮ **TH A**, 127
STE-GENEVIEVE ⋮⋮⋮, 1094
STE-GENEVIEVE ⋮⋮⋮, 1095
STE-GENEVIEVE ⋮⋮⋮ **TH**, 1247
STE-HELENE ⋮⋮ **TH**, 381
STE-HERMINE ⋮⋮⋮ **TH**, 1226
STE-HONORINE-DES-PERTES ⋮⋮⋮, 1026
STE-HONORINE-DU-FAY ⋮⋮, 1026
STE-LUCIE-DE-TALLANO ⋮⋮⋮, 642
STE-MAGNANCE ⋮⋮⋮⋮ **TH**, 394
STE-MARGUERITE-DES-LOGES ⋮⋮, 1026
STE-MARGUERITE-SUR-FAUVILLE ⋮⋮⋮, 1147
STE-MARIE ⋮⋮, 356
STE-MARIE ⋮⋮ **A**, 1578
STE-MARIE ⋮⋮⋮, 1579

STE-MARIE-AUX-MINES |||, 169
STE-MARIE-CAPPEL ||, 952
STE-MARIE-DE-RE ||, 1292
STE-MARIE-DE-RE |||, 1292
STE-MARIE-DE-REDON |||, 478
STE-MARIE-DU-MONT ||, 1095
STE-MARIE-DU-MONT |||, 1095
STE-MARIE-DU-MONT |||, 1095
STE-MARIE-DU-MONT E.C., 1095
STE-MARIE-LAUMONT ||, 1026
STE-MAXIME ||, 1393
STE-MAXIME |||, 1393
STE-MELAINE-SUR-AUBANCE |||, TH, 1186
STE-MERE-EGLISE ||, 1095
STE-MERE-EGLISE |||, 1096
STE-MERE-EGLISE |||, 1096
STE-MERE-EGLISE |||, 1096
STE-MERE-EGLISE |||, 1096
STE-NATHALENE |||, 198
STE-OPPORTUNE |||, 1118
STE-OPPORTUNE-LA-MARE ||, 1053
STE-OPPORTUNE-LA-MARE |||, TH, 1053
STE-PAZANNE |, 1167
STE-PIENCE |||, 1096
STE-REINE-DE-BRETAGNE |||, 1167
STE-REINE-DE-BRETAGNE |||, 1167
STE-ROSE || A, 1579
STE-ROSE || TH, 1579
STE-SOLINE |||, TH, 1308
STE-SOULLE |||, 1292
STE-SUZANNE |||, 261
STE-SUZANNE || A, 1579
STE-SUZANNE |||, TH, 1579
STE-TERRE |||, 214
STE-TERRE |||, 215
STE-TRIE ||, 198
STE-VERGE || TH, 1308
STEIGE E.C. A, 155
STEINBOURG |, 155
LES STES-MARIES-DE-LA-MER |||, 1376
STRAZEELE || A, 952
STRUETH || A, 169
SUARICCHIO | A, 642
SUAUX |||, TH, 1275
SUAUX |||, 1275
SUBLES |||, 1026
SUBLIGNY E.C. TH, 521
SUBLIGNY |||, 1096
SUCE-SUR-ERDRE |||, 1167
SUCE-SUR-ERDRE |||, 1167
SUEVRES ||, 591
SUEVRES E.C., 591
SUHESCUN ||| TH, 261
SULLY ||, 1026
SULNIAC ||, 503
SULNIAC |||, TH, 503
SULNIAC E.C. TH, 504
SUMENE ||, 736
SURIN E.C. TH, 1308
SURIN ||| TH, 1325
SURRAIN |, 1027

SURVIE ||| TH, 1118
SURVIE ||| TH, 1119
SURVILLE |||, 1027
SURVILLE |||, 1097
SURZUR ||, 504
SUSMIOU || TH, 261
SUZE-LA-ROUSSE |||, TH, 1482
SUZE-LA-ROUSSE || TH, 1483
SYAM |||| A, 664
SYLVANES || TH, 835

T

TADEN ||| TH, 425
LES TAILLADES || TH, 1423
TALAIRAN E.C., 713
TALLER |, 226
TALMAS ||, TH, 1262
TALMONT ||, 1293
TALMONT-ST-HILAIRE ||| TH, 1226
TALMONT-ST-HILAIRE |||, 1227
TALON ||, 356
TALUS-SAINT-PRIX |||, 627
TAMERVILLE |||, 1097
TAMNIES || TH, 199
TAMNIES ||, 199
TAMPON || TH, 1580
TAMPON ||, 1580
LE TAMPON ||| TH, 1580
LE TAMPON E.C. TH, 1580
TANINGES |||, 1562
TANINGES |||, TH, 1562
TANIS |, 1097
TANIS |, 1097
TANNERRE-EN-PUISAYE |||, 394
TAPONAS ||, 1533
TARASCON-SUR-ARIEGE ||| TH, 820
TARGET || TH, 277
TARNAC ||, 784
TARNOS || TH, 226
TARNOS ||, 227
TARNOS ||, 227
TARTIERS ||, 1236
TASSO || A, 642
TAULIGNAN |||, 1483
TAURIAC ||, 215
TAURIAC |, 892
TAURINYA ||| TH, 771
TAUVES ||| TH, 319
TAUXIGNY |||, 572
TAVAUX ||, 1236
TAVEL ||| TH, 736
TAVERNES |||, 1393
TAVERNES |||, TH, 1393
TAVERS || TH, 603
TAVERS ||| TH, 603
LE TEILLEUL ||| TH, 1097
LE TEMPLE |||, 215
LE TEMPLE-DE-BRETAGNE ||| TH, 1168
TENCE ||| TH, 304
TENDU || TH, 540

TENEUR |||, TH, 977
TERMES |||, TH, 765
TERMES-D'ARMAGNAC ||| TH, 865
TERMES-D'ARMAGNAC ||| TH, 865
TERNUAY |||, 669
TERNUAY E.C. TH A, 669
LA TERRASSE-SUR-DORLAY ||| TH, 1516
TESSEL | TH, 1027
TESSY-SUR-VIRE |||, 1097
TETEGHEM ||| TH, 952
TEYRAN ||, 752
THAIRE-D'AUNIS ||, 1293
THAIRE-D'AUNIS ||, 1293
THAIRE-D'AUNIS |||, 1293
THAIRE-D'AUNIS |||, 1293
THANNENKIRCH |, 169
THANNENKIRCH |||, 169
THANNENKIRCH | TH, 170
THANNENKIRCH E.C., 170
THAON ||, 1027
THEDIRAC |||| TH, 892
THEHILLAC |||, 504
LE THEIL ||| TH, 277
LE THEILLEMENT |||, 1053
THEIX ||, 504
THEIX |||, 504
THEIX |||, 504
THELUS |||, 977
THEMINETTES ||| TH, 892
THENAY E.C., 591
THENIOUX |||, 521
THERVAY ||| A, 664
THEVET-SAINT-JULIEN ||, 540
THEVET-SAINT-JULIEN |||, 540
THEVRAY || TH, 1053
THEYS || A, 1500
THEYS ||| TH, 1501
THEZE ||| TH, 261
THIBERVILLE |||, 1054
THIEL-SUR-ACOLIN ||| TH, 277
THIERS-SUR-THEVE |||, 1247
THIETREVILLE |||, 1147
THIL |||, 617
THIL ||, 618
THILLOMBOIS ||| TH, 132
THIZY ||| TH, 394
THOARD |, 1345
THOIRAS ||| TH, 736
THOIRAS ||, 737
THOIRAS ||| TH, 737
THOIRE-SUR-DINAN ||| TH, 1204
THOISY-LE-DESERT |||, 344
THOMERY |||, 684
THOMERY ||, 684
THONES |||, 1562
THONES ||| TH, 1563
THONNANCE-LES-JOINVILLE |||, 634
LE THOR | A, 1424
LE THOR || TH, 1424
LE THOR ||| TH, 1424
LE THOR |||, 1424
LE THOR ||| TH, 1424

1626

LE THOR ⫼, 1424
THORAME-BASSE ⫼, 1345
THORE-LA-ROCHETTE ⫼, 591
THORENS-GLIERES ⫼ TH, 1563
THOREY-SOUS-CHARNY ⫼ TH, 344
THOUARS ⫼, 1309
THOURY ⫼, 591
THOURY ⫼, 591
THOURY E.C. TH, 592
THOURY-FEROTTES ⫼, 684
LA THUILE ⫼ TH, 1546
THUILLIERES ⫼, 180
THUIR ⫼, 772
THUSY ⫼ TH, 1563
LA TIEULE ⫼ A, 765
TIGNECOURT ⫼, 180
LE TIGNET ⫼, 1363
LE TIGNET ⫼, 1363
TIGNY-NOYELLE ⫼ TH, 977
LE TILLEUL ⫼, 1147
LE TILLEUL ⫼, 1147
LE TILLEUL ⫼, 1147
TILLOU ⫼ TH, 1309
TILLOY-LES-MARCHIENNES ⫼ TH, 953
TILLY-SUR-SEULLES ⫼ TH, 1027
TINCHEBRAY ⫼, 1119
TINTENIAC ⫼, 478
TINTRY ⫼ TH, 381
TINTURY ⫼, 356
TOCQUEVILLE-LES-MURS ⫼ TH, 1147
TONNEINS ⫼ TH, 237
TONNERRE ⫼, 394
TONQUEDEC ⫼, 425
TORCY-EN-VALOIS ⫼, 1237
TORNAC ⫼ TH, 737
LE TORP-MESNIL ⫼, 1148
LE TORPT ⫼, 1054
TORTISAMBERT ⫼, 1027
TOSSE ⫼, 227
TOSTAT ⫼ TH, 911
TOUFFLERS ⫼, 953
TOUFFREVILLE ⫼, 1054
TOUFFREVILLE-SUR-EU ⫼ TH, 1148
TOUILLON ⫼, 344
TOULIGNY ⫼ TH, 609
TOULON-SUR-ARROUX E.C., 381
TOULX-SAINTE-CROIX ⫼ TH, 795
LA TOUR-D'AUVERGNE ⫼ TH, 319
TOUR-DE-FAURE ⫼ TH, 892
TOUR-EN-BESSIN ⫼ TH, 1028
TOUR-EN-SOLOGNE ⫼, 592
LA TOUR-SAINT-GELIN ⫼, 572
LA TOUR-SUR-ORB ⫼ TH, 752
TOURC'H ⫼ TH, 452
TOURLAVILLE ⫼, 1098
TOURNAVAUX ⫼ TH, 610
TOURNECOUPE ⫼ TH, 865
TOURNEDOS-SUR-SEINE ⫼, 1054
TOURNEHEM-SUR-LA-HEM ⫼, 977
TOURNEMIRE ⫼, 289
TOURNIERES ⫼ TH, 1028
TOURNON ⫼, 1465

TOURNON ⫼ TH, 1546
TOURNON-SAINT-MARTIN ⫼ TH, 540
TOURNON-SAINT-MARTIN ⫼, 540
TOURNUS ⫼, 382
TOURNUS ⫼, 382
TOURNUS E.C., 382
TOUROUVRE ⫼, 1119
TOUROUVRE ⫼, 1119
TOURRETTES-SUR-LOUP ⫼, 1363
TOURRETTES-SUR-LOUP ⫼ TH, 1363
TOURRETTES-SUR-LOUP ⫼, 1363
TOURRETTES-SUR-LOUP ⫼, 1363
TOURS-SUR-MEYMONT ⫼ TH, 319
TOURTOUR ⫼, 1394
TOURVILLE-LES-IFS ⫼, 1148
TOURVILLE-SUR-ARQUES ⫼, 1148
TOURVILLE-SUR-ODON ⫼, 1028
TOURVILLE-SUR-PONT-AUDEMER ⫼, 1054
TOURVILLE-SUR-SIENNE ⫼, 1098
TOURVILLE-SUR-SIENNE ⫼, 1098
LE TOUVET ⫼, 1501
TRACY-SUR-MER ⫼ TH, 1028
TRAENHEIM ⫼, 155
TRAINOU ⫼, 603
LE TRAIT ⫼, 1148
TRALONCA ⫼ TH, 642
TRAMAYES ⫼, 382
TRAMBLY ⫼, 382
TRAMBLY ⫼, 382
TRANS-EN-PROVENCE ⫼, 1394
TRANS-LA-FORET ⫼, 478
TRANS-LA-FORET E.C., 478
TRANZAULT ⫼, 541
TRAUBACH-LE-BAS ⫼ TH, 170
TREAUVILLE ⫼, 1098
TREBAS ⫼ TH, 931
TREBONS-SUR-LA-GRASSE ⫼ TH, 848
TREDARZEC ⫼, 425
TREDREZ-LOCQUEMEAU ⫼, 425
TREFLEZ ⫼, 452
TREGLONOU ⫼, 452
TREGON ⫼, 426
TREGROM ⫼ TH, 426
TREGUIER ⫼, 426
TREHORENTEUC ⫼, 505
TREHORENTEUC ⫼, 505
TREIX ⫼ TH, 634
TRELEVERN ⫼, 426
TREMBLAY ⫼, 478
LE TREMBLAY-OMONVILLE E.C., 1054
TREMELOIR ⫼, 426
TREMELOIR ⫼, 426
TREMEREUC ⫼, 427
TREMEREUC ⫼, 427
TREMOLAT ⫼ TH, 199
TREMONT ⫼ TH, 1119
TREMOUILLE ⫼ TH, 289
TREOGAT ⫼, 452
LE TREPORT ⫼, 1148
TRESSAINT-LANVALLAY ⫼, 427
TRESSAINT-LANVALLAY ⫼ TH, 427
TREUZY-LEVELAY ⫼, 684

TREVE ⫼ TH, 427
TREVE ⫼ TH, 427
TREVOU-TREGUIGNEC ⫼, 428
TREVOUX ⫼, 1445
TREVOUX ⫼, 1445
TREVOUX ⫼, 1445
TRIAIZE ⫼, 1227
TRICQUEVILLE ⫼ TH, 1055
TRICQUEVILLE ⫼, 1055
TRIE-CHATEAU ⫼, 1247
TRIE-LA-VILLE ⫼ TH, 1247
TRILBARDOU ⫼, 685
LA TRIMOUILLE ⫼ TH, 1325
LA TRINITE ⫼, 1098
LA TRINITE-SUR-MER ⫼, 505
TRIVY ⫼, 383
TRIZAY ⫼ TH, 1293
TROCHE ⫼ TH, 784
TROIS-EPIS ⫼, 170
TROIS-PALIS ⫼, 1275
LES TROIS-PIERRES ⫼, 1148
TROISFONTAINES ⫼, 136
TROISMONTS ⫼, 1028
TROISVAUX ⫼, 978
LA TRONCHE ⫼, 1501
LE TRONCHET ⫼, 479
TRONDES ⫼ TH, 127
TRONGET ⫼ TH, 277
LE TRONQUAY ⫼, 1028
LE TRONQUAY ⫼, 1055
TROO ⫼, 592
TROUVILLE-LA-HAULE E.C., 1055
TRUINAS ⫼ TH, 1483
TRUMILLY ⫼, 1248
TRUTTEMER-LE-GRAND ⫼, 1029
TRUYES ⫼ TH, 572
TUBERSENT ⫼, 978
TUBERSENT ⫼, 978
TUDEILS ⫼, 785
TUGERAS-SAINT-MAURICE ⫼, 1294
TULETTE ⫼ TH, 1483
TULETTE ⫼ TH, 1483
TULETTE ⫼, 1483
TULETTE ⫼, 1484
TULLY ⫼, 1263
LA TURBALLE ⫼, 1168
LA TURBALLE ⫼, 1168
TURCKHEIM ⫼, 170
TURCKHEIM ⫼, 170
TURENNE ⫼, 785
TURENNE ⫼, 785
TURENNE ⫼, 785
TURQUANT ⫼, 1186
TURRETOT ⫼, 1149
TURRETOT ⫼ TH, 1149
TUSSON ⫼ TH, 1275

U

UCEL ⫼ TH, 1466
UCEL ⫼ TH, 1466

UCHAUX ‖‖‖ **TH**, 1425
UCHIZY ‖‖‖, 383
UFFHOLTZ ‖‖, 170
UHART-CIZE ‖‖, 261
UHART-CIZE ‖‖‖ **TH**, 261
UNAC ‖‖, 821
UNAC ‖‖‖ **TH**, 821
UPIE ‖‖‖ **TH**, 1484
URCUIT ‖‖‖ **TH**, 262
URRUGNE ‖‖‖, 262
URRUGNE ‖‖, 262
URRUGNE ‖‖‖, 262
URVILLE-NACQUEVILLE ‖‖‖, 1098
URVILLE-NACQUEVILLE ‖‖‖, 1099
URY ‖‖, 685
USINENS ‖‖ **TH**, 1563
USINENS ‖‖ **TH**, 1563
USSEAU ‖‖‖ **TH**, 1325
USSEL ‖‖ **TH**, 785
USSON-EN-FOREZ E.C. **TH**, 1516
USSON-EN-FOREZ E.C. **TH**, 1516
USTARITZ ‖‖‖, 262
UXEAU ‖‖ **TH**, 383
UZECH-LES-OULES ‖‖‖‖ **TH**, 892
UZECH-LES-OULES ‖‖‖ **TH**, 893
UZEL ‖‖‖ **TH**, 428
UZES ‖‖‖, 737

VALENCE-D'ALBI ‖‖‖ **TH**, 932
VALENSOLE ‖‖‖ **TH**, 1345
VALENSOLE ‖‖, 1346
VALENSOLE ‖‖, 1346
VALHUON ‖‖ **TH**, 978
VALIGNAT ‖‖, 277
VALJOUFFREY ‖‖ **A**, 1501
LA VALLA-EN-GIER ‖‖‖ **A**, 1516
VALLABREGUES ‖‖‖ **TH A**, 737
VALLANS ‖‖ **TH**, 1309
VALLANT-SAINT-GEORGES ‖‖, 618
VALLAURIS ‖‖, 1364
VALLERAUGE ‖‖‖, 737
VALLERAUGE ‖‖ **TH**, 738
VALLERAUGE ‖‖ **TH**, 738
VALLERAUGE ‖‖ **TH**, 738
VALLERAUGE ‖‖‖ **TH**, 738
VALLERY ‖‖‖ **TH**, 394
VALLIERE ‖‖, 795
VALLIERE ‖‖, 795
VALLIERES-LES-GRANDES ‖‖ **TH**, 592
VALLIERES-LES-GRANDES ‖‖‖ **TH**, 592
VALLORCINE ‖‖ **TH**, 1564
VALMONT ‖‖, 1149
VALREAS ‖‖‖ **TH**, 1426
VALS-LE-CHASTEL ‖‖ **TH**, 304
VALS-PRES-LE-PUY ‖‖‖ **TH**, 304
VANCE ‖, 1204
VANDENESSE-EN-AUXOIS ‖‖, 344
VANDENESSE-EN-AUXOIS ‖‖‖ **TH**, 344
VANDRE ‖, 1294
LE VANNEAU ‖‖‖, 1309
VANNES ‖‖‖, 505
VANNES ‖‖, 505
VANNES-SUR-COSSON ‖‖‖ **TH**, 603
VANNES-SUR-COSSON ‖‖‖ **TH**, 603
VANNES-SUR-COSSON ‖‖, 604
LES VANS ‖‖‖ **TH**, 1466
VANVILLE ‖‖‖ **TH**, 685
VAOUR ‖‖‖ **TH**, 932
VAOUR E.C. **TH**, 932
VARADES ‖‖‖, 1168
VARAGES ‖ **TH**, 1394
VARAGES ‖‖‖, 1394
VARAIZE ‖‖, 1294
VARAIZE ‖‖‖, 1294
VAREILLES ‖‖ **TH**, 395
VARENNES ‖‖ **TH**, 572
VARENNES ‖‖, 1263
VARENNES ‖‖‖, 1325
LES VARENNES ‖‖‖‖ **TH**, 848
VARENNES-SAINT-HONORAT ‖‖ **TH**, 304
VARENNES-SOUS-DUN ‖‖ **TH**, 383
VARENNES-SUR-ALLIER ‖‖‖ **TH A**, 278
VARENNES-SUR-LOIRE ‖‖‖, 1186
VARENNES-SUR-LOIRE ‖‖‖, 1187
VARENNES-SUR-USSON ‖‖‖‖, 319
VARS ‖‖‖, 1275
VARS-SUR-ROSEIX ‖‖‖, 785
VASLES ‖‖ **TH**, 1309
VASOUY-SUR-HONFLEUR ‖‖, 1029
VASSIEUX-EN-VERCORS ‖ **TH**, 1484

VASSIEUX-EN-VERCORS ‖‖ **A**, 1484
VASSY ‖‖, 1029
LE VAST ‖‖‖, 1099
VASTEVILLE ‖‖, 1100
VASTEVILLE ‖‖‖, 1100
VATIERVILLE ‖‖ **TH**, 1149
VATTETOT-SUR-MER ‖‖, 1149
VATTEVILLE-LA-RUE ‖‖‖ **TH**, 1150
VATTEVILLE-LA-RUE ‖‖‖, 1150
VAUCHELLES-LES-QUESNOY ‖‖‖, 1263
VAUCHIGNON ‖‖, 345
VAUCHIGNON ‖‖‖, 345
VAUCHIGNON ‖‖‖, 345
VAUCHIGNON ‖‖‖, 345
VAUCHRETIEN ‖‖‖, 1187
VAUCLAIX ‖‖‖ **TH**, 357
VAUDONCOURT ‖‖‖, 136
VAUDONCOURT ‖‖, 180
VAUDOY-EN-BRIE ‖‖‖, 685
VAUDRIMESNIL ‖‖‖, 1100
VAUDRIVILLERS ‖‖‖ **TH**, 652
VAUGINES ‖‖‖, 1426
VAUGINES ‖‖‖, 1426
VAUHALLAN ‖‖, 693
VAUJANY ‖‖ **A**, 1501
VAUJANY ‖‖‖ **TH**, 1501
VAULX ‖‖ **TH**, 1564
VAUMEILH ‖‖‖ **TH**, 1346
VAUNAC ‖‖, 199
LA VAUPALIERE ‖‖‖, 1150
VAUSSEROUX ‖‖‖ **TH**, 1309
VAUVENARGUES ‖‖, 1377
VAUVENARGUES ‖‖‖, 1377
VAUVERT ‖‖ **TH**, 738
VAUX-EN-BEAUJOLAIS ‖‖‖, 1533
VAUX-EN-BEAUJOLAIS ‖‖‖ **TH**, 1533
VAUX-MARQUENNEVILLE E.C. **TH**, 1263
VAUX-SUR-AURE ‖‖, 1029
VAUX-SUR-AURE ‖‖, 1029
VAUX-SUR-AURE ‖‖ **TH**, 1029
VAUX-SUR-AURE ‖‖, 1030
VAUX-SUR-AURE ‖‖, 1030
VAUX-SUR-BLAISE ‖‖‖, 634
VAUX-SUR-LUNAIN ‖‖‖, 685
VAUX-SUR-SEINE ‖‖‖, 690
VAUX-SUR-SEULLES ‖‖‖, 1030
VEBRET ‖‖‖ **TH**, 289
VEBRET ‖‖ **TH**, 289
VECOUX ‖‖ **TH**, 180
VECQUEMONT ‖‖‖, 1263
VEDENE ‖‖‖, 1427
VEGENNES ‖‖, 786
VELARS-SUR-OUCHE ‖‖‖, 345
VELLECHES ‖‖‖ **TH A**, 1326
VELLERON ‖‖, 1427
VELLERON ‖‖‖ **TH**, 1427
VELLES, 634
VELLUIRE ‖‖, 1227
VELLUIRE ‖‖‖, 1227
VENAREY-LES-LAUMES ‖‖, 345
VENASQUE ‖‖‖, 1427
VENASQUE ‖‖‖ **TH**, 1427

V

VABRES ‖‖ **TH**, 289
VACHERESSE ‖, 1563
VACQUEYRAS ‖‖, 1425
VACQUEYRAS ‖‖‖, 1425
VAGNAS ‖‖‖, 1466
VAGNAS ‖‖‖, 1466
VAIRE ‖‖‖, 1227
VAISON-LA-ROMAINE ‖‖, 1425
VAISON-LA-ROMAINE ‖‖‖, 1425
VAISON-LA-ROMAINE ‖‖‖, 1425
VAISON-LA-ROMAINE ‖‖‖, 1426
VAISON-LA-ROMAINE ‖‖‖, 1426
VAISON-LA-ROMAINE ‖‖‖, 1426
LE VAL-D'AJOL ‖‖, 180
VAL-D'ISERE ‖‖, 1546
VAL-D'IZE ‖‖, 479
VAL-DE-SAANE ‖‖, 1149
VAL-DE-VESLE ‖‖‖, 628
LE VAL-SAINT-PERE ‖‖, 1099
LE VAL-SAINT-PERE ‖‖, 1099
LE VAL-SAINT-PERE ‖‖‖, 1099
LE VAL-SAINT-PERE ‖‖‖, 1099
VALAIRE ‖‖‖, 592
VALANJOU ‖‖‖ **TH**, 1186
VALAURIE ‖‖‖ **TH**, 1484
VALAVOIRE ‖‖ **TH**, 1345
VALBELEIX ‖‖ **TH**, 319
VALDEBLORE ‖‖ **TH**, 1364
VALDROME ‖‖‖ **TH**, 1484
VALENCE ‖‖, 1275
VALENCE-D'AGEN ‖‖, 941

VENASQUE ▮▮▮, 1427
VENASQUE ▮▮, 1428
VENASQUE ▮▮, 1428
VENASQUE ▮▮▮ **TH**, 1428
VENCE ▮▮▮, 1364
VENCE ▮▮▮ **TH**, 1364
VENDAYS-MONTALIVET ▮▮▮, 215
VENDENESSE-LES-CHAROLLES ▮▮, 383
VENDENESSE-LES-CHAROLLES ▮▮▮ **TH**, 383
VENDENESSE-LES-CHAROLLES ▮▮, 384
VENDEUVRE ▮▮▮, 1030
VENDEUVRE ▮▮▮ **TH**, 1326
VENDOEUVRES E.C. **TH**, 541
VENDOME ▮▮ **TH**, 593
VENDRANGES ▮▮▮ **TH**, 1517
VENEJAN ▮▮▮ **TH**, 738
VENGEONS ▮▮, 1100
VENOUSE E.C. **TH**, 395
VENOY ▮▮▮, 395
VENSAT ▮▮, 319
VENTENAC ▮, 821
VENTENAC-EN-MINERVOIS ▮▮▮, 714
VENTEROL ▮▮▮ **TH**, 1346
VENTEUGES ▮▮ **TH**, 304
VENTHON ▮▮, 1546
VENTRON ▮▮▮ **TH**, 180
VER ▮▮, 1100
VER-LES-CHARTRES ▮▮▮, 530
VERBIESLES ▮▮▮, 634
VERCHAIX ▮▮, 1564
LA VERDIERE ▮▮▮, 1394
VERDIGNY ▮ **A**, 521
VEREL-DE-MONTBEL ▮▮, 1546
VERETZ ▮▮, 572
VERETZ ▮▮, 572
VERETZ ▮▮▮, 573
VERGETOT ▮▮, 1150
VERGEZAC ▮▮▮ **TH**, 304
VERGISSON ▮▮▮ **TH**, 384
VERGONCEY ▮▮▮ **TH**, 1100
VERGONCEY ▮▮▮▮, 1101
VERNANTOIS ▮▮▮ **A**, 664
VERNASSAL ▮▮▮ **TH**, 305
LA VERNAZ ▮, 1564
LA VERNAZ ▮▮, 1564
VERNEIX ▮▮▮▮ **TH**, 278
VERNET ▮▮▮, 848
LE VERNET ▮▮▮, 821
VERNET-LA-VARENNE ▮▮▮, 320
LE VERNET-SAINTE-MARGUERITE ▮▮▮ **TH**, 320
VERNEUGHEOL ▮▮▮ **TH**, 320
VERNEUIL-EN-BOURBONNAIS ▮▮▮ **TH**, 278
VERNEUIL-MOUSTIERS E.C. **TH**, 811
VERNEUIL-SUR-VIENNE E.C., 811
VERNEVILLE ▮▮▮ **TH**, 137
VERNIERFONTAINE ▮▮▮, 652
VERNIOZ ▮▮▮ **TH**, 1502
VERNON ▮▮▮, 1055
VERNON ▮▮▮▮ **TH**, 1466

VERNOU-EN-SOLOGNE ▮▮▮, 593
VERNOU-LA-CELLE ▮▮▮, 685
VERNOU-SUR-BRENNE ▮▮ **TH**, 573
VERNOU-SUR-BRENNE ▮▮▮, 573
VERNOU-SUR-BRENNE ▮▮▮ **TH**, 573
VERNOUX ▮▮▮ **TH**, 1467
VERNOUX ▮▮▮ **TH**, 1467
VERNOUX ▮▮▮, 1467
VERNOUX-EN-GATINE ▮▮▮ **TH**, 1310
VEROSVRES ▮▮▮, 384
VERQUIERES ▮▮▮, 1377
VERQUIERES ▮▮▮, 1377
VERQUIERES ▮▮▮, 1377
VERRENS-ARVEY ▮▮▮, 1547
LA VERRIE ▮▮▮ **TH**, 1227
VERRIERES E.C. **TH**, 836
VERRIERES ▮▮▮, 1276
VERRIERES-EN-FOREZ ▮▮▮ **TH**, 1517
VERRINES-SOUS-CELLES ▮▮▮ **TH**, 1310
VERS ▮▮▮ **TH**, 893
VERS-PONT-DU-GARD ▮▮▮ **TH**, 739
VERSAINVILLE ▮▮▮, 1030
VERT-LE-GRAND ▮▮▮ **TH**, 693
VERT-LE-PETIT E.C., 693
VERT-TOULON ▮▮▮, 628
VERTHEUIL ▮▮▮ **TH**, 215
VERTON ▮▮▮, 978
VERTON ▮▮▮, 978
VERTON ▮▮▮, 979
VERTUS ▮▮▮ **TH**, 628
VERTUS ▮▮▮, 628
VERTUS ▮▮▮, 628
VERZE ▮, 384
VERZE ▮▮▮, 384
VESDUN ▮▮▮, 521
VESSEY ▮▮▮ **TH**, 1101
VESSEY E.C. **TH**, 1101
VEUIL ▮▮ **TH**, 541
VEULES-LES-ROSES ▮▮▮ **TH**, 1150
VEYRAC ▮▮▮ **TH**, 811
LES VEYS ▮▮▮ **TH**, 1101
VEZANNES ▮▮▮ **TH**, 395
VEZELAY ▮▮, 395
VEZILLY ▮▮▮, 1237
VEZIN-LE-COQUET ▮▮▮, 479
VEZIN-LE-COQUET ▮▮▮, 479
VIALER E.C., 262
VIANE ▮▮▮ **TH**, 932
VIANNE ▮▮▮, 237
VIAS ▮▮ **TH**, 752
LE VIBAL ▮ **TH**, 836
VIC-EN-BIGORRE ▮▮▮ **TH**, 911
VIC-SUR-CERE ▮▮▮ **TH**, 290
VICO ▮ **A**, 642
LA VICOGNE ▮▮, 1263
VICQ ▮▮▮▮, 278
VICQ-SUR-GARTEMPE ▮▮ **TH**, 1326
VICQ-SUR-NAHON ▮▮▮ **TH**, 541
VIDAILLAC E.C. **TH**, 893
VIDAUBAN ▮▮▮, 1394
VIDECOSVILLE ▮▮▮, 1101
VIDOU ▮▮▮ **TH**, 911

LE VIEIL-BAUGE ▮, 1187
LE VIEIL-BAUGE ▮▮▮ **TH**, 1187
LE VIEIL-BAUGE ▮▮▮ **TH**, 1187
LE VIEIL-BAUGE ▮▮▮ **TH**, 1187
VIEILLE-BRIOUDE ▮▮▮ **TH**, 305
VIEILLE-BRIOUDE ▮▮▮ **TH**, 305
VIEILLE-BRIOUDE ▮▮▮, 305
VIEL-ST-REMY ▮▮▮ **TH**, 610
VIELLA ▮▮▮ **TH**, 911
VIELLE-AURE ▮▮▮, 912
VIELLE-AURE ▮▮▮, 912
VIELLE-TURSAN ▮, 227
VIELLESEGURE ▮▮, 263
VIENNE-EN-BESSIN ▮▮▮, 1030
VIENNE-EN-BESSIN ▮▮▮, 1031
VIENS ▮▮, 1428
VIERVILLE-SUR-MER ▮▮▮, 1031
VIEU-D'IZENAVE ▮, 1445
VIEUX ▮▮, 1031
VIEUX-CONDE ▮▮▮, 953
VIEUX-LES-ASFELD ▮▮▮ **A**, 610
VIEUX-PONT-EN-AUGE ▮▮▮, 1031
VIEUX-PORT ▮▮, 1055
LA VIEUX-RUE ▮▮▮, 1150
VIEUX-THANN ▮▮ **TH**, 171
VIEVY ▮▮ **TH**, 345
LE VIGAN ▮▮, 739
LE VIGAN-SUR-GOURDON ▮▮▮▮ **TH**, 893
LE VIGEAN ▮▮▮ **TH**, 290
VIGNACOURT ▮▮▮ **TH**, 1264
LE VIGNAU ▮ **TH**, 227
VIGNEC ▮▮▮, 912
VIGNEMONT ▮▮ **TH**, 1248
LES VIGNES ▮▮▮, 765
VIGNEUX-DE-BRETAGNE ▮▮▮, 1168
VIGNOC ▮▮▮ **TH**, 479
VIGNOUX-SOUS-LES-AIX ▮▮▮ **TH**, 521
VIGNOUX-SUR-BARANGEON ▮▮▮, 522
VIGOULANT ▮▮ **TH**, 541
VIGOULANT ▮▮▮▮ **TH**, 541
VIGOUX ▮▮▮, 542
VIGOUX E.C. **TH**, 542
VILDE-LA-MARINE ▮▮, 479
VILLAINES-LA-GONAIS ▮▮, 1205
VILLAINES-LA-GONAIS ▮▮▮, 1205
VILLAINES-LES-ROCHERS ▮▮, 573
VILLAINVILLE ▮▮, 1151
VILLAINVILLE ▮▮, 1151
VILLANDRY ▮▮▮, 573
VILLANDRY ▮▮▮, 574
VILLAR-D'ARENE ▮▮, 1356
VILLAR-LOUBIERE ▮▮▮ **TH**, 1356
VILLARD-BONNOT ▮▮▮▮ **TH**, 1502
VILLARD-DE-LANS ▮▮▮ **TH**, 1502
VILLARD-DE-LANS ▮▮▮ **TH**, 1502
VILLARD-DE-LANS ▮▮▮ **TH**, 1502
VILLARD-DE-LANS ▮▮▮, 1502
VILLARD-DE-LANS ▮▮▮ **TH**, 1503
VILLARD-DE-LANS ▮▮▮ **TH**, 1503
VILLARD-DE-LANS ▮▮▮ **TH**, 1503
VILLARD-LEGER ▮▮, 1547
VILLARDONNEL ▮▮▮ **TH**, 714

VILLARDONNEL ||| **TH**, 714
VILLARDS-SUR-THONES ||| **TH**, 1564
VILLARODIN-BOURGET ||| **TH**, 1547
VILLARS ||, 199
VILLARS-FONTAINE ||| **TH**, 346
VILLARS-LES-DOMBES |||, 1445
VILLARS-LES-DOMBES |||, 1445
VILLARS-SANTENOGE | **TH**, 634
VILLARS-VILLENOTTE |||, 346
VILLARZEL-DU-RAZES ||| **TH**, 714
LA VILLE-DU-BOIS |, 694
VILLE-EN-TARDENOIS ||, 628
LA VILLE-ES-NONAIS ||, 480
LA VILLE-ES-NONAIS ||, 480
VILLE-LANGY E.C., 357
VILLE-ST-JACQUES |||, 686
VILLEBADIN ||, 1119
VILLEBADIN |||, 1120
VILLEBAROU |||, 593
VILLEBAUDON ||, 1101
VILLEBICHOT E.C., 346
VILLECELIN |||, 522
VILLECHAUVE ||, 593
VILLECHENEVE || **TH**, 1533
VILLECOMTAL/ARROS ||, 865
VILLEDIEU || **TH**, 1428
VILLEDIEU ||, 1428
VILLEDIEU ||, 1429
VILLEDIEU-LES-POELES |, 1102
VILLEDIEU-LES-POELES |||, 1102
VILLEDIEU-SUR-INDRE || **TH**, 542
VILLEDIEU-SUR-INDRE E.C. **TH**, 542
VILLEDOMER || **TH**, 574
VILLEDOMER ||| **TH**, 574
VILLEDOUX ||, 1294
VILLEDOUX ||, 1295
VILLEFAGNAN || **TH**, 1276
VILLEFAGNAN ||| **TH**, 1276
VILLEFARGEAU |||| **TH**, 395
VILLEFERRY || **TH**, 346
VILLEFORT || **TH**, 765
VILLEFRANCHE-D'ALBI ||| **TH**, 932
VILLEFRANCHE-D'ALLIER || **TH**, 278
VILLEFRANCHE-DE-PANAT || **TH**, 836
VILLEFRANCHE-DE-ROUERGUE |||, 836
VILLEFRANQUE ||, 263
VILLEFRANQUE |||, 263
VILLEGOUGE ||, 215
VILLEGUSIEN-LE-LAC || **TH**, 635
VILLEHARDOUIN || **TH**, 618
VILLELAURE ||, 1429
VILLELONGUE-DE-LA-SALANQUE ||| **TH**, 772
VILLEMAGNE |, 714
VILLEMAUR-SUR-VANNE |||, 618
VILLEMORIN |, 1295
VILLEMOTIER |||, 1446
VILLENEUVE ||| **TH**, 1346
VILLENEUVE-CAMARGUE || **TH**, 1377
VILLENEUVE-DE-BERG |||, 1467
VILLENEUVE-DE-BERG |||, 1467

VILLENEUVE-DE-BERG ||| **A**, 1467
VILLENEUVE-DE-BERG |||, 1468
VILLENEUVE-FROUVILLE ||, 593
VILLENEUVE-LE-COMTE |||, 686
VILLENEUVE-LE-COMTE |||, 686
VILLENEUVE-LES-AVIGNON ||| **A**, 739
VILLENEUVE-LES-AVIGNON |||, 739
VILLENEUVE-LES-CHARNOD || **TH A**, 664
VILLENEUVE-LES-CORBIERES ||, 714
VILLENEUVE-RENNEVILLE ||| **TH**, 629
VILLENEUVE-SUR-LOT || **TH**, 238
VILLENY |||, 593
VILLEQUIER-LE-HAUT |||, 1151
VILLERBON |||, 594
VILLEREAL |, 238
VILLEREAL |||| **TH**, 238
VILLEREST ||, 1517
VILLEREVERSURE ||| **TH**, 1446
VILLEROUGE-TERMENES ||, 715
VILLERS-AGRON-AIGUIZY |||| **TH**, 1237
VILLERS-ECALLES |||, 1151
VILLERS-EN-CAUCHIES ||| **A**, 953
VILLERS-FARLAY | **A**, 664
VILLERS-LE-LAC | **A**, 653
VILLERS-LE-LAC ||, 653
VILLERS-LES-BOIS | **A**, 665
VILLERS-ROBERT ||| **TH A**, 665
VILLERS-SOUS-CHALAMONT ||, 653
VILLERS-SUR-COUDUN ||| **TH**, 1248
VILLERS-SUR-LE-MONT ||| **TH**, 610
VILLERS-SUR-MER ||, 1031
VILLERS-SUR-MER ||, 1031
VILLERS-SUR-SAULNOT || **A**, 669
VILLES ||| **A**, 1446
VILLESEQUE-DES-CORBIERES |||, 715
VILLETELLE ||, 752
VILLETELLE |||| **TH**, 752
VILLEXANTON E.C., 594
VILLIE-MORGON ||, 1533
VILLIE-MORGON |||, 1533
VILLIERS-EN-PLAINE ||| **TH**, 1310
VILLIERS-FOSSARD ||, 1102
VILLIERS-FOSSARD |||, 1102
VILLIERS-LE-BRULE || **TH**, 618
VILLIERS-LE-MORHIER |||, 530
VILLIERS-LE-MORHIER |||, 530
VILLIERS-SUR-SUIZE ||| **TH**, 635
VILLOSSANGES ||| **TH**, 320
VILLY-BOCAGE |||, 1032
VILLY-LEZ-FALAISE |||, 1032
VILSBERG ||, 137
VINCELLES ||| **TH**, 629
VINDELLE |||, 1276
LA VINEUSE |||, 384
VINGT-HANAPS ||, 1120
VINS-SUR-CARAMY |||, 1395
VIOLES ||, 1429
VIOLES ||, 1429
VIOLES |||, 1429
VION ||| **TH**, 1468
VIRAZEIL ||, 238

VIRE |||, 385
VIRE ||, 385
VIRE ||, 385
VIRE ||, 1032
VIRE ||, 1032
VIRE-SUR-LOT ||| **TH**, 893
VIRECOURT |||, 127
VIREUX-WALLERAND ||, 610
VIREUX-WALLERAND ||| **A**, 610
VIREY ||, 1102
VIREY-SOUS-BAR ||| **TH**, 618
VIRIAT ||| **TH**, 1446
VIRIGNEUX | **TH**, 1517
VIRONCHAUX ||| **TH**, 1264
VIRY E.C., 385
VISAN |||, 1429
VITRAC-SAINT-VINCENT | **TH**, 1276
VITRAC-SUR-MONTANE ||, 786
VITRE |||, 480
VITROLLES-EN-LUBERON ||, 1430
VITROLLES-EN-LUBERON ||| **TH**, 1430
VITRY-AUX-LOGES |||, 604
VITRY-EN-CHAROLLAIS || **TH**, 385
LE VIVIERS-DU-LAC ||, 1547
LE VIVIERS-DU-LAC ||, 1547
VIVONNE || **TH**, 1326
VIVONNE ||| **TH**, 1326
VIZILLE ||, 1503
VIZOS | **TH**, 912
VIZZAVONA |, 642
VOINSLES |||, 686
VOITEUR |||| **TH**, 665
VOITEUR ||| **TH**, 665
VOLGELSHEIM ||, 171
VOLLORE-VILLE ||| **TH**, 320
VOLLORE-VILLE ||, 320
VOLLORE-VILLE |||, 321
VOLNAY |||, 1205
VOLONNE |||, 1346
VOREPPE ||| **TH**, 1503
VOU ||, 574
VOUGEOT |, 346
VOUILLE ||, 1310
VOUILLE |||, 1326
VOUILLY ||||, 1032
VOULON |||, 1327
VOUNEUIL-SOUS-BIARD ||| **TH**, 1327
VOUNEUIL-SUR-VIENNE ||, 1327
VOUNEUIL-SUR-VIENNE |||, 1327
VOUNEUIL-SUR-VIENNE |||, 1327
VOUREY || **TH**, 1503
VOURLES |||, 1534
VOUTEZAC ||| **TH**, 786
VOUTHON-BAS |, 132
VOUVRAY ||||, 574
VOUVRAY E.C., 574
LA VRAIE-CROIX ||, 505
LE VRETOT |||, 1102
VRON E.C. **TH**, 1264
VUILLAFANS |, 653
VULAINES ||||, 619

W

WACKENBACH ***, 155
WAIL ***, 979
WAILLY-LES-ARRAS ***, 979
WALSCHEID **, 137
WALTENHEIM-SUR-ZORN **, 155
WARGNIES **, 1264
WARMERIVILLE *** A, 629
WARNECOURT ***, 611
WERENTZHOUSE ** TH, 171
WIMILLE ***, 979
WINGEN-LEMBACH **, 155
WINTERSHOUSE **, 156
WINTZENHEIM-KOCHERSBERG **, 156
WIRWIGNES *** A, 979
WISSANT **, 979

WY-DIT-JOLI-VILLAGE ****, 697

X

XERTIGNY ** TH, 181
XERTIGNY ** TH, 181

Y

YFFINIAC **, 428
YFFINIAC ***, 428
YFFINIAC ***, 428
YFFINIAC ***, 428
YGRANDE ***, 278
YVES **, 1295
YVES ***, 1295
YVETOT **, 1151
YVETOT-BOCAGE ***, 1102
YVETOT-BOCAGE **, 1103
YVETOT-BOCAGE **, 1103
YVETOT-BOCAGE **, 1103
YVETOT-BOCAGE ***, 1103
YVILLE-SUR-SEINE **, 1151
YVRE-LE-POLIN ***, 1205
YVRE-LE-POLIN ***, 1205

Z

ZELLENBERG **, 171
ZERUBIA ** TH, 643
ZILLISHEIM ***, 171

NOTES

NOTES

NOTES

NOTES

NOTES

NOTES

NOTES

NOTES

NOTES

NOTES

NOTES

NOTES

NOTES

NOTES

NOTES

NOTES

NOTES

NOTES

NOTES

NOTES

NOTES

NOTES

NOTES

NOTES

NOTES

NOTES

NOTES

NOTES

FICHE D'APPRÉCIATIONS

Soucieux de la qualité de votre séjour, nous serons heureux de recevoir vos impressions par le biais de cette fiche d'appréciation. Nous serons également attentifs à toute suggestion quant à la présentation et l'utilisation de ce guide.

Cette fiche est à retourner à :

MAISON DES GÎTES DE FRANCE ET DU TOURISME VERT
59 rue Saint-Lazare - 75439 PARIS Cedex 09

Nom du propriétaire : ....

Commune : .... Département : ....

Avez-vous été satisfait de votre séjour ?

	Satisfaisant	Moyen	Insuffisant
Accueil	☐	☐	☐
Confort	☐	☐	☐
Equipement	☐	☐	☐
Cadre, environnement, loisirs	☐	☐	☐
Respect des tarifs	☐	☐	☐

Impression générale : ....
....
....
....
....
....

Vos coordonnées : ....
....
....
....

CH 2002

FICHE D'APPRÉCIATIONS

Soucieux de la qualité de votre séjour, nous serons heureux de recevoir vos impressions par le biais de cette fiche d'appréciation. Nous serons également attentifs à toute suggestion quant à la présentation et l'utilisation de ce guide.

Cette fiche est à retourner à :

MAISON DES GÎTES DE FRANCE ET DU TOURISME VERT
59 rue Saint-Lazare - 75439 PARIS Cedex 09

Nom du propriétaire : ....

Commune : .... Département : ....

Avez-vous été satisfait de votre séjour ?

	Satisfaisant	Moyen	Insuffisant
Accueil	❏	❏	❏
Confort	❏	❏	❏
Equipement	❏	❏	❏
Cadre, environnement, loisirs	❏	❏	❏
Respect des tarifs	❏	❏	❏

Impression générale : ....
....
....
....
....

Vos coordonnées : ....
....
....
....

CH 2002

Liste des Centres départementaux d'information-réservation

01 • AIN
21, place Bernard - B.P. 198
01005 BOURG-EN-BRESSE CEDEX
Tél. 04 74 23 82 66/Fax 04 74 22 65 86
e.mail : service-de-reservation@wanadoo.fr

02 • AISNE
C.D.T. 24/28 avenue Charles de Gaulle
02007 LAON CEDEX
Tél. 03 23 27 76 80/Fax 03 23 27 76 88
e.mail : cdt@aisne.com

03 • ALLIER
Pavillon des Marronniers
Parc de Bellevue - 6, rue Jean Vidal
B.P 65 - 03402 YZEURE CEDEX
Tél. 04 70 46 81 60/Fax 04 70 46 00 22
e.mail : cdt-sla@pays-allier.com

04 • ALPES-DE-HAUTE PROVENCE (B)
B.P. 201
04001 DIGNE LES BAINS CEDEX
Tél. 04 92 31 30 40/Fax 04 92 32 32 63
e.mail : infos@gites-de-france-04.fr

05 • HAUTES-ALPES
1, place du Champsaur - B.P. 55
05002 GAP CEDEX
Tél. 04 92 52 52 92/Fax 04 92 52 52 90
e.mail : gdf05@free.fr

06 • ALPES-MARITIMES
C.R.T. - 55-57 promenade des Anglais
B.P. 1602 - 06011 NICE CEDEX 1
Tél. 04 92 15 21 30/Fax 04 93 37 48 00
e.mail : gites06@crt-riviera.fr

07 • ARDECHE
4, Cours du Palais - B.P. 402
07004 PRIVAS CEDEX
Tél. 04 75 64 70 70/Fax 04 75 64 75 40
e.mail : gites-de-france-ardeche@wanadoo.fr

08 • ARDENNES
Maison du Tourisme Vert
6 rue Noël- B.P. 370
08106 CHARLEVILLE-MEZIERES CEDEX
Tél. 03 24 56 89 65/Fax 03 24 56 89 66
e.mail : gitardennes@wanadoo.fr

09 • ARIEGE
31 bis, avenue du Général de Gaulle
B.P. 143 - 09004 FOIX CEDEX
Tél. 05 61 02 30 80/Fax 05 61 01 68 53
e.mail : gites-de-france.ariege@wanadoo.fr

10 • AUBE
Chambre d'Agriculture
2 bis, rue Jeanne-d'Arc - B.P. 4080
10014 TROYES CEDEX
Tél. 03 25 73 00 11/Fax 03 25 73 94 85

11 • AUDE
Maison du Tourisme Vert
78 ter rue Barbacane
11000 CARCASSONNE
Tél. 04 68 11 40 70/Fax 04 68 11 40 72
e.mail : gitesdefrance.aude@wanadoo.fr

12 • AVEYRON
Maison du Tourisme -17, rue Aristide Briand
B.P. 831 - 12008 RODEZ CEDEX
Tél. 05 65 75 55 55/Fax 05 65 75 55 89

13 • BOUCHES-DU-RHONE
Domaine du Vergon
13370 MALLEMORT
Tél. 04 90 59 49 4/Fax 04 90 59 16 75
e.mail : gitesdefrance@visitprovence.com

14 • CALVADOS
6, promenade Madame-de-Sévigné
14050 CAEN CEDEX 4
Tél. 02 31 82 71 65/Fax 02 31 83 57 64
e.mail : info@gites-de-france-calvados.fr

15 • CANTAL
50, avenue des Pupilles de la Nation
BP 738 - 15007 AURILLAC CEDEX
Tél. 04 71 48 64 20/Fax 04 71 48 64 21
e.mail : gites-de-france-cantal@wanadoo.fr

16 • CHARENTE
17, Place Bouillaud
16021 ANGOULEME
Tél. 05 45 69 48 64/Fax 05 45 69 48 60
e.mail : gites-charente@tdi-services.fr

17 • CHARENTE-MARITIME
Résidence Le Platin
1, perspective de l'Océan
B.P.32 - 17002 LA ROCHELLE CEDEX 01
Tél. 05 46 50 63 63/Fax 05 46 50 54 46

18 • CHER
5, rue de Séraucourt - 18000 BOURGES
Tél. 02 48 48 00 18/Fax 02 48 48 00 28
e.mail : tourisme.berry@wanadoo.fr

19 • CORREZE
32, quai Baluze - 19000 TULLE
Tél. 05 55 29 98 70/Fax 05 55 29 98 77
e.mail : slacorreze@infonie.fr

20 • CORSE
BP 10 - 20181 AJACCIO CEDEX 01
Tél. 04 95 51 72 80/04 95 51 72 81
Fax 04 95 51 72 89
e.mail : corsica.gites.cle.france@wanadoo.fr

21 • COTE-D'OR (B)
15, rue de L'Arquebuse
21004 DIJON CEDEX
Tél. 03 80 45 97 15/Fax 03 80 45 97 16

22 • COTES-D'ARMOR
7, rue Saint Benoît - B.P. 4536
22045 SAINT-BRIEUC CEDEX 2
Tél. 02 96 62 21 73/02 96 62 21 74
Fax 02 96 61 20 16
e.mail : gites-de-france-22@armornet.tm.fr

23 • CREUSE
Maison de l'Agriculture - 8, rue Martinet
B.P. 7 - 23001 GUERET CEDEX
Tél. 05 55 52 87 50/Fax 05 55 41 02 73
e.mail : sla.resa.creuse@wanadoo.fr

24 • DORDOGNE
25, rue Wilson - BP 2063
24002 PERIGUEUX CEDEX
Tél. 05 53 35 50 24/Fax 05 53 09 51 41
e.mail : dordogne.perigord.tourisme@wanadoo.fr

25 • DOUBS
4 ter, Faubourg Rivotte
25000 BESANÇON
Tél. 03 81 82 80 48/Fax 03 81 82 38 72
e.mail : loisir.accueil.doubs@wanadoo.fr

26 • DROME
95, av. Georges Brassens
26500 BOURG-LES-VALENCE
Tél. 04 75 83 01 70/04 75 83 01.71
Fax 04 75 82 90 57

27 • EURE
A.D.E.T.M.I.R
9, rue de la Petite-Cité - B.P. 882
27008 EVREUX CEDEX
Tél. 02 32 39 53 38/Fax 02 32 33 78 13
e.mail : gites@eure.chambagri.fr

28 • EURE-ET-LOIR
10, rue du Docteur Maunory - B.P. 67
28002 CHARTRES
Tél. 02 37 84 0102/Fax 02 37 21 47 99

29 • FINISTERE
5, allée Sully - 29322 QUIMPER CEDEX
Tél. 02 98 64 20 20/Fax 02 98 64 20 29
e.mail : reservation@gites-de-france-finistere.fr

30 • GARD
Maison du Tourisme
3, place des Arènes - B.P.59
30007 NIMES CEDEX 04
Tél. 04 66 27 94 94/Fax 04 66 27 94 95

31 • HAUTE-GARONNE
14, rue Bayard
31000 TOULOUSE
Tél. 05 61 99 44 00/Fax 05 61 99 44 19

32 • GERS
Maison de l'Agriculture - BP 178
Route de Tarbes - 32003 AUCH CEDEX
Tél. 05 62 61 79 00/Fax 05 62 61 79 09
e.mail : loisirs.accueil.gers@wanadoo.fr

33 • GIRONDE
Maison du Tourisme
21, cours de l'Intendance
33000 BORDEAUX
Tél. 05 56 81 54 23/Fax 05 56 51 67 13

34 • HERAULT
Maison du Tourisme
Avenue des Moulins
34184 MONTPELLIER CEDEX 4
Tél. 04 67 67 71 62/Fax 04 67 67 71 69
e.mail : contact@gites-de-france-herault.asso.fr

35 • ILLE-ET-VILAINE (B)
8, rue de Coëtquen - B.P. 30645
35601 RENNES CEDEX 03
Tél. 02 99 78 47 57/Fax 02 99 78 47 53
e.mail : sla.gitesdefrance35@wanadoo.fr

36 • INDRE
1, rue Saint-Martin - B.P. 141
36003 CHATEAUROUX
Tél. 02 54 27 58 61/Fax 02 54 27 60 00
e.mail : sla.36@laposte.net

37 • INDRE-ET-LOIRE
38, rue Augustin-Fresnel - B.P. 139
37171 CHAMBRAY-LES-TOURS
Tél. 02 47 27 56 10/Fax 02 47 48 13 39
e.mail : info@loire-valley-hclidays.com

38 • ISERE
Maison des Agriculteurs - B.P. 2641
38036 GRENOBLE CEDEX 02
Tél. 04 76 40 79 40/Fax 04 76 40 79 99
e.mail : sirt38@gites-de-france-isere.com

39 • JURA
8, rue Louis Rousseau
39000 LONS-LE-SAUNIER
Tél. 03 84 87 08 88/Fax 03 84 24 88 70

40 • LANDES
Chambre d'Agriculture
Cité Galliane - B.P. 279
40005 MONT-DE-MARSAN CEDEX
Tél. 05 58 85 44 44/Fax 05 58 85 44 45
e.mail : tourisme.cda-40@wanadoo.fr

41 • LOIR-ET-CHER
Association Tourismes Verts
5, rue de la Voûte-du-Château - B.P. 249
41001 BLOIS CEDEX
Tél. 02 54 58 81 64/Fax 02 54 56 04 13
e.mail : gites41@wanadoo.fr

42 • LOIRE (B)
43, av. Albert-Raimond - B.P. 50
42272 SAINT-PRIEST-EN-JAREZ CEDEX
Tél. 04 77 79 18 49/Fax 04 77 93 93 66
e.mail : gite.de.france.42@wanadoo.fr

43 • HAUTE-LOIRE
1, place Monseigneur de Galard
43000 LE-PUY-EN-VELAY
Tél. 04 71 09 91 50/Fax 04 71 09 54 85
e.mail : loisirsaccueil43@free.fr

44 • LOIRE ATLANTIQUE (B)
1, allée Baco - B.P. 93218
44032 NANTES CEDEX 1
Tél. 02 51 72 95 65/Fax 02 40 35 17 05
e.mail : gites-de-france-44@wanadoo.fr

45 • LOIRET
8, rue d'Escures - 45000 ORLEANS
Tél. 02 38 62 04 88/Fax 02 38 62 98 37
e.mail : tourisme.loiret@wanadoo.fr

46 • LOT
Maison du Tourisme
Place François Mitterand
46000 CAHORS
Tél. 05 65 53 20 75/Fax 05 65 53 20 94
e.mail : loisirsaccueil.lot@wanacoo.fr

47 • LOT-ET-GARONNE
4, rue Andrée Chenier
47000 AGEN
Tél. 05 53 47 80 87
Fax 05 53 66 88 29
e.mail : gites-de-france.47@wanadoo.fr

(B) : Boutique avec vente de guides nationaux et départementaux

Réservation par **3615** *code "Gîtes de France"* 0,2 €/mn

---

48 • LOZERE
14, bd Henri-Bourillon - B.P. 4
48001 MENDE CEDEX
Tél. 04 66 48 48 48/Fax 04 66 65 03 55
e.mail : cdt.lozere@france48.com

49 • MAINE-ET-LOIRE
C.D.T de l'Anjou - Maison du Tourisme
Place Kennedy - B.P. 32147
49021 ANGERS CEDEX 02
Tél. 02 41 23 51 23/Fax 02 41 23 51 26
e.mail : anjou.cdt@wanadoo.fr

50 • MANCHE
Maison du Département
50008 SAINT-LO CEDEX
Tél. 02 33 56 28 80/Fax 02 33 56 07 03
e.mail : manchetourisme@cg50.fr

51 • MARNE
Complexe agricole du Mont-Bernard
Route de Suippes - B.P. 525
51000 CHALONS-EN-CHAMPAGNE
Tél. 03 26 64 95 05/Fax 03 26 64 95 06

52 • HAUTE-MARNE
40 bis, avenue Foch
52000 CHAUMONT
Tél. 03 25 30 39 08/Fax 03 25 30 39 05
e.mail : tourisme.hautemarne@wanadoo.fr

53 • MAYENNE
84, avenue Robert Buron - B.P. 2254
53022 LAVAL CEDEX 09
Tél. 02 43 53 58 78/Fax 02 43 53 58 79
e.mail : gites53@libertysurf.fr

54 • MEURTHE-ET-MOSELLE
Chambre d'Agriculture
5, rue de la Vologne
54524 LAXOU CEDEX
Tél. 03 83 93 34 91/Fax 03 83 93 34 90
e.mail : gites-de-france54@wanadoo.fr

55 • MEUSE
5 place de la République
55120 CLERMONT-EN-ARGONNE
Tél. 03 29 88 44 12/Fax 03 29 87 40 01
e.mail : gites-de-meuse@libertysurf.fr

56 • MORBIHAN
42 avenue Wilson - BP 30318
56403 AURAY CEDEX
Tél. 02 97 56 48 12/Fax 02 97 50 70 07
e.mail : gites-de-france-morbihan@wanadoo.fr

57 • MOSELLE
Hôtel du Département - B.P. 1096
57036 METZ CEDEX 01
Tél. 03 87 37 57 80/Fax 03 87 37 58 84

58 • NIEVRE
3, rue du Sort
58000 NEVERS
Tél. 03 86 59 14 22/Fax 03 86 59 90 67

59 • NORD (B)
89, Bd. de la Liberté
59800 LILLE
Tél. 03 20 14 93 93/Fax 03 20 14 93 99
e.mail : gites.de.france.nord@wanadoo.fr

60 • OISE
8, bis rue Auguste Delaherche - B.P.80822
60008 BEAUVAIS CEDEX
Tél. 03 44 06 25 85/Fax 03 44 06 25 80
e.mail : gites.oise@wanadoo.fr

61 • ORNE
C.D.T. , 88, rue Saint-Blaise
B.P. 50 - 61002 ALENÇON CEDEX
Tél. 02 33 28 07 00/Fax 02 33 29 01 01
e.mail : orne.tourisme@wanadoo.fr

62 • PAS-DE-CALAIS
La Trésorerie - Wimille - BP 79
62930 WIMEREUX
Tél. 03 21 10 34 40/Fax 03 21 30 04 81

63 • PUY-DE-DOME
22, rue Saint-Genès
63038 CLERMONT-FERRAND CEDEX 01
Tél. 04 73 90 00 15/Fax 04 73 92 83 75

64 • PYRENEES ATLANTIQUES (B)
20, rue Gassion
64000 PAU
Tél. 05 59 11 20 64/Fax 05 59 11 20 60
e.mail : gites.de.france64@wanadoo.fr

65 • HAUTES-PYRENEES
Maison de l'Agriculture
22, place du Foirail
65000 TARBES
Tél. 05 62 34 31 50/Fax 05 62 34 37 95
e.mail : contact@gites-france-65.com

66 • PYRENEES ORIENTALES
C.D.T
16, avenue des Palmiers - B.P. 540
66005 PERPIGNAN CEDEX
Tél. 04 68 51 52 70/Fax 04 68 51 52 79
e.mail : tourisme.roussillon.france@wanadoo.fr

67 • BAS-RHIN (B)
7, place des Meuniers
67000 STRASBOURG
Tél. 03 88 75 56 50/Fax 03 88 23 00 97
e.mail : alsace-gites@adec.fr

68 • HAUT-RHIN
Maison du Tourisme
1, rue Schlumberger - BP 371
68007 COLMAR CEDEX
Tél. 03 89 20 10 62/Fax 03 89 23 33 91
e.mail : reservation@tourisme68.asso.fr

69 • RHONE A.D.T.R. (B)
1, rue Général Plessier
69002 LYON
Tél. 04 72 77 17 55/Fax 04 78 38 21 15
e.mail : gites.rhone.alpes@wanadoo.fr

69 • RHONE A.D.T.R.
1, rue Général Plessier
69002 LYON
Tél. 04 72 77 17 50/Fax 04 72 41 66 30
e.mail : gites69.adtr@wanadoo.fr

70 • HAUTE-SAONE
Maison du Tourisme
B.P. 117 - 70002 VESOUL CEDEX
Tél. 03 84 97 10 80/Fax 03 84 97 10 71

71 • SAONE-ET-LOIRE
BP 522 - 71010 MACON
Tél. 03 85 29 55 60/Fax 03 85 38 61 8
e.mail : gites-de-saone-et-loire@wanadoo.fr

72 • SARTHE
C.D.T.
40, rue Joinville
72000 LE MANS
Tél. 02 43 40 22 60/Fax 02 43 40 22 61

73 • SAVOIE
Maison du Tourisme
24, bd de la Colonne
73024 CHAMBERY CEDEX
Tél. 04 79 85 01 09/Fax 04 79 85 71 32
e.mail : service.reservation.73@wanadoo.fr

74 • HAUTE-SAVOIE
16, rue Guillaume Fichet
74000 ANNECY
Tél. 04 50 10 10 11/Fax 04 50 10 10 12
e.mail : resa.gites74@wanadoo.fr

76 • SEINE-MARITIME
Chambre d'Agriculture
Chemin de la Bretèque - B.P. 59
76232 BOIS-GUILLAUME CEDEX
Tél. 02 35 60 73 34/Fax 02 35 61 69 20
e.mail : gites.76@wanadoo.fr

77 • SEINE-ET-MARNE
9-11 rue Royale
77300 FONTAINEBLEAU
Tél. 01 60 39 60 39/Fax 01 60 39 60 40
e.mail : mdt@tourisme77.net

78 • YVELINES
Hôtel du Département
2, place André Mignot
78012 VERSAILLES CEDEX
Tél. 01 30 21 36 73/Fax 01 39 07 88 56
e.mail : gitesdefrance@cg78.fr

79 • DEUX-SEVRES
15, rue Thiers - B.P. 8524
79025 NIORT CEDEX 09
Tél. 05 49 77 15 90/Fax 05 49 77 15 94
e.mail : gites-de-france-deux-sevres@wanadoo.fr

80 • SOMME
21, rue Ernest Cauvin
80000 AMIENS
Tél. 03 22 71 22 70/Fax 03 22 71 22 69
e.mail : accueil@somme-tourisme.com

81 • TARN
B.P. 89 - 81003 ALBI CEDEX
Tél. 05 63 48 83 01/Fax 05 63 48 83 12
e.mail : gitesdutarn@free.fr

82 • TARN-ET-GARONNE
7, bd Midi-Pyrénées - B.P. 534
82005 MONTAUBAN CEDEX
Tél. 05 63 21 79 61/Fax 05 63 66 80 36
e.mail : loisirs.accueil82@wanadoo.fr

83 • VAR
Conseil Général du Var
Rond-Point du 4/12/74 - B.P. 215
83006 DRAGUIGNAN CEDEX
Tél. 04 94 50 93 93/Fax 04 94 50 93 90
e.mail : gites.de.france.var@wanadoo.fr

84 • VAUCLUSE
B.P. 164
84008 AVIGNON CEDEX 1
Tél. 04 90 85 45 00/Fax 04 90 85 88 49

85 • VENDEE
124, bd Aristide Briand - B.P. 735
85018 LA ROCHE-SUR-YON CEDEX
Tél. 02 51 37 87 87/Fax 02 51 62 15 19
e.mail : gites-de-france-vendee@wanadoo.fr

86 • VIENNE
Futuroscope Destination- B.P. 3030
86130 JAUNAY-CLAN
Tél. 05 49 49 59 11/05 49 49 59 12
Fax 05 49 49 59 17

87 • HAUTE-VIENNE
Maison du Tourisme
4, place Denis Dussoubs
87031 LIMOGES CEDEX
Tél. 05 55 79 04 04/Fax 05 55 10 88 61
e.mail : sla87@wanadoo.fr

88 • VOSGES
13, rue Aristide Briand - B.P. 405
88010 EPINAL CEDEX
Tél. 03 29 35 50 34/Fax 03 29 35 68 11

89 • YONNE
1-2, quai de la République
89000 AUXERRE
Tél. 03 86 72 92 15/03 86 72 92 14
e.mail : gites@tourisme-yonne.com

90 • TERRITOIRE DE BELFORT
Maison du Tourisme - 2 bis, rue Clémenceau
90000 BELFORT
Tél. 03 84 21 27 95/Fax 03 84 55 90 99

91 • ESSONNE
2, cours Monseigneur Roméro
91025 EVRY CEDEX
Tél. 01 64 97 23 81/Fax 01 64 97 23 70
e.mail : info@gites-de-france-essonne.com

95 • VAL D'OISE
Château de la Motte - Rue François de Ganay
95270 LUZARCHES
Tél. 01 30 29 51 00/Fax 01 30 29 30 86
e.mail : val-d'oise-web@val-d'oise-tourisme.fr

97.1 • GUADELOUPE
BP 759
97171 POINTE-A-PITRE CEDEX
Tél. 0 590 91 64 33/Fax 0 590 91 45 40

97.2 • MARTINIQUE
B.P. 1122
97248 FORT-DE-FRANCE CEDEX
Tél. 0 596 73 74 74/Fax 0 596 63 55 92

97.3 • GUYANE
12, rue Lalouette - B.P. 801
97338 CAYENNE CEDEX
Tél. 0 594 29 65 16/Fax 0 594 29 65 01
e.mail : gites@tourisme.guyane.gf

97.4 • ILE-DE-LA-REUNION
10, place Sarda Garriga
97400 SAINT-DENIS
Tél. 0 262 90 78 90/Fax 0 262 41 84 29

Aubin Imprimeur
LIGUGÉ, POITIERS

Achevé d'imprimer en novembre 2001
N° d'impression L 62322
Dépôt légal novembre 2001
Imprimé en France